VIERZEHNTE
VÖLLIG NEU BEARBEITETE AUFLAGE

DER VOLKS BROCKHAUS

A-Z

mehr als 3000 Bilder und Karten im Text und auf 90 bunten und einfarbigen Tafel-
und Kartenseiten · Etwa 100 Übersichten, Zeittafeln, Statistiken

F · A · BROCKHAUS WIESBADEN   1972

In diesem Buch werden, wie in allgemeinen Nachschlagewerken üblich, etwa bestehende Patente, Gebrauchsmuster oder Warenzeichen nicht erwähnt. Wenn ein solcher Hinweis fehlt, heißt das also nicht, daß eine Ware oder ein Warenname frei ist.

Einband nach Entwurf von Martin Kausche   5
© 1972 F. A. Brockhaus, Wiesbaden – V. Nr. W 1001 · ISBN 3-7653-0015-2 – Printed in Germany. – Alle Rechte vorbehalten. Ohne ausdrückliche Genehmigung des Verlags ist es nicht gestattet, das Buch oder Teile daraus photomechanisch zu vervielfältigen (Photokopie, Mikrokopie u.a.). Satz und Druck des Textes: R. Oldenbourg GmbH, München. Druck der Farbtafeln: L.C. Wittich, Darmstadt. Herstellung und Druck der Karten: Karl Wenschow GmbH, München.

VORWORT

Die vierzehnte Auflage

stellt eine völlige Neubearbeitung des Volks-Brockhaus dar. Die fortschreitende Erweiterung jenes Wissensbestandes, der in Schule und Alltag zum nötigen Rüstzeug gehört, hat den Verlag veranlaßt, mit einer Erweiterung des Umfangs eine wesentliche Vermehrung des Stichwortbestandes zu verbinden. So gibt der Volks-Brockhaus in gewohnter Weise, unparteiisch und zuverlässig, Kurzinformationen aus allen Wissensgebieten. Ein reiches Material an neuen bunten und einfarbigen Bildern und Karten macht den Inhalt anschaulich.

Seit vielen Jahrzehnten erreichen den Verlag aus dem Kreis der Lexikonbenutzer Fragen und Anregungen. Fragen der Leser werden ohne besondere Formalitäten und kostenlos von der Lexikonredaktion in Verbindung mit ihrem großen Mitarbeiterkreis nach besten Kräften beantwortet. Ärztliche oder rechtliche Beratungen sind davon ausgeschlossen. — Anregungen und Verbesserungsvorschläge sind stets willkommen; da der Verlag nicht auf jeden Hinweis antworten kann, spricht er seinen Dank für jede Hilfe schon hier aus.

Wiesbaden, im Sommer 1972.   F. A. BROCKHAUS

FARBTAFELN

EINFARBIGE TAFELN UND BILDGRUPPEN

BUNTE UND EINFARBIGE KARTEN

ÜBERSICHTEN, ZEITTAFELN, STATISTIKEN

WINKE FÜR DEN BENUTZER

Reihenfolge der Stichwörter. Für die Einordnung gelten sämtliche in **fetter Schrift** gesetzten Buchstaben, auch wenn das Stichwort aus mehreren Wörtern besteht; z. B. folgen aufeinander: **Armer Heinrich, Armer Konrad, Armflosser, Armfüßer.**

Die Umlaute (ä, ö, ü) und die wie Umlaute gesprochenen Doppelbuchstaben (ae, oe, ue) folgen auf den entsprechenden Grundlaut, z. B.: **Bar, Bär, Baer, Baracke** oder **Gotha, Göthe, Goethe.** Die Doppellaute (ai, au, äu, ei, eu) werden wie getrennte Buchstaben behandelt, ebenso sch, st, sp, usw.; ferner ae, oe, ue, wenn sie **nicht** wie Umlaute gesprochen werden, also: **Ady, AEC, AEG, aëro..., aerob, Aeroflot, Aëtius, Affäre.**

Wörter, die man unter **C** vermißt, suche man unter **K** oder **Tsch** oder **Z,** bei **Dsch** vermißte Wörter unter **Tsch,** bei **J** vermißte unter **Dsch** oder **I;** ebenso im umgekehrten Fall.

Geschlecht und Zahl. der, die, das stehen hinter dem Stichwort oder hinter der eckigen Klammer, z. B. **Aar.** Die Abkürzung Ez. bedeutet Einzahl, Mz. Mehrzahl.

Die **Beugung** der Hauptwörter ist angegeben, wenn sie zweifelhaft sein kann, und zwar durch die Endung des Wesfalls (Genitiv) der Einzahl und des Werfalls (Nominativ) der Mehrzahl, z. B.: **'Akzidens** [lat.] das, -/...denzien.

Die **Betonung** ist, wo nötig, durch Tonstrich vor dem Laut, der betont wird, angegeben, z. B.: **B'alkan.**

BETONUNG UND AUSSPRACHE

Die Aussprache wird nach dem Internationalen Lautschriftsystem bezeichnet, z. B. **Courage** [kur'a:ʒ].

Die Lautzeichen bedeuten:

a = vorderes a: matt
ɑ = hinteres a: war
ɑ̃ = nasales ɑ: frz. centime
ʌ = dumpfes a: engl. but
γ = niederländ. g, wie sächs. Wagen
ç = stimmloses ch: ich
x = stimmloses ch: Bach
æ = breites ä: engl. hat

ɛ = offenes e: fett
e = geschlossenes e: Beet
ə = dumpfes e: alle
ɛ̃ = nasales ɛ: frz. bassin
λ = mouilliertes l: ital. degli
ŋ = nasales n: lange
ɲ = mouilliertes n: frz. Boulogne
ɔ = offenes o: Kopf

o = geschlossenes o: Sohn
ɔ̃ = nasales ɔ: frz. salon
œ = offenes ö: Hölle
ø = geschlossenes ö: Höhle
œ̃ = nasales œ: frz. un
s = stimmloses s: was
z = stimmhaftes s: leise
ʃ = stimmloses sch: Tasche

ʒ = stimmhaftes sch: frz. Etage
θ = stimmloses th: engl. thing
ð = stimmhaftes th: engl. the
v = wie w in: wo, Wiese
w = halbvokalisches w: engl. well
y = ü: Rübe

Langer Vokal wird durch nachfolgenden Doppelpunkt bezeichnet (z. B. ɑː in Haar); b d f g h i j k l m n p r t u geben etwa den deutschen Lautwert wieder.

ZEICHEN

Zeichen. Der **Verweisungspfeil** (→) fordert auf, das dahinterstehende Wort nachzuschlagen. Weitere im Text verwendete Zeichen:

* geboren
† gestorben
✝ veraltet
∞ verheiratet
£ Pfund Sterling
$ Dollar
✶ Astronomie
⌂ Baukunst
⚒ Bergbau
📖 Buchwesen

⚗ Chemie
⟐ Eisenbahn
ϟ Elektrizität
⊕ Geographie, Geologie; auch Hinweis auf eine Karte
☎ Fernmeldewesen
⚐ Flagge
♣ Forstwesen

⚔ Wirtschaftswissenschaften; Handel
⚔ Heerwesen
☿ Jagd
⚓ Kraftfahrzeugwesen, -verkehr
✈ Luftfahrt
△ Mathematik
♩ Medizin
♪ Musik

✿ Pflanzenkunde
⊗ Physik
⚖ Recht
📻 Rundfunk
⚓ Schiffahrt
⚑ Sport
ⓈSprachlehre
⚙ Technik
🐾 Tierkunde
⛉ Wappen

ABKÜRZUNGEN

Abkürzungen. Endungen oder Wortteile sind weggelassen, wenn man sie ohne Schwierigkeit ergänzen kann, z. B.: eigentl. für eigentlich, Bundesrep. Dtl. für Bundesrepublik Deutschland. An formelhaften Abkürzungen kommen vor:

AG. . . . . Aktiengesellschaft
ahd. . . . . althochdeutsch
ASSR. . . Autonome Sozialistische Sowjetrepublik
A. T. . . . Altes Testament
Atm, at. . Atmosphäre
Bad.-
Württ. . . Baden-Württemberg
bed. . . . . bedeutend
bes. . . . . besonders
best. . . . . bestimmt
Bez. . . . . Bezirk; Bezeichnung
BGB . . . Bürgerl. Gesetzbuch
BRT . . . Bruttoregistertonne
C . . . . . . Celsius
cm², cm³. . Quadrat-, Kubikzentimeter
Dép. . . . . Département
dt. . . . . . deutsch
Dt. Dem.
Rep. . . . . Deutsche Demokratische Republik
Dtl. . . . . Deutschland
ebd. . . . . ebenda
Egw. . . . Eigenschaftswort
evang. . . evangelisch
e.V. . . . . eingetragener Verein
Ew. . . . . Einwohner
Ez. . . . . . Einzahl; Ezechiel
frz. . . . . . französisch
gegr. . . . . gegründet
Gem. . . . Gemeinde
Ges. . . . . Gesetz; Gesellschaft
Gfsch. . . Grafschaft
GG . . . . Grundgesetz
ggf. . . . . . gegebenenfalls
Ghzgt. . . Großherzogtum
grch. . . . griechisch
HGB . . . Handelsgesetzbuch
hg. v. . . . herausgegeben von
hl., Hl. . . heilig, Heiliger

Hw.,
Hauptw. . Hauptwort
Hzgt. . . . Herzogtum
i.d.F. . . . in der Fassung
i.d.R. . . . in der Regel
i.e.S. . . . im engeren Sinne
ital. . . . . . italienisch
i.w.S. . . . im weiteren Sinne
Jahrh. . . Jahrhundert
Jahrtsd. . Jahrtausend
Jb. . . . . . Jahrbuch
kath. . . . . katholisch
Kgr. . . . . Königreich
Kr. . . . . . Kreis
Kt. . . . . . Kanton
Kw. . . . . Kunstwort
lat. . . . . . lateinisch
lt. . . . . . . laut
MA. . . . . Mittelalter
mhd. . . . mittelhochdeutsch
Mill. . . . . Million, Millionen
Min. . . . . Minister
MinPräs. Ministerpräsident
Mrd. . . . Milliarde, Milliarden
N . . . . . . Nord(en), Nord-
nat.soz. . . nationalsozialistisch
n. Br. . . . nördliche(r) Breite
Ndsachs. Niedersachsen
ndt. . . . . niederdeutsch
nlat. . . . . neulateinisch
NO. . . . . Nordost(en)
Nordrh.-
Westf. . . Nordrhein-Westfalen
N. T. . . . Neues Testament
NW . . . . Nordwest(en)
O . . . . . . Ost(en)
ö.L. . . . . östliche(r) Länge
Präs. . . . Präsident
Prof. . . . Professor
Prov. . . . Provinz
ref. . . . . . reformiert

RegBez. . Regierungsbezirk
Rep. . . . . Republik
Rheinl.-Pf. Rheinland-Pfalz
S. . . . . . . Süden
s. Br. . . . südliche(r) Breite
Schlesw.-
Holst. . . . Schleswig-Holstein
SO . . . . . Südost(en)
span. . . . spanisch
SSR . . . . Sozialistische Sowjetrepublik
StGB . . . Strafgesetzbuch
StPO . . . Strafprozeßordnung
svw. . . . . soviel wie
t . . . . Tonne
TH. . . . . Techn. Hochschule
u.a. . . . . und andere; unter anderen
u.ä. . . . . und ähnlich(e)
ü.M.,
u.M. . . . über (unter) dem Meeresspiegel
usf., usw. und so fort; und so weiter
u.U. . . . . unter Umständen
u.v.a. . . . und viele(s) andere
VerwBez. Verwaltungsbezirk
vgl. . . . . vergleiche
v.H. . . . . vom Hundert
VO. . . . . Verordnung
v.T. . . . . vom Tausend
W . . . . . . West(en)
w.L. . . . . westliche(r) Länge
z.B. . . . . zum Beispiel
z.gr.T. . . zum großen Teil
ZK . . . . . Zentralkomitee
ZPO . . . . Zivilprozeßordnung
zw. . . . . . zwischen
Zw. . . . . Zeitwort
z.Z. . . . . zur Zeit
³1950 . . . 3. Auflage 1950

Weitere Abkürzungen werden an ihrer Stelle im laufenden Abc erläutert.

A

a, A das, 1) Selbstlaut, der erste Buchstabe im Abc. **A und O, Alpha und Omega,** der erste und der letzte Buchstabe im griech.Alphabet, daher Anfang und Ende (Offenbarung 1,8). **2)** der sechste Ton der C-Dur-Tonleiter. Das eingestrichene a **(a¹)** ist der Stimmton (→Kammerton), nach dem die Instrumente gestimmt werden. **3)** Abk. für Ampere. **4)** Abk. für latein. anno. **5)** Abk. für **Ar** (Flächenmaß).

a..., vor Selbstlaut **an...,** [grch.], in Fremdwörtern verneinende Vorsilbe, deutsch: un..., ..los, z.B. **amorph,** gestaltlos; **asozial,** unsozial.

à [frz.], auf Rechnungen: für je, das Stück zu.

ä, Ä [ɛ], Buchstabe im Deutschen, Schwedischen, Finnischen u.a.

æ, Æ, dän. Buchstabe, entspricht ä.

å, Å [o], Buchstabe im Schwedischen, Dänischen, Norwegischen; früher aa geschrieben.

Å, Ångström, Maßeinheit. 1 Å = 10⁻⁸ cm, (= 1 zehnmillionstel Millimeter).

A.A., Abk. für Auswärtiges Amt.

Aa, Aach, Ache [ahd. »Wasser«] die, Name vieler dt. Flüsse und Bäche.

'Äa, Aia, in der griech. Sage das Sonnenland im Osten, Heimat der Medea, auch der Kirke.

Aachen, Hauptstadt des Reg. Bez. A., Nordrh.-Westf.; Heilbad mit 176900 Ew. Münster (→Aachener Münster), got. Rathaus, Techn. Univ. und Fachschulen; Bahnknoten; Industrie: Tuche, Nadeln, Maschinen, Elektromotoren, Wag-

Aachen: Münster

gons, Leder-, Holzwaren, chem. Erzeugnisse, Textilien, Süßwaren **(Aachener Printen).** – A. war vom 13. bis 18. Jahrh. Reichsstadt, bis 1531 wurden hier die dt. Könige gekrönt.

Aachener Friede, 1) vom 2. 5. 1668, beendete den →Devolutionskrieg Ludwigs XIV. **2)** vom 18. 10. 1748, beendete den Österreich. Erbfolgekrieg.

Aachener Münster. Den Kern bildet die um 800 geweihte Pfalzkapelle Karls d.Gr., ein 16eckiger Bau mit 8eckigem, kuppelüberwölbtem Mittelbau (Oktogon), um den die Vorhalle, der got. Chor (1355 beg.) und 5 Kapellen gelagert sind.

Aal, Flußaal, schlangenförmiger räuber. Knochenfisch, wertvoller Speisefisch im Süßwasser Europas; wandert zum Laichen in die mittelamerikan. Tiefsee. Die weidenblattförmigen Larven entwickeln sich, während sie im Golfstrom europawärts treiben, zu drehrunden, farblosen Glas-

aalen. Die im Salz- oder Brackwasser verbleibenden Tiere wachsen zu Männchen heran, die ins Süßwasser aufsteigenden zu Weibchen.

a¹, eingestrichenes a

Aal, oben und Mitte: Larven; unten: Glasaal

Aalborg, →Ålborg.

Aalen, industriereiche Kreisstadt in Bad.-Württ., 37400 Ew., am oberen Kocher; Schubart-Museum; 1360-1803 Reichsstadt.

Aalmutter, lebendgebärender Knochenfisch.

Aalquappe, Aalraupe, Aalrutte, einziger Süßwasserschellfisch Europas; Delikatesse.

Aalst, französ. **Alost,** Stadt in Belgien, Ostflandern, 45600 Ew.; Brauereien, Textilind.

Aalstrich, dunkler Rückenstreifen bei Säugetieren.

Aaltierchen, Älchen, winzige Rundwürmer; **Essigälchen** in gärendem Essig; **Rübenälchen** als Schmarotzer in Wurzelfasern der Zuckerrübe, verursacht die Rübenmüdigkeit der Felder; **Weizenälchen,** →Gichtkorn.

Aalto, Alvar, finnischer Architekt, *1898, schuf u.a. Wohn- und Industriebauten in Finnland, den Verein. Staaten und der Bundesrep. Dtl.

Aaltonen ['a:ltɔnɛn], Väinö, führender Bildhauer Finnlands, *1894, †1966.

a. a. O., am angeführten Ort (in Büchern).

Aar der, ⚔ der Adler.

Aarau, Hauptstadt des Kt. Aargau, Schweiz 17500 Ew.; feinmechan., Metall-, Maschinenind.

Aare, Aar die, linker Nebenfluß des Rheins in der Schweiz.

Aargau, Kanton im N der Schweiz, 1404 km², 433300 Ew., umfaßt das fruchtbare Hügelland beiderseits der Aare bis zum Rhein; Hauptstadt: Aarau. Wichtige Industrien. A., seit 1415 von den Eidgenossen verwaltet, wurde 1803 Kanton.

Aarhus, →Århus.

Aaron, der Bruder des Moses.

Aas das, -es/-e und Äser, verwesende Tierleiche; **Aasgeier,** Greifvogel (→Geier); U Ausbeuter; **Aasjäger,** unweidmännischer Jäger.

Aaskäfer, aasfressende Käfer mit Keulenfühlern, bes. die **Totengräber** und **Rübenaaskäfer.**

ab, ⚭ Versand zu Lasten des Käufers: ab Lager.

Abadan [abɑd'ɑ], größter Erdölausfuhrhafen von Iran, im Pers. Golf, 302200 Ew.; Erdölraffinerie.

'Abakus [lat.] der, 1) Rechenbrett. 2) ⊡ Deckplatte am Säulenkapitell.

Abaelard, Peter, französ. Mönch, führender Vertreter der Scholastik (um 1100), wurde wegen seiner Liebe zu Heloïse entmannt. Den Briefwechsel mit ihr hat A. erdichtet. A.s Hauptbedeutung liegt auf dem Gebiet der Logik. Seine Lehren wurden z.T. von der kathol. Kirche verworfen.

Abandon [abɑd'ɔ̃, frz.], ♫ Aufgabe von Rechten wegen den damit verbundenen Pflichten.

'Abano T'erme, italien. Heilbad (Prov. Padua); radioaktive Kochsalzthermen (85°C), Schwefelquellen, Schlammbäder (gegen Rheumatismus, Nerven-, Harnleiden).

à bas [ab'a, frz.], nieder, weg damit!

Aachen

Abbe

Abba [aramäisch], Vater.

Abbagnano [aban'a:no], Nicola, italien. Existenzphilosoph, *1901.

Abbas'iden, mohammedan. Herrscherhaus (750-1258 Kalifen von Bagdad, bis 1517 in Kairo).

Abbau, 1) ⚒ die Gewinnung nutzbarer Mineralien, auch die Grubenräume hierfür. **2) Ausbau,** Verlegung eines Bauernhofs auf neu zugewiesenes Land zur leichteren Bewirtschaftung.

Abbaz'ia, italien. Name für →Opatija.

Abbe, Ernst, Physiker, *1840, †1905, Prof. in Jena, wurde 1889 Alleininhaber der Firma Carl Zeiss und übertrug diese auf die von ihm gegr. Carl-Zeiss-Stiftung; erfand viele opt. Geräte und vervollkommnete ihre Herstellung.

Abbé [frz. »Abt«] der, in Frankreich der Weltgeistliche.

Abbevillien [abəvilj'ɛ̃, nach Abbeville, Frankreich] das, auf die Geröllgerätekulturen folgende Kulturstufe der Altsteinzeit, früher Prächélléen und Chélléen genannt.

Abbildung, 1) gedrucktes Bild. – ♫ Bildnisse sowie wissenschaftl. und techn. A. sind urheberrechtl. geschützt. Die Verbreitung unzüchtiger A. wird strafrechtl. verfolgt. **2)** Darstellung räumlicher Figuren in der Ebene, z.B. **optische A.** eines Gegenstandes in der Bildebene mittels Linsen; in der Mathematik auch allgemeinere Zuordnung zwischen Figuren, Punktmengen u.a.

abbinden, 1) Festwerden von Mörtel, Beton. **2)** ♫ Umschnüren von Blutgefäßen zur Blutstillung.

Abbreviat'ur [lat.] die, Abkürzung.

ABC [eibisi], Abk. für American Broadcasting Company.

Abch'asen, Volk im W-Kaukasus, meist Sunniten. **Abchasische ASSR,** autonome Sowjetrep. in der Georg. SSR, am Schwarzen Meer, 8600 km², 450 000 Ew. (A., Georgier u.a.); Hauptstadt: Suchumi.

ABC-Staaten, Argentinien, Brasilien, Chile.

ABC-Waffen, atomare, biologische und chemische Waffen.

Abd [arab.], Knecht, häufig in Eigennamen.

Abdachung, ⊕ sanfte Neigung einer Fläche.

Abdampf, →Abwärme.

Abdankung, 1) Thronverzicht. **2)** Amtsabgabe, Rücktritt. **3)** schweizerisch: Trauerfeier.

Abd ar-Rahman I., omajjadischer Herrscher (756-88), gründete das Kalifat von Córdoba, unter **A. III.** (912-61) Blütezeit des arab. Spaniens.

Abdecker [von Decke = Haut]. ✝ wer gewerbsmäßig Tierleichen beseitigt oder verwertet.

Abd el-Kader, *1808, †1883, Führer algerischer Berberstämme gegen die Franzosen.

Abd el-Krim, *1880, †1963, Führer der Rifkabylen, kämpfte gegen die Spanier und Franzosen, war 1926-47 in französ. Verbannung.

Abd'era, altgriech. Stadt in Thrakien.

Abderhalden, Emil, schweizer. Physiologe, *1877, †1950; Forschungen auf dem Gebiet der Stoffwechselphysiologie und Eiweißchemie.

Abder'iten, die Bewohner der altgriech. Stadt **Abdera** galten als beschränkt.

Abdikati'on [lat.], Abdankung. Zw. **abdiz'ieren.**

Abdingbarkeit, ♫ die Möglichkeit, von gesetzlichen Vorschriften durch Vertrag abzuweichen.

Abd'omen [lat.] das, Unterleib, Bauch.

Abdruck, ♫ Wiedergabe eines Drucktextes oder Bildes; ohne Erlaubnis des Berechtigten grundsätzl. nicht; bei Vorsatz strafbar.

Abel, der zweite Sohn Adams, →Kain.

Abencerragen, maurisches Adelsgeschlecht aus dem Königreich Granada (14./15.Jahrh.).

Abendland, 'Okzident, Europa im Gegensatz zum Morgenland (Orient).

Abendmahl, die als Gedächtnismahl gefeierte Wiederholung des letzten Mahls Jesu mit den Jüngern (Matth. 26; Mark. 14; Luk. 22), Höhepunkt des Gottesdienstes in fast allen christl. Glaubensgemeinschaften. In der kath. Kirche meist »unter einer Gestalt« (nur das Brot) verteilt; hier gilt die Lehre von der Wandlung (→Transsubstantiation). Die evang. Kirchen verteilen das

A. »unter beiderlei Gestalt« (Brot und Wein). Luther verwarf die Wandlung, lehrte aber die wirkl. Gegenwart Christi in Brot und Wein; für Zwingli ist das A. eine sinnbildl. Handlung, Calvin lehrte die geistige Gegenwart Christi.

Abendrot, entsteht durch Beugung des Sonnenlichtes an Staubteilchen und Tröpfchen in der Luft; ähnlich das Morgenrot.

Abendschulen, Fortbildungseinrichtungen für Berufstätige, im weiteren Sinn einschl. Volkshochschulen, i.e.S., im engeren Sinn **Abendgymnasien** (Ziel: Hochschulreife) und **Abendrealschulen** (Ziel: mittlere Reife); in Österreich Gymnasien und Realgymnasien für Berufstätige.

Abendstern, der Planet →Venus.

Abeok'uta, Stadt im SW Nigerias, 187 300 Ew.

Aberdare [æbəd'ɛə], Industriestadt in Wales, 40 900 Ew.; Kohlen, Eisenwerke.

Aberdeen [æbəd'i:n], Handelsstadt an der Ostküste Schottlands, 185 000 Ew.; Universität; kath. Kathedrale; Fischereihafen, Industrie.

Aberglaube, der Glaube an das Wirken magischer Kräfte, der auf vorwissenschaftl. Erkenntnissen und niederen Religionsformen beruht: Zauberbräuche, Riten, Glaube an Geister, Wahrsagerei, Talismane.

Aberkennung der bürgerlichen Ehrenrechte, →Ehrenrechte.

Aberrati'on ☆ der Winkel zwischen der Richtung, in der ein Stern erscheint, und derjenigen, in der er erscheinen würde, wenn die Erde stillstände. **2)** Linsenfehler: **sphärische A.,** Öffnungsfehler; **chromatische A.,** Farbabweichung.

Abessinien, früherer Name von Äthiopien.

Abessinischer Brunnen, →Brunnen.

Abfahrtslauf, mehrere km langer Skilauf über eine gefällereiche Bergstrecke.

Abfindung, ♫ Tilgung wiederkehrender oder nicht genau feststellbarer vermögensrechtl. Ansprüche durch eine einmalige Leistung.

Abführmittel, ♫ Mittel zur Förderung des Stuhlgangs, z.B. Glaubersalz, Rizinusöl.

Abgabe, Zahlung, die von einer Behörde oder öffentl.-rechtl. Körperschaft erhoben wird (Steuern, Zölle, Gebühren, Beiträge u.a.).

Abgase, bei Feuerungsanlagen und Verbrennungsmotoren abgehende Gase (Stickstoff, Kohlenoxyd, Kohlendioxyd, Wasserstoff u.a.).

ABGB, Abk. für Allgemeines Bürgerliches Gesetzbuch (Österreich, in Kraft seit 1812).

Abgeordnetenhaus, 1) in Preußen 1855-1918 die Zweite Kammer des Landtags. **2)** in West-Berlin seit 1950 die gesetzgebende Versammlung.

Abgeordneter, gewähltes Mitglied einer Volksvertretung, auch eines Kreistags u.a.

Abgesang, →Aufgesang.

Abgottschlange, eine →Riesenschlange.

Abguß, Abformung eines plastischen Gebildes in Gips, Wachs, Ton, Metall.

abharden gekommene Sachen, Gegenstände, die ihrem Besitzer gestohlen worden, verlorengegangen oder sonstwie abhanden gekommen sind; auf sie finden die allg. Grundsätze über den gutgläubigen Erwerb des Eigentums vom Nichteigentümer keine Anwendung, wenn es sich nicht um Geld, Inhaberpapiere oder auf einer öffentl. Versteigerung erworbene Sachen handelt.

abhorchen, →Auskultation.

Abhöreinrichtung, versteckt angebrachte Mikrophone, von denen Gespräche u.a. Geräusche zur Abhörstelle übertragen werden.

abhorresz'ieren, verabscheuen.

Abidj'an, Hauptstadt, wichtigster Hafen und Industrieplatz der Rep. Elfenbeinküste, 250 000 Ew.

'Abies [lat.] die, ⊕ die Gattung →Tanne.

Abit'ur [lat.] das, die Reifeprüfung. **Abituri'ent** [lat.] der, höherer Schüler der obersten Klasse vor und während der Reifeprüfung.

Abkömmling, Nachkomme, →Deszendent.

Ablagerung, ⊕ Anhäufung fester Stoffe durch Wasser, Wind, Lebewesen, Eis, Vulkane, z.B. Salze, Löß, Dünen, Humus, Moränen.

Ablaß, kath. Kirche: Nachlaß zeitl. Sündenstrafen. Vollkommene A. werden vom Papst, unvollkommene A. auch von Kardinälen und Bischöfen erteilt.

Ablati'on [lat.] die, 1) →Abtragung. 2) Abschmelzen der Gletscher.

'Ablativ [lat.] der, Beugungsfall in den indogerman. Sprachen; bedeutet von … weg, woher.

Ablaut, regelmäßiger Wechsel des Selbstlautes der Wurzelsilbe, z.B. bei starken Zeitwörtern: binden, band, gebunden.

Ableger, junge Pflanze, aus einem Zweig der Mutterpflanze entstanden (**Absenker**).

Ablehnung, Zurückweisung. ⚖ Im Zivilprozeß hat jede Partei das Recht, einen Richter oder Sachverständigen unter best. Voraussetzungen abzulehnen; im Strafprozeß haben Beschuldigter, Staatsanwaltschaft und Privatkläger das gleiche Recht (§§ 41 ff., 406 ZPO; §§ 24 ff., 74 StPO).

Ablösung, ⚖ Aufhebung von Lasten und Verpflichtungen gegen Entschädigung, meist in Geld.

Abmagerung, Abnahme der Körpergewichts durch unregelmäßige Lebensweise, Fehlernährung, Hunger, Krankheiten (Magen-Darm-Erkrankungen, Drüsenstörungen, Tuberkulose, Krebs).

Abmeierung, ⚖ Entzug des Eigentums, Besitzes oder der Verwaltung und Nutznießung an einem landwirtschaftl. Grundstück.

Abmusterung, Beendigung des Dienstverhältnisses der Seeleute vor dem Seemannsamt.

abn'orm [lat.], regelwidrig; krankhaft. **Abnormit'ät** die, Mißbildung, Entartung.

Åbo ['ɔ:bu:], schwed. Name für →Turku.

Abodr'iten, Obotr'iten, slaw. Stamm in Mecklenburg, von Heinrich d. Löwen unterworfen.

Aboliti'on [lat.] die, 1) das Niederschlagen eines Strafverfahrens. 2) Abschaffung der Sklaverei.

A-Bombe, Abk. für →Atombombe.

abomin'abel [frz.], abscheulich, scheußlich.

Abonnement [abɔnmã, frz.] das, -s/-s, Anrecht, Dauermiete, Dauerbezug. der **Abonn'ent,** Dauerbezieher.

Ab'ort [lat.] der, die →Fehlgeburt; krimineller (strafbarer) A., die →Abtreibung.

'Abort der, Abtritt, Klosett.

abort'iv [lat.], unfertig entwickelt (Keim).

ab 'ovo [lat. »vom Ei an«], vom Uranfang an.

Abplattung, bei Himmelskörpern die Verkürzung des Poldurchmessers gegenüber dem Äquatordurchmesser, ausgedrückt in Teilen des letzteren. A. der Erde: $^1/_{298}$, des Saturn: $^1/_{10}$.

Abraham, der Stammvater der Israeliten.

Abraham, Paul, Operettenkomponist, *1892, †1960. »Ball im Savoy«, »Die Blume von Hawaii«.

Abraham a Sancta Clara, volkstüml. Kanzelredner in Augsburg, Graz, Wien, *1644, †1709.

Abrakad'abra, altertüml. Zauberwort.

Abrasi'on [lat. Kw.] die, 1) ⚕ Ausschabung. 2) ⊕ abtragende Tätigkeit der Brandungswellen an Küsten; Abschabung.

Abraum, ⚒ unbrauchbares Gestein über nutzbarem; **A.-Salze,** die über dem Steinsalz lagernden, früher als wertlos entfernten Kalisalze.

Abr'axas, Zauberwort, häufig auf Gemmen.

abreagieren, seel. Vorgang, bei dem innere Spannungen auf dem Wege Befreidigung schaffender Tätigkeiten zum Abklingen gelangen.

Abrechnung, 1) Rechnung, die das Ergebnis eines Geschäfts feststellt. 2) Verrechnung der gegenseitigen Forderungen und Schulden der Banken zur Verringerung der Barzahlungen. **Abrechnungsverkehr** im internat. Handel, →Clearing.

Abri [frz. »Obdach«] der, -s/-s, steinzeitl. Siedlungsstelle unter einem Felsüberhang (**Balme**).

Abriß, kurze Darstellung.

abr'upt [lat.], abgebrochen, zusammenhanglos.

Abrüstung. Eine allgemeine internat. A. wurde bisher vergeblich angestrebt, so auf der Haager Friedenskonferenz (1899), im Völkerbund, auf der Genfer Abrüstungskonferenz (1932/33). Die Rüstungen zur See wurden zwischen den Hauptseemächten begrenzt durch die Flottenverträge von Washington (1922) und London (1930, 1936) sowie durch das dt.-engl. Flottenabkommen

(1935, 1937). Einseitige Rüstungsbegrenzungen wurden den besiegten Mächten nach dem 1. Weltkrieg, Italien nach dem 2. Weltkrieg auferlegt. Dtl. und Japan wurden nach dem 2. Weltkrieg einer völligen A. unterworfen. Die Satzung der Verein. Nationen sieht ein System der Rüstungsregelung vor, zu dessen Planung und Vorbereitung 1951 der Abrüstungsausschuß eingesetzt wurde. 1963 wurde ein Atomwaffen-Versuchsstopp vereinbart, 1968 ein Vertrag über die Nichtweiterverbreitung von Kernwaffen und spaltbarem Material abgeschlossen.

Abr'uzzen Mz., italien. Gebirgslandschaft im Apennin, nordöstl. von Rom; schwer zugängliches, fast entwaldetes Hochland, Viehwirtschaft; in den Tälern Getreide-, Wein-, Obst- und Olivenanbau. Im O der Gran Sasso d'Italia (2914 m).

Abruzzen:
Gran Sasso

Abs, Hermann Josef, Bankier, *1901, leitend im dt. Kreditwesen (u.a. Deutsche Bank).

Absal'om, der dritte Sohn Davids.

Absatz, ⚖ die Abgabe von Gütern oder Dienstleistungen durch ein Unternehmen an Dritte. Die A.-Höhe wird bestimmt durch Preis, Qualität, Produktgestaltung, Sortiment und Werbung. Der A.-Finanzierung dient das →Abzahlungsgeschäft.

Abschiebung, Verwaltungsmaßnahme zur Entfernung von Landstreichern, Arbeitsscheuen u.a. unerwünschten Personen aus einem Gebiet.

Abschied, 1) die Entlassung aus einer öffentl. Dienststelle (Beamte, Offiziere). 2) im Dt. Reich vom Kaiser verkündete Beschlüsse bei Abschluß eines Reichstages (**Reichsabschied**).

Abschirmung, ⚡ Schutz von elektr. Stromkreisen (Schwingungskreisen, Leitungen, Maschinen, Beleuchtungsanlagen, Hochfrequenzanlagen) gegen Aus- und Einstrahlung von störenden, meist hochfrequenten Feldern, in der Regel durch metallische, geerdete Umhüllungen.

Abschlag, 1) Verminderung, Preissenkung. 2) ⚖ auf A. kaufen, svw. auf Abzahlung kaufen. 3) ⚽ Anfang einer Spielbahn, Spielbeginn. 4) Werkzeug der altsteinzeitl. Klingenkultur.

Abschluß, 1) gültige Abmachung, Kaufvertrag. 2) Jahresabschlußrechnung. **Abschlußprüfung,** vorgeschriebene Prüfung des A. durch einen unabhängigen **Abschlußprüfer.**

Abschöpfung, Maßnahme, durch die der Preis einer Ware bei der Einfuhr dem im Inland festgelegten oder angestrebten Preis angeglichen wird.

abschrecken, rasch abkühlen, z.B. ein glühendes Werkstück beim Härten.

Abschreckungstheorie, ⚖ Strafrechtslehre: strenge Strafen sollen Verbrechen verhüten.

Abschreibung, Herabsetzung des Buchwertes eines Vermögensgegenstandes in der Bilanz, dient der anteilmäßigen Verteilung der gebrauchsbedingten Wertminderung auf die Nutzungsdauer.

abseits, Fußball: ein Spieler ist a., wenn er sich ohne Ball zwischen Tor und Verteidigung des Gegners aufstellt, um ihm zum ihm zugespielten Ball weiterzuspielen.

Absence [abs'ã:s, frz. »Abwesenheit«], ein meist nur Sekunden andauernder Zustand der Bewußtlosigkeit; Symptom verschiedener Krankheiten.

Absenker, ⚘ der →Ableger.

**Abraham
a Sancta Clara**

abs'ent [lat.], abwesend. Hauptw.: die **Abs'enz.**

Abs'inth [grch.], Trinkbranntwein aus Wermut; gesundheitsschädlich, Herstellung verboten.

absol'ut [lat.], unabhängig; unbedingt. Philosophie: Sein, das unabhängig von allem ist.

absolute Musik, Instrumentalmusik ohne poetische Vorlage und begrifflich faßbaren Inhalt. Gegensatz: Programmusik.

absoluter Nullpunkt, die tiefste mögliche →Temperatur. Sie beträgt −273,16 °C.

absolutes Gehör, die Fähigkeit, Töne in ihrer tatsächl. Höhe ohne Hilfsmittel zu bestimmen.

Absoluti'on [lat.] die, Freisprechung. Kathol. Kirche: priesterl. Lossprechung bei der Beichte.

Absolut'ismus [neulat.] der, Regierungsform, in der der Herrscher die unbeschränkte gesetzgebende und vollziehende Gewalt innehat, im 17. und 18. Jahrh. fast in allen europ. Staaten; Höhepunkt in Frankreich unter Ludwig XIV.

Absolv'ent [lat.], der Schulentlassene.

absolv'ieren [lat.], 1) los-, freisprechen; 2) mit Erfolg beenden (Schule), bestehen (Prüfung).

Absonderung, 1) ♀ Abgabe von Stoffen durch Drüsen oder Haargefäßwände, nach außen (→Exkrete), in Körperhöhlen (→Sekrete) oder ins Blut (→Inkret). 2) ⚖ Herausnahme eines Gegenstandes, an dem ein Pfand- oder Zurückbehaltungsrecht besteht, aus der Konkursmasse zur vorzugsweisen Befriedigung des (Pfand-)Gläubigers.

Absorpti'on [lat.] die, 1) Aufsaugung. 2) ◐ Lösung eines Gases in Flüssigkeit. 3) ▨ Schwächung von Strahlen beim Durchgang durch einen Stoff. Zeitwort: **absorb'ieren.**

Absorptionslinien, →Spektrum.

Abstammungslehre, Deszendenzlehre, Evolutionslehre, die Lehre, daß alle Lebewesen sich während sehr langer Zeiträume aus einfacheren Formen durch Höherentwicklung und Spezialisierung herausgebildet haben. Sie wurde zuerst durch Lamarck 1809 wissenschaftl. begründet und 1859 durch Charles Darwin (→Darwinismus) gestützt und vertieft. Beweise für die A. liefern Funde vorweltl. Lebewesen, die Entwicklungsgeschichte (Ontogenie), die in der Tierwelt weitverbreiteteEinheitlichkeit im Körperbau, Tatsachen der Verbreitung der Lebewesen, z.B. altertüml. Formen auf Inseln (Australien).

Abstand, 1) ⚖ Geldbetrag, gegen den jemand ein Recht (Mietrecht) oder anderen Vorteil aufgibt. 2) △ A. zweier Punkte ist die Strecke, die sie verbindet; A. eines Punktes von einer Geraden ist das Lot durch den Punkt auf die Gerade; A. zweier Geraden ist das Lot durch einen Punkt der einen Geraden auf die andere Gerade.

abstechen, 1) Stücke von einer Metallstange abtrennen. 2) Schlachten von Tieren. 3) geschmolzenes Metall aus dem Schmelzofen ablassen. 4) geklärten Faßwein vom Bodensatz trennen.

abstimmen, 📻 das Einstellen des Schwingungskreises eines Empfängers oder Senders auf die gewünschte Frequenz. **Abstimmanzeigeröhre,** das Magische Auge.

Abstimmung, die der gemeinsamen Willensbildung dienende Stellungnahme der Mitglieder einer Personengesamtheit zu einem Vorschlag oder Antrag. **Öffentl. A.:** durch Zuruf, Beifall, Aufstehen, Handerheben, Hammelsprung, namentliche Stimmabgabe. **Geheime A.:** durch verdeckte Abgabe von Zetteln oder verschiedenfarbigen Kugeln.

Abstimmungsgebiete, →Versailler Vertrag.

Abstin'enz [lat.], die Enthaltsamkeit.

abstr'akt [lat.], rein begrifflich. Gegensatz: konkret. Hauptwort: das **Abstr'aktum,** -s/...ta. **Abstrakti'on** die, das Bilden von allgemeinen Begriffen. Zeitwort: **abstrah'ieren.**

abstrakte Kunst, eine im allgem. nicht mehr gegenständl. Darstellung losgelöste Kunstrichtung des 20. Jahrh. (→Moderne Kunst).

Abstrich, ♀ mit Wattebausch abgestreifte Schleimhautabsonderung zum mikroskop. Nachweis von Krankheitserregern, z.B. Rachen-A.

abstr'us [lat.], verworren, unverständlich.

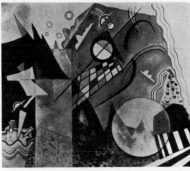

abstrakte Kunst: Kandinsky, Helles Grün

Absud der, Abkochung z. B. von Heilkräutern.

abs'urd [lat.], widersinnig, sinnlos.

absurdes Theater, Theater, das zur Grundlage dramatischer Gestaltung Sinnloses und Sinnwidriges nimmt, um die bürgerliche Scheinsicherheit und ausweglose Situation des modernen Menschen sichtbar zu machen.

Absz'eß [lat.] der, ♀ mit Eiter gefüllte Höhle im Körpergewebe.

Absz'isse [lat.] die, →Koordinaten.

Abt [von →Abba] der, Vorsteher eines Klosters oder Ordens und in der Ostkirche (→Guardian, →Prior, →Superior).

Abt, Franz, Liederkomponist, *1819, †1885.

abtakeln, ⚓ Masten, Segel, Taue abnehmen.

Abt'ei die, unter einem Abt (Äbtissin) stehendes selbständiges Kloster. Die **A. nullius** hat eigenes Territorium, das keinem Bischof, sondern dem Abt unterstellt ist.

abteufen, ⛏ Schächte niederbringen (→Bergbau).

Äbt'issin, Vorsteherin eines Frauenklosters.

Abtragung, ⊕ allmähl. Einebnen der Oberflächen des Festlandes, bes. durch Wasser, Wind.

Abtreibung, rechtswidrige Unterbrechung der Schwangerschaft (Entfernung der Leibesfrucht). Strafe: Freiheitsstrafe bis oder über ein Jahr (§ 218 StGB).

Abtretung, Zessi'on, ⚖ Übertragung einer Forderung oder eines Rechtes (Urheber-, Patentrechtes) auf einen anderen durch Vertrag. Bei der Forderungsabtretung ist die Zustimmung des Schuldners nicht erforderlich (§§ 398 ff. BGB).

Abtrieb, 1) 🌲 das Abholzen eines Bestands. 2) Heimkehr der Herde von der Sommerweide.

Abtrift, 1) ✈/⚓ Abweichen vom Kurs durch Wind und Seegang. 2) →Abtrieb 2).

Abu [arab.], Vater; oft in Eigennamen.

Abu Bekr, erster Kalif der Muslime, †634, Schwiegervater Mohammeds.

Abuk'ir, ägypt. Dorf bei Alexandria; 1. 8. 1798 engl. Seesieg (Nelson) über die Franzosen.

Abul'ie [grch.], die, Willenlosigkeit.

Abund'anz [lat.], die, Überfluß.

ab 'urbe c'ondita [lat.], seit Gründung der Stadt (Rom, 753 v.Chr., →Ära); abgek.: a.u.c.

Abu S'imbel, Felsentempel Ramses' II. in Ägypten, am westl. Nilufer, nördl. von Wadi Halfa, durch den Assuanstausee bedroht, wurden sie in sicherer Höhe versetzt. (TAFEL Baukunst).

abus'iv [lat.], mißbräuchlich.

Ab'usus [lat.] der, Mißbrauch, bes. von Arzneimitteln.

Abwärme, die in Abgasen, Abdampf, Kühlwasser usw. enthaltene Wärme von Feuerungen, Schmelzeinrichtungen, Krafterzeugungsanlagen, die für das eigentliche Arbeitsverfahren verloren ist. Durch **Abwärmeverwertung** können die heißen Gase der Feuerungen zur Raumheizung, Warmwasserbereitung u.a. benutzt werden. Der Abdampf von Dampfkraftmaschinen läßt sich

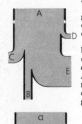

Abwärme

zum Heizen und Trocknen und in Abdampfturbinen, die Abgase von Verbrennungskraftmaschinen in Abgasturbinen verwerten. BILD: A zugeführte Wärme eines Schmiedeofens, a eines Ottomotors (100%). Wirksam gemachte Wärme B 16%, b 24%. Strahlungsverlust C 20%, c 7%. Unverbranntes in der Asche D 8%. Schornstein und Abgasverlust E 56%, e 36%. Kühlwasserverlust F 33%.

Abwässer, verunreinigte Wässer aus Haushaltungen, gewerbl. und industriellen Anlagen, auch Niederschlagswasser, die vor der Einleitung in einen Wasserlauf in Kläranlagen zu reinigen sind. Die groben Stoffe werden durch Sandfänge, Rechen, Schlammabsetzbecken entfernt. Fäulnisfähige Stoffe können durch Chemikalien (z. B. Chlor) oder durch biologischen Abbau unschädlich gemacht werden. Das beim Ausfaulen entstehende Gas (zu 80% Methan) kann als Zusatz zu Stadtgas und als Treibgas verwendet werden.

Abwehrdienst, militärischer Geheimdienst.

Abwehrfermente, vom Blut gebildete Schutzstoffe, die etwa eingedrungene blutfremde Eiweißkörper chemisch abbauen sollen.

Abweichung, →Deklination.

Abwerbung, 1) Arbeitskräfte aus anderem Betrieb für den eigenen gewinnen. 2) A. in die Bundesrep. Dtl. wird in der Dt. Dem. Rep. als Verleitung zur Republikflucht bestraft.

Abwertung, Devalvation, 1) Herabsetzung des Wertes (Parität) einer Währung gegenüber der Währungsgrundlage (Gold oder Leitwährung) und damit gegenüber ausländ. Währungen. 2) bei inländ. Währungsreform Herabsetzung des Wertes der neuen gegenüber der alten Währung (1948: 10 RM = 1 DM).

abwickelbare Flächen, △ sind Flächen von Körpern, die sich in eine Ebene ausbreiten lassen, z.B. Kegel- und Zylindermantel.

Ab'ydos, 1) alte Stadt in Oberägypten, mit Tempelruinen, Gräbern. 2) altgriech. Stadt in Kleinasien, am Hellespont.

Abzahlungsgeschäft, Verkauf gegen Teilzahlungen (Raten), bei dem die Kaufsache sogleich übergeben wird. Bei Rücktritt des Verkäufers muß der Käufer die Sache, der Verkäufer die Teilzahlungen zurückgeben. Der Verkäufer hat in diesem Fall Anspruch auf Kostenersatz und Entschädigung für die Wertminderung.

Abzeichen, 1) Merkmal. 2) Kennzeichnung der Zugehörigkeit, des Dienstgrads, auch des Verwendungszwecks u.a. 3) ⚇ weiße Stellen in Haar und Haut der Haustiere (z.B. Blesse).

Abzug, 1) Öffnung zum Entweichen von Gasen: Rauchabzug. 2) Einzelabdruck auf der Abziehpresse. 3) Vervielfältigung eines Lichtbilds. 4) Vorrichtung zum Abfeuern von Schußwaffen (A.-vorrichtung).

Ac, chem. Zeichen für →Actinium.

a. c., Abk. für anni currentis, laufenden Jahres.

Académie Française [fräs'ε:z, frz.] →Akademie.

a capp'ella [ital.], ♪ nur für Singstimmen, ohne Instrumentalbegleitung.

Acap'ulco, mexikan. Hafenstadt am Stillen Ozean, 40000 Ew., einer der besten Naturhäfen; internat. Modebad.

accelerando [atʃeler'ando, ital.], ♪ schneller werdend.

Accent aigu [aksãtεg'y], **A. grave** [-gr'a:v], **A. circonflexe** [-sirkõfl'εks], franzöz. Namen für die Betonungszeichen ´, `, ^.

Acc'entus [lat.], Sprechgesang beim Vortrag des Evangeliums in der kath. Kirche; in der evang. Kirche neuerdings im Berneuchener Kreis.

Accessoire [aksεsw'a:r, frz.] das, modisches Zubehör (Hut, Tasche u.a.).

Accra, Akkra, Hauptstadt von Ghana, Hafen und bed. Handelsplatz, 400000 Ew.; Funkstelle.

Accrington [ˈækrɪŋtən] engl. Industriestadt nördl. von Manchester, 41000 Ew.; Baumwolle, Chemikalien; Kohlengruben.

'Acer [lat.] der, ⚘ Pflanzengattung →Ahorn.

Acet'at [lat.] das, Salz der Essigsäure.

Acet'on das, CH_3COCH_3, farblose, brennbare Flüssigkeit, Lösungsmittel für Fette und Lacke.

Acet'ylcellulose, Essigester der Zellulose; dient zur Herstellung von Lacken und Acetatseide (→Kunstseide).

Acetylchol'in das, Gewebshormon, erweitert die Blutgefäße, senkt den Blutdruck.

Acetyl'en das, **Äthin,** C_2H_2, gasförmiger Kohlenwasserstoff, hergestellt durch Zersetzen von Calciumcarbid mit Wasser; einer der wichtigsten Grundstoffe der chem. Ind.: Anlagerung von Chlor führt zu techn. Lösungsmitteln, Anlagerung von Chlorwasserstoff und Polymerisation zu vielgebrauchten Kunststoffen, ebenso Reaktionen unter erhöhtem Druck (»Reppe-Chemie«); Herstellung von Kunstkautschuk und Kunstfasern.

Ach'äa, 1) griech. Landschaft im NW der Peloponnes, Hauptstadt: Patras. 2) Name Griechenlands als röm. Provinz.

Ach'äer Mz., altgriechischer Volksstamm in Thessalien und Peloponnes. 2) bei Homer Gesamtname der Griechen.

Ach'äischer Bund, altgriech. Städtebund (280-146 v. Chr.), umfaßte zeitweise die ganze Peloponnes, ging 146 im Röm. Reich auf.

Achämen'iden Mz., altpers. Herrschergeschlecht; erlosch 330 v. Chr. mit Darius III.

Ach'äne [grch.] die, Nußfrucht der Korbblüter, z. B. Sonnenblume, Löwenzahn.

Achard, 1) Franz C., Chemiker, *1753, †1821, Bahnbrecher der Rübenzuckerherstellung. 2) [aʃ'a:r], Marcel, französ. Dramatiker, *1899, schrieb geistreiche, spielerische Komödien.

Ach'at [grch.] der, Halbedelstein, aus verschiedenfarbigen Schichten aufgebauter Chalcedon; wird zu Schmuckstücken, Lagern u.a. geschliffen. Hauptverarbeitung in Idar-Oberstein.

Achema, Ausstellung für chemisches Apparatewesen, alle 3 Jahre in Frankfurt a.M.

Achensee, größter See Tirols, Österreich, 7,34 km²; Wasserkraftwerk.

'Acheron der, Fluß im südl. Epirus, Griechenland; Sage: der Fluß der Unterwelt.

Acheuléen [aʃøle'ε, nach Saint-Acheul, Vorort von Amiens] das, auf das Abbevillien folgende Kulturstufe der Altsteinzeit.

Ach'ill, Achilles, Achilleus, bei Homer der tapferste griech. Held vor Troja. Sohn des Peleus (daher: »der Pelide«) und der Thetis, tötete Hektor, der seinen Freund Patroklos erschlagen hatte, fiel durch Paris. Nach späterer Sage war er nur an der Ferse verwundbar (**Achillesferse**).

Achill'ea [grch.] die, ⚘ Gattung →Schafgarbe.

Achat

Achillessehne, Sehne des Wadenmuskels.

Achol'ie die, ⚕ verminderte Bildung oder Ausscheidung von Galle in den Darm, erkennbar an der graugelb. Stuhlfarbe.

a. Chr., Abk. für ante Christum (natum), vor Christi Geburt.

achromatisch [grch.] sind Linsen oder Prismen, die von Farbfehlern freie Abbildungen erzeugen. Der **Achromat** ist ein a. Linsensystem aus einer Sammel- und einer Zerstreuungslinse.

Achsdruck, Achslast, der auf eine Fahrzeugachse entfallende Anteil des Gesamtgewichts.

Acapulco

achromatisch: grau: Flint, weiß: Kron

Achse die, 1) gedachte gerade Linie, um die ein Körper sich dreht (**Rotationsachse**), z.B. Erdachse. 2) △ Symmetrieachse, →Symmetrie. 3) **optische A.**, Gerade durch die Mittelpunkte von Linsen und Spiegeln eines optischen Geräts; auch optisch ausgezeichnete Gerade in Kristallen. 4) ⚙ Maschinenteil, zum Abstützen sich drehender Körper (Rad, Rolle); er überträgt keine Drehmomente (→Welle). 5) ⚘ Stengel, Schaft, Halm, Stamm, Wurzelstock.

Achse Berlin-Rom, die politische Zusammenarbeit zwischen Hitler und Mussolini (1936-43).

Achsel, 1) die Schulter. 2) ⚘ der Winkel, den ein Blatt mit seiner Mutterachse bildet.

Achskilometer, von einer Eisenbahnwagenachse durchlaufene Kilometer.

Achsstand, der Abstand zwischen den Mitten zweier Fahrzeugachsen.

Acht die, im german. Recht die Ausstoßung eines Friedensbrechers aus der Gemeinschaft; jeder durfte ihn bußlos töten. Im MA. nur noch für Landfriedensbruch verhängt.

achter [niederdt.], hinter. **achteraus,** hinter dem Schiff. **achtern,** hinten. das **Achterdeck,** rückwärtiges Schiffsdeck.

Achter, ⚓ Boot für 8 Ruderer und Steuermann.

Achtstundentag, →Arbeitszeit.

ADAC

Achtundvierziger, die Anhänger der liberalen und nationalen Bewegung, die in der Revolution von 1848 die großdt. Lösung erstrebten.

Achyl'ie die, Fehlen eines Verdauungssaftes.

'Acidum [lat.], Säure.

Acireale [atʃire'a:lə], Hafenstadt auf Sizilien, 44000 Ew.; Bischofssitz; Thermen, Seebäder.

Acker, früheres Feldmaß, 22-65 Ar.

Ackerbau, Agrikultur, allgemein die gesamte Landwirtschaft, im bes. nur Anbau und Ernte der Nutzpflanzen (Pflanzenbau), meist verbunden mit Viehzucht und -haltung, auch Molkerei, Brennerei, Trocknung u. a. Wirtschaftsgeschichtlich ist der A. eine Entwicklungsstufe der Menschheit, die durch die Verwendung von Pflug, Hacke und Zugtier gekennzeichnet ist.

Ackermann, Konrad E., Schauspieler und Bühnenleiter, *1710/12, †1771, erbaute 1765 in Hamburg ein Theater.

Ackermann aus Böhmen, →Tepl, Joh. von.

Ackernahrung, die Ackerfläche, die eine Familie allein bewirtschaften kann und die ihr ausreichenden Lebensunterhalt gibt.

Ackerschnecke, graue bis rötlichgraue Nacktschnecke, Pflanzenschädling, 4 cm groß.

Aconc'agua, der höchste Berg Amerikas, 6958 m, in den argentinischen Anden.

à condition [a kõ:disj'õ, frz.], bedingt. Lieferungsform im Buchhandel.

Aconitum [lat.] das, ⚘ die Gattung →Eisenhut.

a c'onto [ital. »auf Rechnung«], abgek. a/c oder a.c., Abschlagszahlung auf eine Schuld.

Ac'osta, Uriel, jüd. religiöser Denker, *um 1585, †1640. Trauerspiel »Uriel A.« von Gutzkow.

Acre of land ['eikɔ ɔv lænd] das, Flächenmaß in den angloamerikan. Ländern (40,5 a).

Acr'ylharze, Polyacrylharze, glasklare, thermoplastische und wetterbeständige Kunststoffe. A. sind Polymerisate und Mischpolymerisate der Acrylsäure und der Methacrylsäure sowie deren Ester, Amide und Nitrile.

Acr'ylnitril, Kunststoff aus Äthylenoxyd oder Acetylen und Blausäure; Polymerisationskomponente bei der Herstellung von synthet. Fasern.

Acr'ylsäure, ⚘ die einfachste ungesättigte organische Säure $CH_2 = CH \cdot COOH$.

act [ækt, engl.], im angloamerikan. Recht: Gesetz Beschluß, auch Rechtshandlung, Willenserklärung.

Acta [lat. »Geschehenes«, »Verhandeltes«] Mz., →Akten. **ad 'acta legen,** als erledigt betrachten.

ACTH, adrenocorticotropes Hormon, ein Hormon des Vorderlappens der Hirnanhangdrüse.

Actiniden, Gruppe chemisch verwandter Elemente mit Ordnungszahlen zwischen 89 und 103, benannt nach **Actinium** (89); enthält die Transurane Americium (95), Curium (96), Berkelium (97), Californium (98), Einsteinium (99), Fermium (100), Mendelevium (101), Nobelium (102), Laurentium (103).

Actinium das, **Ac,** radioaktives chem. Element.

Actinon das, **An, Actiniumemanation,** Isotop des radioaktiven chem. Elementes Radon.

Action Française [aksj'õ frãs'ε:z], französ. royalist. und nationalist. Gruppe, bestand 1898-1936; Führer: Ch. Maurras und L. Daudet.

Action Painting ['ækʃən p'eintiŋ, engl.], eine abstrakte Malweise, die das Erlebnis entfesselter Aktion im Malvorgang unmittelbar sichtbar werden läßt.

'Actium, Vorgebirge der griech. Westküste. 31 v.Chr. siegte hier Oktavian über die Flotte von Marcus →Antonius und Kleopatra.

Ac'umen [lat.] das, Spitze; Witz.

ad [lat.], 1) zu, z.B. **ad rem,** zur Sache. 2) Vorsilbe in Fremdwörtern: bei..., zu..., z.B. Adjektiv, das Beigefügte.

a.D., Abk. für außer Dienst.

a.D. oder **A.D.,** Abk. für anno Domini (→anno).

ad abs'urdum führen, Widersinnigkeit aufdecken; lächerlich machen.

ADAC, Abk. für Allgemeiner Deutscher Automobil-Club.

adagio [ad'a:dʒo, ital.], ♪ langsam. **Adagio** das, langsamer Satz eines Musikstückes.

'Adahandschrift, Prachtevangeliar der Hofschule Karls d. Gr. um 800 (Trier, Stadtbibl.).

Adalbert, männl. Vorname, →Albrecht.

Adalbert, Erzbischof von Hamburg-Bremen, * um 1000, †1072, missionierte die nord. Länder bis Island und Grönland; 1063-66 Vormund Heinrichs IV.

Adalbert von Prag, Bischof von Prag, wurde 997 erschlagen, als er die Preußen bekehren wollte; Heiliger (Tag 23. 4.).

Adam [hebr. »Mensch«] und **Eva** [hebr. »Leben«], das erste Menschenpaar (A.T.; 1.Mos.1-4).

Adam, bayerische Malerfamilie. **Albrecht A.,** *1786, †1862, malte Pferde und Schlachten; ebenso sein Sohn **Franz,** *1815, †1886. Katzenbilder malte sein Enkel **Julius** (»Katzenadam«).

Adam, Adolphe, frz. Opernkomponist, *1803, †1856; »Der Postillon von Longjumeau« (1836).

Adam'aua, Landschaft in Afrika, im Grenzgebiet von Kamerun und Nigeria.

Adam de la Halle [ad'ã də la al], französ. Dichter und Komponist, *um 1238, † um 1288.

Adam'ello, Gebirgsgruppe in den südl. Rätischen Alpen (Italien), bis 3554 m hoch.

Adams ['ædəmz], 1) John, 2. Präs. der USA (1797-1801), *1735, †1826, schloß 1783 den Frieden mit England. 2) John Quincy, Sohn von 1), 6. Präs. der USA (1825-29), *1767, †1848. 3) Henry, Enkel von 2), Historiker und Geschichtsphilosoph, *1838, †1918.

Adamsapfel, →Kehlkopf.

Adamsbrücke, Inselreihe zwischen S-Indien und Ceylon.

Adam von Bremen, Chronist, † zwischen 1081/85; »Geschichte der Hamburgischen Kirche«.

Adan'a, Stadt im SO der Türkei, 230000 Ew.; Textil-, Baustoff-, Nahrungsmittel-Industrie.

'Adapazari, Adapasar, Stadt in der Türkei, 80200 Ew.; Getreide, Obst, Tabak, Leder.

Ad'apter, der, 1) bei Rollfilmkameras ein Zwischenrahmen, der Platten oder Mattscheiben trägt. 2) Zusatzgerät zum Empfang von Stereosendungen mit Rundfunkempfängern.

adapt'ieren [lat.], anpassen. **Adaptati'on** die, Anpassung, z. B. der Lichtempfindlichkeit des Auges an die Beleuchtung.

adäqu'at [lat.], angemessen, passend.

ad cal'endas gr'aecas [lat. »bis zu den griech. Kalenden« →Calendae], lat. Sprichwort, svw. »nie« (griech. Kalenden gab es nicht).

Adda die, linker Nebenfluß des Po, Italien.

add'ieren [lat.], zusammenzählen. Hauptw. **Additi'on,** →Grundrechnungsarten.

Add'iermaschine, Rechenmaschine zum Addieren und Subtrahieren.

add'io [ital.], Gott befohlen! Leb' wohl!

'Addis 'Abeba [»neue Blume«], Hauptstadt von Äthiopien, 2424 m ü.M., 450000 Ew.; Bahn nach Djibouti. Universität, Polytechnikum.

Addison ['ædisn], 1) Joseph, engl. Schriftsteller, *1672, †1719, gab mit Steele die ersten moralischen Wochenschriften heraus. 2) Thomas, engl. Arzt, *1793, †1860; **Addisonsche Krankheit,** eine Erkrankung der Nebennieren mit bronzegelber Verfärbung der Haut (Bronzekrankheit).

Additives ['æditivz, engl.], Substanzen, die Erdölprodukten in kleinen Mengen zugesetzt werden, um deren Eigenschaften zu verbessern.

'Adebar [niederdt. »Glücksbringer«], der Storch.

Adel [ahd. adal »edles Geschlecht«] der, ein ehemals durch Abstammung und Besitz bevorrechteter Stand. Die älteste Schicht des dt. A. sind die Edelfreien der frühen MA.; aus ihnen entstand der **hohe A.** der Landesfürsten und der späteren →Standesherren. Durch ritterl. Kriegsdienst (→Ministeriale) und Ausstattung mit Lehen bildete sich dann im hohen MA. der Ritterstand, der Kern des **niederen A. (Dienstadel).** Seit dem 14. Jahrh. wurde der A. auch durch kaiserl. **Adelsbrief** verliehen **(Briefadel).** Die Adelsvorrechte wurden im 19. Jahrh. beseitigt. Seit 1919 werden die Adelsbezeichnungen (Herzog, Fürst, Graf, Freiherr oder Baron, Ritter, Edler und das bloße »von«) nicht mehr verliehen; sie sind in Dtl. nur Teil des Namens. – Lebendig ist der A. noch in England.

Adelaide [...], Hauptstadt von Süd-Australien, 726900 Ew.; Bergschule, Universität.

Adelboden, Kurort und Wintersportplatz im Berner Oberland, Schweiz, 1356 m ü.M., 2900 Ew.

Ad'ele [frz., aus ahd. Adala »die Edle«], weibl. Vorname. **Adelheid** [ahd. adal »edles Geschlecht«, heit »Wesen«], weibl. Vorname.

Adelheid, *um 931, †999, burgundische Königstochter, seit 951 zweite Gemahlin Kaiser Ottos I., führte 991-995 für ihren Enkel Otto III. die Regentschaft. Heilige (Tag. 16.12.).

Ad'élieland, Landstreifen in der Antarktis, südl. von Australien; von Frankreich beansprucht.

'Adelsberg, slowen. **Postojna,** Stadt in Slowenien auf dem Karst, 8000 Ew.; bekannt die **Adelsberger Grotten** (BILD Höhle).

Adelung, Johann Christoph, Sprachforscher, Lexikograph, *1732, †1806.

Aden, 1) Hafenstadt nahe der SW-Ecke Arabiens, 55000 Ew. 2) **Staat A.,** bis 1955 brit. Kolonie A., umfaßte die Stadt und ihre Umgebung, war seit 1963 Gliedstaat der Südarabischen Föderation unter brit. Oberhoheit, wurde 1967 Teil der Volksrep. Südjemen. 3) **brit. Protektorat A.,** bestand aus mehreren Sultanaten. Einige Sultanate der W-Protektorats bildeten 1959 eine Föderation; diese und das O-Protektorat gingen 1967 nach Abzug der Briten in der Volksrep. Südjemen auf.

Adenauer, Konrad, *1876, †1967, 1917-1933 und 1945 Oberbürgermeister von Köln, Mitgründer und Vors. der CDU, Bundeskanzler seit 1949, 1953, 1957 und 1961 wiedergewählt. 1951 bis 1955 auch Außenmin. A. stellte in enger Anlehnung an die Westmächte 1955 die Souveränität der Bundesrep. her, setzte sich für die europ. Einigung ein, erreichte die Verständigung mit Frankreich, stellte die diplomat. Beziehungen zur Sowjetunion her. 1963 trat er als Bundeskanzler, 1966 als Vorsitzender der CDU zurück. Seit 1965 erschienen seine »Erinnerungen«.

adeno'ide Wucherungen, ⚕ Schwellungen der Rachenmandeln, meist im Kindesalter; sie verlegen die Nasenatmung und bewirken Luftmangel.

Aden'om das, Drüsengeschwulst.

Adenos'in das, organ. Verbindung aus dem Purinbase Adenin und dem Zucker Ribose. **Adenosintriphosphorsäure, ATP,** ist entscheidend am Kohlenhydrat-, Phosphorsäure- und Eiweißstoffwechsel der Körperzellen beteiligt.

Ad'ept [lat.] der, 1) Goldmacher (Alchimist). **2)** in die Geheimnisse einer Kunst Eingeweihter.

Aderhaut, Gefäßhaut im Auge.

Aderlaß, Blutentnahme aus einer Vene mittels Hohlnadel oder Venenschnitt zu Heilzwecken.

Adermin, →Vitamin.

Adern, 1) Blutgefäße; die muskulös-elastischen Röhren, in denen das Blut fließt: →Schlagadern (Arterien), →Blutadern (Venen). 2) mineralische Füllmasse schmaler Gesteinsspalten. 3) Ast eines verzweigten Liniengewirrs: **Blattader, Marmorader.**

Adgo, Allg. Dt. Gebührenordnung für Ärzte, **G.O.Ae.** (amtl. Gebührenordnung für Ärzte) ersetzt.

Adhäsi'on [lat. »Anhaften«] die, 1) ⊠ das Haften von Stoffen aneinander, beruht auf Molekularkräften. 2) die bindegewebige Verwachsung sonst nicht miteinander verbundener Organe, z.B. von Lunge und Rippenfell.

ad hoc [lat.], zu diesem Zweck, eigens dafür. **adiab'atisch** heißen alle physikal. Vorgänge (Ausdehnung eines Gases u.ä.), bei denen Wärme weder zu- noch abgeführt wird.

Adi'antum [lat.] das, Farngattung; dazu gehört' das zierliche **Frauen-** oder **Venushaar.**

Adi'aphora [grch.] Mz., nach der stoischen und der christl. Ethik Handlungen, die weder geboten noch verboten sind.

adieu [adj'ø, frz. »Gott befohlen«], Lebewohl. **Adige** ['a:didʒe], italien. für →Etsch.

Äd'ilen [lat.], im alten Rom Beamte, ursprünglich 2, später 6, die die Ordnungs-, Markt-Sitten- und Gesundheitsbehörde vertraten.

ad infin'itum [lat.], bis ins Unendliche. **Adip'ositas** die, →Fettsucht.

à discrétion [a diskresj'õ, frz.], nach Belieben, nach Herzenslust; auf Gnade und Ungnade.

'Adjektiv [lat.] das, →Eigenschaftswort.

Adj'unkt der, Gehilfe eines Beamten.

adjust'ieren [lat.], **justieren,** 1) dienstmäßig kleiden. 2) eichen, ein Meßgerät einrichten.

Adjut'ant [lat.] der, Gehilfe, Hilfsoffizier, einem Truppenbefehlshaber zugeteilter Offizier.

Ad'latus [lat.] der, Amtsgehilfe.

Adler [mhd. adelar »Edelaar«], 1) großer Greifvogel aus der Familie der Falken mit hakig gebogener Schnabelspitze. **Steinadler** bis 1 m lang, selten, horstet in den Alpen; **Kaiseradler** (SO-Europa); **Fischadler** (NO-Europa). 2) SINNBILD UND WAHRZEICHEN: Heereszeichen bei den Persern, Ägyptern und Römern, bei den napoleonischen Heeren; ferner als Wappentier vieler Staaten, Städte und Fürsten. Als Sinnbild kaiserl. Macht vom alten Rom her von Karl d. Gr. übernommen, wurde der A. seit dem 12. Jahrh. Reichswappen (später ein Doppeladler). Der einköpfige A. wurde 1871 Reichswappen und in der 1919 geänderten Form 1950 Bundeswappen. (FARBTAFEL Wappen, S. 878) 3) ✴ nördl. Sternbild in der Milchstraße mit Atair.

Adler, 1) Alfred, Arzt, *1870, †1937, Begründer der Individualpsychologie, erklärte viele seelische Störungen aus mangelhaft befriedigtem Geltungsstreben. 2) Viktor, *1852, †1918, Gründer und Führer der Sozialdemokrat. Partei Österreichs.

Adlerfarn, meterhoher Farn in lichten Wäldern; auf dem schräg durchgeschnittenen Blattstiel findet sich die doppeladlerähnliche Figur.

Addis Abeba: Afrika-Halle

Adenauer

Adler: oben Steinadler unten Fischadler

Adlerfarn

Adlergebirge, Böhmischer Kamm, die SW-Seite des Glatzer Gebirgskessels (Schlesien).

Adlerorden, verschiedene Orden, z. B.: Schwarzer A., der höchste preußische Orden, gestiftet 1701, **Roter A.,** Preußen, gestiftet 1705.

ad l'ibitum [lat.], nach Belieben.

ad mai'orem D'ei gl'oriam [lat.], zur größeren Ehre Gottes, Wahlspruch der Jesuiten.

Administrati'on [lat.] die, Verwaltung. **Administr'ator** der, -s/...t'oren, Verwalter.

Adriatisches Meer: Strand von Cattolica

Admiral [frz. aus arab.] der, 1) höchste Rangklasse in einer Kriegsmarine. Die **Admiralität,** oberste Verwaltungs- und Kommandobehörde einer Kriegsmarine. 2) schwarz-rot-weißer Tagschmetterling. (FARBTAFEL Schmetterlinge, S. 870)

Admiralitäts-Inseln, Gruppe im Bismarck-Archipel; Hauptinsel: Manus.

'Admont, Luftkurort im Steiermark, Österreich, 641 m ü. M.; 3050 Ew.; Benediktinerabtei.

ad m'ultos 'annos [lat.], auf viele Jahre, Formel bei Glückwünschen.

ADN, Abk. für Allgemeiner Deutscher Nachrichtendienst (Dt. Dem. Rep.).

Adn'ex, Annex [lat.] der, Anhang; z.B. die seitl. Anhänge (Eierstock, Eileiter) der Gebärmutter.

ad n'otam [lat.] merken, vormerken.

Ad'obe der, an der Sonne getrockn. Ziegel aus mit Pflanzenmaterial gemischtem Mörtel, wird im SW der Staaten als Baustoff verwendet.

ad 'oculos [lat. »vor Augen«] **demonstrieren,** etwas einleuchtend erklären, beweisen.

Adolesz'enz [lat.] die, der spätere Abschnitt des Jugendalters (17.-20. Lebensjahr).

Adolf [got. »Adel« u. »Wolf«], männl. Vorname.

Adolf, 1) A. Friedrich, Herzog von Mecklenburg-Schwerin, *1873, 1907-11 Forschungsreisender in Afrika, 1912-14 Gouverneur von Togo. 2) A. von Nassau, dt. König (1292-98), fiel gegen Albrecht v. Österreich bei Göllheim.

Adon'ai [hebr. »mein Herr«], bei den Juden Gebetsanrede an Gott, Name für Jahve.

Ad'onis [griech.], 1) oriental. Naturgott. 2) in der griech. Sage ein schöner Jüngling, Geliebter der Aphrodite.

Ad'onisröschen, Gattung der Hahnenfußgewächse, bes. auf Kalkböden. Das gelbblühende **Frühlings-A.** steht unter →Naturschutz.

Adopti'on [lat.], die →Annahme an Kindes Statt.

Adorati'on [lat.] die, Anbetung.

Ad'orno, Theodor W., Philosoph, Soziologe, Musiktheoretiker, *1903, †1969, übt an Hegel und Marx geschulte dialekt. Wissenschafts-, Sozial- und Musikkritik.

Adour [adu:r] der, Fluß in SW-Frankreich.

Adrenal'in das, Hormon aus dem Nebennierenmark, steigert Blutdruck und Zuckergehalt des Blutes.

adrenocorticotr'opes Hormon, →ACTH.

Adress'at, 1) Empfänger einer Postsendung. **2)** im Wechselrecht der Bezogene.

Adr'esse [frz.] die, **1)** Briefanschrift. **2)** feierliches Schreiben (an den Staatsoberhaupt).

Adress'iermaschine, Büromaschine zum mechan. Abdruck ständig wiederkehrender Anschriften.

adr'ett [frz.], geschickt, behend; sauber.

'Adria, 1) die **A.,** das →Adriatische Meer. **2)** Stadt in Oberitalien, 25 700 Ew., nördl. vom Po am Canal Bianco, Bischofssitz.

'Adrian [lat.], männl. Vorname.

Adrian'opel, türk. **Edirne,** Hauptstadt der Prov. A. in der europ. Türkei, 46 300 Ew.; an der Bahn Belgrad-Sofia-Istanbul. Landwirtschaft; Rosenöl-, Teppich-, Tuch-, Lederind.

Adri'atisches Meer, Becken des Mittelmeers zwischen Apennin- und Balkanhalbinsel, 132 000 km², bis 1399 m tief. Haupthäfen: Triest, Venedig.

Adsch'aren, georg. Stamm im SW-Kaukasus, Muslime. **Adscharische ASSR,** autonome Sowjetrep. in der Georg. SSR, an der O-Küste des Schwarzen Meeres, 3000km², 281000Ew.; Hauptstadt: Batumi. Anbau von Tee, Tabak u.a.; Erdölverarbeitung.

'Adschmir, Ajmer, Stadt im Staate Radschasthan, Indien, 231 200 Ew.; Prachtbauten: Palast Akbars, Heiligengrab Dargah.

adsorb'ieren [lat.], ansaugen. **Adsorpti'on** die, Aufnahme von Gasen, Dämpfen oder gelösten Stoffen an der Oberfläche fester Körper.

Adstring'entia [lat.] Mz., →zusammenziehende Mittel. **adstring'ieren,** zusammenziehen.

'Adula-Alpen, Teil der W-Alpen (Graubünden, Tessin), im Rheinwaldhorn 3402 m hoch.

Adul'ar der, Eisspat, dient als Schmuckstein.

adult [lat.], erwachsen, geschlechtsreif.

ad 'usum [lat.], zum Gebrauch; →in usum Delphini.

Adveniat [lat.], seit 1961 jährlich im Advent durchgeführte Sammelaktion der dt. Katholiken für die kirchl. Betreuung Lateinamerikas.

Adv'ent [lat. »Ankunft«] der, Vorbereitungszeit auf das Fest der Geburt Christi, beginnt mit dem 4. Sonntag vor Weihnachten (→Advent). Beginn des Kirchenjahres; **Adventsbräuche,** urspr. heidnischer Herkunft, sollten Geister bannen, Fruchtbarkeit bringen, die Zukunft erforschen; wurden später ins christl. Brauchtum übernommen.

Advent-Bai, Meeresbucht im Westen von Spitzbergen; Kohlengruben.

Advent'isten, christl. Religionsgemeinschaft, gegr. 1831 in den Verein. Staaten. Die A. erwarten die baldige Wiederkehr Christi und das Tausendjährige Reich (→Chiliasmus). Gesamtzahl etwa 1,5 Mill., in Dtl. etwa 41000. Hauptgruppe: »A. vom siebenten Tag«.

advent'iv [lat.], ⊕ 1) in fremdes Wuchsgebiet eingeschleppt: **Adventivpflanzen; 2)** mit regelwidrigem Entstehungsort: **Adventivknospe, Adventivwurzel.**

Adv'erb [lat.] das, -s/...bien, →Umstandswort.

adversat'iv [lat.], gegensätzlich.

Advoc'atus Dei [lat. »Gottesanwalt«], bei Selig- und Heiligsprechungen der Vertreter des positiven Antrags; die Einwände bringt der **A. Diaboli** [»Teufelsanwalt«] vor.

Advok'at [lat.] der, der →Rechtsanwalt.

Ady ['ɔdi], Endre, ungar. Lyriker, *1877, †1919, bedeutender Symbolist.

AEC, Abk. für Atomic Energy Commission.

AEG, → Allgemeine Elektricitäts-Gesellschaft.

aëro... [grch.], in Fremdwörtern: Luft... **Aërodyn'amik** die, Lehre von den Bewegungsgesetzen der Gase. **Aërolog'ie,** Lehre von der Erforschung der Lufthülle. **Aëron'autik,** Luftfahrt. **Aëropl'an,** ⊕ Flugzeug. **Aëros'ol,** schwebestoffhaltige Luft; das medizin. Aërosol enthält vernebelte Arzneimittel von feinster Teilchengröße (→Inhalation). **Aërost'atik,** Lehre vom Gleichgewicht der Gase. **aer'ob,** in Gegenwart von Luftsauerstoff lebend; Gegensatz: anaerob.

Aeroflot, die Hauptverwaltung des zivilen Luftverkehrs in der Sowjetunion.

A'ëtius, röm. Feldherr, Staatsmann, †454, schützte das weström. Reich gegen die Germanen, schlug 451 Attila auf den Katalaun. Feldern.

Aff'äre [frz.] die, Vorfall, Angelegenheit.

Aff'ekt [lat.] der, heftige Gemütsbewegung.

affekt′iert [lat.], gekünstelt, geziert.
Affekti′on die, 1) Wohlwollen, Gunst. **affektion′iert,** gewogen. 2) ∫ krankhafter Zustand.
Affen, Ordnung der Säugetiere, umfaßt die Tierarten, die dem Menschen am nächsten verwandt sind (→Menschenaffen). Die meisten A. sind Baumbewohner. Hand und Fuß (Greiffuß) sind dem Klettern angepaßt. Die A. leben gesellig in tropischen Gebieten und sind vorwiegend Pflanzenfresser. Die **Altweltaffen** oder **Schmalnasen** leben in Afrika, Gibraltar und Asien, z. B. Meerkatzen, Paviane, Makaken, Menschen-A. Die **Neuweltaffen, Breitnasen,** im heißen Amerika, meist mit Greifschwanz.
Affenbrotbaum, trop. Steppenbaum in Afrika, bis 9 m dick, gurkenförmige, eßbare Früchte.
affettu′oso [ital.], ♪ leidenschaftlich bewegt.
Affiche [af′i:ʃ, frz.] die, Anschlag, Plakat.
Affid′avit [lat.] das, eidesstattl. Beurkundung, bes. im angelsächs. Recht, dient A. zum Nachweis der nationalen Herkunft, des Erwerbs oder Besitzes von Effekten; auch: Bürgschaftserklärung für den Unterhalt eines Einwanderers.
affin′ieren [frz.], Gold und Silber durch konzentrierte Schwefelsäure voneinander trennen.
Affinit′ät [lat. »Verwandtschaft«] die, ↷ Kraft, mit der Stoffe zu chem. Umsetzung getrieben werden.
Affirmati′on [lat.], Bejahung. **affirmat′iv,** bejahend.
Aff′ix [lat.] das, Nachsilbe.
affizieren [lat.], reizen, beeindrucken, verändern (krankhaft).
Affront [afr′õ, frz.] der, Beleidigung, Schmach.
Afgh′anistan, Kgr. im NO des Hochlands von Iran, 648 000 km², 17,1 Mill. Ew.; Hauptstadt: Kabul. A. ist gebirgiges Binnenland, teilweise Steppe; dürftige Pflanzenwelt in den Gebirgen (Hindukusch 5143 m); größter Fluß der Hilmend. Bevölkerung: Afghanen, Tadschiken, türk. und mongol. Stämme. Staatsreligion: Islam. In den bewässerten Tälern Ackerbau und Obstbau, im Gebirge Viehzucht (Karakulschafe). Die Bodenschätze: Kohle, Lapislazuli, Erdöl, Erdgas bedürfen weiterer Erschließung. Ausfuhr: Karakulfelle, Obst, Baumwolle, Wolle, Teppiche. Autostraßen, Flugverkehr; keine ↺. ⊕ S. 515, ⊡ S. 345.
GESCHICHTE. Im 10. und 11. Jahrh. war A. Mittelpunkt eines iran.-islam. Staates, im 16. und 17. Jahrh. zwischen Persien und den Großmoguln aufgeteilt. Ein afghan. Reich wurde 1747 gegründet, geriet unter engl. Einfluß, konnte aber seine Selbständigkeit behaupten. 1921 erlangte es völlige Unabhängigkeit; 1926 Königreich. König: M. Zahir Schah, MinPräs.: M. Hadschim Maiwandwal.
AFL-CIO, die Einheitsorganisation der amerikan. Gewerkschaften (American Federation of Labor, Congress of Industrial Organizations).
AFN, American Forces Network in Europe, Sender für die amerikan. Streitkräfte.
à fond [af′õ, frz.], gründlich, tüchtig.
à fonds perdu [afõpɛrd′y, frz.], mit Verzicht auf Gegenleistung; übertragen: verlorenes Geld.
AFP, Abk. für →Agence France-Presse.
Afra, Heilige (Tag 7. 8.), † um 304 als Märtyrerin in Augsburg.
Afric′anthropus, nach den in O-Afrika gefundenen Schädelresten genannte, vermutl. zu den Archanthropinen gehörende Entwicklungsstufe des Menschen.
Afrika, der drittgrößte Erdteil, mit Inseln rd. 30 Mill. km², liegt beiderseits des Äquators. Hafenarme Küste. Im NO hängt A. durch die Landenge von Suez mit Asien zusammen. ⊕ S. 514, FARBTAFELN S. 161/162/163.
LANDESNATUR. Der größere nördl. Teil, im NW vom Atlas (bis 4165 m), im S von den Beckenlandschaften des Sudans begrenzt, wird vom Tafelland der Sahara durchzogen; im Südteil Hochländer (Sambesi-Hochland) und durch Schwellen begrenzte Beckenlandschaften (Kongo, Kalahari); im O eine Zone von Grabenbrüchen (Zentralafrikan. Graben) und Vulkanen (Kilimandscharo

5895 m). – Ströme: in das Mittelmeer der Nil; in den Ind. Ozean Sambesi, Limpopo; in den Atlant. Ozean Oranjefluß, Kongo, Niger, Volta, Gambia, Senegal; Bewässerung und Energiegewinnung durch Stauanlagen am Volta (Akosombo), Sambesi (Kariba), Nil (Assuan). In den Wüsten zahlreiche Trockentäler (Wadis, Riviere). – Seen bes. in Mittel- und Ost-A.: Victoria-, Tanganjika-, Njassa-, Tschad-, Rudolf-, Mweru-, Albert-, Tana-, Kiwu-, Leopold-II.-, Edward-See.
KLIMA: Äquatoriale Tropenzone mit Regen zu allen Jahreszeiten bei geringen Temperaturschwankungen; im N und S angrenzend Zonen mit Wechsel von Regen- und Trockenzeiten; fast regenlos sind die Sahara und die W-Küste von Süd-A.; der Nordrand und Süd-A. sind subtropisch. Schnee fällt nur in den Hochgebirgen. –
PFLANZENWELT: immergrüner Urwald im feuchten Kongobecken und an der Guinea-Küste; nach N und S schließen sich Savannen und Steppen an; Sahara und Namib sind reine Wüsten; im subtrop. NW und S gibt es immergrünen Mittelmeer-Pflanzenwuchs. – TIERWELT: Elefant, Nashorn, Büffel, Zebra, Giraffe, Antilope, Löwe, Leopard, Schakal, Hyäne, viele Affenarten, Krokodil, Flußpferd, Strauß, Termiten. Haustiere: Rind, Esel, Schaf, Ziege, Kamel.
BEVÖLKERUNG. Rd. 345 Mill., davon rd. 3,8 Mill. Weiße. In den Gebieten südl. der Sahara (Schwarzafrika) leben vor allem Neger (Bantu-, Sudanvölker), nördl. von ihnen (Weißafrika) bes. Araber, Berber u. a. hamitische und semit. Völker, im O und SO auch Asiaten. Die ältesten Bewohner. Völker sind die Buschmänner und Hottentotten im S und die Zwergvölker (Pygmäen) in Mittel-A. – Rd. 40% der Bevölkerung A's gehören dem Islam, rd. 27% dem Christentum an. Südlich der Sahara überwiegen Naturreligionen.
WIRTSCHAFT. Haupterzeugnisse der Landwirtschaft für den Eigenbedarf sind Hirse, Mais, Erdnüsse, Maniok, Bananen, für die Ausfuhr (Plantagenwirtschaft): Kakao, Palmkerne, Sisal, Erdnüsse, Kaffee, Baumwolle, Wolle, Kautschuk. ⚘ bes. auf Diamanten, Gold, Kobalt, Chrom, Mangan, Vanadium, Phosphate, Antimon, Kupfer, Asbest, Zinn, Blei, Bauxit, Zink, Eisenerz, Uran. Geringe Bedeutung hat Kohle, dagegen steigt die Förderung von Erdöl und Erdgas. Industrie ist bes. in Süd- und Nord-A., in Kongo (K.) und Rhodesien entwickelt. – Ausfuhr: Neben den landwirtschaftl. und Bergbauerzeugnissen werden auch Edelhölzer ausgeführt. Haupthandelspartner: Westeuropa, USA. – VERKEHR: ↺ Netze nur in Nord- und Süd-A., sonst nur Stichbahnen von der Küste ins Innere; das Straßennetz wird ausgebaut, der Luftverkehr nimmt stark zu (Knotenpunkte: Kairo, Khartum, Nairobi, Salisbury, Johannesburg im O; Casablanca, Dakar, Kano, Kinshasa im W). Daneben im Binnenverkehr Flußschiffahrt, Kamele, Träger.
GESCHICHTE. Im Altertum galt A. als Teil Asiens, wozu auch das uralte Reich der ägypt. Pharaonen gerechnet wurde. Seit dem 12. Jahrh. v. Chr. entfaltete sich die phönikische Pflanzstadt Karthago zu einer großen See- und Handelsmacht, bis sie im 3. und 2. Jahrh. v. Chr. den Römern erlag. Das röm. Kaiserreich umfaßte alle Küstenländer Nordafrikas. Im 7. Jahrh. n. Chr. begann die Eroberung des größten Teils von Nord- und Ostafrika durch die muslimischen Araber, deren Vorherrschaft bis in die Neuzeit dauerte. Seit dem 15. Jahrh. setzte die systemat. Erschließung A.s ein: die Portugiesen, dann die Holländer, Engländer, Franzosen und Dänen gründeten Handelsstützpunkte an den Küsten. Ins Innere A.s drangen als erste seit 1788 die Engländer vor. Der Erforschung im 19. Jahrh. folgte die Aufteilung A.s unter die europ. Kolonialmächte. Die Franzosen schufen ein riesiges zusammenhängendes nord- und mittelafrik. Kolonialreich. Ihr Vorstoß an den oberen Nil scheiterte an dem Widerstand Englands, das seine Kolonialherrschaft über den Osten A.s bis nach Kairo aus-

Afghanistan

Afrik

(Jahr der Unabhängigkeit)	1000 km²	Mill. Ew.	(Jahr der Unabhängigkeit)	1000 km²	Mill. Ew.
Ägypten (VAR, 1922)	1000	33,3	Rhodesien*)	389	5,2
Algerien (1962)	2382	13,5	Rwanda (1962)	26	3,5
Äquatorial-Guinea (1968)	28	0,3	Sambia (1964)	753	4,2
Äthiopien	1222	24,7	Senegal (1960)	196	3,7
Botswana (1966)	600	0,6	Sierra Leone (1961)	72	2,5
Burundi (1962)	28	3,4	Somalia (1960)	638	2,7
Dahome (1960)	113	2,6	Südafrika (1910)	1221	21,3
Elfenbeinküste (1960)	322	4,2	Sudan (1956)	2506	15,6
Gabun (1960)	267	0,5	Swasiland (1968)	17	0,4
Gambia (1965)	11	0,3	Tansania (gegr. 1964)	940	13,3
Ghana (1957)	239	8,6	Togo (1960)	56	2,0
Guinea (1958)	246	3,9	Tschad (1960)	1284	3,5
Kamerun (1960)	475	5,8	Tunesien (1956)	164	5,1
Kenia (1963)	583	10,5	Uganda (1962)	236	9,7
Kongo (B., 1960)	342	0,9	Zaire	2345	17,1
Lesotho (1966)	30	0,9	Zentralafrik. Republik (1960)	623	1,5
Liberia (1847/48)	111	1,1	**Britisch:** Seychellen, St. Helena,		
Libyen (1951)	1760	1,8	British Indian Ocean Territory	0,3	0,05
Madagaskar (1960)	587	6,7	**Französisch:** Franzos. Gebiet der		
Malawi (1964)	118	4,5	Afar und Issa, Komoren, Réunion	27	4,7
Mali (1960)	1240	5,0	**Portugiesisch:** Angola, Kapverd.		
Marokko (1956)	445	15,5	Inseln, Moçambique, Port.-		
Mauretanien (1960)	1031	1,1	Guinea, Principe, São Tomé	2073	13,6
Mauritius (1968)	2	0,8	**Spanisch:** Kanarische Inseln,		
Niger (1960)	1267	4,0	Span.-Sahara, Besitzungen in		
Nigeria (1960)	924	66,1	N-Afrika	266	2,2
Obervolta (1960)	274	5,3	**Treuhandverwaltung:** Südwestafrika	824	0,6

*) 1965 einseitige Unabhängigkeitserklärung Rhodesiens

dehnte und große Gebiete in Südafrika errungen hatte. Die unterworfenen Burenrepubliken Oranje und Transvaal wurden 1910 mit Kapland und Natal zur brit. Dominion »Südafrikan. Union« zusammengeschlossen. Gebiete geringeren Umfangs behaupteten oder errangen Portugal (West- und Ost-A.), Belgien (Kongogebiet), Deutschland (Togo, Kamerun, Dt.-Südwest- und Dt.-Ost-A.) und Italien (Eritrea, Somaliland, Libyen). Als unabhängiger Eingeborenenstaat blieb nur Äthiopien übrig, daneben das als Staat freigelassene Negerskraven 1847 gegr. Liberia.

Deutschland verlor seine Kolonien nach dem 1. Weltkrieg, Italien nach dem 2. Weltkrieg. Ägypten löste die letzten Bindungen an Großbritannien. Die unabhängigen Staaten A.'s, außer der Rep. Südafrika, schlossen sich 1963 zur »Organization of African Unity« (OAU) zusammen. Über die weitere Entwicklung in A. vgl. die Übersicht auf dieser Seite und die Einzelartikel im Abc.

Afrik′aans das, **Kapholländisch,** Sprache der Buren. Afrik′aander der, -s/-, in Südafrika geborener Abkömmling weißer Einwanderer, bes. Bure.

Afrikanische Literatur. Die Sprachen Schwarzafrikas waren ursprünglich keine Schriftsprachen. Neben reichen mündlichen Überlieferungen gibt es seit dem MA. islamisch-religiöse Dichtung (in arabischer Schrift). Erst im 19. Jahrh. entstanden einige eigene Schriftsysteme und Werke in etwa 40 afrikan. Sprachen (in latein. Schrift).

′after [niederdt. achter], hinter. **Aftermieter,** Untermieter. **Afterrede,** üble Nachrede.

′After, lat. Anus, die Öffnung des Mastdarms. **Afterlehen,** durch einen Lehensträger (Vasall) weiterverliehenes Lehen.

Ag., chem. Zeichen für →Silber (Argentum).

a. G., 1) als Gast, 2) auf Gegenseitigkeit (Versicherungen).

AG, Abk. für →Aktiengesellschaft.

Aga, Agha, früherer türkischer Titel für Offiziere und Beamte.

′Agadir, Hafenstadt in Süd-Marokko; 1960 durch Erdbeben fast völlig zerstört, 16 700 Ew.

Ägäische Kultur, kretisch-mykenische Kultur ist die des 3. und 2. Jahrtausends v. Chr. auf dem griech. Festland (**helladische,** ihr folgend die **mykenische** Kultur), den Inseln des griech. Archipels (**Kykladenkultur),** Kreta (nach dem sagenhaften König Minos: **minoische Kultur)** und an der Küste Kleinasiens (Troja). Zu ihrer Blüte kommt sie auf Kreta seit 1550 v. Chr.: Paläste von Knossos, Phästos, Mallia aus Kalkstein und Alabaster mit Höfen, Freitreppen, reich ausgestatteten Zimmern. Wandmalerei, Bildhauerei, Kunsthandwerk kamen zu hoher Vollendung, Mykene stand unter kret. Einfluß, zeigte aber in Burgen mit gewaltigen Mauerringen, Palästen (Mykene, Tiryns), Kuppelgräbern (Schatzhaus des Atreus), in der Plastik (Löwentor von Mykene) auch unabhängige gestalter. Kraft.

Ägäisches Meer, Teil des Mittelmeers zwischen Balkanhalbinsel und Kleinasien, 179 000 km² groß, bis 2524 m tief, umschließt die Ägäischen Inseln: Kykladen, Sporaden und Dodekanes.

Aga Khan, Oberhaupt der Hodschas, eines Zweiges der Ismailiten, einer mohammedan. (schiitischen) Sekte. Der dritte A. K., *1877, †1957, als Politiker englandfreundlich, war wegen seines Reichtums weltbekannt. Nachfolger wurde sein Enkel Karim (*1937).

Ag′ame [lat.] die, Echsen der warmen altweltl. Gebiete, z.B. **Flugdrache** im trop. Asien.

Agam′emnon, griech. König von Mykene oder Argos, Sohn des Atreus, griech. Oberfeldherr vor Troja, nach der Rückkehr auf Anstiften seiner Gattin Klytämnestra von Ägisth ermordet; Kinder: Orest, Iphigenie, Elektra.

Agam′ie [grch.] die, Ehelosigkeit. **Agamogon′ie,** Fortpflanzung ohne Befruchtung. Eigw. ag′am.

Agap′anthus [lat.] der, **Schmucklilie,** blaudoldiges, kapländ. Liliengewächs; Topfpflanzen.

Ag′ape [grch. »Liebe«] die, Liebesmahl.

Agar-Agar der, gelblichweiße Masse aus asiatischen Meeresalgen; daraus Gelatine, bes. als Nährboden für Bakterienzucht.

′Agatha, 1) sizilische Märtyrerin, † um 250, Heilige. Tag: 5. 2. **2) Ag′athe,** weibl. Vorname.

Äg′atische Inseln, italien. Inselgruppe im Westen von Sizilien; 241 v. Chr. Seesieg der Römer über die Karthager.

Ag′ave [grch.] die, Gattung der Narzissengewächse aus Mittelamerika. Die A. blühen nur einmal, oft erst nach 100 Jahren und sterben dann ab. Aus den Blättern der **Sisalagave** wird die Sisalfaser gewonnen.

Agen [aʒ′ɛ̃], Hauptstadt der franzos. Dép. Lot-et-Garonne, 32 800 Ew.; Obsthandel, Textilien.

Agave americana

Agence France-Presse [aʒ'ā:sfrā:sprɛs] die, **AFP,** französ. Nachrichtenbüro, gegr. 1944 in Paris als Nachfolgerin der **Agence Havas.**

Ag'enda [lat.] die, -/...den, Merkbuch. **Ag'ende** die, in der evangel. Kirche Buch mit gottesdienstl. Gebeten und Vorschriften.

'Agens [lat. »das Wirkende«] das, -/Ag'enzien, wirkende Ursache oder Kraft.

Ag'ent [lat.] der, Vermittler. **1)** der **politische A.** ist für Staat oder polit. Gruppen tätig (im Nachrichtendienst für geheime, oft illegale Aufgaben usw.). **2) Handlungsagent,** selbständiger Kaufmann, der für das Handelsgewerbe eines anderen Geschäfte vermittelt oder abschließt.

Agent provocateur [aʒ'ā -t'œ:r], Lockspitzel. **Agent'ur,** das Geschäft eines →Agenten.

Agenzia Nazionale Stampa Associata [adʒents'ia...assotʃ'ata], Abk. **ANSA,** italien. Nachrichtenbüro, 1945 in Rom gegr., Nachfolgerin der **Agenzia Stefani** (gegr. 1854).

'Ägeus, griech. Sage: König von Athen, stürzte sich, weil er seinen Sohn Theseus tot glaubte, ins Meer (danach: Ägäisches Meer).

Agfa, Aktien-Gesellschaft für Anilinfabrikation.

Agglomer'at [lat. »Zusammengeballtes«] das, ⊕ Anhäufung (z. B. loser Gesteinstrümmer).

Agglomerati'on [lat.] die, Ballung von Bevölkerung und Industrie in Großstädten.

Agglutinati'on [lat.] die, **1)** { Verklebung, Zusammenballung von Krankheitserregern oder roten Blutkörperchen. **2) agglutin'ierende Sprachen** bilden durch Anhängung von Silben neue Formen, z.B. die finnisch-ugrischen Sprachen.

Aggreg'at [lat.] das, **1)** eine Masse, die durch mehr oder weniger innige Verwachsung einer großen Anzahl ursprünglich getrennter Teile entstanden ist. **2)** △ mehrgliedrige Größe. **3)** ☺ aus mehreren Teilen bestehender Maschinensatz, z. B. das **Notstrom-A.,** ein mit einem Generator gekuppelter Verbrennungsmotor.

Aggregatzustand, der feste, flüssige oder gasförmige Zustand eines Stoffes.

Aggressi'on [lat.] die, Angriff. VÖLKERRECHT: der Angriffskrieg. **aggress'iv,** angriffslustig. **Aggr'essor,** Angreifer.

Äg'ide [grch.] die, Schirm, Schutz, Obhut.

Äg'idius, französ. Abt, um 700, Heiliger (Tag 1. 9.), einer der Vierzehn Nothelfer.

ag'ieren [lat.], **1)** handeln. **2)** eine Rolle spielen.

ag'il [lat.], flink, gewandt.

agile ['adʒile, ital.], ♪ leicht, behend. **con agilità,** mit Leichtheit.

'Agilolfinger Mz., das älteste bayerische Herzogsgeschlecht, von Karl d. Gr. 788 entthront.

Äg'ina, griech. Insel im Saron. Golf. Stätten frühgriech. Kunst; Aphäa-Tempel und seine Plastik (Letzterе in München).

Agio [aʒio, frz.], **Aufgeld, 1)** der über den Nennwert hinausgehende Kurswert eines Wertpapiers oder einer Geldsorte. Gegensatz: **Disagio. 2)** der Betrag, um den Aktien über dem Nennwert ausgegeben werden (→Überpari-Emission). – **Agiotage** [aʒjota:ʒ], Börsenspekulation auf Kursdifferenzen.

'Ägis [grch. »Ziegenfell«] die, von Hephäst geschmiedeter Schild des Zeus, den auch Athene trug.

Äg'isth, griech. Sage: Sohn des Thyestes, von seinem Oheim Atreus erzogen, den er erschlug; verführte Klytämnestra, die Gattin Agamemnons, den er ermordete, wofür ihn Orest erschlug.

Agitati'on [lat.], Werbung, polit. Aufwiegelung. **Agit'ator,** wer A. treibt. **agit'ieren,** aufhetzen.

agitato [adʒit'ato, ital.], ♪ erregt.

'Agitprop, im Ostblock gebräuchl. Zusammenziehung von Agitation und Propaganda.

Agn'aten Mz., Ez. der **Agn'at** [lat.], **1)** röm. Recht: die durch Geburt oder Adoption unter derselben väterl. Gewalt Stehenden. **2)** dt. Recht: die männl. Blutsverwandten in männl. Linie **(Schwertmagen).**

Agnes [von griech. »keusch«], weibl. Vorname.

Agnes, Märtyrerin in Rom, um 300, Heilige; Feste: 21. und 28. 1.

Agnes von Poitou wurde 1043 zweite Gemahlin Kaiser Heinrichs III. und war 1056-62 Regentin für ihren Sohn Heinrich IV.

Agn'etendorf, Kurort am Riesengebirge, letzter Wohnsitz G. Hauptmanns.

Agnew ['ægnu:], Spiro, amerikan. Politiker (Republikaner), *1919; 1966 Gouverneur von Maryland, 1969 Vizepräs. der USA.

Agni, der indische Gott des Feuers.

Agnon, Samuel Josef, eigtl. J. S. **Czaczkes,** hebr. Erzähler, *1888, †1970, erhielt 1966 den Nobelpreis für Literatur (zus. mit N. Sachs). Er schrieb u. a.: »Bräutigamssuche«, »Gestern, Vorgestern«, »Nur wie ein Gast zur Nacht«.

Agnostiz'ismus [griech.] der, die Lehre, daß man von Gott nichts wissen könne; im weiteren Sinne die Lehre von der Unerkennbarkeit der Wahrheit und der Wirklichkeit überhaupt.

agnosz'ieren [lat.], als richtig anerkennen.

Agnus Dei [lat. »Lamm Gottes«], **1)** Bezeichnung Jesu. **2)** Gebet und Gesang der kath. Messe, in den evang. Gottesdienst übergegangen. **3)** Lamm als Sinnbild Christi.

Agnus Dei

Ag'ogik [grch.] die, ♪ Feinabstufung des Zeitmaßes als Vortragsmittel.

Ag'on der, altgriech. Wettkampf, z.B. bei den Olympischen Spielen. **Agon'ist,** Wettkämpfer.

Agon'ie [grch.] die, Todeskampf.

Agor'a, altgriech. Heeres- oder Volksversammlung, danach der Marktplatz der griech. Stadt.

Agoraphob'ie [grch.] die, Platzangst.

Agoult [ag'u], Marie Catherine S., Gräfin d'A., französ. Schriftstellerin, *1805, †1876, verheiratet mit F. Liszt (1835-39).

'Agra, Stadt in Indien, 517 700 Ew.; Prachtbauten: Große Moschee, Grabmal →Tadsch Mahal; Universität; Textil-, Leder-Ind.

Agr'affe [frz.] die, **1)** Spange. **2)** Wundklammer.

'Agram, kroat. **Zagreb,** Hauptstadt Kroatiens, Jugoslawien, 491 000 Ew.; alte Bauwerke; Univ., Hochschulen, internat. Mustermessen; Industrien: Leder, Textil, Holz, Papier, elektr. Motoren.

Agr'ar ..., **Agr ...** [grch. agros, lat. ager], im Fremdwort: Landwirtschaft ...

Agr'arpolitik, Landwirtschaftspolitik, die staatl. Maßnahmen zum Schutz und zur Förderung der Landwirtschaft, z.B. Einfuhrzölle auf landwirtschaftl. Erzeugnisse, Preisstützung, Subventionen, Hebung von Produktivität und Wettbewerbsfähigkeit. (→Grüner Plan)

Agr'arreform, →Bodenreform.

Agr'arsoziologie befaßt sich mit den Formen des menschl. Lebens auf dem Land.

Agr'arstaat, ein Staat, in dem Land- und Forstwirtschaft vorwiegen.

Agreement [əgr'i:mənt, engl.] das, Einverständnis, Vereinbarung (→Gentlemen's agreement).

Agrément [agrem'ā, frz.] das, vertraulich eingeholtes Einverständnis eines Staates mit der Person eines diplomat. Vertreters, der bei ihm beglaubigt werden soll.

Agr'icola, Rudolf, dt. Frühhumanist, *1444, †1485, verfaßte eine Sprichwörtersammlung.

Agrig'ent, italien. **Agrigento** [-dʒ'ɛnto], Stadt an der S-Küste Siziliens, 51 400 Ew.; Schwefel-

Ägina: Aphäa-Tempel

gewinnung. Im Altertum bedeutende griech. Stadt (Akragas; Tempelruinen).

Agrikult'ur [lat.] die, →Ackerbau.

Agr'ippa, röm. Feldherr und Staatsmann des Kaisers Augustus, *63, †12 v.Chr., siegte 31 v.Chr. bei Actium; Erbauer des Pantheons in Rom.

Agr'ippa von Nettesheim, Arzt und Philosoph, *1486, †1535, bekämpfte die scholastische Wissenschaft und den Hexenglauben.

Agripp'ina (die Jüngere), Gattin des Kaisers Claudius, den sie vergiften ließ; * 16 n. Chr., 59 n. Chr. auf Befehl ihres Sohnes Nero ermordet.

Agron'om [grch.] ♃ wissenschaftlich ausgebildeter Landwirt. **Agronom'ie** die, Ackerbaulehre.

'Agrostadt, in der Sowjetunion seit 1950 durch Zusammenschluß mehrerer Kolchosen entstandene ländl. Siedlung.

Agr'ume [ital.] die, Apfelsine, Zitrone, Mandarine, Pomeranze, Pampelmuse als Gattung.

Aguascali'entes, Hauptstadt des Staates A., Mexiko, 1900 m ü. M., 143300 Ew., warme Quellen, Mittelpunkt von Handel und Bergbau.

Agulhas [ag'uljaʃ], **Kap A.,** das →Nadelkap.

Ag'uti der und das, Familie hasengroßer Nagetiere in Südamerika, z.B. der Goldhase.

Ägypten

Ägypten, amtl. **Arabische Republik Ägypten,** Republik im NO Afrikas, 1 Mill. km², davon 35500 km² bebautes Land, 33,3 Mill. Ew., Hauptstadt: Kairo. ⊕ S. 514, ⊡ S. 345.

Ä. hat Präsidialverfassung, Gesetzgebungsorgan ist die Nationalversammlung. 26 Gouvernements, 2 Millionen-, 12 Großstädte. – Ä. umfaßt das fruchtbare Niltal mit Schwemmland, das kahle Felsengebirge im O bis ans Rote Meer, im W die Hochfläche der Libyschen Wüste; es ist mit Asien durch die Landenge von Suez und die Sinai-Halbinsel verbunden. KLIMA: heiß und trocken. Staudämme (Assuan) ermöglichen künstl. Bewässerung des Niltals. – BEVÖLKERUNG: Araber (Fellachen, Beduinen), Nubier, Europäer. 92% Muslime, daneben auch Christen (Kopten). Staatsreligion: Islam. – Anbau von Weizen, Mais, Reis, Gerste, Zuckerrohr, Baumwolle; Viehzucht, Fischfang; ⚒ auf Phosphate, Mangan-, Eisenerze, Erdöl. Industrie: Textilien, Nahrungsmittel, Maschinen, Chemikalien, Erdöl, Tabak, Eisenhütten; Ausfuhr: Baumwolle, Textilien, Bergbauprodukte; Einfuhr: Lebensmittel, Chemikalien, Rohstoffe, Maschinen. ⚞ im Deltagebiet und im Niltal bis Assuan. Haupthafen: Alexandria.

GESCHICHTE. Um 2850 v. Chr. vereinigte ein König, angeblich Menes, Ober- und Unterägypten zu einem Reich, begründete die 1. Dynastie, machte Memphis zur Hauptstadt. Unter den Königen der 4. und 5. Dynastie (2550-2315; Cheops, Chephren, Mykerinos) erreichte das **Alte Reich** seinen Höhepunkt, wurde der Sonnenglauben Staatsreligion. Im **Mittleren Reich** (2040 bis 1710) wandelte sich die Herrschaftsform durch das Hervortreten des Bürgertums. Nach der Fremdherrschaft der Hyksos (1710-1580) wurde Ä. im **Neuen Reich** mit der 18. und 19. Dynastie zur Weltmacht (1555-1195; Könige: Thutmosis, Amenophis, Sethos, Ramses). Mit der 20. Dynastie (1195-1085) begann der Verfall (**Spätzeit**). Unter der 25. Dynastie (712-633) kämpften Äthiopier und Assyrer um die Herrschaft in Ä. 528-338 wurde es persische Provinz, unterlag 332 v. Chr. Alexander d. Gr., dessen Nachfolger, die Ptolemäer, Ä. wieder zu Ansehen brachten. 30 v. Chr. kam es unter röm. Herrschaft. Im 7. Jahrh. wurde Ä. von den muslimischen Arabern erobert und dem Kalifenreich einverleibt. Im 10.-12.Jahrh. machten die Fatimiden, seit dem 13.Jahrh. die Mamelucken. 1517 wurde Ä. von den Türken erobert, die Mameluckenhäuptlinge (Beis; 1517-1798) machten sich weitgehend unabhängig. Der ägyptische Feldzug Napoleons I. (1798-1801) scheiterte trotz mehrerer Siege über die Mamelucken und Türken. Der türk. Statthalter Mehmed Ali (1805-49) vernichtete 1811 die Mameluckenbeis und schuf sich eine fast unabhängige erbliche Herrschaft; seit

1867 wurden die Statthalter Khediven (Vizekönige) genannt. 1869 Eröffnung des Suezkanals; 1882 englische Besetzung des Landes; 1883 Aufstand des Mahdi im Sudan; 1898 Niederwerfung der Mahdisten durch die Engländer und Abtrennung des Sudans von Ä. Im 1.Weltkrieg wurde Ä. brit. Protektorat, 1922 unter Fuad ein dem Namen nach unabhängiges Königreich, behielt aber eine brit. Besatzung. Nach dem Bündnisvertrag mit Großbritannien von 1936 wurden die brit. Truppen auf die Suezkanalzone zurückgezogen. König Faruk I. (seit 1936) wurde durch einen Militärputsch 1952 abgesetzt und im Exil geschickt (†1965). 1954 Suez-Abkommen der neuen Regierung Nagib und Nasser, auf Grund dessen die Engländer die Suezkanalzone 1956 räumten. 1954 übernahm Nasser die Regierungsgewalt; wirtschaftl. Schwierigkeiten konnten bis 1972 auch durch den »Arab. Sozialismus« (seit 1961) nicht überwunden werden. Die Verstaatlichung der Suezkanal-Gesellschaft 1956 löste einen Krieg zwischen Israel und Ä. und eine brit.-frz. Intervention aus; unter dem Druck der Vereinigten Staaten, der Vereinten Nationen und der Sowjetunion Rückzug der 3 Mächte. Das brit.-ägypt. Kondominat über den Sudan wurde 1955 beendet, der Sudan wurde unabhängig. 1958 Zusammenschluß mit Syrien zur Vereinigten Arabischen Republik (VAR). Seit der Loslösung Syriens (1961) galt der Name VAR für Ä. allein bis zum 1.9.1971, als sich Ä., Syrien und Libyen zu einer Föderation zusammenschlossen; seither nennt sich Ä. »Arab. Rep. Ä.« 1967 besiegte Israel Ä. und eroberte die Sinai-Halbinsel. Nach dem Tode Nassers 1970 wurde A. El Sadat Staatspräs.; MinPräs. A. Sidki (seit 1972).

Ägypten: Nil-Oase bei Giseh

Die altägypt. KUNST ist die erste, die mächtige Bauten aus behauenem Naturstein errichtete. Ihre Hauptwerke waren im 3.Jahrtausend v.Chr. (Altes Reich) die Pyramiden und Totentempel, im 2. Jahrtausend (Mittleres Reich) gewaltige Göttertempel und Felsengräber. Einzigartiges schufen gleichzeitig auch die Bildnerei (Figuren von Göttern, Königen, Sphinxen, Tieren; Reliefs) und die Malerei, die in der Kunst von Amarna (Neues Reich) zu einem erstaunl. Realismus kamen. Bedeutend war auch das Kunstgewerbe: Möbel, Alabastergefäße, Steinschneidekunst, Goldschmuck (FARBTAFEL Ägypt. Kunst S. 164).

ägyptische Finsternis, svw. tiefe Dunkelheit (2. Mos. 10).

A. H., Abk. für Alter Herr (studentisch).

'Ahab, König von Israel (875-854 v. Chr.), führte den Baalskult in Samaria ein.

Ah'aggar, Gebirge der mittl. Sahara, bis zu 3000 m hoch; Heimat der A., eines Tuareg-Stammes. (BILD S. 19)

Ahasv'erus, Volkssage: der →Ewige Jude.

Ahaus, Kreisstadt in Nordrh.-Westf., nahe der holländ. Grenze, 10700 Ew.; Industrie.

Ahlbeck, Ostseebad auf Usedom, 5800 Ew.

Ahlbeere, die schwarze Johannisbeere.

Ahle die, **Pfriem,** Stechwerkzeug des Schuhmachers und Sattlers, auch des Setzers.

Ägypten:
König Chefren
mit Horusfalke
(um 2500 v.Chr.)

Ahlem, Gem. im Kr. Hannover-Land, Nd.-sachs., 10300 Ew.; Süßwarenindustrie.

Ahlen, Industriestadt in Nordrh.-Westf., 44800 Ew.; Kohlenbergbau; Industrie: Metall, Schuhe, Holzverarbeitung.

Ahlens, Leopold, Schriftsteller, *1927, verfaßte Dramen und Hörspiele (»Philemon und Baucis«).

Ahlkirsche, 1) die →Traubenkirsche. 2) Hekkenkirsche (→Geißblatt).

Ahmedab'ad, Hauptstadt des Staates Gudscharat, Indien, 1,5 Mill. Ew.; Moscheen, Grabdenkmäler; Universität; Handwerkskunst (Brokate, Batik, Lederwaren); Textilindustrie.

Ahnenforschung, →Genealogie.

Ahnenkult, bei alten Völkern, bes. in China und bei Naturvölkern, die Verehrung der Vorfahren mit Opfer, Gebet oder öffentl. Darstellung.

Ähnlichkeit. △ Figuren heißen ähnlich (Zeichen ∼), wenn entsprechende Winkel und entsprechende Seitenverhältnisse gleich sind.

'Aho, Juhani, finn. Erzähler, *1861, †1921, Bahnbrecher des modernen finn. Realismus.

Ahorn der, baum- und strauchförmige Pflanzengattung auf der Nordhalbkugel mit zweiteiligen, geflügelten Spaltfrüchten. Mitteleuropäische Arten: **Bergahorn, Spitzahorn** (BILD), **Feldahorn** (strauchartig), **Eschenahorn** mit weiß-bunten Fiederblättern, **Zuckerahorn** aus Nordamerika.

Ahr die, linker Nebenfluß des Rheins bei Sinzig, kommt aus der Eifel; Weinbau.

Ähre die, Blütenstand; an einer Achse sitzen ungestielte Einzelblüten. Die »Ä.« der Getreidearten ist aus zahlreichen Ährchen zusammengesetzt: zusammengesetzte Ä. (BILD Blüte).

Ahrensb'ök, Gem. in Schlesw.-Holst., 7000 Ew.; Gummi- und Asbestwerke, Flachsröste.

Ahrensburg, Stadt nordöstlich von Hamburg, Schlesw.-Holst., 25300 Ew.; Schloß (seit 1595).

'Ahriman, altiran. Geist des Bösen.

Ahrweiler, Stadtteil von Bad Neuenahr-Ahrweiler in der Eifel, Rhld.-Pf., an der Ahr, 9100 Ew.; Weinbau.

'Ahura M'asda, auch **Ormuzd,** altiran. Gott des Guten.

Ahw'as, Achwas, Stadt im westl. Iran, 155100 Ew.; Ausgangspunkt einer großen Erdölleitung.

Ai [indian.] das, ein →Faultier.

AIAA, Abk. für American Institute of Aeronautics and Astronautics, New York, entstand 1963 aus der Vereinigung der →ARS mit dem Institute of Aerospace Sciences.

Aibling, Bad A., Kreisstadt in Oberbayern, 7900 Ew.; Sol- und Moorbäder.

Aichach, Kreisstadt in Oberbayern, 6200 Ew., spätgot. Pfarrkirche; Industrie. Bei A. Ruine der 1209 zerstörten Stammburg der Wittelsbacher.

Aichinger, Ilse, Schriftstellerin, *1921; Erzählungen, Hörspiele, oft aus dem Visionären heraus gestaltet; ∞ Günter Eich.

Aide-mémoire [ε:dmemw'ar], Niederschrift im diplomatischen Verkehr.

Aigrette [ε:gr'εt, frz.] die, 1) Reiherfeder, 2) büschelförmiger Schmuck, Diamantstrauß.

Aikido [japan.], japan. Selbstverteidigungskunst, bei der es auf körperl. Technik und die Ausnutzung der Kraft des Gegners ankommt.

Aimara, Kolla, indian. Kulturvolk in Bolivien und Peru (etwa 600000).

A'inu Mz., altasiatisches Volk auf Hokkaido, S-Sachalin und den Kurilen, dem europiden Rassenkreis zugehörig.

Air [ε:r, frz.] das, 1) Aussehen, Haltung, Benehmen. 2) ♪ Melodie, Weise, Lied.

Airedaleterrier [εədeilt'eriə] der, eine engl. Hunderasse.

Air France [ε:r frã:s], **AF,** französ. Luftverkehrsgesellschaft, Paris.

Air Mail [εə meil, engl.], Luftpost.

Air'olo, Pfarrdorf im Kanton Tessin, Schweiz, mit 2100 Ew.; S-Ausgang des Gotthardtunnels.

aïs das, ♪ das um einen Halbton erhöhte a.

Aisch'a, Lieblingsfrau Mohammeds, Tochter des Abu Bekr, *um 614, †678.

Ahaggar-Gebirge Basaltschlote

Aisne [ε:n] die, linker Nebenfluß der Oise (Frankreich), entspringt in den S-Argonnen.

Aix-en-Provence [εks ã prɔvãs], Stadt in Südfrankreich, 72700 Ew., altes Heilbad; Oliven- und Mandelbau; alte Kirchen. 102 v. Chr. schlug hier Marius die Teutonen **(Aquae Sextiae).**

Aix-les-Bains [εks le bɛ̃], Stadt in Savoyen, Frankreich, 18300 Ew., seit der Römerzeit Bad.

'Aja [ital.], Erzieherin; **Frau A.,** Scherzname für Goethes Mutter.

Ajaccio [aj'atʃo], Hauptort von Korsika, 41000 Ew.; Winterkurort; Geburtsort Napoleons I. (BILD Korsika)

'Ajax, griech. Sage: zwei griech. Heerführer vor Troja. **A. der Kleine,** König der Lokrer, kam auf der Rückkehr um. **A. der Große,** Sohn des Telamon, Königs von Salamis, tötete sich selbst, als Odysseus die Waffen des Achill erhielt.

'Ajmer, Stadt in Indien, →Adschmir.

à jour [а ʒu:r, frz.], 1) auf den heutigen Tag fortgeführt. 2) durchbrochen. **à jour fassen,** Edelsteine eine Fassung geben, die den Stein frei läßt.

Akab'a, 1) **Golf von A.,** schmaler Einschnitt des Roten Meeres zwischen der Sinai-Halbinsel und Saudi-Arabien. 2) **A.,** einziger Hafen Jordaniens, am Golf von A., 10000 Ew.

Akademgorod, 1959 gegr. »Akademie-Stadt« bei Nowosibirsk, Sowjetunion, 35000 Ew.

Akadem'ie [grch.] die, 1) im Altertum: geweihter Hain bei Athen mit Anlagen für Leibesübungen; Lieblingsaufenthalt des Plato und seiner Schüler. Daher später Name für seine Denkschule. 2) Vereinigung von Gelehrten zur Förderung der Wissenschaften; z.B. Académie Française (1635), die →Leopoldina (1652), die Preußische A. der Wissensch. zu Berlin (von Friedrich I. 1700 gestiftet, seit 1946 Deutsche A. der Wissensch. zu Berlin), die Göttinger A. der Wissensch. (gegr. 1751 durch Albrecht v. Haller), die Bayerische A. der Wissensch. zu München (1759), die Sächsische A. der Wissensch. in Leipzig (1846), die A. in Wien (1847), die Heidelberger A. (1909), die A. der Wissensch. und der Literatur in Mainz (1949). 3) Name für verschiedene Hochschulen und höhere Fachschulen in Deutschland, z.B. Bergakademien, A. für bildende Kunst, für Musik.

Akad'emiker, Hochschulgebildeter; Student.

akad'emisch, 1) hochschulmäßig, Hochschul-... 2) KUNST: mehr überlieferten Regeln als freier Eingebung folgendes Schaffen.

akad'emische Freiheit, von W. v. Humboldt (anläßl. der Gründung der Universität Berlin) geprägter Begriff für die Freiheit des Forschens, Lehrens und Lernens. Die Lernfreiheit der Hochschulstudenten wird heute zunehmend durch Studienordnungen eingeengt; zur a. F. gehört die Freizügigkeit (Hochschulwechsel).

akad'emische Grade werden von wissenschaftl. Hochschulen aufgrund schriftl. und mündl. Abschlußprüfungen verliehen, z. B. →Diplomgrade, →Magister Artium, →Doktor.

akad'emisches Viertel, Brauch an den Universitäten, Vorlesungen um eine Viertelstunde später als angegeben zu beginnen (c.t. = cum tempore).

Spitzahorn

à jour gefaßt

Akanthus

Akazie

Akkord:
a Dreiklang
(C-Dur Akkord),
b Vierklang
(Septimenakkord),
c Fünfklang
Nonenakkord)

Ak'an, afrikan. Stammes-, Sprachgruppe (4,1 Mill.).

Ak'anthus [grch.] der, **1) Bärenklau,** krautige bis strauchige Pflanzengattung mit großen Blättern; am Mittelmeer. **2)** ⌂ nach dem Akanthusblatt gebildete Schmuckform, z.B. am kcrinthischen Kapitell.

Akarn'anien, griech. Landschaft zwischen Ambrakischem Golf und Acheloos, Bergland (bis 1600 m).

akaus'al [lat.], nicht kausal.

Ak'azie die, baum- und strauchförmige Gattung der Mimosengewächse in wärmeren, trockenen Gebieten. Viele afrikan. und austral. Arten liefern Gummi, Gerbstoff. **Falsche A.,** →Robinie.

Akbar [arab. »der Große«], Großmogul (d.h. Kaiser) von Indien, *1542, †1605; Muslim, einer der bedeutendsten Herrscher Asiens.

Akelei die, Gattung der Hahnenfußgewächse mit fünfspornigen Blüten. (BILD Naturschutz)

Aken, Stadt an der Elbe, Bez. Magdeburg, 12700 Ew.; Güterumschlagplatz, chem. Ind., Schiffbau.

Akershus, Festung bei Oslo, auf einer Landzunge im Oslo-Fjord, 1299 angelegt.

Ak'iba, Ben, jüd. Schriftgelehrter, schuf die erste Mischna-Sammlung (→Talmud), wurde beim Aufstand der Juden 136 n.Chr. hingerichtet.

Akihito, Kronprinz von Japan, *1933, heiratete 1959 Mitschiko Schoda (aus bürgerl. Hause).

Akita, japan. Hafen auf Honschu, 220000 Ew.

Akka, Akkon, ehemals wichtige Hafenstadt in Palästina, 1191-1291 Hauptsitz der Kreuzfahrer.

Akkad, alte Hauptstadt Nordbabyloniens am Euphrat, Vorläuferin Babylons; nach ihr wird die Bevölkerung und die Sprache Altbabyloniens **akkadisch** genannt.

Akklamati'on [lat.] die, beistimmender Zuruf. Im MA. Zustimmung des Volkes zur Königswahl.

Akklimatisati'on [lat.-grch.] die, Eingewöhnung in fremdes Klima. Zw.: **akklimatis'ieren.**

Akkol'ade [frz.] die, im Buchdruck und in der Notenschrift eine Klammer ⏝.

Akkommodati'on [lat.] die, Anpassung, bes. die Einstellungsfähigkeit des Auges auf verschiedene Entfernungen durch Formänderung der elastischen Linse. Verminderung der Fähigkeit bei Alterssichtigkeit. Zw.: **akkommod'ieren.**

Akk'ord [frz.] der, **1)** ♪ die sinnvolle Verbindung mehrerer Töne zu einem Zusammenklang (→Dreiklang). **2) Akkordlohn,** auch **Stücklohn,** Lohn nach dem tatsächlichen Arbeitsergebnis. Gegensatz: Zeitlohn (→Lohn).

Akk'ordeon das, eine →Ziehharmonika.

akkredit'ieren [frz.], **1)** beglaubigen (einen Gesandten). **2)** eine Bank anweisen, einem Dritten auf Abfordern Geldbeträge bis zu einer bestimmten Gesamthöhe auszuzahlen. Das **Akkredit'iv,** die darüber ausgestellte Urkunde, z. B. ein Kreditbrief.

Akkulturati'on, Völkerkunde: die Übernahme fremder geistiger oder materieller Kulturgüter.

Akkumulati'on [lat.] die, Anhäufung.

Akkumul'ator 1) ⚡ abgek. **Akku,** Sammler, dient zum Speichern elektr. Energie in Form chemischer Energie. Meist verwendet wird der **Blei-A.:** In ein Bleigitter wird für die positive Elektrode Bleioxyd, für die negative Elektrode fein verteiltes, poröses Blei gepreßt; Elektrolyt ist verdünnte Schwefelsäure. Beim Entladen liefert der A. Gleichstrom (Nennspannung 2 Volt) auf beiden Platten wird Bleisulfat gebildet, die Säuredichte fällt. Beim Laden mit Gleichstrom verläuft der Vorgang in umgekehrter Richtung. Fassungsvermögen (Kapazität) wird in Amperestunden (Ah) gemessen und hängt von der Plattengröße ab. Stromausbeute etwa 90%, Energieausbeute etwa 75%. Verschiedene Plattenbauarten (Großoberflächen-, Kasten-, Gitter- oder Panzerplatten) und Gefäßbaustoffe (Glas oder Kunststoff) bedingen Gewicht, Lebensdauer und mechan. Festigkeit. Für höhere Spannungen werden mehrere Zellen zu **A.-Batterien** hintereinandergeschaltet; z.B. ergeben 3 Zellen hintereinander in Kraftfahrzeugen 6 V. Anwendung u. a. für Notbeleuchtung, Fernmeldeanlagen, Fahrzeugbeleuchtung und -stromversorgung und als Energiequelle für Elektrokarren, Elektromobile, Grubenlokomotiven. Blei-A. dürfen nicht unbenutzt stehen, daher Erhaltungsladung mit kleiner Stromstärke oder regelmäßige Entladung und Ladung. **Stahl-A.** brauchen weniger Wartung, können unbenutzt stehen, haben größere mechanische Festigkeit und Lebensdauer, aber auch höhere Anschaffungskosten. Positive Platte Nickelhydroxyd, negative Platte pulverförmiges Eisen oder Cadmium (Nickel-Eisen- oder Nickel-Cadmium-A.). Elektrolyt: verdünnte Kalilauge. Gefäße aus vernickeltem Stahlblech. Nennspannung 1,2 V. Stromausbeute etwa 70%, Energieausbeute etwa 50%. Neuerdings gibt es gasdichte Kleinst-Nickel-Cadmium-A. in Knopf- und Zylinderform anstelle von Klein-Primärelementen. **2) hydraulischer A.,** Druckwasserspeicher zum Betrieb von Arbeits- und Kraftmaschinen.

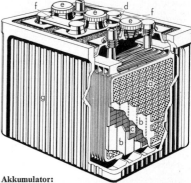

Akkumulator:
a Minuspfosten, b Kunststoffseparator, c Plusplatte, d Pol, e Verschlußstöpsel, f Verbindungsschiene

akkur'at [lat.], genau, sorgfältig. **Akkurat'esse** die, Sorgfalt.

'Akkusativ [lat.] der, der →Wenfall.

'Akme [grch.] die, Höhepunkt (bes. bei Fieber).

Akmolinsk, →Zelinograd.

'Akne [grch.] die, **Hautfinne,** durch Vereiterung von Talgdrüsen entstehende eitrige Knötchen.

Ak'ola, Stadt in Madhja Pradesch, Indien, 115800 Ew., Hauptzentrum des Baumwollhandels.

Akol'uth [grch.] der, kath. Kirche: Inhaber der höchsten unter den vier niederen Weihen.

Akosombo-Damm, Volta-Staudamm in Ghana, eine der größten Wasserkraftanlagen Afrikas.

Akquisiti'on die, Erwerbung. **Akquisiteur** [akvisit'œr] der, Stadtreisender, Anzeigenwerber.

Akrib'ie [grch.] die, peinliche Genauigkeit.

Akrob'at [grch. »Zehengänger«] der, Turn- und Geschicklichkeitskünstler.

Akrole'in das, farblose Flüssigkeit von stechendem Geruch, entsteht bei der Destillation von Fetten, Glyzerin (z. B. Anbrennen von Fett).

Akromegal'ie [grch.] die, nach Abschluß des normalen Wachstums einsetzendes »Spitzenwachstum« (Hände, Füße, Nase) infolge einer Erkrankung der Hypophyse.

Akron ['eikrən], Industriestadt in Ohio, USA, 295000 Ew.; Gummi-Ind., bes. Autoreifen.

Akron'ym [grch.] das, Kurzwort aus den Anfangsbuchstaben mehrerer Wörter, z. B. Agfa.

akropet'al [grch.], aufsteigend.

Akr'opolis [grch. »Oberstadt«] die, befestigter hochgelegener Teil alter griech. Städte; z.B. die A. von Athen mit ihren Tempeln. (BILD Athen)

Akr′ostichon [grch. »Versspitze«] das, -s/... stichen, Gedicht, in dem die Anfangsbuchstaben, -silben oder -worte der einzelnen Verse einen Namen oder Spruch ergeben.

Akrot′erion [grch.] das, -s/...rien, ⊟ Giebelverzierung am griechischen Tempel.

Aks′um, heilige Stadt der Äthiopier, 5000 Ew., Krönungsstadt der äthiop. Kaiser.

Akt [lat.] der, 1) Handlung,Vorgang. 2) Schauspiel: Aufzug des Bühnenstückes. 3) Kunst: Darstellung des nackten Menschenkörpers.

Akt′äon, griech. Sage: Held, der Artemis im Bade überraschte; von ihr in einen Hirsch verwandelt, von den eigenen Hunden zerrissen.

Akten [lat.], die über eine bestimmte Angelegenheit gesammelten Schriftstücke.

Akteur [akt′œ:r, frz.] der, Handelnder; Schauspieler.

′Aktie die, Anteil, Teilbeträg des Grundkapitals einer →Aktiengesellschaft; auch die Urkunde, die dem Inhaber (**Aktionär**) auf seinen Besitz verbrieft. Die A. ist ein Wertpapier und wird i.d.R. an der Börse gehandelt. Der dort erzielte Preis ist der **Aktienkurs**, mehrere A. einer AG. in einer Hand nennt man ein **Aktienpaket.**

′Aktiengesellschaft, Abk. **AG.**, eine Handelsgesellschaft, deren Gesellschafter (**Aktionäre**) mit Einlagen auf das in **Aktien** zerlegte Grundkapital (mindestens 100000 DM) beteiligt sind, ohne persönl. für die Verbindlichkeiten der A. zu haften. Organe: **Vorstand** (vom Aufsichtsrat bestellt; Aufgaben: Geschäftsführung, Vertretung der A.), **Aufsichtsrat** (zu ²/₃ von der Hauptversammlung, zu ⅓ von den Arbeitnehmern gewählt; Aufgaben: Überwachung der Geschäftsführung), **Hauptversammlung** der Aktionäre (alljährl. Entlastung von Vorstand und Aufsichtsrat, Beschluß über Gewinnverteilung, ggf. Satzungsänderung). – Aktien-Gesetz v. 6. 9. 1965.

′Aktienindex, eine Durchschnittsberechnung von Aktienkursen, zeigt die Kursentwicklung.

Akt′inie [grch.] die, Korallentier, →Seerose.

Aktinometr′ie [grch.] die, Messung der Sonnen-, der photochem. wirksamen und der Röntgenstrahlung.

aktinom′orph [grch.], strahlig gebaut.

Aktinomyk′ose [grch.] die, **Strahlenpilzkrankheit,** Infektion durch Pilzfäden, die strahlenförmig in das gesunde Gewebe einwuchern. Nicht an Gräsern kauen!

Akti′on [lat.] die, Handlung, Tätigkeit.

Aktion′är der, Inhaber von Aktien.

Akti′onsradius [lat.] der, Fahrbereich, Tätigkeitsbereich.

Aktionsstrom, eine elektr. Begleiterscheinung körperl. Vorgänge; bes. der bei Tätigkeit von Nerven, Gehirn, Muskeln, Herz ableitbare Strom.

akt′iv [lat.], 1) tätig, wirksam. Gegensatz: →passiv, **Aktivit′ät** die, Tätigkeit. 2) ⚥ zum stehenden Heer gehörig; **inaktiv,** verabschiedet. 3) →Wahlrecht.

′Aktiv, Aktivum [lat.] das, die Tätigkeitsform (→Zeitwort).

Akt′iva [lat.], **Aktiven** Mz., Bestandteile des Vermögens einer Unternehmung im Gegensatz zu den Schulden (Passiva, Passiven).

Akt′ivgeschäft, Geschäft, bei dem eine Bank Kredit gibt, also Gläubigerin wird.

Aktiv′ismus [lat.] der, Tatgeist, zielbewußtes Handeln. **Aktivist,** wer sich tatkräftig für etwas einsetzt; in der Politik: wer sich einer polit. Richtung, Partei usw. vorbehaltlos zur Verfügung stellt. Länder mit staatl. gelenkter Wirtschaft versuchen, durch »Aktivisten der Arbeit« den allgemeinen Leistungswillen zu steigern.

Akt′ivkohle, sehr stark adsorbierende, poröse Kohle, hergestellt durch Verkohlen von Torf, Kohle, Holz, Knochen u. a. unter Luftabschluß im Beisein von z. B. Schwefel- und Phosphorsäure.

Aktivlegitimation, →Sachlegitimation.

Aktj′ubinsk, Hauptstadt des Gebiets A., Kasachische SSR, 122000 Ew.; Bergbau, Maschinenindustrie.

Aktu′ar [lat.] der, ✠ mittlerer Bürobeamter.

aktu′ell [frz.], gerade jetzt bedeutsam. Hauptwort: die **Aktualit′ät.**

′Aktus [lat.] der, Schulfeier.

Akupunkt′ur, von den alten Chinesen stammendes Heilverfahren, bes. gegen rheumatische Schmerzen. Durch Hautreizung an bestimmten Stellen (Nadelsticheln, dann mit Öl einreiben) soll eine Tiefenwirkung erzielt werden.

Ak′ustik [grch.] die, Lehre vom →Schall.

Akustochem′ie, Schallchemie, die Erzeugung chem. Veränderungen durch Schallwellen.

ak′ut [lat.], 1) scharf, spitzig, heftig, vordringlich. 2) ⚕ rasch, heftig verlaufend. Gegensatz: chronisch. **Akut** der, eine Art des Akzents.

Akzelerati′on [lat.] die, Beschleunigung, 1) ✰ z.B. bei Fixsternen das scheinbare Voraneilen gegenüber der Sonne (täglich 3 m 56,6 s). 2) Entwicklungsbeschleunigung bei Jugendlichen.

Akz′ent [lat.] der, 1) die Betonung, Hervorheben einer Silbe im Wort oder eines Wortes im Satz durch lautliche Mittel. 2) Zeichen, das in Schrift oder Druck den A. angibt.

Akz′ept [lat. »angenommenes«] das, 1) auf einem Wechsel die Erklärung des Bezogenen (**Akzeptanten**), daß er den Wechsel zur Verfallzeit einlösen werde. 2) der akzeptierte Wechsel selbst.

akzept′abel [lat.], annehmbar; **akzept′ieren,** annehmen.

akzess′orisch [lat.], 1) hinzukommend. 2) ⚖ unselbständig, vom rechtl. Schicksal eines anderen Rechtsverhältnisses oder Tatbestandes abhängig.

′Akzidens [lat.] das, -/...denzien, zufällige Eigenschaft; **akzident′ell,** unwesentlich. Gegensatz: Substanz, substantiell, auch essentiell.

Akzid′enzen [lat.] Mz., **Akzidenzdrucke,** Einzeldrucke, Gelegenheitsdrucke. Gegensatz: Werk-, Zeitungsdrucke.

Akz′ise [lat.] die, frühere Verbrauchsteuer.

al, el, arab. männl., weibl. Geschlechtswort.

...′al, ...′alisch [lat.], an Fremdwörtern: ...isch; **tonal,** tonisch, Eigenschaftswort zu Ton.

Al, chem. Zeichen für →Aluminium.

à la... [frz.], in der Art von ...

alaaf [niederrhein.], es lebe!, hoch!

Alab′ama, Abk. **Ala.,** Staat im SO der USA, 134669 km², 3,4 Mill. Ew., davon rd. ⅓ Neger. Hauptstadt: Montgomery, größte Stadt: Birmingham. Anbau: Mais, Erdnüsse, Futterpflanzen, Baumwolle, Rinderhaltung; ☘ auf Kohle und Eisenerz; Stahl-, chem. Industrie. Gute Binnenschiffahrtswege; Haupthafen: Mobile. ⊕ S. 526.

Alab′aster der, feinkörnige, durchscheinende Art des Gipses, weiß, rot öder grau; rein weißer A. wird zu Bildwerken und Perlen verarbeitet.

à la bonne heure [a la bɔn œ:r, frz. »zur guten Stunde«], recht so!, vortrefflich!

à la carte [frz.], nach der Karte (essen).

Al′aigebirge, Hochgebirge in Asien (Sowjetunion), am Nordrand des Pamir, bis 6000 m.

Alain [alɛ̃], eigentl. Emile **Chartier,** französ. Essayist und Philosoph, *1868, †1951.

Alain-Fournier [alɛ̃ furniɛ] Henri, eigentl. Henri-Alban **Fournier,** französ. Schriftsteller, *1886, †1914.

à la mode [a la m′ɔd. frz.], nach der Mode. Stutzertracht im 17. Jahrh.

′Aland der, karpfenartiger Fisch; eine Abart: die Goldorfe.

Ålands-Inseln [′olands-], Inselgruppe in der Ostsee, im Südteil des Bottnischen Meerbusens, zwischen Finnland und Schweden, gehört polit. zu Finnland (Selbstverwaltung, schwed. Amts- und Schulsprache).

Al′anen, iranischer Reiterstamm in Südrußland im Nordkaukasus, heutiger Rest →Ossetén. Teile wurden um 350 von den Hunnen unterworfen und mit nach Westen geführt; mit den Wandalen drangen sie 409 in Spanien ein; Reste an der Loire angesiedelt.

Al′ant der, Gattung staudiger, gelbblühender Korbblüter, früher Heilmittel.

Akroterion

à la mode

'**Alarich,** Könige der Westgoten, **A. I.,** *um 370, drang auf seinen Eroberungszügen in Makedonien und Griechenland, seit 401 in Italien ein, eroberte Rom, starb 410 in Unteritalien und wurde im Busento begraben (Gedicht von Platen).

Al'arm [ital. »zu den Waffen!«] der, **1)** ⚔ plötzlich angeordnete Marsch- oder Gefechtsbereitschaft. **2)** Gefahrmeldung.

Al'aska, Abk. **Alas.,** Bundesstaat der USA, im nordwestl. Nordamerika, 1 519 000 km², 253 000

Alaskastraße

Ew., davon rd. 44 000 Eskimos und Indianer; Hauptstadt: Juneau; größte Städte: Anchorage (44 200 Ew.), Fairbanks (13 300 Ew.). Im S das Alaskagebirge (Mount McKinley 6193 m), Hauptfluß der Yukon (3185 km). Erzeugnisse: Lachs, Pelze, Holz, Papier, Gold, Kupfer, Erdöl. Verkehrserschließung noch gering, daher bes. Luftverkehr. – 1867 kauften die USA A. von Rußland; 1964 schweres Erdbeben. **Alaskastraße** (Autostraße, 1942 gebaut) von Dawson Creek (NW-Kanada) nach Fairbanks. ⊕ S. 516.

Al'assio, Hafenstadt und Seebad in Italien, am Golf von Genua, mit 13 200 Ew.

Al'aun [lat.] der. Doppelsalz aus Kaliumsulfat und Aluminiumsulfat; zum Gerben, als Beizmittel in der Färberei und zum Blutstillen verwendet.

Alb der, **1)** Elfe. **2)** Alp, Nachtmahr.

Alb die, svw. Alpe, Teil von landschaftl. Namen, z.B. Schwäbische Alb.

Alba

Alba, Herzog von A., span. Feldherr und Staatsmann, *1507, †1582, entschied 1547 den Schmalkald. Krieg zwischen Kaiser Karl V. und den dt. Protestanten durch den Sieg bei Mühlberg, war 1567-73 Statthalter der Niederlande, wo er mit großer Härte gegen den Protestantismus und die Stände einschritt (Hinrichtung Egmonts). Sein Gewaltregiment führte zum Abfall der Nordprovinzen unter Wilhelm von Oranien.

Albacete [albaθ'ete], Handels- und Provinzstadt im kastil. Hochland, Spanien, 75 600 Ew.

Alba L'onga, älteste Hauptstadt des Latinerbundes in Latium; von den Römern zerstört.

Alb'aner Mz., Nachkommen thrakisch-illyr. Stämme mit indogerman. Sprache, in Albanien, Jugoslawien, S-Italien, N-Griechenland, rd. 2,4 Mill. Menschen, meist Muslime.

Albanien

Albaner Berge, bewaldetes vulkan. Ringgebirge südöstl. von Rom mit dem **Albaner See** und dem Nemisee.

Alb'anien, Volksrep. auf der Balkanhalbinsel, am Adriat. Meer; 28 748 km², rd. 2,0 Mill. Ew.; Hauptstadt: Tirana. Kollegiales Staatsoberhaupt ist das Präsidium der Nationalvers. – Vorwiegend zerklüftete Kalksteingebirge; in Teilen des fruchtbaren Hügellandes und im flachen Küstenland mediterranes Klima; Hauptflüsse: Drin, Mat, Erzen, Shkumbi. Bevölkerung: →Albaner (98%). – Anbau von Mais, Weizen, Oliven, Südfrüchten. ⚒ auf Erdöl, Braunkohle, Erze. Industrie und Energiegewinnung werden ausgebaut. Ausfuhr: Erdöl, Erze; Einfuhr: Maschinen. Handelspartner: Volksrep. China, Tschechoslowakei. Haupthafen: Durazzo. – A. stand im Mittelalter zeitweise unter serb.-, bulgar.-, byzantin. oder normannischer (Sizilien) Oberhoheit und war nur kurze Zeit selbständig unter dem Nationalhelden Skan-

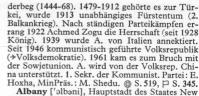

derberg (1444-68). 1479-1912 gehörte es zur Türkei, wurde 1913 unabhängiges Fürstentum (2. Balkankrieg). Nach ständigen Parteikämpfen errang 1922 Achmed Zogu die Herrschaft (seit 1928 König). 1939 wurde A. von Italien annektiert. Seit 1946 kommunistisch geführte Volksrepublik (→Volksdemokratie). 1961 kam es zum Bruch mit der Sowjetunion. A. wird von der Volksrep. China unterstützt. 1. Sekr. der Kommunist. Partei: E. Hoxha, MinPräs.: M. Shedu. ⊕ S. 519, ⊐ S. 345.

Albany ['ɔlbəni], Hauptstadt des Staates New York, USA, am Hudson, 127 000 Ew.; Verwaltungs- und Handelsmittelpunkt, Textilind.

'**Albatros** der, -/...trosse, langflügliger, schneller Sturmvogel südlicher Meere, bleibt tagelang in der Luft.

Albe [lat.] die, weißes Chorhemd der kath. und anglikan. Priester.

Alb'edo [lat. albus »weiß«] die, nur noch in Astronomie und Kerntechnik gebräuchl. Bez. für den Reflexionsgrad eines Körpers. Ein weißer Körper hat die A. 1, sonst ist sie stets kleiner als 1.

Albee ['ɔːlbi], Edward Franklin, amerikan. Schriftsteller, *1928; Welterfolg: »Wer hat Angst vor Virginia Woolf?« (1962, dt. 1963).

'**Albéniz** [-nis], Isaak, span. Pianist und Komponist, *1860, †1909.

Alb'ergo [ital.] das, Hotel.

'**Alberich,** in der dt. Sage ein Zwerg, Hüter des Nibelungenhorts, von Siegfried bezwungen und der Tarnkappe und des Hortes beraubt.

Albers, Hans, Bühnen- und Filmschauspieler *1892, †1960; »Vor Sonnenuntergang« (1956).

Albert, Adalbert'ine, Vornamen, →Albrecht.

Albert, 1) A., Prinz von Sachsen-Coburg *1819, †1861, Prinzgemahl der englischen Königin Viktoria. **2)** A., König von Sachsen, *1828, †1902, König seit 1873. **3)** A. I., König der Belgier, *1875, †1934, König seit 1909.

d'Albert, Eugen, →d'Albert.

Alb'erta, Prov. im SW Kanadas mit Anteil am Felsengebirge, 661 112 km², 1,5 Mill. Ew.; Hauptstadt: Edmonton. Ackerbau (stark mechanisiert), Prärie, Wälder. Anbau: Weizen, Hafer. ⚒ auf Erdöl, Erdgas, Kohle. Chemische u.a. Industrie.

Alb'erti, Leon Battista, italien. Künstler, *1404, †1472, Architekt und Schriftsteller.

Albert'ina in Wien, staatl. Sammlung von Handzeichnungen und Graphik, gegr. von Herzog Albrecht von Sachsen-Teschen (†1822).

Albert-Kanal, Groß-Schiffahrtsweg in Belgien, zw. Lüttich und Antwerpen, 122 km lang.

Albertsee, See in Ostafrika, 4246 km² groß, sein Abfluß ist der Weiße Nil.

Albertus Magnus, Graf von Bollstädt, Dominikaner, *um 1200, † Köln 1280, lehrte als Scholastiker in Paris und Köln, erschloß dem Abendland die Schriften des Aristoteles; besaß für die damalige Zeit ungewöhnl. naturwissenschaftl. Kenntnisse. Thomas von Aquin war sein Schüler.

Albertz, Heinrich, Politiker (SPD), *1915, Pfarrer, 1948-55 Minister in Niedersachsen, 1966 bis 1967 Regierender Bürgermeister in W-Berlin.

Albi, malerische alte Stadt in Südfrankreich, 34 700 Ew.; große festungsartige Kathedrale (begonnen 1282).

Albig'enser, nach →Albi benannte Sekte des 12./13.Jahrh.; als Gegner der Kirche und des Papsttums **(Katharer)** wurden sie in blutigem Kreuzzug **(A.-Kriege,** 1209-29) vernichtet.

Alb'ino der, ein Mensch oder Tier mit weißen Haaren, weißer Haut, rötlichen Augen. Der **Albin'ismus** beruht auf einem angeborenen Farbstoffmangel, der vererbbar ist.

'**Albion** [kelt.-grch.], England.

'**Alboin, Albuin,** Langobardenkönig, eroberte 568 Italien bis zum Tiber, wurde 572 ermordet.

Ålborg ['ɔːlbɔr], Hafenstadt in Dänemark, am Limfjord, 85 600 Ew.; Flugplatz.

Albrecht [aus ahd. adal »Adel« und beraht »glänzend«], männl. Vorname, Nebenform **Albert.**

Albrecht, 1) A. I., deutscher König (1298 bis 1308), Sohn Rudolfs I. von Habsburg, erlangte

Albe

nach seinem Sieg über Adolf von Nassau die Königswürde; Hausmachtpolitiker; von seinem Neffen Johann Parrizida ermordet. 2) **A. der Bär,** *um 1100, †1170, aus dem Hause der Askanier, wurde 1134 Markgraf der Nordmark (Altmark), gründete im Kampf gegen die Wenden die Mark Brandenburg. 3) **A.,** Markgraf von Brandenburg, *1490, †1545, seit 1513 Erzbischof von Magdeburg, seit 1514 auch von Mainz, pachtete den Ablaß, den er von Tetzel vertreiben ließ. 4) **A.,** Herzog von Preußen, *1490, †1568, seit 1510 letzter Hochmeister des →Deutschen Ordens, verwandelte auf Luthers Rat den Ordensstaat 1525 in ein weltl. Erbherzogtum unter poln. Lehnsoberhoheit; führte die Reformation ein; Stifter der Universität Königsberg.

'Albulapaß, in Graubünden, 2312 m hoch, vom Rheintal ins Ober-Engadin **(Albulabahn).**

'Album [lat.] das, -s/Alben, Heft in Buchform; zum Einordnen von Lichtbildern, Briefmarken u.a.

Album'ine [lat.] Mz., Gruppe von Eiweißkörpern, →Eiweiß. **albumin'ös,** eiweißhaltig.

Albuquerque ['ælbəkœ:ki], Stadt im Staat New-Mexiko, USA, 201 200 Ew., Universität, ein Mittelpunkt der Atomindustrie.

Albuquerque [albuk'ε:rke], Afonso d', portugies. Eroberer, *1453, †1515; seit 1510 Statthalter Ostindiens, eroberte Goa, Malakka, Ormus.

Alc'azar [arab.] der, Schloß, Feste (Spanien).

Alchem'ie, Alchimie [arab.] die, im MA. die mit magischen Vorstellungen durchflochtene experimentelle Beschäftigung mit chem. Stoffen.

Älchen, das →Aaltierchen.

Ald'an der, rechter Nebenfluß der Lena in Ostsibirien, 2242 km lang.

Aldebar'an [arab.] der, Stern (1. Größe) im Sternbild des Stiers, mit stark rötlichem Licht.

'Aldegrever, Heinrich, Maler, Kupferstecher, Goldschmied, *Paderborn 1502, †nach 1555.

Aldeh'yde, Ez. **Aldehyd** der, ◁O organ. Verbindungen, die durch Oxydation von Alkoholen entstehen; meist flüchtige, farblose Flüssigkeiten.

Alderman ['ɔ:ldəmæn, engl.], Ratsherr, Stadtrat.

Aldershot ['ɔ:ldəʃɔt], Stadt in Südengland, 31 300 Ew.; großeTruppenlager.

Aldington ['ɔ:ldiŋtən], Richard, engl. Dichter, *1892, †1962; Vertreter des Imagismus.

Aldobrand'inische Hochzeit, röm. Wandgemälde nach hellenist. Vorbild, 1605 in Rom gefunden, dann im Besitz der Familie Aldobrandini, jetzt im Vatikan.

Aldoster'on das, Hormon der Nebennierenrinde, regelt Elektrolythaushalt, Stickstoff- und Kohlenhydratstoffwechsel des Körpers.

Ale [eil, engl.] das, helles englisches Bier.

'Alea i'acta est [lat.], der Würfel (d.h. die Entscheidung) ist gefallen. Ausspruch Caesars.

aleat'orisch [lat.], vom Zufall bestimmt.

Alemán, Mateo, span. Schriftsteller, *1547, †um 1614; Schelmenroman: »Guzmán de Alfarache«.

Alemannen Mz., dt. Stamm, aus den Semnonen an der Elbe hervorgegangen, um 213 ins Maingebiet abgewandert. Sie entrissen im 3.-5. Jahrh. den Römern Südwestdeutschland, das Elsaß und die Ostschweiz; um 500 von den Franken unterworfen. Aus ihrem Gebiet bildete sich das Herzogtum →Schwaben. Später übertrugen Franzosen, Spanier u. a. den Namen der A. auf die Bewohner ganz Dtl.s (Allemagne).

d'Alembert, Jean le Rond, →d'Alembert.

Alençon [alãsõ], Hauptstadt des frz. Dép. Orne, 25 600 Ew.; Leinwand-, Spitzenherstellung.

'Aleph, Anfangsbuchstabe des hebräischen Alphabets; Zahlzeichen für 1.

Al'eppo, Haleb, Stadt in Syrien, 562 800 Ew.; Textilindustrie.

al'ert [frz.], 1) lebhaft. 2) wachsam.

Aless'andria, Industrie- und Messestadt in Oberitalien, 98 100 Ew.; Hüte, Maschinen.

'Ålesund ['ɔ:l-], Hafenstadt, Fischerei- und Handelsplatz an der norweg.Westküste, 18 800 Ew.

'Aletschgletscher, der größte und längste (22 km) Gletscher der Alpen, an der Südseite der Jungfrau (Schweiz).

Aleur'on [grch.] das, festes Eiweiß in Pflanzenzellen.

Alé'uten Mz., vulkan. Inselgruppe zwischen Alaska und Kamtschatka, gehört zu Alaska. Kein Baumwuchs, rd. 1300 Eingeborene A., Fischerei. Entdeckt wurden die A. 1741 von Bering.

Alexander, Fürsten. Bulgarien. 1) **A.,** Prinz von Battenberg, wurde 1879 Fürst von Bulgarien, mußte 1886 abdanken. – Jugoslawien. 2) **A. I.,** König (1921-34), führte 1929 die Diktatur ein (bis 1931); wurde in Marseille ermordet. – Rußland. 3) **A. I.,** Zar (1801-25), kämpfte 1805/07 mit Österr., Preußen gegen Napoleon, schloß dann ein Bündnis mit ihm. 1812/15 blieb er Sieger gegen Napoleon, wieder verbündet mit Preußen und Österreich (→Freiheitskriege). 1815 stifter er die Heilige Allianz. 4) **A. II.,** Zar (1855-81), beendete 1856 den Krimkrieg und hob 1861 die Leibeigenschaft auf (»der Befreier«); er wurde von Nihilisten ermordet. 5) **A. III.,** Zar (1881-94), begünstigte das Altrussentum und panslawist. Bestrebungen. – Serbien. 6) **A. I.,** König (1889-1903), von Offizieren ermordet.

Alexander, Päpste. 1) **A. III.** (1159-81), Gegner Friedrichs I. Barbarossa und Heinrichs II.

Alexanderreich

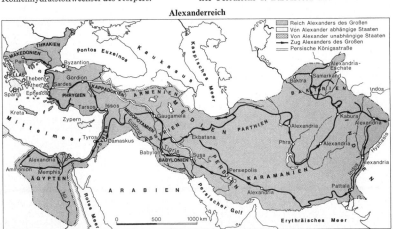

Reich Alexanders des Großen
Von Alexander abhängige Staaten
Von Alexander unabhängige Staaten
Zug Alexanders des Großen
Persische Königsstraße

Alexander d.Gr.
(Münze)

Algen: 1 Blasentang (Braunalge). 2 Kieselalge, runde Form. 3 Kieselalge, lange Form. 4 Irländisches Moos (Rotalge). 5 Meersalat (Grünalge). 6 Birnentang (Braunalge). 7 Armleuchteralge

Algerien

von England. **2) A. VI.** (1492-1503), förderte Kunst und Wissenschaft, mißbrauchte die päpstl. Macht zur Versorgung seiner Kinder (Borgia).

Alexander der Große, König von Makedonien (336-323 v. Chr.), *356, † Babylon 323 v. Chr., Sohn Philipps II., erzogen von Aristoteles, begann nach der Befestigung seiner Herrschaft in Makedonien und Griechenland den Krieg gegen die Perser, schlug sie 334 am Granikos, 333 bei Issus, zog nach Ägypten, gründete 331 Alexandria, schlug Darius 331 vernichtend bei Gaugamela, eroberte die östl. Teile des Perserreichs und drang 327/25 nach Indien vor. Seine Eroberungen eröffneten der griech. Kultur den Weg nach Vorderasien und Ägypten; damit beginnt das Zeitalter des Hellenismus. Nach seinem Tode zerfiel das Reich (→Diadochen).

Alexanderschlacht, Mosaik aus Pompeji, das den Sieg Alexanders d.Gr. über Darius darstellt (Neapel, Nat. Mus.), kopiert nach einem um 300 v.Chr. entstandenen griech. Vorbild.

Alexandr'ette, türk. Stadt, →Iskenderun.

Alexandr'ia, Alexandrien, zweitgrößte Stadt Ägyptens, 1,9 Mill. Ew., wichtigster Ein- und Ausfuhrhafen des Landes am äußersten Westende des Nildeltas; hat arab. Universität, Museum griechisch-ägypt. Altertümer, Museum für Meereskunde, Europäerschulen; prächtige Bauten. GESCHICHTE. A. wurde 331 v. Chr. durch Alexander d. Gr. gegründet; unter den Ptolemäern geistiger Mittelpunkt der hellenist. Welt **(Alexandrinisches Zeitalter),** zur Zeit der Römer Weltverkehrsplatz, unter den Arabern (seit 641 n. Chr.) Verfall, erneuter Aufschwung erst im 19.Jahrh.

Alexandr'iner der, ein zwölfsilbiger, bei weiblichem Ausgang dreizehnsilb. Vers mit einem Einschnitt (Zäsur) nach der 6. Silbe. Der A. ist in der französischen Dichtung beliebt. Beispiel:

Wenn's was / zu na / nen gibt,

sind al / le flugs / beim Schmau / se. (Goethe)

Alexandrinische Bibliothek, Name der beiden von Ptolemaios II. Philadelphos (283-246 v. Chr.) gegr. Bibliotheken in Alexandria.

Alexandrinische Katechetenschule, christl. Theologenschule in Alexandria, 2. bis 5. Jahrh., versuchte christl. Glaubenslehre mit platon. und stoischen Gedanken zu begründen.

Al'exis, Willibald, eigentl. Wilh. **Häring,** Schriftsteller, *1798, †1871; Begründer des histor. Romans (»Die Hosen des Herrn von Bredow«).

'Alfa [arab.] die, Faserstoff, →Esparto.

Alfa Rom'eo, italien. Kraftwagenwerk, Mailand.

Alfeld, Kreisstadt in Niedersachsen, an der Leine, 13 300 Ew.; Industrie.

Alfi'eri, Vittorio, Graf, größter italien. Tragödiendichter des 18.Jahrh., *1749, †1803.

'Alfons [span. aus ahd. Adalfuns, von adal »Adel« und funs »bereit«], männl. Vorname.

Alfons, 1) A. X., der Weise, König von Kastilien (1252-82), förderte Kunst und Wissenschaft. 1256 wurde er zum dt. König gewählt. **2) A. XIII.,** König von Spanien, *1886, †1941, ging nach dem republikan. Wahlsieg 1931 ins Exil.

Alfred [angelsächsisch aelf »Elf« und red »Rat«], männlicher Vorname.

Alfred der Große, angelsächs. König (871 bis 899), brach die Macht der dän. Wikinger in England, förderte Rechtspflege, Verwaltung, Schulen.

al fr'esco [ital.], →Freskomalerei.

Alfter, Gem. im Rhein-Sieg-Kreis, Nordrh.-Westf., 15 600 Ew.

Algaz'el, →Ghasali.

'Algebra [arab.] die, Teil der Mathematik, ursprüngl. die Lehre von den →Gleichungen, später die Strukturtheorie der Gruppen, Ringe, Körper u. a. Der von Gauß gefundene Fundamentalsatz der Algebra besagt, daß im Bereich der komplexen Zahlen jede Gleichung n-ten Grades genau n Lösungen hat, z. B. die Gleichung dritten Grades $x^3 - 3x^2 + 2x = 0$ hat die 3 Lösungen 0, 1 und 2.

Algeciras [alxεθ'i:ras], span. Hafen am Golf von Gibraltar, 62 600 Ew. Hier fand 1906 die **Algeciras-Konferenz** über die Marokkofrage statt.

Algen [lat. »Seetang«] Mz., große Gruppe niederer blütenloser Pflanzen, meist im Wasser. Sie enthalten stets Blattgrün, das von anderen Farbstoffen überdeckt sein kann. Viele A. sind mikroskopisch klein, manche Meeresalgen dagegen sehr ansehnlich (Braunalgen bis 70 m). Untergruppen: **Grünalgen** (bes. im Süßwasser), **Rotalgen** (in großer Meerestiefe), **Braunalgen** (Tange), **Blaualgen, Kieselalgen, Jochalgen, Armleuchtergewächse.**

Algenpilze, Gruppe der Sporenpflanzen mit zahlreichen wichtigen Vertretern, z. B. dem Erreger der Knollenfäule von Kartoffeln, dem falschen Mehltau beim Wein (→Peronospora).

Alg'erien, Republik in N-Afrika, 2,382 Mill. km², 13,5 Mill. Ew.; Hauptstadt: Algier. A. ist volksdemokrat. Republik mit Präsidialverfassung; 15 Departements. ⊕ S. 514, ⊡ S. 345. Im N steppenreiche, abflußlose Hochebene mit Salzsümpfen (Schotts), eingeschlossen vom küstenparallelen fruchtbaren Gebirgsland des Tell- und den Ketten des Sahara-Atlas (2328 m). Im S hat A. mit 85% der Staatsfläche Anteil an der Sahara mit dem Ahaggar-Massiv und zahlreichen Oasen. Keine schiffbaren Flüsse. – Bevölkerung: Araber und Berber (Kabylen), daneben Europäer, Juden. Staatsreligion: Islam. Anbau: Getreide, Wein, Südfrüchte; Viehwirtschaft. ⚒ auf Erdöl, Erdgas, Eisenerz, Phosphate. Metall-, Baustoff-, verarb. Industrie. Ausfuhr: Erdöl, Erze, Wein, Datteln, Oliven. Haupthandelspartner: Frankreich. – GESCHICHTE: A. war seit dem 16. Jahrh. ein mohammed.Seeräuberstaat, wurde1830-47von den Franzosen erobert. Das Streben des mohammedan. Bevölkerungsteils nach Unabhängigkeit führte 1954 zum Aufstand gegen Frankreich. Sept. 1958 wurde in Kairo eine alger. Exilregierung gebildet, die später nach Tunis übersiedelte. Nach langwierigen Verhandlungen (seit Mai 1961) zwischen Frankreich und der Exilregierung wurde am 3. 7. 1962 die Unabhängigkeit A.s proklamiert. Ben Bella, zielstrebigster Führer der Aufständischen, wurde Sept. 1962 MinPräs., Sept. 1963 Staatspräs., Juni 1965 jedoch von Oberst Boumedienne gestürzt.

Algier ['alʒir], die Hauptstadt Algeriens, 884000 Ew.; Universität, Handelshochschule, archäolog. Museum, Sternwarte, Zitadelle.

Alg'ol [arab.] der, Stern 3. Größe im Perseus.

ALGOL, Abk. für engl. algorithmic language, Programmiersprache für elektron. Rechenmaschinen.

Alg'onkin Mz., indian. Sprachfamilie in N-Amerika zwischen Neufundland und den Felsengebirge, im S bis zum Tennessee.

Alg'onkium, Abschnitt der Erdgeschichte mit ältesten Versteinerungen aus der Erdurzeit.

Algor'ithmus, abgeschlossener zahlenmäßiger

Rechenvorgang, der eine zyklisch sich wiederholende Gesetzmäßigkeit aufweist.

Alh'ambra [arab. »die rote Burg«] die, Schloß der maurischen Herrscher, im islam. Stil (13./14. Jahrh.), auf steilem Hügel über Granada in Spanien.

Alhambra

Alhid'ade [arab.], bei Winkelmeßinstrumenten der drehbare Arm der Ablesevorrichtung.

Alianza Popular Revolucionaria Americana, APRA, sozialist., proindian. Bewegung in mehreren südamerikan. Staaten, von dem peruan. Politiker V. R. Haya de la Torre 1924 gegr., nach Verbot 1948 wiederum seit 1957 geleitet.

'alias [lat.], sonst, mit anderem Namen.

'Alibi [lat. »anderswo«] das, die Abwesenheit. **Alibibeweis,** ♃ Nachweis, daß sich der Beschuldigte zur Zeit der Straftat nicht am Tatort aufgehalten hat, die Tat also nicht begangen haben kann.

Alic'ante, Hafenstadt in Spanien, am Mittelmeer, 131 700 Ew.; Ausfuhr von Wein u. a.

Aligarh, Stadt und Distrikt im Staate Uttar Pradesch, Indien, 203 800 Ew., bed. Festung, alte Moschee, muslim. Universität; Textilind.

Alighi'eri, →Dante Alighieri.

Alice Springs ['ælissprinz], größte Siedlung Zentralaustraliens, Telegraphenstation, Ende der Bahn von Adelaide. (BILD Australien)

Alim'ente [lat. »Nahrungsmittel«] Mz., Unterhaltsbeiträge, bes. für unehel. Kinder.

a l'imine [lat.], kurzerhand.

a l'inea [lat.], mit Absatz oder neuer Zeile beginnend. **Alinea** das, neue Zeile, Absatz.

aliph'atische Verbindungen [grch.], Fett-, Methanreihe, organische Verbindungen, die sich dem Aufbau nach vom Methan ableiten. Gegensatz: aromatische Verbindungen.

Alis'ar Hüy'ük, kleinasiat. Ruinenhügel östl. von Ankara, das hethit. **Ankura;** Ausgrabungen.

Alit'alia, staatl. italien. Luftverkehrsges.

alit'ieren, alumetieren, ⚙ eine aluminiumhaltige Oberflächenschicht auf Eisen- und Stahlgegenständen durch Glühen in Aluminium erzeugen, um sie bes. gegen heiße Feuerungsgase zu schützen.

Alizar'in das, Krapprot, Farbstoff der Krappwurzel, künstlich aus Anthracen gewonnen.

Alk'alien [arab.], Ez. **Alkali** das, Hydroxyde und Carbonate der Alkalimetalle, auch Ammoniak.

Alkalimetalle, Lithium, Natrium, Kalium, Rubidium, Cäsium, Francium.

alk'alische Erden, ⚗ Oxyde und Hydroxyde des Calciums, Strontiums und Bariums.

Alkalo'ide, Ez. **Alkaloid** das, ⚗ Pflanzenbasen, meist giftig; beeinflussen Gehirn und Rückenmark, dienen als Arzneimittel. Wichtigste A.: Chinin, Coffeïn, Cocaïn, Morphin, Nikotin, Strychnin.

Alkal'ose die, Anhäufung basischer Stoffe im Blut. – Gegensatz: Azid'ose.

Alk'annawurzel, Wurzel der Färberochsenzunge, wird in Kleinasien und Ungarn angebaut; dient zum Rotfärben.

Alk'äus, griech. Lyriker um 600 v.Chr., Zeitgenosse der Sappho; Kampf- und Liebeslieder.

Alken Mz., gesellig lebende Tauchvögel nordischer Felsküsten; die rückgebildeten Flügel dienen als Ruder.

Alk'estis, Alkeste, griech. Sage: Gemahlin des Königs Admetos, starb, um ihn vom Tode zu retten, freiwillig für ihn; sie wurde von Herakles aus dem Hades (Unterwelt) befreit.

Alkib'iades, athen. Staatsmann und Feldherr, *um 450, †404 v.Chr., genial, aber selbstsüchtig und ehrgeizig; veranlaßte den unglücklichen Feldzug nach Sizilien, schlug die Spartaner im Peloponnes. Krieg 411 bei Abydos, 410 bei Kyzikos.

Alk'inoos, griech. Sage: König der Phäaken, Vater der Nausikaa, Gastfreund des Odysseus.

Alkmaar, alte Stadt in den Niederlanden, nördl. von Amsterdam, 47 500 Ew.; Metall-, Möbelind., Käsehandel.

Alkmäon'iden, mächtiges athenisches Adelsgeschlecht, Gegner der Peisistratiden.

Alkm'ene, griech. Sage: Gemahlin des Amphitryon, durch Zeus Mutter des Herakles.

'Alkohol [arab.] der, **Äthylalkohol,** wird meist durch Gärung von zuckerhaltigen Flüssigkeiten hergestellt (Spiritusbrennerei). Der A. des Handels enthält stets Wasser. Durch Kalk wasserfrei gemachter A. heißt absoluter A. A. ist eine wasserhelle, leicht entzündl. Flüssigkeit, brennt mit bläulicher, wenig leuchtender Flamme, siedet bei 78°C, erstarrt bei −114°C. A. wird als Lösungsmittel für viele Stoffe, zur Herstellung von Teerfarben, Lacken, Firnissen, zur Beleuchtung und bes. für →alkoholische Getränke

Alkoholblutprobe, ♃ Feststellung des Alkoholgehalts im Blut, bes. bei Verkehrsdelikten. A. kann erzwungen werden, wenn kein Nachteil für die Gesundheit zu befürchten ist.

alkoholische Getränke. Alkoholgehalt bei:

	Gew.-%		Gew.-%
Bier	2-4	Obstwein	8-11
Exportbier	4-6	Schaumwein	9-12
Apfelwein	5	Dessertwein	10-20
Weißwein	6-10	Likör	25-45 Vol.-%
Rotwein	8-12	Branntwein	30-80 Vol.-%

Der Genuß a. G. ist über den Erdball verbreitet. Ihre Verträglichkeit ist individuell sehr verschieden. Besonders groß sind die Gefahren im Verkehr; auch kleine Mengen können schaden.

Alkoholismus, →Alkoholvergiftung.

Alkoholverbot, →Prohibition.

Alkoholvergiftung, Alkoholismus. Vorübergehende (akute) A., Rausch oder Trunkenheit genannt, durch einmaligen Genuß einer großen Alkoholmenge, führt über ein Erregungs- zu einem Schlaf- und Narkosestadium und kann durch Lähmung des Atemzentrums tödlich sein. Meist überwindet der Körper die akute Vergiftung. Die chronische A., Trunksucht oder Säuferkrankheit, begünstigt Leber- und Nierenerkrankungen, bewirkt zunehmenden Abbau der Persönlichkeit und Verblödung.

Alk'oven [arab.] der, fensterloses Nebengemach eines Zimmers, Bettnische.

'Alkuin, * um 730, †804, Angelsachse, bedeutender Ratgeber und Mitarbeiter Karls d.Gr.

Alk'yl des, ⚗ einwertiger Kohlenwasserstoffrest C_nH_{2n+1}, z.B. Methyl CH_3, Äthyl C_2H_5, Propyl C_3H_7.

Alk'yone das, 1) Stern im Sternbild des Stiers, zugleich der hellste der Plejadengruppe. 2) griech. Sage: Gemahlin des Keyx; wegen ihrer Trauer um dessen Tod in einen Eisvogel verwandelt.

alla br'eve [ital.], ♩ schneller $^2/_2$-Takt mit den Halben als Zählzeichen.

All'ah [arab.], muslimischer Name Gottes.

Allahab'ad, Stadt in N-Indien, am Ganges, 431 000 Ew.; Industrie; Wallfahrtsort der Hindu.

Allasch [Ort bei Riga] der, Kümmellikör.

Alldeutscher Verband, 1891 gegr. überparteiliche polit. Vereinigung mit nationalist.

Alken: Tord-Alk

Zielen. Nach 1918 verlor er an Bedeutung; aufgelöst 1939.

All'ee die, von Baumreihen eingefaßte Straße.

Allegheny ['æligeni], **1)** nördl. Quellfluß des Ohio in N-Amerika. **2)** Gebirge, Teil der →Appalachen.

Allegor'ie die, Gleichnis; Verbildlichung unanschaul. Begriffe in Dichtung und Kunst, z.B. der Tod als Sensenmann. **alleg'orisch,** gleichnishaft.

allegr'etto [ital.], ♪ mäßig schnell.

all'egro [ital.], ♪ schnell. **Allegro** das, schneller Satz eines Musikstücks.

Allemande [almãd, frz.] die, langsamer Tanz des 16./18.Jahrh.; ♪ Satz der →Suite.

Allenstein, ostpreuß. Stadt an der Alle, 68000 Ew.; Schloß des Deutschen Ordens. Seit 1945 unter poln. Verwaltung **(Olsztyn).**

Allenstein: Deutschordensschloß

Allentown ['ælintaun], Stadt in Pennsylvania USA, 108300 Ew.; Eisen- und Stahlindustrie.

Alleppey [əl'ɛpi, engl.], Hafenstadt in Kerala, Indien, 138800 Ew.

Aller die, rechter Nebenfluß der Weser 260 km lang, entspringt westl. von Magdeburg.

Allerg'ie die, teils angeborene, teils erworbene Überempfindlichkeit gegen bestimmte Stoffe **(Allergene);** so wird Heufieber durch Graspollen, Bronchialasthma oft durch Staubarten hervorgerufen. Allergische **Krankheiten (Allergosen)** sind auch manche Hautkrankheiten (Nesselsucht, Ekzem) und Magen-Darm-Störungen. Die **alimentäre A.** ist auf bestimmte Nahrungsmittel (z.B. Erdbeeren), die **Arzneimittel-A.** auf Medikamente (z.B. Penicillin) zurückzuführen.

Allergiepaß, eine Art Personalausweis, auf dem der Arzt Überempfindlichkeiten sowie die durchgemachten allerg. Krankheiten einträgt.

Allerheiligen, Fest der kath. Kirche zum Gedächtnis aller Heiligen (1. November).

Allerheiligstes, 1) Kath.: die Hostie nach der Wandlung. **2)** Jüd.: Raum der Stiftshütte, später des Tempels mit der Bundeslade; nur dem Hohepriester am Versöhnungstag zugänglich.

Allerseelen, kath. Fest zum Gedächtnis der Verstorbenen (2. November).

allez [al'e:, frz.], geht! los!

Allgäu das, Alpen- und Voralpenland östl. vom Bodensee, umfaßt Teile von Schwaben, Vorarlberg und Tirol; wald- und wiesenreich, Viehzucht; Milchverarbeitung. Mittelpunkt: Kempten; starker Fremdenverkehr (Oberstdorf).

Allgemeine Elektricitäts-Gesellschaft, AEG, Berlin-Frankfurt a.M., führendes Unternehmen der dt. elektrotechn. Industrie, gegr.1883.

'Allia die, linker Nebenfluß des Tibers. 387 v.Chr. Sieg der Gallier unter Brennus über die Römer.

Alli'anz [frz.] die, Bündnis.

Allier [alj'e:] der, schiffbarer linker Nebenfluß der Loire, in Frankreich, 375 km lang.

Allig'ator der, -s/t'oren, Gattung krokodilartiger Kriechtiere in N-Amerika und China. Die Bauchhaut liefert Leder. (BILD Krokodile)

Alli'ierte, Verbündete; im 1. und 2. Weltkrieg die gegen das Dt. Reich verbündeten Mächte.

Alliterati'on [neulat.] die, →Stabreim.

Allm'ende die, Teil der Gemeindeflur (Wald, Weide), der gemeinsam benutzt wird.

allo..., griech. Vorsilbe: anders, fremd...

All'od das, freies Eigengut im Unterschied zum Lehens- oder Staatsgut.

Allokuti'on die, päpstl. Gelegenheitsansprache.

Allonge [al'õʒ, frz.] die, Anhang; bei Schriftstücken, bes. Wechseln, ein angeklebtes Blatt Papier als Verlängerungszettel. – **A.-Perücke,** große Perücke des 17.Jahrh.

allons! [al'õ, frz. »gehen wir!«], vorwärts!

Allons, enfants de la patrie! [alõz ãfãdəlapatri:] Anfang der →Marseillaise.

Allopath'ie die, ♪ die übliche arzneiliche Behandlung im Gegensatz zur →Homöopathie.

All'otria [grch.], unnütze Dinge, Unfug.

Allotrop'ie die, Eigenschaft chem. Elemente, in verschiedenen Zuständen **(allotropen Modifikationen)** aufzutreten, z.B. Kohlenstoff als Diamant und Graphit.

Allphasensteuer, Form der →Umsatzsteuer; wird auf jeder Stufe des Produktions- und Absatzweges von neuem erhoben (→Mehrwertsteuer).

allright [ɔ:lr'ait, engl.], alles in Ordnung!

allround [ɔ:lr'aund, engl.], allseitig. **Allround-man** [mæn], vielseitig Beschlagener.

Allschwil, Gem. im Halbkanton Basel-Land, Schweiz, 15300 Ew.; Apparate- und chem. Ind.

Allstromgerät, elektr. Gerät, das mit Gleich- oder Wechselstrom betrieben werden kann.

All'üren [frz.] Mz., Benehmen.

All'uvium [lat. »das Angeschwemmte«] das, neuerdings **Holozän,** ⊕ der jüngste Abschnitt der Erdgeschichte.

Alm die, Weideland im Gebirge über der Getreidegrenze, z.T. mit einfachen Baulichkeiten, Sennereibetrieb. Die A. werden jährl. für Monate bezogen **(Alm-, Sennzeit), Almfahrt** im Frühling und **-abfahrt** im Herbst festlich begangen.

Alma [lat. »Segenspendende«], weibl. Vorname.

Alm'a-At'a, Hauptstadt der Kasachischen SSR, 668000 Ew.; Universität.

Almad'en, span. Bergwerksstadt, 13400 Ew.; reichste Quecksilberminen der Erde.

Almag'est, die »Große Zusammenfassung der Sternkunde« des Ptolemäus.

Alm'agro, Diego de, span. Konquistador, *1475, †(ermordet) 1538, eroberte zusammen mit Pizarro Peru, 1535-37 Chile.

'Alma m'ater [lat. »nahrungspendende Mutter«], Hochschule, Universität.

'Almanach [arab.] der, Jahrbuch; urspr. Kalender mit belehrenden Beigaben.

Alm'ansor, seit 754 Kalif, *712, †775; unter ihm begann die Blüte des arab. Schrifttums.

Almer'ía, span. Hafenstadt am Mittelmeer, 86800 Ew.; Ausfuhr von Erzen, landwirtschaftl. Erzeugnissen; Fischereistandort.

Almoh'aden Mz., islam. Sekte, auch die sie leitende maurisch-span. Dynastie (1147-1269).

Almorav'iden, islam. Sekte, auch die sie leitende maurisch-span. Dynastie (1036-1147).

'Almosen das, milde Gabe.

Almrausch der, die Alpenrose (→Rhododendron). (BILD Alpenpflanzen)

'Aloe die, Gattung staudiger, dickblättriger Liliengewächse, bes. in den Steppen S-Afrikas. Der eingedickte Saft dient als Abführmittel.

Alois [ahd. Alwis »Allweise«], männl. Vorname.

Alp der, **1)** Angsttraum. **2)** Kobold.

Alp, Alpe die, Alm, Hochweide.

Alp'aka das, →Lama.

Alp'akka das, →Neusilber.

Alpen Mz., das höchste Gebirge Europas, zieht in weitem Bogen vom Golf von Genua bis zur Donau bei Wien, rd. 1200 km lang, 150-250 km breit. Die höchsten Erhebungen (Montblanc 4810 m, Monte Rosa 4634 m) liegen im W; höchste Gipfel der Ost-A.: Bernina 4049 m, Ortler 3899 m, Großglockner 3797 m; höchster dt. Gipfel ist die Zugspitze (2963 m) Die A. sind stark vergletschert, größter Gletscher ist der

Allonge-Perücke

Aloe

Alpen, oben links: Piz Bernina (4049 m), oben rechts: Diavolezza-Hütte mit Piz Palü (3912 m), unten links: Matterhorn (4505 m), unten rechts: Sass Rigais, Dolomiten (3027 m)

Aletschgletscher. Schneegrenze: Randgebiete: 2500-2600 m, im Inneren 2800-3100 m ü.M.

EINTEILUNG: Eine Linie Bodensee-Rhein-Splügen-Comer See teilt die A. in **Ost-** und **West-A.** Von N nach S: Nördl. Kalk-A., kristalline Zentral-A. (Granit, Gneis, Schiefer), Südl. Kalk-A. (fehlen in den West-A., sind in den Dolomiten stark ausgeprägt). – Die A. entstanden im Tertiär durch Faltung, Heraushebung und Überschiebung (Deckengebirge) der Gesteinsschichten.

KLIMA: Geringere Mitteltemperatur als im nördl. Vorland; in größeren Höhen auch geringere Jahresschwankung. Wärmster Monat August, kältester Februar; im S mediterraner Einfluß. Örtl. Besonderheiten: Berg- und Talwinde, Föhn. Jährl. Niederschläge bis 3000 mm.

GEWÄSSER: Die A. gehören zu den Hauptstromgebieten von Rhône, Rhein, Donau und Po; einige Flüsse fließen direkt zum Ligur. oder Adriat. Meer. Seen sind im N: Vierwaldstätter See, randlich Bodensee, Zürichsee und Genfer See; im S: Lago Maggiore, Luganer See, Comer See, Gardasee; viele kl. Hochseen.

PFLANZEN- UND TIERWELT: Zwischen Schnee- und Waldgrenze (1500-2200 m) Matten mit →Alpenpflanzen, abwärts Krummholzgürtel, Laubwald und Getreidebau (1000-1500 m), auf den wärmsten Talböden noch Walnuß, Edelkastanie, Wein. – Kennzeichnend für die Tierwelt sind, über der Baumgrenze lebend, Murmeltier, Gemse, Steinbock, Steinadler, Schneehuhn.

VERKEHR: Viele Längs- und Quertäler sowie zahlreiche Pässe machen die A. zu einem der wegsamsten Gebirge der Erde. Wichtige Straßen führen über die Pässe: Großer St. Bernhard, Simplon, St. Gotthard, Splügen, Stilfser Joch, Reschenscheideck, Brenner, Semmering; Straßentunnels durch den Montblanc, San Bernardino und die Felber Tauern. Wichtige Bahntunnels: Mont Cenis, Simplon, Lötschberg, St. Gotthard, Semmering, Hohe Tauern, Arlberg; Bahnlinie über den Brenner.

WIRTSCHAFT: Dank ihrer breiten und tiefen Täler sind die A. eines der bestbesiedelten Hochgebirge der Erde. Haupterwerbszweige: Viehzucht (Almwirtschaft), Holzverarbeitung; Ackerbau nur in den Tälern, Weinbau nur im S. Bergbau wird bes. in den Ost-A. betrieben (Kohle, Salz, Steinbrüche, Zement, Blei-, Zink-, Eisen-, Kupfer-, Silber-, Magnesit- und Graphitvorkommen). Die Wasserkraftnutzung wird stark ausgebaut. Zahlreiche Solbäder, Mineralquellen und Thermen treten auf. Der Fremdenverkehr ist von großer Bedeutung.

Alpendohle, kleiner gelbschnäbliger, rotfüßiger Rabenvogel der Hochgebirge.

Alpengarten, Felsgarten am natürl. Standort.

Alpenglöckchen, Primelgewächs mit violetten Glockenblüten, in den Alpen und höheren Mittelgebirgen **(Soldanelle, Troddelblume).** (BILD Alpenpflanzen)

Alpenglühen, rötlich auftretende glühendrote Beleuchtung der Felsberge; auch das Rot der Gipfel bei Sonnenuntergang.

Alpenpflanzen, dem Hochgebirge angepaßte Pflanzen (BILD S. 28).

Alpenrose, Heidekrautgewächse; kleine immergrüne Sträucher mit roten Blütentrauben, →Rhododendron. (BILD Alpenpflanzen S. 28)

Alpenveilchen, purpurblütiges Primelgewächs **(Cyclamen),** wild wachsend, unter Naturschutz.

Alpenvereine, dienen der Erschließung (Wege- und Hüttenbau) und Erforschung (Schrifttum, Karten) der Bergwelt. **Deutscher A.,** gegr. 1869, wiedergegr. 1950, Sitz München; **Österreich. A.,** gegr. 1862, wiedergegr. 1950, Sitz Innsbruck; **Schweizer Alpen-Club,** gegr. 1863, Sitz Bern. Weltverband: **Union Internationale des Associations d'Alpinisme,** gegr. 1932, Sitz Genf.

Alpenvorland, das Land zw. den Alpen im S,

Alpenpflanzen: 1 Trollblume, 2 Stengelloser Enzian, 3 Frühlings-Enzian, 4 Silberwurz, 5 Soldanelle (Alpenglöckchen), 6 Kugelblume, 7 Edelweiß, 8 Almrausch oder Alpenrose, 9 Alpenaurikel

dem Jura, der Alb und dem Böhm. Massiv im N. (FARBTAFEL Deutschland, Landschaften S. 174)

Alpha, das erste Zeichen der griech. Buchstabenreihe. **A. und Omega,** Anfang und Ende.

Alphab'et [nach der griech. Buchstabenreihe: Alpha, Beta...], das Abc.

Alphastrahlen, α-Strahlen, von radioaktiven Atomkernen mit sehr großer Geschwindigkeit ausgestrahlte Heliumkerne **(Alphateilchen).** A. sind im magnet. Feld stark ablenkbar, rufen auf Zinksulfidschirmen Lichtblitze hervor und können in der Nebelkammer indirekt sichtbar gemacht werden. Das Alphateilchen besteht aus zwei Protonen und zwei Neutronen.

Alphi'os der, größter, jedoch nicht schiffbarer Fluß der Peloponnes (Griechenland).

Alphorn das, Holzblasinstrument (bis 4 m).

alp'in, die Alpen betreffend, wie in den Alpen.

alpine Kombination, Gesamtpunktwertung der Skiwettbewerbe Abfahrtslauf, Slalom, Riesenslalom.

Alp'ini [ital.] Mz., italien. Gebirgstruppe.

Alpin'ismus, Alpin'istik, 1) Alpenkunde. 2) das Bergsteigen im Hochgebirge und seine Technik.

Alp'inum das, natürl. angelegter Felsgarten im Tiefland mit Alpenpflanzen (→Alpengarten).

Alr'aun der, die **Alraune,** Wurzelstock des giftigen Nachtschattengewächses Mandragora, hat menschenähnl. Gestalt, gilt seit dem Altertum als Zauberpflanze, Liebes-, Glücksbringer.

Alsdorf, Industriestadt im Landkreis Aachen, 16 500 Ew.; Steinkohlenbergbau, chem. Industrie.

Alse die, Heringsfisch in Nordsee, Mittelmeer.

al secco, a secco [ital. »aufs Trockene«], Wandmalerei auf trockenem Putz. Gegensatz: Freskomalerei.

'Alsen, fruchtbare dän. Insel im Kleinen Belt, 315 km², 49000 Ew.; Hauptort Sonderburg. A. wurde 1864 preuß., 1920 kam es zu Dänemark.

Alsfeld, Kreisstadt in Oberhessen, 11 000 Ew.; mittelalterl. Fachwerkrathaus.

Alster die, Nebenfluß der Elbe, erweitert sich in Hamburg seenartig zur **Außen-** und **Binnen-A.**

Alt der, linker Nebenfluß der Donau in Rumänien, 700 km lang.

Alt [ital. alto »hoch«] der, ♪ die tiefe Frauen- oder tiefe Knabenstimme; Umfang a (f) bis f''.

Alt'ai der, innerasiat. Gebirge, in der Belucha 4506 m hoch, reich an Gold, Silber, Kupfer, Eisen. Urbevölkerung waren türksprachige Altaier, heute wohnen hier überwiegend Russen.

Altam'ira, Höhle in der Prov. Santander, Spanien, mit altsteinzeitl. farbigen Felsbildern von Tieren der Eiszeit.

Alt'an der, Söller, Balkon.

Alt'ar der, -s/-äre, erhöhte Opferstätte; in christl. Kirchen anfangs ein Tisch, seit dem 4.Jahrh. oft mit Baldachin, seit dem 11.Jahrh. mit Aufsatz, später auch mit Flügeln **(Flügel-A.);** Mittelpunkt des Gottesdienstes.

Alt'arsakrament, →Eucharistie.

Kanzelaltar (Weilar, um 1740)

Altbier, vor allem in Westf. und im Rheinland hergestelltes Bitterbier, wird stark gehopft, erhält oft noch während der 2-3 Monate dauernden Nachgärung eine Hopfenzugabe von 30-50 g/hl.

altchristliche Kunst, die →frühchristliche Kunst.

Altdorf, Hauptort des Kantons Uri, Schweiz, 8200 Ew.; Schauplatz der Tell-Sage.

Altdorfer: Maria und Anna an der Wiege

Altdorfer, Albrecht, Maler und Kupferstecher, Hauptmeister der Donauschule, *um 1480, †1538; schuf das erste reine Landschaftsbild (München).

'Altena, Kreisstadt in Nordrh.-Westf., an der Lenne, 31 200 Ew.; Eisen- und Metall-Industrie.

Altenberg, Peter, Schriftsteller, *1859, †1919, Meister impressionist. Prosa-Kleinkunst.

Altenberg, ehemalige Zisterzienserabtei im Bergischen Land, Nordrh.-Westf., Wallfahrtsort.

Altenburg, Stadt im Bez. Leipzig, 46900 Ew.; Spielkartenherstellung u.a. Industrie.

alten Stils, Abk. **a.St.,** die Zeitrechnung nach dem alten (julianischen) Kalender.

Altenteil, Ausgedinge, Leibgedinge, Leistungen, die zur Versorgung eines Bauern bei der Gutsübergabe an den Nachfolger auf Lebenszeit festgesetzt werden (z.B. Wohnung, Rente).

Alter. Über das A. von Menschen, Tieren und Pflanzen →Lebenserwartung. Zur rechtl. Bedeutung vgl. ÜBERSICHT.

Alter Bund, das Alte Testament.

'alter 'ego [lat. »das andere Ich«], Freund.

Alter Herr, Abk. **A. H.,** im Beruf stehendes Mitglied einer student. Verbindung.

alter'ieren, ändern; sich aufregen.

Altern, 1) der letzte Abschnitt in der Entwicklung der Lebewesen. Beim Menschen kommt es, indem die wachstumsfördernden Hormondrüsen ihre Tätigkeit einstellen, zu bestimmten Veränderungen: die Knochen werden brüchig, das Unterhautfett schwindet, die Oberhaut wird faltig, die inneren Organe verlieren an Leistungsfähigkeit. Körperl. und geistige Kräfte nehmen ab

(Altersschwäche); auch seel. Veränderungen können eintreten. – **Altersforschung (Gerontologie)** und **Altersheilkunde (Geriatrie)** dienen der Gesunderhaltung und der Vorbeugung von Altersschäden und -krankheiten. **2)** bei kristallisierten Stoffen, bes. Metallen, Änderungen im Kristallgefüge. **Alternat'ive** die, Wahl zwischen zwei Möglichkeiten. – Eigenschaftswort: **alternat'iv.**
altern'ieren, abwechseln.
Altersaufbau, die Gliederung einer →Bevölkerung nach Altersklassen. (BILD Bevölkerung)
Altersblödsinn, Gehirnkrankheit des Greisenalters, beruht auf Schwund der Gehirnrinde.
Altersfürsorge, →Sozialhilfe.
Altersgrenze, das Lebensalter, in dem Beamte in den gesetzl. Ruhestand treten (Regel: 65.Jahr).
Altersheim, gewährt erwerbsunfähigen, aber noch rüstigen alten Menschen Unterkunft und Verpflegung.
Alterspräsident, lebensältestes Mitglied eines Parlaments, das nach Neuwahlen bis zur Wahl des Präsidenten dessen Geschäfte führt.
Alterssichtigkeit, das Abnehmen der Akkomodationsfähigkeit des Auges, tritt etwa vom 45. Lebensjahr an als Folge des Starrwerdens der Linse in der Einstellung für das Sehen in der Ferne auf; dadurch wird Naharbeit erschwert.
Alters- und Hinterlassenen-Versicherung, AHV, die allgemeine verbindliche Volksversicherung in der Schweiz.
Altersversicherung, Zweig der Lebens-, Pensions- und Sozialversicherung, gewährleistet den Versicherten für den Lebensabend ein Kapital oder eine Rente.
Altersversorgung. Über die A. bei Beamten →Ruhegehalt, für selbständig Tätige →Handwerkerversicherung, →Landwirt (Altershilfe), →Altersversicherung, für versicherungspflichtige Arbeitnehmer →Renten. – Zusätzlich zu den Leistungen der Sozialversicherung gewähren viele Unternehmen betriebliche A.
Altertum, die Zeit von den Anfängen geschichtl. Kunde bis zum Ende des Weström. Reichs (476 n. Chr.). **Klassisches A.,** Antike, die Zeit der Griechen und Römer (etwa 8. Jahrh. v. Chr. bis 5.Jahrh. n. Chr.). – **A.-wissenschaft, A.-kunde,** Erforschung und Darstellung der Kultur des A. – **Altertümer (Antiquitäten),** die aus dem A. eines Volkes stammenden Zeugnisse, bes. Kunstdenkmäler. (FARBTAFEL Griechische und Römische Antike S. 351)
Altes Land, Marschland links der Unterelbe.
Ältestenrat, ein Organ des Bundestags, das den Bundestagspräsidenten unterstützt.
Altes Testament, →Bibel.
Alte Welt, die Erdteile Asien, Afrika, Europa, im Gegensatz zu Amerika, der Neuen Welt.

altfränkisch, altmodisch, altväterisch.
Altgläubige, →Raskolniki.
Alth'ee die, Gatt. der Malvengewächse; z. B. Eibisch, Stockrose; einige Arten sind Arzneimittel.
Althing das, Volksvertretung Islands (seit 930).
Althochdeutsch, Abk. **ahd.,** älteste Stufe des Hochdeutschen, von etwa 750 bis 1100.
Alth'usius, Althaus, Johannes, Jurist, *1557, †1638, durch seine Staats- und Gesellschaftslehre ein Wegbereiter der modernen Demokratie.
Altkatholiken, christl. Religionsgemeinschaft, trennte sich 1870 von der kathol. Kirche, weil sie die vom Vatikan. Konzil zum Glaubenssatz erhobene päpstl. Unfehlbarkeit nicht anerkennt.
Altlünen, Industriegemeinde in Nordrh.-Westf., 13700 Ew.; Eisen-, Glashütte, Steinkohlenabbau.
Altlutheraner, →lutherische Kirchen.
Altmark, Landschaft im nördl. Teil des Bezirks Magdeburg: Hauptort Stendal; ehem. Stammland Brandenburgs.
Altmeier, Peter, Politiker (CDU), *1899, 1947 bis 1969 Ministerpräs. von Rheinland-Pfalz.
Altmühl die, linker Nebenfluß der Donau, mündet bei Kelheim.
Altnordisch, die germanischen Sprachen Skandinaviens (mit Island und den Färöern) bis ins 15.Jahrh.; die Wurzel des A. ist das Urnordische; seit der Wikingerzeit (800–1000) in Ostnordisch (Schwedisch, Dänisch) und Westnordisch (Norwegisch, Isländisch) gegabelt.
Altnordische Literatur umfaßt im norweg.-isländ. Bereich die Dichtungsgattungen Eddalieder, Skaldendichtung und Saga; Blütezeit im 10./11., Aufzeichnung erst im 13./14.Jahrh.
'**Alto Adige** ['a:didʒe, ital. »Oberetsch«], →Südtirol.
'**Altona,** Stadtteil der Hansestadt Hamburg.

Altötting, Kreisstadt in Oberbayern, im Inntal, 10100 Ew.; Wallfahrtsort.

Altötting:
Kapellenplatz

Rechtliche Bedeutung der Lebensalter

Geburt: Rechtsfähigkeit; Parteifähigkeit; Geschäftsunfähigkeit; Deliktsunfähigkeit.
7. Lebensjahr: beschränkte Geschäftsfähigkeit; bedingte Verantwortlichkeit für unerlaubte Handlungen.
12. Lebensjahr: keine Änderung des religiösen Bekenntnisses gegen den Willen des Kindes.
14. Lebensjahr: Beginn der strafrechtl. Verantwortlichkeit; eigene Entscheidung über religiöses Bekenntnis.
16. Lebensjahr: Ehemündigkeit der Frau; Testierfähigkeit; Mindestalter für Führerschein Kl. 4 und 5.
18. Lebensjahr: aktives Wahlrecht in der Bundesrep. Dtl., Volljährigkeitserklärung möglich, ebenso Ehemündigkeitserklärung des Mannes; volle Verantwortlichkeit für unerlaubte Handlungen; Ende der Unterhaltspflicht für uneheliche Kinder; Mindestalter für Führerschein Kl. 3; Volljährigkeit und aktives Wahlrecht (Dt. Dem. Rep.).
19. Lebensjahr: aktives Wahlrecht in Österreich.
20. Lebensjahr: Volljährigkeit und aktives Wahlrecht in der Schweiz.
21. Lebensjahr: Volljährigkeit und passives Wahlrecht in der Bundesrep. Dtl.; Volljährigkeit in Österreich; volle Geschäftsfähigkeit; Ehefähigkeit des Mannes; Ende der elterlichen Gewalt; Prozeßfähigkeit; Mindestalter für Führerschein Kl. 2; passives Wahlrecht in der Dt. Dem. Rep.
25. Lebensjahr: Todeserklärung wegen Verschollenheit möglich; passives Wahlrecht in Österreich.
35. Lebensjahr: Wählbarkeit als Staatspräs. (Dt. Dem. Rep.; Wählbarkeit als Bundespräs. von Österreich.
40. Lebensjahr: Wählbarkeit als Bundespräs. (Bundesrep. Dtl.).
65. Lebensjahr: Altersgrenze für Beamte und Richter; Ruhegeldansprüche aus der sozialen Rentenversicherung (Frauen teilweise ab 60). Maßgebend ist allgemein die Vollendung des betreffenden Lebensjahres.

Amaryllis, Ritterstern

Altphilologe, Gelehrter oder Lehrer der griech. und latein. Sprache und Literatur.

Altpreußische Union, die evangel. Kirche im Bereich des preuß. Staates vor 1866; seit 1953 heißt sie »Evangel. Kirche der Union«.

Altru'ismus der, Selbstlosigkeit.

Altstätten, Stadt im Kanton St. Gallen, Schweiz, südl. vom Bodensee im Rheintal, 9500 Ew.; Stickerei, Holzbearbeitung.

Altsteinzeit, Paläolithikum, der älteste Abschnitt der Menschheitsgeschichte, begann mit dem Auftreten des Menschen am Ende des Tertiärs, dauerte bis zum Ende der Eiszeit. **Altpaläolithikum** (etwa 600 000 bis etwa 100 000 v. Chr.): Pithecanthropus, Neandertaler; Vervollkommnung der Feuersteinwerkzeuge (Faustkeile, Klingen, Bohrer), Bestattung mit Beigaben, Tieropfer. **Jungpaläolithikum** (etwa 100 000 bis etwa 8000 v. Chr.): erste Stufe des Homo sapiens; neue Werkstoffe: Knochen, Horn, Holz; Höhepunkt der Feuersteintechnik, Erfindung des Bogens und der Harpune; aus dem Jagdzauber erwuchs die Tierdarstellung (Höhlenmalereien in SW-Europa).

Alttier, Hirschkuh, die ein Junges gehabt hat.

Alt'uppsala, Königsgrabstätte der Völkerwanderungszeit, 4 km nördl. von Uppsala, Schweden.

Altvatergebirge, südöstlicher Teil der Sudeten, bis 1490 m hoch.

Altweibersommer, 1) ⚥ **Marienfaden, Flugsommer,** Gespinst verschiedener Spinnchen, das vom Wind fortgetragen wird. **2)** Schönwetterlage im Frühherbst.

Alum'inium das, chem. Zeichen **Al,** chem. Element, silberweißes Leichtmetall, Atomgewicht 26,98, Schmelzpunkt 658°C, Siedepunkt 2500°C, spezif. Gewicht 2,7. An der Luft ist A. infolge Bildung feiner, dichter Oxydhäute gut beständig; es ist schmied- und hämmerbar, läßt sich mit besonderem Schweißpulver schweißen und zu dünnen A.-Folien auswalzen. – A. ist das auf der Erde verbreitetste Metall, kommt aber nur in Verbindungen vor (Feldspat, Ton, Bauxit). Aus Bauxit wird das chem. versch. Verfahren **A.-Oxyd** hergestellt, in geschmolzenem Kryolith gelöst und das A. durch Elektrolyse abgeschieden (hoher Bedarf an elektr. Strom). – Verwendung: rein und in Form von Legierungen im Geräte-, Fahrzeug-, Flugzeugbau, im Hoch- und Ingenieurbau, für Freileitungen, Verpackungen u.v.a.

Aluminiumerzeugung 1970, in 1000 t			
USA	3607	Frankreich	381
UdSSR	1500	Bundesrep. Dtl.	309
Kanada	972	Italien	147
Japan	733	Österreich	90
Norwegen	530	Welt	10000

Aluminiumoxyd, Tonerde, Al_2O_3, kristallisiert als Korund, Saphir, Rubin; unreines A. ist Schmirgel.

Alumn'at das, eine höhere Lehranstalt, die den Schülern **(Alumnen)** Unterricht, Wohnung und Kost gewährt (Schülerwohnheim).

Alvar'ado, Pedro de, span. Konquistador in Kuba, Mexiko, Guatemala, *1485, †1541.

Alvarez, Louis W., amerikan. Physiker, *1911; erhielt 1968 den Nobelpreis für Physik für seine Arbeiten zur Elementarteilchenphysik.

Amboß

Alve'ole [lat. »Bläschen«] die, **1)** die Zahnfächer im Kiefer. **2)** Lungenbläschen.

Alwegbahn [nach dem schwed. Industriellen **A. L. Wenner-Gren**], eine Einschienenbahn.

Alwin [ahd. Adalwin; adal »edles Geschlecht«, wini »Freund«], männl. Vorname; weibl. **Alw'ine.**

Alzey, Kreisstadt in Rheinland-Pfalz, 12 300 Ew.; Textil-, Möbel-, Maschinenind.

Am, chem. Zeichen für →Americium.

Amad'is, Titelheld eines span. Ritterromans des 16.Jahrh., vielfach fortgeführt und übersetzt.

Am'ado, Jorge, brasilian. Schriftsteller, *1912; sozialrevolutionäre Romane.

Amagasaki, Stadt auf Honschu, Japan, 488 000 Ew., Schwerindustrie.

Amalas'untha, Amalasw'intha, Tochter Theoderichs d. Gr., nach dessen Tod (526) Regentin für ihren Sohn Athalarich, 535 ermordet.

Amalek'iter Mz., Bibel: Nomadenstamm südwestl. vom Toten Meer, bekämpfte die Israeliten.

'Amaler Mz., die Amelungen der Heldensage, ostgot. Herrschergeschlecht (bes. Theoderich d. Gr.), erlosch 536.

Am'alfi, italien. Stadt am Golf von Salerno, 5200 Ew.; im frühen MA. Seehandelsstadt.

Amalg'am das, ⦾ die Legierung eines Metalls mit Quecksilber; A. aus Zinn, Silber und Quecksilber für Zahnfüllungen.

amalgam'ieren, verschmelzen.

Am'alie [german.], weiblicher Vorname.

Amalth'ea, in der griech. Sage Nährmutter des Zeus, eine Nymphe oder eine Ziege; wurde unter die Sterne versetzt.

Amanu'ensis [lat.] der, Schreiber, Gehilfe.

Amar'ant der, meldenartige Pflanzengattung. Garten-A., **Fuchsschwanz,** mit purpurnem Blütenstand, **Papageifeder,** buntlaubig.

Amar'elle die, Sauerkirsche.

Amar'illo, Stadt in Texas, USA, 138 000 Ew.; Erdgas- und Erdölfelder, chem. Ind., Zinkhütte.

Am'arna, Tell el-Amarna, heutiger Name der Hauptstadt Amenophis' IV. in Mittelägypten, dem Sonnengott Aton geweiht (daher damals **Achet-Aton).** Nach dem Tod des Königs verlassen. Freigelegt wurden Tempel, Paläste, Häuserblocks, ein Tontafelarchiv mit Briefen vorderasiat. Könige in Keilschrift; in einer Bildhauerwerkstatt fand man die Büste der Nofretete.

Amar'yllis die, Gartenzierpflanzen versch. Gattungen; i.e.S. nur die Belladonnalilie.

Amateur [-tø:r, frz.], **1)** Liebhaber, Nicht-Fachmann. **2)** Sportler, den der Sport ohne materiellen Gewinn betreibt. Gegensatz: **Berufssportler, Professional.**

Am'ati, italien. Geigenbauerfamilie in Cremona, im 16./17.Jahrh.

Amaz'onas, 1) Amazonenstrom, Rio de las Amazonas, im Oberlauf **Marañon,** längster Strom Südamerikas (ohne Krümmungen 6518 km) mit dem größten Stromgebiet der Erde (7 Mill. km²), fließt von den peruan. Kordilleren durch die Selvas zum Atlant. Ozean; $^4/_5$ der Länge sind schiffbar, von den über 200 Nebenflüssen sind etwa 100 befahrbar. **2)** größter Staat Brasiliens, 1 564 445 km² mit 898 000 Ew., Hauptstadt Manáus.

Amaz'onen, griech. Sage: kriegerisches Frauenvolk, kämpfte unter →Penthesilea vor Troja.

Ambala, ind. Stadt im Pandschab, 105 500 Ew.

Ambassadeur [ãbasad'œ:r, frz.] der, Botschafter.

'Ambe die, Verbindung zweier Nummern im Lotto.

Amber der, →Ambra.

Amberg, Kreisstadt in der Oberpfalz, Bayern, 41 900 Ew.; Bahnknoten; vielseitige Industrie.

Ambesser, Axel von, Deckname für A. von Österreich, Schriftsteller, *1910, Filmregisseur.

ambi..., Vorsilbe: beid..., doppel...

Ambiance [-ãs, frz.], **Ambi'ente** [ital.], Umwelt, Umgebung.

Ambiguit'ät die, Zweideutigkeit.

Ambiti'on die, Ehrgeiz, Streben.

Ambival'enz die, Doppelwertigkeit.

Ambo der, Mz. Ambonen, in der frühchristl. und roman. Baukunst erhöhte Lesebühne vor den Chorschranken.

Ambo, Ow'ambo, Bantunegerstamm im Amboland, im N von SW-Afrika und in Angola.

Ambon, Ambo'ina, Molukkeninsel bei Ceram.

Amboß, 1) ⊚ stählerne Unterlage beim Schmieden. **2) }** ⚥ Gehörknöchelchen im Ohr.

Ambra das, **Amber** der, graues Abscheidungsprodukt des Pottwals, schwimmt auf dem Meer; Rohstoff für Parfüm.

Ambrabaum, balsamreiche Baumgattung im subtrop. Amerika und Asien, liefert Räucherharz.

Ambras, Schloß in **Amras** südöstl. von Innsbruck; der Hauptbestand der Kunst- und Handschriftensammlung kam 1806 nach Wien.

Ambr'osia die, in der griech. Sage die Speise, die den Göttern Unsterblichkeit verleiht.

Ambrosi'ana, Bibliothek und Gemäldegalerie in Mailand, gegr. 1603.

Ambr'osius, Kirchenvater, 374 Bischof von Mailand, förderte den Kirchengesang (danach in der Mailänd. Liturgie **Ambrosianischer Gesang**); Heiliger, Tag 7. 12.

ambul'ant [lat.], nicht ortsfest,wandernd. **ambulanter Gewerbebetrieb,** Straßen-, Hausierhandel. **Ambul'anz** die, Krankenwagen, Feldlazarett. **ambulat'orische Behandlung,** Sprechstundenbehandlung.

Ameisen, zu den Hautflüglern gehörige staatenbildende Insekten, rd. 5000 Arten; errichten kunstvolle Wohnbauten und sind weit verbreitet.

Ameisen: 1 Rote Waldameise, a Männchen, b Weibchen, c Arbeiterin. **2** im Innern des Ameisenbaues

Das A.-Volk besteht aus geflügelten Männchen und Weibchen (Königinnen) sowie den zahlenmäßig überwiegenden ungeflügelten rückgebildeten Weibchen (Arbeiterinnen), die Nestbau, Ernährung und Brutpflege besorgen. Die Nahrung bilden Kleintiere, Pflanzensäfte, Samen, ferner Saft von Blattläusen, die als »Haustiere« gehalten werden. Die A. verständigen sich durch gegenseitiges Betasten und bilden hochorganisierte Staaten. Die **roten Waldameisen** sind nützlich und daher geschützt. Die »A.-Eier« (in einem Kokon verpuppte Larven) dienen als Vogel- und Fischfutter. **Weiße A.** →Termiten.

Ameisenbär, südamerikan. Säugetier, zahnlos mit langer Zunge und Grabkrallen, scharrt Ameisen und Termiten aus; mit Schwanz 2 m lang.

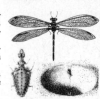

Ameisenbär

Ameisengäste, mit Ameisen zusammenlebende Gliedertiere, z.B. Blattläuse.

Ameisenigel, stachelige Kloakentiere in Australien, Neuguinea, fressen Ameisen, wohnen u.a.

Ameisenlöwe, Larve des libellenähnl. Netzflüglers **Ameisenjungfer,** lauert in selbstgegrabenen Sandtrichtern auf Ameisen.

Ameisenpflanzen, trop. Gewächse, die von Ameisen bewohnt werden; auch Pflanzen, an deren Verbreitung Ameisen beteiligt sind.

Ameisensäure, HCOOH, organ. Säure, findet sich in Ameisen, Brennesseln, Raupenhaaren u.a. Ihre Salze heißen **Formiate.** Konservierungsmittel.

'Ameland, westfries. Insel der Niederlande.

Ameliorati'on die, (Boden-)Verbesserung.

'Amelungen Mz., die →Amaler.

Amen [hebr. »Ja, gewiß«], bibl. Bekräftigungsformel, von Christentum und Islam übernommen.

Amendement [amãdm'ã, frz.],Änderung, Besserung; →Änderungsantrag.

Amendment [əm'ɛndmənt, engl.], USA: Verbesserungs- oder Ergänzungsvorschlag zu einem Gesetz; Zusatzartikel zur Verfassung.

Amen'ophis, ägypt. **Amenhotep,** vier ägypt. Könige des 2. Jahrtsds. v. Chr.; der bedeutendste war A. IV. (Echnaton), 1364-47 v. Chr.

Amenorrh'öe [grch.] die, Fehlen der Menstruation.

American Broadcasting Company [əm'erikən br'ɔːdkastiŋ k'ampəni], Abk. **ABC,** Rundfunkgesellschaft in USA.

Amer'icium, chem. Zeichen **Am,** künstl. hergestelltes radioaktives Element, ein →Transuran.

Am'erika [nach Amerigo Vespucci], die beiden Erdteile →Nordamerika und →Südamerika, die als **Westfeste (Neue Welt)** der schon länger bekannten Ostfeste (Alte Welt) gegenübergestellt werden. A. liegt zwischen Atlantischem und Stillem Ozean und reicht vom äußersten N (Kap Murchison auf der Halbinsel Boothia, 72⁰ n. Br.) bis zum äußersten S (Kap Froward in Patagonien, fast 54⁰ s. Br.) über 14 500 km, einschl. der beiderseits vorgelagerten Inselgruppen sogar über 15 500 km mit einer Fläche von mehr als 42 Mill. km². Es erstreckt sich über alle Klimazonen der Erde (mit Ausnahme der antarktischen). Nord- und Süd-A. haben eine fast die gleiche Breite von 5000 km. Die schmale Landbrücke Zentralamerikas verbindet die beiden Erdteile miteinander. Bezeichnend für den Bau des Doppelkontinents sind der auf der W-Seite durchlaufende Zug erdgeschichtlich junger Hochgebirge, auf der O-Seite alte Rumpfgebirge, in der Mitte große Tafel- und Stromtiefländer. Nur im äußersten N tritt A. über die Beringstraße näher an Asien und, über Grönland und Island, an Europa heran. Im S kommt A. dem Südpolarkontinent am nächsten.

Über BEVÖLKERUNG und WIRTSCHAFT →Nordamerika, →Mittelamerika, →Südamerika.

GESCHICHTE. Erstmals wurde A. um 1000 n. Chr. durch Normannen entdeckt (→Vinland); die eigentliche Erschließung für Europa begann 1492 mit Kolumbus. Bald danach setzte die Gründung von Kolonien ein. Im 16. Jahrh. war A. zunächst span. und portugies. Kolonialgebiet, erst im 17. Jahrh. folgten andere westeuropäische Mächte (vor allem nach Nord-A.). Die Franzosen setzten sich in Kanada und im Mississippigebiet, die Engländer an der Atlantikküste fest. In dem langen Ringen um die Vorherrschaft blieben die Engländer 1763 Sieger über die Franzosen, verloren jedoch durch den amerikan. Unabhängigkeitskampf (1775 bis 1783) außer Kanada alle Kolonien, die sich zum Bundesstaat der Vereinigten Staaten von A. zusammenschlossen.

Im 19. Jahrhundert schüttelten auch die span. und portugies. Kolonien in Südamerika (Lateinamerika) die Herrschaft ihrer Mutterländer ab und bildeten eigene Freistaaten. – Die Vereinigten Staaten stiegen im 19. Jahrh., gestützt auf die →Monroe-Doktrin und den Panamerikanismus, zur politischen, im 20.Jahrh. auch zur wirtschaftl. Vormacht in A. auf. Die von ihnen nach dem 2. Weltkrieg betriebene panamerikan. Politik führte zu Beistandspakten gegen jeden Angriff von außen, zur Errichtung eines Schiedsgerichts für Streitfragen und zur Zusammenarbeit in Zoll- und Wirtschaftsfragen.

Amerika-Häuser, in Dtl. übliche Bezeichnung für Informationszentren und Bibliotheken der Verein. Staaten.

Amerikanerrebe, Rebsorten aus Amerika, widerstandsfähig gegen Reblaus.

Amerikanische Literatur, →Nordamerikanische Literatur, →Lateinamerikan. Literatur.

Amerikan'ismus der, **1)** die kulturelle Eigenart der Nordamerikaner im Unterschied zu den Europäern. **2)** Eigentümlichkeiten der engl. Sprache in Nordamerika.

Amenophis IV.

Ameisenlöwe: oben: Ameisenjungfer, links: Ameisenlöwe (Larve), rechts: Fanggrube

Ammon

Ammoniten

Amöbe:A.proteus

Amerikan'istik, 1) Erforschung der Geschichte und Kultur Amerikas in vorspanischer Zeit. **2)** die Wissenschaft von der Sprache und Literatur Nordamerikas.

'Amersfoort, Stadt in der niederländ. Prov. Utrecht, 72 600 Ew.; Tabak, Baumwolle.

Ameth'yst [grch.] der, Edelstein, violett gefärbter Quarz. (FARBTAFEL Edelsteine S. 176)

AMEXCO, Abk. für American Express Company [əm'erikən ikspr'es k'ʌmpəni], amerikan. Reisebüro.

Amf'ortas, bei Wolfram von Eschenbach der König des Grals, Parzivals Oheim.

Amh'ara, 1) äthiopische Landschaft um den Tanasee. **2)** herrschender Stamm der Äthiopier.

Am'ide, Ez. **Amid** das, ⌐ Verbindungen, bei denen ein oder mehrere Wasserstoffatome des Ammoniaks durch organische Säurereste ersetzt sind, z. B. **Acetamid,** $CH_3CO \cdot NH_2$.

Amiens [amjɛ̃], Hauptstadt des französ. Dép. Somme, 109 900 Ew.; got. Kathedrale; Textilind.

Ämilische Straße, Via Aem'ilia, vom Konsul Marcus Aemilius Lepidus 187 v. Chr. angelegte Römerstraße von Rimini nach Piacenza.

Am'ine, Ez. **Amin** das, ⌐ Verbindungen des Ammoniaks, Wasserstoffatome sind durch Alkyle ersetzt.

Aminopl'aste Mz., härtbare Kunstharze und Preßmassen auf der Grundlage von Formaldehyd und organ. Verbindungen mit Aminogruppen.

Am'inosäure, organ. Säure, bei der an Kohlenstoff gebundene Wasserstoffatome durch die Aminogruppe – NH_2 ersetzt sind.

Amm'an, jordan. Hauptstadt, 300 000 Ew.

Amman, Jost, schweizer. Graphiker in Nürnberg, *1539, †1591. Holzschnitte zur Bibel und zum Ständebuch von H. Sachs.

Ammann [Amtmann], Beamter, bes. Bezirksoder Gemeindevorsteher in schweizer. Kantonen.

Amme, Frau, die ein fremdes Kind stillt.

Ammenzeugung, ein → Generationswechsel.

Ammer die, **1)** Singvogelgattung, mit Garten-(Ortolan), Grau-, Goldammer (FARBTAFEL Singvögel S. 872). **2)** Emmer, Getreide, Dinkel. **3)** eine Sauerkirsche.

Ammer die, im Unterlauf **Amper,** linker Nebenfluß der Isar, durchfließt den **Ammersee.**

Ammerland, Landschaft in Niedersachsen, westlich von Oldenburg.

Ammon, Amun, Götterkönig und Reichsgott der alten Ägypter.

Ammoni'ak, NH_3, farbloses Gas von stechendem Geruch, entsteht in der Natur bei der Verwesung organ. Stickstoffverbindungen (Geruch in Ställen!), technisch als Nebenprodukt bei der Stadtgas- und Koksgewinnung (**A.-Wasser**), synthetisch aus Luftstickstoff und Wasserstoff (Haber-Bosch-Verfahren). A. läßt sich durch Druckanwendung verflüssigen (bei 20°C etwa 8,5 at), es siedet bei –33,5°C mit großem Wärmeverbrauch und wird deshalb in Kältemaschinen verwendet. Gasförmiges A. ist sehr leicht löslich in Wasser (**Salmiakgeist**). A. dient zur Herstellung von Düngemitteln, Salpetersäure, Harnstoff.

Ammoniakvergiftung, durch Einatmen oder Trinken von Salmiakgeist. ERSTE HILFE: Zitronensaft, verdünnten Essig, Milch trinken; sogleich Arzt rufen.

Ammon'iten Mz., **Ammonshörner,** Ende der Kreidezeit ausgestorbene Kopffüßer mit spiraliger Kalkschale.

Ammon'iter, semit. Volk östl. des Jordans.

Amm'onium, NH_4, ⌐ Atomgruppe, Radikal, das als selbständiges Molekül nicht auftritt, kann in Salzen die Stelle der einwertigen Alkalimetalle vertreten (A.-Salze).

Amnes'ie [grch.] die, Gedächtnisstörung.

Amnest'ie [grch.] die, ⌐⌐ allgemeiner Gnadenerweis für bestimmte Gruppen von Straffälligen oder Verurteilten.·

'Amnion [grch.] das, **Schafhaut,** die Hülle, die der Embryo der höheren Wirbeltiere (**Amnioten**) während seiner Entwicklung um sich bildet.

Am'öben [grch.] Mz., mikroskop. kleine Einzeller aus der Klasse der Wurzelfüßer, von veränderlicher Gestalt (**Wechseltierchen**). Der Körper bildet lappenartige Fortsätze, Pseudopodien, die zur Fortbewegung dienen und die Nahrung umfließen. Die meisten A. leben im Süßwasser, einige als Schmarotzer im Darm (**Amöbenruhr**).

'Amoklaufen, plötzliche Geistesstörung, zuerst bei Malaien beobachtet. Der Befallene stößt jeden ihm Begegnenden nieder.

Amiens: Kathedrale

'Amor [lat.] der, der römische Liebesgott.

'amoralisch [lat. Kw.], **1)** unsittlich. **2)** kein Sittengesetz anerkennend.

Amorbach, Stadt im RegBez. Unterfranken, Bayern, 4100 Ew.; Luftkurort im Odenwald; ehem. Benediktinerabtei mit Barockkirche.

Amor'etten Mz., svw. →Putte.

Amor'iter, 1) eine nach 2000 v.Chr. auftauchende Bevölkerungsschicht Babyloniens. **2)** kanaanäischer Kleinstaat in Syrien-Palästina (Amarna- und Ramessidenzeit, etwa 1350-1270 v.Chr.).

amor'oso [ital.], ♪ zärtlich, innig.

am'orph [grch.], gestaltlos (→kristallinisch).

Amortisati'on [lat. »Ertötung«] die, **1)** planmäßige Tilgung einer langfristigen Schuld (z.B. Hypothek). **2)** gerichtl. Verfahren, durch das verlorengegangene Urkunden außer Kraft gesetzt werden. **amortis'ieren,** allmählich tilgen.

'Amos, israelitischer Prophet um 750 v. Chr., verkündete den Untergang Israels.

Amour [am'u:r, frz.] die, Liebe, Liebling; **Amouren** Mz., Liebschaften.

Amoy, südchinesische Hafenstadt, gegenüber der Insel Formosa, 200 000 Ew.; Universität.

Ampel die, hängende Lampe oder Behälter.

Ampère [ãp'ε:r], André Marie, französ. Mathematiker, Physiker, *1775, †1836, entdeckte die elektrodynam. Erscheinungen. Nach ihm benannt das **Ampere,** abgek. **A,** Einheit der elektr. Stromstärke, die einzige elektr. Grundeinheit des Internationalen Einheitensystems, bestimmt durch Kraftwirkungen des Stroms (früher elektrochem. Wirkung; Silber-A). Die Einheiten →Volt und →Ohm sind daraus mit den Jouleschen und Ohmschen Gesetz hergeleitet (früher Normalelement und Quecksilberfadennormal). **Amperemeter,** Gerät zum Messen eines elektr. Stroms. **Amperesches Gesetz,** parallele und gleichgerichtete elektr. Ströme ziehen sich an, parallele und entgegengesetzt gerichtete stoßen sich ab.

Ampexverfahren, von engl. magnet. Aufzeichnungsverfahren für Fernsehsignale, bei dem die Aufzeichnungsspuren senkrecht zur Laufrichtung des Bandes liegen.

Amp'ezzo, Tallandschaft in den Dolomiten.

Ampfer der, artenreiche Gattung der Knöterichgewächse mit Rispen oder Trauben unscheinbarer Blütchen. Großer und Kleiner Sauerampfer enthalten Oxalsäure.

amphi... [grch.], doppel..., beid..., zwei...; herum... **Amphibol'ie** die, Zweideutigkeit, Vieldeutigkeit eines Begriffs.

Amph'ibien [grch. »Doppellebige«; im Wasser und auf dem Land], Ez. das Amphibium, -s, die →Lurche. **A.-Fahrzeug,** schwimmfähiges Straßenfahrzeug.

Amphib'ole [grch.] Mz., verbreitete, in Prismenform kristallisierende Mineralien.

Amphiktyon'ie die, im alten Griechenland ein kultisch-polit. Verband der »Umwohner« eines großen Heiligtums.

Amphi'oxus [grch.], die ˙Gattung →Lanzettfischchen.

Amph'itheater [grch.] das, in der Antike: dachloses Schaugebäude für Kampfspiele; die Zuschauerplätze steigen rings um die Arena stufenförmig an; heute: die ansteigenden Sitzreihen im Theater, Hörsaal.

Amphitr'ite, Gemahlin des griech. Gottes Poseidon, Königin des Meeres.

Amph'itryon, griech. Sage: König von Tiryns; Gemahl der Alkmene.

'Amphora [grch.] die, -/...ph'oren, großes Tongefäß mit zwei Henkeln.

Amplit'ude [lat.] die, ⊗ Schwingungsweite. **Amplitudenmodulation,** →Modulation.

Amp'ulle [lat.] die, 1) bauchiges Gefäß. 2) kleines Glasgefäß mit leicht abzufeilendem Hals für keimfreie Arzneiflüssigkeiten.

Amputati'on [lat.] die, ♂ die kunstgemäße Abnahme von Körperteilen. **amput'ieren,** abnehmen.

Amr'itsar, Stadt im Pandschab, Indien, 376000 Ew.; Wallfahrtsort der Sikhs.

'Amrum, dt. Nordseeinsel, eine der Nordfries. Inseln; Seebäder Wittdün und Norddorf.

Amsberg, Jonkheer Claus von, Prinz der Niederlande, *1926, 1961-65 im dt. diplomat. Dienst; ∞ 1966 mit der niederländ. Thronfolgerin Beatrix.

Amsel, Schwarzdrossel, Singvogel, Männchen schwarz mit gelbem Schnabel, Weibchen braunschwarz.

Amselfeld, Gebirgsbecken im südl. Jugoslawien. – Auf dem A. siegten die Türken 1389 über die Serben, am 19.10.1448 über die Ungarn.

Amsterd'am, Hauptstadt (doch nicht ständige Residenz) und größte Stadt der Niederlande, 866300 Ew.; zwei Universitäten, Akademie der Künste, Kernforschungsinstitut; Reichsmuseum; reich an Grachten; bedeutender Handels- und Stapelplatz, bes. für Tabak, Kaffee, Tee, Kakao, Chinarinde, Reis, Kautschuk, Erdöl; chem. Großindustrie, Metallind. u.a. (BILD)

Amst'etten, Bezirksstadt in Niederösterreich, an der Ybbs, 12400 Ew.; Stein-, Holz-, Metall-, Hut- und chemische Industrie.

Amt, dauernd bestimmter Aufgabenkreis im Dienst anderer. 1) im engeren Sinne: das öffentl. Amt, der nach der Zuständigkeit abgegrenzte Geschäftsbereich der Staatsgewalt oder Selbstverwaltung. 2) eine Behörde oder deren Sitz. 3) **Amtsbezirk,** Verwaltungseinheit.

Amtmann, Beamter des gehobenen Dienstes (z.B. Justizamtmann).

Amtsanmaßung, unbefugte Ausübung eines öffentl. Amtes, nach § 132 StGB strafbar.

Amtsanwalt, der Vertreter der Staatsanwaltschaft beim Amts- und Schöffengericht.

Amphitheater in Pompeji

Amsterdam: Zuiderkerk

Amtsarzt, der Leiter eines Gesundheitsamtes, ein Medizinalbeamter.

Amtseid, Diensteid, der Eid, den das Staatsoberhaupt, Minister, Beamte, Soldaten u.a. vor Dienstantritt zur Bekräftigung der übernommenen Verpflichtungen leisten.

Amtsgeheimnis, Dienstgeheimnis, Verpflichtung zur Verschwiegenheit in Amtsangelegenheiten (→Berufsgeheimnis).

Amtsgericht, →Gerichtswesen, →ÜBERSICHT.

Amtshaftung, Verantwortlichkeit eines Beamten für die Gesetzmäßigkeit seiner Handlungen. Neben oder an Stelle des Beamten haften der Staat oder die Körperschaft.

Amtsrat, höhere Rangstufe des →Amtmanns.

Amtsvergehen und **Amtsverbrechen,** die strafrechtlich, nicht nur dienststrafrechtlich, zu ahndenden Verletzungen der Amtspflicht.

Amtsvormundschaft, staatlich geregelte Vormundschaft, insbesondere für uneheliche Kinder; wird in der Regel vom Jugendamt ausgeübt.

Am'u-Darj'a der, Fluß in Turkestan, 2540 km lang, fließt vom Pamir zum Aralsee.

Amul'ett [lat.] das, ein Gegenstand, der Dämonen, Unglück oder Gefahren abwenden soll.

'Amundsen, Roald, norweg. Polarforscher, *1872, verschollen 1928 im Nördl. Eismeer, entdeckte 1903-06 die Nordwestl. Durchfahrt, 1911 den Südpol, überflog 1926 den Nordpol.

Am'ur der, Hauptstrom Ostsibiriens, 4354 km lang, im Mittellauf Grenze zwischen der UdSSR und der Mandschurei (China), zu deren Umgehung die Russen 1908-16 die Amurbahn bauten.

amüs'ant [frz.], unterhaltend, vergnüglich. (sich) **amüsieren,** (sich) vergnügen, unterhalten. **Amusement** [amyzm'ã:], Vergnügen, Spaß. **'amusisch,** ohne Kunstverständnis.

Amygdal'in das, giftige chem. Verbindung in bitteren Mandeln und manchen Obstkernen.

Am'ylalkohol, ⌀ $C_5H_{11}OH$, Hauptbestandteil des Fusels.

Amyl'ase die, stärkeabbauendes Enzym der Bauchspeicheldrüse.

An, chem. Zeichen für →Actinon.

an..., Vorsilbe in Fremdwörtern: →a...

ana... [grch.], Vorsilbe in Fremdwörtern: swv. wieder..., z. B. Anabapt'ist, Wiedertäufer.

An'abasis [grch.] die, Name der Feldzugsberichte Xenophons (über Kyros d. J.) und Arrians (über Alexander).

Anabi'ose [grch.] die, Wiederaufleben aus todähnlicher Trocken- oder Kältestarre, so bei eingetrockneten Flechten, eingefrorenen Fischen.

Anachor'et [grch. »zurückgezogen«] der, christl. Einsiedler im Altertum.

Anachron'ismus [grch.] der, 1) Fehler in der Zeitrechnung. 2) etwas, das nicht in die Zeit paßt.

Anadyom'ene [grch. »die Auftauchende«] Beiname der Aphrodite, nach ihrem Emporsteigen aus dem Meer.

Anad'yr, Strom in NO-Sibirien, entspringt im A.-Gebirge, mündet in das Beringmeer.

Amphora

Amundsen

anaer'ob, ohne Luft (Sauerstoff). →aerob.

Anaer'oben [grch.] Mz., Lebewesen, die keinen Luftsauerstoff zum Atmen brauchen, z.B. Hefen, viele Bakterien, Würmer im Darm.

Anagl'yphenverfahren [Kw. grch.], Raumbildverfahren, in der Photogrammetrie für räuml. Darstellung des Geländes oder dreidimensionaler Gebilde angewandt.

Anagr'amm [grch.] das, Buchstabenversetzung, um ein neues Wort, Decknamen oder Rätsel zu bilden.

Anakol'uth [grch.] das, die veränderte Fortsetzung oder Unterbrechung eines Satzgefüges.

Anak'onda die, südamerikan. Riesenschlange.

An'akreon, griech. Dichter um 500 v. Chr.; schrieb Trink- und Liebeslieder. **Anakre'ontiker,** dt. Dichter des 18. Jahrh., die A. nachahmten (Gleim, Uz).

an'al [lat.], in der Aftergegend gelegen.

Anal'eptica [grch.] Mz., die →Anregungsmittel.

Analges'ie [grch.] die, Schmerzlosigkeit.

Analg'etica [grch.] Mz., schmerzstillende Mittel.

anal'og [grch.], 1) entsprechend, gleichartig. 2) übertragbar, sinngemäß anwendbar. 3) ähnlich.

Analog'ie [grch.] die, Ähnlichkeit, Entsprechung zwischen verschiedenen Erscheinungen. ♫ Die sinngemäße Anwendung eines Rechtssatzes auf einen vom Gesetz nicht geregelten Tatbestand. – Im **Analogieschluß** werden aus der Ähnlichkeit zweier Dinge in bestimmten Punkten Folgerungen auf ihre Ähnlichkeit in anderen gezogen; kein zuverlässiges Beweismittel. **Analogiezauber,** Zauber, der sinnbildlich das darstellt, was zauberisch tatsächlich erreicht werden soll, z.B. soll die Erzeugung von Rauch Wolken und damit Regen bewirken.

Anal'ogrechner, eine Rechenanlage, die die Rechengrößen durch kontinuierl. veränderl. Größen wie Längen, Winkel, Ströme darstellt.

Analphab'et [grch.] der, des Lesens und Schreibens unkundiger Mensch.

Anal'yse [grch. »Auflösung«, Zerlegung, Auflösung]. 1) LOGIK: die Auflösung eines Begriffs in seine wesentlichen Merkmale; Gegensatz: Synthese. 2) ⚗ **qualitative A.,** die Ermittlung der Bestandteile einer chemischen Verbindung oder eines Gemenges; **quantitative A.,** die Ermittlung der Mengen der Bestandteile einer chem. Verbindung. **analys'ieren,** auflösen, zerlegen.

An'alysis, Teilbereich der Mathematik, umfaßt Infinitesimalrechnung, Funktionentheorie und verwandte Bereiche.

anal'ytische Geometrie, Teilgebiet der Mathematik: geometr. Gebilde werden punktweise durch Zahlen (Koordinaten) festgelegt, die zwischen diesen bestehenden Beziehungen durch Gleichungen ausgedrückt.

anal'ytisches Drama. Das Bühnengeschehen des a. D. umfaßt nur die letzten Auswirkungen, die Katastrophe; die eigentl. Handlung liegt vor seinem Beginn und enthüllt sich im Laufe des Spiels, z.B. in Schillers »Braut von Messina«.

Anäm'ie [grch.] die, 1) zu geringer Gehalt des Blutes an roten Blutkörperchen oder Blutfarbstoff (»Blutarmut«). Eine schwere Krankheit ist die →Perniziöse Anämie. 2) verminderte Blutzufuhr zu einem Organ.

Anamn'ese [grch.] »Erinnerung« die, ⚕ die Vorgeschichte einer Krankheit.

'**Ananas** die, trop. Gewächs aus Mittelamerika, fleischige, wohlschmeckende Frucht; Hauptanbaugebiete: Hawaii, Brasilien.

Ananas

Anank'ast [grch.] der, Zwangsneurotiker.

Anap'äst [grch.] der, ein dreisilbiger Versfuß, aus zwei kurzen und einer langen Silbe, z.B. »in der Kunst« (⌣ ⌣ ⏋).

An'apher [grch.] die, eindrucksteigernde Wiederholung am Anfang mehrerer Satzglieder; z.B. »Das Wasser rauscht, das Wasser schwoll.«

Anaphylax'ie [grch.] die, ⚕ Überempfindlichkeit des Körpers gegen körperfremdes Eiweiß,

H. C. Andersen

das nicht durch den Darm aufgenommen, sondern parenteral einverleibt wird.

Anarch'ie [grch.] die, Gesetzlosigkeit.

Anarch'ismus, eine polit. Ideologie, die die Beseitigung des Staates sowie jeder Zwangsordnung und die unbeschränkte Freiheit des Einzelnen und freigebildeter Gruppen erstrebt. Der **individualistische A.** fordert unbeschränktes Privateigentum und ist meist Gegner der Gewaltanwendung (Godwin, Proudhon); für Gewalt war Stirner. Der **kollektivistisch-kommunistische A.** tritt für Kollektiveigentum (Bakunin, Kropotkin) und für Attentate und Sabotage ein. Im 20.Jahrh. entstand, bes. in Frankreich, Italien, Spanien, der Anarcho-Syndikalismus (→Syndikalismus).

ANAS, Abk. für Azienda Nazionale Autonoma delle Strade Statali, italien. staatl. Organisation, der die Staatsstraßen unterstehen.

anast'atisch [grch.], erneuernd. **a. Druck,** veraltetes Verfahren zur Herstellung neuer Druckformen von alten Drucken.

Anästhes'ie [grch.] die, ⚕ →Betäubung.

Anastigm'at [grch.] der, optischer Linsensatz, frei von →Astigmatismus.

Anastom'ose [grch.] die, ⚕ Querverbindung zweier Blutgefäße; bewirkt Blutversorgung von mehreren Stellen her.

Anat'as, TiO₂, Mineral, →Titan.

An'athema [grch.] das, Bannspruch der kath. Kirche gegen Ketzer. (→Kirchenbann)

Anat'olien [türk. »Morgenland«], Kleinasien.

Anatom'ie [grch. »Zergliederungskunst«] die, 1) die Lehre vom äußeren und inneren Bau der Lebewesen (Menschen, Tiere, Pflanzen). Allgemeine A. heißt die Lehre von den Zellen und Geweben. Die **beschreibende A.** erforscht die Bestandteile des Körpers. Sie gliedert sich in Knochen- und Knorpellehre, Muskel-, Bänder-, Gefäß-, Nerven-, Eingeweidelehre und Lehre von den Sinneswerkzeugen. Die **topographische A.** beschreibt die Körpergegenden und -teile nach ihrer Lage, unter Berücksichtigung der Bedürfnisse des Arztes. Die **vergleichende A.** vergleicht den Bau aller tierischen Wesen, sie ist Grundlage der wissenschaftl. Tierkunde. 2) **A., anatomisches Institut,** Arbeits- und Forschungseinrichtung an Hochschulen, in der an Leichen A. betrieben wird.

Anax'agoras, griech. Philosoph, *um 500, †428 v.Chr., sah in der Vernunft die verursachende Kraft alles erkennbaren Seins.

Anaxim'ander, griech. Philosoph, *610, †um 546 v.Chr.; schrieb als erster ein philosoph. Werk: Dinge entstehen in Gegensätzen aus dem Grenzenlosen (Apeiron) und vergehen wieder in ihm.

Anax'imenes, griech. Philosoph, 2. Hälfte des 6. Jahrh. v.Chr., Schüler des Anaximander, dessen »Grenzenloses« er mit der Luft gleichsetzte.

Anchorage ['æŋkəridʒ], größte Stadt und wichtiges Handelszentrum des Staates Alaska, USA, 44 200 Ew.; Flughafen an der Polarroute Europa–Japan.

Anchovis, →Anschovis.

Anciennität [ãsjɛnit'ɛt, frz.] die, Dienstalter.

Ancien régime [ãsj'ɛ̃ reʒ'i:m, frz.] das, alte Regierungsform, bes. das absolutistisch regierte Frankreich vor 1789.

Anc'ona, italien. Hafenstadt am Adriat. Meer, 101 500 Ew.; Flugplatz, Schiffbau, Zuckerind.

Andal'usien, Landschaft im S Spaniens, im W fruchtbares Tiefland am Guadalquivir, im O vom Andalusischen Gebirge (3481 m) durchzogen. Die Andalusier, deren Aussehen, Sprache und Sitten arabischen Einfluß zeigen, bauen Weizen, Oliven, Wein, Südfrüchte, Korkeichen, Baumwolle und Zuckerrohr an (künstliche Bewässerung); auf den Steppen Schaf-, Pferde- und Kampfstierzucht. Zahlreiche Erzlager bergen Eisen, Kupfer, Blei, Zink. Wichtigste Städte: Sevilla, Córdoba, Granada, Almería, Málaga.

Andam'anen Mz., Inselgruppe im Bengalischen Meer, bildet mit den Nikobaren das ind. Unionsterritorium A. und Nikobaren, 8326 km²,

Andorra

Andres

Angelhaken

Fra Angelico:
Hl. Dominikus
(Ausschnitt)

rd. 80000 Ew. Ausfuhr: Kopra. – Ureinwohner: Negritos. (TAFEL Rassen der Menschheit II)

and'ante [ital. »gehend«], ♪ mäßig langsam. **Andante** das, mäßig langsamer Satz eines Tonstücks. **Andant'ino** das, ein kurzes Andante.

Andechs, Benediktinerkloster, Wallfahrtsort in Oberbayern, an der Ostseite des Ammersees.

Anden Mz., die südamerikan. →Kordilleren.

Andermatt, Höhenkurort und Wintersportplatz in der Schweiz, 1950 Ew., 1444 m ü.M., an der Gotthard-, Furka- und Oberalpstraße.

Andernach, Stadt in Rheinland-Pfalz, am linken Rheinufer, 27100 Ew.; Herstellung feuerfester Tonwaren und Bimssteinerzeugnisse.

Andersch, Alfred, Schriftsteller, *1914; Hörspiele; Romane »Sansibar«, »Die Rote«.

Andersen, Hans Christian, dän. Dichter, *1805, †1875. Kindermärchen (Des Kaisers neue Kleider, Die Prinzessin auf der Erbse, Däumelinchen u. a.); in 35 Sprachen übersetzt. (BILD S. 34)

Andersen-Nexö, Martin, dän. Schriftsteller, *1869, †1954, schildert in seinen Romanen die soziale Not (»Pelle der Eroberer«).

Anderson ['ændəsn], **1)** Maxwell, amerikan. Dramatiker, *1888, †1959; desillusionist. Stücke. **2)** Sherwood, amerikan. Erzähler, *1876, †1941; wegweisend für die Technik der Kurzgesch.

Änderungsantrag, Amendement, Antrag im Parlament zur Änderung eines Gesetzentwurfs.

Andisch'an, Gebietshauptstadt in der Usbekischen SSR, rd. 154000 Ew.; Verkehrszentrum; Erdöl-, Erdgaslager, Maschinenbau.

And'orra, amtl. **Les Vallées d'Andorre** [le val'e däd'or], Kleinstaat in den östl. Pyrenäen, 465 km², 14000 Ew.; Hauptort: Andorra la Vella. A. steht unter der Oberherrschaft Frankreichs und des Bischofs von Urgel. Viehzucht, Fremdenverkehr.
🌐 S. 522, ⏥ S. 345.

Andrag'ogik die, Erwachsenenbildung.

Andrassy ['ɔndraʃi], Julius, Graf, *1823, †1890, 1867-71 ungar. Ministerpräs., 1871-79 österr.-ungar. Außenmin., schloß den Zweibund.

Andr'eas [grch. »mannhaft«], männl. Vorname.

Andreas, Apostel (Tag 30.11.), Schutzpatron Rußlands, Bruder des Petrus, wurde nach der Legende an einem schrägen Kreuz (**A.-Kreuz,** BILD Kreuz) gekreuzigt.

Andreas-Salomé, Lou, Schriftstellerin, *1861, †1937; schrieb Romane, Erzählungen, Essays.

Andres, Stefan, realist. Erzähler und Lyriker, *1906, †1970; »Wir sind Utopia«; »Die Sintflut«.

Andrić ['andritç], Ivo, serb. Dichter, *1892, schrieb histor. Romane und realist. Erzählungen aus dem Leben Bosniens; Nobelpreis f. Lit. 1961.

Androg'ene Mz., männl. Geschlechtshormone.

androg'yn [grch.], mann-weiblich, zwitterig.

Andr'omache, griech. Sage: Gattin Hektors.

Andr'omeda, 1) griech. Sage: Königstochter, zur Besänftigung des Götterzornes an einen Felsen geschmiedet; Perseus befreite sie und nahm sie zur Gattin. **2)** ✶ nördliches Sternbild, mit dem **A.-Nebel.**

'Andros, nördlichste Kykladeninsel.

Androster'on [grch.], mit dem Harn ausgeschiedenes männliches Geschlechtshormon.

Än'eas, griech. Sage: trojanischer Held, flüchtete nach dem Fall Trojas, erreichte nach Irrfahrten, die Vergil in der Äneis schildert, Italien.

Anekd'ote [grch.] die, kurze, heitere, auch scharf charakterisierende Erzählung über eine histor. Persönlichkeit oder Begebenheit.

Anemom'eter [grch.] das, Windmeßgerät.

Anem'one die, Gattung Hahnenfußgewächse; darunter einheimische Frühlingsblumen, z.B. das weiß-rötlich blühende Buschwindröschen.

'Anerbenrecht das, Vorzugs-Erbrecht des ältesten oder jüngsten Kindes eines Bauern. Der **Anerbe** übernimmt das Bauerngut ungeteilt und findet seine Geschwister in bar ab. In der Bundesrep. Dtl. landesrechtlich geregelt.

Anerkennung, 1) Privatrecht: das Zugeständnis, daß ein Rechtsverhältnis besteht. A. unterbricht die Verjährung (§ 208 BGB). **2)** Völker-

recht: die Bereitschaft eines Staates, mit einem neuen Staat oder dessen Regierung Beziehungen aufzunehmen.

Anero'id [grch.] das, →Barometer.

An'eto, Pico de A., Pic de Néthou, höchster Gipfel der Pyrenäen, 3404 m, im Maladetta-Massiv.

Aneur'in, das Vitamin B$_1$.

Aneur'ysma [grch.] das, umschriebene Erweiterung einer Schlagader oder der Herzwand.

Anfechtung, 1) Versuchung. **2)** ⚖ Herbeiführen der Unwirksamkeit einer Willenserklärung (z. B. Kaufvertragsangebot, Testament), wenn diese durch Irrtum, Täuschung oder Drohung zustande gekommen ist (§§ 119ff., 2078ff. BGB); auch ein Gläubiger kann Rechtshandlungen seines Schuldners, durch die er benachteiligt worden ist, unter bestimmten Voraussetzungen anfechten.

Anfrage, im Bundestag: an die Bundesregierung gerichtetes Verlangen nach Auskunft über bestimmte Tatsachen. Man unterscheidet **Mündliche A., Kleine A.** und **Große A.**

Angar'a die, Strom in Sibirien, kommt aus dem Baikalsee, mündet als Obere Tunguska in den Jenissej; 1853 km lang. (FARBTAFEL Asien III S. 168)

Ang'arsk, 1949 gegr. Industriestadt in O-Sibirien, UdSSR, 179000 Ew., Asphaltbeton-, Eisenbeton-, Elektromaschinenwerk, Holzverarb.

Angebot, 1) Bereiterklärung zur Erfüllung einer Leistung. **2)** Gesamtheit der zum Verkauf auf den Markt gebrachten Güter. Gegensatz: Nachfrage.

Angehöriger, Verwandter oder Verschwägerter. Im Strafrecht sind A. Verwandte oder Verschwägerte auf- und absteigender Linie, Adoptivund Pflegeeltern und -kinder, Ehegatten und deren Geschwister und deren Ehegatten sowie Verlobte. Sie genießen gewisse Vorrechte.

Angeklagter, Beschuldigter, gegen den die Eröffnung des Hauptverfahrens beschlossen ist.

Angel, →Angelfischerei.

Angel Fall ['eindʒəl fɔːl], der höchste Wasserfall der Erde, Fallhöhe 978 m, Venezuela.

Angelfischerei, Angeln, der Fischfang hauptsächlich mit der Handangel; **Wurfangeln** (für Forellen, Lachse) haben eine biegsame, zusammenlegbare **Angelrute,** eine **Schnur** aus Seide oder Kunstfaser, den durch Köder getarnten **Angelhaken** und das **Vorfach** (lösbare Verbindung zwischen Haken und Schnur). – **Schleppangeln** verwendet man für Haie, Schwert- und Thunfische. – Hauptarten der A.: Grund-, Fliegenund Blinkerfischerei.

Angelico [andʒ'e:liko], Fra, italien. Maler, *um 1401/02, †1455, in seinen Fresken, Altarund Andachtsbildern ein anmutiges und innigster Künstler der Frührenaissance.

Ang'elika [lat. »engelgleich«], weibl. Vorname.

Angelikaspiritus, -wurzel, →Engelwurz.

Angeln Mz., german. Stamm in Schleswig; danach Landschaft zwischen Schlei und Flensburger Förde (Ost-Schleswig).

Angelsachsen Mz., **1)** die germanischen Stämme der **Sachsen, Angeln** und **Jüten,** die im 5. und 6.Jahrh. den Hauptteil Britanniens eroberten und der Kern des englischen Volkes wurden. Ihr Reich erlag 1066 den Normannen. 2) die Briten und Nordamerikaner.

Angelsächsisch, Altenglisch, die älteste Form der →Englischen Sprache, bis etwa 1150.

'Angelus [lat.] der, Bote, Engel. **A. Dei (Domini),** katholisch: ein morgens, mittags und abends beim **A.-Läuten** zu verrichtendes Gebet.

'Angelus Sil'esius, eigentlich Joh. **Scheffler,** schlesischer geistlicher Dichter, *1624, †1677; Spruchgedichte »Cherubinischer Wandersmann«.

Anger der, Weideplatz in oder am Dorf.

'Angerapp die, Abfluß des Mauersees in Ostpreußen, vereinigt sich bei Insterburg mit der Inster zum Pregel.

Angerburg, ostpreuß. Stadt, (1939) 9800 Ew.; seit 1945 unter poln. Verw. **(Węgorzewo).**

Angermanland['ɔŋərman-],malerische Landschaft in N-Schweden. Hauptstadt: Härnösand.

Angermünde, Kreisstadt im Bez. Frankfurt a.d.O., 11700 Ew., in der Uckermark.

Angers [ãːʒ'e], alte Stadt im nordwestl. Frankreich, an der Maine, 115300 Ew., Universität, Kathedrale, Anjou-Schloß; Textilgewerbe.

Angeschuldigter, Beschuldigter, gegen den die öffentl. Klage erhoben worden ist.

Angestellte, Arbeitnehmer, die nicht Beamte oder Arbeiter sind; sie erhalten meist Monatsgehalt. Man unterscheidet leitende A. (Betriebs-, Abteilungsleiter), technische A. (Ingenieure, Techniker, Chemiker), A. im öffentlichen Dienst, Büro-A., Bank- und Versicherungs-A. u.a. Auch →Handlungsgehilfen sind A. Das Rechtsverhältnis der A. ist geregelt durch BGB (§ 611ff.) und HGB sowie allgemein im Arbeitsrecht, wo die A. dem Arbeiter grundsätzlich gleichgestellt sind.

Angestelltengewerkschaften wahren die besonderen Interessen der Angestellten. In der Bundesrep. Dtl. bestehen neben der Einheitsgewerkschaft (Deutscher Gewerkschaftsbund): »Deutsche Angestelltengewerkschaft« (DAG), »Deutscher Handels- und Industrieangestelltenverband« (DHV). →Gewerkschaften.

Angestelltenversicherung,→Rentenversicherung.

Ang'ina [lat.] die, ⚕ Entzündung der →Mandeln.

Ang'ina p'ectoris, Stenokard'ie, Anfälle von heftigen Herzschmerzen, bis in die linke Schulter ausstrahlend, verbunden mit einem Gefühl der Todesangst. Bei jüngeren Menschen auftretende A. p. beruht auf einem Krampf der Herzkranzgefäße, A. p. älterer Menschen meist auf Wandveränderung der Gefäße.

Angiograph'ie [grch.] die, **Vasographie,** Röntgenuntersuchung von Blutgefäßen nach Einspritzen eines Kontrastmittels.

Angiolog'ie die, ⚕ Lehre von den Blutgefäßen.

Angi'om [grch.] das, die Adergeschwulst.

Angiosp'ermen [grch.] Mz., ⚘ die Bedecktsamigen, →Blüte.

Angkor, Ort in Kambodscha mit Tempeln der Khmer aus dem 11./12. Jahrh.

Anglesey ['æŋlsi], britische Insel in der Irischen See, an der Nordwestküste von Wales.

Anglik'anische Kirche, die englische protestantische Staatskirche; schließt sich im Bekenntnis der reformierten Kirche an, steht nach Gottesdienst und Verfassung zwischen prot. und kath. Wesen; 1534 von der römischen Kirche getrennt. Gottesdienst und Glaubenslehre wurden geregelt durch das Book of Common Prayer und das Glaubensbekenntnis der Neunundreißig Artikel. Oberster Kirchenherr ist der König; es gibt zwei Erzbischöfe und 38 Bischöfe, sie haben Sitz im Oberhaus. Die kirchl. Einrichtungen sind stark an die Überlieferung gebunden. Drei Richtungen: die **hochkirchliche** (High Church), zur kath. Ausgestaltung des Gottesdienstes neigend; die **niederkirchliche** (Low Church), tätig in Bibelverbreitung u.a.; die **breitkirchliche** (Broad Church), mit freie-

rer Glaubenslehre auf Grund kritischer Bibelforschung.

Angl'ist der, Lehrer und Erforscher der **Angl'istik,** der Wissenschaft von der engl. Sprache und Dichtung.

Angliz'ismus der, eine der englischen Sprache eigentümliche Redewendung.

Anglo-Amerikaner, 1) Amerikaner engl. Abstammung. 2) Briten und Nordamerikaner.

Anglo-Iranian Oil Co.Ltd.['æŋglou air'einjən oil-], Erdölkonzern, →Bri ish Petroleum Co. Ltd.

angloph'il, englandfreundlich.

angloph'ob, englandfeindlich.

Ang'ola, Portugiesisch-Westafrika, portug. Überseeprovinz in SW-Afrika, 1,25 Mill. km², 5,4 Mill. Ew. (meist Bantus, rd. 200000 Europäer); etwa 40% Christen. A. ist eine von Flüssen zerschnittene Hochfläche, im Innern bis zu 2610 m hoch, mit Steilabfall zum Küstensaum. Klima tropisch-warm, auf dem Hochland gemildert; vorherrschend Savanne, im S Steppe. – Ausfuhr: Kaffee, Diamanten, Sisal, Eisenerz. Haupthandelspartner: Portugal, EWG-Staaten. Wichtigster Hafen: Lobito. ⊕ S. 514.

Ang'ora, 1) →Ankara. 2) sehr langes Seidenhaar, z.B. der A.-Katze; das der A.-Ziege kommt als Angorawolle (Mohair) in den Handel.

Angost'urarinde, bittere Rinde südamerikan. Rautengewächse; Rohstoff z. Herstellung v.Likör.

Angoulême [ãgul'ɛːm], Hauptstadt des Dép. Charente, SW-Frankreich, 48200 Ew., altertüml. Stadt, roman. Kathedrale; Papierfabriken.

Angst, allgemein: Furcht; psychologisch: das Gefühl einer unbestimmten Lebensbedrohung.

Ångströmeinheit [nach dem schwed. Physiker A. J. Ångström, 1814-74], abgek. ÅE oder Å, der zehnmillionste Teil eines Millimeters.

Anhalt, ehem. Land des Dt. Reiches, 2326km² mit (1939) 432000 Ew., im Gebiet des Unterharzes und beiderseits der mittl. Elbe. – A. ist als Fürstentum (seit 1806/07 Herzogtum) der Askanier entstanden. 1919-33 war A. Freistaat, 1933-45 unterstand es mit Braunschweig einem gemeinsamen Reichsstatthalter, nach 1945 kam es zum Land Sachsen-Anhalt, 1952 ist es z. gr. T. in den Bezirken Halle und Magdeburg aufgegangen.

Anhydr'ide [grch. »ohne Wasser«] Mz., ⚗ chem. Verbindungen, die aus anderen durch Abspalten von Wassermolekülen entstehen.

Anhydr'it [grch.] der, CaSO₄, Mineral, wasserfreier Gips.

Anil'in [arab.] das, **Am'inobenz'ol,** farblose giftige Flüssigkeit, die sich an der Luft schnell bräunt, gewonnen aus Nitrobenzol; dient zur Herstellung der **A.-Farben.**

'Anima [lat.] die, Seele. **con anima, anim'ato** [ital.], ♩ beseelt, belebt.

anim'alisch [lat.], tierisch; aus dem Tierreich.

anim'ieren [lat.], anregen, erheitern.

Anim'ismus [lat. von anima »Seele«] der, bei den Naturvölkern weitverbreitete Form der Religion, die sämtliche Gegenstände der Natur und des menschl. Gebrauchs als beseelt annimmt.

Animosit'ät [lat.] die, Gereiztheit, feindliche Gesinnung.

'Animus [lat. »Geist«, »Gemüt«] der, 1) Wille, Vorsatz. 2) Ahnung.

'Anion das, negatives →Ion.

An'is [grch.] der, weißblütiger Doldenblüter aus dem östl. Mittelmeerbereich. Die Früchte und das aus ihnen gewonnene ätherische Anisöl werden als Gewürz, in der Likörindustrie, der Parfümerie, der Seifenherstellung und Heilkunde verwendet. **Anis'ette,** Anislikör.

anisotr'op, nicht isotrop (→isotrop).

An'ita [ital., span. »Ännchen«], weibl. Vorname.

Anjou [ãʒ'u], alte Grafschaft in NW-Frankreich. Das Haus A. stellte Herrscher auf den engl., neapolit.-sizil., ungar. und poln. Thron. Nach Aussterben der franz. Linie 1480 wurde Herzog von A.« Titel der 3. Söhne der französ. Könige.

'Ankara, ältere Form **Angora,** Hauptstadt der Türkei, 902200 Ew.; liegt an der Anatolischen

Bahn, 850 m ü. M., seit 1923 nach europ. Vorbild aufgebaut. Universität; Flughafen; Industrie.

Ankara: Burgberg

Anker der, 1) ⚓ schwerer eiserner Haken zum Festhalten von Wasserfahrzeugen auf freiem Wasser. Schiff und A. sind durch eine kräftige Gliederkette miteinander verbunden. Der A. liegt bei größeren Schiffen in der **Ankerklüse**, einem schräg nach oben verlaufenden Rohr. Beim Fallenlassen gräbt er sich mit den spitzen Flügeln in den Grund; mit einer Winde (**Ankerspill**) wird er hochgezogen. 2) ⚡ der bewegl. Teil eines magnet. Kreises, der bei Einschalten des Stromes angezogen wird und dabei z. B. Schalter, Bremsen, Membrane betätigt; bei umlaufenden elektr. Maschinen der Teil, in dem eine elektr. Spannung induziert wird; bei Gleichstrommaschinen der Läufer, bei Wechselstromgeneratoren der Ständer, bei Wechselstrommotoren Primäranker im Ständer, Sekundäranker im Läufer. 3) ⊓ Stab aus Stahl, Stahlbeton, auch Holz zum Zusammenhalten von Bauteilen. 4) bei Uhren: Teil der Steigradhemmung.

Anklage, bei Gericht gestellter Antrag der Staatsanwaltschaft auf Einleitung eines Strafverfahrens.

Anklam, Kreisstadt im Bez. Neubrandenburg, 19 400 Ew.; Zucker-, Maschinenindustrie.

Ankyl'ose [grch.] die, Gelenkversteifung.

Anlage, 1) die im Keim vorhandenen körperl.-seel. Begabungen des Menschen, die nach ihrer Entwicklung im Laufe des Lebens die Persönlichkeit prägen. Manche A. sind nach bestimmten Gesetzen vererbbar. 2) die erste Andeutung eines bestimmten Organs oder Organbereichs in der Entwicklung eines Lebewesens, z. B. die A. der Kiemen. Die befruchtete Eizelle enthält die A. zu allen Teilen des endgültigen Körpers.

Anlagekapital, Anlagevermögen, langfristig angelegte Vermögensteile eines Unternehmens (Grundstücke, Gebäude, Maschinen).

anlassen, ⚙ eine Wärmebehandlung von Metallen bei Temperaturen unterhalb der Rotglut, bes. bei Stahl nach dem Härten und bei aushärtbaren Legierungen.

Anlasser, 1) ⚡ regelbarer Widerstand, der dem Anker oder Läufer eines Elektromotors beim Anlassen vorübergehend vorgeschaltet wird, um beim Einschalten zu große Ströme zu verhindern. Mit Erhöhung der Drehzahl des Motors wird der Widerstand allmählich verringert. 2) Elekromotor zum Anwerfen von Verbrennungsmotoren.

'Anlaut, der Anfangslaut eines Wortes.

Anleihe, langfristige Geldaufnahme, bes. durch den Staat, Gemeinden oder Unternehmen.

Anlernling, Angehöriger eines **Anlernberufes** in der Ausbildung; gegenüber dem →Lehrling kürzere und speziellere Ausbildung.

Anlieger, Eigentümer eines Hauses (Grundstücks) an öffentl. Straße oder an Wasserlauf.

Anliegersiedlung, Vergrößerung landwirtschaftl. Kleinbetriebe bis zur vollen Ackernahrung.

Anmusterung, Abschluß des Heuervertrags (→Heuer).

Anna [hebr. »Gnade«], weiblicher Vorname.

Anna, Heilige (Tag 26. 7.), Mutter der Jungfrau Maria, Schutzheilige der Mütter.

Anna, Fürstinnen. 1) Anna Amalia, Herzogin von Sachsen-Weimar, *1739, †1807, Nichte Friedrichs d. Gr., führte 1758-75 für ihren Sohn Karl August die Regierung; Mittelpunkt des geistigen Lebens in Weimar (Herder, Wieland, Goethe). **2) A. Boleyn** [bʼulin], *1507, †1536, die Geliebte, dann die zweite Gemahlin des engl. Königs Heinrich VIII., Mutter der Königin Elisabeth I., wegen unbewiesenen Ehebruchs enthauptet. **3) A. Stuart,** *1665, †1714, engl. Königin seit 1702; unter ihrer Regierung wurden 1707 England und Schottland staatsrechtlich zu Großbritannien vereinigt.

Annaba, früher **Bône,** Hafenstadt in Algerien, 164 800 Ew.; Erz- und Phosphatausfuhr.

Annaberg, Berg in Oberschlesien, 385 m, Wallfahrtskirche; 1921 vom dt. Freikorps »Oberland« gegen poln. Verbände erstürmt.

Annaberg-Buchholz, Kreisstadt im Erzgebirge, Bez. Karl-Marx-Stadt, 29 000 Ew.; Spitzenklöppelei, Posamentenindustrie; Uranerzbergbau.

Annahme an Kindes Statt, Adoption, ⚖ Vertrag, durch den jemand einer Person, die von anderen Eltern abstammt, die rechtl. Stellung eines eigenen ehel. Kindes (auch seinen Namen) verschafft (§§ 1741-1772 BGB).

Ann'alen [lat. »Jahrbücher«] Mz., jahrweise Aufzeichnungen geschichtlicher Ereignisse.

'Annam, Teil von Vietnam; ehemaliges Kaiserreich in Indochina.

Annam'iten, früherer Name der Vietnamesen.

Annapolis [ənʼæpəlis], Hauptstadt von Maryland, USA, 26 500 Ew.; Marineakademie.

Annap'urna, Berg im Himalaja, 8078 m hoch, Erstbesteigung 1950.

Anna selbdritt, Darstellung der hl. Anna mit ihrer Tochter Maria und dem Jesuskind.

Ann'aten [lat.] Mz., Jahrgeld; die Abgabe des ganzen oder halben (**Halb-A.**) ersten Jahresertrags einer vom Papst verliehenen niederen Pfründe an diesen (bes. 13.-15. Jahrh.; in Italien noch üblich).

annekt'ieren [lat.], sich aneignen.

Annel'iden Mz., die →Ringelwürmer.

Ann'ex [lat.] der, -es/-e, Zubehör; Anbau.

Annexi'on [lat.] die, Einverleibung.

'anni curr'entis [lat.], **a. c.,** laufenden Jahres. **anni fut'uri,** künftigen Jahres. **anni praet'eriti,** vergangenen Jahres.

annihil'ieren [lat.], für nichtig erklären.

anno [lat.], im Jahre. **a. D'omini,** im Jahre des Herrn (d.h. nach Christus).

Anno II., Erzbischof v. Köln, * um 1010, †1075, brachte 1062 den minderjähr. Kaiser Heinrich IV. in seine Obhut und zog die Regierungsgeschäfte an sich, bis ihn Adalbert von Bremen beiseite drängte. 1183 heiliggesprochen (Tag 4. 12.); wird im Annolied besungen, einem frühmhd. epischen Gedicht (vor 1105); erstes zeitgeschichtl. und zeitbiograph. Werk in dt. Sprache.

Annonce [anʼõsə, frz.] die, Zeitungsanzeige.

Annuit'ät [von lat. annus »Jahr«] die, Jahresrate zur Abtragung und Verzinsung einer Schuld.

annull'ieren [lat.], für ungültig erklären.

Annunzi'atenorden, hoher, 1362 gestifteter, italienischer Orden, 1950 aufgehoben.

Annunzio, Gabriele d'A., →D'Annunzio.

An'ode [grch.] die, →Elektrode, aus der die positive Ladung austritt.

Anökum'ene [grch.] die, der unbewohnte Teil der Erde (z. B. Polarländer, Wüsten).

'anomal [grch.], regelwidrig. **Anomal'ie** die, Abweichung von der Regel.

anon'ym [grch.], ohne Namensnennung. **An'onymus** der, ungenannte Person.

An'opheles [grch. »die Unnütze«], die, Mükkengattung, →Fiebermücke.

'Anorak [grönländ.] der, wasser- und winddichte Bluse mit Kapuze, bes. für Skiläufer.

'anorganisch [grch.], nicht zur lebenden Na-

Anker:
oben: Stockanker
unten: Pilzanker

Anlasser

Anouilh

tur gehörend. Die **a. Chemie** umfaßt alle Grundstoffe mit ihren Verbindungen außer den organischen Verbindungen des Kohlenstoffs.

'anormal [grch.-lat.], svw. →anomal.

Anouilh [an'uj], Jean, französ. Dramatiker, *1910; modernisierte in Schauspielen tragische Mythen. Seine Komödien und »schwarzen Stükke« spielen über einem Untergrund von Nihilismus und Schwermut (»Becket oder die Ehre Gottes« u.a.).

Anpassung, 1) ⚕ 🜨 die vorteilhafte Angleichung eines Lebewesens an seine Lebensbedingungen. 2) Angleichung des Einzelmenschen an Formen, Gesetze, Forderungen seiner sozialen Umwelt. 3) ∮ den Widerstand eines Verbrauchers und eines Stromquelle so aufeinander abstimmen, daß Wirkungsgrad und übertragene Leistung Höchstwerte erreichen.

Anredeformen. An Stelle des einst üblichen »Ihr«, wie es jetzt noch die Engländer, Franzosen, Holländer gebrauchen und des vom 15.-18. Jahrh. üblichen »Er« ist das »Du« für den Verkehr mit Näherstehenden, das »Sie« für Fernstehende üblich geworden. Daneben findet sich bei einigen Titeln (Majestät, Exzellenz, Magnifizenz usw.) noch das Fürwort »Eure« (abgek. »Ew.«).

Anregung, Energiezufuhr an ein Atom oder Molekül durch Wärme (thermische A.), Stoß (Stoß-A.).

Anregungsmittel, Weckmittel, Analeptica, Mittel, die bei plötzlichen Schwächezuständen (durch seel. Erregung, körperl. Überanstrengung, Gifte u.a.) die gesunkene Lebenstätigkeit, bes. Atmung, Herztätigkeit schnell wieder zu heben imstande sind. A. sind bes. Coffein, Kampfer, Strychnin, ferner die Weckamine (Pervitin).

ANSA, →Agenzia Nazionale Stampa Associata.

Ansbach, Stadt in Mittelfranken, Bayern, 31 600 Ew.; Elektro-, Maschinenind.

Ansbach-Bayreuth war eine Markgrafschaft, die 1791 an Preußen, 1810 an Bayern fiel.

Anschan, Industriestadt in der südl. Mandschurei, China, 900 000 Ew.; Stahlwerke, Maschinen-Industrie.

Anschauungsunterricht, Unterricht, der von der Betrachtung eines Gegenstandes mittels der Sinnesorgane ausgeht und dadurch zu denkender Erarbeitung des Gegenstandes gelangt. Durch den A. wird ein engeres Verhältnis zwischen Schüler und Unterrichtsstoff hergestellt.

Ansch'ero-S'udschensk, Stadt in Westsibirien, 120 000 Ew., Steinkohlenbergbau, Industrie.

Ansch'ovis, Anchovis, die, Heringsfischchen des Mittelmeeres und der SW-Küsten Europas; eingesalzen als **Sardelle.**

Anschluß, Völkerrecht: Eintritt eines Staates in einen anderen Staatsverband (bes. →Österreich, Geschichte).

Anschuldigung, 🜨 **falsche A.,** Verdächtigung eines anderen wider besseres Wissen; Strafe: Freiheitsstrafe nicht unter 1 Monat (§ 164 StGB).

Anselm [aus ahd. ans »Gott« und helm »Schutz«], männlicher Vorname.

Anselm von Canterbury [k'æntəbəri], *1033, †1109, Erzbischof von Canterbury, Hauptvertreter der Frühscholastik; Heiliger (Tag 21. 4.).

Ansermet [ãsɛrm'ɛ], Ernest, schweizer. Dirigent, *1883, †1969.

Ansgar, Apostel des Nordens, wurde 845 Erzbischof von Bremen, missionierte in Schweden, Jütland, Schleswig; Heiliger (Tag 3. 2.).

Ansichtsendung, Probesendung von Waren ohne Kaufzwang. Bestellte A. sind bei Nichtabnahme zurückzusenden. Ist die A. nicht bestellt, so entstehen für den Empfänger keine Verpflichtungen, er darf sie nur nicht beschädigen.

Anspänner, Spanndienstpflichtiger.

Anspruch, das Recht, von einem andern ein Tun oder Unterlassen zu verlangen (§ 194 BGB).

Anstalt, öffentl. A., ein Träger öffentl. Verwaltung, sei es mit eigener Rechtspersönlichkeit, sei es ohne diese und dann lediglich ein abgrenzbarer Teil der Staatsverwaltung.

Anstaltserziehung, die Erziehung von Kindern, die elternlos, schwer erziehbar oder von der öffentl. Schule durch Gerichtsbeschluß ausgeschlossen sind; findet in Waisenhäusern, Anstalten für Schwachsinnige, Blinde, Taubstumme, Krüppel, in Bewahranstalten oder Fürsorgeerziehungsheimen statt.

Anstand, 1) gutes Benehmen. 2) ⚇ Platz, an dem der Jäger auf Wild wartet.

ansteckende Krankheiten, Infektionskrankheiten, werden durch Krankheitserreger von einem Lebewesen auf ein anderes übertragen **(Ansteckung).** Die Erreger sind niedere, meist einzellige pflanzliche, tierische Kleinlebewesen oder Viren. Die Ansteckung erfolgt durch Berührung oder durch Luft, Wasser, Gegenstände, Ausleerungen, Insektenstiche usw. Nicht jeder, der einer a.K. ausgesetzt ist, erkrankt; viele sind unempfindlich (immun). Zwischen Ansteckung und Auftreten der ersten Krankheitserscheinungen vergeht bei den verschiedenen Krankheiten eine verschieden lange Zeit **(Inkubationszeit).** Zur Verhütung der a.K. dienen: Absonderung der Erkrankten, Desinfektion, Mundpflege, Sauberkeit, Schutzimpfungen. ÜBERSICHT S. 39.

Anstiftung, 🜨 vorsätzliche Verleitung eines andern zu einer Straftat. Der **Anstifter** wird wie der Täter bestraft (§ 48 StGB).

Antag'onismus [grch.] der, Gegenwirkung, Gegensatz, Widerstreit.

Ant'akya, Hauptstadt der türk. Provinz Hatay, 57 600 Ew., das alte →Antiochia; Handel.

Ant'alya, früher **Adalia,** Hauptstadt der türk. Prov. A., Hafenstadt, 71 600 Ew.; Bauholz, Korn, Südfrüchte, Sesamöl.

'Antares [grch.] der, roter Stern 1. Größe, α im Skorpion.

Ant'arktis die, Südpolargebiet. ⊕ S. 528.

Antarktis: Schwimmender Eisberg

Ant'äus, griech. Sage: ein Riese unbesiegbar, solange er die Erde, seine Mutter, berührte; Herakles hob ihn vom Boden und erwürgte ihn.

ante [lat.], vor. **a. Christum natum,** vor Christi Geburt (bei Zeitangaben). **a. meridiem, a. m.,** vormittags.

Ant'elami, Benedetto, italien. Bildhauer, Ende des 12. Jahrh., schuf, an provenzal. Plastik geschult, Bildwerke in Parma und Fidenza.

Antel'udium [lat.] das, Vorspiel.

Ant'enne [lat.] die, 1) ⚇ →Fühler der Gliedertiere. 2) 📡 Vorrichtung zum Ausstrahlen und Empfangen elektromagnet. Wellen. Empfangs-A.: Es gibt **Außen-** und **Innen-A.** Am wirksamsten ist die **Hoch-A.,** eine zwischen hochgelegenen Punkten isoliert ausgespannte Kupfer- oder Aluminiumlitze oder ein auf dem Dach aufmontiertes Stahlrohr (**Stab-A.**). **Gemeinschafts-A.** (für Miethäuser), meist eine Stab-A., von der aus über einen Verstärker die Empfänger gespeist werden. Innen-A. laufen als Drahtwendel durchs Zimmer oder in Zickzackform längs der Wände, möglichst weit entfernt von elektr. Leitungen. **Ferrit-A.,** Zylinderspule mit Ferritkern, oft im Empfänger eingebaut. **Rahmen-A.,** ein drehbarer Holzrahmen mit vielen Drahtwindungen, hat

Wichtige ansteckende Krankheiten des Menschen

Krankheit	Übertragungsweise	Zeit zw. Ansteckung und Auftreten der ersten Erscheinungen	Wichtigste Krankheitszeichen
Aussatz (Lepra)	Berühren	¹/₂ Jahr bis zu Jahrzehnten	Hautknoten, Hautzerfall
Cholera	Verschlucken, Berühren	1–4 Tage	Durchfall, Erbrechen, Wadenkrämpfe
Diphtherie	Einatmen, Berühren	2–4, selten bis 10 Tage	Fieber, Rachenbelag, Atmungserschwerung
Flecktyphus	Stich der Kleiderlaus	10–14 Tage	Fieber, Kopf- und Gliederschmerzen, Hautflecke
Grippe	Einatmen	1–3 Tage	Fieber, katarrhalische Erscheinungen
Keuchhusten	Einatmen, Berühren	1–2 Wochen	Krampfhusten mit pfeifender Einatmung
Kinderlähmung, spinale	Einatmen, Verschlucken	9–17 Tage	Fieber, Lähmung
Lungenentzündung ..	Einatmen	2–14 Tage	Fieber, erschwerte Atmung
Malaria	Stich der Mücke Anopheles	8–17 Tage auch 6–10 Monate	Wechselfieber
Masern	Einatmen	11 Tage	Fieber, Schnupfen, Lichtscheu, Hautflecke
Milzbrand	Berühren, Einatmen	1–3 Tage	Fieber, Bildung von Karbunkeln
Pest	Flohstich, Einatmen	2–5 Tage	Fieber, Kopfschmerzen, Benommenheit, vereiternde Drüsenschwellungen, Hautbeulen oder Lungenentzündung
Pocken, Blattern	Berühren, Einatmen	12–13 Tage	Fieber, Kreuzschmerzen, Hautpusteln
Rückfallfieber	Stich von Zecken, Wanzen usw.	5–8 Tage	Kreuz- und Gliederschmerzen, Fieber von 4–7 Tagen Dauer, 6–10 Tage Fieberfreiheit, dann zweiter Anfall
Ruhr	Berühren, Verschlucken	2–6 Tage	- blutiger Durchfall, Fieber
Scharlach	Berühren, Einatmen	2–8, meist 4–7 Tage	Fieber, Halsentzündung, flächenhaft zusammenfließende rote Hautstippchen
Schlafkrankheit, afrikan.	Stich der Fliege Glossina palpalis	14–21 Tage	Fieber, Drüsenschwellung, schwankender Gang, Schlafsucht
Starrkrampf	Wundverunreinigung	4–14 Tage, seltener länger	sehr schmerzhafte Muskelkrämpfe
Syphilis, Lues	Berühren	14–23 Tage	anfangs Geschwüre an der Ansteckungsstelle mit Drüsenschwellung, später rote Hautflecke
Tripper	Berühren	2–3 Tage	eiteriger Ausfluß, Brennen in der Harnröhre
Tuberkulose	Einatmen	Wochen bis Monate	bei Lungentuberkulose Lungenkatarrh, Abmagerung
Typhus (Unterleibstyphus)	Berühren, Verschlucken	7–21 Tage	Fieber, Hautflecke bes. auf dem Bauch, Benommenheit, Durchfall
Weicher Schanker	Berühren	1–2 Tage	Geschwürbildung, Drüsenvereiterung

Richtwirkung, d. h. er empfängt am stärksten die in Richtung der Rahmenebene einfallenden Wellen. **Dipol-A.**, zwei kurze, ausgestreckte oder auch zu einem offenen Ring gebogene Drähte, dienen zum Empfang sehr kurzer Wellen (UKW); sie haben ebenfalls Richtwirkung. **Sende-A.:** Für den Rundfunk verwendet man **Rundstrahler,** die gleichmäßig nach allen Richtungen strahlen, im Kurzwellenverkehr **Richtstrahler** (Dipol-A.).

Antep'endium [mlat.] das, Verkleidung der Vorderseite, auch der Seiten des Altars mit einem Stoffbehang oder einer Vorsatztafel aus Metall mit Goldschmiedearbeit oder aus Holz mit Malerei.

Anther'idien [grch.] Mz., ⚤ männliche Geschlechtsorgane höherer Sporenpflanzen.

Antholog'ie [grch. »Blütenlese«] die, Sammlung ausgewählter Gedichte, Sprüche, Prosa.

Anthoz'oen [grch.] Mz., →Korallentiere.

Anthrac'en das, →○ fester Kohlenwasserstoff im Steinkohlenteer, der durch Oxydation Anthrachinon liefert.

Anthrachin'on das, →○ gelbe Kristalle, Ausgangsstoff für die wichtigen **A.-Farbstoffe** (auch Alizarin- oder Anthracenfarbstoffe).

Anthraz'it [grch.] der, Glanzkohle, sehr harte, glänzende Steinkohle mit größtem Heizwert.

anthropo... [grch. »Mensch«], in Fremdwörtern: auf den Menschen bezüglich, Menschen...

Anthropo'iden [grch.], die →Menschenaffen.

Anthropolog'ie [grch.] die, Lehre vom Menschen, seiner Entwicklung, seinen körperlichen und geistig-seelischen Eigenschaften. Die **biologische A.** beschäftigt sich mit Erb-, Abstammungslehre, Rassenkunde. Die **philosophische A.** untersucht das Wesen des Menschen, seine Sonderstellung im Kosmos, sein Verhalten zur Umwelt, sein körperlich-geistiges Doppelwesen. Die **theologische A.** weist darauf hin, daß der Mensch ein Ebenbild Gottes ist.

Anthropometr'ie [grch.] die, Messung und Beschreibung des menschl. Körpers und Skeletts.

Anthropomorph'ismus [grch.] der, Übertragung menschlichen Wesens oder Verhaltens auf die Gottheit, auf Tiere oder Pflanzen.

Anthropoph'age [grch.], Menschenfresser.

Anthroposoph'ie [grch.] die, →Steiner, R.

anthropoz'entrische Weltanschauung, eine Betrachtungsweise, die den Menschen zum Sinn und Ziel des Weltgeschehens macht.

Anth'urium das, Gattung tropisch-amerikan. Aronstabgewächse; Schwanzblume.

anti... [grch.], in Fremdwörtern: gegen...

Antiall'ergica, Mittel zur Behandlung allergischer Krankheiten.

Anti-Baby-Pille, →Empfängnis.

Antibes [ãt'i:b], franzöz. Seehafen an der Mittelmeerküste, 36000 Ew.; das nahegelegene **Cap d'Antibes** ist Kurort.

Antibi'oticum [grch.] das, Mz. ...ca, ⚤ von Lebewesen gebildeter Stoff, der andere Lebewesen in ihrem Wachstum zu hemmen oder zu zerstören vermag; Heilmittel gegen ansteckende Krankheiten. Die gebräuchlichsten A. sind Penicillin, Streptomycin, Aureomycin, Chloromycetin, Terramycin.

antichambrieren [-ʃãbri':ren, frz.], lange im Vorzimmer warten. Übertragen: schmeicheln.

Anthurium

Antichrist [grch.] der, -s, **Widerchrist,** der große Gegenspieler des wiederkommenden Christus in der Endzeit (Matth. 24, Off. Joh. 12/13).

Antidepress'iva, Thymoleptica, ♀ das Seelenleben beeinflussende Stoffe; werden gegen Depressionen und seel. Erschöpfungszustände verwendet.

Antidiab'etica [grch.] Mz., ♀ Mittel gegen die Zuckerkrankheit (→Diabetes mellitus).

Antid'ot [grch.-lat.] das, ♀ Gegenmittel.

Antifaschismus, Gegnerschaft des →Faschismus (→Widerstandsbewegung).

Antig'ene [grch.] Mz., ♀ Stoffe (z.B. artfremdes Eiweiß, Bakteriengifte), deren Einspritzung oder Einimpfung die Bildung von Abwehrstoffen (→Antikörper) hervorruft.

Ant'igone, griech. Sage: Tochter des Ödipus und der Jokaste, bestattete gegen Kreons Gebot ihren Bruder Polyneikes; lebendig eingemauert, tötete sie sich selbst. Trauerspiel von Sophokles.

Antigon'iden, griech. Herrschergeschlecht, Nachkommen des Antigonos, eines →Diadochen.

Ant'igua, eine Insel der Kleinen →Antillen.

Antihistam'inkörper, ♀ Mittel gegen die Wirkung des Histamins im menschl. oder tier. Körper; zur Behandlung allerg. Erscheinungen.

Ant'ike [lat.] die, das griech.-römische →Altertum. ant'ik, bes. altgriechisch, altrömisch.

Antiklopfmittel, →Klopfen der Motoren.

Antikoagul'antia [grch.-lat.] Mz., blutgerinnungshemmende Mittel zur Verhinderung von Blutgerinnseln z.B. bei Arterienverkalkung sowie nach Operationen und Geburten.

Antikomint'ernpakt, →Komintern.

antikonzeption'elle Mittel, die Empfängnis verhütende Mittel, →Empfängnis.

'Antikörper, ♀ zur Bekämpfung der →Antigene, bes. im Verlauf einer ansteckenden Krankheit, vom Körper gebildete Schutzstoffe.

Antil'ibanon der, dem Libanon gleichlaufendes Gebirge in Syrien, bis 2630 m hoch.

Ant'illen Mz., Teil →Westindiens, Inselbogen zwischen Nord- und Südamerika. Man trennt: Die **Großen A.** (Kuba, Jamaika, Haiti, Puerto Rico) und die **Kleinen A.,** geteilt in **Inseln über dem Winde** (Jungfern-Inseln bis Trinidad) und **Inseln unter dem Winde** (vor der Küste Venezuelas). Die A. sind meist gebirgig (auf Haiti bis 3175 m hoch); auf einigen tätige Vulkane (St. Vincent, Martinique). Klima tropisch, mit Wirbelstürmen. Bevölkerung: Neger, Mulatten, Inder, Indianer fast ausgerottet; ⅓ Weiße. Erzeugnisse: Zucker, Kaffee, Tabak, Früchte, Baumwolle, Gewürze, Farbhölzer, Erze. – STAATLICH gehören Puerto Rico, die mittl. und westl. Jungfern-Inseln zu den USA; Kuba, Haiti, die Dominikan. Rep., Jamaika, Trinidad/Tobago, Barbados sind unabhängig. Antigua, Dominica, St. Lucia, Grenada, St. Kitts-Nevis-Anguilla, St. Vincent sind als Assoziierte Westind. Staaten seit 1967 unabhängig und Mitgl. des Commonwealth; Außenpolitik und Verteidigung bleiben bei Großbritannien. Der Rest europ. Kolonialgebiet (brit., französ., niederländisch). ⊕ S. 517.

Antil'open Mz., hirschähnliche Horntiere, bes. in Steppen Afrikas und des warmen Asiens. (BILD)

Antimat'erie [grch.-lat.] die, ⊗ angenommene »Gegenmaterie« aus Atomen, die aus Antiteilchen bestehen (Antiprotonen, Antineutronen, Positronen).

Antimetabol'ite, BIOLOGIE: Stoffe, die aufgrund ihrer chem. Ähnlichkeit mit Zellbestandteilen deren Platz in der Zelle einnehmen, ohne aber deren Funktionen zu erfüllen.

Antimodern'isteneid, →Modernismus.

Antim'on das, **Sb,** chem. Element, graues, sprödes Metall. Dichte 6,67 g/cm³, schmilzt bei 630⁰ C, wird aus **Antimonglanz** Sb_2S_3 gewonnen und als härtender Legierungszusatz zu Bleilegierungen (Letternmetall) verwendet.

Antineur'algica [grch. Kw.] Mz., Mittel gegen Zahn-, Kopf- Nervenschmerzen.

Gazelle Weißbartgnu

Hirschziegenantilope Elen-Antilope

Antinom'ie [grch.] die, unaufhebbarer Widerspruch zwischen zwei Sätzen.

Ant'inoos, Liebling des röm. Kaisers Hadrian, nach dem Tode von diesem zum Gott erhoben.

Antioch'ia, am Orontes im antiken Syrien, 300 v. Chr. gegr., eine der größten Städte des Röm. Reiches; prachtvolle Bauten; heute →Antakya.

Antiparall'elschaltung, eine Parallelschaltung von elektrischen Geräten so, daß sie von entgegengesetzt gerichteten Strömen durchflossen werden.

Antipass'at der, in 3 bis 10 km Höhe aus westl. Richtung wehende Winde der Tropenzone.

Antipath'ie [grch.] die, Abneigung.

Antiphlog'istica [grch.] Mz., ♀ die entzündungswidrigen Mittel.

Antiph'on [grch.] die, kirchl. Wechselgesang zwischen zwei einstimmigen Chören.

Antip'ode [grch.] der, →Gegenfüßler.

Antipr'oton, →Antimaterie.

Antipyr'etica [von grch. pyr »Feuer«] Mz., ♀ fiebersenkende Mittel.

Ant'iqua [lat.] die, Altschrift, →Schriften.

Antiqu'ar [lat.] der, 1) Buchhändler, der mit älteren und gebrauchten Büchern handelt (Antiquariatsbuchhandel). 2) Antiquitätenhändler.

antiqu'iert [lat.], veraltet, überholt.

Antiquit'äten [lat.] Mz., Altertümer, →Altertum.

Antisemit'ismus, die Abneigung und Feindseligkeit gegen Juden. Das Wort kam im letzten Viertel des 19. Jahrh. auf; antisemit. Ausschreitungen sind mit der Geschichte der Juden verbunden, seit diese über die Welt verstreut wurden (Diaspora, →Juden). Als sich die bürgerl. Gleichstellung der Juden (»Emanzipation«) im 18. und 19.Jahrh. durchsetzte, fand der A. bes. in Dtl. und Frankreich neuen Antrieb und wurde zum polit. Schlagwort einzelner Parteien und Politiker (so Stöcker, Schönerer, Lueger). Schwere Judenverfolgungen gab es in Rußland (→Pogrom). Weitverbreitete Schriften, wie die von Renan, Gobineau und H. St. Chamberlain, und Fälschungen wie die »Protokolle der Weisen von Zion« suchten dem A. eine scheinwissenschaftl. Grundlage zu geben. Seinen furchtbaren Höhepunkt erreichte der A. nach 1933 unter Hitler mit der systematischen Ausrottung der großen Mehrzahl der europ. Juden. Die Antisemiten versuchten, ihre Feindschaft mit tatsächlichen oder vorgeblichen Unterschieden der Religion, der Rasse, der wirtschaftl. Stellung, der polit. Haltung usw. zu begründen. Dort, wo die Juden sich dem Volk, unter dem sie leben, nicht assimilieren, wird der A. auch als ein Sonderfall der Vorurteile gegenüber jenen Minderheiten oft ausgewertet sind. – Der Beseitigung des A. dienen u.a. internationale Verträge zur Gewährleistung der Menschenrechte und die entsprechenden innerstaatl. Verbote der unterschiedl. Behandlung wegen Abstammung, Rasse, Herkunft, Glauben, religiöser oder polit. Anschauung usw. (Art. 3 GG der Bundesrep. Dtl.).

Antis′epsis [grch.] die, Anwendung bakterientötender, chem. Stoffe zur Entkeimung der Wundbehandlung und Operationsvorbereitung, eingeführt 1867 von Lord Lister mit Karbolsäure. Die A. war Vorläufer der →Asepsis.

Antispasm′odica Mz., krampflösende Mittel.

Ant′isthenes, griech. Philosoph aus Athen,* um 440 v.Chr.. Gründer der Schule der →Kyniker.

Antitaurus, Gebirge in Kleinasien, →Taurus.

′Antiteilchen, →Elementarteilchen.

′Antithese [grch.] die, der einem ersten Satz, der These, entgegengesetzte Satz. Eigw.: antith′etisch.

Antitox′in [grch.] das, -s/-e, ♀ Gegengift, wird im Körper zur Unschädlichmachung eingedrungener, von Lebewesen erzeugter Gifte **(Toxine)** gebildet.

Antitrinit′arier, kirchl. Gruppen, die die Lehre von der Dreifaltigkeit (Trinität) ablehnen.

Antitrustgesetzgebung [-trʌst], 1890 durch den Sherman-Act in den USA eingeleitete Gesetzgebung, die den freien Wettbewerb sichern sollte.

Antizipati′on [lat.] die, Vorwegnahme.

′antizyklisch nennt man eine Finanzpolitik, die Einnahmen und Ausgaben des Staates so einzusetzen sucht, daß sie den Konjunkturschwankungen entgegenwirken oder sie sogar vermeiden.

Antizykl′one [grch.] die, Hochdruckgebiet.

Antofag′asta, Salpeterhafen im nördl. Chile, an der Morenabai, 89 100 Ew.

Anton, männlicher Vorname.

Anton von Bourbon, König von Navarra (1555-62), seit 1557 zunächst Führer der Hugenotten, 1561 wieder kath.; Vater Heinrichs IV.

Anton′ello da Messina, italien. Maler der Frührenaissance, * um 1430, †1479.

Anton′escu, Jon, rumän. Marschall, *1882, † (hingerichtet) 1946, wurde 1940 Staatsführer und erzwang die Abdankung König Carols II.; 1941 trat er in den Krieg gegen die Sowjetunion ein.

Anton′inus Pius, röm. Kaiser (138-161 n. Chr.), frommer und friedliebender Herrscher.

Ant′onius, Heilige, 1) **A. der Große** (Tag 17. 1.), Einsiedler in der Wüste, Vater des Mönchtums, †356; A.-Kreuz (BILD Kreuz). 2) **A. von Padua** (Tag 13. 6.), †1231, Franziskaner; das Sankt-A.-Brot ist eine Gabe für Arme.

Ant′onius, Marcus, röm. Staatsmann, * um 82 v.Chr., Anhänger Caesars, schloß das Triumvirat mit Oktavian (→Augustus) und Lepidus, erhielt 40 v. Chr. die östl. Reichshälfte, von der ägypt. Königin Kleopatra beeinflußt; unterlag Oktavian 31 bei Actium; † (Selbstmord) 30 v.Chr.

Antragsdelikt, ⚖ strafbare Handlung, die nur auf Antrag des Verletzten verfolgt wird. Antragsfrist: 3 Monate seit Kenntnis der Tat (§ 61 StGB).

Antung, Ngantung, Stadt in der Mandschurei, am Jalu, 420 000 Ew.; Seide- und Holzhandel.

Antwerpen, französ. **Anvers,** der größte Seehafen Belgiens, an der Schelde, 255 000 Ew.; kultureller Mittelpunkt des Flamentums; bed. Handels- und Stapelplatz für Elfenbein und Gummi, Ausfuhr von Eisen, Stahl, Kohle, Maschinen, Chemikalien, Glas, Textilien. Industrie: Zuckerraffinerien, Brennereien, Diamantschleiferei. – A. wurde 1291 Stadt, später Mitglied der Hanse; stieg im 16. Jahrh. zur führenden Handelsstadt Europas auf.

Antwortschein, internationaler A., Gutschein im Wert des Auslandsportos für einen gewöhnl. Brief, gültig in den Ländern des Weltpostvereins.

An′ubis, ägypt. Totengott mit Hundekopf.

ANUGA, Abk. für Allgemeine Nahrungs- und Genußmittelausstellung, Köln.

Anuradhap′ura, Provinzhauptstadt im nördl. Ceylon, 29 400 Ew.; große Ruinenfelder eines buddhist. Königssitzes und Heiligtums.

Antwerpen: Groote Markt

Anur′ie [grch.] die, ♀ fehlende Harnabsonderung.

′Anus [lat.] der, ♀ After.

Anwalt, →Rechtsanwalt.

Anwaltsprozeß, ⚖ Zivilprozeß (in der Bundesrep. Dtl. vor den Land- und Oberlandesgerichten sowie vor dem Bundesgerichtshof), bei dem sich die Parteien kraft gesetzlichen **Anwaltszwanges** durch einen beim Prozeßgericht zugelassenen Rechtsanwalt vertreten lassen müssen.

Anwartschaft, 1) dem **Anwärter** zustehende Aussicht auf ein später zu erwerbendes Recht oder Amt. 2) Anspruch auf Leistungen aus der Sozialversicherung.

Anweisung, ⚖ schriftliche Aufforderung, durch die jemand (der **Anweisende**) einen anderen (den **Angewiesenen**) anweist, einem Dritten (Anweisungsempfänger) Geld, Wertpapiere oder andere vertretbare Sachen zu leisten. Der Dritte erhält das Recht, die Leistung im eigenen Namen zu erheben (§§ 783 ff. BGB, 363 ff. HGB). Bes. Arten der A. sind Wechsel, Scheck.

Anzeige, 1) Veranlassung zu strafrechtl. Verfolgung. 2) Annonce, **Inserat,** von Auftraggebern ausgehende Veröffentlichung (Geschäfts-, Familien-, amtl. A.). – **Anzeigenvermittler,** nimmt Anzeigenaufträge an und leitet sie weiter.

Anzeigepflicht, 1) STRAFRECHT: die Pflicht zur Anzeige eines bekannten drohenden Verbrechens (z.B. Mord, Raub). 2) die Pflicht zur Anzeige von Geburten und Sterbefällen sowie von Seuchen. – Verletzung der A. ist strafbar.

Anzengruber, Ludwig, Dichter, *Wien 1839, †1889, naturalist. Volksstücke (»Der G'wissenswurm«) und Romane (»Der Sternsteinhof«).

Anziehung, ⊗ Kraftwirkung, die den Abstand zweier Körper zu verkleinern sucht; z. B. A. zwischen schweren Massen, zwischen ungleichnamigen elektr. Ladungen oder Magnetpolen.

ANZUS-Pakt, →Pazifikpakt.

a. o., Abk. für außerordentlich.

A.O.K., Allgemeine Ortskrankenkasse.

Ä′olier, Ä′oler Mz., altgriech. Stamm in der Landschaft Äolien in Kleinasien, ursprünglich in Thessalien und Böotien.

Ä′olische Inseln, die →Liparischen Inseln.

Äolsharfe, mit gestimmten Saiten bespannter Schallkasten; der Wind erzeugt die Töne.

′Aolus, der griech. Gott der Winde.

Aomori, Awomori, Hafenstadt in Japan, im N Hondschu, 202 000 Ew.; Eisenbahnfähre nach Hokkaido.

′Äon [grch.] der, meist **Ä′onen** Mz., Zeitraum, Weltalter, Ewigkeit; auch: antike Gottheit.

Aor′ist [grch.] der, Zeitform des Ereignisberichtes in der griech. Sprache.

A′orta [grch.] die, Hauptschlagader, größte Schlagader des Menschen, aus der alle Schlagadern außer der Lungen- und Herzschlagader hervorgehen. (FARBTAFEL Mensch S. 693/694)

A′osta, Stadt in den Alpen, Provinz Turin, 31 400 Ew., Bischofssitz; Ausgangspunkt der Paßstraßen über den Großen und Kleinen St. Bernhard.

Apfelblütenstecher: oben: Käfer (vergr.)

Apis

Apolda

Aphrodite:
Venus von Milo

A'ostatal, italien. **Valle d'Aosta,** autonomes Gebiet Italiens, 3262 km², 104800 Ew.

AP, Abk. für Associated Press, amerikan. Nachrichtenagentur.

APA, Abk. für Austria-Presse-Agentur, österreich. Nachrichtenagentur.

Apachen Mz., 1) [ap'atʃən], Indianerstamm Nordamerikas, fast ausgestorben. 2) [apaʃən], aus Paris stammende Bezeichnung für Strolche usw.

Apanage [-n'ɑːʒ] die, Zuwendung an die nicht regierenden Angehörigen von Fürstenhäusern.

ap'art [frz.], 1) beiseite. 2) etwas Besonderes.

Ap'artheid [afrikaans »Trennung«], in der Rep. Südafrika die Trennung von Weißen und Farbigen auf allen Lebensgebieten zugunsten der Führung der Weißen.

Ap'artment, →Appartement.

Apath'ie [grch.] die, Teilnahmslosigkeit.

Apat'it der, Mineral, chlor- oder fluorhaltiges Calciumphosphat.

APC-Viren, Virengruppe, z. B. Erreger von akuten und chronischen Rachenkatarrhen.

'Apeiron [grch. »das Grenzenlose«] das, der ungeformte Urgrund aller Dinge.

'Apeldoorn, Stadt in Geldern, Niederlande, 110500 Ew.; Papierindustrie.

Ap'elles, griech. Maler des 4. Jahrh. v. Chr., Freund Alexanders d. Gr.; Werke nicht erhalten.

Apenn'in der, auch Mz. -en, Gebirge Italiens, 1400 km lang. Höchste Erhebung: Gran Sasso d'Italia in den Abruzzen, 2914 m hoch.

Apenr'ade, Åbenrå, dän. Hafen an der Ostsee, 15000 Ew.; bis 1920 beim Dt. Reich.

'aper [von lat. apertus »offen«], schneefrei.

Aperçu [apɛrs'y, frz.] das, 1) kurze Übersicht. 2) geistreicher Einfall.

Aperit'if [frz.] der, alkoholisches, verdauungsförderndes Getränk, vor dem Essen genossen.

Apert'ur [lat.] die, 1) Öffnung. 2) Winkel, unter dem Strahlen in optische Linsen eintreten.

'Apex [lat.] der, ✶ der Punkt, auf den die Bewegung unserer Sonne im Weltraum gerichtet ist.

Apfelbaum, heimisches Kernobstgewächs, Gattung der Rosengewächse; in Wäldern wächst der Holz-A., veredelt in rund 1500 Zuchtformen, aus asiatischen Arten entwickelt. Rosa Blüten, erscheinen vor den Blättern, sitzen in Büscheln. Es gibt zahlreiche Apfelsorten (FARBTAFEL Obst S. 700). Verwertung des Apfels als Tafelobst, Dörrobst, Fruchtgallert (Apfelkraut, Apfelgelee) und zu Getränken (Apfelsaft alkoholfrei, Apfelwein alkoholhaltig). Der 10-15 m hohe Baum liefert hartes Nutzholz.

Apfelblütenstecher, Rüsselkäfer, dessen Made die Apfelblütenknospen ausfrißt. (BILD S. 41)

Apfelkraut, dick eingekochter Apfelsaft ohne Zuckerzusatz; Brotaufstrich.

Apfelschimmel, graugeflecktes weißes Pferd.

Apfelsine [niederländ. »Apfel aus China«], auch **Orange,** wichtigste Art der Gattung Citrus, wird in Mittelmeerländern, in S-Afrika, in W-Indien und Kalifornien angebaut. (TAFEL S. 700)

Apfelwickler, Kleinschmetterling, →Wickler.

Aph'äa, Aphaia, urspr. aus Kreta stammende griech. Göttin, der der große Tempel von Ägina geweiht war.

Aphas'ie [grch.] die, Verlust der Sprache als Folge einer Hirnerkrankung.

Aph'el [grch.] das, ✶ →Apsiden.

Aphon'ie [grch.] die, Stimmlosigkeit, beruht auf seel. oder auf Stimmbandstörungen.

Aphor'ismus [grch.] der, kurzer, bedeutungsvoller Satz, Gedankensplitter, Sinnspruch.

Aphrodis'iacum [grch.] das, -/...ca, Mittel, das den Geschlechtstrieb steigern soll; wirkt oft gesundheitsschädigend.

Aphrod'ite, die griech. Göttin der Liebe, nach der Göttersage aus dem Schaum des Meeres geboren; von den Römern der Venus gleichgestellt.

'Aphthen [grch.], kleine entzündete Bläschen an Zunge, Lippen oder Mundschleimhaut.

'Apis der, im alten Ägypten, bes. in Memphis, göttlich verehrter Stier.

apl., Abk. für außerplanmäßig.

Aplan'at [lat.] der, photograph. Linsensatz, der frei ist von Verzeichnung, Farbfehlern und der einen geringen Astigmatismus hat.

Aplomb [apl'ɔ̃, frz.] der, Sicherheit im Auftreten, Selbstbewußtsein; Nachdruck (in der Rede).

APO, 1) [ei pi ou] Abk. für Army Post Office, amerikan. Militärpost. 2) Abk. für →Außerparlamentarische Opposition.

apod'iktisch [grch.], unwiderleglich; keinen Widerspruch duldend.

Apog'äum [grch.], Erdferne, →Apsiden.

Apokal'ypse [grch. »Offenbarung«] die, →Offenbarung des Johannes.

Apokal'yptik [grch.] die, prophetisches Offenbarungsschrifttum, in allen Religionen vorhanden, in denen die Frömmigkeit von der Erwartung eines Weltendes und Weltgerichts mitbestimmt ist. Die Weissagungen werden meist in dunkler, doppelsinniger Sprache gegeben. Zur **jüd. A.** zählen u.a. das Daniel-, Henoch-, 4. Esrabuch und die Testamente der 12 Patriarchen; zur **christl. A.** neben der Johannesoffenbarung u.a. die Petrus- und die Paulusapokalypse, der »Hirt« des Hermas.

Apokal'yptische Reiter, sinnbildliche Gestalten: Pest, Krieg, Hungersnot, Tod (Offenb. Joh. 6, 1-8); oft künstlerisch dargestellt (Dürer).

Apokal'yptische Zahl, die den Antichrist bezeichnende Zahl 666 (Offenb. Joh. 13, 18).

Apokr'yphen [grch. »verborgene«] Mz., BIBEL: den kanonischen Büchern nicht gleichgestellte jüdische und christl. Schriften, im A.T. z. B. Makkabäer, Judith, Tobias, Jesus Sirach. **apokryph,** unecht, später zugesetzt.

Ap'olda, Kreisstadt im Bez. Erfurt, 29700 Ew.; Industrie: Wirkwaren, Glocken, Maschinen.

Apollinaire [apɔlin'ɛːr], Guillaume, französ. Dichter und Kunstkritiker, ✶1880, †1918; A. übte bedeutenden Einfluß auf die erste Nachkriegsgeneration aus (Kubismus, Surrealismus u.a.).

Apollin'aris, Heiliger (Tag 23. 7.), wirkte um 200. Nach ihm benannt der **A.-Brunnen,** kohlensäurereiche Quelle bei Neuenahr.

Ap'ollo, griech. **Apollon,** Sohn des Zeus und der Leto, Gott der Reinheit, Weissagung (Delphi), des Saitenspiels und Gesangs, der Rede und des Maßes; später Licht- und Sonnengott. **apollinisch,** in heller Klarheit zu Ordnung und Maß gebändigt und abgeklärt (Gegensatz: dionysisch). (BILD S. 43)

Ap'ollo, Tagfalter, in den Alpen, weißschwarz, Hinterflügel rotäugig. (FARBTAFEL Schmetterlinge S. 870)

Apollod'orus aus Damaskus, Baumeister der röm. Kaiserzeit, 2. Jahrh. n. Chr. (Trajansforum).

Apolog'etik [grch.] die, Verteidigung des Christentums durch Schriften und Lehre. **Apolog'et,** Verteidiger eines Bekenntnisses.

Apolog'ie die, Verteidigungsrede, -schrift.

Apoplex'ie [grch.] die, ⚕ Schlaganfall. Eigenschaftswort: **apopl'ektisch.**

Apor'ie [grch.] die, 1) Unerreichbares, Unerfahrbarkeit. 2) Zweifel.

Apost'at [grch.] der, Abtrünniger. **Apostas'ie** die, Abfall, Abtrünnigkeit.

Ap′ostel [grch. »Sendbote«] der, **1)** die zwölf Jünger Jesu, ferner Paulus. **2)** Ehrentitel bed. Missionare, z. B. Bonifatius, der »A. der Deutschen«. **A.-Geschichte,** Buch des Neuen Testaments, Fortsetzung des Lukasevangeliums.

Ap′ostelkonzil, Zusammenkunft des Apostels Paulus und anderer mit der Kirchenleitung in Jerusalem (etwa 48 n. Chr.) zur Abgrenzung der Missionsgebiete und zur Klärung der Stellung der Heidenchristen.

a posteri′ori [lat. »aus dem Späteren«], aus der Erfahrung gewonnene Erkenntnis (→a priori).

apost′olisch, was von den Aposteln unmittelbar herrührt oder ihre Wesenszüge zeigt. **A. Gemeinden, 1)** von den Aposteln gestiftete Gemeinden: Jerusalem, Antiochia, Ephesus, Korinth, Rom; **2)** die Irvingianer. **Apostolischer Delegat,** ständiger päpstl. Gesandter. **Apostolischer Nuntius,** Vertreter des Papstes bei einem Staatsoberhaupt. **Apostolischer Stuhl,** der Bischofssitz des Papstes in Rom. **Apostolischer Segen,** der päpstliche Segen. **Apostolische Nachfolge, Apostolische Sukzession,** die mit den Aposteln beginnende ununterbrochene Aufeinanderfolge der Päpste und Bischöfe. **Apostolische Väter,** altchristliche Schriftsteller des 1. und 2. Jahrhunderts (Klemens von Rom, Ignatius von Antiochia, Polykarp u. a.).

Apost′olisches Glaubensbekenntnis, Apostolicum, »Ich glaube an Gott den Vater...«, das älteste christliche Glaubensbekenntnis, allen christlichen Kirchen gemeinsam.

Apostr′oph [grch.] der, Auslassungszeichen.

apostroph′ieren [grch.], feierlich anreden.

Apoth′eke [grch.] die, Bereitungs- und Verkaufsstätte von Arzneien. Für Eröffnung und Betrieb einer A. ist behördl. Erlaubnis nötig.

Apothe′ose [grch.] die, Vergöttlichung, Huldigung; auch: Schlußbild einer Schaustellung.

Appal′achen Mz., Gebirge auf der Ostseite Nordamerikas, 2600 km lang, bis 2037 m hoch (Mt. Mitchell): Kohlen, Eisenerze. (FARBTAFEL Nordamerika S. 699)

Appar′at [lat.] der, ⊛ zusammengesetztes Gerät, Vorrichtung, Werkzeug.

Appar′atschik [russ.] der, abwertende Bez. für Parteibürokraten in totalitären Staaten.

Appartement [apartm′ā, frz.] das, **Ap′artment** [engl.], Mietwohnung, Zimmerreihe.

appassion′ato [ital.], ♪ leidenschaftlich.

Appeasement [əp′i:zmənt, engl.], Beschwichtigung, Beruhigung.

App′ell [frz.] der, **1)** Aufruf. **2)** Antreten einer Truppe, zum Befehls-, Löhnungsempfang u. a.

Appellati′on [lat.] die, ♫⅔ Anrufung eines höheren Gerichts, →Berufung. Zeitwort: **appell′ieren.**

Appellat′ivum [lat.] das, Gattungsname.

App′endix [lat.] der, -/...dizes, Anhang.

Appendiz′itis die, ♪ Entzündung des Wurmfortsatzes (Appendix vermiformis), →Blinddarm.

Appenzell, Kanton (seit 1513) im NO der Schweiz, besteht aus den Halbkantonen **A.-Innerrhoden,** 172 km², 13 100 Ew., und **A.-Außerrhoden,** 243 km², 49 000 Ew. Weberei, Stickerei, Alpwirtschaft.

Apperzepti′on [lat.] die, klare und bewußte Aufnahme von Erlebnissen, Wahrnehmungen, Vorstellungen und Denkinhalten.

Appet′it [lat.] der, Begehren, die Eßlust.

Appische Straße, Via Appia, alte Römerstraße von Rom nach Capua, später bis Brindisi.

applan′ieren [lat.], einebnen, beilegen.

applaud′ieren [lat.], Beifall (**Appl′aus**) klatschen.

Applikati′on [lat.], Nadelarbeit; Aufnähen von Mustern aus Leder, Filz oder Stoff.

Applikat′ur [lat.] die, ♪ →Fingersatz.

appliz′ieren [lat.], anwenden; verabreichen; auflegen (von Farben).

apport′ieren [frz.], ♀ herbeibringen; Befehlsform (für Hunde): **app′ort!**

Appositi′on [lat. »Zusatz«] die, Beifügung, zur näheren Bestimmung des Hauptworts.

appret′ieren [frz.], Gewebe durch Scheren, Rauhen, Walken u. a. sowie durch Zusatz von Kleb- und Füllstoffen wasserabweisend, knitterfrei, flammenhemmend, krumpfarm machen. Hauptwort: **Appret′ur.**

Approbati′on [lat.] die, **1)** Zulassung, →Bestallung. **2)** die bischöfliche Genehmigung von religiösen Druckschriften. **approb′ieren,** nach Prüfung gutheißen, genehmigen.

approximat′iv [lat.], annähernd.

après nous le déluge [apr′ɛnu lə del′y:ʒ, frz.], nach uns die Sintflut; angeblicher Ausspruch der Marquise von Pompadour.

Après-Ski [aprɛʃ′i], sportlich elegante Kleidung, die nach dem Skilaufen getragen wird.

Aprik′ose die, **Marille,** den Pflaumen verwandter Steinobstbaum oder -strauch, aus Vorderasien stammend; blüht im März/April als erster (weiß bis rosa), die orangegelbe Frucht ist säuerlich-süß, sehr würzig. (FARBTAFEL Obst S. 700)

Apr′il [lat. »Eröffner«] der, **Ostermond,** vierter Monat im Jahr, hat 30 Tage. Der 1.April ist der Tag des **A.-Scherzes.**

a prima vista [ital.], ♪ vom Blatt (spielen).

a pri′ori [lat. »von vornherein«], Erkenntnis, unabhängig von aller Erfahrung, sie ist allgemein gültig. Gegensatz: a posteriori.

à propos! [aprop′o, frz.], übrigens!

Apscher′on, Halbinsel an der Westseite des Kaspischen Meeres; Erdölquellen, Schlammvulkane. Hauptort: Baku.

Aps′iden [grch.] Mz., die beiden Punkte der elliptischen Bahn eines Himmelskörpers, an denen er seinem Himmelskörper, den er umkreist, am nächsten und fernsten ist. Bei der Erdbahn heißen sie **Perihel** (Sonnennähe) und **Aphel** (Sonnenferne), bei der Mondbahn **Perigäum** (Erdnähe) und **Apogäum** (Erdferne).

′Apsis [grch.] die, halbrunder oder vielseitiger überwölbter Teilraum, in Kirchen die des Altars.

Apul′ejus, röm. Dichter, *um 125 n. Chr., schrieb den Roman »Metamorphosen« (Der Goldene Esel) mit der Novelle »Amor und Psyche«.

Ap′ulien, Landschaft in SO-Italien, im Innern trockene Kalkhochfläche (Weiden), an der Küste fruchtbar (Öl, Wein, Getreide); dicht bevölkert.

Ap′ure, Rio, linker Nebenfluß des Orinoco in Venezuela, 1600 km lang.

′aqua [lat.], Wasser; **aqua destill′ata,** durch Destillation gewonnenes chemisch reines Wasser.

Apollo (röm. Kopie nach Phidias)

Apothekerzeichen

Aquädukt: »Pont du Gard« bei Nîmes

Aquäd′ukt [lat.] der, altrömische Wasserleitung, auf brückenartigem Bau.

Aquam′ile [lat.] das, kath. Kirche: Gießgefäß zum Händewaschen bei der Messe.

Aquamar′in [lat.] der, Edelstein, blaue Abart des Beryll. (FARBTAFEL Edelsteine, Mineralien S. 176)

Aquar′ellmalerei, Malerei mit Wasserfarben (**Aquarellfarben**). (FARBTAFEL Maltechniken S. 692)

Aqu′arium [lat.] das, Glasbehälter für Wassertiere und Wasserpflanzen, mit Süß- oder Seewasser gefüllt, bei trop. Tieren geheizt. (FARBTAFEL Zierfische S. 880)

Aquat′inta [lat.-ital.] die, Verfahren der Radierkunst, erzielt tuscheähnliche Wirkungen.

Aquamanile

Äqu'ator [lat. »Gleicher«] der, **1)** der Erd-Ä., von den Seeleuten »die Linie« genannt, ist der größte Kreis der Erdkugel, 40077 km lang. Vom Nordpol und vom Südpol gleich weit entfernt, scheidet er die Erde in eine nördliche und eine südliche Halbkugel (BILD Breite). **2)** der Himmels-Ä. ist der dem Erd-Ä. entsprechende größte Kreis der Himmelskugel. Alle im Ä. stehenden Sterne verweilen 12 Stunden über und ebensolange unter dem Horizont. Wenn also die Sonne im Ä. steht, sind auf der ganzen Erde Tag und Nacht einander gleich (Frühlings- und Herbstanfang).

Äquatorial-Guinea, Republik in Afrika (Guinea-Küste), früher als Spanisch-Guinea span. Provinz; besteht aus den Inseln Annobón und Fernando Póo und dem festländ. Gebiet Rio Muni, 28051 km², 277000 Ew. Trop. Urwaldgebiete; Ausfuhr von Holz (Rio Muni), Kaffee, Kakao (Fernando Póo); Verwaltungssitz: Santa Isabel auf Fernando Póo. 1843 von den Spaniern erworben, unabhängig seit 12. 10. 1968; Staatspräs.: Macías Nguema. ⊕ S. 514, ⊓ S. 345.

Äquatortaufe, Linientaufe, scherzhafter, meist derber Brauch auf Schiffen, bei der erstmals den Äquator Kreuzende mit Wasser begossen oder unfreiwillig gebadet werden.

Aquav'it [lat. »Lebenswasser«] der, Branntwein.

'Aquila degli Abr'uzzi, L'A. d. A., Stadt in Mittelitalien, 58200 Ew.; Handel und Gewerbe.

Aquil'eja, Stadt in Italien, Prov. Udine, röm. Handelsstadt, im MA. Sitz eines Patriarchen.

Äquilibr'ist [lat.] der, Gleichgewichtskünstler, Seiltänzer.

Äquinokti'algegenden, die Tropenländer.

Äquin'oktium [lat.] das, die →Tagundnachtgleiche.

Aquit'anien, Provinz des alten Galliens zwischen Pyrenäen und Garonne.

äquival'ent [lat.], gleichwertig. **Äquivalentgewicht, Verbindungsgewicht,** ⌐○ die Gewichtsmenge eines Elements, die sich mit einem Grammatom Wasserstoff verbindet oder in Verbindungen ein Grammatom Wasserstoff (= 1,008 g) tritt. Das **elektrochemische Ä.** ist die Elektrizitätsmenge, die erforderlich ist, um ein Gramm-Ä. eines Elektrolyten abzuscheiden (96490 Coulomb).

äquiv'ok [lat.], zweideutig.

Ar das, abgekürzt a, Flächenmaß = 100 m².

Ar, chem. Zeichen für →Argon.

Ara die, Gattung sittichartiger Papageien, langschwänzig, lebhaft gefärbt, lernen kaum sprechen.

Ära [lat.] die, -/Ären, Zeitalter; Zeitrechnung von einem bestimmten wichtigen geschichtlichen Ereignis an; z.B. a) die **christliche Ära,** von Christi Geburt an; seit dem 10. Jahrh. bei den abendländischen Christen allgemein üblich, seit Ende des 18. Jahrh. auch für die vorchristliche Zeit rückwärts. b) die **mohammedanische Ä.,** Hedschra, vom Tage der Auswanderung des Propheten von Mekka nach Medina an (16. 7. 622 n. Chr.). c) die **buddhistische Ära,** Nirwana, vom Todesjahr Buddhas an (544 v. Chr.). d) die **Olympiaden-Ä.,** gerechnet nach Olympiaden (= Zeitraum von 4 Jahren) von 776 v. Chr. an, wo zum erstenmal die Namen der Sieger bei den Olympischen Spielen aufgezeichnet wurden. e) die **Ä. von der Gründung der Stadt Rom** (753/52 v. Chr.) an (p. u. c., post urbem conditam; a. u. c., ab urbe condita; a. u., anno urbis).

'Araber Mz., **1)** die Bewohner der arab. Halbinsel. **2)** im weiteren Sinne: alle, die Arabisch als Muttersprache sprechen (von SW-Asien über ganz N-Afrika bis tief in den mittl. und östl. Sudan und an die O-Küste Afrikas). Die A. (Semiten) sind teils Nomaden (Beduinen), teils seßhafte Bauern (Fellachen). – Seit dem 7. Jahrh. Hauptträger des Islams, drangen die A. über N-Afrika zeitweise bis nach Spanien vor. Im MA. bedeutende Leistungen in Dichtung (→Arabische Dichtung) und Wissenschaft (Astronomie, Mathe-matik). Im 16. Jahrh. gerieten die A. unter türk., in neuerer Zeit zum großen Teil unter brit. oder französ. Herrschaft; nach dem 1. und 2.Weltkrieg entstanden unabhängige arab. Staaten. **3)** →Pferderassen.

Arab'eske [ital.] die, Ziermuster aus verschlungenen stilisierten Blattranken, von der islam. (arab.) Kunst ausgebildet.

Arabeske: Stuckrelief im Gesandtensaal der Alhambra, Granada

Ar'abien, Halbinsel Vorderasiens, etwa 3 Mill. km², rd. 15 Mill. Ew. (überwiegend →Araber), stellt die Landenge von Suez die Verbindung mit Afrika her. A. ist hohes Tafelland, das nach O allmählich abfällt. Sehr wasserarm (fast keine Flüsse); nur die Randländer, bes. Jemen, sind fruchtbar. Im Innern Wüsten mit Oasen (Datteln), nach den Rändern zu in Steppen übergehend. A. hat große Erdöllager (Saudi-Arabien, Kuwait, Bahrain-Inseln).

STAATLICH gliedert sich A. in Saudi-Arabien, Rep. Jemen, Dem. Volksrep. Jemen, Oman, die Vertragsstaaten, Katar, die Bahrain-Inseln und Kuwait. Jordanien und Irak haben Anteil an A.

GESCHICHTE. Mit dem Auftreten Mohammeds (um 600) griff A. in die Geschichte ein. Der Islam gab den Stämmen politische Stoßkraft (Krieg gegen die Ungläubigen). In Asien, Afrika und Spanien entstanden arabische Reiche (Höhepunkt nach 700: die Araber vor Byzanz und Paris). Im 10.-12.Jahrh. löste sich das arabische Gesamtreich in Teildynastien auf; Kämpfe gegen die Kreuzfahrer. Im 16.Jahrh. kam A. unter osmanische Herrschaft, die es erst nach dem 1.Weltkrieg abschütteln konnte. Das mit brit. Hilfe errichtete Königreich Hedschas konnte sich nicht halten. Ein innerarabischer Sultan, Ibn Saud, eroberte 1924/25 den Hedschas und beherrschte seit 1926 zu dessen König. Mit der Erschließung der Erdölvorkommen seit etwa 1930 setzte eine neue wirtschaftl. und polit. Entwicklung ein. Im S gibt die Schutzmacht Großbritannien schrittweise ihre Einflußgebiete auf (→Kuwait, →Aden).

Arabische Dichtung, Sprache, Schrift. Sammlungen heldischer Dichtung einzelner Stämme vor Mohammed entstanden seit dem 8.Jahrh.: Muallakat (Auswahlen), Diwane (Sammlungen) der sechs altarab. Dichter, Hamasa (9. Jahrh.). Nach Mohammeds Tod blühte die Liebesdichtung, unter den Abbasiden Trink- und Jagdlieder. Bestimmend für die Prosa war der Koran, dazu kamen Lagererzählungen, später Geschichtsromane. Hariri (1054-1121) gab der Makame (gereimte Prosa) klass. Form. Indischpers. Märchen wurden Grundlage der Sammlung »Tausendundeine Nacht«. – Die **arab. Sprache** bildet mit der äthiop. den südwestl. Zweig der semit. Sprachen. Durch den Islam wurde sie in Vorderasien, Nordafrika und Spanien verbreitet. – Die **arab. Schrift** geht auf die altsemit. Konsonantenschrift zurück, hat sich 28 Mitlautzeichen; Vokalzeichen fast nur im Koran gebraucht. Sie läuft von rechts nach links.

Arabische Kunst, →islamische Kunst.

Arabische Liga, Zusammenschluß (1945) von Saudi-Arabien, Ägypten, Irak, Jordanien, Jemen, Syrien und Libanon zu polit., wirtschaftl. und kultureller Zusammenarbeit (Generalsekr. in Kairo), erweitert 1952 zu militär. Bündnis, ferner 1953 Beitritt Libyens, 1956 des Sudans, 1958 Marokkos und Tunesiens, 1961 Kuwaits, 1962 Algeriens. Generalsekretär ist der Ägypter Abdul Hassuna (seit 1952).

Arabisches Meer, der NW-Teil des Ind. Ozeans.

Arabische Wüste, Gebirgswüste zwischen Nil und Rotem Meer in Ägypten.

arabische Ziffern, die übl. Zahlzeichen, durch arab. Vermittlung aus Indien übernommen.

'**Arad,** Stadt in Rumänien, am Maros, 123000 Ew.; Bahnknoten, Industrie, Handel.

Arag'o, Dominique François, französ. Physiker und Astronom, *1786, †1853.

Aragon [-g'õ], Louis, französ. Schriftsteller, *1897, Surrealist, seit 1930 Kommunist. Roman »Die Karwoche« (1958, dt. 1961) u.a.; Gedichte.

Arag'onien, span. **Aragón,** geschichtl. Landschaft NO-Spaniens, Hauptstadt: Saragossa; trockenes Hügel- und Steppenland, Anbau nur in den Tälern. – A. wurde 1035 Königreich; durch die Ehe Ferdinands II. von A. mit Isabella I. von Kastilien (1469) entstand (seit 1479) der span. Gesamtstaat.

Aragon'it der, CaCO$_3$, Mineral, rhombisch kristallisierendes Calciumcarbonat.

Ar'alie die, dem Efeu verwandte Pflanzengattung aus Asien oder N-Amerika; meist Zierpflanzen.

'**Aralsee,** flacher See in W-Turkestan, Sowjetunion, 66458 km² (mit Inseln), abflußlos, schwach salzig, fischreich. Zuflüsse: Syr- und Amu-Darja.

Aram'äa, im A.T. Syrien und Mesopotamien. Das Aramäische, ein Zweig des Semitischen, war z. Z. Christi Umgangssprache in Palästina.

Aranjuez [aranxu'εθ], Stadt in Spanien, am Tajo bei Madrid, 27000 Ew.; ehemals Frühlingsresidenz der spanischen Könige.

Aräom'eter [grch.] das, **Senkwaage,** Gerät zur Bestimmung des spezif. Gewichts von Flüssigkeiten (Messung des Alkoholgehalts, des Fettgehalts der Milch, der Säuredichte bei Akkumulatoren).

Ara Pacis Augustae die, »Altar des Augustusfriedens«, errichtet in Rom 9 v. Chr. nach Befriedung aller Provinzen; figürl. und Schmuckreliefs.

Arapa'ima der, **Pirarucu,** größter Süßwasserfisch (bis 5 m lang, 250 kg), in Südamerika.

'**Ararat** der, Vulkan in der östl. Türkei, nahe der iran.-sowjet. Grenze; **Großer A.** 5165 m hoch.

Ararat

Är'arium, Är'ar [lat.] das, 1) bei den Römern: Staatsschatz, Staatskasse. 2) Österr.: Staatskasse.

Arauk'aner Mz., Indianerstamm in S-Chile.

Arauk'arie die, bis 60 m hohe Nadelbäume; A. sind die **Norfolktanne** von der Norfolk-Insel (im Jugendzustand »Zimmertanne«) und die **chilen. A. (Andentanne).**

Arbeit, 1) bewußtes Handeln zur Befriedigung von Bedürfnissen. – ⌀ A. ist eine Grundlage der Güterzeugung und der Bedarfsdeckung sowohl der Gesamtheit wie des Einzelnen, mit Kapital und Boden einer der 3 Produktionsfaktoren. 2) ⊠ das Produkt aus Kraft und Weglänge, auf die der Kraft wirkt. Einheit: das Meterkilopond (mkp) = die zum Heben von 1 kp um 1 m erforderliche A.

Arbeiter, zunächst jeder Berufstätige, bes. der →Arbeitnehmer; im engsten Sinn der gegen Lohn beschäftigte Hand-A., nach Industriegruppen unterschieden in Berg-, Bau-, Metall-A. u.a.

Arbeiterbewegung, der gesellschaftl. Machtkampf der Industriearbeiterschaft (des »vierten Standes«), der im 2. Drittel des 19. Jahrh. einsetzte, hervorgerufen durch das starke Anwachsen der Arbeitermassen und deren krisengefährdete, ungesicherte wirtschaftl. Lage. Die ersten Äußerungen der A. waren ungeregelt und ohne klare Zielsetzung (Maschinenstürmerei). Geistige Grundlagen boten die Theorien des Sozialismus, bes. die Lehren von Karl Marx. Träger der A. wurden die Arbeiterparteien und ihre Presse (politisch), die Gewerkschaften (Vertretung der wirtschaftl. Forderungen) und die Genossenschaften (als Einrichtungen der wirtschaftl. Selbsthilfe). Durch das Kommunist. Manifest (1847/48) war die A. zum internationalen Zusammenschluß aufgerufen worden (→Internationale). – Seit 1918 haben in vielen Ländern sozialdemokrat. Politiker die Regierungsverantwortung allein oder in einer Koalition mitübernommen. Seit dem Sieg des Bolschewismus in der russ. Oktoberrevolution 1917 trennte sich überall eine radikale kommunist. Richtung der A. von der sozialdemokratischen ab.

Arbeiterdichter, Dichter, die selbst Arbeiter sind oder waren und die die sozialen Nöte und polit. Kämpfe der Arbeiter behandeln.

Arbeiterpriester, kathol. Geistliche, die als Arbeiter tätig sind; die Bewegung der A. entstand um 1943 in Frankreich, wurde 1954 von der Kirche unterbunden, 1965 wieder anerkannt.

Arbeiterrat, 1) Vertretung der Arbeiter und Soldaten zur Durchführung der Revolution; 1905 und 1917 (Sowjets der Arbeiter- und Soldatendeputierten) in Rußland, 1918 (Arbeiter- und Soldatenräte) für kurze Zeit im Dt. Reich. 2) Vertretung der Arbeiter eines kommunist. Staatsbetriebes, mit Selbstverwaltungsaufgaben (z.B. in Jugoslawien).

Arbeiterrentenversicherung, die →Rentenversicherung der Arbeiter.

Arbeitervereine pflegen kulturelle und geistige Interessen: Turn-, Sänger-, Wander-, konfessionelle A. (kath., evang. A.).

Arbeiterwohlfahrt, Organisation der freien Wohlfahrtspflege; Sitz Bonn.

Arbeitgeber, wer einen anderen gegen Entgelt zur Leistung von Diensten verpflichtet.

Arbeitgeberverbände, freier Zusammenschluß der Arbeitgeber zur gemeinschaftl. Wahrnehmung der wirtschafts- und sozialpolit. Belange ihrer Mitglieder. Die A. sind die Partner der Gewerkschaften in den Verhandlungen um die Tarifverträge. Sie sind nach Branchen und Bezirken organisiert; Spitzenverband ist die »Bundesvereinigung der Dt. Arbeitgeberverbände e.V.«. In der Dt. Dem. Rep. ist die Bildung von A. verboten.

Arbeitnehmer, wer sich einem anderen gegen Entgelt (Lohn, Gehalt) zur Leistung von Diensten verpflichtet hat (bes. Arbeiter und Angestellte, nicht aber Beamte, Selbständige und mithelfende Familienangehörige). **Arbeitnehmerverbände,** →Gewerkschaften.

Arbeitsamt, unterste Verwaltungsstelle der Bundesanstalt für Arbeitsvermittlung und Arbeitslosenversicherung. Aufgaben: Arbeitsvermittlung, Berufsberatung, Umschulung u. a.

Arbeitsbeschaffung, in wirtschaftl. Krisenzeiten die Beschäftigung Erwerbsloser durch die öffentl. Hand, bes. für Notstandsarbeiten.

Arbeitsdienst, nach dem 1. Weltkrieg entstandene Einrichtung vieler Staaten mit dem Ziel, die männl. (z.T. auch die weibl.) Jugendlichen für eine bestimmte Zeit zur Ableistung gemeinsamer Arbeit für den Staat zusammenzufassen,

Aräometer

Archaeopteryx

teils freiwillig, teils pflichtmäßig. 1935-1945 war der **Reichsarbeitsdienst** (RAD) in Dtl. Pflicht.

Arbeitsdirektor, Leiter des Arbeits- und Sozialwesens in Betrieben, die der Mitbestimmung unterliegen (z.B. Bergbau).

Arbeitsgemeinschaft, Zusammenschluß zu Erfahrungsaustausch oder gemeinsamem Handeln.

Arbeitsgerichtsbarkeit, die besondere Gerichtsbarkeit für arbeitsrechtl. Streitigkeiten (bes. zwischen Arbeitnehmern und Arbeitgebern aus dem Arbeitsverhältnis, zwischen Tarifvertragsparteien sowie zwischen Arbeitnehmern aus der gemeinsamen Arbeit); in der Bundesrep. Dtl. geregelt durch das Arbeitsgerichts-Ges. v. 3. 12. 1953 i. d. F. v. 2. 12. 1955. Zuständig sind die **Arbeitsgerichte** als 1. Instanz, die **Landesarbeitsgerichte** als Berufungsinstanz und das **Bundesarbeitsgericht** (Kassel) als Revisionsinstanz.

Arbeitshaus, Besserungsanstalt für Arbeitsscheue und Verwahrloste (Landstreicher, Dirnen).

Arbeitslenkung, die Beeinflussung des Arbeitsmarktes durch Beratung und Umschulung Arbeitsloser, bei staatl. Wirtschaftsplanung durch Kontrolle des Arbeitsplatzwechsels und durch Dienstverpflichtung.

Arbeitslosenversicherung, die Pflichtversicherung der Arbeitnehmer gegen die Folgen der Arbeitslosigkeit. Träger der A. ist die Bundesanstalt für Arbeitsvermittlung und Arbeitslosenversicherung (Nürnberg), Durchführungsbehörden sind die Arbeitsämter. Die Beiträge werden je zur Hälfte von Arbeitnehmern und Arbeitgebern aufgebracht. Die A. gewährt **Arbeitslosengeld** (früher Arbeitslosenunterstützung), deren Höhe vom Arbeitsentgelt der letzten drei Monate und vom Familienstand abhängig ist. Das Arbeitslosengeld wird für 78 bis 312 Tage gewährt (je nach Beschäftigungsdauer). Bedürftige Arbeitslose, die keinen Anspruch auf Arbeitslosengeld haben, erhalten **Arbeitslosenhilfe** (früher Arbeitslosenfürsorgeunterstützung).

Arbeitslosigkeit, der Mangel an Erwerbsgelegenheit für Arbeitsfähige und Arbeitswillige. Man unterscheidet: **saisonmäßige A.,** infolge der Saisonabhängigkeit verschiedener Berufe (Baugewerbe, Landwirtschaft), **konjunkturelle A.,** in wirtschaftlichen Krisenzeiten, **strukturelle A.,** infolge tiefgreifender Veränderungen in der Volkswirtschaft (z.B. Zonenrandgebiete).

Arbeitsmarkt, in der Marktwirtschaft das Angebot von Arbeit und die Nachfrage nach Arbeitskräften.

Arbeitsmaschinen verrichten eine Arbeit, z.B. Krane, Pumpen. Gegensatz: Kraftmaschinen.

Arbeitsmedizin erstrebt die Gesunderhaltung des arbeitenden Menschen.

Arbeitspapiere, die für die rechtl. Ordnung eines Arbeitsverhältnisses notwendigen Unterlagen des Arbeitnehmers, vor allem Steuerkarte, Versicherungskarten, Dienstzeugnisse.

Arbeitsphysiologie untersucht die günstigsten Bedingungen für die menschl. Arbeit.

Arbeitsplatz, allgemein: das Aufgabengebiet des Arbeitnehmers; betrieblich: die Stelle in Betrieb oder Büro, an der der Beschäftigte seine Arbeit ausführt. Zweckmäßige **Arbeitsplatzgestaltung** fördert die Leistung.

Arbeitspsychologie befaßt sich mit den Beziehungen zwischen der Arbeit und der geistigseel. Einstellung des Menschen zu ihr.

Arbeitsrecht, das Sonderrecht der unselbständigen Arbeitnehmer, in der Bundesrep. Dtl. nicht einheitl. zusammengefaßt. Hauptgegenstände: Arbeitsvertrag, -verfassung, -schutz, -verwaltung, -gerichtsbarkeit, Sozialversicherung.

Arbeitsschule, 1) Schule mit handarbeitl. Betätigung. **2)** die Bestrebungen, im Unterricht aller Schulen die Selbsttätigkeit der Schüler an die Stelle des mechanischen Lernens zu setzen.

Arbeitsschutz, gesetzl. Schutz der Arbeitnehmer vor den Gefahren, die sich aus der Arbeit ergeben. Zum A. gehören Schutzvorschriften für Frauen und Jugendliche, Lohn- und Kündigungsschutz, das Arbeitszeitrecht u.a.

Arbeitsteilung, 1) ⚒ die Auflösung einer Arbeitsleistung in Teilverrichtungen und ihre Verteilung auf verschiedene Erwerbszweige und Berufe, Kennzeichen bes. der modernen Industriegesellschaft. **2)** 🐝 im Bienen-, Ameisen-, Termitenstaat die mit der Körperverschiedenheit (Differenzierung) verbundene Verschiedenheit der Leistungen; ebenso bei den Einzelwesen im Tierstock (z.B. Staatsqualle) und den Zellverbänden im Lebewesen.

Arbeitsverfassung, Gesamtheit der gesetzl. Vorschriften, die in einer Wirtschaft das Arbeitsleben bestimmen, bes. die Art der Arbeitsverhältnisse, Organisationsformen der Arbeitnehmer, die Träger arbeitspolit. Maßnahmen.

Arbeitsverhältnis, das Rechtsverhältnis zwischen Arbeitgeber und Arbeitnehmer, entsteht durch Arbeitsvertrag oder vielfach schon durch die tatsächl. Aufnahme der Arbeit.

Arbeitsvertrag, der Vertrag, durch den ein Arbeitnehmer seine Dienste einem Arbeitgeber zur Verfügung stellt, eine Unterart des **Dienstvertrages.**

Arbeitswerttheorie, die Lehre, daß der Wert aller Güter allein durch die zu ihrer Herstellung aufgewendete Arbeit bestimmt sei (bes. K. Marx).

Arbeitszeit, die Zeit vom Beginn bis zum Ende der Arbeit, unter Nichteinrechnung der Wege- und Ruhezeiten. Gesetzl. Regelungen für die Bundesrep. Dtl.: Arbeitszeitordnung v. 30. 4. 1938, Jugendarbeitsschutz-Ges. v. 9. 8. 1960. Regelmäßige gesetzl. Arbeitszeit ist der Achtstundentag. **A.-Verkürzung** (Vierzigstundenwoche) ist Ziel der Gewerkschaften.

Arber, Großer A., höchster Berg des Böhmerwaldes, 1457 m hoch. (BILD Böhmerwald)

'Arbiter, Zeuge, Beobachter, Schiedsrichter. **A. elegantiarum,** Schiedsrichter in Fragen des Geschmacks. **arbit'är,** willkürlich, nach Ermessen.

Arbitrage [arbit'a:3, frz.] die, Ausnutzung der Kursunterschiede zwischen versch. Börsenplätzen im Wechsel-, Geldsorten-, Effektenhandel.

Arbon, Bezirkshauptort im Kt. Thurgau, Schweiz, am Bodensee, 14000 Ew.; Masch.-Ind.

arch'aisch [grch. »uranfänglich«], frühzeitlich, insbes. grich. Kunstwerke, vor 480 v. Chr. entstanden sind (→griechische Kunst). **Archa'ismus,** Gebrauch veralteter Wörter und Redewendungen.

Arch'äische Formati'onsgruppe, Arch'aikum, Az'oikum, die älteste geolog. Formationsgruppe.

Arch'angelsk, bedeutende Hafenstadt in der nördl. Sowjetunion, 313000 Ew., im Mündungsgebiet der Nördl. Dwina ins Weiße Meer; Industrie; Ausfuhr von Holz, Getreide, Pelzwerk.

Archäolog'ie [grch.] die, Wissenschaft vom Altertum, bes. Erforschung der Kunstdenkmäler (nicht aus Schriftquellen). Sonderzweige: klassische A., christl. A., oriental. A.

Archae'opteryx [»Urvogel«] der, älteste bekannte Vogelform; als Abdruck im Solnhofer Schiefer; Zwischenglied zwischen Reptilien und Vögeln, mit Zähnen und Krallen an den Flügeln.

Arche [lat. »Kasten«] die, das Schiff, in dem Noah aus der Sintflut gerettet wurde.

Archeg'onium [grch.] das, ⚥ flaschenförmige Eizellbehälter der Farne und Moose.

Archet'ypen [grch.] Mz., Urbilder, Ideen.

Archi... [grch. »der Erste«, »Oberste«], in Fremdwörtern: Erz..., Ur..., Anfangs...

Archidiak'on [grch.] der, →Diakon.

Archimandr'it [grch.] der, morgenländ. Kirche: Klostervorsteher, auch Titel höherer Geistlicher.

Archim'edes, bed. griech. Mathematiker und Physiker, † 212 v. Chr.; entdeckte den Schwerpunkt, das Hebelgesetz, das spezif. Gewicht u.a. **Archimedisches Prinzip,** das Gesetz vom →Auftrieb.

Archip'el [grch.] der, Bezeichnung für Inselgruppen, z.B. Malaiischer A.

Archip'enko, Alexander, russ. Bildhauer, *1887, †1964, Vertreter abstrakter Plastik.

Archipo'eta [lat.-grch. »Erzdichter«], Selbstbezeichnung mehrerer lat. Dichter des MA. Ihr wichtigster Vertreter der Vagantenlyrik, schrieb 1159-67 im Dienste des →Reinald von Dassel.

Archit'ekt [grch.] der, der entwerfend tätige Baufachmann; meist mit Hochschulbildung.

Architekt'ur [grch.] die, Baukunst.

Architr'av [lat.] der, ⊓ von Säulen oder Pfeilern getragene waagerechte Balken.

Arch'iv [grch.] das, geordnete Sammlung von Urkunden und Akten (**Archivalien**). **Archiv'ar,** wissenschaftlicher A.-Beamter.

Archiv'olte [ital.] die, ⊓ profilierte Bogenfront.

'Archon [grch.], Antike: der oberste Staatsbeamte in einigen griech. Stadtstaaten.

Arcus [lat.] der, Abk. **arc,** der zu einem Winkel gehörige Bogen im Einheitskreis.

ARD, Arbeitsgemeinschaft der Öffentl.-rechtl. Rundfunkanstalten der Bundesrep. Dtl.

Ard'enne, Manfred Baron von, Physiker, *1907, entwickelte wichtige Neuerungen in Funk- und Fernsehtechnik sowie Elektronenoptik.

Ard'ennen Mz., waldreiches Mittelgebirge in West-Europa, die westl. Fortsetzung des Rhein. Schiefergebirges. Steinkohlen, Zink, Eisen, Blei.

Are'al [lat.] das, Flächenraum, Flächeninhalt.

Aref, 1) Abd ar-Rachman, Bruder von 2),*1916, Staatspräs. des Irak (1966-68). 2) Abd as-Salam, *1920, †1966, Staatspräs. des Irak 1963-66.

Arel'at, auch **Niederburgund,** →Burgund.

Ar'ena [lat.] die, Kampfplatz (im Zirkus).

Arendt, 1) Hanna, dt.-amerikan. Politologin, *1906. 2) Walter, Politiker (SPD), *1925, Bergarbeiter, 1964 Vors. der IG Bergbau und Energie, seit 1961 MdB, seit Okt. 1969 Bundesmin. für Arbeit und Sozialordnung.

Areop'ag [grch.] der, Hügel im alten Athen und der nach ihm benannte Gerichtshof.

Arequipa [arek'ipa], Stadt im südl. Peru, 156 700 Ew.; Universität; Handel.

'Ares, griech. Kriegsgott, Liebhaber der Aphrodite; entspricht dem römischen Mars.

Aret'e [grch.] die, →Tugend.

Aret'ino, Pietro, italien. Dichter, *1492, †1556; verfaßte Komödien, Satiren, Briefe von kultur- und sittengeschichtl. Bedeutung.

Ar'ezzo, Industriestadt in Italien, bei Florenz, 82 600 Ew.; Geburtsort des Petrarca.

Argenteuil [arʒãt'œj], Vorort von Paris, 82 500 Ew.; Automobil- und Flugzeugindustrie.

Argent'inien, amtl. **República Argentina,** Republik in S-Amerika, 2,8 Mill. km², 24,3 Mill. Ew. (90% Weiße, rd. 90% röm.-kath.); Hauptstadt: Buenos Aires. Amtssprache ist Spanisch. ⊕ S. 517, ⊐ S. 345. (FARBTAFEL Südamerika S. 875)
A. ist Bundesrep. mit Präsidialverfassung; Einteilung in 23 Prov. und den Bundesdistrikt. – Der größere östl. Teil ist weites Flachland, meist steppenhaft (Pampa, jetzt Getreidefluren und Luzerne-Fettweiden), nur im NO waldig. Im W hat A. Anteil an den Anden (Aconcagua 6958 m). Im S (Patagonien) dürftige Steppen. Klima: warm-gemäßigt, trocken. – WIRTSCHAFT. In der östl. Pampa Ackerbau und Rasseviehzucht; im trocknen W Weideviehzucht und Oasenkulturen (Wein); in N Waldnutzung (Quebrachorinde), Mate-, Zuckerrohr- und Baumwollanbau; im S Schafzucht. Erdölgewinnung, bes. in Patagonien; Lebensmittel- (Fleisch), Maschinen-, Textil-, Schwerindustrie. Ausfuhr: Fleisch, Getreide, Wolle. Haupthafen und Mittelpunkt des Bahn- (⛽ Transandenbahnen), Straßen- und Luftverkehrs ist Buenos Aires.
GESCHICHTE. Die Portugiesen entdeckten 1516 die Mündung des La Plata; seit 1525 kolonisierten die Spanier das Land und gründeten 1535 Buenos Aires. 1810-16 riß sich A. von Spanien los. Als Freistaat wurde es zunächst von langen Bürgerkriegen heimgesucht, in denen sich bald Bolivien, Paraguay und Uruguay selbständig machten; dann nahm es mit Hilfe einer europ. Masseneinwande-

rung einen großen wirtschaftl. Aufschwung. Die 1943 errichtete Militärdiktatur geriet in scharfen Gegensatz zu den Vereinigten Staaten. Der 1946 zum Präs. gewählte, 1951 wiedergewählte Perón regierte autoritär: Planwirtschaft, Industrialisierung, Sozialreformen (Evita Perón), Ausschaltung der Opposition; 1955 von Teilen der Wehrmacht mit Unterstützung der kathol. und liberalen Opposition gestürzt. Präs.: A. Lanusse (seit 1971).

Arg'entum, Abk. **Ag,** Silber. **A. n'itricum,** Silbernitrat, Höllenstein.

Ärgernis, ♁ Verletzung des religiösen oder sittlichen Gefühls; sie wird strafbar, sobald die Mitmenschen daran Anstoß nehmen.

Arg'iver Mz., 1) die Bewohner von Argos. 2) bei Homer: alle Griechen.

arglistige Täuschung, ♁ vorsätzliche Erregung oder Erhaltung eines Irrtums in einem anderen durch bewußte Angabe falscher oder Unterdrückung wahrer Tatsachen. Wer zur Abgabe einer Willenserklärung durch a.T. bestimmt worden ist, kann die Erklärung binnen Jahresfrist nach Entdeckung der Täuschung anfechten.

'Argolis, nordöstl. Halbinsel der Peloponnes.

'Argon [grch.] das, **Ar,** farb- und geruchloses Edelgas, in der Luft (1,3%) und in Quellen; Füllung für Glühlampen und Leuchtröhren.

Argon'auten Mz., griech. Sage: Helden, die unter Iasons Führung auf dem Schiff Argo aus Kolchis das →Goldene Vlies zurückholten.

Argonnen, Hochfläche in NO-Frankreich.

Archipenko: Stehende (1920)

Argos, die alte Hauptstadt der →Argolis.

Argot [arg'o:, frz.] das, Gauner- und Diebessprache; auch örtl. Dialekt oder Dialekt bestimmter Personenkreise (Soldaten, Studenten).

Argum'ent [lat.] das, Beweisgrund. **Argumentati'on** die, Beweisführung.

'Argus der, griech. Sage: hundertäugiger Riese, Wächter der Io. **Argusaugen:** wachsame Augen.

Århus ['o:rhuz], Hafenstadt in Dänemark, am Kattegat, 177 800 Ew.; Bischofssitz; Univ.

Ari'adne, griech. Sage: Tochter des Minos, Gattin des Dionysos, verhalf Theseus mit einem Garnknäuel (**A.-Faden**) zur Rückkehr aus dem Labyrinth, wo er den Minotaurus getötet hatte.

Ari'aner, die Anhänger des Priesters Arius in Alexandria (†336), der in seiner Lehre die Wesensgleichheit Christi mit Gott dem Vater verneinte (→Athanasius). Arius wurde 320 abgesetzt, der **Arianismus** auf den Kirchenversammlungen von Nicäa 325 und Konstantinopel 381 verdammt. Die christlich gewordenen Germanen blieben z.T. bis ins 7. Jahrh. Arianer.

Ar'ica, Hafenstadt im N Chiles, 46 500 Ew., Transithandel nach Bolivien, Erzausfuhr.

Arie [ital.] die, ♪ Einzelgesang mit Instrumentalbegleitung in Opern, Oratorien u.a.

Ariel [hebr. »Gottesheld«], 1) Engel. 2) Luftgeist in Shakespeares »Sturm«; von Goethe in den »Faust« übernommen. 3) Uranusmond.

'Arier [Sanskrit »der Edle«], Sprachwissenschaft: indoiran. Zweig der Indogermanen. Der Begriff A. im rass. Sinn ist unwissenschaftlich.

Ar'ion, grch. Dichter, Musiker, um 620 v. Chr.

Ari'oso [ital.] das, ♪ kurzes Gesangstück, im Charakter zwischen Arie und Rezitativ.

Århus: Hafen

Argentinien

Ariosto

Armbrust

Ari'osto, Ludovico, italien. Dichter, *1474, †1533, schrieb antikisierende Lustspiele, Epen (»Der rasende Roland«).

Ariov'ist, König der german. Sweben, drang über den Rhein nach Gallien vor, wurde 58 v.Chr. von Caesar geschlagen.

Arist'arch von Samos, griech. Astronom des 3. Jahrh. v.Chr.

Arist'ides, athenischer Staatsmann und Feldherr, †um 467 v.Chr., einer der Anführer in der Schlacht bei Marathon, Gründer des Attischen Seebundes.

Arist'ippos, griech. Philosoph, * um 435 v. Chr., Gründer der →Kyrenäischen Schule.

Aristokrat'ie [grch. »Herrschaft der Edelsten«] die, **1)** diejenige Staatsform, bei der ein bevorzugter Stand des Volkes die oberste Staatsgewalt innehat, im Gegensatz zur →Monarchie und zur →Demokratie. **2)** der bevorzugte Stand selbst.

Arist'ophanes, griech. Dichter, *um 455, † Athen um 385 v.Chr., der bedeutendste Vertreter der attischen Komödie (»Lysistrata«, »Die Frösche«). Übersetzung von J. G. Droysen.

Arist'oteles, griech. Philosoph in Athen, *384, †322 v. Chr., Lehrer Alexanders d. Gr., Schüler des Plato, von dem er sich durch stärkere Hinwendung zum Erfahrungswissen zunehmend entfernte. Seine Logik, Metaphysik, Physik, Ethik, Politik, Poetik waren von tiefgreifender Wirkung auf das Abendland. Das Wesen jedes Dinges oder Geschehens verwirklicht sich nach A. aus dem viele Möglichkeiten bergenden Stoff durch eine bewegende formende Kraft (Entelechie). Die Wiederaufnahmen seines Systems (z. B. durch Thomas von Aquin) nennt man **Aristotel'ismus.**

Arithm'etik [grch.] die, Zahlenlehre, ein Teil der Mathematik, behandelt die Rechengesetze der Zahlen.

arithm'etische Reihe, →Reihe; **arithmetische Zeichen,** →mathematische Zeichen; **arithmetisches Mittel,** →Mittel.

Ar'ius, Presbyter in Alexandria, →Arianer.

Ariz'ona [ærizˈounə], Abk. **Ariz.,** Staat im SW der USA; 295 134 km², 1,7 Mill. Ew.; Hauptstadt: Phoenix. Klima wüstenhaft; Anbau in Bewässerungsgebieten (Baumwolle, Obst). ⚒ auf Gold, Kupfer u. a. Flugzeug-, Raketenbau. ⊕ S. 526.

Ark'ade [von lat. arcus »Bogen«] die, ⊓ Mauerbogen auf Säulen oder Pfeilern; Bogengang.

Arkade an einem Palast in Bologna

Ark'adien, im alten Griechenland die Herzlandschaft der Peloponnes; von Vergil idyllisch verklärt. **Arkadische Poesie,** Bezeichnung für Hirten- und →Schäferdichtung.

Ark'ansas [engl. ˈɑːkənsɔː], **1)** der, rechter Nebenfluß des Mississippi, 2333 km lang. **2)** Abk. **Ark.,** Staat der USA, südl. des Mississippi; 138 132 km², 2,0 Mill. Ew. (25% Neger und Mulatten); Hauptstadt: Little Rock. Soja, Reis, Baumwolle; Bauxit, Erdöl, Kohle. ⊕ S. 526.

Ark'anum [lat.] das, Geheimnis; Geheimmittel.

Arkeb'use [frz.] die, ursprünglich eine Armbrust, seit dem 15. Jahrh. ein Feuerrohr mit Luntenschloß. Der Arkebusier, mit der A. bewaffneter Schütze, anfangs zu Fuß, später leichter Reiter.

Ark'ona, Kap, das nördliche Vorgebirge der Insel Rügen, aus Kreidegestein, mit Leuchtturm und frühgeschichtlicher Burganlage.

'Arktis [von grch. arktos »Bär«] die, Land- und Meergebiete im →Nordpolargebiet. ⊕ S. 528.

Ark'urus [grch. »Bärenhüter«] der, rotgelber Stern 1. Größe im Sternbild des Bootes.

Arkwright [ˈɑːkrait], Sir Richard, *1732, †1792, erfand die Spinnmaschine und begründete damit die Textilgroßindustrie.

Arlberg, Alpenpaß zwischen Tirol und Vorarlberg (1793 m hoch) mit der **A.-Bahn** Innsbruck-Bludenz, die den Paß in dem 10,3 km langen **A.-Tunnel** unterfährt. Skigelände (St. Anton).

Arles [arl], Stadt in Südfrankreich, an der Rhône, 42 400 Ew.; Reste röm. Bauten, Amphitheater, jetzt Stierkampfarena, roman. und gotische Bau-

Arles: Portal von St.-Trophime

ten. – A. wurde gegen Ende des 2. Jahrh. v. Chr. römisch (Arelate), war zeitweilig Regierungssitz Konstantins d. Gr., im frühen Mittelalter Hauptstadt des burgundischen Königreichs Arelat.

Arm, Körperteil, besteht aus Oberarm, Unterarm (mit Elle und Speiche) und der Hand (7 Handwurzelknochen, 5 Mittelhandknochen und 14 Fingergliedknochen). Durch sein freies Schultergelenk ist der A. des Menschen das beweglichste Gliedmaße.

Arm'ada [span.] die, mächtige Kriegsflotte, insbes. die große **spanische A.** Philipps II., die 1588 im Kanal von den Engländern besiegt und durch Stürme vernichtet wurde.

Armagnac [-ɲ'ak], **1)** ehemalige französ. Grafschaft in der Gascogne, Hauptstadt: Auch. **2)** Weinbrand aus dem Gebiet A. – **Armagn'aken,** französ. Söldner (15. Jahrh.).

Armat'ur [lat.] die, **1)** Ausrüstung. **2)** ⚙ Ausrüstungsteile, z. B. Ventile, Hähne, Schalter, Regler u. a.

Armaw'ir, Stadt am Kuban, im Gebiet Krasnodar, UdSSR, 129 000 Ew.; Getreidehandel.

Armbrust, Schußwaffe für Bolzen und Pfeile.

Armee [frz.] die, **1)** Heer. **2)** im Kriege größerer Truppenverband unter einheitl. Oberbefehl.

Ärmelkanal, Teil des Atlant. Ozeans zwischen der französ. Nord- und der engl. Südküste.

Arm'enia, Mittelpunkt des Kaffeedistrikts von Quindio, Kolumbien, 103 600 Ew.

Arm'enien, 1) Hochland zwischen Kleinasien, Iran und der Sowjetunion, südl. des Kaukasus (Ararat-Hochland); Beckenlandschaften und Hochplateaus (vorwiegend Steppe), mit Gipfeln bis 5165 m (Ararat). Bevölkerung: Armenier, Kurden, Türken. Weidewirtschaft, Getreidebau. Politisch ist A. aufgeteilt zwischen der Türkei, Iran und der Sowjetunion. – GESCHICHTE. Um 300 trat A. zum Christentum über. Politisch war es nur im 9. und 10. Jahrh. selbständig, wurde dann wechselnd beherrscht von Byzantinern, Seldschuken, Mongolen, Persern und Türken.

2) Armenische Sozialistische Sowjetrepublik, der sowjet. Teil von 1), Unionsrep. (seit 1936), 29 800 km², 2,25 Mill. Ew. (88% Armenier); Hauptstadt: Eriwan. Viehzucht, Ackerbau (Bewässerung), Erzlagerstätten, Energiewirtschaft.

Arm'enier, Mischvolk aus der Urbevölkerung Armeniens und eingewanderten Indogermanen, mit indogerman. Sprache; rd. 4 Mill., vor allem in der Sowjetunion. Die **Armen.** Kirche ähnelt in Aufbau und Gottesdienst der Ostkirche.

Armenische Kunst. Seit frühchristl. Zeit bis ins 13.Jahrh. an Formenreichtum blühende Kirchenbaukunst, sowohl Zentral- wie auch Langhausbauten in Gußmauerwerk errichtet, mit Reliefplatten aus Lava und Tuff verkleidet, von Kuppeln überwölbt. Buchmalerei: Etschmiadsin-Evangeliar (989, Eriwan).

Armenpflege, →Wohlfahrtspflege.

Armenrecht, das Recht auf vorläufige Befreiung von Gerichts-, Anwalts- und Gerichtsvollzieherkosten eines Prozesses, wenn jemand ohne Beeinträchtigung seines Unterhalts die Verfahrenskosten nicht bestreiten kann; wird einer mittellosen Partei (Nachweis durch →Armutszeugnis) zur Führung eines aussichtsvollen Prozesses gewährt.

Armer Heinrich, Versnovelle (um 1200) von Hartmann von Aue; Oper von Pfitzner, Schauspiel von G. Hauptmann.

Armer Konrad, ein aufständ. Bauernbund von 1514, gegen Herzog Ulrich von Württemberg.

'Armflosser, Ordnung der Knochenfische, die mit den verlängerten Wurzelknochen der Brustflossen kriechen.

Armfüßer, Brachiop'oden, kalk- oder hornschalige festsitzende Meerestiere, im Erdaltertum formenreich.

arm'ieren [lat.], ausrüsten, bewaffnen.

Armini'aner, Remonstranten, reformierte Gruppe der niederländ. Kirche (nach Jakob Arminius, *1560, †1609), verwarf die unbedingte Prädestinationslehre Calvins.

Arm'inius, fälschlich Hermann, Fürst der Cherusker, schlug 9 n. Chr. die Römer (unter Varus) im Teutoburger Wald; 19 n. Chr. von Verwandten ermordet. – Hermannsdenkmal bei Detmold.

Armleuchtergewächse, grüne, in Süß- und Brackwasser wachsende Algen. (BILD Algen)

Armstrong, 1) Louis, amerikan. Jazztrompeter, Sänger, Neger, *1900, †1971. 2) Sir William George, engl. Ingenieur, *1810, †1900, erfand u. a. den hydraul. Kran, förderte die Waffentechnik (widerstandsfähige Geschützrohre, Hinterlader).

Armutszeugnis, von der Gemeinde ausgestellte Bescheinigung über die Armut einer Person, zur Erlangung des →Armenrechts erforderl.

Arnauld [arn'o:], Antoine, französ. Philosoph und Theologe, *1612, †1694, verfaßte zusammen mit P. Nicole die »Logik von Port-Royal«.

Arndt, Ernst Moritz, polit. Schriftsteller, Dichter, *1769, †1860, floh 1806-09 vor Napoleon nach Schweden, wirkte 1812-15 mit Frhr. v. Stein durch Lieder und Flugschriften für die Erhebung Preußens. Hauptwerk: »Geist der Zeit.«

Arnheim, niederländ. Arnhem, Stadt in den Niederlanden, am Rhein, 130 400 Ew.; größte Kunstseidefabrik der Niederlande.

'Arnika die, auch **Wohlverleih,** Korbblütterstaude mit großen, dottergelben Blüten; Heilpflanze (FARBTAFEL Heilpflanzen S. 352). **A.-Tinktur** wirkt anregend durch örtliche Durchblutung.

Arnim, 1) Achim v., Dichter, *1781, †1831; gab mit C. Brentano die Volksliedersammlung »Des Knaben Wunderhorn« heraus, schrieb u. a. den geschichtl. Roman »Die Kronenwächter«. 2) Elisabeth v., genannt Bettina, Schwester von Clemens Brentano, Gattin von 1), *1785, †1859, »Goethes Briefwechsel mit einem Kinde« (1835).

Arno der, italien. Fluß, 241 km, kommt vom Apennin, fließt durch Florenz, mündet bei Pisa.

Arnold [ahd. arn »Adler« und walto »Herrscher«], männlicher Vorname.

Arnold von Brescia, †1155, predigte gegen die weltliche Herrschaft des Papsttums; von Kaiser Friedrich I. ausgeliefert, in Rom gehängt.

Arn'olfo di C'ambio, *um 1245, †wohl 1302, italien. Baumeister (Neubau des Doms von Florenz) und Bildhauer (bes. in Rom).

Arnsberg, Hauptstadt des RegBez. A., Nordrh.-Westf., 22 700 Ew., Papier- u. a. Ind.

Arnstadt, Industriestadt im Bez. Erfurt, 27 800 Ew.; Handschuhe, Schuhe, Maschinen.

Arnswalde, Stadt in der Neumark, (1939) 14 000 Ew.; seit 1945 unter poln. Verw. **(Choszczno),** Zuckerfabrik, Brennerei.

Arnulf [ahd. arn »Adler« und wulf »Wolf«], männlicher Vorname.

Arnulf von Kärnten, röm.-dt. Kaiser (896-99), nachdem er als dt. König (seit 887) die Normannen bei Löwen 891 geschlagen hatte.

Arnulf von Metz, *um 582, †641, einer der Ahnherren der Karolinger. 611 oder 612 Bischof von Metz, 622 mit Pippin d. Ä. Regent von Austrasien, 627 Einsiedler; Heiliger (Tag 19. 8.).

Ar'oma das, -s/-men, Wohlgeruch. **arom'atisch,** wohlriechend, würzig. **aromatische Verbindungen,** ○ chemische Verbindungen.

Aronstab, Giftpflanze mit kolbigem Blütenstand in tütenförmiger Hülle; »Kesselfalle« für die Fliegen.

Ar'osa, Wintersportplatz und Luftkurort in Graubünden, 1766-1825 m ü. M., 4000 Ew.

Arp, Hans, Dichter, Maler, Bildhauer, *1887, †1966; dadaistische und surrealist. Werke.

Árpád, erster Großfürst der Magyaren, †907, führte sein Volk 895 aus S-Rußland nach Ungarn, Stammvater des Königshauses der **Árpáden.**

Arpeggio [arp'edʒo, ital.] das, ♪ harfenartig gebrochener Akkord.

'Arrak, Arak der, ostindischer Branntwein aus Reis- oder Palmwein.

Arrangement [arãʒəm'ã, frz.], 1) Anordnung, Übereinkommen. 2) Bearbeitung einer Komposition für mehrere Instrumente. **arrang'ieren,** einrichten.

Arr'as, befestigte Bischofsstadt, Stadtbild aus dem 17. Jahrh., in N-Frankreich; 45 600 Ew.

Arr'au, Claudio, chilen. Pianist, *1904.

Arr'est [mittellat.] der, 1) Beschlagnahme von Vermögensgegenständen des Schuldners **(dinglicher A.)** oder notfalls Verhaftung des Schuldners **(persönlicher A.),** wenn die künftige Zwangsvollstreckung gefährdet ist; durch gerichtl. Beschluß **(Arrestbefehl)** angeordnet. 2) Strafrecht: Freiheitsstrafe, in Dtl. nur für Jugendliche **(Jugend-A.).** 3) der Haft gleichwertige Strafart für militär. Straftaten **(Strafarrest).**

arret'ieren [frz.], anhalten; verhaften.

Arrh'enius, Svante, schwed. Physiker und Chemiker, *1859, †1927, schuf die Lehre von der elektrolyt. Dissoziation, Nobelpreis 1903.

Arrhythm'ie [grch.] die, { unregelmäßiges Schlagen des Herzens.

arriv'iert [frz.], emporgekommen.

Arrog'anz [frz.] die, Anmaßung, Dünkel.

arrond'ieren [frz.], abrunden, zusammenlegen.

Arrondissement [arõdism'ã] das, französ. Verwaltungsbezirk, Unterabt. des Départements.

Arrowroot ['ærouru:t, engl.] das, tropisches Stärkemehl, meist aus Wurzelknollen; Nährmittel.

A. v. Arnim

B. v. Arnim

Aronstab: a ganze Pflanze, b geöffneter Blütenstand, c Fruchtstand

Arnheim (Luftaufnahme)

Arr'upe, Pedro, span. Jesuit, *1907, seit 1965 Generaloberer der Jesuiten.

Ars [lat.] die, Kunst, Wissenschaft, Geschicklichkeit. **Ars amandi,** die Kunst zu lieben, Gedichte von →Ovid.

ARS, Abk. für American Rocket Society, größte Raketengesellschaft der USA zur Verwirklichung der Raumfahrt zu friedl. Zwecken (Sitz New York); seit 1963 mit dem Institute of Aerospace Sciences vereinigt zur →AIAA.

Ars antiqua, Ars nova [lat. »alte Kunst, neue Kunst«], ♪ die erste Blüte der frühen Mehrstimmigkeit (13. Jahrh.) und die weiterentwickelte Musik des frühen 14. Jahrhunderts.

Ars'en das, **As,** chem. Element mit teils metallischen, teils nichtmetall. Eigenschaften; Dichte des grauen metall. A. 5,72, des gelben nichtmetall. A. 1,97 g/cm³, Ordnungszahl 33. In der Natur kommt A. nur in der metall. Modifikation vor, teils in elementarer Form (Scherbenkobalt), teils in Verbindungen **(A.-Kies).** Die Gewinnung von A. geschieht meist durch Erhitzen von A.-Kies unter Luftabschluß. Gediegenes A. wird als Legierungszusatz für Schrotmetall verwendet. Die meisten A.-Verbindungen sind giftig.

Arsen'al [ital.] das, Zeughaus, Waffenlager.

Ars'enik, ⟆ Arsentrioxyd, As_2O_3, kommt in der Natur vor, wird technisch in großen Mengen durch Rösten arsenhaltiger Erze gewonnen. Es ist ein weißer, fester, geruchloser Stoff, gefährliches Gift. **A.-Vergiftung,** Arsenvergift., erzeugt Schwindel, Kopfschmerzen, Erbrechen, jagende Atmung, Leibschmerzen mit blutigen Durchfällen. Gegenmaßnahmen: Erbrechen herbeiführen; Abführmittel; Kohle; Milch trinken.

Ars'enkies, silberweißes Erz, enthält Eisen, Schwefel, Arsen (FeSAs), liefert Arsen.

Ars poëtica [lat.], Dichtung des →Horaz.

Art, Spezies, ⚥ ⚲ die grundlegende Einheit des natürl. Systems der Lebewesen: Gruppe, deren Angehörige in wesentlichen vererbbaren Merkmalen übereinstimmen und miteinander elterngleiche Nachkommen erzeugen. Unterbegriffe: Varietät (Abänderung), Spielart (Abart); eine Untergruppe der Art ist die Rasse.

Artax'erxes, altpersische Könige. **1) A. I.** (464-424 v. Chr.), beendete 448 im »Vertrag des Kallias« den Perserkrieg mit Athen. **2) A. II.** (404 bis 357 v. Chr.), diktierte 386 den Griechen den »Frieden des Antalkidas«. **3) A. III.** Ochos (358 bis 337 v. Chr.), eroberte Ägypten zurück.

Artef'akt [lat.] das, Kunsterzeugnis.

Artemis (Paris, Louvre)

'Artemis, griech. Göttin, Tochter des Zeus und der Leto, Schwester Apollons; Herrin des Tierreichs, Göttin der Jagd, Schützerin der Geburten. Die Römer stellten A. der Diana gleich.

Art'erie [grch.] die, Schlagader.

Arterienverkalkung, Arterioskler'ose, ein bes. nach dem 40. Lebensjahr auftretendes Blutgefäßleiden; beginnt mit Einlagerung von Fett und Cholesterin in die Gefäßwand, die durch Bindegewebsschwielen verhärten kann. Die Geschmeidigkeit der Gefäße schwindet, der Blutdruck steigt.

Arteriograph'ie [lat.-grch.] die, Darstellung der Körperschlagadern im Röntgenbild.

Art'esischer Brunnen, →Brunnen.

Artes liber'ales [lat.], die →Freien Künste.

Arthr'itis [grch.] die, →Gelenkentzündung.

Arthrop'oden [grch.] Mz., ⚲ Gliederfüßer.

Arthr'ose [grch.] die, Gelenkleiden, das auf Abnutzung und Abbau der Gelenkknorpel beruht.

Art'ikel [lat.] der, **1)** ⓖ das Geschlechtswort. **2)** Abschnitt eines Gesetzes, eines Schriftstücks; Glaubenssatz. **3)** schriftstellerischer Beitrag, Aufsatz (in der Presse).

Artikulati'on [lat.] die, **1)** Lautbildung. **2)** ♪ Gliederung. **3)** ∫ Stellungsbeziehungen zwischen den Zahnreihen des Ober- und Unterkiefers.

Artiller'ie [frz.] die, mit Geschützen oder Raketenwerfern ausgerüstete Truppengattung.

Artisch'ocke die, distelartiger Korbblütler aus N-Afrika, bis 2 m hoch; Blütenboden eßbar.

Artischocke

Art'ist [frz.] der, Künstler im Zirkus, auf der Kleinkunstbühne.

Artois [artw'a] das, geschichtl. Landschaft in NO-Frankreich.

'Artur, Arthur [kelt.], männl. Vorname.

'Artus, Arthur, sagenhafter König der kelt. Briten und Bretonen, um 500 n. Chr., wurde mit dem mittelalterlichen Sagenkreis um den Gral verknüpft; um A. scharen sich die zwölf tapferen Ritter der »Tafelrunde«, darunter: Erek, Lancelot, Iwein, Parzival, Tristan. **'Artushöfe,** im MA. Körperschaften zur Pflege der Geselligkeit nach dem Vorbild der »Tafelrunde«.

'Aruak, eine der größten Völkerfamilien S-Amerikas.

Ar'uba, niederländ. Antilleninsel vor der N-Küste Südamerikas; Erdölraffinerien, Phosphat.

Arve die, →Zirbelkiefer.

Arzneimittel, Medikamente, Pharmaca, Stoffe zum Verhüten und Heilen von Krankheiten sowie zum Ermöglichen operativer Eingriffe. Man verwendet: Pflanzenteile oder ihre wässerigen und alkohol. Auszüge (Tees, Infuse, Tinkturen), aus Drogen gewonnene reine Wirkstoffe, Hormonpräparate, Stoffwechselprodukte von Mikroorganismen (Antibiotica) sowie viele künstl. hergestellte chem. Verbindungen. A. werden hauptsächlich als **Tabletten, Pulver, Pillen, Dragées** eingenommen, unter die **Haut (subkutan),** in die Muskeln **(intramuskulär)** oder in die Venen **(intravenös)** eingespritzt, als Einlauf oder Zäpfchen (Suppositorien) in den Mastdarm **(rektal)** eingeführt, durch Einatmen in die Lunge aufgenommen. Die anzuwendende Menge **(Dosis)** ist genau vorgeschrieben.

Arzneipflanzen, →Heilpflanzen.

Arzt, an einer Hochschule ausgebildete Person, die nach bestandenen Prüfungen die staatl. Zulassung zur Ausübung der Heilkunde (Bestallung, Approbation) erhält. Man unterscheidet **praktische Ä., Fachärzte** und **beamtete Ä.** (z. B. Amtsarzt).

As, das, **Asses/Asse, 1)** röm. Gewicht und Bronzemünze. **2)** früheres dt. Münz- und Handelsgewicht. **3)** die Eins auf den Spielwürfeln. **4)** das höchste Blatt der französ. Spielkarte.

As, chem. Zeichen für →Arsen.

as das, ♪ Halbton unter a.

ASA-Grad, amerikan. Normmaß (American Standards Association) für die Empfindlichkeit photograph. Materials. 50 ASA = 18° DIN.

'Asam, bayer. Künstlerfamilie des 17./18. Jahrh. Baumeister, Bildhauer, Maler, führende Meister des süddt. Barocks und Rokokos.

Asb'est [grch. »unverbrennbar«] der, fasriges Mineral; der weitaus häufigere **Serpentin-A.** ist feuerfest, **Hornblende-A.** dazu auch säurefest. Die langen verspinnbaren Fasern werden für feuerfeste Schutzkleidung usw., kürzere zu Dichtungen, Isolierungen, A.-Zement, Füllstoffe verwendet.

Ascension [əs'enʃən], brit. Felseninsel im südl. Atlant. Ozean, Kabelknotenpunkt.

Asch, tschech. **Aš,** Stadt in Böhmen, nördl. von Eger, 10 500 Ew.; Textilfabrikation.

Asch, Schalom, jiddischer Schriftsteller, *1880, †1957; »Der Nazarener«, »Der Apostel«.

Aschaffenburg, Stadt in Bayern, am Main, 55 700 Ew.; Hafen, Bekleidungs-, Maschinen-, Papierindustrie; Renaissanceschloß, roman.-got. Stiftskirche. (BILD S. 51)

Asch'anti, 1) Negerstämme aus der Gruppe der Akan. **2)** Region von Ghana; Gold, Kakao.

Aschchab'ad, Hauptstadt der Turkmen. SSR, Sowjetunion, 244 000 Ew.; Universität, Industrie.

'Aschdod, Asdod, 1956 neugegr. Stadt in Israel, südl. von Tel-Aviv, 24 000 Ew.; 1965 wurde ein Tiefseehafen in Betrieb genommen.

Asche, ⟆ bei Verbrennung pflanzl. und tier. Stoffe zurückbleibende anorgan. Bestandteile.

Äsche, der, forellenähnlicher Lachsfisch. (FARBTAFEL Fische S. 344)

Aschenbahn, 🜊 mit einer Schlackenschüttung versehene Lauf- oder Rennbahn.

Aschermittwoch, der Mittwoch nach Fastnacht, in der kath. Kirche Beginn der Fastenzeit.

Aschersleben, Kreisstadt im Bez. Halle, am Harzrand, 37 500 Ew.; Samenzucht und -handel, Kalibergbau, Industrie.

Aschheim-Zondeksche Reaktion, eine Schwangerschaftsreaktion.

Aschken'asim, Askenas, urspr. Name eines Volkes der bibl. Völkertafel, dann Bezeichnung der dt. Juden. Gegensatz: Sephardim.

Aschoff, Ludwig, Arzt, *1866, †1942, stellte die Lehre vom retikulo-endothelialen System auf (→Retikulo-Endothel).

Asch'oka, ind. König (272-237 v. Chr.), nach blutigen Eroberungskriegen Förderer des Buddhismus, den er über ganz Indien verbreitete.

'Äschylos, griech. Dichter, *525, †456 v.Chr., Vollender der griechischen, Schöpfer der abendländischen Tragödie. Von seinen 90 Dramen sind nur 7 erhalten (Orestie, Perser, Der gefesselte Prometheus u.a.).

'Ascoli Piceno [-pitʃ'ε:no], italien. Stadt in den Marken, 53 900 Ew.; Glas- u. a. Industrie.

Asc'ona, Kurort im Kanton Tessin, Schweiz, am Lago Maggiore, 3100 Ew.

Ascorb'insäure, C₆H₈O₆, das Vitamin C.

Aseb'ie [grch.] die, Gottlosigkeit, Frevel.

'Asen Mz., die Götter des german. Heidentums, an ihrer Spitze Odin; Sitz Asgard.

äsen, ♀ Nahrung aufnehmen.

As'epsis [grch.] die, Keimfreiheit, verhindert bei Operationen Wundinfektion und Eiterung. A. wird erzielt durch →Desinfektion (→Antisepsis).

Aserbaidsch'an, 1) Landschaft im NW Irans, im O des armenischen Hochlandes. **2) Aserbaidschanische Sozialistische Sowjetrepublik,** Unionsrep. (seit 1936) der Sowjetunion, 86 600 km², 4,8 Mill. Ew., davon ²/₃ Aserbaidschaner (Turkvolk), am O-Ende des Kaukasus, am Kaspischen Meer; Hauptstadt: Baku. Erdöl, Erdgas, Baumwolle, Tabak, Energiewirtschaft.

Asien, der größte Erdteil, einschl. Binnenmeere 44,2 Mill. km² = 30% der Landfläche der Erde, über 1,95 Mrd. Ew. = mehr als die Hälfte der Erdbevölkerung. A. reicht vom Nördl. Eismeer bis 10⁰ s.Br., in W-O-Richtung von 26⁰ ö.L. bis 170⁰ w. L. Nur aus geschichtl. Gründen werden A. und Europa als 2 Erdteile betrachtet; als Grenze gelten Uralgebirge, Uralfluß, Manytschniederung. FARBTAFELN S. 166-68, ⊕ S. 515.

LANDESNATUR. Die Festlandmasse ist nur wenig durch Randmeere gegliedert. Die wichtigsten Halbinseln sind: Anatolien, Arabien, Vorder-

Aschaffenburg: Schloß

indien, Hinterindien, Korea, Kamtschatka, Tschuktschen-Halbinsel. Mit Afrika ist A. durch die Landenge von Suez verbunden, nach Australien leitet die Inselbrücke des Malaiischen Archipels hinüber, nach Amerika die Aleuten. Im O und SO Inselketten (Japan, Philippinen, Indonesien). Inner-A. ist ein Hochland (Tibet, 4000 m), dessen Randgebirge die höchsten Gipfel der Erde tragen (Mount Everest 8848 m). Junge Faltengebirge durchziehen A. von Anatolien-Kaukasus über das Iran. Hochland und Pamir bis nach Hinterindien und zur Mongolei. Im NW und N große Tiefländer (W-Sibirien). Inner-A. und weite Gebiete West-A.s sind ohne Abfluß zum Weltmeer; die Flüsse enden in salzigen Seen oder Sümpfen. Es münden ins Nördl. Eismeer: Ob, Jenissej, Lena; in den Stillen Ozean: Amur, Huangho, Jangtsekiang; in den Indischen Ozean: Ganges, Indus, Euphrat-Tigris. Wichtige Seen: Kasp. Meer, Aralsee, Balchaschsee, Baikalsee, Lop-nor.

KLIMA vorherrschend binnenländisch. Im N sehr kalte Winter (Kältepol der Erde in Sibirien) und gemäßigte Sommer, in Arabien und Mittel-A. heiße, trockene Sommer, in Vorder-A. Mittelmeerklima, in Süd- und Ost-A. Monsunklima mit Wechsel von Regen- und Trockenzeit. Im äußersten S (Malaiischer Archipel, Ceylon) z. T. Tropenklima. – PFLANZENWELT: Im N polare Steppe (Tundra), daran anschließend sibir. Nadelwald (Taiga); in Mittel-A. haben meist Steppen, Salzsteppen und Wüsten mit Oasen; in Süd- und Ost-A. Laub- und Mischwälder, in den Tropengebieten Urwald. – TIERE. Im N artenarme arkt. Tierwelt (Lemming, Ren, Polarfuchs). Nord- und Inner-A. haben viele europ. Tierarten, bes.

STAATLICHE GLIEDERUNG

	1000 km²	Mill. Ew.		1000 km²	Mill. Ew.
Afghanistan	648	17,1	Malediven	0,3	0,1
Bangla Desh	140	75,0	Oman	212	0,6
Bhutan	47	0,8	Mongol. Volksrepublik	1565	1,2
Birma	678	27,5	Nepal	141	10,8
Ceylon	66	12,5	Pakistan	803	50,0
China (Volksrep.)	9561	740,0	Philippinen	300	38,5
China (National-)	36	14,4	Saudi-Arabien	2150	7,2
Indien	3268	550,3	Singapur	0,6	2,0
Indonesien¹)	1492	116,0	Sowjetunion, asiat. Teil	16831	59,0
Irak	435	9,3	Syrien	185	6,0²)
Iran	1648	28,6	Thailand	514	35,8
Israel	21	2,8	Türkei, asiat. Teil	757	31,3
Japan	370	103,5	Vietnam (Süd-)	171	18,3
Jemen (Rep.)	195	5,0	Vietnam (Nord-)	159	21,3
Jemen (Dem. Volksrep.)	287	1,2	Zypern	9	0,6
Jordanien	98	2,2	**Britisch:** Staaten am Pers. Golf		
Kambodscha	181	6,7	(Bahrain, Katar, Vertrags-		
Korea (Süd-)	98	32,4	staaten), Brunei, Hongkong	113	4,5
Korea (Nord-)	121	13,3	**Portugies.:** Macao, Timor	15	0,8
Kuwait	16	0,5	**Indisch:** Sikkim	7	0,2
Laos	237	2,9	**Verein. Staaten:** Riukiu-I.	2	0,9
Libanon	10	2,6	**Ägyptisch:** Gaza-Streifen	0,4	0,4
Malaysia	333	10,6	**Australisch:** Kokos-I.	0,01	0,0³)

¹) ohne West-Iran. ²) einschl. Palästinaflüchtlinge. ³) 0,001.

Pelztiere, Nagetiere, Wildziege; Vorder-A. hat Mittelmeertiere, Süd-A. tropische Tierarten (Elefant, Tiger, Leopard).

BEVÖLKERUNG. Zum europiden Rassenkreis gehören die indogermanischen (Afghanen, Belutschen, Hindu, Perser, Russen) und semitischen Völker (Araber); ihm nahe stehen die Altsibirier und die Ainu. Zum mongolischen Rassenkreis zählen die inner- (Mongolen, Tibeter), ost- (Chinesen, Japaner, Koreaner), nordost- (Tungusen, Tschuktschen) und südostasiatischen Völker (Thai, Vietnamesen); ihm angegliedert sind die Turkvölker und Malaien. Im S kleinwüchsige Stämme (Wedda) und Zwergvölker (Negrito). – RELIGION. Alle Hochreligionen sind in A. vertreten. In Ost- und Inner-A. herrscht der Buddhismus vor, in Vorderindien der Hinduismus, in Vorder-A. und Indonesien der Islam; christl. Völker sind Armenier, Georgier, Russen; das Judentum ist die Religion Israels. In abgelegenen Gebieten Naturreligionen.

Äskulapstab

WIRTSCHAFT. Führend ist das hochindustrialisierte Japan; doch beträgt der Anteil A.s am Weltsozialprodukt insges. nur rd. 10%. Haupterzeugnisse der Landwirtschaft: Reis (China, Indien), Kautschuk (Malaysia, Indonesien), Jute (Indien, Bangla Desh), Kopra (Indonesien), Tee (Indien, Ceylon), Baumwollsamen (China, Indien), Sojabohnen (China); Fischfang (Japan, China). ⚒ auf Zinn (Malaysia), Wolfram (S-Korea), Steinkohle (China), Erdöl (Kuwait, Saudi-Arabien u.a.), Antimon (China), Eisenerz (Indien, China), Manganerz (Indien, China) u.a. Industrie bes. in Japan, in der Sowjetunion, China, Indien, Hongkong, Israel. – AUSFUHR. Reis, Tee, Tabak, Gummi, Baumwolle, Jute, Zucker, Kopra, Ölfrüchte; Erdöl, Zinn, Teppiche, Seide, Porzellan-, Holz-, Papierwaren; industrielle Massenerzeugnisse (Japan). – ⛭ Dichtes Netz in Indien, Pakistan, Japan; die Netze der Sowjetunion und Chinas werden ausgebaut. Moderne Straßen in Japan, Indien, Pakistan, Indonesien; Vorder-A.; der Karawanenverkehr geht zurück. Zunehmender Luftverkehr.

GESCHICHTE. A. ist das Gebiet der ältesten Staatengründungen (Phöniker, Babylonier, Perser, Chinesen). Seine Geschichte wird bestimmt durch den Gegensatz zwischen den alten Hochkulturen und den immer wieder aus Inner-A. in sie einbrechenden kriegerischen Nomadenvölkern. Die Griechen und Römer standen mit Vorder-A. (bis nach Indien) in regem Verkehr, die Araber mit Südchina. Um 1500 begann der Zugriff der Europäer auf asiat. Gebiet. Die Engländer errichteten ihre Kolonialherrschaft in Indien und Birma, die Niederländer in Indonesien, die Franzosen in Indochina und die Spanier, später die Amerikaner, auf den Philippinen. Rußland besetzte Sibirien und eroberte im 19. Jahrh. Inner-A. Im 20. Jahrh. erwachte, gefördert durch die Weltkriege, der Nationalismus der asiat. Völker. Nach 1945 wurden u. a. Birma, Ceylon, Indien, Indonesien, Pakistan und die Philippinen, Laos, Kambodscha, Vietnam und der Malaiische Bund (jetzt Malaysia) unabhängige Staaten. Im arab. Bereich wurde die brit. und franz. Mandatsherrschaft abgelöst. Der Kommunismus kam in China, der Äußeren Mongolei, Nordkorea und Nordvietnam zur Herrschaft und übt in weiteren Ländern großen Einfluß aus. Der Gegensatz zwischen der Volksrep. China und den USA sowie der Sowjetunion ist für A. von großer Bedeutung (→Bandung, →Genfer Konferenzen, →Vietnam). Der Bevölkerungsdruck (Hungersnöte) bringt die Länder Süd-A.s in zunehmende Schwierigkeiten.

Ask'anier [nach der ehem. Burg bei Aschersleben], dt. Fürstenhaus, regierte 1134-1319 in der Mark Brandenburg und bis 1918 in Anhalt.

Ask'ari [arab.], ostafrikan. Eingeborenensoldat.

Ask'ese [grch. »Übung«] die, mönchische Entsagung, harte Selbstzucht.

Äskul'ap, griech. **Asklepios,** bei Griechen und Römern Gott der Heilkunde. Sinnbild:

Asseln

Assisi: Kirche des hl. Franziskus

schlangenumwundener Stab (**Äskulapstab**); noch jetzt Abzeichen des ärztlichen Standes.

Äskulapnatter, bis 2 m lange ungiftige Schlange, in Südeuropa, auch Westdeutschland (u. a. Schlangenbad, Taunus).

Asm'ara, Hauptstadt von Eritrea, Äthiopien, 132000 Ew.; Bahn nach Massaua (Rotes Meer).

à son goût [asõgu:, frz.], nach seinem Geschmack.

Äs'op, sagenhafter griech. Fabeldichter (6. Jahrh. v. Chr.); die ihm zugeschriebene Fabelsammlung ist spätantik.

As'owsches Meer, flaches, fischreiches Seitenbecken des Schwarzen Meers.

Asoziale, Menschen, die sich gegenüber den moral. und gesetzl. Mindestforderungen der Gesellschaft ablehnend verhalten.

Asp'aragus [lat.] der, Pflanzengattung Spargel mit nadelähnlichen Ästchen.

Asp'asia, durch Bildung und Geist ausgezeichnete Griechin aus Milet, Gattin des Perikles.

Asp'ekt [lat.] der, **1)** Anblick, Aussicht, Gesichtspunkt. **2)** ☆ die gegenseitige Stellung von Sonne, Mond und Planeten, von der Erde aus gesehen: **Konjunktion** (Zeichen ☌), beide Himmelskörper stehen auf demselben Längenkreis (z. B. Sonne, Mond bei Neumond); **Opposition** (☍) bei 180° Längenunterschied (bei Vollmond).

Asperg, Stadt im Kr. Ludwigsburg, Bad.-Württ., 12100 Ew.; Möbel-, Metallind.

Aspern und **Eßling,** Stadtteile von Wien; 1809 Sieg der Österreicher über Napoleon I.

Aspersi'on [lat.], die, Besprengung mit Weihwasser; **Aspers'orium** das, Weihwasserbecken.

Asph'alt [grch.] der, Erdpech, schwarzbraunes, pechartig glänzendes, kohlenwasserstofffreiches Mineral, kommt natürlich in großen Lagern (Trinidad, am Toten Meer) und als asphaltgetränkter Kalkstein vor, wird künstlich als Rückstand der Stein- und Braunkohledestillation gewonnen; Verwendung bes. als geräuschdämpfende, staubfreie Straßendecke als Isolierung, Kitt und Korrosionsschutz.

Asphod'elus der, Liliengewächs, am Mittelmeer; den Griechen Sinnbild der Trauer.

Asphyx'ie [grch. »Pulslosigkeit«] die, ♃ Stillstand der Atmung, Scheintod.

Aspid'istra [grch.], Schildblume, japan. Liliengewächs mit braunen Blüten; Zimmerpflanze.

Asp'ik [frz.] der, säuerliches Fleisch- oder Fischgallert (Sülze).

Aspir'ant [lat.] der, Bewerber, Anwärter.

Aspirati'on [lat.] die, **1)** Behauchung. **2)** Streben, Ehrgeiz.

Aspir'in das, Handelsname für Acetylsalicylsäure, ein Mittel gegen Fieber und Schmerzen.

'Asplund, Eric Gunnar, schwed. Architekt modern-sachl. Prägung, *1885, †1940.

Asquith [ˈæskwiθ], Herbert, Earl of Oxford and A., brit. Staatsmann, *1852, †1928, liberal, 1908 bis 1916 Premierminister.

ass'ai [ital.], ♪ sehr (z.B. allegro a.).

Assam, Staat im NO Indiens, 121965 km² 13,5 Mill. Ew.; Hauptstadt: Schillong; A. liefert 80% der Tee-Ernte Indiens; Erdölförderung.

Assekur'anz [lat.] die, Versicherung.

Asseln, die **Assel,** ⚲ Gleichfüßer, Gruppe der Krebstiere mit etwa käferähnl. Leib. (BILD S. 52)

Assemblée Nationale [asãmbl'e nasional], die französ. →Nationalversammlung.

assert'orisch [lat.], behauptend, feststellend.

Ass'essor [lat. »Beisitzer«], Richter und Beamte am Anfang der höheren Laufbahn, die die vorgeschriebenen Staatsprüfungen bestanden und die Referendarzeit (→Referendar) abgeschlossen haben (Gerichts-, Forst-, Berg-, Studien-A.).

Assign'aten [frz.] Mz., das Papiergeld während der Französ. Revolution, zuletzt ganz wertlos.

Assimilati'on [lat.] die, **1)** ⚕ ⚲ Umwandlung der Nahrung in körpereigene Stoffe. Jedoch können nur die Pflanzen anorganische Stoffe in organische umwandeln; besonders die A. des Kohlenstoffs, bei der das Kohlendioxyd der Luft und Wasser unter Abgabe von Sauerstoff zu Kohlenhydraten (z. B. Traubenzucker, Stärke) aufgebaut werden. Diese Umwandlung ist nur möglich im Licht mit Hilfe des Chlorophylls. **2)** Ⓢ Angleichung zweier Laute zur Vereinfachung der Aussprache, z.B. Assimilation für Adsimilation. **3)** das Aufgehen in einem anderen Volkstum.

Ass'ise [frz.] die, ♁ in der Schweiz und in Frankreich: Gerichtssitzung, Schwurgericht.

Ass'isi, Stadt in Mittelitalien, 24 200 Ew.; Geburtsort des heiligen Franz von A., sein Grab in der dreifach übereinandergebauten Klosterkirche mit Fresken von Cimabue und Giotto. (BILD S. 52)

Assist'ent [lat.] der, fachlich gebildete Hilfskraft; Assist'enz die, Beihilfe, Anwesenheit. **assist'ieren,** beistehen, helfen.

Assiut, Stadt in Oberägypten, 122 000 Ew.; Hochschulen; Kunstgewerbe; Nilstaudamm.

Aßmannshausen, Weinort am Rhein, Hessen, 1600 Ew.; Aßmannshäuser Rotwein; warme Mineralquelle.

Associated Press [əs'ouʃieitid-], **AP,** amerikan. Nachrichtenbüro, New York.

Associé [asɔsi'e, frz.] der, Teilhaber, Gesellschafter (→Sozius).

Asson'anz [lat. »Anklang«] die, ein unvollständiger Reim, bei dem sich nur die Vokale von der letzten betonten Silbe an decken (z.B. Gang/sacht, sorgsam/kostbar).

assort'ieren [frz.], ordnen, ergänzen.

Assoziati'on [neulat.] die, **1)** PSYCHOLOGIE: die Verknüpfung von Vorstellungen auf Grund ihrer Ähnlichkeit. **2)** SOZIOLOGIE: die Vereinigung von Personen (auch von Kapitalien) zum Zusammenwirken für einen gemeinschaftlichen Zweck. **3)** ⚗ die Zusammenlagerung zweier oder mehrerer Einzelmoleküle zu Molekülkomplexen.

Assozi'ierung, Teilmitgliedschaft bei einer internationalen Wirtschaftsorganisation.

ASSR, Abk. für Autonome Sozialistische Sowjetrepublik.

Assu'an, Stadt in Ägypten, am Nil nördlich der großen Stromschnellen, 48 000 Ew.; wichtiger Handelsplatz, Endpunkt der ägypt. Bahnlinie, Winterkurort, in der Nähe: großer Staudamm.

Assuan: Staudamm

Assurb'anipal, letzter bedeutender König Assyriens, 669 bis etwa 627 v. Chr.; berühmt ist seine

Assyrische Kunst: Assurnasirpal II. auf der Löwenjagd (Alabasterrelief, London)

Bücherei auf Tontafeln in Ninive (jetzt Brit. Museum).

Ass'yrien, altes Reich in Asien, ursprünglich das Land am mittleren Tigris (Teil des heutigen Iraks), dann beherrschende Macht in Vorderasien. Sein erster Aufstieg begann im 18. Jahrh. v. Chr.; im 13. und 12. Jahrh. v. Chr. wurde es die bedeutendste Macht neben Babylonien. Nach Rückschlägen begann etwa seit 900 v. Chr. der zweite bedeutende Aufstieg (Eroberung Babyloniens). 612 v. Chr. erlag es den vereinten Erhebungen der Meder und Babylonier. Hauptstadt war Assur, daneben Ninive, Kalach, Dûr-Sargon. Die assyr. Kunst (FARBTAFEL Altorientalische Kunst S. 165) entwickelte einen großartigen Realismus, besonders in Reliefs, auf denen Jagd- und Kriegsszenen der Könige dargestellt sind.

a. St., Abk. für alten Stils (→Kalender).

AStA, Abk. für Allgemeiner Studentenausschuß.

Ast'arte, meist nackt dargestellte Fruchtbarkeits- und Kriegsgöttin Palästinas.

Assyrisches Kultrelief: Unbekannter Berggott

Ast'atium das, **At,** radioaktives Element.

Aster [grch. »Stern«] die, Korbblüter, wildwachsend **(Strand-A., Alpen-A.)** und als Gartenpflanze.

Astero'iden, die Planetoiden, →Planeten.

Asth'eniker [grch.], ein Körperbautypus. **asth'enisch,** schmal, zart, schwach, →Konstitution.

Ästh'etik [grch.] die, **1)** Lehre von den sinnl. Wahrnehmungen. **2)** Lehre vom Schönen und Häßlichen, bes. in der Kunst. **äst'hetisch,** 1) was Sinnen und Empfindung angehört. 2) mit künstlerischem Formensinn begabt; schöngeistig.

Ästhetiz'ismus, die Überbewertung des Schönen im Verhältnis zu den anderen Werten (dem Wahren, dem Sittlichen, dem Heiligen).

'Asthma [grch.] das, anfallsweise auftretende Atemnot. **Bronchialasthma** beruht wahrscheinlich auf einem Krampf der Ringmuskeln der feineren Bronchien (Luftröhrenäste) mit starker Schleimabsonderung, oft ausgelöst durch Überempfindlichkeit (Allergie) gegen bestimmte Staubarten. A. ist auch Krankheitszeichen bei Störungen des Lungenkreislaufs durch Herz-, Nieren-, Lungen-, Luftröhrenerkrankungen.

Asti, Stadt in Oberitalien, 67 000 Ew.; Muskateller- und Schaumwein.

Astigmat'ismus [grch.] der, ein Fehler bei opt. Abbildungen: die abzubildenden Punkte werden nicht in der gleichen Bildebene abgebildet, sondern dahinter oder davor. Der A. des Auges beruht auf Ungleichmäßigkeiten in der Oberfläche der brechenden Fläche, bes. der Hornhaut; Korrektur durch zylindr. geschliffene Gläser.

ästim'ieren [lat.], schätzen, achten.

Aston, Francis William, engl. Physiker, ∗1877, †1945, entdeckte die Isotopie; Nobelpreis 1922.

Astor, Johannes Jacob, ∗Walldorf bei Heidelberg 1763, †New York 1848, wurde durch Pelzhandel und Grundstückspekulation Millionär.

'Astrachan, Handelsstadt im Mündungsgebiet der Wolga, UdSSR, 376 000 Ew.; Werften, Holz-, Fischind. (Kaviar).

Aster

Astronomische In-
strumente. links
oben: Turmte-
leskop (Einstein-
turm) des astro-
physikal. Insti-
tuts Potsdam;
oben rechts: Pa-
rabolspiegel mit
angesetztem
Sternspektrogra-
phen;unten:Gro-
ßer Refraktor des
astrophysikal. In-
stituts Potsdam

'Astrachan der, 1) schwarzbraune Schaf-
lammfelle. 2) eisblumenartig gemusterter Plüsch.
Astrag'al [grch.] der, →Eierstab.
astr'al [lat.], auf die Gestirne bezüglich.
Astr'algeister, die Geister der beseelt gedach-
ten Himmelskörper.
Astr'alleib, nach der Lehre der Okkultisten
ein feinstofflicher Körper, der die Brücke zwi-
schen Leib und Seele bildet.
Astrodyn'amik [grch.] die, ballist. und him-
melskundl. Theorie der Bahnen von Satelliten
und Raumsonden.
Astrogr'aph [grch.] der, Fernrohr zum Pho-
tographieren der Gestirne.
Astrolog'ie [grch.] die, →Sterndeutung.
Astron'autik, die Raumfahrt. **Astron'aut** der,
Pilot eines Raumfahrzeuges.
Astronom'ie [grch.] die, **Himmelskunde,
Sternkunde** (→Himmel, →Stern), untersucht die
Bewegungen und räuml. Entfernungen der Him-
melskörper. **Astronomischer Ort,** der Standort
eines Gestirns an der Himmelskugel. **Astronom.
Uhr,** durch astronom. Messungen kontrollierte
Quarz- oder Atomuhr von höchster Genauigkeit.
Astronom. Zeichen, in der A. und in Kalendern
angewendete Zeichen für Sonne, Mond, Planeten
und die 12 Tierkreiszeichen. **Astronom. Einheit,**
Abk. **AE,** der mittlere Abstand Erde - Sonne
= 149 600 000 km.
Astrophys'ik [grch.] die, Zweig der Astronomie, erforscht chem. und physikal. Aufbau, Temperatur, Masse, Dichte, Leuchtkraft und Entwicklung der Sterne.
Ast'urias, Miguél Angel, guatemaltek. Schriftsteller, *1899; Nobelpreis für Literatur 1967.
Ast'urien, gebirgige Landschaft in N-Spanien;
in den Tälern Weizen, Mais, Obst und Wein. Bodenschätze: Kohle, Eisen. Hauptstadt: Oviedo.
Asunción [asunθi'on], Hauptstadt von Paraguay, 305000 Ew.; Handel und Industrie.
As'yl [grch.] das, Zuflucht, Unterkunft.
Asymmetr'ie [grch.] die, Mangel an →Sym-
metrie.
Asympt'ote [grch.] die, △ eine Gerade, der
sich eine Kurve (z.B. eine Hyperbel) dauernd nä-
hert, ohne sie im Endlichen jemals zu berühren.
Asynchr'onmotor, →Elektromotor.

Atatürk

Athene
(nach Myron)

As'yndeton [grch. »unverbunden«] das, die
Aneinanderreihung unverbundener Wörter oder
Sätze, z.B. »Ich kam, sah, siegte«.
Aszend'ent [lat.] der, **1)** Vorfahr (Eltern und
Voreltern); Gegensatz: Deszendent. **2)** Aufgangs-
punkt eines Gestirns. **Aszend'enz** die, aufsteigende
Linie der Verwandtschaft.
at, Abk. für technische →Atmosphäre, **ata** At-
mosphäre-absolut, **atü** Atmosphäre-Überdruck.
A.T., Abk. für Altes Testament.
At, chem. Zeichen für →Astatium.
Atac'ama, fast regenlose Wüste, im nördl.
Chile, bis 4000 m hoch, mit Salzseen und Vulka-
nen; reich an Kupfer, Silber, Salpeter.
At'air, Stern 1. Größe im Sternbild Adler.
Atam'an [türk.] der, frei gewählter oberster
Heerführer der Kosaken.
Atar'actica [von grch. »ruhig«]. Ez. das **Ata-
racticum,** eine Gruppe der →Beruhigungsmittel.
Atarax'ie [grch.] die, Unerschütterlichkeit.
Atat'ürk, Kemal, bis 1934 **Mustafa Kemal Pa-
scha,** türk. General und Staatsmann, *1881,
†1938 Armeeführer im 1.Weltkrieg, danach Führer der nationalen Freiheitsbewegung, erzwang
1922 den Rückzug der Griechen aus Kleinasien,
war Gründer der türk. Republik, 1923-38 Staatspräs., gab der Türkei durch innere Reformen und
ausgewogene Außenpolitik Ansehen und Macht.
Atav'ismus [lat.] der -/...vismen, **Rückschlag,**
das Wiedererscheinen von ursprünglichen Merkmalen stammesgeschichtlicher Vorfahren, z. B.
Mehrzehigkeit bei Pferden.
Atax'ie [grch.] die, Störung des Stehens, Gehens, Sprechens usw., beruht auf Erkrankung im
Gehirn oder Rückenmark.
'Atbara der, nördlichster rechter Nebenfluß
des Nils, 1120 km lang.
Atelier [atelj'e:, frz.] das, Werkstätte, bes. für
Künstler und Photographen.
a t'empo [ital.], ♪ Wiederaufnahme des leitenden Zeitmaßes nach dessen vorübergehender Änderung.
Atemwurzeln, in die Luft ragende Seitenwur-
zeln von Bäumen, die in schlecht durchlüfteten
Küstensümpfen wachsen, z. B. an Mangrovebäu-
men; erleichtern die Sauerstoffaufnahme der
Pflanze.
Athab'asca der, Strom in Kanada, Nordamerika, 1040 km lang, mündet in den Athabasca-See;
im unteren A.-Tal reiche Erdölfunde.
Äth'an das, ✧ gasförmiger Kohlenwasserstoff,
C_2H_6, in Erdgasen.
athanasi'anisches Glaubensbekenntnis,
eins der drei allgemeinen christl. Glaubensbe-
kenntnisse, enthält die Lehren von der Dreieinigkeit und der Menschwerdung Gottes in Christus;
fälschlich nach Athanasius benannt, im 4. oder 5.
Jahrh. in Südgallien abgefaßt.
Athan'asius, Kirchenlehrer, Bischof in Alexandria, *um 295, †373. Im Kampf gegen die
→Arianer vertrat A. die Lehre von der Wesensgleichheit Christi mit Gott.
Athe'ismus [von grch. atheos »ohne Gott«]
der, das Leugnen des Daseins Gottes. **Athe'ist** der,
Gottesleugner.
Ath'en, Hauptstadt, geistiger, kultureller und
wirtschaftl. Mittelpunkt Griechenlands, in Attika,
2,5 Mill. Ew. mit Agglomeration; Universität,
Flughafen, Hafen →Piräus. Der älteste Teil ist die
Akropolis, mit Parthenon(TAFEL Baukunst),Erech-
theion, Niketempel und Propyläen. (BILD S. 55)
GESCHICHTE. A. ist seit dem 3. Jahrtsd. v. Chr.
als Siedlung nachweisbar, um 1000 war es Sitz
eines Königs und Hauptort Attikas, erreichte im
5. Jahrh. v. Chr. den glanzvollen Höhepunkt seiner Macht. Im MA. war A. unbedeutend. Im
griech. Befreiungskampf gegen die Türken wurde
es 1834 Hauptstadt des neuen Griechenland.
Athen'agoras I. Spyridon, Patriarch (seit
1948) von Konstantinopel, *1886.
Athen'äum das, ursprünglich Heiligtum der
Athene, später Name höherer Unterrichtsanstalten, Akademien, Gesellschaften.

Ath'ene, Pallas A., griech. Göttin, von den Römern mit Minerva gleichgesetzt, dem Haupt ihres Vaters Zeus entsprungen, ewig Jungfrau (Parthenos), Schutzgöttin des Kampfes, der Städte, der Wissenschaft und Künste. Die Eule war ihr heilig. (BILD S. 54)

'Äther [grch.] der, ⟨O Anhydride der Alkohole, in denen 2 Alkoholreste durch ein Sauerstoffatom verbunden sind. Der wichtigste ist der gewöhnl. Ä. (Diäthyl-Ä.) $C_2H_5OC_2H_5$, eine farblose, leicht entzündliche Flüssigkeit, die bei 35 °C siedet und ein gutes Lösungsmittel für Fette ist. Er wird als Betäubungsmittel verwendet. Ä.-Dämpfe sind explosibel.

äth'erisch [grch.], 1) himmlisch, zart; durchgeistigt. 2) ⟨O flüchtig. **ätherische Öle**, flüchtige, stark riechende, flüssige Öle, aus Pflanzen gewonnen, für Duftstoffe und Liköre.

Ather'om [grch.] das, →Grützbeutel.

Äthi'opien, früher auch **Abess'inien**, Kaiserreich in O-Afrika, 1,2 Mill. km², 24,7 Mill. Ew.; Hauptstadt: Addis Abeba; Staatssprache: Amharisch. – Ä. ist konstitutionelle Monarchie; Parlament mit 2 Kammern. Überwiegend Hochland (im N Ras Daschan, 4620 m), das nach SO zum Somali-Hochland abfällt. Abfluß durch den Nil (Blauer Nil, Atbara). Im NO Halbwüste. Die Bewohner (Äthiopier) sind Semiten und Hamiten, wenig Neger (führendes Staatsvolk: Amhara). Staatskirche: Äthiopische Kirche; daneben Islam (fast 25 %). Erzeugnisse: Getreide, für den Export Kaffee, Häute und Felle, Ölsaaten. Handelspartner: USA, Italien, Japan. ⊕ S. 514, ▭ S. 345.
GESCHICHTE. Ä., das alte Aithiopia, stand zunächst unter ägypt. und griech. Einfluß und nahm im 4. Jahrh. das Christentum an, wurde durch das Vordringen des Islams von der christl. Welt abgeschnitten. Im 10.-13. Jahrh. wanderten viele Juden ein. Neben dem Kaiser (Negus) gab es Statthalter (Ras), die sich im 18. Jahrh. unabhängig machten. Im 19. Jahrh. wurde ein neuer Gesamtstaat geschaffen. Kaiser Menelik II. besiegte die Italiener 1896 bei Adua. 1893 wurde Addis Abeba Hauptstadt. Kaiser Haile Selassie (seit 1930) unterlag im Krieg gegen das faschistische Italien 1935/36 und floh nach England; Ä. wurde mit Italien vereinigt. Mit Hilfe der Engländer gewann Ä. 1941 seine Unabhängigkeit zurück.

Athl'et [grch.] der, im Altertum Wettkämpfer, heute Kraftmensch. **athl'etisch**, kräftig, sportlich, eine →Konstitution.

'Athos, griechische Halbinsel im Ägäischen Meer. Auf dem Berg A. 20 Klöster (ältestes 10. Jahrh.), davon 17 der griech. Kirche.

Äth'yl das, ⟨O die einwertige Alkylgruppe C_2H_5-. **Äth'ylalkohol**, →Alkohol.

Äthylchlorid, C_2H_5Cl, eine bei 12,5 °C siedende Flüssigkeit, erzeugt durch rasche Verdunstung Kälte; Verwendung zur örtl. Betäubung.

Äthyl'en das, C_2H_4, farbloses, leuchtend brennendes Gas, Bestandteil des Stadtgases.

Ätiolog'ie [grch.] die, Lehre von der Ursache, besonders der Krankheitsursache.

Atl'ant [grch.] der, ⊟ männliche Figur, die an

Athos: Kloster Lawra

Stelle eines Wandpfeilers ein Gebälk oder eine Konsole stützt (→Atlas).

Atl'anta, Hauptstadt von Georgia, USA, 1,3 Mill. Ew.; mehrere Univ.; Handels- und Verkehrszentrum der südöstl. Staaten, vielseitige Ind.

Atlantic City [ətl'æntiks'iti], Stadt im Staat New Jersey, USA, 59 500 Ew.; Seebad.

Atl'antik der, →Atlantischer Ozean.

Atlantik-Charta, die am 14. 8. 1941 auf einem Kriegsschiff im Atlantik von Roosevelt und Churchill vereinbarte Erklärung der USA und Großbritanniens über die Grundlagen einer künftigen Weltordnung. Am 24. 9. 1941 schloß sich u. a. die Sowjetunion an. In einer Erklärung vom 1. 1. 1942 erkannten alle damaligen Kriegsgegner Dtl.s die A.-C. als gemeinsames Programm an; weitere Mächte traten später bei.

Atlantik-Pakt, ungenau für →Nordatlantikpakt.

Atl'antis der, im Altertum eine sagenhafte Insel; nach Platon ein mächtiges Reich, das 9000 Jahre zuvor im Meer versank.

Atlantischer Ozean, Atlantik, Teil des Weltmeeres, zwischen Europa und Afrika im O, Amerika im W, 106 Mill. km². Wichtigste Nebenund Randmeere: Amerikan., Europäisches Meer, Mittelmeer, Nordpolarmeer, Nordsee. Mittlere Tiefe 3868 m, größte 9219 m (Puerto Rico-Graben). Der A. O. ist das verkehrsreichste Meer.

'Atlas der, 1) in der griech. Sage Sohn des Titanen Japetos, Träger des Himmelsgewölbes. 2) A., Mz. Atlasse, Satin, glänzendes Gewebe mit A.-Bindung: Über den Fadensystemen (Kette, Schuß) überwiegt immer das eine an der Oberfläche. 3) ⊕ Gebirge in Nordwestafrika, gleichlaufende Ketten: Tell-A., Sahara-A., fortgesetzt im Hohen A., 4165 m hoch, und Anti-A., dazwischen die Hochebene der Schotts. 4) A., Mz. Atlanten, Kartenband, →Landkarte; ältere Atlanten waren mit der Sagenfigur A. geschmückt.

Atmosph'äre [grch.] die, 1) die Gashülle eines Sterns oder eines Planeten; bes. die Lufthülle der Erde. Der Druck der A. (Luftdruck) auf dem Erdboden beträgt in Meereshöhe 1,033 kp auf 1 cm². Dieser Druck heißt 1 Atm. Er entspricht dem Druck einer Quecksilbersäule von 760 mm Höhe (→Millibar). Er nimmt mit der Höhe ab und ändert sich je nach der Witterung (Barometer).

Äthiopien

Atlant

Athen mit Akropolis

Der untere Teil der A. ist die rd. 11 km hohe **Troposphäre**, in der alles Wettergeschehen sich abspielt. Daran schließt sich bis zu 40-50 km Höhe die sauerstoffarme, wenig bewegte **Stratosphäre** an, von 45-80 km Höhe die ozonreiche **Mesosphäre** und endlich die **Ionosphäre** oder **Thermosphäre**, der Schauplatz der Nordlichterscheinungen. 2) ⊛ 1 at, der Druck von 1 kg auf 1 cm².

Atmung, die lebensnotwendigen Körpervorgänge, durch die der Sauerstoff der Luft oder des Wassers dem Blut zugeführt und das im Blut angehäufte Kohlendioxyd aus dem Körper entfernt wird (**äußere A.**); Hauptorgane: Lungen, Kiemen, Tracheen. Die Atembewegungen des Menschen werden unwillkürlich infolge des Reizes ausgelöst, den das mit Kohlensäure beladene Blut auf das im verlängerten Rückenmark gelegene **Atemzentrum** ausübt; sie können für kürzere Zeit willkürlich unterdrückt werden. Die Einatmung geschieht durch Erweiterung der Brusthöhle und damit der Lungen infolge der Tätigkeit der Rippenhebemuskeln und des Zwerchfells, die Ausatmung durch Zurückfedern des Brustkorbes. Erwachsene atmen 16-20mal in der Minute, Säuglinge und Fieberkranke weit häufiger. Bei ruhiger A. wird etwa ½ l Luft je Atemzug gewechselt, bei angestrengter A. bis zu 3 ½ l. Die in 1 Minute gewechselte Luft (**Atemgröße**) beträgt bei vollständiger Ruhe 4 ½–6 l, bei starker Arbeit bis über 50 l. Die eingeatmete Luft enthält 21% Sauerstoff und 0,03% Kohlendioxyd, die ausgeatmete Luft 16-17% Sauerstoff und 3-4% Kohlendioxyd. Der Austausch von Sauerstoff und Kohlendioxyd zwischen Blut und Körpergewebe heißt **Gewebe-A.**, die Energie liefernden chem. Vorgänge bei der Verbrennung der Nahrungs- oder Körperstoffen **innere A.** Auch die Pflanzen haben innere A., die von ihrer Assimilation zu unterscheiden ist. **Künstliche A.** vgl. TAFEL Erste Hilfe.

Atombomben-
explosion

'Ätna der, Vulkan an der Ostküste Siziliens, 3340 m hoch. (BILD Catania).

Ät'olien, Landschaft im westlichen Mittelgriechenland.

At'oll [malaiisch] das, ringförmiges Korallenriff in trop. Meeren. Das Wasser in der Mitte heißt Lagune.

At'om [grch. »unteilbar«], kleinstes Teilchen eines chem. Elements, das mit chem. Mitteln nicht weiter teilbar ist. Die Größe aller A. liegt im Bereich von 1-10 Å. Nach der Theorie von Bohr (1913) ist jedes A. aufgebaut aus einem elektr. positiv geladenen **Atomkern** (Durchmesser etwa 1 billionstel cm), der fast die ganze Masse des A. enthält, und der sehr leichten Hülle von negativen Elektronen (**Elektronenhülle**), die den Kern in einer Entfernung von 1 hundertmillionstel cm umgibt und die positive Kernladung absättigt. Der Atomkern selbst ist aus Protonen und Neutronen zusammengesetzt (→Kernphysik). Die Anzahl der Elektronen, die mit der Zahl der positiven Ladungen am Kern übereinstimmt, ist die **Ordnungszahl** des betr. A. (Platznummer des Elements im Period. System). Der Anordnung der Elektronen in der Hülle entspringen die Gesetzmäßigkeiten des →periodischen Systems der Elemente. Durch Energiezufuhr von außen (Stoß, Strahlung) können die Elektronen ihre Plätze innerhalb der Hülle wechseln und durch Umkehr des Platzwechsels die aufgenommene Energie als Licht wieder ausstrahlen. Bei genügend großer Energiezufuhr kann ein Elektron aus der Hülle losgerissen und das Atom ionisiert werden (→Ion). Wechselwirkungen der Hüllenelektronen zweier oder mehrerer A. untereinander sind die Ursachen der chem. →Bindung.

Atombombe, Bombe, deren vernichtende Kraft auf das plötzliche Freiwerden von →Atomenergie durch Kernumwandlungen zurückgeht; Wirkung durch sehr hohe Temperaturen (im Augenblick der Explosion bis zu 20 Mill. Grad), starke Druckwelle und intensive radioaktive Strahlung, die von den bei der Explosion entstehenden angeregten Atomkernen ausgeht. Nach

Atrium

der Art des Freiwerdens der Atomenergie unterscheidet man **Kernspaltungsbomben** (→Kernspaltung) und **Kernverschmelzungsbomben** (→Kernverschmelzung).

Atombrenner, →Reaktor.

Atomenergie, Kernenergie, die Bindungsenergie der Kernbausteine (Protonen und Neutronen) im Atomkern, entspringt den außerordentl. starken Kräften, die auf sehr kurze Entfernungen zwischen den Kernteilchen auftreten; das Wesen dieser Kräfte ist bisher noch nicht voll verstanden. Ein Teil der A. schwerster Atome kann heute durch **Kernspaltung** im →Reaktor nutzbringend gewonnen oder in Atomwaffen zerstörerisch freigesetzt werden. Die Kernverschmelzung (Wasserstoffkerne werden zu Heliumkernen verschmolzen, wobei ein Energieüberschuß freigegeben wird) ist für den Energiehaushalt der Sterne (z. B. der Sonne) maßgebend; auf ihr beruht die Wasserstoffbombe. An der friedl. Nutzung der Kernverschmelzung wird gearbeitet.

Atomgewicht, relative Atommasse, die durchschnittliche Masse der Atome eines chem. Elements, bezogen auf $^1/_{12}$ der Masse des Kohlenstoffisotops mit der Massenzahl 12 (→Chemische Elemente, ÜBERSICHT).

Atom'ismus, Atom'istik, naturphilosoph. Lehre, nach der das Naturgeschehen von einer Vielzahl kleinster Urteilchen(Atome)verursacht ist.

Atomkern, der innere, elektr. positiv geladene Bestandteil eines Atoms, der rd. 99,9% der Atommasse enthält, →Kernphysik.

Atomkraftwerk, →Kraftwerk.

Atommedizin, →Nuklearmedizin.

Atomuhr, eine Zeitmeßanordnung höchster Genauigkeit: die bei 3 · 10¹⁰ Hertz liegenden Eigenschwingungen von Gasatomen und -molekülen werden dazu benutzt, die Frequenz eines Röhrensenders konstant zu halten. Von dem Sender wird über Verstärker der die Zeiger bewegende Synchronmotor angetrieben. Die erzielbare Genauigkeit erlaubt z.B. kleinste Schwankungen der Erdrotation zu messen.

Atomumwandlung, →Radioaktivität.

Atomvolumen, das Volumen in cm³, das von einem →Grammatom eines chem. Elementes bei Null Grad Kelvin eingenommen wird.

Atomwaffen enthalten Kernsprengstoffe oder radioaktive Stoffe (→Atombombe).

Atomwaffensperrvertrag, ein zwischen den USA und der UdSSR ausgehandelter Vertrag, um die Herstellung und Verbreitung von Atomwaffen zu verhindern. Der A., dem viele Staaten beitraten, ist seit 5. 3. 1970 in Kraft.

Atomwärme, die Wärmemenge, die erforderlich ist, um 1 Grammatom eines chem. Elements um 1 Grad zu erwärmen.

Atomzertrümmerung, früher oft gebrauchte Bez. für die Umwandlung von Atomkernen durch atomare Stoßprozesse.

aton'ale Musik, →Moderne Kunst.

Aton'ie [grch.] die, Erschlaffung, Zustand, in dem die leichte Dauerspanung (**Tonus**) der menschl. und tierischen Gewebe nachgelassen hat.

Atout [at'u, frz.] das, Trumpf in Kartenspiel.

à tout prix atupr'i, frz.], um jeden Preis.

'Atreus, griech. Sage: König von Mykene, Sohn des Pelops, Vater des Agamemnon und Menelaos, der **Atr'iden,** von →Ägisth erschlagen.

'Atrium [lat.] das, 1) der Hauptraum des altrömischen Hauses. 2) Vorhof frühchristl. und frühmittelalterl. Kirchen.

Atroph'ie [grch.] die, ⸘ Schwund eines Körperteils oder Organs.

Atrop'in das, giftiges Alkaloid in Nachtschattengewächsen, bes. in der Tollkirsche (lat. Atropa), hemmt Schweiß- und Speichelbildung; löst Krämpfe der Eingeweide, erweitert die Pupillen.

att'acca [ital.], ♪ Vorschrift am Schluß eines Satzes, den nächsten sofort folgen zu lassen.

attachieren [ataʃ'iːren, frz.], 1) zuweisen, anknüpfen. 2) anbraten (Fleisch). 3) sich befreunden. **Attachement** [ataʃm'ãː] das, Zuneigung.

Attaché [ataʃ'e, frz.], Angehöriger des Auswärtigen Dienstes am Beginn seiner Laufbahn; auch ein Sachverständiger bei einer Auslandsvertretung: **Militär-, Handels-, Presse-A.** u.a.

Att'acke [frz.] die, Angriff, bes. zu Pferde.

Attendorn, Stadt im Sauerland, Nordrh.-Westf., 22 100 Ew.; Metall-, Blechwalzwerke.

Attent'at [lat.] das, Anschlag, bes. aus polit. Beweggründen, gegen das Leben eines Gegners.

Attent'ismus [frz.] der, Haltung des Abwartens.

Atterbom, Per Daniel Amadeus, schwed. Dichter und Literarhistoriker, *1790, †1855; Hauptvertreter der schwed. Romantik.

Attersee, Kammersee, größter See des Salzkammerguts, 20 km lang, 46,7 km², 467 m ü. M.

Att'est [lat.] das, (ärztl.) Bescheinigung.

'Attika, Landschaft im SO Mittelgriechenlands mit der Hauptstadt Athen; kahle Gebirgszüge; Wein, Öl, Feigen; Marmor, Blei, Zink.

'Attika [grch.] die, geschlossene, oft geschmückte Wand über dem Hauptgesims eines Baus, meist zur Verdeckung des Daches.

'Attila [got. »Väterchen«], König der Hunnen, der **Etzel** der germanischen Sage, †453, wurde 451 auf den Katalaunischen Feldern bei Troyes von dem weström. Feldherrn Aëtius geschlagen.

'Attila der oder die, kurzer schnurbesetzter ungar. Männerrock, dann der Husarenrock.

'attisch, 1) auf Attika, bes. Athen, bezüglich. **2)** fein, witzig.

Attit'üde [frz.] die, Stellung, Haltung.

Attlee ['ætli], Clement, seit 1955 Earl A., brit. Staatsmann, *1883, †1967; 1935-1955 Parteiführer der Labour Party, mehrfach Minister, 1945 bis 1951 Premiermin., führte ein Sozialisierungsprogramm durch.

Attractant [ətr'æktənt, engl.] das, Lockstoff (für Insekten).

Attrakti'on [lat.] die, Anziehung.

Attr'appe [frz. »Falle«] die, täuschende Nachbildung.

Attrib'ut [lat.] das, **1)** die einem Ding beigelegte Eigenschaft; Merkmal. **2)** Kennzeichen (Sinnbild) eines Heiligen. **3)** ⑤ die Beifügung.

atü, Atmosphärendruck über 1 ata.

'ätzen, 1) die Oberfläche eines Körpers (z.B. einer Druckplatte) mit chem. wirksamen flüssigen oder gasförmigen Mitteln (**Ätzmittel:** Säuren, Chloride) verändern; nicht zu verändernde Stellen sind durch den **Ätzgrund** (Wachs u.a.) geschützt. **2)** gefärbte Gewebe durch **Ätzbeizen** mustern (→Zeugdruck). **3)** ⚕ Körpergewebe durch chem. Mittel (Säuren, Laugen, Höllenstein) zerstören.

Au, chem. Zeichen für →Gold.

AUA, Abk. für Austrian Airlines, österreich. Luftverkehrsgesellschaft.

Auber [ob'ɛːr], Daniel, französ. Komponist, *1782, † 1871; Opern: »Die Stumme von Portici«, »Fra Diavolo«.

Aubergine [obɛrʒ'in, frz.] die. →Eierpflanze.

Aubusson [obys'ɔ̃], Stadt in Mittelfrankreich, bekannt durch Teppichwirkereien.

Auch [o:ʃ], Stadt in SW-Frankreich, 20 400 Ew.; Erzbischofssitz, spätgot. Kathedrale; Textil- und Weinhandel.

Auckland ['ɔːklənd], größte Stadt und Überseehafen Neuseelands, 499 700 Ew.; Universität, Flughafen; chem., landwirtschaftl. Erzeugnisse.

Auden [ɔ:dn], Wystan Hugh, engl. Dichter, *1907, expressionist. Lyrik, Prosa, Dramen.

audi'atur et 'altera pars [lat.], man höre auch den andern Teil (ehe man urteilt).

Audiberti [odi-], Jacques Séraphin, französ. Schriftsteller, *1899, †1965; Gedichte, Romane, Dramen, Essays.

Audi'enz [lat. »Gehör«] die, Empfang beim Papst, bei Fürsten und hohen Staatsbeamten.

'Audion das, ⌾ Elektronenröhre, die zugeführte Hochfrequenzschwingungen gleichrichtet und verstärkt.

audio-visu'elle Unterrichtsmittel, Lern- und Lehrmittel des Unterrichts, die dem Schüler hörbare (auditive: Schallplatte, Tonband) oder sichtbare (visuelle: Zeichnungen, Modelle, Filme) Informationen darbieten.

Attersee (Luftaufnahme)

Audit'orium [lat.] das, -s/...rien, **1)** Hörsaal. **2)** Zuhörerschaft.

Aue oder **Au** die, Wiese; fruchtbare Ebene.

Aue, Stadt im Erzgebirge, im Bez. Karl-Marx-Stadt, 31 500 Ew.; Uranerzbergbau, Industrie.

Auer, Carl Freih. v. Welsbach, Chemiker, *1858, †1929, erfand das Gasglühlicht (**A.-Licht**) und die Metallfadenlampe.

Auerbach im Vogtland, Kreisstadt im Bez. Karl-Marx-Stadt, 19 300 Ew.; Textilindustrie.

Auerbach, Berthold, Schriftsteller, *1812, †1882, Wegbereiter der dt. Dorfgeschichte (»Barfüßele«).

Auerbachs Keller, Weinkeller in Leipzig, 1530 erbaut, Ort einer Szene in Goethes »Faust«.

Auerbachs Keller

Auerhuhn, größtes europäisches Waldhuhn; Hahn schwarz und weiß, Brust grün schimmernd, 1 m lang; balzt März, April (→Balz); Henne kleiner, rebhuhnbraun gefärbt.

Auerochs, Ur, ausgestorbenes europäisches Wildrind; Stammform des Hausrindes.

Auerstedt, Dorf nahe Jena; 14. 10. 1806 Sieg der Franzosen über die Preußen.

Aufbauschule, weiterführende Schule in Aufbauform, schließt an die 6. (spätestens 7.) Schuljahr der Hauptschule oder Förderstufe an. A. gibt es als **Aufbaugymnasien, Aufbaurealschulen** und **Berufsaufbauschulen.**

Aufbereitung, ⚒ Vorbereitung der Rohstoffe für hüttenmäßige Verarbeitung und Verkauf.

Aufbewahrungspflicht, Verpflichtung der Vollkaufleute, Handelsbücher, Bilanzen, Inventare 10 Jahre, Handelsbriefe 7 Jahre aufzubewahren (§§ 38, 44 HGB).

aufbrechen, ⚕ die Eingeweide (den **Aufbruch**) ausnehmen.

aufbringen, ⚓ Wegnahme eines Handelsschiffes durch ein Kriegsschiff (→Prise).

Aufenthaltserlaubnis. In der Bundesrep. Dtl. benötigen Deutsche nach dem Grundrecht der Freizügigkeit keine A.; Ausnahmen sind nur durch Gesetz und nur zu bestimmten Zielen zulässig, z. B. bei Seuchengefahr (Art. 11 GG). Deutschen aus der Dt. Dem. Rep. darf der Aufenthalt

Attlee

in der Bundesrep. Dtl. nicht verweigert werden, wenn sie die Dt. Dem. Rep. aus zwingenden Gründen verlassen mußten.

Auferstehung Christi, die im N.T. bezeugte Wiedererweckung Jesu nach seinem Kreuzestod, das grundlegende Ereignis für die Bildung der christl. Gemeinde und für den Glauben an Jesus als Gottessohn. Ihr Fest ist Ostern.

Aufforstung, 1) erste Waldanlegung auf einer Fläche. **2)** Wiederbesetzung eines Kahlschlages.

Aufführungsrecht, →Urheberrecht.

Aufgebot, 1) gerichtlicher Aufruf, Rechte oder Ansprüche anzumelden mit der Wirkung, daß eine unterlassene Anmeldung Rechtsnachteile zur Folge hat (z.B. vor Todeserklärung, Kraftloserklärung von Urkunden). **2)** standesamtliches Verfahren vor der Eheschließung.

Aufgeld, →Agio.

Aufgesang und **Abgesang,** Teile der Strophen bei den Minne- und Meistersingern.

Aufgußtierchen, Infus'orien, einzellige Tierchen mit Wimper-Fortsätzen (zur Fortbewegung). In Aufguß auf Heu u.ä. entwickeln sie sich aus ihren Keimen (BILD Urtiere).

Aufklärung, europäische Geistesbewegung des 18.Jahrh. Sie sah in der Vernunft das eigentl. Wesen des Menschen, suchte die Kultur von kirchl. Bevormundung, von Mystizismus und Aberglauben zu befreien, erstrebte Toleranz und glaubte an den Fortschritt der Menschheit durch Gestaltung des Lebens nach vernünftig-natürl. Grundsätzen und durch wissenschaftl. Forschung. Nach Dtl. kam sie teils aus England (empirische Philosophie, Newtons Physik), teils aus Frankreich (Voltaire, Enzyklopädisten). Hervorragende dt. Vertreter waren Lessing, Kant. Politisch wirkte die A. auf die unumschränkte Fürstenherrschaft ein (**aufgeklärter Absolutismus)** und bereitete die Französ. Revolution vor.

Auflage, 1) BUCHHANDEL: die Gesamtzahl der in einem Druck hergestellten Stücke eines Buches. **2)** 🔀 die einer beschenkten oder in einer letztwilligen Verfügung bedachten Person auferlegte Verpflichtung zu einer Leistung.

Auflassung 1) Stillegung (Betrieb, Bergwerk). **2)** 🔀 die zur rechtsgeschäftl. Übertragung des Eigentums an einem Grundstück erforderl. Einigung von Veräußerer und Erwerber; muß vor Grundbuchamt, Amtsgericht, Notar oder erklärt werden. Vergleich erklärt werden (§ 925 BGB).

Auflauf, 1) 🔀 rechtswidrige Ansammlung von Menschen auf öffentl. Wegen usw.; strafbar ist, wer sich nach dreimaliger Aufforderung des zuständigen Beamten nicht entfernt (§ 116 StGB). **2)** in einer Form gebackene Mehlspeise.

Auflösung, ♪ **1)** Fortschreiten der Töne eines Dissonanzakkords zur Konsonanz. **2)** Aufhebung (♮) eines Versetzungszeichens.

Auflösungsvermögen, optisches A., der geringstmögliche Abstand zweier Punkte, die bei Betrachtung durch ein optisches Instrument (Mikroskop, Fernrohr) gerade noch getrennt erscheinen sollen. Das A. ist um so größer, je kürzer die Wellenlänge der Strahlen ist, mit denen abgebildet wird.

Aufrechnung, Kompensation, 🔀 Tilgung einer Schuld durch die Erklärung, sie mit einer fälligen gleichartigen Gegenforderung zu verrechnen.

Aufriß, Darstellung eines Gegenstandes in einer senkrechten Ebene, →Projektion.

Aufruhr, 1) jede Zusammenrottung, bei der gegen die gesetzmäßige Tätigkeit der Träger der öffentl. Gewalt gewalttätiger Widerstand geleistet wird; wird mit Gefängnis, an den Rädelsführern mit Zuchthaus bestraft (→Landfriedensbruch).

aufschließen, ⚗ unlösl. Stoffe durch Schmelzen mit sauren oder alkal. Zuschlägen in lösliche Verbindungen überführen.

Aufsichtspflicht, gesetzl. Pflicht zur Beaufsichtigung von Personen, die wegen Minderjährigkeit oder wegen ihres körperl. oder geistigen Zustandes der Aufsicht bedürfen. Eine A. haben Eltern, Vormund u.a.; ihre Vernachlässigung verpflichtet zum Schadenersatz (§ 832 BGB).

Aufsichtsrat, →Aktiengesellschaft.

Auftakt, unbetonter Taktteil am Anfang eines Tonstücks, eines Themas.

Allegro non troppo

Auftakt (4. Sinfonie von Brahms)

Auftrag, 1) Abschluß eines entgeltl. Vertrags auf Lieferung von Waren oder Erbringung von Leistung. **2)** Vertrag, durch den sich der Beauftragte verpflichtet, ein ihm vom Auftraggeber übertragenes Geschäft unentgeltlich zu besorgen.

Auftrieb, 🔲 nach oben gerichtete Kraft, die auf in Flüssigkeiten oder Gase getauchte Körper einwirkt. Die durch den A. bewirkte Gewichtsverminderung ist gleich dem Gewicht der verdrängten Flüssigkeits- oder Gasmenge (**Archimedisches Prinzip).**

Aufwandsentschädigung, Vergütung für Ausgaben im Dienst; auch Entschädigung der Abgeordneten.

Aufwendungen, Aufwand, 🔲 in der Gewinn- und Verlustrechnung der Verbrauch an Gütern und Leistungen (Löhne und Gehälter, Abschreibungen, Zinsen, Steuern u.a.).

Aufwertung, 1) die nachträgl. Erhöhung des Nennbetrags einer Geldschuld zum Ausgleich einer Geldentwertung. **2)** die Erhöhung des Wechselkurses (Goldparität) der eigenen Währung (**Revalvation).**

Aufzug, senkrechte oder schräge Förderanlage für Personen und Lasten zur Überwindung von Höhenunterschieden; unrichtig Fahrstuhl.

Auge, Sinneswerkzeug zur bildhaften Wahrnehmung der Außenwelt (TAFEL Sinnesorgane). Das Auge besteht aus Schutzorganen (Lidern, Wimperhaaren, Brauen) und dem in der knöchernen A.-Höhle gelegenen **Augapfel,** der von den **A.-Muskeln** bewegt und von der zarten, durchscheinenden **A.-Bindehaut** überzogen wird. Der Augapfel ist umschlossen von der **Lederhaut** (der harten Haut oder dem Weißen), die vorn in die uhrglasförmige, durchsichtige **Hornhaut** übergeht; nach innen von dieser liegt die gefäßreiche **Aderhaut,** von der aus der Augapfel ernährt wird, ganz nach innen die **Netzhaut** mit den lichtempfindlichen Stäbchen und den farbenempfindlichen Zapfen, an die die Enden des Sehnervs herantreten. Nach vorn geht die Aderhaut in die ringförmige, je nach Dichte und Anordnung des Farbstoffes (Pigments) grau, blau oder braun gefärbte **Regenbogenhaut (Iris)** über, in deren Mittelpunkt das Sehloch (die **Pupille)** liegt. Hinter der Iris die durchsichtige **A.-Linse,** die Lichtstrahlen bricht und durch den hinter ihr gelegenen durchsichtigen Glaskörper auf die Netzhaut wirft. Zwischen Hornhaut und Vorderfläche von Linse und Iris befindet sich die **vordere,** zwischen Hinterfläche der Iris und Glaskörper die **hintere A.-Kammer,** beide mit wäßriger Flüssigkeit angefüllt. Nach oben oder außen über dem Augapfel die Tränenflüssigkeit absondernde **Tränendrüse;** Abfluß der Tränen vom inneren Augenwinkel aus durch den Tränennasengang in die Nase. An der Eintrittsstelle (Papille) des Sehnervs hat die Netzhaut keine Stäbchen und Zapfen und ist deshalb für Lichteindrücke unempfindlich (**blinder Fleck);** die empfindlichste Stelle der Netzhaut, den Pupille gegenüber ist der **gelbe Fleck. –** Künstliches **A.,** aufgemalt bemalte Schale aus Glas. **Facetten-A.,** bei den Insekten und anderen Gliederfüßen, sind bienenwabenartig zusammengesetzt aus vielen Einzelaugen.

Augendiagnose die, das angebliche Erkennen von Krankheiten aus der Beschaffenheit der Regenbogenhaut.

Augenfalter, Tagfalter mit Augenflecken, z.B. **Schachbrett.**

Facettenaugen (a) **und Ozellen** (b) **einer Biene**

Augenspiegel, { von Helmholtz erdachtes Gerät zur Beleuchtung und Untersuchung des Augeninnern; ein durchbohrter Hohlspiegel; heute meist elektrische A. gebräuchlich.

Augentripper, Geschlechtskrankheit, bei der zunächst eine akute Entzündung der Bindehaut des Auges durch Gonokokken (→Tripper) auftritt.

Augentrost, Halbschmarotzer auf Wiesen, mit weißen oder bläulichen Rachenblüten.

Aug'ias, sagenhafter König von Elis, reich an Herden; Herakles reinigte seine Ställe an einem Tag. Danach: **Augiasstall,** große Unordnung.

Aug'it der, Mineral, ein Calcium-Magnesium-Silicat, Gemengteil von Basalt, Lava usw.

Augsburg, Hauptstadt des RegBez. Schwaben, Bayern, am Lech, 212 600 Ew.; Universität; der Dom erhalten, das Rathaus und die Fuggerei wiederhergestellt; neben München die führende Industrie- und Handelsstadt des Alpenvorlandes; Maschinen-, Textil-, Elektrou. a. Industrie. GESCHICHTE. Als römische Militärkolonie 15. v. Chr. gegründet, seit dem 6. Jahrh.

Augsburg: Maximilianstraße

Bistum, 1276-1805 Reichsstadt, im 15./16. Jahrh. zur Zeit der Fugger und Welser blühende Handelsstadt, berühmte Reichstage der Reformationszeit: 1530, 1548; 1555 Augsburger Religionsfriede.

Augsburgisches Bekenntnis, lat. **Conf'essio August'ana,** Bekenntnisschrift der luth. Kirche, von Melanchthon lateinisch und deutsch verfaßt, von den Protestanten auf dem Reichstag in Augsburg 1530 Kaiser Karl V. überreicht.

Augsprosse, unterste Hirschgeweihsprosse, über dem Auge.

Augstein, Rudolf, Publizist, *1923, Herausgeber der Wochenzeitschrift »Der Spiegel«.

Aug'uren, Ez. **'Augur** der, altröm. Priester, die aus Vogelflug und -schrei, Blitz, Donner den Willen der Götter verkündeten. **A.-Lächeln,** Lächeln Eingeweihter über einfältig Gläubige.

Aug'ust der, **Ernting,** der achte Monat; der sechste der altrömischen Zeitrechnung, nach Kaiser Augustus benannt; hat 31 Tage.

'August [von →Augustus], männl. Vorname.

August II., der Starke, Kurfürst von Sachsen (1694-1733), *1670, †1733, erlangte durch Übertritt zum Katholizismus 1697 die poln. Krone, wurde im Nord. Krieg vom Schwedenkönig Karl XII. besiegt und zum Verzicht auf die poln. Krone gezwungen (bis 1720); prachtliebend, verschönerte er Dresden durch Barockbauten (Zwinger, Frauenkirche), ebenso Warschau.

Aug'usta, weibl. Form zu →August(us).

Augusta, dt. Kaiserin und Königin von Preußen, *1811, †1880, ∞ mit dem späteren Kaiser Wilhelm I.; Gegnerin Bismarcks.

Augustenburger, die nach dem Schloß Augustenburg benannte Linie der Herzöge von Schleswig-Holstein.

Auguste Viktoria, letzte deutsche Kaiserin, augustenburgische Prinzessin, Gemahlin Wilhelms II., *1858, †1921.

August'iner Mz., kathol. Ordensgenossenschaft, leben nach der **Augustinerregel** (11. Jahrh.). **A.-Chorherren:** in klösterl. Gemeinschaft lebende Domherren. **A.-Eremiten:** Bettelorden, tragen schwarze Kutte (weiße zu Hause), spitze Kapuze, Ledergürtel, Schuhe (beschuhte A.), **A.-Barfüßer,** unbeschuhte A. Aufgabe: Seelsorge, Predigt.

August'inus, abendländ. Kirchenlehrer, *Tagaste (Nordafrika) 354 (Mutter: die heilige Monika), † Hippo Regius 430, Heiliger (Tag 28. 8.). Seine Schriften, bes. die Lehre von Sünde und Gnade, haben die abendländ. Theologie und Philosophie beeinflußt. Werke: »Bekenntnisse«, »Über den Gottesstaat« (De civitate Dei).

Augustus [lat. »der Erhabene«], Ehrenname der röm. Kaiser, zuerst des Kaisers Oktavian seit 27 v. Chr.; ihre Gattinnen hießen **Augusta.**

Aug'ustus, Gajus Julius Caesar Octavianus, erster röm. Kaiser, *63 v. Chr., †14 n. Chr., verband sich 43 mit Antonius und Lepidus zum Triumvirat; schlug 42 bei Philippi Brutus und Cassius, die Mörder seines Adoptivvaters Caesar. In der Auseinandersetzung mit Antonius errang er 31 durch den Sieg bei Actium die Alleinherrschaft, erhielt 27 den Titel **Augustus.** Seine Regierung (**Augusteisches Zeitalter**) war die Blütezeit der röm. Dichtung (Vergil, Horaz, Ovid, Livius) und Kunst.

August d. Starke

Aukti'on [lat.] die, →Versteigerung. **Aukti-on'ator** der, berufsmäßiger Versteigerer.

'Aula [lat.] die, -/...len, 1) Innenhof im altgriech. Haus. 2) Vorhof altchristl. Kirchen. 3) Festsaal in Schulen und Hochschulen.

Aulis, altgriech. Hafen an der Ostküste Böotiens. Ausgangsort des Zuges gegen Troja.

au pair [op'ɛːr, frz.], Arbeitsleistung gegen Wohnung und Essen, ggf. Taschengeld.

'Aura [grch.] die, nach okkultist. Lehre manchmal sichtbare Sphäre des Ätherleibs.

'aurea medi'ocritas [lat.], goldene Mitte, Mittelweg, aus Horaz »Oden«.

Aureli'an, röm. Kaiser (270-275), kämpfte erfolgreich gegen Goten und Wandalen, sicherte Rom mit einer langen Mauer.

Aur'elische Straße, lat. **Via Aur'elia,** um 241 v. Chr. von Rom nach Cosa angelegte Straße, später bis Cartagena (Spanien) weitergeführt.

Aure'ole [lat.] die, 1) Heiligenschein. 2) Hof um Sonne oder Mond. 3) Leuchtender Saum, an der Flamme einer Sicherheitslampe, verursacht durch verbrennendes Grubengas.

Aureomyc'in das, ein →Antibioticum.

Aurich, Stadt in Niedersachsen, am Ems-Jade-Kanal, 12 400 Ew.; Viehmärkte.

Aurignac-Mensch [orin'ak; nach dem Fundort in S-Frankreich], späteiszeitl. Menschenform.

Aurikel die, Art der Gattung →Primel.

Auriol [o:ri'ol], Vincent, französ. Politiker, *1884, †1966, 1947-54 Präs. der Republik.

Aur'ora, röm. Göttin der Morgenröte (→Eos).

Aur'orafalter, weißer und rotgelber Weißlingsschmetterling.

'Aurum [lat.], das Gold.

ausbaldowern [hebr.], →Baldower.

Ausbund [außen angebundenes Warenmuster] der, das Ausgesuchteste seiner Art.

Ausbürgerung, die Aberkennung der Staatsangehörigkeit, ist in der Bundesrep. Dtl. nach Art. 16 GG verboten.

Auschwitz, poln. Oświęcim, Stadt in der poln. Woiwodschaft Krakau, im 2. Weltkrieg berüchtigtes Konzentrationslager.

Ausdehnung, 1) die Vergrößerung der Länge oder des Rauminhaltes, die ein Körper im allgemeinen durch Erwärmung erfährt. 2) **A. des Weltalls,** Annahme, daß sich das Weltall im Zustand fortschreitender A. befindet.

Ausdruckslehre, eine Wissenschaft, die die sichtbare Erscheinung und Handlungsweise des Menschen, Sprache, Schrift, Gebärde, Gang und Arbeitsweise, als Ausdruck seel. Eigenschaften betrachtet und daraus die Grundlagen für den Aufbau einer Charakterkunde (bes. Ludwig Klages) zu gewinnen sucht.

Ausdruckstanz, zu Beginn des 20. Jahrh. entstandene, durch Isadora →Duncan geförderte

Augustus

Richtung der Tanzkunst. Ziel ist die tänzerische Gestaltung seel. Erlebnisse. Bedeutendste Vertreterin des A. war Mary →Wigman.

Ausfallerscheinung, ♪ die Aufhebung oder Abschwächung einer Lebenstätigkeit, wenn das Organ oder Gewebe erkrankt ist oder entfernt wird.

Ausfallzeiten, die 6 Wochen überschreitende Unterbrechung einer rentenversicherungspflichtigen Beschäftigung (Krankheit, Arbeitslosigkeit).

Ausfluß, lat. **Fluor,** ♪ verstärkte Flüssigkeitsabsonderung aus den weibl. Geschlechtswegen.

Ausfuhr, →Außenhandel.

Ausführungsbestimmungen, auf dem Gesetzes- oder Verordnungsweg erlassene Bestimmungen mit Einzelheiten über die Gesetzesdurchführung.

Ausgedinge das, →Altenteil.

Ausgleichsgetriebe, Differentialgetriebe, Zahnrad-(Planeten-)Getriebe, das die verschieden schnelle Drehung der angetriebenen Räder beim Kurvenfahren ermöglicht. Arten: **Kegelrad-, Stirnrad-, selbstsperrendes A.** (→Kraftwagen).

Ausgleichskassen, →Familienausgleichskassen.

Ausgleichsrente, Kriegsopferversorgung: Rente für Schwerbeschädigte, Witwen, Waisen.

Ausgrabungen, die Freilegung geschichtl. und vorgeschichtl. Siedlungsstätten, Bauten, Denkmäler und sonstiger Überreste. A. der Reliquien von Heiligen übte das ganze MA. Zu A. antiker Kunstwerke kam es zuerst im Italien des 15. Jahrh. Wissenschaftliche A., in stetig sich verfeinernden Methoden, begannen erst im 19. Jahrh. Sie haben nicht nur die Kenntnis der geschichtlichen Zeiten (Griechenlands, Babyloniens, Assyriens, Ägyptens usw.) stark erweitert, sondern auch Vorstellungen von den schriftlosen vorgeschichtl. Zeiträumen vermittelt.

Aushängebogen, Reindruck- oder Korrekturbogen eines Buches.

Aushärtung, Verfahren zur Verfestigung von Legierungen durch Glühen und Abschrecken; bei härtbaren Harzen der Endzustand, der durch Erhitzen oder durch chem. Einwirkung erreicht werden kann und die Erzeugnisgüte bestimmt.

aushebern, ♪ das Entnehmen des flüssigen Mageninhaltes durch Magensonde.

Auskragung, ⌂ das Vorspringen von Bauteilen über die Stützwand.

Auskratzung, →Ausschabung.

Auskultati'on [lat. »Behorchen«] die, ♪ Abhorchen des Körpers, bes. der Lungen und des Herzens (Atemgeräusche und Herztöne), durch Auflegen des Ohres oder mit dem Stethoskop.

Auskunft'ei die, erteilt gewerbsmäßig Auskunft über persönl. und wirtschaftl. Verhältnisse Dritter (Zahlungsfähigkeit, Kreditwürdigkeit).

Auskunftspflicht, ⚖ die Pflicht des Einzelnen, den Behörden über ihn selbst betreffende Angelegenheiten Auskunft zu geben. Sie kann als Beschränkung der persönl. Freiheit nur durch Gesetz auferlegt werden, z. B. im Steuerrecht.

Ausländer, Person, die eine andere als die Staatsangehörigkeit ihres Aufenthaltslandes besitzt. Ein A., das gewährte Gastrecht verletzt, kann ausgewiesen werden. Der A. hat kein Wahlrecht und ist von der Wehrpflicht befreit. Im Strafrecht und Privatrecht ist er grundsätzlich dem Inländer gleichgestellt.

Ausläufer, 🌱 über den Boden kriechender, wurzelnder Seitentrieb (z. B. bei der Erdbeere), dient der Vermehrung.

Auslaut, Endlaut einer Silbe (→Inlaut).

Ausleger der, 1) ⚓ bei Ruderbooten Gestell zum Auflegen der Riemen (außen an der Seite). 2) ⚓ mit dem Boot verbundener Balken, der gegen das Umschlagen sichert. 3) bei Kränen das über die Unterstützung hinausragende Gerüst.

Auslegung, 1) die Deutung (Interpretation) des Sinnes von Schriftwerken, bes. der Bibel. 2) ⚖ Klarstellung des Sinnes von Rechtssätzen und Rechtsgeschäften (§§ 133, 157 BGB).

Auslese, 1) natürliche Auslese, →Darwinismus.

Auslegerboot (Hawaii)

2) Soziologie: das soziale und gesellschaftl. Emporsteigen bes. begabter und geeigneter Einzelpersonen **(Elite).** 3) Wein von besten, edelfaulen oder geschrumpften Beeren.

Auslieferung, Übergabe eines Ausländers an seinen Heimatstaat oder an einen dritten Staat zur Strafverfolgung oder -vollstreckung. Die A. erfolgt nur wegen bestimmter Verbrechensarten **(Auslieferungsdelikte).** Politisch Verfolgte genießen Asylrecht. Kein Deutscher darf an das Ausland ausgeliefert werden (Art. 16 GG); Entsprechendes gilt in anderen Rechtsstaaten.

Auslobung, ⚖ öffentl. Zusicherung einer Belohnung für eine Leistung (§§ 657 ff. BGB), z. B. Ermittlung des Täters einer strafbaren Handlung.

Auslöser, Verhaltensforschung: Organe und Instinktbewegungen, die angeborene auslösende Mechanismen signalartig zum Ansprechen bringen.

ausmerzen [im März minderwertige Tiere ausscheiden], Minderwertiges ausscheiden.

Ausnahmezustand, Belagerungszustand, ein staatl. Notstand, bei dem außerordentl. Maßnahmen zur Wiederherstellung der öffentl. Sicherheit und Ordnung getroffen werden (→Notstand).

Aus'onius, lat. Dichter, † Bordeaux um 395 n. Chr.; bekannt durch sein Preisgedicht auf die Mosel (»Mosella«).

Ausp'izien [lat.] Mz., 1) Aussichten. 2) Voraussagen.

auspowern [zu power »arm«], 1) verarmen, verelenden. 2) ausbeuten.

Auspufftopf, Schalldämpfer an Verbrennungsmotoren, in dem die Abgase entspannt werden.

Ausrüstung, 1) ⚔ Bekleidung, Waffen und Gerät für den Einzelsoldaten wie für die Truppe. 2) die Appretur eines Gewebes.

Aussage, 1) jedes sprachlich gefaßte →Urteil. 2) ⚖ falsche A. vor Gericht kann als Falschaussage oder Meineid bestraft werden.

Aussatz, Lepra, eine durch Leprabakterien verursachte, sich über lange Jahre hinziehende, von Siechtum begleitete Infektionskrankheit mit meist tödlichem Ausgang. Beginnt mit Hautflecken und Hautknoten, die später geschwürig zerfallen. Durch Brandigwerden einzelner Gliedmaßen kann es zu schweren Verstümmelungen kommen. Die Befallenen wurden früher aus der Gemeinschaft ausgesiedelt, »ausgesetzt«.

Ausschabung, lat. **Abrasio, Kürettage,** ♪ Auskratzen der Gebärmutter mit der **Kürette.**

Ausschlag, grch. **Exanthem,** ♪ Hauterkrankung, charakteristisch bei Infektionskrankheiten (Masern, Scharlach, Röteln, Windpocken u. a.).

Ausschuß, 1) ein aus einer Körperschaft, einer Versammlung, einer Gesellschaft usw. gewählter, mit besonderen Aufgaben betrauter engerer Kreis von Mitgliedern, z. B. parlamentar. Ausschuß. 2) Stoffe oder Ware mit Fehlern.

Ausschwitzung, das →Exsudat.

Aussee, Bad A., Solbad im Salzkammergut, Österreich, 5100 Ew.; 650 m ü. M.

Außenbordmotor, wird an der Bordwand von Booten befestigt, treibt über ein Kegelradgetriebe die Schraube an.

Außenhandel, der Teil der Warenumsätze, der über die Landesgrenzen geht (Einfuhr und Ausfuhr), im Unterschied zum **Binnenhandel.** Die **Außenhandelsstatistik** erfaßt Menge und Wert des A., die **Handelsbilanz** gibt einen Überblick über den gesamten A. eines Staates. **Außenhandelsbanken** vermitteln die Finanzierung (Devisengeschäfte). – Der A. ist ein Teil der →Außenwirtschaft.

Außenhandel (1970) in Mill. DM

Land	Einfuhr	Ausfuhr
Verein. Staaten . .	146 265	158 209
Bundesrep. Dtl. . .	109 606	125 276
Großbritannien . .	79 508	70 823
Frankreich	69 975	65 659
Japan	69 100	70 700
Italien	54 677	48 267
Niederlande	49 020	43 067
Kanada	47 192	59 052
Sowjetunion	42 965	46 848
Belgien-Lux.	41 550	42 450
Schweden	25 640	24 820

Außenpolitik, die Gestaltung der Beziehungen eines Staates zu fremden Staaten und zu zwischenstaatl. Einrichtungen.

Außenseiter [engl. outsider], **1)** Wettkämpfer (im Rennsport Pferd) mit geringen Aussichten auf Gewinn. **2)** übertragen: Eigenbrötler; Nichtfachmann.

Außenstände, unbeglichene Forderungen.

Außenwirtschaft, alle Wirtschaftsbeziehungen zwischen Staaten. Die A. umfaßt den Außenhandels-, Dienstleistungs- und Kapitalverkehr; eine Übersicht darüber gibt die **Zahlungsbilanz.**

Äußere Mongolei, →Mongolei, →Mongolische Volksrepublik.

Außerparlamentarische Opposition, Abk. **APO,** in der Bundesrep. Dtl. locker verbundene Gruppen, bes. Studenten und Intellektuelle, die ihre im Gegensatz zur Regierung stehenden polit. Überzeugungen nicht von den parlamentar. Oppositionsparteien vertreten sehen. Sie lehnen z. T. das parlamentar. Regierungssystem ab.

Aussetzung, ⚖ das Verlassen von anvertrauten Kindern oder Gebrechlichen in hilfloser Lage. Strafe: Freiheitsstrafe, bei Verletzung oder Tod des Ausgesetzten Freiheitsstrafe nicht unter einem Jahr (§ 221 StGB).

Aussig, tschech. **Ústí nad Labem,** Industriestadt in der Tschechoslowakei, an der Elbe, 66 700 Ew.; Umschlaghafen, Industrie.

Aussonderung, ⚖ im Konkurs die Rückgabe von Gegenständen, die dem Gemeinschuldner nicht gehören, an den Berechtigten.

Aussperrung, Entlassung aller oder eines Teils der Arbeitnehmer als Gegenmaßnahme der Arbeitgeber gegen Streik.

Ausstand, der →Streik.

Ausstattung, ⚖ **1)** Familienrecht: Zuwendung der Eltern an ein Kind (Sohn oder Tochter), das heiraten oder eine selbständige Lebensstellung erlangen will (§§ 1624 f. BGB). Eine Art der A. ist die →Aussteuer. **2)** Gewerblicher Rechtsschutz: äußere Zutaten, die die Herkunft einer Ware kennzeichnen (z. B. Verpackung).

Aussterben, das Verschwinden von Arten, Gattungen oder Stämmen von Lebewesen, oft durch Umweltveränderungen oder auch durch den Menschen.

Aussteuer, Zuwendung der Eltern an die heiratende Tochter (Haushalteinrichtung usw.).

Aussteuerung, Erlöschen von Versicherungs- oder Unterstützungsansprüchen, z. B. in der Krankenversicherung die Einstellung der Krankengeldzahlung nach der 26. Krankheitswoche.

Austauschbau, ⚙ Bau von Maschinen, deren Teile so übereinstimmend gearbeitet sind, daß sie ohne Nacharbeit austauschbar sind. Der A. bildet die Grundlage der Reihen-, Massenfertigung und der wirtschaftl. Instandsetzung (→Passung).

Auster die, schmackhafte Meermuschel; in 10 bis 50 m Tiefe sitzen an geeigneten Stellen (**Austernbänke**) die A. angeheftet. (BILD Muscheln)

Austerity [ɔst'ɛriti, engl. »strenge Einfachheit«], das nach 1945 von der engl. Labourregierung angewendete Politik der Sparsamkeit.

Austerlitz, Stadt in Mähren, ČSSR; 1805 »Dreikaiserschlacht«: Napoleon I. besiegte die Russen (unter Alexander I.) und Österreicher (unter Franz II.).

Austernfischer

Austernfischer, Strandvogel der Regenpfeiferfamilie, taubengroß, oben schwarz, unten weiß, Beine und Schnabel rot.

Austin ['ɔstin], Hauptstadt von Texas, USA, am Colorado, 186 600 Ew.; Universität.

austr'al [lat.], südlich.

Austr'alien [lat. »Südland«], **1)** der kleinste Erdteil. Er wird länderkundlich mit Tasmanien, Neuguinea, Neuseeland sowie der Inselwelt Ozeaniens als **Australien und Ozeanien** zusammengefaßt: insges. 8,9 Mill. km² mit rd. 19 Mill. Ew. Das eigentliche A. und die Insel Tasmanien bilden **Festland-Australien,** 7,7 Mill. km² mit 12,0 Mill. Ew. (FARBTAFEL S. 171, ⊕ S. 518)

Australien

Festland-A. liegt bereits des südl. Wendekreises, hat wenig gegliederte Küsten; nur an der SW- und SO-Küste gute Hafenbuchten. Im W trockenes, z. T. wüstenhaftes Tafelland, ansteigend bewässerten O teils Gebirge (Austral. Kordillere, bis 2230 m hoch), teils Hügelland. Nur ein größeres Stromsystem (Murray-Darling), sonst meist nur zeitweise Wasser führende Flüsse (Creeks). Im S einige große flache Seen (Eyre-, Torrens-See); viele Salzsümpfe. Klimatisch gehört Nord-A. zu den Tropen, Süd-A. zur gemäßigten Zone, das Innere zum subtrop. Trockengürtel (Wüste, Buschland). Pflanzenwelt: Eukalyptus, Akazien, Flaschen- und Grasbäume sind bestimmend, im NO Urwald. Tierwelt: Die höheren Säugetiere fehlen fast ganz. Vorherrschend sind altertüml. Tierarten: Beuteltiere (Känguruh), Schnabeltier, Dingo, Emu, Leierschwanz, Schwarzer Schwan.

2) Australischer Bund, engl. **Commonwealth of Australia,** Bundesstaat, das Festland A., Tasmanien

---

Australien, links: Alice Springs, Nordterritorium, rechts: Eisenwerk bei Wollongong, Port Kembla, Neusüdwales

und kleinere Inseln, 7,7 Mill. km², 12,5 Mill. Ew.; Hauptstadt: Canberra. ⊕ S. 518, ⋔ S. 345. A. ist parlamentar. Monarchie innerhalb der Brit. Commonwealth; Staatsoberhaupt: die brit. Krone vertreten durch Generalgouverneur. Einteilung in die 6 Bundesstaaten: Neusüdwales, Victoria, Queensland, Südaustralien, Westaustralien, Tasmanien und die 2 unmittelbaren Bundesgebiete: Bundesbezirk (Canberra) und Nord-Territorium. – BEVÖLKERUNG fast nur in den Randbezirken, bes. im SO und O; überwiegend Weiße, meist brit. Abstammung, daneben rd. 47 000 Ureinwohner (›Aborigines‹, →Australier). Religion: verschiedene christl. Kirchen, bes. die anglikanische. – WIRTSCHAFT. Im O und SW Landwirtschaft (Weizen), im O und W und in weiten Gebieten des Innern Viehzucht, bes. Schafe. In der Welterzeugung von Wolle steht A. an erster Stelle. ✸ auf Stein- und Braunkohle, Bauxit, Erze. Eisen-, Stahl-, Zement-, Elektro-, chem. u. a. Industrie. Ausfuhr: Wolle, Weizen, Bergbauprodukte. Haupthandelspartner: Großbritannien, USA, Japan. Wichtigste Verkehrsmittel sind Auto und Flugzeug. Haupthäfen: Sydney, Melbourne, Fremantle, Newcastle, Geelong.

GESCHICHTE. Die Nordküste wurde 1605, die Westküste 1644 von den Holländern entdeckt, deshalb Neuholland genannt, die Ostküste 1770 von dem Engländer Cook. Die engl. Besiedlung begann 1788 (anfangs Sträflingskolonien); seit 1825 erforschte man auch das Innere. Allmählich entstanden mehrere Kolonien mit Selbstverwaltung, die sich 1900 zu einem Bundesstaat, dem Commonwealth of Australia, im Rahmen des Brit. Weltreichs zusammenschlossen. Im 1. Weltkrieg unterstützte A. die Entente. Es erhielt als Völkerbundsmandat Dt.-Neuguinea. Unter der Regierung Menzies wurde A. 1954 Mitgl. des Südostasiat. Verteidigungspaktes (SEATO). Min. Präs. W. McMahon (seit 1971).

A. UND OZEANIEN: STAATLICHE GLIEDERUNG	1000 km²	Mill. Ew.
Australischer Bund	7687	12,5
Neuseeland	269	2,8
West-Samoa	3	0,1
Australisch: Norfolk-Insel, Macquarie-I., Papua, Weihnachts-I.	223	0,6
Britisch: Salomon-, Fidschi-, Gilbert- und Ellice-, Tonga-Inseln, Pitcairn	50	0,8
Französisch: Neukaledonien, Frz.-Polynesien, Wallis-I. .	23	0,2
Indonesisch: West-Irian	413	0,8
Neuseeländisch: Cook-Inseln, Niue, Tokelau-Inseln	0,5	0,03
USA: Guam, Hawaii, Samoa	17	0,8
Brit.-französ. Kondominium: Neue Hebriden	15	0,07
Treuhandverwaltung: Nauru, Neuguinea (australisch) ...	239	1,6
Pazifische Inseln (USA) ...	2	0,1

Australier, dunkelhäutige Eingeborene Australiens, zur australiden Rasse gehörig, Sammler und Jäger; Laubhütten und Höhlen als Wohnung, Kleidung vielfach durch Körperbemalung ersetzt; Zauberglaube. (TAFEL Rassen)

Austr'asien, Austrien [Ostreich], unter den Merowingern der Osten des Fränkischen Reichs, Mittelpunkt Metz.

Austria, lateinischer Name für Österreich.

Austromarxismus, die österreich. Richtung des Marxismus (O. Bauer, M. Adler, R. Hilferding), neben →Revisionismus und →Kommunismus Leninscher Prägung die wichtigste Form des Neumarxismus.

Ausverkauf, Veräußerung vorhandener Warenvorräte zu niedrigen Preisen, bes. Ende des Sommers und Winters **(Saisonschlußverkäufe).**

Auswanderung, das Verlassen des Heimatstaats, um sich in einem fremden Staat niederzulassen. Neben wirtschaftl. spielen polit. Gründe die Hauptrolle; polit. begründete A. nennt man **Emigration.** – Nach den großen A. nach Übersee im 19. Jahrh. und nach dem 1. Weltkrieg gewann die A. nach 1945 erneut an Bedeutung, bes. in West-Dtl., wohin über 10 Mill. Vertriebene, Verschleppte und Flüchtlinge geströmt waren.

A. aus der Bundesrep. Dtl. nach Übersee (1948-56 nur Deutsche, 1958-67 einschließlich Ausländer)			
1948	27 400	1958	59 800
1950	31 300	1960	61 100
1952	90 400	1962	53 000
1954	76 300	1964	68 500
1956	82 200	1969	64 700

Auswärtiges Amt, die für die Außenpolitik der Bundesrep. Dtl. zuständige Behörde unter dem Bundesminister des Auswärtigen.

Ausweisung, Aufenthaltsverbot mit der Pflicht, das Staatsgebiet zu verlassen, und polizeil. Abschiebung, wenn das Verbot nicht befolgt wird. Deutsche können aus der Bundesrep. Dtl. nicht ausgewiesen werden (Art. 11 GG). Die A. unerwünschter Ausländer ist zulässig.

Auswinterung, 1) Absterben eines Nutzpflanzenbestandes durch Winterschäden. **2)** Ersticken der Fische unter dem Eis durch Sauerstoffmangel.

auswuchten, ⊛ Beseitigen von statischen und dynamischen **Unwuchten** bei schnellaufenden Rädern und Maschinenteilen; Unwuchten stören den gleichmäßigen Lauf und erzeugen schädl. Schwingungen.

Auswurf, lat. **Sputum,** durch Husten aus den Atmungswegen herausbeförderte Stoffe. Untersuchung für Erkennung von Krankheiten wichtig, z.B. Tuberkulose.

Autark'ie [grch.] die, Selbstgenügsamkeit. Wirtschaftl. **aut'ark** ist ein Land, das alles selbst besitzt oder erzeugt, was es braucht, oder das seinen Bedarf auf das Vorhandene beschränkt.

Auteuil [ot'œj], westlicher Stadtteil von Paris; Pferderennplatz.

Authentizit'ät [grch.] die, Echtheit einer Schrift oder Urkunde; **auth'entisch,** echt, verbürgt.

auto... [grch.], in Fremdwörtern: Selbst...

Auto das, Automobil, →Kraftwagen.

Autobahn, Schnellverkehrsweg mit getrennten, kreuzungsfrei geführten Richtungsfahrbahnen (in jeder Richtung zwei- oder mehrspurig). Die Fahrbahnen sind durch Farblinien oder Grünstreifen voneinander getrennt. – In der Bundesrep. Dtl. dürfen A. nur von Kraftfahrzeugen befahren werden, deren Höchstgeschwindigkeit mindestens 40 km/h beträgt. Streckenlänge 1972: Bundesrep. Dtl. 5195 km.

'Autobiographie [grch.] die, literar. Darstellung der eigenen Bildungs- und Entwicklungsgeschichte.

autochth'on [grch.], an Ort und Stelle entstanden.

Autodafé [portug. »Glaubensakt«] das, in Spanien und Portugal die bis Ende des 18. Jahrh. üb-

Autobahnkreuz (Frankfurt a. M.)

liche Verbrennung von Ketzern oder von ketzerischen Schriften.

Autodid'akt [grch.] der, durch Selbstunterricht Gebildeter.

Autodr'om [grch.] das, Renn- und Versuchsstrecke für Kraftfahrzeuge.

Autogam'ie [grch.] die, Selbstbestäubung oder Selbstbefruchtung (→Bestäubung).

autog'enes Schweißen und **Schneiden**, ⚙ Verschmelzen oder Trennen von Metall durch eine Stichflamme aus Wasserstoff oder Acetylen und Sauerstoff (→Knallgas).

autog'enes Training, psychotherapeut. Methode: stufenweise erlernbare Übungen, um bestimmte Körperfunktionen und störende innere Spannungen unter Kontrolle zu bringen.

Autogr'amm [grch.] das, **Autogr'aph** das, 1) Handschriftliches (bekannter Personen). 2) Urschrift.

Autointoxikati'on [grch.-lat.] die, Selbstvergiftung durch Stoffe, die im Körper gebildet werden, z.B. bei Leberkrankheiten durch Rückstauung von Galle ins Blut.

autokeph'al [grch.], unabhängig; bes. für die selbständigen orthodoxen Landeskirchen.

Autokl'av der, luftdicht verschließbares Metallgefäß zum Erhitzen unter Druck.

Autokrat'ie [grch.] die, Selbstherrschaft, Staatsform, bei der der Herrscher, der **Autokr'at,** die unumschränkte Staatsgewalt innehat.

Autom'at [grch. »Selbstbeweger«] der, eine mechan. oder elektron. Einrichtung, bei der nach Ingangsetzen ein Vorgang selbsttätig abläuft. **Münz-A.** verabfolgen eine Ware (z.B. Briefmarken, Zigaretten) oder eine Leistung (z.B. Fernsprech-, Wiege-A.) nach Einwurf eines Geldstücks. In elektr. Anlagen bewirken Schalt- und Sicherungs-A. das Abschalten bei Kurzschluß oder Überlastung. **Werkzeug-A.** sind Werkzeugmaschinen mit selbsttätig regelndem Arbeitsablauf. – **automatisch,** 1) selbsttätig. 2) unwillkürlich.

Automat: Herstellung einer Schraube auf einem Dreh-Automaten. 1 Vorschieben der Stange a bis zum Anschlag b, 2 Abdrehen des Schaftes mit Drehstahl c und Gewindeschneiden mit Schneidkopf d, 3 Abfasen des Kopfes mit Formstahl, 4 Abstechen der fertigen Schraube mit Abstechstahl f

Automatis'ierung, Automati'on die, Einrichtung von Vorgängen der Technik derart, daß der Mensch weder dauernd noch in einem bestimmten Rhythmus für deren Ablauf tätig werden muß. Angewandt wird die A. bes. in der Energie-, Verfahrens-, Fertigungs-, Förder-, Nachrichtentechnik, bei der Datenverarbeitung. – Die A. bewirkt einerseits eine große Zunahme von Produktion und Produktivität, höheren Lebensstandard, höhere Löhne bei kürzerer Arbeitszeit, Entlastung von schwerer körperl. Arbeit, Aufstieg vom Arbeiter zum Angestellten, kann aber auch unerwünschte Folgen haben: vorübergehende Freisetzung von Arbeitskräften (bes. Hilfsarbeiter), Notwendigkeit von Berufswechseln. Diesen versucht man zu begegnen durch bessere Schul- und Berufsausbildung, Umschulung, Weiterbildung, Anpassungsbeihilfen, Rationalisierungsschutz-Abkommen.

Automob'il [grch.-lat.] das, →Kraftwagen.

Autonom'ie [grch.] die, Selbstgesetzgebung; das Recht eines Gemeinwesens, seine Angelegenheiten durch eigene Satzung zu ordnen. **auton'om,** eigengesetzlich, selbständig.

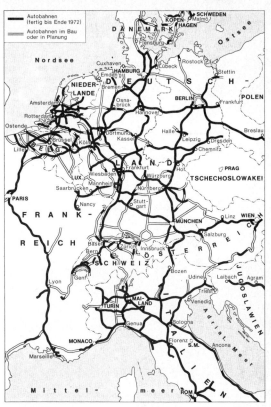

Autobahnen

Autops'ie [grch.] die, ⚕ Leichenöffnung.

'Autor [lat.] der, -s/-'oren, Urheber, Verfasser.

Autorisati'on [lat.] die, Erteilung einer Vollmacht. **autoris'ieren,** ermächtigen.

autorit'är [lat.], mit überlegener Macht ausgestattet; aus eigener Machtvollkommenheit handelnd, bes. bei Regierungen ohne frei gewählte Volksvertretung.

Autorit'ät [lat.] die, 1) Ansehen, Geltung. 2) maßgeblicher Fachmann.

autoritat'iv, entscheidend, maßgebend.

Auto sacrament'al [span.] das, einaktiges Schauspiel über die Eucharistie, in Spanien seit der Mitte des 16. Jahrh., Höhepunkt im 17. Jahrh.

Autosuggesti'on [grch.-lat.] die, Selbstbeeinflussung (→Suggestion).

Autotyp'ie [grch.] die, →Netzätzung.

Auto Union GmbH., dt. Kraftwagenwerk, Ingolstadt, 1969 mit der NSU-Motorenwerke AG., Neckarsulm, zur **Audi NSU Auto Union AG.** verschmolzen. →Kraftwagen, ÜBERSICHT.

Autun [ot'œ], Industriestadt in Burgund, Frankreich, 17 200 Ew.; röm. Bauten, roman. Kathedrale.

Auvergne [o:v'ɛrnj] die, Hochland in Mittel-Frankreich; viele erloschene Vulkane (1886 m); Viehzucht, Erz- und Steinkohlenlager.

Aux'ine [grch.] Mz., Wuchsstoffe, Hormone, die das Wachstum der Pflanzen anregen.

Av'al [frz.] der, Wechselbürgschaft.

Avance [av'ãs, frz.] die, 1) Vorteil. 2) ermutigendes Entgegenkommen.

Avancement [avãsm'ã, frz.] das, Beförderung.

Avantgarde [avãg'ard, frz.] die, militärisch und übertragen: Vortrupp, Vorhut.

av'anti [ital.], vorwärts!

Ayub Khan

AvD, Automobilklub von Deutschland.
'Ave [lat. »sei gegrüßt!«, »lebe wohl!«]; **Ave Maria,** Gruß des Erzengels Gabriel an Maria (Luk. 1, 28), daher **Englischer Gruß,** kathol. Gebet.
Aven'arius, Ferdinand, Schriftsteller, *1856, †1923, gründete die Zeitschrift »Der Kunstwart« und den »Dürerbund«.
Avencebr'ol, Avicebr'on, →Gabirol.
Avent'inischer Hügel,einer der 7 HügelRoms.
Aventur'in der, eine Art des Quarzes, ein goldschimmernder Schmuckstein.
Avenue [avn'y, frz.] die, breite Straße, Zufahrt.
Av'erroes, arabisch **Ibn Roschd,** islamischer Philosoph, *1126, †1198; seine Kommentare zu Aristoteles beeinflußten stark die mittelalterliche Weltanschauung; seine Lehre wurde von der katholischen Kirche verworfen.
Av'ers [lat.] der, die Vorderseite einer Münze, oft mit Kopfbild (Kopfseite); die Rückseite: **Rev'ers.**
Aversi'on [lat.] die, Abneigung.
Avic'enna, arab. **Ibn Sina,** arab. Arzt und Philosoph, *980, †1037, wirkte stark auf das Abendland als Vermittler griech. Wissenschaft.
Avignon[aviɲ'ɔ̃], Stadt in S-Frankreich, an der Rhône, 75 200 Ew.; Kirchen (got. Kathedrale), Klöster; Papstschloß (14. Jahrh.). Handelsplatz für Getreide und Wein. – A. gehörte im MA. zur Gfsch. Provence, war 1309-76 Sitz der Päpste.

Avignon mit
Papstschloß
(Luftaufnahme)

'Avila, Hauptstadt der Prov. A., Spanien, 26 800 Ew.; Stadtmauer, Klöster; Wallfahrtsort.
Av'is [frz.] das, der, Bericht, Anzeige, Mitteilung. Zeitwort: **avis'ieren.**
Avitamin'osen [lat. Kw.] Mz., die Vitaminmangelkrankheiten.
Avog'adrosches Gesetz, von dem italien. Physiker Avogadro (*1776, †1856) aufgestellte Regel: gleiche Raumteile aller Gase enthalten bei gleichem Druck und gleicher Temperatur gleich viele Moleküle (in 1 cm³ bei 0°C und 760 Torr etwa 27 Trillionen).
Avus die, Autorennstrecke in Berlin, zwischen Grunewald und Nikolassee.
Aw'aren, Avaren, 1) den Hunnen verwandtes Reitervolk, gründete um 570 n. Chr., vom Asowschen Meer kommend, in Ungarn ein Reich, drang wiederholt nach Italien und Dtl. vor, belagerte 626 Konstantinopel; von Karl d. Gr. 791/803 besiegt, der die **Awarische Mark** schuf. **2)** Stamm der Lesghier im Kaukasus.
Aw'esta das. heilige Schriften der altpersischen Religion (→Zarathustra).
'Axenstraße, Kunststraße am O-Ufer des Vierwaldstättersees, von Brunnen nach Flüelen.
axi'al [lat.], in Richtung der Achse gelegen.
Axialturbine, →Turbine.
Axiolog'ie, die →Wertphilosophie.
Axi'om [grch.] das, ein Ursatz, der keines Beweises bedarf und nicht bewiesen werden kann.
Axol'otl der, mexikan., oft weißer Wassermolch, schon als kiementragende Larve fortpflanzungsfähig.
Axt die, Werkzeug zur Holzbearbeitung, langer Stiel, Schneide meist beidseitig zugeschärft.
Aymé [ɛm'e], Marcel, französ. Schriftsteller, *1902, †1967; humorvoll-burleske Romane.

'Ayub Khan, Mohammed, pakistan. Feldmarschall und Staatsmann, *1908; wurde 1958 zunächst MinPräs., dann Staatspräs. von Pakistan, trat 1969 zurück.
Ayuntami'ento [span.] das, Gemeinderat.
Azal'ee, Az'alia die, strauchige Zierpflanzengattung der Heidekrautgewächse, gelb-, rot-, weißblühend; aus N-Amerika und O-Asien.
azeotropisches Gemisch, Gemisch von Flüssigkeiten, die durch Destillation nicht zu trennen sind, sondern bei einem bestimmten Mischungsverhältnis konstant sieden.
Azidit'ät die, Säuregehalt. **Azidimetr'ie,** Bestimmung der A. durch Neutralisation mit Lauge.
Azim'ut [arab.] der, das, ☆ der Winkel zwischen Längenkreis des Beobachtungsortes und Höhenkreis eines Gestirns, gemessen auf dem Horizontalkreis (Gesichtskreis).
Azofarbstoffe, künstl. organ. Farbstoffe.
Az'oren [»Habichtsinseln«] Mz., neun portugies. Inseln im Atlant. Ozean, vulkanisch, fruchtbar (Bananen), mildes Klima; Kabel- und Flugstützpunkt für den Verkehr Europa-Amerika.
Azt'eken, der polit. mächtigste der indian. Stämme Mexikos, dessen Reich von den Spaniern unter Cortez 1519-21 unterworfen wurde (Hauptstadt Tenochtitlán); ihre Religion kannte blutige Menschenopfer, die Kultur baute auf der früherer Völker auf (z. B. der Tolteken).
Azulejos [aθul'exɔs] Mz., span. Wandfliesen, mit vielfarbigen Mustern bemalt und glasiert.
Az'ur [pers.] der, himmelblaue Farbe.

B

B, b, 1) stimmhafter Lippenverschlußlaut; der zweite Buchstabe im Abc. **2)** Kurszettel: B →Brief, bezahlt. **3)** ♪ b, um einen Halbton erniedrigtes h; als Vorzeichen (b) erniedrigt es die Note, vor der es steht, um einen halben Ton. **4)** Münzen: B früher Bezeichnung der zweiten Prägestelle eines Landes. **5)** B, chem. Zeichen für →Bor.
Ba, chem. Zeichen für →Barium.
B. A., Bachelor of Arts, →Bakkalaureus.
Baader, Franz Xaver von, * 1765, † 1841; der Romantik nahestehender Philosoph.
Baal [hebr. »Herr«], Gott der Westsemiten, Bauerngott der Kanaaniter, von den jüdischen Propheten bekämpft.
Baalbek, Balbek, Ort am Antilibanon, griech. **Heliopolis,** im späten Altertum bedeutende Stadt; Reste großartiger Tempel, dt. Ausgrabungen 1898 bis 1905.

Baalbek: Rundtempel

Baar die, rauhe Hochebene zwischen südl. Schwarzwald und Schwäb. Alb; Landwirtschaft, Uhrenindustrie.
Baas [niederdt.] der, →Bas.

Baath-Partei, »Sozialist. Partei der arab. Wiedergeburt« in Syrien, Libanon und im Irak, tritt für die arab. Einheit ein.

Babel, bibl. Name für →Babylon.

Bab el-M'andeb [arab. »Tor der Trauer«], Meerenge zwischen dem Roten Meer und dem Golf von Aden des Arabischen Meeres.

Babelsberg, Stadtteil von Potsdam (seit 1939).

Babenberger Mz., das Fürstengeschlecht, das 976-1246 in Österreich herrschte.

Babeuf [bab'œf], François Noël, französ. Revolutionär und Vertreter des Jakobinerterrors, *1760, †(hingerichtet) 1797.

Babisten Mz., islam. Erneuerungssekte in Iran, gegr. im 19. Jahrh. von Sajjid Ali Muhammad, blutig verfolgt; lebt in der →Bahai-Religion fort.

Babits [b'ɔbitʃ], Mihály, ungar. Schriftsteller, *1883, †1941; Gedankenlyrik, Gegenwartsromane, Übersetzungen (Dante, Shakespeare, Goethe).

Babusche [pers.-türk.] die, eine Art Pantoffel.

Baby [b'eibi, engl.] das.. -s/-ies, kleines Kind.

Babysitter, wer gegen Bezahlung Kleinkinder hütet.

Baby Doll [-dɔl, engl.], ein Damenschlafanzug.

B'abylon [Tor Gottes], bibl. **Babel,** seit etwa 2000 v. Chr. Hauptstadt Babyloniens, beiderseits des Euphrats beim heutigen Hillah, von den Assyrern mehrfach zerstört, im 7./6. Jahrh.. bes. durch Nebukadnezar, glanzvoll aufgebaut, 539 von Kyros, 331 von Alexander d. Gr. erobert; dem Altertum war B. der Inbegriff von Größe und Reichtum, den Israeliten von Verderbnis.

Babyl'onien, das im Altertum wegen seiner Fruchtbarkeit begehrte Tiefland am unteren Euphrat und Tigris, Ausgangspunkt großer Reiche. Im S herrschten seit dem 3. Jahrtsd. v. Chr. die Sumerer, im N seit 2600 v. Chr. die Akkader, die unter Sargon und Naramsin das erste Großreich schufen. Ihr Vermächtnis nahmen um 2000 die Könige vor, um 1700 →Hammurapi auf. In der Folge beherrschten erst die Kassiten B., dann geriet es in Abhängigkeit von Assyrien. Das **Neubabylon. Reich** unter Nebukadnezar II. (605-562) noch einmal Großmacht; 539 wurde es vom Perserkönig Kyros erobert. Tempel-, Palastbau (Ziegel) und Bildkunst gehen auf sumer. Kultwerke zurück. – Das Gilgamesch-Epos gehört zur Weltliteratur. (FARBTAFEL Altorientalische Kunst S. 165)

Babylonien, links: Kopf einer Priesterin (Uruk, um 2800 v. Chr.), rechts: Hammurapi-Gesetzesstele (Susa, um 1700 v. Chr.)

Babylonische Gefangenschaft, 1) der Aufenthalt der Juden in Babylonien nach der Eroberung und Zerstörung Jerusalems durch Nebukadnezar (597 und 586 v. Chr.) bis zur Rückkehr unter Kyros (539 v. Chr.). **2)** der Aufenthalt der Päpste in Avignon (1309-76).

Babylonischer Turm, etwa 90 m hohes Heiligtum des Marduk in Babylon. Nach 1. Mos. 11 wurde die Vollendung durch die Sprachverwirrung verhindert (**Babylonische Verwirrung**).

Bacău, Hauptstadt des Bez. B., Rumänien, 66 000 Ew.; Industrieschwerpunkt für Metall, Papier, Lebensmittel, Leder; Erdölquellen.

Bacchan'al [lat.] das, -s/-ien, altröm. Fest des Gottes Bacchus, oft ausschweifend begangen.

Bacch'ant [lat.] der, Teilnehmer an einem →Bacchanal; im MA. auch fahrender Schüler.

bacchantisch, bacchisch, wild, freudetoll, trunken.

Bacchelli [bak'ɛli], Riccardo, italien. Schriftsteller, *1891; schrieb Novellen, histor. Romane.

Bacchus, griech. und röm. Gott, →Dionysos.

Bach, Johann Sebastian, einer der größten Komponisten und der bedeutendste protestantische Kirchenmusiker, *Eisenach 21. 3. 1685, † Leipzig 28. 7. 1750, war seit 1723 Thomaskantor in Leipzig. Seine von tiefster Frömmigkeit getragene Musik verbindet die kontrapunktische Mehrstimmigkeit mit dem jungen, harmonisch bestimmten Konzertstil. Fuge und Kanon erhielten durch ihn ihre klassische Gestalt. Werke: 200 Kirchenkantaten, Weihnachtsoratorium, Johannes- und Matthäuspassion, Hohe Messe, Präludien und Fugen, Fantasien, Choralvorspiele für Orgel; Klavierwerke: Inventionen, »Das wohltemperierte Klavier«, Suiten u. a.; Instrumentalkonzerte: 6 Brandenburgische, Violinkonzerte u. a.; »Das musikalische Opfer«; »Die Kunst der Fuge«. Von seinen Söhnen waren die begabtesten der unstete Wilhelm Friedemann B. (1710-84), Carl Philipp Emanuel B. (1714-88) und Johann Christian B. (1735-82).

J. S. Bach

Bacharach, Weinort am Rhein, 1900 Einw.

Bachbunge die, eine Pflanzenart, →Ehrenpreis.

Bache die, Wildsau nach dem zweiten Jahr.

Bachmann, Ingeborg, österreich. Lyrikerin, *1926; schrieb Erzählungen und Hörspiele.

Bachofen, Johann Jakob, Rechts- und Altertumsforscher in Basel, *1815, †1887, stellte die Lehre vom Mutterrecht in der Vorzeit auf.

Bachstelze, Singvogel, wasserliebender Zugvogel mit langem Schwanz, jagt Insekten; in Mitteleuropa: **Weiße B.** (weiß-schwarz-grau), **Gebirgs-** oder **Bergstelze** (gelbbauchig), **Schafstelze** (grünlich). (FARBTAFEL Singvögel S. 872)

Back die, 1) ♺ der vordere Aufbau eines Schiffes. 2) ♺ Eßtisch auf Schiffen. 3) Schüssel, Napf.

Backbord der, das, ♺ linke Schiffsseite.

backen, das Garmachen von Teig in einem Backofen bei trockener Hitze. Man unterscheidet **Brot-** und **Feinbäckerei.**

Backfisch [urspr. wohl junger Fisch, der gut zum Backen taugt] der, halbwüchsiges Mädchen.

Backhaus, Wilhelm, Pianist, *1884, †1969.

Backnang, Gerberstadt an der Murr, Baden-Württ., 27 800 Ew. Textilien; Elektrotechnik.

Backpulver, Treibmittel zum Lockern des Teiges an Stelle von Hefe oder Sauerteig, meist Mischung von Natriumbicarbonat mit sauren Salzen.

Backsteinbau, Bau aus Backsteinen (durch Brennen gehärtete Ziegel aus Lehm oder Tonerde) ohne oder mit Verputz oder Verkleidung; in Mesopotamien schon seit dem 4. Jahrtsd. v. Chr. in hoher Vollkommenheit geübt, auch bei den Ägyptern, Römern, in Byzanz üblich, vom MA. aufgenommen und dann bes. in Nord-Dtl. gepflegt (**Backsteingotik**).

Bacon [b'eikn] der, engl. Frühstücksspeck.

Bacon [b'eikn] 1) Francis, Baron v. Verulam, engl. Staatsmann und Philosoph, *1561, †1626, wurde 1618 Großkanzler. Als Gegner mittelalterl. Buchwissens sah er in der Erfahrung die einzig verläßliche Quelle der Erkenntnis. 2) →Roger B.

Bad, Eintauchen des Körpers in warmes oder kaltes Wasser mit oder ohne Zusätze, zum Zwecke der Reinigung, Abhärtung oder Heilwirkung (Wasserheilverfahren; Heilquellen); angewendet als **Voll-** oder **Teil-B.** (Sitz-, Arm-, Fuß-B.). In übertragenem Sinn spricht man von B. auch beim **Sand-B.,** bei der Anwendung von Wasserdampf (**Dampf-B.**), von heißer oder kühler Luft (**Heißluft-B., elektr. Licht-, Luft-B.**), bei Sonnen-**B.** (Sonnenlichtbestrahlung, Höhensonne), bei der Anwendung von Elektrizität (**Vierzellen-B., elektr. Wasser-B.**). Kombinierte B. sind u. a. Türkisches **B.,** Sauna.

GESCHICHTE. Die Römer schätzten bes. warme Bäder (Thermen). In N- und Mitteleuropa findet

Bad, oben: Freibad, unten: Hallenbad

Badge
des Hauses York

sich sehr früh neben dem Fluß-B. das Warm-B. Im MA. bestanden viele öffentl. Badestuben. Durch Kriege und Seuchen ging im 17. Jahrh. das Badewesen stark zurück. Erst im 19. Jahrh. nahm es wieder großen Aufschwung (Schwimmanstalten, Volks-B.).

Badajoz [-x'oθ], alte Festungsstadt im südl. Estremadura, Spanien, 96 300 Ew.; Bischofssitz.

Baedeker, Buchhändlerfamilie. Karl B. (1801 bis 1859) gründete 1827 den Reisehandbücherverlag B.

Baden, ehem. Land im SW des Deutschen Reiches, 15 069 km², (1939) 2,5 Mill. Ew.; Hauptstadt: Karlsruhe. B. umfaßt die Gebiete rechts des Rheins vom Hochrhein und mittleren Bodensee bis in den südl. Odenwald und das untere Taubertal (Bauland).

GESCHICHTE. Im 11. Jahrh. entstand die Markgrafschaft B. unter den Zähringern aus verschiedenen Lehen des ehem. Herzogtums Schwaben. Karl Friedrich (†1811) vergrößerte sie in der napoleonischen Zeit außerordentlich; er erwarb die rechtsrhein. Kurpfalz, den Breisgau sowie viele kleinere Gebiete und wurde 1806 Großherzog. 1818 wurde eine liberale Verfassung eingeführt. 1848/49 kam es zu republikan. Aufständen. 1918 wurde B. Freistaat, 1945 kam N-B. zu Württemberg-B., S-B. wurde als B. eigenes Bundesland; 1952 zu → Baden-Württemberg zusammengeschlossen.

Baden, 1) B. bei Wien, Kurort und Heilbad in Niederösterreich, 23 500 Ew. **2) B. in der Schweiz,** Industrie- und Badestadt im Aargau, 15 200 Ew.

Baden-Baden, Stadt in Bad.-Württ. im nordwestl. Schwarzwald, 39 400 Ew.; seit der Römerzeit bed. Heilbad; Pferderennen; Spielbank.

Baden-Powell [b'eidn p'ouǝl], Sir Robert Stephenson Smyth, brit. General, * 1857, † 1941; Gründer (1907) der Pfadfinder (Boy Scouts).

Badenweiler, Heilbad im südl. Schwarzwald, 2600 Ew.

Baden-Württemberg, Land der Bundesrep. Dtl., 35 750 km², 8,90 Mill. Ew.; Hauptstadt: Stuttgart. 4 Regierungsbezirke: Nordwürttemberg, Nordbaden, Südbaden, Südwürttemberg-Hohenzollern. STATISTIK Bundesrepublik Deutschland, ⊕ S. 520/521, ▽ S. 878.

B.-W. umfaßt den rechtsrhein. Teil der Oberrhein. Tiefebene bis zum südl. Odenwald, den Schwarzwald, den vulkan. Hegau, den westl. Teil des Alpenvorlandes zwischen Bodensee, Iller und Donau, die Schwäb. Alb und die Hügellandschaf-

ten beiderseits des Neckars bis zur Tauber im O, die von den fruchtbaren Gäuflächen und von bewaldeten Höhenrücken durchzogen werden. Wichtigste Flüsse: Donau, Neckar mit Nebenflüssen. Bodenschätze: Salzlager im Neckarland, Kali und Erdöl in der Oberrheinebene, viele Mineralquellen (Baden-Baden, Rippoldsau, Mergentheim, Wildbad u. a.). – B.-W. ist das am stärksten industrialisierte Land der Bundesrep. Dtl. Standorte bes. in Nordwürttemberg und Nordbaden: Stahl- und Maschinenbau, Elektro-, Textil-, chem., Spiel-, Schmuckwaren-, feinmechan., optische, Uhrenindustrie. Viehzucht; Getreide-, Obst-, Weinbau, Forstwirtschaft; Wasserkraftwerke, Erdölraffinerien; Kernforschungszentrum; Fremdenverkehr. – Das Land B.-W. wurde 1952 aus den Ländern Württemberg-Baden, Baden und Württemberg-Hohenzollern gebildet. MinPräs. H. Filbinger, seit 1972 Alleinregierung der CDU.

Badge [bæd ʒ], in England ein neben dem Wappen geführtes Erkennungszeichen, u. die weiße Rose des Hauses York, die rote des Hauses Lancaster.

Badische Anilin- und Soda-Fabrik AG., BASF, Ludwigshafen a. Rh., Unternehmen der chemischen Industrie.

Badminton [b'ædmintǝn, engl.] das, turniermäßiges Federballspiel.

Badoglio [bad'ɔlo], Pietro, italien. Marschall, *1871, †1956, mehrfach Generalstabschef, 1943/44 Ministerpräs., vollzog 1943 den Übergang Italiens zu den Alliierten.

Baesweiler, Gem. im nördl. Nordrh.-Westf., 14 200 Ew., Steinkohlenbergbau.

Baffin [b'æfin], William, engl. Seefahrer, nahm 1612-16 an Entdeckungsfahrten im Nördl. Eismeer teil. **Baffinland,** kanad. Insel des amerikan.-arkt. Archipels, 476 068 km²; Pelztierjagd, Magnetitlager.

Baf'ile, Corrado, *1903, Erzbischof, seit 1960 Apostol. Nuntius in der Bundesrep. Dtl.

Bagage [bag'a:ʒ, frz.] die, 1) Gepäck. 2) Troß eines Heeres. 3) Gesindel.

Bagat'elle [frz.] die, Unbedeutendes.

Bagdad, Haupt- und wichtigste Handelsstadt des Irak, am Tigris, etwa 1,8 Mill. Ew.; 3 Univ., Industrie. B. war im MA. Sitz der arab. Kalifen, Mittelpunkt von Kunst und Wissenschaft.

Bagdadbahn, Eisenbahn von Konya nach Bagdad, 2430 km lang; Baubeginn 1903 mit dt. Beteiligung, 1940 fertiggestellt.

Bagdad-Pakt, →CENTO.

Bagger, Baumaschine zum Lösen und Transport großer Mengen von Erde, Kies, Kohlen u. a. **Trocken-B.** fahren an Land, auf fester Gleisanlage oder auf Raupenketten, **Naß-B.** sind in Schiffe eingebaut. Beim **Eimerketten-B.** läuft an einer heb- und senkbaren Eimerleiter eine endlose, mit Schürfeimern besetzte Kette um, der **Schräm-B.** hat statt Eimern Kratzeisen. Der

Bagger: Schaufelradbagger

Löffel-B. besitzt als Schürfgerät ein Grabgefäß (Löffel), beim **Schaufelrad-B.** löst ein an einem bewegl. Ausleger umlaufendes Rad mit Eimern das Gut und gibt es auf ein Förderband. Der

Saug-B. pumpt ein Gemisch aus Wasser und festen Teilen vom Gewässergrund ab.

Bagno [b'aɲo, ital. »Bad«] das, früher Gefängnis für Schwerverbrecher in Frankreich.

Bahai-Religion, Glaubensbewegung, genannt nach ihrem Künder Baha-Ulla (*1817, †1892).

Bah'ama-Inseln, brit. Inselgruppe Westindiens, zwischen Florida und Haiti, flache Bänke mit Korallenriffen. Südfrüchte, Schwämme, Schildpatt, Edelhölzer. – Hier betrat Kolumbus 1492 zuerst amerikan. Boden; seit 1718 britisch.

Bah'ia, 1) alter Name von →Salvador. **2)** Küstenstaat Brasiliens, 561000 km², 6,9 Mill. Ew.; Erdöl; Kakao, Kaffee, Tabak (Zigarren).

Bah'ía Bl'anca, Ausfuhrhafen Argentiniens für landwirtschaftl. Erzeugnisse, 150000 Ew.

Bahn, ☆ Weg, den ein Körper zurücklegt.

Bahnelemente, ☆ die voneinander unabhängigen Bestimmungsstücke, aus denen sich die B. eines Himmelskörpers berechnen läßt.

Bahnhof, Anlage der Eisenbahn für den Personen- und Güterverkehr. Nach der Lage zum Bahnnetz unterscheidet man **End-** und **Zwischen-B.,** nach dem Grundriß **Kopf-** oder **Sack-B.** (in denen die Gleise enden) und **Durchgangs-B.** (mit durchlaufenden Hauptgleisen). – Auf **Verschiebe-(Rangier-)B.** werden Güterzüge zerlegt und zusammengestellt, auf **Lokomotiv-B.** werden Lokomotiven gereinigt und fahrbereit gemacht.

Personenbahnhof (Frankfurt a. M.)

Bahnhofsmission, auf größeren Bahnhöfen Fürsorge konfessioneller Verbände für alleinreisende Frauen, Mädchen und Kinder.

Bahnpolizei, Überwachung der Sicherheit und Ordnung des Eisenbahnbetriebs, ausgeübt durch die Beamten des Betriebsdienstes oder durch besondere uniformierte B.-Beamte.

Bahr [arab.] der, Meer, großes Gewässer. **B. el-Ghasal,** Gazellenfluß. **B. Tabarie,** jetziger Name des Sees Genezareth in Palästina.

Bahr, Egon, Journalist, *1922, Politiker (SPD), führte 1969-72 als Staatssekr. im Rahmen der Ostpolitik der Bundesregierung die Verhandlungen mit der Sowjetunion, Polen und der Dt.Dem.Rep.; seit 1972 Bundesmin. für besondere Aufgaben.

Bähr, George, Baumeister des dt.Barocks, *1666, †1738; Frauenkirche in Dresden (1945 zerstört).

Bahr'ain-Inseln, Inselgruppe im Pers. Golf, selbständiges Scheichtum bis 1971 brit. Protektorat, 598 km², 185000 Ew.; Erdöl. ⊟ S. 345.

Bai, engl. **Bay** die, Meeresbucht.

Baia Mare, Bergwerksstadt, Rumänien, 51200 Ew., Blei-, Kupfer-, Gold- und Silbererze.

Baiersbronn, Luftkurort im nördl. Schwarzwald; 10600 Ew.; Holzindustrie.

Baikalsee, Binnensee im südl. Sibirien, 31500 km²; der tiefste See der Erde, 1742 m; Abfluß nach dem Jenissej. Der B. wird im S von der Sibir. Eisenbahn umfahren. Am NW-Ufer das **Baikalgebirge,** bis 2575 m hoch, reich an Metallen.

Baikonur, Siedlung im Gebiet Karaganda der Kasachischen SSR, Sowjetunion; Raketenversuchsgelände.

Bair'am, Beir'am der, muslimische Feste nach dem Fastenmonat Ramadan.

Baiser [bεz'e:, frz. »Kuß«] das, ein Zuckergebäck aus steif geschlagenem Eiweißschnee.

Baisse [bεs, frz.] die, Sinken der Börsenkurse. Gegensatz: Hausse.

Bajad'ere [portug.] die, indische Tänzerin.

Baj'azzo [ital.] der, Hanswurst, Possenreißer; Oper von Leoncavallo.

Bajon'ett [frz.] das, Stoßwaffe am Gewehrlauf, heute das aufgepflanzte →Seitengewehr.

Bajonettverschluß, leicht lösbare Verbindung von Stangen, Hülsen, Rohren, bei der die Krallen eines Teiles in Schlitze des anderen gesteckt werden und die Verbindung durch gegenseitige Verdrehung erfolgt, z. B. Kupplung der Feuerwehrschläuche, Glühlampen **(Bajonettfassung).**

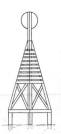

Bajonettverschluß

Bajuw'aren Mz., ⊹ die Baiern.

Bake die, **1)** ⚓ an Land feststehendes Seezeichen. **2)** ⌑ Tafeln mit 1, 2 und 3 schwarzen Strichen 100, 175 und 250 m vor dem Vorsignal. **3)** ⌑ weiße Tafeln mit 1, 2 und 3 roten rückstrahlenden Schrägstrichen 80, 160 und 240 m vor einem schienengleichen Übergang.

Baker [b'eika], Josephine, amerikanische Negertänzerin und Sängerin, *1906.

Baker-Eddy [b'eikə'ɛdi], Mary, *1821, †1910, Amerikanerin, gründete die →Christian Science.

Baker-Insel [b'eika-] und **Howland-Insel** [h'auland-], den USA gehörende Atolle im Stillen Ozean, nördlich der Phoenix-Inseln.

Bakkal'aureus [lat.] der, früher der akadem. Titel für den Studenten. Das **Bakkalaure'at** ist noch heute ein niederer akadem. Grad in Frankreich, England und den Verein. Staaten.

Bakkar'at, Baccara [frz.] das, Kartenglücksspiel.

Bakonywald [b'ɔkonj-], Waldgebirge in W-Ungarn, bis 713 m.

Bakr, Ahmad Hassan al-, irak. General, *1914, gemäßigter Vertreter der →Baath-Partei, stürzte im Juli 1968 →Aref und wurde Staatspräs.

B'akschisch [pers.] das, Trinkgeld.

Bakt'erien [grch. »Stäbchen«], Ez. **Bakterium** das, kleine einzellige Pflanzen (z. T. kleiner als $^1/_{1000}$ mm), die sich durch Zweiteilung vermehren (Spaltpilze). Nach ihrer Form unterscheidet man: **Kugel-B.** (Kokken), **Stäbchen-B., Schrauben-B., Faden-B.** (mehrere Zellen zu einem Faden vereinigt). Manche B. bewegen sich durch feine Härchen (Geißeln), andere sind unbeweglich. Sie finden sich in großen Mengen im Erdboden, in der Luft, im Wasser und in Lebewesen. Die B. leben meist von organischen Stoffen, die sie zersetzen. Sie gedeihen oft bes. gut in feuchter Wärme. Viele Bakterien sind ungünstige Lebensbedingungen in Dauerformen (Sporen)

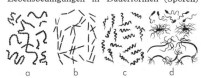

Bakterien: a Kugelbakterien, b Stäbchen-, c Schraubenbakterien, d verschiedene Formen der Begeißelung

überleben. Diese sporenbildenden B. werden auch als **Bazillen** bezeichnet. Es gibt unter den B. Fäulnis- und Gärungserreger (→Gärung) sowie Erreger ansteckender Krankheiten, z. B. Tuberkulose, Diphtherie, Pest, Cholera, Syphilis. Ihre größte Bedeutung haben die B. im Stoffkreislauf der Natur, z. B. im Ackerboden bei der Humusbildung als **Fäulnis-B., Nitrat-B., Nitrit-B., Eisen-B., Schwefel-B.** usw., ferner in der wirtschaftl. Anwendung (Säuerung der Milch, Käsereifung, Futtermittelsilage, Gewinnung von Essig usw.) sowie als →Darmbakterien.

Bakteriolog'ie [grch.] die, Wissenschaft von den Bakterien.

Bakterioph'agen [grch.] Mz., **Phagen,** Viren, die Bakterien befallen und zerstören. B. sind meist in Kopf- und Schwanzteile gegliedert.

Bake

67

Baku: Neues Wohnviertel

bakteriz'id [lat.], bakterientötend.

B'aktrien, im Altertum das Gebiet des oberen Oxus (Amu-Darja); persische Satrapie.

Bak'u, Hauptstadt der SSR Aserbeidschan, wichtigster Hafen am Kaspischen Meer, 1,218 Mill. Ew.; Tatar. Univ.; Mittelpunkt der sowjet. Erdölförderung; Erdölverarbeitung.

Bak'unin, Michael, *1814, †1876, russ. Revolutionär. Anarchist, Gegenspieler von Marx, 1872 aus der 1. Internationale ausgeschlossen.

Bal'akirew, Milij, russ. Komponist, *1837, †1910; Gründer der Nationalruss. Schule.

Balal'aika die, russisches Zupfinstrument mit drei Saiten.

Balance [bal'ãs, frz.] die, Gleichgewicht.

Balanchine [balãſ'in], Georges, russ. Tänzer und Choreograph, *1904, lebt in den USA.

Bal'ata die, eingetrockneter Milchsaft tropischer Bäume.

Balalaika

Balb'oa, Vasco Nuñez de, span. Eroberer, *um 1475, †1519, entdeckte 1513 den Stillen Ozean.

Balch'aschsee, abflußloser Steppensee in Innerasien, Sowjetunion; 17 300 km².

B'aldachin [in Baldach, d.i. Bagdad, gefertigter Goldbrokat] der, zeltähnl. Decke; fest als Bett-, Thron-, Altarhimmel; auf Stangen bei kirchl. Gelegenheiten als Traghimmel.

Balder [»der Leuchtende«], **Baldur,** german. Lichtgott, auf Anstiften Lokis von seinem blinden Bruder Hödr (Hödur) getötet.

Bald'ower [hebr. »Meister«] der, Gauner. **baldowern, ausbaldowern,** erkunden, ausspüren.

Baldrian, Gattung Valeriana, Kräuter oder Halbsträucher mit gegenständigen Blättern und blaßroten bis weißlichen Blüten, die in Trugdolden stehen. Der **Gemeine B. (Katzenkraut)** wächst in Wäldern und auf feuchten Wiesen, enthält in der Wurzel das flüchtige, starkriechende **B.-Öl,** das in Form von Tee oder Tropfen beruhigend, krampflösend, blutdrucksenkend wirkt. (FARBTAFEL Heilpflanzen S. 352)

Baldung, Hans, genannt **Grien,** Maler und Zeichner, *1484/85, †1545; der bedeutendste Schüler Dürers. Altäre (Freiburger Münster u.a.), Andachtsbilder, Bildnisse, Entwürfe zu Glasmalereien, Holzschnitte.

Baldung: Der Tod und das Mädchen (1517)

Baldwin [b'ɔ:ldwin], Stanley, Earl **B. of Bewdley,** brit. Staatsmann, *1867, †1947, Führer der Konservativen, mehrfach Premierminister.

Bale'aren Mz., gebirgige span. Inselgruppe im westl. Mittelmeer; umfaßt: Mallorca, Menorca, Cabrera, die Pityusen. Hauptstadt: Palma de Mallorca. Oliven. Südfrüchte; Fremdenverkehr.

Balfour [b'ælfuə], Arthur James, **Earl of B.** (seit 1922), brit. Staatsmann, *1848, †1930; Premiermin. 1902-05, Außenmin. 1916-19, gab 1917 die B.-Erklärung ab (Errichtung einer nationalen Heimstätte der Juden in Palästina).

Balgfrucht, Balgkapsel, Trockenfrucht, die längs einer Naht aufspringt (z. B. Rittersporn).

Balggeschwulst, ⸗ →Grützbeutel, →Zyste.

Bali, die westlichste der Kleinen Sunda-Inseln, Indonesien; Reisanbau mit künstl. Bewässerung (BILD Indonesien).

Balikesir, Hauptstadt der Prov. B., Türkei, 69 300 Ew.; Tabakbau, Wollindustrie.

Balliste

Balingen, Kreisstadt in Baden-Württ., am Rande der Schwäb. Alb, 14 200 Ew.

Balkan [türk. »Gebirge«] der, Gebirge in Bulgarien, in der Höhenregion flachkuppig, im Botew 2375 m hoch; zahlreiche Pässe.

Balkanhalbinsel, die südöstl. Halbinsel Europas, wird im N bis zur Save und unteren Donau gerechnet; umfaßt den größten Teil Jugoslawiens, Bulgarien, Albanien, Griechenland, europ. Türkei. Verschiedentlich wird Rumänien mit einbezogen. Die B. ist vorherrschend gebirgig (Rilagebirge 2925 m, Olymp 2911 m, Balkan 2375 m); Tiefländer im östl. Thrakien, in O-Rumelien und N-Bulgarien. Hauptflüsse: Donau mit Save, Morawa, Wardar, Maritza. Im Inneren Binnen-, an den Küsten Mittelmeerklima; in den Bergländern Wälder, in den östl. Tiefländern Steppen; an den Küsten Macchie, Wein, Oliven, Südfrüchte. GESCHICHTE, →Südosteuropa.

Balkankriege, 1) 1912/13 Balkanbund (Bulgarien, Serbien, Griechenland, Montenegro) gegen die Türkei. **2)** Sommer 1913 Griechenland, Serbien, Montenegro, Rumänien und die Türkei gegen Bulgarien, das vernichtend geschlagen wurde.

Balkanpakt, 1954 in Bled zwischen Griechenland, Jugoslawien und der Türkei abgeschlossener Bündnispakt, ist praktisch erloschen.

Balkaschsee, →Balchaschsee.

Balke, Siegfried, Politiker (CSU), *1902, 1953 bis 1956 Bundespostmin., 1956-62 Bundesmin. für Atomfragen, seit 1964 Präs. der Bundesvereinigung der dt. Arbeitgeberverbände.

Balk'on [frz.] der, Vorbau mit Brüstung.

Ball der, **1)** kugelförmiges Spiel- und Sportgerät. **2)** Tanzfest.

Ball'ade [ital.] die, »Tanzlied« die, seit dem 12. Jahrh. bei den südroman. Völkern kürzeres Tanzlied; der Name wird im 18. Jahrh., zuerst in England, auf alte erzählende Volkslieder übertragen. Die engl.-schottische B. leitete um 1770 eine dt. Kunstballadendichtung ein. B.-Dichter: Bürger, Goethe, Schiller, Liliencron, B. v. Münchhausen, A. Miegel u. a.; Komponisten: Zumsteeg, Schubert, K. Loewe.

Ball'ast, Gewichtsausgleich (Schiffe, Ballone).

Ball'ei die, Verwaltungsbez. der geistl. Ritterorden, umfaßt mehrere Komtureien.

Ballen, Zählmaß für Papier: 1 B. = 10 Neu-Ries zu 100 Heften zu je 10 Bogen. Im Tuchhandel: 1 B. = 12 Stück; im Lederhandel: 1 B. = 20 Rollen.

Ballenstedt, Kurort am Unterharz, Bez. Halle, 10 300 Ew.

Baller'ina [ital.] die, -/...inen, Balletttänzerin; **Prima-B.,** erste (Einzel-)Solotänzerin.

Ball'ett [ital.] das, künstler. Schautanz mit Musikbegleitung, oder selbständig als Einlage in Opern (→Pantomime).

Ballhaus, Gebäude zum Tennisspielen, später auch für Festlichkeiten; seit etwa 1450 in Frankreich verbreitet. **Ballhausplatz,** Platz in Wien, an dem das Bundeskanzleramt mit dem Ministerium für Auswärtige Angelegenheiten liegt.

Ballhausschwur, Schwur des Dritten Standes (Nationalversammlung) am 20. 6. 1789 im Ballhaus in Versailles, nicht eher auseinander zu gehen, bis Frankreich eine Verfassung habe.

Ballin, Albert, Reeder, *1857, †1918, Generaldirektor der Hamburg-Amerika-Linie.

Ball'iste [grch.] die, Wurfgeschütz des Altertums.

Ball'istik [grch.] die, Lehre von der Bewegung geworfener oder geschossener Körper (→Flugbahn, →Wurf).

ballistische Kamera, Kamera zum Photographieren der Flugbahnen von Raketen und Raumflugkörpern.

Ballon [bal'õ, frz.] der, **1)** durch ein Gas, das leichter als Luft ist (z.B. Wasserstoff), getragenes Luftfahrzeug. **2)** ⊙ große, bauchige, kurzhalsige Glasflasche mit Schutz aus Weidengeflecht, für Säure u. a. (BILD S. 69)

Ballotage [balot'aːʒ, frz.], Abstimmung mit weißen (ja) und schwarzen (nein) Kugeln.

Balmoral Castle [bælm'ɔrəl kaːsl], Schloß bei Aberdeen, Sommersitz der engl. Könige.

Balmung, dt. Sage: das Schwert Siegfrieds.

Balneolog'ie [lat.-grch.] die, Bäderkunde.

Bal paré [frz.] der, bes. festlicher Ball.

Balsaholz, sehr leichtes Holz aus Mittel- und Südamerika.

B'alsam [arab.] der, natürl. Gemisch von Harzen und ätherischen Ölen, das in vielen Baumarten vorkommt. Verwendung zu Riech- und Heilmitteln, auch zu technischen Zwecken.

Balsam'ine die, Gattung Springkrautgewächse, Pflanzen mit Spornblüten. Im Laubwald **Springkraut,** mit gelber Blüte und schotenähnl. Frucht, die beim Berühren plötzlich aufspringt und die Samen ausstreut. Als Zimmerpflanze beliebt das **Fleißige Lieschen** mit karmin- oder rosaroten Blüten, stammt aus Afrika; im Garten die in Ostinden heimische rosenrot und weiß blühende **Garten-B.**

Balten, 1) B., baltische Völker, den Slawen verwandte Völkergruppe mit indogerman. Sprachen (Letten, Litauer, Kuren, Altpreußen). **2)** B., Deutschbalten, die von mittelalterl. Einwanderern aus N- und W-Dtl. abstammenden Dt. in Estland und Lettland; lange Zeit die führende Schicht, wurden sie seit 1919 zunehmend enteignet; seit 1939 nach Dtl. umgesiedelt.

B'althasar, einer der Heiligen ⟶Drei Könige.

Baltikum das, Gebiet von Estland und Lettland, auch von Litauen (die **Baltischen Länder**).

Baltimore [b'ɔːltimɔə], größte Stadt im Staat Maryland, USA, 939000 Ew.; Johns-Hopkins-Universität; Akademie der Wissenschaften. Hafen mit großen Docks, bed. Industrie.

Baltischer Landrücken, Baltische Seenplatte, hügelige, seenreiche Moränenlandschaft an der Südküste der Ostsee, ein Aufschüttungsgebiet des nord. Inlandeises. Durch Weichsel, Oder und Trave in Preußischen, Pommerschen, Mecklenburg. und Holstein. Landrücken geteilt.

Baltisches Meer, die ⟶Ostsee.

Baltische Sprachen, die litauische, lettische und (ausgestorbene) altpreuß. Sprache.

Baltrum, ostfries. Nordseeinsel; Seebad.

Baltsch'ik, Seebad an der bulgar. Schwarzmeerküste, nördl. Warna.

Bal'uba, Bantuvolk, ⟶Luba.

Balustr'ade [frz.] die, ⏛ Brüstungsgeländer aus gedrehten kleinen Säulen (**Baluster, Docken**).

Balz, Falz die, Paarungszeit und Begattung bei Auer-, Birkwild u. a. Vögeln. Die Hähne umwerben das Weibchen mit **B.-Tänzen** oder **-flügen** (Zurschaustellung des Gefieders, **B.-Rufe**).

Balzac [balz'ak], Honoré de, franzos. Schriftsteller, * 1799, † 1850; schilderte in seinem Romanzyklus »Die menschl. Komödie« die Gesellschaft seiner Zeit.

B'alzan-Preis [nach E. Balzan, † 1953], internat. Stiftung an Einzelpersonen und Organisationen für Verdienste um Humanität, Kunst, Wissenschaft (seit 1956). Sitz: Rom und Zürich; Preisträger u. a.: Nobelstiftung (1962), Papst Johannes XXIII. (1963), P. Hindemith (1963).

Bamak'o, Hauptstadt der Rep. Mali, Afrika, am oberen Niger, 120000 Ew.; Handelsplatz.

Bambari, Verkehrsmittelpunkt und Handelszentrum in O der Zentralafrikan. Rep.; 20000 Ew.

Bamberg, Stadt in Oberfranken, Bayern, an der Regnitz, 71500 Ew.; Erzbischofssitz, Dom (Bamberger Reiter, Elisabeth); Textilwaren, Elektro-Industrie; Gemüsehandel.

Bambi, Trickfilmfigur von Walt Disney, ein Rehkitz; auch ein dt. Filmpreis.

Bamb'ino [ital.] der, kleines Kind, Jesukind.

B'ambus der, **Bambusrohr,** tropische Grasgattungen, bes. in O-Indien und auf den Sunda-Inseln; viele sind baumförmig, bis 40 m hoch. Die knotigen, hohlen Halme (bis 30 cm dick) werden zu Bau- und Möbelholz, Röhren, Gefäßen, Stöcken (**Pfefferrohr**) verwendet, die Faser zu

Bamberg: Blick auf den Dom

Geflecht, Stricken, chines. Seidenpapier. Einige ostasiat. Arten sind in Europa Zierpflanzen.

Bamb'uti, ⟶Pygmäen.

Bamm, Peter, Deckname des Schriftstellers Curt Emmrich, *1897; »Die unsichtbare Flagge«, »Frühe Stätten der Christenheit«, »Alexander«.

ban'al [frz.], abgedroschen, alltäglich.

Ban'ane, die, trop. Pflanzengattung, Scheinstamm und Schopf sind palmähnlich. Der traubige Fruchtstand hat Früchte mit musartigem, stärke- und zuckerreichem Fleisch. **Obst-B.** werden bes. in Westindien und Afrika, **Mehl-B.** (als Nahrungsmittel) in Afrika angebaut. Die Blattscheidenfasern indones. Arten (Abaka) geben Hanf (**Manilahanf**), die Blätter Flecht- und Packstoff.

Ban'at das, fruchtbare Landschaft zwischen unterer Theiß, Donau, Maros und Karpaten, mit dem **Banater Gebirge** (wald-, kohlen- und erzreich); Hauptstadt: Temesvar (dt. Temeschburg). Das B. fiel 1718 an Österreich und wurde unter Maria Theresia z. T. mit dt. Bauern besiedelt. Im Vertrag von Trianon (1920) wurde es zwischen Jugoslawien und Rumänien aufgeteilt. 1944/45 wurden die Dt. größtenteils vertrieben.

Ban'ause [grch. »Handwerker«] der, ein für Kunst unempfänglicher, spießiger Mensch.

Band [bænd, engl.] die, Tanz-, Jazzkapelle.

Bandage [band'aːʒə] die, Binde zum Stützen und zum Schutz verletzter oder schwacher Körperteile, z. B. Handgelenk-, Knie-, Knöchelbandage, Leibbinde. Der **Bandag'ist,** Handwerker, der Bruchbänder, künstl. Gliedmaßen u. a. herstellt (Orthopädie-Mechaniker).

B'anda-Inseln, Inselgruppe der Molukken (Indonesien); Muskatnußanbau.

Bandaranaike, Sirimawo, *1916, Juli 1960 bis März 1965 Ministerpräsidentin von Ceylon.

Bandasseln, Tausendfüßer, die an jedem Leibesring ein Beinpaar haben, leben räuberisch; z. B. Steinkriecher, Skolopender.

Bandaufnahmegerät, ⟶Tonbandgerät.

Bande, 1) ursprüngl. Söldnerhaufen, Freischärlertruppe. **2)** innere Umrandung der Billardtafel. **3)** Einfassung eines Spielfeldes (Eishockey), einer Rennbahn u. ä. **4)** Verbrechervereinigung.

Bandel'ier das, ⚔ breiter, über die Schulter getragener Lederriemen für die Patronentasche.

Banderilla [bander'iλa, span.] die, ein geschmückter Speer mit Widerhaken beim span. Stierkampf.

Bander'ole [frz.] die, **1)** Steuerstreifband als Zeichen der Versteuerung, z. B. bei Tabakwaren. **2)** Spruchband (auf alten Bildern).

Bandgenerator, Maschine zur Erzeugung sehr hoher elektr. Spannungen in der Kern- und Elementarteilchenphysik als Teilchenbeschleuniger benutzt; 1931 von van de Graaff entwickelt.

Bandgras, Spanisches Gras, Gartenpflanze, weiß-grün gestreifte Zuchtform des schilfähnl. Glanzgrases.

Band'it [ital.] der, Straßenräuber.

Bandjarm'asin, Hafenstadt an der S-Küste Borneos, Indonesien, 215000 Ew.

Bandkeramik, Kulturkreis der Jungsteinzeit in Mitteleuropa, bes. im Donauraum, benannt nach bandförmigen Verzierungen der Gefäße.

Ballon: Säureballon

Balzac

Bambus

Banane: a Blüte, b Frucht

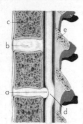

Bangalur: Verwaltungsgebäude

Bandscheibenvorfall: a Vorfall, b Kern der Bandscheibe, c Wirbelkörper, d verdrängtes Rückenmark, e Wirbelbogen

Banjo

Bandwurm. Schweinebandwurm

Bandmaß, Band aus Wachstuch oder dünnem Stahlblech mit Maßeinteilung.

Band'oneon [nach dem Erfinder Band] das, eine Art →Ziehharmonika.

Bandsäge, Säge mit endlosem Sägeband, das über zwei Rollen läuft, →Säge.

Bandscheibe, { Zwischenwirbelscheibe; elastische, zwischen die Wirbelkörper eingebettete Scheibe in der Wirbelsäule, kann infolge äußerer Schädigung in den Wirbelkanal vorquellen (**B.-Vorfall;** meist an der Lenden- oder Halswirbelsäule) und durch Druck auf Rückenmark oder Nervenwurzeln Schmerzen verursachen.

Bandung, niederländ. **Bandoeng,** Stadt auf Java (Indonesien); 973000 Ew.; T. H., Universität. In B. tagte 1955 die afrikan.-asiat. Konferenz (29 Staaten; auf der neben Indien (Nehru) bes. die Volksrep. China hervortrat.

Band'ura, kleinrussische Baßlaute mit je 6 Spiel- und Begleitsaiten.

Band'urria, span. Zupfinstrument mit 6 zweioder dreichörigen Saiten.

Bandwürmer, zu den Plattwürmern gehörige Schmarotzer des Menschen und der Wirbeltiere. Der Körper der B. ist bandförmig abgeplattet und wird bis 10 und mehr m lang. Der stecknadelgroße Kopf ist mit Saugnäpfen und Hakenkränzen ausgestattet. Er bildet an seinem Hinterende die einzelnen Glieder der B.-Kette, die die zwittrigen Geschlechtsorgane enthalten. Sinnesorgane und Verdauungswerkzeuge fehlen, das Nervensystem ist stark rückgebildet. Der B. lebt im Dünndarm, heftet sich mit dem Kopf an der Darmwand fest und nimmt die Nahrungssäfte durch die Hautoberfläche auf. Entwicklungsgang: Die ältesten, mit reifen Eiern angefüllten Glieder lösen sich und gehen mit dem Kot des Wirtes ab. Werden die Eier von einem Tier mit der Nahrung aufgenommen, so schlüpft im Darm dieses Zwischenwirtes aus dem Ei eine Hakenlarve. Diese gelangt in den Blutkreislauf und setzt sich als Finne in Muskeln, Hirn oder Leber fest. An der Innenwand dieses Blasenwurmes entsteht ein B.-Kopf. Gelangt finniges Fleisch in Magen oder Darm des Hauptwirtes, so stülpt sich aus der Finnenblase der Kopf des B. hervor. Er setzt sich an der Darmwand fest und wächst zum B. aus. Die B. machen somit einen Generationswechsel durch, der mit einem Wirtswechsel verbunden ist. Die wichtigsten B. des Menschen: **Schweine-B.** (Kopf mit Hakenkranz, als Finne im Schwein), **Rinder-B.** (Finne im Rind). **Hunde-B.** (Hülsen-B.), nur 5 mm lang (Finne in Leber, Lunge, Magen oder Gehirn), wachsen durch Knospung zu einem kindskopfgroßen Gebilde heran. Durch nahen Umgang mit Hunden kann sich der Mensch mit den Eiern infizieren und lebensgefährlich erkranken. **Fisch-B. (Breiter B., Grubenkopf),** als Finne in Fischen. Andere B.: **Quesen-B.,** erzeugt als Finne im Gehirn von Schafen die Drehkrankheit. B. verursachen Koliken, Erbrechen, Schwindel, Abmagerung. Man schützt sich vor B. durch Vermeiden des Genusses von rohem Fleisch. Bei der Abtreibung des B., z.B. durch Farnextrakte, muß zunächst der Kopf losgelöst werden. Die Kur wird am besten

durch Fasten und Genuß von Salzheringen und Sauerkraut vorbereitet.

Bandy [b'ændi, engl.] das, **1)** engl. Eishockeyspiel. **2)** der Hockeyschläger.

Banff National-Park, Naturschutzpark im Kanadischen Felsengebirge. (FARBTAFEL Nordamerika S. 699)

Bang, Hermann, dän. Schriftsteller, *1857 †1912, Vertreter des literar. Impressionismus.

Bangalur, Bangalore, Hauptstadt von Maisur, Indien, 1,7 Mill. Ew. mit Agglomeration; Flugzeugwerke, Textilindustrie, Universität.

B'angka, B'anka, Insel Indonesiens, östl. von Sumatra, 11942 km², rd. 252000 Ew.; Zinn.

B'angkok, Hauptstadt von Thailand, Hafen, an der Mündung des Menam, 1,6 Mill. Ew.; Tempel, Klöster, Paläste; Hochschulen; Flugplatz; Umschlagplatz für Reis, Zinn u. a.

Bangkok: Blick auf den Menam

Bangla Desh, früher **Ost-Pakistan,** Staat in O-Bengalen, S-Asien, 142776 km² mit 75 Mill. Ew. (80% Muslime, 18% Hindu). ⊕ S. 515, ▯ S. 345.

B. D. liegt im Mündungsgebiet von Ganges und Brahmaputra. Hauptstadt Dakka. Haupterwerbszweig ist die Landwirtschaft (Reis, Jute: 80% der Welterzeugung, ferner Tabak, Tee). Erdgasfelder im O. Führender Industrieort ist Tschittagong mit Stahlwerk, Erdölraffinerie, Schiffbau, Papier-, chem., Maschinen-Industrie. Ausgeführt werden Jute, Textilien. Flughäfen bei Dakka und Tschittagong.

Aus einer gemein. Autonomie-Bewegung entwickelte sich in O-Pakistan 1971 eine Unabhängigkeits-Bewegung. Mit mil. Hilfe gelang es dieser 1972 den Staat B. D. zu errichten. Im Jan. 1972 wurde Mujibur Rahman Min.Präs.

Bangsche Krankheit, Infektionskrankheit der Kühe, die zum Verkalben führt; durch nicht abgekochte Milch auch Menschen übertragbar.

B'angui, Hauptstadt der Zentralafrikan. Republik, 82500 Ew.; am Ubangi.

B'anja L'uka, Stadt in Bosnien (Jugoslawien), 57000 Ew.; Bischofssitz.

B'anjo das, gitarrenähnliches Zupfinstrument der nordamerikan. Neger, im Jazz verwendet.

Bank die, Mz. **Banken,** →Banken.

Bank deutscher Länder, Abk. **BdL,** 1948-57 Zentralbank der Bundesrep. Dtl., Sitz Frankfurt a. M. Ihr folgte die →Deutsche Bundesbank.

Bankeisen, spitz auslaufendes Stück Flacheisen mit Löchern zur Befestigung von Bänken, Konsolen usw. an der Wand (BILD S. 71).

Bänkelsänger, fahrende Leute, die, meist auf Jahrmärkten, Räuber- und Schauergeschichten (**Moritaten**) von einer Bank herab vortragen.

Banken, Anstalten oder Unternehmen für Geldverkehr und Kreditvermittlung. Wichtigste Arten: **Zentralnoten-B.** (geben Banknoten aus) und **Geschäfts-B.** (darunter: Kredit-B., Realkreditinstitute, Sparkassen, private Spezialkreditin-

stitute, Postscheck- und Postsparkassenämter). –
Haupttätigkeit der B.: **Aktivgeschäfte**, bei denen
die Bank Geld gibt (Kontokorrent-, Diskont-,
Lombard-, Hypotheken-, Akkreditiv-, langfristi-
ges Kreditgeschäft), **Passivgeschäfte**, bei denen sie
Geld nimmt (Deposinen-, Noten-, Pfandbriefge-
schäft), und **indifferente Geschäfte**, bei denen sie
Geschäftsbesorgungen übernimmt (Inkasso-,
Münz- und Sorten-, Effekten- und Depotge-
schäft). Auf Grund des Ges. über Kreditwesen
vom 10. 7. 1961 untersteht das gesamte dt. Bankwesen der **Bankenaufsicht.**

Bankert der, ✚ uneheliches Kind.

Bank'ett [frz.] das, 1) Festmahl. 2) Fußweg
neben der Fahrbahn.

Bank für Gemeinwirtschaft, Frankfurt a.
M., gegr. 1958, größte dt. →Gemeinwirtschafts-
bank.

**Bank für internationalen Zahlungsaus-
gleich, BIZ,** Basel, gegr. 1930 von mehreren Notenbanken und einer amerikan. Bankengruppe,
bes. als Treuhänder für internat. Zahlungsge-
schäfte tätig.

Bankgeheimnis, die Verpflichtung einer
Bank, die Vermögenswerte und die Aufträge ihrer Kunden geheimzuhalten. Die Finanzbehörden
können in gewissen Fällen Auskünfte verlangen.

Bankhalter, der Spieler beim Glücksspiel, gegen den die übrigen spielen.

Bankier [bāŋj'e, frz.] der, Kaufmann, der berufsmäßig Bankgeschäfte betreibt, Leiter eines
Bankgeschäfts (→Banken).

Banking-Prinzip [æ], die Lehre, daß Banknoten keine oder Edelmetalldeckung brauchen, da
da sich die Geldmenge elastisch dem Bedarf an-
passe. Gegensatz: Currency-Prinzip.

Banknote, das von den Notenbanken (in der
Bundesrep. Dtl. von der Deutschen Bundesbank)
ausgegebene Papiergeld. Meist ist zur Ausgabe
von B. nur die Zentralnotenbank berechtigt (**B.-
Monopol).**

Bankr'ott [aus ital.] der, 1) die Zahlungseinstellung, Konkurs. 2) 𝄢 übermäßiger Aufwand
oder nachlässige Buchführung eines zahlungsunfähigen Schuldners (**einfacher B.**), wird mit Gefängnis, betrügerische Handlungen zum Nachteil
der Gläubiger (**betrügerischer B.**) mit Zuchthaus
bestraft (§§ 239 ff. Konkursordnung).

Bank von England, Bank of England, die
engl. Notenbank, Sitz London, gegr. 1694.

Bank von Frankreich, Banque de France,
französ. Zentralnotenbank, Sitz Paris, gegr. 1800.

Bann der, 1) MA.: das Recht der Könige und
Grafen, bei Strafe zu gebieten und zu verbieten.
2) dieses Gebot oder Verbot selbst. 3) der Bezirk,
der unter der Gewalt des Bannherrn stand. 4)
→Kirchenbann.

bannen, im Volksglauben das Unschädlich-
machen böser Geister durch Spruch oder Tat.

Banner das, die Fahne, die an einer mit dem
Schaft verbundenen Querstange befestigt ist.

Banngut, Bannware, 1) Schmuggelware. 2)
im Krieg die Waren, deren Transport in feindl.
Häfen ein Kriegführender dem Neutralen untersagt, unter Androhung der Wegnahme von Ware
und Schiff.

Bannmeile, 1) Weichbild, die Umgebung eines Ortes bis zur Entfernung von einer Meile, innerhalb deren im MA. kein Fremder Handel oder
Gewerbe treiben durfte. 2) für polit. Kundgebun-
gen gesperrter Bez., bes. um Parlamentsgebäude.

Bannrechte, bis 1869: an Grundherren und
Städte verliehene Rechte, als einzige in ihrem Gebiet Mühlen, Brauereien, Bäckereien u. a. zu errichten oder an Handwerker zu vergeben; die Bewohner waren verpflichtet, dort zu kaufen. Aufgehoben durch die Gewerbeordnung.

Bannwald gewährt Ortschaften, Straßen usw.
Schutz gegen Lawinen und Bergstürze; er darf
nicht abgeholzt werden.

B'antamgewicht, →Gewichtsklasse beim Boxen, Ringen, Gewichtheben.

Banting [b'æntiŋ], Frederick Grant, kanad.

Arzt, *1891, †1941, entdeckte 1921 das Insulin;
1923 Nobelpreis.

B'antu [»Menschen«] Mz., etwa 300 Negerstämme des südl. und mittleren Afrika, 75-80
Mill. Menschen, die die **B.-Sprachen** sprechen.

Banz, Schloß in Oberfranken, Barockkirche.

B'anzai [japan. »viele Jahre!«], lebe hoch!

B'aobab der, →Affenbrotbaum.

Bao Dai, 1949-55 Staatschef von Vietnam,
*1913, war 1926-45 Kaiser von Annam, 1955
durch Plebiszit abgesetzt.

Bapt'isten [grch. »Täufer«] Mz., vielver-
zweigte christl. Gemeinschaft. Sie taufen keine
Kinder, sondern nur Erwachsene, sind Gegner
der Staatskirchen. In England im 17. Jahrh. entstanden, nach Nordamerika verbreitet, in
Deutschland seit 1834.

Baptist'erium das, -s/...rien. 1) ⌂ Taufkir-
che, Taufkapelle. 2) Taufbecken.

bar, →Bargeld.

Bar [engl. »Schranke«] die, 1) Kleingaststätte
zum Ausschank alkohol. (**Bier-B.**) oder anderer
Getränke (**Milch-B.**). Barkeeper, Verwalter, Bar-
mixer, Bartender, Bardame, Angestellte einer B.

Bar [grch.] das, Kurzzeichen **bar,** Einheit des
Luftdrucks in der Wetterkunde. 1 Bar = 1000
Millibar (mbar) = 750 Torr.

Bär, 1) Raubtier, →Bären. 2) Schmetterling,
→Bärenspinner. 3) **Großer und Kleiner B.,** zwei
ähnl. Sternbilder am nördl. Himmel, mit je einem
Trapez aus 4 und einer »Deichsel« aus 3 Sternen.
Legt man durch die letzten Trapezsterne des Gro-
ßen B. eine Gerade und verlängert sie nach dem
Nordpol des Himmels, so trifft man auf den er-
sten Deichselstern des Kleinen B., den **Polarstern.**

Baer, Karl Ernst v., *1792, †1876, Zoologe,
Begründer der modernen Embryologie, entdeckte
das Ei der Säugetiere.

Baracke die, leichter Bau zur Unterbringung
von Soldaten, Kranken, Arbeitern, Baustoffen usw.

Barb'ados die, östlichste der Kleinen Antillen,
430 km², 250 000 Ew. Ausfuhr: Zucker, Rum. B.,
seit 1652 britisch, ist seit 1966 unabhängig.

Barb'ar [grch.] der, 1) Altertum: Nicht-
grieche, Nichtrömer, Ausländer. 2) ein ungebildeter, roher oder grausamer Mensch. **Barbar'ei**
die, Grausamkeit. **barb'arisch,** roh, grausam.

B'arbara [lat. »die Fremde«], Märtyrerin, Not-
helferin bei Gewittern, Schutzheilige der Bergleute und der Artillerie (ohne Kult).

Barbar'ossa [ital. »Rotbart«], Beiname Kaiser
Friedrichs I.; **B.-Höhle,** Höhle am Kyffhäuser, in
der nach der Sage nach B. schläft.

Barbe, Karpfenfisch europ. Flüsse, bis 80 cm
lang, mit 4 Bartfäden (Barteln); zur Laichzeit ist
der Rogen giftig (**Barbencholera**). Indische Pracht-
und Zebra-B. sind Zierfische. (FARBTAFEL Fische
S. 344)

Barber, Samuel, amerikan. Komponist, *1910.

Barbit'ursäure, Ausgangsverbindung für die
Herstellung von Schlafmitteln. Die tödl. Dosis
schwankt zwischen 1 und 12 g.

Barbizon [barbizɔ̃], Dorf bei Fontainebleau,
durch seine Kolonie von Landschaftsmalern (Corot, Th. Rousseau, Millet u. a.) bekannt geworden.

Barbusse [barb'ys], Henri, französ. Schriftsteller, *1873, †Moskau 1935; schilderte im Roman
»Das Feuer« (1916) das Grauen der Material-
schlacht, war französisch, schließlich Kommunist.

Barcelona [barθel'ona], bedeutende Indu-
strie- und Handelsstadt Spaniens, wichtiger Mit-
telmeerhafen, 1,729 Mill. Ew.; bedeutende Katalonien. B. hat got. Kathedrale, Univ., TH und
andere Hochschulen, Opernhaus, Theater, Ge-
mäldeschule, 2 Stierkampfarenen; Flugplatz. (BILD
S. 72)

Barch, Barg der, kastrierter männl. Schwein.

B'archent der, dichtes Köpergewebe aus
Baumwolle oder Baumwolle und Leinen. Die
Rückseite ist pelzartig aufgerauht.

B'arches der, das Sabbatbrot der Juden.

Barde [irisch] der, im MA. keltischer Sänger
und Dichter.

Bankeisen

Barcelona:
Sagrada
Familia

Bärentraube:
a Blüte, b Frucht

Barett

Bärlapp

Bardot [bard'o], Brigitte, französ. Filmschauspielerin, *1934; wurde zum modischen Leittyp.

Bareilly [bar'eili], Stadt in Uttar Pradesch, Indien, 280 300 Ew.; Möbel- und Zuckerind.

Bären, Familie der Raubtiere, in Asien, Amerika, im Norden, Osten und Süden Europas, Sohlengänger von plumper Gestalt, mit dichtem zottigem Pelz, Allesfresser. Der **Braune Bär,** bis 2 m lang und 350 kg schwer, lebt in einsamen Waldgebirgen Skandinaviens, Rußlands und der Balkanhalbinsel und ist ein geschickter Kletterer. Der **Eisbär** wird 3 m lang, hat ein zottiges weißgelbes Fell; er jagt im Nördlichen Eismeer Robben und Fische und ist ein guter Schwimmer. In Nordamerika leben der **Grizzlybär** und der **Baribal,** der **Kragenbär** in Innerasien. In der Eiszeit lebte der mächtige **Höhlenbär.** Zur Familie der **Kleinbären** gehören →Waschbär, →Rüsselbär und →Koala.

Bärenfluß, zwei Flüsse in Nordamerika: 1) Zufluß des Großen Salzsees in Utah. 2) Zufluß des Mackenziestroms aus dem Großen Bärensee (31 068 km²) in Kanada.

Bären-Insel, norweg. Insel südl. von Spitzbergen; Kohlen-, Phosphatlager; Funkstation.

Bärenklau, 1) Doldengewächsgattung mit aufgeblasenen Blattscheiden; so der **Wiesen-B.** (**Pferdekümmel**) mit weißen Blüten, über 1 m hoch. **2)** →Akanthus.

Bärenspinner, Schmetterlingsfamilie, größtenteils nachts fliegend, mit langhaarigen Raupen (Bärenraupen). Der **Braune B.** ist etwa 7 cm breit, seine Raupe lebt an Kräutern und Sträuchern.

Bärentraube, Wolfsbeere, Heidekrautgewächs; Zwergstrauch in Heide und Nadelwald. Das Blatt wird gegen Blasen- und Nierenleiden verwendet.

B'arents, Willem, holländ. Polarfahrer, *um 1550, †1597, entdeckte 1596 Spitzbergen und die Bären-Insel.

B'arents-See [nach→Barents], Meeresteil zwischen Spitzbergen und Nowaja Semlja.

Bar'ett das, schirmlose Kopfbedeckung, zur Amtstracht gehörig.

Barfüßer Mz., Mönche und Nonnen (**Barfüßerinnen**), die barfuß oder in Sandalen gehen; z. B. die Karmeliter, Franziskaner, Kapuziner.

Bargatzky, Walter, *1910, Jurist, seit 1967 Präs. des Dt. Roten Kreuzes.

Bargeld, Münzen- oder Papiergeld. **Barzahlung,** sofortige Zahlung in B., nicht Scheck oder Wechsel.

bargeldloser Zahlungsverkehr, Begleichung einer Geldschuld durch Wechsel, Scheck, Überweisung.

Bargello [-dʒ'ɛlo] der, Museum in Florenz (Plastiken).

Bargh'eer, Eduard, Maler, *1901; entwickelte eine vom Expressionismus ausgehende Malerei.

B'ari, B. delle Puglie [p'uʎe], Handelshafen in Süditalien, drittgrößter Hafen am Adriat. Meer, 340 600 Ew.; Universität, Erzbischofssitz; Ind.

B'aribal der, nordamerikan. Bär, →Bären.

Barisches Windgesetz, Buys-Ballotsche Regel. Die Luft strömt von Orten hohen Druckes nach Orten mit geringerem Druck, dabei erfolgt durch die Erdumdrehung eine Ablenkung.

B'ariton der, ♪ **1)** Männerstimme zwischen Baß und Tenor (etwa von g–g¹). **2)** Tonlagebezeichnung auch für Instrumente. **3)** Beiwort für solche Instrumente (Gambe, Horn, Saxophon).

B'arium [von grch. »schwer«] das, **Ba,** chem. Element, silberweißes, weiches Metall, Dichte 3,6 g/cm³, Schmelzpunkt 850°C, Ordnungszahl 56; oxydiert leicht an der Luft, zersetzt Wasser unter Wasserstoffentwicklung. Vorkommen als Schwerspat und Witherit. Darstellung durch Schmelzelektrolyse von B.-Chlorid oder durch Reduktion von B.-Oxyd mit Aluminium. Verwendung nur in seinen Verbindungen: **B.-Sulfat** BaSO₄ als Röntgenkontrastbrei, für weiße Anstrichfarben, in der Papierindustrie; **B.-Chromat** BaCrO₄ als gelbe, **B.-Manganat** BaMnO₄ als grüne Malerfarbe; **B.-Nitrat** Ba(NO₃)₂ in der Feuerwerkerei (Grünfeuer); **B.-Oxyd** BaO mit B. gemischt als Kathodenmetall in Elektronenröhren.

Bark [engl.] die, Segelschiff mit drei Masten, die vorderen mit Rah-, der hintere mit Gaffelsegel.

Barkar'ole [ital.] die, Schiffer- oder Gondellied der Venezianer (auch Kunstmusik).

Bark'asse [span.] die, **1)** das größte Boot auf Kriegsschiffen. **2)** kleines Motorboot.

Barke [ital.] die, **1)** im Mittelmeer gebräuchl. kleines Fischerboot. **2)** ein drei- bis fünfmastiges Segelschiff.

Barkhausen, Heinrich, Physiker, *1881, †1956; **B.-Kurtz-Schaltung** dient der Erzeugung von Dezimeterwellen (→elektromagnetische Schwingungen).

Barkla, Charles Glover, engl. Physiker, *1877, †1944, erhielt 1917 den Nobelpreis für die Entdeckung der den einzelnen Elementen eigentümlichen Röntgenstrahlung.

Bar K'ochba [hebr. »Sternensohn«], Anführer im letzten Aufstand der Juden gegen die Römer (132–135).

Barlach, Ernst, Bildhauer, Graphiker, *1870, †1938. Seine Gestalten drücken die Erdgebundenheit alles Menschlichen aus. B. schrieb auch Dramen, ferner »Ein selbsterzähltes Leben«.

Bärlapp der, Gattung der Bärlappgewächse, moosähnliche, blütenlose, immergrüne, meist kriechende Pflanzen. Der einheim. **Kolben-B.** (Schlangenmoos) trägt in 2-3 aufrechten Ährchen

Bären: oben Braunbär, unten Eisbär

Sporenbehälter mit Sporen, die im Feuer sprühen (Hexenmehl, Blitzpulver).

Barlauf [von mhd. barre »Stange«], ein altes dt. Lauf- und Fangspiel zwischen zwei Parteien.

Bar-le-Duc [barlə'dyk], Hauptstadt des Dép. Meuse, am Rhein-Marne-Kanal, Frankreich, 20200 Ew.; Textil- u.a. Ind. Burg ›Bar‹ (950), Kirche St. Etienne (15.-16.Jahrh.).

Barl'etta, Hafenstadt in Süditalien, 73400 Ew.; Burg.

Barlog, Boleslaw, Intendant des Schillertheaters Berlin, *1906.

Bärme [ndt.] die, Hefe.

Barmherzige Brüder, katholische Männergenossenschaften zur Krankenpflege; entsprechend **Barmherzige Schwestern,** kath. Frauennossenschaften für Krankenpflege: **Vinzentinerinnen, Graue Schwestern, Borromäerinnen** u. a.

B'arnabas, Begleiter des Apostels Paulus auf seiner ersten Missionsreise.

Barn'ard, Christiaan Neethling, südafrikan. Herzchirurg,*1923; 1. Herztransplantation (1967).

Barna'ul, Stadt im Gebiet Altai, Sowjetunion, am Ob, 418000 Ew.; Baumwoll-, Nahrungsmittel-, Hüttenindustrie.

B'arnim, Landschaft zwischen Oder, mittl. Spree, Havel und Uckermark.

Barnsley [b'a:nzli], Stadt in Nordengland, am Dearne, 74700 Ew., vielseitige Industrie.

bar'ock, verschnörkelt, überladen.

Bar'ock [frz.-ital.] der und das, Kunstrichtung vom Ausgang des 16. bis zur Mitte des 18.Jahrh., gekennzeichnet durch die bewegte Linie in Grundriß und Aufbau, durch Sinnenfreudigkeit bis zur Pracht, leidenschaftl. Ausdruck bis zur Ekstase. Von Italien ausgehend, verbreitete sich der B. in z. T. starken nationalen Abwandlungen über ganz Europa (z.B.: Petersplatz in Rom, Schlösser in Würzburg und Versailles). Religiös setzt der B. die Gegenreformation, polit. den Absolutismus voraus (TAFEL Baukunst).

Barockdichtung, steht unter der starken Spannung gegensätzlicher, den Menschen beherrschender Kräfte von Leben und Tod, Zeit und Ewigkeit, Diesseitsfreude und Jenseitssehnsucht. Kennzeichnend ist der Hang zur Übersteigerung und zu kühner Bildhaftigkeit. Dt. Vertreter der B.: die religiösen Lyriker Spee und Paul Gerhardt, der Dramatiker und Lyriker Gryphius, der Erzähler Grimmelshausen, die Epigrammdichter Logau und Angelus Silesius.

Barockmusik, die Musik von 1600 bis 1750. Am Beginn der Epoche steht die Melodie, d. h. der den Text angepaßte, instrumentalbegleitete Einzelgesang. Die neuen Gattungen sind geistl. Konzert, weltl. Kantate, Oper, Oratorium, in der Instrumentalmusik Sinfonia und Sonate, aus denen sich Concerto grosso, Solokonzert, Solosonate entwickeln. Hauptländer der B. sind Italien, Frankreich, Dtl., England. Abschluß und Höhepunkt der dt. B. bedeuten Bach und Händel.

Bar'oda, Stadt im Staat Gudscharat, in NW-Indien, 295000 Ew.; Universität; Industrie.

Barom'eter [grch.] das, Luftdruckmesser, 1643 von Torricelli erfunden. Ein über 76 cm langes Glasrohr wird ganz mit Quecksilber gefüllt. Das offene Ende taucht man senkrecht in eine Schale mit Quecksilber, worauf die Quecksilbersäule bis etwa 76 cm über dem Spiegel der Schale fällt. Sie wird von dem auf die Quecksilberoberfläche in der Schale wirkenden Luftdruck im Gleichgewicht gehalten und steigt und fällt in demselben Maße, wie sich der Luftdruck ändert. Für die Wetterbeobachtung wird statt der Schale mit Quecksilber ein um umgebogenes Glasrohr, das **Heber-B.,** verwendet oder auch ein Meßwerkzeug ohne Quecksilber, das **Aneroïd-B.** Dieses besteht aus einer luftleeren, federnden Metalldose, die bei Luftdruckschwankungen ihre Form ändert und dadurch einen Zeiger bewegt. Der **Barograph** ist ein B. mit Schreibgerät zur Aufzeichnung der Luftdruckkurve.

Bar'on, Bar'onin, Baron'esse [ahd. baro

»freier Herr«], in Dtl. Freiherr, in Frankreich und England im MA. der unmittelbare Kronvasall.

Baronet [b'ærənit], in England der obere Grad des niederen Adels, der Gentry.

Barquisim'eto, Hauptstadt des Staates Lara, Venezuela, 199700 Ew.; Ausfuhr (Kaffee, Kakao).

Barranquilla [baraŋk'iʎa], Hafenstadt in Kolumbien, am Magdalenenstrom, 497000 Ew.

B'arras der, volkstümlich für Militär.

Barras [bar'as], Paul, Graf v., *1755, †1829, französ. Politiker, stürzte 1794 Robespierre und wurde Präsident des Konvents, 1795 Mitglied des Direktoriums, 1799 von Napoleon gestürzt.

Barrault [bar'o:], Jean-Louis *1910, französ. Schauspieler, Regisseur.

Barre die, 1) Stange, Riegel. 2) Sandbank. 3) Flutbrandung.

Barrel [brzəl], engl.] das, engl. und amerik. Raummaß, nach der Ware sehr verschieden.

Barren, 1) Turngerät, zwei waagerechte Stangen (Holmen) auf je 2 in der Höhe und auch seitlich verstellbaren Ständern. (BILD Turngeräte) 2) Stange, Block gegossenen Metalls (**B.-Gold**).

Barrès [bar'ɛs], Maurice, französ. Schriftsteller, *1862, † 1923, schrieb individualist. Romane; Vertreter des französ. Nationalismus.

Barri'ere [frz.] die, Schlagbaum, Schranke.

Barri'er-Riff, 2000 km langes Korallenriff vor der Ostküste von Queensland, Australien.

Barrik'ade [frz.] die, Verrammelung (Straße).

Barrowspitze [b'ærou], Kap Nordamerikas, der nördlichste Punkt von Alaska.

Barsch der, Stachelflosser des Süßwassers. Zur Familie B.gehören der **Fluß-B.**mit schwärzl.Querstreifen, roten Flossen; Raubfisch mit schmackhaftem Fleisch; der →Zander, der **Hecht-B.,** der **Kaul-B.,** die nordamerikan. Arten **Schwarz-B.** und **Forellen-B.** FARBTAFEL Fische S. 344.

Bars'oi, russischer Windhund, →Hunde.

B'arsortiment, 𝍌 Grossohaus.

Bart. Die Bartentwicklung ist bei den einzelnen Menschenrassen verschieden stark. Die Barttracht hatte ursprünglich sinnbildl. Bedeutung, später war sie stark der Mode unterworfen.

Barte die, 1) Hornplatte am Gaumen der Bartenwale (→Wale). 2) Beil, Streitaxt.

Bartenstein, Stadt in Ostpreußen, 12800 Ew.; seit 1945 unter poln. Verw. (**Bartoszyce**).

Bartflechte die, 1) fadenförmige, verästelte Flechten, bilden auf Nadelholz in Bergwäldern Zweigbehang (BILD Flechten). 2) ⚕ eitrige Entzündung der Haarbälge und der Bartgegend, hervorgerufen durch Bakterien. Auch eine Pilzerkrankung der Barthaare heißt Bartflechte.

Bartgeier, adler- und geierähnliche Falkenvögel, z.B. der **Lämmergeier,** der größte altweltl. Greifvogel, in Hochgebirgen Südeuropas, Afrikas, Asiens.

Bartgras, artenreiche Grasgattung mit langen Grannen, meist in wärmeren Ländern.

Barth, Hafenstadt am Bodden, Bez. Rostock, 12800 Ew.; Industrie, Schiffswerft.

Barth, 1) Heinrich, Afrikaforscher, *1821, †1865. 2) Karl, reform. Theologe, *1886, †1968, Prof. in Basel; Hauptvertreter der dialekt. Theologie; schrieb u. a. »Der Römerbrief«, »Kirchliche Dogmatik«, »Theolog. Existenz heute«.

Bartholom'äus, Jünger Jesu und Apostel, Märtyrer (B.-Tag 24. 8.).

Bartholom'äusnacht, die Ermordung von etwa 2000 Hugenotten in Paris in der Nacht zum 24. 8. 1572.

Bärtierchen, kleine, wohl mit den Würmern verwandte Tierchen, leben in feuchten Orten.

Bartning, Otto, Baumeister, *1883, †1959; führend im protestant. Kirchenbau.

Bartók, Béla, ungar. Komponist, *1881, †New York 1945, knüpfte an die osteuropäische Volksmusik an; Vorkämpfer der Neuen Musik.

Bartolomm'eo, Fra B., italien. Maler, *1472, †1517; relig. Bilder im Sinne der Hochrenaissance

Bartsch, rechter Nebenfluß der Oder, 165 km lang, mündet oberhalb Glogau.

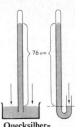

Quecksilberbarometer

Barttrachten, oben: Fräse, oben Mitte:Vollbart,unten Mitte: Henri IV., unten: Schnurrbart

Barzel

Baschlik

Basilika
(flachgedeckt)

Basilisk: Helm-
basilisk, 80 cm
lang

Baruch, Begleiter des Propheten Jeremias nach Ägypten; B. wird das **Buch B.** zugeschrieben.
Baruch [bər'u:], Bernard, amerikan. Wirtschaftspolitiker, * 1870, † 1965; Wirtschaftsberater mehrerer Präsidenten.
Bar'yt der, →Schwerspat.
Barzel, Rainer, Politiker (CDU), *1924, Jurist, MdB, wurde 1962 Bundesmin. für gesamtdt. Fragen, 1964 Vors. der Bundestagsfraktion der CDU/CSU, 1966 erster stellv. Vors. der CDU. 1971 Vors. der CDU und Kanzlerkandidat der CDU/CSU.
Bas [ndt.], **Baas** der, Brotherr, Meister.
Bas'alt der, schwarzes, basisches Ergußgestein, besteht im wesentl. aus Feldspat (Plagioklas), Augit, Olivin. **B.-Lava** erstarrt oft in sechsseitigen Säulen, die mit Kristallen nichts zu tun haben. B. ist Bau- und Beschotterungsstoff. (FARBTAFEL Farbe II S. 342)
Bas'ar, Bazar [pers.] der, -s/-e, 1) im Orient: Marktplatz, Kaufhalle. 2) Wohltätigkeitsverkauf.
Baschk'iren Mz., Türkvolk im Süd-Ural, den Tataren nahestehend; Muslime. **Baschkirische Autonome Sozialistische Sowjetrepublik,** Teilrep. (seit 1919) der Russ. SFSR, westl. des Süd-Ural, 143 600 km², 3,8 Mill. Ew. (25% B., sonst Russen, Ukrainer u. a.); Hauptstadt: Ufa. Erdgas, Erdöl.
Baschl'ik der, russische Wollkappe.
Base die, 1) weibliche Verwandte; Kusine. 2) ⊖ alle chem. Verbindungen, die mit Säuren Salze bilden (z. B. die Hydroxyde der Alkali- und Erdalkalimetalle). Ihre wäßrige Lösung färbt Lackmus blau.
Baseball [be'isbɔ:l, engl.], ein dem Schlagball ähnl. Rasenspiel zwischen zwei Mannschaften von je 9 Spielern; Nationalspiel in den USA.

Baseball: Schläger beim Ausholen

B'asedow [-do], Johannes Bernhard, Pädagoge, *1724, †1790, gründete 1774 das Philantropinum (→Philanthrop) in Dessau; bemühte sich um Verbesserung der körperl. Erziehung, der Unterrichtsmethoden und der Lehrmittel.
Basedowsche Krankheit [nach dem Arzt Karl v. Basedow, 1799-1854], wird durch zu starke Tätigkeit der Schilddrüse hervorgerufen; vorwiegend beim weibl. Geschlecht. Sie äußert sich in Herzklopfen, Kropfbildung, starkem Hervortreten der Augäpfel (Glotzauge). Behandlung durch Arzneimittel oder Verringerung der Drüsentätigkeit durch Röntgenbestrahlung oder operative Verkleinerung der Schilddrüse.
Basel, 1) Kanton der Schweiz, besteht seit 1833 aus zwei Halbkantonen: **Basel-Stadt,** 37 km², 235 000 Ew., umfaßt außer der Stadt B. noch zwei Landgemeinden rechts des Rheins; **Basel-Landschaft,** 428 km², 205 000 Ew., Hauptstadt: Liestal, das waldreiche Juragebiet mit Getreidebau, Viehzucht, vielseitiger Industrie. 2) zweitgrößte Stadt der Schweiz, 215 000 Ew.; zu beiden Seiten des Rheins, Rheinhafen; Universität; Seiden-, chem., pharmazeut. und Metallindustrie; bedeutender Handel. B. war ein alter Bischofssitz, trat 1501 der Schweizerischen Eidgenossenschaft bei. Im Münster fand 1431-49 das **Basler Konzil** statt, das erfolglos eine Reform der mittelalterl. Kirche versuchte. 1795 wurde der **Basler Friede** zwischen Frankreich und Preußen geschlossen.
BASF, →Badische Anilin- und Soda-Fabrik.

Basel: Spalentor

Basic English [b'eisik 'iŋgliʃ], Grund-Englisch, vereinfachte Form des Englischen (850 Wörter).
bas'ieren [von →Basis], 1) den Grund legen. 2) sich auf etwas gründen.
Bas'ilienkraut, Basilikum, Kraut, Lippenblüter, Küchengewürz; enthält würziges Öl.
Bas'ilika [grch. »königliche Halle«] die, -/...ken, bei Griechen und Römern Gebäude für Gerichts- und Marktzwecke, eines der Vorbilder des frühchristlichen und mittelalterl. Kirchenbaus: ein Langraum, durch Pfeiler oder Säulen in 3 oder mehr Schiffe geteilt; das Mittelschiff, breiter und höher als die Seitenschiffe, endet in der Apsis, der meist ein Querschiff vorgeschoben ist; auch die Seitenschiffe können direkt oder über das Querschiff hinweg in Apsiden enden.
Basil'isk [grch.] der, 1) tropisch-amerikan. Echsen, harmlose, insektenfressende Baumtiere, z. B. der **Helm-B.** 2) Fabelwesen, geflügelte Schlange, deren Blick tötet **(Basiliskenblick).**
Basil'ius der Große, griech. Kirchenlehrer, um 370 Bischof in Caesarea, ordnete das Mönchswesen; seiner Regel folgen die meisten Mönche und Nonnen der Ostkirche **(Basilianer);** Heiliger (Tag 2. 1.).
B'asis, Base [grch.] die, -/Basen, 1) Grundlage, Ausgangspunkt. 2) ⊓ Säulen- oder Pfeilerfuß. 3) △ Grundzahl einer Potenz oder eines Logarithmus, auch Grundlinie einer geometr. Figur.
Basken Mz., Volksstamm in den westlichen Pyrenäen, rund 600 000, mit eigenen urtüml. Bräuchen und Geräten. Das **Baskische** ist die einzige noch lebende nichtindogerman. Sprache Westeuropas.
Baskenmütze, schirm- und randlose, meist dunkelblaue Wollmütze der Basken.
B'asketball [engl. »Korb«], dem Korbball verwandtes Spiel zwischen zwei Mannschaften von je fünf Spielern (bis zu 7 Ersatzspieler).
Baskülverschluß [frz.], Tür- und Fensterverschluß mit Riegelstangen. (BILD S. 75)
B'asra, Hafenstadt in Irak, am Zusammenfluß von Euphrat und Tigris, 75 700 Ew.; Ausfuhr von Datteln, Wolle, Korn; Umschlagplatz.
Basrelief [barəlj'εf], Flachrelief.

Basra: Altstadt

Baß [ital. basso »tief«] der, ♪ 1) die tiefste Männerstimme (f-f¹) und tiefste Stimme im mehrstimmigen Tonsatz. 2) Baßgeige, →Kontrabaß.

Baß: a tiefer B., b mittlerer (normaler) B., c hoher B.

Basselissestuhl [basl'is-, frz.], Webstuhl mit waagerecht ausgespannten Kettfäden; **Hautelissestuhl** [otl'is-], Webstuhl mit senkrechter Kette.

Bassermann, Albert, Schauspieler, *1867, †1952.

Bassin [bas'ἕ, frz.] das, Wasserbecken.

Baßschlüssel, ♪ Notenschlüssel f auf der 4. Linie.

Bast, 1) ⚕ Zellgewebe in Stengel und Rinde, aus gebündelten, spindelförmigen, dickwandigen Zellen **(Bastfasern)** bestehendes Festigungsmittel der Pflanze; gibt Binde-, Flecht-, Spinnstoff (so von Flachs, Hanf, Jute). 2) ⚲ das Fell auf wachsendem Geweih.

b'asta! [ital.], genug!

B'astaards [afrikaans] Mz., Mischlinge von Hottentottenfrauen mit Europäern.

B'astard der, 1) ⚥ uneheliches Kind. 2) **Mischling, Hybrid,** Abkömmling zweier Lebewesen verschiedener Rasse, Art oder Gattung (z. B. Maultier und Maulesel, von Pferd und Esel). B. aus entfernter verwandten Lebewesen sind oft unfruchtbar (→Vererbung).

Bastardfaden, ⛊ über den Schild gelegter linker Schrägfaden als Zeichen unehel. Herkunft.

Bast'arnen, ostgerman. Stamm. 2. Jahrh. v. Chr. auf dem Balkan, ging in den Goten auf.

Bast'ei die, **Bastion** die, ⚔ vorspringendes Bollwerk.

B'astia, Hafen- und Handelsstadt auf Korsika, 52 200 Ew.

Bastian, Adolf, *1826, †1905, Forschungsreisender, Gründer des Museums für Völkerkunde, Berlin.

Bastille [bast'i:j] die, Kastell in Paris, im 14. Jahrh. erbaut, nachher Staatsgefängnis, 14. 7. 1789 von der revolutionären Menge eingenommen und zerstört (daher der 14. 7. französ. Nationalfeiertag).

Bastonn'ade [ital.], Prügel auf die Fußsohlen.

Bas'uto, →Sotho. **Basutoland,** →Lesotho.

BAT, Abk. für Bundesangestelltentarif.

Bataille [bat'a:j] die, Schlacht.

Bataillon [batalj'on, frz.] das, Unterabteilung eines Regiments, bes. bei der Infanterie.

Batak, Gruppe malaiischer Stämme im Innern Sumatras (rd. 2,2 Mill.); mit eigener Schrift.

Bat'ate die, Süßkartoffel, Knollenwinde aus dem trop. Amerika; die stärkereichen, süßen Knollen dienen als Nahrungsmittel.

B'ataver, german. Stamm an der Rheinmündung, stand 69 unter Civilis gegen die Römer auf.

Bat'avia, seit 1950 →Djakarta.

Bath [ba:θ], Stadt, Badeort in SW-England, 80 800 Ew.; got. Kathedrale; warme Quellen.

B'athseba, Weib der →Uria, dann Davids.

Bathurst [b'æθǝ:st], Hauptstadt von Gambia, 29 000 Ew.; Flughafen.

Bathysk'aph [grch.] der, Tiefseeboot Auguste →Piccards.

B'atik der, aus Indonesien stammendes Verfahren, auf Geweben farbige Muster zu erzeugen. Eine aufgebrachte Wachsschicht wird zerknittert, an den Bruchstellen wird das Gewebe gefärbt.

Bat'ist der, feines, leinwandartiges Gewebe.

Baton Rouge [bætn ru:3], Hauptstadt von Louisiana, USA, 152 400 Ew.; Univ.; Erdöl-Ind.

Batschka die, fruchtbare Landschaft zwischen unterer Theiß und Donau, teils zu Ungarn, teils (Maria-Theresiopel) und Neusatz (Novi Sad). Nach den Türkenkriegen wurde die B. im 18. Jahrh. u. a. mit Deutschen (Schwaben) besiedelt. 1920 fiel der größte Teil des Landes an Jugoslawien, nur ein Sechstel blieb bei Ungarn. 1944/45 wurden die meisten Deutschen vertrieben.

Battelle-Institut in Frankfurt a. M., seit 1953, führt Industrie-Forschungsaufträge aus.

Battenberg, fürstliche Familie, Nachkommen des Prinzen Alexander von Hessen (†1888) und der poln. Gräfin v. Hauke. Der engl. Zweig erhielt 1917 den Namen Mountbatten.

Batter'ie [frz.] die, 1) ⚔ kleinste Einheit bei der Artillerie, meist zu 4 Geschützen. 2) ⚡ Zusammenschaltung mehrerer gleichartiger Geräte (Stromquellen, Kondensatoren, Öfen u. a.), z. B. Taschenlampen-B., Kondensatoren-B.

Bat'umi, Batum, Hauptstadt der Adscharischen ASSR, am Schwarzen Meer, 94 000 Ew.; Erdölleitung von Baku, Erdölausfuhrhafen.

Batzen der, frühere Silbermünze in der Schweiz und Süd-Dtl. = 4 Kreuzer.

Bau, ⚲ die Erdhöhle kleinerer Raubtiere (z. B. Fuchs) und der Wildkaninchen, besteht aus den Gängen **(Röhren)** und dem Hauptraum **(Kessel).**

Bauch, der untere Teil des Rumpfes, enthält unter dem Zwerchfell die **Bauch-Höhle** mit den B.-Eingeweiden. Die Innenwand des B. und die Oberfläche der meisten B.-Eingeweide sind von dem glatten und feuchten **B.-Fell** überzogen. Hinter dem Magen befindet sich die langgestreckte **B.-Speicheldrüse(Pankreas):** die eigentlichen Drüsenzellen ergießen Verdauungssäfte **(B.-Speichel)** in den Zwölffingerdarm, während die für den Zuckerstoffwechsel wichtigen, rundl. Zellhaufen bildenden **Langerhansschen Inseln** das in ihnen gebildete Insulin unmittelbar an das Blut abgeben.

Bauch, Bruno, Philosoph, *1877, †1942, vertrat den Neukantianismus, später den Neuhegelianismus.

Bauchpilze, Gruppe der Ständer- (Basidien-) pilze. Aus unterird. Fäden erscheinen knollige Fruchtkörper, die platzen und Sporen ausstäuben; **Eierbovist, Flaschenbovist** (beide jung eßbar), **Kartoffelbovist** (giftig!), **Stinkmorchel, Erdstern.** (FARBTAFEL Pilze S. 865)

Bauchreden, das Hervorbringen von Worten, ohne den Mund merkbar zu bewegen.

B'aucis, griech. Sage: Gattin des →Philemon.

Baud das, abgek. **Bd,** Einheit der Nachrichtentechnik für die Schrittgeschwindigkeit in der Telegraphen- und Fernschreibtechnik.

Baude [schles.] die, Einzelhof, Berggasthaus.

Baudelaire [bodl'ε:r], Charles, französ. Dichter, *1821, †1867; war mit seiner das Schöne und das Verruchte, Unheimliche, Satanische verbindenden Dichtung von großem Einfluß auf spätere Dichter. Gedichte: »Die Blumen des Bösen«.

Baudouin I., König der Belgier seit 1951, *1930, ⚭ Doña Fabiola de Mora y Aragón (seit 1960).

Bauer, 1) der Eigentümer oder Pächter eines kleinen oder mittleren Landgrundstücks **(Bauerngut),** das er hauptberuflich unter persönl. Mitarbeit landwirtschaftl. bebaut. Kleinbäuerl. Betriebe haben in Mitteleuropa 2-5 ha, mittelbäuerl. 5-20 ha, großbäuerl. 20-100 ha nutzbare Bodenfläche, größere heißen **Gutswirtschaften.** Die Familie ist Träger der bäuerl. Wirtschaft. Geschichtlich steht das **Bauerntum** als Urberuf am Anfang aller höheren Kultur. 2) Figur im Schachspiel; Bube oder Wenzel im Kartenspiel.

Bauer der oder das, Vogelkäfig.

Bauer, 1) Bruno, Theologe und Historiker, *1809, †1882, übte Kritik an den Schriften des N. T. 2) Gustav, Politiker (SPD), *1870, †1944, Gewerkschaftsführer, 1919-20 Reichskanzler. 3) Martin, Schriftsteller, *1901, †1970; Romane (»Soweit die Füße tragen«, 1955), Hörspiele. 4) Walter, Schriftsteller, *1904; Romane, Lebensbilder. 5) Wilhelm Sebastian Valentin, Ingenieur, *1822, †1876, versuchte 1848-50 die Konstruktion eines Unterseebootes.

Bauernbefreiung, die Aufhebung der bäuerl. Leibeigenschaft und Ablösung der bäuerl. Frondienste und Lasten: in Frankreich durch die Revolution von 1789 durchgeführt; in Preußen von Stein 1807 und Hardenberg (1811) begonnen, aber hier und in den anderen dt. Ländern erst durch die

Bask2leverschluß

Baudelaire

Baudouin I.

Bauernhaus, oben links: Hessen, oben rechts: Lüneburger Heide, unten links: Oberbayern, unten rechts: Italien

Revolution von 1848/49 vollendet; in Rußland unter Alexander II. (Manifest von 1861).

Bauernfänger, Falschspieler, Betrüger.

Bauernfeld, Eduard von, österr. Dramatiker, *1802, †1890; Freund von Schubert, Schwind, Grillparzer (bes. Lustspiele).

Bauernhaus, die mit der Lebensform des Bauerntums verbundene Wohn- und Wirtschaftsstätte. Ihre Eigenart hängt von Naturbedingungen, wirtschaftl. Anforderungen, Kulturüberlieferung und Wohlstand ab. Hauptformen: 1) **Friesenhaus:** Einhaus, jedoch Wohn- und Wirtschaftsteil getrennt, Vorratsraum in der Mitte, seitlich Dreschdiele und Stallungen; 2) **Niedersachsenhaus:** Einhaus, dreischiffig, Längsdiele mit beidseitigen Kübbungen für die Ställe; 3) **mitteldt. Gehöft:** durch Wohn- und Wirtschaftsgebäude gebildeter, meist geschlossener Hof mit Abschluß gegen die Straße durch Hoftor oder Querhaus mit Tor; 4) **oberdt. Einhaus:** ursprüngl. Eingang von der Traufenseite, durch Querflur abgeschlossen; 5) **oberdt. Zwiehofanlage:** dreigliederiges Wohn-Speicher-Haus mit Rauchstube, Wirtschaftsgebäude getrennt. Die mitteldt. Gehöftform ist durch ihre Ausstrahlung nach Osteuropa kulturgeschichtl. am wichtigsten. In N- und Mitteldtl. ist der Fachwerkbau heimisch, in Oberdtl. Ständerbohlenbau und Blockverband.

Bauernkrieg, die große Erhebung der süd- und mitteldt. Bauern 1524/25. Sie forderten Einschränkung ihrer Frondienste und Lasten, vielfach auch eine Neuordnung des Reichs; die religiöse Erregung der Reformation wirkte mit. Zu den Führern des B. gehörten Thomas Münzer, auch Ritter wie Florian Geyer und Götz v. Berlichingen. Die Fürsten unterwarfen den Aufstand.

Bauernlegen, die gewaltsame Einziehung von Bauernhöfen durch die adligen Gutsherren, bes. in England und Ost-Dtl. im 16. und 17. Jahrh.

Bauernregeln, Wetterregeln der Bauern, die sich auf bestimmte Jahrestage (Lostage) beziehen.

Bauernrose, die →Päonie.

Bauersfeld, Walther, Physiker, *1879, †1959, erfand das Planetarium.

Baugenehmigung, die Erklärung der B.-Behörde, daß einem Bauvorhaben nach öffentl. Recht keine Hindernisse entgegenstehen. Eine B. ist nach den Bauordnungen und Baupolizeiverordnungen der Länder erforderlich bei Neu- und Erweiterungsbauten, bei wesentl. Umbauten, für bestimmte Abbrucharbeiten u. a.

Baugenossenschaft, Genossenschaft, die für ihre Mitglieder Wohnungen beschafft.

Bauhandwerker, Handwerker im Hochbau: Maurer, Zimmerer, Dachdecker, Bauschlosser, -tischler u. a.

Bauhaus, Hochschule für Bau und Gestaltung, gegr. 1919 in Weimar von W. Gropius, seit 1925 in Dessau, 1932 in Berlin, 1933 aufgelöst, 1946 neu gegr. **B.-Stil,** zweckgerechte, techn.-geometrische Gestaltung von Bauten, Möbeln.

Bauhaus in Dessau

Bauhütte, 1) Aufenthaltsraum und Werkstätte der Arbeiter an einem Bau. 2) im MA. die Genossenschaften der Baukünstler und Bauhandwerker, Blütezeit im 13. Jahrh. Sie gaben sich eigene Gesetze und hüteten die Regeln der Baukunst als ihr Geheimnis. Die B. verfielen seit der Reformation. Name, Bräuche, Erkennungszeichen u. a. wurden von den Freimaurern übernommen.

Baukastenmethode, die Gestaltung von Maschinen- oder Bauteilen derart, daß die Teile in Fertigerzeugnissen verschiedener Art verwendet und in Großserien hergestellt werden können.

Baukostenzuschuß, Darlehen des Mieters an den Vermieter, das durch Anrechnung auf den

Mietpreis getilgt wird; der **verlorene B.** wird nicht auf die Miete angerechnet.

Baukunst (hierzu TAFEL), gliedert sich in kirchliche **(Sakralbau)** und weltliche B. **(Profanbau).** Die Aufgabe des Bauwerks bestimmt in erster Linie seine Form, der Baustoff die Bauart und das Baugefüge. Im engeren Sinne versteht man unter B. die Entwicklung der künstler. Baustile der verschiedenen Völker und Zeiten.

Bauwerke (Höhe in m)	
Rathaus, Brüssel	118
Michaelskirche, Hamburg	132
Peterskirche, Rom	133
Cheopspyramide bei Giseh	137
Münster, Straßburg	142
Fernheizwerk, Leipzig	154
Dom, Köln	160
Münster, Ulm	162
Washington-Gedächtnisbrücke, New York	173
Waldorf-Astoria-Hotel, New York	191
Fernsehturm, Stuttgart	211
Staumauer am Colorado, USA	220
Golden-Gate-Brücke, San Francisco	227
Rockefeller Center, New York	259
Eiffelturm, Paris	300
Empire State Building mit Fernsehturm, New York	442
Fernsehturm, Moskau	518
Fernsehturm, Columbus (Georgia)	533

Bauland, fruchtbare Landschaft zwischen Odenwald, Neckar, Jagst und Tauber; Getreide.

Baulandsteuer, Grundsteuer C, eine erhöhte Grundsteuer auf baureife, noch nicht bebaute Grundstücke.

Baum, 1) Holzgewächs mit Stamm und Krone, man unterscheidet: **Laubbäume und Nadelbäume.** 2) ♴ rundes Holz zum Spreizen der Segel.

Baum, Vicki, Schriftstellerin, *1888, †1960, schrieb erfolgreiche Romane und Drehbücher.

Baumbach, Rudolf, Schriftsteller, *1840, †1905, schrieb Wander- und Studentenlieder.

Baumeister, geschützte Berufsbezeichnung; Bestehen der B.-Prüfung ist Voraussetzung.

Baumeister, Willi, Maler, *1889, †1955, Vorkämpfer der abstrakten Kunst in Dtl.

Bäumer, Gertrud, *1873, †1954, führende Vertreterin der Frauenbewegung, schrieb sozialpolit. Werke und histor. Romane.

Baumgarten, Alexander Gottlieb, Philosoph, *1717, †1762, begründete die wissenschaftl. Ästhetik in Deutschland.

Baumgrenze, in Gebirgen die Grenze, bis zu der Bäume vorkommen; liegt oberhalb des geschlossenen Waldes (der **Waldgrenze**).

Baumkult, Verehrung von Bäumen und Hainen; bei Naturvölkern, auch bei Kulturvölkern.

Baumläufer, Gattung braun-weißer, klettertüchtiger Singvögel mit langem, dünnem Schnabel; Insektenfresser.

Baumsarg, Sarg aus einem längsgespaltenen, ausgehöhlten Baumstamm; bei Naturvölkern; in vorgeschichtl. Zeit auch in Europa gebräuchlich.

Baumschule, Anlage zur Aufzucht von Obst-, Garten- und Waldbäumen, Sträuchern.

Baumwachs, klebrige Masse zum Bedecken von Baumwunden.

Baumwolle, die Samenhaare verschiedener gelbblühender Malvengewächse; Unterscheidung der Arten bes. nach der Länge der Haare (12-50 mm). Der Anbau der B. erfordert hohe Wärme und während der Ernte Trockenheit. Aus dem Samen wird Öl, aus dem Preßrückstand B.-Saatmehl (Futtermittel) gewonnen. Es gibt meist mehrjährige Wildformen in fast allen warmen Gebieten der Erde; als Kulturpflanze (einjährige Arten) ist die B. seit Ende des 18. Jahrh. (Erfindung der Spinnmaschine) von besonderer Bedeutung. Heute ist die B. teilweise durch Kunstfasern verdrängt. **Baumwollspinnerei:** die Samenhaare werden in Watte verwandelt, dann durch Kämmen und Krempeln in Faserband und dies durch Strecken und Drehen in Fäden.

Baumwollerzeugung (1969, in 1000 t)			
USA	2179	Sudan	225
Sowjetunion	1950	Iran	170
VR China	1518	Syrien	147
Indien	942	Kolumbien	125
Brasilien	697	Argentinien	112
Pakistan	538	Griechenland	111
Mexiko	529	Peru	88
Ägypten	510	Nicaragua	67
Türkei	400	**Welt**	**11 489**

Baunatal, Stadt im Kr. Kassel, Hessen, 13 100 Ew.

Baunscheidtismus, von dem Stellmacher Karl Baunscheidt (1809-72) angegebenes Heilverfahren ähnlich der →Akupunktur.

Bauopfer, weitverbreiteter Brauch, beim Hausbau etwas einzumauern, als Abwehrzauber.

Baupolizei, →Baurecht.

Baurecht, 1) **Baugesetzgebung:** baupolizeil. Vorschriften werden erlassen bes. aus Gründen der Sicherheit und Gesundheit, städtebauliche, raumordnende Vorschriften, bes. unter sozialen, hygienischen, verkehrspolit. und künstlerischen Gesichtspunkten. In der Bundesrep. Dtl. liegt die Baugesetzgebung im allg. bei den Ländern und ist z.T. den Gemeinden übertragen (Ortsbausatzungen). Die Bauherren und Baubeteiligten sind für Einhaltung der Vorschriften unter Strafandrohung verantwortlich. Die →Baugenehmigung und -überwachung liegt bei den Baupolizei- und Bauaufsichtsbehörden. 2) das **Recht zum Bauen:** Baufreiheit besteht im Rahmen der Gesetze.

Bauschulen, Ingenieurschulen für Bauwesen (seit 1957), höhere techn. Lehranstalten.

Bausparkasse, Unternehmen zur Förderung des Eigenheimbaus durch gemeinschaftliches Sparen und Zuteilung von Darlehen an die Mitglieder. In der Bundesrep. Dtl. bestehen 16 private B. (bedeutendsten ist die Gemeinschaft der Freunde Wüstenrot, Ludwigsburg) und 14 öffentl.-rechtl. B., meist in Verbindung mit Sparkassen.

Bautasteine, skandinavische Gedenksteine aus der Wikingerzeit; unbearbeitet.

Bautzen, Stadt im Bez. Dresden, an der Spree, 43 900 Ew.; Reste alter Befestigungen; Bischofssitz (Bistum Meißen); Industrie: Metall, Papier, chem. Erzeugnisse, Fernmeldetechnik.

Bauxit der, $Al_2O_3 \cdot H_2O$, Hauptrohmaterial für die Aluminiumerzeugung. Fundstätten: Jamaika, Sowjetunion, Surinam, Guayana, Frankreich (Les Baux), SO-Europa, Guinea.

Bav'aria, 1) lat. Name für Bayern. 2) ehernes, 20,5 m hohes Standbild in München.

Bavink, Bernhard, Naturphilosoph, *1879, †1947, Prof. in Münster. »Ergebnisse und Probleme der Naturwissenschaften«.

Bayard [baj'ɑːr], Pierre du Terrail, *um 1475, †1524, der »Ritter ohne Furcht und Tadel«.

Baeyer [baier], Adolf v., Chemiker, *1835, †1917, stellte Indigo, Eosin u.a. künstlich her.

Bayerische Alpen, der bayer. Teil der Nördl. Kalkalpen zwischen Lech und Inn.

Bayerischer Wald, der südwestl. Teil des Böhmerwaldes, im Einödriegel 1121 m hoch.

Bayern, Land der Bundesrep. Dtl., 70 550 km², 10,56 Mill. Ew.; Hauptstadt: München. 7 Regierungsbezirke: Oberbayern, Niederbayern, Oberpfalz, Oberfranken, Unterfranken, Mittelfranken, Schwaben. STATISTIK Bundesrepublik Deutschland, ⊕ S. 520, ⃒ S. 878.

B. hat im S Anteil an den Nördl. Kalkalpen (Zugspitze 2963 m); es umfaßt zwischen Alpen und Donau das an Seen (Ammer-, Starnberger, Chiemsee) reiche Alpenvorland; nördl. der Donau den O-Teil des Schwäb.-Fränk. Schichtstufenlandes (Frankenhöhe, Fränk. Alb, Mittelfränk. Becken), umgeben von Spessart, Rhön, Frankenwald, Fichtelgebirge, Oberpfälzer Wald, Böhmerwald, Bayerischem Wald. Flüsse: Donau und Main mit ihren Nebenflüssen.

Baumwolle:
a Blüte, b Frucht

WIRTSCHAFT. Angebaut werden bes. Getreide, Hackfrüchte, Hopfen; im Alpenvorland Viehzucht, Butter- und Käseerzeugung (Allgäu); Forstwirtschaft. An Bodenschätzen ist B. arm (Braunkohle, Pechkohle, Eisenerze, Salz, Graphit, Erdöl, Erdgas). Die Industrie hat sich seit dem 2. Weltkrieg stark entwickelt: Wälzlager, Kugellager, Maschinenbau, Elektrotechnik, Luft- und Raumfahrt-, Fahrzeug-, Textil-, feinkeram., feinmechan., chem., Glas-, Bleistift-, Spielwaren- u. a. Industrie; Brauereien. Energieversorgung durch Wasser-, Wärme-, Kernkraftwerke, Erdölraffinerien. Fremdenverkehr.

GESCHICHTE. Unter Augustus wurde das Gebiet südlich der Donau von den Römern unterworfen. Im 6. Jahrh. wanderten die german. Bajuwaren, die früheren Markomannen, von Böhmen her ein. Ihr Stammesgebiet wurde 788 dem Frankenreich Karls d. Gr. einverleibt. Das Herzogtum B., von dem aber frühzeitig die später österreichischen Länder abgetrennt wurden, kam 1070 an die Welfen und 1180 an die Wittelsbacher, die auch die Rheinpfalz erwarben (→Pfalz). Die bayer. Linie der Wittelsbacher kämpfte im 16./17. Jahrh. für die Gegenreformation, bes. Maximilian I., der 1623 Kurfürst wurde. 1777 folgte auch die pfälzische Linie. Durch den Anschluß an Napoleon gewann B. seit 1803 neue Gebiete, so Ansbach-Bayreuth, einen Teil Schwabens, Mainfranken, und wurde 1806 Königreich; vorübergehend besaß es auch Tirol und Salzburg. 1818 wurde eine Verfassung verliehen. Ludwig I. (1825-48) machte München zur Kunststadt. 1866 kämpfte B. gegen Preußen, 1870/71 mit Preußen gegen Frankreich und schloß sich 1871 dem Deutschen Reiche an. Im Nov. 1918 wurde Ludwig III. abgesetzt. Im Frühjahr 1919 wurde in München die kommunistische Räterepublik ausgerufen, aber durch Freikorps bald beseitigt. Nach 1920 regierte die kathol. und föderalistisch eingestellte »Bayer. Volkspartei«. Nach 1945 kam die Pfalz zu Rheinland-Pfalz. – MinPräs. A. Goppel, regierende Partei: CSU (seit 1966).

Bayernpartei, BP, 1947 gegr., föderalistisch, seit 1953 nicht mehr im Bundestag, seit 1966 nicht mehr im bayer. Landtag vertreten.

Bayle [be:l], Pierre, französ. Philosoph, *1647, †1706, hat mit seinen krit. Gedanken das 18. Jahrh. stark beeinflußt (»Dictionnaire historique et critique«).

Bayonne [baj'ɔn], Stadt in SW-Frankreich, 41 100 Ew.; Kathedrale; Eisenindustrie.

Bayreuth, Stadt im RegBez. Oberfranken, Bayern, am Roten Main, 63 100 Ew.; Textil- und Radioindustrie; Stadt Jean Pauls, Franz Liszts und Richard Wagners (Haus Wahnfried). **Bayreuther Festspiele.**

Bayreuth: Opernhaus

Bayrischzell, Sommerfrische und Skiort in Oberbayern, 800 m ü. M., 1600 Ew.

Bazaine [baz'ε:n], 1) François Achille, französ. Marschall, *1811, †1888, ergab sich 1870 mit der Rheinarmee in Metz. 2) Jean, *1904; malt, vom Kubismus ausgehend, abstrakte, jedoch auf die Erlebniswelt bezogene Bilder.

Baz'illen, Ez. **Bazillus** [lat. »Stäbchen«] der, Gruppe der →Bakterien.

Baz'illenträger, ⚤ gesunde Menschen, die Krankheitskeime in sich beherbergen und ausscheiden und dadurch andere anstecken können.

Bazooka [bəz'u:kə], amerikan. Nahkampfraketenwaffe zur Panzerbekämpfung.

BBC, 1) British Broadcasting Corporation, brit. Rundfunkgesellschaft. **2)** Brown, Boveri & Cie.

BDA, Abk. für Bund Deutscher Architekten.

Be, chem. Zeichen für →Beryllium.

Bea, Augustin, Jesuit, *1881, †1968; Kurienkardinal (1959), 1960 Leiter des Päpstl. Sekretariats für die Einigung der Christen; 1966 Friedenspreis des Dt. Buchhandels.

BEA, Abk. für British European Airways Corp., engl. Luftverkehrsgesellschaft.

Beaconsfield [b'i:kɔnzfi:ld], Lord, →Disraeli.

Beamtenhaftung, →Amtshaftung.

Beamter, 1) eine Person, die zum Staat, zu einem Land oder zu einer öffentl.-rechtl. Körperschaft in einem öffentl.-rechtl. Dienstverhältnis steht, das sie zu angemessener Dienstleistung, zu Gehorsam und Treue verpflichtet. Nach Art des Dienstherrn unterscheidet man Staats-, Landes-, Gemeinde- und Kirchenbeamte, nach der Art ihrer Obliegenheiten Finanz-, Justiz-B. u. a., nach dem Dienstrang B. des höheren, gehobenen, mittleren und einfachen Dienstes. Die Ernennung zum B. wird mit Aushändigung der Ernennungsurkunde wirksam. Der B. hat einen Diensteid zu leisten; er hat Anspruch auf Dienstbezüge. Das B.-Verhältnis endet durch Tod oder Eintritt in den Ruhestand. Eine Entlassung aus dem Amt ist nur in den gesetzl. bestimmten Fällen möglich. **2)** Angestellter bei Banken, Versicherungen.

Beat [bi:t, engl. »Schlag«], der harte Schlag der Rhythmusgruppe im Jazz. Neuerdings Bez. für eine stark rhythmische Tanzmusik.

Be'ate [lat. »die Glückliche«], weibl. Vorname.

be'ati possid'entes, lat. Sprichwort, »Glücklich (sind) die Besitzenden«.

Beatles [bi:tlz], erfolgreiche Beatgruppe aus Liverpool: G. Harrison (Melodiegitarre), J. Lennon (Rhythmusgitarre), P. McCartney (Baßgitarre) und R. Starr (Schlagzeug).

Beatnik [bi:t-l], Jugendlicher, der sich als illusionsloser Außenseiter der modernen Gesellschaft fühlt.

Beatrice [beatr'i:tʃe, ital., aus lat. Beatrix »die Glückbringende«], 1) weiblicher Vorname. 2) Jugendgeliebte →Dantes.

Beatrix, Thronfolgerin der Niederlande, *1938. 1966 heiratete sie Claus von →Amsberg.

Beau [bo:, frz.], schöner Mann, Dandy.

Beaufortskala [bof'ɔ:r-] die, Windskala von 12 Stärkegraden (→Wind).

Beauharnais [boarn'ε], 1) Alexandre, französ. General, *1760, †1794. 2) Eugène, Sohn von 1) und 4), von Napoleon adoptiert. 3) Hortense, Tochter von 1) und 4), Mutter Napoleons III. – 4) Josephine, Gemahlin von 1), seit 1796 1. Gemahlin Napoleons I. – **Palais B.,** Dt. Botschaft in Paris.

Beaujolais [boʒɔl'ε], Landschaft in O-Frankreich, zwischen Loire und Saône; bed. Weinbau.

Beaulieu-sur-Mer [boljøsyrm'ε:r], französ. Seebad an der Côte d'Azur, 2500 Ew., Winterkurort.

Beaumarchais [bomarʃ'ε], französ. Bühnendichter, *1732, †1799; witzige Lustspiele: »Der Barbier von Sevilla«, »Figaros Hochzeit«.

Beaumont [b'oumɔnt], Stadt im südöstl. Texas, USA, 119 200 Ew., Erdölförderung.

Beauté [bot'e, frz.] die, Schönheit, schöne Frau.

Beauvais [bov'ε], Stadt in NO-Frankreich, 26 800 Ew., got. Kathedrale; Textilfabrikation.

Beauvoir [bovw'ar], Simone de, französ. Schriftstellerin, *1908; schrieb existenzialist. Dramen und Romane; Gefährtin J. P. Sartres.

Beaverbrook [b'i:vəbruk], William, Lord, brit. konservativer Politiker und Zeitungsbesitzer, *1879, †1964; mehrfach Minister.

Bebel, August, *1840, †1913, Drechslermeister,

Baukunst: 1) Ägypten (Felsentempel Ramses II. in Abu Simbel, um 1250 v. Chr.). **2)** Athen (Parthenon, 448-432 v. Chr.). **3)** Gotik (Kathedrale in Reims, 1210 bis 1252). **4)** Rom (Pantheon, um 125 n. Chr.). **5)** Romanik (Dom zu Worms, um 1000-1250). **6)** Renaissance und Barock (Rom, St. Peter, 1506 begonnen). **7)** Barock (Schloß Versailles, seit 1661). **8)** Klassizismus (Neue Wache, Berlin, 1817-1818).

1, 2

3, 4

5, 6

7, 8

Beckett

Beethoven

gründete mit W. Liebknecht die Sozialdemokrat. Arbeiterpartei (1869); seit 1867 im Parlament, mehrmals zu Festungshaft verurteilt. »Die Frau und der Sozialismus«, »Aus meinem Leben«.

Bebenhausen, Ort bei Tübingen; Hölderlin-Archiv; Zisterzienserkloster (1185).

Bebop [b'ibɔp], Stilrichtung des →Jazz.

Bebra, Stadt im RegBez. Kassel, Hessen, an der Fulda, 7900 Ew., Bahnknoten.

Béchamelsoße [beʃam'ɛl-; nach einem Haushofmeister Ludwigs XIV.], aus Butter, Mehl, Zwiebel, Milch und Gewürzen bereitet.

Becher, Johannes R., Schriftsteller, *1891, †1958; schrieb sozialist. Lyrik, Erzählungen, Dramen, emigrierte 1933-45 in die Sowjetunion; seit 1954 Min. für Kultur in der Dt. Dem. Rep.

Becherflechten, sehr weit verbreitete Gruppe von Strauchflechten.

Becherfrüchter, Pflanzenfamilie; Bäume, deren Früchte in einem holzigen Becher sitzen, z. B. Buche, Eiche, Edelkastanie.

Becherwerk, Elev'ator, ⚙ Fördermittel mit ständig laufendem endlosem Band, an dem Becher befestigt sind.

Bechstein, Ludwig, *1801, †1860; sammelte Märchen und Sagen (Deutsches Märchenbuch).

B'echterewsche Krankheit, chronischer schleichender Wirbelsäulenrheumatismus.

Beck, 1) Josef, poln. Politiker, *1894, †1944 im Exil, 1932-39 Außenmin. **2)** Ludwig, Generaloberst, *1880, †1944; 1935 Chef des Generalstabs des Heeres, widersetzte sich Hitlers Kriegsplänen, trat 1938 zurück; Haupt einer Gruppe der →Widerstandsbewegung, kam nach Scheitern des Attentats auf Hitler ums Leben.

Becken, 1) ⊕ weiträumige Eintiefung der Landoberfläche, durch Ausräumung, tekton. Vorgänge u. a. entstanden. Im geolog. Sinne sind B. gewöhnlich schüsselförmige Ablagerungsräume (z. B. Pariser Becken. **2)** ♩ bei Mensch und Wirbeltieren: aus Kreuzbein, Steißbein und den beiden Hüftbeinen gebildeter knöcherner Ring; schließt die Bauchhöhle nach unten (hinten) ab und verbindet Rumpf und Beine. **3)** ♩ Schlaginstrument, zwei Metallteller.

Becket, Thomas, →Thomas 3).

Beckett, Samuel, irischer Dramatiker, *1906, Schauspiele: »Warten auf Godot«, »Endspiel«, »Glückliche Tage«. Nobelpreis 1969.

Beckmann, Max, Maler und Graphiker, *1884, † New York 1950. Nach einer expressionist. Phase mit stark satirischem Einschlag fand er einen Stil von zwingender Einfachheit des Bildaufbaus.

Beckmesser, Sixtus, Nürnberger Meistersinger; übertragen: kleinlicher Kritiker.

Beckum, Stadt in Nordrhein-Westf., südöstl. von Münster, 21 800 Ew.; Zement, Möbel-Ind.

Becquerel [bɛkr'ɛl], Antoine Henri, französ. Physiker, *1852, †1908, Entdecker der radioaktiven Strahlen (→Radioaktivität).

Bedarf, ⌗ am Markt auftretende Nachfrage. Innerhalb der Marktforschung untersucht die **Bedarfsforschung** die von den **Bedarfsträgern** (Personen, Haushalten, Betrieben u. a.) ausgehende Nachfrage.

B'eda, B. Vener'abilis, engl. Benediktiner, Kirchenlehrer, *um 673, †735; Verfasser der ersten Geschichte Englands. Heiliger (Tag 25. 5.).

Bedburg-Hau, Gem. im Kr. Kleve, Nordrh.-Westf., 14 200 Ew.

Bedecktsamige Mz., ⚘ →Blüte.

Bedford [b'edfəd], Stadt im mittleren England, 63 300 Ew.; Metall- u. a. Industrie.

bedingte Strafaussetzung, → Bewährungsfrist.

Bedingung, ⚖ ein zukünftiges ungewisses Ereignis, von dessen Eintritt oder Nichteintritt eine Rechtswirkung abhängt.

Bedingungssatz, Konditionalsatz, ein Nebensatz, eingeleitet durch: wenn, falls, sofern u. a.

Bedu'inen [arab. »Wüstenbewohner«] Mz., die arab. Nomadenstämme in den Steppen und Wü-

sten Arabiens, Syriens und Nordafrikas; Viehzüchter, die mit ihren Herden wandern.

Beebe [b'i:bi], William, amerikan. Zoologe, *1877, †1962; Tiefseeforschungen mit Taucherkugel.

Beecham [b'i:tʃəm], Sir Thomas, engl. Dirigent, *1879, †1961.

Beecher-Stowe, →Stowe, Harriet Beecher.

Beefsteak [b'i:fsteik, engl.] das, gebratene Rindsschnitte. **Deutsches B.,** gebratenes Hackfleisch.

Beelitz, Stadt im Bez. Potsdam, 5100 Ew.; **B.-Heilstätten,** Lungenheilstätten bei B.

Beelzebub [hebr. »Fliegenherr«], 1) Gottheit der Philister. 2) im N. T. der oberste Teufel.

Beer, Johann, Musiker und Erzähler, *1655, †1700; Hauptvertreter des Künstlerromans.

Beere, ⚘ saftreiche Schließfrucht, viele Samen unmittelbar im Fruchtfleisch, z. B. Stachelbeere, Tomate, Gurke, Kürbis. Erdbeere, Himbeere sind keine Beeren im botanischen Sinne, sondern Sammelfrüchte. (FARBTAFEL Obst S. 700)

Beer-Hofmann, Richard, österr. Schriftsteller, *1866, †1945; neuromant. Gedichte, Dramen.

B'eerscheba, Beersheba, israel. Stadt am N-Rand der Wüste Negev, 60 000 Ew.; wissenschaftl. Institut für Wüstenforschung.

Beeskow, Stadt im Bez. Frankfurt a. d. O., an der Spree, 7400 Ew.; Metallindustrie.

Beethoven, Ludwig van, Komponist, * Bonn 1770, † Wien 26. 3. 1827 wo er seit 1792 lebte; war seit 1819 völlig taub. Von Haydn und Mozart ausgehend, hat B. die überlieferten Formen der Sonate, Sinfonie, Kammermusik durch den Reichtum und die Kühnheit der thematischen Verarbeitung und die Kraft der rhythmischen Bewegung zu Ausdrucksmittlern leidenschaftlicher innerer Empfindungen gemacht. B.s Werke sind Bekenntnisse eines ringenden Menschen, zugleich in ihrer ausgereiften Form von einer das Subjektive übersteigenden Allgemeingültigkeit. Insbes. die Ideen der Freiheit und Menschenliebe haben ergreifenden Ausdruck gefunden. WERKE: 9 Sinfonien, darunter Nr. 3 »Eroïca«, Nr. 5 c-Moll, Nr. 6 »Pastorale«, Nr. 9 mit Schlußchor »An die Freude« (1823); Violinkonzert, 5 Klavierkonzerte; 16 Streichquartette und andere Kammermusik; 32 Klaviersonaten (»Mondscheinsonate«, »Waldsteinsonate«, »Pathétique«, »Appassionata«); die Oper »Fidelio«; Missa solemnis (große Messe), Lieder u. a.

Befähigungsnachweis, Nachweis vorschriftsmäßiger Ausbildung; Vorbedingung für selbständige Ausübung eines Gewerbes (Handwerks).

Befeuerung, Kennzeichnung der Fahrstrecke von Schiffen und Luftfahrzeugen, der Küsten und Flughäfen durch Leuchtfeuer.

Beffchen, Bäffchen das, Halsbinde an Amtstrachten.

Befreiungskriege, die →Freiheitskriege.

Befruchtung, Verschmelzung einer männl. und einer weibl. Keimzelle oder der entsprechenden Zellkerne, grundlegender Vorgang der geschlechtlichen (sexuellen) Fortpflanzung bei Menschen, Tieren und Pflanzen. Durch Verschmelzung der beiden Zellkerne verbinden sich die Erbanlagen beider Eltern in dem neuen Kern (→Vererbung). Aus der befruchteten weiblichen Zelle (Eizelle) entwickelt sich der neue Organismus. Beim Menschen und bei höheren Tieren: **innere Befruchtung** (→Begattung). Die Samenzelle wird durch Begattungsorgane (Penis, Rute) in den weibl. Körper gebracht und dringt dort in die Eizelle, mit der B. beginnt die Furchung des Eies und damit die Entwicklung des Embryos. Bei wasserlebenden, niederen Tieren erfolgt **äußere Befruchtung** (Besamung). Samen und Eizellen werden ins Wasser entleert und vereinigen sich dort, angelockt durch Befruchtungsstoffe (Gamone). Bei Blütenpflanzen geht der B. die Bestäubung voraus. Der auf die Narbe gebrachte Blütenstaub (Pollen) treibt einen Pollenschlauch, der durch Griffel und Fruchtknoten bis zur Samenanlage dringt, wobei ebenfalls die Kerne verschmelzen. Bei niederen Pflanzen gelangen die männl. Geschlechtszellen durch Eigenbewegungen zu der Eizelle. **Künstliche B.,** zu Zuchtzwecken bei Haustieren und Nutzpflanzen.

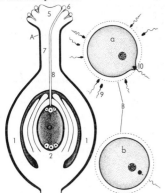

Befruchtung. A bei einer Blütenpflanze. Im Fruchtknoten **1** liegt die Samenanlage **2** mit Embryosack **3** und Eizelle **4**; der auf die Narbe **5** gefallene Blütenstaub (Pollen) **6** treibt durch den Griffel **7** einen Pollenschlauch **8,** dessen Kern mit der Eizelle verschmilzt; die befruchtete Eizelle teilt sich mehrmals und entwickelt sich zum Keimling. B beim Ei des Seeigels. a das Ei ist umschwärmt von männl. Keimzellen **9** (Samenzellen, Spermatozoiden), eine Samenzelle stößt auf das Ei, das an dieser Stelle einen Befruchtungshügel emporwölbt, es bildet sich eine Befruchtungsmembran **10,** die das Eindringen weiterer Samenzellen verhindert; b Kopf und Zwischenstück der Samenzelle sind in das Ei eingedrungen, Samenkern (Kopfstück) und Eikern nähern sich, und es kommt zur Verschmelzung.

Beg'abung, Anlage, die zu bestimmten Leistungen befähigt. Die **Begabungsforschung** sucht Höhe und Richtung der B. festzustellen (→Test); durch Begabtenauslese und -förderung versucht die Gesellschaft, den einzelnen zu fördern und seine B. für die Allgemeinheit nutzbar zu machen. **B'egas,** Reinhold, Bildhauer, *1831, †1911; am bekanntesten durch seine Denkmäler. **Begattung,** körperl. Vereinigung zur →Befruchtung. Bei Säugern und vielen anderen Tieren wird der Samen durch den Penis (Rute) in den weibl. Geschlechtsweg (Scheide) gebracht. **begeben,** im Bankwesen die Erstausgabe eines Wertpapiers; im Wechselverkehr jede Weitergabe des Wechsels. **Beg'inen,** beghinen Mz., im 12. Jahrh. in den Niederlanden entstandene Frauenvereine zu gemeinsamem andächtigem Leben ohne Klostergelübde; im 13./14. Jahrh. weit verbreitet. Die entsprechenden Männervereine hießen **Begharden.** **Beglaubigung, 1)** amtliche Bescheinigung der Richtigkeit, z.B. einer Unterschrift oder Abschrift, durch Gericht, Notar oder Verwaltungsbeamte. **2)** Akkreditierung eines →Gesandten. **Begnadigung,** Aufhebung rechtskräftiger Straf- oder Disziplinarurteile durch Verfügung der Staatsgewalt (Bundespräs., z.T. die Länder). B. ist ein Gnadenerweis im Einzelfall. Gegensatz: Amnestie, Abolition, Rehabilitation. **Beg'onie** die, krautige und strauchige, größtenteils tropisch-amerikan. Zierpflanzen mit Blatt- und Blütenschmuck. Zierpflanzen: **Blatt-B., Fleißiges Lieschen** u. a. **Begriff** [von begreifen], die mit einem Wort verbundene Bedeutung. Der B. ist nicht das Wort selbst, sondern eine Vorstellung, die sich auf einen Gegenstand bezieht. Der B. wird bestimmt: nach seinem Inhalt (der Summe der Merkmale)

und seinem Umfang (der Summe der Gegenstände, für die er gilt).
B'egum, indischer Titel, bes. für Fürstinnen.
Begünstigung, ♊ Unterstützung des Täters nach begangenem Verbrechen oder Vergehen, um ihn der Bestrafung oder dem ihm die Vorteile der Tat zu sichern; strafbar nach §§ 257 ff. StGB.
Behaim, Martin, Seefahrer und Kaufmann, * Nürnberg um 1459, †1507, fertigte den heute ältesten Erdglobus an.
Behälterverkehr, Beförderung von Gütern in genormten Klein- oder Großbehältern **(Container),** die von einem Transportmittel auf das andere umgesetzt werden können (z.B. vom Schiff auf die Bahn, von der Bahn auf Lkw).
Beham, Hans Sebald, *1500, †1550, Dürer-Schüler, vielseitiger Stecher, Holzschneider (in kleinem Format); sein Bruder Bartel, *1502, †1540, ebenfalls Stecher, hauptsächlich aber Bildnismaler.
Behang der, ♫ Ohren des Jagdhundes.
Beharrungsvermögen, →Trägheit.
Behaviorismus [biheivjər'ismus, aus engl. behavior »Benehmen«], eine 1912 von dem Amerikaner Watson begründete psychologische Richtung. Der B. stellt fest, wie sich der Mensch in gewohnten oder ungewohnten Lagen verhält. Aus diesem Verhalten leitet er Regeln für die Erziehung und das menschliche Zusammenleben ab.
Behm, Alexander, *1880, †1952, erfand das Echolot.
Behrens, Peter, Baumeister, *1868, †1940, baute Industrie- und Verwaltungsgebäude und wirkte für die Formveredlung von Industrieerzeugnissen.
Behring, Emil v., Arzt und Forscher, *1854, †1917; verdient um die Lehre von der Entstehung ansteckender Krankheiten und von der Immunität; Entdecker von Impfstoffen (Seren) gegen Diphtherie und Starrkrampf. 1901 Nobelpreis.
Bei, Bey [türk. Beg »Herr«] der, früherer türk. Titel, bes. für höhere Beamte und Offiziere.
Beichte [ahd. bijiht »Bekenntnis«; lat. confessio], reumütiges Sündenbekenntnis vor einem Beichtvater zur Erlangung der Lossprechung (Absolution), seit dem 5. Jahrh. als **Privat-B.** nur vor den Ohren des Priesters (Ohren-B.). **General-B.** ist eine das ganze Leben oder einen Lebensabschnitt umfassende B. Die katholische Kirche hat das Beicht- und Bußsakrament (→Buße). Die evangelische Kirche hat die **allgemeine B.:** Bejahung eines vom Geistlichen vorgesprochenen Sündenbekenntnisses. **Beichtsiegel, Beichtgeheimnis,** Verpflichtung des Beichtvaters, das ihm Gebeichtete zu verschweigen; hebt die gerichtliche Zeugnispflicht der Geistlichen für alle in der B. Erfahrene auf. **Beichtspiegel,** Sündenverzeichnis in Frageform. **Beichtstuhl,** meist dreiteiliger Stuhl mit Sprechgittern zur Abhaltung der kath. Ohren-Beichte.
Beiderwand, beidseitig gleich aussehender Kleider- und Schürzenstoff in Leinwandbindung.
beidrehen, ⚓ das Ruder herumlegen, um wenig Fahrt zu erzielen.
Beifuß, Art der Korbblütergatt. Artemisie, mitteleurop. Ödlandstaude; Würzkraut.
beige [be:ʒ, frz.], gelbgrau.
Beigeordneter, auf Zeit gewählter, ehren- oder hauptamtl. Beamter der Gemeindeverwaltung.
Beihilfe, ♊ vorsätzliche Hilfeleistung durch Rat oder Tat zu einem Verbrechen oder Vergehen. Der Gehilfe kann ebenso schwer bestraft werden wie der Täter (§ 49 StGB).
Beil, Werkzeug zum Behauen und Trennen von Holz, Fleisch; einseitig zugeschärft; kurzer Stiel; wird mit einer Hand geführt.
Bein, 1) Körperteil, besteht aus Oberschenkel, Unterschenkel (Schien-B. und Waden-B.), Fuß (Fußwurzelknochen, Mittelfuß und Zehen). Verkrümmung der Knochen oder winkelige Stellung derselben zueinander bewirken krumme B. **(X-B.**

Behring

Beichtstuhl

oder Bäcker-B., Knie nach innen; O-B. oder Säbel-B., Knie nach außen). 2) Knochen, z. B. in Nasenbein, Elfenbein.

Beinwell der, Gattung der Borretschgewächse; rauhblättrige Gewächse, am bekanntesten **Schwarzwurz** und **Rauher B.**

Beira [b'eira], Hafenstadt in Moçambique, 58 200 Ew.; Transithandel (Katanga, Malawi u.a.).

Beiram, mohammedanische Feste, →Bairam.

Beir'ut, Hauptstadt und bedeutende Hafenstadt der Rep. Libanon, 600 000 Ew.; amerikan. und franzöš. Universität; Ausgangspunkt der Eisenbahnen nach Damaskus und Aleppo; Endpunkt der Transarabischen Erdölleitung; Flugplatz.

Beirut

Beischlaf, lat. **Coitus,** die geschlechtliche Vereinigung von Mann und Frau.

Beisitzer, ♫ das Mitglied eines Kollegialgerichtes zum Unterschiede vom Vorsitzenden (Verhandlungsleiter).

Beitel der, Werkzeug zum Ausstemmen von Löchern in Holz.

Beitel

Beize die, 1) Lösung von Säuren, Laugen, Salzen, Farbstoffen zum Reinigen von Metallen, Reinigen von schädlichen Keimen (Fleisch-, Getreide-B.), Färben von Holz, Haltbarmachen der Farbe auf der Faser. **Ätz-B.,** →Zeugdruck. 2) ⚘ Jagd auf Feder- und Haarwild mit abgerichteten Greifvögeln, bes. Falken (**Beizfalken**).

Béjart [be₃'a:r], Maurice, franzöš. Tänzer und Choreograph, *1927.

Bekass'ine [frz.] die, Sumpfschnepfe, Gattung schnepfenartiger Vögel mit sehr langen Schnäbeln; Zugvögel in Nordeuropa und Asien.

Bekennende Kirche, evang. kirchl. Bewegung, die seit 1934 dem Machtanspruch des Nat.-soz. und der »Deutschen Christen« entgegentrat. Hervorgegangen aus dem von Martin Niemöller gegründeten »Pfarrernotbund«, verbreitete sich die B. K. in allen Teilen Dtls. Unter dem Einfluß von Karl Barth gelangte die B. K., »das Gewissen der Kirche in schwerster Zeit«, zu klarer theolog. Stellung: Unabhängigkeit der Kirche von staatl. und germanisierenden Einflüssen, strenge Bindung an die Bekenntnisse und das Wort der Heil. Schrift. Nach dem 2. Weltkrieg wirkte die B. K. bei der Neuordnung der Evang. Kirche mit. Führende Persönlichkeiten der B. K.: die Bischöfe Wurm und Meiser, Präses Koch, die Pastoren v. Bodelschwingh, M. Niemöller, H. Asmussen, der Prof. K. Barth, H. v. Soden, Erik Wolf.

Bekenntnis, 1) die Bezeugung des eigenen Glaubens. 2) die Zusammenstellung des Glaubensinhaltes einer Gemeinschaft in den **Bekenntnisschriften.** ALLGEMEIN-CHRISTLICH: das Apostolische, das Nicänische und das Athanasianische Glaubensbekenntnis. KATHOLISCHE KIRCHE: die Beschlüsse späterer Kirchenversammlungen, vor allem des Tridentinischen Konzils; Glaubensbekenntnis Pauls VI. (1968). LUTHERISCHE KIRCHE: die beiden Katechismen Luthers, die Augsburger Konfession und ihre Apologie, die Schmalkaldischen Artikel, die Konkordienformel, alle vereinigt im Konkordienbuch. REFORMIERTE: Confessio Helvetica, der Heidelberger Katechismus.

Bekenntnisschriften, →Bekenntnis, →Konkordienbuch.

Bekenntnisschule, im Unterschied zur →Gemeinschaftsschule eine Schule, in der der Unterricht von den Anschauungen einer Konfession getragen wird.

Békéscsaba [b'e:ke:ʃtʃɔbɔ], Stadt in Ungarn, östl. der Theiß, 55 400 Ew.; Textil- und Lebensmittelindustrie.

Bel, der semitische Gott Baal.

Belagerungszustand, →Ausnahmezustand.

belasten, ⚖ Beträge auf der Sollseite buchen (→Buchführung).

Belastung, 1) ♫ bei Grundstücken die das Eigentum einschränkenden Rechte, z. B. Erbbaurechte, Dienstbarkeiten, Hypotheken. 2) ⚙ ⚡ die an Bau- und Maschinenkonstruktionen auftretenden Kräfte und Drehmomente und die an elektr. Maschinen und Leitungen auftretenden Ströme.

Bel c'anto [ital.], der tonschöne Gesang der italien. Schule.

Belche die, Bleßhuhn.

Belchen der, mehrere Gipfel des Schwarzwalds und der Vogesen, bes. 1) **B.,** dritthöchster Berg im Schwarzwald, 1414 m, mit prächtiger Aussicht. 2) **Großer B., Sulzer B.,** höchste Erhebung der Vogesen, 1423 m.

Belebungsmittel, →Anregungsmittel.

Beleg, Schriftstück, das als Unterlage für eine Buchung dient (Quittung, Zahlkartenabschrift).

Belegschaft, Gesamtheit der Beschäftigten eines Betriebes.

Belegschaftsaktien, die an die Beschäftigten einer AG. ausgegebenen Aktien.

Belehnung, Investitur, im MA. die feierliche Übertragung eines Lehens.

Beleidigung, die vorsätzl. Kränkung der Ehre eines anderen, sie kann sich auch gegen Behörden, polit. Parteien und öffentl.-rechtl. Körperschaften richten. Die B. ist nur auf Antrag strafbar. Das StGB unterscheidet drei Arten: 1) **einfache B.:** herabsetzende Werturteile und tätliche B. (§ 185); 2) **üble Nachrede:** Behaupten oder Verbreiten ehrenrühriger, nicht erweislich wahrer Tatsachen (§ 186); 3) **verleumderische B.:** Behaupten oder Verbreiten unwahrer, ehrenrühriger oder kreditgefährdender Tatsachen wider besseres Wissen (§ 187).

Beleihung, beleihen, Krediteinräumung gegen ein Unterpfand in bestimmtem Verhältnis zu dessen Wert (→Lombardgeschäft).

Belém [bəl'ɛ̃], 1) Vorstadt von Lissabon. 2) **B.,** auch **Pará,** Stadt in Brasilien, am Mündungstrichter des Tocantins, 625 000 Ew.; Erzbischofssitz.

Belemn'it [grch.] der, ausgestorbene Kopffüßer des Jura- und Kreidemeeres. Ein Teil der Kalkschale, häufig in Juraablagerungen, heißt im Volksmund **Donnerkeil.**

bel esprit [bɛl ɛspr'i, frz.], Schöngeist.

Beletage [bəlɛt'a:₃, frz.] die, das Stockwerk über dem Erdgeschoß.

Beleuchtung, natürl. oder künstl. Bestrahlung eines nichtleuchtenden Körpers mit Licht; auch die Ausrüstung von Räumen, Außenanlagen, Fahrzeugen u. ä. mit B.-Körpern. Gute B. erfordert ausreichende B.-Stärke, örtl. und zeitl. Gleichmäßigkeit, Blendungsfreiheit, geeignete Lichtfarbe, Wirtschaftlichkeit (→Lichttechnik). Die Straßenverkehrs-Zulassungsordnung regelt die B. der Kraftfahrzeuge.

Belfast, Hauptstadt von Nordirland, 406 800 Ew.; Universität; Schiffbau- und Hafenstadt; Flugzeug-, Leinenind. (BILD S. 83)

Belfort [bɛlf'ɔ:r], Stadt und Festung vor der Burgundischen Pforte, 55 800 Ew. B. kam mit dem habsburg. Sundgau 1648 an Frankreich.

Belfried, Glocken-, Rathaus- oder frei stehender Turm mittelalterl. Städte, bes. in Flandern.

Belgard, alte Stadt in Ostpommern, (1939) 16 500 Ew.; seit 1945 unter poln. Verw. (**Białogard**).

Belgaum, alter Name: **Venugrama,** Stadt im Staate Maisur, Indien, 127 900 Ew.; Handelszentrum für Reis, Hirse, Baumwolle.

Beitel

Belfried in Brügge

Belgien, franz. **La Belgique,** fläm. **België,** Königreich in W-Europa, 30 513 km², 9,6 Mill. Ew.; Hauptstadt: Brüssel. ⊕ S.520, ⊓ S. 345, ⊔ S. 878. Verfassung von 1831 (mehrfach geändert), parlamentar. Erbmonarchie (Haus Sachsen-Coburg); Volksvertretung: Senat, Abgeordnetenhaus; 9 Provinzen, 4 Großstädte. – LANDESNATUR. Der S und SO B.s ist hügelig bis gebirgig, vorwiegend von den Ardennen durchzogen; an ihrem Nordrand (Sambre- und Maastal) erstrecken sich Kohlen- und Eisenerzlager. Mittel-B. ist ein meist fruchtbares Hügelland. Nach NW schließt sich das Küstenland an, teils sandige Geest (Kempenland, ausgedehnte Kohlenlager), teils Marschland. Hauptflüsse: Schelde und Maas; viele Kanäle. B. hat mildes, feuchtes Meeresklima; mitteleurop. Tier- und Pflanzenwelt. – BEVÖLKERUNG. Rund 60% Flamen, 39% Wallonen, knapp 1% Deutschsprechende. Religion: katholisch (etwa 30 000 evang.); keine Staatskirche. WIRTSCHAFT. Wichtigster Zweig ist die Ind. (Grundlage waren urspr. Kohle- und Eisenerzvorkommen, später Rohstoffeinfuhr): Maschinen-, Fahrzeug-, Schiffbau-, Textil-, Glas-, chem., Zementind.;Erdölraffinerien.HochentwickelteLandwirtschaft(Niederflandern, Hennegau): Getreide, Flachs, Zuckerrüben, Kartoffeln, Viehwirtschaft. – Als ein Staat mit verarbeitender Ind. hat B. die stärkste Außenhandelsabhängigkeit unter den EWG-Ländern. Haupthandelspartner: Niederlande, Bundesrep. Dtl., Frankreich, USA, Großbritannien. B. gehört der EWG an; mit den Niederlanden und Luxemburg ist es wirtschaftlich bes. eng zusammengeschlossen (→Benelux-Länder). GESCHICHTE. Die kelt.-german. Belgen des Altertums wurden von Caesar unterworfen. Durch die Völkerwanderung wurde das Land ein Teil des Frankenreichs, im späten MA des niederländ. Reichs der Herzöge von Burgund, dann der Habsburger. Als die nördl. Niederlande sich im 16. Jahrh. von den span. Habsburgern losrissen, blieb B. (die südl. Niederlande) katholisch und unter spanischer Herrschaft. 1713 kam es an Österreich, 1797 an Frankreich. 1815 wurde es mit dem nördl. Niederlanden zu einem Königreich vereinigt, riß sich aber durch die Revolution von 1830/31 los; Prinz Leopold von Sachsen-Coburg wurde König. Im Kampf gegen die Vorherrschaft der französ. Wallonen errangen die →Flamen allmählich ihre Gleichberechtigung. 1908 wurde der Kongostaat belg. Kolonie. Im 1. und 2. Weltkrieg war B. von den Deutschen besetzt. König Leopold III. ging 1940 in dt. Gefangenschaft. Seit 1951 (Abdankung Leopolds III.) ist dessen Sohn Baudouin I. König. 1949 trat B. dem Nordatlantikpakt bei. Am 30. 6. 1960 wurde Belgisch-Kongo unabhängig. Ministerpräsident: G. Eyskens (seit 1968).

Belgisch-Kongo, ehemalige belgische Kolonie, →Kongo (K.).

Belgorod [bjˈɛlgarat], Gebietshauptstadt in der Russ. SFSR, 151 000 Ew.; Verkehrsknoten.

Belgrad, serbisch **Beograd** (weiße Burg), Hauptstadt von Jugoslawien (seit 1918), im Mündungswinkel zwischen Save und Donau, 770 000 Ew.; im 2. Weltkrieg stark zerstört; Universität; Festung; Leicht- u. Schwerind., Luftverkehrsknoten. Belgrad war seit 1521 türk., nach dem Sieg Prinz Eugens 1717-39 österreichisch; im 19. Jahrh. wurde es Hauptstadt der Fürstentums Serbien.

B'elial [hebr. »Verderbtheit«], der Teufel.

Belichtung, →Photographie.

B'elisar, Feldherr des oström. Kaisers Justinian I., †565, zerstörte 533/34 das Wandalenreich in Afrika, bekämpfte dann die Ostgoten in Italien.

Bel'itung, Insel zwischen Sumatra und Borneo, 4833 km², 102 000 Ew.(¹/₄ Chinesen); Zinnbergbau.

Belize [bəlˈiːz], Stadt und Haupthandelsplatz von Brit.-Honduras, 45 600 Ew.

Belkassem Krim, ein Führer des alger. Aufstands, Gegner von Ben Bella; *1922, †1970.

Bell, 1) Alexander Graham, *1847, †1922, schuf 1876 das erste brauchbare Telephon. 2) Andrew schottischer Geistlicher und Erzieher

Belfast: Queen's University

*1753, †1832, zog befähigte ältere Schüler als Helfer zum Unterrichten heran.

Bella [ital. »die Schöne«], weiblicher Vorname.

Belladonna die, →Tollkirsche.

Bellagio [belˈadʒo], Luftkurort am Comer See in Oberitalien, am Südfuß der Alpen.

Bellarm'in, Robert, *1542, †1621, italien. Theologe, Verteidiger der kath. Lehre der Gegenreformation. 1930 heiliggesprochen (Tag 17. 9.).

Belle-Alliance [bɛlaiˈãs], Gehöft südl. von Brüssel; nach B. benannte Blücher die Schlacht bei →Waterloo.

Belle Epoque (frz.), in Frankreich die Zeit von 1890 bis 1914, die durch Modernisierung der Technik, des Verkehrs, der Wohnkultur sowie durch Betonung des gesellschaftl. Lebens, der Vergnügungen auf Bällen und Redouten gekennzeichnet ist.

Bell'erophon, griech. Sage: Bändiger des →Pegasus.

Belletr'istik [frz.] die, Unterhaltungsliteratur.

Bellevue [bɛlˈvy, frz. »schöne Aussicht«], Name zahlreicher Schlösser, Aussichtspunkte u.a.

Belling, Rudolf, Bildhauer, *1886; einer der ersten Bildner abstrakter Vorwürfe (»Dreiklang«), später gegenständlich (Reiterdenkmal Atatürks).

Bell'ini, italien. Malerfamilie in Venedig. **Jacopo B.,** *um 1400, †um 1470; Madonnenbilder, Zeichnungen. Söhne: **Gentile B.,** *1429, †1507; Legendenbilder, Bildnisse. **Giovanni B.,** *um 1432, †1516, führte die Hochblüte der venezian. Malerei des 16. Jahrh. herauf: Madonnen-, Altarbilder.

Bell'ini, Vincenzo, italien. Opernkomponist, *1801, †1835. »Die Nachtwandlerin«, »Norma«.

Bellinz'ona, Hauptstadt des Kantons Tessin, Schweiz, 16 900 Ew.; Knotenpunkt der Gotthardbahn, Ausgangspunkt der San-Bernardino-Straße.

Bellman, Carl Mikael, volkstüml. schwed. Dichter, *1740, †1795; Liebes-, Trinklieder.

Bellow [bˈelou], Saul, amerikan. Schriftsteller, *1915; unter der Psychoanalyse beeinflußte Romane im Großstadtmilieu.

Bell'uno, Hauptstadt der Prov. B., N-Italien, 34 100 Ew.; schöne Bauten; Möbelindustrie.

Belo Horizonte [bˈɛlorizˈõnti], Hauptstadt des brasilian. Staates Minas Gerais, 1,333 Mill. Ew.; Universität; Bergbau- und Schwerindustrie.

Bel'owo, Stadt in W-Sibirien, Sowjetunion, 115 000 Ew.; Zinkverhüttung, Kohlenbergbau u.a. Industrie.

Belo Horizonte (Luftaufnahme)

Belvedere, in Wien

Ben Gurion

Bels'azar, König von Babylon (→Menetekel), 539 v. Chr. von Kyros geschlagen.

Belt der, **Großer** und **Kleiner B.,** zwei Meeresstraßen, die gemeinsam mit dem Sund Ostsee und Nordsee verbinden.

Bel'ucha, höchster Gipfel des Russ. Altai, 4506 m.

Bel'utschistan, Provinz in Pakistan, auf dem Hochland von Iran; zum Teil Wüste. Bewohner: Afghanen, **Belutschen** u. a. Hirtenvölker, sämtlich Muslime. Anbau mit Bewässerung: Datteln, Weizen, Trauben; Erdöl, Erdgas. – B. stand seit 1876 unter brit.-ind. Herrschaft, kam 1947 an Pakistan.

Belved'ere [ital. »schöne Aussicht«], Name von Aussichtspunkten und Lustschlössern; das bekannteste ist das B. in Wien (1693-1724 erbaut).

Ben [hebr., arab.], Sohn.

Ben Akiba, →Akiba.

Ben'ares, amtl. **Waranasi,** Stadt im Staat Uttar Pradesch, Indien, am Ganges, 602 000 Ew.; als heilige Stätte der Hindus bedeutender Wallfahrtsort (Waschungen im Ganges); Hauptsitz der indischen Gelehrsamkeit, Universität; viele prächtige Tempelbauten.

Benares: Paläste am Ganges

Ben'atzky, Ralph, Operettenkomponist, *1887, †1957; »Bezauberndes Fräulein«, »Im Weißen Rößl«, »Meine Schwester und ich«.

Ben Bella, alger. Politiker, *1916, ein Führer der alger. Aufstandsbewegung, 1962 MinPräs. des unabhäng. Algeriens, 1963 Staatspräs., 1965 gestürzt.

Benda, Ernst, Politiker (CDU), *1925, Jurist, April 1968 bis Sept. 1969 Bundesinnenminister, seit Dez. 1971 Präsident des Bundesverfassungsgerichts.

Bendorf, Industrie- und Hafenstadt am Rhein, RegBez. Koblenz, 14 500 Ew.; Maschinenbau.

b'ene [lat.], gut, wohl.

bened'eien [mhd. aus lat. benedicere], segnen.

Bened'etti, Vincent, Graf, 1864-70 französ. Botschafter in Berlin, bekannt durch die Unterredung mit Wilhelm I. in Ems, Juli 1870.

Bened'ictus [lat. »gepriesen«], 1) Lobgesang des Zacharias (Luk. 1, 68-79). 2) Teil der kath. Messe mit dem Sanctus, auch der lutherischen Abendmahlsordnung.

B'enedikt [lat. »der Gesegnete«], Päpste, u. a.:

B. XV. (1914-22) *1854, †1922, suchte im 1. Weltkrieg (1914 und 1917) erfolglos zu vermitteln.

Bened'iktenkraut, Bitterdistel, distelähnlicher, grüngelb blühender Korbblüter; auf Flußwiesen oder angebaut; Magen- und Darmarznei.

Benedikt'iner Mz., lat. **Ordo Sancti Benedicti,** abgek. **O. S. B.,** Mönchsorden, gestiftet von Benedikt von Nursia. Die B. leben der Frömmigkeit und der Arbeit; die einzelnen Klöster sind in Landesverbänden (Kongregationen) zusammengeschlossen und unterstehen dem Abtprimas in Rom. In Dtl. wirken vor allem die Bayer. Kongregation und die von Beuron. Ordenstracht: schwarz. Durch Kloster- und Kirchenbauten, Rodungen und Landwirtschaft, Handwerk und Schulen waren die B. die Erzieher Europas bis weit ins MA. hinein. Heute sind sie führend in der liturg. Bewegung. **Benediktinerinnen,** der weibl. Zweig des Ordens.

Benedikt'iner der, ein Kräuterlikör.

Benedikti'on [lat.] die, Segnung.

B'enedikt von Nursia, *um 480, gründete 529(?) das Stammkloster der Benediktiner, Monte Cassino in Latium. Durch die von ihm verfaßte Benediktinerregel wurde B. der Begründer des abendländ. Mönchtums. Heiliger (Tag 11. 7.).

Benef'iz [lat.] das, 1) Theater- oder Musikaufführung, deren Ertrag einem Spieler oder wohltätigen Zwecken zufließt. 2) →Benefizium. **Benefiziant,** Wohltäter. **Benefiziar,** Inhaber einer Pfründe. **Benefiziat,** Inhaber eines Leihgutes, auch einer Pfründe.

Benef'izium [lat. »Wohltat«], 1) →Lehen. 2) im Kirchenrecht: Pfründe.

Benelux-Länder, Sammelname für Belgien, Niederlande (Nederland) und Luxemburg, soweit sie zusammenwirken und als Einheit auftreten. Die seit 1944 geplante Zoll- und Wirtschaftsunion wurde schrittweise durchgeführt: 1948 Zollunion, 1950 Vereinheitlichung der Landwirtschaft, 1953 gemeinsame Außenhandelspolitik, 1960 volle Wirtschaftsunion; seit 1958 gehören die B.-L. der EWG an.

B'enesch, Eduard, Staatsmann, *1884, †1948, Mitbegründer der Tschechoslowakei; 1918-35 Außenmin., betrieb den Abschluß der →Kleinen Entente; 1935-38, 1946-48 Staatspräs., 1938-45 im Exil, dankte nach kommunist. Umsturz ab.

Benev'ent, Stadt in Süditalien, nordöstlich von Neapel, 60 100 Ew.; Erzbischofssitz; hat römische Altertümer (Triumphbogen Trajans).

Beng'alen, Landschaft am Unterlauf des Ganges und des Brahmaputra, 1947 geteilt in den indischen Staat West-B., Hauptstadt Kalkutta, und die pakistanische Provinz Ost-B. (Ost-Pakistan), Hauptstadt Dakka, die sich 1971 als →Bangla Desh unabhängig erklärte.

Beng'ali, neuind. Sprache, in Bengalen, S-Assam, einem Teil von Bihar und von Orissa.

beng'alisches Feuer, →Feuerwerk.

Beng'alisches Meer, Teil des Indischen Ozeans zwischen Vorder- und Hinterindien.

Beng'asi, Hauptstadt (neben Tripolis) und Hafen Libyens, in der Cyrenaica, 140 000 Ew.

Ben-Gavriêl, Mosche Y., früher Eugen Hoeflich, *Wien 1891, †Jerusalem 1965, schildert in Romanen jüd. Schicksale.

Bengel [zu niederdt. bangen »klopfen«] der, 1) Knüttel, Prügel. 2) übertragen: Rüpel, Flegel.

Bengsch, Alfred, kath. Bischof von Berlin (1961), *1921, erhielt 1962 den persönl. Titel eines Erzbischofs.

Bengu'elastrom, kalte Meeresströmung im Atlant. Ozean, an der Westküste S-Afrikas.

Ben Guri'on, David, israel. Politiker, *1886 in Polen; Sozialist, 1948-53 und 1955-63 MinPräs.

Beni, Rio B., Fluß in Südamerika, Bolivien, fließt von den Kordilleren in den Rio Madeira.

B'enin, ehem. mächtiges Reich der Sudanneger in der Landschaft B. (Westafrika), am unteren Niger; berühmt durch künstlerische Elfenbeinschnitzereien und Bronzen. B. wurde 1897-99 von den Briten unterworfen und Nigeria einverleibt.

Das Küstengebiet war im 18. und 19. Jahrh. Hauptsitz des Sklavenhandels.

B'enjamin, der jüngste Sohn Jakobs, Bruder Josephs.

Benjamin, Hilde, *1902, war 1953-67 Justizminister der Dt. Dem. Rep.

Benn, Gottfried, *1886, †1956, Arzt, Lyriker und Essayist, kam vom Expressionismus her, strebte nach dem »absoluten Gedicht«.

Bennecke, Jürgen, General, *1912, 1964-66 Kommandeur der Führungsakad. der Bundeswehr in Hamburg; seit 1. 4. 1968 Oberbefehlshaber der NATO-Streitkräfte Europa-Mitte.

B'ennett, Arnold, engl. Erzähler, *1867, †1931, Realist, schildert Alltag des engl. Töpferlandes.

Ben N'evis, der höchste Berg der Brit. Inseln, in West-Schottland, 1343 m hoch.

Bennigsen, Rudolf von, Politiker,*1824,†1902, gründete 1859 den Deutschen Nationalverein, war 1866-98 Führer der Nationalliberalen Partei.

Benno, Vorname, Kurzform für →Bernhard.

Benno, Bischof von Meißen (seit 1066), Schutzpatron Altbayerns und Münchens (Tag 16. 6.).

Benrath, Henry, Deckname für Albert H. Rausch, *1882, †1949, schrieb histor. Romane.

Bensberg, Industriegem. im RegBez. Köln, Nordrhein-Westfalen, 41 100 Ew.

Bensheim an der Bergstraße, Stadt in Hessen, 27 500 Ew.; rege Industrie; Wein-, Obstbau.

Bentham [b'entəm], Jeremy, engl. Jurist und Philosoph, *1748, †1832, entwickelte eine Sozialethik, die auf »das größtmögliche Glück der größtmöglichen Zahl« zielte; war Liberaler, Pazifist, Verfechter des Freihandels.

Bentheim, Stadt in Niedersachsen, nahe der niederländ. Grenze, 6900 Ew.; Schwefelquelle; Erdölind.; Erdgasleitung nach Marl.

B'enuë der, linker Nebenfluß des Nigers, Afrika; 1400 km lang, in der Regenzeit 900 km schiffbar.

Benz, 1) Carl, Ingenieur, *1844, †1929; baute 1885 den ersten entwicklungsfähigen Kraftwagen; gründete die Benzwerke in Mannheim. 2) Richard, Literatur-, Musik- und Kulturhistoriker, *1884, †1966, Forschungsgebiete: Mittelalter, Romantik.

B'enzaldehyd der, einfachster aromat. Aldehyd, verwendet als künstl. Bittermandelöl und zur Seifenparfümierung.

Benzanthr'onfarbstoffe, ⟀ echte violette, blaue und grüne →Küpenfarbstoffe.

Benz'in das, ⟀ ein Gemisch leicht siedender Kohlenwasserstoffe, das bei der Destillation des Erdöls gewonnen wird; dient als Betriebsstoff für Motoren, da es leicht verdunstet und mit Luft ein explosibles Gemisch gibt, sowie als Lösungsmittel für Fette, Öle, Harze (Reinigungsmittel). **Synthetisches B.** wird durch Kohlehydrierung gewonnen.

B'enzoë das, wohlriechendes Harz vom B.-Baum der Sunda-Inseln; zur Herstellung von Duftstoffen, Räucherwerk, Lacken benutzt.

B'enzoësäure, C_6H_5 COOH, kommt in Benzoëharz vor. **Natriumbenzoat** ist Konservierungsmittel.

Benz'ol das, C_6H_6, wasserheller, flüssiger Kohlenwasserstoff, sechs ringförmig verbundene Kohlenstoffatome (**B.-Ring**) und angelagert sechs Wasserstoffatome. B., im Steinkohlenteer enthalten, ist ein Nebenerzeugnis der Kokerei- und Gasanstalten. Siedepunkt 80,5⁰C. B. dient zur Herstellung von Nitro-B. und Anilin in der Farbenindustrie, als Lösungsmittel, vor allem auch als Treibstoff für Motoren.

B'eowulf, altengl. Heldengedicht in Stabreimversen, aus dem 8. oder 9.Jahrh.

Béranger [berãʒ'e:], Pierre Jean, de, franzos. Dichter, *1780, †1857; volkstümliche Lieder.

berappen, 1) Wandflächen rauh verputzen. 2) →bewaldrechten. 3) bezahlen.

Berber, nichtarabische Bevölkerung N-Afrikas, etwa 6-7 Mill. Menschen, die Mauren und Numidier des Altertums. Europide mit eigener Sprache und Kultur; wichtigste Stammesgruppen: Kabylen, Shilh, Tuareg.

Berber'itze die, **Sauerdorn,** Strauch mit dreiteiligen Dornen, mit gelben, unangenehm riechenden Blüten und roten, sauren Beeren (**Weinäugelein**). B. ist Zwischenwirt des Pilzes Getreide-Schwarzrost, daher an Getreidefeldern schädlich.

Berceuse [bɛrs'œ:z, frz.] die, Wiegenlied.

Berchtesgaden, Luftkurort und Wintersportplatz im SO Bayerns, nahe dem Königssee, 568 m ü.M., 4500 Ew.; Solbad; Salzbergwerk.

Berdj'ajew, Nikolai, russ. Philosoph, *1874, †1948, lebte seit 1924 in Paris. B. deutete die Geschichte im Lichte des Christentums.

Bereicherung, ungerechtfertigte B., ☌ʊ Vermögenszuwachs auf Kosten eines anderen ohne rechtl. Grund. Der Geschädigte kann die B. in der Regel zurückfordern (§ 812 ff. BGB).

Bereitschaftspolizei, →Polizei.

Beresin'a die, rechter Nebenfluß des Dnjepr, östl. von Minsk; 1812 verlustreicher Übergang des französ. Heeres beim Rückzug von Moskau.

Beresnik'i, Industriestadt in der Russ. SFSR, 145 000 Ew., Stein- und Kalisalzlager, chem. Ind.

Berg, ⊕ Bodenerhebung. Formen: flache Tafelberge; breite Rücken oder Dome; scharfe, schmale Türme, Zinnen, Zacken und Spitzen; hochaufragende Gratberge und Pyramiden; flach gewölbte Kuppen; stumpfe Kegel.

Benn

C. Benz

HÖCHSTE BERGE DER ERDE

Name	m ü. M.	Gebirge	Land
Europa			
Montblanc	4810	Savoyer Alpen	Frankreich-Italien
Dufourspitze (Monte Rosa)	4634	Walliser Alpen	Schweiz-Italien
Großglockner	3797	Hohe Tauern	Österreich
Mulhacén	3481	Sierra Nevada	Spanien
Pico de Aneto	3404	Pyrenäen	Spanien
Zugspitze	2963	Wettersteingebirge	Deutschland
Afrika			
Kibo	5895	Kilimandscharo	Tansania
Kenia	5195		Kenia
Amerika			
Aconcagua	6958	Anden	Argentinien
MacKinley	6193		Alaska
Citlaltepetl	5700		Mexiko
Asien			
Mount Everest	8848	Himalaya	China-Nepal
K², Tschogori	8611	Karakorum	Kaschmir
Kangchendzönga	8598	Himalaya	Indien (Sikkim)
Lhotse	8511	Himalaya	
Australien und Ozeanien			
Carstensz-Spitze	5030		Neuguinea
Maunakea	4208		Hawaii
Mt. Kosciusko	2230		Australien
Sentinel Peak	5139		
Mount Tyrée	4953		

Berg, ehem. Herzogtum auf dem rechten Rheinufer mit der Hauptstadt Düsseldorf, 1614 an Pfalz-Neuburg, 1777 an Bayern, 1806 bildete Napoleon I. das **Großherzogtum B.;** seit 1815 preußisch.

Berg, 1) Alban, Komponist, *1885, †1935, Vertreter der Zwölftonmusik (→Moderne Kunst). 2) Bengt, schwed. Ornithologe, *1885, †1967, Tierbeschreibungen. 3) Claus, Bildschnitzer, * um 1475, †um 1535, schuf den Schnitzaltar in Odense (Dänemark). 4) Fritz, Fabrikant, *1901, 1951-71 Präsident des Bundesverbands der Dt. Industrie.

Bergakadem'ien, Hochschulen zur wissenschaftl. Ausbildung der höheren Berg- und Hüttenbeamten; Clausthal (gegr. 1775, jetzt Techn.

Berberitze:
a Blüte, b Frucht

Benzolring

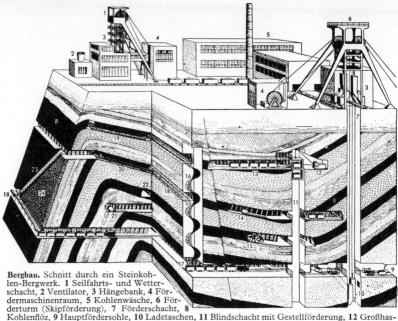

Bergbau. Schnitt durch ein Steinkohlen-Bergwerk. 1 Seilfahrts- und Wetterschacht, 2 Ventilator, 3 Hängebank, 4 Fördermaschinenraum, 5 Kohlenwäsche, 6 Förderturm (Skipförderung), 7 Förderschacht, 8 Kohlenflöz, 9 Hauptfördersohle, 10 Ladetaschen, 11 Blindschacht mit Gestellförderung, 12 Großhaspel, 13 Förderwagen, 14 Abbau mit Schrämmaschine, 15 Abbau mit Abbauhammer, 16 Schachtwendel, 17 Ladestelle, 18 Bandförderung. 19 Kettenkratzerförderer, 20 Abbau mit Kohlenhobel, 21 Schnelllader im Streckenvortrieb, 22 Querschlag, 23 Schrägbau mit Stauscheibenförderer, 24 Bergeversatz

Hochschule), Freiberg i. Sa. (1765), in Österreich: Leoben (1849).

B'ergamo, Stadt in Oberitalien, am Fuß der Alpen, 125 300 Ew.; Bischofssitz; Textil- und Zement-Industrie.

Bergam'otte die, 1) Frucht des Bergamottenbaums (→Citrus); das aus ihren Fruchtschalen gewonnene flüchtige **Bergamottöl** wird zu Riechstoffen und Likören verwendet. 2) Sorten der Birnen.

Bergarbeiter, alle Arbeiter im Bergbau sowie in Kokereien und anderen Nebengewinnungsanlagen, bes. die bei der Gewinnung des Rohproduktes im Untertagebau Beschäftigten **(Grubenarbeiter).**

Bergbahnen, →Zahnradbahnen, →Seilbahnen.

Bergbau, das Aufsuchen und Untersuchen von natürl. Lagerstätten nutzbarer Mineralien und mineralischer Rohstoffe sowie das Erschließen, Gewinnen, Fördern und Aufbereiten des Lagerstätteninhalts. – B. erstreckt sich auf Steinkohle, Braunkohle, Torf, Erdöl, Erdgas, Ölschiefer, Ölsande; auf Metallerze; auf Schwefel, Steinsalz, Kalisalze, Phosphate und Stickstoffmineralien; auf Edelsteine sowie Steine und Erden aller Art.

Zum Aufsuchen und Untersuchen von Lagerstätten dienen geophysikal. Aufschlußverfahren. Diese und Schürfarbeiten (Anlage von Gräben, Löchern, Bohrlöchern, Stollen, Schächten) ermöglichen die Beurteilung der Vorräte und der Bauwürdigkeit einer Lagerstätte. – Ein so untersuchtes Vorkommen kann durch Bohrlöcher, im Tagebau oder im Untertagebergbau (Tiefbau) aufgeschlossen werden. Zur Gewinnung durch **Bohrlöcher** (oft bis zu 6000 m Tiefe) muß der zu gewinnende Rohstoff flüssig, gasförmig, löslich oder in eine Flüssigkeit oder ein Gas überführbar sein (z. B. Erdöl, Erdgas, Salze, mit Heißdampf geschmolzener Schwefel). **Tagebau** kann für oberflächennahe Lagerstätten vorteilhaft sein. Die darüberliegenden Erd- und Gesteinsschichten **(Abraum)** werden abgetragen; die Gewinnung (mit Baggern, bei härteren Mineralien auch durch Sprengarbeit) erfordert ständig weiteres Abtragen des Abraums, so daß die Tagebauöffnung immer größer wird. Ihr rückwärtiger Teil dient dann oft der Verkippung des Abraums. Beim **Untertagebergbau** wird die Lagerstätte durch **Ausrichtungsarbeiten** erschlossen: Bau von Schächten, die von der Tagesoberfläche ausgehen, oder von Stollen, die in gebirgiger Gegend von der Talflanke aus angesetzt werden. Zur Sicherheit und **Bewetterung** (Zufuhr von Frischluft) muß jedes **Bergwerk** zwei solcher Tagesöffnungen haben. Ausrichtung ist auch die Anlage untertägiger Streckensysteme auf einem, zwei oder mehr Niveaus (Sohlen), die durch Blindschächte verbunden sein können. Durch sie wird die Teilung der Lagerstätte in abbaugerechte Abschnitte möglich.

Die bei nicht standfestem Gestein durch Ausbau gesicherten Grubeneingänge müssen eine Vielfalt von Bergwerksmaschinen, elektr. Einrichtungen und Versorgungsleitungen aufnehmen, deren Einbau **Herrichtung** heißt. Wasserzuläufe aus dem Gebirge werden durch die **Wasserhaltung** (Sammeln des Wassers an der tiefsten Stelle des Bergwerks und Abpumpen) beherrscht. Erze und Salze werden vor allem durch Bohren von Spренglöchern, Sprengen, Steinkohle vorwiegend schneidend durch **Schrämmaschinen** und **-lader** oder schälend mit **Kohlenhobeln** gewonnen. Das Fördergut gelangt über **Fördereinrichtungen** (z. B. Kettenkratzerförderer, gleislose Transportfahrzeuge, Förderbänder, Grubenbahnen) zum Schacht und von dort nach über Tage. – **Steinkohle** wird in der Bundesrep. Dtl. vor allem im Ruhrgebiet, bei Aachen und im Saargebiet gefördert. Die mittlere Förderhöhe in den Förderschächten (Förderteufe) lag 1965 bei etwa 745 m; 23% waren tiefer als 900 m. – **Braunkohle** wird in der Bundesrep. Dtl. im Rheinland, bei Helmstedt und in Bayern im Tagebau, auch in Hessen zum Teil im Tiefbau gewonnen. Da der Tiefbau unter losen und wasserreichen Deckschichten schwierig ist, hat der Tagebau z. T. beachtl. Tiefen erreicht (1965: 280 m). 1965 dienten 59% der heimischen Braunkohlenförderung der Erzeugung von Elektrizität, 39% der Briketterstellung und nur 2% anderen Zwecken.

Bergedorf, Stadtbez. von Hamburg, in den Vierlanden; Sternwarte.

Berg'ell das, Tallandschaft im schweizer. Kt. Graubünden und der italien. Prov. Sondrio, vom Malojapaß (1817 m) bis Chiavenna (320 m).

Bergen, Hafenstadt im südwestl. Norwegen, 117500 Ew.; Universität; Fischerei, Handel (Hering, Stockfisch, Holz); Schiffbau; im 15./16. Jahrh. Haupthandelsplatz der deutschen Hanse.

Bergen (Luftaufnahme)

Bergen auf Rügen, Kreisstadt im Bez. Rostock, 11000 Ew., Nahrungsmittelindustrie.

Bergen-Enkheim, Stadt im Kr. Hanau, Hessen, 14800 Ew.

Bergen op Zoom, Industriestadt in den Niederlanden, 38400 Ew., Austernzucht.

Bergen-Belsen, Niedersachsen, nat.-soz. Konzentrationslager im 2. Weltkrieg.

Bergengruen, Werner, Schriftsteller, *1892, †1964, schrieb Romane, die Erscheinungen der Gegenwart deuten (»Am Himmel wie auf Erden«, »Der Großtyrann und das Gericht«).

Bergfried, Hauptturm und letzte Zuflucht der mittelalterlichen →Burg.

Bergheim (Erft), Stadt in Nordrh.-Westf., 10200 Ew.

Berg'inverfahren, →Bergius.

Bergisches Land, Landschaft zwischen Ruhr und Sieg, im Gebiet des ehemal. Herzogtums → Berg.

Bergisch Gladbach, Industriestadt im Reg-Bez. Köln, Nordrhein-Westfalen, 50100 Ew.; Papier, Maschinen, feuerfeste Steine, Wollspinnerei.

Berg'isel, Berg südl. von Innsbruck, 750 m hoch; im Tiroler Freiheitskampf 1809 umkämpft.

Bergius, Friedrich, Chemiker, *1884, †1949, erfand das Berginverfahren zur Herstellung flüssiger Kohlenwasserstoffe aus Kohle (→Kohlehydrierung).

Bergkamen, Stadt im Kr. Unna Nordrh.-Westf., 43700 Ew., Steinkohlen ⚒, chem. Ind.

Bergkrankheit, Höhenkrankheit, durch Sauerstoffverarmung der Luft in größeren Höhen hervorgerufene Beschwerden, wie Müdigkeit, Schwindel, Kopfschmerzen, Atemnot.

Bergkristall, wasserhelle, reinste Kristallform des Quarzes, sechsseitig. (hexagonal-trapezoedrisch).

Bergman, 1) Ingmar, schwed. Filmregisseur und Drehbuchautor, *1918; »Das siebente Siegel«, »Das Schweigen«, »Persona«. 2) Ingrid, schwed. Filmschauspielerin, *1915.

Bergmann, Bergleute, Bergknappe, gelernter →Bergarbeiter (Grubenarbeiter); beginnt als Bergjungmann, nach 3 Jahren Knappenprüfung; weitere 3 Jahre, davon 1 Jahr im Steinkohlenbergbau (Hauerhauerzeit), Fortbildung zum Hauer (Hauerbrief), danach Weiterbildung und Aufstieg zum Steiger möglich.

Bergmann, Ernst v., *Riga 1836, †1907, Prof. der Chirurgie u. a. in Berlin; einer der Begründer der Asepsis und der Hirnchirurgie.

Bergner, Elisabeth, Schauspielerin, *1897.

Bergneustadt, Stadt in Nordrh.-Westf., 16400 Ew.

Bergpartei, in der Französ. Revolution die Radikalen (Jakobiner und Cordeliers).

Bergpredigt, Rede Jesu (Matth. 5-7) über das Wesen des Gottesreiches.

Bergrecht, die Gesamtheit der den Bergbau betreffenden Rechtssätze, z. B. in Preußen das Allgem. Berggesetz von 1865. Der Grundsatz der **Bergbaufreiheit, d. h.** Aufsuchen und Gewinnung der meisten Mineralien durch jeden Bergbaulustigen auch auf fremdem Grund und Boden, soweit die Mineralien nicht (wie Steinkohle, Steinsalz usw.) dem Staate vorbehalten sind (**Bergregal**), gilt in der Dt. Dem. Rep. nicht mehr. Als Rechtsformen für die Beteiligung mehrerer Unternehmer am Bergbaubetrieb sind die Aktiengesellschaft und die bergrechtl. →Gewerkschaft üblich. **Bergbehörden** sind das Bergamt, und das Oberbergamt. Hauptaufgabe ist die Überwachung der Grubensicherheit usw. (**Bergpolizei**).

Bergschulen, Fachschulen zur ingenieurmäßigen Ausbildung von techn. Grubenbeamten (in der Regel Steiger bis Ingenieur).

Bergson [bɛrgs'ɔn], Henri, französ. Philosoph, *1859, †1941, vertrat gegenüber dem bloß Verstandesmäßigen den Vorrang der Intuition: Das Leben als schöpferisches Geschehen lasse sich nicht in feste Begriffe bannen: Lehre von der Lebensschwungkraft (élan vital).

Bergstraße, der warme, obst- und weinreiche Landstrich am Westfuß des Odenwaldes, von Bessungen (Darmstadt) bis Heidelberg.

Bergung, Rettung von Menschen und Material bei Unfällen oder Naturkatastrophen; auch das Einbringen eines in Seenot geratenen Schiffes.

Bergwacht, Organisation, die bei Unglücksfällen in den Bergen Hilfe leistet; in Dtl. besteht die **Deutsche B.** des Deutschen Alpenvereins, seit 1920 mit Rettungs- und Meldestellen.

Bergwerk, →Bergbau.

B'erib'eri die, durch Vitamin-B-Mangel hervorgerufene Nervenerkrankung mit Lähmungen und Herzstörungen. Früher war die B. eine Volkskrankheit in Ostasien infolge einseitiger und ausschließlicher Ernährung mit geschältem Reis.

Berichterstatter, 1) B., Referent, jemand, der mit der unparteiischen Darlegung eines Sachverhalts beauftragt ist, besonders als Mitglied einer Behörde, eines Gerichts, eines Ausschusses. 2) B., Reporter, ständiger Mitarbeiter einer Zeitung, des Rundfunks oder Fernsehens, der die Mitteilungen über Tagesereignisse liefert.

Berichtigungspflicht, die Pflicht des Schriftleiters einer Zeitung oder Zeitschrift, in der unrichtige Behauptungen veröffentlicht worden sind, eine von den Beteiligten eingesandte Berichtigung ohne Änderung abzudrucken (§ 11 Pressegesetz).

B'erija, Lawrentij, sowjet. Politiker, *1899, †1953, bes. im staatl. Sicherheitsdienst lange einer der mächtigsten Männer der Sowjetunion, wurde 1953 amtsenthoben und hingerichtet.

Bering, Vitus, dän. Seefahrer, *1680, †1741, erforschte das B.-Meer, den nördlichen Teil des Stillen Ozeans, und durchfuhr die 75-100 km breite B.-Straße zwischen Alaska und Sibirien.

Berka, Bad B., Luftkurort im Bez. Erfurt, an der Ilm, 4400 Ew.; Mineralquellen.

Berkeley [b'ɔ:kli], Stadt in Kalifornien, USA, 116700 Ew.; Staatsuniversität; Eisenindustrie.

Berkeley [b'ɔ:kli], George, engl. Philosoph und Theologe, *1685, †1753, vertrat den →Sensualismus.

Berk'elium, Bk, künstlich hergestelltes radioaktives Element, ein →Transuran.

B'erlage, Hendrik Petrus, holländ. Baumeister, *1856, †1934, entwickelte einen strengen sachlichen Stil im Baukunst: Börse Amsterdam.

Berlichingen, Götz von, fränkischer Ritter, *1480, †1562, verlor bei einer Fehde seine rechte Hand, die durch eine eiserne ersetzt wurde. Im Bauernkrieg 1525 übernahm er gezwungen die Führung der Bauern. Schauspiel von Goethe.

Bergengruen

Bergkristall

Bergson

87

Berlin: links: Breitscheidplatz mit Europa-Center und Kaiser-Wilhelm-Gedächtniskirche, rechts: Karl-Marx-Allee

Berlin, die deutsche Hauptstadt; umfaßt 882 km² mit rd. 3,2 Mill. Ew. (1939: 4,34 Mill.); davon entfallen auf **West-B.** 479 km² mit 2,13, auf **Ost-B.** 403 km² mit 1,084 Mill. Ew. (ÜBERSICHT Bundesrep. Dtl., Dt. Dem. Rep.) **West-B.** gilt nach der Verfassung für Berlin vom 1. 9. 1950 (in Kraft seit 1. 10. 1950 nur in den 3 W-Sektoren) als dt. Land; es wird, von der Bundesrep. Dtl. gesondert, im Rahmen des Viermächtestatus verwaltet; im Bundesrat ist es mit 4, im Bundestag mit 22 Abg. vertreten, die jedoch kein Stimmrecht haben. Gesetzgebungsorgan ist das Abgeordnetenhaus. Die Regierung (Sitz: Rathaus Schöneberg) obliegt dem Senat unter dem Regierenden Bürgermeister (seit 1967 Klaus Schütz, SPD) und einem Bürgermeister. West-B. ist Sitz zahlreicher Behörden der Bundesrep. Dtl. – **Ost-B.** ist rechtlich kein Bestandteil der Dt. Dem. Rep., wurde jedoch zu ihrer Hauptstadt erklärt. Es ist Sitz des Staatsrats und der Regierung. Oberstes Organ der Gesetzgebung und Verwaltung ist der nicht vom Volk gewählte Magistrat unter einem Oberbürgermeister (seit 1967 H. Fechner, SED).
Im Stadtmittelpunkt liegt die Spree-Insel. Bekannte Bauten: Zeughaus, Opernhaus, Brandenburger Tor, Reichstag; das Schloß wurde abgebrochen; Kongreßhalle, Neubau der Philharmonie, Neue Nationalgalerie. B. ist katholischer und evangelischer Bischofssitz, reich an Bildungsstätten: Humboldt-Universität (Ost-B.), Techn. Universität, Freie Universität und zahlreiche andere wissenschaftliche und Kunsthochschulen Deutsche Staatsbibliothek, viele Kunstsammlungen und etwa 25 Theater. Akademie der Wissenschaften (Ost); Max-Planck-Institute in B.-Dahlem und andere wissenschaftl. Akademien und Institute. In West-B. besteht die »Stiftung Preußischer Kulturbesitz«. Rundfunk und Fernsehen: in West-B. Sender Freies Berlin, RIAS, Zweites Dt. Fernsehen; in Ost-B. Dtl.-Sender, Berliner Rundfunk, Berliner Welle, Deutscher Fernsehfunk (neuer Fernsehturm im Bau). Die bedeutende Wirtschaft B.s erlitt im und nach dem Krieg große Einbußen durch Zerstörung, Demontage, Verlagerung; doch setzte seit 1950 ein beachtlicher Aufstieg ein. 1960 war B. wieder Deutschlands größter Standort von Gewerbe und Industrie. Hauptzweige (in West- und Ost-B.): Elektro-, Maschinen-, Bekleidungs-, Nahrungsmittel-, chem. Industrie, Druckereien. Filmgesellschaften; Tagungen und Ausstellungen; Fremdenverkehr. Handel, Fern- und Durchgangsverkehr sind durch die Zonentrennung stark beeinträchtigt. Dem Ortsverkehr dienen u. a. Stadt- und Ringbahn, U-Bahn; in West-B. Stadtautobahn. West-B. hat 2, Ost-B. 1 Flughafen.
GESCHICHTE. B. ist aus den dt. Siedlungen B. und Kölln entstanden, die um 1237 Stadtrecht erhielten und 1307 vereinigt wurden. Seit 1486 ist es der ständige Regierungssitz der brandenburg. Kurfürsten und preußischen Könige; seit 1871 Reichshauptstadt. Im 2. Weltkrieg wurde B.

durch Luftangriffe weitgehend zerstört, April/ Mai 1945 von sowjet. Truppen erobert. Nach dem Einzug westl. Truppen (Juli 1945) und der Errichtung der 4 Sektoren wurde B. Sitz des Alliierten Kontrollrats, den die Sowjets 1948 verließen. Sie verhängten über die W-Sektoren die Blockade (24. 6. 1948), die mit Hilfe der →Luftbrücke (bis 12. 5. 1949) überwunden wurde. Die Verdrängung des gewählten Magistrats aus Ost-B. (30. 11. 1948) vollzog die Spaltung. Von Ost-B. ging 1953 der Juniaufstand aus. Die seit dem 27. 11. 1958 von Chruschtschow wiederholt erhobene Forderung, den Viermächte-Status aufzuheben und West-B. zu einer entmilitarisierten »Freien Stadt« zu machen, wird von der Bundesrep. Dtl. und den Westmächten abgelehnt. Seit dem 13. 8. 1961 wurde entlang der Sektorengrenze zwischen Ost-B. und West-B. die **Berliner Mauer** errichtet; die Freizügigkeit in B. wurde damit beseitigt. Passierscheinabkommen (1963 bis 1966 und wieder 1972 im Rahmen des 1971 ausgehandelten →B.-Abkommens) ermöglichten den Bewohnern von West-B. den Besuch ihrer Verwandten in Ost-B. in bestimmten Zeiträumen.

Verw.-Bez.	Sektor	Verw.-Bez.	Sektor
1. Mitte	S	11. Schöneberg	A
2. Tiergarten	B	12. Steglitz	A
3. Wedding	F	13. Tempelhof	A
4. Prenzlauer Berg	S	14. Neukölln	A
5. Friedrichshain	S	15. Treptow	S
6. Kreuzberg	A	16. Köpenick	S
7. Charlottenburg	B	17. Lichtenberg	S
8. Spandau	B	18. Weißensee	S
9. Wilmersdorf	B	19. Pankow	S
10. Zehlendorf	A	20. Reinickendorf	F

A = Amerikanisch B = Britisch
F = Französisch S = Sowjetisch

Berlin [bˈə:lin], Irving, amerikan. Film- und Operettenkomponist,*1888;»Annie, get your gun«.
Berlin-Abkommen, 1971 ausgehandelter Rahmenvertrag zwischen den Verein. Staaten, Großbritannien, Frankreich und der Sowjetunion über die Bindungen West-Berlins an die Bundesrep. Dtl.
Berl'ine die, viersitziger Reisewagen mit zurückschlagbarem Verdeck (17. Jahrh.).
Berliner Blau, tiefblauer Farbstoff aus gelbem Blutlaugensalz und Eisensalzen.
Berliner Kongreß, Tagung von Vertretern der europ. Großmächte und der Türkei unter dem Vorsitz Bismarcks 1878, ordnete nach dem Russisch-Türkischen Krieg die staatlichen Verhältnisse der Balkanhalbinsel.
Berliner Ofen, Kachelofen für Holz, Torf und Braunkohle.
Berliner Porzellan, Erzeugnisse der 1751 gegr., seit 1763 königl., seit 1918 staatl. Porzellanmanufaktur in Berlin.
Berliner Weiße, helles, obergäriges Bier aus Weizen- und Gerstenmalz; vielfach mit Zusatz

von Korn oder Himbeersaft (B. W. »mit Schuß«).

Berliner Zimmer, Durchgangszimmer vom vorderen Teil der Wohnung zum Seitenflügel oder Hintergebäude.

Berlin-Stettiner Großschiffahrtsweg, 1914 vollendete Wasserstraße zwischen Berlin und Stettin, 194 km lang.

Berlioz [bɛrljˈoz], Hector, französ. Komponist, *1803, †1869, verfeinerte die Instrumentation, vertrat eine tonmalende Programm-Musik: Sinfonien(»Harold«), Opern(»Benvenuto Cellini«).

B'erlitzschulen, Privatschulen zur Erlernung fremder Sprachen durch prakt. Gebrauch; gegr. 1878 von dem Amerikaner M. D. Berlitz (†1921); heute über 300 B. in westl. Großstädten.

Berl'ocke [frz.] die, zierl. Schmuckanhänger.

Berm'uda-Inseln, Bermudas, brit. Inselgruppe im Atlant. Ozean, südöstl. von Kap Hatteras (USA); Kartoffeln, Mais; amerikan. Flugstützpunkt; Hauptstadt: Hamilton.

Bern, 1) Kanton der Westschweiz, 6887 km², 983 300 Ew. (überwiegend deutschsprachig und evang.), reicht vom Berner Oberland (Fremdenverkehr) über das Berner Mittelland (Viehzucht, Käse, Getreide-, Wein-, Maschinenindustrie, Obstbau, Weberei) bis auf den mittleren Jura (Viehzucht, Uhrenind.) an die französ. Grenze. 2) Bundesstadt der Schweiz und Hauptstadt von 1), an der Aare, 171 000 Ew.; Sitz der Bundesverwaltung sowie verschiedener internationaler Organisationen und ausländ. Vertretungen; hat u. a. Münster, Botan. und Zoolog. Garten, Universität. B. wurde 1191 gegr., trat 1353 der Schweizer. Eidgenossenschaft bei, beherrschte 1536 bis 1798 auch die Waadt; seit 1848 Bundeshauptstadt. 3) altdeutscher Name für Verona.

Bern: Kramgasse

Bernadette, eigentl. Maria Bernarda Soubirous, *1844, †1879, Heilige, erlebte 1858 in einer Höhle bei Lourdes, das dadurch zu einem bed. kath. Wallfahrtsort wurde, 18 Marien-Erscheinungen. 1933 heiliggesprochen (Tag 16. 4.).

Bernad'otte, 1) Jean Baptiste, französ. Marschall, wurde als →Karl XIV. König von Schweden (1818 bis 1844). 2) Folke, Graf, *1895, als Vermittler der Verein. Nationen zwischen Arabern und Juden in Palästina 1948 ermordet.

Bernan'os Georges, französ. Schriftsteller, *1888, †1948, behandelte in Romanen den Kampf zwischen Gott und Satan im Menschen: »Die Sonne Satans«, »Tagebuch eines Landpfarrers«.

Bernau bei Berlin, Stadt im Bez. Frankfurt/O., 13 900 Ew.; Seidenweberei, Handschuhind.

Bernauer, Agnes, Barbierstochter aus Augsburg, 1432 heimlich mit Herzog Albrecht III. von Bayern vermählt, von dessen Vater 1435 als Zauberin in der Donau ertränkt. Trauerspiel von Hebbel.

Bernburg, Stadt im Bez. Halle/S., an der Saale, 45 800 Ew.; Kali-, Steinsalz-, Soda-Ind.

Berndorf, Stadt in Niederösterreich, 9100 Ew.; Metallwarenwerke, Bekleidungsind.

Berneck im Fichtelgebirge, Bad B. i. F., Luftkur- und Kneippkurort in Bayern, 3300 Ew.

Berner Klause, Engpaß im Etschtal, östlich vom Gardasee, Zugang zur oberitalien. Ebene.

Berner Konventionen, internat. Übereinkommen: 1) Eisenbahnübereinkommen von 1886, 1890 und 1924. 2) über Postfragen, →Weltpostverein. 3) →Berner Übereinkunft, →Urheberrecht.

Berner Oberland, Berner Alpen, Teil des Westalpen, vom Rhônetal bis zum Aaretal (Haslital), reichan hohen Gipfeln: Finsteraarhorn 4274 m, Aletschhorn 4195 m, Jungfrau 4158 m, Mönch 4099 m, Eiger 3970 m. Gletscher und Schneefelder. Fremdenverkehr: Interlaken, Grindelwald.

Berner Übereinkunft zum Schutz von Werken der Literatur und Kunst vom 9. 9. 1886 (mehrmals revidiert), →Urheberrecht.

Berneuchener Kreis, Bewegung zur liturg. Erneuerung des evang. Gottesdienstes.

Bernhard [aus ahd. bero »Bär« und harti »stark«], männlicher Vorname, Kurzform: Benno.

Bernhard Leopold, Prinz der Niederlande, *1911, ⚭ (1937) mit Juliane, Königin der Niederlande.

Bernhard, Herzog von Sachsen-Weimar, protestant. Feldherr im 30jährigen Krieg, *1604, †1639, schloß sich Gustav Adolf an und entschied nach dessen Tod die Schlacht bei Lützen; 1634 bei Nördlingen geschlagen; verband sich mit Frankreich, eroberte 1638 Breisach.

Bernhardiner Mz., 1) Mönchsorden, →Zisterzienser. 2) großer, langhaariger, braun- und weißgefleckter Hund, im Kloster auf dem Großen St.-Bernhard gezüchtet; Sanitätshund.

Bernhardt [bɛrnˈaːr], Sarah, französ. Schauspielerin, *1844, †1923; Teilhaberin der »Comédie Française«.

Bernhard von Clairvaux [klɛrvˈoː], Kirchenlehrer, *1091, †1153, frühscholast. Mystiker, Erneuerer des Zisterzienserordens, predigte für den 2. Kreuzzug (1147); Heiliger (Tag 20. 8.).

Bernhausen, Gem. im Kr. Esslingen, Baden-Württ., 11 000 Ew.

Bern'ina die, Gebirgsstock der Rätischen Alpen, an der Grenze zwischen der Schweiz und Italien. Höchste Erhebung: Piz B. in Graubünden 4049 m, südöstl. davon der **B.-Paß** (2330 m; Hospiz) mit Alpenstraße und der **B.-Bahn** von St. Moritz nach Tirano.

Bern'ini, Gian Lorenzo, italien. Baumeister und Bildhauer, *1598, †1680, Hauptmeister des Barocks in Rom; schuf Kirchen (Kolonnaden von St. Peter), Altäre, Paläste, Grabmäler, Bildnisse.

Bernkastel-Kues [kuːs], Kreisstadt in Rheinland-Pfalz, an der Mosel, 5900 Ew.; Weinbau.

Bernoulli [bɛrnˈuli], schweizer. Gelehrtenfamilie, der u. a. die Mathematiker Jakob (*1654, †1705) und Johann (*1667, †1748) B. entstammen.

Bernstein [»Brennstein«] der, Harz von Nadelhölzern der Tertiärzeit. B. ist gelb bis rotbraun und enthält oft tierische oder pflanzl. Einschlüsse. Hauptfundort: die Küsten O- und W-Preußens; an der samländ. Küste (**B.-Küste**) wird er aus dem Meer gefischt und bei Palmnicken bergmännisch gewonnen. Verwendung zur Schmuck, als Isoliermaterial und Verarbeitung zu B.-Lack.

Bernstein, 1) Eduard, sozialist. Schriftsteller und Politiker, *1850, †1932, Hauptvertreter des →Revisionismus. 2) Leonard, amerikan. Dirigent und Komponist, *1918, »West Side Story«.

Bernsteinschnecke, Lungenschnecke mit bernsteinfarbigem Gehäuse, auf feuchten Wiesen.

Bernward [aus ahd. bero »Bär« und warto »Hüter«], männlicher Vorname.

Bernward, Bischof von Hildesheim, *um 960, †1022, Gelehrter, Künstler; Schutzheiliger der Goldschmiede (Tag 26. 10.).

Berol'ina, neulat. Name für Berlin.

Beromünster, früher Münster, Gemeinde im schweizer. Kanton Luzern, 1650 Ew. In der Nähe der schweizer. Landessender B.

Bersagliere [bɛrsaʎˈɛːra] der, -s/...lieri, Scharfschütze, ital. leichte Truppe.

B'erserker [»Bärenhäuter«] der, altnord. Sage: Kämpfer mit der Kraft von zwölf Männern.

Berta, Bertha [von ahd. beraht »glänzend«], weiblicher Vorname.

Berlioz

Bern

Bernini

Bernstein: geschliffen, mit eingeschlossenen Insekten

Bertalanffy, Ludwig v., Biologe, *1901; Arbeiten zu Physiologie, Biophysik, Krebsforschung.

Bertelsmann, C., Verlagsgruppe in Gütersloh, Stammhaus gegr. 1835; pflegt fast alle Sparten der Fach- und Unterhaltungsliteratur.

Berthelot , bɛrtl'o:], Marcelin, französ. Chemiker, *1827, †1907, kalorimetrische Messungen **(B.sche Bombe).**

B'erthold, Bertold [von ahd. beraht »glänzend« und waltan »herrschen«], männl. Vorname.

Berthold von Regensburg, Franziskanermönch, †1272, Volksprediger des Mittelalters.

Bertillon [bɛrtij'ɔ̃], Alphonse, *1853, †1914, Begründer einer Körpermeßmethode zur Identifizierung von Verbrechern.

B'ertram [aus ahd. beraht »glänzend« und raban »Rabe«], männlicher Vorname.

Bertram, Meister B., Maler und Bildschnitzer, *um 1345, †1415; schuf den Grabower Altar. (FARBTAFEL Deutsche Kunst S. 173)

Bertram, Ernst, Dichter, Literarhistoriker, *1884, †1957; strenggeformte Gedichte, Essays.

Bertran de Born [bɛrtrã də], französ. ritterlicher Sänger (Troubadour), *um 1140, †vor 1215, hinterließ Minne- und Kampflieder.

Bertrich, Bad B., staatl. Heilbad in der Voreifel.

Beruf, der Kreis von Arbeiten und Tätigkeiten, den der Mensch im Rahmen der Gesellschaftsordnung als dauernde Aufgabe ausfüllt, meist zugleich die Quelle seines Lebensunterhalts. In älteren, bes. den ständischen Gesellschaftsordnungen war der B. nicht frei wählbar, sondern ständisch gebunden, z. T. erblich **(ständischer B.).** Erst in der neueren bürgerl. Gesellschaft besteht freie B.-Wahl. Die B.-Gliederung begründet Unterschiede in der gesellschaftl. Stellung und Geltung; sie erzeugt z. T. neue Stände **(Berufsstände).**

Berufkraut, Beschreikraut [wegen Verwendung zum »Berufen« einer Krankheit], Kräuter versch. Gattungen wie Sumpfgarbe, Ziest.

Berufsberatung, Beratung bei der Berufswahl, bes. der schulentlassenen Jugend, fördert die Verteilung auf die einzelnen Berufe entsprechend dem wirtschaftl. Bedarf, unter besonderer Berücksichtigung der körperl. und geistigen Veranlagung, der Neigung und der wirtschaftl. Verhältnisse des Berufsuchenden. Die öffentl. B. wird in der Bundesrep. Dtl. von den Arbeitsämtern durchgeführt.

Berufsbild, Beschreibung aller Tätigkeiten, die ein Beruf umfaßt, der Anforderungen, Arbeitsbedingungen, Entwicklungsmöglichkeiten.

Berufsgeheimnis, Verpflichtung der Ärzte, Apotheker, Hebammen, Rechtsanwälte, Wirtschaftsprüfer, Steuerberater usw. sowie deren Gehilfen, Privatgeheimnisse, die ihnen kraft ihres Berufs anvertraut sind, nicht zu offenbaren. Im Prozeß besteht insoweit →Zeugnisverweigerungsrecht. Verletzung der B. ist strafbar (§ 300 StGB).

Berufsgenossenschaften, die Träger der gesetzl. Unfallversicherung. In den B. sind alle Unternehmer der versicherungspflichtigen Betriebe zusammengefaßt; Körperschaften des öffentl. Rechts mit Selbstverwaltung; nach Wirtschaftszweigen oder örtlich gegliedert.

Berufskrankheiten, von den Berufsgenossenschaften als urspr. auf den Beruf zurückgehen anerkannte und somit entschädigungspflichtige Erkrankungen, z. B. Staublunge, Bleivergiftung.

Berufsschule, 3jährige Pflichtschule, die in durchschnittlich 8 Wochenstunden die prakt. Berufsausbildung begleitet und nach der fachlichtheoret. und z. T. auch nach der prakt. Seite ergänzt; daneben lehrt sie Wirtschafts- und Sozialkunde. Arten: gewerbl., kaufm., land- und hauswirtschaftl. B. **Berufsfachschule,** ein- bis zweijährige freiwillige Vollzeitschule für kaufm., hauswirtschaftl., handwerkl. u. a. Berufe. **Berufsaufbauschulen** vermitteln den Anschluß an die Fachschule (Fachschulreife).

Berufssportler, engl. **Professional,** Sportsmann, der im Gegensatz zum Amateur den Sport des Gelderwerbs wegen treibt.

Berufsunfähigkeit, Unmöglichkeit der Berufsausübung, liegt vor, wenn die Erwerbsfähigkeit unter die Hälfte derjenigen gesunder Versicherungsnehmer gesunken ist; begründet in der Rentenversicherung Anspruch auf Rente.

Berufsverband, freie unabhängige Vereinigung zur Vertretung berufl., kultureller, wirtschaftl. Interessen, fachlich und (oder) regional gegliedert (z. B. Arbeitgeberverbände, Gewerkschaften, Fußballspieler).

Berufsverbot, gerichtl. Untersagung der Berufsausübung (mindestens 1, höchstens 5 Jahre).

Berufung, die Anrufung eines höheren Gerichtes gegen ein erstinstanzliches Urteil zu neuer Sach- und Rechtsprüfung (§§ 511 ff. ZPO, 312 ff. StPO), früher auch **Appellation** genannt.

Beruhigungsmittel, Sedat'iva, ♃ Arzneimittel, die die Erregbarkeit des Zentralnervensystems herabsetzen und damit beruhigend wirken; man unterscheidet: **1)** Stoffe, die Unruhe und Bewegungsdrang dämpfen (z. B. Bromide). **2)** Ataractica, Tranquillantien, die übermäßige Angst, Reizbarkeit, Spannungen beseitigen. **3)** Neuroleptica, Neuroplegica, die sich zur Behandlung seelischer Krankheiten (bes. der Schizophrenie) eignen.

Ber'yll der, grüner, lichtblauer, gelber oder rosaroter Edelstein. **Gemeiner B.** ist durchscheinend, **edler B.** durchsichtig. Abarten: grüner **Smaragd,** blauer **Aquamarin.** (FARBTAFEL Edelsteine S. 176)

Ber'yllium das, **Be,** chem. Element, Leichtmetall; Ordnungszahl 4, Dichte 1,84 g/cm³, Schmelzpunkt 1284 °C; findet sich im Beryll. Verwendung u. a. für Legierungen, in der Raumfahrt- und Reaktortechnik.

Berz'elius, Jöns Jacob, schwed. Chemiker, *1779, †1848, führte die chem. Zeichen ein.

Besamung, eine Art der →Befruchtung.

Besançon [bəzãs'ɔ̃], Stadt am Rand des Jura, Frankreich, am Doubs, 119 500 Ew.; Universität, Erzbischofssitz; Uhrenind. B. war von 1307-1648 Freie Reichsstadt und kam 1678 an Frankreich.

Besançon: Porte Noire

B'esanmast, ♃ der hinterste Mast des Segelschiffs, ohne →Rahen.

Besant [b'esənt], Annie, engl. Theosophin, *1847, †1933; lebte seit 1907 in Indien.

Besatzungsstatut, am 21. 9. 1949 verkündete Grundregelung des Besatzungsrechts der Westmächte im Bereich der Bundesrep. Dtl. Das B. wurde am 6. 3. 1951 gelockert und durch die Pariser Verträge (1955) aufgehoben (→Deutschland-Vertrag).

Beschäftigungstherapeut(in), Fachkraft für Beschäftigungsbehandlung (Wiedergewinnung der berufl. Leistungsfähigkeit, Altenpflege).

Beschäler, Deckhengst, Zuchthengst.

Beschälseuche, Zuchtlähme, durch Trypanosomen hervorgerufene anzeigepflichtige, unheilbare Geschlechtskrankheit der Pferde.

beschlagen, ♀ begatten (Hirsch, Keiler).

Beschlagnahme, Sicherungs- und Zwangsmaßnahme, durch die ein Gegenstand der behördlichen Verfügungsgewalt unterworfen wird.

Beschleuniger, →Betatron, →Linearbeschleuniger, →Synchrotron, →Zyklotron.

Beschleunigung, ⊗ Geschwindigkeitsänderung in der Zeiteinheit (Sekunde) nach Größe oder (und) Richtung (→Schwerkraft, →Fall).

Beschluß, ♊︎ im Prozeß eine gerichtl. Entscheidung, die im Gegensatz zum Urteil ohne vorhergehende mündl. Verhandlung ergehen kann.

Beschlußfähigkeit, Voraussetzung für die Befugnis einer Körperschaft, wirksame Beschlüsse zu fassen (z. B. Anwesenheit der vorgeschriebenen Mitgliederzahl).

Beschneidung, Ein- oder Abschneiden der Vorhaut des männl. Gliedes; bei Juden, Muslimen und bei vielen Naturvölkern.

Beschuldigter, der einer Straftat Verdächtige.

Beschwerde, ♊︎ Rechtsmittel gegen Beschlüsse und Verfügungen eines Gerichts oder einer Verwaltungsbehörde (nicht gegen Urteile).

Beschwörung, 1) dringende Bitte. **2)** Herbeirufen von Geistern (bei Naturvölkern).

Besenginster, Schmetterlingsblüter, Strauch mit rutenförmigen Zweigen (→Ginster).

Besessenheit, wahnhafte Geistesstörung, Erregungszustand. Religiös wird die B. nicht auf natürl. Ursachen zurückgeführt, sondern als Besitzergreifung des menschl. Leibes durch einen bösen Geist (Dämon) verstanden. Übertragen auch: starkes Ergriffensein von einer Idee, Aufgabe.

Besetzung, →Okkupation.

Besitz, ♊︎ die tatsächl. Herrschaft einer Person über eine Sache (§§ 854 ff. BGB), zum Unterschied von der rechtl., dem →Eigentum.

Besk'iden, Teil des Westkarpaten, einschl. der nördl. Waldkarpaten, bis 1725 m hoch.

Besoldung, die Arbeitsvergütung der Beamten, ist durch bes. Gesetze geregelt; nach Gruppen abgestuft, besteht sie aus Grundgehalt, Ortszuschlag, Kindergeld, Beihilfe in Krankheitsfällen.

besprechen, Aberglaube: menschl. und tierische Krankheiten mit Zaubersprüchen behandeln.

Bespris'ornyje [russ. »Fürsorgelose«], Bez. für die nach 1917 in der Sowjetunion durch Revolution und Bürgerkrieg entwurzelten Jugendlichen.

Bessar'abien, fruchtbare Landschaft zwischen Schwarzem Meer, Dnjestr, Pruth und unterer Donau, zum größten Teil in der Moldauischen SSR (Sowjetunion) gelegen. Hauptstadt: Kischinew. Bevölkerung meist Rumänen, Ukrainer. Die rd. 80 000 Deutschen wurden 1940 ausgesiedelt. B. war bis 1812 türkisch, bis 1918 russisch, dann rumänisch (der Süden schon 1856-76); im Juni 1940 wurde B. an die Sowjetunion abgetreten, 1941 kam es zurück an Rumänien, 1944 wieder zur Sowjetunion.

Bessel, Friedrich Wilhelm, Astronom, *1784, †1846; bestimmte genaue Werte der Präzession, Nutation, Aberration, Schiefe der Ekliptik u. a.

B'essemer, Sir Henry, Ingenieur, *1813, †1898, erfand 1855 die **Bessemerbirne,** ein mit feuerfesten Steinen ausgekleidetes, birnenförmiges Metallgefäß zur Stahlerzeugung (→Stahl).

Besserungsanstalten, ✛ Erziehungsheime für verwahrloste Kinder und Jugendliche, Fürsorgeerziehungsheime.

Bestallung, 1) Verleihung einer Anstellung als Beamter. **2) Approbation,** staatl. Zulassung der Ärzte und Apotheker. **3)** im Familienrecht Bescheinigung bei der Ernennung eines Vormunds.

Bestäubung, ⚘ Übertragung des Blütenstaubs (Pollen) auf die Narbe einer Blüte. Bei **Selbst-B.** **(Autogamie)** werden Blüten der gleichen Blüte übertragen, bei **Fremd-B. (Allogamie)** Pollen aus einer anderen Blüte gleicher Art. Die Pollen wird übertragen durch: Wind für die **Windblüter,** Wasser für die **Wasserblüter,** Tiere (honigsuchende Insekten) für die **Tierblüter.**

Bestechung, ♊︎ das Versprechen oder Gewähren von Geschenken oder anderen Vorteilen an einen Beamten, um diesen zu einer pflichtwidri-

gen Handlung zu veranlassen (aktive B., § 333 StGB; Strafe: Gefängnis oder Geldstrafe). Der Beamte, der darauf eingeht, macht sich der **passiven B.** schuldig, selbst wenn die Handlung an sich nicht pflichtwidrig ist. – B. von Angestellten →unlauterer Wettbewerb.

Besteck, ⚓︎ Bestimmung des Schiffsortes nach geograph. Länge und Breite.

bestens, bestmöglich, an der Börse Auftragsbezeichnung, wenn man auf jeden Fall (nicht limitiert), aber möglichst vorteilhaft verkaufen will. Bei Kaufaufträgen: **billigst** (Gegensatz: Limit).

B'estie [lat.] die, **1)** wildes Tier. **2)** Unmensch; **besti'alisch,** tierisch, roh.

Bestockung, ⚘ Bildung von untersten Seitentrieben an Stengeln, besonders beim Getreide.

Bestrahlung, die gelenkte Einwirkung natürlicher (Sonne, Radium) oder künstlich erzeugter Strahlung auf den Körper zu Heilzwecken (Quarzlampe, Kurzwellen, Röntgenstrahlen, Rotlicht, Radioisotope).

B'estseller [engl.], besonders erfolgreiche Bücher, die schnell große Auflagen erreichen.

B'eta das, β, der zweite Buchstabe des griechischen Alphabets.

B'eta die, Runkelrübe, Gattung der Gänsefußgewächse; dazu gehören die mit dicker Pfahlwurzel (Rübe) ausgestatteten Arten **Gemeine Runkelrübe, Rote Rübe (Rote Bete)** und **Zuckerrübe** sowie der **Mangold** (Beißkohl), ein dünnwurzeliges, fettblättriges Blattgemüse.

B'etastrahlen, β-**Strahlen,** von radioaktiven Elementen mit sehr großer Geschwindigkeit (bis annähernd Lichtgeschwindigkeit) ausgestrahlte Elektronen, sind im elektr. und magnet. Feld ablenkbar. Künstliche B. durch Beschleunigung von Elektronen im →Betatron.

B'etatron das, Elektronenschleuder, Beschleunigungsgerät zur Erzeugung von sehr schnellen und energiereichen Elektronen, →Betastrahlen.

Betäubung, Bewußtlosigkeit, hervorgerufen durch mechan. Einwirkung auf das Gehirn (z. B. Schlag), durch Stoffe, die das Großhirn lähmen (z. B. Alkohol, Opium), durch seel. Faktoren. **Künstl. B.** wird mit **Betäubungsmitteln (Narcotica)** zu Heilzwecken durchgeführt, als allgemeine B. **(Narkose)** oder zum Unempfindlichmachen einzelner Körperteile ohne Ausschaltung des Bewußtseins als **lokale Anästhesie.** Herstellung, Verordnung und Abgabe von B.-Mitteln, deren Mißbrauch zu Sucht führen kann, ist durch das Betäubungsmittelgesetz geregelt.

Bête [bɛːt, frz.] die, Einsatz, Strafsatz, Geld der Verlierenden beim Kartenspiel. **b. sein,** verloren haben. **b. noire** [nwaːr], Sündenbock.

Beteig'euze der, Stern im →Orion.

Beteiligung, die kapitalmäßige Anteilnahme an einer Unternehmung. Bei Kapitalgesellschaften gilt als B. der Besitz von mindestens 25% des Grund- oder Stammkapitals. **Beteiligungsgesellschaften,** →Holding-Gesellschaft.

Betel der, ostasiat. erfrischendes Kau- und Genußmittel: ein Stück Betelnuß, ein Blatt Betelpfeffer, etwas gebrannter Kalk; färbt den Speichel rot, die Zähne schwarz.

Beth'anien [hebr. »Dattelhaus«], Ort bei Jerusalem, Wohnort des Lazarus, den Jesus auferweckte; danach Name christl. Krankenhäuser.

Bethe, Hans Albrecht, Physiker, *1906, lebt in den USA; führend in der Kernphysik; Theorie der Elektronenbremsung durch Materie (**B.-Heitler-Formel,** 1934); 1968 Nobelpreis für Physik. (→Bethe-Weizsäcker-Zyklus)

Bethel [hebr. »Gotteshaus«], **1)** Dorf im N von Jerusalem. **2)** danach benannt: die Wohlfahrtsanstalt B. bei Bielefeld, gegr. von →Bodelschwingh.

Beth'esda [hebr. »Gnadenort«], heilkräftiger Teich in Jerusalem.

Bethe-Weizsäcker-Zyklus, kreisförmig geschlossener Ablauf von Kernreaktionen, bei dem Wasserstoffkerne unter Energieabgabe zu Heliumkernen vereinigt werden; Hauptenergiequelle in Fixsternen.

Bessemer

Bessemerbirne

Beta:
a Runkelrübe,
b Zuckerrübe,
c Rote Rübe

Bethlehem

B'ethlehem, Stadt in Jordanien, rd. 60 000 Ew., südl. von Jerusalem; Geburtsort Jesu; über der Geburtsgrotte wurde 326 die Geburtskirche erbaut.

Bethlehem'itischer Kindermord, die von Herodes befohlene Ermordung aller Knaben unter zwei Jahren in und um Bethlehem. Gedenktag 28.12.: »Fest der Unschuldigen Kinder«.

Bethmann Hollweg, Theobald von, Staatsmann, ✱1856, †1921, war 1909-17 dt. Reichskanzler, erstrebte vergebens eine dt.-engl. Verständigung, geriet in Gegensatz zur Obersten Heeresleitung und zum Reichstag.

Beton [bet'ɔ̃, frz.] der, Baustoff aus Zement als Bindemittel, feinen (Sand) und groben (Steine) Zuschlagstoffen, wird mit Wasser zu einem Brei angemacht und zum Abbinden in die endgültige Form gegossen. B. hat große Druckfestigkeit, ohne Bewehrung (Armierung) aber nur geringe Zugfestigkeit; dieser Nachteil wird durch Stahleinlagen aufgehoben, **Stahl-B. Schütt-B.** wird lose geschüttet, **Stampf-** und **Rüttel-B.** durch Stampfen oder Rütteln verdichtet. **Schleuder-B.** (für Rohre, Leitungsmaste), gegen die sich drehende Schalung geschleudert, wird sehr

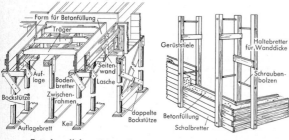

Betonbau: links Schalung für Decke, rechts für Wand

dicht. – **Spann-B.** nennt man einen B.-körper, im unbelasteten Zustand künstlich vorgespannt wird (bei bewehrtem B. durch Spannen der Armierung, bei unbewehrtem durch Pressen zwischen Widerlagern); so vermeidet man Haarrisse.

betr., Abk. für betreffs, betreffend, betrifft.

Betrieb, eine räumlich-technische wirtschaftl. Einheit, die der Erzeugung dient, im Unterschied zum Unternehmen, das eine kapitalmäßige Einheit darstellt und auch mehrere B. umfassen kann.

Betriebskapital, ⌐ das Umlaufvermögen.

Betriebsklima, die in einem Betrieb herrschende Grundstimmung.

Betriebskrankenkassen können vom Arbeitgeber für seinen Betrieb errichtet werden (Voraussetzung: 450, in landwirtschaftl. Betrieb 150 Versicherungspflichtige).

Betriebsordnung, →Betriebsvereinbarung.

Betriebsprüfung, die steuerl. Prüfung der Buchführung eines Betriebs durch das Finanzamt.

Betriebsrat, die einheitliche Vertretung der Arbeitnehmerschaft eines Betriebes. Das →Betriebsverfassungsgesetz schreibt die Bildung von B. in allen Betrieben mit mindestens 5 Arbeitnehmern vor. Der B. wird von den über 18 Jahre

Bettwanze

alten Arbeitnehmern in geheimer Wahl auf 3 Jahre gewählt. Die Mitgliederzahl richtet sich nach der Größe des Betriebes; in Kleinbetrieben (5-20 Arbeitnehmer) besteht der B. aus einer Person (**Betriebsobmann**). Hat der B. 11 oder mehr Mitglieder, bildet er einen **Betriebsausschuß,** der die laufenden Geschäfte führt. In Unternehmen mit mehreren Betrieben kann neben den einzelnen B. ein **Gesamtbetriebsrat** gebildet werden. Die Mitglieder des B. sind ehrenamtlich tätig. Sie dürfen wegen ihrer Tätigkeit nicht benachteiligt werden und stehen unter besonderem Kündigungsschutz. Die Kosten des B. trägt der Arbeitgeber.

Betriebsvereinbarung, Betriebssatzung, eine Vereinbarung zwischen Arbeitgeber und Betriebsrat über betriebl. Fragen. Nach dem Betriebsverfassungsgesetz bedarf sie der Schriftform und ist im Betrieb auszulegen. Hauptfeld der B. ist der soziale Bereich, sie legt auch die **Betriebsordnung** (Regelung des Verhaltens der Arbeitnehmer untereinander, zu den Vorgesetzten, im Betrieb im allgemeinen) fest. Die B. setzt im Einzelbetrieb autonomes Recht, doch hat der Tarifvertrag Vorrang.

Betriebsverfassungsgesetz v. 11. 10. 1952 bestimmt, in welchen Fragen und in welcher Form die Arbeitnehmer in nichtöffentl. Betrieben mitzubestimmen oder mitzuwirken haben. Das B. regelt den Teil der Betriebsverfassung, der nicht den Tarifverträgen vorbehalten ist und für den keine innerbetriebl. Regelung (Betriebsvereinbarung) besteht, bes. Stellung und Aufgaben der Organe der Arbeitnehmer (Betriebsrat, Betriebsversammlung), die Einrichtung der Wirtschaftsausschusses, die Vertretung der Arbeitnehmer in den Aufsichtsräten. Es gilt nicht für öffentl.-rechtl. Betriebe und Verwaltungen (für diese gilt das Personalvertretungsges.) sowie für Religionsgemeinschaften und deren Einrichtungen, mit Einschränkungen für →Tendenzbetriebe. Für Unternehmen des Bergbaus und der eisen- und stahlerzeugenden Industrie gilt das Mitbestimmungsgesetz.

Betriebswirtschaftslehre befaßt sich mit den wirtschaftl. Entscheidungen in Betrieben und Unternehmungen. Hauptgebiete dieser Entscheidungen: Art und Menge der zu beschaffenden Produktionsmittel (menschl. Arbeitskraft, Werkstoffe, Werkzeuge), Beschaffung und Verwendung der Finanzmittel, Einsatz der beschafften Produktionsmittel (Fertigung), Veräußerung der Erzeugnisse und Leistungen. Danach gliedert man die B. heute in eine Theorie der Investition, der Finanzierung, der Produktion und des Absatzes. Dazu kommt das betriebl. Rechnungswesen (bes. Kostenrechnung). Früher teilte man die B. nach Wirtschaftszweigen in Industrie-, Bank- und Handelsbetriebslehre.

Betriebswissenschaft behandelt die techn. Vorgänge im Betrieb (Fertigungstechnik, Organisation).

Betrug, ⚖ Vermögensschädigung von anderen in Bereicherungsabsicht (§ 263 StGB); Strafe: Freiheitsstrafe und/oder Geldstrafe, in bes. schweren Fällen und bei Rückfall Freiheitsstrafe nicht unter einem Jahr.

Betsäule, →Bildstock.

Betschu'analand, →Botswana.

Bettelmönche Mz., von Almosen lebende, Seelsorge ausübende Mönche: Dominikaner, Franziskaner, Kapuziner, Karmeliter, Augustiner, Barmherzige Brüder (seit dem 13. Jahrh.).

Bett'ina [Koseform für Elisabeth], weibl. Vorname.

Bettnässen, ⚕ unwillkürlicher Abgang von Harn im Schlaf.

Bettwanze, Wanzenart, 5 mm lang, flach, braun, ungeflügelt; Blutsauger; legt ihre Eier unter Tapeten oder in Ritzen von Bettstellen.

Betzdorf, Stadt in Rheinl.-Pfalz, an der Sieg, 10 500 Ew.; Verkehrsknoten Eisen-, Holzind.

Beuel, Stadtteil von Bonn, 38 700 Ew.; Industrie, bes. Chemikalien, Kunststoffe, Schmirgel.

Beugung, 1) Flexion, ⑤ die Veränderungen von Haupt-, Eigenschafts- und Fürwort je nach ihrer Stellung im Satz: Bilden der Beugungsfälle (Kasus) Werfall (Nominativ), Wesfall (Genitiv), Wemfall (Dativ), Wenfall (Akkusativ). **2)** ⊗ bei Wellenvorgängen (Wasser-, Schall-, elektromagnet., Materiewellen) die Abweichung von der geradlinigen Ausbreitung in der Nähe scharf begrenzter Hindernisse (Diffraktion); wird merklich, wenn die Abmessungen des Hindernisses oder Durchlasses (z. B. Spalts) von ungefähr gleicher Größe oder kleiner als die Länge der auftreffenden Welle sind. Bei Durchgang von Licht durch einen Spalt oder ein **Beugungsgitter** tritt →Interferenz auf; dadurch entsteht bei weißem Licht ein **Beugungsspektrum.**

Beule die, ʃ Vorwölbung der Haut durch Ansammlung von Gewebsflüssigkeit, Eiter oder Blut.

Beulenpest, →Pest.

Beumelburg, Werner, Schriftsteller, *1899, †1963; Romane aus dem 1. Weltkrieg.

Be'urkundung, ♟ Aufnahme eines Protokolls durch Richter oder Notar über eine vor diesem abgegebene Erklärung (z. B. Grundstücksverkauf).

Beuron, Wallfahrts- und Luftkurort in Bad.-Württ., im oberen Donautal, 500 Ew. **Kloster B.,** gegr. um 1077 als Augustiner Chorherrenstift, seit 1887 Mutterhaus der Beuroner Benediktiner-Kongregation mit theolog. Hochschule; B. ist Mittelpunkt der Liturgie- und Choralpflege.

Beute die, 1) Bienenstock. 2) Backtrog.

Beuteltiere, Marsupialier, urtüml. Säugetiere, fast nur in Australien und Neuguinea. Die Jungen werden meist in sehr unfertigem Zustand geboren und während ihrer Weiterentwicklung in einer Hauttasche **(Beutel)** am Bauch des Weibchens getragen; sie schließt die Zitzen ein. Wichtige B.: →Känguruh, Beutelbär (→Koala), Beuteldachs, Beutelmarder, Beutelratten (→Opossum).

Beuthen, Industriestadt in Oberschlesien, 192 000 Ew.; Mittelpunkt des oberschles. Bergbaus; seit 1945 unter poln. Verw. **(Bytom).**

Bevan [bevn], Aneurin, brit. Politiker, * 1897, †1960, Bergarbeiter, führend im linksradikalen Flügel der Labour Party, 1945-50 Gesundheitsmin.

Beveridge [b'evərid₃], William Henry, seit 1946 Lord B., brit. Sozialpolitiker, *1879, †1963. Seine Denkschrift über Sozialversicherung und verwandte Gebiete (**Beveridge-Plan,** 1942) beeinflußte maßgebend die brit. Sozialpolitik.

Beverungen, Stadt in Nordrh.-Westf., 14 600 Ew.

Bevin [bevn], Ernest, brit. Politiker, *1881, †1951, Gewerkschaftler, Abg. der Labour Party, 1940-45 Arbeitsmin., 1945-51 Außenmin.

Bevölkerung, die Bewohner eines bestimmten Gebietes ohne Rücksicht auf ihre Staatsangehörigkeit. Die B.-Zahl wird durch Volkszählungen festgestellt und in der Zwischenzeit entsprechend der **Bevölkerungsbewegung** (Geburten, Sterbefälle, Wanderungen) fortgeschrieben. Nach Schätzungen betrug die B. der Erde (in Mill. Ew.) 1800: 906, 1850: 1171, 1900: 1608, 1950: 2423, 1969: 3552. Die B. ist sehr ungleich über die Erde verteilt, die größte **Bevölkerungsdichte** (Einw. je km²) haben West- und Mitteleuropa (Niederlande 350, Bundesrep. Dtl. 241) und Gebiete Ost- und Südasiens (Formosa 374, Japan 273), die geringste u. a. das Sahara- und das Amazonasgebiet; für die geringe Dichte sind z. B. klimat. Gründe und mangelhafte Erschließung verantwortlich; die durchschnittl. B.-dichte der Erde beträgt 25. Ist die B.-dichte so groß, daß die B. keine ausreichenden Lebensmöglichkeiten findet, so liegt **Übervölkerung,** wird das Gebiet wegen zu geringer B.-dichte nicht voll ausgenutzt, so liegt **Untervölkerung** vor. – Der **Altersaufbau** der B. ist wesentl. vom Verhältnis der Geburten zu den Sterbefällen bestimmt, wobei der Anteil der zeugungs- und gebärfähigen Jahrgänge gegenüber den älteren Jahrgängen ausschlaggebend ist. – Die **Bevölkerungsstatistik** gliedert nach Alter, Geschlecht, Familienstand, Beruf, Staatsangehörigkeit, Mut-

tersprache und Religion. – Die staatl. **Bevölkerungspolitik** sucht je nach den Gegebenheiten die B. zu erhalten und den Nachwuchs zu sichern oder ihr Wachstum durch Geburtenkontrolle in Grenzen zu halten. – **Bevölkerungswissenschaft, Demographie,** untersucht Stand und Entwicklung einer B. sowie ihre Wechselwirkungen mit den wirtschaftl. und sozialen Merkmalen einer Gesellschaft.

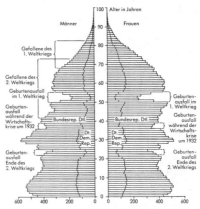

Bevölkerung: Altersgliederung in der Bundesrep. Deutschland und in der Dt. Dem. Rep. (Tausend je Altersjahr, Anfang 1970)

Bewährungsfrist, ♟ im Strafrecht ein vom Gericht festgesetzter Zeitraum, in dem der Verurteilte durch gute Führung erreichen kann, daß der Vollzug einer zunächst ausgesetzten Freiheitsstrafe erlassen wird.

bewaldrechten, berappen, ♣ Baumstämme achtflächig behauen.

Bewässerung, die Zufuhr von Wasser zur Förderung des Pflanzenwachstums, zur Erhöhung der Bodentemperatur und zur Vermeidung von Spätfrösten im Frühjahr. Am einfachsten ist die zeitweise künstl. **Überstauung.** Bei der **Berieselung** fließt Wasser von der höchsten Stelle her durch Verteilgräben auf das Gelände. Bei der **künstl.** Beregnung wird Wasser aus Regnern versprüht.

Bewegung, 1) ⊗ Ortsveränderung eines Körpers oder Massenpunktes. B. mit gleichbleibender Geschwindigkeit heißen gleichförmig, mit veränderlicher Geschwindigkeit beschleunigt. Geradlinige B. mit gleichbleibender Beschleunigung heißen gleichförmig beschleunigt, z. B. der freie Fall. **2)** ⊕ ⊡ am Pflanzen- und Tierkörper ist **Selbst-B.** ein Lebenszeichen.

Bewegungsenergie, →Energie.

Bewegungskrankheit, Kinet'ose, bei schaukelnder Bewegung auftretende Gesundheitsstörung, so die →Seekrankheit.

Beweis, ♟ Verfahren, das dem Gericht die Überzeugung von der Wahrheit oder Unwahrheit einer Behauptung verschaffen soll. **Beweismittel:** Augenschein, Zeugen, Sachverständige, Urkunden, Parteivernehmung. **Beweislast,** die den Parteien im Zivilprozeß obliegende Verpflichtung, die im einen behaupteten Tatsachen zu beweisen.

Bewertung, die Festlegung des Buchwertes von Vermögensgegenständen in der →Bilanz.

Bewetterung, ⚒ Lüftungsanlagen, →Bergbau.

Bewußtlosigkeit, kann auftreten durch Gehirnerschütterung, Schlaganfall, große Blutverluste, Vergiftungen, epilept. Anfall, Sonnenstich.

Bewußtsein, das unmittelbare Wissen um geistige und seel. Zustände und Erlebnisse; auch das Aufmerken auf einzelne von ihnen. Die Psychologie unterscheidet zwischen vor- und halbbewußten Zuständen wie Drang, Trieb usw.

und Akten höchster Bewußtheit wie: Aufmerk-
samkeits-, Denk- und Willensakten.
Bey, türkischer Titel, →Bei.
Beyle [bɛːl], Henri, →Stendhal.
bez., Abk. für 1) bezahlt. 2) bezüglich.
Béziers [bezj'e], Stadt in S-Frankreich, am Ca-
nal du Midi, 75 500 Ew.; Wein-, Branntweinhandel.
Bezifferung, ♪ Bezeichnung der Tonstufen
bei Akkorden, →Generalbaß.
Bezirk, Verwaltungseinheit in einigen Staaten,
Ländern und Gemeinden.
Bezirksgericht, →Gerichtswesen.
Bezo'arziege, Wildziege auf Kreta und in W-
Asien, Stammform der Hausziege.
Bezogener, bei Wechseln: derjenige, der zah-
len soll.
Bezugschein, behördliche Bescheinigung zum
Kauf rationierter Waren.
Bezugsrecht, ⚖ Recht der Aktionäre auf Zu-
teilung neuer Aktien bei Kapitalerhöhung (§ 153
Aktiengesetz).
Bezugssystem, das Koordinatensystem, auf
das eine Bewegung bezogen wird.
BFN, Abk. für British Forces Network, Rund-
funksender für die brit. Streitkräfte.
BGB, Abk. für Bürgerliches Gesetzbuch.
BGBl., Abk. für Bundesgesetzblatt.
Bhag'alpur, Stadt in Nordindien, am Ganges,
143 900 Ew.; Bahnknoten; Handelsplatz.
Bhagavadg'ita [Sanskrit, »das Lied des Er-
habenen«], ein religiös-philosoph. Gedicht, ein-
gebaut in das indische Epos Mahabharata.
Bhakra-Nangal, 1961-65 gebaute Bewässe-
rungsanlage, NW-Indien, staut den Satledsch, be-
liefert 5 Kraftwerke.
Bh'arat, amtl. Name der Rep. Indien.
Bh'atgaon, Bhatgang, Stadt in Nepal, 84 200
Ew.; kunstvolle Tempelbauten.
Bh'awnagar, Bhaunagar, Stadt in Indien,
Haupthafen der Halbinsel Kathiawar, 171 000
Ew.; Textilindustrie, Eisengießerei.
BHE, Abk. für Bund der Heimatvertriebenen
und Entrechteten, →Gesamtdeutscher Block/
BHE.
Bhop'al, Hauptstadt des indischen Staates
Madhja Pradesch, 213 000 Ew.; Bahnknoten.
Bhumibol Abduljadeh, König (seit 1946) von
Thailand, *1927, ⚭ 1950 mit Sirikit.
Bhut'an, Staat im östl. Himalaya, 47 000 km²
mit 770 000 Ew. tibetische Sprache. Religion:
lamaistischer Buddhismus. Hauptstädte: Punakha
(Winter), Thimpu (Sommer). B. ist unabhängig
unter einem erbl. Maharadscha (seit 1907);
außenpolitisch wird es durch Indien vertreten.
bi... [lat.], als Vorsilbe: doppelt, zweifach.
Bi, chem. Zeichen für →Wismut.
Biafra, die Ostregion von →Nigeria.
Biał'ystok, Stadt im nordöstl. Polen, an der
Biala (zum Narew), 164 900 Ew.; Textilind.
Biarr'itz, bekanntes Seebad am Golf von
Biscaya (Südfrankreich); 27 000 Ew.

Biarritz

Biber

B'iathlon [grch.] das, Ski-Langlauf: 20 km
mit 4 eingeschobenen Schießübungen.
Bibel [grch. »die Bücher«] die, **Heilige Schrift,**
die Sammlung der Schriften, die von den christl.
Kirchen als Urkunden der göttlichen Offenbarung,
das Wort Gottes, und als verbindlich für Glauben
und Leben angesehen werden; besteht aus dem
hebräischen **Alten Testament** und dem griech.
Neuen Testament. HANDSCHRIFTEN: Die alttesta-
mentl. Schriften verteilen sich nach ihrer Entstehung etwa über ein Jahrtausend und sind
mehrfach überarbeitet worden. Die Schriften des
N.T. sind wahrscheinlich gleich nach ihrer Entstehung vielfach abgeschrieben worden. Die wichtigsten neutestamentlichen Handschriften sind
der Codex Sinaiticus (4. Jahrh.; in London), der
Codex Vaticanus (4. Jahrh.; in Rom), der Codex
Alexandrinus (5. Jahrh.; in London), der Codex
Ephraimi rescriptus (5. Jahrh.; in Paris). ÜBER-
SETZUNGEN: die älteste griech. des A.T. ist die
→Septuaginta; die latein., die →Vulgata, ist in der
kath. Kirche maßgebend. Luthers deutsche Über-
setzung (1522 das N.T. und 1523-34 das A.T.)
für die evang. Kirchen. Ältere german. Über-
setzungen: die gotische des Wulfila; die altdt.
Evangelienharmonien.
Die Bücher des Alten Testaments:
I. Das Gesetz: Die fünf Bücher Mose.
II. Die Propheten: Die vorderen: Josua, Buch
der Richter, zwei Bücher Samuel, zwei Bücher
der Könige. Die hinteren Propheten: Die drei
»großen« Propheten, Jesaia, Jeremia, Ezechiel.
– Die zwölf »kleinen« Propheten: Hosea, Joel,
Amos, Obadja, Jona, Micha, Nahum, Haba-
kuk, Zephanja, Haggai, Sacharja, Maleachi.
III. Die Schriften: Die Psalmen, Die Sprüche,
Das Buch Hiob, Das Hohelied, Das Buch
Ruth, Die Klagelieder, Der Prediger, Das
Buch Esther, Das Buch Daniel, Das Buch
Esra, Das Buch Nehemia, Die zwei Bücher
der Chronik.
Die Bücher des Neuen Testaments:
I. Die Evangelien: Das Evangelium nach
Matthäus; nach Markus; nach Lukas; nach
Johannes.
II. Die Apostelgeschichte.
III. Die Briefe: a) Die Briefe des Paulus; einer an
die Römer; zwei an die Korinther; je einer
an die Galater, Epheser, Philipper, Kolosser;
zwei an die Thessalonicher; zwei an Timo-
theus; einer an Titus; einer an Philemon; b)
Der Brief an die Hebräer; c) Zwei Briefe des
Petrus; drei des Johannes; je einer des Jako-
bus; des Judas.
IV. Die Offenbarung des Johannes.
Bibelforscher, →Zeugen Jehovas.
Bibelgesellschaften, evang. Vereine zur Herstellung und Verbreitung der Bibel; älteste dt. B. ist
die Cansteinsche Bibelanstalt (Halle 1710).
Biber der, 1) Nagetiergattung mit waagrecht
abgeplattetem Schwanz und Schwimmfüßen;
gesellige Wassertiere im N Europas, Asiens und
Amerikas; fällen Bäume durch Nagen, fressen
Rinde, errichten Dämme, um Wasser aufzustauen,
und Wohnbauten aus Holz und Schlamm; ihr Pelz
ist wertvoll. Der **Europäische B.** ist fast ausgerottet;

lebt wild nur noch im Elbgebiet zwischen Torgau und Magdeburg; er ist etwa 1,30 m lang, der Schwanz 30 cm. **2)** rauhes tuchähnl. Baumwollgewebe, wird als Bett-B. und Hemden-B. verwendet.

Biberach an der Riß, mittelalterl. Kreisstadt in Baden-Württemberg, 25 700 Ew.

Bibern'elle die, **Pimpinelle,** Gattung der Doldengewächse; Wurzeln als Heilmittel.

Biberratte, Nutria, Nager im gemäßigten Südamerika, bis 90 cm lang; liefert geschätztes Pelzwerk, auch als Zuchttier in Farmen.

Biberschwanz, 1) →Säge; **2)** Dachziegel ohne Profil.

B'iblia p'auperum [lat.], **Armenbibel,** im MA. verbreitetes bibl. Bilderbuch; der Name leitet sich von den Armen (auch den unvermögenden Geistlichen) her, denen die B. p. die teure Bibelhandschrift ersetzen mußte.

Bibliograph'ie [grch.] die, Verzeichnis von Büchern und Zeitschriften, alphabetisch, zeitlich oder sachlich geordnet. **Allgemeine B.,** die literar. Erzeugnisse ohne Rücksicht auf fachliche Zugehörigkeit verzeichnen, sind z. B. für Dtl. die »Deutsche Nationalbibliographie«, bearbeitet von der Deutschen Bücherei Leipzig, und die »Deutsche B. Wöchentliches Verzeichnis«, bearbeitet von der Deutschen Bibliothek Frankfurt a. M.

Bibliographisches Institut AG., Verlag, gegr. 1826 in Gotha von Joseph Meyer, seit 1874 in Leipzig, seit 1953 in Mannheim. Bekannt wurde der Verlag durch »Meyers Lexikon«, Duden u. a.

Biblioph'ile [grch. »Bücherliebhaber«] der, Sammler seltener, schön ausgestatteter Bücher. **Bibliophil'ie** die, Liebhaberei für Bücher.

Biblioth'ek [grch.] die, Bücherei, auch das Gebäude, worin die Bücher aufbewahrt werden. Die **öffentliche B.** (verwaltet von Bibliothek'aren) sind entweder wissenschaftl. B. oder →Volksbüchereien. **Allgemeine B.** pflegen sämtl. Wissensgebiete, **Spezial-** oder **Fach-B.** einzelne Wissenschaften. Beim **Präsenzsystem** werden die Bücher nur in der B. selbst, beim **Ausleihesystem** nach Hause verliehen.

Bickbeere [nordd.] die, Heidelbeere.

Bidault [bid'o:], Georges, französ. Politiker, *1899, nach 1945 zweimal MinPräs., mehrfach Außenmin.; Gegner de Gaulles, lebte 1963-68 im Exil in Brasilien.

Bidet [bid'e, frz.] das, kleine Waschwanne, Sitzbad.

Biedermeier [nach Ludw. Eichrodts Gedichten »Biedermaiers Liederlust«, seit 1855], treuherziger, einfacher, kleinbürgerl. Mensch. **B.-**

Biedermeier: F. Kersting, Die Stickerin (Ausschnitt)

Zeit, etwa von 1815 bis 1848. Der bürgerlich bestimmte **B.-**Stil äußerte sich außer in der Kleidung vor allem in der Wohn- und Möbelkunst mit ihrer schlichten Behaglichkeit, ihren klaren, leichtgeschwungenen Formen und ihrer Gediegenheit. Beschaulichkeit, gute Beobachtung und bisweilen treffender Humor kennzeichnen die Malerei.

biegen, ⚙ spanlose Formung von Werkstücken. Bleche, Drähte, Stäbe aus Metall werden auf Drei- oder Vierwalzen-Biegemaschinen gebogen. Holz kann unter Einfluß von Wärme und Feuchtigkeit um Formen gebogen werden. Von Kunst-

stoffen können nur Thermoplaste angewärmt über Formen gebogen werden.

Biel, französ. **Bienne** [bjen], Stadt in der Schweiz, Kanton Bern, am Fuße des Jura, 66 900 Ew., Uhrenind. In der Nähe der **Bieler See,** 39 km².

Bielefeld, Stadt in Nordrh.-Westf., am Teutoburger Wald, 174 600 Ew.; Mittelpunkt der westfäl. Leinenind.; Nähmaschinen-, Fahrrad-, Nährmittelfabriken; Bauernmuseum. In der Nähe: Bethel mit den Anstalten von →Bodelschwingh.

Bielitz-Biala, poln. **Bielsko-Biala,** Stadt in Polen, 103 600 Ew.; Tuchindustrie.

Bielstein, Ind.-Gem. im RegBez. Köln, 10 400 Ew.; am Westrand des Bergischen Landes.

Biene, Imme, Honigbiene, staatenbildender Hautflügler der Familie →Bienen. Zu einem **B.-Volk (B.-Stock)** gehören 20 000-70 000 **Arbeits-B.** (Weibchen mit zurückgebildeten Geschlechtsorganen), eine **Königin** (Weibchen mit entwickeltem Geschlechtsapparat) und im Sommer 500 bis 2000 **Drohnen** (Männchen). Die Königin **(Weisel)** legt die Eier (täglich rd. 1200). Beim Hochzeitsflug (Schwärmen) wird sie von einer der Drohnen begattet. Aus den Eiern schlüpfen weiße Maden, die sich verpuppen. Nach etwa

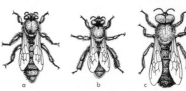

Biene: a Königin, b Arbeiterin, c Drohne

drei Wochen sind die geflügelten B. entwickelt. Aus befruchteten Eiern entstehen entweder Arbeits-B. (Arbeiterinnen) oder in bes. Zellen (Weiselzellen) Königinnen, aus den unbefruchteten Eiern Drohnen, die nach dem Hochzeitsflug von den Arbeiterinnen aus dem Stock entfernt werden **(Drohnenschlacht).** Die Arbeiterinnen bauen und säubern die Waben, sammeln Nektar, der im Honigmagen zu Honig umgewandelt wird, und Blütenstaub (Pollen), füttern die Larven mit Honig und Pollen. Der Blütenstaub wird in den »Körbchen« an den Hinterbeinen heimgetragen (Höschen). Bevor eine junge Königin (gefüttert mit Weiselfuttersaft) ausschlüpft, fliegt die alte Königin mit einem Teil der Arbeiterinnen davon (schwärmt) und gründet ein neues Volk. – Die **Waben** bestehen aus zwei Schichten sechseckiger Zellen und werden aus Wachs gefertigt, das die B. an der Bauchseite ausschwitzen. B. verständigen sich durch Tänze (Rundtänze, Schwänzeltänze) über ertragreiche Nahrungsquellen (**B.-Sprache**). Die wildlebende Honigbiene baut ihre Waben in Baumlöchern oder Felsnischen. Der Mensch hat die B. als Haustier gezüchtet (**B.-Zucht, Imkerei**). Die B.-Völker wurden früher in Körben untergebracht; heute benutzt man **B.-Stände,** Kästen mit auswechselbaren Rähmchen. Im Winter wird das B.-Volk mit Honig gefüttert.

Bienen, Familie der Hautflügler mit Giftstachel. Kennzeichen: starke Körperbehaarung, Sammelvorrichtungen, bei den Weibchen Brut-

a

b

biegen: a bördeln, b biegen

Biene: Arbeiterin bei der Brutpflege

pflege. Außer den gesellig lebenden B. wie Honigbiene (→Biene) und →Hummel gibt es einzeln lebende B. wie die **Pelz-B., Schmal-B., Erd-B.**

Bienenfresser, bunter amselgroßer Vogel S-Europas, brütet in Erdhöhlen, lauert auf Bienen.

Bienengift, eine flüchtige Ameisensäure, altes Heilmittel gegen Rheuma und Ischias.

Bienenkäfer, buntgefärbte, behaarte Käfer, deren Larven in Bienenstöcken schmarotzen.

Bienenlaus, 1 mm große flügellose Fliege, lebt im Bienenpelz, raubt den Honig.

Bienenmotte, Wachsmotte, Kleinschmetterling, legt seine Eier in Bienenstöcke. Die Raupen fressen das Wachs der Waben.

Bienensaug der, verschiedene honigreiche Lippenblüter, z. B. →Taubnessel.

Bienenschwärmer, Hornissenschwärmer, hornissenähnlicher Schmetterling. (FARBTAFEL Schmetterlinge S. 870).

Bienenstich, 1) →Insektenstich. 2) flacher Hefekuchen mit Auflage aus Butter, Zucker, Honig und Mandeln.

Bienenwolf, 1) Buntkäferart. 2)Kleinschmetterling, →Bienenmotte. 3) →Grabwespe.

Bienn'ale [ital.] die, alle zwei Jahre wiederkehrende internat. Kunstausstellung in den »Öffentlichen Gärten« von Venedig (seit 1895). Auch die Filmfestspiele von Venedig.

Bi'ennium [lat.] das, -s/...nnien, Zeitraum von zwei Jahren.

Bier, alkohol., kohlendioxydhaltiges Getränk, wird durch Gärung mit Hefe aus Gerstenmalz (Weizenmalz), Wasser, Hopfen hergestellt. Arbeitsgang in der **Brauerei:** 1) **Malzbereitung** (→Malz); 2) **Würzebereitung:** Ausziehen des Malzes durch Kochen in der Brau- oder Maischpfanne, hierauf Trennung der Flüssigkeit (Würze) von den unlöslichen Trebern, ferner wird der Hopfen, der die Haltbarkeit des B. erhöht, zugesetzt; 3) **Vergärung** der Würze durch Hefe: Umwandlung des Zuckers (aus dem Malz) in Alkohol und Kohlendioxyd. Untergärung bei 5-10,5 °C liefert haltbare Lagerbiere, Obergärung bei 12,5-25 °C ergibt Weißbiere. 4) **Lagern** des B. in Fässern zur Klärung und Nachgärung, nach 3-6 Wochen **einfaches B.** trinkfertig, nach mehreren Monaten das **Lager-B.** – B. enthält im Durchschnitt 2-6% Alkohol, 3-13% Extraktstoffe, 0,2 bis 0,4% Kohlendioxyd.

Bier, August, Chirurg, *1861, †1949, Erfinder der Lumbalanästhesie, der Stauungsbehandlung von Entzündungen, der Reizkörperbehandlung.

Bierbaum, Otto J., Dichter, *1865, †1910, vielseitiger Lyriker, Erzähler, Literaturkritiker.

Bierherz, Herzerweiterung bei Biertrinkern.

Biermersche Krankheit, →Perniziöse Anämie.

Bi'erut, Bolesław (Deckname), poln. Politiker, *1892, †1956, organisierte im 2. Weltkrieg die poln. Widerstandsbewegung; 1947-52 Staatspräs., 1952-54 Ministerpräs., seit 1948 1. Sekretär der (kommunist.) Verein. Arbeiterpartei.

Biese die, 1) Vorstoß an der Uniform. 2) Ziernaht an Schuhen und Kleidungsstücken.

Biesfliegen, →Dasselfliegen.

Biest [aus lat. bestia, →Bestie), 1) das, -es/-er, Tier, Vieh. 2) der, **B.-Milch,** Erstmilch, die erste Milch der Kuh nach dem Kalben.

Bietigheim, Stadt in Baden-Württemberg, an der Enz, 22 200 Ew.; Linoleumindustrie.

bifil'ar [lat.], zweifädig; **bifilare Wicklung:** der Widerstandsdraht wird in der Mitte zusammengelegt und von der Umbiegungsstelle aus aufgespult, so daß sich die induktiven Wirkungen eines durchfließenden Stromes in beiden Drahthälften gegenseitig aufheben.

Bifok'algläser, →Brille.

bif'orm [lat.], von zweierlei Gestalt.

Bifurkati'on [lat. furca »Gabel«] die, ⊕ Gabelung eines Flusses, bei der ein Arm in ein anderes Stromgebiet übertritt.

Bigam'ie [lat.-grch.] die, **Doppelehe,** das Eingehen einer weiteren Ehe bei bereits bestehender

Ehe; strafbar nach § 171 StGB. Die 2. Ehe ist nichtig.

Big Band [-bænd, engl.], größere Jazzkapelle.

big'ott [frz.], enggläubig, frömmelnd.

B'ihorgebirge, Gebirgszug zwischen ungar. Ebene und siebenbürg. Hochland, 1849 m hoch.

Bijou [biʒ'u: frz.] das, Kleinod, Juwel. **Bijouter'ie** die, Juwelenarbeit, Juwelengeschäft.

Bijsk, Stadt am Altai, Sibirien, 186 000 Ew.

Bik'aner, Stadt in Radschasthan, Indien, ehem. Hauptstadt des Fürstenstaates B., 182 300 Ew.; Moscheen, Tempel, Paläste.

Bik'ini, 1) Atoll in der Südsee (Marshall-Inseln), bekannt durch Atombombenversuch. 2) zweiteiliger Badeanzug.

bikonk'av, bikonv'ex, →Linse.

Bil'anz die, kontenmäßige Gegenüberstellung der Aktiva (Vermögen: Mittelverwendung) und der Passiva (Kapital: Mittelherkunft) eines Unternehmens zu einem bestimmten Zeitpunkt (**Bilanzstichtag).** Die B. dient der Erfolgsermittlung und der Vermögensübersicht. Sie wird auf Grund der Bestandsaufnahme (Inventur) und der Buchhaltung hergestellt und läßt die Entwicklung des Geschäftsganges (Gewinn, Verlust) als Saldo erkennen. Eine B. ist aufzustellen bei der Eröffnung eines Geschäfts **(Eröffnungs-B.),** am Ende jedes Geschäftsjahres **(Jahresabschluß,** bestehend aus B. und Gewinn- und Verlustrechnung) und bei Auflösung eines Geschäfts **(Liquidations-B.).** Vorschriften über Form und Inhalt der B. bestehen für die AG. (§ 151 AktGes.).

Von der handelsrechtl. B. **(Handels-B.)** ist die **Steuer-B.** zu unterscheiden, der die Besteuerung des Einkommens, des Ertrags und des Vermögens zugrunde liegt. In der Praxis richtet sich die Handels-B. nach der Steuer-B. (→Buchführung).

bilater'al [lat.], zweiseitig.

Bilb'ao, Industrie-, Hafen- und Handelsstadt an der Nordküste Spaniens, nahe dem Golf von Biscaya; 369 600 Ew., Univ.; Eisenverhüttung.

Bild das, 1) OPTIK: von Dingen auf einer Fläche (Gemälde, Druck). 2) OPTIK: die Gesamtheit von Bildpunkten, die durch wirkliche oder scheinbare Vereinigung von Strahlen entsteht, welche von den Punkten eines Gegenstandes durch ein opt. System von Linsen und Spiegeln gehen.

bildende Künste, Baukunst, Bildhauerkunst, Malerei, graph. Künste und Kunsthandwerk.

Bilderdienst, Bilderverehrung, Verehrung der Gottheit in Gestalt von Bildern. Nach kath. Brauch wird nicht das Bild verehrt, sondern der Dargestellte selbst. In der Reformation kam es häufig zum **Bildersturm.**

Bilderrätsel, R'ebus, aneinandergereihte Bilder und Zeichen, die einen Begriff ergeben.

Bilderschrift, eine Vorstufe der Buchstabenschrift: z. B. Hieroglyphen, Schrift der Maya.

Bildfunk, →Bildtelegraphie, →Fernsehen.

Bildhauerkunst, Plastik, Skulptur (hierzu TAFEL) die Kunst, die aus festen Stoffen wie Ton, Gips, Stein, Metall, Holz, Elfenbein Menschen-, Tiergestalten oder andere Gegenstände entweder in voller Körperlichkeit (Rundplastik) oder aus →Relief formt. Die Bildwerke aus Stein werden mit Meißel und Schlägel herausgehauen, die in Metall (meist Bronze) in Formen gegossen oder getrieben, die aus Holz mit dem Messer herausgeschnitten (**Bildschnitzerei**).

Bildnis, die künstlerische oder photograph. Wiedergabe eines Menschen, bes. seines Antlitzes. Nicht jedes Menschenbild, das eine verwandte Person darstellt, ist B. im Sinne der Ähnlichkeit. Die vorderasiatische, ägypt., griech., mittelalterl. Kunst kannten nur ein ideales B. Die Kunst muß wie die römische und die abendländ. seit dem 15. Jahrh. realistisch sein, um das individuell ähnliche B. zu wollen. Meister solcher B. waren J. van Eyck, Dürer, Rembrandt, Bernini, Velazquez, Manet.

Bildröhre, die Braunsche Röhre im Fernsehempfänger. Der in seiner Intensität gesteuerte

Bier

bifilare Wicklung:
a Umkehrstelle,
b Wicklung

1, 2, 3,

5, 6, 7

8, 9, 10

Bildhauerkunst. 1 Polyklet: Doryphoros (Marmor, um 450 v. Chr.). **2** Uta (Stein, um 1250-60, Naumburger Dom). **3** Donatello: Hl. Georg von Or San Michele, Florenz (Marmor, 1416). **4** Houdon: Johannes der Täufer (Gips, um 1768). **5** Bogenschütze (Relief aus glasierten Ziegeln, Susa, um 400 v. Chr.). **6** Grabplatte Rudolfs von Schwaben, Merseburg (Bronze, Ende 11. Jahrh.). **7** Verrocchio: Reiterstandbild des Colleoni, Venedig (Bronze, um 1480). **8** Buchdeckel mit dem Martyrium des hl. Kilian (fränkisch, um 1090). **9** Riemenschneider: Adam (Marienkapelle, Würzburg, 1491-93). **10** Melchior: Bilderhändler (Porzellan, um 1775)

Bildstock

Bimetall-Kontakt: a Metall größerer, b geringerer Wärmedehnung

Bindung: a Leinwand-, b Köper-, c Atlasbindung

Elektronenstrahl wird zeilenweise über den Leuchtschirm geführt, wobei das Bild entsteht.

Bildschreiber, ein Gerät zur Übertragung von Buchstaben auf elektr. Weg.

Bildstock, Betsäule, Bildwerk mit Kruzifix, Heiligenfigur u. a. (Stein, Holz) in kath. Ländern an Gebäuden oder frei stehend an Wegen als Aufforderung zu kurzer Andacht; auch zur Erinnerung an Verstorbene errichtet.

Bildtelegraphie, elektr. Fernübertragung von Bildern, Schriftstücken u. a. Das Bild wird durch einen feinen Lichtstrahl abgetastet. Die verschieden große Lichtenergie der von den einzelnen Punkten zurückgeworfenen Strahlen wird durch eine Photozelle in elektr. Stromschwankungen umgesetzt, die verstärkt über Fernleitungen oder Rundfunksender ausgestrahlt werden. Am Empfangsort werden sie verstärkt und in einer Kerrzelle wieder in Helligkeitsschwankungen eines Lichtstrahls umgewandelt. Dieser belichtet Punkt für Punkt ein photograph. Papier.

Bildteppich, Teppich mit bildlichen Darstellungen, zur Wandbekleidung (→Bildwirkerei).

Bildumwandler, ein Gerät zur Betrachtung eines photograph. Negativs als Positiv.

Bildung, die bewußte, planmäßige Entwicklung der natürlich vorhandenen geistigen und körperlichen Anlagen des Menschen. Auch der durch diese Entwicklung erreichte Zustand wird B. genannt (Gegensatz: Unbildung, Halb-B.). Die Bildungsforschung dient der B.-Planung auf lange Sicht. Zentrum in der Bundesrep. Dtl. ist das Institut für B.-Forschung in der Max-Planck-Gesellschaft, Berlin (seit 1963).

Bildungsnotstand, Schlagwort für die Rückständigkeit des Bildungswesens (Schulen, Universitäten) im Vergleich zu den ihm gestellten Aufgaben.

Bildungsroman, schildert den Bildungsgang eines Menschen, z. B. Goethe: »Wilhelm Meister«, Keller: »Der grüne Heinrich«.

Bildwandler, Photozelle, die ein auf sie projiziertes Licht-, Infrarot-, Ultraviolett-, Röntgenbild in ein Elektronenbild auf einem Leuchtschirm umwandelt. Verwendung: Helligkeitssteigerung von Röntgen- und Himmelsaufnahmen, in Verbindung mit einem Infrarotscheinwerfer als Nachtsehgerät.

Bildwerfer, →Projektionsgerät.

Bildwirkerei, die Herstellung von Woll- oder Seidenstoffen (Teppichen) in ornamentaler oder bildlicher Ausführung. Sie wurde schon im alten Ägypten, Griechenland, dann in Byzanz, den Islam. Ländern, auch im Abendlande vom MA. bis in die Neuzeit geübt. Hier brachten bes. die oberrheinischen, flandr., franzö s. Werkstätten Meisterwerke (→Gobelin) hervor.

Bildzauber, magische Handlungen, die mit Bildern ausgeführt werden.

Bilge [engl.] die, Raum im Boden eines Schiffes, in dem sich Leck- und Schwitzwasser ansammeln.

Bil'in, tschech. **Bilina,** Heilbad in N-Böhmen, ČSSR, am Fuß des Erzgebirges, 10 400 Ew.

Bill, engl. Kurzform für William (Wilhelm).

Bill [engl. »Urkunde«] die, **1)** im engl. und amerikan. Recht der dem Parlament vorgelegte Gesetzentwurf. **B. of rights,** Staatsgrundgesetz von 1689, legte einige wichtige Rechte des engl. Parlaments und Volks gegenüber dem Königtum fest. **2)** förmliche Urkunde; **bill of exchange,** Wechsel. **3)** Rechnung.

Bill, Max, schweizer. Bildhauer, Industrieformgestalter, *1908.

Billard [b'iljard, frz. bij'a:r] das, die zum Billardspiel dienende tischartige Tafel aus Marmor oder Schiefer, mit einem grünen Tuch überzogen und einem federnden Rand (**Bande**). Gespielt wird mit drei Elfenbeinkugeln (**Bällen**) und einem mit Lederkuppe versehenen Stab (**Queue**).

Billb'ergia, Gattung der Ananasgewächse, schönblütige Zierpflanze.

Billet [bilj'εt, frz. bij'ε] das, **1)** Briefchen, Zettel,

Einlaß-, Fahrkarte. **2) Billet doux** [bijεd'u:, frz.] das, Liebesbrief.

billige Flaggen, Flaggen mancher Staaten (z. B. Panama, Liberia), unter denen fremde Reeder Schiffe wegen steuerl. Vorteile registrieren.

Billigkeit, ſʹɔ Form der Gerechtigkeit, bei der nicht so sehr das Recht als vielmehr die Besonderheiten der Einzelfalles im Vordergrund stehen.

Billinger, Richard, *1890, †1965; Gedichte, Schauspiele (»Das Perchtenspiel«, »Rauhnacht«), Romane aus seiner bäuerl. österreich. Heimat.

Billi'on die, 1 Million Millionen (1 mit 12 Nullen, 10^{12}); in den Verein. Staaten nur 1000 Millionen (1 mit 9 Nullen, 10^9).

Billiton, indones. Insel, →Belitung.

Billroth, Theodor, Chirurg, *1829, †1894; Prof. in Zürich, dann Wien, entfernte erstmals Teile des Magens bei Magenkrebs. **B.-Battist,** wasserdichter Verbandstoff.

Billunger, Fürstengeschlecht (1106 erloschen), erhielt mit Hermann Billung um 950 die sächs. Herzogswürde.

Bilsenkraut, Nachtschattengewächs mit gelber, violett geaderter Blüte, wächst an Wegen; es enthält den Giftstoff Hyoscyamin, Heilmittel gegen Eingeweidekrämpfe. (FARBTAFEL Giftpflanzen S. 350)

B'iluxlampe, elektr. Glühlampe mit zwei getrennt schaltbaren Glühfäden.

B'imetall, ⊛ Verbindung zweier Metallstreifen mit verschiedenem Wärmeausdehnungskoeffizienten. Bei Erwärmung dehnt sich der Streifen mit der größeren Dehnzahl stärker als der andere und krümmt den B.-Streifen nach der entgegengesetzten Seite; Anwendung als Temperaturregler (Bügeleisen, Heizkissen), zur Kompensation der Längenänderung bei Temperaturänderung (Meßgeräte, Uhren), zur Temperaturanzeige, zur Steuerung elektr. Kontakte.

Bimetall'ismus, die Doppelwährung (Gold und Silber), →Währung.

Bimsstein, schaumiges Gestein aus verschiedenen Gesteinsarten, entstanden durch das Durchströmen von Gasen und Dämpfen durch flüssige Lava; Polier-, Schleifmittel, Seifenzusatz.

bin'är, binominal [lat.], △ aus zwei Einheiten bestehend.

Bindegewebe, gallertartiges, faseriges oder netzförmiges Gewebe im Tier- und Menschenkörper, bildet Sehnen und Bänder, Teile der Haut (Lederhaut); Stützgewebe der Organe.

Bindegewebsmassage, ein Heilverfahren, das durch Massieren des Unterhautbindegewebes tiefer liegende Organe beeinflussen soll.

Bindehaut, ein Teil des →Auges.

Bindehautentzündung, lat. **Conjunctivitis,** häufige, meist harmlose Augenerkrankung mit Rötung, Tränenfluß, Lichtempfindlichkeit.

Bindewort, Konjunkti'on, verbindet zwei Sätze oder Satzteile. **Beiordnende B.:** und, oder, auch, aber, doch, denn, deshalb, nämlich u. a.; **unterordnende B.:** daß, damit, wenn, als, da, weil, wie, ob u. a.

Binding, Rudolf G., Schriftsteller, *1867, †1938; schrieb strenggeformte Gedichte, Erzählungen: »Der Opfergang«, »Unsterblichkeit«.

Bindung, 1) ☐ der Zusammenhalt der Atome eines Moleküls oder Kristalls durch elektrostat. Kräfte zwischen Ionen (z. B. bei Salzen), durch ein, zwei oder mehr gemeinsame Elektronenpaare zwischen zwei Atomen (z. B. bei organ. Verbindungen), durch gemeinsame Gitterelektronen eines Kristalls, durch Dipolkräfte u. a. **2)** TEXTILTECHNIK: die Art der Fadenvereinigung. Bei einem Gewebe kreuzen sich die Fadensysteme rechtwinklig; je nach Art der Fadenkreuzung unterscheidet man Leinwand-, Köper-, Atlas-B. Bei Wirk- und Strickwaren wird meist von einem Faden das zusammenhängende, verschlungene Maschensystem gebildet.

Bingelkraut, Gattung der Wolfsmilchgewächse mit grünlicher Blüte.

Bingen, Kreisstadt in Rheinland-Pfalz, 23 600

Ew., am Einfluß der Nahe in den Rhein; Weinbau. Im Rhein der →Mäuseturm; am **Binger Loch** beginnt das Durchbruchtal des Rheins durch das Rhein. Schiefergebirge. Über B. die Burg Klopp; östl. der Rochusberg (Wallfahrtsort).

Binh-dinh, größte Stadt an der Ostküste von Süd-Vietnam, 150000 Ew.; Seidenindustrie.

Binnenhandel, Handel innerhalb der Grenzen eines Landes; Gegensatz: Außenhandel.

Binnenmarkt, die Gesamtheit des Güterangebots und der -nachfrage innerhalb eines räumlich abgegrenzten Wirtschaftsgebiets.

Binnenreim, der Reim zweier Wörter innerhalb einer Verszeile.

Binnenschiffahrt, die Schiffahrt auf Flüssen, Kanälen, Seen, Haffen. Die Beförderung auf **Binnenwasserstraßen** ist billig, aber langsam und abhängig von der Witterung. Befördert werden u.a. haltbare Massengüter (Kohle, Erze, Getreide). Größter dt. **Binnenhafen:** Duisburg-Ruhrort.

Binnenwanderung, Bevölkerungsverschiebungen in den Staatsgrenzen (**Nahwanderung** in Landes- und Provinzgrenzen, **Fernwanderung** darüber hinaus). Kennzeichnend sind **Landflucht** (vom Land in die Städte) und **Pendel-** oder **Zeitwanderung** (vom Wohnsitz zur Arbeitsstätte).

Binningen, Gem. im Kt. Basel-Landschaft, Schweiz, 13900 Ew.; Maschinen-, Metallind.

binokul'ar [lat.], mit beiden Augen zugleich.

Bin'om [lat.-grch.] das, △ eine Summe aus zwei Gliedern, z.B. a + b. **Binomischer Satz** oder **Binomialreihe:** Darstellung einer Potenz eines B. durch eine Reihe, z.B. $(a + b)^2 = a^2 + 2ab + b^2$.

Binse, die, Binsengewächsgattung; grasähnliche Ufer- und Sumpfpflanzen.

Binsenwahrheit, etwas Selbstverständliches.

Binswanger, Ludwig, schweizer. Psychiater, *1881, †1966, begründete die Psychopathologie philosophisch (Daseinsanalyse).

Binz, Seebad an der Ostküste von Rügen; mit steinreichem Sandstrand, Wald.

Bio... [grch. bios »Leben«], Lebens...

Biochem'ie [grch.] die, Lehre von der chem. Zusammensetzung der Lebewesen und den chem. Vorgängen im gesunden und kranken Körper.

biogen'etisches Grundgesetz, von Haeckel aufgestelltes entwicklungsgeschichtl. Gesetz, daß die Entwicklung eines Einzelwesens eine kurze Wiederholung seiner Stammesentwicklung sei. So erinnern z.B. die kiemenatmenden Froschlarven an die Abstammung der Lurche von den Fischen.

Biograph'ie [grch.] die, Lebensbeschreibung.

Bioklimatolog'ie [grch.] die, Lehre von der Beeinflussung biolog.Vorgänge in den Lebewesen durch Wetter und Klima; wichtig für die Klimaheilkunde.

Biolog'ie [grch. »Lehre vom Lebendigen«], die Naturwissenschaft vom Leben. Sie beschäftigt sich mit den Pflanzen (**Botanik**), den Tieren (**Zoologie**) und dem Menschen (**Anthropologie**). Die allen Lebewesen gemeinsamen Erscheinungen wie Bau und Leben der Zelle, Vererbung werden in der **allgemeinen B.** behandelt. Teilgebiete sind: →Physiologie, →Morphologie, →Ökologie, →Tierpsychologie, →Bakteriologie, →Molekularbiologie. Die Geschichte des Lebens in den früheren Erdzeitalter ist Gegenstand der Paläontologie und teilweise der Urgeschichte des Menschen. Durch die Entdeckungen von Cuvier, Lamarck und Darwin gewann die B. seit dem 18. und 19. Jahrh. Einfluß auf die allgemeine Weltanschauung (Mechanismus, Vitalismus, Deszendenztheorie, Darwinismus, Vererbungslehre). Biologische Begriffe und Vorstellungen werden vielfach auf andere Wissensgebiete übertragen (**Biolog'ismus**).

Bionik, (engl. bionics, aus biology und electronics), Entwicklung von techn., meist elektron. Anlagen in Anlehnung an organ. Funktionen.

Bionom'ie [grch.] die, Lehre von den Gesetzen des Lebens.

Biophyl'axe, →Lebensschutz.

Biophys'ik [grch.] die, Wissenschaftszweig Grenzgebiet zwischen Physik und Biologie.

Biops'ie [grch.] die, ♀ Untersuchung von Geweben, Körperflüssigkeiten u.a. des lebenden Menschen zur Krankheitserkennung.

Biosynthese, Aufbau eines Naturstoffes durch die lebende Zelle, z.B.: mikrobielle Eiweiß- und Fettsynthese (→Assimilation).

Biosoziolog'ie untersucht den Zusammenhang biologischer und gesellschaftl. Bedingungen.

Biot'in das, Vitamin H.

Biot'op [grch. »Lebensstätte«] der, Lebensraum oder Standort einer Tier- oder Pflanzenart.

bipol'ar, zweipolig.

Bircher-Benner, Maximilian Oskar, schweiz. Arzt, *1867, †1939, behandelte mit Rohkost.

Birgitta, Birgitta, schwed. Mystikerin, *1303, †Rom 1373, stiftete den **Birgittenorden** (**Salvator-, Erlöserorden**), Mönchs- und Nonnenorden in Doppelklöstern; Heilige (Tag 23. 7.).

Birke die, Baum- und Strauchgattung. Die **Weiß-B.** oder **Maie** liefert gutes Brenn- und Nutzholz; das Zweigwerk gibt Besen, die Rinde B.-Teer und B.-Teeröl (Juchtenöl, zum Einschmieren von Juchtenleder und gegen Hautkrankheiten); der Saft ist vergärbar zu B.-Wasser. Die **Haar-B.** oder **Rauh-, Moor-B.** findet sich bes. in Nord- und Osteuropa; die **Zwerg-B.** ist ein nord. Moorstrauch.

Birkenfeld, Kreisstadt im RegBez. Koblenz, 6400 Ew.; 1569-1733 Residenz der Pfalzgrafen.

Birkenhead [b'ə:kənhed], Hafen- und Fabrikstadt in NW-England, mit Liverpool durch Unterwassertunnel verbunden; 142000 Ew.; Schiffbau, Maschinenindustrie.

Birkhuhn, ein Waldhuhn, lebt in moorigen Gegenden; ausgeprägte Balz (**Spielhahn**).

Birma, engl. **Burma,** Republik im NW Hinterindiens, 678033 km², 27,5 Mill. Ew.; Hauptstadt: Rangun. – B. ist in N-S-Richtung im O und W von Gebirgsketten durchzogen, zwischen denen das Stromland des Irawadi (Verkehrsader) liegt. Das Klima steht unter Monsuneinfluß. Im S Urwald. Die Birmanen (über 60% der Ew.) gehören zur mongoliden Rasse und zur tibeto-birman. Sprachfamilie. Hauptreligion: Buddhismus (rd. 85%). Ausfuhr: Reis, Teakholz, Bergbauprodukte; Nahrungsmittel-, Textilindustrie. Straßen, Binnenschiffahrt. – Das Königreich B. wurde 1885/86 mit Brit.-Indien vereinigt, 1937 als bes. brit. Kolonie abgetrennt; 1948 unabhängig. ⊕ S. 515, ⊡ S. 345. (FARBTAFEL Asien II S. 167)

Birmingham [b'ə:miŋəm], **1)** größte Fabrikstadt und zweitgrößte Stadt Englands; 1,115 Mill. Ew.; Handelszentrum der Midlands und Mittelpunkt einer weltbekannten Eisenind.; Univ.; Sitz eines kath. Erz- und eines anglikan. Bischofs. **2)** Industriestadt in Alabama, USA, 340900 Ew.; Stahl, Elektrotechnik, Flugzeug-, chem. Ind.

Birma

Birmingham (England): Bull-Ring-Einkaufszentrum

Birne, Birnbaum, ein Kernobstbaum, gehört zu den Rosengewächsen. **Wilde B.,** dorniger Waldbaum in Europa und Asien, mit kleiner, saurer, harter Frucht (**Holz-B.**). Diese und die asiat. B. sind die Stammpflanzen der vielen Gartensorten, z.B. **Butter-B.,** Bergamotten, **Flaschen-B.,**

Birke: 1 im Frühjahr, 2 im Herbst a männliche, b weibliche Blütenkätzchen, c Frucht-, d nächstjährige männl. Blütenkätzchen

Bisamratte

Bischof, Dekan

Bismarck

Bizet

Muskateller-B. u. a. Das Holz ist wertvoll; geschwärzt dient es als Ersatz für Ebenholz.

Birobidsch'an, Hauptstadt des Autonomen Gebietes der Juden in der Sowjetunion, westl. von Chabarowsk; 56000 Ew.; Holz-, Textil- und Lederindustrie; Stichbahn zum Amur.

Biron, Ernst Johann Graf v., *1690, †1772, russ. Staatsmann unter Zarin Anna, Gegner der altruss. Partei.

Birsfelden, Gem. im Kt. Basel-Landschaft, Schweiz, 14200 Ew.; Rheinhafen.

Bisam der, 1) →Moschus. 2) Fell der →Bisamratte.

Bisamratte, nordamerikan. Wühlmaus, 30 cm lang, mit schuppigem Schwanz und Moschusdrüse bei den Geschlechtsorganen, lebt gesellig am Wasser. Der braune Pelz wird ungefärbt (Black-B.) und gefärbt (Nerz-B., Seal-B., Pastell-B. u. a.) verarbeitet. – Die B. wurde 1906 in Mitteleuropa eingeschleppt und ist durch starke Vermehrung zur Landplage geworden. Schädling der Fischerei und des Deichbaues.

Bisc'aya, Golf von B., große Bucht des Atlant. Ozeans zwischen der nordspan. Gebirgsküste und der Flachküste SW-Frankreichs, bis über 5000 m tief, wegen häufiger Stürme gefürchtet.

Bischof [grch. episkopos »Aufseher«], oberster kirchlicher Würdenträger in einem bestimmten Gebiet. In der kath. Kirche gebührt dem B. die unbeschränkte Kirchengewalt in seinem Bistum, er spendet Priesterweihe und Firmung. Amtstracht: Brustkreuz, B.-Stab (Krummstab), Mitra, B.-Hut u. a. Neben dem **Diözesan-B.** gibt es B. ohne Diözesangebiet (**Titular-B.**). In der Ost-Kirche wird der B. nur aus den Priestermönchen gewählt und vom Landesherrn bestätigt. Von den evang. Kirchen hat die anglikanische die Würde des B. beibehalten; sie findet sich auch in Skandinavien. In der Dt. Evang. Kirche ist sie in weiterem Umfange erst nach 1918 eingeführt.

Bischofsburg, Kreisstadt in Ostpreußen, Ermland, (1939) 8500 Ew.; Holzindustrie. Seit 1945 unter poln. Verw. (**Biskupiec**).

Bischofsheim, 1) Gem. im Kr. Hanau, Hessen, 10300 Ew. 2) Gem. im Kr. Groß-Gerau, Hessen, 10900 Ew.

Bischofshofen, Marktflecken in Salzburg, Österreich, an der Salzach; 8300 Ew.; Bahnknoten; Kupferbergbau.

Bischofshut, runder schwarzer Hut mit grünseidener Schnur und Quasten, den der katholische Bischof auf der Straße trägt.

Bischofsmütze, 1) Mitra, Kopfbedeckung des kath. Bischofs beim Gottesdienst. 2) volkstüml. Bez. für einige Pflanzen- und Tierarten, z. B. eine Kaktus-, Zierkürbis-, Lorchel- und Schneckenart.

Bischofswerda, Industriestadt im Bez. Dresden, am Lausitzer Bergland, 11500 Ew.

Bise [ahd. bisa] die, kalter NO-Wind im schweizerischen Mittelland.

Bis'erta, Hafenstadt an der N-Küste Tunesiens, 55000 Ew.; ehem. französ. Flottenstützpunkt.

b'isexuell [lat.], zweigeschlechtig, zwittrig.

B'iskra, Oase und Winterkurort in Algerien, am Nordrand der Sahara, 53200 Ew.

Bisku'it [frz. »zweimal Gebackenes«] das, Gebäck aus Eiern, Zucker, Mehl.

Bismarck, Otto Fürst von, der Gründer des Deutschen Reichs von 1871, * Schönhausen 1. 4. 1815, † Friedrichsruh 30. 7. 1898. B. wurde 1847 konservativer Abgeordneter, 1851 preuß. Gesandter beim Dt. Bundestag in Frankfurt a. M., 1859 in Petersburg, 1862 in Paris. Seit Herbst 1862 preuß. MinPräs., verteidigte er die Heeresreform König Wilhelms I. gegen das Abgeordnetenhaus, führte 1864 Krieg gegen Dänemark und 1866 Krieg gegen Österreich. Mit der Gründung des Norddt. Bundes 1867, dessen Bundeskanzler B. wurde, war die Vorherrschaft Preußens in Dtl. durchgesetzt; der Ausgang des →Dt.-Französ. Krieges gab den Anstoß zur Gründung des Dt. Reiches unter Kaiser Wilhelm I. In den Fürstenstand erhoben, über-

nahm B. als Reichskanzler die Führung der Politik. In den 1870er Jahren führte er den »Kulturkampf« gegen den polit. Katholizismus (Zentrumspartei). 1878 setzte er das →Sozialistengesetz durch; gleichzeitig leitete er den →Berliner Kongreß, 1879 schloß er das dt.-österr. Bündnis, 1882 den →Dreibund; dabei war er bestrebt, die Freundschaft mit Rußland zu erhalten (→Rückversicherungsvertrag). Um die Lage der Arbeiter zu bessern, schuf er die Sozialgesetze. 1884/85 erwarb er die ersten Kolonien. Zu Kaiser Wilhelm II. geriet er bald in Gegensatz, so daß er 1890 zum Rücktritt gezwungen wurde. Er schrieb: »Gedanken und Erinnerungen«.

Bismarck-Archip'el, Inselgruppe Melanesiens, mit Neubritannien (Neupommern), Neuirland (Neumecklenburg), Lavongai (Neuhannover) und den Admiralitäts-Inseln; 49900 km², rd. 130000 Ew.; Hauptort und Hafen: Rabaul. 1884 bis 1918 dt. Schutzgebiet, seit 1920 austral. Treuhandgebiet.

Bism'illah [arab. »Im Namen Gottes«], Anfangsformel jedes mohammedan. Buchs oder Schreibens; auch einleitender Ausruf.

B'ison, nordamerikan., Wildrind, meist als **B'uffalo (Büffel)** bezeichnet; früher in großen Herden, von Indianern und Weißen gejagt, heute staatlich geschützt. Nächster Verwandter des europ. →Wisents.

Bison

Bissingen an der Enz, Gem. im Kr. Ludwigsburg, Bad.-Württ., 10300 Ew.

Bister der, braune Aquarellfarbe, aus Ruß.

B'istritz, 1) im Oberlauf **Goldene B.,** Nebenfluß des Sereth in Rumänien. 2) **B.,** Stadt in N-Siebenbürgen, Rumänien, 26100 Ew.; bis 1945 Hauptort des Nösner Gaues der Siebenbürger Sachsen.

B'istro [frz.] das, Kaffeestube, Ausschank.

B'istum das, kirchlicher Bezirk (**Sprengel**), der von einem Bischof verwaltet wird.

Bit [Abk. von engl. »binary digit«] das, Datenverarbeitung: eine Information, die nur zwischen 2 Werten entscheidet; Kurzform für Binärzeichen.

Bitburg, Kreisstadt in Rheinl.-Pf. in der Eifel, 10200 Ew., schon seit kelt. Zeit besiedelt.

Bith'ynien, im Altertum Landschaft im nordwestlichen Kleinasien.

B'itola, früher Bitolj, türk. **Monastir,** Handelsstadt im südl. Jugoslawien, 55000 Ew.

Bitterfeld, Kreisstadt im Bez. Halle, 30000 Ew.; an der Mulde, Braunkohlenbergbau, chem. Industrie, Ton-, Steinzeug-, Maschinenfabriken.

Bitterklee, Fieberklee, weiß bis rosa blühende enzianartige Sumpfpflanze; Heilpflanze.

Bitterling, 1) Karpfenfisch mit bitterem Fleisch, legt seine Eier durch eine Legeröhre in die Kiemen der Flußmuschel. (FARBTAFEL Fische S. 344). 2) ein →Röhrenpilz.

Bittermandelöl, →Benzaldehyd.

Bittermittel, Amara, bitterschmeckende Pflanzenstoffe zur Appetitanregung, z. B. Enzian.

Bittersalz, Magnesiumsulfat, Abführmittel.

Bitterstoffe, in Pflanzen vorkommende Verbindungen; regen als Bittermittel den Appetit an.

Bittersüß das, Nachtschattenart, Schlingstrauch mit violetten Blüten und scharlachroten Beeren.

Bitterwässer, →Heilbäder, ÜBERSICHT.

Bittgänge, katholische kirchliche Umzüge, bes. an den drei Tagen vor Christi Himmelfahrt, den **Bittagen,** um Erntesegen zu erflehen.

Bittner, Julius, österreich. Komponist, *1874, †1939; Chorwerke, Lieder, Opern.

Bit'umen [lat.] das, ⊙ braunschwarze, brennbare Gemische von Kohlenwasserstoffen; im Asphalt und im Destillationsrückstand des Erdöls.

bival'ent [lat.], zweiwertig.

B'iwak [frz. bivouac, aus deutsch »Beiwacht«] das, Lager im Freien oder in Zelten.

biz'arr [frz.], auffallend, wunderlich.

B'izeps [lat. »zweiköpfig«] der, der zweiköpfige Oberarmmuskel.

Bizet [biz'ε:], Georges, französ. Komponist, *1838, †1875; »Carmen« (1875). (BILD S. 100)

Bjelorußland, →Weißrußland.

Björnson, Björnstjerne, norweg. Dichter, *1832, †1910; Gedichte, Vaterlandslieder Erzählungen aus dem norweg. Bauernleben, Schauspiele über soziale und ethische Zeitfragen. B. war ein machtvoller Redner für Freiheit der Völker, für eine von Schweden losgelöste norweg. Rep., für Darwinismus und Positivismus.

Bk, chem. Zeichen für →Berkelium.

Blacher, Boris, Komponist, *1903, Prof. für Komposition, schrieb die Opern »Die Flut«, »Die Nachtschwalbe«, »Romeo und Julia«, Orchesterwerke, Ballette, Konzerte und Lieder.

Blachfeld [mdt.], flaches Feld, Ebene.

Blackburn [bl'ækbə:n], Stadt in England, nördl. von Manchester, 106 100 Ew.; Leichtind.

Blackpool [bl'ækpu:l], weltbekanntes engl. Seebad an der Irischen See, 152 100 Ew.

Blagowj'eschtschensk, Hauptstadt des Amurgebietes, UdSSR, 128 000 Ew.; Ind.-Zentrum.

Blähungen, Gase im Magen- und Darmkanal.

Blake [bleik], **1)** Robert, engl. Admiral, *1599, †1657, Flottenführer Cromwells, besiegte die königl., 1653 die holländ., 1655 die tunes., 1657 die span. Flotte. **2)** William, engl. Maler, Kupferstecher, Dichter, *1757, †1827, Mystiker, stellte seine Visionen und Gedanken in großen epischen Gedichten dar; Illustrationen zu Hiob, Dante, Milton und eigenen Werken.

Blamage [blam'a:ʒ, frz.] die, Bloßstellung. **blam'ieren,** lächerlich machen.

Blanc [blã], Jean J. Louis, französ. Sozialist, *1811, †1882, forderte die Überwindung des privaten Unternehmertums sowie der freien Konkurrenz.

blanchieren [blãʃ'i:rən, frz.], **1)** weiß machen, bleichen. **2)** KOCHKUNST: leicht abbrühen.

Blank, Theodor, *1905, †1972, bis 1933 und seit 1945 in den christl. Gewerkschaften tätig, 1949 MdB. (CDU); 1950 wurde er Beauftragter für Fragen der Besatzungstruppen (Dienststelle B.); 1955/56 Verteidigungsmin., 1957-65 Arbeitsmin.

Blankenburg, 1) B. am Harz, Stadt im Bez. Magdeburg, Luftkurort, 19 600 Ew.; Baumschulen; Sämereien. **2) Bad B.,** Stadt im Bez. Gera, Luftkurort im Schwarzatal, 10 700 Ew.

Blanken'ese, Villenvorort von Hamburg.

Blankenstein, Stadtteil von Hattingen (seit 1970), Ennepe-Ruhr-Kr., Nordrh.-Westf.; Stadt- und Burganlage aus dem 13.-15. Jahrh.

Blank'ett das, unausgefüllte oder nur mit Namensunterschrift versehene Urkunde.

blanko [span. »weiß«], leer, unausgefüllt, z. B. **B.-Vollmacht,** unbeschränkte Vollmacht, **B.-Scheck,** unterschriebener Scheck, auf dem der Betrag erst später eingesetzt wird.

Blankvers, der reimlose fünffüßige Jambus. Seit »Gorboduc« (1562) der Vers des engl. Dramas, bes. ausgebildet bei Shakespeare. Im deutschen Schauspiel ist der B. seit Lessing (»Nathan der Weise«) gebräuchlich. Auch in der erzählenden Dichtung wurde er verwendet.

Blantyre-Limbe [bl'æntaiə-], Haupthandels- und Industriestadt in Malawi, südl. des Njassasees, an der Bahn Zomba-Beira; 109 800 Ew.

Bl'asco Ib'áñez, Vicente, span. Schriftsteller, *1869, †1928; realist., kosmopolitische Romane.

Blase, die →Harnblase.

Blasebalg, Vorrichtung zum Erzeugen eines Luftstromes; ein Leder- oder Gummibalg wird auseinandergezogen und zusammengedrückt.

Blasenausschlag, ♀ gefährliche, wahrscheinlich ansteckende Hautkrankheit. Behandlung: Sulfonamide, Antibiotica.

Blasenfüßer, sehr kleine Insekten (3 mm), leben meist von Pflanzensäften, sind Schädlinge; z. B. der Getreide-B.

Blasenkatarrh, Krankheit der →Harnblase.

Blasenkirsche, Judenkirsche, Nachtschattengewächs; Frucht: rote Beere in rotem Ballonkelch.

Blasenmole die, ♀ eine seltene, blasige Entartung des Mutterkuchens, führt stets zum Absterben der Frucht.

Blasenspiegel, →Zystoskop.

Blasensteine, ♀ steinartige Bildungen in der Harnblase (→Harnsteine).

Blasenstrauch, Blasenschote, südeurop. gelbblühender Zierstrauch.

Blasentang, Fucus der, Braunalge der nördlichen Meere mit Luftblasen, die die Alge im Wasser aufrecht halten.

Blasenwurm, die Finne der →Bandwürmer.

blas'iert [frz.], abgestumpft, eingebildet.

Blasinstrumente, Musikinstrumente, bei denen der Ton dadurch entsteht, daß der in einen festen Körper eingeblasene Luftstrom regelmäßig unterbrochen und so die eingeschlossene Luftmasse in Schwingung versetzt wird; Lippenpfeifen (Flöte, Blockflöte), Zungenpfeifen mit Rohrblatt (Oboe, Englischhorn, Fagott; Klarinette, Saxophon), Trompeteninstrumente (Trompete, Posaune, Horn, Tuba).

Bl'asius, Märtyrer, †316, einer der 14 Nothelfer (bei Halsweh), Heiliger (Tag 3. 2.).

Blasphem'ie [grch.] die, Gotteslästerung.

Blasrohr, Jagd- und Kriegswaffe bei Naturvölkern, z. B. in Indonesien, S-Amerika.

Bl'astula, Blasenkeim, →Entwicklung.

Blatt, 1) ♠ Teil der höheren Pflanze, von begrenztem Wachstum, flächiger Gestalt und verhältnismäßig zartem Bau; enthält Chlorophyll, dient der Ernährung (→Assimilation) und →Transpiration. Weniger flächig das Laub-B. ist das B. als Nadel (→Nadelhölzer). Als Leitungen für die Nährstoffe durchziehen Gefäßbündel den B.-Stiel, die sich auf der B.-Fläche (**Spreite**) als B.-Rippen und B.-Adern (B.-Nerven) ver-

Björnson

Blasenkirsche:
a Blüte, b Frucht,
c Ballonkelch
(aufgeschnitten)

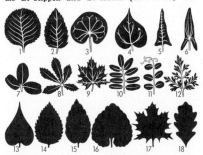

Blattformen. 1 kreisrund (Zitterpappel), **2** eiförmig (Brennessel), **3** nierenförmig (Haselwurz), **4** herzförmig (Bohne), **5** spießförmig (Melde), **6** pfeilförmig (Pfeilkraut), **7** dreiteilig (Klee), **8** fünffingerig (Roßkastanie), **9** handförmig (Spitzahorn), **10** unpaarig gefiedert (Robinie), **11** paarig gefiedert (Erbse), **12** mehrfach gefiedert (Hundspetersilie).
Blattränder. 13 ganzrandig (Flieder), **14** einfach gesägt (Brennessel), **15** doppelt gesägt (Hainbuche), **16** gekerbt (Veilchen), **17** gezähnt (Spitzahorn), **18** gebuchtet (Eiche)

**Blende
am Objektiv**

**Blende:
Blendbogen**

ästeln. 2) ⌨ ⚲ **Schulter-Blatt,** Schulterstück des Wildes, des Rindes. 3) ◉ breiter, flacher Teil, z.B. der Axt, des Ruders.

blatten, ⚲ den Angst- oder Lockruf des Rehs nachahmen, um den Bock anzulocken.

Blättermagen, dritter Abschnitt des Wiederkäuermagens, mit Längsfalten (→Wiederkäuer).

Blattern, die →Pocken.

Blätterpilze, -schwämme, Gruppe der Ständerpilze, mit schirm- oder hutförmigem sporentragendem »Frucht«-körper; auf der Unterseite fächerartige blattähnliche Leisten (Blätter, Lamellen) mit den Sporen.

Blätterteig, feiner Wasserteig, wird durch mehrmaliges Zwischenrollen von frischer Butter blätterig; für Teegebäck, Pasteten, Obstkuchen.

Blattfallkrankheiten, mehrere Pflanzenkrankheiten, bei denen Schmarotzer vorzeitigen Laubfall verursachen.

Blattflöhe, zikadenähnliche Insekten mit Springbeinen, saugen Pflanzensaft. Schädlich sind der Apfel- und der Birnsauger.

Blattfüßer, niedere Krebse mit blattartigen, Kiemen tragenden Beinen, z.B. die Wasserflöhe.

Blattgold, Blättchen aus echtem Gold, die zwischen Goldschlägerhaut (Haut des Rinderblinddarms) dünngeschlagen werden (bis $^1/_{8000}$ mm). **Unechtes B., Rauschgold, Knittergold,** eine Legierung aus Kupfer und Zink.

Blattgrün, das →Chlorophyll.

Blatthornkäfer, Familie der Käfer; ihre Fühlerenden sind blattartig verbreitert; z.B. Maikäfer, Mistkäfer, Hirschkäfer.

Blattkohl, Grünkohl, Kohlrasse mit einzelständigen, krausen Blättern.

Blattläuse, Schnabelkerfe, die scharenweise an Pflanzen sitzen und deren Saft saugen. Sie scheiden in z.T. als zuckerhaltige Tröpfchen (Honigtau) wieder aus, die den Ameisen als Nahrung dienen. Einige B. rufen an Pflanzengallen hervor. Bes. schädlich ist die Reblaus (→Blutlaus).

Blattpflanzen, Zierpflanzen mit schönem Laub und meist unscheinbaren Blüten.

Blattwespen, nichtstechende Fam. der Hautflügler mit raupenähnl. Larven **(Afterraupen).**

Blattwickler, Kleinschmetterlinge, →Wickler.

blau, Farbengruppe im Spektrum zwischen Grün und Violett, Wellenlänge 440-487 nm.

Blaubart, Ritter in einem französ. Märchen (von Perrault), tötet 6 seiner Frauen, die aus Neugier ein verbotenes Zimmer betreten. Die 7. wird von ihren Brüdern gerettet. B. getötet.

Blaubeere, →Heidelbeere.

Blaubeuren, Stadt in Baden-Württemberg, am Blautopf, 8400 Ew. Das 1095 gestiftete Kloster ist seit 1817 evang.-theolog. Seminar; Klosterkirche mit Altar von G. Erhart.

Blaubücher, →Farbbücher.

Blaue Berge, englisch **Blue Mountains,** Gebirge in Australien (Neusüdwales).

Blaue Blume, das Symbol der Dichtung in Novalis' Roman »Heinrich von Ofterdingen«; seither (u.a. in der Jugendbewegung) Symbol der romantischen Sehnsucht nach dem Unendlichen.

Blaue Grotte, Uferhöhle der Insel Capri; bei klarem Himmel mit lasurblauem Licht erfüllt.

Blauer Brief, nach dem blauen Umschlag benanntes Schreiben, mit dem früher in Preußen Offiziere zur Kündigung veranlaßt wurden; heute allgemein: Kündigung (Schule: voraussichtl. Nichtversetzung).

Blauer Montag, Montag, an dem nicht gearbeitet (blau gemacht) wird; im 13. und 17. Jahrh. im Färberhandwerk der arbeitsfreie Montag, an dem die über Sonntag gefärbte Wolle an der Luft zu Blau oxydierte; auch der arbeitsfreie Tag nach dem Jahresfest der Handwerker, das für die Toten eine Blaue Messe (nach der Farbe des Meßgewandes) bedeutete.

Blauer Nil, rechter Nebenfluß des →Nils.

Blauer Reiter, 1911 in München gegr. Künstlervereinigung von großem Einfluß auf die moderne Malerei; Mitgl. u.a. Kandinsky, Klee, Macke, Marc.

Blaues Band des Ozeans, Auszeichnung für das schnellste Fahrgastschiff auf der Atlantikstrecke.

Blaues Kreuz, christl. Bewegung zur Bekämpfung des Alkoholismus, gegr. 1877 in Genf.

Blaue Zone, ⇄ Stadtgebiet, in dem Kraftwagen nur auf besonders (meist blau) gekennzeichneten Flächen unter Verwendung einer →Parkscheibe abgestellt werden dürfen (Schweiz, Italien, Frankreich; in Dtl. nur vereinzelt).

Blaufelchen der, **Renke,** schmackhafter Lachsfisch der nördl. Voralpenseen. (FARBTAFEL Fische S. 344)

Blaujacke die, Seemann.

Blaukehlchen, dem Rotkehlchen verwandter Vogel mit blauer Kehle; bes. in Sumpfdickichten.

Blaulicht, 1) der kurzwellige Teil des sichtbaren Lichts. B.-Bestrahlung hat oft beruhigenden, juckreizstillenden, schmerzlindernden Einfluß. **2)** blau blitzendes Warnlicht an Einsatzfahrzeugen der Polizei, Feuerwehr, an Krankenwagen.

Bläulinge, kleine Tagschmetterlinge mit blauförmigen Raupen; so der blauglänzende **Adonisfalter,** die feuerroten **Gold-** oder **Feuerfalter.** (FARBTAFEL Schmetterlinge S. 870)

Blauracke, taubengroßer, schimmernd blaugrüner Zugvogel in Europa, O-Afrika.

Blausäure, Cyanwasserstoff, HCN, sehr giftige Flüssigkeit, die stark nach bitteren Mandeln riecht und in den Kernen der Steinfrüchte als Amygdalin enthalten ist; Verwendung zur Vernichtung von Ungeziefer u.a. Blausäurevergiftung beruht auf Lähmung der Gewebsatmung, der Tod tritt in wenigen Minuten ein. ERSTE HILFE: Künstliche Atmung, möglichst mit Sauerstoffapparat. Kalte Übergießungen. Arzt rufen!

Blauschimmel, Krankheit der Tabakpflanze durch den Pilz Peronospora tabacina.

Blaustrumpf, Spottname für intellektuelle, weltfremde Frauen; nach dem literar. Kreis der Lady Montague in London (um 1750), zu dem der Naturforscher Stillingfleet angeblich in blauen Kniestrümpfen erschien.

Blausucht, Blaufärbung des Körpers (bes. Gesicht, Nägel) infolge ungenügender Sauerstoffaufnahme in den Lungen: vorübergehend **(Zyanose)** z.B. bei Herz- und Lungenkrankheiten, dauernd bei angeborenen Herzfehlern.

Blauwal, 30 m lang, bis 150 t schwer, größtes Tier der Erde, wird immer seltener, lebt im N-Atlantik (→Wale).

Blav'atsky, Helena, *1831, †1891, gründete 1875 mit H. S. Olcott in New York die Theosophische Gesellschaft.

Blazer [bl'eiza, engl.], eine leichte blaue oder bunte Klub-(Sport-)jacke.

Blech, gewalztes Metall.

Blech, Leo, Dirigent und Komponist, *1871, †1958, komponierte Lieder und Spielopern.

Blechen, Karl, Maler, *1798, †1840, fand, von der Romantik ausgehend, den Weg zu einer realistischen Freilichtmalerei.

Bled, Veldes, Kurort in Slowenien, Jugoslawien, Sommerresidenz des Staatsoberhauptes.

Bleeker, Bernhard, Bildhauer, *1881, schuf Büsten (Münchener Gefallenendenkmal).

Blériot als Pilot des »Monoplan« Blériot (1909)

Blei, Pb, chem. Element, weiches Schwermetall, Ordnungszahl 82, Atomgewicht 207,19, spezif. Gewicht 11,34 g/cm³, Schmelzpunkt 327 °C, Siedepunkt 1740 °C. Aus den weitverbreiteten Bleierzen (wichtigstes ist der →Bleiglanz) wird das B. meist durch Röstreduktionsverfahren gewonnen. Man erhält dabei das stark verunreinigte **Werkblei,** das durch Raffination gereinigt wird. Dabei fallen meist andere Schwer- und Edelmetalle an. Verwendung: Ummantelung von Kabeln, Akkumulatorenplatten, Munition, Letternmetall, Dichtungen, Legierungen.

Blei der, **Bleie** die, Karpfenfisch, →Brachsen.
Blei, Franz, Schriftsteller, *1871, † New York 1942; Komödien, Kritiken, Essays.
Bleibtreu, Hedwig, *1868, †1958, Schauspielerin am Wiener Burgtheater und im Film.
bleichen, 1) Aufhellen von Farbtönen bei Textilien, Papier, Fellen u. a. **Bleichmittel** wirken meist oxydierend oder reduzierend. **Physikal. Bleichen** beruht auf der Verwendung von Komplementärfarben **(optisches B.).** 2) Photographie: das Bildsilber in Silberhalogenid zurückverwandeln (Farbphotographie, Umkehrentwicklung). 3) Züchtung von blattgrünfreiem Gemüse (z. B. Endivien) durch Kellerhaltung, Lichtentzug.
Bleichsucht, griech. **Chlorose,** früher häufige, heute seltene Blutarmut junger Mädchen infolge Mangels an Blutfarbstoff.
Bleifarben, weiße oder gefärbte Bleisalze oder Bleioxyde: **Bleiweiß, Chromgelb, Mennige** u. a.
Bleigießen, alter Orakelbrauch: geschmolzenes Blei oder Zinn wird in Wasser geschüttet, die entstehenden Figuren werden gedeutet.
Bleiglanz, Galenit, PbS, wichtigstes Bleierz, oft silberhaltig, bleigrau, kristallisiert meist in Würfeln und Oktaedern.
Bleiglas, Bleioxyd enthaltendes Glas; hoher Glanz, starke Lichtbrechung **(Kristallglas).**
Bleikammern, 1) ⟶⊙ Teil der älteren Gewinnungsanlagen für Schwefelsäure. 2) berüchtigtes Staatsgefängnis unter dem Bleidach des Dogenpalastes in Venedig, 1797 zerstört.
Bleilochtalsperre, an der oberen Saale im Bez. Erfurt; Stausee mit 215 Mill. m³ Stauraum.
Bleistift, Schreib- und Zeichnstift mit Graphitmine in Holzfassung. **Kopier-** und **Tintenstifte** enthalten wasserlösl. Teerfarbstoffe, **Farbstifte** wasserunlösl. Teer- oder Mineralfarbstoffe.
Bleivergiftung, Bleikrankheit, Folge der Aufnahme von Blei in den Körper. Beruflich gefährdet sind Schriftgießer, Setzer, Maler (Bleiweiß), Arbeiter in Akkumulatorenfabriken. Merkmale der **chronischen B.:** Verstopfung, Kopfschmerzen, Anfälle von heftigen Leibschmerzen **(Bleikolik),** fahle Hautfarbe, Krämpfe, Lähmungen, bes. der Fingerstrecker **(Bleilähmung),** auch Augen- und Nierenschädigungen.
Bleiweiß, →Bleifarben.
Blende, 1) in opt. Geräten jede Querschnittsbegrenzung des Strahlenbündels, oft veränderlich aus übereinandergreifenden Metall-Lamellen **(Iris-B.).** 2) stark glänzendes Sulfidmineral, z. B. Zinkblende, Glanze. 3) ⊟ der Mauer zur Gliederung vorgesetzter Bauteil, B. Blendbogen. (BILDER S. 102)
blenden, blind machen, eine der schwersten Strafen im Altertum und Mittelalter.
Blennorrh′öe [grch.] der, **Eiterfluß,** eitrige Absonderung einer Schleimhaut, bes. der Harnröhre; meist infolge Tripper.
Blériot [bleri′o], Louis, französ. Flugzeugkonstrukteur, *1872, †1936; überflog 1909 als erster den Ärmelkanal. (BILD S. 102)
Blesse die, weißer Stirnfleck bei Tieren.
Bleßhuhn, Bleßralle, knapp entengroßer, schwarzer Wasservogel mit weißem Stirnschild, aus der Gruppe der Rallen; lebt auf Seen und Teichen.
bless′ieren [frz.], verwunden. **Bless′ur** die, Verwundung.
Blessing, Karl, *1900, †1971, 1958 bis 1969 Präsident der Deutschen Bundesbank.
bleu [blö:, frz.], mittelblau.

Blinddarm, sackförmiger Anfangsteil des Dickdarms im rechten Unterleib, in den der Dünndarm mündet; der B. hat einen (durchschnittl. 8 cm langen) **Wurmfortsatz (App′endix).** Die **Blinddarmentzündung** ist eine Entzündung dieses Wurmfortsatzes **(Appendiz′itis).** Sie kommt ziemlich häufig vor und beginnt mit unbestimmten Bauchschmerzen (erst später im rechten Unterbauch, der druckempfindlich wird), leichtem Fieber, Übelkeit, Erbrechen. Meist muß der Wurmfortsatz durch Operation entfernt werden **(Appendektom′ie).**
Blinddruck, Prägedruck ohne Farbe.
Blinde, Menschen, denen das Sehvermögen fehlt. Bei völliger Blindheit **(Amaur′ose)** ist jede Lichtempfindlichkeit erloschen. Nach dem Sozialgesetz gilt auch als blind, wer weniger als $1/25$ der normalen Sehschärfe sieht. Blindheit kann angeboren sein; meist ist sie erworben durch Erkrankung, Verletzung oder Verlust der Augen. Betreuung der B. durch staatliche und private **B.-Fürsorge.** Körperliche und seelische Betreuung, Erziehung, Studium, Umschulung in **B.-Anstalten** und **B.-Heimen** durch **B.-Lehrer.** Grundlage des Lesens und Schreibens ist die **B.-Schrift** (Schriftzeichen aus erhabenen Punkten, in Papier eingedrückt, die beim Lesen mit dem Zeigefinger von links nach rechts abgetastet werden). Der Tastsinn muß den Gesichtssinn ersetzen. Zum Führen von B. werden Hunde ausgebildet.
blinder Fleck, →Auge.
Blindflug, Flugzeugführung nur ohne Sicht, nur nach den Angaben der Bordinstrumente.
Blindgänger, ⚓ Geschoß mit Sprengladung, dessen Zündung versagt hat.
Blindholz, das zwischen Edelholzplatten liegende billigere Füllholz.
Blindschleiche, beinlose, schlangenförmige und lebend gebärende Echse, gehört zu den Schleichen; harmlos, vertilgt Raupen und Schnecken.

Bleßhuhn

Blinddarm:
a Bauhinsche Klappe,
b Dünndarm,
c Blinddarm
d Wurmfortsatz

Blindschleiche (bis 45 cm lang)

Blinklicht, 1) Blinkleuchten an Kraftwagen, zeigen den beabsichtigten Fahrtrichtungswechsel an. 2) gelbes B. an Signalanlagen des Straßenverkehrs bedeutet »Vorsicht!«. 3) vom Zug gesteuerte Signalanlagen an Bahnübergängen geben rotes B.; bedeutet »Halt!«.
Blitz, Ausgleich hoher elektr. Aufladungen zwischen Wolken und Erde oder zwischen Wolken. Die häufigste Form ist der **Linien-B.,** der oft verzweigt ist. Die Stromstärke kann bis 200000 A, die Spannung bis zu einigen Millionen V betragen. Andere Formen sind der **Perlschnur-** und der **Kugel-B.** Der B. ist meist von →Donner begleitet, kann Gegenstände zertrümmern und entzünden, Menschen und Tiere töten usw. Gebäude, insbes. hochragende und wertvolle, werden durch **B.-schutzanlagen (B.-ableiter)** geschützt, bestehend aus Auffangeinrichtungen (insbesondere an allen hervorragenden Gebäudeteilen), Dachleitungen, Ableitungen und Erdungsanlage (am besten an das Gebäude umgebender Ringerder). Dachtraufen, Regenfallrohre und andere Metallteile sind mit der B.-schutzanlage zu verbinden. Elektr. Installationen sind in ausreichender Entfernung von der B.-schutzanlage

Blindenschrift

103

Ernst Bloch

zu verlegen oder über Überspannungsableiter mit dieser zu verbinden. – Der B.-ableiter wurde 1752 von Benjamin Franklin erfunden.

Blitzgespräch, ⌀ bevorzugtes Ferngespräch.

Blitzlicht, künstl. Lichtquelle hoher Leuchtdichte für Kurzzeitbelichtung in der Photographie. Meist verwendet man Metalldrähte oder -folien, die in luftgefüllten Glas- oder Kunststoffkolben durch elektr. Funken gezündet werden (**Vakublitz**); oder man läßt in einer Gasentladungsröhre einen Funken überspringen (**Elektronenblitz, Blitzröhrengerät**).

Blitztelegramm, ⌀ bevorzugtes Telegramm.

Blixen-Finecke, Karen, Baronesse, Deckname: Tania Blixen, dän. Schriftstellerin, *1885, † 1962.

Blizzard [bl′izəd, engl.] der, verheerender Schneesturm in Nordamerika.

Bloch, 1) Ernest, Komponist, *1880, †1959, um Erneuerung der jüd. Musik bemüht; Opern, Sinfonien. **2)** Ernst, Philosoph, *1885, schrieb, an den Marxismus anknüpfend, sein Hauptwerk »Das Prinzip Hoffnung«, 3 Bde. (1954-56); erhielt 1967 den Friedenspreis des Dt. Buchhandels.

Block, Bündnis mehrerer selbständiger Parteien oder Länder. **Blockfreie Staaten** trachten, zwischen solchen Bündnissen neutral zu bleiben.

Block′ade, die, **1)** die wirksame Absperrung eines Hafens oder Küstenstrichs durch die feindliche Streitmacht. Blockadebrecher können aufgebracht und ohne Entschädigung eingezogen werden. **2)** im weiteren Sinne die Absperrung jeglicher Zufuhr.

Blockbuch, Holztafeldruck in Buchform, bei dem Bild und Schrift gemeinsam in den Holzstock geschnitten sind. Vorläufer des Drucks mit beweglichen Lettern.

Blockflöte, Langflöte mit Schnabelmundstück und Grifflöchern, von weichem Klang, als Sopran-, Alt-, Tenor-, Baß-B. gebaut.

Blockhaus, Haus mit Wänden aus Baumstämmen.

Blockhaus

blockieren [frz.], ▯ noch auszufüllende Lükken durch »Fliegenköpfe« (▮▮) kennzeichnen.

Blocksberg, volkstüml. für mehrere dt. Berge, bes. den Brocken, als Versammlungsort der Hexen.

Blockschrift, latein. Druckschrift aus gleichmäßig starken Grundstrichen. **BLOCKSCHRIFT**

Bloemfontein [bl′u:mfontain], Hauptstadt des Oranjefreistaates, Rep. Südafrika, 141 000 Ew.; Universität; wichtiger Verkehrsmittelpunkt.

Blohm & Voß, Schiffswerft in Hamburg, 1877 gegr., 1945 Demontage, 1951 Wiederaufbau.

Blois [blwa], Stadt in Mittelfrankreich, an der Loire, 44 800 Ew.; Industrie, Fremdenverkehr; Kathedrale, Schloß aus der Zeit Franz I.

Blok, Alexander, russ. romantisch-symbolist. Lyriker, *1880, †1921; Revolutionsepen »Die Zwölf« und »Skythen«.

Blomberg, Stadt und Luftkurort in Nordrh.-Westf. im Lippischen Bergland, 14 500 Ew.

Blondel [blõd′εl], Maurice, französ. Philosoph,

*1861, †1949, vertrat eine Philosophie des Handelns und der religiösen Existenz.

Blond′ine [frz.] die, Frau mit blondem Haar.

Bloy [blwa], Léon, französ. Schriftsteller, *1846, †1917, verkündete den Untergang der seelen- und gottlosen Zeit und das Kommen des Reiches Gottes.

Blücher, 1) Franz Politiker, *1896, †1959; war 1945 Mitgründer der FDP, 1949-57 Vizekanzler und Bundesmin. für wirtschaftl. Zusammenarbeit. **2)** Gebhard Leberecht von, Fürst **B. von Wahlstatt,** preuß. Feldmarschall, volkstümlichster Feldherr der Freiheitskriege (»Marschall Vorwärts«), *1742, †1819, siegte an der Katzbach und bei Möckern (1813), überschritt am 1. 1. 1814 den Rhein bei Kaub und bei Laon. Napoleon bei La Rothière und bei Laon. 16. 6. 1815 bei Ligny geschlagen, entschied er am 18. 6. den Sieg bei Belle-Alliance (Waterloo).

Bl′udenz, Bezirks-Hauptstadt in Vorarlberg, Österreich, 33 500 Ew., an der Ill; vielseitige Ind.

Blue jeans [blu: dʒi:ns, engl.], englanliegende blaue Hosen mit aufgesetzten, durch Nieten verstärkten Taschen.

Blues [blu:z], schwermütige nordamerikanische Negergesänge, eine Quelle der Jazzmusik; auch Gesellschaftstanz.

Bluff [blʌf, engl.] der, Prahlerei, Irreführung.

Blum, 1) Léon, französ. Politiker, *1872, †1950, Sozialist, mehrfach MinPräs., 1940 verhaftet, 1943-45 in Dtl. interniert. **2)** Robert, Politiker, *1807, †1848, Führer der »Linken« im der Frankfurter Nationalversammlung 1848; wegen Teilnahme an der Wiener Revolution zum Tode verurteilt und erschossen.

Blume, 1) farbschöne Blüte, auch: die blühende Pflanze. **2)** Schaum (Bier, Hefe, Farbe). **3)** Duft (Bukett) des Weines. **4)** ♀ weiße Schwanzspitze von Fuchs, Wolf; der Schwanz des Hasen. **5)** bes. feine Wolle. **6)** Kugelstück aus der Rindskeule.

Blumenau, Stadt in S-Brasilien, 48 000 Ew., 1850 von deutschen Siedlern gegründet.

Blumenbach, Johann Friedrich, *1752, †1840, Anthropologe, Zoologe; lehrte in Göttingen als erster vergleichende Anatomie.

Blumenfliegen, artenreiche Familie der Fliegen, den Stubenfliegen ähnlich, leben vom Nektar und Blütenstaub.

Blumenkohl, ein Gartenkohl; Blütenstände und obere Blätter weißfleischig verschwollen.

Blumenrohr, Zierpflanze, →Canna.

Blumenthal, Oskar, Schriftsteller, *1852, †1917, Gründer des Lessing-Theaters zu Berlin (1888) und dessen Leiter bis 1897; schrieb Lustspiele, z.B. »Im weißen Rößl« (1898), Theaterkritiken u. a.

Blumentiere, die →Korallen.

blümer′ant [aus frz. bleu mourant »blaßblau«], schwach, schwindelig.

Blumhardt, Johann Christoph, *1805, †1880, Pfarrer in Möttlingen, später in Bad Boll, Führer einer religiösen Erweckungsbewegung.

Bl′ümlisalp die, vergletscherter Bergstock der Berner Alpen, 3664 m hoch.

Blut, vermittelt durch den →Blutkreislauf den Stoffverkehr zwischen den Körperteilen; es nimmt vom Darm Nährstoffe, in den Lungen Sauerstoff auf und führt sie den Verbrauchsstätten zu, z.B. dem Gehirn, den Muskeln, den Drüsen; es leitet umgearbeitete Stoffe zur Ablagerung, verbrauchte zur Ausscheidung weiter. Die B.-Flüssigkeit (**B.-Plasma**) enthält neben gelöstem B.-Zucker, Salzen, Gasen usw. die zahlreichen roten und die spärlichen weißen B.-Körperchen und die **B.-Plättchen.** Die B.-Menge des Menschen beträgt etwa 6 l. Die roten B.-Körperchen, bei den Säugetieren kernlose, meist runde Scheibchen, bestehen zu etwa ⅓ aus »Blutfarbstoff«; beim Menschen etwa 5 Mill. in 1 mm³. Die weißen B.-Körperchen (eins auf etwa 750 rote) sind farblose Zellen mit Kern und z. T. mit Eigenbewegung; sie bedeuten eine Schutzvorrichtung des Körpers, bes. zur Unschädlichmachung von Krankheitserregern. Die B.-Plättchen sind bei der **B.-Gerinnung** beteiligt. Aus der Ader gelassenes B. gerinnt durch Abscheidung des Faserstoffes (Fibrin) aus dem B.-Plasma; die fibrinfreie klare Flüssigkeit heißt **B.-Serum (B.-Wasser),** der geronnene Faserstoff mit den verklebten B.-Körperchen bildet den **B.-Kuchen.** Das B.-Serum ist Träger der Schutzstoffe des Körpers (Antitoxine).

Blutadern, Venen, die Blutgefäße, die das Blut aus den Haargefäßen aufnehmen und zum Herzen zurückführen. Die B. unterscheiden sich von den →Schlagadern durch dünnere Wandung, bei den meisten B. durch Klappen im Innern, die ein Rückfließen des Blutes verhindern, und durch größere Zahl. Das Blut in den B. (außer in den Lungenvenen) ist sauerstoffarm, dunkelrot und fließt gleichmäßig.

Blutalgen, durch Pigmentstoffe rotgefärbte Algen, häufig durch Wind oder Niederschläge verbreitet (→Blutregen).

Blutarmut, die →Anämie.

Blutbank, Sammelstelle für Blutkonserven.

Blutbann der, nach altem dt. Recht die Gerichtsbarkeit über Leben und Tod.

Blutbild, Blutstatus, ∫ eine mit Hilfe von Färbemethoden und mikroskop. Auswertung vorgenommene Untersuchung des Blutes. Dazu gehören: Blutfarbstoffbestimmung, Zählung der roten und weißen Blutkörperchen, Blutausstrich mit differenzierter Zellartenzählung der weißen Blutkörperchen.

Blutbrechen, Erbrechen von Blut und Speiseresten infolge Blutungen in den Magen (**Magenblutung**), bes. bei Magengeschwür oder -krebs. Das Blut sieht dunkelrot-schwarz aus im Gegensatz zum →Bluthusten.

Blutdruck, der durch die Herztätigkeit erzeugte Druck in den Blutgefäßen. Die Höhe des B. ist innerhalb des Blutkreislaufsystems unterschiedlich und außerdem abhängig von der Schlagkraft des Herzens und der Beschaffenheit (**Tonus**) der Blutgefäße. Normalerweise steigt der B. mit dem Lebensalter. Er unterliegt innerhalb bestimmter Grenzen physiolog. Schwankungen, ändert sich vorübergehend auch bei Aufregung, nach Kaffeegenuß. **B.-Messung** am Oberarm mit Hilfe einer aufpumpbaren Manschette, an die ein Manometer angeschlossen ist. Erhöhter B. (**Hypertonie**) bei →Arterienverkalkung, Nierenerkrankungen; erniedrigter B. (**Hypotonie**) bei Kreislaufschwäche.

Blüte, Organ der Blüten- oder Samenpflanzen. Die meist grünen Kelchblätter und die bunten B.-Blätter schützen die männlichen und weibl.

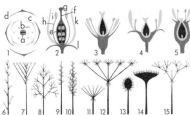

Blütenstandsformen. 1 Blütengrundriß eines Kreuzblüters (Raps): a Stempel, b Staubgefäße, c Blütenblätter, d Kelchblätter. **2** Blütenlängsschnitt: e Fruchtknoten mit Samenanlagen, f Griffel, g Narbe, h Staubfaden, i Staubbeutel, k Blütenblätter, l Kelchblätter. Stellung des Fruchtknotens: **3** oberständig, **4** mittelständig, **5** unterständig. Blütenstände: **6** Traube (Johannisbeere), **7** Doldentraube (Rainfarn), **8** Rispe (Flieder), **9** Ähre (Wegerich), **10** zusammengesetzte Ähre (Roggen), **11** Dolde (Primel), **12** zusammensetzte Dolde (die meisten Doldenblüter), **13** Köpfchen (Grasnelke), **14** Blütenkörbchen (die Korbblüter), **15** Trugdolde (Holunder, Wolfsmilch)

Fortpflanzungsorgane: **Staubblätter (Staubgefäße)** oder **Fruchtblätter.** Nur in Zwitter-B. sind beide gleichzeitig vorhanden. Die Staubblätter bestehen aus Staubfaden und Staubbeutel, der die B.-Staubkörner **(Pollen)** enthält. Die Fruchtblätter können als freie Fruchtblätter oder als **Stempel** ausgebildet sein. Bei freien Fruchtblättern sitzen die Samenanlagen **(Samenknospen)** frei auf dem Fruchtblatt. Man nennt solche Pflanzen (z. B. die Nadelhölzer) Nacktsamige. Die Stempel sind röhrig verwachsene Fruchtblätter. Der obere Teil des Stempels ist der **Griffel** mit der **Narbe;** der untere, der **Fruchtknoten,** ist der Behälter für die Samenanlagen. Pflanzen mit Fruchtknoten nennt man daher Bedecktsamige. Weiteres unter →Bestäubung, →Befruchtung, →Frucht.

Es gibt nur wenige Pflanzen mit einer einzelnen B. (z. B. Tulpe), die Mehrzahl bringt mehrere B. hervor, die zusammen den **Blütenstand** bilden. Nach der Anordnung der Stengel (Achsen) unterscheidet man mehrere Blütenstandsformen.

Blutegel, mit zwei Saugnäpfen ausgestattete Ringelwürmer; leben meist im Wasser; nähren sich hauptsächlich von Tiersäften. Der **Medizinische B.,** in Ruhe 8 cm groß, mit gezähnten Hornkiefern, wird zur Blutentziehung benutzt; der **Pferdeegel,** schwärzlich, setzt sich bei Haustieren während des Saufens im Maul fest; der **Fischegel,** bunt, ist häufig an Karpfen zu finden.

Blütenpflanzen, Samenpflanzen, eine Hauptabteilung des Pflanzenreichs, die am höchsten entwickelten Pflanzen. Von den →Sporenpflanzen (blütenlose Pflanzen) sind sie darin verschieden, daß ihre Fortpflanzungsorgane in →Blüten eingeschlossen sind. Sie bilden →Frucht und →Samen.

Blütenstecher, Brenner, Rüsselkäfer, deren Weibchen Blütenknospen anstechen und darin ihre Eier ablegen. Die Larven nagen die Blüten an, so daß sie verdorrt und verbrannt aussehen, (**Apfel-B., Baumwollkapselstecher, Erdbeerstecher**).

Bluterguß, Hämat'om, Austritt von Blut in Bindegewebe, Muskulatur oder Gelenke.

Bluterkrankheit, Hämophil'ie, eine erbbedingte Störung der Blutgerinnung, wodurch es bei kleinsten Verletzungen zu lebensbedrohlichen Blutungen kommen kann. Tritt nur beim männl. Geschlecht in Erscheinung (→Vererbung).

Blutfarbstoff, Hämoglob'in, besteht aus dem eisenhaltigen Farbstoff **Hämochromog'en** und dem eisenfreien Eiweißkörper **Globin.** Der Blutfarbstoff ist in den roten Blutkörperchen enthalten.

Blutfink, 1) tropischer Prachtfink, lebt in Westafrika; auch Stubenvogel. **2)** →Gimpel.

Blutgefäße, Bezeichnung für →Schlagadern (Arterien), →Blutadern (Venen) und →Haargefäße (Kapillaren). Alle B. zusammen bilden mit dem Herzen als treibender Pumpe den →Blutkreislauf.

Blutgerinnung, →Blut.

Blutgruppen, erbbedingte Bluteigenschaften, nach denen man die Menschen in vier verschiedene Gruppen einteilen kann: 0 (null), A, B, AB. Die B. sind wichtig bei →Blutübertragungen und zum Ausschluß der Vaterschaft bei Vaterschafts-Prozessen. Die B. werden durch Testseren festgestellt. Andere Bluteigenschaften sind die **Blutfaktoren** M, N, MN, P und Rh-positiv, rh-negativ (→Rhesusfaktor).

Bluthänfling, Finkenvogel mit melodischem Gesang. Männchen hellrot an Brust und Stirn.

Blutharnen, Hämatur'ie, krankhafte Beimischung von Blut zum Harn; es stammt aus Harnröhre, Blase, Harnleitern oder Nieren.

Bluthochzeit, Pariser B., →Bartholomäusnacht.

Bluthund, englischer →Schweißhund.

Bluthusten, Blutspucken, Beimengung von hellrotem, schaumigem Blut zum Auswurf bei Blutungen aus Kehlkopf, Luftröhre oder Lungen.

Blutkonserve, keimfrei aufbewahrtes Blut zur Blutübertragung.

Blutkörperchensenkungsgeschwindigkeit, die Geschwindigkeit, mit der sich die roten Blut-

Blutegel: a Kopf

Blutdruck-messung

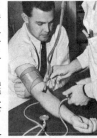

Blutlaus

körperchen in einem dünnen, in mm eingeteilten Glasröhrchen im stehenden, ungerinnbar gemachten Blut absetzen. Erhöhte B. bedeutet Gewebszerfall, Erkennungszeichen für Krankheiten.

Blutkreislauf, der durch die gleichmäßig wiederkehrenden Zusammenziehungen und Entspannungen des Herzens verursachte Umlauf des Blutes in den Blutgefäßen. Beim Menschen geht das zum Herzen strömende Blut durch die Blutadern zur rechten Vorkammer (→Herz), von dort zur rechten Herzkammer, dann durch die Lungenschlagadern zur Lunge, wo es durch Sauerstoffaufnahme aufgefrischt wird, dann durch die Lungenblutadern zur linken Vorkammer und zur linken Herzkammer und wird durch diese in die große Körperschlagadern getrieben (**großer** oder **Körper-Kreislauf,** im Gegensatz zum **kleinen** oder **Lungen-Kreislauf).** Beim Erwachsenen beträgt die Umlaufdauer der gesamten Blutmenge etwa 1 Minute. Beim Kind im Mutterleib verläuft der B. anders. Störungen des B. kommen bei Herz- oder Gefäßkrankheiten vor, wenn das Herz die Fähigkeit verliert, die Wirkung krankhafter, den B. störender Einflüsse auszugleichen; Zeichen: Vergrößerung des Herzens, Wassersucht. (FARBTAFEL Mensch S. 694)

Blutlaugensalz, ⊙ 1) gelbes B., Ferrocyankalium, $K_4Fe(CN)_6$, gibt mit Eisensalzen Berliner Blau; zum Schönen eisenhaltiger Weine. 2) rotes B., Ferricyankalium, $K_3Fe(CN)_6$, aus gelbem B. mit Chlor; zu Blaupausen.

Blutlaus, sehr schädl. Blattlaus mit blutroter Körperflüssigkeit und weißen Wachsausscheidungen, verursacht bei Apfelbäumen Anschwellen und Aufplatzen der Rinde **(Rindenkrebs).**

Blutprobe, Entnahme von Blutproben zur Feststellung der Blutgruppe bei Abstammungsstreitigkeiten sowie des Alkoholgehalts nach Verkehrsunfällen; auch gegen den Willen des Betroffenen (§§ 372a ZPO, 81a StPO).

Blutrache, für die vielen Stämmen für Familien- oder Sippenangehörige eines Ermordeten bestehende Pflicht, den Mörder oder einen seiner Verwandten zu töten. Reste der B. finden sich in Europa noch in Albanien, auf Korsika.

Blutregen, Bluttau, Blutschnee, Rotfärbung von Erdboden, Tümpeln, Regen und Schnee; hervorgerufen durch rötlichen Staub, →Blutalgen oder Insektenausscheidungen. Gegenstand abergläubischer Vorstellungen.

blutreinigende Mittel, meist Abführmittel.

Blutsbrüderschaft, Brauch bei vielen Völkern, nach dem sich nicht verwandte Männer durch einen Bund Rechte und Pflichten von Brüdern geben, symbolisiert durch Vermischen von Blutstropfen u. ä.

Blutschande, Geschlechtsverkehr zwischen Verwandten oder Verschwägerten auf- und absteigender Linie sowie zwischen Geschwistern; nach § 173 StGB mit Freiheitsstrafe nicht unter einem Jahr oder mit Freiheitsstrafe bestraft.

Blutschwär der, →Furunkel.

Blutsenkung, ♂ die →Blutkörperchensenkungsgeschwindigkeit.

Blutstauung, Hyperäm'ie, vermehrter Blutgehalt eines Organs infolge verminderter Blutabfuhr.

blutstillende Mittel, Mittel, die die Blutgefäße zusammenziehen (Adrenalin) oder Blut zum Gerinnen bringen (Eisenchlorid, Wasserstoffperoxydlösung, Vitamine C und K).

Boccaccio

Blutstockung, die →Blutstauung; auch das Ausbleiben der →Menstruation.

Blutströpfchen, 1) ♉ Schmetterling. 2) ⚘ Herbst-Adonisröschen.

Blutsturz, plötzliche Massenblutung aus Mund und Nase. Sofort Arzt holen (→Blutbrechen, →Bluthusten).

Blutsverwandtschaft, →Verwandtschaft.

Blutübertragung, Bluttransfusion, die Übertragung von Blut von einem Menschen zum andern; darf nur mit blutgruppen- und rhesusgleichem (→Rhesusfaktor)Blut vorgenommen wer-

den, da es sonst zu Erscheinungen der →Allergie mit schweren Schockzuständen kommen kann; ein Blutspender mit der →Blutgruppe 0 kann allen anderen Blutgruppen Blut spenden; ein Mensch der Blutgruppe AB kann von allen anderen Blutgruppen Blut erhalten. B. wird angewendet als Blutersatz bei großen Blutverlusten, zur Entgiftung bei schweren Verbrennungen und Vergiftungen, zur Anregung der Abwehr- und Heilkräfte des Körpers.

Blutung, ♂ Austreten von Blut aus der Blutbahn. Bei B. aus einer Schlagader (hellrotes Blut in Pulsstößen) muß die Schlagader oberhalb der blutenden Stelle unterbunden werden. Bei B. aus Blutader (dunkelrotes, gleichmäßig fließendes Blut) genügt Druckverband, bei B. aus Haargefäßen (sickerndes Blut) keimfreier Verband. (TAFEL Erste Hilfe)

Blutvergiftung, 1) S'epsis, wissenschaftl. Bez. für Allgemeinerkrankung des Körpers durch Eindringen von Bakterien in den Blutkreislauf; stets lebensbedrohend. 2) volkstüml. Bezeichnung für eitrige Entzündungsvorgänge an der Haut und darunterliegenden Teilen (→Lymphgefäße).

Blutwurz die, →Fingerkraut.

Blutzeuge, →Märtyrer.

Blutzucker, der in der Blutflüssigkeit gelöste Traubenzucker, normal 0,7-1,1 g je l.

Blyth [blaiθ], Hafen im nördlichen England, an der Nordsee; 36000 Ew.; Kohlenausfuhr.

BMW, Bayerische Motorenwerke AG., München, Kraftwagenwerk; →Kraftwagen ÜBERSICHT.

Bö [ndt.] die, **Böe,** starker Windstoß, meist mit Regen, Schnee, Hagel, Gewitter.

B'oa [lat. »Wasserschlange«] die, 1) Königsschlange, →Riesenschlange. 2) Pelz- oder Federschal um den Hals.

BOAC, Abk. für British Overseas Airways Corporation, engl. Luftverkehrsgesellschaft.

Board [bɔːd, engl. »Tisch«, »Tafel«] das, Tisch; Amt, Behörde; z.B. **Board of Trade** [-ɔv treid], das brit. Handelsministerium.

Boarding house [b'ɔːdiŋhaus, engl.] das, Familienpension.

Boas, Franz, *1858, †1942, Ethnologe und Anthropologe. Prof. in Berlin und New York; bekämpfte den »Rassenwahn«.

Bob, englische Kurzform für Robert.

Bob, Sportschlitten, dessen vorderes Kufenpaar durch Seilzug oder Lenkrad gesteuert wird. Nach der Besetzung unterscheidet man Zweier- und Viererbob (**Bobsleigh).**

Bob: Bobfahren

B'obby [engl.], Spitzname für die Londoner Polizisten.

Bober der, linker Nebenfluß der Oder aus dem Riesengebirge; Talsperre bei Mauer.

Bober-Katzbach-Gebirge, Bergland in Schlesien, im N des Riesengebirges, 724 m hoch.

Bobin'et der, durchsichtiger Baumwollstoff.

Böblingen, Kreisstadt in Baden-Württ., südwestl. von Stuttgart, 35 900 Ew.; Maschinenind.

Bobrek-Karf, Industriegemeinde in Oberschlesien, 24 500 Ew.; seit 1945 unter poln. Verw. **(Bobrek-Karb).**

Bobruisk, Stadt in Weißrußland, an der Beresina, 138 000 Ew.; Textil-, holzverarbeitende Ind.

Boccaccio [bɔk'atʃo], Giovanni, italien. Dichter und Humanist, *1313, †1375, bemühte sich um Wiederbelebung der latein. und griech. Studien, wurde mit seinem »Decamerone« der Schöpfer der italien. Novellenform. (BILD S. 106)

Boccherini [boker'ini], Luigi, Cellovirtuose und Komponist, *1743, †1805; Kammermusik, Sinfonien.

Boccia [b'ɔtʃa, ital. »Kugel«] die, Spiel: einer als Ziel ausgeworfenen Kugel müssen die Spieler ihre Kugeln möglichst nahe bringen.

Boccioni [botʃ'o:ni], Umberto, italien. Maler und Bildhauer, *1882, †1916, Mitbegründer des italien. Futurismus (1910).

Bocholt, Industriestadt in Nordrh.-Westf., 48 100 Ew.; Textil-, Eisen-Ind., Gerberei.

Bochum, Industriestadt in Nordrh.-Westf., 351 000 Ew.; Steinkohlenbergbau, Schwerindustrie, chem., Bau-, Textil-, Tabak-, Elektro-, Fahrzeug-Ind.; Sitz der »Ruhrknappschaft«; Bergbaumuseum; Sternwarte mit Institut für Satelliten- und Weltraumforschung; Ruhr-Universität (1965).

Bock der, 1) Männchen von Schaf, Ziege, Gemse, Antilope, Reh, Kaninchen u. a. 2) Turngerät für Springübungen. 3) Käfer, →Bockkäfer. 4) Stützkonstruktion (Sägebock u. a.). 5) Ramme.

Bockbier [eigentlich »Einbecker Bier«], ein alkoholreiches Bier, ursprünglich im Frühjahr verzapft (Märzenbier).

Böckh, August, Altertums- und Sprachforscher, *1785, †1867, Schöpfer der wissenschaftl. griech. Inschriftenkunde.

Bockhuf, fehlerhafte stumpfe Hufform des Pferdes.

Bockkäfer, Böcke, schlanke Käfer mit langen, zurückgelegten, perlschnurförmigen Fühlern. Die Larven fressen in Holz, bes. schädlich die vom **Hausbock, Sägebock,** in altem Nadelholz; **Heldbock,** in Eichen; **Moschusbock,** an Weiden; **Zimmerbock,** dessen Fühler fünfmal so lang wie der Körper.

Böckler, Hans, *1875, †1951, war seit 1949 Vorsitzender des Dt. Gewerkschaftsbundes.

Böcklin, Arnold, Maler, *Basel 1827, †1901, gestaltete in seinen Gemälden poetische Motive in einer vielfach an den Alten geschulten Malweise: Triton, Toteninsel, Gefilde der Seligen.

Bocksbart, staudige Gattung der Korbblüter. Der gelbblühende Wiesen-B. mit grasähnl. Blättern und Milchsaft öffnet seine Blütenkörbe mit langen Hüllblättern nur vormittags.

Bocksbeutel, der, fälschlich Boxbeutel, bauchige, breitgedrückte Flasche für gute Frankenweine.

Bocksdorn, Teufelszwirn, Nachtschattengewächs, bedornter, violett blühender Heckenstrauch mit roten Giftbeeren.

Bockshorn, ins B. jagen, einschüchtern.

Bockshornklee, Gattung staudiger Schmetterlingsblüter; die Fruchthülsen sind hornförmig.

Bockum-Hövel, Stadt in Nordrh.-Westf., im NW von Hamm, 25 400 Ew.; Kohlenbergbau, Metallind.

Bodden [ndt. boddem »Meeresboden«] der, seichte, unregelmäßig geformte Bucht mit enger Öffnung zum Meer, durch Überflutung entstanden, kennzeichnend für die Ostseeküsten Mecklenburgs und Vorpommerns.

Bode, Wilhelm v., Kunsthistoriker und Museumsdirektor, *1845, †1929; ihm verdankten die Berliner Museen ihren Aufstieg zu europ. Rang.

Bode die, linker Nebenfluß der Saale in Sachsen-Anhalt, kommt vom Brocken, durchfließt das malerische Bodetal (Treseburg bis Thale) des Harzes.

Bod'ega [span.] die, Keller, Weinschenke.

Bodelschwingh, 1) Friedrich v., evang. Pastor, *1831, †1910, Gründer der christl. Wohlfahrts- und Missionsanstalten in Bethel bei Bielefeld (erste Arbeiterkolonien, Wandererfürsorge, Fürsorge für Epileptiker und Geisteskranke). 2)

Friedrich v., Sohn von 1), *1877, †1946, Nachfolger seines Vaters.

Boden, die lebenerfüllte Schicht der Erdoberfläche, die aus festem und lockerem Gestein durch den Einfluß der Verwitterung und des organ. Lebens entsteht; die Erde im Gegensatz zum Wasser. Haupteinflüsse, die zur **Bodenbildung** führen: Klima, Organismus, B.-Neigung, Gesteinsart, Wassergehalt und -ansammlung sowie menschl. Arbeit. Der organ. Inhalt des B., der →Humus, ist von kennzeichnender Bedeutung. Wichtige **Bodenarten:** Stein-, Sand-, Lehm-, Tonböden. Die wertvollsten Acker-B. sind die milden, sandigen Lehm-B., bes. die Löß-B. Der Wert der B. nimmt ab, je mehr es sich um Sand- oder Kies-B. handelt und je größer der Tongehalt des B. wird (schwere Lehm- und Ton-B.).

Bodendruck, Druck, den eine Flüssigkeit im Gefäß auf dessen Boden ausübt. Er ist von der Form des Gefäßes unabhängig und wächst mit der Höhe der Flüssigkeitssäule über dem Boden.

Bodeneffekt-Fluggerät, das →Luftkissenfahrzeug.

Bodenertrag, Rohertrag des landwirtschaftl. genutzten Bodens. Der B. ist abhängig von Bodenart und Klima sowie vom Einsatz von Kapital (Düngemittel) und Arbeit. Der vermehrte Einsatz von Kapital und Arbeit hat von einer bestimmten Grenze ab ein entsprechendes Steigen des B. zur Folge (Gesetz vom abnehmenden B. nach Turgot).

Bodenmüdigkeit tritt beim Ackerboden bei wiederholtem Anbau der gleichen Frucht auf.

Bodenreform, Bodenbesitzreform, 1) im weiteren Sinn: die Reform des Besitzrechts an Boden, bes. des Rechts an Wohnungs- und Siedlungsland. Ihre Vertreter erstreben a gänzliche oder teilweise Vergemeinschaftung von Grund und Boden durch Enteignung (Agrarsozialismus; bes. Marx, Wallace), oder b Freihaltung der Grundrente, wobei grundsätzlich am Privateigentum festgehalten wird, aber der Boden, da er nicht wie eine Ware beliebig vermehrbar ist, rechtl. vor Mißbrauch geschützt und seine Wertsteigerung dem Volksganzen zugeführt werden soll (**Bodenreformer:** H. George, Oppenheimer, Damaschke; 1888-1935 »Bund deutscher Bodenreformer«). 2) im engeren Sinn: die Änderung der Besitzverhältnisse an landwirtschaftl. genutztem Boden aus polit. oder wirtschaftl. Gründen, kann Teil einer umfassenden Agrarreform sein. Im Ostblock wurde die Kollektivierung der Landwirtschaft vielfach als B. bezeichnet (bolschewist. Agrarrevolution nach 1917). – Nach 1945 wurde in der sowjet. Besatzungszone Dtl.s aller Grundbesitz über 100 ha entschädigungslos enteignet. In den westdt. Ländern wurden gestaffelte Landabgaben für Betriebe über 100 und 150 ha gegen Entschädigung eingeführt.

Bodenschätzung, Verfahren zur Bewertung landwirtschaftl. genutzter Böden, früher **Bonitierung** nach einfachen **Bodenklassen,** heute mittels verschiedener Meßzahlen.

Bodensee [nach der alten Kaiserpfalz Bodman], **Schwäbisches Meer,** der größte und tiefste dt. See, am Nordfuß der Alpen, an der schweiz.

Böcklin:
Centaurenkampf
(1873)

Bockkäfer:
Heldbock

Bocksbeutel

v. Bodelschwingh
d. Ä.

Boden

a

c

b

Bogenlampe

Grenze, 395 m ü. M. Der B. wird vom Rhein durchflossen, ist 539 km² groß, 63,5 km lang, bis 14 km breit, 252 m tief. Im W zwei Zipfel: Untersee, Überlinger See. Der B. ist reich an Fischen (Seeforellen, Blaufelchen), Hafenorte: Lindau, Konstanz, Friedrichshafen, Rorschach (Schweiz), Bregenz (Österr.). Inseln: Reichenau, Mainau.

Bodenstedt, Friedrich v., Schriftsteller, *1819, †1892; Übersetzer von engl., oriental. und russ. Dichtung (»Lieder des Mirza Schaffy«).

Bodenturnen, Übungen auf Turnmatten, z. B. Rolle, Salto, Luftsprung, Standwaage.

Bodenverbesserung, →Melioration.

Bodin [bɔdɛ̃], lat. **Bodinus,** Jean, französ. Rechtsgelehrter, *1530, †1596, Vertreter der Naturrechtslehre, entwickelte den Begriff der Souveränität, trat für religiöse Toleranz ein.

Bodleiana, Universitäts-Bibliothek in Oxford, gegr. 1598 von Sir Th. Bodley.

Bodmer, Johann Jakob, schweizer. Gelehrter, *1698, †1783; betonte die schöpferische. Phantasie als poet. Grundkraft, geriet deshalb in Streit mit Gottsched; förderte die Wiedererweckung der dt. Dichtung des MA.

Bodmer'ei, seerechtl. Darlehensgeschäft, bei dem der Kapitän Schiff oder Ladung verpfändet.

Bo'ethius, Anicius, röm. Staatsmann und Philosoph, *um 480, †um 524, Konsul und Palastminister unter Theoderich d. Gr., unter Vorwurf des Hochverrats beschuldigt, hingerichtet. Schrieb im Kerker den »Trost der Philosophie«.

Boğazköy [boy'az–], Dorf in der Türkei östl. von Ankara, mit Resten der Hauptstadt Hattuscha des Reiches der →Hethiter, 14.–13. Jahrh. v. Chr.

Bogdo-ola [mongol. »Heiliger Berg«], häufiger Gebirgsname in Innerasien.

Bogen, 1) ⌂ Tragwerk, das eine Öffnung überwölbt. Arten: Die Wölblinie bildet einen Halbkreis: **Rund-B.,** oder den flachen Abschnitt eines Kreises: **Flach-B.,** eine halbe Ellipse: **Korb-B.,** zwei winklig zusammenstoßende Kreis-B.: **Spitz-B.,** einen Dreiviertelkreis: **Hufeisen-B.,** einen gedrückten Spitz-B.: **Tudor-B.,** oder einen Spitz-B. mit schlank ausgezogener Spitze: **Esels-rücken-B.;** ein gedrückter Eselsrücken heißt **persischer** oder **Kiel-B. 2)** Waffe für Krieg und Jagd, die seit der Altsteinzeit und bei den Naturvölkern noch heute gebraucht wird. In Europa hielt sich der B. als Waffe bis zum Ende des 15. Jahrh. Der B. besteht aus federndem Holzbügel und Sehne und dient zum Abschießen von Pfeilen (→Bogenschießen). **3)** ♪ Geigenbogen. **4)** rechteckig geschnittenes Papier; der **Druckbogen** nimmt 16 Quart- oder 32 Oktavbuchseiten auf.

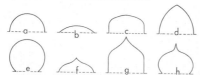

Bogen. a Rund-B., b Flach-B., c Korb-B., d Spitz-B., e Hufeisen-B., f Tudor-B., g Eselsrücken-B., h Kiel-B.

Bogenfries, ⌂ eine nur als →Blende ausgeführte Reihe kleiner Bogen an einem Gesims.

Bogenlampe, Lichtquelle in der Gestalt eines Entladungsbogens (»Lichtbogen«) zwischen zwei Elektroden (aus Ruß gepreßte Stifte), wobei in der Hauptsache der Krater der positiven Elektrode bei 4000 °C helles Licht aussendet. Die B. wird wegen des punktförmigen Lichtes vornehmlich als Lichtquelle für Projektionsapparate, Scheinwerfer u. a. verwendet; nur noch gelegentlich zur Beleuchtung von Straßen und Plätzen. BILD: a positive, b negative Kohle, c Lichtbogen.

Bohr

Bogenminute, Bogensekunde, Maßeinheiten des →Winkels.

Bogenschießen, das sportliche Schießen mit Pfeil und Bogen auf eine Zielscheibe; es werden

Olympiasieger und Weltmeister ermittelt.

Bogom'ilen [slaw. »Gottesfreunde«], in Kleinasien und SO-Europa, bes. Bulgarien, seit dem 11. Jahrh. verbreitete Sekte; ihre Lehre ist dem Manichäismus verwandt.

Bogom'oletz, Alexander, russ. Biologe, *1881, †1946, verwandte erstmals das Serum von Kaninchen, die durch menschl. Milz- und Knochenmarksgewebe immunisiert worden waren, zu Heilzwecken, bes. bei Aufbrauchkrankheiten.

B'ogor, früher **Buitenzorg,** Stadt auf Java, Indonesien, südl. von Djakarta, 154 000 Ew.; landwirtschaftl. Hochschule, botan. Garten.

Bogotá, Hauptstadt Kolumbiens, 2,2 Mill. Ew.; 2640 m ü. M.; Universitäten, Kathedrale; wichtiger Handelsplatz. 1538 von Spaniern gegr.

Bohème [bɔˈεːm, frz.] die, Welt der Studenten, Künstler und Literaten (Bohémien = Böhme, Zigeuner) des Pariser Quartier latin und des Münchener Stadtteils Schwabing. Nach Henri Murgers »Scènes de la Vie de Bohème« (1851); Opern von Puccini und Leoncavallo.

Böhlau, Helene, Schriftstellerin, *1859, †1940, schrieb gesellschaftskrit. Romane, Novellen, bes. aus dem alten Weimar (»Ratsmädelgeschichten«).

Böhlitz-Ehrenberg, Stadt im Bez. Leipzig, 10 700 Ew., Industrie.

Böhm, 1) Dominikus, Architekt, *1880, †1955 kath. Kirchenbau. **2)** Karl, Dirigent, *1894.

Böhme, Jakob, Philosoph und protestant. Mystiker, *1575, †1624, lebte als Schuhmachermeister in Görlitz. Er verschmolz Naturphilosophie und Mystik. B. faßt Gott als den Urgrund aller Dinge auf, auch des Bösen, das zur Schaffung des Guten notwendig sei. Er übte große Wirkung auf die pietist. Bewegung und die Romantik aus. B. war der erste deutschschreibende Philosoph.

Böhmen, tschech. **Čechy,** geschichtl. Landschaft Mitteleuropas, das Kernland der →Tschechoslowakei, bildet ein Becken, das nach N von der Elbe und der Moldau entwässert wird; umgrenzt von waldreichen Randgebirgen: Fichtelgebirge, Erzgebirge, Sudeten, Böhmisch-Mährische Höhen, Böhmerwald. B. ist wirtschaftlich hochentwickelt (vielseitige Industrie; ⚒ auf Steinkohle, Braunkohle, Erze; Ackerbau; Waldwirtschaft); viele Heilquellen. Hauptstadt und natürl. Mittelpunkt ist Prag.

GESCHICHTE. B. wurde im Altertum erst von den kelt. Bojern, dann von den german. Markomannen bewohnt; nach deren Abwanderung im 6. Jahrh. drangen die slaw. Tschechen ein. Die Herzöge aus dem slaw. Hause der Przemysliden wurden dt. Reichsfürsten, 1198 Könige und erhielten auch die Kurwürde; sie zogen im 13. Jahrh. viele dt. Ansiedler ins Land. 1310-1437 herrschten die Luxemburger (Kaiser Karl IV.). Im 15. Jahrh. wurde B. von den Hussitenkriegen heimgesucht (→Hussiten). 1526 kam es an die österreich. Habsburger. Der böhm. Aufstand von 1618-20 eröffnete den →Dreißigjährigen Krieg; darauf wurde der Protestantismus in B. unterdrückt. Seit 1848 trat die tschechische Nationalbewegung immer stärker hervor. 1918 wurde der tschechoslowak. Staat gegr. (→Tschechoslowakei, Geschichte).

Böhmerwald, Böhmisch-Bayerisches Waldgebirge, dicht bewaldetes Mittelgebirge, zieht sich vom Fichtelgebirge in südöstl. Richtung nach der Donau hin. Teile: im N der **Oberpfälzer Wald,** meist unter 900 m hoch, im S der **Böhmerwald** (Großer Arber, 1457 m), südwestl. längs der Donau der **Bayerische Wald** (Einödriegel, 1126 m). (BILD S. 109)

Böhmische Brüder, Mährische Brüder, religiöse Gemeinschaft in Böhmen, hervorgegangen um 1420 aus den Hussiten, im 30jährigen Krieg vernichtet; Reste gingen zur→Brüdergemeine über.

Böhmisches Mittelgebirge, gut bewaldete obst- und weinreiche Gebirgsgruppe in N-Böhmen, beiderseits der Elbe.

Böhmisch-Leipa, tschech. **Česká Lípa,** Stadt in N-Böhmen, ČSSR, 14 700 Ew.; Maschinen-, Textilindustrie.

Bohne, Same, Hülsenfrucht und Pflanze einer Gattung der Schmetterlingsblüter. Aus Amerika stammt die weißblühende **Garten-B.** mit der windenden Rasse **Stangen-B.** und der niedrig-buschigen **Busch-B.** – Schwesternart der Garten-B. aus Amerika: **Feuer-B. (Türkische B.),** mit scharlachroten oder weißen Blüten und rot-schwarzem Samen, →Puffbohne, →Sojabohne.

Bohne, Kennung, dunkle Vertiefung an den Schneidezähnen des Pferdes; Maßstab für das Alter des Tieres.

Bohnenfest, ein Volksbrauch am Dreikönigstage; wer die in einen Kuchen gebackene Bohne findet, ist **Bohnenkönig.**

Bohnenkraut, ein Lippenblüter; Blütchen lila bis weiß; verbreitetes Küchengewürz.

Bohr, Niels, dän. Physiker, *1885, †1962, entwickelte 1913 ein neues Atommodell, auf dem die neuzeitl. Physik fußt. Nobelpreis 1922. 1943 bis 1945 arbeitete er in Los Alamos (USA) an der Entwicklung der Atombombe mit. (BILD S. 108)

Bohrer, ⚙ Werkzeug zum Herstellen von Löchern in Werkstoffen aller Art, besteht meist aus einem runden Schaft mit zwei geschliffenen Schneidkanten. Wichtigster Metallbohrer ist der **Wendel-B.** mit zwei schraubenförmig angeordneten Nuten zur selbsttätigen Späneabführung. Weitere Formen: **Nagel-B.** für Holz, **Schnecken-B., Teller-B.** für Erde, **Kern-** und **Diamant-B.** für Gestein. B. werden mit Bohrknarre, Bohrwinde, elektr. Handbohrmaschine oder ortsfesten Bohrmaschinen gedreht.

Bohrer und Bohrgeräte. a Wendel-B., b Nagel-B., c Schlangen-B., d Kern-B., e Bohrknarre, f Bohrwinde, g Drill-B., h Handbohrmaschine

Bohrium, vorgeschlagener Name für das Element →Hahnium.

Bohrkäfer, schwarze Käfer, 6-13 mm, in altem Holz, Baumschwämmen, unter Baumrinden.

Bohrmuscheln, Seemuscheln, die sich mit ihren gezähnten Schalen in weiches Gestein, Holz oder Torf einbohren. **Dattelmuschel,** in europ. Küstengestein, eßbar, leuchtend; der **Bohrwurm** oder **Schiffswurm** (15 cm lang), mit Stummelschalen am dickeren Ende, richtet Schaden an bei Schiffen, Hafen- und Deichbauten.

Bohrturm, →Tiefbohrung.

Boieldieu [bwaldj'ø], François, ein Hauptmeister der französ. komischen Oper, *1775, †1834. »Der Kalif von Bagdad«, »Die weiße Dame«.

Boileau-Despréaux [bwal'o:depre'o:], Nicolas, französ. Dichter, *1636, †1711. Sein Lehrgedicht »L'art poétique« hatte das Ansehen eines Gesetzbuches der klassizist. Kunstlehre.

Boiler [b'ɔilə, engl.] der, Warmwasserbereiter.

Boisserée [bwasər'e] Melchior, *1786, †1851, und Sulpiz, *1783, †1854, Kunstgelehrte, verdiente Sammler der dt. Kunst des MA.

B'oito, Arrigo, italien. Komponist und Dichter, *1842, †1918; Kantaten, Opern (»Mefistofele«), Libretti, Schriften.

Boizenburg, Stadt im Bez. Schwerin, an der Elbe, 11 500 Ew.

Boj'ar [russ.] der, altruss. Adliger.

Boje, der, meist tonnenförmiger Schwimmkörper, dient als Seezeichen zur Markierung des Fahrwassers oder versenkter Gegenstände.

Bojer Mz., kelt. Volk des Altertums, in Oberitalien und in dem nach ihnen benannten Böhmen.

Bola [span.] die, Schleuderwaffe in Südamerika, durch Riemen verbundene Kugeln.

Bol'ero der, 1) span. Nationaltanz im $^3/_4$-Takt von 2 Personen mit Gitarren- und Kastagnettenbegleitung getanzt. 2) kurzes Jäckchen, aus der span. Tracht übernommen.

Bol'ide [frz., ital.] der, Meteor, Feuerkugel; übertragen im Autosport: Rennwagen.

B'oliden, Bergbauort in N-Schweden, 3500 Ew.; Gold-, Arsen-, Wismut-, Silbergewinnung.

Bolingbroke [b'ɔliŋbruk], Henry Saint-John, Viscount B., engl. Staatsmann und Schriftsteller, *1678, †1751, Parteigänger der Tories und der vertriebenen Stuarts. Auf ihn geht die Spitzname »John Bull« zurück.

Bol'ivar, Simón, südamerikan. Nationalheld, *1783, †1830, befreite 1819-24 in schweren Kämpfen Kolumbien, Venezuela, Ecuador, Peru und das nach ihm benannte Bolivien von der span. Herrschaft.

Bolivien, amtlich **República de Bolivia,** Republik in Südamerika, 1,1 Mill. km², 4,9 Mill. Ew.; Amtssprache: Spanisch. Hauptstadt: La Paz. – B. hat Präsidialverfassung; Gesetzgebung durch den Nationalkongreß. – Der W und S hat Anteil an den Kordilleren, der O und N ist Tiefland. Zwischen den Ketten der W-Kordilleren (Vulkan Sajama, 6520 m) und der O-Kordilleren (Illimani, 6882 m) liegt das Bolivian. Hochland (3600 bis 4000 m ü. M., mit der Hauptstadt); das Hochland ist trocken, kühl, ohne Abfluß, hat Salzseen. An der peruanischen Grenze hat B. Anteil am Titicaca-See. Im SO der O-Kordilleren das Bolivian. Bergland, das nach S in das Buschland des Gran Chaco, nach N ins Amazonastiefland (Urwald) übergeht. Flüsse: Mamore, Beni. BEVÖLKERUNG: Hochlandindianer (über 50%), die überwiegend Indianersprachen sprechen. Religion: katholisch (94%). – Die WIRTSCHAFT ist einseitig auf dem Mineralreichtum B.s gegründet (NE-Metalle, bes. Zinn, Blei; daneben Erdöl). Anbau von Kartoffeln, Getreide, Viehwirtschaft. Ausfuhr: NE-Metalle. ⃠ nach Chile, Argentinien, Brasilien; Luftverkehr. – ⊕ S. 517, ⊳ S. 345. (FARBTAFEEL Südamerika S. 875)

GESCHICHTE. B., ein Teil des alten Inkareichs, im 16. Jahrh. von den Spaniern (Pizarro) unterworfen, 1824 unabhäng. Rep., nannte sich nach →Bolívar. 1884 verlor es sein Küstengebiet an Chile; 1932-1935 unterlag es im Chaco-Krieg gegen Paraguay. Präs.: H. Banzer (seit 1971).

Böll, Heinrich, Schriftsteller, *1917; realist. Erzähler und Satiriker: »Und sagte kein einziges Wort«; »Billard um halb zehn«, »Ende einer Dienstfahrt«, »Gruppenbild mit Dame«.

Bollandisten, die Herausgeber der Acta Sanctorum, der Heiligenbiographien; nach dem Jesuiten J. Bolland (*1596, †1665).

Böller der, als Waffe Bezeichnung für Mörser; jetzt kleines Geschütz zu Salutschüssen.

Bollert'ieholz, das rote Holz verschiedener südamerikan. Bäume; für Violinbogen und Werkzeuge verwendet.

Böhmerwald: Bodenmais mit Großem Arber

Bohrmuschel

Bolero

Böll

Bolligen, Stadt im Kt. Bern, Schweiz, 20400 Ew.

B'ollnow, Otto Friedrich, Philosoph, Pädagoge, *1903, Arbeiten zur Anthropologie und Ethik.

Bollwerk, 1) ⚓ Uferschutz und Anlegestelle für Schiffe aus starken Bohlen, die durch eingerammte Pfähle gehalten werden. **2)** Befestigungswerk.

Bologna [bol'ɔɲa], Hauptstadt der Prov. B., Oberitalien, 490 700 Ew.; Erzbischofssitz; bedeutende Kunststadt, älteste Univ. Europas (1119 gegr.); Wirtschaftsmittelpunkt, Bahnknoten.

Bologneser [bolɔɲ'ezɔr], zwerghafter Malteserhund mit langem seidigem Haar.

Bolometer [grch.] das, Gerät zur Messung von Strahlungsenergie; beruht darauf, daß der elektrische Widerstand von Metallen mit steigender Temperatur zunimmt.

Bölsche, Wilhelm, Schriftsteller, *1861, †1939, viele volkstümliche, naturkundliche Schriften.

Bolschew'ismus [von russ. bolsche »mehr«], die revolutionäre Lehre und Herrschaftsform des →Kommunismus in der Sowjetunion. Die **Bolschewiki** bildeten seit 1903 den radikalen Flügel der russ. Sozialdemokraten im Gegensatz zu den

Bologna: San Petronio

Menschewiki. In der russischen Oktoberrevolution von 1917 bemächtigten sich die Bolschewiki des russischen Staatsapparates und vollzogen 1918 mit der Gründung der Kommunistischen Partei Rußlands (dann: der Sowjetunion) den Bruch mit dem »revisionistischen« Sozialismus.

Bolton [b'oultən], **B. le Moors,** Industriestadt bei Manchester (England), 159 200 Ew.; Kraftfahrzeugzubehör-, Textilindustrie.

Boltzmann, Ludwig, Physiker, *1844, †1906; Arbeiten über kinetische Gastheorie. **B.-Konstante,** eine nach B. benannte wichtige Konstante der Atomphysik, Zeichen: k.

B'olus, Bol, eisenschüssiger kalkhaltiger **Ton.** Weißer **B.** ist reiner Ton in Wasser, aufsaugendes Mittel; **Roter B.** dient als Untergrund für Vergoldungen.

Bolz, Lothar, *1903, 1953-65 Außenminister der Dt. Dem. Rep.

Bolz'ano, Bernhard Philosoph und Mathematiker, *1781, †1848; der bedeutendste Logiker des 19. Jahrh.

Bolz'ano, italien. Name für Bozen.

Bolzen, 1) runder Stift zum Verbinden von Maschinenteilen. **2)** Geschoß der Armbrust.

bombard'ieren [von Bombarde, Geschütz des 15.-17. Jahrh.], beschießen.

Bombardierkäfer, kleiner Laufkäfer; stößt bei Gefahr einen ätzenden Stoff aus dem Hinterleib aus.

Bombardon [bɔbard'ɔ̃, frz.] das, tiefes Blasinstrument aus Blech.

Bomb'ast [engl.] der, **1)** Baumwollzeug zum Auswattieren. **2)** Schwulst; **bomb'astisch,** schwülstig, hochtrabend, prahlerisch.

Bombay [b'ɔmbei], Hauptstadt von Maha-

Bombay: Straßenszene

raschthra, Indien, bedeutender Hafen, 5,5 Mill. Ew.; Univ.; Hauptsitz der ind. Baumwollind.; in der Vorstadt Malabar Hill →Türme des Schweigens.

Bombe, 1) meist zylinderförmiger Hohlkörper mit Sprengladung und Zünder, Abwurfgeschoß der Luftwaffe (Brand-, Splitter-, Sprengbombe, Luftmine). Weiteres →Atombombe. **2)** dickwandiges Stahlgefäß. **3)** Lavastück.

bomb'ieren, hochwölben (z. B. Blechplatten); eine Konservenbüchse bombiert, ihr Boden wölbt sich vor **(Bombage).**

Bon [bõ, frz. »gut«] der, Gutschein.

b'ona f'ides [lat.], →guter Glaube; bona fide, in gutem Glauben.

Bonap'arte, eigentl. **Buonaparte,** korsische Familie aus Ajaccio, der die französ. Kaiser →Napoleon I. und →Napoleon III. entstammen. **1)** Elisa, früher Marie Anna, älteste Schwester Napoleons I., *1777, †1820, Fürstin von Lucca und Piombino, verwaltete auch das Großhzgt. Toskana. **2)** Jérôme, Bruder Napoleons I., →Jérôme. **3)** Joseph, Bruder Napoleons I., →Joseph. **4)** Karoline, früher Annunciata, jüngste Schwester Napoleons I., *1782, †1839, vermählt mit →Murat. **5)** Lätitia, Mutter Napoleons I., *1750, †1836. **6)** Lucien, Bruder Napoleons I., *1775, †1840. **7)** Ludwig, Bruder Napoleons I., →Ludwig. **8)** Pauline, früher Carlotta, Schwester Napoleons I., *1780, †1825, heiratete in 2. Ehe den Fürsten Camillo Borghese.

Bonatz, Paul, Baumeister, *1877, †1956, Vertreter des neuen zweck- und stoffgerechten Bauens: Hauptbahnhof Stuttgart, Staatsoper Ankara.

Bonatz: Hauptbahnhof Stuttgart

Bonavent'ura, eigentlich Johannes **Fidanza,** Kirchenlehrer, *1221, †1274, einer der bedeutendsten Vertreter der Scholastik, Ordensgeneral der Franziskaner; Heiliger (Tag 15. 7.).

Bonbon [bõb'õ, frz.] der oder das, Zuckerwerk aus zerlassenem, gefärbtem Zucker mit Fruchtsaft, Malz, Honig, Trockenmilch u. a.

Bonbonnière [bõbɔni'ɛːrə] die, Schachtel mit feinen Bonbons (Pralinen).

Bond der, -s/-s, verzinsl. Wertpapier (Schuldverschreibung) in England und den USA.

Bône, Stadt in Algerien, →Annaba.

Bönen, Gem. in Nordrh.-Westf., 18 200 Ew : Steinkohlenbergbau, Maschinen-, Textilind.

B'ongo, Rhythmusinstrument im Jazz, eine kleine, meist zylindrisch geformte Trommel.

Bonhoeffer, Dietrich, protest. Theologe, *1906; tätig in der Bekennenden Kirche und in der Widerstandsbewegung, 1945 wie sein Bruder Klaus im Konzentrationslager Flossenbürg erschossen.

Bonhomme [bɔn'ɔm, frz.] der, gutmütiger Mensch, Biedermann. **Bonhom'ie** die, Biederkeit.

Bonifacio, alte Stadt an der S-Spitze Korsikas, 2600 Ew. **Straße von B.,** 12 km breite Meeresstraße zwischen Korsika und Sardinien.

Bonif'atius, der »Apostel der Deutschen«, eigentl. Winfrid, *in England, erschlagen am 5. 6. (Gedächtnistag) 754 in Friesland. B. war Benediktinermönch, predigte seit 718 das Christentum in Friesland, Hessen, Thüringen, 747 Erzbischof von Mainz, gründete Klöster (Fritzlar, Fulda) und Bistümer; Heiliger; im Dom zu Fulda begraben.

Bonif'atius, Bonifaz, Papst: **B. VIII.** (1294 bis 1303) forderte den Vorrang der geistlichen vor der weltlichen Gewalt.

Bonif'atiusverein, kath. Verein (seit 1849) zur Pflege des kath. Lebens in der Diaspora; Sitz in Paderborn.

Bonifikati'on [lat.] die, Vergütung.

Bon'in-Inseln, japan. Inselgruppe zwischen Japan und den Marianen; 1862 japanisch, 1951-68 unter amerikan. Treuhänderschaft.

Bonit'ät [lat.] die, Güte; Zahlungsfähigkeit.

Bonit'ierung, ⚹ für →Bodenschätzung.

Bonmot [bõm'o, frz.] das, geistreiches Witzwort.

Bonn, die Hauptstadt der Bundesrep. Dtl., Nordrh.-Westf., 299 400 Ew., am Rhein; Sitz der meisten obersten Bundesbehörden, Universität; Geburtshaus Beethovens; Industrie. B. geht auf ein röm. Kastell (Bonna) zurück; war 1273 bis 1794 Sitz der Kurfürsten von Köln.

Bonnard [bɔn'a:r], Pierre, französ. impressionist. Maler und Buchgraphiker, *1867, †1947.

Bonne [frz.] die, ⚹ Kinderfräulein.

Bonsels, Waldemar, Schriftsteller, *1881, †1952, »Die Biene Maja und ihre Abenteuer«.

B'onus der, Sondervergütung, z.B. an Aktionäre neben der Dividende.

Bonvivant [bõviv'ã, frz.] der, Lebemann.

Bonze der, 1) buddhistischer Priester in Ostasien; Mönch. 2) Spottname für einen macht- und geldhungrigen Parteibürokraten.

Boogie-Woogie [b'ugiw'ugi], Tanz, eine Form des Blues, nach 1920 in Amerika aufgekommen.

Boom [bu:m, engl.] der, wirtschaftl. Aufschwung, Hochkonjunktur, Kurssteigerungen an der Börse (Hausse). Gegensatz: Slump [slamp], Baisse.

Boot das, offenes, halb oder ganz gedecktes kleineres Wasserfahrzeug, durch Ruder, Segel oder Motor fortbewegt.

Bo'otes [grch.] der, nördl. Sternbild mit Arkturus.

Booth [bu:ð], William, *1829, † London 1912, gründete 1878 die →Heilsarmee.

Boothia [b'u:θiə], die nördlichste Halbinsel Amerikas, fast unbewohnt; früher nördl. magnet. Pol.

Bö'otien, Landschaft des östl. Mittelgriechenlands zwischen dem Kanal von Euböa und dem Golf von Korinth, im N vom Küstengebirge, im S von Helikon, Kithäron, Parnes begrenzt. Hauptstadt: Theben.

Bopp, Franz, Sprachforscher, *1791, †1867, wies die Verwandtschaft der indogerman. Sprachen nach. »Vergleichende Grammatik« (1833-52).

Boppard, Stadt in Rheinland-Pfalz, am linken Rheinufer, zwischen Bingen und Koblenz, 8600 Ew.; Weinbau; Fremdenverkehr.

Bor, chem. Zeichen **B,** nichtmetall. chem. Element, Ordnungszahl 5, tritt als braunes Pulver **(amorphes B.)** oder als sehr hartes, schwarzes **kristallisiertes B.** auf. Natürlich kommt es als

Borsäure oder als Natriumsalze **Kernit** und **Borax** vor. Borax, heute künstl. hergestellt, dient zum Glasieren, Emaillieren, Lösen, Schmelzen von Metallen. Aus einer Aluminium-B.-Verbindung **(Bordiamanten)** stellt man Schleifwerkzeuge her.

Bora die, heftiger kalter Fallwind an der dalmatin. Küste.

Bora, Katharina v., Luthers Frau seit 1525; war Nonne im Kloster Nimbschen bei Grimma.

Borås [bur'o:s], Stadt in W-Schweden, 70 600 Ew.; Textilindustrie; Getreidehandel.

Bor'ate Mz., die Salze der Borsäure.

B'orax, Na₂ [B₄O₈(OH)₄] · 8 H₂O, findet sich gelöst in mehreren Seen Tibets; heute meist künstlich hergestellt; vielfältig in Heilkunde und Industrie u. a. verwendet.

Borchardt, Rudolf, Schriftsteller, *1877, †1945, Hüter humanist. Tradition, Vertreter strenger künstler. Form; Gedichte, Essays, Übersetzungen.

Borchert, Wolfgang, Schriftsteller, *1921, †1947, gestaltete in »Draußen vor der Tür« die verzweifelte Lage des Heimkehrers aus dem 2. Weltkrieg.

Bord der, 1) Rand, Einfassung, z.B. **B.-Stein.** 2) ⚓ oberster Schiffsrand. 3) Wandbrett, Regal.

Börde [ndt.] die, fruchtbare Niederung, z.B. Magdeburger B., Soester B.

Bordeaux [bɔrd'o:], Hauptstadt des Dép. Gironde, sechstgrößte Stadt Frankreichs und Haupthandels- und Hafenstadt SW-Frankreichs, an der Garonne, 271 000 Ew.; in der Weinlandschaft **Bordelais,** mittelalterl. Kirchen (St. André, St. Michel, Ste. Croix); Stadtbild des 18. Jahrh. mit großzügigen Straßen, Plätzen; Erzbischofssitz, Universität, Erdölraffinerien, Schiffbau, Werkzeug-, Elektro- u. a. Ind.

Bordeauxweine [bɔrd'o:-], französische Weine aus dem Gebiet um Bordeaux (Bordelais); **rote B.:** Médoc, Lafitte, Margaux u. a.; **weiße B.:** Sauternes, Barsac, Preignac, Bommes, Fargues u. a.

Bord'ell [frz.] das, Freudenhaus.

bördeln, Bleche am Rand aufbiegen.

Bonn: Bundeshaus

Bordeaux: Sainte-Croix

Borobudur

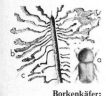

Borkenkäfer:
a Käfer, b Ei,
c Fraßbild

Bordigh'era, Winterkurort in Italien, an der Riviera di Ponente, 8600 Ew.

Bord'un der, französ. **Bourdon,** ♂ **1)** unveränderl. fortklingender Baßton. **2)** Baßpfeife des Dudelsacks. **3)** Baßsaite der Baßgitarre neben dem Griffbrett. **4)** tiefste gedackte Pfeifen der Orgel.

Bord'üre [frz.] die, Einfassung, Besatz.

Bordzeit, die dem Standort eines Schiffes oder Flugzeuges entsprechende Tageszeit.

B'oreas [grch.] der, Nordwind im Gebiet des Ägäischen Meeres. **bore'al,** nördlich.

Boretsch der, Gurkenkraut aus der Familie der rauhblättrigen Gewächse; Küchengewürz.

Borges [ˈˌɔrxɛs], Jorge L., argentin. Schriftsteller, *1899; beeinflußte die moderne südamerikan. Literatur; Lyrik, Erzählungen.

Borgh'ese, römisches Adelsgeschlecht. Von Scipione B. (†1633) wurde die **Villa B.** in Rom mit großem Park erbaut; ihre Kunstschätze befinden sich z. T. in Paris, darunter die hellenistische Statue des **Borghesischen Fechters.**

Borghorst, Stadt in Nordrh.-Westf., 17 100 Ew.; Textil-, Maschinen- und Möbelindustrie.

Borgia [bˈɔrdʒa], röm. Adelsgeschlecht, das aus Spanien stammte. Bekannteste Mitglieder: der sittenlose Papst **Alexander VI.** (1492-1503) und seine Kinder **Cesare B.** (†1507) und **Lucrezia B.** (†1519). Cesare B. war das Vorbild für Machiavellis »Principe«; seine Schwester wurde als Herzogin von Ferrara Mittelpunkt eines Kreises von Dichtern und Gelehrten.

Borgis die, ein Schriftgrad, 9 Punkte.

Borinage [bɔriˈnaːʒ], Landschaft an der belg.-französ. Grenze, westl. der Sambre (Kohlen- und Eisenlager).

Bor'is, slawische Fürsten: **1) B. I.** (852-889), erster christl. Fürst und Nationalheiliger der Bulgaren, † als Mönch 907. **2) B. III.,** *1894, †1943, König von Bulgarien (1918-1943), trat im 2.Weltkrieg auf die Seite Dtls. **3) B.** Feodorowitsch Godun'ow, russ. Kaiser, *um 1551, †1605, machte 1589 die russ. Kirche unabhängig vom Patriarchat Konstantinopel.

Borke die, ⚘ Außenteil der →Rinde.

Borken, Kreisstadt in Nordrhein-Westfalen, 30 600 Ew.; Textilindustrie.

Borkenkäfer, bis 12 mm lange Käfer, Baumschädlinge. Das Weibchen nagt unter die Baumrinde einen Muttergang, in dessen Seiten die Eier abgelegt werden. Es gibt Rinden- und Holzbrüter. Die Larven nagen Seitengänge; so der **Buchdrucker,** der Fichten befällt.

B'orkum, die westlichste der Ostfries. Inseln, 35 km²; mit Seebad B., 6600 Ew.

Bormann, Martin, *1900, 1941 Chef der Parteikanzlei und Reichsminister, einer der radikalsten Ratgeber Hitlers. Er soll Anfang Mai 1945 in Berlin umgekommen sein. 1946 als Kriegsverbrecher in Abwesenheit zum Tode verurteilt.

Born, Max, Physiker, *1882, †1970; Quantenmechanik, statist. Deutung der Wellenmechanik; 1954 Nobelpreis.

Borna, Kreisstadt im Bez. Leipzig, 21 000 Ew.; Braunkohlenbergbau.

Börne, Ludwig, polit. Schriftsteller, *1786, †1837, führender Vertreter der Richtung »Junges Deutschland«, Publizist des Vormärz.

B'orneo, eine der Großen Sunda-Inseln, 737 018 km². B. ist meist gebirgig und von Urwald bedeckt, die Küste sumpfig. Klima feucht, heiß. Pflanzenwelt: Palmen, Mangrovebäume. Tierwelt: Orang-Utan und andere Affen, Hirscheber, Nashornvögel. Bodenschätze: Kohle, Erdöl, Gold, Diamanten, Eisenerz. Erzeugnisse: Kautschuk, Tabak, Kopra, Sago, Rotang. Bevölkerung: rund 5,0 Mill., meist Muslime; im Innern Dajak, an den Küsten Malaien. Der größte Teil B.s gehört zu Indonesien (Kalimantan), der N und NW, früher Britisch-Nord-B., mit Sarawak und Sabah zu Malaysia; Brunei ist brit. Schutzstaat.

Börner, Holger, Politiker (SPD), *1931, 1961 bis 1964 Bundesvors. der Jungsozialisten, 1967-72 parl. Staatssekr. im Bundesverkehrsmin., seither Bundesgeschäftsführer der SPD.

Bornheim, Gem. im Rhein-Sieg-Kreis, Nordrh.-Westf., Luftkurort an der Ville, 30 600 Ew.; Tonwaren-Industrie; Obst- und Gemüsebau.

Bornh'olm, dän. Insel zwischen Schweden und Pommern; 588 km², rd. 49 000 Ew.; bildet eine bis 162 m hohe Felstafel mit steilen Küsten. Fischerei, Schafzucht. Die Insel ist reich an alten Rundkirchen. Hauptort: Rönne.

Bornholmer Krankheit, virusbedingte leichte, grippeähnliche Krankheit.

born'iert [frz.], geistig beschränkt, dumm.

Bornu, ehem. bedeutendes Reich südwestl. des Tschadsees, heute Teil von Nigeria.

Borob'udur, großartigste, in 9 Terrassen aufsteigende Tempelanlage des Buddhismus auf der Insel Java, um 800 n. Chr.; 1835 neu entdeckt.

Borod'in, Alexander, russ. Komponist, *1834, †1887; Sinfonien, Lieder, Oper »Fürst Igor«.

Borodin'o, Ort bei Moskau, Sept. 1812 Sieg Napoleons I. über die Russen.

B'örries [von lat. Liborius], männl. Vorname.

Borrom'äerinnen Mz., kath. Schwesternvereinigung für Krankenpflege und Erziehung.

Borrom'äus, Carl, Graf, 1560-84 Kardinal und Erzbischof von Mailand, wirkte für Erneuerung der Mönchsorden und des kirchl. Lebens, bekämpfte prot. Bestrebungen; Heiliger (Tag 4. 11.).

Borrom'äusverein, kath. Verein zur Verbreitung guter Bücher (gegr. 1844).

Borrom'eische Inseln, kleine Felseninseln im Lago Maggiore (**Isola Bella**), mit Palästen und prachtvollen Gärten.

Borrom'ini, Francesco, eigenwilliger Baumeister des röm. Hochbarocks, *1599, †1667.

Borsalbe, Salbe aus Vaseline und Borsäure.

Borsäure, H_3BO_3, weiße, sich fettig anfühlende Kristalle; ihre Lösung in Wasser (**Borwasser**) wirkt keimtötend.

Borschtsch [russ.], Suppe aus Rindfleisch und Gemüsen, bes. Weißkraut und roten Rüben.

Börse, regelmäßige Zusammenkunft von Käufern, Verkäufern und Vermittlern zum Handel in vertretbaren Sachen (bes. Wertpapieren und Waren); man unterscheidet **Wertpapier-(Effekten-, Fonds-)B.** und **Waren-(Produkten-) B.** Die B. führt Angebot und Nachfrage marktmäßig zusammen und gleicht sie durch Festsetzung von Preisen (**Kursen**) aus, zu denen möglichst viele Geschäfte zustande kommen. Die **Börsengeschäfte** sind entweder Kassageschäfte (Lieferung und Zahlung innerhalb kürzester Frist) oder Termin-(Zeit-)Geschäfte (Lieferung und Zahlung zu einem späteren Zeitpunkt). — In der Bundesrep. Dtl. gilt das B.-Ges. von 1896 mit verschiedenen Änderungen. Es bestehen 8 Effekten-B.

Börsenverein der Deutschen Buchhändler, früher Spitzenvertretung der dt. Buchhandels, gegr. 1825 in Leipzig, umfaßte auch Österreich und die deutschsprachige Schweiz. Nach 1945 wurde der Verein in der Dt. Dem. Rep. unter dem gleichen Namen neu errichtet, 1948 entstand in der Bundesrep. Dtl. der **Börsenverein Deutscher Verleger- und Buchhändlerverbände e. V.,** Frankfurt a. M., 1955 umgewandelt in den **Börsenverein des Deutschen Buchhandels.** — In Leipzig erscheint das »Börsenblatt für den Deutschen Buchhandel«, in Frankfurt a. M. das »Börsenblatt für den Deutschen Buchhandel – Frankfurter Ausgabe«.

Borsig, August, Gründer der Lokomotiv- und Maschinenfabrik A. Borsig, jetzt Borsig AG., Berlin-Tegel, *1804, †1854.

Borsten, steife, haarartige Gebilde bei Tieren und Pflanzen.

Borstenwürmer, Ringelwürmer, deren Körperabschnitte Borsten tragen. Man unterscheidet: **1) Vielborster,** leben meist im Meer, freischwimmend (Seeraupen, Palolowurm) oder festsitzend in selbstgefertigten Röhren (Sandwurm). **2) Wenigborster,** leben im Süßwasser oder auf dem Land; die bekannteste Art ist der →Regenwurm.

Borte, starkes, dicht gewebtes Band, als Besatz.

Bortnj'anskij, Dimitrij, russ. Komponist, *1751, †1825; hauptsächlich Kirchenmusik.

Bor'ussia, latein. Name für Preußen.

Bosch, 1) Carl, Chemiker, *1874, †1940, führte die von Haber gefundene künstliche Darstellung von Ammoniak im Großbetrieb durch **(Haber-Bosch-Verfahren);** Nobelpreis 1931. **2)** Hieronymus, niederländ. Maler, *um 1450, †1516; phantastische Darstellungen des Volkslebens, der Höllenstrafen, Sünden, Versuchungen. **3)** Robert, Techniker, Großindustrieller, *1861, †1942, brachte 1902 die Hochspannungs-Magnetzündung für Kraftfahrzeuge heraus.

B'osco, Don Giovanni, italien. kath. Geistlicher, *1815, †1888, Jugenderzieher, gründete 1868 den Salesianerorden, 1874 eine weibl. Ordensgesellschaft für Mädchenerziehung. Heiliger (Tag 31.1.).

böser Blick, Aberglaube: manche Menschen seien fähig, anderen durch Ansehen zu schaden.

böse Sieben, alte dt. Spielkarte »7« mit dem Bild eines bösen Weibs; daher zänkisches Weib.

Bosk'ett [frz.] das, Buschgruppe, Parkwald.

B'oskop, edler Winter-Speiseapfel. (FARBTAFEL Obst S. 700)

Bosnien, Landschaft in Jugoslawien; bildet mit Herzegowina die Volksrepublik **B. und Herzegowina,** 51 100 km², 3,8 Mill. Ew.; Hauptstadt: Sarajewo. B. ist meist gebirgig, waldreich; im W dürftig bewachsenes Karstgebirge, im N schmale Ebene längs der Save. Wichtige Flüsse: Bosna, Drina. Bevölkerung zu rd. 30% mohammedanisch. Eisen- und Stahl-, Textil-, Holzindustrie, ⚒ auf Kohle und Eisenerz; Anbau von Getreide, Obst, Tabak; Viehzucht. – GESCHICHTE. B. war seit 1463 türkisch, 1878–1918 österreichisch; dann zu Jugoslawien. ⊕ S. 524.

B'osporus, 1) die Meerenge zwischen Europa und Asien, die das Schwarze Meer mit dem Marmarameer verbindet; 30 km lang, bis 3 km breit; hohe Uferwände. 2) **Kimmerischer B.,** antiker Name der Straße von Kertsch.

Boss der, in USA: Vorgesetzter, Betriebsleiter; auch Parteiführer.

Hieronymus Bosch: Narrenschiff (Ausschnitt)

bosseln, winterl. Wurfwettspiel mit Hartholzkugeln, an der oldenburg. und ostfries. Küste.

boss'ieren, 1) Herausschlagen der Rohform einer Skulptur (**Bosse**). **2)** behauen des roh gebrochenen Felsens zu einem winkelrechten Block. **Bossenwerk, Bossage** [bɔs'aːʒə], ⊡ Mauerwerk aus Quadern mit rauher Oberfläche und hervorgehobenen Fugen. **Bossierwachs,** Masse zum Modellieren.

Bossuet [bɔsy'ɛ], Jacques Bénigne, französ. kath. Kanzelredner, *1627, †1704, trat für die Freiheit der Gallikanischen Kirche ein.

Boston [b'ɔstən], Hauptstadt des Staates Massachusetts, USA, an der Massachusetts-Bai, 665 000 Ew., alte reiche Hafen-, Handels- und Industriestadt, einer der geistigen Brennpunkte der Verein. Staaten: Harvard-Universität im Stadt-

Borsig

Boston (Luftaufnahme)

teil Cambridge, eine der besten Universitäten Amerikas, den gleichen Rang hat die TH; hervorragende Bibliotheken. Industrie: Baumwolle, Wolle, Leder, Schuhe, Feinmechanik, Schiffbau. B. wurde 1630 von Puritanern gegründet.

Boström [b'uːstrøm], Christopher. schwed. Philosoph, *1797, †1866, vertrat, an Platon und Hegel anknüpfend, einen »Persönlichkeitsidealismus«.

Boswell [b'ɔzwəl], James, engl. Schriftsteller, *1740, †1795; klass. Biographie Samuel Johnsons, Tagebücher.

Bot'anik [grch.] die, Pflanzenkunde, →Pflanze.

Botanischer Garten, Anlage für Forschung und Unterricht in Pflanzenkunde. Die B. G. gehören meistens zu den Universitäten. Die modernsten B. G. in Berlin-Dahlem (angelegt von A. Engler) und in München-Nymphenburg (geschaffen von K. Goebel).

Botel das, Zusammensetzung aus Boot und Hotel, Herberge für Bootstouristen.

B'otha, Louis, General, *1862, †1919, kämpfte im Burenkrieg erfolgreich gegen die England, trat dann für eine Politik der Versöhnung ein, wurde 1910 der erste MinPräs. der Südafrikan. Union; eroberte 1915 Dt.-Südwestafrika.

Bothwell, James, Earl of, *um 1536, †1578, 3. Gemahl Maria Stuarts.

Botok'uden Mz., primitiver Indianerstamm im Urwald von O-Brasilien; wandernde Jäger.

Botschafter, →Gesandter.

Botsw'ana, Rep. in Südafrika, 600 000 km², 559 000 Ew. (Tswana oder Betschuanen, rd. 4000 Weiße), Hauptstadt: Gaberones. B. umfaßt den inneren Teil des südafrikan. Beckens im weiten, unfruchtbaren Steppenhochland der Kalahari (800–1300 m hoch). Haupterwerbszweig: Viehzucht; Haupthandelspartner ist Südafrika. B. wird von der Bahnlinie Kapstadt – Salisbury durchquert; 2 Flugplätze. – B. war als Betschuanaland brit. Schutzgebiet; seit 1966 unabhängige Republik. ⊕ S. 514, ⟋ S. 345.

Böttcher [von Bottich], **Schäffler, Küfer, Faßbinder,** Handwerker, der Holzgefäße (Fässer, Zuber, Tonnen) herstellt.

Böttcher, Maximilian, Schriftsteller, *1872, †1950; schrieb u. a. »Krach im Hinterhaus«.

Borstenwurm: Sandwurm

R. Bosch

Bossenwerk

Böttger, Johann Friedrich, Alchemist, *1682, †1719, kam als Apothekerlehrling in Berlin in den Ruf eines Goldmachers, floh nach Dresden, wo er von August dem Starken gefangengehalten wurde, um Gold zu machen. 1708/09 gelang ihm, unter Fortführung der Versuche mit E. v. Tschirnhaus, die Herstellung eines schönen braunroten Steinzeugs (**B.-Porzellan**), später die des weißen chinesischen Porzellans. 1710 wurde die »Meißner Porzellanmanufaktur« gegründet.

Botticelli [botitʃ'ɛli], Sandro, italien. Maler, *Florenz 1444/45, †ebd. 1510, ein Hauptmeister der Frührenaissance, hat dichterisch empfundene Bilder mit großer Ausdruckskraft der Linien geschaffen: Der Frühling, Geburt der Venus, Madonnenbilder.

Botticelli: Geburt der Venus

Bottnischer Meerbusen, der nördliche Teil der Ostsee zwischen Schweden und Finnland; 675 km lang, bis 240 km breit. Die Küsten des B. M. sind reich an Inseln, Sandbänken, Felsen, Klippen. Im Winter friert der B. M. z. T. bis zu 6 Monaten zu.

Bottrop, Industriestadt in Nordrh.-W., nordwestl. von Essen, 111 000 Ew.; Bergbau u. a. Ind.

Botul'ismus [lat.] der, eine Vergiftung durch Aufnahme von Nahrungsmitteln (Fleisch, Wurst, Fisch, Gemüsekonserven), die das Gift des Bacillus botulinus enthalten, beginnt mit Erbrechen, Augenmuskellähmungen, Schluckbeschwerden. ERSTE HILFE: Brechmittel, Abführmittel, Tierkohle. Der Bacillus botulinus gedeiht auch bei Luftabschluß; er bildet Gase (gewölbte Konservendosen fortwerfen).

Botw'innik, Michail, russ. Schachspieler, *1911; Weltmeister 1948-63, außer 1957, 1960.

Bouaké, Stadt in der Rep. Elfenbeinküste, 150 000 Ew.; Handelsplatz, Straßenknoten.

Boucher [buʃ'e], François, französ. Maler, *1703, †1770, ein Hauptmeister des französ. Rokokos, galant, erotisch, spielerisch, modisch.

Bouclé [bukl'e, frz.] das, starke Garne, die aus Kuh-, Hunde-, Katzen- oder Wildhaaren gesponnen und zu **B.-Teppichen**, einfarbigen Kräuselteppichen, verarbeitet werden.

Boudoir [budw'a:r, frz.] das, -s/-e und -s, geschmackvoll eingerichtetes Damenzimmer.

Bourges: Kathedrale

Bougainville [bugɛ̃v'il], die größte der Salomon-Inseln, 71 800 Ew., austral. Treuhandgebiet.

Bougainvillea, dorniger Kletterstrauch des warmen Amerika mit gelbl. Blütchen auf je 3 rosavioletten Hochblättern.

Bougie [buʒ'i: frz. »Kerze«], ⸿ walzenförmiger Stab aus Kautschuk u. dgl.; dient zum Einführen in Kanäle oder Hohlräume des Körpers, besonders zum Weiten der Harnröhre.

Bouillabaisse [bujab'ɛ:s] die, Fischsuppe, bes. in Südfrankreich (Marseille) beliebt.

Bouillon [buj'ɔ̃, frz.] die, Fleischbrühe.

Bouillon, Landschaft in den belg. Ardennen; ehem. Herzogtum, das →Gottfried von B. 1096 an den Bischof von Lüttich verpfändete.

Boulanger [bulɑ̃ʒ'e], Georges, französ. General und Politiker, *1837, †1891, als Kriegsminister 1886/87 Verfechter des Revanchegedankens, endete nach Sturz und Flucht durch Selbstmord.

Boulder Dam [b'ouldədæm], →Hoover Dam.

Boule [bul, frz. »Kugel«] die, Kugelspiel.

Boulevard [bulv'a:r, frz., von Bollwerk] der, in Frankreich Haupt- und Prachtstraße. **Boulevardpresse,** auf der Straße verkaufte Zeitungen.

Boulez [bul'ɛ:s], Pierre, französ. Komponist und Dirigent, *1925; serielle Musik.

Boulle [bul], André Charles, französ. Kunsttischler, *1642, †1732, schuf Möbel von einfachen Grundformen, aber mit reicher Zier.

Boulogne [bul'ɔɲ], 1) B.-Billancourt [bilɑ̃k'ur], Villenvorort von Paris, 109 400 Ew.; Park: **Bois de B.** 2) B.-sur-Mer [syrm'ɛ:r], Seebad, französ. Fischereihafen, Handels- und Überfahrtsplatz nach England und Amerika; 50 000 Ew.

Boumedienne [bumədi'ɛn], Houari, alger. Politiker, *1925; war Generalstabschef, stürzte Ben Bella 1965, ist seitdem alger. Staatspräs.

Bouquin [buk'ɛ̃, frz.] das, altes Buch, Schmöker. **Bouquin'iste,** Straßenantiquar in Paris.

Bourb'onen Mz., französ. Herrschergeschlecht, eine Nebenlinie der →Kapetinger, nach dem Schloß Bourbon [burbɔ̃] im Bourbonnais genannt, regierte 1589-1792 und 1814-30 (→Französische Geschichte). Nebenlinien herrschten in Spanien (1701-1808, 1814-68, 1874-1931), in Neapel-Sizilien (1735 bis 1860) und im Herzogtum Parma. Weitere Nebenlinie →Orléans.

Bourbonnais [burbɔn'ɛ], geschichtl. Landschaft im mittleren Frankreich, teilweise sehr fruchtbar, reich an heilkräftigen Mineralquellen. Stammland des Hauses Bourbon (→Bourbonen).

Bourgeois [burʒw'a, frz.] der, wohlhabender Bürger. **Bourgeoisie** [burʒwaz'i] die, das besitzende Bürgertum, als Stand und geistige Haltung.

Bourges [burʒ], alte Stadt in Mittel-Frankreich, 74 000 Ew.; got. Kathedrale, Erzbischofssitz; Handel (Getreide), Ind. (Metall, Weberei).

Bourget [burʒ'e], Paul, französ. Schriftsteller, *1852, †1935, von kathol.-konservativer Gesinnung; schrieb literarpsycholog. Romane, Schauspiele, Essays.

Bourgogne [burg'ɔɲ, frz.], →Burgund.

Bourguiba [burg'i:ba], Habib, tunes. Staatspräs. *1903, Jurist, Gründer der Neo-Destur-Partei, wurde 1956 MinPräs., 1957 Staats-Präs.

Bournemouth [b'ɔ:nməθ], Seebad an der Südküste von England, am Kanal, 154 000 Ew.

Bourrée [bur'e; frz.] die, französ. Volkstanz im ³/₄-Takt; in vielfach abgewandelter Kunstform Bestandteil der Suite.

Bourtanger Moor [bɔur-], Hochmoor links der Ems; wird kultiviert; Torf, Erdölförderung.

Bouteille [but'ɛj, frz.] die, Flasche.

Boutique [but'ik, frz.] die, kleiner Laden für modische Gegenstände.

Bouton [but'ɔ̃, frz.] der, 1) Knopf, knopfförmiger Ohrring. 2) Knospe.

Bouts [bɔuts], Dieric, niederländ. Maler, *um 1415, †1475, einer der ersten, der in seiner Treue gegenüber dem Dinglichen, in der Stille und Innerlichkeit seiner Figuren das typisch Holländische zum Ausdruck bringt. (BILD S. 115)

Bouvet-Insel [buv'ɛ-], unbewohnte Insel im südl. Atlantischen Ozean, vulkanisch, stark vergletschert; seit 1930 norweg. Besitz.

Bouts: Abendmahl (Peterskirche Löwen)

B'ovist der, Gattung der →Bauchpilze. (FARB-TAFEL Pilze S. 865)

Bowdenzug [b'auden-,engl.], Drahtzug, der Kräfte durch einen in einem Metallschlauch verschiebbaren Draht überträgt (z. B. Fahrradbremse).

Bowiemesser [engl. b'aui, dt. bo:vi], dolchartiges Jagdmesser.

Bowle [b'o:lə, engl.] die, **1)** dem Punsch ähnliches, doch kaltes Weingetränk mit Früchten oder Kräutern. **2)** Gefäß hierfür.

Bowling [b'oulin], amerikan. Form des Kegelspiels.

Box [engl.] die, Büchse, Schachtel; Verschlag im Stall (für Pferd); kastenförmige Kleinkamera.

Boxcalf [b'ɔkska:f, engl.] das, chromgegerbtes, feinnarbiges Kalbsleder, bes. für Schuhoberleder.

Boxen [engl.], Faustkampf mit gepolsterten Lederhandschuhen von 6 oder 8 Unzen Gewicht und nach festen Regeln, im Boxring. Jeder Boxkampf geht über Runden, höchstens 15; Dauer der Runde: 3 Minuten. Stöße auf die empfindl. Stellen (BILD) können den Gegner besonders schnell kampfunfähig machen. Entscheidungen: **Knockout (K.o.)** durch Niederschlag: der Gegner bleibt länger als 10 Sekunden am Boden; **technischer K.o.:** Abbruch des Kampfes bei ernster Gefahr für einen Gegner; **Punktwertung** nach den erteilten und empfangenen Schlägen. Boxkämpfe werden nur zwischen zwei Gegnern der gleichen →Gewichtsklasse durchgeführt.

Boxer, Hunderasse, ähnelt der Bulldogge, 54 bis 58 cm hoch, von kräftigem Körperbau; Diensthund. (TAFEL Hunde)

Boxer Mz., chines. Geheimbund, entfachte 1900 einen fremdenfeindl. Aufstand (**B.-Aufstand;** Ermordung des dt. Gesandten v. Ketteler); darauf griffen die verein. Großmächte militärisch ein.

Boy [bɔi, engl.] der, Laufjunge.

Boyen, Hermann von, preuß. Feldmarschall und Heeresreformer, *1771, †1848, Mitarbeiter Scharnhorsts; Kriegsmin. 1814-19,1841-47.

Bô Yin Ra, eigentl. Joseph Anton **Schneiderfranken,** Schriftsteller und Maler, *1876, †1943, vertrat eine spiritualist. Weltanschauung.

Boyk'ott [nach dem engl. Güterverwalter Ch. Boycott] der, Verrufserklärung as polit., wirtschaftl. oder soziale Kampfmaßnahme, durch die eine Person, ein Unternehmen oder ein Staat vom regelmäßigen Geschäftsverkehr ausgeschlossen wird. In der Privatwirtschaft unzulässig, wenn Zweck oder Mittel gegen die guten Sitten verstoßen.

Boyle [bɔil], Robert, engl. Physiker, *1627, †1691, entdeckte vor Mariotte das **Boyle-Mariottesche Gesetz,** wonach das Produkt aus Druck und Rauminhalt eines idealen Gases bei konstanter Temperatur unverändert bleibt.

Boy-scouts [bɔi skauts, engl.], Pfadfinder.

Bozen, ital. **Bolz'ano,** Stadt in Südtirol mit 104700 Ew.; südlich vom Brenner am Eisack,

wichtiger Verkehrsknotenpunkt; bedeutender Handel: Wein, Obst, Gemüse, Konserven; Fremdenverkehr, moderne Industrie.

Bozz'etto [ital.] der, erster skizzenhafter plastischer Entwurf für eine Skulptur.

BP, →Bayernpartei.

Br, chem. Zeichen für →Brom.

Brabançonne [-bãs'on, frz.], belg. Nationalhymne (1830 entstanden).

Brab'ant, Landschaft in Belgien und den Niederlanden, umfaßt die belg. Provinz B. und das niederländ. Nord-B.; B. war einst selbständiges Herzogtum, im 15./16. Jahrh. Mittelpunkt der niederländ. Kultur.

Brač [bratʃ], zweitgrößte dalmatin. Insel, 396 km², 15000 Ew., südlich von Split.

Brache die, ein unbebauter Acker (→Dreifelderwirtschaft). **brachliegen,** ungenutzt sein.

brachi'al [lat.] zum (Ober-)Arm gehörig. **Brachi'algewalt,** rohe Kraft, rohe Gewalt.

Brachiop'oden Mz., ☿ die →Armfüßer.

Brachkäfer, Junikäfer, kleinerer Verwandter des Maikäfers.

Brachmonat, Brachmond, der Juni.

Brachschwalbe, ein regenpfeiferartiger Vogel mit schwalbenähnlichem Flug; die B. lebt in S-Europa, SW- und Mittelasien.

Brachsen, Brassen, Karpfenfische; die bekannteste Art, der **Blei,** bewohnt Flüsse und Seen nördlich der Alpen.

Brachsenkraut, bärlappartige, schnittlauchähnl. Sporenpflanzen; meist Wasserpflanzen.

Brachvogel, Gattung der Schnepfenvögel, den Regenpfeifern verwandt; Stelzvögel mit sehr langem gebogenem Schnabel. Der **Große B.,** Keilhaken, Brachschnepfe, ist krähengroß, brütet in Gras- und Moorlandschaften N-Europas und Asiens. Der **Regen-B.** ist kleiner und hat kürzeren Schnabel.

Brachvogel, Albert Emil, Schriftsteller und Dramatiker, *1824, †1878; Roman »Friedemann Bach« (1858).

Bracke der und die, Jagdhund, zeigt das Wild durch Bellen an, 35 cm hoch. (TAFEL Hunde)

Brackwasser, schwach salzhaltiges, ungenießbares Wasser in Flußmündungen und Haffen.

Brackw'ede, Stadt in Nordrh.-W., 40300 Ew.; Fahrrad-, Maschinen-, Textilindustrie.

Bradford [br'ædfəd], Stadt in N-England, 295800 Ew.; Hauptsitz der engl. Textil-Ind.

Bradley [br'ædli], **1)** Francis Herbert, engl. Philosoph, *1846, †1924, vertrat eine idealist. Philosophie. **2)** James, engl. Astronom, *1692, †1762; bewies mit der Entdeckung der →Aberration den heliozentr. Aufbau des Planetensystems.

Bradykard'ie [grch.] die, länger anhaltende Pulsverlangsamung (→Puls).

bradytr'oph [grch.], langsam ernährt.

Bragança [brag'ãsa], **Braganza,** Stadt in NO-Portugal nahe der span. Grenze, 8100 Ew.; Bischofssitz, Seidenherstellung.

Bragança [brag'ãsa], portugies. Dynastie, 1640-1910 (zuletzt als Königshaus Sachsen-Coburg-B.); regierte auch in Brasilien (1822-89).

Bragg [bræg], Sir William Henry, engl. Physiker, *1862, †1942, entwickelte u. a. zusammen mit seinem Sohn W. Lawrence B. (*1890, †1971) eine Methode zur Erforschung des Kristallaufbaus mit Röntgenstrahlen. Beide 1915 Nobelpreis.

Bragi, ältester mit Namen bezeugter norweg. Skalde (9. Jahrh.); Dichter der Ragnarsdrapa.

Brahe die, linker Nebenfluß der Weichsel, mündet unterhalb von Bromberg.

Brahe, Tycho, dän. Astronom, *1546, †Prag 1601, bester beobachtender Astronom vor Erfindung des Fernrohrs; Lehrer →Keplers.

Brahm'ane der, Mitglied der obersten Kaste der Hindus (Priester Dichter Gelehrte Politiker). Die B. haben sich von der Gangesebene aus über Indien verbreitet (etwa 15 Mill.).

Brahman'ismus, die 2. Zeitstufe der indischen Religion, die der ältesten **wedischen** folgt

Boxen: empfindliche Stellen

Brachvogel

Brahms

Bramante: Rundtempel im Hof von San Pietro in Montorio, Rom

Brandt

(seit 1000 v. Chr.) und in die neuere hinduistische (2. Hälfte des 1. Jahrtsd. n. Chr.) übergeht. Charakteristisch sind das Hervortreten eines unpersönl. obersten Gottes (**Brahman**), die Ausbildung des Kastenwesens und des Vorrangs der Priesterschaft, die Anfänge des Seelenwanderungsglaubens, der Erlösungssehnsucht und der Askese.

Brahmap′utra der, Strom in Asien, 2900 km lang. Er entspringt nördlich des Himalaya im südwestl. Tibet, umfließt als **Tsangpo** den östl. Himalaya, durchströmt die Tiefebene Indiens und mündet in den Mündungsfächer des Ganges.

Brahms, Johannes, Komponist, *1833, †1897. Seine Musik, die den klaren Formaufbau der Klassiker erstrebt, ist bestimmt durch volle Harmonik, vielfältige Rhythmik, ausdrucksvolle Melodik: 4 Sinfonien und andere Orchesterwerke, Kammermusik, Klavierstücke, zahlreiche Lieder, das Chorwerk »Ein deutsches Requiem«.

Brä′ila, Stadt in Rumänien, an der Donau, 149 700 Ew., Hauptausfuhrhafen für Getreide.

Braille [bra:j], Louis, französ. Blindenlehrer, *1809, †1852, schuf die Blindenschrift.

Brain Trust [brein trʌst, amerikan.], »Gehirntrust«, ursprünglich die Berater Präs. Roosevelts beim →New Deal.

Brake/Unterweser, Stadt im Kr. Wesermarsch, Niedersachsen, 19 000 Ew.

Brakel, Stadt in Nordrh.-Westf., 12 900 Ew.

Bräker, Ulrich, schweizer. Schriftsteller, *1735, †1798; »Lebensgeschichte des armen Mannes in Toggenburg« (Selbstbiographie).

Brakpan, Stadt in Transvaal (Rep. Südafrika); 84 400 Ew., Zentrum des Goldbergbaus.

Brakte′at [lat. »Blech«] der, altdeutsche Münze aus dünnem Silberblech, nur einseitig geprägt (12.-14. Jahrh.).

Bram′ante, italien. Baumeister und Maler, *1444, †1514, entwickelte den klassischen Stil der italien. Hochrenaissance: Bauten in Mailand und Rom; wichtigste Leistung: die gewaltigen Pläne zum Neubau der Peterskirche.

Bram′arbas, Großsprecher, Prahlhans. **bramarbas′ieren,** großtun.

Brambach, Radiumbad im Bez. Karl-Marx-Stadt,2100Ew.;radioaktiveQuellen;Uranbergbau.

Bramsche, Stadt im RegBez. Osnabrück, Niedersachsen, 10 700 Ew.; Nahrungsmittelind.

Bramstedt, Bad B., Stadt in Schlesw.-Holst., 8100 Ew.; Moor-Solbad.

Bramstenge die, ⚓ zweite Verlängerung des Mastes mit **Bramrahe** und **Bramsegel.**

Branche [br′ɑ̃:ʃ, frz. »Zweig«] die, Fach, Zweig, Abteilung.

Branc′usi, Constantin, rumän. Bildhauer, *1876, †1957; Wegbereiter abstrakter Plastik.

Brand, 1) ♃ örtlicher Tod eines Körper- oder Organteils infolge Störung oder Aufhebung der Blutversorgung (Gangrän); **trockner B.** (Nekrose) Austrocknung und Schrumpfung der befallenen Körperteile (z. B. der Zehen); **feuchter B.,** mit Hinzutreten von Eiter- oder Fäulnisvorgängen. Die Störung der Blutversorgung kann durch Verletzung, Druck, Verätzung, Thrombose, Embolie, Aderverkalkung (**Altersbrand**) usw. entstehen. Nicht zu verwechseln mit dem →Gasbrand. 2) ♠ volkstüml. Bezeichnung vieler Pflanzenkrankheiten. B. der Getreideähren wird verursacht durch B.-Pilze, die sporenerfüllte B.-Flecke bilden. **Staub-B.** (Schwarzer B.) an verschiedenem Getreide. **Stein-B.** (Kornfäule) am Weizenkorn.

Brand, Gem. im Kr. Aachen, Nordrh.-Westf., 10 900 Ew.

Brandbinde, mit Wismutverbindungen getränkte Mullbinde.

Brandblase, blasenförmige Abhebung der Haut bei Verbrennungen.

Brandbrief, Droh-, Mahnbrief.

Brandenburg, früher auch: **Mark B.,** die **Mark,** bis 1945 preuß. Provinz (seit 1947 **Land B.;** durch Ges. v. 23. 7. 1952 der Dt. Dem. Rep. wurden aus dem Land B. die Bezirke Potsdam, Frankfurt a. d. Oder und der größte Teil von Cottbus

gebildet. Die Provinz B. hatte 38 278 km² und 3,0, das Land B. 27 976 km² und 2,6 Mill. Ew. B. umfaßt die Hauptteile des Spree- und Havelgebietes und Teile der linken unteren Oderniederung.

GESCHICHTE. B. war vor der Völkerwanderung von den german. Semnonen bewohnt; dann wanderten Slawen ein. Von der Altmark aus gründete der Askanier Albrecht der Bär seit 1134 die Mark B. Durch Ludwig den Bayern kam B. 1323 an die Wittelsbacher, durch Kaiser Karl IV. 1373 an die Luxemburger; es wurde damals viel von inneren Wirren heimgesucht. Kaiser Sigismund übertrug das 1356 zum Kurfürstentum erhobene Land 1415 dem Hohenzollern Burggraf Friedrich von Nürnberg. Weiteres →Preußen, Geschichte.

Brandenburg (Havel), Stadt im Bezirk Potsdam, 93 000 Ew., verkehrsgünstig gelegen; mittelalterl. Baudenkmäler (im Krieg stark beschädigt); Automobil-, Fahrrad-, Textil-, Chemie-, Metallindustrie. B. war als Brennaburg Hauptort der slaw. Heveller; im MA. Bischofssitz.

Brandenburg: Steintorturm

Brandenburger Tor in Berlin, 1788-91 von C. G. Langhans erbaut, mit Quadriga von G. Schadow.

Brandgans, Brandente, Höhlenbrüter im Küstengebiet der Nord- und Ostsee, mit farbenprächtigem Federkleid: schwarz-weiß mit rostroter Binde um Brust und Vorderrücken, roter Schnabel.

Brandmal das, 1) Brandnarbe, früher Verbrechern in die Haut gebranntes Schandmal; daher: **brandmarken,** öffentl. bloßstellen. 2)→Muttermal.

Brandmauer, mindestens 1 Stein (25 cm) oder 20 cm Beton starke Mauer ohne Öffnungen und Hohlräume als Feuerschutz zwischen zwei Gebäuden.

Brandsalbe, Gemisch aus Kalkwasser und Leinöl. Als B. dienen auch Bor- oder Lebertransalbe.

Brandschatzung, Auferlegung einer Abgabe durch Drohung mit Plünderung und Brand.

Brandsohle, die innere Sohle des Schuhes.

Brandstiftung, 🕳 das Inbrandsetzen bestimmter Gegenstände, wie Gebäude, Wald, Schiffe usw., wird mit Zuchthaus, bei Fahrlässigkeit mit Gefängnis oder Geldstrafe bestraft.

Br′andström, Elsa, *1888, †1948, Schwedin, war im 1. Weltkrieg für die deutschen Kriegsgefangenen in Rußland und Sibirien tätig.

Brandt, Willy, ursprüngl. Karl Herbert Frahm, Politiker (SPD), *1913, Journalist, emigrierte 1933 (Norwegen und Schweden, bis 1945), wurde 1957 Regierender Bürgermeister von Berlin, 1964 Parteivorsitzender; 1966 Vizekanzler u. Bundesaußenminister; 1969 Bundeskanzler einer SPD-FDP Regierung, 1972 wiedergewählt; erstrebt durch seine »Ostpolitik« (Verträge mit der Sowjetunion, Polen und Dt. Dem. Rep.) eine Verbesserung der Beziehungen zu diesen Staaten. Friedensnobelpreis 1971.

Brandung die, das Überstürzen (»Brechen« oder »Branden«) der Meereswellen an der Küste, wo die Wassertiefe geringer wird als die Höhe der Wellen.

Brandwunden, →Verbrennung.

Braque: Stilleben (1942)

Brandy [br'ændi, engl.] der, Branntwein.
Brandzeichen, bei Pferden, →Gestüt.
Branntwein, ein aus gegorenen Flüssigkeiten durch Destillation (»Brennen«) gewonnenes, alkoholisches Getränk, oder auch trinkbares Gemisch von Alkohol und Wasser mit würzenden Geschmacks- und Geruchsbeimengungen. Die Würzen sind teils beiläufiges Gärungsergebnis, teils Rohstoffbestandteile (z. B. das Bittermandelöl und die Blausäure der Obstbranntweine), teils ätherische Öle (aus Fenchel, Anissamen. Enzianwurzel o. ä.). Aus vergorenen Weintrauben gewinnt man den **Weinbrand** (zuerst in der franz. Stadt Cognac hergestellt: daher **Cognac**), aus Saft von Kirschen und Zwetschen, der durch wilde Hefen der Obstoberfläche vergoren ist, das **Kirsch-** oder **Zwetschenwasser.** Melasse vom Zuckerrohr gibt den echten **Rum,** eine mit Palmsäften versetzte Maische aus Reis in Ostindien den **Arrak.** Die meisten B. Europas werden aus Getreide (Roggen-, Weizen-, Gerstenmalz) gewonnen, z.B. der **Korn-B.** und der **Whisky.** Die ausgepreßten Schalen der Weinbeeren (Trester) geben **Trester-B. (Franz-B.).** Der Alkoholgehalt des B. beträgt im dt. Handel etwa 32 Vol. %, bei Arrak, Rum, Obst-B. auch mehr(→Likör). – Herstellung und Vertrieb in Dtl. unter Monopol-Verwaltung.
Brant, Sebastian, Dichter und Humanist, *Straßburg 1457, †1521; geißelt im »Narrenschiff« die Laster und Torheiten seiner Zeit.
Braque [brak], Georges, französ. Maler, *1882, †1963, löste sich als Vertreter des Kubismus vom Naturvorbild, später wurden seine Bilder gegenständlicher: Stilleben, Interieurs.
Bras'ília, Hauptstadt Brasiliens (seit 1960) und Bundesdistrikt, auf der Hochebene von Goiás, 440000 Ew.; auf 800000 Ew. berechnet.
Bras'ilien, amtlich República dos Estados Unidos do Brasil, Bundesrep. in Südamerika; 8,5 Mill. km², 95,3 Mill. Ew.; Hauptstadt: Brasília; Amtssprache: Portugiesisch. ⊕ S. 517, ⊡ S. 345.
Der Präsident ist Staatsoberhaupt und Regierungschef (Präsidialsystem); der Kongreß ist seit dem Staatsstreich vom Dez. 1968 ausgeschaltet. B. ist eingeteilt in 22 Staaten: Acre, Alagôas, Amazonas, Bahia, Ceará, Espírito Santo, Goiás, Guanabara, Maranhão, Mato Grosso, Minas Gerais, Pará, Paraíba, Paraná, Pernambuco, Piauí, Rio de Janeiro, Rio Grande do Norte, Rio

Brasília: Kongreßpalast

Grande do Sul, Santa Catarina, São Paulo, Sergipe; 4 Bundesterritorien: Amapá, Fernando de Noronha, Rondônia, Roraima; Bundesdistrikt (Brasília). FARBTAFEL Südamerika S. 875.
Kernlandschaft B.s ist das Brasilian.Bergland(im Pico da Bandeira 2890 m hoch). Ihm schließt sich nach N das Amazonastiefland an. Im äußersten N hat B. Anteil am Bergland von Guayana. Hauptflüsse: im N der Amazonas mit seinen Nebenflüssen, im O der Rio São Francisco. Klima: überwiegend tropisch heiß, sehr feucht im Amazonastiefland und an der SO-Küste (Urwald), trockener im inneren Bergland (Grassteppen, lichte Buschwälder). Der S hat subtrop. Klima (Laub- und Nadelwälder). – Bevölkerung: rd. 62% Weiße (bes. im S; Portugiesen, Italiener, Deutsche, Polen u. a.), 26% Mischlinge (bes. in Mittel-B), 11% Neger (bes. im NO), 1% Indianer und Asiaten. Starke Bevölkerungszunahme. Religion: 95% katholisch. Millionenstädte sind São Paulo und Rio de Janeiro.
Der wichtigste Erwerbszweig ist noch die Landwirtschaft (52% der Bevölkerung, rd. 80% Ausfuhranteil). Haupterzeugung: Kaffee (rd. ⅓ der Welternte), Baumwolle, Kakao, Tabak, Mais, Reis, Kartoffeln, Zuckerrohr. Viehzucht im Landesinnern und im S. B. hat reiche Bodenschätze: Eisenerz (bes. in Minas Gerais), Mangan, Bauxit, Zinn; Steinkohle, Erdöl, Edel- und Halbedelsteine u.a. Die Industrie wird seit dem 2. Weltkrieg stark ausgebaut (Nahrungsmittel-, chem., Maschinen-, Textil-, Fahrzeug-, Schwerindustrie). – Ausfuhr: Kaffee, Baumwolle, Eisenerz u. a. Haupthandelspartner: USA, Argentinien, Bundesrep. Dtl. – Das Verkehrsnetz im Innern wird ausgebaut; bedeutender Flugverkehr.
GESCHICHTE. – B. wurde 1500 von Cabral für Portugal in Besitz genommen, das Innere aber erst im 17./18.Jahrh. erschlossen. 1822 machte es sich unabhängig; der portug. Kronprinz wurde als Pedro I. Kaiser. 1871 und 1888 Aufhebung der Negersklaverei. 1889 wurde Pedro II. gestürzt, seitdem Republik. Häufig kam es zu Bürgerkriegen. Präsident Vargas (1930-45; 1950-54) schuf 1937 eine autoritäre Verfassung, die bis 1946 galt. Präsident Kubitschek (1956-61) begann mit der Erschließung des Inneren B.s (Brasília neue Hauptstadt). Nach einem Militärputsch im Jahre 1964 (Sturz von Präs. Goulart) erhielt der Präs. weitere Vollmachten, die in der Verfassung vom Jan. 1967 niedergelegt wurden. A. da Costa e Silva (Präs. seit 1967) regierte bis 1969, seitdem ist General E. G. Medici Präsident.
Brașov [braʃ'of], rumän. für →Kronstadt.
Brasse, ♃ Tau zum Bewegen der Rahen, Haltetau. **brassen,** Rahen nach dem Wind richten.
Brassen, →Brachsen.
Br'assica die, Pflanzengatt. (Kohl, Raps, Senf).
Brăti'anu, Ion I.C., rumän. Staatsmann, *1864, †1927, veranlaßte 1916 den Eintritt Rumäniens in den Krieg gegen Dtl., schuf Großrumänien.
Br'atislava, slowak. Name von →Preßburg.
Brätling, der, eßbarer Milchling, Blätterpilz.
Bratsche [ital.] die, **Viola,** Streichinstrument in Form der Geige, aber etwas größer, die 4 Saiten eine Quinte tiefer gestimmt: c, g, d', a'.
Bratsk, Stadt in der Sowjetunion, 155000 Ew.; Stausee der Angara mit Kraftwerk.
Brauch, 1) Gebrauch. 2) Sitte, Gewohnheit.
Brauchitsch, Walther v., Generalfeldmarschall, *1881, †1948, 1938-41 Oberbefehlshaber des Heeres.
Brauerei, →Bier.
Brauksiepe, Änne, Politikerin (CDU), *1912, 1968-1968 Bundesmin. für Familien- und Jugendfragen.
Braun, 1) Felix, österreich. Schriftsteller, *1885; Lyriker, Erzähler, Dramatiker. 2) Harald, Regisseur und Autor *1901, †1960; bemüht um den Aufbau der dt. Filmwirtschaft. 3) Matthias, Dramatiker, *1933; Bearbeitung antiker Dramen. 4) Otto, Politiker, *1872, †1955, Sozialdemokrat, wurde 1920 MinPräs. von Preußen, 1932 amtsenthoben. 5) Wernher v., Raketenkonstrukteur,

Brant

Brasilien

W. v. Braun

117

Braunsche Röhre:
a Kathode, b
Anode, c Ablenkplattenpaare,
d Leuchtschirm

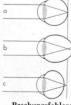

Break

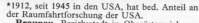

*1912, seit 1945 in den USA, hat bed. Anteil an der Raumfahrtforschung der USA.

Braunau, Bezirksstadt in Oberösterreich, am Inn, 16 800 Ew.; Holzind.

Bräune die, 1) **Rachen-B.,** →Diphtherie. 2) Falsche **B.,** →Krupp. 3) Mandelentzündung.

Brauneisenstein, bräunl. Eisenoxyd mit wechselndem Wassergehalt, wichtiges Eisenerz. (FARBTAFEL Edelsteine, Mineralien S. 176)

Braun'elle die, 1) 🐦 **Hecken-B.,** sperlingsfarbiger, spitzschnäbliger Singvogel, Hals metallgrau. 2) ⚘ **Brunelle, Kohlröschen,** Alpenpflanze, Orchidee, Blüten braun bis rot, mit Vanilleduft. 3) **Kleine B.,** ⚘ Lippenblüterkraut auf Triften, Blütenköpfe violett, mit braunen Deckblättern. 4) ⚘ **Wiesenknopf,** Gattung staudiger Rosengewächse mit Fiederblättern und braunroten Blütenköpfen.

Braunfels, Walter, Komponist, *1882, †1954; Opern, Chor-, Orchesterwerke u. a.

Braunkohle, eine junge →Kohle.

Braunlage, Stadt im VerwBez. Braunschweig, Niedersachsen, 6400 Ew., Luftkurort und Wintersportplatz im Oberharz, 620 m ü. M.

Braunsberg, Stadt in Ostpreußen, (1939) 21 100, (1969) 23 100 Ew.; 1254 gegründet, Deutschordensburg (1240), gehörte zur Hanse; seit 1945 unter polnischer Verwaltung (**Braniewo**).

Braunsche Röhre, von dem Physiker K. F. Braun (*1850, †1918) erfundene Kathodenstrahlröhre, mit der schnelle elektrische Schwingungen sichtbar gemacht werden können; sie wird in Kathodenoszillographen und im →Fernsehen verwendet.

Braunschweig, 1) ehemal. Land des Dt. Reiches, 3672 km², (1939) 583 300 Ew. GESCHICHTE. Aus dem niedersächsischen Eigenbesitz der Welfen (seit 1137) wurde 1235 das Herzogtum B.-Lü-

Braunschweig: Martini-Kirche und Altstadtrathaus (rechts)

neburg gebildet, dann aber wiederholt geteilt. Aus dem Teilherzogtum Wolfenbüttel ist das Land B., aus der Vereinigung der übrigen Teilgebiete das Land Hannover hervorgegangen. 1807 bis 1813 gehörte B. zum napoleonischen Königreich Westfalen. Als 1884 die Herzöge von B. ausstarben, wurden zunächst Regenten eingesetzt, bis 1913 Ernst August aus der hannoverschen Linie Herzog wurde; 1918 dankte er ab. Als Freistaat erhielt B. 1922 eine neue demokrat. Verfassung. 1933-45 unterstand es mit Anhalt einem gemeinsamen Reichsstatthalter. 1946 kam B. zum Land →Niedersachsen. 2) Hauptstadt des Verw.-Bez. B., Niedersachsen, 232 000 Ew.; die Innenstadt mit Fachwerkhäusern der Gotik und Renaissance ist stark zerstört, die roman. Dom mit dem Grabmal Heinrichs des Löwen und das Gewandhaus sind wiederhergestellt; TU (gegr. 1745, die älteste Deutschlands). Industrie: Fahrzeuge, Mühleneinrichtungen, Klaviere, optische Geräte, Fleisch- und Gemüsekonserven.

Braunstein, Pyrolusit, Manganerz, MnO$_2$, metallisch glänzendes Mineral; wichtigster Ausgangsstoff für die Erzeugung von Mangan.

Braunwurz die, staudige Pflanzengattung, Rachenblüter; **Knotige B.,** braungrüne Blüten.

Brausepulver, aromatisierte und gesüßte Mischung von Natriumbicarbonat mit Wein- oder Zitronensäure.

Braut und **Bräutigam,** die Verlobten während der Brautzeit (→Verlöbnis, →Ehe). **Brautexamen,** kath. Kirche: Zur Vorbereitung der Eheschließung vorgeschriebene Prüfung durch den Pfarrer (Feststellung des Fehlens kanonischer Ehehindernisse, Prüfung der Kenntnis religiöser Grundwahrheiten). **Brautunterricht,** die religiöse Unterweisung über Ehe und Ehesakrament. **Brautgeschenke** können, wenn das Verlöbnis nicht zur Ehe führt, unter bestimmten Voraussetzungen zurückgefordert werden (§§ 1301, 815 BGB). Über Brauchtum →Hochzeit.

Braut in Haaren, die Zierpflanze →Schwarzkümmel.

Brautkauf, die bei manchen Völkern übliche Sitte, die Braut vom Brautvater oder dessen Sippe für einen bestimmten Preis loszukaufen.

Brauweiler, im Kr. Köln, Nordrh.-Westf., 13 700 Ew.; Max-Planck-Institut.

br'avo [ital.], brav!, trefflich! (Beifallsruf). Superlativ: bravissimo. **Br'avo** [ital.], der, -s/Bravi, ♱ gedungener Meuchelmörder.

Bravour [brav'u:r, frz.] die, Tapferkeit, Herzhaftigkeit. **Bravourstücke,** auf virtuose Wirkungen abzielende Kompositionen.

Brazzaville, Hauptstadt der Rep. Kongo (B.), 156 000 Ew.; Flußhafen am Kongo, Eisenbahn zur Küste (Pointe Noire).

BRD, Abk. für Bundesrepublik Deutschland.

Break [breik, engl.] der, offener Kutschwagen mit Längs- oder Querbänken.

Brechdurchfall, Magen-Darm-Katarrh mit Erbrechen, Durchfall, Leibschmerzen, Fieber; nach Genuß verdorbener Lebensmittel, begünstigt durch Magenüberladung und sommerl. Hitze; bes. bei Säuglingen. Behandlung: Bettruhe, Nahrungsenthaltung, Tee, Chemotherapie; bei Säuglingen 24 Stunden nur Tee, Arzt rufen.

Brechmittel, Em'etica, Erbrechen hervorrufende Mittel, z. B. Apomorphin, Kupfersulfat. Zur Entleerung des Magens wird die Magenspülung meist dem künstl. ausgelösten Erbrechen vorgezogen.

Brechnuß, 1) Samen des Wolfsmilchgewächses **Jatropha curcas,** dient als Brech- und Abführmittel. 2) Samen einer Strychnos-Art, enthält die Alkaloide Strychnin und Brucin (beide giftig).

Brecht, Bertolt, Dichter und Dramaturg, *1898, †1956; lebte 1933-47 im Exil, seit 1948 in Ost-Berlin; dort gründete er zusammen mit seiner Frau Helene Weigel das »Berliner Ensemble«; B. schrieb gesellschaftskrit. Gedichte, Songs (»Dreigroschenoper«, Musik von K. Weill), Lehrstücke und sozialist.-realistische Dramen (»Die heilige Johanna der Schlachthöfe«; »Mutter Courage und ihre Kinder«; »Leben des Galilei«). (BILD S. 119)

Brechung, Richtungsänderung von Lichtstrahlen und anderen Wellenstrahlen beim Übergang aus einem Stoff in einen anderen, in dem auch die Ausbreitungsgeschwindigkeit eine andere ist.

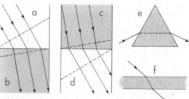

Brechung von Lichtstrahlen: a dünneres Medium, z. B. Luft, b dichteres Medium, c dichteres Medium, z. B. Glas, Wasser, d dünneres Medium, e Prisma, f Strahlengang durch dünne Glasplatte

Brechungsfehler des Auges, Fehler in der Einstellung des Auges auf den Fernpunkt. Das

Brechungsfehler:
a Normalsichtigkeit, b Kurzsichtigkeit, c Weitsichtigkeit

A. Brehm

normale Auge ist im Ruhestand so eingestellt, daß es in die Ferne scharf sieht, d. h. parallel einfallende Strahlen vereinigen sich auf der Netzhaut. Das kurzsichtige Auge ist zu lang, das weitsichtige zu kurz gebaut. Parallel einfallende Strahlen vereinigen sich also bereits vor oder erst hinter der Netzhaut, so daß auf dieser nur ein unscharfes Bild entsteht. Zum scharfen Sehen ist bei Kurzsichtigkeit eine Brille mit Zerstreuungs-, bei Weitsichtigkeit eine mit Sammellinse erforderlich. Zu den B. gehören noch die →Alterssichtigkeit und der →Astigmatismus. (BILD S. 118)

Brechwurzel, Ipekakuanha, Wurzel des brasilian. Brechveilchens; Arzneimittel.

Breckerfeld, Stadt in Nordrhein-Westfalen, 11 500 Ew.

Br'eda, Stadt in der niederländ. Provinz N-Brabant, 121 200 Ew.; Bischofssitz, Flußhafen, Bahnknoten; vielseitige Industrie.

Bredouille, Bred'ulje [frz.; vom Kartenspiel] die, Verlegenheit, Patsche.

Br'edow [-do:], Hans, Ingenieur,*1879, †1959, organisierte seit 1921 den dt. Rundfunk.

Breeches [br'i:tʃiz, engl.] Mz., Reithose, am Oberschenkel weit, vom Knie an eng.

Breg, einer der beiden Quellflüsse der Donau.

Br'egenz, Hauptstadt von Vorarlberg, Österreich, 23 600 Ew.; am Bodensee, überragt vom Pfänder (1063 m); Industrie: Textilien, Nahrungsmittel, chem. Erzeugnisse, Metallwaren.

Brehm, 1) Alfred Edmund, Zoologe, *1829, †1884; war Direktor des Hamburger, später des Berliner Zoolog. Gartens; schrieb »Tierleben« (6 Bde.). **2)** Bruno, Schriftsteller, * 1892, stellt in seinen Romanen das alte Österreich und das Zeitgeschehen zwischen Ost und West dar.

Breisach am Rhein, Stadt in Bad.-Württ., 6000 Ew.; Stephansmünster mit Fresken von Martin Schongauer, spätgot. Schnitzaltar.

Breisgau, Landschaft im südwestlichen Baden, gehörte im 14.-18. Jahrh. zu Österreich.

Breitbandstraße, ⚙ Spezialwalzwerk zum Walzen von Blechen von etwa 60 bis 200 cm Breite und großen Längen.

Breite, 1) ✶ der Abstand eines Gestirns von der Ekliptik; gemessen in Winkelgraden. 2) **Geographische B.,** der Winkel, den die Verbindungslinie eines Ortes mit dem Erdmittelpunkt und die Ebene des Erdäquators bilden (die Erde als Kugel betrachtet); Orte gleicher B. liegen auf einem zum Äquator parallel laufenden Kreis (**Breitenkreis**). Ein **Breitengrad** ist die Kugelzone zwischen zwei Breitenkreisen. Die Breitengrade werden im Äquator als gezählt: je 90° nach Norden (**nördl. B.**) und Süden (**südl. B.**).

Breitenfeld, Schlachtort bei Leipzig, 1631 siegte Gustav Adolf über Tilly.

Breitengrad, -kreis, →Breite.

Breitinger, Johann Jakob, schweizer. Gelehrter, *1701, †1776, hat zus. mit J. J. Bodmer zum Sturz der auf die klassizist. Dichtung Frankreichs fußenden Richtung Gottscheds beigetragen (»Kritische Dichtkunst«, 2 Bde., 1740).

Breitkopf & Härtel, Musikverlag in Wiesbaden, gegr. 1719 in Leipzig.

Breitscheid, Rudolf, Politiker, *1874, † KZ Buchenwald 1944, unter den Führern der SPD, von der Rechten als »Erfüllungspolitiker« bekämpft.

Breitschwanz, Pelz, eine Persianerart.

Breitschwanzloris Mz., eine Papageienart.

Breitseite, 1) ⚓ die Längsseite eines Schiffs; 2) gleichzeitiges Abfeuern aller Geschütze nach einer Seite.

Breitspektrum-Antibiotica wirken gegen verschiedene Arten von Krankheitserregern.

Breitspurbahn, Eisenbahn mit größerer Spurweite (bis 1,676 m) als Normalspur (1,435 m).

Breitwandverfahren, ein Filmwiedergabeverfahren, bei dem das Seitenverhältnis 1:1,66 bis 1:2,55 beträgt (früher übliches 1:1,37).

Breiumschlag, Katapl'asma, Umschlag aus Leinsamen oder Kartoffeln gegen örtl. Entzündungen; die feuchte Wärme steigert die Durchblutung.

Br'ekzie die, jüngeres Sedimentgestein aus eckigen, verkitteten Gesteinsbruchstücken.

Bremen, 1) Freie Hansestadt Bremen, Land der Bundesrep. Dtl., umfaßt die Städte Bremen und Bremerhaven, 404 km², 760 000 Ew. Landesregierung ist der Senat (Präs. H. Koschnick, SPD, Koalition SPD/FDP, seit 1971 Alleinregierung der SPD). ⊕ S. 520/21, ☐ S. 878. **2)** die **Stadt B.,** nach Hamburg wichtigste dt. Seehafenstadt, an der Weser, 606 000 Ew.; an Kunstdenkmälern reiche Altstadt (Dom, Rathaus, der steinerne Roland u. a.); Universität; Handelsplatz (Importe); Industrie: Schiffbau, Maschinenbau, Elektrotechnik, Kaffee- und Teeverarbeitung.

Bremen: Marktplatz, links Rathaus, Mitte Dom

GESCHICHTE. 787 wurde B. Bischofssitz, 847 an Stelle Hamburgs Erzbischofssitz, trat 1358 der Hanse bei, wurde 1646 Reichsstadt. Das Hochstift fiel 1648 an Schweden, 1715 an Hannover. Seit 1815 ist B. Freie Hansestadt.

Bremerhaven, Stadt im Land Freie Hansestadt Bremen, 149 000 Ew.; großer Fischerei-, Handels- und Passagierhafen (unterhalb B. seit 1964 Erzumschlaghafen »Weserport«). Werften.

Bremervörde, Kreisstadt im RegBez. Stade, Niedersachsen, 9300 Ew.; Kunststoff-, Textilind.

Bremsberg, ⚒ ⛏ schräge zweigleisige Bahn, auf der abwärtsrollende gefüllte Wagen die leeren durch ein Seil heraufziehn, das über eine Trommel mit Bremsvorrichtung läuft.

Bremse, 1) ⚙ Vorrichtung zum Verlangsamen oder Aufheben einer Bewegung (z. B. von Rädern, Wellen), und zwar durch äußere Reibung (Bakken-, Lamellen-, Band-, Scheiben-B.), durch innere Reibung einer Flüssigkeit (**Flüssigkeits-B., Stoßdämpfer**) oder durch elektr. Strom (**Wirbelstrom-, Kurzschluß- oder Motor-B., Gegenstrom-B.**). B., die mit äußerer Reibung arbeiten, werden mechanisch (z. B. durch Seilzug), hydraulisch, elektrisch oder durch Druckluft betätigt. Bei der vor allem bei Fahrzeugen verwendeten Druckluft-B. werden die Bremsbacken durch Federn angezogen, durch Druckluft abgehalten. **2)** Zwangsmittel, bes. für Pferde, Einschnürung z. B. der Lippen.

Bremsen, große Fliegen mit dickem Hinterleib. Die Weibchen sind gefährliche Blutsauger und übertragen auch Krankheiten. Die Larven leben in der Erde. Die **Vieh-B.** (**Rinder-B.**) bis 2¹/₂ cm groß; kleiner die **Regen-B.**

Bremsleistung, verfügbare Nutzleistung einer Kraftmaschine nach Abzug der Verluste durch Reibung und Antrieb von Hilfsaggregaten; wird durch Abbremsen mit →Pronyschem Zaum, Wasserwirbelbremse, Wirbelstrombremse oder Pendelgenerator ermittelt.

Bremsstrahlung, ⊗ die bei Geschwindigkeitsänderungen bewegter geladener Teilchen, z. B. Elektronen, von diesen emittierte elektromagnet. Strahlung.

Bremsweg, der Weg eines Fahrzeugs vom Betätigen der Bremse bis zum Stillstand; abhängig von Geschwindigkeit, Bremskraft, Reibung zwischen Rädern und Fahrbahn.

Brennende Liebe, ⚘ **1)** eine →Lichtnelke. **2)** die Zierpflanze →Tränendes Herz.

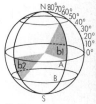

Breite:
N = Nordpol,
S = Südpol,
A = Äquator,
B = Breitenkreis,
b_1 = 50° nördl. B.,
b_2 = 30° südl. B.

Brecht

Bremse:
a Bremstrommel,
b Bremsbacken,
c Bremsschlüssel

119

Brennerpaß

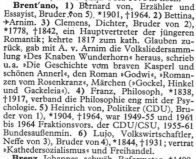

Brennpunkt (F).
a Hohlspiegel,
b Linse

Breschnew

Breslau

Brenner der, Alpenpaß in Tirol, 1370 m hoch, zwischen Ötztaler und Zillertaler Alpen; niedrigster Übergang von Österreich nach Italien. **B.-Straße, B.-Autobahn** (seit 1959 im Bau, 1969 durchgehend von Innsbruck zum B.) und **B.-Bahn** (seit 1867) verbinden Innsbruck und Bozen. Über den B. verläuft seit 1919 die italien.-österreich. Grenze.

Brennerei, Herstellung von Branntwein, Spiritus.

Brennessel, →Nessel.

Brennglas, →Linse.

Brennhaar, hohles, brüchiges, oft widerhakiges Haar an Nesselpflanzen und Schmetterlingsraupen, das bei Berührung die Haut verwundet und aus seinem flaschenförmigen Giftdrüsenanhang ätzt.

Brennpunkt, 1) Fokus, Punkt, in dem sich achsenparallele Lichtstrahlen nach Brechung durch eine Linse oder Reflexion an einem Hohlspiegel vereinigen; sein Abstand vom Spiegel- oder Linsenmittelpunkt heißt Brennweite. 2) △ ausgezeichneter Punkt eines Kegelschnittes.

Brennstoffe, 1) Stoffe, die zur Wärmeerzeugung verbrannt werden. **2)** Kernenergietechnik: →Spaltstoff.

Brennstoffelement, Brennstoffzelle, neuentwickelte Art von →galvanischen Elementen; die bei der Oxydation des Brennstoffs (z.B. Wasserstoff, Methanol) freiwerdende Energie wird mit hohem Wirkungsgrad als Elektrizität (Gleichstrom) und nicht als Wärme gemacht. Verwendung in Raum- u.a. Fahrzeugen, unbemannten Funk- und Wetterstationen, Warngeräten, Leuchtbojen.

Brennweite, →Brennpunkt.

Brenta die, Fluß in Oberitalien, 160 km lang, mündet in das Adriat. Meer.

Brenta-Alpen, Gruppe der Südl. Kalkalpen in N-Italien, in der Cima Tosa 3176 m hoch.

Brent'ano, 1) Bernard von, Erzähler und Essayist, Bruder von 5), *1901, †1964. **2)** Bettina, →Arnim. **3)** Clemens, Dichter, Bruder von 2), *1778, †1842, ein Hauptvertreter der jüngeren Romantik; kehrte 1817 zum kath. Glauben zurück, gab mit A. v. Arnim die Volksliedersammlung »Des Knaben Wunderhorn« heraus, schrieb u.a. »Die Geschichte vom braven Kasperl und schönen Annerl«, den Roman »Godwi«, »Romanzen vom Rosenkranz«, Märchen (»Gockel, Hinkel und Gackeleia«). **4)** Franz, Philosoph, *1838, †1917, verband die Philosophie eng mit der Psychologie. **5)** Heinrich von, Politiker (CDU), Bruder von 1), *1904, †1964, war 1949-55 und 1961 bis 1964 Fraktionsvors. der CDU/CSU, 1955-61 Bundesaußenmin. **6)** Lujo, Volkswirtschaftler, Neffe von 3), Bruder von 4), *1844, †1931; vertrat »Kathedersozialismus« und Freihandel.

Brenz, Johannes, schwäb. Reformator, *1499, †1570, Organisator der württemberg. Landeskirche.

Br'era die, Gemäldegalerie, Kunstakademie und Bibliothek in Mailand.

Br'eschnew, Leonid, *1906, war 1960-64 Vors. des Präsidiums des Obersten Sowjets (Staatsoberhaupt). seit 1964 Erster Sekretär des Zentralkomitees der KPdSU.

Brescia [br'ɛʃa], Stadt in N-Italien, 206 400 Ew.; Dom, Museen; Handel, Textil-, Eisenind.

Bresgen, Cesar, österr. Komponist, *1913.

Breslau, Hauptstadt Schlesiens, (1940) 630 000 dt., (1970) 517 400 meist poln. Ew.; war eine der bedeutendsten Handels- und Industriestädte des dt. Ostens mit Oderhafen; Erzbischofssitz, Univ., Techn. Hochschule; spätgot. Rathaus; Industrie. – Um 1000 wurde B. Bischofssitz, kam 1335 an Böhmen, 1526 mit diesem an die Habsburger, 1742 an Preußen; 1813 war es Mittelpunkt der Erhebung gegen Napoleon. Seit 1945 steht B. unter poln. Verwaltung (Wrocław).

Bressan'one, italien. Name von →Brixen.

Brest, 1) französ. Kriegs- und Handelsh fen an der W-Küste der Bretagne; 154 000 Ew. **2)** früher Brest-Litowsk, Stadt in der Weißruss. SSR,

Breslau:
Rathaus

Sowjetunion, am westl. Bug, 85 000 Ew.; Bahnknoten. Am 3. 3. 1918 Friede von **B.-L.** zwischen den Mittelmächten und Sowjetrußland.

Bretagne [brət'aɲ] die, nordwestl. Halbinsel Frankreichs mit zahlreichen Häfen; im Inneren reich an Heiden und Mooren, Gemüse- und Obstbau nur in der Küstenebene (mildes Klima). Haupthafen: Brest.

Bret'onen, kelt. Stamm in der Bretagne, etwa 1,3 Mill. Angehörige; im 5./6. Jahrh. aus Cornwall (England) eingewandert. Das Bretonische bildet einen Teil des brit. Zweiges des kelt. Sprachstammes; wertvolle Märchen und Volkslieder.

Bretten, Stadt im Kraichgau, Bad.-Württ., 11 700 Ew.; Industrie: Herde, Metallwaren.

Bretton Woods [br'etn wudz], in New Hampshire, USA, Tagungsort der Währungs- und Finanzkonferenz der Verein. Nationen 1.-22. 7. 1944 (Gründung des →Weltwährungsfonds, der →Weltbank).

Brettspiele, Unterhaltungsspiele auf quadratischem Brett; z.B. Schach, Dame, Halma.

Breughel, niederländische Maler, →Bruegel.

Breuil [brœj], Henri, französ. Vorgeschichtsforscher, *1877, †1961, begründete die systemat. Erforschung der vorgeschichtl. Kultur (Felsbilder).

Br'eve [lat. brevis »kurz«] das, apostolischer Brief, kurze Papsturkunde in weniger feierlicher Form als die Bulle.

Brev'ier das, Gebetbuch der kath. Geistlichen für das kanonische Stundengebet.

Briand [bri'ɑ̃], Aristide, französ. Staatsmann, *1862, †1932, war elfmal MinPräs.; 1925-32 Außenmin., beteiligt am →Locarnopakt. B. erhielt 1926 den Friedensnobelpreis.

Bricke die, Fisch, das →Neunauge.

Bridge [bridʒ], Kartenspiel, dem Whist ähnlich.

Bridgeport [br'idʒpo:t], Stadt in Connecticut, USA, am Long Island-Sund, 156 700 Ew.; Ind.: Näh-, Büromaschinen, elektr. Apparate, Waffen.

Bridgman [br'idʒmæn], Percy W., amerik. Physiker, *1882, †1961; untersuchte das Verhalten der Materie bei hohen Drucken; 1946 Nobelpreis.

Brie [bri:], fruchtbare Landschaft in Frankreich, östl. von Paris; bekannt durch den **B.-Käse**.

Brief [lat. brevis »kurz«], **1)** jede offene oder verschlossene, an Abwesende gerichtete schriftliche Mitteilung. **2)** Urkunde. **3) BÖRSE:** angeboten zu dem dabei bemerkten Preise, dem **B.-Kurs** (abgekürzt B; Gegensatz: →Geld).

Briefdrucksachen, gebührenbegünstigte Briefsendungen; außer den bei →Drucksachen zulässigen Angaben können bis zu 10 Wörter oder Buchstaben nachgetragen oder geändert, Ziffern unbeschränkt nachgetragen oder geändert, Textteile gestrichen oder unterstrichen werden.

Briefgeheimnis. ⚖ Die Unverletzlichkeit des B. ist in Art. 10 GG als Grundrecht gewährleistet; das vorsätzl. unbefugte Öffnen eines verschlossenen Briefes o.ä. wird auf Antrag des Verletzten nach § 299 StGB bestraft. Beschränkungen des B. dürfen nur durch Gesetz angeordnet werden.

Briefmarke, aufklebbares Wertzeichen zum Freimachen von Postsendungen **(Postwertzeichen).** Man unterscheidet einerseits Sonder- **B.** (Wohlfahrts-, Gedenk- u.a. B.) von den **Dauerserien,** andererseits **B. für bestimmte Zwecke** (Dienst-, Luftpost-, Zeitungs- u.a. Marken). – Die ersten B. erschienen 1840 in England, 1849 in Dtl. (Bayern).

Briefsendungen sind Briefe, Postkarten, Drucksachen, Brief- und Massendrucksachen, Bücher-, Blinden-, Waren- und Wurfsendungen, Päckchen.

Briefsteller, Sammlung von Musterbriefen.

Brieftaube, Taubenrasse; trägt Meldungen vom Auflaßort zu ihrem Schlage, fliegt etwa 1 km/min.

Brieftelegramm, amtl. Abk. LT, ELT, Telegramm zu ermäßigter Gebühr, wird telegraphisch übermittelt und am Bestimmungsort mit der gewöhnl. Post ausgetragen.

Briefwahl, Stimmzettelabgabe im Umschlag durch die Post, bei Abwesenheit vom Wahlort.

Brieg, Stadt in Niederschlesien, Bez. Breslau, an der Oder, (1939) 31 400 Ew.; Piastenschloß; seit 1945 unter poln. Verw. (Brzeg; 1966: 27 000 Ew.).

Br'ienz, Dorf in der Schweiz, Kanton Bern, am Brienzer See und Brienzer Rothorn (2350 m).

Bries das, **Brieschen, Bröschen,** die →Thymusdrüse junger Tiere (→Kalbsmilch).

Briey [bri'ɛ], Stadt in Lothringen, Frankreich, 5400 Ew.; Mittelpunkt des Erzbeckens von B.-Longwy mit Minettegruben; chem. Industrie.

Brig, französ. **Brigue,** Ort im Kanton Wallis, Schweiz, 5200 Ew., an der Rhône; Bahnknoten am N-Eingang des Simplontunnels.

Brigach die, einer der beiden Quellflüsse der Donau.

Briga'de [frz.] die, 1) früher Großverband des Heeres aus mehreren Truppenteilen einer Truppengattung. 2) heute ein Truppenverband aus verschiedenen Truppengattungen, kleiner als eine Division. 3) in kommunist. Ländern das aus mehreren Arbeitern bestehende kleinste Kollektiv.

Brig'ant [ital.] der, Räuber.

Brigant'ine die, 1) Segelschiff, Schonerbrigg. 2) enger Panzerrock mit Eisenplättchen.

Brigg die, zweimastiges Segelschiff mit Rahsegeln. (BILD Segelschiff)

Brighton [br'aitn], Stadt und Seebad im südlichen England, 163 600 Ew.; Universität.

Brig'ida, Brigitta, kath. Schutzheilige Irlands (Tag 1. 2.), † 523.

Brig'itta, Brig'itte [altfrz. Brigit »die Hohe, Erhabene«], weiblicher Vorname.

Brik'ett [frz.] das, in Form von Quadern, Würfeln, Eiern gepreßte Stein- Braunkohle, Erz u.a.

brillant [brilj'ant], glänzend, ausgezeichnet.

Brillant [brilj'ant, frz. »glänzend«] der, Schliffform für durchsichtige Edelsteine, bes. Diamanten.

Brillat-Savarin [brij'ɑ-savar'ɛ̃], Anthelme, franzöz. Schriftsteller, *1755, †1826; führte von den Tafelfreuden, »Physiologie des Geschmacks«.

Brille, Augenglas zum Ausgleich von Brechungsfehlern oder zum Schutz der Augen. Die Brillengläser sind Kugel- oder Zylinderlinsen. **Zerstreuungsgläser** (hohl, konkav) gleichen die Kurzsichtigkeit aus, **Sammelgläser** (erhaben, konvex) die Übersichtigkeit. Zylindergläser braucht man bei Astigmatismus. **Bifokalgläser** dienen zugleich der Fern- und der Nahsicht. Die Brechkraft eines B.-Glases (Linse) von 1 m Brennweite bezeichnet man als 1 Dioptrie; eine Linse von ½ (⅓, ¼ ...) m Brennweite hat 2 (3, 4 ...) Dioptrien.

Brillenschlange, mehrere giftige Arten der Hutschlangen, die ihren Hals flach schildförmig auftreiben können; die **Indische B. (Kobra)** hat eine deutliche Brillenzeichnung. Daneben die **Afrikanische B. (Aspis).** Ihr Biß ist meist tödlich.

brill'ieren [frz.], glänzen, sich hervortun.

Br'ilon, Kreisstadt in Nordrh.-Westf., 15 300 Ew.; holz-, eisenverarb. Ind., Wintersportplatz.

Brimb'orium [lat.] das, unnützes Zeug.

Br'indisi, Hafenstadt in Süditalien, am Adriatischen Meer, 81 600 Ew.

Brin'ellhärte, die Härte eines Werkstoffes, ermittelt durch eine Kugeldruckprobe.

Bringschuld, →Holschuld.

br'io [ital.], con brio, bri'oso, ♪ feurig.

Br'ion, Friederike, Goethes Jugendliebe, *1752, †1813, Tochter des Pfarrers B. in Sesenheim.

Bri'onische Inseln, Inselgruppe an der SW-Küste von Istrien, seit 1945 jugoslawisch.

bris'ant [frz.], zerbrechend; explosiv. **Bris'anz** die, Zertrümmerungskraft eines Sprengstoffs.

Brisbane [br'izbein], Hauptstadt von Queensland, Australien, 833 400 Ew.; Univ., versch. Ind., Erdölraffinerie; Seehafen, Weizen-, Obstausfuhr.

Br'ise [frz.] die, guter Segelwind.

Brisëis, bei Homer: Königstochter, Anlaß zum Streit zwischen Achilles und Agamemnon.

Bristol [bristl], Handels- und Hafenstadt in SW-England, 436 400 Ew., am schiffbaren Avon; Univ., Ind.: Flugzeuge, Schiffe, Maschinen.

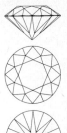

Brillant:
Schliffformen

Bristol:
Stadtzentrum

Bristolkanal, tiefe Meeresbucht im südwestl. England, an der Küste des Atlant. Ozeans.

Brit'anniametall, Legierung aus Zinn, Antimon, etwas Kupfer, Zink, Blei, Wismut.

Brit'annicus, Tiberius Claudius Cäsar, Sohn des Kaisers Claudius und der Messalina, *41 n.Chr., †55, auf Befehl Neros vergiftet.

Brit'annien [kelt.], latein. **Britannia,** antiker Name für England und Schottland.

Briten, 1) die keltischen Bewohner →Britanniens, seit dem 5. Jahrh. n.Chr. von Angelsachsen zurückgedrängt. 2) die Bewohner des Verein. Königr. von Großbritannien.

Britische Inseln, Inselgruppe NW-Europas, umfaßt die Hauptinsel Großbritannien mit England, Schottland und Wales, die Insel Irland, die Shetland- und Orkney-Inseln, die Hebriden, die Inseln Man, Wight und Anglesey und zahlreiche kleinere Inseln, zusammen 312 785 km² mit rd. 56 Mill. Ew. ⊕ S. 523.

Britisches Museum, Bibliothek und Museum in London, gegr. 1753, eine der kostbarsten Sammlungen der Welt; etwa 6,5 Mill. Bände, 90 000 Handschriften. Die Altertümersammlungen enthalten Hauptwerke der altoriental. und griech. Kunst (Parthenon-Skulpturen), ferner reiche Sammlungen von Münzen und Medaillen.

Britisch-Guayana, →Guayana.

Britisches Commonwealth [k'ɔmənwelθ], engl. **Commonwealth (of Nations),** Gemeinschaft unabhängiger Staaten und abhängiger und halbabhängiger Gebiete, die durch die geschichtl. Bindung an die brit. Souveräns als Haupt des Commonwealth zusammengehalten wird. Den unabhängigen, gleichberechtigten, in freier Vereinigung verbundenen **Commonwealth-Ländern** stehen die von Großbritannien **abhängigen** und **halbabhängigen Gebiete** (Kolonien, Schutzstaaten, Treuhandgebiete, Kondominien) gegenüber. Deren Bindung an das Mutterland ist unterschiedlich und reicht von völliger Unselbständigkeit bis zur Selbstregierung und zur Annäherung an den Status eines Commonwealth-Landes.

Brille:
1 Bifokalglas,
2 zylindrische
Gläser,
a konvex,
b konkav

Brillenschlange

Britisches Commonwealth (Frühjahr 1969)

Länder des Commonwealth

Vereinigtes Königreich von Großbritannien und Nordirland: England mit Wales, Schottland und Nordirland, die Insel Man und die Kanal-Inseln; **Australischer Bund; Barbados; Botswana; Ceylon; Fidschi-Inseln; Gambia; Ghana; Guayana; Indien; Jamaika; Kanada; Kenia; Lesotho; Malawi; Malaysia; Malta; Mauritius; Nauru; Neuseeland; Nigeria; Sambia; Sierra Leone; Singapur; Swasiland; Tansania; Trinidad/Tobago; Uganda; West-Samoa; Zypern.**

Assoziierte Staaten, Kolonien, Protektorate, Treuhandgebiete

AssoziierteWestind. Staaten[1]), Bahama-Inseln, Bermuda-Inseln, Britisch-Honduras, British Indian Ocean Territory, Caymans-Inseln[2]), Cook-Inseln[2]), Falkland-Inseln, Gibraltar, Gilbert- und Ellice-Inseln, Hongkong, Jungfern-Inseln, Kermadec-Inseln[2]), Kokos-Inseln[3]), Montserrat (Kl. Antillen), Neuguinea[3]), Niue[2]), Papua[3]), Rhodesien[4]), Salomon-Inseln, St. Helena (mit Ascension und Tristan da Cunha), Seychellen, Tokelau-Inseln[2]), Turcs-und Caicos-Inseln.

Protektorat: Brunei.

Kondominien

Britisch-französisch: Neue Hebriden; britisch-amerikanisch: Canton- und Enderbury-Inseln.

[1]) Zusammenschluß mehrerer Inseln der Kleinen →Antillen. [2]) Gebiet gehört zu Neuseeland. [3]) Gebiet gehört zu Australien. [4]) Rhodesien erklärte 1965 einseitig seine Unabhängigkeit.

GESCHICHTE. Seit etwa 1600 hatte England mit der Ausweitung seiner Seeherrschaft Überseegebiete durch Eroberung, Abtretung (von Frankreich, Spanien, den Niederlanden) und Siedlung erworben. Privilegierte Gesellschaften (Ostindische Kompanie) trieben diese Entwicklung voran. Nach dem Rückschlag durch die Unabhängigkeitserklärung der USA (1776) erfolgten Neuerwerbungen in Asien (Ceylon, Singapur, Aden, Hongkong), Australien (Tasmanien, Neuseeland) und Afrika (Sierra Leone, Mauritius, Seychellen). In der Zeit des Imperialismus kam es zu weiteren Erwerbungen, bes. in Afrika. Die größte Ausdehnung erreichte das »British Empire« nach dem 1.Weltkrieg; doch hatten die großen Siedlungskolonien Kanada, Australien, Südafrikan. Union und Neuseeland schon als »Dominions« eine weitgehende Eigenstaatlichkeit gewonnen. Weitere Zugeständnisse forderten der irische Freiheitskampf und der Widerstand in Indien. Das Statut von Westminister (1931) wandelte das »Empire« zur losen Gemeinschaft des »British Commonwealth of Nations« (seit etwa 1947 nur noch: »Commonwealth of Nations«).
Seit dem 1. und bes. seit dem 2. Weltkrieg haben immer mehr Länder ihre Bindung an das B. C. gelockert oder sind ganz ausgeschieden. Das brit. Protektorat über Ägypten erlosch 1922 (weiter bestehende Rechte wurden 1954 und 1956 beseitigt), 1929 endete die seit 1919 bestehende Mandatsherrschaft über Transjordanien, 1932 die über den Irak, 1948 die über Palästina. Weiter schieden aus dem B. C. aus: 1947 Birma, 1949 Irland, 1956 der Sudan, 1961 Südafrika, 1967 die Südarabische Föderation (mit Aden) als Volksrepublik Südjemen. Als »Länder des Commonwealth« (neue Bezeichnung für »Dominions«) wurden seit Ende des 2. Weltkriegs unabhängig: 1947 Indien und Pakistan, 1948 Ceylon, 1957 Ghana und der Malaiische Bund, 1960 Nigeria, Malediven und Zypern, 1961 Sierra Leone und Tanganjika (das sich 1964 mit Sansibar zur Republik Tansania zusammenschloß), 1962 West-Samoa, Jamaika, Trinidad/Tobago und Uganda, 1963 Njassaland als Malawi, Sansibar (s. o. Tanganjika) und Kenia; der Malaiische Bund schloß sich 1963 mit Singapur, Sarawak und Sabah zur Föderation Malaysia zusammen, aus der Singapur 1965 als unabhängiger Staat wieder austrat. 1964 wurden Malta und Sambia (Nordrhodesien), 1965 Gambia unabhängig. Rhodesien (früher Südrhodesien) erklärte 1965 einseitig seine Unabhängigkeit, die von Großbritannien nicht anerkannt wird. 1966 erhielten Britisch-Guayana als Guayana, Betschuanaland als Botswana, Basutoland als Lesotho und Barbados die Unabhängigkeit, 1967 mehrere Inseln der Kleinen →Antillen als »Assoz. Westind. Staaten«, 1968 Mauritius, Swasiland, 1970 Fidschi-Inseln. Pakistan hat 1972 im Zusammenhang mit der Abspaltung von Bangla Desh seinen Austritt erklärt.

Britten

Britisch-Honduras, brit. Kolonie an der O-Küste Zentralamerikas, 22963 km², 120000 Ew., meist Neger und Mischlinge; Hauptstadt: Belmopan. Im Innern trop. Regenwälder. Erzeugnisse: Holz, Zucker, Bananen, Kokosnüsse. ⊕ S. 516.
Britisch-Indien, bis 1947 die unter brit. Herrschaft stehenden Teile →Indiens (→Birma, →Pakistan).
Britisch-Kolumbien, südwestl. Provinz Kanadas, 948600 km², 2,05 Mill. Ew.; Hauptstadt: Victoria, größte Stadt: Vancouver. Waldreiches Gebirgsland (Holzverarbeitung), Fischerei (Lachs), ⚒ auf Erze, Erdöl, Erdgas. Zunehmende Industrie.
Britisch-Nordborneo, →Sabah.
Britisch-Ostafrika, →East African Common Services Organization.
Britisch-Somaliland, →Somalia.
British Broadcasting Corporation [br'itiʃ br'ɔdka:stiŋ kɔːpər'eiʃən], **BBC,** engl. Rundfunkges., 1922 gegr., seit 1927 öffentl. Körperschaft.
British Leyland Motor Corp., Zusammenschluß der British Motor Holding Ltd. und Leyland Motor Corp. Ltd., →Kraftwagen, ÜBERSICHT.
British Petroleum Company Ltd., früher Anglo-Iranian Oil Co. Ltd., London, bedeutender Konzern der Erdölindustrie (gegr. 1909).
Br'itten, Benjamin, engl. Komponist, *1913; Opern (»Peter Grimes«, »Billy Budd«, »The turn of the screw«), Orchester- und Chorwerke.
Britting, Georg, Schriftsteller, *1891, †1964; eigenwillig bildhafte Gedichte, Erzählungen.
Brixen, italien. **Bressan'one,** Stadt in Südtirol, Italien, am Eisack, 15500 Ew.; alter Bischofssitz, schöne alte Bauten, Fremdenverkehr.

Brixen: Dom

Brjansk, Stadt in der Russ. SFSR, an der Desna, 298000 Ew.; große Maschinenbau-Werke

Bromberg: Alte Speicher an der Brahe

F. A. Brockhaus

Brod

(u. a. Traktoren-, Lkw-Erzeugung). Okt. 1941 Schlacht von Wjasma und B.

Brno, tschech. Name von →Brünn.

Broadcasting [br'ɔ:dka:stiŋ, engl.], der Rundfunk in England und den USA.

Broadway [br'ɔ:dwei, engl.] der, Hauptstraße von New York, mehr als 20 km lang.

Broch, Hermann, Schriftsteller, *1886, †1951; Romane, bes. »Der Tod des Vergil« (1945).

Brockdorff-Rantzau, Ulrich Graf v., dt. Diplomat, *1869, †1928, lehnte 1919 als Reichsaußenmin. die Unterzeichnung des Versailler Vertrags ab; 1922-28 Botschafter in Moskau.

Brocken der, höchster Berg des Harzes (1142m), Wintersport. **Brockengespenst,** Schatten von Menschen und Gegenständen auf einer Nebelwand bei Sonnenuntergang (BILD Harz).

Brockes, Barthold Hinrich, Dichter, *1680, †1747; »Irdisches Vergnügen in Gott«.

Brockhaus, Friedrich Arnold, *1772, †1823, Gründer des Verlags **F. A. Brockhaus** (1805; seit 1817/18 in Leipzig, seit 1945 in Wiesbaden; Nachschlagewerke, Sach- und Reisebücher).

Brod, Max, Schriftsteller, *1884, †1968, Nachlaßverwalter, Biograph F. Kafkas; Romane »Tycho Brahes Weg zu Gott« (1916) »Rebellische Herzen« (1957), »Die Rosenkoralle« (1961) u.a.

Br'odem der, warmer Dunst, Nebel, Dampf.

Bröger, Karl, Arbeiterdichter, *1886, †1944.

Broglie [br'ɔljə], Louis Prinz von, französ. Physiker, *1892, begründete die Lehre von den Materiewellen. Nobelpreis 1929.

Broichweiden, Gem. im Kr. Aachen, Nordrhein-Westf., 10 100 Ew.

Brok'at der, schwerer Seidenstoff mit eingewebten Gold- und Silberfäden.

Broker [br'oukə, engl.] der, Börsenmakler.

Brom [grch. »Gestank«], **Br,** chem. Element, ein →Halogen, Ordnungszahl 35, Atomgewicht 79,909, Dichte 3,14 g/cm³, eine dunkel rotbraune Flüssigkeit (Schmelzpunkt — 7,2°C, Siedepunkt 59°C). In der Natur kommt es in Form von **Bromiden,** Salzen der **Bromwasserstoffsäure** vor; technisch wird es aus Abraumsalzen (Staßfurt) oder Meerwasser gewonnen. **Silberbromid** wird wegen seiner Lichtempfindlichkeit zur Herstellung photograph. Schichten verwendet.

Brombeere, artenreiche Untergattung staudiger und strauchiger, stachliger Rosengewächse; verwandt mit Himbeere; weiße Blüten, schwarze Früchte, die jungen Blätter nimmt man als Tee.

Bromberg, poln. **Bydgoszcz,** Stadt in Polen, nahe der Mündung der Brahe in die Weichsel, 278000 Ew.; wichtige Industrie- und Handelsstadt. B. war 1772-1919 preußisch.

Brom'elie die, südamerikan. ananasartige Pflanzengattung.

Bromfield [br'ɔmfi:ld], Louis, amerikan. Schriftsteller, *1896, †1956; Welterfolg: »Der große Regen«; »Mrs. Parkington« u.a.

Br'onchien [grch.] Mz., Ez. der Bronchus, die Äste der Luftröhre bis zu 1 mm Durchmesser; die feinsten Verzweigungen heißen **Bronchi'olen.** — **Bronchi'al-Asthma,** →Asthma. **Bronchial-Katarrh, Bronch'itis,** Entzündung der Schleimhaut der B. **Bronchiektas'ie,** Erweiterung der B. als Folge von

Lungenerkrankungen. **Bronchopneumon'ie,** herdförmige Lungenentzündung (Gegensatz: Lobärpneumonie).

Brontë, Anne (*1820, †1849), Charlotte (*1816, †1855), Emily (*1818, †1848), engl. Erzählerinnen, Schwestern; C. B. schrieb u.a. den Roman »Jane Eyre«, E. B. »Die Sturmhöhe«.

Brontos'aurus, ein →Dinosaurier; Riesenechse aus der unteren Kreidezeit, bis 20 m lang, lebte von Pflanzen und Fischen.

Bronze [br'ɔsə, frz.] die, Kupfer-Zinn-Legierungen und viele andere Kupferlegierungen: mit Blei, Zinn, Aluminium, Silicium, Beryllium. **Bronzekrankheit,** →Addisonsche Krankheit.

Bronzezeit, das auf die Jungsteinzeit folgende vorgeschichtl. Zeitalter, dessen techn. und kulturelles Gepräge durch die Erfindung der Zinnbronze bestimmt ist. Beginn im Vorderen Orient im 3. Jahrtsd. v. Chr., im Abendland um 1800 v.Chr.; um 700 v.Chr. von der Eisenzeit abgelöst. **Nordischer Kulturkreis** (Germanen), **Süddeutscher Kreis** der **Hügelgräberkultur** (bes. Kelten), **Ostdeutscher Kreis** der **Lausitzer Kultur** (Illyrer). Bestattungsweise: zunächst Skelett-, später Brand- und Urnengräber. Waffen, Gerät und Schmuck aus Bronze, meist als Grabbeigaben oder Depotfunde überliefert, sowie kunstvolle Töpferwaren erweisen die hohe Kultur der B.; andere wichtige Entwicklungen: Pferd als Haustier, Tauschhandel.

bronz'ieren, 1) Bronzefarben mit einem Bindemittel auftragen. **2)** Bronze- oder Messingniederschläge galvanisch aufbringen (→Galvanotechnik).

Bronx, Stadtbezirk von New York, nördl. von Manhattan auf dem Festland; Wohngebiet.

Brooklyn [br'uklin], Hafen- und Industrieviertel von New York, am Westende der Insel Long Island, 2,6 Mill. Ew.

brosch'ieren, 1) Druckbogen durch Heften und Rückenleimung zu einem Heft oder Buch mit Papier- oder Kartonumschlag vereinen (**Broschüre**). **2)** In glatte Gewebe farbige Fäden einarbeiten.

Br'osio, Manlio, italien. Politiker, *1897, Jurist, 1964-1970 Generalsekretär der NATO.

Brot, Nahrungsmittel, hergestellt durch Backen von Teig aus Mehl, Wasser und Gärungsmitteln (Sauerteig für Schwarz-B., Hefe für Weiß-B., auch Backpulver). Die vom Gärungsmittel abgeschiedenen Kohlendioxyd-Blasen und Alkoholdampf lockern den Teig und lassen ihn vor dem Backen »aufgehen«. Der Kleber gerinnt, das freiwerdende Wasser wird an der Stärke gebunden. Die Oberfläche, an der die Stärke Wasser abgibt und röstet, bräunt zur Kruste. — **Vollkornbrot** enthält viel Kleie und damit viele Vitamine und Spurenstoffe. **Knäckebrot** wird aus voll ausgemahlenem Roggen ohne Hefe in Fladenform hergestellt.

Brotherstellung: Auslauf eines Netzbandofens

Brotfruchtbaum:
a männliche, b weibliche Blüte, c Frucht

Brotfruchtbaum, baumförmige Maulbeergewächse, von S-Asien bis zu den trop. Inseln des Stillen Ozeans; die kopfgroßen, mehligen, süßen, stärkereichen Früchte werden gebacken wie Brot.

Brot für die Welt, jährl. Sammelaktion der evang. Kirche und der evang. Freikirchen in Dtl. gegen Not und Elend in der Welt; erstmals 1959.

123

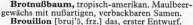

Browning

A. Bruckner

Brückenechse

Brüllaffe

Brotnußbaum, tropisch-amerikan. Maulbeergewächs mit nußartigen, verbackbaren Samen.

Brouillon [bruj'ɔ̃, frz.] das, erster Entwurf.

Brouwer [br'auər], Adriaen, niederländ. Maler, *um 1606, †1638, malte packende, bisweilen mit grimmigem Humor erfüllte Sittenbilder.

Brown, Bov'eri & Cie. AG. [braun-], Abk. **BBC,** schweizer. Konzern (Elektroind., Großmaschinenbau), Baden (Schweiz); die dt. BBC in Mannheim ist seit 1901 selbständige Firma.

Browning [br'auniŋ] die, Selbstladepistole mit Patronenstreifen im Griff.

Browning [br'auniŋ], **1)** Elizabeth, geb. Barrett, Frau von 2), engl. Dichterin, *1806, †1861, schrieb »Portugiesische Sonette« (von Rilke übersetzt). **2)** Robert B., engl. Dichter, *1812, †1889, sprachgewaltige dramat. Monologe, bedeutende epische Dichtung: »Der Ring und das Buch«.

Brownsche Bewegung [braun-], die zitternde Bewegung kleiner, in einer Flüssigkeit schwebender Teilchen, verursacht durch die Wärmebewegung der Flüssigkeitsmoleküle (R. Brown, 1827).

BRT, Bruttoregistertonne, →Registertonne.

Bruce [bru:s], Robert, König von Schottland (seit 1306), *1274, †1329, siegte 1314 bei Bannockburn über Eduard II. von England.

Brucell'ose die, Infektionskrankheit, deren Erreger der Bakteriengruppe **Brucella** angehört; so die Bangsche Krankheit.

Bruch, 1) △ Verhältnis zwischen zwei ganzen Zahlen, z. B. 4:3 = $\frac{4}{3}$ oder $^4/_3$. Die Zahl über dem Bruchstrich heißt **Zähler,** die darunter **Nenner.** Ein **echter** B. ist kleiner als 1, bei ihm ist der Zähler kleiner als der Nenner (z. B. $^3/_4$); umgekehrt beim **unechten** B. ($^4/_3$). Beim **Dezimal-B.,** dessen Nenner immer 10 oder eine Potenz von 10 ist, erkennt man den Nenner aus der Stellung der Zählers rechts vom Komma, z. B. 0,5 = $^5/_{10}$, 0,05 = $^5/_{100}$ usw. **2)** ⚥ **Hernie, Eingeweide-B.,** das Hindurchtreten eines Teils der Eingeweide der Brust- oder Bauchhöhle durch eine vorgebildete oder erworbene Lücke **(B.-Pforte);** Arten: Leisten-, Nabel-, Schenkel-, Zwerchfell-, Narben-B. Behandlung: eines Bruchbandes oder Operation. – Knochenbruch, →Knochen. **3)** ♘ auf die Wildfährte und das erlegte Wild gelegter, auch als Beutezeichen am Hut getragener grüner Zweig **(Schützen-B.). 4)** ⊕ B. der oder das, mit Bäumen und Gesträuch bestandenes Sumpfland.

Bruch, Max, Komponist und Dirigent, *1838, †1920, Chorwerke; Violinkonzerte.

Bruchfeld, ⚒ die Erdsenkung über einem zusammenbrechenden Bergwerk.

Bruchsal, Stadt in Bad.-Württ., 27 300 Ew., am Rand des Kraichgaus; Barockschloß (Treppenhaus von B. Neumann); Elektro-, Maschinen-, Holz-, Papier- u. a. Industrie.

Bruck an der Mur, Stadt in der Steiermark, Österreich, 17 500 Ew.; Stahl- und Kabelwerke.

Brücke, 1) 🕅 besteht aus **Überbau** (Tragwerk) und **Unterbau** (Pfeiler, Widerlager, Fundamente). Nach der Wirkungsweise des Tragwerks unterscheidet man **Balken-B.** (Hauptträger auf einen senkrechten Druck ausübt), **Bogen-B.** (der Bogen, meist aus

Stahlbeton, stützt die Lasten auf die Widerlager ab) und **Hänge-B.** (Tragwerk ist ein nach unten durchhängender Gurt, an den Enden über hohe Pfeiler zu den Verankerungen geführt). – Bewegl. B. sind **Dreh-, Hub-, Zug-** und **Klapp-B.;** bei **Ponton-B.** wird die Fahrbahn über Schwimmkörper gelegt. **2)** 𝅘 Art des Zahnersatzes (→Zähne).

Brücke, Gemeinschaft expressionist. Maler, 1905 in Dresden gegr. (Kirchner, Heckel, Schmidt-Rottluff u. a.).

Brückenau, Stadt in Unterfranken, Bayern, 6100 Ew.; Heilquellen in **Bad B.**

Brückenberg im Riesengebirge, niederschles. Luftkurort; in der Nähe die alte Holzkirche **Wang** (1844 aus S-Norwegen übertragen). – Seit 1945 unter poln. Verwaltung **(Bierutowice).**

Brückenechse, lebende Art einer sonst ausgestorbenen altertüml. Kriechtiergruppe; 0,5 m lang, mit Scheitelauge; nur noch auf Neuseeland.

Brückenwaage, →Waage.

Bruckner, 1) Anton, Komponist, *1824, †1896, Domorganist in Linz, dann Lehrer am Konservatorium in Wien. Seine von religiösem Erleben getragene Musik vereint die Pracht und Feierlichkeit des Barocks, die melodische Tiefe der Romantik und den Frohsinn der Volksweise. Sinfonien; Streichquintett; 3 große Messen, Tedeum u. a. Kirchenmusik; Männerchöre. **2)** Ferdinand, eigentl. Th. **Tagger,** österr. Schriftsteller und Dramaturg, *1891, †1958.

Brüdergemeine, dem →Pietismus verwandte evang. Freikirche, geht auf die →Böhmischen Brüder zurück, die 1722 unter dem Schutz des Grafen Zinzendorf in der Oberlausitz die Kolonie Herrnhut gründeten (daher **Herrnhuter)** und bestehen Kolonien in europ. Ländern, Amerika und Afrika. Die Mitgl. führen ein arbeitsames, frommes Leben. Die B. unterhält Schulen, betreibt Missionstätigkeit. Gesamtleitung seit 1945 in Bad Boll (Württ.).

Bruderhäuser der Inneren Mission bilden Diakone für Jugend-, Wohlfahrts- und Krankenpflege aus (das **Rauhe Haus,** Hamburg, gegr. 1834).

Bruderschaften, kath.-kirchl. Vereinigungen zur Förderung der Frömmigkeit, der Nächstenliebe und des öffentl. Gottesdienstes.

Brüder vom gemeinsamen Leben, im 14. Jahrh. gestiftete christl. Bruderschaft, bis zur Reformation in den Niederlanden und in Dtl. verbreitet; um Jugenderziehung und Volksbildung verdient.

Bruegel [br'øxəl], niederländ. Malerfamilie. Der bedeutendste, **Pieter d. Ältere** (»Bauern-B.«), * um 1525/30, † 1569, malte drast. Bauernbilder, sittenbildl. Darstellungen, meisterl. Landschaften. Von seinen beiden Söhnen malte **Pieter d. J.** (»Höllen-B.«), *um 1564, †1638, spukhafte Darstellungen, bauernkirmessen und Winterlandschaften, **Jan d. Ä.** (»Samt-B.«, »Blumen-B.«) *1568, †1625, kleine Landschaften, Blumenbilder. (BILD S. 125)

Brügge, fläm. **Brugge,** französ. **Bruges,** Hauptstadt der belg. Prov. W-Flandern, 52 500 Ew., 15 km von der Küste, mit dem Meer durch den B.-Seekanal verbunden, von Kanälen durch-

Brücken, links: Alte Holzbrücke über die Saane, Schweiz (1653); rechts: Kombinierte Eisenbahn- und Straßenbrücke über den Fehmarnsund, Dtl. (1963)

Bruegel d. Ä.: Landschaft mit Sturz des Ikarus

Brügge: Innenstadt

zogen; mittelalterl. Gebäude. Schiffswerften, Stahlwerke, Blumen-, bes. Orchideenzucht. – Im MA. Seehafen (an später versandetem Meerbusen), wichtigster Handelsplatz im nördl. Europa.

Brüggemann, Hans, Bildschnitzer, *um 1480; Bordesholmer Altar (Holz), jetzt im Schleswiger Dom (1514-1521).

Brüggen, Gem. im Kr. Kempen-Krefeld, Nordrh.-Westf., 11 300 Ew.

Brühl, 1) Stadt in Nordrh.-Westf., südl. von Köln, 41 800 Ew.; Schloß Augustusburg, Rokoko-Treppenhaus von B. Neumann; Eisengießerei, Zuckerind. **2)** Gem. im Kr. Mannheim, Baden-Württ., 10 800 Ew.

Brühl: Schloß (Luftaufnahme)

Brühl, Heinrich Graf von, *1700, †1763; seit 1746 kursächs. Premier-Min.; einflußreicher Günstling Augusts III.; nach ihm ist die **Brühlsche Terrasse** in Dresden benannt.

Br'üllaffe, Gattung der Breitnasen (→Affen) in S- und Mittelamerika, mit Greifschwanz und stark ausgebildeten Stimmorganen. (BILD S. 124)

Brumaire [brym'ɛ:r, frz.], zweiter Monat im franzö́s. Revolutionskalender.

Brum'ataleim [Brumata »Frostspanner«], Raupenleim aus Leinöl, Teer, Terpentin, Schweinefett.

Brundage [br'ʌndidʒ], Avery, *1887, seit 1952 Präs. des Internat. Olympischen Komitees.

Brunei, Sultanat im N Borneos, brit. Protektorat; 5765 km², 126 000 Ew., Hauptstadt: Brunei; Erdöl- und Kautschukgewinnung.

Brunelle die, →Braunelle.

Brunelleschi [-l'eski], Filippo, italien. Baumeister, *1376, †1446, einer der Schöpfer der Renaissancearchitektur (Pazzikapelle, S. Lorenzo, S. Spirito, Domkuppel in Florenz); Entdecker der Zentralperspektive für die Malerei.

brün'ett [frz.], dunkelbraun (Haar); die **Brün'ette,** Frau oder Mädchen mit dunklem Haar.

Brunft [von ahd. breman »brummen, brüllen«] die, →Brunst bei Hirschwild, Wildschwein.

Brunhild, Brünhild, 1) Gestalt aus dem →Nibelungenlied. **2)** in der nord. Sage eine Walküre.

brün'ieren [frz.], ⚙ braunfärben: Stahl, Kupfer mit einer hauchdünnen Schutzschicht von Metallchloriden oder -sulfiden überziehen.

Brüning, Heinrich, Politiker, *1885, †1970; war 1920 bis 1930 Geschäftsführer des (christl.) Dt. Gewerkschaftsbundes, als Führer der Zentrumspartei 1930-32 Reichskanzler; suchte die schwere Wirtschaftskrise durch Notverordnungen zu bekämpfen, erreichte die Beseitigung der Reparationen; 1934 emigrierte er nach den Verein. Staaten (Harvard-Universität).

Brünn, tschech. Stadt in Mähren, 335 000 Ew., an der Schwarzawa; Univ., TH; Bischofssitz; zahlreiche Barockbauten, Dom (14. Jahrh.); Maschinen-, Textil-, Leder- und chem. Ind., Messe, wichtiger Handelsplatz. Oberhalb von B. der **Spielberg** (Festung, Staatsgefängnis).

Brünne die, Panzerhemd, später nur Halsschutz.

Brunnen, Anlage zur Förderung von Grundwasser. **Schacht-B.:** ein kreisrunder Schacht aus Mauerwerk oder Stahlbetonringen. Das Wasser wird mit Schöpfeimer (Zieh-B.) oder Pumpe gehoben. **Rohr-B.:** ein Bohrloch wird durch ein Metallrohr (10-15 cm Durchmesser) ausgekleidet. Das Wasser wird durch eine Pumpe gefördert. **Ramm-B. (Abessinier-B.):** ein eisernes Rohr (25 bis 75 mm Durchmesser) mit Spitze und Schlitzen wird in den Boden getrieben. **Artesischer B.:** das Wasser tritt selbsttätig zutage (Überdruck), wenn es sich zwischen zwei wasserundurchlässigen Schichten ansammelt und der Grundwasserspiegel höher als die Entnahmestelle liegt. (BILD S. 126)

Brunnenkresse, →Kresse, →Schaumkraut.

Brunner, Emil, schweizer. ref. Theologe, *1889, †1966, ein Begründer der →Dialektischen Theologie.

Bruno [ahd. »der Braune«], männl. Vorname.

Bruno, Heilige. **1)** B. von Querfurt, Apostel der Preußen, † (erschlagen) 1009, Missionar der Polen, Ungarn und Preußen (Tag: 14. 2). **2)** B. von Köln, *um 1032, †1101, gründete den Orden der →Kartäuser, Tag: 6. 10.

Br'uno, Giordano, italien. Philosoph, Dominikaner, *1548, wurde 1600 in Rom als Ketzer verbrannt; neigte pantheist. Gedanken zu, wirkte auf Spinoza, Herder, Goethe, Schelling.

Brunsbüttel, Stadt in Schlesw.-H., 12 200 Ew.; an der Mündung des Nord-Ostsee-Kanals in die Elbe; großer Umschlaghafen (Erdöl).

Brunelleschi: Pazzikapelle, Florenz

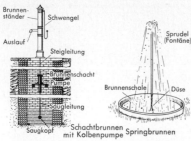

Schwengel (Schwingbaum)

Seil

Pfosten

Schöpf-eimer

Gegen-gewicht

Schacht

Ziehbrunnen

Brunnen-ständer

Auslauf

Schwengel

Steigleitung

Brunnenschacht

Pumpe

Saugleitung

Saugkopf

Schachtbrunnen mit Kolbenpumpe

Sprudel (Fontäne)

Brunnenschale

Düse

Springbrunnen

Brunnen

Buber

Brunst [von brennen] die, ein Zustand ge-schlechtlicher Erregung, der bei vielen Säugetie-ren zu bestimmten Zeiten (**Brunstzeit**) auftritt, beim Hochwild **Brunft** genannt. Während dieser Zeit findet die Paarung statt. Die B. ist häufig ver-bunden mit **B.-Spielen** (→Balz), Hervortreten be-sonderer Farben (→Hochzeitskleid) oder Organe (Brunstfeige der Gemsen).

brüsk [frz.], schroff, barsch.

Brüssel, fläm. **Brussel**, französ. **Bruxelles**, Hauptstadt von Belgien, an der Senne und dem Brüsseler Seekanal, 170 100 Ew. (mit Vororten rund 1 Mill.); die flämische Altstadt ist der Sitz des Geschäftslebens; schöne alte und neue Bau-werke (Zunfthäuser, mittelalterl. Rathaus, Schloß u.a.). Lebhafte Industrie- und Handelsstadt; Ma-schinen-, Textilfabriken (Brüsseler Spitzen); Flug-

Brüssel: Innenstadt

hafen. B. ist Sitz mehrerer europ. Behörden. – Im MA. war B. Sitz der Herzöge von Brabant, dann Hauptstadt der spanisch-habsburg. Niederlande.
Brüsseler Pakt, ursprüngl. der Vertrag vom 17. 3. 1948 zwischen Belgien, Frankreich, Groß-britannien, Luxemburg und den Niederlanden über wirtschaftl., soziale und kulturelle Zusam-menarbeit und kollektive Selbstverteidigung. Nach dem Scheitern der →Europäischen Verteidigungsgemeinschaft traten die Bundesrep. Dtl. und Italien durch das →Pariser Abkommen vom 23. 10. 1954 dem geänderten und seiner gegen Dtl. gerichteten Spitze entkleideten B. P. bei.
Bruss'ilow, Aleksej, russ. General, *1853, †1926; B.-Offensive in Galizien 1916.
Brust, bei Mensch und Wirbeltieren der

Brutpflege, links Mantelpavian mit Jungem, rechts Eichhörn-chen mit Jungen am Nest

obere oder vordere Teil des Rumpfes, bei Glie-derfüßern der mittlere Teil des Körpers. Beim Menschen wird die **B.-Höhle** durch das Zwerch-fell und vom **B.-Korb** (Thorax), bestehend aus B.-Wirbelsäule, Rippen und **B.-Bein**, umschlos-sen (FARBTAFELN S. 693/695 Mensch). In der B.-Höhle liegen die **B.-Eingeweide**: Lungen, Herz, Luft- und Speiseröhre, Lymphknoten, Thymusdrüse; die Lungen liegen in den Pleu-rahöhlen (→Rippenfell).
Brustdrüsen, **Milchdrüsen**, Drüsen der Säugetiere, die die zur Aufzucht der Jungen not-wendige Milch absondern. bei der Frau in Form der **Brüste** entwickelt. **B.-Entzündung, Mast'itis**, wird hervorgerufen durch Eindringen von Bakte-rien; am häufigsten während der Stillzeit, begün-stigt durch Milchstauung.
Brustfell, das →Rippenfell. **B.-Entzündung**, die →Rippenfellentzündung.
Brustkrebs, bösartige Geschwulst der Brust-drüsen, →Krebs.
Brustkreuz, goldenes Kreuz der Kardinäle, Bischöfe, Äbte; auch Amtszeichen des evangel. Bischofs.
Brustseuche, ansteckende Lungen- und Brust-fellentzündung der Pferde.
Brusttee, eine Mischung von Eibischwurzel, Süßholz, Veilchenwurzel, Huflattichblättern, Wollblumen und Anis; schleimlösend.
Brut, 1) junge Tiere. **2)** →brüten. **3)** ⚇ Aus-läufer, Wurzelsprosse, Knollen, Zwiebeln.
brut'al [lat.], roh, gewaltsam, rücksichtslos.
brüten, 1) das Erwärmen der Eier durch das Elterntier bis zum Ausschlüpfen der Jungen, bes. bei Vögeln, meist durch das Weibchen, seltener durch das Männchen oder abwechselnd durch beide. Gebrütet wird zumeist in mehr oder weni-ger kunstvoll gebauten Nestern; man unterschei-det **Höhlen-** und **Freibrüter** (Busch- und Boden-brüter). Die Brutzeit beträgt bei kleinen Vogel-arten 10-14, bei größeren bis zu 80 Tage. In der Geflügelzucht betreibt man auch künstliches B. in **Brutöfen, Brutschränken, Brutmaschinen. 2)** ⚛ Er-zeugung von neuem Spaltstoff aus nicht spaltba-rem Material im Kernreaktor (**Brutreaktor**).
Brutofen, Wärmeapparat für frühgeborene Kinder.
Brutpflege, Brutfürsorge, Handlungen der Tiere zur Sicherung, Versorgung und zum Schutz der Nachkommen.
br'utto [ital.], roh, bes. in Zusammensetzun-gen gebräuchlich: **Bruttoeinnahme**, Roheinnahme, von der noch die Unkosten abzurechnen sind; **Bruttolohn**, Lohn, von dem noch die Steuern und Sozialabgaben abgehen. **Bruttogewicht**, Gewicht der Ware mit Verpackung. Gegensatz: →netto.
Br'utus, 1) Lucius Junius, angeblicher Grün-der der römischen Republik um 500 v. Chr. **2)** Marcus Junius, einer der Mörder Caesars; unter-lag 42 v. Chr. bei Philippi und tötete sich.
Brüx, tschech. **Most**, Stadt in NW-Böhmen, ČSSR, 56 100 Ew.; Braunkohlenbergbau.
Bruxelles [brys'el], franz. Name von →Brüssel.
Bruyèreholz [bryi'ɛ:r, frz.], Wurzelholz der Baumheide (→Heide); für Pfeifenköpfe.
BTU, Abk. für British Thermal Unit, Maßein-heit für Wärmemenge, = 0,252074 kcal.
Buber, Martin, jüd. Religionsphilosoph und Übersetzer, *1878, †1965, seit 1938 Prof. in Jeru-salem; führender Zionist, machte die Lehren und Legenden des →Chassidismus bekannt.
Bubo [grch.] der, Mz. **Bub'onen**, entzünd-liche Anschwellung der Lymphknoten in der Lei-stengegend. **Bubonenpest**, →Pest.
Bucaram'anga, Bez.-Stadt in Kolumbien, 250 600 Ew.; Mittelpunkt des Tabak- und Kaffee-anbaus.
Bucer, Butzer, Martin, Reformator, *1491, †1551, wirkte in Straßburg, Ulm, Köln, vermit-telte im Abendmahlsstreit zwischen Luther und den Calvinisten; führte die evang. Konfirmation ein.
Buch. Die B. der Babylonier und Assyrer be-

standen aus gebrannten Tontafeln, die der Inder aus zusammengeschnürten Palmblättern. Ägypter, Griechen und Römer hatten Papyrusrollen; Griechen und Römer verwendeten auch zusammengeheftete Wachstafeln **(Tabulae)**. Seit dem 3. Jahrh. v. Chr. kam das Pergament auf, später im Abendland für lange Zeit der einzige Beschreibstoff. Mit ihm wurde die flache, viereckige Buchform **(Codex)** üblich. Das Pergament war sehr haltbar, aber teuer. Eine wesentliche Verbilligung brachten das von den Arabern und Chinesen schon seit dem 8., im Abendland erst seit dem 14. Jahrh. gebrauchte Papier und seit dem 15. Jahrh. der →Buchdruck, der eine rasche Massenerzeugung von B. ermöglichte.

Buch mit sieben Siegeln, schwer Verständliches (nach Offenbarung Johannis 5, 1 ff.).

Buchar'a, Bokhar'a, Gebietshauptstadt in der Usbek. SSR, südöstl. des Aral-Sees; 112 000 Ew.; Baumwollanbau, Karakulzucht (B.-Teppiche). – Das Gebiet B. war im MA. ein wichtiger islamischer Kultur- und Handelsmittelpunkt.

Buch'arin, Nikolai, sowjet. Politiker, *1888, † (hingerichtet) 1938, führender bolschewist. Wirtschaftstheoretiker.

Buchbinderei, die Gesamtheit der Arbeiten vom Falzen der einzelnen Druckbogen bis zur Fertigstellung eines Buches: Zusammenheften, Pressen, Beschneiden des Buchblocks; Herstellung und Anbringen des Buchdeckels.

Buchdruck, Hochdruckverfahren für den Druck von Büchern, Bildern, Zeitungen. Die wichtigsten Arbeitsvorgänge: Zunächst wird der Schriftsatz hergestellt. Beim **Handsatz** reiht der Setzer nach dem Manuskript die Lettern zu einer Zeile, die er im Winkelhaken auf die durch den »Frosch« eingestellte Zeilenlänge bringt. Die zur Beschleunigung vielfach verwendeten **Setzmaschinen** liefern den Schriftsatz entweder in Einzelbuchstaben **(Monotype)** oder in ganzen Zeilen **(Linotype, Typograph)**. Die fortlaufenden Zeilen werden mit einer Kolumnenschnur **ausgebunden** und als **Fahnen** für die Korrektur auf einer Presse abgezogen **(Bürstenabzug)**. **Umbruch** ist das Herrichten von gleich großen Seiten, das Einbauen von Klischees, Blindmaterial, Überschriftzeilen, Marginalien, Fußnoten durch den Metteur. Die nun fertigen Seiten werden zur Druckform zusammengestellt und in die Druckmaschine (Tiegeldruckmaschine, Schnellpresse, Rotationsmaschine) eingehoben. Für den Rotationsdruck wird von jeder Druckform aus angefeuchteter Pappe eine Matrize geprägt und mit Schriftmetall zu einer gebogenen Druckplatte ausgegossen. – Der B. mit gegossenen bewegl. Lettern wurde von Johann →Gutenberg erfunden.

Buchdrucker, 🪲 →Borkenkäfer.

Buche, Rotbuche, Waldbaum Europas, →Becherfrüchter. Das Holz der B. wird im Möbelbau, zum Heizen, Räuchern, auch zu Holzessig verwendet; die Frucht, die **Buchecker** oder **Buchel,** zu Viehmast und Öl. Eine Spielart ist die rotblättrige **Blut-B. Hain-B.,** →Weißbuche. (TAFEL Waldbäume)

Bucheignerzeichen, →Exlibris.

Buchenland, →Bukowina.

Buchenspinner, zwei Nachtschmetterlinge:
1) Rotschwanz, grau, Raupe gelb, mit Haarpinseln.
2) Gabel-B., bräunlich.

Buchenwald, nationalsozialist., nach 1945 sowjet. →Konzentrationslager, bei Weimar.

Bucher, Ewald, Politiker (FDP), *1914; MdB., Dez. 1962 bis März 1965 Bundesjustizmin., Okt. 1965-66 Bundeswohnungsbaumin.

Bücherei, →Bibliothek.

Bücherlaus, flügelloses Insekt (2 mm), bes. in alten Büchern.

Bücherrevisor, →Buchprüfer.

Büchersendung, bes. gebührenbegünstigte Briefsendung (Bundesrep. Dtl.: Bücher, Broschüren, Notenblätter, Landkarten, Bücherzettel). (→Drucksache)

Bücherskorpion, ein nützliches Spinnentier, 3 mm groß, kommt in Büchereien vor, vertilgt Milben und Bücherläuse.

Buchfink, Singvogel Europas u. W-Asiens; Zug-, Strich-, Standvogel. (FARBTAFEL Singvögel S. 872)

Buchführung, Buchhaltung, die regelmäßige Aufzeichnung von Vermögensgegenständen und Geschäftsvorfällen, Aufwänden und Erträgen auf Grund von Belegen (Rechnungen, Quittungen u. a.). Die **Geschäfts-B. (Finanz-B.)** stellt die Vermögenswerte und deren Veränderungen sowie den Erfolg des Unternehmens dar. Die **Betriebs-B. (kalkulatorische B.)** erfaßt die innerbetriebl. Vorgänge und dient der Kalkulation. Bei der **kameralist. B.** werden die erwarteten Einnahmen und Ausgaben (Soll-Etat) den tatsächlichen Einnahmen und Ausgaben (Ist-Etat) gegenübergestellt (bes. bei Behörden).

Die Form der kaufmänn. B. ist das **Konto,** eine zweiseitige Rechnung. Die Kontoseiten werden mit **Soll** und **Haben** gekennzeichnet. Soll für die linke Seite bedeutet Belastung (soll zahlen), Haben für die rechte Seite Gutschrift, Guthaben. Das Konto wird abgeschlossen, indem der Unterschied **(Saldo)** auf der Seite mit der geringeren Eintragungssumme als Ausgleichsposten eingesetzt wird.

Älteste Form ist die **einfache B.;** sie verwendet Tagebuch (Memorial, Journal, Primanota), Kassenbuch und Hauptbuch. Bei der **doppelten B.** wird jeder Geschäftsvorfall auf zwei Konten, einmal im Soll und einmal im Haben, verrechnet. In einem **Buchungssatz** wird zunächst das Konto ge-

Buch. a Kapitalband, b Rücken, c Schutzumschlag, d Einband, e Bucheignerzeichen, f Bauchbinde, g Vorsatz, h Respektblatt, i Lesezeichen, k Titelblatt, l Schnitt, m Buchblock

Buche.
1 a männliche, b weibliche Blüte,
2 Frucht

Verbuchung ausgewählter Geschäftsvorfälle nach doppelter amerikanischer Buchführung
Geschäftsvorfälle

1. Kauf von Briefmarken .... DM 200,–	5. Zielkauf von Fritz Schulze .... DM 800,–
2. Barverkäufe.......................... DM 550,–	6. Bezahlte Fracht für Sendung Schulze .... DM 25,–
3. Bareinkäufe .... DM 400,–	7. Zahlung an Fritz Schulze .... DM 800,–
4. Zielverkauf an K. Müller .... DM 600,–	8. Wechsel von K. Müller .... DM 450,–

Journal

Tag	Text	Umsatzsteuer pflichtig DM	Summen DM	Kasse Soll	Kasse Haben	Debitoren Soll	Debitoren Haben	Kreditoren Soll	Kreditoren Haben	Waren Soll	Waren Haben	Unkosten Soll	Unkosten Haben	Wechsel Soll	Wechsel Haben
2. 1.	Briefmarken ..		200,–									200,–			
3. 1.	Barverkäufe ..	550,–	550,–	550,–							550,–				
3. 1.	Bareinkäufe ..		400,–		400,–					400,–					
4. 1.	Zielverkauf K. Müller		600,–			600,–					600,–				
4. 1.	Zielkauf F. Schulze ...		800,–						800,–	800,–					
5. 1.	Fracht Schulze		25,–		25,–							25,–			
8. 1.	Zahlung an F. Schulze ..		800,–		800,–			800,–							
8. 1.	Wechsel von K. Müller		450,–				450,–							450,–	

G. Büchner

Buchweizen

Pearl S. Buck

Buckelurne

nannt, dem der Betrag belastet werden soll, und sodann das Konto, auf dem er gutzuschreiben ist, z. B.: Bank (Soll) an Kasse (Haben), oder: Außenstände an Waren. – Solange mit gebundenen Büchern gearbeitet wurde, mußten die in den Memorialen (Grundbüchern) verzeichneten Geschäftsvorfälle gesammelt und in das Hauptbuch übertragen werden. Nach der Form der Sammlung und Übertragung unterscheidet man: die **italien.**, die **deutsche**, die **französ. B.** Bei der **amerikan. B.** werden die sonst getrennten Memoriale in einem einzigen Buch (Journal) geführt. Die **Lose-Blatt-B.** schließt mittels Durchschreibeverfahren Übertragungsfehler aus, ermöglicht größere Aufgliederung der Konten und den Einsatz von Buchungsmaschinen. Für den **Abschluß** werden mit Hilfe eines Abschlußblattes die Summen aller Konten (Summenbilanz) und die Salden (Saldenbilanz) rechnerisch abgestimmt, sodann erforderliche Umbuchungen vorgenommen und durch Zusammenstellen der Zahlen der Bilanz und der Gewinn- und Verlustrechnung die rechnerische Richtigkeit festgestellt.

Für den Kaufmann besteht **B.-Pflicht.** Aus der Übung haben sich die Grundsätze ordnungsmäßiger B. entwickelt. Die Steuergesetzgebung hat die B.-Pflichten erweitert und die Anforderungen an die B. erhöht.

Buchgeld, Giralgeld, Depositengeld, die gesamten Bankguthaben, die neben dem Bargeld zu bargeldlosem Zahlungsverkehr dienen.

Buchgemeinschaften, Unternehmen, die durch Übertragung der Abonnementsidee von der Zeitschrift auf Bücherveröffentlichungen eine starke Verbilligung der Bücher erstreben, z. B. »Deutsche Buchgemeinschaft«, »Deutsche Hausbücherei«, »Büchergilde Gutenberg«, »Bertelsmann Lesering«.

Buchhandel, Wirtschaftszweig, der sich mit Herstellung und Vertrieb von Werken des Schrifttums, der Tonkunst, der bildenden Kunst und Photographie befaßt, die durch ein graph. oder photomechan. Verfahren vervielfältigt sind (Bücher, Zeitschriften, Musikalien, Kunstblätter, Atlanten, Landkarten, Globen). Gewerbsmäßige Herstellung und Verbreitung von Gegenständen des B. ist Aufgabe des **Verlags-B.,** während sich der **Sortiments-B.,** der **Reise- und Versand-B.,** der **Werbende Buch- und Zeitschriftenhandel,** der **Bahnhofs-** und der **Antiquariats-B.** dem Einzelvertrieb widmen. Zwischen Verlag und Sortiment vermitteln als **Zwischen-B.: Kommissions-B., Barsortiment, Groß-B.** (→Börsenverein der Deutschen Buchhändler).

Buchholz, 1) →Annaberg-Buchholz. **2)** Stadt in Niedersachsen, 12000 Ew.; Holz- und Teerind.

Buchhypothek, Hypothek, über die vom Grundbuchamt kein Brief ausgestellt wird.

B'uchloe [loə], Markt im Kreis Kaufbeuren, Bayern, 6700 Ew.; Bahnknoten.

Buchmacher, gewerbsmäßiger Vermittler von Wetten, z. B. für Pferderennen.

Buchmalerei, →Miniatur.

Buchman [b'ʌkmæn], Frank, *1878, †1961, amerikan. luther. Geistlicher, Leiter der Bewegung für →Moralische Aufrüstung (Caux).

Büchmann, Georg, Sprachforscher, *1822, †1884; verfaßte die Sammlung »Geflügelte Worte«.

Büchner, 1) Georg, Dichter, *1813, †1837, verfaßte die erste sozialist. Kampfschrift »Der Hessische Landbote« (1834), die Revolutionstragödie »Dantons Tod«, das Lustspiel »Leonce und Lena«, die balladeske Tragödie »Woyzeck«. **2)** Ludwig, Bruder von 1), *1824, †1899, prakt. Arzt, vertrat in dem Buch »Kraft und Stoff« einen uneingeschränkten Materialismus.

Buchprüfer, vereidigter Bücherrevisor, auf Grund einer staatl. Prüfung öffentl. bestellter Sachverständiger für alle Fragen des Rechnungswesens der Unternehmungen (Buchhaltung, Bilanz, Kostenrechnung, Statistik, Planungsrechnung).

Buchsbaum, immergrüner Strauch; im Mittelmeergebiet heimisch, bei uns zu Hecken, Ein-

fassung für Gartenwege; sein hartes Holz wird für Drechslerarbeiten und Holzschnitte verwendet.

Buchschuld, 1) Geldschulden, die lediglich durch Eintrag in den Hauptbüchern nachgewiesen werden. **2)** Staatsschulden, für die keine Anleihestücke ausgegeben, sondern nur die Gläubiger im Staatsschuldbuch eingetragen sind.

Büchse, 1) Handfeuerwaffe mit gezogenem Kugellauf zu Jagd und Sport. **2)** Behälter, meist zylindrisch, z. B. für Konserven.

Büchsflinte, ein Jagdgewehr mit einem gezogenen Lauf (Büchsenlauf, für Kugel) und einem glatten Lauf (Flintenlauf, für Schrot).

Buchstabe, Schrift- oder Druckzeichen für einen Sprachlaut.

Buchstabenrechnung, ein Hilfsmittel der →Algebra; z. B. gibt $(a+b)^2 = a^2 + 2ab + b^2$ die Regel an, nach der man das Quadrat einer Summe berechnet.

Buchung, 1) Buchführung: Eintragung von Geschäftsvorfällen. **2)** Platzbestellung für Schiffs-, Flugreisen usw.

Buchungsmaschinen, Büromaschinen zum Berechnen und Verbuchen der Geschäftsvorgänge eines kaufmänn. oder Verwaltungsbetriebes.

Buchweizen, Mehlpflanze der Familie Knöterichgewächse. Arten: **Gemeiner B.,** weiß und rosa blühend; **Tatarischer B.,** grün blühend. B. wird auch heute noch auf Sandboden als Getreide angebaut; die dreikantigen Nüßchen liefern ein graues Mehl und Grütze, die auch als Mastfutter dient.

Buchwert, der Wert, mit dem Vermögensgegenstände oder Schulden eines Unternehmens in den Büchern oder der Bilanz eingetragen sind.

Buchzwang, die Pflicht zur →Buchführung.

Buck [bʌk], Pearl S., amerikan. Erzählerin, *1892, zeichnet in ihren Romanen ein gerechtes Anschauung das Bild Chinas: »Die gute Erde«, »Ostwind–Westwind« u. a.; Nobelpreis 1938.

Bückeberge, zum Wesergebirge gehöriger Höhenzug, Fortsetzung des Deisters, 367 m hoch, Kohlenlager.

Bückeburg, Stadt in Niedersachsen, 13 100 Ew.; ehemals Hauptstadt von Schaumburg-Lippe, Schloß (16. Jahrh.), Kirche (17. Jahrh.).

Buckel, Rundrücken, die Verkrümmung der Wirbelsäule; entsteht durch Haltungsfehler, Unfall oder Wirbeltuberkulose.

Buckelurnen, vorgeschichtl. Tongefäße mit Buckelverzierung (Lausitzer Kultur der Bronze- und german. Völkerwanderungszeit).

Buckingham, Buckinghamshire [b'ʌkinəmʃiə], Grafschaft im südlichen England.

Buckingham Palace [b'ʌkinəm p'ælis], Schloß und Wohnsitz des engl. Königs in London.

Buckingham-Palast

Bückling, schwach gesalzener, geräucherter Hering.

Buckram [b'ʌkrəm, engl.] der, Steifleinen zu Bucheinbänden.

Buckskin [b'ʌkskin, engl.] der, weicher Herrenkleiderstoff aus Wolle, einseitig geschoren.

B'udapest, die Hauptstadt Ungarns, 2,0 Mill. Ew., an der Donau. Auf den Anhöhen des rechten Ufers liegt Ofen (ungar. Buda) mit Burg und Regierungsgebäuden, am linken Ufer die Geschäftsstadt Pest. B. ist kultureller Mittelpunkt (Universitäten TH, Hochschule für Musik und bildende Kunst, Bibliotheken, Museen u. a.) und Verkehrs- und Wirtschaftsmittelpunkt Ungarns. Maschinen-, Fahrzeug-, Schiffbau, Feinmechanik, chem. und Textilindustrie; warme Heilquellen. – Ofen und Pest entstanden im MA. als dt. Stadtgemeinden. 1541-1686 war B. türkisch.

Buddha [Sanskrit »der Erwachte, der Erleuchtete«], Ehrenname des ind. Religionsstifters **Gautama** oder **Siddhartha**, * um 560, † um 480 v.Chr., aus dem Adelsgeschlecht der Sakja. B. verließ mit 29 Jahren seine Familie und suchte als Bettelasket Erkenntnis und Befreiung von der Welt. Er sammelte umherziehend und predigend eine Gemeinde und gründete den buddhistischen Mönchsorden. Seine Predigt gipfelte in den Lehren von den 4 heiligen Wahrheiten: das Leiden, die Ursache des Leidens, die Aufhebung des Leidens und der Weg dazu, der »edle achtfache Pfad«: rechte Anschauung, rechte Gesinnung, rechtes Reden, rechtes Handeln, rechtes Leben, rechtes Streben, rechtes Überdenken, rechtes Sichversenken. (→Buddhismus)

Buddhismus, die von →Buddha gestiftete Religion. Die Auffassung der →Seelenwanderung und des →Karman ist die allgemeine indische. Nur die von Buddha erlangte und gelehrte Erkenntnis kann zur Erlösung aus dem Kreislauf der Geburten führen. Streng sittl. Leben und schrankenlose Selbstaufopferung zum Wohle der Mitgeschöpfe ist der Weg zur Selbsterlösung. Der Zustand seliger Ruhe, in die der Erlöste eingeht, ist das **Nirwana.** Im 3. Jahrh. v. Chr. wurde der B. unter König Aschoka in Indien Staatskirche; von da an begann eine ausgebreitete Missionstätigkeit in außerind. Ländern. Dabei hat der B. viele Veränderungen erfahren. Man unterscheidet: den südlichen B. **(Hinajana)** und den nördlichen B. **(Mahajana).** Das Hinajana, das an der Lehre Buddhas festhielt, kennt keine persönliche Seele und keinen Gott. Das Mahajana hat den Glauben an einen Gott, eine persönliche Seele und Vorstellungen über ein jenseitiges Paradies ausgebildet. Der B. verbreitete sich über weite Teile Ostasiens (China, Tibet, Korea, Japan). In Indien, seinem Mutterlande, wurde er durch den →Brahmanismus verdrängt und war seit dem 7.Jahrh. n. Chr. erloschen. In Hinterindien und Ceylon blieb er lebendig und am reinsten erhalten (Hinajana). In neuerer Zeit hat der B. auch Anhänger in Europa und Amerika gefunden. (TAFEL Weltreligionen)

Büdelsdorf, Gem. im Kr. Rendsburg, Schlesw.-Holst.; 10400 Ew., Eisengießerei.

Büderich, seit 1970 Ortsteil der Großgem. Meerbusch, (1969: 19300 Ew.); Edelstahlwerk, Maschinenindustrie.

Budget [bydʒ'e, frz.] das, →Haushaltsplan.

Büdingen, Kreisstadt in Hessen, am Rande der Wetterau, Luftkurort, 6800 Ew.; altertüml. Stadtbild, Schloß der Fürsten von Isenburg-B.

Budjenny, Budjonnyi [budj'ɔni], Semjon, sowjetruss. Marschall, *1883, war Juni-Okt. 1941 Oberbefehlshaber der russ. Südwestfront.

Budo [japan.], Sammelbez. für alle ostasiat. waffenlosen Selbstverteidigungs-und Kampfsportarten, z. B. Judo, Jujutsu, Karate, Aikido.

Budweis, tschech. **České Budějovice,** die wichtigste Stadt Südböhmens, an der Moldau, Tschechoslowakei, 74000 Ew.; kath. Bischofssitz; Herstellung von Metallwaren, Bleistifte, Möbel- und Lebensmittelind. Wurde 1265 als dt.Stadt gegründet.

Buenavent'ura, wichtigster Hafen Kolumbiens, am Stillen Ozean; 104900 Ew.

Bu'enos 'Aires [span.], Hauptstadt Argentiniens und größte Stadt S-Amerikas, am Mündungstrichter des La Plata, 8,0 Mill. Ew. mit Aggl.; polit., geistiger und wirtschaftl. Mittelpunkt Argentiniens; Erzbischofssitz; Univ., Kunstakademie; moderne Hafenanlagen. B. A. wurde 1536 von den Spaniern gegr., 1580 neu aufgebaut.

Büfett, Buffet [byf'e, frz.] das, Schrank für Geschirr, Schanktisch, Anrichtetisch.

Buff, Charlotte, *1753, †1828; Urbild der Lotte in Goethes »Werther«.

B'uffa [ital.] die, Posse, Schwank. **Opera buffa,** komische Oper. **B'uffo** der, Sänger der Opera buffa.

Buffalo [b'ʌfəlou], Industriestadt im Staat New York, USA, am Eriesee, 515000 Ew.; Umschlagplatz für Massengüter, größter Müllereiplatz der Welt; Stahl-, Flugzeug- u. a. Ind.

Buffalo Bill, eigentl. William F. **Cody,** amerikan. Kundschafter, Oberst, *1846, †1917.

Büffel, Gruppe der Wildrinder mit langen, oft gebogenen Hörnern. **Indischer B. (Arni),** auch gezähmt als Haus-B., bes. für Arbeiten auf sumpfigem Gelände. **Kaffern-B.** in Mittel- und Südafrika. Amerikanischer B., →Bison.

Buffet [byf'ɛ], Bernard, franzö́s. Maler, *1928, malt mit zeichnerisch realist. Mitteln ausgezehrte Menschen, ärml. Stilleben u. a.

Bug der, 1) vorderster Teil des Schiffs. 2) Schulterteil bei Pferd, Rind, Wild.

Bug der, Flüsse. 1) **Südlicher B.** in der Ukraine, mündet in das Haff (Liman) des Dnjeprs. 2) **Westlicher B.,** rechter Nebenfluß der Weichsel aus Ostgalizien, mündet bei Warschau.

Bug'atti, Ettore, franzö́s. Autokonstrukteur, *1881, †1947.

Bügelhorn, trompetenähnl. Blasinstrument.

Bugenhagen, Johann, Reformator, Mitarbeiter Luthers, *1485, †1558.

Buggy [b'ʌgi, engl.] der, leichter Einspänner mit vier oder zwei Rädern, bes. für Trabrennen.

bugs'ieren, ein Schiff ins Schlepptau nehmen; wegschieben.

Bugspriet das, beim Segelschiff ein über den Bug vorstehendes Rundholz; verlängert durch den Klüverbaum; zum Befestigen der Vorsegel.

Bühl, der, Hügel.

Bühl, Kreisstadt in Baden-Württ., am Westfuß des Schwarzwalds, 18000 Ew.; Obstbaugebiet (»Bühler Zwetschen«); chem. Industrie.

Buhle, ✝ Geliebter, Geliebte.

Bühler, 1) Charlotte, Gattin von 2), Psychologin, *1893, befaßt sich mit Entwicklungspsychologie. 2) Karl, Psychologe, *1879, †1963, Beiträge zur Gestalt-, Sprach-, Entwicklungspsychologie.

Bühlertal, weitzerstreute Gem. im Kr. Bühl,

Budapest: Parlamentsgebäude

Buddha: Statue (5. Jahrh. n. Chr.)

Bugspriet: a Vorsegel, **b** Klüverbaum, **c** Stampfstock, **d** Bugspriet

Buenos Aires: Avenida 9 de Julio

Schwarzwald; Luftkurort, Erholungsheim Bühlerhöhe.

Buhne die, quer vom Ufer aus in das Wasser gebauter Damm, der die Strömung eines Flusses regeln, an der See den Wellenschlag mindern soll.

Bühne, erhöhte Plattform für Darbietungen in Theater-, Konzert- oder Vorführungsräumen; im →Theater als **Bühnenhaus** ein bes. Gebäudeteil. **Bühnenbild,** die bildhafte szen. Gestaltung der B. durch Kulissen, Prospekte, Setzstücke. **Bühnensprache,** bes. reine Aussprache des Deutschen, festgelegt in dem Werk »Dt. Bühnenaussprache« (zuerst 1898) von Th. Siebs.

B'uhurt der, ritterl. Kampfspiele zu Pferde.

Buitenzorg [b'œjtənzɔrɣ], heute →Bogor.

Bujumb'ura, bis 1964 **Usumb'ura,** Hauptstadt von Burundi, Afrika, im NO des Tanganjikasees, 75000 Ew. (BILD Burundi)

Buk'anier, westind. Seeräuber, →Flibustier.

B'ukarest, rumän. Bucureşti, die Hauptstadt Rumäniens, 1,45 Mill. Ew.; Sitz des Metropoliten der rumän. orthodoxen Kirche und eines kath. Erzbischofs; Univ., Hochschulen für Musik, Kunst, Handel u. a., Museen; bed. Handel, lebhafte Industrie (Lebensmittel-, Textil-, Metall-, Maschinen-, Öl-, chem., Elektro- u. a. Ind.).

Bukarest: Platz und Halle der Republik

Buk'ett [frz.] das, 1) Blumenstrauß. 2) der Duft des Weins, die **Blume.**

buk'olisch [grch.], schäferlich, idyllisch. **Buk'oliker,** Verfasser von →Schäferdichtung.

Bukow'ina, Buchenland, geschichtl. Landschaft am NO-Abhang der Karpaten, im rumän.-sowjetruss. Grenzgebiet. Hauptstadt: Czernowitz. Die österr. B. fiel 1919 an Rumänien; der nördl. Teil gehört seit 1944 zur Sowjetunion. Die 68000 Deutschen wurden 1940 nach Dtl. umgesiedelt.

Bulaw'ayo, Bulaw'ajo, Stadt in Rhodesien, 250000 Ew.; Gold- und Kohlenfelder.

Bulb'ärparal'yse, fortschreitende Lähmung in den Muskeln von Zunge, Gaumen, Lippen.

Bülb'ül [pers.] der, Nachtigall; auch drosselähnl. Singvögel Afrikas und Asiens **(Fruchtdrosseln).**

Bul'ette die, gebratenes Fleischklößchen.

Bulg'anin, Nikolai Alexandrowitsch, sowjet. Politiker, *1895, Elektroingenieur, 1946 stellv. MinPräs., 1947 Verteidigungsmin., Marschall. 1955-58 MinPräs., 1958 als parteifeindlich aus dem Präsidium des ZK ausgeschlossen.

Bulg'arien, Volksrep. in SO-Europa, 110928 km², 8,4 Mill. Ew.; Hauptstadt: Sofia. ⊕ S. 524, ▱ S. 345. FARBTAFEL Europa II S. 340.

Staatsoberhaupt ist das Präsidium der Nationalversammlung (Sobranie). Die tatsächl. Macht liegt bei dem Vollzugsorganen des Zentralkomitees der Bulgar. Kommunist. Partei, dem dem Ersten Sekretär. Verwaltungseinteilung in 28 Gebiete. – B. umfaßt (von N nach S) das Tafelland längs der Donau, den Vorbalkan, das Balkangebirge (2375 m), die Maritzaebene, im S und SW Rhodope-, Pirin- und Rila-Gebirge (2925 m). Die Schwarzmeerküste ist im N flach, im S felsig und buchtenreich. Hauptflüsse: Donau, Maritza, Struma, Isker. Klima: meist kontinental. Bevölkerung: meist Bulgaren (Orthodoxe), rd. 8% Türken (Muslime), Minderheiten. 5 Großstädte.

Bulgarien

Bumerang

WIRTSCHAFT: B. ist überwiegend Agrarland; 98% der nutzbaren Fläche werden kollektiv bewirtschaftet. Haupterzeugnisse: Weizen, Mais, Tabak, Zuckerrüben, Tomaten, Obst, Wein, Sonnenblumenkerne. Vielfach Bewässerung. ⚒ auf Kohle, Kupfer-, Eisenerz, Erdöl u. a. Die Industrie (Nahrungsmittel-, Textil-, Stahl-, chem. Industrie u. a.) wird aufgebaut und hat 40% Exportanteil. Haupthandelspartner sind die Ostblockstaaten (über 75%). ⛟ 5800 km.

GESCHICHTE. Die Bulgaren wanderten im 7. Jahrh. von der Wolga her ein. Im 11. und 12. Jahrh. standen sie unter byzantinischer Herrschaft und wurden 1393 von den Türken unterworfen. Erst 1878 wurde wieder ein selbständiges Bulgarien geschaffen, anfangs als Fürstentum, seit 1908 als Königreich (unter einer Linie des Hauses Sachsen-Coburg). Vergebens kämpfte es in den Balkankriegen 1912/13, und 1914 auf seiten der Mittelmächte im 1. Weltkrieg um Makedonien; durch den Vertrag von →Neuilly verlor es verschiedene Gebiete. Das mit einer autoritäre Regierung des Königs Boris. 1941 trat B. dem Dreimächtepakt bei, erhielt nach dt. Sieg über Jugoslawien und Griechenland Westthrakien und Makedonien. Seit 1946 in B. Volksrepublik (→Volksdemokratie). Friedensvertrag 1947 in Paris: Verlust der Neuerwerbungen von 1941. Staatsratsvors.: T. Schiwkow (seit 1971; Erster Sekretär der Kommunist. Partei und MinPräs. seit 1962), MinPräs.: S. Todoroff (seit 1971).

Bullauge das, ⚓ rundes Fenster eines Schiffes.

Bulldogge [engl.], **Bullenbeißer,** Hunderasse, gedrungen und muskulös. (TAFEL Hunde)

B'ulldozer [-douzə, amerikan.], 1) Planierraupe mit geradestehendem Schild. 2) Biege- oder Strangpresse für Walzwerke.

Bulle der, geschlechtsreifes, männl. Rind.

Bulle [lat. bulla »Kapsel«] die, 1) Schutzkapsel für ein metallenes Urkundensiegel. 2) das mit einer Schnur an der Urkunde befestigte Siegel aus Metall. 3) feierlicher päpstl. Erlaß (bezeichnet mit den Anfangsworten des lateinischen Wortlautes, z. B. die B. »Unam sanctam«).

Bulletin [bylt'ɛ̃, frz.] das, Bekanntmachung.

Bullinger, Heinrich, schweizer. Reformator, *1504, †1575, Nachfolger Zwinglis in Zürich.

Bülow [bylo], 1) Bernhard Fürst v., *1849, †1929; 1900-09 Reichskanzler; gewandter Diplomat, konnte jedoch die Bildung der Entente nicht verhindern. »Denkwürdigkeiten« (4 Bde.). 2) Hans v., Pianist und Dirigent, *1830, †1894, setzte sich für Wagner und Brahms ein.

Bultmann, Rudolf, evang. Theologe, *1884, Prof. in Marburg; verbunden mit dem Versuch der »Entmythologisierung« des N. T.

Bulwer [b'ulwə], Edward, Lord Lytton, engl. Politiker und Schriftsteller, *1803, †1873. Romane: »Die letzten Tage von Pompeji«, »Rienzi«.

B'umerang, der, -s/-e, Wurfholz, knieförmig gebogen, in der Knickebene abgeflacht; kehrt in großem Schraubenflug zum Werfer zurück.

Buna, Handelsname für einen Kunstkautschuk aus Butadien, mit Natrium als Katalysator.

Bunche [bʌntʃ], Ralph, *1904, †1971, amerikan. Diplomat, Neger; wurde 1947 Hauptsekretär der Palästinakommission der Verein. Nationen, vermittelte 1948/49 im arab.-israel. Krieg, erhielt 1950 den Friedens-Nobelpreis.

Bund, 1) SOZIOLOGIE : die Grundform der sozialen Gruppe, findet sich auf allen Kulturstufen. Bei vielen Naturvölkern sind B. unverheirateter Männer **(Männerbünde)** Träger wichtiger Leistungen (z. B. Krieg, Jagd, Erziehung, Zauberei). Von größter Bedeutung sind die B. in vielen geistigen, polit. und religiösen Bewegungen, oft als **Geheimbünde.** In neuerer Zeit wurde die Form des B. vor allem von der dt. Jugendbewegung und den Pfadfindern aufgegriffen. 2) BIBEL : die von Gott zwischen ihm und den Menschen gestiftete Gemeinschaft. **Alter B.,** Altes Testament; **Neuer B.,** Neues Testament. 3) ♪ bei Laute, Gitarre, Mandoline, Zither: die schmalen Querleisten, die das Griffbrett in bestimmte Tonabstände einteilen. 4) ♫ →Bundesstaat. 5) ⚙ Verschlußstück, meist in Form eines Ringes; Zusammenfügungsstelle von Bauteilen.

Bund der Heimatvertriebenen und Entrechteten, BHE, in der Bundesrep. Dtl. 1950 gebildete polit. Partei, seit 1952 Gesamtdt. Block/ BHE (→Gesamtdeutscher Block/BHE).

Bund der Steuerzahler, überparteil. gemeinnützige Organisation zur Wahrung der Interessen der Steuerzahler, gegr. 1949, Sitz Wiesbaden.

Bund der Vertriebenen, BdV, Vereinigung seit 1958 durch Zusammenschluß der beiden Verbände Bund der vertriebenen Deutschen (BvD) und Verband der Landsmannschaften (VdL); Sitz Bonn, rd. 2,8 Mill. Mitgl.

Bünde, Industriestadt im Weserbergland, 41 000 Ew.; Hauptsitz der westfäl. Zigarrenfabrikation.

Bündelpfeiler, ⌂ Pfeiler der Gotik, um dessen kern bündelartig dünne Säulen (→Dienste) als Träger der Gewölberippen gelegt sind.

Bundesamt, in der Bundesrep. Dtl. Bundesoberbehörden für bestimmte Sachgebiete, so das **Bundesamt für Verfassungsschutz,** 1950 durch Gesetz errichtet, dem Bundesinnenministerium unterstellt, Sitz Köln, sammelt Unterlagen über verfassungsfeindl. Bestrebungen.

Bundesanstalten, in der Bundesrep. Dtl. Einrichtungen des Bundes für bestimmte Sachgebiete, die vom Bund unmittelbar finanziert werden und der Aufsicht des entsprechenden Bundesministeriums unterstehen; sie sind als Anstalten des öffentl. Rechts organisiert; z.B. B. für Landeskunde, B. für Flugsicherung, Biolog. B. usw. – Die **B. für Arbeitsvermittlung und Arbeitslosenversicherung** in Nürnberg ist Träger der Arbeitsvermittlung, Berufsberatung und Arbeitslosenversicherung und führt die Arbeitslosenfürsorge durch (Hauptstelle, Landesarbeitsämter, Arbeitsämter).

Bundesanwalt, 1) Bundesrep. Dtl.: Staatsanwalt beim Bundesgerichtshof. 2) Schweiz: der vom Bundesrat ernannte Staatsanwalt in Bundesstrafsachen und Leiter der polit. Polizei.

Bundesanzeiger, amtl. Verkündungsblatt der Bundesrep. Dtl. für Verwaltungsverordnungen, Personalfragen u.a. Veröffentlichungen.

Bundesarbeitsgericht, →Arbeitsgerichtsbarkeit.

Bundesarchiv, das Archiv der Bundesrep. Dtl. in Koblenz.

Bundesaufsicht, in der Bundesrep. Dtl. die Aufsichtsgewalt der Bundesregierung gegenüber den Ländern, die die Ausführung der Bundesgesetze sicherstellen soll (Art. 84 GG).

Bundesausgleichsamt, Bad Homburg v.d.H., Behörde zur Durchführung des Lastenausgleichs.

Bundesautobahnen, →Autobahnen.

Bundesbahn, →Deutsche Bundesbahn.

Bundesbetriebe, in der Bundesrep. Dtl. die öffentl. Unternehmen, die in unmittelbarem Besitz des Bundes sind (Bundesbahn, -post, -straßen usw.) oder an denen er mit einer Mehrheit des Gesellschaftskapitals beteiligt ist.

Bundesfernstraßen, in der Bundesrep. Dtl. die öffentl. Straßen, die im Unterschied zu den Landstraßen ein zusammenhängendes Verkehrsnetz bilden und dem Fernverkehr dienen. Sie umfassen →Autobahnen und Bundesstraßen.

Bundesfinanzhof, oberstes Finanzgericht der Bundesrep. Dtl., Sitz München.

Bundesgericht, das oberste Gericht der Schweiz.

Bundesgerichte, ÜBERSICHT S. 132.

Bundesgerichtshof, →Gerichtswesen, ÜBERS.

Bundesgesetzblatt, abgek. BGBl., in der Bundesrep. Dtl. amtliches Verkündungsblatt für Gesetze und Rechtsverordnungen des Bundes; in Österreich das entsprechende Blatt.

Bundesgesetze, in einem Bundesstaat die vom Gesamtstaat erlassenen Gesetze, im Unterschied zu den Landesgesetzen.

Bundesgesundheitsamt, Berlin, Bundesoberbehörde zur Vorbereitung von Gesetzen und zur Forschung auf dem Gebiet des öffentl. Gesundheitswesens u.a.

Bundesgrenzschutz, in der Bundesrep. Dtl. eine 1951 errichtete polizeiähnl. Bundesbehörde zum Schutz der Landesgrenzen.

Bundesjugendplan, Maßnahmen zur Förderung der Jugendpflege und zur Behebung der Berufsnot der Jugend (seit 1950 jährlich).

Bundesjugendring, →Jugendverbände.

Bundesjugendspiele, sportliche Leistungsprüfung (10. bis 21. Lebensjahr; seit 1951).

Bundeskanzler, 1) Bundesrep. Dtl.: der Leiter der →Bundesregierung. 2) Österreich: der Vorsitzende der Bundesregierung. 3) Schweiz: der Leiter der **Bundeskanzlei,** der dem Bundespräs. unterstellten Kanzlei für den Bundesrat.

Bundeskartellamt, Berlin, Bundesoberbehörde für Genehmigung von Kartellen, Maßnahmen gegen marktbeherrschende Unternehmen; Kartellregister.

Bundeskriminalamt, Wiesbaden, untersteht dem Bundesinnenministerium.

Bundeslade, der Kasten mit den Gesetzestafeln im Allerheiligsten des jüdischen Tempels.

Bundesliga, in der Bundesrep. Dtl. die oberste Spielklasse auf nationaler Ebene in verschiedenen Sportarten: z.B. Fußball, Handball, Basketball, Ringen, Tischtennis.

Bundesnachrichtendienst, der Auslandsnachrichtendienst der Bundesrep. Dtl., dem Bundeskanzler unterstellt.

Bundespost, →Deutsche Bundespost.

Bundespräsident, 1) Bundesrep. Dtl.: das Staatsoberhaupt. Der B. wird von der →Bundesversammlung für 5 Jahre gewählt und kann anschließend nur einmal wiedergewählt werden. Befugnisse: Der B. vertritt den Bund völkerrechtl. und schließt die Staatsverträge ab. Er fertigt die Gesetze aus und verkündet sie. Er kann den Bundestag in zwei Ausnahmefällen (Art. 63, 68 GG) auflösen und den →Gesetzgebungsnotstand erklären. Seine Befugnisse bei Eintritt des Verteidigungsfalles ergeben sich aus Art. 59a GG. Er schlägt den Bundeskanzler zur Wahl vor und ernennt ihn; er entläßt ihn auf Vorschlag des Bundestags. Er ernennt und entläßt die Bundesminister auf Vorschlag des Bundeskanzlers und die Bundesrichter, Beamte, Offiziere und Unteroffiziere, soweit gesetzlich nichts anderes bestimmt ist. Der B. hat für den Bund das Begnadigungsrecht. Anordnungen und Verfügungen des B. bedürfen der Gegenzeichnung des Bundeskanzlers oder des zuständigen Bundesministers. B.: 1949 bis 1959 Theodor Heuss, 1959-1969 Heinrich Lübke, seit 1969 Gustav Heinemann. 2) Österreich: das Staatsoberhaupt. 3) Schweiz: der Vorsitzende des →Bundesrats.

Bundesrat, 1) in der Bundesrep. Dtl. das Bundesorgan, durch das die Länder bei der Gesetzgebung und Verwaltung des Bundes mitwirken. Er besteht aus Mitgliedern der Landesregierungen. Die Stimmenzahl richtet sich nach der Bevölkerungszahl des Landes. Es haben (1968) Nordrhein-Westfalen, Bayern, Niedersachsen, Baden-Württemberg je 5; Hessen, Schleswig-Holstein, Rheinland-Pfalz je 4; Hamburg, Bremen, Saarland je 3 Stimmen. Berlin (W) hat 4 beratende Stimmen. Der Präs. wird für ein Jahr gewählt. Wichtigste Befugnisse: Gesetzesvorlagen der Bundesreg. zunächst an die B. zur Stellungnahme. Vom Bundestag beschlossene Gesetze werden der B. zugeleitet. Verfassungsänderungen und die im GG aufgeführten, die bundesstaatl. Grundordnung berührenden Gesetze bedürfen der Zustimmung des B. Gegen die übrigen Gesetze hat er, nach Beratung im Vermittlungsausschuß, das Recht zum Einspruch, den der Bundestag überstimmen kann. Bestimmte Rechtsverordnungen und Verwaltungsvorschriften des Bundes bedürfen der Zustimmung des B. Er kann den Bundespräs. vor dem Bundesverfassungsgericht anklagen. Er wählt die Hälfte der Mitglieder dieses Gerichts. Weitgehende Befugnisse hat er bei →Gesetzgebungsnotstand und →Bundeszwang. 2) Österreich: die Vertretung der Länder beim Bunde. 3) Schweiz: die oberste leitende und vollziehende Regierungsbehörde, die sich aus sieben von der Bundesversammlung auf vier Jahre ernannten Mitgliedern zusammensetzt. 4) Dt. Bund (1815-66): →Bundesversammlung. 5) Dt. Reich 1871 bis 1919: Vertretung der einzelstaatl. Regierungen und oberstes Reichsorgan und Träger der Souveränität.

Bundesrecht, →Bundesgesetze.

Bundesrechnungshof, Sitz Frankfurt a. M., überwacht die Haushalts- und Wirtschaftsführung der Bundesorgane und -einrichtungen.

Bundesregierung, 1) Bundesrep. Dtl.: das zur allgemeinen Leitung des Bundes berufene kollegiale Bundesorgan. Die B. besteht aus dem **Bundeskanzler** und den **Bundesministern.** Der Bundeskanzler wird vom Bundestag auf Vorschlag des Bundespräs. gewählt und von diesem ernannt. Er hat eine starke Stellung. Auf seinen Vorschlag ernennt und entläßt der Bundespräs. die Bundesminister. Er leitet die Geschäfte der B. und bestimmt die Richtlinien der Politik. Die Befehls- und Kommandogewalt über die Bundeswehr hat der Bundesverteidigungsmin., im Verteidigungsfalle der Bundeskanzler. Polit. Fragen von grundlegender Bedeutung (insbes. Gesetzesvorlagen) werden von der B. in Kabinettssitzungen beschlossen. Im Rahmen der Regierungsrichtlinien und -beschlüsse leitet jeder Bundesmin. seinen Geschäftsbereich selbständig und unter eigener Verantwortung. Der Bundestag kann dem Bundeskanzler das Mißtrauen nur dadurch aussprechen, daß er seinen Nachfolger wählt. Wird der von ihm selbst gestellte Vertrauensantrag vom Bundestag abgelehnt, kann der Bundeskanzler dem Bundespräs. die Auflösung des Bundestags vorschlagen. Bundeskanzler: 1949-63 Konrad Adenauer, 1963-66 Ludwig Erhard, Dez. 1966 bis Sept. 1969 Kurt-Georg Kiesinger; seit Sept. 1969 Willy Brandt. 2) Österreich: das kollegiale Regierungsorgan des Bundes.

Bundesrepublik Deutschland, der 1949 aus den Ländern der westl. Besatzungszonen Dtl.s für eine Übergangszeit gebildete Bundesstaat, ein Teil →Deutschlands; 248 066 km² mit (1970) 61,1 Mill. Ew. (mit W-Berlin); Hauptstadt: Bonn. Bundesländer sind: Baden-Württemberg, Bayern, Bremen, Hamburg, Hessen, Niedersachsen, Nordrhein-Westfalen, Rheinland-Pfalz, Saarland (seit 1. 1. 1957), Schleswig-Holstein (ÜBERSICHT). Nach dem GG (Art. 23) gehört auch Berlin (West) zur B. D., doch ist seine Eingliederung durch besatzungsrechtl. Vorbehalte vorläufig suspendiert. Es besteht eine enge Verbindung (beratende Teilnahme von Berliner Vertretern im Bundestag und

-rat, Rechtsangleichung, Bevollmächtigter der Bundesregierung in Berlin). ⊕ S. 520/21, ☐ S. 345, ▯ S. 878.

VERFASSUNG. Die staatl. Ordnung ist durch das Grundgesetz (GG) v. 23. 5. 1949 (mit Änderungen) bestimmt. Die B. D. hat seit dem 5. 5. 1955 die Stellung eines souveränen Staates (Inkrafttreten des →Deutschland-Vertrags in der Pariser Fassung v. 23. 10. 1954); die Ausübung der Hoheitsrechte unterliegt den dort vorgesehenen Vorbehalten und Kontrollen, bis ein gesamtdeutscher Friedensvertrag in Kraft tritt.

Die B. D. ist ein Bundesstaat. Der Bund und die einzelnen Länder sind Staaten mit eigener Staatsgewalt. Die Länder üben die staatl. Befugnisse aus, soweit das GG nichts anderes bestimmt oder zuläßt. Die höchste Gewalt (→Souveränität) liegt beim Bunde: Bundesrecht bricht Landesrecht. Das GG beschränkt die Verfassungsautonomie der Länder; der Bund kann die Länder durch Gesetze neu gliedern und hat ihnen gegenüber weitere Rechte (→Bundesaufsicht, →Bundeszwang). Die Länder sind durch den Bundesrat an der Willensbildung des Bundes beteiligt.

Die B. D. ist ein sozialer Rechtsstaat. Die Gesetzgebung ist an die verfassungsmäßige Ordnung, die vollziehende Gewalt und die Rechtsprechung sind an Recht und Gesetz gebunden; die Rechtsprechung ist unabhängigen Richtern anvertraut. Die →Grundrechte sind gewährleistet.

Die B. D. ist ein demokratischer und parlamentarischer Staat. Die Staatsgewalt geht vom Volke aus. Es übt sie unmittelbar durch Wahlen und Abstimmungen aus. Die Parteien wirken an der polit. Willensbildung mit. – In der Wirtschaftsordnung gibt Freiheit der Betätigung des Einzelnen; das Privateigentum ist gesichert, die Sozialordnung wird weiter ausgebaut.

Oberste Verfassungsorgane: →Bundestag, →Bundesrat, →Bundesregierung, →Bundespräsident.

GESETZGEBUNG. Der Bund hat die ausschließliche Gesetzgebung auf den Gebieten, die nur einheitlich geregelt werden können, so für auswärtige Angelegenheiten, Verteidigung, Währung, Zölle, Grenzschutz, Bundeseisenbahnen, Luftverkehr, Post- und Fernmeldewesen, Bundesbeamtenrecht. Er hat neben den Ländern die konkurrierende Gesetzgebung, z. B. für bürgerl. Recht, Strafrecht, Prozeßrecht, Straßenverkehr, soweit ein Bedürfnis für eine einheitl. Regelung besteht. Er kann Rahmenvorschriften erlassen, so über Presse, Film, Jagd, Naturschutz.

Zur Änderung oder Ergänzung des GG ist ein übereinstimmender Beschluß von Bundestag und Bundesrat notwendig (jeweils ²/₃-Mehrheit). – Die 1968 erlassene Notstandsgesetzgebung sieht Maßnahmen für den Katastrophenfall und für Fälle des inneren und äußeren Notstandes vor.

Bundesregierung (v. 15. 12. 1972, Koalition SPD, FDP): Bundeskanzler: Willy Brandt (SPD); Vizekanzler und Auswärtiges: Walter Scheel (FDP); Inneres: H.-D. Genscher (FDP); Justiz: G. Jahn (SPD); Finanzen: H. Schmidt (SPD); Wirtschaft: H. Friderichs (FDP); Ernährung, Landwirtschaft und Forsten: J. Ertl (FDP); Arbeit und Sozialordnung: W. Arendt (SPD); Verteidigung: G. Leber (SPD); Jugend, Familie und Gesundheit: Katharina Focke (SPD); Verkehr: L. Lauritzen (SPD); Raumordnung, Bauwesen und Städtebau: H.-J. Vogel (SPD); Innerdeutsche Beziehungen: E. Franke (SPD); Forschung und Technologie, Post- und Fernmeldewesen: H. Ehmke (SPD); Bildung und Wissenschaft: K. v. Dohnanyi (SPD); Wirtschaftliche Zusammenarbeit: E. Eppler (SPD); Minister für besondere Aufgaben: E. Bahr (SPD) und W. Maihofer (FDP).

Bundeseigene Verwaltung: Auswärtiges, Bundeswehrverwaltung, Bundesfinanzen, Bundeseisenbahnen, Bundespost, Bundeswasserstraßen, u. a.; für weitere Gebiete ist sie zugelassen und durch Gesetz eingeführt, z. B. Bundesgrenzschutz u. a. Oberste Bundesbehörden: Bundespräsidialamt, Bundeskanzleramt, Bundesministerien, Bundesrechnungshof, Deutsche Bundesbank u. a. Bundesoberbehörden: Bundesamt für Verfassungsschutz, Bundeskriminalamt, Statistisches Bundesamt, Bundesamt für die gewerbl. Wirtschaft, Patentamt u. a. Bundesmittel- und -unterbehörden: Gesandtschaften, Konsulate, Behörden der Bundesbahn, Bundespost u. a.

Bundesaufsichts- und Bundesauftragsverwaltung durch die Länder.

Bundesgerichte: →Bundesverfassungsgericht; Gemeinsamer Senat der Obersten Gerichtshöfe zur Wahrung der Einheitlichkeit der Rechtsprechung (Ges. v. 19. 6. 1968); 5 Obere Bundesgerichte: Bundesgerichtshof (→Gerichtswesen, ÜBERS.), →Bundesverwaltungsgericht, →Bundesfinanzhof, Bundesarbeitsgericht, →Bundessozialgericht; sonstige Bundesgerichte: Bundespatentgericht, Bundesdisziplinarhof; ferner Wehrdienstgerichte.

VERWALTUNG. Bund (hierzu ÜBERSICHT) und Länder haben getrennte Verwaltungen. Zur eigenen Zuständigkeit der Länder gehören u. a. allgemeine Verwaltung, Justiz, Polizei, Kultus, Unterricht, Gesundheitswesen, Versorgung, ferner z. T. Wirtschaft und Steuern. Den Gemeinden und Gemeindeverbänden ist Selbstverwaltung gewährleistet.

WÄHRUNG. Währungseinheit ist seit 20. 6. 1948 (Währungsreform) die Deutsche Mark (DM).

VERTEIDIGUNG. Seit 1954 gehört die B. D. dem Verteidigungsbündnis des →Nordatlantikpakts an. Seit 1955 wurde die →Bundeswehr aufgestellt.

Über LANDESNATUR →Deutschland.

BEVÖLKERUNG. Nach 1945 hat sich die Zusammensetzung der Bevölkerung durch die Aufnahme von rd. 12 Mill. Vertriebenen und Flüchtlingen stark verändert. Fast ein Drittel der Bevölkerung lebt (1972) in Städten mit 100 000 und mehr Ew., rd. 25% in Gemeinden von 10 000 bis 100 000 Ew. (1950: rd. 30% und rd. 21%). (→Deutschland)

RELIGION (1961). 50,5% Evang. Kirche in Deutschland, 44,1% kath.; 0,8% Mitgl. der Freikirchen, 0,6% Mitgl. christl. Sondergemeinschaften; 22 700 Juden, 2,8% ohne Bekenntnis.

BILDUNG. Das Schulwesen ist Angelegenheit der Länder. Schulpflicht besteht vom 6. bis zum 18. Lebensjahr (davon müssen 9 Jahre in einer Vollzeitschule verbracht werden). Näheres →Schule, →Zweiter Bildungsweg. An öffentl. Schulen herrscht Schulgeldfreiheit. 1970 gab es 166 Hochschulen, davon 44 Universitäten. Für eine Vereinheitlichung des Bildungswesens arbeiten seit 1946 die Ständige Konferenz der Kultusmin., seit 1949 die Westdt. Rektorenkonferenz; der Abstimmung bildungspolit. Ziele dienen der Wissenschaftsrat (seit 1957) und der Dt. Bildungsrat (seit 1965).

WIRTSCHAFT. Die B. D. bildet den wirtschaftl. Schwerpunkt Mitteleuropas. Die rasche Aufwärtsentwicklung setzte seit 1948 (Währungsreform) ein und hielt im Zeichen der Sozialen Marktwirtschaft an. Zu einem leichten Konjunkturrückgang kam es 1966/67 und 1971. Das Bruttosozialprodukt (Wert der erzeugten Güter und der Dienstleistungen) betrug 1950: 97,2; 1955: 178,3; 1960: 296,6; 1969: 601 Mrd. DM, wobei ein Teil des Zuwachses auf die Geldentwertung zurückgeht. Im April 1970 gab es 26,8 Mill. Erwerbstätige (44,6% der Bevölkerung; einschl. Gastarbeiter). Wichtigster Wirtschaftszweig ist die Industrie, die mit gut 50% an der Entstehung des Sozialprodukts beteiligt ist. Zu den Wachstumsindustrien gehörten vor allem der Fahrzeugbau, die Elektro- und die chem. Industrie, Mineralöl- und Kunststoffverarbeitung; die Bedeutung der Eisen- und Stahlindustrie und des Kohlenbergbaus geht zurück. Der Wohnungsbau gehört zu den eindrucksvollsten Leistungen. – Der Anteil der Landwirtschaft am Sozialprodukt und an den Beschäftigten hat abgenommen, obwohl die Erzeugung z. T. stark anstieg. – Die B. D. gehört der →Montanunion und der →Europäischen Wirtschaftsgemeinschaft an. – Als Handelsnation steht die B. D. hinter den USA an zweiter Stelle. Ausfuhr: vor allem Fertigwaren (1970: 85,8%), bes. Maschinen und Fahrzeuge, Chemikalien. Einfuhr: Nahrungsmittel, Rohstoffe, Fertigwaren. Haupthandelspartner: EWG-Länder, Verein. Staaten, Schweiz, Österreich, Großbritannien, Schweden.

VERKEHR. Im Bundesgebiet gibt es rd. 161 200 km Straßen, davon rd. 35 600 km Bundesfernstraßen (Autobahnen und Bundesstraßen; TEXTKARTE Autobahnen S. 63), rd. 34 500 km Eisenbahnen, rd. 6100 km schiffbare Wasserstraßen, dav. rd. 1800 km Kanäle. Hauptseehäfen: Hamburg, Bremen, Bremerhaven, Lübeck, Kiel, Emden. Hauptbinnenhäfen: Duisburg, Mannheim-Ludwigshafen, Köln, Hamburg, Wesseling, Frankfurt. Wichtigste Flughäfen: Frankfurt, Düsseldorf, Hamburg, München, Stuttgart.

VERWALTUNGSGLIEDERUNG, BEVÖLKERUNG

	Ew. (1971)		Religion (1961; in %)	
	Mill.	je km²	ev.	kath.
Bundesrep. Dtl.	61,19	246	50	45
Schleswig-Holstein	2,55	163	88	6
Hamburg	1,81	2434	77	7
Niedersachsen	7,10	150	77	19
RegBez.				
Hannover	1,53	233	81	13
Hildesheim	0,97	186	77	20
Lüneburg	1,07	98	88	9
Stade	0,62	93	93	5
Osnabrück	0,77	125	45	53
Aurich	0,40	128	92	6
VerwBez.				
Braunschweig	0,86	277	76	16
Oldenburg	0,84	155	68	28
Bremen	0,76	1872	84	10
Nordrhein-Westfalen	17,12	503	43	52
RegBez.				
Düsseldorf	5,69	1034	44	50
Köln	2,47	619	30	67
Aachen	1,03	333	16	82
Münster	2,41	335	32	65
Detmold	1,75	271	67	30
Arnsberg	3,75	485	54	41
Hessen	5,42	257	63	32
RegBez.				
Darmstadt	4,06	341	62	33
Kassel	1,35	147	73	24
Rheinland-Pfalz	3,67	185	42	56
RegBez.				
Koblenz	1,37	166	34	64
Trier	0,47	100	9	90
Rheinhessen-Pfalz	1,82	267	51	45
Baden-Württemberg	8,90	249	49	47
RegBez.				
Nordwürttemb.	3,48	330	60	34
Nordbaden	1,90	373	48	48
Südbaden	1,88	189	31	66
Südw.-Hohenzoll.	1,62	161	45	52
Bayern	10,56	150	27	71
RegBez.				
Oberbayern	3,31	203	17	80
Niederbayern	1,00	93	7	92
Oberpfalz	0,95	98	13	87
Oberfranken	1,11	148	54	44
Mittelfranken	1,49	196	61	36
Unterfranken	1,19	141	21	78
Schwaben	1,50	147	17	81
Saarland	1,12	440	25	73
Berlin (West)	2,13	4447	73	11

Bundessozialgericht, das oberste Sozialgericht der Bundesrep. Dtl. (seit 1954; Kassel).

Bundesstaat, Staatenverbindung, in der mehrere Staaten so zu einem Gesamtstaat zusammengefaßt sind, daß die Gliedstaaten ihre Staatlichkeit behalten, der Gesamtstaat aber über alle Fragen entscheidet, die für die Einheit und den Bestand des Ganzen wesentlich sind; die Gliedstaaten sind an der Willensbildung des Gesamtstaats beteiligt. Beispiele: das Deutsche Reich von 1871-1933, die Bundesrep. Dtl., Österreich, die Schweiz, die Sowjetunion, die USA. Vom B. verschieden ist der **Staatenbund,** ein loserer Zusammenschluß von Staaten zu gemeinsamen polit. Zwecken, z. B. der Deutsche Bund bis 1866.

Bundesstraßen, in der Bundesrep. Dtl. die für den gesamten weiträumigen Straßenverkehr bestimmten Straßen (früher: Reichsstraßen), 1970: rd. 32 200 km. – Die B. ergänzen als Bundesautobahnen das Netz der →Bundesfernstraßen.

Bundestag, 1) die Volksvertretung der Bundesrep. Dtl.; entsandt seit 1 Jahre; das oberste Bundesorgan. Die B.-Abgeordneten (MdB.) werden in allgemeiner, unmittelbarer, freier, gleicher und geheimer Wahl gewählt. Der B. beschließt die Bundesgesetze, wählt den Bundeskanzler, kann den Bundespräsidenten mit ²/₃-Mehrheit wegen Verfassungsbruchs anklagen, wählt die Hälfte der

Bunsen

Mitglieder des Bundesverfassungsgerichts, kann dieses in bestimmten Fällen anrufen, ist an der Wahl der Mitglieder der andern Bundesgerichte beteiligt und kann Untersuchungsausschüsse einsetzen. Er übt die parlamentarische Kontrolle in Wehrangelegenheiten mit dem Wehrbeauftragten als Hilfsorgan aus. Der B. stellt fest, daß der Verteidigungsfall eingetreten ist, und beschließt das Gesetz über den Friedensschluß. Die Arbeit des B. vollzieht sich z. T. im Plenum, z. T. in den Ausschüssen. Die Mitglieder des B. sind zugleich Mitglieder der →Bundesversammlung. Der erste B. wurde 1949 gewählt. Verteilung der Sitze der Parteien nach der Wahl vom 19. 11. 1972 (28. 9. 1969): SPD: 230 (224); CDU/CSU: 225 (242); FDP: 41 (30). Ferner 22 Sitze für Berlin. 2) im Deutschen Bund: →Bundesversammlung.

Bungalow

Bundesverband der Deutschen Industrie e. V., Abk. **BDI,** Köln, fachl. Zentralorgan der westdt. Ind. Mitgl.: Wirtschaftsverbände und sonstige organisator. Zusammenschlüsse.
Bundesverdienstkreuz, Kurzname für den →Verdienstorden der BRD.
Bundesverfassung, die Verfassung eines Staatenbundes oder eines Bundesstaates.
Bundesverfassungsgericht, oberstes Verfassungsgericht der Bundesrep. Dtl., Sitz Karlsruhe, entscheidet u. a. über die Auslegung des Grundgesetzes, über Vereinbarkeit des Bundes- und Landesrechtes mit dem GG (Normenkontrolle), über Anklagen gegen den Bundespräs., gegen Bundes- und Landesrichter, über Verfassungswidrigkeit polit. Parteien, über Verfassungsbeschwerden und Verwirkung von Grundrechten. Das B. besteht aus 2 Senaten mit je 8 Richtern. Diese werden je zur Hälfte vom Bundestag und vom Bundesrat gewählt. Der Präs. des B. und sein Stellvertreter werden abwechselnd vom Bundestag und vom Bundesrat gewählt; Präs. seit 1971: E. Benda.
Bundesversammlung, 1) Bundesrep. Dtl.: das Organ für die Wahl des Bundespräs., besteht aus den Mitgl. des Bundestags und einer gleichen Zahl von Mitgl., die von den Landtagen der Länder gewählt werden. 2) Dt. Bund: der Gesandtenkongreß der Gliedstaaten (auch Bundestag genannt), tagte 1815-66 in Frankfurt a. M. unter österr. Vorsitz. 3) Schweiz: das oberste Bundesorgan (Nationalrat und Ständerat).
Bundesversicherungsanstalt für Angestellte, Abk. **BfA,** Berlin, Träger der Rentenversicherung für Angestellte; gegr. 1953.
Bundesverwaltungsgericht, das oberste Verwaltungsgericht der Bundesrep. Dtl., Sitz: West-Berlin; entscheidet teils in erster Instanz, ist Revisionsinstanz für Urteile der Oberverwaltungsgerichte, u. U. auch gegen Urteile der Verwaltungsgerichte (z. B. Sprungrevision).
Bundeswehr, die Streitkräfte der Bundesrep. Dtl. Ihre Angehörigen sind Wehrpflichtige, Freiwillige auf Lebenszeit (Berufssoldaten) oder auf Zeit. Wehrpflichtig sind alle Männer vom 18. bis zum 45., im Verteidigungsfall bis zum 60. Lebensjahr; Offiziere und Unteroffiziere bis zum 60. Lebensjahr. Der Grundwehrdienst dauert 18 Monate; die Gesamtdauer der Übungen beträgt höchstens 9, für Unteroffiziere höchstens 15, für

Bunsenbrenner:
a leuchtender
Innenkegel,
b Ring für Luft-
regulierung,
c Luft, d Gas

Jacob Burckhardt

134

Offiziere höchstens 18 Monate. Kriegsdienstverweigerer leisten zivilen Ersatzdienst. Die B. besteht aus den Teilstreitkräften Heer, Luftwaffe, Bundesmarine, der Territorialen Verteidigung und der B.-Verwaltung. Befehls- und Kommandogewalt hat der Bundesmin. der Verteidigung, im Verteidigungsfall der Bundeskanzler. Stärke (1970) rd. 467 000 Mann; Sollstärke: 500 000 Mann.
Bundeszentralstelle für politische Bildung, früher **Bundeszentralstelle für Heimatdienst,** Behörde zur Förderung der staatsbürgerl. Erziehung in der Bundesrep. Dtl.
Bundeszwang, in der Bundesrep. Dtl. die Maßnahmen, die die Bundesreg. mit Zustimmung des Bundesrates treffen kann, um ein Land zur Erfüllung seiner ihm gegenüber dem Bund obliegenden Pflichten zu zwingen (Art. 37 GG).
Bündische Jugend, →Jugendbewegung.
Bundschuh, im MA. der grobe, oben zugebundene Bauernschuh; Feldzeichen der aufständischen Bauern 1493-1517. (BILD Schuhe).
Bundsteg, der zwischen zwei Buchseiten längs der Falzlinie unbedruckt bleibende Raum für die Heftung.
Bungalow [b'ʌŋgəlou, ind.] der oder das, 1) leichtgebautes, einstöckiges Europäerhaus in Indien. 2) ebenerdiges Wohn- oder Sommerhaus.
Bunge die, reusenförmiges Fischernetz.
B'unin, Iwan, russ. Schriftsteller, *1870, †1953, seit 1917 im Exil, 1933 Nobelpreis für den Roman »Im Anbruch der Tage«.
Bunker, 1) Sammelbehälter für Kohle, Erz, Getreide usw. 2) Schutzraum, meist aus Beton.
Bunsen, Robert, Chemiker und Physiker, *1811, †1899, begründete mit Kirchhoff die →Spektralanalyse.
Bunsenbrenner [erfunden von →Bunsen], Gasbrenner mit veränderl. Luftzufuhr.
Buntkupfererz, rotbraunes, bunt angelaufenes Erz, eine Schwefelverbindung von Kupfer und Eisen.
Buntmetalle, die schweren Nutzmetalle, außer Eisen, und ihre Legierungen.
Buntsandstein, die unterste Stufe der Trias. (ÜBERSICHT Erdgeschichte). Roter Sandstein ist geschätztes Baumaterial. (FARBTAFEL Edelsteine, Mineralien S. 176).
Buntspechte, schwarz-, weiß-, rotgefiederte Spechte in Europa, N-Afrika und N-Asien. Der **Große Buntspecht,** amselgroß, mit rotem Querband im Genick; der **Mittlere B.** fast nur in Europa; der **Kleine B.** etwa sperlingsgroß.
Bunyan [b'ʌnjən], John, engl. Prediger und Schriftsteller, *1628, †1688; schrieb das vielgelesene Erbauungsbuch »Pilgerreise« (1678).
Bunzlau, Stadt in Niederschlesien, am Bober, (1939) 22 500 Ew.; Tonwaren (**B.er Gut);** seit 1945 unter poln. Verwaltung (**Bolesławiec).**
Bur'an [russ.] der, Sand- und bes. Schneesturm in Nord- und Innerasien.
Burbach, Gem. im Kr. Siegen, Nordrhein-Westf., 13 100 Ew.
Burchard, Burkhard [aus ahd. burg »Stadt« und harti »stark«], männlicher Vorname.
Burckhardt, 1) Carl Jacob, schweizer. Diplomat und Historiker, *1891, war 1937-39 Völkerbundskommissar in Danzig; 1944-48 Präs. des Internat. Roten Kreuzes. B. ist ein Hauptvertreter des europ. Gedankens. 2) Jacob, schweizer. Kultur- und Kunsthistoriker, *1818, †1897; Hauptwerke: »Die Kultur der Renaissance in Italien«, »Cicerone«, »Griech. Kulturgeschichte«, »Weltgeschichtliche Betrachtungen«. 3) Johann Ludwig, schweiz. Orientreisender, *1784, †1817; besuchte Syrien, Palästina, Ägypten und Nubien.
Burdach, Konrad, Germanist, *1859, †1936, Hauptvertreter der geistesgeschichtl. Methode in Literatur- und Sprachforschung.
Burdw'an, Stadt in W-Bengalen, Indien, 108 200 Ew.; Universität, Textilindustrie.
Bureau, franzӧs. für →Büro.
Buren [niederländ. »Bauern«] Mz., die Nachkommen der holländ., niederdt. und Hugenotten-

Bürgerhaus, links: Niederdeutschland (Lüneburg), Mitte: Oberdeutschland (Wasserburg am Inn), rechts: Mittleres Deutschland (Miltenberg am Main)

Siedler in Südafrika. Sprache: Afrikaans. Als das Kapland 1806 englisch wurde, zogen sie großenteils nach N und gründeten den **Oranjefreistaat, Natal** und **Transvaal.** Auch hier wurden sie im **Burenkrieg** (1899–1902) von den Engländern unterworfen, errangen aber in der Südafrikan. Union (seit 1910) die polit. Führung.

Bür′ette [frz.] die, ⊸ Maßrohr für Flüssigkeiten und Gase bei der Analyse.

Burg [zu bergen], durch Wall und Graben, später auch mit Mauern befestigter Platz, auf einem Berg oder von Wasser umgeben. Im MA. Wohnsitz eines Grundherrn. Um 1500 erlosch mit dem Rittertum die Bedeutung der B. als Wehrbau.

Burg, 1) B. auf Fehmarn, Hauptort der Insel Fehmarn. Schleswig-Holstein, 6100 Ew.; Fischerei; Seebad. **2) B. bei Magdeburg,** Industriestadt im Bez. Magdeburg, 30 000 Ew.; Industrie.

B′urgas, bulgar. Hafenstadt, am Schwarzen Meer, 126 500 Ew.; Fischfang; Erdölraffinerie.

Burgdorf, 1) B. in Hannover, Kreisstadt in Niedersachsen, 16 800 Ew.; Konservenindustrie. **2) B.,** Bez.-Stadt im schweizer. Kt. Bern, 17 700 Ew.; Webereien, Schuhe, Maschinen, Motoren.

Burgenland, Bundesland Österreichs, 3965 km², 265 000 Ew.; Hauptstadt: Eisenstadt. B. grenzt im NO an die Tschechoslowakei, im O an Ungarn, im S an Jugoslawien. Der S ist waldreiches Berg- und Hügelland, der N bzw. NO Ebene mit dem →Neusiedler See. Bevölkerung: rd. 87% deutsche ›Heanzen‹ (Heinzen), ferner Kroaten, Magyaren, einige Zigeuner. Überwiegend Agrarland (Zuckerrüben, Getreide, Obst u. a.); Braunkohle, Mineralquellen. – Das B. fiel 1919 an Österreich; 1921 fiel Ödenburg nach nicht einwandfreier Volksabstimmung an Ungarn.

Burgenland: Schlaining

Bürgenstock, Aussichtsberg (1128 m) im Kt. Unterwalden, Schweiz, am Vierwaldstätter See.

Bürger, vollberechtigter Einwohner einer Stadt oder eines Staates. Ursprünglich war der B. der Bewohner der Burgen und der aus ihnen entstehenden befestigten Städte. Im MA. wurden die B., im wesentl. die Handwerker und Kaufleute einer Stadt, zu einem Stand mit eigener Lebenshaltung, Sitte und Geistesart neben dem Bauernstand und dem Adel (**Bürgertum).** Im Spät-MA. erreichte das Bürgertum eine große Blütezeit. Als Träger der kapitalist. Wirtschaftsordnung hat es im ausgehenden 18. Jahrh. die Umwälzung von der ständischen zur **bürgerlichen Gesellschaftsordnung** vollzogen (→Französische Revolution). Im 19. Jahrh. wurde es zum Träger des →Liberalismus. Die bürgerl. Lebensauffassung ist gekennzeichnet durch die entscheidende Bewertung des Privateigentums, durch Verbundenheit mit dem überkommenen Kulturbesitz und dem Streben nach Bildung, durch »bürgerliche Tugenden« (Sparwille, Aufstiegsstreben, Familiensinn).

Bürger, Gottfried August, Dichter, *1747, †1794; schrieb stimmungsvolle Balladen (»Lenore«), übersetzte »Münchhausens Reisen und Abenteuer« aus dem Engl. ins Deutsche zurück.

Bürgerhaus, das geschichtl. städt. Wohnhaus Mitteleuropas, aus Bauernhäusern entstanden; reiche Blüte im 15. und 16. Jahrhundert.

Bürgerkrieg, mit Waffen ausgetragene Machtkampf zwischen Aufständischen (Rebellen, Insurgenten) und der Regierung oder zwischen organisierten polit., nationalen, religiösen oder sozialen Gruppen um die Herrschaft im Staat.

Bürgerliches Gesetzbuch, abgek. **BGB,** das die bürgerl. Rechtsverhältnisse in Dtl. regelnde Gesetzbuch, in Kraft seit 1. 1. 1900.

bürgerliches Recht, Privatrecht, die Ordnung der Rechtsbeziehungen des einzelnen im Verhältnis zu seinen Mitmenschen; z. B. Familien-, Vermögens-, Handels-, Wechselrecht, im Unterschied zum →öffentlichen Recht.

Bürgermeister, der leitende Gemeindebeamte, →Gemeinde.

Bürgerrechtsbewegung, →Vereinigte Staaten von Amerika (Geschichte).

Bürgerschaft, 1) die Gesamtheit der Bürger einer Gemeinde. **2)** in den Stadtstaaten Hamburg und Bremen: die Volksvertretung.

Burgfriede, 1) im MA.: durch Verbot oder Einschränkung der Fehde verstärkte Sicherheit in den ummauerten Plätzen (Burgen, Städte). **2)** Einstellung parteipolit. Kämpfe in Notzeiten.

Burggraf, der richterliche und militär. Vertreter des Königs auf Burgen; seit dem MA.

Burghausen, altertüml. Stadt in Oberbayern, 15 300 Ew., an der Salzach; mächtige Burg (einst Sitz der Herzöge von Niederbayern); Industrie.

Burgkmair d. Ä., Hans, Maler, Holzschneider, *1473, †1531; Altartafeln, Bildnisse; Holzschnitte zu den Werken Kaiser Maximilians I.

Bürglen, Ort im Kt. Uri, Schweiz, 3400 Ew., am Eingang des Schächentals, angebl. Sterbeort Tells.

B′urgos, Hauptstadt der span. Prov. B., im

Burgos: Kathedrale

Burnus

Burundi:
Bujumbura

NO der altkastil. Hochebene, 111 200 Ew.; Erzbischofssitz; got. Kathedrale; Heimat des span. Nationalhelden Cid.

Bürgschaft, Vertrag, durch den sich eine Person, der **Bürge,** gegenüber dem Gläubiger eines Dritten, des Hauptschuldners, verpflichtet, für die Verbindlichkeit des Dritten einzustehen (§§ 765 ff. BGB). Grundsätzl. Schriftform nötig.

Burgstädt, Ind.-Stadt im Bez. Karl-Marx-Stadt, 16 900 Ew.; Textilien, Maschinen.

Burgsteinfurt, Kreisstadt in Nordrh.-Westf., nordwestl. von Münster, 12 400 Ew.; Textil-, Maschinenindustrie.

Burgtheater, staatl. Schauspielhaus in Wien.

Burg'und, 1) franzö. **La Bourgogne,** histor. Landschaft in O-Frankreich, zwischen Jura und Pariser Becken, das Kernland des früheren Herzogtums B., Hauptstadt Dijon. **2)** das nach 443 von den →Burgundern gegr. Reich im Rhônegebiet, 534 von den Franken unterworfen. **3)** das fränk. Teilreich **Burgundia,** aus dem nach der Teilung von Verdun 843 B. 4 und B. 5 hervorgingen. **4)** das **Königreich B.** oder **Arelat** (nach der Hauptstadt Arles) vereinigte das Königreich Provence und das Juragebiet, fiel 1032-34 an das Dt. Reich. Der Hauptteil (Provence, Dauphiné) kam im späteren MA. an Frankreich, 1678 auch der nördl. Teil, die Freigrafschaft B. und die Reichsstadt Besançon. **5)** das **Herzogtum B.** (seit 1363) von Nebenlinien des franzö. Königshauses regiert. Im 14. Jahrh. erwarben die Herzöge den größten Teil der Niederlande (damals einschl. Belgiens, Franzö.-Flanderns und des Artois) und schufen einen mächtigen Staat. Als Herzog Karl der Kühne 1477 im Kampf gegen die Schweizer gefallen war, kam das Hzgt. B. wieder an Frankreich, die übrigen Länder an die Habsburger (**Burgund. Reichskreis**).

Burg'under, 1) ostgerman. Volk, ursprüngl. in Skandinavien und auf Bornholm (Burgundarholm), im 2. Jahrh. zwischen der mittleren Weichsel und Oder, ließen sich 407 am Rhein nieder (nach der Nibelungensage um Worms). Nach ihrer Niederlage 436 durch die hunnischen Verbündeten des Aëtius von diesem im Rhônegebiet angesiedelt (Burgund 2). **2)** B., **Burgunderwein** (weiß und rot), wird in den Gebieten Côte d'Or, Maconnais, Yonne, Chalonnais und Beaujolais angebaut.

Burgundische Pforte, rd. 30 km breite Senke zwischen Vogesen (im N) und Jura (im S).

B'uridan, Johannes, franzö. Gelehrter, †nach 1358. **B.s Esel,** ein Esel, der zwischen zwei gleichen Heubündeln in der Mitte steht und verhungert, weil er sich für keins entscheiden kann.

Burjaten Mz., mongol. Volk in S-Sibirien, meist Lamaisten. **Burjatische Autonome Sozialist. Sowjetrepublik,** Teilrep. der Russ. SFSR, südl. und östl. des Baikalsees, 351 300 km², 779 000 Ew. (rd. ⅓ B., sonst Russen, Ukrainer u. a.); Hauptstadt: Ulan-Ude. Reiche Bodenschätze (Gold, Wolfram, Molybdän, Kohle u. a.).

Burke [bə:k], Edmund, engl. Politiker, *1729, †1797, Gegner der Franzö. Revolution, entwickelte eine konservative Staatsphilosophie.

Burkhard, männl. Vorname, →Burchard.

Burleigh [b'ə:li], Lord, engl. Staatsmann,

*1520, †1598, leitete die Politik der Königin Elisabeth I. gegen Spanien und den Katholizismus.

burl'esk [ital.-span.], possenhaft. **Burleske** die, komische Dichtung, Posse; humorist. Tonstück.

Burma, →Birma.

Burne-Jones [bə:n dʒ'ounz], Sir Edward, engl. Maler, *1833, †1898, malte in der dichterisch-romantischen Art der Präraffeliten.

Burnley [b'ə:nli], Stadt im nordwestl. England, 80 500 Ew.; Textilmaschinen, Metallind.

Burns [bə:nz], Robert, schottischer Dichter, *1759, †1796, schrieb Lieder und Balladen.

B'urnus der, arab. Mantel mit Kapuze.

Bür'o [frz.] das, **1)** Schreibstube, Amts-, Geschäftszimmer. **2)** die in einer Verwaltungsteilung beschäftigten Personen. **Bürokrat'ie** die, Beamtenherrschaft; dazu: der **Bürokr'at.**

Büromaschinen, zur maschinellen Erledigung von Büroarbeiten: Schreib-, Rechen-, Buchhaltungs-, Buchungs-, Diktiermaschinen, Vervielfältiger, Kontrollkassen, Adressier-, Franki er-, Heftmaschinen u. a.

Büromaschine: Buchungsautomat

B'ursa, Brussa, Stadt in Anatolien, Türkei, unweit des Marmarameeres, 212 500 Ew.; Konservenindustrie, Heilquellen (Çekirge).

Bursch, Bursche [von →Burse] der, Student, besonders das vollberechtigte Mitglied einer studentischen Verbindung.

Burscheid, Industriestadt in Nordrh.-Westf., im Bergischen Land, 16 400 Ew.; Metallwaren-, Schuh-, Kerzen-, Textilindustrie.

Burschenschaft, eine aus den freiheitl. und vaterländ. Bestrebungen hervorgegangene Gemeinschaftsform an den Hochschulen, dann eine Gattung der Studentenverbindungen.

burschik'os, studentisch flott, derb.

Burse [mlat. bursa »Börse, Beutel, Säckel«] die, Studentenheim, besonders im MA.

Bursfelder Kongregation, Vereinigung von Benediktinerklöstern, 1440 in Bursfelde a. d. Weser gegr., 1803 aufgehoben.

Bürstadt, Stadt im Kr. Bergstraße, Hessen, 12 600 Ew.

Bürste, ∮ federnd schleifende Metall- oder Kohlenstücke zur Abnahme oder Zufuhr des elektr. Stroms.

Bürstenabzug, ▯ der erste Abzug eines Drucksatzes, früher mittels einer Bürste durch Aufklopfen, heute durch Handpressen hergestellt. Der B. dient als **Korrekturabzug.**

Burton [b'ə:tn], Richard, engl. Schauspieler, bes. Shakespeare-Darsteller, *1925.

Bur'undi, Republik in Zentralafrika, 27 800 km², 3,4 Mill. Ew. (meist Bantus; über 50 % kath.); Hauptstadt: Bujumbura. B. ist Savannenhochland im NO des Tanganjikasees. Wirtschaft: Kaffee, Baumwolle, Tabak, Bananen; Viehzucht. ✕ auf Zinn. – B. war bis zur Unabhängigkeitserklärung (1. 7. 1962) als Urundi Teil des belg. Treuhandgebietes Ruanda-Urundi; seit 28. 11. 1966 Republik. ⊕ S. 514, ▱ S. 345.

Bury [b'eri], Stadt in NW-England, nördl. Manchester, 67 100 Ew.; Industriezentrum.

Bürzel der, Hinterrücken der Vögel mit der **B.-Drüse,** deren Fett der Vogel zum Einölen des Gefieders benutzt.

Burzenland, fruchtbares Becken im Osten Siebenbürgens mit der Stadt Kronstadt; war 1211-25 im Besitz des Deutschen Ordens.

Busch, 1) Adolf, Geiger, *1891, †1952. **2)** Fritz, Dirigent, *1890, †1951. **3)** Wilhelm, Maler und Dichter, *1832, †1908; Werke: »Münchener Bilderbogen« und Bücher voll Humor und Witz in Wort und Bild (»Max und Moritz«, »Hans Huckebein«); auch ernste Dichtungen.

Büschelkiemer Mz., Knochenfische von meist seltsamer Gestalt mit Knochenplatten; **Seepferdchen** und **Seenadel.** (BILD Seepferdchen)

Buschklepper, Strauchdieb.

Buschmänner Mz., kleinwüchsiges, hellfarbiges Volk S-Afrikas, Rest einer afrikan. Urbevölkerung, nur noch in der Kalahari. Sammler und Jäger. (TAFEL Rassen der Menschheit II)

Buschmeister, bis 4 m lange, sehr gefährliche Giftschlange Brasiliens.

Buschwindröschen, Pflanzenart, →Anemone.

Bus'ento der, Flüßchen in Kalabrien, in der der Sage nach →Alarich begraben (410) wurde.

Bushel [b'uʃl] der, engl. Hohlmaß, in England 36,37 l, in den USA 35,24 l.

Bushido [b'uʃido, japan. »Ritterweg«], die Lebensregeln des japan. Ritters: Treue, Waffentüchtigkeit, Selbstzucht, Güte.

Bus'oni, Ferruccio, dt.-ital. Komponist und Pianist, *1866, †1924; Klavierstücke, Opern.

Bussard der, Gruppe der Falken; **Mäuse-B.,** braun, unten hell, der häufigste deutsche Greifvogel, 60 cm hoch, in Wald und Feld, oft in großer Höhe kreisend, Mäusevertilger; **Wespen-B.,** Wespen-, Hummelfresser.

Buße, 1) religiöse Leistung (Opfer, Fasten, Beten) zur Sühnung einer Gewissensschuld. Im N.T. die aus Sündenerkenntnis erwachsende Sinnesänderung; in der kath. Kirche ist die B. ein Sakrament mit vier wesentlichen Stücken: Reue, Beichte, Genugtuung, Lossprechung. **2)** STRAFRECHT: Entschädigung des Verletzten in Geld, auf die bei Beleidigungen und Körperverletzungen neben der Strafe erkannt werden kann.

Büßerschnee, eigenartige Schnee- und Firnpyramiden in trop. und subtrop. Hochgebirgen, die durch die Schmelz- und Verdunstungswirkung der Sonnenstrahlung entstehen.

Bußgeldverfahren, →Ordnungswidrigkeit.

Buss'ole [ital.] die, **1)** der →Kompaß. **2)** die →Tangentenbussole.

Bußsakrament, →Beichte, →Buße.

Buß- und Bettag, kirchl. (in einigen Ländern gesetzl.) Feiertag, meist am Mittwoch vor dem letzten Sonntag im Kirchenjahr.

Büste, Bildhauerei: die plast. Darstellung eines Menschen vom Kopf bis zur Brust.

Bustelli, Franz Anton, Porzellanmodelleur, *Locarno 1723, †München 1763; schuf als Modellmeister der Manufaktur Nymphenburg zahlreiche Rokokofiguren und -gruppen.

B'usto Ars'izio, Stadt in Norditalien, bei Mailand, 76 700 Ew.; Marienkirche; Textil-Ind.

Büsum, Nordseebad in Schleswig-Holstein, 5900 Ew.; Fischerei.

Butadi'en das, ein ungesättigter, gasförmiger Kohlenwasserstoff, der für die Herstellung des Kunstkautschuks (→Kautschuk) wichtig ist.

But'an das C_4H_{10}, gasförmiger Kohlenwasserstoff, wichtig für chem. Industrie.

B'utenandt, Adolf, Biochemiker, *1903, Prof. in München, 1960-72 Präs. der Max-Planck-Gesellschaft; entdeckte und isolierte die Geschlechtshormone (Nobelpreis 1939), gewann als erster das Verpuppungshormon der Insekten.

But'ike [frz.] die, **1)** Kramladen. **2)** Kneipe.

Butj'adingen, Marschlandschaft in Oldenburg, zwischen Jade und Unterweser, Viehzucht.

Butler [b'ʌtlə, engl.], Keller-, Haushofmeister.

Butler [b'ʌtlə], **1)** Samuel, engl. Dichter, *1612, †1680; sein »Hudibras« ist eine groteske Satire auf das Puritanertum. **2)** Samuel, engl. Kulturphilosoph und Schriftsteller *1835, †1902; vertrat einen organischen Entwicklungsbegriff.

Butler of Saffron Walden [b'ʌtlə ɔv s'æfrən w'ɔːldən], Richard Austen **Butler,** Baron (1965), brit. Politiker, *1902, bekleidete mehrere wichtige Kabinettsposten (1963-64 Außenmin.).

Butor [byt'ɔːr], Michel, franzôs. Schriftsteller, *1926; Haupttheoretiker des →nouveau roman.

Bütow [b'ytoː], Stadt in Ostpommern, (1939) 10 000 Ew.; seit 1945 unter poln. Verw. **Bytów).**

Butt der, Schollenfisch, (Steinbutt, →Scholle).

Büttel der, Gerichtsdiener; Häscher.

Büttenpapier, mit der Hand geschöpftes Papier aus Hadern, mit ungleichmäßigem Rand.

Büttenrede, Karnevalsrede.

Butter, aus Fettkügelchen der Milch zusammengeronnenes Fett. Durch Stehenlassen oder Schleudern der Milch wird der **Rahm** von der **Magermilch** getrennt. Aus dem Rahm gewinnt man im **Butterfaß** oder der **Buttermaschine** die B.; der dabei entstehende Rückstand ist die **Buttermilch.** Chemisch ist B. ein Gemisch aus verschiedenen Fetten, Wasser (höchstens 18% erlaubt), Casein und Salzen. Der B.-Verbrauch pro Kopf der Bevölkerung betrug in der Bundesrep. Dtl. (1966/67) 7,1 kg. (→Buttersäure).

Butterblume, Volksname für verschiedene gelbblühende Pflanzen, bes. Hahnenfußgewächse (Hahnenfuß, Feigwurz, Sumpfdotterblume).

Butterfly [b'ʌtəflai, engl.], **1)** Schmetterling. **2)** Schmetterlingsstil beim Schwimmen.

Butterkrebs, Flußkrebs nach der Häutung.

Butterpilz, eßbarer Röhrenpilz. (FARBTAFEL Pilze S. 865)

Buttersäure, ⟨O dicke, ranzig riechende Flüssigkeit, an Glycerin gebunden im Butterfett enthalten; wird beim Ranzigwerden von Butter frei.

Butterschmalz, aus Butter ausgeschmolzenes, wasserfreies, reines Butterfett.

Büttgen, Gem. im Kr. Grevenbroich, Nordrh.-Westf., 10 400 Ew.

Butyrom'eter [grch.] das, ein Gerät zur Bestimmung des Fettgehalts der Milch.

Butzbach, alte Stadt im Kr. Friedberg, Hessen, 15 700 Ew.; mittelalterl. Stadtbild, Ind.

Butzenscheiben, runde Glasscheiben, in der Mitte mit einer Erhöhung **(Butzen);** durch Bleifassungen zu Fenstern zusammengesetzt.

Bützow [bytso], Kreisstadt im Bez. Schwerin, 9600 Ew.; Korb-, Holzwaren, Papier.

Buxtehude, Stadt im Kr. Stade, Ndsachs., 23 100 Ew.; Lebensmittel-, Metall-, Bauind.

Buxtehude, Dietrich, Organist und Komponist, *1637 (?), †Lübeck 1707, Vorläufer J. S. Bachs; Orgel- und Choralwerke, Kantaten.

Buys-Ballotsche Regel [bœjsb'alɔt-], →Barisches Windgesetz.

Byl'ine [altruss. Heldenlied.

Byrd [bəːd], **1)** Richard, nordamerikan. Seeoffizier, *1888, †1957, überflog 1926 als erster den Nordpol, erforschte das Südpolgebiet mit Flugzeugen. **2)** William, engl. Komponist, *1543, †1623; erster großer Meister des engl. Madrigals; Cembalomusik, Messen, Chöre.

Byron [b'airən], George Gordon Noel Lord, engl. Dichter, *1788, †1824 in griech. Freiheitskampf, Dichter des Weltschmerzes, schrieb Verserzählungen (»Junker Harolds Pilgerfahrt«), dramat. Gedichte (»Manfred«).

Byssus der, **1)** im Altertum feines Leinengewebe. **2)** hornig-fädige Abscheidung der Muscheln.

Byzantinische Kunst, entwickelte sich im 4. und 5. Jahrh. n. Chr. aus der spätantiken Kunst, erlebte im 6. und 7. Jahrh. ihre erste, im 9.-12. ihre zweite und im 14. Jahrh. ihre dritte Blüte. Im Vordergrund standen die kuppelbekrönte Zentralbau, Mosaik, Relief Malerei, Email. (FARBTAFEL Frühchristl. und B. K., S. 348, BILD S. 138)

Byzantinisches Reich, Oströmisches Reich, entstand 395 n. Chr. bei der Teilung des Röm. Reichs als dessen griechisch-orientalische

W. Busch (Selbstbildnis 1894)

Mäusebussard

Butenandt

Byron

Byzantinische Kunst, links: Hagia Sophia (Istanbul), rechts: Hagia Sophia (Saloniki)

Osthälfte. Hauptstadt: Konstantinopel (Byzanz). Kaiser Justinian I. (527-565) zerstörte das Wandalenreich in Nordafrika und das Ostgotenreich in Italien. Im 7. Jahrh. gingen Ägypten und Syrien an den vordringenden Islam verloren; wie die Araber im S, bedrohten auf dem Balkan die Bulgaren das B. R., das sich aber in zähem Ringen behauptete. Den Höhepunkt des B. R. bedeutete das makedon. Kaiserhaus (867-1056). 1071 setzten sich die türk. Seldschuken in Kleinasien fest. 1204 eroberten die Kreuzfahrer Konstantinopel und gründeten dort das »Lateinische Kaiserreich«. 1261 wurde das B. R. noch einmal wiederhergestellt, erlag aber 1453 den osman. Türken (Eroberung Konstantinopels).

Byzantin'ismus der, kriecherische Unterwürfigkeit, Schmeichelei.

Byz'anz, im Altertum Handelsstadt am Bosporus, griech. Kolonie, um 660 v. Chr. gegr., 330 n. Chr. von Konstantin d. Gr. als Konstantinopel (→Istanbul) zur Reichshauptstadt erhoben.

bzw., Abk. für beziehungsweise.

C

c, C, 1) Mitlaut; der dritte Buchstabe des Abc; wird vor a, o, u wie k, vor ä, e, i, ö, y wie z gesprochen. Die Römer sprachen es wahrscheinl. wie k. **2)** röm. Zahlzeichen: C (Centum) = 100, CC = 200. **3)** auf röm. Inschriften: C, Abk. für Caesar, Konsul, Gajus. **4)** ⊗ C, Abk. für Celsius (→Thermometer) und für →Coulomb. **5)** C, chem. Zeichen für →Kohlenstoff. **6)** ♪ Anfangs- und Grundton der Grundtonleiter (C-Dur).

Ca, chem. Zeichen für →Calcium.

ca., Abk. für circa, ungefähr, etwa.

Caballero [kawaʎ'ɛrɔ, span.], Ritter, Herr.

Cab'inda, Kab'inda, Teil der portugies. Überseeprovinz Angola, nördlich der Kongomündung, mit dem Hafen C.

Cabochon [kabɔʃ'ɔ̃, frz.] der, Schliff für Edelsteine, ohne Facetten, mit kuppelförmigem Oberteil und flacher Unterseite.

Cab'oto, engl. **Cabot** [k'æbət], zwei Italiener, Vater und Sohn, Seefahrer, gelangten 1497/98 nach Amerika (Labrador).

Cabr'al, Pedro Alvares, portugies. Seefahrer, entdeckte 1500 Brasilien.

Cacanny [kək'æni, engl. Slang], absichtliches Langsamarbeiten, Form der Sabotage.

Cachenez [kaʃn'e, frz. »versteck die Nase!«] das, seidenes Halstuch.

Cachucha [kat∫'ut∫a, span.] die, andalus. Solotanz im ³/₄-Takt mit Kastagnettenbegleitung.

Cäc'ilia, Märtyrerin im 3. Jahrh., Schutzheilige der Musik (Tag 22. 11.); Kennzeichen: Orgel.

Caddie [k'ædi, engl.], Golf: Träger der Geräte.

Cádiz [k'adiθ], Hauptstadt der span. Prov. C., im südlichsten Andalusien, bed. Handels- und Kriegshafen, 139 800 Ew.; auf einer schmalen Landenge im Golf von C.; Ausfuhr von Seesalz, Fischen, Früchten, Kork, Wein und Öl.

Cadmium das, **Cd,** chem. Element, silberweißes Metall, Ordnungszahl 48, Dichte 8,65 g/cm³, Schmelzpunkt 321 °C. Gewinnung aus C.-haltigen Zinkerzen, Verwendung in Legierungen für Lagermetall, für leicht schmelzende Legierungen (→Woodsches Metall), als Elektrode in Nickel-Cadmium-Akkumulatoren. C.-Sulfid, CdS, dient als Malerfarbe (C.-Gelb). (→Galvanotechnik).

Caen [kɑ̃], französ. Stadt in der Normandie, 114 400 Ew.; Kirchen im romannisch-roman. Stil; Univ.; Hochöfen, Maschinen- u. a. Industrie.

Caet'ano, Marcello, portugies. Hochschullehrer und Politiker, *1906; seit 1968 MinPräs.

Café [frz.] das, Kaffeehaus.

Cagliari [k'aʎari], Hauptstadt und größter Hafen der italien. Insel Sardinien, 223 000 Ew.; Erzbischofssitz, Univ.; Ausfuhr: Erze, Salz.

Cagliostro [kaʎ'ɔstro], Alessandro, Graf, eigentl. Giuseppe **Balsamo,** italien. Abenteurer, *1743, †1795, trat auf weiten Reisen durch Zaubertränke und Goldmacherei hervor.

Caisson [kɛs'ɔ̃, frz.] der, unten offener eiserner Senkkasten, Arbeitsraum bei Bauten unter Wasser (z. B. Brückenpfeiler). Das Wasser wird durch Einpumpen von Druckluft ferngehalten.

Cajet'an, Thomas de Vio, eigentl. Jacob, *1469, †1534, verhandelte als päpstl. Legat 1518 auf dem Reichstag von Augsburg mit Luther.

cal, Abk. für →Kalorie.

Cal'adium das, Pflanzengattung des tropischen Amerikas, verwandt mit Aronstab und Calmus; beliebte Blattzierpflanzen.

Calais [kal'ɛ], Hafenstadt im nördl. Frankreich, am engsten Teil des Kanals, 74 900 Ew.; wichtigster Hafen für die Überfahrt nach England (Dover); Tüll- und Spitzenind. - C. war 1347-1558 englisch; im 2. Weltkrieg fast völlig zerstört.

Calbe a. d. Saale, Stadt im Bez. Magdeburg, 16 500 Ew.; chem., pharmazeut., Zucker-Ind.

C'alceus [lat.] der, altröm. Schuh.

Calc'it der, →Kalkspat.

Calcium das, **Ca,** chem. Element aus der Gruppe der Erdalkalimetalle; Ordnungszahl 20, Dichte 1,55 g/cm³, Schmelzpunkt 850 °C. Das silberweiße Metall oxydiert an der Luft und wird von Wasser und verdünnten Säuren heftig angegriffen. C. kommt frei nicht vor, ist aber in Form seiner Verbindungen (hauptsächlich als Carbonat, Phosphat, Silikat, Sulfat) weit verbreitet. Es wird durch Elektrolyse von geschmolzenem C.-Chlorid gewonnen und zur Herstellung einiger Legierungen verwendet. Verbindungen: **Calciumcarbid, Carbid,** CaC₂, wird durch Erhitzen von Kalk und Kohle im elektrischen Ofen hergestellt; gibt mit Wasser Acetylen. C.-Oxyd, C.-Hydroxyd, →Kalk; C.-

Calceus

Calderon

Chlorid, Chlor.-C., $CaCl_2$, stark feuchtigkeitanziehende Verbindung, die zum Trocknen von Gasen und organ. Flüssigkeiten dient. **C.-Carbonat,** $CaCO_3$, auch kohlensaurer Kalk genannt, bildet oft ganze Gebirgsmassen (Urkalk, Marmor, Kalkstein), kristallisiert als Kalkspat oder Aragonit; ist Hauptbestandteil der Korallenriffe, der Eierschalen usw. Es löst sich schon in schwachen Säuren unter Abgabe von Kohlendioxyd, dient zur Herstellung von Mörtel, als Düngemittel usw. **C.-Bicarbonat,** $Ca(HCO_3)_2$, ist in den meisten Gewässern enthalten; es zersetzt sich leicht zu $CaCO_3$ und bildet dabei z. B. Kesselstein, in Höhlen Tropfstein. **C.-Phosphate** sind Bestandteile der Knochen und Zähne und kommen mineralisch als Apatit und Phosphorit vor. **C.-Silicat,** $CaSiO_3$, ist Bestandteil des Glases, des Zements und der Hochofenschlacke. **C.-Sulfat,** $CaSO_4$, kommt in der Natur als Gips vor.

Calder [k'ɔ:ldə], Alexander, amerikan. Bildhauer und Maler, *1898.

Cald'era [span. »Kessel«], durch Einsturz und Erosion kesselförmig erweiterter Vulkankrater.

Calderón, Pedro C. **de la Barca,** der größte span. Dramatiker, *1600, †1681. Seine farbenreichen Schauspiele und Sakramentsspiele (Autos) mit ihrem strengen Ehrbegriff und ihrer Freude am Wunderbaren sind ein Spiegel span. Lebens. »Das Leben ein Traum«, »Die Andacht zum Kreuz«, »Dame Kobold«, »Der Richter von Zalamea«, »Das große Welttheater«. (BILD S. 138)

Caldwell [k'ɔ:ldwəl], 1) Erskine, nordamerikan. Erzähler, *1903; schildert das Los der »armen Weißen« und der Neger in den Südstaaten. 2) Taylor, amerikan. Schriftstellerin, *1900; »Einst wird kommen der Tag«.

Cambridge: King's College und Kapelle

Calembour [kalăb'u:r, frz.], Wortspiel, gegründet auf den Doppelsinn mancher Wörter.

Cal'endae [lat.] Mz., die Kalenden, bei den Römern der Erste jedes Monats.

Calgary [k'ælgəri], der Haupthandelsplatz der kanad. Prov. Alberta, 330000 Ew.; Getreidemühlen, Fleisch-, Erdöl-, chem. Industrie.

C'ali, Stadt in Kolumbien, 638000 Ew.; bed. Handelsplatz, Bahn zum Hafen Buenaventura.

Caliban, halbtierisches Ungeheuer in Shakespeares »Sturm«; bildlich: roher Mensch.

Campagna: Via Appia

Calicut, ⇥Kozhikode.

California [kælif'ɔ:njə], ⇥Kalifornien.

Calif'ornium das, **Cf,** künstlich hergestelltes radioaktives Element; ein ⇥Transuran.

Cal'igula [lat. »Stiefelchen«], röm. Kaiser 37 bis 41 n. Chr. (durch Verschwörung der Prätorianer ermordet); Gewaltherrscher.

Calla die, **Schlangenkraut,** Gattung der Arongewächse. 1) **Sumpf-Schlangenwurz** (Calla palustris), saftige, giftige Grünmoorstaude mit weißem Blütenhüllblatt, roten Beeren. 2) **Zimmer-Calla** (Zantedeschia aethiopica), giftige Zierpflanze mit weißer Blütenscheide.

Calla: C. aethiopica

Callao [kaλ'ao], modern ausgebauter Haupthafen von Peru, nahe der Hauptstadt Lima; 214000 Ew.

Callas, Maria, griech. Opernsängerin, *1923, dramatischer Sopran.

Callgirl [k'ɔ:lgə:l, engl.] das, durch Fernsprecher vermittelte Dirne.

call money [kɔ:l m'ʌni, engl.], ⇥tägliches Geld.

Callot [kal'o], Jacques, franzöz. Kupferstecher und Radierer, *1592, †1635; Volks- und Kriegsdarstellungen.

Calmette [kalm'ɛt], Albert, ranzös. Arzt, *1863, †1933, führte die Tbc-Schutzimpfung ein.

Caltaniss'etta, bedeutende Stadt und Bischofssitz im Innern Siziliens; 65400 Ew.; Schwefelhandel.

Calumet [aus frz. chalumeau »Schalmei«], die ⇥Friedenspfeife der nordamerikan. Indianer.

Calvados [kalvad'ɔs] der, Trinkbranntwein aus Apfelwein, stammt aus der Normandie.

Calv'in, Johann, Reformator, *1509, †Genf 1564, wirkte seit 1536 hauptsächlich in Genf, wo er eine strenge Kirchenzucht einführte, die von einem Konsistorium mit Unterstützung der weltl. Behörden geübt wurde. Im Mittelpunkt seiner Lehre, des **Calvinismus,** steht die ⇥Prädestination, die Lehre von der Gnadenwahl und die von Luther und Zwingli abweichende Abendmahlslehre. C. gründete mit Zwingli die Reformierte Kirche. Der Calvinismus verbreitete sich über Westdeutschland, Holland, Frankreich (⇥Hugenotten), bes. England (⇥Puritaner) und von dort nach Nordamerika.

Callot: Der Bettler

Calw, Kreisstadt in Baden-Württemberg, nördl. Schwarzwald, 13100 Ew.; Textil-, Holz-, Motoren-Industrie.

Cal'ypso, aus Westindien stammender, der Rumba verwandter Gesellschaftstanz.

Camagüey [kamag'ɛi], Stadt in Kuba, im Zentrum der Insel, 259300 Ew.

Camargue [kam'arg], Landschaft in S-Frankreich, eine Deltainsel der Rhône; viele Strandseen; reiche Vogelwelt; seit 1942 Reisanbau.

Calvin

Cambrai [kãbr'ɛ], franzöz. Stadt im Artois, an der oberen Schelde, 39900 Ew.; Baumwollbatist, (Cambric), Gießereien, Mühlen.

Cambridge [k'eimbridʒ] 1) neben Oxford die bedeutendste Universitätsstadt Englands; 100200 Ew. 2) Vorort von ⇥Boston.

Camembert [kamãb'ɛ:r, frz.] der, vollfetter Weichkäse, nach der Normandie. Dorf C.

C'amera obsc'ura [lat.], Lochkamera, ⇥Photographie.

Camillus, Marcus Furius, röm. Feldherr und Staatsmann, im 4. Jahrh. v. Chr.; eroberte Veji.

Camões [kam'õiʃ], Luis de, portugies. Dichter, *1525, †1580, schrieb das Nationalepos »Die Lusiaden« und lyr. Dichtungen.

Cam'orra, neapolitan. terrorist. Geheimbund; vom Faschismus vernichtet.

Camões

Camouflage [kamufl'a:ʒ, frz.] die, 1) Mummerei, Täuschung. 2) ✶ Tarnung.

Camp [kæmp, engl.] das, Feld-, Zeltlager.

Campagna [kamp'aɲa] die, Ebene um Rom; im Altertum blühende Landschaft, verödete dann; heute wieder urbar gemacht.

Campan'ella, Thomas, italien. Philosoph, Dominikaner, *1568, †1639, schildert im »Sonnenstaat« einen utop. christl.-kommunist. Staat.

Campan'ile [ital.] der, Glockenturm.

Camus

Canisius

Canna: C. indica

Canova: Venus (1812)

Camp'anula die, →Glockenblume.

C'ampe, Joachim Heinrich, Jugendschriftsteller und Erzieher, *1746, †1818; Hauptwerk: »Robinson der Jüngere« (1779/80).

Campendonk, Heinrich, Maler, *1889, †1957, Gemälde und Glasmalereien von farbig reicher, oft traumhafter Wirkung.

Campina Grande, Stadt im brasilian. Staat Paraíba, 157 100 Ew.; Nahrungsmittel-, Textilindustrie.

Camp'inas, Industriestadt im brasilian. Staat São Paulo, 252 100 Ew.; viele Deutsche.

Camping ⌊k'æmpiŋ, engl.⌋ das, Freiluftleben unter Verwendung von Zelt, Wohnwagen.

Campof'ormio, amtl. **Campof'ormido,** italien. Dorf bei Udine. Friedensschluß vom 17. 10. 1797 zwischen Frankreich und Österreich, das die österr. Niederlande und das linke Rheinufer abtrat und Venetien links der Etsch, Dalmatien und Istrien erhielt.

Campos'anto [ital.], Friedhof; z.B. der neben dem Dom von Pisa; von Arkadengängen umgeben, mit Fresken geschmückt (1278 beg.).

C'ampus [lat.], Fläche; freier Platz. **C. M'artius, 1)** das →Marsfeld. **2)** das →Märzfeld. **3)** Universitätsgelände.

Camus [kam'y], Albert, französ. Schriftsteller, *1913, †1960; zeigt die »Absurdität« der menschl. Existenz und fordert aktiven Humanismus. Romane »Die Pest«, »Der Fall«; Drama »Caligula«. 1957 Nobelpreis.

Canal du Midi [dymid'i], Schiffahrtskanal in S-Frankreich, von der Garonne bei Toulouse nach der Hafenstadt Sète am Mittelmeer.

Canal'etto, Bernardo, italien. Maler und Radierer, *1720, †1780, schuf, wie sein Oheim Antonio C. (*1697, †1768), zahlreiche Städtebilder.

Can'aris, Wilhelm, Admiral, *1887, † (erhängt) 1945, seit 1938 Leiter des Amtes Abwehr im OKW, in der →Widerstandsbewegung tätig, nach dem 20. 7. 1944 verhaftet, zum Tode verurteilt.

Can'asta, südamerikan. Kartenspiel mit 104 Karten und 4 Jokern, für 2-6 Personen.

Canaveral [kən'ævərəl], Kap an der Ostküste von Florida, umbenannt in →Kap Kennedy.

Canberra [k'ænbərə], im Aufbau begriffene Bundeshauptstadt Australiens (1913 gegr.), 93 200 Ew., auf Bundesterritorium (Australian Capital Territory).

Cancan [kãk'ã], franz. »Klatscherei[«] der, schneller französ. Tanz, eine Art Quadrille.

cand., Abk. für lat. **cand**idatus, Kandidat, z.B. ›cand. med.‹ Kandidat der Medizin.

Cand'ela, Abk. **cd,** Einheit der Lichtstärke.

C'andia, italien. Name der Insel →Kreta.

Can'isius, Petrus, Jesuit, *1521, †1597, gründete viele Jesuitenniederlassungen in Dtl., wirkte durch seinen Katechismus (1555); Heiliger (Tag 21. 12.). **C.-Verein,** für Jugenderziehung.

Canna die, **Blumenrohr,** Pflanzengattung aus dem trop. Amerika; bei uns als Zierstauden.

C'annae, alte Stadt in Apulien (Unteritalien), am Aufidus (Ofanto), 216 v.Chr. Niederlage der Römer durch Hannibal.

Cannes [kan], Seebad und Kurort an der französ. Riviera, 68 000 Ew.; Filmfestspiele.

Canning [k'æniŋ], George, engl. Staatsmann, *1770, †1827, unterstützte als Gegner Metternichs die nationalen und liberalen Bewegungen in Europa und Lateinamerika.

Cannstatt, Bad C., östl. Stadtteil Stuttgarts.

Cañon, Canyon [kən'ɔn, span. »Röhre«] der, schluchtartiges Engtal in Gebieten mit waagerechter Gesteinslagerung, bes. im trockenen W Nordamerikas (Gran C. des Colorado, BILD Colorado).

Can'ossa, Felsenburg in Oberitalien, südwestl. von Reggio nell'Emilia. Hier erreichte Kaiser Heinrich IV. durch dreitägige Buße 1077 von Papst Gregor VII. die Aufhebung des Kirchenbanns **(Gang nach C.).**

Can'ova, Antonio, italien. Bildhauer, *1757, †1822; Hauptmeister des Klassizismus.

Canstein, Karl Hildebrand Freiherr von,

*1667, †1719, gründete 1710 die **Cansteinsche Bibelanstalt** in Halle.

Cant [kænt, engl.] der, Heuchelei.

cant'abile [ital.], ♪ sangbar, gesangartig.

Cantal [kãt'al] der, erloschene vulkan. Bergmasse der Auvergne (S-Frankreich); Mineralquellen.

Canterbury [k'æntəbəri], altertüml. Stadt in SO Englands, 33 100 Ew.; Sitz des anglikan. Primas von England; Kathedrale (11.-15. Jahrh.).

Canton [k'ænton], Stadt in Ohio, USA, 113 600 Ew.; Industrie (Stahl, Metallwaren).

C'antus [lat.] der, Gesang; Melodie. **C. firmus** [feste Melodie], ♪ im mehrstimmigen Satz die Melodie, die die Grundlage (lat. Tenor) für die Führung der andern Stimmen bildet.

Canterbury: Kathedrale

Cape [keip, engl.] das, ärmelloser Umhang.

Čapek [tʃ'apɛk], Karel, tschech. Schriftsteller, *1890, †1938; philosoph. Erzählungen, Dramen, utopische Romane.

Capote [kəp'outi], Truman, amerikan. Schriftsteller, *1924; Kurzgeschichten, Romane.

Cappa [lat.], mantelartiges Gewand der kath. Geistlichen.

Capr'era, Felsinsel an der N-Küste Sardiniens; Grabstätte Garibaldis.

C'apri, italien. Felseninsel im Golf von Neapel; mildes Klima, an der N-Seite die →Blaue Grotte.

Capri: Marina Piccola

Capriccio [kapr'itʃo, ital. »Laune«] das, eigenwilliges kleines Phantasiestück in Musik und Literatur. **capricci'oso,** launenhaft.

Capr'ivi, Leo Graf v., *1831, †1899, preuß. General, 1890-94 Reichskanzler, Nachfolger Bismarcks.

Capt'atio benevol'entiae [lat.] die, Werben um Wohlwollen.

C'apua, Stadt in Italien, nördl. von Neapel, 19 100 Ew. Das alte C., 4 km südöstl. des heutigen, war eine der reichsten Städte Italiens.

Carabini'eri Mz., die italien. Gendarmen.

Carac'alla, röm. Kaiser (211-217, ermordet),

Caracas

verlieh 212 allen freien Reichsangehörigen das Bürgerrecht; baute in Rom die **Thermen des C.**

Car'acas, Hauptstadt Venezuelas, 2,1 Mill. Ew.; 9 km südl. der Seehafen La Guaira; Erzbischofssitz, Univ.; Industrie. (BILD S. 141)

Caracciola [karat∫'ola], Rudolf, Autorennfahrer, *1901, †1959.

Caravaggio [karav'adʒo], Michelangelo da, italien. Maler, *1573, †1610, der den Barock einleitende große Realist von europ. Wirksamkeit.

Carb'id das, ⊸ Verbindung des Kohlenstoffs mit einem Metall oder Halbmetall; die C. des Bors und Siliciums besitzen große Härte.

Carbo... [lat.], in Fremdwörtern: Kohlen...

Carb'ol, Carbolsäure, →Phenol.

Carbon'ate Mz., ⊸ Salze der →Kohlensäure.

Carb'onsäuren, organ.-chem. Säuren, die die Carboxylgruppe -COOH enthalten. Einfachste C. ist die Ameisensäure H-COOH.

Carcassonne [karkas'ɔn], Stadt im südl. Frankreich, 46 300 Ew.; alte Befestigungsanlagen; Textilindustrie; Wein- und Getreidehandel.

Card'ano, lat. **Cardanus,** Geronimo, *1501, †1576, italien. Mathematiker und Naturforscher. (→kardanische Aufhängung)

Cardiff [k'a:dif], Stadt in Wales, England, 285 900 Ew.; Hauptausfuhrhafen für die Waliser Kohle; Eisen-, Maschinen-, Autoindustrie.

Carducci [kard'ut∫i], Giosuè, italien. Dichter, Literarhistoriker, *1835, †1907; Oden auf Italien und die Antike; Nobelpreis 1906.

CARE, Abk. für urspr. Cooperative for American Remittances to Europe, später ... to Everywhere, 1946 gegr. Zusammenschluß amerikan. Wohlfahrtsorganisationen; Hilfssendungen **(CARE-Pakete)** nach Europa, später auch Japan.

Cargo [engl.] der, Ladung, bes. eines Schiffes.

Cargo-Kult, rituelle und magische Verhaltensweise in Melanesien, die die Kultanhänger durch Vermittlung ihrer Ahnen in den Besitz der als Schiffsladung (»cargo«) bekanntgewordenen europäisch-amerikan. Kulturgüter bringen soll; meist europäerfeindlich.

C'aritas [lat.] die, Liebe, bes. christl. Nächstenliebe. **Deutscher Caritasverband, Caritasverband für das katholische Deutschland,** Vereinigung zur kathol. Wohlfahrtspflege; gegr. 1897, Sitz Freiburg i. Br.; Präs.: G. Hüssler.

Carlisle [ka:l'ail], Industriestadt im nördl. England, 71 300 Ew., Baumwoll-, Eisenind.

Carlos, Don C., Infant von Spanien, ältester Sohn Philipps II., starb, mit dem Vater entzweit, 1568 im Gefängnis. Trauerspiel von Schiller.

Carlyle [ka:l'ail], Thomas, engl. Schriftsteller, *1795, †1881, suchte den Geist des dt. philosoph. Idealismus den Engländern nahezubringen.

Carmagnole [karman'ɔl] die, urspr. ein alter Reigen, Tanzlied der Franzöz. Revolution.

C'armen [lat.] das, Mz. Carmina, Gedicht.

C'armen [span.], weiblicher Vorname.

C'armen S'ylva, Dichtername der Königin Elisabeth von Rumänien, *1843, †1916; Romane.

C'armina Bur'ana, Sammlung mittellat. Vagantenlieder aus dem 13. Jahrh.; v. C. Orff vertont.

Carm'ona, Oscar António de Fragoso, portugies. Marschall und Staatsmann, *1869, †1951; war von 1928 bis 1951 Staatspräsident.

Carnac, Ort in der Bretagne, Frankreich, 3800 Ew.; in der Nähe: Steinreihen der Jungstein- und Bronzezeit (bis 13 Reihen nebeneinander).

Carnall'it, KCl · MgCl$_2$ · 6H$_2$O, ein Kalisalz; Rohstoff für die Magnesiumgewinnung.

Carnap, Rudolf, Philosoph, *1891, †1970, Prof. in Wien, Prag, seit 1936 Chicago, bes. auf dem Gebiete der mathemat. Logik tätig.

Carné, Marcel, franzöz. Filmregisseur, *1909; Begründer des poetisch-realist. franzöz. Filmstils (»Kinder des Olymp«, 1943-45).

Carnegie [k'a:negi], Andrew, *1835, †1919, amerikan. Stahlindustrieller; machte große Stiftungen für Wissenschaft, Kunst, Wohlfahrt.

Carnet de Passage [karn'ɛ də pas'a:ʒ, frz.] das, Sammelheft von Triptiks für Kraftfahrzeuge.

Carnot [karn'o], **1)** Lazare, Graf v., franzöz. Staatsmann und Militärschriftsteller, *1753, †1823, Schöpfer der franzöz. Revolutionsheere. **2)** Sadi, franzöz. Physiker, *1796, †1832; 2. Hauptsatz der Wärmelehre; **Carnotscher Kreisprozeß.**

Carn'untum, ehem. röm. Festung an der Donau in Niederösterreich, um 400 n. Chr. zerstört; bed. Reste und Ausgrabungen.

Carol'ina die, **Constitutio Criminalis Carolina,** abgek. CCC, die von Kaiser Karl V. 1532 zu Regensburg erlassene »Peinliche Gerichtsordnung«, das erste dt. Gesetzbuch, das Strafrecht und -verfahren reichsrechtlich regelte.

C'arolus M'agnus [lat.], Karl der Große.

Car'ossa, Hans, Dichter, *1878, †1956, schrieb Gedichte, Romane: »Der Arzt Gion«, »Geheimnisse des reifen Lebens«; Lebenserinnerungen.

Carot'in das, ⊸gelbroter Pflanzenfarbstoff, Vorstufe des Vitamins A; in der Mohrrübe.

c'arpe di'em [lat.], pflücke (genieße) den Tag!

Carp'ini, Giovanni de Piano, Franziskanermönch, *1182, †1252; reiste 1245-47 als erster päpstl. Gesandter an den Hof der Mongolenherrscher in Karakorum.

Carrà, Carlo, italien. Maler, *1881, †1966; begründete 1910 den Futurismus, bestimmte als Theoretiker dessen Entwicklung. (FARBTAFEL Italienische Kunst S. 690)

Caravaggio: Johannes der Täufer

Carlyle

Carcassonne: Teil der Stadtmauer

Carracci [kar'at∫i], Malerfamilie aus Bologna; Agostino C., (*1557, †1602), Annibale C. (*1560, †1609), der im Gegensatz zu →Caravaggio, den Idealstil des röm. Barocks begründete (Fresken im Palazzo Farnese); Lodovico C. (*1555, †1619).

Carr'ara, Stadt in der Toskana, italien. Bearbeitung und Versendung des **carrarischen Marmors,** 67 200 Ew.

Carrel [kar'ɛl], Alexis, franzöz. Chirurg und Biologe, *1873, †1944, förderte die Chirurgie der Blutgefäße und die Übertragung lebender Gewebe; Nobelpreis 1912.

Carret'era Panameric'ana, span. für →Panamerican Highway.

Caesar

Castiglione

Castro

Carroll [k'ærəl], Lewis, eigentl. Charles Lutwidge Dodgson, *1832, †1898; Prof. für Mathematik, schrieb schrullig-nachdenkl. Kinderbücher (»Alice im Wunderland«).

C'arstens, Asmus Jakob, Maler und Zeichner, *1754, †1798; Meister des dt. Klassizismus.

Cartagena [kartax'ena], **1)** Bezirks- und Hafenstadt an der SO-Küste Spaniens, 149 900 Ew.; der bedeutendste Kriegshafen Spaniens; Erzbischofssitz; Hütten-, Metall-, Textilindustrie; Erzausfuhr. **2)** Hafenstadt in Kolumbien, 242 000 Ew.; Erzbischofssitz; Universität.

Carte [kart, frz.] die, **1)** Blatt, Karte. **2)** Speisekarte; à la c., nach der Karte (essen).

Cart'esius, franzÖs. Philosoph, ⊅Descartes.

Cartwright [k'a:trait], **1)** Edmund, engl. Mechaniker, erfand 1786 den mechan. Webstuhl. **2)** Thomas, *1535, †1603, unter Königin Elisabeth einflußreichster Führer der Puritaner.

C'arus, Carl Gustav, Arzt, Maler, Philosoph, *1789, †1869, förderte die Schädellehre, suchte eine Erkenntnis der Kräfte des Unbewußten.

Car'uso, Enrico, italien. Tenor, *1873, †1921.

Casa [ital., span.] die, Haus; Familie.

Casa, Lisa della, schweizer. Sopranistin, *1919.

Casabl'anca. **Dar el-Beida,** Haupthafen und größte Stadt Marokkos, am Atlant. Ozean, 1,3 Mill. Ew.; um die winklige arab. Altstadt entstand die großzügig angelegte Industrie- und Europäerstadt. Verkehrsmittelpunkt; Phosphataufuhr. Konferenz von C. (14.-26. 1. 1943): Churchill und Roosevelt einigten sich auf »bedingungslose Kapitulation« der Achsenmächte. C.-Staaten (1961-63): Ägypten, Marokko, Algerien, Ghana, Guinea, Mali.

Cas'ale Monferr'ato, Stadt in NW-Italien, am Po, 44 100 Ew.; roman. Dom; Weinbau.

Cas'als, Pablo, span. Cellist, *1876.

Casan'ova, Giacomo, italien. Abenteurer, *1725, †1798, floh aus den Bleikammern Venedigs und führte ein abenteuerliches Wanderleben, das er in seinen Erinnerungen beschrieb.

Caesar, Beiname des röm. Geschlechts der Julier, seit Augustus der röm. Herrscher, seit Hadrian auch der Thronfolger. Aus dem Namen C. entstanden die Worte Kaiser und Zar.

Caesar, Gajus Julius, röm. Feldherr und Staatsmann, *100, † (ermordet) 15. 3. 44 v. Chr. C. wurde 59 Konsul (⊅Triumvirat) und unterwarf 58-52 Gallien. Sein Gegensatz zu Pompejus führte zum Bürgerkrieg. Er zog 49 nach Rom, vertrieb Pompejus und schlug ihn 48 bei Pharsalus; 46 und 45 schlug er die letzten republikan. Heere in Afrika und Spanien. 44 nahm er die Diktatur auf Lebenszeit an und wurde damit Alleinherrscher; kurz darauf von den Republikanern Brutus und Cassius ermordet. Schriften: »Gallischer Krieg«, »Bürgerkrieg«.

Caesar'ea [lat.], Name mehrerer Städte des röm. Reiches zu Ehren eines Kaisers.

Cäsar(e)opap'ismus, System, bei dem der Kaiser zugleich Papst ist, also der staatl. Machthaber zugleich die Kirchengewalt innehat.

Case'in das, phosphorsäurehaltiger Eiweißkörper (als Kaliumsalz in der Milch) für die Milchgewinnung und Käseherstellung.

Cas'ella, Alfredo, italien. Komponist, *1883, †1947; Opern, Orchester- und Kammermusik.

Cas'erta, Hauptstadt der süditalien. Prov. C., 60 300 Ew.; Bischofssitz; Bahnknoten; großartiges Lustschloß, das »italien. Versailles«.

Cash [kæʃ, engl.], Bargeld.

Cash and carry [kæʃ ənd k'æri, engl. »barzahlen und abholen«], handelsrechtl. Vertragsklausel: der Käufer holt die Ware ab und bezahlt sofort. Danach Betriebsform im Großhandel: für Verzicht auf Dienstleistungen (Finanzierung, Auskünfte, Transport) gibt es Preisnachlässe.

Casiquiare [kasiki'are] der, Fluß in Venezuela, verbindet den oberen Orinoco mit dem zum Amazonas fließenden Rio Negro (Bifurkation).

C'äsium das, **Cs,** chemisches Element, in sehr geringen Mengen vorkommendes Alkalime-

tall; Dichte 1,87 g/cm³, Schmelzpunkt 28,6°C.

Caspar, Karl, Maler, *1879, †1956; Vertreter des Expressionismus in der kath. Kirchenmalerei.

Cassa [ital. »Kasten«] die, Kasse, Bargeld.

Cassadó, Gaspar, span. Cellist und Komponist, *1897, †1966; Kammermusik.

Cassa per il Mezzogiorno [-meddzodʒ'orno, ital. »Kasse für den Süden«], italien. Entwicklungsbank für Vorhaben im Süden Italiens.

Cassin [kas'ẽ], René, franzÖs. Jurist, *1887, widmete sich humanitären Aufgaben. Friedensnobelpreis 1968 für seine Mitwirkung an der Menschenrechtserklärung der Verein. Nationen.

Cass'ini, Giovanni Domenico, franzÖs. Astronom, *1625, †1712, entdeckte vier Monde des Saturn, die Gesetze der Mondumdrehung (**Cassinisches Gesetz**) u.a.

Cass'ino, Stadt in Süditalien, 25 500 Ew.; wird überragt von der Benediktinerabtei ⊅Monte Cassino; im 2. Weltkrieg Febr. bis Mai 1944 hart umkämpft und zerstört.

Cass'irer, Ernst, Philosoph, *1874, †1945; »Philosophie der symbolischen Formen«.

Casteau [kast'o], belg. Dorf rd. 50 km südöstl. von Brüssel, seit 1967 Hauptquartier der NATO in Europa (SHAPE).

Castel del Monte, Jagdschloß des Hohenstaufenkaisers Friedrich II. in Apulien (Italien); um 1250 fertiggestellt.

Cast'el Gand'olfo, Stadt in der italien. Prov. Rom, am Albaner See; Sommersitz des Papstes.

Castellamm'are di St'abia, Hafenstadt am Golf von Neapel, 70 700 Ew.; Werften.

Castellón de la Plana, Stadt in Ostspanien, 3 km vom Meer, 90 000 Ew.; Apfelsinenhandel.

Castiglione [kastiʎ'one], Baldassare Graf, italien. Schriftsteller und Diplomat, *1478, †1529, zeichnete in seinem »Cortegiano« (1528) das Bild des idealen Hofmannes.

Castle [ka:sl, engl.], Burg, Schloß.

Castor und Pollux, lat. Namen der ⊅Dioskuren.

C'astra, das römische Feldlager.

C'astro, Fidel, kuban. Politiker, *1927, Rechtsanwalt, kämpfte 1956-59 mit einer Rebellenarmee gegen den Staatspräs. Batista, übernahm Jan. 1959 die Macht, wurde Febr. 1959 MinPräs.; 1961 erklärte er sich für den Kommunismus.

Castrop-Rauxel, Stadt in Nordrh.-Westf., nordwestl. von Dortmund, 84 700 Ew.; Steinkohlenbergbau, chem., Textilindustrie.

C'asus [lat.] der, **1)** Fall, Zufall, bes. rechtlich. **c. belli,** Kriegsfall. **2)** ⓖ Beugefall.

Cat'ania, Hafen- und Hauptstadt der Prov. C. im O Siziliens, am Südfuß des Ätna, 412 700 Ew.; Erzbischofssitz; 1444 gegr. Univ.; Schwefel-, Wein- und Obsthandel; Konserven-, Textilind.

Catania mit Ätna

Catch as catch can [kætʃæzkætʃkæn, engl. »greife, wie du greifen kannst«], Ringkampf, bei dem dem Catcher mit geringen Ausnahmen alle Griffe erlaubt sind.

Catchup [k'ætʃəp, engl.], Würzezusatz von Soßen und Fleischspeisen.

Cather [k'æðə], Willa S., amerikanische Romanschriftstellerin, *1876, †1947; psychologischrealistische Schilderung der Einwanderer.

Catil'ina, verarmter röm. Adliger, stiftete die **Catilinarische Verschwörung** zum Sturz der Senatsherrschaft an. Von Cicero 63 v. Chr. in den **Catilinarischen Reden** angeklagt, floh er aus Rom und fiel 62 im Kampf.

C'ato, 1) der Ältere, röm. Staatsmann, *234, †149 v. Chr., kämpfte gegen den Verfall der alten Sitten, erbitterter Feind Karthagos; bekannt ist sein Ausspruch: »Ceterum censeo Carthaginem esse delendam« (Im übrigen bin ich der Ansicht, daß Karthago zerstört werden muß). **2) der Jüngere,** *95, †46 v. Chr., als Vertreter republikan. Freiheit und altröm. Gesinnung Gegner Caesars; gab sich nach dessen Sieg den Tod.

C'attaro, italien. Name für die Stadt →Kotor.

Cattleya die, Gattung schöner trop. Orchideen, auf Bäumen; viele Arten und Kreuzungen. (FARBTAFEL Orchideen und Kakteen S. 701)

Cat'ull, Catullus, Gaius Valerius, röm. Dichter, *zwischen 87 und 84 v. Chr.,† um 55; Liebesgedichte, Spottverse, Epigramme.

Caudillo [kaud'iλɔ, span. »Häuptling«], polit. Machthaber; amtlicher Titel des spanischen Staatschefs Franco.

Causa [lat.] die, **1)** Ursache, Grund. **2)** Rechtsgrund. **3)** Rechtsfall, Prozeß.

Causerie [ko:zr'i:, frz.] die, Plauderei.

Caux [ko:], Ort bei Montreux (Schweiz), Tagungsort der Bewegung für →Moralische Aufrüstung (Oxford-Gruppen-Bewegung).

Cavali'eri, Bonaventura, italien. Mathematiker, *1598, †1647, Prof. in Bologna; entdeckte das **Cavalierische Prinzip,** wonach zwei Körper raumgleich sind, wenn in gleicher Höhe geführte Schnitte jeweils flächengleich sind.

Cavaller'ia [ital.] die, **1)** Reiterei. **2)** Rittertum, Ehre. **C. rustic'ana** (ländliche Ritterlichkeit), Oper von Mascagni (1890).

c'ave [lat.], hüte dich! **c. c'anem,** Hüte dich vor dem Hund!, Inschrift an altröm. Häusern.

Cavendish [k'ævəndiʃ], Henry, engl. Chemiker, *1731, †1810; Entdecker des Wasserstoffs.

Cavour [kav'ur], Camillo Graf, italien. Staatsmann, *1810, †1861, seit 1852 MinPräs. in Sardinien-Piemont, führte seit 1859, anfangs im Bunde mit Napoleon III., die nationale Einigung Italiens (bis auf Rom und Venetien) durch.

Caxton [k'ækstən], William, erster engl. Buchdrucker, *1422, †1491, verdient um die engl. Schriftsprache.

Cayenne [kaj'ɛn], Hauptstadt von Französ.-Guayana, Südamerika, 24 500 Ew.; Hafen; ehemals Strafkolonie (»Pfefferküste«).

Cayenne-Pfeffer, →Paprika.

Caymans-Inseln [k'eimənz-], 3 brit. Koralleninseln in W-Indien, rd. 9000 Ew., meist Neger. Viehzucht; Ausfuhr: Schildkröten, Kokosnüsse.

cbm, m³, Abk. für Kubikmeter.

CC, Abk. für Corps Consulaire.

ccm, cm³, Abk. für Kubikzentimeter.

Cd, chem. Zeichen für →Cadmium.

CD, Abk. für Corps Diplomatique.

CDU, die →Christlich-Demokratische Union.

Ce, chem. Zeichen für →Cer.

Cebot'ari, Maria, Sopranistin, *1910, †1949.

C'ebu, Zebu, Insel der Philippinen, mit gleichnamigem Handelshafen.

Cédille [sed'i:j], Häkchen unter dem c (ç), bezeichnet den Laut [s] vor a, o, u im Französ., Portugies. und Katalanischen.

Ceilom'eter, Wolkenhöhenmesser.

Cela [θ'ela], Camilo J., span. Schriftsteller, *1916; realist. Romane (»Der Bienenkorb«, 1964).

Celan [tsel'an], Paul, eigentl. Paul **Antschel,** Lyriker und Übersetzer, *1920, †1970; »Todesfuge«; »Atemwende«.

Cel'ebes, seit 1949 **Sulawesi,** eine der Großen Sunda-Inseln, zu Indonesien gehörig, 189 035 km², 7,1 Mill. Ew., meist Malaien. Um den gebirg. Kern liegen mehrere Halbinseln, z. T. von jungen Vulkanen gebildet. Höchster Berg (3440 m)

ist der Rantemario; Klima tropisch, im Inneren Urwälder; Reis, Kautschuk, Nickelerz.

Celesta [tʃel'ɛsta, ital.] die, klavierähnliches Tasteninstrument mit Stahlplatten.

Celibidache [tʃelibid'akə], Sergiu, rumän. Dirigent, *1912.

Celle, Kreisstadt in Ndsachs., an der Aller, 57 600 Ew.; altes Herzogsschloß und Fachwerkhäuser; Nahrungs-, Genußmittelind., Landgestüt.

Cellini [tʃel'i:ni], Benvenuto, italien. Bildhauer, Erzgießer, Goldschmied, *1500, †1571, Meister der Spätrenaissance. Selbstbeschreibung seines abenteuerl. Lebens, dt. von Goethe. '

Cello [tʃ'ɛlo] das, -s/...li, →Violoncello.

Celloph'an das, Handelsname für Folien aus Hydratcellulose. (→Zellglas)

Cellul'asen Mz., Fermente, die Cellulose spalten, z. B. in Cellulose vergärenden Bakterien.

Cellul'oid [grch.-lat.] das, Zellhorn, →O leicht brennbarer Stoff aus Kollodiumwolle und Kampfer; dient als Horn- und Elfenbeinersatz, zu Lacken, Spielzeug, Filmen u. a.

Cellul'ose [lat.] die, ein Kohlenhydrat der Zusammensetzung $(C_6H_{10}O_5)_n$, Hauptbestandteil der pflanzl. Zellwände, z. B. bei der Baumwollfaser oder beim Holz. Beim Behandeln mit Salz- oder Schwefelsäure zerfällt C. in Traubenzucker (→Holzverzuckerung). →Kunstseide, →Zellstoff.

C'elsius, Anders, schwed. Astronom, *1701, †1744, schlug die Temperatureinteilung in 100⁰ zwischen Gefrier- und Siedepunkt des Wassers vor (→Thermometer).

Celtis, Conrad, eigentl. **Pickel,** Humanist und lat. Dichter, *1459, †1508.

Cembalo [tʃ'embalo, ital.] das, ein →Klavier.

Cent [von Centum] der, -/-s, kleinste Scheidemünze = ¹/₁₀₀ Gulden, ¹/₁₀₀ Dollar; **Cent'avo** = ¹/₁₀₀ Escudo, ¹/₁₀₀ Peso, ¹/₁₀₀ Cruzeiro; **Centesimo** [tʃɛnt'ezimo] = ¹/₁₀₀ Lira; **Centime** [sāt'im] = ¹/₁₀₀ Franc (Franken); **Centimo** [θ'entimo] = ¹/₁₀₀ Peseta. Abkürzungen: c, cts. (ÜBERSICHT Währungseinheiten)

CENTO, Abk. für Central Treaty Organization, seit 1959 Name des Bagdadpaktes, der 1955 abgeschlossene Verteidigungspakt zwischen Großbritannien, Irak, Iran, Pakistan und der Türkei; Sitz: Bagdad (bis 1959), seitdem Ankara. Im Juni 1957 gehören die Verein. Staaten dem Militärausschuß des Paktes als Mitglied an. Am 24. 3. 1959 trat Irak aus.

Centum, Zeichen C [lat.], die röm. Zahl 100.

Cent'urio der, röm. Hauptmann, befehligte eine **Centuria** oder **Zenturie** (Hundertschaft).

Centweight [s'entweit, engl.] das, Abk.: cwt., Handelsgewicht in England = 50,802 kg, in den Verein. Staaten = 45,359 kg.

Cephalop'oda [grch.] Mz., die →Kopffüßer.

Cephe'iden, ☆ eine Gruppe von veränderlichen Sternen (benannt nach dem Sternbild Cepheus) mit besonders hoher Leuchtkraft, deren Dichte, Radius, Temperatur, Helligkeit einen periodisch verlaufenden Wechsel zeigen.

Cer das, **Ce,** chem. Element aus der Gruppe der →Lanthaniden; wird aus Monazitsand gewonnen, dient zur Herstellung von Feuersteinen, Glühstrümpfen u. a.

C'eram, größte Insel der Molukken, Indonesien, 17 150 km², 85 000 Ew. Erzeugnisse: Erdöl, Reis, Kakao, Kopra. Hauptort: Sawai.

Ceram, C. W., eigentl. Kurt W. **Marek,** *1915. †1972, schrieb: »Götter, Gräber und Gelehrte«, »Enge Schlucht und schwarzer Berg«.

Cercle [sɛrkl, frz.] der, Kreis; Gesellschaft.

C'eres, altröm. Göttin des pflanzl. Wachstums, der griech. Demeter gleichgesetzt.

Cer'ëus [lat.] der, Kaktusgattung im heißen Amerika, darunter die **Königin der Nacht.**

CERN, Abk. für Conseil Européen pour la Recherche Nucléaire, →Europäische Organisation für Kernforschung.

Černik, Oldřich, tschechoslowak. Politiker, *1921, Ingenieur, 1963-68 stellvertretender MinPräs., April 1968 bis Jan. 1970 MinPräs.

Cavour

Cervantes

Chagall:
Der grüne Geiger
(1918)

Chaban-Delmas

Cézanne: Meer bei L'Estaque (1882-85)

Chamäleon

C'erro de P'asco, höchste Stadt der Erde, Peru, 4360 m ü.M., Mittelpunkt des Bergbaues (Gold, Silber, Kupfer, Blei); 21 400 Ew.

Cert'osa [tʃɛr-] die, italien. für Kartäuserkloster. C. di Pavia, Kartause bei Pavia, skulpturengeschmückter Frührenaissancebau.

Cervantes Saav'edra [θɛrv'antɛs], Miguel de, span. Dichter, *1547, †1616; sein Roman →Don Quijote entwickelte sich aus einer Satire gegen die Ritterromane zu einer der großen Dichtungen der Weltliteratur. Vollendete Kunstwerke sind auch seine Novellen, Komödien und Einakter.

ces, ♩ um einen halben Ton erniedrigtes c.

Césaire [sez'ɛ:r], Aimé, afrokaribischer Dichter, *1913; Mitbegründer der poet. »Négritude«

Cet'an das, ein Kohlenwasserstoff ($C_{16}H_{34}$).

Cet'anzahl, Meßzahl für die Zündwilligkeit von Dieselkraftstoffen; gibt an, wie viele Prozent Cetan dem schwerzündenden α-Methyl-Naphthalin zugemischt werden müssen, damit dieses die gleiche Zündwilligkeit wie der zu prüfende Kraftstoff erhält.

c'eteris p'aribus [lat.], unter sonst gleichen Umständen.

c'eterum c'enseo ..., Ausspruch des →Cato 1).

Cet'inje, Stadt in Montenegro, Jugoslawien, 12 000 Ew.; Sitz eines orthodoxen Metropoliten; war 1851-1918 Hauptstadt Montenegros.

Ceuta [θ'euta], Hafenstadt an der Nordspitze Marokkos, gegenüber Gibraltar, gehört zu Spanien; 120 000 Ew.; seit 1580 spanisch.

Cev'ennen Mz., der SO-Rand des französ. Zentralmassivs mit gebirgsartigem Steilabfall zur Rhôneniederung, rund 1500 m hoch, zerschluchtet.

Ceylon, amtl. singhalesisch **Sri Lanka,** Insel vor der S-Spitze Vorderindiens, unabhängige Republik, Mitgl. des Commonwealth, 65 610 km², 12,5 Mill. Ew.; Hauptstadt: Colombo. – Im S des Inneren Gebirge (bis 2525 m), allseitig von Tiefland (³/₅ C.s) umgeben. Im N und O kommt Monsunwald, sonst Regenwald vor. Bevölkerung: Singhalesen (meist Buddhisten); Tamilen (meist Hindus), Mischlinge. Erzeugung: Reis, Kopra, in Plantagenwirtschaft Tee, Kautschuk. Bodenschätze: Edelsteine, Graphit, Kaolin. – C. war seit 1517 portugies., 1638 niederländisch; 1802 bis 1948 brit. Kolonie. Staatspräsident: W. Gopallawa (seit 1972); MinPräs.: Frau Sirimavo Bandaranaike (seit 1970). ⊕ S. 515, ⊡ S. 345.

Cézanne [sez'an], Paul, französ. Maler *1839, †1906; vom Impressionismus ausgehend, fand er, ohne das Naturvorbild aufzugeben, einen konstruktiven, den Körper und die Farbe der Fläche anverwandelnden Stil, durch den er einer der Bahnbrecher der modernen Malerei wurde. (FARBTAFEL Französische Kunst S. 347)

Cf, chem. Zeichen für →Californium.

CGS-System,Centimeter-Gramm-Sekunden-System, ein Maßsystem für die Einheiten physikalischer Größen mit den 3 Grundeinheiten cm für Länge, g für Masse und s für Zeit. Heute meist ersetzt durch das →Internationale Einheitensystem (→Maßeinheiten).

CH, Confoederatio Helvetica, Schweizer. Eidgenossenschaft; Autokennzeichen der Schweiz.

Chaban-Delmas, Jacques, französ. Politiker, *1915, Jurist, 1958-69 Präs. der Nationalversammlung, seit Juni 1969 MinPräs.

Chab'arowsk, größte fernöstl. Stadt der Sowjetunion, 449 000 Ew.; Brücke über den Amur; Verkehrsknoten. Schiffswerften, Auto-, Flugzeugbau, Ölraffinerien, Landmaschinen-, Mühlenwerke, Wärmekraftwerk.

Chablais, auch **Le C.** [ʃabl'ɛ], Landschaft in O-Frankreich, Savoyen, südl. vom Genfer See.

Chablis [ʃabl'i, frz.] der,weißer Burgunderwein.

Cha-cha-cha [ʃa-, frz.], Gesellschaftstanz lateinamerikanischen Ursprungs.

Chaco [tʃ'ako, span.] der, →Gran Chaco.

Chaconne [ʃak'ɔn, frz.] die, 1) alter Tanz, wohl amerikan. Herkunft. 2) Instrumentalmusik mit Variationen über gleichbleibendem Baßthema.

Chaconne aus der d-Moll-Sonate für Violine (Bach)

chacun à son goût [ʃak'œasɔ̃g'u, frz.], jeder nach seinem Geschmack.

Chadwick [tʃ'ædwik], Sir James,engl.Physiker, *1891, Entdecker des Neutrons; Nobelpreis 1935.

Chag'all, Marc, russ.-jüd. Maler und Graphiker, *1889, lebt in der Provence; einer der Anreger des Surrealismus.

Chagrin [ʃagr'ɛ̃, frz.] der, 1) Ärger, Kummer. 2) Spaltleder mit künstlich aufgepreßten Narben. 3) **C.-Stoffe,** Stoffe mit erhöhten Pünktchen.

Chairman [tʃ'ɛərmən, engl.], Vorsitzender.

Chaise [ʃɛ:z, frz. »Stuhl«] die, 1) Kutsche mit Halbverdeck. 2) Sänfte. **Chaiselongue** [ʃɛ:zl'ɔ̃g] die, Liegesofa.

Chak'assen, Sammelname einiger türkisch sprechender Stämme S-Sibiriens, rd. 57000. **Chakassisches Autonomes Gebiet** (seit 1930) in der Russ. SFSR, 61 900 km², 462 000 Ew. (Russen, Ukrainer, 12% C.), Hauptstadt: Abakan. Bodenschätze: Steinkohle, Eisen, Gold,Wolfram, Baryte.

Chalced'on, Mineral, Abart des Quarzes; Schmuckstein.

Chald'äer Mz., aramäischer Volksstamm im SW-Teil Babyloniens, über das sie nach langen Kämpfen 626 v. Chr. unter Nabopolassar die Herrschaft erlangten. Sein Sohn Nebukadnezar war der glänzendste Vertreter der chaldäischen Dynastie. Seither hießen die Babylonier auch C. Unter diesem Namen verbreitete sich babylon. Sterndeutung im Mittelalter.

Chalet [ʃal'ɛ, frz.] das, Schweiz: Landhaus.

Chalk'idike [grch. »Erzgegend«], gebirgige Halbinsel Makedoniens, gehört zu Griechenland, springt in drei schmalen Halbinseln ins Ägäische Meer vor (Berg Athos 2033 m).

Chalk'is, Hauptstadt der griech. Insel Euböa, 25000 Ew.; im Altertum mächtige Handelsstadt.

Challenger-Expedition [tʃ'ælindʒə], engl. Forschungsreise durch die Weltmeere, 1872-76.

Châlons-sur-Marne [ʃalõsyrm'arn], Stadt in der Champagne, Frankreich, 54 100 Ew.; Kathedrale; Textilind.; Champagner-Handel.

Chalon-sur-Saône [ʃalõsyrs'oːn], Stadt in Burgund, Frankreich, 52 700 Ew.; Wein- und Getreidehandel, metallurg. Industrie.

Cham [kam], Kreisstadt in Bayern, am Regen, 9600 Ew.; Elektro-, Holzindustrie.

Cham'äleon [grch. »Erdlöwe«] das, -s/-s, baumbewohnende Eidechse mit Klammerfüßen und Wickelschwanz. Das C. ergreift seine Beute mit der sehr langen Zunge, die es weit herausschnellen kann(Wurmzüngler).Es ist25-30cmlang, vermag seine Körperfarbe schnell zu wechseln,lebt in Afrika, Spanien, Asien.

Chamberlain [tʃ'eimbəlin], 1) Sir Austen, brit. Staatsmann, *1863, †1937, konservativer

Politiker, war 1924-29 Außenmin., am Abschluß des Locarnopakts 1925 beteiligt. **2)** Houston Stewart, dt. Schriftsteller, gebürtiger Engländer, *1855, †1927, verheiratet mit Richard Wagners Tochter Eva, wirkte durch die Verherrlichung des »arischen« Geistes stark auf ie Rassenlehre des Nationalsozialismus ein. **3)** Joseph, brit. Staatsmann, *1836, †1914, anfangs liberaler, dann konservativer Politiker, war als Kolonialmin. 1895 bis 1903 Vorkämpfer des Imperialismus (Burenkrieg). **4)** Neville, brit. Staatsmann, *1869, †1940, konservativer Parteiführer, war mehrfach Minister, 1937-1940 Premiermin.; betrieb gegenüber Hitler zunächst eine »Beschwichtigungspolitik« (Münchener Abkommen), dann eine Politik des Widerstandes bis zur Kriegserklärung an Dtl. 1939. **5)** Owen, amerikan. Physiker, *1920, entdeckte das Antiproton; Nobelpreis 1959.

Chambéry [ʃãber'i], Stadt in SW-Frankreich, 51 100 Ew.; Schloß, Kathedrale; Textil-, Lederindustrie; ehem. Hauptstadt Savoyens.

Chambord [ʃãb'o:r], französ. Renaissance-Schloß an der Loire.

Chambre [ʃãbr, frz.], Zimmer; Kammer. **C. des Députés,** die französ. Abgeordnetenkammer. **C. garnie,** möbliertes Zimmer. **C. séparée,** Sonderzimmer.

Chamfort [ʃãf'o:r], Nicolas, französ. Schriftsteller, *1741, †1794; Gesellschaftskritiker und literar. Wegbereiter der Franzos. Revolution.

Chamisso [ʃam'iso], Adelbert von, dt. Dichter und Naturforscher französ. Herkunft, *1781, †1838, schrieb stimmungsvolle Gedichte, z.T. mit sozialen Themen; Balladen, Märchen »Peter Schlemihl«. Seinen Liederkreis »Frauen-Liebe und -Leben« hat Schumann vertont.

chamois [ʃamw'a, frz.], gelbbraun, sämisch.

Chamonix-Mont-Blanc [ʃamõ'imõbl'ã], französ. Fremdenverkehrsort am Fuße der Montblanc-Gruppe, 1039 m ü.M., 8000 Ew.

Champagne [ʃãp'aɲ] die, nordfranzös. Landschaft, im W Getreide- und Futterbau, im O Viehzuchtgebiet; an den Rändern Weinbau; Herstellung von Champagner.

Champagner [ʃãp'aɲər, Wein aus der Champagne] der, französ. →Schaumwein.

Champignon [ʃãpiɲ'õ] der, Gattung der Blätterpilze mit 20 dt. Arten, gute Speisepilze: **Feld-C.,** bes. auf Weiden, auch in Ke rn gezogen. **Wald-C.** im Wald. Beim Sammeln von . Vorsicht vor Pilzen mit Karbolgeruch und V rwechslung mit dem giftigen →Knollenblätterpilz! Dieser hat weiße Lamellen, der C. in der Jugend rosa, im Alter braune. (FARBTAFEL Pilze S. 865).

Champion [tʃ'æmpjən, engl.] der, ⚔ der Kämpfer, der in einer Sportart die Meisterschaft errungen hat.

Champollion [ʃãpɔlj'õ], Jean François, *1790, †1832; Begründer der Ägyptologie, entzifferte als erster die Hieroglyphen.

Champs-Elysées [ʃãzeliz'e], Prachtstraße in Paris, von der Place de la Concorde zur Place de l'Etoile.

Chamrousse [ʃar'us], Bergmassiv in den französ. Westalpen bei Grenoble, mit Wintersportorten (Olymp. Winterspiele 1968).

Chams'in, Kamsin [arab.] der, trockenheißer Wüstenwind in Ägypten, weht bes. im Frühjahr aus S oder SO.

Chamson [ʃãz'õ], André, französ. Schriftsteller, *1900; Dorfromane, eine Zeitchronik.

Chan [pers. »Haus«] das, Gasthof, Karawanserei in Vorderasien.

Chan, Khan [xan, türk. oder pers.] der, mongol.-türkischer Herrschertitel.

Chance [ʃ'ãsə, frz.] die, (günstige) Möglichkeit, Glücksfall.

Chancellor [tʃ'a:nsələ, engl.], Kanzler. **C. of the Exchequer** [-ɔv ikstʃ'ɛkə], Schatzkanzler, der brit. Finanzminister.

Chanchán [tʃantʃ'an], größte Stadt des vorkolumb. Amerika, in Peru, Residenz der Chimú-Fürsten (→Chimú).

Chanchito [tʃantʃ'ito, span.] der, Chamäleon-

Chantilly: Schloß

fisch, südamerikan. Maulbrüter, wechselt rasch die Farbe.

Changaigebirge, Gebirge in der nördl. Mongolei, bis 4031 m hoch.

Change [ʃ'ãʒ, frz., tʃ'einʒ, engl.], Tausch, Geldwechsel.

Changeant [ʃãʒ'ã] der, schillerndes Gewebe mit verschiedenfarb. Kett- und Schußfäden.

Chanson [ʃãs'õ, frz.] das, Lied.

Chansonette [ʃãsɔn'ɛt] die, **1)** kleines Lied. **2)** Varieté- oder Kabarettsängerin.

Chantilly [ʃãtij'i], Stadt im N von Paris, 10 500 Ew.; Schloß (Museum), Pferderennen. **C.-Spitze,** feine konturierte Klöppelspitze.

Chanukk'a [hebr. »Weihe«], Lichterfest, achttägiges jüd. Tempelfest im Dezember.

Ch'aos [grch.] das, rohe, ungeordnete Masse, Unordnung; **cha'otisch,** ungeordnet, wirr.

Chap'ala-See, größter See Mexikos, 1685 km².

Chapeau [ʃap'o, frz.] der, Hut. **C. claque** [klak], zusammenklappbarer Zylinderhut.

Chaplin

Chaplin [tʃ'æplin], Charlie, engl. Filmschauspieler und Komiker, Regisseur, Autor, *1889; Filme: »Goldrausch«, »Lichter der Großstadt«, »Rampenlicht« u.a.

Char'akter [grch. »eingeprägtes Zeichen«] der, -s/-t'ere, **1)** Kennzeichen, Merkmal, Gepräge. **2)** Eigenart, das seelisch-geistige Gefüge eines Menschen, auf das seine Handlungen und Verhaltensweisen zurückgeführt werden können. Der C. entwickelt sich aus den ererbten Anlagen, den Umwelteinflüssen (gesellschaftl. Lage, Erziehung, Erlebnisse) und der Selbsterziehung. Die Wissenschaft vom C. heißt **Charakterkunde** oder **Charakterologie. 3)** Titel, Würde.

Charakterstück, 1) Bühnenstück mit Hauptgewicht auf der Zeichnung eines oder mehrerer Charaktere. **2)** ♪ kurzes, seinen Titel musikalisch deutendes Stück (z.B. Schumanns »Träumerei«).

Charbin, chines. Stadt, →Harbin.

Charcutier [ʃarkytj'e, frz.] der, Metzger.

Chardin [ʃard'ɛ̃], **1)** Jean Baptiste, französ. Maler, *1699, †1779; Meister des Stillebens und alltägl. Szenen; klarer Bildaufbau, feinste Farbigkeit. **2)** Teilhard de, →Teilhard de Chardin.

Chardin: Stilleben (um 1760/63)

Charente [ʃar'ãt, frz.] die, Fluß im westl. Frankreich, mündet in den Atlant. Ozean, 361 km lang.

Chateaubriand

Charga, Kharga, Oasengebiet in der Libyschen Wüste, Ägypten.
Charge [ʃarʒ, frz.] die, **1)** Dienstgrad, Rangstufe. **2)** THEATER: kleine Charakterrolle.
Chargé d'affaires [ʃarʒ'edaf'ɛːr, frz.] der, Geschäftsträger (→Gesandter).
Ch'arisma [grch. »Gnadengabe«] das, bes. Begabung zu einem Dienst in der christl. Gemeinde (Predigt, Prophetie); i. w. S. eine als übernatürl. empfundene besondere Befähigung eines Menschen, die ihm Autorität verleiht.
Charité [ʃarit'e, frz.»Barmherzigkeit«] die, Name für Stiftungen, Krankenhäuser, z.B. in Berlin.
Char'iten, Charitinnen, die griech. Göttinnen der Anmut: **Aglaia** (Glanz), **Euphrosyne** (Frohsinn), **Thalia** (blühendes Glück). Von den Römern wurden die C. **Grazien** genannt.
Charkow [x'arkɔf], Stadt in der Ukraine, Sowjetunion, 1,2 Mill. Ew.; bedeutender Industrie-, Handels- und Verkehrsmittelpunkt; u.a. Turbogeneratorenwerk, Lokomotiv-, Traktoren-, Flugzeug-, Nahrungsmittel-, Tabakfabriken. Universität, TH, Museen, Bibliothek.
Charlemagne [ʃarlm'aɲ, frz.], Karl d. Gr.
Charleroi [ʃarlrw'a], Stadt in Belgien, Provinz Hennegau, an der Sambre; 25 100 Ew.; Eisen-, Elektroind., rückgehender Kohlenbergbau.
Charles [ʃarl, frz.; tʃaːlz, engl.], Karl.
Charles [tʃaːlz] Philipp Arthur George, brit. Thronfolger, *1948.
Charleston [tʃ'aːlstən], **1)** Hafenstadt in South Carolina, USA, 76 000 Ew. **2)** Hauptstadt von West-Virginia, USA, 85 800 Ew.; Kohlengruben; Glas-, chem., Kunstfaserindustrie.
Charleston [tʃ'aːlstən] der, 1926 von Amerika nach Europa eingeführter Gesellschaftstanz.
Charl'otte [ʃa-], weibl. Vorname.
Charlotte [ʃ'aːlət], Stadt in North Carolina, USA, 241 200 Ew.; Textilind., Handelszentrum.
Charlotte, Großherzogin v. Luxemburg, *1896, regierte 1919-64. ∞ Felix v. Bourbon-Parma.
Charlottenburg, VerwBez. West-Berlins; Schloß v. Knobelsdorff und Eosander erweitert.
Charme [ʃarm, frz.] der, Anmut, Liebreiz.
charm'ant, bezaubernd, anmutig.
Ch'aron, griech. Sage: der Fährmann, der die Verstorbenen über den Fluß der Unterwelt (Styx) setzte, Unbestattete aber zurückwies.
Chäron'ea, grch. **Chaironeia,** altgriech. Stadt in W-Böotien; 338 v. Chr. Sieg Philipps von Makedonien über Athener und Thebaner.
Charpentier [ʃarpãtj'e], **1)** Gustave, französ. Komponist, *1860, †1956; Schüler Massenets. **2)** Marc Antoine, französ. Komponist, *1636, †1704.
Charta [lat.], franz. **Charte,** engl. **Charter,** die, Urkunde; **1)** STAATSRECHT: ein Grundgesetz; z.B. die engl. **Magna Charta** (1215); die franzöz. Verfassungen von 1814 und 1830. **2)** VÖLKERRECHT: eine Vereinbarung, eine zwischenstaatl. Satzung, z.B. die C. der →Vereinten Nationen.
chartern [tʃ'artərn, engl.], ein Schiff oder Flugzeug mieten.
Chartismus [tʃa:t'ismus], erste große sozialist. Arbeiterbewegung in England; bes. 1835-48. Der C. beeinflußte Marx und Engels.

Chartres: Kathedrale

Chartres [ʃartr], Stadt südwestl. von Paris 36 900 Ew.; die Kathedrale ist ein Hauptwerk der nordfranzös. Hochgotik des 13. Jahrh.
Chartreuse [ʃartr'øːz] die, Gruppe der französ. Alpen, nördl. von Grenoble; in einem Tal das 1084 gegr. Kartäuserkloster; danach wird ein Kräuterlikör benannt.
Chartum, →Khartum.
Char'ybdis die, bei Homer gefährl. Felsenschlund im westl. Meer; gegenüber die →Skylla.
Chas'aren, Volk umstrittener Herkunft, das seit 600 n. Chr. ein mächtiges Reich zwischen unterer Wolga und Don bildete; sie erlagen 969 bis 1016 dem Kiewer Rußland.
Chassé [ʃas'e, frz.] der, Tanzschritt.
Chassid'ismus, myst. Richtung im Judentum; betont die Offenbarung Gottes in der Natur.
Chassis [ʃas'i, frz.] das, Fahrgestell des →Kraftwagens; Montagegestell.
Château [ʃat'o, frz.] das, Schloß, Burg.
Chateaubriand [ʃatobri'ã], François René, Vicomte de, franzöz. Schriftsteller und Politiker, *1768, †1848; war Gegner der Revolution, später Gesandter Napoleons, trat 1814 für die Rückkehr der Bourbonen ein; schrieb »Atala«, »René«, »Geist des Christentums«.
Chatham [tʃ'ætəm], brit. Kriegshafen, östl. von London, 49 000 Ew.; Eiseninudustrie.
Chattanooga [tʃætən'uːgə], Stadt in Tennessee, USA, 130 000 Ew.; Eisen- und chem. Industrie (DuPont), Verwaltung der Tennessee Valley Authority (Talsperren).
Chatten, german. Volksstamm, Hessen.
Chaucer [tʃ'ɔːsə], Geoffrey, bedeutendster engl. Dichter des MA., *um 1340, †1400; Hauptwerk: »Canterbury-Geschichten«.
Chauffeur [ʃɔf'œːr, frz. »Heizer«] der, berufsmäßiger Kraftwagenfahrer.
Chauken, germanischer Volksstamm an der unteren Weser, ging in den Sachsen auf.
Chaussee [ʃɔs'eː, frz.] die, Landstraße.
Chauvinismus [ʃovin'ismus] der, schärfste Form des Nationalismus, genannt nach Chauvin, einem prahlerischen Rekruten eines franzöz. Lustspiels. **Chauvinist,** Anhänger des C.
Chavín de Huantar [tʃav'in de u'antar], archäologischer Fundort in den nordperuanischen Anden.
Checkpoint [tʃ'ekpɔint, engl.], Kontrollpunkt.
Chef [ʃɛf, frz.] der, Vorgesetzter, Leiter.
Chelléen [ʃele:'ɛ̃] das, früherer Name der altsteinzeitl. Kulturstufe →Abbevillien.
Chelsea [tʃ'elsi], Stadtteil von London; im 18. Jahrh. bekannte Porzellanfabrik.
Cheltenham [tʃ'eltnəm], Mineralbad im mittleren England, 76 000 Ew.; Flugzeugindustrie.
Chemie [arab., wahrscheinlich aus ägypt. chemi, »schwarz«], die Lehre von den Eigenschaften und Umwandlungen der Stoffe.
Die **anorganische C.** umfaßt die Elemente und Verbindungen vorwiegend der unbelebten Natur, die **organische C.** mit wenigen Ausnahmen die Kohlenstoffverbindungen. Die **analytische C.** entwickelt und benutzt Verfahren zur Erkennung von Elementen und Verbindungen, die **synthetische C.** stellt Verbindungen aus Elementen und einfachem Verbindungen her.
Die **physikalische C.** untersucht die physikal. Gesetze, nach denen chem. Vorgänge verlaufen. Die Untersuchung der bei chem. Vorgängen auftretenden elektr., Licht- & Wärmeerscheinungen ist Aufgabe der **Elektro-, Photo-** und **Thermo-C.,** die Untersuchung chem. Vorgänge auf quantentheoret. Grundlage obliegt der **Quanten-C.**
Die **angewandte C.** gliedert sich nach Anwendungsgebieten in Mineral-, Agrikultur-, Nahrungsmittel-, Bio-, physiolog., klinische, pharmazeut., gerichtl., Farben-, Textil-C. u. a.
GESCHICHTE. Die wissenschaftl. C. beginnt im 17. Jahrh. mit R. Boyle; A. L. Lavoisier begründete die neuzeitl. C., die seit dem 19. Jahrh. ausgebaut wird.
Chemiefasern, Sammelname für halbsynthet.

Chemische Elemente

Name	Chem. Zeichen	Ordnungszahl	Atomgewicht[4]	Name	Chem. Zeichen	Ordnungszahl	Atomgewicht[4]
Actinium[1]	Ac	89	227,05	Mendelevium[2]	Md	101	(256)
Aluminium	Al	13	26,9815	Molybdän	Mo	42	95,94
Americium[2]	Am	95	(243)	Natrium	Na	11	22,9898
Antimon	Sb	51	121,75	Neodym	Nd	60	144,24
Argon	Ar	18	39,948	Neon	Ne	10	20,183
Arsen	As	33	74,9216	Neptunium[2][3]	Np	93	(237)
Astat[1][3]	At	85	(210)	Nickel	Ni	28	58,71
Barium	Ba	56	137,34	Niob	Nb	41	92,906
Berkelium[2]	Bk	97	(247)	Nobelium[2][3]	No	102	(254)
Beryllium	Be	4	9,0122	Osmium	Os	76	190,2
Blei	Pb	82	207,19	Palladium	Pd	46	106,4
Bor	B	5	10,811	Phosphor	P	15	30,9738
Brom	Br	35	79,909	Platin	Pt	78	195,09
Cadmium	Cd	48	112,40	Plutonium[2][3]	Pu	94	(244)
Calcium	Ca	20	40,08	Polonium[1]	Po	84	210
Californium[2]	Cf	98	(251)	Praseodym	Pr	59	140,907
Cäsium	Cs	55	132,905	Promethium[1][3]	Pm	61	(145)
Cer	Ce	58	140,12	Protactinium[1]	Pa	91	231
Chlor	Cl	17	35,453	Quecksilber	Hg	80	200,59
Chrom	Cr	24	51,996	Radium[1]	Ra	88	226,05
Curium[2]	Cm	96	(247)	Radon[1]	Rn	86	222
Dysprosium	Dy	66	162,50	Rhenium	Re	75	186,2
Einsteinium[2]	Es	99	(254)	Rhodium	Rh	45	102,905
Eisen	Fe	26	55,847	Rubidium	Rb	37	85,47
Erbium	Er	68	167,26	Ruthenium	Ru	44	101,07
Europium	Eu	63	151,96	Samarium	Sm	62	150,35
Fermium[2]	Fm	100	(252)	Sauerstoff	O	8	15,9994
Fluor	F	9	18,9984	Scandium	Sc	21	44,956
Francium[1][3]	Fr	87	(223)	Schwefel	S	16	32,064
Gadolinium	Gd	64	157,25	Selen	Se	34	78,96
Gallium	Ga	31	69,72	Silber	Ag	47	107,870
Germanium	Ge	32	72,59	Silicium	Si	14	28,086
Gold	Au	79	196,967	Stickstoff	N	7	14,0067
Hafnium	Hf	72	178,49	Strontium	Sr	38	87,62
Hahnium (Bohrium)	Ha	105	(261)	Tantal	Ta	73	180,948
Helium	He	2	4,0026	Technetium[1][3]	Tc	43	(97)
Holmium	Ho	67	164,930	Tellur	Te	52	127,60
Indium	In	49	114,82	Terbium	Tb	65	158,924
Iridium	Ir	77	192,2	Thallium	Tl	81	204.37
Jod	J	53	126,9004	Thorium[1]	Th	90	232,038
Kalium	K	19	39,102	Thulium	Tm	69	168,934
Kobalt	Co	27	58,9332	Titan	Ti	22	47,90
Kohlenstoff	C	6	12,01115	Uran[1]	U	92	238,03
Krypton	Kr	36	83,80	Vanadium	V	23	50,942
Kupfer[3]	Cu	29	63,54	Wasserstoff	H	1	1,00797
Kurtschatovium[2]	Ku[5]	104	(257)	Wismut	Bi	83	208,980
Lanthan	La	57	138,91	Wolfram	W	74	183,85
Laurentium	Lr	103	(256)	Xenon	Xe	54	131,30
Lithium	Li	3	6,939	Ytterbium	Yb	70	173,04
Lutetium	Lu	71	174,97	Yttrium	Y	39	88,905
Magnesium	Mg	12	24,312	Zink	Zn	30	65,37
Mangan	Mn	25	54,9381	Zinn	Sn	50	118,69
				Zirkonium	Zr	40	91,22

[1] radioaktiv. [2] Transuran. [3] instabil, praktische Gewinnung nur durch künstliche Kernreaktionen. [4] Bei Transuranen oder sehr instabilen Elementen die Massenzahl des Isotops mit der längsten Halbwertszeit (in Klammern). [5] Name noch nicht international festgelegt.

(Zellwolle, Reyon u. a.) und vollsynthet. Fasern; bekannte Handelsnamen: Perlon, Terylene, Orlon, Nylon u. a.

Chemigraph'ie, ⬠ Herstellen von Metalldruckplatten (Klischees) durch Ätzen für den →Hochdruck.

Chemik'alien, Erzeugnisse chem. Fabriken, z. B. Farben, Heilmittel, Soda, Schwefelsäure.

Ch'emiker werden an Universitäten (Dr. rer. nat.) oder an Techn. Hochschulen (Dipl.-Ing., Dr.-Ing.) ausgebildet. Chem. Hilfskräfte mit Fachschulbildung heißen **Chemotechniker,** solche mit rein prakt. Schulung **Laboranten.**

Chemin des Dames [ʃmɛ̃dɛd'am], Höhenzug in Frankreich, südl. Laon, →Damenweg.

chemische Elemente, chem. Grundstoffe, Stoffe, die durch kein chem. Verfahren in einfachere zerlegt werden können. Man kennt (1968) 104 Elemente, die in Metalle und Nichtmetalle eingeteilt werden; ihre Häufigkeit in der Natur ist sehr verschieden, einige können überhaupt nur künstlich hergestellt werden, bes. die c. E. mit Ordnungszahl 93 ff. Die kleinsten Teilchen eines c. E. sind die →Atome. (→Periodisches System der Elemente)

chemische Geräte, im Laboratorium verwendete Geräte aus Glas oder Porzellan. (BILD S. 148)

chemische Radik'ale, sehr reaktionsfähige Atomgruppen, die bei vielen chem. Umsetzungen unverändert bleiben, andererseits im freien Zustand allein aber nur selten beständig sind, z. B. die Hydroxylgruppe -OH, das Ammonium NH₄, ferner -SO₄, -NO₃, -CN, -CH₃, -C₂H₅ u. a.

chemische Reaktionen, alle zwischen chem. Verbindungen oder Elementen stattfindenden Vorgänge, die mit einer stoffl. Umwandlung (Bildung neuer Stoffe) verbunden sind.

chemische Reinigung, Reinigung ohne Anwendung von Wasser mit chem. Lösungsmitteln (Benzin, Tetrachlorkohlenstoff u. a.).

chemische Verbindungen, aus Elementen

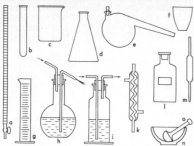

Chemische Geräte. a Bürette, b Reagenzglas, c Becherglas, d Erlenmeyer-Kolben, e Retorte (mit Tubus), f Tiegel, g Meßzylinder, h Spritzflasche, i Waschflasche, k Kühler, l Chemikalienflasche, m Pipette, n Mörser, o Pistill

zusammengesetzte, in sich in allen Teilen gleichartige Stoffe. Im Gegensatz zu den →Gemengen lassen sich c. V. nur durch chem. oder physikal.-chem. Mittel in ihre Bestandteile zerlegen.
chemische Verwandtschaft, →Affinität.
chemische Waage, Analysenwaage, Hebelwaage mit einer Genauigkeit von 0,0001 g, Ultrawaagen sogar bis 0,000001 g.
chemische Zeichen, die Abkürzungen für die Elemente in chemischen **Formeln.** So bedeutet die Formel des Wassers (H_2O), daß sich ein Wassermolekül aus 2 Atomen Wasserstoff (H) und einem Atom Sauerstoff (O) zusammensetzt. Um chem. Umsetzungen durch c. Z. auszudrücken, bedient man sich der **chemischen Gleichung,** z. B. $HCl + NaOH = NaCl + H_2O$. Um die Wertigkeit der Elemente anzugeben und den Bau des Moleküls zu veranschaulichen, wählt man die **Strukturformeln,** z. B. Methan, CH_4 (BILD).

$$H-\overset{\displaystyle H}{\underset{\displaystyle H}{C}}-H$$

Chemnitz, seit 1953 →Karl-Marx-Stadt.
Chemotherap'ie, Behandlung von Infektionskrankheiten mit chem. hergestellten Mitteln.
Chenier [ʃenj'e], Marie-Joseph, französ. Dichter, *1764, †1811; Dramatiker der Revolution.
Chenille [ʃni:j], frz. »Raupe«] die, Webfaden mit raupenartig stehenden Härchen.
Ch'eops, ägypt. König um 2551-28 v. Chr. sein Grabmal ist die **C.-Pyramide** bei Giseh.
Chequers Court [tʃ'ekəkɔ:t], in der Nähe Londons, Gfsch. Buckingham; seit 1917 Landsitz der engl. Premierminister.
Cherbourg [ʃɛrb'u:r], französ. Kriegs- und Handelshafen am Kanal, Normandie; 40000 Ew.
cherchez la femme [ʃɛrʃ'e:laf'am, frz.], Redensart: Sucht die Frau (die dahintersteckt).
Cherry Brandy [tʃ'eribr'ændi, engl.], ein süßer, roter Kirschlikör.
Chers'on, Gebietshauptstadt in der Ukrain. SSR, Hafen an der Dnjeprmündung, 261000 Ew.; Metall- und Nahrungsmittel-Ind., Schiffbau.
Cherson'es [grch. »Halbinsel«] der, im Altertum **Thrakischer C.,** jetzt Gallipoli; **Taurischer**

Chiemsee: Fraueninsel

oder **Skythischer C.,** jetzt Krim; **Kimbrischer C.,** jetzt Jütland.
Cher'ub [hebr.] der, im A.T. der Engel in der nächsten Umgebung Gottes.
Cherubini [kɛrub'ini], Luigi, italien. Komponist, *1760, †1842; Opern, Messen.
Cher'usker, german. Volk im Wesergebiet, kämpfte unter →Arminius gegen die Römer.
Chesapeake Bay [tʃ'esəpi:k-], reichverzweigte Bucht an der O-Küste der USA, 320 km lang, seit 1963 überspannt von einer 19 km langen Straßenbrücke.
Cheshire [tʃ'eʃə], Grafschaft an der Westküste des mittleren Englands, Hauptstadt: Chester; Viehzucht (Chester-Käse); Textil-, chem. Ind.
Chester [tʃ'estə], Hauptstadt der engl. Gfsch. Cheshire, am Dee, 60000 Ew.; anglikan. Bischofssitz; Tabak-, Maschinenindustrie.
Chesterfield [tʃ'estəfi:ld], Industriestadt in Mittelengland, 70400 Ew.; Metalle, Webwaren.
Chesterton [tʃ'estətn], Gilbert Keith, engl. Schriftsteller, *1874, †1936; geistreich, witzig, einer der Wortführer des engl. Katholizismus, schrieb Gedichte, Romane, Detektivgeschichten.
Chevalier [ʃəvalj'e, frz.], Ritter.
Chevalier [ʃəvalj'e], Maurice, französ. Chansonsänger und Filmschauspieler, *1888, †1972.
Cheviot [tʃ'eviət, engl.] der, dauerhafte köperbindige Wollgewebe.
Chevreauleder [ʃəvr'o–, frz.], Ziegenleder.
Chianti [ki'anti], 1) Landschaft in der Toskana, Italien; Weinbau. 2) dort erzeugter Wein.
Chiasso [ki'aso], schweizer. Grenzort gegen Italien, an der Gotthardbahn, 9100 Ew.
Chiba [tʃ'iba], Provinzhauptstadt auf der japan. Insel Honschu, östl. von Tokio; 312000 Ew.
Chibcha [tʃ'ibtʃa], Gruppe von sprachverwandten Indianerstämmen in Mittel- und Südamerika zwischen Nicaragua und Ecuador.
chic [ʃik, frz.], auch **schick,** fein, elegant.

Chicago: Marina City

Chicago [ʃik'a:gou oder ʃik'ɔ:gou], die zweitgrößte Stadt der USA, in Illinois, am Michigan-See; 6,8 (als Metropolitan Area 7,3) Mill. Ew.; TH, 3 Univ. (Atomforschungszentrum). Industrie jeder Art: Elektrotechnik, Schwerindustrie, Landmaschinen- und Waggonbau; Getreidesilos und Viehhöfe (Großschlächtereien, Konservenfabriken).
Chichen Itzá [tʃ'itʃən-], Ruinenstätte der →Maya, im NO von Yukatán.
Chicoree [ʃikɔr'e, frz.] die, →Wegwarte.
Chider, Chidhr [arab. »der Grüne«], islamische Sagengestalt, der ewige Wanderer.
Chiemsee [ki:m-], größter See Bayerns, 80 km², größte Tiefe 74 m, 518 m. ü. M., im Alpenvorland (**Chiemgau**). Im westl. Teil die Herreninsel (ehem. Abtei, Prunkschloß Herrenchiemsee Ludwigs II.), die Fraueninsel (Benediktinerinnenabtei) und die Krautinsel (unbewohnt).
Chieti [ki'ɛti], Hauptstadt der mittelitalien. Provinz C., 47700 Ew.; Erzbischofssitz; Wein-, Getreidehandel, Textilindustrie.
Chiffon [ʃif'ɔ̃, frz.] der, schleierähnlicher Seiden- oder Baumwollstoff.

Chiffre [ʃ'ifrə, frz.] die, 1) Geheimzeichen. 2) Namenszeichen. 3) **C.-Schrift,** →Geheimschrift.

Chignon [ʃiɲ'õ, frz.] der, weibl. Haartracht (ca. 1550-1870) mit beutelähnlichem Wulst im Nacken.

Chihuahua [tʃiw'awa], Stadt in N-Mexiko, 177 900 Ew.; wichtiger wirtschaftl. Mittelpunkt; Silber-, Bleiminen, Hüttenindustrie.

Chihuahua, C.-Hund, Techichi, kleine Hunderasse aus Mittelamerika.

Chile, amtl. **República de Chile,** Republik an der SW-Küste S-Amerikas, 757 000 km², 9,7 Mill. Ew.; Hauptstadt: Santiago de C., Landessprache: Spanisch. ⊕ S. 517, ⊡ S. 345.

Die vollziehende Gewalt liegt beim Präsidenten (auf 6 Jahre gewählt), dem ein Kabinett von 14 Min. zur Seite steht. Gesetzgebung durch den Nationalkongreß (Senat und Abgeordnetenkammer). Einteilung in 25 Provinzen. – C. erstreckt sich (rd. 4300 km lang, 80-410 km breit) vom extrem trockenen Nord-C. (Wüste Atacama) bis zum stürm., kühlen, regenreichen Patagonien, im O durch die paßarmen, vulkanreichen Kordilleren begrenzt. Im S große Wälder und Weideflächen, in Mittel-C. (mit subtrop.) Klima) das Hauptanbaugebiet. – BEVÖLKERUNG (zu ³/₄ in Mittel-C.): meist Mestizen, in den Unterschichten mit stärkerem indian. Einschlag, keine Neger; Deutschstämmige bes. in Mittel-C. RELIGION: überwiegend katholisch.

WIRTSCHAFT. Der Bergbau (Kupfer, Eisenerz, Steinkohle, Erdöl, Salpeter, Erdgas) erbringt 80% der Ausfuhr. Die Abhängigkeit von der Kupferausfuhr (70%) soll durch Ausbau der Industrie (Nahrungsmittel-, Textil-, chem., Schwerind.) beseitigt werden. Landwirtschaft: Ackerbau (bes. Weizen, ferner Kartoffeln, Zuckerrüben), Weinbau; Rinder- und Schweinezucht bes. in Mittel-C., Schafzucht in Patagonien und Feuerland. Ausfuhr: bes. Kupfer, daneben Eisenerz, Salpeter, landwirtschaftl. Erzeugnisse. ⊠ 7600 km, Hauptverkehrsader die Längsbahn von N nach S (3300 km); Straßen 57000 km. Haupthäfen: Valparaíso, Antofagasta, San Antonio.

GESCHICHTE. C. wurde 1535-41 von den Spaniern erobert. 1810-18 Freiheitskampf gegen Spanien, seitdem Republik; 1879-84 der siegreiche »Salpeterkrieg« gegen Peru und Bolivien, die einige Provinzen abtreten mußten; seitdem Weltmonopol für Salpeter bis zur dt. synthet. Stickstoffherstellung im 1. Weltkrieg. Schwerer wirtschaftl. Rückschlag durch Erdbeben im Mai 1960. Staatspräs. ist der Sozialist S. Allende, seit 1970:

Chilesalpeter, natürlicher →Salpeter.

Chili'asmus [grch. chilioi »tausend«] der, die Erwartung eines 1000jährigen Reichs nach Christi Wiederkunft (Offenbarung 20, 2ff.).

Chillon [ʃij'õ], Schloß im Schweizer Kt. Waadt, am Ostufer des Genfer Sees.

Chim'äre [grch.] die, 1) griech. Sage: ein Fabeltier, vorn Löwe, in der Mitte Ziege, hinten Drache. 2) **Schimäre,** Unding, Hirngespinst.

Chimborasso, Chimborazo [tʃimbor'aso], Vulkan der W-Kordillere von Ecuador, 6267 m.

Chimb'ote, Industrie- und Hafenstadt in Peru, 77 200 Ew.; Eisen- und Stahlind.

Chimú [tʃim'u], ausgestorbener Indianerstamm von hoher Kultur an der Küste N-Perus.

China, Volksrepublik China, Volksrep. in O-Asien, rd. 9,56 Mill. km², über 740 Mill. Ew., der drittgrößte, jedoch volkreichste Staat der Erde. Von den ehemaligen Außenländern ist die Äußere Mongolei als »Mongolische Volksrepublik unabhängig geworden, Sinkiang und seit 1951 wieder Tibet sind Bestandteile der C.s. Hauptstadt: Peking. ⊕ S. 515, ⊡ S. 345, ⊔ S. 878. (FARBTAFEL Asien I S. 166)

Über »Nationalchina« →Formosa.

VERFASSUNG UND VERWALTUNG. Die Verfassung von 1954 bezeichnet die Volksrep. C. als einen volksdemokrat. Staat, der auf dem Bündnis von Arbeitern und Bauern beruht. Höchstes Organ ist der indirekt gewählte Nationale Volkskongreß; er überträgt die Geschäfte einem »Ständigen Aus-

Chignon

schuß«. Das Staatsoberhaupt, »Vorsitzender« genannt, wird vom Volkskongreß für 4 Jahre gewählt. Die vollziehende Gewalt liegt bei der Staatsregierung, dem »Staatsrat«, unter dem MinPräs. Die führende Rolle fällt der Kommunist. Partei Chinas und ihrem Zentralkomitee zu. Verwaltungseinteilung in 21 Provinzen: Anhuei, Fukien, Heilungkiang, Honan, Hopei, Hunan, Hupei, Kansu, Kiangsi, Kiangsu, Kirin, Kuangtung, Kueitschou, Liauning, Schansi, Schantung, Schensi, Szetschuan, Tschekiang, Tsinghai, Yünnan; 5 Autonome Regionen: Innere Mongolei, Kuangsi-Tschuang, Ninghsia-Hui, Sinkiang-Uighur, Tibet; 2 provinzfreie Städte: Peking, Schanghai.

LANDESNATUR. C. reicht vom südl. Festlandsteil O-Asiens (ohne Hinterindien) vom Pamir im W, im N bis zum Amur; es ist vorwiegend gebirgig, im W das Hochland von Tibet mit seinen Randgebirgen (Kun-lun, über 7000 m); nördlich davon das Tarimbecken, anschließend der Tienschan. Im Nordost-C. fällt das Hochland stufenförmig zur Großen Ebene (am unteren Huangho und Jangtsekiang) ab. Das Südchines. Bergland hat meist Mittelgebirgshöhen. Hauptströme: Huangho, Jangtsekiang, Sikiang. – Klima: In der Mandschurei und der Inneren Mongolei winterkalt, im Innern Wüstenklima, in den südl. Küstengebieten tropisch feucht. Starke Jahreszeitl. Wärmeschwankungen, bes. im Innern. An der Küste treten Taifune auf. Reichliche Niederschläge im S und SO, bes. im Frühsommer.

BEVÖLKERUNG. Rd. 94% Chinesen, daneben Turkvölker (Sinkiang), Mongolen, Tibeter u. a. Der O und S sind sehr dicht (1000-2000 Ew. je km²), die großen Gebiete im W spärlich besiedelt. Millionenstädte: Schanghai (10 Mill. Ew.), Peking (6 Mill.), Tientsin (4 Mill.), Tschungking, Schenyang, Wuhan, Sian, Harbin, Lüta, Nanking, Tsingtau, Tschengtu, Taiyüan, Fuschun. – RELIGION. Der Konfuzianismus, bis 1911 Staatskult, hat seine Vorrangstellung verloren. Daneben bestehen Buddhismus, oft verbunden mit Bestandteilen der altchines. Ahnen- und Naturverehrung, Islam (im W und SW). Die Christen wurden seit 1950 verfolgt.

WIRTSCHAFT, VERKEHR. Die Wirtschaft stand seit der kommunist. Machtübernahme im Zeichen der Sozialisierung und Kollektivierung. In der Landwirtschaft wurden Produktionsgenossenschaften in Volkskommunen übergeführt. Hauptorzeugnisse: Reis, Sojabohnen, Baumwolle, Weizen, Mais, Tee; Viehzucht bes. auf Rinder, Schweine; bedeutende Fischerei. Industrialisierung mit Hilfe von Fünfjahresplänen (seit 1953). Produktionssteigerungen: Stahlerzeugung, Lastwagenfabrikation, Kunstdünger-, Textil- und Maschinenindustrie. Die für den »Großen Sprung nach vorn« gesteckten Ziele konnten nicht erreicht werden. Grundlagen der Industrialisierung sind die Bodenschätze (Steinkohle, Erdöl, Eisenerz, NE-Metalle) und die Wasserkraft. Ausfuhr: Tierische Erzeugnisse, Sojabohnen, Tee, Seide, Textilien. Handelspartner: Sowjetunion, Japan, Australien, Kuba. Eisenbahn-, Straßen- und Luftverkehr im Ausbau; erster Weltraumsatellit April 1970; wichtig sind Binnen- und Küstenschiffahrt.

GESCHICHTE. Die geschichtl. Zeit (nach den Stammenstaaten und den sagenhaften Urkaisern) beginnt etwa 1800 v. Chr. Seit 770 zerfiel C. in mehrere Einzelstaaten, die sich dauernd bekämpften, bis Schihuangti aus dem Hause Tsin 221 v. Chr. ein einheitliches, straff geordnetes Kaiserreich schuf (Chin. Mauer). Der Blütezeit unter dem Kaiserhaus Han (206 v. Chr. bis 220 n. Chr.) folgte Niedergang und Auflösung des Reichsinnern. Eine neue Glanzzeit führte das Kaiserhaus Tang (618-907) herauf. Die Mongolen herrschten im 13./14. Jahrhundert über C.; damals kam es durch Marco Polo mit Europa in Berührung. 1368 bis 1644 war das einheim. Kaiserhaus Ming an der Macht. Fremde Eroberer waren wieder die Mandschukaiser (1644-1912) in Peking; sie dehnten ihre Macht auch über die Mongolei, Ostturkestan,

Chile

Chimäre

Chinesische
Kunst:
Pagode des Sung
Yüehsse (523
n. Chr.)

Gott des langen
Lebens, Elfen-
bein (17.-18.
Jahrh.)

Tibet und Hinterindien aus. Seit 1842 (→Opium-krieg) wurde C. von den europ. Seemächten, bes. England, zur Öffnung seiner Häfen, zur Abtre-tung von Stützpunkten und zur Einräumung wichtiger Vorrechte gezwungen (»Ungleiche Ver-träge«). 1894/95 wurde es von Japan besiegt, der fremdenfeindliche Boxeraufstand 1900/01 durch das gemeinsame Eingreifen der fremden Mächte niedergeworfen. Die Mandschu-Herrschaft wurde durch die Revolution von 1911/12 unter Führung Sun Yat-sens (→Kuomintang) gestürzt. Tschiang Kai-schek gelang 1928 wieder die Einigung C.s (Nationalregierung in Nanking). 1931/32 nahm Japan die Mandschurei, geriet 1937 in offenen Kampf mit der Nankingregierung und besetzte 1937 Schanghai und Nanking, 1938 Hankou und Kanton. Nach der Kapitulation Japans 1945 kam es zum Bürgerkrieg zwischen Tschiang Kai-schek und dem Kommunistenführer Mao Tse-tung. Die-ser proklamierte 1949 die Chinesische Volksrepu-blik, in enger Zusammenarbeit mit der Sowjetunion (Vertrag 1950). Die Nationalregierung unter Tschiang Kai-schek wich auf die Insel →Formosa (Taiwan) zurück. Ende 1950 wurde Tibet militä-risch besetzt, 1951 als Autonome Region eingeglie-dert. 1959 trat Mao Tse-tung das Amt des Staats-präs. an Liu Schao-tschi ab (bis 1968). Der Grenz-konflikt mit Indien führte 1962 zu einem schwe-ren Angriff chines. Truppen auf ind. Gebiet. 1964 brachte die Volksrep. C. ihre erste Atombombe zur Explosion. Seit 1961 haben sich die Mei-nungsverschiedenheiten zwischen C. und der So-wjetunion über die Auslegung des Marxismus-Le-ninismus immer mehr vergrößert. C. ist ein zwei-ter Brennpunkt des Weltkommunismus gewor-den. Es unterstützt Nordvietnam im Kampf gegen Südvietnam. 1966 wurde im Rahmen der sog. »Großen Proletarischen Kulturrevolution« eine Säuberung innerhalb von Partei und Staat ein-geleitet. Dabei traf die »Rote Garde«, radikale An-hänger Mao Tse-tungs, auf Widerstand innerhalb der Kommunist. Partei. Die Vormachtstellung der Kommunist. Partei, die durch die Kulturrevolu-tion erschüttert war, wurde 1969 wiederherge-stellt. Nach Abschluß der Kulturrevolution begann C. zu Beginn der 70er Jahre eine aktive Außenpo-litik, z. B. Besuch des amerikanischen Präsiden-ten R. Nixon in China im Februar 1972. Seit Oktober 1971 ist China Mitglied der Vereinten Nationen; Nationalchina (Taiwan) wurde gleich-zeitig aus den Vereinten Nationen ausgeschlos-sen.

Chinagras, →Ramie.
Chinarinde, Fieberrinde, die bittere, ge-trocknete Rinde verschiedener, urspr. südameri-kan. Arten des C.-Baumes; enthält →Chinin.
Chinasilber, versilbertes →Neusilber.
Chinchilla [tʃintʃ'iʌa, indian.-span.] die, **1)** südamerik. Nagetier (Hasenmaus). **2)** dessen fei-ner, grauer Pelz. **3)** ein ihm ähnl. Wollstoff.
Chinesen, das Hauptvolk Chinas, über 650 Mill. Die C. gehören zum mongoliden Rassen-kreis. In N-China vereinzelt Lößhöhlenwohnun-gen, im S gelegentlich Pfahlbausiedlungen, in manchen Flußstädten Wohnboote. Die Kultur ist uralt. Die C. kannten Buchdruck, Kompaß, Schießpulver, Porzellan, Papier, Seidenraupen-zucht viel früher als die Europäer; Kunstgewerbe, Schrift haben sie seit Jahrtausenden. Religion, →China. Die seit Jahrhunderten geltende Gesell-schaftsordnung (Konfuzianismus, Beamtentum, Patriarchat) wurde durch die kommunist. Revolu-tion zerstört und durch kommunist. Ideologie, Führungskader und Volkskommunen ersetzt.
Chinesische Kunst. Sie ist bis ins 3. Jahrtsd. v. Chr. zurückzuverfolgen. In der größtenteils erst aus der Spätzeit erhaltenen Baukunst (Tempel, Paläste, Pagoden, Tore) wurde neben Stein und Ziegel vorzugsweise Holz verwendet; charakteri-stisch die auf Pfosten ruhenden, vielfach reich ver-zierten geschweiften Dächer (oft mehrere überein-ander). Die **Malerei** (Blüte in der Sung-Zeit, 900 bis 1300 n. Chr.) benutzte hauptsächlich Wasser-

farben und Tuschen auf Papier oder Seide (einzig-artig die Landschaften). Von Bedeutung ist seit der Anyang-Zeit (13./12. Jahrh. v. Chr.) der **Bron-zeguß** (mit berühmter Patina): heilige Gefäße, Spiegel, Glocken. In der **Töpferkunst** beherrschen die Chinesen seit alters alle Arten vom Steinzeug bis zum Porzellan. Meisterhaft sind ferner ihre Seidenwebereien und Schnitzereien in Halbedel-steinen, vor allem Jade. (FARBTAFEL S. 172)

Chinesische Kunst, links: Bronzebehälter mit Sil-berverzierung, Han-Zeit (etwa 200 v. Chr.-220 n. Chr.), rechts: Krug mit Malerei, Sung-Zeit (12.-13. Jahrh.)

Chinesische Literatur. Das überlieferte Sy-stem unterscheidet vier Klassen: 1) **King** oder Ka-nonisches (konfuzianisches) Schrifttum, bis um 1900 die Grundlage der chines. Bildung und Ge-sittung, 2) **Schi,** Geschichtsschreibung, 3) **Tse,** philosoph. und Fachschrifttum, 4) **Tsi,** schöne Li-teratur. Die Zeit der Tangdynastie (7.-9. Jahrh.) brachte die Blüte der chines. Lyrik, mit den größ-ten chines. Dichtern Li T'ai-po (701-762), Tu Fu (712-770) und Po Kü-i (772-846). Roman und No-velle sind bereits in vorchristl. Zeit der Form nach ausgebildet. Während der Mongolenherrschaft entstand der realist. Sittenroman. Blütezeit des Dramas: 13.-14. Jahrh., in der Umgangssprache abgefaßt. Seit dem 19. Jahrh. werden westl. Vor-bilder nachgeahmt. Als verpflichtend gilt heute in der VR China der sozialist. Realismus und volks-tüml. Naturalismus.
Chinesische Mauer, größte Schutzanlage der Erde, vom 3. Jahrh. v. Chr. bis 15. Jahrh. n. Chr. zum Schutz Chinas gegen die Nomaden errichtet; etwa 2450 km lang, rd. 16 m hoch, 5-8 m breit mit vielen Türmen.

Chinesische Mauer

Chinesische Schrift, Wortschrift (ursprüng-lich Bilderschrift) mit etwa 50000 Zeichen, von denen aber 2000-4000 für das gewöhnliche Be-dürfnis genügen. Man schreibt von oben nach un-ten und von rechts nach links. Die c. S. ist schon seit dem 2. Jahrtsd. v. Chr. voll ausgebildet.
Chinesische Sprache, die wichtigste der indo-chines. Sprachen (→Sprachen der Erde, ÜBER-SICHT), besteht aus einfachen, meist einsilbigen Wörtern und kennt weder Beugung noch Ab-wandlung. Gleichlautende Wörter werden durch Änderung des Tons (der Stimmlage) unterschie-den. Die c. S. hat viele Mundarten.
Ching'an der, Gebirgskette in Ostasien, an der Grenze von Mongolei und Mandschurei, bis 1958 m hoch.

Chin'in das, organ. Verbindung aus der →Chinarinde; fiebersenkend, schmerzlindernd; wirksam gegen Malaria, Grippe und fiebrige Erkrankungen.

Chinoiserie [ʃinwazri] die, 1) im Rokoko verbreitete Stilrichtung, verwendete chines. Zierformen und Szenen aus dem chines. Leben bei der Ausstattung von Innenräumen, in Kunsthandwerk und Gartenkunst. 2) Abgeschmacktheit.

Chinol'in das, ⊙ farblose Flüssigkeit von unangenehmem Geruch, kommt in Steinkohlenteer und Knochenöl vor, auch künstl. hergestellt; dient zu Farbstoffen, zur Schädlingsbekämpfung.

Chin'one Mz., sauerstoffhaltige, stark färbende aromat. Verbindungen, **Anthrachinon** ist Ausgangsstoff der Alizarinfarbstoffe.

Chintz [tʃints, engl.] der, dichter leinwandbindiger, bunt bedruckter Baumwollstoff.

CHIO, Abk. für Concours Hippique International Officiel, internat. Reitturnier.

Chioggia [kiˈɔdʒa], italien. Fischereihafen, südl. von Venedig, 47000 Ew.

Ch'ios, griech. Insel im Ägäischen Meer, 806 km², 60000 Ew.; bis 1267 m hoch; Wein, Südfrüchte, Mastixharz, Olivenöl.

Chippendale [tʃ'ipəndeil], engl. Möbelstil, benannt nach Thomas C. (Kunsttischler, *1718, †1799); feste, zweckmäßige Formen, maßvolles Rokokoschmuckwerk mit chines. Motiven.

Chips [tʃips, engl.], 1) gebackene Kartoffelscheiben. 2) Spielmarken.

Chirico: Melancholie (1913)

Chirico [kˈiːriko], Giorgio de, italien. Maler und Dichter, *1888, einer der Wegbereiter des Surrealismus; heute Gegner der modernen Kunst.

Chirolog'ie [grch.] die, Handlesekunst; **Chiromant'ie** die, Wahrsagen aus der Hand.

Ch'iron, griech. Mythos: ein Kentaur, lehrte Heilkunde, Tonkunst, Gymnastik.

Chiropr'aktik, ♪ Verfahren zur Beseitigung von Schmerzzuständen, bes. im Bereich der Wirbelsäule, durch Einrenkungshandgriffe.

Chiroth'erium [grch. »Handtier«] das, -s/-rien, urweltlicher Saurier, von dem man nur Fußabdrücke im Buntsandstein kennt.

Chir'urg [grch.], Facharzt für Chirurgie.

Chirurg'ie [grch.] die, Teil der Heilkunde, der durch mechanisch wirkende Mittel zu heilen sucht, und zwar durch: 1. äußere Handgriffe, z.B. Einrichten von Knochenbrüchen oder Verrenkungen; 2. Geräte und Verbände (orthopäd. Maßnahmen); 3. meist blutige Eingriffe (Operationen). Aus der allgemeinen C. haben sich Fachwissenschaften entwickelt, u.a. die →Orthopädie, →Urologie, →Neurochirurgie, Kiefer-C., plastische und kosmetische C.

Chit'in [grch.] das, stickstoffhaltiges, celluloseähnl. Kohlenhydrat, Baustoff des Körpergerüsts der Insekten und Krebstiere sowie der Pilzzellwände.

Chit'on der, altgriech. Gewand.

Chl'adni, Ernst, Physiker, *1756, †1827; grundlegende Arbeiten über Akustik, Entdecker der →Klangfiguren.

Chlam'ys die, Mantel griech. Jünglinge, Krieger, Reiter.

Chlodwig I., Chlodowech, König der Franken, aus dem Geschlecht der Merowinger, *466, †511, unterwarf den größten Teil Galliens und die Alemannen, trat 496 zum Christentum über. Er ist der Gründer des fränkischen Großreichs.

Chl'oe, 1) Beiname der griech. Göttin Demeter; **Chloeia**, ihr Frühlingsfest in Athen. 2) Mädchenname, bes. in Hirtendichtungen.

Chlor [grch. »gelbgrün«], Cl, chem. Element aus der Gruppe der →Halogene, Ordnungszahl 17, gelblichgrünes Gas von erstickendem Geruch, das die Schleimhäute stark reizt. C. wirkt stark bleichend und keimtötend, kommt in der Natur nicht frei vor, in größer Menge aber an Metalle gebunden. Gewinnung als Nebenprodukt bei der Elektrolyt. Herstellung von Natrium- und Kaliumhydroxyd, Verwendung in der Chemie, zur Desinfektion und zum Bleichen.

Chl'oräthyl das, →Äthylchlorid.

Chlor'ide Mz., ⊙ die Salze der Salzsäure (HCl); sie entstehen auch durch unmittelbare Vereinigung von Chlor mit Metallen.

Chlor'it der, dunkelgrünes, glimmerähnl. Mineral.

Chlorkalk, CaOCl₂, weiße, nach Chlor riechende Substanz, keimtötendes und Bleichmittel.

Chlorof'orm das, CHCl₃, süßlich riechende, farblose, flüchtige Flüssigkeit; dient zur Schmerzbetäubung: Einatmen von C.-Dämpfen ruft Bewußtlosigkeit hervor (→Betäubung).

Chloromycet'in, ein →Antibiotikum.

Chloroph'yll [grch.] das, **Blattgrün**, grüner Pflanzenfarbstoff, chem. verwandt mit dem roten Blutfarbstoff Hämin, stets an die Farbstoffträger (Chloroplasten) der Pflanzenzelle gebunden. Aufgabe: Einbau des Kohlenstoffs aus dem Kohlendioxyd der Luft in den Pflanzenkörper mit Hilfe des Sonnenlichts **(Photosynthese).** Verwendung in Medizin und Kosmetik (gegen Körpergeruch).

Chlor'ose die, 1) ♪ die →Bleichsucht. 2) Pflanzenkrankheiten, bei denen sonst grüne Teile, bes. Blätter, gelbgrün bis weiß aussehen.

Chlorsilber, Silberchlorid, ⊙ AgCl, wird aus Silbersalzlösungen durch Salzsäure als weißer Niederschlag gefällt, färbt sich am Licht schwarzgrau. Verwendung in der Photographie.

Chlorwasserstoff, ⊙ HCl, die →Salzsäure.

Chodowiecki [xodovjˈetski], Daniel, Maler, Radierer, *1726, †1801; seine kleinen Radierungen, meist Buchillustrationen, z.B. zu Dichtungen Klopstocks, Goethes, Schillers, schildern fein und eindringlich die bürgerl. Welt seiner Zeit.

Chippendale-Kommode

Chiton

Chodowiecki: Selbstbildnis mit Familie (1771)

Choläm'ie die, der Übertritt von Gallenbestandteilen ins Blut, bewirkt Gelbsucht.

Ch'olera [grch.] die, Magen- und Darmerkrankung mit Erbrechen, Durchfall und beträchtlicher Kräfteabnahme. 1) **Sommer-C.,** →Brechdurchfall. 2) asiatische oder epidemische C., eine durch den C.-Bazillus **(Komma-Bazillus)** hervorgerufene Krankheit. Übertragung meist durch den Mund. Ausbruch der ersten Krankheitserscheinungen meist nach 2-4 Tagen. Die C.-Bazillen dringen nicht in das Blut ein. Haupterscheinungen: dünne Durchfälle und Erbrechen; Fieber oder Leib-

Chlamys

Chopin

Chorin:
Zisterzienser-
kirche

schmerzen fehlen. In ungünstigen Fällen zunehmende Bewußtlosigkeit, Tod. Vorbeugung: Entseuchung der Stuhlentleerungen, der Wäsche und der Eßgeschirre. Isolierung. Vermeidung von rohen Speisen und ungekochtem Wasser in C.-Zeiten; Schutzimpfung.

Chol'eriker [grch.] der, leidenschaftl., jähzorniger Mensch. **cholerisch**, leicht erregbar.

Cholester'in das, Gallenfett, mit den Gallensäuren (→Galle) verwandter Stoff, enthalten in Gallensteinen, im Eigelb, im Gehirn.

Cholezyst'itis [grch.] die, Gallenblasenentzündung (→Galle).

Chol'in, ⊙ organ. Base, besonders in der Galle, im Hirn und im Eidotter, wirkt blutdrucksenkend und blutgefäßerweiternd.

Cholon [ʃɔl'ɔn], Chinesenstadt von →Saigon.

Cholula [tʃɔl'uːla], Stadt in Mexiko, 12000Ew.; war Mittelpunkt toltek. Kultur, 1519 zerstört.

Chondr'om das, ⨍ Knorpelgeschwulst.

Chopin [ʃɔp'ɛ̃], Frédéric, poln. Pianist und Komponist, *1810, † Paris 1849, Schöpfer eines neuen Klaviermusikstils, der deutschromant. Empfindung, franzÖs. Eleganz und slawische Rhythmik vereinigt; Konzerte, Etüden, Polonäsen, Walzer.

Chor [grch.] der, -s/Chöre, 1) im alten Griechenland: Tanzplatz, Kulttanz und -gesang, Drama. 2) ♪ Vereinigung von Sängern (Männer-, Frauen-, Knaben-C., gemischter C.). 3) ♪ mehrstimmiger Gesang. 4) ⊓ der abgesonderte Altarraum der Kirche (im MA. konnten auch die Vierung und ein Teil des Langhauses zum C. gehören); auch: Empore für Orgel und Sänger (Orgelchor). 5) das C., zusammengehörige Schar.

Chor'al der, 1) kath. Kirche: der liturgische, einstimmig erfundene, unbegleitete Gesang in latein. Sprache, nach Papst Gregor d. Gr. **Gregorianischer C.** genannt, gehört zu den frühesten Zeugnissen christl.-abendländ. Musik. Die Vortragsweise im MA. ist umstritten. Seine Formen reichen vom Sprechgesang und Psalmodieren über den Hymnus bis zur kunstvollen Solomelodie; der Gesang wechselt zwischen Zelebranten, Chor und Chor (Volk). 2) evang. Kirche: das von der Gemeinde gesungene, von der Orgel begleitete **Kirchenlied**. Die Grundlage für den Schatz der Kirchenlieder schuf Luther.

Chorass'an, Chorasan, Khorasan [pers. »Land des Sonnenaufgangs«], gebirgige Landschaft in NO Irans, die nach W und S in die Wüste Lut übergeht. Hauptstadt: Meschhed (312200 Ew.); Teppichweberei (**Chorassanteppiche**).

Ch'orda [grch.-lat.] die, 1) Sehne, Darmsaite. 2) **C. dorsalis, Rückensaite**, die knorpelähnliche Vorstufe der Wirbelsäule, die sich bei den **Chordaten** (Wirbeltiere und Manteltiere) findet. Sie ist während der Entwicklung vorübergehend bei allen Wirbeltieren vorhanden, dauernd nur bei den primitivsten (Lanzettfischchen, Rundmäuler).

Chor'ea [grch., »Tanz«] die →Veitstanz.

Choreograph'ie [grch.] die, **Tanzschrift**, die Aufzeichnung der Tänze durch Zeichen, auch Regie-Entwurf des Tanzes.

Chorgestühl, Sitzreihen aus Holz an den Seitenwänden des Chors für Mönche oder Kleriker; im MA. ornamental und figürlich, in Barock und Rokoko oft prächtig ausgestaltet.

Chorherr, Mitglied eines Domkapitels (Domherr) oder Stifts, auch des Augustinerordens.

Chor'in, ehemaliges Zisterzienserkloster in der Uckermark, Bez. Frankfurt a.d. Oder; Meisterwerk der Backsteingotik (1273-1344).

Chorrock, Chorhemd, weißes Übergewand der kath. Geistlichen und Meßdiener.

Chorsab'ad, jetziger Name des assyr. **Dur-Scharrukin**, heute in Irak, mit Resten der Residenz König Sargons II. (713-708 v.Chr.).

Chow-Chow [tʃautʃau], ☖ chines. Spitz, mit langhaarigem Fell, schräggestellten Augen und blauer Zunge. (TAFEL Hunde)

Chr., Abk. für →Christus.

Chrestomath'ie [grch. »nützliches Wissen«]

die, Sammlung von Musterstücken aus Schriftwerken (z.B. für den Unterricht), →Anthologie.

Chrétien de Troyes [kretʃ'ɛdɔtrw'a], franzÖs. Dichter, † vor 1190, bedeutendster Vertreter des höfischen Versepos, Vorbild und Quelle für das dt. Ritterepos im MA. (Hartmann von Aue: »Erec«, »Iwein«; Wolfram von Eschenbach: »Parzival«).

Chr'isma [grch. »Salbe«] das, **Chrisam** der, Salböl, in der kath. Kirche am Gründonnerstag vom Bischof geweiht.

Christchurch [kr'aistʃəːtʃ], größte Stadt der Südinsel Neuseelands, 244000 Ew.; Erzbischofssitz; Univ.; Wollfabrikation, Gefrierhäuser.

Christdorn, Christusdorn, Pflanzen, die der Legende nach die Dornenkrone Christi geliefert haben sollen, so die →Gleditschie.

Christengemeinschaft, eine 1922 gegr. unabhängige Religionsgemeinschaft; erstrebt die Erneuerung des relig. Lebens auf der Grundlage des kosmisch gedeuteten Christentums, erhielt Anregungen von der →Anthroposophie.

Christentum das, die Offenbarungsreligion, die in Jesus von Nazareth den Christus (Messias), d.h. den Heilbringer des einen Gottes, sieht. Sie gründet sich auf die Tatsache, daß Jesus gelebt und gewirkt hat und am Kreuze starb, und auf das Glaubenszeugnis der ältesten Gemeinde, daß er auferstanden ist, lebt und wiederkommen wird zum Endgericht. Der Gemeinschaft und Kirche begründende christl. Glaube richtet sich weniger auf das Historische als auf die Bedeutung der Person Jesu, die in Gottes Offenbarung geschichtl. greifbar wurde; sie wird der Heiligen Schrift (→Bibel) entnommen, in der Christus als die Rede im Ablauf der Weltgeschichte dargestellt ist.

GESCHICHTLICH erhebt sich das C. auf dem Boden der jüd. Religion des A.T. als Erfüllung der dort gegebenen Weissagungen und zugleich als Überwindung der an das Volk Israel gebundenen Gesetzlichkeit. Im Urchristentum des 1. Jahrh. gewinnt es die Gestalt einer alle Volksgrenzen sprengenden Kirche und entfaltet sich zur Weltkirche unter gleichzeitiger Ausgestaltung des Vorrangs (Primat) des Bischofs von Rom als des Nachfolgers des Apostels Petrus (Matth. 16,18). Die Einheit der Kirche wurde endgültig 1054 durch die Spaltung (Schisma) in die →katholische und die →Ostkirche (griechisch-orthodoxe) gebrochen. Von der katholischen Kirche trennte sich seit 1517 durch die →Reformation die evangel. Kirche, der Protestantismus, 1534 die →Anglikanische Kirche ab. Im Zeitalter des modernen Individualismus entstanden zahlreiche Freikirchen und Sekten. Seit Beginn des 20. Jahrh. ist eine Bewegung der Sammlung aller christl. Gemeinschaften zu erkennen, die zum Zusammenschluß mit Ausnahme der kath. Kirche in der →ökumenischen Bewegung führte. Die Gesamtzahl der Christen beträgt etwa 900 Millionen, davon etwa 450 Mill. kath., 250 Mill. ev. (einschl. Freikirchen) und etwa 200 Mill. morgenländ.

KULTURGESCHICHTE. Das C. wirkte bereits in den ersten drei Jahrhunderten, als sich über das Römische Reich trotz Christenverfolgungen ausbreitete, mannigfach auf die antike Kultur, in verstärktem Maße, nachdem es durch Konstantin d. Gr. zur Reichsreligion erhoben worden war. Seit dem 4. Jahrh. wurde es die bestimmende Geistesmacht der antiken Geschichte. Wichtiger noch ist die Wirkung auf die german. Stämme der Völkerwanderungszeit und ihre Staatsbildungen. Das C. wurde nunmehr zu dem Mutterboden, aus dem die abendländ. Kultur entstanden ist. Alle mittelalterl. Kunstübung ist am Kirchenbau und in den Klöstern erwachsen. Die Wissenschaft war in ihrem Kerngehalt Theologie, und das weltliche Einzelwissen war deren Lehrgebäuden eingefügt (→Scholastik). Seit dem Beginn der Neuzeit, bes. seit Humanismus und Renaissance, erwuchs in allen europ. Ländern eine weltliche Geistigkeit, doch auch die Diesseitskultur der abendländ. Neuzeit ist eine Verbindung antiken und christl. Erbes.

Christenverfolgungen, Versuche röm. Kaiser, das Christentum auszurotten. Die erste C.

fand unter Nero statt (64), die letzte unter Diokletian und Galerius (303 bis 311). Konstantin der Große erließ das Toleranzedikt von 313.

Chr'istian, Christi'ane, Christ'ine, Chr'ista [von Christus], Vornamen.

Christian, Könige von Dänemark, 1) C. I. 1448-81, 1460 auch in Schleswig-Holstein zum Landesherrn gewählt. **2) C. IV.** 1588-1648, griff auf protestant. Seite in den 30jährigen Krieg ein. **3) C. IX.** 1863-1906, aus der Glücksburger Linie, verlor 1864 Schleswig-Holstein. **4) C. X.** 1912-47, erließ 1915 eine demokrat. Verfassung.

Christi'ania, 1624-1924 Name für →Oslo.

Christian Science [kr'istjəns'aiəns], **Christl. Wissenschaft,** christl. Freikirche, gegr. 1874 in Boston von Mary Baker-Eddy (*1821, †1910). Sie betrachtet Gott als das allein Wirkliche, die Krankheit als eine Frucht der Unwissenheit und Sünde. Mittel der Heilung ist das Gebet.

Chr'istie, Agatha, engl. Schriftstellerin, *1891, Kriminalromane, -schauspiele.

Christ'ine, Königin von Schweden, *1626, †1689, Tochter Gustav Adolfs, förderte Künste und Wissenschaften. Sie dankte 1654 ab und trat zum Katholizismus über.

Christkatholische Kirche, die Kirche der →Altkatholiken in der Schweiz.

Christkönigsfest, kath. Fest am Sonntag vor Allerheiligen zur Feier der Herrschaft Christi.

Christlich-Demokratische Union, CDU, nach dem 2. Weltkrieg in allen vier Besatzungszonen Dtl.s gegr. Partei. Sie entstand aus dem Gedanken, den Staat auf christl. Grundlage zu erneuern und vereinigt in sich Kräfte der beiden christl. Konfessionen. In der Dt. Dem. Rep. beugte sie sich seit der Übernahme des Vors. durch O. Nuschke dem Führungsanspruch der SED. In der Bundesrep. Dtl. wurde sie 1949 führende Regierungspartei. Sie vertritt innenpolit. ein demokrat. föderatives Prinzip, wirtschaftspolit. die Soziale Marktwirtschaft, außenpolit. die Integration Europas, polit. und militär. Anlehnung an den Westen. Vors. in der Bundesrep. Dtl.: 1950-66 Adenauer, 1966-67 Erhard, 1967-71 Kiesinger, seit 1971 Barzel (→Christlich-Soziale Union).

Christliche Kunst, i.w.S. die Kunst der christl. Kulturwelt (soweit sie vorwiegend christl. bestimmt war, etwa bis zum ausgehenden MA., z.T. bis zum Barock); i.e.S. Kirchenbaukunst, Malerei und Plastik, die christl. Themen behandeln. (TAFEL Sakrale Kunst, FARBTAFEL S. 348)

Christliche Vereine junger Männer, CVJM, evang. Vereinigungen ohne kirchl. Bindung, bes. in den Staaten **(Young Men's Christian Association, YMCA).**

Christliche Wissenschaft, →Christian Science.

Christlich-soziale Bewegung, erstrebt die Erneuerung der sozialen Ordnung auf der religiösen und sittl. Grundlage des Christentums. Auf prot. Seite waren in England Carlyle und Ludlow führend, in Dtl. Wichern, Stoecker, F. Naumann. Einrichtungen wie die →Innere Mission, die Ev. Kirchentage und die Ev. Akademien erhalten den Gedanken lebendig. Auf kath. Seite ist die C. vorwiegend kirchl. bestimmt, vor allem durch die kath. Gesellschaftslehre; in Dtl. waren Kolping und Bischof Ketteler führend.

Christlich-Soziale Partei, in Österreich, gegr. 1880 von Lueger; war von 1919-34 führende Regierungspartei. Die Tradition der C.P. wurde 1945 von der Österr. Volkspartei übernommen.

Christlich-Soziale Union, CSU, eine nur in Bayern bestehende, 1945 gegr. polit. Partei, im Bundestag mit der CDU in einer Fraktion zusammengeschlossen; bekennt sich zu einem entschiedenen Föderalismus. Vors.: F. J. Strauß.

Christmas [kr'isməs, engl.], Christmesse, abgek. Xmas, Weihnachten.

Christolog'ie, die Lehre von der Person Christi und seiner Gottessohnschaft.

Chr'istoph [von →Christophorus], Vorname.

Christ'ophorus [grch. »Christusträger«], Not-

helfer, von riesiger Gestalt, trug nach der Legende das Christuskind durch einen Strom; Heiliger (25. 7.); Kennzeichen: Jesuskind, Stab.

Christrose, Christwurz, Schwarze →Nieswurz.

Christus, abgek. **Chr.,** griech. Übersetzung des hebr. Wortes Messias, der Gesalbte, →Jesus.

Christusbild, bis zum hohen MA. unterscheidet man zwei Haupttypen: das, von der antiken Gottesvorstellung her bestimmte, bartlos-jugendliche und das, wohl im Osten entstandene, bärtige C., das sich auch im Abendland durchsetzte.

Christus: Apsismosaik, Monreale (12. Jahrh.)

Christusmonogramm, 1) sinnbildl. Zeichen für den Namen Christus, aus den griechischen Buchstaben X (Ch) und P (R) gebildet. **2)** das Zeichen des Fisches, griechisch IXΘYΣ [Ichthys], nach den Anfangsbuchstaben der griech. Worte: Jesus Christos Theu Yios Soter (»Jesus Christus Gottes Sohn Heiland«).

Chrom, [grch. »Farbe«], **Cr,** chem. Element, silberweißes, sehr hartes Metall (Ordnungszahl 24, Dichte 7,19 g/cm³, Schmelzpunkt 1890 °C). Gegenüber Luft, Wasser, vielen Säuren und Laugen ist es sehr beständig; deshalb Verwendung als Überzugs- und Oberflächenschutzmittel (Verchromen), ferner zur Herstellung von nichtrostenden und Spezialstählen (z.B. Geschützrohre, Panzerplatten, Heizleiter). Chem. Verbindungen finden als Chromfarben Verwendung. – Vorkommen bes. als Chromeisenstein FeO · Cr₂O₃ (Südafrika, Neukaledonien, Kleinasien).

Chroma..., Chromo... [grch.], in Fremdwörtern: Farbe..., Farben...

Chrom'atik [grch.] die, **1)** die →Farbenlehre. **2)** ♪ die durch Versetzungszeichen bewirkte Erhöhung oder Erniedrigung (»Färbung«) des Stammtones einer Tonart. Die **chromatische Tonleiter** ist nur aus Halbtönen gebildet.

Chromat'in [grch.] das, leicht färbbare Bestandteile des Zellkerns.

Chromatograph'ie [grch.] die, Verfahren zur Zerlegung von Stoffgemischen und Analyse.

Chromatoph'oren [grch. »Farbstoffträger«] Mz., **1)** 🔬 Zellen in der Haut mancher Tiere, z.B.

Christian Science: Mutterkirche in Boston

Christus-monogramm

Chruschtschow

Chrysanthemum

Churchill

Cicero

bei Chamäleons, Laubfröschen, Schollenfischen, Kopffüßern, die unter Ausdehnung oder Zusammenziehung Farbwechsel bewirken. 2) ⊕ Körperchen in der Pflanzenzelle, an die Farbstoff gebunden ist.

Chr'omatron das, eine Kathodenstrahlröhre für die Wiedergabe farbiger Fernsehbilder mit nur einem Elektronenstrahl.

Chromleder, mit Chromsalzen gegerbtes Leder (Schuhober-, Bekleidungs-, Sportleder).

Chromos'om [grch.] das, -s/-en, **Kernschleife,** fadenförmige, färbbare, aus Nucleinsäuren und Eiweiß bestehende Gebilde im Zellkern von Pflanze, Tier und Mensch. Sie haben verschiedene Größe und Gestalt, ihre Zahl ist jedoch für jede Art konstant (beim Menschen 46). Die C. sind Träger der Erbanlagen (→Gen).

Chromosph'ären, bei Sonnenfinsternissen rötl. aufleuchtende Schicht der Sonnenatmosphäre.

Chr'onik [grch.] die, Geschichtswerk, das die Vorgänge nach zeitl. Folge aufzählt. Bücher der C., die beiden jüngsten Geschichtsbücher des A.T.

Chron'ist, Verfasser einer C.; **Chronique scandaleuse** [kron'i:k skãdal'øz, frz.], Klatschgeschichte.

chr'onisch, lang dauernd; Gegensatz: akut.

Chronogr'aph [grch.] »Zeitschreiber«] der, Gerät zur genauen Aufzeichnung eines Zeitpunktes oder der Zeitdauer eines Vorganges auf gleichmäßig abrollendem Papierstreifen.

Chronolog'ie [grch.] die, Zeitkunde. 1) Die mathemat. oder astronom. C. mißt auf Grund der Bewegungen am Himmelskörper die Zeit und teilt sie ein. 2) Die **historische** C. befaßt sich mit der Einteilung der Zeit bei den verschiedenen Völkern und in verschiedenen Zeitaltern.

Chronom'eter [grch. »Zeitmesser«] der, sehr genau gehende Uhr, bes. für die Seeschiffahrt.

Chr'onos [grch.], die Zeit (auch als Person).

Chruschtschow [-tʃ'ɔf], Nikita, sowjet. Politiker, *1894, †1971, war seit 1953 1. Sekretär des Zentralkomitees der KP in ausschlaggebender Stellung, seit März 1958 MinPräs. Außenpolitisch war sein Name sowohl mit der Werbung um »Koexistenz« als auch mit der Drohung mit Vernichtungswaffen verbunden, innenpolitisch mit der »Entstalinisierung«. Gegenüber Mao Tse-tung beanspruchte er die allein verbindl. Auslegung des Marxismus-Leninismus und die Führungsrolle Moskaus. 1964 wurde C. aller wichtigen Ämter enthoben.

Chrys..., Chryso... [grch.], Gold...

Chrysal'ide [grch.] die, Puppe der Schmetterlinge, auch der Insekten überhaupt.

Chrys'anthemum [grch. »Goldblume«] das, -s/...th'emen, Gattung der Korbblüter. Arten: 1) Margareten- oder **Johannisblume,** blüht weiß-gelb auf Wiesen. 2) **Wucherblume,** lästiges Getreideunkraut mit gelben Blütenkörbchen. 3) **Mutterkraut,** gelb-weiß blühend; Zierpflanze; Volksheilmittel. 4) das **Echte** C., die Winteraster, aus Ostasien eingeführte Zierstaude.

Chrys'ipp, Chrys'ippos, griech. Philosoph, †205 v.Chr., wichtiger Denker der →Stoa.

Chrysler Corporation, [kr'aislə-], Detroit (Michigan), amerikan. Kraftwagenfabrik, →Kraftwagen ÜBERSICHT.

Chrysober'yll der, grünes Mineral aus Beryllium- und Aluminiumoxyd; Schmuckstein.

Chrysol'ith der, →Olivin.

Chrysopr'as der, durch Nickeloxyd grün gefärbter Chalcedon; Schmuckstein.

Chrys'ostomus,Johannes, Kirchenlehrer,*um 345, †407; Patriarch von Konstantinopel; hervorragender Prediger; Schutzheiliger der Kanzelredner (Tag 27. 1.).

chth'onisch [grch.], irdisch, unterirdisch; Beiname der in und unter der Erde mächtigen griech. Gottheiten wie Hades und Demeter.

Chuquicamata [tʃukikam'ata],Stadt in N-Chile, 3000 m ü. M., 30500 Ew.; eine der größten Kupfergewinnungsanlagen der Erde.

Chur [ku:r], Hauptstadt des Kt. Graubünden, 30800 Ew.; spätroman. Kathedrale.

Churchill [tʃ'ə:tʃil], Sir Winston, brit. Staatsmann, *1874, †1965, Enkel des 7. Herzogs von Marlborough, war seit 1900 Parlamentsmitglied, seit 1940 konservat. Parteiführer (bis 1955). Er bekleidete die meisten wichtigen Ministerposten. Im 1.Weltkrieg übte er als Marine-, später Munitionsmin. entscheidenden Einfluß aus. 1929-39 war er ohne Staatsamt und bekämpfte als frühzeitige Warner vor Hitler nach 1933 die amtl. Außenpolitik. Im 2.Weltkrieg leitete er als Premiermin. (1940-45) mit Roosevelt und in Zusammenwirken mit Stalin die polit. und militär. Kriegführung. 1951 bis April 1955 wieder Premiermin. Von seiner glänzenden, vielseitigen, oft eigenwilligen Persönlichkeit zeugen auch seine Reden und Schriften, so seine Werke über die beiden Weltkriege. Nobelpreis (f. Lit.) 1953.

Churchill River [tʃ'ə:tʃilr'ivə] der, Fluß in Kanada, 1609 km lang, mündet in die Hudson Bai.

Churfirsten, Bergkette der Säntisgruppe im schweizer. Kt. St. Gallen, bis 2306 m hoch.

Churriguera [tʃurig'era], span. Bildhauer- und Baumeisterfamilie des Barocks; ihre fortwirkende bizarre Ornamentik und Stilmischung wird **Churriguer'ismus** genannt.

Chusist'an, Provinz im südwestl. Iran, wirtschaftlich wichtig durch Erdölindustrie.

Ch'ylus, Nahrungssaft, der Inhalt der Lymphgefäße (Chylusgefäße) des Dünndarms; wird über den Brustlymphgang dem Blut zugeführt.

CIA [si:ai ei], Central Intelligence Agency [s'entrəl int'elidʒəns 'eidʒənsi], der Geheimdienst der Verein. Staaten (1947 gegr.).

Ciano [tʃ'a:no], Galeazzo, Graf, italien. Politiker, *1903, † (erschossen) 1944; Schwiegersohn Mussolinis, 1936-43 Außenmin., 1944 von einem Sondergericht Mussolinis zum Tode verurteilt.

CIC, Codex Iuris Canonici.

CIC [si ai si], Counter Intelligence Corps [k'aunta int'elidʒəns kɔ:], die Abwehrorganisation im Heer der Verein. Staaten.

C'icero die, ⊡ Schriftgrad von 12 Punkt.

C'icero, Marcus Tullius, röm. Staatsmann und Redner, *106, † (ermordet) 43 v.Chr., vereitelte als Konsul die Verschwörung des →Catilina, war Gegner der Alleinherrschaft Caesars. In seinen Schriften, Reden und Briefen, die Form und Ausdruck der latein. Sprache zu vorbildl. Vollendung brachten, wurde er den Römern zum großen Mittler griech. Bildung.

Cicerone[tʃitʃer'onə,ital.] der, Fremdenführer.

Cid [θid], mit dem span. Beinamen el **Campeador** (der Kämpfer), span. Nationalheld, eroberte 1094 das Maurenreich Valencia. Schauspiel von Corneille.

Cie., Abkürzung für Compagnie.

Cienfuegos [θienfu'egɔs], kuban. Hafenstadt, 58000 Ew.; Ausfuhr: Zucker, Tabak, Häute.

cif,Handelsklausel im Überseeverkehr: die Kosten der Beförderung (cost), Versicherung (insurance) und Fracht (freight) bis zum Bestimmungshafen sind im Preis enthalten (→fob).

Cimab'ue [tʃi-], italien. Maler, *1240, † nach 1302; bedeutendster Vorläufer Giottos.

Cimar'osa [tʃi-], Domenico, italien. Komponist,*1749,†1801; Oper: »Die heimliche Ehe«.

Cincinnati [sinsin'æti], Handels- und Hafenstadt im Staat Ohio, am Ohio; 502000 Ew.; Kohlenumschlag; vielseitige Ind.; Erzbischofssitz. (BILD S. 155)

Cincinn'atus, röm. Feldherr im 5. Jahrh. v. Chr., im Muster altrömischer Tugend.

Cinemasc'ope, Filmaufnahme- und Wiedergabeverfahren,beidendem Filmmiteinem Anamorphoten aufgenommen und wiedergegeben wird.

Cinerama, ein Filmaufnahme- und -wiedergabeverfahren: die von 3 Kameras aufgenommenen Bilder werden von 3 Bildwerfern auf eine halbkreisförmige Bildwand projiziert.

Ciner'aria [lat.], Aschenpflanze, Topfpflanze aus der Familie Korbblüter. Blütenkörbe in verschiedenen leuchtenden Farben (**Zinerarie**).

C'inna,röm. Staatsmann, *um 130, †84 v.Chr.

Gegner Sullas, beherrschte seit 87 mit Marius Rom und Italien.

Cinquecento [tʃiŋkwetʃˈɛnto, ital. »fünfhundert«, Abk. für: 1500] das, in der italien. Kunstgeschichte das 16. Jahrh. und sein Stil.

CIO, Abk. für Congress of Industrial Organizations, amerikan. Gewerkschaft, →AFL-CIO.

circa, abgek. **ca.,** etwa, ungefähr.

C'irce, griech. Zauberin, →Kirke.

C'irculus viti'osus [lat. »fehlerhafter Kreis«] der, ein Trugschluß: das, was ich beweisen soll, nehme ich schon mit in die Begründung.

cis das, 1) lat. diesseits, z.B. **Gallia cisalpina,** das Gallien diesseits der Alpen (Oberitalien). 2) ♪ das um einen Halbton erhöhte c.

CIT, Abk. für Compagnia Italiana del Turismo, amtl. italien. Reisebüro, gegr. 1927.

Citoyen [sitwajˈɛ̃, frz.] der, Bürger.

Citroën, André C., S.A., französ. Kraftwagenwerk, Paris, →Kraftwagen, ÜBERSICHT.

C'itrus [abgek. grch. kitron »Zitrone«] die, **Agrume,** immergrüne Strauch- und Baumgattung der Familie Rautengewächse, mit weißen oder rötlichen, duftenden Blüten und großen, saftigen Beerenfrüchten. Sie ist in Asien und Australien heimisch, einige Arten werden in wärmeren Gebieten der ganzen Erde gezogen. Formen: 1) **Orange** (Apfelsine), Frucht orangegelb, süß; auch mit rotem Saft: Blutapfelsine. Daneben: die **Pomeranze** (bittere Orange) mit kleiner, sehr wohlriechender Frucht; **Bergamotte,** dornig mit birnenförmiger, wohlriechender Frucht. 2) **Zitrone** mit hellgelber, saurer Frucht; daneben der **Adamsapfel;** der **Zitronatbaum** hat große Früchte, die Zitronat liefern. 3) **Pampelmuse,** mit bis kopfgroßer, würzigbitterl. Frucht (in Amerika Grapefruit). 4) **Mandarine,** mit apfelsinenähnl., kleiner Frucht.

Città del Vaticano [tʃitˈa], →Vatikanstadt.

City [sˈiti, engl.] die, Stadtkern einer Großstadt, Geschäftsviertel.

Ciudad Juárez [θiudˈadxuˈarɛs], Grenzort am Rio Grande del Norte, Mexiko; 483 800 Ew.

Ciudad Real [θiudˈadreˈal], Hauptstadt der span. Provinz C.R., auf der Mancha; 39 400 Ew.

Ciudad Trujillo [θiudˈadtruxˈiλo], 1936-61 Name von →Santo Domingo.

C'ivitas [lat.], Gemeinde, Stadt, Staat. Im röm. Recht: die mit der Zugehörigkeit zum röm. Staat verbundene Rechtsstellung (**Civis,** der Bürger, der vollberechtigte Freie).

Civitavecchia [tʃi:vitavˈɛkia], Hafenstadt an der W-Küste Italiens, nördl. von Rom, 43 200 Ew.; Fischerei, bed. Industrie.

cl, Abk. für Zentiliter = $^1/_{100}$ Liter.

Cl, chem. Zeichen für →Chlor.

Claim [kleim, engl.] der, 1) Anspruch; Anteil an einer Goldgräberunternehmung. 2) Staatsland, das ein Ansiedler mit der Absicht späteren Kaufes bewirtschaftete.

Clair [klɛːr], René, französ. Filmregisseur, *1898; »Unter den Dächern von Paris« u. a.

Clairvaux [klɛrvˈo], Zisterzienserabtei (Dép. Aube), 1115 gegr.; erster Abt Bernhard von C.

Clan [klæn, kelt.] der, 1) der alte Sippenverband in Schottland und Irland. 2) Sippe.

Claque [klak, frz.] die, Theater: bezahlte Beifallsklatscher.

Clar'ino [lat.] der, hohe Solotrompete.

Claudel [kloːdˈɛl], Paul, französ. Dichter, *1868, †1955; Gedichte und Dramen in kath. Geist (»Verkündigung«, »Der seidene Schuh«).

Claude Lorrain [kloːdlɔrˈɛ̃] französ. Maler und Radierer, *1600,†1682; ein Meister der Landschaftsmalerei des Barocks.

Cl'audius, Tiberius Germanicus, röm. Kaiser (41-54), *10 v.Chr., † 54 n.Chr., unternahm erfolgreiche Feldzüge gegen die Germanen und Britannier. Seine 3. Gemahlin, Messalina, ließ er töten; die 4., Agrippina, vergiftete ihn.

Cl'audius, 1) Hermann, niederdt. Dichter, Urenkel von 2), *1878, Lieder und Romane. 2) Matthias, *1740, †1815, gab 1771-75 den »Wandsbekker Bothen« heraus, fand in seiner Prosa und seiner Lyrik einen eigenen frommen, gemütstiefen Ton (Abendlied »Der Mond ist aufgegangen«).

Clausewitz, Carl von, preuß. General, *1780, †1831. Grundlegendes Werk: »Vom Kriege«.

Cl'ausius, Rudolf, Physiker, *1822, †1888; Mitbegründer der →kinetischen Gastheorie.

Clausthal-Zellerfeld, Stadt und Luftkurort im Oberharz, Niedersachsen, 15 700 Ew.; hatte früher Bergbau (Silber, Blei, Zink, Kupfer); TU.

Cl'ausula [lat.], Vorbehalt, Klausel. **C. rebus sic stantibus,** 𝔰𝔱 der stillschweigende Vorbehalt, daß ein Vertrag nur so lange gelten soll, wie die Verhältnisse, die beim Abschluß für wesentlich erachtet worden sind, fortbestehen.

Clav'igo, Clavijo y Faj'ardo, José, span. Gelehrter, * um 1730, †1806. Drama von Goethe.

Clay [klei], Lucius, amerikan. General, *1897; 1947-49 Militärgouverneur der US-Besatzungszone Dtls., verdient um die Abwehr der sowjet. Blockade Berlins (Luftbrücke); nach dem 13. 8. 1961 Sonderbeauftragter Präs. Kennedys für Berlin, seit 1965 Schatzmeister der Republikan. Partei.

Clearing [klˈiːriŋ] das, im internat. Zahlungsverkehr die Verrechnung gegenseitiger Geldforderungen und -schulden über eine Ab- oder Verrechnungsstelle; vermeidet überflüssige Devisenbewegungen. **C.-Abkommen,** zwischenstaatl. Verrechnungsabkommen.

Clem'atis [grch., »Ranke«], die →Waldrebe.

Clemenceau [klemãsˈo], Georges, französ. Staatsmann, *1841, †1929, genannt der »Tiger«, Vorsitzender der Radikalen Partei, 1906-09 und 1917-20 MinPräs.; setzte die weitgehenden französ. Forderungen gegenüber Dtl. im Versailler Vertrag durch.

Clem'enti, Muzio, italien. Pianist und Komponist, *1752 (?), †1832; Etüdenwerk.

Clement'ine, kernlose Mandarine.

Clerk [klaːk, engl.], 1) kaufmännischer Angestellter. 2) Geistlicher. 3) verschiedene engl. und amerikan. Verwaltungsbeamte.

Clermont-Ferrand [klɛrmɔ̃fɛːrˈã], Stadt in Südfrankreich, am Fuß des Puy de Dôme, 154 100 Ew.; Fahrzeug- und Gummi-Ind.; Kathedrale; Bischofssitz; Universität.

Cleveland [klˈiːvlənd], Hafenstadt im Staate Ohio, USA, am Eriesee, 876 000 Ew.; Schwerind., Fahrzeugbau, Hüttenwerke; kath. Bischofssitz. (BILD S. 156)

clever [klˈevə, engl.], gescheit, gerissen.

Cliff-dwellings [engl. »Felsenhäuser«] Mz., Höhlenwohnungen seit vorgeschichtl. Zeit in steilen Bergwänden von Arizona und New Mexico.

Clinch [klintʃ, engl.] das, beim Boxen die Umklammerung des Gegners.

Clique [klˈika, frz.] die, -/-n, 1) Gesellschaft. 2) selbstsüchtige Gruppe.

Clive [klaiv], Robert, *1725, †1774; Gründer der brit. Herrschaft in Ostindien.

Clivia die, südafrikan. Gattung der Amaryllisgewächse, gelbrot blühende Zimmerpflanze.

Cincinnati

Citrus. Zitrone: 1 Blüte, 2 Frucht

Claudel

M. Claudius

Clivia

155

Cleveland (Luftaufnahme)

Clochard [klɔʃ'a:r, frz.], Obdachloser, Landstreicher, bes. in Paris.

Cloisonné [klwasɔn'e] das, Zellenschmelz, eine Technik der Emailmalerei.

Cloppenburg, Kreisstadt in Oldenburg, 18 200 Ew.; größtes Freilichtmuseum Deutschlands.

closed shop [klouzd ʃɔp], **union shop** [j'u:njən ʃɔp], Begriff im amerikan. Arbeitsrecht, wonach ein Arbeitgeber nur Gewerkschaftsmitglieder einstellen durfte; durch das Taft-Hartley-Ges. v. 1947 eingeschränkt. Gegensatz: **open shop.**

Clou [klu:. frz. »Nagel«] der, Glanzpunkt.

Clouet [klu'e], François, französ. Maler und Zeichner, * um 1520, †1572, Hofmaler Franz I.

Clouzot [kluz'o], Henri-Georges, französ. Filmregisseur, *1907; »Lohn der Angst« (1952).

Clown [klaun, engl. »Tölpel«] der, ursprüngl. die lustige Gestalt der engl. Bühne, jetzt Spaßmacher, bes. im Zirkus.

Cluj [kluʃ], rumän. für →Klausenburg.

Cluny [klyn'i], Stadt im östl. Frankreich (Burgund), 4400 Ew.; 910 wurde dort die ehemalige **Benediktinerabtei C.** gegründet, die im 11. Jahrh. der Ausgangspunkt einer Erneuerung des Mönchtums und der mittelalterl. Papstkirche war. Hier entstand die Kongregation der **Kluniaz'enser.** Ebenso einflußreich war C. in der Baukunst.

Clyde [klaid] der, bedeutendster Fluß Schottlands, mündet in den **Firth of C.** (an den Ufern fast der gesamte Schiffbau Schottlands). Das Flußtal ist dicht bevölkert; ⚒ (Kohlen, Eisen); Werften, Stahl- und Walzwerke.

Clydebank [kl'aidbæŋk], Stadt in der schott. Gfsch. Dumbarton, 50 500 Ew.; Schiffswerften.

cm, Abk. für Zentimeter; cm², Quadratzentimeter; cm³, Kubikzentimeter.

Cm, chem. Zeichen für →Curium.

C + M + B, Anfangsbuchstaben der Schutzheiligen Caspar, Melchior und Balthasar.

Co., Comp., Cie., ⌀ Abk. für Companie, Company, Compagnie. Der Zusatz Co. weist auf ein Gesellschaftsverhältnis hin.

Co, chem. Zeichen für →Kobalt.

Cocteau

Coimbra: Altstadt und Universität

c/o, auf Briefen Abk. für engl. care of, zu Händen von.

Coach [koutʃ, engl.], 1) Kutsche. 2) Aufsichtsperson, Betreuer, auch: Mannschaftstrainer.

Cob'aea die, Glockenrebe, mexikan. kletterndes Himmelsleitergewächs mit blauen Blüten.

Cobbler der, Mischgetränk von Wein mit Früchten, Fruchtsaft, Likör, Zucker, Eis.

Cobden [k'ɔbdən], Richard, *1804, †1865, Kattunfabrikant in Manchester, Vorkämpfer des Freihandels (Manchestertum).

Coburg, Stadt in Bayern, am Südhang des Thüringer Waldes, 42 500 Ew.; über der Stadt die alte **Veste C.** mit histor. Sammlungen; Ind.: Korbwaren, Spielwaren, Porzellan, Glas u. a.

C'oca die, Strauch im nordwestlichen Südamerika, angebaut in Peru, Ceylon, Java. Die Blätter, von den Eingeborenen als Anregungsmittel gekaut, enthalten →Cocain.

Coca'in das, Alkaloid aus Blättern der Coca; dient vorwiegend zur örtlichen Betäubung von Schleimhäuten. Mißbräuchl. Verwendung führt zur Sucht (→Rauschgifte).

Cocceji [kɔkts'eji], Samuel Freiherr von, *1679, †1755; reformierte das preuß. Rechtswesen.

Cochabamba [kɔtʃab'amba], Stadt in Bolivien, 137 000 Ew.; Erdölraffinerie, Universität.

C'ochem, Kreisstadt in Rheinland-Pfalz, an der Mosel, 7500 Ew.; Weinbauschule; Weinbau; Fremdenverkehr. Burg C., 1027 gegr.

Cockney [k'ɔkni, engl.], 1) Spitzname des Londoner Spießbürgers. 2) Londoner Mundart.

Cockpit, Raum des Flugzeugführers.

Cocktail [k'ɔkteil, engl. »Hahnenschwanz«] der, Mischgetränk aus Alkohol, Fruchtsäften u. a.

Cocteau [kɔkt'o], Jean, französ. Dramatiker, Filmautor und -regisseur, Kritiker, *1889, †1963; vielseitig, mit Mut zum Experiment; der Tod und das Irreale spielen eine große Rolle in seinen Werken.

Cod., Abk. für →Codex.

Coda [ital., »Schwanz«] die, ♪ Schlußteil eines Tonstücks.

Code [kɔ:d, frz.; koud, engl.] der, 1) Gesetzbuch; **C. Napoléon,** 5 unter Napoleon I. entstandene französische Gesetzbücher, besonders das Zivilgesetzbuch **C. civil** (1804 eingeführt). 2) NACHRICHTENTECHNIK: Vorschrift der Zuordnung von Buchstaben und Ziffern zu den C.-Zeichen (Morse-, Fünfer-, Siebeneralphabet); auch Zusammenstellung von Kurzwörtern (Zahlen, Buchstaben), die zur Ersparung von Telegrammgebühren benutzt werden. 3) Verschlüsselungsvorschrift für Rechenanlagen. 4) MOLEKULARGENETIK: molekulares Strukturgesetz der Zellentwicklung.

Codex [lat.] der, -/...dices, 1) die zu einem Buch verbundene Schreibtafeln der Römer. 2) alte Handschrift, z. B. **C. argentéus,** die mit silbernen und goldenen Buchstaben geschriebene, in Uppsala aufbewahrte Handschrift der got. Bibelübersetzung des Wulfila. 3) ♫ Gesetzessammlung, bes. im kaiserl. Rom. 4) **C. iuris canonici,** Gesetzbuch der kath. Rechts, Hauptquelle des kath. Kirchenrechts (vom 19. 5. 1918).

Coesfeld [k'o:s-], Kreisstadt in Nordrh.-Westf., 26 600 Ew.; Weberei; Maschinenindustrie.

Coffe'in das, in Kaffeebohnen, Tee, Kolanüssen enthaltene organ. Verbindung. Wegen seiner anregenden Wirkung auf Herz, Gehirn und Rückenmark Arzneimittel bei Herzschwäche und Migräne; größere Mengen wirken als Gift.

C'ogito 'ergo sum [lat.], »Ich denke, also bin ich«; Grundsatz der Erkenntnislehre Descartes.

Cognac [kɔn'ak], Stadt im SW Frankreichs, an der Charente, 22 500 Ew.; Weinbrand.

Cohen, Hermann, Philosoph, *1842, †1918; Mitbegründer der »Marburger Schule« des →Neukantianismus.

Coiffeur, weibl. **Coiffeuse** [kwaf'œ:r, kwaf'ø:z], (Damen)friseur(in).

Coimbatore, ind. Stadt, →Koimbator.

Coimbra [kw'imbra], Stadt im mittl. Portugal, 46 300 Ew.; Universität (seit 1307), Textilind.

C'oitus [lat.] der, Beischlaf.

Col [frz.], Paß, Joch.

Colbert [kɔlbɛ'ːr], Jean Baptiste de Seignelay, französ. Staatsmann, *1619, †1683, brachte als Minister Ludwigs XIV. Staatsfinanzen, Industrie und Flotte in die Höhe; Vertreter des →Merkantilismus.

Colchester [k'oultʃistə], Stadt im südöstl. England, 75 200 Ew.; Textil-, Metallindustrie.

Coleridge [k'oulridʒ], Samuel Taylor, engl. Dichter, *1772, †1834; Gedichte und Balladen.

Colette [kɔl'ɛt], Sidonie-Gabrielle, französ. Schriftstellerin, *1873, †1954; Romane eines heiteren, erotisch bewegten Lebens (»Chéri« u. a.).

Coleus [k'oleus] der, ⚘ die Lippenblütergattung Buntlippe.

Coligny [kɔliɲ'i], Gaspard de, *1519, †1572; Admiral von Frankreich, Führer der →Hugenotten; in der →Bartholomäusnacht ermordet.

Col'itis die, →Darmkrankheiten.

Collage [kɔl'aːʒ, frz.] die, Klebebild aus verschiedenen Materialien, zuerst von Picasso und Braque 1911/12 in ihre Bilder einbezogen.

College [k'ɔlidʒ] das, in England Erziehungs- und Lehranstalten in Zusammenhang mit Hochschulen, Public Schools, Fachschulen. Das C. ist die Haus- und Arbeitsgemeinschaft der Lehrer und Studenten. In den USA die verschiedensten Unterrichts- und Erziehungsanstalten für Jugendliche über 18 Jahre, vielfach ebenfalls Studienheime. Sie haben teils Fachschul-, teils Fachhochschul-, teils Hochschulrang. In Frankreich und Belgien sind Collèges höhere Schulen.

Colle'oni, Bartolommeo, *1400, †1475, Söldnerführer in Mailand und Venedig.

C'ollie [kelt.] der, schott. Schäferhund.

Colmar, Stadt im Oberelsaß, Frankreich, 62 300 Ew.; im Münster die »Madonna im Rosenhag« (Schongauer), im Museum der »Isenheimer Altar« (Grünewald). Textilindustrie; Weinbau.

Colombes [kɔl'ɔ̃:b], französ. Stadt bei Paris, 80 600 Ew.; Petroleumraffinerie; Stadion.

Col'ombo, Hauptstadt von Ceylon, 546 200 Ew.; anglikan. Bischofs-, kath. Erzbischofssitz; größter Hafen Ceylons, Luftverkehrsknoten.

Colombo-Plan, Rahmenplan zur Verbesserung der wirtschaftl. Verhältnisse in S- und SO-Asien. 1950 in Colombo beschlossen, seit 1951 in Kraft.

Col'ón, Hafenstadt am atlantischen Eingang des Panamakanals, 118 600 Ew.

Col'onna, röm. Adelsgeschlecht, das besonders vom 11. bis 16. Jahrh. entscheidend in die innerröm. Machtkämpfe und in die Papstwahl eingriff, meist auf ghibellinischer Seite (→Ghibellinen).

Color'ado [span. »rot«] der, Flüsse in Amerika: 1) C. des Ostens, im Staate Texas, USA, mündet in den Mexik. Golf, 1450 km lang. 2) C. des Westens, im westl. Nordamerika, durchfließt großartige Cañons, im Unterlauf die C.-Wüste, mündet in den Kaliforn. Golf; 2900 km lang. 3) im südl. Argentinien, 1300 km lang, 500 km schiffbar.

Colorado: Grand Canyon

Color'ado, abgek. **Colo.**, einer der Kordillerenstaaten der USA, 270 000 km², 2,20 Mill. Ew. (rd. 75% Städter); Hauptstadt: Denver; wichtige Städte: Pueblo, Colorado Springs. C. hat im W Anteil am Felsengebirge, im O an der Prärietafel des Mittelwestens. ⚒ auf Molybdän (reichste Lager der Erde), Kohle, Erdöl, Erdgas. Elektrizitätserzeugung (Staudamm). Nahrungsmittel-, Rüstungs- u. a. Ind. Viehzucht. ⊕ S. 526. (FARBTAFEL Nordamerika S. 699)

Colorado Springs, Stadt im Staat Colorado, USA, im Felsengebirge, 135 100 Ew.; Kurort.

Colt, Samuel, amerikan. Ingenieur, *1814, †1862, erfand den C.-Revolver.

Columban d. Jüngere, †615; irischer Missionar in Burgund und Oberitalien, Tag: 23. 11.

Columbia [kəl'ambiə], 1) der, Fluß im NW der USA, fließt vom Kanadischen Felsengebirge zum Stillen Ozean, 2250 km lang. 2) Hauptstadt des nordamerikan. Staates South Carolina, 101 300 Ew.; Baumwoll- und Kunstfaserindustrie. 3) **District of C.**, D. C., der Bundesdistrikt der USA mit der Bundeshauptstadt Washington.

Columbia-Universität, in New York, eine der führenden Universitäten der Verein. Staaten.

Columbus [kəl'ambəs], Hauptstadt des Staates Ohio, USA, 539 000 Ew.; kath. Bischofssitz; Universität; Maschinen- und Fahrzeugbau.

Columnist [k'ɔləmnist, engl.], Journalist, der regelmäßig eine bestimmte Spalte einer Zeitung verfaßt, auch Leitartikler.

Com'anches, Komantschen, kriegerischer Prärieindianerstamm in Nordamerika.

Combo, kleine Jazzkapelle.

Come-back [kʌmb'æk, engl.] das, Rückkehr, Wiederauftreten eines Sportlers, Schauspielers.

Comecon, Abk. für Council for Mutual Economic Assistance, engl. Name des Rates für gegenseitige Wirtschaftshilfe in den Ostblockstaaten.

Comédie Française [kɔmedi: frãs'ɛːz], Frankreichs Nationaltheater in Paris, gegr. 1680.

Com'enius, Johann Amos, tschech. Komensky, Jugenderzieher und Seelsorger, *1592, †1670, war Bischof der Brüdergemeine, verbesserte den Schulunterricht, bes. in den Sprachen, und verfaßte zahlreiche Lehrbücher; z. B. »Orbis pictus« (Die gemalte Welt).

Comenius

C'omer See, italien. **Lago di Como,** See in den oberitalien. Alpen, 146 km², mit drei Armen, wird vor der Adda durchflossen. In den Uferorten lebhafter Fremdenverkehr.

Comics [k'ɔmiks, engl.], gezeichnete Bilderfolgen (Comic strips), als Fortsetzungen in Zeitungen und Zeitschriften. Comic books, Hefte mit solchen Bilderfolgen. Erste C. 1896/97 in Amerika.

Comm'edia, italien. Name für das Schauspiel, bes. Lustspiel. **Commedia dell'arte,** italien. Stegreifkomödie.

comme il faut [kɔmilf'o:, frz.], wie es sein muß, musterhaft.

Comm'erzbank AG., Großbank, bis 1940 **C.- und Privatbank,** nach 1945 dezentralisiert, 1952 zu 3 Regionalbanken, 1958 wieder zur C. zusammengeschlossen.

Commis [kɔm'i:, frz.] der, Handlungsgehilfe. **C. voyageur** [wajaʒœ:r], Handlungsreisender.

C'ommodus, röm. Kaiser (180-192 n. Chr.), wegen seiner Willkürherrschaft ermordet.

Common Law [k'ɔmən lɔ:, »Gemeines Recht«], das aus der Rechtsprechung der Gerichte sich ergebende Gewohnheitsrecht, Grundlage des engl., dann auch des amerikan. Rechts.

Common Prayer Book [k'ɔmən pr'ɛə buk, engl. »Allgem. Gebetbuch«], Handbuch der anglikan. Kirche, 1549 eingeführt.

Common sense [k'ɔmən sens, engl.] der, der gesunde Menschenverstand.

Commonwealth [k'ɔmənwelθ], Gemeinwesen, Staatenbund, →Britisches Commonwealth.

Communauté, →Französische Gemeinschaft.

Communiqué [kɔmynik'e:, frz.] das, Mitteilung, bes. der Regierung, zur Veröffentlichung.

C'omo, Hauptstadt der oberitalien. Prov. C., am Comer See, 94400 Ew.; Seidenind.

Compagnie [kõpaɲ'iː, frz.] die, abgekürzt: Cie.; in Frankreich: Handelsgesellschaft.

Company [k'ʌmpəni, engl.], abgekürzt: Co., in England: Handelsgesellschaft.

Compiègne [kõpj'ɛɲ], Stadt in N-Frankreich, an der Oise, 32600 Ew. – Im Wald von C. wurde am 11. 11. 1918 der Waffenstillstand zwischen Dtl. und der Entente, am 22. 6. 1940 zwischen Dtl. und Frankreich abgeschlossen.

Compound [k'ɔmpaund, engl. »zusammengesetzt«], ⊕ Verbund.

Compton [k'ɔmptən], Artur H., amerikan. Physiker, *1892, †1962, Prof., entdeckte den C.-**Effekt** (Streuung von Röntgen- und Gammastrahlen an leichten Elementen); Nobelpreis 1927 (mit C. T. R. Wilson).

Comp'uter [-pj'uːtə,engl.] der,→Rechengeräte.

Comte [kõ, frz.] der, Graf. **Comtesse** [kõtɛs] die, Gräfin.

Comte [kõːt], Auguste, französ. Philosoph, *1798, †1857; begründete den →Positivismus und die neuzeitl. Soziologie.

con [ital. »mit«], z. B. **c. brio** lebhaft; **c. forza,** mit Kraft; **c. grazia,** mit Anmut; **c. fuoco,** feurig; **c. sordino,** mit Dämpfer.

Con'akry, Konakry, Hauptstadt und wichtigster Hafen der Rep. Guinea, 197 300 Ew.

Conant[k'ounent],JamesBryant,*1893;1953-55 amerikan. Hochkommissar für Dtl., 1955-57 Botschafter der USA in der Bundesrep. Dtl.

Concepción, Handels- und Industriestadt im mittl. Chile, 159000 Ew.; Univ.; große dt. Kolonie; in der Umgebung Kohlenbergbau.

Conc'eptio [lat.] die, →Empfängnis; **C. immaculata,** unbefleckte Empfängnis (→Maria, Mutter Jesu).

Concert'ino [kontʃɛrt'ino, ital.], 1) ein kurzes Solokonzert, oft ein Satz; 2) →Concerto grosso.

Concerto grosso [kontʃ'ɛrto, ital.] das, Tonstück für Orchester (Tutti) oder eine Instrumentengruppe (Concertino): Corelli, Händel, Bach.

Constantine

Concierge [kõsj'ɛrʒ, frz.] der, Pförtner.

Conc'ordia [lat.], altröm. Personifikation der Eintracht.

Concours hippique [kõkuːrip'ik, frz.] der, Reit- und Fahrturnier.

Condé [kõd'e], Nebenlinie der →Bourbonen (1830 erloschen), nach ihrem Stammsitz Condé (in N-Frankreich) benannt. Louis II., der Große C., französ. Heerführer, *1621, †1686.

Condillac [kõdij'ak], Etienne de,französ.Philosoph, *1715, †1780; begründete den neueren (nichtmaterialist.) Sensualismus.

Cond'itio [lat.] die, Bedingung; **C. sine qua non,** unerläßliche Bedingung.

Condorcet [kõdɔrs'ɛ:], Antoine, Marquis de, französ. Philosoph, Mathematiker, *1743, †1794; Arbeiten über die Integralrechnung, Theorie der Kometen, verfaßte 1792 als Präs. der Nationalvers. den Entwurf einer »Nationalerziehung«.

Condotti'ere, italienischer Söldnerführer im 14./15. Jahrhundert.

Coney Island [k'ouni'ailənd], Düneninsel in New York (Seebad, Vergnügungsstätten).

Conférencier [kõferãsj'eː, frz.] der, Ansager.

Conf'essio [lat.] die, Mz. ...ones, 1) Beichte. 2) Glaubensbekenntnis. **C. August'ana,** →Augsburgische Konfession. **C. Helv'etica,**→Helvetische Konfession.

Confiser'ie [frz.] die, Konditorei; Backwerk.

Conf'iteor [lat. »ich bekenne«] das, allg. Sündenbekenntnis in der kath. Messe, im luther. Gottesdienst.

Connacht, [k'ɔnət], **Connaught,** Provinz im NW der Republik Irland; Fischerei, Schafzucht, Leinenweberei.

Connecticut [kən'etikət], 1) Fluß im NO der Verein. Staaten, 650 km lang, mündet in den Long-Island-Sund. 2) abgek. Conn., der südlichste der Neuenglandstaaten der USA, am Long-Island-Sund, 12973 km², 3,03 Mill. Ew.; Hauptstadt: Hartford. Metallwaren-, Maschinen- u. a. Industrie. ⊕ S. 526.

Connétable [-tabl], unter den fränk. Königen ein Hausbeamter (»Stallmeister«), im mittelalterl. Frankreich der Oberbefehlshaber der Armee.

Conrad, Joseph, engl. Erzähler poln. Herkunft, *1857, †1924, schildert merkwürdige Schicksale in fernen Landschaften, bes. im Inselgewirr der Südsee: »Der Verdammte der Inseln«, »Lord Jim«, »Spiel des Zufalls« u. a.

Conrad von Hötzendorf, Franz Graf, österr.-ungar. Feldmarschall, *1852, †1925; im 1. Weltkrieg (bis Febr. 1917) Chef des Generalstabs.

Cons'ens(us) [lat.], Übereinstimmung, Zustimmung. **c. gentium (c. omnium),** Übereinstimmung aller Menschen in best. Ideen und Urteilen.

Cons'ilium [lat.] das, 1) Rat. 2) Beirat, Ratsversammlung. **C. abe'undi,** Androhung der Verweisung von einer höheren Schule.

Constable [k'ʌnstəbl], John, engl. Landschaftsmaler, *1776, †1837; Vorläufer des Impressionismus.

Const'anţa [-tsa], **Konstanza,** rumän. Hafenstadt am Schwarzen Meer, 170000 Ew. Erdölrohrleitung von Ploësti.

Constant de Rebecque[kõstã də rəb'ɛk], Henry-Benjamin, französ. Schriftsteller, *1767,†1830; befreundet mit Madame de Staël; Verfechter der konstitutionellen Monarchie.

Constantine [kõstãt'in], Stadt in Algerien, 255 000 Ew.; Lederarbeiten, Wollstoffe.

Const'antius I., Chlorus, röm. Kaiser, 293 bis 306 n.Chr., Vater Konstantins d. Gr.

Container-Verkehr, →Behälterverkehr.

Containment [-t'ein-, engl,], Eindämmung, bes. der durch den Weltkommunismus drohenden Gefahren durch die Außenpolitik der USA.

C'onte [ital.] der, Graf; **Cont'essa** die, Gräfin.

Conterg'an, Handelsname für →Thalidomid.

c'ontra [lat.], gegen.

Contrad'ictio [lat.] die, Widerspruch; **C. in adj'ecto,** innerer Widerspruch in einer Verknüpfung von Begriffen, z.B. rundes Viereck.

Convertible Bonds [kənv'əːtibl bɔndz, engl.], →Wandelschuldverschreibungen.

Convoi [kõvw'a, frz.], **Convoy** [k'ɔnvɔi, engl.] der, →Geleitzug.

Cook [kuk], James, *1728, †1779, engl. Weltumsegler, erforschte 1768-79 den Stillen Ozean.

Cook-Inseln [kuk-], neuseeländ. Inselgruppe in Polynesien, 238 km², rd. 20000 Ew.; Zitrusfrüchte, Schmuckherstellung, Fremdenverkehr.

Cook-Straße [kuk-], die Meerenge zwischen der Nord- und der Südinsel Neuseelands.

Coolidge [k'uːlidʒ], Calvin, amerikan. republikan. Politiker,*1872,†1933; 1923-29 Präs. der USA.

Cool Jazz [kuːl dʒæz, engl.], um 1950 in den USA entstandene Form des modernen →Jazz.

Cooper [k'uːpə], 1) Alfred Duff, Viscount of Norwich, brit. Politiker und Schriftsteller, *1890, †1954; Gegner des Münchner Abkommens. 2) Gary, amerikan. Filmschauspieler, *1901, †1961; (»Wem die Stunde schlägt«). 3) James Fenimore, amerikan. Erzähler, *1789, †1851; »Lederstrumpf-Erzählungen« aus dem Indianer- und Ansiedlerleben.

Cop [vielleicht aus Constable of Police] der, in Amerika: Polizist.

Cop'an, eine der größten Ruinenstätten der Maya-Kultur in Honduras; Blütezeit 9.-10. Jahrh.

Copland [k'ɔplənd], Aaron, amerikan. Komponist, *1900; Bühnen-, Konzert-, Filmmusik.

C'oppi, Fausto, italien. Radrennfahrer, *1919, †1960; mehrfach Weltmeister.

Copyright [k'ɔpirait, engl.] das, ⚷ Urheberrecht. Wenn ein Werk in den Verein. Staaten, die der →Berner Übereinkunft nicht beigetreten sind, den Schutz des →Urheberrechts genießen soll, muß es auf dem Titelblatt den C.-Vermerk tragen (z. B. © 1969 by F. A. Brockhaus, Wiesbaden) und im **Register of C.** in Washington eingetragen sein.

Coquille [kɔk'ij, frz.] die, Muschelschale.

c'oram p'ublico [lat]., öffentlich.

Cord [engl.] der, dicker gerippter Stoff aus Kammgarn, Halb- oder Baumwolle, sehr haltbar.

Córdoba, Córdova, 1) Hauptstadt der südspan. Provinz C., in Nieder-Andalusien, am Guadalquivir, 238000 Ew.; mit riesiger Kathedrale, einer ehemaligen Moschee. Unter der Maurenherrschaft (711-1236) war C. Kalifensitz und Mittelpunkt der arab. Kultur in Spanien. **2)** Hauptstadt der argentin. Prov. C., 600000 Ew.; wichtiger Industrie- und Handelsplatz, Verkehrsknoten, Bischofssitz, 1613 gegr. Universität.

Cor'elli, Arcangelo, italien. Geiger und Komponist, *1653, †1713; Vertreter der altklass. italien. Streichmusik; Triosonaten, Konzerte.

Cor'inth, Lovis, Maler, Graphiker, *1858,†1925, impressionist. Maler, jedoch am Plastischen und Stofflichen orientiert; später auch expressionist. Züge (FARBTAFEL Deutsche Kunst S. 173).

Cork, irisch Corcaigh, Stadt an der S-Küste Irlands, nahe dem Mündungstrichter des Lee, dem **Cork Harbour,** 122100 Ew.; Handel, Industrie, Hafen, kath. und anglikan. Bischofssitz.

Corned beef [k'ɔ:ndbi:f, engl.] das, Fleischkonserve aus gepökeltem Rindfleisch.

Corneille [kɔrn'ɛj], Pierre, französ. Bühnendichter, *1606, †1684, gilt als Vollender des klassischen französ. Dramas; gestaltet den tragischen Gewissenszwiespalt heldenhafter Willensmenschen. »Cid«, »Cinna«, »Horace«, »Polyeucte«.

Corn'elius, 1) Peter von, Maler, *1783, †1867, gehörte zu den Nazarenern, schuf Zeichnungen zum Faust und Nibelungenlied, versuchte die Freskomalerei zu erneuern. **2)** Peter, Komponist und Dichter, *1824, *1874, von R. Wagner beeinflußt; Oper »Der Barbier von Bagdad«, Lieder.

Cornichon [kɔrniʃ'ɔ̃, frz.] das, **1)** kleine Pfeffergurke. **2)** Frühstückshörnchen.

Cornwall [k'ɔ:nwəl], die südwestlichste Gfsch. Englands, am Atlant. Ozean, felsige Halbinsel; 🪨 früher auf Kupfer und Zinn, heute bes. auf Kaolin. An der S-Küste subtrop. Pflanzen; Fremdenverkehr.

Cor'ona [lat.] die, Kranz, Krone; **c. triumphalis,** der Siegeskranz aus Lorbeer für Feldherrn und Heer; später Abzeichen der Kaiser; daraus entstand die Krone.

Corot [kɔr'o], Camille, französ. Maler, *1796, †1875; Bildnisse, vor allem Landschaften in zarten Farben voll atmosphärischer Stimmung.

Corps [kɔ:r, frz. »Körper«] das, **1)** Körperschaft. **2)** ⚔ →Korps.

C'orpus [lat.] das, Körper, Körperschaft; **C. Christi** (Leib Christi), **C. Domini** (Leib des Herrn), Fronleichnam. **C. delicti,** das Werkzeug oder der Gegenstand eines Verbrechens. **C. iuris civilis,** amtliche Sammlung röm. Rechts unter Justinian (→Römisches Recht); **C. iuris canonici,** amtliche Sammlung kirchl. Rechtsquellen (→Kirchenrecht).

Correggio [kɔr'ɛdʒo], Antonio, italien. Maler, *1489, †1534, führender Meister der Renaissance in Oberitalien, beeinflußte mit seinen Kuppelfresken (Parma) den Barock.

C'orrens, Carl Erich, Botaniker, *1864, †1933; Wiederentdecker der Mendelschen Vererbungsgesetze (Versuche an japan. Wunderblumen).

Correggio: Leda mit dem Schwan

Corr'ida (de toros) [span.] die, Stierkampf.

Corri'entes, Stadt im nördl. Argentinien, am Paraná, 112700 Ew.; Hafen, Ausfuhr (Holz).

corriger la fortune [kɔriʒ'e la fɔrt'yn, frz.],»das Glück verbessern«, falschspielen, mogeln.

C'ortes [span., »Gerichtshof«], die Volksvertretung in Spanien, früher auch in Portugal.

Cortez [kɔrt'eθ], Hernando, span. Eroberer, *1485, †1547; zerstörte 1519-21 das Aztekenreich.

Corti, Egon Cäsar Graf (Conte) C. a le Catene, *1886, †1953; Verfasser histor. Biographien.

Cort'ina d'Amp'ezzo, Hauptort des italien. Ampezzotals (Dolomiten); 1210 m ü. M., 8200 meist ladin. Ew.; Wintersport; Olymp. Winterspiele 1956.

Cortis'ol, Hydrocortis'on, Hormon der Nebennierenrinde, wirkt entzündungshemmend, steigert die Glykogensynthese.

Cortis'on, Hormon der Nebennierenrinde; Heilwirkung gegen rheumatische Erkrankung.

Cort'ona, alte etrusk. Stadt in der italien. Prov. Arezzo, 25900 Ew.; Zyklopenmauern.

Cortot [kɔrt'o], Alfred, französ. Pianist, *1877, †1962; als Chopininterpret bekannt.

C'orvey, Korvey, ehemal. Benediktiner-Abtei bei Höxter, an der Weser, 816 gegr.

cos, Abk. für Kosinus (→Winkelfunktionen).

Cosel, oberschles. Stadt an der Oder; 1939: 13300, 1969: 53100 Ew.; bedeutender Umschlaghafen; seit 1945 unter poln. Verw. **(Kozle).**

Cos'enza, Stadt in Süditalien am Busento, 96500 Ew.; Dom aus dem 13. Jahrh.

Così fan tutte [ital.], »So machen's alle (Frauen)«; Titel einer Oper von Mozart (1790).

COSPAR, Abk. für: Committee on Space Research, 1958 gegr. Komitee zur Förderung der Weltraumforschung auf internat. Ebene.

C'osta Br'ava, malerische Granitfelsküste am Mittelmeer nördl. von Barcelona (Spanien); Fremdenverkehr.

Costa del Sol, südspan. Küstenstreifen am Mittelmeer, zwischen Málaga und Algeciras.

Costa Rica, Republik in Zentralamerika, zwischen Panama und Nicaragua, dem Karib. Meer und dem Stillen Ozean, 50900 km², 1,6 Mill. Ew., Hauptstadt: San José. Landessprache: Spanisch. – 2 Gebirgszüge der Kordilleren (bis 3920 m, z. T. tätige Vulkane) sind durch die Hochfläche der Meseta Central getrennt. Bevölkerung überwiegend weiß, rd. 3% Neger und Indianer; starke Bevölkerungszunahme / 95%kath. (Staatsreligion). Anbau: Mais, Reis u. a., für die Ausfuhr Kaffee, Bananen, Kakao, Manilahanf, Zuckerrohr. Geringe Industrie. – GESCHICHTE: C. R. wurde 1502 von Kolumbus entdeckt und war bis 1821 spanisch, wurde 1839 ein selbständiger Freistaat; wachsende wirtschaftl. und polit. Abhängigkeit von den USA. Präs. (seit 1970): J. Figueres Ferrer. 🌐 S. 516, ▭ S. 345.

Coswig, 1) Stadt im Bez. Halle, 13100 Ew., an der Elbe; chem. Ind. **2)** Stadt im Bez. Dresden, 19400 Ew.; vielseitige Industrie.

Córdoba: Kathedrale

Corinth: Selbstbildnis (1918, Ausschnitt)

Corneille

Coubertin

Cranach d. Ä.:
Luther als Junker
Jörg (Ausschnitt)

cot, Abk. für Kotangens (→Winkelfunktionen).
Côte [ko:t, frz.] die, **1)** Abhang, bes. von Weinbergen. **2)** Hügel, Höhenzug. **3)** Strand, Küstenstrich. **C. d'Or,** Kalkhochfläche in Burgund. **C. d'Azur,** die französ. Riviera.
Cotonou [-n'u], größte Stadt, Haupthafen und Handelszentrum der Rep. Dahome, 85000 Ew.
Cotop'axi der, höchster tätiger Vulkan der Erde (5897m), in der Ostkordillere von Ecuador.
Cotta, Johann Friedrich Freiherr von, *1764, †1832, Inhaber der I. G. Cottaschen Buchhandlung in Tübingen (jetzt in Stuttgart); verlegte u. a. die Werke von Schiller, Goethe.
Cottage [k'ɔtidʒ, engl.] das, Landhaus.
Cottbus, 1) Bezirk in der Dt.Dem.Rep., 1952 aus Teilen der Länder Brandenburg, Sachsen und Sachsen-Anhalt gebildet; 8261 km², 857400 Ew.; Braunkohlenförderung, Großkraftwerke, Brikettierungs-, Kokereianlagen; Glas-, Baustoff-, Textilindustrie. Landwirtschaft: Getreidebau, Kartoffeln, Zuckerrüben, Viehzucht. ⊕ S. 520/21. **2)** Hauptstadt von 1), an der Spree, 81 100 Ew.; Verkehrsknoten, Textilien.
Cottische Alpen, Kette der Westalpen, im Monte Viso 3841 m.
Cotton [kɔtn, engl.], Baumwolle.
Coty [kot'i], René, französ. Politiker, *1882, †1962; Unabhängiger Republikaner, 1953-59 Präs. der Republik.
Coubertin [kubɛrt'ɛ̃], Pierre Baron de, französ. Historiker und Pädagoge, *1863, †1937; Gründer des internat. Sports durch Wiederbelebung der Olympischen Spiele; leitete bis 1925 das Internationale Olympische Komitee.
Couch [kautʃ, engl.] die, -/-es, Liege-, Ruhebett.
Coudenhove-Kal'ergi [kudənhovə-], Richard Graf, *1894, Verfechter eines europ. Staatenbundes, 1940 Prof. in New York. →Europäische Unionsbewegung.
Coué [ku'e], Emile, französ. Heilkundiger, *1857, †1926, suchte durch Autosuggestion zu heilen.
Couleur [kul'œ:r, frz.] die, **1)** Farbe. **2)** Trumpf. **C.-Student,** Student, der einer farbentragenden Verbindung angehört.
Couloir [kulw'ar, frz.] der, steile Rinne im Gebirge.
Coulomb [kul'ɔ̃], Charles Augustin de, französ. Physiker, *1736, †1806, Entdecker des **Coulombschen Gesetzes,** nach dem die Abstoßung zweier gleichnamiger Ladungen dem Produkt beider Elektrizitätsmengen direkt, dem Quadrat ihrer Entfernung umgekehrt proportional ist. 1 Coulomb (1 C) ist die Elektrizitätsmenge, die bei einer Stromstärke von 1 Amp. in 1 s durch den Querschnitt eines Leiters fließt.
Count [kaunt, engl.] der, Titel der nichtengl. Grafen (der engl. Graf heißt Earl).
Count down [kaunt daun, engl. »Herabzählen«] die, zeitl. koordinierte Überprüfung der Vorbereitungen beim Start einer Rakete.
County [k'aunti, engl.], Mz....ties, Grafschaft; Verwaltungs- und Gerichtsbezirk in Großbritannien, Irland und den USA.
Coup [ku, frz.] der, Streich, Staatsstreich.
Coupé [kup'e, frz.] das, ⚐ 1) ⛌ Abteil. 2) zweisitzige Kutsche; zweitüriger Kraftwagen sportl. Form.
Couplet [kupl'ɛ, frz.] das, kleines Lied mit witzigem Inhalt, meist mit Kehrreim.
Coupon [kup'ɔ̃, frz.] der, **1)** Abschnitt. **2)** Zins-, Gewinnanteil-, Dividendenschein.
Cour [ku:r, frz.] die, **1)** Hof. **2)** Gerichtshof.
Courage [kur'a:ʒ, frz.] die, Mut.
Courante [kur'ãt, frz.] die, **1)** französ. Gesellschaftstanz im 16./17. Jahrh.; **2)** ♪ Satz der Suite.
Courbet [kurb'ɛ], Gustave, französ. Maler, *1819, †1877; Bahnbrecher des Naturalismus.
Courtage [kurt'a:ʒ, frz.] die, Maklergebühr.
Courths-Mahler, Hedwig, Unterhaltungsschriftstellerin, *1867, †1950.
Courtoisie [kurtwaz'i, frz.] die, Höflichkeit.
Cousin [kuzɛ̃, frz.] der, Vetter; **Cous'ine, Kusine,** Base.

Cousin [kuz'ɛ̃], Victor, französ. Philosoph, *1792, †1867; Vermittler des dt. Idealismus.
Couvade [kuv'a:d, frz.] die, →Männerkindbett.
Couve de Murville [ku:v də myrv'il], Maurice, französ. Diplomat, *1907, Jurist, 1956 Botschafter in Bonn, 1958-68 Außenmin., 1968-69 Min Präs.
Covent Garden [k'ɔvəntg'a:den, engl.], Platz in London, mit Obst-, Gemüse- und Blumenmarkt und gleichnamigem Opernhaus.
Coventry [k'ɔvəntri], Stadt im mittleren England, 335700 Ew.; Ind. (Flugzeuge, Kraftwagen, Fahrräder, Nähmaschinen, Wollstoffe); durch Luftangriffe (1940) stark zerstört, moderne Kathedrale (1962).

Coventry: Ruine und Neubau der Kathedrale

Covercoat [k'ʌvəkout, engl.] der, glatter, modefarbiger Wollstoff, bes. für Mäntel.
Cowboy [k'auboi] der, berittener Rinderhirt, bes. im W der Verein. Staaten.
Cowes [kauz], Hafenstadt und Seebad auf der engl. Insel Wight; jährl. Segelregatten.
Cr, chem. Zeichen für →Chrom.
cr., Abk. für currentis [lat.], laufenden (Monats oder Jahres).
Crack [kræk, engl.] der, ⚐ Rennpferd bester Klasse; auch bes. aussichtsreicher Sportler.
Crailsheim, Kreisstadt im nordöstl. Baden-Württ., an der Jagst, 16500 Ew.; Verkehrsknoten; Konserven, Kleidung, Maschinen.
Crai'ova, Regionshauptstadt im südl. Rumänien, 171800 Ew.; Universität; Mühlen, chem., Nahrungsmittel- u. a. Ind.
Cramm, Gottfried Freiherr von, *1909, ehem. dt. Tennisspieler von internat. Bedeutung.
Cranach, Lucas d. Ä., Maler und Zeichner, *1472, †1553, seit 1505 Hofmaler in Wittenberg, der Anlage nach einer der kraftvollsten Meister der dt. Spätgotik (religiöse Bilder, Bildnisse, Holzschnitte, Kupferstiche); von Aufträgen überhäuft, verfiel er oft der Routine (Aktdarstellungen). An der Herausbildung einer protestant. Kunst war er führend beteiligt. In seiner großen Werkstatt arbeiteten auch seine Söhne, z. B. Lucas d. J. (†1586).
Crane [krein], **1)** Hart, amerikan. Lyriker, *1899, †1932. **2)** Stephen, amerikan. Schriftsteller und Kriegsberichterstatter, *1871, †1900; naturalist. Erzähler (»Das Blutmal«).
Cranmer [kr'ænmə], Thomas, *1489, † (hingerichtet unter Maria der Kath.) 1556, Erzbischof von Canterbury; führte das »Common Prayer Book« und die »Glaubensartikel« in der Anglikan. Kirche ein.
Craquelée [krakl'e, frz.] die, haarfeine Risse in der Glasur von Keramiken.
Crassus, Marcus Licinius, reicher röm. Staatsmann, * um 115 v.Chr., schlug 71 Spartacus, schloß mit Caesar und Pompejus das 1. Triumvirat; 53 von den Parthern geschlagen und getötet.
Crawl [krɔ:l, engl.] die, »kriechen«], →Kraul.
Crayon [krej'ɔ̃, frz.] der, Zeichenstift. **C.-Manier,** Art d. Radierung, wirkt wie Kreidezeichnung.
Cr'edo [lat. »ich glaube«] das, Apostol. und Nicänisches Glaubensbekenntnis.
Creek [kri:k, engl. »Bach«] der, ⊕ kleiner Wasserlauf, der zeitweilig austrocknet.

1, 2

3, 4

5, 6

7

1 Tuareg bei Tamanrasset, südlich des Ahaggar-Gebirges; algerische Sahara. **2** Im Fessan, libysche Sahara. **3** Wadi Sis, Südmarokko. **4** Oase Gafsa, Tunesien. **5** Am Nil in Oberägypten. **6** Landschaft am Kilimandscharo mit Kibo (links) und Mawensi (rechts). **7** Landschaft in Zaïre

1, 2

3, 4

1 Trockensavanne in Uganda. 2 Victoriafälle des Sambesi.
3 Naukluftgebirge in SW-Afrika. 4 Wüstensteppe: Kalahari in Botswana. 5 Feuchtsavannenlandschaft bei Bafilo,
Togo

5

1

2, 3, 4

1 Stülpmaske der Ekoi, Kreuzflußgebiet (Zürich, Slg. f. Völkerkunde). **2** Messingfrosch; Fumban (priv.). **3** Bemalte Holzskulptur der Mende; Sierra Leone (priv.). **4** Holzskulptur; Usambara, Tansania (Stuttgart, Lindenmuseum). **5** Orakelgerät der Kuba; Kongo. **6** Perlenbesetzte Häuptlingsstühle; Kamerun. **7** Maskengewand der Chokwe; SO-Angola (Göttingen, Institut f. Völkerkunde)

5

6, 7

1, 2

1 Nofretete, Kalkstein; Amarna, um 1360 v. Chr; Berlin, Staatl. Museen. **2** Damenbildnis; Theben, Grab des Menna, um 1410 v. Chr. **3** Skarabäus und Paviane, aus dem Grabe Tut-ench-Amuns. **4** Eingang zum Grab der Königin Nefertari; Theben, um 1250 v. Chr. **5** Osiris; aus dem Totenbuch; Malerei

3, 4

5

1, 2, 3

1 Bronzefigur (Gott?), Bogazköy.
2 Frauenkopf aus Chafadschi, etwa 2500 v. Chr.; Kalksandstein, (Atkins Museum, Kansas City).
3 Trinkgefäß; Silber und Gold; Maras, 7.–6. Jahrh. v. Chr. **4** Löwe von der Prozessionsstraße am Ischtartor in Babylon, um 575 v. Chr. (Berlin Pergamonmuseum). **5** Relief im Felsheiligtum von Yazilikaya; König Tuthalija IV., 13. Jahrh. v. Chr. **6** Kultstandarte von Ur, um 2500 v. Chr. (London British Museum)

4

5, 6

1, 2

ASIEN I
1 Reisernte auf der Halbinsel Malakka. **2** Vietnamesische Küstenlandschaft am Südchinesischen Meer. **3** Nikko-Nationalpark, Honschu. **4** See auf Hokkaido, Japan. **5** Bauernhäuser in Szetschuan, China. **6** Landschaft in Südchina

ASIEN II
1 Straße in Ladakh. **2** Tempelgebiet von Pagan in Nord-Birma. **3** Rolwaling Himal; zwischen Katmandu und Everest-Gruppe. **4** Suezkanal und Rotes Meer; Aufnahme von Gemini IV aus etwa 230 km Höhe. **5** Wohnboote in Ost-Pakistan

3

4, 5

1, 2

1 Sibirische Landschaft an der Bahnlinie Tschita-Irkutsk. **2** Die Angara bei Bratsk. **3** Am Wachsch, Tadschikische SSR. **4** Im Vorgebirge des Kopet-Dag, Turkmenische SSR. **5** Flußtal westlich von Teheran (Luftaufnahme)

3

4, 5

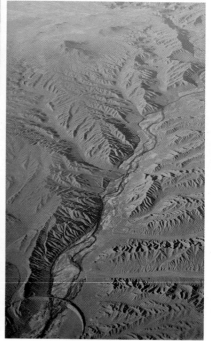

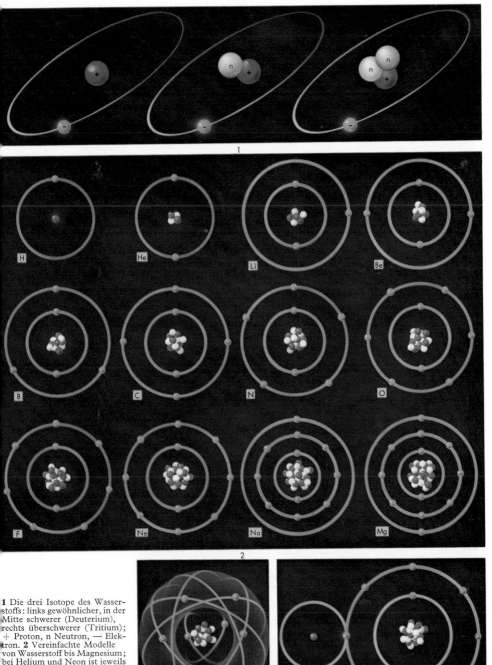

1

2

1 Die drei Isotope des Wasserstoffs: links gewöhnlicher, in der Mitte schwerer (Deuterium), rechts überschwerer (Tritium); + Proton, n Neutron, — Elektron. **2** Vereinfachte Modelle von Wasserstoff bis Magnesium; bei Helium und Neon ist jeweils eine Elektronenschale abgeschlossen. – *Unten links:* Vereinfachtes Bohrsches Modell des Sauerstoffatoms. – *Unten rechts:* Stark vereinfachtes Molekülmodell von Fluorwasserstoff

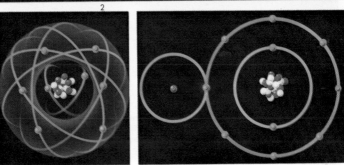

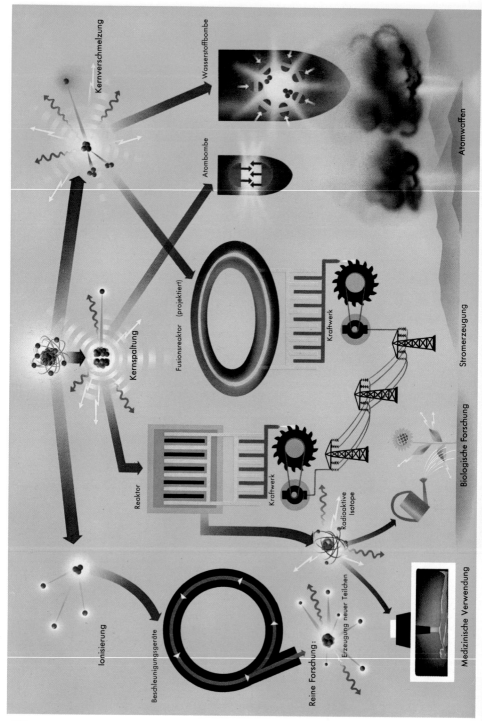

Kernverschmelzung

Wasserstoffbombe

Atombombe

Atomwaffen

Kernspaltung

Fusionsreaktor (projektiert)

Kraftwerk

Stromerzeugung

Reaktor

Kraftwerk

Radioaktive Isotope

Biologische Forschung

Ionisierung

Beschleunigungsgeräte

Reine Forschung:

Erzeugung neuer Teilchen

Medizinische Verwendung

1, 2

3, 4

1 Im ebenen Hinterland der Großen Austral. Bucht. **2** Artesischer Brunnen bei Quilpie im südwestl. Queensland. **3** Trockensavanne in Inneraustralien. **4** Haast's Bluff, Steilabbruch der Macdonnell-Kette, Nordterritorium. **5** Tropischer Regenwald in der Great Dividing Range, Queensland

5

1, 2

3, 4

5

6

1 Damen bearbeiten Seide; alte Kopie (1082–1135) nach Chang Hsüan, um 740 (Boston, Museum of Fine Arts). 2 Dose, Holz mit Lackmalerei; 3. Jahrh. v. Chr. (Kansas City, Nelson Gallery of Art). 3 Aus dem Roman Genji-Monogatari (Yamato-E), 12. Jahrh. (Slg. Tokugawa). 4 Mädchen mit Opferschale; Fresko; Yung-lo-Tempel; 1271–1368. 5 Hiroshige: Wolkenbruch. 6 Die Brücke von Uji unter Weiden; um 1590

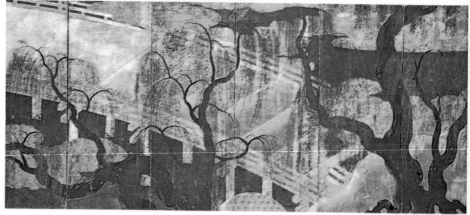

1 Reichskrone, Gold, um 1000; Bügel von Konrad II. zugefügt. (Wien, Schatzkammer). 2 Holbein d. J.: Heinrich VIII. (Lugano, Slg. Thyssen). 3 Meister Bertram: Erschaffung der Tiere, 1379 (Hamburg, Kunsthalle). 4 M. Grünewald: Kreuzigung; um 1525 (Karlsruhe). 5 L. Corinth: Ostern am Walchensee; 1922 (New York, Slg. Ch. Berend-Corinth). 6 P. Klee: Mildtropische Landschaft; 1918. 7 H. Hartung: Komposition; 1956. 8 O. Mueller: Zigeuner mit Sonnenblume; 1927 (Saarbrücken)

1, 2, 3

4, 5
6, 7, 8

1, 2

3, 4

5

1 Geest-Landschaft westlich Duvenstedt, Schleswig-Holstein. 2 Tollensesee bei Neubrandenburg, Mecklenburg. 3 An der Dahme bei Berlin-Grünau. 4 Hochfläche im Gebiet des Fuchskauten, Westerwald. 5 Im Pfälzer Wald bei Dahn. 6 Der Königssee bei Berchtesgaden, Oberbayern. 7 Frasdorf im Chiemgau, Alpenvorland

6, 7

DIENSTGRADE

Österreich: Abzeichen am Kragenspiegel. Schweiz: Abzeichen bis Oberst auf Tuchstreifen

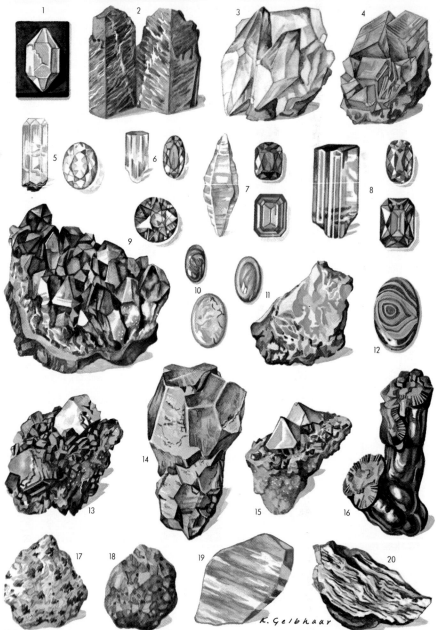

K. Gelbhaar

1 Quarz, allseitig ausgebild. Kristall. 2 Feldspat, Stück gespalten. 3 Kalkspat, sechszählige Bipyramiden. 4 Fluß-spat, würfelförmig. 5 Beryll, prismatisch und geschliffen (Aquamarin). 6 Grasgrüner Beryll (Smaragd); Kristall und geschliffen. 7 Korund, natürl. Kristall (Saphir) und geschliffen; blau: Saphir, rot: Rubin. 8 Turmalin; am Kristall verschied. Farbzonen; daneben geschliffener roter und grüner Turmalin. 9 Amethyst, Druse; daneben geschliffen. 10 Edelopale, mugelig geschliffen. 11 Türkis, in bräunlichem Gestein; daneben als Cabochon ge-schliffen. 12 Malachit, mugelig geschliffen. 13 Bleiglanz, würfelförmig. 14 Pyrit, einander durchdringende Kristalle. 15 Magnetit, oktaederförmig. 16 Brauneisenerz var. Brauner Glaskopf. – 17 Granit, aus Feldspat (weiß), Quarz (grau) und Glimmer (schwarz). 18 Quarzporphyr; helle Einsprenglinge Feldspat, graue Quarz. 19 Gebänderter Buntsandstein. 20 Gneis, Gemengteile wie Granit, jedoch lagenartig

Croce

Creglingen, Stadt im nördl. Baden-Württ., im Taubertal; got. Herrgottskirche, geschnitzter Marienaltar von →Riemenschneider (um 1500).

Crème [frz.] die, 1) Sahne; Süßspeise. 2) salbenartiges Pflegemittel. 3) übertragen: das Beste, Spitze der Gesellschaft.

Crem′ona, Stadt im nördl. Italien, am Po, 79 500 Ew.; Bischofssitz; Dom mit 121 m hohem Glockenturm; Landmaschinen- und Seidenindustrie. Berühmt sind die **Cremoneser Geigen** (von Amati, Guarneri, Stradivari u. a.).

Cremona: Kirche San Luca

Crêpe [krɛːp, frz.] der, →Krepp.

Cres [tsrɛs], italien. **Cherso,** jugoslaw. Insel in der Bucht des Quarnero; Südfrüchte.

crescendo [krɛʃ′endɔ], abgek.: **cresc.,** ♪ allmähl. und gleichmäßig lauter werdend; Zeichen: <.

Crew [kruː, engl.] die, Mannschaft.

Crewe [kruː], Stadt im westl. Mittelengland, 52 000 Ew.; Bahnknoten, Lokomotiv- und Waggonfabriken.

Crimmitschau, Ind.-Stadt, Bez. Karl-Marx-Stadt, an der Pleiße, 30 600 Ew.; Webwaren.

Criollismo [krioʎ′ismo], **Kreolismus** der, geistige Strömung in Südamerika, will eine eigentüml. Kultur durch Verbindung von Indianischem und Spanisch-Portugiesischem erreichen.

Cripps, Sir Stafford, brit. Politiker, *1889, †1952, war Abg. der Labour Party, 1940-42 Botschafter in Moskau, mehrfach Minister.

Cr′ispi, Francesco, italien. Staatsmann, *1819, †1901, vertrat die Politik des Dreibundes.

Cristobal [krist′oubəl], Hafen der USA am atlant. Eingang des Panamakanals; Flottenbasis.

Croce [kr′ɔtʃɛ], Benedetto, italien. Philosoph, Historiker und Politiker, *1866, †1952, schuf in Auseinandersetzung mit Hegel eine eigene »Philosophie des Geistes«; auch einflußreich durch seine Ästhetik.

Cro-Magnon [kromaɲ′ɔ̃], Höhle im Tal der Vézère, in S-Frankreich. Fundort menschl. Schädelreste aus der jüng. Altsteinzeit (**C.-M.-Rasse**).

Cromwell [kr′ɔmwəl], Oliver, engl. Staatsmann, *1599, †1658; Anhänger der strengen →Puritaner, entschied als Heerführer 1644/45 den Bürgerkrieg der Parlamentspartei gegen den Stuartkönig Karl I., drängte 1648 auch das Parlament beiseite und ließ 1649 den König hinrichten; wurde dann »Lordprotektor«. Durch siegreiche Kriege gegen Holland und Spanien förderte er die See- und Handelsmacht Englands.

Cronin [kr′ounin], Archibald J., engl. Erzähler, *1896; sozialkrit. Romane: »Die Sterne blikken herab«; »Die Zitadelle«.

Crookes [kruks], Sir William, engl. Physiker, *1832, †1919, erfand die **Crookessche Röhre,** eine Entladungsröhre zur Erzeugung und zum Nachweis von →Kathodenstrahlen.

Croquettes [krɔk′ɛt, frz.] Mz., **Kroketten, Krusteln,** gebackene kleine Vor- und Zwischengerichte.

Cross-Country [k′ʌntri], Querfeldeinrennen.

Crossen a. d. Oder, ehem. Kreisstadt in Brandenburg, (1939) 10 800 Ew.; Metall-Ind. Seit 1945 unter poln. Verw. (**Krosno Odrzańskie).**

Croupier [krupj′e, frz.] der, Gehilfe des Bankhalters in Spielsälen.

Croydon [krɔidn], ehemal. Stadt südl. von London, 253 400 Ew.; seit 1963 Stadtbezirk in Greater London, vielseit. Ind.

Crüger, Johann, prot. Kirchenliederkomponist, *1598, †1662; »Nun danket alle Gott«.

Crux [lat.] die, Kreuz; schwierige Sache.

Cruzeiro [krus′ɛːro], Währungseinheit in Brasilien; seit 1967: **C. novo** (neuer C.).

Cs, chem. Zeichen für →Cäsium.

Csárdás [tʃ′aːrdaʃ] der, ungar. Nationaltanz.

C-Schlüssel, Vorzeichnung des Tonbuchstabens c auf der Linie für die Note c′.

Csokor [tʃ′okor], Franz Th., Schriftsteller, *1885, †1969; Vertreter des Expressionismus (»Ein paar Schaufeln Erde«).

ČSSR, die →Tschechoslowakei.

CSU, die →Christlich-Soziale Union.

c. t., Abk. für cum tempore, lat. »mit Zeit«, →akademisches Viertel.

cts., Abkürzung für Centimes.

Cu, chem. Zeichen für →Kupfer.

Cuba, →Kuba.

Cu′enca, Hauptstadt der Prov. Azuay, Ecuador; Erzbischofssitz; 60 800 Ew.; Universität.

Cui, Cäsar, russ. Komponist, *1835, †1918.

cui bono [lat.], wem zugute?

c′uius r′egio, ′eius rel′igio [lat.], wer das Land beherrscht, bestimmt auch die Religion; Grundsatz des Augsburger Religionsfriedens (1555).

Cul de Paris [ky də par′i, frz.] der, unter dem Frauenrock getragenes Gesäßpolster im 18. und 19. Jahrh. (FARBTAFEL Mode S. 696)

Cullinan [k′ʌlinən], Bergwerksort in Transvaal, Rep. Südafrika, Fundort (1905) des **C.-Diamanten** (3024 Karat).

Culpa [lat.] die, Schuld, Verschulden.

Cumae, älteste griech. Siedlung in Italien (Kampanien), um 750 v. Chr., 338 v. Chr. römisch.

Cumberland [k′ʌmbələnd], Gfsch. in NW-England, z. T. gebirgig und seenreich; Milch- und Schafwirtschaft; schrumpfender Kohlenbergbau. Hauptstadt: Carlisle.

Cumberland [k′ʌmbələnd], engl. Herzogstitel, der wiederholt königl. Prinzen verliehen wurde: 1) Ernst August, Kronprinz von Hannover, *1845, †1923. 2) Wilhelm August, Sohn Georgs II. von England, *1721, †1765.

C′umbre [span.], Berggipfel. **Cumbre-Paß,** Doppelpaß in der argentin.-chilen. Hochkordillere.

cum gr′ano s′alis [lat. »mit einem Körnchen Salz«], mit der nötigen Einschränkung.

cum l′aude [lat.], mit Lob, gut.

Cunard [kj′uːnaːd], Sir Samuel, engl. Reeder, *1787, †1865, gründete 1840 die **C. Steamship Co.** (Dampfschiffahrtsverbindung mit N-Amerika).

Cuno, Wilhelm, Reeder und Politiker, *1876, †1933; 1922/23 Reichskanzler, Politik des »passiven Widerstands« nach dem französ. Ruhreinbruch.

Cup [kʌp, engl.] der, Becher, bes. Ehrenbecher als Siegespreis, z. B. **Davis C.** beim Tennis.

Cup′ido [lat. »Begierde«], Liebesgott, →Eros.

Curaçao [kyras′ao], Insel der Niederländ. An-

Croce

Cromwell

Cronin

Curaçao: Willemstad

Marie Curie

Cuvier

tillen, vor der N-Küste Venezuelas, 473 km², 141 400 Ew.; Hauptstadt: Willemstad.Raffinierung von Erdöl aus Venezuela.

Curaçao [kyras'ao], feiner holländ. Likör aus den Schalen unreifer Pomeranzen.

Curé [kyr'e:, frz.] der, kath. Pfarrer.

Curie [kyr'i], Marie, geb. Skłodowska, Chemikerin und Physikerin, *1867, †1934, entdeckte zusammen mit ihrem Gatten **Pierre C.**, *1859, †1906, die radioaktiven Elemente Polonium und Radium. Beide Nobelpreis (Physik) 1903, Marie C. Nobelpreis (Chemie) 1911.

Curie [kyr'i] das, Zeichen Ci, Maßeinheit der Radioaktivität, der Intensität einer radioaktiven Quelle.

Curit'iba, Hauptstadt des brasilian. Staates Paraná, 615 500 Ew.; Universität; Erzbischofssitz; Holzbearbeitung, Matemühlen.

C'urium, Cm, künstlich hergestelltes radioaktives Element, ein →Transuran.

Curling [k'ə:liŋ] das, eine Art Eisschießen.

Currency [k'ʌrənsi, engl.], Umlaufmittel mit gesetzl. Zahlungskraft, Währung. **C.-Prinzip,** Geldtheorie, die volle Deckung der Banknoten durch Edelmetall (Gold, Silber) verlangt. Gegensatz: Banking-Prinzip.   [gewürz.

Curry [k'ʌri, engl.] das, scharfes ostind. Misch-

Curtius, 1) Ernst Robert, Romanist, *1886, †1956, Deuter und Vermittler roman., bes. französ. Literatur. **2)** Ludwig, Archäologe, *1874, †1954; umfassende Darstellung der antiken Kunst.

C'urtius R'ufus, schrieb um 50 n.Chr. eine kritiklose (latein.) Geschichte Alexanders d. Gr.

Curzon [k'ə:zn], George, seit 1921 Lord **C. of Kedleston,** brit. konservativer Politiker, *1859, †1925; 1899–1905 Vizekönig von Indien, 1919 bis 1924 Außenminister. Er schlug 1919 die **C.-Linie** als Ostgrenze Polens vor (Grodno-Brest); sie lag der dt.-sowjet. Demarkationslinie 1939 und der Grenzregelung 1945 zugrunde.

Cushing [k'uʃiŋ], Harvey, amerikan. Gehirnchirurg, *1869, †1939.

Cust'ozza, italien. Dorf südwestl. von Verona, bekannt durch Siege der Österreicher über die Piemontesen (1848) und Italiener (1866)

Cutaway [k'ʌtəwei, engl.] der, abgek. **Cut,** Gehrock mit stark abgerundeten Vorderschößen.

Cut'ikula, →Kutikula.

Cuttack, Stadt in Indien, →Kattak.

Cutter [k'ʌtə, engl.], Film: Schnittmeister.

Cuvée [kyv'e, frz.] die, Verschnitt für Schaumwein.

Cuvier [kyvj'e], Georges Baron v., französ. Naturforscher, *1769, †1832, machte die vergleichende Anatomie zur Grundlage der Zoologie; Begründer der Paläontologie; suchte die Artenbildung durch seine Katastrophentheorie zu erklären.

Cuvilliés [kyvij'e], François de, Baumeister und Stukkator, *1695, †1768; Werke: Amalienburg in Nymphenburg; Residenztheater in München.

Cuxhaven, Hafenstadt in Niedersachsen, an der Elbemündung, 45 500 Ew.; Fischereihafen mit Fisch-Industrie; Seebad.

C'uzco, Cusco, Stadt in Peru, 3380 m ü. M., 102 100 Ew.; Universität; ehemalige Hauptstadt der →Inka mit bed. Resten von Tempelbauten.

C.V., Abk. für Cartell-Verband farbentragender kath. Studenten.

CVJM, Christlicher Verein Junger Männer.

Cy'an [lat.] das, (CN)₂, stechend riechendes, giftiges Gas, bildet mit Wasserstoff die →Blausäure, mit Alkalimetallen die Cyanide (→Cyankalium).

Cyan'in das, **1)** blauer Blütenfarbstoff. **2)** ein künstl. blauer Farbstoff, verwendet zur Empfindlichkeitssteigerung photograph. Emulsionen.

Cyank'alium, Kaliumcyanid, Cyankali, KCN, farbloses, wasserlösl., giftiges Salz, vor allem zum Herauslösen von Gold aus goldhaltigen Gesteinen (Cyanidlaugerei) verwendet.

Cy'anwasserstoff, HCN, die →Blausäure.

Cymbal [grch.] das, **1)** bei den Griechen und Römern Schlaginstrument aus kleinen Metallbek-

ken. **2)** das Hackbrett, eine Zither, deren Drahtsaiten mit Stäbchen geschlagen werden; Vorläufer des Cembalos, als **Cimbalon** noch von Zigeunern gebraucht.

Cypern, →Zypern.

Cypri'anus, Kirchenvater, Bischof in Karthago, †258 als Märtyrer; Heiliger (Tag 16.9.).

Cyranki'ewicz [-t∫], Josef, poln. Politiker, *1911; 1947-52 und 1954-70 MinPräs. 1970-72 Staatspräsident.

Cyrano de Bergerac [siran'o də bɛrʒər'ak], Savinien,französ.Schriftsteller,*1619,†1655; schrieb phantast. Erzählungen; Drama von Rostand.

Cyren'aica, nach der alten griech. Hauptstadt Kyrene benannte Landschaft (größtenteils Wüste) an der Nordküste Afrikas, in Libyen. Hauptstadt: Bengasi.

Cz'enstochau, poln. Stadt, →Tschenstochau.

Czernin [t∫ɛrn'in], Ottokar Graf, *1872, †1932; 1916-18 österreich.-ungar. Außenmin., erstrebte eine rasche Beendigung des 1.Weltkriegs.

Czernowitz [t∫'ɛr-], ukrain. **Tschernowzy,** Gebietshauptstadt in der Ukrain. SSR, Hauptort der Bukowina, 187000 Ew.; war kultureller Mittelpunkt des buchenländ. Deutschtums (Universität); Erzbischofssitz; Handel, Industrie.

Czerny [t∫'ɛrni], Karl, Pianist und Komponist, *1791, †1857; klavierpädagog. Werke (Etüden).

D

d, D, 1) Mitlaut, stimmhafter Zahn- und Verschlußlaut; der vierte Buchstabe im Abc. **2)** röm. Zahlzeichen: D = 500. **3)** bei Personennamen: D., Doktor der Theologie. **4)** auf Telegrammen: D, dringend. **5)** ⊠ D = D-Zug. **6)** ⇔ D = Deutschland (Bundesrep. Dtl.). **7)** in England: d = Penny [denarius]. **8)** ♩ d [detur, lat.], es werde gegeben. **9)** D, chem. Zeichen für →Deuterium. **10)** ♪ d, die zweite Stufe der Grundtonleiter C-Dur. **11)** beim Klavier- und Orgelspiel: d [dextra, lat.], mit der rechten Hand. **12)** auf Münzen: D = Prägestätte München.

d.Ä., Abk. für **der Ältere.**

DAB VI, →Deutsches Arzneibuch.

Dąbrowa Górnicza, früher **Dombrowa,** Hauptort des Dąbrowaer Kohlenbeckens,Polen; 5600 Ew.

da capo [ital.], Abk. **d. c.,** ♩ noch einmal.

Dacca, Hauptstadt von Bangla Desh, →Dakka.

d'accord [dak'ɔ:r, frz.], einig, einverstanden.

Dach, oberer Abschluß eines Gebäudes, aus Dachtragwerk und →Dachdeckung.

Dachformen: a Pultdach, b Satteldach, c Walmdach, d Krüppelwalmdach, e Mansardendach

Dach, Simon, Dichter, *1605, †1659; Lieder (z. T. von H. Albert vertont); »Ännchen von Tharau« wurde ihm fälschlich zugeschrieben.

Dachau, Kreisstadt in Oberbayern, nordwestl. von München, 33 100 Ew.; Moorbad; Papier-, Metall-, Elektroind. Nahebei das **Dachauer Moos.** Bei D. ehemaliges Konzentrationslager.

Dachdeckung, die auf dem Dachstuhl ruhende, schützende Decke. Arten: **Weiche D.** Bretter, Schindeln, Stroh, Rohr; **halbharte D.** Dachpappe, Holzzement; **harte D.** Dachziegel, Schiefer, Zink, seltener Kupfer, Blei, Wellblech, Asbestzement.

Dachgaupe, Dachgaube, Dachaufbau für ein stehendes Dachfenster.

Dachgesellschaft dient der einheitl. Leitung oder Kontrolle anderer Unternehmen oder eines Konzerns (→Holding-Gesellschaft).

Dachla, Dakhla, ägypt. Oase in der Libyschen Wüste, rd. 20000 Ew.

Dachorganisation, Spitzenorganisation, Vereinigung mehrerer Verbände zur Verfolgung gemeinsamer Ziele.

Dachpappe, mit heißem Steinkohlenteerpech oder Bitumen getränkte Pappe zum Dachdecken.

Dachreiter, ⌂ Türmchen auf dem Dachfirst.

Dachs, zu den Mardern gehöriger Sohlengänger, nährt sich von Wurzeln, Beeren, Insekten, Würmern. Der D. hat einen plumpen, 85 cm langen Körper mit weiß-schwarz-grau-gelb gefärbtem Fell; er lebt in Europa und Nordasien in selbstgegrabenen Höhlen; hält einen Winterschlaf. Sein Fell (Schwarte) dient als Bezug u. a., das Haar zu Pinseln. Verwandt das amerikan. →Stinktier.

Dachstein, Gruppe der Salzburger Kalkalpen, erhebt sich bis zu 2995 m Höhe.

Dachwurz der, ⚘ →Hauswurz.

Dackel, Dachshund, Teckel, Hunderasse, mit verkürzten, krummen Beinen und Hängeohren. Der D. wird bei der Fuchs- und Dachsjagd zum Treiben in den Bau gelassen. (TAFEL Hunde)

Dacqué [dak'e], Edgar, Paläontologe, Naturphilosoph, *1878, †1945, schuf aus der Kritik am Darwinismus eine eigene Entwicklungslehre.

Dada'ismus [nach dem kindl. Stammellaut »dada«], revolutionäre literar.-künstler. Bewegung, 1916 in Zürich entstanden, wollte die bürgerl. Kultur lächerlich machen, um durch »Wegräumen des Schuttes« von Grund auf neu bauen zu können (H. Ball, R. Hülsenbeck, T. Tzara). In Frankreich entwickelte sich der D. zum Surrealismus.

D'ädalus, der sagenhafte erste griech. Künstler, erbaute auf Kreta das Labyrinth, schuf lebende Figuren, flog mit →Ikarus auf selbstgefertigten Flügeln übers Meer.

Daffinger, Moritz, Maler von Bildnisminiaturen, *1790, †1849.

DAG, Deutsche Angestellten-Gewerkschaft.

D'agestan [türk. »Bergland«], **Dagestanische Autonome Sozialistische Sowjetrepublik,** Teilrep. (seit 1921) der Russ. SFSR, am NO-Hang des Kaukasus, am Kasp. Meer, 50300 km², 1,42 Mill. Ew. (türk., kaukas., iran. u. a. Völker); Hauptstadt: Machatschkala. Getreide, Mais, Weizen, Reis, Wein; im N Schafzucht. Bodenschätze: Erdöl, Erdgas, Quecksilber, Eisenerz u. a.

D'agmar [altdän.], weiblicher Vorname.

D'agö, Insel in der Ostsee, 960 km², rd. 17000 Ew.; gehört zur Estnischen SSR.

D'agobert [aus ahd. dag »Tag« und beraht »glänzend«], männlicher Vorname.

D'agobert I., König der Franken, †639.

Daguerreotyp'ie [dagero-] die, von dem französ. Maler Louis Daguerre 1839 erfundenes, heute veraltetes Verfahren der →Photographie.

Dahl, Johan Christian, norweg. Maler, *1788, †1857; von C. D. Friedrich beeinflußt; Erneuerer der norweg. Malerei.

Dahlem, südwestl. Villenvorort von Berlin; Botan. Garten, Max-Planck-Institute, Freie Universität (1948 gegr.).

D'ahlie, die, Korbblütlergattung Mittelamerikas. Bekannteste Art ist die auch als **Georgine** bekannte Gartenzierpflanze, die Wurzelknollen und große Blütenkörbe mit Scheiben- oder Strahlblüten hat. Durch Züchtung Tausende von Spielarten, alle Farben.

Dahlmann, Friedrich Christoph, Historiker, Politiker, *1785, †1860, gehörte zu den →Göttinger Sieben, war 1848/49 ein Führer der kleindt. Partei in der Frankfurter Nationalversammlung.

Dahme (Mark), Stadt im Bez. Cottbus an der Dahme, 5400 Ew.; Zigarren-, Metallwarenind.

Dahn, Felix, Jurist, Historiker, Schriftsteller, *1834, †1912; »Ein Kampf um Rom«.

Dahom'e, französ. **Dahomey,** Rep. in Westafrika, 112622 km², 2,6 Mill. Ew. Hauptstadt: Porto Novo; größte Stadt und Haupthafen: Cotonou; Amtssprache: Französisch. Im S vielfach Feuchtwälder, im N Buschland und Savannen. Erzeugnisse: Palmkerne und Palmöl (70% der Ausfuhr), Erdnüsse, Baumwolle. Haupthandelspartner: Frankreich. Flughafen in Cotonou. – 1904-58 Gebiet Französ.-Westafrikas, dann Rep. in der Französ. Gemeinschaft, seit 1960 unabhängig. Präs.: J. Ahomadegbe (seit 1972) als Chef eines Präsidialrates. ⊕ S. 514, ⊡ S. 345.

Dachs

D'ahrendorf, Ralf, Soziologe, *1929, befaßt sich neben Industrie- und polit. Soziologie mit Fragen der Bildungsreform; 1969 Parlamentarischer Staatssekretär im Bundesaußenministerium, 1970 Mitglied der Europäischen Kommission in Brüssel.

Dáil Eireann [d'ail 'ɛərən, irisch], das Parlament der Rep. Irland.

Daimler, Gottlieb, Ingenieur, *1834, †1900, entwickelte 1883-85 mit →Maybach den ersten schnellaufenden Fahrzeugmotor; einer der Schöpfer des Kraftwagens, gründete 1890 in Cannstatt die **D.-Motoren-Gesellschaft,** die seit 1926 mit den Benzwerken (→Benz) verschmolzen ist zur **D.-Benz-AG.** (Stuttgart-Untertürkheim; Mercedes-Wagen).

Dairen, russ. **Dalnij,** japan. Name für **Talien,** heute Teil der chines. Stadt **Lüta.**

Dajak Mz., altmalaiische Inlandsbevölkerung auf der Insel Borneo, etwa 2 Mill.; z. T. Kopfjäger.

Dak'ar, Hauptstadt der Rep. Senegal, 440000 Ew.; wichtiger Hafen und Handelsplatz; Universität. (BILD Senegal)

Dahlie:
Dahlia variabilis

D'akien, Dazien, im Altertum das Gebiet der unteren Donau, Sitz der **Daker,** die Trajan 101 bis 106 n. Chr. unterwarf; bis 270 röm. Provinz.

Dakka, Hauptstadt von Bangla Desh, im Gangesdelta, 800000 Ew.; Univ.; Jutegewebe; Flughafen.

Dak'ota, 1) Mz., der Indianerstamm der →Sioux. 2) Gebiet der USA, umfaßt die Staaten →South Dakota und →North Dakota.

D'aktylo(graphin), schweiz.: Stenotypistin.

Daktyloskop'ie [grch. »Fingerschau«] die, das →Fingerabdruckverfahren.

D'aktylus [grch. »Finger«] der, antiker Versfuß aus einer langen (betonten) Silbe und zwei kurzen (unbetonten) Silben (— ∪ ∪ wie in »königlich«). Daktylische Versformen sind der →Hexameter und der →Pentameter.

Daladier [daladj'e], Edouard, französ. Politiker, *1884, †1970; mehrmals Minister und MinPräs., zuletzt 1938-40; Mitunterzeichner des Münchener Abkommens; 1943-45 in Dtl. interniert.

D'alai L'ama der, das kirchl. Oberhaupt des Lamaismus (→Lama).

D'alarna [schwed. »die Täler«], gebirgige, waldreiche Landschaft in Mittelschweden, am Dalälv; Hauptstadt: Falun; im SO Bergbau und Industrie.

Dalben, Dückdalben [von nd. dalb »Pfahl«], in den Boden gerammte Pfahlgruppen zum Festmachen der Schiffe; auch Seezeichen.

Dalberg, Karl Freiherr v., *1744, †1817, der letzte Kurfürst von Mainz und Erzkanzler des Deutschen Reichs; Vertreter der kath. Aufklärung in Dtl. Sich eng an Napoleon anschließend, wurde er 1806 Fürst-Primas des Rheinbundes.

d'Albert [dalb'ɛ:r], Eugen, Pianist und Komponist, *1864, †1932; Oper »Tiefland« (1903).

Daimler

d'Alembert [dalãb'ɛ:r], Jean Le Rond, französ. Naturwissenschaftler, *1717, †1783, gab mit Diderot die »Encyclopédie« heraus (35 Bände).

Dal'i, Salvador, span. Maler, *1904, schloß sich in Paris den Surrealisten an. (BILD S. 180)

Dal'ila, Geliebte Simsons, →Delila.

Dallas [d'æləs], Stadt in Texas, USA, 1,4 Mill. Ew.; Universität; Textilind., Raketen- und Flugzeugbau, Erdölindustrie.

Dalles [hebr.] der, Geldmangel, Armut.

dalli [aus poln. dalej »vorwärts«], flink.

Dalm'atien, schmale Küstenlandschaft Jugoslawiens an der Ostseite der Adria, gebirgig, meist

Dalai-Lama

179

Dali: Die
brennende
Giraffe
(1935)

wasserarm, mit vielen Inseln. Klima: mittelmeerisch, sehr milde Winter. An der Küste und in den Tälern üppige, immergrüne Pflanzen, Gebirge meist kahl (Karst). Haupthäfen sind Šibenik, Split und Dubrovnik. Die Bewohner, serbokroat. Dalmatiner, leben von Schiffahrt, Seefischerei, Fremdenverkehr, Abbau hochwertiger Bauxitlager, Industrie. – D. kam im MA. unter die Herrschaft Venedigs; 1797-1918 war es österreichisch.

Dalmatien: Dubrovnik

Dalm'atika die, -/...ken, das liturgische Obergewand des Diakons in der kath. Kirche.
Dalmat'iner, 1) Bewohner von →Dalmatien. 2) Wachhund, weiß mit schwarzen (braunen) Flecken; Schulterhöhe 50 cm.
dal segno [s'ɛɲo, ital. »vom Zeichen an«], ♪ vom Zeichen 𝄋 an zu wiederholen.
Dalton [d'ɔːltən], John, engl. Chemiker und Physiker, *1766, †1844, entdecte das für die Chemie grundlegende Gesetz der multiplen Proportionen, begründete das für die Chemie eine chem. Zeichensprache.
Dalton-Plan, von Helen Parkhurst entwickelte Unterrichtsmethode, 1920 in Dalton (Mass.) eingeführt: der Schüler hat ein best. Monatspensum zu erarbeiten, für jedes Fach gibt es eigene Unterrichtsräume. Die Lehrkräfte kontrollieren und beraten
Damanh'ur, Stadt in Unterägypten, im Nildelta, 146 100 Ew.; Stapelplatz für Baumwolle.
Dam'aschke, Adolf, Sozialreformer, *1865, †1935. →Bodenreform.
Dam'askus, die Hauptstadt Syriens, an der Hidschas-Bahn, Straßenknoten (Beirut-Bagdad, Aleppo-Kairo); 599 700 Ew.; viele Moscheen; Hausindustrie in Seide, Metall (**Damasz'ener Klingen**), moderne Industrie, Handel. – D. war 661 bis 750 Sitz der arab. Kalifen, 1516-1918 türkisch.
Dam'ast [von Damaskus] der, ein Jacquardgewebe, dessen Muster durch den Wechsel von Schuß- und Kettbindung entsteht.
damasz'ieren [von Damaskus], aus Vorderasien stammendes Verfahren, um auf der Oberfläche von Eisen und Stahl feinadrige Figuren zu erzeugen und die Festigkeit und Zähigkeit des Werkstücks zu erhöhen (Damaszener Klingen).

Damhirsch

D'ame [frz., aus lat. »domina« Herrin] die, 1) Frau der »guten Gesellschaft«. 2) Schachspiel: die Königin. 3) im französ. Kartenspiel: die dritthöchste Karte, entspricht dem Ober der deutschen Karte. 4) **D.-Spiel,** Brettspiel zwischen zwei Personen auf dem Dame-(Schach-)Brett; zwölf gegen zwölf Steine.
Damenfriede, 1529 zwischen Spanien (Margarete von Österreich) und Frankreich (Luise von Savoyen) in Cambrai geschlossener Friedensvertrag, in dem Frankreich auf Italien, Flandern und Artois verzichtete.
Damenweg, französ. **Chemin-des-Dames** [ʃmɛ̃ de dam], Höhenweg im NO Frankreichs, im April/Mai 1917 schwer umkämpft.
Damhirsch, Damwild, in Europa verbreiteter Hirsch mit Schaufelgeweih, kleiner als der Edelhirsch; im Sommer meist weißfleckig.
Dami'ani, Petrus, Kirchenlehrer, *1007, †1072, wirkte für die kirchl. Erneuerung im Geiste von →Cluny. Tag: 21. 2.
Damiette [dami'ɛt], Handels- und Hafenstadt in Ägypten, am östl. Mündungsarm des Nil, 86 300 Ew.; Textilindustrie.
Damm, 1) Aufschüttung (Erde, Knüppel u. a.) für Verkehrswege. 2) →Deich. 3) ♀ Mittelfleisch, die Gegend zwischen After und Geschlechtsteilen; der D. kann bei der Entbindung einreißen (**D.-Riß**).
Damm'an, Hafenstadt in Saudi-Arabien, rd. 50 000 Ew.; bedeutendstes Erdölfeld Saudi-Arabiens.
D'ammar [malaiisch] das, Harz verschiedener indones. Waldbäume; dient mit Terpentinöl zur Herstellung von Lack.
Damme, Stadt im Kreis Vechta, Nieders., 10 500 Ew.; Maschinen-, Textilindustrie.
Dämmerschlaf, ♀ künstlicher Halbschlaf mit Aufhebung oder starker Verringerung der Schmerzempfindung.
Dämmerung, die Helligkeit vor Aufgang und nach Untergang der Sonne.
Dämmerzustand, eine vorübergehende Trübung des Bewußtseins.
Dämmstoffe dienen dem Wärme-, Kälteoder Schallschutz; bestehen als **Dämm-** oder **Isolierplatten** aus Papierbahnen oder Wollfilzplatten, auf oder zwischen denen Isolierstoffe (Glas-, Asbestwolle, Kork, Torf u.a.) befestigt sind; ferner aus Leichtbeton oder mit Bindemittel gebundenem Kork, Stroh, Fasermaterial u. a.
D'amnum [lat.] das, ♀⅌ Nachteil, Schaden.
D'amokles, ein Höfling Dionysius d. J. von Syrakus, der ihn unter einem Schwert, das an einem Pferdehaar hing, bewirtete. **D.-Schwert,** sprichwörtl. für im Glück drohende Gefahr.
D'ämon [grch.] der, im Altertum und bei Naturvölkern: übermenschl. Wesen, die teils als gut, teils als böse vorgestellt werden; **däm'onisch,** von D. herrührend, von D. beherrscht.
D'amon und Ph'intias, zwei Pythagoreer aus Syrakus von sprichwörtl. Freundestreue; Schillers »Bürgschaft«.
Dampf, ein Stoff im gasförmigen Zustand,

Damaskus: Omajjaden-Moschee

wenn er mit seiner flüssigen oder festen Phase im Wärmegleichgewicht steht, also etwa der über einer Wasseroberfläche verdunstende und im gleichen Umfang wieder kondensierende Wasser-D. Im geschlossenen Gefäß stellt sich bei bestimmter Temperatur zwischen Verdampfen und Kondensieren ein Gleichgewicht ein (**gesättigter D., Sattdampf**). Von der Flüssigkeit abgesperrter, höher erhitzter D. heißt **Heißdampf (überhitzter D.).**

Dampfbad, Schwitzbad in heißer, mit Wasserdampf gesättigter Luft.

dämpfen, 1) ◎ mit Heißdampf bearbeiten, z.B. Holz zum Konservieren, zur Vorbereitung für die Holzschliffherstellung, Tuche zum Weichmachen und um späteres Einlaufen zu verhindern. 2) Küche: im Dampf gar machen. 3) abschwächen.

Dampfer, das →Dampfschiff.

Dämpfer, ♪ Gerät zur Abschwächung der Tonstärke; beim Klavier ein →Pedal.

Dampfhammer, mit Dampf betriebener Maschinenhammer.

Dämpfigkeit, die Kurzatmigkeit der Pferde.

Dampfkessel dienen zur Erzeugung von Dampf, dessen Druck höher ist als der Luftdruck. Sie bestehen aus Feuerung und Verdampfungsanlage. Der Dampf wird an der höchsten Stelle des D., dem **Dampfdom,** entnommen. **D.-Arten:** Flammrohrkessel mit weiter zylindrischer, wassergefüllter Stahltrommel, die der Länge nach von 1 bis 3 Wellrohren durchzogen wird, in denen die Feuerung ist. Rauchröhrenkessel werden von zahlreichen, vom Rauch durchströmten Rohren durchzogen, die außen von Wasser umspült werden. Mit vorgeschalteter Feuerbüchse nennt man den **Lokomotivkessel. Wasserrohrkessel** bestehen aus einer Ober- und einer Untertrommel, die durch schräg oder senkrecht gestellte Rohre miteinander verbunden sind (Schrägrohr-, Steilrohrkessel). Diese Rohre führen innen Wasser. D. für mehr als 100 at Druck →Höchstdruckdampfkessel. Neuzeitliche D. besitzen Überhitzer zur Erzeugung von Heißdampf und Rauchgasvorwärmer (Economiser) zur Erwärmung des Kesselspeisewassers. Jeder D. muß mit mindestens 2 Speisepumpen, Speiseventil mit Rückschlagventil, 2 Wasserstandszeigern, Sicherheitsventil, Manometer und Dampfabsperrventil ausgerüstet sein. (TAFEL Dampfkraftanlagen)

Dampfkochtopf, Schnellkochtopf, Topf mit fest aufschraubbarem Deckel und Sicherheitsventil, in dem die Speisen bei einem Überdruck von etwa 1 at ohne Vitaminverlust schnell gar werden.

Dampfmaschine, ◎ allgemein jede durch Dampf angetriebene Maschine, die die Spannkraft des Dampfes in mechan. Energie umsetzt; im engeren Sinne die Kolben-D. Der im Dampfkessel erzeugte Dampf schiebt im Dampfzylinder einen Kolben hin und her, der über Kolbenstange, Kreuzkopf, Schubstange, Kurbelzapfen die Drehbewegung bewirkt. Ein Schwungrad dient zur Erzielung eines gleichmäßigen Ganges. Die Steuerung des Dampfzutritts geschieht durch Schieber oder Ventile. Bei den **Auspuff-Dampfmaschinen** tritt der Dampf nach geleisteter Arbeit ins Freie. Bei den **Kondensations-D.** wird er in einem Kondensator durch Wasser niedergeschlagen. Bei den **Expansions-D.** wirkt der Dampf nur während eines kleinen Teiles des Kolbenweges mit voller Spannung. Die Expansion kann zur besseren Dampfausnutzung bei der **Verbundmaschine** auf mehrere Zylinder verteilt werden (**Mehrfachexpansions-D.** mit Hoch- und Niederdruckzylindern). (TAFEL Dampfkraftanlagen)

Dampfschiff, Dampfer, durch Dampfmaschine oder -turbine angetriebenes Schiff.

Dampfspeicher, ◎ Heißwasserkessel zur Aufnahme von überschüssigem Kesseldampf; gibt diesen bei Dampfmangel selbsttätig wieder ab.

Dampfturbine, eine Turbine, die die Strömungsenergie des Dampfes in mechan. Arbeit umwandelt. Durch Düsen (→Düse) trifft der Dampfstrahl auf die Schaufeln eines Laufrades

und setzt dieses mit der Turbinenwelle in Drehung. Zur besseren Ausnutzung von Druck und Geschwindigkeit läßt man den Dampf durch die Schaufeln mehrerer Laufräder strömen (mehrstufige D.). Zwischengeschaltete Leiträder nehmen den Dampf aus dem einen Laufrad auf und führen ihn den folgenden in der Drehrichtung der D. wieder zu. Nach Verlassen des letzten Laufrades gelangt der Dampf in den →Kondensator oder wird zum Heizen, Trocknen benutzt. Abdampfturbinen werden Kolbendampfmaschinen nachgeschaltet, z.B. bei Schiffsmaschinen. Vorteile gegenüber Dampfmaschine: Drehbewegung statt hin- und hergehender Bewegung, höhere Drehzahlen, viel größere Grenzleistungen, geringere Baugröße, besserer Wirkungsgrad. (TAFEL Dampfkraftanlagen)

Dämpfung, ◙ Schwächung von Schwingungen oder Wellen durch Umwandlung der Schwingungsenergie in andere Energieformen, z.B. Wärme.

Dampfwalze, eine →Straßenwalze.

Dan, 1) Sohn Jakobs. 2) der nach ihm benannte israelitische Stamm.

Dan [jap.] der, in verschiedenen Budosportarten (→Budo) verliehener Meistergrad (-stufe), meist in Form eines Gürtels.

D'anaë, griech. Sage: die Tochter des Königs Akrisios von Argos, wurde durch Zeus, der in Gestalt eines goldenen Regens zu ihr kam, Mutter des Perseus.

D'anaer Mz., bei Homer die Griechen. **D.-Geschenk:** verderbl. Geschenk wie das hölzerne Pferd, das Troja den Untergang brachte.

Dana'iden Mz., griech. Sage: die 50 Töchter des Königs Danaos, die ihre Männer ermordeten, wofür sie zur Strafe in der Unterwelt ständig Wasser in ein durchlöchertes Faß schöpfen mußten. Daher **D.-Arbeit,** mühsame, vergebl. Arbeit.

D'anakil, 1) wüstenhafte Landschaft in NO-Äthiopien. 2) Mz., den Galla verwandtes hamit. Hirtenvolk.

Danckelmann, Eberhard Freiherr v., brandenburg. Staatsmann, *1643, †1722, Gründer der Universität Halle.

D'andolo, venezian. Geschlecht mit vielen Staatsmännern und Gelehrten; der Doge Enrico D., * um 1107, †1205, begründete die venezian. Mittelmeerherrschaft.

Dandy [d'ændi, engl.] der, Stutzer, Modenarr.

D'anebrog [altdän. dan(n) »rot« und broge »Stück Zeug«] der, dän. Kriegs- und Handelsflagge (FARBTAFEL Flaggen S. 346).

Dänemark, Kgr. zwischen Mitteleuropa und Skandinavien, (ohne Außenbesitzungen Färöer und Grönland) 43031 km², 4,9 Mill. Ew. (meist evang. Dänen, in N-Schleswig rd. 30000 Deutsche); Hauptstadt: Kopenhagen. ⊕ S. 525, ⊡ S. 345, ▯ S. 878.

VERFASSUNG von 1953: konstitutionelle Monarchie (Haus Schleswig-Holstein-Sonderburg-Glücksburg), seit 1901 parlamentarisch regiert. Die vom Folketing (Parlament, 179 Abg.) beschlossenen Gesetze werden vom König bestätigt. Die vollziehende Gewalt übt der König durch die dem Folketing verantwortl. Minister aus.

LANDESNATUR. D. umfaßt Jütland und die vorgelagerten Inseln, darunter: Fünen, Langeland u.a. zwischen Großem und Kleinem Belt, Seeland, Lolland, Falster u.a. zwischen Großem Belt und Öresund, Bornholm in der mittl. Ostsee. Jütland, von einem Endmoränenzug (bis 173 m hoch) durchzogen, ist im W sandig, moorig, im O fruchtbar (Lehmboden).

WIRTSCHAFT. D. hat hochentwickelte Landwirtschaft, bes. Viehzucht und Milchwirtschaft, Fischerei; trotz geringer Bodenschätze lebhafte (weiterverarbeitende) Industrie; Landwirtschaftserzeugnisse, Maschinen, Fahrzeuge, Schiffe, Textilien, Chemikalien, Kühlaggregate, Möbel u.a. Ausfuhr: Landwirtschaftl. und industrielle Erzeugnisse; Einfuhr: Maschinen, Stahl, Textilien u.a., Brennstoffe. Haupthandelspartner: EFTA-

Dampfkochtopf

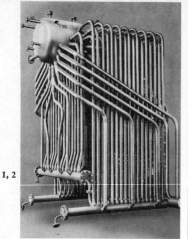

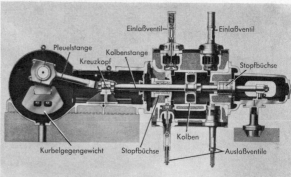

1, 2

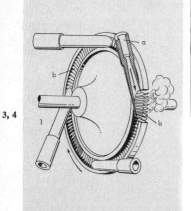

3, 4

Dampfkraftanlagen: 1 Strahlungskessel, **2** Schnitt durch eine Einzylinder-Dampfmaschine mit Ventilsteuerung, **3** Dampfturbine 1 Der Dampf strömt aus den Düsen a in Richtung der Achse durch das Laufrad b und drückt dabei das Laufrad vorwärts, **4** liegende Einzylinder-Dampfmaschine, **5** Zweigehäusige Dampfturbine im Bau. A Hochdruckläufer, B doppelflutiger Niederdruckläufer; der Dampf tritt bei a in die Hochdruckturbine ein und bei b aus, von hier aus wird er durch die Rohrleitung c der Niederdruckturbine zugeleitet und verläßt bei d die Turbine.

5

Länder, EWG-Länder. USA. – Gut ausgebautes Verkehrsnetz. Brücken und Fähren verbinden die Inseln untereinander und mit dem Festland. Haupthafen und -flughafen: Kopenhagen.

GESCHICHTE. Im 9./10. Jahrh. bildete sich das dän. Kgr., das auch das südwestl. Schweden umfaßte. Knut d. Gr. (1018-35) eroberte für kurze Zeit England und Norwegen. Um 1200 setzten sich die Dänen in Pommern, Mecklenburg und Holstein fest, wurden aber durch die Schlacht bei Bornhöved (1227) vertrieben. Waldemar IV. unterlag 1367-70 der dt. Hanse. Die Königin Margarete vereinigte in der Kalmarer Union 1397 Schweden und Norwegen mit D.; doch riß sich Schweden endgültig 1523 los. 1448 gelangte das Oldenburger Haus auf den Thron, 1460 auch in Schleswig-Holstein. 1536 wurde die Reformation eingeführt. 1658 gingen die südschwed. Provinzen, 1814 Norwegen an Schweden verloren. Dänische Absichten auf Schleswig-Holstein lösten die deutsch-dän. Kriege von 1848-50 und 1864 aus; Schleswig-Holstein kam an Preußen; 1920 fiel ein Teil Nordschleswigs durch Volksabstimmung an D. Im 1. Weltkrieg blieb D. neutral. Im 2. Weltkrieg besetzten 1940 dt. Truppen das Land. D. gehört seit 1949 der Nato an. Seit 1951 ist D. mit den skandinav. Ländern im Nord. Rat verbunden. Königin: Margarete II. (seit 1972); MinPräs.: J. O. Krag (seit 1971).

Danewerk, alter Grenzwall der Dänenkönige in Schleswig (aus dem 9.-12. Jahrh.).

Danhauser, Joseph, Historien- und Genremaler, * Wien 1805, †1845.

D'aniel [hebr. »Gott ist Richter«], im A. T. einer der vier großen Propheten.

Daniélou [danjel'u], Jean, franzö. Jesuit, *1905; Kirchenhistoriker; 1969 Kardinal.

Daniel-Rops, Henri, franzö. Schriftsteller, *1901, †1965; »Geschichte des Gottesvolks«.

Dänische Kunst. Aus der vorchristl. Zeit (bis etwa 1000 n. Chr.) stammen reiche Funde german. Kunst. Im MA. schloß sich die kirchl. Baukunst der dt. an (Dome in Lund, Ribe, Viborg), in got. Zeit auch der franzö. (Dom in Roskilde). Seit Ende des 12. Jahrh. setzte sich der Backsteinbau durch (Kalundborg). In der Spätgotik waren Lübecker Bildschnitzer für Dänemark tätig (B. Notke, C. Berg u. a.). Auch später überwog der Anteil ausländ. Künstler. Bed. Leistungen im Klassizismus: K. F. Harsdorff, C. F. Hansen in Kopenhagen. Der Bildhauer Thorvaldsen wirkte auch auf die ausländ. Kunst. Unter den Malern ragen J. Juel, A. Abildgaard und W. Eckersberg hervor.

Dänische Literatur. Vor der Reformation Rittertanz- und Heldenlieder als Zeugnisse dän. Volkskultur. Die national-dän. Literatur beginnt mit L. Holberg (†1754); Joh. Ewald knüpfte an die altnord. Tradition an. 1802/03 vermittelte H. Steffens Anregungen der Romantik, die Oehlenschlaeger aufgriff. Grundtvig, H. C. Andersen und S. Kierkegaard wirkten über ihr Land hinaus. G. Brandes gab den Anstoß zu neuer literar. Blüte: J. P. Jacobsen, H. Drachmann, H. Bang, K. Gjellerup, H. Pontoppidan, M. Andersen-Nexö. Um die Jahrhundertwende »lyrische Renaissance« (Joh. Jörgensen) und »Jütische Bewegung« (Joh. V. Jensen). Neuere Erzähler: J. Paludan, Karen Blixen, Karin Michaelis, K. Lindemann, O. P. Leck Fischer, H. Chr. Branner; Dramatiker: K. Munk, K. Abell, C. E. Soya.

Dänische Sprache, gehört mit dem Schwedischen zum ostnord. Zweig der Skandinav. Sprachen; daneben ost- und westdän. Dialekte.

Dankwarder'ode, die alte Burg Heinrichs des Löwen in Braunschweig, 1887 neu errichtet.

Dannecker, Johann Heinrich v., Bildhauer, *1758, †1841; klassizist. Werke: Schillerbüste (Weimar), Ariadne auf dem Panther.

D'Ann'unzio, Gabriele, italien. Dichter und Politiker, *1863, †1938, schrieb Oden, Romane, Trauerspiele. Als leidenschaftl. Patriot besetzte D'A. 1919 mit Freischärlern Fiume.

Danseuse [dãs'œ:z, frz.] die, Tänzerin.

Dante Alighieri [aligj'ε:ri], der größte italien. Dichter, * Florenz 1265, † Ravenna 1321, wurde 1302 aus Florenz verbannt. Seine Dichtungen sind ausgezeichnet durch Gedankentiefe, großartige Einbildungskraft, Fülle der Empfindung und Schönheit der Sprache. »Das neue Leben« (Gedichte, Darstellung seiner Jugendliebe zu Beatrice); »Die (→)Göttliche Komödie«.

Danton [dãt'õ], Georges, einer der radikalsten Politiker der Franzö. Revolution, *1759, †1794, eröffnete die jakobin. Schreckensherrschaft; 1794 durch Robespierre gestürzt und hingerichtet.

Danzig, alte Handelsstadt und eine der verkehrsreichsten Hafenstädte der Ostsee, 372 600 Ew. Die Altstadt mit der got. Marienkirche, dem Artushof, dem Zeughaus, dem Krantor und vielen alten Häusern mit »Beischlägen« wurde im 2. Weltkrieg zerstört; der Wiederaufbau wird, bes. seit 1951, stark gefördert. TH, bedeutender Handel, Schiffbau u. a. Industrie. (FARBTAFEL Wappen S. 878)

GESCHICHTE. D., 997 zuerst erwähnt, kam mit Pommerellen 1309 an den Deutschen Orden und wurde 1361 Mitglied der Hanse; 1454 geriet es in lose Abhängigkeit von Polen, blieb aber stets eine dt. Stadt; 1793 wurde es preußisch. Napoleon machte es 1807-14 zur »Freien Stadt«. 1816-1824 und 1878-1919 war D. Hauptstadt der Provinz Westpreußen. Durch den Versailler Vertrag wurde es 1919/20 zum Freistaat erklärt und 1922 dem poln. Zollgebiet eingegliedert. Während des 2. Weltkrieges war D. Hauptstadt des Gaues D.-Westpreußen. 1945 wurde Danzig (poln. Gdańsk) Hauptort der gleichnamigen poln. Woiwodschaft. Die dt. Bevölkerung wurde zum Teil noch von den dt. Behörden ausgesiedelt, zum größten Teil 1945-50 von den Polen vertrieben.

Danzig: Marienkirche

Danziger Goldwasser, ein süßer farbloser Gewürzlikör mit Blattgoldflittern.

D'aphne [grch. »Lorbeer«], griech. Sage: eine Nymphe; von Apollo geliebt und verfolgt, wird sie auf ihr Flehen von ihrer Mutter Gäa (Erde) in einen Lorbeerbaum verwandelt.

D'aphnis, griech. Sage: Sohn des Hermes, Hirt auf Sizilien; soll das Hirtenlied erfunden haben.

D. und Chloe, Ballett von M. Ravel.

Da Ponte, Lorenzo, italien. Librettist, *1749, †1838; u. a. Textbücher zu Opern für Mozart.

Darb'ysten, christl. Sekte in England, gegr. von J. N. Darby (†1882); lehnen Staatskirche und kirchl. Organisation ab, erwarten die baldige Wiederkunft Christi.

Dardan'ellen Mz., im Altertum **Hellespont,** Meeresstraße zwischen der Halbinsel Gallipoli (Europa) und Kleinasien, verbindet das Marmarameer mit dem Ägäischen Meer, 65 km lang, ηl. 1,7 km breit. – Um 1354 wurden die D. türkisch. 1841 internationaler D.-Vertrag (Meerengenfrage): zivile Schiffahrt wurde erlaubt, aber die Durchfahrt nichttürk. Kriegsschiffe verboten. 1915 dt.-türk. Abwehr des brit.-franzö. Angriffs auf Gallipoli. 1923 einer Völkerbundskommission unterstellt, wurde 1936 die türk. Wehrhoheit wiederhergestellt; Durchfahrt für Kriegsschiffe beschränkt.

Dardsch'iling, engl. **Darjeeling,** Stadt im

Dante

Daressalam (Luftaufnahme)

ind. Staat W-Bengalen, 65500 Ew.; Erholungsort, 2185 m ü.M.; Universität; um D. Teeanbau.

Daressal'am, Dar es-Salam [arab. »Haus des Friedens«], Haupt- und Hafenstadt von Tansania, 272500 Ew.; Univ., Leichtind., Handel; gilt als schönste und gesündeste Küstenstadt O-Afrikas.

Darf'ur, Landschaft und Prov. im W-Sudan, Steppentafelland; Hauptstadt: El-Fascher.

Darg, unterste Torfschicht (Schwarztorf).

Dari'én, Golf von D., Bucht des Karibischen Meeres, zwischen Kolumbien und Panama.

Dar'ío, Rubén, nicaraguan. Dichter, *1867, †1916, Anreger des »Modernismus« in der span. und südamerikan. Lyrik (»Weltliche Hymnen«).

Dar'ius, griech. **Dareios,** drei altpers. Könige (Achämeniden): 1) **D. I., der Große,** 522-486 v. Chr., Sohn des Hystaspes, schuf das großpers. Reich. 2) **D. II. Nothus** (423-404). 3) **D. III. Codomannus** (336-330), unterlag Alexander d. Gr. bei Issus 333 und Gaugamela 331 v. Chr.

Darjeeling →Dardschiling.

Darlehen, die Hingabe von Geld oder anderen vertretbaren Sachen gegen die Verpflichtung, das Empfangene in gleicher Art, Güte und Menge zurückzuerstatten; D. können verzinslich oder unverzinslich sein.

Darlehnskasse, 1) vom Staat oder Gemeinden bes. in Notzeiten zur Darlehnsgewährung errichtete Kreditanstalten, die zur Ausgabe unverzinsl. Kassenscheine ermächtigt sind **(D.-Scheine). 2)** genossenschaftliche Kreditanstalten.

Darling [d'a:liŋ, engl.] der, Liebling.

Darling der, der größte Nebenfluß des Murray in Australien, 2720 km lang.

Darlington [d'a:liŋtən], Fabrikstadt im nördl. England, 84200 Ew.; Weberei, Metallind.

Darm, Teil des Verdauungsweges, gegliedert in **Dünndarm** und **Dickdarm.** Der Dünn-D. besteht aus dem **Zwölffingerdarm (Duodenum),** in den die Ausführungsgänge der Leber und der Bauchspeicheldrüse münden, dem **Leerdarm (Jejunum)** und dem **Krummdarm (Ileum);** der Dick-D. gliedert sich in den **Blinddarm** mit Wurmfortsatz und den aufsteigenden, quer verlaufenden und absteigenden **Grimmdarm (Colon),** der nach einer S-förmigen Biegung in den **Mastdarm (Rectum)** übergeht. Die Darmwand hat eine äußere, glatte Haut, eine mittlere Muskelschicht und eine innere Schleimhaut, die bes. die Nahrungsstoffe aufnimmt. Die Schleimhaut des Dünn-D. hat viele Querfalten mit den **Darmzotten** und enthält Blut- und Lymphgefäße sowie Drüsen, die den Darmsaft absondern.

Darmbakterien, Darmflora, Bakterien, die in großer Menge im Darm leben und für die Verdauung notwendig sind.

Darmbein, der obere Teil des Hüftbeins, auf dem der Darm aufliegt (→Becken).

Darmkrankheiten. Darmblutung, blutige Stuhlentleerung bei Hämorrhoiden, Darmentzündung, Darmgeschwüren, Typhus, Ruhr, Darmkrebs, Darmtuberkulose; **Darmentzündung (Enteritis, Colitis),** durch Erreger hervorgerufene Erkrankung der Darmschleimhaut, führt häufig zu Darmgeschwüren; **Darmfistel (Kotfistel),** widernatürl. Öffnung im Verlauf des Darms; **Darmgeschwüre,** bei Darmentzündung, Typhus, Ruhr, können in die Bauchhöhle durchbrechen; **Darmkatarrh,** leichte Störung der Darmtätigkeit (→Durchfall); **Darmkrebs,** →Krebs; **Darmlähmung** (paralyt. Ileus), kann auftreten bei Bauchfellentzündung, Rückenmarkverletzungen, nach langdauernden Bauchoperationen; **Darmtuberkulose,** →Tuberkulose; **Darmverschlingung (Volvolus),** entsteht bei Überdrehung des Gekröses, Abdrosselung der Blutzufuhr führt zu Darmbrand und Darmverschluß; **Darmverschluß (Ileus),** kann auftreten durch Darmverengung von innen her (Darmgeschwülste, Fremdkörper, Kotballen) oder durch Darmverschlingung, Abknickung, Einstülpung, Einklemmung (Leistenbruch) von außen her; **Darmvorfall,** Heraustreten des Mastdarms aus dem After infolge Bindegewebs- und Schließmuskelschwäche.

Darmstadt, Hauptstadt des RegBez. D., Hessen, 141800 Ew.; an der Bergstraße; TH; Landestheater; 1944 durch Luftangriff zu 78% zerstört (wiederaufgebaut u.a. Schloß, Rathaus, Stadt-, Ludwigskirche). Die Mathildenhöhe war ein Zentrum des Jugendstils. Chemische, Maschinen-, Bau-Ind., Verlage, Druckereien.

Darnley [d'a:nli], Henry Stuart, Lord, 2. Gemahl der schott. Königin Maria Stuart, *1545, †1567, wurde von Marias Geliebtem Bothwell ermordet; Vater Jakobs I. von England.

darren, dörren, trocknen, oberflächlich rösten, z.B. Flachs, Getreide, Obst auf Holzgestell (Darre).

Darrsucht, Darre, Erkrankung junger Tiere mit langwierigen Ernährungsstörungen.

Darß-Zingst, bewaldete Halbinsel Vorpommerns, Naturschutzgebiet. Seebäder: Zingst, Prerow, Ahrenshoop.

darstellende Geometrie, zeichner. Darstellung räuml. Figuren durch geomert. Konstruktion.

darstellende Künste, i.e.S. die gegenständl. gestaltenden Künste (Plastik, Malerei); i.w.S. auch Schauspiel, Deklamation, Tanz.

Darwin, Charles, engl. Naturforscher, *1809, †1882; 1831-36 begleitete er eine Expedition nach S-Amerika und in den Stillen Ozean. Nach eigenen Forschungen und unter dem Eindruck von Malthus' Bevölkerungslehre gab D. Cuviers Annahme der Unveränderlichkeit der Arten auf; seine Lehre wirkte umwälzend (→Darwinismus).

Darwinismus, die von Darwin aufgestellte Lehre der Artbildung und Artumwandlung (→Abstammungslehre). Voraussetzung des D. ist die Variabilität der Merkmale und die Überproduktion an Nachkommen. Diese stehen in ständigem Wettbewerb um die günstigsten Lebensbedingungen (»Kampf ums Dasein«). Die am besten Angepaßten erhalten und pflanzen sich fort, während die schlecht Angepaßten ausgemerzt werden (**Selektionstheorie**). Diese **natürliche Zuchtwahl** führt zur allmählichen Umbildung der Lebewesen, zur Entstehung neuer Arten. Der D. wurde durch die Ergebnisse der Vererbungsforschung, z.B. durch die Entdeckung sprunghaft auftretender erblicher Änderungen (Mutationen), gestützt und erweitert.

Darwinscher Ohrhöcker, kleiner Fortsatz am Hinterrand der menschl. Ohrmuschel.

Dasein, das einfache Vorhandensein von Dingen, Lebewesen, der Welt als ganzer im Gegensatz zu ihrem inneren Gehalt.

Dasselfliegen, Biesfliegen, Bremsen, große behaarte Fliegen, Schmarotzer bei Rindern, Pferden und Schafen. Die Eier werden an den Körperhaaren des Wirtes abgelegt. Die Larven bohren sich in die Unterhaut und erzeugen dort eitrige Geschwüre, die **Dasselbeulen.** (BILD Fliegen)

Datenverarbeitung, die Aufbereitung festgestellter Größen (Daten) zur raschen und genauen Information durch Bürogeräte, Lochkarten und zunehmend durch elektron. Rechenanlagen.

dat'ieren, Zeit und Ort angeben.

Dating (d'eitiŋ, engl. »sich verabreden«), die Ver-

Darmstadt: Hochzeitsturm

Darwin

Dattelpalmen

184

abredung, das Treffen zwischen Jungen und Mädchen, wobei gegen großzügige Einladungen immer mehr sexuelle Intimitäten eingehandelt werden.
D'ativ [lat.] der, -s/-e, Wemfall.
d'ato [ital. »gegeben«], heute. **Datowechsel,** Wechsel, der eine bestimmte Zeit nach dem Ausstellungstag bezahlt werden muß.
Datscha [russ.] die, russ. Sommerlandhaus.
Dattel die, Frucht der →Dattelpalme.
Datteln, Stadt im Kr. Recklinghausen, Nordrh.-Westf., 34900 Ew.; Steinkohlenbergbau.
Dattelpalme, Phoenix, eine bis 30m hohe Fiederpalme (zweihäusig), angepflanzt in Nordafrika, West- und Südasien, Spanien, Kalifornien, Mexiko, Australien. Aus der zuckerreichen Frucht, der **Dattel,** einem Nahrungsmittel, stellt man Dattelhonig (Palmzucker), aus dem Sproßsaft Dattelwein her. Die Palmwedel liefern Flechtwerk. (BILD S. 184)
Dattelpflaume, tropische Bäume oder Sträucher mit beerenartigen Früchten; z.B. **Kakipflaume,** mit tomatenähnlicher Frucht. Das Kernholz vieler Arten liefert →Ebenholz.
D'atum [lat. »gegeben«] das, -s/Daten. 1) kalendermäßige Bestimmung eines Tages. 2) Mz. Daten, Angaben, Tatsachen. **D.-Grenze,** ♃ eine Linie vom Nord- zum Südpol der Erde, die teilweise mit dem 180. Längengrad zusammenfällt. Beim Überschreiten von West nach Ost wird der Tag zweimal gezählt, umgekehrt ein Tag überschlagen.
Dau, Dhau, arab. **Baggala,** ostafrikan. und arab. Segelfahrzeug mit dreieckigem Lateinsegel.
Daube die, gebogene Wandstück am Faß.
Däubler, Theodor, Schriftsteller, *1876, †1934, expressionist. Dichtungen (»Das Nordlicht«).
Daudet [dod'ɛ], Alphonse, französ. Dichter, *1840, †1897, »Der kleine Dingsda«, »Briefe aus meiner Mühle«, »Tartarin von Tarascon« u. a.
Dauerwelle, durch Einwirkung von Chemikalien (Kaltwelle) und Hitze gekraustes Haar.
Dauerwohnrecht, →Wohnungseigentum.
Daume, Willy, Industrieller, *1913, Präs. des Dt. Sportbundes (1950-70) und des Nationalen Olymp. Komitees (seit 1961), Mitglied des Internat. Olymp. Komitees (seit 1957).
Daumier [domj'e], Honoré, französ. Karikaturist und Maler, *1808, †1879.
Daun, Kreisstadt in Rheinland-Pfalz, in der Eifel, an der Lieser, Kneipp-Kurort, 5600 Ew.
Daun, Leopold Graf, österr. Feldmarschall und bedeutendster Gegner Friedrichs d. Gr. im Siebenjährigen Krieg, *1705, †1766.
Daune die, Flaumfeder.
Dauphin [dof'ɛ̃, frz.] der, urspr. Titel des Herrscher der französ. Landschaft **Dauphiné** [dofin'e:] östl. der Rhône, 1349-1830 Titel des französ. Kronprinzen.
Daus [aus altfrz. dous »zwei«] das, zwei Augen im Würfelspiel; das As im Kartenspiel.
D'authendey, Max, Dichter, *1867, †1918, daseinsfrohe Gedichte; farbenreiche, exot. Geschichten (»Die acht Gesichter am Biwasee«).
David, israel. König (etwa 1000-960 v.Chr.), kämpfte als Hirtenknabe mit Goliath, wurde Zitherspieler König Sauls und schließlich sein Nachfolger, erhob Jerusalem zur Hauptstadt; gilt als Verfasser vieler Psalmen.
David, 1) Gerard, niederländ. Maler, *1455/60, †1523, letzter führender Maler des mittelalterl. Brügge. **2)** Jacques-Louis, französ. Maler, *1748, †1823, Meister des Klassizismus. **3)** Johann Nepomuk, Organist und Komponist, *1895, Erneuerer Bachscher Polyphonie.
David d'Angers [david dɑ̃ʒ'e:], Pierre Jean, französ. Bildhauer, *1788, †1856; schuf u. a. Bildnisse (Goethes, Schillers, Tiecks u.a.).
Davidstern, Davidschild, Hexagramm, ein Sechsstern, der bes. als Sinnbild des Judentums gilt; seit 1948 in der israel. Flagge.
Davis [d'eivis], **1)** Jefferson, nordamerikan. Staatsmann, *1808, †1889, Führer der Sezessionsbewegung, Präs. der →Konföderierten Staaten. **2)** John, engl. Seefahrer, * um 1550, †1605, er-

reichte 1585 die **D.-Straße** zwischen Grönland und Baffinland und die Ostküste Grönlands.
Davis-Pokal [d'eivis], engl. **Davis Cup** [kʌp], Wanderpreis im Tennis; 1900 von dem Amerikaner Dwight F. Davis gestiftet.
Davit [d'ævit, engl.] der und das, ♃ Einrichtung mit Kran zum Aufhängen, Hinablassen, Aufheißen der Rettungsboote.
Dav'os, Hochtal im Kt. Graubünden, Schweiz; Gemeinde mit 11400 Ew., umfaßt die Kurorte **D.-Platz,** 1560 m, und **D.-Dorf,** 1574 m, Wintersport. (BILD S. 186)
Davout [dav'u], Louis Nicolas, französ. Marschall, *1770, †1832, siegte bei Auerstedt, Eggmühl, Wagram; 1815 Kriegsmin. Napoleons.
Davy [d'eivi], Sir Humphry, engl. Chemiker und Physiker, *1778, †1829, entdeckte die Elektrolyse und dabei Natrium, Kalium, Calcium, Strontium, Barium, Magnesium; erfand die Sicherheitsgrubenlampe.
Dawesplan [dɔ:z-], internat. Vertrag von 1924 über die deutschen →Reparationen.
Dax [daks], Stadt in SW-Frankreich, 18400 Ew.; schwefel- und kalkhaltige Thermen.
Dayton [d'eitn], Industriestadt und Verkehrsknoten in Ohio, USA, am Miamifluß, 262300 Ew.; Fahrzeuge, Werkzeugmaschinen, Papier u. a.
DB, Abk. für →Deutsche Bundesbahn.
DBGM, Deutsches Bundesgebrauchsmuster.
DBP, Abk. für 1) →Deutsche Bundespost, 2) Deutsches Bundespatent.
DBV, Abk. für →Deutscher Bauernverband.
DDT, Dichlor-Diphenyl-Trichloräthan, Berührungsgift für Insekten, von dem schweizer. Chemiker Müller (Nobelpreis 1948) entwickelt; zur Insektenbekämpfung und Seuchenverhütung.
de ... [lat. »von«, »herab«], Vorsilbe in Fremdwörtern: ab, z.B. Deduktion, Ableitung.
Deadweight [d'edweit, engl.], die Tragfähigkeit eines Schiffes in t (Gesamtzuladungsgewicht).
Dean [di:n], James, amerikan. Filmschauspieler, *1931, †1955, »Jenseits von Eden«.
Death Valley [deθ v'æli, »Todestal«], wüsten-

Daumier:
Fliehende
(Federzeichnung)

Davidstern

J.-L. David: Der ermordete Marat (1793)

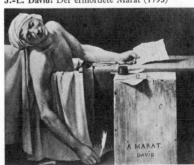

Davos-Platz gegen das Tinzenhorn

hafte Grabensenke (86 m u. M.) in Kalifornien, USA; Temperaturen bis 56 °C.

Deauville [dov'il], französ. Seebad an der Seine-Bucht, 5200 Ew.; internat. Rennen und Regatten; mit Trouville-sur-Mer verbunden.

Deb'akel [frz.] das, Zusammenbruch.

Deb'atte [frz.] die, Erörterung, Aussprache.

D'ebet das, in der Buchführung die linke (Soll-) Seite eines Kontos, die die Lastschriften aufnimmt. **D'ebitor,** Schuldner. **Debit'oren,** Außenstände. **D'ebitum,** Schuld, Verpflichtung.

Debilit'ät [lat.] die, leichter Grad des Schwachsinns; **deb'il,** geistesschwach.

Deb'ora [hebr. »Biene«], israelit. Prophetin.

Debré [dəbr'e], Michel, französ. Politiker, *1912, Jurist, Anhänger de Gaulles, 1958 Justizmin., 1959 bis 1962 Premiermin., 1966-69 Min. verschiedener Ressorts, seitdem Verteidigungsmin.

D'ebrecen, Debreczin, Stadt in O-Ungarn, Wirtschafts- und Verkehrsmittelpunkt, 155 100 Ew.; Brennpunkt des Calvinismus, seit 1914 Univ.

Debussy [dəbys'i], Claude, französ. Komponist, *1862, †1918, Schöpfer des musikal. Impressionismus. Oper: »Pelléas und Mélisande«; Orchester- und Klavierwerke, Lieder.

Debussy

Debüt [deb'y, frz.] das, Erstauftreten.

Debye [dab'ai], Petrus, niederländ. Physiker, *1884, †1966; Arbeiten über die Struktur der Materie und über Kernphysik. Nobelpreis 1936.

Decamer'one [»Zehntage-Werk«], italien. Novellensammlung von →Boccaccio.

Decca-Navigationsverfahren, Funkortungsverfahren mit unmodulierten Langwellen.

Dech'ant, katholischer →Dekan.

dechiffrieren [deʃifr'i:rən], entziffern.

D'ecius, röm. Kaiser (249-51), ordnete die erste allgemeine Christenverfolgung an.

Deck das, ⚓ jede waagerechte Zwischenwand im Körper eines Schiffes.

Decke, 1) ⊕ eine aus Spalten hervorgequollene plattenförmige Masse von vulkan. Gestein. **2)** ♀ die behaarte Haut des Wildes. **3)** der obere Abschluß eines Raumes.

decken, bei Pferd, Hund u. a.: begatten.

Deckfarben lassen darunterliegende Farben nicht durchschimmern. Gegensatz: Lasurfarben.

Deckname, angenommener Name, bes. von Schriftstellern (Künstlername, Pseudonym).

Deckung, 1) Sicherheit für eine Schuld oder einen Kredit. **2)** der Gegenwert oder teilweise Gegenwert für die ausgegebenen Banknoten (Bestand der Notenbank an Gold und Devisen). **3)** ♘ Schutz gegen Sicht und Beschuß. **4)** ⚔ **Parade,** Stellung, in der man den Angriff des Gegners durch Abfangen des Schlages (Stoßes, Stiches) vereitelt; im Fußball die Verteidigung.

Deckungskauf, vom Käufer anderweitig vorgenommene Beschaffung einer Ware, die der säumige Verkäufer trotz Setzung einer Nachfrist nicht geliefert hat. Der Preisunterschied geht zu Lasten des in Verzug Befindlichen.

De Coster, Charles, flämischer Erzähler, *1827, †1879, schrieb in französ. Sprache den geschichtl. Roman »Tyll Ulenspiegel« (1868).

decrescendo [dekrɛʃ'endo, ital.], abgek. **decr.,** ♪ allmählich schwächer werdend: >.

Dedikati'on [lat.] die, Zueignung, Widmung. **dediz'ieren,** widmen.

Dedukti'on [lat.] die, eine Form der Beweisführung: die Ableitung des Besonderen aus dem Allgemeinen. Gegensatz: →Induktion. **deduz'ieren,** herleiten, dartun.

Deeping [d'i:piŋ], Warwick, engl. Erzähler, *1877, †1950; »Hauptmann Sorrell und sein Sohn«.

DEFA, in der Dt. Dem. Rep. früher die Deutsche Film AG., jetzt die Dt. Filmgesellschaft mbH., hat Filmproduktionsmonopol.

de facto [lat.], tatsächlich, unabhängig davon, ob rechtl. (de jure) begründet. ⚖ **Anerkennung d. f.,** vorläufige, widerrufl. Anerkennung.

Defait'ismus [defɛt-, frz.] der, Zweifel an Sieg und Erfolg, bes. im Krieg.

Defäkati'on die, Kotentleerung.

def'ekt [lat.], schadhaft. **Defekt** der, Mangel.

Defens'ive [lat.] die, Abwehr, Verteidigung.

deficit spending, →Defizit-Finanzierung.

defil'ieren [frz.], vorbeimarschieren.

Definiti'on [lat.] die, Begriffsbestimmung; **fin'ieren,** die wesentl. Merkmale angeben.

definit'iv [lat.], endgültig.

D'efizit [lat.] das, Fehlbetrag, z. B. weniger Einnahmen als Ausgaben.

Defizit-Finanzierung, engl. **deficit spending,** finanzpolit. Instrument zur Erreichung der Vollbeschäftigung: der Staat gibt mehr Geld aus, als ihm durch ordentl. Einnahmen zufließt. Das Defizit wird durch Kredite finanziert; diese Geldschöpfung birgt die Gefahr einer Inflation.

Deflati'on [lat.] die, 1) die Verminderung der umlaufenden Zahlungsmittel, Gegensatz →Inflation. Folge: Erhöhung des Geldwertes, d. h. Sinken der Preise. 2) ⊕ ab- und ausblasende Tätigkeit des Windes, z. B. in Wüsten.

Deflorati'on [lat.] die, Entjungferung. **D.-Anspruch,** ⚖ Anspruch auf Entschädigung, die eine unbescholtene Braut von ihrem Verlobten verlangen kann, wenn sie diesem den Beischlaf gestattet hat und das Verlöbnis durch dessen Verschulden aufgelöst wird (§ 1300 BGB).

Defoe [dif'ou], Daniel, engl. Schriftsteller, *um 1660, †1731; »Robinson Crusoe« (1719).

Deformati'on [lat.] die, Formveränderung eines Körpers durch äußere Kräfte, z. B. Druck.

Deformit'ät [lat.] die, körperl. Mißbildung.

Defraudati'on [lat.] die, 1) Betrug, Unterschlagung. 2) Hinterziehung von Zöllen und Steuern. **defraud'ieren,** Geld veruntreuen. **Defraud'ant** der, wer sich einer D. schuldig macht.

D'efregger, Franz v., Maler, *1835, †1921; Tiroler Bauern- und Geschichtsbilder.

Degas: Die Büglerinnen

Degas [dəg'a], Edgar, französ. Maler, *1834, †1917; stellte impressionistisch die bewegte Gestalt, bes. Tänzerinnen und Pferderennen, dar.

De G'asperi, Alcide, italien. Staatsmann,

*1881, †1954, war 1911-18 Abg. im österreich. Reichsrat, seit 1921 italien. Abg., 1926 als Gegner des Faschismus zu Gefängnis verurteilt, 1945 Mitgründer der Christl.-Demokrat. Partei, 1945-53 Ministerpräs.

De Gaulle, Charles, →Gaulle.

Degen, Hieb- und Stichwaffe (→Fechten).

Degenerati'on [lat.] die, Entartung.

Deggendorf, Stadt in Niederbayern, an der Donau, 18 400 Ew.; Textilien, Werft, Brauerei.

Dégoût [deg'u, frz.] der, Ekel, Widerwille.

Degradati'on [lat.] die, Versetzung in einen niedrigeren Rang. **degrad'ieren,** erniedrigen.

Degrelle [dəgr'el], Léon, belg. Politiker, *1906, gründete 1930 die kathol.-faschist. Rex-Partei, arbeitete im 2.Weltkrieg mit Deutschland zusammen (Wallonische Legion); 1945 in Belgien zum Tode verurteilt, entfloh ins Ausland.

de g'ustibus non est disput'andum [lat.], über den Geschmack läßt sich nicht streiten.

Deh'io, Georg, Kunsthistoriker, *1850 †1932; »Geschichte der deutschen Kunst«; »Handbuch der deutschen Kunstdenkmäler«.

Dehler, Thomas, Politiker, *1897, †1967; 1924 Mitbegr. des Reichsbanners Schwarz-Rot-Gold; 1949-53 Justizmin.; 1954-57 1.Vors. der FDP; seit 1960 einer der Stellvertreter des Bundestagspräs.

Dehmel, Richard, Dichter, *1863, †1920; schrieb leidenschaftl., grüblerische Gedichte, den Roman in Versen »Zwei Menschen« (1903).

Dehnung, die Verlängerung durch Zugkraft. **Dehnzahl,** ⊙ die Dehnung bei einem Zug von 1 kg/cm²; bei Stahl $^1/_{2100000}$ seiner Länge. Ihr Kehrwert heißt der **Elastizitätsmodul** (cm²/kg).

Deh'ors [də'o:r, frz.] das, äußerer Schein.

D'ehra Dun, Stadt in Uttar Pradesh, Indien, 126 900 Ew.; in den Vorbergen des Himalaya.

Dehydr'ierung [grch.] die, Oxydation einer chem. Verbindung durch Entzug von Wasserstoff.

Deich, Damm zum Schutz gegen Überschwemmung an Flüssen und Meeren. **Fluß-D.** werden als **Winter-D.** gegen die schlimmsten Hochwasser (Schneeschmelze), als **Sommer-D.** gegen kleinere Hochwasser gebaut. **Sturm-D.** sichern das Binnenland beim Bruch des Haupt-D. **D.-Verbände (D.-Genossenschaften),** mit Selbstverwaltungsrecht und hoheitl. Befugnissen ausgestattete Vereinigungen der beteiligten Grundeigentümer, sorgen für Anlage und Unterhaltung der D. Bei Gefahr müssen alle Bewohner der bedrohten Gegend unentgeltlich Hilfe leisten. D.-Bauten dienen auch zur Gewinnung von Kulturland.

De'ismus [von lat. deus »Gott«] der, in der engl. und französ. Aufklärung vorherrschende religiöse Anschauung. Als Urgrund aller Dinge sieht sie einen Gott an, den zwar Weltschöpfer ist, doch nicht in den Lauf der Natur eingreift oder durch Offenbarungen spricht, wie der →Theismus annimmt. Das Grundwerk des D. schrieb der Engländer Toland (1696). Haupt der französ. Deisten war Voltaire. In Dtl. ging der D. in den Rationalismus der Aufklärung über (Reimarus, Lessing u.a.).

Deißmann, Adolf, evang. Theologe, *1866, †1937, verdient um die Erforschung der neutestamentlichen Sprache und des Urchristentums; ein Führer der ökumen. Bewegung.

Deister der, Bergkette südwestl. von Hannover, bis 405 m hoch; Sandsteinbrüche.

Déjeuner [deʒøn'e, frz.] das, Frühstück.

de jure [lat.], von Rechts wegen (→de facto).

Deka... [grch.], zehn; Vorsilbe vor Maß- und Gewichten: das Zehnfache, z.B. 1 **Dekagramm** = 10 g; die **Dek'ade,** 10 Stück, z.B. 10 Tage; **dek'adisches System,** das →Dezimalsystem.

Dekabr'isten [russ.], die Teilnehmer der gescheiterten Offiziersverschwörung in Petersburg (1825); forderten eine Verfassung.

Dekad'enz [frz.] die, Verfall, Niedergang, z.B. in den alten Kulturen. D. zeigt sich bes. als »Dekadenzgefühl« in Europa des 19.Jahrh. Charakteristisch ist der wachsende Pessimismus und Weltschmerz einerseits (Byron, Leopardi), die Verfei-

nerung und der Kult des Hinfällig- und Verderbtschönen andererseits (Baudelaire, Huysmans,Wilde, der frühe Rilke, Thomas Mann).

Dekal'og [grch.] der, die →Zehn Gebote.

Dek'ameron, →Decamerone.

Dek'an [lat.] der, Vorsteher 1) einer Hochschul-Fakultät; 2) eines Domkapitels; 3) eines Kirchenkreises im Bistum; 4) Titel evangel. Superintendenten. **Dekanei** die, Wohnung, Sprengel des D.; **Dekanat** das, Amt, Amtsbezirk des D.

dekant'ieren [frz.], Flüssigkeit abgießen, so daß feste Bodensätze zurückbleiben.

dekap'ieren, ⊙ geglühte Metallteile, z.B. Stahlbleche, durch Beizen von Zunder befreien.

Dekartellisierung, Dekartellierung, die Auflösung von →Kartellen, bes. nach dem Potsdamer Abkommen von den Alliierten beschlossene Auflösung der Zusammenschlüsse in der dt. Industrie (Kohle, Stahl, chem. Ind., Banken u.a.).

dekat'ieren [frz.], Tuch dämpfen, um nachträgliches Einlaufen zu verhindern.

D'ekkan der, **Dekhan,** Halbinsel und Hochland in Vorderindien.

Deklamati'on [lat.] die, künstler. Vortrag.

Deklarati'on die, Erklärung, z.B. Steuer-, Zollerklärung. **deklar'ieren,** erklären.

deklass'ieren [lat.], herabsetzen.

Deklinati'on [lat.] die, 1) Abweichung, z.B. der →Magnetnadel von der Nordrichtung. 2) ☆ Winkelabstand eines Gestirns vom Himmelsäquator, der Bogen SQ auf dem Meridian (PQP₁Q₁) zwischen Gestirn S und Himmelsäquator (AQA₁Q₁). 3) ⊕ Beugung des Hauptwortes.

Dek'okt [lat.] das, Abkochung.

Dekolleté [dekɔlt'e, frz.] das, Halsausschnitt bei Damenkleidung. **dekolletiert,** ausgeschnitten.

Dekompositi'on [lat.] die, Auflösung.

Dek'or [frz.] der, -s/-s, Verzierung, Muster.

Dekorateur [dekorat'ø:r] der, Handwerker, der Innenräume, Schaufenster u.a. ausgestaltet.

Dekorati'on [lat.] die, Verzierung, Ausschmückung, Bühnenausstattung. **dekorat'iv,** schmückend. **dekor'ieren,** schmücken.

Dek'ort [frz.] der, Abzug von einer Zahlung wegen schlechter Ware oder bei Sofortzahlung.

Dek'orum [lat.] das, Schicklichkeit, Anstand.

Dekr'et [lat.] das, Entscheidung, Verordnung; **dekret'ieren,** bestimmen, verordnen.

Dekret'alen [lat.] Mz., päpstl. Weisungen und Entscheidungen von Rechtsfällen.

Dek'ubitus [lat.] der, ⨍ das Aufliegen.

Dekum'atland, das →Zehntland.

dekuvr'ieren, entlarven, enthüllen.

Delacroix [dəlakrw'a], Eugène, französ. Maler, *1798, †1863, Haupt der französ. Romantik, schuf leidenschaftl., farbenglühende Szenen; Zeichnungen. Lithographien, u.a. zu Goethes »Faust«.

Delag'oa-Bai, Bucht im S von Moçambique mit dessen Hauptstadt Lourenço Marques.

delat'orisch [lat.], ⨍ angeberisch, verleumderisch.

Delauney [dəlɔn'ε:], Robert, französ. kubist. Maler, *1885, †1941. (FARBTAFEL Französische Kunst S. 347)

Delaware [d'eləwεə], 1) Fluß in den Verein. Staaten, 660 km lang, mündet an der O-Küste in die Delaware Bay. 2) abgek. **Del.,** zweitkleinster Staat der USA, zwischen Chesapeake- und Delaware Bay, 5328 km², 548 100 Ew.; Hauptstadt: Dover; größte Stadt: Wilmington. Viehhaltung, Acker-, Gartenbau; Nahrungsmittel-, chem. u.a. Ind. ⊕ S. 526.

Delaw'aren [nach dem Fluß Delaware] Mz., Indianerstamm Nordamerikas.

Delbrück, Hans, Geschichtsforscher, *1848, †1929, grundlegend: »Gesch. der Kriegskunst«.

Delcassé [delkas'e], Théophile, französ. Politiker, *1852, †1923, war 1898-1905 und 1914/15 Außenminister; 1904 »Entente« mit England.

dele'atur [lat.], ⟦ Korrekturzeichen: es werde gestrichen; Abk. **del.** ⸗.

Del'edda, Grazia, italien. Erzählerin, *1875,

Degen, links: D. aus dem 17. Jahrh., rechts: spanischer D.

Deklination

Delacroix

Delft: Oost-Poort

†1936, schildert ihre Heimat Sardinien (»Schilfrohr im Wind« u. a.); Nobelpreis 1926.

Delegati′on [lat.] die, 1) Abordnung. 2) ♉♈ Überweisung, Abtretung, Übertragung einer Ermächtigung. **deleg′ieren**, abordnen, übertragen. **Delegierter**, Abgeordneter.

delekt′ieren [lat.], ergötzen, belustigen.

Delft, altertüml., grachtenreiche Stadt in den Niederlanden, NO von Rotterdam, 81 600 Ew.; TH. Kabelherstellung u. a. Industrie, Fabrikation von Tonwaren (Fayencen). **Delfter Ware**, weiße, blau bemalte glasierte Gefäße.

Delhi [d′eli], Hauptstadt Indiens und des Unionsgebietes D., 3,6 Mill. Ew.; hat Reste alter Hauptstädte Indiens, darunter »Rote Festung« mit Marmorbauten, Moscheen. Handel; Gummi-, chem., Schwer- u. a. Ind.; Univ. Im S die Regierungsstadt **Neu-D.**, seit 1912 erbaut.

Delibes [dəl′i:b], Leo, französ. Komponist, *1836, †1891; komische Opern, Ballette.

delik′at [frz.], 1) zart. 2) wohlschmeckend, ausgezeichnet. 3) heikel, leicht verletzt. **Delikat′esse** die, 1) Leckerbissen. 2) Zartgefühl.

Del′ikt [lat.] das, 1) STRAFRECHT: eine mit öffentl. Strafe bedrohte Handlung. 2) BÜRGERL. RECHT: unerlaubte Handlung, die zu Schadenersatz verpflichtet (§§ 823 ff. BGB).

Delil′a, Dalila, Geliebte des →Simson.

deline′avit [lat.], Abk. **del.**, er hat (es) gezeichnet.

Delinqu′ent [lat.] der, Missetäter.

Del′irium [lat.] das, -s/..rien, ♃ geistige Störung mit Erregungszuständen und Sinnestäuschungen. **D. tremens**, der Säuferwahnsinn.

D′elisches Problem, die im Altertum berühmte geometrische Aufgabe, einen Würfel herzustellen, der den doppelten Rauminhalt eines gegebenen Würfels hat; läßt sich mit Zirkel und Lineal nicht lösen.

Delitzsch, Kreisstadt im Bez. Leipzig, 24100 Ew.; Konsumgüter-, Textil-, chem. Industrie.

D′elius, Frederick, engl. Komponist, *1863, †1934; impressionist. Opern, Chor-, Orchesterwerke.

delizi′ös [frz.], köstlich.

Delkr′edere [ital.] das, Gewährleistung für den Eingang einer Forderung, bes. bei Kommissionären und Handelsvertretern, wofür sie **D.-Provision** beziehen. **D.-Konto**, Buchführung: Konto für zweifelhafte Forderungen. **D.-Posten**, Rückstellungen auf der Passivseite der Bilanz für zweifelhafte Forderungen.

D′elmenhorst, Industriestadt in Niedersachsen, westl. von Bremen, 63700 Ew.; Linoleum, Wolle, Jute, Fette, Maschinen.

Delos, kleine Granitinsel der griech. Kykladen, im Ägäischen Meer. Im Altertum Hauptverehrungsstätte von Apollo und Artemis.

Delp, Alfred, kath. Theologe, Jesuit, *1907, † 1945, arbeitete im →Kreisauer Kreis am Entwurf einer christl. Sozialordnung mit; vom Volksgerichtshof zum Tode verurteilt, hingerichtet.

D′elphi, altgriech. Stadt am Südabhang des Parnaß, Apollo-Heiligtum und Sitz des **Delphi-**

Delhi: Rote Festung

schen Orakels; Ausgrabungen seit 1892. **delphisch**, dunkel, zweideutig (nach den Orakelsprüchen).

Delph′in der, 1) Familie der Zahnwale in den nördl. Meeren, fischähnliche 2-6 m lange Säugetiere mit spindelförmigem Körper und kegelförmigen Zähnen; schnelle, gesellig lebende Räuber. Arten: **Gemeiner D.**, **Großer Tümmler**, der **Grind-** oder **Schwarzwal** und die **Beluga** oder der **Weißwal**, werden ihres Fleisches und Tranes wegen gejagt. 2) nördliches Sternbild in Form einer Raute. 3) Stil im Schwimmsport, bei dem die Bewegungen an das Schwimmen der D. erinnern.

Delphin: Gemeiner D.

D′elta [grch.] das, 1) griech. Buchstabe D = Δ, d = δ. 2) ⊕ verzweigte, fächerförmige Flußmündung, die sich infolge der Ablagerungen des Flusses in das Mündungsbecken (Meer oder See) vorschiebt; geformt wie der griech. Buchstabe Δ. **Deltawerk**, Anlage zur Abdämmung des Rhein-Maas-Schelde-D.s in den Niederlanden zur Verhütung von Hochwasserkatastrophen. Von den fünf vorgesehenen Abschlußdämmen sind zwei vollendet.

Delto′id, ebenes Viereck aus zwei gleichschenkligen Dreiecken, deren gemeinsame Grundlinie eine Diagonale des D. ist.

Demag′oge [grch. »Volksführer«] der, Volksverführer, Hetzer. **demag′ogisch**, aufwieglerisch. **Demagogenverfolgung**, das Einschreiten der dt. Regierungen gegen die nationalen und liberalen Strömungen seit 1819.

Demarche [dəm′arʃ, frz.] die, Schritt, bes. die diplomat. Vorstellung bei einem andern Staat. **Demarkati′on** [frz.] die, Abgrenzung. **D.-Linie**, eine vorläufige Grenzlinie, z. B. zwischen Kriegführenden bei Waffenstillstand; zwischen besetztem und unbesetztem Gebiet nach Waffenstillstand, Kapitulation oder Friedensschluß; auch zur Abgrenzung von Interessensphären.

demask′ieren [frz.], die Maske abnehmen.

Demaw′end der, vulkan. Gipfel des Elburs in Iran, 5670 m hoch; am Fuß Heilquellen.

Dem′enti [frz.] das, Ableugnung, Richtigstellung. **dement′ieren**, richtigstellen.

Dem′entia [lat.] die, ♃ erworbener Schwachsinn. **D. senilis**, der →Altersblödsinn. **D. praecox**, →Schizophrenie.

Dem′eter, griech. Göttin des Erdsegens und der Fruchtbarkeit, Mutter der Persephone (→Ceres).

Dem′etrius, russ. Großfürst, Sohn Iwans des Schrecklichen, *1582, †1591 (ermordet, wahrscheinl. auf Befehl Boris Godunows). Nach seinem Tode gaben sich Betrüger für ihn aus.

demi [dəm′i, frz.], halb. **Demimonde** [-mõd] die, Halbwelt. **Demi-vierge** [-vjɛrʒ] die, unberührtes, aber innerlich nicht mehr reines Mädchen.

Deminut′iv [lat.] das, Verkleinerungswort, im Deutschen z. B. die Nachsilben -chen, -lein.

Demissi′on [frz.] die, Rücktritt, bes. einer Regierung oder eines Ministers.

Demi′urg [grch. »Werkmeister«] der, urspr. Handwerker, seit Plato der Schöpfer der Welt.

Demm′in, Kreisstadt im Bez. Neubrandenburg, an der Peene; 17200 Ew.; Zuckerfabrik.

Demob′ilmachung, Demobilis′ierung, Zurückführung der Wehrmacht in den Friedensstand.

Democraz′ia Crist′iana, italien. Partei, im 2. Weltkrieg illegal entstanden, seit 1944 Regierungspartei.

Demodulati′on [lat.] die, Wiedergewinnung

der niederfrequenten Schwingungen, mit der eine hochfrequente Trägerschwingung moduliert wurde.

Demograph'ie, Demolog'ie [grch.] die, beschreibende Bevölkerungskunde, der Bevölkerungsstatistik nahestehend.

Demokr'aten, 1) →Demokratie. 2) in USA die unter dem geistigen Einfluß der Französ. Revolution entstandene Partei (damals unter der Führung Jeffersons), stellte im 20. Jahrh. 1913 bis 1921, 1933-52 und 1961-68 den Präsidenten (Wilson, Roosevelt, Truman, Kennedy, Johnson).

Demokrat'ie [grch. »Volksherrschaft«] die, eine Lebens- und Staatsform, die von der Gleichheit und Freiheit aller Bürger ausgeht und daraus die Forderung ableitet, daß nach dem Willen des Volkes regiert werde. Die D. im herkömml. westl. Sinn wird durch das Vorhandensein einer Verfassung gekennzeichnet, die auf der Verteilung der drei Hauptaufgaben staatl. Machtausübung (Gesetzgebung, Regierung, Rechtsprechung) auf voneinander unabhängige Organe beruht **(Gewaltenteilung),** die ferner die **Grundrechte** gewährleistet und das allgem., gleiche, freie und geheime **Wahlrecht** sichert. Das Volk als eigentl. Träger der Staatsgewalt ist berufen, seinen Willen in Mehrheitsentscheidungen kundzutun, entweder unmittelbar **(unmittelbare D.)** oder durch Wahl von Vertretern zur Volksvertretung **(mittelbare, repräsentative D.;** heute gebräuchlichste Form). Die Volksvertretung beschließt die Gesetze und ist in den meisten Staaten an der Bildung der Regierung beteiligt **(parlamentarische D.).** In vielen Staaten ist das Volk auch zum unmittelbaren Volksentscheid aufgerufen, in einigen Staaten wählt es den Regierungschef auf eine bestimmte Zeit **(Präsidial-D.,** z. B. USA). An der polit. Willensbildung in der repräsentativen D. haben die **Parteien** entscheidenden Anteil, bes. bei Wahlen und Regierungsbildung. Voraussetzung freiheitl. D. ist, daß die Minderheitsparteien als **Opposition** unbehindert zu Wort kommen und daß ein Regierungswechsel mit friedl. Mitteln gesichert ist.

Die Erscheinungsformen der D. sind vielgestaltig: eine D. ist nicht notwendig eine Republik, parlamentar. Monarchien können praktisch D. sein (z. B. Großbritannien). Da D. Gleichheit vor dem Gesetz verbürgt, ist der demokrat. Staat ein **Rechtsstaat.**

Der Marxismus versteht unter D. die klassenlose Gesellschaft, in der der Staat durch die »sozialist. Ordnung« abgelöst ist; sie soll entstehen, nachdem die »kapitalist.« Wirtschaftsordnung durch die Übergangsform der Diktatur des Proletariats beseitigt worden ist. Sowjetunion und Volksdemokratien nehmen das Wort D. für ihre Staatsform in Anspruch. Bei dem Scheine nach demokrat. Einrichtungen (Verfassung, Grundrechte, Wahlen, Volksvertretung u. a.) ist der polit. Wirklichkeit von der westl. D. grundverschieden.

Demokr'it, griech. Philosoph, * um 460 v. Chr., † um 371; begründete den →Atomismus.

demol'ieren [frz.], zerstören.

Demonstrati'on [lat.] die, 1) Beweisführung, Darlegung. 2) öffentliche Kundgebung durch eine größere Anzahl von Personen **(Demonstranten).** Zeitwort: **demonstr'ieren.**

Demontage [demon'a:ʒ, frz.] die, Zerlegung, Abbau; bes. Abbau von Industrieanlagen.

Demoralisati'on [frz.] die, Sittenverderbnis. **demoralis'ieren,** zucht- und mutlos machen.

de m'ortuis nil n'isi b'ene [lat.], von den Toten (rede) nur gut (in würdigem Ton).

D'emos [grch. »Gemeinde, Volk«] der, im alten Griechenland ursprünglich das Gebiet, zugleich Volksgrenze eines Staates, später dagegen das niedere Volk, auch das dörfl. Gemeindewesen.

Demoskop'ie [grch.] die, Meinungsforschung.

Dem'osthenes, griech. Redner, *384, †322 v. Chr., Führer der Unabhängigkeitspartei in Athen, Gegner Philipps von Makedonien.

dem'otisch [grch.], dem (gemeinen) Volk angehörig. **d. Schrift,** altägypt. Gebrauchsschrift.

Dempf, Alois, Philosoph, *1891, katholischer Geschichtsphilosoph.

Den'ar [lat.] der, wichtigste röm. Silbermünze.

denatur'ieren, natürliche Eigenschaften zerstören; vergällen.

Dender, französ. **Dendre**[dɑ̃dr], Fluß im mittl. Belgien, rechter Nebenfluß der Schelde.

D'endera, Dorf in Oberägypten, in der Nähe der Haupttempel der Göttin Hathor.

Dendera: Hathortempel

Dendr'it [grch. dendron »Baum«], baum- oder moosartige Zeichnung auf Gesteinen; oft irrtümlich für Pflanzenabdrücke gehalten.

Dendrolog'ie [grch.] die, Baum- und Gehölzkunde.

D'eneb [arab.]. Stern im Sternbild Schwan.

Denguefieber [d'ɛŋgwe-], **Dandyfieber,** der Viruskrankheit in den Tropen und Subtropen, von einer Mücke, Aedes aegypti, übertragen.

Den Haag, →Haag.

Den Helder, →Helder.

Denier [dənj'e, frz.] das, Abk. **den,** Maß für den Feinheitsgrad von Seide und Chemiefasergarnen, Gewicht eines Fadens von 9000 m Länge in g.

Denis [dən'i] Maurice, französ. Maler, *1870, †1943, relig. Gemälde, Bildteppiche, Fenster.

Denitrifikati'on [lat.], der Abbau der Stickstoffverbindungen im Ackerboden durch Bakterien bis zur Wiederherstellung freien, für die meisten Pflanzen nicht verwertbaren Stickstoffs.

Denizl'i, türk. Prov.-Hauptstadt, 64 300 Ew.; im N Ruinen von Laodikea bei Eskihisar, Kalksinterterrassen von Hierapolis (Pamukkalesi).

Denken, die Fähigkeit des Verstandes, Gegenstände und Beziehungen zwischen ihnen aufzufassen, oft mit Hilfe sprachlicher oder anderer (z. B. mathemat.) Symbole. Ergebnisse des D. sind Begriffe, Urteile, Schlüsse. Die formalen Gesetze richtiger Denkfolgen untersucht die →Logik.

Denkmal, Gegenstand der Kunst, der Geschichte, der Natur von denkwürdigem Charakter (Natur-, Geschichts-, Kunst-D.). In engerem Sinne das einer Person gewidmete D. **Denkmalpflege, Denkmalschutz** nennt man die Maßnahmen zum Schutz künstlerisch oder kulturgeschichtlich wertvoller D. der Vergangenheit.

Denner, Balthasar, Bildnismaler, *1685,†1749.

Dent [dɑ̃, frz. »Zahn«] die, scharfkantige, spitze Berggipfel der französ. W-Alpen (D. du Midi).

dent'al [lat.] die Zähne betreffend.

Dent'ist [lat.], früher Zahnheilkundiger, seit 1952 dem Zahnarzt gleichgestellt.

Denudati'on [lat. »Entblößung«] die, ⊕ flächenhafte Entblößung des festen Untergrundes von seinen Verwitterungsstoffen.

Denunziati'on [lat.] die, Anzeige einer strafbaren, bes. einer moralisch verwerfl. Handlung. Ein Denunziant, der eine Anzeige wider besseres Wissen oder leichtfertig erstattet, wird mit Freiheits- oder Geldstrafe bestraft (§§ 164 StGB).

D'enver, Hauptstadt von Colorado, USA, 520 000 Ew.; Handel, Industrie, Verkehrsknoten.

Département [departəm'ɑ̃,frz.]das,Abteilung,

Verwaltungszweig. **1)** SCHWEIZ: die obersten Verwaltungsbehörden im Bund und in 14 Kantonen, den Ministerien entsprechend. **2)** FRANKREICH: oberster Verwaltungsbezirk, etwa einem Regierungsbezirk entsprechend; an der Spitze steht der Präfekt neben dem Generalrat als der Volksvertretung. Auch in vielen südamerikan. Staaten (span. Departamento).

Department [dip′α:tmǝnt, engl.], Abteilung, Verwaltungszweig; in USA auch Ministerium.

Dépendance [depɑ̃d′ɑ̃s,frz.] die, **Depend′enz,** 1) Nebengebäude (Hotel). 2) abhängiges Gebiet.

Dep′esche [frz.] die, 1) ✦ Telegramm. 2) Eilbotschaft.

Depilati′on [lat.] die, Enthaarung.

deplac′iert [frz.], unangebracht.

depon′ieren [lat.], ablegen, hinterlegen.

Dep′ort der, an der Börse Kursabschlag bei Rücklieferung von Wertpapieren im verlängerten Termingeschäft. Gegensatz: Report.

Deportati′on [lat.] die, 1) die staatl. Verschikkung von Verbrechern od. polit. Gegnern zu Zwangsaufenthalt.2) im Krieg die Verschickung von Bevölkerungsteilen aus besetzten Gebieten in Zwangslager außerhalb der Heimat.

Depos′iten, 1) hinterlegte Wertsachen. 2) verzinsl. Geldeinlagen bei Banken (bes. **D.-Banken).** **D.-kasse,** örtl. Zweigstelle einer D.-Bank.

Depot [dep′o, frz.] das, 1) Aufbewahrungsort, Lager. 2) bei einer Bank aufbewahrte Wertgegenstände und Wertpapiere.

Depotpräparate, Arzneimittel, die nur langsam in die Blutbahn aufgenommen werden und daher über längere Zeit hinweg wirksam sind.

Depressi′on [lat.] die, 1) gedrückte Gemütsstimmung. 2) Tiefstand in der Wirtschaftsentwicklung. 3) ☆ Bogenabstand von Sternen unter dem Horizont. 4) Gebiet niederen Luftdrucks. 5) ⊕ abflußlose Landsenke, die unter dem Niveau des Meeresspiegels liegt (z. B. das Tote Meer).

deprim′ieren [lat.], entmutigen.

de prof′undis [lat. »aus der Tiefe«], Anfangsworte des 130. (129.) Psalms.

Deput′at [lat.] das, Gehalts- oder Lohnteil in Sachleistungen (Lebensmitteln, Holz u. a.).

Deputati′on [lat.] die, Abordnung. **Deput′ierter** der, Abgeordneter.

Derain [dǝr′ɛ̃], André, franzöz. Maler, *1880, †1954; kam über den Kubismus zu einem persönl. Stil geballter Kraft; Landschaften, Stilleben.

Derain: Stilleben

derangieren [derɑ̃ʒ′i:rǝn, frz.], in Unordnung bringen.

Derb′ent, Stadt in der Dagestan. ASSR, am W-Ufer des Kasp. Meeres, 55 000 Ew.; Erdölfelder.

Derby [d′α:bi], Hauptstadt der engl. Gfsch. Derbyshire, 221 200 Ew.; anglikan. Bischofssitz, Fahrzeug-, Porzellan-, Webwareindustrie.

Derby [d′α:bi], bekanntestes engl. Zuchtrennen für dreijährige Pferde, gestiftet von Lord Derby um 1780; alljährlich in Epsom; entsprechend seit 1869 in Hamburg.

Derfflinger, Georg Freiherr v., brandenburg. Feldmarschall, *1606, †1695, entschied als Reiter-

Descartes

führer des Großen Kurfürsten 1675 die Schlacht bei Fehrbellin.

Deriv′at [lat.] das, ⟲ Abkömmling, Verbindung, das sich von einer andern ableitet und meist aus ihr herstellen läßt.

Dermatolog′ie [grch.] die, Lehre von den Hautkrankheiten.

Dermat′ose [grch.] die, Hautkrankheit.

Dermopl′astik [grch.] die, das Herrichten von Tierbälgen zum Abbild des lebenden Tieres.

dernier cri [dɛrnje kr′i, frz. »letzter Schrei«] der, letzte Neuheit, neueste Mode.

Derogati′on [lat.] die, Beeinträchtigung; bes. Aufhebung eines Gesetzes.

Déroute [der′ut, frz.] die, wilde Flucht.

Derw′isch [pers. »Bettler«] der, islamischer Bettelmönch.

Déry, Tibor, ungar. Schriftsteller, *1894, 1956 bis 1960 als geistiger Führer der Volkserhebung eingekerkert; surrealist., zeitkrit. Romane: »Herr G. A. in X«, »Ambrosius« u. a.

des, ♪ das um einen Halbton erniedrigte d.

des... [lat.], Vorsilbe in Fremdwörtern: un..., ent..., z. B. Desinfektion, Entseuchung.

Des′aster [frz.] das, Mißgeschick.

desavouieren [dezavu′i:rǝn, frz.], nicht anerkennen; im Stich lassen.

Descartes [dɛk′art], René, lat. **Cartesius,** franzöz. Philosoph und Mathematiker, *1596, †Stockholm 1650; erster kritischer und systemat. Denker der Neuzeit. Als sicheren Ausgangspunkt des Philosophierens wählte er den Satz »cogito ergo sum« (ich denke, also bin ich). Sein Rationalismus beeinflußte als **Kartesianismus** im Jahrhundert lang die Philosophie in Westeuropa (→Spinoza, →Leibniz). Als Mathematiker war D. Schöpfer der analytischen Geometrie.

Deschnjow, Kap [dj′ɛʒnef, nach dem Entdecker D.], O-Spitze Asiens an der Beringstraße.

desensibilis′ieren [lat.], künstl. Herabsetzung der Überempfindlichkeit gegen ein →Antigen durch allmählich erhöhte Gaben des Antigens.

Deserteur [dezɛrt′œ:r, frz.] der, Fahnenflüchtiger. **Deserti′on** [lat.] die, Fahnenflucht.

De Sica, Vittorio, italien. Filmregisseur und -schauspieler, *1902; »Fahrraddiebe« u. a.

Desider′at [lat.] das, -s/...ate, ...ata, Erwünschtes; Lücke, Mangel.

Desid′erius, der letzte König der Langobarden, 774 von Karl d. Gr. besiegt.

Design [diz′αin, engl.], Muster, Zeichnung, Entwurf für formgerechten Gebrauchsgegenständen und Industrieprodukten. **Designer,** Formgestalter.

design′ieren [lat.], bezeichnen, bestimmen.

Desillusi′on die, Enttäuschung.

Desinfekti′on [frz.] die, Entseuchung, die Vernichtung von Krankheitserregern zur Verhütung von Ansteckung und zur Vermeidung von Wundinfektionen (→Asepsis), durch physikal. Mittel: Auskochen, Heißluftsterilisation, strömenden oder gespannten Wasserdampf (Autoklav), Ultraviolettbestrahlung (Raumluftsterilisation) sowie durch chemische Mittel: Phenol, Kresol, Lysol, Formalin, Chlorkalk, Chloramin u. a. D.-Maßnahmen: im Krankenzimmer häufige Reinigung von Bettzeug, Bekleidung, Eßgeschirr usw., nach ansteckenden Krankheiten gründlich. Die chirurgische D. umfaßt alle Instrumente, Geräte, Verbandstoffe, die Hände, Kleidung usw. Der Staat überwacht Trinkwasser, Badeanstalten, Einfuhrgüter, Einwanderer (→Quarantäne) und die gemeldeten Infektionsquellen.

Desintegrati′on [frz.] die, Auflösung. Gegensatz: Integration.

desinteress′iert [frz.], gleichgültig.

Désirée, Eugenie Bernardine, Königin von Schweden, *1777, †1860; Schwägerin Napoleons; ⚭ Jean Baptiste Bernadotte (Karl XIV. Johann).

Desjat′ine die, russ. Feldmaß = 1,093 ha.

Deskripti′on [lat.] die, Beschreibung.

Desman der, **Bisam-Spitzmaus,** maulwurfartiges Ufertier Südostrußlands (Silberbisam).

Des Moines [dim'ɔin], Hauptstadt von Iowa, USA, 200 600 Ew., Schlachthäuser, Ind.

Desmoulins [dɛmul'ɛ̃], Camille, französ. Revolutionär, *1760, †1794, Anführer des Sturms auf die Bastille, hingerichtet.

Desna die, linker Nebenfluß des Dnjepr, 1187 km lang, mündet bei Kiew.

desodor'ieren [lat.], schlechte Gerüche beseitigen mit Hilfe von Stoffen, die durch Oxydations-, Reduktions- oder Absorptionswirkung die Geruchsstoffe zerstören. Körper- und Mundgeruch beseitigt man durch bestimmte Chlorophyllabkömmlinge.

desol'at [lat.], verwüstet, öde, trostlos.

Desorganisati'on [frz.] die, Auflösung.

despekt'ierlich [lat.], geringschätzig.

Desper'ado [span. »Verzweifelter«] der, ein aus Verzweiflung zu extremen Handlungen neigender Mensch; allgemein auch Anhänger radikaler sozialrevolutionärer Bewegungen.

desper'at [lat.], verzweifelt.

Despiau [dɛspj'o], Charles, französ. Bildhauer, *1874, †1946, kam 1907 zu Rodin, schuf Werke von naturnaher, klarer Plastik der Form.

Desp'ot [grch. »Gebieter«] der, Willkür-, Gewaltherrscher. **Despot'ie** die, **Despot'ismus** der, Willkürherrschaft.

Dessau, Stadt im Bez. Halle, an der Mulde, 97 800 Ew.; wichtiger Bahnknoten; Industrie: Fahrzeuge, Apparatebau, Maschinen. 1603-1918 anhaltischer Fürsten- und Herzogssitz.

Dessauer, Friedr., Biophysiker, *1881, †1963.

Dessauer, der Alte D., →Leopold I.

Dessert [dɛs'ɛːr frz.] das, Nachtisch. **D.-Weine**, süße Weine, meist Südweine.

Dessin [dɛs'ɛ̃, frz.] das, Plan, Zeichnung.

Dessous [dɛs'u, frz.], Damenunterwäsche.

Destillati'on [lat. »Herabtröpfeln«] die, **Destillieren**, chemisches Trennungs- und Reinigungsverfahren in drei Arten: **1)** Die **einfache D.** bezweckt die Trennung unzersetzt verdampfbarer Flüssigkeiten von ihren nichtflüchtigen Bestandteilen. **2)** Die **gebrochene (fraktionierte) D.** zerlegt ein Gemisch flüchtiger Bestandteile von verschiedenem Siedepunkt in die einzelnen Bestandteile. **3)** Die **trockene D.;** Zersetzung von Kohle und Holz u. a. organ. Stoffen durch Erhitzen in trockenem Zustand; dabei bilden sich sowohl feste (Holzkohle) als auch flüssige (Holzessig) und gasförmige (Heizgas, Stadtgas) Stoffe.

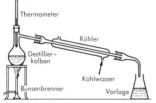

Thermometer
Kühler
Destillier-
kolben
Kühlwasser
Bunsenbrenner
Vorlage

Destillation: Einfache Destilliervorrichtung für Laboratoriumszwecke

Destinati'on [frz.] die, Bestimmung.

destrukt'iv [lat.], zerstörend, zersetzend.

Dest'ur [arab. »Verfassung«], **1)** tunes. Nationalbewegung seit 1919. Die **Neo-D.-Partei** forderte die Unabhängigkeit, ist seit 1956 Regierungspartei. **2)** bis 1958 nationalist. Partei im Irak.

DESY, →Deutsches Elektronen-Synchrotron.

Deszend'ent [lat.] der, Nachkomme, Verwandter in absteigender Linie, z. B. Kinder, Enkel. Gegensatz: →Aszendent.

Deszend'enztheorie, →Abstammungslehre.

Detachement [dataʃm'ã, frz.] das, Truppenabteilung für Sonderaufgaben.

Detail [dət'aj, frz.] das, Einzelheit. **detaillieren** [detaj'iːrən], aufschlüsseln, einzeln erörtern. **D.-handel**, Einzelhandel.

Detekt'iv [engl.] der, Geheimpolizist, auch Privatperson, mit der Aufklärung zivil- und straf-rechtlicher Angelegenheiten beauftragt. **Detektivgeschichte**, →Kriminalroman.

Det'ektor [lat.] der, -s/...t'oren, ⌂ Gerät zum Aussieben niederfrequenter Signale aus modulierten hochfrequenten Schwingungen; früher **Kristall-D.**, ein natürl. Kristall (Bleiglanz, Silicium, Germanium), der von einer feinen Metallspitze berührt wird. Moderne D. enthalten einen Einkristall und sind fest eingestellt (Halbleiterdioden). Der D. wirkt als Gleichrichter. **D.-Empfänger**, röhrenloser Empfänger.

Deterg'entien, waschaktive Substanzen.

Determin'ante [lat.] die, **1)** △ eine Zahl, die nach einem Schema aus den Koeffizienten eines Gleichungssystems errechnet wird. **2)** ⚹ Erbanlage.

Determinati'on [lat.] die, Bestimmung; in der Logik: Festlegung eines Begriffs durch Hinzufügung weiterer Merkmale.

Determin'ismus [lat.] der, die Lehre, daß alles Geschehen durch Ursachen eindeutig bestimmt ist. Gegensatz: →Indeterminismus.

Detlev, Detlef [niederdt. für Dietleib, aus ahd. diot »Volk«, luba »Sohn«], männl. Vorname.

Detmold, Stadt in Nordrh.-Westf., im Teutoburger Wald, 29 000 Ew.; Schloß, ehemal. Residenz; südl. von D. die →Grotenburg mit dem Hermannsdenkmal und die →Externsteine.

Detonati'on [lat.] die, Entladung, Knall.

Detroit [dit'rɔit], Industriezentrum in Michigan, USA, 4,1 Mill. Ew.; 2 Univ.; bedeutender Bahnknoten, Hochseeanschluß durch St.-Lorenz-Seeweg, Fabriken für Kraftwagen und Zubehör (General Motors, Ford, Chrysler).

Detektor: a Bleiglanzkristall, b Metallspitze, c Stecker

Detroit

Deuk'alion, in der griech. Sage Stammvater der Hellenen, Sohn des Prometheus und Gemahl der Pyrrha.

D'eus [lat.] der, Gott; **D. ex machina** [Gott aus der Maschine], im altgriech. Schauspiel der durch eine Maschine herabgelassene Gott, der die Verwicklungen löste; danach: unverhoffter Helfer.

Deut [niederländ.] der, **1)** ein bißchen. **2)** ehemal. kleine niederländ. Kupfermünze.

Deut'erium [grch.] das, **D**, schwerer Wasserstoff, ein schweres Isotop des Wasserstoffs; Darstellung durch Elektrolyse des schweren Wassers. Der Atomkern des D. heißt **Deuteron;** mit sehr schnell bewegten Deuteronen **(Deuteronenstrahlen)** können Atomumwandlungen durchgeführt werden.

Deuteron'omium [grch.] das, 5. Buch Mose.

deutsch [ahd. diutisk »volksmäßig«], zuerst 786 in latinisierter Form für die dt. Sprache belegt, wurde zum Namen des Volkes und Landes.

Deutsch, 1) Ernst, Schauspieler; *1890, †1969. **2)** Julius, österreich. Politiker (Sozialist), *1884, † 1968, Gewerkschaftsführer.

Deutsche, nach Herkunft, Sprache und Gesittung ein Teil der →Germanen, seit alters hauptsächlich in Mitteleuropa ansässig. Von D. kann man jedoch erst sprechen, als nach der Teilung des →Fränkischen Reichs in den Stämmen des Ostfränk. Reichs das Bewußtsein eines gemeinsamen polit. Schicksals entstand. Die D. scheiden sich seit der Mitte des 9. Jahrh. nach Sprache, Recht, Wesensart und Geschichte von der roman. Bevölkerung, den Welschen (der »Romanitas«).

Die alten großen Stämme waren: Alemannen, Baiern, Franken, Thüringer, Sachsen, Friesen, während sich in dem besiedelten Ostraum zwischen 10. und 14. Jahrh. Neustämme bildeten. Starke Verzahnung und Vermischung in den Grenzgebieten hatten zur Folge, daß die heutigen dt. Länder vielfach nicht mehr mit den alten Stammesbereichen zusammenfallen. Immerhin machen sich noch heute die Stammesunterschiede geltend im Volkscharakter, in Mundarten, Trachten, Sitten und Gebräuchen; das stärkste Band der geistigen Einheit ist die →Deutsche Sprache.

Neben der seit der Karolingerzeit beginnenden und das MA. überdauernden »inneren Kolonisation« (z. B. Rodung der Wälder) stand, ebenso früh beginnend, die »äußere Kolonisation«, der teils friedliche, teils kriegerische Erwerb neuer Gebiete (»Marken«). Sie ging nach Osten, in jenst germanisches, in der Völkerwanderung den Slawen überlassenes Land (Österreich, Kärnten, Steiermark, Obersachsen, Schlesien, Brandenburg, Mecklenburg, Pommern, Preußen und die Randgebiete Böhmens und Mährens). Große Verluste brachte der Dreißigjährige Krieg. Seit etwa 1850 wanderten viele Deutsche aus, bes. nach N-Amerika. Im Rahmen der Eroberungspläne Hitlers wurden nach 1939 auf Grund von Verträgen sehr viele Volks-D. (aus Rumänien, Jugoslawien, Polen, Rußland und den balt. Ländern) in das »Großdeutsche Reich« umgesiedelt. Gewaltige Flüchtlingsströme ergossen sich nach dem Zusammenbruch der Ostfront aus dem gesamten O- und SO-Europa nach dem Westen. Auf Grund des Potsdamer Abkommens der Alliierten wurden Millionen D. aus den Gebieten östl. der Oder und Neiße, aus Ungarn, Polen, Jugoslawien, der Tschechoslowakei vertrieben oder ausgesiedelt, andere wurden verschleppt, größtenteils in die Sowjetunion. – In Übersee sind dt. Siedlungen in S-Amerika (Brasilien, Argentinien, Chile) und in SW-Afrika.

Deutsche Akademie für Sprache und Dichtung, 1949 von den dt. Schriftstellerverbänden gegr. Vereinigung zur Vertretung der dt. Literatur im In- und Ausland; Sitz Darmstadt.

Deutsche Angestellten-Gewerkschaft, DAG, →Angestelltengewerkschaften.

Deutsche Arbeitsfront, DAF, der nat.soz. Einheitsverband der Arbeitnehmer und -geber.

Deutsche Bank AG., Frankfurt a. M. (früher Berlin; 1929-37 **D. B. und Discontogesellschaft**), dt. Großbank, gegr. 1870, 1948 dezentralisiert (10 Nachfolgebanken), 1952: 3 Regionalbanken, seit 1957 wieder D. B.

Deutsche Bibliothek, die der →Deutschen Bücherei entsprechende westdt. Bibliothek, gegr. 1946; Sitz Frankfurt a. M. (→Bibliographie).

Deutsche Bücherei, Leipzig, errichtet 1912 vom Börsenverein der Dt. Buchhändler als Gesamtarchiv des deutschsprachigen Schrifttums des In- und Auslandes ab 1913 (→Bibliographie).

Deutsche Bundesbahn, Abk. **DB,** die bundeseigenen Eisenbahnen in der Bundesrep. Dtl., 1949 aus der Dt. Reichsbahn entstanden. Streckenlänge (1968) 29 845 km.

Deutsche Bundesbank, die Zentralbank der Bundesrep. Dtl., Sitz Frankfurt a. M. Aufgaben: Regelung des Geldumlaufs, Notenausgabe, Sicherung der Währung. 1957 durch Verschmelzung der Landeszentralbanken mit der Bank deutscher Länder entstanden.

Deutsche Bundespost, Abk. **DBP,** unmittelbare Bundesverwaltung für das Post- und Fernmeldewesen in der Bundesrep. Dtl., untersteht dem Bundesmin. für das Post- und Fernmeldewesen. 1924-45 bestand die **Dt. Reichspost,** 1947-50 hieß sie **Dt. Post** (so noch in der Dt. Dem. Rep.).

Deutsche Christen, unter Einfluß des Nat.-Soz. entstandene evang. kirchl. Bewegung, erstrebte die Machtübernahme innerhalb der Kirche. In ihrer Abwehr bildete sich die →Bekennende Kirche.

Deutsche Demokratische Partei, DDP, im Nov. 1918 als Sammelpartei des Bürgertums von F. Naumann gegr., 1930 in die **Dt. Staatspartei** umgewandelt, löste sich im Juli 1933 auf.

Deutsche Demokratische Republik (eigene Abk. DDR, im Text des Lexikons Dt. Dem. Rep. abgekürzt), die 1949 geschaffene staatl. Organisation der Sowjet. Besatzungszone Deutschlands (SBZ), ein Teil Deutschlands; 107 771 km² mit (1971) 17,6 Mill. Ew. (ohne O-Berlin). In der Verf. v. 7. 10. 1949 wurde O-Berlin (403 km², 1,082 Mill. Ew.) zur Hauptstadt erklärt. ⊕ S. 520/21, 🏳 S. 345, ☉ S. 878.

VERFASSUNG, VERWALTUNG. Die am 6. 4. 1968 durch Volksentscheid angenommene Verfassung trat an die Stelle der Verf. v. 7. 10. 1949, die mit der Zeit durch wichtige Änderungen einen völlig anderen Charakter erhalten hatte. Der der Verwaltungsneugliederung von 1952 war die Umwandlung der Dt. Dem. Rep. aus einem urspr. föderalist. Staat in einen zentralist. Einheitsstaat verbunden. Die Verfassung von 1968 erklärt die Dt. Dem. Rep. zu einem sozialist. Staat und bestimmt die führende Rolle der kommunist. SED (Erster Sekretär des Zentralkomitees 1953-71: W. Ulbricht, seit 1971: E. Honecker). Oberstes Staatsorgan ist die Volkskammer (500 Mitgl., Präs.: G. Götting, seit 1969; Verfassungs- und Gesetzgebung). Stellvertretungsbefugnis hat der Staatsrat, der praktisch die höchste Staatsgewalt innehat. Er ist durch Ges. v. 12. 9. 1960 eingeführt worden und übt die Befugnisse des Staatsoberhauptes aus. Er besteht aus dem Vorsitzenden (seit 1960: W. Ulbricht), seinen Stellvertretern, den Mitgliedern und dem Sekretär und wird auf 4 Jahre gewählt. Oberstes Verwaltungsorgan ist der Ministerrat (Vorsitzender seit 1964: W. Stoph, mehrere Stellvertreter, etwa 20 Minister), der auf 4 Jahre von der Volkskammer gewählt wird und ihr verantwortlich ist. Neben der kommunist. SED spielen die übrigen Parteien (CDU, LDPD, NDPD, DBD) eine untergeordnete Rolle. Die Verfassung setzt Grundrechte und Grundpflichten der Bürger fest; ein institutioneller Schutz der Grundrechte ist nur schwach ausgebildet. Eine Verfassungs- und Verwaltungsgerichtsbarkeit besteht nicht.

Seit 1952 ist die Dt. Dem. Rep. in 14 Bezirke gegliedert, die an die Stelle der früheren Länder traten (ÜBERSICHT S. 193).

RECHT. Das nach 1945 zunächst weithin beibehaltene dt. Reichs- und Landesrecht wird nach und nach durch ein »sozialistisches« Recht abgelöst. Ein neues Strafgesetzbuch ist seit 1. 7. 1968 in Kraft. Seit 20. 2. 1967 besteht ein eigenes Staatsbürgerschaftsgesetz der Dt. Dem. Rep.

WÄHRUNG. Die DM-Ost wurde 1964 umbenannt in Mark der Deutschen Notenbank (MDN), am 1. 1. 1968 in Mark der Dt. Dem. Rep. (M).

STREITKRÄFTE. Neben der Nationalen Volksarmee (1968 auf rd. 126 000 Mann unter Waffen und rd. 650 000 Reservisten geschätzt) bestehen Kampfgruppen der SED (etwa 85 000 Mann) und die paramilitär. Gesellschaft für Sport und Technik. Allgemeine Wehrpflicht vom 18. bis 50. (Offiziere bis zum 60.) Lebensjahr; Grundwehrdienst: 18 Monate. Seit 1955 gehört die Dt. Dem. Rep. dem →Warschauer Pakt an.

Über LANDESNATUR →Deutschland.

BEVÖLKERUNG. Rd. 22 % der Bevölkerung leben (1969) in Städten mit 100 000 und mehr Ew., rd. 31 % in Gemeinden von unter 100 000 Ew. (1950: rd. 21 % und rd. 27 %). Auf 1000 Männer entfallen rd. 1190 Frauen (→Deutschland).

RELIGION. Rd. 80 % evang., rd. 11 % kath., rd. 7 % ohne Bekenntnis. Staat und Kirche sind getrennt; religiöse Unterweisung nur außerhalb der Schule möglich.

BILDUNG. Es besteht Einheitsschule mit kommunist. Zielsetzung. Allgemeine Schulpflicht vom 6. bis 18. Lebensjahr (mit Berufsschule). Obligatorisch für alle ist die 10klassige allgemeinbildende polytechnische Oberschule. Zur Hochschulreife führen die erweiterte polytechn. Oberschule, ferner Abiturklassen der Einrichtungen zur Berufsausbildung, Fachschulen, Arbeiter- und Bauern-fakultäten. Seit 1949 wurden viele Universitäten neu gegründet. Stark entwickelt ist das Fernstudium. WIRTSCHAFT. Alle wichtigen ökonom. Entscheidungen werden von zentralen Planstellen getroffen, ausgeführt und kontrolliert. Durch die Fünfjahrespläne (1950-55, 1955-60) wurde eine weitgehende Loslösung von den früheren wirtschaftl. Bindungen zum Westen vollzogen, der Beitritt zum Comecon (1950) brachte eine Abstimmung auf die Wirtschaftspläne der Ostblockländer. Der erste Siebenjahresplan (1959-65) wurde vorzeitig durch einen zweiten (1964-70) ersetzt. In der Industrie wurden durch die Verstaatlichung Volkseigene Betriebe (VEB) geschaffen. Vor allem die Entwicklung der Schwerindustrie (Grundstoff-, Produktionsmittel-, Rüstungsindustrie) wurde vorangetrieben, bes. in Form der Kombinate (Eisenverhüttung, Braunkohle). Wichtigste Wachstumsindustrien sind die elektrotechn., feinmechan., Maschinen-, chem. Industrie, Metallurgie; die Entwicklung der Konsumgüterindustrie ist unterdurchschnittlich. – In der Landwirtschaft wurden nach 1945 rd. 3,2 Mill. ha Nutzfläche enteignet, auf Klein- und Neubauern aufgeteilt oder in Volkseigene Güter eingebracht. 1952 setzte die Gründung Landwirtschaftl. Produktionsgenossenschaften (LPG) ein, Anfang 1960 wurden die freien Bauern zum Eintritt in die LPG bestimmt (Zwangskollektivierung); ihr Anteil an der landwirtschaftl. Nutzfläche betrug (1968) 85,8%. Der private Großhandel ist beseitigt; seine Aufgaben wurden von Großhandelsgesellschaften und Staatl. Kontoren übernommen. Der Einzelhandel ist größtenteils auf die 1948 gegr. staatseigene Handelsorganisation (HO) und die Konsumgenossenschaften übergegangen. – Ausfuhr: Maschinen, Fahrzeuge, Erzeugnisse der chem., feinmechan. Industrie, der Metallurgie, des Braunkohlenbergbaus u.a. Einfuhr: Roh- und Kraftstoffe, Halbfabrikate, Nahrungsmittel u.a. Haupthandelspartner: Sowjetunion und die übrigen Comecon-Länder (zus. rd. 75%); auf den Warenverkehr mit der Bundesrep. Dtl. (Interzonenhandel) entfallen rd. 7%.

VERKEHR. Im Gebiet der Dt.Dem.Rep. gibt es rd. 46000 km Straßen, davon 1400 km Autobahnen (TEXTKARTE Autobahnen S. 63); rd. 15500 km Eisenbahnen; rd. 2500 km regelmäßig benutzte Binnenwasserstraßen. Seehäfen: Rostock, Wismar, Stralsund; Binnenhäfen: O-Berlin, Magdeburg, Frankfurt a.d.O., Dresden, Potsdam, Halle; Flughäfen: O-Berlin, Leipzig, Dresden, Erfurt, Barth (Ostsee).

VERWALTUNGSGLIEDERUNG, BEVÖLKERUNG

	Ew. (1971) Mill.	je km²
Dt.Dem.Rep.	**17,65**	**158**
Bez. Rostock	0,85	121
Bez. Schwerin	0,59	69
Bez. Neubrandenburg	0,63	59
Bez. Potsdam	1,13	90
Bez. Frankfurt a.d.O.	0,68	95
Bez. Cottbus	0,86	104
Bez. Magdeburg	1,31	114
Bez. Halle	1,93	220
Bez. Erfurt	1,25	171
Bez. Gera	0,73	184
Bez. Suhl	0,55	143
Bez. Dresden	1,87	278
Bez. Leipzig	1,49	300
Bez. Karl-Marx-Stadt	2,04	341
Berlin (Ost)	1,08	2690

Deutsche Farben, 1) im mittelalterl. Kaiserreich (bis 1806): schwarzer Adler auf goldenem Grund. 2) im Dt. Bund 1848/49: Schwarz-Rot-Gold. 3) im Norddt. Bund seit 1867 und im Dt. Reich seit 1871: Schwarz-Weiß-Rot. 4) in der Weimarer Republik: Schwarz-Rot-Gold Handels- und Kriegsflagge: Schwarz-Weiß-Rot mit Schwarz-Rot-Gold in der oberen inneren Ecke. 5) 1933-45: Schwarz-Weiß-Rot (seit 1935 in der Hakenkreuzflagge). 6) seit 1949: Schwarz-Rot-Gold.

Deutsche Forschungsgemeinschaft, zur finanziellen Förderung von Forschungsvorhaben und des Nachwuchses; 1951 gebildet durch Zusammenschluß des »Dt. Forschungsrates« und der »Notgemeinschaft der dt. Wissenschaft«.

Deutsche Friedensunion, DFU, 1960 in der Bundesrep.Dtl. gegr. Partei, tritt für die militär. Neutralisierung Dtl.s und Verständigung mit der Dt.Dem.Rep. ein; im Bundestag nicht vertreten.

Deutsche Geschichte. Aus westgerman. Völkerschaften der Völkerwanderungszeit (→Germanen) bildeten sich allmählich die dt. Stämme (→Deutsche), die zunächst zum →Fränk. Reich gehörten. Durch den Teilungsvertrag von Verdun (843) erhielt Ludwig der Deutsche das Land östl. vom Rhein als Ostfränk. Reich. Seitdem etwa kann von einer D. G. gesprochen werden. Nach dem Aussterben der Karolinger versuchten kraftvolle Herrscher aus verschiedenen Stämmen (Ottonen, Heinrich I.-VI., Friedrich I. und II.), dt. Königtum und die Reichseinheit gegenüber den Sonderbestrebungen der Stämme und Fürsten zu stärken, →Heiliges Römisches Reich. Das dt. Königtum war bereits um 1000 als Träger der universalen Reichsidee zu der führenden Macht des Abendlandes geworden. Die Annahme der Kaiserwürde führte zum Kampf mit den Päpsten (→Investiturstreit); zum vergebl. Ringen um die Herrschaft in Italien (Italienzüge) und zu besonderer Verpflichtung in den →Kreuzzügen. Während der im →Interregnum beginnenden und stetig fortschreitenden Auflösung des Reichs ging die Herrschaft über Italien und Burgund verloren. Im Innern erstarkten die weltl. und geistl. Fürsten, insbes. die →Kurfürsten. Die Städte blühten auf (→Hanse). Im O entfaltete der →Deutsche Orden seine Macht, die Kolonisation im O und SO ging von Bauern, Bürgern, Rittern aus. Die dt. Könige verschiedener Häuser suchten der Schwächung entgegenzuwirken durch allmähl. Schaffung einer starken Hausmacht (→Habsburger). Den Verlust großer Gebiete konnte auch dies nicht verhindern (Schweiz, Holland, Flandern, Gebiet des Dt. Ordens; 1867 Luxemburg). Die Versuche zur Stärkung der Reichsgewalt im 15. und 16.Jahrh. blieben erfolglos, zumal nach der Reformation auch eine religiöse Spaltung eintrat. Unter dem wachsenden außerdt. Besitz der Habsburger wurde Deutschland immer mehr zum Nebenland (Karl V.). Die Gegenreformation führte zum →Dreißigjährigen Krieg, der Dtl. verwüstete und zur Stätte europ. Machtkämpfe machte. Der →Westfälische Friede gab den Landesfürsten fast völlige Souveränität. Die Habsburger waren als Kaiser nur noch Träger eines Ehrentitels, ein Ansehen gründete sich allein auf ihre Herrscherstellung in dem jetzt zur europ. Großmacht aufgestiegenen →Österreich. Nach 1640 wuchs Brandenburg-Preußen zur zweiten führenden dt. Macht heran. Mit der Eroberung Schlesiens durch Friedrich d.Gr. entstand der Dualismus zwischen Österreich und Preußen, der die D. G. lange beherrschte. Die →Französische Revolution fand in Dtl. anfangs starken Widerhall; vergeblich versuchten die Fürsten unter österr. Führung in den Koalitionskriegen, ihr Widerstand entgegenzusetzen. Das Reich brach 1806 vor Napoleon I. zusammen, der →Rheinbund ein vom ihm abhängiges Süd-, West- und Mitteldeutschland schuf.Napoleons europ. Gegenspieler wurde Fürst Metternich. Die nationalen Erhebungen führten zu den →Freiheitskriegen. 1815 erkannte der →Wiener Kongreß 35 Fürstenstaaten und 4 Freie Städte als souverän an, die im Deutschen Bund unter Österreichs Vorsitz vereinigt wurden. Dieser konnte weder die nationalen noch die liberalen Hoffnungen des Volkes erfüllen. Der Deutsche Krieg von 1866 führte zur Gründung des →Norddeutschen Bundes; Österreich schied aus der D.

G. aus. Dem Deutsch-Französ. Krieg folgte die Reichsgründung und die Proklamation König Wilhelms I. zum Dt. Kaiser (1871). Das neue Reich wurde in einer weitere Gebietsansprüche ablehnenden Friedens- und Bündnispolitik gesichert (→Dreibund, →Rückversicherungsvertrag). Im Innern wurde der Einfluß der polit. Parteien allmählich stärker, mit dem Zentrum und der Sozialdemokratie führte Bismarck erbitterte Kämpfe; nach seiner Entlassung wurde die Außenpolitik Wilhelms II. schwankend. Der Ausbruch des Ersten →Weltkrieges brachte 1914 den Burgfrieden der Parteien, die dt. Niederlage führte jedoch zur Novemberrevolution 1918 mit der Abdankung der Dynastien; nach Unruhen und Kämpfen festigte sich die →Weimarer Republik. 1933 kam der →Nationalsozialismus zur Macht; die Politik Hitlers führte den Zweiten →Weltkrieg und 1945 die schwerste Katastrophe der D. G. herbei.

Nach der Kapitulation (8. 5. 1945) übernahmen Großbritannien, USA, Sowjetunion und Frankreich die oberste Regierungsgewalt in Dtl. Das →Potsdamer Abkommen ließ die staatsrechtl. Einheit Dtl.s unberührt und stellte die Gebiete östlich der Oder-Neiße-Linie unter sowjet. und poln. Verwaltung. Die Ausübung der Regierungsgewalt wurde dem Alliierten Kontrollrat in Berlin übertragen; Dtl. wurde in 4 Besatzungszonen geteilt, Berlin in 4 Sektoren unter einer Alliierten Kommandantur. Das Saargebiet wurde von Frankreich 1946 aus seiner Zone ausgegliedert.

Im Westen wurden die amerikan. und die brit. Zone bald zum »Vereinigten Wirtschaftsgebiet« (Bizone) zusammengefaßt. Am 1. 7. 1948 wurden die 11 Ministerpräsidenten der seit 1945 neu geschaffenen Länder beauftragt, eine verfassunggebende Versammlung für die Errichtung eines westdt. Bundesstaates einzuberufen. Der →Parlamentarische Rat, dem die Aufgabe übertragen

war, beschloß am 8. 5. 1949 das Grundgesetz für die →Bundesrepublik Deutschland, das auch von den Ländern mit mehr als Zweidrittelmehrheit angenommen wurde. Am 21. 9. 1949 wurde die Bundesrep.Dtl. gebildet. Gleichzeitig trat das Besatzungsstatut in Kraft, das die Hoheitsrechte zwischen den Besatzungsmächten und der Bundesrep.Dtl. teilte; es wurde 1955 durch den →Deutschlandvertrag abgelöst. Das Saargebiet wurde als →Saarland am 1. 1. 1957 ein Teil der Bundesrep.Dtl.

Seit 1950 erlebte die Bundesrep.Dtl. einen raschen wirtschaftl. Wiederaufbau und erlangte wachsende innere Stabilität. Nach außen verfolgte sie eine Politik der europ. Integration (→Montanunion, →Europäische Wirtschaftsgemeinschaft, →Europäische Gemeinschaft für Atomenergie) und der Einbeziehung in das westl. Bündnissystem (→Nordatlantikpakt, →Westeuropäische Union). Der Politik der Aussöhnung mit den ehemal. westl. Feindmächten, insbes. Frankreich (Dt.-Französ. Freundschaftsvertrag 1961), folgte bes. unter der CDU-SPD Koalition, sowie verstärkt der SPD-FDP Koalition eine Politik des Ausgleichs mit den östl. Nachbarn Dtl.s.

In der sowjet. Besatzungszone (SBZ) schuf die Sowjet. Militär-Administration in Deutschland (SMAD) 1945 dt. Zentralverwaltungen und faßte sie 1948 in der Deutschen Wirtschaftskommission zusammen. Der Dritte Deutsche Volkskongreß nahm 1949 den Entwurf einer Verfassung an und bildete den Deutschen Volksrat. Dieser setzte als Provisor. Volkskammer die Verfassung vom 7. 10. 1949 in Kraft. Gleichzeitig wurden die darin vorgesehenen Staatsorgane gebildet und die Dt.Dem. Rep. ausgerufen, der bestimmte Souveränitätsrechte eingeräumt wurden. Staatspräs. wurde W. Pieck; 1960 trat an seine Stelle der Staatsrat mit dem Vorsitzenden W. Ulbricht. Vors. des Mi-

Deutsche Herrscher, Staatsoberhäupter, Kanzler

Karolinger
Ludwig d. Deutsche (843-76)
Karl d. Dicke (876-87)
Arnulf v. Kärnten (887-99)
Ludwig das Kind (900-911)
Konrad I. v. Franken (911-18)

Sächsische Könige und Kaiser
Heinrich I. (919-36)
Otto I. (936-73)
Otto II. (973-83)
Otto III. (983-1002)
Heinrich II. (1002-24)

Fränkische Kaiser
Konrad II. (1024-39)
Heinrich III. (1039-56)
Heinrich IV. (1056-1106)
Heinrich V. (1106-25)
Lothar v. Sachsen (1125-37)

Staufer
Konrad III. (1138-52)
Friedrich I. Barbarossa
  (1152-90)
Heinrich VI. (1190-97)
Philipp v. Schwaben
  (1198-1208)
Otto IV. v. Braunschweig,
  Welfe (1198-1218)
Friedrich II. (1212-50)
Konrad IV. (1250-54)

Aus verschiedenen Häusern
Wilhelm v. Holland (1247-56)
Alfons v. Kastilien (1257-74)
Richard v. Cornwallis
  (1257-72)
Rudolf I. v. Habsburg
  (1273-91)
Adolf v. Nassau (1292-98)
Albrecht I. v. Österreich
  (1298-1308)

Heinrich VII. v. Luxemburg
  (1308-13)
Ludwig IV. der Bayer
  (1314-47)
Friedrich der Schöne v. Österreich (1314-30)

Luxemburger
Karl IV. (1347-78)
Wenzel (1378-1400)
Ruprecht v. d. Pfalz (1400-10)
Sigismund (1410-37)

Habsburger
Albrecht II. (1438-39)
Friedrich III. (1440-93)
Maximilian I. (1493-1519)
Karl V. (1519-56)
Ferdinand I. (1556-64)
Maximilian II. (1564-76)
Rudolf II. (1576-1612)
Matthias (1612-19)
Ferdinand II. (1619-37)
Ferdinand III. (1637-57)
Leopold I. (1658-1705)
Joseph I. (1705-11)
Karl VI. (1711-40)
Karl VII. v. Bayern (1742-45)
Franz I. v. Lothringen
  (1745-65)
Joseph II. (1765-90)
Leopold II. (1790-92)
Franz II. (1792-1806)

Hohenzollern
Wilhelm I. (1871-88)
Friedrich III. (1888)
Wilhelm II. (1888-1918)

PRÄSIDENTEN
Ebert (1919-25)
v. Hindenburg (1925-34)
Hitler (1934-45)
Dönitz (1945)

Bundesrep. Dtl.
Heuss (1949-59)
Lübke (1959-69)
Heinemann (seit 1969)

KANZLER seit 1871
Fürst Bismarck (1871-90)
Graf Caprivi (1890-94)
Fürst zu Hohenlohe-
  Schillingsfürst (1894-1900)
Fürst Bülow (1900-1909)
v. Bethmann Hollweg
  (1909-17)
Michaelis (1917)
Graf Hertling (1917/18)
Prinz Max v. Baden (1918)
Scheidemann (SPD, 1919)
Gustav Bauer (SPD, 1919/20)
Hermann Müller (SPD, 1920)
Fehrenbach (Zentrum,
  1920/21)
Wirth (Zentrum, 1921, 1922)
Cuno (parteilos, 1922/23)
Stresemann (DVP, 1923)
Marx (Zentrum, 1923/24)
Luther (parteilos, 1925/26)
Marx (Zentrum, 1926 und
  1927/28)
Hermann Müller (SPD,
  1928-30)
Brüning (Zentrum, 1930-32)
v. Papen (parteilos, 1932)
v. Schleicher (parteilos,
  1932/33)
Hitler (NSDAP, 1933-45)
Graf Schwerin v. Krosigk (1945)

Bundesrep. Dtl.
Adenauer (CDU, 1949-63)
Erhard (CDU, 1963-66)
Kiesinger (CDU, seit 1966)
Brandt (SPD, seit 1969)

nisterrates war bis 1964 O. Grotewohl, seitdem W. Stoph. 1955 wurde das sowjet. Besatzungsregime unter Belassung sowjet. Streitkräfte beendet und die offizielle Aufstellung nationaler Streitkräfte eingeleitet. – Innenpolitisch wurde die Dt. Dem.Rep. mit starker sowjet. Unterstützung im kommunist. Sinne umgestaltet. Der Aufstand vom 17. 6. 1953 scheiterte. Die Dt.Dem.Rep. wurde fest in das polit., militär. und wirtschaftl. System der kommunist. Staaten einbezogen (Warschauer Pakt, Comecon). Seit 1955 wird versucht, die Eigenstaatlichkeit der Dt. Dem. Rep. international durchzusetzen. Am 20. 2. 1967 wurde eine eigene Staatsangehörigkeit gesetzlich eingeführt. Die Verfassung vom 6. 4. 1968 erklärt die Dt.Dem.Rep. zum sozialist. Staat.

Die Regierung der Bundesrep.Dtl., die sich als einzige freigewählte und rechtmäßig gebildete dt. Regierung betrachtet, bemüht sich bes. seit 1969, mit der Sowjetunion, Polen und der Dt. Dem. Rep. durch gegenseitige Abkommen zu einem besseren Verhältnis zu kommen.

Deutsche Gesellschaft für Friedens- und Konfliktforschung, →Friedensforschung.

Deutsche Gesellschaft zur Rettung Schiffbrüchiger, Bremen, gegr. 1865. Aufgaben: Rettungswerk an den dt. Küsten, Verbreitung des Gedankens selbstloser Einsatzbereitschaft.

Deutsche Glaubensbewegung, völkischrelig. Bewegung, nach 1933 vom Nat.Soz. gefördert, verlangte einen »artgemäßen« Gottglauben.

Deutsche Kolonien, →Schutzgebiete.

Deutsche Kommunistische Partei, abgekürzt: DKP, gegründet 1968.

Deutsche Kunst (hierzu FARBTAFEL S. 173). Voraussetzungen sind die german. Kunst, das Fortwirken spätantiker Vorbilder und die neuen Aufgaben im Dienst des Christentums.

Karolingerzeit (seit etwa 770): Bewußte Anknüpfung an die Antike (»Karolingische Renaissance«); Stein- statt Holzbau; die Kunst im dt. Bereich ist noch nicht geschieden von den etwas westfränk. Gebiets, das im 10. Jahrh. selbständig wurde. Auf dt. Boden entstanden: Torhalle in Lorsch (774?); Pfalzkapelle in Aachen (805 geweiht); Elfenbeinreliefs; Buchmalereien bes. der Aachener Hofschule (Adahandschrift u.a.).

Ottonische Zeit (Frühromanik, seit etwa 950): Erste Blüte der D. K.: Stiftskirche Gernrode (beg. 961); St. Michael in Hildesheim (1001-36); Bronzearbeiten der Werkstatt Bernwards von Hildesheim (Domtür, 1015); Goldene Maria des Essener Münsters (um 1000); goldene Altartafel Heinrichs II. aus dem Baseler Münster (um 1000; Paris, Musée Cluny); Kreuz und Krone der Reichskleinodien (Wien). Elfenbeinreliefs bes. auf Bucheinbänden. Hauptwerke europ. Buchmalerei: der Reichenauer Schule (Evangeliar Ottos III., Perikopenbuch Heinrichs II.. Wandmalereien: St. Georg in Oberzell auf der Reichenau.

Salische Zeit (Romanik, seit etwa 1030): Kaiserdome in Speyer und Mainz (seit Anfang des 11. Jahrh., unter Heinrich IV. erneuert und eingewölbt); Abteikirche Maria Laach (seit 1093); Kirchen der Hirsauer Schule (Alpirsbach, Paulinzella u.a.). – Thronende Maria, Paderborn; Bronzekruzifixe (Werden, Minden); Bronzegrabplatte Rudolfs von Schwaben, Merseburger Dom; Holztür von St.Maria im Kapitol, Köln. – Buchmalereien (Echternacher Schule u.a.). Glasmalereien des Augsburger Doms.

Stauferzeit (Spätromanik und beginnende Gotik, seit etwa 1150): Vollendung der Dome von Worms, Mainz, Bamberg, der Abteikirche Maria Laach; Pfalzen (Wimpfen, Gelnhausen); Kloster Maulbronn; Roman. Kirchen im Elsaß (Maursmünster, Murbach); Groß St. Martin und St.Aposteln in Köln. – Plastik: Braunschweiger Löwe; Kreuzigungsgruppe im Halberstädter Dom, Grabmal Heinrichs des Löwen, Braunschweig, Dom; Chorschrankenreliefs im Bamberger, Goldene Pforte am Freiberger Dom. Reifste Werke der stauf. Plastik des 13.Jahrh. (französ. Gotik voraus-

setzend): Bildwerke im Straßburger Münster, Bamberger Dom, Naumburger Dom (Stifterfiguren, Lettnerreliefs). – Malerei: Fresken der Doppelkapelle Schwarzrheindorf; Holzdecke von St.Michael zu Hildesheim. Buchmalereien.

Gotik (seit Beginn des 13. Jahrh.): 1215 Magdeburger Dom nach französ. System beg.; Elisabethkirche in Marburg (gegr. 1236); Liebfrauen in Trier (Zentralbau, beg. um 1240); Straßburger Münster (Langhaus um 1250 beg.); Kölner Dom (seit 1248). Norddt. Backsteinkirchen. – Plastik: Gewändefiguren des Straßburger W-Portals, Pfeilerfiguren des Kölner Domchors; Grabmäler (Hohenlohe, Bamberg, Dom); Andachtsbilder; Schöne Madonnen; neuer Wirklichkeitssinn seit Mitte des 13.Jahrh. (Parler). – Glasmalereien (Elisabeth, Marburg). Tafelmalerei: Böhm. Malerschule, Meister Bertram und Meister Francke in Hamburg, Konrad v. Soest in Westfalen.

Spätgotik, etwa 1350 Entwicklung zu einem eigenen Stil von nationaler Sonderart, vorwiegend Hallenkirchen: H. Stethaimer in Bayern (Martinskirche, Landshut, beg. 1351 u.a.); Chor von St. Lorenz, Nürnberg; St. Georg, Dinkelsbühl; Annenkirche, Annaberg; Marienkirche, Danzig. Weltl. Bauten (des. Rathäuser). – Reichste Blüte der Plastik: Gerhaert v. Leyden, Syrlin, Grasser, Pacher, Stoß, Notke, Krafft, Riemenschneider, Backofen, Pilgram, Meister H.L., Leinberger, Dreyer. – Maler: Moser, Lochner, Witz, Multscher, Schongauer, Hausbuchmeister, Zeitblom, Wolgemut, Pacher, Holbein d. Ä. – Graphik.

Dürerzeit (Spätgotik und Renaissance um 1500 bis etwa 1530). Baukunst: vereinzelt Aneignung italien. Formen (Fuggerkapelle von St.Anna, Augsburg, 1509-12). – Plastik: Sebaldusgrab in St. Sebald, Nürnberg, spätgot. beg. von P.Vischer d. Ä., vollendet 1519 von seinen Söhnen; Daucher; Meit. – Malerei: Die Zeit der großen Meister: Grünewald, Dürer, Cranach, Altdorfer, Baldung, Holbein d. J., Burgkmair, Huber u.a.

Renaissance, Manierismus, Frühbarock (seit etwa 1510). Baukunst: fast nur weltl. Bauten. Schlösser: Torgau (1533-52), Heidelberg (Ottheinrichsbau, seit 1556), Aschaffenburg (seit 1605); Rathäuser: Rothenburg (seit 1572), Danzig (seit 1600); Augsburg (seit 1615), erster großer Kirchenbau: St.Michael, München (1583-97 nach röm. Vorbild). – Plastik: meist kleine Arbeiten (Jamnitzer); großplast. Werke im Übergang zum Barock: Reichl, Zürn u.a. – Malerei: Erlahmen nach dem Tod der großen Meister; im beginnenden Barock: Elsheimer in Rom, Liss in Venedig.

Barock (seit etwa 1650). Nach dem 30jähr. Krieg ausländ. Baumeister in Dtl. Seit Ende des 17.Jahrh. neue Blüte der dt. Baukunst: Fischer v. Erlach, Hildebrandt und Prandtauer (Österreich), die Dientzenhofers (Böhmen und Franken), Schlüter (Berlin), Pöppelmann und Bähr (Dresden), Neumann (Würzburg), die Brüder Asam (Bayern); Spätzeit (Rokoko): J. M. Fischer, D. Zimmermann und Cuvilliés (Bayern), Knobelsdorff (Berlin, Sanssouci). – Bedeutendste Bildhauer: Schlüter, Permoser, Donner, Egell, E.Q.Asam, Straub, Günther, Wenzinger, Diez; Porzellanbildner: Kändler, Bustelli u.a. – Hauptwerke der Malerei: Deckenfresken in Kirchen, Klöstern, Schlössern Süddtl. (C.D.Asam, J.B.Zimmermann) und Österreichs (Troger, Maulbertsch).

Klassizismus (seit etwa 1770). Erster großer Bau: Brandenburger Tor von Langhans (beg. 1788); Schinkel, Weinbrenner, Klenze. – Bildhauer: Schadow, Dannecker, Rauch. – Maler: Mengs, Carstens, Graff, W. Tischbein.

Malerei des 19. Jahrh. Romantiker (Friedrich, Runge, Fohr, Brüder Olivier) und Nazarener (Overbeck, Pforr, Cornelius), Blechen, Rethel, Richter, Schwind, Krüger, Waldmüller, Menzel, Leibl, Thoma, Deutschrömer (Feuerbach, Böcklin, Marées); Ende des 19.Jahrh. und Anfang des 20.Jahrh.: Impressionisten (Liebermann, Slevogt, Corinth).

20. Jahrh. Expressionismus: Maler der →Brücke

(Heckel, Kirchner, Schmidt-Rottluff, Mueller) und des →Blauen Reiters (Marc, Macke, Feininger, Klee), Nolde, Kokoschka, Beckmann, Hofer; Bildhauer: Lehmbruck, Barlach. – Erneuerung der Baukunst, ausgehend vom →Jugendstil und vom →Bauhaus (Gropius, Mies van der Rohe); Kirchenbaumeister: Bartning, Böhm u.a. – Abstrakte Maler: Kandinsky, Baumeister, Nay. – Bildhauer: Marcks, Mataré, Emy Roeder, Lehmann, Uhlmann. – Übergang zur Moderne. Völlige Bedeutungslosigkeit der Architektur nach 1933 (historizist. Eklektizismus). Nach 1945 Versuche von Scharoun, Eiermann, Kraemer, May und Gutbrod, Anschluß an internat. Bauweise zu finden. Dieselben Bemühungen auf dem Gebiet der Malerei durch Baumeister, Nay, Meistermann; Begründung der →informellen Kunst durch Hartung und Wols. Ablösung durch Op-Art, Pop-Art, kinetische Objekte. Den Übergang zur abstrakten Plastik vollzogen Wotruba, Arp, Belling; reine Formgebilde schufen Baum, Hartung, konstruktive Figurationen Hajek, Heiliger, König.

Deutsche Lebensrettungs-Gesellschaft, DLRG, gegr. 1913, dient der Rettung und Wiederbelebung Ertrinkender.

Deutsche Literatur. (ÜBERSICHT; →Deutsche Sprache.) Die ältesten Zeugnisse sind meist geistliche Dichtung nach latein. Quellen. Die mittelhochdt. Zeit gestaltete im →Minnesang und im höfischen Epos die aus Frankreich stammende Kultur des christl. Rittertums. Am Ende des MA. wurde die ritterl. von der bürgerl. Dichtung abgelöst, der Minnesang vom →Meistergesang. Von Italien her wirkten →Humanismus und →Renaissance auf die D. L.. die auch durch Luthers Reformation und Bibelübersetzung (1522-34) entscheidend geprägt wurde. Starke seelische Spannungen (Gegenreformation) und die neue höfische Kultur des Absolutismus fanden Ausdruck in der →Barockdichtung. Ihr folgte die Literatur der →Aufklärung (Gottsched, Gellert). Höhepunkt der D. L. ist die von Klopstock, Lessing, Herder, Wieland und dem →Sturm und Drang heraufgeführte dt. Klassik (Goethe, Schiller). Die →Romantik gab den Anstoß zu einer sich über Europa verbreiten-

den geistigen Bewegung. Die D. L. wurde dann bestimmt von den Richtungen →Junges Deutschland, →Realismus, →Naturalismus, →Neuromantik, im 20. Jahrh. spiegelte sie seit dem →Expressionismus die schweren Krisenerscheinungen der jüngsten Geschichte. Im W entwickelte sich die surrealist. Lyrik, im O der sozialist. Realismus. (ÜBERSICHT Romane, ÜBERSICHT Schauspiele).

Deutsche Lufthansa AG., Köln, gegr. 1954 als Nachfolgerin der 1926 gegr. alten D. L. Flugnetz: Bundesrep. Dtl., Europa, Übersee.

Deutsche Mark, Abk. **DM,** →Mark.

Deutsche Mundarten, →Deutsche Sprache.

Deutsche Musik, →Musikgeschichte.

Deutsche Notenbank, Zentralbank der Dt. Dem. Rep., Sitz Ost-Berlin, entstand 1948 durch Umbenennung der kurz zuvor gegr. Deutschen Emissions- und Girobank.

Deutsche Olympische Gesellschaft, gegr. 1951, Sitz Frankfurt; dient der Förderung des Sports und des olympischen Gedankens.

Deutsche Ostgebiete unter fremder Verwaltung, die Teile des ehem. Dt. Reiches zwischen Oder-Neiße-Linie im W und den Reichsgrenzen vom 31. 12. 1937 im O. Sie wurden 1945 durch das →Potsdamer Abkommen vorbehaltlich der Regelung durch einen Friedensvertrag unter poln. und sowjet. Verwaltung gestellt. Die D. O. umfassen Ostpreußen, fast ganz Schlesien, den überwiegenden Teil Pommerns und einen Teil von Brandenburg, zusammen 114296 km² mit (1939) 9,62 Mill. Ew.; davon fielen 13205 km² mit 1,16 Mill. Ew. unter sowjet. und 101091 km² mit 8,46 Mill. Ew. unter poln. Verwaltung. Der sowjet. verwaltete Teil Ostpreußens wurde als Oblast Kaliningrad der Russ. SFSR eingegliedert; die poln. verwalteten Gebiete wurden auf 9 Woiwodschaften aufgeteilt. Die fast ausschließl. dt. Bevölkerung wurde 1945-48 unter hohen Todesopfern vertrieben oder später ausgesiedelt; nur rd. 800000 Deutsche sind zurückgeblieben. Polen und die Sowjetunion besiedelten die Gebiete neu; der Oblast Kaliningrad hatte (1966) fast 700000 meist russ. Ew., der poln. Teil der D. O. (1966) 8,16 Mill. meist poln. Ew. – Oberschlesien wurde zum wichtigsten schwerindustriellen Gebiet des

Deutsche Literatur

801-900: Hildebrandslied um 810; Heliand um 830; Muspilli; Ludwigslied 881. **901-1000:** lat. Waltharilied um 925; Roswitha v. Gandersheim † nach 973. **1001-1100:** lat. Ruodlieb um 1025. **1101-1200:** König Rother um 1150; Rolandslied um 1170; Heinrich v. Veldeke. **1201 bis 1300:** Nibelungenlied um 1205; Hartmann v. Aue † nach 1210; Wolfram v. Eschenbach † um 1220; Gottfried v. Straßburg; Heinrich v. Morungen †1222; Walther v.d. Vogelweide † um 1230; Rudolf v. Ems † um 1250; Konrad v. Würzburg †1287. **1301-1400:** Heinrich v. Meißen (Frauenlob) †1318; Mystiker: Meister Eckart †1327; Tauler †1361; Seuse †1366. **1401 bis 1500:** Joh. v. Tepl † um 1414; Oswald v. Wolkenstein †1445. **1501-1600:** Celtis †1508; S. Brant †1521; Reuchlin †1522; Hutten †1523; Murner †1537; Luther †1546; Wickram † um 1560; H. Sachs †1576; Fischart †1590. **1601 bis 1700:** F. v. Spee †1635; Opitz †1639; Fleming †1640; Gryphius †1655; Gryphius †1664; Gerhardt †1676; Grimmelshausen †1676; Angelus Silesius †1677; Hofmannswaldau †1679; Abraham a Sancta Clara †1709. **1701-1800:** Reuter †1712; Günther †1723; Gottsched †1766; Gleim †1803; Gellert †1769; Haller †1777; Klopstock †1803; Lessing †1781; Wieland †1813; Herder †1803; Goethe *1749; Lenz †1792; Klinger †1831; Schiller †1759; K.Ph. Moritz †1793; Bürger †1794. **1801-1900:** Novalis †1801; Schiller †1805; Kleist †1811; Claudius †1815; Hölderlin †1843; Jean Paul †1825; Hebel †1826; F. Schlegel †1829; A.W. Schlegel †1845; Tieck †1853; Arnim †1831; Bren-

tano †1842; Goethe †1832; Uhland †1862; Eichendorff †1857; Grabbe †1836; Börne †1837; Heine †1856; Büchner †1837; Droste-Hülshoff †1848; Lenau †1850; Mörike †1875; Gotthelf †1854; Hebbel †1863; Stifter †1868; Grillparzer †1872; Gutzkow †1878; Storm †1888; Keller †1890; Fontane †1898; C.F. Meyer †1898; Liliencron †1909; Raabe †1910. **1901-1950:** G. Heym †1912; Trakl †1914; Wedekind †1918; Dauthendey †1918; Dehmel †1920; C. Hauptmann †1921; Kafka †1924; Rilke †1926; Sudermann †1928; A. Holz †1929; Hofmannsthal †1929; Schnitzler †1931; George †1933; P. Ernst †1933; Wassermann †1934; R. G. Binding †1938; K. Kluge †1940; Stehr †1940; Musil †1942; St. Zweig †1942; G. Kaiser †1945; Weinheber †1945; Werfel †1945; G. Hauptmann †1946; R. Huch †1947; W. Borchert †1947; E. Jünger *1895; H. Mann †1950; A. Schaeffer †1950; Elisabeth Langgässer †1950. Seit **1951:** Broch †1951; W. Schäfer †1952; Th. Mann †1955; Benn †1956; B. Brecht †1956; Carossa †1956; R. Walser †1956; Döblin †1957; R. Schneider †1958; J.R. Becher †1958; Nelly Sachs *1891; H. Hesse †1962; R.A. Schröder †1962; W. Lehmann *1882; I. Seidel *1885; F. v. Unruh *1885; F. Thieß *1890; W. Bergengruen †1964; C. Zuckmayer *1896; H. Böll *1917; G. Graß *1927; P. Hacks *1928; J. Bobrowski †1965; P. Celan *1920; W. Höllerer *1922; A. Andersch *1914; M. Walser *1927; H. Enzensberger *1929; H. v. Doderer †1966; F. Hochwälder *1911; Ingeborg Bachmann *1926; M. Frisch *1911; F. Dürrenmatt *1921.

Comecon außerhalb der Sowjetunion. 1970 unterzeichneten die Bundesrep. Dtl. und Polen einen Vertrag, der die Oder-Neiße-Linie als poln.Westgrenze (unter Friedensvertragsvorbehalt) anerkennt.

Deutsche Partei, DP, seit 1947, hervorgegangen aus der früheren Partei der Welfen, konservativ und föderalistisch, Vors. bis Jan. 1961 H. Hellwege, vereinigte sich April 1961 mit dem Gesamtdt. Block/BHE zur Gesamtdt. Partei (GDP).

Deutsche Philologie, die →Germanistik.

Deutsche Philosophie, die im dt. Sprachraum entstandenen philosoph. Systeme. Im MA. wirkten dt. Denker (Albert d. Gr., Nikolaus v. Kues) an der Scholastik mit. Bis zum 17. Jahrh. waren Rechts- und Naturphilosophie (Paracelsus) vorherrschend. Erster universaler Denker der Neuzeit war Leibniz (Monadenlehre). Als erster bediente sich Chr. Wolff in seinen philosoph. Werken der dt. Sprache. Bahnbrechend für die neuere Philosophie wurde der Idealismus Kants. Mit ihm beginnt die Zeit des →Deutschen Idealismus, in der die D. P. Weltgeltung erlangte. Hegel wirkte in mehreren Richtungen schulbildend (Hegelianismus, Marxismus). Im 19. Jahrh. herrschten die Wendung zum Erfahrungswissen (Positivismus, Naturwissenschaft) und die Lebensphilosophie (Dilthey, Nietzsche) vor. An der Wende zum 20. Jahrh. standen Neukantianismus und Phänomenologie. Aus der letzteren entwickelte Heidegger (ähnlich auch Jaspers) die bis heute bedeutende Richtung →Existenzphilosophie.

Deutscher Bauernverband, DBV, Bonn, 1948 gegr. Spitzenverband der Länder-Bauernverbände.

Deutscher Beamtenbund, DBB, 1918 als Interessenvertretung der dt.Beamten gegr., 1933 aufgelöst, 1948 als *Bund der Gewerkschaften des öffentl. Dienstes* wiedererrichtet; Sitz Bonn-BadGodesberg.

Deutscher Bildungsrat, gegr. 1965 von Bund und Ländern, erarbeitet Entwicklungspläne für das dt. Bildungswesen.

Deutscher Bund, bestand 1815-1866, →Deutsche Geschichte, →Bundesversammlung.

Deutsche Reichsbahn, Abk. **DR,** 1920-45 die Staatsbahnen des Dt. Reichs (Schienenlänge 1932: 53 931 km); der Name D. R. ist in der Dt. Dem. Rep. beibehalten worden (Streckenlänge 1966: 15 730 km, davon 1095 km für elektr. Betrieb).

Deutsche Reichspartei, DRP, rechtsstehende Partei in der Bundesrep. Dtl., im Bundestag nicht vertreten, 1965 aufgelöst.

Deutscher Fußballbund, DFB, gegr. 1900, Sitz Frankfurt a. M., rd. 2,5 Mill. Mitglieder.

Deutscher Gemeindetag, Arbeitsgemeinschaft kreisangehöriger Gemeinden und Ämter der Bundesrep. Dtl.; entsprechend für die Landkreise der **Deutsche Landkreistag.**

Deutscher Gewerkschaftsbund, Abk. **DGB,** Düsseldorf, Gesamtorganisation der Einheitsgewerkschaften der Arbeiter, Angestellten und Beamten in der Bundesrep. Dtl., gegr. 1949, trat an die Stelle der 1933 aufgelösten polit. und konfessionell verschiedenen Gewerkschaftsbünde. Vors. H.-O. Vetter (seit 1969). Im DGB sind 16 Industrie-u. a.→Gewerkschaften zusammengeschlossen. Ziele: Vollbeschäftigung, Wirtschaftswachstum, gerechte Einkommens- und Vermögensverteilung, Sozialisierung der Schlüsselindustrien, Währungsstabilität, Mitbestimmung, Verhinderung des Mißbrauchs wirtschaftl. Macht u. a.

Deutscher Idealismus, die philosoph. Entwicklung seit Kants Wendung zum transzendentalen Idealismus (1781), bis etwa 1830 (→Fichte, →Schelling, →Hegel, →Deutsche Philosophie).

Deutscher Krieg von 1866, zwischen Österreich und Preußen um die Vorherrschaft in Dtl.; Veranlassung: die Uneinigkeit über die seit 1864 gemeinsamen Herzogtümer Schleswig und Holstein. Auf seiten Österreichs die dt. Mittelstaaten, auf seiten Preußens die norddt. Kleinstaaten und Italien. Unter Moltke Sieg der Preußen bei Königgrätz (3. 7.). Vorfriede von Nikolsburg (26. 7.),

Friede von Prag (23. 8.): Auflösung des Dt. Bundes; Einverleibung Hannovers, Schleswig-Holsteins, Hessen-Kassels, Nassaus und Frankfurts in Preußen, Errichtung des Norddt. Bundes, Abtretung österreich. Venetiens an Italien.

Deutscher Michel, die sinnbildl. Darstellung des Deutschen, bes. in der Karikatur: ein Bauernbursche mit Zipfelmütze und Kniehosen, Inbegriff der Einfalt und gutmütigen Schwerfälligkeit.

Deutscher Orden, Deutschherren, Deutsche Ritter, einer der in den Kreuzzügen entstandenen geistl. Ritterorden, 1190/97 in Palästina gegr.; Tracht: weißer Mantel mit schwarzem Kreuz. Der D. O. begann 1226 unter dem Hochmeister Hermann von Salza die Christianisierung Preußens, dessen Eroberung bis 1283 vollendet war; Sitz der Hochmeister seit 1309 die Marienburg. Seit 1237 herrschte der D. O. auch über Livland und Kurland; ferner gewann er 1308/09 Pommerellen (Westpreußen) mit Danzig, 1346 Estland und kämpfte siegreich gegen die heidn. Litauer. Höhepunkt der Herrschaft unter dem Hochmeister Winrich von Kniprode (1351-82). Im Kampf gegen Polen-Litauen wurde der D. O. 1410 bei Tannenberg besiegt; nach dem »Dreizehnjährigen Krieg« (1454-66) verlor er Westpreußen und Ermland, während Ostpreußen unter poln. Lehnshoheit kam. 1525 verwandelte der Hochmeister Markgraf Albrecht von Brandenburg den preuß. Ordensstaat in ein protestant. erbl. Herzogtum. In Livland hielt sich die Ordensherrschaft noch bis 1561. Der kath. gebliebene Teil des Ordens lebte in Süd- und Westdtl. (Sitz Mergentheim) weiter; er wurde 1809 von Napoleon aufgehoben, 1834 von Franz I.von Österreich wiederhergestellt;1929 in einen klerikalen Bettelorden umgewandelt, der heute noch besteht.

Deutscher Sportbund, DSB, gegr. 1950, Sitz West-Berlin, rd. 10,12 Mill. Mitglieder.

Deutscher Sprachverein, →Gesellschaft für Deutsche Sprache.

Deutscher Städtetag, →Städtetag.

Deutsches Arzneibuch, 6. Ausgabe (DAB VI), amtliches Vorschriftenbuch über den Verkehr mit den wichtigsten Arzneimitteln.

Deutsche Schlafwagen- und Speisewagen-GmbH., Abk. **DSG,** Frankfurt a. M., gegr. 1949, übernahm Vermögenswerte der →Mitropa.

Deutsches Eck, Landzunge zwischen Mosel und Rhein in Koblenz. (BILD Koblenz)

Deutsches Elektronen-Synchrotron, Abk. **DESY,** ein Synchrotron zur Beschleunigung von Elektronen auf eine Energie von 6-7,5 Mrd. Elektronvolt, seit 1964 in Hamburg in Betrieb.

Deutsches Museum von Meisterwerken der Naturwissenschaft und Technik in München, 1903 von O. v. Miller gegr.; Neubau 1925.

Deutsche Sprache, ein Zweig der westgerman. Sprachen. Durch die hochdeutsche →Lautverschiebung wurde die Deutsche in zwei Gruppen gegliedert: **Hochdeutsch** und **Niederdeutsch** (→niederdeutsche Sprache). Zur hochdt. Gruppe gehören insbes. das Alemannische und Bairische, wo die Lautverschiebung am vollständigsten durchgedrungen ist; man faßt sie als **Oberdeutsch** zusammen. **Mitteldeutsch** heißen die thüring. und fränk.

Deutsches Museum

197

Mundarten, die die Lautverschiebung in verschiedenem Anteil mitgemacht haben, sowie die durch Mischung beider entstandenen Mundarten zu beiden Seiten des Erzgebirges, in der Lausitz und Schlesien und von da aus bis nach Ost- und Westpreußen (Hochpreußisch).

Entwicklungsstufen des Hochdeutschen: **Althochdeutsch** (750–1100), Beginn des Schrifttums und Aufnahme der antiken Bildung. **Mittelhochdeutsch** (1100–1500), mit der ersten Blüte unserer Sprache um 1200 in der ritterl.-höfischen Dichtung und dem Minnesang. Von den durch Mischung im ostdt. Siedlungsraum entstandenen Ausgleichsmundarten wurde am wichtigsten das Thüringisch-Obersächsische; durch eigene Entfaltungskraft und die Reichweite der landesherrl. obersächs. Kanzlei (Meißen) gewann es eine solche Breite, daß es, bes. auch durch die Schriften Luthers, als wichtigste Grundlage der **neuhochdeutschen Schriftsprache** zum Sieg verhelfen konnte. Die Literatur der Klassik (Schiller, Goethe) brachte eine zweite Blüte der D. S.

Deutsches Rechenzentrum, 1962 in Darmstadt gegr., zur Lösung von Rechenproblemen bei Forschungsvorhaben, Ausbildung von Fachkräften u. a.

Deutsches Recht, das in den Ländern dt. Zunge auf german. Grundlage erwachsene Recht. Das ältere D. R. war mündlich überliefertes **Volksrecht,** das in den Volksgerichten gefunden wurde. Aus den zwischen dem 5. und 9. Jahrh. in lat. Sprache aufgezeichneten Stammesrechten wurden **Landrechte** mit Geltung für best. Gebiete. Daneben traten Sonderrechte für best. Verhältnisse, so das Lehns-, Stadt-, Bergrecht. Weite Verbreitung und gesetzesähnl. Ansehen erlangten private Rechtsbücher, bes. der Sachsen- und der Schwabenspiegel. Die Zersplitterung des D. R. begünstigte am Ausgang des MA. die Übernahme (Rezeption) des röm. Rechts, das jedoch im 18. Jahrh. durch die naturrechtl. Gesetzbücher (preuß. Allgem. Landrecht) wieder zurückgedrängt wurde. Das geltende →Bürgerliche Gesetzbuch hat deutsch- und römischrechtl. Bestandteile.

Deutsches Reich, 1) das alte deutsche Reich bis 1806; amtl. seit dem 11. Jahrh. Römisches Reich, seit dem 15. Jahrh. Heiliges Römisches Reich Deutscher Nation. **2)** amtl. Name für den 1871 von Bismarck gegr. Staat; er brach 1945 zusammen, →Deutschland, →Deutsche Geschichte.

Deutsches Rotes Kreuz, →Rotes Kreuz.

Deutsche Volkspartei, DVP, 1918–1933 liberale, rechtsbürgerl. Partei, bis 1929 unter Führung Stresemanns.

Deutsche Welle, Rundfunkanstalt für den Osteuropa- und Überseedienst, Sitz Köln; Kurzwelle.

Deutsch Eylau, Stadt im Kreis Rosenberg, Provinz Ostpreußen, am Geserichsee, (1939) 13 900 Ew.; seit 1945 unter poln. Verw. **(Iława).**

Deutsch-Französischer Krieg von 1870/71. Ursache: der Argwohn Frankreichs gegen Bismarcks Politik der Reichsgründung. Anlaß: die Kandidatur des Erbprinzen von Hohenzollern-Sigmaringen auf den span. Thron und die Emser Depesche. Französ. Kriegserklärung am 19. 7. 1870, die süddt. Staaten traten sofort auf die Seite Preußens. Nach dt. Siegen bes. bei Wörth, Spichern und Sedan ergab sich Kaiser Napoleon III. Darauf schlossen die Deutschen Paris ein, zu dessen Befreiung Gambetta neue französ. Massenheere aufstellte. Sie wurden einzeln geschlagen. Paris ergab sich am 28. 1. 1871. Vorfriede von Versailles (26. 2.), Friede von Frankfurt (10. 5. 1871). Das Elsaß und Teile Lothringens kamen an Dtl., Frankreich zahlte 5 Mrd. Franken Kriegsentschädigung.

Deutschherren, der →Deutsche Orden.

Deutsch Krone, ehemal. Kreisstadt im Reg.-Bez. Schneidemühl, (1939) 14900 (1969) 31 700 Ew.; seit 1945 unter poln. Verw. **(Wałcz).**

Deutschland, Land Mitteleuropas, reicht von Nord- und Ostsee bis zu den Alpen, ist im W und O ohne natürl. Begrenzung. Da nach dem 2. Welt-

krieg noch kein Friedensvertrag geschlossen ist und keine gesamtdt. Regierung besteht (1970), wird der Name D. hier für das Gebiet in Mitteleuropa gebraucht, das als Dt. Reich Ende 1937 eine staatsrechtl. Einheit bildete; seine Anliegerstaaten waren damals Dänemark, Niederlande, Belgien, Luxemburg, Frankreich, Schweiz, Österreich, Tschechoslowakei, Polen, Litauen. In dieser Begrenzung umfaßt D. rd. 471 000 km²; heute ist es aufgeteilt in →Bundesrepublik Deutschland, →Deutsche Demokratische Republik, →Deutsche Ostgebiete unter fremder Verwaltung. Einen Sonderstatus hat →Berlin. (→Deutsche Geschichte) ⊕ S. 520/21. (FARBTAFEL S. 174)

LANDESNATUR. D. ist durch Tiefland, Mittelgebirge und Hochgebirge in natürl. Großlandschaften gegliedert. Am Hochgebirge hat es nur im S Anteil. Das Norddt. Tiefland greift in 4 Buchten (Niederrheinische, Münstersche, Sächsische, Schlesische Bucht) weit nach S in den Mittelgebirgsgürtel ein. Das Tiefland wird in O-W-Richtung von den Endmoränenzügen des nördl. (bis 300 m hoch) und südl. Landrückens und den dazwischenliegenden Urstromtälern durchzogen. In der diluvialen Eiszeit wurde ganz Nord-D. bis an den Mittelgebirgsrand mehrmals von dem von N vorstoßenden Inlandeis bedeckt; es entstand eine an Seen, Mooren, Sand- und Schotterablagerungen reiche Moränenlandschaft. Die Mittelgebirgsschwelle erstreckt sich vom Rhein. Schiefergebirge über Hessisches und Weser-Leine-Bergland, Harz, Thüringer Becken, Thüringer- und Frankenwald bis zum Böhmischen Massiv mit seinen Randgebirgen. Hier und im Oberrhein. Mittelgebirgs-Stufenland sind alle geolog. Formationen vom Kambrium bis zur Kreide vertreten, auch vulkan. Ausbrüche aus dem Paläozoikum und dem Tertiär. Das Alpenvorland ist wie das Norddt. Tiefland durch die eiszeitl. Vergletscherung geformt. – GEWÄSSER. Die Flußgebiete von Rhein, Ems, Weser, Elbe entwässern zur Nordsee, die Oder zur Ostsee, die Donau zum Schwarzen Meer. Kanäle: Rhein-Herne-Kanal, Dortmund-Ems-Kanal, Mittellandkanal, Berlin-Stettiner-Großschiffahrtsweg, Nord-Ostsee-Kanal, Rhein-Main-Donau-Großschiffahrtsweg (im Ausbau). Seen (meist eiszeitl. Ursprungs): Boden-, Ammer-, Starnberger, Chiemsee u. a., im NO die Masurischen Seen; vulkan. Ursprungs sind die Eifelmaare. – KLIMA. Von NW nach O zunehmende Gegensätze der Jahrestemperatur: Mitteltemperaturen im Jan. am Rhein um 0°, im südl. Ostpreußen um −5°C; im Juli am Rhein 17–18°C, im O um 17°C. Am wärmsten ist die Oberrhein. Tiefebene. Jahresniederschläge: durchschnittl. 690 mm.

BEVÖLKERUNG. D. ist fast ausschließlich von →Deutschen bewohnt. Ihre Verteilung über das Land ist durch die Wanderungsvorgänge im und nach dem 2. Weltkrieg grundlegend verändert worden. 1939 lebten in D. (Grenzen von 1937) 69,3 Mill. Ew. Die beiden Weltkriege brachten durch Kriegsverluste und Geburtenausfall eine Verschiebung des Altersaufbaus. Der Anteil der

Geburts- und Sterbefälle in D. (auf 1000 Ew.)[1]			
Jahr/Jahre (Durchschn.)	Eheschließ.	Geborene	Gestorbene
1871–75	9,6	39,4	28,0
1896–1905	8,2	35,1	20,6
1911–13	7,8	28,1	15,9
1926–30	8,7	18,4	11,8
1936–38	9,2	19,1	11,7
1943	7,3	16,0	14,6
1950 { a[2]	10,7	16,2	10,5
{ b[2]	11,7	16,5	11,9
1960 { a	9,4	17,4	11,6
{ b	9,7	17,0	13,6
1970[3]{ a	7,2	13,2	11,2
{ b	7,7	13,9	14,1

[1] 1871–1943 = Reichsgebiet, jeweiliger Gebietsstand. [2] a = Bundesrep. Dtl., b = Dt. Dem. Rep. [3] Vorläufige Zahlen.

über 65jährigen erhöhte sich von (1871) 5% auf (1966) 12,3% in der Bundesrep. Dtl., 14% in der Dt. Dem. Rep. (→Bevölkerung).

KIRCHEN. Die Organisation der Kirchen ist noch gesamtdeutsch, doch ist das Religionsrecht in der Bundesrep. Dtl. und in der Dt. Dem. Rep. verschieden gestaltet. Die kath. Kirche ist organisiert in den Kirchenprovinzen: Bamberg, Breslau, Freiburg, Köln, München und Freising, Paderborn und dem exemten Bistum Meißen. Die kollegiale Leitung der kath. Kirche in D. liegt bei der dt. Bischofskonferenz. – Die evang. Kirchen gliedern sich in lutherische, reformierte und unierte Landeskirchen; Gesamtorganisation: →Evangelische Kirche in Deutschland. – Neben der Altkath. Kirche gibt es 6 evang. Freikirchen und viele außerkirchl. Weltanschauungsgemeinschaften.

WIRTSCHAFT. Die 1945 geschaffenen Besatzungszonen und die Herauslösung der östl. der Oder-Neiße-Linie gelegenen Gebiete zerrissen einen in langer Entwicklung entstandenen Wirtschaftsraum.

In der Landwirtschaft lagen bis 1945 die Hauptgebiete im Osten. Auf die unter fremder Verwaltung stehenden Dt. Ostgebiete entfielen 25% der landwirtschaftl. Nutzfläche, 23% der Waldfläche. Auf dem Gebiet der Dt. Dem. Rep. hat sich durch die 1945-47 in der sowjet. Besatzungszone durchgeführte Bodenreform und die spätere Zwangskollektivierung die Aufteilung der landwirtschaftl. Nutzfläche verschoben. 1950 entfielen auf privatwirtschaftl. Betriebe 94,3% der Nutzfläche, 1960: 7,5%, 1967: 5,9%. – Anbau: Getreide, Kartoffeln; Zuckerrüben und Hülsenfrüchte in Mittel-D.; Obst und Wein in wärmeren Gegenden (z. B. Rheintal und seine Nebentäler); Gemüse bes. in der Nähe der Städte; weitere Erzeugnisse: Tabak, Hopfen, Hanf, Flachs, Raps, Rüben. Viehzucht: Rinder (bes. Alpen, Voralpen, Küstengebiete), Pferde, Schweine, Schafe, Geflügel.

⚒ auf Steinkohle bes. im Ruhrgebiet, im Saarland, in Oberschlesien und im Erzgebirg. Becken, auf Braunkohle in Mittel-D. und am Oberrhein, Eisenerze am Harz, im Siegerland, an Lahn und Dill, Kupfererz in Mittel-D., Kali- und Steinsalze in Nord- und Mittel-D. und am Oberrhein, Zinkerze in Oberschlesien; Erdölfelder im Emsland, in Niedersachsen, Holstein, am Oberrhein.

INDUSTRIE. Grundlage der Industrialisierung D.s waren Eisen- und Stahlindustrie in den Steinkohlengebieten und in Niedersachsen. Die chem. Industrie entstand im Bereich des Rheins und im südl. Mittel-D. Die Maschinen- und Metallindustrie entwickelte sich in allen größeren Städten, die elektrotechn. Industrie bes. in Nordrhein-Westfalen, im Neckar-Gebiet, im Raum Nürnberg-Fürth und in Berlin, die Textilindustrie am Niederrhein, in Westfalen, Sachsen, Südwest-D., Schlesien, die Nahrungs- und Genußmittelindustrie in allen größeren Ballungsgebieten.

Nach 1945 wurde durch die wirtschaftl. Ausrichtung der Bundesrep. Dtl. nach W und der Dt. Dem.Rep. nach O die Einheit des Wirtschaftsraumes weitgehend zerrissen.

GESCHICHTE, →Deutsche Geschichte.

Deutschlandfunk, Köln, Bundesanstalt für den Rundfunkdienst in dt. Sprache (bes. für Ost-Dtl. und Osteuropa); Lang- und Mittelwelle.

Deutschlandlied, das Gedicht »Deutschland, Deutschland über alles« von H. Hoffmann v. Fallersleben (1841) mit der Weise von J. Haydn (1781), dt.Nationalhymne 1922-45; in der Bundesrep. Dtl. 1952 wiedereingeführt; bei offiziellem Anlaß wird die dritte Strophe gesungen.

Deutschland-Vertrag, der »Vertrag über die Beziehungen der Bundesrep. Dtl. mit den drei Mächten« (Bonner Vertrag), am 26.5.1952 in Bonn zwischen der Bundesrep. Dtl. und den Vereinigten Staaten, Großbritannien und Frankreich abgeschlossen wurde, mit dem Generalvertrag als Kernstück. Der D.-V. trat am 5. 5. 1955 in Kraft, nachdem er durch das »Protokoll über die Beendigung des Besatzungsregimes« (Paris 23. 10. 1954)

geändert und erweitert worden war. Der D.-V. löste das Besatzungsstatut ab, gab der Bundesrep. Dtl. die Souveränität, zunächst mit Einschränkungen, und regelt die Rechtslage der in der Bundesrep. Dtl. stationierten Truppen. Die Bundesrep. Dtl. wurde Mitglied des Nordatlantikpakts und der Westeuropäischen Union.

Deutschmeister, der Landmeister des →Deutschen Ordens für West- und Süddtl.

Deutschnationale Volkspartei, DNVP, 1918 bis 1933 Rechtspartei in Dtl., monarchistisch, konservativ, mit kurzen Unterbrechungen in scharfer Opposition gegen die Reichsregierung, außenpolit. bes. wegen der »Erfüllungspolitik«. Führer: Hergt, Helfferich, Graf Westarp, Hugenberg.

Deutsch-Ostafrika, ehem. dt. →Schutzgebiet.

Deutsch-Südwestafrika, ehemaliges dt. →Schutzgebiet.

Deutschvölkische, eine polit. Bewegung mit antisemit. Tendenz, Vorläufer des →Nationalsozialismus. Innerhalb der D. bestanden: **D. Partei, D.Freiheitspartei,** (v. Graefe, Wulle); der **Tannenbergbund** (Ludendorff).

D´eutzia die, in SO-Asien und Amerika heim. Gattung der Steinbrechgewächse, Ziersträucher.

DeVal´era, Eamon, irischer Staatsmann,*1882, Führer der Partei→Sinn Fein im Kampf gegen die engl. Herrschaft, 1932-48, 1951-54 und 1957-59 MinPräs.; seit 1959 Staatspräs., löste schrittweise alle staatsrechtl. Bindungen an das Brit. Reich.

Devalvati´on [lat.] die, →Abwertung.

Development Assistance Committee [div-´eləpmənt əs´istəns kəm´iti], Abk. **DAC,** Ausschuß der OECD. Aufgabe: Vorbereitung von Kapitalhilfen an Entwicklungsländer, Koordinierung der Entwicklungshilfepolitik.

D´eventer, Stadt in den Niederlanden, an der Ijssel, 63 800 Ew.; früher Hansestadt, ⚓, Ind.

Deventer: Museum »de Waag«

Deviati´on [lat.] die, Ablenkung der Kompaßnadel durch den Magnetismus eiserner Schiffsteile.

Dev´ise [frz.] die, 1) Wahlspruch. 2) allgemein: ausländ. Zahlungsmittel jeder Art (auch Banknoten, Münzen). Im engeren Sinn und bankwirtschaftl. nur Ansprüche auf Zahlungen in fremder Währung an einem fremden Platz. Die seit der Weltwirtschaftskrise aufgekommene Devisenbewirtschaftung erfaßte die vorhandenen und anfallenden D. und lenkte ihre Verwendung (in der Bundesrep. Dtl. durch Einführung der Konvertierbarkeit der DM am 29. 12. 1958 abgeschafft). Bei der Devisenkontrolle unterscheidet man ohne Rücksicht auf die Staatsangehörigkeit Deviseninländer (Wohnsitz in der Bundesrep.Dtl. oder in Berlin) und Devisenausländer.

Devoluti´onskrieg, der erste Eroberungskrieg (1667/68) Ludwigs XIV. von Frankreich gegen die Span. Niederlande. Frankreich erhielt Teile Flanderns und des Hennegaus.

Dev´on das, **Devonische Formation** [nach der engl. Grafschaft Devon], →Erdgeschichte.

Devonshire [d´evnʃiə], **Devon,** Grafschaft im SW Englands; Milchwirtschaft, Schafzucht, Fischerei. Hauptstadt: Exeter.

dev´ot [lat.], 1) ergeben. 2) fromm.

Devotion'alien [lat. devotio »Andacht«] Mz., Andachtsgegenstände, z. B. Heiligenbildchen.

Devrient [defri:nt], Schauspielerfamilie. Ludwig D., *1784, †1832; berühmter Charakterdarsteller; mit E. Th. A. Hoffmann befreundet.

Dewar-Gefäß, nach dem engl. Chemiker Dewar (*1842, †1923) benanntes, innen versilbertes Vakuummantelgefäß (→Thermosflasche).

Dewey [dj'u:i], John, amerikan. Philosoph und Pädagoge, *1859, †1952, entwickelte den →Pragmatismus zum »Instrumentalismus«.

Dewsbury [dj'u:zbəri], Stadt im nördl. England, 53 500 Ew.; Textilind., Maschinenbau.

Dextr'in das, aus Stärke durch Rösten, Hydrolyse oder enzymat. Abbau hergestelltes gelbliches Pulver; löslich in Wasser; Klebstoff, Verdickungsmittel, Steifmittel beim Appretieren.

Dextr'ose die, ⚕ der →Traubenzucker.

D'ezem [lat. decem »zehn«] der, Zehnt.

Dez'ember der, zwölfter Monat im Jahr (31 Tage); altrömisch der zehnte.

Dez'emvirn [lat. »Zehnmänner«] Mz., im alten Rom: Behörden von 10 Männern; die älteste soll 451 v. Chr. mit großen Vollmachten gewählt worden sein (Aufzeichnung des Zwölf-Tafel-Gesetzes).

Dez'ennium [lat.] das, -s/...nnien, Jahrzehnt.

dez'ent [lat.], schicklich, anständig, zurückhaltend.

Dezentralisati'on [lat.] die, 1) Aufgliederung. 2) die Übertragung staatl. Verwaltungsaufgaben auf Selbstverwaltungskörper, wie Gemeinden, oder auf nachgeordnete staatl. Behörden.

Dezern'at [lat.] das, Unterabteilung einer Behörde für ein bestimmtes Sachgebiet. **Dezern'ent** der, Sachbearbeiter, Berichterstatter.

Dezi... [lat. decem »zehn«], bedeutet als Vorsilbe bei Maßen und Gewichten ein Zehntel, z. B. Dezimeter = $1/_{10}$ m = 10 cm.

D'ezibel, abgek. **dB**, dekadisch logarithmisches Maß für das Verhältnis von elektr. Spannungen, Strömen oder Leistungen, z. B. am Anfang und Ende einer Leitung oder eines Vierpols (Dämpfung oder Verstärkung); es wird auch angewendet für den **Schalldruckpegel** (Bezugsschalldruck Hörschwelle) und ist bei Normschall von 1000 Hz zahlenmäßig gleich der Lautstärke in Phon; auch das **Schallisolationsmaß** wird in dB angegeben. 1 dB = 0,1 Bel (zu Ehren von A. G. Bell).

dezid'iert [lat.], bestimmt, entschieden.

dezim'al [lat.], auf der Zahl 10 beruhend. **Dezimalbruch**, →Bruch. **Dezimalwaage**, eine Brückenwaage (→Waage).

Dezimalklassifikati'on, abgek. **DK**, von dem amerikan. Bibliothekar M. Dewey (†1931) entworfenes Ordnungssystem für das Gesamtwissen.

Dezim'alsystem, dekadisches System, △ ein Zahlensystem, dessen Grundzahl die 10 ist; ferner die Einteilungsart der Münzen, Maße und Gewichte, bei der jede Einheit in 10, 100, 1000 usw. kleinere Einheiten geteilt wird. – Das D. ist auf das Abzählen an den zehn Fingern zurückzuführen. Jedes vollständige Durchzählen wird als neue Einheit (Zehner) vermerkt. Zehn Zehner ergeben einen Hunderter usw. Die höheren Einheiten werden durch die Stellung der Ziffern vermerkt; z. B. 5432 = 5 · 1000 + 4 · 100 + 3 · 10 + 2 · 1. Das D. wird durch die Dezimalzahlen um Einheiten erweitert, die kleiner als 1 sind. Das D. wird durch Komma folgen Zehntel, Hundertstel usw., z. B. 2,45 = 2 · 1 + 4 · $1/_{10}$ + 5 · $1/_{100}$.

Diagonale

D'ezime [lat.] die, ♪ die zehnte Stufe einerTonleiter vom Grundton aus.

Dezimeterwellen, elektromagnet. Schwingungen von 10-100 cm Wellenlänge.

dezim'ieren [lat.; urspr. als Strafe für einen Truppenteil an jedem 10. Mann die Todesstrafe vollstrecken], starke Verluste beibringen.

DGB, →Deutscher Gewerkschaftsbund.

d. h., Abk. für das heißt.

Dharan, Mittelpunkt der arab.-amerikan. Erdölindustrie in Saudi-Arabien, an der Westküste des Golfs von Bahrain, rd. 25 000 Ew.

Dhaulag'iri, Berg in Nepal, 8167 m hoch, 1960 erstmals bestiegen.

Dhaulagiri

d. i., Abk. für das ist.

di... [grch.], Vorsilbe in Fremdwörtern: zwei..., doppel...; z. B. Diphthong, Doppellaut.

dia... [grch.], in Fremdwörtern: durch..., ent..., über...; z. B. Diameter, Durchmesser.

Diab'as [grch.] altes Ergußgestein, schwarz oder dunkelgrün, kristallinisch-körniges Gemenge von Feldspat und Augit (zu Grabsteinen).

Diab'etes mell'itus [grch.-lat. »süßer Durchgang«] der, die→Zuckerkrankheit. **Diab'etiker** der, Zuckerkranker.

diab'olisch [grch.-lat.], teuflisch.

Diad'em [grch.] das, Kopf- oder Stirnbinde als Schmuck (Zeichen der Herrscherwürde).

Diad'ochen [grch. »Nachfolger«] Mz., die Feldherren Alexanders d. Gr., die nach seinem Tode sein Reich teilten. In der Zeit der D. (323-281 v. Chr.) bildeten sich die drei hellenist. Reiche: Ägypten unter den Ptolemäern, Asien unter den Seleukiden, Makedonien unter den Antigoniden.

Di'aghilew, Serge, russ. Ballett-Impresario, *1872, † Venedig 1929.

Diagn'ose [grch.] die, Erkennen der Krankheit.

Diagon'ale [grch.] die, eine Gerade, die zwei nicht benachbarte Ecken eines Vielecks miteinander verbindet (Abb., d). Die Gerade, die zwei nicht auf derselben Seitenfläche liegende Ecken eines Körpers verbindet, heißt **Raum-D.** (Abb., D).

Diagr'amm [grch.] das, Schaubild, graph. oder zeichner. Darstellung beobachteter oder errechneter Werte, z. B. Temperatur, Handelsziffern, technisch-physikal. Verhältniszahlen.

Diak'on [grch. »Diener«] der, 1) in der frühen Kirche: Armenpfleger. 2) kath. Kirche: Vorstufe zum Priester; als selbständiger Amtsträger zugelassen. 3) evang. Kirche: Hilfsgeistlicher, auch Laiengehilfe der Inneren Mission. **Archidiakon**, Titel bestimmter Diakone. **Diakon'at** das, Amt, Würde, Amtsstätte eines D.

Diakon'ie [grch. »Dienst«] die, in der evang. Kirche »Dienst der helfenden Liebe«. Die **männl. D.**, 1840 von Wichern begründet, umfaßt Anstalten zur Ausbildung und Betreuung von Diakonen. Die **weibl. D.** wurde 1836 von Th. Fliedner ins Leben gerufen. Die Diakonissen werden in **Diakonissenhäusern** in Kranken-, Jugend- und Gemeindepflege ausgebildet. **Evang. Diakonieverein**, 1894 von Friedr. Zimmer, bildet die Schwestern auf der Grundlage evang. Glaubens in Frauenerziehung und Krankenpflege aus.

diakr'itische Zeichen, Striche, Punkte, Häkchen u. a. über oder unter einem Buchstaben; zur Aussprachebezeichnung.

Dial'ekt [grch. »Sprache«] der, →Mundart.

Dial'ektik [grch.] die, 1) die kunstvolle Führung eines Gesprächs. 2) das Fortschreiten des Denkens in gegensätzl. Begriffen. Nach Hegel erzeugt jeder Begriff als Thesis einen entgegengesetzten, die Antithesis. Aus beiden Begriffen geht wieder die Synthese hervor, als höhere Form, in der die Widersprüche »aufgehoben« sind. Karl Marx übernahm Hegels dialekt. Methode in seinen Historischen →Materialismus, der z.T. schon von ihm selbst und Engels, dann bes. in Rußland (Plechanow, Lenin) zu einem umfassenden System ausgebaut wurde (**dialektischer Materialismus**). **Dialektiker,** ein Meister in der D.; **dialektisch,** 1) die D. betreffend. 2) spitzfindig.

Dialektische Theologie, eine innerhalb der evang. Theologie seit dem 1.Weltkrieg durch Barth, Brunner, Bultmann, Gogarten u. a. vollzogene Neuorientierung, die an den Dänen →Kierkegaard anknüpft. Mensch und Gott stünden unvereinbar gegenüber; der verborgene Gott offenbare sich nur im »Wort«, das Gott in dem Ereignis Jesus Christus zur Menschheit gesprochen habe, und in der Verkündigung. Der Glaube ist ein Wagnis. Die D.T. richtet sich gegen die liberale wie gegen die orthodoxe Theologie und hat stark auf die →Bekennende Kirche gewirkt.

Dial'og [grch.] der, Zwiegespräch.

Dial'yse [grch.] die, ⟳ Abtrennung niedermolekularer Begleitstoffe (Salze) aus einer Lösung hochmolekularer Stoffe (Eiweiß, Stärke u.a.) durch bestimmte Filter.

Diamagnet'ismus der, die Eigenschaft aller Stoffe, im Magnetfeld schwach ausgeprägte magnet. Eigenschaften zu bekommen; verursacht durch Wechselwirkungen zwischen Atomelektronen und Magnetfeld. D. ist i. d. R. nur beobachtbar, wenn er nicht durch Ferromagnetismus oder →Paramagnetismus verdeckt ist, also z. B. bei Atomen und Molekülen ohne magnet. Eigenmoment.

Diam'ant [von grch. adamas »unbezwingbar«] der, 1) ein aus reinem Kohlenstoff (C) bestehendes Mineral; vorherrschende Kristallform: Oktaeder, Dodekaeder, seltener Würfel. D. kommen auch in dichten, regellosen Massen (Ballas) oder in dichten bis körnigen, schwarzglänzenden Rollstücken (Carbonados) vor. Farblos und durchsichtig ist der D. einer der wertvollsten Edelsteine; auch kräftige »Phantasiefarben« sind geschätzt. – Der D. ist der härteste natürl. Stoff (Ritzhärte 10), doch gut spaltbar und sehr spröde. Er wird vorwiegend als →Brillant bearbeitet (geschliffen). Vorkommen in primären (Muttergestein Kimberlit; Rep. Südafrika, Tansania, Sowjetunion) und sekundären Lagerstätten sowie in Flußablagerungen (Seifen; SW-Afrika, Kongo, Zentralafrikan.Rep., Angola, Ghana, Sierra Leone, Guinea u. a). Verwendung für Schmuck oder als Industrie-D. (Glasschneider, Werkzeuge). Synthet. D. verwendet man zu techn. Zwecken. Bearbeitungszentren (Schleifereien) in Belgien, Israel, den USA, den Niederlanden und der Bundesrep. Dtl. u.a. 2) die, 𝄐 ein Schriftgrad von 4 typograph. Punkten.

Diam'at, Abk. für **Dialektischer Materialismus** (→Dialektik, →Materialismus).

Diam'eter [grch.] der, →Durchmesser; **diametr'al entgegengesetzt,** völlig entgegengesetzt.

Di'ana, römische Göttin, als Jagdgöttin der griechischen Artemis gleichgesetzt.

Di'anthus die, Pflanzengattung, →Nelke.

diaph'an [grch.], durchscheinend.

Diaphr'agma [grch. »Scheidewand«] das, -s/...men, 1) ⨍ das →Zwerchfell. 2) poröse Membran oder Tonwand als Filter (Gas, Flüssigkeit).

Diap'ositiv das, photograph. Bild auf durchscheinender Unterlage (Glas, Kunststoff), zur Vorführung im Bildwerfer.

Di'arbekr, türk. Stadt, →Diyarbakir.

Diär'ese [grch.] die, getrennte Aussprache von zwei nebeneinander stehenden Vokalen, z.B. Poesie. Zeichen der D. ist das →Trema.

Di'arium [lat.] das, -s/...rien, Tagebuch.

Diarrh'öe [grch.] die, »Durchfluß« die, →Durchfall.

Diask'op das, Bildwerfer für durchsichtige Bilder (Diapositive).

Di'aspora [grch. »Zerstreuung«] die, unter Andersgläubigen zerstreut lebende Glaubensgenossen sowie die Gebiete, in denen sie wohnen.

Diast'ase [grch.] die, 1) das Enzym →Amylase. 2) in der dialekt. Theologie die Gegensätzlichkeit von Christentum und Umwelt.

Di'astole die, Erweiterung der einzelnen Herzteile. Gegensatz: →Systole.

Di'ät [grch. »Lebensweise«] die, besondere Ernährungsweise. **Diät'etik,** die Lehre von der →Ernährungstherapie.

Di'äten [von lat. dies »Tag«] Mz., Tagegelder, auch die Entschädigung der Abgeordneten.

diatherm'an [grch.], für Wärmestrahlen durchlässig (z.B. Glas). Gegensatz: **atherman.**

Diatherm'ie [grch.] die, ⨍ Wärmebehandlung mithochfrequentenWechselströmen(Langwellen); heute durch die Kurzwellenbehandlung verdrängt.

Diath'ese [grch.] die, körperl. Anlage oder erhöhte Empfänglichkeit für eine Krankheit.

Diatom'een, →Kieselalgen.

Diat'onik [grch.] die, ♪ Tonordnung aus den natürlichen Ganz- und Halbtönen der 7 Stufen einer Dur- oder Molltonleiter; Gegensatz: Chromatik. **diatonisch,** leitereigen.

Diaz [d'iaθ], 1) Bartholomëu, portugies. Seefahrer, * um 1450, †1500, umsegelte 1487/88 Afrika. 2) Porfirio, mexikan. Staatsmann, *1830, †1915, General gegen Kaiser Maximilian; 1877 bis 1880 und 1884-1911 Staatspräs.

D'iaz 'Ordaz, Gustavo, mexikan. Politiker, *1911; 1964-1970 Staatspräs. von Mexiko.

D'iazoverbindungen, ⟳ organische Verbindungen mit zwei Stickstoffatomen. Man kann aus den D. viele wichtige Farbstoffe herstellen.

dibbeln [engl.], Samen in Reihensaat häufchenweise auslegen und Pflanzlinge einsetzen.

Dib'elius, Otto, evang. Theologe, *1880, †1967; als Generalsuperintendent der Kurmark 1933 seines Amtes enthoben. 1945-66 Bischof von Berlin, 1949-61 Vors. des Rates der EKD.

Dichotom'ie [grch.] die, 1) LOGIK: die Einteilung nach zwei Gesichtspunkten, eine des Gattungsbegriffes in zwei Arten. 2) gablige Verzweigung.

Dichro'ismus [grch. »Zweifarbigkeit«] der, Eigenschaft vieler Kristalle, in verschiedener Richtung das Licht verschieden zu absorbieren.

Dichrosk'op [grch.] das, Vorrichtung zur Prüfung der Mineralien auf →Dichroismus; von Juwelieren zur Prüfung der Edelsteine verwendet.

Dichte die, 1) das Verhältnis der Masse eines Körpers zu seinem Rauminhalt, meist angegeben in g/cm^3 oder kg/dm^3. 2) jede in den Raum- oder Flächeneinheit enthaltene physikal. Größe, z.B. Strom-, Leucht-, Energie-Dichte.

Dichtung, Sprachkunstwerk. Die Vielzahl der dichterischen Aussageformen wird drei Grundgattungen (**Dichtungsgattungen**) untergeordnet: der Lyrik, der Epik (erzählende Dichtung), dem Drama. Als Kunstmittel verwendet die D.Rhythmus, Metrum, Reim, Strophe, vor allem die versinnlichende oder vergeistigende Kraft symbolischer Aussageweise (Bild, Gleichnis). Als Hymne und Gebet, mythisch-epischer Bericht, Preislied und Spruch ist D. schon aus den ersten Anfängen menschl. Kultur überliefert.

Dichtung, 🔩 Mittel (Leder, Gummi u. dgl.) oder Verfahren, um an Verbindungs- oder Durchgangsstellen (z.B. Rohrleitung) den Austritt von Gasen, Dämpfen, Flüssigkeiten zu verhindern.

Dickblatt, Pflanzengattung, verwandt mit →Hauswurz und →Fetthenne.

Dickens, Charles, engl. Erzähler, *1812, †1870, schrieb sozialkrit. Romane voll lebendiger, oft verschrobener Gestalten: »Die Pickwickier«, »Oliver Twist«, »David Copperfield«.

Dickfuß, →Triel.

Dickhäuter, Vielhufer, ⨍ zusammenfassend für Schweine, Elefanten, Nashörner, Flußpferde.

Dick-Read [di:d], Grantly, engl. Geburtshelfer, *1890, †1959, ersann ein Verfahren körperlich-seel. Vorbereitung auf die Geburt, das die Schmerzen vermindern und die Entbindung erleichtern soll.

Dialyse: a Wasserzufluß, b Wasser, c Membran, d Eiweißlösung, e Richtung des Salzdurchtrittes

Dickens

Diem

Diesel

D'ictum [lat.] das, ↑Spruch. Sprichwort.

Didach'e [grch.] die, Zwölfapostellehre, älteste erhaltene christl. Kirchenordnung (2. Jahrh.).

Did'aktik [grch.] die, Teil der Erziehungslehre, legt die Gesetze und Regeln für den Unterricht dar. **Didaktische Dichtung,** →Lehrdichtung.

Didaskal'ien [grch.] Mz., **1)** Unterweisungen; in Alt-Athen: das Einüben eines Dramas oder Chors. **2)** Listen der aufgeführten Dramen mit Angaben der Zeit, Verfasser, Schauspieler usw.

Diderot [didr'o], Denis franzÖs. Philosoph, Schriftsteller der Aufklärung, *1713, †1784; Herausgeber der großen franzÖs. Enzyklopädie, schrieb Lustspiele und Romane.

D'ido, die sagenhafte Gründerin Karthagos; tötete sich (nach Vergil), als Äneas sie verließ.

Didot [did'o], franzÖs. Drucker- und Buchhändlerfamilie im 18. Jahrh. **Didotsystem:** typograph. Punktsystem zur Berechnung des Setzmaterials.

Diebstahl, ♋ Wegnahme einer fremden bewegl. Sache in der Absicht, sie sich rechtswidrig anzueignen; **einfacher D.** wird mit Gefängnis, **schwerer D.** (z. B. Einbruch-, Nachschlüssel-, Bandendiebstahl) und **Rückfall-D.** meist mit Zuchthaus bestraft (§§ 242 ff. StGB).

Dieburg, Kreisstadt in Hessen, 11 700 Ew.; Burg, Wallfahrtskirche (aus dem 12. Jahrh.).

Dieburg
(Luftaufnahme)

Dieckmann, Johannes, kommunist. Politiker (LPD), *1893, †1969; 1949-69 Präs. der Volkskammer der Dt. Dem. Rep.

Diedenhofen, franzÖs. **Thionville,** Stadt in Lothringen, a. d. Mosel, 38 500 Ew.; Eisen-Ind.

Diederichs, 1) Eugen, Verlagsbuchhandlung in Jena, seit 1948 in Düsseldorf; kulturphilosoph. und kulturpädagog. Werke; Sammelreihen (Märchen, Sagen). **2)** Georg, Politiker (SPD), *1900; wurde 1957 Sozialmin., Dez. 1961 MinPräs. von Niedersachsen.

Di'ego [span.], Jakob.

Diele, 1) 2-3,5 cm starkes Brett für Fußböden. **2)** Flur, auch vornehmer Wohnraum **(Wohn-D.). 3)** Gaststättenart **(Wein-D., Tanz-D.).**

Diël'ektrikum das, -s/...ka, zwischen die Platten eines Kondensators gebrachter Isolator, der dessen →Kapazität erhöht.

Diëlektrizit'ätskonstante, eine Maßzahl (E_{rel}), die angibt, um wieviel sich die Kapazität eines Kondensators erhöht, wenn sich statt Luft ein →Diëlektrikum zwischen den Platten befindet.

Diem, Carl, *1882, †1962; Organisator der XI. Olympischen Spiele in Berlin 1936; Mitgründer und Leiter der Dt. Hochschule für Leibesübungen 1920 in Berlin und der Sporthochschule in Köln 1947.

Di'em, →Ngo-dinh-Diem.

Dieme die, Heu- oder Strohschober, →Feim.

Diemel die, linker Nebenfluß der Weser, mündet bei Karlshafen.

Dien Bien Phu, ehem. franzÖs. Stützpunkt in N-Vietnam; 1954 von den →Vietmin erobert.

Di'ene, Diolef'ine, Kohlenwasserstoffe mit 2 Doppelbindungen. D. mit konjugierten Doppelbindungen können Stoffe mit einfachen Doppelbindungen unter Ringbildung anlagern **(Dien-Synthese).**

Dienstag [german. »Ziustag«], der dritte Tag der Woche.

Dienstauszeichnung, eine meist mehrstufige Auszeichnung für Beamte, Polizei, Armee.

Dienstbarkeit, ♋ das →dringliche Recht, eine fremde Sache beschränkt zu nutzen. **1)** Grunddienstbarkeit, die Belastung eines Grundstückes zum Vorteil des jeweiligen Eigentümers eines andern (des »herrschenden«) Grundstückes, z. B. Überfahrtrecht (§§ 1018 ff. BGB); **2)** beschränkte persönliche **D.,** die Grunddienstbarkeit, die einer bestimmten Person zusteht; unübertragbar, erlischt mit dem Tode des Berechtigten (z. B. Wohnungsrecht; §§ 1090 ff. BGB); **3)** →Nießbrauch.

Dienste, Ez. **Dienst** [von dienen] der, ⊓ dem Pfeilern oder der Wand vorgelegte Halb- und Dreiviertelsäulchen zur Aufnahme der Gewölberippen, bes. in der Gotik; die stärkeren (»alten«) D. nehmen die Gurte und Schildbögen, die schwächeren (»jungen«) die Rippen auf.

Diensteid, →Amtseid.

Dienstenthebung, eine vorläufige, durch dienstl. Interessen gebotene Amtsenthebung, bes. für Beamten und Richter.

Dienstgeheimnis, →Amtsgeheimnis.

Dienstgrad, militär. Rangstufe. **Dienstgradabzeichen,** FARBTAFEL S. 175.

Dienstleistungen, wirtschaftl. Tätigkeiten, die nicht in Erzeugung von Sachgütern, sondern in persönl. Leistungen bestehen: Handel, Banken, Versicherungen, Transport- und Nachrichtenwesen, öffentl. Verwaltung, freie Berufe (Erziehung, Heilbehandlung, Rechtsberatung u. a.).

Dienstmarke, Postwertzeichen für Behörden.

Dienststrafrecht, →Disziplinarrecht.

Dienstvertrag, Vertrag, durch den sich jemand verpflichtet, einem anderen Dienste gegen Entgelt zu leisten, ohne einen bestimmten Arbeitserfolg zu versprechen (§§ 611 ff. BGB). Für viele Arbeitsverhältnisse bestehen Sonderbestimmungen. →Arbeitsvertrag; →Werkvertrag.

Dientzenhofer, bayer. Baumeisterfamilie des Barocks; Christoph, *1655, †1722, wirkte in Prag; sein Bruder Johann, *1665, †1726, baute u. a. den Dom zu Fulda; Christophs Sohn Kilian Ignaz, *1689, †1751, war Hauptmeister des Prager Barocks.

Diepholz, Kreisstadt in Niedersachsen, an der Hunte, 11 600 Ew.; Maschinen-, Textilind.

Dieppe [di'εp], Hafenstadt und Seebad in N-Frankreich, am Ärmelkanal, 30 300 Ew.; Schiffbau, Ind., Fischereihafen.

d'iës [lat.] der, Tag. **d. acad'emicus,** Feiertag der Hochschule. **d. 'irae,** Tag des Zornes (Jüngstes Gericht).

Diesel, Rudolf, *1858, †1913, entwickelte zusammen mit der Maschinenfabrik Augsburg-Nürnberg (MAN) und Krupp den →Dieselmotor.

Dieselmotor [→Diesel], eine Verbrennungskraftmaschine; Kennzeichen: im Zylinder gebildetes Kraftstoff-Luft-Gemisch (innere Gemischbildung) und Selbstentzündung des Gemisches. Kraftstoffe: zwischen 200 und 370°C siedende Gas- und Dieselöle mit ausreichender →Zündwilligkeit. Arbeitsweise: →Vier- oder →Zweitaktverfahren. Im Gegensatz zum →Ottomotor wird reine Luft angesaugt, im 2. Takt auf 30 bis 50 atü verdichtet und dabei auf 600 bis 900°C erhitzt; durch Strahlzerstäubung oder besondere Form des Verbrennungsraumes (Vorkammer, Wirbelkammer, Luftspeicher) wird erreicht, daß der im Zündzeitpunkt mit bis zu 1000 atü Druck eingespritzte Kraftstoff sich gut mit der Verbrennungsluft mischt und selbst entzündet. Zum Anlassen der Vorkammer- u. a. Motoren sind →Glühkerzen erforderlich. Kühlung der D. durch Wasser oder Luft. Vorzüge der D.: hoher Wirkungsgrad, Wirtschaftlichkeit durch Verarbeitung billiger Kraftstoffe von geringer Feuergefährlichkeit. Anwendung: Dieselkraftwerke zur Erzeugung elektr. Energie, ortsfeste und fahrbare Notstromsätze, Antrieb von landwirtschaftl. und Baumaschinen, Schiffen, Eisenbahntriebwagen, Diesellokomotiven, Kraftwagen, Flugzeugen.

D'iesterweg, Adolf, Pädagoge, *1790, †1866; verdient um Volksschulwesen, Lehrerbildung.

Dieter, Dietleib, Dietlinde, Dietmar, Dietrich, Dietz [von ahd. diot »Volk«], Vornamen.

Dietikon, Gem. im Kt. Zürich, Schweiz, 20 800 Ew.; Maschinenindustrie, Orgelbau.

Dietmar von Aist, ritterl. Minnesänger (um 1140-1171); schrieb das erste dt. Tagelied.

Dietmar (Dithmar) von Merseburg, ↛Thietmar.

Dietrich, Haken zum Öffnen von Schlössern.

Dietrich, Marlene, Schauspielerin und Sängerin, *1901.

Dietrich von Bern [d. i. Verona], Gestalt der german. Heldensage, in der der Ostgotenkönig Theoderich d. Gr. weiterlebt. Mit der Dietrichsage sind das »Hildebrandslied« und zahlreiche Spielmannsepen verknüpft. In der altnord. Thidrekssaga wird D. zum Mittelpunkt der gesamten dt. Sagenüberlieferung.

Dietzenbach, Stadt im Kr. Offenbach, Hessen, 13 000 Ew.

Dietzfelbinger, Hermann, evang. Theologe, *1908; 1955 Landesbischof in Bayern. Seit 1967 Ratsvorsitzender der Evang. Kirche in Dtl.

D'ievenow die, östlicher Mündungsarm der Oder, zwischen Stettiner Haff und Ostsee, trennt Wollin vom Festland.

Diez, Kreisstadt im Unterlahnkreis, Rheinl.-Pf., 10 500 Ew., an der Lahn; Holz-, Marmorind.

Diffam'ierung [lat.] die, Verleumdung.

Differdingen, Gem. in Luxemburg, 19 000 Ew., Eisenindustrie.

differ'ent [lat], abweichend.

Differenti'algeometrie, Anwendung der Differentialrechnung auf die Geometrie.

Differenti'algetriebe, das Ausgleichsgetriebe, z. B. beim ↛Kraftwagen.

Differenti'algleichung, Gleichung zwischen einer unbekannten Funktion und ihren Differentialquotienten, aus der man diese Funktion ermitteln kann. Viele Vorgänge in Natur und Technik lassen sich durch D. berechnen.

Differenti'alrechnung, ein Zweig der höheren Mathematik, arbeitet mit Grenzwerten von Differenzen, den Differentialen. Ihr wichtigster Begriff ist der **Differentialquotient.** Man erhält ihn als ↛Grenzwert eines Bruches, dessen Zähler die Differenz zweier Funktionswerte und dessen Nenner die Differenz der zugehörigen Argumente derselben Funktion ist. Das Aufsuchen dieses Grenzwertes nennt man **differenzieren.**

Differ'enz [lat.] die, 1) Unterschied. 2) Meinungsverschiedenheit. 3)↛Grundrechnungsarten.

Differ'enzgeschäft, Geschäft, das nicht auf tatsächl. Lieferung, sondern auf Zahlung des Unterschieds zwischen dem vereinbarten Preis und dem Börsen- oder Marktpreis zum Lieferungszeitpunkt gerichtet ist. D. gelten (mit Ausnahme der Börsentermingeschäfte) als Spiel (§ 764 BGB); Ansprüche daraus sind nicht durchsetzbar.

differ'ieren [lat.], abweichen, verschieden sein.

diffiz'il [lat.], schwierig, heikel.

Diffrakti'on, OPTIK: die ↛Beugung 2).

diff'us [lat.], zerstreut, ohne scharfe Grenzen.

Diffuses Licht, Licht ohne geordneten Strahlenverlauf, bes. bei Reflexion an rauhen Oberflächen.

Diffusi'on [lat. »Ergießung, Ausbreitung«] die, ◌ von selbst eintretende Vermischung sich berührender Gase, mischbarer Flüssigkeiten oder verschieden konzentrierter Lösungen, bewirkt durch die dauernde Bewegung der Moleküle. Auf D. beruht z. B. die Verbreitung von Riechstoffen.

Digest [d'aidȝest, engl.], Sammlung von Auszügen aus Veröffentlichungen, z. B. Reader's Digest.

Digesti'on [lat.] die, Verdauung.

Digit'alis die, Pflanzengattung, ↛Fingerhut.

Digit'alrechner, ziffernmäßige↛Rechengeräte.

Digressi'on [lat.] die, ☿ der Winkel zwischen dem Vertikalkreis eines polnahen Sterns und dem Meridian.

Dijon [diȝ'õ], Stadt in Frankreich, am Bourgogne-Kanal, 150 800 Ew.; Kathedrale (11.-13. Jahrh.), Universität; Handelsmittelpunkt für Burgunderwein und Senf; vielseitige Industrie.

Dijon: Kathedrale

D'ike [grch.], die Sitte, das Recht; bei Hesiod als Gerechtigkeit vergöttlicht.

Dikotyled'onen [grch.] Mz., **Dikotylen,** ↛Zweikeimblättrige.

Dikt'at [lat.] das, -s/-e, 1) Niederschrift von etwas Vorgesprochenem. 2) harter, unabweislicher Befehl. Zeitwort: **dikt'ieren.**

Dikt'ator [lat.] der, leitender Staatsmann mit unumschränkter Machtbefugnis (↛Diktatur); im alten Rom nur in Zeiten der Gefahr.

Diktat'ur [lat.], die unbeschränkte Machtvollkommenheit eines Einzelnen oder einer Gruppe; in autoritären Staaten auch mit formaler, dem Schein dienender Aufrechterhaltung demokrat. Einrichtungen. **D. des Proletariats,** nach marxist. Lehre die sozialrevolutionäre Herrschaftsform vom Zusammenbruch der bürgerl. Ordnung bis zur Entstehung der klassenlosen Gesellschaft.

Dikt'iergerät, elektroakustisches Gerät zur Aufnahme, Speicherung und Wiedergabe gesprochener Texte, bes. im Bürobetrieb (Diktate, Festhalten von Telephongesprächen, Konferenzen usw.). Die modernen D. arbeiten nach dem ↛Magnettonverfahren.

Dikti'on [lat.], die, Schreibart, Ausdrucksweise.

Dilatati'on [lat.] die, Dehnung, Erweiterung.

Dilatom'eter [lat.] das, Vorrichtung zur Messung der Ausdehnung flüssiger und gasförmiger Körper beim Erwärmen.

dilat'orisch [lat.], aufschiebend, verzögernd.

Dil'emma [grch.] das, Zwangslage.

Dilett'ant [ital.] der, Liebhaber, Nichtfachmann. **dilett'antisch,** unsachgemäß. Hauptwort: der **Dilettant'ismus.**

Diligence [-ȝ'ãs, frz.] die, Postkutsche, Eilpost.

Dill, feinblättrige Würzpflanze, Doldenblüter; wird zum Einmachen der Gurken, das Samenöl, **Dillöl,** zu Likören und Parfümen verwendet.

Dillenburg, Kreisstadt in Hessen, am Westerwald, 10 100 Ew.; Mittelpunkt eines Bergbau- und Hüttengebietes; Bergschule.

Dillingen, 1) an der Donau, Kreisstadt in Bayern, 11 600 Ew.; ehemal. Sitz der Universität von Augsburg; bis 1804 Universität. **2) an der Saar,** Industriestadt im Saarland; 22 000 Ew.; Eisenhüttenwerke, Maschinenindustrie.

D'ilthey, Wilhelm, Philosoph, *1833, †1911, Gründer einer wissenschaftl. fundierten Lebensphilosophie in Dtl.; suchte die method. und erkenntnistheoret. Selbständigkeit der Geisteswissenschaften zu sichern.

Dilthey

Dil'uvium [lat. »Wasserflut«] das, neuerdings **Pleistoz'än,** ↛Eiszeit. (TAFEL Erdgeschichte)

Dime [daim] der, 10-Cent-Münze in USA.

Dimensi'on [lat.] die, 1) Abmessung, Ausdehnung. 2) △ die Linie hat **eine D.** (Länge), die Ebene **zwei D.** (Länge, Breite), der Körper, wie überhaupt der Raum, **drei D.** (Länge, Breite, Höhe). 3) ⊗ die Beziehung einer Größe (z. B. die Arbeit) zu den Grundgrößenarten Länge, Zeit, Masse.

diminu'endo [ital.], abgekürzt: dim., ♪ allmählich leiser werdend; Zeichen: >.

Diminut'ivum [lat.] das, -s/...tiva, ☺ Verkleinerungsform (z. B. Mägdlein).

Dimitr'ov, Georgi, bulgar. Politiker, *1882, †1949; nahm als Kommunist an bewaffneten Aufständen (Sofia 1925) teil, wurde 1933 von der Anklage der Brandstiftung (Reichstagsbrand) freigesprochen. 1933-43 in Moskau Generalsekr. der →Komintern; 1946-49 bulgar. MinPräs.

Dimorph'ismus [grch.] der, ♀ ⚥ das Auftreten einer Tier- oder Pflanzenart in zwei verschiedenen Gestalten. **Saison-D.,** z.B. Frühlings- und Herbstblüte bei Veilchenarten; **Geschlechts-D.,** z.B. Männchen kräftiger und schöner (Hahn).

DIN, urspr. Abk. für Deutsche Industrie-Normen, heute selbständiges Zeichen für die Normen des Dt. Normenausschusses (DNA), in Normblättern veröffentlicht. **DIN-Format,** ein →Papierformat.

Dinant [din'ã], Stadt im südl. Belgien, an der Maas, alte Feste, got. Kirche; 9800 Ew.; Ind.

Din'ar der, Münzeinheit in Jugoslawien, Irak u.a., →Währungseinheiten.

din'arische Rasse, den Europiden zugehörige Menschenrasse, bes. in SO-Europa verbreitet. (Tafel Menschenrassen I)

Din'arisches Gebirge, Kalkgebirge im W der Balkanhalbinsel mit Karsterscheinungen.

Diner [din'e, frz.] das, Haupt-, Festmahl; **din'ieren,** zu Mittag essen.

Ding [nordgerman. thing] das, bei den Germanen Volks- und Gerichtsversammlung aller freien waffenfähigen Männer an der althergebrachten Dingstätte.

Ding an sich das, von Kant geprägte Bezeichnung für den unerkennbaren Hintergrund der Erscheinungswelt.

Dingelstedt, Franz Freiherr v., Schriftsteller, Theaterleiter, *1814, †1881; Intendant in München, Weimar, Wien, förderte Hebbel.

Dingi das, kleinstes Beiboot eines Kriegsschiffes.

D'ingler, Hugo, Philosoph und Mathematiker, *1881, †1954; bemühte sich um eine erkenntnistheoretische Grundlegung der Wissenschaften.

dingliche Rechte, →Sachenrechte, private Rechte, die ihren Inhabern die unmittelbare, gegen jedermann wirkende Herrschaft über eine Sache gewähren, z.B. Eigentum, Pfandrecht. Gegensatz: →Forderung, die sich jeweils nur gegen den Schuldner richtet.

Dingo der, **Warragal,** verwilderter Haushund in Australien, schäferhundgroß mit rotbraunem Fell; lebt in Rudeln, jagt nachts.

D'ingolfing, Kreisstadt in Niederbayern, 10600 Ew.; Kraftfahrzeug-, Schlepper-, Möbelind.

DIN-Grade [zu DIN], Empfindlichkeitsangabe für photograph. Negativmaterial. Eine Erhöhung um $^3/_{10}$°DIN bedeutet eine Verdoppelung der photograph. Empfindlichkeit.

Dinkel der, **Spelz,** Weizenform, bei der die Hülsen (Spelzen) am Korn bleiben. Unreife, getrocknete Körner heißen **Grünkern.**

Dinkelsbühl

Dionysos mit tanzenden Satyrn (Schale, um 480 v. Chr.)

D'inkelsbühl, Kreisstadt in Mittelfranken, Bayern, 8000 Ew., an der Wörnitz; bis 1803 freie Reichsstadt; mittelalterl. Stadtbild (Fachwerkhäuser, Befestigung, spätgot. St.-Georgs-Kirche). Handwerk, Fremdenverkehr.

Dinoflagell'aten, Panzergeißelalgen.

Dinos'aurier [grch.] Mz., ausgestorbene, landbewohnende Echsen des Erdmittelalters, meist Pflanzenfresser von mächtiger Gestalt, darunter die größten bekannten Landwirbeltiere (über 20 m lang), z.B. **Brontosaurus, Iguanodon, Stegosaurus.**

Dinosaurier: 1 Brontosaurus, 2 Iguanodon, 3 Stegosaurus

Dinoth'erium das, ausgestorbene Rüsseltiergattung der Tertiärzeit.

D'inslaken, Kreisstadt in Nordrhein-Westfalen, 54500 Ew.; Steinkohlen⚒, Eisenind.

Dio C'assius, griech. Historiker, * um 155 n. Chr., † um 235, schrieb eine röm. Geschichte.

Di'ode die, ⚥ ein Zweielektroden-Gleichrichter. →Gleichrichter, →Zener-Diode, →Trigger-Diode, →Tunnel-Diode, →Detektor.

Diod'or, griech. Historiker, lebte zur Zeit des Kaisers Augustus, Verfasser einer Gesamtgeschichte der alten Völker.

Di'ogenes von Sinope, griech. Philosoph, †323 v. Chr., sprichwörtl. durch Bedürfnislosigkeit und schlagfertigen Witz (D. in der Tonne).

Diokleti'an, röm. Kaiser (284-305), * um 243; ordnete Heer und Verwaltung neu, gab sich unumschränkte Gewalt; 303 Christenverfolgung.

Diom'edes, griech. Held, Sohn des Tydeus gewaltiger Kämpfer gegen Theben und vor Troja.

Dion'ysios der Ältere, Tyrann von Syrakus, *430, †367 v. Chr., dehnte im Kampf gegen Karthago seine Herrschaft über den Großteil Siziliens aus; erscheint in Schillers »Bürgschaft«.

Dion'ysius, 1) D. Areopagita, angebl. 1. Bischof von Athen, von Paulus bekehrt. Unter seinem Namen verfaßte um 500 ein unbekannter syrischer Autor neuplatonisch-mystische Schriften, die das abendländ. Denken stark beeinflußten. **2)** D. der **Große,** 264/65, Bischof von Alexandria, bed. Theologe des 3. Jahrh. **3)** D. Exiguus, Mönch, lebte etwa von 500 bis 550 in Rom. Von ihm stammt die heute gültige christl. Zeitrechnung.

Di'onysos, röm. **Bacchus,** Sohn des Zeus und der Semele, griech. Gott des Weines, der Frühlingsblüte, der Ekstase, die seine Feste kennzeichnete; in seinem Gefolge die →Mänaden; **dion'ysisch,** rauschhaft im Unterschied zum Apollinischen, →Apollo.

Dioph'antos, griech. Mathematiker, um 250 n. Chr., behandelte als erster systematisch die Algebra. **Diophantische Gleichung,** Gleichung mit mehreren Veränderlichen, deren ganzzahlige Lösungen die Zahlentheorie untersucht.

Di'opter das, Gerät zum Anvisieren eines Zieles; Okular ist eine Metallplatte mit kleinem Loch, Objektiv ein Fadenkreuz.

Dioptr'ie [grch.] die, Maßeinheit für die brechende Kraft einer Linse oder eines opt. Systems, →Brille.

Dior'ama [grch. »Durchscheinbild«], 1) auf

durchsichtigem Untergrund zweiseitig bemaltes Bild, das sich je nach Stand der Lichtquelle verändert. 2) plastisch-malerisches Schaubild.

Dior'it der, dunkelgrünes Tiefengestein aus Plagioklas und Hornblende, Biotit oder Pyroxen.

Diosk'uren [grch. »Zeussöhne«] Mz., 1) griech. Göttersage: **Kastor** und **Pollux**, Zwillingssöhne des Zeus und der Leda. 2) ✶ die →Zwillinge.

Diot'ima [grch.], 1) Priesterin, die in Platons Gastmahl dem Sokrates das Wesen der Liebe erklärt. 2) Deckname für Susette Gontard (†1802) in Hölderlins Gedichten und im »Hyperion«.

Diöz'ese [grch.] die, Amtsbezirk eines Bischofs oder Superintendenten.

Diphther'ie [grch.] die, 1) beim Menschen: volkstüml. **Bräune**, Infektionskrankheit, hervorgerufen durch das **D.-Bakterium** und gekennzeichnet durch membranartigen Belag auf den Mandeln und der Rachenschleimhaut. Nach Übertragung durch Berührung, Wäsche, Tröpfcheninfektion, treten die ersten Krankheitserscheinungen meist 2-7 Tage später mit mäßigem Fieber und Schluckbeschwerden auf; dann bilden sich die weißen Beläge aus. Die meisten Erkrankungen werden geheilt; auch Begleiterscheinungen, wie Herzmuskelschäden, Nierenschädigungen und Nervenlähmungen an Gaumenmuskeln, Gliedmaßen und Rumpf, pflegen gut auszuheilen. Behandlung: möglichst frühzeitige Injektion von D.-Heilserum; Kreislaufmittel; bei Erstickungsgefahr Luftröhrenschnitt. – Vorbeugend wirkt die Schutzimpfung. 2) **D. der Haustiere**, durch verschiedene Erreger hervorgerufene, nur im Erscheinungsbild der D. des Menschen ähnl. Erkrankungen, z.B. Geflügel-D.

Diphth'ong [grch.] der, →Doppellaut.

Dipl., Abk. für Diplom..., →Diplomgrad.

diplo'id, mit doppelter Chromosomenzahl.

Dipl'om [grch.] das, 1) ursprünglich: gefaltetes Schreiben. 2) Erlaß der röm. Kaiser oder Staatsbeamten. 3) jetzt: Urkunde; Zeugnis.

Diplomat'ie [grch.] die, 1) die Pflege der Beziehungen zwischen den Staaten; auch die Verhandlungskunst. **diplom'atisch**, geschickt. 2) die Gesamtheit der Diplomaten. **Diplom'at** der, höherer Beamter des Auswärtigen Dienstes. **Diplomatisches Korps**, die Gesamtheit der bei einem Staat beglaubigten Vertreter fremder Staaten. **Diplom'atik** die, Urkundenlehre.

Diplomgrad, akadem. Grad, wird verliehen nach Abschlußprüfung an dt. Universitäten, Techn. u.a. Hochschulen: Diplom-Architekt, -Betriebswirt, -Biologe, -Chemiker, -Dolmetscher, -Forstwirt, -Gärtner, -Geograph, -Geologe, -Geophysiker, -Handelslehrer, -Holzwirt, -Ingenieur, -Journalist, -Kaufmann, -Landwirt, -Mathematiker, -Meteorologe, -Mineraloge, -Physiker, -Politologe, -Psychologe, -Sozialwirt, -Soziologe, -Volkswirt.

D'ipol, zwei eng benachbarte elektr. Ladungen oder Magnetpole entgegengesetzten Vorzeichens.

D.-Antenne, →Antenne.

dippen, ⚓ die Flagge kurz senken und wieder heißen, Begrüßung der Schiffe untereinander.

D'iptam der, weißes, meterhohes Rautengewächs mit großen weißen bis roten Blüten. Der weißliche, knotige Wurzelstock galt früher als →Springwurzel. (BILD Naturschutz)

D'iptychon [grch.] das, -s/...pen, 1) im alten Rom: zweiteilige, außen reliefgeschmückte Schreibtafel zum Zusammenklappen, vom Frühchristentum zu kultischem Gebrauch übernommen. 2) zweiteilige Bildtafel.

Dirac [dir'æk], Paul, engl. Physiker, *1902, entwickelte 1928 eine relativistisch-quantenmechan. Theorie der Elektronen. 1933 Nobelpreis.

Directoire [dirɛktw'a:r, frz.] das, die Modetracht des französ. Direktoriums (1795-99).

dir'ekt [lat.], gerade, geradezu, unmittelbar. **direkte Rede**, die wörtliche Rede.

Direkti'on [lat.] die, Leitung. **Direkt'ive** [lat.] die, Richtschnur, Verhaltungsregel.

Dir'ektor [lat.] der, -s/...t'oren, Leiter.

Disentis: Benediktinerkloster

Direkt'orium [lat.] das, 1) Vorstand, Leitung. 2) in der Französ. Revolution 1795-99 die oberste Regierungsbehörde.

Direktrice [dirɛktr'i:s, frz.] die, Leiterin.

Dirig'ent [lat.], Kapellmeister, Leiter einer musikalischen Aufführung.

dirig'ieren [lat.], leiten, lenken.

Dirig'ismus, Wirtschaftssystem mit staatl. Eingriffen in den Wirtschaftsablauf, wobei Marktwirtschaft und freies Unternehmertum weitgehend beibehalten werden.

Dirschau, poln. **Tczew**, Stadt in der Woiwodschaft Danzig, an der Weichsel, 40 300 Ew.

dis... oder **di...** [lat.], Vorsilbe in Fremdwörtern: ent..., zer..., un...; z.B. disharmonisch, unharmonisch; Distanz, Entfernung.

dis, ♪ das um einen Halbton erhöhte d.

Disagio [dis'adʒo, ital.] das, →Agio.

Disengagement [disiŋ'eidʒmənt, engl.] das, Schlagwort für Auseinanderrücken der Machtblöcke in Mitteleuropa.

D'isentis, Kurort im Schweizer Kt. Graubünden, 3400 Ew.; Benediktinerkloster (720).

Diseur [diz'œ:r], Sprecher, Vortragskünstler im Kabarett; weibl. Form: **Diseuse**.

Disharmon'ie [lat.-grch.] die, Mißton; Uneinigkeit. **disharmonisch**, mißtönend; uneinig.

disjunkt'iv [lat.], sondernd, trennend, sich ausschließend. **disjunktive Frage**, Doppelfrage, z.B. Kommst du mit, oder willst du noch bleiben?

Disk'ant [lat.] der, ♪ der →Sopran.

Disk'ont [ital.] der, Abzug vom Nennbetrag bei der Auszahlung einer Forderung, die zu einem späteren Zeitpunkt fällig ist. Der in % ausgedrückte D. ist eine Sonderform des Zinses. Hauptanwendungsfall: der Ankauf von Wechseln; Banken **diskontieren**, d.h. kaufen Wechsel ihrer Kunden unter Abzug der Zinsen bis zum Verfalltag. Die Wechsel bleiben bis zum Einzug am Verfalltag bei ihnen oder werden an die Zentralbank (Dt. Bundesbank) weiterverkauft (**rediskontiert**). Der **Diskontsatz (Bankrate)**, d.h. der Zinssatz, zu dem die Zentralbank Wechsel diskontiert, wird nach wirtschaftspolit. Gesichtspunkten festgelegt; er bestimmt das Maß der Inanspruchnahme von Kredit in der Volkswirtschaft, weil je nach seiner Höhe Kredit teuer oder billig ist. – Die **Diskontrechnung** folgt den Grundsätzen der Zinsrechnung:

Diskontrechnung			15.11.1968
Wechsel	Tage	Diskontzahl	Betrag
zum 31. 12. 1968 a/Frankfurt a.M. 5% Diskont	45	1350[1])	3000.—DM 18.75 DM[2]) 2981.25 DM

$$^1) \frac{3000}{100} \cdot 45 = 1350 \qquad ^2) 1350 \cdot \frac{5}{360} = 18.75$$

diskontinu'ierlich, 1) unterbrochen, unregelmäßig. 2) △ sich sprunghaft ändernd (von Größen).

Disk'ontläden, **Discountläden** [d'iskaunt,

Diskuswerfer des Myron

Disraeli

Distel: Eselsdistel, a Frucht

engl.] haben niedrige Preise durch Kosteneinsparung (wenig Bedienung, geringer Aufwand).

Diskord'anz [lat.] die, **1)** Uneinigkeit, Mißton. **2)** ⊕ Überlagerung älterer, geneigter oder gefalteter, teilweise abgetragener Schichten durch jüngere, waagerecht liegende. Gegensatz: →Konkordanz. diskord'ant, nicht übereinstimmend.

Diskoth'ek die, Schallplattensammlung; Lokal mit Schallplattenmusik.

diskredit'ieren [lat.], in Verruf bringen.

Diskrep'anz [lat.] die, Mißverhältnis, Zwiespalt. Eigenschaftswort: **diskrepant.**

diskr'et [frz.], **1)** verschwiegen. **2)** unauffällig. **3)** △ nicht zusammenhängend. Hauptwort: die **Diskreti'on.**

Diskrimin'ierung [lat.] die, urspr. Unterscheidung; jetzt meist die willkürliche Benachteiligung von Einzelnen, von sozialen, polit. oder ethnischen Gruppen von Staaten durch Schlechterstellung oder Entrechtung.

Disk'urs [lat.] der, Gespräch.

diskurs'iv [lat.], Logik: von einem Inhalt zum anderen fortschreitend. Gegensatz: intuitiv.

D'iskus [lat.] der, runde Wurfscheibe aus einem Eisenkern mit Holzring, der von einem Eisenring umschlossen ist. Für Männer 2 kg, für Frauen 1 kg schwer.

Diskussi'on [lat.] die, Aussprache, Erörterung. **diskut'ieren,** erörtern, verhandeln. **diskut'abel,** erörterungswert.

Dislokati'on [lat.] die, **1)** ⊕ Lagerungsstörung bei Erdschichten durch Faltung oder Bruch. **2)** ⚕ Fehlstellung eines Knochens nach Bruch oder Ausrenkung.

Disney [d'izni], Walt, Trickfilmzeichner, *1901, †1966, begann 1926 die Mickey-Mouse-Serie; seit 1934 auch Farb- und Dokumentarfilme.

Dispache [disp'aʃ, frz.] die, im Seerecht die Feststellung und Verteilung des durch große →Havarie entstandenen Schadens (§§ 728f. HGB).

Disparit'ät [lat.] die, Ungleichheit. **dispar'at,** ungleichartig, unvereinbar.

Dispatcher [disp'ætʃə, engl.] der, Abfertiger, in Großbetrieben auch Personen, die für einen reibungslosen Ablauf der Produktion zu sorgen haben. In der Dt. Dem. Rep. Funktionäre, die für den schnellen Ablauf der Arbeit sorgen und zur »Erhöhung der Staatsdisziplin« beitragen sollen.

Dispensati'on [lat.] die, Befreiung von einer Verpflichtung, z. B. von kirchlichen Leistungen. Zeitwort: **dispens'ieren.**

Dispersi'on [lat.] die, **1)** die Abhängigkeit der Ausbreitungsgeschwindigkeit einer Welle von ihrer Frequenz (Wellenlänge), bei Lichtwellen damit von der Farbe. Auf Grund der D. wird Licht verschiedener Farbe verschieden stark gebrochen. **2) disperse Gebilde,** Flüssigkeiten oder Gase (**Dispergens**), in denen feste, flüssige oder gasförmige Stoffe (**disperse Phase**) fein verteilt sind; z. B. Nebel, Schaum, Rauch.

Displaced Persons [displ'eist p'ə:snz, engl.], abgek.: **DP,** die aus ihrer Heimat im 2. Weltkrieg weggeführten Ausländer (bes. als Fremdarbeiter), die sich beim Zusammenbruch 1945 in Deutsch-

violett
indigo
blau
grün
gelb
orange
rot

weiß

Dispersion

land und den von ihm besetzten Gebieten befanden. Etwa 8 Mill. wurden von den Besatzungsmächten zurückgeführt oder umgesiedelt. Der Rest wurde 1950 der dt. Verwaltung übergeben (»heimatlose Ausländer«).

Dispon'ent der, kaufmänn. Angestellter, der durch bes. Vollmacht in einem Geschäftsbereich selbständig verfügen (**disponieren**) kann.

dispon'ibel [frz.], verfügbar.

dispon'ieren [lat.], **1)** verfügen, anordnen. **2)** ordnen, einteilen. **dispon'iert,** gestimmt, geneigt.

Dispositi'on [lat.] die, **1)** Einteilung, Gliederung. **2)** Verfügung. **3)** Anlage, Neigung. **4)** Auswahl und Verteilung der Stimmen im Orgelbau. **5)** ⚕ Krankheitsbereitschaft.

Dispositi'onsfonds[-fɔ̃] der, Beträge im Staatshaushalt, über die die Verwaltung, bes. der Minister, frei verfügen kann; auch in der Wirtschaft.

Dispositi'onspapiere, Warenpapiere, die als Unterpfand für einen Kredit dienen, bes. Frachtbrief, Lagerschein.

Dispositi'onsstellung, Zurverfügungstellung, die Weigerung, eine gelieferte Ware als Erfüllung des Kaufvertrages anzunehmen, z. B. bei Mängeln.

Disp'ut [lat.] der, Wortwechsel. **Disputati'on** die, öffentl. Streitgespräch.

Disqualifikati'on [lat.] die, Untauglichkeitserklärung; im Sport Ausschluß vom Wettkampf wegen Verstoß gegen Regeln oder Disziplin.

Disraeli [dizre'ili], Benjamin, Earl **Beaconsfield** (1876), brit. Staatsmann, *1804, †1881, 1817 vom Judentum zur Anglikan. Kirche über; zunächst sozialpolit. Schriftsteller, 1848 konservat. Parteiführer, dann mehrfach Schatzkanzler und MinPräs.; einer der Hauptvertreter des brit. Imperialismus.

Diss'ens [lat.] die, Einigungsmangel beim Abschluß von Verträgen.

Diss'enters [engl. »Andersdenkende«] Mz., alle nicht zur anglikan. Kirche gehörigen engl. Protestanten, z. B. Presbyterianer, Methodisten.

Dissertati'on [lat.] die, wissenschaftl. Abhandlung zur Erlangung der Doktorwürde.

Dissid'ent [lat.] der, wer zu keiner Religionsgemeinschaft gehört.

Dissimilati'on [lat.] die, **1)** ⚕ Ausstoßung oder Umwandlung eines von zwei benachbarten gleichen oder ähnlichen Lauten. **2)** ⚕ die Stoffwechselvorgänge, durch die aus zusammengesetzten organ. Verbindungen einfachere gebildet werden. Gegensatz: Assimilation.

Disson'anz [lat.] die, **1)** Mißklang, Zwiespalt. **2)** ♪ Akkord, der, als Spannung empfunden, nach Auflösung in die Konsonanz drängt.

Dissonanz

Dissousgas [dis'u-], ⚗ in Stahlflaschen unter Druck in Aceton gelöstes Acetylen, zum Schweißen und Brennschneiden.

Dissoziati'on [lat.] die, **1)** Trennung, Auflösung. Gegensatz: Assoziation. **2)** der Zerfall von Molekülen in zwei oder mehrere Bruchstücke, z. B. bei hohen Temperaturen (**thermische D.**) durch Zunahme der Wärmebewegung und der Heftigkeit der Molekularstöße. In Lösung befindl. Moleküle von Salzen zerfallen (dissoziieren) teilweise in zwei elektr. geladene Bestandteile entgegengesetzten Vorzeichens (Ionen), wodurch sich der osmot. Druck erhöht und die Lösung elektr. leitend wird (**elektrochem. D.**). Hierauf beruht die Elektrolyse, auf dieser die Galvanotechnik und die galvan. Elemente.

Dist'anz [lat.] die, Entfernung, Abstand. **Distanzgeschäft, Fernkauf,** Kaufgeschäft, bei dem die Ware laut Vertrag nach einem andern Ort zu übersenden ist. Gegensatz: Platzkauf.

D'istel, verschiedene stachlige Pflanzen, meist Korbblüter; bes. Gattung Carduus mit dem **nikkenden D.,** Gattung Cirsium mit der kleinköpfigen **Acker- (Brach-, Kratz-) D.,** der rotblühenden **Woll-D.** und der gelblich blühenden **Kohl-D.,** Gattung Onopordon, mit der bis 2 m hohen **Krebs-** oder **Esels-D.** – Über **Silber-D.**→Eberwurz.

Distelfalter, rotbrauner Tagschmetterling mit schwarz-weißen Zeichnungen; die Raupe lebt auf Kratzdisteln und Brennesseln.

Distelfink, der →Stieglitz.

D'istichon [grch.] das, Strophe aus zwei verschiedenen Versen; meist Hexameter und Pentameter, z.B.: Im Hexameter steigt des Springquells flüssige Säule, Im Pentameter drauf fällt sie melodisch herab (Schiller).

distingu'iert [frz.], vornehm, ausgezeichnet.

Distinkti'on [lat.] die, Auszeichnung, Ansehen.

Distler, Hugo, Organist und Komponist, *1908, †1942, Vertreter neuer prot. Kirchenmusik.

Distorsi'on [lat.] die, 1) Verstauchung. 2) OPTIK: Verzeichnung.

Distributi'on [lat.] die, Verteilung; **Distributionsformel,** Spendeformel beim Abendmahl. **distribut'iv,** verteilend.

Distr'ikt [lat.] der, Bezirk, Kreis.

Diszipl'in [lat.] die, 1) Zucht, Ordnung. 2) Fach einer Wissenschaft; Unterrichtsteil.

Disziplin'arrecht, Dienststrafrecht, Bestimmungen, die für die Bestrafung von Dienstvergehen der Beamten, Richter und Soldaten gelten. In der Bundesrep. Dtl. sind für Bundesbeamte und Richter die Bundesdisziplinarordnung v. 28.11.1952/8.9.1961 und das Bundesbeamtenges. i.d.F. v. 1.10.1961 maßgebend. Für Landesbeamte gelten das bundeseinheitl. Beamtenrechtsrahmenges. i.d.F. v. 1.10.1961 und die in jedem Land verschiedenen Landesbeamtengesetze. Für Richter gilt das Dt.Richterges. v. 8.9.1961, für Soldaten das Soldatenges. v. 19.3.1956, die Wehrbeschwerdeordnung v. 23.12.1956 und die Wehrdisziplinarordn. v. 15.3.1957. – Ein Dienstvergehen liegt vor, wenn ein Beamter schuldhaft die ihm obliegenden Pflichten verletzt. Leichtere **Disziplinarstrafen** (Warnung, Verweis, Geldbuße) können vom Dienstvorgesetzten verhängt werden, schwerere (Gehaltskürzung, Dienstentfernung, Aberkennung des Ruhegehalts) nur in einem disziplinargerichtl. Verfahren. Zuständig im Bund die Bundesdisziplinarkammern, Beschwerde- und Berufungsinstanz ist der Bundesdisziplinarhof.

D'ithmarschen, Marschlandschaft im westl. Holstein, zwischen Elbe- und Eidermündung; Weizen- und Kohlanbau. Die niedersächs. **Dithmarscher** bildeten im Spätmittelalter einen Bauernfreistaat; 1559 von Dänemark unterworfen.

Dithyr'ambe die, **Dithyr'ambos** [grch.] der, urspr. begeistertes Lied auf Dionysos und andere Götter, danach: Loblied, Feierlied.

d'ito [ital.], gleichfalls, ebenso.

Ditters von Dittersdorf, Karl, Komponist, *1739, †1799; Sinfonien, Kammermusik.

Ditzingen, Stadt im Kr. Leonberg, Baden-Württ. 11 600 Ew.

Diur'ese [grch.] die, Harnentleerung. **Diur'etica,** harntreibende Mittel.

D'iva [lat. »die Göttliche«] die, -/...ven, gefeierte Künstlerin.

Diverg'enz [lat.] die, Auseinanderlaufen, Meinungsverschiedenheit. Zeitw. **diverg'ieren.**

div'ers [lat.], verschieden.

Divers'ant der, kommunist. Bez. für Personen, die gegen den kommunist. Ordnung (bes. in Wirtschaft und Verteidigung) arbeiten.

Divertim'ento [ital.], **Divertissement** [divertism'ã, frz.] das, 1) Unterhaltung, Zerstreuung. 2) ♪ suitenartiges Instrumentalwerk.

d'ivide et 'impera! [lat.], trenne und herrsche!

Divid'end [lat.] der, →Grundrechnungsarten. **divid'ieren,** teilen.

Divid'ende [lat. »das zu Verteilende«] die, 1) der Anteil eines Gesellschafters am Reingewinn der AG., ausgedrückt in Prozenten des Nennwertes der Aktie (häufig auch bei der GmbH.). 2) der in Prozenten ausgedrückte Anteil der Gläubiger am Reinertrag der Konkursmasse.

Div'ina Comm'edia, →Göttliche Komödie.

Divinati'on [lat.] die, Ahnung künftiger Ereignisse. **divinat'orisch,** seherisch, vorahnend.

Divisi'on [lat. »Teilung«] die, 1) →Grundrechnungsarten. 2) ⚔ ein Heeresverband mit allen Waffengattungen, daher operativ selbständig.

Div'isor [lat.] der, →Grundrechnungsarten.

D'iwan [pers.] der, 1) Polsterliege. 2) im islam. Orient urspr. Rechnungsbücher, dann Regierungskanzlei. 3) Gedichtsammlung islam. Dichter (danach Goethes »Westöstl. D.«).

Dix, Otto, Maler, *1891, †1969; schilderte mit krassem Naturalismus bes. Krieg, Nachkriegs- und Großstadtelend; Bildnisse, Landschaften.

Dixence [dis'ãs], Nebenfluß der Rhône im Kt. Wallis, Schweiz; am Oberlauf die **Barrage de la Grande D.,** 284 m hohe Staumauer.

Dix: Die Eltern des Künstlers (1921)

d'ixi [lat.], ich habe gesprochen.

D'ixieland-Jazz, →Jazz.

Diyarbakir, Diarbekr, Hauptstadt der türk. Provinz D., am rechten Tigrisufer, 102 600 Ew.; Verkehrsknoten, Handel.

Dj..., suche auch unter **Dsch...**

Djak'arta, bis 1950 Batavia, Hauptstadt Indonesiens, 4,7 Mill. Ew.; Hafen an der Nordküste von Java, wichtiger Handelsplatz im Malaischen Archipel; Teeausfuhr. Universität.

DJH, Abk. für Deutsche Jugendherberge.

Djib'outi, Dschib'uti, Hauptstadt und Hafen des Französischen Gebiets der Afar und Issa; 65 000 Ew.; Bahn nach Addis Abeba.

Dj'ilas, Milovan, jugoslaw. Politiker, Kommunist, *1911; als Generalsekr. der KP 1954 wegen Abweichung von der Parteilinie amtsenthoben, 1957-66 (mit Unterbrechung) in Haft; schrieb »Die neue Klasse«, »Gespräche mit Stalin«.

Djogjak'arta, indones. Stadt auf Java, 313 000 Ew.; staatl. und islam. Univ. D. war Ausgangspunkt der indones. Unabhängigkeitsbewegung.

DKP, →Deutsche Kommunistische Partei.

DKW, Kraftwagenmarke der Auto Union, gedeutet als: Das kleine Wunder.

DLRG, Abk. für Deutsche Lebens-Rettungs-Gesellschaft.

dm, Abk. für Dezimeter ($^1/_{10}$ m), →Dezi...

dm^2 = Quadratdezimeter; dm^3 = Kubikdezimeter.

D-Mark, DM, Deutsche Mark, →Mark.

DNA, Deutscher Normen-Ausschuß, →DIN.

Dnjepr, der größter Fluß der Ukraine, von der Waldai-Höhe bis zum Schwarzen Meer 2285 km

Dnjepr: Großkraftwerk (Staudamm)

Dohle

lang; reich an Fischen. Durch Kanäle zu Düna, Memel und Weichsel steht der D. mit der Ostsee in Verbindung. Wasserkraftwerke bei Dnjepropetrowsk, Kachowka und Krementschug.

Dnjeprodsersch'insk, früher **Kamenskoje,** Industriestadt in der Ukrain. SSR, am Dnjepr, 227000 Ew.; großes Hüttenwerk.

Dnjepropetr'owsk, Hauptstadt des Gebiets D., in der Ukrain.SSR., am Dnjepr, 863000 Ew. (1926: 185000); Kulturzentrum; große Stahl-und Walzwerke, Hüttenwerke; Lokomotiv- und Waggonfabriken, Schiffbau, Aluminiumverarbeitung.

Dnjestr der, Strom in der Sowjetunion, 1360 km; entspringt in den Waldkarpaten, mündet ins Schwarze Meer; 500 km sind schiffbar.

DNS, engl. **DNA,** Abk. für Desoxyribonucleinsäure, →Nucleinsäuren.

do., Abkürzung für →dito.

d.O., der Obige, Obenunterzeichnete.

Do, ♪ in der →Solmisation der Grundton einer Tonleiter.

Döbel der, **Eitel,** karpfenartiger Süßwasserfisch, beliebter Angelfisch.

Döbeln, Kreisstadt im Bez. Leipzig, an der Freiberger Mulde, 28300 Ew.; versch. Ind.

Dober'an, Bad, Kreisstadt im Bez. Rostock, 13200 Ew.; got. Marienkirche (13./14. Jahrh.).

D'oberlug-Kirchhain, Stadt im Bez. Cottbus, 9100 Ew.; Bahnknoten, Lederind., Braunkohlenrevier. Zisterzienserkloster aus dem 12. Jahrh.

Dobermannpinscher, aus mehreren Rassen durch Kreuzung hervorgegangen; meist schwarz und braun; Wach- und Polizeihund.

Döblin, Alfred, Schriftsteller, *1878, †1957, Arzt; 1933-45 in der Emigration; Romane »Berge, Meere und Giganten«, »Berlin Alexanderplatz«.

Dobr'udscha die, Landschaft zwischen der unteren Donau und dem Schwarzen Meer, 15460 km² und 500500 Ew.; Hauptstadt: Constanţa (134000 Ew.). Das früher dünnbesiedelte steppenhafte Gebiet hat heute lebhaften Ackerbau und Viehzucht. Die D. war bis 1396 bulgarisch, bis 1878 türkisch, kam dann z.T. an Rumänien, das von Bulgarien auch die Abtretung der Süd-D. erzwang; sie mußte diese jedoch 1940 zurückgeben.

Docht der, Baumwollband oder -faden in Lampe oder Kerze, führt der Flamme Brennstoff zu.

Dock [engl.] das, Anlage, in der Schiffe zu Arbeiten an den Unterwasserteilen trockengestellt werden. Ein **Trocken-D.** ist eine ausgemauerte und betonierte Grube, die durch ein Schleusentor oder einen Schwimmponton geschlossen wird. Ein **Schwimm-D.** ist ein rechteckiger Schwimmkörper aus Stahl mit hochgeführten Längswänden, bei dem Boden und Wände wasserdicht in Zellen

Dock: Trockendock. a Dockhaupt, b Docktor (Ponton), c Zwischenhaupt (zur Unterteilung für kleinere Schiffe), d Kielstapel, e Kimmstapel (-schlitten), f Wasser-Ein- und -Auslauf, g fahrbarer Wippkran, h Kessel-, k Pumpenhaus, m Werkstätten, n Poller, p Spill, q Treppen

unterteilt sind. Es wird durch Füllen der Zellen mit Wasser soweit abgesenkt, daß das Schiff einfahren kann. Beim Auspumpen des Wassers setzt sich das Schiff auf die Kielstapel.

Docke, gedrehte Säule an Geländern.

Dodeka'eder, regelmäßiger Zwölfflächner.

Dodekan'es [grch. »Zwölf Inseln«] der, Gruppe der südl. Sporaden, im südl. Ägäischen Meer,

vor der SW-Küste Kleinasiens, 12 größere und 40 kleinere Inseln, 2663 km² und 123000 meist griech. Ew.; Hauptinsel Rhodos. Wein-, Öl-, Tabakbau, Handel und Gewerbe. Seit 1912 italien., seit 1947 griech. Besitz.

Doderer, Heimito v., österr. Schriftsteller, *1896, †1966; Wiener Gesellschaftsroman: »Die Strudlhofstiege«; ferner »Die Dämonen« u.a.

Dod'ona, griech. Kultstätte des Zeus, in Epirus, mit einem schon bei Homer berühmten Orakel.

Dogcart [d'ɔgkɑːt, engl. »Hundekarren«] der leichter, zweirädriger Einspänner, Jagdwagen.

Doge [d'oːʒə, ital. d'oːdʒɛ], das Oberhaupt der ehemaligen Stadtstaaten Venedig und Genua. **Dogar'essa,** Gemahlin des D.

Dogge [von engl. dog »Hund«] die, schwerer Hund mit mächtigem Kopf und stumpfer Schnauze. Mehrere Rassen: **Deutsche D., Dänische D., Ulmer D., Englische D.** (Mastiff). — Die D. sind einfarbig, gestreift oder getigert. (TAFEL Hunde)

Dogger der, brauner Jura, erdgeschichtliche Formation. (TAFEL Erdgeschichte)

Doggerbank, große Sandbank mit 13 m geringster Wassertiefe in der Nordsee.

D'ogma [grch. »Meinung«] das, Lehrsatz, Glaubenssatz, der nach kath. Lehre eine Glaubensverpflichtung, nach evang. nur eine Lehrverpflichtung enthält. **dogm'atisch,** ohne Prüfung der Voraussetzungen; lehrhaft.

Dogm'atik die, wissenschaftl. Darstellung der christl. Glaubenslehre. Vorlage der kath. D. ist die kirchl. Lehrverkündigung, Vorlage der evang. D. die Bibel mit den Bekenntnisschriften.

Dogmat'ismus der, 1) allgemein: die Behauptung von Sachverhalten ohne Prüfung der Umstände. 2) unkritisches Philosophieren. 3) im kommunist. Sprachgebrauch Vorwurf gegen solche Parteigenossen, die taktisch bedingte Schwenkungen der Parteilinie nicht mitmachen.

Dohle die, kleinster Rabenvogel in Dtl., taubengroß, blauschwarz und grau, klug, gelehrig.

Dohnányi [d'onaːɲi], Ernst v., ungar. Komponist, *1877, †1960; Bühnen- und Konzertwerke.

Dohnanyi, Klaus von, Politiker (SPD), *1928, 1968 Parl. Staatssekr. im Bundeswirtschaftsmin., 1969 Staatssekr. im Bundeswissenschaftsmin., seit 1972 Bundesmin. für Bildung und Wissenschaft.

Dohne die, eine Vogelschlinge.

Do it yourself [du it juəs'elf, »mach's selber«], handwerkl. Arbeiten im Haus selber ausführen.

Doktor [lat. »Lehrer«], -s/... t'oren, akadem. Grad. In Dtl. verleiht die Fakultät den Doktortitel auf Grund einer →Dissertation und einer mündlichen Prüfung. Die Würde des **Ehrendoktors** (Doctor honoris causa, abgek. Dr. h.c. oder Dr. e.h.) kann für besondere Verdienste um die Wissenschaft ohne Studium und Prüfung verliehen werden. Es bedeuten u.a.: **Dr.,D.theol.**(Doctor theologiae), D. der Theologie; **Dr.-Ing.,** D. der Ingenieurwissenschaften; **Dr. iur.** (iuris), D. der Rechte; **Dr. med.** (medicinae), D. der Medizin; **Dr.med. dent.** (medicinae dentariae), D. der Zahnheilkunde; **Dr.med.vet.** (medicinae veterinariae) D. der Tierheilkunde; **Dr.phil.** (philosophiae), D. der Philosophie; **Dr.phil.nat.** (philosophiae naturalis), D. der Naturwiss.; **Dr.sc. nat.** (scientiarum naturalium), D. der Naturwiss.; **Dr.rer.pol.** (rerum politicarum), D. der Staatswiss.; **Dr.habil.** (habilitatus) →Habilitation.

Doktr'in [lat.] die, Lehre, Wissenschaft; **doktrin'är,** einseitig gelehrt, eingeengt denkend. **Doktrin'är,** Mensch, der von einer zum Glaubenssatz (Dogma) verhärteten Lehre überzeugt ist.

Dokum'ent [lat.] das, Urkunde, zum Beweis einer Tatsache dienendes Schriftstück; **dokument'arisch,** urkundl. beglaubigt; **dokumentieren,** beurkunden, durch Urkunden beweisen. **Dokumentati'on,** das Sammeln, Registrieren, Aufbereiten, Bereithalten von Dokumenten und Materialien.

Dokumentarfilm, auch →Kulturfilm genannt berichtet Tatsachen ohne eine Spielhandlung.

dolce [d'ɔltʃə, ital.], sanft, lieblich; **dolce far niente,** süßes Nichtstun; **dolce vita,** süßes Leben.

Dolmen: Megalithgrab von Fallingbostel

Dolch der, kurze Stoßwaffe mit feststehendem Griff, zwei- oder dreischneidiger Klinge.

Dolchstoßlegende, nach dem 1. Weltkrieg von der polit. Rechten verbreitete Ansicht, daß der Grund des dt. Zusammenbruchs 1918 der »Dolchstoß« in den Rücken des Frontheeres durch linksgerichtete Kreise der Heimat gewesen sei.

Dolde die, ⚘ Form des Blütenstandes, →Blüte.

Doldenblüter, Umbellif′erae, Pflanzenfamilie, deren Blütenstand eine Dolde aus unscheinbaren, meist weißen Blüten bildet; durch Gehalt an äther. Ölen vielfach Heil- und Gewürzpflanzen, z.B. Fenchel, Dill, Kümmel.

Doldenrebe, Gattung der Weinrebengewächse, kletternd, mit Ranken; z.B. der wilde Wein.

Dol′ine die, durch Auslaugung im Kalkstein entstandene rundl. Vertiefung in Kalkgebieten.

Dollar [von dt. Taler] der, Währungseinheit in den Staaten (Zeichen: $) sowie in Äthiopien, Austral. Bund, Bahamas, Barbados, Brunei, Guayana, Britisch-Honduras, Hongkong, Kanada, Liberia, Malaysia, Taiwan (Formosa), Trinidad und Tobago (Zeichen: vor dem $ eine erklärende Abkürzung, z.B. can$ = kanadischer $).

D′ollart der, Meerbusen an der Emsmündung, im MA. durch Sturmfluten entstanden.

D′olle die, ⚓ Bolzen oder Gabel am Bootsrand, dient als Stützpunkt für die Riemen (Ruder).

Dollfuß, Engelbert, österr. Staatsmann, *1892, †1934, christl.-sozialer Politiker, 1932-34 Bundeskanzler; bekämpfte den Anschluß an Dtl. und versuchte den österr. Staat auf autoritärer und ständischer Grundlage neu zu ordnen; bei einem nat.soz. Putschversuch ermordet.

Dollinger, Werner, Politiker (CSU), *1918, Kaufmann, 1962-66 Bundesschatzmin., 1966-1969 Bundesmin. für Post- und Fernmeldewesen.

Döllinger, Ignaz v., kath. Kirchenhistoriker, *1799, †1890; vertrat die Unabhängigkeit der Kirche vom Staat, wandte sich gegen das Unfehlbarkeitsdogma; 1871 exkommuniziert, unterstützte die Altkath. Kirche.

D′olman [türk.] der, mit Schnüren besetzte Ärmeljacke der Husaren. (BILD Husar).

D′olmen [kelt. »Steintisch«] der, vorgeschichtiche Grabkammer aus Steinblöcken.

D′olmetscher [türk.], Übersetzer, vermittelt die mündliche Verständigung zwischen Menschen, die verschiedene Sprachen sprechen. Ausbildung auf Dt.-Schulen. Zeitwort: **dolmetschen.**

Dolom′it der, 1) calcium- und magnesiumhaltiges Mineral, dem Kalkspat ähnlich. 2) im wesentl. aus D. bestehendes marmorähnl. Gestein.

Dolom′iten Mz., Teil der Südl. Kalkalpen, in der Marmolada 3342 m hoch; Fremdenverkehrsgebiet; Hauptort: Cortina d'Ampezzo. **Dolomitenstraße** von Bozen nach Cortina-Toblach.

dol′os [lat.], 1) heimtückisch. 2) vorsätzlich. **D′olus** der, →Vorsatz.

Dom [lat. domus »Haus«] der, 1) Bischofskirche, auch Münster genannt. 2) ⚙ **Dampf-D.,** die Haube des →Dampfkessels.

Domagk, Gerhard, Mediziner und Bakteriologe, *1895, †1964; entdeckte u.a. die Heilwirkung der Sulfonamide, förderte die Chemotherapie von Krebs und Tuberkulose. Nobelpreis 1939.

Dom′äne die, land- oder forstwirtschaftl. Grundbesitz des Staates.

Domestikati′on [lat.] die, Umwandlung von wilden Tieren zu Haustieren, durch Zähmung und durch Zuchtwahl, auch von Wildpflanzen zu Kulturpflanzen. Die D. bewirkt, oft unbeabsichtigt, Veränderungen in Körperbau, Färbung und Leistung des Wildtieres, so z.B. Scheckung bei Pferden, Kühen, Kaninchen; Zunehmen der Brunstzeiten, Abstumpfung der Instinkte.

Domest′ike [frz.] der, Dienstbote.

Domfreiheit, Umgebung eines Doms, unterstand früher kirchl. Gerichtsbarkeit.

Domherr, Mitglied eines →Domkapitels.

D′omina [lat.], 1) Herrin. 2) Anrede der Kloster- oder Stiftsvorsteherin, Äbtissin.

Domin′ante [von lat. dominans »der Herrschende«] die, ♪ 1) D., **Oberdominante,** der fünfte Ton einer Dur- oder Moll-Tonleiter. Der auf ihm aufgebaute Dreiklang heißt **Dominantdreiklang** (Beispiel a); dieser ist der wichtigste nächst dem Grunddreiklang (a). 2) die **Subdominante** (c) ist der fünfte Ton einer Tonleiter abwärts (der vierte aufwärts); ihr Dreiklang ist der nächstwichtige.

Domin′anz [lat.] die, Vorherrschen, Überdeckung; die Erscheinung, daß von zwei ungleichen Erbanlagen für ein Merkmal die eine sich im Erscheinungsbild durchsetzt, z.B. D. vom Kraushaar der Neger gegenüber straffem Haar. **domin′ieren,** vorherrschen.

Dom′inica, Insel der Kleinen →Antillen, 750 km², 70 200 Ew.; seit 1783 britisch, seit 1967 einer der Assoziierten Westind. Staaten.

D′ominik, Hans, Schriftsteller, *1872, †1945; techn. Zukunftsromane (»Treibstoff SR« u.a.).

Dominik′aner Mz., kath. Bettelorden, 1216 von →Dominikus in Toulouse gestiftet. Er erhielt das Recht, überall Beichte zu hören und zu predigen, hatte große Gelehrte (Albertus Magnus, Thomas von Aquino); Hauptträger der →Inquisition. Tracht: weißer Rock, Skapulier, schwarzer Mantel, spitze Kapuze. Die D. sind noch heute einer der wichtigsten Orden (BILD Ordenstrachten).

Dominikanerinnen, im Anfang des 13. Jahrh. gestifteter weibl. Zweig des Ordens.

Dominikanische Republik, Rep. auf der O-Seite der Insel Haiti, 48 442 km², 4,3 Mill. Ew. (60% Mulatten, 28% Weiße, 12% Neger; 95% der Bevölkerung kath.); Hauptstadt: Santo Domingo, Amtssprache: Spanisch. Präsidialverfassung. Landesnatur: →Haiti. Anbau von Zuckerrohr, Kaffee, Kakao, Tabak, Bananen, Reis. ⚒ auf Eisenerz, Bauxit, Gips. Industrie: Leder, Textilien, Zement. Haupthandelspartner: USA. Haupthafen und Flughafen: Santo Domingo. – GESCHICHTE. Bis 1795 und 1808-21 spanisch; 1821–44 mit der Rep. Haiti vereinigt, seitdem selbständig; fortgesetzte revolutionäre Machtkämpfe. 1916-24 von den USA besetzt. Durch den Umsturz von 1961 wurde die Diktatur der Trujillos (seit 1930) beseitigt. Seit 1966 ist J. Balaguer Präsident. ⊕ S. 516, ▯ S. 345. (BILD S. 210).

Dominante, links: Tonika von D-Dur mit Dreiklang (a), Mitte: Dominante von D-Dur mit Dreiklang (b), rechts: Subdominante von D-Dur mit Dreiklang (c)

Dolomitenstraße am Pordoijoch

Dominikanische Republik: Rio-Yuna-Zuckerfabrik

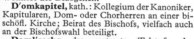

Dom'inikus, Ordensstifter, Spanier, *1170, †1221, wirkte unter den Albigensern in Südfrankreich; gründete den Orden der →Dominikaner; Heiliger (Tag 8. 8.).

Dominion [dəm'injən, engl.] das, im brit. Staatsrecht seit 1917 die sich selbst regierenden Länder des Brit. Reichs und die ihnen gleichgestellten Reichsteile; im Brit. Commonwealth durch die Bezeichnung »Country of the Commonwealth« (»Land des C.«) ersetzt.

Dom'inium [lat.] das, Herrschaft, Besitz.

D'omino [ital.], 1) der **D.,** Maskentracht: langer seidener Mantel mit weiten Ärmeln. 2) das **D.,** **Dominospiel,** Gesellschaftsspiel mit rechteckigen, flachen Steinen, die in zwei Felder geteilt sind. Jedes Feld trägt 0-6 Punkte.

D'ominus [lat.] der, Herr, Gebieter.

Domiti'an, röm. Kaiser, 81 (*51)-96 n.Chr., Gewaltherrscher, begann den Bau des →Limes.

Domiz'il das, Wohnsitz. **D.-Wechsel,** ein Wechsel, bei dem der Zahlungsort ein anderer ist als der Wohnort des Bezogenen.

D'omkapitel, kath.: Kollegium der Kanoniker, Kapitularen, Dom- oder Chorherren an einer bischöfl. Kirche; Beirat des Bischofs, vielfach auch an der Bischofswahl beteiligt.

Doml'eschg das, unterste Talstufe des Hinterrheins, im schweizer. Kt. Graubünden.

Domod'ossola, Stadt in Oberitalien, 19 000 Ew.; Ausgang von Simplonbahn und -straße.

Dompfaff, Singvogel, der →Gimpel. (FARBTAFEL Singvögel S. 872)

Dompteur [dõt'œr, frz.] der, Tierbändiger. **Dompteuse** (dõt'øzə) die, Tierbändigerin.

Domschulen, im MA. Schulen an den Bischofssitzen, auch **Kathedral-** oder **Stiftsschulen.**

Don der, Fluß in der europ. UdSSR; mündet ins Asowsche Meer; 1970 km lang, 1355 km schiffbar.

Don [ital., span.], Herr; weiblich: **D'onna** [ital.], **Doña** [d'onja, span.]. In Spanien ist D. jetzt nur Höflichkeitstitel, in Italien bes. bei Priestern.

D'onar, einer der altgerman. Götter, ein Ase, der Herr des Gewitters (Donners), nordisch **Thor.**

Donat'ello, italien. Bildhauer, * Florenz 1386, †1466, führte von der Spätgotik zur Renaissance; einer der größten Gestalter des Abendlandes auf allen Gebieten des. bildner. Schaffens: Figuren (David, Georg, Reiterdenkmal des Gattamelata), Reliefs (Madonnen). (TAFEL Bildhauerkunst)

Donat'isten [nach dem Bischof Donatus von Karthago], kirchl. Partei im 4. Jahrh. in N-Afrika; forderten Sittenreinheit, Kirchenzucht.

Don'atus, Aelius, röm. Grammatiker, um 350 n.Chr., im MA. vielbenutzte Grammatiken.

Donau [lat. Danuvius], mit 2850 km der zweitlängste Strom Europas, 647 km in Dtl. Die D. entsteht bei Donaueschingen aus den beiden Schwarzwaldbächen Breg und Brigach, versickert großenteils bei Immendingen (zum Rhein). Sie durchfließt Dtl. bis Passau, Österreich, Tschechoslowakei, Ungarn, NO-Jugoslawien, durchbricht im Eisernen Tor das Banater Gebirge, bildet die Grenze zwischen Rumänien und Bulgarien und mündet mit mehreren Armen ins Schwarze Meer. Wichtige Nebenflüsse von rechts: Iller, Lech, Isar, Inn, Traun, Enns, Leitha, Raab, Drau, Save, Morawa;

Domitian

Donizetti

von links: Altmühl, Naab, Regen, March, Waag, Theiß, Temes, Alt, Sereth, Pruth. Die D. hat große Verkehrsbedeutung, ab Ulm für kleine, ab Regensburg für größere Schiffe befahrbar; seit 1830 regelmäßige Dampfschiffahrt. Seit 1921 war der D.-Lauf von Ulm bis Braila einer Internat. **D.-Kommission** unterstellt; 1948 wurde eine neue Kommission aus den Anliegerstaaten gebildet. Dtl. gehört ihr nicht an.

Donau'eschingen, Kreisstadt in Baden-Württ., 11 700 Ew.; am Zusammenfluß von Brigach und Breg zur Donau; kostbare Sammlungen, bes. Handschriften (Nibelungenlied).

Donaumoos das, ehemal. Moor rechts der Donau, südwestlich von Ingolstadt.

Donauried das, moorige Niederung beiderseits der Donau zwischen Ulm und Donauwörth.

Donauschule, Richtung der bayerisch-donauländ. Malerei in der 1. Hälfte des 16. Jahrh.; Meister des mit den Frühwerken Cranachs und Breus einsetzenden Stils waren Altdorfer, Huber. Kennzeichnend für den **Donaustil:** Einheit von Natur- und Menschendarstellung.

Donauwörth, Kreisstadt in Bayern, 11 000 Ew., an der Donau; Waggon-, Maschinen-, Flugzeugbau. 1348-1607 Reichsstadt.

Don Carlos, →Carlos.

Doncaster [d'ɔŋkəstə], Stadt in der engl. Gfsch. York, 86300 Ew.; Lokomotiv-, Wagenbau.

Donez [danj'ɛts] der, rechter Nebenfluß des Don, 1016 km lang; am rechten Ufer das **Donezbecken,** ein Steinkohlengebiet, Schwerindustrie.

Don'ezk, bis 1924 Jusowka, bis 1961 **Stalino,** Stadt in der Ukrain. SSR, 879 000 Ew.; Mittelpunkt des Donezbeckens, Schwerindustrie.

Dönitz, Karl, Großadmiral, *1891, 1943 Oberbefehlshaber der Kriegsmarine; nach Hitlers Tod für kurze Zeit Staatsoberhaupt; bevollmächtigte Jodl zur Unterzeichnung der Kapitulation. D. wurde 1946 in Nürnberg zu 10 Jahren Gefängnis verurteilt, 1956 aus Spandau entlassen.

Doniz'etti, Gaetano, italien. Komponist, *1797, †1848; Opern: »Lucia di Lammermoor«, »Die Regimentstochter«, »Don Pasquale«.

Donjon [dõ ʒ'õ, frz.] der, Wohnturm einer normannischen Burg.

Don Juan [xu'an, span.], Gestalt der Dichtung, Frauenverführer. Urbild: Don Juan Tenorio, Held eines span. Dramas. Komödie v. Molière (1665); Ballett v. Gluck (1761); Oper v. Mozart (1787); Trauerspiel v. Grabbe (1829); Komödie v. Frisch (1952).

Donkosaken, Zweig der →Kosaken. **D.-Chor,** 1920 von Serge Jaroff aus Mitgliedern der russ. Weißen Armee gebildet.

D'onna [ital.], Frau, Gattin, Herrin (→Don).

Donne [dʌn, engl.], John, engl. Geistlicher, Lyriker, *1572, †1631.

Donner, Georg Raphael, Bildhauer, *1693, †1741; maßvoller Barockstil: Neumarktbrunnen in Wien, Pietà im Dom zu Gurk.

Donner, das den Blitzen folgende rollende oder krachende Geräusch, entsteht durch plötzl. Ausdehnung der vom Blitz erhitzten Luft.

Donaueschingen: Stadtkirche

Donnerbüchse, Geschütz des 14./15. Jahrh.
Donnerkeil, 1) Belemnit, versteinerter Skelettrest von Tintenfischen. **2)** vorgeschichtl. Steinbeil.
Donnersberg, Gebirgsstock im Pfälzer Bergland, 687 m; auf der Kuppe kelt. Wallanlage.
Donnerstag, der fünfte Tag der Woche, nach dem Gott Donar benannt.
Don Quijote, Don Quixote [dɔnkix'ɔte, span.], frz. **Don Quichotte,** der »Ritter von der traurigen Gestalt«, Held des Romans von Cervantes (1615), Sinnbild eines die Wirklichkeit verkennenden, in einer phantast. Eigenwelt eingesponnenen Schwärmers. Donquichotter'ie, eine dieser Geisteshaltung entsprechende Handlung, Erzählung.
Doompalme [du:m-, engl.], **Dumpalme,** Hyphaene, afrikan. Fächerpalmengattung; Stamm meist gabelig verzweigt und struppig von Blattresten, Samen steinnußartig verwertbar.
Doorn, Gem. in der Prov. Utrecht, Niederlande; Huis te D. (1920-41 Wohnsitz Wilhelms II.)
D'open, Doping [engl.], unerlaubte künstl. Steigerung der Leistungsfähigkeit durch Anregungsmittel im Sport.
Döpfner, Julius, Kardinal, *1913, 1957 Bischof von Berlin, 1961 Erzbischof von München-Freising, 1965 Vors. der Fuldaer Bischofskonferenz.
Doppeladler, zweiköpfiger Adler; seit dem 14. Jahrh. Wappen der röm.-dt. Kaiser, dann 1806 bis 1918 der österreich. Kaiser.
Doppelbesteuerung, 1) internationale D., die doppelte oder mehrfache Besteuerung desselben Steuersubjekts (Steuerpflichtigen) hinsichtl. desselben Steuerobjekts (z. B. Einkommen) durch zwei Staaten; wird durch zwischenstaatl. **D.-Abkommen** vermieden. **2) wirtschaftl. D.,** Doppel- oder Mehrfachbelastung des Steuersystems eines Staates (z. B. Einkommen einer AG. durch Körperschafts- und der Dividende der Aktionäre durch Einkommensteuer).
Doppelbrechung, die Eigenschaft aller nicht regelmäßigen Kristalle, einen Lichtstrahl in zwei Teile zu zerlegen, so daß man durch den Kristall hindurch einen Gegenstand doppelt sieht. Die D. wurde zuerst am Kalkspat beobachtet.
Doppeldecker der, Flugzeug mit zwei Tragflächen übereinander. (TAFEL Flugzeuge)
Doppelehe, →Bigamie.
Doppelgänger, 1) wer einem anderen zum Verwechseln ähnlich sieht. **2)** im volkstüml. Aberglauben und im Okkultismus: ein durch zeitweilige Trennung vom Körper ermöglichtes Sichtbarwerden der Seele oder des Astralleibes.
Doppel-Ich, eine Bewußtseinsspaltung in zwei voneinander nichts wissende »Persönlichkeiten«; kommt vor bei bestimmten Neurosen und Geisteskrankheiten, z. B. Schizophrenie.
Doppelkolbenmotor, ein Verbrennungsmotor, bei dem zwei gegenläufige Kolben im gleichen Zylinder arbeiten und gemeinsam eine Kurbelwelle antreiben. D. werden als Zweitakt-Dieselmotoren gebaut.
Doppelkopf, ein Kartenspiel, →Schafkopf.
Doppelkreuz, ♪ Zeichen (×, früher auch ♯) für die Erhöhung des Tons um zwei halbe Töne.

Doppelschlag: a Notierung, b Ausführung

Doppellaut, griech. **Diphthong,** Verbindung zweier ungleichartiger Selbstlaute, z. B. au, ei, eu.
Doppelpunkt, Satzzeichen, Kolon.
Doppelsalze, ~Verbindungen zweier Salze, bei denen Säure- oder Basenbestandteile oder beide verschieden sind.
Doppelschlag, ♪ Verzierung.
Doppelsehen, Sehstörung, entsteht, wenn das Bild eines Gegenstandes nicht in beiden Augen auf entsprechende Netzhautstellen fällt, z. B. bei Verlagerung eines Auges durch Geschwulst oder durch Augenmuskellähmung.

Doppelspat der, wasserklarer →Kalkspat.
Doppelsterne, benachbarte Sterne, die sich umeinander bewegen. **Scheinbare D.** stehen in Wirklichkeit weit hintereinander.
Doppelte Buchführung, →Buchführung.
Doppelwährung, Währungssystem, bei dem Gold- und Silbermünzen nebeneinander als gesetzl. Zahlungsmittel umlaufen **(Bimetallismus).**
Doppelzentner, abgek. dz, Gewicht, 100 kg.
Dopplereffekt, Erscheinung bei der Ausbreitung von Wellen aller Art. Bewegt sich z. B. eine Schall- oder Lichtquelle auf einen Beobachter zu, so treffen diesen in der Sekunde mehr Schall- oder Lichtschwingungen, als ihn treffen würden, wenn die Schall- oder Lichtquelle in Ruhe wäre. Der Ton erscheint daher dem Beobachter höher, das Licht nach größeren Schwingungszahlen hin verschoben (d. h. nach Violett).
Dor'ado, El Dorado [span. »das Vergoldete«], sagenhaftes Goldland im nördl. Südamerika; daher: glücklicher Aufenthalt, Paradies.
Dordogne [dɔrd'ɔɲə], rechter Nebenfluß der Garonne in SW-Frankreich, 490 km lang.
D'ordrecht, altertüml. Stadt in den Niederlanden, 88 000 Ew.; ⚓, Schiffs-, Stahlbau u. a.
Doré, Gustave, franzöś. Zeichner, *1832, †1883; illustrierte die Bibel, Werke von Balzac, Rabelais, Cervantes.
Dorer, Dorier Mz., altgriech. Volksstamm; aus dem Norden drangen sie angeblich zuerst in Mittelgriechenland (Doris), um 1150 v. Chr. in die Peloponnes ein **(Dorische Wanderung).** Ihr Mittelpunkt wurde hier Sparta.
Dorf, ländl. Siedlung bäuerl. Charakters. Hauptformen: Streusiedlung, Weiler, Haufen-D., Rundling, Anger-D., Straßen-D., Reihen-D., Gewann-D., Marschhufen-D. Sie sind teils aus uralter Ansiedlung entstanden, teils in späteren Epochen planmäßig angelegt worden (z. B. östl. der Elbe im MA.). Das D. stellte lange Zeit eine genossenschaftl. Wirtschaftseinheit seiner Bauern dar (Marktgenossenschaft, Flurzwang); Reste davon sind noch erhalten. Über das Dorfgewerbe (Textil-, Holz-, Ledererzeugnisse) kamen im 19. Jahrh. auch Industriedörfer auf. In typischen Industriegebieten ist das D. oft zur reinen Arbeiter-Wohnsiedlung geworden. (BILD S. 212)
Dorfgeschichte, Erzählung, die bäuerl. Verhältnisse in dörfl. Umwelt behandelt. Die eigentl. Heimat der D. ist die Schweiz (Pestalozzi, Gotthelf, Keller). In Dtl. entwickelte sich die D. (Immermann, Auerbach, Otto Ludwig) im 19. Jahrh. zum Heimatroman.
Dörfler, Peter, Erzähler, *1878, †1955, schrieb die »Allgäu-Trilogie« und historische Romane.
Dorftestament, Nottestament, das vor dem Bürgermeister und 2 Zeugen errichtet werden kann (§§2249, 2252 BGB).
D'oria, Andrea, genues. Admiral und Staatsmann, *1468, †1560, gab dem Freistaat streng aristokrat. Verfassung. Gestalt in Schillers »Fiesko«.
Doris, Landsch. im alten Mittelgriechenland.
Doris [von →Dorothea], weibl. Vorname.
Dorischer Stil, →griechische Kunst.
D'ormagen, Stadt im RegBez. Düsseldorf, 31 800 Ew.; chem. Ind.; Zuckerfabrik.
Dormeuse [-m'ø:z, frz.], urspr. eine Schlafhaube, von Mitte des 18. bis ins 19. Jahrh. Teil der weibl. Kleidung.
Dorn der, 1) ⚘ stechender, holziger Pflanzenteil, der nicht (wie der Stachel) nur der Oberhaut entstammt, sondern durch Umwandlung eines Sprosses (so beim Weißdorn), eines Blattes oder einer Wurzel entsteht. 2) runder, meist kegelförmiger Stift zum Aufweiten von Löchern, Biegen von Stäben u. dgl. 3) Stift (Schnalle, Türangel).
Dornbirn, Stadt in Vorarlberg, Österreich, 35 300 Ew.; Mittelpunkt der österr. Textil-Industrie (jährl. Fachmesse, Bundestextilschule).
Dornburg, Stadt im Bez. Gera, 1300 Ew., an der Saale. Auf dem steil von der Talsohle aufsteigenden Muschelkalkfelsen liegen die 3 **Dornburger Schlösser.**

Doppeladler (österr.)

Doppelbrechung bei Kalkspat

Dormeuse

Dorf, links oben: Gewanndorf, Rodesiedlung; rechts oben: Marschhufendorf; links unten: Straßenangerdorf; rechts unten: Rundling.

Dornier[dɔrnj'e:],Claudius,Flugzeugkonstrukteur, *1884, †1969, förderte die Ganzmetall-Bauweise (Großflugzeuge).

Dörnigheim, Stadt im Kr. Hanau, Hessen, 16400 Ew.

Doroth'ea [grch. »die von Gott Geschenkte«], weiblicher Vorname; Kurzform **Doris.**

D'orpat, estnisch **Tartu,** russ. **Jurjew,** Stadt der Estn. SSR, mit 85000 Ew.; Universität, 1632 von Gustav Adolf gegr., bis 1889 dt. Hochschule, seit 1919 estn.; Handel (Holz, Flachs), etwas Ind. D. wurde im MA. dt. Stadt(Mitgl. der Hanse), kam dann an Polen, 1629 an Schweden, 1721 an Rußland; 1919 estnisch, 1940 sowjetisch.

Dörpfeld, Wilhelm, Altertumsforscher, *1853, †1940, Leiter des Archäolog. Instituts in Athen; Ausgrabungen in Olympia, Troja.

dors'al [lat.], rückwärts, rückenseitig.

Dorsch der, Schellfischart im nördl. Atlantik bis in die Nord- und Ostsee, ein junger und kleinerer →Kabeljau; wird getrocknet zu **Stockfisch,** getrocknet und gesalzen zu **Klippfisch,** gepökelt zu **Laberdan;** aus D.-Leber bereitet man **Lebertran.**

Dorsch, Käthe, Schauspielerin, *1890, †1957, seit 1940 am Burgtheater in Wien.

Dostojewskij

Dortmund:
Westfalenhalle

Dorsten, Stadt in Westfalen, an der Lippe, 39600 Ew.; Steinkohlenbergbau; Industrie.

Dortmund, die größte Stadt Westfalens, Nordrhein-Westfalen, 648900 Ew.; im östl. Ruhrgebiet, am Dortmund-Ems-Kanal; Max-Planck-Institute für Arbeitsphysiologie und für Ernährungsphysiologie; Univ.; Pädagog. Akademie; Oberbergamt; Mittelpunkt des westdt. Sportlebens (Stadion »Rote Erde«; Westfalenhalle). Ind.: Eisen-, Stahl-, Walzwerke, Steinkohlenbergbau, Brauereien. – D. war bis 1803 Reichsstadt, im MA. Mitglied der Hanse, höchster Freistuhl des westfäl. Femgerichts.

Dortmund-Ems-Kanal, verbindet Dortmund und damit das Ruhrgebiet über die Ems mit der Nordsee; 269 km lang, 1899 eröffnet.

D'osis [grch. »Gabe«] die, -/...sen, die vom Arzt verordnete oder abgemessene Menge eines Arzneimittels. **dos'ieren,** die D. bestimmen.

Dos Passos, John, amerikan. Schriftsteller portugies. Herkunft, *1896, †1970; »Manhattan Transfer«, Trilogie »USA«.

Dosse die, rechter Nebenfluß der Havel in Brandenburg, 120 km lang, Unterlauf kanalisiert.

Dossi, Dosso, italien. Maler, * 1489/90, † um 1542; malte mit eigenwilliger Phantasie religiöse und mythologische Bilder.

Dossier [dɔsj'e:, frz.] das, Aktenstück; alle zu einer Angelegenheit gehörenden Schriftstücke.

Dost der, Gattung der Lippenblüter. Arten: **Gemeiner D.,** purpurblütige Staude in Bergwäldern; **Majoran,** weiß bis bläulich blühende Würzpflanze aus Vorderasien. **Wasser-D.,** das →Kunigundenkraut.

Dostal, Nico, Komponist, *1895; erfolgreiche Operetten »Clivia«, »Monika« u. a.

Dostoj'ewskij, Fjodor, russ. Dichter, *1821, †1881, wegen Teilnahme an sozialist.-schwärmerischen Bestrebungen zum Tode verurteilt, dann zu vierjähriger Zwangsarbeit begnadigt. In seinen seelenzergliedernden Romanen leuchtet er in die tiefsten Abgründe menschl. Seins, stellt aber auch das Heilige in irdischer Gestalt und als göttl. Gnade dar: »Schuld und Sühne« (»Raskolnikow«), »Der Idiot«, »Die Brüder Karamasow«.

Dotati'on [lat.] die, 1) Schenkung, bes. an Stiftungen und Anstalten. 2) Zuweisung von Geldmitteln an Selbstverwaltungskörperschaften. 3) Schenkung eines Gutes als Belohnung für Verdienste um den Staat. **dot'ieren**, ausstatten. HALB-LEITERTECHNIK: Fremdatome werden durch Einlegieren oder Eindiffundieren in reines Halbleitermaterial eingebaut, um Zonen verschiedener Leitfähigkeit zu erzeugen.

Dotter der, 1) der in der Eizelle der meisten Tiere vorhandene und für die Entwicklung des Keimlings notwendige Reserve- und Nahrungsstoff, z. B. die Hauptmasse des Eigelbs. 2) ⚕ gelbblühender rapsähnl. Kreuzblütler, liefert Öl.

Dotterblume, verschiedene gelbblühende Pflanzen, z. B. die **Sumpf-D.,** Unkraut auf feuchten Wiesen, Hahnenfußgewächs.

Dottersack, blasiger, mit nährendem Dotter angefüllter Darmanhang bei Wirbeltierkeimlingen, z. B. bei jungen Fischen am Bauch.

Dou [dau], Gerard, niederländ. Maler, *1613, †1675; kleinformatige Sittenbilder, Köpfe.

Douai [du'ɛ], Industriestadt in N-Frankreich, am S-Rand des größten französ. Kohlenreviers, 51 700 Ew.

Douane [du'a:n, frz.] die, 1) Zoll. 2) Zollamt.

Douaumont [duo:m'ɔ̃], im 1. Weltkrieg Panzerwerk von Verdun, schwer umkämpft.

Double [dubl, frz.] das, im Film: Ersatzperson für den Hauptdarsteller, z. B. bei Durchführung gefährlicher Aufnahmen.

Doublé [dubl'e, frz.], **Dublee** das, Metall, das durch Plattieren mit einem edleren überzogen ist.

Doubs [du] der, linker Nebenfluß der Saône in Frankreich, kommt vom Schweizer Jura.

Douglas [d'ʌgləs], Haupt- und Hafenstadt der engl. Insel Man, Seebad, 19 500 Ew.

Douglas [d'ʌgləs], schott. Adelsgeschlecht, 1) Archibald, †1557, wurde von Jakob V. verbannt; Ballade von Fontane (vertont von Loewe). 2) James, †1330, sollte das Herz des Königs Robert Bruce ins Heilige Land bringen, fiel im Kampf gegen die Mauren; Ballade von Strachwitz.

Dover: Hafenanlage mit Autofähren

Douglas-Home [d'ʌgləs hju:m], Sir Alexander F., brit. Politiker, →Home.

Douglastanne [du–], Nadelbaum, liefert wertvolles Holz; aus dem westlichen Nordamerika; auch in Deutschland gezogen.

Doumergue [dum'ɛrg], Gaston, französ. Staatsmann, *1863, †1937; mehrmals Minister, 1913/14 und 1934 MinPräs., 1924–31 Präs. der Republik.

do ut des [lat.], ich gebe, damit du gibst.

Douvermann [d'au–], Heinrich, Bildschnitzer, *um 1480, †1544; Altäre in St. Nikolaus zu Kalkar und im Dom zu Xanten.

Dover [d'ouvə], Stadt in S-England, an der hier nur 32 km breiten **Straße von D.,** 35 200 Ew.; Kriegs-, Handelshafen; Überfahrt von England zum Kontinent.

Dovifat, Emil, Zeitungswissenschaftler, *1890, †1969; 1928-59 Prof. in Berlin, Dir. des Dt. Instituts für Zeitungskunde. Mitbegr. der CDU und der

Freien Univ. Berlin. 1960 gründete er in Düsseldorf das Dt. Institut für publizist. Bildungsarbeit.

Dow Jones Index [dau dʒounz], Meßzahl für die Entwicklung der Wertpapierkurse an der New Yorker Börse.

down [daun], 1) nieder, 2) niedergedrückt.

Downing Street [d'auniŋstri:t], Straße in London, Nr. 10 ist Amtssitz des Premierministers.

Doxolog'ie [grch. »Lobpreisung Gottes«] die, 1) der Schluß des Vaterunsers: »Denn Dein ist das Reich...« 2) Lobgesang der Engel (Luk. 2,14: »Ehre sei Gott in der Höhe«).

Doyen, [dwaj'ɛ̃, frz.] der, ranghöchster diplomat. Vertreter bei einer Regierung; durch Konkordat oder Gepflogenheit der Vertreter des Hl. Stuhles.

Doyle [dɔil], Sir Arthur Conan, engl. Schriftsteller und Arzt, *1859, †1930; schrieb Detektivromane (»Sherlock Holmes«).

Doz'ent [lat.] der, Lehrer an Hochschulen und Akademien. **doz'ieren,** lehren, unterrichten. **Dozent'ur** die, die Berechtigung, an einer dt. wissenschaftl. Hochschule zu lehren (→Habilitation).

DP, Abk. für 1) →Deutsche Partei. 2) →Displaced Persons.

dpa, Deutsche Presse-Agentur GmbH., Hamburg, führende Nachrichtenagentur der Bundesrep. Dtl., gegr. 1949.

d. R., Abk. 1) für »der Reserve«, Hauptmann d. R. 2) in Österreich für »des Ruhestandes«.

Dr., Abk. für →Doktor.

Drache (chines.)

Drache, 1) sagenhaftes Untier, meist schlangenartig und geflügelt gedacht. Er wurde von Babyloniern, Assyrern, Persern, Griechen, Chinesen, Japanern künstler. dargestellt. Auch in german. und deutschen Sagen tritt er auf (Nibelungenlied); er heißt hier auch **Lindwurm** (bayerisch-österr. **Tatzelwurm**). Sinnbildlich ist er die Verkörperung gottfeindlicher Mächte. Als Drachenbezwinger gelten: Siegfried, der Erzengel Michael, der hl. Georg u. a. Bei den Chinesen dagegen ist er Sinnbild des Glücks, des Himmels und des Fürsten. 2) **D., Drachenschiff,** ⚓ ein ungedecktes Segel- und Ruderschiff der Wikinger, dessen Bug und Heck in einen Drachenkopf auslief. 3) ein Sternbild am nördlichen Himmel. 4) ⚕ der **Fliegende D.,** eine Echsenart der Sundainseln; bis 30 cm lang; er klettert geschickt, springt im Gleitflug mit flankenständigen Gleitflächen von Baum zu Baum und fängt dabei Insekten. 5) **D.,** meist **Drachen.** Der **Spitzdrachen** (Spielzeug) erhält durch den Wind eine nach oben gerichtete Kraft (Auftrieb), die ihn in der Schwebe hält; ähnlich der **Kasten-D.** Wissenschaftliche Anwendung findet der D. bei der Erforschung der Lufthülle. Er wird dazu mit selbsttätigen Meßgeräten ausgerüstet.

Drachenbaum, Dracaena, Gattung der Liliengewächse in wärmeren Gegenden, mit schwertförmigen Blättern, die schopfförmig an Ende der Äste stehen. Am bekanntesten der **Echte D.** der Kanar. Inseln, der viele Hundert Jahre alt wird; sein rotes Harz heißt **Drachenblut** (Färbemittel).

Drachenfels, Trachytkuppe des Siebengebirges, 324 m hoch; Weinbau (Drachenblut). Zahnradbahn nach dem Gipfel mit Burg D. (Ruine).

Drachenbaum

Kastendrache

Dottersack:
Junger Haifisch
mit anhängendem D.

Dragoner

Drahtseil:
a Spiralseil,
b Rundlitzenseil
mit Hanfseele

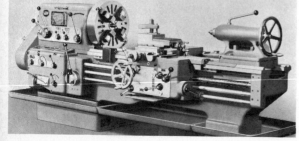

Drake

Drehbank:
Spitzen-D.

Drachensaat, Saat der Zwietracht (→Kadmos).
Drachmann, Holger, dän. Dichter, *1846, †1908; »Sänger des Meeres und der hellen Nächte«.
Drachme die, 1) altgriech. Silbermünze von verschiedenem Wert. 6000 attische D. = 1 Talent, 100 D. = 1 Mine. 2) Währungseinheit im heutigen Griechenland, 1 D = 100 Lepta. (ÜBERSICHT Währungseinheiten)
Dragée [dra3'e, frz.] das, des Geschmacks wegen mit Zuckermasse überzogene Pille.
Dr'agoman [arab.] der, oriental. Bezeichnung für →Dolmetscher.
Dragon'ade die, von Ludwig XIV. angeordnete Zwangseinquartierung von Dragonern bei französ. Protestanten (→Hugenotten), um diese zur kath. Kirche zu bekehren.
Drag'oner [frz.] der, ⚔ Gattung der Reiterei.
Draht, Metallfaden von 0,02 bis 12 mm Stärke. D. über 5 mm Durchmesser wird durch Walzen, dünnerer durch Ziehen hergestellt.
Drahtfunk, die Übertragung von Rundfunkdarbietungen über Fernsprech-, selten über Lichtleitungen.
Drahtglas, Scheibenglas, dem zur Sicherung gegen Bruch und Splittern Drahtgewebe eingeschmolzen oder eingewalzt ist.
Drahtlehre die, Gerät zum Messen der Dicke von Drähten, →Lehre.
Drahtseil, aus Drähten zusammengedrehtes Seil: die einfachste Art ist das **Spiralseil** aus mehreren Runddrähten. Meist werden jedoch mehrere kleine Spiralseile um eine Hanf- oder Drahtlitze (Seele) zusammengedreht.
Drahtseilbahnen, →Seilbahnen.
Drahtwurm, Larven verschiedener Schnellkäfer, ähneln dem Mehlwurm; Wurzelschädlinge.
Drainage, →Dränage.
Drais'ine [nach dem Erfinder v. Drais, Mannheim 1817] die, 1) Laufrad, Vorläufer des Fahrrads, wurde durch Abstoßen vom Erdboden bewegt. 2) ⚏ vierrädriges Eisenbahnfahrzeug, mit Hand-, Fuß-, Motorantrieb.
Drake [dreik], Sir Francis, engl. Seefahrer, * um 1540, †1596, umsegelte die Erde, kämpfte als Freibeuter gegen die Spanier, trug zur Verbreitung der Kartoffel in Europa bei.
Drakensberge, Kathlambaberge, das östliche Randgebirge Südafrikas, bis 3482 m hoch.
Dr'akon, Gesetzgeber in Athen, um 620 v. Chr., von sprichwörtl. Strenge; **drak'onisch,** überstreng.
Drall [von drillen] der, Drehung, insbes. eines Geschosses um seine Achse durch die Windung der »Züge« im Lauf der Feuerwaffen. →Kaliber.
Dr'ama [grch. »Handlung«] das, -s/...men, 1) Dichtungsgattung, →Schauspiel. 2) bewegtes, erschütterndes Geschehen. **Dram'atik** die, 1) Bühnendichtung. 2) Spannung, leidenschaftl. Bewegung. **Dramatiker,** Bühnendichter. **dramatis'ieren,** 1) Stoff zum Schauspiel umarbeiten. 2) übertreiben, aufbauschen. **dram'atisch,** leidenschaftl. bewegt, spannend.
Dramat'urg der, Theaterangestellter, der bei Auswahl und Einrichtung der Stücke mitwirkt. **Dramaturg'ie** die, Lehre von Wesen, Wirkung und Formgesetz des Dramas, Teilgebiet der Poetik. »Hamburgische Dramaturgie« von Lessing (1767).

Drammen, Hafenstadt im südlichen Norwegen, 49 300 Ew.; bed. Holzhandel.
Dränage [drɛn'aʒə, frz.] die, **Dränung,** 1) künstl. Entwässerung des Bodens durch Ableitung unterirdischer Abzüge, z.B. Tonröhren, auf dem Grund schmaler Kanäle. **Saugdräns** saugen das Wasser aus dem Boden, **Sammeldräns** leiten es zum Vorfluter. **dränieren, dränen,** entwässern. 2) ⚕ das Einlegen einer Röhre **(Drän)** aus Glas oder Kautschuk in Wunden, Fisteln oder Hohlräume, die den Abfluß der Wundflüssigkeit erleichtert. (BILD S. 215)
Draper'ie [frz.] die, Stoffdekoration, malerische Anordnung von Gewändern; Faltenwurf.
dr'astisch [grch.], 1) derb, unverblümt. 2) ⚕ stark wirkend; **Dr'astica,** starke Abführmittel.
Drau die, rechter Nebenfluß der Donau, entspringt am Toblacher Feld (Dolomiten), durchströmt Kärnten und bildet die Grenze zwischen Jugoslawien und Ungarn, mündet unterhalb Esseg; 720 km lang, ab Marburg schiffbar; speist Wasserkraftwerke in Österreich und Jugoslawien.
Draufgabe, zum Zeichen des Vertragsabschlusses geleistete Anzahlung (§§ 336ff. BGB).
Dr'awida Mz., Sprachfamilie Mittel- und Südindiens (etwa 80 Mill. Menschen); die Völker mit D.-Sprachen sind rassisch und kulturell sehr verschieden (Tamilen, Telugu u.a.).
Dreadnought [dr'ednɔ:t, engl.], engl. Linienschiff von 1906, das erste moderne Schlachtschiff.
drechseln, nichtmetallische Gegenstände auf der →Drehbank abdrehen.
Dreesch, Driesch der, brachgelegtes Feld als Weide, **D.-Wirtschaft.**
Drehbank, ⚙ Werkzeugmaschine zur spanenden Bearbeitung zylindrischer **(Langdrehen),** kegeliger **(Kegeldrehen),** ebener **(Plandrehen),** ovaler **(Ovaldrehen)** Werkstücke sowie zum Ausbohren und Gewindeschneiden. Das Arbeitsstück erhält durch den Spindelstock die veränderliche Drehbewegung (Schnittbewegung), während der Support den Drehstahl führt (Vorschub). Arten: **Spitzendrehbank, Vielstahl-D.** (mehrere Stähle arbeiten gleichzeitig), **Karussell-D.** mit waagerechter Planscheibe, **Revolver-D.,** mehrere an mehreren drehbaren Werkzeughalter befestigte Stähle kommen nacheinander zur Wirkung.
Drehbuch, Text für einen Film mit genauer Angabe der Einzelaufnahmen.
Drehbühne, Bühnenkonstruktion mit kreisförmiger drehbarer Fläche des Bühnenbodens; ermöglicht raschen Abbau des Bühnenbildes.
Dreheiseninstrument, →Elektrische Meßinstrumente.
drehen, ⚙ die Bearbeitung von Gegenständen auf der →Drehbank oder der →Drehscheibe.
Drehfeld, Magnetfeld, das um eine Achse umläuft und durch 3 um 120° versetzte, ruhende Wicklungsstränge, die an Drehstrom angeschlossen werden, erzeugt wird. D.-Drehzahl bei 50 Hz und 2poliger Wicklung 3000 U/min, bei höherer Polzahl entsprechend niederer, z.B. 4polig 1500 U/min. Anwendung in Drehstrommaschinen, deren Drehzahl durch das Drehfeld bestimmt ist.
Drehflügelflugzeug, Flügel, die sich zur Erzeugung von Auftrieb um eine feste Achse drehen, →Hubschrauber, →Tragschrauber.
Drehimpuls, bei einem sich drehenden starren Körper das Produkt aus Winkelgeschwindigkeit und Trägheitsmoment um die Drehachse.
Drehkäfer, ein →Schwimmkäfer.
Drehkolbenmotor, →Kreiskolbenmotor.
Drehkondensator, ein →Kondensator mit kontinuierlich veränderbarer Kapazität zum Abstimmen von Schwingungskreisen.
Drehkrankheit, durch den **Gehirnblasenwurm** (Drehwurm, Gehirnquese) hervorgerufene Gehirnkrankheit der Wiederkäuer, bes. der Schafe. Die erkrankten Tiere zeigen Zwangsbewegungen; sie bewegen sich z.B. im Kreis.
Drehkreuz, um einen Zapfen drehbares Kreuz zum Durchlaß von je einer Person, an Fußwegen, Schaltern usw., oft mit selbsttätigem Zählwerk.

Drehleier, volkstüml. Musikinstrument (**Bauern-, Bettlerleier**) mit ein bis zwei Melodiesaiten, einfacher Tastatur und zwei Begleitsaiten im Quintabstand; alle Saiten werden gleichzeitig durch ein streichendes Rad mit Kurbel zum Erklingen gebracht.

Drehmoment das, 1) →Hebel. 2) das Produkt aus der am Umfang eines sich drehenden Maschinenteils (Läufer eines Elektromotors, Riemenscheibe, Zahnrad) auftretenden Kraft und dem Radius des sich drehenden Teils, gemessen in kpm (Kilopondmeter). Das D. spielt bei der Drehbewegung dieselbe Rolle wie die Kraft bei der fortschreitenden Bewegung. **D.-Wandler,** Getriebe, bei dem sich die D. am Eingang und Ausgang umgekehrt verhalten wie die Drehzahlen.

Drehorgel, Leierkasten, kleine trag- oder fahrbare Orgel mit drehbarer Melodiewalze.

Drehrohrofen, Drehofen, lange, etwas geneigte, um ihre Längsachse drehbare Trommel, die innen beheizt wird, als Reaktions- oder Trokkenofen für rieselfähige, körnige Stoffe.

Drehscheibe, 1) ☷ drehbare Scheibe mit Gleisstücken zum Wenden von Fahrzeugen. 2) **Töpferscheibe,** durch Fußantrieb bewegte Scheibe zum Formen runder Tongegenstände.

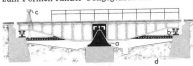

Drehscheibe: a Drehzapfen (Königsstuhl), b Laufrad, c Winde, d Entwässerung

Drehspulinstrument, →Elektrische Meßinstrumente.

Drehstahl, Schneidstahl bei der →Drehbank.

Drehstrom, verketteter Dreiphasenwechselstrom, die übliche Stromart für die allgemeine Stromversorgung. D. wird in Generatoren erzeugt, auf deren Ständer 3 um 120° versetzte Wicklungsstränge angebracht sind und deren umlaufendes Polrad (Dauermagnet) 3 um ¹/₃ Periode phasenverschobene Wechselspannungen induziert. Durch die Verkettung der 3 Stränge in →Stern- oder →Dreieckschaltung benötigt man zur Fortleitung des D. nur 3 Außenleiter, die Hälfte der ohne Verkettung erforderlichen 6 Leiter. Dieses Dreileitersystem wird angewendet für alle Hochspannungsanlagen, z. B. 6-400 kV, oft auch für Niederspannung 380/220 V. Das Vierleitersystem mit drei Außenleitern und dem an den geerdeten Mittelpunkt der Sternschaltung angeschlossenen Mittelpunktleiter wird für Starkspannung verwendet. An die 380-V-Spannung zwischen den Außenleitern werden größere D.-Verbrauchsgeräte angeschlossen, deren Stränge ebenfalls in Stern und Dreieck verkettet sind. Kleinere Verbrauchsgeräte werden einphasig an 220 V, zwischen einem Außenleiter und dem Mittelpunktleiter, angeschlossen.

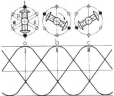

Drehstrom

Drehung, Rotation, die Bewegung eines Körpers um eine feste Achse oder um einen festen Punkt (→Drehzahl, →Winkelgeschwindigkeit).

Drehvermögen, optisches, die Eigenschaft mancher Stoffe (z. B. Quarz, Zuckerlösung), die Schwingungsebene des polarisierten Lichtes (→Polarisation) nach rechts oder links zu drehen.

Drehwaage, Torsionswaage von Chr. A. Coulomb (1785), Gerät zum Messen von Gravitations- oder elektromagnet. Kräften, bei dem ein an einem Faden waagrecht aufgehängter Stab durch diese Kräfte aus der Ruhelage gedreht wird.

Drehwurm, →Drehkrankheit.

Drehzahl, die Anzahl der Umdrehungen einer umlaufenden Maschine oder Welle in der Zeiteinheit, meist Minute. **D.-Messer** mit Zeiger oder Schreiber werden mechanisch durch Fliehkraft (→Tachometer) oder elektrisch durch die erzeugte Spannung betätigt. **D.-Regler** dienen zur Konstanthaltung der Drehzahl von Kraftmaschinen und werden mechanisch (→Fliehkraftregler) oder elektrisch betätigt. **D.-Wächter** sind Relais, die bei Erreichen einer bestimmten Drehzahl einen Schaltvorgang auslösen.

Dreibund, Verteidigungsbündnis zwischen dem Dt. Reich, Österreich-Ungarn und Italien, 1882 abgeschlossen, zuletzt 1912 verlängert; 1915 von Italien gekündigt. →Dreiverband.

dreidimensionaler Film, 3-D-Film, Raumbildverfahren zur Aufnahme und Wiedergabe von Bildern und Filmen, bei dem jedem Auge nur das zugehörige Teilbild vermittelt wird.

Dreieck, △ eine von drei Seiten begrenzte Figur. Man unterscheidet nach der Länge der Seiten: **gleichseitiges D.** (ABB. 1), **gleichschenkliges D.** (ABB. 2), **ungleichseitiges D.;** nach der Größe der Winkel: **rechtwinkliges Dreieck** (ABB. 4; $\beta = 90°$), **stumpfwinkliges D.** (ABB. 5; β größer als 90°), **spitzwinkliges D.** (ABB. 3; α, β, γ kleiner als 90°). Ein **sphärisches D.** ist ein D. auf einer Kugeloberfläche. →Trigonometrie.

Dreieck. **1** gleichseitiges D., **2** gleichschenkliges D., **3** allgemeines D. (spitzwinklig), **4** rechtwinkliges D., **5** stumpfwinkliges D.

Dreiecksaufnahme, ⊕ die →Triangulation.

Dreieckschaltung, eine Schaltung zur Verkettung der 3 Stränge von Drehstrommaschinen und -verbrauchern.

Dreieinigkeit, Dreifaltigkeit, →Trinität.

Dreifarbendruck, ☐ Herstellung farbiger Bilder durch Übereinanderdrucken einer gelben, einer roten und einer blauen Farbplatte.

Dreifelderwirtschaft, landwirtschaftl. Betriebsform, Bewirtschaftung einer Flur in dreijährigem Wechsel, früher: Winter-, Sommergetreide, Brache, heute an Stelle der Brache: Hackfrüchte oder Futterpflanzen (**verbesserte D.**).

Dreifuß, dreifüßiges Gestell; Kesselgestell, im griech. Altertum: Kampfpreis, Weihegeschenk.

Dreigespann, die Troika.

Dreiherrnspitze, i. d. Hohen Tauern, 3499 m.

Dreikaiserbund, 1872-86 zwischen dem dt., österr. und russ. Kaiser, zerfiel durch den russ.-österr. Gegensatz auf dem Balkan.

Dreikaiserschlacht, Schlacht bei →Austerlitz.

Dreikampf, sportl. Wettkampf aus drei Einzelkämpfen; Leichtathletik: Lauf, Sprung, Wurf oder Stoß; Schwerathletik: Drücken, Stoßen, Reißen; Kraftsport-Rasendreikampf: Gewicht-, Hammerwerfen, Steinstoßen.

Dreiklang, ♪ Akkord aus 3 Tönen. **Durdreiklang:** Grundton, große Terz, Quinte; **Molldreiklang:** Grundton, kleine Terz, Quinte. Die Versetzung des Grundtons verändert den Charakter: der

Dreiklang: Dur, Moll, vermindert, übermäßig

Sextakkord hat die Terz als Baß, der Quartsextakkord die Quinte. Die drei eine Tonart eindeutig festlegenden Hauptdreiklänge sind: **Tonika-D.** über dem Grundton, **Dominant-D.** über der 5.

Dränage: Röhrendrän (Querschnitt)

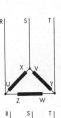

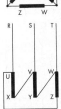

Dreieckschaltung: R, S, T Drehstromaußenleiter, U, V, W, X, Y, Z Klemmbezeichnungen der 3 Stränge

Dreipaß

Dreischenkel

Dreischneuß

Dreiser

Dreispitz

Dresden: Frauen-
kirche, Stände-
haus, Hofkirche,
Schloß (von
links; Vorkriegs-
aufnahme)

Stufe und **Subdominant-D.** über der 4. Stufe
(→Dominante).

Dreiklassenwahlrecht, das Wahlsystem des
preuß. Abgeordnetenhauses 1849-1918, unter Einteilung der Urwähler nach der Steuerhöhe in drei
Klassen. Diese wählten je gleichviel Wahlmänner,
die Wahlmänner die Abgeordneten.

Drei Könige, die »Weisen aus dem Morgen-
lande« (Matth. 2, 1 f.); durch die Legende wurden
sie Caspar, Melchior, Balthasar genannt (C + M +
B als Schutzzauber) und zu Königen gemacht.
Dreikönigsfest am 6. 1. (Epiphanias).

Dreikörperproblem, Mehrkörperproblem,
die mathemat. Aufgabe, die zeitl. Bewegung von
drei oder mehr Körpern bei gegebenen Anfangs-
lagen und -geschwindigkeiten zu berechnen,
wenn zwischen je zwei der Körper Kräfte nach
Art der Schwerkraft wirken.

Dreimächtepakt, von Deutschland, Italien
und Japan 1940 abgeschlossen. Später traten Ungarn, Rumänien, die Slowakei, Bulgarien und
Kroatien bei. Jugoslawien unterzeichnete 1941,
kündigte aber wenige Tage darauf.

Dreimaster, 1) ♎. →Segelschiff. 2) ein Hut,
→Dreispitz.

Dreimeilenzone, zum Hoheitsgebiet eines
Staates zählender, drei Seemeilen (5556 m) breiter
Meeresgürtel vor der Küste; einige Staaten for-
dern Ausdehnung bis zu 200 Seemeilen.

Dreipaß der, ⌂ got. Maßwerkform.

Dreiphasenstrom, →Drehstrom.

Dreisatz, Regel de tri, Rechenverfahren, um
aus drei gegebenen Größen eine damit zusammenhängende unbekannte Größe zu bestimmen. Beispiel: 5 kg einer Ware kosten 28 DM, was kosten
6 kg? Lösung: 1 kg kostet $\frac{28}{5}$ DM, 6 kg kosten
$\frac{28 \cdot 6}{5}$ DM = 33,60 DM.

Dreischenkel, altes symbolisches Ornament-
motiv aus drei gebogenen Schenkeln, bes. im MA.
vielfach abgewandelt.

Dreischlag, unreiner Trab, der dadurch entsteht, daß das Pferd im Vorderbein stärker vor-
schleudert.

Dreischneuß der, ⌂ got. Maßwerkform (drei
Fischblasen, »Schneuße«).

Dreiser, Theodore, amerikan. Schriftsteller,
*1871, †1945; Bahnbrecher des amerikan. Natu-
ralismus; »Eine amerikanische Tragödie«.

Dreispitz, Filzhut mit dreiteilig nach oben ge-
klappter Krempe.

Dreisprung, leichtathlet. Weitsprungübung;
der Boden wird nach dem Anlauf dreimal berührt
(zweimal mit dem gleichen Bein).

Dreißigjähriger Krieg, 1618-48. Ursache:
Gegensatz zwischen Katholizismus und Protestantismus, im Verlauf des D. K. hinter polit.
Machtkämpfen zurücktretend. Verlauf: **1) Böh-
misch-Pfälz. Krieg (1618-23):** 1618 erhoben sich
die protestant. Stände Böhmens gegen Kaiser Ferdinand II. und nahmen den Kurfürsten Friedrich
V. von der Pfalz zum König. Tilly besiegte ihn
1620 am Weißen Berge bei Prag und eroberte dann
auch die Rheinpfalz. **2) Dänisch-Niedersächs.
Krieg (1623-30):** Der eingreifende Dänenkönig

Christian IV. wurde 1626 von Tilly bei Lutter am
Barenberge geschlagen und mußte 1629 Frieden
schließen. Restitutionsedikt (1629), Höhepunkt
kaiserl.-kath. Macht. **3) Schwed. Krieg (1630-36):**
1630 kam der Schwedenkönig Gustav Adolf den
dt. Protestanten zu Hilfe, siegte 1631 bei Breitenfeld über Tilly, der kurz vorher Magdeburg erobert hatte, und drang bis nach Bayern vor, fiel
aber 1632 in der Schlacht bei Lützen gegen den
kaiserl. Feldherrn Wallenstein. 1634 wurde Wallenstein ermordet, die Schweden bei Nördlingen
besiegt; 1635 schlossen Brandenburg und Sachsen
den Prager Frieden mit dem Kaiser. **4) Schwe-
disch-Französ. Krieg (1636-48):** Nun griff das
kath. Frankreich unter Richelieu aus polit. Gegensatz zu den Habsburgern auf schwed. Seite offen
in den Krieg ein; Schweden und Franzosen drangen mehrmals nach Bayern und Böhmen vor. 1648
Beendigung des Krieges durch den →Westfäli-
schen Frieden. Folgen: Gleichberechtigung der
Bekenntnisse. Dtl. verwüstet, verarmt, im Innern
zerrissen und ohnmächtig nach außen. Die Bevölkerung etwa um ein Drittel vermindert; die Sitten
verroht, das geistige Leben unter ausländ. Einfluß.

Dreißigste der, Vorrecht der Hinterbliebenen,
ungestört von Erben und Gläubigern noch 30 Tage im Haus eines Verstorbenen zu bleiben.

Dreiverband, das seit 1907 gegen den →Drei-
bund gerichtete Bündnis zwischen England,
Frankreich und Rußland (→Entente).

Dreizack der, 1) dreizinkiger Speer, Kennzeichen des →Poseidon, Sinnbild der Herrschaft über
das Meer. (BILD S. 217) 2) Dreispitz, einkeimblättrige, gras- oder laucähnliche Pflanzengattung.

Drei Zinnen, Gipfelgruppe der Südtiroler Dolomiten, 2881-3003 m hoch.

Drell, Drill, Drillich, Zwillich, sehr dicht
und fest gewebtes Leinen-, Halbleinen- oder
Baumwollgewebe in Köperbindung.

dreschen, aus Nutzpflanzen (Getreide, Raps,
Klee, Hülsenfrüchte) durch Schlagen (mit Fle-
geln), Stampfen oder Dreschmaschinen die Samen
oder Körner gewinnen.

Dreschmaschine. In der D. werden die Gar-
ben über den Selbsteinleger der **Dreschtrommel** zugeführt. Diese trägt entweder Schlagleisten oder
Schlagstifte, der **Dreschkorb,** in dem die Trommel
läuft, ebenfalls Leisten oder Stifte. Langstroh,
Kurzstroh, Sand, Unkrautsamen und Spreu verlassen auf gesonderten Wegen die D. Die Körner
werden nach Entfernung der Grannen, Reinigung
und Sortierung abgesackt. Das modernste Ernte-
druschverfahren ermöglicht die →Mähmaschine.

Dresden, 1) Bez. im SO der Dt. Dem. Rep.,
6738 km², 1,881 Mill. Ew.; 1952 aus Teilen der
Länder Sachsen und Schlesien gebildet. Im S gebirgig (östl. Erzgebirge bis Lausitzer Bergland),
im mittl. Teil fruchtbares Lößgebiet, im N Sand-
böden (Kiefernwälder). Im Elbtal Obst- und Gemüsebau; Stahlwerke, Maschinenbau, elektrotechn., chem., Textil-, Fahrzeug-, opt. u. a. Ind.;
Bergbau. 2) Hauptstadt des Bez. D., an der Elbe,
(1967) 505 200 (1939: 630 000) Ew.; Techn. Universität, Hochschulen für Musik und Theater, für
Verkehrswesen, Medizin. Akademie, Akademie
der bildenden Künste, Pädagog. Institut; Museen,
bedeutende Theater; ehemal. Sächs. Landesbi-
bliothek; vielfältige Industrie, bes. Elektro-, feinmechan., opt., Maschinen- und Bekleidungswer-
ke, Schwerpunktbetrieb: Transformatoren- und
Röntgenwerk; bei Rossendorf ein Kernreaktor. –
D. war 1485-1918 Sitz der albertin. Landesherren
von Sachsen; unter August dem Starken wurde es
ein Mittelpunkt dt. Barockkunst. Bis zum Bom-
benangriff im Februar 1945, bei dem fast das gesamte
Innenstadt vernichtet wurde (300 000 Opfer), war
D. eine der schönsten Großstädte mit hervorragenden Barockbauten: Frauenkirche (Dom),
Zwinger (wiederhergestellt), ehemal. kath. Hofkirche, ehemal. königl. Schloß; weltbekannte
Kunstwerke im »Grünen Gewölbe«, Kupferstich-
kabinett und in der Gemäldegalerie (darunter die
»Sixtinische Madonna«).

Dresdner Bank, Frankfurt a. M. (früher Dresden), dt. Großbank, gegr. 1872, 1948 dezentralisiert (11 Nachfolgebanken), 1952 zu drei Regionalbanken, 1957 zur D. B. wiedervereinigt.

Dress [engl.] der, (Sport-)Anzug, elegantes Kleid. **Evening dress** ['i:vəniŋ], der Abendanzug; **Full dress** [ful], der Gesellschaftsanzug.

dress′ieren [frz.], abrichten (von Tieren), herrichten (von Speisen, Textilien u. a.). **Dress′ur** die, Zähmung und Abrichten von Tieren.

Dr′ewenz die, rechter Nebenfluß der Weichsel, 238 km lang, mündet oberhalb von Thorn.

Dreyer, Benedikt, der letzte der großen Lübekker Bildschnitzer, † nach 1555 (Lettnerfiguren der Marienkirche, 1942 zerstört).

Dreyfus [drɛf′ys], Alfred, französ. Offizier, *1859, †1935; Elsässer jüd. Herkunft, 1894 wegen Landesverrats verurteilt und deportiert, 1899 begnadigt, 1906 freigesprochen und rehabilitiert, nachdem der belastende Dokumente als Fälschungen erkannt waren; Verteidigungsschrift E. Zolas (1898) »J'accuse« (ich klage an). Die **D.-Affaire** trug zur Sammlung der bürgerl. Linken (Radikale) bei (Trennung von Staat und Kirche).

Dreyse, Joh. Nikolaus v., Techniker, *1787, †1867, erfand das →Zündnadelgewehr.

DRGM, Abk. für Deutsches Reichsgebrauchsmuster (bis 1945).

Dromedar

Driburg, Bad, Stadt in Nordrh.-Westf. 12800 Ew., 211 m ü. M., Heilbad.

Driesch, Hans, Biologe und Philosoph, *1867, †1941, vertrat einen →Vitalismus.

Drift [von »treiben«] die, durch Dauerwinde, z. B. Passate, Monsune, verursachte Meeresströmung. **D.-Eis,** Treibeis.

Drillbohrer, handbedientes Bohrgerät, bei dem eine Triebstange mit steilem Gewinde beim Auf- und Abbewegen einer sie umschließenden Nuß in Drehbewegung versetzt wird.

drillen, 1) mit Strenge ausbilden. 2) in gleichlaufenden Reihen säen (pflanzen).

Drillich, →Drell.

Drilling [von: drei] der, Jagdgewehr mit drei Läufen, zwei für Schrot-, einen für Kugelladung.

Drillinge [von: drei] Mz., drei gleichzeitig geborene Kinder derselben Mutter.

Drillmaschine, landwirtschaftl. Maschine zum Aussäen des Samens in Reihen.

Drin der, größter Fluß Albaniens, 300 km lang, mündet ins Adriatische Meer.

Drina die, rechter Nebenfluß der Save, rd. 400 km lang, in Jugoslawien.

Drink [engl.] der, alkohol. Getränk.

Drinkwater [dr′iŋkwo:tə], John, engl. Dramatiker, *1882, †1937; histor. Dramen (»Abraham Lincoln«, »Mary Stuart«, »Cromwell«), Biographien, Übersetzungen.

Dritter Orden, Terti′arier, kath. Kirche: Vereinigungen von Weltleuten beiderlei Geschlechts, die religiös-sittl. Vollkommenheit erstreben und sich an bestehende Männer- oder Frauenorden anschließen. Die Mitgl. legen keine Klostergelübde ab und bleiben im Beruf. Am wichtigsten ist der D. O. der Franziskaner.

Dritter Stand, französ. **Tiers état** [tjɛːrzet′a], in der mittelalterl. Ständeordnung das Bürgertum, das nach Adel und Geistlichkeit den dritten Platz einnahm und sich erst in der Französ. Revolution die Gleichstellung erkämpfte.

Drittes Reich, 1) in der christl. Prophetie und Geschichtsphilosophie eine Weltperiode, in der der Zwiespalt von Idee und Wirklichkeit aufgehoben sein soll. 2) das nationalsozialist. Dtl. von 1933-45 (→Nationalsozialismus).

Dritte Welt, Schlagwort, mit dem die blockfreien Staaten ihre Neutralität im Konflikt zwischen Ostblock und Westmächten bezeichnen.

Drittschuldner, ⌐⌐ der Schuldner des Vollstreckungsschuldners, →Zwangsvollstreckung.

Drittwiderspruchsklage, Interventionsklage, →Widerspruchsklage.

Drive in (draiv in, engl. »Hineinfahren«, allgem. eine Dienstleistung, die vom Auto aus in Anspruch genommen werden kann.

DRK, Abk. für Deutsches →Rotes Kreuz.

Droge [arab.] die, Erzeugnis aus dem Pflanzen- und Tierreich, das arzneilich oder techn. verwendet wird. **Drog′er′ie** die, Handelsbetrieb, in dem D., Chemikalien, Parfüme, chem. und photograph. Waren, Farben und Lacke verkauft werden.

Drohne die, 1) männl. Honigbiene. 2) Nichtstuer, der von der Arbeit anderer lebt.

Drohung, ⌐⌐ Ankündigung eines Übels. Durch D. veranlaßte Willenserklärungen sind anfechtbar (§§ 123f. BGB). D. mit Verbrechen wird bestraft (§§ 241, 126 StGB), ebenso die →Nötigung durch Gewalt oder D.

Dromed′ar [grch.] das, einhöckeriges →Kamel.

Drömling, Niederung in der Altmark; Wiesen-, Weideland (früher Moor), Rinder-, Pferdezucht.

Dronte die, schwanengroßer, flugunfähiger Taubenvogel der Insel Mauritius; sie wurde nach 1650 ausgerottet; um 1620 von Künstlern gemalt.

Drontheim, norweg. **Trondheim,** Stadt in Norwegen, 118700 Ew., am eisfreien **D.-Fjord;** Bischofssitz; TH; Museen; Schiffbau, Eisengießerei; Fischerei, Holzhandel.

Drops [engl. »Tropfen«] Mz., Fruchtbonbons.

Droschke [russ.] die, Mietwagen; Wien: Fiaker.

Dr′osera, Pflanzengattung →Sonnentau.

Dros′ophila, Gattung der →Taufliegen.

Drossel, Familie der Singvögel, gute Sänger, über die ganze Erde verbreitet, leben von Insekten und Beeren, bauen kunstvolle Nester. Wichtige Arten: **Sing-D.,** häufiger Wald- und Parkvogel mit heller, braungesprenkelter Brust; **Mistel-D.,** etwas größer als Sing-D.; **Wacholder-D.** (Krametsvogel) im nördl. Europa und Asien; **Wein-Blut-Rot-D.,** mit rostrotem Streifen unter dem Flügelrand. **Schwarzdrossel,** →Amsel.

Drosselader, Drosselvene, 1) die paarige, große, vorn am Hals herablaufende Blutader. 2) Blutadern mit muskulösen Sperrvorrichtungen für den Blutstrom, so in den Nebennieren.

Drosselklappe, ⊙ bewegl. Klappe in einer Rohrleitung zur Regelung der durchfließenden Menge von Flüssigkeiten, Dampf, Gasgemischen.

Drosselspule, ⌁ eine Spule mit großem induktivem Widerstand, schwächt Wechselstrom; Gleichstrom wird ungeschwächt durchgelassen.

Drost der, in Niedersachsen früher Verwalter einer Vogtei.

Droste-H′ülshoff, Annette Freiin v., Dichterin, *1797, †1848; Gedichte, Balladen, Versepen, Novelle »Judenbuche«.

Droste zu V′ischering, Klemens August, *1773, †1845, Erzbischof von Köln, forderte kath. Kindererziehung in Mischehen; daher von der preuß. Regierung abgesetzt, 1837-39 inhaftiert.

Droysen, Johann Gustav, Historiker, *1808, †1884; 1848 führend im Frankfurter Nationalvers. (für Kaisertum des preuß. Königs). Hauptwerke: »Gesch. Alexanders d. Gr.«, »Gesch. des Hellenismus«, »Gesch. der preuß. Politik«.

DRP, Abk. für 1) Deutsche Reichspost (bis 1945). 2) Deutsche Reichspartei.

Dreizack

Dresden

Drilling (Querschnitt)

Droste-Hülshoff

Droysen

Drücken: a Spindel, b Drückform, c Werkstück, d Drückrolle, e Reitstock

Druckerzeichen

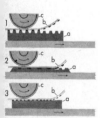

Druckverfahren:
1 Hochdruck,
2 Tiefdruck,
3 Flachdruck;
a Druckform,
b Papier,
c Druckwalzen

Druse

218

D.R.P., Deutsches Reichspatent (bis 1945).
Druck, 1) ⊗ die auf eine Fläche wirkende Kraft. Physikal. Einheiten sind N/m² und dyn/cm², physikal. und techn. Einheiten die ⇥Atmosphären, meteorologische bar und Torr.**2)** ⎕ der Druckvorgang oder auch sein Erzeugnis (⇥Buchdruck, ⇥Druckverfahren).
Drücken, ⊚ spanloses Verformen ebener Metallbleche zu Hohlformen auf Drück- oder Drehbänken; das Blech wird mittels Drückstählen gegen ein der Hohlform entsprechendes Holzmodell gepreßt.
Druckerei, ⇥Druckverfahren.
Druckerzeichen, Druckermarke, Signet, bildhaftes Zeichen, mit dem der Buchdrucker oder Verleger die von ihm veröffentlichten Werke kennzeichnet.
Druckfarben bestehen aus Leinölfirnis als Bindemittel und Lösungen der Farbstoffe. Für Zeitungsrotations-, Tief- und Anilinfarbendruck benutzt man D., die durch Verdunsten des Lösungsmittels auf dem Papier fest werden (Benzin, Benzol, Xylol, Toluol, Spiritus), für andere Druckverfahren D., bei denen die feste Farbschicht durch Polymerisation entsteht.
Druckfestigkeit, ⇥Festigkeit.
Druckguß, Verfahren zur Herstellung von Gußteilen durch Einspritzen des flüssigen Metalls unter hohem Druck in gekühlte Stahlformen.
Druckknopf, von H. Bauer 1885 erfundener Patentknopf.
Druckluft, Preßluft, in ⇥Kompressoren verdichtete Luft; zum Antrieb von Werkzeugen (Druckluftmeißel, -hämmer), Fahrzeugen (**D.-Lokomotiven**), **D.-Bremsen,** zur Betätigung von elektr. Schaltern und Steuerungen, zum Reinigen von Gußstücken mit Sandstrahl, bes. zum Betrieb von Maschinen und Geräten aller Art im Untertagebergbau.
Druckluftkrankheit, Taucherkrankheit, Caissonkrankheit, tritt bei Tauchern oder Caissonarbeitern auf, wenn sie von ihrem Unterwasserarbeitsplatz (mit erhöhtem Luftdruck) zu schnell wieder an die Oberfläche gebracht werden. Hierbei erscheint Stickstoff in Form von Gasbläschen im Blut. Die D. äußert sich in schmerzhaften Spannungen, Lähmungen, Luftembolien. Meldepflichtige Berufskrankheit.
Druckmaschinen, ⇥Druckverfahren.
Druckmesser, ⇥Manometer.
Drucksache, gebührenbegünstigte Briefsendung (Bundesrep. Dtl.: mit Druckform, Schablone oder Negativ hergestellte Vervielfältigungen auf Papier oder Karton), muß offen eingeliefert und mit dem Vermerk »D.« versehen werden. Von Hand dürfen angebracht werden: eine innere (mit der äußeren übereinstimmende) Anschrift, Ort und Tag der Absendung, Absenderangabe, Berichtigung von Druckfehlern. – **D. zu ermäßigter Gebühr,** im Auslandsverkehr: Bücher, Broschüren, Musiknoten, Landkarten, Zeitungen, Zeitschriften (im Inland ⇥Büchersendung).
Druckschrift, 1) Schriften für ⇥Buchdruck und andere ⇥Druckverfahren. **2)** ♫ jede zur Verbreitung bestimmte Vervielfältigung von Schriften und bildlichen Darstellungen, ferner von Musikalien mit Text oder Erläuterungen.
Druckstock, Klisch'ee, ⎕ dünne Metallplatte, in die die Abbildung geätzt ist; für Hochdruck.
Druckverband, ⚕ stillt die Blutung durch Zusammenpressen der Gefäße.
Druckverfahren, 1) Hochdruck: die druckenden Teile der Druckform liegen erhöht und werden den Druck eingefärbt. Die Druckform wird aus beweglichen ⇥Lettern von Hand (Handsatz) oder mittels ⇥Setzmaschinen (Maschinensatz) hergestellt. Abbildungen erfordern Klischees (⇥Strichätzungen und ⇥Netzätzungen); Abdruck auf ⇥Tiegelpressen, ⇥Schnellpressen oder ⇥Rotationsmaschinen. **2) Tiefdruck:** die Zeichnung ist vertieft in die Druckform eingearbeitet; die Vertiefungen nehmen die Farbe auf und geben sie beim Druck an das Papier ab. **3) Flachdruck:** die

vollkommen ebene Druckplatte wird mit chem. Mitteln so behandelt, daß sie nur an der Zeichnung entsprechenden Stellen Farbe annimmt und beim Druck auf das Papier überträgt. Verfahren: ⇥Steindruck, ⇥Offsetdruck, ⇥Lichtdruck.
Drud das, **Drude** die, ⇥Alp. **Drudenfuß,** magisches Fünfeck (⇥Pentagramm), bei den Pythagoreern Zeichen der Gesundheit, im MA. Zauberformel, im Volksglauben zur Abwehr des ⇥Alps.
Drugstore [dr'ʌgstɔ:r, engl. »Drogerie«] der, das, in den Verein. Staaten ein Gemischtwarengeschäft, oft mit Imbißecke, Apotheke u.a.
Dru'ide, Priester der Kelten.
Drumlins [dr'ʌmlins, irisch], längliche, flachgewölbte Grundmoränen-Anhäufungen; deuten Fließrichtung des Inlandeises an.
Drums [drʌmz, engl. »Trommeln«], die Schlaginstrumente der Jazzband.
DRUPA, Internat. Messe Druck und Papier, alle 4 Jahre in Düsseldorf (seit 1954).
Druse die, **1)** Hohlraum in Gesteinen, dessen Wände mit Kristallen bedeckt sind. **2) Kropf,** ansteckende Krankheit der Pferde, eitrige Entzündung der Nasenschleimhaut mit Vereiterung der Unterkiefer-Lymphknoten.
Dr'usen Mz., Angehörige einer aus dem ismailit. Islam hervorgegangenen Sekte im südl. Libanon und Syrien; feudal-patriarchal. Verfassung, Glaubenslehre von einem kleinen Kreis Eingeweihter geheimgehalten.
Drüse, 1) bei Mensch und Tieren ein Organ, das flüssige Stoffe (Sekrete) absondert, z.B. Schweiß, Galle. Eine **D. mit Ausführungsgang** ist zur Oberfläche hin offen. Einfachste D. sind Becherzellen. Bei mehrzelligen D. unterscheidet man schlauchförmige **tubulöse D.,** bläschenförmige **alveoläre D.,** beerenförmige **azinöse D.** sowie **alveolo-tubulöse D.,** deren Schlauch mit seitl. Bläschen besetzt ist. – Über **D.** ohne Ausführungsgang **(Hormon-D.)** ⇥innere Sekretion. **2)** äußerl. den tierischen D. ähnliche Pflanzenteile, so Drüsenhaare, Honigdrüsen.
Dr'usus, Nero Claudius, röm. Feldherr, Bruder des Kaisers Tiberius, *38, †9 v. Chr., drang bis zur Elbe vor.
dry [drai, engl.], **1)** trocken. **2)** herb (Wein).
Dry'aden Mz., griech. Baumnymphen.
Dryden [draidn], John, engl. Dichter, *1631 †1700, schrieb zwei von Händel vertonte Cäcilienoden, klassizist. Tragödien (mit krit. Vor- und Nachreden), Lustspiele.
Dryg'alski, Erich v., Geograph, *1865, †1949; Polarexpeditionen (Antarktis 1901-03).
Dsch'abalpur, engl. **Jubbulpore,** Stadt in Madhja Pradesch, Indien, 482 200 Ew.; Verkehrsknoten, Handelsplatz; Universität; Textil-Ind.; militär. Station.
Dschaina, Jaina, Angehöriger der ind. Religion des **Dschainismus,** mit heute 1,5 Mill. Bekennern. Die Religion, im 5. Jahrh. v. Chr. gestiftet, hat viele Berührungspunkte mit dem Buddhismus.
Dschaipur, engl. **Jaipur,** Hauptstadt von Radschasthan, Indien, 517 600 Ew.; Textilind., Edelsteinschleiferei, Universität.
Dscham'bul, bis 1936 Aulie-Ata, Gebietshauptstadt in der Kasach. SSR. 188 000 Ew.; Superphosphatherstellung, Zucker- und Baumwollkombinat, Leder- und Nahrungsmittelind.
Dschammu, engl. **Jammu,** Stadt in der ind. Provinz Dschammu und Kaschmir, 102 700 Ew.; Winterquartier der Provinzialverwaltung.
Dsch'ammu und Kaschmir, ⇥Kaschmir.
Dsch'amna, engl. **Jumna,** Fluß in Vorderindien, rechter Nebenfluß des Ganges.
Dschamnagar, engl. **Jamnagar,** Stadt im Staate Gudscharat, Indien, 139 700 Ew.
Dschamsch'edpur, engl. **Jamshedpur,** Stadt in Indien, westl. von Kalkutta, 390 600 Ew.; Mittelpunkt der indischen Schwerindustrie.
Dschansi, engl. **Jhansi,** Stadt in Uttar Pra-

desch, Indien, 140 200 Ew.; Bahnknoten, Handel.

Dsch'ebel [arab.] der, Berg, Gebirge.

Dschehennem [arab.], die Hölle; →Dschennet.

Dschehol, histor. chines. Provinz, →Jehol.

Dschel'al ed - Din R'umi, der bedeutendste mystische Dichter der Perser, *1207, †1273.

Dschennet [arab.], bei den Mohammedanern das Paradies, im Gegens. zu **Dschehennem**, der Hölle.

Dsch'erba, franz. **Djerba**, fruchtbare Insel in der kleinen Syrte (N-Afrika), zu Tunesien gehörend, 514 km², 65 500 Ew.

Dschibuti, →Djibouti.

Dschidda, engl. **Jedda**, Hafenstadt in Saudi-Arabien, 72 km westl. Mekka; 148 000 Ew., See- und Luftlandeplatz für Mekkapilger.

Dschih'ad [arab.] der, der →Heilige Krieg.

Dschingis Chan, →Tschingis Chan.

Dschinn [arab.] der, Dämon, böser Geist.

Dschinna, engl. **Jinna**, Mohammed Ali, Gründer Pakistans (1947), *1876, †1948.

Dschodhpur, engl. **Jodhpur**, Stadt in Radschasthan, Indien, 264 900 Ew.; siebentor. Stadtmauer; alte Tempel; Elfenbeinschnitzerei; Getreide- und Farbstoffhandel.

Dschugaschw'ili, Familienname Stalins.

Dschungel der, engl. **Jungle**, urspr. der grasund schilfreiche Buschwald des subtrop. Indiens, auch der hochwüchsige subtrop. Urwald Vorderund Hinterindiens.

Dsch'unke die, chinesisches Segelschiff.

Dsersch'insk, bis 1929 **Rastjapino**, Hafen- und Industriestadt an der Oka, Russ.SFSR, 221 000 Ew., Schwerpunkt der chem. Industrie.

Dsungar'ei die, Landschaft in Innerasien, zwischen Altai und Tien-schan, meist Wüste.

DTB, Abk. für Deutscher Turnerbund.

Dtzd., Abk. für →Dutzend.

d. U., Abk. für der Unterzeichnete.

Du'ala, 1) wichtigste Hafen- und Handelsstadt von Kamerun, 200 000 Ew. 2) Mz., Bantustamm an der Kamerunbucht, etwa 22 000 Menschen.

Du'alis, Du'al [lat.] der, ⓪ Zweizahl (im Unterschied zur Mehrzahl), bes. im Griechischen.

Dual'ismus [von lat. duo »zwei«] der, 1) ALLGEMEIN: Zweiteilung; Zwiespalt. 2) PHILOSOPHIE: die Lehre, daß die Wirklichkeit durch zwei Prinzipien oder Kräfte zu erklären sei, z. B. Gott–Welt, Geist–Stoff, Leib–Seele. Gegensatz: Monismus. 3) der unausgetragene Kampf oder das Gleichgewicht zweier etwa gleich starker Staaten in einem Staatenbund, bes.: Österreich–Preußen im Dt. Bund (1815-66) und Österreich-Ungarn in der Donaumonarchie (nach 1867).

Du'alsystem, dy'adisches System, Zahlensystem mit der Grundzahl 2, baut mit zwei Zahlzeichen (0 und 1) alle Zahlen als Potenzen von 2 auf; z. B. ist 9 im D. = $1 + 0 \cdot 2 + 0 \cdot 2^2 + 1 \cdot 2^3$, geschrieben 1001. Wegen seiner leichten Umsetzbarkeit in elektr. Schaltvorgänge wird das D. für elektron. Rechenanlagen verwendet.

Dubarry [dybar'i], Marie Jeanne Gräfin, urspr. Modistin, später Geliebte Ludwigs XV. von Frankreich, *1743, hingerichtet 1793.

Dubček [d'ubtʃɛk], Alexander, tschechoslowak. Politiker, *1921; 1968-69 Erster Sekretär des Zentralkomitees der tschechoslowak. KP.

Dübel der, ⚙ Verbindungsmittel zur Verankerung von Nägeln oder Schrauben (als Holzpflock, der eingegipst wird, als **Preß-D.** aus elast. Kunststoff, als **Stopf-D.** aus Faserstoff) oder zur Verbindung von Bauteilen aus Holz (**D.-Verbindungen**).

Dübendorf, Dorf im Kt. Zürich, Schweiz, 19 600 Ew.; Materialprüfungsanstalt.

dubi'os [lat.], zweifelhaft.

Dublee, →Doublé.

Dubl'ette [frz.] die, 1) Doppelstück, bes. in Sammlungen, auch in Texten, Urkunden u. a. 2) Edelsteinnachahmung. 3) ♀ Doppeltreffer.

Dublin [d'ʌblin, engl.], irisch **Baile Atha Cliath**, 1) Grafschaft der Republik Irland, 922 km², 795 000 Ew. 2) Hauptstadt und -hafen von

1), 568 300 Ew.; kath. und anglikan. Erzbischofssitz; Universität; Trinity College (gegr. 1591); Brauereien, Brennereien, Textil-, Zigaretten-, Glas- u. a. Industrie.

Dubl'one die, ehemalige span. Goldmünze.

Dubna, 1956 gegr. Stadt nördl. von Moskau, 36 000 Ew., Kernforschungszentrum.

Du Bois-Reymond [dybw'a rem'õ], Emil, Physiologe, *1818, †1896; Anhänger des Darwinismus, Gegner jeder Metaphysik; prägte das Wort →Ignoramus et ignorabimus.

Dubr'ovnik, italien. **Ragusa**, Stadt in S-Dalmatien, Jugoslawien, 25 000 Ew.; Fremdenverkehr; künstler. wertvolle Bauten aus dem 15. Jahrh., trop. Naturpark. (BILD Dalmatien)

Duc [dyk, frz.; lat. dux »Führer«], **Duchesse** [dyʃ'ɛs]; **Duca** [ital.], **Duchessa** [duk'essa], Herzog, Herzogin, höchster französ. und italien. Adelstitel nach dem des Prinzen.

Duccio [d'utʃo], eigentl. D. di Buoninsegna, der erste der großen sienes. v. Maler, * um 1260, †1319; Hochaltar des Doms v. Siena (Dommuseum).

Duce [d'u:tʃe, ital. »Führer«], seit 1922 Titel von Mussolini.

Duchamp [dyʃ'ã], Marcel, französ. Künstler, *1887, †1968; Vorläufer des Dadaismus, Anreger des Surrealismus.

Duchesse [dyʃ'ɛs, frz.], dichter, schwerer, atlasbindiger Kleider- oder Futterstoff aus Seide oder Chemieseide.

Duchob'orzen [russ.], durch die Quäker beeinflußte Sekte in Rußland, Kanada und USA.

Ducht die, 1) Sitz- und Ruderbank in Kähnen. 2) Litze eines Taues, geteerte und zusammengedrehte Kabelgarne aus Hanf.

Dückdalbe [ndt.] die, eingerammtes Pfahlbündel zum Festmachen von Schiffen.

Düdelingen, französ. **Dudelange**, Industriestadt in Luxemburg, 14 800 Ew.; Hüttenwerke, Walzwerk, Aluminium-, Haushaltwaren-, Stahlbauind.; Fernsehsender.

Dudelsack, altes Volksmusikinstrument, aus ledernem Windsack mit Melodiepfeife und 2-3 unveränderlich klingenden Begleitpfeifen; bes. in Schottland.

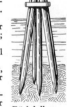

Duala:
Hauptpostamt

Dückdalbe

Dublin:
Blick über den
Liffey

Duisberg

Dumas d. J.

Dunant

Duisburg: Hafen-
anlagen (Luftauf-
nahme)

Duden, Konrad, Sprachforscher, *1829, †1911; Rechtschreibbuch.

Duderstadt, Stadt in Ndsachs., am Nordrand des Eichsfeld, 10900 Ew.; altertüml. Stadtbild mit Stadtumwallung, Rathaus; versch. Ind.

Dudley [d'ʌdli], Stadt in England bei Birmingham, 63900 Ew.; Herstellung von Ketten, Waagen u. a.

Dudweiler, Industriestadt im Saarland, 30100 Ew.; Steinkohlenbergbau, Eisengießerei.

Du'ell [lat.] das, der →Zweikampf.

Du'ero der, portug. **Douro,** Fluß im N der Pyrenäenhalbinsel, 925 km lang, bis Porto für Seeschiffe befahrbar; Stauwerke.

Du'ett [ital. »zwei«] das, ♪ zweistimmiges Gesangstück, meist mit Instrumentalbegleitung.

Duffle-Coat [d'ʌflkout, engl.] der, kurzer sportlicher Mantel, auch mit Kapuze.

Dufhues [-hu:s], Josef-Hermann, Jurist, *1908, †1971, 1962-66 geschäftsführender Vors. der CDU.

Dufour [dyf'u:r], Guillaume-Henri, schweizer. General, *1787, †1875, führte 1847 den Oberbefehl im Feldzug gegen die Sonderbundskantone, schuf 1832-64 die »Topograph. Karte der Schweiz« (bahnbrechende Gebirgskarte).

Duftorgane, bei Schmetterlingen und Insekten: drüsige Organe, die Duftstoffe absondern zum Anlocken des anderen Geschlechts.

Duftstoffe, die →Riechstoffe.

Dufy [dyf'i], Raoul, französ. Maler, *1877, †1953, malte zeichenhaft naive, in lebhaften Farben schillernde Bilder.

Dugong der, Gatt. Seejungfer der →Seekühe.

Duhamel [dyam'ɛl], Georges, französ. Schriftsteller, *1884, †1966; psycholog. und gesellschaftskrit. Romane: »Chronique des Pasquier«.

Dühring, Karl Eugen, Nationalökonom und Philosoph, *1833, †1921; optimist. Positivist.

Duisberg [d'y:s-], Carl, Chemiker, Industrieller, *1861, †1935; war führend bei der Bildung der IG Farbenindustrie (1925).

Duisburg [d'y:s-], Industrie- und Handelsstadt, in Nordrh.-Westf., 473600 Ew.; am Rhein beiderseits der Mündungen von Emscher und Ruhr in den Rhein und am Rhein-Herne-Kanal; Eisen-, Stahl-, Maschinen- u. a. Ind.; Kohlenbergbau. Die Duisburg-Ruhrorter Häfen bilden das größte europäische Binnenhafensystem.

Duisdorf [d'y:s-], Stadtteil von Bonn, Nordrh.-Westf., 16600 Ew.; Wohngemeinde von Bonn, ist Sitz der Bundesministerien für Verteidigung, Wirtschaft, Arbeits- und Sozialordnung sowie für Ernährung, Landwirtschaft und Forsten.

Dukas [dyk'a], Paul, französ. Komponist, *1865, †1935; Opern, Sinfonien (»Der Zauberlehrling«).

Duk'aten der, alte Goldmünze. **D.-Gold,** das feinste Gold, das verarbeitet wird.

Duke [dju:k, engl.], Herzog, höchster engl. Adelstitel.

Düker [niederdt.] der, Unterführung eines Wasserlaufs von Trink-, Abwasser- und Mineralöleleitungen unter einem Gewässer oder Verkehrsweg.

Duklapaß, wichtigster Karpatenübergang (502 m) zwischen Tschechoslowakei und Polen.

dukt'il, dehnbar, streckbar, verformbar.

D'uktus [lat.] der, Schriftzug; Schriftnorm.

d'ulce et dec'orum est pro p'atria m'ori [lat.], süß und ehrenvoll ist es, fürs Vaterland zu sterben (Zitat aus Horaz' Oden, III, 2, 13).

Dulcin'ea, die imaginäre Geliebte des Don Quijote; danach scherzhaft für Geliebte.

Dülken, Stadt in Nordrh.-Westf.; 21600 Ew.; Maschinen-, Textil-, Schuh- und chem. Ind.

Dulles [d'ʌləs], John Foster, amerikan. republikan. Politiker, *1888, †1959; 1953-59 Außenmin., dann Sonderberater für außenpolit. Fragen.

Dülmen, Stadt in Nordrh.-Westf., 21200 Ew.; Textil-, Eisen-, Möbel-Ind., Wildpferdgehege (Merfelder Bruch).

Dulong-Petitsche Regel [dyl'õpti-], nach den französ. Physikern Dulong (*1785, †1838) und Petit (*1791, †1820) benannte Regel der Wärmelehre. Danach ist die →Atomwärme für die meisten festen chem. Elemente annähernd gleich 6 cal/grd · mol.

Dult die, bayr. Messe, Jahrmarkt.

Duluth [dju:l'u:θ], Hafenstadt in Minnesota, USA, am Oberen See, 106900 Ew.; Getreide-, Holz-, Eisenhandel, Stahlwerk, Erdölraffinerien.

D'uma [russ. »Rat«], russ. Parlament 1905-17.

Dumas [dym'a], 1) Alexandre d. Ä. (D. père), französ. Schriftsteller, *1802, †1870; Romane: »Die drei Musketiere«, »Der Graf von Monte Christo« u. a. 2) Alexandre d. J. (D. fils), Schriftsteller, Sohn von 1), *1824, †1895; Sittenromane, Gesellschaftsstücke (»Die Kameliendame«).

Du Maurier [dju:m'ɔ:riei], Daphne, engl. Erzählerin, *1907, »Rebecca«, »Meine Cousine Rachel«.

Dumbarton Oaks [dʌmb'a:tn ouks], Landsitz bei Washington, USA; 1944 Tagungsort einer Konferenz der Großmächte zur Vorbereitung der Vereinten Nationen.

Dum-Dum-Geschoß [nach der Fabrik Dum-Dum bei Kalkutta], Geschoß für Handfeuerwaffen aus Weichblei; verursacht schwere Verwundungen, daher als Kriegsmunition völkerrechtlich verboten.

Dumpalme, die →Doompalme.

Dumping [d'ʌmpiŋ, von engl. to dump »hinwerfen«] das, Warenverkauf an das Ausland zu niedrigerem Preis als im Inland mit dem Ziel, den eigenen Absatz zu fördern und den ausländ. Wettbewerb auszuschalten. Von **sozialem D.** spricht man, wenn die Unterbietung der Preise auf niedrige Löhne und geringe soziale Belastung der Wirtschaft (Sozialversicherung u. a.) zurückgeht. **Währungs-** oder **Valuta-D.** entsteht bei Abwertung einer Währung. Gegen das D. sucht man sich durch **Anti-D.** zu schützen (Einfuhrzölle, Zollzuschläge).

Düna, Westliche Dwina, lett. **Daugava,** Fluß in Osteuropa, 1020 km, kommt aus dem See Dwinez auf den Waldai-Höhen, mündet unterhalb Riga in die Ostsee, nur streckenweise schiffbar.

Dünaburg, lett. **Daugavpils,** russ. **Dwinsk,** Stadt in der Lett. SSR, an der Düna, 87000 Ew.; Umschlagplatz für Flachs, Getreide, Holz; Metall-, elektrotechn. u. a. Ind. – D. ist eine Gründung des Dt. Ordens (1278).

Dun'ajec der, rechter Nebenfluß der Weichsel, kommt von der Hohen Tatra, 208 km lang.

Dunant [dyn'ã], Henri, schweiz. Philanthrop, *1828, †1910, Begründer des Roten Kreuzes. Friedens-Nobelpreis 1901.

Dunaújváros [d'unou:jva:roʃ], zeitweilig **Sztálinváros** [st'ālinva:roʃ], neue Industriestadt in Ungarn auf dem Gebiet des früheren Dorfes Dunapentele, südl. von Budapest, an der Donau, 44200 Ew., Schwerindustriekombinat.

Duncan [d'ʌŋkən], Isadora, amerikan. Tänzerin, *1878, †1927, wirkte für eine Umgestaltung des künstler. Tanzes im Sinne des altgriech. Chortanzes (→Ausdruckstanz).

Duncker, Franz, dt. Politiker, *1822, †1888; Mitbegr. der »Hirsch-D.schen Gewerkvereine«.

Dundee [d'ʌndi:], Hafenstadt an der Ostküste von Schottland, am Firth of Tay, 183000 Ew.; Textil-, Maschinen-, Linoleum-Ind., Schiffbau.
Dunedin [dʌn'i:din], Hafenstadt der Südinsel Neuseelands, 109300 Ew.; Universität; kath. Bischofssitz; Verarbeitung und Ausfuhr landwirtschaftl. Erzeugnisse, bes. Fleisch.
Dünen, durch Wind aufgehäufte, meist langgestreckte Sandhügel, bes. am Meer und in Wüsten, bis 300 m hoch. **Dünenhafer,** Strandhafer, schützt vor Überwandertwerden durch D.

Dünen: Wanderdünen

Dung, Stallmist, Stalldünger, Gemenge von Kot, Harn und Einstreu.
Dunganen chines. **Hui,** mongol. Volk (rd.4,3 Mill.), im östl. Tarimbecken und in der Dsungarei, mit chines. Sprache, Mohammedaner.
Dünger, Düngemittel, organ. und anorgan. Stoffe, die dem Boden zur Verbesserung der Fruchtbarkeit und zur Ertragssteigerung zugeführt werden, vor allem als Ersatz für Pflanzennährstoffe, die ihm durch Anbau und Ernte entzogen werden. Nach der Herkunft unterscheidet man 1) **Wirtschaftseigenen D.** (Stall-D., Jauche, Gülle, Klärschlamm, Kunstmist, Stroh-, Grün-, Pferch-D., Kompost u.a.) und 2) **Handelsdünger** (alle im Handel befindl. Düngemittel; anorganische Handels-D.: Mineral-D., d.h. natürl. Salze wie Chilesalpeter sowie synthet. D. – Organische Handels-D., z.B. Guano). – Neben den Hauptnährstoffen (Stickstoff, Kalium, Phosphor, Calcium und Magnesium) sind Spurennährstoffe wichtig (vor allem Schwefel, Eisen, Mangan, Kupfer, Zink, Molybdän). Wirtschaftseigene D. fördern auch die Bodengare, das Wasserspeicherungsvermögen des Bodens und die Tätigkeit der Mikroorganismen.
Dunkelkammer, völlig verdunkelter oder nur von einem photographisch nicht wirksamen Licht beleuchteter Raum für das Arbeiten mit lichtempfindlichen Stoffen.
Dunkelmännerbriefe, →Epistolae obscurorum virorum.
Dunkelwolken, unregelmäßig geformte Ansammlungen dunkler interstellarer Materie aus Staub und Gas, die das Sternlicht absorbieren.
Dünkirchen, französ. **Dunkerque,** Hafenstadt in N-Frankreich, an der Nordsee, 28400 Ew.; Schiffbau, Eisen- u. Stahlind., Erdölraffinerie; Fischverarbeitung. – Im 2.Weltkrieg 1940 Rückzug der brit.-französ.Nordarmee nach England.
Dunlop [d'ʌnlɔp], John Boyd, engl. Tierarzt, *1840, †1921, erfand 1888 den pneumat. Gummireifen für das Fahrrad.
Dünnschliffe, 0,02-0,04 mm dicke, durchsichtige Plättchen von Mineralien oder Gesteinen zur Untersuchung unter dem Mikroskop.
Duns Scotus [dʌns], schott. Franziskaner, *1266, †1308, Scholastiker, vertrat gegen Thomas von Aquino den Vorrang des Willens vor dem Verstand.
dünsten, Speisen mit Fett oder wenig Flüssigkeit in einem verschlossenen Gefäß gar machen.
Dünung, die nach Aufhören eines Sturmes noch fortdauernde Bewegung des Meeres in langen, gleichmäßig rollenden Wellen.
D'uo [lat. »zwei«] das, ♪ Musikstück für zwei Instrumente mit oder ohne Begleitung.

Duod'enum [lat.] das, der Zwölffingerdarm.
Duod'ez [lat. duodecim »zwölf«] das, 1) Buchformat mit zwölf Blättern im Bogen. 2) in Zusammensetzungen: klein, unbedeutend, z.B. der D.-Staat, unter einem D.-Fürsten.
Duodezim'alsystem [lat. duodecim »zwölf«], ein Zahlensystem mit der Grundzahl 12 (statt 10).
Duoschaltung, paarweise Zusammenschaltung je einer Leuchtstoffröhre mit induktivem Vorschaltgerät und einer mit kapazitivem Vorschaltgerät zur Erzeugung eines zeitl. gleichmäßigen Lichtstroms (kein Flimmern).
düp'ieren [frz.], betrügen, täuschen, prellen.
Duplik'at [lat.] das, Doppelstück, Abschrift.
Duplizität die, (zufälliges) Doppelgeschehen.
Düppel, dän. **Dybbol,** Dorf in Nordschleswig (1864-1920 dt.). Die **Düppeler Schanzen** waren in den Kriegen 1848-50 und 1864 umkämpft.
Dur [lat. durus »hart«], jede Tonart mit großer Terz. Gegensatz: →Moll.
dur'abel [lat.], dauerhaft, haltbar.
D'ura Eur'opos, antike Stadt am mittl. Euphrat, heute Es-salihije, das »Pompeji des Ostens«.
Duraluminium, Duralumin, Dural das, nicht mehr gebräuchl. Name für eine aushärtbare Aluminiumlegierung mit Kupfer und Magnesium.
Durance [dyr'ãs] die, linker Nebenfluß der Rhône, 304 km, wird mit Stauwerken, Kraftwerken und Kanälen ausgebaut.
Dur'ango, Hauptstadt des Staates D., Mexiko, 1920-2040 m ü. M., 152200 Ew.; kath. Erzbischofssitz.
Duras [dyr'a], Marguerite, französ. Schriftstellerin, *1914; schreibt im Stil des »Nouveau roman«; Drehbuch: »Hiroshima – mon amour«.
Dur'azzo, alban. **Durrës,** Haupthafen Albaniens, 53100 Ew.; 1913-21 Hauptstadt.
Durban [d'ə:bən], **Port Natal,** bedeutendste Hafenstadt der Rep. Südafrika, 737000 Ew. (210000 Weiße); Umschlagplatz der Minendistrikte Transvaals; Ölraffinerien, Werften u.a.Ind.

Durban
(Luftaufnahme)

Durchfall, Diarrhöe, ♪ häufiges Entleeren dünnflüssiger Stuhlmassen entweder vorübergehend (akut) als Darmkatarrh, z.B. nach Ernährungsfehlern, oder langwierig (chronisch) bei Darmkrankheiten. Behandlung: Wärme, Bettruhe; zunächst Fasten, Abführen, dann Schleimsuppen, Tee.
Durchforstung, ⚘ Ausholzung schlecht geformter oder unterdrückter Stämme zur Bestandserziehung.
Durchfuhr, Transit, Beförderung von Waren durch ein Staatsgebiet zwischen Ursprungs- und Bestimmungsland.
Durchgang, 1) Möglichkeit zum Durchgehen. 2) Vorübergang der Planeten Merkur und Venus vor der Sonne. Letzter Venus-D. 1882, nächster 2004. Merkurdurchgänge etwa alle 8 Jahre. Der D. eines Sterns durch den Meridian eines Ortes heißt **Kulmination.**
Durchgriff, bei Elektronenröhren ein Maß dafür, welcher Bruchteil einer Änderung der Anodenspannung auf den Elektronenstrom ebenso stark einwirkt wie eine gleichgroße Änderung der Gitterspannung; je kleiner der D., desto größer die Verstärkung.

Dürer:
Selbstbildnis

Dürer

Dürrenmatt

Duse

1

2

3

4

Düse:
1 Blende,
2 Venturirohr,
3 Strahlpumpe,
4 Spinndüse,
a Düse

Durchlaucht [»durchleuchtet«, lat. illustris], Anrede an Träger eines Fürstentitels.

Durchlauferhitzer, ⚙ mit Gas oder elektr. Strom beheiztes Gerät, das das durchlaufende Wasser während des Abzapfens erhitzt.

Durchmesser, 1) △ bei ebenen oder räuml. Figuren, die einen Mittelpunkt haben, durch diesen laufende Sehne. 2) ☆ **scheinbarer D.,** der Winkel, unter dem die beiden Endpunkte des **wahren D.** eines Sterns dem Beobachter erscheinen.

Durchschnitt, △ Mittelwert, →Mittel.

Durchschuß, 1) Schuß, bei dem das Geschoß den Körper wieder verlassen hat. Gegensatz: Steckschuß. 2) WEBEREI: der Schußfaden. 3) ▯ Metallstreifen für Zeilenzwischenräume.

Durchsuchung. D. von Wohnungen (Haussuchung) oder Personen (Leibesvisitation) durch der Polizei ist nur bei Verdacht einer Straftat zulässig. Die D. muß von einem Richter, bei Gefahr im Verzuge auch von der Staatsanwaltschaft oder der Polizei, angeordnet sein (§§ 102 ff. StPO).

Durchsuchungsrecht, Seekrieg: das Recht eines Kriegführenden, fremde Handelsschiffe zu durchsuchen, um ihre Nationalität und die Natur ihrer Ladung (→Banngut) festzustellen.

Düren, Kreisstadt in Nordrh.-Westf., am W-Rand der Jülich-Zülpicher Börde, 54900 Ew.; Papier-, Metall-, Textilindustrie.

Dürer, Albrecht, einer der größten deutschen Künstler, Maler, Zeichner für Holzschnitt, Kupferstecher, *1471, †1528. D. reiste 1494/95 und 1505/06 nach Italien, 1520/21 in die Niederlande und stand seit 1512 im Dienst des Kaisers Maximilian. Seine Wirkung als Zeichner war sehr groß. Für Holzschnitt und Kupferstich leitete er in Europa eine neue Epoche ein. HAUPTWERKE. Gemälde: Selbstbildnisse (Louvre, Prado, Alte Pinakothek München); Adam und Eva (Prado); Die vier Apostel (München, Alte Pinakothek); Landschaftsaquarelle, die ersten europäischen ihrer Art. – Holzschnitte: Apokalypse, Kleine und Große Passion, Marienleben. – Kupferstiche: Der verlorene Sohn; Adam und Eva; Kupferstichpassion; Ritter, Tod und Teufel; Hieronymus im Gehäuse; Melancholie; Bildnisse (Pirkheimer). – Zeichnungen; kunsttheoretische Schriften.

Durham [d'ʌrəm], 1) Grafschaft in NO-England, 1,517 Mill. Ew.; Landwirtschaft, Industrie. 2) Hauptstadt von 1), 25800 Ew., Bischofssitz, Kathedrale (1093-1490), Universität.

Durieux [dyrj'ø], Tilla, Schauspielerin, *1880, †1971; wirkte bes. in Rollen von Wedekind, Shaw, Ibsen und Ionesco; stiftete 1967 den **D.-Schmuck** für bedeutende Schauspielerinnen.

Dürkheim, Bad D., Stadt in Rheinland-Pfalz, 15500 Ew., Heilbad am Rand der Haardt; eine der größten deutschen Weinbaugemeinden.

Durlach, industriereicher Stadtteil von Karlsruhe (seit 1938); 1565-1715 Residenz der Markgrafen von Baden-D., Schloß von 1562-65 (barocker Neubau 1697).

Dürnstein, Stadt in Niederösterreich, 1050Ew., in der Wachau, an der Donau; altertüml. Stadtbild; Barockkirche (1721-28); Ruinen der Burg Dürnstein, in der 1193 Richard Löwenherz gefangengehalten wurde.

Duropl'aste, Durom'ere Mz., härtbare Kunstharze.

Durr(h)a die, Mohrenhirse, →Hirse.

Durrell [d'ʌrəl], Lawrence, englisch-irischer Schriftsteller, * Indien 1912; Roman-Hauptwerk »Alexandria-Quartett«, →Roman.

Dürrenberg, Bad D., Solbad im Bez. Halle, an der Saale, 16300 Ew.

Dürrenmatt, Friedrich, schweizer. Schriftsteller, *1921; einfallsreiche und groteske Schauspiele »Die Ehe des Herrn Mississippi«, »Der Besuch der alten Dame«, »Die Physiker« und Erzählungen »Der Richter und sein Henker«) mit dem Stilmittel der Verfremdung aufgebaut.

Dürrheim, Bad D., Gem. im Kr. Villingen, Bad.-Württ., im südl. Schwarzwald, 4700 Ew.; Solbad und Luftkurort.

Durst, Antrieb zur Aufnahme von Flüssigkeit; verursacht durch erhöhte Salzkonzentration in der Gewebsflüssigkeit zwischen den Körperzellen.

Duschanb'e, 1929-61 **Stalinabad,** Hauptstadt der Tadschik. SSR, Sowjetunion, 374000 Ew., Universität, Industrie.

Duse, Eleonora, italien. Schauspielerin, *1858, †1924; bes. Rollen von Sardou, Dumas, Ibsen, Maeterlinck und d'Annunzio.

Düse, Ausspritzöffnung, ein den Querschnitt verengendes Formstück, setzt Druck in Geschwindigkeit (**Druck-D.**) oder Geschwindigkeit in Druck (**Saug-D.**) um. Verwendung zur Zerstäubung, in Strahlgebläsen, Injektoren, als Spinn-D.

Düsenflugzeug, durch ein Strahltriebwerk angetriebenes Flugzeug.

Düsseldorf, Hauptstadt von Nordrh.-Westf. und des RegBez. D., Industrie- und Handelsstadt am Rhein, 692300 Ew.; Flughafen; Universität, Staatl. Kunstakademie, mehrere Theater und Museen, Sitz vieler Forschungsinstitute, Börse, Industriekonzernverwaltungen, Wirtschaftsorganisation (»Schreibtisch des Ruhrgebiets«); Maschinenbau, Eisen-, Stahl-, Glas-, chem. Industrie. – D. war die Hauptstadt des alten Herzogtums Berg, mit dem es 1614 an Pfalz-Neuburg, 1777 an Bayern kam. Glanzzeit unter Kurfürst Johann Wilhelm v. d. Pfalz (1690 bis 1716); 1806 Hauptstadt des napoleon. Ghzgt. Berg, 1814 preußisch. Seit dem 19. Jahrh. wirtschaftl. Aufschwung. Bes. bekannt wurde auch die »Düsseldorfer Malerschule«.

Düsseldorf: Stadtzentrum (Luftaufnahme)

Duttweiler, Gottlieb, schweizer. Kaufmann, *1888, †1962, gründete den →Migros-Genossenschaftsbund und die Partei »Landesring der Unabhängigen«; Herausgeber der Zeitung »Die Tat«.

Dutzend [frz. douzaine] das, abgek. Dtzd., Zählmaß für Stückware: 1 D. = 12 Stück.

Duumvir'at, altröm. Behörde aus 2 Männern.

Duvivier [dyvi:vj'e], Julien, franzöz. Filmregisseur, *1896, †1967; »Don Camillo und Peppone«.

Dux [lat.], 1) spätröm. Kaiserzeit: Führer, Befehlshaber. 2) im MA. Herzog.

Dux, tschech. **Duchcov,** Stadt im Kreis Nordböhmen, Tschechoslowakei, 9000 Ew.; Braunkohlengruben, Metall-, chem. u.a. Ind.

Dvořák [dv'orʒa:k], Antonín, tschech. Komponist, *1841, †1904, mit Smetana Schöpfer der tschech. Kunstmusik; Orchesterwerke, Opern. (BILD S. 223)

DVP, Abk. für Deutsche Volkspartei.

dwars, ⚓ quer. **Dwarslinie,** das Nebeneinanderfahren der Kriegsschiffe.

Dwina die, 1) Nördliche **D.,** der größte Strom N-Rußlands, entsteht durch Zusammenfluß von Suchona und Jug, ist von hier 750km lang und mündet in das Weiße Meer. 2) Westliche **D.,** →Düna.

Dwinger, Edwin Erich, Schriftsteller, *1898.

Dwinsk, russ. Name für →Dünaburg.

Dy, chem. Zeichen für →Dysprosium.

D'yas [grch. »Zweiheit«] die, andere Bezeichnung für das →Perm, →Erdgeschichte.

Dyck [dɛjk], Anton van, niederländ. Maler, *1599, †1641, Schüler von Rubens. Bedeutender Bildnismaler; seit 1632 am engl. Hof.

Dyn das, Kurzzeichen **dyn,** physikal. Krafteinheit: die Kraft, die der Masse 1 g die Beschleunigung von 1 cm/sec² erteilt.

Dyn'amik [grch.] die, Kraftentfaltung, starke Bewegtheit, 1) ⊗ →Mechanik. 2) ♪ die Veränderung der Tonstärke, entweder stufenweise (forte, mezzoforte, piano) oder allmählich (crescendo, decrescendo). 3) der Lautstärkebereich eines elektroakust. Übertragungssystems. Egw.: **dyn'amisch.**

dynamische Rente, Sozialrente, die den Steigerungen der Löhne und Gehälter angepaßt wird.

Dynam'ismus der, eine Lehre, die alles Sein und Geschehen auf wirkende Kräfte zurückführt; Begründer des D. ist Leibniz (Monadenlehre).

Dynam'it das, Sprengstoff, 1867 von dem schwed. Chemiker A. Nobel erfunden, besteht in der urspr. Form aus 75% Nitroglycerin und 25% gebrannter Kieselgur; später Kieselgur durch Kollodiumwolle ersetzt (**Sprenggelatine**).

Dyn'amo der, ✦ für →Generator.

Dynamom'eter das, Kraftmesser, z.B. eine Federwaage.

Dyn'ast [grch.] der, Fürst, Herrscher. **Dynast'ie** die, Herrscherhaus.

dys, griech. Vorsilbe: übel..., miß...

Dysenter'ie [grch.] die, ♀ →Ruhr.

Dysmenorrh'öe [grch.] die, ♀ unnormal schmerzhafte Menstruation.

Dyspeps'ie [grch.] die, →Verdauungsstörung.

Dyspr'osium, Dy, chem. Element aus der Gruppe der →Lanthaniden.

Dyston'ie [grch.] die, ♀ abnormer Spannungszustand der Muskeln oder Gefäße. **Vegetative D.** bei geschwächtem vegetativen Nervensystem.

Dystroph'ie [grch.] die, Ernährungsstörung.

dz, Abk. für Doppelzentner (100 kg).

Dzierzon [dʒj'ɛrzɔn]. Johann, kath. Geistlicher, *1811, †1906, begründete die moderne Bienenzucht mit Kästen und beweglichen Waben.

D-Züge, Durchgangszüge, Schnellzüge mit Durchgangswagen.

E

e, E 1) Selbstlaut; der fünfte Buchstabe im Abc. 2) ♪ E, der dritte Ton der C-Dur-Grundtonleiter, die dritte Stufe von C.

e, 1) die elektr. →Elementarladung. 2) △ die Zahl e = 2,71828..., die Grundzahl des Systems der natürlichen →Logarithmen.

E 605, Handelsname für Diäthylnitrophenylthiophosphat, ein Insektenvertilgungsmittel.

Earl [ə:l], der, engl. Graf, im Unterschied zum →Count.

East [i:st, engl.], Abk. E, Osten, Ost.

East African Common Services Organization [i:st 'æfrikən k'ɔmən s'ə:visiz ɔ:gənaiz'eifən], EACSO, seit 1961 einheitl. Verwaltung der Länder des ehem. Britisch-Ostafrika (Kenia, Uganda, Tanganjika) für Zoll, Post, Verkehr u.a. Die Währungsunion zerbrach 1965. Wirtschaftsgemeinschaft seit 1967.

Eastbourne ['i:stbɔ:n], Stadt und Seebad an der engl. Kanalküste, 69 300 Ew.

East London [i:st l'ʌndən], Hafenstadt in der Rep. Südafrika, Kapprovinz, 136 800 Ew.; Verbrauchsgüterindustrie.

Eastman ['i:stmən], George, amerikan. Phototechniker und Industrieller, *1854, †1932, Begründer der **Eastman Kodak Company,** die den Rollfilm in die Photographie einführte und die ersten Rollfilmkameras baute.

East River [i:st r'ivə], mehrfach überbrückte und untertunnelte Wasserstraße vom Long Island-Sund zum Hafen von New York, trennt die Stadt-

teile Manhattan und Bronx von Long Island.

Eau de Cologne [o:dəkɔl'ɔn, frz.], →Kölnisch Wasser.

Ebbe und Flut, →Gezeiten.

ebd., ebenda.

Ebene die, 1) Flachland. 2) △ eine Fläche, die mit zwei Punkten stets auch deren gesamte Verbindungsgerade enthält.

Ebenholz, dunkles, hartes Edelholz verschiedener Bäume. Das **echte** oder **schwarze E.** liefern versch. Baumarten in Afrika und Ostindien, **unechtes** oder **künstliches E.** ist dunkel gebeiztes Holz, z.B. von Birn- oder Buchsbaum.

Ebensee, Markt im Salzkammergut, Österreich, 9600 Ew., Kraftwerk, Salzsudwerk, Ammoniak- und Sodafabrik.

Eber, das männliche Schwein.

Eberbach, 1) alte Stadt im Odenwald, Baden-Württ., im Neckartal (Staustufe), 14000 Ew.; Elektromotorenbau u.a. Ind. 2) Zisterzienserkloster im Rheingau, Gem. Hattenheim; 1131 von Bernhard v. Clairvaux gegr., 1803 aufgehoben.

Eberesche die, steinobstartiger Waldstrauch oder Straßenbaum der Familie Rosengewächse, mit gefiederten Blättern, weißen Blüten und beerenartigen, scharlachroten Früchten, den **Vogelbeeren.** Die E. liefert hartes Nutzholz.

Eberhard [aus ahd. ebur »Eber« und hart »stark«], männlicher Vorname.

Eberhard, Grafen und Herzöge von Württemberg. 1) **E. II., der Greiner** [Zänker] oder **der Rauschebart,** regierte 1344-92, besiegte 1388 den Schwäbischen Städtebund. 2) **E. V., im Bart,** regierte 1450-96, gründete die Universität Tübingen, wurde 1495 Herzog.

Ebernburg, Burg an der Nahe; unter Franz v. Sickingen Zufluchtsstätte vieler Anhänger der Reformation (Hutten, Melanchthon u.a.).

Ebersbach an der Fils, Gem. im Kr. Göppingen, Bad.-Württ., 10 500 Ew.

Ebersbach in der Oberlausitz, Industriestadt im Kr. Löbau, Bez. Dresden, nahe der Spreequelle, 11 300 Ew.; Textil-, Holzwaren-Ind.

Eberswalde, Kreisstadt im Bez. Frankfurt a.d. O., am Finow-Kanal, 33 700 Ew.; Bahnknoten; Eisengießerei, Sägemühlen, Forst-Hochschule.

Ebert, Friedrich, erster Präs. der Weimarer Republik, *1871, †1925, ursprünglich Sattler, dann sozialdemokrat. Schriftleiter und Reichstagsabgeordneter, 1913 Nachfolger Bebels als Partei-Vors.; 1918 Reichskanzler nach Prinz Max von Baden, 1919 von der Weimarer Nationalversammlung zum Reichspräs. gewählt. (BILD S. 224).

Eberth, Karl Joseph, Pathologe und Bakteriologe, *1835, †1926; entdeckte 1880 gleichzeitig mit R. Koch den Typhusbazillus.

Eberwurz die, distelförmige, strohblütige Korbblütlergattung. Arten: **Gemeine E.** oder **Golddistel, Wetterdistel** oder **Silberdistel,** ausdauernd, auf steinigen Hängen, kurzer Stengel, mit großem, silbrigem Körbchen, das sich bei Regenluft zusammenschließt, und eßbarem Blütenboden (**Wilde Artischocke**). (BILD S. 224).

Ebingen, Stadt in Baden-Württ., auf der Schwäb. Alb; 22600 Ew.; Textil-, feinmechan. Industrie.

Düsseldorf

Dvořák

Dyck
(Selbstbildnis, Ausschnitt)

Eberesche:
a Blüte, b Frucht

Ebernburg

Ebert

Eberwurz

Ebner-Eschenbach

Echolot:
a Schiffskörper,
b Schallsender,
c Echoempfänger,
d Anzeigegerät

Eckener

Echternach:
Klosteranlage

Ebion'iten [hebr. »die Armen«], palästinensische judenchristl. Sekte.

Ebner-Eschenbach, Marie Freifrau v., Dichterin, *1830, †1916. Ihre Erzählungen sind voll gütigem Humor und lebhaftem sozialem Mitgefühl: »Das Gemeindekind«.

Ebro der, Fluß in NO-Spanien, 927 km lang, mündet ins Mittelmeer.

Ecce homo [lat. »Siehe, welch ein Mensch«], 1) Worte des Pilatus über Christus. 2) KUNST: die Darstellung des gegeißelten, dornengekrönten Jesus.

Eccl'esia [grch.-lat. »Versammlung«] die, 1) Gemeinde, Kirche. 2) E. und Synagoge, sinnbildl. Bezeichnung für das N. T. und A. T.; in der bildenden Kunst als 2 Frauengestalten dargestellt (Straßburger Münster, Bamberger Dom).

echauffieren [eʃofˈiːrən], erhitzen, aufregen.

Echegaray [etʃeɡarˈaj], José, span. Dramatiker, *1832, †1916, Prof. der Mathematik und Physik, dann mehrfach Min.; schrieb über 60 romant. Mantel- und Degenstücke. Nobelpreis 1904.

Echev'erie, Nabelkraut, Gattung der Dickblattgewächse, in mehreren Arten Zierpflanzen.

Echinod'ermen [grch.], ⚥ →Stachelhäuter.

Echinok'okkus [grch.] der, **Hülsenwurm,** die Finne des Hundebandwurms (→Bandwürmer).

'Echinus [grch.] der, ⬡Wulst zwischen Schaft und Deckplatte der dorischen Säule.

Echo, 1) in der griech. Sage die Nymphe, die zum Widerhall wurde. 2) Widerhall, entsteht bei Reflexion des Schalles an Wänden, Waldrändern, Felswänden, Gebäuden u. dgl. 3) 🛰 mehrfach ankommendes Signal, verursacht durch Reflexion der Wellen an verschiedenen Schichten der Ionosphäre (→Radar). 4) ♪ die Wiederholung einer kurzen Phrase in geringerer Tonstärke im der Vokalmusik.

Echolot, Behm-Lot, Gerät zur Messung von Wassertiefen und Flughöhen. Gemessen wird die Zeit zwischen dem Aussenden eines Schallimpulses (Ultraschall) und dem Eintreffen des Echos; auch zum Anpeilen von Fremdkörpern, z. B. U-Booten, Fischschwärmen, verwendet.

Echsen, Ordnung der Reptilien: langgestreckte Tiere, Körper mit Schuppen oder Schildern bedeckt; meist sind Gliedmaßen vorhanden. Dazu gehören→Eidechse,→Blindschleiche,→Chamäleon, →Gecko,→Leguan,→Waran.

Echterdingen, Gem. in Baden-Württemberg, 8500 Ew.; Flughafen von Stuttgart.

Echternach, Stadt in Luxemburg, 9900 Ew., Kunstfaserind.; alte Benediktiner-Abtei. Hier findet alljährlich am Pfingstdienstag die **Springprozession** statt, ein Dankfest für das Aufhören des Veitstanzes im 8. Jahrh.

Echter von Mespelbrunn, Julius, Fürstbischof von Würzburg, *1545, †1617, gründete die Universität Würzburg.

Eck, Johann, Gegner Luthers, *1486, †1543, führte 1519 das Leipziger Streitgespräch mit Karlstadt und Luther.

Eckardt, Felix von, Diplomat, *1903; 1952-62 Bundespressechef, 1962-65 Bundesbevollmächtigter in Berlin, seit 1965 MdB.

Eckart, Eckehard, 1) **der getreue E.,** Warner in der dt. Heldensage. 2) **Meister E.,** Dominika-

ner, der bedeutendste dt. Mystiker, * um 1260, †1327; seine dt. Schriften waren für die Entwicklung der dt. Sprache bedeutsam; lehrte die Einswerdung des Seelengrundes mit Gott.

Eckball, Ecke, ein Freistoß von der Eckfahne beim Fußball, auch beim Handball, Hockey u. a.

Eckblatt, Eckknollen, blattartige Verzierung an den Basisecken byzant., roman., got. Säulen.

Eckener, Hugo, *1868, †1954, war seit 1908 im Luftschiffbau tätig; mehrere Flüge mit dem Zeppelin über den Atlantik (1928), in die Arktis (1931) und um die Erde (1929).

Eckermann, Johann Peter, Schriftsteller, *1792, †1854; Goethe bediente sich der Hilfe E.s bei der Herausgabe seiner Alterswerke. E. besorgte auch die Redaktion des Nachlasses und die Ausgabe von Goethes »Sämtl. Werken«; »Gespräche mit Goethe in den letzten Jahren seines Lebens« (3 Bde., 1836-48).

Eckernförde, Badeort in Schlesw.-Holst., 21000 Ew., an der Ostsee; Fischereibetriebe, Fischverarbeitung, opt., Textilindustrie.

Ecklohn, Tarifstundenlohn des Facharbeiters, nach dem die übrigen Löhne festgesetzt werden.

Economizer [iːkˈɔnəmaizə, engl. »Sparer«] der, →Rauchgasvorwärmer.

Economy-Klasse [iːkˈɔnəmi-, engl.], niedrige Flugtarifklasse im Nordatlantikverkehr.

Ecuad'or, Ekuador, Republik in NW Südamerikas, beiderseits des Äquators; 263777 km², 6,0 Mill. Ew.; Hauptstadt: Quito; größte Stadt: Guayaquil; Landessprache: Spanisch. Präsidialverfassung; Einteilung in 20 Provinzen (einschl. Galápagos-Inseln). – Das 50-150 km breite westl. Tiefland am Stillen Ozean ist im N tropisch heiß und feucht, im S trocken und dürr. Die Doppelkette der Kordilleren mit z. T. noch tätigen Vulkanen (Chimborazo 6267 m, Cotopaxi 5897 m) umschließt ein Hochland von rd. 3000 m Höhe. Im O Tiefland im Stromgebiet des Amazonas mit trop. Regenwäldern. BEVÖLKERUNG. 41% Mestizen, rd. 30% Indianer, 10% Weiße, 5% Neger und Mulatten. Religion: Rd. 90% kath. – WIRTSCHAFT. Von Reis, Kakao, Zuckerrohr, Bananen, Kaffee, Baumwolle; Viehzucht; Erdölgewinnung; wenig entwickelte Industrie. Ausfuhr: Bananen, Kakao, Kaffee, Reis, Balsaholz u. a. Haupthandelspartner: USA, Bundesrep. Dtl. Hauptstadt: Guayaquil. ⊕ S. 517, ▭ S. 345. GESCHICHTE. Vor der span. Eroberung (1533) war E. ein Teil des Inkareiches, 1830 wurde es selbständige Republik; seitdem zahlreiche innere Unruhen und Bürgerkriege. 1942 mußte E. einen großen Teil des Amazonas-Tieflandes an Peru abtreten. – Staatspräs. (seit 1972): G. R. Lara. (BILD S. 225)

Ed., Abk. für →Edition. **ed.,** Abk. für edidit [lat.], hat herausgegeben.

Edam, altertüml. Stadt in den Niederlanden, 17900 Ew., Herstellung von **Edamer Käse.**

Edda [»Poetik« oder »Buch von Oddi«] die, zwei Werke des altisländ. Schrifttums, wichtige Quelle german. Götter- und Heldensagen. 1) die **jüngere** oder Snorra-E., von Snorri Sturluson um 1225 verfaßtes Lehrbuch der Dichtkunst für Skalden. 2) die **ältere** oder **Lieder-E.,** fälschlich Sæmundar-E., umfaßt Götter- und Heldengesänge aus dem 9. bis 12. Jahrh. in Stabreimen, gesammelt im 13. Jahrh.

Eddington [ˈediŋtən], Sir Arthur, engl. Astronom und Physiker, *1882, †1944; begründete die Erforschung der Sterninneren.

Edeka Verband kaufmännischer Genossenschaften e. V., Berlin/Hamburg, Prüfungsverband für die Einkaufsgenossenschaften dt. Kolonialwaren- und Lebensmitteleinzelhändler (E. d. K., daher Edeka), gegr. 1907 in Leipzig.

Edelfäule, beginnende Zersetzung reifer Weinbeeren durch den Edelfäulepilz. Solche Beeren werden rosinenähnlich, geben Auslesewein.

Edelgase, die gasförmigen Elemente Helium, Neon, Argon, Krypton, Xenon und Radon. Nur die schwereren E. (Argon, Krypton, Xenon) bilden

E.-Verbindungen. Vorkommen in geringen Mengen in Luft, Gewinnung aus flüssiger Luft, Verwendung in Leuchtstoffröhren und -lampen.

Edelkastanie, die echte Kastanie, ein Baum der Familie Becherfrüchter, der Roßkastanie nur in der Frucht äußerlich ähnlich; in S-Europa und NO-Afrika, auch in wärmeren Gegenden Dtl.s anzutreffen. Die Früchte (**Kastanien, Maronen**) sind in südl. Ländern Nahrungsmittel.

Edelkunstharze, ✤ reine Phenolharze, die in Formen gegossen, gehärtet und als Halbzeug spanabhebend weiterverarbeitet werden; zur Herstellung von Gebrauchsartikeln, Schnitzwerkstoff.

Edelmetalle, Gold, Silber, Platinmetalle, gegen chem. Einflüsse sehr widerstandsfähig.

Edelraute, mehrere weißfilzige Alpenpflanzen; Arznei- und Likörzusatz.

Edelreis das, →Veredelung.

Edelrost, →Patina.

Edelstahl, durch Zusatz von Nickel, Chrom, Molybdän u. a. besonders fester Stahl, zeichnet sich durch Härte, chem. Widerstandsfähigkeit, magnet., elektr. und sonstige physikal. Eigenschaften aus; dient zur Anfertigung von Werkzeugen, hochbeanspruchten Maschinenteilen, Panzerplatten, für hart- und weichmagnetische, unmagnetische Stähle, Heizleiter usw.

Edelstein, Mineral, das sich durch schöne Farbe oder Lichtwirkung auszeichnet und deshalb als Schmuck verwendet wird. Notwendige Eigenschaften: Unempfindlichkeit gegen Abnutzung (Härte) und Seltenheit. Unter den Begriff E. fallen auch einige organ. Produkte wie Korallen, Bernstein und (als Gegenstand der Edelsteinkunde, **Gemmologie**) Perlen. Durchsichtige E. werden zur Entfaltung der Lichtwirkung facettiert geschliffen (z. B. Brillant), durchscheinende und undurchsichtige mugelig (Cabochon) oder als flache, gravierfähige Siegelsteine. **Synthetische** E. sind künstl. hergestellte Substanzen der gleichen Zusammensetzung und Kristallstruktur wie natürl. E. **Imitationen** werden aus gefärbten Gläsern, aus keram. Massen oder Kunstharzen hergestellt. (FARBTAFEL Edelsteine und Mineralien S. 176)

Edeltanne, 1) die Weißtanne, →Tanne. **2)** eine Zimmerpflanze, →Araukarie.

Edelweiß, staudige Alpenpflanze, unter Naturschutz, Korbblüter, wächst an Felsen und auf steinigen Matten. Eine Anzahl Blütenkörbchen sitzt in einem sternförmigen Kranz von weißfilzigen Hochblättern. (BILD Alpenpflanzen)

Eden das, **Garten E.,** das Paradies.

Eden ['i:dən], Anthony, Sir (1954), Earl of Avon (1961), brit. Staatsmann (konservativ), *1897; seit 1935 mehrfach Außenmin., zuletzt 1951-55. Nach Churchills Rücktritt 1955-57 Premiermin. und Parteiführer.

Edenkoben, Weinbaustadt in Rhld.-Pf., an der Hardt, 7200 Ew.; Metallwaren-, Radioindustrie.

Eder, Edder die, linker Nebenfluß der Fulda, mündet bei Guntershausen, kommt vom **Eder-kopf** (676 m hoch) im Rothaargebirge; zur **Eder-talsperre** (202 Mill. m³) gestaut.

Ed'essa, jetzt Urfa, Stadt in N-Mesopotamien, in Keilschrifturkunden **Urschu,** später **Antiochia,** war 137 v. Chr. bis 216 n. Chr. Hauptstadt des **Edessenischen Reiches** und wurde frühzeitig Mittelpunkt syrisch-christl. Gelehrsamkeit. 1098-1144 im Besitz der Kreuzfahrer, seit 1637 türkisch.

Edewecht, Gem. im Kr. Ammerland, Niedersachsen, 12100 Ew.; Torfgewinnung, Fleischwaren- und Textilindustrie.

Edgar [engl.], männlicher Vorname.

ed'ieren [lat.], herausgeben, drucken lassen.

Ed'ikt [lat.] das, obrigkeitl. Bekanntmachung, Erlaß.

Edinburgh ['edinbərə], Hauptstadt von Schottland, am Firth of Forth, 474000 Ew.; über der Stadt das alte Schloß der schott. Könige. E. ist der kulturelle und polit. Mittelpunkt Schottlands; Sitz eines Bischofs der schott. Hochkirche und eines kath. Erzbischofs; 2 Universitäten, mehrere Fachhochschulen, Festspiele. Chem., elektro-

Edinburgh

techn. Industrie, Schiffbau, graph. Gewerbe; Hafen **Leith** am Firth of Forth.

Ed'irne, amtl. für →Adrianopel.

Edison ['edisn], Thomas Alva, amerikan. Elektrotechniker, *1847, †1931, konstruierte 1876 das Kohlenkörnermikrophon, erfand 1877 den Phonographen, förderte die Entwicklung der Kohlenfadenglühlampe, erfand 1899 einen Filmaufnahmeapparat (Kinematograph), 1904 den Nickel-Eisen-Akkumulator; der von ihm 1883 entdeckte **E.-Effekt** (Glühemission) ist die Grundlage der Elektronenröhren.

Edith [aus altengl. »Besitz«, »Kampf«], weiblicher Vorname.

Editi'on [lat.] die, Ausgabe, Veröffentlichung eines Druckwerkes. **Ed'itio pr'inceps,** Erstausgabe.

Edmonton ['edməntən], Hauptstadt der kanad. Prov. Alberta, 400000 Ew.; kath. Erzbischofssitz; Univ.; Mittelpunkt reicher Farmgebiete und Erdölvorkommen; petrochem. und eisenverarbeitende Ind.; Bahnknoten, Verkehrsknoten im internat. Flugverkehr.

Edmund [aus altengl. ead »Besitz«, mund »Schutz«], männl. Vorname.

Ed'om [aus altengl. »rötlich«], Beiname des Esau; seine Nachkommen, die **Edom'iter,** lebten südlich vom Toten Meer.

Edschmid, Kasimir, Schriftsteller, *1890, †1966, urspr. Expressionist; schrieb Romane aus fremden Ländern und von alten Kulturen.

Eduard, engl. Edward [aus altengl. ead »Besitz« und ward »Hüter«], männl. Vorname.

Eduard, engl. Könige. **1) E. der Bekenner** (1042-66), der letzte bedeutende angelsächs. Herrscher, 1161 heiliggesprochen. **2) E. I.** (1272 bis 1307), unterwarf 1282/83 Wales. **3) E. III.** (1327-77), begann 1339 den »Hundertjährigen Krieg« gegen Frankreich und erhielt 1360 die südwestfranzös. Provinzen. **4) E. VII.,** *1841, †1910, folgte 1901 seiner Mutter Viktoria, wirkte an der engl.-französ. Entente von 1904 mit. **5) E. VIII.,** *1894, †1972, wurde im Jan. 1936 König, dankte im Dezember ab; seitdem Herzog von Windsor.

Edukati'on [lat.] die, Erziehung.

Edwardsee, in Innerafrika, westl. vom Victoriasee, 2150 km² groß.

Edwin [aus altengl. ead »Besitz«, win »Freund«], männl. Vorname.

Ef'endi, türk. Titel; 1934 abgeschafft.

Efeu der, eine kriechende oder bis zu 30 m hoch kletternde Pflanze mit ledrigen, immergrünen Blättern, Dolden gelbgrüner Blüten und schwarzen, giftigen Beeren. Der E. kann über 500 Jahre alt werden.

Eff'ekt [lat.] der, Wirkung, Erfolg.

Eff'ekten Mz., **1)** Wertpapiere, die Mitgliedschafts- oder Forderungsrechte verkörpern und im Handel sind (Aktien, Kuxe, Obligationen, Pfandbriefe u. a.). **2)** bewegliche Habe.

effekt'iv, wirklich, tatsächlich. **Effektivgeschäft,** Geschäft, bei dem sofort bei Kaufabschluß geliefert wird. Gegensatz: Differenz-, Termingeschäft.

Effektivwert, Wechselstromtechnik: der Wert des Stromes, der in einem Ohmschen Widerstand

Ecuador

Edelkastanie:
a Zweig mit Blütenähren,
b Fruchtbecher geöffnet, c Frucht

Edison

Efeu: a Blüte, b Frucht, c Ranke, Klettertrieb

dieselbe Wärmewirkung hervorbringt wie ein Gleichstrom; alle Wechselstromangaben sind E.

effemin'iert [lat.], weibisch.

Effet [ɛf'ɛ, frz.] das, Billard: die Wirkung eines Hoch-, Tief-, Seitenstoßes.

Effizi'enz [lat.] die, Wirksamkeit, Leistung.

EFTA, Abk. für European Free Trade Association, die →Europäische Freihandelsgemeinschaft.

eg'al [frz.], 1) gleich, gleichförmig. 2) gleichgültig. **Egalité** die, Gleichheit.

Egartenwirtschaft, süddt. Form der Feldgraswirtschaft: überwiegende Wiesen-(Grünland) Nutzung mit abwechselndem Umbruch einzelner Teile zum Anbau von Getreide, Kartoffeln u. ä.

Egel, die Ringelwürmersippe Blutegel.

Eger, 1) linker Nebenfluß der Elbe in NW-Böhmen, 350 km, entspringt im Fichtelgebirge und mündet bei Theresienstadt. 2) E., tschech. **Cheb**, Bezirksstadt im Kreis Westböhmen, Tschechoslowakei; an der Eger; 24 300 meist tschech. Ew. (1939: 35 500 dt. Ew.); Verkehrsknoten, Maschinen-, Textil-, Fahrradind.; Ruinen einer staufischen Kaiserpfalz. Im Stadthaus wurde 1634 Wallenstein ermordet.

Eger: Hauptplatz (nach der Wiederherstellung)

Egge die, Ackergerät mit Zinken zum Lockern und Krümeln des Bodens und zur Unkrautvernichtung.

Egge, Höhenzug in Ostwestfalen, bis 486 m.

Egger-L'ienz, Albin, Maler, *1868, †1926, stellte, von Hodler beeinflußt, die Bauern seiner Heimat Tirol dar.

Eggheads ['ɛghedz, engl. »Eierköpfe«], amerikan. Spottbezeichnung für Intellektuelle.

Egk, Werner, Komponist, *1901; Opern (»Peer Gynt«, »Die Zaubergeige«, »17 Tage und 4 Minuten«), Ballette (»Abraxas«), Kantate.

EGKS, Abk. für Europäische Gemeinschaft für Kohle und Stahl, die →Montanunion.

eGmbH., Abk. für eingetragene Genossenschaft mit beschränkter Haftpflicht.

'Egmont, Lamoral Graf v., niederländ. Edelmann, *1522, †1568, als Führer der Adelsopposition gegen die span. Verwaltung auf Befehl Albas hingerichtet. Trauerspiel von Goethe.

Ego'ismus [von lat. ego »ich«] der, Selbstsucht, Ichsucht. **Ego'ist** der, selbstsüchtiger Mensch. **ego'istisch**, selbstsüchtig. Gegensatz: →Altruismus.

Egot'ismus [lat.] der, Eigenliebe.

egoz'entrisch, auf das eigene Ich eingestellt.

e. h., Abk. für ehrenhalber.

Ehard, Hans, Politiker (CSU), *1887, 1946-54 und 1960-62 Ministerpräs., 1962-66 Justizmin. von Bayern.

Ehe [ahd. ewa »Gesetz«], durch Sitte oder Gesetz anerkannte Verbindung von Mann und Frau zur Lebensgemeinschaft; sie ist die Grundlage der →Familie.

I. BÜRGERLICHE EHE. Das Eheschließungs- und Ehescheidungsrecht ist im Ehegesetz von 1946, das eheliche Güterrecht in §§ 1363f. des BGB geregelt. 1) ehemündig wird der Mann mit 21 (Dt. Dem. Rep. mit 18), die Frau mit 16 Jahren. 2) Das Eingehen einer E. ist u. a. verboten bei schon be-

stehender E. eines Partners, nach vorangegangenem →Ehebruch, bei naher Verwandtschaft und Schwägerschaft. Verwitwete oder geschiedene Frauen sollen eine neue E. nicht vor Ablauf von 10 Monaten nach der Auflösung der früheren eingehen. 3) Die **Eheschließung** erfolgt nach einem Aufgebot vor dem Standesbeamten. 4) Die **Ehescheidung** kann nur durch gerichtliches Urteil und nur aus bestimmten **Scheidungsgründen** erfolgen; so bei Ehebruch, bei anderen schweren Eheverfehlungen und unsittlichem oder ehrlosem Verhalten, wenn dadurch eine tiefe Zerrüttung der E. verursacht worden ist, bei geistiger, ansteckender oder ekelerregender Krankheit, wenn Wiederherstellung der ehelichen Gemeinschaft oder Heilung in absehbarer Zeit nicht erwartet werden kann, und, sofern der Partner keinen Einspruch erhebt, bei dreijähriger Auflösung der häusl. Gemeinschaft. 5) Das **Eheliches Güterrecht**: nach dem Gleichberechtigungsges. von 1957 gilt ab 1. 7. 1958 als gesetzl. Güterstand die »Zugewinngemeinschaft«: für das in die E. eingebrachte Gut gilt der Grundsatz der Gütertrennung (jeder Ehegatte kann sein Vermögen selbständig verwalten und nutzen); der Erwerb während der E. (Zugewinn) bleibt gleichfalls Eigentum des erwerbenden Ehegatten, jedoch hat jeder Ehegatte bei Aufhebung der Zugewinngemeinschaft (z. B. durch Scheidung, Ehevertrag oder gerichtl. Urteil auf vorzeitigen Ausgleich des Zugewinns) einen Anspruch auf Teilung des Zugewinns zu gleichen Teilen. Bei Tod eines Ehegatten wird der Zugewinn schematisch durch Erhöhung des gesetzl. Erbteils des überlebenden Ehegatten um $^1/_4$ der Erbschaft ausgeglichen. Durch **Ehevertrag** können die Ehegatten einen besonderen Güterstand vereinbaren, vor allem die Gütertrennung, Gütergemeinschaft oder Errungenschaftsgemeinschaft. Bis zum 30. 6. 1958 galt als gesetzl. Güterstand der Grundsatz der Gütertrennung (seit 1. 4. 1953; vorher hatte der Mann die Verwaltung und Nutznießung des »eingebrachten Gutes« der Frau).

II. KIRCHL. EHE. Nach **katholischer** Lehre ist die E. ein Sakrament und nur durch die kirchl. Trauung gültig. Die Eheschließung wird durch Brautexamen, Aufgebot und Brautunterricht vorbereitet. Die Befreiung von Ehehindernissen (Dispens) liegt für einige grundsätzl. beim Papst, jedoch haben die Ortsordinarien (in Notfällen die Seelsorger) fast immer Dispens-Vollmacht. Trennende Ehehindernisse: geschlechtl. Unvermögen, schon bestehende E., Weihe vom Subdiakonat aufwärts (Dispens von der Priesterweihe selten, von der Bischofsweihe nie). Die E. ist unauflöslich, eine Nichtigkeitserklärung (z. B. bei Irrtum, Täuschung, Drohung) ist jedoch möglich. **Evang. Kirche**: Die E. ist kein Sakrament, sondern »ein äußerlich weltlich Ding, weltlicher Obrigkeit unterworfen« (Luther); verlangt wird aber religiöse Besiegelung durch kirchl. Trauung. – Die kirchl. Trauung ist nach staatl. Recht erst nach der standesamtl. Trauung statthaft.

Eheschließungen auf 1000 Ew. (Dt. Reich, ab 1946 Bundesrep. Dtl.)			
1900	8,5	1946	8,8
1910	7,7	1948	10,7
1920	14,5	1952	9,5
1930	8,8	1960	9,4
1939	11,2	1968	7,4

Eheberatung, biolog., ethische und soziale Hilfe zur Vorbereitung auf die Ehe und ihre richtige Führung durch **Eheberatungsstellen**.

Ehebruch, außerehelicher Geschlechtsverkehr eines Ehegatten, berechtigt den anderen zur Ehescheidungsklage (§ 42 EheGes.). Strafrechtlich wird der E. nach dem I. Strafrechtsreform-Ges. v. 25. 6. 1969 nicht mehr verfolgt. In der Schweiz und Österreich kann der E. bestraft werden.

Ehelichkeit, ehel. Abstammung. Ein Kind ist ehelich, wenn es nach der Eheschließung geboren vor Beendigung der Ehe empfangen worden ist und der Mann innerhalb der Empfängniszeit (181.-302. Tag vor der Geburt) der Frau beigewohnt hat. Das Kind gilt als nicht ehelich, wenn es den Umständen nach offenbar unmöglich ist, daß die Frau es von dem Ehemann empfangen hat. Die E. kann vom Mann binnen zwei Jahren angefochten werden (§§ 1591 ff. BGB).

Ehelichkeitserklärung, →Legitimation.

Eheprozeß, ♂ das zivilprozessuale Verfahren in Ehesachen, z. B. Scheidung (§§ 606 ff. ZPO).

ehernes Lohngesetz, von D. Ricardo begründete, von F. Lassalle verbreitete Theorie, wonach der Lohn auf die Dauer nie über das Existenzminimum steigen könne.

Ehevermittlung, Eheanbahnung, die gewerbsmäßige Vermittlung von Ehemöglichkeiten.

Ehingen, Kreisstadt in Bad.-Württ., 13400 Ew.; Textilindustrie.

Ehlers, Hermann, Politiker (CDU), *1904, †1954, Präs. des Dt. Bundestages.

Ehmke, Horst, Politiker (SPD), *1927, Jurist, 1969 Bundesjustizminister 1969-72 Bundesmin. für besondere Aufgaben, seit 1972 für Forschung und Technologie, Post- und Fernmeldewesen.

Ehre, die auf der Selbstachtung beruhende, daher als unverzichtbar erlebte Achtung, die der Mensch von seinen Mitmenschen beansprucht.

Ehrenamt, Staats-, Gemeinde- oder sonstiges öffentl. Amt, das ohne Entgelt ausgeübt wird.

Ehrenbreitstein, rechtsrhein. Stadtteil von Koblenz, bis 1918 Festung.

Ehrenbreitstein

Ehrenburg, Ilja, russ. Schriftsteller, *1891, †1967; kommunist. Erzähler, Dramatiker.

Ehrenbürgerrecht wird von Gemeinden und Hochschulen verliehen. Mit dem E. sind keine besonderen Rechte verbunden.

Ehrendoktor, Dr. e. h., Dr. h. c., ehrenhalber und ohne Prüfung verliehener Titel.

Ehrenfels, Christian von, Philosoph, *1859, †1932; Begründer der →Gestaltpsychologie.

Ehrenerklärung, ♂ die Erklärung eines Beleidigers, daß er den Beleidigten nicht habe kränken wollen; häufig zur Vermeidung einer Beleidigungsklage.

Ehrengericht, zur Untersuchung und Ahndung von Berufs-(Standes-)Verfehlungen und Beilegung von Konflikten eingesetztes, meist mit Berufs-(Standes-)Genossen besetztes Gericht, z. B. für Ärzte, Rechtsanwälte, Redakteure.

Ehrenlegion die, höchster französ. Orden, gestiftet 1802 von Napoleon I.

Ehrenpreis das, lat. **Veronica,** artenreiche Gattung der Familie Rachenblüter, mit trauben- oder einzelständigen, meist blauen Blüten; zugehörig: →Männertreu, Bachbunge u. a.

Ehrenrechte, bürgerliche E., die dem Staatsbürger als solchem zustehenden Rechte, z. B. zu wählen und gewählt zu werden oder öffentl. Ämter zu bekleiden, Titel, Ehrenzeichen zu führen u. a. Die E. können durch Strafurteil (Aberkennung der b. E.) für immer oder auf bestimmte Zeit verlorengehen oder gemindert werden.

Ehrenschutz. Die Ehre ist strafrechtl. (§§ 185 ff. StGB) und zivilrechtl. (§ 823 BGB) geschützt.

Ehrenstrafe, ♂ früher beschämende Strafe, z. B. Ausstellung am Pranger; heute Aberken-

nung der bürgerl. →Ehrenrechte (als Nebenstrafe).

Ehrenwort, die Verpfändung der persönl. Ehre zur Bekräftigung eines Versprechens oder einer Aussage; rechtlich bedeutungslos.

Ehrenzeichen, →Orden.

Ehrlich, Paul, Serumforscher, *1854, †1915, fand 1906 mit dem Japaner Hata das Syphilisheilmittel Salvarsan; begründete die Chemotherapie. Nobelpreis 1908.

Ehrlich

Ehrwald, Sommerfrische und Skiort in Tirol, Österreich, 996 m ü. M., 2100 Ew.; Zugspitz-Seilschwebebahn.

Ei, das, die weibl. Fortpflanzungszelle vielzelliger Lebewesen, die alle wesentl. Anlagen für die Entwicklung eines jungen Lebewesens enthält; diese beginnt erst nach der Befruchtung; danach beginnt die Teilung der Eizelle, die Furchung (→Entwicklung). Bei Säugetier und Mensch sind die E. mikroskopisch klein. Die E. der Vögel, Reptilien und Insekten enthalten außer dem Bildungsdotter reichlich Nahrungsdotter. (→Eierstock)

EIB, die →Europäische Investitionsbank.

Eibe die, **Taxus,** Nadelholzgattung der nördl. gemäßigten Zone, ähnelt der Weißtanne, wächst als Strauch oder bis 17 m hoher Baum; hat flache, glänzende Nadeln und als Samen rote Scheinbeeren. Die E. wird angeblich über 2000 Jahre alt; sie ist wild in Dtl. selten geworden und daher geschützt. Nadeln und Samen enthalten ein starkes Gift (Taxin). Das Holz dient als **deutsches Ebenholz** zu Schnitzereien, Drechslerarbeiten.

Eibisch der, **Ibisch** der, Malvengewächse mehrerer Gattungen: 1) **Althäe, Samtpappel,** eine bis 1,25 m hohe Staude mit samtigen Blättern, rötlichweißen Blüten, die Wurzel ist Hustenarznei (**Althäe-Saft, E.-Sirup**). 2) die **Erne, Thüringer Strauchpappel,** die Wurzel ähnlich benutzt. 3) die artenreiche Gattung **Hibiscus,** darunter die südeurop. Gartenzierpflanze **Stunden-E., Wetterrose** und die indische, durch seine Samen, die **Moschus-, Bisam-, Ambrettekörner,** für die Duftstoffindustrie wichtige **Moschus-E. (Abelmosch).**

Eibsee, kleiner Bergsee am Nordfuß der Zugspitze, 973 m ü. M.

Eich, Günter, Schriftsteller, *1907; schrieb z. T. surrealist.-bildhafte Gedichte; Hörspiele.

Eiche die, eine Gattung der Familie Becherfrüchter, meist Bäume, mit eiförmiger Frucht. Arten: **Stein-E. (Winter-E., Trauben-E.),** mit kurzgestieltem Fruchtstand und deutlich gestielten Blättern; **Stiel-E. (Sommer-E.),** mit langgestieltem Fruchtstand und sehr kurzen Blattstielen. Die E. liefert schweres, dauerhaftes Nutzholz, die Rinde Gerberlohe, die Frucht (**Eichel, Ecker**) Schweinemastfutter und Kaffee-Ersatz. Die **Kork-E.** im südl. Europa und nördl. Afrika liefert →Kork. Die Rinde der nordamerikan. **Färber-E.** dient zum Gelbfärben. Die südeurop. **Immergrün-** oder eigentliche **Stein-E.** hat stechpalmenähnliche Blätter. Zierbäume sind bes. **Rot-, Scharlach-, Sumpf-E.** aus Nordamerika. (TAFEL Waldbäume)

Eichel die, 1) ♂ Frucht der →Eiche. 2) ♂ der vorderste Teil des männl. Gliedes. 3) Farbe der dt. Spielkarte, entspr. Kreuz der französ. Karte.

Eichelhäher der, 30 cm langer Rabenvogel in Europa und N-Asien. Das Gefieder ist rötlichgrau, auf den Flügeln blau, schwarz, weiß gebänderte Deckfedern. Der E. lebt von Eicheln, Insekten; als »Markwart« warnt er das Wild durch Schreie.

eichen, früher **aichen,** Maße, Gewichte, Waagen und Meßwerkzeuge auf ihre Richtigkeit amtlich prüfen und berichtigen und Einätzen eines Stempels beglaubigen. Das E. erfolgt durch **Eichmeister** bei den staatl. **Eichämtern.**

Eichendorff, Joseph Freiherr v., Dichter, *1788, †1857, schrieb innige Gedichte voll romantischer Naturbegeisterung, die Novelle »Aus dem Leben eines Taugenichts«, Romane (»Ahnung und Gegenwart«), literaturgeschichtl. Werke, Schauspiele. (BILD S. 228)

Eichhörnchen das, über alle Erdteile verbreitete Nagetiere mit langem, buschigem Schwanz. Das **Gemeine E.** oder **Eichkätzchen,** in Europa und

Ei: Bau des Hühnereies, a Kalkschale, b Schalenhaut, c Eiweiß, d weißer Dotter, e gelber Dotter, f Keimscheibe, g Hagelschnüre, h Luftkammer

Eiche: Wintereiche. 1 a männliche, b weibliche Blüte, 2 Frucht.

Eichelhäher

Eichendorff

Nordasien, lebt auf Bäumen, ist rotbraun, im Winter grau, unten weiß. Es lebt von Nüssen, Eicheln usw., baut Kugelnester, sammelt Wintervorräte. Graues Fell vom E. aus Sibirien und Rußland **(Feh, Grauwerk)** ist für Pelzwerk geschätzt. (BILD) **Eichsfeld,** Hochfläche südwestl. vom Harz. Das **Obere E.** ist regenreich und rauh; Viehzucht, Kalibergbau und Ind.; das **Untere E.,** nördl. davon, fruchtbar; Getreide-, Tabakanbau, Kalibergbau. Hauptorte: Heiligenstadt, Duderstadt.

Eichstätt, Stadtkreis des bayer. RegBez. Mittelfranken, an der Altmühl, 10 500 Ew.; Bischofssitz, philosoph.-theolog. Hochschule; barocke Residenzstadt. Das 741 von Bonifatius gestiftete Bistum E. war ein Fürstentum, kam 1805 an Bayern.

Eichstätt mit Willibaldsburg

Eid der, ♐ die auf staatl. Anordnung, bes. des Gerichts, abgegebene feierliche Beteuerung einer Aussage oder eines Versprechens. Eidesformel: »Ich schwöre bei Gott . . . so wahr mir Gott helfe«; statthaft ist auch die nichtreligiöse Form: »Ich schwöre . . .« **Eidesmündigkeit** ist für Zeugen das 16. Lebensjahr. Verletzung der Eidespflicht wird bestraft (→Meineid, →Falscheid).

Eidam der, ✝ Schwiegersohn.

Eidechse die, zu den Echsen gehörige, behende Kriechtiere, mit langgestrecktem Körper und vier Gliedmaßen. Der lange Schwanz bricht leicht ab (Schutz vor Feinden), wächst aber nach. Die E. sind Insektenvertilger. In Mitteleuropa heimische Arten: **Zaun-E., Mauer-E.,** bes. an Weinbergsmauern; **Berg-E.,** dunkelbraun in Bergwäldern, lebend gebärend; **Smaragd-E.,** lebhaft grün, etwas größer.

Eidechse: Zaun-E.

Eider die, Grenzfluß zwischen Schleswig und Holstein, 188 km lang, mündet in die Nordsee; schiffbar.

Eiderente, Eidergans, Tauchente, lebt gesellig an Küsten des hohen Nordens. Die Flaumfedern (Eiderdaunen) dienen als Bettfedern.

Eiderstedt, Halbinsel an der Westküste von Schleswig, Marschland; Viehzucht.

eidesstattliche Versicherung, ♐ Mittel zur Glaubhaftmachung von Behauptungen, bes. im Prozeß und in der freiwilligen Gerichtsbarkeit.

Eid'etik [grch. eidos »Bild«] die, 1) PHILOSOPHIE: Lehre von dem begrifflich allgemeinen Wesen, von den idealen Bedeutungen; bes. in der →Phänomenologie entwickelt. 2) PSYCHOLOGIE: die Fähigkeit, Gesehenes physisch (ähnlich den Nachbildern) wieder vor sich zu sehen.

Eidgenossenschaft die, →Schweiz.

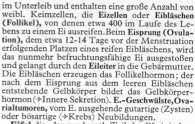

Eierstab

Eidoph'orverfahren, ein Projektionsverfahren zur Wiedergabe von Fernsehbildern auf einem großen Bildschirm.

Eiermann, Egon, Architekt, *1909, †1970; Neubau der Kaiser-Wilhelm-Gedächtniskirche, Berlin (1961-63).

Eierpflanze, französ. **Aubergine,** ein Nachtschattengewächs mit gurkenförmigen, weißen oder violetten Früchten; Gemüsepflanze.

Eierschwamm, Speisepilz, →Pfifferling.

Eierstab, griech. **Kymation,** ⌂ Schmuckfries von wechselnd eiförmigen und pfeilspitzenartigen Gebilden oder einer Perlschnur (Astragal).

Eierstock, lat. **Ovarium,** die weibliche Keimdrüse. Der Mensch besitzt zwei E. Sie sind etwa pflaumengroß, liegen beiderseits der Gebärmutter

Eichhörnchen

im Unterleib und enthalten eine große Anzahl von weibl. Keimzellen, die **Eizellen** oder **Eibläschen (Follikel),** von denen etwa 400 im Laufe des Lebens zu einem Ei ausreifen. Beim Eisprung **(Ovulation),** dem etwa 12-14 Tage vor der Menstruation erfolgenden Platzen eines reifen Eibläschens, wird das nunmehr befruchtungsfähige Ei ausgestoßen und gelangt durch den **Eileiter** in die Gebärmutter. Die Eibläschen erzeugen das Follikelhormon; aus dem leeren Eibläschen entstehe das Gelbkörper bildet das Gelbkörperhormon (→Innere Sekretion). **E.-Geschwülste,Ovarialtumoren,** vom E. ausgehende gutartige (Zysten) oder bösartige (→Krebs) Neubildungen.

Eifel die, der nordwestl. Teil des Rheinischen Schiefergebirges, ein rauhes, wenig fruchtbares Hochland zwischen Mosel, Rhein und Rur, mit erloschenen Vulkanen, Kraterseen **(Maaren);** Land-, Forstwirtschaft; Mineralquellen; höchste Erhebung: die Hohe Acht, 747 m.

Eiffelturm, 300 m hoher Stahlturm in Paris, wurde 1889 nach Plänen des französ. Ingenieurs Alexandre Gustave Eiffel (*1832, †1923) erbaut.

Eigen, Manfred, Chemiker, *1927, erhielt 1967 den Nobelpreis für Chemie.

Eigenblutbehandlung, Entnahme von Blut aus einer Vene und Wiedereinspritzung in Muskeln; heute nur noch selten angewandte →Reizkörperbehandlung bei entzündl. Erkrankungen.

Eigenkirche, im MA. die im Eigentum eines weltl. Grundherrn stehende Kirche (Kloster).

Eigenname, →Name.

Eigenschaftswort, Adjektiv, auch **Beiwort,** z. B. groß, klein; läßt sich beugen und steigern.

Eigentum, die umfassende Besitz-, Verfügungs- und Nutzungsmacht über eine Sache im Unterschied zur tatsächl. Gewalt über sie (Besitz). In der Bundesrep. Dtl. ist das E. gewährleistet mit der Begrenzung, daß »der Gebrauch des E. zugleich dem Wohle der Allgemeinheit dienen soll« (»soziale Bindung«, Art. 14 GG). In der modernen Sozialordnung sind viele E.-Beschränkungen wirksam, z. B. im Städtebau durch Festsetzung von Fluchtlinien. E.-Entziehung ist nur als →Enteignung zum Wohle der Allgemeinheit zulässig. Im Rahmen der sozialen Marktwirtschaft wird in der Bundesrep. Dtl. eine breite Streuung des E. durch **Eigentumsbildung** der Arbeitnehmer angestrebt. – Geistiges E., →Urheberrecht.

Eigentumsvorbehalt, ♐ Vereinbarung beim Verkauf einer bewegl. Sache, daß diese trotz Übergabe an den Käufer bis zur Zahlung des vollen Kaufpreises Eigentum des Verkäufers bleibt.

Eigentumswohnung, ♐ Teileigentum an einem Wohnhaus. Es besteht Miteigentum am Grundstück und den gemeinsam benutzten Hausteilen.

Eiger der, Schneegipfel der Berner Alpen, 3970 m hoch, in der Nähe Mönch, Jungfrau.

Eignungsuntersuchung, früher **Eignungsprüfung,** Verfahren zur Feststellung der Eignung einer Person für einen bestimmten Beruf oder Tätigkeit (Schule, Berufsberatung, Auswahl von Bewerbern).

Eike von Repgau, schrieb 1220 den →Sachsen-

Eifellandschaft

Eindhoven: Bahnhofsplatz

spiegel in latein. Sprache, übertrug ihn 1224 ins Niederdt.; ferner »Sächs. Weltchronik«.

Eileiter, paarige Kanäle, die bei den Tieren die reifen Eier aus den Eierstöcken aufnehmen und nach außen leiten. Bei Mensch und Säugetieren beginnen die E. **(Tuben)** mit trichterförmigen, Fransen (Fimbrien) tragenden Öffnungen; sie gehen in die Gebärmutter über. **E.-Schwangerschaft,** Entwicklung des befruchteten Eis schon im E. statt in der Gebärmutter.

Eilenburg, Kreisstadt im Bez. Leipzig, an der Mulde, 21 900 Ew.; Maschinen-, chem. Ind.

Eilendorf, Gem. im Kr. Aachen, Nordrhein-Westf., 13 300 Ew.

Eilgut, ⚶ Frachtgut, das zu erhöhten Sätzen beschleunigt befördert wird.

Eilsen, Bad E., Schwefelbad, Kr. Schaumburg-Lippe, Ndsachsen, 2000 Ew.

Eilsendung, Postsendung, die gegen erhöhte Gebühr zum Bestimmungsort dem Empfänger durch Eilboten zugestellt wird, bes. der **Eilbrief.**

Eilzug, zuschlagfreier Reisezug, der nur an wichtigeren Orten hält.

Einaudi [ɛin'audi], Luigi, italien. Staatsmann, *1874, †1961; 1948-55 Präs. der Republik.

Einback der, Gebäck, →Zwieback.

einbalsamieren, einen Leichnam mit fäulniswidr. Stoffen tränken; Schutz vor Verwesung.

Einbaum der, aus einem ausgehöhlten Baumstamm hergestelltes Boot.

Einbeck, Kreisstadt in Ndsachs., an der Ilme, 18 800 Ew.; altes Stadtbild mit got. Kirchen; Teppich-, Tapetenindustrie.

Einbeere die, staudiges Liliengewächs in schattigen Laubwäldern; Blüte grünlich, Frucht ähnlich der Heidelbeere, giftig. (FARBTAFEL Giftpflanzen S. 350)

Einbrenne [süd- u. mitteldt.] die, **Mehlschwitze,** in Fett geröstetes Mehl, dient, mit Brühe aufgefüllt, zum Verdicken von Soßen, Suppen, Gemüse.

Einbruch, ⚖ →Diebstahl durch gewaltsames Öffnen verschlossener Räume.

Einbürgerung, staatl. Verleihung der Staatsangehörigkeit an Ausländer oder Staatenlose.

Eindhoven, modern ausgebaute Industriestadt in den Niederlanden, 188 600 Ew.; TH; Elektro-, Radiogeräte (Philips), Automobilfabrik.

Einem, Gottfried v., Komponist, *1918; Opern, Ballette, Chor-, Orchester-, Kammermusik.

Einfuhr, →Außenhandel.

Einführungsgesetz, EG., ist einem größeren Gesetz beigegeben (z. B. EG. zum BGB), enthält u. a. Bestimmungen über räuml. und zeitl. Geltungsbereich des Hauptgesetzes.

eingebrachtes Gut, ⚖ das von einem Ehegatten bei der Heirat oder später in die Ehe eingebrachte Vermögen; →Ehe, →Gütergemeinschaft.

Eingemeindung, Vereinigung eines Teils einer Gemeinde mit einer andern **(Umgemeindung)** oder mehrerer Gemeinden miteinander.

eingestrichen, die Oktave zwischen c′ und h′.

eingetragener Verein, e. V., →Verein.

Eingeweide, die Organe, die vorwiegend in den großen Höhlen der Brust **(Brust-E.)** und des Bau-

ches **(Bauch-E.)** sowie im kleinen Becken **(Becken-E.)** liegen. Zu den **Hals-E.** zählen Kehlkopf, Luft-, Speiseröhre, Schilddrüse. Infolge von Erschlaffung der Muskeln und Bänder kann es zu einer **E.-Senkung,** z. B. der Leber, des Magens, der Nieren, oder zu einem **E.-Vorfall** (Prolaps) nach außen (Mastdarm-, Scheiden-, Gebärmuttervorfall) kommen; **E.-Bruch,** →Bruch.

Eingeweidewürmer, im Innern von Tieren und Menschen schmarotzende Würmer; →Wurmkrankheiten.

Einhard, Gelehrter am Hof Karls d. Gr., * um 770, †840, schrieb dessen Lebensgeschichte.

einhäusig nennt man →Blütenpflanzen, wenn männliche und weibliche Blüten getrennt auf derselben Pflanze stehen (z. B. Haselstrauch, Eiche). (→zweihäusig, →Blüte).

Einheit, Grundgröße, mit der eine zu messende Größe verglichen wird, z. B. 1 m, 1 kg, 1 DM.

Einheitsschule, →Schule.

Einheitsstaat, Staat mit einheitl. Gesetzgebung, Verwaltung und Rechtspflege, im Unterschied zum Bundesstaat.

Einheitswert, der nach dem Bewertungs-Ges. v. 16. 10. 1934 (i. d. F. v. 27. 7. 1971) einheitl. festgesetzte steuerl. Wert des land- und forstwirtschaftl. sowie sonstigen Grund- und Betriebsvermögens; wird für die Bemessung bes. der Vermögens-, Grund-, Gewerbe-, Erbschafts- und Grunderwerbssteuer (E.-Steuern) zugrunde gelegt.

Einh'erjer [vortreffliche Kämpfer] Mz., in der nord. Göttersage die im Kampf gefallenen Helden, die nun Walhall bewohnen.

Einhorn das, Fabeltier von Pferdegestalt, mit einem langen Horn in der Stirnmitte; im MA. Sinnbild der Jungfräulichkeit, der Menschwerdung Christi u. a.

Einhufer der, Pferd, Zebra und Esel.

Einjährig-Freiwillige, ⚔ bis 1914: junge Männer, die bei Nachweis der mittleren Reife nur ein Jahr dienten.

Einkammersystem, Volksvertretung mit nur einer Kammer. Gegensatz: →Zweikammersystem.

Einkaufszentrum, →Shopping Center.

Einkeimblättrige, Monokotyledonen (BILD Keimpflanzen), ⚘ die eine der beiden großen Gruppen der Bedecktsamigen mit nur einem →Keimblatt, in der Regel mit parallel verlaufenden, unverzweigten Blatthauptnerven und meist in der Dreizahl vorhandenen Blütenteilen.

Einklang, italien. **unisono,** ♪ der Zusammenklang zweier oder mehrerer Töne von gleicher Höhe im Intervall der Prim.

Einkommen, 1) die einer Person, Gesellschaft oder einem Verein aus der Teilnahme am Wirtschaftsprozeß in einem bestimmten Zeitraum zufließende Kaufkraft. Man unterscheidet **Arbeitseinkommen** (Lohn, Gehalt), **Besitzeinkommen** (Kapitalzins, Bodenrente) und **Unternehmergewinn; Geld-** und **Naturaleinkommen** (z. B. Deputate in der Landwirtschaft) sowie hinsichtlich der Geldwertschwankungen **Nominaleinkommen** (das in Geld ausgedrückte E.) und **Realeinkommen** (die tatsächl. Kaufkraft). **2)** Das Steuerrecht unterscheidet zwischen **Einkünften** (Überschuß der Einnahmen über die Betriebsausgaben oder Werbungskosten) und E. (Gesamtbetrag der Einkünfte nach Ausgleich mit Verlusten und nach Abzug der Sonderausgaben).

Einkommensteuer, eine Personalsteuer, die nach dem Einkommen des einzelnen Steuerpflichtigen bemessen wird; sie steht im Mittelpunkt der Steuersysteme fast aller Länder. In der Bundesrep. Dtl. unterliegen der Einkommensteuer (zuletzt in der Fassung v. 10. 12. 1965) alle natürl. Personen, die ihren Wohnsitz gewöhnl. im Inland haben, mit sämtl. Einkünften, aber aller jurist. Personen (→Körperschaftsteuer). Einkunftsarten sind: 1) aus Land- und Forstwirtschaft, 2) aus Gewerbebetrieb, 3) aus selbständiger Arbeit, 4) aus nicht selbständiger Arbeit, 5) aus Kapitalvermögen, 6) aus Vermietung und Verpachtung, 7) sonstige Einkünfte. Es werden bes. Werbungskosten, Sonderausgaben

Einbäume
(Amazonasgebiet)

Einhorn

Einsiedlerkrebs

Einstein

und außergewöhnl. Belastungen berücksichtigt. Das verbleibende Einkommen wird entsprechend der Steuerklasse (I: Unverheiratete unter 50 Jahren und ohne Kinder; II: Unverheiratete über 50 Jahre oder mit Kindern; III: Verheiratete, wenn nur ein Ehegatte erwerbstätig ist, sowie Verwitwete mit Kindern; Klasse IV: Verheiratete, die beide erwerbstätig sind; Klasse V: auf Antrag Verheiratete, deren Ehegatte ebenfalls erwerbstätig ist und Steuerklasse III hat; Klasse VI: Arbeitnehmer, die in mehr als einem Arbeitsverhältnis stehen) herangezogen; geringe Einkommen sind steuerfrei.

Die Erhebung der E. erfolgt entweder durch Deklaration des Pflichtigen (Steuererklärung), so bes. bei Einkünften der Gewerbe und freien Berufe, oder der Steuerbetrag wird durch Abzug bei Arbeitgeber, Pächter, Schuldner erfaßt, bes. durch Abzug vom Arbeitslohn (→Lohnsteuer), bei Einkommen aus Gewinnanteilen an Kapitalgesellschaften sowie als stiller Gesellschafter durch Abzug vom Kapitalertrag (→Kapitalertragssteuer).

Einkorn, Getreidepflanze, →Dinkel.

Einkreisung, die polit. und militär. Umklammerung eines Staats durch Bündnisse seiner Nachbarn untereinander.

Einkristall, einzelner Kristall im Gegensatz zum Kristallaggregat.

Einlage, 1) (Spar)Guthaben. **2)** in Geld oder sonstigen Vermögenswerten bestehender Beitrag eines Gesellschafters in eine Handelsgesellschaft.

Einlassung, 🜃 im Zivilprozeß die sachl. Gegenerklärung des Beklagten in der mündl. Verhandlung. **Einlassungsfrist,** der Zeitraum, der zwischen der Zustellung der Klagschrift und dem Termin zur mündl. Verhandlung liegen muß.

Einlauf, ♄ das Einbringen größerer Flüssigkeitsmengen durch den After in den Dickdarm mit Hilfe eines Irrigators; dient zur Darmreinigung, zum Einführen von Blutersatzmitteln, Arznei, Nahrungsmitteln (Traubenzucker).

Einlegearbeit, Intarsia, in Holz eingelegte Zier aus andersfarbigem Holz, Bein, Schildpatt oder Metall auf Möbeln, Geräten u. a.

Einlieger, ursprünglich landwirtschaftl. Arbeiter ohne Grundeigentum, der zur Miete wohnt. **Einliegerwohnung,** vermietbare selbständige Kleinwohnung (mindestens 32 m²) im Einfamiliensiedlungshaus.

einmachen, Obst, Gemüse, Fleisch durch Abtöten und Fernhalten von Keimen haltbar machen. Obst wird meist zu Kompott, Marmelade, Gelee oder Saft mit viel Zucker eingekocht und in Gläsern und Flaschen mit und ohne Verschluß aufbewahrt. Beim Keimfreimachen (Sterilisieren) wird das Einmachgut in Gläsern oder Blechdosen in einem großen mit Wasser gefüllten Gefäß erhitzt.

Einmanngesellschaft, 🜃 die Vereinigung sämtlicher Anteile einer GmbH. oder aller Aktien einer AG. in der Hand eines Gesellschafters.

Einpeitscher, engl. **whip,** in England und USA ein Parlamentsmitgl., das bei Abstimmungen für die Anwesenheit der Mitgl. seiner Partei zu sorgen hat.

Einphasenstrom, Wechselstrom mit nur einer Spannung (Phase, Strang); zur Fortleitung 2 Leiter, z. B. Oberleitung und Schiene für Bahnstrom. Gegensatz: Dreiphasen- oder →Drehstrom.

Einquartierung, ⚔ die Unterbringung von Soldaten bei den Einwohnern eines Ortes.

Einrede, Einwendung, im Zivilprozeß Gegenerklärung des Beklagten, die geeignet ist, den Klageanspruch zu Fall zu bringen.

Einrenkung, Einrichtung, die Wiederherstellung der richtigen Lage bei verrenkten oder gebrochenen Gliedern.

einsäuern, Grünfutter durch saure Gärung in Gruben oder Silos haltbar machen.

Einschienenbahn, Bahn mit nur einer Fahrschiene, z. B. die →Alwegbahn.

Einschlafen der Glieder, das Gefühlloswerden der Haut gegen äußere Eindrücke und die Empfindung von Kribbeln und Taubsein **(Parästhes'ie); b**eruht meist auf Durchblutungsstörungen.

Einschienenbahn: Alwegbahn bei Tokio

Einschlag, in der Weberei der →Schuß.

Einschlüsse, fremde Bestandteile in Gesteinen, Mineralien, Gußstücken. Als E. im Bernstein finden sich Insekten, Pflanzenteile (Algen, Plankton) u. a.

Einschreiben, Postsendungen, die mit Einlieferungsschein gegen **Einschreibegebühr** aufgegeben, registriert und nur gegen Empfangsquittung ausgehändigt werden. Bei Verlust werden im Inlandsverkehr DM 40.–, im Auslandsverkehr 25.– Fr. (Goldfranken) vergütet.

Einschuß, 1) Entzündung der Unterhaut an den Hintergliedmaßen des Pferdes; durch Infektion. **2)** Eindringstelle eines Geschosses.

Einsegnung, 1) die →Konfirmation. **2)** Erteilung des Segens bei kirchlichen Feiern.

Einsiedeln, Gemeinde im schweizer. Kt. Schwyz, 9800 Ew. Das Benediktinerstift **Maria E.,** vielbesuchter Wallfahrtsort, wurde von K. Mosbrugger (1719-35) im Barockstil erbaut; holzgeschnitztes Marienbild, große Bibliothek.

Einsiedlerkrebse, Bernhardskrebse, Eremiten, zehnfüßige Krebse mit weichem Hinterleib, den sie in einer leeren Schneckenschale bergen. Bei Gefahr ziehen sie sich in das Gehäuse zurück und versperren den Eingang mit der größeren der beiden Scheren. Einige Arten leben stets vergesellschaftet mit Seerosen. Diese sitzen auf dem Schneckenhaus, sie schützen den E. durch ihre Nesselfäden vor Angreifern und nehmen einen Teil seiner Beute als Nahrung. Beim Umzug in ein neues Gehäuse nimmt der E. die Seerose mit. (→Symbiose)

Einspritzpumpe, bei Verbrennungsmotoren eine Kolbenpumpe, die den Kraftstoff zur **Einspritzdüse** befördert.

Einspritzung die, ♄ →Injektion.

Einspruch, 🜃 Rechtsbehelf, bes. gegen Versäumnisurteile (→Versäumnisverfahren), Vollstreckungsbefehle (→Mahnverfahren), →Straf befehle, unberechtigte →Kündigung eines Arbeitsverhältnisses, belastende Verwaltungsakte (→Verwaltungsprozeß) und gegen Verfügungen des Finanzamtes (z. B. Steuerbescheide).

Einstein, Albert, Physiker, * Ulm 1879, †1955, war Prof. in Zürich, Prag; 1914-33 Leiter des Kaiser-Wilhelm-Instituts für Physik in Berlin; dann Prof. in Princeton, USA. E. stellte 1905 die spezielle, 1916 die allgemeine →Relativitätstheorie auf, die in der Folge die gesamte physikal. Forschung beeinflußten. Ferner gab E. eine Erklärung für die »Brownsche Bewegung« und damit den abschließenden Beweis für die Richtigkeit der kinetischen Wärmetheorie. Nobelpreis 1921.

Einst'einium das, **Es,** künstlich hergestelltes, radioaktives Element, über →Transuran.

einstweilige Verfügung, 🜃 eine gerichtl. Maßnahme zur Sicherung künftiger Zwangsvollstreckung (§§ 935 ff. ZPO).

Eintagsfliege, Ephemer'iden, vierflüglige, zarte Insekten mit drei langen Schwanzfäden. Aus den im Süßwasser lebenden räuberischen Larven schlüpfen die E., die meist nur einen Tag leben.

Einwanderung, die Einreise in ein fremdes Land mit der Absicht, dort festen Wohnsitz zu nehmen.

Einwendung, →Einrede.

Gemeine Eintagsfliege

Einzelhandel, der Zweig des Handels, der die Waren dem Letztverbraucher zuführt (früher auch Klein- und Detailhandel). Neben kleinen und mittleren Geschäften gibt es Großbetriebe wie Warenhäuser, Massenfilialbetriebe, Versandhäuser, Konsumgenossenschaften, Diskonthäuser, Selbstbedienungsläden u. a.

Einzeller, Lebewesen, die nur aus einer Zelle bestehen, wie Bakterien, viele Algen, Protozoen.

Einzelrichter, ein Richter, der allein entscheidet. Gegensatz: Kollegialgericht.

Einziehung, Strafrecht: Gegenstände oder Werte, die durch eine strafbare Handlung entstanden sind oder dabei verwendet wurden, können eingezogen werden, d. h., sie verfallen dem Staat.

Eipel, linker Nebenfluß der Donau, 254 km lang, Grenzfluß zwischen der Slowakei und Ungarn.

Eire ['ɛərə], der irische Name für →Irland.

Eir'ene, latein. **Irene,** griech. Friedensgöttin, Tochter von Zeus und Themis, die jüngste der Horen.

eïs, ♪ das um einen halben Ton erhöhte e.

Eis, das, fester Zustand des Wassers, der gewöhnlich bei 0 °C eintritt **(Gefrier-** oder **Eispunkt).** Wasser, das unter starkem Druck steht, gefriert bei tieferer Temperatur. Beim Gefrieren dehnt sich das Wasser um etwa $1/_{11}$ seines Rauminhaltes aus, Eis (Dichte = 0,916 g/cm³) schwimmt daher auf Wasser. Auf dieser Ausdehnung beruht die Sprengwirkung des Wassers bei der →Verwitterung.

Eisack der, italien. **Isarco,** linker Nebenfluß der Etsch, in Südtirol, 95 km lang, entspringt am Brenner, mündet unterhalb Bozen.

Eisbär, großer Bär der nördl. Polarzone, hat weißes Fell, behaarte Sohlen und Spannhäute zwischen den Zehen. (BILD Bären).

Eisbein, gepökelte Schweinsfüße und -beine.

Eisberg, abgebrochenes Endstück des Inlandeises oder der Polargletscher, das im Meer schwimmt und mit nur etwa $1/_7$ seiner Masse über die Meeresoberfläche aufragt. Gefahr für die Schiffahrt bis ungefähr 40° Breite. (BILD Antarktis)

Eisbeutel, Eisblase, ♪ Behälter aus Gummi, der mit Eisstücken gefüllt wird; schmerz- oder blutstillendes Mittel, das nur auf ärztl. Rat angewendet werden sollte.

Eisbrecher, kräftige Schiffstypen zum Öffnen von Fahrrinnen im Eis.

Eisbrecher

Eisen, Fe, chem. Element, wichtigstes Schwermetall, Ordnungszahl 26, Dichte 7,86 g/cm³, Schmelzpunkt 1540°C, Siedepunkt etwa 3000°C. Reines E. ist silberweiß, sehr weich und dehnbar; an feuchter Luft oxydiert (rostet) es. Es läßt sich bis 768°C leicht magnetisieren, →Ferromagnetismus, →Permeabilität, →Hysteresis. Technisch verwendetes E. enthält Kohlenstoff und andere Zusätze.

VORKOMMEN. Meist in Erzen, selten gediegen (z. B. in Meteoren). Die wichtigsten E.-Erze sind: **Magnet-, Rot-, Braun-, Spateisenstein, Pyrit.** E.-Erze kommen vor in Afrika (über 44% des Weltvorkommens), Nordamerika (über 20%), europ. Länder (außer Sowjetunion) 7,2 %; Förderung siehe Tabelle.

HERSTELLUNG. Die Roheisengewinnung **(Verhüttung)** erfolgt im →Hochofen. Der Ofen wird an

Eisenach: Nikolai- kirche

der Schachtöffnung **(Gicht)** lagenweise mit Koks, oxydischem E.-Erz und **Zuschlägen** (alle zusammen heißt **Möller)** beschickt. Die Zuschläge, hauptsächlich Kalkstein, überführen die in jedem Erz vorhandene kieselsäure- und tonerdehaltige **Gangart** in eine leicht schmelzbare **Schlacke.** Die Verbrennungsluft (Wind) wird in mit Gicht- und Koksgas aufgeheizten Winderhitzern auf 1250°C vorgewärmt und in den Ofen eingeblasen; sie verbrennt den Koks zu Kohlenoxyd, das dem Erz den Sauerstoff entzieht, und es zu flüssigem E. reduziert; dieses sammelt sich im tiefsten Teil des Hochofens in flüssiger Form an. Auf der Schmelze schwimmt die Schlacke, sie fließt meist stetig aus dem Ofen heraus, während das E. von Zeit zu Zeit abgestochen wird und in Sandformen erstarrt. Tagesleistung eines Hochofens liegt über 4000 t.

EISENSORTEN. Das Erzeugnis des Hochofens ist das **Roh-E.** mit über 1,7% Kohlenstoff. Es erweicht beim Erhitzen nicht allmählich, sondern plötzlich und läßt sich daher nicht schmieden, walzen, schweißen, pressen oder schweißen; es kann nur zu Gußwaren **(Guß-E.)** verarbeitet werden. Stahl ist E. mit weniger als 1,7% Kohlenstoff.

Eisenerzförderung und Roheisenerzeugung 1968

in 1000 t	Eisenerz	Roheisen
Sowjetunion	101 600	85 600
Verein. Staaten........	52 175	83 100
Japan	900	68 040
Bundesrep. Dtl.	1 904	33 627
Frankreich	17 795	19 128
Großbritannien	3 400	17 500
VR China	21 500	16 000
Kanada	29 270	8 500
Indien	18 165	7 100
Australien	29 610	6 200
Brasilien	20 400	2 800
Schweden	19 280	2 580
Liberia	15 640	—
Venezuela	13 700	—
Welt	**408 500**	**423 500**

Eisenach, Kreisstadt im Bez. Erfurt, 50 700 Ew., am NW-Ende des Thüringer Waldes; Ind.: Kraftwagen, Maschinen, Textilien; starker Fremdenverkehr. E. war, zusammen mit der →Wartburg, lange Zeit der Sitz der Landgrafen von Thüringen.

Eisenbahn, schienengebundenes Verkehrsmittel, dessen Fahrzeuge durch Maschinenkraft (Verbrennungsmotoren, Dampfmaschinen, Elektromotoren) fortbewegt werden. Man unterscheidet: nach der Art der Fortbewegung: **Reibungs-, Zahnrad-** und **Standseilbahnen;** nach der Spurweite: **Breit-, Regel-(Normal-)** und **Schmalspurbahnen;** nach der Bedeutung: **Haupt-** und **Nebenbahnen.**

Vorteile: Geringe Rollreibung zwischen Rad und Schiene, daher im Verhältnis zur Anhängelast nur geringe Zugkräfte erforderlich; Schienengebundenheit ermöglicht lange Zugeinheiten mit wenig Personal; große Leistungsfähigkeit (bei gleicher Leistung weniger Raumbedarf als Straße

Eisenbahn; links: Verschiebebahnhof, rechts: Führerstand einer elektr. Lokomotive

Eisenhut
(15. Jahrh.)

oder Binnenwasserkanal); Möglichkeit des elektr. Betriebes, wodurch hohe Leistungsgewichte erzielt werden. Nachteile: Rangieren ist umständlich und teuer (daher Tendenz zum →Behälterverkehr), lange Bremswege, Steigungsempfindlichkeit. – Bes. geeignet ist die E. für den Massentransport von Gütern.

ARTEN. Reisezüge sind Personen- (P), Nahschnellverkehrs- (N), Eil- (E), Schnell- (D), Fernschnell- (F) und Trans-Europ-Expreßzüge (TEE). Güterzüge: Nah- (Ng), Übergabe- (Üb), Durchgangs- (Dg), Ganz- (Gag), Großraum- (Gdg), Militär- (Dgm), Leerzüge; schnelle Güterzüge: Naheil- (Ne), Durchgangseil- (De), Schnell- (Sg), Vieh- (V) und Trans-Europ-Express Marchandises Züge (TEEM).

GESCHICHTE. 1825 erste Personen-E. Stockton-Darlington, 1826 Dampf-E. Liverpool–Manchester. In Dtl. verkehrte die erste Dampf-E. 1835 (Nürnberg–Fürth), in Österreich 1837 (Floridsdorf–Deutsch Wagram).

Eisenbahnbremsen sind meist Klotzbremsen, die durch Druck- oder Saugluft, manchmal elektr. betätigt werden; bei schnellfahrenden Bahnen zusätzlich Magnetschienenbremsen.

Eisenbahnsignale dienen der Sicherung des Eisenbahnverkehrs. Bei den **Streckensignalen** werden die **Formsignale** (als Hauptsignal Mast mit zwei Flügeln, als Vorsignal Mast mit umklappbarer Scheibe) zunehmend durch **Lichtsignale** ersetzt; diese zeigen immer die Nachtbilder der Formsignale (rotes Licht, ein Flügel waagrecht: Halt! Grünes Licht, Flügel schräg aufwärts: Fahrt frei! Ein grünes, darunter ein gelbes Licht, zwei Flügel schräg aufwärts: Fahrt frei, Geschwindigkeitsbegrenzung). Das **Vorsignal** kündigt die Stellung des **Hauptsignals** an. Daneben gibt es **Weichen-, Langsamfahr-** und **Zugsignale**.

Eisenbart, Eysenbarth, Johann Andreas, Heilkünstler (Steinschneider), *1661, †1727; trat marktschreierisch auf (»Ich bin der Doktor E.«).

Eisenberg, Industriestadt im Bez. Gera, westl. der Weißen Elster, 13 900 Ew.; Porzellan, Schamottewaren, Zement, Musikinstrumente u. a.

Eisenerz, Stadt in Steiermark, Österreich, 12 500 Ew.; im SO der **Erzberg,** dessen Spateisenstein schon seit vorröm. Zeit abgebaut wird.

Eisenholz, verschiedene sehr harte und schwere tropische Holzarten, z. B. das **Echte** oder **Molukken-E.** eines Myrtengewächses, das **Schwarze** oder **Kap-E.** des südafrikan. Ölbaums, das **Weiße E.** der ostafrikan. Kassie.

Eisenhower [-haua], Dwight D., *1890, †1969, im 2. Weltkrieg auf hohen amerikan. und alliierten Kommandoposten, Oberster Befehlshaber der verbündeten Landungsarmee 1944; schied 1948 aus dem aktiven Dienst und wurde Präs. der Columbia-Universität. Er war 1953–61 (wiedergewählt 1956) Präs. der Verein. Staaten. **Eisenhower-Doktrin,** Kundgebung des Präs. E. und des amerikan. Kongresses vom Jan. 1957, nach der die USA den Nationen des Mittleren Ostens gegen ein Vordringen der Sowjetunion militärisch und wirtschaftl. beistehen wollen.

Eisenhut: a Blüte, b Frucht

Eisenhut der, 1) im MA. Sturmhaube mi breitem Rand. 2) **E., Aconitum,** Gattung staudiger, z. T. blaublütiger Hahnenfußgewächse, meist in Bergwäldern, durch **Aconitin** giftig; Arznei.

Eisenhüttenkombinat, Zusammenschluß Eisen verhüttender und weiterverarbeitender Betriebe (Ostblock).

Eisenhüttenstadt, Kreisstadt im Bez. Frankfurt a. d. Oder, 44 600 Ew., 1961 entstanden durch Vereinigung von Stalinstadt und Fürstenberg; Industrieschwerpunkt.

Eisenkies, der →Pyrit.

Eisenkraut, Verbena, den Lippenblütern verwandte Kräuter und Sträucher der Familie E.-Gewächse. Einheimisch das **Gebräuchliche E.,** eine bläulich blühende, bis 60 cm hohe Staude am Wegrand. Im Altertum Heilmittel.

Eisenpräparate, eisenhaltige Arzneimittel.

Eisensäuerling, Mineralquelle, die Eisen und Kohlendioxyd enthält, z. B. in Pyrmont, Bad Elster.

Eisenspat, Siderit, →Spateisenstein.

Eisenstadt, Hauptstadt des Burgenlandes, Österreich, 10 200 Ew., Weinkellereien. In dem fürstl. Esterházyschen Schloß (Barock, Klassizismus) wirkte 1761–90 Josef Haydn.

Eisenstein, Sergej, russ. Filmregisseur, *1898, †1948; »Panzerkreuzer Potemkin« (1925).

Eisenstein, Bayerisch-E., Grenzstadt in Niederbayern, am Arber, 722 m u. M., 1500 Ew.

Eisenzeit, das auf die →Bronzezeit folgende vorgeschichtl. Zeitalter, in dem Eisen der wichtigste Werkstoff wurde. Die E. setzt in Mitteleuropa etwa vom 7. Jahrh. v. Chr. an ein und wird gegliedert in eine ältere (→Hallstatt-Zeit) und eine jüngere Periode (→Latènezeit), die etwa bis zum Auftreten der Römer gerechnet wird.

Eiserfeld, Stadt im Ldkr. Siegen, Nordrh.-Westf., 22 600 Ew.

Eiserne Garde, rumän., nationalist. und antisemit. Bewegung, 1927 von Codreanu gegr., 1933 verboten, 1940/41 mit Antonescu an der Macht.

Eiserne Krone, spätkaroling. Krone der Langobardenkönige, im Dom zu Monza aufbewahrt. Der Legende nach besteht der innere eiserne Reif aus einem Nagel vom Kreuz Christi.

Eiserne Krone

Eiserne Lunge, ∫ Gerät für künstl. Atmung: der Kranke liegt in einem abgedichteten Raum, der nur den Kopf freiläßt; Ein- und Ausatmung

Eisernes Kreuz

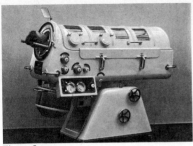

Eiserne Lunge

werden durch automatisch geregelten Sog und Druck in diesem Raum mechanisch bewirkt.

Eiserne Maske, Mann mit der E.M., geheimnisvoller franzö. Staatsgefangener, der stets eine schwarze Samtmaske trug (1703 in der Bastille gestorben).

Eiserner Vorhang, 1) feuersicherer Vorhang im Theater, der bei Nichtbenutzung der Bühne stets herabgelassen wird. **2)** [nach Churchill 1945] Schlagwort für die Abschließung des sowjet. Machtbereichs von der freien Welt.

Eisernes Kreuz, Kriegsauszeichnung, gestiftet 1813, erneuert 1870, 1914 und 1939; gußeisern, mit Silber eingefaßt.

Eisernes Tor, 1) Name mehrerer Pässe der Balkanhalbinsel. **2)** Durchbruchstal der Donau zwischen Südkarpaten und Ostserbischem Gebirge, in der Enge von Kasan wird der sonst bis 1 km breite Strom auf 172 m eingeengt; Großkraftwerk.

Eisessig, reine →Essigsäure.

Eisfjord, größter Fjord Spitzbergens.

Eisheilige Mz., die Tagesheiligen des 11.-13. Mai (Mamertus, Pankratius, Servatius), mancherorts auch noch des 14. und 15. Mai (Bonifatius, Sophie). An diesen Tagen treten in Mitteleuropa häufig Kälterückschläge auf.

Eishockey [-hʼɔki] das, Mannschaftskampfspiel zwischen zwei Parteien auf dem Eis: eine Gummischeibe (Puck) muß mit gekrümmten Holzschlägern (Bandy) ins gegner. Tor getrieben werden.

Eiskraut, die →Mittagsblume.

Eislauf oder **Schlittschuhlauf,** gliedert sich in **Eisschnellauf** (Strecken von 500-10 000 m) auf einer 400 m langen Rundbahn und **Eiskunstlauf** (Kür- und Pflichtlaufen, Eistanzen).

Eisleben, Kreisstadt im Bez. Halle, im östl. Harzvorland und Mansfelder Kupferschiefer-Gebiet, 31 500 Ew.; Kupfer- und Silberbergbau. Geburts- und Sterbehaus Martin Luthers.

Eislingen/Fils, Stadt im Kr. Göppingen, Baden-Württ., 18 000 Ew.; Textil-, Holz-, Papier-, Maschinenindustrie.

Eismaschine, 1) Vorrichtung zur Speiseeisbereitung. **2)** eine →Kältemaschine.

Eismeere, →Polarmeere.

Eismeerstraße, Autostraße (531 km) in N-Finnland, von Rovaniemi durch Finnisch-Lappland zum Inarisee, früher bis Liinahamari.

Eisner, Kurt, sozialist. Politiker, *1867, †1919; rief am 7. 11. 1918 in München die Republik aus und wurde bayer. MinPräs.; von Graf Arco-Valley erschossen.

Eispickel, Gerät für den Bergsteiger zum Schlagen von Trittstufen auf Schnee, Firn, Eis.

Eisschießen, 1) altes Eisspiel der Alpenländer: eine eisenbeschlagene Holzscheibe (**Eisstock**) wird auf glatter Eisbahn nach einem Ziel (**Daube**) getrieben. **2)** das →Bosseln.

Eissegeln, mit der **Eisjacht** (Eisschlitten) oder auf Schlittschuhen mit einem Segel (**Schlittschuhsegeln**).

Eissprosse die, ⚥ Mittelsprosse am Geweih.

Eistaucher der, ein Vogel, →Seetaucher.

Eisvogel, 1) bis 17 cm lang, blau schillernd mit

rötl. Unterseite; lebt an Gewässern, taucht nach Wasserinsekten und Fischen. **2)** **Eisfalter,** schwarzweiß gefleckter Tagschmetterling.

Eiszeit, Abschnitt der →Erdgeschichte mit starker Zunahme der Vereisung durch Klimaänderung. Der Anfang der letzten E. (**Diluvium** oder **Pleistozän**) liegt rd. 600 000, das Ende 12 000 Jahre zurück. Etwa 11% der Erdoberfläche waren eisbedeckt (heute rd. 3%). Mehrere Kaltzeiten, in denen die Temperaturen in Mitteleuropa 8-12°C tiefer lagen als heute, wechselten mit **Zwischeneiszeiten,** in Klima und Vegetation der Gegenwart ähnlich. In Europa reichte das Inlandeis bis an die dt. Mittelgebirge; die brit. Inseln, Alpen, Vogesen, Schwarzwald, Böhmerwald, Riesengebirge, Karpaten, Pyrenäen waren ebenfalls z.T. vergletschert. Vereisung und ihr Rückzug haben bes. die Oberflächen N-Dtl.s gestaltet: →Moränen, Sande, Urstromtäler. Über den Menschen der E. →Altsteinzeit. (TAFEL Erdgeschichte)

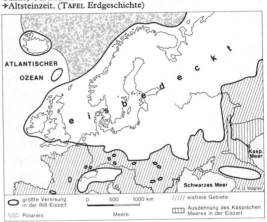

⭕	größte Vereisung in der Riß-Eiszeit	0	500	1000 km	/////	eisfreie Gebiete
〰️	Polareis			Meere	⬛	Ausdehnung des Kaspischen Meeres in der Eiszeit

Eiszeit, Europa

Eiter der, ⚕ gelbe, undurchsichtige Absonderung des Gewebes, meist durch **Eiterbakterien** (Staphylokokken, Streptokokken) hervorgerufen, bei Entzündung in Wunden, im Gewebe (Abszeß), in Körperhöhlen (Empyem). E. besteht aus Abwehrstoffe enthaltender Gewebsflüssigkeit sowie weißen Blutkörperchen und Gewebszellen (Freßzellen), die die Bakterien vernichten. E.-Bildung ist also ein Abwehrvorgang.

Eitorf, Gem. links an der Sieg, Nordrh.-Westf., 14 700 Ew.; pharmazeut. Industrie.

Eiweiß das, **Eiweißkörper, 1)** eine umfangreiche Klasse von organisch-chemischen Verbindungen. Sie sind aus Aminosäuren durch Peptidbindungen kettenartig zusammengesetzt und enthalten vereinzelt auch Phosphor und Halogene. Sie werden in der lebenden Zelle durch Vermittlung der Nucleinsäuren des Zellkerns gebildet und sind für Bestehen und Ernährung aller Lebewesen unentbehrlich. Zu den einfachen E. (**Proteinen**) gehören z. B. die des Getreides und die Albumine (E. im Blutserum, im Eiklar, in der Milch); ferner die Gerüsteiweißstoffe, z.B. das Keratin in Haaren, Federn, Nägeln, Hufen, das Glutin im Leim (Gelatine). Zu den zusammengesetzten E. (**Proteiden**) gehören z.B. der Blutfarbstoff und das Casein der Milch. **2)** auch häufig als Bezeichnung für das Weiße im Ei (**Eiklar**).

Eiweißharnen, Albuminur'ie, das Auftreten von Eiweiß im Harn. Dauerndes E. ist Anzeichen einer Nieren-, Herz- oder Infektionskrankheit.

Ejakulati'on [lat.] die, Ausspritzung, bes. des Samens.

Ekarté das, ein Kartenspiel.

Ekb'atana, alte Hauptstadt Mediens, jetzt Hamadan.

Eisvogel

233

EKD, →Evangelische Kirche in Deutschland.

EKG, Abk. für →Elektrokardiogramm.

Ekhof, Konrad, Schauspieler am Hamburger Nationaltheater, *1720, †1778; Leiter (seit 1774) des Gothaer Hoftheaters.

Ekkehart, Mönche von Sankt Gallen, im 10. Jahrh. 1) E. I., galt lange als Verfasser des →Waltharilieds. 2) E. II., Lehrer der Herzogin Hadwig auf dem Hohentwiel, dichtete lateinische Kirchengesänge. 3) E. IV., schrieb die Klosterchronik von St. Gallen.

Eklamps'ie [grch.] die, gegen Ende der Schwangerschaft oder im Wochenbett auftretende schwere Erkrankung mit Erhöhung des Blutdrucks, Bewußtlosigkeit, Krämpfen; wahrscheinlich eine Vergiftung durch Stoffwechselprodukte.

Eklat [ekl'a, frz.] der, Krach, Aufsehen, Skandal. **eklat'ant,** auffallend, offenkundig.

Ekl'ektiker [grch. »Auswähler«], hellenistische Philosophen, die aus verschiedenen Lehren Früherer ihnen Zusagendes auswählten und daraus ihre eigene Philosophie zusammenstellten. Auch später so verfahrende Denker werden E., ihre Lehre **Eklektiz'ismus** genannt.

Ekl'ipse [grch. »das Verschwinden«] die, Sonnen- und Mondfinsternis.

Ekl'iptik [grch.] die, scheinbare Kreisbahn, welche die Sonne im Laufe eines Jahres beschreibt. Dabei durchwandert sie, von der Erde aus gesehen, die den →Tierkreis bildenden Sternbilder. Die E. ist gegen den →Äquator des Himmels um 23°27' geneigt **(Schiefe der E.).** Sie schneidet ihn in zwei Punkten, den Tagundnachtgleiche-Punkten (→Tagundnachtgleiche).

Ekl'oge [grch.] die, Hirtengedicht (Idyll).

Ekras'it das, Pikrinsäure, ein Sprengstoff.

ekr'ü [frz.], roh, ungebleicht, naturfarbig.

Ekst'ase [grch.] die, Verzückung. **ekst'atisch,** verzückt.

Ekz'em [grch.] das, auf Überempfindlichkeit (→Allergie) der Haut beruhende mannigfaltige Hautkrankheiten, meist von Jucken und Brennen begleitet. Bei **akuten E.** entstehen Knötchen, die sich in nässende Bläschen umwandeln (»nässende Flechte«). Bei **chronischem E.** wird die Haut derb und schuppt ab.

Elabor'at [lat.] das, 1) etwas Ausgearbeitetes. 2) etwas oberflächlich Zusammengeschriebenes.

Elag'abal, Heliogabalos, Ortsgottheit der syr. Stadt Emesa, wurde in einem vom Himmel gefallenen Steinkegel verehrt.

El-Alamein, Ort in Ägypten, westl. von Alexandria. Hier brachten die Engländer 1942 den Vorstoß Rommels zum Stehen.

'Elam, griech. **Elymais,** altes Reich nordöstl. der Einmündung von Euphrat und Tigris in den Persischen Golf. Die Glanzzeit der **Elamier** war im 13. und 12. Jahrh. v. Chr.

Elan [el'ã, frz.] der, Schwung, Begeisterung. **élan vital** [el'ã vit'al], →Bergson.

Elastizi'tät [grch.] die, ⊗ die Eigenschaft fester Körper, die unter dem Einfluß einer äußeren Kraft angenommene Formänderung nach Aufhören der Kraft rückgängig zu machen. Bei Steigerung der Kräfte nimmt die Formänderung schließl. stärker zu als die Spannung **(E.-Grenze, Fließgrenze).** Völlig unelast. Körper gibt es nicht.

'Elath, Hafenstadt in Israel am Golf von Akaba, 12000 Ew., Erdöleinfuhr, Kupferausfuhr.

Elazig, Hauptstadt der türk. Prov. E., Anatolien, 79000Ew.; Textil-, Nahrungsmittelindustrie.

Elba, italien. Insel im Mittelmeer, zwischen Korsika und dem italien. Festland; 223 km² mit 28500 Ew.; Eisenerz, Fischerei, Südfrüchte, Fremdenverkehr. Hauptort: Portoferraio. 4.5.1814 bis 26. 2.1815 Verbannungsort Napoleons.

Elbe die, einer der Hauptströme Mitteleuropas, kommt vom Böhm. Riesengebirgskamm, durchbricht das Böhm. Mittelgebirge und das Elbsandsteingebirge, durchfließt das Dresdner Becken und die Norddt. Tiefebene und mündet bei Cuxhaven, 15 km breit, in die Nordsee. Stromlänge: 1144 km; 846 km schiffbar, bis Hamburg bei Flut

auch für Seeschiffe. Nebenflüsse, links: Moldau, Eger, Mulde, Saale; rechts: Iser, Schwarze Elster, Havel mit Spree, Elde. Ein weitverzweigtes Kanalnetz (Mittelland-, E.-Trave-, E.-Havel-Kanal u. a.) verbindet die E. mit Westdtl., der Ostsee, Berlin und der Oder.

El-Beida, neue Hauptstadt von Libyen, 35100 Ew.

Elberfeld, Stadtteil von →Wuppertal.

Elbing, Hafen- und Industriestadt in Ostpreußen, 87900 Ew. (1939: 86000 Ew.); am schiffbaren E.-Fluß; Werftindustrie, Turbinenbau, Möbel- und Konfektionsbetriebe. 1237 im Deutschordensland gegründet, alte Hansestadt. Seit 1945 unter poln. Verw. **(Elblag).**

Elbing: Getreidespeicher (Vorkriegsaufnahme)

'Elbrus, höchster Berg des Kaukasus, 5633 m.

Elbsandsteingebirge, das aus Kreidesandsteinen aufgebaute Bergland beiderseits der Elbe, zwischen Erzgebirge und Lausitzer Gebirge, im Hohen Schneeberg 721 m hoch; reich an eigenartigen Felsen und Tafelbergen.

Elbsandsteingebirge: Blick vom Basteifelsen

Elbtunnel, in Hamburg, für Fahrzeuge und Fußgänger, 21 m u. d. Elbspiegel, 450 m lang. 1967 wurde mit dem Bau eines zweiten E. weiter westlich begonnen.

Elb'urs der, Gebirge im nördl. Iran, am Kasp. Meer; erreicht im Vulkan Demawend 5670 m.

Elch, der, auch **Elentier** oder **Elen,** plumpe, hochbeinige Hirschtiere, männl. E. mit Schaufelgeweih; leben in Sumpfgegenden des nordöstl. Europas, N-Asiens, N-Amerikas.

Elche ['ɛltʃɛ], Bez.-Stadt der Prov. Alicante, Spanien, 105600 Ew.; hat z.T. maur. Gepräge, malerische alte Kirchen; in der Nähe der **Palmenwald von E.,** die nördlichste echte Oase.

ELDO, Abk. für European Launching Development Organization [juərəp'iən'ɔntʃiŋ div'ɛlɔpmənt o:gənaiz'eiʃn, engl.], →Europäische Organisation für die Entwicklung und den Bau von Raumfahrzeugen.

Eldor'ado [span.] das, →Dorado.

Ele'aten, griech. Philosophenschule in Elea (Unteritalien); ihr Gründer war Parmenides (500 v. Chr.), dem Zeno und Melissos folgten.

Electr'onicam, eine kombinierte Film- und Fernsehkamera.

Elef'ant [grch.] der, Familie der Rüsseltiere, mit greiffähiger Rüsselnase, grauer, dünn behaarter Haut. Die E. werden bis 4 m hoch, bis 6000 kg

Ekliptik:
1 Ekliptik,
2 Äquator

Elch

schwer, leben in Herden, nähren sich von Blättern und Zweigen. Die Elfenbein liefernden Stoßzähne sind bis 70 kg schwer. Der **Afrikanische E.** ist großohrig; der **Indische E.** ist kleiner, sehr gelehrig und dient als Zug- und Lasttier. Verwandte der E. wie Mammut und Mastodon waren in der Tertiärzeit weit verbreitet.

eleg'ant [frz.], fein, geschmackvoll, modisch. **Eleg'anz** die, 1) mod. Aufwand. 2) Zierlichkeit.

Eleg'ie [grch.] die, 1) bei Griechen und Römern: jedes Gedicht im Versmaß des →Distichons. 2) neuere Dichtkunst: wehmütiges Gedicht (Klopstock, Goethe, Hölderlin, Rilke u. a.). **el'egisch**, empfindsam, wehmütig, traurig.

El'ektra, Tochter des Agamemnon, Schwester der Iphigenie, half ihrem Bruder Orestes, den Vater an Ägisth und Klytämnestra zu rächen; oft dichterisch behandelt (Äschylos, Sophokles, Euripides, Giraudoux u. a.); Oper von R. Strauss.

Elektrifiz'ierung, Übergang zum elektr. Betrieb, besonders bei der Eisenbahn.

El'ektrik die, Lehre der →Elektrizität.

elektrische Bahnen, durch Gleich- oder Wechselstrom betriebene Bahnen, z. B. Straßen- und Untergrundbahnen mit 600–1000 V Gleichstrom, Vollbahnen im allg. mit Einphasen-Wechselstrom (15 000 V, 16²/₃ Hz) oder Gleichstrom (1500 und 3000 V).

elektrische Beleuchtung, →Bogenlampe, →Glühlampe, →Gasentladungslampe.

elektrische Fische, »Zitterfische«, besitzen elektr. Organe (aus Muskeln oder Hautdrüsen hervorgegangen), erzeugen elektrische Spannungen bis zu 550 V. Durch Schwanzschläge können sie angreifende Feinde oder ihre Beute betäuben oder töten. Zu den e. F. gehören **Zitterrochen** (Mittelmeer), **Zitteraal** (Südamerika), **Zitterwels** (tropisches Afrika).

elektrische Klingel, Läutevorrichtung, die durch einen Druckknopf in Tätigkeit gesetzt wird; beruht auf dem Wagnerschen Hammer. (→Unterbrecher)

elektrische Kochapparate, 1) elektrische **Kochtöpfe,** enthalten im Boden eingelassene Heizwiderstände. 2) **elektrische Kochplatten,** heute als Ringkochplatte ausgebildet, wobei man auf Spezialgeschirr verzichten kann. Durch Vereinigung mehrerer Kochplatten erhält man den **elektrischen Herd.** 3) **Tauchsieder,** werden in die Flüssigkeit eingetaucht. Der Heizwiderstand befindet sich im Innern. 4) **Durchlauferhitzer,** werden an die Wasserleitung angeschlossen und geben sofort heißes Wasser. 5) billiger erhält man Warmwasser durch die **Heißwasserspeicher,** die Nachtstrom verwenden.

elektrische Meßinstrumente dienen zum Messen elektr. (Spannung, Strom, Widerstand, Leistung usw.) und nichtelektr. (Druck, Temperatur usw.) Größen. Wichtigste Arten: **Drehspulinstrument:** Drehspule im Feld eines Dauermagneten, nur für kleine Gleichströme, höchste Genauigkeit; durch Vorwiderstand für höhere Spannung, durch Nebenwiderstand (Shunt) für größeren Strom, durch Gleichrichter für Wechselstrom anwendbar. **Dreheiseninstrument:** feste Spule mit festem und beweglichen Eisenplättchen, für nicht zu kleine Gleich- und Wechselströme. **Elektrodynamisches Meßwerk:** feste und bewegl. Spule mit oder ohne Eisen als Wirk- und Blindleistungsmesser für Wechselstrom. **Kreuzspulgeräte,** 2 gekreuzte bewegl. Spulen, als Quotientenmesser für Widerstand, Temperatur, Leistungsfaktor.

elektrische Öfen, elektr. beheizte Industrieöfen zur Wärmebehandlung (Glühen, Schmelzen, Sintern, Trocknen). Bei **Lichtbogenöfen** kann der Lichtbogen zwischen dem Gut und einer Elektrode oder über dem Gut zwischen zwei Elektroden brennen; bei **Widerstandsöfen** kann das Gut selbst vom Strom durchflossen und so direkt erwärmt werden oder durch einen erhitzten Widerstand oder Tiegel indirekt aufgeheizt werden. Bei **Induktionsöfen** bildet das Gut den Sekundärkreis eines Transformators.

Elefant; links: Afrikanischer E., rechts: Indischer E.

elektrischer Stuhl, Gerät zur Hinrichtung von Verbrechern durch Starkstrom.

elektrische Schwingungen, →elektromagnetische Schwingungen.

elektrisches Feld, das in der Umgebung eines elektrisch geladenen Körpers vorhandene →Feld.

elektris'ieren, →Elektrotherapie.

Elektrisiermaschine, Gerät zum Trennen und Ansammeln elektr. Ladungen. Das Trennen geschieht durch Reibung etwa von Glas und Leder (**Reibungs-E.**) oder durch Influenz (**Influenz-E.**), das Sammeln durch Spitzenwirkung.

Elektrizit'ät [grch.], ruhende oder bewegte elektr. Ladung (elektr. Strom) oder die mit Ladungen und Strömen verbundene **elektr. Energie.** In der Natur finden sich positive und negative Ladungen, die sich in ihren Wirkungen gegenseitig aufheben. Gleichnamige Ladungen stoßen sich ab, ungleichnamige ziehen sich an. Die Kräfte werden durch das **elektr. Feld** vermittelt, das jede Ladung um sich herum aufbaut und das durch Feldlinien veranschaulicht werden kann. Längs einer Feldlinie wirkt die **elektrische Feldstärke,** zwischen zwei Punkten einer Feldlinie herrscht eine **elektrische Spannung.** Die Spannung in einem Feldpunkt gegen einen Leiter, z. B. Erde, heißt dessen **Potential,** eine Spannung zwischen zwei Feldpunkten ist daher deren **Potentialdifferenz.** Ein elektrischer Strom entsteht, wenn sich Ladungen entlang einem Potentialgefälle fortbewegen. Stoffe, die einer solchen Bewegung keinen nennenswerten Widerstand entgegensetzen, heißen **Leiter,** die übrigen Halbleiter oder Nichtleiter (Isolatoren). Jede bewegte Ladung besitzt außer dem elektr. ein magnetisches Feld, dessen Feldlinien die Bewegungsrichtung der Ladung kreisförmig umschlingen. Ein in geschlossenem Kreis fließender Strom verhält sich daher wie ein Magnet: solche Kreisströme ziehen sich an, wenn die Ströme gleichgerichtet fließen, oder stoßen sich ab, wenn die Ströme entgegengesetzt gerichtet sind. Diese Regeln gelten unverändert auch für gerade stromdurchflossene Leiterstücke (Ampèresche Regeln).

Ändert sich die Geschwindigkeit einer bewegten Ladung, so ändert sich auch die magnet. Feldstärke, wodurch ein zusätzl. elektr. Feld entsteht, das die magnet. Feldlinien ringförmig umgibt. Dieses ist so gerichtet, daß es der Geschwindigkeitsänderung der Ladung entgegenwirkt (**Lenzsche Regel**); andererseits vermag es andere Ladungen in Bewegung zu setzen (**Induktionsstrom**). Bei rasch hin- und herschwingenden Ladungen, wie sie einem Wechselstrom zugrunde liegen, lassen sich elektr. und magnet. Felder nicht mehr trennen; sie verschmelzen zum **elektromagnetischen Feld,** dessen periodische Änderungen als **elektromagnetische Schwingungen** erscheinen.

Von stofflichen Trägern losgelöste Ladungen gibt es nicht; die kleinsten stoffl. Ladungsträger sind die Elementarteilchen, bes. Elektronen und Protonen. Die Atomelektronen sind mit ihren Bahnimpulsen und Spins die Ursache der wichtigsten magnet. Atomeigenschaften. Die im Kristallgitter locker gebundenen Elektronen verursachen die metallische E.-Leitung. Die entstehende **Wärme (Joulesche Wärme),** die bei elektr. Öfen,

elektrische Klingel: a Transformator, b zum Netz, c Druckknopf, d Elektromagnet, e Blattfeder, f Klöppel

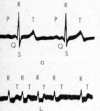

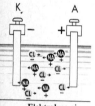

Elektrokardiogramm

Elektrolyse einer Kochsalzlösung.
A Anode,
K Kathode

Elektromagnet

Herden, Glühlampen usw. genutzt wird, ist als Reibungswärme der Elektronen im Metallgitter zu deuten. **Maßeinheiten.** Stromstärke: Ampere. Spannung: Volt. Widerstand: Ohm. Energie: Watt. Ladung: Coulomb.

Elektrizitätsversorgung, umfaßt alle Einrichtungen zur Erzeugung (Kraftwerk), Fortleitung und Verteilung (Freileitungen, Kabel, Umspannstation) elektr. Energie. Die E. wird mit Drehstrom von 50 Hz durchgeführt. Die Verbraucher sind **Hochspannungsabnehmer** (Großabnehmer) und **Niederspannungsabnehmer** (Haushalt, Gewerbe).

Elektrizitätswerk, ein →Kraftwerk.

Elektrizitätszähler messen den Verbrauch an elektr. Arbeit. E. für Gleichstrom sind **Amperestundenzähler** auf elektrolyt. Grundlage und **Wattstundenzähler,** bei denen der Strom in einer feststehenden Spule ein dem Strom proportionales Magnetfeld erzeugt, in dem sich ein Anker dreht, dessen Umdrehungen gemessen werden. Für Dreh- und Wechselstrom **Induktionszähler:** in einer drehbaren Aluminiumscheibe werden Induktionsströme erzeugt, die bewirken, daß die Scheibe sich unter dem Einfluß von Magnetfeldern dreht, die der Versorgungsstrom erregt.

Elektroak′ustik behandelt die Erzeugung, Verstärkung, Übertragung, Speicherung, Wiedergabe sowie Analyse und Synthese von Schall mit elektrotechn. Hilfsmitteln; elektroakust. Instrumente sind z. B. die elektr. Musikinstrumente.

Elektroanaly′se [grch.], Mengenbestimmung elektrolytisch abgeschiedenen Metalls, Verfahren der chemischen Analyse.

Elektrochemie die, Lehre vom Zusammenhang chem. und elektr. Vorgänge, z. B. im →galvanischen Element, in →Akkumulatoren, bei der →Elektrolyse u. a.

Elektrochirurgie die, ärztl. Anwendung von Hochfrequenzströmen zur Gewebszerstörung durch Gerinnen (**Elektrokoagulation**) sowie zur Gewebsdurchtrennung (**Elektrotomie**) oder -entfernung (**Elektroresektion**).

Elektr′ode [grch.] die, Pol einer Stromquelle, bes. die Übergangsstelle von metallischer Leitung auf Leitung durch Ionen (in Flüssigkeiten und Gasen, z. B. Bogenlampen-E.) oder auf freie Elektronen (z. B. Elektronenröhren). Die positive E. heißt **Anode,** die negative **Kathode.**

Elektrodyn′amik [grch.] die, Lehre von den zeitl. veränderlichen elektromagnet. Feldern.

elektrodynamisches Meßwerk, →elektrische Meßinstrumente.

Elektro-Enzephalogr′amm [grch.] das, abgek. **EEG,** Kurve der Aktionsströme des Gehirns. Die **Elektro-Enzephalographie** dient u. a. zum Feststellen mancher Gehirngeschwülste oder -verletzungen.

Elektrokardiogr′amm [grch.] das, **EKG,** die Kurve der Aktionsströme des Herzens. Aus Veränderungen der Zackenbildung dieser Kurve lassen sich wichtige Rückschlüsse auf die Art einer Herzerkrankung ziehen. BILD: a Schema des normalen EKG; die kleine Zacke P entspricht der Tätigkeit der Vorhöfe, die übrigen Zacken der Tätigkeit der Kammern; die kurze gerade Strecke zwischen P und Q ist bedingt durch die Überleitung des Reizes von den Vorhöfen zu den Kammern; R = Initialzacke, T = Finalschwankung, b EKG bei schwerer Herzmuskelerkrankung.

Elektro-Lunge (nach W. Hofmann), ein Gerät zur künstlichen Beatmung bei Atemlähmungen (Kinderlähmung, elektrische Unfälle u. a.).

Elektrol′yse [grch.] die, Trennung von in Flüssigkeiten gelösten oder geschmolzenen chem. Verbindungen durch elektr. Strom. Ein in Wasser gelöstes Salz zerfällt in Paare entgegengesetzt geladener →Ionen (**elektrolytische Dissoziation**). Bringt man die Pole einer Stromquelle in die Lösung, so zwingt die anliegende Spannung die Ionen, zu dem jeweils entgegengesetzt geladenen Pol zu wandern, wo sie ihre Ladung abgeben und sich als neutrale Atome (Moleküle) auf der Elektrode abscheiden

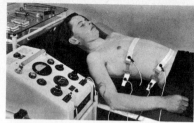

Elektro-Lunge

oder mit dem Lösungsmittel (Wasser o. ä.) neue Reaktionen eingehen (es zersetzen). Den Ladungstransport durch Ionen nennt man **Ionenleitung,** die Lösungen oder Schmelzen, in denen er auftritt, **Ionenleiter** oder **Elektrolyte,** die zur Kathode wandernden Ionen **Kationen,** die zur Anode wandernden **Anionen.** Die abgeschiedene Stoffmenge entspricht dem Produkt des elektr. Stroms und der Zeit.

Elektromagnet der, eine Spule mit Weicheisenkern. Fließt durch die Spule ein Strom, magnetisiert sich das Eisen.

elektromagnetische Schwingungen, periodische Änderungen elektr. und magnet. Felder, die sich im leeren Raum mit Lichtgeschwindigkeit $c = 3 \cdot 10^{10}$ cm/s ausbreiten: $c = f \cdot \lambda$ (f = Frequenz, λ = Wellenlänge). Sie werden durch schwingende, d. h. hin- und hergehende Bewegungen geladener Teilchen (meist Elektronen) hervorgerufen. Technisch entstehen e. S. bei der Entladung eines Kondensators über eine Spule (Schwingungskreis), sie bewirken in ihrer Umgebung die Entstehung eines elektromagnet. Feldes, das periodisch schwingt. Diese Schwingungen werden als **elektromagnet.** oder **elektrische Wellen** oder nach ihrem Entdecker als **Hertzsche Wellen** bezeichnet. Sie sind ihrer Natur nach das gleiche wie die durch Elektronenübergänge in Atomen entstehenden Lichtquellen, von denen sie sich nur durch ihre größere Wellenlänge unterscheiden. Sie werden in der Funktechnik, in der drahtlosen Telegraphie, beim Fernsehen usw. verwendet. (BILD S. 237)

Elektromagnetisches Spektrum (Beispiele):

Bereich	Frequenz in Hz:
Wechselstrom für Bahnen	$16^2/_3$
Allgemeine Stromversorgung	50–60
Schnellfrequenzwerkzeuge	150–400
Wechselstromtelegraphie	400–2500
Schmelzen, Glühen, Härten von Metallen	50–100000
Draht-Telephonie	100–10000
Bild-Telegraphie	750–1800
Langwellen	10^4–10^5
Mittelwellen	10^5–10^6
Kurzwellen	$3 \cdot (10^6$–$10^7)$
Ultrakurzwellen	$3 \cdot (10^7$–$10^8)$
Mikrowellen (dm-, cm-, mm-Wellen)	$3 \cdot (10^8$–$10^{11})$
Kürzeste elektrisch erzeugte Schwingung	$12 \cdot 10^{12}$
Wärmestrahlen	10^{12}
Infrarot	10^{12}–10^{14}
Sichtbares Licht	$(4$–$8) \cdot 10^{14}$
Ultraviolett	$8 \cdot 10^{14}$–$3 \cdot 10^{16}$
Röntgenstrahlen	10^{16}–$5 \cdot 10^{19}$
Gammastrahlen	10^{18}–10^{21}
Kosmische Ultrastrahlung	10^{20}–10^{24}

Elektromedizin die, Lehre von der Verwendung des elektrischen Stroms zur Feststellung und Behandlung von Krankheiten.

Elektrometallurg′ie die, Gewinnung von Metallen aus Erzen oder Zwischenerzeugnissen auf elektrochemischem Wege.

Elektrom′eter, geeichtes →Elektroskop.

Elektromob′il das, Kraftfahrzeug mit elektromotor. Antrieb; die elektr. Energie liefert eine mitgeführte Akkumulatorenbatterie.

Elektromotor, eine elektr. Maschine, die elektrische Arbeit in mechan. Arbeit umwandelt auf Grund der Kraftwirkung zwischen einem Magnetfeld und einem stromdurchflossenen Leiter. Alle E. können auch als Generator verwendet werden, z.B. zum Bremsen. **1) Drehstromasynchronmotor,** der meist angewandte Motor, enthält im Ständer 3 um 120⁰ versetzte Wicklungsstränge, der Läufer läuft langsamer als das Drehfeld. **2) Einphasenwechselstrommotor** mit Kurzschlußläufer ähnl. 1), nur für kleine Leistungen. **3) Synchronmotor** für gleichbleibende, vom Drehfeld abhängige Drehzahl: als Drehstrommotor mit Gleichstromerregung für größere Leistung, als Einphasenmotor Kleinstmotor. **4) Wechsel-** und **Drehstromwendermotor** erlaubt Drehzahleinstellung durch Bürstenverschiebung (z.B. Papier- und Textilindustrie). **5) Einphasen-Reihenschlußkollektormotor** dient als Bahnmotor, als Universalmotor für Haushaltsmaschinen, Elektrowerkzeuge u.ä. **6) Gleichstrommotor** für Spezialantriebe: Reihenschlußmotor für Fahrzeuge und Anlasser von Verbrennungskraftmaschinen, als Allstrommotor für Gleich- und Wechselstromspeisung, als Nebenschluß- oder Doppelschlußmotor mit einstellbarer Drehzahl als Grundlage aller selbsttätigen Regelschaltungen; seine Drehzahl hängt ab von Ankerspannung und Magnetfeld; gute Drehzahleinstellung.

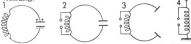

Elektromotor, oben: Gleichstrommotor, a vorderes Lagerschild, b Magnetgestell, c hinteres Lagerschild, d Anker, e Kommutator, f Bürstengestell; unten: Drehstromasynchronmotor mit Oberflächenkühlung, a Kugellager, b Lüfterhaube, c Lüfter, d Lagerschild (B-Seite), e Ständergehäuse mit Kühlrippen, f Käfigläufer mit Welle, g Ständerwicklung, Lagerschild (A-Seite), i Klemmenplatte mit druckfesten Durchführungen, k Anschlußkasten mit Kabelendverschluß

Elektromagnetische Schwingungen. 1 Isolierter Schwingungskreis: nach Aufladen des Kondensators pendeln die Ladungen in gedämpften Schwingungen hin und her. **2** Erzwungene Schwingung durch Anschluß einer dauerbetriebenen Funkenstrecke. **3** Übergang vom geschlossenen zum offenen Schwingungskreis; die Feldschwingungen zwischen den Platten gelangen in den freien Raum. **4** Offener Schwingungskreis: eine Platte ist zur »Erde«, die andere zur »Antenne« geworden; die Feldschwingungen werden als Wellen in den Raum ausgestrahlt

elektromotorische Kraft, EMK, durch magnetische, elektrostatische oder elektrochemische Vorgänge hervorgerufene Spannung.

'Elektron [grch.] das, elektrisch negativ geladenes Elementarteilchen. Seine Masse ist etwa 1840 mal kleiner als die des Wasserstoffatoms. Seine Ladung ist die Elementarladung. Das E. besitzt einen konstanten Eigendrehimpuls (Spin) und ein entsprechendes magnet. Moment. Die E. sind die Bausteine der E.-Hülle der Atome; jedes neutrale Atom enthält so viele E., wie seine Ordnungszahl angibt. Sie sind auch die Träger des elektr. Stroms in Metallen; sie bewegen sich in den Zwischenräumen des Metall-Kristallgitters ähnlich wie Gasmoleküle. Treten E. aus Metallen – durch Wärmebewegung oder Wirkung eines starken elektr. Feldes – in ein Vakuum aus, so lassen sie sich durch elektromagnet. Felder leicht lenken, beschleunigen oder bremsen. Dies nutzt man zur Erzeugung von **Elektronenstrahlen** für viele techn. und wissenschaftl. Zwecke.

El'ektron [Kw.] das, nicht mehr gebräuchl. Handelsname für eine Magnesiumlegierung.

Elektr'onengehirn, volkstüml. für elektron. Rechenanlage (→Rechengeräte).

Elektr'onenmikroskop, opt. Vergrößerungsgerät, das an Stelle von Lichtstrahlen Elektronenstrahlen benutzt, die durch elektr. oder magnet. Felder gerichtet werden. Das vergrößerte Bild läßt man auf einen Leuchtschirm fallen oder hält es auf einer photograph. Platte fest; bis 200000-fache Vergrößerung; Viren (→Virus) und größere Moleküle werden sichtbar.

Elektr'onenoptik, die Übertragung der Re-

geln über opt. Abbildungen auf die Ausbreitung von Elektronen- und Ionenstrahlen und ihre Beeinflussung durch elektr. und magnet. Felder.

Elektr'onenröhre, Glühkathodenröhre, Gerät zur trägheitslosen Steuerung elektr. Ströme. Es dient zur Gleichrichtung, Verstärkung, Modulation (in Sendern), wird angewandt als elektron. Schalter, in der Regelungstechnik; heute vielfach durch Transistoren ersetzt (Ausnahme Höchstfrequenz, Mikrowellen). Die Grundform der E. ist ein luftleer gepumptes Glasgefäß mit Kathode, Anode und den dazwischenliegenden Gittern. Die durch einen Heizfaden erhitzte Kathode (Nickelröhrchen mit Oxydüberzug) sendet Elektronen aus, die zur Anode fliegen, wenn eine Spannung angelegt wird. Erhält das Steuergitter eine negative Spannung, so wird der Elektronenstrom gebremst, bei einer positiven Spannung dagegen beschleunigt. Solche Spannungen erzeugen z.B. die einem Rundfunkempfänger zugeführten elektr. Schwingungen. Werden diese Spannungsschwankungen an das Gitter geleitet,

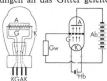

Elektronenröhre:
A Anode,
Ab Anodenbatterie,
G Gitter, Gw Gitterwiderstand,
Hb Heizbatterie,
K Kathode

so vermögen sie starke Schwankungen des Anodenstromes hervorzurufen (Verstärkerwirkung). **Schirmgitterröhren** (bes. zur Hochfrequenzverstärkung) haben zwischen Steuergitter und Anode noch ein zweites Gitter (Schirmgitter), das die Rückwirkungen der Anode auf das Steuergitter abfängt. Viel verwendet wird die sehr wirksame **Pentode** (mit fünf Elektroden), die zwischen Anode und Schirmgitter noch ein Fanggitter für schädl. Elektronen besitzt. **Senderöhren** unterscheiden sich von Empfängerröhren durch ihre Größe.

Elektr'onenschleuder, →Betatron.

Elektr′onenvolt, eV, die Energie eines Elektrons nach Durchlaufen der Spannung 1 V; 1 eV = 1,602 · 10⁻¹⁹ Joule.

Elektr′onik, ⚡ ursprüngl. die Technik der →Elektronenröhren und deren Anwendungen, heute die Technik elektr. Stromkreise und Schaltungen, in denen Elektronenröhren, Kathodenstrahlröhren, Dioden, Transistoren, Thyristoren, Relais, Thyratrons, Photozellen als ruhende (statt bewegte) Steuer- oder Schaltgeräte verwendet werden. Die Verbindungen zwischen den Geräten werden nicht durch Drähte, sondern durch →gedruckte Schaltungen hergestellt. Mit →integrierten Schaltungen ist eine Verkleinerung der Abmessungen einer Schaltung (Miniaturisierung) erreichbar. →Quantenelektronik.

elektr′onische Musik, mit elektron. Klangmitteln erzeugte und auf Magnettonband aufgenommene Musik, die durch Lautsprecher wiedergegeben wird.

Elektrophor′ese [grch.] die, das Wandern geladener Kolloidteilchen im elektr. Feld.

Elektrophysiolog′ie [grch.] die, befaßt sich mit den von den Lebewesen selbst erzeugten elektr. Strömen (tier. Elektrizität, Bioelektrizität); diese sind Begleiterscheinung aller Lebensvorgänge, die mit Änderungen der Ionenkonzentration im Gewebe verbunden sind.

Elektroschock, Elektrokrampf, Verfahren zur Behandlung seel. Krankheiten; elektr. Ströme werden durch das Gehirn geleitet.

Elektrosk′op [grch.] das, Gerät zum Nachweis von elektr. Spannungen und Ladungen. Die einfachste Form ist das **Blatt-E.,** zwei an einem Metallstab hängende Gold- oder Aluminiumblättchen, die sich bei Aufladung infolge Abstoßung spreizen.

Elektrost′al, Stadt im Gebiet Moskau, Russ. SFSR, 116 000 Ew., Maschinen- und Stahlind.

Elektrost′atik [grch.] die, Lehre von den ruhenden elektr. Ladungen.

Elektrot′echnik, die Erzeugung und Verwertung des elektr. Stroms in Starkstrom-Technik und Schwachstrom- (Nachrichten-)Technik.

Elektrot′echniker der, 1) kurz Elektriker, Handwerker für elektrische Anlagen. 2) Elektroingenieur, Studierender oder Ingenieur der Elektrotechnik.

Elektrotherap′ie [grch.] die, Anwendung von Elektrizität zur Behandlung von Muskel- und Nervenkrankheiten (bes. Lähmungen und Krämpfen) und bei entzündl. Erkrankungen (→Kurz- und Mikrowellentherapie).

Elem′ent [lat.] das, 1) Urstoff, Grundstoff; früher nahm man vier E. an: Erde, Wasser, Luft, Feuer. 2) Grundbestandteil. 3) ⚡ chemischer Grundstoff (ÜBERSICHT Chemische E.). 4) ⚡ : 🔋 galvanisches Element.

element′ar, grundlegend; ungehemmt.

Elementargeister, nach dem Glauben des MA. die Geister, die die vier Elemente bewohnten; im Feuer: Salamander; im Wasser: Undinen; in der Luft: Sylphen; in der Erde: Gnomen.

Elementarladung, elektrisches Elementarquantum, die elektr. Ladung des Elektrons, Protons oder Positrons, die kleinste in der Natur

vorkommende positive oder negative Elektrizitätsmenge; Zeichen e; Größe 1,602 · 10⁻¹⁹ Coulomb.

Elementarlänge, eine nicht mehr teilbare Länge der Größenordnung 10⁻¹³ cm, die vermutlich die Vorgänge im Innern der Atomkerne und die Umwandlungen der Elementarteilchen ineinander beherrscht.

Elementarteilchen, nach dem gegenwärtigen Forschungsstand die kleinsten Bausteine der stofflichen Welt: Leptonen (Elektron, e- und μ-Neutrino, Muon), Mesonen, Nukleonen (Proton, Neutron), Hyperonen. Nukleonen und Hyperonen werden zusammenfassend als Baryonen bezeichnet. Eigenschaften der E. sind: Masse, elektr. Ladung, Spin (Drehimpuls der Teilchenrotation), magnet. Moment, Lebensdauer (stabile und instabile E., →Halbwertszeit), Isospin (Quantenzahl abhängig von elektr. Ladung), Strangeness (Quantenzahl für Mesonen und Hyperonen), Parität u. a. Durch Stöße mit energiereichen Teilchen (→Hochenergiephysik) entstehen hochangeregte, äußerst kurzlebige Zustände der Baryonen **(Resonanzen),** deren Erforschung heute in ständigem Fluß ist. Zu jedem E. gibt es ein **Antiteilchen,** z. B. zum Elektron das Positron, zum Proton das Antiproton. Antiteilchen entstehen zusammen mit ihren Teilchen bei genügender Energiezufuhr durch →Photonen **(Paarerzeugung).** Teilchen-Antiteilchen-Paare zerstrahlen beim Aufeinandertreffen sofort wieder in zwei Photonen **(Paarvernichtung).** Die meisten Eigenschaften der Mesonen und Baryonen lassen sich theoretisch befriedigend erklären, wenn man annimmt, daß Mesonen aus einem »Quark« (engl. Bez.) und einem »Antiquark« und Baryonen aus je 3 »Quarks« aufgebaut sind, wobei die hypothet. Bausteine »Quarks« in drei Zuständen existieren sollten. Eine experimentelle Bestätigung dieser Annahme steht bisher aus.

Elementarzeit, die Zeit, in der das Licht eine →Elementarlänge durchläuft, etwa 10⁻²³ s.

Eleon′ore, weibl. Vorname; abgek.: Lore.

Elephant′iasis [grch.] die, **Elephantenkrankheit,** Verdickung der Haut und des Unterhautzellgewebes, bes. an Beinen, Armen und Geschlechtsteilen. Die **tropische E.** wird verursacht durch Fadenwürmer in den Lymphgefäßen, die Lymphstauung bewirken.

El′eusis, Republik in N-Afrika, an der von Athen, 15 500 Ew., Industriezentrum; im Altertum Sitz der **Eleusinischen Mysterien,** Weihehandlungen zu Ehren von Demeter und Persephone.

Elevati′on [lat.] die, 1) Erhebung, Erhöhung. 2) kath. Kirche: die Erhebung der Hostie und des Kelches bei der Messe. 3) ⚹ die →Höhe.

El′eve [frz.] der, Zögling, Schüler, bes. in Forst- und Landwirtschaft, Bergbau.

Elfen, Ez. der Elf oder die Elfe, in Sage und Märchen Lichtgestalten, Mittelwesen zwischen Menschen und Göttern, in Erde, Wasser, Luft.

Elfenbein [»Elefantenknochen«], die Knochenmasse der Stoßzähne der Elefanten; elastisch, leicht polierbar. Verwendung zu Billardbällen, Klaviertasten; →Elfenbeinschnitzerei.

Elfenbeinküste, Republik in W-Afrika, an der Oberguinea-Küste, 322 463 km², 4,2 Mill. Ew. (63% Angehörige von Naturreligionen, 23,5% Muslime, 12% kath., 1,5% ev.); Hauptstadt: Abidjan; Amtssprache: Französisch. Präsidialverfassung. – Dem tropisch-feuchten Küstenstreifen schließt sich ein dichter Regenwaldgürtel an; im N Savannenhochland mit Sommerregen. Anbau von Yamswurzeln, Hirse, Maniok, Reis, Mais; für die Ausfuhr: Kaffee, Kakao, Bananen, Ananas, Erdnüsse, Kautschuk, Zuckerrohr, Palmöl, Baumwolle u. a.; Edelhölzer. ⛏ auf Diamanten, Mangan; Nahrungsmittelindustrie. Haupthandelspartner: Frankreich. Haupthafen und Flughafen: Abidjan. – GESCHICHTE. 1895-1958 Gebiet Französ.-Westafrikas, dann Rep. in der Französ. Gemeinschaft, seit 1960 unabhängig. Präs.: F. Houphouet-Boigny. ⊕ S. 514, ⊏ S. 345.

Elfenbeinschnitzerei, die Kunstfertigkeit,

Elektroskop:
a Gold- oder
Aluminiumfolie,
b Isolator
(Bernstein)

Elfenbeinküste:
Wasserkraftwerk
am Bia

Gegenstände aller Art aus Elfenbein oder ähnl. Material zu schnitzen; in Afrika, Asien, Europa.

El Ferrol del Caudillo [-kaudi'λo], früher El Ferrol, span. Stadt, Kriegshafen, 88 300 Ew.

Elfriede [»Elfe« und »Schutz«], weibl. Name.

Elgar ['elgə], Sir Edward, engl. Komponist, *1857, †1934, schrieb in einem von Brahms beeinflußten Stil eigener Haltung Oratorien, Orchesterwerke, Kammermusik, Klavierwerke, Lieder.

El'ias, Prophet im Reich Israel (um 900-850 v. Chr.), bekämpfte den Dienst des Baal.

El'igius, Bischof von Noyon, * um 588, † um 660, Schutzheiliger der Schmiede (Tag 1. 12.).

elimin'ieren [lat.], entfernen, ausschalten.

Eliot ['eljət], 1) George, Deckname für Mary Ann Evans, engl. Erzählerin, *1819, †1880, übersetzte Spinoza, D. F. Strauß, L. Feuerbach; schrieb Romane aus der ländl. Umwelt: »Adam Bede«, »Die Mühle am Fluß«. 2) Thomas Stearns, engl. Dichter amerikan. Herkunft, *1888, †1965, versuchte »die moderne Welt für die Dichtung zu erschließen« und die abendländ. Kultur durch einen christl. fundierten Humanismus zu retten. Gedichte: »Das wüste Land«, »Aschermittwoch«, »Die vier Quartette«; dramat. Versuche in religiössymbol. Rahmen: »Mord im Dom«, »Cocktail Party«, »Ein verdienter Staatsmann«. Nobelpreis 1948.

'Elis, altgriech. Landschaft im NW der Peloponnes, mit der Feststätte von Olympia.

El'isa, israelit. Prophet (9. Jahrh. v. Chr.).

Elisabeth [hebr. »Gott schwur«], weibl. Vorname, abgek.: Elise, Liese, Elsbeth, Lisbeth, Bettina.

Elisabeth, Frau des Zacharias, Mutter Johannes des Täufers, Heilige (Tag 5. 11.).

Elisabeth, Fürstinnen: England. **1) E. I.**, Königin (1558-1603), Tochter Heinrichs VIII. und der Anna Boleyn, *1533, †1603, führte die Reformation in der Form der→Anglikanischen Staatskirche wieder ein, ließ ihre kath. Nebenbuhlerin Maria Stuart 1587 hinrichten, blieb im Krieg mit Spanien siegreich (Vernichtung der →Armada). Unter ihr erlebte England großen wirtschaftl. Aufstieg und geistige Blütezeit (Shakespeare). **2) E. II.**, Königin von Großbritannien und Haupt des Commonwealth, *1926, folgte 1952 ihrem Vater Georg VI. auf dem Thron; seit 1947 vermählt mit Philipp Mountbatten (aus dem griech. Königshaus), jetzt Prinz Philipp, Herzog von Edinburgh. Österreich-Ungarn. **3) E.**, bayer. Prinzessin, *1837, † (ermordet) 1898, Gemahlin von Kaiser Franz Joseph I. Rußland. **4) E.**, Kaiserin (1741-62), Tochter Peters d. Gr., *1709, †1762, beteiligte sich am Siebenjährigen Krieg gegen Preußen. Thüringen. **5) Die heilige E.**, Gemahlin des Landgrafen Ludwig von Thüringen, *1207, †1231, ungar. Königstochter, wurde 1227 als Witwe von der Wartburg vertrieben und lebte in Marburg der Frömmigkeit und Wohltätigkeit; 1235 heiliggesprochen (Tag 17. 11.).

Elisabethville [-vil], →Lubumbashi.

Elisi'on [lat.] die, Ⓢ Abfall eines Selbstlauts am Wortende vor anlautendem Selbstlaut, Zeichen '; z. B. »dacht' er«.

El'ite [frz.] die, Auslese, Beste; Oberschicht, Führerschaft.

Elix'ier [arab.] das, Auszug, Heiltrank.

Elizabeth [il'izəbəθ], Stadt im Staat New Jersey, USA, 112700 Ew.; Schiff- und Maschinenbau (Singer-Nähmaschinenfabrik); Ölraffinerien.

Ellbogen, Ellenbogen, hakenförmiger Knochenfortsatz der Elle am **Ellbogengelenk** zwischen Oberarmbein, Elle und Speiche.

Elle die, Unterarmknochen zwischen Hand- und Ellbogengelenk; danach früheres Längenmaß, örtlich schwankend zwischen 50 und 80 cm; **Ellenware,** früher für Meterware.

Ellesmereland ['elzmiə-], Insel im NO des arkt. Kanada, 200 400 km², z. T. vergletschert, z. T. Tundra mit polarer Tierwelt.

Ellice-Inseln, ['elis-], →Gilbert-Inseln.

Ellington, Duke, Jazzmusiker, *1899.

Ell'ipse [grch.] die, **1)** Weglassung eines aus dem Zusammenhang zu ergänzenden Redeteils.

2) △ eine geschlossene ebene Kurve, bei der die Summe der Abstände jedes ihrer Punkte S von zwei festen Punkten (den Brennpunkten) F_1 und F_2 stets den gleichen Wert hat. Man kann eine E. daher mit einem Stift S zeichnen, der eine um die Brennpunkte (Nadeln) gelegte Fadenschleife stets straff spannt. Die E. hat einen größten (Hauptachse AB) und einen kleinsten Durchmesser (Nebenachse CD); sie ist ein Kegelschnitt (→Kegel).

Ellipso'id das, geschlossene Fläche, deren ebene Schnitte Ellipsen sind.

Ellis Island ['ailənd], Insel im Hafen von New York, ehemal. Einreisekontrollstelle.

Ellwangen (Jagst), Stadt im Kr. Aalen, Bad.-Württ., 13 200 Ew.; Renaissanceschloß, Wallfahrts-, Stifts- u. a. alte Kirchen; Industrie.

Elm, bewaldete Muschelkalkrücken südöstl. von Braunschweig (Kuxberg 322 m hoch).

Elmsfeuer, elektr. Entladung in Form eines Lichtbüschels bei gewittrigem Wetter an Blitzableitern, Masten, Baumzweigen usw.

Elmshorn, Stadt in Schleswig-Holstein, 40 900 Ew.; Fernmeldezentralzeugamt, Sendefunkstelle der Bundespost (für den gesamten Überseeverkehr der Bundesrep. Dtl.).

El'oah [hebr.], Mz. **Elohim,** Gott.

Eloge [el'o:ʒ, frz.] die, Lobrede, Schmeichelei.

Elongati'on [lat.] die, **1)** ☆ Winkelabstand eines Planeten von der Sonne oder eines Mondes vom Planeten. **2)** ⊗ Entfernung eines schwingenden Körpers aus der Ruhelage.

Eloqu'enz [lat.] die, Beredsamkeit.

elox'ieren, Aluminium und Aluminiumlegierungen auf elektrolytischem Weg mit einer Schutzschicht aus Aluminiumoxyd versehen.

El P'aso, Grenzstadt gegen Mexiko in Texas, USA, 332300 Ew.; Bergakademie, Kupfer-, Ölraffinerien, Konserven- und Bekleidungsind.

Elritze, bis 14 cm langes Karpfenfischchen in mitteleurop. Bächen; hat absolutes Tongehör, unterscheidet Halbtöne. (FARBTAFEL Fische S.344)

El Salvad'or, Republik Zentralamerikas, am Stillen Ozean, 21 146 km², 3,5 Mill. Ew., meist Mestizen (85% kath.); Hauptstadt: San Salvador; Amtssprache: Spanisch. Präsidialverfassung. – Im Innern fruchtbares Plateau zwischen 2 Gebirgszügen, z. T. tätigen Vulkanen; Küstenstreifen feuchtheiß. – Mais, Bohnen, Reis, Zucker, Kaffee, Baumwolle. Wasserkraftwerke; Lebensmittel-, Textil- u. a. Ind. Handelspartner: USA, Japan, Bundesrep. Dtl. – E. S. war 1525-1821 unter span. Herrschaft, dann Glied der Verein. Staaten von Zentralamerika; seit 1841 selbständig. Präs. (seit 1967): F. Sánchez Hernández. – ⊜ S. 516, ⊡ S. 345.

Elsaß das, französ. Alsace, Landschaft am Oberrhein, zwischen Schweiz und Rheinpfalz, zu Frankreich gehörig, umfaßt die Oberrhein. Tiefebene links des Rheins, den Sundgau, einen Teil der Vogesen sowie das im N noch anschließende Hügelland bis zur Saar. Hauptstadt: Straßburg. In der Rheinebene Ackerbau (Weizen, Tabak, Hopfen, Gemüse, Zuckerrüben) und Viehzucht, im Hügelland Weinbau, in den Vogesen Holz-, z. T. Almwirtschaft. Textilindustrie im Ober-E., ferner Maschinen-, Papier-, keram., chem. u. a. Ind.; Erdölraffinerien werden durch die Erdölleitung Lavéra (Mittelmeer)–Karlsruhe versorgt.– GESCHICHTE. Das E., seit Caesar unter röm. Herrschaft, wurde in der Völkerwanderungszeit von den Alemannen besetzt, gehörte dann als Herzogtum Schwaben, zerfiel seit dem 13. Jahrh. in viele selbständige Herrschaften. Der habsburg. Besitz in E. ging 1648 an Frankreich verloren, das 1674 auch die kleineren elsäss. Reichsstädte, 1681 Straßburg besetzte. Doch wahrte das E. eine gewisse Selbständigkeit. Die wirtschaftl. und geistigen Verbindungen mit dem dt. Mutterland. Dtl. rissen nicht ab; so war die Universität Straßburg eine dt. Hochschule. Im Verlauf der Französ. Revolution wurde E. 1798 ganz mit Frankreich verschmolzen (Départements Bas-Rhin und Haut-Rhin), ebenso die bisher zur Schweizer. Eidgenossenschaft gehörige Stadt Mülhausen.

T. S. Eliot

Elisabeth I.

Elisabeth II.

Ellipse

Elster

Emailmalerei,
oben:
Kanne, Maler-
email auf Kupfer
mit Grisaille-
malerei(Limoges,
um 1560),
unten:
Dose, Email auf
weißem Grund
(Schweiz, Ende
17.Jahr.)

1871-1919 gehörte das E. mit einem Teil Lothringens als Reichsland Elsaß-Lothringen zum Dt. Reich; 1940-45 unter dt. Zivilverwaltung.

Elsbeere, Elzbeere, Baumarten: 1) verwandte Art der →Eberesche. 2) die →Traubenkirsche.

Elsheimer, Adam, Maler, *1578, †1610; tätig in Rom; Meister kleiner Landschafts- und Figurenbilder; beeinflußte Rubens, Lorrain, Rembrandt.

Elßler, Fanny, Ballettänzerin, *1810, † Wien 1884, durch ihre Nationaltänze bekannt.

Elster die, schwarz-weißer Rabenvogel mit langem, keilförmigem Schwanz.

Elster die, 1) **Weiße E.,** rechter Nebenfluß der Saale bei Halle, kommt vom E.-Gebirge, zwischen Fichtel- und Erzgebirge. 2) **Schwarze E.,** rechter Nebenfluß der Elbe bei Wittenberg, kommt aus der Oberlausitz.

Elster, Bad E., Stadt im Bez. Karl-Marx-Stadt, 3400 Ew., an der Weißen Elster; Mineral- und Moorbäder.

Elsterwerda, Stadt im Bez. Cottbus, an der Schwarzen Elster, 10300 Ew.; Metallind.

elterliche Gewalt, das Recht und die Pflicht der Eltern, für die Person und das Vermögen des minderjährigen Kindes zu sorgen. Die e. G. umfaßt die Nutznießung des Kindesvermögens und die Vertretung des Kindes in Rechtsangelegenheiten (§§ 1626ff. BGB).

Elternrecht, das natürl. Recht der Eltern, für ihre Kinder zu sorgen und an der Schulerziehung mitzuwirken.

Elternvertretung, gewählter Ausschuß zur Verwirklichung der Elternmitbestimmung an Schulen, auch **Elternbeirat, Schulpflegschaft** u. a.

Eltville, Stadt im Rheingau, Hessen, 7400 Ew.; Sektkellereien; Weinbau und -handel.

Eltz, Burg E., Burg über dem Eltzbach, einem linken Zufluß der Mosel; sehr gut erhalten.

Eluru, engl. **Ellore** [el′ouə], Stadt in Andhra Pradesch, Indien, 108300 Ew.; Elektroind.

El′ysium, griech. Sage: Land der Seligen am Westrand der Erde, später auch in der Unterwelt.

Elzevier [ɛlzəvi:r], niederländ. Buchhändler- und Buchdruckerfamilie des 16. und 17. Jahrh.

em., Abk. für emeritus, →Emeritierung.

Email [em′a:j, frz.] das, **Emaille** [em′aljə] die, durch Metalloxyd gefärbter Glasfluß zum Überziehen von Metall- und Tonwaren.

Emailmalerei, die in ihren Verfahren vielfach abgewandelte, durch Brand fest werdende Malerei mit pulverisiertem, zu Brei gerührtem Glas auf Metall, Ton oder Glas. Meisterwerke schufen im MA. Byzanz, Rhein- und Maasschule, Limoges.

Emanati′on [lat.] die, 1) PHILOSOPHIE: das Hervorgehen aller Einzeldinge und -wesen aus einer göttl. Einheit; bes. in der ind. und pers. Religion, der Gnosis, dem Neuplatonismus und der Theosophie. 2) ⊖ veralteter Name für →Radon.

Em′anuel [von Immanuel], männl. Vorname.

Emanzipati′on die, Befreiung aus einer Abhängigkeit oder Beschränkung. **emanzip′iert,** frei.

′Emba die, Fluß in der Kasach. SSR, 647 km lang, erreicht nur bei Hochwasser das Kasp. Meer. **Emba-Erdölgebiet** (NO-Kasp. Senke).

Emballage [ũbal′a:ʒ, frz.] die, Umhüllung oder Verpackung einer Ware beim Transport.

Emb′argo das, die vom Staat verfügte Zurückhaltung fremder Schiffe nebst Ladung; auch Ausfuhrverbot.

Embl′em [grch.] das, Kennzeichen, Sinnbild.

Embol′ie [grch.] die, ⚡ Verstopfung von Blutgefäßen, meist durch einen Blutpfropf (Thrombus, →Thrombose), auch durch Fettkörperchen bei Knochenverletzungen (**Fett-E.**) oder Luftbläschen bei Verletzung von Blutgefäßen (**Luft-E.**); kann zu Nekrose, Herz- oder Lungenschlag führen.

Embonpoint [ũbõpw′ɛ̃, frz.] das, Wohlbeleibtheit.

′Embryo [grch. »Keimgebilde«] der, -s/...′onen, der tierische, menschliche, pflanzliche Keim in seiner ersten Entwicklung. Der menschliche E. wird etwa nach dem ersten Drittel der Schwanger-

schaft **Fötus** oder **Frucht** genannt. Er entsteht aus dem befruchteten →Ei (Eizelle) durch Furchung, Entwicklung der Keimblätter und weitere Ausbildung. Der pflanzliche E. entsteht aus der Eizelle der →Samenanlage, der →Archegonium u. a. **embryon′al,** ⚡ ⊖ ⚙ noch unausgebildet.

Emden, Hafenstadt im RegBez. Aurich, Nd.-Sachsen, 48300 Ew., am Dortmund-Ems- und Ems-Jade-Kanal, mit dem Mittellandkanal, dem Ruhrgebiet und Wilhelmshaven verbunden, wichtiger Umschlaghafen. Reedereien, Schiffbau, Zweigwerk der VolkswagenAG., Fischverwertung, Erdölraffinerie.

Emden: Ostfriesisches Landesmuseum

Emendati′on [lat.] die, Verbesserung, Textberichtigung. **Emend′ator** der, Textverbesserer.

Emerit′ierung [lat. emeritus »ausgedient«; abgek.: em., emerit.], Entpflichtung, Versetzung von Hochschullehrern in den Ruhestand unter Beibehaltung wesentl. Rechte (Gehalt; Berechtigung, Vorlesungen zu halten). **Em′eritus** der, -/...iti Geistlicher im Ruhestand, entpflichteter Hochschullehrer.

Emerson [′eməsn], Ralph Waldo, amerikan. Philosoph und Dichter, *1803, †1882; vertrat den Transzendentalismus, der ein Leben in mystischer Verbindung mit der Weltseele fordert.

Emigr′anten [lat.] Mz., Auswanderer, bes. wenn sie ihr Land aus politischen, rassischen oder religiösen Gründen verlassen. Die Abgrenzung gegen Flüchtlinge und Vertriebene ist fließend. Beispiele aus neuerer Zeit: aus Frankreich die →Hugenotten nach 1685, Geistliche, Adelige, Offiziere nach 1789; aus Dtl. und Italien Liberale und Demokraten, bes. nach d. 1.Hälfte des 19.Jahrh.; aus Rußland und Österreich vor dem 1.Weltkrieg Litauer, Polen, Slowaken, Tschechen, Ukrainer u. a.; aus Rußland Gegner der früheren Führungsschichten nach 1917; aus Italien Gegner des Faschismus, bes. nach 1924; unter der Herrschaft des Nat.soz. aus Dtl. und Österreich vor allem →Juden, ferner Kommunisten, Sozialdemokraten und andere Hitlergegner. Aufnahmeländer waren bes. die USA, Südamerika, Palästina, England, Schweden Schweiz, anfangs auch Frankreich.

′Emil [frz., von lat. Aemilius], männlicher Vorname; weibliche Form: **Em′ilie.**

Em′ilia die, Landschaft in N-Italien, zwischen Apennin, Po und Adriatischem Meer.

emin′ent [lat.], hervorragend, vorzüglich.

Emin′enz [lat. »Erhabenheit«] die, Ehrentitel der Kardinäle, des Großmeisters des Malteserordens, früher auch der drei geistl. Kurfürsten.

Emin′escu, Mihai, rumän. Nationaldichter *1850, †1889; philosoph. Natur- u. Liebeslyrik.

Em′in Pasch′a, eigentlich Eduard **Schnitzer,** Forschungsreisender, *1840, erforschte das obere Nilgebiet, trat 1890 in dt. Dienste und wirkte in Ostafrika. 1892 im Kongogebiet ermordet.

Em′ir [arab. »Gebieter«] der, islamischer Titel für Fürsten und Stammeshäuptlinge.

Emiss'är [frz.] der, Sendling, Geheimbote.
Emissi'on [lat.] die, 1) Aussendung. 2) Ausgabe, Unterbringung von Wertpapieren auf dem Kapitalmarkt (**Emissionsbank**).**emitt'ieren**, in Umlauf setzen. 3) ⊗ Ausstrahlungen jeder Art, z. B. von Licht durch leuchtende Körper, von Strahlen radioaktiver Stoffe.

EMK, Abk. für →elektromotorische Kraft.
Emma [zu Irmgard], weibl. Vorname.
'Emmaus, Dorf in der Nähe Jerusalems.
Emmen ['emə], Stadt in der niederländ. Prov. Drente, 77 900 Ew.; Kunstfasererzeugung, Metallverarbeitung, Textilindustrie u. a.
Emmen, Gem. im Kt. Luzern, Schweiz, 23 000 Ew.; Eisen-, Textil-, Elektro-, Flugzeugind.
Emmendingen, Kreisstadt im Breisgau, Bad.-Württ., 16 000 Ew.; Spinnereien, Maschinenind.
Emmental, schweizer. Landschaft, Kt. Bern; Alpwirtschaft (**Emmentaler Käse**), Leinen.
Emmer, der →Dinkel.
'Emmeram oder **Emmeran,** Apostel der Bayern, † um 715, Heiliger (Tag 22. 9.).
Emmerich, Stadt in Nordrh.-Westf., 24 500 Ew.; Öle, Fette, Maschinen.
Emoti'on [lat.] die, Gemütserregung.
Emp'edokles, griech. Philosoph, *490, †430 v. Chr.; Entstehen und Vergehen aller Dinge sind nach ihm nur Mischung und Entmischung der vier Elemente Feuer, Luft, Wasser, Erde.
Empfängnis, Konzeption, die Befruchtung des menschl. Eies. Das **E.-Optimum,** die Zeit, in der ein Beischlaf am wahrscheinlichsten zur E. führt, liegt bei regelmäßiger Menstruation etwa in der Mitte des monatl. Zyklus zum Zeitpunkt des Eisprungs (10.-16. Tag). **E.-Verhütung** durch Enthaltsamkeit während des E.-Optimums; von seiten des Mannes Unterbrechung des Beischlafs (Coitus interruptus) oder Benutzung eines →Kondoms; von seiten der Frau Benutzung eines →Pessars; Scheidenspülungen, chem. Einlagen. Die orale E.-Verhütung durch Pillen (Anti-Baby-Pillen) beruht auf der Verabreichung von hormonalen Wirkstoffen, die Follikelreifung und Eisprung verhindern. Die **gesetzliche E.-Zeit** ist die Zeit vom 181. bis zum 302. Tage vor der Geburt eines Kindes (§ 1592 BGB). Wer der Mutter innerhalb dieser Zeit beigewohnt hat, gilt als Vater des Kindes (§§ 1717 Abs. 2, 1720 BGB).
Empfindung, 1) Gefühl, Gemüt. 2) Bestandteil der Sinneswahrnehmung (z. B. rot, laut).
Emph'ase [grch.] die, Nachdruck, Eindringlichkeit. **emph'atisch,** eindringlich.
Emphys'em [grch.] das, Aufblähung, krankhafte Ansammlung von Luft in Lücken von Organen. **Lungen-E.,** Lungenblähung durch dauernde Überdehnung mit Elastizitätsverlust der Lungenalveolen.
Empire, 1) [ãp'i:r, frz.] das französ. Kaiserreich unter Napoleon I. und Napoleon III. **2) E.** ['empaiə, engl.], das →Britische Commonwealth.
Empire State Building ['empaiə steit b'ildiŋ] in New York, 381 m hoch (mit Fernsehturm 442 m). (BILD Hochhaus)
Empirestil [ãp'i:r-], klassizist. Stil Frankreichs unter Napoleon I., bes. in Innenraumgestaltung, Möbelbau und Mode. (TAFEL Möbelstile)
Empir'ie [grch.] die, Erfahrung. **Empir'ismus** der, Lehre, die alle Erkenntnis allein aus der Erfahrung ableitet. **emp'irisch,** sich auf Erfahrung stützend. **Empirische Wissenschaften,** Erfahrungswissenschaften.
Emp'ore die, Obergeschoß in den Seitenschiffen, auch über dem Westeingang von Kirchen.
Empy'em [grch.] das, eine Eiteransammlung in einer Körperhöhle.
Ems die, Fluß in NW-Dtl., entspringt am Südwesthang des Lippischen Waldes, mündet in den Dollart (Nordsee); 371 km lang, streckenweise in den Dortmund-Ems-Kanal einbezogen.
Ems, Bad E., altes Heilbad im unteren Lahntal, Rheinl.-Pf., 10 400 Ew.; warme Quellen; Kuren gegen Erkrankungen des Kreislaufs und der Atmungsorgane; **Emser Pastillen.**

Emscher die, rechter Nebenfluß des Rheins, durchfließt das Ruhrgebiet, kanalisiert.
Emsdetten, Stadt im Kr. Steinfurt, Nordrh.-Westf., 29 000 Ew.; Jute-, Leinen-Industrie.
Emser Depesche, Depesche des Geheimrats Abeken an Bismarck aus Ems vom 13. 7. 1870 über die Verhandlungen Wilhelms I. mit dem französ. Botschafter Benedetti über die span. Thronkandidatur eines Hohenzollern und deren Abbruch. Die von Bismarck veröffentlichte, durch Kürzung verschärfte Fassung löste die Kriegserklärung Frankreichs aus.
Emsland, Landschaft a. d. deutsch-niederländ. Grenze. Aufgrund des E.-Plans (1948) wurden große Teile der Moor- und Heideflächen kultiviert.
'Emu der, ein 1,7 m hoher Straußvogel mit Stummelflügeln, lebt nur noch in S-Australien.
Emulsi'on [lat.] die, kolloidale Lösung einer Flüssigkeit in einer anderen, z. B. Öl in Wasser.
en avant [ãnav'ã, frz.], vorwärts, voran.
en bloc [ãbl'ɔk, frz.], in Bausch und Bogen.
Enchir'idion [grch.] das, Handbuch, Lehrbuch; auch der Kleine Katechismus Luthers.
Endem'ie [grch.] die, ⚕ dauerndes Auftreten einer Krankheit in einem bestimmten Gebiet; Gegensatz: →Epidemie. **end'emisch,** einheimisch.
en détail [ãdet'aj, frz.], im einzelnen, im Einzelhandel. Gegensatz: en gros.
End'ivie die, Gemüsepflanze: **1)** Winterendivie, bitterlicher Salat, Schwesterart der →Wegwarte, z. B. der zart gezackige, breitrippige Eskariol. **2)** Sommer-E., Bindesalat, Römischer Salat, Nebenformen des Gartensalats.
Endlichkeit, räuml. und zeitl. Begrenzung von Dingen, Personen, kosmischen Systemen u. ä., im Gegensatz zur Unendlichkeit.
Endmaße, ⊙ Meßklötzchen von rechteckigem Querschnitt als Längenmaß-Normale, Genauigkeit $^1/_{1000}$ mm.
Endogam'ie [grch.] die, Heirat innerhalb der eigenen sozialen Gruppe (Sippe, Clan, Stamm, Kaste). Gegensatz: Exogamie.
endog'en [grch.], **1)** ⊕ durch Kräfte des Erdinnern entstanden (Vulkanismus, Erdbeben). **2)** ⚕ aus inneren Ursachen entstanden. Gegensatz: exogen.
Endok'ard [grch.] das, ⚕ die innere Schicht der Herzwand. **Endokard'itis** die, Entzündung des E., bes. der Herzklappen.
endokr'in [grch.], nach innen gerichtet; **e. Drüse,** Drüse mit →innerer Sekretion.
'Endor, israelit. Ort südl. vom Berg Tabor, Sitz einer von König Saul befragten Totenbeschwörerin (**Hexe von E.**); nach 1. Sam. 28, 7 ff.
Endoradios'onde [grch.-lat.], ⚕ Mikrosender, wird geschluckt zur Untersuchung des Magen-Darm-Kanals.
Endosk'op [grch.] das, ⚕ Gerät zum Besichtigen von Körperhöhlen, z. B. der Harnblase.
Endosp'erm [grch.] das, ⚘ Speichergewebe im →Samen.
Endoth'el [grch.] das, Innenhäutchen in Lymph- und Blutgefäßen im Unterschied zum →Epithel.
endoth'erm [grch.], ↻ unter Wärmeaufnahme verlaufend; Gegensatz: →exotherm.

Empirestil:
Dame und Herr
im Straßenanzug

Bad Ems

Engels

Endspurt [engl.] der, bei einem Wettkampf die letzte Anstrengung vor dem Ziel.

End'ymion, griech. Sage: Geliebter der Selene, die ihn in Schlaf versenkte, um ihn zu küssen.

Energ'etik [grch.] die, Lehre, wonach alles Sein und Werden auf Energien (Kräfte) zurückgeführt werden könne. Egw.: **energ'etisch.**

Energ'ie [grch.] die, 1)Tatkraft, Kraft, Nachdruck. 2) ⊗ gespeicherte Arbeit, Arbeitsfähigkeit. In der Mechanik unterscheidet man **Bewegungs-E. und potentielle E. (E. der Lage)** der Massen. Auch eine Form der an elektr. Ladungen gebundenen E. ist potentielle E., eine andere Form **elektr. E.** ist nicht an Ladungen gebunden, sondern bildet zusammen mit der **magnet. E.** die **elektromagnet. E.** des elektromagnet. Feldes; zu ihr gehört auch das Licht. E. läßt sich weder erschaffen noch vernichten (**E.-Satz**), sondern nur von einer Art in eine andere umwandeln. Jeder Masse entspricht eine bestimmte E. und jede E. besitzt eine entsprechende Masse.

Energiewirtschaft, die wirtschaftl. Ausnutzung von Kohle, Erdöl, Erdgas, Wasserkraft. Durch Atomumwandlung (→Atomenergie) kann auch die in den Atomkernen gebundene Energie nutzbar gemacht werden.

en'ergisch, tatkräftig, nachdrücklich.

enerv'ieren [lat.], entkräften, schwächen.

En'escu, George, rumän. Geiger und Komponist, *1881, †1955; Sinfonien, Oper u. a.

en face [ãf'as, frz.], von vorn gesehen.

en famille [ãfam'ij, frz.], in der Familie.

enfant terrible [ãf'äter'ibl, frz. »schreckliches Kind«] das, wer durch unangebrachte Offenheit andere in Verlegenheit bringt.

Enfleurage [ãflœː'ra:ʒ, frz.] die, Gewinnung von Blütenriechstoffen durch Aufstreuen von Blüten auf Fett, Extraktion mit Alkohol.

Engad'in, das, Hochtal im Kt. Graubünden, Schweiz, 1000-1800 m hoch, 91 km lang, besteht aus Oberengadin, vom Inn durchströmt, und Unterengadin; rätoroman. Bevölkerung. Es hat trockenes, sonniges Klima, Heilquellen und Kurorte: St. Moritz, Schuls, Tarasp, Vulpera, Silvaplana, Samaden, Pontresina, Sils u. a. (FARBTAFEL Schweiz S. 871)

Engadin: Oberengadiner Seen

Engagement [ãgaʒm'ã, frz.] das, 1) Verbindlichkeit. 2) Anstellung. 3) Hingabe eines Menschen an eine Sache.

Engel [von grch. angelos »Bote«], in der Bibel die Boten Gottes an die Menschen, die die Heiligkeit und Herrlichkeit Gottes wie seine helfende Nähe veranschaulichen. Gegenstand des Glaubens ist die E. in der Ost- und kath. Kirche (**Schutzengel**), nicht im Protestantismus.

Engelberg, Kurort und Wintersportplatz, Kt. Obwalden, Schweiz, 1020 m ü. M., 3100 Ew.; Benediktinerabtei.

Engelbert von Berg, Erzbischof von Köln, *1185, † (ermordet) 1225; Reichsverweser und Vormund Heinrichs, des Sohnes Friedrichs II. Heiliger, Tag: 7. 11.

Engelbrecht [aus ahd. engil »Engel« und beraht »glänzend«], männlicher Vorname.

Engelke, Gerrit, Arbeiterdichter, *1890, †1918; Gedichte »Rhythmus des neuen Europa«.

Engelmacherin, Frau, die Pflegekinder zugrunde gehen läßt, um das Pflegegeld zu behalten.

Engels, bis 1931 **Pokrowsk,** war bis 1945 Hauptstadt der Wolgadt. ASSR, 130000 Ew.

Engels, Friedrich, sozialist. Schriftsteller und Politiker, *1820, † London 1895, verfaßte mit Karl →Marx 1847 das Kommunist. Manifest und unterstützte diesen materiell und geistig bei seinem Hauptwerk »Das Kapital«; neben Marx wichtigster Begründer des Marxismus.

Engelsburg, Rundbau in Rom, am Tiber bei der Engelsbrücke, 136-139 n. Chr. von Kaiser Hadrian als Grabmal errichtet, im MA. Burg, bes. der Päpste. Ihren Namen erhielt sie von einer zu Ehren des hl. Erzengels Michael eingebauten Kapelle und der St.-Michaels-Statue; heute Museum.

Engelsburg

Engelsüß das, Farnkraut, →Tüpfelfarn.

Engelwurz, Brustwurz, hochstaudiger Doldenblüter, wächst an Bächen, in Wäldern; der Wurzelstock (**Angelika-** oder **Brustwurzel**) dient als Magenmittel und zur Herstellung von **Angelikaspiritus.**

Enger, Stadt in Nordrh.-Westf., 15500 Ew.

Engerling, der, unterirdisch lebende Larve der Blatthornkäfer, z.B. des Maikäfers.

Engern, der mittlere Teil des alten Sachsenlandes, beiderseits der Weser.

Engführung, ♪ die kontrapunkt. Verknüpfung mehrerer Themen, bes. in der Fuge.

Enghien [ãg'ɛ̃], Heinrich Herzog v., *1772 †1804; als französ. Emigrant von Napoleon aus Dtl. entführt und erschossen.

Enghien-les-Bains [ãg'ɛ̃ le bɛ̃], Kurort nahe Paris, 12500 Ew.; internat. Pferderennen.

England [»Land der Angeln«], der südl., größere Teil der Hauptinsel →Großbritannien, umfaßt (mit den 20761 km² mit Wales) 115119 km² mit rd. 47 Mill. Ew. ⊕ S. 523.

Engländer, i. e. S. die Bewohner von →England, i. w. S. die Briten; kelt.-german. Volk, hervorgegangen aus kelt. Stämmen des Altertums, den (namengebenden) Angeln, Sachsen und Jüten der Völkerwanderung und Normannen aus Dänemark und Frankreich. Sprache: Englisch, daneben Reste der kelt. Sprache (Walisisch).

Engländer, auch **Franzose,** Schraubenschlüssel mit verstellbarer Maulweite.

Engler, Adolf, Botaniker, *1844, †1930, erklärte die heutige Pflanzenverbreitung geologisch.

Englergrad, Maßeinheit für die Zähflüssigkeit eines Schmieröles.

Englische Fräulein, kath. Frauenkongregation zur Erziehung der weibl. Jugend höherer Stände, gegr. 1630.

Englische Komödianten, wandernde Schauspielertruppen, die 1585-1650 aus England nach Deutschland kamen; um 1650 von dt. Wandertruppen abgelöst.

Englische Krankheit, die →Rachitis.

Englische Kunst. Vorgeschichtl. Zeugnisse sind die der Sonnenverehrung dienenden Steinkreise (→Stonehenge) der Jungstein- und Bronzezeit. **Keltische Kunst:** Blütezeit im 5. Jahrh. v. Chr. (Waffen, Gefäße, Geräte); Höhepunkt der irischen Buchmalerei. **Angelsächs. Kunst:** Grabbeigaben in Gold und Elfenbein (Schatz von

Entdeckungsreisen

Entrecôte [ãtrk'o:t, frz.] die, Mittelrippen-
stück vom Rind ohne Knochen.

Entree [ãtr'e, frz.] das, **1)** Eingang. **2)** erstes
Auftreten. **3)** Vorzimmer. **4)** Zwischengericht.

Entrop'ie [grch.] die, ⊗ der nicht mehr in
nutzbare Energie zu verwandelnde Teil einer
Wärmemenge, bezogen auf eine bestimmte Temperatur.

Entschädigung, allgemein: Ersatz für einen
zugefügten Schaden. ♋ der von der öffentl. Hand
zu leistende Ersatz für Eingriffe in private Rechte
der Staatsbürger, die in Erfüllung der der Allgemeinheit gegenüber bestehenden Pflichten vorgenommen wurden.

Entseuchung, die →Desinfektion.

Entstalinis'ierung, Schlagwort für die von
den Nachfolgern Stalins, bes. von Chruschtschow
(seit dem 20. Parteikongreß der KPdSU, 1956),
bewirkte teilweise Abkehr von den Herrschafts-
methoden und der persönl. Diktatur Stalins; das
Machtmonopol der sowjet. Parteiapparates wurde
damit jedoch nicht in Frage gestellt.

Entwässerung, 1) die Abführung der Ge-
brauchswässer und des Regenwassers aus Gebäu-

den und Städten durch Rohrleitungen und Kanäle, Reinigung der Abwässer und Ableitung in einen Vorfluter (→Vorflut). 2) die →Dränage.

Entwesung, die Bekämpfung von tierischen Schädlingen (Mäuse, Ratten) und krankheitsübertragenden Insekten.

Entwickler, chem. Verbindung, die in wässeriger Lösung das Bild (Negativ) auf belichteten photograph. Platten, Filmen oder Papieren sichtbar macht **(entwickelt).** Sie scheidet an den belichteten Stellen je nach der Lichtstärke Silber aus der lichtempfindlichen Schicht ab. Die meisten E. sind Kohlenwasserstoffverbindungen.

Entwicklung, Evoluti'on, Grundbegriff der biolog. u. a. Wissenschaften: die Veränderung und Entfaltung von Organismen, Sozialkörpern auf ein vorgeformtes Ziel hin. Der Evolution'ismus steht oft im Gegensatz zu dem statischen Ordnungsdenken. In der Biologie wird zwischen der Individual-E. (Einzel-E., Ontogenie) und der Stammes-E. (Phylogenie, Evolution) der Organismen unterschieden. Die E.-Geschichte (Biogenie, Morphologie der E.) beschreibt den Ablauf der Einzel-E., während die E.-Physiologie (E.-Mechanik) ihre Gesetzmäßigkeiten erforscht. Die E. eines pflanzlichen oder tierischen Keimes setzt ein nach →Befruchtung der Eizelle. Die Keimes-E. einer tierischen Eizelle (→Ei) beginnt mit der Furchung, einer schrittweisen Zellteilung in 2, 4, 8, 16, 32 usw. Teilzellen. Aus einem kugeligen Zellhaufen **(Morula, Maulbeerkeim)** entsteht die hohlkugelige **Blastula (Blasenkeim).** Durch Einstülpung der äußeren einschichtigen Wand **(Blastoderm)** bildet sich die zweischichtige **Gastrula (Becherkeim).** Seine Mündung bezeichnet man als Urmund, die Einstülpungshöhle als Urdarm, die beiden Zellschichten als äußeres **Keimblatt (Ektoderm)** und inneres **Keimblatt (Entoderm).** Zwischen den beiden Zellschichten entsteht später ein **mittleres Keimblatt (Mesoderm).** Jedes Keimblatt enthält die Anlagen für bestimmte Organe.

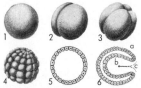

Entwicklung eines tierisches Eies (Schema). 1 Befruchtete Eizelle, 2 Zweizellenstadium, 3 Vierzellenstadium, 4 Morula, 5 Blastula, 6 Gastrula: a Ektoderm, b Entoderm, c Urmund

Entwicklungsjahre, die Jahre der →Pubertät.

Entwicklungsländer, Länder oder Gebiete mit niedrigem Lebensstandard, bes. in Asien, Afrika, Mittel- und Südamerika. Als **Entwicklungshilfe** erhalten sie von den Industriestaaten, den Vereinten Nationen u. a. Organisationen Nahrungsmittel, Kredite, Industrieausrüstungen, wirtschaftl., techn. und kulturelle Beratung.

Entwicklungspsychologie, Lehre von der Entwicklung des seel. Lebens (beim Kind, Tier).

Entziehungskur, die klinische Behandlung eines Süchtigen zur Entwöhnung von Alkohol, Nikotin oder Rauschgiften. Gewöhnlich dauert die Kur mindestens 6 Monate, ggf. unter Anwendung von Dauerschlaf und Psychotherapie.

Entzündung, 1) ⊙ der Beginn einer Verbrennung. 2) ſ örtliche Reaktion eines Körpergewebes auf einen schädigenden Reiz durch Strahlen, Hitze, Verätzung, Gifte oder Bakterien. Allgemeine Anzeichen einer E. (Rötung, Schwellung, Erwärmung, Schmerz) beruhen auf vermehrter Blutfülle und Ansammlung von Gewebsflüssigkeit und sind eine Schutzmaßnahme des Körpers. Die **Schleimhaut-E.** (Katarrh) bewirkt eine starke wäßrige Absonderung, in Gelenken und Körperhöhlen als Erguß **(Exsudat).** Die **eitrige E.** geht mit der Bildung von Eiter einher. Die **jauchige E.** wird von Fäulniserregern verursacht. Bei manchen E. kann der Gewebstod großeAusmaße annehmen, →Brand, eitrige →Zellgewebs-E. Bei anderen E. entstehen Gewebswucherungen (Syphilis, Tuberkulose).

En'ugu, Hauptstadt des Staates East-Central, Nigeria, 138 500 Ew.; Steinkohlenbergbau.

'Enver Pascha, türk. General und Staatsmann, *1881, †1922, Führer der Jungtürken, im 1. Weltkrieg Oberbefehlshaber und Kriegsmin.

en vogue [ãv'o:g, frz.], beliebt, in Mode.

Enzensberger, Hans Magnus, Schriftsteller, *1929; zeitkritische Lyrik und Hörspiele.

Enzephal'itis [grch.] die, Gehirnentzündung.

'Enzian, Gentiana, krautige Gebirgspflanzen, E.-Gewächse, z. B. **Frühlings-E.,** himmelblau; **Stengelloser E.,** zyanblau; **Gelber E., Bitterwurz** (beide unter Naturschutz); Wurzel dient als Zusatz zu Magenbranntwein und als Heilmittel (BILD Alpenpflanzen, FARBTAFEL Heilpflanzen S. 352)

Enz'yklika [grch.] die, -/...ken, Rundschreiben des Papstes.

Enzyklopäd'ie [grch.] die, zusammenfassende Darstellung des gesamten Wissens oder eines Teilgebietes, entweder nach Sachgruppen oder nach dem Abc geordnet, so die hellenist. Wissenssammlungen (enkyklios paideia), die 7 freien Künste, die Nachschlagewerke der Aufklärung (→Enzyklopädisten). Eine Sonderform ist das →Konversationslexikon. Daneben gibt es **Fachwörterbücher** oder **Realenzyklopädien** der Einzelgebiete.

Enzyklopäd'isten, die Mitarbeiter der unter Leitung von Diderot und d'Alembert 1751-80 erschienenen franzö. »Encyclopédie«, eines Hauptwerks der →Aufklärung.

Enz'yme, Ez. das Enz'ym [grch.], **Ferm'ente,** von lebenden Zellen erzeugte Eiweißstoffe, die chem. Verbindungen verändern, z. B. spalten, ohne sich dabei zu verbrauchen **(Biokatalysator).** Die E. regeln und steuern den Stoffwechsel der Lebewesen. Jedes E. ist auf eine ganz bestimmte Leistung abgestimmt, d. h. es wirkt spezifisch. So spaltet das E. Sacharase nur Rohrzucker; Maltase zerlegt Malzzucker in Traubenzucker; Pepsin, Trypsin spalten Eiweiß, Lipase Fett. Techn. Verwendung in Bäckerei, Brauerei, Textil-, Lederind. u. a.

eo 'ipso [lat.], von selbst, ohne weiteres.

Eol'ith [grch.] der, Feuersteinstück oder -splitter aus der Tertiär- oder Eiszeit. Man hielt die E. irrtümlich für Werkzeuge von Menschen.

'Eos [grch.], griech. Göttin der Morgenröte.

Eos'ander, Johann Friedrich Freiherr v., E. v. Göthe genannt, Baumeister, * um 1670, †1728, baute am Berliner und Charlottenburger Schloß.

Eos'in, ⊙ roter Teerfarbstoff, bes. zur Herstellung von roter Tinte.

Eoz'än [grch.] das, Stufe der Tertiärzeit. (ÜBERSICHT Erdgeschichte)

Eoz'oikum das, Zeitabschnitt der Erdgeschichte, zwischen Urzeit und Altertum.

Epamin'ondas, Feldherr und Staatsmann (*420 v. Chr.) im alten Theben, schlug die Spartaner bei Leuktra (371), fiel 362 bei Mantinea.

Ep'arch [grch. »Befehlshaber«] bei den Römern und Byzantinern der Provinzialstatthalter; **Ep-arch'ie** die, Verwaltungsgebiet.

Epaulette [epol'et, frz.] die, Paradeschulterstück, bes. für Offiziere.

Epe, Gem. im Kr. Ahaus, Nordrh.-Westf., 11 900 Ew.

Eph'ebe der, im alten Griechenland Jüngling zwischen 18-20 Jahren während der militär. Ausbildung.

ephem'er [grch.], nur einen Tag dauernd, schnell vergänglich. **Ephemer'iden,** 1) →Eintagsfliegen. 2) Tabellen über den täglichen Stand der Himmelskörper.

'Epheserbrief, Schrift im N. T.; Brief des Apostels Paulus; die Echtheit ist zweifelhaft.

'Ephesos, im Altertum; große Handelsstadt an der Westküste Kleinasiens; der Artemistempel galt als eines der Sieben Weltwunder.

'Ephorus [grch.], Aufseher; **Eph'oren,** die fünf

für ein Jahr gewählten obersten Aufsichtsbeamten des alten Sparta.

'Ephraïm [hebr.], israelit. Stamm; 722 v. Chr. von den Assyrern unterworfen.

epi... [grch.], in Fremdwörtern: auf, über, an, bei, zu; z. B. Epidermis, Oberhaut.

Epid'auros, im Altertum griechische Stadt am Saronischen Golf; in der Nähe das Asklepiosheiligtum (Asklepieion), eine der größten antiken Heilstätten; guterhaltenes griech. Theater.

Epidauros: Theater

Epidem'ie [grch.] die, **Seuche,** ⁙ das gehäufte Auftreten einer ansteckenden Krankheit, wie Pest, Typhus, Cholera, Pocken, Scharlach, Grippe.

Epid'ermis [grch.] die, Oberhaut, die oberste Schicht der Haut.

Epidermophyt'ie [grch.], →Hautpilzerkrankung.

Epidiask'op [grch.] das, Bildwerfer für Aufsichts- (Epi-) und Durchsichts-(Dia-)bilder.

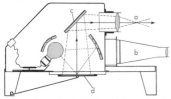

Epidiaskop: a Aufbild, b Durchbild, c Projektionsspiegel, d Bildaufnehmer

Epig'one [grch. »Nachgeborener«] der, griech. Sage: Nachkommen der Sieben gegen Theben; übertragen: Nachahmer ohne Schöpferkraft.

Epigr'amm [grch. »Aufschrift«, »Inschrift«] das, kurzes, geistreiches oder witziges Gedicht (meist als →Distichon); bei den Griechen zuerst Aufschrift auf Denkmälern, seit dem Humanismus in der dt. Dichtung →Sinngedicht«, oft mit satirischer Spitze. Blütezeit in der Klassik: Kästner, Lessing, Herder, Goethe, Schiller.

epigramm'atisch, kurz und treffend.

Epigr'aphik [grch.] die, Inschriftenkunde.

'Epik die, →erzählende Dichtung.

'Epiker der, erzählender Dichter.

Epikt'et, stoischer Philosoph, * um 50, †138 n. Chr.; sein »Handbüchlein der Moral« wurde später oft in christl. Sinn bearbeitet.

Epik'ur, grich. Philosoph, *341, †271 v. Chr., sah die Unerschütterlichkeit der Seele als Ziel an. Seine Nachfolger, die **Epikur'eer,** vergröberten seine Lehre; sie galten als Genußmenschen.

Epileps'ie [grch.] die, Krankheitsgruppe mit regelmäßig wiederkehrenden Krampfanfällen (dabei Bewußtlosigkeit, Hinfallen, **Fallsucht**) und psychischen Veränderungen. Erbanlagen spielen eine wesentl. Rolle, daneben Gehirnschädigungen. Behandlung nach der Ursache.

Epil'og [grch.] der, Nach- oder Schlußrede im Schauspiel; Gegensatz: Prolog.

Epin'al, Stadt im östl. Frankreich, an der Mosel, 40 000 Ew.; Druckereien (Bilderbogen von E.).

Epiph'anias [grch.], »Erscheinung«], das Fest der **Erscheinung des Herrn** am 6. 1. (Christus-Geburtstag in der Ostkirche), im kath. Volksglauben Fest der Heiligen →Drei Könige (nicht im kirchl. Festkalender).

Epiph'yse [grch.] die, 1) die →Zirbeldrüse. 2) das Gelenkende der langen Röhrenknochen; während des Knochenwachstums durch eine Knorpelzone (**E.-Knorpel**) mit dem Mittelknochen verbunden.

Epiph'yten [grch.], **Aufpflanzen, Überpflanzen,** Gewächse, die nicht auf dem Boden, sondern auf anderen Pflanzen, bes. Bäumen, wachsen, ohne diesen Nährstoffe zu entziehen. Die E. sind am häufigsten in den Tropen (Orchideen, Farne). Sie entnehmen Wasser dem Regenwasser und Wasserdampf der Luft, Nährstoffe dem auf Bäumen angesammelten Humus.

Ep'irus, Gebirgslandschaft in NW-Griechenland; wirtschaftl. Mittelpunkt: Ioannina.

epische Dichtung, →erzählende Dichtung.

episches Theater, bes. von B. Brecht angewandte Form des Bühnenstücks: dem Zuschauer wird etwas »gezeigt« (daher auch »demonstratives Theater«), er soll sich bewußt sein, einem Spiel beizuwohnen (»Verfremdungseffekt«).

Ep'iscopus [lat., von grch. episkopos »Aufseher«], Bischof.

Episk'op [grch.] das, Bildwerfer zur Projektion undurchsichtiger Bilder.

Episkop'alsystem [zu episcopus], 1) kath. Kirche: Lehre, die das allg. Konzil dem Papst überordnet; durch das Tridentin. und das 1. Vatikan. Konzil verworfen. 2) evang. Kirche: Lehre von der Befugnis des Landesherrn zum Kirchenregiment als Rechtsnachfolger der Bischöfe (bis 1918).

Episkop'at der, das Bischofsamt oder die Gesamtheit der Bischöfe.

Epis'ode [grch.] die, 1) LITERATUR: Nebenhandlung. 2) nebensächl. Ereignis, Erlebnis.

Ep'istel [grch.] die, 1) Brief, bes. der dichter. Brief. 2) in N. T.: Sendschreiben der Apostel. 3) im Gottesdienst: ein Abschnitt aus den Apostelbriefen. 4) übertragen: Strafpredigt.

Ep'istolae obscur'orum vir'orum [lat.], Dunkelmännerbriefe (1515-17), verspotten in überspitztem Mönchslatein die Gegner Reuchlins, die Kölner Dominikaner. Die Verfasser gehörten dem Erfurter Humanistenkreis an.

Epit'aph [grch.] das, 1) Grabschrift. 2) Grabmal.

Epith'el [grch.] das, in regelmäßigen Lagen von Zellen angeordnetes, gefäßreiches Gewebe, überkleidet die äußere Oberfläche und die inneren Hohlräume des menschl. und tier. Körpers. **E.-Körperchen,** die →Nebenschilddrüsen.

Ep'itheton [grch.] das, -s/...ta, Beiwort **E. 'ornans,** schmückendes Beiwort (z. B. »rotes Blut«).

Ep'itome [grch.] die, Auszug aus einem Buch.

Epiz'entrum [grch.] das, Gebiet unmittelbar über dem Herd eines →Erdbebens.

Ep'oche [grch.] die, ein Zeitpunkt, mit dem eine neue bedeutsame Entwicklung beginnt; der Zeitabschnitt oder Zeitraum selbst.

Epop'öe [grch.] die, ≠ Epos.

'Epos [grch. »das Gesagte«] das, Mz. **Epen,** eine Hauptart der erzählenden Dichtung. Das E. ist die Darstellung geschichtl., sagenhaften oder mythischen Geschehens in monumental gesteigerter, rhythmisch gebundener Sprache. Die ältesten Epen – Leitbilder menschl. Daseins – wie Homers Ilias und Odyssee, Vergils Äneis, das ind. Mahabharata, der Beowulf, das Nibelungenlied weisen auf Herkunft aus dem Mythos und der älteren Heldensage zurück. Im ritterl.-höf. Gesellschaft des MA. entstanden die französ. Chansons de geste (»Rolandslied«), die Versepen von Chrétien de Troyes, das span. Cid-E., die dt. Epen von Hartmann von Aue, Wolfram von Eschenbach.

Als bedeutendstes E. des MA.gilt Dantes »Divina Commedia«. In der Neuzeit, in der z. B. noch Milton »Das verlorene Paradies«, Klopstock den »Messias«, Goethe »Hermann und Dorothea«, G. Hauptmann den »Eulenspiegel« schrieb, wurde das E. mehr und mehr vom Roman abgelöst.

Epox'ydharze, durch Polykondensation und Polymerisation gewonnene Kunstharze.

Eppelheim, Gem. im Kr. Heidelberg, Baden-Württ., 11 800 Ew.

Eppelsheimer, Hanns Wilhelm, Bibliothekar, *1890; »Handbuch der Weltliteratur«.

Eppich der, Volksname verschiedener Pflanzen, wie Sellerie, Petersilie, Efeu.

Eppler, Erhard, Politiker (SPD), *1926; seit 1968 Bundesmin. für wirtschaftl. Zusammenarbeit.

Epsom and Ewell ['epsəməndj'uil], Stadt südwestl. von London, 71 200 Ew.; Pferderennen.

Equilibr'ist, →Äquilibrist.

Equipage [ekip'a:ʒ, frz.] die, 1) herrschaftl. Kutsche. 2) ⚓ Schiffsbesatzung.

Equipe [ek'ip, frz.] die, Reitermannschaft.

Er, chem. Zeichen für →Erbium.

Er'asmus, Märtyrer, einer der Vierzehn Nothelfer, Heiliger (Tag 2. 6.).

Erasmus von Rotterdam, Humanist, *1466 (1469?), † Basel 1536; als Textkritiker, Herausgeber (Kirchenväter, N.T.) und Grammatiker bahnbrechend für die moderne Philologie; bekämpfte Mißbräuche in der kath. Kirche, lehnte jedoch Luthers Reformation ab.

Er'ato, eine der →Musen.

Erat'osthenes, griech. Gelehrter, * um 275 v.Chr., † um 214; Philologe, Dichter, Mathematiker, berechnete als erster den Erdumfang.

Erbach, 1) Kreisstadt in Hessen, 6900 Ew.; Luftkurort im Odenwald; Elfenbeinmuseum. 2) E. (Rheingau), Gem. in Hessen, 4200 Ew.; Weinbau und -handel.

Erasmus von Rotterdam

Erbach im Odenwald: Marktplatz

Erbanlage, →Gen. **Erbbild,** →Genotypus.

Erb'ärmdebild, Andachtsbild, das Christus als Schmerzensmann darstellt.

Erbbaurecht, das veräußerliche und vererbl. Recht, auf oder unter der Oberfläche eines fremden Grundstücks ein Bauwerk (Haus, Keller, Leitungsmasten usw.) zu errichten.

Erbfolgekriege, aus Streitigkeiten um die Thronfolge entstandene Kriege, z. B. 1) Span. E. 1701-14. 2) Poln. E. 1733-38. 3) Österr. E. 1741-48 4) Bayer. E. 1778-79.

Erbgrind, Wabengrind, Favus, durch Fadenpilze hervorgerufene Krankheit der Haut (bes. der behaarten Kopfhaut); führt zu unheilbarer fleckenförmiger Kahlheit.

Erbhof, nach dem Reichserbhofgesetz von 1933 ein gesetzlich bes. geschützter, unveräußerlicher, unteilbarer Bauernhof. Das Gesetz wurde durch Kontrollratsgesetz 1947 aufgehoben.

'Erbium, Er, chem. Element, Metall aus der Gruppe der →Lanthaniden.

Erbkrankheiten, durch krankhafte Erbanlagen bedingte Leiden, z.B. Epilepsie, Schizophrenie, Veitstanz. Die krankhafte Erbanlage braucht nicht in jeder Generation in Erscheinung zu treten (→Vererbung). Die Erblichkeit eines Leidens ist auch nicht gleichbedeutend mit Unheilbarkeit.

Erblasser, der Verstorbene, →Erbrecht.

Erbpacht, erbliches Nutzungsrecht an einem Grundstück, bes. Bauerngut, gegen Zahlung einer jährl. Pachtsumme an den Eigentümer **(Erbzins);** wurde 1947 in Dtl. abgeschafft.

Erbrechen, ⚕ Entleerung des Mageninhalts durch den Mund infolge Überfüllung oder Reizung des Magens, bei Magen- und Darmerkrankungen, Störung des Gleichgewichtssinnes (z. B. Seekrankheit), durch Widerwillen gegen bestimmte Speisen oder durch →Brechmittel.

Erbrecht, ♄ die rechtl. Bestimmungen über die Rechtsnachfolge bei Todesfall (§§ 1922ff. BGB). Das Vermögen des Verstorbenen **(Erblassers)** geht als Ganzes auf den oder die Erben über; mehrere Erben erlangen gemeinschaftl. Eigentum am Nachlaß **(Erbengemeinschaft).** Hat der Erblasser keine Verfügung über den Nachlaß getroffen (→Testament, →Erbvertrag), so tritt die **gesetzliche Erbfolge** ein: Erben 1. Ordnung sind die Abkömmlinge, 2. Ordnung die Eltern und deren Abkömmlinge, 3. Ordnung die Großeltern und deren Abkömmlinge usw. Verwandte der näheren Ordnung schließen die der entfernteren Ordnung aus. Der Ehegatte erbt neben Verwandten 1. Ordnung ein Viertel, neben Verwandten 2. Ordnung und Großeltern die Hälfte (dazu die Haushaltsgegenstände und Hochzeitsgeschenke), sonst den Nachlaß. Ist weder Verwandter noch Ehegatte vorhanden, so erbt der Staat. (→Pflichtteil, →Vermächtnis)

Erbschaftsteuer, die Steuer auf den Vermögensübergang durch Tod, in der Bundesrep. Dtl. geregelt durch das E.-Ges. v. 22. 8. 1925 i. d. F. v. 1. 4. 1959. Das Aufkommen steht den Ländern zu.

Erbschein, gerichtl. Bescheinigung über das Erbrecht und die Größe des Erbteils einer oder mehrerer Personen.

Erbschleicherei, die Bemühung um eine Erbschaft unter Anwendung widerrechtl. oder gegen die guten Sitten verstoßender Mittel. Die E. bildet keinen besonderen Tatbestand des StGB.

Erbse, 1) Gattung krautiger Schmetterlingsblüter mit Hülsenfrüchten. Arten: Acker-E., Peluschke, bunt blühend, in Italien wild. Kulturform: Garten-E. (Büschel-, Roll-, Zucker-, Mark-E.). 2) deren weißgelber, kugeliger Same, reich an Eiweiß und Stärkemehl, Nahrungsmittel. 3) vielerlei andere Schmetterlingsblüter, z.B. Kicher-, Platt-, Spargel-, Angola-E.

Erbsenstrauch, asiat. Schmetterlingsblütergattung, Holzgewächse, in Dtl. Zierstrauch.

Erbsünde, nach christl. Lehre: die durch den Sündenfall Adams und Evas verschuldete Sündhaftigkeit des Menschengeschlechts.

Erbuntertänigkeit, →Leibeigenschaft.

Erbvertrag, die vertragsmäßige unwiderrufliche Verfügung von Todes wegen, im Gegensatz zum →Testament (§§ 2274ff. BGB).

Erdalkalimetalle, ⊖ Beryllium, Magnesium, Calcium, Strontium, Barium, Radium.

Erdapfel, Erdbirne, Kartoffel, Topinambur.

Erdbeben, Erschütterungen des Erdbodens, durch geolog. Vorgänge in der Erdrinde ausgelöst, mit Bildung von Erdspalten, Schlamm-, Wasser- und Gasausbrüchen, Senkungen, Bergstürzen u.a. verbunden. Nach der Ursache unterscheidet man **Einsturzbeben,** die beim Einbruch unterird. Hohlräume entstehen, **vulkanische** oder **Ausbruchsbeben,** die als Begleiterscheinungen des Vulkanismus auftreten, und **tektonische** oder **Dislokationsbeben.** Letztere kommen am häufigsten vor; sie sind meist Folge von Brüchen oder Verschiebungen in der Erdkruste; sie treten, oft mit verheerender Wirkung, in den jungen Faltungs- und Bruchgebieten der Erdkruste auf (Randgebiete des Stillen Ozeans, Randzonen der Faltengebirge im S Asiens und Europas, O-Afrika). Die E. nehmen ihren Ausgang vom **E.-Herd** (Hypozentrum) in Tiefen bis zu 700 km; der Ort stärkster Bewegung an der Erdoberfläche ist das

Epizentrum. Bei Seebeben liegt der Herd unter dem Meeresboden, verheerende Überschwemmungen an den Küsten können die Folgen sein. Zur Erforschung der E. dienen **E.-Warten**, in denen **E.-Messer (Seismographen)** alle Erschütterungen aufzeichnen. Die Erschütterungen breiten sich wellenartig aus und werden wie Schallwellen an Stellen des Erdinneren, an denen die Dichte sprungartig zu- oder abnimmt, gebrochen oder reflektiert. Aus Seismogrammen von E. oder von starken unterird. Sprengungen (»künstl. E.«) kann man Aufschlüsse über den Erdaufbau gewinnen. Schwere E.: Lissabon 1. 11. 1755, Kalabrien-Sizilien 5. 12. 1783, 28. 12. 1908 (Messina), San Francisco 18. 4. 1906, Chile 12. und 17. 11. 1922, 25. 1. 1939, Mai 1960, Japan 1. 9. 1923, Assam 15. 8. 1930, Türkei 27. 12. 1939, Aug. 1966, Griechenland, Ion. Inseln Aug. 1953, Agadir 1. 6. 1960, Iran Sept. 1962, Jugoslawien (Skopje) Juli 1963, Sizilien Jan. 1968.

Erdbeerbaum, immergrüner Strauch S-Europas mit erdbeerähnl., nicht würzigen Früchten.

Erdbeere, Gatt. der Rosengewächse, mit Ausläufern, weißer Blüte und aus der Fruchtachse hervorgehendem fleischigem Gewebe, das mit den Früchten (Nüßchen) besetzt ist. **Wilde** oder **Wald-E.** in Wäldern, auf Gebirgshalden; **Garten-E.,** Kreuzungsprodukt aus amerikan. Formen.

Erdbiene, Sandbiene, Gattung der einzeln lebenden Bienen. Die Weibchen nisten in einer selbstgegrabenen Brutröhre (→Bienen).

Erde, der dritte Planet von der Sonne aus. Die E. dreht sich im Laufe eines Tages von W nach O einmal um ihre Achse und läuft dabei während eines Jahres (365 Tage, 5 Std., 48 min, 46 s) in einer kreisähnl. Ellipse um die Sonne. Äquator- und Erdbahnebene sind um 23° 27′ geneigt. Die Sonne steht in einem der Brennpunkte der Ellipse. Die Geschwindigkeit beträgt 30 km/s. Der mittlere Abstand von der Sonne beträgt 149,6 Mill. km. GESTALT UND GRÖSSE: Die E. hat ungefähr die Gestalt einer Kugel (genauer: Rotationsellipsoid). Zwei Punkte, die **Pole,** bleiben bei der tägl. Umdrehung in Ruhe; ihre Verbindungslinie ist die **Erdachse.** Infolge der Umdrehung ist die E. an den Polen abgeplattet. Die Erdachse mißt 12 713 550 m; der größte Durchmesser am **Äquator** 12 756 320 m, die Länge des Äquators 40 075 161 m. Die mittlere Dichte der E. beträgt 5,514 g/cm³. Da die Gesteine an der Erdoberfläche eine Dichte von nur etwa 3 g/cm³ haben, muß das Innere der E. aus sehr schweren Stoffen, möglicherweise aus Eisen mit etwas Nickel bestehen (Eisenkernhypothese). Zum Inneren hin nimmt die Wärme zu (auf 30-35 m Tiefe um 1 °C). Aus der Ausbreitung von Erdbebenwellen schließt man auf einen schichtförmigen Aufbau des Erdinnern aus **Erdkruste** (bis 8-15 km Tiefe unter der Ozeanoberfläche, 10-70 km unter Festländern), **Erdmantel** (bis 2900 km Tiefe) und **Erdkern.** Der Druck nimmt mit der Tiefe ständig zu, im Kern bis über 3,5 Mill. at. Die Kerntemperatur wird auf 2000-20 000 °C geschätzt. (FARBTAFEL S. 338)

Das Alter der E. wird mit rd. 5 Mrd. Jahren angenommen; Lebewesen traten vermutlich vor 1¹/₂ Mrd. Jahren erstmals auf. (ÜBERSICHT Erdgeschichte)

Die Oberfläche mißt rd. 510 Mill. km²; davon sind 361 Mill. km² (71%) Wasseroberfläche, 149 Mill. km² (29%) Festland. Die Verteilung ist ungleich. Die mittlere Höhe der festen Erdoberfläche: 875 m, die mittlere Tiefe der Ozeane: 3800 m. Höchste Erhebung des Festlandes: Mt. Everest 8848 m, größte Meerestiefe: Vitiaz-Tiefe 11022 m.

Erden, ⊖ frühere Bezeichnung für schwer schmelzbare Metalloxyde; man unterscheidet die eigentl. E., zu denen die Oxyde des Aluminiums (Tonerde) und Berylliums (Beryllerde) gehören, die →seltenen E.

Erdfarben, Farbstoffe, die durch Mahlen farbiger Mineralien gewonnen werden, z. B. Zinnober, Rötel, Ocker.

Erdferkel, Orycteropus, afrikan. Säugetier-

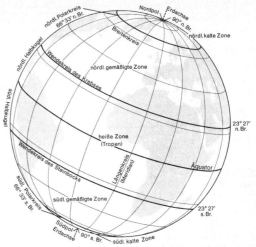

gattung der Röhrchenzähner, mit Grabfüßen und rüsselartigem Kopf; Termitenfresser.

Erdflöhe, Flohkäfer, Unterfamilie der Blattkäfer mit Springbeinen, zerfressen keimende Pflanzen.

Erdgas, in der Erdrinde enthaltenes Gas, besteht überwiegend aus Methan; als Brenn- und Treibstoff und in der chem. Ind. verwendet.

Erdgeschichte, der Ablauf der Erdzeitalter seit Bildung einer festen Erdrinde. (TAFEL)

Erding, Kreisstadt im RegBez. Oberbayern, am Rand des **Erdinger Mooses,** 11 600 Ew.; Mühlen-, Braugewerbe.

Erdkunde, Geographie, die Wissenschaft von den Erscheinungen und Räumen der Erdoberfläche. **Allgemeine E.:** 1. mathematische E.: Größe, Gestalt usw. der Erde; 2. physische oder physikalische E.: Landformenkunde (Geomorphologie), Meereskunde (Ozeanographie), Gewässerkunde (Hydrographie), Klimakunde (Klimatologie); 3. Tier- und Pflanzengeographie; 4. E. des Menschen: Siedlungs-, Wirtschafts-, Kultur- und politische E. Die **Länderkunde** sucht die einzelnen Länder der Erde zu erfassen und zu beschreiben.

Erdmagnetismus, der durch eine frei beweglich. Magnetnadel nachweisbare Magnetismus des Erdkörpers. Der Nordpol einer Magnetnadel zeigt ungefähr nach N (→Deklination). Die Erde verhält sich wie ein Magnet, dessen Südpol im N und dessen Nordpol im S der Erde liegt. Die Pole wandern langsam. Ursache ist E. sind elektr. Stromsysteme im tiefen Erdinnern und in der Hochatmosphäre.

Erdmannsdorf, Friedrich Wilhelm Frhr. v., frühklassizist. Baumeister, ✱1736, †1800.

Erdnuß, brasilian. Schmetterlingsblütler, in warmen Ländern Zuchtpflanze, die Hülse dringt nach Reifen in die Erde. Der Samen (**Kamerunnuß**; gemahlen: **E.-Butter**) gibt Nahrung und **E.-Öl,** der Preßrückstand Kraftfutter (**E.-Kuchen**).

Erdöl, brennbare Kohlenwassergemische, die frei in Zwischenräumen von Sedimentgesteinen oder von porösem Gestein aufgesaugt vorkommen; entstanden in Jahrmillionen durch Ablagerung von Kleinlebewesen auf Meer- und Seeböden, anschließende Umwandlung in Faulschlamm und bakterielle Zersetzung. Rohöl ist dick- bis dünnflüssig, hell bis dunkelschwarzbraun, meist grünlich fluoreszierend. FÖRDERUNG: Erdöllager werden durch Tiefbohrung erschlossen; neuerding auch zunehmend durch Unterwasserbohrungen in Küstennähe (Golf von Mexiko, SO-Sizilien). Das E. fließt durch Gas- oder artesischen Druck durch eingebaute Steigrohre von selbst aus oder wird durch Schöpfen mittels

Erde

Erdferkel

Erdnuß

ERDGESCHICHTE

KÄNO (NEO) ZOIKUM	**QUARTÄR**	HOLOZÄN (ALLUVIUM)	Gegenwärtige Tier- und Pflanzenwelt		**1 Mill. Jahre Dauer**
		PLEISTOZÄN (DILUVIUM)	Auftreten des Menschen. Pflanzen- und Tierwelt des Eiszeitalters 1 Rhinoceros, 2 Megaceros, 3 Mammut, 4 Glyptodon		
	TERTIÄR	PLIOZÄN	Pflanzen- und Tierwelt nähern sich den Formen der Gegenwart (Sumpfwälder; Aufblühen der Säuger) 5 Mastodon, 6 Titanotherium, 7 Hipparion		**70 Mill.**
		MIOZÄN			
		OLIGOZÄN			
		EOZÄN			
		PALEOZÄN			
MESOZOIKUM	**KREIDE**	OBERKREIDE	Pflanzen: Laubhölzer, Gräser. Tiere: urtümliche kleine Säugetiere. 8 Credneria, 9 Inoceramus, 10 Brontosaurus, 11 Hippurites		**65 Mill.**
		UNTERKREIDE			
	JURA	MALM (WEISSER J.)	Pflanzen: Ginkgogewächse, Nadelhölzer herrschen vor. Tiere: Hauptzeit der Saurier; erste Vögel; erste Knochenfische. 12 Pterodactylus, 13 Stegosaurus, 14 Archaeopteryx, 15 Ammonites		**45 Mill.**
		DOGGER (BRAUNER J.)			
		LIAS (SCHWARZER J.)			
	TRIAS	KEUPER	Pflanzen: Riesenformen(Schachtelhalme, Farne). Tiere: reiche Entfaltung der Saurier; erste Schildkröten; Ende der T. erste Säugetiere. 16 Lima pectinoides, 17 Plateosaurus, 18 Placodus, 19 Voltzia heterophylla, 20 Encrinus liliiformis		**45 Mill.**
		MUSCHELKALK			
		BUNT- SANDSTEIN			
PALÄOZOIKUM	**PERM**	ZECHSTEIN	Pflanzen: erste Nadelhölzer. Tiere: weitere Entfaltung des Wirbeltierstammes 21 Platysomus, 22 Palechinus elegans, 23 Stegocephalus		**45 Mill.**
		ROTLIEGENDES			
	KARBON	OBERKARBON	Pflanzen: erste Wälder (Bärlappe, Schachtelhalme). Tiere: erste Kriechtiere und Lurche 24 Alloiopteris 25 Palmatopteris } Farne 26 Sphenopteris 27 Meganeura, 28 Lepidodendron, 29 Cordaites, 30 Sigillaria		**80 Mill.**
		UNTERKARBON			
	DEVON	OBERDEVON	Pflanzen: erste Baumformen (Urfarne). Tiere: erste Insekten; größte Mannigfaltigkeit der Fische 31 Pterichthys, 32 Cupressocrinus, 33 Archaeopteris, 34 Gemündina, 35 Lasanius, 36 Coccosteus, 37 Taeniocrada		**50 Mill.**
		MITTELDEVON			
		UNTERDEVON			
	SILUR	GOTLANDIUM	Pflanzen: Ende der S. erste Landformen. Tiere: erste Wirbeltiere (Panzer-, Haifische); Skorpione, erste Landtiere 38 Graptolithenkolonie, 39 Bellerophon, 40 Monograptus, 41 Ophioceras, 42 Illaenus		**100 Mill.**
		ORDOVIZIUM			
	KAMBRIUM	OBER- KAMBRIUM	Leben nur im Meer. Einzige Pflanzen: Algen. Tiere: alle Stämme der Wirbellosen; noch keine Wirbeltiere 43 Paradoxides, 44 Lingulella, 45 Medusites (Quallenabdruck) 46 Orthis, 47 Olenus truncatus		**100 Mill.**
		MITTEL- KAMBRIUM			
		UNTER- KAMBRIUM			

ERDURZEIT: PROTEROZOIKUM, erste Spuren des Lebens / ARCHÄIKUM, noch ohne Leben — mehr als 2400 Mill. Jahre Dauer

250

Erdöl, links: Erdölbohrung in der Libyschen Wüste, rechts: Raffinerie in Hamburg

Schöpfbuchsen im Bohrrohr oder durch Tiefpumpen mittels ins Bohrloch versenkter Pumpe gefördert. Beim Liftverfahren preßt man Luft oder Erdgas in ein Bohrloch, wodurch das E. in einem anderen hochgedrückt wird. Das Rohöl wird in Tanks gesammelt und bes. durch Tankschiffe und Ölleitungen **(pipelines)** befördert. VERARBEITUNG: Das Rohöl wird durch fraktionierte Destillation in seine verschieden hoch siedenden Anteile zerlegt. Die Destillate werden gereinigt (raffiniert), gekrackt (→Kracken) und durch Filterpressen gepreßt, wodurch man verschiedene Benzine, Dieselöle, Leuchtöle, Schmieröle, Paraffin und Asphaltbitumen erhält. Zum Raffinieren dienen Bleicherden, Schwefelsäure, Tiefkühlung mit Schwefeldioxyd, Aktivkohle u. a. – Die Erdölgewinnung, die an mehreren Stellen der Erde seit dem MA. im Gange ist, hatte jahrhundertelang nur örtl. Bedeutung. Erst seit der Mitte des 19. Jahrh. wurden größere E.-Felder erschlossen und planmäßig ausgebeutet: in den USA (Pennsylvanien, Texas), in Rußland (Baku), in Rumänien u. a. Von da an nahm die Erschließung neuer Felder großen Aufschwung (Mexiko, Naher Osten, Sahara); E. wurde zum wichtigsten Kraftstoff und Rohstoff für die chem. Industrie. In Dtl. begann die Erschließung von E.-Lagerstätten um 1880 in der Lüneburger Heide. Die Ölfelder liegen im Raum Hannover, im Emsland, Weser-Ems-Gebiet, Schleswig-Holstein, Alpenvorland, im Oberrheintal (Förderung 1967: 8 Mill. t). – Die Mineralölreserven der Welt werden auf 48 Mrd. t geschätzt (1965).

Erdölförderung[1]) 1970, in Mill. t			
Land		Land	
Verein. Staaten	534	Irak........	75
Sowjetunion .	353	Kanada.....	69
Venezuela ...	193	Algerien.....	46
Iran	190	Indonesien ..	45
Saudi-Arabien	175	Mexiko	22
Libyen	159	Argentinien ..	20
Kuwait	138	Rumänien....	13
[1]) Rohöl.			

Erdpyramide, Erdpfeiler, Lehmpfeiler, durch Regenauswaschung unter schützenden Steinen entstanden.

Erdrauch, Fumaria, Pflanzengattung. Der Gemeine E. ist ein weichkrautiges, rot oder weiß blühendes Unkraut.

Erdsatellit, Erdtrabant, künstlicher Mond, Flugkörper, der durch Raketen in große Höhen (bis etwa 200 000 km) getragen wird, dort eine so große horizontale Beschleunigung erhält, daß die auf ihn einwirkende Schwerkraft seiner Fliehkraft gerade das Gleichgewicht hält und er in ellipt. oder kreisförmiger Bahn die Erde längere Zeit umkreist. **Meßsatelliten** enthalten Meßgeräte zur Erforschung der physikal. Verhältnisse außerhalb der Lufthülle der Erde; die Meßwerte werden über eingebaute Radiosender zur Erdoberfläche zurückgemeldet. Mit größeren E. wurden Versuchstiere, Pflanzen, Samen u. a. in den Weltraum gebracht, um die Wirkungen der veränderten Umweltbedingungen zu erforschen. E. werden auch für militär. Aufgaben eingesetzt. Über bemannte E. →Raumfahrt; →Nachrichtensatellit, →Wettersatellit, →Raumsonde. Bis Ende 1968 wurden die folgenden wichtigsten Typen von unbemannten E. erfolgreich abgeschossen:

Verein. Staaten

Agena	Zielsatellit für Rendezvous
Anna 1-B	geodätische Messungen
ATDA	Zielsatellit für Rendezvous
ATS (1)	angewandte technolog. Forschung
Courier (1)	aktiver Nachrichtensatellit
Discoverer	Ausstoß und Auffang einer Kapsel
Early Bird	Transatlant. Nachrichtenverkehr
Echo	Nachrichten-Reflektor
EGRS	Aufgabe unbekannt
ESSA	neuartiger Wettersatellit
Explorer	atmosphär. Forschungen
Geos	geodätisch-geophysikal. Aufgaben
GGSE	Geheimsatellit
Greb	Sonnenstrahlung
IMP	interplanetar. Beobachtungsplattform
Injun	kosmische Strahlung
Lampo	Aufgabe unbekannt
LES	Aufgabe unbekannt
Lofti	Aufgabe unbekannt
Midas	Frühwarnsystem
Nimbus	Wetter- und Wolkenbeobachtung
OAO	astronom. Observatorium
OGO	geophysikal. Observatorium
Oscar	Funksignale für Funkamateure
OSO	Sonnenobservatorium
Pageos (1)	geodät. Aufgaben
Pegasus	Meteoreinschlagbeobachtungen
Pygmy (1)	Aufspüren nuklearer Explosionen in der hohen Atmosphäre
Relay	Funkverkehr
Samos	Aufklärungs- und Frühwarnsystem
Score Atlas	erster Sprechfunkverkehr
Secor	Verbesserung der Flug-Meßstrecke
Sentry	Aufspüren nuklearer Explosionen in der hohen Atmosphäre
Snap 10 (1)	E. mit Kernreaktor
Solar Radiation	Sonnenstrahlung
Syncom	Funkverkehr
Telstar	Fernseh- und Funkverkehr
Tiros	Wetter- und Wolkenbeobachtung
Transit	Navigationsversuche, teils mit Greb, Injun, Lofti und Traac
Vanguard	Solare Strahlung, Magnetfeld der Erde, Mikrometeore
Vela Hotel	Aufspüren nuklearer Explosionen
Westford (2)	Versuche

Erdpyramide bei Serre-Ponçon (Frankreich)

Erhard

Erechtheion

Erdstern

Verein. Staaten, Kanada	
Alouette	äußere Ionosphäre
Großbritannien	
Ariel	Ionosphäre
UK 1 u. 2	Ionosphäre, galakt. Radiostrahlung
Frankreich	
AR-1 (FR-1)	verschiedene Messungen
Italien	
San Marco	Radiowellen, Luftwiderstand in großen Höhen
Australien, Belgien, Bundesrep. Dtl., Frankreich, Großbritannien, Italien, Niederlande	
Europa	verschiedene Aufgaben
Sowjetunion	
Blitz	Fernmeldesatelliten
Elektron	Strahlungsgürtel
Kosmos	wissenschaftl. Aufgaben, Überwachungssatelliten
Molnija	→Blitz
Proton	wissenschaftl. Weltraumstation
Sputnik	erste Erforschung der hohen Atmosphäre, Tierversuche

Erdschluß, ⚡ ungewollte Verbindung eines elektr. Leiters mit der Erde, z. B. infolge schlechter Isolierung.

Erdstern, Wetterstern, Bauchpilz, dessen Fruchtkörperaußenwand sternförmig aufreißt und sich bei Trockenheit einrollt.

Erdstrom, ⚡ der in der Erdrinde fließende natürliche elektr. Strom, erzeugt durch die Luftelektrizität und den Magnetismus der Erde.

Erdteil, Kontinent, die großen Festlandmassen der Erde, meist mit 7 angegeben: Europa, Asien, Afrika, Nordamerika, Südamerika, Australien (mit Ozeanien), Südpolargebiet.

Erdung, ⚡ das Herstellen einer leitenden Verbindung von elektr. Geräten und Leitungen mit der Erde; notwendig in der Funk- und Nachrichtentechnik; Schutz gegen Blitzschlag.

Erdwachs, Verdunstungsrest paraffinreicher Erdöle; als Mineral Ozokerit. E. wird auch bei der Erdöldestillation als Paraffin(wachs) abgeschieden und zur Kerzenherstellung verwandt.

Erechth'eion das, Tempel auf der Akropolis von Athen, im attisch-ion. Stil um 420-410 v. Chr. erbaut.

'Erek, Held eines Ritterepos von Chrétien de Troyes, danach von Hartmann v. Aue.

Erekti'on [lat.] die, Anschwellung und Aufrichtung des männl. Gliedes und des weibl. Kitzlers durch verstärkten Blutzufluß.

Erem'it [grch.] der, Einsiedler.

Eremitage [eremit'a:ʒ, frz. »Einsiedelei«] die, 1) Gartenhäuschen in Parks des 18. Jahrh. 2) Museum in Leningrad, 1840-52 erbaut.

Ereps'in das, eiweißspaltendes Enzymgemisch aus dem Darm- und Pankreassaft.

'Eresburg, Grenzburg der Sachsen an der Diemel, 772 von Karl d. Gr. erobert.

Erfahrung, die Summe der Erkenntnisse und Einsichten, →Empirie.

Erfindung, ein Einfall der schöpfer. Phantasie, der nach den Formgesetzen der realen Welt oder einer geistigen Wirklichkeit zu einem Ding oder Werk gestaltet wird (Werkzeuge, Maschinen;

dichter. Gestalten, künstler. Motive). (Hierzu Übersicht S. 253)

Erfrieren, Abkühlung des Körpers oder einzelner Körperteile bis an die Grenze der Lebensfähigkeit. Diese liegt beim **allgemeinen E.** (Unterkühlung des ganzen Körpers) bei einer Bluttemperatur von + 27 °C. Die Folgen der **örtlichen Erfrierung** zeigen sich in Rötung und Schwellung der Haut **(Frostbeulen),** Bildung von Blasen und Frostgeschwüren, Frostbrand (Gewebstod).

Erftstadt, Stadt in Nordrh.-Westf., 34 900 Ew.

Erfüllung, 1) Verwirklichung. 2) ♟⃗ das Erlöschen des Schuldverhältnisses durch Abtragen der geschuldeten Leistung (§§ 362 ff. BGB).

Erfüllungsort, ♟⃗ der Ort, an dem eine geschuldete Leistung zu bewirken ist. Im Zweifelsfall ist E. der Wohnsitz oder der Sitz der gewerbl. Niederlassung des Schuldners (§ 269 BGB).

Erfurt, 1) Bez. der Dt. Dem. Rep., 7348 km², 1,256 Mill. Ew.; 1952 aus Teilen der Länder Thüringen und Sachsen-Anhalt gebildet; reicht vom Kamm des westl. Thüringer Waldes im Harz, umfaßt den W des Thüringer Beckens (Ackerbau,

Erfurt: Dom und Severikirche

Gemüsebau). Bodenschätze: Kalisalze, Gips, Erdgas. Elektro-, Textil-, feinmechan., opt., Maschinen- u. a. Ind.⊕ S. 620/21. 2) Haupt- und größte Industriestadt von 1), 194 600 Ew., an der Gera, im nördl. Vorland des Thüringer Waldes. Behördensitz, Medizin. Akademie, Techn. u. a. Fachschulen, Volkskundemuseum, Theater; Metall-, elektrotechn., feinmechan., Textilindustrie; Blumenhandel, Internat. Gartenausstellung; Dom (1154–1472), Severikirche (13.-15. Jahrh.). – Das Bistum E. stand früher unter der Herrschaft der Erzbischöfe von Mainz; die Universität (1392 bis 1816) war Zentrum des Humanismus.

Erg [von grch. ergon »Werk«] das, Kurzzeichen **erg,** die physikal. Arbeitseinheit: die Arbeit, die geleistet wird, wenn ein Weg von 1 cm mit Widerstand von einem →Dyn überwunden wird.

ergo [lat.], folglich, also. **e. bib'amus,** »also laßt uns trinken!«, in mittelalterl. Trinkliedern; Gedicht von Goethe.

Ergom'eter [grch.] das, Apparat zum Messen der Organe und Funktionssysteme (Herz-Kreislauf-System, Atmung, Muskulatur).

Ergoster'in das, organ. Verbindung aus Pilzen, Hefe u. a., die durch Ultraviolettbestrahlung in das Vitamin D_2 übergeht.

Ergußgesteine, Eruptivgesteine, die an der Erdoberfläche erstarrt sind; →Gesteine.

Erhaltungssätze, Grundgesetze der Physik, die für abgeschlossene Systeme die zeitl. Erhaltung der Energie, des Impulses, des Drehimpulses, des Spins und der Ladung fordern.

Erhard, Ludwig, Politiker (CDU), *1897, Professor, Sept. 1949 bis Okt. 1963 Wirtschaftsmin. der Bundesrep. Dtl., Verfechter der »sozialen Marktwirtschaft«, seit 1957 auch Vizekanzler. Als Nachfolger Adenauers war er vom Okt. 1963 bis Nov. 1966 Bundeskanzler, von März 1966 bis Mai 1967 Bundesvors., seitdem Ehrenvors. der CDU.

Die wichtigsten Erfindungen und Entdeckungen in Naturwissenschaft und Technik

	v. Chr.
Hölzernes Wagenrad (Federseemoor) um.	4000
Ältester (hölzerner) Pflug (in Europa) um	4000
Schmelzen (Kupfer, Gold) (Ägypten) um	3800
Papyrus als Schreibstoff (Ägypten) . . vor	3000
Cheopspyramide (Ägypten) . . . . um	2500
Rad mit Speichen (Kleinasien)	2000
Bewässerungskanäle (Babylonien). . . . um	2000
Webstühle (Ägypten) . . . . um	2000
Älteste röm. Steinbrücke (T.Priscus). um	600
Röm. Wasserleitung (Appius Claudius). .	312
Leuchtturm auf Pharos (Sostratos)	260
Flaschenzug, Hebelges. (Archimedes) um	250

	n. Chr.
Papier in China (Ts'ai Lun)	105
Ptolemäisches System (Ptolemäus) . . . um	150
Druck mit bewegl. Lettern in China . .	11.Jh.
Magnetnadel als Seeweiser (Europa) . um	1200
Augengläser (in Murano) . . . . um	1300
Pulvergeschütz . . . . um	1320
Druck mit bewegl. Lettern (Gutenberg) um	1445
Taschenuhr (Henlein) . . . . um	1500
Kalenderreform (Gregor XIII.)	1582
Mikroskop (Janssen). . . . . um	1590
Fernrohr (Lippershey) . . . . vor	1608
Pendel- und Fallgesetze (Galilei)	1609
Keplersche Gesetze (Kepler).	1609-19
Astronomisches Fernrohr (Kepler)	1610
Quecksilberbarometer (Torricelli)	1643
Allgemeine Gravitationslehre (Newton) .	1666
Infinitesimalrechnung (Newton,	
Leibniz)	1665-72
Lichtgeschwindigkeit bestimmt (Römer) .	1675
Quecksilberthermometer (Fahrenheit) . .	1718
Blitzableiter (Franklin)	1752
Dampfmaschine (Watt)	1765
Entdeckung des Wasserstoffs (Cavendish)	1766
Spinnmaschine (Hargreaves)	1767
Entdeckung des Stickstoffs (Rutherford) .	1772
Entdeckung des Sauerstoffs (Scheele) . . .	1774
Heißluftballon (Gebr. Montgolfier)	1783
Wasserstoffballon (Charles).	1783
Mechanischer Webstuhl (Cartwright) . . .	1785
Berührungselektrizität (Galvani).	1789
Sodafabrikation (Leblanc)	1791
Leuchtgas aus Steinkohle (Murdock)	1792
Steindruck (Senefelder)	1796
Voltasche Säule (Volta)	1800
Musterwebstuhl (Jacquard)	1805
Dampfschiff »Clermont« (Fulton)	1807
Flachformschnellpresse (Koenig)	1812
Fraunhofersche Linien (Sonnenspektrum)	1814
Elektromagnetismus (Oersted)	1820
Schiffsschraube (Ressel). . . . . um	1826
Ohmsches Gesetz (Ohm)	1826
Aluminium aus Tonerde (Wöhler)	1827
Herstellung von Harnstoff (Wöhler)	1828
Eisenbahn (Liverpool–Manchester)	1830
Elektromagnet. Induktion (Faraday)	1831
Grundgesetz der Elektrolyse (Faraday) . .	1833
Revolver (Colt)	1835
Eisenbahn Nürnberg–Fürth	1835
Galvanoplastik (Jacobi) 1837-39
Elektromagn. Schreibtelegraph (Morse) 1837-43
Daguerreotypie (Daguerre)	1839
Vulkanisation des Kautschuks (Goodyear)	1839
Mechanisches Wärmeäquivalent (Mayer)	1842
Linoleum (Galloway)	1844
Schießbaumwolle (Schönbein)	1846
Nitroglycerin (Sobrero)	1847
Messung der Lichtgeschwindigkeit (Fizeau)	1849
Fahrrad mit Tretkurbel (Fischer)	1853
Elektrische Glühlampe (Goebel).	1854
Typendrucktelegraph (Hughes)	1855
Windfrischprozeß (Bessemer)	1856
Erster Teerfarbstoff: Mauvein (Perkin) .	1856
Bleiakkumulator (Planté)	1859
Spektralanalyse (Kirchhoff, Bunsen) . .	1861
Fernsprecher (Reis)	1861
Ammoniaksodaverfahren (Solvay)	1863
Siemens-Martin-Stahl	1864

Schreibmaschine (Mitterhofer)	1864-96
Elektromagnet. Lichttheorie (Maxwell) . .	1865
Dynamomaschine (Siemens)	1866
Dynamit (Nobel)	1867
Eisenbetonbau (Monier)	1867
Periodisches System (Mendelejew, Meyer)	1869
Kathodenstrahlen (Hittorf)	1869
Kältemaschine (Linde).	1876
Verbessertes Telephon (Bell, Gray)	1876
Viertaktmotor (Otto)	1876
Sprechmaschine (Phonograph) (Edison) .	1877
Kohlemikrophon (Hughes)	1878
Thomasprozeß (Eisen) (Thomas)	1879
Elektr. Straßenbahn (Siemens)	1881
Autotypie (Meisenbach).	1881
Maschinengewehr (Maxim)	1883
Dampfturbine (Parsons)	1884
Benzinkraftwagen (Benz, Daimler)	1885
Gasglühlicht (Auer v. Welsbach)	1885
Kunstseide (Chardonnet).	1885
Nachweis elektromagnet. Wellen (Hertz).	1888
Drehstrommotor (Dolivo-Dobrowolski) .	1889
Dreifarbendruck (Ulrich, Vogel).	1890
Lufttreifen (Dunlop)	1890
Erste Gleitflüge (Lilienthal) 1890-96
Photozelle (Elster, Geitel)	1893
Dieselmotor (Diesel) 1893-97
Röntgenstrahlen (Röntgen)	1895
Drahtlose Telegraphie (Popow, Marconi) 1895-97
Kinematograph (Lumière).	1895
Verflüssigung der Luft (Linde)	1895
Natürliche Radioaktivität (Becquerel) . . .	1896
Braunsche Röhre (Braun)	1898
Radium und Polonium (Curie)	1898
Quantentheorie (Planck)	1900
Lenkbares Luftschiff (Graf v. Zeppelin) .	1900
Motorflugzeug (Gebr. Wright)	1903
Kreiselkompaß (Anschütz-Kaempfe)	1904
Offsetdruck (USA)	1904
Spezielle Relativitätstheorie (Einstein) . .	1905
Verstärker-Elektronenröhre (v. Lieben) .	1906
Synthetischer Kautschuk (Hofmann)	1909
Kosmische Ultrastrahlung (Heß)	1912
Ammoniaksynthese (Haber, Bosch)	1913
Atomtheorie / Atommodell (Bohr)	1913
Kohlehydrierung (Bergius)	1913
Erste Atomkernreaktionen (Rutherford) .	1919
Tonfilm (Vogt, Engl, Massolle)	1919
Penicillin (Fleming)	1928
Fernseh- und Fernfilm-Apparatur	1929
Holzverzuckerung (Bergius, Scholler) . . .	1930
Entdeckung des Neutrons (Chadwick) . .	1932
Entdeckung des Positrons (Anderson) . .	1932
Elektronenmikroskop . . . . 1933 ff.
Künstliche Radioaktivität (Joliot-Curie) .	1934
Sulfonamide (Domagk)	1935
Nylon-Faser (USA)	1938
Perlon-Faser (Dtl.)	1938
Kernspaltung (Hahn, Straßmann)	1938
Düsenflugzeug (Heinkel)	1939
Funkmeßgeräte (Radar) . . . . seit 1939
Erster Kernreaktor (Fermi, USA)	1942
Fernrakete (v. Braun)	1942
Radioindikatoren	1943
Atombombe (USA)	1945
Elektronische Rechenmaschine	1946
Flugzeug mit Überschallgeschwindigkeit	
(Bell)	1947
Mesonen, Hyperonen . . . . seit 1947
Kernkraftwerk (Calder Hall, England) . .	1956
Erster künstl. Erdsatellit (UdSSR)	1957
Kreiskolbenmotor (Wankel) 1957/58
Mössbauer-Effekt (Mössbauer)	1958
Lichtverstärker (Laser; USA)	1960
Erste bemannte Raumfahrt (UdSSR) . . .	1961
Fernsehsatellit Telstar (USA)	1962
Erster Mensch frei im Weltraum (UdSSR)	1965
Raumsonde landet auf Venus (UdSSR) .	1966
20-GeV-Linearbeschleuniger (USA) . . .	1966
Senkrechtstarter DO 21 (Dornier)	1967
Erste Mondlandung (USA)	1969

Erich

Erker

Erle: Schwarzerle. a Trieb mit Blatt, b Trieb mit männl. und weibl. Kätzchen, c Fruchtzapfen, halbreif

Erich [Herkunft dunkel], skandinav. **Erik,** männl. Vorname.

Erie ['iəri], Hafenstadt in Pennsylvania, USA, am Eriesee, 138 400 Ew.; Maschinen-, Schiffbau.

Eriesee ['iəri-], der südlichste der 5 großen Seen Nordamerikas, an der Grenze Kanadas und der USA, 25 719 km², bis 64 m tief. Der E. ist mit dem Ontario- und Huronsee, der atlant. Küste und dem Ohio verbunden.

'Erika [von Erich], weibl. Vorname.

Erika [grch.] die, Pflanzen, →Heide.

Erinnerung, 1) das Wiederhervorbringen von Bewußtseinsinhalten durch das Gedächtnis. **2)** ♊ im Prozeß Einwendung gegen Kostenfestsetzungsbeschlüsse, die Art und Weise einer Zwangsvollstreckung u.a.

Er'innyen, die griech. Rachegöttinnen, später drei: Tisiphone, Alekto, Megaira; beschönigend auch **Eumen'iden** (»die Wohlgesinnten«).

'Eris, griech. Göttin der Zwietracht; sie entfesselte Streit unter den Göttinnen durch einen Apfel mit der Aufschrift »Der Schönsten«. Den Streit entschied →Paris. **Erisapfel,** Zankapfel.

Eritr'ea, Provinz in Äthiopien, am RotenMeer; 117 600 km², 1,6 Mill. Ew. Seit 1890 italien. Kolonie, kam E. 1941 unter brit. Verwaltung; 1952-62 autonomes Gebiet Äthiopiens.

Eri'ugena, Johannes Scotus, Ire, † nach 877, Vorsteher der Hofschule Karls des Kahlen.

Eriw'an, Erewan, Hauptstadt der Armenischen SSR, 767 000 Ew.; Universität, Techn. und Landwirtschaftl. Hochschule; Kupferhütte, Walzwerk; Textil-, Elektro-, chem. Industrie, Kombinat für synthet. Kautschuk; Obst- und Weinbau.

Erkältung, Gesundheitsschädigung durch kalte und feuchte Umgebung oder durch Zugluft, erleichtert den Erregern ansteckender Krankheiten den Angriff auf den Körper. (→Schnupfen)

'Erkelenz, Kreisstadt in Nordrh.-Westf., 12 700 Ew.; Maschinen-, Textilindustrie.

erkennen, kaufmännisch: gutschreiben.

Erkenntnistheorie, der Teil der Philosophie, der sich mit Wesen, Umfang, Quellen, Tragweite und Grenzen der Erkenntnis beschäftigt.

Erkennungsmarke, Metallmarke, im Krieg von den Soldaten um den Hals getragen, dient zur Feststellung der Identität der Gefallenen.

Erker der, ⌂ geschlossener, vorkragender Vorbau an der Außenwand eines Hauses.

Erkrath, Stadt im RegBez. Düsseldorf, Nordrh.-Westf., 20 100 Ew.; verschiedene Industrie.

Erlander, Tage, schwed. Politiker (Sozialdemokrat), *1901; gehörte seit 1933 dem Reichstag an, 1946-1969 MinPräs.

Erlangen, Stadt im bayer. RegBez. Mittelfranken, an der Regnitz, 85 700 Ew.; Universität (seit 1743), höh. und Fachschulen; elektrotechn. Ind. (Siemens), Maschinen-, Textil- u.a. Ind.; starkstromtechn. Forschungszentrum.

Erlangen: Verwaltungsgebäude der Siemens AG.

Erlaß der, ♊ **1)** rechtsetzende Verfügung des Landesherrn; Verwaltungsanordnung der Regierung oder einer hohen Behörde, die, im Unterschied zur Verordnung, keinen rechtsetzenden Charakter hat. **2)** Verzicht des Staates auf Straf-

verbüßung eines Verurteilten. **3)** Schuldrecht: Erlöschen einer Schuld durch Vertrag zwischen Gläubiger und Schuldner (§ 397 BGB).

Erlau, ungar. **Eger,** Stadt im nördl. Ungarn, 45 200 Ew.; kath. Erzbischofssitz, Badeort, Weinbau, Maschinen-, Apparatebau.

Erlaucht, Titel gräfl. Standesherren.

Erle, Eller, Gattung der Birkengewächse mit holzigen Fruchtzapfen. **Schwarz-E.,** mit schwarzer Borke, auf feuchtem Boden Europas, Nordasiens, Afrikas; ihr Holz ist weich, leicht spaltbar, unter Wasser dauerhaft. **Grau-** oder **Weiß-E.** wächst im Bergland bis in 1800 m Höhe. **Grün-E.** oder **Alpen-E.,** Alpengebüsch an der Baumgrenze.

Erlensee, Gem. im Kr. Hanau, Hessen, 10 500 Ew.

Erler, Fritz, Politiker (SPD), *1913, †1967; 1939-45 in Haft; seit 1964 Stellvertr. Vors. der SPD, Fraktionsvors. im Bundestag.

Erlösung, 1) Befreiung von körperl. oder seel. Qual. **2)** relig. Grundbegriff, bes. in den **Erlösungsreligionen** (Buddhismus, Christentum).

Ermächtigungsgesetz, ein Ges., durch das eine Regierung oder ein Parlament eine Regierung ermächtigt, Gesetze oder Verordnungen mit Gesetzeskraft zu erlassen, meist mit sachl. und zeitl. Begrenzung. Das E. von 1933 ermächtigte die Regierung – praktisch Hitler – zu verfassungsändernder Gesetzgebung (→Nationalsozialismus). Das GG der Bundesrep. Dtl. schließt derartige E. aus.

Erm'an(a)rich, König der Ostgoten, dessen südruss. Reich 375 n.Chr. den Hunnen erlag; in der dt. Heldensage wird er von Dietrich von Bern bei Ravenna besiegt (Rabenschlacht).

'Ermatinger, Emil, schweizer. Literarhistoriker, *1873, †1953; war Prof. in Zürich.

Ermessen, ♊ die pflichtgemäße Entscheidung eines Beamten oder Richters **(freies E., richterl. E.)** in den Fällen, in denen die gesetzl. Bestimmungen die Einzelheiten nicht regeln, sondern einen »Ermessensspielraum« lassen. Bei Ermessensfehlern und Ermessensmißbrauch ist Klage vor dem Verwaltungsgericht zulässig.

Ermittlungsverfahren, im Strafprozeß eine Untersuchung, um aufzuklären, ob hinlänglicher Grund zur Erhebung der öffentl. Klage vorliegt.

Ermland, Landschaft in Ostpreußen zwischen Frischem Haff und Masur. Seenplatte. Der altpreuß. Gau Warmien wurde 1243 ein Bistum des Deutschordenslandes. 1466 kam es unter poln. Oberherrschaft, 1772 an Preußen; seit 1945 unter sowjet. und poln. Verwaltung.

Ermüdung, Folge geistiger oder körperl. Anstrengung ohne ausreichende Erholung.

'Ern, Eren der, mittel-, oberdt.: Hausflur.

Ernährung (hierzu FARBTAFEL Nahrungsmittel S. 697), die Aufnahme von Nahrungsstoffen zum Aufbau und zur Erhaltung des Körpers. Die Hauptbestandteile der **menschl. Nahrung** sind Eiweiß, Kohlenhydrate, Fett, Wasser, Mineralsalze (bes. Phosphor-, Natrium-, Kalium-, Calcium-, Magnesium-, Eisensalze), Vitamine, Enzyme, Spurenelemente und unverdaul. Schlackenstoffe. Der Nahrungswert (Nährwert) hängt ab von dem Brennwert und Kaloriengehalt: 1 g Eiweiß liefert 4,1 kcal Wärmeenergie; 1 g Kohlenhydrate 4,1 kcal; 1 g Fett 9,3 kcal; weiter von dem Gehalt an Vitaminen und der Art des Eiweißes und Fettes (tier. oder pflanzl.). Einseitige E. führt zu Mangelerscheinungen und Nährschäden. Bei **Tieren** unterscheidet man nach Art der E. Allesfresser (Schwein), Pflanzenfresser (Pferd), Fleischfresser (Löwe), Aasfresser (Hyäne), Schmarotzer (Trichine).—Die **Pflanzen** ziehen (mit Ausnahme der Schmarotzer, Saprophyten und tierfangenden Pflanzen) alle Nahrung aus der unbelebten Natur. Notwendige Nährstoffe sind: Wasserstoff, Sauerstoff, Kohlenstoff, Stickstoff, Schwefel, Phosphor, Kalium, Calcium, Magnesium, Eisen. Den Kohlenstoff entnehmen die grünen Pflanzen der Luft, alles andere dem Boden (→Assimilation).

Ernährungstherapie, Diät'etik die, Krankenbehandlung durch Änderung der Ernährung.

Dabei wird entweder die Menge der gesamten Nahrung oder einzelner Bestandteile vergrößert oder verringert, oder es werden Nahrungsmittel nach ihrer Verträglichkeit ausgesucht.

Ern'akulam, Hafenstadt im ind. Staat Kerala, 117300 Ew.; Sitz zweier Bischöfe (kath., syromalabarisch); Export von Kopra; Seifenindustrie.

Ernest'iner, älterer Zweig der →Wettiner.

Erneuerungsschein, Talon, Zinsleiste, Nebenpapier zur Aktie oder einer Inhaber-Schuldverschreibung, das zum Empfang neuer Dividenden- oder Zinsscheine ermächtigt.

Ernst [ahd. ernust »Kampf«], männl. Vorname. **Ernst, 1)** E. **August,** König von Hannover, *1771, †1851, Sohn des engl. Königs Georg III., hob nach seiner Thronbesteigung 1837 die bisherige hannoversche Verfassung auf und entsetzte die →Göttinger Sieben ihres Amtes. **2)** E. **II.,** Herzog von Schwaben, *1007, †1030, empörte sich gegen seinen Stiefvater Kaiser Konrad II. Trauerspiel von Uhland. **3)** E. **II.,** Herzog von Sachsen-Coburg-Gotha, *1818, †1893, Vorkämpfer der nationalen und liberalen Bewegung; unter seinem Schutz entstand 1859 der Nationalverein.

Ernst, 1) Max, Maler und Graphiker, *1891; Surrealist. **2)** Otto, Schriftstellername für O. E. **Schmidt,** *1862, †1926; Lustspiele (»Flachsmann als Erzieher«), Kindergeschichten(»Appelschnut«). **3)** Paul, Schriftsteller, *1866, †1933, begann als naturalist. Schüler von Arno Holz, Vertreter des Neuklassizismus. Dramen, Romane, Novellen, Epos »Das Kaiserbuch«; »Erdachte Gespräche«.

Ernste Bibelforscher, →Zeugen Jehovas.

Erntedankfest, Fest der evang. Kirche, meist am Sonntag nach Michaelis (29. 9.).

Ernting der, Erntemonat, August.

Eröffnungsbeschluß, ⚖ im Strafprozeß Gerichtsbeschluß, der die Eröffnung des Hauptverfahrens anordnet (§§ 203ff. StPO).

Er'oica, 3. Sinfonie von Beethoven (Es-Dur). **'Eros, 1)** lat. Amor, Cupido, griech. Gott der Liebe, Sohn und Begleiter der Aphrodite, verkörpert als knabenhafter Jüngling, oft mit Flügeln, mit einem Bogen und zusammen mit Psyche. Als geflügelte kleine Knaben wurden **Er'oten** und **Amor'etten** dargestellt. **2)** ✶ kleiner Planet (Planetoid) zwischen Erde und Mars.

Erosi'on [lat. »Ausnagung«] die, ⊕ das Zerschneiden und Abtragen der Erdoberfläche durch Wasser, Wind, Eis, bes. die Bildung von Tälern.

Er'otik [grch.] die, allgem.: die Gesamtheit des Liebeslebens; oft, im Gegensatz zur Sexualität, auch das seelisch verinnerlichte Liebe.

Erotoman'ie [grch.] die, Liebeswahnsinn, krankhafte Steigerung des Geschlechtstriebs.

ERP, Abk. für European Recovery Program, Europäischer Wiederaufbauplan,→Marshall-Plan.

Erpel der, die männliche Ente.

Erpressung, ⚖ als Erpresser wird (Freiheitsstrafe oder Freiheitsstrafe nicht unter einem Jahr) bestraft, wer in der Absicht, sich zu Unrecht zu bereichern, einen andern rechtswidrig zu einer Handlung, Duldung oder Unterlassung nötigt und dadurch dessen oder eines Dritten einen Vermögensnachteil zufügt (§§ 253ff. StGB). Der Erpreßte, der den Erpresser anzeigt, kann hinsichtlich einer Straftat, wegen der er erpreßt werden sollte, straffrei bleiben (§ 154c StPO).

err'are hum'anum est [lat.],Irren ist menschlich.

erratische Blöcke, die →Findlinge.

Erregermaschine, Gleichstrom-Hilfsgenerator, liefert Erregerstrom für die Magnetwicklungen eines Generators.

Er-Ri'ad, Er-Riy'ad, Hauptstadt von Saudi-Arabien, 225000 Ew.; saudische Königsresidenz, Oasenstadt und Verkehrsknotenpunkt.

Errungenschaftsgemeinschaft, ⚖ vertragl. Güterstand des ehel. Güterrechts (→Ehe).

Ersatzdienst, →Kriegsdienstverweigerer.

Ersatzkasse, Krankenkasse mit freiwilliger Mitgliedschaft, ist in der sozialen Krankenversicherung statt der Ortskrankenkassen zugelassen.

Ersatzzeiten, in der sozialen Rentenversicherung Zeiten ohne Beitragsleistung, die auf die Erfüllung der Wartezeit angerechnet werden, z.B. vor Eintritt in die Versicherung Ausbildungszeiten, nach Eintritt Militärdienst.

Erscheinungsbild, ⚕ ♀ der →Phänotypus.

Erser'um, türk. Stadt, →Erzurum.

Ersitzung, ⚖ Eigentumserwerb an beweglichen Sachen durch zehnjährigen gutgläubigen →Besitz (§ 937 BGB).

Erskine ['ɔ:skin],John,amerikan. Schriftsteller, *1879, †1951, ironisiert myth. Gestalten.

Erste Hilfe, zweckmäßige Maßnahmen bis zur Ankunft des Arztes bei Unglücksfällen oder plötzlichen Erkrankungen. (TAFEL Erste Hilfe)

Erstgeburt, Erstgeburtsrecht, das Vorzugsrecht des Erstgeborenen bei der Erbfolge.

Erstickung die, plötzl. Tod infolge Sauerstoffmangels, wenn die Luftzufuhr von außen abgeschnitten ist oder wenn die roten Blutkörperchen die Fähigkeit verlieren, Sauerstoff aufzunehmen.

Ertl, Joseph, Politiker (FDP), *1925, Oberlandwirtschaftsrat, seit Okt. 1969 Bundesmin. für Ernährung, Landwirtschaft und Forsten.

Ertragsgesetz, →Bodenertrag.

Ertragsteuer knüpft an einzelne Einkommensquellen an (z.B. Grund-, Gewerbesteuer). Gegensatz: Einkommensteuer, die die persönl. Verhältnisse der Steuerpflichtigen berücksichtigt.

Ertragswert, der durch Kapitalisierung der erwarteten zukünftigen Erträge ermittelte Wert; Besteuerungsgrundlage für land- und forstwirtschaftl. Betriebe, dient auch der Berechnung des Firmenwertes in anderen Wirtschaftszweigen.

eru'ieren [lat.], erforschen, ermitteln.

Erupti'on [lat.] die, Ausbruch, bes. eines Vulkans. **Erupt'ivgestein,** aus dem erstarrten Schmelzfluß des Erdinnern entstandene →Gesteine.

Erwachsenenbildung, →Volksbildung.

Erweckungsbewegungen, christl. Bewegungen in der evang. Kirche zur Wiederbelebung des relig. Lebens zu Beginn des 19. Jahrh.: Erneuerung des Pietismus (Norwegen, Westschweiz; Rheinland, Westfalen, Württemberg), den Methodisten verwandte Bestrebungen (England, Nordamerika).

Erwerbslosigkeit, die →Arbeitslosigkeit.

Erwerbsunfähigkeit, die durch gesundheitl. Schäden bewirkte Unfähigkeit, durch Arbeit den Lebensunterhalt zu verdienen (Invalidität). Sie begründet in der Renten- und Unfallversicherung Anspruch auf Rente.

'Erwin [urspr. Herwin, aus ahd. heri »Heer« und wini »Freund«], männlicher Vorname.

Erwin von Steinbach, Baumeister, †1318, galt als Schöpfer des Straßburger Münsters, war aber wohl nur an der Westfassade beteiligt.

Erysip'el [grch.] das, ∫ oder →Wundrose.

Eryth'em [grch.] das, -s/-e, ∫ Hautentzündung mit Röte, Brennen, Abschuppung, Folge vonÜberempfindlichkeit gegen Sonnenstrahlen, Arzneien.

Erythroblast'ose [grch.] die, Krankheitsbild bei Neugeborenen, mit Auftreten unreifer Vorstufen der roten Blutkörperchen **(Erythrobl'asten)** im Blut und schwerer Gelbsucht; meist Folge von Unverträglichkeit bestimmter Bluteigenschaften von Mutter und Kind (→Rhesusfaktor).

Erosion: Auskerbung durch einen Bach

Er-Riad: Alter Königspalast

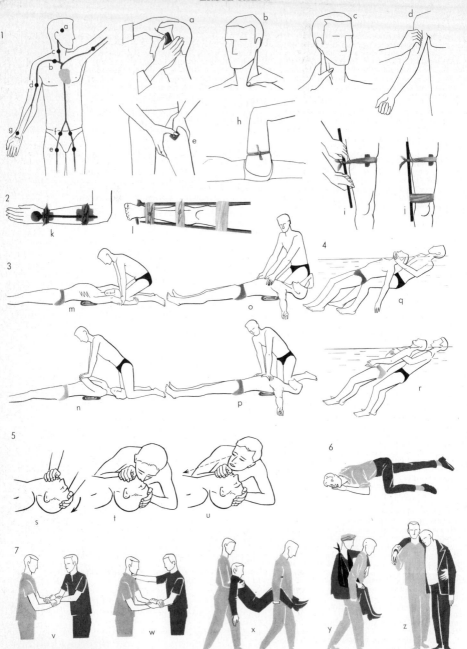

Erste Hilfe: 1 Blutstillung. Die Punkte, wo man die großen Schlagadern am leichtesten gegen den Knochen drücken und so eine Blutung stillen kann: a Schläfen-, b Schlüsselbein-, c Hals-, d Oberarm-, e Oberschenkel-, f Leisten-, g Pulsschlagader. Hilfsmittel: h mit Gummischlauch, i und j mit Stock und zwei Tüchern. **2** Behelfsmäßige Schienung. k mit Kochlöffel, l mit zwei Spazierstöcken. **3** Künstliche Atmung. Wiederbelebungsmethoden nach Silvester (m, n), Thomsen (o, p). **4** Rettungsschwimmen. Retten eines Ertrinkenden mit Kopfgriff (q), Achselgriff (r). **5** Atemspende. s Der Helfer beugt den Kopf des Bewußtlosen nach hinten und bläst (t) seine Atemluft ohne Gewalt in dessen Lungen; dabei beobachtet er (u) das Heben und Senken des Brustkorbs. **6** Lagerung eines Bewußtlosen in stabiler Seitenlage. **7** Transport. v, w, x, y Tragen, z Unterstützen eines Verletzten

Erythroz'yten [grch.] Mz., die roten Blutkörperchen (→Blut).

Erz das, nutzbares metallhaltiges Mineral.

erzählende Dichtung, epische Dichtung, Epik, eine der drei großen Gattungen der →Dichtung; stellt in Versen oder Prosa Begebenheiten der inneren oder äußeren Welt als vergangen und abgeschlossen dar: Epos, Idylle, Fabel, Roman, Erzählung, Märchen.

Erzämter, im alten Dt. Reich (bis 1806): Hofämter der Kurfürsten: Erztruchseß, Erzmarschall, Erzkämmerer, Erzschenk, Erzkanzler, Erzschatzmeister (seit 1652), Erzbanneramt (seit 1692).

Erzberger, Matthias, Politiker (Zentrum), *1875, †1921; 1917 führend beteiligt an der Friedensresolution des Reichstags und Bethmann Hollwegs Sturz; 1919 Reichsfinanzmin., trat 1920 nach dem ihn kompromittierenden Helfferich-Prozeß zurück; von 2 ehemal. Offizieren ermordet.

'Erzbischof [lat. archiepiscopus], **Metropolit,** ein Bischof, der eine Kirchenprovinz (mehrere Bistümer) leitet; sein Würdezeichen ist das →Pallium. **Erzbischofshut,** flacher, schwarzer Hut mit grüner, golddurchwirkter Schnur.

Erzengel, die obersten Engel: Michael, Gabriel, Raphael, Uriel.

Erzgebirge, Mittelgebirge auf der Grenze zwischen Sachsen und Böhmen; fällt nach S steil, nach N langsam ab; Keilberg 1244 m, Fichtelberg 1214 m; dicht besiedelt, vielseitige, bes. aus Heimarbeit hervorgegangene Industrie. Der frühere Bergbau ging im 18. Jahrh. stark zurück, auch der nach 1945 verstärkt betriebene Abbau von Uranerz ist nahezu erloschen.

Erzherzog, bis 1918 Titel der Prinzen des Hauses Österreich (Habsburger).

Erziehung, die planmäßige körperliche, geistige und sittliche Formung des Menschen, bes. der Jugend. Sie beginnt in der Familie (»Kinderstube«), die seit Jahrh. mehr und mehr durch die →Schule unterstützt wird. Außerdem wirken die Kirchen- und Jugendorganisationen mit. Ziel ist, den jungen Menschen in die bestehende Kultur einzufügen und ihn zur selbständigen Persönlichkeit zu entwickeln. Mittel der E.: Belehrung, Willensbildung, Übung, Gewöhnung, Vorbild.

Erziehungsbeistandschaft, früher **Schutzaufsicht,** die Bestellung eines Erziehungsbeistandes für entwicklungsgefährdete Minderjährige.

Erziehungsberatung bei Erziehungsschwierigkeiten o. ä., in einfachen Fällen durch die Lehrer, in schwierigen Fällen durch bes. **E.-Stellen.**

Erziehungswissenschaft, →Pädagogik.

Erzur'um, Erserum, Stadt in der Türkei, unweit des Euphrats, Bahnverbindung bis zur sowjet. Grenze, Straße nach Iran im Ausbau; 106 300 Ew.; viele Moscheen; Universität.

Erzväter, die →Patriarchen.

es, ♪ um einen halben Ton erniedrigtes e.

'Esau [hebr. »der Behaarte«], auch **Edom** [»der Rote«] genannt, Sohn Isaaks, der ältere Zwillingsbruder Jakobs, Stammvater der **Edom'iter.**

'Esbjerg, Stadt, bed. Fischereihafen Dänemarks, Haupthafen an der Westküste von Jütland, Fleisch-, Fisch-, Molkereiprodukte; 63 000 Ew.

Esch an der Alzette, Stadt in Luxemburg, 27 900 Ew.; Verhüttung von Eisenerz.

Es|chatolog'ie [grch.] die, christl. Lehre vom Weltende und Anbruch des Gottesreichs, auch vom Tode und vom Jenseits.

Eschborn, Stadt im Main-Taunus-Kreis, Hessen, 11 000 Ew.

Esche, Gattung der Ölbaumgewächse: **Gemeine E.,** Waldbaum mit schönfaserigem, zähem Werkholz, als **Hänge-E.** oder **Trauer-E.** Zierbaum. Die **Blumen-** oder **Manna-E.** Südeuropas und Kleinasiens ist der Nährbaum der Eschenzikade, durch deren Saugstich Baumsaft ausfließt und dann zu →Manna eindickt.

Eschenburg, Theodor, Verwaltungsfachmann und polit. Publizist, *1904; Prof. in Tübingen.

'Eschkol, Levi, israel. Politiker, *1895 in Rußland, †1969, seit Juni 1963 MinPräs.

'Eschwege, Kreisstadt in He sen, an der Werra, 22 500 Ew.; lebhafte Industrie.

'Eschweiler, Stadt im Kr. Aachen, Nordrh.-Westf., 40 200 Ew.; Stahl-, chem., Textil- u. a. Ind., in der Nähe Braunkohlentagebau.

Escori'al, El E., Ort in Spanien, nordwestl. von Madrid, mit dem von König Philipp II. erbauten Klosterpalast **San Lorenzo del E.** mit wertvoller Büchersammlung; Begräbnisstätte der früheren span. Königsfamilie.

Esc'udo [span. »Schild«] der, Geldeinheit in Portugal, Chile, = 100 Centavos. (ÜBERSICHT Währungseinheiten)

Escorial

Esel, Untergattung der Pferde, mit langen Ohren und Schwanzquaste: **Haus-E.,** meist grau; Trag- und Zugtier; mit Pferd kreuzbar (→Maulesel). Wild leben der **Dschiggetai** Mittelasiens, der **Kiang** Kaschmirs, Tibets, der **Onager** Vorderasiens und ostafrikan. E.-Arten.

Eselsbrücke, Merk-, Lernhilfe für Schüler.

Eselsrücken, ⌂ eine Form des →Bogens.

Eskadr'on [frz.] die, ⚔ kleinste ständige Einheit der Kavallerie, 1935-45 Schwadron.

Eskalati'on [von frz. escalier »Treppe«] die stufenweise Steigerung, z. B. des militär., polit., wirtschaftl. oder psycholog. Drucks bei Auseinandersetzungen.

eskamot'ieren [frz.], heimlich verschwinden lassen (durch Kunstgriff).

Eskap'ade [frz.] die, Seitensprung.

Eskarpin [ɛskarp'ɛ̃, frz.] der, Tanzschuh.

Eskilstuna [ˈeskilsty:na], Stadt in Mittelschweden, 66 200 Ew.; Hauptsitz der Stahl-Ind.

'Eskimo, in der eigenen Sprache **Inuit,** Völkergruppe in den Küsten Grönlands und der nördl. N-Amerikas, auch in NO-Asien, etwa 70 000; mittelgroß, gelbbraun, schwarzhaarig, dem mongolischen Rassenkreis zugehörig; leben von Seehund-, Walroßfang, Rentierzucht, Fischfang. (TAFEL Rassen der Menschheit)

Eskişeh'ir, Stadt in der Türkei, 174 500 Ew.; warme Quellen, Meerschaumgewinnung.

eskomptieren [ɛskõt'i:rən, frz.], →diskontieren.

Esk'orte [frz.] die, Geleit, Bedeckung. **eskort'ieren,** geleiten.

Esmarch, Friedrich v., Chirurg, *1823, †1908, operierte Gliedmaßen nach elast. Abschnürung ohne Blutverlust.

esot'erisch [grch. »nach innen zu«], geheim, schwer zugänglich; Gegensatz: exoterisch.

Espars'ette [frz.] die, Schmetterlingsblütler, auf kalkhaltigem Boden; rosa blühend; mehrjährige Futterpflanze.

Esp'arto [span. »Heu«] das, span.-nordafrikan. Grasarten; mit Halfa (**Sparto-, Pfriemengras, Alfa, Halfa**) geben Flechtwerk und Papier.

Espe die, Zitterpappel (→Pappel).

Espelkamp, Stadt im Kr. Lübbecke, Nordrh.-Westf., 12 300 Ew.; 1949 als Siedlung für Vertriebene gegründet.

Esper'anto das, Welthilfssprache, von dem Warschauer Augenarzt Ludwig Zamenhof (*1859, †1917) erfunden.

Espírito Santo, Küstenstaat Brasiliens, 45 597 km², 2,1 Mill. Ew.; Hauptstadt: Vitória. Kaffee, Zuckerrohr, Getreide, Edelhölzer.

Esche: a Blatt, b blühendes Zweigende, c Einzelblüte, d Frucht

Esel

Esparsette: a Blüte, b Fruchtstand, c Frucht, vergr.

Esp'iritu Santo, früher **Merena,** größte Insel der Neuen Hebriden, 4850 km².

Esplan'ade [frz.] die, freier Platz, Anlage.

espress'ivo [ital.], **espr.,** ♪ ausdrucksvoll.

Espr'esso [ital.], starker Kaffee italien. Geschmacksrichtung, mit Kaffeemaschine bereitet.

Esprit [ɛspr'i, frz.] der, Geist, Witz.

Esquire [iskw'aiə, engl. »Schildknappe«], engl. Höflichkeitstitel in der Briefanschrift; in der Abkürzung **Esq.** hinter den Namen gesetzt.

'Esra [hebr. »Hilfe«], jüd. Priester, führte 458 v. Chr. nach dem **Buch E.** die Juden aus der Babylon. Gefangenschaft zurück und erneuerte das mosaische Gesetz (→Pentateuch).

ESRO, Abk. für European Space Research Organization, auch →Europäische Organisation für Weltraumforschung.

Essay ['esei, engl. »Versuch«] der, Abhandlung, die einen Gegenstand kurz, geistvoll und in gepflegtem Stil erörtert.

Esse die, 1) Schornstein. 2) gemauerte Feuerstelle (z. B. des Schmiedes).

'Esseg, kroat. **Osijek,** Ind.- und Handelsstadt in Jugoslawien, 73 000 Ew.; Hafen an der Drau.

Essen, Stadt in Nordrh.-Westf., im Ruhrgebiet, 704 800 Ew.; Grundlage der wirtschaftl. Entwicklung waren die reichen Steinkohlenlager. Neben Bergbau und Eisen- und Stahl-Ind. (Krupp) gibt es Bau-, chem., Glas- und Textil-Ind. u. a.; Hafen am Rhein-Herne-Kanal. E. ist Sitz vieler Behörden und Verbände; hat Hoch- und Fachschulen, Theater, Museum Folkwang; Bischofssitz. – E. gehörte früher zu einem reichsunmittelbaren Äbtissinnenstift und kam 1803 an Preußen.

Essen

Essen: Am Kettwiger Tor

Ess'ener, Essäer Mz., jüd. ordensähnl. Gemeinschaft, um 150 v. Chr. entstanden; ihre Ordensregel u. a. Schriften wurden 1947 in →Qumran entdeckt.

essenti'ell [lat.], wesentlich.

Ess'enz [lat.] die, 1) ⟁ Auszug aus Naturstoffen, der ihre wesentl. oder wirksamen Bestandteile enthält. 2) LOGIK: Wesen, Sinn. Gegensatz: Existenz.

'Essex, 1) Grafschaft im südöstl. England. **2)** altes angelsächs. Königreich.

'Essex, Robert Graf, *1567, †1601, Günstling der Königin Elisabeth I. von England, wurde nach einem Aufstandsversuch enthauptet.

Essig der, saures Würz- und Konservierungsmittel; wesentl. Bestandteil →Essigsäure (3,5-15%), daneben natürl. Würzstoffe in kleinen Mengen. Der E. wird aus Branntwein, Wein, Bier durch E.-Gärung in Fässern oder Tanks, auch durch Verdünnen von E.-Säure aus Holzessig gewonnen.

Essigester, Essigäther, ⟁ $CH_3COOC_2H_5$; Anregungsmittel; auch als Lösungsmittel und bei organ. Synthesen verwenden.

Essigsäure, organ. Säure, CH_3COOH, eine stechend sauer riechende, farblose Flüssigkeit, die bei 16°C erstarrt (Eisessig), kommt in manchen Pflanzensäften und tier. Flüssigkeiten, z. B. im Schweiß, vor; in sehr verdünntem Zustand bildet sie den wirksamen Bestandteil des Essigs.

essigsaure Tonerde, 8%ige wäßrige Lösung von Aluminiumacetat, antisept. und mild zusammenziehendes Mittel für Umschläge u. dgl.

Essigstich, unbeabsichtigte Essiggärung bei Bier und Wein.

Esslingen, Kreisstadt in Baden-Württ., am Neckar, 87 400 Ew.; spätgot. Rathaus, mittelalterl. Stadtbild; Maschinen-, Metallwaren-, Textilind., Elektrotechnik. E. war bis 1802 Reichsstadt; hier wurde 1488 der Schwäbische Bund gegründet.

Esso, →Standard Oil.

Establishment [ist'æbliʃmənt, engl. »das Errichtete, Bestehende«] das, Schlagwort für die herrschenden Kräfte in Staat und Gesellschaft.

Estancia [ɛst'anθia, span.] die, südamerikan. Landgut, bes. mit Viehzucht.

'Este, oberitalien. Fürstengeschlecht, spaltete sich im 11. Jahrh. in den dt. Stamm **Welf-E.** (→Welfen) und den italien. **Fulc-E.;** dieser erwarb Ende des 13. Jahrh. Ferrara, Modena, Reggio, 1452 den Herzogstitel. Im 16. Jahrh. war Ferrara einer der Mittelpunkte der Renaissance. 1803 starben die männl. Fulc-E. aus, die Erbtochter begründete die 1814-59 regierende Linie **Österreich-E.**

Esten Mz., Volk im nördl. Baltikum, rd. 1 Mill., zur Ostseefinn. Gruppe der finnisch-ugrischen Sprachfamilie gehörig.

Ester der, ⟁ Verbindung von Alkoholen mit Säuren unter Austritt von Wasser. Viele E. werden ihres angenehmen Geruchs wegen als Riechmittel und als Fruchtessenzen (Fruchtäther) fabrikmäßig hergestellt. E. des Glycerins mit höheren Fettsäuren sind die Fette.

Esther [»Stern«], pers. Name der jüd. Jungfrau **Hadassa** [»Myrte«], Heldin des (unhistor.) Buches E. im A. T.; sie vereitelte als Gemahlin des pers. Königs **Ahasverus** (Xerxes) den Mordanschlag Hamans gegen die Juden.

estim'ieren [frz.], schätzen, achten.

Estland, geschichtl. Landschaft im nördl. Baltikum, zwischen Finn. Meerbusen und Lettland, Peipussee und Rigaer Bucht, ist als **Estnische Sozialistische Sowjetrepublik** seit 1940 Unionsrep. der Sowjetunion; 45 100 km², 1,35 Mill. Ew. (rd. 75% Esten, 20% Russen, daneben Finnen, Ukrainer u. a.); Hauptstadt: Reval (Tallinn). Wald-, moor- und seenreiches Hügelland. Ackerbau, Viehwirtschaft; Ölschiefervorkommen; Apparatebau, chem., Textilindustrie. – GESCHICHTE. E. wurde Anfang des 13. Jahrh. vom dt. Schwertbrüderorden und den Dänen unterworfen und christianisiert. 1346 kam E. an den Dt. Orden, 1561 an Schweden, 1721 an Rußland; die dt. Oberschicht (Ritterschaft, Städte) bewahrte bis gegen Ende des 19. Jahrh. ihre ständische Selbstverwaltung. Im Nov. 1918 wurde E. unabhängig; der balt. Großgrundbesitz wurde enteignet. 1939/40 wurden die Baltendeutschen E.s nach Dtl. zurückgeführt. 1941-44 war das Land von dt. Truppen besetzt.

Estom'ihi [lat. »sei mir (ein starker Fels)«], Sonntag vor Aschermittwoch, der 7. vor Ostern.

Estr'ade [frz.] die, erhöhter Fußbodenteil.

'Estragon der, Würzpflanze, Wermut » Beifuß; das Öl wird zu E.-Essig (Kräuteressig) verwendet.

Estremad'ura, Landschaft in W-Spanien, teilweise in Portugal, durchflossen vom Tajo und Guadiana; Hochland mit Viehzucht.

Estrich [lat.] der, fugenloser Fußboden aus Lehm, Mörtel, Gips, Zement.

Eszterházy, Esterhazy ['ɛstɛrha:zj] von Galantha, ungar. Adelsgeschlecht, aus dem österreich. Heerführer und Diplomaten hervorgingen. Das fürstl. Majorat war vor 1945 der umfangreichste Großgrundbesitz Ungarns.

etabl'ieren [frz.], gründen, errichten. **sich e.,** sich niederlassen, ein Geschäft eröffnen.

Etablissement [etablism'ã, frz.] das, Niederlassung, Geschäft, Vergnügungsstätte.

Etage [et'a:ʒ, frz.] die, Stockwerk.

Etagere [etaʒ'ɛ:rə, frz.] die, Gestell, Wandbrett.

Et'appe [frz.] die, Gebiet im Rücken der kämpfenden Heeres, Nachschubgebiet.

Etat [et'a, frz.] der, →Haushaltplan.

etc., Abk. für et cetera [lat.], und so weiter.

'Ethik [grch.] die, der Teil der Philosophie, der sich mit dem Sittlichen befaßt. Die E. fragt entweder nach der Gesinnung (**Gesinnungs-E.**) oder nach der Wirkung der menschl. Handlungen (**Erfolgs-E.**). Hauptvertreter einer **formalen E.** in der Neuzeit war Kant; eine inhaltl. Tugendlehre haben in der Antike Platon und Aristoteles, im MA. Thomas von Aquino geschaffen. Eine »materiale Wertethik« vertraten in der Gegenwart M. Scheler und N. Hartmann.

Ethnograph'ie [grch.] die, beschreibende Völkerkunde. **Ethnolog'ie**, allgem. Völkerkunde, verarbeitet Ergebnisse der E. 'ethnisch, volklich.

Etholog'ie [grch.] die, 1) Wissenschaft von Sitten und Bräuchen eines Volkes oder vom Charakter des einzelnen. 2) die vergleichende →Verhaltensforschung bei Tieren.

'Ethos [grch.] das, der Charakter, die innere Haltung eines Menschen.

Etik'ette die, 1) die herkömmlich geregelten gesellschaftl. Umgangsformen. 2) auch das **Etikett,** Aufschrift, Zettel mit Preisangaben u. ä.

'Etmal [ndt.] das, ♃ die von einem in Fahrt befindl. Schiff von Mittag zu Mittag zurückgelegte Strecke in Seemeilen.

Eton [i:tn], Stadt in England, westl. von London, 3900 Ew.; mit **Eton College** (1440 gegr.), der bedeutendsten und größten →Public school.

Etr'urien, antike Landschaft im westl. Mittelitalien, ursprünglich Sitz der Etrusker (lat. Tusci, daher italien. Toscana).

Etrusker, Volk in Italien (Etrurien), führend vom 9. bis zu seiner Unterwerfung durch die Römer im 3. Jahrh. v. Chr. Eingewandert sind die E. vielleicht aus Kleinasien, worauf auch ihre der römischen weit überlegene Kultur deutet. Die Kunst der E. vom 8. bis 1. Jahrh. v. Chr. hat vieles mit der griech. gemeinsam, unterscheidet sich aber im Tempelbau, im Figürlichen bei großem Naturalismus durch geringeren Sinn für die Durchbildung des Körpers (vorherrschend Tonplastik). Eigentümlich sind die Grabkammern mit Malereien und kunsthandwerkl. Arbeiten.

Etsch die, italien. **Adige,** oberitalien. Fluß, 415 km lang, kommt vom Reschenscheideck, fließt durch die Po-Ebene ins Adriat. Meer.

Etschmiads'in, armenisches Kloster, Sitz des Oberhauptes der armen. Kirche.

'Ettal, Benediktinerabtei in Oberbayern, got. Zentralbau, im 18. Jahrh. barockisiert.

Ettal: Klosteranlage

Etter [alemannisch] der, 1) Zaun. 2) umzäunter Bezirk, Gemarkung.

Etter, Philipp, schweizer. Staatsmann, *1891, Bundesrat, mehrmals Bundespräsident.

Ettlingen, Stadt in Baden-Württ., im Albgau, 21 500 Ew.; Textil-, Papier-, Maschinenindustrie.

Et'üde [frz.] die, 1) Studie. 2) ♪ Übungsstück.

Etui [ety'i, frz.] das, Hülle, Behälter.

Etymolog'ie [grch.] die, Lehre von der Herkunft der Wörter und den Wortfamilien.

Etzel, dt. Heldensage: der Hunnenkönig Attila; Nibelungenlied: der 2. Gatte Kriemhilds.

Etzel, Franz, Politiker (CDU), *1902, †1970, Rechtsanwalt, 1949-53 und seit 1957 MdB, 1952 bis 1957 Mitgl. und Vizepräs. der Hohen Behörde der Montanunion, 1957-61 Bundesfinanzminister.

eu... [grch.], Vorsilbe in Fremdwörtern: gut,

richtig; z. B. **Euphon'ie,** Wohlklang. **Eubi'otik,** Lehre vom guten (vernünftigen) Leben.

Eu, chem. Zeichen für →Europium.

Eub'öa, griech. Insel im Ägäischen Meer, 3621 km², 160900 Ew., gebirgig, bewaldet, fruchtbar. Hauptort: Chalkis.

Eucharist'ie [grch. »Danksagung«] die, 1) das die Einsetzungsworte enthaltende Dankgebet der Liturgie fast aller christl. Kirchen. 2) kath. Kirche: die Gegenwart Christi im Altarsakrament (→Abendmahl).

Eucken, 1) Rudolf, Philosoph, *1846, †1926, Prof. in Jena, knüpfte an Fichte an, sah im Geistesleben einen selbständigen Seinsbereich. Nobelpreis 1908. 2) Walter, Wirtschaftswissenschaftler, *1891, †1950, Vertreter der neuliberalen Schule. »Die Grundlagen der Nationalökonomie«.

Eudämon'ie [grch.] die, Glückseligkeit. **Eudäm'ismus,** eine Richtung der Ethik, die im Glück das höchste Gut und den Wertmaßstab des sittlichen Handelns sieht.

'Eugen [grch. »wohlgeboren«], männl. Vorname.

Eug'en, Prinz von Savoyen, »der edle Ritter«, österr. Feldmarschall und Staatsmann, * Paris 1663, † Wien 1736. Von Ludwig XIV. als Offizier abgewiesen, trat er in österr. Dienste; er besiegte 1697 die Türken bei Zenta, gewann im Span. Erbfolgekrieg gegen Frankreich zusammen mit Marlborough die Schlachten bei Höchstädt (1704), Turin (1706), Oudenaarde (1708) und Malplaquet (1709); in einem neuen Türkenkrieg siegte er bei Peterwardein (1716) und Belgrad (1717). E. baute das Barockschloß Belvedere in Wien.

Eugénie [frz. œʒen'i], Kaiserin der Franzosen, Gemahlin Napoleons III., *1826, †1920.

Eug'enik [grch.] die, **Erbgesundheitslehre,** die Erforschung und Pflege der menschlichen Erbgesundheit. Eugenische Maßnahmen sollen die Auswirkungen krankhafter Erbanlagen einschränken und die Entwicklung gesunder fördern (qualitative Bevölkerungspolitik).

Eukal'yptus der, Gattung der Myrtengewächse, in Australien und Polynesien (z. T. in anderen warmen Ländern), mit stark riechendem, äther. Öl, das technisch und medizinisch verwendet wird.

Eukl'as der, farbloses bis hellblaugrünes Mineral; Beryllium-Aluminiumsilikat.

Eukl'id, griech. Mathematiker, um 300 v. Chr., faßte in dem Werk »Die Elemente« die Lehren seiner Vorgänger zusammen. In der **Euklidischen Geometrie** gibt es zu jeder Geraden durch jeden nicht in ihr liegenden Punkt nur eine Parallele.

Eulen, 1) Nachtvögel, den Greif- oder Raubvögeln nicht verwandt; mit großen, nach vorn gerichteten unbewegl. Augen, sehr feinem Gehör, befiederten Füßen, krummen, scharfen Krallen. Mitteleurop. Arten: **Schleier-E.,** 30 cm lang, mit perlgrauer, weiß marmorierter Oberseite; **Wald-** oder **Baumkauz,** 40 cm lang, rindenfarbig; **Steinkauz,** drosselgroß, mit brauner, weißscheckiger Oberseite. Zu den Ohr-E. gehören Waldohreule und Uhu. 2) Nachtfalter mit düster gefärbten Vorderflügeln; häufig durch ihre Raupen schädlich.

Eulenburg, Philipp, Fürst zu E. und Hertefeld, *1847, †1921, Vertrauter Wilhelms II.

Eulengebirge, bewaldeter Bergrücken der Sudeten im Glatzer Bergland, Niederschlesien. Hohe Eule, 1014 m.

Eulen nach Athen tragen, sprichwörtlich: etwas Überflüssiges tun.

Eulenspiegel, Till, bäuerl. Schalksnarr, †1350, verübte Narrenstreiche, indem er bildl. Befehle wörtlich nahm. »Volksbuch vom E.« (um 1500).

Euler, Leonhard, schweizer. Mathematiker und Astronom, *1707, †1783; Begründer der Variationsrechnung.

Euler-Chelpin, Hans v., Pflanzen- und Enzymchemiker, *1873, †1964; 1929 Nobelpreis.

Eum'enes II., König von →Pergamon (197 bis 160/59 v. Chr.), bedeutender Vasall der Römer auf kleinasiat. Boden; erbaute in Pergamon den Großen Altar, den **Pergamon-Altar.**

Prinz Eugen

Eukalyptus: Älterer Zweig mit teils noch geschlossenen, teils geöffneten Blüten

Eulen
Uhu
Waldkauz
Schleiereule

L. Euler

Eumen′iden [grch. »die Wohlwollenden«], beschönigend für Rachegöttinnen, →Erinnyen.

Eun′uch [grch.] der, verschnittener (zeugungsunfähiger) Mann, im Orient Haremswächter.

Eupatr′iden [grch. »Söhne edler Väter«], Gesamtbezeichnung der alt-athen. Adelsgeschlechter.

′Eupen, belg. Stadt 15 km südwestl. von Aachen, im N des Hohen Venns, 14 700 meist deutschsprachige Ew.; Tuchind., Maschinenfabriken, Brauerei. E. kam 1920 mit Malmedy an Belgien.

Euphem′ismus [grch.] der, Umschreibung einer unangenehmen Sache durch einen milderen Ausdruck. euphem′istisch, beschönigend.

Euphon′ie [grch.] die, Wohllaut, Wohlklang. Gegensatz: Kakophon′ie, Mißklang.

Euph′orbia, Pflanzengattung Wolfsmilch.

Euphor′ie [grch.] die, Gefühl größten Wohlbefindens, z. B. unter Alkohol- oder Kaffeewirkung; hochgradige E. ist Zeichen von Hirnkrankheiten.

Euph′orion [grch.], 1) in der griech. Sage der geflügelte Sohn von Achill und Helena; 2) in Goethes Faust II: der Sohn des Faust und der Helena.

′Euphrat der, größter Strom Vorderasiens, kommt aus Armenien, mündet nach Vereinigung mit dem Tigris als Schatt el-Arab in den Pers. Golf; 2700 km lang; speist Bewässerungsanlagen; Staudämme von Habbaniya, Hindiya, zwei weitere in Bau.

Euphros′yne [grch. »Frohsinn«], in der griech. Sage: eine der drei →Chariten.

′Eupolis, griech. Dichter, †411 v. Chr., schrieb hochpolitische Stücke, Komödien, war Zeitgenosse und Konkurrent des Aristophanes.

Eur′asien, Europa und Asien als zusammenhängende Landmasse.

Eur′asier der, Abkömmling von Europäern und Asiaten (bes. Indern, Ost-, Südostasiaten).

Euratom, die →Europäische Gemeinschaft für Atomenergie.

Eurhythm′ie [grch.] die, rhythm. Bewegungskunst, von R. →Steiner geschaffen.

Eur′ipides, einer der drei großen griech. Tragödiendichter aus Athen, * um 480, †406 v. Chr., löste sich stärker aus der alten Überlieferung (»Medea«, »Herakles«, »Ion«, »Elektra«, »Iphigenie bei den Tauriern«, »Iphigenie in Aulis«, »Bakchen«).

Eurocontrol, 1960 gegr. europ. Flugsicherungsorganisation in Brüssel, kontrolliert den Luftraum oberhalb 6000 m Höhe.

Eur′opa, mit 10,01 Mill. km² der viertgrößte, seiner Bevölkerung nach mit (1969) rd. 649 Mill. Ew. (Europäer) der zweitgrößte Erdteil; eigentlich ein großes, reich gegliedertes westl. Endland Asiens, mit dem es den Kontinent **Eurasien** bildet. Als Grenze gegen Asien gelten herkömmlich Uralgebirge, Uralfluß, Kaspisches Meer, Manytschniederung. Die größten Halbinseln E.s sind Fennoskandia (Skandinavien und Finnland), Pyrenäen-, Balkan- und Apenninhalbinsel. ⊕ S. 519, FARBTAFELN S. 339/340.

LANDESNATUR. Vom Uralgebirge reicht ein breites Tiefland mit eiszeitl. Ablagerungen (Landrücken, Moränen, Urstromtäler) bis zur Ost- und Nordsee. Skandinavien wird von einem fast 2500 m hohen alten Gebirgsrumpf (Kaledonisches Gebirge) durchzogen, der sich auf den Brit. Inseln fortsetzt (1343 m). In Mittel- und West-E. nischel. Südenglands herrschen Mittelgebirge (unter 2000 m), Beckenlandschaften oder Hügelländer vor, im S gedrängt durch einen Zug junger Faltengebirge vom Atlant. Ozean bis zum Schwarzen Meer (Pyrenäen, Alpen, Karpaten, Balkan), von denen Zweige auch die südeurop. Halbinseln durchziehen (ÜBERSICHT Berge). In Süd-E. kommen jungvulkan. Bildungen vor (Vesuv, Ätna, Santorin), außerdem Tieflandsbecken (Andalusien, Po-Ebene) und Hochflächen (Hochland von Kastilien). Vorwiegend jungvulkanisch ist auch die Insel Island. – Die Hauptwasserscheide E.s zieht sich von SW nach NO. Wichtige Flüsse: Wolga, Don, Dnjepr, Dnjestr, Petschora, Dwina, Düna, Weichsel, Oder, Elbe, Donau, Theiß, Rhein, Maas, Seine, Loire, Rhône, Ebro, Po. Nur rd. ein Neuntel E.s

Euripides

entwässert ins offene, stets eisfreie Meer. Die Flüsse E.s sind teilweise durch Kanäle verbunden. Die seenreichsten Gebiete liegen im N und im Alpengebiet. – Das KLIMA E.s ist im W durch den Golfstrom und die Meeresnähe mild und feucht (durchschnittl. Wintertemperatur kaum unter 0 °C), nach der Mitte zu kälter (Wien –1,7 °C). Nach Ost-E. steigern sich landeinwärts die jahreszeitl. Gegensätze zwischen kaltem Winter mit lang anhaltender Schneedecke und warmem Sommer. Süd-E. gehört zur subtrop. Zone (Sommer heiß und trocken; Winter Regen). Kaltes Polarklima herrscht im äußersten N, Steppenklima an der unteren Wolga.

PFLANZEN- UND TIERWELT. Der nördlichste Teil E.s mit dem skandinav. Hochgebirge und Island ist baumlose Moos- und Flechtentundra mit Polartieren (Ren, Vielfraß, Lemming u. a.). Südwärts schließt sich von Finnland und Nordrußland bis zu den Gebirgen Süd-E.s ein breiter Waldgürtel an: im N vorwiegend Nadelwälder, in Mittel- und West-E. Laub- oder Mischwälder, die durch Kulturland auf die Gebirge und auf unfruchtbare Böden zurückgedrängt sind. Hier hat sich auch deren Tierwelt (Wolf, Fuchs, Dachs, Marder, Hirsch, Reh, Nagetiere) teilweise erhalten. Die Mittelmeerländer haben immergrüne Hartlaubgewächse und Sträucher (Korkeiche, Lorbeer, Ölbaum), in den Gebirgen mitteleurop. Wälder, stark durch Weideland verdrängt, mit manchen subtrop. Tierformen (Schakal, Reptilien). Der S Ost-E.s von der unteren Donau bis zur unteren Wolga ist Wiessensteppe, die gegen das Kasp. Meer zu in Salz- und schüttere Wüstensteppe übergeht. Hier kommen asiat. Steppentiere (Saigaantilope) vor. Die Hochgebirge tragen über der Waldgrenze (1000 bis 2500 m) alpine Gehölze und Matten mit eigenen Tierarten (Gemse, Murmeltier).

BEVÖLKERUNG. E. ist mit 92 Ew. je km² (ohne Sowjetunion und europäische Türkei) der am dichtesten besiedelte Erdteil. Die Bevölkerungsverteilung tritt jedoch ungleich. In vielen Industriegebieten treten Ballungsräume mit bis über 1000 Ew. je km² auf. Außer den europ. Polargebieten ist Island am dünnsten besiedelt. – Insgesamt werden in E. etwa 70 Sprachen gesprochen. Die Völker E.s gehören fast alle zur indogerman. Sprachfamilie, bes. zu den großen Gruppen der Germanen, Romanen und Slawen. Nordgerman. Sprachen sprechen die Schweden, Norweger, Isländer, Dänen und Färinger, westgerman. die Engländer, Friesen, Niederländer und die Deutschen. Zu den Romanen zählen Franzosen, Provençalen, Spanier, Katalanen, Portugiesen, Rätoromanen, Italiener, im O die Rumänen. Slaw. Völker sind die Großrussen, Weißrussen und Ukrainer (Ostslawen), Polen, Kaschuben, Sorben, Tschechen und Slowaken (Westslawen), Bulgaren, Serben, Kroaten, Slowenen (Südslawen). Weitere indogerm. Sprachen sprechen Albaner, Griechen, die keltischen Völker (gälisch sprechende Iren und Schotten, Waliser, Bretonen), die baltischen Völker (Litauer, Letten). Nicht indogerman. Sprachen sprechen die Finnen und Esten, die Magyaren (Ungarn), Wolgafinnen, Samojeden, türk. Völker und Basken.

RELIGION. Die Bevölkerung E.s ist zu rd. 80 % christlich (Katholiken 237 Mill., Protestanten einschl. Mitgl. der Freikirchen 188,5 Mill., Mitgl. der Ostkirchen rd. 72,3 Mill., der Sekten 2 Mill.). Hinzu kommen 13,3 Mill. Muslime, rd. 4 Mill. Juden (außerhalb der Sowjetunion rd. 1,5 Mill.), dazu Angehörige anderer Religionen und Religionslose.

WIRTSCHAFT. E. hat einen beachtl. Anteil an der landwirtschaftl. Welterzeugung, so bei Getreide, Kartoffeln, Wein, Milch, Eiern. Nordrußland, Finnland und Schweden liefern Holz. Das Klima Süd-E.s gestattet den Anbau subtrop. Kulturpflanzen. Der Anteil der landwirtschaftl. Nutzfläche an der Landfläche E.s (außer Türkei und Sowjetunion) beträgt über 50 %. Lebhafte Fischerei an fast allen Küsten. E. ist reich an Bodenschätzen, wie Steinkohle, Braunkohle, Eisenerz,

Kalisalze, Quecksilber, Bauxit, Schwefel- und Kupferkies, Blei, Zink, Nickel u. a. NE-Metalle, Erdöl (bes. Rumänien), Erdgas. Die Kohle- und Eisenerzförderung wird aus Rentabilitätsgründen eingeschränkt. E. ist neben den USA das wichtigste Industriezentrum der Erde; alle Industriezweige sind hochentwickelt. Die gesamte industrielle Erzeugung stieg 1950-65 in West-E. um 130%, in Ost-E. sogar um 300% (einschl. Sowjetunion). Industrielle Fertigwaren werden ausgeführt und Rohstoffe, Nahrungsmittel, Fertigwaren eingeführt. Nach dem 2. Weltkrieg wurde in den Ländern West-E.s mit Hilfe des von den USA finanzierten Marshall-Plans ein Wiederaufbauprogramm durchgeführt, das seit 1948 vom Europ. Wirtschaftsrat (jetzt OECD) abgestimmt wurde. Die wirtschaftl. Zusammenarbeit wurde gefördert durch die →Montanunion, die →Europäische Wirtschaftsgemeinschaft, →Europäische Freihandelsgemeinschaft, →Europäische Gemeinschaft für Atomenergie. In Ost-E. stehen die wirtschaftl. Zusammenschlüsse unter der Führung der Sowjetunion (→Comecon). Die früher führende Stellung E.s im Weltverkehr wurde in West-E. für den Überseeverkehr wiederhergestellt; der Binnenverkehr leidet noch immer unter der Abschließung Ost-E.s und der Teilung Mittel-E.s.

GESCHICHTE. Die europ. Geschichte des Altertums führt von der griech. zur röm. Kultur (→Griechische Geschichte, →Römische Geschichte), andererseits durch Einwirkung des Christentums später zur byzantin. Kultur (→Byzantinisches Reich). Mit der →Völkerwanderung zerfiel die Einheit des Weström. Reiches; es entstand eine german. Staatenwelt, die in den folgenden Jahrhunderten das Christentum übernahm. Hier stieg das Fränk. Reich unter Karl d. Gr. zur Vormacht auf, zerfiel aber schon im 9. Jahrh. Seitdem vollzog sich die polit. Entwicklung E.s in der Form einer Mehrzahl von größeren und mittleren Staaten, wenn auch das römisch-dt. Kaisertum von der Mitte des 10. bis zur Mitte des 13. Jahrh. eine Führerstellung einnahm. Die german. und roman. Nationen, bes. die Deutschen, Franzosen, Engländer, Italiener, Spanier, Portugiesen, Niederländer, waren der Kern der abendländ. kulturellen Gemeinschaft, in die nach und nach auch die slaw. Völker einbezogen wurden, zuletzt seit Anfang des 18. Jahrh. die Russen.

Im MA. verkörperte die kath. Kirche mit der geistl. Spitze des Papsttums die geistige Einheit des Abendlandes. Auch nach der Glaubensspaltung der →Reformation blieb eine lebendige Verbindung der Völker und Staaten im polit. Kampf und im friedl. geistigen Austausch. Wie sich die großen Nationen E.s in der kulturellen Führung

untereinander ablösten, so ließ sich auch die dauernde Vormachtstellung eines Großstaates nicht mehr durchsetzen; das spanisch-habsburg. Reich des 16. Jahrh., das Frankreich Ludwigs XIV. und bes. Napoleons I. riefen die entschlossene Abwehr der anderen Mächte auf den Plan, und im Sinne des →Europäischen Gleichgewichts bildete sich ein Staatensystem mit einem festen Kreis von Großmächten heraus. Nach außen hatte das christl. E. lange gegen das Übergreifen des Islam zu kämpfen; der Maurenherrschaft in Spanien wurde noch während des MA., die Türkenherrschaft über Südost-E. erst im 17. bis 19. Jahrh. gebrochen.

Schon mit den Entdeckungsfahrten des 15./16. Jahrh. setzte eine koloniale Eroberung ein, die die Macht europ. Staaten über fast die ganze Erde ausdehnte und eine entsprechend weite kulturelle Führungsrolle E.s begründete. Unter Einwirkung der Aufklärung entfalteten sich die neuzeitl. Naturwissenschaften. Der nationalstaatl. Gedanke hatte sich immer schärfer ausgeprägt, und in den Revolutionen seit 1789 gelangte er zum Sieg; freilich steigerten sich die nationalen Kämpfe, verbunden mit weltpolit. Gegensätzen der imperialist. Epoche, auch die Spannungen innerhalb E.s, die schließlich zum 1. Weltkrieg führten. Dieser beendete die Vormachtstellung E.s in der Welt. Der Aufstieg der USA zur führenden Weltmacht, die Aktivierung der Energien Rußlands seit der bolschewist. Oktoberrevolution, die Modernisierung Chinas und Japans schufen neue Größenordnungen. Der Forderung nach überstaatl. wirtschaftl. und polit. Zusammenschlüssen traten Bestrebungen zur Erhaltung der nationalstaatl. Souveränität gegenüber. In Italien übernahm 1922 der →Faschismus, in Dtl. 1933 der →Nationalsozialismus die Macht. Nach dem 2. →Weltkrieg wurde entgegen europ. Einigungsbemühungen die Zersplitterung E.s in viele Staaten wiederhergestellt. In Wirklichkeit teilten die USA und die Sowjetunion E. in Einflußsphären unter sich auf. Ein gesamteurop. Zusammenschluß blieb seitdem unmöglich; um so vielfältiger wurden in West-E. die Bestrebungen zur Einigung oder Zusammenfassung der Kräfte. In Ost-E. festigte die Sowjetunion ihre Vormachtstellung durch die Bildung des Warschauer Pakts und des Comecon.

Europa, in der griech. Sage Schwester des Kadmos, wohl Phönikerin, von Zeus in Stiergestalt entführt; oft dargestellt seit 7. Jahrh. v. Chr.

Europabrücke, höchste Brücke Europas, über das Silltal südl. Innsbruck, zum →Brenner. (BILD S. 262)

Europäische Freihandelsgemeinschaft, EFTA, gegr. 1960, Sitz Genf; gegr. von Großbri-

STAATLICHE GLIEDERUNG

	1000 km²	Mill. Ew.		1000 km²	Mill. Ew.
Albanien	28,7	2,0	Luxemburg	2,6	0,3
Andorra	0,5	0,01	Malta	0,3	0,3
Belgien	30,5	9,6	Monaco	0,001	0,02
Bulgarien	110,9	8,4	Niederlande	36,2	13,0
Dänemark¹).......	44,4	4 9	Norwegen⁸).......	386,6	3,8
Deutschland²).....	470,7	69,3³)	Österreich	83,8	7,3
Bundesrep. Dtl.⁴)	248,0	60,6	Polen⁹)	312,5	32,8
Dt. Dem. Rep.⁵) ..	107,9	17,6	Portugal¹⁰)	92,0	9,5
Berlin⁶)	0,9	3 2	Rumänien	237,5	20,2
Finnland	337,0	4,7	San Marino	0,1	0,02
Frankreich	547,0	50,7	Schweden	449,8	8,0
Griechenland	132,0	8,7	Schweiz	41,3	6,2
Großbritannien⁷) ...	244,0	55,7	Sowjetunion¹¹)	5571,0	182,0
Irland, Rep.	70,3	2,9	Spanien¹²)	497,5	33,2
Island	103,0	0,2	Tschechoslowakei ..	127,9	14,4
Italien	301,2	54,4	Türkei¹¹)	23,6	3,0
Jugoslawien	255,8	20,5	Ungarn	93,0	10,3
Liechtenstein	0,2	0,02	Vatikanstadt	¹³)	¹⁴)

¹) mit Färöer. ²) Grenzen v. 31. 12. 1937. ³) Volkszählung 17. 5. 1939. ⁴) mit W-Berlin. ⁵) mit O-Berlin. ⁶) W- und O-Berlin. ⁷) mit Kanal-Inseln, Gibraltar. ⁸) mit Svalbard (Spitzbergen, Bären-Insel) und Jan Mayen (62 422 km²). ⁹) mit Danzig und dt. Gebieten unter poln. Verwaltung. ¹⁰) mit Azoren und Madeira. ¹¹) europ. Teil. ¹²) mit Balearen. ¹³) 0,4 km². ¹⁴) 1000 Ew.

Europabrücke bei Innsbruck

Europäische Unionsbewegung

Europäisches Wiederaufbau-Programm, ERP, →Marshall-Plan.

Europäische Unionsbewegung, das Streben nach Zusammenschluß der europ. Staaten. Seit 1923 wird der Gedanke in der **Paneuropa-Union** des Grafen R. Coudenhove-Kalergi vertreten. 1948 schlossen sich mehrere Vereinigungen zu der Dachorganisation **Europäische Bewegung** (Sitz Brüssel) zusammen; dt. Zweig ist »Der dt. Rat der Europ. Bewegung« (Sitz Bonn). Die Ziele der einzelnen Gruppen gehen von loser Zusammenarbeit bis zu einem Staatenbund oder Bundestaat. Die Sowjetunion wird meist nicht einbezogen. Der Europagedanke wird von vielen europ. Regierungen, auch von den USA, gefördert. Mit dem →Europarat erhielt 1949 die Europ. Bewegung eine Festigung auf völkerrechtl. Grundlage.

Europäische Verteidigungsgemeinschaft, EVG, die im Pariser Vertrag vom 27.5.1952 vorgesehene Gemeinschaft 6 europ. Staaten zur Schaffung einer Europaarmee; 1954 vom französ. Parlament abgelehnt. →Westeuropäische Union.

Europäische Wirtschaftsgemeinschaft, EWG, der Zusammenschluß Belgiens, der Bundesrep. Dtl., Frankreichs, Italiens, Luxemburgs und der Niederlande zu einer unbefristeten, überstaatlichen, mit eigenen Hoheitsrechten ausgestatteten Wirtschaftsgemeinschaft zur Errichtung eines »Gemeinsamen Marktes« und zur Annäherung der Wirtschaftspolitik der Mitgliedstaaten; gegr. 25. 3. 1957 (Vertrag von Rom), in Kraft seit 1. 1. 1958, Sitz Brüssel. Kernstück ist eine Zollunion; am 1. 7. 1968 waren die Binnenzölle unter den Mitgliedern gänzlich beseitigt, ein gemeinsamer Außenzolltarif trat in Kraft. Sonderregelungen gelten u.a. für die Landwirtschaft sowie für die handelspolit. Angliederung überseeischer Gebiete und die Beiträge für deren Entwicklung.– Organe: die Versammlung (→Europäisches Parlament), der Gerichtshof, der Ministerrat und die Kommission, die beiden letzteren seit 1967 gemeinsam für EWG, Euratom und Montanunion als »Rat (oder Kommission) der Europäischen Gemeinschaften«, sowie ein beratender Wirtschafts- und Sozialausschuß. Europ. Länder können durch Vollmitgliedschaft, alle Länder durch Assoziierung der EWG beitreten. 1962 wurden Griechenland, 1964 die Niederländ. Antillen, die Türkei und 18 unabhängige Staaten Afrikas (auf 5 Jahre befristet), 1966 Nigeria, 1972 Mauritius assoziiert. Beitrittsverhandlungen mit Großbritannien scheiterten 1963 und 1967 am Widerspruch Frankreichs; sie wurden mit Großbritannien, Irland, Dänemark und Norwegen 1970 erneut aufgenommen und 1971 erfolgreich abgeschlossen. Die Beitrittsverträge sollen am 1. 1. 1973 in Kraft treten.

Europäische Zahlungsunion, EZU, gegr. 1950, regelte durch ein multilaterales Verrechnungs- und Kreditsystem den Zahlungsverkehr zwischen den Mitgl. der →OEEC; 1958 durch das →Europäische Währungsabkommen abgelöst.

Europapokal, Trophäe, bei der internat. Ausscheidungsrunden in verschiedenen Sportarten von den europ. Spitzenverbänden vergeben wird, z.B. im Fußball, Handball.

Europarat, ER, gegr. 1949, ein Zusammenschluß europ. Staaten zur Herstellung größerer Einheit, zwecks Wahrung des gemeinsamen europ. Erbes und der Förderung des wirtschaftl. und sozialen Fortschritts. Militärische Fragen gehören nicht zu seiner Zuständigkeit. Mitglieder sind (1972): Belgien, Bundesrep. Dtl., Dänemark, Frankreich, Großbritannien, Irland, Island, Italien, Luxemburg, Malta, Niederlande, Norwegen, Österreich, Schweden, Türkei, Zypern, Schweiz. Organe: die Beratende Versammlung, der Ministerausschuß und das Generalsekretariat mit Sitz in Straßburg. Die Mitgliedstaaten haben die Europ. Konvention der →Menschenrechte u. a. Abkommen geschlossen. ▷ S. 346.

Europa-Schulen, mehrsprachige Schulen im Rahmen der Montanunion.

Europastraßen, die 1949 von 18 europ. Natio-

tannien, Schweden, Norwegen, Dänemark, Schweiz, Österreich, Portugal, Island; assoziiert seit 1961 Finnland, seit 1968 die Färöer. Nach dem erfolgreichen Abschluß der Verhandlungen zwischen EWG und Großbritannien, Dänemark und Norwegen über deren Beitritt zur EWG zum 1. 1. 1973 werden diese Länder aus der EFTA austreten.

Europäische Gemeinschaft für Atomenergie, Euratom, der Zusammenschluß der 6 Staaten der →Europäischen Wirtschaftsgemeinschaft auf dem Gebiet der friedl. Nutzung der Atomenergie, mit der EWG 1957 gegr. Aufgaben: Förderung und Koordinierung der Forschung, Entwicklung einer Kernind. in den Mitgliedstaaten. In Kraft seit 1958. Mit Großbritannien, Kanada, den USA besteht vertragl. Zusammenarbeit.

Europäische Gemeinschaft für Kohle und Stahl, EGKS, →Montanunion.

Europäische Investitionsbank, EIB, Sitz Brüssel, Finanzierungsinstitut der EWG für Vorhaben in deren weniger entwickelten Gebieten.

Europäische Organisation für die Entwicklung und den Bau von Raumfahrzeugen, ELDO, gegr. 1962, Sitz Paris; Mitglieder: Australien, Belgien, Bundesrep. Dtl., Frankreich, Großbritannien, Italien, Niederlande.

Europäische Organisation für Kernforschung, CERN, Mitglieder 1969: Belgien, Bundesrep. Dtl., Dänemark, Frankreich, Griechenland, Großbritannien, Italien, Jugoslawien (Beobachter), Niederlande, Norwegen, Österreich, Schweden, Schweiz; Aufgabe: die Förderung internat. Kern- und Hochenergieforschung für friedl. Zwecke; Forschungsinstitut in Genf.

Europäische Organisation für Weltraumforschung, ESRO, seit 1962/63, Sitz Paris. Mitglieder: Australien, Belgien, Bundesrep. Dtl., Frankreich, Großbritannien, Italien, Niederlande, Dänemark, Schweden, Schweiz, Spanien; Norwegen, Österreich haben Beobachterstatus.

Europäischer Gerichtshof für Menschenrechte, Organ des Europarats (seit 1959).

Europäisches Atomforum, Foratom, Zusammenschluß von nationalen Vereinigungen, die sich mit der Entwicklung der friedlichen Ausnutzung der Kernenergie beschäftigen.

Europäisches Gleichgewicht, seit dem 16. Jahrh. polit. Grundsatz eines Gleichgewichts der Kräfte unter den europ. Mächten; bes. vertreten von England in den Kämpfen des 17.-19.Jahrh.

Europäische Sozialcharta, faßt die vom Europarat ausgearbeiteten Grundsätze und -rechte zusammen. 1962 unterzeichnet.

Europäisches Parlament, die gemeinsame parlamentar. Versammlung von EWG, Euratom und Montanunion, 1958 in Straßburg gegr.; Präs. (seit 1971) W. Behrendt (Bundesrep. Dtl.).

Europäisches Währungsabkommen, EWA, seit 1958 Nachfolgeorganisation der →Europäischen Zahlungsunion, Sitz Paris; sichert die europ. Zusammenarbeit auf dem Währungsgebiet.

nen geplanten Fernstraßen durch West- und Osteuropa. Bedeutende E. sind:

E 1 London-Southampton-Paris-Palermo
E 2 London-Calais-Lausanne-Mailand-Brindisi
E 3 Lissabon-Paris-Antwerpen-Venlo-Oberhausen-Hannover-Flensburg-Stockholm
E 4 Lissabon-Barcelona-Genf-Basel-Frankfurt a. M.-Hamburg-Fehmarn-Koperfhagen-Stockholm-Haparanda-Helsinki
E 5 London-Calais-Ostende-Brüssel-Aachen-Köln-Frankfurt a. M.-Nürnberg-Passau-Wien-Budapest-Belgrad-Istanbul-Iskenderun-Syr. Grenze
E 6 Rom-Bologna-Innsbruck-Griesen-Garm.-Partenkirchen-München-Hof-Berlin-Saßnitz auf Rügen-Malmö-Oslo-Drontheim-Stjördal
E 7 Bologna-Villach-Klagenfurt-Wien-Brünn-Teschen-Krakau-Warschau
E 8 London-Den Haag-Osnabrück-Hannover-Berlin-Posen-Warschau-Moskau

E 9 Amsterdam-Basel-Genua
E 10 Paris-Brüssel-Amsterdam
E 11 Paris-Nancy-Straßburg-Karlsruhe-München-Salzburg
E 12 Paris-Metz-Saarbrücken-Mannheim-Heilbronn-Nürnberg-Pilsen-Prag-Breslau-Lodz-Warschau-Leningrad-Moskau
E 13 Venedig-Mailand-Lyon
E 14 Triest-Villach-Salzburg-Linz-Prag-Hirschberg-Stettin
E 15 Hamburg-Berlin-Dresden-Prag-Brünn-Preßburg-Budapest
E 21 a Martigny-Gr. St. Bernhard-Aosta
E 21 b Genf-Mt. Blanc-Aosta

Europ′ide, die europäischen Menschenrassen und ihnen verwandte Rassen in Afrika und Asien. (TAFEL Rassen der Menschheit)

Eur′opium, Eu, chem. Element aus der Gruppe der →Lanthaniden.

'Europoort [das »Tor Europas«], niederländ.

Europäische Zusammenschlüsse (Auswahl)

Abkürzung	Name; Sitz	gegründet oder unterzeichnet	in Kraft seit	Bemerkungen
Wirtschaftlich-politische Zusammenschlüsse				
ERP	Europ. Wiederaufbauprogramm Marshall-Plan; Paris		1947	endete 1952
OEEC	Organisation für europ. wirtschaftl. Zusammenarbeit	16. 4. 1948		gegr. zur Durchführung des Marshall-Plans
Comecon	Europ. Wirtschaftsrat; Paris Rat für gegenseitige Wirtschaftshilfe; Moskau	25. 1. 1949		Ostblockstaaten
ER	Europarat; Straßburg	5. 5. 1949	3. 8. 1949	
EZU	Europ. Zahlungsunion; Paris	19. 9. 1950		im Rahmen der OEEC
NR	Nord. Rat; Kopenhagen	1951	1952	Mitgl. Nord. Staaten
EGKS	Europ. Gemeinschaft für Kohle und Stahl, Montanunion; Luxemburg	18. 4. 1951	10. 8. 1952	Mitte 1967 Fusion der Exekutiven der drei Organisationen, Sitz Brüssel
EWG	Europ. Wirtschaftsgemeinschaft; Brüssel	25. 3. 1957	1. 1. 1958	
Euratom	Europ. Gemeinschaft für Atomenergie; Brüssel	25. 3. 1957	1. 1. 1958	
EWA	Europ. Währungsabkommen; Paris		29. 12. 1958	löste die EZU ab
EFTA	Europ. Freihandelsgemeinschaft; Genf		3. 5. 1960	
OECD	Organisation für wirtschaftl. Zusammenarbeit und Entwicklung; Paris		30. 9. 1961	hervorgegangen aus der OEEC, einschl. USA und Japan
Militärisch-politische Zusammenschlüsse				
NATO	Nordatlantikpakt; Casteau	4. 4. 1949		einschl. USA, Kanada;
EVG	Europ. Verteidigungsgemeinschaft	27. 5. 1952		an ihre Stelle trat die WEU
WEU	Westeurop. Union; London	23. 10. 1954	6. 5. 1955	
—	Warschauer Pakt	14. 5. 1955		Ostblockstaaten
Wissenschaftlich-kulturelle Zusammenschlüsse				
UER	Europ. Rundfunkverein	12. 2. 1950		
EPPO	Europ. Pflanzenschutz-Organisation	18. 4. 1951		
CERN	Europ. Organisation für Kernforschung	1. 7. 1953	29. 9. 1954	angeregt durch UNESCO
EAEG	Europ. Atomenergie-Gesellschaft	1954		
—	Europ. Kulturstiftung	1954		gegr. auf Anregung von Prinz Bernhard der Niederlande
Comatom	Vereinigtes Institut für Kernforschung; Dubna	26. 3. 1956		Ostblockstaaten
Eurochemic	Europ. Ges. für die chem. Aufarbeitung bestrahlter Kernbrennstoffe	20. 12. 1957		gegr. im Rahmen der OEEC
ENEA	Europ. Kernenergie-Agentur	20. 12. 1957		gegr. im Rahmen der OEEC
Foratom	Europ. Atomforum	12. 7. 1960		Gründung der EWG-Mitgl.
ELDO	Europ. Organisation für die Entwicklung und den Bau von Raumfahrzeugen		29. 3. 1962	
ESRO	Europ. Organisation zur Erforschung des Weltraums		1962/63	
EMBO	Europ. Organisation für Molekularbiologie	2. 2. 1964		private Organisation, gefördert vom Europarat
—	Europ. Rektorenkonferenz		7. 9. 1964	

Seehafen westl. Rotterdam; seit 1958 im Bau, teilweise in Betrieb.

Eur'otas der, neugriech. **Iri,** Hauptfluß der peloponnes. Landschaft Lakonien.

Eurovisi'on, Zusammenschluß westeurop. und nordamerikan. Rundfunkgesellschaften zum Austausch von Fernsehprogrammen.

Euryd'ike, die Gemahlin des →Orpheus.

Eus'ebius von Cäsar'ea, Kirchenhistoriker, »Vater der Kirchengeschichte«; um 314 Bischof.

Euskirchen, Kreisstadt in Nordrh.-Westf., am Rande der Eifel, 42000 Ew.; Industrie.

Eustachische Röhre, Ohrtrompete, →Ohr.

Eust'achius, legendärer Heiliger, angebl. um 100 gemartet, einer der 14 Nothelfer.

Euter das, Milchdrüse der weibl. Säuger, bes. die der Wiederkäuer. Es enthält das die Milch absondernde Drüsengewebe, Stützgewebe, Milchkanäle, die in den Zitzen enden.

Eut'erpe, eine der →Musen.

Euthanas'ie [grch.] die, 1) Gefühl des Wohlseins beim Sterbenden. 2) Sterbehilfe. Lindern von Schmerzen durch betäubende Mittel ist erlaubt. Tötung von unheilbar Kranken ist strafbar, auch wenn sie auf Verlangen des Kranken erfolgt (Freiheitsstrafe). **E.-Programm:** Unter dem Nat.-Soz. Tötung von Geisteskranken.

Eut'in, Kreisstadt in Schlesw.-H., 17300 Ew.; zw. 2 Seen; E.er Sommerspiele. Fremdenverkehr.

eV, Abk. für Elektronenvolt; →Elektron.

Ev., Abk. für Evangelium. **ev.,** evangelisch.

e.V., Abk. für eingetragener Verein.

Eva, weibl. Vorname, Frau des →Adam.

evaku'ieren [lat.], 1) luftleer machen, auspumpen. 2) leeren, räumen, bes. Kampf- und Grenzgebiete von der Zivilbevölkerung.

Evangeli'ar [lat.] das, -s/..arien, mittelalterl. Evangelienhandschrift, oft mit Bildern.

Evangelienharmonie, die, aus den 4 Evangelien zusammengefügte Darstellung des Lebens Jesu; die erste E. von Tatian (um 170 n. Chr.) in syr. Sprache, althochdt. um 830. Dt. E. von Otfried von Weißenburg (9. Jahrh.) und der →Heliand.

Evangelisati'on die, Verkündigung des Evangeliums, z.B. durch die Volksmission.

evang'elisch, 1) die aus den Evangelien gewonnene religiöse Überzeugung und Lebenshaltung. 2) die Reformationskirchen, bes. die e.-**lutherische** und die e.-**reformierte.** 3) seit der preußischen Union von 1817 die Kirchen, denen Lutheraner und Reformierte angehören.

Evangelische Akademien, von dt. Landeskirchen eingerichtet, veranstalten Tagungen.

Evangelische Kirche in Deutschland (EKD oder EKiD), die derzeitige Rechtsgestalt der dt. evang. Christenheit, beschlossen 1948 in Eisenach. Die EKD ist ein Bund lutherischer, reformierter und unierter Kirchen. Ihre Aufgabe ist, die Gemeinschaft unter den Gliedkirchen, bes. ihre Arbeit und den Austausch ihrer Mittel und Kräfte zu fördern. Organe: Synode, Rat und Kirchenkonferenz. Der Rat (Vors.: Bischof Dietzfelbinger, seit 1967) leitet die EKD; Amtsstellen: Kirchenkanzlei in Hannover (Nebenstelle Berlin), kirchl. Außenamt in Frankfurt (Main). – Die Gliedkirchen in der Dt. Dem. Rep. haben sich nach ihrer Lostrennung von der EKD (1969) zum **Bund der Evang. Kirchen in der Dt. Dem. Rep.** zusammengeschlossen.

Evangelische Räte, nach kath. Lehre die vom Evangelium angeratenen, aber nicht vorgeschriebenen Forderungen der Armut, der Jungfräulichkeit (Keuschheit) und des Gehorsams.

Evangelischer Kirchentag, →Kirchentag.

Evangelisten, 1) die Verfasser der vier Evangelien. 2) Erweckungsprediger.

Evang'elium [grch. »Gute Kunde«] das, -s/ ...lien, 1) frohe Botschaft, bes. die von Jesus als dem in die Welt gekommenen Heiland. 2) die vier Schriften des N. T. über Leben und Wirken Jesu (Matthäus, Markus, Lukas, Johannes).

Evansville ['evensvil], Stadt in Indiana, USA, 141500 Ew.; Ind., Handel.

evapor'ieren [lat.], ⊕ abdampfen.

Eventu'alhaushalt, zusätzl. Staatsausgaben, die nur bei Bedarf schnell und konjunkturgerecht eingesetzt werden sollen.

eventu'ell [lat.], möglicherweise. **Eventualit'ät** die, möglicherweise eintretender Fall.

Everest, Mount E. [maunt'evərist], **Tschomolungma,** höchster Berg der Erde, im östl. Himalaya, 8848 m hoch. Erstbesteigung am 29. 5. 1953 durch E. P. Hillary und den Sherpa Tenzing.

Mount Everest

Evergreen ['evəgri:n, engl.] der, »immergrüner Schlager« (nach Jahren noch gehört).

EVG, →Europäische Verteidigungsgemeinschaft.

evid'ent [lat.], offenbar, augenscheinlich. **Evid'enz** die, PHILOSOPHIE: die innere Gewißheit der Gültigkeit einer Erkenntnis.

'Evoë [lat.], Jubelruf beim Dionysosfest.

Evol'ute [lat.] die, geometr. Ort der Krümmungsmittelpunkte einer ebenen Kurve.

Evoluti'on [lat.] die, Entwicklung, Entfaltung. **Evolutionstheorie,** →Entwicklungsgeschichte.

Ew., 1) Abk. für Euer, z.B. Ew. Gnaden. 2) Abk. für Einwohner.

EWA, →Europäisches Währungsabkommen.

Ewald [ahd. »Gesetzeshüter«], männl. Vorname.

Ewald, 1) Heinrich, *1803, †1875, einer der »Göttinger Sieben«, wirkte bahnbrechend als Bibelkritiker und in der hebr. Sprachforschung. 2) Johannes, dän. Dichter, *1743, †1781, behandelte unter dem Einfluß Klopstocks altnord. Stoffe.

'Ewe, Volk in SO-Ghana, S-Togo, S-Dahome, rd. 1 Mill. Ihre Sprache wird von 2,9 Mill. Menschen gesprochen.

Ewer [ndt.] der, ♀. kleines Küstenfahrzeug.

EWG, →Europäische Wirtschaftsgemeinschaft.

Ewige Anbetung, in der kath. Kirche: die ständige Verehrung des ausgesetzten Allerheiligsten, in Klöstern oder abwechselnd in den einzelnen Pfarrkirchen.

Ewiger Jude, in der Sage der Schuhmacher **Ahasverus,** der Jesus auf dem Wege nach Golgatha vor seinem Hause nicht ausruhen ließ und nun umherwandern muß bis zum Jüngsten Gericht.

Ewiger Landfriede, unter Kaiser Maximilian I. 1495 in Worms beschlossenes Reichsgesetz, das das mittelalterl. Fehderecht abschaffte.

Ewiges Licht, Ewige Lampe, kath. Kirche: brennende Lampe vor dem Tabernakel.

Ewige Stadt, Ehrenname Roms.

ex... [lat.], Vorsilbe: 1) aus, z.B. Exkret, Ausscheidung; 2) ehemalig, z.B. Exkönig.

ex'akt [lat.], genau, pünktlich, sorgfältig; **exakte Wissenschaften:** Mathematik, Naturwissenschaften.

exalt'iert [lat.], überreizt, überspannt.

Ex'amen [lat.] das, -s/...mina, Prüfung. **examin'ieren,** prüfen. **Examin'ator** der, Prüfender. **Examin'and** der, Prüfling.

Exanth'em [grch.] das, krankhafte Hautveränderung. Ausschlag.

Ex'arch [grch.] der, byzantin. Statthalter. **Exarch'at** das, Gebiet eines E., bes. das **E. von Ravenna,** das Pippin 754 dem Papst schenkte (→Kirchenstaat).

Ex'audi [lat. »erhöre«], der 6. Sonntag nach Ostern, nach Psalm 27, 7, im Introitus der Messe.

ex c'athedra [lat.], katholisch: →Unfehlbarkeit; übertragen: von maßgebender Stelle aus.

Exc'eptio [lat.] die, prozeßrechtl. →Einrede.

Exchange [ikstʃ'eindʒ, engl.] die, 1) Einwechslung, Wechselkurs. 2) Börse.

Exeg'ese [grch.], Auslegung, Bibelerklärung. **exekut'ieren** [lat.],(ein Urteil)vollstrecken. **Exekuti'on,** 1) Zwangsvollstreckung. 2) Hinrichtung.

Exekut'ive die, **Exekutivgewalt,** vollziehende Staatsgewalt, zum Unterschied von der gesetzgebenden (legislativen) und richterlichen (Justiz).

Ex'empel [lat.] das, 1) Beispiel, Muster. 2) Rechenaufgabe.

Exempl'ar [lat.] das, Stück; Muster. **exempl'arisch,** musterhaft.

exemplifiz'ieren [lat.], an Beispielen erläutern.

ex'emt [lat.], ausgenommen, befreit.

Exequ'atur [lat. »er vollziehe«] das, 1) die dem Konsul einer fremden Macht durch den Aufenthaltsstaat erteilte Ermächtigung zur Ausübung seiner Tätigkeit.2) die Ausstattung des in einem anderen Staat gefällten Gerichtsurteils mit Vollstreckungswirkung im Inland.

exerz'ieren [lat.], ⚅ üben, einüben, drillen.

Exerz'itien Mz., in der kath. Kirche: geistliche Übungen, um das eigene religiöse Leben zu fördern, durch Betrachtung, Gebet, Beichte, Kommunion; oft in bes. E.-Häusern.

'Exeter, Handelsstadt in SW-England, 81 200 Ew.; Univ., anglikan. Bischofssitz; ummauerte Altstadt, normannisch-gotische Kathedrale.

Exeter: Kathedrale von Westen

Exhalati'on [lat.] die, Aushauchung.

Exh'austor [lat.] der, ⚙ Gebläse zum Absaugen von Luft, Gas, Staub, Spänen, Spreu.

Exhibition'ismus [lat.], der Trieb, öffentl. vor anderen Personen die Geschlechtsteile zu entblößen; eine geschlechtl. Perversion; strafbar als Erregung öffentl. Ärgernisses (§ 183 StGB).

Exhumati'on [lat.] die, Ausgrabung (von Leichen). **exhum'ieren,** wieder ausgraben.

Ex'il [lat.] das, Verbannung.

Exist'enz [lat.] die, 1) Dasein. 2) Lebensunterhalt. **exist'ieren,** da sein, vorhanden sein, leben. **existenti'ell,** das Dasein betreffend.

Existenzminimum, das Mindesteinkommen, das ein einzelner oder eine Familie zum Lebensunterhalt braucht.

Existenzphilosophie, Existentialismus, einflußreiche philosoph. Richtung der Gegenwart. Den Begriff »Existenz« hatte →Kierkegaard auf das menschl. Dasein, insbes. seine Begrenztheit, übertragen. Zu Beginn des 20. Jahrh. wurde er von Jaspers und →Heidegger wieder aufgegriffen. Für Jaspers bleibt nach dem Scheitern aller rational-wissenschaftl. Weltorientierung das Verhältnis zum Anderen (Kommunikation) übrig. Die E. rückt bei Sartre in die Nähe des Nihilismus, wenn er das Wesen des Menschen in die Freiheit als Unbestimmtheit setzt (»der Mensch ist eine nutzlose Passion«).

'Exitus [lat. »Ausgang«] der, ⚕ der Tod.

Exkl'ave [frz. »Ausschluß«] die, Gebietsteil eines Staates innerhalb fremden Staatsgebietes.

exklus'iv [lat.], ausschließend; vornehm, abweisend, abgeschlossen. **exklusive,** Abk. **exkl.,** nicht eingerechnet, ausschließlich.

Exkommunikati'on [lat.] die, →Kirchenbann.

Exkrem'ente [lat.] Mz., Auswurfstoffe, Kot.

Exkr'ete [lat.] Mz., Ausscheidungsstoffe, die nach außen abgesondert werden (z. B. Harn, Schweiß, Tränen). Gegensatz:→Inkrete, →Sekrete.

Exk'urs [lat.] der, Abschweifung.

Exkursi'on [lat.] die, Lehrausflug.

Exl'ibris [lat.] das, Bucheignerzeichen; künstlerisch ausgeführte Einklebezettel mit Namen oder Wappen des Besitzers.

Exlibris

Exmatrikulati'on [lat.] die, Streichung aus der Matrikel, Abgang von der Universität.

Exmissi'on [lat.] die, ⚖ Entfernung eines Pächters oder Mieters vom Grundstück auf Grund eines gerichtl. Entscheides. **exmitt'ieren,** zwangsweise entfernen.

'Exodus [grch.-lat.] der, das zweite Buch Mose (der Auszug aus Ägypten).

ex off'icio [lat.], von Amts wegen.

Exogam'ie [grch.] die, bei manchen Völkerstämmen durch Stammesgesetze geforderte Heirat außerhalb der eigenen Verwandtschafts- oder Totemgruppe.

exog'en [grch.], 1) von außen wirkend. 2) ⊕ von außen her auf die Erde einwirkend; **e. Kräfte:** Einwirkung von Sonne, Wind und Wasser.

exorbit'ant [lat.], übermäßig, übertrieben.

ex ori'ente lux [lat.], aus dem Osten kommt das Licht.

Exorz'ismus [grch.] der, Beschwörung und Austreibung böser Geister.

Exot'arium das, Bau für exotische Lebewesen im Zoologischen Garten.

exot'erisch [grch.], nach außen gewendet, gemeinverständlich.

exoth'erm [grch.], eine chem. Reaktion, die unter Wärmeabgabe verläuft, z.B. Verbrennung.

ex'otisch [grch.], fremdländisch, überseeisch.

Exp'ander [lat.], Sportgerät zur Muskelkräftigung, dehnbare Seile zwischen zwei Holzgriffen.

Expansi'on [lat.] die, Ausdehnung.

expatri'ieren [lat.], ausbürgern, verbannen.

exped'ieren [lat.], abfertigen, befördern. **Expedi'ent** der, Abfertiger, Versender.

Expediti'on [lat.] die, 1) Geschäftsstelle, Versand, Ausfertigung. 2) Beförderung. 3) Forschungsreise. 4) Feldzug.

Experim'ent [lat.] das, wissenschaftl. Versuch.

exp'ert, erfahren; **Exp'erte** der, Sachverständiger; **Expert'ise** die, sachverständiges Gutachten.

expliz'ieren [lat.], erklären, klar darlegen.

expl'izite [lat.], ausdrücklich, deutlich.

explor'ieren [lat.], erforschen, prüfen.

Explosi'on [lat.] die, plötzl. Volumenvergrößerung unter Knall und zerstörenden Wirkungen, verursacht durch eine Kettenreaktion. **explos'iv,** leicht explodierend.

Expon'ent [lat.] der, 1) △ Hochzahl, hochgestellte Zahl bei einer →Wurzel oder →Potenz, z. B. die 2 in $3^2 = 9$. 2) übertragen: hervorragender Vertreter einer Sache.

Exponenti'alfunktion, △ die Funktion $f(x) = e^x$, die Basis der natürlichen Logarithmen.

expon'ieren [lat.], 1) auseinandersetzen. 2) aussetzen (z. B. einer Gefahr). 3) (Film) belichten.

Exp'ort der, Ausfuhr, →Außenhandel.

Exposé [frz.] das, Darlegung, Denkschrift.

Expositi'on [lat.] die, 1) Auseinandersetzung, genauere Erklärung der Begriffe. 2) DRAMA: die Einführung des Publikums in die Vorgänge und Verhältnisse, von denen die Handlung ausgeht.

expr'eß, eilig; eigens. **par exprès** [frz.], durch Eilboten; **Expreß** der, Fernschnell- oder Luxuszug; **Expreßgut,** Stückgut, das im Packwagen von Personen- oder Schnellzügen befördert wird.

Expressi'on [frz.-lat.] die, Ausdruck; **express'iv,** ausdrucksvoll.

Expression'ismus [lat.] der, Kunstrichtung

Exsikkator:
a Substanz,
b konzentrierte
Schwefelsäure

Exzenter:
a Exzenter,
b E.-Bügel,
c E.-Stange

des frühen 20. Jahrh., die im Gegensatz zum Impressionismus als der Kunst des Eindrucks den Wesensausdruck suchte. Zu den Wegbereitern gehörten van Gogh und Munch. Die entschiedensten Vertreter des E. wurden aber die Deutschen (Maler: Kirchner, Heckel, Schmidt-Rottluff, Nolde; Bildhauer: Lehmbruck, Barlach). In der Literatur trat der E. in Dtl. 1911-24 hervor. Hauptvertreter: Trakl, Heym, Stadler, Lasker-Schüler, Däubler, Becher, Benn, v. Unruh, Kaiser, Hasenclever u. a.

Expropriati'on [lat.] die, →Enteignung.

exquis'it [lat.], auserlesen.

Exs'equien, Ex'equien [lat.] Mz., die kath. Leichenfeierlichkeiten mit Totenmesse.

Exsikk'ator [lat.] die, Gefäß zum Aufbewahren wasserfreier oder zum Trocknen feuchter Stoffe mit Hilfe wasserbindender Substanzen.

Exstirpati'on [lat.] die, ʃ vollständige operative Entfernung eines erkrankten Organs oder einer Geschwulst.

Exsud'at [lat.] das, ʃ zellhaltige Flüssigkeit, als Ausschwitzung (**Exsudation**) bei Entzündungen aus den feinsten Blutgefäßen ausgesondert.

Extempor'ale [lat.] das, -s/...lien, schriftl. Arbeit ohne Vorbereitung und Hilfsmittel. **extemporieren**, unvorbereitet aus dem Stegreif reden.

extens'iv, ausgedehnt; nicht mit Ausnutzung aller Möglichkeiten betrieben (z. B. Landwirtschaft). Gegensatz: intensiv. **in extenso**, ausführlich.

Exterieur [ɛksterjˈœr, frz.] das, Äußeres.

ext'ern [lat.], 1) äußerlich. 2) auswärtig.

'Externsteine, Gruppe von 13 Sandsteinfelsen am NO-Hang des Teutoburger Waldes, mit eingemeißelten Felsbildern (12. Jahrh.). Wahrscheinlich ehemals german. Heiligtum.

Externsteine

Exterritorialit'ät [lat.] die, Ausnahmestellung gegenüber der Hoheit des Aufenthaltsstaates. E. genießen Staatsoberhäupter, diplomat. Vertreter u. a.; der Umfang ist uneinheitlich.

Extertal, Gem. im Kr. Lemgo, Nordrh.-Westfalen, 12 900 Ew.

'extra [lat. »außer, außerhalb«], nur, eigens, besonders. **Extra...**, Sonder..., z. B. Extrablatt.

extrah'ieren [lat.], (her)ausziehen.

Extr'akt [lat.] der, 1) Auszug von Drogen (mit Wasser oder Alkohol). 2) eingedicktes Nahrungsmittel, z. B. Fleisch-E. 3) übertragen: Kern, Hauptinhalt. **Extrakti'on** die, 1) das Auslaugen. 2) ʃ das Ausziehen, z. B. eines Zahnes.

extravag'ant [lat.], ausgefallen; überspannt.

extravert'iert [lat.], nach außen gerichtet; als Persönlichkeitstyp: aufgeschlossen, zum Handeln bereit. Gegensatz: introvertiert.

extr'em [lat.], äußerst, übertrieben. **Extrem** das, Äußerstes, höchster Grad. **Extreme** Mz., entgegengesetzte Dinge; größte und kleinste Werte. **Extremit'äten** Mz., die Gliedmaßen: Arme (**obere E.**) und Beine (**untere E.**).

exzell'ent [lat.], vortrefflich, hervorragend.

Exzell'enz [lat. »Vortrefflichkeit«] die, Ehrentitel für Generale, Minister und Gesandte; in Dtl. seit 1918 nicht mehr mit einer Amtsstellung verbunden; Titel der kath. Bischöfe.

exz'elsior [lat.], höher, erhabener.

Exz'enter das, E.-Scheibe, auf einer Welle sitzende Kreisscheibe, deren Mittelpunkt außerhalb der Drehachse der Welle liegt; sie wandelt eine drehende Bewegung in eine hin und her gehende um.

exz'entrisch [lat.], 1) ohne gemeinsamen Mittelpunkt. 2) überspannt.

exzeption'ell [frz.], außergewöhnlich.

exzerp'ieren [lat.], einen schriftl. Auszug machen. **Exz'erpt** das, schriftl. Auszug.

Exz'eß [lat.] der, Ausschweifung, Überschreitung des Maßes, Ausschreitung.

Exzisi'on [lat.] die, ʃ Entnehmen von Körpergewebe zum Beseitigen von Krankheitsherden oder zur Krankheitserkennung (**Probe-E.**).

Eyck, Hubert van, * um 1370, †1426, und Jan van, * um 1390, †1441, niederländ. Maler, Brüder, Begründer der altniederländ. Malerei. In ihrem gemeinsamen Werk, dem Genter Altar (1432), fand ihre neue, an der älteren Miniaturmalerei erwachsene Wirklichkeitsauffassung ihren ersten großen Ausdruck; gestalterisch über ihn hinaus führen Altartafeln und Bildnisse Jans.

Eyre-See [ɛə], meist trockener, abflußloser Salzsee in S-Australien, 12 m u. M.

Eyth, Max v., Ingenieur und Schriftsteller, *1836, †1906; baute mit Fowler zusammen den Dampfpflug; schrieb u. a.: »Hinter Pflug und Schraubstock«, »Der Schneider von Ulm«.

Ez., Abk. für Einzahl.

Ez'echiel, jüd. Prophet, um 590 v. Chr. Seelsorger in der Babylon. Gefangenschaft. Das **Buch E.** enthält Weissagungen und Trostreden.

Ezeiza, Flughafen von Buenos Aires.

EZU, →Europäische Zahlungsunion.

Ezzolied, »Gesang von den Wundern Christi«, von dem Bamberger Priester Ezzo, nach 1060.

F

Eyck: Musizierende Engel

f, F, 1) der sechste Buchstabe im Abc. 2) F, Abk. für →Farad und Fahrenheit (→Thermometer). 3) F, chem. Zeichen für →Fluor. 4) F, der vierte Ton der C-Dur-Tonleiter; f, Abk. für →forte. 5) f, Abk. für fein.

Fabel [lat.], 1) kurze Erzählung aus der Natur, bes. aus der Tierwelt, die auf eine Lehre (Moral) hinführt. 2) Stoff, Handlung einer Dichtung.

Fabeltiere, Geschöpfe der Einbildungskraft, die in Sage, Märchen und Wappenkunde eine Rolle spielen, wie Drache, Lindwurm, Einhorn, Greif, Basilisk, Chimäre, Zerberus.

Fabian Society [f'eibiən səs'aiəti], 1883 gegr. sozialist.-wissenschaftl. Vereinigung in England; bot die ideolog. Grundlage der →Labour Party.

F'abier Mz., altröm. Adelsgeschlecht: Quintus Fabius Maximus, mit dem Beinamen Cunctator (»Zauderer«), 217 v. Chr. Diktator, ermutigte die Römer zum Widerstand gegen die Karthager.

Fabi'ola, Doña F. de Mora y Aragón, * Madrid 1928, ⚭ 1960 mit dem belg. König Baudouin I.

Fabr'ik [lat.], arbeitsteiliger Betrieb, der unter Verwendung von Maschinen gewerbl. Erzeugnisse (**Fabrikate**) für den Verkauf herstellt. – **Fabrik'ant**, Hersteller, Verfertiger; Besitzer einer F.; **fabriz'ieren**, verfertigen, herstellen.

Fabrikmarke, Fabrikzeichen, engl. **trade mark**, →Warenzeichen.

fabul'ieren [lat.], erdichten, mit Ausschmückung erzählen.

face lifting [feis l'iftiŋ, engl.] das, operative Beseitigung von Gesichtsfalten.

Facette [fas'ɛt, frz.] die, angeschliffene Fläche bei Edelsteinen und Glas. **F.-Auge**, Netzauge der Gliedertiere, besteht aus vielen Einzelaugen.

Facharzt, ein Arzt, der sich durch mehrjährige Ausbildungszeit auf einem bestimmten Fachgebiet besondere Kenntnisse erworben hat, z. B. F. für Chirurgie, F. für Augenkrankheiten.

Fachbereich, Zusammenfassung von Instituten und Lehrstühlen (anstelle der Fakultäten).

Fachwerkbau in Mosbach

Fächer, gefalteter leichter Schirm aus Papier oder Seide zur Kühlung durch Luftbewegung.
Fächerflügler, kleine, den Käfern verwandte Insekten, schmarotzen bei anderen Insekten.
Fächerpalme, →Palmen.
Fachingen, Teil der Gem. Birlenbach, Unterlahnkreis, Rheinl.-Pf., Mineralquelle (Fachinger Wasser).
Fachschule, fachliche Lehranstalt zur Fortbildung und Ausbildung für die verschiedensten Berufe nach Abschluß einer praktischen Berufsausbildung; der Besuch ist freiwillig.
Fachwerk, 1) Bauweise, bei der zunächst ein Rahmenwerk aus Holz hergestellt wird; die Zwischenfächer werden mit Mauerwerk oder Lehm ausgefüllt. **2)** ebene oder räuml. Baukonstruktion aus miteinander verbundenen Stäben (Holz, Stahl u.a.) für Dachtragwerke, Brücken, Flugzeuge u.a.
Faci'alis, Nervus facialis, der Gesichtsnerv. **F.-Lähmung** betrifft die Muskeln einer Gesichtshälfte; meist durch Erkältung, Entzündung.
Fackel die, Beleuchtungsmittel aus Harz, Teer, Wachs getränktem grobem Gewebe, das an einem Holzstab befestigt ist.
façon [fas'õ, frz.] die, französ. für →Fasson.
fade, geschmacklos, schal, reizlos.
Fad'ejew, Alexander, sowjet. Soldat, Politiker, *1901, † (Selbstmord) 1956.
Faden, ♃ Längenmaß für die Tiefe des Fahrwassers: 1 F. = 1,83 m.
Fadenkreuz, zwei rechtwinklig sich schneidende Striche in der Brennebene eines Objektivs.
Fadenwürmer, Nematoden, runde, fadenförmige Würmer, deren Körper nicht in Ringe (Segmente) gegliedert ist; meist getrenntgeschlechtlich. Schmarotzer in Tieren und Menschen sind →Spulwurm, →Grubenwurm, →Madenoder Springwurm, →Trichine, auch →Aaltierchen.
Fadenzähler, Weberglas, Lupe mit verschiedenen Meßbereichen zum Auszählen der Schuß- und Kettfäden in Geweben.
Fading [f'eidiŋ, engl.] das, **1)** Schwundeffekt, Schwankungen der Lautstärke beim Rundfunkempfang. **2)** Nachlassen der Wirkung von Kraftwagenbremsen nach wiederholtem Gebrauch (durch Erwärmung).
Fa'enza, oberitalien. Stadt, 54 500 Ew.; bekannt durch das im 15./16. Jahrh. entwickelte keramische Kunstgewerbe **(Fayencen).**
F'afnir, in der nord. Sage schatzhütender Drache, von Sigurd (Siegfried) erschlagen.
F'agerholm, Karl August, finn. Politiker (Sozialdemokrat), *1901; 1945-48, 1959-62 und seit 1965 Präs. des Reichstags.
Fag'ott [ital.] das, Blasinstrument aus Holz, hat doppelte Röhre, 20 bis 22 Klappen, S-förmiges Metallmundstück mit doppeltem Rohrblatt. Baßinstrument, Umfang über 3 Oktaven. Das **Kontra-F.** ist 1 Oktave tiefer.
Fähe die, Fuchs, Dachs, Marder.
Fahlerz, graues bis schwarzes Mineral, enthält bes. Schwefel, Kupfer, Antimon, Arsen, Silber; dient zur Gewinnung von Silber und Kupfer.
Fahndung die, ♂ Maßnahmen der Polizei

oder des Staatsanwalts zur Ermittlung und Festnahme eines Verbrechers. (→Steckbrief)
Fahne, 1) staatl. und militär. Abzeichen, bestehend aus Fahnentuch (ein- oder mehrfarbig), Stange und Fahnenspitze oder -bändern. Die **Weiße F.** zeigt die Bereitschaft zur Unterhandlung oder Übergabe an. **F. des Propheten,** die heilige (grüne) F. der Mohammedaner. Ferner →Banner, →Flagge, →Standarte. **2)** Korrekturabzug des noch nicht umbrochenen Drucksatzes.
Fahneneid, Diensteid des Soldaten, auf Fahne, Geschütz oder Offiziersdegen geleistet.
Fahnenflucht, unerlaubte Entfernung eines Soldaten aus dem Wehrdienst, um sich der Dienstpflicht dauernd zu entziehen.
Fahnenjunker, Offiziersanwärter im Range eines Unteroffiziers (bei der Marine: Seekadett).
Fähnlein, im 16. und 17. Jahrh. Truppeneinheit (300-500 Mann) unter einem Hauptmann.
Fähnrich, ♂ ursprünglich Träger der Fahne, später der jüngste Offizier der Kompanie; heute Offiziersanwärter im Range eines Feldwebels (bei der Marine: **F. zur See**).
Fähre die, Wasserfahrzeug zum Übersetzen von Menschen und Landfahrzeugen über Gewässer. **Fluß-F.** werden oft fest verankert oder an einem über den Fluß gespannten Seil geführt. Durch Schrägstellen der F. wird ein Strömungsdruck erzeugt, der die F. bewegt. **(Gier-F.). Fährschiffe, Trajekte,** befördern Eisenbahnfahrzeuge. Sie benötigen Landestellen mit Gleisanschluß.

Fähre: Wagendeck des Eisenbahnfährschiffs »Theodor Heuss«

fahrende Leute, im MA. umherziehende Gaukler, Spielleute, →Vaganten, im 17. Jahrh. auch Komödianten.
Fahrenheit [nach G. D. Fahrenheit, *1686, †1736], in den angloamerikan. Ländern übliche Maßeinheit der Temperatur; →Thermometer.
Fahrenkamp, Emil, Baumeister, *1885, †1966, Vertreter des neuen sachl. Bauens.
Fahrerflucht, die Flucht eines an einem Verkehrsunfall Beteiligten. Strafe: Freiheitsstrafe, in schweren Fällen Freiheitsstrafe nicht unter einem Jahr.
Fahrlässigkeit, ♂ das Außerachtlassen der im Verkehr erforderl. Sorgfalt (Zivilrecht, § 276 BGB). Strafrecht: fahrlässig handelt, wer diejenige Sorgfalt außer acht läßt, zu der er nach den Umständen und nach seinen persönl. Verhältnissen verpflichtet und fähig ist.
Fahrnis, fahrende Habe, ♂ die bewegl. Sachen (Mobilien). **Fahrnisgemeinschaft,** vortragl. ehelicher Güterstand (§§ 1549ff. BGB).
Fahrrad, zweirädriges Fahrzeug mit Tretkurbeln. Der Rahmen aus nahtlosem Stahlrohr hat die Form eines Dreieck-Fachwerks, beim Damenrad ist das Oberrohr heruntergezogen. Die Lenkstange mit Vorderradgabel ist drehbar im Rahmen gelagert. Das Hinterrad wird durch eine Kettenübersetzung angetrieben; oft haben eine Gangschaltung, durch die die Antriebskette auf ein anderes Zahnrad auf der Hinterachse gebracht wird. In die Hinterradnabe ist ein Rollenfreilauf mit Rücktrittbremse eingebaut: Vorwärtstreten preßt

Fächer

Fadenkreuz

Fahrrad:
1 Gangschaltung,
a Schaltkette,
b Schaltrad.
2 Freilauf,
c Gangstellung,
d Freilaufstellung

Falconet: Denkmal Peters des Großen

die im Inneren der Nabe gelagerten Rollen durch einen gezahnten Führungsring gegen das Nabengehäuse und bewirkt Kupplung des Antriebs mit dem Hinterrad. Bei Nichttreten gleitet die Nabe über die Rolle hinweg. Ausrüstung: zwei Bremsen, Klingel, Beleuchtung, rote Schlußleuchte roter Rückstrahler, gelbe Rückstrahler an den Pedalen. Vorläufer ist die →Draisine.

Fahrschule, meist privater gewerbl. Betrieb, vermittelt die zur Führung eines Kraftfahrzeugs nötigen theoret. und prakt. Kenntnisse. Die Prüfung erfolgt vor einer staatl. Sachverständigenstelle, die auch den →Führerschein aushändigt.

Fahrstuhl, 1) Rollstuhl. **2)** der →Aufzug.

Fährte die, ♀ Abdruck der Tritte von Schalenwild im Boden, Schnee. Die F. vom Hasen und von Raubtieren heißt **Spur,** vom Federwild **Geläuf.** Warme F. heißt die frische, kalte F. die alte F. Ein Jäger, der Wild nach F. gut beurteilt (anspricht), ist **fährtengerecht.**

Fahrtrichtungsanzeiger, gesetzlich vorgeschriebene Einrichtung für Kraftfahrzeuge (ohne Krafträder): **Blinkleuchten.**

Fahrtschreiber, für bestimmte Gruppen von Nutzfahrzeugen vorgeschrieben, zeichnen Fahrweg und Geschwindigkeit in Abhängigkeit von der Uhrzeit auf.

Fahrverbot, ♂ das vom Strafgericht ausgesprochene Verbot, im Straßenverkehr Kraftfahrzeuge jeder oder einer bestimmten Art zu führen.

Fahrwasser, für die Schiffahrt bestimmte Fahrrinne in einem Fluß, See oder an der Meeresküste; durch →Seezeichen gekennzeichnet.

Fahrwiderstand, Summe der sich der Bewegung eines Fahrzeuges entgegenstellenden Widerstände, bes. Beschleunigungs-, Roll-, Steigungs- und Luftwiderstand.

Faible [fɛːbl, frz.] das, Schwäche, Vorliebe.

Faijum, El F. [arab.], Senke der Libyschen Wüste in Oberägypten, bis 50 m u. M.; 1778 km², mit 941000 Ew.; fruchtbarste Ackerbauprovinz Oberägyptens; einst Sumpfland, das Pharaonen der 12. Dynastie entwässern ließen. Die Stadt F. hat 133 700 Ew.

fair [fɛə, engl.], ritterlich, anständig. **f. play** [fɛə plei], ehrliches, anständiges Spiel.

Fairbanks [f'ɛəbæŋks], Stadt in Alaska, USA, am Fluß Tanana, 14 800 Ew.; Univ.; Goldbergbau; Luftwaffenstützpunkt.

Fair Deal [fɛə diːl, engl. »gerechter Anteil«], **1)** wirtschaftspolit. Grundsatz der USA (Konferenz von Bretton Woods, 1944): Jeder Nation steht ein gerechter Anteil an den Gütern der Weltwirtschaft zu. **2)** Sozialpolit. Programm des Präs. Truman von 1949 in Erneuerung des →New Deal.

Faisal, Feisal, arab. Name: **1) F. I.,** König des Irak, *1883, †1933, kämpfte im 1. Weltkrieg auf brit. Seite gegen die Türken, 1921 König. **2) F. II.** *1935, † (getötet) Juli 1958, Enkel von 1), König des Irak seit 1939, gekrönt 1953. **3)** König von Saudi-Arabien, *ErRiad 1907, BruderKönig Sauds, 1953-60 und 1962-64 MinPräs., Nov. 1964 zum König proklamiert.

fait accompli [fɛtakɔpl'i, frz.] das, vollendete Tatsache.

Falken, oben: Wanderfalke, unten: Turmfalke

Faijum: Blick über den Jussufkanal

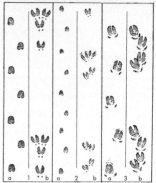

Fährte (a im Ziehen, b in der Flucht): 1 Edelhirsch, 2 Reh, 3 Schwarzwild

Fäk'alien [lat.] Mz., Kot (→Exkremente).

Fak'ir (arab. »arm«), **1)** Asketen und religiöse Bettler in Indien. **2)** mohammedan. Büßer, meist als Derwische bezeichnet.

Faks'imile [lat. »mach es ähnlich«] das, genaue Nachbildung einer Schrift, Zeichnung usw.

Fakti'on [lat.] die, polit. Partei, Gruppe.

f'aktisch [lat.], tatsächlich.

F'aktor [lat.] der, -s/...t'oren, **1)** ♣ Leiter einer ausländ. Handelsniederlassung **(Faktorei). 2)** Zwischenmeister, der Rohstoffe an Heimarbeiter ausgibt und die Fertigwaren übernimmt. **3)** Abteilungsleiter (Setzerei, Buchbinderei). **4)** maßgebende Wirkungskraft, Triebfeder. **5)** △ Zahl, die mit einer anderen multipliziert wird.

Fakt'otum [lat.] das, Gehilfe für alles.

F'aktum [lat.] das, -s/...ta, ...ten, Tatsache.

Fakt'ura [lat.], **Faktur** die, -/...ren, Rechnung. **fakturieren,** eine F. ausstellen.

Fakult'ät [lat.] die, **1)** Fachgruppe einer Hochschule. **2)** kath. Kirchenrecht: Vollmacht. **3)** △ **n-Fakultät, n!,** das Produkt der ganzen Zahlen von 1 bis n, z. B. 5! = 1 · 2 · 3 · 4 · 5 = 120.

fakultat'iv [lat.], dem eigenen Ermessen überlassen; wahlfrei. Gegensatz: →obligatorisch.

Falange [fal'aŋxe] die, autoritäre national-soziale Organisation in Spanien, gegr. 1933, später durch Hinzutritt anderer Gruppen erweitert, seit 1936 unter Führung von Franco, auf dessen Seite sie im Bürgerkriege kämpfte und dessen Regime sie, jetzt als Einheitspartei, unterstützt.

Falbe der, graugelbes Pferd.

Falbel [ital.] die, Faltenbesatz, Faltensaum.

Falconet [falkon'ɛ], Etienne-Maurice, französ. Bildhauer, *1716, †1791; schuf das barocke Reiterdenkmal Peters d. Gr. in Leningrad; später für die Manufaktur in Sèvres tätig.

Fälische Rasse, europide →Rasse der Menschheit (TAFEL Rassen der Menschheit).

Falk, Adalbert, Mitarbeiter Bismarcks im →Kulturkampf, 1872-79 preuß. Kultusmin. (Maigesetze von 1873); *1827, †1900.

Falken, die größte Familie der →Greifvögel. Die **Echten F.** haben einen Zahnfortsatz an der Schnabelspitze. Sie nähren sich fast nur von lebender Beute, die sie in der Luft ergreifen oder am Boden schlagen. Dazu gehören **Jagd-F., Wander-F., Baum-F., Turm-F. (Rüttel-F.).**

Falken, sozialistischer Jugendbund.

Falkenau an der Eger, tschech. seit 1945 Sokolov, Stadt in Westböhmen, Tschechoslowakei, 19 600 Ew.; Braunkohlen, chem. Industrie.

Falkenhayn, Erich v., General, *1861, †1922, wurde 1913 preuß. Kriegsmin., war 1914-16 Generalstabschef (Nachfolger Moltkes).

Falkensee, Stadt westl. von Berlin-Spandau, Bez. Potsdam, 30 200 Ew.; etwas Industrie.

Falkenstein, Industriestadt im Bez. Karl-

Marx-Stadt, 15 300 Ew., im Vogtland; Gardinen, Spitzen.

Falkland-Inseln, Malwinen, brit. Inselgruppe im südl. Atlant. Ozean, rd. 12 000 km², 2200 Ew., umfassen die Hauptinseln Ost- und Westfalkland und über 100 kleine Inseln; bilden mit Süd-Georgien und Süd-Sandwich-Inseln die Kronkolonie **Falkland-Islands and Dependencies;** Hauptort: Port Stanley. Schafhaltung, Fischerei. – Seit 1833 britisch. Im 1. Weltkrieg Seeschlacht bei den F.-I. (8. 12. 1914).

Falknerei, Falkenjagd, →Beize 2).

Fall, 1) ⊗ die lotrecht nach unten gerichtete Bewegung frei beweglicher Körper, verursacht durch die Schwerkraft der Erde. Die Geschwindigkeit eines fallenden Körpers wächst proportional der Zeit; die Beschleunigung beträgt etwa 9,8 m/s². 2) ⊚ →Beugung.

Fall, Leo, österreich. Operettenkomponist, *1873, †1925; »Der fidele Bauer«.

Falla [f'aʎa], Manuel de, span. Komponist, *1873, †1946; Opern, Ballette, Lieder.

F'allada, Hans, Schriftstellername von R. **Ditzen,** *1893, †1947; kritisch-realist. Romane: »Kleiner Mann was nun?«, »Wolf unter Wölfen« u. a.

Fallbeil, Guillotine [nach dem französ. Arzt Guillotin], Hinrichtungsgerät, bes. während der Französ. Revolution verwendet.

Falle, Fangvorrichtung, bes. für Raubzeug, Wild, Pelztiere, Ratten, Mäuse. Eiserne F. heißen auch **Eisen** (Berliner Eisen, →Tellereisen).

Fälligkeit, Zeitpunkt, zu dem der Gläubiger die Leistung vom Schuldner verlangen kann und der Schuldner sie bewirken muß (**Erfüllungszeit**).

Fallim'ent [ital.], **Fallissement** [falismã, frz.] das, Zahlungseinstellung, Konkurs, Bankrott. **fall'ieren,** bankrott werden.

Fallout, fall out [fɔ:l'aut, engl.] der, aus der Atmosphäre ausfallende radioaktive Folgeprodukte von Kernspaltungen.

Fallreep das, ⚓ Leiter aus Tauwerk, auch Treppe, zum An- und Vonbordgehen.

Fallschirm, Gerät zum Abspringen und Lastenabwurf aus Luftfahrzeugen; besteht meist aus vielen Stoffbahnen (Seide, Baumwolle, Chemiefasern) zusammengenähten großen, halbkugelförmigen Schirm mit einem etwa 40 cm großen Loch in der Mitte; Sinkgeschwindigkeit etwa 5,5 m/s. Der **F. mit Verbindungsleine** wird durch eine dünne, mit dem Luftfahrzeug verbundene Reißschnur aus der Verpackung herausgerissen; beim **F. mit Handabzug** wird an einem über der Brust hängenden Handgriff gezogen. **Brems-F.** sollen die Landestrecke schneller Flugzeuge verkürzen oder in die Atmosphäre eintauchende Satelliten abbremsen. Im **F.-Sport** werden Geschicklichkeits- und Präzisionswettbewerbe mit Höhen-, Ziel- und Figurensprüngen in Einzel- und Gruppenkonkurrenzen ausgetragen.

Fallsucht, ƒ die →Epilepsie.

Fällung, –O die Abscheidung eines festen Stoffes aus einer Lösung durch Zusetzen eines Fällungsmittels, durch Erhitzen oder durch Elektrolyse. (→Niederschlag)

Fallwild, durch Krankheit oder Verletzung verendetes Wild.

Falschaussage, ⚖ uneidliche, vorsätzlich falsche Aussage eines Zeugen oder Sachverständigen vor Gericht; mit Freiheitsstrafe, in Extremfällen nicht unter einem Jahr bestraft (§ 153 StGB). Die Strafandrohung bezieht sich nicht auf F. der Parteien im Zivilprozeß und des Beschuldigten im Strafverfahren.

Fallscheid, ⚖ fahrlässiges Beschwören einer falschen Aussage oder fahrlässige Abgabe einer falschen eidesstattl. Versicherung. Freiheitsstrafe (§ 163 StGB). (→Meineid)

Falschmünzerei, →Münzverbrechen.

Falschspiel, ⚖ die betrügerische Herbeiführung des Gewinnens oder unter heimlichen (den Mitspielern nicht erkennbaren) Spielregelverstößen (z. B. gezinkte Karten); ist strafbar.

Fälschung, Nachbildung oder Veränderung

eines Gegenstandes zu betrügerischen Zwecken. Kunstwerke werden gefälscht, indem ein Werk im Stil eines bekannten Meisters geschaffen und mit Altersspuren versehen wird (**Total-F.**), oder wenn das Original durch eine falsche Signatur verändert wird (**Teil-F.**).

Fals'ett [ital.] das, **Kopf-, Fistelstimme,** ♪ erreicht durch besondere Behandlung der Stimme die höchsten dem Menschen möglichen Töne.

Falsifik'at [lat.] das, Fälschung.

F'alstaff, Sir John, Prahler in Shakespeares »Heinrich IV.« und in den »Lustigen Weibern von Windsor«. Opernheld bei Nicolai und Verdi.

Falster, dän. Insel, südl. von Seeland, 514 km², 46 500 Ew.; Landwirtschaft. Hauptort: Nyköbing.

Faltboot, zerlegbares Paddelboot.

Falter, →Schmetterlinge.

Faltung, ⊕ durch seitlichen Druck entstehende Auf- und Einwölbung von Gesteinen bes. in Schichtgesteinen und kristallinen Schiefern. **Faltengebirge** sind z. B. Alpen, Pyrenäen, Karpaten.

F'alun, Stadt in der schwed. Landschaft Dalarna, 34 100 Ew.; Kupfer-, Schwefelkiesbergbau, Bergschule; verschiedene Industrie.

Falun: Grubenmuseum

Falz der, 1) Verbindung abgebogener, ineinandergreifender und zusammengepreßter Blechränder. 2) ⊡ die durch Abpressen des Buches gebildete Erhöhung zu beiden Seiten des Buchrükkens. 3) Aussparung oder Vertiefung zum guten Übereinandergreifen von Hölzern, Steinen, Ziegeln. 4) Kante eines gefalteten Papierbogens. 5) ϙ Balz. **falzen,** Papier in Bogen legen, brechen.

F'ama [lat.] die, Gerücht, Leumund.

Famag'usta, Hafenstadt im O von Zypern, 38 000 Ew.; röm. Gründung (Fama Augusta); heute **Ammochostos.**

famili'är [lat., frz.], vertraut; wohlbekannt.

Fam'ilie [lat.] die, 1) i. d. R. das Elternpaar mit den unselbständigen Kindern als Einheit des Haushaltes; hat sich als das beständigste Gemeinschaftsgebilde erwiesen. Rechtl. gibt es keinen feststehenden Begriff der F., meist versteht man darunter die Ehegatten mit ihren Kindern. Verfassungsrechtl. ist sie durch Art. 6 GG geschützt. In der Bundesrep. Dtl. gibt es seit 1953 ein Familienministerium. 2) ♃ ⚕ Gruppe, umfaßt nahverwandte Gattungen.

Familienausgleichskassen, in der Bundesrep. Dtl. 1954-64 bei den Berufsgenossenschaften errichtete Körperschaften des öffentl. Rechts zur Auszahlung des Kindergelds; 1964 aufgelöst.

Familienbuch, vom Standesbeamten geführtes Personenstandbuch.

Familienhilfe, Leistungen der gesetzl. Krankenversicherungen für Familienmitglieder der Versicherten, z. B. Familienkrankenhilfe.

Familienkunde, →Genealogie.

Familiennamen, →Namen.

Familienrat, Versammlung von Mitgliedern der Familie, kann laut §§ 1858 ff. BGB an die Stelle des Vormundschaftsgerichtes treten.

Familienrecht, ⚖ das im 4. Buch des BGB und im Ehegesetz geregelte Recht der Ehe, Eltern-schaft, Verwandtschaft und Vormundschaft.

Fallschirm: a Hülle, b Fangleinen, c Verpackungssack, d Anschnallvorrichtung

Faltung: Faltengebirge und andere Gebirgsformen. a Falten-, b vulkanisches, c Horst-, d Schollengebirge

Familienstammbuch, ein Buch, in dem die für die Familie wichtigen Ereignisse beurkundet werden.

Familienstand, der →Personenstand.

fam'os [lat. famosus »berühmt«], **1)** vorzüglich, vortrefflich. **2)** berüchtigt.

F'amulus der, -/...li, Diener, Gehilfe.

Fan [fæn, engl.] der, wild Begeisterter, Eiferer, z. B. Fußballfan, Jazzfan, Filmfan.

Fan'al [ital.] das, Feuerzeichen.

Fanari'oten, vornehme griech. Familien in Konstantinopel im Stadtteil Fanar, stiegen im 18. Jahrh. im türk. Reich zu hohen Staatsämtern auf.

Fan'atiker [frz.] der, ein Mensch, der in blindem Eifer ein gesetztes Ziel verfolgt. **Fanat'ismus** der, Besessenheit von einer Idee.

Fand'ango der, alter span. Volkstanz, mit Kastagnetten getanzt, von Gitarre und Klatschchor begleitet.

Fanf'ani, Amintore, italien. Politiker, *1908, christl. Demokrat, 1958/59 und 1960-63 Min-Präs., 1965-68 Außenmin., seit 1968 Senatspräs.

Fanf'are [frz.] die, **1)** kurzes festliches Musikstück, meist für Trompeten, Pauken, Hörner. **2)** helltönende Trompete ohne Ventile.

Fang der,**1)** Jagdbeute. **2)** ♃ Rachen des Raubtieres. **3)** Kralle des Greifvogels. Mz.: Eckzähne der Hunde und Raubtiere; **den F. geben:** den Todesstoß versetzen.

Fangheuschrecken, große Heuschrecken, deren Vorderbeine als Fanggliedmaßen gestaltet sind. Zu den F. gehört z.B. die **Gottesanbeterin.** (BILD Heuschrecken)

Fangio [f'andʒo], Juan Manuel, argentin. Autorennfahrer, *1911; mehrmals Weltmeister.

F'ango [ital.] der, Mineralschlamm aus heißen Quellen; Packungen gegen Gicht, Rheumatismus.

Fangschnur, Schulterschnur an Uniformen als Adjutantenabzeichen, Schützenschnur u. a.

Fanni, Fanny, Koseform zu Franziska und Stephanie.

Fano, Stadt und Seebad in Italien, am Adriat. Meer, 46 800 Ew.; Fischerei, Seiden-Industrie.

Fanö, dän. Insel, westl. Jütlands, 56 km², 2800 Ew.; internat. Badeverkehr.

Fant [niederdt.] der, urspr. Schalk; unreifer Bursche, grüner Junge.

Fantas'ia [span. »Phantasie«, »Maskenaufzug«] die, in N-Afrika und Arabien die bei großen Festen vorgeführten Reiterkampfspiele.

Fantasia: Arabisches Reiterkampfspiel

Fantin-Latour [fɑ̃t'ɛ̃ lat'u:r], Henri, französ. Maler, *1836, †1904, Bildnisse, Blumenstilleben.

FAO, Abk. für Food and Agriculture Organization [fu:d ænd ægrik'ʌltʃə ɔːganiz'eiʃən, engl.], dt. **Organisation für Ernährung und Landwirtschaft,** 1945 gegr. Sonderorganisation der Verein. Nationen, Sitz Rom. Exekutivorgan ist der **Welternährungsrat.**

Far'ad [nach →Faraday] das, abgek.: **F,** Maßeinheit für die Kapazität von zwei Leitern, die durch ein Diëlektrikum (→Kondensator) getrennt sind. Ein Kondensator besitzt die Kapazität 1 F, wenn er durch die Elektrizitätsmenge 1 Coulomb auf die Spannung 1 Volt aufgeladen wird. Da 1 F

sehr groß ist, verwendet man meist 1 millionstel F, Mikro-F., abgek.: 1 μF.

Faraday [f'ærədi], Michael, engl. Naturforscher, *1791, †1867, entdeckte u. a. die elektr. →Induktion und das Grundgesetz der →Elektrolyse, erkannte und erforschte zuerst die Zusammenhänge zwischen Elektrizität und Licht.

Faradisati'on die, Durchströmen von Körperteilen mit niederfrequenten Wechselströmen, eine Form der Elektrotherapie.

Farah, Farah Diba, Kaiserin von Iran, *1938, ∞ 1959 mit dem Schah von Iran.

Farbbücher, amtl. Veröffentlichungen zur Außenpolitik (in farbigem Umschlag): in Dtl. Weißbücher, in Großbritannien Blau- oder Weiß-, in Frankreich Gelb-, in Italien Grünbücher.

Farbe (hierzu FARBTAFELN S. 341/342), **1)** durch elektromagnet. Schwingungen mit Wellenlängen von etwa 380 nm bis 750 nm (sichtbares Licht) ausgelöste und durch das Auge vermittelte Sinnesempfindung. Trifft Licht verschiedener Wellenlänge gleichzeitig die gleiche Stelle der Netzhaut, so entsteht im Auge ein einfacher, einheitl. Farbeindruck, eine **additive Mischfarbe,** in best. Fällen schon bei zwei Einzelfarben Weiß; solche F.-Paare nennt man **Komplementär-F.** (z.B. Rot-Grün, Blau-Gelb). **Körper-F.** werden erst durch die Beleuchtung sichtbar. Sie beruhen darauf, daß der betreffende Stoff bestimmte Wellenlängen des auffallenden Lichts stark absorbiert, die anderen aber reflektiert oder durchläßt. Die Farbeindrücke setzen sich dann zu einer **subtraktiven Mischfarbe** zusammen. – Weiter unterscheidet man **unbunte F.** (Schwarz und Weiß), die durch ihre Helligkeit eindeutig bestimmt werden, und **bunte F.,** die durch Farbton, Helligkeit und Sättigung bestimmt wird. **Spektral-F.** sind die einzelnen F. des →Spektrums. **2)** →Farbstoffe.

Farbenblindheit, →Farbenfehlsichtigkeit.

Farbendruck, farbiges Bild, hergestellt durch Über- oder Nebeneinanderdrucken von Farbplatten. →Dreifarbendruck. (FARBTAFEL S. 342)

Farbenfabriken Bayer AG., Leverkusen, Großunternehmen der chem. Ind., gegr. 1863 in Elberfeld, 1925-45 in der I. G. Farbenindustrie, 1952 Neugründung.

Farbenfehlsichtigkeit, Störung des Farbensinnes, meist angeboren, selten durch Krankheit oder Drogen hervorgerufen. Am häufigsten ist das Verwechseln verschiedener Farben, z. B. die Rotgrünblindheit (Farben zwischen Rot und Grün erscheinen als verschieden helles Grau), selten ist die völlige **Farbenblindheit** (die Unfähigkeit, bunte Farben zu empfinden).

Farbenlehre, Lehre von der eindeutigen Benennung und Ordnung der Farben und ihrer Mischungen. F. von Newton, Goethe, W. Ostwald.

Farbensinn, die Fähigkeit, bunte Farben wahrzunehmen. Farbenempfindungen werden beim Menschen durch die Zapfen der Netzhaut vermittelt. (→Auge)

Farbensymbolik, die Sinndeutung der Farben; je nach Volk und Zeitalter verschieden. In Europa gilt allgemein Weiß als Farbe der Unschuld (Engel), Schwarz als die der Trauer (auch Sünde, Teufel), Rot als die der Liebe (auch Freude, Scham), Blau als die der Treue (auch Beständigkeit, Mäßigkeit), Gelb als die des Neides, Grün als die der Hoffnung. Die **liturgischen Farben** der kath. Kirche: Weiß, Rot, Grün, Schwarz und als Bußfarbe Violett.

Färberei, die techn. Verfahren zum Färben von Textilien. Hierzu werden wäßrige Lösungen oder Aufschlämmungen von Farbstoffen oder farbstoffbildenden Substanzen verwendet.

Färberröte, die, labkrautartige Farbpflanze; ihre Wurzel heißt Färber- oder Krappwurzel.

Farbfernsehen, →Fernsehen.

Farbfilm, →Film.

Farbhölzer, das Holz verschiedener ausländ. Bäume, aus dem Farbstoffe gewonnen werden.

Farbklima, der Einfluß der Farben auf Leistungsfähigkeit, Verhalten u. ä.

Farbphotographie, →Photographie.

Farbstoffe, ⊸ lösliche farbige Stoffe (Farbmittel), die farblosen Gegenständen Farbe geben, im Gegensatz zu den unlöslichen →Pigmenten.

Farbwechsel, die Fähigkeit mancher Tiere, die Körperfarbe in wenigen Minuten der veränderten Umgebung anzupassen. Der F. kommt durch Gestaltveränderung von Farbstoffzellen der Haut zustande. F. kommt vor bei vielen Krebsen, Tintenfischen, Fischen, Lurchen, Reptilien; bes. beim Chamäleon.

Farbwerke Hoechst AG., vormals Meister Lucius und Brüning, Frankfurt a. M.-Höchst, Großunternehmen der chem. Ind., gegr. 1863, 1925-45 in der I. G. Farbenindustrie, 1951 Neugründung.

Farce [fars, frz.] die, 1) Posse. 2) Fleischfüllsel; **farc'ieren,** mit einer F. füllen.

Far'el, Guillaume, Reformator der französ. Schweiz, *1489, †1565, führte 1535 die Reformation in Genf ein, ging 1538 nach Neuenburg, wo er die reformierte Kirche organisierte.

Farm [engl.] die, landwirtschaftl. Betrieb, bes. in außereurop. Ländern. **Farmer,** Besitzer oder Pächter einer F.

Farn der, **Farnkraut,** die größte Gruppe der farnartigen Gewächse, meist Stauden, wenige mit Holzstamm **(Baum-F.).** Die Blätter **(Wedel)** sind meist fiedrig, tragen unterwärts, oft unter dünnen Häutchen, den **Schleiern,** Büschel von Sporenkapseln mit ungeschlechtl. Fortpflanzungskörpern, den **Sporen.** Aus diesen entwickelt sich als die geschlechtl. Generation der **Vorkeim,** ein besonderes Pflänzchen mit männl. und weibl. Geschlechtsorganen. Nach Befruchtung der Eizelle entwickelt sich aus dieser die junge Farnpflanze (ungeschlechtl. Generation) auf dem Vorkeim (→Generationswechsel). Farne gab es schon im Altertum der Erde, am reichsten entfalteten sie sich in der Steinkohlenzeit. Einige bekannte Farne sind: **Wurmfarn (Schildfarn), Adlerfarn, Tüpfelfarn, Schwimmblatt** (→Wasserfarne).

Farn'ese, italien. Fürstenhaus, das durch Papst Paul III. emporkam und 1545-1731 im Herzogtum Parma herrschte. Die **Farnesischen Sammlungen** (Farnesischer Stier) von Bildwerken des Altertums befinden sich im Nationalmuseum zu Neapel.

Färöer [»Schafinseln«] dän. Inselgruppe (24 Felseninseln) zwischen Schottland und Island, 1400 km², 37 000 Ew. **(Färinger);** Hauptstadt: Torshavn (9800 Ew.). Schafhaltung, Fischerei. Die Färinger haben eigene Sprache (Färöisch). Die F., seit 1380 dänisch, erhielten 1948 eigene Volksvertretung.

Farre, Farren der, zuchtreifer Stier.

Fars, Farsistan, Kernlandschaft des Altpers. und Provinz des Neupers. Reiches (Iran), mit dem antiken Persepolis. Hauptstadt: Schiras.

Färse die, Kuh vor dem ersten Kalben.

Farthing [fˈɑːðiŋ], **Farding** der, brit. Bronzemünze zu ¹/₄ Penny, seit 1961 nicht mehr gültig.

Faruk I., König von Ägypten ab 1936 (*1920, †1965), wurde 1952 abgesetzt. (→Ägypten)

Fas'an der, Familie der Hühnervögel, mit langem Schwanz, Kopf ohne Kamm, die Männchen mit prachtvollem Gefieder. Der **Edel-F.** oder **Jagd-F.,** aus Kaukasien, Hahn rotbraun, Kopf und Hals grün-blau, auch weiß geringelt, wird in Gehegen **(Fasanerie)** gezüchtet. Aus China stammen der

Fasanen: Links Ringfasan, rechts Jagdfasan

Gold-F., mit gelber Haube und rot-schwarz gebändertem Kragen (85 cm lang), der **Silber-F.,** weiß, schwarz gewellt, und der **Ring-F.**

f'asces [lat.] Mz., bei den Römern die von den Liktoren getragenen Rutenbündel mit Beil, als Zeichen der Gewalt über Leben und Tod; wurden Symbol des →Faschismus.

Fasch'ine [ital.] die, walzenförmiges, 2-5 m langes Strauchbündel zum Befestigen von Böschungen.

Fasching der, →Fastnacht.

Fasch'ismus [von ital. fascio »Bund«] der, totalitäre und nationalist. Bewegung in Italien, von Mussolini begründet, i. w. S. auch der Nationalsozialismus und dem F. verwandte Bewegungen u. a. in Frankreich (Action Française), Österreich (die Heimwehren), Belgien (Rexisten), Jugoslawien (Ustascha), Ungarn (Pfeilkreuzler), Spanien (Falange), Argentinien (Peronismus).

1919 entstand der F. in Italien als Wehrverband (Schwarzhemden); 1921 wurde die Faschist. Partei gegr. 1922 führte Mussolini den »Marsch auf Rom« durch, erreichte den Sturz der Regierung und wurde vom König zum Regierungschef ernannt (Duce). Der faschist. italien. Staat beherrschte alle Lebensbereiche und wurde autoritär geführt; die Parteien wurden ausgeschaltet, Kommunismus und Sozialismus unterdrückt. Nach dem Gesetz über die Korporationen (1934) wurden die Syndikate der Arbeitnehmer und Arbeitgeber nach wirtschaftl. Kategorien in Einheitsorganisationen zusammengefaßt und zugleich ihrer Autonomie beraubt. 1939 ersetzte man das Abgeordnetenhaus durch die »Camera dei Fasci e delle Corporazioni«. Das Mittelmeer wurde als »Mare nostro« (unser Meer) zum italien. Lebensraum erklärt (territoriale Ansprüche gegen Jugoslawien, Albanien, Griechenland, Frankreich, Äthiopien). Der Rassegedanke war dem F. urspr. fremd. Seit 1938 wurden unter nat.-soz. Einfluß die Juden aus maßgebenden Stellungen entfernt. Mit dem Sturz Mussolinis (1943) verlor der F. in Italien seine polit. Macht. Die im Sept. 1943 in Oberitalien errichtete faschist. »Repubblica Sociale Italiana« konnte sich bis April 1945 nur durch die dt. Besatzungsmacht halten.

Fasch'oda, seit 1905 **Kodok,** Ort im Sudan, am Weißen Nil. F. wurde 1898 von den Franzosen besetzt, die es aber bald den Engländern (Kitchener) überlassen mußten **(F.-Konflikt).**

Fasel [aus grch.] die, Gartenbohne (→Bohne).

Fasel der, männl. Zuchtvieh, meist in Zusammensetzungen: F.-Stier, F.-Eber, F.-Schwein.

Faser, langes, dünnes, biegsames Gebilde pflanzl. oder tier. Ursprungs, auch künstl. erzeugt.

Fasergeschwulst, das →Fibrom.

Faseroptik, Fiberoptik die, Lichtleiteinrichtung aus vielen sehr dünnen, mit einer Material von kleinerem Brechungsindex überzogenen Glasoder Kunststoff-Fasern, die bündelartig zusammengefaßt sind. Das Licht wird durch ständige Totalreflexion in den einzelnen Fasern fortgeleitet.

Faserstoffe, die Spinnfasern und Fäden, die zu Textilien verarbeitet werden: 1. **mineralische F.:** Asbest, Glas, Metall, Gestein; 2. **pflanzl. F.:** Baumwolle, Flachs, Hanf, Jute, Nessel, Ramie, Kokosfaser; 3. **tierische F.:** Schaf-, Kamel-, Lama-, Ziegenwolle, natürl. Seide; 4. **Chemie-F.:** (bekannte Handelsnamen: Reyon, Nylon, Perlon, Trevira, Dralon u. a.).

fashionable [fˈæʃnəbl, engl.], modisch, fein.

Faesi, Robert, schweizer. Schriftsteller, *1883; Gedichte, Epistelroman, Versdramen u. a.

Faß, aus Dauben zusammengesetztes Gefäß von rundem oder ovalem Querschnitt, das oben und unten durch einen Boden geschlossen ist und durch Reifen zusammengehalten wird; oft aus Stahlblech, mit zwei aufgepreßten Schutzringen.

Fass'ade [frz., von lat. facies »Gesicht«] die, ⌂ Vorderseite, Schauseite eines Gebäudes.

Fasson [fasˈɔ̃, frz.] die, 1) Form, Gestalt. 2) Schnitt (eines Kleidungsstückes). 3) Art und Weise.

Fassung, 1) Umrahmung, bes. Metall um Edelsteine. **2)** geistige Beherrschtheit, Ruhe. **3)** Wort-

Faust, links: Radierung von Rembrandt, rechts: Holzschnitt von Barlach

Faulbaum: Frucht

Faulkner

Faultier: Unau (52 cm)

laut eines Schriftstückes. 4) Bemalung eines Holzbildwerks.

Fasten das, Enthaltung von Nahrung zu besonderen Zeiten, im religiösen Sinn Mittel der Buße, schon bei den ältesten Völkern, bes. bei den Juden. Die kath. Kirche kennt **Fasttage**, an denen nur einmal eine sättigende Mahlzeit erlaubt ist, und **Abstinenztage**, an denen der Genuß von Fleisch untersagt ist. **Fastenzeit**, die 40 Tage von Aschermittwoch bis Ostern.

Fastenkuren, →Ernährungstherapie.

Fastnacht, Fasenacht, Vorabend und Nacht vor Aschermittwoch, als Beginn der Fasten vor Ostern schon im MA. mit Schmausereien, Vermummungen, Aufzügen begangen. Die Bräuche sind vielfach Frühlingsbräuche aus vorchristl. Zeit. Die F. heißt an der Riviera und am Rhein **Karneval**, in Österreich und Bayern **Fasching**.

Fastnachtsspiele, seit etwa Anfang des 15. Jahrh. volkstüml. Aufführungen zur Fastnachtszeit; erhalten sind meist Stücke der Nürnberger Dichter Rosenplüt, Folz und bes. von Hans Sachs.

F'aszie [lat.] die, sehnig-faserige Bindegewebshaut, umgibt Muskeln und Muskelgruppen.

Fasz'ikel [lat.] der, Heft, Aktenbündel.

faszin'ieren [lat.], bezaubern, bannen.

fat'al [lat.], vom Schicksal bestimmt, verhängnisvoll; widrig. **Fatal'ismus** der, Glaube, daß der Menschenwille gegen das Schicksal (Fatum) ohnmächtig sei.

Fata Morg'ana [ital.] die, →Luftspiegelung.

F'atima, Wallfahrtsort in Portugal, das »portugiesische Lourdes«.

F'atima, jüngste Tochter des Propheten Mohammed, *606, †632, angebl. Ahnfrau der **Fatimiden**, mohammedan. Fürstengeschlecht (910-1171).

Fatschan, Foschan, chines. Stadt westl. Kanton, 200000 Ew.; Seiden-, Haushaltswaren- und Porzellanindustrie.

F'atum [lat.] das, -s/...ta, Schicksal.

Faubourg [fob'u:r, frz.] der, Vorstadt.

Faulbaum, mehrere Holzpflanzen, so Kreuzdorn, Traubenkirsche. **Faulbaumrinde**, Rinde zweier Arten von Kreuzdorn (Abführmittel).

Faulbrut, Krankheit der Brut der Honigbiene: die Larven sterben ab und verfaulen.

Faulhaber, Michael v., *1869, †1952; wurde 1917 Erzbischof von München, 1921 Kardinal.

Faulkner [f'ɔ:knə], William, amerikan. Erzähler, *1897, †1962, schrieb in schonungslosem Realismus sozialkrit. Werke. Nobelpreis 1949.

Fäulnis, die bakterielle Zersetzung stickstoffhaltiger, organ. Körper, bes. des Eiweißes, unter Bildung übelriechender Stoffe, z.B. Schwefelwasserstoff, Ammoniak. Eigentliche F. erfolgt nur bei Abwesenheit von Sauerstoff.

Faulschlamm, Saprop'el der, in Fäulnis begriffener Schlamm, schwarz gefärbt, meist übelriechend; entsteht bei der Zersetzung organ. Reste ohne Zutritt von Sauerstoff.

Faultier, südamerikan. Säugetierfamilie, zu den Zahnarmen gehörig; dicht bepelzte, langsame, starkkrallige Baumtiere; harmlose Pflanzenfresser. Das **Drei-Zehen-F.** oder Aï lebt in Süd- und Mittelamerika; das **Zwei-Zehen-F.** in Guayana.

Faun [lat.], 1) altröm. Wald- und Feldgott, später dem griech. Pan gleichgesetzt, gehörnt und bocksbeinig dargestellt. 2) lüsterner Waldgeist.

Fauna [lat.] die, 1) altitalien. Feld- und Waldgöttin. 2) die Tierwelt eines bestimmten Gebiets. 3) ein wissenschaftl. Werk über die Tierwelt eines bestimmten Bereichs.

Faure [fo:r], Edgar, französ. Politiker, *1908; Radikalsozialist, 1952 und 1955/56 MinPräs., 1966 Landwirtschafts-, 1968-1969 Erziehungsminister.

Fauré [for'e], Gabriel, französ. Komponist, *1845, †1924, Orchester-, Kammermusik, Lieder.

Faust, der Schwarzkünstler, in der Sage Dr. Johann F., in Wirklichkeit wahrscheinlich Georg F., *um 1480, † um 1539. Die **Faustsage**, in deren Mittelpunkt der Teufelspakt steht, war ein beliebtes Volksbuch (zuerst 1587). Von Marlowe dramatisiert (1589), wurde sie durch Vermittlung engl. Komödianten zum Volksschauspiel und Puppenspiel. Stoff bei: Lessing (mit versöhnl. Ausgang), Maler Müller, Klinger. Bei Goethe wird F. zum Sinnbild des irrenden, strebenden abendländ. Menschen (Urfaust 1775, F.-Fragment 1790, F. 1. Teil 1808, 2. Teil 1832). Spätere Bearbeitungen: Chamisso, Grabbe Heine, Lenau, P. Valéry, Th. Mann.

Faustball, Spiel mit einem Hohlball zwischen zwei Parteien von je 5 Spielern. Der Ball wird durch Schläge mit der Faust oder dem Unterarm über eine 2 m hoch gespannte Leine in das Spielfeld des Gegners geschlagen.

Faustkampf, das →Boxen.

Faustkeil, Fäustel, meist aus Feuerstein gearbeitetes, gut in der Faust liegendes Gerät.

Faustpfand, verpfändete bewegl. Sache, die sich im Besitz des Gläubigers befindet.

Faustrecht, gewaltsame Selbsthilfe, bes. zur Zeit des →Interregnums in Deutschland.

Faute [fot, frz.] die, Fehler, Mangel. **f. de mieux** [- də mjø], in Ermangelung eines Besseren.

Fauteuil [fot'œ:j, frz.; von mhd. valtstuol »Faltstuhl«] der, Armsessel, Lehnstuhl.

Fauves [fo:v, frz. »Wilde«] Mz., eine zuerst im Pariser Salon 1905 geschlossen auftretende Gruppe von Malern, die, den dt. Expressionisten verwandt, den Ausdruck durch starke und reine Farben, auch Betonung der Umrisse, zu steigern suchten (Matisse, Marquet, Derain, Vlaminck, Braque u.a.).

faux pas [fop'a, frz.] der, Fehltritt, Versehen.

Favor'it [frz.] der, 1) Günstling. 2) aussichtsreichster Konkurrent. **Favoritin** die, Geliebte. **favoris'ieren**, begünstigen.

Fawkes [fɔ:ks], Guy, Teilnehmer der engl. →Pulververschwörung, *1570, † (hingerichtet) 1606. Der Tag der Aufdeckung der Verschwörung (5. 11. 1605) wird in England als **Guy-F.-Day** gefeiert.

Fayence [faj'ɑ̃s frz.; nach →Faenza] die, feinere Töpferware aus geschlämmtem Ton, mit undurchsichtiger weißer Zinnglasur und Bemalung. Farbig glasierte Gefäße begegnen schon bei Ägyptern und Babyloniern, echte F. aber erst bei den Persern, dann hauptsächlich im 12. Jahrh. Kunst, seit dem 15. Jahrh. in Italien (→Majolika), später in Frankreich (Rouen, Nevers, Straßburg), Holland (Delft), Dtl. (Hanau, Hamburg).

Faz'enda die, großes Landgut in Brasilien.

Faz'etien Mz., epigrammatisch zugespitzte, meist satir. oder erot. lat. Kurzerzählungen.

F'azies [lat. »Antlitz«] die, ⊕ die Eigenart eines Zeitabschnitts der Erdgeschichte bezüglich Gesteinsbeschaffenheit und Versteinerungen.

F'azit [lat.] das, Schlußergebnis, Summe.

FBI, Federal Bureau of Investigation, das Bundeskriminalamt der Verein. Staaten.

FDGB, Freier Dt. Gewerkschaftsbund (Dt. Dem. Rep.).

FDJ, Freie Deutsche Jugend (Dt. Dem. Rep.).

FDP, Freie Demokratische Partei.

f. d. R., für die Richtigkeit.

Fe, chem. Zeichen für →Eisen.

Feature [f'i:tʃə, engl.] die,**1)** der Hauptfilm eines Filmprogramms, allgm. der Spielfilm. **2)** der durch Aufmachung bes. herausgestellte Text- oder Bildbeitrag. **3)** Dokumentarsendung, Dokumentarspiel in Hörfunk und Fernsehen.

febr'il [lat.], fieberhaft.

Febronian'ismus, der 1763 durch Justinius Febronius ausgelöste Versuch, den päpstl. Einfluß in Dtl. mit staatl. Hilfe zugunsten einer National-kirche zurückzudrängen.

F'ebruar [lat. mensis februarius »Sühne- und Reinigungsmonat«] der, altdeutsch **Hornung,** hat 28, im Schaltjahr 29 Tage.

Februarrevolution, die Revolution vom 24. 2. 1848 in Paris, →Französische Geschichte.

fec., f'ecit [lat.], hinter Künstlernamen, bes. auf Kupferstichen: »hat (es) gemacht«.

Fécamp [fek'ã], Fischereihafen (Thunfisch, Kabeljau) und Seebad in der Normandie, 19900 Ew.; Ursprungsort des Benediktiner-Likörs.

Fechner, Gustav Theodor, Naturforscher, Philosoph, *1801, †1887, begründete die experimentelle Psychologie und die Psychophysik.

Fechten, die Fertigkeit im Gebrauch des Floretts und des Degens als Stoßwaffen und des leichten Säbels als Hieb- und Stichwaffe im sportl. Wettkampf. Die Gegner gehen in Fechterstellung **(Auslage).** Während des **Ganges** ist der Abstand beweglich. Der Stoß oder Hieb geht nach einer Blöße des Gegners, der sich durch eine **Parade** deckt. Mit einer **Finte** versucht man, die Deckung zu lösen. Über das student. F. →Mensur.

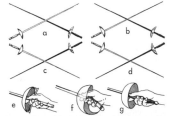

Fechten: a Quartbindung, b Terzbindung, c Cercle-bindung, d Secondbindung, e Florett, f Säbel, g Degen

Fechter, Paul, Schriftsteller, Journalist, *1880, †1958; Romane, Kritiken, Literaturgeschichte.

Feder die, **1)** 🦅 hornige Hautbekleidung aus Oberhaut und Lederhaut der Vögel, sitzt in einer Einsenkung **(Balg).** Teile: **Kiel,** der unten als **Spule** hohl, oben als **Schaft** mit Mark gefüllt ist, und **Fahne** aus Ästen und Nebenästen (Strahlen); letztere sind durch Häkchen verbunden. So sind bes. die **Schwung-F.** (zum Flug) und **Deck-F.** gebaut; darunter sitzen **Dunen-F., Daunen** oder **Flaum-F.** (Wärmeschutz). Bild: a Fahne, b Schaft, c Kiel, d Spule, e Seele, f Balg. **2)** ⚙ gerade, gebogene oder gewundene elast. Bänder, Drähte oder Stäbe oder gewölbte Platten aus Metall, die sich bei Belastung verbiegen **(Biegungs-F.)** oder verdrehen **(Torsions-F.)** und bei Entlastung in die Anfangslage zurückgehen. Verwendung: Aufnahme von Stößen in Fahrzeugen, als Puffer, Stützen von Ventilen, Kontakt-F. an elektr. Schaltern, Kraftspeicher in Uhren usw. **3)** ⚙ Befestigung von Rädern auf Wellen, →Keil. **4)** Brettverbindung durch →Nut und F. **5)** Schreibfeder.

Federal Reserve System [f'edərəl ris'ə:v s'istəm], das Banksystem der USA, gegr. 1913, 1935 umgestaltet, seither öfter ergänzt und verändert. An der Spitze steht der **Board of Governors** (Bundesbankrat); ihm unterstehen 12 **Federal Reserve Banks** (Bundesreservebanken), die seit 1914 die Banknoten **(Federal Reserve Notes)** ausgeben. Die National Banks sind Mitgliedsbanken, den State Banks und den Trust Companies ist die Mitglied-schaft freigestellt. Die größte Bundesreservebank ist die **Federal Reserve Bank of New York.**

Federball, dem Tennis ähnliches Spiel: ein Ball mit Flugfedern wird mit leichten Schlägern über ein Netz geschlagen. (→Badminton)

Federer, Heinrich, schweizer. Schriftsteller, *1866, †1928; schrieb Novellen und Romane.

Federgewicht, →Gewichtsklasse beim Boxen, Gewichtheben, Ringen u. ä.

Federgras, 1) ein Pfriemengras. **2)** Windhalm.

Federsee, Moränenstausee bei Buchau in Oberschwaben; Naturschutzgebiet mit vorgeschichtl. Pfahlbausiedlungen.

Federweißer, fast durchgegorener Most.

Federwild, Flugwild, die jagdbaren Vögel.

Federwolke, Zirrus, weiße Wolken in 7–11 km Höhe, strichförmig am blauen Himmel.

Fee die, weibl. Märchen- und Sagengestalt, zauberisch schön, zierlich; hilft oder straft.

Feerie, Féerie [feər'i, frz.] die, ältere Bezeichnung für eine Art des Ausstattungsstückes, in dem Feen auftreten.

F'egefeuer, Purgat'orium, kath. Lehre: der Aufenthaltsort der Seelen, die vor Eintritt in den Himmel noch zeitliche Sündenstrafen abzubüßen haben. Die Seelen im F. heißen »Arme Seelen«.

fegen, ⚘ das Fell (Bast) vom Geweih abreiben.

Feh das, Grauwerk, Fell des russisch-sibirischen Eichhörnchens.

Fehde [westgerman.] die, Feindschaft (Privatkrieg), die in german. Zeit durch ein Verbrechen zwischen den Sippen des Täters und die Verletzten entstand. Im MA. kam neben den Resten der urzeitl. F. **(Blutrache)** eine ritterl. F. auf in den Fällen der Rechtsverweigerung oder Rechtsverzögerung durch die ordentl. Gerichte; sie setzte die Ankündigung durch einen **Fehdebrief** oder das Hinwerfen des **Fehdehandschuhs** voraus. Durch den →Ewigen Landfrieden (1495) wurde sie verboten.

Fehlfarbe, Schönheitsfehler an Zigarrendeck-blättern.

Fehlgeburt, Abort, ⚥ Geburt einer noch nicht lebensfähigen Frucht innerhalb der ersten 28 Wochen der Schwangerschaft (→Frühgeburt).

Fehlhandlung, Fehlleistung, Psychologie: nach S. Freud das Vergessen, Versprechen, Verlesen u. ä. als Wirkung verdrängter Vorstellungen.

Fehlingsche Lösung, ⚗ von dem Chemiker H. Fehling (*1812, †1885) angegebene alkal. Kupfersalzlösung, zur Bestimmung des Traubenzuckers im Harn, bei Zuckerkranken.

Fehlschluß, Logik: falsche Schlußfolgerung; beabsichtigter F.: **Trugschluß.**

Fehmarn, fruchtbare Ostseeinsel, gehört zu Schlesw.-Holst., 185 km². Hauptort: Burg. (→Vogelfluglinie)

Fehrbell'in, Stadt im Kr. Neuruppin, Bez. Potsdam, 3000 Ew.; 1675 Sieg des Großen Kurfürsten über die Schweden unter Wrangel.

Feichtmayr, Künstlerfamilie, →Feuchtmayer.

feien, durch Zauber festmachen. **Feiung** die, natürl. Immunisierung durch Kontakt mit Giften oder Krankheitserregern.

Feiertag, staatlich anerkannter arbeitsfreier Tag. Gesetzliche F. sind in der BUNDESREP. DTL. u. a. Neujahr, Karfreitag, Ostermontag, 1. Mai, Christi Himmelfahrt, Pfingstmontag, 17. Juni und die Weihnachtstage; daneben in einzelnen Ländern: Epiphanias, Fronleichnam, Mariä Himmelfahrt, Reformationsfest, Allerheiligen, Bußtag. In der DT. DEM. REP. sind seit 1967 die kirchl. F. außer Karfreitag und den Weihnachtstagen entfallen. Weitere F. sind: Neujahrstag, 1. Mai, 7. Okt. (Tag der Republik).

Feigenbaum, Feige, Ficus, Gatt. der Maulbeergewächse. Bei allen Arten krugförmige Blütenstandachse, die fruchtartig zur Feige (Scheinfrucht) anschwillt und zunächst im Innern die Blüten, später die Früchte trägt. Die **Eßfeige** ist in südl. Gegenden als Obstbaum und weitverbreitet. Die süßen Früchte (Feigen) sind birnenförmig, reif blau oder purpurrot. Andere Arten: **Maulbeer-F.** oder →Sykomore, →Gummibaum.

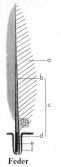

Feder

Feder: a Blattfeder, b Drehstabfeder, c Schraubenfeder, d Spiralfeder

Feige: a Schnitt durch die Frucht

Feininger: Stadtbild 1916

Feigenkaktus, →Opuntie.

Feigwarze, griech. **Kondyl'om,** warzenartige Haut- oder Schleimhautwucherung an den Geschlechtsteilen; häufig bei Geschlechtskrankheiten.

Feigwurz die, →Hahnenfuß.

Feile, Werkzeug aus gehärtetem Stahl zur spanabhebenden Bearbeitung von Metall, Holz u. a.

Feilkloben, Handschraubstock zum Festhalten kleiner Werkstücke beim Feilen.

Feim der, **Feime** die, **Feimen** der, oder **Diemen** der, **Miete** die, im Freien aufgeschichteter Getreide-, Heu- oder Strohhaufen.

Feingehalt, Feinheit, Korn, das Verhältnis zwischen edlem und unedlem Metall in einer Legierung von Edelmetallen, jetzt meist in Tausendteilen ausgedrückt. Feingold ist demnach $^{1000}/_{1000}$ fein; früher wurde der Feingehalt bei Gold in Karat, bei Silber in Lot ausgedrückt. Feingold = 24 Karat, Feinsilber = 16 Lot.

Feininger, Lyonel, amerikan. Maler, *1871, †1956; in Dtl. ausgebildet, 1919-33 auch lehrend (Bauhaus), kam zu einem eigenen kubist. Stil.

Feinmechanik, befaßt sich mit der Herstellung feiner mechan., elektr., opt. Geräte, die denen hohe Genauigkeit verlangt wird, z. B. Rechenmaschinen, Zähler, Fernrohre, Mikroskope.

Feinstruktur, die bei hoher Auflösung sichtbare Struktur der Spektrallinien. **Feinstrukturkonstante,** von A. Sommerfeld eingeführte dimensionslose Konstante $\alpha = 2\pi e^2/hc$, e = Elementarladung, h = Wirkungsquantum, c = Lichtgeschwindigkeit, Kehrwert. $^1/\alpha \approx 137$.

Feisal, →Faisal.

feist, fett. **Feiste** die, Fett des Hirschwildes.

Felchen der, **Maräne, Renke,** Lachsfische in sibir. Strömen und in den Alpenseen; **Blau-F.** im Bodensee, mit schmackhaftem Fleisch. (FARBTAFEL Fische S. 344)

Feld, 1) Acker, Landstück. 2) umgrenztes Gebiet, z. B. Spielplatz. 3) Kriegsschauplatz. 4) ⚒ Kurzbezeichnung für Grubenfeld oder Bergwerksfeld. 5) ⚛ Raumgebiet, in dem sich bestimmte physikal. Wirkungen bemerkbar machen, z. B. der Raum in der Nähe einer schweren Masse, die andere Masse anzieht (das **Gravitations-F.**), oder der Raum um elektr. geladene oder um magnet. Körper (**elektr., magnet., elektromagnet. F.**), in dem sich Anziehungs- und Abstoßungskräfte äußern. Die Größe und Richtung der Kraft eines solchen **Kraft-F.** wird angegeben durch die Dichte und Richtung der Kraftlinien oder **Feldlinien.** Das F. ist heute ein Grundbegriff der Physik (Maxwell, Einstein, Schrödinger).

Feldbahn, leicht verlegbare Schmalspurbahn.

Feldberg, 1) höchster Gipfel des Schwarzwaldes, 1493 m. 2) **Großer F.,** höchste Kuppe des Taunus, 880 m.

Feldelektronenmikroskop, linsenloses Elektronenmikroskop, bei dem ein elektr. Feld sehr hoher Feldstärke aus einer feinen Kathodenspitze Elektronen losreißt. Diese erzeugen auf einem Leuchtschirm ein millionenfach vergrößertes Bild der Kathodenoberfläche im molekularen Bereich. Eine Weiterentwicklung ist das gasgefüllte **Feldionenmikroskop,** bei dem positive Gasionen die Abbildung erzeugen.

Feldgraswirtschaft, der Wechsel von Weide- oder Wiesenwirtschaft und Ackerbau.

Feldheuschrecke, →Heuschrecken.

Feldhühner, Gruppe kurzschwänziger Hühnervögel des offenen Geländes: →Rebhuhn, →Wachtel.

Feldjäger, 1) Angehöriger des ehemaligen preuß. Feldjägerkorps. 2) Ordnungstruppe der dt. Bundeswehr.

Feldkirch, Bezirksstadt in Vorarlberg, Österreich, 23 300 Ew.; Textil-, u. a. Industrie.

Feldmarschall, Generalfeldmarschall, im allgem. der höchste militär. Dienstgrad.

Feldmesser, svw. Landmesser.

Feldpolizei, 1) Feldhüter, nicht bewaffnete Gemeindepolizei zum Schutz von Feld und Flur. 2) die Polizei im Kriegsgebiet, im 2. Weltkrieg bes. als Geheime F. in der Spionageabwehr.

Feldpost, Postversorgung der Truppe im Krieg.

Feldsalat, Rapünzchen, Baldriangewächs, wild und angepflanzt; die Blattrosetten geben Salat.

Feldscher der, Vorgänger der Militärärzte.

Feldschlange, Geschütz im 15. bis 17. Jahrh. mit sehr langem Rohr.

Feldspat, farblose, weiße oder lichtgefärbte Minerale von blättrigem Bruch, enthalten in einem Tonerdesilicat-Gitter Kalium (**Orthoklas, Mikroklin**) oder Calcium (**Anorthit**), Kalium und Natrium (**Albit, Periklin**), Calcium und Natrium (**Plagioklas**) u. a.; Verwendung für Porzellan, Glasuren u. dgl.

Feldstecher, kleines Doppelfernrohr.

Feldwebel, Unteroffizier-Dienstgrad, bis 1945 bei Artillerie und Kavallerie **Wachtmeister.**

Feldzeugmeister, der Befehlshaber der Artillerie im Landsknechtsheer; in Preußen hieß später der Oberbefehlshaber der Artillerie **Generalfeldzeugmeister.**

Felge die, 1) Radkranz der die Bereifung trägt. 2) Turnübung am Reck.

Félibre [neuprovenzal. »Dichter«], Mitglied der Dichtergruppe **Felibrige** [felibri:3], gegr. 1854, die die provenzal. Literatur erneuerte.

Fel'icitas [lat.], die röm. Göttin der Glückseligkeit; weibl. Vorname.

F'elix [lat. »der Glückliche«], männl. Vorname.

Fell'achen, Fellah, Fellagha, die ackerbautreibende mohammedan. Landbevölkerung in den arab. Ländern des Nahen Ostens und N-Afrikas, im Unterschied zu den nomadisierenden Beduinen.

Fellbach, Stadt in Bad.-Württ., östl. von Stuttgart, 29 000 Ew.; Wein- und Gartenbau.

Felleisen [aus frz. valise »Handkoffer«] das, Reisesack oder Ranzen.

Fellenberg, Philipp v., schweiz. Sozialpädagoge, *1771, †1844.

Fell'ini, Federico, ital. Filmregisseur, *1920; »La Strada«, »Das süße Leben« u. a.

fellow [f'elou, engl.] der, Mitglied einer wissenschaftl. Gesellschaft in England; dort und in den Verein. Staaten auch: Stipendiat.

Felon'ie [frz.] die, urspr.: vorsätzl. Bruch der Lehnstreue; heute: Tücke, Arglist, Verrat.

Feile: a Rund-, b Flach-, c Dreikantfeile

Feilkloben

Feldhühner, links: Rebhuhn, rechts: Wachtel

Felsenbirne, Felsenmispel, Strauch auf felsigen Waldhängen Südeuropas und Vorderasiens, mit blauschwarzen eßbaren Früchtchen.

Felsengebirge, engl. **Rocky Mountains,** das Oststück der Kordilleren von Nordamerika, von der mexikan. Grenze bis zum Yukon, mit Steilabfall zur Prärienplatte; kahl, wenig Schnee, erzreich; höchster Berg: Mount Elbert, 4395 m.

Felsengebirge: Lake McArthur mit Mount Biddle

Felsenmeer, ⊕ Anhäufung verwitterter Fels-, bes. Granitblöcke, z.B. Luisenburg im Fichtelgebirge und F. im Odenwald.

Felsenstein, Walter, Regisseur, *1901, seit 1947 Intendant der Komischen Oper in Ost-Berlin.

Felszeichnungen, von Völkern der Stein- und Bronzezeit und von Naturvölkern auf Felsen, oft in Höhlen, geritzte oder gemalte Bilder.

Feme, Femgerichte, Freigerichte, im MA. die königl. Gerichte Westfalens, in öffentl. und geheimen Sitzungen Recht sprachen. Vorsitzender war der **Freigraf;** Urteilsfinder waren die Freischöffen; der Sitzungsort hieß **Freistuhl.** Im 14. Jahrh. entstanden F. in ganz Dtl., ihr Einfluß wurde jedoch im 15.Jahrh. gebrochen.

Femel der, die schwächer entwickelte männliche Hopfen- und Hanfpflanze.

Femelbetrieb, ⚶ Hochwaldbetriebsart, bei der alle Altersstufen einzeln oder gruppenweise gemischt auf derselben Fläche vorkommen.

Fememorde, polit. Morde, in Dtl. nach 1919 (bes. 1923) von Rechtsradikalen an Politikern der Mittel- und Linksparteien.

femin'in [lat.], weiblich, weibisch. **F'emininum** das, -s/...na, Wort weibl. Geschlechts. **Fem'inismus** der, **1)** weibl. Züge beim Mann. **2)** in roman. Ländern die Frauenbewegung.

Feminis'ierung, ein Krankheitssyndrom, das als Folge einer Minderleistung der männl. Keimdrüsen auftritt.

Fenchel der, Doldenblüter vom Mittelmeer, Feldgewächs. Junge Sprosse dienen als Gemüse, die Früchte als Gewürz und sind als **F.-Tee** Mittel gegen Magenverstimmung und Blähungen, sie liefern flüchtiges **F.-Öl** (Likörwürze), **F.-Wasser** (Augenmittel), **F.-Honig** (Hustenmittel).

Fender [engl.] der, ⚓ Puffer aus Tauwerk, Kork oder Holz, verhindert Beschädigung eines Schiffes beim Anlegen.

Fenek, Fennek der, Wüstenfuchs.

Fénelon [fenəl'õ], François, französ. Theologe, Schriftsteller, *1651, †1715; leitete in die irrationalist. Ästhetik des 18.Jahrh. ein. Erziehungsroman »Die Abenteuer des Telemach«.

Fengtien, Föngtien, älterer chines. Name der chines. Stadt →Schenyang.

F'enier, in den Verein. Staaten um 1850 gegr. irischer Geheimbund mit dem Ziel, die brit. Herrschaft über Irland zu stürzen.

Fenn, Fehn, Venn das, Sumpf, Moor.

Fennosk'andia, Baltischer Schild, zusammenfassende Bezeichnung für die erdgeschichtl. Einheit von Skandinavien, Finnland, Karelien und der Halbinsel Kola.

F'enrir, Fenriswolf, nord. Sage: Ungeheuer, das beim Götteruntergang Odin verschlingt.

Feodor, Fedor [aus grch.»Theodor«], russischer männlicher Vorname.

Feod'osija, Feodosia, Hafenstadt und Badeort in der Ukrain. SSR (Krim), 56000 Ew.; im Altertum **Theodosia,** im MA. genues. Kolonie **Kaffa.**

Ferber [f'ɔ:bɔ], Edna, amerikan. Schriftstellerin, *1887, †1968; »Giganten« (1952).

Ferdinand [got. »Friedekühn«], männlicher Vorname.

Ferdinand, Fürsten: **Römisch-deutsche Kaiser. 1) F. I.** (1556-64), jüngerer Bruder Karls V., *1503, †1564, erhielt 1521 die österreich. Erblande der Habsburger, wurde 1526 König von Böhmen und Ungarn, vermittelte den Augsburg. Religionsfrieden. **2) F. II.** (1619-37), *1578, †1637, Vertreter der Gegenreformation, erhielt 1619 die Herrschaft im eigentl. Österreich, in Böhmen und Ungarn mit der Kaiserwürde und löste durch sein Vorgehen gegen die aufständischen protestant. Böhmen den →Dreißigjährigen Krieg aus. **3) F. III.** (1637-57), Sohn von 2), *1608, †1657, schloß 1648 den Westfälischen Frieden. **Aragonien. 4) F. II., der Katholische,** König (1479 bis 1516), *1452, †1516, seit 1479 König von Aragonien, das durch seine Heirat mit Isabella I. von Kastilien im span. Reich aufging. **Braunschweig-Wolfenbüttel. 5)** F., Herzog, preuß. Feldherr im →Siebenjährigen Krieg, *1721, †1792. **Bulgarien. 6)** F., *1861, †1948, Prinz von Sachsen-Coburg, 1887 zum Fürsten gewählt, seit 1908 König, trat im 1.Weltkrieg auf die Seite der Mittelmächte, dankte 1918 zugunsten seines Sohnes Boris ab.

Ferg'ana-Becken, weite Beckenlandschaft in der Usbek.SSR; Baumwoll- und Seidenind.; Erdöl, Erdgas, Kohle. Hauptstadt: Fergana (89 000 Ew.).

Ferguson [f'ɔ:gɔsn], Adam, schott. Historiker, Moral- und Sozialphilosoph, *1723, †1816.

F'erien [lat.] Mz., bei den alten Römern: Tage für gottesdienstliche Handlungen; bei Schulen: durch Gesetz festgelegte schulfreie Zeit.

Ferienkurse, mehrwöchige freiwillige Kurse für In- und Ausländer an Hochschulen.

Ferm'an [pers. »Befehl«] der, Erlaß, Verordnung des Herrschers in islam. Staaten.

Fermat [fɛrm'a], Pierre de, französ. Mathematiker, *1601, †1665, förderte Zahlentheorie, Infinitesimal-, Wahrscheinlichkeitsrechnung.

Ferm'ate [ital.] die, ♩ das Ruhezeichen ◠ über einer Note oder Pause, bedeutet Ausdehnung des durch diese angegebenen Zeitmaßes.

Fermente Mz., →Enzyme.

Fermi, Enrico, italien. Physiker, *1901, †1954; war in den USA maßgebend am Bau des ersten Kernreaktors (1942) beteiligt. 1938 Nobelpreis.

Fermium, Fm, künstl. chem. Element aus der Reihe der Transurane.

Fern'ando Póo, vulkan. Insel im Golf von Guinea, zu Äquatorial-Guinea gehörig, 2034 km², 64 000 Ew.; bis 3007 m hoch; feuchtheiß (Regenwald). Kaffee- und Kakaoplantagen. Hauptstadt und -hafen: Santa Isabel.

Ferner [von Firn] der, oberdt. der →Gletscher.

Ferner Osten, die asiat. Randländer des Stillen Ozeans, bes. China, Japan.

Ferngasversorgung, die Belieferung mit Ferngas. Das Gas wird in Fernleitungen unter hohem Druck befördert, der am Zielort auf den Verbrauchsdruck erniedrigt wird; in Dtl. gehen Ferngasleitungen bes. vom Ruhrgebiet aus.

Fernglas, kurzes →Fernrohr.

Fernheizung, Beheizung mehrerer Gebäude oder ganzer Stadtteile durch Heißwasser oder Dampf von einer Stelle aus (**Fernheizwerk**). Häufig wird überschüssige Wärme von Industrieanlagen zur Beheizung verwendet.

Fernlenkung, die Beeinflussung der Bewegung eines Fahrzeuges, Flugzeuges oder Flugkörpers von außen.

Fernmeldegeheimnis, der in Art. 10 GG als Grundrecht gewährleistete Schutz auf Geheim-

Fenchel: a blühender Sproß, b Einzelblüte, c Fruchtknotenlängsschnitt, d Fruchtquerschnitt, e Zwiebelfenchel

Fénelon

Fermate

275

haltung des Inhalts, der Teilnehmer und der näheren Umstände des Fernmeldeverkehrs.

Fernmeldesatellit, →Nachrichtensatellit.

Fernmeldetechnik, umfaßt Bau und Betrieb von Signalanlagen (Klingelanlagen, Ruftafeln, elektr. Hupen und Sirenen, elektr. Uhrenanlagen, Verkehrssignalanlagen), Sicherungsanlagen (Gefahrenmelde-, Diebessicherungs-, Türverriegelungs-, Feuermelde-, Alarm-, Polizeirufanlagen), Fernmeßanlagen (Wasserstandsfernmeldeanlagen Temperaturfernmessung, Rauchgasprüfung), Telegraphenanlagen (Morseapparat, Ferndrucker, →Fernschreiber, Hellschreiber, Bildtelegraphie), Fernsprechanlagen (Hand- und automat. Vermittlung),Drahtfunk-,Rundfunk-undFernsehanlagen.

Fernpaß, Paß zwischen Lechtaler Alpen und Wettersteingebirge, 1209 m hoch.

Fernrohr, Teleskop, optisches Gerät. Durch eine Sammellinse (Objektiv) wird ein wirkliches Bild des entfernten Gegenstandes entworfen, das dann durch eine zweite Linse(Okular; beim **astronomischen** oder **Keplerschen F.** eine Sammellinse, beim **holländischen** oder **Galileischen F.** eine Zerstreuungslinse) betrachtet wird. Bei einem **Spiegelteleskop** besteht das bilderzeugende Objektiv aus einem Hohlspiegel. F., die ein Sehen mit beiden Augen ermöglichen, sind die **Doppel-F.,** wie Opernglas, Feldstecher (Fernglas), Prismenfeldstecher, Scheren-F. Bei den beiden letzteren ist der Abstand beider Objektive größer als der normale Augenabstand von etwa 6-7 cm (beim Scheren-F. bis zu 2 m); dadurch wird ein plastischer Eindruck des Gegenstandes vermittelt.

Fernschreiber, schreibmaschinenähnl. Telegraphenapparat zur elektr. Übermittlung schriftl. Nachrichten, die modernste Form des **Drucktelegraphen (Ferndrucker).** Beim Senden werden durch Drücken der Taste für jeden Buchstaben 5 oder 7 kennzeichnende Stromimpulse ausgesandt **(Fünferalphabet, Siebeneralphabet),** die auf der Empfangsseite den gleichen Buchstaben auslösen. Die Impulse können über jeden Nachrichtenkanal übertragen werden.

Fernsehen, engl. **Television,** die Übertragung bewegter Bilder mit Mitteln der Funktechnik, heute gewöhnlich als kombinierte Ton-Bild-Übertragung.

1) **Schwarzweiß-F.** (unbunt). Das Bild wird in einzelne kleine Bildpunkte zerlegt, die nacheinander übertragen werden und am Empfangsort das Bild wieder aufbauen. Bei den früher verwendeten mechan. Verfahren (Nipkowsche Scheibe, Linsenkranzabtaster) wurde ein Lichtstrahl mechanisch über das Bild geführt, und die Helligkeitswerte wurden mit Hilfe einer Photozelle in Stromwerte umgesetzt. DieseVerfahren sind heute durch die trägheitslos arbeitenden elektron. Systeme verdrängt. Als Bildaufnahmegerät dient dabei die Ikonoskopkamera (Elektronenstrahl-Bilderzerleger). Durch eine lichtstarke Photooptik wird das Bild auf eine Platte geworfen, die rasterartig in viele kleine Photozellen unterteilt ist. Das auf der Platte entstehende »Ladungsbild« wird von einem zeilenweise darüber hinweglaufenden Elektronenstrahl abgetastet, der seine Stärke entsprechend der abgetasteten Ladung ändert; der auf der Gegenelektrode entstehende Strom wird verstärkt und auf UKW (Reichweite 30-150 km) oder Dezimeterwellen durch den Sender ausgestrahlt.

Auf der Empfangsseite dient eine Braunsche Röhre zum Sichtbarmachen des Bildes. Der Elektronenstrahl wird mit derselben Geschwindigkeit zeilenweise über den Bildschirm geführt wie der Abtaststrahl des Ikonoskops, seine Stärke und damit die jeweilige Helligkeit des Leuchtflecks auf dem Schirm wird im gleichen Rhythmus wie auf der Sendeseite gesteuert. Damit wie beim Film ein zusammenhängender und bewegter Eindruck entsteht, werden in Europa 25 Bilder in einer Sekunde übertragen; die Zeilenzahl ist in den einzelnen Ländern verschieden, sie schwankt zwischen 441 und 819 (in Dtl. 625).

2) **Farb-F.** (bunt) wurde 1954 in den USA (System NTSC, National Television System Committee, jede Zeile gleiche Codierung) und 1967 in der Bundesrep. Dtl. (farbverbessertes NTSC-System: PAL-System, Phase Alternating Line, zeilenweiser Phasenwechsel) eingeführt. Frankreich und die Ostblockstaaten benutzen das SECAM-System (séquentiel à mémoire, die nicht vollständigen Farbdifferenzsignale modulieren abwechselnd den Farbträger in seiner Frequenz). Aus den 3 Farben Rot (R), Grün (G) und Blau (B) werden alle übrigen Farben durch additive Mischung gebildet, z.B. $R + G + B = Weiß$, $R + G = Gelb$, $R + B = Purpur$ (Magenta = Komplementärfarbe zu Grün), $G + B = Cyan =$ Komplementärfarbe zu R; bei herabgesetzter Leuchtdichte wird aus R Rosa, aus Orange Braun usw. Die Farbart wird durch den Farbton (entsprechend der Lichtwellenlänge) und die Farbsättigung (kräftig oder blaß) bestimmt. Im Unterschied zum Schwarzweiß-F.werden 2 Signale verwendet: ein Leuchtdichte-(Helligkeits-)Signal und ein Farbartsignal; sie werden für die verschiedenen Systeme in verschiedenerWeise gebildet(codiert)und übertragen. Auf der Sendeseite ist für jede Farbe (R, B, G) eine Aufnahmeröhre vorhanden, die ihr durch Farbfilter erhaltenes, gesondertes Bild abtastet. Auf der Empfangsseite werden die Signale getrennt und wie im Schwarzweißempfänger dem Tonteil und der Ablenkspule zugeführt. In der Farbbildröhre sind 3 Elektronenstrahlsysteme für R, G und B im Hals der meist verwendeten Lochmaskenröhre versetzt so angeordnet, daß ihre Strahlen sich jeweils in einem der 400 000 Löcher der Loch- oder Schattenmaske 13 mm hinter dem Bildschirm treffen (Konvergenz). Zu jedem Loch der Schattenmaske gehört ein Farbtripel, d. h. 3 Leuchtstoffpunkte R, G und B auf dem Bildschirm, die durch die zugehörigen Elektronenstrahlen getroffen werden und entsprechend aufleuchten. Das Farb-F.-Übertragungssystem soll kompatibel sein, d. h. ein Schwarzweißempfänger muß eine Farbsendung in Schwarzweiß, ein Farbempfänger eine Schwarzweißsendung empfangen können; die vorhandenen Fernsehsender und Übertragungseinrichtungen sollen auch für die Farb-F. verwendet werden. (FARBTAFEL S. 343)

F'ernsprecher, Telephon, Einrichtung zum

Fernrohr: Strahlengang im astronom. F. a Objektiv, b Okular

Fernsehen: Gesamtvorgang

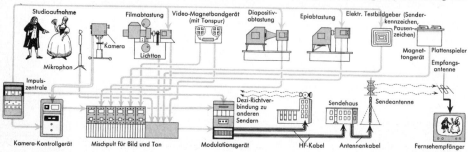

Studioaufnahme · Filmabtastung · Video-Magnetbandgerät (mit Tonspur) · Diapositivabtastung · Epiabtastung · Elektr. Testbildgeber (Senderkennzeichen, Pausenzeichen) · Magnettongerät · Plattenspieler · Empfangsantenne · Kamera · Lichtton · Mikrophon · Impulszentrale · Dezi-Richtverbindung zu anderen Sendern · Sendehaus · Sendeantenne · Kamera-Kontrollgerät · Mischpult für Bild und Ton · Modulationsgerät · HF-Kabel · Antennenkabel · Fernsehempfänger

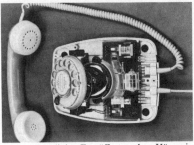

Fernsprecher, links: F. geöffnet, rechts: Hörer eines F. mit Hörerkapsel (oben) und Mikrophonkapsel

Senden und Empfangen gesprochener Nachrichten. Die Schallwellen werden durch ein **Mikrophon** in Wechselstrom oder pulsierenden Gleichstrom umgewandelt, der entweder über eine Leitung zum Empfänger geleitet wird oder die von einem Sender ausgestrahlten elektromagnet. Schwingungen moduliert. Am Empfangsort wird der Wechselstrom im **Fernhörer (Telephon** im eigentl. Sinn) in Schallwellen zurückverwandelt. Der **Fernsprechapparat** enthält einen mit der Wählscheibe verbundenen Nummernschalter **(Wähleinrichtung,** nur bei Selbstwählapparaten), einen **Wechselstromwecker** W und den **Gabelumschalter** GU. Bei Abnehmen des Hörers wird über den Kontakt GU der Stromkreis der bei a und b angeschlossenen Amtsleitung geschlossen und das Mikrophon M mit Strom versorgt. Beim Wählen wird mit dem Kontakt nsi (Nummernschalter) der Strom im Takt der gewählten Nummer unterbrochen, gleichzeitig während des Wählens der Kontakt nsa kurzgeschlossen. Über den Transformator J wird der Fernhörer F gespeist. Die Amtsleitung führt zur Vermittlungseinrichtung. Bei **Handvermittlung** endet jede Leitung an einer Tafel mit Kontaktklinken, so mit jeder anderen Leitung durch Schnüre mit Stöpseln verbunden werden kann. Im Selbstanschluß-(SA-)**Amt** stellen **Wähler (Vorwähler, Gruppenwähler, Leitungswähler)** die Verbindung her (Bild). Für den Verkehr zwischen entfernten Orten bestehen **Fernämter** und der **Selbstwählfernverkehr.** Bei letzterem werden die angeschlossenen Ortsnetze über eine Kennummer direkt erreicht, dann wird die Nummer des Teilnehmers wie im Ortsverkehr gewählt. – Die erste brauchbare Übertragung der Sprache gelang 1861 Philipp Reis. Bell erfand 1876 den elektromagnet. F., Hughes 1878 das Kohlemikrophon.

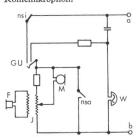

Fernsprecher: Schaltung (Selbstwähler)

Fernunterricht, Unterricht mit Hilfe von Unterrichtsbriefen, Druckschriften, Schallplatten und Funk; teils privat, oft staatl. gefördert.

Ferr'ara, oberitalien. Provinzhauptstadt an einem Arm des Po, 158 100 Ew.; Erzbischofssitz; Universität; Leder-, Glas-, chem. Industrie. – Im 15./16. Jahrh. Kulturmittelpunkt der italien. Renaissance (Ariosto, Tasso), Dom, prächtige Paläste; bis 1598 Sitz des Hauses Este.

Ferr'it das, 1) METALLKUNDE: das kubisch kristallisierte α-Eisen. 2) ☾ gesinterte Oxyde des Eisens, Mangans, Zinks u.a.; für Spulenkerne (Funktechnik), Magnetspeicher (Rechenanlagen).

Ferromagnetismus, an den kristallinen Zustand gebundener Magnetismus von Eisen, Nickel, Kobalt sowie einiger Legierungen **(Ferromagnetika).** Ihre Magnetisierung kann einige 1000mal größer sein als die von paramagnet. Stoffen. Man unterscheidet weichmagnet. Werkstoffe für magnet. Wechselfelder und hartmagnet (Dauermagnete).

F'errum [lat.], Eisen.

Fertigbauweise. Vorgefertigte Bauteile (Wand- und Deckenplatten, Binder, Träger, Fahrbahnplatten) werden auf der Baustelle mit geringem Arbeitsaufwand zusammengefügt.

fert'il [lat.], fruchtbar. Hptw.: **Fertili′ät.**

F'erula [lat.] die, 1) im MA. Krummstab des Bischofs. 2) Kreuzstab des Papstes.

fes, ♩ um einen Halbton erniedrigtes f.

Fes, Fez [nach der Stadt F.], kegelförmige Mütze aus rotem Tuch; in der Türkei seit 1926 verboten; 1953 auch in Ägypten verschwunden.

Fès, Fez, Provinzhauptstadt in Marokko, 249 000 Ew.; ein Mittelpunkt des geistigen und wirtschaftl. Lebens Marokkos; islam. Hochschule; älteste Gewerbe (Leder-, Mosaikarbeiten). F. ist nächst Mekka eine der heil. Städte des Islams.

Fes

Fess′an, Fezan der, italien. **Fezzan,** Landschaft im SW Libyens, Fels-, Kies- und Sandwüste.

Fessel die, 1) Schwertgelenk, später Bande, Schlinge bei Gefangenen. 2) beim MENSCHEN: schmalster Teil des Beines oberhalb des Knöchels; bei HUFTIEREN: auch **Fesselgelenk,** die Gelenkverbindung zwischen dem Mittelfußknochen und dem ersten Zehenglied.

Fesselballon, an Drahtseil oder Kabel befestigter Ballon; diente früher bes. der Luftaufklärung, heute meteorolog. Zwecken.

feste Kosten, →fixe Kosten.

Festgeld, feste Gelder, Einlagen von Nichtbanken bei Kreditinstituten mit einer Laufzeit von mindestens 30 Zinstagen.

Festigkeit, der Widerstand, den ein fester Körper der Trennung oder Verformung entgegensetzt, wird auf die Querschnittseinheit bezogen und in kp/mm² (kg/mm²) oder kp/cm² (kg/cm²) angegeben. Man unterscheidet je nach der Beanspruchungsart Zug-, Druck-, Knick-, Biege-, Scher- und Verdrehfestigkeit. (BILD S. 278)

Festival [-v'al, frz.] f'estivəl, engl.] das, international für Festspiel.

Festkörper, fester Körper, Stoff, der einer Änderung seiner äußeren Form oder seines Volumens und einer Trennung in kleinere Bestandteile großen Widerstand entgegensetzt. Die **Festkörperphysik** befaßt sich mit den Eigenschaften der F.: Kristalline F., z.B. Eis, haben einen ganz bestimmten Schmelzpunkt, amorphe F., z.B. Glas, Siegellack, Teer, erweichen bei Temperaturanstieg allmählich und gehen erst in den zähflüssigen, dann in den dünnflüssigen Zustand über. In den kristallinen F. sind die Atome regelmäßig angeordnet, in den amorphen Stoffen dagegen regellos, nur statistisch verteilt. Amorphe F. können daher als Flüssigkeiten mit sehr hoher Zähigkeit aufgefaßt werden.

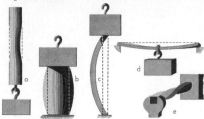

Festigkeit: a Zug, b Druck, c Knickung, d Biegung, e Verdrehung

Festkörperschaltung, sehr kleine, fabrikfertige elektron. Baugruppe, bei der auf ein Halbleiterplättchen (z. B. 6 × 3 × 0,6 mm) Kondensatoren, Transistoren o. a. Bauelemente sowie die zugehörigen Verbindungsleitungen, teils durch Aufdrucken, teils durch Aufdampfen u. a. Verfahren sperrschichtfrei aufgebracht sind.

Festmeter, abgekürzt: fm, 1 m³ lückenloser Holzmasse; für geschichtetes Holz verwendet man das **Raummeter,** abgekürzt: rm, 1 fm = etwa 1¹⁄₃ rm; 1 rm = etwa ³⁄₄ fm.

Festnahme, vorläufige F., die Freiheitsentziehung ohne richterlichen Haftbefehl. Berechtigt zur v. F. sind Polizei und Staatsanwaltschaft, wenn Gefahr im Verzuge ist und die Voraussetzungen eines Haft- oder Unterbringungsbefehls vorliegen, ferner jedermann, wenn der Täter auf frischer Tat ertappt wird und fluchtverdächtig ist oder seine Personalien nicht festgestellt werden können. Der Festgenommene muß unverzüglich, spätestens am Tage nach der Festnahme dem Richter vorgeführt werden (§§ 127 ff. StPO).

Feston [fest'õ,frz.] das, Laub-, Früchtegehänge.

Festspiel, 1) Aufführung von Dramen, Opern Musikwerken bei festl. Anlaß oder als F. im Rahmen von periodisch wiederkehrenden festl. Tagen oder Wochen. **2)** zu einem bestimmten festl. Anlaß verfaßte Theaterstück selbst.

Feststellungsklage, eine nur auf Feststellung des Bestehens oder Nichtbestehens eines Rechtsverhältnisses gerichtete Klage.

Festung, mit stärksten Abwehrmitteln ausgestattete Verteidigungsanlage, die schon bei den Assyrern, Persern und Römern durch Grabensysteme, Palisaden und Mauern vollendet entwickelt war (Limes). Im Altertum war fast jede Stadt, im 19. Jahrh. noch manche Hauptstadt F. Nach Einführung der Feuerwaffen wurde das Verteidigungsverfahren durch sturmfreie Gräben, Bastionen und Betonmauerung verbessert. Die Technisierung des Krieges schuf aus der F. alten Stils neue Befestigungsgürtel mit Zwischenwerken, Forts und Sperrung ganzer Grenzgebiete, z. B. Maginot-Linie, Atlantikwall.

Festungshaft, früher eine nicht entehrende Freiheitsstrafe.

F'etisch [portug.] der, bei Naturvölkern lebloser Gegenstand,der religiös verehrt wird und der übernatürl. Kräfte haben soll. **Fetisch'ismus, 1)** Verehrung von F. **2)** abnorme Bindung des Geschlechtstriebes an Gegenstände, z. B. Kleidungsstücke.

Fette, fette Öle, Stoffe meist tier. oder pflanzl. Herkunft, chemisch Fettsäure-Glycerinester. Die Ester der hauptsächlich vorkommenden gesättigten Palmitin- und Stearinsäure und der ungesättigten Ölsäure heißen **Palmitin, Stearin, Olein.** Fette Öle enthalten vorwiegend Olein, feste Fette Palmitin und Stearin. Durch **Fetthärtung** werden das flüssige Olein sowie die Ester anderer ungesättigter Fettsäuren in festes Stearin übergeführt. Für Margarine werden Öle zunehmend durch Umesterung gehärtet, wobei Wirkstoffe (Vitamine u. a.) nicht angegriffen werden. Trocknende Öle trocknen an der Luft zu einer festen Masse ein. Synthetische F. gewinnt man aus den beim Fischer-Tropsch-Verfahren anfallenden Kohlenwasserstoffen, die zu Fettsäuren oxydiert und mit Glycerin zu F. verestert werden.

Fettgeschwulst, griech.Lip'om, gutartige Geschwulst aus Fettgewebe, meist in der Haut.

Fetthenne, Sedum, Gattung krautiger bis halbstrauchiger Dickblattgewächse. Arten: **Große F.,** in Gehölzen, grüngelb blühend, großblättrig. **Scharfe F.** oder **Mauerpfeffer,** auf Felsen, gelb blühend, kleinblättrig.

Fettkraut, 1) kleinstaudige, fettblättrige, →tierfangende Pflanzen, auf Moorboden; **Gemeines F.,** blau blühend. **2)** →Fetthenne.

Fettpflanzen, die →Sukkulenten.

Fettsäuren, ⟶ einbasige organ. Säuren; gesättigte F. leiten sich von Paraffinen ab, ungesättigte F. enthalten Doppel-, Dreifachbindungen.

Fettsucht, Adip'ositas die, übermäßige Ansammlung von Fett im ganzen Körper (Fettleibigkeit), auch mit Verfettung innerer Organe (Fettleber, Fettherz). Oft durch überreichl. Ernährung, auch durch erbl. Veranlagung oder Störung der Drüsen mit →innerer Sekretion. Behandlung nach der Ursache, Entfettungskuren nur unter ärztl. Aufsicht.

Feuchtersleben, Ernst Freiherr v., österreich. Arzt und Dichter, *1806, †1849; Gedichte.

Feuchtigkeit, Wassergehalt, bes. der Wasserdampfgehalt der Luft (**Luft-F.**). Absolute F., der in 1 m³ Luft enthaltene Wasserdampf in g. Relative F., das Verhältnis des in der Luft vorhandenen Wasserdampfes zu der bei der jeweiligen Temperatur höchstmögl. Wasserdampfmenge.

Feuchtigkeitsmesser der, →Hygrometer.

Feuchtmayer, Feichtmayr, aus Wessobrunn stammende Stukkatoren- und Bildhauerfamilie des 17./18. Jahrh.; die bedeutendsten: Johann Michael (* um 1709, †1772) und Joseph Anton F. (*1696, †1770). (BILD S. 279)

Feuchtwanger, Lion, Schriftsteller, *1884, †1958; seit 1933 emigriert, schrieb zeitkrit. und geschichtl. Romane (»Jud Süß«), Dramen.

Feston

Fetthenne:
Große F.

Festung, links: Atlantikwall (Geschützstand an der französ. Küste), rechts: Maginot-Linie (Geschützstand in den Vogesen)

feud'al [mlat. aus ahd. feod »Leben«], 1) auf das mittelalterl. Lehnswesen bezüglich. 2) vornehm, adelsstolz.

Feudal'ismus, bes. im späten MA. auf Grundlage des Lehenswesens ausgebildete Staatsform mit großer Selbständigkeit des Adels.

Feuer, Verbrennung unter Licht-, Wärme-, meist auch Flammenentwicklung, d. h. Entwicklung brennbarer Gase und Dämpfe.

Feuerbach, 1) Anselm, Maler, *1829, †1880; suchte die große klassische Form: Iphigenie, Orpheus und Eurydike, Gastmahl des Platon, Medea, Bildnisse (Nanna). 2) Ludwig, Philosoph, Sohn von 3), *1804, †1872; ging von Hegel aus, gelangte zum Materialismus; sein Einfluß auf die Hegelsche Linke, dann auf Marx und Engels war groß; entwickelte eine sensualist. Erkenntnislehre und eine Religionsphilosophie, die die Gottesidee als Erzeugnis menschl. Vorstellungen und Wünsche deutet. Hauptwerk: »Das Wesen des Christentums« (1841). 3) Paul Anselm, Strafrechtslehrer, *1775, †1833, begründete die Abschreckungstheorie, schuf das bayer. StGB von 1813.

Feuerbestattung, Totenbestattung durch Verbrennung der Leiche und Beisetzung der Asche; bis zum 1. Jahrh. und heute noch bei Naturvölkern auf Scheiterhaufen, seither in Krematorien. Die kath. Kirche hält grundsätzl. an der Erdbestattung fest, gestattet jedoch seit 1963 auch die F. Die evang. Kirche stellt die F. der Erdbestattung gleich, empfiehlt aber die Erdbestattung.

Feuerbüchse, ⊙ der Feuerungsraum des Lokomotivkessels, →Dampfkessel.

feuerfeste Steine haben einen Schmelzpunkt über 1650°C. Wenn er über 1850°C liegt, heißen die Steine **hochfeuerfest**. Ihr Hauptbestandteil ist Ton; verwendet für Öfen, bes. für Hoch- und Schmelzöfen.

Feuerkröte die, →Unke.

Feuerland, Inselgruppe an der S-Spitze Südamerikas, vom Festland durch die Magellanstraße getrennt; etwa 72000 km². Der SW ist Gebirgsland (Monte Sarmiento 2404 m), der O flaches Grasland. Der O ist argentin., der W chilen.

Feuerlöschanlagen, ortsfeste oder bewegl. Anlagen und Geräte zur Brandbegrenzung und -löschung; dienen zum **Raum- und Objektschutz** (Maschinen, Förderbänder u. a.). Arten: **Sprinkler-, Regen-, Berieselungs-** sowie **Drencher-** oder **Wasserschleier-Anlagen.**

Feuerlöschanlagen: Löschpulvergerät

Feuerlöscher, Handfeuerlöscher, von Hand tragbare Feuerlöschgeräte zur Bekämpfung von Kleinbränden, vor allem zur Selbsthilfe; sie enthalten ein Löschmittel, das durch gespeicherten oder chem. erzeugten Gasdruck selbsttätig ausgestoßen wird. F. bestehen aus einem druckfesten Behälter, der das Löschmittel und meist auch das Treibmittel enthält. – Da kein Löschmittel zum Löschen aller Arten von Bränden geeignet ist, werden folgende Arten von F. hergestellt: **Wasserlöscher, Naßlöscher** (enthalten 10 l Wasser); **Trockenlöscher** (enthalten 6 bis 12 kg Löschpulver). Für Sonderzwecke, z. B. Metallbrände, gibt es F. mit Speziallöschmitteln.

A. Feuerbach: Medea

Feuerlöschmittel, Stoffe, die den Verbrennungsvorgang unterbrechen; sie wirken durch **Abkühlen** unter die Mindest-Verbrennungstemperatur oder durch **Ersticken**. **Wasser** kühlt am stärksten, ist jedoch bei manchen Bränden (Flüssigkeiten, Gase, Metalle) ungeeignet; hier werden **Luftschaum, Kohlendioxyd, Halone** und **Löschpulveranlagen** verwendet.

Feuermal das, →Muttermal.

Feuermelde-Anlagen zeigen einen Gefahrenzustand unter Angabe des Meldeortes an eine Zentralstelle an. Sie bestehen aus den **Meldern**, der **Meldeempfangseinrichtung**, dem Leitungsnetz und der Stromversorgungseinrichtung. In öffentl. F.-A. werden handbetätigte Druckknopf-Feuermelder verwendet. Nach Einschlagen der Glasscheibe und Betätigen des Druckknopfes wird in der Feuerwache Alarm ausgelöst. – Private F.-A. werden in bes. gefährdeten Gebäuden (z. B. Warenhäusern, Theatern, Fabriken) eingerichtet. Arten: **Wärme-Melder** (sprechen beim Erreichen einer Höchsttemperatur und auf ungewöhnlich rasche Temperatursteigerungen an); **Rauch-Melder** (reagieren auf Brandrauch und gasförmige Verbrennungsprodukte); **Flammenimpuls-Melder** (sprechen auf das Flackern von Flammen an).

J. A. Feuchtmayer: Maria

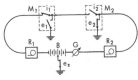

Feuermelde-Anlagen: Feuermeldeschleife in Sicherheitsschaltung

Feuerprobe, im MA. ein →Gottesurteil.

Feuersalamander, Schwanzlurch mit schwarzer, lebhaft gelb gefleckter Haut, an feuchten Stellen im Gebirge. (FARBTAFEL Farbe II S. 342)

Feuerschiff, ⚓ meist vor Flußmündungen verankertes Schiff mit →Leuchtfeuer.

Feuerschwamm, schmutziggrauer, meist an Buchen wachsender Pilz; sein wergartiges Inneres liefert, mit Salpeter getränkt, den Zunder für das Feuersteinfeuerzeug (**Zunderschwamm**). Der innen harte **Falsche F.** ist weniger dazu geeignet. Beide verursachen Weißfäule des Holzes.

Feuerstein, Flint, Kieselgestein aus Quarz, Chalcedon oder Opal, leicht zersprengbar zu scharfkantigen Stücken. Vom Steinzeitmenschen wurde er zu Werkzeugen und Waffen benutzt. Jetzt dient er zu Reibschalen u. dgl. Geglüht und gemahlen liefert er chem. fast reine Kieselsäure; Rohstoff für **Flintglas** und **Wasserglas.**

Feuersturm, orkanartiger Sturm durch einen Flächenbrand (erstmals 1943 beim Luftangriff auf Hamburg). Durch den Sog die zum Zentrum des Brandes hin gerichteten Windströmung können die meteorolog. bekannten Orkanstärken noch übertroffen werden; restlose Vernichtung alles Lebens und alles Brennbaren ist die Folge.

Feuerung die, **Feuerungsanlage**, Einrichtung zum Verbrennen fester, staubförmiger, flüssiger und gasförmiger Stoffe.

Feuerversicherung, Brandversicherung,

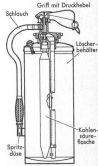

Feuerlöscher: Schema eines Trocken-Hand-F.

(labels in figure: Griff mit Druckhebel, Schlauch, Löscherbehälter, Kohlensäureflasche, Spritzdüse)

Feuerwanze

Fiale

Fibel 1)

Fichte

deckt unmittelbare Schäden durch Brand, Blitzschlag, Explosion und mittelbare Schäden durch Löschen, Niederreißen usw. Ausgeschlossen sind Schäden durch Erdbeben, Krieg, Unruhen, Kernenergie sowie durch böswilliges oder grobfahrlässiges Verhalten des Versicherten.

Feuerwaffe, Waffe, aus der ein Geschoß durch Gase einer entzündeten Pulverladung hervorgeschleudert wird (→Geschütz, →Handfeuerwaffen, →Maschinenwaffen).

Feuerwanze, rot-schwarze Wanze, oft am Fuß von Lindenbäumen, etwa 1 cm lang; Baumwollschädling ist die **Rotwanze.**

Feuerwehr, öffentl. oder private Einrichtung zur Bekämpfung von Bränden, zur Hilfe bei Unglücksfällen und öffentl. Notständen, vielfach auch zum Krankentransportdienst. Einheiten der F., denen je ein Führer vorsteht, sind Löschzug (18 Männer, 1 Führer, Kurzbez. 1/18), Löschgruppe (1/8), Löschstaffel (1/5), Löschtrupp (1/2). – Arten der F.: **Berufs-F.** (in Städten über 100000 Ew., auch in kleineren Städten mit bes.Brandgefahren), **Freiwillige F.** (in allen Gemeinden ohne Berufs-F.), **Pflicht-** oder **Hilfs-F.** (muß aufgestellt werden, wenn keine Freiwillige F. zustande kommt); **Werk-F.** (wird von Betrieben zur Brandschutzsicherung aus Betriebsangehörigen gebildet). **Feuerwachen** der Berufs-F. sind für ständige Alarmbereitschaft eingerichtet. Bei Alarm können die Einsatzfahrzeuge innerhalb von 40 Sekunden die Wache verlassen. Freiwillige F. halten ihre Einsatzfahrzeuge nebst Ausrüstung in **Gerätehäusern** bereit. Die F.-Männer tragen einheitl. **Schutzkleidung** und genormte Ausrüstung: F.-Helm, Hakengurt mit Schiebhaken und F.-Beil, Fangleine, Atemschutzmaske.

Löschfahrzeuge zur Brandbekämpfung und Durchführung techn. Hilfeleistung: Löschgruppen-, Tragkraftspritzen-, Tanklösch-, Trockenlösch-, Trocken-Tanklöschfahrzeuge; **Drehleitern** (Rettung von Mensch und Tier, Durchführung von Löschangriffen); **Schlauchwagen** (Nachschub von Schläuchen, bis zu 2000 m); **Rüstwagen** (enthalten Spezialgeräte für Hilfeleistungen: Heben und Ziehen von Lasten, Abstützen, Stromerzeugen, Belüften); **Feuerlöschboote** (in großen Hafenstädten und auf Binnenwasserstraßen, zum Schutz von Schiffahrt und Industrie).

Feuerwerk, Erzeugung von Licht-, Funken- und Knallwirkungen durch Feuerwerkssätze. **Buntpulversätze** werden für bengal. Feuer und Leuchtkugeln verwendet. Aus **Schwarzpulversätzen** werden F.-Körper mit Papphülsen hergestellt, aus diesen **Feuerwerksstücke** zusammengebaut.

Feuerwerker, Pyrotechniker, 1) Verfertiger von Feuerwerkskörpern. **2)** bis 1945 Unteroffizier für Heeresgeräte und Munition.

Feuerzeug, Zündvorrichtung, bei der Wärme durch Reibung erzeugt wird. Heute mit Benzin oder Propangas gefüllte Taschen-F., in denen die Zündung durch einen Funken erfolgt, der durch Reibung an Cereisen entsteht, oder **elektrische F.**

Feuilleton [fœjt'ɔ̃, frz. »Blättchen«] das, der gesamte kulturelle Teil einer Zeitung (Aufsätze, Kritiken, Plaudereien, Romane).

Feyerabend, Siegmund, Buchdrucker, *1528, †1590, brachte mit Holzschnitten reich ausgestattete Werke heraus.

ff., ff, Abk. für **1)** folgende. **2)** sehr fein. **3)** ♪ →fortissimo, **fff,** äußerst laut.

Fi'aker [frz.] der, Mietskutsche, benannt nach dem Haus Saint-Fiacre in Paris.

Fi'ale die, ⌂ Spitztürmchen auf gotischen Strebepfeilern und an Tür- und Fensterverdachungen.

Fi'asko das, Durchfall eines Stückes, Schauspielers, Sängers; Mißerfolg.

Fiat, Abk. für Fabbrica Italiana Automobili Torino, italien. Kraftwagen-, Schiffs-, Motoren- und Flugzeugwerk, →Kraftwagen, ÜBERSICHT.

Fibel die, **1)** Gewandnadel der Vorzeit und des Altertums. **2)** Anfangslesebuch.

Fiber [lat.] die, Faser. **fibr'ös,** faserig.

Fibr'ille [lat. »Fäserchen«] die, feinster Bestandteil der menschl. und tierischen Muskel-, Nerven- oder Bindegewebsfaser.

Fibr'in das, unlösl. Eiweiß, entsteht aus einer im Blut gelösten Vorstufe **(Fibrinog'en),** durch ein Enzym; bewirkt die Blutgerinnung.

Fibr'om [lat.] das, eine Fasergeschwulst.

Fichte, die, Gattung der Nadelbäume, mit spitzen, vierkantigen Nadeln und hängenden Zapfen. Waldbaum, bes. in bergigen Ländern, ist die **Gemeine F.** oder **Rottanne.** Sie liefert Werk- und Brennholz, Gerbrinde, Terpentin, Zellstoff, Holzwolle, Fichtennadelextrakt, -öl. Amerikan. Arten **(Blau-F., Silber-F.)** sind bei uns Zierbäume. (TAFEL Waldbäume)

Fichte, Johann Gottlieb, Philosoph, *1762, †1814, wurde 1794 Prof. in Jena, 1799 der Gottlosigkeit angeklagt (Atheismusstreit) und abgesetzt, 1805 Prof. in Erlangen, 1810 in Berlin. F.s Philosophie ist eine Fortbildung des Kantischen Kritizismus zu einem rein metaphys. →Idealismus. In seiner Schrift über den »Geschlossenen Handelsstaat« (1800) zeichnete F. in Form einer Utopie eine sozialist. Gesellschaftsordnung auf nationalstaatl. Grundlage. 1807/08 hielt er die »Reden an die dt. Nation«.

Fichtelberg, der zweithöchste Berg des Erzgebirges, 1214 m hoch.

Fichtelgebirge, dt. Mittelgebirge im NO Bayerns (Schneeberg 1053 m). Saatzucht, Viehzucht, Forstwirtschaft; Porzellan-, Stein-, Textilind., Fremdenverkehr. (BILD S. 281)

Fichtenspargel, Schmerwurz, Ohnblatt, wachsgelbe, schuppenblättrige, auf Pflanzenmoder lebende Pflanze in Nadelwäldern. (BILD S. 281)

Fichu [ʃiˈfy, frz.] das, dreizipfliges Schultertuch, lose geschlungener Schalkragen. (BILD S. 281)

F'ideikommiß [lat. »zu treuen Händen belassen«] das, im früheren dt. Recht ein unveräußerl. und unteilbares Familienvermögen, i. d. R. Grundbesitz, der stets geschlossen in der Hand eines Familienmitglieds blieb; nur der Ertrag stand zu freier Verfügung. In Dtl. seit 1939 aufgelöst.

fid'el [lat. fidelis »treu«], heiter, lustig.

Fidel'ismus, Castrismus, betont nationalist. Form des Kommunismus in Kuba, benannt nach Fidel →Castro.

F'idibus der, gefalteter Papierstreifen zum Feueranzünden.

Feuerwehr, oben: Gerätewagen, links: Brandbekämpfung, rechts: Feuerlöschboot

F'idschi-Inseln, brit. Inselgruppe im Stillen Ozean, rd. 320 größere, 480 kleinere vulkan. und Korallen-Inseln (106 bewohnt), 18272 km², 525000 Ew. (darunter 20 000 Weiße, 280000 Inder, 5000 Chinesen); Ausfuhr: Zucker, Kopra, Bananen, Ananas. – 1643 entdeckt, seit 1874 brit.; seit 1970 unabhäng., MinPräs.: R. Mara.

Fieber das, Krankheitszeichen mit erhöhter Körpertemperatur (über 37,5 °C, im Mastdarm gemessen), beruht auf Störung der Wärmeregelung des Körpers, sehr oft durch Giftstoffe, die von den Krankheitserregern erzeugt werden. Das F. ist dann ein Ausdruck des Abwehrkampfes des Körpers. Meist eintretende Begleiterscheinungen: beschleunigter Puls (über 90-100 Schläge), Beschleunigung der Atemzüge (über 20 in der Minute), Frostanfälle mit folgendem Hitzegefühl, Durst, Kräfteabnahme. Steigt die Körpertemperatur über 42 °C, so ist dies ein Zeichen für Lebensgefahr. Zur Feststellung des F. dient das **Fieberthermometer.** Es reicht von 35 °C bis 43 °C und ist in Zehntelgrade eingeteilt. Gemessen wird in der Achselhöhle (10 Minuten), unter der Zunge oder im After (5 Minuten). **F.-Kurve,** Darstellung des F.-Verlaufs durch Schaubild (→Heilfieber). **Fiebermittel (Antipyretica)** enthalten oft Salicylsäure oder Chinin.

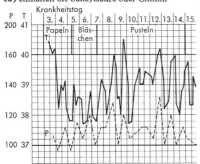

Fieberkurve (bei Pocken)

Fieberbaum, 1) die Stammpflanzen der →Chinarinde. **2)** ein →Eukalyptus.

Fiebermücke, Anopheles, eine Stechmücke, Überträgerin der →Malaria; lebt in sumpfigen Gegenden, bes. der warmen Länder. Die Larven entwickeln sich in stehenden Gewässern. Nur die Weibchen stechen. Bekämpfung: Vernichtung der Larven und Puppen im Wasser mit chem. Mitteln; Kontaktgifte (z. B. DDT) gegen die ausgewachsenen F.; Schutz durch Moskitonetze.

Fieberrinde, die →Chinarinde.

Fiedel die, volkstüml. für Geige; Streichinstrument, Vorform der Violen; stammt aus Asien, seit dem 9. Jahrh. in W-Europa nachweisbar.

Fielding [f'i:ldiŋ], Henry, engl. Dichter, *1707, †1754, schuf den realistisch-humorist. engl. Sittenroman (»Tom Jones«).

f'ieren, ♂ (Taue) herablassen, lockern.

Fierlinger, Zdeněk, tschech. Politiker, *1891; nach 1945 MinPräs. unter Benesch, 1948 am kommunist. Umsturz beteiligt, 1953-64 Präs. der Nationalversammlung.

Fi'esco, genuesischer Edelmann, zettelte 1547 eine Verschwörung gegen den Dogen Andrea Doria an. Trauerspiel von Schiller.

Fieseler, Gerhard, Flugzeugbauer, *1896, brachte 1937 den **F.-Storch,** das erste Langsamflugzeug der Welt, heraus. (TAFEL Flugzeuge).

Fi'esole, Stadt in der italien. Prov. Florenz, 13 700 Ew.; Kathedrale, Franziskanerkloster.

Fi'esole, Fra Giovanni da, →Angelico.

FIFA, Abk. für Fédération Internationale de Football Association, der internat. Fußballbund, Sitz Zürich.

F'igaro, Gestalt in Lustspielen von Beaumarchais. Opern: Mozart (»Figaros Hochzeit«), Rossini (»Der Barbier von Sevilla«).

Fighter [f'aitə, engl. »Kämpfer«], Draufgänger.

Figl, Leopold, österr. Politiker, *1902, †1965; 1938-43 im KZ, nach 1945 Mitgründer der Österr. Volkspartei, 1945-53 Bundeskanzler, 1953-59 Außenmin., 1959-62 Präs. des Nationalrats, seitdem Landeshauptmann von Niederösterreich.

Fig'ur [lat.] die, Gestalt; auch Klang-F., Tanz-F., Rede-F. **Figur'ant** [lat.] der, Theater: stummer Darsteller. **Figur'ine** [frz.], 1) Figürchen. 2) Kostümzeichnung. **fig'ürlich,** bildlich; sinnbildlich.

Figur'almusik, Figurierter Gesang, im Gegensatz zum einstimmigen der kontrapunktische, mit Figuren verzierte Satz.

Fikti'on [lat.] die, 1) Annahme, Erdichtung. 2) ♂ Unterstellung, bei der ein nicht vorhandener Tatbestand als vorhanden (oder umgekehrt) angenommen wird. **fikt'iv,** vorgeblich, erdichtet.

Fil'arien, bis 0,5 m lange Fadenwürmer, im Blut oder in den Lymphwegen des Menschen schmarotzen; verursachen →Elephantiasis.

Filbinger, Hans Karl, Politiker (CDU), *1913, Jurist; seit 1960 MdL und Min. für Inneres, seit Dez. 1966 MinPräs. v. Baden-Württemberg.

Filchner, Wilhelm, Forschungsreisender, *1877, †1957; Expeditionen in Zentralasien (O-Tibet, Nepal); Südpolargebiet. (BILD S. 282)

F'ilder Mz., fruchtbare Hochfläche südl. von Stuttgart; Anbau von Weißkraut **(Filderkraut).**

Filet [fil'ε, frz.] das, Kochkunst: Lendenfleisch vom Schlachtvieh und Wildbret; Brustfleisch vom Geflügel; Rückenfleisch der Fische.

Filetarbeit [fil'ε-, frz.], →Netzarbeit.

f'ilia [lat.] die, Tochter. **f. hospit'alis,** studentisch: die Tochter der Wirtin.

Fili'ale [lat.] die, Zweigniederlassung eines Unternehmens, ist an die Anweisungen des Hauptgeschäfts gebunden.

Filialkirche, wird von Geistlichen einer anderen Kirche (Mutterkirche) betreut.

Filiati'on [lat.] die, Familienkunde: der Abstammungsnachweis.

Filibuster [filib'astə, engl.] der, Abgeordneter, der eine Abstimmung durch endlose Reden oder dgl. zu verhindern sucht; auch die dahin zielende Verschleppungstaktik.

Filigr'an [lat.] das, seit dem 3. Jahrtsd. v. Chr.

Filigran

Fichtelgebirge: Blick vom Kösseinegipfel

Fichtenspargel

Fichu

Filchner

nachweisbare Goldschmiedearbeit in der Form kunstvoller Geflechte aus feinem rundem, geperltem oder gezwirntem Gold-, Silber-, Kupfer- oder Eisendraht.

Filip'inos [span.] Mz., die Bewohner der →Philippinen.

f'ilius [lat.] der, Sohn.

Film [engl. »Häutchen«] der, 1) dünne Oberflächenschicht auf andersartigem Grund, z. B. Öl-film, Lackfilm. 2) PHOTOGRAPHIE: Blank-F. heißt der glasklar durchsichtige, biegsame Träger aus Kunststoff, Acetyl- oder Nitrocellulose, solange er noch keine lichtempfindl. Schicht trägt; der beschichtete Film heißt Roh-F. (Ausführungen: Plan-F., Roll-F.). F. werden entsprechend ihrem Verwendungszweck in Streifen verschiedener Breite zerschnitten und am Rand perforiert (außer Spezial-F.). 3) beim LICHTSPIEL Sammelbegriff für das (unbelichtete oder belichtete) Aufnahmematerial wie für das Ergebnis seiner Projektion. Der **Kinematographische F.** beruht auf der Zerlegung des Bewegungsablaufs in Bewegungsteilbilder, die photograph. festgehalten werden. In der **Filmaufnahmekamera** wird der perforierte Filmstreifen (70, 65 und 35 mm; Schmalfilm 16, Super 8 mm oder 8 mm) durch Greifersystem mit einer Ablaufgeschwindigkeit von 24 Bildern/s (bei Schmal-F. 16 Bilder/s) belichtet und ruckweise bewegt. Während der Bewegung wird der F. von einer rotierenden Blende abgedeckt. Die sich rasch folgenden Bewegungsteilbilder erfaßt unser Auge später bei der **Vorführung (Projektion)** als zusammenhängende Bewegung.

Historisch verlief die Entwicklung vom Schwarz-Weiß- und Stumm-F. zum Ton- und Farb-F. (→Photographie). Der Ton wird meist elektromagnet. (Magnetton) aufgezeichnet, mit Musik- und Geräuschaufnahmen gemischt, dann in Lichtschwankungen umgesetzt und diese auf einem gesonderten Filmstreifen aufgenommen. Der **Stereo-F. (plastischer F., 3D-F.)** wird mit einer Stereokamera aufgenommen. Bei der Wiedergabe muß jedem Auge das zugehörige Bild dargeboten werden (Anaglyphen-, Vektographenverfahren). Bei den **Breitwand-F.** (Cinemascope, Cinerama, Todd-A-O, Vista Vision, Super Scope u. a.) wird eine scheinplast. Wirkung dadurch erzielt, daß das Bild mit einem Seitenverhältnis bis zu 1:2,55, das bei großer Tiefenschärfe Einzelheiten besser zeigt, auf eine ebene oder gekrümmte Bildwand projiziert wird. Die techn. Mittel der **Trickaufnahmen** sind u. a. doppelte Belichtung, Abdecken jeweils einer Filmseite bei zweimaliger Aufnahme (Doppelrolle), Verwendung von halblichtdurchlässigen Spiegeln, extreme Beleuchtungseinstellung, Übereinanderkopieren mehrerer Negative. Bei **Zeichentrick-F.** werden viele Tausend gezeichnete Bewegungsteilbilder photographiert. Mit **Zeitraffer** werden bei langsam ablaufenden Vorgängen in größeren Abständen Einzelaufnahmen gemacht, die dann im normalen Tempo vorgeführt werden. Mit **Zeitdehner** werden schnell ablaufende Vorgänge in vielen Bildern (bis zu einigen Tausend je Sekunde) erfaßt und dann ebenfalls in normalem Tempo vorgeführt.

Bei der **F.-Vorführung** in Lichtspieltheatern (Kinos) werfen nach dem Prinzip des →Projektionsgerätes gebaute Vorführmaschinen die Bilder des von rückwärts durchleuchteten Filmstreifens, der mit derselben Geschwindigkeit wie bei der Aufnahme weiterbewegt wird, auf die rasterförmig durchlöcherte Bildwand, hinter der die Lautsprecher angebracht sind.

Man unterscheidet **Spielfilme** (durchschnittlich 2200 m, Vorführdauer etwa 1¹/₂ Stunden), **Kultur-, Dokumentar-, wissenschaftl. und Lehrfilme.**

Die **Herstellung (Produktion)** eines F. durch eine **Filmgesellschaft** erfolgt in drei Stufen. Die Vorbereitung umfaßt Stoffauswahl, Abfassung des **Drehbuches**, Sicherung der Finanzierung, Verpflichtung der Mitarbeiter (Regisseur mit Stab, Kameraleute, Tonmeister, Architekt, Komponist, Darsteller, Musiker und Hilfspersonal). Die **Auf-**nahme wird im Freien, häufiger, um von der Witterung, der wechselnden Beleuchtung unabhängig zu sein, im Atelier durchgeführt nach einem **Drehplan**, der die aufzunehmenden Szenen nach ihren Schauplätzen ordnet und auf die Drehtage verteilt. Bei der Bearbeitung nach dem Entwickeln des Filmnegativs fügt der **Schnittmeister (Cutter)** die Teilstücke drehbuchgerecht zusammen. Erst nach der Fertigstellung des Positivs sprechen die Darsteller den Text des F., der ihnen in kurzen Szenenausschnitten (takes) vorgeführt wird. Das gleiche, **Synchronisation** genannte Verfahren wird bei Übertragung aus einer Sprache in eine andere angewendet. Als Mittler zwischen dem Hersteller und den Filmtheatern tritt die **Filmverleihgesellschaft** auf. In der Bundesrepublik gibt es rd. 4800 Filmtheater. Seit 1949 arbeitet die **Freiwillige Selbstkontrolle der Filmwirtschaft (FSK)** mit dem Sitz in Wiesbaden, ebenda die **Filmbewertungsstelle der Länder (FBL)**, die künstlerisch und kulturell hervorragenden Filmen das Prädikat »wertvoll« oder »besonders wertvoll« verleihen kann.

DER F. ALS KUNSTWERK. Schon beim Stumm-F. entwickelte eigentüml. film. Ausdrucksformen: Mimik und Gestik als Ersatz für Wort und Dialog, Großaufnahme, Licht- und Schattenwirkungen, Perspektive und »Panoramieren« der Kamera zur Spannungs- und Bewegungssteigerung, Kunst des Schnitts. Nach der Erfindung des Ton-F. suchte die **F.-Dramaturgie** Bild, Wort und Musik zu einer künstler. Einheit zu verbinden.

Die ersten Lichtspieltheater, meist auf Jahrmärkten, brachten Schauerdramen und Ulk-F. Der künstler. F. entwickelte sich zunächst bes. in Dtl. (»Der Student von Prag«, 1913), Dänemark (Schauspielerin Asta Nielsen), Schweden, den USA (»Geburt einer Nation«, 1915). Höhepunkte wurden erreicht mit dem expressionist. dt. F. »Das Kabinett des Dr. Caligari« (1919) und der kühnen Realistik des sowjetruss. F. »Panzerkreuzer Potemkin« (1925). Das Filmland Amerika zog ab 1925 bed. Regisseure und Schauspieler aus Europa ab. Ein Welterfolg wurde der amerikan. Ton-F. »The jazz singer« (1927). Erster dt. Ton-F. war »Die Nacht gehört uns« (1929). Durch bedeutende Regisseure und Schauspieler haben Frankreich (bes. seit 1945; Regisseure der »Neuen Welle«: Resnais, Chabrol, Truffaut, Godard) und Italien (»Neorealismus«; Rossellini, de Sica, Fellini, Antonioni) wesentl. zur Entwicklung des künstler. F. beigetragen. Auch aus anderen Ländern kamen vielbeachtete F., so aus den USA (Regisseure: Kazan, Wilder, Zinnemann, Preminger, Wyler), Großbritannien (Reed, Lean, Olivier), Schweden (Bergman), Polen (Wajda, Polanski), der Tschechoslowakei (Forman, Jasny), der Sowjetunion (Kalatusow, Tschuchrai), Japan (Kurosawa, Yamamoto). In der Bundesrep. Dtl. suchen junge Regisseure, dem dt. F. wieder Ansehen zu verleihen (Schlöndorff, Kluge, Schamoni).

Nach 1936 entstanden in den USA und England die ersten Farb-F. (»Robin Hood«, 1938; »Vom Winde verweht«, 1939), seit 1941 in Dtl. (»Frauen sind doch bessere Diplomaten«, 1941). 1953 erschienen die ersten Breitwand-F. in den USA. Im Fernsehen erwuchs dem Lichtspieltheater eine große Konkurrenz; neuerdings werden auch Fernseh-F. hergestellt. – Eine Reihe von **Filmpreisen**, meist im Rahmen von **Filmfestspielen** (Cannes, Berlin, Biennale in Venedig) verliehen, soll den künstler. F. fördern.

Filou [fil'u, frz.] der, Spitzbube, Schelm.

Filter der, das, 1) ⌀ Vorrichtung zum Trennen einer Flüssigkeit von festen, darin schwebenden Teilchen. Die gereinigte Flüssigkeit heißt das Filtrat. Hierzu dienen: ungeleimtes, saugfähiges Papier (**Filtrierpapier**), Gewebe (**F.-Tuch**), poröse Steine (**F.-Platten**), mit Kieselgur oder aktiver Kohle gefüllte Gefäße u. a. 2) PHOTOGRAPHIE: farbige Gläser, die bei der Aufnahme vor das Objektiv geschaltet werden und bestimmte Lichtstrahlen absorbieren, z. B. Gelb-F. zum Abschwächen blauer Strahlen. 3) NACHRICHTENTECHNIK: Anordnung von Spulen und Kondensatoren zum Aussondern bestimmter Schwingungsbereiche.

Filz, 1) Gebilde aus regellos miteinander verschlungenen Tierhaaren; zu Hüten, Decken, Schuhen usw. **2)** Geizhals. **3)** Süddtl.: Moor.

Filzlaus, an Schamhaaren lebende Läuseart.

fin'al [lat.], **1)** beendend, **2)** zweckmäßig, absichtsvoll. **Fin'ale** das, [ital.], Schlußsatz eines Musikstücks; Schlußteil des Akts einer Oper. **Fin'alsatz,** ⑤ Nebensatz, der einen Zweck, eine Absicht angibt, eingeleitet durch »damit«.

Finanzamt, →Finanzverwaltung.

Finanzausgleich, die Regelung der finanzwirtschaftl. Beziehungen zwischen der Zentralgewalt und über- oder untergeordneten Gebietskörperschaften (in der Bundesrep. Dtl. zwischen Bund, Ländern und Gemeinden) als **vertikaler F.,** zwischen gleichgeordneten Gebietskörperschaften als **horizontaler F.**

Fin'anzen [ital.] Mz., **1)** Vermögen, Gelder. **2)** die Einnahmen-, Ausgaben- und Schuldenwirtschaft einer öffentl. Körperschaft (Staat, Länder, Gemeinden, Gemeindeverbände); **finanzi'ell,** das Vermögen, bes. die Einkünfte und Ausgaben betreffend; **finanz'ieren,** Geld beschaffen.

Finanzgerichte, Sondergerichte für Rechtsmittel in Steuersachen; oberstes F. ist der Bundesfinanzhof. Die **Finanzgerichtsbarkeit** ist geregelt durch die F.-Ordnung v. 6. 10. 1965.

Finanzhoheit, die Befugnis des Staates (Bund, Länder) zur Regelung der öffentl. Finanzen und der Besteuerung; sie kann auf untergeordnete Körperschaften übertragen (delegiert) werden.

Finanzierung, ⌧ Beschaffung von Geld- und Sachkapital für Betriebszwecke, aus Mitteln des Unternehmens **(Eigen-F.)** oder aus Gläubigerkrediten **(Fremd-F.). F.-Gesellschaften** beschaffen Kapital für ihnen nahestehende Unternehmen.

Finanzkapital, in wenigen Händen, z. B. bei Banken zusammengefaßtes Kapital.

Finanzkontrolle, Prüfung und Überwachung der öffentl. Finanzwirtschaft (Kassen-, Rechnungs-, Verwaltungskontrolle) durch übergeordnete Verwaltungsinstanzen, unabhängige Kontrollbehörden (Rechnungshof) oder parlamentar. Organe.

Finanzmonopol, der staatl. Ausschluß des freien Wettbewerbs: der Staat behält sich Herstellung oder Vertrieb einer Ware vor, um Einnahmen zu erzielen (Bundesrep. Dtl.: Zündwaren-, Branntwein-; Österreich: Tabakmonopol).

Finanzperiode, Finanzjahr, das Rechnungsjahr im öffentl. Haushalt; in der Bundesrep. Dtl., Österreich und der Schweiz das Kalenderjahr.

Finanzverwaltung, die staatl. und gemeindl. Behördenorganisation zur Durchführung der →Finanzwirtschaft. In der Bundesrep. Dtl.: **Bundesfinanzministerium** mit den **Bundesfinanzbehörden** (verwalten Zölle, Finanzmonopole, einen Teil der Verbrauchsteuern, Beförderungs- und Umsatzsteuer, einmalige Vermögensabgaben. Mittelbehörden: Bundeshauptkasse, Oberfinanzdirektionen; örtl. Behörden: Hauptzollämter; **Länderfinanzbehörden** (alle übrigen Steuern, soweit die Verwaltung nicht auf die Gemeinden übertragen ist; Bundesanteil der Einkommen- und Körperschaftsteuer als Auftragsangelegenheit für den Bund. Örtl. Behörden: Finanzämter, die z. T. auch für den Bund tätig sind).

Finanzwirtschaft, die Gesamtheit der Maßnahmen, die eine öffentl. Körperschaft (i. w. S. auch ein Unternehmen) zur Beschaffung, Verwaltung und Verwendung erfordert. Geldmittel trifft. Die öffentl. F. geht (im Unterschied zum Unternehmen) von den erwarteten Ausgaben aus und beschafft danach die Einnahmen. **Ordentl. Einnahmen** kehren regelmäßig wieder **(Erwerbseinkünfte** aus Staatsbetrieben oder **Abgaben:** Gebühren, Beiträge, Steuern, Zölle), **außerordentl. Einnahmen** sind einmalig (z. B. Anleihe). Die **Ausgaben** sind nach der Deckung ordentliche oder außerordentliche, nach der Verwendung Personal- oder Sachausgaben.

Finanzwissenschaft, die Lehre vom Haushalt der öffentl. Körperschaften und seinen Wechselbeziehungen mit der Volkswirtschaft. Teilgebiete: **Finanzgeschichte, Finanztheorie** (mit Steuerlehre); **Finanzpolitik** (behandelt finanzwirtschaftl. Maßnahmen und ihre Wirkungen), **Finanzstatistik.**

Findlinge auf Rügen

Finck, Werner, Schauspieler, Kabarettist und Schriftsteller, *1902.

Finckh, Ludwig, schwäb. Arzt und Schriftsteller (»Der Rosendoktor«); *1876, †1964.

Findelkinder, von den Eltern ausgesetzte Kleinkinder. An die Stelle der **Findelhäuser** sind Waisenhäuser und Vormundschaft getreten.

Finderlohn, →Fundrecht.

Fin de siècle [fɛ̃ də sjˈɛkl, frz. »Jahrhundertende«], →Dekadenz.

Findlinge, erratische Blöcke, durch Gletscher oder Inlandeis der Eiszeit weit vom Muttergestein fortgetragene Felsblöcke.

Fin'esse [frz.] die, Feinheit, Kunstgriff.

Fingal, irischer Sagenheld. **Fingalshöhle,** Grotte im Säulenbasalt an der Küste der Hebrideninsel Staffa, 20 m hoch.

Finger, die vorderen Abschnitte der menschl. Hand. Jeder F. besteht aus drei **Fingerknochen** mit Ausnahme des zweigliedrigen Daumens. **Fingerbeeren,** die an Hautleisten reichen Kuppen an der Beugeseite der F.-Endglieder.

Fingerabdruckverfahren, Daktyloskop'ie, Hilfsmittel der Polizei zur Wiedererkennung von Personen, bes. von Verbrechern. Es beruht auf der Tatsache, daß die **Papillarlinien** bei allen Menschen verschieden sind.

Fingerentzündung, schmerzhafte Entzündung, wenn Eitererreger in Fingerwunden gelangt sind **(Umlauf, Panaritium).** Entzünden sich auch die Sehnenscheiden, werden u. U. die Sehnen als wurmähnl. Gebilde **(Fingerwurm)** abgestoßen.

Fingerhirse, Getreide in Asien und Afrika, mit fingerförmig am Halmende geordneten Ähren; Nahrungsmittel und zur Bierbereitung.

Fingerhut, Digitalis, Gatt. der Rachenblüter mit fingerhutähnl. Röhrenblüten; stark giftig; Heilmittel. Roter F., Gelber F. (unter Naturschutz) u. a. (FARBTAFEL Giftpflanzen S. 350)

Fingerkraut, Gattung krautiger bis strauchiger Rosenblüter: **Gänse-F. (Gänserich),** mit gefiederten Blättern, gelb blühend, auf Wiesen; **Kriechendes F.** und **Tormentill-F. (Blutwurz),** mit Fingerblättern, auf Bergwiesen.

Fingersatz, Applikatur, ♪ beim Spielen von Musikinstrumenten die zweckmäßige Anordnung der Finger.

Fingersprache, Verständigungsmittel für Taubstumme mit Hilfe von Fingerzeichen.

Fingertier, Aye-Aye, Halbaffe Madagaskars mit sehr langen Fingern und Zehen.

fing'ieren [lat.], erdichten, vorgeben.

f'inis [lat.], Ende.

Finish [-ʃ, engl.] das oder der, **1)** 🏇 Endkampf vor dem Ziel. **2)** ⚙ Feinbearbeitung, Fertigstellung, Oberflächenbehandlung.

Finist'erre [span. »Landesende«], **Kap F.,** die Nordwestspitze von Spanien.

Finken, Familie der Singvögel, mit kegelförmi-

Fingerabdruckverfahren: Fingerbeere

Fingerkraut

Finsteraarhorn
von Westen

gem Schnabel. Einheimische Arten: **Buch-F.**, in Wald und Garten als Strichvogel; **Berg-F.**, schwärzl., in N-Europa, Brutvogel, zieht im Winter südlich; **Schnee-F.**, in baumlosen Alpengegenden. →Gimpel, →Prachtfinken, →Stieglitz, →Blutfink. (FARBTAFEL Singvögel S. 872)

Finne die, Höhenzug am Nordrand des Thüringer Beckens, 300-400 m hoch.

Finne die, 1) Entwicklungsstufe des Bandwurms. 2) 🐟 Rückenflosse der Haie, Wale. 3) 🤿 →Akne. 4) ⬡ schmale Schlagseite des Hammers.

Finnen Mz., Volk in NO-Europa, bes. in Finnland, auch im nördl. Schweden und Norwegen und im NW der Sowjetunion; der finnisch-ugrischen Sprachfamilie zugehörig. 3 Hauptstämme: eigentliche F., Tavasten, Karelier.

Finnenkrankheit, Erkrankung durch Finnen des Schweinebandwurms, →Bandwürmer.

Finnentrop, Gem. im Kr. Olpe, Nordrhein-Westf., 16 500 Ew.

Finnische Kunst. Im MA. Feldsteinkirchen mit Satteldach und abseits stehendem Turm, später mit Pflanzen- und Figurenmalerei; Künstler der Hansestädte für Finnland tätig (Meister Francke); nach der Reformation meist Holzkirchen; im 18. Jahrh. Herren- und Bürgerhäuser; seit der Wende zum 20. Jahrh. eigenständige Leistungen in Malerei (Gallén-Kallela) und Plastik (Aaltonen), bedeutender Anteil an der modernen Architektur (Saarinen, Aalto).

Finnischer Meerbusen, Meeresbucht der Ostsee zwischen Finnland und Sowjetunion. Haupthäfen: Helsinki, Reval (Tallinn), Leningrad.

finnisch-ugrische Sprachen, Sprachgruppe in O-Europa und W-Sibirien, die mit dem Samojedischen den uralischen Sprachstamm bildet; von über 20 Mill. gesprochen: Finnen, Esten, Lappen, Ungarn, Ostjaken, Wogulen u. a.

Finnland, finn. **Suomi,** Republik in N-Europa, 337 032 km², 4,7 Mill. Ew., grenzt im NW an Schweden, im N an Norwegen, im O an die Sowjetunion, im S an den Finnischen und im W an den Bottnischen Meerbusen. 12 Provinzen; Hauptstadt: Helsinki. ⊕ S. 525, ⊡ S. 345, 🗘 S. 878. (FARBTAFEL Europa I S. 339)

VERFASSUNG von 1919 (mit Änderungen): Republik mit parlamentar. Regierung; Gesetzgebung durch den Reichstag (eine Kammer, 200 Abg.); vollziehende Gewalt beim Präs. und Staatsrat.

LANDESNATUR. F. ist größtenteils Hügelland mit z. T. mächtigen Moränenwällen (bes. im S), im äußersten NW gebirgig (bis 1324 m hoch). Es ist reich an Wäldern und Mooren (71% der Fläche) und Seen (9,4%, rd. 55 000 Seen). Der Küste sind im SW zahlreiche Inseln vorgelagert, darunter die Ålands-Inseln. Klima für die geograph. Breite verhältnismäßig mild, mit schneereichen oder trocken-kalten Wintern und mäßig warmen Sommern. – BEVÖLKERUNG (meist evang.-lutherisch): 92,4% →Finnen, 7,4% Schweden (bes. im SW), 1300 Lappen; 47% sind Städter.

WIRTSCHAFT. 13% der Fläche sind Kulturland: Anbau von Getreide, Kartoffeln; Viehzucht; bedeutende Forstwirtschaft und Holzverarbeitung.

⚒ auf Eisenerz, Kupfer, Zink, Kobalt, Nickel u.a Möbel-, Zellulose-, Papier-, Textilindustrie, Schiff- und Maschinenbau, Elektrizitätserzeugung. Ausfuhr: Erzeugnisse der Papier-, Holz-, Metallindustrie, tierische Erzeugnisse. Haupthandelspartner: EFTA-Länder, EWG-Länder, Sowjetunion. Haupthäfen: Helsinki, Kotka, Naantali, Turku. Hauptflughafen: Helsinki.

GESCHICHTE. F., im Hoch-MA. von Schweden erobert und christianisiert, kam 1809 unter russ. Herrschaft, behielt aber eigene Verfassung und gewisse Selbständigkeit bis Ende des 19. Jahrh. 1917 erklärte sich F. zum unabhängigen Freistaat. Ein bolschewist. Aufstand wurde im Frühjahr 1918 von der nationalen Gegenbewegung unter General Mannerheim mit dt. Hilfe niedergeworfen. Die bäuerliche Lappobewegung erreichte 1930 die völlige Unterdrückung des Kommunismus. 1939 von der Sowjetunion angegriffen, verteidigte sich F. zäh gegen die russ. Übermacht, mußte aber im Frieden von Moskau (1940) Gebietsteile an die Sowjetunion abtreten. Seit 1941 nahm F. auf dt. Seite am 2. Weltkrieg teil; 1944 Waffenstillstand und weitere Gebietsverluste an die Sowjetunion. F., das als einziges besiegtes Land unbesetzt blieb, konnte seine Unabhängigkeit gegenüber der sowjet. Machtsphäre bewahren (Pariser Friedensvertrag 1947; Beistandspakt mit der Sowjetunion 1948). Die auf ein gutnachbarl. Verhältnis zur Sowjetunion gerichtete Politik wird unter Staatspräs. U. Kekkonen (seit 1956) fortgesetzt; MinPräs.: K. R. Paasio (seit 1972).

Finnmark, Finmark(en), nördlichste Provinz Norwegens, am Nordpolarmeer, 48 645 km², 75 500 Ew. (Norweger, Finnen, Lappen); Hauptorte Vadsö (Verw.-Sitz), Vardö, Hammerfest.

Finnwale, Familie der Bartenwale (→Wale), in den nördl. Meeren. Zu den F. gehören: Blauwal (bis 31 m), **Echter F.** (25 m), Zwergwal (10 m).

Finow [f'i:no:], Stadt im Bezirk Frankfurt a. d. Oder, 11 800 Ew., am Finowkanal; Metall-, chemische, Papier-Industrie.

Finsen, Niels, dän. Arzt, *1860, †1904, Mitgr. der modernen Lichtbehandlung. Nobelpreis 1903.

Finster'aarhorn, höchster Berg der Berner Oberlandes, 4274 m.

Finsterwalde, Kreisstadt im Bezirk Cottbus, 22 600 Ew.; Tuch-, Metall-, Holz-Industrie.

Finte [ital.] die, 1) Scheinbewegung beim Fechten. 2) Kunstgriff, Kniff. 3) Vorwand, Ausflucht, Täuschung.

Fird'ausi, fälschlich **Firdusi,** der größte epische Dichter der Perser, *939, †1020; schrieb das »Königsbuch«, Darstellung der pers. Geschichte.

Firlefanz [von frz. virelai »Ringellied«] der, 1) Tand. 2) Possen. 3) Windbeutel, Wildfang.

firm [lat.], fest, sicher, geübt.

Firma, der Handelsname, unter dem ein Vollkaufmann (natürl. Person oder Handelsgesellschaft) seine Geschäfte betreibt, seine Unterschrift abgibt (**firmiert**) und sowohl klagen wie auch verklagt werden kann (HGB §§ 17 ff.). Vor offenen Läden und Gaststätten muß ein **Firmenschild** angebracht sein. Die F. muß ihren Inhaber und die rechtl. Natur des Unternehmens wahrheitsgemäß bezeichnen (**Firmenwahrheit**), sie muß zum →Han-

Finnland: Seenlandschaft Saimaa

delsregister angemeldet werden und sich von anderen F. deutlich unterscheiden.

Firmam'ent [lat.] das, Himmelsgewölbe.

Firmenwert, engl. **Goodwill,** der über das reine Sachvermögen hinausgehende Wert eines Unternehmens **(Geschäftswert);** beruht auf Lage, Ruf, Kundenkreis, Ertragsaussichten u.a.

Firmung [lat. confirmatio »Befestigung«], ein Sakrament der kath. Kirche; besteht in Handauflegung und Salbung der Stirn mit Salböl (→Chrisma), wird vom Bischof oder Weihbischof gespendet. Die F. kann nur einmal empfangen werden. Die F. soll den Glauben festigen und wird vom 7. Lebensjahr an erteilt. Zwischen dem Empfänger der F. (Firmling) und dem Firmzeugen **(Firmpate)** besteht geistliche Verwandtschaft; in der Ostkirche mit der Taufe verbunden.

Firn der, grobkörniger Schnee im Hochgebirge, wird nach und nach zu Gletschereis.

firner Wein, alter Wein.

Firnis der, schnelltrocknender Anstrichstoff, enthält Öle (Öl-F.) oder Harzlösungen (Lack-, Gemälde-F.); Binde-, Grundiermittel, Schutzanstrich.

First der, 1) ⌂ oberste Kante eines Daches. 2) ⚒ Decke der Grubenbaue.

Firth [fə:θ, engl.] der, fjordähnl. Flußmündung, Meeresbucht: F. of →Forth, F. of →Clyde.

fis, ♪ der Ton, der um einen halben Ton höher ist als f (f mit ♯).

FIS, Fédération Internationale de Ski, der Internationale Ski-Verband, Sitz Stockholm.

Fisch, 1) →Fische. 2) **Südlicher F.,** südl. Sternbild. 3) →Christusmonogramm.

Fischadler, Greifvogel, der als Stoßtaucher von Fischen lebt. (BILD Adler)

Fischart, Johann, Dichter, *1546, †1590; Satiriker, Meister der Wortspiele und -verdrehungen, verspottete die Gegenreformation. Übersetzte frei den »Gargantua« von Rabelais.

Fischbein, Horn aus Barten der Bartenwale.

Fischblase, 1) die →Schwimmblase der Fische. 2) ⌂ Schmuckform im spätgot. Maßwerk.

Fische, 1) wechselwarme, im Wasser lebende Wirbeltiere, die durch Kiemen atmen; meist spindelförmig von Gestalt, mit seitlicher Abplattung. einige sehr abgeflacht (Scholle, Rochen). Die paarigen Brust- und Bauchflossen entsprechen den Gliedmaßen anderer Wirbeltiere; ferner haben die F. unpaarige Flossen (Rücken-, Schwanz-, Afterflosse). Die Haut ist in der Regel mit Schuppen bedeckt. Das Körpergerüst ist knorplig **(Knorpel-F.)** oder verknöchert **(Knochen-F.)** und wird ergänzt durch Gräten, die zwischen den Muskellagen eingebettet sind und nicht zum Grundskelett gehören. Die Schwimmblase erleichtert das Auf- und Absteigen im Wasser, fehlt z.B. bei Haien. Die Nahrung besteht bei **Fried-F.** (z.B. Plötze, Karpfen, Schleie) in Kleingetier und Pflanzen, bei den **Raub-F.** (Hecht, Forelle) in andern Fischen, Fröschen u. dgl. F. pflanzen sich meist durch Ei-Ablage (Laichen) und äußere Befruchtung fort. Nur wenige Arten bringen lebende Junge zur Welt. Das Fleisch ist leicht verdaulich und hat etwa den gleichen Nährwert wie Kalbfleisch; es kommt entweder frisch oder als Dauerware (eingesalzen, geräuchert, mariniert, getrocknet) in den Handel (FARBTAFELN S. 344/880). 2) nördl. Sternbild, das 12. Zeichen des Tierkreises.

Fischer, 1) Edwin, Pianist, *1886, †1960. 2) Emil, Chemiker, *1852, †1919; hat hervorragenden Anteil am Ausbau der organischen Chemie; er erforschte die Zuckerarten, stellte Koffein u. ä. dar und förderte die Chemie der Eiweißkörper. 1902 Nobelpreis. – Die **E.-F.-Gedenkmünze** wird für Verdienste um die organ. Chemie verliehen. 3) Eugen, Anthropologe, *1874, †1967; wies nach, daß die Rassenmerkmale sich nach den Mendelschen Gesetzen vererben. 4) Franz, Chemiker, *1877, †1948; war führend beteiligt an der Entwicklung des →Fischer-Tropsch-Verfahrens (1926) und der Paraffinsynthese (1936). 5) Hans, Chemiker, *1881, †1945; arbeitete über Blut-, Blatt- und Gallenfarbstoffe, fand die Synthese des Hämins

und die Konstitution des Chlorophylls. 1930 Nobelpreis. 6) Kuno, Philosoph, Hegelianer, *1824, †1907; »Geschichte der neueren Philosophie«. 7) O. W., Film- und Bühnenschauspieler, *1915.

Fischer, S. F. Verlag, Frankfurt a. M., gegr. 1886 in Berlin von Samuel Fischer.

Fischer-Dieskau, Dietrich, Opern- und Liedersänger (Bariton), *1925.

Fischerei, Hege und Fang von Nutzfischen. Fanggeräte sind bes. Angel, Netz und Reuse. **Binnen-F.** in Flüssen, Seen, Teichen; **Hochsee-F.,** bes. Heringsfang, Fang von Grundfischen wie Kabeljau, Schellfisch, Köhler, Rotbarsch, Seelachs, heute bes. mit Fang- und Fabrikschiffen; **Küsten-F.** in Küstengewässern und Flußmündungen. Der Fischfang der Bundesrep. Dtl. betrug 1967: 0,6 Mill. t.

Fischerring, Siegelring des Papstes; das Siegelbild stellt den Fischzug des Petrus dar.

Fischer-Tropsch-Verfahren, ⊸ 1926 von F. Fischer und H. Tropsch entwickeltes Verfahren zur Herstellung flüssiger Kohlenwasserstoffe (→Kohlehydrierung).

Fischer von Erlach, Johann Bernhard, österreich. Baumeister, *1656, †1723; führender Meister der Barockarchitektur: Kollegienkirche und Dreifaltigkeitskirche Salzburg, Nationalbibliothek und Karlskirche Wien.

Fischer von Erlach: Karlskirche, Wien

Fischleder, die gegerbte Haut von Fischen, meist Haifischarten, weich und zähfest.

Fischmehl, gemahlener Fischabfall, Futter.

Fischotter der, Raubtier, zu den Mardern gehörig. Wohnt am Ufer europ. Flüsse, lebt von Fischen; guter Schwimmer (Schwimmhäute, Ruderschwanz). Der braune Pelz ist wertvoll.

Fischschuppenkrankheit, Erbkrankheit der Haut, bei der diese rauh, trocken und mit Schuppen **(Ichthyosis),** Platten oder hornigen Warzen bedeckt ist.

Fischvergiftung, Vergiftung durch den Genuß verdorbener oder giftiger Fische. Im ersten Fall handelt es sich meist um Verunreinigungen mit denselben Krankheitserregern wie bei der Fleischvergiftung, daher bes. Brechdurchfall.

Fischweg, stufenförmig angelegte Wasserbekken **(Fischpässe, Fischtreppe)** an Stauwerken u. ä., um wandernden Fischen den Durchgang zu ermöglichen. **Aalleitern, Aalgänge,** sind mit Reisig oder Grobkies gefüllte, durchrieselte Röhren.

Fischzucht, teils in Teichwirtschaft, teils als künstliche F., d. h. Förderung der Vermehrung von Fischen durch künstl. Befruchtung, indem vom Weibchen legereife Eier abgestrichen, diese mit Samenflüssigkeit (Milch) eines reifen Männchens vermischt und die befruchteten Eier ausgebrütet werden.

Fisimat'enten, Fisemat'enten Mz., Flausen, Ausflüchte, Umstände.

F'iskus [lat.] der, das Vermögen des Staates. Im Zivilprozeß kann der Staat als F. klagen und verklagt werden. **fisk'alisch,** staatlich, staatseigen.

Fischblasen im got. Maßwerk

Fischotter

Fisol

Flachs:
a blühende,
b fruchtende
Pflanze,
c Fruchtknoten
mit Griffel und
Narbe,
d Fruchtquer-
schnitt,
e Fruchtlängs-
schnitt

Flamberg
(16. Jahrh.)

Fis'ole die, Bohne.

Fiss'ur [lat.] die, Spalt, Einriß; kleine, schmerzhafte Einrisse an Schleimhäuten (**Lippen-F., Anal-F.**); Haarrisse an Knochen (**Knochen-F.**).

Fistel die, röhren- oder lochförmige Verbindung von einem Hohlorgan zur Außenhaut oder zwischen zwei Hohlorganen; entweder angeboren (z. B. Hals-F.), durch Verletzung (z. B. **Blasen-, Scheiden-F.**), durch Eiterherde (**Eiter-F.**) oder operativ angelegt (z. B. Darm-F. als künstl. After).

Fistelstimme, →Falsett.

fit [engl. »tauglich«, »fertig«], ⚡ der durch intensive Vorbereitung (Training) erreichte Zustand höchster Leistungsfähigkeit.

Fitis der, Singvogel, ein →Laubsänger.

Fittings [engl.] Mz., Rohrverbindungsstücke (gerade, gebogen, T-förmig, konisch) für Gas-, Wasserleitungen.

Fitzgerald, ⚡ 1) Ella, amerikan. Jazzsängerin, *1918. 2) Francis Scott, amerikan. Schriftsteller, *1896, †1940; Vertreter des »Jazz-Zeitalters«.

Fi'ume, italien. Name von →Rijeka.

Five o'clock tea [faivəkl'ɔkti:, engl.], 5-Uhr-Tee.

fix [lat.], 1) fest; 2) geschickt, flink; 3) **fix** und **fertig,** vollständig fertig. **fixe Idee,** Wahn- oder Zwangsvorstellung.

Fixat'iv das, Mittel, um Zeichnungen unverwischbar zu machen, z. B. verdünnter Lack.

fixe Kosten, feste Kosten, der Teil der Kosten eines Betriebes, der vom Beschäftigungsgrad unabhängig ist, z. B. Mieten, Zinsen.

Fixgeschäft, ⚡ gegenseitiger Vertrag, bei dem der eine Teil zu einem genau bestimmten Termin zu leisten hat, andernfalls der andre ohne Nachfristsetzung zum Rücktritt berechtigt ist (§ 361 BGB). Für das handelsrechtl. F. (**Handelsfixkauf**) gelten besondere Bestimmungen (§ 376 HGB).

fix'ieren [lat.], 1) festsetzen, feststellen. 2) jemanden unverwandt ansehen. 3) PHOTOGRAPHIE: die Entfernung des unbelichteten Halogensilbers durch Auflösen in einer neutralen oder schwach angesäuerten Lösung (**Fixierbad**).

Fixsterne, die am Himmel scheinbar feststehenden Sterne, im Gegensatz zu den **Wandelsternen** (Planeten); rd. 3000 mit bloßem Auge sichtbar.

F'ixum [lat.] das, -s/...xa, festes Gehalt.

Fizeau [fiz'o:], Armand Hippolyte Louis, franzos. Physiker, *1819, †1896, führte 1849 die l. Messung der Lichtgeschwindigkeit im Labor durch.

Fjell [norweg.], **Fjäll** [schwed.], früher **Fjeld** das, die weiten, baumlosen, fast unbesiedelten Hochflächen Skandinaviens.

Fjord [norw.] der, lange, schmale, tiefe, steilwandige Meeresbucht, entstanden durch Eindringen des Meeres in eiszeitl. übertiefte Trogtäler. Vorkommen: Skandinavien, Schottland (**Firth**), Labrador, Neuseeland, Feuerland.

Fl, Abk. für →Florin.

Flachdruck, Druckverfahren, →Steindruck, →Offsetdruck, →Lichtdruck.

Fläche, △ zweidimensionales geometr. Gebilde: Gesamtheit von Punkten, die sich in 2 (veränderl.) Richtungen erstreckt, z. B. Ebene, Kegel.

Flachs, Lein, Linum, krautige Pflanzengattung mit länglichen, ungeteilten Blättern. Wiesenpflanzen sind **Purgier-Lein** und **Alpenflachs.** Alte Nutzpflanze Europas und Vorderasiens ist die einjähr. Faser- und Ölpflanze **Gebräuchlicher F.,** der blaue Blüten, ölhaltige Samen und lang- und zähfaserigen Stengelbast hat. Für den Anbau in Dtl. ist nur der hochstenglige **Faserlein** wichtig, das niedere **Öllein** gedeiht in Indien, Argentinien, dem S Nordamerikas, der Sowjetunion. Die **Flachsfaser** wird durch industrielle Aufbereitung gewonnen. Der F. wird nach der Ernte in der Riffelmaschine durch Kämme von Samenkapseln und Blättern befreit, dann geröstet (Gärvorgang), der die Faserbündel von Bindestoffen befreit), gewaschen, getrocknet, gebrochen, gehechelt und versponnen. Erzeugung (1966/67, in 1000 t): Sowjetunion 449, Frankreich 63, Belgien 26.

Flachsseide, →Seide.

Flagell'anten [von lat. flagellum »Geißel«] Mz., sich geißelnde Büßerscharen; zogen im 13.-15. Jahrh. umher, bes. während der Pest von 1348.

Flagell'aten Mz., ☿ die →Geißeltierchen.

Flageolett [flaʒol'ɛt, frz.] das, ♪ Schnabelflöte. **F.-Töne,** flötenartige →Obertöne bei Streichinstrumenten.

Flagge, urspr. das von Schiffen geführte Zeichen der Heimatstadt, später des Heimatlandes. Seit dem 16. Jahrh. entstanden die **National-F.,** seit dem 18. Jahrh. auch **Kriegs-F.** Schiffe führen für den Verkehr untereinander eine Anzahl **Signal-F.** mit, die einzelnen Reedereien Haus- oder **Kontor-F.** (FARBTAFELN S. 345/346)

Flaggschiff, Kriegsschiff mit dem Führer (Admiral) einer größeren Einheit.

flagr'ant [lat. »brennend«], offenkundig, schlagend. in **flagr'anti,** auf frischer Tat.

Flagstad, Kirsten, norweg. Sopranistin, *1895, †1962.

Flair [flɛə, engl.] das, Spürsinn, Instinkt.

Flak, Abk. für Flugzeugabwehrkanone, ein schnell feuerndes Geschütz zur Flugzeugbekämpfung. **Flakartillerie, Waffengattung zur** Flugabwehr.

Flak: Dänische 4-cm-Zwillingsflak

Flake, Otto, Schriftsteller, *1880, †1963, schrieb zeit- und kulturkritische Romane.

Flakon [flak'ɔ̃, frz.] das, -s/-s, Fläschchen aus geschliffenem Glas.

Flambeau [flãb'o, frz.] der, -s/-s, 1) Fackel. 2) hoher Armleuchter, Kerzenständer.

Flamberg der, Zweihänderschwert mit wellenförmiger Klinge, seit Anfang des 15. Jahrh.

Flamboyant [flãbwaj'ã, frz.] das, ⚏ spätgot. Stil des 15./16. Jahrh. in England und Frankreich, mit flammenförmigem Fischblasenmaßwerk.

Flamen, german. Volksstamm im N und W Belgiens, rd. 5,3 Mill. Ihrer Herkunft nach sind sie vor allem Niederfranken der Völkerwanderungszeit und nah verwandt mit den Niederländern nach Sprache und Stamm. Die Blüte ihrer alten Kultur zeigen die Städte Brügge, Gent, Antwerpen und die Kunst der Maler Rubens und van Dyck. Im belg. Staat erkämpften sich während des 19. und 20. Jahrh. die F. gegen das anfängliche Übergewicht der »Wallonen und der franzos. Sprache die Gleichberechtigung. Die F. haben viele große Dichter hervorgebracht, im 19. Jahrh. H. Conscience (†1883), G. Gezelle (†1899), A. Rodenbach (†1880), später Stijn Streuvels, F. Timmermans (†1946).

Fläming der, sandiger Höhenrücken rechts der mittleren Elbe; im Hagelberg bei Belzig 201 m.

Flam'ingo der, Gattung storchartiger Vögel mit langen Watbeinen und geknicktem Schnabel. Der Gemeine F. ist 1,50 m hoch, rosa-weißschwarz gefärbt; in Südwestasien, Nordafrika, Mittelamerika und am Mittelmeer. (BILD S. 287)

Flam'inius, Gajus, röm. Konsul, †217 v. Chr., erbaute 220 den Circus F. in Rom und die Flaminische Straße; fiel gegen Hannibal in der Schlacht am Trasimenischen See.

Flamme, brennende Gase und Dämpfe. F. können durch Salze gefärbt werden, was man in der **F.**-**Photometrie** zum Spurennachweis bestimmter Stoffe nutzt.

Flammendes Herz, →Tränendes Herz.

Flammenwerfer, ⚔ Nahkampfmittel, Behälter, aus dem durch Druckluft brennendes Öl als lange Stichflamme geschleudert wird.

Flammpunkt, tiefste Temperatur, bei der eine brennbare Flüssigkeit noch entzündl. Dämpfe aufweist, z. B. Benzin 0 °C, Methylalkohol 6,5 °C.

Flandern, Landschaft an der Nordseeküste, westl. der Schelde, das Kernland der →Flamen. Im MA. bildete es eine Grafschaft, die unter der Oberhoheit der franzöš. Könige stand; die reichen Städte, bes. Brügge und Gent, kämpften wiederholt gegen die franzöš. Herrscher. 1384 kam F. an die Herzöge von Burgund, dann an die Habsburger, 1797 an Frankreich, 1815 an die Niederlande, 1830 an das neue Kgr. Belgien. In den beiden Weltkriegen war F. Schauplatz schwerer Kämpfe.

Flan'ell, meist köperbindiges Gewebe, einoder beidseitig gerauht.

flan'ieren [frz.], müßig umherschlendern.

Flanke, 1) ♘ knochenlose Seitenteile am Rumpf. **2)** ♗ Seite eines Truppenverbandes (im Unterschied zu Front und Rücken). **3)** ⚑ seitl. Stützsprung über ein Gerät (Bock, Kasten).

Flansch der, ⚙ Ringansatz an Rohrenden zur Verbindung durch Schrauben mit einem andern F. **Blind-F.,** Scheibe zum Abschließen eines Rohres.

Flasche, 1) Gefäß aus Glas, Kunststoff, Stahl usw., für Flüssigkeiten und Gase. **Glas-F.** werden mit F.-Maschinen hergestellt, auch Füllen, Verschließen, Etikettieren geschieht durch Maschinen. **2)** ⚙ Vereinigung mehrerer Rollen beim →Flaschenzug.

Flaschenpost, schriftl. Nachricht in wasserdicht verschlossener Flasche, die (z. B. bei Schiffbruch) ins Meer geworfen wird; ist abzuliefern.

Flaschenzug, Vorrichtung zum Heben schwerer Lasten bei verminderter Kraftanstrengung, aber längerem Weg des Zugseils; die Kraft ist gleich dem sovielten Teil der Last, als Rollen vorhanden sind. Bes. Formen: **Differential-F., Potenz-F., Elektrozug** (elektr. angetrieben).

Flaschner der, südwestdt.: der Klempner.

Flattergras, Waldhirse, hohes Waldgras; Futterpflanze.

Flattern, 1) ♘ unsicheres Fliegen. **2)** ⟳ Drehschwingungen der Vorderräder um den Lenkzapfen bei schnellfahrenden Kraftfahrzeugen; Ursachen: Sturzänderung beim Überrollen von Fahrbahnunebenheiten, Unwucht der Räder u. a.

Flattertiere, die →Fledermäuse.

Flatul'enz [lat.] die, ♄ Blähsucht.

Flaubert [flob'ε:r], Gustave, französ. Dichter, *1821, †1880, machte den Roman zu einem den wissenschaftl. Methoden angenähnen Werkzeug genauer Beobachtung und zugleich zu einem Kunstwerk der strengsten Prosa: »Madame Bovary«, »Salammbô«, »Die Erziehung des Herzens«, »Erinnerungen eines Verrückten« u. a.

Flaum die, 1) unter den Federn liegende, weiche Daunenfedern der Vögel. 2) der erste Anflug von Barthaaren beim jungen Mann.

Flaus, Flausch der, grobes Wollgewebe.

Flaute die, 1) ⚓ Windstille. 2) schlechter Geschäftsgang.

Fl'avier, altröm. plebejische Familie; **flav. Dynastien** gründeten Vespasian und Constantin I.

Flav'ine, in der Tierwelt weit verbreitete, aber nur in geringen Mengen vorkommende Farbstoffe, der wichtigste das **Lactoflavin** (Vitamin B_2).

Flaxman [fl'æksmən], John, engl. Zeichner und Bildhauer, *1755, †1826; von der griech. Vasenmalerei beeinflußt.

Flechse die, →Sehne.

Flechten, Lichenes, 1) ♣ Gruppe von blütenlosen Pflanzen (fälschlich Moos genannt), die aus je einem Pilz und einer Algenart zusammengesetzt sind, die in →Symbiose leben. Die beteiligten Pilze sind meist Schlauchpilze, die Algen teils Blau-, teils Grünalgen. Die F. vermehren sich hauptsächlich durch Abscheidung winziger Pilzfäden und

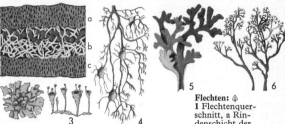

Algenzellen enthaltender Keime, meist auf Bäumen, doch auch auf Felsen und auf der Erde. Nach den Polen zu und im Hochgebirge dringen die F. am weitesten von allen Pflanzen vor. Wegen ihres Gehalts an Flechtenstärke (**Lichenin**) dienen einige F. als Nahrungsmittel oder Futter. Einige bekannte F. sind: Bart-F., Isländisches Moos, Renntier-F., Wand-F. **2)** ♄ volkstüml. für alle schuppen- oder krustenbildenden Hautausschläge. Man unterscheidet a) **ansteckende F.:** Eiter-F., →Impetigo; Pilz- oder Bart-F., →Hautkrankheiten; fressende F., →Hauttuberkulose. b) **nicht ansteckende F.:** Schuppen-F., →Psoriasis vulgaris; nässende F., →Ekzem; Bläschen-F., →Herpes; Klein-F., →Seborrhoe; Knötchen-F., →Lichen.

Flechtwerk, 1) geflochtenes Strauchwerk zur Bekleidung steiler Böschungen; **2)** ⬜ diesem ähnliche Schmuckform.

Flecken der, früher größeres Dorf mit einigen städtischen Rechten; der **Marktflecken** hat Marktgerechtigkeit.

Fleckfieber, Flecktyphus, eine akute →ansteckende Krankheit mit hohem Fieber, Erregungszuständen, Benommenheit, kleinfleckigem Hautausschlag. Häufig in Hungerzeiten und Kriegen (»Hunger-, Kriegstyphus«) seuchenartig auftretend. Die Krankheitserreger werden durch Kleiderläuse übertragen. Vorbeugung: Entlausung, Schutzimpfung. Behandlung: Antibiotica.

Fledermäuse, Flattertiere, flugfähige Säugetiere mit Flughaut zwischen den verlängerten Fingern, den Hintergliedmaßen und dem Schwanz. Zum Schlafen hängen sie kopfunter an den Fußzehen. Die F. sind Dämmerungs- oder Nachttiere und orientieren sich durch Ultraschallwellen, die sie selbst aussenden und deren Reflexion sie aufnehmen und dadurch kleinste Hindernisse erkennen. Die meisten F. ernähren sich von Insekten, einige von Früchten. Zu ihnen gehören die **Flughunde,** der **Vampir** Brasiliens, in Dtl. die **Hufeisennase, Mausohr, Zwerg-F., Gemeine F.** u. a. Der **Große Blutsauger** in Südamerika nährt sich von Blut. (BILD S. 288)

Fleet [ndt.] das, Entwässerungskanal innerhalb der Stadt.

Flegel der, 1) Dreschflegel. 2) mittelalterl. Waffe, eine Stange mit Kette und einer gestachelten Kugel. 3) ungebildeter, grober Mensch. **Flegeljahre,** die Entwicklungsjahre der Reifezeit, in denen Jugendliche sich gern formlos benehmen.

Fleisch, die tierischen Weichteile, im Gegensatz zu Knochen und Horn, bes. das als menschl. Nahrungsmittel verwendete Muskelgewebe der Tiere; es enthält rd. 75 % Wasser, 21,5 % Eiweiß, 2-5 % leimgebendes Bindegewebe, ferner Fett, Mineralstoffe u. a. Beim Braten und Schmoren verliert das F. nur wenig Eiweißstoffe und Salze, beim Kochen behält es die meisten Nährstoffe. Durch Trocknen, Hitze (**Büchsen-F.**), Kälte (**Gefrier-F.**) und keimtötende Verfahren (Räuchern, Pökeln) kann F. haltbar gemacht werden. Der F.-Genuß wird bei manchen Völkern durch religiöse Vorschriften geregelt: Rind-F. bei Chinesen, Schweine-F. bei Muslimen und Juden. **Fleischbeschau,** die amtl. Untersuchung von Fleisch vor und nach der Schlachtung. (BILD S. 288)

fleischfressende Pflanzen, →tierfangende Pflanzen.

Flechten: ♣
1 Flechtenquerschnitt, a Rindenschicht der Oberseite,
b Markschicht mit Algenzellen,
c Rindenschicht der Unterseite,
2 Wand- oder Schlüsselflechte,
3 Becherflechte,
4 Bartflechte,
5 Isländ. Moos,
6 Renntierflechte

Flamingo

Flansch

Flaschenzug
mit 6 Rollen

Flaubert

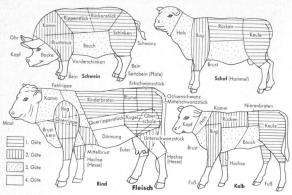

Fleisch: Fleischeinteilung nach Güteklassen

1. Güte
2. Güte
3. Güte
4. Güte

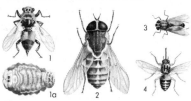

flex'ibel [lat.], biegsam, ⑤ beugbar.
Flexi'on [lat.] die, ⑤ →Beugung.
Flib'ustier, westind. Seeräuber (17. Jahrh.).
Flickenschildt, Elisabeth, Charakterschauspielerin, *1905.
Flieder, 1) Syringe, Gattung der Ölbaumgewächse in O-Asien, Vorderasien, Europa; Ziersträucher. 2) schwarzer →Holunder; **Fliedertee,** seine getrockneten Blüten.
Fliedner, Theodor, evang. Geistlicher, *1800, †1864, gründete 1836 in Kaiserswerth die erste Diakonissenanstalt.
Fliege, Köder zum Angeln in Form einer F.
Fliegen Mz., Insekten, Zweiflügler, von gedrungener Gestalt (im Unterschied zu den schlankeren Mücken); zum großen Teil Ungeziefer, Schädlinge, Krankheitsüberträger. Arten: Stuben-F., Eier, Maden und Puppen leben in Abfällen. **Gold-F.,** an Auswurfstoffen und Aas. **Schmeiß-F. (Brummer),** 1,5 cm, stahlblau. **Fleisch-F.,** grau, rotäugig, an Fleisch, Käse. Weitere F. →Bremsen, →Stechfliege, →Dasselfliegen.
Fliegende Fische, versch. Fische in warmen Meeren, die sich mit ihrer Schwanzflosse aus dem Wasser schnellen und mit den großen Brustflossen als Tragfläche durch die Luft gleiten (**Fleder-** oder **Schwalbenfisch** bis zu 200 m weit).

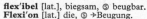

Fliegen: 1 Rinderdasselfliege, 1a Larve, 2 Rinderbremse, 3 Stubenfliege, 4 Tsetsefliege

Fleischgeschwulst, ⚕ bösartige Geschwulst, das Sarkom.
Fleischmehl, gedämpfte, getrocknete, gemahlene Fleischabfälle; eiweißreiches Viehfutter.
Fleischvergiftung, →Botulismus.
Fleischwärzchen, →Granulationsgewebe.
Fleißiges Lieschen, malvenartige Zimmerzierpflanze aus S-Afrika; eine →Balsamine; die immerblühende Begonie.
Fleiverkehr, Abk. für Flugzeug-Eisenbahn-Verkehr, kombinierte Güterbeförderung auf Flugzeugen, Eisenbahn mit ständiger Abfertigung.
flekt'ieren [lat.], beugen, abwandeln.
Flémalle, Meister von F., niederländ. Maler, †1444, begründete einen neuen Stil, der die Wirklichkeit mit zeichner. Schärfe und plast. Klarheit erfaßt (Altartafeln in Frankfurt a. M.).
Fleming, 1) Sir Alexander, engl. Bakteriologe, *1881, †1955, entdeckte 1928 das Penicillin. Nobelpreis 1945. **2)** Ian, engl. Schriftsteller, *1908, †1964; James-Bond-Agentenromane. **3)** Paul, Dichter, *1609, †1640; Liebesgedichte, geistl. Lieder.
Flensburg, Ostseehafen und Marinestützpunkt (Mürwik) in Schlesw.-Holst., an der **Flensburger Förde,** 95 500 Ew.; mehrere Fachschulen, Kraftfahrtbundesamt; Werft, Apparate-, Papier-Ind.
Flett das, hinterer Teil der Diele des niedersächs. Bauernhauses mit Herdstelle.
Flettner, Anton, Ingenieur, *1885, †1961, erfand 1915 den ferngelenkten Kampfwagen, später das **F.-Ruder** und den **F.-Rotor,** einen Schiffsantrieb.
Fleuron, Svend, dän. Erzähler, *1874, †1966; Tiergeschichten: »Die Welt der Tiere« u.a.
Fleurop GmbH., Berlin-Lichterfelde, internat. Organisation des Blumengeschäfte; Vermittlung von Blumengeschenken in In- und Ausland.
Flex, Walter, Dichter, *1887, † (gefallen) 1917, schrieb »Der Wanderer zwischen beiden Welten«.
Flexenpaß, Flexensattel, Paß der Lechtaler Alpen, 1773 m hoch, mit der **Flexenstraße** vom Klostertal ins Lechtal.

Fliegende Hunde, Flughunde,→Fledermäuse.
Fliegender Drache, hinterind. Eidechse.
Fliegender Start, bei Rennen das Durchfahren der Startlinie in voller Schnelligkeit.
Fliegende Untertassen, unbekannte Flugobjekte (Ufo), scheiben- oder zigarrenförmig, über deren Beobachtung, bes. über dem amerikan. Kontinent seit 1947 berichtet wird; bisher nicht nachgewiesen.
Fliegengewicht, →Gewichtsklassen.
Fliegenpilz, Fliegenschwamm, giftiger Blätterpilz mit rotem Hut. (FARBTAFEL Pilze S. 865)
Fliegenschnäpper, Fam. der Singvögel; Zugvögel; in Dtl. **Grau-, Trauer-, Halsbandschnäpper.**
Flieger, 1) Flugzeugführer. 2) nur für kurze Strecken geeignetes Rennpferd. 3) Radrennfahrer über kurze Strecken. **Fliegertruppe,** →Luftwaffe.
Fliegerkrankheit, ähnl. der →Bergkrankheit.
Fliehkraft, Zentrifugalkraft, →Zentralbewegung.
Fliehkraftregler, mechan. Regler, bei dem pendelnd aufgehängte Gewichte bei rascher Umdrehung durch die Fliehkraft nach außen gedrückt werden und dabei ein Regelorgan betätigen. (BILD S. 289)
Fliese die, kleine Platte aus Marmor, gebranntem und glasiertem Ton, Glas usw., zum Bekleiden von Fußböden und Wänden.
Fließarbeit, Arbeitsverfahren in Industriebetrieben mit Massenfertigung. Das Erzeugnis durchläuft auf kürzestem Wege eine bestimmte Folge von Bearbeitungsgängen. Die F. ist nicht an ein laufendes Band (**Fließband, Förderband**) gebunden, die Werkstücke können von Hand, auf Rutschen, durch Krane u.a. befördert werden.
Fließgrenze, Streck-, Quetschgrenze, ⚙ oberste Belastungsgrenze, bei der ein Werkstoff nachzugeben anfängt, ohne zu brechen.
Fließpapier, ungeleimtes Papier, das Flüssigkeiten schnell aufsaugt.
Fließpressen, Kaltumformen von Metallen

Fledermaus (Skelett)

Flensburg: Deutsches Haus

unter so hohem Druck (bei Stahl 200 kp/mm²), daß das Metall plastisch wird und die durch Stempel oder Preßform bestimmte Form annimmt.

Flimmer, ⚥ 〰 auch **Wimper, Zilie** genannt, zarter Protoplasmafortsatz an Zellen, der regelmäßig hin- und herschwingt und eine **F.-Bewegung** (meist zur Fortbewegung) bewirkt.

Flims, Luftkurort im schweizer. Kt. Graubünden, 1500 Ew., 1080 m ü. M.

Flinsberg, Bad F., Heilbad im Isergebirge, Niederschlesien, seit 1945 unter poln. Verw. (**Świeradów Zdrój).**

Flint [engl.] der, →Feuerstein.

Flint, Stadt in Michigan, USA, 196900 Ew.; Kraftwagenindustrie.

Flinte [von: Flint] die, Schrotgewehr, ursprünglich: Steinschloßgewehr.

Flintglas, stark lichtbrechendes opt. Glas.

Flirt [flə:t, engl.] der, -s/-s, Liebelei, Spiel mit der Liebe. **flirten,** den Hof machen.

Flitterwochen [mhd. vlittern »flüstern, kosen«], die ersten Wochen im Ehestand.

FLN, die alger. →Nationale Befreiungsfront.

Fl'obertgewehr, Handfeuerwaffe, benannt nach Flobert, dem Erfinder der Einheitspatrone.

Flockenblume, Korbblütergattung mit dem blaublühenden Feldunkraut **Kornblume** und der rotblütigen Wiesenpflanze **Gemeine F.**

Flöha, Kreisstadt im Bez. Karl-Marx-Stadt, 10600 Ew.; Textilindustrie, Dampfkesselbau.

Flöhe, flügellose Insekten mit saugend-stechenden Mundwerkzeugen; das letzte Beinpaar bei vielen F. Sprungbeine. Blutsauger. Arten: **Menschen-F.,** 2,5–4 mm, braun; **Hunde-, Katzen-, Hühner-F.** u. a.; **Ratten-F.** übertragen in Indien die Pest.

Flohkraut, großblütige, stark riechende Staude, Korbblütler, wächst an Bächen.

Flohkrebse, flohförmige kleine niedere Krebse ohne Scheren; leben im Meer und im Süßwasser.

Flor [von lat. flos »Blume«] der, 1) Blütenfülle, Gedeihen, Wohlstand. 2) dünnes Seidengewebe. 3) Spinnerei: auf der Krempel erzeugte feine Faserschicht. 4) Oberfläche von Samt, Teppichen.

Flora, 1) röm. Göttin des blühenden Getreides; danach: weibl. Vorname. 2) die, -/...ren, ⚥ die natürl. Pflanzenwelt eines bestimmten Gebietes.

Florentiner Hut, Damenstrohhut mit flachem Kopf und sehr breiter Krempe (seit etwa 1775).

Fliehkraftregler:
a Antrieb, b Reglerachse, c Fliehgewichte, d Hülse, e Stellzeug, f Drosselklappe

Flor'enz, italien. **Firenze,** Hauptstadt der Prov. F. und der Region Toskana, im mittl. Italien, am Arno, 459100 Ew.; reich an Kirchen, Palästen (Palazzo Vecchio) und Kunstschätzen: Dom, Campanile und Baptisterium, San Lorenzo (Medici-Grabmäler Michelangelos), Uffizien und Pittigalerie mit weltberühmten Kunstsammlungen; Univ., Kunstakademie, Nationalbibliothek; Erzbischofssitz. Unweit der Stadt im N liegt hoch das alte **Fiesole.** – F. ist eine röm. Gründung (Florentia), wurde im 11. Jahrh. ein Stadtfreistaat und gewann im 15. Jahr. wirtschaftl., polit. und kulturell eine führende Stellung innerhalb Italiens (→Medici); dann Hauptstadt des Großherzogtums Toskana, 1865–71 des Königreichs Italien.

Fl'ores, zweitgrößte der Kleinen Sunda-Inseln, gehört zu Indonesien; 15600 km², 194000 Ew. Hauptort: Endeh.

Flor'ett das, Waffe zum Stoßfechten. (**Bild** Fechten)

Florettseide, Abfallseide, wird zu **Florettgarn** versponnen.

Florfliegen, Netzflügler mit florgewebeähnl. grünschillernden Flügeln; Larve frißt Blattläuse.

Fl'orian, Märtyrer (unter Diokletian), Schutzheiliger gegen Feuersgefahr (Tag 4. 5.).

Florian'ópolis, Hauptstadt des brasilian. Staates Santa Catarina, 130000 Ew.; Erzbischofssitz.

Fl'orida, Abk. **Fla.,** der südöstlichste Staat der USA, 151670 km², 6,7 Mill. Ew. (18% Neger); Hauptstadt: Tallahassee. F. umfaßt die Halbinsel F. und einen Küstenstreifen; meist eben, im S sumpfig (Everglades); trop. Pflanzenwuchs; Anbau von Südfrüchten, Tabak, Baumwolle, Reis; Forstwirtschaft; Asphaltgewinnung; elektron., chem. u. a. Ind. Luxusbäder an der O-Küste: Miami, Palm Beach u. a.; ferner Raketenversuchsstation Kap Kennedy. – Bis 1819 in span. Besitz; seit 1845 Staat der Union. ⊕ S. 526.

flor'ieren [lat.], blühen, gedeihen.

Florin der, Abk. **Fl., F.,** der →Gulden.

Flörsheim, Stadt im Main-Taunus-Kr., Hessen, 10300 Ew.; keram., chem., pharmazeut. Ind.

Floskel [lat.] die, abgegriffene Redensart.

Floß das, flachgehendes Wasserfahrzeug aus beliebigen Schwimmkörpern; F. aus Baumstämmen dienen der Holzbeförderung (**Flößerei).**

Flosse, 1) Gliedmaße der Fische. 2) die feststehenden Teile des Leitwerks eines Flugzeugs. (**Bild** S. 290)

Flossenfüßer, 1) z.B. →Robbe. 2) Meeresschnecken mit flossenförmigem Fuß.

Flotati'on die, **Schwimm-Aufbereitung,** Verfahren zur Aufbereitung vieler Rohstoffe (bes. Erze), nutzt die unterschiedl. Benetzbarkeit der Teilchen für die Trennung.

Flöte, Blasinstrument aus Holz, Neusilber oder Silber. **Querflöte** mit seitlich in die Schallröhre eingeschnittenem Blasloch und 14 durch Klappen verschließbaren Tonlöchern; Umfang: c'–c''''. Die kleinere **Pikkolo-F.** klingt eine Oktave höher. **Schnabel-F.,** →Blockflöte, →Flageolett.

Florenz, links: Dom, rechts: Palazzo Vecchio

Fließpressen: a Preßform, b Preßstempel, c Platine, d gepreßte Hülse

Flöhe: Menschenfloh

Florentiner Hut

Kopfstück — Mittelstück — Fußstück
Mundloch — Deckel — Klappe

Flöte, oben: große Querflöte, unten: Pikkoloflöte

Flötner, Peter, Baumeister, Bildhauer, Ornamentzeichner, * um 1485, †1546; Marktbrunnen Mainz, Hirschvogelsaal Nürnberg, Medaillen.

Fl'otow, Friedrich v., Komponist, *1812, †1883; Opern: »Alessandro Stradella«, »Martha«.

Flotte, Kriegs- und Handelsschiffe eines Staates. **Flott'ille,** Verband kleinerer Kriegsschiffe.

Flöz, ⚒ schichtartige Ablagerung nutzbarer Mineralien, z.B. **Kohlenflöz.**

Flu'ate, Fluorsilicate, in Wasser lösl. oder gelöste Silicofluoride, als Härtemittel für Beton; Sperrzusatz, Oberflächenschutz, Holzschutz.

Flucht [wgerm.],1) schnelles Entweichen (vor

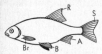

Flossen eines
Knochenfisches
(schematisch).
B Bauch-, Br
Brust-, R Rük-
ken-, S Schwanz-,
A Afterflosse

Flugbahn: a balli-
stische Kurve,
b Parabel

Flügel, rechtes
Flügelpaar der
Libelle

dem Feind). 2) Reihe, rasche Aufeinanderfolge.
Fluchtgeschwindigkeit, die Geschwindigkeit, die einem Körper erteilt werden muß, damit er dem Gravitationsfeld eines Planeten entweicht.
flüchtig heißen Körper, die sich bei gewöhnl. Temperatur in Gas- oder Dampfform verwandeln, z. B. Kampfer, Alkohol, Duftstoffe, äther. Öle.
Flüchtling, wer vor Verfolgung oder wegen Gefahr für Leib und Seele außer Landes geht oder ausgewiesen wird. In der Bundesrep. Dtl.: 1) Ostflüchtlinge, die rd. 12 Mill. Deutschen, die nach dem 2. Weltkrieg die dt. Ostgebiete und die südosteurop. Länder verlassen mußten; amtl. Vertriebene, in der Dt. Dem. Rep. Umsiedler genannt. 2) Sowjetzonen-, Ostzonen-F., die unter dem Druck der polit. und wirtschaftl. Verhältnisse die Sowjetzone (Dt. Dem. Rep.) verlassen haben (seit 1945 über 4 Mill.). 3) die heimatlosen Ausländer (→Displaced Persons). – Die Rechtsstellung der F. ist in der Bundesrep. Dtl. im GG (Art. 74,6; 116; 119) und in mehreren Gesetzen geregelt. Für Displaced Persons gelten internat. Regelungen, die durch Ges. v. 1. 9. 1953 innerstaatl. Recht der Bundesrep. Dtl. wurden, für die Sowjetzonen-F. das Ges. über die Notaufnahme von Deutschen in das Bundesgebiet v. 22. 8. 1950.
Fluchtlinien, Straßenfluchtlinien, beiderseitige Begrenzung der Straßen, nach städtebaulichen F.-Plänen festgelegt.
Fluchtpunkt, →Perspektive.
Fl'üela, 2383 m hohe Paßstraße in Graubünden, verbindet Davos mit dem Unterengadin.
Flug, 1) Fortbewegung eines Körpers im Luftraum. **Passiver Flug:** als **Fallschirm-, Gleit-** oder **Flatter-F.** bei fliegenden Eichhörnchen, Flugdrachen und Flugfröschen; im Pflanzenreich zur weiten Verbreitung der Früchte und Samen (Löwenzahn, Ahorn, Linde). **Aktiver F.** bei Fledermäusen, Vögeln und Insekten. Vögel und Fledermäuse bewegen sich durch einen Ruderflug; Vortrieb und Auftrieb durch Niederschlagen der Flügel. Die meisten Insekten, ferner die Kolibris haben einen **Schwirrflug** (Bienen 200 Flügelschläge in der Sekunde). Das Kreisen der Greifvögel ist ein **Schwebeflug,** bei dem aufsteigende Luftströme, z. B. an Berghängen, ausgenutzt werden. F. des Menschen →Luftfahrt. 2) ♂ eine Schar von Wildgänsen, Enten, Staren usw.
Flugbahn, der Weg eines geworfenen Körpers, z. B. eines Geschosses. Sieht man von allen Bewegungswiderständen (z. B. Luftwiderstand) ab, so ergibt sich aus Wurfkraft und Erdanziehung eine Parabel. Durch Luftwiderstand, Wind und Drall wird die F. unsymmetrisch **(ballistische Kurve).**
Flugbeutler, Kletter Beuteltiere Australiens mit Flughaut, z. B. Beutel-Eichhorn, Beutel-Maus.
Flugblatt, Druckschrift zur Beeinflussung der Öffentlichkeit, z. B. bei Wahlen; Werbung.
Flügel, 1) die zum Fliegen gewordenen Körperanhänge bei Insekten, Vögeln, Fledermäusen. Die F. der Vögel sind umgewandelte Vordergliedmaßen, die F. der Insekten sind blattförmige Hautausstülpungen. 2) ♪ ein Klavier mit waagerecht liegenden Saiten in Form eines Vogel-F. 3) ⌂ Seitenteil eines Gebäudes; Altars. 4) ⌂ Teil eines in der Mitte zu öffnenden Fensters. 5) ⚔ Tragflügel. 6) ⚔ der äußerste Teil einer Truppenaufstellung.
Flügelhorn, Blasinstrument, dem Kornett verwandte Form des Bügelhorns in Sopranlage.
Flugfrosch, lebt auf Java, Sumatra, hat Schwimmhäute, die Gleitflüge ermöglichen.
Flughafen, Flugplatz, Start- und Landeplatz für Flugzeuge. Der F. besitzt ein festes, ebenes **Rollfeld,** Abfertigungsgebäude, Flugzeughallen, Tankanlagen, Funkeinrichtungen für Wetter- und Flugsicherungsdienst, zum Einorten beim Landen (Blindlandung), Randbefeuerung.
Flughörnchen, eichhornähnl. Nagetiere mit Flughaut; in Nordrußland, Asien, Nordamerika.
Flugmodelle, verkleinerte, naturgetreue Nachbildungen von Originalflugzeugen. Im F.-Sport werden vielfältige Wettbewerbe, gewertet nach Flugzeit, Geschwindigkeit und Entfernung, frei

Flughafen von San Francisco

fliegend oder an einer Leine, ausgetragen; ferngesteuerte Modelle absolvieren Kunstflugfiguren.
Flugsaurier, Pterosaurier, ausgestorbene Kriechtiere mit Flughäuten bis zu 7 m Spannweite.
Flugsicherung, die Sicherung des Luftverkehrs durch Luftverkehrskontrolle, Fernmeldewesen, Funknavigation, Flugwetterdienst, Strekkenbefeuerung sowie durch Luftfahrtkennzeichen.
Flugsport, sportliche Wettbewerbe mit Flugkörpern; mit Motorflugzeugen bes. der →Kunstflug, dann mit →Freiballon, →Fallschirm und →Flugmodellen, auch der →Segelflug.
Flugverkehr, →Luftverkehr.
Flugzeug, ein Luftfahrzeug, schwerer als Luft. Es wird in der Luft gehalten durch dynamischen Auftrieb, der durch die an den Tragflügeln vorbeiströmende Luft erzeugt wird. Die Tragflügel sind in einem bestimmten Winkel, dem **Anstellwinkel,** gegen die Bewegungsrichtung geneigt. Wird der Anstellwinkel zu groß, nimmt der Auftrieb durch Luftwirbelbildung plötzlich stark ab. Man spricht dann von einem Überziehen des F. In größeren Höhen nehmen alle Kräfte infolge der geringeren Luftdichte ab. – Die wichtigsten Teile sind Trag-, Leit-, Fahr-, Triebwerk und Rumpf. Die **Tragflügel** haben meist trapezförmigen Umriß und große Spannweite. Sie enthalten Treibstoffbehälter und nehmen oft die Triebwerke auf. Nach Anordnung und Umriß der Tragflügel unterscheidet man Hoch-, Schulter-, Mittel-, Tiefdekker, Trapez-, Dreieck-, Pfeil-Flügel-, Nurflügel-F. Das **Leitwerk** besteht aus Höhen- und Seitenleitwerk und Querruder. Erstere befinden sich meist am Rumpfende, letztere als bewegliche Klappen an den Flügelenden. Mit dem Leitwerk kann man das F. im Flug um seine drei Schwerachsen lenken, dann mit →zweistöckig, nimmt Besatzung, Fluggäste und Nutzlast auf. Er ist für längere Flüge in größeren Höhen druckdicht genietet **(Druckkabine),** durch Gebläse wird ein Luftdruck, der etwa 2500 m Meereshöhe entspricht, aufrechterhalten. Den vorderen Teil bildet die **Führerkabine** mit den Steuer-, Triebwerksüberwachungs-, Navigations- und Funkeinrichtungen. – Die **Triebwerke** sind für Fluggeschwindigkeiten unterhalb der Schallgeschwindigkeit Kolbenmotoren mit meist verstellbaren Luftschrauben, für Geschwindigkeiten nahe und über der Schallgeschwindigkeit werden →Strahltriebwerke verwendet. – Das **Fahrwerk** besteht aus gefederten Fahrgestellen **(Federbeinen)** mit luftbereiften bremsbaren einfachen oder Zwillingsrädern. Es ist meist einziehbar. Statt des Heckrades oder Sporns werden am Rumpfende heute Bugräder zum Stützen des F. im Stand und beim Landen bevorzugt. – **Wasser-F.** mit Schwimmern unter den Flügeln werden kaum noch gebaut, **Flugboote** haben einen als Gleitboot gebauten schwimmfähigen Rumpf. Vorherrschend sind **Starrflügler** mit freitragendem, nach aerodynami-

FLUGZEUGE

Flugzeuge: 1 Motorflugzeug der Gebrüder Wright (1903, beim ersten Motorflug), **2** Erstes Ganzmetall-Verkehrsflugzeug: Junkers F 13, 1919, 4 Fluggäste, **3** Junkers Ju 52, 3 motoriges Verkehrsflugzeug, 17 Fluggäste, 218 km/h (1932), **4** Dornier »DoX«, Verkehrsflugboot, 12 Motoren, 100 Personen (1930), **5** Douglas DC-3, 1936, 32 Fluggäste, **6** Vickers Viscount 814, erstes Turboprop-Verkehrsflugzeug, vier Propellerturbinen mit je 2000 PS, 570 km/h, bis 75 Fluggäste, 1948, **7** Tupolew Tu 114, vier Luftschraubengasturbinen mit je 12 000 PS, bis 180 Fluggäste, 700 km/h, 7000 km Rw. (1957), **8** »Caravelle«, 2 Strahltriebwerke, 3500 km Rw., 64/80 Fluggäste, **9** MIL Mi-6, der größte Hubschrauber der Welt, zwei Turbinen mit je 5500 PS, 65 Fluggäste, 1959, **10** Boeing 707, 4 Strahltriebwerke, 150 Fluggäste, 5300 km Rw., 900 km/h, **11** Boeing 747, größtes Verkehrsflugzeug, **12** »Concorde«, Prototyp, Überschallverkehrsflugzeug, 128 Fluggäste, 2330 km/h. (Rw = Reichweite, km/h = Stundenkilometer).

291

Flugzeugträger:
USS »Ranger«
(60 000 t Wasser-
verdrängung,
319 m lang,
100-170 Flug-
zeuge)

Leistungen einiger Flugzeugtypen 1970
(Schwankungen ergeben sich aus verschiedenen
Versionen und Ausrüstungen)
Abfangjäger MiG-23: einsitzig, 2 Strahltrieb-
werke je 10 000 kp, Höchstgeschw. 3400 km/h,
Gipfelhöhe 30 km, Startgewicht 45 700 kg.
Taktisches Kampfflugzeug SEPECAT Jaguar:
einsitzig, 2 Strahltriebwerke je 2000 kp, Höchst-
geschw. 1800 km/h, Reichweite 1650 km, Waf-
fenzuladung 4550 kg, Startgewicht 10 000 kg.
Strategisches Aufklärungsflugzeug Lockheed
SR-71: zweisitzig, 2 Strahltriebwerke je 15 400
kp, Höchstgeschw. 3700 km/h, Gipfelhöhe 27 km,
Reichweite 4800 km, Startgewicht 65 000 kg.
Langstrecken-Militärtransporter Lockheed
C-5A Galaxy: 4 Strahltriebwerke je 18 600 kp,
Reisegeschw. 870 km/h, Reichweite 13 300 km,
Nutzlast 120 200 kg, Startgewicht 347 000 kg.
Kurzstrecken-Verkehrsflugzeug Fokker F 28
Fellowship: 2 Strahltriebwerke je 4470 kp, Rei-
segeschw. 830 km/h, Reichweite 1840 km, 40-65
Fluggäste, Startgewicht 28 100 kg.
Mittelstrecken-Verkehrsflugzeug Boeing 727:
3 Strahltriebwerke je 6400 kp, Reisegeschw.
900 km/h, Reichweite 3700 km, 114-180 Flug-
gäste, Startgewicht 76 500 kg.
Langstrecken-Verkehrsflugzeug Boeing 747:
4 Strahltriebwerke je 19 730 kp, Reisegeschw.
925 km/h, Reichweite 11 400 km, 366-490 Fluggäste, Startgewicht 322 000 kg.
Überschall-Verkehrsflugzeug BAC/Süd-Avia-
tion Concorde: 4 Strahltriebwerke je 14 890 kp,
Reisegeschw. 2170 km/h, Reichweite 6700 km,
114-144 Fluggäste, Startgewicht 170 500 kg.
Geschäftsreiseflugzeug HFB 320 Hansa Jet:
2 Strahltriebwerke je 1290 kp, Reisegeschw.
820 km/h, Reichweite 1460-2320 km, 7-12 Fluggäste, Startgewicht 8500 kg.

schen Grundsätzen gestaltetem Flügel. Sonder-
bauarten: Nurflügel-, →Drehflügel-F. (→Hub-,
→Tragschrauber), Lotrechtstarter, →Segelflugzeu-
ge. Geschichte vgl. Luftfahrt. (TAFEL S. 291)
Flugzeugtorpedo, wird von Flugzeugen abge-
worfen und läuft im Wasser auf sein Ziel zu.
Flugzeugträger, Spezialschiff mit geräumigen
Decks für Start und Landung von Flugzeugen.
Fluh, Flühe [schweiz.] die, Felsabhang.
Fl'uidum [lat.] das, die Wirkung, die von einem Kunstwerk oder Menschen ausstrahlt.
Fluktuati'on [lat.] die, Hinundher; Aufundab-
fluten; Arbeitsplatzwechsel. **fluktu'ierend,** nicht
seßhaft (Bevölkerung).
Flunder der und die, Plattfisch, →Scholle.
Fl'uor [von lat. fluere »fließen«], 1) **F,** chem.
Element, ein →Halogen, giftiges gelbgrünes Gas;
kommt nirgends frei vor, gebunden in Gesteinen,
bes. im Flußspat und im Kryolith. F. ist das reak-
tionsfähigste chem. Element, bildet mit Wasserstoff **Fluorwasserstoff,** HF, dessen wäßrige Lösung, **Flußsäure,** zum Glasätzen dient; ihre Salze
heißen **Fluoride.** 2) ∫ →Ausfluß.
Fluoresz'enz [lat.] die, das Leuchten mancher
Stoffe (z.B. Flußspat, Uransalze), während sie
mit Licht bestrahlt werden; i.w.S. auch das Aufleuchten bei Beschuß mit Elektronenstrahlen. **F.-**

Schirm, Glasplatte, die mit fluoreszierenden Stoffen belegt ist und beim Auftreffen unsichtbarer
Strahlen aufleuchtet. Verwendung: Röntgenbild-
schirm, Bildröhre im Fernsehempfangsgerät.
Fluor'it der, Mineral, →Flußspat.
Flur, 1) der, -s/-e, Vorplatz im Haus. 2) die,
-/-en, die **Feldflur,** Landbereich mit Äckern, Wiese, Weide. **Flurbuch,** zu steuerl. Zwecken geführtes Verzeichnis der in einem Gemeindebezirk vorhandenen landwirtschaftl. genutzten Grundstücke.
Flurkarte, ⊕ Katasterkarte (→Kataster). **Flur-
schaden,** der durch Wild oder militär. Übungen
entstehende Schaden an Feldern, Wiesen usw.
Flurumritt, Brauch: Umreiten der Feldflur und der
Kirche, am Stephanstag oder Gründonnerstag.
**Flurbereinigung, Feldbereinigung, Grund-
stücksumlegung,** die Verbesserung der Feldlage
landwirtschaftl. Betriebe durch Neugestaltung der
Flureinteilung. Das Land jedes Einzelbetriebes
soll nach Möglichkeit zusammengefaßt werden.
Unterschiede in Bodenqualitäten, Kulturarten
usw. sind zu berücksichtigen.
Flurzwang, ♃ die einheitl. Regelung der Be-
stellungs-, Aussaat- und Ernte fristen, Folge der
Gemengelage, d.h. der zerstreuten Lage der einem
Eigentümer gehörenden Landstücke.
Fluß, ein größeres fließendes Gewässer, das die
Wässer seines Einzugsgebietes **(F.-Gebietes)** dem
Meere zuführt. Manche F. versiegen, ohne das
Meer zu erreichen, oder münden in einen abfluß-
losen Binnensee oder führen nur periodisch Was-
ser, so in Gebieten mit Wechsel von Regen- und
Trockenzeit. **Neben-F.** münden in einen anderen
F., der **Haupt-F.,** der sich ins Meer ergießt. F. und
F.-Systeme werden durch →Wasserscheiden von-
einander getrennt. **Flußterrassen** deuten auf ein
ehemals höher gelegenes breiteres Bett.

Längste Flüsse

	Länge in km	Einmündungsgewässer
Europa		
Wolga	3700	Kaspisches Meer
Donau	2850	Schwarzes Meer
Dnjepr	2285	Schwarzes Meer
Afrika		
Nil (mit Kagera)	6671	Mittelmeer
Kongo	4320	Guinea-Golf
Niger	4160	Guinea-Golf
Amerika		
Amazonas ...	6518	Atlantik
Mississippi (mit Missouri)	6420	Golf v. Mexiko
Paraná (mit La Plata).	4700	Atlantik
Asien		
Jangtsekiang .	5800	Ostchines. Meer
Ob (mit Katun)	5410	Nördl. Eismeer
Mekong	4500	Südchines. Meer
Australien		
Darling	2720	Südaustral. Golf
Murray	2570	Südaustral. Golf

Flußeisen, die im flüssigen Zustand erzeugten,
nicht legierten Stahlsorten **(Flußstahl).** Gegensatz: Schweißeisen.
flüssige Luft, durch hohen Druck, Abkühlung
und Entspannung verflüssigte atmosphär. Luft,
→Luftverflüssigung.
Flüssiggas, bei der Erdölkrackung gewonnenes,
in Druckbehältern verflüssigtes Propan, Butan u.a.
Flüssigkeit, Stoff im flüssigen Aggregatzustand, in dem die Moleküle enge beieinanderliegen,
aber leicht gegeneinander verschiebbar sind. Eine
F. ist daher nicht form-, aber nahezu volumbestän-
dig. Jede F. hat einen bestimmten, nur vom äußeren Druck abhängigen →Siedepunkt und geht beim
Überschreiten des Erstarrungspunktes (Gefrierpunkt) in den festen Zustand über.
**Flüssigkeitsgetriebe, hydraulische Trans-
formatoren,** Druckmittelgetriebe, in denen ein
starres Glied durch eine Flüssigkeit (meist Öl) er-

setzt ist. F. bestehen meist aus Pumpen zur Förderung, Rohrleitungen zur Hin- und Rückführung des Druckmittels und Turbine oder Kolben als Antriebsorgan. Die unmittelbare Vereinigung von Pumpe und Turbine führt zum stufenlos regelbaren **Föttingergetriebe.**

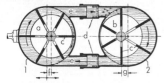

Flüssigkeitsgetriebe:
Schema eines Flüssigkeitswechselgetriebes mit Flügelzellen. 1 Pumpe (treibender Teil), 2 Motor (getriebener Teil mit veränderlicher Drehzahl). a Pumpenläufer, b Motorläufer, c Flügel, d Verbindungsleitungen, e Ölstrom, f veränderliche Exzentrizität des Pumpenläufers, g feste Exzentrizität des Motorläufers

Flußkrebs, zehnfüßiger scherentragender Krebs des Süßwassers (BILD Krebse). Während der Häutungen sind die Tiere weich (**Butter-K.**) und halten sich verborgen. Der Kalk für die neue Schale stammt aus der Magenwand (Krebsaugen). Die rote Farbe entsteht beim Kochen.

Flußmittel, Stoffe (Kalk, Borax) zur Erzeugung leichtflüssiger Schlacke beim Metallschmelzen.

Flußmuscheln, Familie der Muscheln mit gleichklappiger Schale, lebt im Süßwasser, z.B. **Teichmuschel, Malermuschel; Flußperlmuschel,** in Gebirgsbächen, liefert Perlen. (BILD Muscheln)

Flußpferde, große, plumpe Paarhufer in Binnengewässern Afrikas, mit elfenbeinartigen Eckzähnen. **Nilpferd** 4,5 m lang, 1,5 m hoch, 3 t schwer; kleiner ist das **Zwerg-F.** in Wäldern und Sümpfen von Oberguinea bis zum Sudan.

Flußpferde: Nilpferd

Flußsäure, chem. Verbindung, →Fluor.
Flußspat, Fluorit, farbloses, meist in Würfeln kristallisierendes Mineral, Calciumfluorid, CaF_2. (FARBTAFEL Edelsteine und Mineralien S. 176)
Flußstahl, das →Flußeisen.
Flut, →Gezeiten.
Flutkraftwerk, Gezeitenkraftwerk, ⚙ nutzt den Höhenunterschied zwischen Flut und Ebbe zur Krafterzeugung aus. Aus bei Flut gefüllten Speicherbecken fließt das Wasser bei Ebbe zurück und treibt dabei Wasserturbinen. Erstes F. bei St. Malo (Rance-Mündung, Frankreich).
Flutwellen, 1) die Hebung des Meeresspiegels durch die Gezeiten. **2)** japan. **Tsunami,** plötzlich auftretende, verheerende Wellen, durch Erdbeben oder untermeer. Vulkanausbrüche verursacht.
Flysch [flisch, schweiz. »Fließstein«] der, Mergel- und Tonschiefer mit Sandsteineinlagerungen, bes. in den Alpen, wenig Versteinerungen.
fm, Abk. für →Festmeter.
Fm, chem. Zeichen für →Fermium.
fob, Abk. für free on board [fri: ɔn bɔːd, engl.], Handelsklausel: Lieferung frei Schiff.
Foch [fɔk, fɔʃ], Ferdinand, französ. Marschall,

*1851, †1929, im 1. Weltkrieg erfolgreicher Heerführer, 1918 Oberbefehlshaber der Alliierten.
Fock die, **F.-Segel,** ⚓ das unterste Rahsegel am vordersten Mast des Schiffs (**F.-Mast**).
Fock, Gorch, eigentl. J. Kinau, Dichter, *1880, †1916; Seeromane (»Seefahrt ist not«).
Focke, 1) Henrich, *1890; gründete 1924 die **Focke-Wulf-Flugzeugbau AG.** in Bremen, baute 1937 den ersten gebrauchsfähigen Hubschrauber. **2)** Katharina, Politikerin (SPD), *1922, 1969-72 parlamentar. Staatssekretärin, seit 1972 Bundesmin. für Jugend, Familie und Gesundheit.
Föderal'ismus [lat. foedus »Bündnis«] der, die Gestaltung eines Bundesstaates, die den Gliedern (Ländern) möglichste staatliche Selbständigkeit läßt. Gegensatz: →Unitarismus.
Föderati'on [lat.] die, 1) Bündnis von Staaten, zu vorübergehendem polit. Zweck. 2) eine Staatenverbindung (Staatenbund, Bundesstaat).
Foggia [f'ɔdʒa],Hauptstadt der Prov. F. in Apulien, Italien, 134600 Ew.; Bischofssitz; Handels- und Industriestadt.
Fohlen das, junges Pferd bis zum 3. Jahr.
Föhn der, warmer, trockener Fallwind, der bes. auf der Alpennordseite, oft sehr heftig, talabwärts weht; entsteht durch Luftdruckausgleich von einem Gebiet hohen Luftdrucks südl. der Alpen nach einem Gebiet niedrigen Luftdrucks nördl. der Alpen. Die **F.-Krankheit,** die bes. bei Menschen mit Wetterfühligkeit auftritt, zeigt Beschwerden wie Kopfweh, Mattigkeit, seel. Verstimmung.
Fohnsdorf, Gem. in Steiermark, 11500 Ew., an der Mur; Braunkohlenbergbau.
Fohr, Carl Philipp, Maler, *1795, †1818; romantische Landschaften, Bildnisse.
Föhr, eine Nordfries. Insel, Schlesw.-Holst.; 82 km², 9000 Ew.; Haupt- und Badeort Wyk.
Föhre die, ⚘ →Kiefer.
Föhreneule, →Forleule.
Fok'alinfektion, →Herdinfektion.
Fokker, Anton, niederländ. Flugzeugbauer *1890, †1939. (TAFEL Flugzeuge)
F'okus [lat.] der, →Brennpunkt. **Fokuss'ierung,** Scharfeinstellung eines Bildes.
Foli'ant der, Abk. **Fol.,** Buch in →Folio.
F'olie [lat. folium »Blatt«] die, 1) sehr dünnes Blatt von Metall, z.B. **Silber-F.,** zum Unterlegen der Edelsteine; **Zinn-, Aluminium-** oder **Kunststoff-F.** zur Verpackung, als Sperrschichten o. ä. 2) bildlich: Hintergrund, von dem sich etwas abhebt: als F. dienen.
Foligno [fɔl'iɲo], Stadt in der Prov. Perugia, Mittelitalien, 50 500 Ew.; Handels- und Industriemittelpunkt Umbriens; Bischofssitz.
F'olio [ital.] das, abgek.: **Fol.,** das Papierformat 21 × 33 cm.
Folkestone [f'oukstən], Hafenstadt und Seebad in der englischen Grafschaft Kent, 44100 Ew.
F'olketing das, die dän. Volksvertretung.
Folklore [f'ouklɔː, engl.] die, 1)→Volkskunde. 2) neuerdings bes. Bezeichnung für Volkslieder.
Folkwang, Museum F., gegr. 1902 in Hagen, seit 1929 in Essen. Sammlung von Gemälden.
Folkwang-Hochschule Essen, für Musik, Theater,Tanz, gegr.1927 von R. Schulz-Dornburg.
Foll'ikel [lat.] der, ♀ 1) grübchenförmige Einsenkungen der Haut, aus denen die Haare hervorragen. 2) Bläschen im →Eierstock, die die Eier ent-

Fontainebleau: Schloß

Fontanelle:
1 Stirnbein,
2 Scheitelbein,
3 Hinterhauptbein, 4 große Fontanelle,
5 kleine Fontanelle, 6 Stirnhöcker,
7 Scheitelhöcker

Fontane

halten und die **F.-Hormone** erzeugen. 3) Bläschen der Schilddrüse.

Folsäure, kompliziert gebaute organ. Säure mit Vitamineigenschaften.

Folter die, ⚥ das Auferlegen körperl. Qualen, um ein Geständnis zu erzwingen; die F. drang gegen Ende des MA. in Dtl. ein und wurde bes. gegen Hexen und Ketzer angewandt. Sie wurde im Laufe des 18. Jahrh. als zulässiges Mittel der Verbrechensaufklärung abgeschafft.

Fomalh'aut, hellster Stern im Südl. Fisch.

Fond [fõ, frz.] der, 1) Grund, Grundlage. 2) Rücksitz im Wagen. 3) Hintergrund.

Fondant [fõd'ã, frz.] der, weiche Zuckermasse mit Geschmack.

Fonds [fõ, frz.] der, für bestimmte Zwecke gehaltene Geldmittel (Sondervermögen), bes. im öffentl. Haushalt. **Fondsgeschäft,** Börsengeschäft in Staatspapieren.

Fondue [fõd'y, frz.] die, schweizer. Gericht aus Käse, Wein und Gewürzen. Übertragen auch für ein Fleischgericht.

Fontaine [fõt'ɛn] Pierre François Léonard, franzöš. Baumeister, *1762, †1853, mit Percier der Schöpfer des Empirestils.

Fontainebleau [fõtɛnbl'o], franzöš. Stadt im SO von Paris, 22 700 Ew.; Renaissanceschloß, früher Residenz der franzöš. Könige und Napoleons; Sommersitz der Staatspräs.; Porzellanfabriken.

Font'ane, Theodor, Dichter, *1819, †1898, schrieb Balladen, Romane aus der märk., bes. der Berliner Gesellschaft des Adels und Bürgertums: »Irrungen, Wirrungen«, »Frau Jenny Treibel«, »Effi Briest«, »Der Stechlin«, »Wanderungen durch die Mark Brandenburg« u. a.

Font'äne [frz.] die, Springbrunnen.

Fontan'elle [lat.] die, Lücke zwischen den Schädelknochen beim Neugeborenen: **große F.** zwischen Stirnbein und Scheitelbeinen, **kleine F.** zwischen Scheitelbeinen und Hinterhauptbein. Die F. schließen sich durch Verknöcherung im 1.-2. Lebensjahr.

Fontange [fõt'ãʒ, frz.] die, weiblicher Kopfputz zur Zeit Ludwigs XIV.

Fonteyn [fɑnt'ein], Margot, engl. Tänzerin, *1919, Primaballerina des »Royal-Ballett«, London.

foot [fut], Mz. **feet** [fiːt], Längenmaß in England und den Verein. Staaten, 1 foot (Fuß) zu 12 inches (Zoll) = 30,48 cm.

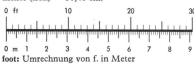

foot: Umrechnung von f. in Meter

Football [f'utbɔːl, engl.], in den USA und Ostasien übliche Form des Fußballs, bei der der Ball durch Fußstoß oder Tragen über die Grundlinie oder Torlatte befördert werden muß.

Foraminif'eren [lat.], **Kammerlinge,** einzellige Meerestiere mit Gehäuse aus Kalk oder organ. Substanz und fadenförm. Scheinfüßchen (**Wurzelfüßer**). Ihre Schalen bilden hohe Schichten am Meeresboden. (BILD S. 295)

Forat'om, →Europäisches Atomforum.

Forbach, Stadt in Lothringen, Frankreich, 23 400 Ew.; Steinkohlenbergbau.

Force [fɔrs, frz.], Stärke, bes. Fähigkeit. **F. majeure** [maʒ'œːr], höhere Gewalt; **F. de frappe** [-də frap], neuerdings **F. de dissuasion** [-də disyasj'õ], Name der franzöš. Atomstreitmacht.

Forchheim, Stadt in Oberfranken, Bayern, an der Regnitz, 21 400 Ew.; viele Fachwerkhäuser.

forcieren [-s'iːr-, frz.], erzwingen. **forc'iert,** gezwungen, unnatürlich.

Ford [fɔːd], Henry, *1863, †1947, gründete 1903 die **F. Motor Company** in Dearborn (Mich.). Massenfertigung und Rationalisierung (Fließarbeit) ermöglichten Verbilligung seiner Erzeugnisse. Seine techn., wirtschaftl. und sozialen Grundsätze werden als **Fordismus** bezeichnet. (BILD S. 295)

Fontange

Förde, Föhrde die, tief ins Land eingreifende Meeresbuchten an der Ostküste Schlesw.-Holst.

Förderanlage, Transportanlage, Einrichtungen zum stetigen Fördern von Schütt-, Stückgütern. Die einfachste Art ist die **Rutsche,** auf der das Gut abwärts gleitet. Bei einem **Förderband** läuft zwischen zwei Umlenktrommeln ein flacher oder muldenförmiger Gummigurt, ähnl. beim **Platten-** und **Kastenband.** Eine **Förderschnecke** besteht aus einem Rohr und einer darin umlaufenden Schnecke oder Wendel, die das meist pulverförm. Massengut vorwärts schiebt.

Fördermaschine, ⚒ durch Dampf oder Elektrizität betriebene Maschine zum Emporheben der Bergwerksprodukte. Das **Förderseil** wird über eine Trommel auf- und abgewickelt, läuft über die im **Förderturm** gelagerten Seilscheiben und hebt und senkt den **Förderkorb** im Schacht.

Förderstufe, auch Beobachtungsstufe, im Schulaufbau eine Stufe zwischen Grundschule und weiterführenden Schulen (5. und 6. Schuljahr).

Forderung, 1) ⚥ der einer Person (Gläubiger) gegen eine andere (Schuldner) auf Grund eines Schuldverhältnisses zustehende Anspruch auf eine Leistung (→Schuldrecht). Diese kann in einem Tun oder einem Unterlassen bestehen (§ 241 BGB). 2) Herausforderung zum Zweikampf.

Foreign Office [f'ɔrin'ɔfis, engl.], das Auswärtige Amt Großbritanniens.

For'el, Auguste, schweizer. Psychiater, *1848, †1931, verdient um die Erkenntnis vom Aufbau des Gehirns und die Lehre vom Hypnotismus; Vorkämpfer der Abstinenzbewegung und der Reform des Strafrechts.

Forelle die, schmackhafte lachsartige Raubfische. In Gebirgswässern die **Bach-F.,** bis 30 cm, grünlich, rotfleckig, in Teichen auch die eingeführte nordamerikan. **Regenbogen-F.,** in Alpenseen die größere **See-F.,** in der Nord- und Ostsee die **Meer-** oder **Lachs-F.** (FARBTAFEL Fische S. 344)

for'ensisch [von →Forum], gerichtlich.

Forester [f'ɔrista], Cecil Scott, engl. Erzähler, *1899, †1966; Romane über engl. Seeleute und Soldaten (»Horatio Hornblower«).

Forggensee, Stausee des Lechs bei Füssen.

Forint, Währungseinheit in Ungarn (seit 1946). 1 F. = 100 Fillér.

forkeln, ☿ mit dem Geweih stoßen.

Forl|eule, Kiefern-, Föhreneule, zimtbrauner Schmetterling; seine grünliche Raupe verpuppt sich im Boden, frißt ganze Kiefernwälder kahl. (FARBTAFEL Schmetterlinge S. 870)

Forlì, Hauptstadt der oberitalien. Prov. F., 104 200 Ew.; Bischofssitz, Handel, Kunstfaserind.

Form [lat.] die, 1) Gestalt, Äußeres, Äußerlichkeit, im Unterschied zum Stoff, aus dem ein Gegenstand besteht, oder zum Gehalt. 2) ⬚ im Rahmen eingeschlossener Satz für den Druck. 3) ⚙ Guß-F., →Gießerei. 4) ⚚ Leistungsfähigkeit. **for'mal,** auf die Form bezüglich, förmlich. **Form'alien, Formalit'äten,** die Förmlichkeiten. **Formal'ismus,** Bevorzugung der F. vor dem Inhalt.

F'ormaldehyd, ⚛ einfacher →Aldehyd, HCHO, ein farbloses, stechend riechendes Gas

Forlì: Alte Häuser am Marktplatz

das in Wasser gelöst als **Formal'in** oder **Form'ol** zur Keimtötung (→Antisepsis) benutzt wird.

Form'at das, 1) Normgröße (Papierbogen). 2) überdurchschnittliche Bedeutung (einer Persönlichkeit): »ein Mann von F.«.

Formati'on [lat. »Bildung«, »Gestaltung«] die, 1) ⊕ Schichtenfolge, geologische F. 2) militär. Gliederung. 3) einheitl. Pflanzengesellschaft.

Formel [lat.] die, 1) feststehende Redewendung. 2) △ in Buchstaben ausgedrückte mathemat. Regel. 3) ⌾ →chemische Zeichen.

form'ell, förmlich; sich in Formsachen erschöpfend, genau beachtend.

Formenlehre, 1) ⊛ Lehre von den grammat. Formen. 2) ♪ Lehre von den musikal. Formen, der äußeren Anlage und dem satztechn. Aufbau.

Formerei, ⊛ Raum oder Betrieb zur Herstellung von Formen für die →Gießerei.

formid'abel [frz.], schrecklich, gewaltig.

form'ieren, ⅊ bilden, aufstellen.

Form'osa, chines. und japan. **Taiwan,** chines. Insel vor der SO-Küste Chinas, mit Pescadores-Inseln 35961 km², 14,4 Mill. Ew., meist Chinesen. Der W ist flach bis hügelig, der O Hochgebirge; trop. Monsunklima. F. ist Staatsgebiet der **Nationalen Republik China,** Hauptstadt: Taipeh. Erzeugnisse: Reis, Zucker, Ananas, Südfrüchte; Kohle, Erdgas, Marmor, Salz. Nahrungsmittel-, Gummi-, Zement-, Papier-, Textil- u.a. Ind. Haupthandelspartner: Japan, USA. Haupthafen: Kilung. – F. war 1624-61 niederländ., seit 1683 chines.; 1895-1945 an Japan abgetreten. Dez.1949 zog sich die Kuomintang-Regierung (Tschiang Kai-schek) mit dem Rest ihrer Truppen nach F. zurück und rief 1950 die Nationale Rep. China aus. Sie war Mitglied der Verein. Nationen; im Okt. 1971 wurde ihr die Mitgliedschaft aberkannt und an die Volksrep. China vergeben. ⊟ S. 346.

Formul'ar das, Formblatt, Vordruck.

Forschung, die wissenschaftl. Tätigkeit, sofern sie neue Erkenntnisse zu gewinnen strebt. Zunächst Aufgabe des einzelnen Forschers, fortschreitend immer mehr organisiert (Hochschulen, Institute, F.-Anstalten, wissenschaftl. Gesellschaften, F.-Gruppen). Neben der **Grundlagen-F.** gewinnt die **Zweck-F.** oder **angewandte F. (Vertrags-,** werkeigene **Industrie-F.)** an Bedeutung.

Forschungsreisen, →Übersicht Entdeckungsreisen.

Forßmann, Werner, Chirurg, *1904, erfand (1929) das Verfahren der Katheterisierung des Herzens. 1956 Nobelpreis für Medizin.

Forst, der, regelrecht bewirtschafteter Wald.

Forst (Lausitz), Industriestadt im Bez. Cottbus, an der Lausitzer Neiße, 30000 Ew.; Tuch-Ind., Eisengießerei, Maschinenfabrik; die Stadtteile östl. der Neiße seit 1945 unter poln. Verw.

Forst, Willi, österr. Filmschauspieler und -regisseur, *1903. Filme: »Maskerade«, »Bel ami«u.a.

Forster, 1) [f'o:stə], Edward Morgan, engl. Schriftsteller, *1879, †1970; Roman »Indienfahrt«, ferner »Ansichten des Romans«. 2) Friedrich, eigentl. **Burggraf,** Schriftsteller, *1895, †1958; »Robinson soll nicht sterben«. 3) Georg, Natur- und Völkerkundler, *1754, †1794, begleitete seinen Vater, den Forschungsreisenden Joh.Reinh.F.(*1729, †1798), auf seinen Reisen, wurde der Schöpfer einer künstler. Reisebeschreibung in dt. Sprache und der vergleichenden Länder- und Völkerkunde. **4)** Rudolf, Film- und Bühnenschauspieler, *1884, †1968; »Dreigroschenoper«, »Ariane« u. a.

Foerster, Friedr. Wilhelm, Pädagoge, *1869, †1966; Vertreter eines ethischen Pazifismus.

Förster-Nietzsche, Elisabeth, F., *1846, †1935, Schwester Nietzsches, sammelte seinen Nachlaß, gründete das Nietzsche-Archiv in Weimar.

Forstfrevel, die Übertretung der zum Schutz der Waldungen gegebenen Polizeivorschriften.

Forstschädlinge, verschiedene Organismen, die Waldbäume befallen und schädigen, z.B. Kiefernbaumschwamm, Hallimasch, Rüsselkäfer, Maikäfer, Schmetterlinge.

Forstverwaltung. An der Spitze die **Landes-**F., mittlere Instanz Forstdirektion oder Forstabt. beim RegPräs., unterste Einheit **Forstämter,** oft mit Revierförstereien. Die **Forstbeamten** gliedern sich in **Forstverwaltungsbeamte** mit akadem. Ausbildung, bes. für die Verwaltung der Forstbereiche (**Forstmeister, Ober-, Land-, Oberlandforstmeister** u.a.) und **Forstbetriebsbeamte** mit forstl. Lehr- und Ausbildung, bes. für Einteilung und Beaufsichtigung der Arbeiten, Holzverkauf, Forst-, Wildschutz (**Förster, Revier-, Oberförster, Forstamtmann,** außerdem **Forstanwärter).**

Forstwiderstand, ⚔ Widerstand oder tätlicher Angriff gegen einen Forst-, Jagd- oder Fischereibeamten, den Eigentümer eines Waldes u.a.; wird mit Freiheitsstrafe bestraft (§§ 117ff. StGB).

Forstwirtschaft, das planmäßige Pflanzen, Pflegen und Nutzbarmachen von Wäldern. Forstbetriebsarten (Waldbestandsformen): **Hochwald,** die alleinige Waldform der Natur, entwickelt sich aus Samen. Hochwaldwirtschaft ermöglicht die größte Nutzholzerzeugung. Hiebarten: Kahlschlag, Plenterschlag, Femelschlag. **Niederwald** ergibt sich aus der Fähigkeit des Laubholzes, nach Abhieb der Stämme aus Wurzeln oder Stöcken auszuschlagen und so den neuen Bestand zu bilden. Beide Betriebsarten sind im **Mittelwald** vereinigt. – Grundlage einer geordneten F. ist die **Forsteinrichtung** (Vermessung, Waldzustandserfassung, Feststellung des erntereifen Durchmessers der Stämme im Plenterwald u.a.).

Forstwissenschaft gliedert sich in forstl. Produktionslehre (Waldbau, Forst- und Holzschutz u.a.), forstl. Betriebslehre (Waldwertschätzung, Forsteinrichtung u.a.), Forst -und Holzwirtschaft einschließl. Forstgeographie und Forstgeschichte; hierzu natur-, rechts- und wirtschaftswissenschaftl. Fächer.

Fors'ythia die, **Goldflieder,** Ziersträucher aus Ostasien mit gelben Blüten, die im Frühjahr vor dem Laub erscheinen.

Fort [fo:r, frz.] das, selbständiges kleines Werk einer Befestigung.

Fortal'eza [portugies. »Festung«], Hauptstadt des brasilian. Staates Ceará, 846 100 Ew.; Erzbischofsitz; Universität; Ausfuhrhafen.

Fortbildungsschule, die →Berufsschule.

Fort-de-France [fo:rdəfr'ãs], Hauptstadt der franz.-westind. Insel Martinique; 96 900 Ew.

f'orte [ital.], abgek.: f, ♪ stark, laut.

Forth [fo:θ] der, Fluß in Schottland, mündet in den 75 km langen Meeresarm **Firth of F.** (Nordsee).

Fortifikati'on [lat.] die, der Festungsbau.

fortissimo [ital.], abgek.: ff, ♪ sehr laut.

Fort Knox [fo:t noks], Truppenlager in Kentucky, USA; hier ist ein großer Teil der amerikan. Goldbestände gelagert.

Fort-Lamy [f'o:rlam'i], Hauptstadt der Rep. Tschad, am Schari, 132 500 Ew.; Flughafen.

Fortner, Wolfgang, Komponist, *1907; Bühnen-, Orchester- und Kammermusiker; Anhänger der Zwölftontechnik Schönbergs.

Fortpflanzung, die Erzeugung von Nachkommen bei Mensch, Tier und Pflanze. **Ungeschlechtl. (vegetative)** F. durch Teilung, Knospung oder Dauerformen, **Geschlechtl. F.** mittels der Geschlechtszellen der elterl. Lebewesen. Bei zweigeschlechtl. F. vereinigen sich Eizelle und Samenzelle (Befruchtung), aus der eingeschlechtl. F. (Jungfernzeugung) entsteht das neue Lebewesen aus einer unbefruchteten Eizelle.

Fortschreibung, die zahlenmäßige Festhalten eines wechselnden Bestandes (z. B. Einwohnerzahl) durch laufendes Zuschreiben der Zugänge und Abschreiben der Abgänge.

Fort'una [lat.], die röm. Göttin des Glücks.

Fort Wayne [wein], Stadt in Indiana, USA, 177 700 Ew., am Maumee River; kath. Bischofsitz; Handel, Nahrungsmittel-, Maschinen- u. a. Ind.

Fort William [w'iljəm], ehem. Stadt in der kanad. Prov. Ontario; zusammen mit Port Arthur 1970 unter dem Namen Thunder Bay vereinigt.

Fort Worth [fo:t w'ə:θ], Stadt in Texas, USA,

Foraminiferen, oben: Nodosaria, unten: Peneroplis

H. Ford

Forum Romanum in Rom

393 500 Ew.; Baumwoll-, Getreide- und Viehhandel, Nahrungsmittelind., Stahlverarbeitung.

F'orum [lat.] das, Marktplatz, Gerichtsstätte; in Rom das **F. Romanum,** Mittelpunkt des polit. Lebens; später großartig ausgestaltete **Kaiserforen,** bes. das Trajansforum.

Fos [fɔs], Hafen im Golf von F. bei Marseille; Erdölraffinerien.

F'oscolo, Ugo, italien. Dichter, *1778, †1827; »Jacopo Ortis« (nach Goethes Werther).

foss'il [lat. »ausgegraben«], vorweltlich, als Versteinerung erhalten. **Fossil** das, **Foss'ilien** die, Versteinerungen, Reste von Lebewesen der erdgeschichtl. Vergangenheit.

Föttingergetriebe, →Flüssigkeitsgetriebe.

F'ötus [lat.] der, **Fetus,** ∫ der →Embryo vom dritten Monat an; föt'al, den F. betreffend.

Foucault [fuk'o:], Léon, französ. Physiker, *1819, †1868, wies die Umdrehung der Erde durch Pendelversuche nach.

Fouché [fuʃ'e], Joseph, französ. Staatsmann, *1759, †1820, ein Führer der Schreckensherrschaft 1793/94, unter Napoleon Polizeimin. 1814 Anhänger der Bourbonen, während der »100 Tage« wieder Polizeimin., dann als Königsmörder verbannt.

foul [faul, engl. »unrechtmäßig«], ⚡ regelwidrig, unfair.

Foulard [ful'a:r, frz.] der, 1) leichter Seidenstoff. 2) Färbereimaschine.

Fouliang, Stadt in der chines. Prov. Kiangsi, etwa 300 000 Ew.; größte Porzellanind. Chinas.

Fouqué[fuk'e], Friedrich Freiherr **de la Motte-F.,** dt. Dichter der Romantik, *1777, †1843, schrieb das Märchen »Undine« (1811).

Fouquet [fuk'ɛ], Jean, französ. Maler, * um 1420, † um 1480; schuf Tafelbilder, Buchmalerei.

Fourier [furj'e], 1) Charles, französ. Sozialist, *1772, †1837, entwarf ein System des utop. Sozialismus (Phalanstères). 2) Jean Baptiste, französ. Physiker und Mathematiker, *1768, †1830; entwickelte die analyt. Theorie der Wärmeausbreitung mittels **F.-scher Reihen.**

fow, Abk. für free on waggon [engl.], Handelsklausel: frei bis zum Eisenbahnwagen.

Fox, 1) Charles J., engl. Staatsmann, *1749, †1806, Führer der Whigs im Unterhaus. 2) George, engl. Schuhmacher, *1627, †1691; Wanderprediger, gründete 1652 die Quäker.

Foxterrier [engl.] der, kleine Hunderasse, früher zur Fuchsjagd verwendet; der **Drahthaarige F.** hat rauhes Haar.

Foxtrott der, aus Amerika stammender Gesellschaftstanz im ⁴/₄-Takt.

Foyer [fwaj'e:, frz.] das, Wandelhalle im Theater, oft mit Erfrischungsraum.

fr., Abk. für →franko.

Fr, Abk. für →Franken (Münze).

Fr, chem. Zeichen für →Francium.

Fra [ital., Abk. von: frate], Bruder (nur vor Mönchsnamen).

Fra Ang'elico, →Angelico.

Fracht, die laut Frachtvertrag zu befördernden Güter **(Frachtgut),** auch die Kosten der Beförderung. Der **Frachtbrief** enthält die wesentl. Anga-

ben über den **Frachtvertrag. Frachtführer** heißt der Transportunternehmer im HGB (§§ 425 ff. HGB; Sondervorschriften für die Eisenbahn: §§ 453 ff. HGB, im Seehandelsrecht: §§ 556 ff. HGB).

Frack der, festlicher Herrenanzug: kurze Jacke mit langen Schößen, weiße Weste.

Fra Di'avolo [ital. »Bruder Teufel«], der neapolitan. Räuberhauptmann Michele Pezza (†1806). Oper von Auber.

frag'il [lat.], zerbrechlich, überzart.

Fragm'ent [lat.] das, Bruchstück.

Fragonard [fragɔn'a:r], Jean Honoré, französ. Maler und Radierer, *1732, †1806; galante Szenen, Charakterfiguren, Landschaften.

fraise [frɛ:z, frz. »Erdbeere«], erdbeerfarbig.

Frakti'on [lat.] die, 1) Bruchteil. 2) Vereinigung polit. gleichgesinnter Mitgl. einer Volksvertretung, in modernen Parlamenten meist die fest organisierte Verbindung der Abgeordneten der gleichen Partei; kann die Stimmabgabe ihrer Mitglieder beeinflussen **(F.-Zwang).** 3) ↺ aus einem Stoffgemisch abgetrennter Anteil.

Frakt'ur [lat.] die, 1) ∫ Knochenbruch. 2) Druckschrift (→Schriften).

Frambös'ie die, der Syphilis ähnliche Hautkrankheit in den Tropen.

Franc [frã], Münze, →Franken.

Française [frãs'ɛ:z, frz.] die, Gesellschaftstanz aus dem 18. Jahrh. im ⁶/₈-Takt.

Françaix [frãs'ɛ], Jean, französ. Komponist, *1912; Bühnen-, Orchester-, Kammermusik.

France [frãs], Anatole, französ. Dichter, *1844, †1924, schrieb Romane voll graziöser Ironie und Skepsis. Nobelpreis 1921.

Francesca, →Piero della Francesca.

Fragonard: Der Liebesbrief

Francesca da Rimini [frantʃ'ɛska], um 1284 von ihrem Gatten wegen ihrer Neigung zu seinem Bruder mit diesem zusammen ermordet; von Dante in der »Divina Commedia« behandelt.

Franche-Comté [frãʃ kõt'e] die, Freigrafschaft →Burgund.

Franchise [frãʃ'i:z, frz.] die, 1) Freisein von Abgaben, bes. beim Zoll. 2) In der Güterversicherung bedeutet F., daß unter dem vereinbarten Prozentsatz des Versicherungswertes liegende Schäden nicht ersetzt werden.

Francium, Fr, radioaktives chem. Element.

Franck, 1) César, Komponist, *1822, †1890; Oratorien, Orchester- und Kammermusik, Orgel- und Klavierwerke. 2) Hans, Dichter, *1879, †1964, schrieb Erzählungen und Bühnenstücke von grüblerischer Lebensauffassung. 3) James, dt. Physiker, *1882, †1964, untersuchte mit G. Hertz den Bau der Atome und Moleküle durch Elektronenstoßversuche; 1925 Nobelpreis. 4) Sebastian, Reformationstheologe, *1499, †1542, trat für Glaubensfreiheit und den Friedensgedanken ein.

Francke, 1) Meister F., Maler; führender dt. Meister des frühen 15. Jahrh.; Thomasaltar (Hamburg) nach 1424. 2) August Hermann, evang. Geistlicher und Erzieher, *1663, †1727, war Anhänger des Pietismus; seit 1695 errichtete er in

Meister Francke: Geburt Christi

Franco

Halle die späteren **Franckeschen Stiftungen** (Schulen, Waisenhaus, Buchhandlung, Druckerei, Bibelanstalt).

Franco, Francisco, span. General und Staatsmann, *1892, begann 1936 die Erhebung gegen die span. Volksfrontregierung und führte den Bürgerkrieg 1936-39 mit faschist. und nat.soz. Hilfe zu einem für ihn erfolgreichen Ende. An der Spitze der →Falange errichtete er ein autoritäres Regierungssystem; seit 1938 Staatspräs. (»Caudillo«).

François [frãsw'a], Louise v.,Erzählerin,*1817, †1893; »Die letzte Reckenburgerin«.

François-Poncet [frãsw'a põs'ɛ], André, französ. Diplomat, *1887, war 1931-38 Botschafter in Berlin, 1938-40 in Rom, 1949-55 französ. Hoher Kommissar (1953 Botschafter) in der Bundesrep. Dtl., seit 1955 Präs. des französ. Roten Kreuzes.

Franctireur [frãtir'œ:r, frz. »Freischütze«] der, in Kriegszeiten, so in Frankreich 1870, Landesbewohner, der mit der Waffe den Kleinkrieg hinter der Front führt (→Partisanen).

Frank, 1) Adolf, Chemiker, *1834, †1916, Gründer der dt. Kaliindustrie, entwickelte mit N. Caro das **F.-Caro-Verfahren** zur Bindung von freiem Stickstoff an Calciumcarbid. **2)** Anne *1929, † KZ Bergen-Belsen 1945, schrieb als Kind einer jüd. Familie, die sich 1942-44 in einem Hinterhaus in Amsterdam verborgen halten mußte, ein Tagebuch. **3)** Bruno, Schriftsteller, *1887, †1945; Novellen, Romane (»Trenck«), Dramen. **4)** Hans, nat.-soz. Politiker, *1900, † (hingerichtet) 1946; 1934 Reichsmin., 1939 Generalgouverneur in Polen; 1946 vom Internat. Militärgericht in Nürnberg zum Tode verurteilt. **5)** Leonhard, Schriftsteller, *1882, †1961, revolutionärer Pazifist, 1933-50 Emigrant in Amerika; Romane (»Die Räuberbande«, »Das Ochsenfurter Männerquartett«), Schauspiele (»Karl und Anna«), Erinnerungen (»Links, wo das Herz ist«).

Franke, Egon, Politiker (SPD), *1913, seit 1951 MdB, seit Okt. 1969 Bundesmin. für innerdeutsche Beziehungen.

Franken, frz. **Franc,** abgek.: Fr., die Währungseinheit Frankreichs, Monacos (ffr.), Belgiens (bfr.), Luxemburgs (lfr.), der Schweiz und Liechtensteins (sfr.). →Währungseinheiten.

Franken [die »Freien«] Mz., **1)** westgerman. Stamm, erscheint zuerst im 3.Jahrh. n.Chr. am Niederrhein, drang weit ins linksrhein. Gebiet und nördl.Gallien vor.Die wichtigstenTeilstämme waren Salier und Ripuarier. Nach der Gründung des →Fränkischen Reichs nahmen die F. im 6.Jahrh. auch das Maintal in Besitz. Innerhalb des dt. Volkes spalteten sie sich in **Main-** oder **Ostfranken** (heute kurz F. genannt), **Rhein-, Mosel-, Niederfranken** (mit Niederländern und Flamen), **Pfälzer, Lothringer** auf. **2)** heute: Bewohner Mainfrankens.

Franken, 1) Ende des 9.Jahrh. entstandenes Herzogtum des alten Deutschen Reichs, umfaßte die Mainlande, das mittelrhein. Gebiet und Hessen, zerfiel bald in **West-** oder **Rheinfranken** (um Mainz) und **Ost-** oder **Mainfranken** (um Würzburg). **2)** im engeren Sinn: die bayer. Regierungsbezirke Mittel-, Ober- und Unterfranken.

Frankenberg, 1) F.-Eder, Kreisstadt in Hessen, 14000 Ew.; Fachwerk-Rathaus; Maschinen-Möbel-, Betonwerke. **2)** Ind.-Stadt im Bez. Chemnitz, an der Zschopau, 16800 Ew.; Textil-, Möbel-, Zigarrenindustrie.

Frankenhausen, Bad F., Stadt im Bez. Halle, 8100 Ew., Solbad am Südfuß des Kyffhäusers.

Frankenhöhe, Höhenzug in S-Dtl., südl. Fortsetzung des Steigerwaldes, bis 554 m hoch.

Frankenstein, Kreisstadt in Niederschlesien, (1939) 10900, (1965) 35900 Ew.; seit 1945 unter poln. Verw. **(Ząbkowice Śląskie).**

Frankenthal, Stadt in Rheinl-Pf., 41500 Ew. in der Rheinebene. Maschinen-, metallverarbeitende- u.a. Ind.; Autobahnbrücke über den Rhein.

Frankenwald, Mittelgebirge zwischen Fichtelgebirge und Thüringer Wald; Döbraberg 795 m.

Frankenweine, die in Mainfranken (Gegend um Würzburg) angebauten Weine. (→Bocksbeutel)

Frankfurt, 1) F. am Main, Stadt in Hessen, 666 200 Ew.; Handels- und Messestadt, wichtiger Verkehrsknoten (Eisenbahn, Autobahn, Luftverkehr). Umschlaghafen der Mainschiffahrt. Universität, Senckenbergisches Naturhistor. Museum, viele wissenschaftl. und Kunst-Institute, Zoo, Palmengarten. — Verwaltungssitz vieler Bundesbehörden, Handels- und Wirtschaftsunternehmen, Banken und Versicherungsges.; chem., elektrotechn., Metall-, feinmechan., opt. u.a. Industrie. F., eine alte Kaiserpfalz, wurde im 13.Jahrh. Reichsstadt und stieg bes. durch seine Messen zu einem wichtigen Handelsplatz auf. Seit 1562 Krönungsstadt der röm.-dt. Kaiser (im Dom, 1239 begonnen), 1815-66 Sitz der Bundesversammlung, 1848/49 Dt. Nationalversammlung in der Paulskirche; 1866 bis 1945 preußisch. Im 2.Weltkrieg wurde F. stark zerstört, bes. die Altstadt mit zahlreichen mittelalterl. Bauten und Kunstdenkmälern fast völlig vernichtet. Wiederhergestellt oder neu aufgebaut sind u.a. Goethes Geburtshaus, der »Römer« (Rathaus), die Paulskirche. – Stadtteil Höchst (eingemeindet 1928) mit Justinuskirche (9.Jahrh.) und »Farbwerke Hoechst AG.«. **2)** Bez. der Dt. Dem. Rep., 7186 km², 674300 Ew.; 1952 aus dem östl. Teil des Landes Brandenburg gebildet. Landwirtschaft (52% der Fläche), bes. im fruchtbaren Oderbruch; Forstwirtschaft

Frankfurt a. M.

Frankfurt a. M. (links), **Frankfurt a. d. O.:** Rathausfront (rechts)

(36%); Baustoff-, chem., Metall-, Papierind., Eisenhüttenkombinat Ost in Eisenhüttenstadt, Erdölkombinat in Schwedt. ⊕ S. 520/21.

3) F. an der Oder, Hauptstadt von 2), 60 200 Ew.; die wichtigste Grenzstadt der Oder-Neiße-Linie; Bahnknoten, Oderhafen; vielseitige Industrie. F. erhielt 1253 Stadtrecht und war Mitglied der Hanse. Die 1506 gegr. Universität wurde 1811 nach Breslau verlegt. Die Dammvorstadt rechts der Oder ist seit 1945 unter poln. Verw. (**Słubice**).

Frankfurter Friede, beendete am 10. 5. 1871 den →Deutsch-Französischen Krieg.

frank'ieren [zu franko], →freimachen.

Frankfurter Nationalversammlung, das verfassunggebende Parlament der dt. Revolution von 1848/49, das in Frankfurt a. M. in der Paulskirche tagte; Präs. H. von Gagern, Reichsverweser Erzherzog Johann; Reichsverf. vom 13. 1. 1849. Getragen von den Kräften des liberalen Bürgertums, erstrebte die F. N. ein dt. Kaiserreich; ihr Unternehmen scheiterte, da keine Einigung erzielt werden konnte. Das im Juni 1849 nach Stuttgart verlegte Rumpfparlament wurde am 18. 6. 1849 gewaltsam aufgelöst.

Fränkische Alb, Fränkischer Jura, Gebirge im nördl. Bayern, Fortsetzung der Schwäb. Alb; Hesselberg 689 m.

Fränkische Fürstentümer, die Markgrafschaften Ansbach und Bayreuth unter preuß. Herrschaft (1791-1806).

Fränkische Schweiz, bizarre Felsenlandschaft im nördl. Teil der Fränkischen Alb.

Fränkisches Gehöft, ein Bauernhof, bei dem Wohn- und Wirtschaftsgebäude ein mehr oder weniger geschlossenes Viereck oder Hufeisen um den eigentl. Hof bilden; vor allem in Mitteldtl. verbreitete Bauweise.

Fränkisches Reich, Regnum Francorum, bedeutendste Reichsbildung des frühen MA.; umfaßte roman. und german. Völker. Chlodwig I. aus dem Hause der Merowinger, der 486-507 den größten Teil Galliens und die Alemannen unterwarf und 496 zum Christentum übertrat, gründete das F.R.; seine Söhne eroberten auch das Burgunderreich und Thüringen. Karl d. Gr. unterwarf die Sachsen, das Langobardenreich in Oberitalien, Bayern, Nordspanien und wurde als mächtigster Herrscher des christl. Abendlandes 800 Kaiser. Sein Großreich zerfiel aber bald durch Erbteilung (Vertrag von Verdun 843, von Mersen 870); dadurch entstanden das **Ostfränkische** und das **Westfränkische Reich,** aus denen sich das Deutsche Reich und Frankreich entwickelten. →Merowinger, →Hausmeier, →Karolinger.

Franklin [fr'æŋklin], **1)** Benjamin, nordamerikan. Staatsmann und Schriftsteller, *1706, †1790,

vertrat die Gedanken der Aufklärung, war während des Unabhängigkeitskampfes der Verein. Staaten gegen England ihr Gesandter in Paris; erfand den Blitzableiter und den Kondensator. **2)** Sir John, *1786, †1847, engl. Nordpolforscher, unternahm 1819-47 mehrere Reisen zur Erforschung der Nordwestl. Durchfahrt.

Franklinstraße, Meeresstraße zwischen den nordkanad. Inseln Boothia Felix und Prince-of-Wales-Land.

franko [ital.], Abk. fr., postfrei.

frankoph'il, franzosenfreundlich.

frankoph'on, franzöz. sprechend. **Frankophon'ie** die, Gemeinschaft der Französischsprechenden (in kulturpolit. Hinsicht).

Frankreich, franzöz. **La France,** amtlich **République Française,** Republik in W-Europa, 547 000 km², 50,7 Mill. Ew.; Hauptstadt: Paris. ⊕ S. 522, 🗎 S. 345, 🕐 S. 878.

VERFASSUNG der Fünften Republik v. 4. 10. 1958. Staatsoberhaupt ist der Präs. der Republik, der zugleich Präs. der Franzöz. Gemeinschaft ist. Seit 1962 (Verfassungsänderung) wird er direkt vom Volk gewählt. Er ist Vors. des Ministerrats, kann die Nationalversammlung auflösen, ist Oberbefehlshaber der Streitkräfte, hat bei Staatsnotstand die umfassende Alleinentscheidung. An der Spitze der Regierung steht der vom Präs. ernannte Premierminister. Die Regierung kommt ohne parlamentar. Mitwirkung zustande, bedarf aber des Vertrauens der Nationalversammlung. Das Parlament besteht aus Nationalversammlung und Senat. Die Verwaltung ist zentralisiert; Einteilung in 95 Départements.

LANDESNATUR. F. hat im SO Anteil an den Westalpen (4810 m), im S an den Pyrenäen (3298 m); der übrige Teil zeigt einen Wechsel von Beckenlandschaften und Mittelgebirgen. Das zentrale Pariser Becken ist im S begrenzt vom Zentralmassiv (bis 1886 m), im O von den Vogesen, im NO von den Ardennen, im W von den Erhebungen der östl. Normandie und der Bretagne. Den SW F.s nimmt das Garonne-Becken ein, im SO ist die Rhône-Saône-Senke eingeschnitten. Hauptflüsse: Seine, Loire, Garonne, Rhône. Klima: ozeanisch, mild, feucht, nur am Mittelmeer trocken-heiße Sommer mit Frühjahrs- und Herbstregen. Pflanzenwelt: im S mittelmeerisch (Hartlaubgewächse), sonst atlantisch und mitteleuropäisch. Die BEVÖLKERUNG besteht zum größten Teil aus →Franzosen. Amts- und Bildungssprache ist Französisch; daneben wird Deutsch (Elsaß, Lothringen), Bretonisch (Bretagne), Italienisch (Korsika, franzöz. Riviera), Flämisch (um Dünkirchen), Katalanisch (Roussillon), Baskisch (westl. Pyrenäen) gesprochen. Rd. 62% der Bevölkerung sind Städter; dicht besiedelt sind die Region Paris, die Industriegebiete im N und NO sowie südwestl. von Lyon, ferner Teile der Mittelmeerküste. In Industriegebieten viele Einwanderer. Neben der Hauptstadt Paris hat F. 29 Großstädte. Religion: kath. (rd. 800 000 Protestanten).

WIRTSCHAFT. Die Landwirtschaft beschäftigt 18% der Erwerbstätigen. Von der Gesamtfläche werden 62% landwirtschaftlich genutzt; Hauptanbaugebiet im N. Erzeugnisse: Weizen, Hafer, Mais, Zuckerrüben, Gemüse, Obst. F. ist neben Italien das größte Weinland der Erde. Viehzucht (bes. Rinder, Schweine, Schafe); wichtigste Fischereihäfen: Boulogne, Concarneau, Lorient. Die bedeutende Förderung von Kohle (im N, Lothringen) und Eisenerz (Lothringen, Normandie) geht zurück; ferner ⚒ von Bauxit (Provence, Languedoc), Erdöl (Pyrenäenvorland, Pariser Region), Erdgas (Lacq), Blei, Zink, Uran u. a. In der Industrie (1965: 30% der Erwerbstätigen) sind alle Zweige stark entwickelt. Wachstumsindustrien sind bes. die chem., Kunststoff-, elektron. Industrie. Die Energiewirtschaft nutzt zunehmend Erdöl, Erdgas, Wasserkraft, Kernenergie. Bedeutender Fremdenverkehr. Ausfuhr: Eisen und Stahl, Fahrzeuge, Maschinen, Textilien, Erze, Getreide, Wein u. a. Einfuhr: Erdöl, Textilrohstoffe, Ma-

Fränkisches Reich

Legend:
- Fränkisches Kerngebiet
- Besitz Chlodwigs
- Erwerbungen Chlodwigs
- Erwerbungen bis zum Tode Karls des Großen
- Abhängige Völker

0   150   300 km

Grenze der Teilreiche n. d. Vertrag v. Verdun (843)
Teilung Lotharingiens n. d. Vertrag v. Mersen (870)
Grenzen nach dem Vertrag von Ribemont (880)

schinen. Haupthandelspartner: Bundesrep. Dtl.
VERKEHR. F. hat dichtes Verkehrsnetz. Wichtigste
Seehäfen: Marseille, Le Havre, Bordeaux; Kriegs-
hafen in Toulon. Internat. Flughäfen in Paris,
Marseille und Lyon.
GESCHICHTE →Französische Geschichte.

Frantz, Konstantin, staatsphilosoph. Schriftsteller, *1817, †1891; gegen Bismarcks kleindeutsche Lösung und für föderative Gestaltung der
europ. Völkergemeinschaft.

Franz, Kurzform von Franziskus.

Franz, Fürsten: Deutsche Kaiser. 1) **F. I.,**
*1708, †1765, Herzog von Lothringen, dann Groß-
herzog von Toskana, wurde als Gemahl und Mitregent der Habsburgerin Maria Theresia 1745 zum
Kaiser gewählt. 2) **F. II.,** *1768, †1835, Kaiser seit
1792, führte mehrere unglückl. Kriege gegen die
Französ. Revolution und Napoleon I., legte 1806
die dt. Kaiserkrone nieder, war dann als **F. I.** Kaiser von Österreich. Frankreich: 3) **F. I.,** *1494,
†1547, König 1515-1547, kämpfte erfolglos gegen
Kaiser Karl V. um das Herzogtum Mailand, wurde
1525 bei Pavia geschlagen und gefangengenommen, behauptete jedoch Frankreichs Unabhängigkeit und Größe. Österreich. 4) **F. Joseph I.,** *1830,
†1916, Kaiser 1848-1916, verlor 1859 und 1866
seine italien. Prov. und 1866 den Entscheidungskampf gegen Preußen um die Vorherrschaft in
Dtl., schloß 1867 den Ausgleich mit Ungarn, 1879
den Ausgleich mit dem Dt. Reich. 5) **F. Ferdinand,**
Erzherzog von Österreich, *1863, seit 1896 Thronfolger, am 28.6.1914 mit seiner Gemahlin in Sarajewo von serb. Nationalisten ermordet (Anstoß
zum 1. Weltkrieg).

Franz, Robert, Liederkomponist, *1815, †1892.

Franz von Assisi, eigentl. Giovanni Bernardo-
ne, der heilige Franziskus (Tag: 4.10.), *1181/82,
†1226, stiftete die Orden der Franziskaner, wurde
damit Schöpfer der Bettelorden. Mit seinen Gefährten zog er Buße predigend und Kranke pfle-
gend durch Europa. Predigten und Hymnen
(»Sonnengesang«) sind erhalten.

Franz von Paula, *1416, †1507, Stifter des
Mönchsordens der Minimen, Heiliger (Tag 2.4.).

Franz von Sales, Bischof von Genf, *1567,
†1622, stiftete mit Franziska von Chantal den Orden der Salesianerinnen; Heiliger (Tag 24.1.).

Franzband [Abk. für »französischer Einband«],
Bucheinband ganz von Leder; **Halb-F.,** mit Rük-
ken und Ecken von Leder.

Franzbranntwein, verdünnter, aromat. Alkohol für Einreibungen u.a.

Franzensbad, tschech. **Františkovy Lázně,**
Stadt und Heilbad in der Tschechoslowakei.

Franziskaner, die von Franz von Assisi gestifteten drei Orden. **Der Erste Orden,** die **Minderen
Brüder** oder **Minoriten,** besteht seit dem 16. Jahrh.
aus den **F.-Observanten** (Sandalen, braune Kutte,
Kapuze), meist F. genannt, den **F.-Konventualen**
(schwarze Kutte, Kapuze), oft kurz als Minoriten
bezeichnet, und den **Kapuzinern** (Sandalen, grobe
braune Kutte, Bart, Kapuze), die voneinander unabhängig sind, jedoch alle auf der Regel von 1223
fußen. Sie erstreben den gleichen Ordenszweck,
die Verwirklichung des Evangeliums durch Askese, bes. durch Armut, und durch apostol. Arbeit in
der Volksseelsorge und Mission; alle gehören zu
den Bettelorden. – Die Observanten und Kapuziner gehören zu den größten kath. Orden. Der
Zweite Orden, gewöhnlich **Klarissenorden** genannt,
wurde von Franz und Klara von Assisi 1212 gegründet. – Zum **Dritten Orden** gehören neben dem
weltl. Zweig der reguläre Dritte Orden für Männer sowie zahlreiche selbständige Franziskanerin-
nen-Kongregationen.

Franz'iskus [mittellat. »der Franke«], männl.
Vorname. Dazu die weibl. Form **Franz'iska.**

Franz-Joseph-Land, russ. Inselgruppe im
Nordpolarmeer, 19 700 km², stark vergletschert.

Franzosen, roman. Volk (Frankreich 50, Belgien 3,6, Schweiz 1,2, Kanada 5 Mill.), entstanden
aus Kelten, vorindogerman. Resten, Römern, Germanen. Das Eindringen der Franken hat die ro-

man. Bevölkerung in zwei Teile getrennt, die
Nord-F. und Süd-F. Das Zusammenwachsen von
N und S brauchte Jahrhunderte; bis heute erhebl.
Unterschiede in Sprache, Sitte und Wesensart.

Franzosenkraut, Knopfkraut, Korbblüter,
mit 2 weißen Zungenblüten, gemeines Unkraut, aus Peru eingeschleppt.

Französisch-Äquatorialafrika, bis 1958 franz.
zös. Gebietsgruppe in Mittelafrika, 2,5 Mill. km²,
4,96 Mill. Ew., aus der 1960 die unabhängigen
Rep. hervorgingen. Hauptstadt war Brazzaville.

Französische Gemeinschaft, französ. **Communauté Française,** die durch die Verfassung v.
4.10.1958 geschaffene Staatengemeinschaft zwischen der Französ. Republik (einschl. Übersees-
Départements) und den ehem. Kolonialgebieten
Französisch-Westafrika (außer Guinea) und Französisch-Äquatorialafrika sowie Madagaskar. Die
1960 entstandenen unabhängigen Staaten traten
entweder der F. erneut bei (Zentralafrikan.
Rep., Kongo-Brazzaville, Gabun, Madagaskar,
Tschad) oder sind auf vertragl. Grundlage mit ihr
zur Zusammenarbeit bereit (Elfenbeinküste, Obervolta, Niger, Dahome, Mauretanien, Kamerun,
Mali, Togo).

Französische Geschichte. Frankreich ist aus
dem →Fränkischen Reich entstanden. 843-987
Herrschaft der westfränk. Karolinger. 987-1328
Herrschaft der →Kapetinger: Stärkung der Königsmacht und Aufbau eines zentral regierten Nationalstaates. 1154 wurde das ganze westl. Frankreich
durch Erbschaft und Heirat mit England vereinigt; aber Philipp II. August erober am Anfang des
13. Jahrh. die meisten engl. Festlandsbesitzungen.
1328-1589 Herrschaft des Hauses →Valois (kape-
ting. Nebenlinie): 1338 begann der →»Hundertjäh-
rige Krieg« mit England. Karl VII. gelang es mit
Hilfe der →Jungfrau von Orléans, die Engländer
immer mehr aus dem Lande zu drängen. Seit 1562
blutige Religions- und Bürgerkriege (→Hugenot-
ten). **1589-1792 Herrschaft der →Bourbonen:** Höhepunkt und Ende des französ. Königtums. Unter
Ludwig XIII. begründete →Richelieu seit 1624 die
unumschränkte Herrschaft des Königs. Im Westfäl. Frieden 1648 erhielt Frankreich einen Teil
des Elsaß, und →Ludwig XIV. (1643-1715) machte
Frankreich zur führenden Macht in Europa (Vollendung des Absolutismus); sein Minister Colbert
baute gleichzeitig ein erstes Kolonialreich aus (Kanada, Louisiana, Westindien). Die Mißwirtschaft
unter Ludwig XV. und Ludwig XVI. führte die
→Französische Revolution herauf **(Erste Republik),**
die Bonaparte 1799 niederwarf und als Erster Konsul durch Errichtung einer Militärdiktatur zugleich
fortsetzte. 1804 wurde er als →Napoleon I. Kaiser
(Erstes Kaiserreich).

Nach seiner Überwindung durch die europ. Ko-
alitionen 1815 wurde das Königtum der Bourbonen unter Ludwig XVIII. wiederhergestellt (Re-
stauration). Die »Ideen von 1789« waren jedoch so
stark, daß Frankreich bald zum Herd bürgerl. Revolutionen wurde; Karl X. wurde 1830 durch die
liberale Julirevolution, sein Nachfolger Ludwig
Philipp (»Bürgerkönig«) durch die Februarrevolution
1848 gestürzt. In der **Zweiten Republik** wurde
Napoleons Neffe, Ludwig Napoleon, zum Präsidenten gewählt; durch den Staatsstreich von 1851
erlangte er unbeschränkte Macht und wurde 1852
als →Napoleon III. Kaiser **(Zweites Kaiserreich).**
Der →Deutsch-Französische Krieg von 1870/71
führte zum Verlust des Elsaß-Lothringens und zur
Ausrufung der **Dritten Republik,** die gegen monar-
chist. und nationalist. Bewegungen (Boulanger) zu
kämpfen hatte und durch den Dreyfus-Prozeß in
scharfe innere Auseinandersetzungen geführt wurde. In den 1880er und 1890er Jahren strebt sich
Frankreich ein neues Kolonialreich (N-Afrika, W-
Sudan, Madagaskar, Indochina). Im Innern wurde
der Kampf gegen die kath. Kirche durch die Laien-
gesetzgebung (1905) abgeschlossen. Die deutsch-
feindl. Außenpolitik, die auf »Revanche« für 1870/
1871 ausging (Delcassé, Poincaré, Clemenceau),

Franz Joseph I.

Franz v. Assisi

führte 1894 zum Bündnis mit Rußland und 1904 zur »Entente« mit England.

Nach dem 1. Weltkrieg erhielt Frankreich durch den Versailler Vertrag Elsaß-Lothringen zurück sowie Mandatsgebiete in Afrika und Syrien. Durch sein europ. Bündnissystem wurde es zur führenden Festlandsmacht und erlangte eine einflußreiche Stellung im Völkerbund. Durch Finanz- und Währungsschwierigkeiten, polit. und soziale Auseinandersetzungen im Innern geschwächt, nahm es dann jedoch die dt. Aufrüstung unter Hitler hin. 1939 trat es in den Krieg gegen Dtl. ein; 1940 brach es militärisch zusammen. Nach dem von Pétain abgeschlossenen Waffenstillstand wurde ein Teil Frankreichs besetzt (1942 das übrige Land) und die autoritäre Vichy-Regierung errichtet. Es bildete sich eine nationale Widerstandsbewegung (Résistance). Die Invasion der Amerikaner und Briten in der Normandie und an der Mittelmeerküste befreite 1944 Frankreich, das 1945 als Siegernation an der Besetzung Dtl.s teilnahm.

Im Dez. 1946 gab sich Frankreich mit der Französ. Union eine neue Verfassung (Vierte Republik). Außenpolitisch setzte sich Frankreich, als eine der fünf alliierten Hauptmächte anerkannt, jedoch geschwächt durch häufigen Kabinettswechsel, Währungsverfall und nationale Loslösungsbewegungen in Übersee (Indochina, N-Afrika) für eine europ. Zusammenarbeit ein. Angesichts der sich verschärfenden Staats- und Algerienkrise wurde de Gaulle am 29. 5. 1958 mit der Regierungsbildung beauftragt. Die neue Verfassung (Fünfte Republik) für Frankreich und die →Französische Gemeinschaft wurde am 28. 9. 1958 durch Volksabstimmung angenommen. Am 8. 1. 1959 wurde de Gaulle Staatspräs. Das Abkommen von Evian (1962) brachte Algerien die Unabhängigkeit. 1963 unterzeichneten de Gaulle und Adenauer einen Vertrag über die dt.-französ. Zusammenarbeit. Die französ. Atomrüstung (Force de frappe) befindet sich im Aufbau. 1966 entzog Frankreich seine Streitkräfte den integrierten NATO-Kommandos. Im Mai 1968 kam es aus Protest gegen die veraltete Universitätsstruktur zu schweren Unruhen der Studenten, denen sich mit der Sozialpolitik unzufriedenen Arbeiter anschlossen. Nach einer Abstimmungsniederlage bei einem Referendum trat de Gaulle am 28. 4. 1969 zurück. Neuer Staatspräs. ist seit 15. 6. 1969 Georges Pompidou, Min-Präs. P. Messmer (seit 1972).

Französische Kunst. Die große Zeit der F. K. war das Mittelalter. Ihre weitreichendste Wirkung erlangte sie zur Zeit der **Gotik**, die von der Ile-de-France um die Mitte des 12. Jahrh. ihren Ausgang nahm. Klassische Vollendung fand die französ. Baukunst und Plastik in den gotischen Kathedralen von Chartres, Paris, Reims, Amiens, daneben auch in weltl. Bauten (Papstpalast in Avignon, Stadtbefestigung von Carcassonne u. a.). Bedeutend waren die Leistungen der Glasmalerei, bes. in Chartres und der Sainte-Chapelle in Paris. Die Baukunst der **Renaissance** wandte sich bes. dem Schloßbau zu (Louvre, Fontainebleau). In der Zeit des **Barocks** entwickelte die F. K. einen eigenen klassischen Stil von monumentaler, maßvoller Klarheit (Schloß und Park in Versailles; Ostfassade des Louvre, Kirche der Sorbonne und Invalidendom in Paris). Unter der Leitung von Ch. Lebrun schufen zahlreiche Maler eine Fülle dekorativer Wand- und Deckenmalereien für die Schlösser. Im Barock waren die bedeutendsten Maler N. Poussin und Claude Lorrain in Rom, im Rokoko A. Watteau und F. Boucher. Im 19. Jahrh. gewann die F. K. erneut einen starken Einfluß auf ganz Europa (**Impressionisten:** Manet, Monet, Pissaro, Renoir, Degas; Cézanne, Gauguin, Rodin, Maillol u. a.). Eine ebenso starke Wirkung ging im 20. Jahrh. auf die moderne Kunst von Frankreich aus (Kubismus, Surrealismus u. a.). Bekannte Künstler der Gegenwart sind R. Bissière, J. Basaine, G. Singier, A. Manessier, P. Soulages, G. Mathieu, J. Dubuffet, ferner B. Buffet. (FARBTAFEL S. 347)

Französische Literatur. Die älteste F. L. (9. bis 11. Jahrh.) ist geistlich bestimmt. Das 12. Jahrh. brachte das Heldenepos (Rolandslied) und im Anschluß an die Troubadourdichtung den höfischen Versroman (Chrétien de Troyes). Vom 13. Jahrh. an traten Satire und Allegorie (Rosenroman) sowie bürgerlich-realist. Literaturgattungen stark hervor. Seit dem Italienfeldzug Karls VIII. (1494) drang die Renaissance nach Frankreich (Clément Marot; Dichtergruppe der Plejade; Rabelais; Essays von Montaigne) und fand erst mit der Berufung Malherbes an den Hof 1605 ihr Ende. Seitdem beherrschten vernunftgeregelte Ordnung und Klarheit die französ. Sprache und führten über die Vorklassik mit Corneilles Dramen zu der von 1660 etwa drei Jahrzehnte blühenden Hochklassik (»L'art poétique« von Boileau, Dramen von Racine, Komödien von Molière, Fabeln von La Fontaine, Romane von Mme. de Lafayette, Maximen von Larochefoucauld). Von 1690 bis zum Tode Ludwigs XIV. (1715) erstarrte die F. L. in klassizist. Tradition; daneben wuchs die Kritik (Schelmenromane von Lesage; Erziehungsroman »Telemach« von Fénelon). Sie führte 1715-89 zur Aufklärung (Montesquieu: »Geist der Gesetze«), deren Höhepunkt mit den späteren Werken Voltaires und der »Encyclopédie« (Diderot, d'Alembert) die Jahre 1750-80 umfaßte. Mitten im Jahrh. des Rationalismus jedoch brachte Rousseau die Kräfte des Gemüts zur Geltung (Vorromantik). Noch in der Zeit der Romantik (1820-40; A. de Vigny, A. Musset, V. Hugo) pflegte Th. Gautier die feingeschliffene klass. Form, die dann bei den Parnassiens im Vordergrund stand. Aus der unklass. Haltung der Romantik entwickelten sich Realismus (Stendhal, Balzac, Flaubert, Maupassant) und Naturalismus (Zola) des Romans, aber auch über Baudelaire hinweg der Symbolismus der Lyrik (Rimbaud, Verlaine, Mallarmé, an den die »poésie pure« von Valéry anknüpft), und im 20. Jahrh. der →Surrealismus. Der Realismus bemächtigte sich Ende des 19. Jahrh. der ganzen Breite der Wirklichkeit (Ausbildung großer Zyklenromane; R. Rolland; R. Martin du Gard, Duhamel, J. Romains) und der seel. Vorgänge (Proust). Starke kath. Erneuerungsbewegung (Claudel, Bernanos, Mauriac). Bühnendichter: u. a. Giraudoux, der Existentialist Sartre, Anouilh; Erzähler: Gide, Malraux, Montherlant, Camus, in jüngster Zeit die Vertreter des »neuen Romans« A. Robbe-Grillet, Nathalie Sarraute u. a.; Lyriker: Saint-John Perse, Eluard, Char.

Französische Philosophie, die im französ. Sprachraum entstandenen philosoph. Systeme. Im MA. war Paris ein Mittelpunkt der Scholastik (Abaelard, Bernhard von Clairvaux, Auseinandersetzung zwischen Nominalisten und Realisten). Seit dem 14. Jahrh. herrschte hier der Nominalismus vor. Folgenreichster Denker der F. P. war im 17. Jahrh. Descartes; sein Rationalismus war bis zu Kant maßgebend (Kartesianismus, Okkasionalismus). Im 18. Jahrh. verbreiteten die Enzyklopädisten (Diderot) den Geist der Aufklärung. Rousseau forderte die Rückkehr zur natürl. Menschlichkeit. Im 19. Jahrh. durchdrangen der Positivismus Comtes und die Lebensphilosophie Bergsons ganz Europa. Gegen den letzteren wandten sich im 20. Jahrh. vor allem die Neuthomisten (Maritain, Gilson). In jüngster Zeit entwickelten Denker wie Sartre und Camus (angeregt durch die dt. Existenzphilosophie) einen atheist. Existenzialismus, andere wie Marcel einen christl. Existenzialismus, Teilhard de Chardin eine universale Evolutionslehre im Sinne des Theismus.

Französische Revolution, die große polit. und soziale Umwälzung in Frankreich seit 1789, die weltgeschichtl. Bedeutung gewann. Ihre geistige Grundlage war die Aufklärung, deren Wortführer (Montesquieu, Voltaire, Rousseau) im Sinne des aufstrebenden Bürgertums (des »dritten Standes«) den Absolutismus der französ. Könige und die Vorrechte des Adels und der kath. Kirche scharf bekämpft hatten. Um den Staatsbankrott abzuwenden, berief Ludwig XVI. (erstmals seit 1614) 1789 die Generalstände. Die Abgeordneten des »dritten

Standes« erklärten sich zur Verfassunggebenden Nationalversammlung; die Pariser Massen stürmten am 14.7. die Bastille, die Nationalversammlung verkündete die Menschenrechte, schuf das zentralist. Verwaltungssystem der Départements, beseitigte alle ständischen Vorrechte und zog das Kirchengut ein. Unter dem Einfluß radikaler Elemente (Jakobiner-Terror) und dem Druck der Revolutionskriege schaffte der Nationalkonvent 1792 die Monarchie ab und verkündete die Republik. Im Januar 1793 wurde Ludwig XVI. hingerichtet. Unter Danton und Robespierre führten die Jakobiner bis 1795 eine blutige Schreckensherrschaft (Guillotine). Dann folgte eine neue Verfassung und die Herrschaft eines fünfköpfigen Direktoriums, das 1799 von Bonaparte gestürzt wurde. Eng mit dem Verlauf der F.R. verbunden sind die Interventionskriege der andern europ. Staaten: **Erster Koalitionskrieg** (1792/93-97) gegen Österreich und Preußen, denen sich 1793 England, Holland und Spanien anschlossen. Die aufgebotenen Massenheere errangen durch ihren revolutionären Schwung und die neue Taktik Erfolge über die verbündeten Armeen. 1795 schieden Preußen und Spanien aus der Koalition aus, so daß Österreich nach weiteren Niederlagen, vor allem durch Bonaparte in Oberitalien, 1797 im Frieden von Campoformio die Lombardei und Belgien abtreten und Frankreich die Rheingrenze zusichern mußte (Österreich erhielt Venedig). **Zweiter Koalitionskrieg** (1798-1801/02) gegen Rußland, Österreich, England, Türkei, Neapel und den Kirchenstaat. Nach wechselvollen Kämpfen entschied Napoleon den Krieg und schloß mit Österreich den Frieden von Lunéville, mit England den von Amiens.

Französische Sprache, die auf dem Boden des alten Galliens entstandene Sprache, gegliedert in Südfranzösisch oder Provenzalisch (langue d'oc) und Nordfranzösisch (langue d'oïl), das als Sprache von Paris zur heutigen Schriftsprache wurde. Die F.S. ist Amtssprache in Frankreich und ehem. Kolonien, Belgien, westl. Schweiz, östl. Kanada, Muttersprache von etwa 60 Mill. Menschen.

Französisches Territorium der Afar und Issa, französ. Überseegebiet in O-Afrika, am Golf von Aden; 23000 km², 108000 Ew.; Hauptstadt: Djibouti (Bahn nach Addis Abeba). 1967 ergab eine Volksabstimmung Mehrheit für Verbleib bei Frankreich.

Französische Union, die durch die französ. Verfassung von 1946 geschaffene Staaten- und Völkergemeinschaft; 1958 durch die →Französische Gemeinschaft abgelöst.

Französisch-Guayana, französ. Übersee-Département in Südamerika, 91000 km², 37000 Ew.; Hauptstadt: Cayenne. Im Innern Urwald; Anbaugebiete nur im Küstenstreifen. Ausfuhr: Gold, Rum, Holz, Rosenölessenz. - F.-G. war seit 1852 Sträflingskolonie (bis 1938).

Französisch-Guinea, bis 1958 französ. Besitzung in W-Afrika, →Guinea.

Französisch-Polynesien, früher Französisch-Ozeanien, französ. Überseegebiet in Polynesien, 4000 km², 100000 Ew., Hauptort: Papeete (Tahiti); umfaßt: Gesellschafts-, Marquesas-, Tuamotu-, Tubuai-, Gambier-Inseln. Kopra, Kaffee.

Französisch-Sudan, bis 1958 Gebiet von Französisch-Westafrika, →Mali.

Französisch-Westafrika, bis 1958 französ. Gebietsgruppe in W-Afrika, 4,6 Mill. km², 17,4 Mill. Ew., Verwaltungssitz Dakar; umfaßte Senegal, Mauretanien, Französ.-Sudan, Niger, Franzos.-Guinea, Elfenbeinküste, Dahome, Obervolta.

Französisch-Westindien, die französ. Übersee-Départements Guadeloupe, Martinique.

frapp'ant [frz.], schlagend, auffallend. **frapp'ieren,** 1) erschüttern. 2) überraschen, befremden.

Frasc'ati, Stadt und Sommerfrische in Italien, südöstlich von Rom, 18300 Ew.; Kunstschätze, Weinbau, Kernforschungsinstitut; nahebei Ruinen der Stadt →Tusculum.

Fräse [frz.] die, **1)** Halskrause. **2)** Backenbart (BILD Barttracht). **3)** Bodenbearbeitungsmaschine.

Fräsen, Verfahren der spanabhebenden Formung mit einem **Fräser,** der am Umfang **(Walzenfräser)** oder der Stirnseite **(Stirnfräser)** Schneiden trägt. **Form-** oder **Profilfräser** ermöglichen die Herstellung beliebiger Profile oder Rotationskörper.

Fräsen: Fräsmaschine

Fraser [fr'eizə] der, Fluß in der kanad. Prov. Britisch-Kolumbien, fließt vom Felsengebirge in den Stillen Ozean; 1200 km; Lachsfischerei.

Frater [lat. »Bruder«] der, Mz. Fratres, Ordens-, Klosterbruder. **Fratres minores,** die →Franziskaner. **Fratres praedicatores,** die →Dominikaner. **fraterni-s'ieren,** sich verbrüdern.

Frau. Im Altertum war in Griechenland die F. auf das Haus beschränkt, ihre Rechtsfähigkeit gering; in Rom stand sie unter der Gewalt des Vaters oder des Gatten, doch genoß die Ehefrau gesellschaftl. Achtung. Streng patriarchalisch war die Ordnung auch bei den Germanen. Im MA. blieb die F. dem Manne untergeordnet. Gandersheim, Quedlinburg u.a. Frauenklöster pflegten die Bildung. Seit dem 17.Jahrh. spielte die gebildete F. in der Gesellschaft eine Rolle. Im 19. Jahrh. setzte die **Frauenbewegung** ein, die die rechtl. Gleichstellung (→Gleichberechtigung) der F. erstrebte. Ihre Führerinnen (Frauenrechtlerinnen) erregten heftigen Widerspruch in Dtl. u.a. Luise Otto-Peters, Helene Lange, Auguste Schmidt, Gertrud Bäumer. - Der Anteil der F. an der Bevölkerung liegt in den meisten Ländern über dem der Männer **(Frauenüberschuß).**

Frauenarbeit, hat als Folge der sozialen Umschichtungen seit den beiden Weltkriegen stark zugenommen. Für F. bestehen besondere Schutzvorschriften **(Frauenarbeitsschutz).**

Frauenbildung im öffentl. Schulwesen umfaßt: Hauswirtschafts-, Frauenfach-, Landfrauenschulen, sozialpädagog. Schulen, als allgemeinbildende höhere Schulen: Frauenoberschulen.

Frauenburg, Stadt in Ostpreußen, (1939) 3000 Ew., am Frischen Haff; Dom mit Grabdenkmal des Kopernikus; kath. Bischofssitz (Ermland), seit 1945 unter poln.Verw. (Frombork,1966:1700 Ew.).

Frauenfeld, Hauptstadt des Kt. Thurgau, Schweiz, 17500 Ew.; Industrie.

Frauenflachs, Pflanzen wie Widertonmoos, Federgras, Zittergras.

Frauenheilkunde, →Gynäkologie.

Frauenlob, →Heinrich von Meißen.

Frauenmantel, staudiger Rosenblüter auf Wiesen und in Wäldern, mit fächer- bis umhangförmigen Blättern und grünl. Blütchen.

Frauenschuh, Orchidee auf Kalkboden, die braunrot-gelbe Blüte hat eine schuhähnlich-bauchige Lippe; steht unter Naturschutz. **2)** andere Pflanzen mit schuhförm. Blütenteilen.

Frauenstifter, 1) bis 1807 reichsunmittelbare kath. Frauenklöster. **2)** Stiftungen zur Versorgung alleinstehender Frauen.

Frauenverbände. Berufs- und **Fachverbände:** Schwestern-, Rotes Kreuz-, Ärztinnen-, Lehrerinnen-, Jugendleiterinnen-, Kindergärtnerinnen-, Fürsorgerinnen-, Sozialarbeiterinnen-, Akademikerinnen-Verbände, der Deutsche Gewerkschaftsbund (Hauptabt. Frauen), die Deutsche Angestellten-Gewerkschaft (Frauenabt.), der Dt.Hausfrauenbund, der Dt. Landfrauenbund der Reifensteiner Verband, der Verband Berufstätiger Frauen u.a. **Allgemeine F.:** Dt. Frauenring, Verband Dt. Frauenkultur, Weltorganisation der Mütter aller Nationen (W.O.M.A.N.). **Soziale und kirchl. F.:** Evangel. Frauenarbeit in Dtl., Kath. Dt. Frauenbund. **Berliner F.:** Berliner Frauenbund von 1945, Dt. Staatsbürgerinnenverband.

Fraunhofer, Joseph v., Optiker, * 1787, † 1826 als Prof. in München; entdeckte die dunklen Absorptionslinien im →Spektrum der Sonne.

Frechen, Stadt (seit 1951) im Kr. Köln, Nordrh.-Westf., 30 200 Ew., Braunkohlenbergbau.

Freder'icia, dän. Hafenstadt an der O-Küste Jütlands, 34 000 Ew.; Erdölraffinerie.

Frederikshavn [fr'edriksh'aun], dän. Hafenstadt im N Jütlands; 24 500 Ew.; Fischereihafen, Schiffswerft, Eisen-, Fischkonservenindustrie.

Fredrikst'ad, Hafenstadt im südl. Norwegen, am Oslofjord, 30 000 Ew.; Holzausfuhr.

Free Jazz fri: dʒæz, engl. »Freier Jazz«], seit 1962 Stilphase des modernen Jazz; Hauptmerkmale: unendl. Teilbarkeit der Oktave, andauernder Klangstrom statt fester Gliederung, Ablehnung der herkömml. harmonischen Struktur.

Freetown [fr'i:taun], Hauptstadt von Sierra Leone, in Westafrika, 128 000 Ew.; Hafen.

Fregatte die, früher ein schnellsegelndes Kriegsschiff, heute ein Kampfschiff für die U-Boot-Jagd und U-Boot-Abwehr.

Fregattenkapitän, Seeoffizier im Rang eines Oberstleutnants.

Fregattvogel, trop. Küstenvogel mit ausdauerndem Segelflug, bis 2,3 m Flügelspannweite.

Frege, F. L. Gottlob, Mathematiker, Philosoph, * 1848, † 1925, versuchte die Arithmetik als Zweig der Logik darzustellen.

Freia, german. Göttin, →Freyja.

Freiballon, beschränkt lenkbarer Luftballon, mit dem sportl. Wettkämpfe im Weiten- und Dauerflug ausgetragen werden.

Freibank, Verkaufsstelle für genießbares minderwertiges Fleisch.

Freiberg, alte Bergbaustadt oberhalb der Freiberger Mulde, Bez. Karl-Marx-Stadt, 49 100 Ew.; Bergakademie; Dom mit der spätroman. »Goldenen Pforte« (um 1235); Ind.: Metallwaren, Leder.

Freibetrag, Betrag, der steuerfrei bleibt (z. B. der für Ehefrau und Kinder bei der Einkommensteuer). Freigrenze gibt an, bis zu welcher Grenze eine Steuer nicht erhoben wird.

freibleibend, ⚖ unverbindlich.

Freibrief, ⚖ Urkunde, durch die gewisse Vorrechte oder Freiheiten gewährt werden.

Freiburg, 1) F. im Breisgau, Stadt in Baden-Württemberg, 156 700 Ew., an den Hängen des Schwarzwaldes und in der Oberrhein. Tiefebene; Erzbischofssitz; Münster, Universität, viele wissenschaftl. und kulturelle Einrichtungen; Fremdenverkehr; vielseitige Ind. – F., 1120 gegründet, seit 1368 habsburgisch, kam 1805 an Baden. **2)** F. in Schlesien, Stadt am Nordfuß des Waldenburger Berglandes, (1939) 9300 (1965) 18 300 Ew.; seit 1945 unter poln. Verw. (**Świebodzice**). **3)** F. im Üchtland, französ. Fribourg, Hauptstadt von 4), an der Saane, 38 400 Ew.; Bischofssitz;

Universität, Technikum; Maschinen-, Holz-, Metall-, Textil-, chem. u.a. Ind. – F., 1157 gegr., kam 1481 zur Schweizer. Eidgenossenschaft. **4)** Kanton F., Schweiz, 1670 km², 180 300 Ew.; Amtssprachen: Französ. und Deutsch. Viehzucht, Alpwirtschaft, verschiedene Industrie.

Freidank, Meister der volkstüml. lehrhaften Spruchdichtung (»Bescheidenheit«) im 13. Jahrh.

Freidenker, urspr. die engl. Deisten, allg. der frei von religiösen Dogmen Denkende. Im 19. Jahrh. nimmt mit Dahl der F. mit dem Fortschritt der Naturwissenschaft stark zu. Die Bewegung der F. warb gegen Ende des 19. Jahrh. für Kirchenaustritt, nahm freireligiöse. Bewegungen in sich auf u.a. Sie hat an Bedeutung verloren.

Freie, bei den Germanen die voll rechts- und waffenfähigen »Gemeinfreien«, der Kern der Bevölkerung; von den bäuerl. **Gemein-F.** wurden die **Edel-F.** (Adel) unterschieden. **Minder-F. (Liten)** waren hörig, **Unfreie** ganz rechtlos.

freie Berufe, die Berufe selbständiger Erwerbstätiger, die nicht Gewerbetreibende sind, z. B. Ärzte, Schriftsteller; Übergänge fließend.

Freie Bühne, von Th. Wolff, M. Harden u.a. 1889 in Berlin gegr. Verein für zensurfreie Vorstellungen (Stücke von G. Hauptmann u.a.).

Freie Demokratische Partei, FDP, 1948 in der Bundesrep. Dtl. gegr. polit. Partei; vereinigt liberal demokrat. und nationalliberale Kräfte, lehnt staatl. Wirtschaftslenkung und Sozialisierung ab, verficht eine stärker unitar. Staatsgestaltung. Seit Beginn der 60er Jahre setzt sie sich für verbesserte Beziehungen zur Dt. Dem. Rep. und zu den kommunist. Staaten Europas ein. 1949-56, 1961 bis 1966 und seit 1969 an Koalitions-Regierungen beteiligt. Mit Th. Heuss stellte sie den ersten Bundespräs. der Bundesrep. Dtl. (1949-59). Vors.: Walter Scheel (seit 1968).

Freie Deutsche Jugend, FDJ, 1946 in der sowjet. Besatzungszone gegr. staatl. Einheitsorganisation der Jugendlichen vom 14. Lebensjahr ab, dient der kommunist. u. vormilitär. Erziehung.

Freie evangelische Gemeinden, staatsfreie, von den Landeskirchen unabhängige evang. Gemeinden, 1854 gegr.

freie Künste, lat. **'Artes liber'ales,** im späten Altertum die freien Mannes würdigen Kenntnisse und Fertigkeiten; im MA. galten als die sieben f. K.: Grammatik, Rhetorik, Dialektik **(Tr'ivium),** Arithmetik, Geometrie, Musik und Astronomie **(Quadr'ivium).**

Freienwalde an der Oder, Bad F., Kreisstadt im Bez. Neubrandenburg, 11 900 Ew.; eisenhaltige Quellen und Moorbäder.

Freier Deutscher Gewerkschaftsbund, FDGB, kommunist. Einheitsgewerkschaft der Dt. Dem. Rep.

Freies Deutsches Hochstift, Frankfurt a. M., 1859 gegr. Institut zur Pflege der Wissenschaft, Kunst und höheren Bildung. Dem F. D. H. gehört das Goethehaus mit Museum in Frankfurt.

Freie Städte, städt. Freistaaten, so die alten Reichsstädte, im MA. nur dem Kaiser unterstehend. Der Wiener Kongreß erkannte 1815 noch Hamburg, Bremen, Lübeck, Frankfurt a. M. als F. S. an. Frankfurt wurde 1866, Lübeck 1937 in Preußen eingegliedert. Nach dem Versailler Vertrag von 1919/20 war Danzig autonome »Freie Stadt«; heute sind nur noch Hamburg und Bremen F. S.

freie Wirtschaft, 1) die freie →Marktwirtschaft. **2)** die Bewirtschaftung des Bodens ohne feste Fruchtfolge.

Freifrau, Baronin, Gattin eines →Freiherrn; die Tochter heißt Freifräulein (Freiin, Baronesse).

Freigericht, Gem. im Kr. Gelnhausen, Hessen, 12 200 Ew.

Freigrafschaft, →Burgund.

Freigut, von öffentlichen oder grundherrlichen Abgaben und Diensten freies Landgut. **Freibauer (Freisasse),** Besitzer eines F.

Freihafen, Teil eines See- oder Flußhafens, in den (als Zollausland) Waren zollfrei ein- und ausgeführt werden können.

Freihandel, engl. **free trade,** i.w.S. die von öffentl.-rechtl. Beschränkungen unbehinderte Freiheit des Erwerbs und Verkehrs; i.e.S. die von Zöllen und anderen Eingriffen unbeeinflußten zwischenstaatl. Austauschbeziehungen. Der F. beruht auf dem wirtschaftl. →Liberalismus. Die Bewegung ging von England aus, wo sie theoret. von A. Smith und seiner Schule begründet, polit. durch die Freihändler (→Manchestertum) verwirklicht wurde. Die gegenläufige Bewegung einer Schutzzollpolitik setzte bereits im 19. Jahrh. ein, in Dtl. seit 1829, zuletzt in England 1932. Nach 1945 wurde eine größere Freiheit im Welthandel angestrebt (→GATT); sie besteht bes. innerhalb der europ. Wirtschaftszusammenschlüsse.

Freihandelsgemeinschaft, →Europäische Freihandelsgemeinschaft.

Freiheit, Unabhängigkeit, Fähigkeit zur Selbstbestimmung, Fehlen von Zwang in Entscheidungssituationen. Die Philosophie unterscheidet zwischen F. von äußerem Zwang und innerer F. **(Gewissensfreiheit).** Strittig ist, ob Willenshandlungen objektiv frei vollzogen werden (Indeterminismus) oder nicht (Determinismus), mithin ob es **Willensfreiheit** gibt. – F. heißt auch die äußere Unabhängigkeit eines Staates (Souveränität). In der Gesellschaftsordnung verankert die F. durch die →Grundrechte, das Recht der Bürger zur Teilnahme an der Ausübung der Staatsgewalt (→Demokratie), die Privateigentumsordnung, die freie →Marktwirtschaft.

Freiheit der Meere, völkerrechtl. Grundsatz, nach dem die Benutzung des offenen Meeres allen Personen und Staaten zu Schiffahrt und Fischerei in Friedenszeiten offensteht.

Freiheit, Gleichheit, Brüderlichkeit, →Liberté, Egalité, Fraternité.

Freiheitsberaubung, ⚖ die vorsätzl. und widerrechtl. Freiheitsentziehung, z.B. durch Einsperren, auch durch unfreiwillige Hypnose. Strafe: Freiheitsstrafe, Geldstrafe oder Freiheitsstrafe nicht unter einem Jahr.

Freiheitsglocke, im Turm des Rathauses von Berlin-Schöneberg, Geschenk der USA, 1950.

Freiheitskriege, Befreiungskriege, die Kriege von 1813-15, die Dtl., Italien und Spanien von der französ. Herrschaft befreiten und Napoleons Kaiserreich zerstörten. Nachdem im Winterfeldzug 1812 die Russen die Große Armee vernichtet hatten, erklärte sich Ende 1812 das preuß. Hilfskorps für neutral (Tauroggen). Im Febr. 1813 schloß Preußen ein Bündnis mit Rußland. Der Krieg wurde nun zur Volkserhebung. Im **Frühjahrsfeldzug 1813** siegte Napoleon mit einem neuen starken Heer bei Großgörschen und Bautzen. Darauf trat ein längerer Waffenstillstand ein; jetzt schlossen sich auch Österreich, England und Schweden den Verbündeten an. **Herbstfeldzug 1813.** Die Verbündeten bildeten drei Heere, Napoleon schlug die böhmische Armee bei Dresden, aber seine Marschälle wurden in Schlesien, vor Berlin und in Nordböhmen besiegt. Dann unterlag er in der Völkerschlacht bei Leipzig (16.-19. 10.) seinen vereinigten Gegnern. Die Rheinbundstaaten fielen nun ihm ab. **Feldzug 1814.** In der Neujahrsnacht überschritt Blücher bei Kaub den Rhein. Nach wechselvollen Kämpfen eroberten die Verbündeten am 30. 3. Paris; Napoleon ging nach Elba, und Frankreich mußte den Ersten Pariser Frieden (30. 5.) schließen. **Feldzug 1815.** Während des Wiener Kongresses kehrte Napoleon zurück. Er besiegte Blücher bei Ligny (16. 6.) und griff Wellington bei Waterloo (oder Belle-Alliance, 18. 6.) an, wurde aber dank Blüchers rechtzeitigem Eingreifen entscheidend besiegt. Am 7. 7. ergab sich Paris wiederum, Napoleon wurde nach St. Helena gebracht, und Frankreich mußte die härteren Bedingungen des Zweiten Pariser Friedens (20. 11.) annehmen.

Freiheitsstatue, Standbild im Hafen von New York (1886), 46 m hoch (Sockel 47 m).

Freiheitsstrafe, seit dem 1. Strafrechtsreform-Ges. 1969 die einzige Strafe an der persönl. Frei-

Freimaurerei: Das Innere eines Tempels

heit. In ihr sind die früheren Strafarten Zuchthaus, Gefängnis, Einschließung und Haft aufgegangen. Das Jugendgerichts-Ges. kennt ferner als Freiheitsstrafe die Jugendstrafe. Dauer: von 1 Tag bis zu 15 Jahren.

Freiherr, Baron, 1) MA.: die unterste Rangstufe des reichsunmittelbaren hohen Adels. **2)** später: Rangstufe des niederen Adels.

Freiin, Freifräulein, →Freifrau.

Freikirche, eine vom Staat unabhängige Kirche im Unterschied zur Landes- oder Staatskirche (bes. in England und USA verbreitet).

Freikörperkultur, →Naturismus.

Freikorps [-ko:r], Freiwilligentruppe, die sich während Kriegen oder Notzeiten bildet. Bekannt sind das **Lützowsche F.** der Freiheitskriege und die dt. F. nach dem 1. Weltkrieg, die im Grenzschutz und gegen kommunist. Aufstände kämpften (Maercker, Ehrhardt, v. Epp, Oberland, v. d. Goltz, Höfer).

Freilager, ein zollfreies Lager (Zollausschlußgebiet); →Freihafen.

Freilassing, Stadt im Kr. Laufen, Oberbayern, 11 400 Ew.; Grenzübergang nach Salzburg.

Freilauf, Vorrichtung, die die Verbindung zwischen zwei Wellen löst, wenn die angetriebene Welle sich schneller dreht als die treibende, bes. beim Fahrrad, auch beim Kraftwagen.

Freilichtbühne, Theater unter freiem Himmel, verwendet natürl. Szenerien, Schloß-, Burgruinen u. a.

Freilichtmalerei, Pleinairmalerei, eine Richtung der Malerei des 19./20. Jahrh., die, unmittelbar nach der Natur malend, die Wirkungen des natürlichen Lichts wiedergibt.

Freilichtmuseum, volkskundl. Schausammlungen, z.B. alte Bauernhäuser in ihrer natürl. Umgebung und dem gesamten ursprüngl. Einrichtung (Rhein. F. in Kommern/Eifel).

Freiligrath, Ferdinand, Dichter, *1810, †1876, Vorkämpfer für Freiheit und Demokratie, schrieb politische und soziale Gedichte, mußte mehrmals Dtl. verlassen. Seine exotischen Gedichte (»Der Löwenritt«, »Der Mohrenfürst«) brachten einen neuen Ton in die dt. Lyrik.

freimachen, frankieren, Vorausentrichten der Postgebühren durch Freimarken, Freistempelung, Barzahlung, Überweisung.

Freimaurerei, weltbürgerl. Bewegung mit dem Ziel, ihre Anhänger zu dem Ideal edlen Menschentums hinzuführen. Alle Freimaurer betrachten sich als Kinder eines Vaters und nennen sich Brüder. Ein bestimmtes Bekenntnis wird nicht verlangt. Lutherische Geistliche sind der F. vielfach angeschlossen, besonders in den nordischen Ländern; von der kath. Kirche wird die F. wegen ihres Grundsatzes der Glaubensfreiheit bekämpft. Bes. in romanischen Ländern vertrat die F. eine liberale und demokrat. Staatsauffassung. Die Vereinigungen der Freimaurer sind die **Logen,** die sich ihren **Meister vom Stuhl** und ihre übrigen Vorsteher wählen. Die einzelnen Logen sind in **Großlogen** zusammengefaßt. Das geheimgehaltene Brauchtum schließt sich an die mittelalterl. Gilden und Zünfte, bes. an die Bauhütten an. Die sinnbildl. Zeichen sind meist dem Maurerhandwerk entnommen. Die Mitglieder sind in Lehrlinge, Gesellen, Meister gestuft. Die erste Großloge ist 1717 in London entstanden, die erste deutsche 1737 in Hamburg. Viele bedeutende Männer waren Freimaurer, z. B. Herder, Goethe, Fichte, Mozart, Haydn. Auch viele Fürsten und Staatsmänner gehörten der F. an: Friedrich d. Gr., Friedrich Wilhelm II., Wilhelm I., Blücher, Scharnhorst, Hardenberg u. a. Unter dem Druck des Nationalsozialismus mußten sich die Logen auflösen. Nach dem 2. Weltkrieg wurden die Freimaurer in der Bundesrep. Dtl. wieder zugelassen. In der Dt. Dem. Rep. ist die F. verboten.

Frei Montalva, Eduardo, chilen. Politiker, *1911, seit 1964 Staatspräs.

freireligiös, Bez. für Gemeinschaften, die frei von dogmat. Bindungen sein und ihre Weltanschauung aus den wissenschaftl. Erkenntnissen und den Gesetzen der Vernunft aufbauen wollen.

Freischar, ohne behördliches Zutun aufgestellter Freiwilligenverband. Die F. sind der Truppe gleichgestellt, wenn sie unter einem verantwortlichen Führer stehen, ein bestimmtes, aus der Ferne erkennbares Abzeichen tragen, die Waffen offen führen und das Kriegsrecht achten. Ähnliches gilt nach dem Genfer Kriegsgefangenenabkommen von 1949 für organisierte Widerstandsbewegungen, auch im besetzten Gebiet.

Freischütz, Sage: ein Schütze, der sich mit Hilfe des Teufels Freikugeln verschafft, von denen sechs unfehlbar treffen, doch die siebente dem Teufel gehört. Oper von C. M. v. Weber (1821).

Freising, Stadt in Oberbayern, an der Isar, 30000 Ew.; alte Kirchen, Dom (fünfschiffige Backsteinbasilika); bischöfl. Residenz und Domherrenhöfe erinnern an das **Bistum F.** (1821 in die Erzdiözese München und F. übergeführt); in der Nähe die ehem. Benediktinerabtei **Weihenstephan,** jetzt Landwirtschaftl. und Brautechn. Fakultäten der TH München.

Freising: Marienkirche mit Mariensäule, Rathaus und Stadtpfarrkirche

Freisinn, in Dtl. und der Schweiz seit dem 19. Jahrh. polit. Richtung, liberal, später auch sozialreformerisch. 1) **Deutschfreisinnige Partei,** 1884 aus der Fortschrittspartei und den nationalliberalen Sezessionisten entstanden, vertrat parlamentar. Regierungsform, bekämpfte Bismarcks Schutzzoll- und die Kolonialpolitik; zerfiel 1893 in Freisinnige Volkspartei und Freisinnige Vereinigung. Beide schlossen sich 1910 mit der Dt. Volkspartei zur Fortschrittl. Volkspartei zusammen. 2) **Freisinnig-demokratische Partei,** die stärkste Partei der Schweiz.

Freisler, Roland, nat.-soz. Jurist, *1893, † (Luftangriff) 1945, war als Präs. des »Volksgerichtshofs« einer der radikalsten Verfechter des nat.-soz. Justizterrors.

Freistaat, dt. Bezeichnung für →Republik.

Freistempel, dient an Stelle einer Briefmarke zum Freimachen; Stempelung und Verrechnung durch Maschinen **(Freistempler).**

Freistil, 1) alle Schwimmarten außer Brust-, Seiten- und Rückenschwimmen. 2) freie Stilart beim →Ringen.

Freistoß, Fußball: ein vom Gegner unbehinderter Schuß, der vom Schiedsrichter bei Regelvergehen einer Mannschaft zugesprochen wird.

Freitag, der sechste Tag der Woche, benannt nach der Göttin Freyja.

Freitag, Walter, Gewerkschaftler, *1889, †1958; urspr. Werkzeugdreher, 1952-56 erster Vors. des Dt. Gewerkschaftsbundes.

Freital, Industriestadt im Bez. Dresden, 42900 Ew., Steinkohlenbergbau, Edelstahlwerk.

Freiübungen, Turnübungen ohne Geräte; oft auch mit Handgerät: Hantel, Stab, Keule.

Freiverkehr, 1) nicht unter Zollüberwachung stehender Warenverkehr. 2) Handel mit nicht zur amtl. Börsennotierung zugelassenen Wertpapieren.

Freiwillige Gerichtsbarkeit, →Gerichtsbarkeit.

Freiwirtschaftsbund, eine auf der Freiwirtschaftslehre von Silvio Gesell beruhende wirtschaftspolit. Vereinigung, 1918 gegr., 1933 verboten, 1945 neu gegr. Ziel ist eine Marktwirtschaft mit vollständiger Wettbewerbsfreiheit und kaufkraftbeständiger Währung (Indexwährung).

Freizeichnungsklausel, Vertragsvereinbarung, vor allem im Seerecht, durch die jemand seine Haftung einschränkt oder ausschließt.

Freizeit, 1) die arbeitsfreie Zeit der Berufstätigen; dient Erholung, Familie, allgem. und berufl. Fortbildung, der Teilnahme an staatl. und gesellschaftl. Leben sowie dem Ausüben von Liebhabereien **(Hobbies).** Vereine, Jugendverbände, die Kirchen u. a. suchen Anregungen für sinnvolle Freizeitgestaltung zu geben (Sport, Büchereien, Ferienheime). 2) **Evangelische F., Rüstzeit,** nennen sich Zusammenkünfte in Jugendheimen und -lagern, mit Bibelarbeit, Andacht, seelsorgerischen Gesprächen und Vorträgen.

Freizügigkeit, das Recht der freien Wahl des Aufenthaltsortes, des freien Wegzugs und der freien Niederlassung. Die F. ist allen Deutschen in der Bundesrep. Dtl. durch Art 11 GG gewährleistet, sie kann nur durch Gesetz und nur in engen Grenzen, z. B. bei Seuchengefahr oder um strafbaren Handlungen vorzubeugen (→Polizeiaufsicht), eingeschränkt werden.

Fremdenlegion, französ. **Légion étrangère,** aus angeworbenen Ausländern bestehende französ. Truppe, wurde bes. in N-Afrika und Indochina eingesetzt; bestand 1966 noch aus rd. 10000 Mann. Die F. wurde 1831 zur Eroberung Algeriens aufgestellt, 1940 aufgelöst, 1946 neu gegr. Werbung für die F. in der Bundesrep. Dtl., für Deutsche auch im Ausland, ist strafbar.

Fremdenrecht, die völkerrechtl. und innerstaatl. Vorschriften, die die Rechtsstellung der Fremden (Ausländer und Staatenlose) regeln. Das Völkerrecht weist allen Fremden ein Mindestmaß an Rechten zu, →Menschenrechte. Darüber hinaus regeln zweiseitige oder internat. Abkommen u. a. Aufenthalt, Niederlassung, Sozialversicherung, Schutz des geistigen und gewerbl. Eigentums, Doppelbesteuerung.

Fremdenverkehr, Reiseverkehr und vorübergehender Aufenthalt an fremden Orten zu Erholung, aus berufl. u. a. Gründen. Der F. betrifft bes. Gaststätten- und Beherbergungsgewerbe, Verkehrsbetriebe und Reiseunternehmer (Reisebüros), wirkt sich aber in fast allen anderen Wirtschaftszweigen aus (für manche Länder wichtige Devisenquelle). Meist wird er von **F.-Verbänden** und **F.-Vereinen** durch **F.-Werbung** gefördert.

Fremdkörper, ♪ fester Körper, der von außen her in Körperhöhlen (z. B. Ohr, Nase, Magen) oder ins Gewebe (z. B. in den Finger, in die Bindehaut des Auges) eingedrungen ist.

Fremdwörter lassen ihren fremden Ursprung noch erkennen, **Lehnwörter** sind in Betonung und Lautgebung eingedeutscht; z. B. »signieren« (Fremdwort), »segnen« (Lehnwort).

fren´etisch [grch.], wahnsinnig rasend.

Frequ'enz [lat.] die, 1) Häufigkeit. 2) Besuch, Besucherzahl. Zeitwort: **frequent'ieren.** 3) ⊗ Anzahl der Schwingungen (z.B. Pendel, Wechselstrom, elektr. Wellen) in der Zeiteinheit. Maßeinheit: 1 Hertz = 1 Schwingung/s. **F.-Band,** Bereich benachbarter F. (Rundfunktechnik).
Frequenzmodulation, →Modulation.
Frescob'aldi, Girolamo, italien. Organist und Komponist, *1583, †1643; Orgel- und Cembalowerke, Arien. Madrigale.
Freskomalerei [von ital. al fresco »auf dem Frischen«], **Fresko** das, oder **Freske** die, Wandmalerei auf frisch aufgetragenen, noch feuchten Putz, mit dem sich die Farben unlösl. verbinden.
Fresnel [frɛn'ɛl], Augustin Jean, französ. Physiker,*1788,†1827; wies dieWellennatur desLichts nach, begründete die Kristalloptik, fand eine Methode, die Lichtgeschwindigkeit zu messen.
Fresno, Stadt in Kalifornien, USA, 166000 Ew.; Versand von Rosinen, Erdölindustrie.
Frettchen, Frett das, Albinoform des Iltis, wird zur Kaninchenjagd benutzt.
Freud, Sigmund, Nervenarzt, *1856, †1939; Prof. in Wien, begründete die →Psychoanalyse; führte zu neuen Einsichten in das Triebleben.
Freudenstadt, Kreisstadt in Bad.-Württ., heilklimat. Kurort im nördl. Schwarzwald, 14400 Ew.; 740-1000 m ü.M.
Freundschafts-Inseln, die →Tonga-Inseln.
Frevel, sittlich verwerfl. Unrecht; im Recht bestimmte Arten von Straftaten, z.B. Forstfrevel.
Freyburg, Stadt im Bez. Halle, an der Unstrut, 5200 Ew.; Wein-, Obstkellerei; Stein-Industrie.
Freyer, Hans, Soziologe, Philosoph, *1887, †1969, entwickelte eine geisteswissenschaftl. Methodenlehre der Soziologie.»Weltgeschichte Europas« (1948), »Schwelle der Zeiten« (1965).
Freyja, Freia [»Herrin«, »Frau«], die nordische Göttin der Liebe, Schwester des Freyr.
Freyr [»Herr«], nordgerman. Gott der Fruchtbarkeit und des Lichts.
Freytag, Gustav, Schriftsteller, *1816, †1895, ein Hauptverfechter des Liberalismus; Kaufmannsroman »Soll und Haben«, Gelehrtenroman »Die verlorene Handschrift«, geschichtl. Romanzyklus »Die Ahnen«, Lustspiel »Die Journalisten«.
Fri'aul, Landschaft im nordöstl. Italien, die Provinz Udine.
Frick, Wilhelm, *1877, † (hingerichtet) 1946; 1933-1943 Reichsinnenmin., danach Reichsprotektor in Prag; in Nürnberg verurteilt.
Fricsay [fr'itʃɔj], Ferenc, Dirigent, *1914, †1963; Mozart-, Bartók-Interpret.
Friderichs, Hans, Jurist, *1931, Politiker (FDP), seit 1972 Bundeswirtschaftsminister.
friderizi'anisch, auf die Zeit Friedrichs d. Gr. bezüglich oder ihr angehörig.
Fr'idolin[ahd.fridu»Friede«],männl.Vorname.
Fridolin, Missionar der Schweiz und der Vogesen im 6. Jahrh., wohl irischer Herkunft, gilt als Gründer des Klosters Säckingen. Tag: 6. 3.
Friedberg, 1) Kreisstadt im bayer. RegBez. Schwaben, unweit Augsburgs, 12 600 Ew.; Möbel-Ind. 2) altertüml. Kreisstadt in Hessen, 16 800 Ew., in der Wetterau; ehem. Reichsstadt, Ind.
Friede, der rechtlich geordnete Zustand innerhalb einer Gemeinschaft, bes. zwischen Staaten der Zustand, in dem sich diese keiner gewalttätigen Mittel bedienen, um ihre Interessen durchzusetzen. Im MA. genossen bestimmte Sachen und Orte besonderen Rechtsschutz (Burg-, Markt-, Gerichtsfriede) und bestimmte Zeiten Waffenruhe (→Gottesfriede, →Ewiger Landfriede). Bestimmte Verletzungen der Rechtsordnung werden noch heute als **Friedensbruch** (Haus-, Landfriedensbruch) bezeichnet.
Fried'el, Egon, österreich. Schriftsteller, *1878, †1938; »Kulturgeschichte der Neuzeit«.
Friedensbewegung, Bestrebungen zur Verhinderung von Kriegen, getragen von einzelnen Persönlichkeiten: W.Penn, Abbé de Saint-Pierre, B. v. Suttner, Carnegie, ferner den Friedensgesellschaften mit dem Internat. Friedensbüro in Genf.

Diese Bestrebungen wurden bes. seit Beginn des 20.Jahrh. von den Staaten selbst aufgenommen (→Haager Friedenskonferenzen). Nach dem 1. Weltkrieg wurde ein System der kollektiven Friedenssicherung im →Völkerbund und in einem Netz von Nichtangriffs- u. Garantiepakten und von Schiedsgerichts- und Vergleichsverträgen geschaffen; 1928 wurde der Kellogg-Pakt abgeschlossen. Seit dem 2.Weltkrieg bemühen sich die →Vereinten Nationen um Friedenssicherung.
Friedensburg, Ferdinand, Politiker (CDU), *1886, †1972; Jurist und Bergbaufachmann. 1946 bis1951 stellvertr. Oberbürgermeister von Berlin.
Friedensforschung, wissenschaftl. Untersuchung für die Bedingungen des Friedens, in Dtl. im »Max-Planck-Institut zur Erforschung der Lebensbedingungen in der wiss. techn. Welt« und in der »Gesellschaft für Friedens- und Konfliktforschung« (gegr. 1970).
Friedenskorps, von Präs. Kennedy 1961 gegr. freiwilliger Hilfsdienst (Lehrer, Ärzte, Techniker u.a.) der USA für Entwicklungsländer.
Friedenspfeife, verzierte lange Pfeife nordamerikan. Indianerstämme, die bei feierlichen Gelegenheiten, bes. bei Friedensverhandlungen, vom Häuptling angeraucht und dann an die Anwesenden weitergegeben wurde.
Friedenspreis des Deutschen Buchhandels, vom Börsenverein Dt. Verleger- und Buchhändlerverbände, Frankfurt a.M., 1951 gestifteter Preis von 10000 DM, wird jährlich verliehen.
Friedensrichter, früher eine ehrenamtl. tätige Person, der bei Antragdelikten (z.B. Beleidigung) einen Sühneversuch unternahm. In den USA und England: Einzelrichter für Straf- und Zivilsachen niederer Ordnung.
Frieder'ike, *1917 als Tochter des Herzogs Ernst August zu Braunschweig und Lüneburg und der Prinzessin Luise von Preußen, Enkelin Wilhelms II., ∞ König Paul I. von Griechenland.
Friedhof, urspr.: eingefriedeter Raum um eine Kirche; später: öffentl. Begräbnisplatz.
Friedland, 1) Stadt im Kr. Ueckermünde, Bez. Neubrandenburg, 8600 Ew.; Marienkirche, Reste einstiger Stadtbefestigung; Stärkefabrik. 2) Dorf bei Göttingen, an der Zonengrenze; seit 1945 Durchgangslager für Kriegsgefangene, Vertriebene und Aussiedler. 3) tschech. Frýdlant v Čecháh, Stadt in der Tschechoslowakei, am N-Rand des Isergebirges, 6000 Ew.; Textil-, Maschinen- und Porzellanindustrie. Das Schloß war im Besitz Wallensteins, des Herzogs von F.
Friedländer, Max, Kunsthistoriker, *1867, †1958; Kenner der altdt. und niederländ. Malerei.
Friedlosigkeit, →Acht.
Friedrich [aus ahd. fridu »Friede« und richi »mächtig«], männlicher Vorname.
Friedrich, Fürsten: **Deutsche Kaiser und Könige. 1) F. I.** (1152—90), genannt Rotbart (**Barbarossa**), Staufer, führte einen langen Kampf gegen die lombard. und den Papst, zerstörte 1162 Mailand, wurde aber 1176 bei Legnano besiegt und schloß den Konstanzer Frieden 1183. Die Macht des Welfenherzogs Heinrich des Löwen brach er 1179-81. Auf dem 3. Kreuzzug ertrank er

Freudenstadt
(Luftaufnahme)

Freud

Freytag

Friedrich
Wilhelm, der
Große Kurfürst

Friedrich d. Gr.

Friedrich IX.
von Dänemark

C. D. Friedrich:
Selbstbildnis
(Ausschnitt)

in einem Fluß Kleinasiens. Nach der ursprünglich an F. II. anknüpfenden Volkssage schläft er im Kyffhäuser. **2) F. II.** (1212-50), Enkel von 1), zugleich König von Sizilien, unternahm 1228/29 den 5. Kreuzzug, geriet 1237 in den Entscheidungskampf gegen das Papsttum, der nach seinem Tode mit der Niederlage der Staufer endete. F. schuf in Unteritalien (Hauptstadt: Palermo) den ersten modernen Staat Europas (Beamtenstaat). **3) F. der Schöne,** Gegenkönig (1314-30), Herzog von Österreich, wurde von Ludwig dem Bayern 1322 bei Mühldorf gefangen, aber 1325 als Mitherrscher angenommen. **4) F. III.** (1440-93), Habsburger, erfolgreicher Hausmachtpolitiker. **5) F. III.,** vom März bis Juni 1888 Kaiser und König von Preußen, liberal gesinnt, vermählt mit der engl. Prinzessin Viktoria, lehnte die Innenpolitik Bismarcks ab. **Baden. 6) F. I.,** Großherzog (1852 bis 1907), liberal gesinnt, Vorkämpfer der dt. Einigung. **7) F. II.,** Großherzog (1907-18), Sohn von 6), dankte im Nov. 1918 ab, †1928. **Brandenburg. 8) F. I.,** Kurfürst (1415-40), Hohenzoller, seit 1398 Burggraf von Nürnberg, bezwang den unbotmäßigen märkischen Adel. **9) F. Wilhelm, der Große Kurfürst** (1640-88), erhielt 1648 Ostpommern und 1680 das Herzogtum Magdeburg, beseitigte 1657 die poln. Lehnsoberhoheit über Ostpreußen, besiegte 1675 die Schweden bei Fehrbellin; er schuf ein stehendes Heer, eine Kriegsflotte, erwarb Kolonien in Westafrika und bereitete so den Aufstieg Brandenburg-Preußens zur Großmacht vor. Seine Nachfolger wurden Könige von Preußen. **Dänemark. 10) F. VI.,** König (1808-39), übernahm 1784 für seinen geisteskranken Vater die Regierung. 1814 ging Norwegen verloren. **11) F. IX.,** König (1947-72), ⚭ Prinzessin Ingrid von Schweden. **Hessen-Homburg. 12) F. II.,** Landgraf (1681-1708), bekannt als **Prinz von Homburg,** zeichnete sich als Reitergeneral des Großen Kurfürsten 1675 bei Fehrbellin aus. Schauspiel von H. v. Kleist. **Pfalz. 13) F. V.,** Kurfürst (1610-20), wurde 1619 zum protestant. König von Böhmen gewählt, aber schon 1620 durch die Schlacht am Weißen Berge von den Habsburgern vertrieben (daher **Winterkönig** genannt) und verlor auch die Kurpfalz; †1632. **Preußen. 14) F. I.,** König (1701 bis 1713), seit 1688 als **F. III.** Kurfürst von Brandenburg, Sohn von 9), krönte sich am 18. 1. 1701 in Königsberg zum »König in Preußen«, förderte Kunst und Wissenschaft (Schlüter, Gründung der Universität Halle). **15) F. Wilhelm I.** (1713-40), Sohn von 14), schuf das starke preuß. Heer, ordnete die Staats- und Finanzverwaltung, erzog das Beamtentum zu unbedingter Pflichttreue; von den Schweden erwarb er 1720 das östl. Vorpommern. **16) F. II., der Große,** der spätere **Alte Fritz,** König (1740-86), Sohn von 15), *1712, † Schloß Sanssouci 1786, suchte sich als Kronprinz der harten Zucht seines Vaters durch die Flucht zu entziehen, wurde 1730 in Küstrin gefangengesetzt, lebte dann in Rheinsberg bei Neuruppin. Als König eroberte er durch die beiden ersten →Schlesischen Kriege das bisher österr. Schlesien und behauptete es im →Siebenjährigen Krieg gegen eine erdrückende Übermacht; er wurde dadurch der größte Feldherr seiner Zeit und erhob Preußen zur europ. Großmacht. 1772 erwarb er das bisher poln. Westpreußen. Im Bayrischen Erbfolgekrieg 1778/79 und durch den dt. Fürstenbund 1785 trat er den österreich. Absichten auf Bayern entgegen. Im Innern schaffte er die Folter ab, verkündete die allgemeine Glaubensfreiheit, trieb Siedlungspolitik, machte das Oderbruch urbar, schützte die Bauern, ordnete die Rechtspflege. F. baute das Schloß Sanssouci bei Potsdam, wo er als »Philosoph von Sanssouci« und als der klass. Vertreter des aufgeklärten Absolutismus einen Kreis von geistvollen Männern um sich sammelte; er war selbst Schriftsteller (in französ. Sprache) und Musiker (Flötenkonzerte). Sein jugendl. Idealismus war mehr und mehr einem oft zynischen Realismus gewichen, der sich allein von der preuß. Staatsräson leiten ließ. **17) F. Wilhelm II.,** König

(1786-97), Neffe von 16), kämpfte 1792-95 erfolglos gegen das revolutionäre Frankreich, erwarb 1793 und 1795 weite poln. Gebiete, überließ die Regierung seinen Günstlingen. **18) F. Wilhelm III.** König (1797-1840), Sohn von 17), Gemahlin **Luise** von Mecklenburg-Strelitz (*1776, †1810). In seine Regierungszeit fielen der Zusammenbruch von 1806/07 (→Napoleon I.), die großen Reformen Steins, Hardenbergs und Scharnhorsts, die →Freiheitskriege, die Gründung des Deutschen Zollvereins 1834; sein eigenstes Werk war die protestant. →Union von 1817. **19) F. Wilhelm IV.,** König (1840-61), Sohn von 18), gab der liberalen Märzrevolution von 1848 nach und verlieh die Verfassung von 1850; die dt. Kaiserkrone lehnte er 1849 ab. Seit 1857 geisteskrank. **Sachsen. 20) F. der Weise,** Kurfürst (1486-1525), gründete 1502 die Universität Wittenberg, beschützte Luther.

Friedrich, Caspar David, Maler, *1774, †1840; größter dt. Landschaftsmaler der Romantik.

C. D. Friedrich: Mondaufgang am Meer (1823)

Friedrich von Hausen, Minnesänger, aus rheinischem Rittergeschlecht, nahm 1189 mit Kaiser Friedrich I. am Kreuzzug teil.

Friedrichsdor der, preuß. Goldmünze zu 5 bis 5²/₃ Taler; 1750-1855 geprägt. (→Pistole)

Friedrichshafen, Stadt in Bad.-Württ., am Bodensee, 43 100 Ew.; Fährschiffsverkehr nach Romanshorn; Motorenbau, Metall-, Leder-, chem. und Textil-Ind.; lebhafter Fremdenverkehr. F., früher **Buchhorn,** war bis 1803 Reichsstadt.

Friedrichshall, Bad F., Stadt in Bad.-Württ. 9750 Ew.; an der Mündung von Kocher und Jagst in den Neckar; Saline und Solbad.

Friedrichsruh, Besitzung des Fürsten Bismarck östl. von Hamburg mit Schloß, Mausoleum.

Friedrichsthal, Industriegem. im Kr. Saarbrücken, Saarland, 14 400 Ew.; Steinkohlen⚒.

Fries, der, **1)** gerauhtes, grobfädiges Gewebe aus Wolle oder Halbwolle. **2)** ⌂ bandartiger Streifen zur Gliederung und zum Schmuck einer Wand, bes. zwischen Gesims und Architrav, im altgriechisch-ionischen Stil oft mit Reliefs, im MA. vorwiegend ornamental geschmückt.

Fries, Jakob Friedrich, Philosoph, *1773, †1843, entwickelte eine Philosophie der Mathematik.

Friesel, ♨ harmloser Bläschenausschlag der Haut bei starkem Schwitzen.

Friesen Mz., german. Volksstamm an der Nordseeküste von der Scheldemündung bis Sylt, der sich zäh gegen die Christianisierung und Unterwerfung durch die Franken im 8. Jahrh. wehrte (Tod des Bonifatius). Im MA. bildeten die F. eine Reihe kleiner Bauernfreistaaten. Die **friesische Sprache,** eng dem Angelsächsischen verwandt, wird in niederländ. Westfriesland noch gesprochen (**Bauern-** oder **Landfriesisch**).

Friesische Inseln, Inselreihe vor der Nordseeküste, von den Niederlanden bis zum dän. Jütland; fast sämtl. Inseln mit Seebädern. Von Texel bis zur Emsmündung die (niederländ.) **Westfries. Inseln;** bis zur Wesermündung die **Ostfries. Inseln** (Borkum, Juist, Norderney, Baltrum, Langeoog, Spiekeroog, Wangerooge); die **Nordfries. Inseln** (Amrum, Föhr, Sylt, die Halligen, Röm).

Friesland, nördlichste Provinz der Niederlande, meist Marsch; Hauptstadt: Leeuwarden.

Frigg, Frija, Fria, in der german. Göttersage: die Gemahlin Odins, die Mutter Balders.

Frigidit'ät [lat.] die, Geschlechtskälte der Frau.

Frikad'elle [frz.], gebratenes Fleischklößchen.

Frikti'on [lat.] die, Reibung.

Frings, Joseph, *1887; 1942-69 Erzbischof von Köln, Kardinal, 1945-1965 Vorsitzender der Fuldaer Bischofskonferenz.

Frisch, 1) Karl v., Zoologe, *1886, bekannt durch Versuche über Orientierung und »Sprache« der Bienen; »Du und das Leben«. 2) Max, schweizer. Schriftsteller, *1911; Dramen (»Die chines. Mauer«, »Andorra«), Romane (»Stiller«, »Homo Faber«, »Mein Name sei Gantenbein«).

frischen, 1) metallurgischer Vorgang bei der Stahlherstellung (→Stahl). 2) ♀ das Gebären beim Wildschwein.

Frisches Haff, flacher Strandsee an der ostpreußischen Ostseeküste, 860 km² groß, durch die 56 km lange Frische Nehrung von der Ostsee geschieden; Ausfluß: das **Pillauer Tief,** von wo der **Königsberger Seekanal** zur Pregelmündung führt.

Frischling der, Wildschwein im 1. Lebensjahr.

Frischzellenbehandlung, →Zellulartherapie.

Frist, ♂♀ Zeitraum, innerhalb dessen eine Rechtshandlung vorzunehmen ist. Das BGB (§§ 186ff.) stellt verschiedene Auslegungsregeln für F. auf, die für alle Gesetze, richterliche Verfügungen und Rechtsgeschäfte gelten.

fristlose Entlassung, →Kündigung.

Fris'ur [frz.] die, Haartracht, Aufmachung; gekräuselter Kleiderbesatz.

Fritsch, Werner Freiherr v., Generaloberst, *1880, † (gefallen) vor Warschau Sept. 1939; 1935 Oberbefehlshaber des Heeres, 1938 als Gegner der nat.-soz. Kriegspolitik entlassen.

fritten [frz.], eine pulverförmige Mischung von Glas- oder Emailrohstoffen so weit erhitzen, daß die Teilchen oberflächlich schmelzen und aneinanderhaften, wobei Poren erhalten bleiben.

Fritzlar, Kreisstadt in Hessen, an der Eder, 9200 Ew.; mittelalterl. Stadtbild, doppeltürmiger Dom. 723 gründete hier Bonifatius ein Kloster.

friv'ol [lat.], leichtfertig, schlüpfrig. **Frivolit'ät** die, 1) Leichtfertigkeit. 2) Schiffchenarbeit (eine Handarbeit).

Fröbel, Friedrich, Erzieher und Lehrer, Schüler von Pestalozzi, *1782, †1852, gründete 1840 in Blankenburg den ersten dt. Kindergarten.

Frob'enius, Leo, Völkerkundler, *1873, †1938; Prof. in Frankfurt a. M.; Hauptarbeitsgebiet: Eingeborenenkulturen Afrikas. »Erlebte Erdteile«, »Kulturgesch. Afrikas«.

Fröding, Gustav, schwed. Dichter, *1860, †1911; wegweisend für die neue schwed. Lyrik.

Froelich, Carl, Filmregisseur, *1875, †1953, förderte die künstler. Entwicklung des dt. Films.

Fron, Frohn [von ahd. fro »Herr«], dem Herrn zugehörig, herrschaftlich. **Fronbote,** Mittelalter: Gerichtsbote und Vollstreckungsbeamter. **Fronden, Frondienste,** Dienste, die früher die Bauern ihren Grund- oder Gutsherren zu leisten hatten (Hand- und Spanndienste); beseitigt durch die →Bauernbefreiung. **Fronhof,** ein Landgut, zu dem abhängige Bauerngüter gehören.

Fronde [frõd, frz.] die, Frankreich: die der Regierung Mazarins feindliche Bewegung des Hochadels und des Pariser Parlaments 1648-53.

Fröndenberg, Stadt in Nordrh.-Westf., an der Ruhr, 17 300 Ew.; Papier-, Kartonagenindustrie.

Fronleichnam [ahd. »des Herrn Leib«], kath. Kirchenfest am Donnerstag nach Trinitatis.

Front [von lat. frons »Stirn«] die, 1) Vorderseite eines Gebäudes. 2) vorderste Kampflinie. 3) METEOROLOGIE: Grenzfläche zwischen warmen und kalten Luftmassen.

Frontisp'iz [frz.] das, 1) ⌂ der mittlere, giebelförmig vorspringende Teil des Gebäudes. 2) 📖 Titelverzierung, bes. mit Kupferstichen.

Froschbiß, einkeimblättrige Schwimmpflanze mit weißen Blüten, im ruhigen Süßwasser.

Frösche, Froschlurche mit sehr langen Hinterbeinen, die zum Springen dienen. 1) Echte F.: Wasser-F. (gelbgrün gefärbt), Gras- oder Tau-F. (erdfarbig), See-F., Moor-F., Spring-F., Flug-F. (Java) und Ochsen-F. (N-Amerika), 20 cm lang, 600 g schwer, erbeuten auch Jungvögel und Ratten. 2) Laub-F., mit Haftscheiben an den Zehenenden. Der Europäische Laubfrosch wird 4 cm lang, meist grün; angeblich Wetterprophet. Verwandt sind die Beutel-F. des trop. Amerika, deren Brut sich in einer Rückentasche des Weibchens entwickelt.

Frösche: Entwicklung des Grünen Wasserfrosches, 1 Laich und ausschlüpfende Larven, 2 junge Larve mit äußeren Kiemen, 3-5 ältere Larven, 6 junger Wasserfrosch

Froschlöffel, in stehenden Gewässern verbreitete Staudenpflanze, mit rötlichweißen Blüten.

Froschlurche, Anuren, schwanzlose Lurche mit gedrungenem Körper, drüsenreicher Haut und verlängerten Hinterbeinen, die zum Springen oder Schwimmen dienen. Die ausgewachsenen Tiere leben auf dem Lande, meist an feuchten Stellen, und nähren sich von lebenden Kleintieren. Die Eier werden mit einer Gallerte umgeben und in stehende Gewässer abgelegt (Laich). Die Larven (Kaulquappen) haben Kiemen, Ruderschwanz und nähren sich von Pflanzen. Sie entwickeln sich allmählich zu Landtieren; dabei entstehen zuerst die Hintergliedmaßen; die Kiemen werden abgebaut; es bilden sich Lungen, der Ruderschwanz wird rückgebildet. (→Frösche, →Kröten).

Froschmann, Taucher mit Tauchgerät.

Froschtest, eine Schwangerschaftsreaktion, →Schwangerschaftstest.

Frost, 1) Kältegrade unter dem Gefrierpunkt. 2) ⚕ **Frösteln,** das Gefühl der Kälte. Ein Fieberanfall beginnt meist mit Schüttel-F.

Frost, Robert, amerikan. Lyriker, *1875, †1963.

Frostbeulen, durch Kälteeinwirkung hervorgerufene, rotblaue Hautschwellungen (→Erfrieren) die eine Art Entzündung darstellen und brechen können (**Frostgeschwür**).

Froster [engl.] der, Gerät zum Gefrieren von Lebensmitteln.

Frostschutzmittel, zur Verhütung von Frostschäden angewandte Mittel verschiedener Art (z. B. im Gartenbau, bei Verbrennungsmotoren).

Frostspanner, schädlicher Schmetterling; die Raupe lebt an Obstbäumen. Die Männchen fliegen in den Wintermonaten umher, die flugunfähigen Weibchen kriechen den Stamm hinauf. Bekämpfung durch Leimringe.

Frotté [frz.] das, **Frottéstoff, Noppenstoff,** Baumwollgewebe mit rauher Oberfläche.

frott'ieren [frz.], reiben, bes. den Körper mit Tüchern usw., um bessere Hautdurchblutung.

Froufrou [frufr'u, frz.] das, um 1900 in der Damenmode das Knittern, Rauschen von Seide.

Frucht, 1) ⚘ das aus dem Fruchtknoten nach Befruchtung entstandene Gebilde, das die Samen umschließt, ohne Befruchtung kann eine Frucht mit taubem Samen entstehen. Nur bedecktsamige Pflanzen bringen Früchte (→Blüte). Man unterscheidet **Streufrüchte,** die sich öffnen und die Samen einzeln entlassen, und **Schließfrüchte,** die sich als ganze Frucht ablösen. Beide Gruppen werden weiter unterteilt. Zu den Streufrüchten gehören →Balgfrucht, →Hülse, →Schote, →Kapsel. Die Schließfrüchte unterscheidet man nach der Beschaffenheit der Fruchtwand: →Nuß und →Spaltfrucht, beide dürrwandig, und →Steinfrucht und →Beere

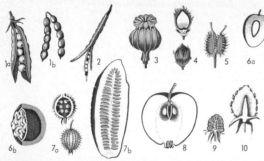

Frucht: 1 Hülse.
a Erbse, **b** Vogel-
fußklee; **2** Schote.
Raps; **3** Kapsel.
Mohn; **4** Nuß.
Haselnuß;
5 Spaltfrucht.
Wilde Möhre;
6 Steinfrucht.
a Pflaume, **b** Wal-
nuß; **7** Beere.
a Stachelbeere,
b Gurke;
8 Scheinfrucht.
Apfel; **9** Sammel-
frucht. Him-
beere; **10** Schein-
und Sammel-
frucht. Erdbeere.

mit fleischiger Fruchtwand. Bei der Beere ist die
ganze Fruchtwand fleischig, bei der Steinfrucht
nur der äußere Teil, der innere ist steinhart und
schließt als Hülle des Steinkerns den Samen ein.
Die aus einer Blüte mit mehreren selbständigen
Fruchtknoten entstandene F. heißt **Sammelfrucht.**
Umfaßt eine F. neben Fruchtknoten auch andere
Teile, so nennt man sie **Scheinfrucht.** Die **zusammengesetzte** F. geht aus vielen dichtsitzenden Blüten hervor, entspricht also einer einem Fruchtstand.
2) ∫ die Leibesfrucht, →Embryo.

Fruchtbarkeitszauber, bei den Naturvölkern
verbreiteter Zauber, der der fruchtbaren Vermehrung von Mensch und Tier, dem fruchtbaren
Wachstum der Pflanzen dienen soll.

Fruchtblatt, weibl. Fortpflanzungsorgan bei
Blütenpflanzen, →Blüte.

Fruchtfolge, Fruchtwechsel, die Aufeinanderfolge verschiedener Feldfrüchte nach bestimmten Grundsätzen **(Fruchtwechselwirtschaft).** F. ist
u. a. nötig, um der Bodenermüdung, Schädlingen
und Krankheiten vorzubeugen. Älteste Formen:
Feldgraswirtschaft, Dreifelderwirtschaft.

Fruchtholz, Kurztriebe an Obstbäumen, die
Blüten bringen.

Fruchtknoten, ⚥ Teil des →Stempels der Blütenpflanzen. Je nach der Stellung des F. zu den
übrigen Blütenteilen unterscheidet man: ober-
ständige, mittelständige und unterständige F.

Fruchtsäuren, organische Säuren, bes. in saftigen, fleischigen Früchten, z. B. Apfel-, Zitronen-
und Weinsäure.

Fruchtstand, der Blütenstand nach der Frucht-
bildung. (→Blüte)

Fruchtwasser, Flüssigkeit, in der die Leibesfrucht in der Gebärmutter schwimmt.

Fruchtwechsel, →Fruchtfolge.

Fruchtzucker, Fruct'ose, ⚬ eine Zuckerart;
im Saft süßer Früchte und im Honig.

frug'al [lat.], genügsam, einfach.

FrühchristlicheKunst, AltchristlicheKunst,
die auf spätantiker Grundlage erwachsene christl.
Kunst der ersten 7 Jahrhunderte, entwickelte sich
seit der Mitte des 1. Jahrh. n. Chr. und schuf die
Voraussetzungen für die abendländ. Kunst überhaupt. Im 6. Jahrh. sonderte sich die →Byzantini-
sche Kunst ab. In der BAUKUNST ist der Zentralbau mit Kuppelwölbung für Grab- und Taufkir-
chen (Galla Placidia in Ravenna) und bes. die Basilika (Santa Maria in Cosmedin, Rom) vorherrschend. Hauptwerke der BILDNEREI: Elfenbeinschnitzereien und Sarkophage. MALEREI: vor allem Fresken in den Katakomben Roms. (FARB-
TAFEL Frühchristl. und Byzantin. Kunst S. 348)

Frühgeburt, ∫ Geburt eines noch nicht ausge-
tragenen, aber lebensfähigen Kindes zwischen der
28. und 39. Schwangerschaftswoche.

Frühgeschichte, der im geschichtl. Verlauf
jeweils auf die Vorgeschichte folgende Zeitabschnitt, für den außer den archäolog. Funden
andere Quellen zur Verfügung stehen, ohne daß
diese zur Gewinnung eines Geschichtsbildes aus-
reichten.

Frühling, die Jahreszeit, in der die Sonne zu-

nehmend über den Himmelsäquator steigt; auf der
nördl. Halbkugel die Zeit vom 21. 3. bis 21. 6., auf
der südl. vom 23. 9. bis 21. 12.

Frühreife, Beschleunigung der körperl. und
seel. Entwicklung, bes. der Geschlechtsreife.

Frundsberg, Georg von, kaiserl. Feldhauptmann, *1473, †1528; Führer der dt. Landsknechte
unter Maximilian I. und Karl V., siegte u. a. bei
Bicocca (1522) und Pavia (1525).

Fr'unse, bis 1926 Pischpek, Hauptstadt der Kirgis. SSR, 431 000 Ew.; vielseit. Industrie.

Frustrati'on [lat.] die, Nichterfüllung, Enttäuschung, das Versagtbleiben einer Erwartung.

Fry [frai], Christopher, engl. Dramatiker, *1907;
»Die Dame ist nicht fürs Feuer«, »Venus im Licht«,
»König Kurzrock« u. a.

Fu'ad I., König von Ägypten, *1868, †1936,
wurde 1917 Sultan unter brit. Schutzherrschaft,
1922 unabhängiger König.

Fuchs der, **1)** hundeartige Raubtiere mit buschigem Schwanz und spitzem Gesichtsschädel, fast
über die ganze Erde verbreitet. Arten: **Gemeiner F.**
(Rot-F.), in Europa, Asien, Amerika; rostrot, unten weißlich; räuberisch, vorsichtig, schlau (in der
Fabel: Reineke, Reinhard); lebt in selbstgegrabenen Bauten und nährt sich von Wirbeltieren,
Kleintieren, Früchten und Aas. **Polar-F.,** braun
bis weiß (im Winter), auch bläulich (**Blau-F.,** wertvoller Pelz); **Grau-F.,** in Nordamerika; **Silber-F.,**
Abart des Rotfuchses, in Fuchsfarmen gezüchtet
(wertvoller Pelz). **2)** F., rostrote Tagschmetterlinge: **Kleiner F. (Nesselfalter), Großer F.** (Kirsch-,
Rüsterfalter). (FARBTAFEL Schmetterlinge S. 870)
3) Pferd von rötl. Farbe. **4)** Verbindungsstudent
in den beiden ersten Semestern.

F'uchsie die, Gatt. strauchiger, amerikan.-
neuseeländ. Nachtkerzengewächse; Zierpflanzen.

Fuchs'in das, ⚬ roter Teerfarbstoff, zum Färben von Stoffen, Leder, mikroskop. Präparaten.

Fuchsschwanz, 1) Grasgattung mit walziger
Ährenrispe. Der **Wiesen-F.** ist wertvolles europ.
Wiesengras. **2)** Gartenzierpflanze, Amarant.
3) ⚙ eine →Säge.

F'uder das, Flüssigkeitsmaß für Wein, am
Rhein meist 1200 l, an der Mosel 1000 l.

Fudschisan, Fudschijama, Vulkan in Japan
(Honschu), 3776 m hoch; seit 1707 nicht mehr tätig;
Nationalheiligtum.

Fudschisan

Fug'ato [ital.] das, ♪ fugenartige Verarbeitung
eines Themas.

Fuge [ital.] die, **1)** mehrstimmiges Tonstück,
dessen Thema von jeder Stimme nacheinander
gebracht wird. Haben sämtliche Stimmen das
Thema gebracht, so ist die erste Durchführung
beendet. Sie dienen die einzelnen Durchführungen
sind freie Zwischenspiele eingefügt. Auch F. mit
2 **(Doppelfuge)** oder 3 Themen **(Tripelfuge)** sind
möglich. **2)** Zwischenraum zwischen sich berührenden Bauteilen, Einschnitt in Holzteilen.

Fugger, Augsburger Großkaufmannsfamilie.
Jakob F. der Reiche (*1459, †1525) machte das
Bank- und Handelshaus zum bedeutendsten in
Europa, lieh Päpsten und Kaisern große Summen.
Die F. wurden 1514 und 1530 zu Reichsgrafen
(später z. T. zu Fürsten) erhoben. − **Fuggerei,** 1519
in Augsburg erbaute Siedlung für arme Bürger.

Fuchs

Fühler, Antenne, bewegliche, oft gegliederte Sinneswerkzeuge am Kopf der Insekten, Krebse, Spinnen und Schnecken.

Führerprinzip, der Grundsatz, polit. Entscheidungen durch die jeweilige Führung fällen zu lassen, nicht durch Mehrheitsbeschluß.

Führerschein, Bescheinigung über die Erlaubnis zum Führen eines Kraftfahrzeugs, auf Antrag von der zuständigen Verwaltungsbehörde (Polizei) erteilt; Kenntnis der Verkehrsvorschriften und Fahrbefähigung sind in einer Prüfung nachzuweisen. Der F. wird in folgenden **Klassen** erteilt: **Kl. 1:** Krafträder mit Hubraum über 50 cm³. **Kl. 2:** Kfz. mit zulässigem Gesamtgewicht über 7,5 t oder Züge mit mehr als drei Achsen. **Kl. 3:** alle Kfz., die nicht in andere Klassen fallen (bes. Pkw). **Kl. 4:** Kfz. mit Hubraum bis 50 cm³, Krankenfahrstühle sowie Kfz. bis 20 km/h Höchstgeschwindigkeit, außer den zu Kl. 5 gehörigen Fahrzeugen. **Kl. 5:** Fahrräder mit Hilfsmotor, Kleinkrafträder bis zu 40 km/h Höchstgeschwindigkeit, Krankenfahrstühle bis zu 50 cm³ Hubraum oder bis zu 20 km/h Höchstgeschwindigkeit. – Mindestalter für F. der Kl. 4 und 5: 16 Jahre, der Kl. 1 und 3: 18 Jahre, der Kl. 2: 21 Jahre. Ausnahmen möglich (§§ 4 ff. StVZO). – Der F. kann durch ein Gericht oder die Verwaltungsbehörde auf Dauer oder auf eine bestimmte Zeit entzogen werden. **Internationale** F. (für Reisen in manche Länder nötig) werden von den nationalen F.-Stellen auf Grund der jeweiligen F. ausgestellt.

Fuhrmann, ☆ nördl. Sternbild der Milchstraße mit dem Riesenstern Kapella.

Führung, 1) Leitung, Befehl. **2)** ⚙ Maschinenelement oder Getriebe, das einem bewegl. Teil die Bahn seiner Bewegung vorschreibt.

Führungszeugnis, von der Polizeibehörde auf Antrag ausgestellte Bescheinigung, in der etwaige Vorstrafen aufgeführt werden.

Fukuoka, Hafenstadt auf der Insel Kiuschiu, Japan, 802 000 Ew.; Hauptort des japan. »Ruhrgebietes«; Bischofssitz, Universität.

Fulbe, Fellata, Stammesgruppe in W-Afrika, über 5 Mill.; Viehzüchter, auch Eroberer, Staatengründer; Muslime. Ihre Sprache ist das Ful.

Fulda die, Quellfluß der Weser, 218 km lang, entspringt auf der Wasserkuppe (Rhön), vereinigt sich bei Münden mit der Werra zur Weser.

Fulda, Stadt in Hessen, an der Fulda, 45 200 Ew.; Sitz eines Bischofs, der kath. Dt. Bischofskonferenzen und des Präsidiums des Dt. Ev. Kirchentags, kultureller und wirtschaftl. Mittelpunkt O-Hessens. Dom 751 geweiht, neu (barock) 1704-12 mit Grab des Bonifatius; roman. Michaelskapelle (822). Die von Bonifatius gegründete Abtei F. (744) wurde 1752 zum Bistum erhoben; die Äbte waren bis 1803 Reichsfürsten.

Füllen das, junges Pferd, Fohlen.

Füllfederhalter, Taschenfederhalter mit nachfüllbarem oder ersetzbarem Tintenbehälter, meist **Kolben-F.** (mit dichtschließendem Kolben), saugt die Tinte beim Füllen an) oder **Patronen-F.**

Füllhorn, mit Blumen und Früchten gefülltes Horn; Sinnbild des ländl. Segens.

fulmin'ant [lat.], blitzend; fabelhaft.

Fulton [f'ultən], Robert, amerikan. Ingenieur, *1765, †1815, baute 1807 das erste Dampfschiff.

Fumar'ole die, Gas- und Wasserdampf ausstoßende Öffnung an der Flanke eines tätigen Vulkans oder in erkalteten Lavaströmen.

Funchal [fuŋʃ'al], Hauptstadt der portugies. Insel Madeira, 43 300 Ew.; Winterkurort. (BILD Madeira)

Fundam'ent [lat.] das, Grundmauer. Grundlage. **fundament'al,** grundlegend.

Fundamentalismus der, protestant. Bewegung in den USA; strebte eine strenge Kirchenlehre an, wollte die naturwissenschaftl. Entwicklungslehre im Schulunterricht ausschalten.

fund'ieren [lat.], gründen, begründen, mit Geldmitteln ausstatten. **Fundierte Einkommen,** Einkommen aus Vermögen. **Fundierte Schuld,** langfristige Schuld.

Fulda: Dom und Michaelskapelle

Fundrecht. Wer eine verlorene Sache im Werte über 3 DM findet und an sich nimmt, hat dies dem Eigentümer oder sonstigen Empfangsberechtigten, notfalls der Polizei anzuzeigen. Er muß die Sache verwahren, Tiere auch füttern. Dafür hat er Anspruch auf Ersatz der Aufwendungen und auf **Finderlohn.** Dieser beträgt bei einem Sachwert bis zu 300 DM 5%, vom Mehrwert 1%, bei Tieren stets 1% (§§ 965 ff. BGB). Wer Fundsachen mit einem Wert über 3 DM nicht anzeigt, wird wegen →Unterschlagung bestraft.

F'undus [lat.] der, Grundstock, Bestand.

Fundybai [f'ʌndi-], 300 km lange, bis 300 m tiefe Bucht des Atlantik im SO Kanadas; starke Gezeiten; Flutkraftwerk; Haupthafen St. John.

Fünen, Insel Dänemarks, zwischen Seeland und Jütland, mit Nebeninseln 3482 km², 429 800 Ew.; Hauptstadt: Odense; mit den Inseln Taasinge und Langeland durch die **Langelandbrücke** verbunden.

Funer'alien [lat.] Mz., Trauer- und Begräbnisfeierlichkeiten.

Fünfkampf, sportl. Mehrkampf. **1) Olymp. F.:** Geländeritt, Fechten, Pistolenschießen, Schwimmen, Geländelauf. **2) Leichtathlet. F.:** 200-m-, 1500-m-Lauf, Weitsprung, Speer-, Diskuswerfen. **3) Klass. F.:** Laufen, Weitsprung, Speer-, Diskuswerfen, Ringen. **4) Frauen-F.:** 100-m-Lauf, Kugelstoßen, Hoch-, Weitsprung, 80-m-Hürdenlauf.

Fünfkirchen, ungar. **Pécs,** Stadt im südl. Ungarn, 145 300 Ew.; Universität; Bischofssitz; Steinkohlen, Uran ⚒, vielseitige Industrie.

Fünfpaß der, ⬠ Schmuckform im gotischen Maßwerk, →Dreipaß.

Fünfprozentklausel, in der Bundesrep. Dtl. die Bestimmung, daß eine an einer Wahl beteiligte Partei mindestens 5% aller Wählerstimmen oder 3 Direktmandate erhalten muß, um ins Parlament zu kommen.

Fünfstromland, der →Pandschab.

Fünftagefieber, Wolhynisches Fieber, Infektionskrankheit (durch Läuse übertragen) mit regelmäßig, meist nach 5 Tagen wiederkehrendem Fieber, Schienbeinschmerzen, Milzschwellung.

Fünfte Kolonne, Untergrundorganisation, die mit Kräften außerhalb ihres Gebiets zusammenarbeitet. Ursprung: Als Franco im Span. Bürgerkrieg mit 4 Kolonnen auf Madrid anrückte, nannte man seine Anhänger in der Stadt die F. K.

fung'ieren [lat.], tätig sein, dienen als.

Fungiz'ide [lat.] Mz., Stoffe zum Abtöten von krankheitserregenden und schmarotzenden Pilzen.

Funk, Walther, *1890, †1960; 1937 Reichswirtschaftsmin., 1939 auch Reichsbankpräs.; 1946 zu lebenslängl. Gefängnis verurteilt; 1957 entlassen.

Funkdienst, von einer Funkstelle durchgeführter Funkverkehr.

F'unkeninduktor, ein →Transformator hoher Übersetzung zur Erzeugung von Funkenentladungen (bis zu mehreren 100 000 Volt). Die Primärspule wird statt mit Wechselstrom mit zerhacktem Gleichstrom gespeist.

Funkenkammer, Nachweisgerät für Elementarteilchen, in dem die Teilchenbahn durch elektr. Funkenüberschläge sichtbar gemacht wird.

Funkensonntag, schwäbisch-alemann. Name für den Sonntag Invocavit. Am F. werden Frühjahrsfeuer entzündet, um gute Ernte zu bewirken.

Funkfeuer, Funkbake, ein Sender, der in bestimmter Folge elektromagnet., opt., akust. Signale zu Navigationszwecken ausstrahlt.

F'unkmeßtechnik, Rad'ar, die Erfassung, Orts- und Geschwindigkeitsbestimmung von Hindernissen, Kraftfahrzeugen, Flugzeugen, Schiffen u.a., durch Ausstrahlung sehr kurzer elektromagnet. Wellenzüge (Impulse) und den Empfang ihres »Echos«, in der Regel unter gleichzeitiger Messung der Laufzeit.

Eine Funkmeßanlage **(Funkmeßgerät, Radargerät)** besteht grundsätzlich aus einem Sender, Antennenanlage sowie Empfänger mit nachgeschalteten Auswertegeräten für Entfernung, Seiten- und Höhenwinkel. Der Impuls wird ausgestrahlt, vom Zielgegenstand reflektiert, wieder empfangen und ausgewertet. Mit Hilfe einer Entfernungsskala können die Entfernungen der erfaßten Objekte unmittelbar abgelesen werden. Bei den mit einem rotierenden, scharf bündelnden Antennensystem (etwa 10 Umdrehungen/min) arbeitenden **Rundsuch-, Rundumsuch-** oder **Panoramageräten** tastet der Peilstrahl die ganze Umgebung nacheinander ab. Das Ergebnis ist eine richtungs- und entfernungsmäßig getreue Abbildung der reflektierenden Gegenstände. Anwendung in der Schiffs-und Flugnavigation, der Verkehrsüberwachung auf Land-, Fluß-und Seestraßen, der Meteorologie, der Luftabwehr sowie der Technik der elektron. Zünder für Geschosse und Raketen.

Funkmeßtechnik: Schema der Blindlandung mit Hilfe des Instrumenten-Landesystems (ILS)

Funkmutung, Verfahren zum Erkunden nutzbarer Lagerstätten von Mineralien: die Intensitätsänderung künstl. erzeugter elektromagnet. Felder wird gemessen.

Funknavigation, ein Navigationsverfahren zur Bestimmung des Standorts, des Kurses und der Uhrzeit von See- oder Luftfahrzeugen, bes. mit →Funkmeßtechnik. Das Peilgerät ist gewöhnlich eine drehbare Rahmenantenne.

Funkrufdienst, Nachrichtenübermittlung zwischen einem festen Fernsprechanschluß und einem bewegl. Empfänger (Person, Fahrzeug).

Funksprechgerät, Einrichtung für drahtlose Telephonie (kurze und mittlere Entfernungen).

Funkstille, die Einstellung des Funkbetriebs bei den Funkstellen, um die Notwelle abzuhören.

Funktechnik, Radiotechnik, die Technik der drahtlosen Übermittlung von Signalen (hör- oder sichtbare Nachrichten) durch elektromagnet. Wellen, →Rundfunk, →Fernschreiber, →Fernsprecher, →Telegraphie, →Bildtelegraphie, →Fernsehen.

Funkti'on [lat.] die, 1)Tätigkeit, Wirken, Amt, Zweck, Obliegenheit. 2) △ wichtiger Begriff der höheren Mathematik. Man nennt die Größe y eine Funktion einer zweiten, veränderlichen Größe x, wenn y so von x abhängig ist, daß zu jedem Wert von x ein bestimmter Wert von y gehört; z.B.: zu jedem Wert x der Seitenlänge eines Quadrates gehört der Wert $y = x^2$ als Flächeninhalt: der Flä-

cheninhalt ist eine Funktion der Seitenlänge. Die Abhängigkeit der Funktion y von der Veränderlichen x drückt man auch kurz durch $y = f(x)$ aus; man kann sie in einem Koordinatensystem durch eine Kurve darstellen. x heißt unabhängige, y heißt abhängige Veränderliche.

Funktionalismus, 1) allgemein: eine Denkweise, welche Tatbestände nicht als für sich selbst isolierte Gebilde, sondern in Wirkbeziehung zu anderem, z.B. zur Umwelt, auffaßt. 2) BAUKUNST: die Forderung nach untrennbarer Einheit von Form und Funktion im Bauwerk. 3) PSYCHOLOGIE: die Betonung der Bedeutung psych. Funktionen für die Anpassung des Organismus an die Umwelt.

Funktion'är, Amtsträger von polit. Parteien, Gewerkschaften und Verbänden.

Furchung, die fortgesetzte Teilung der befruchteten tier. und menschl. Eizelle.

F'urien Mz., antike Rachegöttinnen(→Erinnyen).

Fur'ier der, ⚔ früher Unteroffizier für Unterkunfts- und Verpflegungsangelegenheiten.

furi'oso [ital.], ♪ stürmisch, leidenschaftlich.

Furka, die, Alpenpaß an der Grenze der schweizer. Kt. Uri und Wallis, 2431 m hoch. Die Furkastraße verbindet Reuss- und Rhônetal.

Furler, Hans, Politiker (CDU), ★1904, Jurist; seit 1953 MdB, 1956-58 Präs. der Versammlung der Montanunion, 1959/60 Vors. des Auswärtigen Ausschusses des Bundestags, 1960-62 Präsident des Europ. Parlaments.

Furn'ier [frz.] das, dünne Platte aus Edelholz, dient zum Belegen **(furnieren)** von minderwertigem Holz und Holzwerkstoffen (Blindholz).

F'uror [lat.] der, Wut, Raserei. **F. po'eticus,** dichter. Begeisterung. **F. teut'onicus,** german. Angriffsgeist.

Fur'ore [ital.] das, Raserei, Begeisterung. **F. machen,** Aufsehen erregen.

Fürsorge, früher für →Sozialhilfe.

Fürsorgeerziehung, die Erziehung gefährdeter oder verwahrloster Kinder und Jugendlicher unter öffentl. Aufsicht und auf öffentl. Kosten in einer geeigneten Familie oder einem Erziehungsheim als öffentliche Erziehungshilfe, Jugendhilfe o.ä. bezeichnet.

Fürspan, Vorspange, im 12. und 13. Jahrh. oft prunkvoll gestaltete Schnur oder Kette, die den Mantel über der Brust zusammenhielt.

Fürsprech der, SCHWEIZ: Rechtsanwalt.

Fürst [ahd. furisto »der Vorderste«], 1) bei den Germanen der vom Volk gewählte Heerführer und Richter des Gaues, später der Landesherr; im alten Dt. Reich (bis 1806) nahm der Fürstenstand die höchste Stellung unter dem König ein; darunter geistliche F. (Erzbischöfe, Bischöfe, Reichsäbte) und weltliche F. (Herzöge, Markgrafen, Pfalzgrafen und Landgrafen). 2) Adelstitel (zwischen Herzog und Graf).

Fürstbischof, Fürsterzbischof, vom Staat verliehener, kirchenrechtl. bedeutungsloser früherer Titel einiger Bischöfe und Erzbischöfe.

Fürstenberg (Oder), seit 1961 mit Stalinstadt zu →Eisenhüttenstadt vereinigt.

Fürstenfeldbr'uck, Kreisstadt in Oberbayern, 22 500 Ew.; Erdmagnet. Observatorium; militär. Flugplatz; Barockbau (1718-36) der ehemal. Zisterzienserabtei Fürstenfeld.

Fürstenspiegel, Erziehungs- und Belehrungsschrift für Fürsten. Bekannt: Xenophons »Kyropädie«, Machiavellis »Il Principe«, Friedrichs d. Gr. »Antimachiavel«, Fénelons »Télémaque«.

Fürstenwalde, Kreisstadt im Bez. Frankfurt (Oder), an der Spree, 30 500 Ew.; Industrie: Stahlguß, Gummireifen, Farben, Lacke.

Furt [zu fahren] die, seichte, durchwatbare Stelle eines Gewässers.

Fürth, Stadt im bayer. Mittelfranken, völlig mit Nürnberg zusammengewachsen, 95 700 Ew.; Ind.: Brauereien, Rundfunkgeräte u.a.

Furtwangen, Luftkurort im südl. Schwarzwald, Baden-Württ., 8800 Ew.; Uhrenindustrie.

Furtwängler, 1) Adolf, Archäologe, ★1835,

†1907; wegbereitender Erforscher der antiken Kunst. **2)** Wilhelm, Dirigent, Komponist, *1886, †1954, Sohn von 1).

Fur'unkel [lat.] der, auch das, **Blutschwäre,** durch Eindringen von Eitererregern in einen Haarbalg oder eine Talgdrüse hervorgerufene, umschriebene Entzündung der Unterhaut. Schubweises Auftreten immer neuer F. heißt **Furunkul'ose.** Eine bösartige Entwicklung des F. ist der →Karbunkel.

Fürwort, Ⓢ ein das Hauptwort vertretender oder näher bestimmender Redeteil. **1)** **persönliches F.** (Pronomen personale): ich, du usw. **2)** **besitzanzeigendes F.** (P. possessivum): mein, dein usw. **3)** **hinweisendes F.** (P. demonstrativum): der, dieser, jener. **4)** **bezügliches F.** (P. relativum): der, die, das, welcher, welche, welches. **5)** **fragendes F.** (P. interrogativum): wer? was? welcher? usw. **6)** **rückbezügliches F.** (P. indefinitum): man, jemand. **8)** **wechselseitiges F.** (P. reciprocum): einander.

Fusan, japan. Name der korean. Stadt →Pusan.

Fuschun, Fushun, chines. Stadt in der Mandschurei, 1,019 Mill. Ew.; Mittelpunkt eines Steinkohlengebietes (Tagebau).

Fusel, 1) schlechter Branntwein, Schnaps. **2) Fuselöl,** Beimengungen verschiedener Branntweine; sie bestehen im wesentl. aus Propyl-, Isobutyl-, bes. aber aus Amylalkohol, der aus ihnen gewonnen wird. Die Fuselöle dienen zur Herstellung von Fruchtäthern.

Füsil'ier [frz.] der, urspr. ein mit Steinschloßgewehr bewaffneter Schütze zum Unterschied vom →Musketier; später der Soldat bei einigen Infanterie-Truppenteilen.

Fusi'on [lat.] die, Verschmelzung, **1)** von Kapitalgesellschaften. **2)** Ⓨ von Kernen der Elemente (z. B. Wasserstoff zu Helium). Zeitw. **fusion'ieren.**

Fuß, der, **1)** der unterste Teil der Beine bei Mensch und Wirbeltieren; bei den Weichtieren ein der Fortbewegung dienender Teil. Der F. des Menschen enthält 26 Knochen, von denen 5 der **Fußwurzel,** 5 dem **Mittelfuß** und 14 den **Zehen** angehören. Die Fußwurzelknochen bestehen aus dem Sprung-, dem Fersen-, dem Kahn-, dem Würfelbein und den drei Keilbeinen und sind in zwei Reihen so zusammengefügt, daß sie das **Fußgewölbe** bilden, auf dem der Körper sicher ruht. **2)** früheres dt. Längenmaß, zwischen 25 und 34 cm, in England und den Verein. Staaten als →**foot** noch jetzt gebräuchlich.

Fußangel, Eisen mit nach oben gerichteter Spitze; Schutzvorrichtung gegen Diebe.

Fußball, Kampfspiel zwischen 2 Mannschaften aus je 11 Spielern (ein Torwart, 10 Feldspieler); es gilt, einen Hohlball (rd. 70 cm Umfang, etwa 400 g schwer) durch Fuß-, Kopfstoß oder Körpereinsatz (nicht aber mit Händen oder Unterarmen) ins gegner. Tor (7,32 m breit, 2,44 m hoch) zu bringen. Gespielt wird 2 × 45 min. Die Leitung hat ein **Schiedsrichter,** der unparteiisch die Einhaltung der Spielregeln überwacht; ihn unterstützen zwei **Linienrichter.** – Bei Spielbeginn und nach jedem Tor wird der Ball am Mittelkreis angespielt. Ein **Tor** ist erzielt, wenn der Ball in vol-

Fußball: Spielfeld mit Mannschaftsaufstellung. 1 Torwart, 2 rechter Verteidiger, 3 linker Verteidiger, 4 rechter Läufer, 5 Mittelläufer, 6 linker Läufer, 7 Rechtsaußen, 8 Halbrechts, 9 Mittelstürmer, 10 Halblinks, 11 Linksaußen (• = Mannschaft hat Anstoß)

lem Umfang die Torlinie zwischen Torpfosten und Querlatte überschritten hat. Gelangt der Ball über eine Seitenlinie ins **Aus,** gibt es einen **Einwurf,** bei Überschreiten der **Torlinie** entweder einen **Eckball** (wenn ein verteidigender Spieler ihn zuletzt berührt hat) oder **Abstoß** vom Tor (wenn der Gegner ihn zuletzt berührt hat). Regelverstöße werden durch **Freistoß** geahndet, innerhalb des Strafraumes durch **Strafstoß** (Elfmeter). Verhält sich ein Spieler wiederholt unsportlich, kann der Schiedsrichter einen **Feldverweis** aussprechen. – Gespielt wird in Meisterschafts- und Pokalrunden auf verschiedenen Ebenen. Daneben gibt es international Europapokale, Europameisterschaften sowie Weltmeisterschaften.

Füssen, Kreisstadt im RegBez. Schwaben, Bayern, 10600 Ew.; Luftkurort und Wintersportplatz am Lech; über der Stadt das Hohe Schloß, die ehemalige Sommerresidenz der Fürstbischöfe von Augsburg; in der Umgebung die Schlösser Hohenschwangau und Neuschwanstein, das Schwefelbad Faulenbach, der →Forggensee.

Füßli, Johann Heinrich, schweizer. Maler, Dichter, Kunstschriftsteller, *1741, † 1825; ein Hauptvertreter des Sturm und Drangs.

Fußnote, Anmerkung unter dem Schriftsatz einer Buchseite.

Fußwaschung, als sinnbildl. Demutsbezeugung 1) im Orient altes Zeichen der Gastfreundschaft, 2) in der kath. Kirche feierl. Handlung am Gründonnerstag in Erinnerung an die F. Christi.

Fust, Johann, Mainzer Bürger, Buchdrucker, *1400, † um 1466; Teilhaber Gutenbergs.

Fustage [fust'a:ᴣ, frz.] die, **Leergut,** Warenumhüllung (Faß, Kiste), auch der Preis hierfür.

Fustan'ella die, knielanger weißer Baumwollrock der männl. neugriech. Volkstracht.

Futschou, Foochow, Hauptstadt der chines. Prov. Fukien, 620000 Ew.; Werften.

Futter'al das, Hülle, Überzug, Kapsel.

Futtermittel, der Tiernahrung dienende pflanzl. oder tier. Stoffe: Grünfutter, Rauhfutter (Heu, Stroh, Spreu), Wurzeln und Knollen, Gärfutter (Silage), Körner und Früchte, Milch, Fleisch- und Fischmehl usw., Industrieabfälle (Mehle, Kleien, Schlempe, Brauereiabfälle).

Futterrübe, →Runkelrübe.

Futur'ismus [lat.] der, literar., künstler. und polit. Bewegung, begründet 1909 durch das »Manifesto futurista« des italien. Dichters F. T. Marinetti. In der Malerei suchte der F. den zeitl. Ablauf der Dinge durch ein schwer entwirrbares Neben- und Ineinander von Gegenstands- und Geschehnisbruchstücken darzustellen (Boccioni, Carrà u. a.).

Futurolog'ie [lat.-grch.] die, systemat. und krit. Behandlung von Zukunftsfragen. Meist werden unterschieden: 1) Zukunftsforschung im engeren Sinn (Prognosen, Projektionen u. a.), 2) Zukunftsgestaltung (Programmierungen, Planungen u. a.) und 3) Zukunftsphilosophie (Methodologie, Ethik u. a.).

Futurum das, Ⓢ die Zukunftsform der Zw.

Fux, Johann Joseph, Komponist, *1660, †1741; Vokal-, Instrumentalwerke; Kontrapunktlehrbuch »Gradus ad Parnassum«.

G

g, G, 1) stimmhafter Vordergaumenverschluß-
laut; der siebente Buchstabe im Abc. **2)** KURS-
ZETTEL: G, svw. →Geld. **3)** g, Abk. für Gramm.
4) G, vor Kurzzeichen für Maßeinheiten: Giga =
1 Milliarde; z.B. 1 GW = 1 Milliarde Watt. **5)**
G, Zeichen für die Maßeinheit Gauß. **6)** ♪ G, die
fünfte Stufe (→Dominante) der C-Dur-Grund-
tonleiter. **G-Schlüssel,** ein Notenschlüssel mit der
Kenn-Note g auf der 2. Linie (Violinschlüssel).
Ga, chem. Zeichen für →Gallium.
G'äa, die griech. Erdgöttin, mit Füllhorn,
Früchten und Kindern dargestellt.
Gabardine [-di:n,frz.] der und die, feinfädiges,
schräggeripptes Gewebe aus Kammgarn oder
Baumwolle.
G'abbro [ital.] der, dunkles, körniges Tiefen-
gestein aus basischem Plagioklas und Diallag.
Gabelsberger, Franz Xaver, *1789, †1849;
schuf eine weitverbreitete Kurzschrift.
Gabelstapler, Vier- oder Dreiradkarren mit
Elektro- oder Dieselantrieb und einer an einem
Hubgerüst auf und ab gleitenden Gabel zum Sta-
peln u.a. von Stückgütern.
Gabelweihe die, Greifvogel, →Milan.
Gaber'ones, Hauptstadt von Botswana (seit
1965), Südafrika, 4200 Ew.
Gabin [gab'ɛ̃], Jean, franzöṣ. Filmschauspieler,
*1904; »Die großen Familien«, »Im Kittchen ist
kein Zimmer frei« u.a.
Gabir'ol, Gebirol, Salomon ben Jehuda ibn,
von den Scholastikern **Avicebron** oder **Avencebrol**
genannt, erster jüd. Philosoph des Abendlandes,
*1021, †1070; wirkte im arab. Spanien.
Gable [geibl], Clark, amerikan. Filmschauspieler, *1901, †1960; »Vom Winde verweht« u.a.
Gabler der, ⚥ Rehbock oder Rothirsch mit
zweiendiger Stange (→Geweih).
Gablonz an der Neiße, tschech. **Jablonec
nad Nisou,** Tschechoslowakei; 33200 Ew.; die
Glas- und Schmuck-Ind. wurde 1945 z.T. nach
der Bundesrep. Dtl. und Österreich verlagert.
G'abriel [hebr. »Held Gottes«], Erzengel (Tag
29. 9.); als weibl. Vorname **Gabri'ele.**
Gabrowo, Stadt in Bulgarien, 67900 Ew.; bedeutendster Textilort Bulgariens.
Gab'un, Rep. in Afrika, am Golf von Guinea,
267000 km², 485000 Ew. (überwiegend Bantu-
stämme); Hauptstadt: Libreville; Amtssprache:
Französisch. 200 km breiter Küstenstreifen (Savanne, Mangroven), im Innern bewaldetes Berg-
land; trop. Klima; Hauptfluß: Ogowe. Erzlagerstätten. Ausfuhr von Holz, Mangan-, Uranerz,
Erdöl. Sitz von Flughäfen: Libreville, Port-Gen-
til. – G., bis 1958 ein Gebiet Franzöṣ.-Äquatorial-
afrikas, ist seit 1960 unabhängig. Staatspräs.: A.B.
Bongo (seit 1967). ⊕ S. 514, ▭ S. 345.
Gadderbaum, Gemeinde bei Bielefeld, 10300
Ew.; mit Bethel (→Bodelschwingh).
Gade, Niels, dän. Komponist, *1817, †1890;
Orchester-, Chorwerke, Kammer-, Klaviermusik.
G'adem, G'aden [oberd.] der, Saalbau; ein-
zimmriges Gebäude; Kammer; Laden; Ober-
mauer der Basilika mit Fensterreihe.
Gadol'inium das, **Gd,** chem. Element aus der
Gruppe der →Lanthaniden.
Gaffel die, ⚓ an einem Mast verschieb-
bare, schräg nach oben ragende Segelstange. Dar-
an befestigt das **G.-Segel.**
Gag [gæg, engl.] der, effektvoller Einfall, im
Film, auf der Bühne, in der Werbung.
Gag'arin, Juri, sowjet. Astronaut, *1934,
† (Flugzeugabsturz) 1968; umkreiste 1961 als
erster Raumfahrer die Erde.
Gag'at [grch.] der, die →Pechkohle.
Gage [ga:ʒ, frz.] die, Gehalt von Künstlern.
Gagel, Porst der, weidenähnlicher kleiner
Strauch auf Heide, Moor, mit Steinfrüchtchen.
Gagern, 1) Friedrich Freiherr v., Erzähler und
Jagdschriftsteller, *1882, †1947; »Ein Volk« (Ro-

man); »Das Grenzerbuch« u.a. **2)** Heinrich Frei-
herr v., *1799, †1880, war 1848 Präs. der Frank-
furter Nationalversammlung.
Gaggenau, Stadt in Bad.-Württ., an der Murg
21100 Ew.; Metall- und Kraftwagen-Industrie.
Gaillarde [gaj'ard, frz.] die, Gesellschaftstanz
im ³/₄-Takt, seit dem 15.Jahrh. nachweisbar.
Gainsborough [g'einzbərə], Thomas, engl. Maler, *1727, †1788; Bildnisse, Landschaften. (FARB-
TAFEL Englische Kunst S. 337)
Gaiser, Gerd, Schriftsteller, *1908, Romane
(»Die sterbende Jagd«, »Schlußball«), Erzählungen.
Gaitskell [g'eitskel], Hugh, brit. Politiker,
*1906, †1963, war seit 1955 Vorsitzender der Ar-
beiterpartei und Führer der Opposition.
G'aja, engl. **Gaya,** Stadt in Bihar, Indien,
158650 Ew.; Handelsplatz; Lackfabriken; einer
der heiligsten Wallfahrtsorte der Buddhisten.
Gajus, röm. Jurist, 2. Jahrh. n. Chr., Verf. der in
das Corpus iuris aufgenommenen »Institutionen«.
G'ala [span.] die, Festlichkeit, festl. Pracht,
Staatskleidung, z.B. **Galavorstellung.**
gal'aktisch, ✸ auf das Milchstraßensystem bezüglich.
Galakt'ose, ⟲ ein dem Traubenzucker verwandter einfacher Zucker.
Gal'an [span.] der, Liebhaber, Geliebter.
gal'ant [frz.], **1)** höflich, bes. gegen Frauen.
2) frivol. Hptw.: die **Galanter'ie.**
Gal'ápagos-Inseln, Schildkröteninseln, vulkan. Inselgruppe im Stillen Ozean, zu Ecuador gehörig, 7812 km², 3100 Ew., merkwürdige Tierwelt (Riesenschildkröten, Meerechsen u.a.).

Galápagos-Inseln

G'alata, Hafen-Stadtteil von →Istanbul.
Galat'ea, griech. **Galateia,** griech. Sage: Toch-
ter des Nereus und der Doris, Meernymphe.
G'alater Mz., Kelten, die 278 v. Chr. von der
unteren Donau in Kleinasien einwanderten. Ihr
Gebiet, **Galatien,** wurde 25 v. Chr. röm. Provinz.
Galaterbrief, Brief des Apostels Paulus.
G'alatz, rumän. **Galati,** wichtiger rumän. Do-
nauhafen, 158000 Ew.
Gal'axis [grch.-lat.] die, svw.→Milchstraße; als
G. oder **Galaxie** auch allgem. für →Sternsysteme.
(FARBTAFEL Sternkunde S. 874)
Galba, Servius Sulpicius, röm. Kaiser (68/69),
beteiligt am Aufstand gegen Nero.
Galbraith [g'ælbreiθ], John Kenneth, amerikan.
Volkswirtschaftler, *1908; »Gesellschaft im Über-
fluß«, »Die moderne Industriegesellschaft«.
Gal'eere die, Ruderkriegsschiff des MA., mit
25-50 Ruderbänken für je 3-5 Mann, meist Sträflin-
ge, die zur **Galeerenstrafe** verurteilt waren. Da-
nach: **Galeerensklave,** Sinnbild der Ausbeutung.
Gal'en, Galenus, der griech.-röm. Leibarzt des
Kaisers Marc Aurel, *129, †199; seine Schriften
blieben bis ins MA. maßgebend.
G'alen, Clemens August Graf, *1878, †1946;
1933 Bischof von Münster, 1946 Kardinal, Gegner des Nationalsozialismus.
Gale'one, Gallione, drei- bis fünfmastiges
Segelkriegsschiff der Spanier und Portugiesen im
16.-18.Jahrhundert.
Galer'ie [frz.] die, **1)** langgestreckter Raum,

Galla Placidia (Mausoleum)

Galilei

einseitig offener Gang. 2) Kunstsammlung (Museum). 3) oberster Rang im Theater. 4) ⚒ Stollen. 5) G.-Wälder, bandförmige Waldungen an Flüssen und in Talauen, in trop. und subtrop. Savannen- und Steppenlandschaften.

Gal'erius, Gajus, röm. Kaiser (305-311), grausamer Christenverfolger.

Galg'ant der, Wurzel trop. Ingwergewächse; Magenmittel, Gewürz.

Gal'icien, span. **Galicia,** geschichtl. Landschaft im NW Spaniens; Fischerei, Viehzucht; ehemal. Hauptstadt: Santiago de Compostela.

Galil'äa, geschichtl. Landschaft Palästinas. Jesus und die meisten seiner Jünger waren Galiläer.

Galil'ei, Galileo, italien. Naturforscher, *1564, †1642, war Prof. in Pisa und Padua, erkannte zuerst die Gesetze des freien Falles, des Pendels, des Wurfs, entdeckte die Jupitermonde, den Saturnring u. a. Wegen seiner Verteidigung der Lehre des Kopernikus geriet er in Konflikt mit der Inquisition; 1633 mußte er die Kopernikan. Lehre öffentl. abschwören. Die Legende schreibt ihm dabei den Ausspruch zu: »Und sie (die Erde) bewegt sich doch!«.

Gali'on [span.] das, ⚓ Vorbau älterer Schiffe. **Galionsfigur,** Bugschmuck.

Gälisch, kelt. Mundart in Irland, im schott. Hochland, in Wales und auf der Insel Man.

Gal'izien, Landschaft am N-Rand der Karpaten und in deren nördl. Vorland, rund 80 000 km² mit (1931) 8,5 Mill. Ew. Der westl. Teil gehört zu Polen, der östl. zur Sowjetunion. Das einst zum poln.-litauischen Reich gehörige G. war 1772-1918 österr. Kronland, kam dann zum poln. Staat. Nach dem sowjet.-dt. Grenzvertrag von 1939 wurde Ost-G. an die Sowjetukraine angeschlossen. In Jalta erreichte Stalin die Grenzziehung von Sokal am oberen Bug nach SW bis Lesko am Jag.

Gall, Franz Joseph, Arzt und Schädelforscher (→Phrenologie), *1758, †1828.

Galla Mz., eigener Name **Oromo,** Stammesgruppe in S-Äthiopien und NO-Kenia; Feldbau, Viehzucht.

Galland, Adolf, *1912; im 2.Weltkrieg einer der erfolgreichsten dt. Jagdflieger.

Galläpfel, →Gallen.

G'alla Plac'idia, Tochter des röm. Kaisers Theodosius I., †450; Grabkapelle in Ravenna.

Gallas, Matthias, kaiserl. General im Dreißigjähr. Krieg, *1584, †1647, Gegner Wallensteins.

Galle die, bittere, grünliche Absonderung der Leberzellen. Sie dient der Verdauung der Fette und enthält vor allem Gallensäuren, Gallenfarbstoff, Cholesterin, Schleim. Die G. sammelt sich in den kleinen Gallengängen der Leber und fließt z. T. ständig durch den Lebergallengang in den Zwölffingerdarm ab, zum anderen Teil wird sie in der G.-Blase, einer an der Unterseite der Leber gelegenen Speicherorgan, eingedickt, gespeichert und bei Bedarf ebenfalls von hier in den Zwölffingerdarm entleert. – Krankhafte Bildungen in den Gallenwegen, bes. in der G.-Blase, sind die G.-Steine. Sie finden sich vorwiegend bei Frauen, be-

stehen meist aus Gallenfarbstoff und Kalk, von Sandkorn- bis Walnußgröße, und können durch Einklemmung sehr schmerzhafte G.-Koliken sowie durch Verschluß der Gallengänge eine Rückstauung der G. ins Blut und damit eine →Gelbsucht hervorrufen. Oft muß die G.-Blase samt Steinen operativ entfernt werden (Cholezystektomie). – Beim Vorhandensein von G.-Steinen kommt es häufig zur Infektion der G.-Blase durch Darmbakterien, einer fieberhaften **G.-Blasenentzündung** (Cholezystitis). – **G.-Blasenkrebs,** →Krebs.

Gallegos [ga‿'εgos], Rómulo, venezolan. Schriftsteller, *1884, †1969; Romane (»Doña Bárbara«).

Gallen Mz., 1) bei Tieren Flüssigkeitsansammlungen in den Gelenken und Sehnenscheiden der Beine. 2) vielgestaltige Verbildungen an Pflanzen, hervorgerufen durch Eieinbohrung, Saugstich usw. von Schmarotzern. Beispiele: →Gallwespen rufen Rosenapfel (Schlafapfel) an der Rose, Eichengalläpfel an Blättern und Knospen der Eiche hervor. Durch Gallmilben entstehen die Filz- und Kräuselkrankheit der Weinrebe, durch Blattläuse die Ananasgallen der Fichtenzweige. Pflanzl. G.-Erreger sind best. Bakterien und Pilze, letztere rufen z. B. Hexenbesen des Kirschbaums und Kropf des Kohls hervor. Gerbstoffreiche **Galläpfel** werden zum Ledergerben und zur Tintenherstellung verwendet.

Gallen: 1 Eichengallen, a Gallapfel, b und c Knospengallen, 2 Ananasgallen (Fichte), 3 Rosengalle

Gallenpilz, Bitterpilz, steinpilzähnlicher, bitterer Röhrling; ungenießbar.

Gall'erte die, **G'allert** das, wasserhaltige, federnd weiche Massen, die entstehen, wenn Kolloide mit Wasser in Berührung kommen, z. B. Gelatine.

G'allien, lat. **Gallia,** das Land der **Gallier,** des kelt. Hauptvolkes im Altertum, umfaßte zur Zeit der röm. Republik das heutige Frankreich und Belgien (**G. transalpina**) sowie Oberitalien (**G. cisalpina**). G. cisalpina wurde um 200 v. Chr. römisch; die Unterwerfung von G. transalpina begann mit der Besitzergreifung des südl. G., der **G. Narbonensis,** 120 v. Chr.; das übrige G. wurde von Julius Caesar 58-51 v. Chr. unterworfen. Durch die german. Völkerwanderung bildete sich hier das →Fränkische Reich.

Gallikan'ismus, Gallikanische Kirche, die französ. Form des Episkopalsystems, in der französ. Kirche im 15.Jahrh. bis 1789 maßgebend, erstmals in der »Pragmatischen Sanktion von Bourges« (1483) festgesetzt. Einer der Hauptsätze des G. besagte, daß dem Papst keine weltl. Gewalt zustehe.

Gall'ipoli, türk. **Gelibolu,** Halbinsel nördl. der Dardanellen, mit der Hafenstadt G. – Seit 1354 ist G. türkisch. April 1915 landeten Engländer und Franzosen, scheiterten jedoch an der dt.-türk. Abwehr und räumten G. im Dezember.

G'allium, Ga, chem. Element; Ordnungszahl 31, Atomgewicht 69,72, Dichte 5,9 g/cm³, Schmelzpunkt 29,78 °C, Siedepunkt 2070 °C; glänzend graues, chem. unedles, weiches Metall. Verwendung als Thermometerflüssigkeit, für Halbleiter.

Gällivare [j'ɛliva:rǝ], **Gellivara,** Bergbauort in

Galle: Eingeklemmte Gallensteine im Ausführungsgang der Galle

Galvanische Elemente: Klassische Rundzelle.
1 Zellendeckel, 2 Polkappe, 3 Abdeckscheibe, 4 Elektrische Ableitung der positiven Elektrode, 5 Positive Elektrode, 6 Bodenscheibe, 7 Negative Lösungselektrode, 8 Papphülse

Galsworthy

Gamasche

N-Schweden, an der Lapplandbahn, mit den Grubenarbeitersiedlungen Malmberget, Koskullskulle u. a., 26900 Ew.

Galliz'ismus der, Nachbildung französ. Redensarten in anderen Sprachen.

Gallmilben, sehr kleine, an Pflanzen lebende Milben, erzeugen →Gallen.

Gallmücken, Zweiflügler, legen ihre Eier in Pflanzenteile, wodurch sich →Gallen bilden.

Galloman'ie [lat.-grch.] die, übertriebene Vorliebe für französ. Wesen. **Gallophob'ie, Frankophob'ie** die, Abneigung gegen französ. Wesen.

Gall'on [g'ælən], **Gall'one** die, engl. Hohlmaß, →Maßeinheiten, ÜBERSICHT.

gallo|romanisch, die aus dem in Gallien gesprochenen Provinzlatein entstandenen roman. Sprachen Französisch und Provenzalisch.

Gallup-Institut, privates Unternehmen in den USA zur Erforschung der öffentl. Meinung.

Gallus, schott. Missionar in Alemannien, † um 650, gründete das Kloster St. Gallen; Heiliger (Tag 16. 10.).

Gallussäure, Trihydroxybenzoesäure, eine in Pflanzen weitverbreitete Säure, die in vielen Gerbstoffen vorkommt.

Gallwespen, kleine dunkle oder rötliche Hautflügler, manche erzeugen →Gallen.

Galm'ei der, alte Bezeichnung für Zinkspat und Kieselzinkerz; heute techn. Sammelname für carbonat. und silicat. Zinkerze aller Art.

Gal'opp [frz.] der, 1) Gangart des Pferdes, eine ununterbrochene Reihe von Sprüngen. 2) schneller Rundtanz im $^3/_4$-Takt.

Gal'osche [frz.] die, Überschuh aus Gummi.

Galsworthy [g'ɔ:lzwə:ði], John, engl. Erzähler, Dramatiker, *1867, †1933; Hauptwerk: der Roman »Die Forsyte Saga«. Nobelpreis 1932.

Galt der, ansteckende Euterentzündung bei Kühen.

Galton [g'ɔ:ltn], Sir Francis, engl. Vererbungsforscher,*1822,†1911, begründete die Eugenik und führte die Untersuchung von Fingerabdrücken ein.

Galv'ani, Luigi, italien. Naturforscher, *1737, †1798; entdeckte bei Versuchen mit Froschschenkeln die nach ihm benannte **galvanische Elektrizität** (→galvanische Elemente).

Galvanisati'on die, das Durchströmen bestimmter Körperteile mit Gleichstrom, eine Form der Elektrotherapie.

galv'anische Elemente, elektrochem. Stromquellen, die unmittelbar, ohne geladen zu sein, elektr. Strom abgeben können (**Primärelemente**). Ein g. E. besteht aus zwei Elektroden (Pole) aus verschiedenen Metallen oder Kohle in einem Elektrolyt (→Elektrolyse). Zwischen Elektroden und Elektrolyt entsteht eine elektr. Spannung (→Spannungsreihe 2). Die Minus-Elektrode gibt Elektronen ab und wird zersetzt, die Plus-Elektrode nimmt Elektronen auf; der Ionenstrom im Elektrolyt entspricht dem Elektronenstrom im äußeren Stromkreis. Das wichtigste g. E. ist das hauptsächlich als **Trockenelement** gebaute Kohle-Zink-Element (Leclanché) mit Salmiaklösung als Elektrolyt und Braunstein (zur Unterdrückung der Wasserstoffabscheidung) an der Plus-Kohle-Elektrode. Es liefert 1,5 V Nennspannung. Bei Trockenelementen ist der Elektrolyt eingedickt und luftdicht verschlossen. Es gibt Elemente für Dauerentladung mit kleinem Strom, intermittierende Entladung mit größerem Strom oder für gelegentliche Entladung bei langer Lagerfähigkeit. Sonderbauarten: Füllelemente, Luftsauerstoffelemente und Papierfutterzellen für längere Lagerfähigkeit, Quecksilberoxydzellen für hohen Energieinhalt auf kleinem Raum und Spannungskonstanz, Knopfzellen und Energiepapier oder Energiesandwich mit Gewichten von 2 bis 3 g, Weston-Normalelement als Spannungsnormal für Messungen, auch in Miniaturbauweise, mit 1,01865 Volt bei 20°C. (→Brennstoffelement)

galvanis'ieren, ein Metall durch Elektrolyse mit einem andern Metall überziehen, z. B. Eisen mit Zink (→Galvanotechnik).

Galvanische Elemente: Gasdichter Knopfakkumulator, 1 Stahlfedern, 2 gepreßte Cd-Elektrode, 3 Separator mit Kalilauge, 4 gepreßte Nickel-Elektrode, 5 Stahlnapf, 6 Stahldeckel, 7 Kunststoffdichtung.

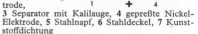

Galv'ano das, galvanoplast. hergestellte Kopie einer Druckplatte (→Galvanotechnik).

Galvanok'austik die, ♪ Abtrennen und Zerstören kranker Körpergewebe mit glühendem Platindraht; heute durch Elektrochirurgie ersetzt.

Galvanom'eter das, Gerät zum Messen sehr kleiner elektr. Stromstärken.

Galvanoplastik, die Abscheidung dicker, meist selbsttragender Metallschichten durch Elektrolyse, angewandt zur Abformung von Gegenständen der Kunst, von Druckplatten, Schallplattenmatrizen u. a.

Galvanotechnik, Anwendung der →Elektrolyse zum Abscheiden metall. Überzüge auf Metallen oder leitend gemachten Nichtmetallen. Die Abscheidung dünner Überzüge nannte man früher **Galvanostegie,** →Galvanoplastik.

Galveston [g'ælvistən], Stadt in Texas, USA, 67200 Ew.; größter Schwefelausfuhrhafen der Erde, Baumwoll- und Getreideexport.

Gama, Vasco da, portugies. Seefahrer, *1468, †1524, entdeckte den Seeweg nach O-Indien.

Gam'ander [grch.] der, 1) Gattung krautiger bis strauchiger stark riechender Lippenblütler. 2) **G.-**Ehrenpreis, eine Ehrenpreisart.

Gam'asche [frz.] die, Überstrumpf ohne Füßling mit Steg aus Wolle, Leinen, Leder, Gummi.

Gambe [ital. Viola da gamba »Kniegeige«] die, Streichinstrument mit 6, auch 5 oder 7 Saiten. Hauptinstrument der **Tenorgambe.**

Gamb'etta, Léon, französ. Staatsmann, *1838, †1882; Gegner Napoleons III., stellte nach dessen Sturz im Krieg von 1870/71 die Massenheere des Volksaufgebots zum Entsatz von Paris auf.

G'ambia, 1) der, Fluß in W-Afrika, rd. 1100 km lang, für Seeschiffe auf 195 km befahrbar. **2)** Land des Commonwealth, am Unterlauf von 1) vom Staatsgebiet Senegals umschlossen, 11300 km², 360000 Ew.; Hauptstadt und -hafen: Bathurst. Amtssprache: Englisch. Staatsoberhaupt: die brit. Königin, vertreten durch Gen.-Gouv. Anbau von Erdnüssen, Reis. – Ehem. brit. Besitz, seit 1965 unabhängig. MinPräs.: D. K. Jawara (seit 1962). ⊕ S. 514, ⊐ S. 345.

Gambia: Bathurst (Hauptstraße)

Gamb'it [span. aus arab.] das, Schachspiel: Spieleröffnung, bei der ein oder mehrere Steine geopfert werden.

Gambr'inus, sagenhafter flandr. König aus karoling. Zeit, gilt als Erfinder des Bieres.

Gam'eten [grch.] Mz., die weibl. und männl. Geschlechtszellen. Bei niederen Pflanzen (z. B. Algen) können sie gleich (**Isogameten**) oder verschieden gestaltet sein (**Anisogameten**).

Gamin [gam'ɛ̃, frz.], (Pariser) Gassenjunge.

G'amma das, der dritte Buchstabe des griech. Alphabets, mit dem Lautwert des dt. G.

Gammastrahlen, γ-Strahlen, bei Atomkernumwandlungen auftretende elektromagnet. Strahlung mit Wellenlängen von etwa 10^{-8} bis 10^{-11} cm.

Gammler [mundartl. »herumlungern«] der, Jugendlicher, der durch ungepflegtes Aussehen und Nichtstun gegen die Gesellschaftsordnung protestiert; oft gruppenweises Auftreten.

Gam'one Mz., Befruchtungsstoffe, →Befruchtung.

Gams [alemann., bair.] der, →Gemse. **Gamsbart,** Hutschmuck aus dem langen, borstenförmigen Haar vom Rücken starker Gemsböcke.

Ganda, Baganda, das Hauptvolk Ugandas, meist Ackerbauer, etwa 1,5 Mill.; sprechen G., eine Bantusprache.

Gander [g'ændə], Ort im NO der kanad. Insel Neufundland, wichtiger Flughafen.

G'anderkesee, Gem. im Kr. Oldenburg, Nd.-sachs., 18 500 Ew.; Maschinen-, Textilind.

Gandersheim, Bad G., Kreisstadt in Ndsachs., westl. des Harzes, 6700 Ew., Solbad. 852 gegr. Abtei (→Roswitha).

G'andhi, 1) Indira, *1917, ind. Politikerin, Tochter Nehrus, seit Jan. 1966 Min Präs. 2) Mohandas Karamchand, genannt **Mahatma** (»Große Seele«), Führer der ind. Unabhängigkeitsbewegung, *1869, †1948, entstammt einer wohlhabenden Hindufamilie; studierte in London, kämpfte für die Gleichberechtigung seiner Landsleute in Südafrika und seit dem 1. Weltkrieg für die Unabhängigkeit Indiens, trat für die Beseitigung der Gegensätze zwischen Muslimen und Hindus ein. Sein hohes Ansehen und seine Erfolge gründeten sich auf die Methode des gewaltlosen Widerstandes. G. wurde von einem fanat. Hindu erschossen.

Gang der, 1) ⚒ mit Ergußgestein oder Erz gefüllte Spalte in anderem (älterem) Gestein. 2) ⚙ bei Kfz. das durch Umschalten des Getriebes veränderbare Übersetzungsverhältnis zwischen Motor und Radantrieb.

Ganges der, amtl. **Ganga,** Hauptstrom Vorderindiens, 2700 km lang, der heilige Strom der Hindus, entspringt im Himalaya 4200 m ü. M., durchfließt die nordind. Ebene, bildet mit dem Brahmaputra das größte Delta der Erde (56000 km², sehr fruchtbar, dicht bevölkert) und mündet in den Bengal. Meerbusen. Am westl. Mündungsarm (Hugli) liegt Kalkutta. Höchster Wasserstand im September; Schiffahrt bis 1400 km oberhalb Kalkuttas, droht aber zu versanden.

Ganghofer, Ludwig, *1855, †1920; bayer. Hochlanderzählungen (»Schloß Hubertus« u. a.).

G'anglion [grch.] das, -s/...lien, Nervenknoten, eine Anhäufung von Nervenzellen (→Nerven-System). **Ganglienblockade,** Heilverfahren, bei dem durch chem. Stoffe bestimmte G. vorübergehend ausgeschaltet werden.

Gangr'än [grch.] die, ⚕ der feuchte →Brand.

G'angspill das, ⚓ die Schiffswinde.

Gangster [g'æŋstə, amerikan.] der, Mitglied einer Verbrecherbande (**gang**).

Gangway [g'æŋwei, engl.] die, Laufsteg zum Schiff oder Flugzeug.

Gan'ove [hebr.] der, Gauner, Dieb.

Gans die, zu den Entenvögeln (Leistenschnäblern) gehörende, gesellig lebende Schwimmvögel mit gedrungenem Leib, langem Hals; fliegen und schwimmen gut, leben jedoch meist auf dem Land. Arten: **Wild-(Grau-)G.,** in Mittel-, Nordeuropa, zieht im Sept. südwärts, ist die Stammform der **Haus-G.; Saat-G.,** in Mitteleuropa Wintergast; **Chines. Schwanen-** oder **Höcker-G.,** Ziervogel.

Gänseblume,Maßliebchen, Korbblütler, wildwachsend und als Zierpflanze (**Tausendschön**).

Gänsedistel, Korbblütlergattung, hohe, stachlige, milchige, gelbblühende Unkräuter.

Gänsefuß, weitverbreitete Gattung kahler oder mehlig bereifter Kräuter mit gelbgrünen bis rötlichen in Knäueln geordneten Blütchen.

Gänsehaut, ⚕ durch Kälte oder Gemütsbewegungen hervorgerufene Zusammenziehung der kleinen Haarbalgmuskeln, wodurch die Haare aufgerichtet werden.

Gant [ital. incanto] die, **Vergantung,** Süddtl., Schweiz: 1) Zwangsversteigerung. 2) Konkurs.

Ganter der, **Ganser,** Gänserich.

Ganym'edes, griech. Sage: der schöne Mundschenk des Zeus, von ihm oder seinem Adler in den Olymp entführt.

Ganzheit, etwas, das nicht schon durch seine Teile, sondern erst durch deren gefügehaften Zusammenhang eindeutig bestimmt ist (Organismus, Struktur). Die **Ganzheitspsychologie** geht von der Annahme aus, daß seel. Erscheinungen nicht nur als Summe von Bestandteilen (»psychischen Elementen«), sondern als Erlebnisstruktur begreifbar sind.

Ganzschluß, ♪ →Kadenz.

Ganzton, ♪ Tonstufe einer großen Sekunde. Die **Ganztonleiter** ist eine Folge von Ganztönen.

Garage [gar'a:ʒ, frz.] die, Einstellraum für Kfz.

Garant'ie [frz.] die, 1) ⚖ Gewähr, Haftung dafür, daß eine verkaufte Sache innerhalb einer best. Zeit (**Garantiefrist**) ihre vertragl. Beschaffenheit behält und Mängel kostenlos beseitigt werden (**Garantieschein**). 2) VÖLKERRECHT: Gewähr für die Aufrechterhaltung eines Zustandes, bes. der Unabhängigkeit und der Grenzen eines Staates, oder für die Erfüllung eines Vertrages, zugesagt durch einen andern Staat oder mehrere Staaten. Die G. kann auf Vertrag oder auf einseitiger Erklärung beruhen.

Garbe die, 1) gebündeltes Getreide. 2) Bündel: Lichtgarbe, Geschoßgarbe. 3) Gattung der Korbblüter; Arten: **Schaf-G.,** weiß (rosa) und gelb blühende Wiesenstaude, Blätter und Blüten werden zu Tee verwendet; **Sumpf-G.,** zungenblättrig, auf Sumpfwiesen, gefüllt als **Silberknöpfchen** Zierpflanze.

Garbo, Greta, eigentl. Greta **Gustafsson,** schwed. Filmschauspielerin, *1903; »Gösta Berling«, »Kameliendame«, »Ninotschka« u. a.

G'arborg, Arne, norweg. Schriftsteller, *1851 †1924; Vorkämpfer des →Landsmål. Romane (»Bauernstudenten«, »Müde Seelen«, »Frieden«).

García L'orca [garθ'ia-], Federico, span. Dichter, *1899, † (erschossen) 1936; Lyriker, Erneuerer des span. Dramas (»Die Bluthochzeit«).

garçon [gars'ɔ̃, frz.] der, 1) Knabe. 2) Kellner. 3) Junggeselle. **Garçonne** [gars'ɔn] der, knabenhafter Mädchentyp. **Garçonnière** [garsɔnj'ɛr] die, Junggesellenwohnung.

Gard [ga:r] der, rechter Nebenfluß der Rhône, kommt von den Cevennen, 133 km lang; wird vom **Pont du G.,** einem röm. Aquädukt (269 m lang, 49 m hoch), überquert. (BILD Aquädukt)

G'ardasee, ital. **L'ago di G'arda** oder **Ben'aco,** größter See Italiens (370 km²), zwischen der Lombardei und Venetien, 65 m ü. M., 52 km lang, 3 bis 17 km breit, bis 346 m tief; mildes Klima, lebhafter Fremdenverkehr.

I. Gandhi

M. Gandhi

Gans: Saatgans

Garbo

Gardasee: Blick auf Riva

Garibaldi

Gasbehälter,
a Glocke, b Teleskopröhre, c Wassertasse, d Führungsrollen

Garmisch-
Partenkirchen

Garde [frz. »Wache«] die, ursprünglich fürstliche Leibwache, dann Elitetruppe.

G'ardelegen, Kreisstadt im Bez. Magdeburg, 13 200 Ew.; Spargelanbau; Industrie.

Gard'enie die, Gattung strauchiger asiat. und afrikan. Krappgewächse, Gewächshauspflanzen, liefern duftreiche Schnittblumen.

Garden Reach [g'a:dn ri:tʃ], Stadt im Ballungsraum von Kalkutta, Indien, 130 800 Ew.; Textilindustrie.

Garder'obe [frz.] die, 1) Kleidung. 2) Kleiderablage. 3) Ankleidezimmer der Schauspieler.

gardez [gard'e, frz.], aufgepaßt! Früher im Schachspiel Warnung mit Angriff auf die Dame.

Gard'ine [spätlat. cortina] die, Fenstervorhang. **Schwedische G.,** Eisengitter vor Gefängnisfenstern.

Gardinenpredigt, Strafrede der Gattin.

Gard'one Rivi'era, internationaler Kurort am Westufer des Gardasees, 2700 Ew.

Gare die, 1) **Bodengare,** eine im Boden durch günstigen Zersetzungszustand und Gehalt an Wasser, Humus und Bakterien sowie durch Bodentemperatur bewirkte Bereitschaft für Pflanzenwuchs. 2) Gerbstoffmischung für Glacéleder.

Garib'aldi, Giuseppe, italien. Freiheitskämpfer, *1807, †1882, verteidigte 1849 das aufständische Rom gegen die Franzosen, befreite 1860 mit seinen Freischaren die Insel Sizilien von der Bourbonenherrschaft, versuchte 1867 erfolglos, auch Rom für Italien zu erobern.

Garmisch-Partenkirchen, Kurort und Wintersportplatz in Oberbayern, am Fuß der Zugspitze, 708 m ü. M.; 27 550 Ew.; Bergbahnen, Sprungschanzen, Eisstadion, Bobbahn.

Garn das, der in bestimmter Feinheit gesponnene endlose Faden.

Garn'elen Mz., zehnfüßige Meerkrebse, meist klein und zart: **Sand-G., Stein-G., Garnat, Granat;** gekocht (Krabben) gelten sie als Delikatesse.

garn'ieren [lat.], ausschmücken.

Garnis'on [frz.] die, ⚔ 1) Standort von Truppen. 2) Besatzung eines Standortes.

Garnit'ur [frz.] die, 1) Verzierung, Ausstattung. 2) Satz zusammengehöriger Gegenstände.

Garo, Volk in Assam, Indien, etwa 300 000; altertüml. Kultur, Mutterrecht.

Garonne [gar'ɔn] die, größter Fluß in SW-Frankreich, entspringt in den Pyrenäen, mündet mit 95 km langem Mündungstrichter (→Gironde) in den Atlant. Ozean; 650 km lang, 460 km schiffbar, von dem G.-Seitenkanal begleitet.

Garrick [g'ærik], David, engl. Schauspieler, *1716, †1779; Shakespeare-Darsteller.

Garr'otte [frz.] die, Halseisen, womit früher bes. in Spanien die Todesstrafe durch Erdrosseln vollstreckt wurde.

Garstedt, Gem. im Kr. Pinneberg, Schlesw.-Holst., 19 300 Ew.; vielseitige Industrie.

Gartenbau, die bei gesteigerter Bodenbewirtschaftung erwerbsmäßig betriebene Gewinnung hochwertiger pflanzl. Bodenerzeugnisse. Zweige: Gemüse-, Obst-, Samenbau, Gehölz- (→Baum-

schule) mit Rosenzucht, Pflanzen- und Blumenzucht, ferner Landschaftsgärtnerei (Gartenkunst) und Bindekunst. **Gartenbauingenieure** werden auf höheren Gärtnerlehranstalten, **Diplomgärtner** und Dr. rer. hort. auf Hochschulen ausgebildet.

Gartenkunst, die künstler. Gestaltung von Gärten und Parkanlagen. Schon bei Ägyptern, Babyloniern (→Hängende Gärten), Griechen, Römern gepflegt und aus dem MA. bezeugt, bildete sie sich bes. in der italien. Renaissance und in der Zeit des Barocks aus, die Haus und Garten als architekton. Einheit gestalteten. Das Frankreich Ludwigs XIV. entwickelte dieses Prinzip durch Le Nôtre am vollkommensten (Versailles). Im Gegensatz zu ihm von den chines.-japan. G. beeinflußt, entstand Mitte des 18. Jahrh. der engl. Garten (Landschaftsgarten), der, von der Architektur gelöst, unregelmäßig angelegt, den Eindruck der Naturlandschaft geben wollte (Carlton House, Wörlitz, München, Muskau). Die moderne G. sieht ihre Hauptaufgabe in der Auflockerung der Städte durch Grünanlagen.

Gartensalat, →Salat.

Gartenschläfer, ein Nagetier, →Schlafmäuse.

Gartenspötter, Singvogelart, →Gelbspötter.

G'artok, Handelsplatz in SW-Tibet, China, 4470 m ü. M., einer der höchsten Dauersiedlungen der Erde. Straße nach Sinkiang-Uighur.

Gärung, die Zersetzung organ. Stoffe durch →Enzyme. **Alkohol-G.** wird durch Hefe verursacht, die Zucker in Alkohol und Kohlendioxyd spaltet. **Essigsäure-G.** wird durch ›Bakterien‹ beigeführt, die Alkohol mit dem Sauerstoff der Luft zu Essigsäure umsetzen. **Milchsäure-G.** wird hervorgerufen durch Milchsäurebakterien, die manche Zuckerarten in Milchsäure überführen (Sauermilch, Sauerkraut, Grünfutter). G. sind auch sehr viele Aufbereitungsvorgänge an pflanzl. Rohstoffen, die man **Fermentation** nennt (z. B. bei Flachs, Kakao, Tabak, Tee).

Gary [g'ɛri], Stadt in Indiana, USA, 178 300 Ew.; ein Zentrum der Schwerindustrie.

Gary [gar'i], Romain, franzöz. Schriftsteller, *1914; Romane: »Die Wurzeln des Himmels«, »Engel ohne Himmel«.

Gas das, 1) allgem.: ein Körper, der (wie die Luft) infolge der freien Beweglichkeit seiner Moleküle weder selbständige Gestalt noch bestimmten Rauminhalt hat (gasförmiger Aggregatzustand der Körper). Alle G. folgen bei Änderung von Temperatur und Druck denselben Gesetzen (→Boyle, →Gay-Lussacsches Gesetz, →Avogadrosches Gesetz); sie können durch Abkühlung bis unter ihre kritische Temperatur und durch genügend hohen Druck verflüssigt werden (→Dampf). 2) im besonderen: das →Stadtgas.

Gasautomat, Münzgasmesser, Gasmesser mit Sperrwerk, läßt nach Einwurf eines Geldstücks eine bestimmte Gasmenge ausströmen.

Gasbehälter, 1) genormte Stahlflaschen für Gase (Propan, Butan, Acetylen) unter hohem Druck. 2) fälschl. **Gasometer,** große Vorratsbehälter für Stadtgas u. a. techn. Gase, für Fassungsvermögen bis 100 000 m³ meist **Glocken-G.,** bei denen das Gas unter in einem Wasserbehälter eintauchende Glocke geleitet wird. Größere G. sind meist **Scheiben-G.,** bei denen sich eine abgedichtete Scheibe auf- und abbewegt.

Gasbeleuchtung, künstl. Beleuchtung mit Gasen (Acetylen, Propan, Stadtgas). Bei Beleuchtung mit Stadtgas oder Propan wird nach Auer v. Welsbach (1884) einer die Bunsenflamme im **Glühstrumpf** (Kunstseide mit Thorium- und Ceroxyd getränkt) zu strahlendweißem Glühen gebracht. Acetylen brennt mit hellleuchtender Flamme.

Gasbrand, Wundinfektion durch Gasbrandbazillen, die mit Erde, in der sie unter Abschluß von Luft leben, in Wunden gelangen. Die Bazillen bilden im Körper ein tödl. Gift und zersetzen das Gewebe unter Gasbildung.

Gascogne [gask'ɔn], geschichtl. Landschaft in SW-Frankreich.

Gas'el [arab.] das, Gedichtform, →Ghasel.

Gasentladung, Durchgang eines elektr. Stromes (bewegte Ionen und Elektronen) durch ein Gas. Mit steigender Stromstärke entsteht aus einer Dunkel- eine Glimm- und schließlich Bogenentladung. Anwendungen: Gasentladungslampen (Glimm-, Metalldampf-, Leuchtstoff- und Bogenlampen, Leuchtröhren), Lichtbogenstromrichter und Lichtbogenschweißen.

Gasentladungslampen, elektr. Lichtquellen, bei denen das Licht von den Leuchterscheinungen stammt, die bei Gasentladungen auftreten, z.B. Quecksilberdampf-, Natriumdampf-, Leuchtstoff-, Bogenlampen, Leuchtröhren.

Gasfernzündung, Zündung der Gas-Straßenbeleuchtung von einer zentralen Stelle aus. Durch eine kurze Druckerhöhung wird ein Ventil betätigt. Mit einer Zündflamme wird das ausströmende Gas gezündet.

Gasgenerator, Gaserzeuger, Schachtofen, in dem durch Vergasen von Stein-, Braunkohle, Koks, Holz, Torf usw. Generatorgas für techn. Feuerungen oder Motorenbetrieb erzeugt wird.

Gasglühlicht, →Gasbeleuchtung.

Gasherbrum-Gruppe [g'aʃə:brum-], Berggruppe im Karakorum: **G. I,** auch **Hidden Peak,** 8068 m hoch; **G. II,** 8035 m hoch.

Gasmaske, dicht abschließende Gesichtsmaske mit auswechselbaren Filter. Dieses befreit die eingeatmete Luft durch mechan., physikal. und chem. Vorgänge von schädl. Gasen und Schwebstoffen. Die ausgeatmete Luft kann durch ein Ventil entweichen. Eine Weiterentwicklung ist die **ABC-Schutzmaske** gegen →ABC-Waffen.

Gasmesser, →Gaszähler.

Gasmotor, →Verbrennungskraftmaschine.

Gasöl, bei der Verarbeitung von Erdöl, Braunkohlenteer und Kohlehydrierprodukten entstehendes brennbares Öl; Siedebereich etwa 200 bis 370°C; Kraftstoff für Dieselmotoren.

Gasom'eter, fälschl. für →Gasbehälter.

Gasp'arri, Pietro, Kardinal, *1852, †1934, Kirchenrechtler, der eigentliche Schöpfer des Codex Iuris Canonici, als Staatssekr. maßgebend am Abschluß der Lateranverträge beteiligt.

G'asperi, De, →De Gasperi.

Gassendi [gasĕd'i], Pierre, franzö́s. Philosoph, Naturforscher, *1592, †1655; knüpfte in seiner mechanist. Physik an den Atomismus Epikurs an.

Gassenhauer, 1) ursprünglich: Nachtschwärmer, dann auch deren Lieder und Tänze. **2)** heute: kurzlebiges populäres Modelied.

Gassenlaufen, das →Spießrutenlaufen.

Gass'et, span. Philosoph, →Ortega y Gasset.

Gast der, **1)** -s/Gäste, Besucher, der bewirtet oder beherbergt wird. **2)** ♁ -s/-en, Matrose mit bestimmter Verwendung: Boots-G., Signal-G.

Gastarbeiter, ausländ. Arbeitskräfte, die auf Zeit in einer Volkswirtschaft erwerbstätig sind.

Gast'ein, Hochtal der Hohen Tauern in Salzburg, 40 km lang. Darin die Heilbäder **Dorfgastein,** 1150 Ew., **Hofgastein,** 5400 Ew., und **Badgastein,** 990-1090 m ü.M., 6000 Ew.

Gastfreundschaft, die Sitte, Fremde aufzunehmen, zu beherbergen und ihnen Schutz zu gewähren. Bei der früher herrschenden Rechtlosigkeit war die G. ein heilig gehaltener Brauch.

g'astrisch [grch.], ♁ den Magen betreffend.

Gastr'itis [grch.], die, Magenschleimhautentzündung (→Magenkrankheiten).

Gastron'om [grch.] der, **1)** Feinschmecker. **2)** Gastwirt. **Gastronom'ie** die, Kochkunst.

G'astrula [lat.] die, ⚇ Entwicklungsstufe der vielzelligen Tiere, Becherkeim, →Entwicklung **2).**

Gaststätte, Betrieb, der gewerbsmäßig Bewirtung oder Beherbergung bietet. Zum Betrieb einer G. oder eines Kleinhandels mit Branntwein ist eine Konzession erforderlich.

Gasturbine, Kraftmaschine ähnlich einer →Dampfturbine, in der bei der Verbrennung eines verdichteten Kraftstoff-Luft-Gemisches entstehende Wärmeenergie in mechanische Arbeit

Badgastein

umgesetzt wird (→Strahltriebwerk). **Abgasturbinen** werden mit den heißen Auspuffgasen von →Verbrennungskraftmaschinen betrieben.

Gasuhr, der →Gaszähler.

Gasvergiftung, ♁ Vergiftung durch chem. Verbindungen im gas- und dampfförmigen Zustand (Blausäure, Kohlenoxyd, Kampfstoffe).

Gaszähler, Gerät zum Messen der verbrauchten Gasmenge. Der **nasse G.** besitzt eine drehbare zylindr. Trommel mit 4 Kammern, in die zentral das Gas eintritt. Die dadurch bewirkte Drehung der Trommel betätigt ein Zählwerk. Beim **trockenen G.** wird das Gas durch 2 durch eine Membrane getrennte Meßkästen gedrückt.

Gateshead [g'eitshed], Stadt am Tyne, England, 103 300 Ew.; Eisen-, Stahl-, Maschinenbaubetriebe.

Gatt [ndt.] das, ♁ **1)** Heck eines Schiffes. **2)** enge Durchfahrt, Meerenge, z.B. das Kattegat. **3)** Loch, Öffnung, z.B. das Speigat.

GATT, General Agreement on Tariffs and Trade, 1947 von 23 Staaten abgeschlossenes allgem. Zoll- und Handelsabkommen; Ziel: Förderung des Außenhandels, Neuordnung der internat. Wirtschaftsbeziehungen; umfaßt 85% des Welthandels. 1971: 70 Vollmitgl. (Bundesrep. Dtl. seit 1951).

Gatter das, **1)** Gitter. **2)** Sägemaschine mit mehreren parallelen Sägeblättern.

gatt'ieren, ⚒ ⚙ sachgemäß mischen.

Gattung die, lat. **G'enus** das, **1)** Art, Gruppe, Sorte. **2)** ♧ ⚘ eine Gruppe, zu der mehrere nächstverwandte Arten von Tieren oder Pflanzen zusammengefaßt werden.

Gattungskauf, ♁ ein Kauf, bei dem der gekaufte Gegenstand nur der Gattung nach bestimmt ist, z.B. 10 Zentner Kartoffeln. Ist über die Güte der Kaufsache im Vertrag nichts Näheres bestimmt, so ist eine Ware mittlerer Art und Güte zu liefern.

Gau die, **1)** Landschaft, Gebiet. **2)** german.: Unterabteilung eines Stammesgebietes.

Gauch der, -s/-e und Gäuche, **1)** der Kuckuck. **2)** Tropf, Narr.

Gauchheil das, Gattung zartkrautiger Primelgewächse; Ackerunkraut ist das **Rote G.**

Gaucho [g'autʃo:, indian.] der, Pampahirt.

gaude'amus 'igitur [lat.], laßt uns also fröhlich sein! Beginn eines Studentenliedes, 1781.

G'audium [lat.] das, Freude, Spaß.

gaufrieren [gofr'i:rən, frz.], mit dem →Kalander Muster in Papier oder Gewebe pressen.

Gaugam'ela, Ort in Assyrien, 331 v.Chr. Sieg Alexanders d.Gr. über Darius III.

Gauguin [gog'ɛ̃], Paul, franzö́s. Maler, Graphiker und Bildhauer, *1848, †1903, einer der Wegbereiter des Expressionismus; Südseebilder. (FARBTAFEL Französische Kunst S. 347)

Gauh'ati, Stadt in Assam, Indien, 100 700 Ew.; Universität; Erdölraffinerie.

Gauklerblume, Rachenblüter der amerikan. Gebirge, so **Gelbe G.,** in Europa verwildert.

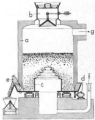

Gasgenerator,
a Schacht, b Füllöffnung, c Drehrost, d Rostantrieb, e Schlackeabfuhr, f Verbrennungsluft, g Gas

Gasmaske

Nasser **Gaszähler**

de Gaulle

Gauß

Gebende

Gebetsmühle aus Tibet

Gaul, August, Bildhauer, *1869, †1921, der bedeutendste dt. Tierplastiker seiner Zeit.

Gaulle [gol], Charles de, französ. Staatsmann, General, *1890, †1970; organisierte im 2. Weltkrieg von London aus den Widerstand gegen die dt. Besatzung, schuf 1943 ein nationales Befreiungskomitee in Algier, nahm an der Befreiung Frankreichs teil, war 1945/46 Regierungschef, gründete 1947 das Rassemblement du Peuple Français (1953 aufgelöst). Er wurde am 1. 6. 1958 MinPräs.; seit Jan. 1959 war er Präs. der Republik. 1962 setzte er mit einer Verfassungsänderung die Wahl des Präsidenten durch das Volk durch. D.G. löste das Algerienproblem und setzte sich für eine Zusammenarbeit mit Dtl. ein. Sein Ziel war die Stärkung der weltpolit. Stellung Frankreichs, bes. gegenüber den Verein. Staaten. Nach einer Abstimmungsniederlage bei einem Referendum trat d. G. am 28. 4. 1969 zurück.

Gaumen, die Decke der Mundhöhle, im vorderen Teil von den beiden Oberkiefer- und Gaumenbeinen **(harter G.),** im hinteren Teil von einer beweglichen, muskulösen Wand, dem **weichen G.** oder **G.-Segel,** gebildet. Dieses endet in der Mitte in einem herabhängenden Anhang, dem **Zäpfchen,** und geht beiderseits in je zwei **G.-Bögen** über, zwischen denen unten die **G.-Mandeln** liegen. **G.-Spalte (Wolfsrachen),** eine meist mit Hasenscharte verbundene, als Hemmungsmißbildung zu deutende Längsspalte im G.; sie behindert das Saugen und Sprechen.

Gauner, gewerbsmäßiger Dieb und Betrüger. **G.-Sprachen,** Sondersprachen der G. untereinander, in Dtl. das **Rotwelsch.**

Gaur der, Dschungelrind Indiens.

Gauris'ankar der, Berg im östl. Himalaja, 7145 m hoch, westl. vom Mount Everest in Nepal.

Gaurisankar von Südwesten

Gauß, Carl Friedrich, Mathematiker und Astronom, *1777, †1855, bahnbrechend auf vielen Gebieten der Mathematik, Sternforschung, Physik (bes. Elektromagnetismus); erfand zus. mit Weber den elektromagnet. Telegraphen, Mitbegründer des absoluten physikal. Maßsystems.

Gauß das, Abk. **G,** Einheit der magnet. Flußdichte (magnet. Induktion).

G'autama, ind. Name von →Buddha.

Gauten, nordgerman. Stamm in S-Schweden.

Gautier [gotj'e], Théophile, französ. Dichter, *1811, †1872; Gedichte, Romane; vertrat die Forderung »L'art pour l'art«.

Gauting, Gem. in Oberbayern, an der Würm, 14200 Ew.; Papier-, Metallwarenindustrie.

Gavarni, Paul, Künstlername für Sulpice Chevalier, französ. Graphiker, *1804, †1866; Zeichner und Karikaturist.

Gavi'al der, ind. Krokodil mit schnabelartiger Schnauze; der **Ganges-G.** ist den Hindus heilig. (BILD Krokodile)

Gävle [j'ɛvlə], früher **Gefle,** Seehafen in Mittelschweden; 72700 Ew.; vielseitige Industrie.

Gavotte [gav'ot, frz.] die, zierl., heiterer französ. Tanz von mäßig schneller Bewegung.

Gawan, Gawein, Held der französ. und dt. Artusromane (»Parzifal«).

Gay [gei], John, engl. Dichter, *1685, †1732; Fabeln. B. Brecht erneuerte seine parodist. Posse »The beggar's opera« (»Dreigroschenoper«).

Gay-Lussacsches Gesetz [gɛ lys'ak-, nach dem französ. Chemiker Gay-Lussac, *1778, †1850]. Wird eine bestimmte Menge eines Gases um 1 Grad erwärmt, ohne daß sich sein Druck ändert, so dehnt sie sich um $^1/_{273}$ des Raumes aus, den sie bei 0 Grad C einnehmen würde.

Gaza, Gasa, Ghazze, ägypt. Handelsstadt in S-Palästina, an der israel. Grenze, 40000 Ew. Der **Gazastreifen** (202 km², 360000 Ew., davon 70% Flüchtlinge) ist seit 1949 Gegenstand israelisch-ägypt. Streits, seit Juni 1967 unter israel. Militärverwaltung.

Gaze [g'a:z, arab.-frz.] die, netzartiges Gewebe aus Baumwolle, Seide, Leinen.

Gaz'elle die, Gattung sehr schlanker asiatisch-afrikan. Antilopen, in Herden lebend.

Gazellenfluß, Bahr el-Ghasal, linker Nebenfluß des Nils im Sudan.

Gazette [gaz'ɛt, frz.] die, Zeitung, Zeitschrift.

Gaziant'ep, türk. Stadt im Taurus-Vorland, 158400 Ew.; Textil- und Nahrungsmittelind.

Gd, chem. Zeichen für →Gadolinium.

Gdańsk, poln. Name für →Danzig.

Gd'ingen, poln. Gdynia, Hafenstadt in Polen, an der Ostsee (Danziger Bucht), 183700 Ew.; Handels-, Kriegs- und Passagierhafen.

GDP, Gesamtdeutsche Partei.

Ge, chem. Zeichen für →Germanium.

Ge'äse das, 1) ♀ Maul der Hirsche, Rehe, Gemsen. 2) die aufgenommene Nahrung.

Gebärde, ausdrucksvolle, sichtbare Bewegung. Man unterscheidet: 1) **arttypische G.** (z. B. Droh- und Imponierstellungen, Katzbuckeln, Schweifwedeln); 2) **absichtliche G.,** beim Menschen als Sprachhilfe oder Sprachersatz **(G.-Sprache)** bes. ausgeprägt bei Naturvölkern; Hilfsmittel bei Taubstummheit; 3) Ausdrucksmittel in der Schauspielkunst; 4) in Verbindung mit kult. Handlungen, z. B. Liegen, Haltung der Hände.

Gebärmutter, lat. **Uterus,** griech. **Hystera,** ♀ ⚕ Organ des weibl. Körpers, das die befruchteten Eier in sich aufnimmt, sie während ihrer Entwicklung zu Embryonen beherbergt und das reife Frucht bei der Geburt ausstößt. Die **G. des Menschen** ist ein muskulöser, hohler, flach birnenförmiger Körper; sie liegt im kleinen Becken zwischen Blase und Mastdarm. Der **G.-Hals (Cervix)** mit kleiner zentraler Öffnung, dem **Muttermund,** mündet in die Scheide. Vom **G.-Körper** gehen nach beiden Seiten die →Eileiter ab. Die Schleimhaut im Inneren der G. erneuert sich in 4wöchentl. Zyklus und wird bei der →Menstruation ausgestoßen. – **G.-Krankheiten. G.-Geschwülste:** Myom, gutartig, geht aus Muskelfasern hervor; Krebs, bösartig. Anzeichen für beide: unregelmäßige Blutungen. **G.-Geschwür, Erosion,** meist am äußeren Muttermund. **G.-Katarrh,** Entzündung der G. durch Bakterien. Anzeichen: Völlegefühl, Ausfluß, Schmerzen. **G.-Verlagerungen:** Rückwärtsneigung **(Retroversion),** Rückwärtsknickung **(Retroflexion),** abnorme Vorwärtsknickung **(Anteflexion),** Senkung **(Descensus),** Vorfall **(Prolaps).** Ursachen: Lockerung der Bänder durch Geburten oder schwere körperl. Arbeit.

Geb'ende [Gebände, von binden] das, weibl. Kopftracht im 13. Jahrh.

Geb'et, fromme Erhebung des Menschen zu Gott in Form des Anrufs als Bitt-, Buß-, Lob-, Dank-G. und Fürbitte.

Gebetsmühle, mit geschriebenen Gebeten gefülltes hölzernes oder metallenes Gefäß der Buddhisten, bes. der Lamaisten, das durch Hand, Wind oder Wasserräder gedreht wird.

Gebetsriemen der Juden: Riemen mit Kapseln, in denen Pergamentstreifen mit Bibelsprüchen liegen.

Gebetsteppich, dient dem Muslimen als Unterlage zum Knien beim Gebet.

Gebhard [von ahd. geba »Gabe« und hart »stark«], männl. Vorname.

Gebhardt, Eduard v., Maler, *1838, †1925; religiöse Bilder.

Gebietskörperschaft, Körperschaft des öffentl. Rechts, z. B. Gemeinde, Land.

Gebildbrot, aus Anlaß bestimmter kirchl. Feste bes. geformtes Gebäck; Reste alter Opferbräuche.

Gebirge [von »Berg«], zusammenhängende größere Erhebung der Erdoberfläche: Berge und Hochflächen, die durch Täler gegliedert sind. Nach der Form der Gipfel unterscheidet man: **Kamm-G.** (Sudeten), **Kuppen-G.** (Rhön), **Tafel-G.** (Schwäbische Alb); nach der Höhe: **Mittel-G.** (Schwarzwald) und **Hoch-G.** (Alpen). Ihrer Entstehung **(G.-Bildung)** nach sind die G. entweder vulkanisch: durch Ausstoßung von Gesteinen, oder tektonisch: durch Störung der Lagerung der Gesteine. Die tekton. G. gliedert man in **Falten-G.** und **Bruch-G.,** die letzteren in **Horst-G.** und **Schollen-G. Ketten-G.** sind langgestreckte Falten-G. (Alpen).

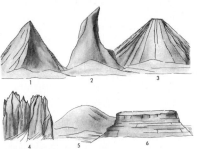

Gebirge (Bergformen), 1 Pyramide, 2 Horn, 3 Kegel, 4 Zinnen und Türme, 5 Kuppe, 6 Tafel

Gebiß, 1) die Gesamtheit der →Zähne. 2) der eiserne Teil des Pferdezaums.

Gebläse, ⚙ Maschine zum Fördern von Luft, Gasen, Dämpfen auf 0,1–4,0 atü, zur Lüftung, Versorgung von Hochöfen, Bergwerken mit Frischluft; gebaut als **Schrauben-, Kolben-, Turbo-G.**

Gebot, Befehl; →Zehn Gebote.

Gebrauchsanmaßung, ⚖ die unberechtigte Benutzung fremder Sachen und Rechte. Strafbar ist die G. an Kfz. und Fahrrädern (§ 248b StGB) sowie die der öffentl. Pfandleiher an verpfändeten Sachen (§ 290 StGB).

Gebrauchsgraphik, künstler. Gestaltung von Schrift und Bild für prakt. Zwecke (Werbung, Bücher). (FARBTAFEL S. 349)

Gebrauchsmuster, ⚖ →Musterschutz.

Gebühren, 1) öffentl. Abgaben für eine bestimmte staatl. Leistung, bes. für die Inanspruchnahme öffentl. Einrichtungen, z. B. **Prüfungs-G., Gerichts-G.** 2) Entgelt für Dienstleistungen.

gebundene Rede, Dichtung in Versform.

Geburt, lat. **Partus,** auch **Niederkunft, Entbindung,** der Vorgang, durch den die Leibesfrucht aus dem mütterl. Körper an die Außenwelt gelangt. – Die normale G. beginnt mit Einsetzen der Wehen, rhythmischen, sehr schmerzhaften Zusammenziehungen der Gebärmuttermuskulatur. Die ersten Wehen bewirken eine langsame Eröffnung des Gebärmutterhalskanals **(Eröffnungsperiode).** Wenn der Muttermund völlig erweitert ist, platzt die Fruchtblase (Blasensprung), das Fruchtwasser fließt durch die Scheide ab, und mit den nächstfolgenden Wehen beginnt der Austreibung der Frucht **(Austreibungsperiode).** Der führende Teil des Kindes, der Kopf, wird durch den G.-Kanal gepreßt und nach Überwindung der Becken- und Dammwege geboren. Der Körper folgt mit der nächsten Wehe nach. Ist das Kind geboren, wird die Nabelschnur durchschnitten. In dem nun folgenden Nachgeburtsperiode wird der Mutterkuchen mit Nabelschnur- und Eihautresten als Nachgeburt aus der Gebärmutter ausgestoßen.

Geburtenbuch, standesamtl. Personenstands-buch zur Beurkundung der Geburten. **Geburtenstatistik,** ein Teil der Bevölkerungsstatistik.

Geburtenkontrolle, →Empfängnis.

Geburtshelferkröte, Froschlurch im wärmeren Europa. Das Weibchen laicht an Land, das Männchen windet sich die Eischnüre um die Hinterschenkel, vergräbt sich bis zur Eireifung und geht dann ins Wasser, wo die Eier sofort aufplatzen.

Geburtshilfe, die Wissenschaft von den normalen und krankhaften Vorgängen während der Schwangerschaft und Geburt.

Geburtshelferkröte

Gebweiler, französ. **Guebwiller,** Stadt im Elsaß, 11100 Ew.; Weinbau, Seiden-, Woll-Ind.; mittelalterl. Bauten.

Gecko der, **Haftzeher,** Eidechsen der warmen Länder; klettern an Steil- und Hangflächen mit Hilfe von Haftplättchen unter den Zehen.

Gedächtnis das, die Fähigkeit, sich Inhalte unwillkürlich oder durch bewußtes Lernen zu merken; Grundlage der Erinnerung.

Gedanke der, geistige Vorstellung; Plan, Einfall. **Gedankenblitz,** plötzliche Eingebung.

Gedankenübertragung, Telepath'ie, angebl. Weitergabe oder Aufnahme von Bewußtseinsinhalten an oder von fremden Personen ohne Vermittlung der bekannten Sinnesorgane.

Gedankenvorbehalt, reservatio mentalis [lat.], bei Abgabe einer Willenserklärung der nicht geäußerte Vorbehalt des Erklärenden, das Erklärte nicht zu wollen; rechtl. ohne Bedeutung.

Gedicht das, lyrisches Dichtwerk, →Lyrik.

gediegen, 1) rein vorkommend (Metall). 2) zuverlässig, solid.

Gedinge das, Akkordlohn der Bergarbeiter.

gedruckte Schaltung, ⚡ eine elektr. Schaltung, die unter Verwendung von Druckverfahren auf eine Isolierplatte aufgebracht ist; in der Nachrichtentechnik verwendet.

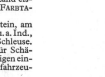

Gecko: Mauergecko, a Fuß- und Haftschalen

Gedser [ge'sser], dän. Hafen an der Südspitze von Falster, 1200 Ew.; Eisenbahnfähre nach Warnemünde, Autofähre nach Travemünde.

Geest, im norddt. Tiefland das höher gelegene, minder fruchtbare, meist sandige Land eiszeitl. Entstehung. Gegensatz: →Marsch. (FARBTAFEL Deutsche Landschaften S. 174)

Geesthacht, Stadt in Schleswig-Holstein, am rechten Elbufer, 23000 Ew.; Maschinen- u. a. Ind., Forschungsreaktor, Elbstaudamm mit Schleuse.

Gefährdungshaftung, ⚖ Haftung für Schäden, die ohne Verschulden des Haftpflichtigen eingetreten sind (z. B. bei Kraft- oder Luftfahrzeugen, Bergwerk, Tierhaltung).

Gefälle, das Verhältnis des Höhenunterschieds zweier Punkte zu ihrem horizontalen Abstand.

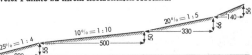

Gefälle

Gefangenenbefreiung wird mit Freiheitsstrafe bestraft (§§ 120, 122b StGB); Aufsichtsbeamten droht Freiheitsstrafe nicht unter einem Jahr (§ 347 StGB).

Gefängnis, →Strafanstalt.

Gefängnisstrafe, →Freiheitsstrafe.

Gefäßbündel, strangförmige Gewebebezirke in allen Blütenpflanzen und den farnartigen Pflanzen (Gefäßkryptogamen). In den Blättern bilden die G. das Blattgeäder. Die G. des Stengels stehen bei den zweikeimblättrigen Pflanzen im Kreise, bei den einkeimblättrigen Pflanzen unregelmäßiger. Jedes G. besteht aus einwärts gelegenem **Holzteil,** in dem das Wasser (mit den Nährsalzen) aufsteigt, und auswärts gelegenem **Bast-** oder **Siebteil.** Zwischen beiden liegt das →Kambium. Die wesentlichsten Aufbauteilchen des Holz- und Siebteils sind die **Gefäße (Tracheen).** (BILD S. 320)

Gefäße, →Blutgefäße, →Lymphgefäße.

Gefäßkrampf, Krampf der Muskulatur von Blutgefäßen, z. B. bei →Angina pectoris, →Migräne.

Geflügel, Sammelwort für die vom Menschen

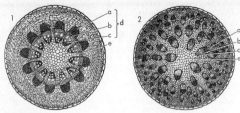

Gefäßbündel. Querschnitt durch den Stengel 1 einer zweikeimblättrigen, 2 einer einkeimblättrigen Pflanze, a Bast- oder Siebteil, b Kambium, c Holzteil, d Gefäßbündel, e Mark

Gefäßbündel. Querschnitt durch den Stengel 1 einer zweikeimblättrigen, 2 einer einkeimblättrigen Pflanze, a Bast- oder Siebteil, b Kambium, c Holzteil, d Gefäßbündel, e Mark

gezüchteten Nutzvögel. **Geflügelkrankheiten,** meist Infektionskrankheiten: **G.-Cholera,** führt schon nach wenigen Stunden zum Tode. **G.-** oder Hühnerpest, eine Viruskrankheit, äußert sich in Schlafsucht, schwarzroter Färbung des Kammes und der Kehllappen, führt nach 1 Woche zum Tode. **Kükenruhr (G.-Typhus)** wird meist übertragen durch Bruteier und vermindert den Kükenbestand um 30-90%. **G.-Tuberkulose,** auch auf Schwein und Mensch übertragbar. Bekämpfung: Absondern der kranken Tiere, Impfung.

geflügelte Worte, seit G. Büchmanns Sammlung »Geflügelte Worte« (1864) sprichwörtl. gebrauchte Aussprüche, bes. Dichterzitate.

Gefreiter, ⚔ Mannschaftsdienstgrad.

Gefrieranlagen dienen zum schnellen Gefrieren von Lebensmitteln bei tiefen Temperaturen (−20 bis −50 °C) mit →Kältemaschinen.

Gefrierfleisch ist durch rasches Gefrieren bei −10 bis −20 °C haltbar gemacht.

Gefrierkonserven, meist dicht verpackte, küchenfertig zugerichtete Lebensmittel, können bei −18 bis −30 °C 1-2 Jahre aufbewahrt werden.

Gefrierpunkt, Temperatur, bei der eine Flüssigkeit erstarrt, d. h. in den festen Aggregatzustand übergeht. Der G. ist druckabhängig.

Flüssigkeit	Gefrierp. in °C	Siedep. in °C
Äthylalkohol	−114,5	+ 78,3
Äther	−116,3	+ 34,6
Benzol	+ 5,5	+ 80,1
Chloroform............	− 63,5	+ 61,2
Essigsäure	+ 16,7	+118,1
Glycerin	− 18,0	+290,0
Methylalkohol	− 97,9	+ 64,7
Quecksilber	− 38,9	+357,0
Schwefelkohlenstoff.....	−111,6	+ 46,2
Toluol	− 94,5	+110,8
Wasser	0,0	+100,0

Gefrierschutzmittel, Zusätze zu Wasser, die das Gefrieren bei 0 °C verhindern, z. B. Lösungen von Kochsalz, Calciumchlorid, Alkohol, Glycerin, Glykol u. a.

Gefriertrocknung, Wasserentzug aus biolog. Geweben, Bakterien, Lebensmitteln usw. durch Tiefgefrieren im Vakuum.

Gefrorenes, Speiseeis aus Milch, Eigelb, Zucker, Geschmackszutaten.

Gefühl das, seel. Erlebnisse oder Erlebnisqualitäten teils ungerichteter, teils gerichteter Art (Liebe, Haß), teils Gesamtzuständlichkeiten, die als Stimmung den tragenden Grund für Erleben und Verhalten bilden. Stark und rasch verlaufende G. heißen **Affekte.**

Gegenfüßler, Antip'oden, Bewohner der Gegenseite der Erdkugel.

Gegenkolbenmotor, Verbrennungsmotor mit 2 im gleichen Zylinder gegeneinanderlaufenden Kolben.

Gegenkönig, im MA. öfters von einer Gruppe von Fürsten gewählt, in Dtl. u. a. Albrecht I.

Gegenreformation, die Gegenbewegung der kath. Kirche gegen die Reformation, bes. 1555 bis 1648, während die kath. Kirche selbst eine religiöse Erneuerung durchführte. Hauptträger der G. waren die Päpste, der Jesuitenorden, Spanien unter Philipp II., die österreich. Habsburger, die bayer. Wittelsbacher.

Gegenrevolution, Konterrevolution, Umsturz, der die Staatsordnung wiederherstellen soll, die durch Revolution zerstört wurde.

Gegensatz, LOGIK: Verhältnis von Begriffen, die einander ausschließen. a) **Kontradiktorischer G.:** schwarz − nicht schwarz, ein Begriff verneint den andern. b) **Konträrer G.:** schwarz − grün, Verschiedenheit von Begriffen einer Reihe.

Gegenstromverfahren, Wärme- oder Stoffaustausch durch Vorbeiführen zweier Stoffe aneinander in entgegengesetzter Richtung.

Gegenvormund, →Vormund.

Gegenwart, 1) Jetztzeit. **2)** Anwesenheit. **3)** Zeitform (Präsens).

Gegenwertmittel, ERP-Sondervermögen, vom allgem. Bundesvermögen getrennter Fonds, dem die Erlöse aus dem Verkauf von im Rahmen amerikan. Hilfsprogramme eingeführten Waren zuflossen. Daraus können verzinsl. Kredite zur Förderung der Wirtschaft gewährt werden.

Gegenzeichnung, Unterschrift einer zweiten Person **(Kontrasignatur);** z. B. die G. einer Urkunde des Staatsoberhauptes durch den Regierungschef oder einen Minister.

Gehalt der, -s/-e, **1)** der wesentl. Inhalt, der innere Wert. **2)** bei Erzen: das reine Metall. **3)** der Inhalt eines Gefäßes. **4)** das **G.,** -s/Gehälter, das meist monatl. gezahlte Arbeitsentgelt der Beamten (Besoldung) und Angestellten.

Geheeb, Paul, Pädagoge, *1870, †1961, gründete 1910 die »Odenwaldschule«, 1934 in der Schweiz die »Ecole d'Humanité«.

Geh'ege das, ♀ Jagdbereich mit Wildpflege.

Geheimbund, Vereinigung, die ihre Ziele, Tätigkeit, Mitgl. und Gebräuche geheimzuhalten sucht. **Geheimbündelei,** ⚖ Teilnahme an einer Verbindung, deren Dasein, Verfassung oder Zweck vor der Staatsregierung geheimgehalten werden soll; mit Freiheitsstrafe bestraft (§ 128 StGB).

Geheimdienst, Einrichtung zur Sammlung und Auswertung geheimgehaltener Nachrichten.

Geheimer Rat, 1) Geheimes Ratskollegium, **Geheimes Konzil, Staatsrat,** in dt. Einzelstaaten vom 16. bis 19. Jahrh. die oberste Regierungsbehörde. **2)** die Mitglieder der Behörde. **3)** in Dtl. bis 1919 ein Titel (Geheimrat, Geheimer Regierungs-, Justiz-, Medizinalrat u. ä.).

Geheime Staatspolizei, unter verschiedenen Namen die dem Schutz des Staates dienende polit. Polizei; im nationalsozialist. Dtl. hatte die **G. S. (Gestapo)** fast unbeschränkte Macht zur Freiheitsentziehung ohne richterl. Nachprüfung und sonstige Rechtsgarantien.

Geheimmittel, lat. **Arcana,** urspr. alle Arzneimittel, deren Zusammensetzung und Zubereitung geheimgehalten wurden; heute: Mittel, deren Bestandteile nicht vollständig und gemeinverständlich angegeben werden.

Geheimschrift,Ch'iffre, nur von Eingeweihten zu lesen **(dechiffr'ieren).** Verwendet werden unsichtbare Tinten **(Geheimtinten),** besondere Schriftzeichen oder Schriftanordnungen. Man kann drei große Gruppen unterscheiden: diplomatisch-militär., kaufmänn., kriminelle G.

Gehen, leichtathlet. Wettkampfübung, bei der das vorschwingende Bein aufgesetzt werden muß, bevor das hintere Bein den Boden verläßt.

Gehirn, Hirn, lat. **Cerebrum,** der innerhalb der Schädelkapsel gelegene Mittelpunkt des Nervensystems. Es steuert die seel. Tätigkeiten, die willkürl. Bewegungen und macht Sinnesempfindungen bewußt. Im Innern des G. liegen miteinander zusammenhängende, mit wässeriger Flüssigkeit (G.-Rückenmark-Flüssigkeit) gefüllte Höhlen. Das G. ist von drei Häuten, der **weichen Hirnhaut,** der **Spinnwebenhaut** und der den Schädelknochen dicht anliegenden **harten Hirnhaut** umschlossen.

EINTEILUNG: das aus 2 Halbkugeln bestehende **Großhirn,** mit vielen Windungen an der Oberfläche, im obern und vordern Teil des Schädels, das **Kleinhirn** im Hinterkopf und eine Kette von Hirnteilen, die das Großhirn mit dem Rückenmark

Geisha, Holzschnitt von Utagawa Toyohiro

Geier: Aas- oder Schmutzgeier

verbinden. In dem dem Rückenmark am nächsten liegenden Hirnteil, dem **verlängerten Mark,** liegen an einer Stelle, dem **Lebensknoten,** das lebenswichtige Atmungs- und Herzzentrum. Am Boden des Zwischenhirns sitzt die **Hypophyse (Hirnanhang),** auf der obern Fläche die **Zirbeldrüse (Epiphyse);** beide sind wichtige Drüsen mit →innerer Sekretion. Die verschiedenen Tätigkeiten der G. sind an bestimmte Gegenden **(Zentren)** gebunden. Vom G. gehen zwölf Nervenpaare **(Hirn-, G.-Nerven)** aus. Mittleres Hirngewicht des Mannes 1375, der Frau 1250 g.

ERKRANKUNGEN: **G.-Abszeß,** umschriebene Eiteransammlung im G.; am häufigsten nach G.-Verletzungen (Hirnschüssen); auch als Folge von Innenohreiterung oder G.-Entzündung; **G.-Blutung,** durch Platzen eines brüchig gewordenen Gefäßes (→Schlaganfall) oder infolge von Gewalteinwirkung (G.-Erschütterung, Schädelbruch); **G.-Entzündung, Enzephalitis,** kann durch Bakterieneinschleppung auf dem Blutweg bei jeder Infektionskrankheit entstehen, bes. bei Masern, Keuchhusten, Typhus, Fleckfieber, auch gelegentl. nach Pockenschutzimpfung; **Epidemische G.-Entzündung, E.** epidemica (lethargica), Schlafgrippe, eine Virusinfektion, die schwere Dauerschäden des G. hervorruft (Muskelstarre, Schüttellähmung, Speichelfluß). Behandlung mit Atropin (Bulgarische Kur). **G.-Erschütterung, Commotio cerebri,** entsteht durch Fall oder Schlag auf den Schädel. Bewußtlosigkeit, Schwindel, Erbrechen; häufig noch lange Wochen danach Kopfschmerzen. Strenge Bettruhe für drei Wochen, Beruhigungsmittel; **G.-Erweichung,** volkstüml. Ausdruck für die fortschreitende →Paralyse (Spätstadium der →Syphilis); **G.-Geschwulst, Hirntumor,** ruft durch verdrängendes Wachstum Kopfschmerzen, Sehstörungen, Erbrechen (Hirndrucksteigerung), später Lähmungen hervor. Frühzeitige Operation! **G.-Hautent-**

Gehirn von der Basis aus gesehen.
a Großhirn (Stirnlappen), b Sehnerv, c Augenbewegungsnerv, d Brücke, e IX., X., XI. Gehirnnerv, f Zungennerv, g Kleinhirn, h Rückenmark, k verlängertes Mark, m Gesichtsnerv, Hör-, Gleichgewichtsnerv, n Abzieher des Auges, p Drillingsnerv, q Großhirn (Schläfenlappen), r Riechnerv

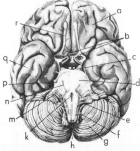

zündung, →Meningitis; **G.-Schwund,** meist im hohen Alter vorkommende Rückbildung der G.-Substanz (→Altersblödsinn); **G.-Wassersucht,** →Wasserkopf.

Gehirnwäsche, seel. Folterung, die völlige Umkehrung des polit. Denkens bezweckt. Mittel: pausenloses Verhör, Drohungen, Versprechungen, u. U. Drogen.

Gehlen, Arnold, Philosoph, Soziologe, *1904; begreift den Menschen als biologisch »instinktentsichertes« und daher auf Lebensführung durch feste Gesellschaftseinrichtungen angewiesenes »Mängelwesen«.

Gehör das, die Fähigkeit, Töne, Klänge und Geräusche mit dem →Ohr wahrzunehmen.

Gehörn das, 1) Hörnerpaar der Horntiere. 2) ♀ Geweih des Rehbocks.

Gehrung, Gehre die, Zusammenstoßen von Leisten oder Gesimsen unter einem Winkel, z. B. die Ecke eines Bilderrahmens.

Geibel, Emanuel, Dichter, *1815, †1884; Lyrik in klassizist. Form; trat für dt. Einigung unter Preußens Führung ein (»Heroldsrufe«).

Geier, große Greifvögel; Hals und Kopf meist nur von wenigen Flaumfedern bedeckt; Aasfresser, in warmen Ländern als »Gesundheitspolizei« nützlich. Gänse-G., Schmutz-G. (Aas-G.) in den Mittelmeerländern und Afrika; **Bart-** oder **Lämmer-G.** und **Mönchs-** oder **Kutten-G.** in Asien, N-Afrika, SO-Europa; **Kondor, Königs-G.** in Amerika.

Geierhaube, Kopfschmuck der Königinnen im alten Ägypten.

Geierhaube

Geige, Violine die, das wichtigste Streichinstrument der Neuzeit, Ende des 16. Jahrh. aus der Viola entwickelt; bespannt mit vier Saiten (g, d', a', e''), die Decke aus Tannen-, der Boden aus Ahornholz. Bedeutende Geigenbauer: die italien. Familien Amati, Stradivari, Guarneri in Cremona, die Tiroler Stainer, Klotz. BILD: Geige. a Schallkörper (Decke), b Oberbügel, c Mittelbügel, d Unterbügel, e Schallöcher, f Saitenhalter, g Steg, h Hals, i Griffbrett, k Sattel, m Wirbelkasten, n Wirbel, p Schnecke, q Zargen.

Geiger, 1) Hans, Physiker, *1882, †1945, arbeitete über Radioaktivität, Atomaufbau und Strahlungen. **G.-Zähler,** →Zählrohr. 2) Hermann, schweizer. Rettungs- und Gletscherpilot, *1914, †1966.

Geiler v. Kaysersberg, Johannes, *1445, †1510; volkstüml. Sittenprediger.

Geisel der, -s/-, oder die, -/-n, in Gewahrsam genommener Bürge, der mit Freiheit und Leben für die Erfüllung bestimmter Forderungen haftet.

Geiselgast'eig, Villenvorort von München; große Filmateliers.

Geisenheim, Stadt im Rheingau, Hessen, 9000 Ew.; Maschinenind.; Weinbau; Lehr- und Forschungsanstalt für Wein-, Obst- und Gartenbau.

Geiser, →Geysir.

Geiserich, Wandalenkönig, † 477, gründete 442 in N-Afrika ein Reich, eroberte 455 Rom.

Geisha [gˈeʃa] die, Japan: in Tanz, Gesang und gesellschaftl. Formen ausgebildetes Mädchen zur Unterhaltung und Bedienung.

Geige

Geislingen an der Steige, Stadt in Baden-Württ., am N-Rand der Schwäb. Alb, 27 700 Ew.; Metallwaren-, Textilindustrie.

Geißbart, spiralenartige Staude bewohnt der Wälder, mit weißer Blütenrispe (Ziegenbart).

Geißblatt, Gattung von Sträuchern mit zweilippig-röhrigen Blüten und ungenießbaren Beeren; teils Klettersträucher mitteleurop. Waldränder, auch Ziersträucher (**Wald-G.** und **Jelängerjelieber);** teils aufrechte Sträucher mit kleineren, kürzeren Blüten (**Heckenkirsche** und **Tataren-G.).**

Geißblatt

Geißel, 1) Züchtigungswerkzeug, Stab mit Riemen oder Schnüren; daher: Plage, Heimsuchung. **Geißler,** →Flagellanten. 2) ☿ ⚕ geißelähnl. Plasmafäden bei kleinen Lebewesen, dienen zur Fortbewegung.

Geißeltierchen, Flagell'aten, Einzeller, Klasse der Urtiere, mit Geißelfäden zur Fortbewegung. Einige Arten sind Schmarotzer (**Trypanosomen,** Erreger der Schlafkrankheit).

Geißfuß, 1) ⚘ der →Giersch. **2)** ⚙ Werkzeug zum Ausziehen von Nägeln.

Geißlersche Röhren [nach dem Mechaniker Geißler, *1815, †1879], Leuchtröhren.

Geist der, als **subjektiver G.** das Denken, Wollen, Urteilen des Menschen; als **objektiver G.** in den überpersönl. Ordnungen von Recht, Sitte, Sittlichkeit verkörpert.

Geistesgeschichte, →Ideengeschichte.

Geisteskrankheiten, →seelische Krankheiten.

Geisteswissenschaften beschäftigen sich (im Unterschied zu den Naturwissenschaften) mit der Kultur als Ganzheit; als Einzelwissenschaften behandeln sie Kunst, Recht, Sprache, Geschichte, Wirtschaft u. a. Gebiete.

geistiges Eigentum, →Urheberrecht.

geistliche Gerichtsbarkeit, die Rechtspflege kirchl. Organe über Mitgl. der kirchl. Gemeinschaft. In der kath. Kirche werden Streitigkeiten, die ihr eigenes Recht betreffen, von kirchl. Gerichten entschieden. In der evang. Kirche ist die g. G. beschränkt auf Zuchtgewalt gegenüber Kirchenmitgliedern und Disziplinargewalt gegenüber Amtsträgern.

geistlicher Vorbehalt, die Bestimmung des Augsburger Religionsfriedens von 1555, daß die geistl. Fürsten beim Übertritt zum Protestantismus ihre weltl. Herrschaft verlieren sollten.

geistliche Verwandtschaft entsteht nach kath. Kirchenrecht zwischen Täufling (Firmling) und den Paten; Ehehindernis.

Geiz der, **1)** übertriebene Sparsamkeit. **2)** ⚘ **G., Geiztrieb,** Seitentrieb, Blattachseltrieb.

Gekröse das, **1)** Bauchfellfalte, die den Dünndarm einschließt. **2)** Magen und Netz nebst den krausen Gedärmen von Kalb und Lamm.

Gel das, ⚗ kolloidale Lösung, die durch Wasseraufnahme gallertartig erstarrt ist.

Gelatine [ʒelat'inə, frz.] die, sehr reiner, weißer, geschmackloser Leim aus Knochen.

Gelb, eine Farbe im Spektrum zwischen Orange und Grün; Wellenlänge 0,56-0,59 nm.

Gelbbeeren, unreife, getrocknete Beeren verschiedener Kreuzdornarten; zu Farbstoffen.

Gelbbücher, →Farbbücher.

gelber Fleck, auf der Netzhaut, →Auge.

Gelber Fluß, der →Huangho, in China.

Gelbes Meer, Randmeer des Stillen Ozeans zwischen der Halbinsel Korea und China.

Gelbfieber, schwere ansteckende Krankheit der Tropen, mit hohem Fieber, Erbrechen und Gelbsucht. Erreger ein Virus; durch die **G.-Mücke** (Aedes aegypti) übertragen.

Gelbfilter, Photographie: Farbfilter, durch das blaue Strahlen abgeschwächt werden.

Gelbguß, Messingguß.

Gelbling der, ein Pilz, →Pfifferling.

Gelbrand der, räuberischer →Schwimmkäfer.

Gelbspötter, Gartenspötter, den Rohrsängern verwandter europ. Singvogel, grüngrau, unten gelblich, ahmt andere Vogelstimmen nach.

Gelbsucht, 1) Ikterus, die Gelbfärbung der Haut und der Schleimhäute, bes. der Augen, als Anzeichen von Leberschädigung, Verschluß der Gallengänge durch Gallensteine oder krankhaftem Blutzerfall. **2) G. der Pflanzen, Chlorose,** krankhafter Mangel an Blattgrün.

Geld das, -es/-er, **1)** allgemeines, meist staatl. eingeführtes und anerkanntes Mittel des Zahlungsverkehrs. **Funktionen:** G. ist allgem. Tausch- und Zahlungsmittel, Wertmaßstab aller Güter und Leistungen, Mittel zur Wertaufbewahrung und Wertübertragung. **Arten:** Bei Tauschwirtschaft **Natural-G.,** in höher entwickelter Wirtschaft **Münz-** und **Papier-G.;** hochentwickelte Wirtschaften kennen den bargeldlosen Zahlungsverkehr **(Buch-, Giral-G.).** – Die Ordnung des G.-Wesens in einem Land heißt **Währung. Währungs-G.** (Kurant-G.; z. B. Banknoten) muß in jeder Höhe als Zahlung angenommen werden, **Scheidemünzen** nur bis zu einem Höchstbetrag. – Die **G.-Theorie (G.-Lehre)** untersucht das Wesen des G. und die Ursachen, die ihm einen Wert verleihen. Für den **G.-Wert** ist das Verhältnis zwischen G.-Menge und Gütermenge wichtig. Neben dem inneren G.-Wert, der Kaufkraft, steht der äußere G.-Wert, die Kaufkraft gegenüber ausländ. Waren, die sich im Wechselkurs äußert. Die **G.-Politik** hat das Ziel, Schwankungen des G.-Werts durch Regulierung der G.-Menge (Bar-, Buch- und Giralgeld) auszuschalten. **G.-Schöpfung** heißt die Erhöhung der G.-Menge durch Ausgabe neuer G.-Zeichen, auch durch Ausstellung von Wechseln oder Gewährung von Buchkrediten. – **G.-Markt,** der Markt für kurzfristige Kredite (Gegensatz: Kapitalmarkt). **2) Geld,** abgek. **G.,** im Börsenverkehr (Kurszettel): gesucht zum angegebenen Preis, dem **G.-Kurs** (Gegensatz: →Brief).

Geldbuße, von der Verwaltungsbehörde, Polizei oder vom Gericht auferlegte Abgabe für →Ordnungswidrigkeiten; ist keine Strafe.

Geldern, 1) Provinz der Niederlande, 1,48 Mill. Ew., Hauptstadt: Arnheim. **2)** Kreisstadt im RegBez. Düsseldorf, 22600 Ew.; Industrie.

Geldstrafe, die mildeste Hauptstrafe des StGB. Mindestbetrag bei Übertretungen 3 DM, bei Verbrechen und Vergehen 5 DM. Bei Vergehen und Übertretungen ist an Stelle einer an sich verwirkten Freiheitsstrafe von weniger als 3 Monaten stets auf G. zu erkennen, wenn der Strafzweck dadurch erreicht werden kann.

Gel'ee [ʒəl'e, frz.] das, **1)** gallertartig erstarrter Frucht- oder Fleischsaft. **2) G. royale,** Weiselfuttersaft, Königinnenfutter der Bienen.

Geleit das, **1)** MA.: bewaffnete Begleiter, die Reisenden zur Sicherheit beigegeben waren. Ein **Geleitsbrief** sagte den Reisenden oder Gütern Schutz und Sicherheit zu. **2) sicheres G.,** ⚖ die einem abwesenden Beschuldigten vom Gericht erteilte Befreiung von der Untersuchungshaft (§ 295 StPO); im Völkerrecht die Zusage, Vertreter eines andern Staates nicht zu verhaften.

Geleitzug, Convoi, durch Kriegsschiffe gesicherter Verband von Handelsschiffen.

Gelenk das, **1)** ⚕ die Verbindung mehrerer Knochen, bei der diese mit den überknorpelten **G.-Flächen** aneinanderstoßen und durch die **G.-Kapsel** und Bänder beweglich zusammengehalten werden. Man unterscheidet: **freie** oder **Kugel-G.** (für Bewegungen in jeder Richtung), z. B. das Schulter-G.; **Winkel-** oder **Scharnier-G.** (für Beugung und Streckung), z. B. die Finger-G.; **Roll-, Rad-** oder **Dreh-G.** (bei denen sich ein Knochen um einen zweiten oder um seine eigene Achse dreht), z. B. der Teil des Ellenbogen-G. zwischen Elle und Speiche. **2)** ⚙ bewegl. Verbindung zweier Maschinenteile. Arten u. a.: **Gabel-, Kugel-, Kreuz-(Kardan-)G.; G.-Welle** mit 1 oder 2 G. zur Kraftübertragung bei Kraftfahrzeugen, Arbeitsmaschinen usw. **3)** ⚘ geschwulstähnlicher Zellgewebegürtel um Stengel oder Blattstielgrund, worin Bewegungen vermittelt werden.

Gelenk: 1 Gabelgelenk, **2** Kugelgelenk, **3** Kardangelenkwelle

Gelenkentzündung, Arthritis, von Knochen oder Gelenkkapsel ausgehende entzündl. Erkrankung eines Gelenks. Ursache: Bakterien verschiedener Art, z. B. Gelenktuberkulose. Bei **eitriger G.** Bildung eines Gelenkempyems.

Gelenkerguß, krankhaft vermehrte Flüssigkeitsansammlung **(Gelenkwasser)** in einem Gelenk infolge Verletzung oder Entzündung.

Gelenkmaus, nach Verletzungen oder Entzündungen abgesprengtes Knorpel- oder Knochenstück, kann durch Einklemmung zu Gelenkschmerzen und Bewegungshemmung führen.

Gelenkrheumatismus, →Rheumatismus.

Geleucht das, ⚒ Grubenlampe.

G'elimer, letzter König der Wandalen in Afrika, 534 von Belisar gefangengenommen.

Gellert, Christian Fürchtegott, Dichter, *1715, †1769, schrieb »Fabeln und Erzählungen« in Versen, den Briefroman »Das Leben der schwed. Gräfin v. G.«, geistl. Lieder. Mit seinen Lustspielen führte er das »Rührstück« (Comédie larmoyante) aus dem Französischen ein.

Gelligaer [gˈɛligaːr], Stadt in Wales, 34700 Ew.; Kohlenbergbau, Fahrzeug- und Gummiind.

Gelnhausen, Kreisstadt in Hessen, 10 300 Ew.; an der Kinzig, mit Ruine einer staufischen Kaiserpfalz. G. war bis 1803 Reichsstadt.

Gelnhausen: Kaiserpfalz

Gelsenkirchen, Industriestadt in Nordrh.-Westf., 363400 Ew., an Emscher und Rhein-Herne-Kanal, Häfen; Zoo; Steinkohlenbergbau, Eisen-, Stahl-, Glas-, chem., Textil- u. a. Ind.

Gelübde [ahd. zu geloben], Versprechen, durch das der Mensch sich an Gott bindet.

Gema, Abk. für Gesellschaft für musikalische Aufführungs- und mechan. Vervielfältigungsrechte, vermittelt die Aufführungsrechte für Tonwerke und vertritt die Interessen der Komponisten, Textdichter und Musikverleger.

Gemarkung die, Gemeindeflur.

gemäßigte Zonen, die Gebiete zwischen den Wendekreisen und Polarkreisen.

Gemeinde die, 1) unterste Stufe der öffentl. Verwaltung (**Kommune**). G. sind jurist. Personen des öffentl. Rechts und haben Recht auf Selbstverwaltung in örtl. Angelegenheiten. Daneben erledigen sie Aufgaben des Staates nach dessenWeisungen. Sie haben eigene **G.-Ordnungen** erlassen. Organe sind die von den Bürgern gewählte **G.-Vertretung (G.-Rat, Stadtrat)** und der **Bürgermeister.** Die G.-Ordnungen regeln ferner das Wirtschaftswesen (Haushalt, G.-Unternehmen, gemischtwirtschaftl. Unternehmen u. ä.). 2) →Kirchengemeinde.

Gemeineigentum, 1) das einer Gesamtheit zu gemeinsamer Nutzung zustehende Eigentum, z.B. die Allmende. 2) das auf den Staat oder andere gemeinwirtschaftl. Rechtsträger übergeführte Eigentum an Unternehmen u. a.

Gemeiner Pfennig, erste dt. allgemeine Reichssteuer, Ende des 15.Jahrh. beschlossen, doch bald wieder aufgehoben.

gemeiner Wert, im Steuerrecht der Preis, den ein Gegenstand im gewöhnl. Geschäftsverkehr erzielt (Bewertungsges. v. 16. 1. 1952).

gemeines Recht, 1) gemeinsames Recht. Gegensatz: Partikularrecht. 2) das in Dtl. bis 1900 (Inkrafttreten des BGB) geltende röm. Recht.

gemeingefährliche Krankheiten, bes.schwere→ansteckende Krankheiten; auch→Geschlechtskrankheiten sowie →seelische Krankheiten, bei denen Hang zu Gewalttätigkeit besteht. Sie unterliegen der behördl. →Meldepflicht.

gemeingefährliche Verbrechen und Vergehen, Straftaten, die eine allgem. Gefahr für Menschen oder Sachen herbeiführen, z.B. Brandstiftung, Transportgefährdung, Beeinträchtigung der Straßenverkehrssicherheit (§§ 306-330 StGB). Sie werden streng bestraft.

Gemeinsame Afrikanisch-Madegassische Organisation, Abk. GAMO, →OCAM.

Gemeinsamer Markt, die→EuropäischeWirtschaftsgemeinschaft.

Gemeinschaft, 1) Gruppe von Menschen, die durch gemeinsames Denken, Fühlen, Wollen (**Arbeits-G., Religions-G.**) oder durch Schicksal (Not,

Gefahr) verbunden sind. 2) ʦ̣ die Beteiligung mehrerer an einem Recht, bes. an Eigentum. Gegensatz →Gesamthandsgemeinschaft.

Gemeinschaftsbewegung, Bestrebung der evang. Kirche zur Vertiefung der Frömmigkeit, wurzelt im →Pietismus und der →Erweckungsbewegung.

Gemeinschaftsschule, Schule, in der Schüler verschiedener religiöser Bekenntnisse gemeinsam erzogen werden. Gegensatz: →Bekenntnisschule.

Gemeinschuldner, ʦ̣ der, über dessen Vermögen der →Konkurs eröffnet ist.

Gemeinwirtschaft, alle Wirtschaftsformen, bei denen nicht privates Gewinnstreben, sondern Regelung der Wirtschaftstätigkeit zum Nutzen einer Gesamtheit Ordnungsgrundsatz ist. Mögl. Formen: 1) verstaatlichte Wirtschaft, 3) staatl. gelenkte Wirtschaft, 3) i. w. S. auch die Genossenschaften.

Gemeinwirtschaftsbank, von Gewerkschaften oder Konsumgenossenschaften gegr. Kreditinstitut; hießen vorher in Dtl. Gewerkschaftsbanken.

Gemenge das, 1) landwirtschaftl. Anbau verschiedener Fruchtarten untereinander. 2) ʘ mechan. Vereinigung verschiedener Stoffe; Gegensatz: →chemische Verbindung.

Gemengelage, zerstreute Lage der zu einem Hof gehörigen landwirtschaftl. Grundstücke.

gemischtwirtschaftliche Unternehmungen, Unternehmen, an deren Kapital und Leitung öffentl. Körperschaften und private Kreise nebeneinander beteiligt sind, meist in Form einer AG. oder GmbH.; bes. in der Energiewirtschaft, im Bank- und Verkehrswesen.

Gemme [lat.] die, Stein mit vertieft (Intaglio) oder erhaben (Kamee) geschnittenem Bild.

Gemse, ziegenartiges Huftier, Hochgebirgsbewohner, Kletterer, dunkelbraun mit geraden, am Ende scharf umgebogenen Hörnern (Krickeln), lebt in Rudeln. Das Rückenhaar des Bocks dient als Hutschmuck (**Gamsbart**).

Gemswurz die, staudige, gelbblühende Korbblüter, Alpenpflanzen.

Gemüse [von Mus], als Nahrungsmittel wertvolle Pflanzen und Pflanzenteile. G. enthält als Nährstoffe vorwiegend Kohlenhydrate und Eiweiß; daneben Nährsalze, Geschmacksstoffe und bes.Vitamine. Es soll in wenig Wasser oder im eigenen Saft gedämpft werden.

Gemüt, die gefühlsmäßige Struktur des Menschen (G.-Art), die sein Wesen und seine Lebensführung dauernd bestimmt, im Unterschied zum denkenden Geist und zum Willen sowie zu den wechselnden Stimmungen.

Gemütskrankheiten,→seelische Krankheiten.

Gen [grch.] das, **Gene** Mz., Erbfaktor, stofflicher Träger der Erbanlage. Die G. sind Träger der erblichen körperl. und geistigen Merkmale. Sie liegen in den Kernschleifen (Chromosomen) in bestimmter Anordnung und bestehen aus Nucleoproteidmolekülen (→Genotypus).

Gendarm [ʒɑ̃dˈarm, frz.], Angehöriger einer bes. für das Land bestimmten Polizeitruppe, der **Gendarmerˈie.**

Genealogˈie [grch.] die, **Familienkunde,** Erforschung der Abstammung, Hilfswissenschaft der Geschichtswissenschaft.

General... [lat.], Allgemein..., Haupt...

General [lat.] der, 1) höchste militär. Rangklasse. 2) kath.: oberster Ordensvorsteher.

Generalabsolution [lat.] die, Erteilung von vollkommenem Ablaß durch Priester kraft bes. päpstl. Vollmacht, z.B. bei Sterbenden.

Generalbaß, ♩ der fortlaufende Instrumentalbaßstimme eines Musikstücks mit Ziffern über oder unter den einzelnen Noten (**bezifferter Baß**), für die Barockmusik charakteristisch. Der G. ist eine abgekürzte Schreibweise für einen mehrstimmigen Tonsatz; die Ziffern geben die Tonstufen des zu spielenden Akkords an. (**BILD** S. 324)

Generˈalgouverneur [-guvɛrnˈœr], der oberste Verwaltungsbeamte einer größeren Gebietsein-

Europäische Gemse

0   2   ♭ 4   3   5♯   6(♭)

Generalbaß: a bezifferter Baß, b freie Ausführung

heit, z.B. in kriegsbesetzten Gebieten. **Governor General** [g′ʌvənə ʒ′ɛnərəl], der Vertreter der brit. Krone bei den meisten Commonwealth-Ländern.
Generalinspekt′eur, Dienstrang des Leiters eines Führungsstabes der Bundeswehr.
generalis′ieren, verallgemeinern.
General′issimus der, Oberbefehlshaber.
Generalit′ät die, ⚭ Gesamtheit der Generale.
Generalklausel, ⚖ Rahmenvorschrift.
General Motors [dʒ′enərəl m′outəz], amerikan. Kraftwagenwerk, →Kraftwagen, ÜBERSICHT.
Generalstaaten, 1) im 16.-18.Jahrh. die Versammlung der Abgeordneten der 7 Provinzstaaten in den Verein. Niederlanden. **2)** jetzt: die Volksvertretung der →Niederlande.
Generalstab, ⚭ die Gesamtheit der besonders ausgebildeten Offiziere, die die höheren Führer in der Truppenführung unterstützen.
Generalstabskarte, die dt. Karte 1 : 100000, auch 1-cm-Karte genannt.
Generalstände, französ. **États généraux,** die aus den Abgeordneten des Adels, der Geistlichkeit und des Bürgertums zusammengesetzten französ. Reichsstände des 14.-18. Jahrh.
Generalstreik, →Streik.
Generalsuperintendent, evang. Kirche: bis zur Einführung des Bischofsamtes die höchste geistl. Würde in einzelnen Landeskirchen.

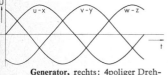

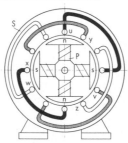

Generator, rechts: 4poliger Drehstromgenerator, Drehzahl: 1500 U/min, Frequenz: 50 Hz, S Ständer: 3 Wicklungsstränge u-x, v-y, w-z, P Polrad (4polig), links: induzierte Spannungen der 3 Wicklungsstränge

Generalversammlung, oberstes Organ der Mitgl. einer Vereinigung zur gemeinschaftl. Willensbildung (Beschlußfassung); bes. bei →Genossenschaften (bei der AG.: Hauptversammlung).
Generalvertrag, →Deutschland-Vertrag.
Generalvikar, der Vertreter eines kath. Bischofs bei der Verwaltung der Diözese.
Generati′on[lat. »Zeugung«]die,**1)**Menschenalter, Geschlechterfolge; etwa 30 Jahre. **2)** alle gleichaltrigen Menschen.
Generationswechsel, die gesetzmäßig wieder-

Genf: Palais des Nations

kehrende Verschiedenheit der Fortpflanzungsweise in den aufeinanderfolgenden Generationen einer Tier- oder Pflanzenart; meist verbunden mit Verschiedenheit im Bau und in der Lebensweise. Häufig ist ein Wechsel von geschlechtl. und ungeschlechtl. Generation, so bei Farnen, Moosen, Algen, im Tierreich bei Polypen und Quallen.
Gener′ator, 1) Maschine zur Umwandlung mechanischer in elektr. Energie. In den G. moderner Kraftwerke wird Drehstrom, für Sonderzwecke Einphasenwechselstrom erzeugt. **Drehstromgenerator:** Im Ständer S befinden sich 3 gleiche, um 120° versetzte Wicklungen (Stränge) aus je 2 hintereinandergeschalteten Spulen u-x, v-y und w-z (Spulenweite = Polteilung = 90°bei 4 Polen), in denen bei Umlauf des mit Gleichstrom erregten Polrads P 3 gleichgroße, um ⅓ Periode zeitl. verschobene Wechselspannungen induziert werden. Die 3 Wicklungsstränge werden meist in Stern verkettet. Die Frequenz der sinusförmigen Wechselspannungen hängt von Polzahl und Drehzahl ab. **2)** der →Gasgenerator.
Generatorgas, Heiz- und Treibgas, durch Vergasung von Koks oder Holz gewonnen; enthält hauptsächl. Kohlenoxyd, →Treibstoffe.
gener′ell [lat.], allgemein, gemeingültig.
gener′ös [ʒe-, frz.], edeldenkend; freigebig.
G′enesis[grch.]die,**1)**Entstehung, Schöpfung. **2)** in der Bibel das 1. Buch Mose.
Genet [ʒən′e], Jean, französ. Schriftsteller, *1910; Gedichte, Romane (»Querelle«), Schauspiele: »Die Zofen«, »Der Balkon«, »Wände überall«.
Gen′etik [grch.] die, Wissenschaft von den Grundlagen der →Vererbung.
Gen′ever [frz.] der, Wacholderbranntwein.
Gen′ezareth, See von G., z. Z. Jesu Galiläisches Meer, See von Tiberias, jetzt [arab.] **Bahr el-Tabarije,** See in Israel, nahe der israel.-syr. Grenze, 209 m unter dem Mittelmeer, schwach salzig, fischreich.
Genf, französ. **Genève, 1)** Kanton der Schweiz, am SW-Ende der Genfer Sees, 282 km², 331 600 Ew.; französ. Sprachgebiet. **2)** Hauptstadt von 1), 169 700 Ew., beiderseits des Ausflusses der Rhône aus dem Genfer See; geistiger Mittelpunkt der französ. Schweiz; Universität, Museen, Theater; Handel und Fremdenverkehr; Uhren-, chem., u. a. Ind.; Sitz von Organisationen der Verein. Nationen, des zwischenstaatl. Ausschusses des Roten Kreuzes, ferner der Europ. Organ. für Kernforschung (CERN), der Zentrale des Ökumen. Rates. – G. war im 4./5. Jahrh. Sitz der Burgunderkönige. Es schloß sich 1526 der Schweizer. Eidgenossenschaft an; 1541-64 wirkte hier der Reformator Calvin. 1920-46 war G. Sitz des Völkerbundes.
Genfer Konferenzen, 1) Abrüstungskonferenz **der 18 Mächte,** seit 14. 3. 1962, →Abrüstung. **2)** Indochinakonferenz, 24. 4.-21. 7. 1954: Volksrep. China, Frankreich, Großbritannien, Sowjetunion, USA und andere an den Konflikten in Korea und Indochina beteiligte Staaten. Sie führte zum Waffenstillstand in Indochina. **3)** Konferenz über die kontrollierte Einstellung von Kernwaffenversuchen, Sachverständige aus 8 Staaten, seit 1. 7. 1958; →Abrüstung. **4)** Viermächtekonferenz, 18.-23. 7. 1955: Regierungschefs Frankreichs, Großbritanniens, der USA und Sowjetunion über Wiedervereinigung Dtl.s, europ. Sicherheit, Abrüstung, Ost-West-Kontakte. Die darauffolgende Außenministerkonferenz blieb ergebnislos.
Genfer Konventi′onen, die internat. Abkommen vom 22. 8. 1864, 22. 7. 1929 und 12. 8. 1949 zum Schutz der Verwundeten, Kriegsgefangenen und der Zivilbevölkerung in Kriegszeiten.
Genfer See, französ. **Lac Léman,** größter Alpensee, an der schweiz.-französ. Grenze, 372 m ü. M., 581 km² groß, 310 m tief; von der Rhône durchflossen; Genf, Lausanne, Montreux.
Genickfänger, Jagdmesser, →Nickfänger.
Genickstarre, →Meningitis.
Genie [ʒen′iː, frz. aus lat. genius »Geist«] das, **1)** angeborene schöpferische Geisteskraft. **2)** ein mit dieser Schöpferkraft begabter Mensch. **3)** ⚭

die Kriegstechnik. **Genietruppen,** techn. Truppen, Pioniere. **geni'al,** mit G. begabt. **genialisch,** dem G. ähnelnd.

gen'ieren [ʒe-, frz.], sich schämen, belästigen. **Geniezeit,** →Sturm und Drang.

Genit'alien [lat.] Mz., →Geschlechtsorgane.

G'enitiv [lat.] der, Beugung: der Wesfall.

G'enius [lat.] der, Geist, Schutzgeist.

Genoc'id das, →Völkermord.

Genossenschaft, eine Gesellschaft mit nicht geschlossener Mitgliederzahl zur Förderung des Erwerbs oder der Wirtschaft ihrer Mitgl. (Genossen) mittels gemeinschaftl. Geschäftsbetriebs oder Beratung. Die Mitgl. (meist Handwerker, kleinere Gewerbetreibende, Bauern) bleiben selbständig; gemeinsam sind z. B. Einkauf (Vorteile eines Großabnehmers), Verkauf (gemeinsame Absatzorganisation), Maschinenhaltung. Bes. wichtig sind die Kredit-, Bau- und Konsum-G. Die G. ist jurist. Person und Kaufmann im Sinne des Handelsrechts; sie entsteht durch Eintragung in das **G.-Register.** Die mindestens 7 Mitgl. haben eine im Statut festgelegte Einlage (Geschäftsanteil) zu leisten. Sie haften der G. gegenüber für deren Verbindlichkeiten unbeschränkt **(eingetragene G. mit unbeschränkter Haftpflicht, eGmuH.)** oder beschränkt auf eine best. Haftsumme **(eingetragene G. mit beschränkter Haftpflicht, eGmbH.).** Organe: Generalversammlung, Vorstand, Aufsichtsrat. Die G. müssen einem Prüfungsverband angehören und unterliegen regelmäßiger Pflichtprüfung.

Genot'ypus [grch.] der, **Erbbild,** Vererbungslehre: die Gesamtheit der Erbanlagen eines Organismus im Gegensatz zum →Phänotypus.

Genov'efa, Genov'eva, weibl. Vorname.

Genov'efa, 1) Schutzheilige von Paris (Tag 3.1.). **2) G. von Brab'ant,** nach der Sage Gemahlin des Pfalzgrafen Siegfried (um 750); wurde schuldlos verstoßen, lebte mit ihrem Sohn im Wald, wo sie nach 6 Jahren gefunden wurde.

Genre [ʒãr, frz.] das, Gattung, Art. **Genremalerei** stellt alltägl. sittenbildl. Motive dar.

Genremalerei: »Der arme Poet« (Spitzweg)

Genscher, Hans Dietrich, Politiker (FDP), *1927, Jurist, 1968 stellvertr. Parteivors. der FDP, seit Okt. 1969 Bundesinnenmin.

Gent [dʒent, engl.], Geck, Stutzer.

Gent, französ. **Gand,** alte Handels- und Tuchweberstadt in Flandern, Belgien, am Zusammenfluß von Leie und Schelde; Hafen (Kanal zur See); 272 000 Ew. Sint Baafs-Kirche mit dem Genter Altar (→Eyck), Tuchhalle. Geistiger Mittelpunkt der Flamen (fläm. Univ.). Baumwoll-, Bekleidungs-, chem. Ind.; Erdölraffinerie, Eisenhüttenwerk; Blumenzucht. Im späten MA. eine der bedeutendsten Städte Europas und bei den Franzosen führend. Freiheitskämpfe des 14. Jahrh. gegen die Franzosen führend.

Genth'in, Kreisstadt im Bez. Magdeburg, 15600 Ew.; Umschlaghafen am Elbe-Havel-Kanal; Waschmittel- und Zuckerindustrie.

Genti'ana die, Pflanzengattung →Enzian.

Genua: Hafen

Gent'ile [dʒe-], Giovanni, italien. Philosoph, *1875, †1944; Neuhegelianer.

Gent'ile [dʒe-] **da Fabri'ano,** italien. Maler, * vor 1370, †1427; »Anbetung der Könige«.

Gentilhomme [ʒãtij'ɔm, frz.] der, **1)** Edelmann. **2)** gebildeter Mann von Lebensart.

Gentleman [dʒ'entlmən, engl.] der, ursprünglich zur →Gentry gehörender Adliger, später jedes Mitgl. der »Guten Gesellschaft«. **gentlemanlike** [-laik], ehrenhaft, anständig; vornehm.

Gentlemen's agreement [dʒ'entlmənz əgr'i:mənt], eine auf Treu und Glauben bindende Vereinbarung ohne feste Form, bes. im Geschäftsleben und in der Politik.

Gentry [dʒ'entri] die, engl. niederer Adel.

Gentz, Friedrich v., polit. Schriftsteller, *1764, †1832, ein Hauptvertreter der romant. Staatsauffassung; seit 1802 im österr. Staatsdienst. Gegner Napoleons, seit 1810 Anhänger Metternichs.

Gen'ua, italien. **Genova,** wichtigster Hafen Italiens, an der Riviera, Hauptstadt der Prov. G.; 846 900 Ew.; Erzbischofssitz; Univ.; Werften, Erdölraffinerien, Eisen-, Stahl-, chem., Nahrungsmittel-, Papier- u. a. Ind. Im MA. eine führende Handelsmacht des Mittelmeeres, besaß zahlreiche Niederlassungen bis zur N-Küste des Schwarzen Meeres, bis 1768 auch Korsika. 1797 kam es zu Frankreich, 1815 an Piemont-Sardinien.

Genugtuung, Wiederherstellung der verletzten Ehre, insbes. die befriedigende Entschuldigung nach einer Beleidigung.

genu'in [lat.], angeboren, echt.

G'enus [lat.] das, **1)** Ⓢ das Geschlecht. **2)** ⚘ ⚶ die →Gattung.

Genußschein, Wertpapier, das einen Anteil am Gewinn oder am Liquidationserlös einer AG. oder GmbH. gewährt.

Geo... [von grch. gea »Erde«], Erd..., Land...

Geobiolog'ie die, Wissenschaft von den Beziehungen der Lebewesen zum Erdboden, der biolog. Vorgänge im Bereich des Erdbodens.

Geobot'anik die, Wissenschaft des Grenzgebietes von Botanik und Geographie.

Geochem'ie die, Chemie der Erdkruste und des Erdinnern.

Geodäs'ie die, Wissenschaft von der Ausmessung und Abbildung der Erdoberfläche. **Geod'ät** der, Vermessungsingenieur.

Geoffroy Saint-Hilaire [ʒɔfrw'a sɛtil'ɛ:r], Etienne, französ. Naturforscher, *1772, †1844; vertrat gegen Cuvier die Ansicht, alle Tierkörper hätten einen einzigen Bauplan für die »Urform«.

Geograph'ie [grch.] die, →Erdkunde.

Geo'id [grch.] das, Gestalt der Erde, ein angenähertes Rotationsellipsoid.

Geolog'ie [grch.] die, Wissenschaft von der Geschichte der Erde (→Erdgeschichte), von Material, Aufbau und Gestaltung der Erdkruste; behandelt Zusammensetzung, Entstehung und Lagerung der Gesteine sowie die Kräfte, die bei der Gestaltung der Erdkruste wirksam sind (Vulkanismus, Erdbeben, Gebirgsbildung, Tätigkeit von Wasser, Wind, Eis, Lebewesen).

geologische Formation, Erdzeitalter, erdgeschichtl. Zeitabschnitt, auch die ihn kennzeichnende Gesteinsfolge. (TAFEL Erdgeschichte)

S. George

Geom'eter [grch.] der, prakt. Landmesser.
Geometr'ie [grch.] die, Teil der Mathematik, untersucht die Gesetzmäßigkeiten von Größe, Form und Lage räuml. Figuren (**synthet. G.**). Die **analyt. G.** benutzt hierfür algebraische Methoden (→Koordinaten), die **Differential-G.** wendet die Infinitesimalrechnung an. Die **Topologie** untersucht die inneren Zusammenhangsverhältnisse der Figuren, ohne Rücksicht auf deren Gestalt, mit kombinator. und gruppentheoret. Mitteln.
geometrischer Ort, Gesamtheit von Punkten, die alle eine gegebene Bedingung erfüllen.
Geophys'ik [grch.] die, Wissenschaft von den physikal. Vorgängen, die sich im Erdinnern, in Wasser- und Lufthülle abspielen.
Geopolit'ik die, Lehre vom Einfluß des Raumes auf den Staat und die polit. Vorgänge.
Geopsycholog'ie die, Lehre von der Abhängigkeit des Seelenlebens von geograph. Einflüssen.
Georg [grch. »Landmann«], männl. Vorname.
Georg, Ritter Sankt G., einer der 14 Nothelfer, † wohl um 303, als röm. Soldat gemartert; nach der Legende Besieger eines Lindwurms (Drachentöter). Schutzheiliger Englands und der Krieger (Tag 23. 4.).
Georg. Fürsten. **Griechenland. 1) G. I.,** König (1863-1913), *1845, dän. Prinz, 1913 ermordet. **2) G. II.,** König (1922-24, 1935-47), *1890, †1947, wurde 1924 gestürzt, 1935 zurückgerufen; floh vor den dt. Truppen 1941 nach England, kehrte 1946 zurück. **Großbritannien, Könige. 3) G. I.** (1714-27), *1660, †1727, seit 1698 Kurfürst von Hannover. **4) G. II.,** Sohn von 3), zugleich Kurfürst von Hannover (1727-60), *1683, †1760, gründete 1734 die Universität Göttingen. **5) G. III.,** Enkel von 4), zugleich Kurfürst (1760-1820), *1738, †1820, verschuldete durch seinen Starrsinn den Abfall der älteren nordamerikan. Kolonien Englands; seit 1810 geisteskrank. **6) G. IV.,** Sohn von 5), zugl. König von Hannover (1820-30), *1762, †1830, seit 1811 Regent für seinen Vater, erhob 1814 Hannover zum Königreich. **7) G. V.** (1910-36), *1865, †1936, nahm im 1. Weltkrieg für die engl. Linie des Hauses Sachsen-Coburg den Namen Windsor an. **8) G. VI.** (1936-52), zweiter Sohn von 7), *1895, †1952. **Hannover. 9) G. V.,** König (1851-66), Enkel von 5), *1819, †1878, früh erblindet, verlor durch den Krieg von 1866 sein Land an Preußen.
Ge'orge, 1) Heinrich, Schauspieler, *1893, † (Internierungslager Sachsenhausen) 1946. **2)** Stefan, Dichter, *1868, †1933, war im Gegensatz zum Naturalismus auf strengstes Maß und Zucht bedacht, fühlte sich als »Bewahrer des ewigen Feuers«. Gedichtsammlungen: »Das Jahr der Seele«, »Der siebente Ring«, »Der Stern des Bundes«, »Das neue Reich«. Als Mittelpunkt eines Kreises von Anhängern **(George- Kreis)** gewann er starken Einfluß auf Kunst und Wissenschaft.
Georgetown [dʒɔːdʒtaun], früher **Stabroek,** Haupt- und Hafenstadt von Guayana, 194500 Ew.; Bischofssitz, Univ., Flughafen.
George Town [dʒɔːdʒ taun], Haupt- und Hafenstadt der Insel Penang, Malaysia, 260000 Ew.
Georgia [dʒɔːdʒə], Abk. **Ga.,** Staat im SO der USA, 152489 km², 4,5 Mill. Ew. (rd. 29% Neger); Hauptstadt: Atlanta. G. reicht von der atlant. Küste im SO bis zu den südl. Appalachen im N. Baumwolle, Tabak u.a.; Viehzucht. Kiefernwälder (Ho zind., Terpentingewinnung). ⚒ auf Kaolin; Textilind. Haupthafen: Savannah. ⊕ S. 526.
Georgia-Straße [dʒɔːdʒə-], Meeresstraße im W Kanadas, zwischen der Insel Vancouver und dem amerikan. Festland.
Ge'orgien, auch **Grus'inien, Gr'usien,** Landschaft und Staat am S-Hang des Kaukasus, heute die →Grusinische Sozialistische Sowjetrepublik. - G. wurde im 4. Jahrh. christlich, erlebte im 12. und 13. Jahrh. seine Blütezeit. 1801 wurde es russ. Provinz, 1918 unabhängig, 1921 Sowjetrepublik.
Ge'orgier Mz., **Grusinier,** eigener Name **Kharthweli,** Volk von rd. 3,5 Mill., zum südl. Zweig der Kaukasier gehörig. Meist Christen, einige Muslime; eigene Sprache und Literatur.

Georg'ine die, Schmuckpflanze, →Dahlie.
Geotekt'onik [grch.] die, Lehre vom Großbau der Erdoberfläche, auch der Bau selbst.
geoth'ermische Tiefenstufe, die Strecke, um die man in die Erde hinabsteigen muß, um eine Temperaturerhöhung von 1 Grad zu beobachten; sie beträgt im Durchschnitt 30-35 m.
Geotrop'ismus der, Fähigkeit der Pflanzen, unter dem Einfluß der Schwerkraft eine best. Wuchsrichtung oder Lage anzunehmen.
geoz'entrisch [grch.], die Erde als Mittelpunkt betrachtend. Gegensatz: heliozentrisch.
G'epard der, asiatisch-afrikan. Großkatze, gelbl. mit schwarzen Flecken; leicht zähmbar, wird zur Hetzjagd abgerichtet.
Gep'iden Mz., ostgerman. Volk, zog von der Weichsel nach Ungarn, erlag 566 den Langobarden und Awaren.
Ger der, Wurfspieß der Germanen.
Gera, 1) Bezirk der Dt. Dem. Rep., 4004 km², 737100 Ew.; 1952 aus einem Großteil Thüringens und kleineren Gebieten der Länder Sachsen und Sachsen-Anhalt gebildet. Im N Kiefernwälder, um Saalfeld und Gera bes. Ackerbau; Eisen-, Uranerze, im Frankenwald Schiefergewinnung. Textil-, chem. u. a. Industrie. ⊕ S. 520/21. **2)** Hauptstadt von 1), 111400 Ew., an der Weißen Elster; Textil-, metallverarbeitende, Möbelind. Bis 1918 Hauptstadt des Fürstentums Reuß jüngere Linie.

Gera: Hauptmarkt mit Rathaus

Gerade, eine Linie, die ihre Richtung nicht ändert. Die kürzeste Verbindungslinie zweier Punkte einer G. liegt ganz in ihr.
gerade Aufsteigung, gerade Absteigung, Rektaszension, ☆ der Bogen des Himmelsäquators zwischen dem Frühlingspunkt (→Tagundnachtgleiche) und dem Deklinationskreis (→Deklination) des Gestirns.
Geradflügler, Orthopt'eren, Ordnung der Insekten, mit beißenden Mundteilen; z. B. Schaben, Heuschrecken, Ohrwürmer.
Gerani'ol, ⟋ ein aliphat. Alkohol, Bestandteil vieler ätherischer Öle.
Ger'anium das, **Ger'anie** die, 1) ⚘ die Gattung →Storchschnabel. **2)** auch →Pelargonie.
Geräteturnen, Leibesübungen an Turngeräten, bes. an Pferd, Bock, Sprungkasten, Leiter, Sprossenwand, Strickleiter, Barren, Reck, Rundlauf, Schaukelringen, Tisch u. a.
Geräusch, Schalleindruck, die durch eine unregelmäßige Folge von Luftschwingungen hervorgerufen werden (→Schall).
gerben, Tierhäute zu Leder verarbeiten.
Gerberstrauch, 1) Gerbersumach, südeurop. zur Gattung →Sumach gehöriger Strauch, dessen Blätter und Rinde zum Gerben und Schwarzfärben dienen. **2) Gerbermyrte,** der →Gagel.
Gerbsäuren, in pflanzl. Gerbstoffen enthaltene Verbindungen, die wie Säuren wirken, mit Eisensalzen eine schwarze oder grüne Färbung geben (Tinte), Eiweiß- und Leimlösungen fällen und die tier. Haut gerben (→Leder).
Gerbstoffe, wasserlösl. organ. oder synthet. Verbindungen, mit denen tier. Häute in Leder gegerbt werden. Pflanzl. G. sind z. B. Tannin, Sumach,

Quebracho; der wichtigste anorgan. G. ist basisches Chromsulfat.

Gerechtigkeit, Tugend, die das Recht eines jeden achtet und jedem das Seine gewährt; in der christl. Ethik Kardinaltugend.

Gerechtsame die, Berechtigung, das vererbliche und veräußerliche Nutzungsrecht an Grundstücken, z. B. das Bergrecht.

Geretsried, Gem. im Ldkr. Wolfratshausen, Oberbayern, 16 300 Ew.; vielseitige Industrie.

G'erhaert von Leyden [-ha:rt], Nicolaus, Bildhauer, * um 1430, †1473; Meister der Spätgotik; in Trier, Straßburg, Wien (Grabmal Friedrichs III., Stephansdom).

Gerhard, Gerhart [von ahd. ger »Speer« und hart »stark«], männl. Vorname, Abk. **Gerd.**

Gerhardt, Paul, evang. Kirchenlieddichter, *1607, †1676; »Nun ruhen alle Wälder«, »Geh aus mein Herz und suche Freud«, »Befiehl du deine Wege«, »O Haupt voll Blut und Wunden«.

Geriatr'ie [grch.] die, Altersheilkunde.

Géricault [ʒ·rik'o], Théodore, französ. romant. Maler, *1791, †1824; »Floß der Medusa«.

Gericht das, **1)** staatl. Behörde, die die →Gerichtsbarkeit durch Richter ausübt. Aufbau des G.-Wesens in Dtl. vgl. ÜBERSICHT Gerichtswesen; gerichtskundig, dem Gericht aus seiner amtl. Tätigkeit bekannt. **2)** Speise, Gang.

gerichtliche Medizin, for'ensische Medizin, Fachrichtung der Heilkunde, die sich mit der Anwendung medizin. und naturwissenschaftl. Erkenntnisse auf die Rechtspflege befaßt, bes. mit der ärztl. Beurteilung von Straftaten.

Gerichtsassessor, in den staatl. höheren Justizdienst übernommener Jurist nach Ablegung der zweiten jurist. Staatsprüfung.

Gerichtsbarkeit, Ausübung der Rechtspflege; sie steht ausschließlich dem Staat zu. Die Zivil-G. dient dem Schutz privater Rechte, die Straf-G. der Verwirklichung des staatl. Strafrechts. Beide Arten der G. werden auch als **streitige G.** bezeichnet im Unterschied zur **freiwilligen G.,** der außerhalb des Prozeß- und Vollstreckungsverfahrens liegenden, im wesentlichen den Zwecken des Rechtsverkehrs dienenden Zivilrechtspflege (Vormundschafts-, Nachlaß-, Registersachen, Beurkundungs- und Beglaubigungswesen); in der Dt. Dem. Rep. auf Verwaltungsstellen und staatl. Notariate übertragen. Daneben die **Verwaltungs-G.** (→Verwaltung) zur Überprüfung der Rechtmäßigkeit von Verwaltungsakten.

Gerichtsferien, jährl. Rechtsprechungspause der ordentl. Gerichte, in der Bundesrep. Dtl. vom 15. 7. bis 15. 9. In dieser Zeit werden nur Feriensachen (alle Strafsachen und bes. eilbedürftige Zivilsachen) behandelt.

Gerichtskosten, Abgaben an den Staat für die Gewährung der Rechtspflege (Gebühren) und Ersatz der Auslagen, z. B. für Porto, Zeugen, Sachverständige.

Gerichtsreferendar, →Referendar.

Gerichtsstand, die Stelle, an der für eine Rechtssache die örtl. Zuständigkeit begründet ist; in bürgerl. Rechtssachen ist im allgem. das Gericht zuständig, in dessen Bezirk der Beklagte seinen Wohnsitz hat (§§ 12 ff. ZPO); in Strafsachen sowohl das Gericht des Tatortes wie das des Wohnsitzes des Angeschuldigten oder das des Ergreifungsortes (§§ 7 ff. StPO).

Gerichtsverfassung, die staatliche Ordnung des Gerichtswesens, vgl. ÜBERSICHT.

Gerichtsvollzieher, Zustellungs- und Vollstreckungsbeamter, i. d. R. im Auftrag der Prozeßparteien, ohne Mitwirkung des Richters, in eigener Verantwortung tätig. →Zwangsvollstreckung.

Gerlach, Hellmut v., Politiker und pazifist. Schriftsteller, *1866, †1935 (im Exil).

Gerlingen, Stadt im Kr. Leonberg, Bad.-Württ., 18 200 Ew.; Maschinen-, Apparateind.; Hauptverw. der Bosch GmbH.

Gerlsdorfer Spitze, höchste Erhebung in der Hohen Tatra, 2655 m hoch.

Germ'anen, Völkergruppe, zur Sprachfamilie der →Indogermanen gehörig, aus der die german. Völker (Deutsche, Niederländer, Skandinavier, Engländer) hervorgegangen sind. Die G. haben sich zu Beginn der Bronzezeit in den Ländern um das westl. Ostseebecken herausgebildet und sind von dort aus südwärts vorgedrungen, die Kelten vor sich schiebend. Der altgerman. Staat, eingeteilt in Gaue, Bezirke und Dorfschaften, baute auf der Geschlechterverfassung auf. Eine Ständegliederung unterschied Freie, Halbfreie und Knechte. Das bedeutendste Quellenwerk lieferte der röm. Geschichtsschreiber Tacitus um 100 n. Chr. in seiner »Germania«. – Die G. stießen mit den Römern zuerst durch den Zug der →Kimbern und Teutonen nach Süden 113-101 v. Chr. zusammen. Unter Augustus drangen die Römer tief in das rechtsrhein. Germanien ein. Die Legionen des

Gerhaert von Leyden: Bärbel von Ottenheim

Géricault: Auffahrende Artillerie

Varus wurden von →Arminius im Teutoburger Wald besiegt (9 n. Chr.); so konnten sie nur das Zehntland hinter dem →Limes behaupten. In der Völkerwanderung brachen die G. überall von O und N in das Röm. Weltreich ein. Die **Ost-G.** (Goten, Burgunder, Wandalen) drangen von der Weichsel bis ans Schwarze Meer vor, wandten sich dann, von den Hunnen gedrängt, gegen das Weström. Reich und zerstörten es; ihre Staatengründungen in Italien, Spanien und Nordafrika hielten nicht lange, ebensowenig die der Langobarden in Italien. Die **West-G.** (Alemannen, Franken, Bayern, Friesen, Sachsen) rückten, ohne ihre bisherigen Sitze ganz aufzugeben, über Rhein und Donau hinaus vor (→Fränkisches Reich); Britannien wurde von den Angelsachsen besetzt. Die **Nord-G.** (Dänen, Norweger, Schweden) gewannen durch die Eroberungen der →Normannen oder Wikinger im 9.-11. Jahrh. große Bedeutung.

KUNST. Die Baukunst beschränkte sich auf Wohn- und Nutzbauten aus Holz, während die kunstgewerbl. Leistungen schon in der →Bronzezeit starke Gestaltungskraft zeigten, vor allem in Waffen und Geräten. Dagegen behauptete das kelt. Kunstgewerbe den Vorrang während der Eisenzeit. Einen Höhepunkt erreichte die gewerbl. Kunst in der Völkerwanderungszeit, in der einheim. Stilprinzipien verschmolzen mit östlicheuras. und z. T. auch provinzial-röm. Anregungen (Tierornamentik, Stabkirchen).

RELIGION. Zeugnisse über Religion und Kulturleben sind spärlich. Als ältester Himmelsgott erscheint **Ziu (Tyr),** der etwa um Christi Geburt von **Wodan (Odin),** dem Gott der Helden und Er-

Germanische Kunst, links: Bronzebügel mit getriebener Tierdarstellung, Torsberg (Schleswig, 3. Jahrh. n. Chr.), rechts: Grabstein von Vallstenarum auf Gotland (5. Jahrh. n. Chr.)

A. Bundesrepublik Deutschland

Die **Ordentlichen Gerichte** sind geregelt in: Gerichtsverfassungsgesetz (GVG), Strafprozeßordnung (StPO), Zivilprozeßordnung (ZPO), Konkursordnung (KO), sämtlich von 1877; Gesetz über die Angelegenheiten der freiwilligen Gerichtsbarkeit (FGG; 1898).

a) **Amtsgericht.** ZIVILSACHEN: Vermögensrechtl. Streitigkeiten (Streitwert bis zu 1500 DM) und bes. Streitigkeiten ohne Rücksicht auf deren Wert (z. B. Mietsachen).

STRAFSACHEN: **Amtsrichter (Einzelrichter):** Übertretungen, Privatklagesachen, leichtere Vergehen und bestimmte Verbrechen (z. B. Rückfalldelikte). **Schöffengericht:** Straftaten, die nicht zur Zuständigkeit des Einzelrichters, Landgerichts oder Bundesgerichtshofs gehören; bei Verbrechen, wo höchstens 2 Jahre Zuchthaus und keine Sicherungsverwahrung zu erwarten ist. **Jugendrichter** und **Jugendschöffengericht:** leichte Straftaten Jugendlicher oder wenn ein Jugendlicher durch eine Straftat verletzt worden ist.

b) **Landgericht.** ZIVILKAMMER: Alle nicht dem Amtsgericht zugewiesenen Prozesse. **Kammer für Handelssachen:** auf Antrag einer der Parteien, wenn es sich um bestimmte Ansprüche aus dem Handelsrecht handelt.

KLEINE STRAFKAMMER: Berufungsinstanz gegen Urteile des Amtsrichters. GROSSE STRAFKAMMER: in erster Instanz: Straftaten, die nicht zur Zuständigkeit des Amtsgerichts, Schwurgerichts oder Bundesgerichtshofs gehören, ferner Berufungsinstanz gegen Urteile des Schöffengerichts. **Schwurgericht:** bestimmte, in § 80 GVG

aufgezählte Verbrechen (meist mit Todesfolge). **Jugendkammer:** schwere Straftaten Jugendlicher und Berufungsinstanz gegen Urteile des Jugendrichters und Jugendschöffengerichts.

c) **Oberlandesgericht.** ZIVILSENAT: Berufungs- und Beschwerdeinstanz gegen erstinstanzl. Urteile der Landgerichte.

KLEINER STRAFSENAT: Revisionsinstanz gegen Urteile des Amtsrichters, die nicht mit der Berufung anfechtbar sind, gegen Berufungsurteile der Kleinen und Großen Strafkammer und gegen erstinstanzl. Urteile der Großen Strafkammer oder des Schwurgerichts, wenn nur landesrechtl. Normen verletzt sein sollen. GROSSER STRAFSENAT: Hoch- und Landesverratsfälle, die sich überwiegend gegen die Interessen eines Landes richten.

d) **Bundesgerichtshof** (in Karlsruhe). ZIVILSENATE: Revisionsinstanz gegen Urteile der Oberlandesgerichte und erstinstanzl. Urteile der Landgerichte (→ Sprungrevision), wenn der Streitwert 6000 DM übersteigt oder die Revision vom Oberlandesgericht ausdrücklich zugelassen ist.

STRAFSENATE: Revisionsinstanz gegen Urteile des Schwurgerichts und der Großen Strafkammer (erster Instanz), soweit nicht das Oberlandesgericht zuständig ist; ferner in erster und letzter Instanz über bestimmte politische Straftaten (z. B. Hoch- und Landesverrat).

Die übrige Gerichtsbarkeit: → Verfassungsgerichtsbarkeit, → Verwaltungsgerichtsbarkeit, → Finanzverwaltung, → Arbeitsgerichtsbarkeit, → Sozialgerichtsbarkeit.

B. Dt. Dem. Rep.

ZPO und StPO sind geändert. Das GVG ist durch ein gleichnamiges Gesetz vom 2. 10. 1952 ersetzt worden, geändert 1959, 1963. Das FGG ist durch die VO über die Übertragung der Angelegenheiten der freiwilligen Gerichtsbarkeit (auf die staatl. Notariate und andere Verwaltungsbehörden) vom 15. 10. 1952 praktisch außer Kraft gesetzt. Entsprechend der gebietl. Neugliederung sind in jedem Kreis ein Kreisgericht an die Stelle der Amtsgerichte und in den 14 Bezirken je ein Bezirksgericht an die Stelle der Land- und Oberlandesgerichte getreten. In erster Linie Rechtsmittel- und Kassationsinstanz ist das »Oberste Gericht« in Ost-Berlin. Das Rechtsmittel der Revision und damit die 3. Instanz ist überall weggefallen (VO über die Neugliederung der Gerichte vom 28. 8. 1952).

Die **Kreisgerichte** (Straf- und Zivilkammern) sind zuständig für alle Straftaten – außer Mord, Verbrechen gegen die Republik und besonders schwere Wirtschaftsverbrechen – und für alle Zivilsachen (einschl. z. B. der Ehesachen) mit Ausnahme der Streitigkeiten mit einem Streitwert über 3000 M, in denen eine Partei »Träger gesellschaftlichen Eigentums« (z. B. volkseigener Betrieb) ist.

Die **Bezirksgerichte** (Straf- und Zivilsenate) entscheiden über Rechtsmittel gegen Entscheidungen der Kreisgerichte. Außerdem sind sie in erster Instanz für alle Straf- und Zivilsachen, die nicht zur Zuständigkeit der Kreisgerichte gehören, zuständig. Der Staatsanwalt kann in Strafsachen, für die an sich die Kreisgerichte zuständig sind, wegen deren »Bedeutung, Folgen oder Zusammenhänge« Anklage bei den Bezirksgerichten erheben.

Das **Oberste Gericht** (Straf- und Zivilsenate) entscheidet über Rechtsmittel gegen Entscheidungen der Bezirksgerichte und in Strafsachen – in erster und letzter Instanz –, soweit der Generalstaatsanwalt wegen »überragender Bedeutung« der Sache Anklage vor dem Obersten Gericht erhebt. Außerdem ist es für die Kassation (Aufhebung) rechtskräftiger Entscheidungen der Kreis- und Bezirksgerichte zuständig.

Eine **Verfassungsgerichtsbarkeit** besteht nicht. Für arbeitsrechtliche Streitigkeiten sind die Kreis- und Bezirksarbeitsgerichte und der Senat für Arbeitssachen beim Obersten Gericht zuständig. Finanz- und Sozialgerichte bestehen nicht.

C. Berlin

Der Aufbau des Gerichtswesens in Berlin (West) entspricht dem der Bundesrep. Dtl. In Berlin (Ost) wurden »Stadtbezirksgerich-

te«, die den Kreisgerichten der Dt. Dem. Rep. entsprechen, und ein »Stadtgericht« (wie Bezirksgericht) gebildet.

D. Österreich

Die **ordentliche Gerichtsbarkeit** ist geregelt in: Gerichtsorganisationsgesetz (GOG, 1896, 1945), Zivilprozeßordnung (ZPO) und Jurisdiktionsnorm (beide 1895), Strafprozeßordnung (StPO, 1873).

Bezirksgericht. ZIVILSACHEN: Vermögensrechtl. Streitigkeiten (Streitwert bis zu 15000 Schilling) und bestimmte andere Streitsachen (z. B. Besitzstörung). Das **Arbeitsgericht** ist ver-

waltungsmäßig mit dem Bezirksgericht vereinigt, funktionell selbständig.

STRAFSACHEN: Übertretungen, Mitwirkung an Voruntersuchungen.

Landes-(Kreis-)Gericht. ZIVILSACHEN und STRAFSACHEN: Berufungs- und Rekursinstanz.

Oberlandesgericht. ZIVIL- und STRAFSACHEN: Berufungs- und Rekursinstanz gegen erstinstanzliche Urteile und Beschlüsse der Landes-(Kreis-)Gerichte und des Handelsgerichts. **Oberster Gerichtshof.** ZIVILSACHEN: Revisionsinstanz.

STRAFSACHEN: Instanz für alle Nichtigkeitsbeschwerden.

E. Schweiz

Die Rechtspflege liegt bei den Kantonen, die Organisation und Verfahren bestimmen. Die Gerichtsverfassungen der Kantone sind sehr unterschiedlich.
1. kantonale Instanz. ZIVILSACHEN: **Bezirks-, Amts- oder Zivilgericht;** daneben **Handels-** und **Gewerbegericht.**
STRAFSACHEN: **Bezirks-, Amts- oder Strafgericht,** in einigen Kantonen **Geschworenengerichte.**
2. kantonale Instanz (nicht überall vorgesehen). ZIVIL- und STRAFSACHEN: **Obergericht** oder Appellationsgericht.
Bundesrechtliche Berufungsinstanz. ZIVILSACHEN: **Bundesgericht** (Lausanne).
STRAFSACHEN: **Kassationshof,** für die Überprüfung von Rechtsfragen. Für bestimmte schwere Verbrechen gegen den Staat und die öffentliche Ordnung: **Bundesstrafgericht** und **Bundesassisen** (Geschworenengericht) als einzige Instanz.

---

finder, der Dichtkunst und Runenschrift, verdrängt wurde. Neben ihm stand bes. der Bauerngott **Donar (Thor)** als Gestalt des Volksglaubens. Beide gehören zur Gruppe der Asen, neben ihnen standen die Vanen (Freyr, Nerthus u. a.) als Vegetationsgottheiten. Beider Gegner waren die Riesen (Thursen). Die wichtigste Quelle ist die Edda, daneben Tacitus. In heiligen Hainen fanden die Gottesdienste statt, Tempel waren ursprünglich unbekannt. Auch gab es keinen geschlossenen Priesterstand. Die Weissagung lag vielfach in den Händen von Frauen. Das Gemeinschaftsleben war von der **Sippe** beherrscht.

Germ'ania, latein. Form von Germanien. 1) im Altertum das von den Germanen bewohnte Land zwischen Rhein, Donau und Weichsel; daneben die zwei Prov. **G. superior** (Mainz) und **G. inferior** (Köln). 2) Die Verkörperung Dtl.s.

Germ'anicus, röm. Feldherr, Sohn des Drusus, bekämpfte 14–16 n. Chr. die Germanen.

German'in das, Handelsname für ein Mittel gegen die Schlafkrankheit.

Germanischer Lloyd, Hamburg, dt. Schiffsklassifikationsgesellschaft, gegr. 1867.

Germanisches National-Museum in Nürnberg, 1852 gegr.; größte Sammlung aus gesamtdeutscher Kunst und Kultur.

Germanische Sprachen, im Ost- und Nordseeraum beheimatete indogerman. Sprachgruppe. Heute bestehen die vier **westgermanischen** Sprachen (Englisch, Deutsch, Niederländisch, Reste des Friesischen) und die vier **nordgermanischen** Sprachen (Schwedisch, Dänisch, Norwegisch, Isländisch). Die **ostgermanischen** Sprachen der Goten, Wandalen, Burgunder u. a. sind ausgestorben. Gemäß der neuzeitl. Verbreitung der G. S. über alle Erdteile, ihrer Sprecherzahl (über 300 Mill.) und ihrer Rolle im Geistes-, Staats- und Wirtschaftsleben stehen sie heute unter den Sprachen der Erde mit an vorderster Stelle. Durch die Umwälzung der german. →Lautverschiebung werden die G. S. deutl. aus dem Gemein-Indogermanischen herausgehoben. Über die Schrift der Germanen →Runen.

German'istik, 1) i. w. S.: die Wissenschaft von der Gesamtkultur der Germanen, ihrer Geschichte, Sprache, Sitte usw. 2) i. e. S.: die Wissenschaft von den german. Sprachen und Literaturen; häufig auch nur: die dt. Philologie. 3) die Wissenschaft vom Recht der german. Völker.

Germ'anium das, **Ge,** chem. Element mit ausgeprägten Halbleitereigenschaften, Ordnungszahl 32, Atomgewicht 72,59. Gewinnung aus Flugstaub und Laugerückständen der Zinkverhüttung, Verwendung vorwiegend als →Halbleiter **in der Elektrotechnik,** auch als härtesteigernder Legierungsbestandteil.

Germer der, Gattung der Liliengewächse in der nördl. gemäßigten Zone. Der Wurzelstock des **Weißen G.,** einer bis 1,5 m hohen giftigen Gebirgsstaude, wirkt niesenerregend, in größeren Mengen herzlähmend; als Droge nur selten gebraucht. Der ebenfalls giftige **Schwarze G.** SO-Europas ist Zierpflanze.

Germiston [dʒ'ə:mistn], Stadt in der Rep.

Südafrika (Transvaal) 214400 Ew.; Goldraffinerie, vielseitige Industrie.

Gero, Markgraf Ottos d. Gr. im Osten, †965, unterwarf die wend. Stämme bis zur Oder, unterdrückte 955 einen Slawenaufstand.

Gerona [xɛr'ɔna], Hauptstadt der span. Prov. G., 49 600 Ew.; got. Kathedrale, Korkindustrie.

Ger'onten [grch. »Greise«], im alten Griechenland die Ältesten des Volks; in Sparta die Mitglieder der **Gerus'ia,** des Rats der Alten, neben Königen und →Ephoren das wichtigste Organ der Verfassung.

Gerontolog'ie [grch.] die, Altersforschung.

G'erschom ben Jehuda, jüd. Jurist, *965, †1028; Rektor der Mainzer Akademie, schuf die Grundlagen der bibl. und talmudischen Gelehrsamkeit der französ. und dt. Juden.

Gershwin [g'ə:ʃwin], George, amerikan. Komponist und Pianist, *1898, †1937; »Rhapsody in blue«, »Porgy and Bess« u. a.

Gerson [ʒɛrs'ɔ̃], Johannes, franzöz. Theologe, Kanzler der Sorbonne, *1363, †1429; Vertreter des Konziliarismus.

G'erstäcker, Friedrich, Erzähler, *1816, †1872; Reiseschilderungen, Überseeromane.

Gerste das, Grasgattung, als Getreidepflanzen in verschiedenen Zuchtformen verbreitet. Die angebauten Arten haben langbegrannte Ähren und sind meist Sommer-, neuerdings auch Winterfrucht. Das Korn gibt Mehl, Malz zu Bier **(Brau-G.),** ferner Malzzucker, Graupen, Kaffee-Ersatz.

Gerstenberg, Heinrich Wilhelm v., Dichter, *1737, †1823; erstes Sturm- und Drang-Trauerspiel »Ugolino«.

Gerstenkorn, ⸗ akute, eitrige Entzündung einer Wimperntalgdrüse **(äußeres G.)** oder einer Lidknorpeldrüse **(inneres G.)** des Ober- oder Unterlides. Behandlung: warme Umschläge bis zur Entleerung des Eiters.

Gerstenmaier, Eugen, Theologe, Politiker, *1906; gehörte zum →Kreisauer Kreis, nach dem 20. 7. 1944 verurteilt. 1945 Gründer und Leiter des Hilfswerks der EKD, Mitgründer der CDU; 1954–69 Präs. des Dt. Bundestages.

Gertrud [aus ahd. ger »Speer« und ahd. trut »traut«], weiblicher Vorname.

Geruch, das Riechvermögen. Das Sinnesorgan ist die Riechschleimhaut der →Nase.

Gerona: Altstadt

Geruchverschluß, U-förmiges Abflußrohr an Wasserklosetts und Ausgüssen, hält durch Wasserabschluß übelriechende Gase zurück.

Ger'undium [lat.] das, latein. Sprachlehre: Beugungsform der Nennform, z. B. ars scribendi, die Kunst des Schreibens. **Gerund'iv** das, Beiwort zur Nennform, z. B. facinus laudandum, eine lobenswerte Tat.

Gerv'inus, Georg Gottfried, Geschichtsforscher, *1805, †1871, einer der →Göttinger Sieben, schrieb »Geschichte des 19. Jahrh.«.

ges, ♪ Halbton unter g.

Gesamtdeutscher Block/BHE, 1952 aus dem Bund der Heimatvertriebenen und Entrechteten (BHE) hervorgegangene polit. Partei der Bundesrep. Dtl., vereinigte sich 1961 mit der »Deutschen Partei« zur »Gesamtdeutschen Partei« (seit 1965: »Gesamtdeutsche Partei Deutschlands«, GPD).

Gesamthandsgemeinschaft, ♫ besondere Art der →Gemeinschaft, bei der nur alle Gesamthänder gemeinsam über das **Gesamthandsvermögen** verfügen können, aber keiner über seinen Anteil allein. G. sind die →Gesellschaft des bürgerlichen Rechts, die →offene Handelsgesellschaft, die ehel. →Gütergemeinschaft, die Erbengemeinschaft.

Gesamthochschule, eine Hochschule, in der bisher selbständige Institutionen (Universitäten, Techn. Hochschulen, Medizin., Tierärztl., Pädagog., Musik-, Kunst-, Sport- und Ingenieurhochschulen) nach einem Entwurf des Hochschulrahmen-Ges. des Bundes organisatorisch und verwaltungsmäßig zusammengeschlossen werden sollen.

Gesamtschuldner, mehrere Schuldner, die eine Leistung in der Weise schulden, daß jeder die ganze Leistung zu bewirken hat, der Gläubiger die Leistung aber nur einmal fordern kann. Die G. sind untereinander zur Ausgleichung verpflichtet.

Gesamtschule, →Schule.

Gesamtunterricht, ein nicht in Sachfächer gegliederter Unterricht, bes. in der Grundschule.

Gesandter, der diplomatische Vertreter eines Staates. 4 Rangstufen: 1) Botschafter und Apostolische (päpstliche) Nuntien. 2) Gesandte im engeren Sinne und Apostolische Internuntien. 3) Ministerresidenten. 4) Geschäftsträger. Die 3 ersten Gruppen werden beim Staatsoberhaupt, die Geschäftsträger beim Außenminister beglaubigt; vorher wird die Zustimmung des Empfangsstaates (»Agrément«) eingeholt. (→Diplomatisches Korps)

Gesäuse das, 16 km langes Durchbruchstal der Enns, in den Österr. Alpen, zwischen Admont und Hieflau.

Gesäuse

Geschäftsbedingungen, allgemeine G., von einem Unternehmen für alle Geschäftsabschlüsse formularmäßig zusammengesetzte Klauseln, die Inhalt der einzelnen Verträge werden sollen.

Geschäftsbericht, der Bericht, den der Vorstand einer AG. jährl. zus. mit Jahresabschluß und Gewinnverteilungsvorschlag dem Aufsichtsrat und der Hauptversammlung vorlegen muß.

Geschäftsfähigkeit, ♫ die Fähigkeit, →Rechtsgeschäfte rechtsgültig vorzunehmen; sie wird in der Regel mit Eintritt der →Volljährigkeit erlangt.

Geschäftsunfähig sind: 1) Kinder bis zum 7. Lebensjahr, 2) Geistesgestörte, 3) wegen Geisteskrankheit Entmündigte; **beschränkt geschäftsfähig** sind: 1) Personen zwischen 7 und 21 Jahren (in der Dt. Dem. Rep. zwischen 7 und 18 Jahren), 2) wegen Geistesschwäche, Verschwendung oder Trunksucht Entmündigte. Beschränkt Geschäftsfähige können ohne Zustimmung des gesetzl. Vertreters nur Rechtsgeschäfte vornehmen, die ihnen einen rechtl. Vorteil bringen (§§ 104ff. BGB).

Geschäftsführer, 1) wer ein fremdes Geschäft besorgt. 2) der gesetzl. Vertreter einer GmbH.

Geschäftsgeheimnis, Betriebsgeheimnis, die Pflicht des Arbeitnehmers zur Verschwiegenheit, bes. über Tatsachen und Einrichtungen eines Betriebes, die geheim sind.

Geschäftsjahr, Zeitabschnitt, für den die Jahresbilanz aufgestellt wird, darf kürzer, aber nicht länger als 12 Monate sein.

Geschäftsordnung, die Regeln, nach denen eine Behörde, Körperschaft oder Versammlung ihre Geschäfte führt.

Geschäftsträger, →Gesandter.

Gescher, Stadt in Ngrdrh.-Westf., 13 000 Ew.

Geschichte, 1) der Geschehenszusammenhang, in dem die Menschheit als ganze **(Welt-,** Universal-G.) oder ein Kulturkreis, ein Staat, ein Volk, eine Stadt erwachsen ist und sich verändert hat. 2) das Wissen um diesen Zusammenhang und seine Darstellung durch die **Geschichtsschreibung.** Die **Geschichtswissenschaft** untersucht und sichtet die Quellen, das sind teils mündliche: Überlieferung, Sage; teils schriftliche: Inschriften, Urkunden und Akten, Aufzählung von Ereignissen in Jahrbüchern (Annalen) und allgemeineren alten Geschichtswerken (Chroniken); teils auch Sitten und Gebräuche, Bauten, Geräte, Häuser, Waffen, Münzen, Schmuck, Bilder und Ausgrabungsfunde aller Art. Mit der vorbereitenden Untersuchung der Quellen beschäftigen sich die **geschichtlichen Hilfswissenschaften,** z. B. Inschriftenkunde, Urkundenlehre, Münzkunde, Wappenkunde usw. Die historische Kritik hat über Echtheit, Ursprung und Wert der Quellen zu entscheiden. **Geschichtsphilosophie,** die Lehre von den allgem. Gesetzlichkeiten und dem Sinn der G., auch von den Grundbegriffen, Grundsätzen und der logischen Eigenart des geschichtswissenschaftl. Denkens. **Geschichtsklitterung,** verfälschende Geschichtsschreibung.

Geschiebe das, ⊕ durch Wasser oder Gletscher abgeschliffene Gesteinsstücke. **G.-Mergel,** kalkhalt. Mergel mit G., die Grundmoräne der Eiszeit, durch Auslaugung wird sie zu **G.-Lehm.**

Geschirr das, 1) Haus- und Wirtschaftsgeräte, bes. Gefäße. 2) Lederzeug für Reit- und Zugtiere. 3) Schäfte an Webstühlen.

Geschlecht das, 1) die männl. und weibl. Form der Lebewesen, die durch die Verschiedenheit ihrer Geschlechtsorgane bestimmt wird (primäre Geschlechtsmerkmale). Die sekundären Geschlechtsmerkmale (Bartwuchs und tiefe Stimme des Mannes, Brüste und Fettpolster der Frau) werden durch Hormone hervorgerufen. Lebewesen, die beide Arten von Geschlechtsorganen haben, bezeichnet man als Zwitter (die meisten Blütenpflanzen, einige niedere Tiere), im andern Falle spricht man von getrenntgeschlechtigen Lebewesen. 2) Ⓢ Einteilung der Hauptwörter in drei G.: männlich, weiblich, sächlich. 3) die Gesamtheit der Angehörigen eines Familienverbandes.

Geschlechtsbestimmung, die Entscheidung, ob aus einem pflanzl., tier. oder menschl. Keim ein männl. oder weibl. Lebewesen hervorgeht, oder die Erkennung **(Geschlechtsdiagnose)** des Geschlechtes. Die G. vor der Geburt ist trotz verschiedenster Versuche noch nicht einwandfrei möglich. Die G. zur Feststellung des ursprüngl. Geschlechts bei Zwittern beruht auf Besonderheiten der Zellkerne bei der Frau, die Anhangsgebilde **(Trommelschlegel)** oder Chromatinkörperchen **(Geschlechtschromatin)** an ihrem Rand aufweisen.

Geschlechtskrankheiten, Krankheiten, die meist beim Geschlechtsverkehr durch bestimmte

Erreger übertragen werden (→Tripper, →Syphilis, weicher →Schanker). Behandlung gesetzl. geregelt.

Geschlechtsorgane, Fortpflanzungsorgane der Lebewesen **(Genitalien).** (BILD S. 331)

Geschlechtsreife, die →Pubertät.

Geschlechtstrieb, der Trieb zu geschlechtl. Vereinigung (Begattung) und dadurch zur Befruchtung und Fortpflanzung.

Geschlechtswort, Artikel, Ⓢ bestimmtes G.: der, die, das; unbestimmtes G.: ein, eine, ein.

Geschlinge das, Schlund, Lunge, Leber und Herz des Schlachtviehs.

geschlossene Zeit, die Zeit, in der keine feierl. Hochzeiten oder öffentl. Lustbarkeiten gestattet sind. Kath. Kirche: Advent, Fastenzeit. Evang. Kirche: Karwoche. Dispens möglich.

Geschmack der, **1)** Wahrnehmung von sauer, süß, bitter, salzig. Alle andern G.-Arten, die man zu schmecken glaubt, werden vom →Geruch wahrgenommen. Die aufnehmenden Sinnesorgane für G.-Reize sind die **G.-Knospen,** besondere Zellen der Zungen- und Mundschleimhaut. **2)** übertragen: Schönheitssinn.

Geschmacksmuster, Muster oder Modelle, die als Vorbild für die geschmackl. Gestaltung von Industrieerzeugnissen dienen sollen; dagegen dient das Gebrauchsmuster prakt. Zwecken (→Musterschutz).

Geschoß das, **1)** Körper, der mit einer Waffe verschossen oder abgeworfen wird oder sich durch Eigenantrieb ins Ziel bewegt. **2)** Stockwerk: Erd-G., Dach-G.

Geschütz das, Waffe der Artillerie. Nach Kaliber und Geschoßgewicht unterscheidet man leichte, schwere und schwerste G., nach Art der Flugbahn Flachfeuer-, Steilfeuer- und in beiden Flugbahnen schießende G.; seit Ende des 1. Weltkrieges auch G. zur Flieger- und Panzerabwehr. Ortsfeste G. sind Festungs-, Schiffs-, Küsten-G.

Geschütz: Amerikanisches 28-cm-Atomgeschütz (Einschlag in etwa 11 km Entfernung)

Geschwader das, **1)** ⚓ Verband von Kriegsschiffen. **2)** Verband von Flugzeugen.

Geschwindigkeit die, der bei gleichförmiger Bewegung in der Zeiteinheit (Sekunde) zurückgelegte Weg. **G.-Messer,** →Tachometer.

Geschwister Mz., Brüder und Schwestern. **geschwisterlich,** friedlich. **Geschwisterkind** das, Neffe oder Nichte.

Geschworener der, nicht rechtsgelehrter Beisitzer (Laienrichter) beim Schwurgericht.

Geschwulst die, { 1) i. w. S. jede durch Entzündung, Blut- oder Flüssigkeitsansammlung entstandene Schwellung **(Tumor).** 2) i. e. S. krankhafte Gewebeneubildung **(Neoplasma),** z. B. Zellwucherung. Die **gutartigen G.** wachsen langsam und gefährden gewöhnlich das Leben ihres Trägers nicht. Die **bösartigen G.** dagegen wachsen schnell und zerstörend in die benachbarten Gewebe vor und können zum Ausgangspunkt von Absiedlungen **(Metastasen)** werden. →Krebs, →Sarkom.

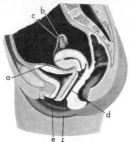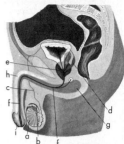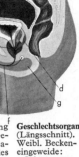

Geschwür das, lat. **Ulcus,** mit Entzündung oder Eiterung verbundener, örtl. begrenzter Gewebsverlust der Haut oder Schleimhaut. Ursachen: Dauernde örtl. Schädigung, Störung des Blutkreislaufs (Unterschenkel-G. bei Krampfadern), ansteckende Krankheiten u. a.

G'eseke, Stadt in Nordrhein-Westfalen, am Hellweg, 13 500 Ew.; Industrie.

Ges'ell, Silvio, *1862, †1930; Begründer der Freiwirtschaftslehre (→Freiwirtschaftsbund).

Geselle, Handwerker, der eine ordnungsmäßige Lehrzeit (meist 3 Jahre) durchlaufen und die **Gesellenprüfung** bestanden hat.

Gesellschaft, Vereinigung von Menschen (→Soziologie). **Gesellschaft des bürgerlichen Rechts,** der Zusammenschluß zweier oder mehrerer Personen zur Erreichung eines gemeinsamen Zweckes. Für Gesellschaftsschulden haften die Gesellschafter als →Gesamtschuldner (§§ 705 ff. BGB).

Gesellschaft für deutsche Sprache, gegr. 1947, zur Pflege der dt. Sprache. Sitz Wiesbaden. Zeitschrift: Muttersprache. Vor 1945 bestand der Allgemeine Deutsche Sprachverein (gegr. 1885).

Gesellschaft für Deutsch-Sowjetische Freundschaft, Massenorganisation in der Dt. Dem. Rep., wirbt für die Politik der UdSSR.

Gesellschaft für Sport und Technik, Massenorganisation in der Dt. Dem. Rep. zur vormilitär. Ausbildung der Jugend.

Gesellschaft Jesu, die →Jesuiten.

Gesellschaft mit beschränkter Haftung, GmbH., Handelsgesellschaft mit eigener Rechtspersönlichkeit und bestimmtem Kapital **(Stammkapital,** mindestens 20 000 DM), das von den Gesellschaftern durch Einlagen **(Stammeinlagen,** mindestens 500 DM) aufgebracht wird. Erforderlich sind zumindest 2 Gründer, die einen Gesellschaftsvertrag (Satzung) in notarieller Form abschließen. Geschäftsführung und Vertretung durch einen oder mehrere Geschäftsführer, oberstes Organ ist die Gesellschafterversammlung. Bei mehr als 500 Arbeitnehmern muß ein Aufsichtsrat bestellt werden. Die Haftung der Gesellschafter ist auf das Gesellschaftsvermögen beschränkt.

Gesellschafts-Inseln, Sozietäts-Inseln, vulkan. Inselgruppe →Französisch-Polynesiens, 1647 km², 69 000 Ew.; Hauptinsel: →Tahiti. Ausfuhr: Kopra, Vanille, Perlmutter, Phosphat.

Gesellschaftslehre, die →Soziologie.

Gesellschaftsvertrag, →Vertrag.

Ges'enk das, ◎ stählerne Hohlform zur Formgebung beim G.-Schmieden.

Gesenke, **Mährisches G.,** östl. Ausläufer der Sudeten, Tschechoslowakei, 400-600 m hoch, leitet zu den Karpaten hinüber.

Gesetz, **1)** Richtschnur, Regel. **2)** ⚖ allgemeine, unpersönlich formulierte Rechtsvorschrift, nach der Staatsbürger und die Behörden handeln sollen. **3)** →Naturgesetz.

Gesetzgebung, Rechtsetzung durch den Gesetzgeber, die gesetzgebende Gewalt **(Legislative).**

Gesetzgebungsnotstand. In der Bundesrep. Dtl. kann der Bundespräs. den G. für ein Gesetz erklären, wenn der Bundeskanzler die nicht nachgesuchte Vertrauen des Bundestags findet, dieser aber weder einen Nachfolger wählt noch aufgelöst

Geschlechtsorgane (Längsschnitt). Weibl. Beckeneingeweide: a Gebärmutter b Eierstock, c Eileiter, d Scheide, e kleine Schamlippe, f große Schamlippe. – Männl. Beckeneingeweide: a Hoden, b Nebenhoden, c Samenleiter, d Samenbläschen, e Vorsteherdrüse, f Harnröhre, g Schwellkörper der Harnröhre, h Schwellkörper des Penis, i Eichel mit Vorhaut

Gesenk: a Obergesenk, b Untergesenk, c Werkstück

wird. Das vom Bundestag nach Erklärung des G. erneut abgelehnte Ges. kommt zustande, wenn der Bundesrat zustimmt. Ist der G. erklärt, kann während der Amtszeit eines Bundeskanzlers innerhalb von 6 Monaten jedes weitere vom Bundestag abgelehnte Ges. als Notstandsges. erlassen werden (Art. 81 GG).

Gesetzlicher Vertreter, Stellvertreter, dessen Vertretungsmacht auf Gesetz beruht; z. B. Vater und Mutter als G. V. ihres minderjähr. Kindes.

Gesicht, Angesicht, Antlitz, Fazies, die vordere Fläche des Kopfes. Gesichtssinn, das Sehvermögen, →Auge.

Gesichtsfeld, 1) der mit unbewegtem Auge übersehbare Teil des Raumes. 2) bei opt. Instrumenten der sichtbare Bildausschnitt.

Gesichtskreis, der →Horizont.

Gesichtsmuskellähmung, →Facialis.

Gesichtsplastik, plastische Operation zur Wiederherstellung der Gesichtsformen und der Bewegungsfunktionen, wenn diese verbildet oder zerstört sind.

Gesichtsrose, →Wundrose.

Gesichtsschmerz, Schmerzen in den vom →Trigeminus versorgten Gebieten des Kopfes.

Gesichtsurne, vorgeschichtl. Tongefäß mit der Darstellung eines menschl. Gesichts.

Gesims das, ⊓ der →Sims.

Gesner, Konrad, schweizer. Naturforscher, *1516, †1565; Tier- und Pflanzensystematik.

Gesp′an [ungar. »Burggraf«] der, früher in Ungarn der Graf, Leiter eines →Komitats.

Gespensheuschrecken, Ordnung der Geradflügler mit ast- oder blattförmigem Körper. Arten: Stabheuschrecken, Wandelndes Blatt.

Gesp′ons [lat.] 1) der, Bräutigam; Gatte. 2) das, Braut; Gattin.

Geßler, Landvogt in der Sage von Wilhelm Tell.

Geßler, Otto, * 1875, † 1955; war 1914-19 Oberbürgermeister von Nürnberg, 1920 bis 1928 Reichswehrmin., 1950-52 Präs. des Dt. Roten Kreuzes.

Geßner, Salomon, Dichter, Maler, *1730, †1788; Idyllen, Epos »Der Tod Abels«.

Gestaltpsychologie sieht in der Gestalt eine Grundeigenschaft alles Erlebens, im Unterschied zur Assoziationspsychologie. Entwickelt wurde sie von C. v. Ehrenfels, W. Köhler, W. Metzger, F. Krueger (Ganzheitspsychologie), A. Wellek u. a.

Gestaltungsklage, 𝄬 eine Klage, die eine Umgestaltung der Rechtslage unter den Parteien anstrebt (z. B. Ehescheidung); im Unterschied zur Leistungs- und Feststellungsklage.

Geständnis, Strafrecht: Eingestehen eines Sachverhaltes, unterliegt dem Grundsatz freier Beweiswürdigung, das Gericht braucht ihm nicht zu folgen. Die Erzwingung eines G. ist verboten, bes. auch die Anwendung eines Lügendetektors. Zuwiderhandelnde Beamte sind mit Freiheitsstrafe nicht unter einem Jahr zu bestrafen (§ 343 StGB).

Gest′apo, →Geheime Staatspolizei.

Geste die, Gebärde.

Gestehungskosten, die Herstellungs- oder Anschaffungskosten einer Ware.

Gesteine, Gemenge von Mineralien, die die äußere Erdkruste aufbauen. 1. **Erstarrungs-** oder **Eruptiv-G.,** die aus dem erstarrten Schmelzfluß (Magma) des Erdinnern entstanden sind, entweder in tieferen Schichten der Erdkruste (**plutonische, Tiefen-G.**), z. B. Granit, Syenit, oder an der Erdoberfläche (**vulkanische, Erguß-G.**), z. B. Basalt, Diabas. 2. **Schicht-** oder **Sediment-G.,** entstanden durch Absatz der in Wasser gelösten (z. B. Steinsalz, Gips) oder aufgeschwemmten (z. B. Sand, Schlamm) Mineralien. 3. **Metamorphe G.,** Erstarrungs- oder Absatzgesteine, die durch physikal. und chem. Einflüsse umgewandelt worden sind; z. B. durch Nachbarschaft von Ergußgestein (**Kontakt-G.**), z. B. Hornfels, oder durch Druck und Wärme (**kristalline Schiefer**), z. B. Gneis, Glimmerschiefer.

Gesteinsbohrmaschinen, ⚙ dienen zur Herstellung von Bohrlöchern im Bergbau, in Stein-

brüchen und bei Gesteinsarbeiten durch drehendes, schleifendes, schlagendes Bohren.

Gestirn das, Himmelskörper: Sonne, Mond, Planeten, Kometen und Fixsterne.

Gestrenge Herren, die →Eisheiligen.

Gestüt das, Anstalt zur Pferdezucht. **Gestütsbuch,** Zuchtstammbuch, **Gestütsbrand, -zeichen,** Brandzeichen der Gestütpferde.

Gesundbeten, in relig. Sekten und im Volksglauben geübte Heilpraktik.

Gesundbrunnen, Heilquelle.

Gesundheit die, Zustand körperlichen und geistig-seelischen Wohlbefindens.

Gesundheitsamt, staatl. Behörde des öffentl. Gesundheitsdienstes, Leitung: Amtsarzt.

Gesundheitsmedizin, untersucht die wissenschaftl. Grundlagen der Gesundheit und der Gesunderhaltung.

Gesundheitspflege, die →Hygiene.

Gesundheitszeugnis, ärztl. Bescheinigung zur Vorlage bei Behörden und Dienststellen; gibt u. a. Auskunft, ob der Zeugnisinhaber frei von ansteckenden Krankheiten ist.

Geths′emane, Garten am Ölberg bei Jerusalem, wo Jesus gefangengenommen wurde.

Getreide das, Pflanzen, die wegen ihrer stärkemehlreichen Kornfrüchte oder Samen für die menschl. Ernährung angebaut werden, bes. die Brotfrüchte. Wichtigste Arten für Europa: Weizen, Roggen, Gerste, Hafer, Mais; für Asien: Reis, Mais; für Afrika: Mohrenhirse; für Amerika: Weizen und Mais.

Getreiderost, Pflanzenkrankheit, verursacht durch Rostpilze, die bes. Blätter, Halme befallen.

Getriebe das, ⚙ alle mechan. Einrichtungen zur Weiterleitung oder Umformung von Bewegungen. Arten: Kurven-, Riemen-, Zahnrad-, Flüssigkeits-, Gelenk-, Schrauben-, Sperr-G.

Getto, Ghetto [ital.] das, abgeschlossenes Judenviertel in Städten, übertragen auch Neger-G.

G′eulincx [xʼøːliŋks], Arnold, niederländ. Philosoph, *1624, †1669; vertrat den Okkasionalismus (→Okkasion).

Geusen [frz. gueux »Bettler«] Mz., Spott-, später Ehrenname der niederländ. Freiheitskämpfer gegen die span. Herrschaft im 16. Jahrh.

Gevelsberg, Stadt in Nordrh.-Westf., im Sauerland, 35 900 Ew.; Metall-, Glas-, Textil-Ind.

Gewächshaus, Glashaus für temperaturempfindliche Pflanzen und zur frühzeitigen Erzeugung von Blüten und Früchten (**Treibhaus**). Das **Kalthaus** (Orangerie) dient als Winterschutz für südländ. Gewächse (mit 6-10°C); das **temperierte Haus** (15-17°C) zu Sämlings- und Stecklingsanzucht; das **Warmhaus** (20-25°C) für Tropenpflanzen.

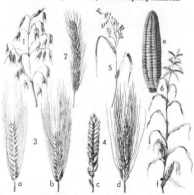

Getreide: 1 Hafer, **2** Roggen, **3** Gerste, a zweizeilige, b vierzeilige Gerste, **4** Weizen, c Kolben-, d Bartweizen, **5** Reis, **6** Mais, e Fruchtstand; f ganze Pflanze

Gewährleistung, →Mängelhaftung.
Gewahrsam, 1) ⚹ tatsächl. Herrschaft einer Person über eine Sache. **2)** Verwahrung. **3)** Haft.
Gewaltenteilung, Verfassungsgrundsatz der westl. Demokratien zum Schutze des einzelnen gegen den Staat. Die drei Aufgaben der Staatsgewalt (Gesetzgebung, Verwaltung, Rechtsprechung) sollen von gegenseitig unabhängigen Organen (Volksvertretung, Regierung, Gerichte) durchgeführt werden; die G. wurde be⋅. von →Montesquieu gefordert.
Gewandhaus, im MA. Lager- und Messehaus der Tuchhändlerzünfte (Tuchhalle). **G.-Konzerte,** seit 1781 in Leipzig bestehende Konzerte; seit 1884 im neuen G. (im 2. Weltkrieg zerstört).

Gewandhaus
in Braunschweig (begonnen Anfang des
14. Jahrh.)

Gewann [von wenden] das, **Gewanne** die, früher: kleinere Teile der Ackerflur eines Dorfes, die unter Flurzwang wechselnd genutzt wurden.
Gewässerkunde, Hydrograph'ie, die Wissenschaft von den Gewässern des Festlandes.
Gewebe das, **1)** Erzeugnis der →Weberei. Die Kettfäden verlaufen in der Längs-, die Schußfäden in der Querrichtung. **2)** ⊕ ⬚ ∫ das Gefüge gleichart. Zellen im Pflanzen-, Tier- und Menschenkörper. Bei Tieren und Menschen unterscheidet man Haut-, Stütz- (Binde-, Knorpel-, Knochen-), Muskel- und Nerven-G., bei Pflanzen Blatt-, Holz-, Mark-, Speicher-, Kork-G. Die Wissenschaft von den G. heißt **G.-Lehre** (Histologie).
Gewehr, urspr. jede tragbare Trutzwaffe, daher **Seitengewehr;** jetzt die →Handfeuerwaffen.
Geweih das, ein Paar knochige, in Spitzen auslaufende Auswüchse, die sich bei männl. Hirschtieren (auch beim weibl. Rentier) auf bleibenden Fortsätzen (Rosenstöcke, G.-Stuhl) des Stirnbeins bilden; beim Rehbock **Gehörn,** bei Elch und Damhirsch **Schaufeln,** beim Hirsch **Stangen** genannt. Es wird meist jährlich abgeworfen und ersetzt (»aufgesetzt«), wobei die Zacken (»Enden«) sich vermehren. Reh und Hirsch heißen je nach Endenzahl Spießer, Gabler, Sechsender, Hirsche, weiter Acht-, Zehnender usw., vom Zwanzigender an Kapitalhirsch.
Gewerbe das, jede auf Erwerb gerichtete berufsmäßige Tätigkeit **(gewerbl. Wirtschaft, Gewerbebetrieb),** bes. Handwerk und Industrie, ferner Handels-, Versicherungs-, Verkehrs-G. sowie persönl. Dienstleistungen. Manchmal wird unter G. nur die Tätigkeit in Kleinbetrieben verstanden im Gegensatz zur Industrie oder Fabrik. Die das G. rechtl. regelnde **G.-Ordnung** von 1869 (mit Änderungen und Ergänzungen) vertritt den Grundsatz der **Gewerbefreiheit,** nach dem jedermann die Ausübung eines G. grundsätzl. erlaubt ist; für das Handwerk ist sie eingeengt durch die Handwerksordnung von 1953/65. Die **G.-Aufsicht** (mit G.-Aufsichtsbeamten) obliegt die Überwachung der Innehaltung von arbeitsschutzrechtl. Bestimmungen.
Gewerbeschule, gewerbliche →Berufsschule.
Gewerbesteuer, →Steuern.

Gewerblicher Rechtsschutz, der Schutz der techn. Erfindungen (Patente, Gebrauchs- und Geschmacksmuster) und Warenzeichen (→Musterschutz) sowie der Firmenbezeichnung, auch die Bekämpfung des →unlauteren Wettbewerbs.
Gewerk das, Handwerk, Zunft.
Gewerkschaft, bergrechtliche G., dem Bergbau eigentüml. Gesellschaftsform (Kapitalgesellschaft): die Mitglieder **(Gewerken)** sind mit Anteilen **(Kuxen)** an der G. beteiligt; die erforderl. Mittel zahlen sie bei Bedarf durch →Zubuße zu.
Gewerkschaften, Arbeitnehmervereinigungen zur Verbesserung der wirtschaftl. und sozialen Lage ihrer Mitgl. sowie zur Vertretung ihrer Belange, bes. gegenüber den Arbeitgebern; in den meisten Ländern von großem sozialem, wirtschaftl., auch polit. Einfluß. I. d. R. bestehen zwischen G. und best. polit. Parteien enge Beziehungen, auch wenn parteipolit. oder konfessionelle Neutralität betont wird. Hauptziele: Vollbeschäftigung, Sicherung der Arbeitsplätze, Vergrößerung des Arbeitnehmeranteils am Sozialprodukt, →Mitbestimmung. Mittel zu ihrer Erreichung: Verhandlungen mit den Arbeitgebervereinigungen (→Tarifvertrag) und Behörden, notfalls →Streik.
In der Bundesrep. Dtl. sind die 16 Einheitsgewerkschaften im Deutschen Gewerkschaftsbund zusammengefaßt (6,41 Mill. Mitgl.), daneben bestehen als selbständige die **Deutsche Angestelltengewerkschaft** mit 0,48 Mill. Mitgl. und der **Deutsche Beamtenbund** mit 0,72 Mill. Mitgl. — In der Dt. Dem. Rep. besteht der **Freie Deutsche Gewerkschaftsbund,** der an Weisungen von Staat und Partei gebunden ist. **Internationale Organisationen:** Internat. Bund Freier Gewerkschaften (IBFG), Weltgewerkschaftsbund (WGB; kommunist.), Internat. Bund Christl. Gewerkschaften (IBCG).
GESCHICHTE. Bis 1933 gab es in Dtl. **Freie G.** (sozialistisch), **Christl. G., Hirsch-Dunckersche G.** (freiheitl.-national), **wirtschaftsfriedl. (gelbe) G.** und kommunist. Gruppen. 1933 wurde die Tätigkeit aller G. gewaltsam beendet, ab 1945 wurden die Einheits-G. errichtet, neben denen Berufsverbände entstanden.
Gewicht, 1) eine Masse als Ergebnis einer Wägung; Einheit: Gramm (g). **2)** die Kraft, die eine Masse infolge der auf sie einwirkenden Schwerkraft auf ihre Unterlage ausübt; Einheit: Pond (p). **3)** Vergleichskörper von genau bestimmter Masse **(G.-Stück, Wägestück),** mit dem die Massen anderer Dinge, bes. Waren, durch Wägung bestimmt werden (→Maßeinheiten).
Gewichtheben, Schwerathletik: ein- oder beidarmiges Hochbringen eines Hantelgewichtes. Man unterscheidet: **Reißen** (in einem Zug), **Stoßen** (aus der Schulterhöhe emporstoßen) und **Drücken** (langsames Strecken der Arme aus Schulterhöhe). Gewertet werden Einzelkampf und Dreikampf. (→Gewichtsklassen)
Gewichtsklassen, Einteilung der männl. Wettkämpfer nach dem Körpergewicht; üblich im Boxen, Ringen, Gewichtheben und Judo, im Rudern als Mannschaftsgewicht (z. B. beim Leichtgewichtsrennen: bis zu 70 kg Einzelgewicht bei einem Durchschnittsgewicht von 67,5 kg). Es gibt 3 Gruppen von G.: Jugendliche (bis zum 18. Lebensjahr), Männer (vom 18. Lebensjahr an), Altersklassen (vom 40. Lebensjahr an). (ÜBERSICHT S. 334)
Gewinde, dient zur Herstellung lösbarer Verbindungen (→Schraube). Man unterscheidet **rechtsgängige** und **linksgängige G.,** der Form nach **Dreiecks-** (Spitz-), Trapez-, Sägen-, Rund-G. Das an einen Bolzen geschnittene G. ist **Außen,** das in einer Bohrung hergestellte **Innen-** oder **Mutter-G.** Wichtigste G.-Systeme sind Metrisches oder mm-G. und Whitworth- oder Zoll-G. (BILD S. 334)
Gewinn, ⚹ Überschuß der Erträge über die Aufwendungen.
Gewinnbeteiligung, Ertragsbeteiligung, 1) vom Arbeitgeber über den normalen Lohn (Gehalt) hinaus gewährte Beteiligung am Geschäftsergebnis, meist ohne Teilnahme am Verlust. **2)**

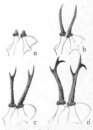

Geweih: Gehörnbildung beim
Reh, a Knopfspießer, b Spießer, c Gabler,
d Sechserbock

Gewichtsklassen (Männer)	Boxen	Ringen	Gewicht in kg Gewichtheben	Judo
Papier	bis —	48	—	—
Fliegen	bis 50,8	52	52	—
Bantam	bis 53,5	57	56	—
Feder	bis 57,1	63	60	—
Junior-Leicht ..	bis 59	—	—	—
Leicht	bis 61,2	68	67,5	63
Junior-Welter ..	bis 63,5	—	—	—
Welter	bis 66,6	74	—	70
Junior-Mittel ..	bis 69,8	—	—	—
Mittel	bis 72,5	82	75	80
Leichtschwer ..	bis —	—	82,5	—
Halbschwer	bis 79,3	90	—	93
Mittelschwer ...	bis —	—	90	—
Schwer	über 79,3	100	110	über 93
Überschwer ...	über —	—	über 110	—
Superschwer ..	über —	über 100	—	—

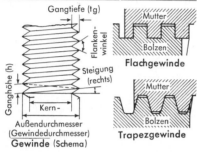

Gewinde (Schema)

Flachgewinde

Trapezgewinde

Rundgewinde

Sägengewinde

Gewölbe: Tonnen-G. mit Gurtbogen

Verteilung von Überschüssen eines Versicherungsunternehmens an die Versicherten durch Rückzahlung oder durch Zuschlag auf die Versicherungssumme.

Gewissen das, persönl. Bewußtsein vom sittl. Wert oder Unwert des eigenen Verhaltens, die Fähigkeit zur moral. Selbstbeurteilung.

Gewissensfreiheit, →Glaubensfreiheit.

Gewitter das, unter Blitz und Donner erfolgende Entladung der Luftelektrizität der Wolken untereinander oder gegen die Erde, meist mit schauerartigem Regen verbunden. **Wetterleuchten** ist ein G. in größerer Entfernung, bei dem der Donner nicht vernehmbar ist.

Gewohnheitsrecht, das aus gewohnheitsmäßiger Übung, nicht durch Gesetzgebung entstandene Recht, bes. in den angelsächs. Ländern.

Gewohnheitsverbrecher, ein Straffälliger, der drei oder mehr vorsätzliche Straftaten begangen hat, deren Gesamtwürdigung den Hang zum Verbrechen zeigt und weitere Straftaten erwarten läßt. Er kann mit Freiheitsstrafe nicht unter einem Jahr bestraft werden; daneben ist →Sicherungsverwahrung anzuordnen, wenn die öffentl. Sicherheit es erfordert (§§ 20a, 42e StGB).

Gewölbe, bogenförmig gekrümmte Decke, auch der innere befindliche Raum. Hauptarten: **Tonnen-, Kreuz-, Rippen-, Kloster-, Mulden-, Spiegel-G.;** die →**Kuppel.**

Gewölle das, von Greifvögeln ausgespiene Ballen unverdauter Haare, Federn, Knochen.

Gewürz das, Stoffe, die Speisen und Getränken zur Verbesserung von Geschmack und Geruch, auch zur Förderung der Verdauung beigesetzt werden, bes. Salz, Essig sowie an duftenden flüchtigen

Ghana

Ölen reiche trockene Teile gewisser Pflanzen **(G.-Pflanzen),** z.B. Pfeffer, Kümmel, Zwiebel.

Gewürz-Inseln, die →Molukken.

Gewürzkörner, der →Piment.

Gewürznelken, getrockn. Blütenknospen des G.-Baumes der Molukken; enthalten **Nelkenöl.**

Geyer, Florian, fränk. Reichsritter und Anführer der Bauern im Bauernkrieg 1525.

Geysir, Geiser [altisländ.] der, zeitweilig ausbrechende heiße Springquelle in vulkan. Gebieten, z. B. Island, Neuseeland, Yellowstone Park (USA).

gez., Abk. für gezeichnet; eigenhändig unterschrieben.

Gezähe das, Handwerkszeug des Bergmanns: Keilhauen, Bergeisen, Schlägel oder Fäustel.

Gezeiten, das abwechselnde Fallen **(Ebbe)** und Steigen **(Flut)** des Meeresspiegels, meist zweimal in etwa 25 Stunden, durch dieAnziehung des Mondes und der Sonne; der Höhenunterschied von Hoch- und Niedrigwasser heißt **Tidenhub** und beträgt an den Küsten im allgemeinen 1,5-2 m. **Springflut** nennt man eine sehr hohe, **Nippflut** die schwächste Flut.

Gezeitenkraftwerk, →Flutkraftwerk.

Gezelle [ɣəzɛlə], Guido, fläm. Dichter, *1830 † 1899; größter Lyriker Flanderns.

GG, das Grundgesetz der Bundesrep. Dtl.

Gh'ana, Republik in W-Afrika; 238 537 km², 8,6 Mill. Ew.; Hauptstadt: Accra, Amtssprache: Englisch. – Im S Küstenebene (Savanne, Wald), im N Trockensavanne. Hauptfluß: Volta (mit →Akosombo-Damm). Anbau: Kakao (⅓ der Welternte), Mais, Hirse, Maniok, Bananen, Kolanuß, Palmkerne. Ausfuhr: Kakao, Holz, Gold, Diamanten, Manganerz, Bauxit. Aluminiumschmelze u. a. Ind. Gutes Straßennetz. Seehäfen: Takoradi, Tema; internat. Flughafen: Accra. – Die ehem. brit. Besitzung Goldküste wurde (mit Brit.-Togo) 1957 als G. unabhängig; seit 1960 Rep. I. Staatspräs.: K. Nkrumah (1960-66). Ein »Nationaler Erneuerungsrat unter Oberst A. Acheampong, der als Staatspräs. autoritär regiert, löste 1972 das Parlament auf. ⊕ S. 514, ⊓ S. 345.

Ghas'ali, Algaz'el islam. Philosoph, *1059, †1111, bekämpfte den arab. Aristotelismus; seine Mystik ist dem Neuplatonismus verwandt.

Ghas'el, Gasel [arab. »Gespinst«] das, oriental. Gedichtform aus 10-13 Verszeilen, von denen die erste mit allen geraden Zeilen reimt, während die ungeraden reimlos sind. Dt. Nachbildungen bei Rückert, Platen, Hagelstange.

Ghasi [arab. »Eroberer«], Ehrentitel siegreicher türkischer Herrscher und Offiziere.

Ghats Mz., die Gebirgszüge, die das Hochland des Dekkans in Vorderindien im O **(Ost-Ghats)** und im W **(West-Ghats)** einschließen.

Ghe'orghiu, C. Virgil, rumän. Schriftsteller, *1916; Romane: »25 Uhr«, »Die zweite Chance«.

Ghetto [ital.] das, →Getto.

Ghibell'inen, im MA. die kaiserl. (Hohenstaufen-)Partei in Italien, im Gegensatz zu der päpstl., den Guelfen (deutsch Welfen).

Ghib'erti, Lorenzo, italien. Bildhauer *1378, †1455; Bronzetüren in Florenz.

Geysir am Namaskard (Island)

Gibraltar: Felsen von G.

Ghirland'ajo, Domenico, italien. Maler, *1449, †1494; realist. Schilderungskunst und klare Komposition, bes. im Fresko (Florenz, Rom).

Ghostwriter [g'oustraitə] der, in USA: ungenannter Schriftsteller, der Reden und Bücher für andere, bes. für Politiker, verfaßt.

G.I. [dʒi: ai, amerikan.], Government Issue, staatl. gelieferte Ausrüstung für den Soldaten, auch dieser selbst.

Gibbon [g'ibən], Edward, engl. Geschichtsschreiber im Geist der Aufklärung, *1737, †1794.

G'ibbon der, die den Menschenaffen ähnl. Langarm-Affen Südostasiens; kletergewandt.

Gibbons [g'ibəns], Orlando, englischer Komponist und Organist, *1583, †1625.

Gibbs, Josiah W., amerikan. Physiker, *1839, †1903; bahnbrechend in der Thermodynamik.

G'ibeon, Kultstätte im alten Palästina, heute El-Dschib, nordwestl. von Jerusalem.

Gibralt'ar, brit. Kolonie, auf einer Halbinsel an der S-Küste Spaniens, an der **Straße von G.** (14,2-44 km breit), zwischen Mittelmeer und Atlant. Ozean. Felsenfestung, Flottenstützpunkt; 6,5 km². Die Stadt G. hat 25000 Ew. G. ist nach dem arab. Feldherrn Tarik benannt, der hier 711 die Eroberung Spaniens begann. 1704 kam es in brit. Besitz, wurde 1779-82 erfolgreich gegen Spanier und Franzosen verteidigt.

Gicht, 1) Zipperlein, Stoffwechselkrankheit infolge ungenügender Ausscheidung von Harnsäure. Ansammlung von Harnsäurekristallen führt zu anfallsweise auftretenden, schmerzhaften Gelenkschwellungen und Knoten in der Haut. Beginn meist im Grundgelenk der großen Zehe (**P'odagra**). **2)** 🌱 Pflanzenkrankheiten, z. B. das →Gichtkorn. **3)** die obere Mündung des Hochofens.

Gichtgas, das aus dem Hochofen entweichende brennbare Gas; enthält bis zu 30% Kohlenoxyd.

Gichtrose, Pfingstrose, →Päonie.

Gide [ʒi:d], André, französ. Schriftsteller, *1869, †1951; skeptischer Individualist, revoltiere gegen Geschichte, Moral, Ehe, Kirche. Romane: »Die Falschmünzer«, »Die Schule der Frauen« u. a. Nobelpreis 1947.

Gideon, einer der Richter Israels.

Giebel der, das bei Sattel-, Pult-, Mansard-, Kreuzdach entstehende Wanddreieck.

Giebichenstein, Burgruine G. in Halle a. d. Saale; 937 von Otto I. dem Erzstift Magdeburg geschenkt.

Giengen an der Brenz, Stadt in Bad.-Württ., 14400 Ew.; Metall- und Spielwarenindustrie.

Gierek, Edward poln. Politiker, *1913, seit 1970 1. Sekretär des ZK.

Gieren, 🚢 Kursabweichen eines Schiffes.

Gierke, Otto v., Rechtsgelehrter, *1841, †1921; führender Deutschrechtler, Vorkämpfer des Genossenschaftsgedankens im Recht.

Giersch der, Geißfuß, staudiger, weißblühender, bis meterhoher Doldenblüter.

Gieseking, Walter, Pianist, *1895, †1956.

Gießen, Stadt in Hessen, an der Lahn, 75500 Ew.; hat Universität (seit 1607); Industrie.

Gießerei, ⚙ Herstellung metallischer Gegen-

stände durch Gießen. In der Formerei wird nach Modell oder Schablone in meist zweiteiligen Kästen die Form aus Sand, Lehm u. a. hergestellt. Die Sandform wird nach dem Guß unbrauchbar, Metallformen(Kokillen)sind öfter verwendbar. Das Metall wird geschmolzen und in Gießpfannen in die Form geleitet. Nach dem Erkalten wird das Gußstück von Formsand, Gußköpfen u. a. gereinigt. →Druckguß, →Schleuderguß.

Gifhorn, Kreisstadt in Niedersachsen, 23000 Ew.; Maschinen- und Armaturenwerk.

Gift das, jeder chem. Stoff, der zu Gesundheitsschäden führen kann (auch Arzneimittel, wenn sie in zu großer Menge oder in falscher Weise zugeführt werden, oder Nahrungsmittel, wie Kochsalz, Alkohol). Nach den vorwiegend geschädigten Organen unterscheidet man: **Kapillar-G.,** die zu Wandschädigung der Haargefäße und anschließender Gewebsschädigung führen; **Leber-, Nieren-, Herz-, Nerven-, Lungen-G.** u. a. schädigen jeweils die genannten Organe. Nach der Wirkweise lassen sich z. B. folgende Gruppen bilden: **Ätz-G.** (so starke Säuren, Laugen) zerstören Körpergewebe; **betäubende (narkotische) G.** (so Opium) führen nach vorübergehender Erregung zu Lähmung des Nervensystems. Die **Gegen-G.** sind für jedes G. anders. Bei Vergiftung muß das G. möglichst schnell aus dem Körper entfernt werden (Brechmittel, Magenspülung, Ausblutenlassen von Wunden u. a.).

Giftgase, →Kampfstoffe.

Giftpflanzen (FARBTAFEL S. 350) enthalten Stoffe, die auf Mensch und Tier als Gift wirken; viele G. dienen als Arzneipflanzen. Der Gehalt an Pflanzengiften ist in den einzelnen Pflanzenteilen und je nach Standort, Jahreszeit und Alter verschieden. – Über Giftpilze →Pilze.

Gifttiere, Tiere, die Gift in Giftdrüsen, in ihrem Blut oder in ihren Geweben enthalten; so Skorpione, Bienen, Wespen, Fische mit **Giftstacheln,** Schlangen mit **Giftzähnen** (→Schlangengift), Quallen mit Nesselkapseln, Schmetterlingsraupen mit Brennhaaren, der Aal mit giftigem Blut.

Gifu, Stadt auf der japan. Insel Honschu, 392000 Ew.; Textil- und Papier-Industrie.

Gig [engl.] die, **1)** leichtes Ruderboot, bes. für Kriegsschiffkommandanten. **2)** Ruderboot mit Auslegern, schwerer als ein Rennboot.

Gig'anten, griech. Sage: Riesen, die bei ihrem Ansturm auf den Olymp von Zeus und den Olympiern mit Hilfe des Herakles zurückgeschlagen wurden. **gigantisch,** riesenhaft.

Gigli [dʒ'iλi], Beniamino, italien. Sänger (Tenor), *1890, †1957.

Gigolo [ʒigəl'o, frz.] der, Eintänzer.

Gigue [ʒi:g, frz.] die, urspr. altengl. lebhafter Tanz in geradem Takt; auch Schlußsatz der Suite in schnellem $^6/_8$-Takt.

Gijón [xix'ɔn], Stadt an der N-Küste Spaniens, 152800 Ew.; Ausfuhrhafen der Asturien. Montanind.

Gil'an, fruchtbarste Prov. des Irans am SW-Rand des Kaspischen Meeres; Hauptstadt: Rescht; Tee- und Reisanbau.

Gilbert, 1) Jean, eigentl. Max **Winterfeld,** Operettenkomponist, *1879, †1948; »Polnische Wirtschaft«, »Puppchen« u. a. **2)** [g'ilbət], William, engl. Naturforscher und Arzt, *1544, †1603; entwickelte die Lehre vom Magnetismus. Von ihm stammt der Name Elektrizität.

Gilbert-Inseln, Inselgruppe im Stillen Ozean, bilden mit den Ellice-, Linien-, Phoenix-Inseln und der Ocean-Insel die brit. Kronkolonie **Gilbert and Ellice Islands,** 973 km², 52000 Ew. Fischfang; Ausfuhr: Kopra, Phosphate.

Gilde die, Zunft, Innung.

Gildensozialismus, in England entwickelte Lehre zur Verwirklichung des Sozialismus.

G'ilead, im A.T. das Ostjordanland.

Gilet [ʒil'ɛ, frz.] das, ärmellose Jacke, Weste. (FARBTAFEL Mode I S. 695)

G'ilgamesch, sumer. König von Uruk, Held babylon. Sagen. **G.-Epos** aus dem Ende des 2. Jahrtausends, in akkad. Sprache.

Gide

Gille

Ginkgo

1   2

Ginster:
1) Besenginster,
2) Färberginster

Giraffe

Giraudoux

Gitarre

336

Gilles, Werner, Maler, *1894, †1961; arbeitete mit abstrakten und surrealistischen Formen.
Gillingham [dʒ'iliŋəm], Stadt in Kent, SO-England, 90 800 Ew.; Schiffbau u.a. Industrie.
Gilson [ʒils'ɔ̃], Etienne, franzöz. Philosoph, *1884; Historiker der Philosophie des MA.
Gimpel der, europ. Finkenvogel **(Blutfink),** auch **Dompfaff** genannt.
Gin [dʒin, engl.] der, Wacholderbranntwein.
Ginkgo der, ostasiat., zweihäusiger Baum der Gruppe Nacktsamige, mit eigenartigen Blättern und eßbarem, mirabellenähnl. Samen, Parkbaum.
Ginseng [chines.] der, ostasiat.-nordamerikan. Araliengewächse; Allheilmittel **(Kraftwurz).**
Ginsheim-Gustavsburg, Industriegem. im Kr. Groß-Gerau, Hessen,15 500 Ew.; Masch.-Ind.
Ginster der, Gattung strauchförmiger Schmetterlingsblüter, meist gelbblütig; **Färber-G.,** liefert gelben Farbstoff; **Stech-G.,** mit Dornen. →Besenginster gehört in eine andere Gattung.
Ginsterkatze, südwesteurop. Schleichkatze.
G'inzkey, Franz Karl, österr. Lyriker und Erzähler, *1871, †1963; »Altwiener Balladen«.
Giolitti [dʒol'iti], Giovanni, italien. Staatsmann, *1842, †1928; war mehrmals MinPräs.
Giono [ʒon'o], Jean, franzöz. Erzähler, *1895; naturnahe Romane (»Das unbändige Glück«).
Giordano [dʒord'a:no], Umberto, italien. Opernkomponist, *1867, †1948; »Fedora«, u.a.
Giorgione [dʒordʒ'onɛ], italien. Maler, *1476 (1477), †1510, malte in warmen, lichtgesättigten Farben Bilder von oft geheimnisreicher Thematik: »Die drei Philosophen«, »Das Gewitter«, »Madonna von Castelfranco«, »Venus« u.a.
Giotto [dʒ'ɔtə], **G. di Bondone,** italien. Maler, * um 1266, †1337, schuf gestalter. Grundlagen für die gesamte neuere Kunst: Fresken der Oberkirche von San Francesco zu Assisi, der Arenakapelle zu Padua, S. Croce in Florenz, Tafelbilder.
Gipfelkonferenz [seit 1955], Zusammenkunft der leitenden Staatsmänner der Großmächte.
Gips, Mineral, wasserhaltiges Calciumsulfat $CaSO_4 \cdot 2H_2O$. Durch Zerspaltung entstandene perlmutterglänzende Tafeln heißen **Marienglas,** feinkörniger, durchscheinender G. **Alabaster.** Technisch verwendet wird der gebrannte G. Der G. wird zerkleinert und auf 120°C erhitzt. Er erhärtet mit Wasser in kurzer Zeit zu dem nicht wetterbeständigen **Stuck-G.** Auf 1000°C erhitzt, erhärtet mit Wasser erst nach Wochen zu dem wetterbeständigen **Estrich-G.**
Gipskraut, Gattung der Nelkengewächse, z.B. das russ.-sibir. **Schleierkraut** (Zierpflanze).
Gipsverband, ʃ ruhigstellender Verband aus angefeuchteten, bald erhärtenden Gipsbinden, bei Knochenbrüchen, Verrenkungen u. dgl.
Gir'affe die, afrikan. Wiederkäuer, gelbbraun gefleckter. Paarzeher, mit sehr langem Hals und 2 fellüberzogenen Stirnzapfen. Die G. leben in Rudeln in großen Herden und nähren sich mit Hilfe ihrer Greifzunge von Blättern und Zweigen. (→Okapi)
Giralgeld [ʒir'al-], →Buchgeld.
Girardi [ʒir'ardi], Alexander, Schauspieler in Wien, *1850, †1918; Raimund-Darsteller.
Giraudoux [ʒirod'u], Jean, franzöz. Schriftsteller, Diplomat, *1882, †1944; heiter-phantastische, ins Irrationale spielende Erzählungen, Schauspiele: »Undine«, »Die Irre von Chaillot«.
Giri, Varahagiri V., indischer Politiker, *1894, Seit 1969 ind. Staatspräs.
girieren [ʒi:r'iren], durch Giro übertragen (→Giroverkehr).
Girl'ande [frz.] die, Blumengewinde, Papierkette.
Girlitz der, graugelber, dem Kanarienvogel verwandter Singvogel in Europa und NW-Afrika.
Giro [ʒi:ro, ital. dʒi:ro] das, 1) svw. →Indossament. 2) bargeldlose Zahlung, →Giroverkehr.
Giro d'It'alia [dʒ'i:ro], Italien-Rundfahrt jährliches internat. Radrennen in Etappen.
Gironde [ʒir'ɔ̃d] die, Mündungstrichter der Garonne im SW Frankreichs.
Girondisten [ʒirɔ̃-], in der Französ. Revolu-

tion die Partei der gemäßigten Republikaner, deren Führer aus der Gironde (SW-Frankreich) stammten; 1793 von den Jakobinern gestürzt.
Gironella [xiron'eʎa], José Maria, span. Schriftsteller, *1917; Romane.
Giroverkehr, bargeldloser Zahlungsverkehr durch Ab- und Zuschreiben der Beträge auf den Konten **(Girokonten)** der Bankkunden, bes. bei Girobanken, Girokassen und bei der Post (→Postscheckverkehr). Der G. wird ergänzt durch den Abrechnungsverkehr (→Abrechnung).
gis, ♪ das um einen Halbton erhöhte g.
Giscard d'Estaing, Valéry, franzöz. Politiker, *1926, Führer der unabhäng. Republikaner, seit 1969 Wirtschafts- und Finanzmin.
Giseh, Gizeh, Gisa, Giza, Stadt in Ägypten, am Nil, gegenüber von Kairo, 276 200 Ew. Westl. von G. die Pyramiden und die →Sphinx.
Gisela [aus ahd. gisal »Geisel«, »Kind edler Abkunft«], weiblicher Vorname.
Gitarre [span.] die, Musikinstrument mit 6 Saiten, die gezupft werden.
Gitter, 1) ⊕ Netz senkrechter und waagerechter, gleichmäßig entfernter Linien auf Landkarten, die das Auffinden von Orten und Entfernungsbestimmung erleichtern. 2) ☊ ein Bestandteil der →Elektronenröhren. 3) OPTIK: Vorrichtungen zur →Beugung des Lichts. Das G.-Spektrum entsteht durch die Beugung von weißem Licht an einem Beugungs-G.
Giurgiu [dʒ'urdʒu], Stadt in Rumänien, 42 900 Ew.; wichtiger Donauhafen; Erdölleitung.
Glacé [glas'e, frz.] das, eine Lederart.
Glacis [glas'i, frz.] das, unmittelbares deckungsloses Vorfeld von Befestigungen.
Gladbeck, Industriestadt in Nordrh.-Westf., im Ruhrgebiet, 83 300 Ew.; Steinkohlenbergbau.
Gladi'ator [lat.] der, -s/...'oren, Fechter und Kämpfer in den altröm. Kampfspielen.

Giorgione:
Das Gewitter

Giotto: Gefangennahme Christi

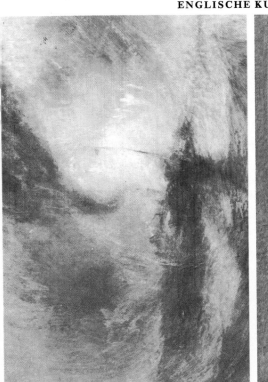

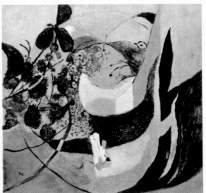

1 Bildnis Richard II., um 1390 (London, Westminster Abbey). **2** W. Dobson: Endymion Porter, um 1643/45. **3** W. Turner: Schneesturm, 1841/42. **4** Th. Gainsborough: Die Töchter des Künstlers. **5** G. Sutherland: Wiesenweg, 1939, **6** Ph. W. Steer: Laufende Mädchen (Walberswick Pier), 1894. (2, 5, 6: London, Tate Gallery. 3, 4: London, National Gallery.)

ERDE

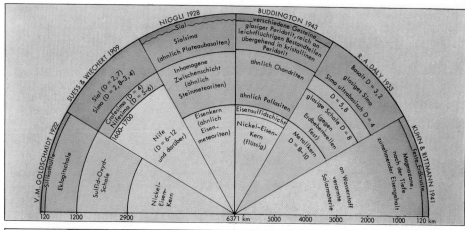

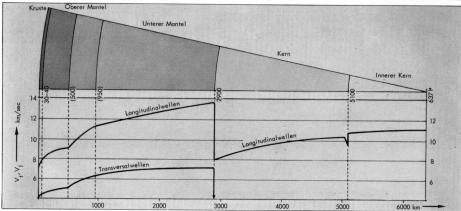

Oben: Verschiedene Ansichten über den Bau der Erde (nach einer Zusammenstellung von S. Matthes). **Mitte:** Seismischer Befund zum Aufbau der Erde; oben Erdsektor, unten Geschwindigkeit der Erdbebenwellen.
Unten: Erde mit Magnetfeld. **1** Achse des Erdmagnetfeldes; **2** Rotationsachse; **3** Bahnen künstlicher Erdsatelliten; **4** Strahlungsgürtel (Elektronen, Protonen); **5** Ekliptik; **6** Äquator; **7** Lufthülle bis 1000 km Höhe (Troposphäre, Stratosphäre, Ionosphäre); **8** magnetischer Äquator; **9** einfallende Sonnenstrahlung

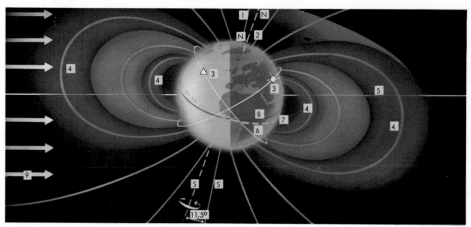

1 Seelandschaft bei Tampere, Finnland.
2 Loch Maree, Schottland. **3** Auf Vestvågøy in der Nähe von Ballstad; Lofoten, Norwegen.
4 Drac-Stausee (Le Sautet), südlich Grenoble, Frankreich.
5 Kanal bei Delft, Niederlande.

1, 2

3

4, 5

1, 2

3

1 Olivenplantagen in der Mancha, Spanien. 2 Bucht von Itea, Griechenland. 3 Toskana in der Nähe von Florenz, Italien. 4 Hohe Tatra zwischen Rabka und Zakopane, Polen. 5 Halbinsel Nessebar im Schwarzen Meer, Bulgarien.

4, 5

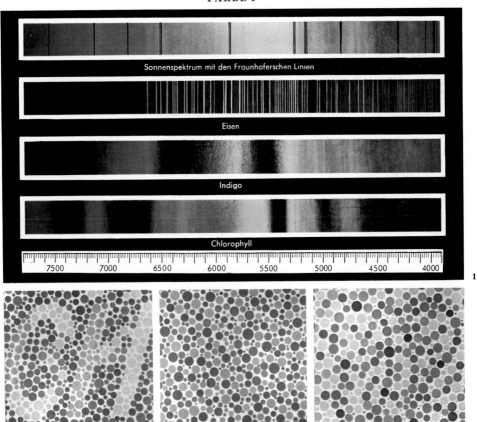

Sonnenspektrum mit den Fraunhoferschen Linien

Eisen

Indigo

Chlorophyll

7500 7000 6500 6000 5500 5000 4500 4000

1

1 Spektrum. Charakteristische Spektren von Elementen und Verbindungen. Zahlen = Wellenlängen in Angström.
2 Pseudoisochromatische Tafeln zur Erkennung der Farbensichtigkeit. Normale sehen Farbenunterschiede
und lesen CH *(links)*; Farbenuntüchtige lesen nach Helligkeitsunterschieden 31. Die graue 5 erscheint bei Rot–Grün-
Störung grünlich *(Mitte)*. Bei Blau–Gelb-Störung ist die 92 nicht erkennbar *(rechts)*. **3** Vierfarbendruck: *a* Gelb-Platte,
b Blau-Platte; *c* Rot-Platte; *d* Zusammendruck Gelb und Blau, *e* Zusammendruck Gelb, Blau und Rot, *f* Zusammendruck der 3 Farb-Platten mit der Schwarz-Platte

3
a, b, c
d, e, f

Oben: *Farben im Naturreich. Schutzfärbungen* (Tarn-, Warnfärbungen): **1** und **2** Mimese, Nachahmung einer Flechte durch Schmetterling; Nachahmung eines Blattes durch Schmetterling. **3** Tarnfärbung und -zeichnung eines Vogeleis. **4** Warnfärbung des Feuersalamanders. **5** Warnfärbung einer mexikan. *(a)* und einer europ. *(b)* Wanze. **6** Mimikry; Ähnlichkeit ungiftiger oder harmloser Tiere (b und c = Nachahmer) mit giftigen oder wehrhaften (a = Vorbild, „Schutzspender"): *a* giftige Bienenameise; *b* Nachahmer ein Käfer; *c* Nachahmer eine Spinne. **7** Mimikry: *a* giftiger Schmetterling; *b* Weibchen eines ostafrikan. Schmetterlings. *Lockfarben bei Pflanzen.* **8** Fliegenblume. **9** Vogelblume. – **Unten:** Färbung bei Mineralien und Gesteinen. *A* Limburgit, nat.; *B* Limburgit, polar; *C* Dunit, nat.; *D* Dunit, polar.; *E* Basalt, polar.; *F* Granit, polar.; *G* Aktinolith, polar.; *H* Olivin-Nephelinit, polar.; (nat. = natürliches, polar. = polarisiertes Licht.)

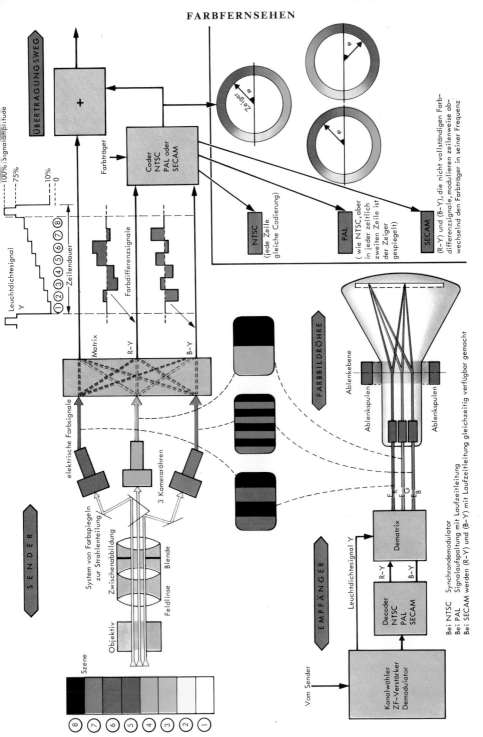

ÜBERTRAGUNGSWEG

100% Signalamplitude
75%
10%
0

Leuchtdichtesignal Y

① ② ③ ④ ⑤ ⑥ ⑦ ⑧
Zeilendauer

Farbträger

Coder NTSC PAL oder SECAM

Zeiger
φ

NTSC
(jede Zeile gleiche Codierung)

PAL
(wie NTSC, aber in jeder zweiten Zeile ist zeitlich der Zeiger gespiegelt)

SECAM
(R–Y) und (B–Y), die nicht vollständigen Farbdifferenzsignale, modulieren zeilenweise abwechselnd den Farbträger in seiner Frequenz

Matrix
R–Y
B–Y
Farbdifferenzsignale

SENDER

elektrische Farbsignale

System von Farbspiegeln zur Strahlenteilung

3 Kameraröhren

Zwischenabbildung
Blende
Feldlinse
Objektiv

Szene

⑧ ⑦ ⑥ ⑤ ④ ③ ② ①

FARBBILDRÖHRE

Ablenkebene
Ablenkspulen
Ablenkspulen

EMPFÄNGER

Leuchtdichtesignal Y

Decoder NTSC PAL SECAM
R–Y
B–Y

Dematrix
R
G
B

Kanalwähler
ZF-Verstärker
Demodulator

Vom Sender

Bei NTSC Synchrondemodulator
Bei PAL Signallaufspaltung mit Laufzeitleitung
Bei SECAM werden (R–Y) und (B–Y) mit Laufzeitleitung gleichzeitig verfügbar gemacht

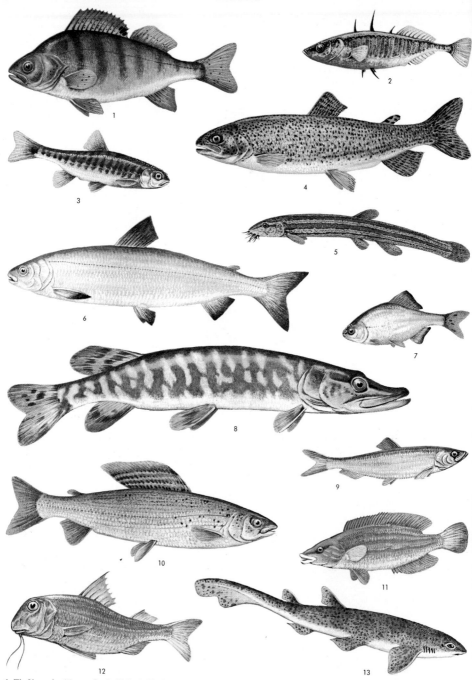

1 Flußbarsch *(Perca fluviatilis)*. 2 Dreistacheliger Stichling *(Gasterosteos aculeatus)*. 3 Elritze *(Phoxinus phoxinus)*. 4 Regenbogenforelle *(Salmo gairdneri)*. 5 Schlammpeitzger *(Misgurnus fossilis)*. 6 Blaufelchen *(Coregonus wartmanni)*. 7 Bitterling *(Rhodeus sericeus)*. 8 Hecht *(Esox lucius)*. 9 Hering *(Clupea harengus)*. 10 Äsche *(Thymallus thymallus)*. 11 Lippfisch *(Labrus bimaculatus)*. 12 Meerbarbe, Rotbart *(Mullus barbatus)*. 13 Katzenhai *(Scyliorhinus canicula)*

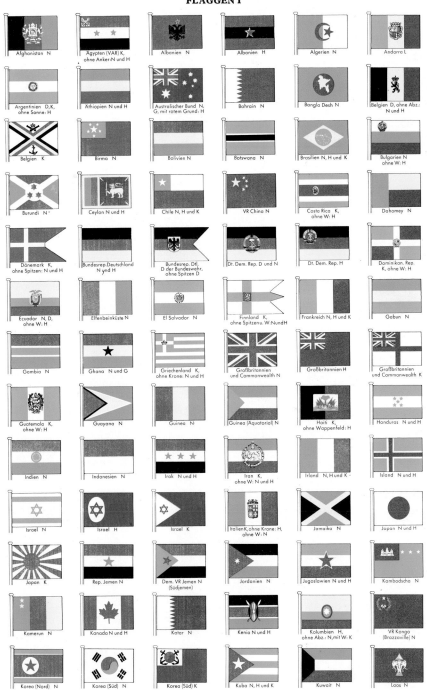

Afghanistan N · Ägypten (VAR) K, ohne Anker:N und H · Albanien N · Albanien H · Algerien N · Andorra L

Argentinien D,K, ohne Sonne: H · Äthiopien N und H · Australischer Bund N, G, mit rotem Grund: H · Bahrain N · Bangla Desh N · Belgien D, ohne Abz.: N und H

Belgien K · Birma N · Bolivien N · Botswana N · Brasilien N, H und K · Bulgarien N ohne W: H

Burundi N · Ceylon N und H · Chile N, H und K · VR China N · Costa Rica K, ohne W: H · Dahomey N

Dänemark K, ohne Spitzen: N und H · Bundesrep.Deutschland N und H · Bundesrep. Dtl. D der Bundeswehr, ohne Spitzen D · Dt. Dem. Rep. D und N · Dt. Dem. Rep. H · Dominikan. Rep. K, ohne W: H

Ecuador N, D, ohne W: H · Elfenbeinküste N · El Salvador N · Finnland K, ohne Spitzenu. W:NundH · Frankreich N, H und K · Gabun N

Gambia N · Ghana N und G · Griechenland K, ohne Krone: N und H · Großbritannien und Commonwealth N · Großbritannien H · Großbritannien und Commonwealth K

Guatemala K, ohne W: H · Guayana N · Guinea N · Guinea (Aquatorial) N · Haiti K, ohne Wappenfeld: H · Honduras N und H

Indien N · Indonesien N · Irak N und H · Iran K, ohne W: N und H · Irland N, H und K · Island N und H

Israel N · Israel H · Israel K · Italien K, ohne Krone: H, ohne W: N · Jamaika N · Japan N und H

Japan K · Rep. Jemen N · Dem. VR Jemen N (Südjemen) · Jordanien N · Jugoslawien N und H · Kambodscha N

Kamerun N · Kanada N und H · Katar N · Kenia N und H · Kolumbien H, ohne Abz.: N, mit W: K · VR Kongo (Brazzaville) N

Korea (Nord) N · Korea (Süd) N · Korea (Süd) K · Kuba N, H und K · Kuwait N · Laos N

Anmerkungen: N=Nationalflagge, L=Landesflagge, H=Handelsflagge, K=Kriegsflagge, D=Dienstflagge, W=Wappen

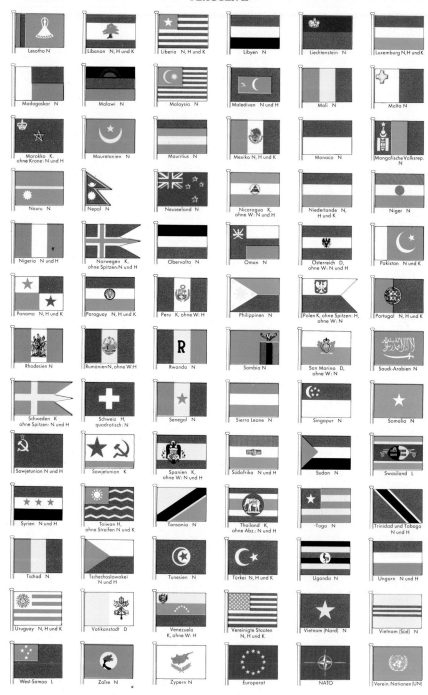

Lesotho N — Libanon N, H und K — Liberia N, H und K — Libyen N — Liechtenstein N — Luxemburg N, H und K

Madagaskar N — Malawi N — Malaysia N — Malediven N und H — Mali N — Malta N

Marokko K, ohne Krone: N und H — Mauretanien N — Mauritius N — Mexiko N, H und K — Monaco N — Mongolische Volksrep. N

Nauru N — Nepal N — Neuseeland N — Nicaragua K, ohne W: N und H — Niederlande N, H und K — Niger N

Nigeria N und H — Norwegen K, ohne Spitzen: N und H — Obervolta N — Oman N — Österreich D, ohne W: N und H — Pakistan N und H

Panama N, H und K — Paraguay N, H und K — Peru K, ohne W: H — Philippinen N — Polen K, ohne Spitzen: H, ohne W: N — Portugal N, H und K

Rhodesien N — Rumänien N, ohne W: H — Rwanda N — Sambia N — San Marino D, ohne W: N — Saudi-Arabien N

Schweden K, ohne Spitzen: N und H — Schweiz H, quadratisch: N — Senegal N — Sierra Leone N — Singapur N — Somalia N

Sowjetunion N und H — Sowjetunion K — Spanien K, ohne W: N und H — Südafrika N und H — Sudan N — Swasiland L

Syrien N und H — Taiwan H, ohne Streifen N und K — Tansania N — Thailand K, ohne Abz.: N und H — Togo N — Trinidad und Tobago N und H

Tschad N — Tschechoslowakei N und H — Tunesien N — Türkei N, H und K — Uganda N — Ungarn N und H

Uruguay N, H und K — Vatikanstadt D — Venezuela K, ohne W: H — Vereinigte Staaten N, H und K — Vietnam (Nord) N — Vietnam (Süd) N

West-Samoa L — Zaïre N — Zypern N — Europarat — NATO — Verein. Nationen (UN)

Anmerkungen: N=Nationalflagge, L=Landesflagge, H=Handelsflagge, K=Kriegsflagge, D=Dienstflagge, W=Wappen

1, 2

1 Die vier Reiter, Apokalypse von Saint-Sever; 11. Jahrh. (Paris, Bibl. Nat.)
2 Pieta, Schule von Avignon; um 1460. **3** N. Poussin: Landschaft mit Diogenes; 1648. **4** A. Watteau: L'Indifferent; 1717/18. **5** P. Cézanne: Die blaue Vase; 1885/87. **6** P. Gauguin: Der arme Fischer; 1896 (Sao Paulo, Kunstmuseum). **7** R. Delaunay: Fenster; 1912. – (2, 3, 4, 5: Paris, Louvre)

3, 4

5, 6, 7

1, 2

3, 4, 5

1 Kuppelmosaik im Baptisterium der Arianer, Ravenna; um 500.
2 Guter Hirte, Lucinagruft der Callistus-Katakombe, Rom; 3. Jahrh.
3 Justinian I., Mosaik in San Vitale, Ravenna; 538–47. 4 Mosaik aus
der Höllenfahrt Christi, Kirche Nea Moni, Chios; 11. Jahrh. 5 Porträt-
büste der Constantina (?), Mosaik in S. Costanza, Rom; 4. Jahrh.
6 Codex purpureus, Rossano, Schatzkammer der Kathedrale; 6.
Jahrh. 7 Drei Engel, Mosaik, Ravenna, San Vitale; vor 547

6, 7

1, 2, 3

1 Lithographie (Plakat); H. de Toulouse-Lautrec, 1893. 2 Zigarettenplakat; Atelier Fritz Bühler AG, 1964. 3 Buchumschlag von Martin Kausche, 1967. 4 Plakat für ein Beat-Konzert; Holger Matthies, 1968. 5 Ungarisches Filmplakat; Lajos Görög, 1966. 6 Einwickelpapier nach Entwurf von David Tomlinson, 1966. 7 Werbung einer argentinischen Werbeagentur, 1966

4, 5

6, 7

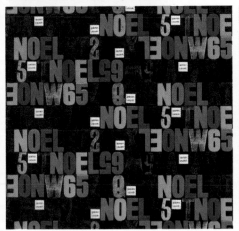

1 Stechapfel *(Datura stramonium)*. **2** Roter Fingerhut *(Digitalis purpurea)*. **3** Bilsenkraut *(Hyoscyanus niger)*. **4** Wasserschierling *(Cicuta virosa)*; *a* Längsschnitt durch den Wurzelstock. **5** Küchenschelle *(Pulsatilla vulgaris)*. **6** Herbstzeitlose *(Colchicum autumnale)*; *a* fruchttragendes Kraut, *b* Blüte mit Knolle. **7** Einbeere *(Paris quadrifolio)*. **8** Seidelbast *(Daphne mezereum)*; *a* blühend, *b* laub- und fruchttragend. (**1, 2, 3, 4**:¼; **7**: ½ nat. Gr.; **6, 8**: etwas verkl.; **5**: etwa nat. Gr.)

1 Geometrische Vase. **2** Kore mit Chiton; um 500 (Athen, Akropolis-Museum). **3** Bronzestatue eines Jünglings, 4. Jahrh. v. Chr. (Athen, Nationalmuseum). **4** Sarkophag der Larthia Seianti aus Martinella; etwa 200 v. Chr. (Florenz, Archäolog. Museum). **5** Achilleus tötet Penthesilea; Schale des Penthesilea-Malers (München, Staatl. Antikensammlung). **6** Flötenspieler, Wandmalerei; um 480 v. Chr. (Tarquinia). **7** Büste des Augustus aus Meroë, Bronze; um 14 n. Chr. (London, British Museum). **8** Wanddekoration aus Stabiae (Neapel, Nationalmuseum)

1, 2, 3

4, 5

6, 7, 8

1 Kamille *(Matricaria chamomilla)*, *a* Blütenlängsschnitt. **2** Knabenkraut *(Orchis morio)*. **3** Arnika *(Arnica montana)*. **4** Lavendel *(Lavandula vera)*. **5** Salbei *(Salvia officinalis)*. **6** Gelber Enzian *(Gentiana lutea)*. **7** Schlafmohn *(Papaver somniferum)*, mit Fruchtkapsel. **8** Baldrian *(Valeriana officinalis)*

Gladi'ole die, Schwertliliengewächs, Zwiebelpflanze; viele Zierformen.

Gladstone [gl'ædstən], William, engl. Staatsm., *1809, †1898, war seit 1865 Führer der Liberalen im Unterhaus und wiederholt MinPräs.; trat für die Autonomie Irlands ein.

Glaise von Horstenau [glɛːz],Edmund, *1882, † (Selbstmord) 1946; österreich. General und Politiker; Kriegshistoriker.

Glanze Mz., →Blenden 2).

Glarner Alpen, Teil der Westalpen zwischen Reuß und Rhein (Tödi 3614 m).

Glarus, 1) Kanton der Schweiz, beiderseits der Linth; 684 km², 38 200 meist deutschspr. Ew.; versch. Industrie. – G. wehrte 1388 (Schlacht bei Näfels) die Habsburger ab, wurde 1450 Mitgl. der Schweizer. Eidgenossenschaft. **2)** Hauptort von 1), 6000 Ew., am Fuß des Glärnisch; Industrie.

Glas das, spröder, durchsichtiger oder -scheinender Stoff, aus glutflüssiger Schmelze erstarrt. G. ist ein amorphes (nicht kristallin.) Gemenge; es enthält als Hauptbestandteil etwa 50-70% Kieselsäure, verschiedene Metalloxyde in unterschiedl. Mengen und manchmal etwa 0,5% Schwefeltrioxyd. Je nach Zusammensetzung sind die physikal. und chem. Eigenschaften des G. verschieden (**Bleikristall, Geräte-G., opt. G.**). Die Rohstoffe werden gemahlen, innig vermengt und bei etwa 1400-1600°C geschmolzen, für kleine Mengen und für G. mit besonderen Eigenschaften in Gefäßen (Häfen), die bis 2 t fassen, für große Mengen in Wannen von etwa 1250 t Fassungsvermögen. Die geschmolzene Masse wird bei etwa 900-1200°C verarbeitet. Hohlkörper werden durch Aufblasen geformt, Massenware (Flaschen, Lampen- oder Röhrenkolben, Verpackungsgläser) auf halb- oder vollautomatischen Maschinen, besondere Einzelformen vom Glasbläser mit der Glasbläserpfeife. Einfaches Haushaltsgeschirr, G.-Bausteine u. ä. werden durch Einpressen oder Einblasen der Schmelzmasse in Stahlformen hergestellt. **Flach-G.** wird durch Gießen und Walzen auf Stahltischen (**Guß-G.**) oft mit eingewalztem Muster (**Ornament-G.**) oder Draht (**Draht-G.**) hergestellt. Das meiste Flach-G. wird als Tafel-G. durch Ziehen aus der Schmelze hergestellt, ebenso G.-Röhren. – G. ist seit den Phöniziern bekannt, im Mittelalter war Venedig führend; optische G. wurden von Döbereiner, Fraunhofer, Schott, Abbe entwickelt.

Glas [nach der Sanduhr] das, ...es/...en, Zeitzeichen mit der Schiffsglocke, alle halben Stunden.

Glaser [gleɪzə], Donald A., amerikan. Physiker, *1926, entwickelte die Blasenkammer (→Nebelkammer); Nobelpreis 1960.

Glaeser, Ernst, Schriftsteller, *1902, †1963; Romane:»Jahrgang 1902«, »Glanz und Elend der Deutschen«, »Die zerstörte Illusion«.

Glasflügler, Tagschmetterlinge mit glashellen Flügeln; z. B. →Bienenschwärmer.

Glasgow [gl'aːsgou], größte, wirtschaftlich bedeutendste Stadt und größter Hafen Schottlands, 0,9 Mill. Ew., am Clyde; Sitz eines kath. Erzbischofs und eines anglikan. Bischofs; 2 Universitäten, Gemäldesammlungen; Schiffbau, Eisen-, metallverarbeitende, Röhren-, Flugzeug-, Nahrungs- und Genußmittel-, Papierindustrie.

glas'ieren, ⊙ Tonwaren mit →Glasur versehen.

Glaskeramik, ein Werkstoff, der durch Wärmebehandlung von bestimmtem Glas entsteht, für Raketenköpfe, elektrotechn. Bauteile, Geschirr.

Glaskörper, ein Teil des →Auges.

Glasmalerei, die Herstellung durchsichtiger farbiger Bilder aus Glas für Fenster. Aus den in der Masse selbst gefärbten Glasplatten wurden nach der Vorzeichnung die einzelnen Stücke ausgeschnitten und durch Bleisprossen verbunden, die zugleich die Hauptumrisse der Zeichnung bildeten. Die einzige Malfarbe war ursprünglich das aufgeschmolzene Schwarzlot, aus dem Lichter, Muster usw. herausgekratzt wurden. Im Unterschied zu dieser musivischen G. (um 800 entstanden) arbeitet die **Kabinettmalerei** (Kabinettschei-

ben) nur mit dem farblosen Glas aufgeschmolzener Schmelzfarben.

Glasschmalz, Queller, krautige, fleischige, blattlose Strandpflanze.

Glasschneider, Gerät zum Schneiden von Glasplatten; Stahlrädchen oder Diamantsplitter in einem Halter.

Glasun'ow,Alexander,russ.Komponist, *1865, †1936;Sinfonien;Klavier-,Kammermusik,Lieder.

Glasur die, glasartiger Überzug. Porzellan- und Tonwaren werden nach dem ersten Brennen in die **G.-Brühe** getaucht (Wasser mit feingepulverter Mischung von Tonerde, Sand, Glas u.a.). Dann erfolgt die zweite Brennen, bei dem die G. schmilzt und die Poren füllt. G. für Metalle →Email.

Glaswolle, Glaswatte, zu feinen Fäden ausgezogenes Glas; Isolierstoff.

Glasziegel, Formstücke aus Glas; für lichtdurchlässige Wände.

Glatteis, Eisüberzug, der sich bildet, wenn feiner Regen auf den gefrorenen Erdboden fällt.

Glatthafer, Wiesenhafer, haferförmiges Fettwiesengras Europas, N-Afrikas, W-Asiens.

Glatz, Stadt in Niederschlesien, an der Glatzer Neiße, 25 200 Ew.; Hauptstadt der Gfsch. G.; im Glatzer Bergland; seit 1945 unter poln. Verwaltung (**Kłodzko**). (BILD S. 354)

Glatzer Bergland, Berg- und Hügelland um den Glatzer Kessel; bes. das **Glatzer Schneegebirge** (bis 1424 m hoch); Uran, Getreide.

Glaube der, auf innerer Gewißheit beruhende Anerkennung einer Heilslehre oder das Vertrauen auf die Macht der Gottheit.

Glaubensbekenntnis, die Zusammenstellung der wichtigsten Glaubenssätze einer kirchl. Gemeinschaft als Richtschnur für die religiöse Überzeugung.

Glaubensfreiheit, die dem einzelnen Menschen rechtlich gewährleistete freie äußere Wahl des religiösen Glaubens. In der Bundesrep. Dtl. ist die G. in Art. 4 GG anerkannt.

Glaubenslehre, die Dogmatik (→Dogma).

Glaubersalz, kristallisiertes Natriumsulfat, in Heilquellen; wirkt abführend.

Glaubhaftmachung, ⚖ im Prozeßrecht eine abgeschwächte Form des Beweises; die bloße Wahrscheinlichkeit der Behauptung (nicht volle richterl. Überzeugung) genügen läßt. Typ. Mittel: →eidesstattliche Versicherung.

Gläubiger, ⚖ wer kraft eines →Schuldverhältnisses berechtigt ist, vom **Schuldner,** eine Leistung zu fordern (§ 241 BGB). **G.-Ausschuß,** wird von den Konkursgläubigern aus ihrer Mitte gewählt.

Gläubigerverzug, Annahmeverzug, entsteht, wenn der Gläubiger, auch ohne Verschulden, die vom Schuldner ordnungsgemäß angebotene Leistung nicht annimmt (§ 293 BGB). G. mindert bes. den Grad der Haftung (→Selbsthilfeverkauf).

Glauchau, Industriestadt im Bez. Karl-Marx-

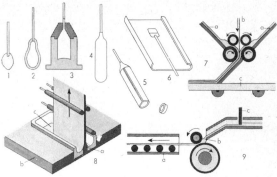

Glas: Glasherstellung. **1, 2, 3** Flaschenherstellung mit Glasmacherpfeife und Form, **4** geblasener Zylinder, **5** Sprengen des Zylinders, **6** Strecken des Zylinders, **7** Drahtglas-Walzverfahren (Thieme), a Glas, b Drahtgewebe, c Fahrtisch, **8** Ziehverfahren nach Fourcault, a Ziehdüse, b Glasschmelze, c Wasserkühlvorrichtung, **9** Walzglasherstellung nach Ford, a Kühltunnel, b Musterwalze, c Regulierschieber

Glasmalerei: Maria (Chartres)

Glasschmalz

Glatz: Stadt und Festung — Stadt, 77 600 Ew., an der Zwickauer Mulde; Textil-, Maschinen-, Metallindustrie.

Glauk'om [grch.] das, grüner →Star.

glazi'al [lat.], eiszeitlich, in der →Eiszeit entstanden.

Gled'itschie die, Baumgattung mit Fiederlaub und großen Dornen. Parkbaum ist z.B. die nordamerikan. Christusakazie (Christdorn).

Gleichberechtigung, ⚖ der Grundsatz, daß Mann und Frau auf allen Lebensgebieten unter Beachtung der natürl. Unterschiede gleiche Rechte und Pflichten haben sollen. In der Bundesrep. Dtl. seit dem 1.4.1953 geltendes Recht (Art. 3 und 117 GG), in der Dt. Dem. Rep. Art. 20 der Verf. von 1968.

Gleichgewicht, ⊠ Zustand eines Systems von Massen, bei dem sich die an jeder Masse angreifenden Kräfte gegenseitig auf heben. Je nachdem, ob ein wenig aus dem G. herausgebrachtes System sich von selbst in Richtung auf das G. zurückbewegt oder weiter davon entfernt, heißt das G. **stabil** oder **labil**. Befindet sich das System auch in jedem beliebigen Nachbarpunkt innerhalb eines best. Bereichs im G., so heißt das G. **indifferent**. – Ein abgeschlossenes System befindet sich im **thermodynam. G.,** wenn die Entropie ihren größtmögl. Wert erreicht hat. Bei einer chem. Reaktion herrscht **chem. G.,** wenn sich in der Zeiteinheit ebenso viele Moleküle bilden wie zerfallen. Beim radioaktiven Zerfall herrscht **radioaktives G.,** wenn von einer best. Atomart in der Zeiteinheit ebenso viele Atome zerfallen, wie aus einer anderen Art durch Zerfall gebildet werden.

Gleichgewichtssinn, die Fähigkeit zur Aufrechterhaltung des Körpergleichgewichts und zur Orientierung im Raum. Die reizaufnehmenden Organe sind die Bogengänge im inneren →Ohr.

Gleichheit, eines der Grundprinzipien der modernen Demokratie: alle Menschen in der Staatsordnung und im Recht sollen gleichgestellt sein und gleich behandelt werden.

Gleichnis, bildl. Erzählungsform, Redewendung oder Erzählung, die Schwerverständliches durch Vergleichung mit Bekanntem veranschaulicht und zu erklären sucht.

Gleichrichter, ∮ Gerät zur Umwandlung von Wechsel- in Gleichstrom durch Ventile, die den Strom in einer Richtung durchlassen, in der anderen sperren. Als Ventile dienen: **Elektronenröhren** (Hochvakuum) mit Glühkathode; **Glühkathoden-G.** mit Gas- und Quecksilberdampffüllung; **Quecksilberdampfentladungsgefäße** mit flüssiger Quecksilberkathode; **Vielkristall-Halbleiter-G.** (Selen, Kupferoxydul; Sperrschicht: Metall/Halbleiter); **Einkristall-Halbleiter-G.** (Germanium, Silicium). Halbleiter-G. sind **Trocken-G.** Sie werden meist in Brückenschaltung (Graetz) verwendet, Gas- und Dampf-G. meist in Mittelpunktschaltung. Ungesteuerte G. haben 2 Elektroden (daher **Dioden** genannt).

Gleichschaltung, in autoritären Staaten die Vereinheitlichung aller Lebensäußerungen auf polit., wirtschaftl. und kulturellem Gebiet.

Gleichstrom, elektr. Strom, der den Leiter stets in derselben Richtung durchfließt; geliefert von Generatoren, Elementen, Akkumulatoren.

Wechselstrom kann durch →Gleichrichter in G. verwandelt werden. **G.-Motor,** →Elektromotor.

Gleichung die, 1) mathemat. Ausdruck für die Gleichheit zweier Größen (die Seiten der G.). Die **identischen G.** sind für alle Zahlwerte, die man für die Buchstaben einsetzt, richtig, z.B. a + b = b + a. **Bestimmungs-G.,** wie z.B. 2x + 3 = 11, sind nur für bestimmte Werte der Unbekannten erfüllt (hier x = 4) und dienen zu deren Berechnung. Nach der Zahl der Unbekannten x, y, z, ... unterscheidet man G. mit 1, 2, 3, ... Unbekannten, nach der höchsten auftretenden Potenz einer Unbekannten spricht man von G. 1., 2., 3. Grades. Z.B. ist x² + 8x + 15 = 0 eine G. 2. Grades mit einer Unbekannten. Ausrechnung der Unbekannten nennt man **Auflösung** der G., die Lehre von den G. heißt **Algebra. 2)** ⊙ →chemische Zeichen.

Gleim, Joh. Wilhelm Ludwig, Dichter, *1719, †1803, Anakreontiker; »Preuß. Kriegslieder ... von einem Grenadier«.

Gleis, Geleise, ▭ die Fahrbahn der Eisen-Straßen-, Feldbahnen usw.

Gleisbildstellwerk, →Stellwerk.

Gleitboot, ⚓ durch Wasser- oder Luftschraube bewegtes flaches Motorboot, Schnellboot.

gleitende Arbeitswoche, Verteilung der Arbeitszeit in der Weise, daß auch sonntags voll gearbeitet wird und der arbeitsfreie Tag wechselt; bes. in Betrieben, deren Produktion aus techn. Gründen nicht unterbrochen werden kann.

gleitender Lohn, Indexlohn, ändert sich automatisch mit der Änderung der Lebenshaltungskosten, soll den Realwert erhalten.

Gleitflug, Niedergehen eines Flugzeugs bei abgestelltem Motor unter dem **Gleitwinkel**.

Gleitmodul, Kennwert für die Widerstandsfähigkeit eines Werkstoffs gegen Formänderung durch Verdrehbeanspruchung; für Stahl G = 800 000 kp/cm².

Gleiwitz, Stadt in Oberschlesien, 168 600 Ew.; Endhafen des Klodnitzkanals; TH, Hüttenwerke, Kohlenbergbau. Seit 1945 unter poln. Verw. (**Gliwice**).

Glenn, John Herschel, *1921, erster amerikan. Weltraumfahrer (1962).

Gletscher, Eisstrom in den Hochgebirgen und Polarländern. G. entstehen aus feinem Schnee, der durch dauerndes Schmelzen und Wiedergefrieren zusammenbackt (Firnschnee), durch den Druck der eignen Masse allmählich zu festem Eis wird und sich als **G.-Zunge,** durchzogen von **G.-Spalten,** langsam vorwärts bewegt, in den Alpen 40-200 m im Jahr, in Grönland bis 30 m täglich. Der G. führt Schutt mit, der als →Moräne abgelagert wird, und hört dort auf, wo die Sonnenwärme regelmäßig das Eis wegschmilzt. Die Schmelzwässer bilden den **G.-Bach,** der durch das **G.-Tor** austritt. **G.-Mühlen, G.-Töpfe** sind durch strudelnde Bewegung der G.-Schmelzwässer erzeugte tiefe, kesselartige Löcher im Gestein. Der größte Gebirgs-G. (rd. 100 km lang) ist der Malaspina-G. in Alaska, der größte G. in Europa der Aletsch-G. (22 km).

Gletscher: Gornergletscher mit Monte Rosa

Gletscherfloh, →Springschwänze.

Gliederfüßer, Arthrop'oden, sehr artenreicher Stamm der wirbellosen Tiere. Der Körper

ist von einem Chitinpanzer umgeben und in einzelne Abschnitte gegliedert, die gelenkig miteinander verbunden sind. Die Gliedmaßen sind ebenfalls gegliedert. Zu den G. gehören Krebstiere, Tausendfüßer, Insekten, Spinnentiere.

Glimmer, Mineral, ein Kalium-Aluminium-Silicat, das oft auch Eisen und Magnesium enthält; läßt sich zu sehr dünnen, glasklaren Blättchen spalten; als Isolierstoff in der Elektrotechnik, zu Fensterscheiben usw. verwendet.

Glimmerschiefer, kristalliner Schiefer aus Quarz und Glimmer; →Gesteine.

Glimmlampe, eine bes. Form der Gasentladungslampe, bei der das Leuchten des Glimmlichts der Edelgasfüllung an der negativen Elektrode ausgenutzt wird. Verwendung als Signallampe, Abstimmanzeiger, Kippschalter u. a.

Glinde, Gem. im Kr. Stormarn, Schlesw.-Holst., 12 100 Ew.; Zentrum eines industriellen Entwicklungsgebiets.

Glinka, Michail, russ. Komponist, *1804, †1857; erste russ. Nationalopern: »Das Leben für den Zaren«, »Ruslan und Ludmilla«.

gliss′ando [ital. aus frz.], ♪ schnell gleitend.

glob′al, erdumfassend, gesamt.

Gl′obetrotter [engl.] der, Weltenbummler.

Globul′ine Mz., ⊘ Eiweißarten im Blut, in der Milch, in Eiern, Hülsenfrüchten die nur in verdünnten Salzlösungen löslich sind.

Gl′obus [lat. »Kugel«] der, -/...ben, ⊕ die kugelförmige Nachbildung der Erde (**Erd-G.**), mit Erdkarte und Gradnetz, oder der scheinbaren Himmelskugel (**Himmels-G.**).

Glocke die, Schallgerät, das durch Anschlagen mit einem Klöppel zum Tönen gebracht wird; aus Gußbronze oder Stahlguß hergestellt.

Glockenbecher, vorgeschichtl. Gefäße in Glockenform (Ende der Jungsteinzeit).

Glockenblume, Campanula, Gattung von Kräutern oder Stauden mit glockenförmigen, in fünf Zipfel gekerbten Blüten. Die **Wiesen-G.** hat violette, die **Rundblättrige G.** zartblauviolette, die **Pfirsichblättrige G.** große hellblaue Blütenglocken.

Glockenspiel, 1) Zusammenstellung abgestimmter Glocken, oft auf Kirchtürmen. **2)** die von Militärkapellen gebrauchten Stabspiele.

Glockentierchen, Wimperinfusorien mit glockenförmigem Körper auf einem zusammenziehbaren Stiel (BILD Urtiere).

Glockner der, **Großglockner,** der höchste Berg Österreichs, in den Hohen Tauern, 3797 m, mit dem Gletscher Pasterze. Autostraße **G.-Hochalpenstraße** zwischen Fuscher Tal (Salzburg) und Mölltal (Kärnten).

Glogau, Stadt in Niederschlesien, 1939: 33 500, 1969: 17 900 Ew.; Oderhafen, Ind. – Im MA. schles. Herzogssitz; seit 1945 unter poln. Verw. **(Głogów).**

Glomma, 611 km langer norweg. Fluß, der größte Skandinaviens, mündet bei Fredrikstad in das Skagerrak.

Gl′oria [lat. »Ruhm«, »Herrlichkeit«] das, Lobgesang der Engel: »G. in excelsis Deo«, »Ehre sei Gott in der Höhe«; Teil der kath. Messe; auch in der luther. Gottesdienstordnung enthalten.

Gl′orie [lat. gloria] die, **1)** Herrlichkeit, Glanz, Ruhm. **2) G., Glori′ole,** der Heiligenschein.

glorifiz′ieren, verherrlichen.

glori′os, glorreich, ruhmvoll.

Glosse, die, **1)** Erklärung für ein dunkles Wort, Randbemerkung. **Gloss′ar** das, Sammlung von G. **2)** hämische, tadelnde Bemerkung. **3)** Kurzkommentar in Zeitungen.

Gl′ottis [grch.] die, Stimmritze im Kehlkopf.

Gloucester [gl′ɔstə], Hauptstadt der westengl. Gfsch. G., 90 500 Ew.; Schiffbau am Severn; Ind.; anglikan. Bischofssitz.

Gloucester [gl′ɔstə], engl. Herzogswürde, Titel für den 3. Sohn des engl. Königs.

Glox′inie die, südamerikan. Knollengewächse, mit trichterförmigen Blüten; Zimmerpflanzen.

Gluck, Christoph Willibald Ritter v., Komponist, *1714, †1787; erneuerte die Oper, suchte

den der dramat. Handlung entsprechenden musikal. Ausdruck: »Orpheus und Eurydike«, »Alceste«, »Iphigenie in Aulis«, »Iphigenie auf Tauris«.

Glucken Mz., **1)** Schmetterlingsfamilie, Nachtfalter. **2)** Bruthennen.

Glücksburg, (Ostsee), Stadt, Seeheilbad in Schlesw.-Holst., 8200 Ew.; Wasserschloß (16. Jahrh.).

Glücksspiel, Hasardspiel, ein vom Zufall abhängiges Spiel mit Karten, Würfeln, Kugeln, Nummern, z. B. →Roulette, →Bakkarat. Die öffentl. Veranstaltung von G., die Beteiligung daran und das gewerbsmäßige G. sind mit Strafe bedroht. Für bestimmte Kur- und Badeorte sind öffentl. Spielbanken zugelassen.

Glückstadt, Hafenstadt in Schlesw.-Holst., an der Niederelbe, 16 200 Ew.; Ind.; Fischerei.

Gluc′ose die, ⊘ der →Traubenzucker.

Glühkerze, bei Dieselmotoren ein durch Batteriestrom zum Glühen erhitzter Draht als Anlaßhilfe, an dem sich die Gasöltröpfchen entzünden.

Glühkopfmotor, Verbrennungsmotor, bei dem der Kraftstoff gegen eine hocherhitzte Glühschale gespritzt wird und sich entzündet.

Glühlampe, Glühbirne, die meist verwendete elektr. Lichtquelle: ein Draht aus schwer schmelzbarem Metall (meist Wolfram) wird in einem ausgepumpten oder mit chem. inaktiven Gasen (Stickstoff, Edelgas) gefüllten Glaskolben durch den elektr. Strom zum Glühen gebracht. Die Urform der G. (verkohlter Bambusfaden in luftleerer Glasglocke) baute 1854 H. Goebel; die Entwicklung der neuzeitl. G. begann Edison 1879.

Glühstrumpf, →Gasbeleuchtung.

Glühwein, Heißgetränk aus Rotwein mit Zimt, Nelken, Zitronenschale, Zucker.

Glühwurm, Leuchtkäfer, Johanniswürmchen, 8–18 mm langer Weichkäfer mit Leuchtorganen, fliegt bes. im Juni; das asselähnl., leuchtkräftigere Weibchen ist flugunfähig.

Glut, das Leuchten der Körper bei Erwärmung; bei 525 °C Rotglut, bei 1200 °C Weißglut.

Glutam′insäure, eine Aminosäure; in der Medizin zur Anregung der Nerventätigkeit verwendet; ihr Natriumsalz ist Speisewürze.

Glut′en das, ⊘ der Pflanzenstoff →Kleber.

Glut′in das, ⊘ ein Eiweißstoff, Hauptbestandteil von Gelatine und **G.-Leim** (Knochen-, Haut-, Leder-, Fischleim).

Glycer′in [von grch. glykeros »süß«] das, **Öl-süß,** der von Scheele 1776 entdeckte einfachste dreiwertige Alkohol, findet sich in allen Fetten und entsteht bei der alkohol. Gärung des Zuckers. G. kann durch Verseifung der Fette, aus den Mutterlaugen der Seifenbereitung oder auch, vom Propylen ausgehend, synthet. gewonnen werden. Die farblose, sirupartige Flüssigkeit wird zur Herstellung von Sprengstoffen (→Nitroglycerin), Farben, Tinte, Kitten, Seifen und Haarwässern, als Weichmacher u. a. verwendet.

Glykog′en das, Reserve-Kohlenhydrat des menschl. und tier. Körpers, wird in Leber und Muskeln gespeichert.

Glykok′oll [grch.] das, ⊘ eine →Aminosäure.

Glyk′ol [grch.] das, **Äthyl′englykol,** ⊘ einfachster zweiwertiger Alkohol, Glycerinersatz.

Gloucester: **Kathedrale**

Glockenblume **(Marien-G.)**

Gluck

Bodenkontakt
Isolierung
Sockelkontakt
Quetschfuß
Elektroden
Stab
Wendel
Halter mit Ose
Kolben

Glühlampe: Aufbau einer gewöhnl. G.

Glykosur'ie die, Ausscheidung von Zucker im Harn.

Glyptoth'ek [grch.] die, Sammlung von Gemmen, i.w.S. von antiken Skulpturen (z.B. München). **Gl'yptik** die, →Steinschneidekunst.

Glyz'ine die, **Wist'arie** die, Klettersträucher, Schmetterlingsblüter mit bläulichen Blütentrauben, Ziersträucher.

GmbH., Abk. für →Gesellschaft mit beschränkter Haftung.

Gmünd, →Schwäbisch Gmünd.

Gmunden, Kurort in Oberösterreich, am Ausfluß der Traun aus dem Traunsee, 12 500 Ew.; Hauptort des Salzkammergutes, war bis etwa 1850 Mittelpunkt des Salzhandels.

Gnade die, Zuwendung einer Gunst unabhängig vom Verdienst des Empfangenden. THEOLOGIE: die Zuwendung des Heils. 1) die kath. Gnadenlehre unterscheidet die wirkende G. (gratia actualis), den übernatürl. Beistand zu heilskräftigem Handeln und die heiligmachende G. (gratia sanctificans), den Zustand des aus der Sünde heraus in die Gotteskindschaft erhobenen Menschen. 2) die evang. Gnadenlehre versteht unter G. schlechthin das Tun Gottes am Menschen, das den Glauben wirkt und sich in Jesus Christus geschichtlich enthüllt.

Gnadenerlaß, →Amnestie.

Gnadenwahl, →Prädestination.

Gnadenzeit, Zeitraum, in dem die Erben eines Beamten noch dessen Gehalt beziehen.

Gneis der, kristalliner Schiefer aus Feldspat, Quarz und Glimmer; →Gesteine.

Gneisenau, August Graf (1814) **Neidhardt** v., preuß. Heerführer, *1760, †1831, hielt 1807 die Festung Kolberg gegen die Franzosen; Mitarbeiter Scharnhorsts, Generalstabschef Blüchers, entschied den Sieg bei Belle-Alliance.

Gnesen, poln. **Gniezno**, Stadt in Polen, 50 800 Ew. G. war 1000-1821 Sitz eines Erzbischofs, im MA. auch poln. Krönungsstadt; Dom um 1000 erbaut; 1793-1919 preußisch.

Gnitzen Mz., sehr kleine, stechende Mücken, saugen an Insekten, Vieh und Menschen.

Gnom [mlat.] der, Erd-, Berggeist, Kobold.

Gn'ome [grch.] die, kurzer Sinnspruch.

Gn'omon [grch.] das, altes astronom. Meßgerät: durch die Schattenlänge eines senkrechten Stabes wird die Sonnenhöhe bestimmt.

Gn'osis [grch. »Erkenntnis«] die, 1) N.T.: die christl. Erkenntnis. 2) Philosophie: die Lehren des →Gnostizismus.

Gnostiz'ismus [von →Gnosis], Bewegung, die um Christi Geburt im O des Röm. Reiches auftrat und nach W vordrang. Ihren verschiedenen Ausprägungen (jüd., hellenist., christl.) ist gemeinsam, daß sie das Heil des Menschen von seiner Erkenntnis der Geheimnisse der Welt und Gottes abhängig machen.

Gn'othi seaut'on [grch.], »Erkenne dich selbst«, Inschrift am Apollo-Tempel in Delphi.

Gnu das, südafrikan. Paarhufer, mit Merkmalen von Pferd, Rind und Antilope.

Go das, ein japanisches Brettspiel.

G'oa, ehem. portugies. Besitzung (seit 1510) an der W-Küste Indiens, bildete mit den weiter im N gelegenen Gebieten Diu und Damão (Daman) ein portugies. Überseegebiet; wurde 1961 von ind. Truppen besetzt und der Rep. Indien eingegliedert (Unionsgebiet G., Daman und Diu, 3693 km², 660 000 Ew.). Hauptstadt: Pandschim.

G.O.Ae., amtl. Abk. für Gebührenordnung für Ärzte (seit 1965).

Go'ar, Heiliger des 6. Jahrh., baute eine Kapelle im heutigen St. Goar; Schirmherr der Winzer, Tag: 6. oder 24. 7.

Goebbels, Joseph, nat.-soz. Politiker; *1897, † (Selbstmord) 1945, Journalist, bedenkenloser Agitator, war seit 1933 Reichsmin. für Volksaufklärung und Propaganda, 1944 Reichsbevollmächtigter für den totalen Kriegseinsatz.

Goebel, Heinrich, *1818, †1893, erfand 1854 eine brauchbare Kohlenfadenglühlampe.

Gneisenau

Gogol

Gobelin [gɔbl'ɛ̃, frz.] der, kunstvoll gewirkter Bildteppich, benannt nach der Pariser Färberfamilie G. (16. Jahrh.).

Gobi die, innerasiat. Wüste und Steppe, durchschnittl. über 1000 m hoch, mit ausgeprägtem Trockenklima; umfaßt den Hauptteil der Mongolei und Teile einiger chines. Provinzen.

Gobineau [gɔbin'o], Joseph Arthur Graf, französ. Schriftsteller, *1816, †1882, vertrat eine Rassenlehre, die nur die german. »Arier« als kulturschöpferische Eliterasse gelten ließ, wirkte auf Nietzsche, Wagner, H. St. Chamberlain. Epischdramat. Szenen »Die Renaissance«.

Goch, Stadt in Nordrh.-Westf., 27 700 Ew.; Textil-, Lederwaren-, Fahrzeugindustrie.

Godard [gɔd'a:r] Jean-Luc, französ. Filmregisseur der Neuen Welle, *1930; »Außer Atem« »Die Chinesin«, »Weekend« u.a.

Godawari, nach dem Ganges der heiligste Fluß Indiens, 1450 km lang, entspringt in den West-Ghats, mündet in den Golf von Bengalen.

Godesberg, Bad G., Stadtteil von Bonn, Nordrh.-Westf., 74 900 Ew.; Kur- und Kongreßstadt am Rhein, kohlensäurehaltige Stahlquelle; Sitz vieler Bundesbehörden, diplomat. Vertretungen, wissenschaftl. Institute; vielseitige Industrie.

God'etie die, amerikan. weidenröschenartige Staude; rot- oder weißblühende Gartenblume.

God save the King [gɔd seiv ðə k'iŋ], »Gott erhalte den König«, engl. Nationalhymne [-kw'i:n], »Gott erhalte die Königin«, engl. Nationalhymne, gedichtet und vertont 1743.

Godun'ow, Boris, →Boris 3).

Godwin [aus ahd. got ›Gott‹und wini ›Freund‹], männl. Vorname.

Goes [xu:s], Hugo van der, niederländ. Maler, * um 1435, †1481, der bedeutendste niederländ. Meister des 15. Jahrh. nach Jan van Eyck. Hauptwerk: Portinari-Altar (Florenz).

Gogarten, Friedrich, evang. Theologe, *1887, †1967; Prof. in Göttingen, einer der Begründer der dialekt. Theologie.

Göggingen, Gem. im bayer. RegBez. Schwaben, im Siedlungszusammenhang mit Augsburg, 15 600 Ew.; Textilindustrie.

Gogh [xɔx], Vincent van, niederländ. Maler, *1853, †1890; ging 1888 nach Arles; gehörte dem Impressionismus an, leitete den Expressionismus ein; Stadt- und Landschaftsbilder, Stilleben und Bildnisse.

van Gogh: Gasse in Saintes-Maries (1888)

G'ogol, Nikolaj, russ. Dichter, *1809, †1852, zeichnete satirisch Kleinbürgertum und Beamtenschaft; gilt als der eigentl. Schöpfer der russ. Prosadichtung: »Die toten Seelen« (unvollendet); Erzählungen: »Der Mantel«; Komödie »Der Revisor« (1836).

Gog und Magog, nach Ezechiel 38, 39: Fürst und Volk, nach Offenb. Joh. 20: die letzten Feinde Christi. Sprichwörtlich: wilde Haufen.

Göhren, Seebad auf Rügen, 1900 Ew.

Goi'ânia, Hauptstadt des brasilian. Staats Goiás, 760 m ü.M., 427 000 Ew.; Mittelpunkt eines Viehzucht- und Ackerbaugebietes.

Goi'ás, Staat Brasiliens, 642 092 km², 3,00 Mill. Ew.; Hauptstadt: Goiânia. G. umschließt den Bundesdistrikt mit der Hauptstadt Brasília.

Go in [engl.] das, Besuch von Universitätsvorlesungen, Parlamentssitzungen, Versammlungen u. a. in der Absicht, eine Diskussion zu erzwingen.

Go-Kart der, engl. **Go-cart** [»Laufställchen«], Sportfahrzeug für Bahnrennen; auf dem kleinen, niedrigen Fahrgestell ohne Aufbau sitzt der Fahrer unmittelbar vor dem Motor.

Gold, chem. Zeichen **Au,** chem. Element, sehr weiches, gelbes Edelmetall, Ordnungszahl 79, Dichte 19,32 g/cm³, Schmelzpunkt 1063 °C, Siedepunkt 2960 °C. G. ist fast allen chem. Einflüssen gegenüber unveränderlich, nur durch Halogene, Kaliumcyanid, Königswasser und Quecksilber wird es angegriffen. Es findet sich meist gediegen als **Berg-, Seifen-** oder **Waschgold.** Die Erze zerkleinert und legiert man mit Quecksilber oder man behandelt sie mit Kaliumcyanidlösung, Wasch-G. gewinnt man durch Auswaschung von Sand oder Geröllablagerungen. Auch bei der Verhüttung von Erzen wird G. als Nebenprodukt gewonnen. Etwa ein Drittel der Welterzeugung dient gewerbl. Zwecken (Schmuckherstellung, mit anderen Metallen legiert als Zahnfüllungen und zur Münzprägung, elektr. Schaltungen, zum Vergolden u. a.). Der größte Teil wird zu langfristiger Hortung oder kurzfristiger Spekulation gekauft, nur Spitzenbeträge fließen den monetären G.-Reserven zu. G. ist gesetzl. Grundlage vieler Währungen (→Goldwährung). – Der **Goldgehalt** wurde früher in Karat, jetzt in Tausendsteln ausgedrückt. Reines G. hat 24 Karat = ¹⁰⁰⁰/₁₀₀₀ Goldgehalt; entsprechend sind 20 Karat = ⁸³³/₁₀₀₀, 8 Karat = ³³³/₁₀₀₀ usw.

Welterzeugung¹) von Gold (1970, in t)			
Südafrika	962,2	Kolumbien	6,8
Kanada	77,8	Japan	7,6
USA	53,9	Brasilien	5,7
Ghana	22,1	Mexiko	5,6
Australien	21,7	Nicaragua	3,7
Philippinen	15,2	Welt¹)	1250,0
¹) Ohne UdSSR, VRep. China, Rumänien.			

Goldafter der, weißer, am Leibesende gelber Schmetterling; die Raupen sind Obstbaumschädlinge.

Goldammer die, braungelber Singvogel.

Goldap, Stadt in Ostpreußen, (1939) 12800 Ew.; seit 1945 unter poln. Verw. **(Gołdap).**

Goldbarsch, der Kaulbarsch (→Barsch).

Goldene Aue, das fruchtbare Tal der Helme zwischen Nordhausen und Sangerhausen.

Goldene Bulle, 1) allgem.: Goldsiegel oder mit Goldsiegel versehene Urkunde. **2)** im bes.: das Reichsgesetz Karls IV. von 1356, das die Vorrechte der Kurfürsten festlegte.

Goldene Horde, von Dschutschi (†1227),dem Sohn Tschingis Chans, geschaffener polit. Verband mongol.-türk. Stämme in Rußland.

Goldene Rose, Tugendrose, jährl. päpstl. Auszeichnung für Verdienste um die Kirche (bis 1967).

Goldener Schnitt, die Teilung einer Strecke in zwei Abschnitte, deren kleinerer sich zum größeren verhält wie dieser zur ganzen Strecke.

Goldenes Horn, die Hafenbuchten von Istanbul und Wladiwostok.

Goldenes Kalb, Tiergötze im A.T.; **Tanz ums G. K.,** Geldgier.

Goldenes Tor, engl. **Golden Gate** [g'ouldn geit], Einfahrt in die Bucht von San Francisco.

Goldenes Vlies, 1) griech. Sage: das Fell (Vlies) des goldenen Widders, der Phrixos und Helle über den Hellespont trug; die Argonauten sollten es zurückholen. **2)** urspr. burgund., dann österr. und span. Orden, 1430 von Philipp dem Guten gestiftet.

Goldenes Zeitalter, sagenhafte Zeit des Friedens und des Glücks, in der das älteste Menschengeschlecht lebte.

Goldfisch, Zierfisch, in China aus der Karausche gezüchtet, goldrot, auch gefleckt, braun, silberweiß **(Silberfisch).** Bes. Formen:

Gold, links: Ausschmelzen, rechts: Gießen in Barren

Schleierschwanz, mit verdoppelter Schwanzflosse, **Teleskopfisch,** mit Glotzaugen.

Goldflieder, Goldglöckchen, →Forsythia.

Goldhähnchen, meisenartige, kleinste Singvögel der europ. Nadelwälder, nützl. Insektenvertilger. **Sommer-G.,** Zugvogel, Männchen mit rotem Scheitel. **Winter-G.,** mit gelbem Scheitel. (FARBTAFEL Singvögel S. 872)

Goldhase, ein →Aguti.

Goldkäfer, goldglänzende Käfer,→Rosenkäfer, Goldschmied (ein →Laufkäfer).

Goldklausel, die Vereinbarung, daß eine Geldschuld in Gold oder nach dem jeweiligen Kurs des Goldes beglichen werden soll; in der Bundesrep. Dtl. bedarf die G. der Genehmigung (§ 3 Währungs-Ges. vom 20. 6. 1948).

Goldküste, engl. **Gold Coast,** bis 1957 brit. Kolonie und Protektorat in W-Afrika, →Ghana.

Goldlack der, südeurop. Kreuzblütlerstaude, urspr. mit gelber, gezüchtet mit goldbrauner Blüte.

Goldmann, Nahum, Politiker, Schriftsteller, *1894;1956-68 Vors. der Zionist. Weltorganisation.

Goldmark, nach 1918 aufgekommene feste Rechnungseinheit, für die Zeit vor 1914 entsprach, = ¹⁰/₄₂ Golddollar oder ¹/₂₇₉₀ kg Feingold.

Goldmark, Karl, Komponist, *1830; †1915; Opern, Sinfonien, Kammer-, Klaviermusik.

Goldnessel, eine →Taubnessel.

Gold'oni, Carlo, italien. Dichter, *1707, †1793, ersetzte die Commedia dell'arte durch Charakter- und Sittenlustspiele, z. B. »Das Kaffeehaus«.

Goldpunkt, der Stand des Wechselkurses zwischen 2 Ländern mit Goldwährung, bei dem es sich entscheidet, ob Verpflichtungen billiger durch Gold oder durch Devisen ausgeglichen werden. Wird der obere G. erreicht, strömt Gold ab, beim **unteren G.** kommt Gold herein.

Goldregen, südeurop. Schmetterlingsblütergatt.; Sträucher mit gelben Blütentrauben, giftig.

Goldrute, staudige, gelbblühende Korbblütergatt. **Echte G.,** in trockenen Wäldern; **Kanadische G.,** Zierpflanze aus N-Amerika.

Goldschlägerhaut, →Blattgold.

Goldschmidt, 1) Hans, Chemiker, *1861,

Goldener Schnitt

Goldenes Tor

†1923; Erfinder der Aluminothermie. 2) Richard, Zoologe, *1878, †1958; erforschte die Vererbung des Geschlechts.

Goldschmied, 1) Handwerker, der die →Goldschmiedekunst ausübt. 2) 🪲 der Goldlaufkäfer, →Laufkäfer.

Goldschmiedekunst, die seit der Jungsteinzeit nachweisbare künstler. Verarbeitung von Gold und andern Edelmetallen zu Schmuck und Geräten z.B. durch Treiben, Granulieren, Tauschieren, Prägen, Gießen.

Goldschnitt der, Verzierung der Schnittflächen eines Buches durch Auflegen und Anreiben von Blattgold.

Goldsmith [g'ouldsmiθ], Oliver, engl. Dichter, *1728, †1774, schrieb die Familienidylle: »Der Landprediger von Wakefield« (1766).

Goldstern, Gelbstern, Gatt. der Liliengewächse; zarte, gelbblühende Frühlingskräuter.

Goldwährung, eine Währung, die in feste Beziehung zum Goldwert gesetzt ist. Bei der reinen G. (Goldumlaufswährung) sind Goldmünzen das einzige gesetzl. Zahlungsmittel. Bei der **Goldkernwährung** wird das Gold als Zahlungsreserve für den internat. Handel verwendet und der Geldumlauf im Inland weitgehend durch Papiergeld ersetzt. Eine Art Goldkernwährung ist die **Golddevisenwährung,** bei der das Papiergeld nicht nur durch Gold, sondern auch durch auf Gold lautende Devisen gedeckt ist. Bei allen G. entsprechen die Wechselkurse dem gesetzl. Goldgehalt der Währungseinheiten **(Goldparität).** Die Wechselkurse können nur innerhalb der →Goldpunkte schwanken. – Andauernder Goldzufluß auf Grund von Ausführungsüberschüssen führt bei G. zu Preissteigerungen im Inland, damit zur Verringerung der Ausfuhr und Erhöhung der Einfuhr, somit zu einem automat. Ausgleich der Zahlungsbilanz **(Goldautomatismus).** – Nach dem 1. Weltkrieg ging Dtl. von der G. zur Papierwährung über.

Goldwespen, metallschimmernde Stechimmen, Larven schmarotzen bei Bienen und Wespen.

G'olem [hebr.] der, im jüd. Volksglauben eine durch Zauberei auf bestimmte Zeit belebte menschl. Figur aus Ton.

Golf der, Meerbusen, Bucht.

Golf [engl., zu schott. golf »Schlag«] das, Rasenballspiel, auf einem 15-50 ha großen Gelände **(Golfplatz)** gespielt, das 9 oder 18 Bahnen (Löcher) aufweist. Ein Ball aus Hartgummi ist mit einem Schläger mit möglichst wenig Schlägen in das auf dem Grün liegende Loch zu befördern.

Golfe du Lion [gɔlfdylj'ɔ̃], Meeresbucht an der französ. Mittelmeerküste.

Golfstrom, warme Meeresströmung, kommt aus dem Golf von Mexiko, zieht entlang der amerikan. Ostküste bis nach Neuschottland, breitet sich dann fächerförmig aus und durchquert in nordöstl. Richtung den nördl. Atlantik bis ins Nordpolarmeer. Der G. mildert das Klima W- und N-Europas und bewirkt z.B. die Eisfreiheit der norweg. Häfen.

G'olgatha [aramäisch »Schädel«], Kreuzigungsstätte Jesu bei Jerusalem (Matth. 27, 33 ff.).

G'oliath, A.T.: von David getöteter Riese.

Goliathkäfer, Rosenkäfer im trop. Afrika.

Gollancz [g'olæntʃ], Sir (seit 1965) Viktor, engl. Verleger und Schriftsteller, *1893, †1967, setzte sich nach 1945 als Jude und Sozialist für Verständigung mit Dtl. ein; 1960 Friedenspreis des Dt. Buchhandels; schrieb »Aufbruch und Bewegung«.

Gollnow [-no], Stadt in Pommern; (1939) 13700 Ew.; seit 1945 unter poln. Verw. (Goleniów).

Gollwitzer, Helmut, evang. Theologe, *1908; schrieb: »... und führen, wohin du nicht willst« u.a.

Goltz, 1) Colmar Freiherr v. der, preuß. und türk. General, *1843, †1916, leitete 1883-95 den Neuaufbau des türk. Heeres, 1915/16 Führer einer türk. Armee; Militärschriftsteller. 2) Rüdiger Graf v. der, dt. General, *1865, †1946, kämpfte 1918/19 mit Gen. Mannerheim in Finnland und im Baltikum gegen die Sowjets.

Göltzsch die, rechter Nebenfluß der Weißen

Elster im Vogtland; bei Netzschkau die 78 m hohe Göltzschtalbrücke der Bahn Leipzig-Hof.

G'omel, Homel, Stadt in der Weißruss. SSR, 272000 Ew.; Bahnknoten, Industrie.

Gomorrha, vorzeitl. Stadt, →Sodom.

Gomułka, Władysław, poln. Politiker, *1905, 1945-49 stellv. MinPräs.; 1949 seiner Parteiämter enthoben, 1951-54 in Haft; nach seiner Rehabil. 1956 wieder 1. Sekretär des ZK. 1970 von E. Gierek gestürzt.

Goncourt [gõk'u:r], Edmond de, *1822, †1896, und Jules de, *1830, †1870, französ. Schriftsteller, Brüder, verfaßten ihre Romane gemeinsam, leiteten den literar. Realismus in den Naturalismus über; kunsthistor. Studien. Die testamentar. gegr. **Académie G.** verteilt jährl. den **Prix G.** (für ein mod. französ. Prosawerk).

Gondel [ital.] die, 1) schmales venezian. Boot, von einem Gondoli'ere geführt. 2) Teil eines Luftfahrzeuges, z.B. Korb beim Freiballon.

Gondw'analand, einer der Urkontinente des Erdaltertums, der sich vom O Südamerikas über Afrika und Vorderindien bis zum W Australiens erstreckt haben soll.

Gong der, ind.-malaiisches Musikinstrument aus einer am Rand umgebogenen Bronzescheibe.

G'ongora y Arg'ote, Luis de, span. Dichter, *1561, †1627, wandte sich um 1609 dem »gebildeten« Stil (Cultismus, auch Gongorismus) zu.

Goniom'eter [grch.] das, 1) **Winkelmesser,** Gerät zur Bestimmung des Neigungswinkels zweier Flächen, z.B. zweier Kristallflächen. **Goniometr'ie,** Lehre von der Winkelmessung. 2) Peilgerät aus auf einem Kreis angeordneten feststehenden Spulenpaare u. einer im Mittelpunkt drehbaren Spule.

Gonok'okkus [grch.] der, ⚕ Erreger des →Trippers.

Gontard, Karl v., Baumeister, *1731, †1791; Vermittler zwischen Barock und Klassizismus, Bauten in Potsdam und Berlin.

Gontschar'ow, Iwan Alexandrowitsch, russ. Erzähler, *1812, †1891; Romane (»Oblomow«).

Gonz'aga, italien. Fürstengeschlecht; die Hauptlinie herrschte 1328-1627 in Mantua.

Goodman [g'udmən], Benny (Benjamin David), amerikan. Jazzmusiker, *1909.

Goodpaster, Andrew J., amerikan. General, *1915, seit März 1969 Oberkommandierender der Nato in Europa.

Goodwill [g'udwil, engl.] der, 1) →Firmenwert. 2) Wohlwollen, Gunst, das öffentl. Vertrauen, um das geworben wird, z.B. **G.-Reise.**

Goodyear [g'udjə], Charles, amerikan. Chemiker, *1800, †1860, erfand Kautschukvulkanisation und Hartgummiherstellung.

Göpel der, **Roßwerk,** Vorrichtung zum Antrieb von Dreschmaschinen, Schöpfwerken u.ä. durch die Zugkraft von Tieren **(Rundgang-G.** u.a.).

Goppel, Alfons, Politiker (CSU), *1905; Jurist, seit Dez. 1962 MinPräs. von Bayern.

Göppingen, Stadt in Bad.-Württ., an der Fils, 48 000 Ew.; Maschinen- u.a. Industrie.

Gorakhpur, Stadt in Uttar Pradesh, Indien, 228 000 Ew., Bahnknoten; Kunstdüngerfabrik.

Gorbach, Alfons, österreich. Politiker, *1898; 1960-63 Obmann der Österr. Volkspartei, April 1961 bis April 1964 Bundeskanzler.

Goerdeler, Carl-Friedrich, *1884, † (hingerichtet) 1945; 1930-37 Oberbürgermeister v. Leipzig, 1931/32 und 1934/35 zugleich Reichskommissar für Preisüberwachung; führend in der →Widerstandsbewegung. Nach dem Attentat vom 20. 7. 1944 verhaftet und zum Tode verurteilt.

Gordischer Knoten, der von dem phryg. König Gordios geflochtene Knoten: wer ihn löste, sollte Asien beherrschen. Alexander d. Große zerhieb ihn mit dem Schwert. Übertragen: nur gewaltsam lösbare Aufgabe.

Gordon [gɔ:dn], Charles, engl. General, *1833, †1885; war 1877-1879 Generalgouv. des Sudan.

G'orgias, griech. Philosoph, † um 380 v. Chr., neben Protagoras das Haupt der →Sophisten.

Gorgo die, griech. Sage: urspr. ein weibl. Un-

Goerdeler

geheuer, später drei Gorgonen: Stheno, Euryale Medusa; ihr Anblick verwandelte alles zu Stein.

Gorgonz'ola der, vollfetter Blauschimmelkäse, benannt nach dem Ort G. in N-Italien.

Gorilla der, Menschenaffe (bis 2 m); lebt familienweise in den Urwäldern des trop. Afrikas, meist auf dem Boden.

Göring, Hermann, nat.-soz. Politiker, *1893, † (Selbstmord) 1946, Jagdflieger im 1. Weltkrieg; 1933 preuß. MinPräs.; 1935 Oberbefehlshaber der Luftwaffe, 1940 Reichsmarschall. 1946 in Nürnberg zum Tode verurteilt.

G'orkij, Maxim, eigentl. Peschkow, russ. Erzähler, *1868, †1936, seit 1898 Marxist, schloß sich 1917 dem Bolschewismus an, schilderte Landstreichertypen und die russ. Arbeiterbewegung: »Nachtasyl« (Szenenfolge); »Die Mutter« (Roman); selbstbiograph. Werke.

G'orkij, bis 1932 Nischnij Nowgorod, Gebietshauptstadt in der Russ. SFSR, an der Mündung der Oka in die Wolga, 1,17 Mill. Ew.; Universität; vielseitige Industrie.

Görlitz, Stadt im Bez. Dresden (früher Niederschlesien), an der Neiße, 88 600 Ew.; Maschinen-, Textil-, Holzindustrie; Berufs- und Fachschulen. Seit 1945 die Vororte östl. der Neiße unter poln. Verwaltung (Zgorzelec).

G'orlowka, Industriestadt in der Ukrain. SSR, 335 000 Ew.; Zentrum eines Steinkohlenreviers im Donez-Becken; Stickstoffwerk.

Gornergletscher, zweitlängster Gletscher der Alpen (14 km), im Monte-Rosa-Massiv, Schweiz. Im N der **Gornergrat** 3131 m (BILD Gletscher).

Görres, Joseph v., Publizist, *1776, †1848, unterstützte in seiner Zeitung »Rheinischer Merkur« (1814-16) den nationalen Kampf gegen Napoleon; später Führer des polit. Katholizismus. **G.-Gesellschaft,** gegr. 1876, Sitz in Bonn, zur Förderung der wissenschaftl. Arbeit der kath. Katholiken.

Gortschak'ow, Alexander M. Fürst, russ. Staatsmann, *1798, †1883; war 1856-82 Außenmin., zuerst Freund, dann Gegner Bismarcks.

Görz, ital. Gor'izia, Stadt in NO-Italien, am Isonzo, 43 500 Ew.; Handel, Ind., Fremdenverkehr, Erzbischofssitz. G. war 1500-1918 österreich.

Goes, Albrecht, evang. Pfarrer, *1908; Gedichte, Erzählungen (»Unruhige Nacht«), Essays.

Gösch die, kleine Bugflagge an Kriegsschiffen.

Göschen, Georg Joachim, *1752, †1828, einer der hervorragendsten Verleger des dt. Klassizismus (1787-90 Goethes Gesamtausgabe).

G'öschenen, Gem. im Kt. Uri, Schweiz, am Nordausgang des Gotthardtunnels, 900 Ew.

Gose [Fluß durch Goslar] die, mitteldt. süßsäuerliches Bier.

Goslar, Stadt in Ndsachs., 41 700 Ew.; Kaiserpfalz, Rathaus (1250), alte Fachwerkhäuser. Ind.: Erzbergbau, Chemikalien. – G., um 922 gegr.,

Goslar: Hospital des Großen Heiligen Kreuzes

blühte durch den Bergbau auf, war bevorzugter Aufenthalt der sächs. und salischen Kaiser, dann Reichs- und Hansestadt.

Gospel [engl. »Evangelium«], volkstüml.-

Göteborg: Hafen

religiöser Gesang der nordamerikan. Neger. Der Gospelsong ist eine Quelle des Jazz.

Gossen, Hermann Heinrich, Volkswirtschaftler, *1810, †1858; seine subjektive Wertlehre wurde Grundlage der Grenznutzenschule.

GOST-Normen, die Normen in der Sowjetunion, entsprechen den DIN-Normen.

Götaälv [j'øːtaˈɛlv] der, Fluß in Schweden, 93 km lang, Abfluß des Vänersees in das Skagerrak, bildet die Trollhättafälle. Der **Götakanal** verbindet Ostsee mit Väner- und Vättersee und der Nordsee.

Götaland [jøːta-, schwed. »Land der Gauten«], der volkreichste südl. Teil Schwedens.

Göteborg [jøːtaˈbɔrj], zweitgrößte Stadt Schwedens, am Skagerrak, 444 100 Ew.; wichtigster Hafen des Landes; Univ., TH; Schiff-, Maschinen-, Fahrzeugbau, Reedereien.

Goten, Hauptvolk der Ostgermanen, zog von der unteren Weichsel um 150 n. Chr. nach der Küste des Schwarzen Meeres und besetzte im 3. Jahrh. die röm. Provinz Dakien; im 4. Jahrh. nahmen sie das arian. Christentum an. Die G. gliederten sich in **West-G.** und in **Ost-G.** Die West-G. besiegten 378 Kaiser Valens bei Adrianopel; unter Alarich fielen sie in Italien ein, eroberten 410 Rom; sie gründeten 418 im südwestl. Frankreich (Hauptstadt Toulouse), dann in Spanien (Hauptstadt Toledo) ein Reich; erlagen 711 den Arabern. Das südruss. Reich der Ost-G. wurde 375 von den Hunnen überrannt; unter Theoderich d. Gr. eroberten sie 488-493 Italien (Hauptstadt Ravenna), wurden aber 535-555 von den byzantin. Feldherren Belisar und Narses besiegt. – Die **gotische Sprache** ist die älteste überlieferte german. Schriftsprache; ihr wichtigstes Denkmal ist die von →Wulfila übersetzte Bibel.

Gotha, Stadt im Bez. Erfurt, am Fuß des Thüringer Waldes, 57 400 Ew.; vielseitige Ind., Buchdruckereien; bis 1945 Sitz bekannter Versicherungs-Ges. G. war als ernestin. Herzogssitz 1826-1918 mit Coburg vereinigt.

Gotha, die **Gothaischen Genealogischen Taschenbücher** (1763-1943); seit 1951 erscheint das »Genealogische Handbuch des Adels«.

Göthe, Baumeister, →Eosander.

Goethe, Johann Wolfgang v., * Frankfurt a. M. 28. 8. 1749, † Weimar 22. 3. 1832, Sohn des kaiserl. Rates Johann Caspar G. (*1710, †1782) und der Katharina Elisabeth G., geb. Textor (»Frau Rat«, *1731, †1808); studierte (1765-68) in Leipzig und (1770/71) in Straßburg, dort Begegnung mit Herder und durch ihn mit der Dichtung Homers, Shakespeares, der Volkspoesie; Erlebnis des »dt. Baukunst« (Straßburger Münster); Dichtergemeinschaft mit den Stürmern und Drängern. Liebe zu Friederike →Brion (Liebesgedichte). Nach Beendigung seiner Studien ließ er sich in Frankfurt als Anwalt nieder (1. Fassung des »Götz von Berlichingen«). 1772 als Praktikant am Reichskammergericht in Wetzlar, Bekanntschaft mit Charlotte Buff, dem Urbild der Lotte im Briefroman »Die Leiden des jungen Werthers« (1774), der ihn weltberühmt machte. Im Herbst 1775 folgte er der Einladung des jungen Herzogs Karl August nach Weimar. Unter dem Einfluß von Charlotte v. Stein Abkehr vom Sturm- und Drangstil (»An den

Gorilla: G. Massa

Gorkij

Görres

Goethe

Mond«, »Das Göttliche«, »Grenzen der Menschheit«). Auf der italien. Reise (1786-88) Hinwendung zur klaren Form (Klassik), Abschluß des »Egmont« (1787), Versbearbeitung der »Iphigenie« (1787), »Torquato Tasso« (1790). 1788 Liebe zu Christiane Vulpius (1789 Geburt des Sohnes Karl August), die er 1806 heiratete. 1791-1817 leitete er das Weimarer Hoftheater. 1792 begleitete er den Herzog bei der »Campagne in Frankreich«, 1793 bei der »Belagerung von Mainz«. Die Freundschaft mit Schiller (seit 1794) regte ihn zu neuem, fruchtbarem Schaffen an: »Xenien«, Balladen, Fertigstellung des Bildungsromans »Wilhelm Meisters Lehrjahre« (1795/96), Epos »Hermann und Dorothea« (1797), Wiederaufnahme des Fauststoffes, der ihn seit der Frankfurter Zeit beschäftigte (»Faust« 1. Teil gedr. 1808). Seine Altersdichtung »Die Wahlverwandtschaften« (1809), Gedichtsammlung »Der Westöstliche Diwan« (1819), »Aus meinem Leben, Dichtung und Wahrheit« (1.-3. Teil 1811-14, 4. Teil 1833) spiegeln die Liebeserlebnisse mit Minna Herzlieb 1807/08, Marianne v. Willemer 1814/15, Ulrike v. Levetzow 1822 wider. G.s Interesse galt im Alter auch der Naturwissenschaft, die ihn schon früher viel beschäftigt hat (»Metamorphose der Pflanzen«, 1790; »Farbenlehre«, 1810). Um die Herausgabe von G.s Alterswerk bemühte sich seit 1826 Eckermann (»Gespräche mit Goethe«). G.s dichterisches Vermächtnis sind der Roman »Wilhelm Meisters Wanderjahre« (1829) und der 2. Teil des »Faust« (postum 1832).

Goethe'anum, Kultbau und Hochschule der Anthroposophen in Dornach (Schweiz).

Goethe-Gesellschaft, gegr. 1885 in Weimar, will die geistigen und sittl. Kräfte, die in Goethes Persönlichkeit und Werk erscheinen, erhalten.

Goethehaus, 1) Geburtshaus des Dichters in Frankfurt a. M. am Großen Hirschgraben; seit 1863 im Besitz des Freien Deutschen Hochstifts, im 2. Weltkrieg zerstört, mit dem Museum zusammen wieder aufgebaut. **2) Goethe-Nationalmuseum,** Goethes Wohnhaus auf dem Frauenplan in Weimar; seit 1886 der Öffentlichkeit zugänglich.

Goethehaus in Weimar

Goethe-Institut, dient der Pflege der dt. Sprache und Kultur im Ausland; Unterrichtsstätten im In- und Ausland; Zentrale in München.

Goethepreis der Stadt Frankfurt a. M., Preis von 50000 DM (seit 1961), seit 1927 jährl., seit 1949 alle 3 Jahre verliehen, u. a. an: St. George, M. Planck, Th. Mann, C. Zuckmayer.

Goethe- und Schiller-Archiv, Sammlung der handschriftl. Nachlässe der beiden Dichter, in Weimar; enthält auch viele Urschriften anderer Dichter; seit 1947 eine Stiftung.

Gotik [ital. gotico »barbarisch«] die, Stilrichtung, die alle Kunstgattungen des MA umfaßt. Um 1150 in N-Frankreich entstanden, breitete sie sich in starken nationalen Abwandlungen über ganz Europa aus. Hauptmerkmale in der Architektur sind Aufwärtsstreben und Durchlichtung (Strebewerk, Spitzbogen); in der Malerei und Pla-

stik Entkörperlichung, Vorherrschen des Gewandes. Abgelöst wurde die G. von der Renaissance. (TAFELN Baukunst, Möbelstile)

gotische Schrift, 1) Wulfilaschrift, nach der griech. Unziale unter Einfügung weniger Runenzeichen im 4. Jahrh. geschaffene Schriftart der Goten. **2)** im 13. Jahrh. entstandene Schrift mit gebrochener Linienführung.

Gotland, schwed. Insel, die größte der Ostsee, 3140 km², 54000 Ew.; Ackerbau, Viehzucht, Kalkbrennerei, Marmorgewinnung. Hauptort: Visby. G. war bis 1645 in dän. Besitz.

Gott, eine persönl. (gestalthafte), überweltl. oder wenigstens übermenschl. Kraft. In den Hochreligionen des Christentums, Judentums, Islams herrscht der Glaube an den einen, ewigen, allmächtigen, persönl. G. **(Monotheismus);** in vielen Religionen wird eine Mehrzahl von Göttern verehrt **(Polytheismus).**

Götterbaum, fiederblättriger Parkbaum aus China **(Ailanthus).**

Götterdämmerung, Untergang der Götter in der german. Sage; Oper von Wagner.

Götterpflaume, trop. Gatt. der Ebenholzgewächse, liefert Ebenholz und Südfrüchte.

Göttersage, ➔Mythos.

Gottesanbeterin, Geradflügler, südeurop. räuber. Fangheuschrecke.

Gottesberg, Stadt in Niederschlesien, im Waldenburger Bergland, (1939) 11000 Ew.; Schwerspat➔; seit 1945 unter poln. Verw. **(Boguszów).**

Gottesbeweis, Versuch, Existenz und Wesen Gottes logisch zu beweisen. Der **kosmolog. G.** schließt von der Schöpfung auf den Schöpfer, der **teleolog. G.** führt die Zweck- und Zielhaftigkeit der Welt auf einen persönl. Willen und Akt zurück, der **ontolog. G.** schließt aus dem Vorhandensein des Begriffs Gott auf seine Existenz, der **moral. G.** nimmt das vorhandene Sittengesetz als Beweis für das Dasein eines unbedingten höchsten Willens.

Gottesfriede, lat. **Treuga Dei,** im MA. das Fehdeverbot an bestimmten Tagen.

Gottes Gnaden, von **G. G.,** lat. Dei gratia, alter Zusatz zum Herrschertitel, ursprüngl. Demutsformel, dann Ausdruck der Unabhängigkeit der Herrschermacht von aller irdischen Gewalt.

Gotteslästerung, Blasphem'ie, öffentl. beschimpfende Äußerung über Gott, eine der christl. Kirchen oder eine Religionsgesellschaft; mit Freiheitsstrafe bestraft (§ 166 StGB).

Gottesurteil, Urteil über Schuld oder Unschuld einer Person durch ein Gott zurückgeführtes äußeres Zeichen, z. B. durch Feuerprobe Los, Zweikampf.

Gottfried [aus ahd. got »Gott« und fridu »Schutz«], männlicher Vorname.

Gottfried von Bouillon [buj'õ], Herzog von Niederlothringen, eroberte im 1. Kreuzzug 1099 Jerusalem, wo er 1100 starb.

Gottfried von Straßburg, mhd. Dichter bürgerl. Herkunft, verfaßte gegen 1205 bis 1210 das formvollendete höf. Epos »Tristan und Isolde«.

Gotthardbahn, schweizer. Eisenbahnlinie von Luzern durch den **Gotthardtunnel** (Göschenen-Airolo; 15 km lang, 1109-1154,5 m ü. M.) nach Chiasso an der italien. Grenze, 1882 eröffnet.

Gotthelf, Jeremias, Deckname des schweizer. Erzählers Albert Bitzius, *1797, †1854, Pfarrer; Romane: »Uli der Knecht«, »Uli der Pächter« u. a., Erzählung: »Die schwarze Spinne«.

Götting, Gerald, Politiker, *1923, am 12. 5. 1969 zum Präs. der Volkskammer der Dt. Dem. Rep. gewählt.

Göttingen, Stadt in Ndsachs., an der Leine, 115 000 Ew.; Univ. (gegr. 1736), Max-Planck-Gesellschaft mit Instituten; feinmechan., opt. Ind.; Verlage. – G. war Hansestadt. (BILD S. 361)

Göttinger Dichterbund, Hainbund, 1772 in Verehrung Klopstocks gegr. Mitgl.: Boje, Hölty, die Grafen Stolberg, Voß u. a.

Göttinger Sieben, die 1837 wegen ihres Widerspruchs gegen den Verfassungsbruch von König Ernst August von Hannover abgesetzten 7 Profes-

Göya:
Selbstbildnis

Göttingen: Weender Straße mit Jakobikirche

soren: Albrecht, Dahlmann, Ewald, Gervinus, J. und W. Grimm, W. Weber.

Göttliche Komödie, Div'ina Comm'edia, Epos von Dante, christl.-allegor. Lehrgedicht, stellt den Weg der sündigen Seele durch die Hölle (Inferno) über den Berg der Läuterung zum Paradies dar.

Gottlosenbewegung, Selbstbezeichnung der kommunist. Freidenkerbewegung, bes. in der Sowjetunion; 1943 aufgelöst.

Gottorp, Schloß in Schleswig, seit 1544 Sitz der Herzöge von Schlesw.-Holst.-G., 1731-1846 der dän. Statthalter für Schlesw.-Holst. 1948 wurde es Landesmuseum (u. a. Museum für Vorgeschichte) für Schlesw.-Holst. und Landesarchiv.

Gottschalk [aus ahd. got »Gott« und skalk »Knecht«], männlicher Vorname.

Gottsched, Johann Christoph, Gelehrter, *1700, †1766, kämpfte im Sinne der Aufklärung für Klarheit und Verständlichkeit in Sprache und Dichtung und für ein Schauspiel nach französ. Muster. Nach 1740 verlor er an Einfluß, bes. durch den Streit mit Bodmer und Breitinger.

Gottschee, slowen. **Kočevje,** Stadt in der Sozialist. Rep. Slowenien, Jugoslawien, 5700 Ew.; war bis 1941 Mittelpunkt der dt. Sprachinsel G.

Gottwald, Klement, tschech. Politiker (Kommunist), *1896, †1953; MinPräs. seit 1946, am Staatsstreich 1948 beteiligt; 1948-53 Staatspräs.

G'ottwaldov, bis 1949 **Zlín,** Stadt in der Tschechoslowakei, 64 000 Ew.; Schuhfabrik.

Göttweig, Göttweih, 1072 gegr. Benediktinerabtei in Niederösterreich.

Götz, Kurzform zu →Gottfried. **G. von Berlichingen,** →Berlichingen.

Götz, 1) Curt, Schauspieler, Schriftsteller, *1888, †1960; geistreiche Komödien: »Die tote Tante«, »Hokuspokus«, »Dr. med. Hiob Prätorius«; Memoiren. 2) Hermann, Komponist, *1840, †1876; komische Oper »Der Widerspenstigen Zähmung«.

Götze der, Abgott, ein als höheres Wesen verehrter Gegenstand.

Gouachemalerei, →Guaschmalerei.

Gouda [x'ɔuda], Gem. in den Niederlanden, an der Ijsel, 46 500 Ew.; verschiedene Ind., Handel mit landwirtschaftl. Erzeugnissen, bes. **Goudakäse.**

Goul'art, João, brasilian. Politiker (Arbeiterpartei), *1918; 1961-64 Staatspräs.

Gounod [gun'o], Charles, französ. Komponist *1818, †1893; Oper: »Margarethe« (Faust).

Gourmand [gurm'ã, frz.] der, Schlemmer, Vielfraß; **Gourmet** [gurm'ɛ, frz.] der, Feinschmecker.

Goût [gu, frz.] der, Geschmack. **gout'ieren, 1)** kosten. 2) Geschmack an etwas finden.

Gouvern'ante [guv-, frz.] die, Erzieherin.

Gouvernement [guvɛrnm'ã, frz.] das, Regierung; Statthalterschaft, Provinz.

Gouverneur [guvɛrn'œːr, frz.], engl. **Governor** [g'ʌvənə], 1) Statthalter, leitender Beamter eines Gliedstaats (Verein. Staaten), einer Provinz (Bel-

gien, zarist. Rußland), einer Kolonie. 2) Befehlshaber einer Festung.

Goya, Francisco de, span. Maler und Graphiker, *1746, †1828; stellte Krieg und Not, menschl. Leidenschaft und Torheit mit dämon. Eindringlichkeit dar; Meister des Bildnisses.

Gozzi, Carlo Graf, italien. Dichter, *1720, †1806, verteidigte gegen Goldoni die Commedia dell'arte, für die er zehn Märchenspiele schrieb (»Turandot«).

Gozzoli [g'ɔtsoli], Benozzo, italien. Maler, * um 1420, †1497; in seinen Fresken verbindet sich got. Tradition mit neuem Realismus.

GPU [russ. Abk.], polit. Polizei der Sowjetunion, seit 1922, Nachfolgerin der Tscheka; 1934 dem Volkskommissariat des Innern (NKWD), 1941 dem Volkskommissariat für Staatssicherheit (NKGB), 1953 dem Innenministerium (MWD) unterstellt.

Grab, →Totenbestattung.

Grabbe, Christian Dietrich, Dichter, *1801, †1836; Vorläufer des Realismus: »Napoleon«, »Hannibal«, »Die Hermannsschlacht«; Komödie: »Scherz, Satire, Ironie und tiefere Bedeutung«.

Graben, Grabensenkung, Grabenbruch, ⊕ eine tiefer als die Umgebung liegende längl. Landscholle, meist durch →Verwerfungen begrenzt; z. B.: Oberrhein. Tiefebene (Basel-Mainz), Jordantal mit Totem Meer.

Grabmann, Martin, kath. Theologe und Philosoph, *1875, †1943; Historiker der Scholastik.

Grabner, Hermann, Komponist, *1886; Schüler von Reger, bekannt durch Lehrwerke.

Grabstichel, Werkzeug des Kupferstechers.

Grabstock, einfacher Stock mit gehärteter Spitze. **Grabstockbau,** älteste Form des Bodenbaus.

Grabwespen, Mordwespen, einzeln lebende Stechimmen. Das Weibchen gräbt eine Bodenröhre, trägt durch einen Stich gelähmte Insekten oder Spinnen hinein und legt ein Ei dazu.

Gr'acchus, Tiberius und Gajus Sempronius, Brüder, versuchten als röm. Volkstribunen (133 und 123-122 v. Chr.), gestützt auf die Volksversammlung, die Lösung dringender polit. Fragen, bes. der Ackerverteilung an arme Bürger.

Gracht [niederdt. zu »Graben«] die, Kanal.

Gr'acia Patr'icia, ursprünglich Grace **Kelly,** Filmschauspielerin, * Philadelphia 1929, ∞ seit 1956 mit Fürst Rainier von Monaco.

grad., Abk. für graduiert, im Besitz eines akadem. Grades. Z. B. **Ing. grad.** (Ingenieur graduiert) = geschützte Berufsbezeichnung für Absolventen staatl. anerkannter Ingenieurschulen (seit 1964).

Grad [lat.] der, 1) Stufe, Rangstufe, Verwandtschaftsstufe. 2) △ Maßeinheiten des →Winkels. Der Vollwinkel (Kreis) wird in 360 G., genauer **Altgrad,** abgek. 360°, eingeteilt, so daß auf einen rechten Winkel 90° entfallen. Im Vermessungsdienst wird seit 1937 der rechte Winkel in 100 G., genauer **Neugrad,** abgek. 100 ᵍ, eingeteilt. 3) ⊕ →Gradnetz. 4) die Teile einer Maßeinteilung.

Grade, Hans, Ingenieur, *1879, †1946, einer der ersten deutschen Flieger.

Goya: Die Erschießung Aufständischer (Madrid, Prado)

361

Granada mit
der Alhambra

Graff

a

Granatapfel-
baum: Blüte,
a Frucht

Granat

Gradi'ent der, **1)** die Änderung einer Größe (z. B. Druck) längs einer Strecke. **2)** △ eine Größe der Vektoranalysis.

grad'ieren, 1) abstufen. **2)** legieren (Münzen). **3)** ↺ den Salzgehalt einer Sole erhöhen.

Gradmessung, ⊕ die Bestimmung der Größe und Gestalt der Erde durch Messung von Bogen auf der Erdoberfläche, →Triangulation.

Gradnetz, ⊕ Netz aus Längen- und Breitenkreisen (→Länge, →Breite), durch das jeder Punkt einer Landkarte der Lage nach bestimmbar ist. (→Kartennetzentwurf)

Gradu'ale das, **1)** kath. Meßgesang, zwischen Epistel und Evangelium. **2)** Meßgesangbuch.

gradu'ell [frz.], gradweise, stufenweise.

gradu'ieren [frz.], **1)** nach Graden abteilen, z. B. Thermometer. **2)** eine akadem. Würde erteilen.

Graf, im Fränk. Reich der vom König über einen Gau **(Grafschaft)** gesetzte Beamte, dann erbl. Adelstitel (→Markgraf, →Pfalzgraf, →Landgraf; ferner →Burggraf). **Frei-G.** hieß der Vorsitzende der mittelalterl. →Feme. **Deich-G.,** Vorsteher einer Deichgenossenschaft.

Graf, 1) Oskar M., Schriftsteller, *1894, †1967, verfaßte humorvoll-derbe Bauerngeschichten (»Bayr. Dekameron« u. a.), emigrierte 1933 nach den USA. **2)** Urs, schweiz. Maler und Zeichner, *1485, † um 1527; Holzschnitte, Federzeichnungen aus dem Söldnerleben.

Gräfelfing, Gem. im Kr. München, Oberbayern, 12200 Ew., Wohnvorort Münchens.

Graff, Anton, Maler, *1736, †1813, malte Bildnisse bedeutender Persönlichkeiten seiner Zeit (Friedrich d. Gr., Lessing, Schiller).

Graham [gr'eiəm], Billy, *1918, amerikan. Evangelist und Massenprediger.

Grahambrot [gr'eiəm-], Weizenschrotbrot nach dem amerikan. Arzt Graham.

Grahamland [gr'eiəm-], langgestreckte Halbinsel der W-Antarktis (→Südpolargebiet).

Gr'ajische Alpen, Teil der W-Alpen, zwischen Col de Fréjus und Kleinem St. Bernhard.

Gräkoman'ie [grch.] die, leidenschaftl. Vorliebe für das Griechentum.

Gral [altfrz.] der, in der Dichtung des MA. geheimnisvoller, heiliger Gegenstand; nach einem französ. Dichter eine wundertätige Schüssel, in der Joseph von Arimathia das Blut Christi aufgefangen haben soll; auf dem Monsalvatsch aufbewahrt. Die **Gralssage** wurde zuerst in Frankreich dichterisch behandelt; in Dtl. von Wolfram von Eschenbach (→Parzival).

Gramfärbung [nach dem dän. Pathologen H. Chr. Gram, *1853, †1938], Bakterienfärbeverfahren zur Bestimmung von Krankheitserregern u. a.; **gramfeste (grampositive)** Bakterien färben sich blauviolett, **gramfreie (gramnegative)** rot.

Gramin'een [lat.] Mz., die →Gräser.

Gramm [grch.] das, Zeichen **g,** Maßeinheit der Masse, Grundeinheit im CGS-System; in Technik und Wirtschaft bezeichnet 1 g daneben vorwiegend das Gewicht eines Massengramms, also eine Krafteinheit; dafür in der Physik →Pond.

Gramm'atik [grch.] die, Sprachlehre.

Gramm|atom, Grammolekül, Mol, ↺ so

viel Gramm eines chem. Stoffes, wie dessen Atom- oder Molekulargewicht angibt.

Grammoph'on [grch.] das, Handelsname für einen →Plattenspieler.

Grampians, The G. [gr'æmpjən], Gebirge Mittelschottlands; im Ben Nevis 1343 m hoch.

Gran, Grän [lat. »Korn«] das, früheres dt. Gewicht, für Gold und Silber 0,812 g, als Apothekergewicht 0,06 g.

Gran, ungar. **Esztergom,** Stadt in Ungarn, 25000 Ew., Sitz des kath. Erzbischofs (Primas) von Ungarn; Basilika (größte Kirche Ungarns); vielseitige Industrie.

Gran'ada, 1) histor. Landschaft in S-Spanien; 1238 bis 1492 maur. Königreich. **2)** Hauptstadt von 1), im Andalus. Bergland, 172000 Ew.; Kathedrale, Universität (seit 1531), Schloß →Alhambra; Nahrungsmittel-, Textil- und keram. Industrie; Fremdenverkehr.

Gran'ados y Campiña, Enrique, span. Komponist und Pianist, *1867, †1916; Opern, Orchester-, Klavier-, Kammermusik, Lieder.

Gran'at der, **1)** verbreitete Gruppe meist rötl., regulär kristallisierender Mineralien vom Aufbau $a_3b_3[SiO_4]_3$ mit $a=$ Magnesium, Eisen, Mangan, Calcium, $b=$ Aluminium, Eisen, Chrom u. a. und vielen Übergängen durch Mischkristallbildung. Schönfarbige G. dienen als Edelsteine. **2)** ⚔ eine →Garnele.

Granatapfelbaum, Granatbaum, Baum oder Strauch in S-Europa, N-Afrika, Vorderasien, knorrig, blüht scharlachrot. Die apfelgroßen, braunroten bis gelben, hartschal., vielsam. Früchte **(Granatäpfel)** waren in Altgriechenland Sinnbild der Fruchtbarkeit, die Blüte Sinnbild der Liebe.

Gran'ate der, Langgeschoß für Geschütze.

Granatwerfer, Steilfeuerwaffe der Infanterie, 5-14 cm Kaliber.

Gran Canaria, die zweitgrößte der →Kanarischen Inseln. Hauptstadt und -hafen: Las Palmas.

Gran Cañon [span.], →Cañon.

Gran Chaco [tʃ'ako, span.] der, wald- und weidereiche Landschaft in Südamerika, zwischen Paraguayfluß und Kordilleren. Gewinnung von Quebrachoextrakt. Im **Chacokrieg** (1932-35) unterlag Bolivien gegen Paraguay.

Grand [grã, frz.] der, Großspiel (→Skat).

Grand Coulee Dam [grænd k'u:li dæm], einer der höchsten (168 m) Staudämme der Verein. Staaten, am mittleren Columbia.

Grand Coulee Dam

Gr'ande [span. »Großer«] der, erbl. Titel des höchsten span. Adels.

Grandeln Mz., ♀ die Eckzähne im Oberkiefer des Hirschwildes.

Grand'ezza [span.-ital.] die, Größe, Würde.

grandi'os [ital.], großartig, erhaben.

Grand Prix [grã pr'i, frz.] der, Großer Preis.

Grand Rapids [grænd r'æpidz], Stadt in Michigan, USA, an den Fällen des Grand River, 197600 Ew.; Mittelpunkt der Holz- und Möbelind.

Grandseigneur [grãsɛn'œːr, frz.] der, vornehmer Herr.

Graener, Paul, Komponist, *1872, †1944; Opern, Orchesterwerke, Kammermusik, Lieder.

Grängesberg, Bergbauort und Bahnknoten in Mittelschweden; hochwertiges Eisenerz.

Gran'ikos der, heute **Kocabaş Çayi,** Fluß in NW-Anatolien, an dem 334 v. Chr. Alexander d. Gr. die Perser und 74 v. Chr. Lucullus den Partherkönig Mithridates besiegte.

Gran'it [von lat. granum »Korn«], das verbreitetste Eruptivgestein (→Gesteine); helles, körniges Gemenge aus Feldspat, Quarz, Glimmer; wird zu Pflastersteinen, als Baustoff u. a. verwendet. (FARBTAFELN Edelsteine, Mineralien S. 176, Farbe II S. 342)

Granne die, **1)** Ober- oder Deckhaar beim Pelzfell. **2)** Borste an Blättchen der Grasblütenstände und an Trockenfrüchtchen.

Gran Sasso d'Italia, Bergstock in den Abruzzen, die höchste Erhebung der Apenninhalbinsel, 2914 m (BILD Abruzzen).

Grant [gra:nt], **1)** Cary, Filmschauspieler, *1904; »Arsen und Spitzenhäubchen« u. a. **2)** Ulysses S., *1822, †1885; 18. Präs. (1869-77) der USA; war Oberbefehlshaber der Unionstruppen im Sezessionskrieg.

Grantland [gr'a:ntlənd], Nordteil von Ellesmereland im kanad.-arkt. Archipel.

Granulati'onsgewebe, junges, gefäßreiches Bindegewebe, das sich bei der Wundheilung bildet und in festes Narbengewebe übergeht. Überschüssige Granulationen (Fleischwärzchen) heißen volkstüml. »wildes Fleisch«.

granul'ieren, Metalle oder Schlacken zu Körnern zerkleinern.

Grapefruit [gr'eipfru:t, engl.] die, Pampelmuse, →Citrus.

Gr'aphik die, **1)** Vervielfältigung von Schrift und Druck (→Druckverfahren). **2)** Original-G., →Holzschnitt, →Kupferstich, →Radierkunst, →Steindruck. **graphisch,** zur Druck-, Schreib- oder Zeichenkunst gehörig. (FARBTAFEL Gebrauchsgraphik S. 349)

graphische Darstellung, →Diagramm.

Graph'it [grch.] der, bleigraues, weiches, metallglänzendes Mineral, fast reiner Kohlenstoff; Bleistifte, Schmelztiegel, Schmiermittel.

Grapholog'ie [grch.] die, Handschriftendeutung, schließt aus Schriftbewegung und intuitiv zu erfassenden Ganzheitsmerkmalen auf Eigenheiten des Schrifturhebers.

Grasbäume, austral. baumförmige Liliengewächse mit endständigen Blattschöpfen.

Gräser, Gramineen, Familie einkeimblättr. Pflanzen, meist krautig; viele Bambusarten sind baumförmig. Der Stengel (Halm) der G. ist hohl, durch Knoten abgeteilt, die Blätter sind lang und schmal. Die einfachen Blüten stehen in Ährchen, die sich zu Rispen, Ähren, Ährenrispen oder Kolben (Mais) vereinigen. Die Frucht ist meist eine Schließfrucht, bei der Frucht und Samenschale verwachsen sind (Karyopse). Viele G. sind Getreide oder Futterpflanzen (→Getreide).

Grashof, Franz, Ingenieur, *1826, †1893. **Grashof-Denkmünze,** jährlich vom VDI verliehen.

Graslilie, Gatt. zierl., weiß blühender Liliengewächse; dt. Arten auf Grashöhen.

Graslitz, tschech. **Kraslice,** Stadt in der ČSSR, im Erzgebirge, 6000 (1938: 14 000) Ew.; Ind.: Musikinstrumente, Spielwaren, Stickerei.

Grasmücke, Singvogelgattung; schlanke, graubraune Vögel, z. B. **Mönchs-G., Dorn-G.**

Grasnelke, Rosettenstauden mit gras- oder nelkenähnl. Blättern, kugeligen Blütenköpfen.

Grass, Günter, Schriftsteller, *1927; Romane voll derbem Realismus und scharfer Zeitkritik, »Die Blechtrommel«, »Hundejahre«, »Örtlich betäubt«; Theaterstücke.

Grasser, Erasmus, Bildhauer, * um 1450, †1518; Moriskentänzer (München).

Grassi, Ernesto, Philosoph italien. Abstammung, *1902; Prof. in München; humanist. Auffassung des Menschen.

grass'ieren [lat.], sich verbreiten.

Grastopf, Frauenhaar, riedgrasartige Topfzierpflanze aus Ostindien.

Grat der, oberste scharfe Kante, z. B. eines Berges (Kammlinie).

Gräte die, Nadelknochen der Fische.

Gr'atias [lat.] das, Dank; Dankgebet.

Gratifikati'on [lat.] die, Vergütung, die dem Arbeitnehmer aus bes. Anlaß neben dem regelmäß. Lohn oder Gehalt gezahlt wird (z. B. Weihnachts-, Abschluß- oder Jubiläums-G.).

gratin'ieren, überbacken, überkrusten.

gr'atis [lat.], kostenlos, unentgeltlich.

Gratisaktien werden den Aktionären entspr. ihrem Aktienbesitz unentgeltlich ausgegeben.

Gr'ätsche die, Turnübung: Seitwärtsspreizen der Beine in Stand, Stütz und Schwingen.

Gratulati'on [lat.] die, Glückwunsch.

Graub'ünden, größter Kanton der Schweiz, 7109 km², 162 000 Ew. (56% deutschsprachig; Rest rätoroman. und italien.). Hauptstadt: Chur. Im N Glarner Alpen, im W Adula-Gruppe, im S und O Rätische Alpen. Haupttäler: Vorderrheintal, Engadin. Alpwirtschaft. Energiegewinnung, Fremdenverkehr (Luftkurorte: Davos, Arosa; Heilquellen: St. Moritz u. a.). – G., urspr. von Rätern bewohnt, war im MA. Teil des Herzogtums Schwaben. Zur Abwehr der Habsburger bildeten sich im 14./15. Jahrh. 3 Bünde (dar. der Graue Bund), die sich untereinander und mit der Schweizer. Eidgenossenschaft verbündeten; 1803 schweizer. Kanton.

a b
c d
e

Gräser: a Zitter-, b Knäuel-, c Wiesenlieschgras (Timotheusgras), d Quecke, e Raygras

Graudenz, poln. **Grudziądz,** Kreisstadt in der poln. Woiwodschaft Bromberg, am rechten Weichselufer, 75 000 Ew.; Eisengießerei, Maschinenfabriken; 1772-1920 preußisch.

Graue Eminenz, hinter den Kulissen wirkende, meist nicht verantwortlich zeichnende, aber einflußreiche Persönlichkeit.

Grauer Star, Augenkrankheit, →Star.

Graufäule, durch den Grauschimmelpilz verursachte schädl. Gegenform der Edelfäule, die bei halbreifen Trauben die Sauerfäule hervorruft und sie vernichtet.

Grauguß, Gußeisen mit grauer Bruchfläche.

Graun, 1) Johann Gottlieb, Komponist, *1703, †1771; Konzertmeister Friedrichs d. Gr. **2)** Karl Heinrich, Komponist, Bruder von 1), *1704, †1759; Opern, Kirchenmusik (Oratorium »Der Tod Jesu«).

Graupapagei, Jako der, grauer, rotschwänziger Papagei des trop. Afrikas; sprechbegabt.

Graupeln Mz., kleine Hagelkörner.

Graupen Mz., geschälte Gersten- oder Weizenkörner.

Grauwacke die, Trümmergestein aus Quarz, Feldspat, Glimmer u. a.; zu Bausteinen.

Grauwerk, die Pelzart Feh (→Eichhörnchen).

gr'ave [ital.], ♪ ernst, feierlich.

Gravelotte [grav'l'ɔt], Dorf nahe Metz; 18. 8. 1870 dt. Sieg über die Franzosen (Moltke).

Gravenhage, 's G. [sxra:vənh'a:xə], →Haag.

Graves [greivz], Robert **von Ranke-G.,** engl. Schriftsteller, *1895; Lyrik, histor. Romane »Ich Claudius, Kaiser und Gott«).

Gravesend [gr'eivzend], engl. Stadt, 51 400 Ew.; östl. Endpunkt des Londoner Hafens.

Gravidit'ät [lat.] die, Schwangerschaft. **grav'id,** schwanger.

grav'ieren, 1) belasten. Eigw. gravierend. **2)** Zeichnungen oder Schriftzüge in Metall oder andere harte Stoffe eingraben.

Gr'avis [lat.] der, ` Zeichen für fallenden Ton.

Gravisph'äre [lat.] der, Bereich in der Umgebung eines Himmelskörpers, in den das Schwerefeld einen merklichen Einfluß auf die Navigation von Raumfahrzeugen ausübt.

Gravitati'on [lat.] die, →Massenanziehung.

gravit'ätisch [lat.], würdevoll, gemessen.

Grav'üre [frz.] die, **1)** ✦ Kupfer- oder Stahlstich. **2)** die Photogravüre.

Graz, Hauptstadt der Steiermark, zweitgrößte Stadt Österreichs, am Alpenrand, beiderseits der Mur, 252 000 Ew.; Sitz des Fürstbischofs von Seckau; Dom (15. Jahrh.) u. a. alte Bauten; Universität (1586 gegr.); TH, Landeskonservatorium;

Grass

Graz: Hauptplatz

Industrie: Maschinen, Fahrzeuge, Textilien, Bier u. a.

Grazi'ani, Rodolfo, italien. Marschall, *1882, † 1955; Befehlshaber im italien.-äthiop. Krieg, dann Vizekönig von Äthiopien, 1939/40 Generalstabschef, 1943-45 Verteidigungsmin. 1950 zu Gefängnis verurteilt, jedoch amnestiert.

Gr'azie [von lat. gratia] die, 1) →Anmut, Liebreiz. 2) Mz. röm. Bezeichnung der →Chariten. **graz'il,** schlank, zart. **grazi'ös,** anmutig.

Gräz'ismus der, dem Altgriech. eigene oder nachgebildete Ausdrucksweise oder Wortfügung.

Greater London [gr'eitə l'ʌndən], 1963 gebildeter Verwaltungsbezirk in S-England mit Selbstverwaltung, rd. 1600 km² groß, mit etwa 8 Mill. Ew. G. L. umfaßt die City of London, die früheren, jetzt aufgelösten Grafschaften London, Middlesex und Teile, die bis 1962 zu Essex, Surrey, Kent und Hertfordshire gehörten. Der Verwaltungsbezirk ist in 32 Stadtbezirke (**London Boroughs**) und in die **City of London** eingeteilt.

Great Valley [greit v'æli], größtes Längstal in den Appalachen (USA), zwischen Alleghenyplateau im W und Appalachengeb., i. e. S. im O.

Great Yarmouth [greit j'a:məθ], Hafenstadt in Ostengland, 53000 Ew.; Seebad; vielseitige Ind.

Gr'eco, El G., griech.-span. Maler, *1541, bestattet 1614. Charakteristisch für seine meist für Kirchen gemalten Bilder sind die überlangen, oft in religiöser Verzückung wiedergegebenen Gestalten und die aus einem kühlen Grundton hervorleuchtenden, zum »Manierismus überleitenden Farbtöne (Bilder in Madrid, Toledo u. a.).

Green [gri:n], Julien, französ. Schriftsteller kanad. Herkunft, *1900; Romane der Daseinsangst: »Leviathan«, »Fernes Land«.

Greene [gri:n], Graham, engl. Erzähler, *1904; Romane mit religiösem Hintergrund (»Die Kraft und die Herrlichkeit«, »Das Herz aller Dinge«).

Greco: Laokoon (um 1610/14)

Greene

Grenzlehre: 1 Grenzlehrdorn 2 Grenzrachenlehre, a Ausschuß, b gut

Greenhorn [gr'i:nho:n, engl.] das, Grünschnabel, Anfänger, Unerfahrener.

Greenock [gr'i:nək], Hafenstadt in W-Schottland, an der Clydemündung, 74600 Ew.

Greensboro [gr'i:nzbərə], Stadt in North Carolina, USA, 144100 Ew.; Textil- u. a. Ind.

Greenwich [gr'i:nidʒ], Stadtteil von London, 85600 Ew.; Eisen-Ind.; Schiffbau; der durch die einstige Sternwarte (1675 gegr.) von G. gehende Längenkreis gilt als Nullmeridian.

Grefrath, Gem. im Kr. Kempen-Krefeld, Nordrh.-Westf., 13300 Ew.

Grège [grɛːʒ, frz.] die, Rohseide (→Seide).

Gr'egor [grch. »der Wachsame«], männlicher Vorname.

Gregor, Päpste: 1) G. I., der Große, Kirchenlehrer, 590-604, leitete die Christianisierung Britanniens ein, verbesserte den Kirchengesang; Heiliger (Tag 3. 9.). 2) G. VII., 1073-85, als Mönch Hildebrand, erstrebte das Übergewicht der päpstl. Gewalt, leitete den →Zölibat ein, verbot die →Investitur durch Laien und die →Simonie, belegte Kaiser Heinrich IV. mit dem Bann (gelöst zu Canossa 1077), wurde 1080 von Heinrich abgesetzt; Heiliger (Tag 25. 5.). 3) G. IX., 1227-41, sprach fünfmal den Bann über Kaiser Friedrich II. aus. 4) G. XIII., 1572-85, förderte die Gegenreformation, verbesserte den →Kalender (1582).

Gregori'ana, Pontificia Universitas G., Rom, die wichtigste päpstl. Universität; 1551 von Ignatius von Loyola gegründet.

Gregorianischer Gesang, der kath. →Choral.

Gregor von Nazianz, griech. Kirchenlehrer, † um 390, Bischof von Konstantinopel, Heiliger (Tag 2. 1.).

Gregor von Nyssa, griech. Kirchenvater, † um 394, Gegner des Arianer, Heiliger (Tag 9. 3.).

Gregor von Tours, fränk. Geschichtsschreiber, †594 als Bischof von Tours; schrieb »Geschichte der Franken« (lateinisch).

Greif der, Fabeltier mit Löwenleib, Adlerkopf, Flügeln und Krallen.

Greif, Martin, Dichter, eigentl. Hermann Frey, *1839, †1911; Gedichte, geschichtl. Bühnenwerke »Ludwig der Bayer«.

Greifenberg, Stadt in Pommern, (1939) 10800 Ew.; Ind., seit 1945 unter poln. Verw. (Gryfice ; 1969: 25500 Ew.).

Greiffuß, Hinterfuß der Affen: die große Zehe kann den übrigen gegenübergestellt werden.

Greifswald, Stadt im Bez. Rostock, 4 km vom Greifswalder Bodden (Ostseebucht), 46200 Ew.; Univ. (gegr. 1456), got. Marienkirche, Ind. G. war Mitgl. der Hanse, 1648-1815 schwedisch.

Greifvögel, →Raubvögel.

Greifzirkel, →Taster.

Greinz, Rudolf, Erzähler, *1866, †1942, schrieb Tiroler Bauernromane.

Greisenhaupt, mexikan. Kaktus mit weißem Haarschopf am Säulengipfel.

Greiz, Industriestadt im Bez. Gera, an der Weißen Elster, 39700 Ew. Bis 1918 Hauptstadt des Fürstentums Reuß (ältere Linie).

Gr'emium [lat.] das, -s/...mien, Körperschaft.

Gren'ada, span. **La Granada,** eine der westind. Kleinen →Antillen; Hauptstadt: Saint Georges. Mitgl. der Assoz. Westind. Staaten.

Grenad'ier [frz.] der, urspr. Infanterist, der Handgranaten warf, später einfacher Soldat.

Grenchen, französ. **Granges,** Gem. im schweizer. Kt. Solothurn, 20700 Ew.; Uhrenind.

Grenoble [grən'ɔbl], Stadt in Frankreich, an der Isère, in den französ. Alpen, 166000 Ew.; Bischofssitz; Univ. (1339 gegr.); Ind.; Kernforschungszentrum; Fremdenverkehr. (BILD S. 365)

Grenzbetrieb, ein Betrieb, der mit seinen Erlösen gerade noch seine Kosten decken kann, aber keinen Gewinn erzielt.

Grenzgänger, Arbeitnehmer, die im Grenzgebiet wohnen und im Nachbarland arbeiten.

Grenzkosten, Kostenzuwachs bei der Vergrößerung der Produktion um eine Einheit.

Grenzlehre, eine →Lehre, mit der geprüft

Grenoble

wird, ob ein Werkstückmaß zwischen zwei vorge-schriebenen Grenzmarken liegt.

Grenzmark Posen-Westpreußen, 1922-38 preuß. Provinz.

Grenznutzenschule, Richtung der Volkswirt-schaftslehre, die eine subjektive oder psycholog. Wert- und Preislehre aufstellte: die Stärke des Be-dürfnisses nimmt immer mehr ab, je weiter seine Befriedigung fortschreitet, so daß der Wert eines Gutes bestimmt wird durch den geschätzten Nut-zen der letzten noch verfügbaren Teilmenge die-ses Gutes **(Grenznutzen).** Vertreter: Gossen, Men-ger, v. Wieser, Böhm-Bawerk, Marshall, Pareto.

Grenzwert, der Wert, dem die Glieder einer nach bestimmten Regeln gebildeten Folge von Zahlen zustreben, wenn die Gliederzahl der Folge unbegrenzt anwächst. Z.B. strebt die Folge 1, ½, ⅓, ¼ ... dem G. 0 zu.

Gretna Green [gr'etnə gri:n], Dorf in Schott-land, bekannt durch die Trauungen des »Schmie-des von G.G.«.

Greven, Stadt in Nordrh.-Westf., an der Ems, 26400 Ew.; Textilindustrie.

Grevenbroich [gre:vənbr'o:x], Stadt in Nord-rh.-Westf., 28200 Ew.; Aluminiumwerke, Ma-schinen-, Konserven-, Textilindustrie.

Grevesmühlen, Kreisstadt im Bez. Rostock, 11000 Ew.; Hallenkirche (spätroman. Taufstein).

Grey [grei], Edward, 1.Viscount **G. of Fallodon** (seit 1916), engl. Staatsmann, *1862, †1933; 1905 bis 1916 Außenmin.

Griechen Mz., 1) Bewohner des alten Grie-chenland, dem Indogermanen zugehörig (→Grie-chische Geschichte, →Griechische Kunst, →Grie-chische Literatur, →Griechische Religion, →Grie-chische Sprache und Schrift). 2) **Neugriechen,** Staatsvolk Griechenlands; außerdem leben rd. 0,4 Mill. auf Zypern, über 1 Mill. im Ausland (USA, Sowjetunion, Türkei, Ägypten, Australien, europ. Länder u. a.); Nachkommen von I), jedoch mit vielen fremden Volksteiln (Slawen, Albaner, Walachen) vermischt; durch die christl. Kultur des Byzantin. Reiches und die Türkenherrschaft (15.-19. Jahrh.) stark geprägt.

Griechenland, Königreich in SO-Europa, 131944 km², 8,8 Mill. Ew.; Hauptstadt: Athen. Amtssprache: Griechisch. ⊕ S. 524, ▯ S. 345, ▯ S. 878.

VERFASSUNG. Die Verfassung v. 1952 wurde durch den Staatsstreich v. 21. 4. 1967 suspendiert; neue Verf. am 29. 9. 1968 zur Volksabstim-mung gebilligt. G. ist Demokratie mit monarch. Spitze. Staatsoberhaupt ist der König. Die Ge-setzgebung wird vom gewählten Parlament zu-sammen mit dem König, die vollziehende Gewalt vom König und der Regierung ausgeübt. Polit. Parteien unterliegen staatl. Kontrolle. Die Gel-tung der meisten Grundrechtsartikel ist ausgesetzt. - Verwaltungseinteilung in 53 Bezirke (Nomoi).

LANDESNATUR. G. ist ein Teil der →Balkanhalb-insel. Die Küsten sind durch Buchten und tief einschneidende Golfe reich gegliedert, jedoch ha-fenarm. G. ist Gebirgsland (Pindos 2637 m, Olymp 2911 m) mit schroffen Geländeformen, ab-geschlossenen Beckenlandschaften. Klima: heiße, trockene Sommer, milde, regenreiche Winter. Pflanzenwelt: immergrüne Macchie, in den Ge-birgen verkümmert. Zu G. gehörende Inseln: Kykladen, Sporaden, Kreta, Ionische Inseln u. a.

BEVÖLKERUNG. Rd. 96% →Griechen; Religion: rd. 94% griech.-orthodox.

WIRTSCHAFT. Anbau von Weizen, Oliven, Wein; mit Bewässerung: Zitrusfrüchte, Gemüse, Baumwolle, Tabak. Industrie: bes. Verarbeitung landwirtschaftl. Erzeugnisse; daneben chem. u. a. Ind. Bodenschätze: Braunkohle, Bauxit u.a.; Energiegewinnung (Braunkohle-, Wasserkraft-werke); Fremdenverkehr. Ausfuhr: Tabak, Süd-früchte, Wein, Baumwolle. Einfuhr: Fahrzeuge, Maschinen u. a. Haupthandelspartner: Bundes-rep. Dtl., USA. VERKEHR. Straßennetz im Aus-bau; wichtig ist die Schiffahrt. Haupthafen: Pi-räus; internat. Flughafen: Athen.

Griechische Geschichte. Die etwa 2000v.Chr. von N her in mehreren Wellen einwandernden Stämme der »Frühgriechen« vermischten sich mit der vorindogerman. Urbevölkerung. Die griech. Frühzeit gehört der →Ägäischen Kultur an (»Achä-er«, »Reich des Agamemnon« bei Homer). Um 1200 begann die Kolonisierung der Inseln, der kleinasiat. W-Küste, Unteritaliens, der Schwarz-meerküste und N-Afrikas. Etwa gleichzeitig dran-gen die Dorer in den Peloponnes ein. Seit dem 9. Jahrh. v. Chr. bildeten sich einzelne Stadtstaa-ten (Polis). **Sparta** wurde Vormacht in der Pelo-ponnes (Unterwerfung Messeniens, 7. Jahrh.). In Athen führte Solon um 600 v. Chr. eine neue Ver-fassung ein. Kleisthenes schuf 509 v. Chr. die Grundlagen des Volksherrschaft (Demokratie). In den Perserkriegen (Siege 490 v. Chr. bei Marathon; 480 bei Salamis, 479 bei Platää) wurde Athen die erste Seemacht Griechenlands. In der folgenden Zeit gelangten Kunst, Dichtung und Wissenschaft zu hoher Blüte, bes. in Athen (446-429, Perikle-isches Zeitalter). Der Peloponnesische Krieg, 431 bis 404, führte zur Vorherrschaft Spartas. Im Bund mit Theben und Korinth erhob sich Athen bald von neuem; in diesen Kämpfen wurden die Perser zu Geldgegnern und Schiedsrichtern in Griechen-land. Spartas Vorherrschaft vernichteten die The-baner (Epaminondas' Siege bei Leuktra 371, bei Mantinea 362). Die innere Zerrissenheit Grie-chenlands führte dazu, daß es durch die Schlacht bei Chäronea unter die Oberherrschaft von Phi-lipp von Makedonien kam. Sein Sohn Alexander der Große wandte sich dann gegen Persien und verbreitete mit seinen Siegeszügen die griech. Kul-tur über den ganzen Osten. Unter den Römern (seit 197 v.Chr.) war Griechenland als Staat be-deutungslos; aber sein geistiges Erbe wirkte auf Rom. 1453-1460 wurde Griechenland von den Türken erobert. Seit Anfang des 19. Jahrh. erhob sich das Volk gegen die türk. Herrschaft; 1830 wurde Griechenland zum unabhängigen Königreich erklärt. Durch die Balkankriege 1912/13 er-oberte es den Epirus und Südmakedonien mit Sa-loniki. Im Frieden von Sèvres erhielt es große Ge-bietserweiterungen auf Kosten der Türkei. Smyr-na und Ost-Thrakien gingen im Frieden von Lau-sanne (1923) verloren. 1924 wurde die Republik ausgerufen, 1935 die Monarchie mit König Ge-org II. wieder eingeführt. 1940 griffen die Italie-ner Griechenland vergeblich an. 1941 eroberten dt. Truppen das Land. Auf Georg folgte 1947 sein Bruder Paul I. auf den Thron. Unter ihm gelang es, der aufständischen Kommunisten Herr zu wer-den. 1952 trat Griechenland dem Nordatlantik-pakt bei. Nach dem Tod König Pauls I. 1964 folgte ihm sein Sohn Konstantin II. auf den Thron. Ein Putsch konservativer Offiziere führte 1967 zur Bildung einer diktator. Regierung. Kö-nig Konstantin floh nach einem erfolglosen Ge-genputsch außer Landes. MinPräs. (seit 1967): G. Papadopoulos, seit 1972 auch Regent mit den Funktionen des Königs.

Griechische Kirche, →Ostkirche.
Griechische Kunst. Anschließend an die spät-

myken. Kunst entwickelte sich auf dem griech. Festland gegen Ende des 11. Jahrh. v. Chr. die **geometr. Kunst** (Vasenmalerei, Kleinplastik). Ihr folgte vom 8. bis 6. Jahrh. v. Chr. die **archaische,** vom 5. bis 4. Jahrh. v. Chr. die **klassische** und schließl. vom 3. bis 1. Jahrh. v. Chr. die **hellenistische Kunst.** Die BAUKUNST entwickelte sich am Tempelbau; wesentlich ist der Außenbau mit seinen Säulenreihen, urspr. aus Holz und Lehm auf Steinsockeln, im 6. Jahrh. v. Chr. aus Kalkstein, seit dem 5. Jahrh. aus Marmor. Die klass. Zeit kennt drei Stilrichtungen, den **dorischen** Stil (Tempel in Pästum, Parthenon, Propyläen, Theseion in Athen, Zeustempel in Olympia) mit nach oben sich verjüngenden Säulen, die als Kapitell eine viereckige Platte tragen; den **ionischen** Stil (Niketempel, Erechtheion auf der Akropolis), der bewegter und reicher gegliedert ist und ein schneckenförmiges Kapitell zeigt, und den **korinthischen** Stil mit dem korbähnlichen Kapitell, das als Schmuck das Akanthusblatt ziert. Außerordentlicher Formenreichtum ist das Kennzeichen der hellenist. Bauten mit fast ausschließlich ion.-korinth. Stilmerkmalen. Die BILDHAUEREI der archaischen Zeit beschränkt sich auf knappe und kraftvolle Formen: Giebelfiguren des Aphäatempels in Ägina. In der klass. Kunst wird der menschl. Körper frei und gelöst in vollendetem Ebenmaß gestaltet, das ideale Bildnis entstand. Hauptmeister des 5. Jahrh.: Myron, Polyklet, Phidias; des 4. Jahrh.: Praxiteles, Skopas, Lysipp. (FARBTAFEL Griech. und Römische Antike S. 351)
Griechische Literatur. Das 8. Jahrh. v. Chr. bildete mit den Epen Homers (Ilias, Odyssee) den ersten Höhepunkt der G. L. Kürzere Helden-Epen, Chorgesänge, Kultlieder und Einzelgesänge waren vorausgegangen. Um 700 v. Chr. wandelte Hesiod mit dem Lehrgedicht die Form des alten Epos ab. Kunstmäßiger Ausbau des kult. Chorgesangs (Alkman, Stesichoros) und hohe Vollendung des Einzelliedes (Sappho, Alkaios, Anakreon) kennzeichnen das 7. und 6. Jahrh. v. Chr. Seit der Mitte des 6. Jahrh. sind die ersten Texte der Philosophen (Anaximander, Heraklit) und seit 500 auch der Historiker (Hektaios) überliefert. Das 5. Jahrh. v. Chr. brachte einen neuen Höhepunkt mit der Tragödie (Äschylus, Sophokles, Euripides), in deren Gefolge die Komödie (Aristophanes, später Menander) entstand; Pindar und Bakchylides erneuerten das Chorlied. Ende des 5. Jahrh. traten Tragödie und Komödie vor der Prosa zurück: Geschichtsschreibung (Herodot, Thukydides), Rhetorik (Isokrates, Demosthenes), philosoph. Dialog (Plato, Aristoteles). Nach 300 v. Chr. beherrschte dann überhaupt die wissenschaftl. Prosa die G. L. (Historiker: Polybios, Plutarch; Geograph: Strabo; Philosophen: Panaitios, Poseidonios, Epiktet; Medizin: Galenus; Grammatik: Apollonios Dyskolos; Astronomie, Astrologie, Geographie: Ptolemäus u. a.). Gleichzeitig entwickelte sich der griech. Roman (Aristides von Milet, Heliodor, Longos). Die Satire fand in Lukian ihren geistreichsten Vertreter. Träger der G. L. waren seit hellenist. Zeit vielfach Nichtgriechen.
Griechische Musik der Antike ist im wesentl. aus literar. Quellen (Musiktheorie, Berichte von Schriftstellern, Hinweise in der Dichtung) und aus bildl. Darstellungen bekannt. Danach war sie eine Einheit von Vers und Gesang, in der Frühzeit auch des Tanzes. Begleitinstrumente waren Lyra und Aulos. Gegen Ende des 5. Jahrh. v. Chr. begann sich eine selbständige Instrumentalmusik zu entwickeln.
Griechische Philosophie, die Philosophie im griech. Sprachraum vom 6. Jahrh. v. Chr. bis zur Zeit des →Hellenismus. Die ionischen Naturphilosophen (Thales, Anaximander, Anaximenes) suchten nach einem Urstoff; so leitete z. B. Thales alle Dinge vom Wasser her, Pythagoras und seine Anhänger sahen das Wesen der Welt in der Zahl. Die Eleaten (Xenophanes, Parmenides, Zenon) fragten nach dem unveränderl. Sein und ersetzten die

Grieg

Vielgötterei durch den Pantheismus. Heraklit und Empedokles suchten nach den bewegenden Kräften des Kosmos. Leukippos und Demokrit faßten zuerst den Gedanken des Atoms. Die Sophisten (z. B. Protagoras) verbreiteten als aufklärerische Redner Regeln der Lebensklugheit. Sie und Sokrates, dessen Lehren vom richtigen Denken und sittl. Leben von großer Wirkung waren, machten menschl. Probleme zum philosoph. Thema. In Platon und Aristoteles erreichte die G. P. ihre Vollendung.
Griechische Religion, war in ihren Anfängen vor allem Verehrung der Naturkräfte, die als persönl. Götter gedacht wurden. Aus dem Chaos entstanden Uranos und Gäa (Himmel und Erde), von ihnen stammen die 12 Titanen (Kronos, Rhea usw.), die wieder von den olympischen Göttern verdrängt wurden: Zeus, Hera, Poseidon, Hestia, Hephästus, Ares, Apollon, Artemis, Hermes, Pallas Athene, Aphrodite. Andere Götter: Hades oder Pluto, Persephone, Demeter, Dionysos, der Hirtengott Pan, die Nymphen; ferner Asklepios, die neun →Musen, Eos, Iris, die Meergottheiten: Proteus, Triton, Amphitrite, Glaukos. Heilige Haine und Tempel waren Wohnstätten der Götter. Bilder zeigten sie in Menschengestalt; ihren Willen erfuhr man an Orakelstätten, unter denen Delphi als die höchste Instanz galt. Das Opfer- und Festwesen war reich ausgebildet. Eine große Rolle spielten die Mysterienkulte (Eleusis), die der Entwicklung des griech. Jenseitsglaubens entscheidend wurden. Der urspr. Glaube nahm im Hades (Tartarus) nur ein schattenhaftes Weiterleben an, behielt das →Elysium den Heroen vor.
Griechisches Feuer, bis ins 13. Jahrh. verwendetes Seekampfmittel, das auf dem Wasser brannte (Schwefel, Werg, Kienspan u. a.).
Griechische Sprache und Schrift. Das Griechische ist ein Zweig des indogerman. Sprachstammes. Es wurde in Griechenland und den griech. Kolonien (Kleinasien, Süditalien usw.) gesprochen und seit um 400 v. Chr. aus der Mundart von Attika (Athen) entwickelten Schriftsprache die Weltsprache des Altertums. Das **Neugriechische** ist in Aussprache und Formenstand vereinfacht und mit türk. Elementen durchsetzt. Die **Schrift** haben die Griechen vermutlich von den Phönikern übernommen, sie jedoch ergänzt und umgestaltet.

Das griechische Alphabet

Name	Buchstaben	Umschrift	Name	Buchstaben	Umschrift
Alpha....	A α	a	Ny	N ν	n
Beta	B β	b	Xi.......	Ξ ξ	x
Gamma .	Γ γ	g	Omikron .	O o	o
Delta ...	Δ δ	d	Pi	Π π	p
Epsilon ..	E ε	e	Rho	P ϱ	r (h)
Zeta	Z ζ	z	Sigma	Σ $\sigma\varsigma$	s
Eta......	H η	e	Tau	T τ	t
Theta....	Θ ϑ	th	Ypsilon ..	Y υ	y
Jota	I ι	i	Phi	Φ φ	ph
Kappa ...	K $\varkappa$	k	Chi......	X χ	ch
Lambda ..	Λ λ	l	Psi	Ψ ψ	ps
My	M μ	m	Omega ...	Ω ω	o

Griechisch-orthodoxe Kirche, →Ostkirche.
Griechisch-unierte Kirche, Griechisch-katholische Kirche, die mit der römisch-kath. Kirche vereinigten Christen der Ostkirche.
Grieg, Edvard, norweg. Komponist, *1843, †1907; Klavier-, Orchesterwerke (Suite zu Ibsens »Peer Gynt«), Lieder.
Grieshaber, Helmut Andreas Paul (HAP), Maler, *1909; großformatige Farbholzschnitte.
Griesheim, Stadt (seit 1965) im Kr. Darmstadt, Hessen, 16 800 Ew.; Gemüsehandel.
Grieß, enthülste und gebrochene Kornteilchen von Weizen, Roggen, Hafer, Mais.
Griffel der, 1) Schreibstift. 2) Teil des →Stempels der Blütenpflanzen; →Blüte.
Griffon [grif'ɔ̃, frz.] der, rauhhaariger Vorstehhund, Kreuzung von Pudel und Pointer.

Grill [engl.] der, Bratrost. Im **G.-Room** [ru:m einer Gaststätte werden die Speisen auf dem G. vor den Augen des Gastes zubereitet.

Grillen, Grabheuschrecken, Familie der Geradflüglergruppe Springschrecken; sehr rasche Läufer, haben Hör- und Schrillwerkzeuge (sie zirpen), nähren sich von tier. und pflanzl. Kost. **Feld-G.,** schwarz, 2,5 cm lang, in Erdröhren; **Haus-G.** oder **Heimchen,** grau, kleiner, in alten Häusern. Garten- und Wiesenschädling ist die **Maulwurfs-G.,** 4 cm lang.

Grillparzer, Franz, Bühnendichter, * Wien 1791, †1872, verband in seinen Stücken das Erbe des österr. und span. Barocks mit Elementen der Romantik und vor allem der dt. Klassik. Trauerspiele: »Die Ahnfrau«, »Sappho«, »Das Goldene Vlies« (Trilogie), »König Ottokars Glück und Ende«, »Des Meeres und der Liebe Wellen«, »Ein Bruderzwist in Habsburg«. Märchendrama: »Der Traum, ein Leben«. Lustspiel: »Weh dem, der lügt«. Novelle »Der arme Spielmann«.

Grim'aldi, Fürstenhaus von Monaco.

Grim'asse [frz.] die, Fratze.

Grimm, 1) Hans, Schriftsteller, *1875, †1959, schrieb Roman »Volk ohne Raum«; »Südafrikanische Novellen«. 2) Herman, Kunst- und Literarhistoriker, * 1828, † 1901; »Michelangelo«, »Goethe«, »Raffael«. 3) Jacob, der Schöpfer der dt. Sprach- und Altertumswissenschaft, *1785,†1863; seit 1830 Prof. in Göttingen, 1837 ausgewiesen (→Göttinger Sieben), 1848 Mitgl. der dt. Nationalversammlung. Hauptwerk: »Deutsche Grammatik« (1819-37). Mit seinem Bruder Wilhelm G. (*1786, †1859) gab er »Deutsche Sagen«, die »Kinder- und Hausmärchen« (1812-22) und die ersten Bände des großen »Dt. Wörterbuchs« heraus.

Grimma, Kreisstadt im Bez. Leipzig, an der Mulde, 16900 Ew.; Frauenkirche (13. Jahrh.), spätgot. Schloß; Industrie.

Grimmelshausen, Hans Jakob Christoph v., Dichter, *1621/22, †1676; größter dt. Erzähler des 17. Jahrh., Roman »Der abenteuerliche Simplicissimus«, ein Zeitgemälde aus dem Dtl. des Dreißigjährigen Krieges.

Grimmen, Kreisstadt im Bez. Rostock, an der Trebel, 14100 Ew.; got. Marienkirche.

Grimsby [gr'imzbi], Hafen- und Fischereihafen an der Mündung des Humber, 96700 Ew.

Grimsel die, Paß der Berner Alpen, 2165 m hoch, verbindet das Aare-(Hasli-) mit dem Rhônetal; im G.-Grund die aufgestaute **G.-See.**

Grind der, ∫ ⚕ →Schorf.

Grindelwald, Luftkurort und Wintersportplatz im Berner Oberland, Schweiz, 1040 m ü. M.

Grinzing, Stadtteil von Wien.

Grippe, Influ'enza die, ∫ oft seuchenartig auftretende, ansteckende, durch Viren hervorgerufene Krankheit, meist durch Anhusten übertragen. Zeichen: Schüttelfrost, Fieber, Kopf- und Gliederschmerzen, Schnupfen, Husten. Die G. kann anderen Krankheiten (Lungen-, Darm-, Hirnhautentzündung) den Weg bereiten. Genesung stets sehr langwierig. Behandlung: Bettruhe, Fiebermittel, Halswickel, Wadenpackungen; bei bakterieller Sekundärinfektion Antibiotica; Impfung.

Gripsholm, von G. Wasa erbaute Wasserburg am Mälarsee, Schweden.

Gris, Juan, span. Maler, Graphiker, *1887, †1927; Kubist; Stilleben, Bühnendekorationen.

Gris'eldis, armes Mädchen, dessen Gehorsam von seinem fürstl. Gemahl hart erprobt wird. Dt. Volksbuch nach Petrarca und Boccaccio.

Gris'ette [frz.] die, Pariser Putzmacherin, oft fälschlich: leichtlebiges Mädchen.

Gris Nez [gri:n'e:, frz. »graue Nase«], Vorgebirge mit Leuchtturm an der französ. Nordküste, an der engsten Stelle des Kanals.

Grizzlybär [gr'izli-, engl. »grau«] der, grauer Bär Nordamerikas.

Grober Unfug, Verletzung oder Gefährdung des Bestandes der öffentl. Ordnung, mit Haft oder mit Geldstrafe bis zu 500 DM bestraft.

Grock, eigentl. Adrian **Wettach,** Artist, *1880, †1959, weltbekannt als Musikclown.

Grödnertal, Alpental in den Dolomiten; Hauptort: St. Ulrich; etwa 8000 überwiegend ladin. Bewohner; Holzschnitzereien.

Gr'odno, Gebietshauptstadt in der Weißruss. SSR, am Njemen, 132000 Ew.; 3 Hochschulen; Großgerberei, Schuh-, Tabak-, Holzindustrie.

Grog [engl.] der, Getränk aus Rum oder Arrak mit heißem Wasser und Zucker.

groggy [engl., von →Grog], angeschlagen, halb bewußtlos infolge harter Treffer beim Boxen.

Grom'yko, Andrej, sowjet. Diplomat, *1909; 1943-46 Botschafter in Washington, 1952/53 in London, 1953-57 stellv. Außenmin., seit 1957 Außenmin., seit 1956 Mitgl. des ZK.

Gronau (Westf.), Stadt in Nordrh.-W., nahe der niederländ. Grenze, 26700 Ew.; Textilind.

Gronchi [gr'oŋki], Giovanni, italien. Politiker, *1887, Führer des linken Flügels der Christl. Demokraten, 1955-62 Präs. der Republik.

Groener, Wilhelm, General, *1867, †1939; 1920-23 Reichsverkehrsminister, 1928-32 Reichswehr-, zeitweilig auch Reichsinnenminister.

Groningen, Stadt im NO der Niederlande, 167700 Ew.; Univ.; Kanalverbindungen, Handel und Ind. G. war Mitglied der Hanse.

Grönland, dän. »grünes Land«], dän. Insel im Nordpolargebiet, größte Insel der Erde, 2175600 km², 45600 Ew. (meist **Grönländer,** mit Europäern vermischte Eskimos); Hauptort: Godthåb (3300 Ew.). G. ist bis auf einen Küstensaum von einer Eiskappe (bis über 3000 m dick) bedeckt; die Küste ist von Fjorden zerrissen. Klima: arktisch; Pflanzen- und Tierwelt im Küstensaum; das bes. im S (Birke, Erle, Polarweide, Wacholder; Rentier, Fuchs, Hase), im N auch Moschusochse, Polarwolf, Lemming. Fischerei, Robben- und Walfang, Schafzucht; ⚒ auf Kryolith, Blei, Zink. Internat. Flugplatz: Söndre Strömfjord (W-Küste); amerikan. Luftstützpunkt Thule im NW.

Groom [gru:m, engl.] der, Reitknecht.

Gr'opius, Walter, Architekt, *1883, †1969; führender Vertreter des neuen Bauens (→Bauhaus); seit 1937 in den USA.

Schloß **Gripsholm**

Grillparzer

Wilhelm und Jacob Grimm

Grönland: Fjordküste (Ostgrönland)

Gros [gro, frz.] das, **1)** Hauptmasse. **2)** Zählmaß: 12 Dutzend = 144 Stück.

Groschen [lat. grossus »dick«] der, **1)** ehemalige dt. Silbermünze, später Scheidemünze (in Preußen = $^1/_{24}$ Taler, der **Silber-G.** im 19. Jahrh. = $^1/_{30}$ Taler zu 12 Pfennig). **2)** ÖSTERREICH: 1925 bis 1938 und wieder ab 1945 die kleinste Münze = $^1/_{100}$ Schilling.

Gr'osnyj, seit 1957 Hauptstadt der Tschetscheno-Inguschisch. ASSR, N-Kaukasien, 336000 Ew.; Erdöl- und Erdgasverarbeitung.

Großauheim, Stadt im Kr. Hanau, Hessen, 14000 Ew.; Elektro-, Eisen-, Holz-Industrie.

Groß-B'etschkerek, amtl. **Zrenjanin,** Stadt in Serbien, 59000 Ew.; an der Bega; wirtschaftl., kultureller Mittelpunkt des jugoslaw. Banats.

Großbritannien, amtl. **Vereinigtes Königreich von G. und Nordirland,** engl. **United Kingdom of Great Britain and Northern Ireland,** Kgr. auf den →Britischen Inseln, umfaßt das eigentl. G. (England, Wales und Schottland) und auf der Insel Irland →Nordirland, 244030 km² (mit Normannischen Inseln und Insel Man), 55,7 Mill. Ew.; Hauptstadt: London. Amtssprache: Englisch. 🌐 S. 523, ⚐ S. 345, ⛉ S. 878.

VERFASSUNG. G. ist eine parlamentarisch-demokrat. erbl. Monarchie ohne geschriebene Verfassung, aber mit einigen Verfassungsgesetzen. Der König ist zugleich Haupt des →Britischen Commonwealth. Die Gesetzgebung liegt beim Parlament mit nur formeller Beteiligung der Krone. Es besteht aus dem gewählten Unterhaus und dem Oberhaus (Mitgliedschaft früher größtenteils erblich). Das Unterhaus beschließt die Finanzgesetze allein; es kann das Oberhaus überstimmen. Der Premiermin. und die von ihm vorgeschlagenen Min. werden vom Monarchen ernannt. Die Regierung ist dem Parlament verantwortlich. – Verwaltungseinteilung: 61 Grafschaften, 82 Stadtgrafschaften und der Verwaltungsbezirk →Greater London in England und Wales, 33 Grafschaften in Schottland, 6 Grafschaften und 2 Stadtgrafschaften in Nordirland.

LANDESNATUR. Den mittleren und südl. Teil der durch viele Buchten und Mündungstrichter gegliederten Hauptinsel nehmen England und das Bergland von Wales ein. England ist im W und in der Mitte z.T. gebirgig, im übrigen Hügel- und Tiefland. In →Schottland überwiegt Gebirge. Im N schließen sich die Orkney- und Shetland-Inseln an, im NW die Hebriden, im W liegt →Irland mit dem zu G. gehörenden Nordirland. Die Flüsse sind kurz: im O Themse, Ouse, Trent, Tees, Tyne, Tweed, im W Severn, Dee, Mersey. Klima: mild und feucht, häufig starke Nebel. G. ist waldarm, hat Heiden, Moore, Wiesen (bes. im S Parklandschaft).

BEVÖLKERUNG. Überwiegend →Engländer und Schotten; keltisch sprechende Bewohner in Wales, Hochschottland, auf der Insel Man; neuerdings rd. 1 Mill. Farbige in den Industriestädten. Durchschnittl. Bevölkerungsdichte 218, im Raum London und in SO-Lancashire über 1000 Ew. je km². Millionenstädte: London, Birmingham, Glasgow. Religion: vorw. protestantisch (5,3 Mill. Katholiken, rd. 500000 Juden). Staatskirche in England die →Anglikanische Kirche, in Schottland die Kirche der →Presbyterianer.

WIRTSCHAFT. G. ist überwiegend Industriestaat. Die stark mechanisierte Landwirtschaft erzeugt rd. 50% des Nahrungsmittelbedarfs; bedeutende Viehzucht (bes. Schafe) und Fischerei. ⚒ auf Kohle und Eisenerz stark im Rückgang; Gewinnung von Kaolin und Salz. Nach dem Rückgang der Textil- und Hüttenindustrie sind Wachstumsindustrien bes. die chem. und die metallverarbeitende Ind. Energieerzeugung aus Kohle, Wasserkraft (Schottland), Kernenergie. London ist ein bedeutender Platz im internat. Kapital- und Versicherungsgeschäft. Ausfuhr: Fertigwaren. Einfuhr: Nahrungsmittel, Rohstoffe, Erdöl, Fertigwaren. Haupthandelspartner: Länder des ehem. Sterling-Gebiets, USA und Kanada, EWG-Länder, EFTA-Länder.

VERKEHR. Gut entwickeltes Netz, bes. Straßen (Autobahnnetz im Aufbau). Bedeutende Seeschiffahrt (Handelsflotte 21,7 Mill. BRT); Luftverkehr. Wichtigste Seehäfen: London, Southampton, Liverpool; wichtigster internat. Flughafen: London-Heathrow (der größte Europas).

GESCHICHTE. G. (so bezeichnet erst seit 1707), im Altertum von Kelten bewohnt, wurde seit 43 n. Chr. mit Ausnahme des nördl. Schottlands röm. Provinz. Im 4. und 5. Jahrh. eroberten die german. →Angelsachsen den Hauptteil G.s; nur in Wales und Schottland hielten sich die Kelten. Durch den Sieg bei Hastings (1066) unterwarf **Wilhelm der Eroberer,** Herzog der Normandie, das Angelsachsenreich; seine →Normannen bildeten nun die Oberschicht. Mit Heinrich II. kam 1154 das Haus Anjou-Plantagenet auf den Thron. Johann ohne Land mußte seinen Großen 1215 die →Magna Charta gewähren. Im Laufe des 13. Jahrh. entstand das engl. Parlament. Eduard III. erhob Anspruch auf die französ. Krone und begann 1338 den →Hundertjährigen Krieg. 1429 trat der Rückschlag durch die →Jungfrau von Orléans ein; nur Calais blieb noch bis 1558 englisch. Die blutigen und wechselvollen →Rosenkriege zwischen dem Haus **Lancaster** und dem Haus **York** endeten 1485 mit der Thronbesteigung Heinrichs VII. aus dem Haus **Tudor.** Heinrich VIII. brach mit dem Papst und machte sich 1534 zum Oberhaupt der Anglikan. Kirche; erst 1549 wurde die protestant. Reformation eingeführt. Die Regierung Elisabeths I. brachte einen großen Aufschwung der engl. See- und Handelsmacht. 1603 gelangte mit Jakob I. das Haus **Stuart,** das bereits in Schottland regierte, auf den engl. Thron. Die ersten engl. Kolonien in Nordamerika entstanden. Im Bürgerkrieg (1642 bis 1649) siegte die puritan. Parlamentspartei, aber die Macht riß ihr Heerführer →Cromwell an sich. 1660 wurde das Königtum unter Karl II. wiederhergestellt. Im Parlament bildeten sich die Parteien der Tories und der Whigs heraus. Durch die »glorreiche Revolution« (1688) wurde Wilhelm III. von Oranien König. Die Bill of rights von 1689 begrenzte die Königsmacht und gleichzeitig gewährte die Toleranzakte den puritan. Gruppen volle kirchl. Freiheit. Unter Anna wurden 1707 England und Schottland zum Königreich G. vereinigt. Im →Spanischen Erbfolgekrieg kämpfte G. dank Marlborough siegreich gegen die Übermacht Ludwigs XIV. von Frankreich. 1714 wurden mit Georg I. die welf. Kurfürsten von **Hannover** auf den brit. Thron berufen. Im Siebenjährigen Krieg siegte G. über Frankreich und gewann 1763 das französ. Kanada. Abfall der älteren brit. Kolonien in Nordamerika 1776-83 (→Vereinigte Staaten von Amerika, Geschichte). G. erlangte die endgültige Vorherrschaft in Indien, setzte sich seit 1788 in Australien fest und wurde für ein volles Jahrh. die führende Wirtschaftsmacht der Welt. Seit 1793 kämpfte es gegen die Französ. Revolution und Napoleon I. Der Sieg Nelsons bei Trafalgar (1805) verschaffte G. die auf lange Zeit unbestrittene Seeherrschaft. 1800 war G. mit Irland zum »Vereinigten Königreich von G. und Irland« verschmolzen worden. Mit der Thronbesteigung der Königin Viktoria (1837) löste sich die Verbindung zwischen G. und Hannover. Der Freihandel wurde 1846 durchgeführt, die schweren sozialen Notstände unter den Arbeitermassen aber erst allmählich gebessert. Der konservative Staatsmann Disraeli begann die Politik des Imperialismus; 1875 kam der Suezkanal, 1882 Ägypten unter brit. Herrschaft. 1900 wurde die Labour Party gegr. Mit Eduard VII. bestieg das Haus Coburg (seit 1917 Haus **Windsor** genannt) den Thron. 1904 schloß G. die »Entente« mit Frankreich und verständigte sich 1907 auch mit Rußland; so entstand der →Dreiverband. 1914 trat G. in den →Weltkrieg I ein. 1921 wurde der unabhängige Irische Freistaat geschaffen. Nach vorübergehendem Zurückweichen vor den Achsenmächten (Eroberung Äthiopiens durch Italien, Münchener Abkommen 1938 während der Sude-

tenkrise) erklärte G. 1939 Dtl. den Krieg (→Weltkrieg II). Auf →Churchill (seit 1940) folgte 1945 als MinPräs. Attlee (Labour Party; Soziale Gesetzgebung). 1951 kehrte Churchill als MinPräs. zurück; es folgte eine Reihe konservativer Regierungen (Eden, Macmillan, Douglas-Home), 1964 bis 1970 die Labour-Regierung unter H. Wilson. Seit 1970 führt E. Heath wieder eine konservative Regierung. Seit dem 1. und bes. seit dem 2. Weltkrieg verlor G. seine Stellung als Weltmacht und zog sich aus seinen Kolonien zurück. Es ist seit 1949 Mitgl. des Nordatlantikpakts. Nach dem Tode Georgs VI. (1952) wurde seine Tochter Elisabeth II. Königin (gekrönt 1953). Der Antrag auf Aufnahme in die EWG von 1961 wurde abgelehnt; der von 1967 war 1971 erfolgreich; der Beitritt soll am 1. 1. 1973 vollzogen werden. Die Unruhen um die Stellung der kath. Minderheit in Nordirland veranlaßten G., die beschränkte Autonomie 1972 aufzuheben, die nordir. Regierung und das Parlament zu entlassen und selbst die Regierungsgewalt auszuüben.

Großdeutsche, in der Frankfurter Nationalversammlung 1848/49 (später auch in Österreich) die Anhänger eines geeinten Dtl.s mit Einschluß Österreichs; ihnen standen die **Kleindeutschen** gegenüber, die ein von Preußen geführtes Dtl. ohne Österreich erstrebten.

Größe die, 1) Ausmaß. 2) Bedeutung, bes. sittl. Wert. 3) ⊙/△ Zahlen- oder Meßwert.

Großenhain, Kreisstadt im Bez. Dresden, 20 000 Ew.; Tuch-, Maschinen-, Papier-Ind.

Größenwahn, Selbstüberschätzung; oft krankhaft als Ausdruck von Geisteskrankheiten.

Großer Bär, Sternbild, →Bär.

Großer Kurfürst, Kurfürst →Friedrich 9).

Großer Ozean, →Stiller Ozean.

Großer Rat, in den schweizer. Kantonen, in denen keine Landsgemeinde besteht, die gesetzgebende, vom Volk gewählte Behörde.

Große Seen, →Kanadische Seen.

Großflosser, →Labyrinthfische.

Großfürst, im alten Rußland und Litauen Titel des Oberherrschers, später der russ. kaiserl. Prinzen und Prinzessinnen (**Großfürstin**).

Groß-G'erau, Kreisstadt in Hessen, 13 300 Ew.; Fachwerk-Rathaus; Industrie.

Großglockner der, →Glockner.

Großhandel, kauft Waren in großen Mengen vom Erzeuger und verkauft sie an den Einzelhandel oder zur Weiterverarbeitung an Erzeuger.

Großherzog, Fürst im Rang zwischen König und Herzog; heute nur noch in Luxemburg.

Gross'ist [frz.] der, Großhändler.

Großjährigkeit, ♂ Volljährigkeit.

Großk'ophta, der angebl. Gründer der ägypt. Freimaurerei, als dessen Abgesandter sich →Cagliostro ausgab. Lustspiel von Goethe (1791).

Großmacht, ein Staat, der die internat. Politik entscheidend beeinflußt. Im 19. Jahrh. bildeten die fünf G. Frankreich, England, Österreich, Rußland, Preußen (seit 1871 das Dt. Reich) das »Europäische Konzert«; später rückten Italien, die USA und Japan, seit 1945 die Sowjetunion und China nach.

Großmeister, Oberhaupt von Ritterorden.

Großmogul der, Bezeichnung der muslim., ihrer Herkunft nach türkisch-mongol. Herrscher Indiens 1526-1858.

Großstadt, Gem. mit über 100 000 Ew.

Großsteingräber, Hünengräber, aus Steinblöcken errichtete vorgeschichtl. Grabbauten.

Groß Strehlitz, Kreisstadt in Oberschlesien, 31 200 Ew.; seit 1945 unter poln. Verwaltung (**Strzelce Opolskie**).

Großward'ein, rumän. **Oradea,** Stadt in Rumänien, 135 400 Ew.; spätbarocke Bauten; Bahnknoten, Flugplatz; Aluminium-, chem.- u. a. Ind. G. war bis 1919 und 1940-44 ungarisch.

Großwes'ir der, in islam. Ländern der leitende Minister, bes. in der Türkei (bis 1922).

Grosz, George, Maler, Zeichner, *1893, †1959; geißelte in karikierenden Zeichnungen Militarismus und Bourgeoisie; seit 1932 in New York.

Grotefend, 1) Georg Friedrich, Philologe, *1775, †1853, entzifferte die Keilschrift. 2) Hermann, Geschichtsforscher, *1845, †1931; »Zeitrechnung des dt. MA. und der Neuzeit«.

Grotenburg, Berg (386 m hoch) im Teutoburger Wald, mit dem Hermannsdenkmal.

grot'esk [ital.], phantastisch, seltsam, verzerrt. **Grot'eske** die, 1) übertreibende, meist witzige Erzählung von Drama. 2) TANZKUNST: verzerrte, unnatürl. Bewegungen. 3) ⊡ meist Mz., phantastische Verzierungen aus Tier-, Pflanzen- u. a. Formen.

Grot'esk die, eine Schriftart.

Grotewohl, Otto, *1894, †1964; 1920-33 als Sozialdemokrat und MdR mehrfach braunschweig. Min.; seit 1949 MinPräs. der Dt. Dem. Rep.; seit 1961 von W. Stoph vertreten.

Groth, Klaus, Dichter, *1819, †1899; Meister plattdt. Dichtkunst: »Quickborn« u. a.

Gr'otius, Hugo, niederländ. Jurist, Staatsmann, *1583, †1645; schuf Staats- u. Völkerrecht.

Grotte [ital.] die, natürl. oder künstlich gebildete gewölbte Höhle.

Grottenolm, Schwanzlurch mit rückgebildeten Augen, lebt in Höhlengewässern des Karst.

Grubber [engl.] der, **Kultivator,** mit Hacken versehenes Ackergerät zur Bodenbearbeitung. **Grube** die, ⚒ Bergwerk. **Grubenbau,** unterirdischer Bergbau.

Grubengas, das ⚒ →Methan.

Grubenlampe, ⚒ →Sicherheitslampe.

Grubenwurm, Hakenwurm, im Dünndarm des Menschen schmarotzende Fadenwurm, der durch Verletzung der Schleimhaut starke Blutverluste erzeugt (**Ankylostom'iasis**).

Grude [ndt. »heiße Asche«] die, **G.-Koks,** der körnige Rückstand beim Verkoken von Braunkohlen, als Brennstoff für **G.-Herde** und **G.-Öfen.**

Gr'ummet, Grumt, das, süddt. **Öhmd** das, der getrocknete zweite Schnitt der Wiesen.

Grün, 1) Farbe des Spektrums zwischen Gelb und Blau. 2) Dt. Name der Spielkarte Pik.

Grün, Anastasius, eigentl. Anton Graf v. Auersperg, Dichter, *1806, † 1876, schrieb polit. Gedichte gegen Metternich, Romanzen.

Grünberg in Schlesien, Stadt zwischen Bober und Oder, (1939) 26000 Ew.; Weinbau; Textil-Ind. Seit 1945 unter poln. Verw. (**Zielona Góra;** 72 300 Ew.; Rüstungsindustrie.

Grund, Bad G., Kurort in Ndsachs., Oberharz, 4100 Ew.; Erzbergbau; Tropfsteinhöhlen.

Grundbuch, ein i. d. R. vom Amtsgericht als G.-Amt geführtes Buch, in das alle Beurkundungen über Rechtsverhältnisse an Grundstücken aufgenommen werden und das jeder, der ein berechtigtes Interesse nachweist, einsehen kann. Die urkundl. Grundlagen für Eintragungen werden in **Grundakten** zusammengefaßt. Änderungen der Rechtslage des Grundstücks treten grundsätzlich erst mit der Eintragung in G. ein.

Grunddienstbarkeit, ⚖ →Dienstbarkeit.

Grundeigentum, die rechtl. Verfügungsgewalt über Grundstücke; an Wohngrundstücken durch Fluchtlinien- und Bebauungsgesetzgebung eingeschränkt.

Grundeis, an der Flußsohle gebildetes, durch Auftrieb an die Oberfläche gebrachtes Eis.

Gründgens

Gryphius

Grundel die, 1) Gattung breitköpfiger Knochenfische, meist im Meer; die **Meer-** oder **Schwarz-G.** 2) der→Gründling. 3) die→Schmerle.

Gründerzeit, Gründerjahre, die Jahre 1871 bis 1873, als die französ. Kriegsentschädigung in Dtl. eine ungesunde Spekulation hervorrief.

Grundfläche, △ ebene Grenzfläche eines Körpers, die dessen unterste Fläche bildet.

Gründgens, Gustaf, Schauspieler, Regisseur und Theaterleiter, *1899, †1963; 1934-45 Intendant des Staatl. Schauspielhauses Berlin, 1947-55 Düsseldorf, bis 1963 Hamburg.

Grundgesetz, 1) die Verfassung eines Landes, bes. die Verfassung der →Bundesrep. Dtl. vom 23. 5. 1949 (Abk. GG). 2) einfachstes Naturgesetz (→Biogenetisches Grundgesetz).

Grundherrschaft, die Form des mittelalterl. Großgrundbesitzes. Der **Grundherr** war zugleich Gerichtsherr seiner leibeigenen Bauern, die, **Grundholde** oder **Hintersassen** genannt, bestimmte Abgaben und Dienste zu leisten hatten.

grund'ieren, einen Malgrund schaffen.

Grundlagenforschung, wissenschaftl. Nach prüfung der Prinzipien einer Wissenschaft, bes. der Mathematik und der exakten Naturwissenschaften; i. w. S. zweckfreie Forschung.´

Gründling der, **Grimpe** die, 15 cm langer Karpfenfisch im Süßwasser; Speisefisch.

Grundlinie, →Basis.

Gründonnerstag, Donnerstag vor Ostern, Gedächtnistag der Einsetzung des hl. Abendmahls.

Grundpfandrecht, Pfandrecht an Grundstücken (Hypothek, Grundschuld, Rentenschuld).

Grundrechnungsarten. Die **Addition** (Zusammenzählen) vermehrt eine Zahl (Summand) um eine oder mehrere andere Zahlen (Summanden); Ergebnis: Summe. Die **Subtraktion** (Abziehen) vermindert eine Zahl (Minuend) um eine oder mehrere Zahlen (Subtrahenden); Ergebnis: Differenz (Unterschied). Bei der **Multiplikation** (Vervielfältigung) wird eine Zahl (Multiplikand, Faktor) mit einer anderen (Multiplikator, Faktor) vervielfältigt; Ergebnis: Produkt. Bei der **Division** (Teilung) wird eine Zahl (Dividend) durch eine andere (Divisor, Teiler) geteilt; Ergebnis: Quotient.

Grundrechte, unantastbare Rechte des Einzelnen auf Freiheit von staatl. Eingriff; in den neueren Verfassungen einzeln angeführt und näher festgelegt, z. B. Glaubens-, Versammlungs-, Vereinsfreiheit. (→Menschenrechte)

Grundrente, Bodenrente, nur auf Bodenbesitz zurückzuführendes Einkommen.

Grundriß, Darstellung eines Gegenstandes als Projektion auf die waagerechte Ebene.

Grundschuld, 🎵 Grundstücksbelastung, bei der das Grundstück für eine bestimmte Summe haftet (§ 1191 BGB). Im Unterschied zur →Hypothek setzt die G. eine Forderung nicht voraus.

Grundschule, Unterstufe der →Schule.

Grundstoffe, die →chemischen Elemente.

Grundstück, Immob'ilie, 🎵 ein abgegrenzter Teil der Erdoberfläche; →Grundbuch.

Grundton, ♪ der die Harmonie eines Akkords tragende Ton.

Grundtvig, Nikolai Frederik Severin, dän. Geistlicher und Dichter, *1783, †1872, gründete die erste Volkshochschule (1844), strebte eine freie nationale Volkskirche an.

Grundumsatz, ♪ der Stoffwechselumsatz des Körpers bei völliger Ruhe und in nüchternem Zustand; errechnet aus der Sauerstoffaufnahme und Kohlendioxydabgabe bei der Atmung; diagnostisch wichtig u. a. bei Erkrankungen der →Schilddrüse, bei Fettsucht.

Gründung, Fundament, 🏠 die Gesamtheit aller baul. Maßnahmen, die im Hinblick auf die Tragfähigkeit und sonstige Beschaffenheit des Baugrundes getroffen werden müssen.

Gründüngung, Anbau von schnellwüchsigen Pflanzen, meist Schmetterlingsblüter, als Stickstoffsammler, die später untergepflügt werden.

Grundwasser, größere unterird. Wasseran-

Grüssau: Klosterkirche (Vorkriegsaufnahme)

sammlung auf wasserundurchlässiger Schicht, in Form eines unterird. Sees oder G.-Stroms. Seine Oberfläche ist der **G.-Spiegel.**

Grundzahl, Basis, →Potenz.

Grüne Insel, Bezeichnung für Irland.

Grüner Plan, Maßnahmen der Bundesregierung zur Förderung der Landwirtschaft (Verbesserung der Agrarstruktur, Rationalisierung der Erzeugung, Förderung der Qualität). Der dem Bundestag vorgelegte **Grüne Bericht** beschreibt jährl. die Entwicklung im vorausgehenden Wirtschaftsjahr.

Grüner Star, Augenkrankheit, →Star.

Grunewald, Kiefernforst, Vorort Berlins.

Grünewald, Maler, →Nithardt, Mathis.

Grüne Welle, Zentralschaltung der Verkehrsampeln eines Straßenzuges, ermöglicht durchgehende Fahrt mit bestimmter Geschwindigkeit.

Grünfäule, 1) grünfarbige Holzzersetzung durch Pilze. 2) Obst- und Traubenzerstörung durch grünen Schimmelpilz.

Grünkern, Grünkorn, →Dinkel.

Grünkohl, der →Blattkohl.

Grünling, 1) Grünfink, ein Finkenvogel. 2) Grünreizker, schmackhafter Speisepilz.

Grünspan der, Kupferacetat, bildet sich als grüner Überzug auf Kupfer durch Lufteinwirkung auch beim Kochen saurer Fruchtsäfte; giftig.

Grünstadt, Stadt in Rheinl.-Pf., 10 600 Ew.

Gruppe, die, Mehrzahl von Menschen, Dingen; danach: G.-Unterricht, G.-Therapie u. a.

Gruppe 47, 1947 gegr. Gruppe von Schriftstellern mit sozialist., zeitkrit. Einstellung (u. a. Böll, Ingo Bachmann, Walser, Grass, Enzensberger, Richter); jährliche krit. Tagungen.

Gruppenehe, die dauernde Verwandung mehrerer Frauen und Männer (bei Naturvölkern).

Grus [zu Grieß] der, durch Verwitterung in kleine Stücke zerfallendes Gestein, bes. aus Granit.

Grusinische Sozialistische Sowjetrepublik, Georgische SSR, Unionsrep. (seit 1936) der Sowjetunion, 69 700 km², 4,6 Mill. Ew., darunter 64 % →Georgier, zwischen Kaukasus und Kleinem Kaukasus, am Schwarzen Meer; Hauptstadt: Tiflis. Anbau von Tee, Citrusfrüchten, Tabak; Wein über dem Schwarzmeerküste; in Höhenlagen Weidewirtschaft. 💎 auf Kohle, Mangan, Zink-, Bleierze u. a. Versch. Industrien, in Batumi Erdölverarbeitung. (→Georgien)

Grüssau, Gem. in Niederschlesien; Benediktinerabtei mit Barockkirche; seit 1945 unter poln. Verwaltung (Krzeszów), rd. 1800 Ew.

Grützbeute l, Ather'om, durch Talgdrüsenverstopfung entstandene **Balggeschwulst** im Unterhautzellgewebe, meist am behaarten Kopf.

Grütze die, gestampfte Getreidekörner.

de Gruyter, Walter de G. u. Co., Verlagsbuchhandlung in Berlin, gegr. 1919.

Gr'yphius, Andreas, Dichter, *1616, †1664; Trauerspiele; Lustspiele: »Peter Squentz«, »Horribilicribrifax«.

Grimek [gʒimɛk], Bernhard, Tierarzt, *1909, seit 1945 Direktor des Zoolog. Gartens Frankfurt a. M.; schrieb: »Serengeti darf nicht sterben« (auch verfilmt); Hg. von »G.s Tierleben«.

G-Schlüssel, Violinschlüssel, ♪ Vorzeichnung der Note g¹ auf der 2. Linie.

Gsovsky, Tatjana, russ. Tänzerin und Choreographin, *1902, wirkt in Berlin.

Guadalajara [gwaðalax'ara], Hauptstadt des mexikan. Staates Jalisco, 1,3 Mill. Ew.; Erzbischofssitz, Univ., Kathedrale; Bergbau, Ind.

Guadalcan'al, die größte der brit. Salomoninseln; 1942/43 japan.-amerikan. Kämpfe.

Guadalquivir [gwaðalkiv'ir] der, Fluß im südl. Spanien, 579 km lang, mündet in den Golf von Cádiz; viele Talsperren.

Guadeloupe, La G. [guadl'up], Inselgruppe der Kleinen Antillen, französ. Übersee-Département, 1780 km², 320000 Ew. (meist Mulatten, Neger); umfaßt die Insel G. mit Nebeninseln. Hauptstadt: Basse-Terre. Zucker, Bananen, Rum, Kaffee, Kakao. Häufig Orkane und Erdbeben.

Guadi'ana der, Fluß im südl. Spanien, 830km lang, mündet in den Golf von Cádiz, Staubecken.

Guaj'akbaum, tropisch-amerikan. Pflanzengattung; liefert das harte, zähe, würzige **Guajak-, Franzosen-, Pock-, Heiligenholz.**

Guaj'ave die, birnenähnl. tropisches Obst.

Gu'am, Insel der Marianen, im Stillen Ozean, 533 km², 102000 Ew., davon rd. 35000 Eingeborene; Hauptstadt: Agaña. Marine- und Flugstützpunkt. G., ehem. spanisch, gehört seit 1898 den USA. 1941-44 von Japan besetzt.

Guanah'ani, die →Watlingsinsel.

Guan'ako das, Wildform des →Lama.

Gu'anchen, Gu'antschen, die Urbewohner der Kanarischen Inseln; in der span. Bevölkerung aufgegangen.

Gu'ano [span.] der, Ablagerung von Kot und Leichen von Seevögeln (Pinguinen, Pelikanen), stickstoff- und phosphorsäurehaltiges Düngemittel; findet sich an regenarmen Küsten Südamerikas (bes. Perus und Chiles).

Guant'ánamo, Hafenstadt auf Kuba, 165200 Ew.; Flottenstützpunkt der Verein. Staaten.

Guardaf'ui, Kap G., felsiges Vorgebirge in Somalia, Afrika.

Guardi, Francesco, italien. Maler, *1712, †1793; impressionist. venezian. Motive.

Guatemala mit dem Vulkan Fuego

Guardi: Aufstieg einer Mongolfière über dem Canale della Giudecca

Guardi'an der, Vorsteher eines Franziskaner- oder Kapuzinerkonvents.

Guard'ini, Romano, Philosoph und Theologe, *1885, †1968; vertrat eine kath. Weltanschauung in Religionsphilosophie und Geistesgeschichte.

Guareschi [guar'eski], Giovannino, italien. Schriftsteller, *1908, †1968; schrieb »Don Camillo und Peppone« (verfilmt).

Guar'ini, Guarino, italien. Barockbaumeister, *1624, †1683; S. Lorenzo, Turin.

Guarn'eri, Geigenbauerfamilie in Cremona (17./18. Jahrh.).

Gu'aschmalerei, Malerei mit deckenden Wasserfarben; Unterschied: Aquarellmalerei.

Guatem'ala, 1) Republik in Zentralamerika, 108889 km², 5,0 Mill. Ew. (54% Indianer, sonst Mischlinge); Hauptstadt: G.; Amtssprache: Spanisch. Präsidialsystem. G. ist meist Hochgebirgs-

land, im S mit z. T. noch tätigen Vulkanen (Fuego 3918 m); fruchtbare Hochebenen; trop. Tiefland an den Küsten. ⚒ auf Blei, Zink u. a. Ausfuhr: Kaffee, Baumwolle, Bananen u. a. Haupthandelspartner: USA, Bundesrep. Dtl. Haupthäfen: San José (Pazifik), Puerto Barrios (Atlantik). – G. wurde 1524 von den Spaniern unterworfen, 1821 von ihrer Herrschaft befreit; seit 1839 selbständige Republik. Es erhebt Anspruch auf Brit.-Honduras. Präs.: Arana Osorio (seit 1970). ⊕ S. 516, ⊡ S. 345. 2) Hauptstadt von 1), 573000 Ew.; bedeutendste Stadt Mittelamerikas; 2 Universitäten, Erzbischofssitz; Industrie; Flughafen.

Guavi'are der, größter Nebenfluß des Orinoco aus den Kordilleren Kolumbiens, 724 km.

Guay'ana, 1) Landschaft im NO Südamerikas, zwischen Amazonas und Orinoco, rd. 1,5 Mill. km²; an der atlant. Küste trop.-feuchtes Tiefland (Regenwald), im Innern Gebirgsland (große Wasserfälle), z. T. Savanne. Bevölkerung: Asiaten (Inder, Chinesen, Indonesier); Neger, Mulatten, Indianer, wenig Weiße. Politisch gehören ²/₃ G.s zu Brasilien und Venezuela, den Rest nehmen ein: **2) G.,** amtl. **Guyana,** Rep. in Südamerika, Teil von 1), 214970 km², 742000 Ew.; Hauptstadt: Georgetown; Amtssprache: Englisch. Im Küstenstreifen Anbau von Reis, Zuckerrohr, Kokospalmen, Bananen u. a. ⚒ auf Bauxit, Gold, Diamanten, Mangan. Haupthandelspartner: Großbritannien, USA, Kanada. – G., ehem. brit. Kolonie, ist seit 1966 unabhängig. Staatspräs.: R. A. Chung (chines. Herkunft), MinPräs.: F. Burnham (afrikan. Herkunft). ⊡ S. 345. 3) →Französisch-Guayana. 4) Niederländisch-G., →Surinam. ⊕ S. 517.

Guayaquil [guajak'il], Hauptumschlaghafen von Ecuador, 651500 Ew.; Univ., Kathedrale; Erdölraffinerie, Eisengießerei, Werft.

G'ubbio, Stadt in Mittelitalien (Umbrien), 32800 Ew.; Bischofssitz; Wollindustrie.

Guben, seit 1961 **Wilhelm-Pieck-Stadt G.,** Stadt in der Niederlausitz, an der Görlitzer Neiße, 29300 Ew. (1939: 45800); Obst- und Gemüsebau; Textil-Ind.; der östl. der Neiße gelegene größere Teil steht seit 1945 unter poln. Verw. **(Gubin).**

G'udbrandsdal, wald- und siedlungsreiche Tallandschaft in S-Norwegen; alte bäuerl. Kultur.

Gudden, Bernhard Aloys v., Psychiater, *1824, †1886; ertrank mit Ludwig II. von Bayern.

Gud'erian, Heinz, Gen.-Oberst, *1888, †1945; baute die dt. Panzerwaffe auf, 1944/45 Chef des Generalstabes des Heeres.

Gudrun [zu ahd. gund »Kampf« und runa »Geheimnis«], weibl. Vorname.

Gudrunlied, Kudrunlied, altdt. Heldendichtung, Anfang des 13. Jahrh. in Österreich oder Bayern aufgezeichnet.

Gu'elfen, im MA. die italien. Gegenpartei der →Ghibellinen.

Guericke [g'e-], eigentl. **Gericke,** Otto v., Naturforscher, *1602, †1686, seit 1646 Bürgermeister von Magdeburg; erfand die Luftpumpe, untersuchte die Erscheinungen des luftleeren Raumes (→Magdeburger Halbkugeln), baute die erste Elektrisiermaschine.

Guardini

Gürteltier:
Kugel-G.

Guerilla [gɛr'iʎa, span.], →Kleinkrieg.
Guernsey [g'əːnzi], eine der →Normannischen Inseln, 63 km², 47 200 Ew.; Fremdenverkehr.
Guevara [geⱱ'ara], Ernesto (ɔChe‹), lateinamerikan. Revolutionär, *1928, †1967.
Gugel [lat. cucullus] die, Kapuze mit Schulterkragen, Kopfbedeckung im 14.-16. Jahrh.
Guide [frz. giːd, engl. gaid] der, 1) Reiseführer. 2) Reisehandbuch.
Gu'ido [ital. für dt. Veit], männl. Vorname.
Gu'ido von Arezzo, italien. Musikgelehrter, * um 990, †1050; verbesserte das Notensystem.
Guilloche [gij'ɔʃ, frz.] die, verschlungene Zierlinie, auf Wertpapieren, Wechseln, zum Schutz gegen Fälschung. Zw.: **guilloch'ieren.**
Guillotine [gijɔt'in] die, →Fallbeil.
Guinea [g'ini] die, früher: engl. Goldmünze, 1816 durch den →Sovereign ersetzt.
Guinea [gin'ea], 1) Küstengebiet W-Afrikas, mit trop. Regenwald in **Oberguinea** (zwischen Senegal und Kamerunberg), der in **Niederguinea** (südl. davon bis zur S-Grenze Angolas) allmählich in Savanne und schließlich in Wüste übergeht. G. umsäumt den **Golf von G.** 2) Rep. in W-Afrika, 245857 km², 3,9 Mill. Ew. (65% Muslime); Hauptstadt: Conakry; Amtssprache: Französisch. Präsidialverfassung. Feuchte Küstenniederung, im Innern Bergland (bis 1850 m), im NO Savanne. Anbau: Reis, Maniok, Bananen, Ananas, Kokosnüsse, Kaffee, Zuckerrohr, Kautschuk; Vieh- und Forstwirtschaft. ⚒ auf Bauxit, Eisenerz, Diamanten. Wasserkraftwerke; Aluminiumindustrie. Ausfuhr: Bauxit, Aluminiumoxyd, Bananen, Kopra, Kaffee, Eisenerz. Haupthandelspartner: Kamerun, USA, Frankreich, Sowjetunion. Haupthafen und internat. Flughafen: Conakry. – G., das ehem. Französisch-G., wurde 1958 unabhängig. Präs.: S. Touré (seit 1958). ⊕ S. 514, ⊟ S. 345.
Guinea-Inseln im Golf von Guinea: São Tomé und Principe (portugiesisch), Fernando Póo und Annobón (zu Äquatorial-Guinea).
Guiness [g'inis], Sir Alec, engl. Charakterschauspieler (Theater und Film), *1914.
Guiscard [gisk'aːr], →Robert 2).
Guise [gyːz], französ. Herzogsfamilie aus dem Hause Lothringen (1527-1675), nach der Stadt G. an der Oise. Gegner der →Hugenotten.
Guitry [gitr'i], Sacha, französ. Schriftsteller, Schauspieler, Filmregisseur, *1885, †1957.
Guizot [giz'o], Guillaume, französ. Staatsmann und Historiker, *1787, †1876; seine Reformfeindlichkeit führte zur Februarrevolution 1848.
G'ulasch [ungar.] das, Fleischstücke, mit Speck, Zwiebel, Salz, Paprika geschmort.
G'ulbranssen, Trygve, norweg. Erzähler, *1894, †1962; »Und ewig singen die Wälder« u.a.
G'ulbranssen, Olaf, norweg. Karikaturist, *1873, †1958; zeichnete für den »Simplicissimus«.
Gulden der, urspr. Goldmünze (zuerst im 13. Jahrh. in Florenz geprägt ·daher Abk. Fl.), später Silbermünze. **Niederländ.G.,** →Währungseinheiten.
Guldinsche Regel [nach P. Guldin, *1577, †1643], zur Berechnung des Rauminhalts und der Oberfläche von Umdrehungskörpern.
Gülle, flüssiger Stalldünger, der sich aus Harn **(Jauche),** Kot und Wasser zusammensetzt. Man

Günzburg

unterscheidet: **Harn-G.** (kotarm), **Kot-G.** (harnarm) und **Voll-G.** (Kot und Harn).
Gully [g'ʌli, engl.] der, →Stadtentwässerung.
Gum, staatl. Kaufhaus in Moskau.
Gumb'innen, Hauptstadt des RegBez. G., Ostpreußen, (1939) 24600 Ew.; Handel und Industrie; seit 1945 unter sowjet. Verw. **(Gussew;** 1967: rd. 20000 russ. Ew.).
Gummersbach, Kreisstadt in Nordrh.-Westf., 45000 Ew.; Maschinen-, Elektro-, Textil-Ind.
Gummi, 1) der, vulkanisierter →Kautschuk. 2) das, wasserlösl. Anteil der in vielen Pflanzen vorkommenden **G.-Harze** (Gummigutt, Myrrhe).
Gummibaum, 1) **Kautschukfeigenbaum,** Zimmerpflanze. 2) Arten der Gattung Eukalyptus. 3) die kautschukliefernde Gattung Hevea.
Gummifluß, fälschlich **Harzfluß,** Krankheit der Steinobstbäume, bei der harziger, erstarrender Saft aus der Rinde bricht.
Gummigutt das Gummiharz aus Hinterindien, Abführmittel, Firnis (Goldfirnis).
Gummilinsen, Transfokatoren, Zoomlinsen [zuːm-], Objektive mit veränderl. Brennweite.
Gundermann, blaublühender Lippenblüter, in feuchtem Laubwald, mit Ausläufern.
Günderode, Karoline v., romant. Dichterin, *1780, †1806, beging aus unglückl. Liebe Selbstmord; Freundin von Bettina Brentano.
Gundolf, Friedrich, eigentl. **Gundelfinger,** Literarhistoriker, *1880, †1931; im George-Kreis, arbeitete über Shakespeare, Goethe, Kleist, George.
Gundremmingen, Gem. im bayer. Kr. Günzburg, seit 1966 Kernkraftwerk.
G'unnarsson, Gunnar, isländ. Schriftsteller, *1889; Romane (»Die Leute auf Borg«).
Günsel der, Gattung der Lippenblüter. **Kriechender G.,** violettblühende Wiesenstaude.
Günter, Günther, Gunther [aus ahd. gund »Kampf« und heri »Heer«], männl. Vorname.
Gunther, im Nibelungenlied der König der Burgunder. Der geschichtl. **Gundahar** wurde 436 von hunnischen Söldnern getötet.
Günther, 1) Agnes, Erzählerin, *1863, †1911; Roman »Die Heilige und ihr Narr«. 2) Ignaz, Bildhauer, *1725, †1775, Meister des süddt. Rokokos. 3) Johann Christian, schles. Dichter, *1695, †1723; bekenntnishafte Gedichte.
Guntur, Stadt in Andhra Pradesh, Indien, 254900 Ew.; Verkehrsknoten, Handel.
Günzburg, Kreisstadt in Bayern, an der Donau, 13100 Ew.; Schloß, Hofkirche; Industrie.
Gurgel der, der vordere Teil des Halses mit Schlundkopf und Kehlkopf.
Gurke die, kriechende oder rankende Gemüse- und Salatpflanze der Familie Kürbisgewächse; mit gelben, einhäusigen Blüten und saftiger Frucht (vielsamige Großbeere). Unreife mittellange Früchte legt man zur Milchsäuregärung in Salzwasser **(Salz-** oder **saure G.),** schlanke sind **Salat**-G. Reife **(Essig-G.** oder **Zucker-G.,** als **Senf-G.** (bes. große, reife),), als **Pfeffer-G.** (bes. kleine, junge).
Gurkenbaum, Bäumchen in den Tropen, z. B. mit gurkenähnl. sauren Früchten.
Gurkenkraut, 1) →Dill. 2) →Borretsch.
Gurkha, 1) hinduist. Volk, das 1768/69 Nepal eroberte, spricht das indoarische Nepali. 2) nepales. Soldaten in der engl. Armee.
Gurlitt, Willibald, Musikhistoriker, *1889, †1963; Wiederbelebung der Orgelmusik.
Gürsel, Cemal, türk. General, *1895, †1966; 1960 Führer des Aufstandes gegen die Regierung Menderes, 1961-66 Staatspräsident.
Gurt, 1) kräftiges, bandförmiges Gewebe. 2) ⌂ seitl. Begrenzung eines Trägers. **G.-Bogen,** rippenförmige Gewölbeverstärkung, Mauerbogen.
Gürtelrose, Gürtelflechte, →Herpes zoster.
Gürteltier, Familie der Zahnarmen, in S- und Mittelamerika, mit Schuppenpanzer aus Knochen und Horn; Grabkrallen; leben in selbstgegrabenen Höhlen, gehen nachts auf Insektenfang. Arten: **Riesen-G.,** bis 1 m; **Kugel-G.,** kann sich bei Gefahr einrollen.

Gurtförderung, Beförderung von Massengut auf einem bewegten Gurt.

Gürzenich der, Festsaalbau in Köln.

Gußeisen, in Formen vergießbares Eisen mit 2,5 bis 4% Kohlenstoff.

Gustav [aus altnord. gudr »Kampf« und stafr »Führer«], männl. Vorname.

Gustav, Könige von Schweden. 1) **G. I.** (1523 bis 1560), genannt **G. Wasa,** befreite Schweden von der dän. Herrschaft, führte die Reformation ein. 2) **G. II. Adolf** (1611-32), entriß den Russen Ingermanland, den Polen Livland. Durch sein Eingreifen in den Dreißigjährigen Krieg wurde er der Retter des dt. Protestantismus; er besiegte 1631 Tilly bei Breitenfeld, fiel 1632 in der Schlacht bei Lützen gegen Wallenstein. 3) **G. III.** (1771-92), kämpfte 1788-90 gegen Rußland, wurde auf einem Maskenball ermordet. 4) **G. IV. Adolf** (1792 bis 1809), Sohn von 3), Gegner Napoleons I., wurde abgesetzt. 5) **G. V.** (1907-50), unter ihm war Schweden in beiden Weltkriegen neutral. 6) **G. VI. Adolf,** *1882, seit 1950 König.

Gustav-Adolf-Werk der Evangel. Kirche in Dtl., 1832 gegr. **(Gustav-Adolf-Verein),** benannt nach →Gustav Adolf 2), zur geistl. und materiellen Förderung bedrängter Diasporagemeinden; Zentralverband in Leipzig.

Gusto [ital.] der, Geschmack; Wohlgefallen.

Gwalior: Haupteingang der Festung

Güstrow, Stadt im Bez. Schwerin, 37 500 Ew.; Bahnknoten, Marktort; Maschinen-Ind.

Gut die, 1) Mittel zur Befriedigung menschl. Bedürfnisse. 2) ETHIK: sittl. Wert; als höchstes G. (summum bonum) galten in der Antike z. B. Glückseligkeit (Sokrates), Lust (Epikur), Tugendhaftigkeit (Stoa). 3) Landwirtschaftl. Betrieb. 4) Beförderungsstück (Fracht-G.).

Gutenberg, Johannes, aus der Mainzer Patrizierfamilie **Gensfleisch,** der Erfinder der Buchdruckerkunst mit bewegl. gegossenen Lettern, * zwischen 1394 und 1397, † vor März 1468, errichtete in Mainz mit Johann Fust eine Druckerei. In ihr ist die 42zeilige lat. Bibel **(Gutenbergbibel)** entstanden (1455 vollendet).

Gütergemeinschaft, ⚭ vertragl. Güterstand des ehel. Güterrechtes (→Ehe). Die Vermögen der Eheleute werden gemeinschaftl. Vermögen (Gesamtgut; →Gesamthandsgemeinschaft).

guter Glaube, lat. **bona fides,** ⚭ die Überzeugung, daß man sich bei einer Handlung oder in einem Zustand in seinem guten Recht befindet; rechtlich vielfach bedeutsam.

Güterrechtsregister, von den Amtsgerichten geführtes Register, in das best. Rechtsverhältnisse, die das ehel. Güterrecht betreffen (z. B. Eheverträge), eingetragen werden.

Gütersloh, Stadt in Nordrh.-W., 76 300 Ew.; Textil-, Haushaltsmaschinen- u. a. Fabriken, Verlage.

Gütertrennung, ⚭ der bis 30. 6. 1958 gültige gesetzl. ehel. Güterstand, →Ehe.

Güterverkehr, Beförderung von Gütern aller Art durch Eisenbahnen, Kraftfahrzeuge, Schiffe, Luftfahrzeuge, Transportbänder, Rohrleitungen. Beim **Güterkraftverkehr** unterscheidet man Güterfernverkehr, Bezirks-G. und Güternahverkehr (gewerbsmäßig oder Werkverkehr).

gute Sitten, ⚭ der Inbegriff dessen, was dem Anstandsgefühl aller billig und gerecht Denkenden entspricht. Ein Rechtsgeschäft, das gegen die g. S. verstößt, ist nichtig (§ 138 BGB).

Güteverfahren, ⚭ Verfahren vor Arbeitsgerichten zur gütl. Einigung der Parteien; zu Beginn der mündl. Verhandlung.

Gütezeichen, ⚭ Kennzeichnung von Waren, die bestimmten Gütevorschriften entsprechen. G. sind Gruppenzeichen, im Unterschied zu der Marke eines bestimmten Herstellers.

Guthaben, den man auf Grund einer Abrechnung von einem andern zu fordern hat.

Gutschrift, Eintragung auf der Habenseite eines Kontos.

Gutsherrschaft, Form des Großgrundbesitzes; seit dem 16. Jahrh. in O-Mitteleuropa an Stelle der →Grundherrschaft; der Eigenbetrieb des Gutsherren war auf Kosten des Bauernlandes vergrößert. Die Bauernbefreiungen beendeten die G.

Guts Muths, Johann Christoph Friedrich, Turnlehrer, * 1759, †1839, schuf ein System des Schulturnens seit 1785.

Guttap′ercha die, eingetrockneter Milchsaft südostasiat. Bäume, chem. dem →Kautschuk verwandt; Dichtungsmasse, für Kitte (Zahnkitt).

Guttempler-Orden, 1852 in den USA gegr. Bewegung zur Bekämpfung des Alkoholgenusses.

Guttur′al [lat.] der, Kehllaut.

Gutzkow, Karl, Schriftsteller, *1811, †1878; ein Wortführer des →Jungen Deutschland; schrieb Dramen, Zeitromane, Essays.

Guyana, →Guayana 2).

Gw′alior, Stadt in Madhja Pradesch, Indien, überragt von einer alten Hindu-Festung mit prächtigen Bauten; 354 400 Ew.

G′yges, König von Lydien, im 7. Jahrh. v. Chr.; nach der griech. Sage ermordete er den König Kandaules durch einen Zauberring. Trauerspiel von Hebbel (1856).

Gymkh′ana [angloind.] das, ⚞ Wettkämpfe, die Sicherheit und Geschicklichkeit erfordern.

Gymn′asium [von grch. gymnos »nackt«] das, -s/...sien, bei den alten Griechen die Gymnastikstätte, zugleich auch Mittelpunkt des geistigen Lebens; heute höhere Schule, die zur Hochschulreife führt. Es gibt altsprachl., neusprachl. und mathemat.-naturwissenschaftl. G.

Gymn′astik [grch.] die, bei den alten Griechen die Kunst der Leibesübungen (Heben, Stemmen, Geh- und Laufübungen, Ringen, Speerwerfen, Diskuswerfen); jetzt die Leibesübungen mit gesundheitl. und künstler. Zielen, oft mit Musik **(rhythmische G.),** auch →Heilgymnastik.

Gymnosp′ermen [grch.] Mz., ⚘ die Nacktsamigen (→Blüte, →Samen).

Gynäkolog′ie [grch.] die, Frauenheilkunde. **Gy äkol′oge** der, Frauenarzt.

Gynandr′ismus [grch.] der, **Gynandr′ie** die, Scheinzwittertum beim Weibchen, z. B. hahnenfiedrige Hennen.

Gyttja die, Ablagerung auf dem Grund nährstoffreicher Seen.

Gustav II. Adolf

Gustav VI. Adolf

H

h, H, 1) der achte Buchstabe im Abc. 2) ♪ h, der siebente Ton der C-Dur-Grundtonleiter. 3) H, chem. Zeichen für →Wasserstoff (Hydrogenium). 4) ⚹ UND ZEITRECHNUNG: h, svw. hora [lat.], Stunde. 5) △ h = Höhe. 6) h, ⊗ Plancksches Wirkungsquantum. 7) ⊗ H, Henry, Einheit der Selbstinduktion.

ha, Abk. für →Hektar.

Haag, Den H., niederländ. amtl. **s′Gravenhage,** königl. Residenz und Regierungssitz der Niederlande, mit Seebad Scheveningen 599 000 Ew., Kunsthandel, Gemäldegalerien, Museen;

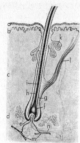

Akademie des Völkerrechts, Haager Schiedshof, Friedenspalast; Schlösser, got. Kirche; Erdgasgewinnung, vielseitige Industrie.

Haager Abkommen, Haager Konvention, verschiedene in Den Haag abgeschlossene internat. Abkommen, bes. 1) die →Haager Landkriegsordnung. 2) die privatrechtl. Abkommen über Zivilprozeß, Rechtshilfe, Sicherheitsleistung, Armenrecht (1896, 1905) und über Familienrecht (1902, 1905). 3) die Haager Konvention zum Schutz der Kulturgüter im Fall eines bewaffneten Konflikts (1954).

Haager Friedenskonferenzen, 1899 und 1907 auf Veranlassung Rußlands in Den Haag abgehaltene Konferenzen der europ. und vieler außereurop. Staaten. Hauptergebnis war die →Haager Landkriegsordnung und die Errichtung des Internationalen →Ständigen Schiedshofes.

Haager Landkriegsordnung, LKO, ein Bestandteil des Abkommens der →Haager Friedenskonferenzen über Regeln und Gebräuche des Landkrieges; z.T. veraltet, durch neuere Abkommen ergänzt (→Genfer Konventionen).

Haager Schiedshof, →Ständiger Schiedshof.

Haakon, →Håkon.

Haan, Stadt in Nordrh.-Westf., 20700 Ew.; Maschinen-, Metallwaren-, Textilind.

Haar die, **Haarstrang** der, Höhenzug in Westfalen, nördl. der mittleren Ruhr, bis 390 m.

Haar, Gem. im Kr. München, 14300 Ew.; Bezirks-Nervenkrankenhaus, wachsende Ind.

Haarausfall, vorzeitiger Haarschwund. Vorübergehender H. auch bei Erkrankungen der Kopfhaut (Hautpilzerkrankung) sowie als Folge von Typhus, Scharlach, Syphilis u.a.

Haarbalgmilbe, bis 0,4 mm lang, schmarotzt in Mitessern, bes. der Gesichtshaut.

Haarbeutel, im 18. Jahrh. zur männl. Haartracht gehöriger Beutel aus schwarzem Taft.

Haardt die, Ostteil des Pfälzer Waldes, der nordwestl. Gebirgsrand der Oberrhein. Tiefebene, in der Kalmit 673 m hoch; an den Vorbergen Wein- und Obstbau (**Weinstraße**).

Haare Mz., fadenförmige Oberhautgebilde bei Mensch, Tier und Pflanze. Der **H.-Schaft** steckt mit der **H.-Wurzel** im **H.-Balg,** in dessen unterstem Teil die Wurzelschwellung (**H.-Zwiebel**) auf einem gefäß- und nervenreichen, birnenförmigen Wärzchen der Lederhaut (**H.-Papille**) sitzt, die das Haar ernährt.

Haarentfernungsmittel, Oxydationsmittel; chem. Ätzmittel in Pulver- oder Cremeform.

Haarfärbemittel, Anilinderivate in Verbindung mit bestimmten Entwicklern (Wasserstoffperoxyd oder Persalzen).

Haargarn, grobes Garn aus Rinder- und Ziegenhaar mit Wolle (Futterstoffe, Teppiche).

Haargefäße, lat. **Kapillaren,** die feinsten Blutgefäße. Durch ihre zarten Wände hindurch werden Sauerstoff und Nährstoffe in die Zellgewebe hinein abgegeben, während Kohlensäure u.a. Stoffwechselschlacken in das Blut übertreten.

Haarlem, Harlem, Hauptstadt der niederländ. Prov. Nordholland, 172200 Ew.; Kanalver-

bindung nach Amsterdam; Groote Kerk, Stadthaus, Museen; Blumenzwiebelzucht u.a. Industrie.

Haarlemmermeer, Großgem. in Nordholland, 56900 Ew.; umfaßt den trockengelegten einstigen See H.; Anbau von Weizen, Hafer.

Haarmoos, →Frauenhaar.

Haarröhrchen, Kapillare, →Kapillarität.

Haarstern, 1) ☿ →Seelilie. 2) ☿ →Komet.

Haas, Joseph, Komponist, *1879, †1960; Opern, geistliche, Konzert- und Hausmusik.

Hába, Alois, tschech. Komponist, *1893; Vertreter eines temperierten Viertelton-, auch Sechsteltonsystems.

H'abakuk, einer der zwölf Kleinen Propheten im A.T.

Habana, →La Habana.

Habanera [avan'e:ra] die, kubanisch-span. Tanz im $^2/_4$- (auch $^4/_8$-) Takt.

Habe, Hans, eigentl. Jean Bekessy, Schriftsteller, *1911; »Ilona«, »Die Mission«.

H'abeas-Corpus-Akte [lat. habeas corpus »du habest den Körper«], das engl. Verfassungsgesetz von 1679, wonach niemand ohne gerichtl. Nachprüfung in Haft gehalten werden darf.

Haben das, →Buchführung.

Haber, Fritz, Chemiker, *1868, †1934, Entdecker des **Haber-Bosch-Verfahrens** zur Darstellung von Ammoniak aus Stickstoff und Wasserstoff; von Bosch für den Großbetrieb nutzbar gemacht. Nobelpreis 1918.

Haberfeldtreiben, bayer. volkstüml. Rügegericht gegen Mißliebige; von Vermummten durch Strafpredigten und Katzenmusik vollzogen.

Häberlin, Paul, schweizer. Pädagoge und Philosoph, *1878, †1960; lehrte einen metaphys. Individualismus.

Habicht der, **Hühnerhabicht,** Falkenvogel, schlägt Vögel und kleinere Säugetiere.

Habichtskraut, artenreiche Gatt. meist gelb blühender, staudiger Korbblüter mit Milchsaft.

Habichtswald, Teil des Hess. Berglandes, westl. Kassel, im Hohen Gras 615 m hoch.

Habilitati'on [lat.] die, Erwerb der akadem. Lehrbefugnis für ein wissenschaftl. Fach durch Vorlage einer Abhandlung (**H.-Schrift**), wissenschaftl. Aussprache im Anschluß an einen Vortrag (**Kolloquium**) und Probevorlesung.

Hab'it [lat.] das, Kleidung, Amtstracht.

Habitué [abity'e, frz.] der, Stammgast.

habitu'ell [frz.], gewohnheitsmäßig.

H'abitus [lat.] der, 1) äußere Gestalt, Erscheinung. 2) ♀ Körperbeschaffenheit eines Menschen. 3) Geistesart: **geistiger H.**

Habsburger Mz., Herrschergeschlecht, benannt nach der 1020 erbauten Stammburg **Habsburg** im Aargau. Die ältesten Besitzungen der H. lagen in der Schweiz und im Elsaß. König Rudolf I. gewann 1282 Österreich und Steiermark für das Haus, dazu erwarb es Kärnten, Krain, Tirol, Freiburg, Triest, Vorarlberg erwarb. 1438 bis 1806 waren die H. röm.-dt. Kaiser. 1482 erbten sie infolge ihrer Heiratspolitik auch die Niederlande, 1506/16 Spanien, 1526 Böhmen und Ungarn. Sie teilten sich 1521 und 1556 in eine span. und

---

Haare, Schema eines Kopfhaares:
a Epithelschicht,
b Keimschicht,
c Lederhaut,
d Unterhautfettgewebe, e Papille,
f Zwiebel,
g Oberhäutchen,
h Rindenschicht,
i Markschicht,
k Haarbalgdrüse (Talgdrüse),
l Haarmuskel,
m, n Nervenversorgung
(etwa 15fach vergrößert)

Habicht

Haare:
Haartrachten

Ägypterin　Griechin　Römerin　Kolbe　Allongeperücke　Zopfperücke

Rokoko　Chignon　Biedermeier　Pagenkopf　1960　Herrenscheitel

eine österreich. Linie; die span. starb 1700 aus, die österreich. im Mannesstamm 1740. Durch die Ehe der habsburg. Erbtochter Maria Theresia mit Franz I. von Lothringen entstand das neue Haus Habsburg-Lothringen, das bis 1918 in Österreich-Ungarn regierte, eine Nebenlinie bis 1859 in Toskana (→Österreich, Geschichte).

Hácha, Emil, *1872, †1945, 1938 tschechoslowak. Staatspräs., unterzeichnete 1939 den Protektoratsvertrag.

Haci'enda [span.] die, →Hazienda.

Hackbau, eine der ältesten Arten der Feldbestellung mit der Hacke als Hauptgerät.

Hackbrett, trapezförmiges Schlaginstrument mit Stahlsaiten, Vorgänger des Klaviers.

Hacke die, Werkzeug mit gestieltem Eisenblatt, zur Bodenbearbeitung.

Haeckel, Ernst, Naturforscher, *1834, †1919, erweiterte die Abstammungslehre durch Aufstellung des →Biogenetischen Grundgesetzes; materialist. Weltanschauung (→Monismus).

Haecker, Theodor, kath. Kulturphilosoph, *1879, †1945; »Vergil, Vater des Abendlandes«.

Hackfrüchte, Kulturpflanzen, deren unterirdisch wachsende Wurzeln oder Knollen geerntet werden und der Bodenpflege (Hacken) bedürfen.

Häcksel der, **Häckerling,** kurz zerschnittenes Futterstroh oder Heu als Großviehfutter.

Hadeln, fruchtbare Marschlandschaft links an der Elbmündung.

Hadern Mz., Textilabfälle, zur Papierherstellung verwendet.

Hadersleben, dän. **Haderslev,** Hafenstadt in Nordschleswig, Dänemark, 20 700 Ew.; Industrie. H. gehörte 1866-1920 zu Preußen.

Hades der, in der griech. Mythologie der Gott der Unterwelt; auch die Unterwelt selbst.

Hadlaub, Johannes, schweizer. Minnesänger, Anf. des 14. Jahrh.; Novelle von G. Keller.

Hadram'aut, wüstenhafte Küstenregion (bis 2499 m) an der Südküste Arabiens.

Hadramaut: Oase

H'adrian, röm. Kaiser (117-138), betrieb die innere Festigung des Reichs, bereiste alle Provinzen; großer Bauherr (→Engelsburg).

H'adrian, Päpste. 1) H. I. (772-795), rief Karl d. Gr. gegen die Langobarden zu Hilfe; Karl bestätigte ihm die Pippinsche Schenkung von 754. 2) H. IV. (1154-59), einziger Papst engl. Nationalität. 3) H. VI. (1522/1523), Erzieher Karls V.; bemühte sich erfolglos um kirchl. Erneuerung.

H'adschi [arab. ›Pilger‹] der, Muslim, der nach Mekka gepilgert ist.

Hafen der, 1) ⚓ geschützter Liegeplatz für Schiffe. 2) süddt.: Topf, irdenes Gefäß.

Hafer der, Gattung der Getreidegräser; bekannteste Art Rispen-H.; in Europa seit ältester Zeit als Sommergetreide angebaut; in Schottland und Norwegen Brotfrucht, sonst mehr Pferdefutter. Enthülst und gequetscht H.-Flocken zu Grütze und H.-Schleim. Flug- oder Wind-H., mit dunkelborstigen Spelzen, Unkraut; andere Arten sind Wiesengräser. (BILD Getreide).

Haff das, ehemalige, durch eine Nehrung abge-

schnürte Meeresbucht mit Süßwasserzufuhr, z. B. Kurisches H., Frisches H.

H'afis, pers. Dichter aus Schiras, * um 1320, †1389, besang Wein, Liebe und Lebensgenuß.

Haflinger, kleines, warmblütiges, fuchsfarbenes Gebirgspferd der Alpenländer.

H'afnium, Hf, chem. Element, dem Zirkonium ähnl., sehr seltenes Metall; Ordnungszahl 72, Atomgewicht 178,49, Schmelzpunkt 2230° C, Siedepunkt über 3200° C.

Haft die, ⚖ 1)→Freiheitsstrafe. 2) Sicherungsmittel. 3) Zwangsmittel gegen Zeugen, Schuldner. **Haftbefehl,** die nur einem Richter zustehende Anordnung, eine Person zu verhaften (§§ 114f. StPO, 901, 908 ZPO). **Haftprüfung,** die von Zeit zu Zeit vorzunehmende richterl. Nachprüfung, ob eine angeordnete →Untersuchungshaft aufrechtzuerhalten ist (§§ 115aff. StPO).

Haftglas, dünne Glasschale (Linse), die unter den Augenlidern unmittelbar auf der Hornhaut als unsichtbarer Ersatz eines Brillenglases getragen wird.

Haftpflicht, ⚖ die →Haftung (Schadensersatzpflicht). **H.-Versicherung,** die Versicherung gegen wirtschaftl. Nachteile, die sich aus einer H. ergeben können; bes. wichtig für Personen, die aus →Gefährdungshaftung in Anspruch genommen werden können; für Kraftfahrzeughalter Pflicht.

Haftung, die Pflicht, für eine gesetzl. oder vertragl. begründete Verpflichtung einzustehen, in der Regel mit dem ganzen Vermögen; auch allgemeine Schadensersatzpflicht (→Schadensersatz) bei schuldhafter (vorsätzl. oder fahrlässiger) Schädigung (→Gefährdungshaftung). Die H. kann dem Grade nach (z. B. nur für grobe Fahrlässigkeit) oder auf bestimmte Vermögensteile (z. B. die Kommanditisteneinlage) beschränkt sein. Keine H. aus →Naturalobligationen.

Haftzeher, →Gecko.

Hagebutte, die, Schein- und Sammelfrucht der →Rose.

Hagedorn, Friedrich v., Dichter, *1708,†1754; Lieder von natürl. Anmut; Fabeln.

Hagel der, Niederschlag erbsen- bis hühnereigroßer Eisklümpchen (**H.-Körner, Schloßen);** sie bilden sich im Gefolge von Gewittern bei raschem Aufstieg warmer, wasserreicher Luft; fallen nur strichweise.

Hagelkorn, ⚕ Entzündung im Lidknorpel.

Hagelstange, Rudolf, Lyriker, *1912; »Venezianisches Credo«, »Zwischen Stein und Staub«, Roman: »Spielball der Götter«.

Hagen, Stadt in Nordrh.-Westf., 203 000 Ew.; Eisen-, Stahl- u. a. Industrie.

Hagen von Tronje im Nibelungenlied das Urbild des treuen Gefolgsmannes, der für seinen Herrn, König Gunther, Siegfried tötet. Er stirbt durch die Hand Kriemhilds.

Hagenau, Stadt im Unterelsaß, 24400 Ew.; Hopfenhandel, Glas- und keram. Industrie.

Hagenbeck, Karl, Tierhändler, *1844, †1913; errichtete den Tierpark Stellingen bei Hamburg, leitete einen Zirkus; Tierfangexpeditionen.

Hagenow, Kreisstadt im Bez. Schwerin, 10 900 Ew.; Bahnknoten; Holz- und Lebensmittelind.

Hagestolz [der auf einem Nebengut, ahd. hag, sitzende jüngere Sohn] der, ältlicher Junggeselle.

H'agia Soph'ia, Sophienkirche, bes. die in Istanbul, das Hauptwerk der Byzantin. Kunst; 532-37 von Kaiser Justinian I. errichtet. (BILD Byzantinische Kunst)

Hagiograph'ie [grch.] die, Lebensbeschreibung der Heiligen.

Hague [a:g], **Cap de la H.,** Landspitze an der franzöz. Kanalküste nw. von Cherbourg.

Häher, Gruppe von Rabenvögeln, z. B. Eichelhäher, Tannenhäher.

Hahn, der, 1) männl. Tier der Hühnervögel. 2) ⚙ Vorrichtung zum Abschließen oder Öffnen einer Rohrleitung für Flüssigkeiten oder Gase durch Drehen des Hahnkükens.

Hahn, Otto, Chemiker, Atomforscher, *1879, †1968; fand mit Lise →Meitner das Protactinium,

Haeckel

Hahn: a Durchgangshahn, b Dreiwegehahn, c Ablaßhahn

Hahn

Hahnenfuß, oben: Scharfer H., unten: Scharbockskraut

entdeckte 1938 mit Fritz Straßmann die →Kernspaltung des Urans. Nobelpreis 1944. War 1946-59 Präs. der Max-Planck-Gesellschaft.

Hahnemann, Samuel, Arzt, Begründer der →Homöopathie, *1755, †1843.

Hahnenfuß, Gattung der H.-Gewächse mit mehr oder weniger giftigen Kräutern. Arten: **Scharfer H.,** Wiesenunkraut, gelbblütig; **Kriechender H.,** gelbblütig, mit Ausläufern, an feuchten Orten; **Asiat. H. (Kugelranunkel),** Gartenzierpflanze; **Wasser-H.,** weißblühend, mit haarfiedrigen Unterwasserblättern; **Scharbockskraut,** gelbblühend, mit Knöllchen, im N Frischgemüse gegen Skorbut. →Anemone, →Leberblümchen, →Rittersporn.

Hahnenkamm, 1) trop. Zierpflanze, mit hahnenkammähnl., rotem Blütenstand. **2)** Berg bei Kitzbühel in Tirol, 1655 m hoch.

Hahnenkampf, Volksbelustigung, bei der zwei Hähne gegeneinander kämpfen, in W- und SO-Europa, Mexiko, bei den Malaien.

Hahnenklee-Bockswiese, Luftkurort und Wintersportplatz im Oberharz, Ndsachs.,2000 Ew. Seilbahn zum Bocksberg (728 m).

Hahnentritt, 1) bei Pferden fehlerhafter Gang mit zuckender Bewegung beim Heben eines oder beider Hinterschenkel. **2)** Keimscheibe im Eigelb des Hühnereis.

Hahnium, Ha, (Bohrium), künstl. hergest. Element,Ordnungszahl105,Transuran,Massezahl261.

Hahnrei der, betrogener Ehemann.

Haiderab'ad, engl. **Hyderabad, 1)** ehem. ind. Staat im mittleren Dekkan. **2)** Hauptstadt von Andhra Pradesch, Indien, 1,25 Mill. Ew.; Paläste, Moscheen, Univ.; Teppich-, Textil- u. a. Ind. **3)** Stadt in Pakistan, 434500 Ew.; Univ., Textilindustrie, Stickerei, Metallbearbeitung.

Haiderabad: Moschee Tschar Minar

Haiduken, →Heiducken.

Haif'a, bed. Umschlaghafen Israels, 289000 Ew.; Univ., TH; Endpunkt der Erdölleitung von Elath, Erdölraffinerie, chem., Kraftfahrzeug- u.a. Ind. (BILD Israel)

Haifische, Haie, Knorpelfische, meist Raubfische, mit unterständigem Maul und rückwärtsgerichteten Zähnen. Dem Menschen gefährlich sind z.B. der bis 7 m lange **Blau-** oder **Menschenhai,** der bis 4 m lange **Hammerhai** der wärmeren Meere. Ungefährlich sind **Katzenhai** und **Dornhai,** die in europ. Meeren vor Fischen leben.

Haig [heig], Douglas Lord, brit. Feldmarschall, *1861, †1928; war 1915-19 Oberbefehlshaber der brit. Truppen in Frankreich.

H'aile Sel'assie I., Kaiser von Äthiopien, *1892; wurde 1928 König (Negus), 1930 Kaiser (Negusa Negast); 1936-41 im Exil in England.

Haimonskinder, die vier Söhne des Grafen Haimon von Dordogne in einer Sage des Karoling. Sagenkreises; dt. Volksbuch (1531).

Hainan, chines. Insel vor der S-Küste Chinas, 34000 km², rd. 3 Mill. Ew. Hauptstadt: Haikou.

Hainbuche, die →Weißbuche.

Hainbund, →Göttinger Dichterbund.

Hainichen, Stadt im Bez. Karl-Marx-Stadt, 11300 Ew.

Hainleite die, Höhenzug in N-Thüringen.

Haile Selassie I.

Haiphong, Haupthafen von N-Vietnam, 370000 Ew.; große Docks und Werften.

H'aithabu, Handelsplatz der Wikinger bei Schleswig (9.-11. Jahrh. n. Chr.).

Ha'iti, 1) die zweitgrößte Insel der Großen Antillen, 76192 km², rd. 8,5 Mill. Ew. Buchtenreiche Küste, im Innern gebirgig (bis 3175 m). Klima tropisch; häufig Wirbelstürme. Politisch ist H. geglieder in die Dominikan. Rep. und die Rep. H. **2)** H., Rep. im W von 1), 27750 km², 4,8 Mill. Ew. (meist Neger, daneben Mulatten); Hauptstadt: Port-au-Prince; Amtssprache: Französisch. Präsidialverfassung. Erzeugung: Kaffee, Sisal, Zucker, Baumwolle, Kakao u. a., z. T. mit Bewässerung. ⚒ auf Bauxit. Ausfuhr: Kaffee, Bauxit, Sisal, Zucker. Haupthandelspartner: USA. Hauptstadt und Flughafen: Port-au-Prince. – H., seit 1697 französ.,wurde 1803 Negerrep. 1844 Absonderung des östl. Teils als →Dominikan. Republik. 1915-34 Schutzherrschaft der USA. Präs.: J.-C. Duvalier (seit 1971). ⊕ S. 517. ▷ S. 345.

Hakenbüchse, alte Feuerwaffe, Arkebuse.

Hakenkreuz, Swastika, altes, weitverbreitetes Segenszeichen; wurde von Hitler 1935-45 in die staatl. Embleme übernommen. (BILD Kreuze)

Hakenpflug, urtüml. Pflugform: Astgabel.

Hakenwurm, der →Grubenwurm.

H'akim [arab., pers.] der, Gelehrter, Arzt.

Hakodate, älteste Hafenstadt der japan. Insel Hokkaido, 252000 Ew.; Eisenbahnfähre nach Aomori, Honschu; untermeer. Tunnel im Bau.

Håkon, norweg. Könige: **1) H. der Alte** (1217 bis 1263), erwarb Grönland, Island. **2) H. VII.,** *1872, †1957, dän. Prinz, 1905 nach der Trennung von Schweden zum König gewählt.

Halal'i [frz.] das, ⚘ Jagdruf für gestelltes Wild, Hörnerruf für das Ende der Jagd.

Halbaffen, nächtlich lebende Säugetiere der Tropen; **Lemuren** (Madagaskar), **Lori** (Afrika), **Koboldmaki** (S-Asien).

Halbblut das, beim Menschen: Mischling; beim Pferd: Kreuzung Vollblut–Warmblut.

Halbe, Max, Dichter des Naturalismus, *1865, †1944; Dramen: »Der Strom«; Romane.

Halberstadt, Stadt im Bez. Magdeburg, 46300 Ew., nördl. vom Harz, mit altertüml. Häusern, got. Dom. – Das alte Bistum H. kam 1648 als Fürstentum an Brandenburg-Preußen.

Halbfabrikat, Zwischenstufe zwischen Rohstoff und gebrauchsfertigem **Fertigfabrikat.**

Halbfranzband, →Franzband.

Halbgeschoß, Mezzanin, ⬓ Zwischengeschoß.

Halbinsel, Landvorsprung an See- oder Meeresküsten.

Halbleiter, Stoffe, deren elektr. Leitfähigkeit viel geringer ist als die von Metallen, aber mit steigender Temperatur stark anwächst: Selen, Germanium, Silicium, Kupferoxyd. Techn. Anwendungen: Gleichrichter, Transistor, Zeitrelais.

halbmast flaggen, zum Zeichen der Trauer die Flagge in halber Masthöhe setzen.

Halbmesser, Radius, halber →Durchmesser.

Halbmetalle, ⊲ Elemente, die metall. wie nichtmetall. Eigenschaften aufweisen, z. B. Bor, Silicium, Germanium, Arsen, Antimon.

Halbmittelgewicht, →Gewichtsklassen.

Halbmond, 1) Wahrzeichen islam. Länder. **2)** Instrument der Militärmusik **(Schellenbaum),** mit Glöckchen, Roßschweifen.

halbpart machen [aus lat. pars »Teil«], in zwei gleiche Teile teilen.

Halbschwergewicht, →Gewichtsklassen.

Halbstarke, Jugendliche der Nachkriegszeit, die sich durch primitives Durchbrechen der sozialen Ordnung Geltung zu verschaffen suchten.

Halbstrauch, buschartige Holzpflanzen, deren Zweige nach 1-2 Jahren absterben und durch neue Triebe ersetzt werden.

Halbton, ♪ das kleinste Intervall; **diatonischer H.** gehört einer Dur- oder Molltonleiter leitereigen an; **chromatischer H.** entsteht durch Erhöhung oder Erniedrigung eines Leitertons.

Halbweltergewicht, →Gewichtsklassen.

Halbwertszeit, die Zeit, in der die Hälfte der Atome eines radioaktiven Elements zerfällt (→Radioaktivität).

Halbzeit, ⚽ die Hälfte der Spielzeit.

Halbzeug, 1) Hüttenwesen: vorgewalzte Blöke, die zu Schienen, Walzstahl, Blechen weiterverarbeitet werden. 2) gemahlene Hadern bei der Herstellung von →Papier.

Haldane [h'ɔ:ldein], Richard, engl. Politiker, *1856, †1928; 1905-12 Kriegsmin., 1912 erfolglos um dt.-engl. Verständigung bemüht, 1912-15 und 1924 Lordkanzler.

Halde die, 1) Bergabhang. 2) ⚒ hügelartige Ablagerungen von Abraum, Erzen usw.

Haldensleben, Kreisstadt im Bez. Magdeburg, 20500 Ew., am Mittellandkanal; Industrie.

Halder, Franz, Generaloberst, *1884, †1972; 1938-42 Generalstabschef des Heeres.

Hale [heil], George, amerikan. Astronom, *1868, †1938; erforschte bes. die Physik der Sonne.

Haleb, Stadt in Syrien, →Aleppo.

Halévy [alev'i], Jacques, französ. Opernkomponist, *1799, †1862; »Die Jüdin«.

H'alfa die, Spartogras (→Esparto).

Halfter das, auch: der, die, 1) leichter Zaum. 2) Pistolenbehälter.

Halifax [h'ælifæks], 1) Industriestadt im nördl. England, 96100 Ew.; ein Hauptsitz der Woll- und Wollgarn-Ind. 2) Hauptstadt und Haupthafen der kanad. Prov. Neuschottland; 201000 Ew.; Erzbischofssitz, Univ.; Schiffbau.

Halifax [h'ælifæks] Edward **Wood,** Lord (seit 1934), *1881, †1959, konservativer engl. Politiker, 1926-31 Vizekönig von Indien, 1938-40 Außenmin., 1940 bis 1946 Botschafter in Washington.

Halikarn'assos, altgriech. Stadt an der W-Küste Kleinasiens; Grabbau (→Mausoleum) des Mausolos (377-52 v. Chr.).

Hall, 1) →Schwäbisch Hall. 2) Solbad **H.** in Tirol, altertüml. Stadt am Inn, 12800 Ew. 3) **Bad H.,** Heilbad in Oberösterreich, 3800 Ew.

Hall [ho:l], Edwin Herbert, amerikan. Physiker, *1855, †1938; entdeckte 1879 den **Hall-Effekt:** in stromdurchflossenen elektr. Leitern, die sich in einem zum Strom senkrechten Magnetfeld befinden, entsteht senkrecht zu Strom und Magnetfeld eine Spannung.

Halle, 1) Bezirk der Dt. Dem. Rep., 8771 km², 1931500 Ew., 1952 aus dem S-Teil des Landes Sachsen-Anhalt und kleinen Gebieten des Landes Thüringen gebildet; reicht vom östl. Harz bis zum westl. Sachsen, im NO zum Fläming. Hauptflüsse: Saale, Mulde, Elbe. Ackerbau (Weizen, Zukkerrüben u. a.); Viehzucht. ⚒ auf Braunkohle, Stein- und Kalisalze, Kupfer; chem., Metall-, Maschinen- u. a. Ind. ⊕ S. 520/21. 2) **H. a. d. Saale,** Hauptstadt von 1), Industrie- und Handelsstadt, 276000 Ew.; Univ.; Franckesche Stiftungen; Burgruinen Moritzburg und Giebichenstein; Bahnknoten; Mittelpunkt des mitteldt.

Halle: Marienkirche und Roter Turm

Braunkohlengebietes und ausgedehnter Montan- und chem. Industrie; altes Salzsiedewerk (**Halloren**). H. kam 968 an das Erzbistum Magdeburg, 1648 an Brandenburg-Preußen.

Hallig: H. Langeneß

Hall'ein, Salinenkurort in Salzburg, Österreich, 14200 Ew.; uraltes Salzbergwerk; Industrie.

Hallel'uja [hebr.], Lobet Jahve (→Jahve).

Hallenkirche, ⛪ Kirche mit gleicher Höhe von Mittelschiff und Seitenschiffen.

Haller, 1) Albrecht v., Arzt, Naturforscher, Dichter, *1708, † Bern 1777, leitete die experimentelle Biologie ein, schrieb Gedankendichtungen, so das idyll. Lehrgedicht »Die Alpen« (1729), polit. Romane. 2) Hermann, schweizer. Bildhauer, *1880, †1950; Akte, Denkmäler, Bildnisse. 3) Karl Ludw. v., schweizer. Staatswissenschaftler, *1768, †1854, bekämpfte die Lehren der Französ. Revolution.

H'allerde, gipshaltiger Salzton.

Halley [h'æli], Edmund engl. Astronom, *1656, †1742; gab einen Sternkatalog heraus; fand, daß der Halleysche Komet von 1682 ein regelmäßig wiederkehrender Komet von 76 Jahren Umlaufzeit ist. (BILD Komet)

Halligen Mz., allgem.: unbedeichte Inseln mit Marschboden (W-Küste von Schlesw.-Holst.).

Hallimasch der, Honigpilz, eßbarer, gelbbrauner Blätterpilz an alten Stämmen oder auf Wurzeln junger Nadelholzpflanzen **(Erdkrebs),** Forstschädling. (FARBTAFEL Pilze S. 865)

Hall'ore der, Zunftgenosse der Saline zu Halle, mit alten Sitten und Trachten.

Hallstatt, Markt im oberösterr. Salzkammergut, am W-Ufer des **Hallstätter Sees,** 1400 Ew.; Salzbergbau seit der Bronzezeit.

Hallstattzeit, in der Vorgeschichte W- und Mitteleuropas und des Balkans die ältere Eisenzeit, etwa 750-500 v. Chr., nach dem Gräberfeld von Hallstatt. (TAFEL Vorgeschichte)

Hallstein, Walter, Jurist, *1901; war Prof. in Rostock und Frankfurt a. M.; 1950 Staatssekr. im Bundeskanzleramt, seit 1951 im Auswärtigen Amt; 1958-67 Präs. der EWG, seitdem Präs. des Bundesrats der Europ. Bewegung. Nach der **H.-Doktrin** (seit 1955) brach die Bundesrep. Dtl. die diplomat. Beziehungen mit jenen Staaten ab, die die Dt. Dem. Rep. anerkannten; durch die Aufnahme diplomat. Beziehungen mit Rumänien (1967) und Jugoslawien (1968) wurde die H.-Doktrin durchbrochen.

Hallström, Per, schwed. Dichter, *1866, †1960; Novellist (»Verirrte Vögel«), Lyriker.

Halluzinati'on [lat.] die, Sinnestäuschung, die ohne äußere Sinnesreize entsteht.

Halluzinog'ene [lat.-grch.] Mz., chem. Stoffe, die Halluzinationen hervorrufen können.

Halm, Friedrich, eigentl. Eligius Frh. v. Münch-Bellinghausen, *1806, †1871; 1867-70 Generalintendant der Wiener Hoftheater.

Halma [grch. »Sprung«] das, schon im Altertum bekanntes Brettspiel.

Halmah'era, Dschilolo, die größte Insel der Molukken, Indonesien, 17998 km².

Halmfliege, kleine Fliege, deren Larve in Halmen lebt und das Getreide schädigt.

Halmstad, Hafenstadt am Kattegat, in S-

Schweden, 46700 Ew.; Lachsfischerei, Granit.

H'alo [grch.] der, Beugungs-, Brechungs-, Reflexionserscheinungen vor einer Lichtquelle.

Halog'en [Kw., grch.] das, Salzbildner, die chem. Elemente Fluor, Chlor, Brom, Jod, Astatium. Die H. vereinigen sich mit Wasserstoff unmittelbar zu den **H.-Wasserstoffsäuren,** mit Metallen zu deren Salzen, den **Halogeniden.**

Halogenlampe, Glühlampe mit Jod- oder Bromzusatz; für Photo- und Filmtechnik, Flutlichtanlagen, Autoscheinwerfer.

Hals, der Kopf und Rumpf verbindende Körperteil. Der rückenwärts gelegene Teil des H. heißt Nacken. Als Stütze des menschl. H. dienen die 7 **H.-Wirbel.** Die Bewegung des Kopfes gegenüber dem H. wird durch die beiden obersten H.-Wirbel, Atlas und Dreher, vermittelt. Die **H.-Eingeweide** bestehen aus Kehlkopf, Luftröhre, Speiseröhre, Schilddrüse.

Hals, Frans, holländ. Maler, *1580/84, †1666; Bildnisse, genrehafte Halbfiguren (»Hille Bobbe«).

Frans Hals: Zigeunerin (Louvre, Paris)

Halsbandgeschichte, Skandalaffäre in Frankreich 1785, durch die Königin Marie Antoinette unschuldig in schlechten Ruf geriet.

Halseisen, an Pfahl oder Gebäude befestigtes eisernes Halsband, worin Verurteilte im MA. öffentlich ausgestellt wurden.

Halsentzündung, →Mandeln.

Halsgericht, hochnotpeinliches H., im MA. Gericht über Verbrechen, auf die meist Todesstrafe stand.

H'älsingborg, Hafenstadt in SW-Schweden, am Sund (Eisenbahnfähre), 81500 Ew.; Marienkirche (13. Jahrh.); Handel und Industrie.

Halskrause, gefältelte Rüsche, meist aus feiner Leinwand, als Halsabschluß des Hemdes, entstand um 1520. (FARBTAFEL Mode S. 695)

Halstenbek, Gem. im Kr. Pinneberg, Schlesw.-Holst., 10400 Ew.

Haltern, Stadt im Kr. Recklinghausen, Nordrh.-Westf., 16700 Ew.; Glas-, Holzindustrie.

Hal'unke [tschech.] der, Schurke, Betrüger.

Halver, Gem. in Nordrh.-Westf., 15700 Ew.

Ham [hebr.], Sohn des Noah, Stammvater der →Hamiten (1. Mos. 10).

Ham'a, Stadt in Syrien, 148200 Ew.; Woll-, Lederverarbeitung.

Hamad'an, das alte Ekbatana, Stadt in Iran, 124200 Ew.; Saffianleder, **H.-Teppiche.**

Hamamatsu, Stadt in Japan, 411000 Ew.; Teeanbau, Textil- u. a. Industrie.

Hamam'elis, strauchige Pflanzengattung der Ordnung Rosenartige, z. B. die Hexenhasel, Zaubernuß. Ziersträucher.

Hamann, Johann Georg, Religionsphilosoph, der »Magus im Norden« genannt, * 1730, †1788; Gegner der Aufklärung und Kants, wirkte bes. auf den »Sturm und Drang« ein.

Hämat'in [Kw., grch.] der, ⟲ der eisenhaltige, eiweißfreie Teil des Hämoglobins.

Hämat'it [Kw., grch.] der, graues bis schwarzes, metallglänzendes Mineral, Eisenoxyd.

Hämatolog'ie [Kw., grch.] die, ʃ Lehre von Blut und Blutkrankheiten.

Hämat'om [Kw., grch.] das, ʃ →Bluterguß.

Hämatur'ie [Kw., grch.] die, →Blutharnen.

Hambacher Fest, eine Volksversammlung der demokrat.-republikan. Bewegung Süddtl.s 1832 im Schloß Hambach, die zur völligen Unterdrükkung der Presse- und Versammlungsfreiheit durch den Bundestag führte.

Hamburg, amtl. **Freie und Hansestadt H.,** Land der Bundesrep. Dtl. und zweitgrößte Stadt Dtl.s, 747 km², 1,81 Mill. Ew. Landesparlament ist die Bürgerschaft, Regierungschef der Präs. des Senats (1. Bürgermeister: seit 1971 P. Schulz, SPD); Regierungsparteien: SPD/FDP. ⊕ S. 520 bis 521, ☐ S. 878.

H. liegt beiderseits der Niederelbe, 110 km von der Nordsee, Stadtkern nördl. der Elbe. Elbbrükken und der 450 m lange Elbtunnel verbinden die Elbufer. Das Zentrum bilden Rathausmarkt und Jungfernstieg (Alsterpromenade). Im 2. Weltkrieg hat H. schwer gelitten. Es ist der größte dt. Seehafen (40 km² einschl. Freihafen). Handelsplatz (Importe); Mineralölverarbeitung; elektrotechn., chem. Ind., Maschinen- und Schiffbau, Metallind., Druckereien; Kaffee- und Teeverarbeitung. H. ist Sitz mehrerer Bundesbehörden, hat Univ. (seit 1919), Musik- und Kunsthochschulen, wissenschaftl. Anstalten (u. a. Dt. Elektronensynchrotron DESY, Sternwarte), Museen, Theater, Rundfunk- und Fernsehsender; Tierpark in Stellingen.

GESCHICHTE. Die Anfänge reichen bis etwa 800 zurück. Seit dem 13. Jahrh. war H. Mitgl. der Hanse. Gegen Ende des 16. Jahrh. wurde es als Erbin Antwerpens der Stapelplatz N-Europas; 1815 wurde H. als Freie Stadt in den Dt. Bund aufgenommen und trat 1888 dem Dt. Zollverband bei. – Im dt. Geistesleben des 17./18. Jahrh. nahm H. eine führende Stellung ein.

Hamburg-Amerika-Linie, H.A.L., Hamburg-Amerikanische Packetfahrt-Actien-Gesellschaft (**HAPAG**), 1847 gegr. Reederei, Hamburg, bis 1914 größte Schiffahrtsges. der Welt; 1945 Verlust der Flotte, seit 1949 Neuaufbau.

H'ämeenlinna, Bez.-Hauptstadt in Finnland am See Vanaja, 37800 Ew.; Textilind., Druckereien.

H'ameln, Stadt in Ndsachs., 47800 Ew., an der Weser, mit schönen Renaissancehäusern, Mühlen-, Metall-, Teppich-, Fahrzeugind. – Sage vom **Rattenfänger von H.** (1284).

H'amen der, ein Fischnetz, →Kescher.

Ham'ilkar B'arkas, Vater des Hannibal, †228 v. Chr., karthag. Feldherr im 1. Punischen Krieg.

Hamilton [h'æmiltən], Hafen- und Industriestadt in Kanada, am Ontariosee; 274000 Ew.; Univ.; Eisen-, Stahlindustrie.

Hamilton [h'æmiltən], **1)** Alexander, nordamerikan. Staatsmann, *1757, †1804, verdient um Verfassung und Staatsfinanzen. **2)** Emma Lady, * um 1765, †1815, Geliebte des Admirals Nelson. **3)** Sir William Rowan, engl. Mathematiker, *1805, †1865, arbeitete über theoret. Mechanik.

Ham'iten [zu →Ham], afrikan. Sprach- und Völkergruppe, ursprüngl. meist Großviehzüchter, (z. B. Berber, Galla u. a.).

Hamburg: Hafen

H′amlet, sagenhafter altdän. Prinz, Held eines Trauerspiels von Shakespeare.

Hamm′ada, Ham′ada Mz., Steinwüsten der Sahara.

Hamm, 1) Stadt in Nordrh.-Westf., 84 300 Ew.; Bahnknoten, Hafen; Eisen-, Maschinen-, Textilind.; Thermalsolbad. **2)** Gem. im Kr. Recklinghausen, Nordrh.-Westf., 13 100 Ew.

H′ammarskjöld [-ʃœld], Dag, schwed. Politiker, *1905, † (Flugzeugabsturz) 1961, war seit 1953 Generalsekr. der Verein. Nationen.

Hamm-Brücher, Hildegard, Politikerin (FDP), *1921, Chemikerin, 1950-66 Mitgl. des bayer. Landtags, seit 1969 Staatssekr. beim Bundesmin. für Bildung und Wissenschaft.

Hammel der, verschnittenes männl. Schaf.

Hammelsprung, parlamentar. Abstimmungsverfahren, bei dem alle Abgeordneten den Saal verlassen und durch die »Ja«- oder »Nein«-Tür wieder betreten.

Hammer der **1)** Hand-H., Schlagwerkzeug mit Stiel und Kopf. Mechan. H. werden durch Riemenantrieb, Federkraft, Druckluft oder Dampf betätigt. **2)** Sportgerät zum Schleudern (**H.-Werfen**).

Hammerbrecher, Maschine mit einer oder zwei sich drehenden Wellen, an denen schwingende hammerartige Schläger befestigt sind, zum Zerkleinern von Gestein.

Hammerfest, Hafenstadt in Norwegen, 7100 Ew.; nördlichste Stadt Europas (70° 38′); Fischerei, Konservenfabrik, Wasserkraftwerk.

Hammerfisch, Hammerhai, →Haifische.

Hammerschlag, der beim Schmieden vom Stahl abspringende oxydische Überzug.

Hammond|orgel [h′æmənd-, engl.], mechan.-elektr. Musikinstrument.

Hammur′api, König von Babylonien (1728 bis 1686 v. Chr.). Seine Gesetze wurden 1902 auf einer Dioritstele (Paris, Louvre) gefunden.

Hämo... [grch.], in Fremdwörtern: Blut...

Hämoglob′in das, →Blutfarbstoff.

Hämol′yse [Kw., grch.] die, Auflösung roter Blutkörperchen.

Hämophil′ie [grch.] die, →Bluterkrankheit.

Hämorrhag′ie [grch.], ʃ Blutung.

hämorrhagische Diath′esen, ʃ Krankheiten mit Neigung zu Blutungen.

Hämorrho′iden [grch.] Mz., ʃ krankhafte Erweiterung der Mastdarmblutadern bis zu kirschgroßen Knoten, außerhalb (**äußere H.**) oder innerhalb (**innere H.**) des Afters. Ursache: Blutstauungen, bes. bei sitzender Lebensweise.

Hampton [hæmptn], Lionel, *1913, amerikan. Jazzmusiker; Schlagzeuger, Vibraphonist.

Hampton Court [h′æmptn kɔːt], königl. Schloß im SW Greater Londons, Gemäldegalerie.

Hamster, der, Nagetier mit kurzem Schwanz, 30 cm lang, gelbbraun, unten schwarz und weiß. Der H. hat Backentaschen, in denen er Getreidevorräte in seinen Erdbau trägt. Der **Gold-H.** (auch Haustier) dient als Versuchstier.

Hamsun, Knut, norweg. Dichter, *1859, †1952, schilderte Land und Menschen Norwegens: »Hunger«, »Pan«, »Victoria«, »Segen der Erde«, »Das letzte Kapitel«, »Landstreicher«, »Der Ring schließt sich«. Nobelpreis 1920.

Han, chines. Herrscherhaus, 206 v. Chr. bis 220 n. Chr., →China, Geschichte.

Hanau, Stadt in Hessen, am Main (Hafen), 55 500 Ew.; Gummi-, Edelmetall-, Apparatebau-, Quarzlampenind.; Edelsteinschleiferei.

Hand die, der Endteil der oberen Gliedmaßen, durch das Handgelenk mit dem Vorderarm verbunden, →Arm.

Handarbeiten: Nähen, Sticken, Stricken, Häkeln, Flechten, Klöppeln, Knüpfen, Weben.

Handball, dem Fußball ähnl. Kampfsportspiel zwischen 2 Mannschaften von 11 Spielern (beim Feld-H., 7 beim Hallen-H.) mit einem 425-475 g schweren Hohlball, der nach Zuwerfen und Treiben mit der Hand in das gegner. Tor geworfen wird.

Handel der, gewerbsmäß. Vermitt|lung des Austausches von Gütern und Dienstleistungen. Auf-

gaben: Befriedigung von Angebot und Nachfrage, Überwindung der räuml. Trennung beider, Vorratshaltung, Ausgleich örtl. und zeitl. Preisunterschiede; der Groß-H. übernimmt auch Kreditfunktionen für seine Abnehmer. –Man unterscheidet: **Groß-H.** (Absatz der Waren an Wiederverkäufer), **Einzel-H.** (Absatz an Verbraucher); **Eigen-H.** (Verkauf auf eigene Rechnung), **Kommissions-H.** (Verkauf im eigenen Namen für fremde Rechnung). Nach der Art der gehandelten Güter: **Waren-H., Immobilien-H.** usw.

Händel, Georg Friedrich, Komponist, *1685, †1759, seit 1712 in London; schrieb zunächst italien. Opern, begann seit 1738 epochemachenden dramat. Chororatorien (Saul, Samson, Herakles, Judas Makkabäus, Messias); 20 Orgelkonzerte, 25 Sonaten, 12 Concerti grossi.

Handel-Mazz′etti, Enrica Freiin v., Erzählerin, * Wien 1871, †1955; schrieb Romane von kath.-barocker Art: »Jesse und Maria«.

Handelsbilanz, die Gegenüberstellung der Werte der Wareneinfuhr der Warenausfuhr eines Landes; sie ist aktiv, wenn die Ausfuhr, passiv, wenn die Einfuhr überwiegt.

Handelsbrauch, Geschäftsbrauch, Usance, kaufmänn. Verkehrssitte; wichtig für die Auslegung von Verträgen.

Handelsbücher, Geschäftsbücher, Bücher, in denen ein Kaufmann seine Handelsgeschäfte und Vermögenslage ersichtlich macht.

Handelsflotte, alle Schiffe eines Staates, die Personen und Güter zur See befördern.

Hamster

Handelsflotten (Bestand 1970, in 1000 BRT)		
	insges.	davon Öltanker
Liberia	33 297	19 332
Japan	27 004	9 228
Großbritannien u. Nordirl.	25 825	12 032
Norwegen	19 347	8 857
Verein. Staaten	18 463	4 688
Sowjetunion	14 832	3 460
Bundesrep. Dtl.	7 881	1 643
Italien	7 448	2 721
Welt	**227 490**	**86 140**

Handelsgeschäfte, die Geschäfte eines Kaufmanns, die zum Betrieb seines Handelsgewerbes gehören, also keine Privatgeschäfte sind.

Handelsgesellschaft, →Offene Handelsgesellschaft, →Kommanditgesellschaft, →Gesellschaft mit beschränkter Haftung, →Aktiengesellschaft.

Handelsgesetzbuch, HGB, ⌐⌐ das den wesentlichsten Teil des →Handelsrechtes regelnde Gesetz vom 10.5.1897; gilt seit 1.1.1900.

Handelsgewerbe, jedes gewerbl. Unternehmen, das einen kaufmänn. Geschäftsbetrieb erfordert und dessen Firma in das Handelsregister eingetragen ist. Unternehmen, die Grundhandelsgeschäfte betreiben, gelten auch ohne Eintragung ins Handelsregister als H.

Handelshochschule, →Wirtschaftshochschule.

Handelskammer, →Industrie- und Handelskammer.

Handelskauf, Kauf von Waren oder Wertpapieren (nicht Grundstücken), der wenigstens für eine Vertragspartei ein →Handelsgeschäft ist; bes. Vorschriften in §§ 373ff. HGB.

Handelskette, 1) die Handelsstufen, die ein Produkt von der Herstellung bis zur Verwendung durchläuft. **2)** Zusammenschlüsse von Groß- und Einzelhändlern zur Rationalisierung von Einkauf, Verteilung, Werbung.

Handelskompanien, große Handelsgesellschaften, seit dem Ende des 16. Jahrh. bes. für den Handel mit überseeischen Waren gegr., durch Monopole, Privilegien, begünstigt.

Handelsorganisation, HO, staatl. Einzelhandelsunternehmen in der Dt. Dem. Rep., dient durch Abschöpfung der Kaufkraft der staatl. Währungs- und Preispolitik, durch Abführung der Preisaufschläge der Ausgabenfinanzierung.

Hammer:
a Schlosserhammer, b Tischlerhammer

Hamsun

Händel

Hängebahn:
a Fahrschiene,
b Fahrwerk,
c Antriebsmotor,
d Stromführung

Hannover

Handelspolitik, die Maßnahmen der Gestaltung und Ordnung des Binnen- und Außenhandels (Zollpolitik, Handelsverträge).

Handelsrecht, ein vom allgem. bürgerl. Recht abgegrenzter Teil des Privatrechts zur Regelung des Handelsverkehrs. Das dt. H. ist vor allem im →Handelsgesetzbuch enthalten.

Handelsregister, Firmenregister, ⚏ beim Amtsgericht geführte Bücher über die kaufmänn. Firmen des Bezirkes. In das H. werden Firma, Inhaber, Art des Unternehmens, Prokura usw. und alle Veränderungen eingetragen.

Handelsrichter, ehrenamtl. kaufmänn. Mitgl. der landgerichtl. Kammern für Handelssachen.

Handelsschulen, Schulen zur Ausbildung für den kaufmänn. Beruf: 1) kaufmänn. Berufsschule; 2) kaufmänn. Berufsfachschule (Handelsschule, höh. Handelsschule); 3) Schulen zur berufl. Fortbildung des Kaufmanns.

Handelsspanne, Unterschied zwischen Erzeuger- oder Einkaufspreis und Verkaufspreis.

Handelsvertrag, Vereinbarung zwischen zwei oder mehreren Staaten zur Regelung ihrer Handelsbeziehungen. (→Wirtschaftsabkommen)

Handelsvertreter, Handlungsagent, ein selbständiger Kaufmann, der für andere Unternehmen Geschäfte vermittelt oder abschließt.

Handfeuerwaffen, Schußwaffen, die von einem Mann gehandhabt werden können: Gewehr, Karabiner, Büchse, Flinte, Revolver, Pistole.

Handgeld, →Draufgabe.

Handgranate, mit der Hand geworfener Sprengkörper. Arten: Stiel-, Eier-H.

Handikap [h'ændikæp, engl.] dass., Benachteiligung. ⚏ Ausgleich unterschiedl. Vorbedingungen bei einem Wettkampf durch Vorgabe oder Gewichtszuteilung. **gehandikapt,** benachteiligt.

Handlungsbevollmächtigter ist befugt, Handlungen für das Handelsgeschäft eines Kaufmanns vorzunehmen, ohne Prokurist zu sein.

Handlungsfähigkeit, die Fähigkeit, rechtl. bedeutsame Handlungen vorzunehmen; umfaßt **Geschäftsfähigkeit** und **Deliktsfähigkeit.**

Handlungsgehilfe, wer in einem Handelsgewerbe zur kaufmänn. Ausbildung und Dienstleistung angestellt ist. (→kaufmänn. Angestellter)

Handlungsreisender, Handlungsgehilfe, der für einen Kaufmann in auswärtigen Orten Geschäfte vornimmt.

Handpferd, im Gespann das Pferd rechts.

Handschrift, 1) die jedem Menschen eigene Art der Schriftzüge (→Graphologie); die daher Rechtsverbindlichkeit hat. **2)** alles mit der Hand Geschriebene **(Manuskript),** i. e. S. handschriftl. Buch, bes. des MA., in der Form des Codex.

Handwerk, Berufsstand und gewerbl. Tätigkeit (H.-Betrieb), bei der ein H.-Meister die Erzeugungsmittel besitzt, allein oder mit Gesellen und Lehrlingen, meist auf Bestellung arbeitet und das Erzeugnis möglichst unmittelbar an den Verbraucher absetzt. Gegensatz: fabrikmäßige Massenerzeugung (Industrie). H.-Betriebe sind alle Betriebe, die in die Handwerksrolle der H.-Kammern eingetragen sind; Handwerkerzeichen sind die gewerbl. Zeichen eines best. H. (z. B. der Schlüssel der Schlosser). Seit dem MA. waren die Handwerker pflichtmäßig in →Zünften zusammengeschlossen. Grundlage des H.-Rechts ist in der Bundesrep. Dtl. die **Handwerksordnung** v. 17. 9. 1953 i. d. F. v. 28. 12. 1965. Danach sind **Handwerkerinnungen** freiwillige Vereinigungen fachlicher oder ähnl. selbständiger Handwerker; sie vertreten als öffentl.-rechtl. Körperschaften die Interessen ihrer Mitgl. Die **Handwerkskammern** sind

Hängewerk: 1 Einfaches H., a Streckbalken, b Hängesäule, c Streben, d Stahllaschen mit Stahlquerstück, e Auflager. **2** Hängebrücke, a Zuggurt

Selbstverwaltungs-Körperschaften des öffentl. Rechts zur Vertretung der Interessen des H. ihres Bezirks (u. a. Führung der H.-Rollen); sie sind auf Landesebene zu **Handwerkskammertagen,** im Bund zum **Deutschen Handwerkskammertag** (Bonn) zusammengeschlossen. Spitzenvertretung: **Zentralverband des Deutschen Handwerks.**

Handwerkerversicherung, die Altersversorgung der selbständigen Handwerker, seit 1. 1. 1962 innerhalb der Arbeiter-Rentenversicherung.

Handzeichnung, mit Silberstift, Bleistift, Feder, Kreide, Rötel, Kohle, Tusche auf Papier ausgeführte Zeichnung, oft als Studie.

hanebüchen, unerhört, derb, grob.

Hanf der, Faser- und Ölpflanze der Gattung Cannabis, vermutl. aus Asien, in Europa als Faserpflanze angebaut. Die Bastfaser wird durch →Rösten, Brechen, →Hecheln gewonnen und zu Bindfaden, Stricken und Webgarnen verarbeitet; aus dem Abfall **(H.-Werg, H.-Hede)** fertigt man Gurte und Stricke. Die Samen dienen als Vogelfutter und liefern Öl. Die halbreifen Kapseln und die Triebe der weibl. Pflanzen trop. Formen, bes. des **Indischen H.,** geben ein betäubendes Harz, das zu →Haschisch verarbeitet wird. **Chinesischer H.,** →Ramie. →Manilahanf.

Hang'ar der, Schuppen, Flugzeughalle.

Hängebahn, Förderanlage, bei der die Fahrzeuge an Fahrschiene oder Seil hängen.

Hängebrücke, →Brücke.

Hangendes, Gesteinsschicht unmittelbar über einer anderen.

Hängende Gärten, die von den Griechen zu den 7 Weltwundern gerechneten Dach- und Terrassengärten der sagenhaften Königin Semiramis in Babylon.

Hängewerk, Tragwerk, bes. beim Holzbau; die Hängesäulen sind durch Streben gegen die Auflager abgesteift.

Hängezeug, ⚒ Gerät für einfache Vermessungsaufgaben unter Tage.

Hangö, finn. Hafenstadt, →Hanko.

Hangtschou, postamtl. **Hangchow,** Hauptstadt der chines. Provinz. Tschekiang, 784000 Ew.; Univ.; Seiden-, Juteind., Teeaufbereitung.

Hanko, schwed. **Hangö,** Hafenstadt im SW Finnlands, 9700 überwiegend schwed. sprechende Ew., Seebad. 1940 wurde H. an die Sowjetunion verpachtet, 1944 gegen Porkkala ausgetauscht.

Hankou, Stadtteil der chines. Stadt →Wuhan.

Hanna, rechter Nebenfluß der March, 55 km lang, fließt durch die fruchtbare Niederung **Große H.,** mündet nordwestl. von Kremsier.

Hanna, Hanne, Kurzform von Johanna.

Hannibal, karthag. Feldherr, Sohn des Hamilkar Barkas, *247/46, †182 v. Chr.; veranlaßte den 2. Punischen Krieg, überschritt 218 die Alpen, siegte 217 am Trasimenischen See, 216 bei Cannä, eroberte fast ganz Unteritalien; wurde von Scipio 202 bei Zama besiegt.

Hannover, 1) Hauptstadt von Niedersachsen, an der Leine und Mittellandkanal, 540 700 Ew.; Industrie- und Messestadt; starke Zerstörung im 2. Weltkrieg; Techn. Univ., Tierärztl., Medizin. Hochschule, Hochschule für Musik und Theater. Industrie: Maschinen, Fahrzeuge, Gummi, Nahrungs- und Genußmittel, elektrotechn. Erzeugnisse. H., zuerst 1163 urkundl. bezeugt, wurde 1636 die Hauptstadt des welfischen Fürstentums Calenberg, dann des Kurfürstentums und späteren Königreichs Hannover. **2)** Teilgebiet des altwelf. Herzogtums Braunschweig-Lüneburg (→Braunschweig, Geschichte) seit 1692 Kurfürstentum. Georg I. bestieg 1714 den engl. Thron; seitdem war H. bis 1837 in Personalunion mit Großbritannien verbunden. 1814 wurde H. Königreich. 1837 (→Göttinger Sieben) heftige Verfassungskämpfe. Als Georg V. sich im →Deutschen Krieg von 1866 auf die Seite Österreichs stellte, wurde H. preußisch. **(BILD S. 381)**

Hannoversch Münden, →Münden.

Han'oi, Hauptstadt von N-Vietnam, 643 600 Ew.; Univ., Museen; ausgedehnter Handel.

Hans [Abk. von →Johannes], männl. Vorname, beliebt in Redewendungen: H. im Glück.

Hanse, Hansa [germ. »Schar«] die, Gemeinschaft der Kaufleute der meisten norddt. Städte im MA., entstand im 13. Jahrh. zur gemeinsamen Behauptung ihrer Vorrechte im Ausland. Die wichtigsten genossenschaftl. Niederlassungen (**Hansekontore**) bestanden in Visby auf Gotland, Nowgorod am Ilmensee, in Brügge, London (Stalhof) und Bergen. Die H. selbst blieb ein loser Städtebund ohne eigentl. Verfassung. Unter der Führung Lübecks erlangte sie die Seeherrschaft in der Ostsee und das wirtschaftlich-polit. Übergewicht in Nordeuropa, bes. durch ihren Sieg über den Dänenkönig Waldemar IV. Atterdag (1370). Doch im 16. Jahrh. verfiel ihre Macht, und im 17. Jahrh. löste sie sich ganz auf. Den Namen einer Hansestadt behielten nur noch Lübeck, Hamburg, Bremen. **Hanseaten,** 1) Mitglieder der Hanse. 2) Einwohner einer Hansestadt.

Haensel, Carl, Rechtsanwalt und Schriftsteller, *1889, †1965; Sport- u. a. Romane.

Hansjakob, Heinrich, Erzähler, *1837, †1916, kath. Pfarrer; schrieb Volkserzählungen.

Hanslick, Eduard, Musikschriftsteller, *1825, †1904; Gegner Wagners und Bruckners, Brahms-Vorkämpfer.

Hansom [h'ænsəm] der, leichtes, zweirädriges Gefährt mit zwei Sitzen.

Hanswurst, Possenreißer; komische Bühnenfigur, der **Harlekin** der Wanderbühne.

Hantel die, ein Turngerät, zwei durch Handgriff verbundene Eisenkugeln. Die **Feder-H.** besteht aus zwei durch Spiralfedern verbundenen Hälften. Der **Kugelstab** ist eine schwere H. zum Stemmen und Heben.

Hanyang, Stadtteil der chin. Stadt →Wuhan.

Hapag die, →Hamburg-Amerika-Linie.

Hapar'anda, nördlichste Hafenstadt Schwedens, 4000 Ew.; Waren-, Personenverkehr.

haplo'id [grch.], mit einfacher Chromosomenzahl.

Happening [h'æpəning, engl. »Ereignis«] das, neue »Kunstrichtung« (seit etwa 1962), durch den Menschen in ein Ereignis einzubeziehen, das ihm ein schockierendes Erlebnis vermitteln soll.

happy [h'æpi, engl.], glücklich; **happy end,** guter Ausgang (im Film u. a.).

Harak'iri das, japan. ritterl. Sitte der Selbstentleibung durch Bauchaufschlitzen.

Harald [germ. »Heerwalter«], männl. Vorname.

Harbig, Rudolf, Sportler, *1913, †1944, lief Weltrekorde über 400, 800 und 1000 m.

Harbin, Charbin, Pinkiang, Hauptstadt der Prov. Heilungkiang, China, 1,5 Mill. Ew.; Handels- und Industriestadt.

H'ardanger, Landschaft im südwestl. Norwegen; mit der Hochfläche **H. Vidda** (1200-1600 m hoch) und dem vielbesuchten **H. Fjord,** über 100 km lang. **H. Arbeit,** Durchbruchsarbeit auf grobfädigem Leinen mit Umsticken der Ausschnitte.

Harden, Maximilian, eigentl. **Witkowski,** Schriftsteller und Literaturkritiker, *1861, †1927,

Hardanger Vidda

Hannover: Rathaus am Maschpark

bekämpfte in seiner Wochenschrift »Die Zukunft« als Anhänger Bismarcks Wilhelm II.

Hardenberg, 1) Friedrich Freiherr v., →Novalis. 2) Karl August Fürst v., preuß. Staatsmann, *1750, †1822; 1804/05 und 1807 Außenmin., seit 1810 Staatskanzler; setzte die Reformen Steins fort.

Harding [h'a:diŋ], Warren G., amerikan. Politiker (Republikaner), *1865, †1923; war 1921-23 der 29. Präs. der Verein. Staaten.

Hardt, Ernst, Schriftsteller, *1876, †1947; neuromant. Lyrik, Novellen, Dramen.

Hardtop [h'a:dtɔp, engl.] das, ein im Gegensatz zum Kabriolett steifer, abnehmbarer Aufbau für Kraftwagen.

Hardware [h'a:dwɛə, engl.] die, DATENVERARBEITUNG: die techn. Einrichtungen einer Rechenanlage im Gegensatz zu dem als Programm ausgebildeten Betriebssystem (→Software).

Hansom

Hardy [h'a:di], Thomas, engl. Erzähler, *1840, †1928, schwermütige Romane (»Tess«, »Jude«).

H'arem [arab. »verboten«] der, Frauengemach bei den Muslimen.

Häres'ie [grch. »Wahl«, »Erwähltes«] die, Ketzerei, Irrlehre.

Här'etiker, Ketzer, **här'etisch,** ketzerisch.

Harfe die, uraltes Saiteninstrument, das mit den Fingern gezupft wird, meist in gebrochenen Akkorden.

Harke die, Rechen.

Harksheide, Gem. im Kr. Stormarn, Schlesw.-Holst., 16400 Ew.

H'arlekin der, 1) lustige Gestalt der Bühne. 2) Stachelbeerspanner, schwarz-weiß-gelber Schmetterling, Raupe schädlich.

Harlem, Negerstadtteil in New York.

Harm'attan der, trockner, staubführender Nord- oder Ostwind in Oberguinea.

Harmon'ie [grch.] die, 1) Zusammenklang, Übereinstimmung. 2) das richtige Verhältnis der Teile zum Ganzen. 3) ♪ der auf einen Grundton bezogene Zusammenklang mehrerer Töne. **H.-Lehre,** die Lehre von den Akkordbildungen und ihrer prakt. Verwendung im musikal. Satz.

Harfe

Harm'onika die, Musikinstrumente, 1) →Mundharmonika. 2) →Ziehharmonika.

harm'onische Analyse, →Fourier.

harm'onische Teilung, △ die Teilung einer Strecke AB durch zwei Punkte T_1 und T_2, die auf der Strecke und ihrer Verlängerung liegen, so daß AT_1 sich zu BT_1 verhält wie AT_2 zu BT_2. Die vier Punkte heißen **harmonische Punkte.**

harmonische Teilung

Harm'onium das, -s/...nien, Tasteninstrument, dessen Töne durch freischwingende Metallzungen entstehen, die durch einen Luftstrom in Schwingung versetzt werden.

Harn, der, **Urin,** die Absonderung der Nieren. Der normale H. des Menschen ist hellgelb, klar, enthält neben Wasser die Abfälle des Eiweißstoffwechsels, Harnstoff und Harnsäure sowie überschüssige Salze. Der H. wird über die **H.-Wege** (Nierenbecken, **H.-Leiter, H.-Blase, H.-Röhre**) aus dem Körper ausgeschieden. Die tägliche H.-Menge beträgt etwa 1-1½ l. – **H.-Untersuchung** dient zur Erkennung vieler Krankheiten.

Harnack

N. Hartmann

Harnack, Adolf v., evang. Theologe, *1851, †1930; Prof., Gründer und erster Präs. der Kaiser-Wilhelm-Gesellschaft, Vertreter der geschichtl. Theologie. »Dogmengeschichte«.

Harnblase, ⚥ ⚕ das zur Ansammlung und Entleerung des Harns dienende Organ; beim Menschen ein birnenförmiger, muskelreicher Sack im kleinen Becken. Nach vorn zu geht die H. in die **Harnröhre** über, von hinten münden die **Harnleiter** ein, die den Harn von den Nieren in die H. führen. Die H. ist mit Schleimhaut ausgekleidet.

Harngrieß, ⚥ sehr kleine →Harnsteine.

Harnisch der, mittelalterl. Rüstung.

Harnleiter, →Harnblase.

Harnröhre, grch. **Urethra,** unterster Teil der abführenden Harnwege vom Blasenhals bis zur Mündung nach außen.

Harnruhr, Diabetes insipidus, Abgang großer Harnmengen infolge Erkrankung der →Hypophyse.

Harnsäure, zweibasige organ. Säure, die als Endprodukt des Eiweißstoffwechsels mit dem Harn ausgeschieden wird.

Harnsteine, steinförm. Ablagerungen aus harnsauren Salzen, kohlen-, phosphor- oder oxalsaurem Kalk in Nierenbecken (**Nierensteine**), Harnleitern oder Harnblase (**Blasensteine**).

Harnstoff, NH_2-CO-NH_2, ein Endprodukt des menschl. und tier. Eiweißabbaus, wird heute techn. hergestellt; wichtiger Stickstoffdünger.

harntreibende Mittel, Stoffe, die die Harn- (bes. die Wasser-) Ausscheidung durch die Nieren (**Diur′ese**) vermehren (**Diur′etica**).

Harnvergiftung, Urämie, Vergiftung durch ungenügende Ausscheidung von Harn, bes. bei Nierenkrankheiten.

Harnverhaltung, 1) Aufhören der Harnbildung in der Niere (**Harnsperre**). 2) Unvermögen, den Harn zu entleeren, z. B. durch Verengung der abführenden Harnwege, Blasenlähmung.

Harnzwang, Harnstrenge, heftiger, schmerzhafter Drang zum Harnlassen.

Harp′une die, speerartiges eisernes Wurfgerät mit Widerhaken und Fangleine, bes. zum Walfischfang, früher vom **Harpun′ier** geworfen, heute meist aus einer kleinen Kanone geschossen.

Harp′yie die, 1) griech. Sage: weibl. Ungeheuer, halb Jungfrau, halb Raubvogel. 2) ⚕ habichtartiger Greifvogel in Südamerika, 1 m lang.

Harriman [h′ærimən], William A., amerikan. Politiker, *1891, in Vertrauensstellungen bei Roosevelt und Truman, 1943-46 Botschafter in Moskau, 1954-58 Gouverneur des Staates New York, seit 1961 mit Sonderaufgaben betraut.

Harrisburg [h′ærisbə:g], Hauptstadt von Pennsylvania, USA, 79 700 Ew.; Stahl-Industrie.

Harrogate [h′ærogit], Badeort in der Gfsch. York, im N Englands, 56 300 Ew.

Harrow [h′ærou], London Borough in Greater London; **Harrow School** (1571 gegr.).

Harry [h′æri, engl.], Heinrich.

harsch, hart, starr. Harsch der, verkrusteter Schnee. **verharschen,** hart werden.

Harsdörfer, Georg Philipp, Barockdichter, *1607, †1658; stiftete mit J. Klaj den Pegnitzschäferorden. »Frauenzimmer-Gesprächspiele«, »Poetischer Trichter«.

Harsewinkel, Stadt in Nordrhein-Westfalen, 10 600 Ew.

Hart [ahd.] oder **Hard, Hardt,** die und der, Bergwald, Wald.

Hart, Heinrich, Schriftsteller, *1855, †1906, war mit seinem Bruder Julius (*1859, †1930) ein Vorkämpfer des Naturalismus.

Harte [ha:t], Francis Bret, amerikan. Schriftsteller, *1839, †1902; Kurzgeschichten.

Härte die, 1) Widerstand eines festen Körpers gegen das Eindringen eines anderen festen Körpers. In der H.-Skala von Mohs (1782; heute erweitert) ritzt jedes Glied das vorhergehende: 1) Talk, 2) Gips oder Steinsalz, 3) Kalkspat, 4) Flußspat, 5) Apatit, 6) Feldspat, 7) Quarz, 8) Topas, 9) Korund, 10) Diamant. 2) **H. von Strahlungen,** hohe Energie und großes Durchdringungsvermögen, umgekehrt proportional der Wellenlänge. 3) **H. des Wassers,** die Summe der im Wasser vorhandenen Erdalkaliionen, bes. des Calciums und Magnesiums, gemessen in H.-Graden; 1 dt. H.-Grad (°d) entspricht 10 g Kalk oder 7,14 g Magnesia in 1000 l Wasser, die Einheit Millival je Liter (mval/l) entspricht 2,8 dt. H.-Graden. Wasser wird durch Zusatz von Natriumcarbonat, gelöschtem Kalk oder Ionenaustauschern enthärtet. 4) **H. von Werkstoffen,** bes. Metallen oder Legierungen, wird nach verschiedenen Verfahren gemessen (nach dem Durchmesser des Eindrucks einer Stahlkugel: **Brinell-H.;** nach der Breite der Ritzspur einer Diamantspitze: **Ritz-H.,** u. a.).

H′artebeest [holländ.] das, südafrikan. Kuhantilope mit scharfwinklig gebogenen Hörnern.

härten, 1) Maßnahmen zur Steigerung der Festigkeit und Härte von Metallen, bes. Wärmebehandlungen wie Aus-, Einsatz-, Brenn- oder Flammhärtung. 2) Kunstharze durch chem. Reaktionen aus weichem oder erweichbarem Zustand in eine nicht mehr erweich- oder schmelzbare Form überführen. – Über **Fetthärtung,** →Fette.

harte Währung, eine Währung, die frei konvertierbar und wertstabil ist (US-$, DM u. a.).

Hartford [h′a:tfəd], Hauptstadt von Connecticut, USA, 162 200 Ew.; Hauptsitz des amerikan. Versicherungsgewerbes; Präzisionsindustrie.

Hartgummi, mit 30-40% Schwefel vulkanisierte Gummimischung, hornartig, polierfähig; vielfach durch Kunststoff ersetzt.

Hartguß, Gußeisen mit bes. harter Oberfläche.

Harth, Philipp, Tierbildhauer, *1887, †1968.

Hartheu, das →Johanniskraut.

Hartleben, Otto Erich, Schriftsteller, *1864, †1905; »Rosenmontag« (Drama); Novellen.

Hartlepool [h′a:tlipu:l], Nordseehafen in N-England. Nahebei **West H.**

Hartmann, 1) Eduard v., Philosoph, *1842, †1906, suchte Grundlehren Schellings, Hegels und Schopenhauers mit Hilfe des Entwicklungsgedankens zu einer Einheit zu verschmelzen. 2) Karl Amadeus, Komponist, *1905, †1963; Sinfonien, Kammeroper. 3) Max, Biologe, *1876, †1962, Dir. des Max-Planck-Inst. für Biologie, arbeitete über Geschlecht und Geschlechtsbestimmung bei Einzellern. 4) Nicolai, Philosoph, *1882, †1950; Prof. in Marburg, Köln, Berlin, Göttingen. Sein Grundgedanke ist die Schichtung der realen Welt in eine anorganische, organische, seelische und geistige Schicht.

Hartmannsweilerkopf, Berg in den Südvogesen, 957 m hoch; 1915/16 schwer umkämpft.

Hartmann v. Aue, mhd. Dichter, schwäbisch-alemann. Ministeriale, † nach 1210; verfaßte Lieder und höfische Epen: »Erek«, »Iwein«, »Der arme Heinrich«, »Gregorius«. Er stellte darin das Ritterideal des hohen Mittelalters auf.

Hartmetalle, durch Sintern hergestellte Werkstoffe von sehr großer Härte. H.-Legierungen bestehen aus verschiedenen Metallen und Kohlenstoff, **Carbid-H.** aus Metallcarbiden und kleinen Mengen von Metallen; angewandt bei spanabhebender Bearbeitung mit großer Schnittgeschwindigkeit von Metallen, Kunststoffen, Glas usw.

Hartog, Jan de, niederl. Schriftsteller, *1914; Romane, Komödie »Das Himmelbett«.

Hartriegel, Hornstrauch, Pflanzengatt., **Gelber H., Kornelkirsche** oder **Dirlitze,** mit gelben Blüten und roten Früchten, **Roter H.** mit weißen Blüten und schwarzen Früchten.

Hartsalz, ein Kalisalz (→Kali); Gemenge aus Sylvin, Steinsalz, Kieserit; →Düngemittel.

Hartsch′ier [ital.] der, Leibwächter.

Hartspiritus, durch Zusatz von Kollodiumwolle oder Seife gelartig erstarrter oder in Kieselgur aufgesaugter Brennspiritus.

Hartung, 1) Hans, Maler, *1904, führender Maler der angstlosen Kunst (FARBTAFEL Deutsche Kunst S. 173). 2) Hugo, Schriftsteller, *1902; »Ich denke oft an Piroschka«, »Wir Wunderkinder«. 3) Karl, Bildhauer, *1908, †1967, schuf großzügig rhythmisierte und gegenstandsfreie Skulpturen.

Har'un al-Rasch'id [»der Rechtgeleitete«], Kalif in Bagdad 786-809.

Har'uspex [lat.] der, röm. Priester; weissagte aus Eingeweiden, Blitz und Donner.

Harvard-Universität [h'ɑːvəd], eine der führenden Hochschulen der USA, gegr. 1636 in Cambridge (Mass.).

Harvey [h'ɑːvi], William, engl. Arzt, *1578, †1657, entdeckte den großen Blutkreislauf.

Harwich [h'æridʒ], Hafenstadt und Seebad in SO-England, 14900 Ew.; Überfahrtsort nach Hoek van Holland, Antwerpen.

Harz das, zähflüssiger Ausscheidungsstoff verschied. Bäume, bes. der Nadelhölzer; zu Lacken, Firnissen, Kitten, Seifen, Arzneistoffen und Harzölen verwendet; gibt auch Terpentin.

Harz der, norddt. Mittelgebirge, 98 km lang, bis 33 km breit, gliedert sich in den höheren **Ober-H.** im W (Brocken 1142 m hoch) und den **Unter-H.** (Ramberg 582 m) im SO. Klima: rauh und sehr regenreich. Forstwirtschaft, Viehzucht, etwas Ackerbau, Kupfergewinnung, Fremdenverkehr. Der W-H. seit 1960 Naturpark (95000 ha).

Harzburg, Bad H., Stadt in Niedersachsen, Heilbad mit Sol- und Schwefelquellen, am N-Rand des Harzes, 11500 Ew.

Harzburger Front, Zusammenschluß (1931) der Nationalsozialisten, Deutschnationalen, des Stahlhelms u.a. Verbände gegen die Regierung Brüning; zerbrach 1932.

Hasard [az'aːr, frz.] das, Zufall, Glücksspiel.

Hasch'ee [frz.] das, feingehacktes Fleisch.

Hasch'isch [arab.] das, asiat. und afrikan. Rauschgift, aus **Indischem Hanf** hergestellt; in Süßigkeiten, Likör, auch durch Rauchen genossen.

H'asdrubal, karthag. Feldherren: **1)** Schwiegersohn des Hamilkar Barkas, erweiterte Karthagos Macht in Spanien (Gründung Cartagenas); †221 v. Chr. **2)** Bruder des Hannibal, fiel 207 v. Chr. am Metaurus.

Hase der, Nagetier mit gespaltener Oberlippe (Hasenscharte) und zwei Schneidezähnen in jedem Kiefer, langen Hinterbeinen, kurzem Schwanz (Blume), meist langen Ohren (Löffeln). Der **Feld-H.,** der »Lampe« der Tierfabel, ist bräunlich, 5-6 kg schwer, nährt sich von Kräutern und Rinde. Das Männchen heißt **Rammler,** das Weibchen **Häsin.** Der **Schnee-H.** (Alpen, N-Europa) ist im Winter weiß. Der **Polar-H.** ist dauernd weiß.

Hase, Karl August von (geadelt 1883), evang. Theologe, *1800, †1890, bedeutender Kirchengeschichtler.

Hašek [h'aʃɛk], Jaroslav, tschech. Schriftsteller, *1882, †1923; »Die Abenteuer des braven Soldaten Schwejk« (1921).

Haselhuhn, rebhuhngroßes Rauhfußhuhn in Europa und Asien, rostfarben, weiß und schwarz.

Haselmaus, →Schlafmäuse.

Haselnußbohrer, Haselrüsselkäfer, das Weibchen bohrt in grüne Haselnüsse ein Loch und legt ein Ei hinein. Die Larve frißt den Kern, bohrt ein Ausgangsloch, verpuppt sich in der Erde.

Haselnußstrauch, Haselstrauch, Hasel, Gattung der Birkengewächse, einhäusiger Waldstrauch in Europa, Asien, N-Amerika; aus den Haselnüssen wird auch Öl gewonnen.

Haselwurz, Europäische H., lederblättrige, braunblühende Staude, in Buschwald.

Hasenclever, 1) Johann Peter, Maler, *1810, †1853; humorist.-satir. Genrebilder. **2)** Walter, Dichter, *1890, †1940; expressionist. Dramen (»Der Sohn«), Lustspiele, Lyrik.

Hasenmäuse, Chinch'illas, kaninchenart. Nagetiere mit buschigem Schwanz, in Südamerika; Pelztiere.

Hasenquäke die, ♀ Lockflöte, die Hasenschreie nachahmt, zur Fuchsjagd.

Hasenscharte, Lippenspalte, angeborene Mißbildung. Behandlung: frühzeitige Operation.

Haskowo, Stadt im Gebiet H., Bulgarien,

66900 Ew.; Tabak-, Textil-, Lebensmittelindustrie; älteste Moschee Bulgariens.

Haspe die, eiserner Haken zum Einhängen von Türen und Fenstern.

Haspel die, **1)** Winde. **2)** Holzbottich zum Färben und Gerben der Felle. **3)** Maschine, um das Garn von Spulen in Strangform zu bringen.

Haspinger, Joachim, Mönch, *1776, †1858, ein Führer des Tiroler Freiheitskampfes von 1809.

Hass, Hans, Zoologe, *1919; Meeresexpeditionen, Unterwasserfilme und -photographien.

Hassan II., *1930, König von Marokko.

Haßberge Mz., Höhenzug in Mainfranken, rechts des Mains, bis 511 m hoch.

Hasse, O. E., *1903, Bühnen- und Filmschauspieler (»Canaris«).

Hassel, Kai Uwe v., Politiker (CDU), *1913, Landwirt, 1954-62 MinPräs. von Schlesw.-Holst., 1963-66 Bundesverteidigungsmin., 1966-69 Bundesmin. für Vertriebene, Flüchtlinge und Kriegsgeschädigte, seit 1966 stellvertr. Vors. d. CDU, 1969-72 Bundestagspräsident.

Hassell, Ulrich v., Diplomat, *1881, † (hingerichtet) 1944; 1932-37 Botschafter in Rom, war führend in der Widerstandsbewegung.

Haßfurt, altertüml. Kreisstadt in Bayern, am Main, 6900 Ew.; Textil-, Schuh-, Möbel-Ind.

Hassi Messaoud, Mittelpunkt der Erdölgewinnung in der algerischen Sahara.

Hassi Rmel, Erdgasfeld in der alger. Sahara.

Haßler, Hans Leo, Komponist, *1564, †1612; weltl. und geistl. Musik, erste dt. Madrigale.

Haßloch, Gem. in Rheinland-Pfalz, in der Rheinebene; 18000 Ew.; Isolatoren- u.a. Herstellung.

Hastings [h'eistiŋz], Stadtgrafschaft in S-England, 69000 Ew.; am Kanal, Badeort. Durch den Sieg Wilhelms des Eroberers bei H. 1066 kam England unter die normann. Herrschaft.

Hastings [h'eistiŋz], Warren, *1732, †1818, war 1774-85 Generalgouverneur von Ostindien, wo er die engl. Machtstellung festigte.

H'athor, Athor, ägypt. Himmelsgöttin, auch Liebesgöttin.

Hatsch'ier [ital.] der, →Hartschier.

Hatteras, Kap H. [h'ætərəs], Vorgebirge an der Küste von North Carolina, USA.

Harz: Blick vom Ravensberg

Haselhuhn

Haselnußstrauch:
1) Blütenzweig,
a weibliche,
b männliche Blüte, 2 Frucht

Hastings

Haube

Hattingen, Industriestadt in Nordrh.-Westf., an der Ruhr, 60 500 Ew.; Metallindustrie.

Hatzfeld, Adolf v., Schriftsteller, *1892,†1957; Gedichte, Romane, Schauspiele.

Haube die, weibl. Kopfbedeckung; zeitweise Tracht der verheirateten Frau; gehört heute zur Tracht der Nonnen u. a.

Haubentaucher, Schwimmvogel mit schwarzer Federhaube.

Haub'itze [aus tschech. »Steinschleuder«] die, ein Geschütz zwischen Flachfeuer- (Kanonen) und Steilfeuergeschützen (Mörsern).

Hauck, Albert, evang. Theologe, *1845,†1918; Hauptwerk: »Kirchengeschichte Deutschlands«.

Hauenstein, Höhenrücken des Schweizer Jura, mit zwei wichtigen, Basel mit dem Mittelland verbindenden Paßstraßen: **Oberer H.,** 731 m ü.M., von Waldenburg nach Balsthal, und **Unterer H.,** 691 m ü.M., von Gelterkinden nach Olten. **H.-Basistunnel** (1915) 8134 m lang.

Hauer der, **1)** unterer Eckzahn des Ebers. **2)** männl. Hausschwein. **3)** Weidmesser. **4)** Winzer.

Hauer, Josef M., österreich. Komponist, *1883,†1959; Zwölftonmusiker.

Häuer, Hauer der, →Bergmann.

Haufenwolke, der →Kumulus.

Hauff, Wilhelm, Dichter, *1802, †1827; romant. Erzähler, Roman »Lichtenstein«, Märchen.

Haugesund, Hafenstadt in Norwegen, 27 500 Ew.; Fischhandel, Konservenindustrie.

Hauhechel die, hartstaudig-dornige, rosablühende Schmetterlingsblütler.

Haunstetten, Stadt im Kr. Augsburg, Bayern, 21 000 Ew.; Textil-Industrie.

Hauptbuch, →Buchführung.

Hauptmann, Offizier zwischen Oberleutnant und Major, meist Kompanie- oder Batterieführer.

Hauptmann, 1) Carl, Bruder von 2), Dichter, *1858, †1921, schrieb Schauspiele und Romane aus schles. Landschaft und Geistesart (»Einhart der Lächler«). **2)** Gerhart, Dichter, *1862, †1946, führender dt. Bühnendichter um die Jahrhundertwende, Bahnbrecher des Naturalismus, später oft Gestalter des Mythischen, Märchenhaften, Phantastischen. Nobelpreis 1912. Schauspiele: »Vor Sonnenaufgang«, »Die Weber«, »Hanneles Himmelfahrt«, »Der Biberpelz«, »Florian Geyer«, »Michael Kramer«, »Rose Bernd«, »Und Pippa tanzt«, »Die Ratten«, »Vor Sonnenuntergang«, Atriden-Tetralogie. Romane, Novellen, Epen.

G. Hauptmann

Hauptschule, Volksschuloberstufe; in der Bundesrep. Dtl. 5.–9., in Österr. 5.–8. Schuljahr.

Haupt- und Staatsaktion, histor.-politische Stücke der dt. Wanderbühne des 17.Jahrh., mit possenhaften Einschüben (Hanswurst).

Hauptverfahren, Hauptverhandlung, →Strafprozeß.

Hauptversammlung, →Generalversammlung.

Hauptwort, Substantiv das, ⑤ Bezeichnung einer Person, eines Dinges, eines Begriffs.

Haura, engl. Howrah, Stadt in W-Bengalen, Indien, 581 100 Ew.; Eisen-, chem. u.a. Industrie.

Haus, →Wohnhaus.

Hausa, Haussa, Völkergruppe in W-Afrika, etwa 6 Mill.; Muslime; Händler, Handwerker; gründeten im MA. die H.-Staaten (nordöstl. von Benuë und Niger).

Hausapotheke, Zusammenstellung von Arzneimitteln, Verbandstoffen und Krankenpflegeartikeln für den täglichen Gebrauch.

Hausbock, sehr schädlicher →Bockkäfer.

Hausen der, Störfisch des Schwarzen und Kasp. Meeres, bis 9 m lang, 1400 kg schwer; laicht des. in Wolga und Donau. Sein Rogen liefert Kaviar.

Hausenstein, Wilhelm, Kunstschriftsteller, *1882, †1957; 1953-55 dt. Botschafter in Paris.

Hauser, Kaspar, rätselhafter Findling, *1812 (?), †1833; tauchte 1828 in Nürnberg auf, angebl. badischer Prinz oder Sohn Napoleons I.

Hausfriede, ⚖ das Recht zur ungestörten Schalten und Walten im häusl. Bereich (Wohnung und umfriedeter Besitz); in der Bundesrep. Dtl. durch Art. 13 GG garantiert. Die Verletzung des

Hausapotheke

Arzneimittel für den inneren Gebrauch:
Aspirin gegen Kopfweh, Schmerzen aller Art
Baldriantropfen gegen nervöse Unruhe und Schlaflosigkeit
Hoffmannstropfen gegen Ohnmacht und sonstige Schwächeanfälle
Kohle-, Tannalbintabletten, gegen Durchfall
Karlsbader Salz, Glaubersalz als Abführmittel
biseriate Magnesia gegen Sodbrennen
Kamillen zu Tee gegen Magen- und Darmbeschwerden
Fliederblüten, Lindenblüten, zu Tee bei Erkältungen als schweißtreibendes Mittel
Salmiakpastillen, Brusttee, gegen Husten, Heiserkeit

Arzneimittel für den äußeren Gebrauch:
Wasserstoffperoxyd (verdünnt) zum Gurgeln gegen Halsschmerzen
Kamillen zu Tee zum Gurgeln und zu Umschlägen bei Entzündungen
Wundbenzin zum Bepinseln kleiner Hautwunden als Desinfektionsmittel
Arnikatinktur, Melissengeist, zum Einreiben bei Rheuma und Gliederschmerzen
Lebertransalbe, Zinksalbe als Wund- und Heilsalbe

Verbandstoffe:
Mullbinden, Verbandwatte, Verbandmull, Zellstoff, Heftpflaster und Schnellverband, Verbandpäckchen

Gegenstände zur Krankenpflege:
Fieberthermometer, Schere, Pinzette, Sicherheitsnadeln, Fingerlinge, Dreiecktücher, Irrigator für Einläufe und Spülungen, Gummibällchen für kleinere Spülungen.

H. durch Eindringen oder unbefugtes Verweilen, der **H.-Bruch,** wird auf Antrag mit Geldstrafe oder Freiheitsstrafe bestraft (§§ 123 ff. StGB).

Hausgehilfin, im Haushalt gegen Entgelt als Helferin beschäftigte Person. Die prakt. Tätigkeit kann eine Ausbildung in einer Haushaltungs- oder Frauenfachschule vorangehen. Für die H. gilt das Recht des Dienstvertrages.

Haushaltsplan, Etat, Budget, Aufstellung der für einen Zeitraum (**Haushaltsjahr**) geplanten Ausgaben und Einnahmen eines Staates (Staatshaushalt) oder einer anderen öffentl. (Länder, Gemeinden). Der **ordentl. H.** enthält alle regelmäßig wiederkehrenden Ausgaben und Einnahmen, der **außerordentl. H.** einmalige Ausgaben; diese werden i. d. R. durch Anleihen gedeckt. Ein **Nachtragshaushalt (Zusatzhaushalt)** wird aufgestellt, wenn die tatsächl. Entwicklung der Ausgaben über den H. hinausgeht. Der H. wird ergänzt durch den **Eventualhaushalt,** einer Sonderform des Nachtragshaushalts (zusätzl. Kreditaufnahme zur Konjunkturbelebung). – Das **Haushaltsrecht** (Bewilligung des H.) ist in parlamentar.-demokrat. Staaten eine der wichtigsten Zuständigkeiten des Parlaments.

Haushofer, 1) Albrecht, Sohn von 2), *1903, † (erschossen) 1945; Prof. in Berlin, gehörte der Widerstandsbewegung an, 1944 verhaftet, schrieb im Gefängnis die »Moabiter Sonette«. **2)** Karl, Geograph, *1869, † (Selbstmord) 1946, Prof. in München; seiner geopolit. Lehre bediente sich der Nationalsozialismus.

Haushuhn, stammt vermutl. ab vom ind. Bankivahuhn; es hat fleischigen Kamm und Kinnlappen, der Hahn sichelförmigen Schwanz und einen Sporn. Die Henne brütet 20-21 Tage, die Küken sind nestflüchtig und werden von der Bruthenne (Glucke) betreut. Mit 4-5 Monaten legt es Eier. Wichtige H.-Rassen: Landhühner, Leghorn, Andalusier (Legerasse); Wyandottes, Rhodeländer sind auf Ei- und Fleischleistung gezüchtet. Reine Mastrassen: Dorking-H., Brahma-H., Cochin-H. (BILD S. 385)

Hausierhandel, →Wandergewerbe.

Hausindustrie, →Heimarbeit.

Bundeshaushalt 1971

Einnahmen	Mill. DM	Ausgaben	Mill. DM
Mehrwertsteuer[1]	20 090,0	Soziale Ausgaben	28 738,9
Einfuhrumsatzsteuer[1]	8 610,0	Wiedergutmachung	1 425,3
Gewerbesteuerumlage[1]	2 573,0	Wirtschaftsförderung	8 553,7
Einkommen- und Körper-		Verkehr	12 396,6
schaftsteuer[1]	32 147,0	Wohnungswesen, Raumordnung ..	1 328,9
Zölle	3 000,0	Bundeshilfe Berlin	3 110,0
Mineralölsteuer	12 200,0	Schuldendienst[3]	3 244,6
Tabaksteuer	6 850,0	Bildungswesen	4 607,2
Sonstige Verbrauchsteuern	4 050,0	Gesetzgebung, Verwaltung,	
Übrige Steuern	1 880,0	Rechtsprechung	8 341,4
Verwaltungseinnahmen u. dgl......	5 024,6	Verteidigung	22 412,0
Anleihen[2]	3 720,0	Übrige Ausgaben	5 986,0
	100 144,6		100 144,6

[1]) Bundesanteil. [2]) Nettokreditaufnahme (nach Abzug der Schuldentilgung). [3]) Überwiegend Zinsausgaben, da die Schuldentilgung (Kreditmarkt) mit den Anleihen saldiert wird.

Häusler der, landwirtschaftl. Tagelöhner ohne oder nur mit kleinem Grundbesitz.

Hausmann, Manfred, Schriftsteller, *1898; Romane (»Abel mit der Mundharmonika«), Dramen und Legendenspiele.

Hausmarke, Hauszeichen, 1) Besitzzeichen an bewegl. und unbewegl. Eigentum. 2) bevorzugt geführtes Erzeugnis einer Handelsfirma.

Hausmeier, lat. **Majordomus,** unter den Merowingern der oberste Hof- und Staatsbeamte des Fränk. Reichs; die →Karolinger stiegen schließlich über H. selbst zu Königen auf.

Hausruck, oberösterr. Bergland zwischen Inn und Traun, im Göbelsberg 800 m hoch.

Haussa, →Hausa.

Hausschwamm, Holzschwamm, ein Löcherpilz, der in Häusern feuchtes Bauholz befällt und zerstört. Trockenheit des Bauholzes und Tränken mit keimtötenden Mitteln beugen vor.

Hausse [o:s, frz.] die, Aufschwung der Wirtschaft, bes. Steigen der Börsenkurse. Gegensatz: →Baisse.

Haussuchung, →Durchsuchung.

Haustiere, vom Menschen des Nutzens oder Vergnügens wegen gezüchtete Tiere. Zu den ältesten H. Europas gehört der Hund (seit 10000 v. Chr.). In der jüngeren Steinzeit folgten Rind, Schwein, Schaf, Ziege, Esel, noch später Pferd, Katze.

Hausurnen, vorgeschichtl. Graburnen in Form eines Hauses (seit der Jungsteinzeit).

Hauswirtschaft, 1) die selbständige Wirtschaftsführung einer Familie (Einzelhaushalt) oder eines Unternehmens wie Gasthaus, Anstalt (Großhaushalt); setzt geregelte Haushaltführung (Haushaltbücher) voraus. 2) **Geschlossene H.,** Wirtschaftsform, bei der die Hausgemeinschaft nur für den Eigenbedarf produziert, ohne den Markt zu beanspruchen.

hauswirtschaftliche Lehre, zweijähr. hauswirtschaftl. Berufsausbildung für schulentlassene Mädchen in einem geprüften Haushalt. Berufsmöglichkeiten nach der Prüfung: Hausgehilfin, Wirtschaftsleiterin.

Hauswurz die, Gattung der Dickblattgewächse, Kleinstauden mit fleischigen, rundl. Blattrosetten. Die an Felsen heimische **Dachwurz** galt früher als Schutz gegen Blitz und Feuer.

Haut die, als Schutz und Wärmeregler dienende äußere Körperbedeckung, enthält Sinnesorgane zum Tasten und Fühlen. Sie besteht beim Menschen aus der **Ober-H. (Epidermis),** die sich aus der unteren Keimschicht und der oberen Hornschicht zusammensetzt, und der festen, bindegewebigen **Leder-H.,** die auf dem faserigen und mehr oder minder fettreichen **Unterhaut-Zell-** oder **Unterhaut-Zellgewebe** ruht. In der Leder-H. liegen die **H.-Talgdrüsen** und die Wurzeln der Haare. Die Schweißdrüsen liegen im Unterhaut-Zellgewebe, die Nervenenden in Lederhaut und Unterhaut-Zellgewebe.

Haute Couture [o:tkut'y:r, frz. »Hohe Schneiderkunst«] die, Bez. für die Vereinigung der Pariser Modeschöpfer.

Hautevolee [o:tvɔl'e:, frz.] die, vornehme Gesellschaft.

Hautflügler, Insekten mit zwei Paar dünnhäutigen Flügeln; das Weibchen hat einen Lege- oder Wehrstachel. Zu den H. gehören Bienen, Wespen, Schlupfwespen, Ameisen.

Hautgout [og'u, frz.] der, starker Geschmack von nicht mehr ganz frischem Fleisch (Wild).

Hautkrankheiten, Dermatosen, entstehen durch: lebende Erreger: tier. Parasiten (→Krätze); Hautpilze (Bartflechte, →Hautpilzerkrankungen); Bakterien (→Erysipel, →Hauttuberkulose); Viren (→Herpes); schädigende Stoffe: Arzneimittel (Arzneiausschlag); mechan. oder therm. Einflüsse (Wundsein, Verbrennung); Strahlen (→Sonnenbrand); allergisch wirkende Stoffe (→Nesselausschlag). Innere Ursachen: Innersekretor. Störungen (→Akne); erbl. Anlage (→Psoriasis, →Fischschuppenkrankheit); Geschwülste (→Hautkrebs); Infektionskrankheiten mit akuten Hautausschlägen (Masern, Scharlach, Pocken u. a.).

Hautkrebs, von der Oberhaut ausgehender Krebs, bildet, bes. im Gesicht, flache, mit der Zeit geschwürig zerfallende oder zur Verhornung ihrer Oberfläche (Hornkrebs) neigende Geschwülste, die nicht schmerzen.

Hautpilzerkrankungen, Dermatomykosen, sind u. a.: **Epidermophytie:** kleine, stark juckende Bläschen zwischen Fingern und Zehen. Übertragung bes. in Badeanstalten. **Hautpilzflechte, Trichophytie:** Haarausfall, Entzündungen. – **Soor** (Schwämmchen), meist auf der Mundschleimhaut von Säuglingen in Form von milchigweißen Belägen; häufig auch zwischen den Fingern oder Zehen bei Erwachsenen als stark juckende hochrote Herde.

Hauttuberkulose, am häufigsten als **Lupus vulgaris (fressende Flechte);** vorwiegend im Gesicht. Behandlung durch Isonicotinsäurehydrazid-Tabletten (INH), Freiluft, Vitamine.

Häutung, regelmäßiges Abstoßen und Erneuern der oberen Haut; Tiere mit fester Oberhaut, z. B. Insekten, Schlangen, streifen ihre zu eng gewordene Haut ganz ab (Natternhemd).

Hautwirkung, Skin-Effekt. Ströme sehr hoher Frequenz bewegen sich nur auf der Oberfläche eines Leiters und verursachen dadurch Stromwärmeverluste. Abhilfe: Zusammensetzen des Leiters aus vielen dünnen, miteinander verdrillten Drähten (Litze) oder Hohlleiter.

Hautwolf, das Wundsein der Haut **(Intertrigo),** bes. an natürlich schwitzenden Stellen, die aneinander reiben.

Haushuhn, links: Stammform (Bankivahahn), Mitte: Leghorn, rechts: Rhodeländer

J. Haydn

Hebbel

Havana, Havanna, →La Habana.

Havar′ie [ital. aus arab.] die, ⚓ Schäden, die Schiff und Ladung während der Seereise treffen: durch absichtl. Handlung des Kapitäns (bei Gefahr; große H.) oder auf andere Weise (bes. durch Zusammenstoß; besondere H.); auch die Unkosten der Schiffahrt (z.B. Lotsengelder; kleine H.).

Havel die, rechter Nebenfluß der unteren Elbe, kommt aus dem Dambecker See bei Neustrelitz, bildet die H.-Seen; 337 km lang (davon 328 km schiffbar); Kanalverbindungen zur Oder und Elbe. **H.-Land,** die Landschaft zwischen Spandau und Rathenow.

H′avelock [nach dem engl. General H., *1795, †1857] der, Herrenmantel mit bis auf die Hüften herabfallendem Kragen, ohne Ärmel.

H′avířov, Stadt in Mähren, Tschechoslowakei, 78 000 Ew.; Bergarbeitersiedlung.

Haw′aii, 1) die größte der **Hawaii-Inseln (Sandwich-Inseln),** 10 414 km², 63 500 Ew., vulkanisch (Mauna Kea 4208 m, erloschen). **2)** der 50. Staat der USA, 16 638 km², 768 600 Ew. (Japaner, Chinesen, Weiße, Neger, Filipinos u. a.), im nördl. Stillen Ozean, besteht aus 8 größeren (H., Maui, Oahu, Kauai usw.) und 23 kleineren Inseln. Hauptstadt: Honolulu. Viele Vulkane (meist erloschen); Zuckerrohr, Ananas, Kaffee u. a.; Zucker- und Konservenindustrie. Flotten- und Flugstützpunkt: Pearl Harbor. – Die H.-Inseln, 1778 entdeckt, kamen 1898 an die USA, wurden 1959 Bundesstaat der Union. ⊕ S. 518.

Hawaii: Strand von Waikiki

Hawthorne [h′ɔ:θɔ:n], Nathaniel, nordamerikan. Schriftsteller, *1804, †1864; Kurzgeschichten, Romane (»Der scharlachrote Buchstabe«).

Háy, Julius (Gyula), ungar. Bühnendichter, Dramatiker, *1900, schrieb histor. und soziale Dramen (»Gerichtstag«, »Der Barbar«), war 1956 führend in der ungar. Oktoberrevolution.

Haydn, 1) Joseph, Komponist, *Rohrau 31. März 1732, † Wien 31. Mai 1809, Schöpfer des klass. sinfon. Stils, vollendete die Sonatenform durch die themat. Verarbeitung. 104 Sinfonien, Konzerte; Streichquartette, Trios, Sonaten; Opern, Singspiele; Oratorien »Die Schöpfung«, »Die Jahreszeiten«; Messen; Lieder; österreich. Kaiserhymne, →Deutschlandlied. **2)** Michael, Komponist, Bruder von 1), *1737, †1806.

Haym, Rudolf, Philosoph, Literarhistoriker, polit. Publizist, *1821, †1901, gründete 1858 die »Preuß. Jahrbücher«. Mitgr. der Nationalliberalen Partei; schrieb u. a. »Die Romant. Schule«.

Haynau, Stadt in Niederschlesien, 10 600 Ew.; seit 1945 unter poln. Verw. **(Chojnów).**

Hazi′enda [span.] die, -/...den, Landgut.

h. c., Abk. für honoris causa, ehrenhalber.

He, chem. Zeichen für →Helium.

He′anzen, Hienzen, Heinzen, dt. Stamm im Burgenland, bis 1945 auch in Westungarn.

Hearing [h′i:riŋ, engl.] das, Vernehmung, öffentl. Anhörung.

Hearst [hɔːst], William Randolph, amerikan. Zeitungsverleger, *1863, †1951.

Heath [hi:θ], Edward, brit. Politiker (Konser-

vativer), *1916, seit 1960 Geheimsiegelbewahrer, leitete die Verhandlungen mit der EWG, 1963/64 Handelsmin. und Min. für Industrie, 1965-70 Oppositionsführer, seit 1970 Premiermin.

Heaviside [h′evisaid], Oliver, engl. Physiker *1850, †1925, führte gleichzeitig mit Kennelly die Ausbreitung elektr. Wellen um die Erde auf das Vorhandensein einer ionisierten Atmosphärenschicht **(Kennelly-H.-Schicht)** zurück.

Hebamme die, behördl. geprüfte und zugelassene Geburtshelferin. Ausbildung an **H.-Lehranstalten,** geregelt durch H.-Gesetz v. 21. 12. 1938.

Hebbel, Friedrich, Dichter, *1813, †1863, gestaltete in grübler. Tragödien den Zusammenstoß des Einzelnen mit der geltenden sittl. Ordnung. Dramen: »Judith«, »Maria Magdalene«, »Herodes und Mariamne«, »Agnes Bernauer«, »Die Nibelungen« u.a.; Gedichte, Tagebücher.

Hebe, röm. Juventus, grich. Göttin der Jugend, Mundschenkin im Olymp.

Hebel der, ein starrer Körper, meist eine Stange, die um eine Achse gedreht werden kann; er dient zum Heben einer Last oder zur Verstärkung eines Drucks. Die beiden H.-Arme heißen Kraft- und **Lastarm.** Die Kraft hält die Last das Gleichgewicht, wenn Last × Lastarm = Kraft × Kraftarm ist. Die Produkte heißen Drehmomente. H. sind: Waage, Zange, Schere, Brechstange, Pumpenschwengel, Türklinke u. a.

Hebel, Johann Peter, Dichter, *1760, †1826; »Alemann. Gedichte«, Kalendergeschichten: »Schatzkästlein des Rhein. Hausfreundes«.

Hebephren′ie [Kw. grch.] die, ſ in der Jugend beginnende Form der →Schizophrenie.

Heber der, Gerät zum Heben von Flüssigkeiten durch Luftdruck. Der **Stech-H.** wird durch Ansaugen der Flüssigkeit gefüllt. Beim **Saug-** oder **Schenkel-H.** ist die Röhre gebogen; steigt die Flüssigkeit über den höchsten Punkt der Biegung, fließt sie selbständig dauernd nach.

Heberolle, die Steuererhebungsliste.

Hebezeuge Mz., Sammelbegriff für Winden Flaschenzüge, Aufzüge, Krane.

Hebr′äer, Ebräer, semit., nach Kanaan eingewanderter Volksstamm; in H-Israel aufgegangen.

Hebräerbrief, Schrift des N.T., Verfasser unbekannt.

hebräische Sprache, gehört zu den semit. Sprachen. In der Bibel ist das A.T. in h.S. geschrieben. Die **hebräische Schrift** wird von rechts nach links geschrieben.

Hebr′iden Mz., Gruppe von über 500 felsigen Inseln und Klippen (nur etwa 100 bewohnt) an der W-Küste von Schottland; 7285 km² groß, mit etwa 100 000 gälisch sprechenden Ew.

H′ebron, heute El-Khalil, Stadt in Jordanien, 43 000 Ew.; Patriarchengräber; nach der Tradition liegt in der Nähe der Wohnort Abrahams.

Hebung die, im dt. Vers die betonte Silbe; Gegensatz: Senkung.

hecheln, 1) Flachs und Hanf durch ein kammartiges Werkzeug, die **Hechel,** durchziehen, um die Fasern zu zerteilen und zu ordnen. **2)** jemand **durchhecheln,** boshaft bekritteln.

Hechingen, Kreisstadt in Bad.-Württ., am Fuß der Hohenzollernburg, 10 500 Ew.; Ind.

Hecht der, bis 2 m langer Raubfisch des Süßwassers, grünlich (Gras-H.); schmackhafter Speisefisch. (FARBTAFEL Fische S. 344)

Hechtsprung, Übersprung am Gerät mit gestrecktem Körper, beim Schwimmsport ein Kopfsprung.

Heck das, hintere Ende eines Fahrzeugs, bes. eines Schiffs.

Heck, 1) Bruno, Politiker (CDU), *1917; 1962-68 Bundesmin. für Familien und Jugendfragen, 1967-71 Generalsekretär der CDU. **2)** Ludwig, Zoologe, *1860, †1951, Direktor des Berliner Zoo, den er ausbaute.

Heckel, Erich, Maler, Graphiker, *1883, †1970; an der Ausbildung des Expressionismus beteiligt; Figurenbilder, Landschaften, Bildnisse. (BILD S. 387)

Heber: Saug-H.

Hecker, 1) Friedrich, *1811, †1881, war 1848 bad. republikan. Freischarenführer, ging nach Amerika und wurde Brigadegeneral im amerikan. Bürgerkrieg. **2)** Peter, Maler, *1884; religiöse Wandmalereien.

Hede die, Rückstand beim Hecheln, →Werg.

Hederich, Ackerrettich, →Rettich; Falscher H., →Senf.

Hed′in, Sven von, schwed. Asienforscher, *1865, †1952, bereiste Innerasien, bes. Tibet, teils als erster, und berichtete darüber; wichtigste Reisen: 1899-1902 Tarimbecken, Tibet; 1905-08 Entdeckung des Transhimalaya; 1927-35 Mongolei (Gobi) und Chines.-Turkestan.

Hedon′ismus der, Lehre, daß die »Lust« [grch. hedone] höchstes Gut (Ziel) des Lebens sei.

Hedsch′as, →Hidschas.

H′edschra, Hidschra [arab.»Auswanderung«] die, Übersiedlung (»Flucht«) Mohammeds von Mekka nach Medina zwischen dem 28. 6. und 20. 9. 622; mit ihr beginnt die muslim. Zeitrechnung (Anfangsdatum: 15./16. 7.).

Hedwig [aus ahd. hadu »Streit« und wig »Kampf«], weibl. Vorname.

Hedwig, 1) Schutzheilige Schlesiens (Tag 16. 10.), † in dem von ihr gegr. Kloster Trebnitz 1243, ∞ mit Herzog Heinrich I. von Niederschlesien. **2) (Hadwig),** Herzogin von Schwaben, lebte als Witwe auf dem Hohentwiel, † 994; Heldin in Scheffels Roman »Ekkehard«.

Heer [ahd. heri] das, Landkriegsmacht eines Staates. Es gibt H. mit beschränkter oder allgem. Wehrpflicht und Freiwilligen-(Berufs-)H. Beim **stehenden H.** befindet sich der ganze Friedensstand ständig unter Waffen. **Miliz-H.** werden erst im Mobilmachungs- oder Kriegsfall aufgestellt.

Heer, 1) Friedrich, österr. Historiker und Schriftsteller, *1916; »Die 3.Kraft«, »Das Hl. Röm. Reich« u.a. **2)** Jakob Christoph, schweizer. Erzähler, *1859, †1925; »Der König der Bernina«.

Heereman, Constantin Frhr. v. Zuydtwyck, *1931, Präs. des Dt. Bauernverbands (seit 1969).

Heerlen, Stadt in den Niederlanden, 75900 Ew.; im Steinkohlebecken von Südlimburg.

Heerwurm, Massenzug von Larven der Trauermücke; galt als Vorbote eines Krieges.

Heessen, Stadt in Nordrh.-Westf., nordöstl. von Hamm, 18000 Ew.; Steinkohlenbergbau.

Hefe die, mikroskopisch kleine einzellige Pilze, die Haupterreger der →Gärung. Am wichtigsten sind die **Bier-H. (Branntwein-H.),** die nur als Kulturpflanze bekannt ist, und die **Wein-H.,** die in den Weinbergen vorkommt. Wegen ihres Eiweiß- und Vitamingehaltes dient H. auch als Nähr- und Heilmittel, Bier-H. wird als Treibmittel beim Backen **(Back-H.)** verwendet.

Hefnerkerze [nach F. v. Hefner-Alteneck], Abk. **HK,** bis 1940 Einheit der Lichtstärke, durch die Neue Kerze ersetzt.

Heften, das Verbinden von Papierblättern, -bogen oder Stoff durch Fäden, Draht u. a.

Hegar, Friedrich, schweizer. Komponist, *1841, †1927; Orchester-, Kammermusik, Chöre.

E. Heckel: Genesende (1913)

Hegaulandschaft mit Blick auf den Untersee

H′egau der, fruchtbare Landschaft nördl. des Bodensees, mit Burgruinen auf basalt. Bergkegeln (Hohentwiel u.a.).

Hege die, Pflege von Wildbestand und Forst.

Hegel, Georg Wilhelm Friedrich, Philosoph, *1770, †1831; Prof. in Jena, Heidelberg, Berlin. Schuf das umfassendste Lehrgebäude des dt. Idealismus. »Sein« und »Denken« sind nach ihm ein und dasselbe; das »Geistige« ist das Wesen der Welt, die sich aus dem Geist aufbaut in der Stufenfolge: Naturgeschehen, Weltgeschichte, Kunst, Religion und Philosophie (Sich-selbst-Erkennen des Geistes).

Hegelian′ismus, die an Hegel anschließenden philosoph. Schulbildungen. Hauptrichtungen: **Althegelianer** (konservative Einstellung gegenüber Kirche und Staat) und **Junghegelianer (Hegelsche Linke:** Anwendung der Dialektik zur Kritik von Recht, Staat und Religion).

Hegemon′ie [grch.] die, Vorherrschaft.

Hegenbarth, Josef, Graphiker und Maler, *1884, †1962; zeichnete bes. Buchillustrationen.

Hehlerei begeht, wer um seines Vorteils willen Sachen, von denen er weiß oder den Umständen nach annehmen muß, daß sie durch strafbare Handlung erlangt sind, verheimlicht, ankauft, an sich nimmt oder zu ihrem Absatz mitwirkt **(Sachhehlerei)** oder wer aus Eigennutz einen Dieb oder Räuber begünstigt **(Personenhehlerei).** H. wird mit Gefängnis, u.U. mit Zuchthaus bestraft.

Hehn, Victor, Kulturhistoriker, *1813, †1890; »Gedanken über Goethe«, »Kulturpflanzen und Haustiere«.

Heide die, **1)** meist baumlose Landschaft mit Sträuchern, Gräsern und Kräutern auf nährstoffarmen Böden, bes. in Mittel- und W-Europa, z.B. Lüneburger H., heute z. gr. T. kultiviert. **2)** östl. der Elbe auch Bez. für Kiefernwälder.

Heide, verschiedene meist strauchige Pflanzen mit nadelförmigen Blättchen und meist rötl. Blüten: **H.-Kraut** oder **Besenheide,** auch **Erika,** die Hauptpflanze auf Heideland; ist ein niedriger Strauch, blüht im Herbst, reich an Honig. Zur Gattung **Glocken-H.,** eigentliche **Erika,** gehören: **Sumpf-H.,** auf nordwestdt. Heidemooren; **Baum-H.,** in S-Europa und Afrika, mit rötl. maserreichem Wurzelholz, das als **Bruyèreholz** Pfeifenköpfe gibt.

Heide der, ein Mensch, der keiner monotheistischen Religion angehört.

Heide, Kreisstadt von Norderdithmarschen, Schlesw.-Holst., 23000 Ew.; landwirtschaftl. Handel, Industrie. H. war 1447-1559 Hauptort des Bauernfreistaates →Dithmarschen.

Heidegger, Martin, Philosoph, *1889, Prof. in Freiburg, entwickelte aus der Phänomenologie Husserls eine Methode zur Daseinserhellung des Menschen (→Existenzphilosophie); zugleich versuchte er »die Frage der abendländ. Metaphysik nach dem Sein ursprünglicher zu fragen«.

Heidelbeere, Blau-, Bickbeere, kleinstrauchiges Heidekrautgewächs, bes. im Nadelwald, mit rötl.-grünen Blüten und schwarzblauen, schmackhaften Beeren. Diese geben **Heidelbeerwein,** getrocknet Durchfallarznei.

Heidelberg, Stadt in Bad.-Württ., am Austritt

Hedin

Hefe (vergrößert)

Hegel

Heidegger

Heidelberg mit Schloß

die Erlösung. **heilig,** fromm, gottselig; Eigenschaft Gottes zur Bezeichnung seiner Unterschiedenheit von allem Irdischen.

Heiland [von lat. salvator »Heilender«, »Erretter«, »Erlöser«] der, Beiname Christi.

Heilanzeige, } →Indikation.

Heilbad, hierzu ÜBERSICHT.

Heilbronn, Stadt in Bad.-Württ., 101 600 Ew.; Hafen am schiffbaren Neckar; Maschinen-, Fahrzeug-, Papier-, Nahrungsmittel-, Textil- u.a. Ind., Salzbergbau; Dampfkraftwerk. Die Altstadt wurde im 2. Weltkrieg fast völlig zerstört.

Heilbutt der, ein Plattfisch, große Schollenart der nördlichen Meere.

Heilerde, Ton oder Lehm für Heilzwecke.

Heilerziehung, Sondererziehung entwicklungsgehemmter, schwer erziehbarer und anomaler Kinder und Jugendlicher.

Heilfieber, künstl. zu Heilzwecken erzeugtes Fieber, eine Art der →Reizkörperbehandlung.

Heilgymnastik, Krankengymnastik, planmäßige Anwendung von Körperbewegungen und Leibesübungen zu Heilzwecken: z.B. bei Muskel-, Gelenkleiden, Verkrümmungen.

Heilige, kath. Kirche: vom kirchl. Lehramt heiliggesprochene Verstorbene, die verehrt und um ihre Fürbitte angerufen werden können (→Heiligsprechung).

Heilige Allianz die, Bündnis, auf Anregung des russ. Kaisers Alexander I. 1815 von ihm, dem Kaiser von Österreich und dem König von Preußen geschlossen; im wesentl. eine Kundgebung christl. Friedensgesinnung.

Heilige der letzten Tage, die →Mormonen.

Heilige Drei Könige, →Drei Könige.

Heilige Familie, das Christuskind, Maria und Joseph; in der bildenden Kunst oft dargestellt.

Heilige Nacht, die Nacht vor Weihnachten.

Heiligenbeil, ehem. Kreisstadt in Ostpreußen, (1939) 12 100 Ew.; eine Gründung des Dt. Ritterordens (1301); seit 1945 unter sowjet. Verw. **(Mamonowo).**

Heiligenblut, Dorf in Kärnten, Österreich, im oberen Mölltal, 1290 m ü. M., 1400 Ew., Ausgangspunkt der Großglockner-Hochalpenstraße; spätgot. Wallfahrtskirche (1491 geweiht).

Heiligenhafen, Hafenstadt und Ostseebad in Schlesw.-Holst., 10 000 Ew.

Heidelberg des Neckars aus dem Odenwald in die Rheinebene, 121 000 Ew.; Univ. (gegr. 1386), wissenschaftl. Gesellschaften und Institute; Hauptquartier der amerikan. Streitkräfte in Europa; Industrie (Maschinen, Zement, Zigarren u.a.); Fremdenverkehr. Über der Stadt die Ruine des Pfalzgrafenschlosses (Renaissance, 16. Jahrh., durch die Franzosen 1689 und 1693 zerstört).

Heidelberger Katechismus, in der reform. Kirche weitverbreitete, zuerst 1563 in Heidelberg erschienene Bekenntnisschrift.

Heidelbergmensch, Homo heidelbergensis, ältester europ. Menschenrest (Unterkiefer).

Heidenau, Industriestadt im Bez. Dresden, 20 200 Ew.; Schloß Großsedlitz (1719-32).

Heidenheim, Kreisstadt in Bad.-Württ., im Brenztal, 50 300 Ew.; Burg Hellenstein; Maschinen-, Textil-, Tabak-Industrie.

Heidenstam, Verner v., schwed. Dichter, *1859, †1940, Neuromantiker; Nobelpreis 1916.

Heidschnucke die, sehr alte, kleinwüchsige Schafrasse der Lüneburger Heide.

Heid'ucken [ungar. »Treiber«] **1)** ungar. Söldner, erhielten 1605 eigenes Wohngebiet. **2)** ungar. Name für Diener, Läufer. **3)** gegen die Türken kämpfende Freischärler.

Heifetz, Jascha, russ. Geiger, *1901, lebt in den USA.

Heil [german. Stw.] das, **1)** Rettung, Hilfe, Nutzen. **2)** die Lebenskraft des Menschen, bes. als Gabe Gottes oder der Götter; im Christentum

---

1) Einfache kalte Quellen (unter 20 °C), z. T. mit harntreibender Wirkung, z.B. Ischl, Lauchstädt, Tölz. **2) Einfache warme Quellen (über 20 °C),** indifferente Thermen, Wildbäder, gegen Gicht, Rheumatismus, Ischias, Gelenkversteifungen, z.B. Badenweiler, Schlangenbad, Wildbad. **3) Einfache Säuerlinge, Sauerbrunnen, kohlensaure Wässer,** bessern die Verdauung, wirken harntreibend. Kohlensäurebäder bes. f. Herzkranke, z.B. Apollinaris-Brunnen. **4) Erdige Quellen, Erdige Säuerlinge,** reich an doppeltkohlensaurem Calcium und Magnesium; gegen Gicht, harnsaure Nieren, Blasensteine, Blasen-, Darm- und Bronchialkatarrh, z.B. in Wildungen, Paderborn. **5) Alkalische Quellen,** reich an doppeltkohlensaurem Natron, z.B. Fachingen. Unterarten: **a)** mit salzsauren Salzen, z.B. Ems (Erkrankung der Luftwege), Selters; **b)** mit Natriumsulfatgehalt (Glaubersalz), wirken harntreibend und abführend, z.B. Elster. **6) Kochsalz-, muriatische Quellen,** reich an Kochsalz, gegen Magen-, Darm-, Leberkrankheiten usw., z.B. Baden-Baden, Ischl, Kissingen, Nauheim. Solen sind Kochsalzwässer mit über 1,5% Salzgehalt. Lithium-(Gicht-)Wässer (Kochsalzgewässer mit Lithiumgehalt) lösen Harnsäure bei gichtigen Gelenkerkrankungen und Steinbildungen in den Harnwegen; z.B. Dürkheim, Kissingen, Nauheim, Wiesbaden. **7) Bitterwässer, -quellen,** enthalten schwefelsaure Salze; z.B. Friedrichshall, Kissingen, Mergentheim; Anwendung bei Magen- und Darmleiden. **8) Eisen-**quellen, -wässer, enthalten schwefelsaures Eisen (Vitriolquellen: Alexisbad, Lausick) oder doppeltkohlensaures Eisen (Eisencarbonat- oder Stahlquellen: Alexisbad, Doberan). Anwendung bei Blutkrankheiten und zur allgemeinen Kräftigung. **9) Arsenwässer,** enthalten meist zugleich Eisen (Arseneisenwässer), Anwendung bei Blut- und Hautkrankheiten, in der Genesung, bei Unterernährung; z.B. Lausick, Dürkheim, Liebenstein. **10) Schwefelquellen,** reich an Sulfiden oder auch freiem Schwefelwasserstoff. Verwendung zu Trinkkuren gegen Katarrhe des Rachens und der Atmungswege und zu Badekuren bei Hautkrankheiten; z.B. Aachen, Nenndorf, Eilsen. **11) Radioaktive Heilquellen,** enthalten nur die gasförmige Emanation oder spurenweise gelöste radioaktive Salze. Anwendung bei Gicht, Arterienverkalkung, z.B. Tölz, Wiessee. **12) Kieselbrunnen,** enthalten freie kolloidale Metakieselsäure; wirken gegen Lungentuberkulose, Arterienverkalkung, Arthritis deformans; z.B. in Baden-Baden, Salzschlirf. **13) Jodquellen,** enthalten Jod in sehr geringer Menge, meist zusammen mit andern Bestandteilen (Kochsalz, Schwefel); bes. gegen Rheumatismus, Ischias, z.B. Brambach, Kreuznach, Oberschlema. **14) Moorbäder,** bewirken durch ihre Salze und gleichmäßige Wärme eine stärkere Durchblutung der Organe, z.B. Hindelang-Bad Oberdorf, Schwalbach. **15) Luftkurorte:** Braunlage, Freudenstadt, Garmisch-Partenkirchen, Königstein i.Taunus, Oberstdorf, Riezlern, St. Blasien u.v.a.

Heiligenhaus, Stadt in Nordrh.-Westf., südl. der Ruhr, 28 700 Ew.; Eisen-, Elektro-Ind.

Heiligenschein, Gloriole die, bildende Kunst: Lichtkreis oder Strahlenkranz um die ganze Figur oder um das Haupt bei göttl. oder hl. Gestalten.

Heiligenstadt, Kreisstadt im Bez. Erfurt, 13 000 Ew.; ehem. kurmainz. Schloß; Mittelpunkt der Ind. des Eichsfeldes (Textilien, Zigarren, Maschinen, Papier u.a.), Heilbad.

Heiliger, Bernhard, Bildhauer, *1915; arbeitet figürl. Bildwerke und Bildnisköpfe.

Heiliger Geist, christliche Lehre: die Dritte Person in Gott (→Trinität).

Heiliger Krieg, 1) Islam: Religionskrieg gegen Nichtmuslime. 2) →Kreuzzüge.

Heiliger Stuhl, Apostolischer Stuhl, lat. S'ancta S'edes, Sedes Apost'olica, Bez. für das Papstamt, den Papst persönl. oder die →Römische Kurie einschließlich des Papstes.

Heiliger Vater, der →Papst.

Heilige Sachen, kath. Kirche: die dem kirchl. Gebrauch gewidmeten körperl. Sachen, bes. soweit sie gesegnet oder geweiht sind (Kirchen, Altäre, Kelch, Monstranz).

Heilige Schrift, die →Bibel.

Heiliges Grab: Grabeskirche in Jerusalem

Heiliges Grab, die Grabstätte Jesu in Jerusalem, nahe Golgatha, in der **Grabeskirche**; gemeinsamer Besitz der Ostkirche, der armen. und kath. Kirche.

Heiliges Jahr, →Jubeljahr.

Heiliges Land, das bibl. →Palästina.

Heiliges Römisches Reich, mlat. S'acrum Rom'anum Imp'erium, offizieller Titel des dt. Reichs bis 1806, das seit 962 als Fortsetzung des Römischen Reichs galt. Der Name Romanum Imperium wird zuerst 1034 unter Konrad II. gebraucht, Sacrum Imperium seit 1157 unter Kaiser Friedrich I., um seine sakrale Würde gegenüber der Kirche zu betonen. Seit 1254 bürgert sich in den Königsurkunden die Verbindung Sacrum Romanum Imperium ein. Der inoffizielle Zusatz Deutscher Nation (Nationis Germanicae) wurde erst im 15. Jahrh. beigefügt, bezeichnet zunächst nur die dt. Teile des Reichs, drückte später den Anspruch der Deutschen auf das Imperium aus. Bis Karl V. ließen sich die Kaiser vom Papst krönen; die übrigen Herrscher bis 1806 nahmen gleich bei der Wahl und Krönung zum »Röm. König« den Kaisertitel an. (→Deutsche Geschichte)

Heiligkeit, 1) Gottes Unvergleichlichkeit, Erhabenheit. 2) Seine H., Ehrenbezeichnung für den Papst; Anrede: Eure H. oder Heiliger Vater.

Heiligsprechung, kath. Kirche: die feierliche päpstl. Erklärung, daß ein Verstorbener in das Verzeichnis (Kanon) der Heiligen aufgenommen worden ist (**Kanonisation**); erfolgt nach langwierigem Untersuchungsverfahren. Vorstufe ist die →Seligsprechung.

Heilimpfung, passive Immunisierung, die Behandlung von ansteckenden Krankheiten, z.B. Diphtherie, mit Heilserum. Dieses wird von Tieren gewonnen, deren Blut nach Überstehen der entsprechenden Krankheit genügend Abwehrstof-

fe (Antitoxine) enthält. – Aktive Immunisierung, →Schutzimpfung.

Heilkunde, →Medizin.

Heilmittel, 1) arzneiliche H., die Arzneien. 2) Ernährungsbehandlung sowie natürliche H. (Luft, Licht, Sonne, Wärme, Kälte, Wasser) und physikal. H. (Massage, Gymnastik, Bäder, Bestrahlung u.a.). 3) chirurgische einschließl. der orthopädischen H. 4) psychotherapeutische H. (Psychoanalyse u.a.).

Heilpflanzen, Arzneipflanzen, Wild- oder Kulturpflanzen, zur Herstellung von Arzneien oder zu anderen Heilzwecken (FARBTAFEL S. 352).

Heilpraktiker, wer die Heilkunde ausübt, ohne als Arzt bestallt (approbiert) zu sein. Nach dem H.-Ges. v. 17. 2. 1939 i.d.F. v. 1960 bedürfen H. zur Berufsausübung einer Genehmigung.

Heilquellen, Quellwässer, die sich durch einen bes. hohen Gehalt an Mineral- oder anderen Stoffen, den Gehalt an Radium oder Radiumemanation oder durch höhere Temperatur von anderen Quellen unterscheiden, dadurch heilkräftig wirken (»Gesundbrunnen«) und zu Trink- und Badekuren gebraucht werden. (ÜBERSICHT Heilbäder)

Heilsarmee, militärähnlich geordnete religiöse Gemeinschaft, die durch Bußpredigt, Lobgesänge und andere Andachtsübungen wirkt; sucht wirtschaftl. Not und soziales Elend zu lindern; 1878 von William Booth in London gegr.

Heilsberg, Kreisstadt in Ostpreußen; an der Alle, (1939) 11 800, (1969) 19 900 Ew.; Landwirtschaft. – H. war bis 1772 Sitz der Bischöfe von Ermland. Seit 1945 unter poln. Verw. (Lidzbark Warmiński).

Heilschlaf, künstl. hervorgerufener Schlaf zur Behandlung nervöser Störungen.

Heilserum, →Heilimpfung.

Heimarbeit, Verlagssystem, gewerbl. Tätigkeit, die der **Heimarbeiter** (Hausgewerbetreibende) im Auftrag von Gewerbetreibenden oder Zwischenmeistern in seiner Wohnung oder eigenen Betriebsstätte gegen Stücklohn ausübt.

Heimatkunst, 1) jede bodenständige, einer engeren Landschaft verbundene Kunst. 2) literar.-künstler. Strömung um 1900 (F. Lienhard, A. Bartels, T. Kröger, H. Sohnrey), die gegenüber dem von Berlin ausgehenden Naturalismus und der symbolist. »Dekadenzliteratur« die H. programmatisch forderte.

Heimatvertriebene, die seit 1945 bes. aus den dt. Ostgebieten vertriebenen Deutschen.

Heimchen das, die Hausgrille (→Grillen).

Heimdall, nordgerman. Gott; von ihm stammt nach dem Mythos das Menschengeschlecht ab.

Heimfall der, 1) Lehnsrecht: der Rückfall eines erledigten Lehnsgutes an den Lehnsherrn. Im modernen Recht bestehen H.-Ansprüche im Heimstätten- und Erbbaurecht. 2) Anfall erbenlosen Nachlasses an den Staat.

Heimsoeth, Heinz, Philosoph, *1886; Prof. in Marburg, Königsberg, seit 1931 in Köln.

Heimstätten, Grundstücke, die von öffentl.-rechtl. Körperschaften und von gemeinnützigen Siedlungsgesellschaften an Minderbemittelte zu niedrigen Preisen ausgegeben wurden.

Heilsberg: Bischöfl. Schloß (Vorkriegsaufnahme)

Heine

Heinemann

Heinrich
der Löwe

Heinrich IV.

Heisenberg

Heimtiere, Haus- oder Wildtiere, die in Haushaltungen (Heimen) gehalten werden.

Heimwehr, österr. antimarxist. Selbstschutzorganisation 1919-36; polit. Kampfbewegung bes. seit dem Wiener Aufruhr 1927, seit 1930 unter Starhemberg.

Hein, Abk. von Heinrich. **Freund H.,** volkstüml. Bez. für den Tod (nach M. Claudius).

Heine, Heinrich, Dichter, *1797, †1856 in Paris, wo er seit 1831 lebte; Hauptvertreter des →Jungen Deutschlands. In seinen vielvertonten spätromant. Gedichten verbindet er Empfindungsreichtum mit Skepsis und Ironie (»Buch der Lieder«, »Romanzero«), Sein geistvoller und elegant plaudernder Prosastil (»Reisebilder«) machte ihn zum Begründer des modernen Feuilletonismus.

Heinemann, Gustav, Politiker (seit 1957 SPD), *1899; Rechtsanwalt, 1945-52 Mitgl. der CDU. 1949/50 Bundesinnenmin., 1949-55 Präses der Synode der EKD, 1966-69 Bundesjustizmin., seit 1969 Bundespräsident.

Heinkel, Ernst, Flugzeugbauer, *1888, †1958.

Heinrich [ahd. »Hauskönig«], männl.Vorname.

Heinrich, Fürsten: **Deutsche Könige und Kaiser: 1)** H. I. (919-936), Sachsenherzog, brachte das Hzgt. Lothringen zum Reich zurück, entwarf 928/929 Böhmen und die Slawen östl. der Elbe, schlug die Ungarn 933 an der Unstrut; er legte viele Burgen an und schuf die Grundlage der dt. Kaisermacht im MA. **2)** H. II., **der Heilige** (1002-24), der letzte Herrscher des sächs. Kaiserhauses. **3)** H. III. (1039-56), aus dem sal. Kaiserhaus, setzte 1046 drei streitende Päpste ab, machte Ungarn lehnspflichtig. **4)** H. IV. (1056-1106), Sohn von 3), führte Kämpfe gegen das Papsttum (→Investiturstreit) und viele dt. Fürsten. Durch die Kirchenbuße in Canossa vor Papst Gregor VII. (1077) erreichte er die Lossprechung vom Bann; 1084 eroberte er Rom. **5)** H. V. (1106-25), Sohn von 4), beendigte den Investiturstreit durch das Wormser Konkordat 1122. **6)** H. VI. (1190-97), Staufer, eroberte 1194 das normann. Königreich Sizilien erstrebte die Erblichkeit der dt. Krone. **England. 7)** H. II., König (1154-89), aus dem Hause Anjou-Plantagenet, gewann durch Erbschaft und Heirat auch das westl. Frankreich, begann die Unterwerfung Irlands; Streit mit Thomas Becket. **8)** H. V., König (1413-22), siegte im Kampf um seinen Anspruch auf den französ. Thron 1415 bei Azincourt und nahm Paris ein. **9)** H. VII., König (1485-1509), aus dem Hause Tudor, stürzte Richard III. und beendete die →Rosenkriege. **10)** H. VIII., König (1509-47), Sohn von 9), gewalttätig, war sechsmal verheiratet, ließ seine zweite (Anna Boleyn) und fünfte Frau hinrichten; anfangs Gegner Luthers, brach dann mit dem Papst, machte sich 1534 zum Oberhaupt der engl. Staatskirche. **Frankreich. 11)** H. II., König (1547-59), erwarb 1552 im Bunde mit den dt. Protestanten Metz, Toul und Verdun, mußte jedoch 1559 Italien den Spaniern überlassen. **12)** H. III., König (1574-89), dritter Sohn von 11), führte mehrere Hugenottenkriege, ließ aber den Führer der kath. Liga, den Herzog H. von Guise, ermorden. **13)** H. IV., König (1589-1610), Bourbone, anfangs König von Navarra und Führer der →Hugenotten, wurde 1593 kath., um Paris zu gewinnen, gewährte aber den Hugenotten 1598 die Vorrechte des Edikts von Nantes; wurde ermordet. **Portugal. 14)** H. der Seefahrer, Prinz, †1460, legte durch Entdeckungsfahrten nach Westafrika den Grund zur überseeischen Machtstellung Portugals. **Sachsen. 15)** H. der Löwe, Herzog (1142 bis 1180), Welfe, war seit 1156 auch Herzog von Bayern, förderte die Ausbreitung des Deutschtums im ostelb. Slawenland, unterwarf Mecklenburg, gründete die Städte Lübeck und München. Mit Kaiser Friedrich Barbarossa verfeindet, wurde er 1180 geächtet und verlor seine Herzogtümer.

Heinrich, mhd. Dichter: **1)** H. der Glîchezare, aus dem Elsaß, dichtete um 1185 die älteste dt. Tiersage »Reinhart Fuchs«. **2)** H. von Meißen, genannt **Frauenlob, *** um 1260, †1318. **3)** H. von Mo-

rungen, Minnesänger, aus der Nähe von Sangerhausen, †1222. **4)** H. von Ofterdingen, sagenhafter Dichter, im Sängerkrieg auf der Wartburg Gegner Wolframs. **5)** H. von Veldeke, vom Niederrhein, vollendete um 1183 sein Epos »Eneide«.

Heinrich von Plauen, Hochmeister des Deutschen Ordens, * um 1370, †1429; verteidigte 1410 die Marienburg gegen die Polen, wurde Hochmeister, 1413 abgesetzt und lange gefangengehalten.

Heinsberg, Rheinld., Stadt in Nordrh.-Westf., 11 000 Ew.

Heinse, Wilhelm, Dichter, *1746, †1803; Renaissance- und Künstlerroman »Ardinghello und die glückseligen Inseln«.

Heinzelmännchen, im dt. Volksglauben ein hilfsbereiter Hauszeist.

Heinzen, die →Heanzen; **Heinzenland,** das →Burgenland.

Heirat die, Eheschließung (→Ehe). **Heiratsvermittlung,** die gewerbsmäßige Vermittlung der Heirat. Eine versprochene Vergütung kann nicht eingeklagt werden.

Heiseler, 1) Bernt von, Schriftsteller, Sohn von 2), *1907, †1969; Dramen, Gedichte, Romane, Essays. **2)** Henry von, Schriftsteller, *1875, †1928; formstrenge Gedichte und Dramen.

Heisenberg, Werner, Physiker, *1901; begründete gemeinsam mit Born und Jordan die Quantenmechanik und stellte die nach ihm benannte **H.**sche Unbestimmtheitsrelation auf. Nobelpreis 1932.

Heiserkeit die, Rauhwerden der Stimme bis zur Tonlosigkeit.

heißen, hissen, ♪ hochziehen (Segel, Flagge).

heißer Draht, direkte Telephon- und Fernschreibverbindung zwischen wichtigen Hauptstädten, bes. zwischen Washington und Moskau.

Heißleiter, ⚡ ein Halbleiter, dessen Widerstand bei Erwärmung abnimmt; Anwendung: Temperaturfühler, -regler, -kompensation.

Heißluftbad, Schwitzbad bei heißer trockener Luft bis 100°C (elektrische Lichtbäder).

Heißwasserspeicher, wärmeisolierter Behälter zum Erzeugen und Speichern von heißem Wasser; ein Temperaturregler hält die Wassertemperatur aufrecht. (BILD S. 391)

Heister (der, die, 1) Laubbäumchen aus Baumschulen. **2)** niederdt.: Buche.

Heisterbach, ehemal. Zisterzienserabtei im Siebengebirge. Cäsarius von H., mittellat. Schriftsteller, † um 1240.

Heizgase, die brennbaren techn. Gase und die bei der Verbrennung eines Brennstoffs entstehenden Gase.

Heizkissen, durch elektr. Strom erwärmtes Kissen als Bett- und Leibwärmer sowie für Heilzwecke.

Heizöl, hochsiedende, kohlenstoffreiche Rückstandsöle des Erdöls.

Heizung, die, Erwärmung eines Raums; auch die Heizanlage. 1) Einzel- oder **Lokal-H.:** Kamin-, Ofen-, Gas-, Öl-, Petroleum- oder Spiritus- und elektr. H.; **2)** →Zentralheizung oder **Sammelheizung; 3)** →Fernheizung. Elektr. Heizgeräte sind u. a. Heizsonne, →Heizkissen, Heizlüfter.

Heizwert, die Wärmemenge, die bei der Verbrennung von 1 kg festem, flüssigem oder 1 m³ gasförmigem Brennstoff entsteht, ausgedrückt in kcal.

Heizwert einiger Brennstoffe

Anthrazit	bis 8 000	kcal/kg
Steinkohle (Ruhr)	» 7 650	»
Braunkohle (Mitteldtl.)	» 3 000	»
Gaskoks	» 7 000	»
Briketts (Braunkohle)	» 4 600	»
Benzin	» 11 000	»
Heizöl	» 10 000	»
Stadtgas	» 5 200	kcal/m³
Wassergas	» 2 540	»
Acetylen	» 12 500	»
Wasserstoff	» 2 600	»
Erdgas	» 9 700	»

H'ekate, griech. Sage: eine in der Unterwelt hausende Zaubergöttin.

Hekat'ombe [grch.] die, Massenopfer; ursprüngl. im alten Griechenland ein Opfer von 100 Rindern.

H'ekla die, Vulkan im südl. Island, 1491 m.

H'ektar das, abgek. ha, Flächenmaß, = 100 Ar.

h'ektisch [grch.], abgezehrt und fiebernd, schwindsüchtig. **h. Betriebsamkeit,** aufgeregtes Tätigsein.

Hekto... grch., Hundert..., **Hektogramm,** Abk. hg, 100 g; **Hektoliter, hl,** 100 l.

Hektogr'aph [grch.] der, Vervielfältigungsgerät für Schrift und Zeichnung; mehrfarbige Wiedergabe in einem Arbeitsgang möglich.

H'ektor, griech. Sage: Sohn des Priamos und der Hekuba, Gatte der Andromache, der tapferste Held der Trojaner, fiel durch Achilles.

H'ekuba, griech. **Hekabe,** griech. Sage: Gemahlin des Priamos, Mutter von Hektor, Paris und Kassandra.

Hel, eine der Totenwohnstätten der german. Mythologie; auch als Göttin personifiziert.

Hela, Halbinsel im W der Danziger Bucht, mit dem Seebad H. (4000 Ew.); gehört zu Polen.

Held, Martin, Bühnen- und Filmschauspieler, *1908.

Heldbock, größte heimische Bockkäferart, bis 5 cm lang, an frischgefällten Eichen.

Heldensage, mündl. oder schriftl. Überlieferung aus der Frühzeit der Kulturen. Die dichter. Form ist fast ausnahmslos das →Epos.

Helder der, das, noch nicht eingedeichter Wattenboden.

H'elder, Den H., Kriegs- und Fischereihafen in NW-Holland, 59 800 Ew.; Zoolog. Institut.

H'elena, griech. Sage: Tochter des Zeus und der Leda, Gemahlin des Menelaos, Urbild weibl. Schönheit; ihre Entführung durch Paris verursachte den Trojan. Krieg (→Troja).

Hel'ene [von grch. Helena], weibl. Vorname.

Helfferich, Karl, Politiker, *1872, †1924, war 1915 Staatssekretär des Reichsschatzamts, 1916/17 des Reichsamts des Innern und Vizekanzler, nach 1918 deutschnationaler Parteiführer.

Helga [schwed. »die Hehre«], weibl. Vorname.

H'elgoland, Nordseeinsel, gehört zu Schleswig-Holstein, mit Düne 1,6 km², umfaßt das felsige Oberland (bis 58 m hoch), das flache Unterland und die 1,5 km entfernt liegende Düne mit Badestrand. Der Ort H. hat 3200 Ew., Vogelwarte, Meeresbiolog. Station, Seewasseraquarium, Flugsicherungsdienst, Schutzhafen. – H. war 1714 bis 1807 dänisch, dann britisch. 1890 erkannte das Dt. Reich für die Abtretung von H. an Dtl. die brit. Oberhoheit über Sansibar an. Nach der Zerstörung des Ortes (1945) diente H. der brit. Luftwaffe als Übungsplatz für Bombenabwürfe. 1952 an Dtl. zurückgegeben, seitdem Wiederaufbau.

H'eliand [»Heiland«], altsächs. Evangeliendichtung (um 830) in Stabreimversen. Christus erscheint als german. Volkskönig.

H'elikon der, Gebirge in der griech. Landschaft Böotien; im Altertum: Sitz der Musen.

H'elikon [grch.] das, Blechblasinstrument, das sich der Spieler umhängt.

Helgoland: Nordspitze

Helik'opter [grch. Kw.] der, →Hubschrauber.

H'elio... [grch.], Sonnen...

Heliog'abalus, röm. Kaiser (218-222), war vorher Oberpriester des syr. Gottes →Elagabal.

Heliogr'aph [grch.] der, Kamera zum Photographieren der Sonne.

Heliograv'üre die, →Photogravüre.

Heliom'eter [Kw. grch.] das, Fernrohr zum Messen kleinster Winkel am Himmel.

Heli'opolis [grch. »Sonnenstadt«], hebr. **On,** alte ägypt. Stadt nordöstl. Kairo; Tempel des →Re.

H'elios, 1) der grich. Sonnengott, Sohn des Hyperion. **2)** grich. Wort für Sonne.

Heliosk'op [grch.] das, Prismen- oder Spiegelvorrichtung zur Abschwächung des Sonnenlichts bei Beobachtung der Sonne durch das Fernrohr.

Heliost'at [grch.] der, ebener Spiegel, der durch ein Uhrwerk so gedreht werden kann, daß er das auffallende Sonnenlicht immer in die gleiche Richtung reflektiert.

Heliotherap'ie [grch.] die, Sonnenlichtbestrahlung zu Heilzwecken.

Heliotr'op [grch.], **1)** der, Schmuckstein, blaugrün und rotgefleckter Chalcedon. **2)** das, Vanillestrauch, Gartenpflanze, ein Borretschgewächs aus Peru, mit blauen, vanilleduftenden Blüten.

Heliotrop'ismus [grch.] der, →Tropismus.

helioz'entrisch [grch.], auf die Sonne als Mittelpunkt bezogen. **H. Weltbild,** Ansicht, daß die Sonne Weltmittelpunkt sei.

H'elium [grch.] das, **He,** chem. Element, farbloses Edelgas, Ordnungszahl 2, Atomgewicht 4,003. Wegen seines geringen spezif. Gewichtes und seiner Nichtbrennbarkeit eignet es sich zur Füllung von Luftschiffen; weitere Verwendung: Laser-, Tieftemperaturtechnik. H., im Weltall nach Wasserstoff das häufigste Element, ist in Erdgasen und der Luft. Das normale Helium I geht bei 2,18⁰ K in eine Flüssigkeit von äußerst geringer Zähigkeit und sehr hoher Wärmeleitfähigkeit über (**supraflüssiges Helium II**). Der H.-Kern mit der Masse 4 heißt in der Kernphysik Alphateilchen (→Alphastrahlen).

H'ellas, 1) bei Homer eine Landschaft im südöstl. Thessalien, dann Name ganz Griechenlands. **2)** seit 1833 amtl. griech. Name für →Griechenland.

Helldunkel, Clairobscur [klɛrɔbsk'yr, frz.], in Malerei und Graphik Mittel der Bildgestaltung durch Gegensätze von Licht und Dunkel; am ausdrucksreichsten bei Rembrandt.

Helleb'arde die, Hieb- und Stoßwaffe des Fußvolks im späteren MA., über 2 m lang.

Hell'enen Mz., urspr. im südl. Thessalien wohnhafter griech. Stamm, dessen Name im 7. Jahrh. v. Chr. auf die Gesamtnation der Griechen überging.

Hellen'ismus der, Abschnitt der griech. Geschichte und Kultur vom Tod Alexanders d. Gr. bis Augustus; griech. Wesen wurde mit morgenländ. Bestandteilen zu neuer umfassender Bedeutung verschmolzen. Mittelpunkte: Alexandria, Pergamon, Antiochia, Rhodos, Athen, Rom.

Heller der, frühere dt. Scheidemünze. H.-Kupfermünze; in Österreich bis 1924 = ¹/₁₀₀ Krone.

Hellesp'ont der, →Dardanellen.

Helling der oder die, ⚓ geneigte Ebene, auf der ein Schiff gebaut wird und von der es vom Stapel läuft.

Hellmesberger, Wiener Musikerfamilie. **1)** Joseph, *1828, †1893, Hofkapellmeister in Wien. **2)** Joseph, Sohn von 1), *1855, †1907, Hofkapellmeister in Wien und Stuttgart; Operetten u. a.

Hellpach, Willy, Psychologe und Politiker (Deutsche Demokrat. Partei), *1877, †1955; war 1924/25 Staatspräs. von Baden.

Hellsehen das, außersinnl. Wahrnehmung von räumlich entfernten Gegenständen oder Vorgängen; Gegenstand der →Parapsychologie.

Hellweg der, fruchtbare Ebene in Westfalen, am N-Abhang der Haar; auch alte Heerstraße.

Hellwege, Heinrich, Politiker *1908; Mitgründer und (bis 1961) 1. Vors. der DP, 1955-59 MinPräs. von Ndsachsen.; 1961 Mitgl. der CDU.

Helm der, Kopfschutz aus Fell, Leder oder

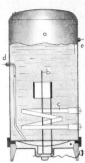

Heißwasserspeicher: a Wasserbehälter, b Temperaturfühler, c Heizschlange, d Kaltwasserzulauf, e Heißwasserablauf

Hellebarde

Helm, oben:
deutscher, unten:
engl. Stahlhelm

Helmholtz

Hemingway

Helsinki
mit Domkirche

Metall, im MA. auch mit bes. Gesichtsschutz (**Visier**). Während des 1. Weltkrieges wurde der Stahlhelm eingeführt.

H'elmbrecht, Meier, Held einer satir. Dichtung des 13. Jahrh. von Wernher dem Gartenaere.

Helme die, Nebenfluß der Unstrut, kommt vom Harz, durchfließt die Goldene Aue.

Helmholtz, Hermann v., Naturforscher, *1821, †1894; gab die Begründung des von R. Mayer entdeckten Energiegesetzes, erfand den Augenspiegel, erklärte die physiolog. Vorgänge des Sehens und Hörens u. a.

Helm'inthen [grch.] Mz., die →Würmer. **Helminthi'asen,** die Wurmkrankheiten.

Helmstedt, Kreisstadt in Niedersachsen, inmitten der H.er Braunkohlenmulde, 28 100 Ew.; Grenzübergang und Verkehrsknoten im Interzonenverkehr; Braunkohlenbergbau, Ziegeleien, Eisengießereien; 1576-1810 Universität.

Helmut [ahd. »der Kampfmutige«], männlicher Vorname.

Héloïse, die Geliebte des →Abaelard.

Hel'oten Mz., Staatssklaven im alten Sparta.

Helsing'ör, Hafen- und Industriestadt auf Seeland, Dänemark, am Sund, 30 000 Ew., Fährverbindung mit Hälsingborg in Schweden; Renaissanceschloß Kronborg, durch Shakespeares »Hamlet« bekannt.

H'elsinki, schwed. **Helsingf'ors,** Hauptstadt und -hafen von Finnland, am Finn. Meerbusen, 531 300 Ew.; geistiger und wirtschaftl. Mittelpunkt des Landes; Univ., TH, mehrere Theater; Ausfuhrplatz für Holz- und Papierwaren; Textil-, Zucker-, Tabak-, Maschinen-Ind. – H., 1550 gegr., wurde 1812 Hauptstadt.

Helv'etier Mz., kelt. Stamm, der um 100 v. Chr. in die heutige Schweiz einwanderte. Bei dem Versuch, das südl. Gallien zu erobern, 58 v. Chr. bei Bibracte von Caesar besiegt.

Helv'etische Konfessi'on, zwei Bekenntnisschriften der Reformierten Kirche (1536, 1562).

Helv'etische Republik, der durch Frankreich errichtete schweizer. Staat 1798-1803.

H'emer, Industriestadt in Nordrh.-Westf., am N-Rand des Sauerlandes, 25 300 Ew.

hemi... [grch.], in Fremdwörtern: halb...

Hemingway [h'emiŋwei], Ernest, amerikan. Schriftsteller, *1899, †1961; Hauptvertreter der »verlorenen Generation« zwischen den Weltkriegen. Lakon. Stil, Aufzeichnung der unbeschönigten Wahrheit mit teilweise brutalem Realismus, Verherrlichung des männl. Mutes sind Merkmale seiner Prosa. Romane: »Wem die Stunde schlägt«, »Der alte Mann und das Meer« u. a.; Kurzgeschichten. Nobelpreis 1954.

Hemipleg'ie [grch.] die, halbseit. Lähmung.

Hemisph'äre [grch.] die, **1)** Halbkugel; Erdhalbkugel. **2)** Großhirnhälfte.

H'emlocktanne, Schierlingstanne, Nadelbaumgatt. in N-Amerika, O-Asien.

Hemmung die, **1)** Psychologie: meist unbewußter seel. Widerstand gegen situations- oder antriebsgerechtes Verhalten. **2)** in der Uhr eine Vorrichtung, die die ruckweise Bewegung des Räderwerkes bewirkt.

Henderson [h'endəsn], Arthur, brit. Politiker,

*1863, †1935, Führer der Arbeiterpartei; war Innen-, Außenmin.; Friedensnobelpreis 1934 für seine Tätigkeit als Vors. der Abrüstungskonferenz.

H'engelo, Stadt in den östl. Niederlanden, 69 600 Ew.; Bahnknoten; Textil-, chem. Ind.

H'engist und **H'orsa,** sagenhafte Führer der Angelsachsen.

Hengst der, männl. Pferd, Kamel, Esel.

henken [ahd. zu »hängen«], durch den Strang hinrichten. **Henker** der, Scharfrichter.

Henlein, 1) Konrad, *1898, † (Selbstmord) 1945; Gründer der nat.soz. beeinflußten Sudetendt. Partei in der Tschechoslowakei. 2) Peter, *1480, †1542, Schlosser in Nürnberg, stellte um 1500 die ersten Taschenuhren her.

H'enna [arab.] die, rotgelber Farbstoff des Hennastrauchs in Afrika, Asien, Australien; zum Färben der Fingernägel, Haare und Haut.

Henneberg, Grafsch. Gfsch. in Franken, an der oberen Werra, kam 1583 an die Wettiner.

H'ennef (Sieg), Gem. und Kneippkurort in Nordrh.-Westf., 26 600 Ew.; Maschinenbau.

H'ennegau, fläm. **Henegouwen,** französ. **Hainaut,** geschichtl. Landschaft und Provinz in Belgien, Hauptstadt Mons. Teile des H. gehören zum fruchtbarsten Gebiet des Landes, H. hat Zuckerrüben-, Haferanbau, Pferdezucht, ferner die Steinkohlenbecken von Charleroi, Centre und Borinage, Eisen-, Glas- und chem. Ind. – Der südl. Teil des H. (mit Valenciennes und Maubeuge) kam 1659 und 1678 an Frankreich.

Hennigsdorf, Gem. im Bez. Potsdam, an der Havel, 24 000 Ew.; Stahlwerk, Elektro-Ind.

Henri [ãr'i, frz.], Heinrich. **Henriquatre** [ãrik'atr], kurzer Spitzbart, nach dem französ. König Heinrich IV. genannt.

H'enry [engl.], Heinrich.

Henry, Zeichen **H,** nach dem amerikan. Physiker Joseph Henry (*1797, †1878) benannte Einheit der Selbstinduktion. Ein Leiter besitzt die Selbstinduktion 1 H, wenn bei Änderung der Stromstärke um 1 A/je s eine Spannung von 1 V induziert wird.

Hensel, 1) Luise, Dichterin, *1798, †1876; geistl. Lieder, z. B. »Müde bin ich, geh' zur Ruh«. 2) Walther, eigentl. Julius **Janiczek,** *1887, †1956; Vorkämpfer der Jugendmusikbewegung, Gründer des Finkensteiner Bundes (1924).

Henstedt-Ulzberg, Großgem. im Kr. Segeberg, Schlesw.-Holst., 10 000 Ew.

Henze, Hans Werner, Komponist, *1926, bildete die freie Zwölfton-Richtung fort; Sinfonien, Ballette; Opern: »König Hirsch«, »Prinz von Homburg«, »Elegie für junge Liebende« u. a.

Hepat'itis [grch.] die, Leberentzündung.

Hepburn [h'ebə:n], Audrey, amerikan. Filmschauspielerin, *1929; »Krieg und Frieden« u. a.

Heph'äst, griech. **Hephaistos,** griech. Gott des Feuers und der Schmiedekunst.

Heppenheim, Kreisstadt in Hessen, an der Bergstraße, 17 000 Ew.; Weinbau; Industrie.

Hept'ameron [grch. »Siebentagewerk«] das, Novellenslg. der Margarete von Navarra (1559).

H'era, lat. **Juno,** griech. Göttin, Schwester und Gemahlin des Zeus, Beschützerin der Ehe.

H'erakles, lat. **Herkules,** griech. Sage: Sohn des Zeus und der Alkmene, mit Keule und Löwenfell dargestellt, erwürgte schon in der Wiege Schlangen, verrichtete später im Dienst des Königs Eurystheus die zwölf Arbeiten, z. B.: Tötung der Lernäischen Schlange (→Hydra), Reinigung der Ställe des →Augias.

Her'aklion, italien. **Candia,** Stadt an der Nordküste der griech. Insel Kreta, 70 000 Ew.

Herakl'it, griech. **Herakleitos,** griech. Philosoph, um 500 v. Chr., aus Ephesus; sah im Feuer das Grundwesen der Dinge; lehrte die ewige Wiederkehr des Gleichen: »alles fließt«.

Her'aldik die, Wappenkunde (→Wappen).

Her'at, Hauptstadt in Afghanistan, 68 000 Ew.; altes Gewerbe (Teppiche, Seide); im 15. Jahrh. ein Mittelpunkt pers. Literatur und Wissenschaft.

Herausgeber, wer eine Druckschrift veröffent-

Herculaneum: Atrium des Samnitischen Hauses

licht (Presseges. v. 7. 5. 1874 und Länderges.; Urheberrechtsges. v. 9. 9. 1965), ohne Verfasser oder alleiniger Verfasser zu sein. Der H. gilt in bestimmten Fällen als Urheber.

Herb′arium [lat.] das, -s/...rien, geordnete Sammlung getrockneter (gepreßter) Pflanzen.

Herbart, Johann Friedrich, Philosoph und Pädagoge, *1776, †1841; gründete Pädagogik und Psychologie auf die Erfahrung.

H′erbede, Stadt (seit 1951) in Nordrh.-Westf., an der Ruhr, 15600 Ew.; Steinkohlen ⚒.

Herberge die, Unterkunft, Obdach, Gasthaus. Die **H. zur Heimat,** von der evang. Inneren Mission eingerichtet, gewähren wandernden Arbeitslosen Verpflegung und Unterkunft gegen geringes Entgelt. →Jugendherbergen.

Herberger, Sepp, Sportlehrer, *1897; bis 1964 Fußballtrainer des Dt. Fußballbundes.

Herbert [aus ahd. heri »Heer« und beraht »glänzend«], männlicher Vorname.

Herborn, Stadt in Hessen, an der Dill, 10300 Ew.; Schloß, mittelalterl. Stadtbild; Industrie.

Herbst, für die nördl. Halbkugel die Zeit vom 23. Sept. bis 22. Dez., für die südl. vom 21. März bis 22. Juni.

Herbstzeitlose die, **Colchicum autumnale,** Liliengewächs auf feuchten Wiesen; entwickelt aus einer Knolle im Herbst eine blaßlila Blüte, im Frühjahr das Kraut mit Frucht. Alle Teile der Pflanze enthalten das Gift **Colchicin.** (FARBTAFEL Giftpflanzen S. 350)

Hercul′aneum, im Altertum Küstenstadt südöstl. von Neapel, 79 n.Chr. bei einem Ausbruch des Vesuvs verschüttet; 1719 entdeckt.

Herd der, 1) urspr. die offene Feuerstelle, heute der Ofen zum Kochen. 2) ⚙ die Flächen, auf denen Erze für den Hochofen aufbereitet werden (Herdofen). 3) Mittelpunkt, Ausgangspunkt, Sitz: der H. der Unzufriedenheit, einer Krankheit **(Fokus),** eines Erdbebens.

Herdbuch, Stammbuch, Verzeichnis der im Zuchtgebiet anerkannten Zuchttiere, enthält Angaben über Leistung und Abstammung.

H′erdecke, Industriestadt an der Ruhr, Nordrh.-Westf., 20400 Ew.; Eisenwaren-, chem. und Kunststoffindustrie.

Herder, Johann Gottfried v., Philosoph und Dichter, *1744, †1803, wurde 1776 durch Goethes Vermittlung Generalsuperintendent in Weimar; Kritiker, Kulturgeschichtsforscher, Vertreter einer umfassenden Humanitätsphilosophie und Theoretiker des »Sturms und Drangs«, Wegbereiter der dt. Klassik und Romantik, Meister der Übersetzungskunst. Hauptwerk: »Ideen zur Philosophie der Geschichte der Menschheit«. Freie Übersetzungen: Romanzenkreis »Cid«; Volksliedersammlung »Stimmen der Völker in Liedern«.

Herder & Co., Verlagsbuchhandlung in Freiburg i.Br., gegr. 1801; Lexika, kath. Theologie, Jugendschriften u. a.

Herdinfektion, Fok′alinfektion, ♆ Infektion von einem kaum Beschwerden verursachenden Herd aus (bes. in den Mandeln, an Zahnwurzeln);

dabei werden wahrscheinlich Keime oder Erregergifte an andere Orte verschleppt.

Hérédia [εredj′a], José Maria de, französ. Dichter, *1842, †1905; Vertreter der →Parnassiens.

heredit′är [lat.], erblich.

H′erero Mz., Bantuvolk in SW-Afrika und Angola, etwa 35000; kämpften 1904/05 gegen die dt. Kolonialherrschaft.

H′erford, Kreisstadt in Nordrh.-Westf., 67300 Ew.; Textil-, Möbel-, Nährmittelindustrie.

Hergesheimer, Joseph, amerikan. Schriftsteller, *1880, †1954; Gesellschaftsromane.

Hering der, 1) Fisch der nördl. Meere, schlank, blaugrün, silberglänzend, schneller Schwimmer, nährt sich von Kleinlebewesen. Der **gemeine H.** ist in viele Rassen aufgespalten. Er führt in großen Schwärmen ausgedehnte Freß- und Laichwanderungen (ein Weibchen legt 40000-60000 Eier) aus. Im Handel überwiegt der **Salz-H.,** der frische H. heißt **grüner H.,** der geräucherte **Räucher-H.** oder **Bückling,** der eingelegte, entgrätete **Bismarck-H.,** der gewürzte, um eine Gurke gerollte **Rollmops,** der mit Laich angefüllte **Voll-H.,** der noch nicht laichreife **Matjes-H.** (FARBTAFEL Fische S. 344) 2) Zeltpflock.

Heringsdorf, Seebad auf der Insel Usedom.

H′erisau, Hauptort des schweiz. Kt. Appenzell-Außerrhoden, 15500 Ew.; verschiedene Ind.

H′erkules, 1) lat. Name des →Herakles. 2) ✫ Sternbild des Nordhimmels.

Herkulessäulen, antiker Name der Felsberge Kalpe und Abyla bei Gibraltar.

herk′ulisch [von →Herkules], riesenstark.

Hermand′ad [span. »Bruderschaft«] die, im MA. ein span. Städtebündnis zur Wahrung des Landfriedens **(Heilige H.);** später die Polizei.

Hermann [aus ahd. heri »Heer« und »Mann«], männlicher Vorname.

Hermann I., Landgraf von Thüringen (1190 bis 1217), Freund der Minnesänger, soll den Sängerkrieg auf der →Wartburg veranstaltet haben.

Hermann der Cher′usker, →Arminius.

Hermannsburger Mission, streng luther. Missionsgesellschaft (gegr. 1849) mit Arbeitsbereichen in Südafrika.

Hermannshöhle, Tropfsteinhöhle bei Rübeland im Bodetal des Harzes.

Hermannsschlacht, →Arminius.

Hermannstadt, rumän. **Sibiu,** Stadt in Siebenbürgen, Rumänien, 118900 Ew.; nördl. vom Rotenturmpaß. Ind.: Maschinen, Nahrungsmittel, Textilien. H., im 12.Jahrh. entstanden, war Hauptort der Siebenbürger Deutschen (»Sachsen«).

Hermannstadt: Pfarrkirche

Hermann von Salza, 1209-39 Hochmeister des Deutschen Ordens, vermittelte oft zwischen Kaiser und Papst; begann 1226 die Eroberung und dt. Besiedlung Preußens.

Hermaphrod′it [grch.] der, Zwitter; in der griech. Sage ein mannweibl. Zwitterwesen, gezeugt von Hermes und Aphrodite.

Herder

Herme
(490-480 v. Chr.)

Heron von Alexandria:
Heronsball

H. Hertz

Hermaphrodit'ismus der, Zwittertum.
Herme [grch.] die, im Altertum Pfeiler mit dem Kopf des →Hermes, dann auch anderer Götter und berühmter Männer.
Hermel'in das, großes Wiesel, →Marder.
Hermen'eutik [grch.] die, Kunst und Lehre der Auslegung von Schriften, Dokumenten, Kunstwerken.
H'ermes, Sohn des Zeus und der Maja, griech. Gott des Handels, Götterbote u. a.; dargestellt als anmutiger Jüngling mit Reisehut, Flügelschuhen, Heroldsstab. Bei den Römern →Merkur.
Hermes, 1) Andreas, Politiker, *1878, †1964 1920-23 als Mitgl. des Zentrums Reichsernährungs- und Reichsfinanzmin., 1945 Mitgr. und 1. Vors. der Sowjetzonen-CDU, ging 1946 nach West-Dtl., gründete 1946 den Dt. Bauernbund und den Dt. Raiffeisenverband. 2) Georg, kath. Theologe, *1775, †1831, versuchte die kath. Kirchenlehre philosoph. zu sichern; 1836 vom Papst verurteilt (**Hermesian'ismus**).
H'ermes Trism'egistos [grch. »Hermes, der dreimal Größte«], griech. Benennung des ägypt. Gottes Thot, des Gottes der Gelehrsamkeit, auf den die **herm'etischen Schriften** zurückgehen sollen, die eine gnost. Weltentstehungs- und Erlösungslehre enthalten.
herm'etisch [grch.], luftdicht (verschlossen).
Herm'ine [von: Irma oder zu: Hermann], weiblicher Vorname.
Hermin'onen, Hermionen Mz., einer der drei westgerman. Stammesverbände.
Hermosillo [-s'iʎo], Hauptstadt des mexikan. Staates Sonora, 181 500 Ew.; Bergbau- und Ackerbauzentrum.
Hermsdorf, Industriegem. im Kr. Waldenburg, Niederschlesien, (1939) 11 200 Ew.; Steinkohlen⚒; seit 1945 unter poln. Verw. **(Sobięcin).**
Hermund'uren Mz., german. Volksstamm in Mitteldtl., gingen in den Thüringern auf.
Herne, Industriestadt in Nordrh.-Westf., im Ruhrgebiet, am Rhein-H.-Kanal; 107 600 Ew.; Steinkohlen⚒, Eisen- und chem. Ind.
H'ernie [lat.] die, Eingeweidebruch, →Bruch 2).
H'ero, griech. Sage: die Geliebte des Leander, der allnächtlich zu ihr über den Hellespont schwamm, bis er ertrank; H. stürzte sich ins Meer. Trauerspiel von Grillparzer »Des Meeres und der Liebe Wellen«.
Her'odes [grch.»Heldensproß«], 1) H. der Große, König der Juden (37-4 v.Chr.) unter röm. Hoheit, baute den Tempel von Jerusalem wieder auf. 2) H. Antipas, Landesherr Jesu. 3) H. Agrippa II., half den Römern bei der Eroberung Jerusalems; † um 100 n.Chr.
Her'odias, Enkelin Herodes' des Großen, Gattin des Herodes Antipas, veranlaßte die Enthauptung Johannes' des Täufers.
Herod'ot, griech. Geschichtsschreiber, »Vater der Geschichte«, * um 490, † um 425 v.Chr., bereiste Asien und Ägypten; schrieb eine Geschichte Griechenlands, die die Zeit bis 479 v.Chr., bes. die Perserkriege, umfaßt.
Hero'in, Diacetyl-Morphin, ein Rauschgift, das der Opiumgesetzgebung unterliegt.
Hero'ine die, ⚓ Bühnenheldin.
her'oisch [zu Heros], heldenhaft. **Hero'ismus,** Heldenmut.
H'erold der, im MA. fürstl. Diener, Bote, Ausrufer; bei Turnieren eine Art Zeremonienmeister.
H'eron von Alexandria, griech. Mechaniker, um 100 v.Chr.; Schriften über Mechanik, Pneumatik, Vermessungskunde, beschrieb den **Heronsball,** eine Vorrichtung zum Emportreiben einer Wassersäule durch Verdichtung der Luft.
H'eros [grch. »Held«] der, -/Her'oen,1) tapferer Kämpfer, Held. 2) Halbgott, götterähnlicher Held, oft göttl. Abstammung.
Her'ostratos, ein Grieche, der 356 v.Chr. den Artemistempel zu Ephesos in Brand steckte, um berühmt zu werden.
H'erpes [grch.] der, mehrere Haut- und

Schleimhauterkrankungen, so die Viruskrankheiten **H. simplex,** Bläschenflechte, bes. an den Lippen und **H. zoster** (neuerdings nur Zoster genannt), Gürtelrose, Gürtelflechte.
Herrenalb, Stadt in Bad.-Württ., 3000 Ew.; Kurort im Schwarzwald; evang. Akademie.
Herrenberg, Stadt in Bad.-Württ.,12 600 Ew.; got. Stiftskirche (14.Jahrh.); Industrie.
Herrenhaus, bis 1918 die (nicht gewählte) Erste Kammer des Preuß. Landtags und des Österreich. Reichsrats.
herrenlose Sache, eine Sache, die noch nicht mehr im Eigentum einer Person steht. Jeder kann sie sich aneignen, sofern nicht das Aneignungsrecht eines anderen verletzt wird (§§959 BGB).
Herrentiere, →Primaten.
Herr'era, Juan de, span. Baumeister, * um 1530, †1597; von der italien. Renaissance ausgehend, begründete er einen schmucklosen, asket. strengen Stil; Hauptwerk ist der Escorial.
Herriot [ɛri'o], Edouard, französ. Politiker (Radikalsozialer), *1872, †1957; 1905-41 und seit 1945 Bürgermeister von Lyon, mehrmals MinPräs. und Außenmin., 1947-54 Präs. der Nationalvers.
Herrmann-Neiße, Max, Schriftsteller, *1886, †1941 (im Exil); Lyrik.
Herrnhut, Stadt im Bez. Dresden, in der Oberlausitz, 1800 Ew.; Stammort der →Brüdergemeine.
Hersbruck, Kreisstadt in Mittelfranken, Bayern, an der Pegnitz, 8100 Ew.; Schloß (16./17. Jahrh.); Hopfenanbau.
Herschel, Sir (seit 1816) Friedrich Wilhelm, Astronom, *1738, †1822, seit 1765 in England, baute Spiegelfernrohre, entdeckte den Uranus sowie die Uranus- und Saturnmonde.
Hersfeld, Bad H., Kreisstadt in Hessen, an der Fulda, 23 200 Ew.; Heilbad; vielseit. Ind. Benediktinerabtei, 769 gegr. (roman. Stiftskirche, seit 1761 Ruine, seit 1952 Festspielort).

Bad Hersfeld: Stiftsruine

Herten, Stadt in Nordrh.-Westf., im Ruhrgebiet, 52 600 Ew.; Steinkohlenbergbau.
Hertha [nach der bei Tacitus irrtüml. H. gelesenen germ. Göttin Nerthus], weibl. Vorname.
Hertling, Georg Freiherr (seit 1914 Graf) v., kath. Philosoph und Politiker (Zentrum), *1843, †1919, Mitgründer der Görres-Gesellschaft; 1917 bis 1918 Reichskanzler.
Hertz, 1) Gustav, Physiker, *1887, untersuchte mit J. Franck den Energieaustausch von Elektronenstößen in Gasen; Nobelpreis 1925. 2) Heinrich, Physiker, *1857, †1894; entdeckte die elektromagnet. Wellen. Nach ihm wird die Anzahl der Schwingungen, die ein schwingungsfähiges Gebilde (elektromagnet. Feld) in der Sekunde ausführt, in Hertz, Abk. Hz, gemessen: 1 Hz = 1s⁻¹.
Hertzog, James, südafrikan. General und Politiker, *1866, †1942; kämpfte im Burenkrieg gegen die Engländer; 1924-39 MinPräs.
Hertzsprung, Ejnar, dän. Astronom, *1873, †1968, fand die für die Astrophysik grundlegende Beziehung zwischen Leuchtkraft und Temperatur der Sterne, die H.N. Russell später die Form des **H.-Russell-Diagramms** gab.
H'eruler Mz., german. Stamm aus Nordeuro-

pa; die Ostheruler gründeten im 5. Jahrh. n. Chr. ein mächtiges Reich in Ungarn.

H'erwegen, Ildefons, Benediktiner, *1874, †1946, seit 1913 Abt von Maria Laach, förderte die liturg. Bewegung.

Herwegh, Georg, Dichter, *1817, †1875, beteiligte sich am bad. Aufstand von 1848; schrieb »Gedichte eines Lebendigen«.

Herz das, Antriebsorgan des →Blutkreislaufs; beim Menschen ein etwa faustgroßer Hohlmuskel im Brustkorb, zu zwei Drittel links von der Mittellinie. Das H. wird vom **H.-Beutel** umschlossen, durch eine muskulöse Scheidewand der Länge nach in zwei Teile geteilt (**rechte** und **linke H.-Hälfte),** jede mit einem oberen Teil, dem **Vorhof,** und einem unteren, der **Herz- Kammer (Ventrikel).** Zwischen jeder Vorkammer und H.-Kammer, ebenso an der Abgangsstelle der großen Schlagadern sitzen **Klappen,** die den Blutumlauf im H. nach Art eines Ventils nur in einer Richtung gestatten. Die Herztätigkeit wird vom Reizleitungssystem des H. gesteuert. Die **H.-Schläge** erfolgen beim Erwachsenen 60-80mal in der Minute; bei Kindern häufiger. Jede Zusammenziehung des H. oder seiner Abschnitte wird als **Systole,** jede Erschlaffung als **Diastole** bezeichnet. Ernährt wird das H. durch die beiden **H.-Kranzgefäße (Koronararterien).**

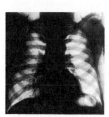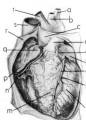

Herz, links: Röntgenaufnahme (normal); rechts: H. von vorn, a linke Schlüsselbeinschlagader, b linke gemeinsame Halsschlagader, c aufsteigende Aorta, d Lungenarterie, e linkes Herzohr, f linker Vorhof, g linke Kranzarterie, h große Herzvene, k linke Herzkammer, m rechte Herzkammer, n rechte Kranzarterie, p rechter Vorhof, q rechtes Herzohr, r eröffneter Herzbeutel, s obere Hohlvene, t Arterienstamm für rechte Arm- und Kopfseite

Herz, Kartenspiel: Farbe der französ. Spielkarte, entspricht dem Rot der dt. Karte.

Herz, Henriette, *1764, †1847, Freundin Schleiermachers, versammelte in ihrem Salon das geistige und literarische Berlin.

Herzberg am Harz, Stadt in Ndsachs., 12 100 Ew.; Metall-, Papier-, Holzindustrie.

Herzblatt, ein Steinbrechgewächs; herzblättrige, weißblühende Pflanze auf moor. Wiesen der nördl. Halbkugel.

Herzebrock, Gem. im Kr. Wiedenbrück, Nordrh.-Westf., 11 100 Ew.

Herzeg'owina [»Herzogsland«] die, wildes, verkarstetes Gebirgsland im S der Volksrep. Bosnien-H., Jugoslawien; Anbau von Mais, Tabak und Wein in den Tälern; Schaf- und Ziegenzucht; Hauptstadt: Mostar. – Die H. gehörte 1878-1918 zu Österreich-Ungarn, ab 1918 zu Jugoslawien.

Herz Jesu, kath. Kirche: die Verehrung der Liebe Jesu zu den Menschen unter dem Sinnbild seines leibl. Herzens. **Herz-Jesu-Fest,** kath. Fest am 3. Freitag nach Pfingsten.

Herzkrankheiten. Herzbeutelentzündung (**Perikarditis),** wäßriger Erguß in den Herzbeutel. **Herzfehler (Vitium cordis),** eine angeborene oder erworbene, krankhafte Veränderung. Heilt eine im Verlauf eines akuten Gelenkrheumatismus auftretende **Herzklappenentzündung (Endokarditis)** meist mit Schrumpfung und Narbenbildung ab, entsteht ein Herzklappenfehler. **Herzvergrößerung (Herzhy-**

pertrophie**)** ist eine Kompensation eines Klappenfehlers, tritt auch bei Sportlern (Sportherz) auf. Häufig führt aber eine Herzvergrößerung zu einer Herzerweiterung **(Herzdilatation)** und damit zum Zustand der **Herzmuskelschwäche (Herzmuskelinsuffizienz).** Das Versagen des Herzmuskels zeigt sich an durch zunehmende Blausucht, bes. der Lippen und des Gesichts, geschwollene Füße (Ödeme), Reizhusten und starke Atemnot infolge Rückstauung des Blutes in den Lungen **(Herzasthma).** Herzkrämpfe, →Angina pectoris. **Herzlähmung, Herzschlag,** plötzlicher Tod durch schlagartiges Stillstehen des Herzens, bes. bei Verkalkung oder Verstopfung der Herzkranzgefäße. **Herzmuskelentzündung (Myokarditis, Myokardschaden),** tritt manchmal bei Diphtherie, Scharlach u. a. auf; Abheilung mit Narbenbildung **(Herzschwielen). Herzneurose,** ein heute sehr verbreitetes nervöses Herzleiden mit Herzklopfen, Angstgefühlen, Herzkrämpfen (→Managerkrankheit). **Herzschwäche (Herzinsuffizienz),** tritt normalerweise im hohen Alter auf (Altersschwäche); vorzeitig als Folge von Herzfehlern, Herzmuskelerkrankungen. Über **Herzinfarkt** →Infarkt. – Häufige kleine Mahlzeiten, wenig trinken. Bekannte Herzmittel, Arzneimittel zur Verbesserung der Herzleistung, sind z. B. Coffein, Strophanthin, Digitalis.

Herzl, Theodor, Schriftsteller, *1860, †1904, Gründer des polit. →Zionismus.

Herzmuschel, Meeresmuschelgattung; die eßbare H. lebt in der Nordsee.

Herzog der, 1) bei den Germanen urspr. der oberste Heerführer, dann ein erbl. Stammesfürst. Die Stammherzogtümer des alten Dt. Reichs (Bayern, Schwaben, Franken, Lothringen, Sachsen) wurden allmählich zerschlagen und die Herzogswürde dann an andere Landesfürsten verliehen. 2) der höchste dt. Adelstitel.

Herzogenb'usch, niederländ. **'s Hertogenbosch, Den Bosch,** Hauptstadt der niederländ. Prov. N-Brabant, 81 600 Ew.; Ind.-Konzerne.

Herzog Ernst, dt. Dichtung, um 1180 So von einem mittelfränk. Dichter nach lat. Quelle.

Herzverpflanzung die, →Transplantation.

Hes'ekiel, →Ezechiel.

Hesi'od, griech. Dichter, um 700 v. Chr.; Dichtung über die Entstehung der Götter.

Hesper'iden, griech. Sage: Nymphen, bewachten im Göttergarten (Garten der H.) die goldenen Äpfel des Lebens.

H'esperos [grch.] der, Abendstern (→Venus).

Heß, Rudolf, nat.-soz. Politiker, *1894, wurde 1933 »Stellvertreter des Führers« und Reichsmin.; flog 1941 nach Schottland, um Großbritannien zum Friedensschluß zu bewegen; wurde interniert; 1946 zu lebenslangem Gefängnis verurteilt; in Spandau in Haft.

Hesse, 1) Hermann, Dichter, *1877, †1962. Seine Frühwerke tragen stark romant. Züge (Roman »Peter Camenzind«). Spätere Werke wie »Der Steppenwolf« setzen sich mit der Polarität Geist-Natur auseinander, die in »Narziß und Goldmund« durch östl. Gedankengut überwunden werden soll. Das Spätwerk »Das Glasperlenspiel« baut diese Themen aus, strebt nach innerweltl. Bildungseinheit. Nobelpreis 1946. **2)** Max René, Schriftsteller, *1885, †1952; »Morath schlägt sich durch«.

Hessen, Land der Bundesrep. Dtl., 21 110 km², 5,42 Mill. Ew.; Hauptstadt: Wiesbaden. 2 Regierungsbezirke seit 1968): Darmstadt, Kassel. STATISTIK Bundesrep. Dtl., ⊕ S. 520, ◯ S. 878.

H. umfaßt das →Hessische Bergland, das von der Westhess. und der Osthess. Senke (Verkehrswege) durchzogen wird, den Taunus, Ausläufer von Westerwald und Rothaargebirge, im S den Großteil des Odenwaldes und den nördl. Spessart, und hat Anteil am Oberrhein. Tiefland, das sich zur Rhein-Main-Ebene erweitert. Zum Rhein entwässern Main und Lahn, zur Weser die Fulda (mit Eder). Bodenschätze: Eisenerz (Lahn und Dill), Braunkohle, Kali, Erdöl, Erdgas; viele Heilquellen (Wiesbaden, Schwalbach, Homburg v. d. H., Nauheim u.a.). – Getreide-, Gemüse-, Obst-, Weinbau

H. Hesse

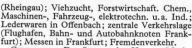

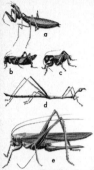

Heuschrecken: a Gottesanbeterin, b Feldheuschrecke, c Grille, d Stabheuschrecke, e Laubheuschrecke

Heuss

Hexaeder

Hethiter: Familienrelief aus Karkemisch

(Rheingau); Viehzucht, Forstwirtschaft. Chem., Maschinen-, Fahrzeug-, elektrotechn. u.a. Ind.; Lederwaren in Offenbach; zentrale Verkehrslage (Flughafen, Bahn- und Autobahnknoten Frankfurt); Messen in Frankfurt; Fremdenverkehr.

GESCHICHTE. Der Stamm der Hessen (Nachfahren der →Chatten) wahrte in der Völkerwanderung seine Sitze und gliederte sich den Franken an. 1122-1247 gehörte ein Teil zu Thüringen. Dann entstand die Landgrafschaft H. unter dem Hause Brabant, 1479 vergrößert durch die Grafschaft Katzenelnbogen. Bedeutend war →Philipp der Großmütige, Vorkämpfer der Reformation. Durch seine Landesteilung (1567) entstanden die Hauptlinien H.-Kassel und H.-Darmstadt. Die Landgrafen von H.-Kassel erwarben 1648 Hersfeld, 1736 Hanau, 1803 die Kurwürde (Kurhessen), 1815 Fulda. Im 19.Jahrh. heftige Verfassungskämpfe. 1866 auf Österreichs Seite, vom Bund einverleibt, mit →Nassau und Frankfurt zur **Prov. H.-Nassau** vereinigt. – Die Landgrafen von H.-Darmstadt wurden 1806 Großherzöge und gehörten zum napoleon. Rheinbund; sie erwarben einige kleine Gebiete, 1815 Rheinhessen. 1866 kämpften sie gegen Preußen, verloren Homburg und Biedenkopf, 1867 traten sie für Oberhessen dem Norddt. Bund bei und waren 1871-1918 dt. Bundesfürsten. Seit 1918 Freistaat. 1946 wurden H.-Nassau und H.-Darmstadt zu **Land H.** vereinigt; die (darmstädt.) Prov. Rheinhessen und der (nassauische) Kreis Montabaur kamen zu Rheinland-Pfalz. MinPräs. A. Osswald (seit 1969), reg. Parteien: SPD/FDP.

Hessisches Bergland, die reichbewaldeten Mittelgebirge zwischen Thüringen und dem Rhein. Schiefergebirge: Vogelsberg, Rhön, Knüll, Ringgau, Seulingswald, Meißner, Kaufunger Wald, Habichts-, Reinhardswald.

H'estia, griech. Göttin des Herd- und Opferfeuers; die Römer setzten sie der Vesta gleich.

Het'äre [grch. »Freundin«] die, altgriech. Freudenmädchen; oft geistreich und gebildet.

Hetär'ie [grch.] die, Name griech. Geheimbünde, die seit etwa 1800 die Befreiung von den Türken erstrebten.

h'etero... [grch.], fremd..., verschieden...

heterod'ox [grch.], andersgläubig, häretisch; Gegensatz: orthodox.

heterog'en [grch.], verschiedenartig, ungleichartig, **Heterogenit'ät** die, Ungleichartigkeit.

heteron'om [grch.], ungleichwertig. Gegensatz: homonom. **Heteronom'ie** die, Fremdgesetzlichkeit. Gegensatz: →Autonomie.

heteroph'on [grch. »andersklingend«], abweichend von der Einstimmigkeit. **Heterophon'ie** die, ♂ von Sänger und Instrument einstimmig ausgeführte, von instrumentalen Auszierungen unterbrochene Melodie.

heteropol'ar [grch.], verschiedenpolig. **h. Moleküle** bestehen aus je einem positiven und einem negativen Ion, die im wesentl. durch elektrostat. Anziehung zusammengehalten werden.

Heterosexualität [grch.-lat.], das geschlechtl. Empfinden für das andere Geschlecht; Gegensatz: Homosexualität.

heterozyg'ot [grch.], mischerbig, ungleicherbig, →Vererbung.

Heth'iter, Mz., indogerman.Volk, gründete im 2. Jahrtsd. v. Chr. im östl. Kleinasien ein Großreich, dehnte seine Herrschaft bis Syrien aus, ging um 1200 unter. (FARBT. Altoriental. Kunst S. 165)

H'etman [poln., von russ. Ataman] der, -s/-e, Oberbefehlshaber des Heeres (→Ataman).

Hettner, Alfred, Geograph, *1859, †1941, begründete die neuzeitl. geograph. Wissenschaft.

Hettstedt, Stadt im Bez. Halle, am O-Rand des Unterharzes, 20 200 Ew.; Kupferhütte.

Heu, abgemähtes, getrocknetes Gras des ersten Schnitts (im Juni); der zweite Schnitt (im Spätsommer) heißt **Grummet, Öhmd.**

Heuberg, Teil der südwestl. Schwäb. Alb, zwischen Tuttlingen und Ebingen.

Heuberger, Richard, österreich. Komponist, *1850, †1914; Operetten (»Opernball«) u.a.

Heuer die, ♀, Lohn, bes. der Seeleute. **heuern, anheuern,** Schiffsleute anwerben, früher durch gewerbsmäßige Vermittler (**Heuerbaas**). **Heuervertrag,** Arbeitsvertrag der Schiffsbesatzung.

Heufieber, Heuschnupfen, eine allerg. Krankheit, ausgelöst durch Überempfindlichkeit gegen Blütenstaub bestimmter Pflanzen (bes. Gräser).

Heupferd, →Heuschrecken.

h'eureka [grch.], ich hab's gefunden!

Heurige der, noch kein Jahr alter Wein.

Heur'istik [grch.] die, Lehre von der Auffindung wissenschaftl.Erkenntnisse. **heur'istisch,** richtunggebend, erkenntnisfördernd.

Heuscheuer die, Teil der Sudeten, südwestl. vom Eulengebirge, in der **Großen H.** 919 m.

Heuschrecken, Geradflügler mit sprungkräftigen Hinterbeinen. Zu den H. i.e.S. gehören: **Laub-H.** (Heupferd), grün, mit langen Fühlern, **Feld-H.,** braun, mit kurzen Fühlern, auch die →Wander-H., **Grab-H.** gelten. Fast alle H. bringen mit Hilfe von Schrilleisten an Flügeldecken oder Beinen zirpende Töne hervor. Zu den H. i.w.S. gehören: →Fang-H. und Gespenst-H.

Heusenstamm, Stadt im Kr. Offenbach, Hessen, 13 300 Ew.

Heusinger, Adolf, General, *1897; war 1957-61 Generalinspekteur der Bundeswehr, 1961-1964 Vors. des Ständigen Militärausschusses der NATO.

Heusler, Andreas, Germanist, *1865, †1940; grundlegende Werke: »Nibelungensage und Nibelungenlied«, »Deutsche Versgeschichte«.

Heuss, Theodor, *1884, †1963, studierte Kunstgeschichte und Staatswiss., trat in enge Verbindung zu F. Naumann, dessen Biographie er schrieb; 1905-12 Schriftleiter der »Hilfe« 1920-33 Dozent an der Hochschule für Politik in Berlin, 1924-33 demokrat. MdR, 1945/46 Kultusmin. in Württemberg-Baden; als Vors. der FDP 1948/49 Mitgl. des Parlamentar. Rates; 1949-59 Bundespräs. – »Robert Bosch« (1946), »Vorspiele des Lebens« (1954), »Lust der Augen« (1960), »Vor der Bücherwand« (1961); Mithg. des Sammelwerks »Die großen Deutschen« (1956/57).

Hevesy [h'evɛʃi], Georg v., Chemiker, *1885, †1966, Entdecker des Hafniums; Nobelpreis 1943.

Hex..., Hexa... [grch.], Sechs...

Hexa'eder [grch.] das, Sechsflächner; **Regelmäßiger H.,** Würfel. **hexagon'al,** sechseckig.

Hexagr'amm [grch.] das, **1)** Sechseck. **2)** Sechsstern, →Davidstern.

Hex'ameter [grch.] der, Vers aus 6 daktyl. Füßen (— ∪ ∪), von denen der letzte unvollständig ist. Im Daktylus können beide Kürzen durch eine Länge ersetzt werden. »Denn wer | lange be | denkt, der | wählt nicht | immer das | Beste.«

Hex'ane [grch.] Mz., ⊙ Kohlenwasserstoffe der Zusammensetzung C_6H_{14}, →Paraffine.

Hexat'euch [grch. »sechsteilig«] der, die fünf Bücher Mose mit dem Buch Josua.

Hexen, im Volksglauben Frauen, die mit dem Teufel im Bunde stehen, Menschen und Tieren Schaden zufügen, an dem **Hexensabbat** auf dem Blocksberg teilnehmen; oft alt und häßlich. Die Kunst der H. soll am wirksamsten sein in der Wal-

Hidschas: Sandsteinfelsen im nördl. H.

purgis-, Oster- und Johannisnacht, in den Zwölf-
nächten, am Georgs- und Andreastag. Seit dem
MA. gab es **Hexenverfolgungen** und seit 1489 eine
Hochflut von **Hexenprozessen.** Als Überführungs-
mittel diente bes. die **Hexenprobe;** die H. wurden
gefoltert und verbrannt. Im 18.Jahrh. wurden die
Hexenverfolgungen abgeschafft.

Hexenbesen, 1) Mißbildung in Baumkronen,
→Gallen. 2) Pflanzen: Mistel, Teufelsbart u. a.

Hexenei, die junge →Stinkmorchel.

Hexenmilch, 1) ⚕ Wolfsmilch, Schöllkraut
und ihr Milchsaft. 2) Absonderung der Brustdrüse
der Neugeborenen.

Hexenpilz, eßbarer Röhrenpilz.

Hexenring, Elfen-, Feenring, Kreis von
Hutpilzen auf Wiesen- oder Waldboden.

Hexenschuß, lat. **Lumbago,** heftiger, plötzlich auftretender Lenden- und Kreuzschmerz.

Hexentanzplatz, Felsbastei am Ausgang des
Bodetals aus dem Harz, bei Thale.

Hex'ode die, ⚡ Elektronenröhre mit sechs
Elektroden, also vier Gittern.

Hey, Wilhelm, Fabeldichter, Pfarrer, *1790,
†1854; schrieb »Fabeln für Kinder«.

Heydrich, Reinhard, nat.-soz. Politiker, *1904,
† (ermordet) 1942; 1934 Leiter der Gestapo, 1936
der Sicherheitspolizei, 1942 Stellvertr. Reichsprotektor in Böhmen und Mähren. Seine Ermordung
durch tschech. Widerstandskämpfer gab Anlaß zu
blutiger Vergeltung (Lidice).

H'eyerdahl, Thor, norweg. Zoologe, *1914;
1947 Fahrt mit Floßschiff Kon-Tiki von Peru
nach den ostpolynes. Inseln.

Heym, Georg, Dichter, *1887, †1912; schwermütige, expressionist. Gedichte (»Umbra vitae«).

Heyse, Paul, Dichter, *1830, †1914; Gedichte,
Dramen (»Colberg«), Novellen, Romane (»Kinder
der Welt«); Übersetzungen. Nobelpreis 1910.

Hf, chem. Zeichen für →Hafnium.

hfl., Abk. für den niederländ. Gulden.

Hg, chem. Zeichen für →Quecksilber.

HGB, ⚖ Abk. für →Handelsgesetzbuch.

Hi'atus [lat. »Kluft«] der, Zusammentreffen
eines aus- und eines anlautenden Selbstlautes, z.B.
»ja aber«, »habe ich«.

H'ickory der, walnußartige Baumgatt. N-Amerikas; eßbare Nuß **(Pecannuß)**, biegefestes, zähes
Holz für Skier, Turngeräte u. a.

Hid'algo [span.] der, span. Titel des niederen
Adels.

Hiddenhausen, Gem. im Kr. Herford, Nordrh.-Westf., 18 500 Ew.

H'iddensee, eigentl. **Hiddensoe,** Sandinsel
westl. von Rügen; Sommerfrische, Vogelwarte.

Hidsch'as, Hedsch'as, Küstenlandschaft im
westl. Saudi-Arabien, rd. 3 Mill. Ew.; Küste heiß
und wüstenhaft, im inneren Hochland, Steppe.
Hauptstadt: Mekka; Haupthafen: Dschidda. –
Hidschasbahn, Schmalspurbahn von Damaskus
nach Medina, 1908 vollendet, im 1. Weltkrieg teilweise zerstört, z. Z. im Wiederaufbau.

Hierarch'ie [grch.] die, 1) Rangfolge, stufen-
mäßig aufgebaute Ordnung. 2) Priesterherrschaft.

hier'atisch, religiös gebunden.

Hierogl'yphen [grch. »hl. Eingrabungen«] Mz.,
ägypt. Bilderschrift, Bilderschrift überhaupt.

Hierokrat'ie [grch.] die, Priesterherrschaft.

Hier'onymus [grch. »mit heiligem Namen«],
männlicher Vorname.

Hier'onymus, Kirchenvater, †420, Heiliger
(Tag 30. 9.); latein. Bibelübersetzung (→Vulgata).

hieven [ndt. »heben«], ⚓ aufwinden.

Hi-Fi [hai fai], Abk. für high fidelity, bezeichnet gute Wiedergabequalität bei Rundfunkgerä-
ten, Plattenspielern, Tonbandgeräten u. a.

Hifthorn, altes Jagdhorn.

High Church [h'ai tʃə:tʃ, engl.], Hochkirche,
→Anglikanische Kirche.

Highlife [h'ai laif, engl.] das, vornehme Welt.

Hil'arius von Poitiers [pwatj'e:], Kirchenlehrer, †367 als Bischof, Gegner der Arianer; dichtete Hymnen; Heiliger (Tag 13. 1.).

Hilbert, David, Mathematiker, *1862, †1943,
arbeitete u. a. über Zahlentheorie, mathemat. Physik, Relativitätstheorie.

Hilchenbach, Stadt in Nordrhein-Westfalen,
15 100 Ew.

Hild, Helmut, Theologe, *1921, Kirchenpräs.
der evang. Kirche in Hessen (seit 1969).

Hilda, Hilde, Kurzform von →Hildegard.

Hildburghausen, Kreisstadt im Bez. Suhl, an
der oberen Werra, 8700 Ew.; Industrie.

Hildebrand, Adolf v., Bildhauer, *1847,†1921,
suchte die Erneuerung der klass. Form.

Hildebrandslied, ältestes als Bruchstück erhaltenes german. Heldenlied, in Stabreimen,
(8./9. Jahrh.), behandelt den Kampf zwischen Hildebrand, dem Waffenmeister Dietrichs von Bern,
und seinem Sohn Hadubrand.

Hildebrandt, Johann Lukas v., österr. Barockbaumeister, *1668, †1745; Belvedere in Wien,
Mitarbeit an der Würzburger Residenz.

Hildegard [aus ahd. hiltja »Kampf« und gart
»Stachel«], weiblicher Vorname.

Hildegard von Bingen, Äbtissin des Klosters
Ruppertsberg (Bingen),†1179; Heilige(Tag 17.9.).

Hilden, Industriestadt in Nordrh.-Westf.,
50 000 Ew.; Textilien, Eisen, Lack.

Hildesheim, Hauptstadt des RegBez. H.,
Ndsachs., 98 000 Ew.; kath. Bischofssitz; roman.
Dom (1050), Michaelskirche (1010-36) mittelalterl.
Altstadt mit Fachwerkhäusern. Ind.: Radio- und
Fernsehapparate. – Das 815 gegr. Bistum H. war
Reichsfürstentum.

Hildesheim: Lappenberg

Hildesheimer, Wolfgang, Schriftsteller,*1916;
Roman »Tynset«, Schau- und Hörspiele.

Hilferding, Rudolf, *1877, † (Selbstmord)
1941; 1923, 1928/29 Reichsfinanzmin. (SPD).

Hilfskreuzer, Handelsschiff, das im Kriege
bewaffnet wird und zur Kriegsmarine tritt.

Hilfsschule, Sonderschule oder Klasse (Hilfs-
klasse) für schwachbegabte Kinder.

**Hilfswerk der Evangelischen Kirchen in
Deutschland,** soziales Werk, gegr. 1945, zur Linderung der aus Krieg und Zerstörung entstandenen Notstände, zur Hilfe beim kirchl. Wiederaufbau; 1957 mit dem Zentralausschuß für → Innere
Mission zum »Diakonischen Werk« vereinigt.

Hieroglyphen

Himalaya: Kangchen-dzönga-Massiv von Süden

Himation

Hindemith

Hindenburg

Hilfszeitwörter zur Bildung der zusammengesetzten Zeitformen (haben, sein, werden) und Aussageweisen der Bedingtheit oder Ungewißheit(können, mögen, wollen, dürfen, sollen, müssen, lassen).

Hillary [h'iləri], Sir Edmund, * Neuseeland 1919, bestieg mit dem Sherpa Tenzing 1953 als erster den Mount Everest.

Hiller, Johann Adam, *1728, †1804; Thomaskantor, gründete die Gewandhauskonzerte in Leipzig; Schöpfer des dt. Singspiels.

Hilm'end der, Hauptfluß Afghanistans, 800km lang, entspringt im Kuh-i-Baba, verliert sich im Hamunsumpf.

Hilpert, Heinz, Regisseur und Schauspieler, *1890, †1967; 1950-65 Intendant in Göttingen.

Hiltrup, Gem. im Kr. Münster, Nordrhein-Westf., 14200 Ew.

Hils der, bewaldeter Bergzug in Ndsachs.

H'ilus [lat.] der, Einbuchtung eines Organs, wo Gefäße ein- oder austreten, z. B. Lungen-H.

H'ilversum, niederländ. Villenstadt nördl. von Utrecht, 103000 Ew.; Rundfunksender.

Hima, Bahima, Tutsi, Watussi, Hirtenvölker in Ostafrika, Staatengründer (Burundi, Ruanda u. a.), die als dünne Adelsschicht die unterworfenen Bauernvölker beherrschten.

Him'alaya [Sanskrit »Schneewohnstätte«] der, das höchste Gebirge der Erde, zwischen der nordind. Tiefebene und dem Hochland von Tibet. Stark gefaltetes Kettengebirge, Hauptkette im Durchschnitt 6000 m hoch, mit nördl. und südl. Vorkette. Höchste Erhebungen: Mount Everest (Tschomolungma)8848 m, Kangchendzönga 8598 m, Dhaulagiri 8167 m, Nanga Parbat 8125 m, Annapurna 8078 m. Der H. besteht hauptsächl. aus Granit und Gneis, klimatisch und landschaftl. bildet er die Scheide zwischen den Monsungebieten Indiens und Zentralasiens. Stark vergletschert, Schneegrenze auf der S-Seite etwa bei 4500 m, auf der N-Seite bei 5500 m. Die Gebirgshänge sind bis etwa 4000 m Höhe dicht bewaldet.

Him'ation das, altgriech., über dem →Chiton getragener Mantel.

Himbeere, Himbeerstrauch, halbstrauchiger Rosenblüter, grünliche Blüte; süß-würziges Beerenobst. (FARBTAFEL Obst S. 700)

Himedschi, amtl. **Himeji,** Stadt auf Honschu, Japan, 397000 Ew.; Eisen-, Stahl- u. a. Ind.

Himmel der, scheinbares Gewölbe, das sich als hohle Halbkugel über der Erde ausbreitet. Der Begrenzungskreis heißt **Horizont,** der Punkt senkrecht über dem Beobachter **Zenit,** der entgegengesetzte Punkt **Nadir.** Die Verlängerung der Erdachse trifft den H. in den beiden **H.-Polen.** Durch Zenit und Nadir gehende Kreise heißen **Scheitel-, Vertikal-** oder **Höhenkreise.** Senkrecht zur H.-Achse liegt die Ebene des **H.-Äquators.**

Himmelfahrt Christi, die leibl. Auffahrt Christi gen Himmel (Apostelgesch. 1,9ff.). Das Fest H. C. wird 40 Tage nach Ostern gefeiert.

Himmelfahrt Mariä, seit 1950 kath. Glaubenssatz. Fest am 15. 8.

Himmelsgegenden, Himmelsrichtungen, die Teilpunkte des in gleiche Teile geteilten Horizonts: Nord, Ost, Süd, West, und die dazwischenliegenden: Nordost, Südost, Südwest, Nordwest,

sowie weiter: Nordnordost, Ostnordost, Südsüdwest, Westsüdwest usw.

Himmelskunde, die →Astronomie.

Himmler, Heinrich, nat.-soz. Politiker, *1900, † (Selbstmord) 1945; 1929 Reichsführer der SS, 1936 Chef der Polizei, 1943 Reichsinnenmin., 1944 Oberbefehlshaber des Ersatzheeres. Er organisierte den Terror der Gestapo, der Konzentrationslager, die Massentötungen von Juden.

Hindelang, Luftkurort, Wintersportplatz in den Allgäuer Alpen, Bayern; 851-1181 m ü. M.

Hindemith, Paul, Komponist, *1895, †1963; von der Barockmusik ausgehend, dann von den Möglichkeiten der Atonalität angezogen, fand er schließlich einen sehr persönl. Stil: Opern (»Cardillac«, »Mathis der Maler«), Chorwerke, Sinfonien, Kammermusik u. a.

Hindenburg, Paul v. Beneckendorff und v. H., Generalfeldmarschall und Reichspräs., *1847, †1934, wurde im 1. Weltkrieg (mit Ludendorff als Generalstabschef) Oberbefehlshaber der 8.Armee, schlug die Russen bei Tannenberg und an den Masurischen Seen. 1916 übernahm er als Chef des Generalstabs des Feldheeres mit Ludendorff als 1.Generalquartiermeister die Oberste Heeresleitung, befürwortete 1918 den Thronverzicht des Kaisers und leitete den Rückmarsch des Heeres. Nach Eberts Tode wurde er 1925 und wiederum 1932 zum Reichspräs. gewählt, berief 1933 Hitler als den Führer der stärksten Partei zum Reichskanzler.

Hindenburg [nach dem Feldmarschall], bis 1915 Zabrze, Industriestadt in Oberschlesien, 199900 Ew.; Steinkohlen⚒,Hütten-,Maschinen-, Kohleveredelungs-Ind. Seit 1945 unter poln. Verw. (Zabrze).

Hindenburgdamm, verbindet seit 1927 die O-Spitze der Insel Sylt mit dem Festland (11km).

Hindernis das, 1) Hürde (→Hürdenlauf). 2) Pferdesport: natürl. oder künstl. Hemmnis. **H.-Lauf,** Wettlauf über 3000 m (über Hürden und Wassergraben). **H.-Rennen,** Pferderennen: Jagd-, Hürdenrennen, Steeplechase.

H'indi das, Sprache N-Indiens. **Ost-H.** (in Audh und Pradesch) und **West-H.,** gesprochen von 90 Mill. Menschen. **Hoch-H.** als Literatursprache vermeidet pers. und arab. Wörter, benutzt Entlehnungen aus dem Sanskrit.

H'indin, Hinde die, Hirschkuh.

H'indu der, Bekenner des →Hinduismus in Vorderindien, 330 Mill.

Hindu'ismus, die dritte Stufe der ind. Religion (→Brahmanismus), die mit der Verdrängung des →Buddhismus in Indien einsetzende Wiederherstellung der brahman. Religion, gekennzeichnet durch Wiedererstarken des Kastensystems (→Kaste). Der H. verlangt von seinen Bekennern, daß sie sich streng an die kult. und sozialen Regeln der Kaste halten. Jedem Wesen ist nach dem H. sein Platz auf Grund seiner guten oder bösen Handlungen in einer vorausgegangenen Existenz zugewiesen. Die Lehre von der Seelenwanderung ist somit Grundlage und Rechtfertigung des Kastenwesens. (TAFEL Weltreligionen)

Hinduk'usch der, zentralasiat. Hochgebirge mit stark vereisten Gipfeln (bis 7700 m).

H'industan [»Land der Hindus«], frühere Bez. des Indus- und Gangesgebiets in Vorderindien; jetzt Name das Gebiet der Hindi-Sprache.

Hindust'ani das, die in ganz Indien gesprochene Hindi-Mundart von Delhi und Agra.

Hinrichs, August, niederdt. Schriftsteller, *1879, †1956; Romane, Lustspiele.

Hinterhand, Nachhand, 1) bei Tieren, bes. Pferd: Hinterbeine und Hinterkörper. 2) beim Kartenspiel: wer zuletzt ausspielt.

Hinterindien, der SO-Zipfel des asiat. Festlandes, zwischen Bengal. Golf und Südchines. Meer; umfaßt Birma, Thailand, Laos, Kambodscha, N- und S-Vietnam, auf der Halbinsel Malakka den Malaiischen Bund und Singapur. H. ist ein bedeutender Reiserzeuger, reich an Edelhölzern; auf der Halbinsel Malakka Kautschuk und Zinn. GESCHICHTE →Indochina.

Hinterlegung, 🜄🜂 die Übergabe von Geld, Wertpapieren, Urkunden usw. an das Amtsgericht zur →Sicherheitsleistung oder zur Erfüllung einer Verbindlichkeit, z. B. wenn der Gläubiger die Annahme verweigert.

H'intersasse der, zinspflichtiger Bauer.

H'iob, Job, die tragende Gestalt des **Buchs H.** im A.T., eines Lehrgedichts; es bestreitet die altjüd. Vergeltungslehre, wonach alles Leiden eine Strafe für Vergehen sei. **Hiobspost,** Unglücksnachricht (nach Hiob 1,13ff.).

Hipp'arch, 1) Sohn des Peisistratus, mit seinem Bruder Hippias Tyrann Athens, 514 v.Chr. von Harmodios und Aristogeiton ermordet. **2)** Gründer der wissenschaftl. Astronomie und der sphärischen Trigonometrie, lebte um 190-120 v. Chr. in Alexandria, entwarf das erste Verzeichnis der Fixsterne.

Hippe die, krummes Gärtner-, Winzermesser, Sichel, Sense, bes. als Sinnbild des Todes.

H'ippias, 1) Tyrann von Athen, 510 v.Chr. vertrieben. **2)** H. aus Elis, griech. Philosoph, um 400 v.Chr., vielseitig gelehrter Sophist.

Hippies [von engl. (to be) hip, »dabeisein«], Jugendliche (urspr. in den USA; vielfach aus dem Mittelstand), die sich der materialist. Gesellschaftsordnung entziehen wollen; oft Anhänger von→LSD. Symbol: die Blume (»Blumenkinder«).

Hippodr'om [grch.] das,1) altgriech.Rennbahn für Pferde- und Wagenrennen. **2)** Gebäude oder Zelt, in dem zur Musik geritten wird.

Hipp'okrates, Arzt des Altertums,*460 v.Chr., † etwa 377; Begründer der griech. Heilkunde und der Ärzteschule von Kos. Der von ihm formulierte **Hippokr'atische Eid** enthält die heute noch gültigen sittl. Gebote wahren Arzttums.

Hippop'otamus [grch.] der, →Flußpferd.

Hippo R'egius, alte Hafenstadt beim heutigen Annaba, Algerien; Bischofssitz Augustins.

Hirakud-Damm, →Mahanadi.

Hirn das, →Gehirn.

Hirnanhangdrüse, die →Hypophyse.

Hirnholz, senkrecht zur Faserrichtung geschnittenes Holz.

Hirohito, Kaiser von Japan, *1901, seit 1921 Prinzregent, bestieg 1926 den Thron; seit der Verfassung von 1947 entspricht seine Stellung etwa der des engl. Königs.

Hiroschima, Stadt in Japan, auf der Insel Honschu, 536000 Ew.; Universität; Werft-, Maschinen- u.a. Ind. Hier wurde am 6. 8. 1945 die erste amerikan. Atombombe abgeworfen, die H. zu 60% zerstörte.

Hiroshige, Andô, japan. Maler und Holzschnittmeister, *1797, †1858; perspektivisch effektvolle Landschaften. (FARBTAFEL Chinesische und Japanische Kunst S. 172)

Hirsau, Kurort in Bad.-Württ., 2000 Ew. Das 830 gegr. Benediktinerkloster war Mittelpunkt der Reformbewegung von Cluny in Dtl. **(Hirsauer Klosterreform),** die sich auch im Kirchenbau auswirkte **(Hirsauer Bauschule);** 1692 von den Franzosen niedergebrannt.

Hirsch, Paarhuferfamilie in Europa, Asien, Afrika, Amerika; meist das Männchen mit →Geweih. Zu den H. gehören die geweihlosen Moschustiere und die echten H. wie Edel-H., Dam-H., Elch, Rentier, Reh. Der **Edel-** oder **Rot-H.,** in Europa, Nordafrika, wird bis 1,50 m hoch, bis 270 kg schwer; das Weibchen, das »Tier«, wird bis zum 3. Jahr »Schmaltier«, später »Alttier« genannt. Die Brunft fällt in den Sept.,Okt.(→Wapiti).

Hirschberg im Riesengebirge, Stadt in Niederschlesien, (1939) 35 300 Ew.; Altstadt mit spätbarocken und Rokoko-Giebelhäusern, künstler. wertvollste der 6 schles. Gnadenkirchen; Fremdenverkehr; Holzverarbeitung, Glas-Ind.; seit 1945 unter poln.Verw. (**Jelenia Góra;** 1959 mit Zellulose- und Chemiefaserkombinat u.a. Ind.).

Hirscheber, Babirussa, hochbein. Schwein auf Celebes, mit krückenförmigen Hauern.

Hirschfänger der, Seitengewehr des Jägers.

Hirschhaken der, →Grandeln.

Hirschhornsalz, ⟲ Ammoniumcarbonat, Backtreibmittel.

Hirschkäfer, Feuerschröter, größter mitteleurop. Käfer, ein Blatthornkäfer, lebt von Eichensaft; Männchen mit geweihähnlichen Kiefern, bis 9 cm lang. Die Larve lebt in morschen Eichen.

Hirschzunge, zungenblättriges Farnkraut an schattigen Felsen.

Hirschkäfer

Hirse die, verschiedene Getreidegräser mit kleineren Körnern als etwa beim Weizen. **Echte** oder **Rispen-H.,** früher in Mitteleuropa angebaut; Schwesterart ist die **Blut-H. (Finger-H.)** mit Scheinähren. Zur Gattung **Borsten-H.** gehört die **Italien. Kolben-H.** Das verbreitetste hirseartige Getreide ist die bis 4,5 m hohe Bartgrasart **Sorghum (Mohren-H., Durra),** die in Afrika Hauptnahrung (Brei) und ein bierartiges Getränk (Pombe, Reisbier) liefert.

Hirtenbrief, Sendschreiben der kath. Bischöfe über kirchl. Fragen, Gottesdienst, Fasten.

Hirtendichtung, →Schäferdichtung.

Hirtentäschel, ein Unkraut, Kreuzblütler.

his, ♂ das um einen Halbton erhöhte h.

Hisp'ania [lat.], die Pyrenäenhalbinsel.

Hissarl'ik [türk. »Burgberg«], Ruinenhügel in Kleinasien, die Stätte des alten Troja.

hissen, ⚓ →heißen.

Histam'in das, organ. Verbindung mit starker physiolog. Wirksamkeit. H. erweitert die Blutkapillaren und tritt bei Allergien vermehrt auf.

Histolog'ie [Kw., grch.] die, Wissenschaft vom Aufbau der →Gewebe.

Hist'orie [grch.-lat.] die, 1) →Geschichte. **2)** eine Geschichte (Mär). **Hist'oriker** der, Geschichtsforscher. **Historiogr'aph** der, Geschichtsschreiber. **historisch,** geschichtlich. **Histor'ismus,** eine im 19. Jahrh. entwickelte Weltansicht, die alle Gebilde und Erscheinungen des kulturellen Lebens aus ihren geschichtl. Bedingungen heraus zu verstehen sucht.

Historischer Materialismus, →Materialismus.

Histri'onen [lat.] Mz., altröm. Schauspieler.

Hit [engl.] der, erfolgreicher Schlager.

Hitchcock [-tʃ-], Alfred, Filmregisseur (Kriminal- und Schauerfilme), *1899.

Hitler, Adolf, *Braunau (Oberösterreich) 20. 4. 1889, † Berlin (Selbstmord) 30. 4. 1945. H. lebte bis 1912 in Wien als Gelegenheitsarbeiter und Zeichner, ging dann nach München. Im 1. Weltkrieg war er Soldat (Gefreiter) im dt. Heer. Seit 1919 baute er die NSDAP auf. Sein Versuch, mit Ludendorff die bayer. und die Reichsregierung zu stürzen, scheiterte (Hitlerputsch München, 8./9. 11. 1923); H. wurde zu 5 Jahren Festungshaft verurteilt, aber schon Dez. 1924 aus. Landsberg entlassen. Dort hatte er »Mein Kampf«, sein Programmbuch, geschrieben. 1925 gründete er die NSDAP neu. 1932 unterlag er bei der Reichspräsidentenwahl. Als Führer der stärksten Partei wurde er am 30. 1. 1933 von Hindenburg zum Reichskanzler ernannt; er schaltete die gegnerischen Parteien und bald seine Koalitionspartner aus; Widerstände inner- und außerhalb der eigenen Reihen wurden am 30. 6. 1934 blutig niedergeschlagen (Röhmputsch). Nach dem Tod

Hirse: 1) Rispen-H., 2) Mohren-H., 3) Kolben-H.

Hirschberg (Vorkriegsaufnahme)

Hitler

Hochhaus:
Empire
State Building
in New York

Hindenburgs (2. 8. 1934) vereinigte H. in seiner Person die Ämter des Staatsoberhauptes und des Regierungschefs mit dem Oberbefehl der Wehrmacht und der Parteiführung. Der totalitäre »Führerstaat« war damit errichtet, der Rechtsstaat beseitigt. Weiteres →Nationalsozialismus. Die Verschleierung der Ziele und zugkräftige Propagandaparolen (»Friedenspolitik«) täuschten längere Zeit Gutgläubige im In- und Ausland, das z.T., wenn auch unter Mißbilligung der Methoden, die von H. herbeigeführten Entscheidungen hinnahm (Konferenz in München 29. 9. 1938). Diese Erfolge waren aber für H. nur Etappen auf dem Wege zum Krieg (→Weltkrieg II). Die Anfangserfolge des Krieges, in dem er auch den Oberbefehl des Heeres übernahm, und die mißglückten Attentate (8. 11. 1939 und 20. 7. 1944) steigerten H.s Glauben an seine Berufung durch die »Vorsehung« und seine Mißachtung von Recht und Gerechtigkeit. Für die Herrschaft des Schreckens in Dtl. und den besetzten Gebieten, für die Vernichtung der Juden und für die Entartung der Kriegführung trägt er einen großen Teil der Verantwortung.

Hitler-Jugend, HJ, 1926-45 die nat.-soz. Jugendorganisation, 1936 nach Beseitigung der anderen Jugendverbände »Staatsjugend«.

Hitzschlag, ♨ schwere Gesundheitsstörung durch Wärmestauung, bes. bei feuchtwarmem Wetter und Windstille; Schweißausbruch, Übelkeit, Durst, Kopfschmerzen, Bewußtlosigkeit.

hl, Abk. für Hektoliter (100 l).

Hlasko, Marek, poln. Schriftsteller, *1934, †1969; seit 1958 in der Bundesrep. Dtl., schrieb »Der 8. Tag der Woche«.

H.M., engl. Abk. für His (Her) Majesty, Seine (Ihre) Majestät.

Ho, chem. Zeichen für →Holmium.

HO, Abk. für →Handelsorganisation.

Hoangho, Fluß in China, →Huangho.

Hobart [h'oubɑːt], Hauptstadt der austral. Insel Tasmanien, 147 800 Ew.; Univ.; Hafen.

H'obbema, Meindert, niederländ. Landschaftsmaler, *1638, †1709.

Hobbes [hɔbz], Thomas, engl. Philosoph, *1588, †1679. Nach seiner Gesellschafts- und Staatslehre macht der »Naturzustand«, in dem der reine Egoismus herrscht, den Gesellschaftsvertrag nötig, der dem Staat als Hüter der Sicherheit die absolute Gewalt über alle Bürger gibt (»Leviathan«).

H'obby [engl.] das, Steckenpferd, Liebhaberei.

Hobel der, Werkzeug zum Glätten von Holzflächen. Zum Bearbeiten ebener Flächen dient die **Rauhbank,** zum Ausarbeiten muldenförmiger Flächen die **Schiffshobel;** weitere Arten: **Schlicht-, Schrupp-, Fasson-H.** u.a. Die zu bearbeitenden Holzstücke werden in der **H.- Bank** festgespannt. **H.-Maschinen** schneiden die Späne mit umlaufenden Messern (bei Holz) oder eingespannten Hobelmeißeln (bei Metall) ab.

H'oboken, Industrievorstadt von Antwerpen, Belgien, an der Schelde, 32 500 Ew.; Eisenhütten.

Hochaltar der, in der kath. Kirche der im Chor stehende Hauptaltar.

Hochamt, kath. Kirche: feierl. Form der →Messe.

Hochbahn, bes. als **Stadtschnellbahn** auf Brücken u.a. Bauten über der Straßenebene.

Hochbau, befaßt sich mit der Herstellung von Bauten über der Erde. Gegensatz: Tiefbau.

Hochdahl, Gem. im Kr. Düsseldorf-Mettmann, Nordrh.-Westf., 13 800 Ew.

Hochdeutsch, →Deutsche Sprache.

Hochdruck, 1) Druck, der auf dem Papier erhaben erscheint (Reliefdruck, Blinddruck). **2)** Druckverfahren, →Buchdruck. **3)** ♨ hoher Druck (Flüssigkeit, Dampf, Gase) von 20 at an.

Hochdruckgebiet, Antizyklone, Wetterkunde: Gebiet hohen Luftdrucks.

Hochdruckkrankheit, dauernd erhöhter Blutdruck mit Schwindel, Kopfschmerzen, Herzklopfen, Atemnot, Reizbarkeit.

Hochenergiephysik, untersucht die Erscheinungen im Bereich der Atomkerne und →Elementarteilchen, die bei Umsetzungen hoher Energien auftreten. Solche Energien werden in der kosmischen Ultrastrahlung angetroffen oder mit Teilchenbeschleunigern künstlich erzeugt. Bedeutendstes europ. Hochenergiezentrum: Genf (CERN).

Höcherl, Hermann, Politiker (CSU), *1912; 1961-65 Bundesminn., 1965-69 Bundesmin. für Ernährung, Landwirtschaft und Forsten.

Hochfrequenz, elektromagnet. Schwingungen von sehr hoher Schwingungszahl (10 kHz bis 3000 MHz), angewandt in Funk- und Fernsprechtechnik, Medizin, zur Wärmeerzeugung im elektr. oder magnet. Feld (Trocknen, Glühen, Schmelzen, Schweißen usw.). Die **H.-Telephonie (Trägerfrequenztelephonie)** gestattet mehrfache Ausnutzung der Fernsprechleitungen (bis 1400 Gespräche über ein Adernpaar).

Hochgebirge, über die Baumgrenze in das Gebiet des ewigen Schnees aufragende Gebirge mit scharfen Gipfeln und Kammformen; in mittl. Breiten ab 1000 m, in mittl. Breiten ab 2000 m, in den Tropen ab 3000 m Meereshöhe. Die H. der Erde sind überwiegend in 2 großen Gürteln angeordnet: südeurop.-südasiat. Gürtel (Atlas, Pyrenäen, Alpen, Kaukasus, Pamir, Himalaya) und der Kordillerengürtel Amerikas.

Hochgericht, 1) →Halsgericht. **2)** Richtstätte.

Hochhaus, Gebäude mit mehr als 6 Stockwerken. Höchstes H. der Erde: Empire State Building, New York, mit Fernsehturm 442 m.

Hochheim a. M., Stadt in Hessen, am Main, 10 800 Ew.; Weinbauort.

Hochhuth, Rolf, Schriftsteller, *1931; Schauspiele »Der Stellvertreter« (1963), »Die Soldaten« (1967), »Guerillas« (1970).

Ho Chi Minh, →Ho Schi Minh.

Hochkirche, die hochkirchl. Richtung in der →Anglikanischen Kirche.

Hochkommissar für Flüchtlinge, den Vereinten Nationen unterstehende, 1951 errichtete Dienststelle in Genf zum Schutz von Emigranten und Flüchtlingen (nicht für dt. Vertriebene).

Hochmeister, das Oberhaupt eines geistlichen →Ritterordens.

Hochmoor das, →Moor.

Hochofen, ⚒ Schachtofen zur Verhüttung der Eisenerze, →Eisen.

Hochofen

hochpolym'er [grch.], aus einer sehr großen Anzahl gleicher oder gleichartiger Moleküle zusammengesetzt.

Hochrechnung, auf repräsentativen Teilergebnissen beruhende Vorausberechnung eines Gesamtergebnisses, bes. bei Wahlen.

Hochschule, Stätte für wissenschaftl. Forschung, Lehre und Erziehung. Älteste Form ist die →Universität. Weitere Arten: Technische, Landwirtschaftl., Tierärztl., Kunst-, Musik-, Wirtschafts-, Pädagogische H., H. für Leibesübungen, Berg- und Forstakademien usw. Der Besuch ist an eine bestimmte Vorbildung geknüpft (meist Reifezeugnis). Das Studium wird durch akadem. oder staatl. Prüfungen abgeschlossen.

Hochsitz, Hochstand der, Jagdkanzel.

Hochspannung, elektr. Spannung von mehr als 1000 V, bei Schaltanlagen von mehr als 250 V gegen Erde.

Hochsprache, die reine, mundartfreie Aussprache des Deutschen, →Bühnensprache.

Hochsprung, leichtathlet. Wettkampfübung: eine Querlatte wird mit Anlauf übersprungen.

Höchst, westl. Stadtteil von Frankfurt a. M. (seit 1928), bekannt durch die Farbwerke Hoechst AG., Höchster Porzellan (1746-96).

Hochstapler der, Gauner, der sich (oft mit falschem Namen und Titeln) in vermögende Kreise einschleicht, um Betrügereien zu begehen.

Höchstdruckdampfkessel erzeugen Dampf von 100 bis 225 at. Es sind vorwiegend **Strahlungskessel,** bei denen die Auskleidung des Brennraumes aus wasserdurchflossenen Rohren besteht.

Hochvakuumtechnik, die Erzeugung, Aufrechterhaltung und Messung sehr niedriger Gasdrucke. Man unterscheidet **Grobvakuum** von 760 bis 10^2 Torr, **Zwischenvakuum** 10^2–10^0 Torr, **Feinvakuum** 10^0–10^{-3} Torr, **Hochvakuum** 10^{-3}–10^{-7} Torr, **Ultrahochvakuum** unter 10^{-7} Torr.

Hochverrat, $\mathcal{F}_{\mathfrak{t}}$ der gegen den Bestand des Staates gerichtete gewaltsame Angriff auf die Staatsverfassung, das Staatsgebiet oder das Staatsoberhaupt. H. wird in der Bundesrep. meist mit Freiheitsstrafe nicht unter einem Jahr bestraft (§§ 80 ff. StGB).

Hochwald, Wald, der nur aus hochstämmigen Bäumen besteht, also kein Unterholz hat.

Hochwild, das Wild für die hohe →Jagd.

Hochwürden, Anrede für kath. Priester und für ev. Geistliche vom Superintendenten aufwärts.

Hochzeit die, Fest der Eheschließung (**grüne H.**). Silberne H. heißt der 25., goldene der 50., diamantene der 60., eiserne der 65. Jahrestag der Eheschließung. **Hochzeitsbräuche:** Hochzeitsbitter, Brautwagen, Polterabend, Hochzeitsgeschenke, Brautlauf und Kranzabnahme.

Hochzeitsflug, bei vielen Insekten das Schwärmen vor der Begattung.

Hochzeitskleid, $\check{\Xi}$ auffällige Färbung des Männchens während der Paarungszeit.

Hockenheim, Stadt im Kr. Mannheim, Baden-Württemberg, 15 500 Ew.; Holz-, Metallind.; **H.-Ring,** Rennstrecke für Kraftfahrzeuge.

Hockergrab, Bestattungsart, bes. in der Bronzezeit. Der Tote wurde mit gewinkelten Unterschenkeln sitzend oder häufiger liegend beigesetzt.

K. Hofer: Blumenwerfende Mädchen

Hockey [h'ɔki, engl.] das, ein Rasenspiel (aus England): zwei Parteien, je 11 Spieler, versuchen, den H.-Ball mit H.-Schlägern in das gegnerische Tor zu treiben.

Hod'eida, Hodaida, Hafenstadt in Jemen, Südarabien, am Roten Meer, 45000 Ew.; Kaffeeausfuhr.

Hoden Mz., Ez. der Hode, männl. Geschlechtsdrüse (**Testis**), in der auch das männl. Geschlechts-

Hodler: Der Holzfäller (1910)

hormon gebildet wird. Beim Menschen liegen die beiden eiförm. H. im **H.-Sack.** Der H. besteht aus vielen Samenkanälen, in denen die Samenfäden erzeugt werden. Die paarige **Cowpersche Drüse** (zwischen After und H.) erzeugt einen Teil der Samenflüssigkeit.

Hodenbruch, ♀ Eingeweidebruch, der bis in den Hodensack hinabgedrungen ist.

Hodgkinsche Krankheit [h'ɔdʒkin], nach dem engl. Arzt T. Hodgkin (*1798, †1866), **Lymphogranulomatose,** bösartige Geschwulsterkrankung der Lymphknoten. Behandlung mit →Zytostatika.

Hodler, Ferdinand, schweiz. Maler, *1853, †1918, malte monumental stilisierte Bilder symbolhafter Art, auch Alpenlandschaften.

Hódmezővásárhely [h'o:dmɛzo:va:ʃɑ:rhɛʎ], Stadt in S-Ungarn, 54000 Ew.; Viehmarkt.

Hödr, Hödur, german. Göttersage: der blinde Bruder Baldrs, den er unabsichtlich tötet.

Hoek van Holland [huk fan -], Halbinsel der Niederlande, Vorhafen Rotterdams; Überfahrt nach England (Harwich).

Hof der, **1)** zu einem Gebäude gehörender Platz. **2)** Bauerngut mit Feldern. **3)** Wohnung und Gefolge (der **Hofstaat**) eines Fürsten. **4)** Halo, Lichtkreis um Sonne oder Mond, weiß oder farbig, entsteht durch Lichtbeugung an Wassertröpfchen oder Eiskriställchen.

Hof, Kreisstadt im bayer. RegBez. Oberfranken, an der oberen Saale; 55400 Ew.; Ind.: Web-, Wirkwaren, Maschinen, Brauereien.

Hofbauer, Klemens Maria, *1751, †1820, Redemptorist, hatte großen Einfluß auf die Wiener Spätromantik. 1909 heiliggesprochen (Tag 15. 3.).

Hofburg, Burg, das frühere kaiserl. Schloß in Wien; jetzt Sitz des Bundespräsidenten.

Hofei, Hauptstadt der chines. Prov. Anhuei, 304000 Ew.

Hofer, 1) Andreas, Tiroler Freiheitskämpfer, *1767, erschossen in Mantua 1810, trat an die Spitze der Volkserhebung von 1809, siegte mehrmals am Bergisel bei Innsbruck; durch Verrat wurde er von den Franzosen gefangen. **2)** Karl, Maler, *1878, †1955, fand, von Cézanne beeindruckt, einen sehr persönlichen Stil: Figurenbilder, Landschaften.

Höferecht, das Sonderrecht für Bauerngüter, die durch Ausschluß der Teilung und durch Beschränkung der Belastung erhalten werden sollen. Nach den in der Bundesrep. Dtl. geltenden Landesgesetzen (**Höfeordnung**) gilt Einzelerbfolge, Miterben sind in Geld abzufinden.

Hoff, Jacobus Henricus van't, niederländ. Chemiker, *1852, †1911; Begründer der Stereochemie, Nobelpreis 1901.

Hoffmann, 1) August Heinrich, genannt **Hoffmann von Fallersleben,** Dichter und Germanist, *1798, †1874; verfaßte Kinderlieder und Gedichte, 1841 das Lied »Deutschland, Deutschland über alles«. **2)** Ernst Theodor Amadeus, Dichter, Komponist, Zeichner, *1776, †1822; Romantiker, von starker Einbildungskraft und Hang zum Unheim-

Hockergrab bei Mentone

E. T. A. Hoffmann

lichen: Erzählungen (»Die Serapionsbrüder«), Romane (»Elixiere des Teufels«, »Kater Murr«). Oper: »Undine«. **3)** Heinrich, genannt **Hoffmann-Donner**, *1809, †1894, Arzt; dichtete und zeichnete den »Struwwelpeter«. **4)** Kurt, Filmregisseur, *1916; Filme (»Das Wirtshaus im Spessart«).

Hoffmannstropfen, Mischung von Äther und Alkohol; belebendes und krampflösendes Mittel.

Höffner, Joseph, *1906, war Prof. in Münster, wurde 1962 kath. Bischof von Münster, 1969 Erzbischof von Köln und Kardinal.

Hofgeismar, Kreisstadt im RegBez. Kassel, Hessen, 13 100 Ew.; Sägewerke; Eisengießerei u. a. Betriebe; Evangel. Akademie, Predigerseminar.

Hofhaimer, Paul v., Organist und Liederkomponist, *1459, †1537.

Hofheim a. Ts., Stadt in Hessen 18 700 Ew.; Luftkurort; Wohnvorort von Frankfurt.

höfisch, fein, edel, der guten Lebensart gemäß, urspr. im Sinn des mittelalterl. Rittertums. **Höfische Dichtung** des MA., bestand aus Minnesang und höfischem Epos.

Hofmann, 1) August Wilhelm v. (seit 1890), Chemiker, *1818, †1892, schuf die Voraussetzungen der Teerfarbenind. **2)** Fritz, Chemiker, *1866, †1956; seine Forschungen führten zur Herstellung von Kunstkautschuk (»Buna«).

Hofmannsthal, Hugo v., österr. Dichter, *1874, †1929, begann mit schwermütig-skeptischen Dichtungen (Gedichte; »Der Tor und der Tod«), knüpfte mit »Jedermann« und dem »Großen Salzburger Welttheater« an das mittelalterl. Mysterienspiel und das span. und österr. Barocktheater an, schrieb Textbücher zu Opern von R. Strauss (u. a. zu »Rosenkavalier«), Lustspiele (»Der Schwierige«), die Staatsträgödie »Der Turm«; Essays.

Hofmannswaldau, Christian Hofmann v., Barockdichter, *1617, †1679.

Hofmeister, 1) Mittelalter: Hofbeamter. **2)** Gutshofverwalter. **3)** Erzieher, Hauslehrer.

Hofnarr, Possenreißer an Fürstenhöfen; vom MA. bis zum 18. Jahrh.

Hofrat, ehemaliger Titel für Beamte und verdiente Persönlichkeiten.

Hofrecht, im MA. die Vorschriften, die die Verhältnisse zwischen den Grundherren und den abhängigen Bauern regelten.

Hofstadter [-steta], Robert, amerikan. Physiker, *1915, Arbeiten zur Struktur der Nukleonen; Nobelpreis 1961 (mit R. Mössbauer).

Hogarth [h'ouga:θ], William, engl. Maler und Kupferstecher, *1697, †1764; Meister des Sittenbildes und der Karikatur.

Höger, Fritz, Baumeister, *1887, †1949, erneuerte den norddt. Backstein- und Klinkerbau (Chilehaus Hamburg).

Hoegner, Wilhelm, Politiker, *1887; war 1946 bis 1947 Landesvors. der bayer. SPD, 1945/46 und 1954 bis 1957 bayer. MinPräs.

Höhe die, **1)** △ senkrechter Abstand eines Punktes von einer Grundlinie oder -fläche. **2)** ☆ Winkel zwischen den Richtungen zu einem Gestirn und zum Horizont. **3)** ⊕ die Erhebung eines Punktes der Erdoberfläche über dem Meeresspiegel (**absolute H.**). Die **relative H.** ist der senkrechte Abstand eines Berggipfels von seinem Fuß.

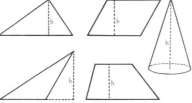

Höhe bei geometrischen Figuren

Hoheit, 1) die höchste Staatsgewalt und die damit verknüpften →Hoheitsrechte. **2)** Titel fürstl.

Hofmannsthal

Hohenzollern: Schloß

Personen. **Hoheitszeichen**, sinnbildl. Zeichen staatl. H., wie Wappen, Fahnen, Grenzpfähle u. ä.

Hoheitsrechte, die mit der staatl. Hoheit verbundenen Rechte zur Ausübung der Staatsgewalt, z. B. Justiz-, Wehr-, Finanz-H. Im demokrat. Rechtsstaat sind die H. durch →Gewaltenteilung auf mehrere oberste Staatsorgane verteilt; ihre Ausübung wird durch die →Grundrechte beschränkt.

Hohenasperg, ehem. Bergfeste bei Asperg, westl. von Ludwigsburg (Württ.); Gefängnis.

Hohenheim, südl. Stadtteil von Stuttgart mit Schloß; Universität.

Höhenkrankheit, die →Bergkrankheit.

Hohenlimburg, Stadt im Kr. Iserlohn, Nordrh.-Westf., 26 900 Ew.; Walzwerke (Bandstahl), Textilveredelung; Kalksteinbrüche.

Höhenlinien, Schichtlinien, Isohypsen, auf Landkarten die Linien, die die Punkte gleicher Höhe verbinden.

Hohenl'ohe, Chlodwig, Fürst zu **H.-Schillingsfürst**, *1819, †1901; war 1866-70 bayerischer Ministerpräs., 1885-94 Statthalter in Elsaß-Lothringen, 1894-1900 Reichskanzler.

Höhenmessung, die Feststellung der Höhenunterschiede von Orten der Erde mittels: 1) →Nivellieren; 2) Winkelmeßgerät; 3) Barometer, da in der Nähe der Erdoberfläche der Luftdruck mit je 10,5 m Höhe um etwa 1 mm Quecksilber fällt.

Hohensalza, poln. **Inowrocław**, Stadt und Solbad in Polen, südwestl. von Thorn, 54 700 Ew.; Steinsalzbergbau, Maschinen-, Zuckerind.

Hohenschwangau, Lustschloß der Wittelsbacher bei Füssen (Allgäu), 1832 neu erbaut; gegenüber Schloß Neuschwanstein.

Hohenstaufen, dt. Kaisergeschlecht, →Staufer.

Hohenstaufen der, Vorberg der Schwäbischen Alb, nördlich von Göppingen, 684 m hoch; Reste der Stammburg der Staufer.

Hohenstein-Ernstthal, Industriestadt im Bez. Karl-Marx-Stadt, 17 100 Ew., am Nordrand des Erzgebirges; Web-, Wirk-, Metallwaren.

Höhenstrahlung, →kosmische Ultrastrahlung.

Hohentwiel der, Vulkankegel im Hegau, 686 m, mit Ruine des Klosters und der Burg H.

Hohenz'ollern, 1) Hohenzollerische Lande, die ehemal. Fürstentümer H.-Hechingen und H.-Sigmaringen, reichen von der Donau über die Schwäbische Alb bis zum Neckar; kamen 1849 an Preußen, 1951 an das Land Baden-Württemberg. **2)** H. oder **Zoller**, Bergschloß auf einem Vorberg der Schwäbischen Alb, 855 m hoch, Stammburg des Hauses H. Das Geschlecht teilte sich 1227 in eine fränk. und eine schwäb. Linie. Die Fränk. Linie erwarb 1415 das Kurfürstentum Brandenburg; 1701 erlangten die H. die preuß. Königswürde und 1871 die dt. Kaiserwürde (bis 1918). Die Schwäb. Linie teilte sich wieder in die seit 1623 fürstl. Linien H.-Hechingen und H.-Sigmaringen.

Hohe Pforte, →Pforte.

höhere Gewalt, Naturgewalt (z.B. Blitz, Hagel, Erdbeben); im Recht jedes selbst durch äußerste Sorgfalt nicht abzuwendende Ereignis (z.B. Krieg); entbindet vielfach von der Haftpflicht, hemmt den Ablauf einer rechtl. Frist.

höhere Schule, Gymnasium, →Schule.

Hoher Kommissar, Hochkommissar, Oberkommissar, engl. **High Commissioner** [hai kɔmˈiʃənə], franz. **Haut Commissaire,** [oː komisˈɛːr], Titel des Überwachungs- oder Besatzungsorgans in besetzten Ländern. (→Besatzungsstatut)

Hoherpriester, der Oberpriester des Tempels zu Jerusalem; sein Amt sollte in der Familie Aarons erblich sein, was oft nicht beachtet wurde.

Hoher Rat, →Synedrium.

Höherversicherung, in der →Rentenversicherung die Möglichkeit, durch zusätzl. Zahlung von Beiträgen höhere Ansprüche zu erwerben.

Hohe Schule, Reitkunst: die Dressur des Pferdes für bestimmte Gangarten.

Hohes Lied, Lied der Liebe, ein Buch des A.T., auf Salomo zurückgeführte Sammlung israel. Hochzeitslieder; bei den Juden sinnbildl. auf die Liebe Gottes zu Israel, später auf Christus und die Kirche als Bräutigam und Braut gedeutet.

Hohes Venn, niederschlagsreiche Hochflächenlandschaft im NW der Eifel, im Botrange [bɔtrˈãʒ] auf belg. Gebiet 692 m hoch.

Hohkönigsburg, Burg im Elsaß, westlich von Schlettstadt; 1901-08 wiederhergestellt.

Hohlbaum, Robert, Schriftsteller, *1886, †1955; polit.-histor. und Künstlerromane.

Höhle die, unterird. Hohlraum, meist durch die auflösende Tätigkeit des Wassers (im Kalkstein und Gips) entstanden, dann oft mit H.-Bächen oder H.-Flüssen und Tropfsteinbildungen. In der Urzeit dienten die H. als Wohnstätten. Daher werden in H. oft urzeitliche Überreste gefunden (**Höhlenfunde**) sowie an den Wänden vorgeschichtl. Zeichnungen.

Höhlentempel, in Felsen gehauene Tempel; bes. in Ägypten und Vorderindien.

Hohlmaß, Maß für Flüssigkeiten und schüttbare feste Körper (z.B. Getreide). Maßeinheit: Liter oder Kubikmeter.

Hohlspiegel, →Spiegel.

Hohltiere, Coelenter'aten, ein Stamm wirbelloser Wassertiere von strahlig-symmetrischem Bau. Der schlauchförmige Körper besteht aus 2 Hautschichten und einem Magen-Darm-Raum, dessen einzige Öffnung (Mund und After zugleich) von Fangarmen umgeben ist. Die H. treten in einer festsitzenden Form (**Polyp**) und einer freischwimmenden (**Meduse, Qualle**) auf. Fortpflanzung durch Knospung, Teilung, häufig Generationswechsel. Zu den H. gehören die Nesseltiere und die Rippenquallen.

Hohlzahn, Lippenblütergattung **Daun,** taubnessel- oder ziestähnliche Kräuter.

Hohoff, Curt, Schriftsteller; *1913; schrieb das russ. Kriegstagebuch »Woina, Woina«.

Höhr-Grenzhausen, Stadt im Unterwesterwaldkreis, Rhld.-Pf., im »Kannenbäckerland«, 8700 Ew.; Fachschule für Keramik, keram. Ind.

Höhle: Adelsberger Grotten (Tropfsteinhöhle)

Hokkaido, fälschl. **Jesso,** nördlichste der großen Inseln Japans, 78 411 km². (FARBTAFEL Asien I)

Hokusai [hɔksai], japan. Maler, *1760, †1849; Meister des Farbholzschnitts.

H'okusp'okus der, Taschenspielerei, Gaukelei.

Holbach, Paul Heinrich Dietrich Baron v., Philosoph, *1723, †1789, war im Kreis der französ. Enzyklopädisten führend in der Wendung der Aufklärung zum Materialismus und Atheismus.

Holbein, 1) Hans, der Ältere, Maler, * um 1465, †1524; Bildnisse, Altarwerke. **2)** Hans, der Jüngere, Maler und Zeichner für den Holzschnitt, Sohn von 1), *1497, erst in Basel, dann in London tätig, † London 1543 als Hofmaler Heinrichs VIII. Bildnisse: Madonna des Bürgermeisters Meyer, Erasmus, H.s Frau mit Kindern, G. Gisze, Morette, Heinrich VIII. u.a. – Holzschnitte: Totentanz und Illustrationen zum A.T.

Holbein d. J.: Fünf Bläser auf einer Galerie (Federzeichnung)

Holberg, Ludvig, norweg.-dän. Dichter, *1684, †1754; Vertreter der Aufklärung, schuf Nationalliteratur in dän. Sprache, schrieb Komödien.

Hölderlin, Friedrich, Dichter, *1770, †1843; 1796 Hauslehrer bei dem Bankier Gontard in Frankfurt a.M., mit dessen Gattin Susette (Diotima seiner Gedichte) in tiefe Liebe verband; seit 1802 geisteskrank. Seine Gedichte in antiken Versmaßen und freien Rhythmen feiern in seherischer Ergriffenheit, mit Vorliebe in den Sinnbildern des alten Griechenlands und seiner Götter, die den modernen Menschen verlorengegangene Lebenseinheit mit dem göttl. Mächten; im Auf und Ab von Hoffnung und Klage suchen sie die Gewißheit einer Erneuerung der Menschheit festzuhalten. Briefroman »Hyperion«; Drama »Der Tod des Empedokles«.

Holdinggesellschaft [hˈouldiŋ-], Gesellschaft, die ohne eigene Erzeugungstätigkeit Anteile anderer Gesellschaften besitzt, um deren Geschäftstätigkeit zu beeinflussen. H. dienen bes. als Dachgesellschaften für Konzerne.

Holl, Elias, Stadtbaumeister von Augsburg, *1573, †1646; Rathaus, Zeughaus.

Holland, 1) das Königreich der →Niederlande. **2)** i.e.S.: dessen nordwestl. Provinzen Nord- und Süd-H. Die Grafschaft H. fiel 1345 an die bayer. Wittelsbacher, 1433 an die Herzöge von Burgund. (→Niederlande)

Holländer der, **1)** Bewohner von Holland. **2)** PAPIERHERSTELLUNG: Maschine zum Zerkleinern der Faserstoffe. **3)** Kinderspielzeug, Wagen mit Hand- oder Fußantrieb.

Holländische Soße, Tunke aus Eigelb und Butter, mit Zitrone, Salz, Pfeffer gewürzt; auch mit Zusatz von Mehl und Brühe.

Hölle die, Ort der Qual für die Verdammten.

Höllenfahrt Christi, Glaubenssatz im 2. Artikel des Apostol. Glaubensbekenntnisses.

Höllenmaschine, Sprenggerät mit Zeitzünder, für verbrecherische Anschläge.

Höllenstein, Silbernitrat; Ätzstift.

Höllental, 1) schluchtartiges Tal der oberen Dreisam im südl. Schwarzwald. Die **H.-Bahn** führt von Freiburg nach Donaueschingen. **2)** Tal

Hohe Schule: Levade

Hölderlin

Höllental im Schwarzwald

des Hammersbaches bei Garmisch, mit der großartigen **H.-Klamm.**

Höllerer, Walter, Literarhistoriker, *1922; Hg. d. Ztschr. »Akzente«; Gedichte, Essays.

Holler'ithmaschine, Lochkartenmaschine; nach H. Hollerith (*1860, †1929).

Holley [-li], Robert W., amerikan. Biochemiker, *1922; erhielt 1968 (zus. mit →Khorana und →Nirenberg) den Nobelpreis für die Aufklärung des genet. Codes bei der Eiweißsynthese.

Hollywood [h'ɔliwud], amerikan. Filmstadt, Stadtteil von Los Angeles, 35 300 Ew.

Holm der, 1) Längsholz der Leiter, des Barrens usw. 2) am Flugzeug der Teil im Leitwerk oder am Tragflügel, der alle auftretenden Kräfte aufnimmt und an den Rumpf weiterleitet.

Holmes [houmz], →Sherlock Holmes.

H'olmium, Ho, chem. Element aus der Gruppe der →Lanthaniden.

Holof'ernes, A. T.: assyr. Feldherr, von Judith getötet.

Holograph'ie [grch. Kw.] die, Verfahren, das mittels Interferenz von Laserlicht (→Laser) dreidimensionale Bilder (**Hologr'amme**) liefert.

Holschuld, Schuld, die vom Gläubiger bei Fälligkeit beim Schuldner abzuholen ist, z.B. die Wechselschuld. Gegensatz: Bringschuld.

Holstein, südl. Teil des Landes →Schleswig-Holstein. Es gehörte zum alten Stammesgebiet der Sachsen, wurde von Karl d. Gr. unterworfen. Zu Anfang des 12. Jahrh. kam es ans Grafenhaus der Schauenburger; 1460 an Dänemark. 1474 wurde H. zum Herzogtum erhoben.

Holstein, Friedrich v., Diplomat, *1837, †1909, Mitarbeiter Bismarcks; nach dessen Sturz übte er großen Einfluß aus (»Graue Eminenz«); Gegner Kaiser Wilhelms II.

Holsteinische Seenplatte, Holsteinische Schweiz, wald- und seenreiche Endmoränenlandschaft der Weichseleiszeit in den Kreisen Plön und Eutin, Schleswig-Holstein, Teil des Baltischen Landrückens.

Holsteinische Seenplatte bei Segeberg

Holtei, Karl v., Schriftsteller, Schauspieler, *1798, †1880; Liederspiele, Gedichte, Romane.

Holthusen, Hans Egon, Schriftsteller, *1913; Lyriker, Essayist (»Kritisches Verstehen«).

Hölty, Ludwig Heinrich, Dichter, *1748, †1776; Mitglied des →Göttinger Dichterbundes.

Hol'under, Gattung der Geißblattgewächse. **Schwarzer H.,** Holder, Flieder. Die Blüten dienen zu Schwitztee, das weiße Mark als techn. Hilfsmittel. Der **Berg-H.** oder **Rote H.** hat rote Beeren.

Holz das, die von Rinde und Bast befreite Grundmasse der Stämme, Äste und Wurzeln von Bäumen und Sträuchern. Entstehung: Die den Stengel einer jungen Pflanze durchziehenden Röhren sind zu →Gefäßbündeln vereinigt und enthalten in der Wand außer Zellstoff Holzstoff. Die Holzteile der Gefäßbündel sind der feste Hauptteil, der das **Mark** umschließt, die Bastteile bilden mit der Oberhaut zusammen die →Rinde. Durch rege Zellteilung in einem Bildungsgewebe (Kambium) zwischen Holz- und Bastteil wächst der Stamm; nach innen bilden sich die neuen Zellen zu Holzzellen um, nach außen zu Bastzellen (**Dikkenwachstum**). Die **Jahresringe** bilden sich dadurch, daß im Frühjahr weite, im Sommer enge Holzgefäße entstehen. In vielen Hölzern leiten nur die jüngsten Jahresringe (**Splintholz**) das Nährwasser, die älteren sind verstopft, dunkel gefärbt und fester (**Kernholz**).

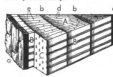

Holz. Keilstück aus einem Stamm mit Rinde a und Mark c, A Querschnitt mit den Jahresringgrenzen b und Markstrahlen d, B radialer Längsschnitt mit den Markstrahlen als »Spiegelfasern«, C Tangentialschnitt mit den Markstrahlenquerschnitten, e Harzkanäle

Holz, Arno, Dichter, *1863, †1929; ein Hauptvertreter des Naturalismus; Gedichtsammlungen: »Buch der Zeit«, »Phantasus«, »Daphnis«; Schauspiele.

Holzamer, Karl, Philosoph, *1906; Prof. in Mainz; seit 1963 Intendant des Zweiten Deutschen Fernsehens.

Holzapfel, Rudolf Maria, Philosoph, Psychologe und Dichter, *1874, †1930; »Panideal«.

Holzbock, eine →Zecke.

Hölzel, Adolf, Maler, *1853, †1934; malte realist. Landschafts- und Figurenbilder, war später einer der ersten abstrakten Maler.

Holzessig, Erzeugnis der →Holzverkohlung, enthält außer Essigsäure Methylalkohol, Aceton, Phenole u. a.; wirkt keimtötend.

Holzfaserplatten, Platten aus geringwertigem Faserholz, oft unter Zusatz anderer Pflanzenfasern; beim Trocknen ohne Druck erhält man poröse Isolier- oder **Dämmplatten,** beim Trocknen unter Druck die im Möbelbau verwendeten **Hartplatten.**

Holzgas, das durch Vergasung von Holz gewonnene →Generatorgas.

Holzgeist, roher Methylalkohol, aus Holzessig gewonnen; dient zum Vergällen von Spiritus, zur Herstellung von Firnissen und reinem Methylalkohol.

Holzkohle, durch →Holzverkohlung erzeugte Kohle. H. ist sehr durchlässig und hat eine große Oberfläche; Verwendung wegen ihrer Saugfähigkeit in der Chem. als Reinigungsmittel von Flüssigkeiten und Gasen, in der Heilkunde, zum Heizen u. a.

Holzmeister, Clemens, Baumeister, *1886; Vertreter eines gemäßigt modernen Stils.

Holzm'inden, Kreisstadt in Niedersachsen, an der Oberweser, 22 500 Ew.; Hafen, chemische, Holz-, Maschinen-Industrie.

Holzöl, fettes Öl aus Tungbaumfrüchten, leinölähnlich; für Kitt, Firnis, Lack.

Holzschliff, Holzstoff, durch Zerschleifen von entrindetem Holz gewonnener Faserstoff; einer der wichtigsten Rohstoffe für Papier und Pappe.

Holzschnitt, die Kunst eine Zeichnung in eine

Holzplatte (**Holzstock**) zu schneiden, sowie der von dieser abgezogene Druck. Das Verfahren wurde um 1400 in Dtl. aus dem Zeug- und Stempeldruck des alten Orients entwickelt. Zu künstler. Vollendung brachten den H. Dürer, Baldung, Cranach, Holbein d. J., Rethel, Menzel, Richter und die dt. Expressionisten. Beim Holzstich, den Th. Bewick erfand, wird quergeschnittenes Buchsbaumholz mit dem Stichel bearbeitet.

Holzschwamm, →Hausschwamm.

Holzstoff, der →Holzschliff.

Holzteer, ⊙ schwarze, ölige Flüssigkeit, die bei der Holzverkohlung gewonnen wird; enthält Benzol, Naphthalin, Phenole u. a.

Holzverkohlung, Holzdestillation, die trockene Erhitzung des Holzes in luftdicht abgeschlossenen eisernen Behältern; man gewinnt Holzgas, Holzessig, Holzteer, Holzkohle.

Holzverzuckerung, die Überführung der Cellulose des Holzes in Zucker. Verfahren nach Bergius und Scholler-Tornesch.

Holzwespe, große, gelbbraun gezeichnete Wespe, die Larven leben im Holz; z. B. Riesen- oder **Fichten-H.** und Kiefern-**H.,** schädlich.

Holzw'ickede, Gemeinde in Nordrh.-Westf., 12 700 Ew.; Erzeugung von Stahlrohren.

Holzwolle, von einer Holzrolle abgeschälte lange Späne, Verpackungs-, Polstermaterial.

Holzwurm, viele Arten von Insekten, die, meist als Larven, Gänge in Holz bohren.

Holzzement, Kitt aus Sägemehl mit Bindemittel zum Ausbessern schadhafter Stellen in Holz.

Homberg (Niederrhein), Stadt in Nordrh.-Westf., gegenüber Duisburg-Ruhrort, 36 500 Ew.; Steinkohlenbergbau, Farben-, Maschinenind.

Homburg, steifer Herrenfilzhut mit eingerolltem, eingefaßtem Rand.

Homburg, 1) Kreisstadt im Saarland, 32 000 Ew.; medizin. Fakultät der Univ. Saarbrücken; Eisen-, Textil-Ind. **2) Bad H. vor der Höhe,** Kreisstadt des Obertaunuskreises, Hessen, 42 100 Ew.; Heilbad; Institut für Quellenforschung und Bäderlehre; Ind. Spielbank. In der Nähe die →Saalburg. 1622-1866 Sitz der Landgrafen von Hessen-H.

Home [hju:m], Lord (1951), Alexander F. **Douglas-H.,** brit. Politiker (konservativ), ∗1903; 1960-63 Außenmin., 1963-64 Premiermin.

Hom'er, der älteste griech. Dichter, lebte im ion. Kleinasien des 8. Jahrh. v. Chr. Überlieferungen über H. sind sagenhaft. Die Antike schrieb ihm die »Ilias« und die »Odyssee«, auch die »Homerischen Hymnen« zu. Die Wissenschaft des 19. Jahrh. sprach ihm diese ab, stellte auch die dichterische Einheit von Ilias und Odyssee durch ihre Auflösung in Einzellieder in Frage. Heute wird versucht, in beiden Dichtungen große Dichterpersönlichkeiten zu erkennen. Übersetzungen von Voß.

hom'erisches Gelächter, starkes Gelächter, nach Homers Ilias.

Home rule [h'oum ru:l, engl.] die, Selbstregierung, zunächst die entspr. Forderung der Iren (seit 1877, 1921 erfüllt), dann polit. Schlagwort für die derartigen Forderungen.

Homespun [h'oumspʌn, engl.] der oder das, rauher, grobfädiger Wollstoff.

Homil'ie [grch. »Gespräch«] die, geistl. Rede, Predigt. Homil'etik die, Predigtlehre.

Homin'iden [lat.] Mz., Familie der **Menschenartigen,** zu der der Mensch und seine Frühformen gehören.

homo... [grch.], in Fremdwörtern: gleich...

H'omo [lat.] der, Mensch. **h. novus** [»neuer Mensch«], Emporkömmling. **h. sapiens** [der mit Verstand begabte Mensch], die Gattung Mensch.

homog'en [grch.], gleichartig, überall gleich beschaffen. **Homogenit'ät** die, Gleichartigkeit.

homol'og [grch.], **1)** △ gleichliegend, entsprechend. **2)** ⊕ ⊡ **homologe Organe,** Körperteile, die trotz verschiedener Gestalt und Leistung den gleichen Bauplan haben und stammesgeschichtl. verwandt sind, z. B. Lunge und Schwimmblase, Vordergliedmaßen der Säugetiere und Flügel der Vögel, Kartoffelknolle und Stengel.

Homon'ym [grch.] das, gleichlautendes Wort mit anderer Bedeutung: die Leiter, der Leiter.

homöo... [grch.], in Fremdwörtern: ähnlich.

Homöop'ath der, Anhänger der Homöopathie.

Homöopath'ie [grch.] die, von Hahnemann begr. Heilweise, Krankheiten mit kleinen Gaben derjenigen Mittel zu behandeln, die bei Gesunden in großen Gaben ähnl. Krankheiten erzeugen; beruht auf der Beobachtung, daß kleine Gaben i.d.R. umgekehrt wirken wie große.

homoph'on [grch. »gleichstimmig«], ♂ eine Stimme tritt aus der harmoniegebenden Begleitung führend hervor. Gegensatz: polyphon.

Homosexualit'ät [grch.-lat.] die, gleichgeschlechtl. Liebe; oft durch Psychotherapie heilbar. Unzucht unter Männern wird unter erschwerenden Umständen mit Freiheitsstrafe bis zu 5 Jahren bestraft.

homozyg'ot [grch.], mit gleichart. Erbanlage.

Homs, Stadt in Syrien, das antike **Emesa,** 190 000 Ew.; Erdölraffinerie, Zuckerfabrik.

Hom'unculus [lat.] der, Menschlein; in Goethes »Faust« (2. Teil) ein künstl. erzeugter Mensch.

Honanseide, handgewebtes chines. Seidengewebe in Taftbindung aus Tussahseide.

Hondo, →Honschu.

H'ondtsches Verteilungsverfahren, [nach V. d'Hondt] Verfahren zur Errechnung der Abgeordnetensitze bei der Verhältniswahl.

Hond'uras, Republik in Zentralamerika, 112 088 km², 2,5 Mill. Ew. (meist Mischlinge, Indianer, Neger und Weiße); Hauptstadt: Tegucigalpa. Amtssprache: Spanisch. Präsidialverfassung. Im NO (Atlantikküste) lagunenreiches Flachland, sonst gebirgig (bis 2 800 m). Ausfuhr: Bananen, Kaffee, Holz, Vieh, Fleisch, Erze (Zink, Blei, Silber). Haupthandelspartner: USA, El Salvador, Bundesrep. Dtl. Haupthafen: Puerto Cortés. – H. wurde 1524 von den Spaniern erobert, 1821 von ihrer Herrschaft befreit, 1839 selbst. Rep. (Bürgerkriege). Im 20. Jahrh. unter polit. und wirtschaftl. Einfluß der USA. Staatsoberhaupt: O. Lopez Arellano (seit Putsch von 1963; seit 1965 als Präs.). ⊕ S. 516, ⊡ S. 345.

Honecker, Erich, Politiker (SED), ∗1912, seit 1930 Mitgl. der KPD, schuf seit 1946 in der sowjet. Besatzungszone die FDJ, seit 1946 Mitgl. des ZK, seit 1958 Mitgl. des Politbüros und des Sekretariats des ZK der SED, seit 1971 als Nachfolger Ulbrichts 1. Sekretär des ZK der SED, seit 1971 Vors. des Nationalen Verteidigungsrates.

H'onegger, Arthur, franzö.-schweizer. Komponist, ∗1892, †1955; Opern, Orchesterstücke.

h'onen, →ziehschleifen.

hon'ett [frz.], anständig, ehrenhaft.

Hoengen, Gem. nordwestl. von Aachen, Nordrh.-Westf., 15 400 Ew.; Steinkohlenbergbau.

Hongkong, brit. Kronkolonie (seit 1842/43) an der S-Küste Chinas; umfaßt die Insel H., die Halbinsel Kaulun und einen Teil ihres Hinterlandes; 1013 km², 3,9 Mill. Ew. (meist Chinesen); Hauptstadt: Victoria. Hafen, Flottenstützpunkt, Industriestadt; wichtiger Umschlagplatz. Seit 1956 Selbstverwaltung.

Holzwespe: Riesen-H.

Hongkong

Honig der, gelbliche bis bräunliche Flüssigkeit, die die Bienen aus dem Nektar der Blüten in ihrem Honigmagen bereiten und dann in den Waben speichern. Der H. ist sehr nahrhaft, er enthält etwa 75% Zucker, 2,7% Eiweiß, 19% Wasser, außerdem organ. Säuren und Duftstoffe. Der H. wird gewonnen durch Auspressen der Waben (**Preß-H.**), durch Auslaufenlassen (**Tropf-H.**) oder Erwärmen (**Seim-H.**). Die mit Rähmchen arbeitenden Imker benutzen Zentrifugen (**Schleuder-H.**). Der reinste, teuerste H. ist der **Scheiben-** oder **Waben-H.** Honigsorten: Heide-, Kräuter-Linden-, Tannen-H. u. a.

Honigbiene, →Biene.

Honigdachs, dachsähnliches Mardertier, in Afrika und Ostindien; plündert Bienennester.

Honigklee, Steinklee, Gattung der Schmetterlingsblüter, Bienenweide. **Weißblühender** und **Gelbblühender H.** sind die häufigsten dt. Arten. **Blauer H.** (Schabzieger-, Käseklee), vom Mittelmeer, wird zu Kräuterkäse verwendet.

Hönigswald, Richard, Philosoph, *1875, †1947; Neukantianer.

Honigtau, Blatthonig, zuckerig-klebriger Blattüberzug, Ausscheidung von Blattläusen.

Honnef, Bad H. am Rhein, Stadt in Nordrhein-Westfalen, Kurort am Siebengebirge, 20 600 Ew.; Weinbau; Industrie.

Honnefer Modell, Studentenförderungssystem, 1957 in Bad Honnef beschlossen.

Honneurs [ɔn'œrs, frz.] Mz., Ehrung, Begrüßung durch den Gastgeber (die H. machen).

Honni soit qui mal y pense [ɔn'i sw'a ki mali p'äs, frz.], ein Schelm, wer Arges dabei denkt; Wahlspruch des Hosenbandordens.

Honol'ulu, Hauptstadt und -hafen der Hawaii-Inseln, USA, auf der Insel Oahu, 335 000 Ew.; Univ., Ananaskonservenfabriken, Schiffbau; westl. der Flottenstützpunkt Pearl Harbor.

Honolulu

Honor'ar [lat.] das, Entgelt für Leistungen der freien Berufe.

Honor'arprofessor, →Professor.

Honorati'oren [lat. »die Geehrteren«] Mz., die angesehensten Einwohner eines Ortes.

honor'ieren [lat.], 1) Honorar zahlen; 2) (einen Wechsel) einlösen.

hon'oris causa [lat.], **h. c.,** ehrenhalber.

Hon'orius, röm. Kaiser (395-423 n. Chr.), erhielt bei der Teilung von 395 das Weström. Reich.

Honourable ['ɔnərəbl, engl. »ehrenwert«], Abk. **Hon.,** Titel der Mitgl. des engl. Hochadels.

Honschu, Hondo, die Hauptinsel Japans, 229 952 km², 81,27 Mill. Ew.

Honthorst, Gerard van, holländ. Maler, *1590, †1656; schuf, ausgehend von Caravaggio, Nachtszenen relig. und weltl. Art.

Honvéd [h'onve:d, ungar. »Vaterlandsverteidiger«] die, 1848 ungar. Freiwilligentruppen, später die ungar. Armee.

Hooch, Hoogh, Pieter de, holländ. Maler, *1629, †1677; Interieurs.

Hoogen, Matthias, Politiker (CDU), *1904, 1964-70 Wehrbeauftragter des Bundestags.

Hooch: Mutter und Kind (Amsterdam)

Hooke [hu:k], Robert, engl. Naturforscher, *1635, †1703; nach dem **H.schen Gesetz** ist die Ausdehnung einer Wendelfeder der Belastung verhältnisgleich.

Hoorn, Philipp Graf v., niederländ. Edelmann, *1518, †1568, mit Egmont hingerichtet.

Hoover [h'u:və], Herbert, amerikan. Staatsmann, *1874, †1964, leitete nach dem 1. Weltkrieg das amerikan. Ernährungshilfswerk für Europa unter Einschluß Dtls.; 1929-33 Präs. der Verein. Staaten (Republikaner). Das **H.-Moratorium** (1931) leitete das Ende der Reparationen ein. H. führte auch im und nach dem 2. Weltkrieg Hilfsaktionen durch (Kinderspeisung in Dtl. u. a.).

Hoover Dam [h'u:və dæm], bis 1949 **Boulder Dam,** Staudamm einer Talsperre des Colorado-Flusses, USA, 223 m hoch, 180 km langer Stausee.

Hopfen der, zweihäusige Kletterstaude (Maulbeergewächs); an Waldrändern wild. Die weibl. Pflanze wird in **Hopfengärten** angebaut (an Stangen, Gerüsten) wegen der zapfenförmigen Fruchtähren (Trollen, Dolden); diese dienen als Zusatzstoff für Bier und tragen klebrige harz- und bitterstoffreiche Drüschen, das **H.-Mehl, Lupulin.** Das Lupulin enthält H.-Bitter und würziges **Hopfenöl.** Wichtigste Anbaugebiete in Mitteleuropa: Bayern, Württemberg, Böhmen, Elsaß.

Hopkins [h'ɔpkinz], 1) Sir Frederick, engl. Chemiker, *1861, †1947; entdeckte 1903 das Tryptophan, wies Vitamin A und B in der Milch nach; Nobelpreis 1929. 2) Gerard Manley, engl. Dichter, *1844, †1889; beeinflußte stark die engl. Dichtung des 20. Jahrh.

Hopkinson [h'ɔpkinsn], John, engl. Elektrotechniker, *1849, †1898, schuf die wissenschaftl. Grundlagen für den Bau der Dynamomaschinen; Erfinder des Dreileitersystems.

Hopl'it der, altgriech. schwerbewaffneter Fußkämpfer.

Hoppe, Marianne, Bühnen- und Filmschauspielerin, *1911.

Hoppegarten, Pferderennplatz bei Berlin.

h'ora [lat.] die, abgek. **h,** 1) Stunde. 2) kath. Kirche: →Horen.

Hor'az, röm. Dichter, *65, †8 v. Chr., gefördert von Maecenas und Augustus, neben Vergil der klass. latein. Dichter von vollendeter Sprachkunst: Oden, Epoden, Episteln (»Ars poetica«).

Hörbiger, Paul, *1894, und sein Bruder Attila, *1896, Bühnen- und Filmschauspieler.

Hörbüchereien, Tonbandsammlungen mit Leihverkehr für Blinde.

Hor'eb, Berg, der biblische →Sinai.

Hor'oren [von lat. →hora] Mz., 1) die griech. Göttinnen der Jahreszeiten; bei Hesiod die 3 Göttinnen der Gesetzmäßigkeit, Gerechtigkeit und des Friedens: Eunomia, Dike, Eirene. 2) kath. Kirche: die Gebetszeiten (Teile) des Stundengebets. 3) **Die H.,** bedeutendste Zeitschr. der Goethezeit, von Schiller 1795-97 herausgegeben.

Hopfen

Horgen, Bezirksort im Kt. Zürich, Schweiz, am Zürichsee, 15 500 Ew.; Weinbau, Ind.

Hörgerät, Hilfsgerät für Schwerhörige. Mikrophon und Verstärker sind in einem Brillenbügel **(Hörbrille),** in einem hinter dem Ohr oder unter der Kleidung getragenen Kästchen zusammengefaßt. Über einen in den Gehörgang gesteckten Hörer wird der Schall in das Ohr geleitet.

Hörigkeit die, 1) dingl. Unfreiheit, im Unterschied zur persönl. Leibeigenschaft. Im MA. waren die Hörigen an einen Bauernhof gebunden, der dem Grundherrn gehörte. Die H. wurde im 19. Jahrh. durch die Bauernbefreiung aufgehoben. 2) PSYCHOLOGIE: die vollständige innere Gebundenheit eines Menschen an einen andern, bes. auf sexueller Grundlage.

Horiz'ont [grch.] der, Gesichtskreis, →Himmel. **horizont'al,** waagerecht.

Horkheimer, Max, Philosoph und Soziologe, *1895; Prof. in Frankfurt a. M. und New York.

Horm'on [grch. Kw.] das, Stoff, der durch eine Drüse mit innerer Sekretion in das Blut abgegeben wird und andere Organe in ihrer Tätigkeit beeinflußt. Auch bestimmte Gewebe sondern H. ab **(Gewebs-H.),** z. B. Acetylcholin, Histamin.

Horn das, 1) 🐂 →Hörner. 2) das →Keratin. 3) ♩ uraltes Blasinstrument, ursprüngl. aus einem Tierhorn, jetzt kreisförmig gewundene Metallblechröhre mit Schallbecher: **Natur-** oder **Wald-H.,** nur mit Naturtönen; **chromatisches** oder **Ventil-H.,** mit Ventilen zur Erzeugung aller Töne; in F- und B-Stimmung gebaut. **Hornist, Hornbläser.**

Hornberg, Stadt und Kurort in Bad.-Württ., im Schwarzwald, an der Gutach, 4400 Ew. **Es geht aus wie das Hornberger Schießen,** endet ergebnislos (nach einer Fehde von 1519).

Hornblatt, Wasserzinken, Wasser-, auch Aquariumpflanze mit zartem Stengel und quirlständigen, sehr schmalen bis haardünnen Blättern.

Hornblende, hartes, grün bis schwarz gefärbtes Mineral, ein Calcium-Magnesium-Silicat.

Hörner Mz., ein Paar spitze Gebilde aus Hornstoff, an der Stirn der Horntiere. Sie sitzen auf Knochenzapfen der Stirnbeins, aus deren Hautüberkleidung (Hornhaut) sie hervorgehen.

Hornhaut, →Auge.

Hornisgrinde die, höchster Berg des nördl. Schwarzwaldes, 1163 m hoch.

Horn'isse die, größte Faltenwespe, baut in Bäumen, Mauerspalten ein kopfgroßes, papierartiges Nest. Ihr Stich ist gefährlich.

Hornissenschwärmer, Bienenschwärmer, hornissenähnlicher Schmetterling. (FARBTAFEL Schmetterlinge S. 870)

Hornklee, kleinstaudige Schmetterlingsblüter. Gemeiner H., gelb blühend, Futterpflanze.

Hornkraut, Gattung der Nelkengewächse; **Acker-H.** mit hornähnl. Fruchtkapseln.

Hornsilber, reines Silberchlorid AgCl.

Hornstrauch, Pflanzengatt. →Kornelkirsche.

Horntiere, wiederkäuende Paarzeher mit Hörnern: Rinder, Schafe, Ziegen, Antilopen.

Hornung der, Februar.

H'ornussen, dem Schlagball ähnl. schweizer. Volksspiel zwischen 2 Mannschaften.

Horosk'op [grch.] das, Stellung der Gestirne zu einer best. Zeit, bes. bei der Geburt eines Menschen; Grundlage der →Sterndeutung.

H'orowitz, Vladimir, Pianist, *1904.

horr'end, horr'ibel [lat.], grauenerregend, schrecklich.

Horrid'o! [aus: Ho, Rüd, ho!], Jagdruf.

H'örrohr, ⌇ →Stethoskop.

H'orror [lat.] der, Grausen, Abscheu.

Hors-d'œuvre [ɔrd'œvr, frz.] das, Vorspeise.

Hörselberge, Höhenzug östl. von Eisenach, 484 m hoch; Venusberg der Tannhäusersage.

H'orsens, dän. Hafenstadt an der O-Küste Jütlands, 37 300 Ew.; Handel und Industrie.

Hörspiel, das eigengesetzliche Wort- und Klangkunstwerk des Rundfunks.

Horst [ahd. horst »Gebüsch«], männl. Vorname.

Horst der, 1) Nest der Greifvögel. 2) ♣ Strauchwerk, Baumgruppe. 3) ⊕ Scholle oder Rücken zwischen 2 Senkungen; **H.-Gebirge,** →Gebirge.

Hort der, 1) Schatz, z. B. Nibelungenhort. 2) Schutz, Zuflucht. 3) Kindertagesstätte.

Hortense [ɔrt'ās], Königin von Holland, *1783, †1837, Stieftochter Napoleons I., ∞ 1802 mit Ludwig Bonaparte, Mutter Napoleons III.

Hort'ensie die, Gattung der Steinbrechgewächse, aus Ostasien, Ziersträucher mit rötlich-weißen, bei Eisendüngung blauen Scheindolden.

H'orthy, Nikolaus von, *1868, †1957, österr.-ungar. Admiral, 1918 Oberbefehlshaber der Flotte, trat 1919 an die Spitze der gegenrevolutionären ungar. Nationalarmee, wurde 1920 zum Reichsverweser gewählt; 1944 von Hitler abgesetzt.

H'orus, Hor, ägypt. Gott, als Falke verehrt, später mit dem Sonnengott Rê als **Harachte** vereint.

Ho Schi Min, Ho Chi Minh, *1890, †1969, Führer der kommunist. Bewegung Vietmin in Indochina; rief 1945 die Republik Vietnam aus, wurde nach dem Waffenstillstand 1954 und der Teilung Vietnams Präs. von N-Vietnam.

Hos'ea, 1) A. T.: einer der 12 kleinen Propheten. 2) letzter König Israels (732-724 v. Chr.).

Hosemann, Theodor, Maler, Zeichner, *1807, †1875; Genrebilder a. d. Berliner Bürgertum.

Hosenbandorden, höchster engl. Orden (1348); Devise: →Honni soit qui mal y pense.

Hosenrolle, im Theater die von einer Frau gespielte Männerrolle.

Hosi'anna! oder **Hos'anna!** [hebr. »gib Heil!«], hebr. Willkommen- und Jubelruf; in den christl. Gottesdienst übernommen.

Hospit'al [von lat. hospes »Gastfreund«] das, Anstalt für Arme, Hilfsbedürftige und Kranke, die ärztl. betreut werden müssen **(Spital).**

Hospital'et, span. Hafenstadt in Katalonien, 216 400 Ew.; Textil-, Stahlindustrie.

Hospital'ismus, die Nebenwirkungen längeren Krankenhausaufenthalts.

Hospital'iter, Hospitalbrüder, der Krankenpflege obliegende Mönche, Ritter.

hospit'ieren [lat.], einer Veranstaltung (z. B. Unterricht) als Gast (Hospit'ant) beiwohnen.

Hosp'iz [lat.] das, 1) Herberge. 2) in christl. Geist geleitetes Gasthaus. **Verband christl. H. und Erholungsheime,** gegr. 1904.

Hostess [h'oustis, engl.] die, Angestellte einer Verkehrsgesellschaft oder Kurverwaltung zur Betreuung von Gästen.

H'ostie [lat. hostia »Opfer«] die, das bei der kath. Meßfeier und Kommunion, beim Abendmahl in an vielen Kirche gebrauchte ungesäuerte Brot, eine Scheibe aus Weizenmehl.

Hot'el [frz.] das, Gaststätte für Unterkunft und Verpflegung. **H. garn'i,** Gasthaus, das nur Unterkunft und Frühstück gewährt. **H. de ville,** in Frankreich Rathaus.

Hottent'otten Mz., Volksgruppe in Südafrika, etwa 44 000, den Buschmännern nahe verwandt; hamit. Einfluß in der Wirtschaftsform (Großviehzüchter) und Sprache. H. haben platte Nase, olivgelbe Haut, dicht verfilztes Haar, kleine Gestalt; Frauen haben Fettsteiß.

Houdon [ud'õ], Jean-Antoine, klass. französ. Bildhauer, *1741, †1828; Bildnisse.

Houston [hj'u:stən], Hafenstadt in Texas, USA, 938 200 Ew., mit Vororten 1,8 Mill. Ew.; Univ.; Erdöl-, Erdgas-, chem., Stahlind.; Handel. Raumfahrt-Kontrollzentrum. (BILD S. 408)

Hoxha [h'odʒa], Enver, alban. Politiker, *1908; 1946-54 MinPräs., seit 1948 Generalsekretär der alban. KP.

Höxter, Kreisstadt in Nordrh.-Westf., an der Weser, 32 800 Ew.; Ind., Fremdenverkehr.

Hoyersw'erda, Kreisstadt im Bez. Cottbus, 1946: 7300 Ew., 1970: 56 200 Ew., an der Schwarzen Elster; Wohnstadt des Braunkohlenkombinats »Schwarze Pumpe«.

Hrab'anus Maurus, Benediktiner, * um 780,

Horn: Waldhorn

Houston: Forschungszentrum für bemannte Raumfahrt, im Vordergrund das Mondlaboratorium

†856, Abt von Fulda, 847 Erzbischof von Mainz; führte gelehrte Bildung in Dtl. ein.

Hr'adschin der, Burg und Stadtteil in Prag.

Hrotsw'ith, dt. Dichterin, →Roswitha.

Hsinan-Staudamm, in der chines. Prov. Tschekiang, staut See von 559,4 km²; Kraftwerk.

HTL, Abk. für Höhere Techn. Lehranstalt.

Huachipato [uatʃip'atɔ], Zentrum der Schwerindustrie in Chile, in Betrieb seit 1950.

Huaiho, Fluß in N-China, viele Talsperren.

Huangho, Hoangho [»Gelber Fluß«], der zweitgrößte Strom Chinas, 4150 km lang; kommt vom Kunlun, mündet ins Gelbe Meer (Golf von Tschili). Überschwemmungen und Verlegungen seines Unterlaufes richten oft Schaden an.

Hub der, ⇔ Kolbenweg bei Hin- oder Hergang.

Hubraum, der bei 1 H. verdrängte Raum.

Hubble [hʌbl], Edwin P., amerikan. Astronom, *1889, †1953, entdeckte die Rotverschiebung der Spektrallinien weit entfernter Spiralnebel (H.-Effekt), die als →Dopplereffekt gedeutet wird.

Huber, 1) Kurt, Philosoph, *1893, † (hingerichtet) 1943; geistiges Haupt einer student.Widerstandsgruppe (Geschwister Scholl). **2)** Max, schweizer. Völkerrechtler, *1874, †1960; Prof. in Zürich 1925-28 Präs. des Ständ. Internat. Ge-

W. Huber:
Waldtal
(Federzeichnung, um 1536)

richtshofs im Haag, 1928-44 Präs. des Internat. Roten Kreuzes. **3)** Wolf, Maler, *1485, †1553, neben Altdorfer bedeutendster Maler der Donauschule.

Hubert [von ahd. hugu »Geist« und beraht »glänzend«], männl. Vorname.

Hub'ertus, Schutzheiliger der Jäger (Tag 3. 11.; **H.-Tag**), Bischof von Lüttich, †727; wurde nach der Legende während einer Jagd am Feiertag durch das Erscheinen eines Hirsches mit goldenem Kreuz im Geweih zur Buße geführt.

Hub'ertusburg, ehemal. sächs. Jagdschloß. Durch den **Frieden von H.** wurde am 15. 2. 1763 der →Siebenjährige Krieg beendet.

Hubli, Stadt in Dekkan, Indien, 171300 Ew.; Textil- und chem. Industrie.

Hubschrauber, Helik'opter, ein Flugzeug,

das statt Tragflügel waagerecht sich drehende Luftschrauben hat; kann senkrecht aufsteigen und landen sowie in der Luft stehen. (BILD S.409)

Huch, 1) Friedrich, Erzähler, Vetter von 2), *1873, †1913; Romane: »Geschwister«, »Pitt und Fox«. **2)** Ricarda, Dichterin, *1864, †1947; zunächst Hauptvertreterin der Neuromantik in Lyrik und Prosa, widmete sich später bes. geschichtl. Darstellungen: Gedichte, Romane (»Der große Krieg in Dtl.«), »Die Romantik«, »Wallenstein«, Städtebilder u.a. **3)** Rudolf, Bruder von 2), *1862, †1943; satirisch-humorist. Romane.

Huchel, Peter, Lyriker, *1903.

Huchen der, Donaulachs, 1 bis 2 m lang; schmackhafter Raubfisch.

Hückelhoven-Ratheim, Stadt in Nordrh.-Westf., 25000 Ew.; Steinkohlen⚒, Schuhind.

Huckepackverkehr, Beförderung beladener Fahrzeuge auf anderen Fahrzeugen; ermöglicht Transport ohne Umladung.

Hückeswagen, Stadt in Nordrh.-Westf., an der oberen Wupper, westl. der **Bevertalsperre**, 14900 Ew.; metallverarbeitende Industrie.

Huddersfield [h'ʌdəzfiːld], Stadt in Mittelengland, 130300 Ew.; Textil-, Maschinen-Ind.

Hudson [h'ʌdsn] der, Hauptfluß des Staates New York, USA; 492 km lang.

Hudsonbai [h'ʌdsnbei, nach dem engl. Polarreisenden Henry Hudson, *1550, †1611], Binnenmeer in Kanada, 1,2 Mill. km² groß, 128 m tief; durch die **Hudsonstraße** mit dem Atlant. Ozean, durch die **Foxstraße** mit dem Nordpolarmeer verbunden; Juni bis Oktober schiffbar.

Hué, Stadt im N von Süd-Vietnam, 137600 Ew.; Univ.; Päläste der ehem. Kaiser von Annam; Handelsplatz für Reis; Textilindustrie.

Huelva [u'ɛlva], Hafenstadt in SW-Spanien, 98400 Ew.; Ausfuhr: Kupfer-, Mangan- und Eisenerze, Wein und Südfrüchte.

Huerta [u'ɛrta »Garten«] die, bewässerte Fruchthaine um die Städte in Südspanien.

Huf der, horniger, schuhförmiger Überzug an den Zehen der →Huftiere; besteht beim Pferd aus Hornwand (dem äußeren Mantel), Hornsohle und Hornstrahl. Schutz durch **Hufeisen.** (BILD S.409)

Hufe, Hube die, in der frühmittelalterl. Grundbesitzverfassung der Anteil der einzelnen Bauernfamilie an der Gemeindeflur.

Hufeland, Christoph Wilhelm, Berliner Arzt, *1762, †1836; behandelte Goethe, Schiller.

Huflattich der, kleinstaudiger Korbblütler; im zeitigen Frühjahr erscheinen die gelben Blüten, erst später die Blätter. Ackerunkraut.

Hüfte die, Körperteil um das Gelenk zwischen Oberschenkel und Rumpf (**Hüftgelenk**) herum. **Hüftweh,** →Ischias.

Huftiere, große Gruppe der Säugetierordnungen (Unpaarhufer, Paarhufer).

Hügelgrab, vorgeschichtl. Grabform.

Hugenberg, Alfred, Wirtschaftsführer und Politiker, *1865, †1951; 1909-18 Direktor der Kruppwerke, seit 1916 Leiter des **H.-Konzerns** (Zeitungen, Nachrichtenbüros, Film); 1928-33 Vors. der Deutschnat. Volkspartei (→Harzburger Front); war Jan. bis Juni 1933 Wirtschafts- und Ernährungsmin. in der Regierung Hitler.

Hugen'otten [frz. »Eidgenossen«] Mz., die franzöz. Protestanten, Anhänger Calvins, mußten sich seit 1562 in den blutigen **H.-Kriegen** unter Führung Colignys, der Bourbonen Ludwig v. Condé und Heinrich v. Navarra gegen die kath. Partei verteidigen; 1572 traf sie das Blutbad der →Bartholomäusnacht. Sie blieben eine Minderheit. Heinrich IV. bestätigte den H. 1598 im Edikt von Nantes die freie Religionsübung und eine polit. Sonderstellung. Diese nahm ihnen Richelieu. König Ludwig XIV. verfolgte die H. hart (→Dragonaden) und hob 1685 das Edikt von Nantes auf. Darauf flohen viele H. ins Ausland (**Réfugiés**), bes. nach Holland und Dtl.

Huggenberger, Alfred, schweizer. Dichter, *1867, †1960; Gedichte, Novellen, Romane.

Hughes [hju:z], David Edward, engl. Inge-

Ricarda Huch

Hufeland

Hubschrauber: Mehrzweck-H. (Bell 47 G)

nieur, *1831, †1900, erfand das Kohlenkörnermikrophon und den Drucktelegraphen (H.-Apparat).

Hugo [ahd. hugu »Geist«], männl. Vorname.

Hugo [yg'o:], Victor, franzöſ. Dichter, *1802, †1885; Führer der franzöſ. Hochromantik; Gedichte, Bühnenwerke (»Cromwell«), Romane.

Hugo von St. Viktor, scholaſt. Myſtiker, *1096, †1141.

Huhehot, früher Kueiſui, Hauptſtadt der Inneren Mongolei, China, rd. 250000 Ew.; mongol. Univ.; Wollverarbeitung, Zuckerraffinerie.

Huhn das, →Haushuhn, →Hühnervögel.

Hühnerauge, schwielenartige Verdickung der Hornhaut, an Druckſtellen.

Hühnerhunde, Vorſtehhunde, Jagdhunde, beſ. zur Jagd auf Kleinwild (Rebhühner).

Hühnervögel, Scharrvögel, große, mittelmäßig fliegende Vögel, Bodentiere mit kräftigen Füßen und Scharrkrallen. Lauf- oder Schopfhühner, Waldhühner (Auer-, Hasel-, Schnee-, Birkhuhn), Feldhühner (Rebhuhn, Wachtel), Fasanen und echte Hühner (→Haushuhn).

Huizinga [h'œiziŋγa], Johan, niederländ. Hiſtoriker, *1872, †1945; »Herbſt des MA.«.

Huker [niederländ.] der, Hochseefiſchereifahrzeug mit umlegbarem Maſt.

Hulk der, ⚓ abgetakeltes, im Hafen verankertes Schiff; Wohn- Vorratsſchiff.

Hull [hʌl], Cordell, amerikan. Politiker (Demokrat), *1871, †1955; 1933-44 Außenmin., Berater Roosevelts; 1945 Friedens-Nobelpreis.

Hüls, Gem. bei Krefeld, Nordrh.-Weſtf., 13000 Ew.; Seidenwebereien.

Hülse die, lederige Schale um Samen oder Beerenfleiſch sowie um die Hülsenfrucht.

Huelsenbeck, Richard, Schriftſteller, Arzt, *1892; Mitbegründer des →Dadaismus.

Hülsenfrüchte, Samen oder Früchte von →Hülsenfrüchtern, die als Nahrung oder Futter dienen: Erbse, Linse, Bohne, leguminös, eiweißreich, sehr nahrhaft, aber schwer verdaulich.

Hülsenfrüchter, Leguminosen, Ordnung der Zweikeimblättrigen; die Frucht iſt eine Hülse. Zu den H. gehören: Schmetterlingsblüter, Mimosengewächse.

Hülsenwurm, 1) Finne des Hundebandwurms. **2)** Larve der →Köcherfliege.

Hultsch'in, tschech. Hlučín, Stadt in Mähren, 10800 Ew.; Hauptort des Hultschiner Ländchens, einſt schles. Teilfürſtentum; kam im 18. Jahrh. an Preußen, 1919 an die Tschechoslowakei.

hum'an [lat.], menschl., menschenfreundlich.

Hum'anae v'itae, Enzyklika Papſt Paul VI. von 1968 über die Geburtenregelung.

Human'ismus [lat.] der, **1)** allgemein: eine in faſt allen Epochen der Geschichte anzutreffende Geiſteshaltung, gleichbedeutend mit →Humanität. **2)** im MA. eine entſtandene Bewegung, deren Ziel das Studium der Antike sowie die umfaſsende Bildung des Menschen war. Der **mittelalterl. H.** hatte seine Blüte im 12. Jahrh. in Frankreich und England. Im 14. Jahrh. bildete sich in Italien der Neuzeit mitprägende **Renaissance-H.** (Dante, Petrarca, Poggio). Zur Beschäftigung mit dem röm. kam seit dem 15. Jahrh. die mit dem griech. Schrifttum. Im 15. Jahrh. griff der Renaissance-H.

auf Frankreich, Dtl. und Holland (Erasmus, Celtis, Hutten, Reuchlin, Melanchthon) sowie England (Th. Morus) über. **3)** bei K. Marx philosophisch-polit. Ausdruck für das letzte Ziel des Kommunismus (»Realer H.«). **Human'iſt** der, **1)** Anhänger des H. **2)** Kenner der alten Sprachen. **human'iſtisch,** 1) den H. betreffend. 2) altsprachlich.

Humanit'ät [lat.] die, i. w. S. die Summe alles rein Menschlichen im Gegensatz zum Tierischen, i. e. S. das voll entfaltete edle Menschentum, das in der harmon. Ausbildung der menschl. Kräfte und in der Herrschaft des Geiſtes über die eigenen Leidenschaften gründet und sich beſ. in Teilnahme und Hilfsbereitſchaft für den Mitmenschen, in Verſtändnis und Duldsamkeit für seine Lebensart äußert. In diesem Sinn iſt die H. beſ. seit Lessing, Herder, Goethe, Schiller, W. v. Humboldt zum Inhalt einer der höchſten sittl. Ideen des Abendlandes geworden (**Humanitätsidee**).

humanit'är, menschenfreundlich. **humanitäre Beſtrebungen,** die Förderung des Wohles der Mitmenschen(Armenpflege,Krankenverſorgung u.a.).

Humanitätsverbrechen, Verbrechen gegen die Menschlichkeit, Verbrechen, die sich unter Nichtachtung der menschl. Würde gegen Leib, Leben, Freiheit, Ehre richten und unter Ausnutzung einer ſtaatl. Willkürherrschaft begangen werden. Als besonderer Tatbeſtand wurden die H. 1945 durch das Statut des Internat. Militärgerichtshofs und das Kontrollratsges. Nr. 10 eingeführt; nach dessen Aufhebung (1956) gilt in der Bundesrep. Dtl. H. die Straftaten nach §§ 220a (→Völkermord), 234a und 241a StGB.

Humann, Carl, Archäologe, *1839, †1896; Ausgrabungen in Pergamon.

Human relations [ju:mənril'eiſənz, engl.], die Pflege der menschl. Beziehungen im Betrieb.

Humber [h'ʌmbə] der, Mündungstrichter der Flüsse Trent und Ouse an der engl. O-Küste.

Humboldt, 1) Alexander Freiherr v., Naturforscher, einer der Begründer der heutigen wissenschaftl. Erdkunde, *1769, †1859, begann als Oberbergmeiſter, machte Forschungsreisen in Süd- und Mittelamerika, Mexiko, Russ.-Innerasien. Er begründete die Klimalehre, die Lehre vom Erdmagnetismus, die Meereskunde, Pflanzenerdkunde und förderte die Geologie (bes. Vulkankunde). Schriften: »Reise in die Äquinoktial-Gegenden des neuen Kontinents«, »Kosmos«, »Ansichten der Natur« u. a. **2)** Wilhelm Freiherr v., Gelehrter und Staatsmann, Bruder von 1), *1767, †1835, eng befreundet mit Schiller und Goethe, war 1809/10 Leiter des preuß. Unterrichtswesens und schuf die Univ. Berlin; einer der Führer des →Neuhumanismus, Sprachforscher.

Humboldtſtrom, Peruſtrom, kalte Meeresſtrömung an der W-Küste von S-Amerika.

H'umbug [engl.] der, Schwindel, Unsinn.

Hume [hju:m], David, engl. Philosoph und Geschichtsforscher, *1711, †1776, führender Denker der engl. Aufklärung; Hauptwerk: »Untersuchung über den menschl. Verſtand«.

Humer'ale das, Schultertuch kath. Prieſter.

hum'id [lat.], feucht.

Hummel die, bienenartige, plumpe, behaarte Hautflügler; Neſter in der Erde, in alten Vogelneſtern usw.; Neſter meiſt einfache, einjähr. Staaten; wichtige Blütenbeſtäuber.

Hummer der, Zehnfußkrebs, mit großen Scheren, Meeresbewohner; etwa 50 cm. (BILD Krebse)

Hum'or [lat.] der, Gemütsbeschaffenheit, die das Wirkliche, auch wo es widrig iſt, lächelnd bejaht. **Humor'eske,** die, heitere Erzählung; Musikſtück. **humor'iſtisch,** scherzhaft.

H'umperdinck, Engelbert, Komponiſt, *1854, †1921; Opern: »Hänsel und Gretel« u. a.

Humphrey[h'ʌmfri], Hubert H., amerikan. Politiker (Demokrat), *1911; 1965-69 Vizepräs. der USA, unterlag in den Präsidentſchaftswahlen 1968.

H'umus [lat.»Boden«] der, braune oder schwarze Masse in den oberſten Erdbodenschicht, entſtanden durch Verweſung pflanzl. oder tier. Stoffe. H. iſt kohlenſtoffreich, meiſt sauer durch Gehalt an

Huf: Pferdehuf von unten, a Strahl b Hornsohle, c Ballen, d Hornwand, e Spalte

Hugo

A. v. Humboldt

W. v. Humboldt

Hund

Husar

Husein II.

Husserl

Hum'insäuren; er steigert die wasserfassende Kraft des Bodens und erzeugt mineralienlösende Kohlensäure; landwirtschaftl. wertvoll.

Hund der, 1) ⬡ →Hunde. 2) ⚹ zwei nördl. Sternbilder: Großer H. mit Sirius; Kleiner H. mit Prokyon. 3) ⚒ der →Hunt.

Hunde, Raubtierfamilie, Zehengänger, meist hochbeinig mit nicht zurückziehbaren Krallen; Geruchssinn gut ausgebildet (Nasentiere). Wichtigste Gattung: Canis, mit Haus-H., Wolf, Schakal, Fuchs usw. Der Haus-H., das älteste europ. Haustier, leitet sich vom Wolf und vom Schakal ab. Er wurde auf verschiedene Verwendungsarten in zahlreichen Rassen gezüchtet. **Jagd-H.,** mit gut entwickeltem Spürsinn: Schweiß-H., Vorsteh- oder Hühner-H. (dt. Vorsteh-H., Pointer, Setter); Dackel und Foxterrier zur Erdjagd; Wind-H., z. B. russ. Wind-H. (Barsoi). **Dienst-H.:** Dt. Schäfer-H., Bernhardiner, Boxer, Schnauzer. **Wach-H.:** Neufundländer, Pudel, Spitz, Pinscher, Terrier. **Luxus- und Schoß-H.:** Windspiel, Mops, Malteser, Pekinese, Zwergspitz, Zwergspaniel. Die zur Zucht dienenden männl. H. (Rüden) sollen mindestens zwei Jahre sein. Die beste Deckzeit ist das Frühjahr. Die Hündin ist zweimal im Jahr läufig. Sie bringt nach 63 Tagen Tragzeit 4-6 und mehr zunächst blinde Junge (Welpen) zur Welt, die sie meist acht Wochen säugt. Die wichtigsten Krankheiten sind H.-Staupe, Räude, Tollwut, H.-Seuche. (TAFEL S. 411)

Hundekuchen, Gebäck aus Abfall- und Fleischmehl, Salzen, Gemüse; Hundefutter.

Hundertjähriger Kalender, überlieferte Wettervoraussage, Volksbuch seit 1701.

Hundertjähriger Krieg, der große Kampf zwischen England und Frankreich 1337-1453 (Friedensschluß 1475), endete mit der Vertreibung der Engländer aus Frankreich.

Hundert Tage, die letzte Herrschaftszeit Napoleons I. (20. 3.-18. 6. 1815).

Hundsaffen, →Pavian.

Hundspetersilie, Gleiße, staudiges Doldengewächs, Gartenunkraut, mit Knoblauchgeruch.

Hundstage, die Tage vom 23. 7. bis 23. 8.; um diese Zeit befindet sich die Sonne nahe dem **Hundsstern** (Sirius); in Europa oft sehr heiß.

Hunedoara, Stadt in Rumänien, 68 300 Ew.; Schloß der Corvins (13. Jahrh.), Hüttenkombinat.

Hünengräber, große Grabanlagen aus vorgeschichtl. Zeit; meist im norddt. Flachland; aus Findlingsblöcken hergestellt (→Megalith).

Hung'aria, latein. Name für Ungarn.

Hunger, Bedürfnis, Verlangen nach Aufnahme von Nahrung. Im H.-Zustand nimmt der Körper stark ab. – **H.-Krankheit, H.-Ödem,** wassersüchtige Anschwellung des Körpers.

Hungerblume, große Kreuzblütengattung auf kargem Boden und im Hochgebirge; in Dtl. die **Frühlings-H.** mit weißer Blütenrispe; im Gebirge die gelbblühende **Immergrüne H.**

Hungertuch, kath. Kirche: Tuch zur Verhüllung des Kreuzes in der Fastenzeit.

Hunnen Mz., asiat. Reitervolk, wandte sich im 4. Jahrh. n. Chr. gegen Europa und zerstörte das Ostgot. Reich in Südrußland; damit begann die →Völkerwanderung. Unter →Attila standen die H. auf der Höhe ihrer Macht, deren Mittelpunkt damals die Theißebene war. Nach der **H.-Schlacht,** der Niederlage auf den Katalaun. Feldern 451 n. Chr., und Attilas Tod (453) zerfiel das Reich schnell.

Hunsrück der, südwestl. Teil des Rhein. Schiefergebirges, zwischen Mosel, Rhein, Nahe und Saar, im Erbeskopf 816 m hoch.

Hunt, Hund der, ⚒ offener Förderwagen.

Hunte die, größter linker Nebenfluß der Weser, mündet bei Elsfleth; ab Oldenburg schiffbar.

Hunter [h'ʌntǝ, engl.] der, Jagdpferd.

Hunyadi [h'unjodi], Ungar. Heerführer gegen die Türken, *1385, †1456.

Hunza, Volk im abgeschlossenen Tal des nordwestl. Karakorum, Pakistan, mit eigener Sprache.

Hüpferlinge, Ruderfußkrebse.

Hürdenlauf, leichtathlet. Wettlauf über ver-

stellbare Holz- oder Stahlrohrhürden (Männer über 110, 200 und 400 m, Frauen über 80 m).

H'uri die, Islam: Paradiesjungfrau.

Hur'onen Mz., einst mächtiger Indianerstamm östl. vom Huronsee, Nordamerika, zur irokes.-huron. Sprachfamilie gehörend.

H'uronsee, der mittlere der fünf großen Seen N-Amerikas, 59 586 km² groß.

H'urrikan [engl.] der, Orkan, bes. Wirbelstürme Westindiens.

Hürth, Gem. im Kr. Köln, 52 000 Ew.; Braunkohlen⚒, Kraftwerk, chem. u. a. Industrie.

Hus, Huß, Johannes, tschech. Reformator in Prag, * um 1369, †1415; bekämpfte, angeregt durch Wiclif, die Verweltlichung der Kirche, wurde 1410 gebannt, 1415 auf dem Konzil von Konstanz verbrannt. Tschech. Nationalheld.

Hus'aren [ungar.] Mz., leichte Reitertruppe.

Hus'ein II., König von Jordanien, *1935.

Hus(s)'ain, Zakir, ind. Politiker, *1897, †1969; war seit Mai 1967 Staatspräsident Indiens.

Husserl, Edmund, Philosoph, *1859, †1938, bekämpfte den →Psychologismus, begründete die →Phänomenologie.

Huss'iten Mz., die Anhänger des Joh. →Hus. Ihre reformator. und nationaltschech. Bestrebungen führten 1419 zu den **H.-Kriegen.** Die mildere Partei der **Kalixtiner** oder **Utraquisten** (das vor allem den Kelch [lat. calix] beim Abendmahl; die strengere Partei der **Taboriten** [nach der Feste Tabor] verwarf jede Lehre, die sich nicht aus der Bibel beweisen lasse. Die H. erfochten, geführt von Ziska und Prokop d. Gr., mehrere Siege über die Heere des Kaisers und unternahmen weite Raubzüge in dt. Nachbarländer. Erst auf Grund der Prager Vereinbarungen von 1433 (Gewährung des Laienkelchs) wurden die H.-Kriege 1436 beendet.

Husten, ſ Ausstoßen der Atemluft durch die krampfhaft verengte Stimmritze, infolge Reizung der Empfindungsnerven der Luftwege durch Schleim, Staub, Rauch; ferner bei Erkrankung der Atmungsorgane.

H'usum, Kreisstadt in Schlesw.-Holst., 25 000 Ew.; Viehmärkte, Fisch-, Textil-Industrie.

Husum: Rathaus (links)

Huthaus, Zechenhaus, Gebäude, in dem sich die Bergleute vor der Einfahrt versammeln, umziehen und in dem Werkzeuge aufbewahrt werden. **Hutmann,** Steiger.

Hütte, Hüttenwerk, Anlage für Erzbearbeitung und Metallgewinnung, auch für Herstellung anderer Erzeugnisse, z. B. Glas.

Hutten, Ulrich v., Reichsritter und Humanist, *1488, †1523, gab seiner eine streitbare Schriftstellerei in lat., später dt. Poesie und Prosa (mit Reuchlin gegen die Kölner Dominikaner; Dunkelmännerbriefe). Verband sich mit Franz v. Sickingen und Luther, griff in vielen Schriften die röm. Geistlichkeit an.

Hüttenberg, Markt in Kärnten, Österreich, 2200 Ew.; am Fuß des **Hüttenberger Erzberges,** in dem seit kelt. Zeit geschürft wird.

Hüttental, Stadt (seit 1966) im Ldkr. Siegen,

1, 2

3, 4, 5

6, 7, 8

9, 10

Hunde: 1 Boxer (Schulterhöhe 56-60 cm). 2 Deutsche Bracke (Schulterhöhe 40-50 cm). 3 Pekinese (Schulterhöhe 15-25 cm). 4 Zwergpudel (Schulterhöhe 28-35 cm). 5 Langhaariger Bernhardiner (Schulterhöhe mindestens 70 cm beim Rüden). 6 Kurzhaariger Dackel (Schulterhöhe 20-25 cm). 7 Gefleckte Dogge (Schulterhöhe bis 90 cm). 8 Zwergspitz (Schulterhöhe bis 28 cm). 9 Kurzhaariger Vorstehhund (Schulterhöhe 62-65 cm beim Rüden). 10 Deutscher Schäferhund (Schulterhöhe 55-65 cm). 11 Englische Bulldogge (Schulterhöhe 45 cm). 12 Russischer Windhund (mittlere Schulterhöhe 76 cm)

11, 12

411

Hyänen:
Streifen-H.

Hyazinthe

Hydria

Hyperbel

Nordrh.-Westf., 40 300 Ew.; Eisen- und Stahlindustrie.

Hutzelbrot, Gebäck aus Roggenmehl, getrockneten Birnen, Feigen und Rosinen.

Huxley [h'aksli], 1) Aldous, engl. Schriftsteller, *1894, †1963; »Kontrapunkt des Lebens«; Zukunftsromane (»Schöne neue Welt«, »Affe und Wesen«). 2) Sir Julian, engl. Biologe, Bruder von 1), *1887; betont in der Abstammungslehre die »Einzigartigkeit des Menschen«.

Huygens [h'œjyəns], Christian, niederländ. Naturforscher, *1629, †1695; erklärte das Licht als eine Wellenbewegung, fand die Gesetze des elast. Stoßes und der Fliehkraft, erfand die Pendeluhr, erklärte die Doppelbrechung u. a.

Huysmans [h'œjsmans], Joris-Karl, französ. Schriftsteller, *1848, †1907; Hauptvertreter des literar. Impressionismus.

Huywald [hy-], Höhenrücken (314 m hoch) nördlich von Halberstadt.

Huz'ulen, ruthen. Volksstamm im östl. galizischen Bergland und der Bukowina.

Hvar [xvar, kroat.], jugoslaw. Insel vor der Küste Dalmatiens; 325 km²; Ölbäume, Wein, Südfrüchte; Fischerei. Hauptstadt: Seebad H. (2000 Ew.).

HWF, Abk. für Höhere wirtschaftl. Fachschule.

Hy'aden [grch.] Mz., 1) griech. Sage: Nymphen, von Zeus als Sterne an den Himmel versetzt. 2) ☆ Sterngruppe am Kopf des →Stiers.

Hy'akinthos, lat. **Hyacinthus,** vorgriech. Gott der Vegetation im Frühling; von Apollo geliebt und durch einen Diskuswurf getötet; seinem Blut entsproß die Hyazinthe.

Hy'äne [grch.] die, nächtl. lebendes, etwa schäferhundgroßes Raubtier; ernährt sich von Aas. Arten: **Gestreifte H.,** in Nordafrika, Westasien; **Gefleckte H.,** in Süd- und Ostafrika; **Schabracken-H.** (**Strandwolf**), in S-Afrika.

Hy'änenhund, afrikan. Wildhund.

Hyaz'inth [grch.] der, roter Edelstein.

Hyaz'inthe die, Lilienpflanze der Mittelmeerländer, Zwiebelgewächs; blüht als Zimmerpflanze im Winter, auch in H.-Gläsern mit Wasser; ursprünglich blau.

Hybr'ide [grch.] die, Mischling, →Bastard.

H'ybris [grch.] die, menschl. Selbstüberhebung, vor allem gegenüber den Göttern.

Hydepark [h'aidpa:k], Park in W Londons.

H'ydra [grch.] die, 1) in der griech. Sage: ein Ungeheuer mit neun Köpfen, hauste im Sumpf von Lerna (bei Argos), von Herakles erlegt. 2) das Sternbild Wasserschlange. 3) Süßwasserpolyp (→Hydrozoen).

Hydr'ant der, Anschlußstelle für Feuerwehrschläuche an die Wasserleitung.

Hydr'at [grch.] das, ⌀ durch Anlagerung oder Aufnahme von Wasser entstandene Verbindung, in der das Wasser chem. gebunden ist.

Hydr'aulik die, Lehre von der Strömung von Flüssigkeiten durch Rohre, Gerinne und Kanäle.

hydraulische Presse, durch unter Druck stehende Flüssigkeiten betriebene Presse. Mit einem Kolben in einem Zylinder von kleinerem Querschnitt wird die Flüssigkeit zusammengepreßt und der Druck auf den Arbeitskolben von größerem Querschnitt übertragen.

Hydraz'in [Kw., grch.] das, NH_2-NH_2, farblose Flüssigkeit, Raketentreibstoff.

hydraulische Presse:
a Querhaupt, b Werkstück, c Führung, d Preßtisch, e Zylinder, f Druckventil, g Saugventil, h Saugwasserbehälter, k Kolben zur Erzeugung des Druckwassers, m Handhebel

Hydr'ia [grch.] die, griech. Wasserkrug mit einem senkrechten und zwei waagrechten Henkeln.

Hydr'id [grch.] das, ⌀ Verbindung eines Metalls mit Wasserstoff.

hydr'ieren [grch.], ⌀ das Anlagern von Wasserstoff an Elemente oder chem. Verbindungen; z. B. die Härtung der →Fette, Kohlehydrierung.

hydro... [grch. hydor »Wasser«], in Fremdwörtern: wasser...

Hydrobiolog'ie [Kw., grch.] die, Wissenschaft von den im Wasser lebenden Pflanzen und Tieren.

Hydrochin'on das, ⌀ organ.Verbindung, photograph. Entwickler und zur Farbenherstellung.

Hydrocortison das, →Cortisol.

Hydrodyn'amik [Kw., grch.] die, Lehre von der Bewegung der Flüssigkeiten.

Hydrol'yse [Kw., grch.] die, ⌀ durch Wasser hervorgerufene Spaltung chem. Verbindungen.

Hydromech'anik [Kw., grch.] die, Lehre vom physikal. Verhalten der Flüssigkeiten; sie gliedert sich in Hydrostatik und Hydrodynamik.

Hydrosph'äre [Kw., grch.] die, Wasserhülle der Erde.

Hydrost'atik [Kw., grch.] die, Lehre vom Gleichgewicht der Kräfte bei ruhenden Flüssigkeiten. Der Druck im Innern einer Flüssigkeit ist allseitig gleich (**hydrostatischer Druck**). →Bodendruck.

Hydrotherap'ie [Kw., grch.] die, Wasserheilkunde (Bäder, Duschen, Packungen usw.).

Hydrox'yd [Kw., grch.] das, ⌀ Verbindung eines Elements, vorwiegend eines Metalls, mit der Atomgruppe –OH (**Hydroxylgruppe**).

Hydroz'oen [Kw., grch.] Mz., Klasse der Hohltiere, umfaßt festsitzende **Polypen** und freischwimmende **Quallen** (**Medusen**), die bei derselben Tierart regelmäßig aufeinanderfolgen können (→Generationswechsel). H. haben Nesselkapseln.

Hyères [y'ɛ:r], Winterkur- und Badeort in S-Frankreich, 38 100 Ew.; vor der Küste die **Hyèrischen Inseln.**

Hygi'eia, die griech. Göttin der Gesundheit.

Hygi'ene [grch.] die, Gesundheitspflege und Gesundheitslehre.

Hygrom'eter [grch. hygros »feucht«] das, Luftfeuchtigkeitsmesser; **Haar-H.** enthält ein gespanntes Haar, dessen Längenänderung je nach der Luftfeuchtigkeit einen Zeiger bewegt.

hygrosk'opisch [Kw., grch.] heißen Körper, die Wasserdampf aus der Luft anziehen.

H'yksos Mz., asiat. Volk, eroberte um 1650 v. Chr. Ägypten, das es 140 Jahre beherrschte.

Hylozo'ismus [von grch. hyle, »Stoff, Materie«] der, philosoph. Lehre, nach der auch die anorgan. Materie als belebt gedacht wird (schon in der frühen Antike).

H'ymen, Hymen'äos der, 1) griech. Gott der Hochzeit. 2) altgriech. Hochzeitsgesang.

H'ymen [grch.] das, ⑂ Jungfernhäutchen.

Hym'ettos, Bergzug (1028 m hoch), südöstlich von Athen.

H'ymne [grch.] die, **Hymnus** der, 1) ursprüngl. von Musik und Tanz begleiteter Opfer- und Festgesang zu Ehren der Götter und Heroen, dann Loblied. Pindar war das Vorbild für die dt. H.-Dichtung (Klopstock, Goethe, Hölderlin u. a.). 2) geistl. Lied (seit Ambrosius).

hyper... [grch.] übermäßig, über...

Hyperäm'ie [grch.] die, ⑂ Blutüberfüllung (→Blutstauung); H. zu Heilzwecken wird u.a. durch Wärmeanwendung erzielt.

Hyp'erbel [grch.] die,1) △ eine ebene Kurve (Kegelschnitt) mit zwei ins Unendliche verlaufenden getrennten Zweigen, deren sämtl. Punkte von zwei festen Punkten (Brennpunkten) gleiche Differenz der Entfernungen haben. 2) Redekunst: Übertreibung. Egw. **hyperb'olisch.**

Hyperbolo'id [grch.] das, △ Fläche zweiter Ordnung, die durch Ebenen in Hyperbeln, Ellipsen, Parabeln geschnitten werden kann. Es gibt **einschalige** und **zweischalige** H. (BILD S. 413)

Hyperbor'eer, sagenhaftes Volk im N jenseits des Boreas (des kalten Nordwinds).

Hyp′erion [grch.], **1)** griech. Sage: ein Titan, Vater des Helios. **2)** ♄ ein Saturnmond.

Hyper′onen Mz., ⊗ zu den Baryonen gehörige unbeständige Elementarteilchen mit Massen über der des Neutrons.

Hyperop′ie [Kw., grch.] die, →Weitsichtigkeit.

Hyperton′ie [Kw., grch.] die, gesteigerter Blutdruck (→Hochdruckkrankheit).

Hypertroph′ie [Kw., grch.] die, Größen- und Gewichtszunahme eines Gewebes, Organs.

H′ypnos, der griech. Gott des Schlafes, Sohn der Nacht, Zwillingsbruder des Todes.

Hypn′ose [grch.] die, schlafähnl. Zustand, in den ein Mensch einen andern versetzen kann durch besondere suggestive Beeinflussung (starres Ansehen, Flüstern usw.). In H. ist das Bewußtsein und der Wille des hypnotisierten Menschen weitgehend ausgeschaltet, so daß der **Hypnotis′eur** seinen Willen auf ihn übertragen kann; eine Methode der Psychotherapie.

Hypn′otikum [grch.] das, -s/...tika, Schlafmittel.

hypo... [grch.], in Fremdwörtern: unter...

Hypochondr′ie die, übersteigerte Beschäftigen mit der eigenen Gesundheit; manchmal Ausdruck einer seel. Krise oder Gemütskrankheit. **Hypochonder** der, eingebildeter Kranker.

Hypoph′yse [grch.] die, **Hirnanhangdrüse,** etwa kirschkerngroße innersekretor. Drüse, die am Boden des Zwischenhirns (→Gehirn) liegt.

Hypost′ase [grch.] die, Unterlage, Grundlage; Wesen; Verdinglichung von Begriffen.

Hypoten′use [grch.] die, im rechtwinkligen Dreieck die dem rechten Winkel gegenüberliegende Seite.

Hypoth′ek [grch. »Unterpfand«] die, ⌂ das an einem Grundstück zur Sicherung einer Forderung bestellte Pfandrecht, das vom Bestand der Forderung abhängig ist; berechtigt den Gläubiger, sich nach Fälligkeit der Forderung durch Zwangsverwertung des Grundstückes zu befriedigen (→Zwangsversteigerung, →Zwangsverwaltung). Die H. muß ins →Grundbuch eingetragen werden. **H.-Brief,** über die H. ausgestellte Urkunde.

Hypoth′ese [grch. »Unterstellung«] die, Aufstellung eines wahrscheinlich richtigen, aber noch nicht bewiesenen Satzes. **hypoth′etisch,** bedingungsweise geltend.

Hypoton′ie [grch.] die, niedriger Blutdruck.

Hyst′eresis [grch.] die, Nachwirken nach Aufhören der einwirkenden Kraft, bes. das Zurückbleiben der Magnetisierung ferromagnet. Stoffe gegenüber der Feldstärke.

Hyster′ie [von grch. hystera »Gebärmutter«] die, Anfälle von Erregungen, Zittern, Lähmungen u. ä., heute meist als Neurose gedeutet. **hyst′erisch,** an H. leidend. Hw.: **Hyst′eriker.**

Hz, Abk. für die Maßeinheit Hertz.

I

i, I, 1) Selbstlaut; der neunte Buchstabe im Abc. **2)** RÖM. ZAHLZEICHEN: I = 1. **3)** IN LAT. INSCHRIFTEN: I = Imperator. **i,** △ die Einheit der →imaginären Zahlen, $i = \sqrt{-1}$.

Ia, Abk. für eins a, prima, erste Güte.

i.A., Abk. für im Auftrage.

Iambl′ichos, neuplaton. Philosoph aus Chalkis, † um 330 n.Chr.

I′ambus [grch.] der, -/...ben, Versfuß aus einer kurzen und einer langen Silbe(◡—),im Deutschen aus Senkung und Hebung.

IAO, Abk. für →Internationale Arbeitsorganisation.

I′ason, in der griech. Sage: ein thessalischer Königssohn, der Anführer der →Argonauten ehelichte →Medea und verstieß sie samt ihren Kindern.

IATA, Abk. für International Air Transport Association, der Internationale Luftverkehrsverband, Sitz: Montreal; bestimmt und überwacht Flugpreise u.a.

I′atrik [grch.] die, Heilkunst.

ib., ibd., Abk. von lat. ibidem, ebenda.

Ib′adan, größte Stadt W-Afrikas, in W-Nigeria, 627 400 Ew.; Handelszentrum.

Ibagué [-g′e], **San Bonifacio de I.,** Stadt in Kolumbien, 163 700 Ew.; Kaffeehandel.

Ibbenbüren, Stadt in Nordrh.-Westf., am Teutoburger Wald, 17 400 Ew.; Steinkohlenbergbau, Maschinen-, Textilindustrie. **Ibbenbüren-Land,** Gem. im Kr. Tecklenburg, Nordrh.-Westf., 23 700 Ew.

Ib′erische Halbinsel, die Pyrenäenhalbinsel, das vom **Ib′eros** (Ebro) durchflossene Land der **Ib′erer.**

Ib′ero-Amerika, →Lateinamerika.

Ibert [ib′ɛr], Jacques, französ. Komponist, *1890, †1962; Opern, Orchester-, Kammermusik.

IBFG, Internat. Bund Freier Gewerkschaften.

′Ibis [altägypt.] der, schrittähnl. Stelzvogel in wärmeren Gegenden mit langem Sichelschnabel und nacktem Kopf. Der Heilige I. war in Ägypten Sinnbild des Gottes der Weisheit.

′Ibisch, Malvengewächse, →Eibisch.

Ib′iza, Hauptinsel der span. Pityusen.

IBM, Abk. für International Business Machines Corporation, amerikan. Großhersteller elektron. Datenverarbeitungsanlagen.

Ibn, Ebn [arab.], Sohn.

Ibn al-H′aitham, Abu Ali, lat.**Alhazen,** islam. Naturforscher, * um 965, †1039, schrieb ein Lehrbuch der Optik.

Ibn Batt′uta, arab. Weltreisender, *1304, †1377, bereiste N- und O-Afrika, Vorder- und Innerasien, Indien, China und Sumatra.

Ibn Chald′un, arab. Geschichtsschreiber, *1332, †1406; wichtig für die Geschichte des Islams in N-Afrika.

Ibn Sa′ud, Abd el Asis, König von Saudi-Arabien (seit 1932), *1880, †1953, führte als Sultan von Nedschd die arabisch-islamit. Reformbewegung der Wahhabiten, eroberte Hidschas und vereinigte beide Reiche.

′Ibo, Volksstamm in O-Nigeria; 6,4 Mill.

Ibsen, Henrik, norweg. Dichter, *1828, †1906, schrieb Stücke mit nationalnorweg. Stoffen, dann gesellschaftskrit. Schauspiele, bahnbrechend für den Naturalismus. Werke: »Brand«, »Peer Gynt«, »Stützen der Gesellschaft«, »Nora oder ein Puppenheim«, »Gespenster«, »Der Volksfeind«, »Die Wildente«, »Rosmersholm«, »Hedda Gabler« u.a.

′Ibykos, griech. Dichter des 6.Jahrh. v.Chr., am Hofe des Polykrates in Samos. »Die Kraniche des Ibykus«, Gedicht von Schiller.

Ichn′eumon [grch.] das, der, Schleichkatze des Mittelmeerraums; den Ägyptern heilig.

Ichthy′ol, das, teerige Masse mit Resten ausgestorbener Fische, gewonnen aus bituminösem Schiefer; entzündungshemmende Salben.

Ichthyolog′ie [Kw., grch.] die, Wissenschaft von den Fischen.

Ichthyos′aurus [grch.-lat.] der, -/...rier, bis über 10 m lange fischförmige Reptilien, Meerestiere des Erdmittelalters.

Ichthy′osis die, →Fischschuppenkrankheit.

Ichth′ys [grch. »Fisch«], →Christusmonogramm.

id., Abk. für →idem.

Hyperboloid, oben: einschaliges, unten: zweischaliges H.

Ibis

Ibsen

Ichthyosaurus: Skelett eines I. quadriscissus mit Abdruck der Haut

Igel

'Ida der, 1) im Altertum Name des **Kaz Daği** (1767 m), Gebirgszug in Kleinasien. 2) höchster Gebirgsstock auf Kreta, 2456 m hoch.

IDA, Abk. für International Development Agency, →Internationale Entwicklungs-Agentur.

Ida [von ahd. itis »Weib«], weibl.Vorname.

Idaho ['aidəhou], Abk. **Id.,** Staat im NW der USA; 216 413 km², 712 600 Ew. (viele Mormonen); Hauptstadt: Boise. Anbau (z.T. bei künstl. Bewässerung): Kartoffeln, Getreide, Obst; Viehzucht; Forstwirtschaft. ⚒ auf Blei, Silber, Zink; Beryllium-Lager. ⊕ S. 526.

Idar-Oberstein, Stadt in Rheinl.-Pf., an der Nahe, 38 800 Ew., Schmuckwaren-Ind.; Achat-, Edelstein- und Diamantschleiferei.

Idar-Oberstein mit Felsenkirche

Idarwald, Höhenzug des Hunsrücks, 765 m.

Ide'al das, Wunschbild, das Vollkommene. **ide'al,** vollkommen; nur vorgestellt. **ide'ell,** gedanklich; uneigennützig. **idealis'ieren,** verklären.

Ideal'ismus [lat.] der, 1) allgemein: eine durch Ideen oder Ideale bestimmte Weltanschauung. 2) PHILOSOPHIE: Der **metaphys. I.** nimmt an, daß ein ideelles Prinzip (z.B. die Ideenwelt bei Plato, der absolute Geist bei Hegel) der letzte Seinsgrund sowohl der geistigen wie der materiellen Wirklichkeit sei. Der I. ist seit der Antike in vielen Formen vertreten worden, in neuerer Zeit vor allem in den Systemen des dt. I. (Hegel, Schelling). Der **erkenntnistheoret. I.** lehrt, daß Sein nicht unabhängig von einem Bewußtsein, dessen Vorstellung oder Gedanke es ist, gedacht werden kann. Gegensatz: Realismus, Materialismus. **Ideal'ist,** 1) Anhänger des I. 2) selbstloser, sich für eine Idee oder ein Ideal einsetzender Mensch.

Idealit'ät [zu Idee] die, Seinsweise (im Gegensatz zu jener der →Realität), die dem Mathematischen und, nach vielen Philosophen, den Werten zukommt.

Ide'alkonkurrenz [grch.-lat.], **Tateinheit,** 𝔤𝔱𝔞 Verletzung mehrerer Strafbestimmungen durch eine Handlung, z.B. vorsätzl. Tötung durch Brandstiftung; wird nach der Bestimmung bestraft, die die schwerste Strafe androht.

Id'ee [grch.] die, 1) PHILOSOPHIE: bei Plato die ewig-unveränderl. Urbilder, deren unvollkommene Abbilder die irdischen Dinge sind; bei Fichte, Hegel, Kant die Vernunftbegriffe, z.B. Freiheit, Unsterblichkeit, Gott. 2) allgemein: Gedanke, Vorstellung; auch: Absicht, Plan.

Ideengeschichte, Geistesgeschichte, der Zweig der Geschichtsschreibung, der die wirksamen Ideen und geistigen Strömungen darstellt.

Ideenverknüpfung, →Assoziation 1).

'idem [lat.], abgek.: **id.,** derselbe, dasselbe.

'Iden Mz., →Idus.

Identit'ät [lat.] die, Gleichheit mit sich selbst. **id'entisch,** völlig gleich, gleichbedeutend, ein und dasselbe. **identifiz'ieren,** als dasselbe wiedererkennen, die I. feststellen.

Identit'ätsphilosophie, die Naturphilosophie →Schellings.

Ideograph'ie die, →Bilderschrift.

Ideolog'ie [Kw., grch.] die, eine bestimmte Vorstellungs- und Wertungswelt, bes. die einer Gesellschaftsschicht oder Interessenlage zugeordneten Denkweisen und Vorstellungen.

id est [lat.], abgek.: **i. e.,** das ist, das heißt.

Idio... [grch.], Eigen..., Selbst...

Idi'om [grch.] das, Sprechweise, Mundart.

Idiosynkras'ie [grch.] die, 1) heftige, oft krankhafte Abneigung gegen best. Personen oder Dinge. 2) angeborene Überempfindlichkeit des Körpers gegen best. Stoffe, Art der Allergie.

Idiot'ie [grch.] die, →Schwachsinn.

Idlewild ['aidlwaild], seit 1963 **John F. Kennedy International Airport,** Flughafen von New York.

Id'ol [grch. »Bild«] das, Götzenbild. **Idolatr'ie** die, Götzenanbetung.

'Idria, slowen. **Idrija,** Bergwerksstadt in den Jul. Alpen, Jugoslawien, 6500 Ew.

Idris el-Senussi, *1890; seit 1949 Emir der Cyrenaica, seit 1951 König von Libyen.

'Idun, Id'una, in der nord. Göttersage Göttin, Hüterin der goldenen Äpfel, die ewige Jugend verleihen.

'Idus [lat.] der, -/Iden, im röm. Kalender der 13., im März, Mai, Juli, Okt. der 15. Tag des Monats.

Id'ylle [grch. »kleines Bild«] die, **Idyll** das, eine Dichtung, die das schlichte, friedl. Leben in der Natur schildert, bes. das der Landleute und Hirten. **id'yllisch,** friedlich, ländlich, einfach.

i. e., Abk. für →id est.

Ife, Stadt in W-Nigeria, 130 100 Ew., war Mittelpunkt der Benin-Kultur.

Iffland, August Wilhelm, Schauspieler, *1759, †1814; schrieb Bühnenstücke. **I.-Ring,** ein angebl. von I. gestifteter Fingerring für den größten dt. Schauspieler; z.Z. Träger: J. Meinrad.

'Ifni, span. Prov. Exklave an der Küste S-Marokkos, 1500 km², 52 500 Ew.; seit 1958 span. Überseeprov., 1968 an Marokko zurückgegeben.

I.G., IG., Abk. für 1) Industriegewerkschaft. 2) Interessengemeinschaft.

Igel der, Insektenfresser, bis 30 cm langer plumper Körper, mit kurzen Beinen, kurzem Schwanz und aufrichtbaren Stacheln auf dem Rücken. Der I. kann sich bei Gefahr zusammenrollen. Er nährt sich von Schlangen, Kerbtieren, Mäusen und ist dadurch nützlich.

Igelfisch, stachliger Kugelfisch.

Igelkaktus, Kakteen mit meist kugelförmigem, ungegliedertem Stamm, z.B. **Bischofsmütze.** (FARBTAFEL Orchideen, Kakteen S. 701)

Igelkolben, Gattung schilfblättriger Sumpfpflanzen mit kugelig gegliedertem Blütenstand.

I.G. Farbenindustrie AG., Frankfurt a.M., bis 1945 der größte dt. Chemiekonzern, gegr. 1925 durch Zusammenschluß führender chem. Unternehmen. Nach Beschlagnahme (1945) des gesamten Vermögens, 1952 Aufteilung in Nachfolgegesellschaften: Badische Anilin- & Sodafabrik AG., Farbwerke Hoechst AG., Farbenfabriken Bayer AG., Cassella Farbwerke AG. u.a.

'Iglau, tschech. **Jihlava,** Stadt in W-Mähren, 37 500 Ew.; mittelalterl. Bauten; war Mittelpunkt einer dt. Sprachinsel.

'Iglu der, runde Schneehütte der Eskimos.

Ign'atius, 1) einer der Kirchenväter, Bischof von Antiochia, Märtyrer (104 oder 115); Heiliger (Tag 17. 10.). 2) **I. von Loyola,** →Loyola.

ignor'amus, ignor'abimus [lat.], wir wissen es nicht und werden es nie wissen, nämlich: wie das Leben auf der Welt entstanden ist; Ausspruch von →Du Bois-Reymond.

Ignor'ant [lat.] der, Unwissender; **ignor'ieren,** nicht wissen, nicht beachten.

Igu'anodon das, ein →Dinosaurier.

Iguass'ú, Iguac'ú der, linker Nebenfluß des Paraná, 1320 km; bildet gewaltige Wasserfälle. (BILD S. 415)

IHS, →Christusmonogramm.

Ijssel, Yssel ['ɛjsəl] die, Flüsse in den Niederlanden. 1) **Geldersche I.,** Mündungsarm des Rheins, mündet in das →Ijsselmeer. 2) rechter Nebenarm des Lek.

Igelkolben:
1 Blühende Pflanze, a weibl., b männl. Blüten,
2 Fruchtstand

Ijsselmeer, Süßwassersee in den Niederlanden, entstand durch Abdämmung der früheren Zuidersee, einer durch eine Sturmflut gebildeten Nordseebucht. Durch Trockenlegung wurden rd. 222000 ha Land gewonnen.

'**Ikarus,** in der griech. Sage Sohn des Dädalus, stürzte ins Meer, als beim Flug seine wachsgeklebten Flügel an der Sonne schmolzen.

Ikebana, japan. Blumensteckkunst.

Ik'one [grch.] die, Heiligenbild der Ostkirche.

Ikonograph'ie [grch.] die, Beschreibung der Kunstwerke nach ihrer Gegenständlichkeit.

Ikonokl'asmus [grch.] der, Bilderbekämpfung.

Ikonolatr'ie [grch.] die, Bilderanbetung.

Ikonosk'op das, **Elektronenstrahl-Bildzerleger,** →Fernsehen.

Ikonost'ase [grch.] die, **Ikonost'as** der, in der Ostkirche Bilderwand, trennt den Altar- vom Gemeinderaum.

Ikosa'eder [grch.] das, Zwanzigflächner, von 20 gleichseitigen Dreiecken begrenzter Körper.

'**Ikterus** [grch.] der, →Gelbsucht.

'**Iktus** [lat.] der, Verslehre: Betonung, Nachdruck.

Ilang-Ilang, →Ylang-Ylang.

Ile-de-France [i:ldəfr'ᾰs], geschichtl. Landschaft Frankreichs, um Paris gelegen.

'**Ileus** [grch.] der, Darmverschluß (→Darmkrankheiten).

'**Ilex** [lat.] die, →Stechpalme.

Ilford ['ilfəd], frühere Stadt in der Gfsch. Essex, gehört zum London Borough Redbridge von Greater London.

Ili der, Fluß in Innerasien, vom Tien-schan zum Balchaschsee; 1300 km lang, schiffbar.

'**Ilias** die, Epos des →Homer in Hexametern. Es behandelt einen Ausschnitt aus den zehnjährigen Kämpfen der Griechen vor Troja (**Ilion**).

'**Ilion** [grch.], '**Ilium** [lat.], →Troja.

Ill die, **1)** rechter Nebenfluß des Rheins in Vorarlberg, durchfließt das Montafon, mündet unterhalb Feldkirch. **2)** linker Nebenfluß des Rheins, 205 km lang, kommt vom Jura, mündet unterhalb Straßburg; ab Colmar schiffbar.

'**illegal** [lat.], ungesetzlich.

illegit'im [lat.], **1)** unrechtmäßig. **2)** unehel.

Iller die, rechter Nebenfluß der Donau, aus den Allgäuer Alpen, mündet bei Ulm, 147 km; 46 Kraftwerke.

Illía, Arturo, argentin. Politiker (Volksradikale Union), *1900, 1963-1966 Staatspräsident.

Illim'ani der, Berg in Bolivien, 6882 m hoch.

Illinois [ilin'ɔi], Abk. **Ill.,** Staat in den USA, zwischen dem Mississippi und dem südl. Michigansee, 146076 km², 11,1 Mill. Ew. (rd. 10% Neger); Hauptstadt: Springfield; größte Stadt: Chicago. Anbau: Getreide, Kartoffeln, Sojabohnen; Viehzucht; auf Steinkohle, Erdöl, Blei; vielseitige Industrie; Schlachthöfe. S. 526.

illoyal [ilwaj'a:l, frz.], gesetzwidrig, pflichtwidrig; unredlich, übelgesinnt.

Illumin'aten [lat. »Erleuchtete«] Mz., geheime Gesellschaften im 16. bis 18. Jahrh., so der **I.-Orden,** 1776 in Ingolstadt gegründet.

Illuminati'on [lat.] die, festl. Beleuchtung. **illumin'ieren, 1)** erleuchten. **2)** ausmalen.

Illusi'on [lat.] die, **1)** Vorspiegelung, bes. Selbsttäuschung; falsche Deutung von Sinneseindrücken. **2)** durch künstler. Mittel entstandene Scheinwelt. **illus'orisch,** unwirklich, täuschend.

Illusion'ismus [lat.] der, philosoph. Lehre, daß die Außenwelt nur Schein sei.

ill'uster [lat.], glänzend, berühmt; erlaucht.

Illustrati'on [lat.] die, Erläuterung, bes. im Buch durch Abbildungen. **Illustr'ator** der, s/...'oren, Zeichner von Textbildern. **illustr'ieren,** bebildern; anschaulich machen.

Ill'yrien, im Altertum das östl. Küstenland der Adria, von **Illyrern** bewohnt, seit 229 v.Chr. unter röm. Einfluß, seit 168 röm. Prov. (Illyricum); im 7. Jahrh. südslaw. Besiedlung.

Ilm die, linker Nebenfluß der Saale, mündet bei Großheringen, fließt durch Weimar.

Iguassú: Wasserfall San Martin

Ilmenau, Kreisstadt im Bez. Suhl, Sommerfrische und Wintersportplatz am NO-Hang des Thüringer Waldes, 19600 Ew.; glasverarbeitende Ind., Hochschule für Elektrotechnik.

'**Ilmensee,** fischreicher See südl. von Leningrad, Sowjetunion; seine Größe schwankt zwischen 600 bis 2100 km².

ILO, Abk. für International Labour Organization, →Internationale Arbeitsorganisation.

Ilo'ilo, Handels- und Kulturmittelpunkt der Philippineninsel Panay, 187300 Ew.

Ilorin, Stadt in W-Nigeria, 208500 Ew.

ILS, Abk. für Instrument Landing System, internat. Landefunksystem für Blindflug.

Ilse [ahd., eine Nixe], weibl. Vorname.

Ilsenburg, Kurort im Bez. Magdeburg, im Ilsetal (Harz), 238-300 m ü.M.; 7200 Ew.

'**Iltis** der, zu den Mardern gehöriges, 40 cm langes Raubtier mit meist schwarzbraunem Pelz; Albinoform: Frettchen.

Iltis

Ilz die, linker Nebenfluß der Donau bei Passau, kommt vom Böhmerwald.

Image ['imidʒ, engl. »Bild«] das, durch Werbung und →Public Relations erzeugter Eindruck, der sich als feste Vorstellung mit einer Person oder Sache verbindet.

imagin'är [lat.], **1)** nur in der Einbildung, nicht wirklich vorhanden, nur vorgestellt. **2)** OPTIK: scheinbar. **3)** △ **imaginäre Zahl,** Quadratwurzel aus einer negativen Zahl, Produkt einer →reellen Zahl und der imaginären Einheit $i = \sqrt{-1}$, z.B. $4\imath = 4 \cdot \sqrt{-1}$.

Imaginati'on [lat.] die, Einbildungskraft.

Imag'isten Mz., engl.-amerikan. Lyrikerkreis, um 1912-20, erstrebt größtmögl. Bildhaftigkeit und Kürze; verwendet Umgangssprache.

Im'ago [lat. »Bild«] die, **1)** Vollkerf, das ausgebildete Insekt. **2)** röm. Totenmasken aus Wachs mit biograph. Umschriften. **3)** Tiefenpsychologie: unbewußtes Leitbild.

Ikone: Madonna

Im'am [arab. »Führer«, »Vorbild«] der, **1)** Vorbeter in der Moschee. **2)** Fürstentitel in S-Arabien. **3)** die geistl. Würde der Kalifen.

'**Imatra,** 1300 m lange Stromschnelle des Vu-

Imatra-Stromschnellen

oksi in SO-Finnland, Großkraftwerk mit Eisen- und Kupferhütte.

Imbaba, Stadt in Ägypten, 164500 Ew.

Imbezillit'ät [lat.] die, Schwachsinn.

Imbroglio [imbr'ɔλo, ital. »Verwirrung«] das, ♪ gleichzeitige Verwendung verschiedener Taktarten für die verschiedenen Stimmen.

Imh'otep, altägypt. Baumeister, Arzt und Schriftsteller, um 2600 v. Chr.; Erbauer der Stufenpyramide von Sakkara.

Imitati'on [lat.] die, Nachahmung. **Imit'ator** der, Nachahmer. **imit'ieren,** nachahmen. **imit'iert,** nachgeahmt, künstlich, unecht.

Imker [von Imme »Biene«] der, Bienenzüchter.

imman'ent [lat.], innewohnend, angehörend. Bei Kant: innerhalb der Grenzen der Erfahrung bleibend. Gegensatz: transzendent. **Imman'enz** die, Eingeschlossensein (z. B. im Pantheismus das Aufgehen Gottes im Universum). **Immanenzphilosophie,** Lehre, daß das Wirkliche nur Bewußtseinsinhalt sei.

Imm'anuel, Em'anuel [hebr. »Gott mit uns«], Abk. **Manuel,** männl. Vorname.

immateri'ell [frz.], unkörperlich, stofflos.

Immatrikulati'on [lat.] die, Einzeichnung in die Matrikel, d. h. Aufnahme als Student an einer Hochschule. Zw. **immatrikul'ieren.**

Imme, altes dt. Wort für Biene.

immedi'at [lat.], unmittelbar.

Immelmann, Max, Jagdflieger, *1890, †1916.

imm'ens [lat.], unermeßlich.

Immenstadt, Stadt im Allgäu, Sommerfrische und Wintersportplatz, 731 m ü. M., 10600 Ew.; Textil-, Sportartikel-Industrie.

immensur'abel [lat.], unmeßbar.

Immergrün, Gattung immergrüner Stauden mit blauen Blüten, im Laubwald.

Immermann, Karl, Dichter, *1796, †1840; schrieb Trauerspiele, die tiefsinnige dramat.Dichtung »Merlin«, Zeitromane: »Die Epigonen«, »Münchhausen« (mit »Der Oberhof«).

Immersi'on [lat.] die, ✶ der Eintritt eines Himmelskörpers in den Schatten eines andern.

Immigrati'on [lat.] die, Einwanderung.

immin'ent [lat.], nahe bevorstehend.

Immissi'on [lat.] die, 1) →Nachbarrecht. 2) feste, flüssige und gasförmige luftverunreinigende Stoffe.

immob'il [lat.], unbeweglich, z. B. Vermögen.

Immob'ilie [lat.] die, →Grundstück.

Immoral'ismus [lat.] der, Leugnung verbindl. moral. Gebote, Standpunkt »jenseits von Gut und Böse« (→Nietzsche).

Immortalit'ät [lat.] die, Unsterblichkeit.

Immort'ellen [frz. »Unsterbliche«] Mz., Pflanzen mit unverwelkl. Blüten (Strohblumen), darunter die Korbblüterstaude **Sand-I.**

Imm'unbiologie, Teilgebiet der Biologie, das sich mit den Immunitätsreaktionen im Organismus, ihren Ursachen und Folgen befaßt.

Immunit'ät [lat.] die, 1) Freiheit von öffentl. Abgaben, Lasten. 2) Beschränkung der Strafverfolgung von Abgeordneten. 3) →Exterritorialität. 4) Unempfänglichkeit gegen Erreger ansteckender Krankheiten und gegen bestimmte Gifte. **Immunis'ierung** durch Überstehen einer Infektionskrankheit oder durch Schutzimpfung.

Imped'anz die, elektr. Scheinwiderstand.

'Imperativ [lat.] der, ⑤ die Befehlsform des Zeitworts.

Imper'ator [lat.] der, im alten Rom: 1) Oberbefehlshaber, Titel des Feldherrn nach einem entscheidenden Sieg. 2) seit Augustus: Kaiser.

'Imperfekt [lat.] das, ⑤ Zeitform, die eine nicht abgeschlossene Handlung in der Vergangenheit ausdrückt (einfache Vergangenheit).

Imperial'ismus [lat.] der, Schlagwort für das Streben einer Großmacht zur Ausbreitung ihres polit. oder wirtschaftl. Machtbereichs.

Imp'erium [lat.] das, 1) im alten Rom die höchste Befehlsgewalt. 2) das röm. Kaiserreich.

imperme'abel [lat.], undurchlässig.

impertin'ent [lat.], ungehörig, unverschämt.

Impet'igo [lat.] die, **Blasengrind,** Eiterflechte, durch Eindringen von Eiterbakterien in kleine Hautwunden hervorgerufen. Bei Befall der Haarfollikel **Bartflechte.**

impetu'oso [ital.], ♪ ungestüm, stürmisch.

'Impetus [lat.] der, Antrieb, rascher Entschluß.

Impfpaß, Urkunde, in der die wichtigsten Schutzimpfungen eingetragen werden.

Impfung, →Heilimpfung, →Schutzimpfung.

Implantati'on [lat.] die, Einpflanzung.

impl'izite [lat.], mit einbegriffen.

Imponderab'ilien [lat. »Unwägbarkeiten«] Mz., Umstände von unbekannter Wirkung.

impon'ieren [lat.], Eindruck machen.

Impon'iergehaben, Verhaltensweise vieler Tiere, Zurschautragen von Farben oder auffälligen Körperformen bei Balz, Paarung oder Kampf, um die eigene Kraft und Überlegenheit zu zeigen.

Imp'ort [lat.] der, Einfuhr. **import'ieren,** einführen. **Importe** die, eingeführte Zigarre.

impos'ant [lat.], eindrucksvoll.

'Impotenz [lat.] die, Unfähigkeit des Mannes, den Beischlaf auszuüben. Eigw.: impotent.

imprägn'ieren [lat.], feste Stoffe mit gelösten Salzen, Wachs u. a tränken, um sie gegen Fäulnis oder Schädlingsbefall zu schützen, feuersicher oder wasserdicht zu machen.

Impres'ario [ital.] der, -s/...rien, Unternehmer, besonders künstler. Veranstaltungen.

Impressi'on [lat.] die, Sinneseindruck.

Impression'ismus, eine in Frankreich entstandene Richtung der **Malerei** (1. Ausstellung 1874). Führend waren Manet, Monet, Pissaro, Sisley, Degas, Renoir. Sie begründeten eine neue Art der Wirklichkeitswiedergabe, die Eindrücke der mit dem Licht wechselnden Erscheinung mehr andeutend als ausführend erfaßte. In Dtl. wirkte sich der I. auf Liebermann, Slevogt, Corinth aus. Auf die Plastik wurden Prinzipien des I. von Rodin übertragen. – In der **Literatur** ist der I. ein Stil (1890-1910), dem alles Gegenständliche nur Anreiz für Sinnesempfindungen und seel. Regungen ist (Liliencron, Dauthendey, Dehmel, der frühe Rilke, Altenberg, H. Bang u. a.). – In der **Musik** löste der I. die strengen Formen zugunsten vielfältiger fremder Klänge auf (Vorläufer Mussorgski, Liszt; unabhängig davon Debussy, Dukas, Ravel u. a.).

Impressionismus: M. Liebermann, Netzflickerinnen

Impr'essum [lat.] das, die für jede Druckschrift gesetzl. vorgeschriebene Angabe des Verlegers oder Herausgebers und der Druckerei. In Zeitungen und Zeitschriften muß auch der Schriftleiter genannt werden (§§ 6ff. Pressegesetz).

Imprim'atur [lat. »es werde gedruckt«] das, 1) ⊡ Druckerlaubnis. 2) kath. Kirche: die vom Bischof erteilte Druckerlaubnis.

Impromptu [ɛ̃prõt'y, frz.] das, ♪ Augenblicksstimmungen spiegelndes Phantasiestück.

improvis'ieren [frz.], etwas aus dem Stegreif tun. Hw. **Improvisati'on** die.

Imp'uls [lat.] der, 1) Anstoß, Trieb, Antrieb. **impuls'iv,** leicht erregbar. 2) ⊗ Bewegungsgröße, Produkt aus Masse und Geschwindigkeit eines bewegten Systems.

Impulstechnik, die Erzeugung und Anwendung elektr. Impulse, z. B. bei elektron. Rechenmaschinen, in der Nachrichten-, elektr. Meß-, Steuer- und Kerntechnik.

In, chem. Zeichen für →Indium.

in... [lat.], 1) un..., nicht..., z. B. inaktiv; 2) ein..., z. B. inklusive, einschließlich.

in abs'entia [lat.], in Abwesenheit.

inadäqu'at [lat.], unangemessen.

inakt'iv [lat.], nicht aktiv, außer Amtstätigkeit.

inakzept'abel [lat.], unannehmbar.

inartikul'iert [lat.], 1) ungegliedert. 2) unverständlich ausgesprochen.

Inaugurati'on [lat.] die, feierl. Einführung in eine Würde oder ein Amt. **Inauguraldissertati'on,** Schrift zur Erlangung der Doktorwürde. **inaugur'ieren,** 1) einweihen, einsetzen. 2) anfangen.

inc., Inc., Abk. für incorporated [ink'ɔ:pəreitid], mit den Rechten einer jurist. Person ausgestattet; Hinweis auf Rechtsform bei amerikan. Aktienges.

Inch [intʃ] das, engl. Maß (Zoll). (ÜBERSICHT Maßeinheiten)

incl., inkl., Abk. für inklusive, einschließlich.

in contum'aciam [lat.], in Abwesenheit.

in c'orpore [lat.], geschlossen, alle.

Incoterms, Abk. für International Commercial Terms, internat. Regeln für die Auslegung handelsübl. Vertragsformeln (wie →cif, →fob).

Incroyable [ɛ̃krwaj'a:bl, frz. »unglaublich«] der, 1) auffällig breiter Hut der französ. Direktoriumszeit (1795-99). 2) Modegeck jener Zeit.

I.N.D., Abk. für In Nomine Dei oder Domini, im Namen Gottes, des Herrn.

'Indalsälv, einer der größten Flüsse Schwedens, 420 km lang, mündet in den Bottn. Meerbusen; großartige Wasserfälle; Großkraftwerke.

Indanthr'enfarbstoffe, sehr echte Küpenfarbstoffe der Anthrachinonreihe; auch sonst bes. echte Farbstoffe.

Indefin'itum [lat.] das, -s/...ta, Ⓢ unbestimmtes Fürwort; z. B. jemand, alle.

indeklin'abel [lat.], Ⓢ unbeugbar.

Indemnit'ät [lat.] die, ⚖ Straflosigkeit; nachträgl. Zustimmung der Volksvertretung zu einem nicht verfassungsmäßigen Staatsakt.

Independ'enten [lat. »Unabhängige«], freie reformierte Gemeinden in England und den USA.

Inder, →Vorderindien.

Indetermin'ismus der, 1) PHILOSOPHIE: die Lehre, daß der Wille frei sei. 2) 🜨 die nicht eindeutige Vorausbestimmtheit des Verhaltens einzelner Teilchen. Gegensatz: Determinismus.

'Index [lat. »Anzeiger«] der, -es/-e und Indizes, 1) Verzeichnis von Stichwörtern in einem Buch. 2) △ angehängtes Unterscheidungszeichen, z. B. Aˣ, aᵧ. 3) kath. Kirche: Verzeichnis aller von der Kurie verbotenen Bücher (1559-1965). 4) I.-Ziffer, die →Meßzahl.

Indexlohn, →gleitender Lohn.

'indezent [lat.], unanständig, unschicklich.

Indiana [indi'ænə], Abk. **Ind.,** Staat der USA, zwischen dem Ohio und dem Michigansee, 93 994 km², 5,19 Mill. Ew.; Hauptstadt: Indianapolis. Ackerbau, Obst- Gemüsebau, Tabak; Viehzucht; 🐎 auf Steinkohle, Erdöl. Stahl- und Eisen-, Zement- u. a. Ind., Großschlachtereien. ⊕ S. 526.

Indi'aner, die Urbevölkerung Amerikas. Sie entstammen dem Grenzsaum des mongoliden Rassenkreises, aus dem sie vor rd. 40 000 Jahren über die Beringstraße nach Amerika eingewandert sind. Sie haben gelbbraune Haut, schwarzes, straffes Haar, schwachen Bart, kräftige Nase, gliedern sich in viele Sprachgruppen und Stämme. Neben einfachsten Wildbeuterstämmen (kaliforn. und brasilian. Wald-I., Feuerländer) gibt es hochorganisierte Stämme; Hochkulturen entstanden in Mexiko, Mittelamerika und Peru; sie wurden von den span. Eroberern vernichtet (Azteken, Maya, Inka). I. haben polit. Begabung (Irokesen), sind erfindungsreich (Maisbau, Vergärung von Rauschmitteln, Kautschuk, Wasserpumpe, Waage, Metallguß, Bronze, Bienenzucht, Papier). Die Hochkulturen zeigen eindrucksvolle Baukunst, Bilder-

schrift, astronom. Kenntnisse. Die I., durch Europäer und Neger stark verdrängt, leben in N-Amerika größtenteils in I.-Reservationen, in Lateinamerika sind sie z. T. stark vermischt. (TAFEL Rassen der Menschheit II)

Indianer, links: Prärie-I. (USA), rechts: Pano-Indianerin mit Kind (Peru)

Indianapolis [indiən'æpolis], Hauptstadt des Staates Indiana, USA, 744 600 Ew.; kath. Erzbischofssitz; Motoren-, Konserven- und Textilind. Autorennbahn.

Indien, Indische Union, indisch amtl. **Bharat,** Republik und Bundesstaat in Vorderindien, 3 268 000 km² mit 550,3 Mill. Ew.; Hauptstadt: Neu-Delhi. Amtssprachen: Hindi, daneben noch Englisch. ⊕ S. 515, ⊟ S. 345, ◔ S. 878.

VERFASSUNG v. 26. 1. 1950 (mit Änderungen): Bundesrep. im Rahmen des Brit. Commonwealth, ohne rechtl. Bindung an dieses. Staatsoberhaupt ist der vom Parlament auf 5 Jahre gewählte Präsident; er ernennt den MinPräs. und die dem Parlament verantwortl. Minister. Das Parlament besteht aus dem Staatsrat (Oberhaus) und dem Haus des Volkes (Unterhaus). Verwaltungseinteilung in 16 Staaten: Andhra Pradesch, Assam, Bihar, Gudscharat, Haryana, Kerala, Madhja Pradesch, Madras (jetzt Tamizhagam), Maharaschtra, Maisur, Nagaland, Orissa, Pandschab, Radschasthan, Uttar Pradesch, West-Bengalen; 10 Unionsgebiete: Andamanen und Nikobaren, Dadra und Nagar Haveli, Delhi, Goa mit Daman und Diu, Himatschal Pradesch, Lakkadiven mit Minikoi und Amindivi-Inseln, Manipur, Ponditscherri, Tripura, Tschandigarh.

LANDESNATUR. Den N nehmen Teile des Himalaya (im Nanga Devi bis 7816 m) ein; südl. schließen sich die Ganges-Brahmaputra-Ebene und die Halbinsel I. mit dem Hochland von Dekkan an (im S Gebirge bis 2670 m). Die Küste ist wenig gegliedert; im W schmale, im O breitere Küstenebene. Hauptflüsse: Ganges mit Nebenflüssen; Godawari, Kistna, Mahanadi. Monsunklima; Regen am stärksten an der W-Küste, jedoch in großen Teilen I.s nicht ausreichend. BEVÖLKERUNG, →Vorderindien. In der Gangesebene über 500 Ew. je km²; starke Bevölkerungszunahme. RELIGION. Über 80% Hindus, über 10% Muslime, rd. 2% Sikhs, daneben Buddhisten, Dschainas, Christen.

WIRTSCHAFT. Überwiegend Agrarland, zum Teil Bewässerung oder Hochwasserschutz; meist niedrige Erträge. Anbau von Reis, Getreide, Erdnüssen, Zuckerrohr, Baumwolle, Jute, Tabak, Tee (größter Tee-Erzeuger der Erde) u. a. Rinderreichstes Land der Welt (aus religiösen Gründen keine Schlachtung). Zunehmend 🐎 auf Kohle, Eisen, Mangan, Bauxit, Kupfer, Erdöl u. a.; Thoriumlager. Neben der Heimindustrie und der traditionellen Textilindustrie entstehen Stahl- und Hüttenind., Maschinenbau, chem. u. a. Ind. mit ausländ. Kapitalhilfe. Wasser- und Kernkraftwerke. Ausfuhr: Tee, Jute, Textilerzeugnisse, Baumwolle, Erze, Tabak. Haupthandelspartner: USA, Großbritannien, Sowjetunion, Japan, Bundesrep. Dtl. Haupthäfen: Bombay, Kalkutta, Madras. Inter-

Indien, links: Staudamm im Dekkan, rechts: Reislandschaft in Madras

nationale Flughäfen: Bombay, Kalkutta, Delhi. Über die GESCHICHTE bis 1947 →Vorderindien. 1947 wurde Brit.-Indien in die Staaten →Pakistan und I. geteilt; seit 1950 ist I. Republik. Seit 1947 besteht mit Pakistan der Konflikt um →Kaschmir. Durch die Vorgänge im östl. Teil Pakistans nahmen 1971 die Spannungen zwischen I. und Pakistan wieder zu. Grenzgefechte seit Okt. 1971 führten zum Zweifrontenkrieg gegen Pakistan in O- und W-Pakistan, der mit der Niederschlagung der pakistan. Truppen in O-Pakistan endete, worauf dort der Staat →Bangla Desh entstand. Staatspräs.: V. V. Giri (seit 1969); MinPräs. 1947-64 →Nehru, 1964-66 Schastri, seitdem Indira Gandhi.

'indifferent [lat.], **1)** gleichgültig, auf keinen Einfluß ansprechend. **2)** ⊸ keine Verbindung mit anderen Stoffen eingehend.

indig'en [lat.], eingeboren; inländisch.

Indigen'at [nlat.] das, Untertanschaft, Heimatrecht; Staatsangehörigkeit.

Indigesti'on [lat.] die, ⨍ Verdauungsstörung.

indign'iert [lat.], entrüstet, empört.

'Indigo der, ältester bekannter organ. Farbstoff (I.-Pflanze, Indien), 1880 von A. v. Baeyer künstl. hergestellt. Azo- und Schwefelfarbstoffe haben den künstl. I. ersetzt.

Indikati'on [lat.] die, **1)** Anzeichen, Merkmal. **2)** ⨍ Heilanzeige, die Summe der Umstände, die in einem Krankheitsfall ein bestimmtes Heilverfahren fordern.

'Indikativ [lat.] der, ⊚ →Zeitwort.

Indik'ator [lat. »Anzeiger«] der, **1)** ⊚ Gerät zur Messung und Aufzeichnung des Druckverlaufes in den Zylindern von Kolbenmaschinen, z.B. von Dampfmaschinen, Kompressoren usw. **2)** ⊸ Stoff, der durch auffallende Erscheinungen, z.B. Farbänderungen, einen chem.Vorgang anzeigt, z.B. Lackmus, Phenolphthaleïn. **3)** →Isotopenindikatoren.

'Indio [span., portugies.] der, Indianer.

'indirekt [lat.], nicht geradezu, mittelbar. **i. Rede,** abhängige, nicht wörtl. Rede.

Indische Kunst, die von Buddhismus, Dschainismus, Brahmanismus getragene Kunst der vorderind. Halbinsel und ihrer Randgebiete, auch von Ceylon, Birma, Siam, Indochina, Java. Nach einer reichen, aber nur teilweise bekannten Vorgeschichte (→Induskultur) hat die I. K. ihre klass. Zeit vom 1.-9. Jahrh. n. Chr. Den Höhepunkt bildet die Gupta-Periode (4.-7. Jahrh.), die durch techn. Vollkommenheit und Lebensfülle ausgezeichnet ist. Etwa seit dem 11. Jahrh. lebte die I. K. wesentlich von der Vergangenheit. Für die Baukunst sind am charakteristischsten die reichgegliederten Stupas (mächtigste Ausmaße in →Borobudur), die großen Höhlentempel (Kailasa-Tempel in Ellora), der in vielen Stockwerken pyramidal aufsteigende Tempelturm (Schikhara). Ein Raumgefühl im abendländ. Sinne fehlt. Die Baukunst steht im engsten Zusammenhang mit der Bildnerei, die dem Stein erst Leben gibt; bei aller welthaften Sinnenfreudigkeit nimmt sie mehr und mehr phantast. Formen an. Vor allem Einzelfiguren ist die wichtigste der stehende oder sitzende Buddha. Daneben fanden auch Schiwa, Wischnu und Brah-

ma in der Vielfalt ihrer Erscheinungen Gestalt. Die ältesten Zeugnisse der Malerei sind verloren. Mittelpunkt in der Gupta-Zeit war Adschanta. Seit dem 16. Jahrh. kam unter den Mogulkaisern die Miniaturmalerei zu bes. Blüte. (FARBTAFEL Ind. und Islam. Kunst S. 689)

Indische Literatur. Die altind. Literatur ist meist religiös oder weltanschaulich-betrachtend, ausgezeichnet durch die Fülle und Tiefe der Gedanken: →Veda, →Upanischad, →Sutra. In den ersten Jahrh. n. Chr. wurden die volkstüml. Epen Ramajana und Mahabharata aufgezeichnet. Im 5. Jahrh. lebte Kalidasa, der bedeutendste Dichter (Schauspiel »Schakuntala«); in dieser Zeit wurde auch die berühmte Fabelsammlung »Pantschatantra« vollendet. Seit dem 12. Jahrh. wird die alte Schriftsprache, das Sanskrit, verdrängt, die Dichtung in den neueren ind. Sprachen setzt ein. Die literar. Tradition führen fort: M. Ikbal (†1938), Nationaldichter Pakistans, R. Tagore (†1941), M. Gandhi (†1948). Gedankengut der neuen Zeit vermitteln (auch in engl. Sprache): S. Naichi (†1949), D. Nehru (†1964), S. Radhakrischnan u. a.

Indische Religionen, →Indien.

Indischer Ozean, Weltmeer zwischen Asien, Afrika, Australien und der Antarktis, mit Nebenmeeren (Rotes Meer, Pers. Golf) 75 Mill. km²; bekannte Inseln und Inselgruppen im I.O.: Madagaskar, Komoren, Sokotra u. a.; größte Tiefe 7455 m, bei den Sunda-Inseln.

Indische Sprachen. 1) altindisch: neben den Volkssprachen die Schriftsprachen →Sanskrit, →Pali, von denen die erstere die Sprache der ältesten indogerman. Sprachdenkmäler ist. **2)** heute: viele Einzelsprachen, am verbreitetsten das Westhindi; zu ihm gehört das Hindustani, die Verkehrs- und Amtssprache Indiens.

'indiskret [lat.], nicht verschwiegen; taktlos.

indisku'tabel [lat.], keiner Erörterung wert.

'indisponiert [lat.], nicht aufgelegt, unpäßlich.

Indispositi'on die. Unpäßlichkeit.

'Indium, In, chem. Element, Ordnungszahl 49, Atomgewicht 114,82, Schmelzpunkt 156,4 °C, Siedepunkt 1450 °C, seltenes, silberglänzendes, sehr weiches, dehnbares Metall.

Individual'ismus [lat.] der, jede Auffassung, die die Individualität gegenüber Ordnung und Gesellschaft den Vorrang gibt.

Individu'alpsycholog'ie, 1) Psychologie des Menschen als Einzelwesen. **2)** von A. Adler (1911) begr. Richtung der Tiefenpsychologie: Haupttrieb des Menschen sei das Geltungsstreben, das auch Minderwertigkeiten kompensiere.

Individuati'on die, **1)** Heraussonderung des Einzelnen aus dem Allgemeinen. **2)** in der Psychologie C. G. Jungs das seel. Geschehen, durch das die reife Persönlichkeit sich selbst, losgelöst von der Gesellschaft, findet.

Indiv'iduum [lat. »das Unteilbare«] das, -s/-duen, **1)** Einzelwesen. **2)** Einzelpersönlichkeit. Philosophie: das Einzelseiende, im Unterschied zu Art und Gattung. **individu'ell, 1)** Sonder-... **2)** bei jedem einzelnen, besonders. **Individual'ität** die, Besonderheit des einzelnen, Persönlichkeit.

Ind'iz [lat. »Anzeichen«] das, -/-ien, 𝄐 Tatsache, die einen Rückschluß auf eine andere, nicht beweisbare Tatsache zuläßt. **Indizienbeweis**, im Prozeß zulässiger Beweis auf Grund von I.

Indo-arische Sprachen, die in Indien gesprochenen Sprachen des arischen Zweigs der indogerman. Sprachen. (ÜBERSICHT Sprachen)

Indoch'ina, ehem. franzöš. Generalgouvernement, heute das Gebiet der Königreiche Kambodscha und Laos und der Republiken N- und S-Vietnam; geograph. ein Teil →Hinterindiens. GESCHICHTE. Ende des 18. Jahrh. errang →Annam die Oberhoheit über das ganze Gebiet, das vorher im N unter chines. Herrschaft und im S in loser Verbindung mit China gestanden hatte. 1858 bis 1884 eroberte Frankreich das Gebiet; China entsagte 1885 allen Rechten auf I. Siam trat 1893 Laos, 1896/1907 W-Kambodscha ab. Im 2. Weltkrieg war I. 1940-45 von Japan besetzt. 1945 wurden unter Führung der kommunist. Vietmin die Gebiete Annam, Tongking und Kotschinchina zu Vietnam zusammengefaßt. Seit 1946 kam es hier zu schweren Kämpfen zwischen den Vietmin und den französ. Kolonialtruppen mit ihren vietnames. Verbündeten (I.-Krieg). Die Kämpfe, die auch auf Laos übergriffen und Kambodscha bedrohten, wurden auf der Genfer I.-Konferenz (1954) durch Waffenstillstand beendet. Folgen der Konferenz: Unabhängigkeit der seit 1948/49 assoziierten Staaten der Französ. Union →Kambodscha, →Laos und →Vietnam; Teilung Vietnams.

Indogermanen, Indoeuropäer, die Träger der indogerman. (indoeurop.) Sprachen, einer Gruppe von Sprachen, deren Wortschatz und Formbildung stark übereinstimmen. (ÜBERSICHT Sprachen)

'indolent [lat.], gleichgültig, teilnahmslos.

Indon'esien, amtl. **Republik Indonesia,** umfaßt den größten Teil des →Malaiischen Archipels mit den Großen und Kleinen →Sunda-Inseln (ohne N-Borneo), den Molukken und kleinen Inseln, (ohne W-Irian) 1 491 564 km², 116,0 Mill. Ew.; Hauptstadt: Djakarta, Amtssprache: Bahasa Indonesia. Über die endgültige Zugehörigkeit von →West-Irian zu I. soll eine Volksabstimmung 1969 entscheiden. ⊕ S. 515, ⯊ S. 345.

VERFASSUNG von 1945, erneuert 1959: Staatsoberhaupt, Regierungschef und Oberbefehlshaber der Streitkräfte ist der Staatspräs.; gesetzgebende Gewalt beim Staatspräs. zusammen mit dem Parlament. Einteilung in 25 Provinzen. – Überwiegend gebirgig; ausgedehnte Ebenen auf O-Sumatra, S-Borneo, auch N-Java; viele Vulkane, häufig Erdbeben; Klima tropisch (bes. im W Regenwald). Bevölkerung (zu ²/₃ auf Java): vorwiegend →Indonesier, rd. 3 Mill. Chinesen. 21 Großstädte. Religion: überwiegend Muslime; rd. 3 Mill. Christen, rd. 1 Mill. Buddhisten, daneben Hindus u. a.

WIRTSCHAFT. Anbau von Reis, Maniok, Kautschuk, Zuckerrohr, Kaffee, Kokospalmen, Tabak u. a.; Fischfang. ⚒ auf Erdöl, Zinn; ferner Bauxit, Nickel u. a. Die Industrie (Erdölraffinerien, Textil-, chem., Reifen- u. a. Ind.) wird mit ausländ. Kapitalhilfe erweitert. Ausfuhr: Erdöl und -erzeugnisse, Kautschuk, Zinn erz u. a.; Haupthandelspartner: USA, Bundesrep. Dtl., Japan; Haupthäfen: Djakarta, Palembang; Flugverkehr.

GESCHICHTE. I. ist altes, teils buddhist., teils islamisches Kulturland. 1602 Gründung der Niederländ.-Ostind. Kompanie, die I. nach und nach eroberte. Im 19. Jahrh. wurde Niederländ.-Indien nach heftigen Kämpfen mit den Eingeborenen gefestigt. 1942-45 war es von den Japanern besetzt. Nach deren Kapitulation wurde es unter Führung Sukarnos zur unabhängigen Rep. der Verein. Staaten von I. erklärt, 1949 von den Niederlanden vertraglich anerkannt; 1950 Umbildung in eine zentralist. Republik; 1956 Aufkündigung der noch locker bestehenden Union mit den Niederlanden, die unter brit. West-Neuguinea, das den Niederlanden verblieben war, kam 1963 unter indones. Verwaltung (West-Irian). – Präsident war bis 1967 Sukarno, seither General Suharto.

Indon'esier, die in Indonesien lebenden Völker und Stämme, deren Sprache zum westl. Zweig

der Austrones. Sprache (→Sprachen, Übersicht) gehört. Sie sind Mongolide (→Rassen der Menschheit). Die größte Gruppe bilden die Jungmalaien, die Kulturvölker der südostasiat. Inseln. Zu ihnen gehören Javanen und Sundanesen (bes. auf Java), Malaien (auf Borneo und O-Sumatra), Maduresen (auf Java und Madura), Buginesen (auf Celebes), Balinesen (auf Bali, Lombok, W-Sumbawa) u. a. Die meisten sind heute Muslime. Die Altmalaien (Dajak auf Borneo, Batak auf Sumatra) stehen auf der Stufe des Hackbaus (zum Teil des Pflugbaus).

Indor, Stadt in Madhja Pradesch, Indien, 473 300 Ew.; wissenschaftl. Institute; kath. Bischofssitz; Baumwollindustrie.

Indossam'ent [ital.] das, **Giro,** Übertragung der Rechte aus einem Wechsel oder anderem Orderpapier durch schriftl. Erklärung auf der Rückseite des Papiers; der **Indoss'ant** überträgt die Rechte auf den **Indossat'ar.** Zw. indoss'ieren.

Indra, altind. Gewittergott.

in d'ubio pro r'eo [lat. »im Zweifel für den Angeklagten«], Grundsatz im dt. Strafprozeß.

Indukti'on [lat.] die, **1)** Erschließen von allgem. Sätzen aus Einzelfällen; Erkenntnis aus Erfahrung. Gegensatz: Deduktion. **2)** ⚡ Erzeugung elektr. Spannungen durch Änderung des magnet. Flusses, der eine Leiterschleife oder Spule durchsetzt; bei geschlossenem Stromkreis fließt ein **I.-Strom.** Ändert sich der in einer Spule fließende

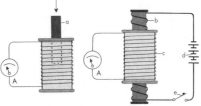

Induktion: a Magnet, b Primärspule, c Sekundärspule, d Batterie, e Unterbrecher, A Amperemeter. links: Erzeugung eines Induktionsstromes durch Bewegen eines Magnetstabes in einer Spule, rechts durch Öffnen und Schließen eines Gleichstromkreises mit einem Unterbrecher; in der Sekundärspule entsteht ein Wechselstrom.

Strom, z. B. periodisch als Wechselstrom, so ändert sich auch sein Magnetfeld, und dessen Änderung wirkt durch I. auf den Strom zurück (**Selbst-I.**). Bei Verstärkung des urspr. Stroms entsteht ein I.-Strom von entgegengesetzter Richtung, bei Schwächung hingegen von gleicher Richtung wie der urspr. Strom (**Lenzsche Regel**). **3)** magnetische **I.,** magnet. Kraftflußdichte, die der Feldstärke des elektr. Feldes entsprechende Größe des Magnetfeldes; Einheit: 1 Gauß. **I.-Konstante, magnet. Feldkonstante,** das Verhältnis μ_0 der magnet. I. zur magnet. Feldstärke im leeren Raum, hat im prakt. elektromagnet. Maßsystem den Wert $\mu_0 = 4\pi \cdot 10^{-7}$ Vs/Am (Volt · Sekunden/Ampere · Meter).

Indukti'onsofen, →elektrische Öfen.

Indonesien

Indonesien:
Terrassenanbau
auf Bali

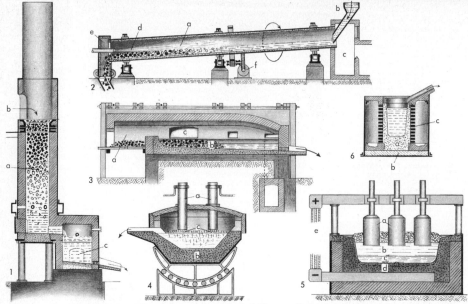

Industrieöfen: 1 Kupolofen, a Schacht, b Füllöffnung, c Vorherd. **2** Drehrohrofen, a Brenntrommel, b Aufgabetrichter, c Staubkammer, d Kohlenstaubfeuerung, e Austragtrichter, f Antrieb. **3** Flammofen, a Feuerung, b Herd, c Einsatzöffnung. **4** Lichtbogenofen, a Elektroden, b Herd, c Lichtbogen. **5** Aluminium-Elektrolysezelle, a Graphitanoden, b Elektrolyt (Tonerde-Kryolith-Schmelze), c Reinaluminium, d Ofenauskleidung (Kathode), e Stromzuführung. **6** Induktionsofen, a Schmelztiegel, b Ofenkörper, c Induktionsspule.

indukt′iv [lat.], durch →Induktion.

indulg′ent [lat.], nachsichtig. **Indulgenz** die, **1)** Nachsicht. **2)** kath. Kirche: →Ablaß.

Ind′ult [lat.] der, **1)** Erlaß. **2)** Frist zur Erfüllung einer Verbindlichkeit (→Moratorium).

′Indus der, Hauptstrom im westl. Vorderindien, entspringt im südl. Tibet, durchbricht den Himalaya, durchfließt, von einem schmalen Streifen Kulturland begleitet, die Ind. Ebene (Pandschab, Sind), verbindet sich mit den vereinigten »fünf Strömen«, mündet mit zahlreichen Armen ins Arab. Meer; 3180 km lang, wichtig für die Bewässerung. **Induskultur,** die etwa 3000-2000 v. Chr. anzusetzende frühgeschichtl. Hochkultur im Industal; Hauptfundorte: Mohendscho Daro (unteres Industal) und Harappa (Pandschab).

Industrialis′ierung die, Entstehung und Entwicklung der industriellen Produktion in einem Land; abhängig von Rohstoffen, Arbeitskräften, Kapital und gleichzeitiger Förderung des Verkehrs.

Industrie [lat.] die, gewerbl. Verarbeitung von Rohstoffen und Halbfabrikaten in Fabriken (Fabrik-I.) oder im Verlagssystem (Haus-I.). Die Grenzen zwischen I. und Handwerk sind fließend. Arten: **Grundstoff-I.** (Bergbau, Eisen- und Metall-I., chem. I., Kraftstoff-I. einschl. Erdölgewinnung, Holzbearbeitung, Zellstoff-, Papier-I.); **Investitionsgüter-I.** (Stahl-, Maschinen-, Fahrzeug-, Schiffbau, Metallwaren-, elektrotechn., feinmechan.-, opt. u. a. I.); **Konsumgüter-I.** (Textil- und Bekleidungs-, Glas- und keram., Druck-, Musikinstrumenten-, Spielwaren-, Leder-, Schuh-I. u. a.); **Nahrungs- und Genußmittel-I.** (Molkereien, Brauereien, Zucker-, Spiritus-, Tabak-I. u. a.).

Industrieform, für die Serienherstellung entworfene material- und zweckentsprechende gute Form von techn. Erzeugnissen und Gebrauchsgegenständen (Rat für Formgebung, Darmstadt, gegr. 1952).

industrielle Revolution, die Umgestaltung der Wirtschafts- und Gesellschaftsordnung, die seit etwa 1785 zuerst in England, bald auch in anderen westeurop. Staaten und in den USA einsetzte, bes. durch den Übergang zur maschinellen Erzeugung in Großbetrieben. Industriereviere entstanden, Siedlungsordnung (Großstädte) und gesellschaftl. Struktur wurden durch die Herausbildung der von starken Spannungen erfüllten industriellen Gesellschaft grundlegend verändert. In neuester Zeit haben Automatisierung und Anwendung der Atomenergie weitere Entwicklungsmöglichkeiten eröffnet **(Zweite i. R.).**

Industrieöfen, die in der Industrie zur Wärmebehandlung verwandten Öfen wie →elektrische Öfen, →Hochofen, →Drehrohrofen, →Kupolofen.

Industrie- und Handelskammern, Vertretungskörperschaften der gewerbl. Wirtschaft mit Ausnahme des Handwerks (Handwerkskammern) zur Wahrnehmung wirtschaftl. Interessen zur Unterstützung und Beratung der Behörden. In der Bundesrep. Dtl.: 81 I. u. H., auf Landesebene meist zu Arbeitsgemeinschaften oder Vereinigungen zusammengeschlossen. Spitzenorgan: Deutscher Industrie- und Handelstag.

induz′ieren [lat.], **1)** herleiten; aus der Erfahrung schließen. **2)** ∮ durch elektromagnet. Induktion eine Spannung hervorrufen.

in′ert [lat.], untätig, träge. **Inerti′alsystem** das, Bezugssystem, in dem keine Trägheitskräfte auftreten.

in ext′enso [lat.], ausführlich.

infall′ibel [lat.], unfehlbar.

inf′am [lat.], ehrlos, niederträchtig. **Infam′ie** die, Schande, Niederträchtigkeit.

Inf′ant, Inf′antin [span. »Kind«], in Spanien und Portugal: Titel der kgl. Prinzen und Prinzessinnen.

′Infanterie [frz.-span. »Knechtstroß«] die, Fußtruppen, die Hauptkampftruppe aller Heere; heute großenteils motorisiert.

Infantil'ismus [Kw., lat.] der, Stehenbleiben der körperl. und geistigen Entwicklung auf kindlicher Stufe.

Inf'arkt [lat.] der, Verstopfung einer kleinen Schlagader infolge einer →Embolie. Am häufigsten betroffen Gehirn, Niere, Lunge, Herz. Das von der Blutzufuhr abgeschnittene Gewebe stirbt ab und verdichtet sich narbig.

Infekti'on [lat.] die, ⚕ Ansteckung. **I.-Krankheiten,** die →ansteckenden Krankheiten. **infektiös,** ansteckend.

Inferiorit'ät [lat.] die, Unterlegenheit.

infern'alisch [lat.], höllisch,teuflisch. **Inf'erno** [ital.] das, Hölle (→Göttliche Komödie).

Infiltrati'on [lat.] die, 1) Einseihung, Einflößung. 2) Eindringen, Einlagerung.

Infinitesim'alrechnung, gemeinsame Bez. für→Differentialrechnung und→Integralrechnung.

'Infinitiv [lat.] der, Ⓖ Nennform des Zeitworts.

infiz'ieren [lat.], ⚕ anstecken.

in flagr'anti [lat.], auf frischer Tat.

Inflati'on [lat. »Aufblähung«] die, Geldentwertung, entsteht, wenn die Geldmenge stärker anwächst als der Geldbedarf, der seinerseits mit der Vermehrung der Warenerzeugung steigt (Überschuß der effektiven Gesamtnachfrage über das Gesamtangebot an Waren und Dienstleistungen). **Schleichende I.,** langsame Geldentwertung über längere Zeit. – Gegensatz: →Deflation.

Influ'enz [lat.] die, das Trennen von Ladungen auf einem nichtgeladenen Leiter, der in ein elektr. Feld gebracht wird; wird in der **I.-Maschine** zur Erzeugung hoher Spannungen verwendet.

Influ'enza [ital.] die, →Grippe.

Informati'on [lat.] die, Belehrung; Auskunft. **informieren,** belehren; benachrichtigen.

Informationstheorie, die Theorie vom formalen Aufbau und der Störbeeinflussung übertragener Nachrichten, ermittelt z. B. den techn. Aufwand, mit dem eine Nachricht gerade noch verständlich übertragen werden kann.

'informell [lat. Kw.], ohne Förmlichkeit.

'informelle Kunst, eine gegenstandsfreie Kunst, die durch frei erfundene Zeichen oder durch Rhythmus und Struktur ineinandergreifender Flecken und Linien bestimmt ist.

'Infrarot, Ultrarot, der jenseits von Rot liegende unsichtbare Teil des Spektrums (bes.Wärmestrahlung; Wellenbereich 0,8 μm-1 mm).

'Infraschall,Schallschwingungen mitFrequenzen kleiner als 16 Hz (untere menschl. Hörgrenze). →Ultraschall.

'Infrastruktur [lat. Kw.] die, 1) 🚙 ortsfeste Anlagen wie Kasernen, Flughäfen, Radarstationen; auch Straßen, Brücken, Eisenbahnen, Fernmeldeeinrichtungen. 2) 🖾 Gesamtheit der staatl. Investitionen zur Schaffung und Verbesserung der allgem. Produktionsbedingungen in einem Wirtschaftsgebiet, bes. in Verkehrswesen und Energieversorgung.

'Inful [lat.] die, 1) weiße, wollene Stirnbinde der altröm. Priester usw. 2) Bischofsmütze.

Infusi'on [lat.] die, ⚕ das Einbringen größerer Flüssigkeitsmengen unter die Haut oder in eine Blutader.

Infus'orien Mz., 🦠 →Aufgußtierchen.

Ingeborg [schwed., aus →Ingve und borg »Schutz«], weibl. Vorname.

Ingelheim am Rhein, Stadt in Rheinl.-Pf., 19 000 Ew.; Wein-, Obstbau; pharmazeut. Ind.

Ingenieur [inʒənj'œːr, frz.] der, Abk. **Ing.,** durch Gesetz (auch in Wortverbindungen) geschützte Berufsbezeichnung für Absolventen einer TH (Diplom-I., Abk. **Dipl.-Ing.,** Doktor-I., Abk. **Dr.-Ing.),** einer I.-Schule oder I.-Akademie **(graduierter I.,** Abk. **Ing. grad.).**

Ing'enium [lat.] das, -s/...nien, Geist, Geistesanlage,Erfindungsgabe. **ingeni'ös,**sinnreich,scharfsinnig, erfinderisch.

Ingermanland, Landschaft zwischen Ladogasee, Newa, Finn. Meerbusen und Narwa, wo Peter d. Gr.Petersburg gründete; wurde 1617 schwedisch, 1702 wieder russisch.

'Inglin, Meinrad, schweizer. Erzähler, ⋆1893, †1971; Grand Hotel Excelsior, Schweizerspiegel.

Ingolstadt, Stadt in Bayern, an der Donau, 72 000 Ew.; schöne got. Bauwerke; Bahnknoten; Kraftfahrzeug-, Textilmaschinenind., Erdölraffinerien (Pipelines von Marseille/Karlsruhe, Genua, Triest). I. war im späten MA. bayer. Herzogssitz und 1472-1800 Univ.-Stadt.

Ingr'ediens das, **Ingredi'enz** die [lat.], -/...di'enzien, Zutat, Bestandteil.

Ingres [ɛ̃gr],Jean-Auguste-Dominique,führender französ. Maler des Klassizismus, ⋆1780,†1867.

Ingve, alter Name des Gottes →Freyr.

Ingwä'onen, Ingäwonen Mz., einer der drei großen westgerman. Stammesverbände, aus dem bes. die Sachsen und Friesen hervorgingen.

Initiale

Ingwer der, Wurzelstock einer südostasiat. Staude; dient als Gewürz für Süßigkeiten, I.-Bier und als Magenmittel. Gelber I., →Kurkume.

Inhaberpapier, Wertpapier, bei dem das im Papier verbriefte Recht von jedem Inhaber ohne Nachweis der Verfügungsberechtigung geltend gemacht werden kann (z. B. Pfandbriefe, Obligationen, Inhaberaktien); wird formlos übertragen, eignet sich daher bes. für den Börsenverkehr (→Orderpapier, →Namenspapier).

Inhalati'on [lat.] die, ⚕ das Einatmen von Dämpfen oder Gasen zu Heilzwecken. Bei der Aerosol-I. werden die Arzneistoffe in kleine Teilchen vernebelt, die bis in die Lungenbläschen und von dort in die Blutbahn gelangen.

Inhalt der, 1) △ Größe einer Fläche in Flächeneinheiten, eines Körpers in Raumeinheiten **(Volumen).** 2) der Gehalt (eines Buches u. ä.).

inhär'ent [lat.], innewohnend. **Inhär'enz** die, Philosophie: die Verknüpfung einer Eigenschaft mit dem Ding, zu dem sie gehört.

inhib'ieren [lat.], hemmen, verbieten.

in hoc signo vinces [lat. »in diesen Zeichen wirst du siegen«], Inschrift, die Kaiser Konstantin d. Gr. neben dem Kreuz am Himmel erschienen sein soll.

'inhuman [lat.], unmenschlich.

Initi'ale [lat.] die, verzierter Anfangsbuchstabe in alten Handschriften, Drucken.

Initi'alzündung, die Zündung eines schwerer entzündl. Brenn- oder Sprengstoffs durch einen leichter entzündlichen.

Initiati'on [lat. »Einweihung«] die, bei Naturvölkern die Reifefeier, bei der die Jugend bei Eintritt der Geschlechtsreife in die Gemeinschaft aufgenommen wird.

Initiat'ive [lat.] die, 1) Anstoß, Entschlußkraft, Einleitung. 2) das Recht, Gesetzesvorlagen zur Beschlußfassung einzubringen.

Injekti'on [lat.] die, ⚕ Einspritzung von flüssigen oder gelösten Arzneimitteln unter die Haut **(subkutan),** in die Muskulatur **(intramuskulär)** oder in Blutadern **(intravenös)** mit Spritze und Hohlnadel **(Kanüle). injizieren,** einspritzen.

Inj'ektor [lat.] der, Dampfstrahlpumpe, zum Speisen von Dampfkesseln.

Inj'urie [lat.] die, Beleidigung.

'Inka Mz., urspr. der Herrscher, später alle Angehörigen eines südamerikan. Indianerstammes in Peru, dessen großes, wirtschaftl. hochentwickeltes und gut geordnetes Reich zuletzt auch Ecuador, Bolivien, einen Teil Chiles und NW-Argentiniens umfaßte; Hauptstadt: Cuzco. Der Herrscher genoß göttl. Ehren. Hauptkennzeichen der Religion war Verehrung der Sonne. Das I.-Reich wurde 1525-1536 von den Spaniern unter Pizarro erobert.

Inkarn'at [lat.] das, Fleischton (Farbe).

Inkarnati'on [lat.] die, Fleisch- (Mensch-) werdung, Verkörperung.

Ink'asso [ital.] das, Einziehen von Außenständen, bes. fälligen Rechnungen, Wechseln, Schecks. Das I.-Geschäft wird von selbständigen Unternehmen und von Banken betrieben **(I.-Provision).**

Inklinati'on [lat.] die, 1) Neigung, Zuneigung. 2) ✶ der Winkel, den die Planeten- und Kome-

Injektor: a Fangdüse, b Mischdüse, c Dampfdüse (Dampfeintritt), d Wassereintritt, e Speiseleitung

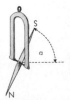

Inklination, a I.-Winkel

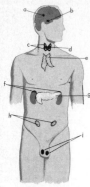

innere Sekretion. Lage der endokrinen Drüsen (Schema). a Zirbeldrüse, b Hirnanhang, c Epithelkörperchen, d Schilddrüse, e Thymusdrüse, f Nebennieren, g Bauchspeicheldrüse, h Eierstöcke, i Hoden

tenbahnen mit der Erdbahn bilden. 3) **magnet. I.,** Winkel, den eine frei aufgehängte Magnetnadel im erdmagnet. Feld mit einer waagerechten Ebene bildet.

inklus′iv, inklus′ive [lat.], Abk. **incl., inkl.,** einschließlich.

ink′ognito [ital.], unter fremdem Namen.

′inkohärent [lat.], unzusammenhängend.

inkommensur′abel [lat.], unvergleichbar.

inkommod′ieren [lat.],lästig fallen,belästigen.

inkompar′abel [lat.], unvergleichlich.

Inkompatibilit′ät [frz.] die, Unvereinbarkeit.

′inkompetent [lat.], unzuständig, unbefugt.

′Inkongruenz [lat.] die, fehlende Übereinstimmung. Egw. **′inkongruent.**

′inkonsequent [lat.], folgewidrig, unbeständig. Hw. **′Inkonsequenz** die.

′Inkontinenz [lat.] die, Unvermögen, Harn oder Stuhlgang willkürl. zurückzuhalten.

inkonven′abel, inkonveni′ent [lat.], unpassend, ungelegen. Hw. **Inkonveni′enz** die.

Inkorporati′on [lat.] die, Einverleibung; Eingemeindung. **inkorpor′ieren,** einverleiben.

′inkorrekt [lat.], unrichtig, fehlerhaft.

Inkr′et das, Absonderung der Drüsen mit →innerer Sekretion.

inkrimin′ieren [lat.], beschuldigen.

Inkrustati′on [lat.] die, 1) ⊕ Überzug von Ablagerungen (Sinter). 2) ⌂ Verkleidung von Flächen mit verschiedenfarbigen Steinplatten.

Inkubati′on [lat.] die, 𝄐 Zeit zwischen Infektion und ersten Krankheitserscheinungen.

Inkub′ator [lat.] der, →Brutofen.

′Inkubus [lat.] der, Dämon des Alpdrückens, im MA. Buhlteufel der Hexe.

Inkun′abeln [lat.] Mz., →Wiegendrucke.

Inlandeis, ⊕ das das Innere der Polarländer bedeckenden Eismassen, z. T. über 3000 m dick.

Inlaut der, Laut im Wortinnern.

′Inlett [ndt.] das, starker Leinen- oder Baumwollstoff für Federdecken und -kissen.

in maj′orem D′ei gl′oriam [lat.], zum größeren Ruhm (Ehre) Gottes.

in m′edias res [lat.], mitten in die Dinge hinein, zur Sache.

in mem′oriam [lat.], zum Gedächtnis.

Inn der, rechter Nebenfluß der Donau, 510 km lang, entspringt am Septimerpaß in Graubünden und mündet bei Passau; das Tal des Oberlaufs heißt →Engadin. Schiffbarkeit beschränkt. **Innviertel,** fruchtbares Gebiet zwischen Donau, I. und Salzach, kam 1779 von Bayern an Österreich.

in nat′ura [lat.], in Natur, leibhaftig.

Innenarchitektur, die Gestaltung von Innenräumen; auch Möblierung und Dekoration.

Innere Führung, ⚔ die neben der militärfachl. Ausbildung hergehende und diese ergänzende geistige Menschenführung.

innere Medizin, Teil der Heilkunde, befaßt sich mit den Krankheiten der inneren Organe.

Innere Missi′on, Einrichtungen freier christl. Liebestätigkeit innerhalb der evang. Kirchen,

1848/49 von J. H. Wichern gegr., Aufgaben: christl. Fürsorgearbeit in Gemeinden und Anstalten, Volksmission. 1957 mit dem →Hilfswerk der Evangelischen Kirchen in Deutschland vereinigt: **Diakonisches Werk,** Zentralbüro in Stuttgart.

Innere Mongolei, →Mongolei.

innere Org′ane, die Organe in Brust- und Bauchhöhle, wie Herz, Lungen, Leber.

innere Sekreti′on, 𝄐 die Absonderung von Hormonen **(Inkreten)** ins Blut durch Drüsen ohne Ausführungsgang (endokrine Drüsen), so durch Hirnhangdrüse, Schilddrüse, Nebenschilddrüsen, Thymus, Nebennieren, Bauchspeicheldrüse. Über die Zirbeldrüse als Hormondrüse ist nichts Sicheres bekannt. Die Keimdrüsen (Eierstock, Hoden) liefern die Geschlechtshormone. – Hormone erzeugen auch der Mutterkuchen und (als Gewebshormone) fast alle Gewebe.

Innervati′on [neulat.] die, Versorgung eines Körperteils mit Nerven; auch Zuleitung eines Reizes durch die Nerven zu einem Organ.

′Innitzer, Theodor, Kardinal und Erzbischof von Wien (seit 1932), *1875, †1955.

′Innozenz [lat. »unschuldig«], männl. Vorname. **′Innozenz,** Päpste. 1) **I. III.** (1198-1216), *1160/61, mächtigster Papst im MA., förderte die Bettelorden; die Transsubstantiationslehre wird Glaubenssatz; regelte die →Inquisition. 2) **I. IV.** (1243-54), ließ Kaiser Friedrich II. als Kirchenfeind absetzen.

Innsbruck, Hauptstadt von Tirol, Österreich, 114 700 Ew., am Einfluß der Sill in den Inn; Hofkirche (1563) mit Bronzestandbildern von Peter Vischer am Grabdenkmal Maximilians I.; Univ.; Alpenflughafen, Verkehrsknoten; Fremdenverkehr; Industrie (FARBTAFEL Österreich S. 703).

in n′uce [lat.], in einer Nuß, d. h. zusammengedrängt, im kleinen.

Innung die, öffentl.-rechtl. Körperschaft, örtl. freiwillige Vereinigung selbständiger Handwerker eines Fachbereichs zur gemeinsamen Vertretung und Förderung ihrer Belange. Organe: I.-Versammlung, Vorstand (a. d. Spitze der Obermeister), Ausschüsse. Fachl. zu I.-Verbänden, gebietsweise zur Kreishandwerkerschaft zusammengeschlossen. Aufsicht durch die Handwerkskammer.

′inoffiziell [frz.], nicht amtlich.

İnönü, Ismet, früher **Ismet Pascha,** türk. Staatsmann, *1884; wurde 1923 MinPräs., war 1938-50 Staatspräs., 1961-65 MinPräs.

′inoperabel [lat.], nicht operierbar.

′inopportun [lat.], unzweckmäßig, ungelegen.

in pers′ona [lat.], persönlich, selbst.

in p′etto [ital. »in der Brust«], im Sinne, in Bereitschaft.

in pr′axi [lat.], im wirkl. Leben.

in p′uncto [lat.], betreffs.

Inquisiti′on [lat. »Untersuchung«] die, ehemals in der kath. Kirche das geistl. Gericht zum Aufsuchen und Bestrafen der Ketzer, von Gregor IX. 1231/32 bes. den Franziskanern und Dominikanern übertragen (päpstl. **Inquisit′oren,** an ihrer Spitze stand der **Groß-** oder **Generalinquisitor**). Die I. wandte gegen Leugner vielfach die Folter an; außer kirchl. gab es leibl. Strafen, die von der weltl.-staatl. Obrigkeit vollstreckt wurden: körperl. Züchtigung, Kerker, Feuertod. In Dtl. verschwand die I. mit der Reformation, in Frankreich bestand sie bis 1772, in Spanien bis 1834, in Italien bis 1859.

I. N. R. I., Abk. für Jesus Nazarenus Rex Judaeorum [lat. »Jesus von Nazareth, König der Juden], am Kreuz Christi angebrachte Inschrift (nach Joh. 19,19).

insch′allah [arab.], wenn Allah will!

Ins′ekten [lat.], **Kerbtiere, Kerfe,** die formenreichste Klasse der Gliederfüßer, atmen durch innere Luftröhrchen (Tracheen). Der Körper ist in Kopf, Brust und Hinterleib gegliedert. Der Kopf trägt die Fühler und Mundwerkzeuge, an der Brust sitzen 3 Beinpaare und meist 2 Flügel-

Inkrustation: San Miniato in Florenz

paare. Der meist in 11 Abschnitte (Segmente) gegliederter Hinterleib hat keine Gliedmaßen. Die Augen sind oft zusammengesetzt (Facettenaugen), die Fühler tragen die Geruchs- und Tastorgane. Die Entwicklung ist meist eine Verwandlung (Metamorphose) in Stufen: Larve (Made, Raupe, Engerling) als Freßstufe, Puppe als Ruhestufe und fertiges I. als Fortpflanzungsstufe. Sehr hoch sind die Instinkte entwickelt: Staatenbildung der Honigbienen, Ameisen u.a. Zu den I. gehören die flügellosen Ur-I., ferner die Käfer, Schmetterlinge, Gerad-, Haut-, Zweiflügler, Termiten, Schnabelkerfe, Netzflügler, Köcherfliegen, Flöhe, Libellen. Viele I. schädigen den Menschen wirtschaftlich. Überträger von Krankheitskeimen sind bes. Stechmücken, Fliegen, Läuse.

Insektenblüter, von Insekten bestäubte Pflanzen.

insektenfressende Pflanzen, →tierfangende Pflanzen.

Ins'ektenfresser, Insektenesser, Ordnung der Säugetiere, z.B. Igel, Maulwurf, Spitzmaus; nähren sich hauptsächl. von Insekten, sind daher nützlich.

Insektiz'ide, insektentötende chem. Mittel, →Pestizide.

Insel die, 1) jedes völlig vom Wasser umgebene Landgebiet, außer den Erdteilen; kontinentale I. sind abgetrennte Festlandsteile oder Aufschüttungen, ozeanische I. meist Korallenbauten oder vulkan. Ursprungs. 2) **Langerhanssche I.,** Zellhaufen in der Bauchspeicheldrüse (→Bauch).

Inseln der Seligen, in der griech. Sage Inseln am Westrand der Erde, →Elysium.

Inseln über dem Winde, Inseln unter dem Winde, 2 Inselgruppen, Kleine →Antillen.

Inselsberg, Berg im Thüringer Wald, 916 m.

Insel-Verlag Anton Kippenberg, gegr. 1899; Deutsche und Weltliteratur, Insel-Bücherei.

Inseminati'on die, Besäen, Besamen, bes. künstl. Befruchtung.

Inser'at das, Anzeige, bes. in einer Zeitung. **Inser'ent** der, wer eine Anzeige aufgibt. Zw. **inser'ieren. Inserti'on** die, Aufgabe einer Anzeige.

Ins'ignien [lat.] Mz., Abzeichen (Herrscher).

Insinuati'on [lat.] die, Einflüsterung, Unterstellung. Zw. **insinu'ieren.**

Inskripti'on [lat.] die, Einschreibung. **inskrib'ieren,** einschreiben.

Insolati'on [lat.] die, Sonneneinstrahlung, Bestrahlung der Erde durch die Sonne.

insol'ent [lat.], unverschämt.

Insolv'enz [lat.] die, Zahlungsunfähigkeit. **insolv'ent,** zahlungsunfähig.

in spe [lat. »in der Hoffnung«], zukünftig.

Inspekti'on [lat.] die, 1) prüfende Besichtigung. 2) leitende und aufsichtführende Behörde. **Insp'ektor** der, Beamter im gehobenen Dienst.

Inspirati'on [lat.] die, 1) göttl. Eingebung, Erleuchtung. 2) Einatmung; Gegensatz: Exspiration. **inspir'ieren,** anregen, begeistern.

inspiz'ieren [lat.], beaufsichtigen, besichtigen. **Inspizi'ent** der, Aufsichtführender. Spielwart.

Installati'on [lat.] die, 1) Bestallung; Einweisung in ein Amt. 2) die Einrichtung von Leitungen und Zubehör für Gas, Wasser, Elektrizität, Heizung u.a. durch den **Installateur** [-tœr, frz.].

Inst'anz [lat.] die, die zuständige Behördenstelle, bes. die einzelne Stufe innerhalb des gerichtl. Verfahrens. (→Gerichtswesen, Übersicht.) Instanzenweg, Dienstweg.

Insterburg, Stadt in Ostpreußen, an Inster und Angerapp, (1939) 48 700 Ew.; seit 1945 unter sowjet. Verw. (**Tschernjachowsk,** rd. 39 000 Ew.).

Inst'inkt [lat. »Anreiz«] der, ererbte und arteigentüml. Verhaltens- und Bewegungsweisen (**I.-Bewegungen**) bei Mensch und Tier, z.B. Paarungs-, Brut-, Beute-I., Tierwanderungen, Nestbau. Beim Menschen ist das I.-Leben durch die Bewußtseinstätigkeit stark überdeckt und nur in Ausdrucksbewegungen, Übersprunghandlungen u.a. rein erkennbar. **instinkt'iv,** triebhaft, unwillkürlich.

Instit'ut [lat.] das, Einrichtung, Anstalt; bes. Forschungs-, wissenschaftl. Anstalt.

Institut de France [ɛ̈stit'y də fr'ɑ̃s], seit 1806 die höchste amtl. Körperschaft für Wissenschaft und Kunst in Frankreich.

Instituti'on [lat.] die, Stiftung, Einrichtung. **Instituti'onen** Mz., ♁ Anfangsteil des Corpus iuris civilis (→Corpus); danach Bezeichnung für die in einen Rechtsstoff einführenden Lehrbücher, bes. des röm. Rechts.

instru'ieren [lat.], belehren, unterrichten anweisen. **instrukt'iv,** belehrend. **Instrukti'on** die, Belehrung, (Dienst-)Anweisung.

Instrum'ent [lat.] das, 1) Werkzeug. 2) Musikinstrument. **instrument'al,** ♪ mit I. ausgeführt. Instrument'arium das, -s/...ien, Instrumentensammlung, Besteck. **instrument'ieren,** ♪ die Stimmen eines Tonstücks auf verschiedene I. verteilen.

Instrument'al(is) [lat.] der, ⓈⒹ ein dem Dt. verlorener Beugefall, der Mittel oder Werkzeug bezeichnet und in slaw. Sprachen erhalten.

Instrumental'ismus [lat.] der, philosoph. Lehre, daß der menschl. Geist nicht Selbstzweck, sondern Werkzeug für andere Zwecke (Erhaltung des Lebens, Gestaltung der Umwelt) ist(→Dewey).

Instrument'almusik, nur mit Instrumenten ausgeführte Musik; Gegensatz: Vokalmusik.

Insubordinati'on [lat.] die, Ungehorsam gegen den Vorgesetzten.

Insuffizi'enz [lat.] die, Unzulänglichkeit.

Insul'aner [von lat. insula »Insel«] der, Inselbewohner. **insul'ar,** eine Insel betreffend.

Insul'in [lat.] das, Hormon der Bauchspeicheldrüse. Das vom Rind gewonnene I. dient als Heilmittel gegen die Zuckerkrankheit.

Insul'inde, der →Malaiische Archipel.

Ins'ult [lat.] der, 1) ♩ Anfall; äußere Verletzung. 2) Beleidigung. Zw. **insult'ieren.**

in s'umma [lat.], im ganzen; mit einem Wort.

Insurg'ent [lat.] der, Aufständischer. **Insurrekti'on** die, Aufstand, Putsch.

in susp'enso [lat.], im Zweifel, unentschieden.

inszen'ieren, in Szene setzen, ein Stück für die Bühne vorbereiten.

Intaglio [int'aλo, ital.] das, -s/...ien, vertieft geschnittene Gemme.

int'akt [lat.], unberührt, fehlerfrei.

Int'arsia [ital.] die, -/...sien, →Einlegearbeit.

Integr'al, △ Zeichen ∫, Grenzwert einer Summe.

Integral'ismus, kath. Kirche: Bestrebung, die Glaubensgrundsätze vor modernen Zeitströmungen unversehrt (integer) zu erhalten.

Integr'alrechnung, Verfahren der höheren Mathematik, gestattet die Berechnung von Flächeninhalten, Oberflächen und Rauminhalten von Körpern, Trägheitsmomenten, Schwerpunkten, Bewegungsverläufen u.a.; von großer Bedeutung für Physik, Chemie und Technik.

Integrati'on [lat.] die, Zusammenschluß, Bildung übergeordneter Ganzheiten.

Integrieranlage, mechan. oder elektron. Gerät zum Lösen von Differentialgleichungen.

integr'ierend [lat.], wesentlich.

integrierte Schaltung, Bauweise zur Verkleinerung elektron. Schaltungen, ähnlich der →gedruckten Schaltung, jedoch werden die passiven Bauelemente, Leitungen, Widerstände, Kondensatoren, Spulen auf einer Isolierplatte aufgedampft oder aufgestäubt. (→Elektronik)

Integrit'ät [lat.] die, 1) Unverletztheit, Vollständigkeit. 2) Unbescholtenheit. Egw. int'eger.

Intell'ekt [lat.] der, Vernunft, Verstand. **Intellektual'ismus** der, Überbetonung des Verstandesmäßigen. intellektu'ell, verstandesmäßig. **Intellektu'elle** der, 1) Mensch mit höherer geistiger Bildung. 2) einseitiger Verstandesmensch.

Intellig'enz [lat.] die, 1) Verständnis, Erkenntnis-, Denkfähigkeit, Klugheit. 2) die Schicht der Intellektuellen. intellig'ent, klug, gescheit.

intellig'ibel [lat.], nur durch Denken, Vernunft, nicht durch Erfahrung erkennbar.

Intend'ant [lat.] der, 1) Leiter eines Theaters, Rundfunk-, Fernsehsenders. 2) Oberaufseher. – Intendant'ur die, Amt, Behörde eines I.; Intend'anz die, 1) Oberaufsicht. 2) Amt des I.

Intensit'ät [lat.] die, Angespanntheit, Stärke. intens'iv [lat.], nach innen gerichtet, eindringlich, angespannt; kräftig, durchdringend.

Intenti'on [lat.] die, Ziel, Absicht, Zweck.

'inter [lat.], zwischen.

Interdepend'enz [lat.] die, wechselseitige Abhängigkeit.

Interd'ikt [lat.] das, 1) Verbot. 2) kath. Kirchenrecht: die Einstellung aller kirchl. Handlungen als Kirchenstrafe.

Inter'esse [lat.] das, 1) Anteilnahme, Neigung, Wunsch nach weiterer Kenntnis. 2) Sache, für die man eintritt, Belang. 3) Wert eines Rechtsgutes für den Berechtigten. – interess'ant, Anteilnahme erregend, fesselnd. **Interess'ent** der, wer an einer Sache I. hat. interess'ieren, Teilnahme haben oder erwerben. – **Interessengemeinschaft,** Abk. I.G., 1) vertragl. Zusammenschluß von Personen oder Unternehmen zur Wahrung gleichartiger, meist wirtschaftl. Interessen. 2) Verbindung rechtl. selbständig bleibender Unternehmen, deren wirtschaftl. Selbständigkeit gemindert ist; häufig Vorstufe der Verschmelzung (Fusion).

Interfer'enz [lat.] die, ⊗ Überlagerung von mehreren Wellen. Zwei interferierende Wellen gleicher Wellenlänge, gleicher Amplitude und gleicher Phase verstärken sich (I.-Maximum); sind sie jedoch um eine halbe Wellenlänge gegeneinander verschoben, so löschen sie einander aus (I.-Minimum): bei Lichtwellen aus derselben Lichtquelle entsteht Dunkelheit, bei Schallwellen Stille, bei Wasserwellen Ruhe. Beim Fresnelschen Spiegelversuch wird ein Lichtbündel durch 2 schwach gegeneinander geneigte Spiegel S_1 und S_2 in 2 von E_1 und E_2 ausgehende Bündel aufgespalten. Sie rufen auf einem Schirm ein System von hellen und dunklen I.-Streifen hervor; bei weißem Licht haben die Streifen farbige Ränder.

Interferom'eter das, Gerät zur Messung der Ebenheit von Flächen u.a. unter Ausnützung von Interferenzerscheinungen.

intergal'aktische Materie, staub- oder gasförmige Materie im Raum zwischen den Sternsystemen.

interglazi'al, zwischeneiszeitlich.

Interieur [ɛteri'œ:r, frz.] das, 1) Inneres. 2) Malerei: Darstellung eines Innenraumes.

'Interim [lat.] das, einstweilige Regelung. interim'istisch, einstweilig, zwischenzeitlich.

Interferenz, links: Darstellung zweier sich überlagernder Kreiswellenzüge gleicher Amplitude, rechts: Fresnelscher Spiegelversuch

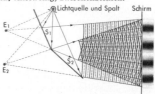

Interjekti'on [lat.] die, Ausruf, Rufwort.

'Interlaken [lat. inter lacus »zwischen den Seen«], Kurort in der Schweiz, im Kt. Bern, 566 m ü.M., 5400 Ew., zwischen Brienzer und Thuner See an der Aare.

Interlaken mit Jungfrau

interline'ar [lat.], zwischen den Zeilen.

Interl'udium [lat.] das, Zwischenspiel.

Interm'ezzo [ital.] das, 1) Zwischenspiel; kleines lustiges Stück, meist Singspiel. 2) übertragen: komischer Zwischenfall.

intermitt'ierend [lat.], aussetzend, unterbrechend.

int'ern [lat.], innerlich, inwendig. **Intern'at** das, Schule mit Wohnheim. intern'ieren, in geschlossenen Lagern unterbringen.

internation'al [lat.], zwischenstaatlich. **Internation'ale** die 1) zwischenstaatl. Zusammenschluß, bes. der Arbeiterparteien und der Gewerkschaften. Die sozialist. Parteien gründeten 1864 in London die **Erste I.,** die 1872 zerfiel. Die **Zweite I.,** gegr. in Paris 1889, wurde nach dem 1. Weltkrieg in Hamburg 1923 neu gegr. Die **Dritte (Kommunistische) I.** spaltete 1919 die Arbeiterparteien (→Komintern). Trotzki gründete 1938 in Mexiko die **Vierte I.,** die keine Bedeutung erlangte. 1951 wurde in Frankfurt a. M. die Sozialist. I. neu gegründet; Büro in London. (→Gewerkschaften) 2) Kampflied der internat. sozialist. Arbeiterbewegung. Text von E. Pottier (frz., 1871), dt. Nachdichtung von E. Luckhardt; Melodie von A. de Geyter.

Internationale Arbeitsorganisation, Abk. IAO, engl. ILO, Sitz Genf, Sonderorganisation der Verein. Nationen zur Förderung des sozialen Gerechtigkeit, Verbesserung der Arbeitsbedingungen und der wirtschaftl. und sozialen Sicherheit. Organe: 1) Internat. Arbeitskonferenz (IAK: 2 Regierungsvertreter und je 1 Vertreter der Arbeitgeber und Arbeitnehmer jedes Mitgliedstaats). 2) Verwaltungsrat. 3) das Internat. Arbeitsamt als Sekretariat.

Internationale Atomenergiebehörde, IAEA, in New York 1956 von 81 Staaten gegr. Einrichtung zur Förderung der friedl. Nutzung der Atomenergie und zum Austausch wissenschaftl.-techn. Erfahrungen; Sitz ist seit 1.10. 1957 Wien. Organe: Generalkonferenz der Mitgliedstaaten (darunter die Bundesrep. Dtl.), Gouverneursrat als ausführendes Organ, Generaldirektor.

Internationale Bank für Wiederaufbau und Entwicklung, kurz Weltbank, gegr. 1945 nach der Konferenz von Bretton Woods, gibt an ihre Mitgl. Kredite zum Wiederaufbau kriegszerstörter Gebiete und für wirtschaftl. Entwicklungsvorhaben, gewährt fachl. Unterstützung, Beratung und Ausbildung von Fachkräften.

Internationale Entwicklungs-Agentur, IEA, engl. IDA, gegr. 1960, Sitz Washington, gibt Kredite an Entwicklungsländer zu weniger strengen Bedingungen als die Weltbank.

Internationale Gerichte, durch zwischenstaatl. Verträge eingesetzte Gerichte. Sie entscheiden 1) über Streitigkeiten zwischen Staaten: →Internationaler Gerichtshof; i.w.S. gehören hierher auch zwischenstaatl. Schiedsgerichte und der →Ständige Schiedshof. 2) über Streitigkeiten zwischen Angehörigen der Vertragsstaaten: z. B. der Gerichtshof der Europ. Gemeinschaften. 3) ↪Internationaler Militärgerichtshof.

Internationale Handelskammer, IHK, Paris, 1919 gegr. Vereinigung von Unternehmern, Wirtschafts-, Handels- und Kreditverbänden zur Förderung des internat. Handels und zur Verbesserung der Wirtschaftsbeziehungen.

Internationale Konvention zum Schutz des gewerblichen Eigentums, Pariser Übereinkunft, 1883 in Paris abgeschl. internat. Übereinkunft mit Büro in Bern; Angehörige der Mitgliedsländer genießen Rechtsschutz für Patente, Gebrauchs- und Geschmacksmuster, Warenzeichen, Handelsnamen, Herkunfts- und Ursprungsangaben sowie für die Unterbindung des unlauteren Wettbewerbs.

Internationaler Bund Freier Gewerkschaften, IBFG, gegr. 1949 in London, europ. Sitz: Brüssel.

Internationaler Gerichtshof, CIJ, ICJ, das durch die Satzung der Verein. Nationen als Nachfolger des Ständigen Internationalen Gerichtshofs geschaffene Gericht im Haag; Statut vom 26.6.1945. Der I. G. besteht aus 15 von der Generalversammlung und dem Sicherheitsrat auf 9 Jahre gewählten Richtern.

Internationaler Kinderhilfsfonds, ↪UNICEF.

Internationaler Militärgerichtshof, 1) das am 8.8.1945 geschaffene Gericht in Nürnberg zur Aburteilung von Kriegsverbrechen. **2)** das entsprechende Gericht für Japan in Tokio.

Internationaler Schiedsgerichtshof, der ↪Ständige Schiedshof im Haag.

Internationaler Währungsfonds, Weltwährungsfonds, autonomes Institut der Verein. Nationen, gegr. 1945 nach der Konferenz von Bretton Woods; soll die Währungen seiner Mitgl. schützen, Devisenschranken beseitigen, Zahlungsbilanzschwierigkeiten überbrücken (Zusage von Bereitschafts-, »Stand by«-Krediten).

Internationales Einheitsystem, SI. Zugrunde gelegt sind 6 Basiseinheiten: das Meter (m) für die Länge, das Kilogramm (kg) (Gramm) für die Masse, die Sekunde (s) für die Zeit, Ampere (A) für die elektr. Stromstärke, Grad Kelvin (°K) für die thermodynam. Temperatur, die Candela (cd) für die Lichtstärke.

Internationales Geophysikalisches Jahr, geophysikal. Forschungsunternehmen von 56 Nationen (1.7.1957 bis 31.12.1958, verlängert bis zum 31.12.1959), wurde fortgesetzt durch das Internationale Jahr der ruhigen Sonne (1.1.1964 bis 31.12.1965).

Internationales Olympisches Komitee, IOK, die höchste Instanz für die Olymp. Spiele, Sitz: Lausanne, gegr. 1894.

internationales Recht, zwischenstaatl. Recht, **1)** in den angelsächs. und roman. Ländern das Völkerrecht. **2)** i. w. S. das Völkerrecht und alle Rechtssätze zur Lösung des Widerstreits zwischen nationalem und ausländ. Recht, so das internat. Privatrecht u. a.

Intern'ierung, Freiheitsentziehung zur Sicherung gegen Gefahren. In Kriegszeiten ist völkerrechtl. die I. von Zivilpersonen, die einem Feindstaat angehören, erlaubt, die I. von Angehörigen der Streitmacht eines kriegführenden Staates, die auf neutrales Gebiet übertreten, vorgeschrieben. In totalitären Staaten werden »Staatsfeinde« in ↪Konzentrationslagern untergebracht. In den Rechtsstaaten ist jede willkürl. I. verboten. Entsprechende Bestimmungen enthält die Europ. Konvention der ↪Menschenrechte.

Intern'ist der, ♪ Facharzt für innere Krankheiten.

Interpellati'on [lat.] die, Anfrage im Parlament an die Regierung. Zw. **interpell'ieren.**

interplanet'arisch [Kw., lat.], im Raum zwischen den Planeten.

'Interpol die, 1923 gegr. **Internat. kriminalpolizeil. Kommission,** Sitz: Paris.

Interpolati'on [lat. »Einschaltung«] die, **1)** Einschaltung von Wörtern oder Sätzen in den urspr. Wortlaut einer Schrift. **2)** △ Einschaltung

von Zahlenwerten zwischen eine gesetzmäßig gegebene Zahlenfolge.

Interpretati'on [lat.] die, Erklärung, Auslegung. **Interpr'et** der, Ausleger, Erklärer; Darsteller. Zw. **interpret'ieren.**

Interpunkti'on [lat.] die, Zeichensetzung.

Interr'egnum [lat. »Zwischenherrschaft«] das, die Zeit vom Abgang des alten bis zur Einsetzung des neuen Herrschers; bes. in Dtl. die Zeit vom Tod Konrads IV. bis zur Wahl Rudolfs I. (1254-73).

Interrogat'ivum [lat.] das, -s/...va, das Fragefürwort.

Intersexualit'ät [lat.] die, Zwittertum.

interstell'ar [lat.], zwischen den Sternen.

interstell'are Mat'erie, im Raum zwischen den Sternen eines Sternsystems äußerst fein verteilte gas- oder staubförmige Materie, vermischt mit größeren Gesteinsbrocken; in Form leuchtender Nebel oder als ↪Dunkelwolken.

interstellare Materie: »Pferdekopf«-Nebel im Orion (die dunkle i. M. erscheint der hellen vorgelagert)

Interv'all [lat.] das, **1)** Zwischenraum. **2)** ♪ der Abstand zwischen zwei Tönen, wird nach den auf den Grundton bezogenen Stufen der diaton.

Prim Sekunde Terz Quarte Quinte Sexte Septime Oktave
Intervall

Tonleiter durch die latein. Ordnungszahlen bezeichnet. Von Quarte, Quinte und Oktave gibt es nur je eine Art **(reines I.);** bei Sekunde, Terz, Sexte und Septime gibt es zwei Arten, die sich um einen Halbton unterscheiden **(großes und kleines I.).** Alle I. können chromatisch erhöht und erniedrigt werden.

Intervalltraining, ♪ Trainingsmethode, die aus einem ständigen Wechsel von angespannter sportl. Leistung und Ruhepausen besteht.

Interventi'on [lat.], Dazwischentreten, Einspringen, Vermitteln. **1)** Prozeßrecht: Eintreten in einen anhängigen Prozeß als Haupt- oder Nebenpartei. **2)** Wechselrecht: Ehreneintritt. **3)** diplomat. oder gewaltsames Eingreifen eines Staates in die Verhältnisse eines anderen, nur zulässig auf Ersuchen eines Staates **(Interzession)** oder auf Grund eines Vertrages. **4)** Börse: Eingreifen interessierter Kräfte durch Erteilen von Aufträgen.

Interventi'onismus der, staatl. Eingriffe in den Wirtschaftsablauf.

Interview ['intəvju:, engl.] das, Befragung.

Intervisi'on, Zusammenschluß der Rundfunkgesellschaften des Ostblocks zum Austausch von Fernsehprogrammen.

Interzellul'arräume, Lücken zwischen den Zellen pflanzl. Gewebe, meist von Luft erfüllt; zur Durchlüftung der Gewebe.

Interzonenhandel, der Warenaustausch zwischen den getrennten Teilen Dtl.s.

Interzonenverkehr, Personen- und Güterverkehr zwischen den getrennten Teilen Dtl.s.

Inthronisati'on [lat.] die, feierl. Besitzergreifung des Papstes vom päpstl. Stuhl, eines Bischofs' von seinem Sprengel, eines Abtes von seiner Abtei.

int'im [lat. intimus »der innerste«], innig, vertraut. **Intimit'ät** die, Vertraulichkeit, persönl. Angelegenheit. **'Intimus** der, vertrauter Freund.

Int'imsphäre, der gesetzl. geschützte Privatbereich.

'intolerant [lat.], unduldsam. **Intoleranz** die, Unduldsamkeit.

Intonati'on [lat.] die, ♪ die Art der Tongebung (laut, leise usw.). **inton'ieren,** anstimmen.

'Intourist, staatl. Reisebüro der Sowjetunion.

Intoxikati'on [lat.-grch.] die, Vergiftung.

'intra [lat.], innerhalb; **intra m'uros,** innerhalb der Mauern, nicht öffentlich.

Intr'ade [ital.] die, **Entrata,** ♪ Einleitung, Vorspiel; im 16./17. Jahrh. festl. Instrumentalstück.

intramuskul'är, →Injektion.

Intransig'enz die, ablehnende Haltung, **intransig'ent,** unversöhnlich, unzugänglich.

'intransitiv [lat.], ⑤ nichtzielend, ohne Satzergänzung.

intraven'ös, →Injektion.

Intr'ige [frz.] die, ränkevolle Handlung. **intrig'ant,** ränkesüchtig. **Intrig'ant** der, Ränkeschmied. **intrig'ieren,** Ränke schmieden.

intro... [lat.], ein..., hinein.

Introdukti'on [lat.] die, ♪ Einleitung.

Intr'oitus [lat.] der, Eingang, Einleitung.

Introspekti'on [lat.] die, Selbstbeobachtung.

introvert'iert [lat.], nach innen gewandt.

Intubati'on [lat.] die, ♫ Einlegen einer Röhre (**Intubator**) vom Mund in Kehlkopf und Luftröhre; bei Erstickungsgefahr, zur Narkose.

Intuiti'on [lat.] die, plötzl. Eingebung, ahnendes Erkennen neuer Gedankeninhalte, bes. auf künstler. Gebiet. Egw. **intuit'iv.**

Intuition'ismus der, philosoph. Lehre, nach der bestimmte Erkenntnisse (z. B. Platons »Ideen«) nur durch →Intuition, nicht aber durch diskursives Denken erreichbar sind.

'intus [lat.], inwendig, innen; etwas **i. haben,** gelernt, auch verzehrt haben.

in 'usum Delph'ini [lat. »zum Gebrauch des Dauphins«, d. i. des französ. Kronprinzen], für Kinder bearbeitet, z. B. Bücher.

Inval'ide [lat.] der, im Beruf arbeitsunfähig gewordener Mensch; Kriegsbeschädigter. **Invalidit'ät** die, dauernde Erwerbsunfähigkeit.

Invalidenversicherung, →Rentenversicherung.

invari'abel [lat.], unveränderlich.

Invari'ante die, eine unveränderl. Größe.

Invasi'on [lat.] die, Einfall in ein anderes Land.

Invekt'ive [lat.] die, Schmähung.

inv'enit [lat.], Abk. **inv.,** hat (es) erfunden.

Invent'ar [lat.] das, Bestand, Bestandsverzeichnis, **1)** das am Schluß eines Geschäftsjahres aufgestellte wertmäßige Verzeichnis der Vermögensgegenstände und Schulden eines Unternehmens. **2)** Sachen, die zum Wirtschaftsbetrieb eines gewerbl. Unternehmens oder eines Landgutes bestimmt sind; Verzeichnis von Gegenständen eines Sondervermögens (z. B. des Nachlasses).

Inventi'on [lat.] die, Einfall.

Inversi'on lat.] die, **1)** Umkehrung, Umstellung. **2)** ⑤ Änderung der regelmäßigen Wortfolge, z. B. groß sind die Werke des Herrn. **3)** -○ Umkehrung des opt. →Drehungsvermögens von Stoffen, z. B. Zuckerarten. **4)** △ Umstellung zweier Elemente einer Kombination, z. B. ab und ba. **Inverse Funktion,** umgekehrte Funktion, z. B. $y = \sqrt{x}$, x = y². **5)** ∮ Umkehrung, die Umstülpung eines Organs; **sexuelle I.,** die Umkehrung der normalsexuelle I.,** die Umkehrung der normalschlechtl. Empfindung (→Homosexualität). **6)** Zu-, statt Abnahme der Luftwärme mit der Höhe.

Invertebr'aten [lat.] Mz., wirbellose Tiere.

Inv'ertzucker, -○ Gemisch aus gleichen Anteilen Trauben- und Fruchtzucker; im Honig.

invest'ieren [lat.], (Geld) anlegen.

Investigati'on [lat.] die, behördl. Untersuchung, Nachforschung.

Investiti'on [lat.] die, Verwendung von Kapital

zum Kauf von Produktionsgütern; produktive Geldanlage.

Investit'ur [lat. »Einkleidung«] die, Einführung in ein Amt oder Besitzrecht, bes. im MA. die Belehnung der Bischöfe mit Ring und Stab.

Investit'urstreit, der Streit zwischen den dt. Kaisern und den Päpsten im 11./12. Jahrh. um die Einsetzung der Bischöfe. Das **Wormser Konkordat** von 1122 zwischen Kaiser Heinrich V. und Papst Calixtus II. legte den I. bei und bestimmte: zuerst erfolgt die Belehnung mit weltl. Besitz durch den Kaiser, dann die geistl. Weihe.

Invest'ivlohn, Entlohnungsform, die zur Eigentumsbildung der Arbeitnehmer beitragen soll; ein Teil künftiger Lohnerhöhungen soll nicht bar ausgezahlt, sondern investiert werden.

Inv'estmentgesellschaft, Kapitalanlagegesellschaft, verschafft sich durch Ausgabe von Wertpapieren (**Investmentzertifikaten**) Kapital, das sie in einem breitgestreuten Wertpapierfonds anlegt (Risikostreuung). **Investmentsparen,** Anlegen von Ersparnissen in Anteilen einer I.

in v'ino v'eritas [lat.], im Wein ist Wahrheit.

in v'itro [lat.], im Reagenzglas.

Invoc'avit [lat. »er hat mich angerufen«], der 1. Fastensonntag, 6. Sonntag vor Ostern.

Involuti'on [lat.], die, Rückbildung der Gebärmutter nach der Geburt zur normalen Größe. **involv'ieren** [lat.], enthalten, einschließen.

Inzell, Gem. in Oberbayern, 3100 Ew.; Eisschnellaufbahn.

Inz'est [lat.] der, →Blutschande.

Inzisi'on [lat.] die, Einschnitt.

Inzucht, die Fortpflanzung unter nahen Blutsverwandten bei Mensch, Tier und Pflanze. Nahezu alle Kulturrassen der Tiere und Pflanzen sind durch eingekreuzte Selbstbefruchtung entstanden. Bei Pflanzen ist Selbstbestäubung häufig. Bei gesunden Tieren ist I. erfolgreich; I.-Schäden ergeben sich bes. bei der Zucht kranker, minderwertiger Tiere. Beim Menschen erweist sich I., z. B. innerhalb abgelegener Dörfer, als nachteilig, weil das Auftreten sonst verdeckt bleibender Erbkrankheiten begünstigt.

Io, in der griech. Sage: eine Tochter des Inachos, Geliebte des Zeus.

Io, chem. Zeichen für →Ionium.

IOK, das Internationale Olympische Komitee.

Iok'aste, Mutter des →Ödipus.

'Ion [grch. »wandernd«] das, Mz. **Ionen,** Atome oder Atomgruppen, die infolge Verlust eigener oder durch Anlagerung fremder Elektronen positiv (**Kationen**) oder negativ (**Anionen**) geladen sind. Sie sind die kleinsten chem. Bestandteile aller heteropolar gebundenen Stoffe (z. B. Kochsalz) und gehen auch als solche in Lösung (→Elektrolyse). Auch Gasatome können I. bilden, z. B. durch Erhitzen auf hohe Temperaturen, Bestrahlung mit energiereichem Licht (UV-Licht, Röntgenstrahlen) oder durch Stoß kleinster, schneller Teilchen (Alphateilchen, Elektronen). Technisch wird die Gasionisation z. B. in Gasentladungslampen ausgenutzt. →Nebelkammer, →Zählrohr.

I'onenaustauscher, anorgan. oder organ. Stoffe, die ihre eigenen Ionen gegen andere austauschen können, ohne dadurch ihre Beständigkeit zu ändern; ärztl. bei krankhaften Wasseransammlungen im Gewebe verwendet.

Ion'esco, Eugène, französ. Dramatiker; *Rumänien 1912; »Die Nashörner«, »Mörder ohne Bezahlung«, »Der König stirbt« und Einakter.

I'onier Mz., einer der drei griech. Hauptstämme, besiedelte nach der Dorischen Wanderung Attika, Euböa, die Kykladen und die mittlere Westküste von Kleinasien. **Ionien** hieß die Küste Kleinasiens zwischen Hermos und Mäander mit Chios und Samos. Die dort von den I. gegr. Städte wurden um 545 den Persern untertan. Der **Ionische Aufstand** gegen die Perser, 500 v. Chr., wurde Anlaß der Perserkriege. 477 wurden die I. Bundesgenossen der Athener, doch nach dem Frieden des Antalkidas (386) wieder persisch bis zur Eroberung durch Alexander d. Gr. (334). 129 v. Chr. wurde Ionien röm. Provinz (Asia).

Ionesco

Ionisationskammer, Gerät zum Nachweis schneller Teilchen (Alphateilchen, Protonen u.a.) durch Bildung von Ionen (→Ion).

I′onische Inseln, griech. Inseln im Ionischen Meer: Korfu, Paxos, Leukas, Ithaka, Kephallenia, Zakynthos; gebirgig, ertragreich (Wein, Korinthen, Oliven). Die I.I. kamen 1864 an Griechenland.

I′onische Säule, ⊓→Griechische Kunst. (BILD Säulen)

I′onisches Meer, das Meer zwischen Griechenland und Unteritalien.

I′onium das, **Io,** ⌀ radioaktives Isotop des Thoriums, Massenzahl 230, geht allmählich in Radium über.

Ionosph′äre [grch.] die, eine Folge hochgelegener Schichten der Atmosphäre, in denen die Moleküle durch die Ultraviolettstrahlung der Sonne stark ionisiert sind. Man unterscheidet die **D-Schicht** in 50-90, die **E-Schicht** in 90-130, die E_s-Schicht in etwa 100, die L_1-Schicht in 130-250, die F_2-Schicht in über 250 km Höhe. Durch Reflexion der Radiowellen, bes. der Kurzwellen, an den verschiedenen I.-Schichten wird der Weltempfang möglich. Für alle Schichten bilden sich bei Tagesanbruch und lösen sich nachts wieder auf. Von der Sonne ausgeschleuderte Teilchenströme verursachen **I.-Stürme** (Polarlichter, magnet. Stürme).

I′ota das, griech. Buchstabe für i; galt als der kleinste Buchstabe des Alphabets; daher: *kein I.,* nicht das geringste.

Iowa [aiewe], Abk. **Ia.,** einer der Mittelstaaten der USA, zwischen Mississippi und Missouri, 145791 km², 2,82 Mill. Ew.; Hauptstadt: Des Moines. Bedeutende Landwirtschaft (Mais, Hafer, Weizen); Viehzucht (bes. Schweine), Konserven-Ind.; Kernkraftanlagen. ⊕ S. 526.

Iphig′enie, in der griech. Sage: Tochter des Agamemnon und der Klytemnestra, wurde vor Ausfahrt der griech. Flotte nach Troja in Aulis zum Versöhnungsopfer für Artemis bestimmt, doch von der Göttin gerettet und zur Priesterin in Tauris gemacht. Dort rettete sie ihren Bruder Orestes, der als Landfremder geopfert werden sollte, und floh mit ihm nach Attika. Dramen von Euripides, Goethe, G. Hauptmann; Oper von Gluck.

Iphigenie: Opferung der I. (Wandgemälde aus Pompeji)

Ipin, Stadt in China, 300000 Ew.; Endpunkt der Jangtse-Schiffahrt (Schiffe bis 500 t).

Ipswich [′ipswitʃ], Hafenstadt in SO-England, 122100Ew.; alter Handelsplatz; vielseitige Industrie

Iquique [ik′ike], Hafen in N-Chile, 62900 Ew., kath. Bischofssitz; Ausfuhr: Salpeter.

Ir, chem. Zeichen für →Iridium.

i.R., Abk. für im Ruhestand.

I.R., Abk. für Imperator [lat. »Kaiser«] und Rex [lat. »König«].

Ir′ak der, Republik in Vorderasien, 435000 km², 9,3 Mill. Ew.; Hauptstadt: Bagdad. Amtssprache: Arabisch. ⊕ S. 515, ⊐ S. 345.

Nach der provisor. Verfassung v. 4. 5. 1964 ist der I. ein sozialist. demokrat. Staat. Staatsoberhaupt: der Präsident; Gesetzgebung bis zur Wahl eines Parlaments beim Ministerrat.

Der I. umfaßt den Großteil von →Mesopotamien; im N Gebirge (Anbau in den Tälern), im W Wüste. Klima: Sommer heiß und trocken, Winter häufig kalt, Winterregen. Bevölkerung: meist Araber, daneben Kurden, Türken, Perser u.a. Staatsreligion: Islam.

WIRTSCHAFT. Im bewässerten Stromtiefland Landbau (Weizen, Gerste, Reis, Mais, Datteln, Baumwolle), in den Steppen Wanderviehzucht. Bedeutende Erdölgewinnung bes. im N; Rohrleitungen nach Mittelmeerhäfen. Raffinerien, Zement-, Textil- u.a. Ind. Hauptausfuhr: Erdöl, Datteln, Getreide, Wolle. ⇔ Hauptlinie Basra-Bagdad-Mosul; Hauptseehafen: Basra; internat. Flughafen: Bagdad.

GESCHICHTE. Seit 637 eroberten die Araber dieses Gebiet; 750-1258 Kernland des Abbassidenreiches (Zentrum Bagdad seit 762), war es 1534 bis 1918 Teil des türk. Reiches und 1920-30 brit. Mandatsgebiet (seit 1921 Königreich). 1932 erhielt der I. die volle Unabhängigkeit, blieb aber Großbritanniens Verbündeter. 1945 war der I. Mitgründer der Arab. Liga, 1955 des Bagdadpaktes; 1958 mit Jordanien zur Arab. Föderation zusammengeschlossen. Durch eine nationalist. Revolution unter General Kassem wurde am 14. 7. 1958 die Monarchie gestürzt, der König getötet, die Arab. Föderation für aufgelöst erklärt; 1959 Austritt aus dem Bagdadpakt. 1963 wurde Kassem gestürzt und erschossen, Nachfolger A. S. Aref (bis 1966), danach A. R. Aref, seit 1968 A. H. el Bakr.

Ir′an, Persien, Monarchie in Vorderasien 1 648 000 km², 28,6 Mill. Ew. (davon 650 000 Nomaden); Hauptstadt: Teheran; Amtssprache: Persisch. ⊕ S. 515, ⊐ S. 345.

VERFASSUNG von 1906 (mit Änderungen): Konstitutionelle Monarchie. Der Schah übt die vollziehende Gewalt, zusammen mit der Volksvertretung (Abgeordnetenkammer, Senat) die gesetzgebende Gewalt aus; er ernennt den MinPräs. Verwaltung zentralistisch; 13 Gaue.

LANDESNATUR. I. erstreckt sich vom Armen. Hochland und dem O-Rand Mesopotamiens zwischen Kasp. Meer und Pers. Golf über den größten Teil des Hochlandes von I.; an den Rändern gebirgig (Elburs 5670m, Zagros-Gebirge 4547m); im Innern abflußlos, mit Wüsten, Seen, Sümpfen. Klima: binnenländisch, trocken; am Kasp. Meer fruchtbarer Küstenstrich. BEVÖLKERUNG. ²/₃ Perser, daneben Kurden, Turktataren, Turkmenen, Araber, Belutschen, Armenier. Staatsreligion: Islam; daneben Christen, Juden, Parsen.

WIRTSCHAFT. Mehr als 50% I.s sind Ödland. Anbau (z.T. mit künstl. Bewässerung): Weizen, Gerste, Reis, Datteln, Zuckerrüben, Baumwolle; Viehzucht in Steppengebieten. Im SW reiche Erdölförderung; Vorkommen von Erdgas, Kohle, Eisen, NE-Metallen, Salz. Textilindustrie (Teppichweberei); Nahrungsmittel-, Baustoff-, chem., Metall- u.a. Ind. im Aufbau; Erdölraffinerien (Abadan); Entwicklungsprojekte mit ausländ. Kapitalhilfe. Ausfuhr: Erdöl, Baumwolle, Teppiche, Früchte, Häute u.a. Haupthandelspartner: Bundesrep. Dtl., USA, Großbritannien, Japan, Frankreich, Sowjetunion. Haupthäfen: Bender Schah, Chorramschahr, Erdölleitungen nach Abadan und zu den Häfen am Pers. Golf.

GESCHICHTE. Zu Beginn geschichtl. Nachrichten wird Persien von den Medern beherrscht, die

Irak

Iran

Iran: Dorf in Mitteliran

um 550 v. Chr. von dem Perser Kyros besiegt wurden. Kyros eroberte Babylonien und Kleinasien, Kambyses Ägypten, Darius vorübergehend Thrakien. Xerxes I. führte erfolglose Kämpfe gegen die Griechen (Perserkriege). 331 v. Chr. wurde Persien von Alexander d. Gr. erobert; 323-240 v. Chr. war es seleukidisch, danach parthisch. Unter den Sassaniden (226-636 n. Chr.) erstreckte sich Persien im 6. Jahrh. über ganz Vorderasien. 636 von den Arabern unterworfen und zur Annahme des Islam gezwungen, wurde es bis 1258 von den Kalifen beherrscht, dann von den Mongolen. Mit Hilfe türk. und turkmen. Stämme gründete Ismail Seffi 1502 ein pers. Königtum, das im 18. Jahrh. bis zum Euphrat und Indus reichte; 1794-1925 unter dem Geschlecht der Kadscharen. Im 19. Jahrh. verlor Persien große Gebiete; seit 1858 Streitobjekt zwischen England und Rußland, die Persien 1907 in 2 Einflußsphären teilten. Die Dynastie der Kadscharen wurde 1925 abgesetzt; Herrscher (Schah) wurde 1926 der MinPräs. Risa Khan; er führte eine Neuordnung durch. 1941 mußte er unter brit.-sowjet. Druck zugunsten seines Sohnes Mohammed Risa Pehlewi abdanken. Die Verstaatlichung der Anglo Iranian Oil Company durch MinPräs. Mossadegh 1951 führte zu einer außen- und innenpolit. Krise. 1955 trat I. dem Bagdadpakt bei. Aus Bemühungen um soziale und wirtschaftl. Reformen entstand 1963 das Gesetz zur Sozial- und Bodenreform, wonach der Großgrundbesitz unter Landarbeiter verteilt werden soll. Staatsoberhaupt: M. Risa Schah Pehlewi (seit 1941); MinPräs.: A. A. Howeida (seit 1965). (FARBTAFEL Asien III)

Iranische Sprachen, Gruppe der indogerman. Sprachen, zwischen dem oberen Euphrat und dem Indus. (ÜBERSICHT Sprachen)

Iraw'adi der, Strom in Hinterindien (Birma), kommt vom östl. Himalaya, mündet westlich von Rangun; 2150 km lang. Sein Delta ist fruchtbares Reisanbaugebiet.

Iren, keltisches Volk, in →Irland beheimatet; rd. 4,4 Mill. (2,9 Mill. in der Rep. Irland, 1,5 Mill. in Nordirland). Etwa 16 Mill. Menschen irischer Abstammung leben in den USA, in Kanada, Großbritannien, Australien u. a. Der größte Teil ist röm.-katholisch. **Irische Sprache,** zum gälischen Zweig der keltischen Sprachen gehörig, heute nur von rd. 600 000 I. gesprochen; seit 1921 erste Amtssprache der Rep. Irland.

Iren'äus, Kirchenvater, † 202 als Bischof von Lyon; Heiliger (Tag 28. 6.).

Ir'ene [grch. »Friede«], weibl. Vorname.

ir'enisch [grch.], friedlich, friedstiftend.

IRI, Abk. für Istituto Ricostruzione Industriale, Rom, 1933 gegr. halbstaatl. italien. Dachorganisation zum wirtschaftl. Wiederaufbau.

Irland

'Irian, indones. Name für Neuguinea.

Ir'idium das, **Ir,** chem. Element, dem Platin ähnliches Metall; Dichte 22,4, Schmelzpunkt 2443 °C. Wegen seiner Härte und Widerstandsfähigkeit gegen chem. Angriffe wird es zu chem. und techn. Geräten vielerlei Art verwendet.

'Iris [grch.], **1)** jungfräuliche, geflügelte grich. Göttin, Verkörperung des Regenbogens, Botin der Götter. **2)** die, ♀ die Regenbogenhaut im →Auge. **3)** ♀ die →Schwertlilie.

Irische See, Teil des Atlant. Ozeans zwischen Irland und Großbritannien.

Irische Sprache, →Iren.

Irish stew ['airi∫stju:] das, Eintopfgericht aus Hammelfleisch, Weißkraut und Kartoffeln.

iris'ieren, in den Farben des Regenbogens (Iris) schillern.

Irk'utsk, Stadt in S-Sibirien, Sowjetunion, westl. vom Baikalsee, an der Angara, 451 000 Ew.; Verkehrsknoten, Univ., Forschungsinstitute; Ind.: Eisen, Maschinen-, Panzer-, Flugzeugbau, Lederverarbeitung.

Irland, irisch **Eire, 1)** die westl. der großen Brit. Inseln, 82 459 km², mit Nebeninseln 84 426 km², 4,37 Mill. Ew., mit buchtenreicher Küste und vielen natürlichen Häfen; in der Mitte flache

Ebene, an den Rändern meist Gebirge (im SW Carrantuohill, 1041 m). Viele Flüsse, Seen, Kanäle, Moore, Wiesen; wenig Wald. Klima: feucht, mild. BEVÖLKERUNG: →Iren; meist kath., nur im N z. T. anglikan. (Kirche von I.). Polit. gliedert sich I. in →Nordirland und die Rep. I. ⊕ S. 523.

GESCHICHTE. Die keltischen Bewohner I.s wurden um 430 durch Patrick zum Christentum bekehrt. 1171/72 begann die engl. Herrschaft über I., allerdings noch lange auf die O-Küste beschränkt. Im Unterschied zu England blieben die Iren katholisch. Ihre Aufstände wurden blutig niedergeworfen, so 1649 durch Cromwell, 1690 durch Wilhelm III. von Oranien. 1800 ging I. staatsrechtlich ganz im »Vereinigten Königreich von Großbritannien und I.« auf. Aber schon Ende des 18. Jahrh. war eine irische Nationalbewegung erwacht; sie war teils revolutionär, teils parlamentarisch eingestellt. Die parlamentar. Richtung kämpfte im brit. Unterhaus für die Selbstregierung (Home rule) I.s, unterstützt von den engl. Liberalen (Gladstone). Seit 1916 arbeiteten die von De Valera geführten Sinnfeiner (→Sinn Fein) im offenen Aufstand auf die völlige Unabhängigkeit I.s hin. Nach grausamem Bürgerkrieg 1919-21 wurde 1921 der Irische Freistaat als brit. Dominion errichtet, doch blieb das protestant. Ulster (→Nordirland) bei Großbritannien. 1937 trat eine neue Verf. in Kraft, 1938 räumte England die letzten militär. Stützpunkte. 1949 trat der Freistaat aus dem Brit. Commonwealth aus und erklärte seine volle Unabhängigkeit als Rep. I.; die Eingliederung Ulsters (Nord-I.) wird gefordert. **2)** I., **Republik I.,** nimmt den größten Teil von I) ein, 70 280 km², 2,9 Mill. Ew.; Hauptstadt: Dublin. Amtssprachen: Irisch, Englisch. Nach der VERFASSUNG von 1937 wird der Präs. direkt vom Volk auf 7 Jahre gewählt. Volksvertretung: Abgeordnetenhaus und Senat. Die Minister sind dem Abgeordnetenhaus verantwortlich. Verwaltungseinteilung in 27 Grafschaften und 4 Stadtgrafschaften. LANDESNATUR und BEVÖLKERUNG →Irland 1). WIRTSCHAFT. Vorherrschaft ist die Landwirtschaft, bes. Weidewirtschaft, außerdem Anbau von Getreide, Kartoffeln, Rüben, Zuckerrüben. Reiche Torfvorkommen. Die Industrialisierung wird zur Eindämmung der starken Auswanderung gefördert (Textil-, chem., Fahrzeug-, Nahrungsmittel-Ind., Brauereien). Bedeutende Energieerzeugung. Fremdenverkehr. Ausfuhr: Vieh, Nahrungsmittel, Getränke, Textilien u. a.; Haupthandelspartner: Großbritannien. Gutes Straßennetz. Haupthäfen: Dublin, Cork Harbour; internat. Flughäfen: Shannon Airport, Dublin. GESCHICHTE →Irland 1). Staatsprás.: E. De Valera (seit 1959), MinPräs.: J. Lynch (seit 1966). ⊕ S. 523, ⟱ S. 345.

Irländisches Moos, Karrageen, Perltang, Rotalge von europ. und amerikan. Atlantikküsten. Mittel gegen Hustenreiz. (BILD Algen)

Irmgard [von Irmin], weibl. Vorname.

Irmin, Irminsul, Irmensäule, Heiligtum der Sachsen, dem Gott Irmin geweiht.

IRO, Abk. für International Refugee Organization, 1947-51 die internationale Flüchtlingsorganisation in Genf. Nachfolger ist der →Hochkommissar für Flüchtlinge.

Irok'esen Mz., Gruppe sprachverwandter Indianerstämme (Erie, Huronen u. a.) in N-Amerika. Um 1750 gründeten die Mohawk, Oneida, Onondaga, Cayuga, Seneca den Irokesenbund.

Iron'ie [grch. »Verstellung«] die, Redewendung, die mit verstelltem Ernst das Gegenteil des Gemeinten sagt; feiner, versteckter Spott; **ir'onisch,** spöttisch.

Irradiati'on [Kw., lat.] die, **1)** ♀ Ausstrahlung des Schmerzes auf die Umgebung der kranken Stelle. **2)** SINNESPHYSIOLOGIE: das Größererscheinen heller Gegenstände auf dunklem Grund neben gleich großen dunklen auf hellem Grund. **3)** Lichtbildung auf photograph. Platten.

irration'al [lat.], **1)** durch den Verstand nicht erfaßbar. **2)** △ i. Zahlen, die sich nicht als Bruch

mit ganzzahligem Zähler und Nenner ausdrücken lassen, sondern nur als unendl. Dezimalbrüche ohne Periode, z. B. $\sqrt{2}$, π, e.

Irrational'ismus der, Weltanschauung, nach der alles Wesentliche nur durch Kräfte des Gefühls und des Willens, durch unmittelbare Erlebnisse und innere Schau erfaßt und erkannt werden kann. Gegensatz: Rationalismus.

'irreal [lat.], nicht wirklich.

Irred'enta [von ital. terra irredenta »unerlöstes Gebiet«] die, polit. Bewegung Italiens, die nach 1870 die Gewinnung der österreich. Gebiete mit vorwiegend italien. Bevölkerung forderte.

irreduz'ibel [lat.], **1)** nicht zurückführbar. **2)** △ unzerlegbar.

'irregulär [lat.], unregelmäßig.

'irrelevant [lat.], unerhebl., ohne Bedeutung.

Irreligiosit'ät [lat.] die, Unglaube.

irrepar'abel [lat.], nicht wieder gutzumachen, unersetzlich.

irrevers'ibel [lat.], nicht umkehrbar.

Irrig'ator [Kw., lat.] der, Gerät zur Verabreichung von →Einläufen und Spülungen; besteht aus einem Gefäß (meist 1 l) und einem langen Gummischlauch mit Ansatzstück.

irrit'ieren [lat.], unsicher machen, stören.

Irrlicht, schwach schimmerndes Flämmchen dicht über sumpfigem Gelände.

Irrtum. Im bürgerl. Recht ist der **Erklärungs-** oder **Geschäfts-I.** (z. B. über die Bedeutung der verwendeten Worte) und der **Eigenschafts-I.** beachtlich, d. h. die abgegebene Erklärung kann angefochten werden (§§ 119 ff. BGB). Der sog. **Motiv-I.** (unzutreffende Erwägungen zu einem Rechtsgeschäft) ist dagegen unbeachtlich. – Im Strafrecht führt der I. über Tatbestandsmerkmale **(Tatbestands-I.)** zur Straffreiheit (§ 59 StGB), das fehlende Bewußtsein der Rechtswidrigkeit **(Verbots-I.)** jedoch nur, wenn der I. nicht vermeidbar war.

Irt'ysch der, linker Nebenfluß des Ob, W-Sibirien, kommt vom Großen Altai, 2969 km lang; fischreich; schiffbar ab der chines. Grenze.

Irving ['ə:viŋ], **1)** Edward, *1792, †1834, schott. Prediger, seit 1833 Vorsteher der 1. kath.-apostol. Gem. in London (Irvingianer). **2)** Washington, amerikan. Schriftsteller, *1783, †1859; heitere Skizzen, Reisebilder.

Irvingianer, fälschlich für die →Katholisch-apostolische Gemeinde.

Isaac, Heinrich, niederländ. Komponist, * um 1450, †1517; Motetten, Instrumentalstücke, Lieder (»Innsbruck, ich muß dich lassen«).

'Isaak [hebr. »Spötter«], Sohn Abrahams, Erzvater der Israeliten, Vater Jakobs und Esaus.

Isab'ella [span.], weibl. Vorname.

Isab'ella I., die Katholische, Königin von Spanien, *1451, †1504, seit 1474 Königin von Kastilien, ∞ mit →Ferdinand dem Katholischen, König von Aragonien, eroberte mit ihm 1492 das Maurenreich Granada, unterstützte die Entdeckungsfahrten des Kolumbus. Ihre Heirat bildete den Grundstein des span. Nationalstaates.

isab'ellfarben, bräunlich-graugelb.

Isabey [izab'ɛ], Jean-Baptiste, franzöz. Miniaturmaler und Lithograph, *1767, †1855.

'Isar der, rechter Nebenfluß der Donau, 263 km lang, entspringt im Karwendelgebirge in Tirol, mündet bei Deggendorf; 26 Kraftwerke.

ISBN, Abk. für Internationale Standard Buch Nummer, eine jedem Buch beigegebene Registriernummer.

'Ischewsk, Hauptstadt der Udmurt. ASSR, 422000 Ew.; Metallindustrie, Mühlenkombinat.

Ischia ['iskia], vulkan. Insel vor dem Golf von Neapel; 46 km²; warme Mineralquellen.

'Ischias [grch.] die, **Hüftweh,** anfallartig auftretende starke Schmerzen im Verlauf des großen Beinnervs, die mitunter in ein langwieriges Leiden übergehen. Ursachen sind Erkältung, rheumat. Erkrankungen, Bandscheibenvorfall u. a.

Ischl, Bad I., Stadt im Salzkammergut, Österreich, 13600 Ew.; Solbäder.

'Ischtar, Istar, weibl. babylon. Hauptgottheit, auch Göttin der Liebe.

Isegrim(m), der Wolf in der Tierfabel.

Isel, →Bergisel.

Isenburg, Ysenburg, 1815 mediatisiertes Fürstengeschlecht, Sitz um Büdingen (Hessen).

Isenheimer Altar, →Nithardt, Mathis.

Iser die, rechter Nebenfluß der Elbe in Böhmen, kommt vom I.-Gebirge (dessen höchster Berg: Hinterberg im **Hohen I.-Kamm,** 1127 m).

Isère [iz'ɛr] die, linker Nebenfluß der Rhône in S-Frankreich; Stausee bei Val-d'Isère.

Iserl'ohn, Stadt in Nordrh.-Westf., im Sauerland, 57400 Ew., Kleineisen-, Maschinen-Ind.

Isfah'an, Ispahan, Stadt in Iran, 424000 Ew.; zahlreiche alte Bauten, z. T. in Ruinen, Moscheen; Univ.; Handel, Mittelpunkt des iran. Gewerbes (Teppiche, Kunstgewerbe), Textilindustrie.

Isherwood ['iʃəwud], Christopher, engl. Schriftsteller, *1904; Romane (»Leb' wohl, Berlin«, »Praterveilchen«).

Isid'orus von Sevilla, Erzbischof, * um 560, †636, für die Bildung im MA. bedeutender Gelehrter, Kirchenlehrer. Tag: 4. 4.

'Isis, altägypt. Göttin, Schwester und Gemahlin des Osiris, Mutter des Horus; dargestellt mit einer Sonnenscheibe zwischen Kuhgehörn, auch mit dem Horusknaben.

Iskender'un, Alexandrette, türk. Hafenstadt am östl. Mittelmeer, 69000 Ew. (Kriegshafen).

'Isker, Iskra, rechter Nebenfluß der Donau in Bulgarien, 300 km lang.

Isl'am der, die von dem arab. Propheten →Mohammed zwischen 610 und 632 in Mekka und Medina gestiftete monotheist. Religion; Mohammed betrachtete sich als Fortsetzer und Vollender der jüd. und der christl. Religion. Die Hauptquellen der islam. Glaubens- und Gesetzeslehre sind der **Koran** und die Überlieferung der Taten und Aussprüche des Propheten **(Sunna).** Der I. fordert den Glauben an einen Gott **(Allah),** an die Erwähltheit Mohammeds als seinen Gesandten, an die Vorherbestimmung der menschl. Schicksale (→Prädestination), an die Vergeltung der guten und schlechten Taten in Paradies und Hölle, an die Auferstehung der Toten und den Jüngsten Tag. Grundpflichten des I. sind u. a. fünfmaliges Gebet am Tag, Fasten im Monat Ramadan, Enthaltung von Weingenuß, Geben von Almosen, Wallfahr-

Ischia

Isfahan: Königs-Moschee

ten nach Mekka zur →Kaaba. Der Streit um die Erbfolge im Kalifat verursachte die Spaltung in **Sunniten** und **Schiiten.** Die **Wahhabiten** wollen zur ursprüngl. Reinheit des I. zurück. Der I. war von Anfang an auch eine polit. Bewegung (Religionsstaat) und breitete sich unter Führung der →Kalifen rasch über Asien, Afrika und Spanien, später auch Südosteuropa aus. Er zählt rund 465 Mill. Anhänger, die **Islamiten** oder **Muslime, Mohammedaner,** und ist bes. in Afrika noch im Vordringen. (TAFEL Weltreligionen)

Islamab'ad, neue Hauptstadt Pakistans (im Bau), auf einer Hochebene bei Rawalpindi.

Islamische Kunst (hierzu FARBTAFEL Indische und I. K., S. 689), die vorwiegend religiös gebundene Kunst der islam. Völker; im wesentl. Baukunst und Kunsthandwerk. Betonte Neigung zum Dekorativen. Maßgebend für die religiöse Kunst wurde die vom Islam geforderte Bildlosigkeit; die weltl. Kunst war dagegen von großer Bildfreudigkeit. In der Baukunst entstanden Moscheen, Theologenschulen, Grabbauten, Paläste u. a. Der Spitzbogen und im W der Hufeisenbogen wurden bevorzugt. Typisch ist das Stalaktiten- und Zellenwerk, das Gewölbe u. ä. füllt. Reich ist der Wandflächenschmuck (Band- und Flechtmuster, Arabesken u. a.). Zu hoher Blüte gelangten Schriftkunst und Buchmalerei, im **Kunsthandwerk** Teppichknüpferei, Fayencen, Metallverarbeitung, Glaskunst. Unabhängig von den allgemeinen Stilmerkmalen entwickelten sich: **Omajjadischer** Stil (um 660-750, in Spanien bis um 1000), Verarbeitung spätantiken, frühchristl.-byzantin., sassanid. Formenguts; erste Moscheen: Damaskus, Córdoba; Kalifenschlösser: Mschatta u. a. **Abbasidischer** Stil (um 750-1000), Mittelpunkt: Bagdad; Bauten von altpers. Kunst beeinflußt; Stuckornamente in Samarra. **Seldschukischer** Stil (um 1050 bis 1250), erste Werke türk. Kunst in Kleinasien: Moscheen, Grabbauten. **Fatimidischer** Stil (um 970-1170), Ägypten, Syrien, Sizilien (Krönungsmantel der Reichskleinodien, Wien). **Mamlukischer** Stil (um 1250-1520), Ägypten (Moscheen und Mausoleen in Kairo), Syrien. **Maurischer** Stil (seit etwa 1100), Nordafrika, Spanien (Alhambra). **Mongolischer** Stil (um 1250-1500), Aufnahme ostasiat. Formen, prunkvolle Kuppelbauten in Samarkand und Täbris, Buchmalereien (bes. zu pers. Epen). **Osmanischer** Stil (um 1400-1750), geistl. und weltl., das Stadtbild Konstantinopels bestimmende Bauten, Zentralkuppelmoscheen von Sinan (†1578); hohe Blüte des Kunsthandwerks. **Safawidischer** Stil (um 1400-1720), Persien, Blüte der Buchmalerei (Behzad, 15. Jahrh.; Riza Abbazi, 17. Jahrh. u. a.), die Kunst des Knüpfteppichs zu klass. Vollendung entwickelt. **Mogulstil** (um 1520-1800), Indien, Moscheen, Grabbauten, Paläste in Agra (Tadsch Mahal) und Delhi; überreiche Flächendekorationen; neuer wirklichkeitsnaher Stil in der höf. Miniaturmalerei: Bildnis-, Tier- und Landschaftsdarstellungen.

Island [»Eisland«], Insel und Republik im N-Atlantik, 102 819 km², 202 200 Ew. (bes. an der Küste); Hauptstadt: Reykjavik. Amtssprache: Isländisch. Staatsoberhaupt: der Präsident; Parlament mit 2 Häusern. – I. ist stark vulkanisch (einige noch tätige Vulkane, warme Quellen und Geysire); z.T. vergletschert (12220 km³); hat reich gegliederte Küste (Fjorde); Klima feucht und kühl, durch den Golfstrom gemildert. Erwerbszweige: Fischfang und -verarbeitung, Viehzucht (Schafe, Rinder, Pferde). Wasserkraftwerke; Schiffbau; Fremdenverkehr. Haupthandelspartner: USA, Großbritannien. Keine ⚔. Haupthafen und Flughafen: Reykjavik. GESCHICHTE. I., die Insel der nord. Saga, wurde seit 874 von Norwegern besiedelt. Der Freistaat führte im Jahre 1000 das Christentum ein; später blutige Bürgerkriege. 1262 kam I. an Norwegen, 1380 an Dänemark. 1874 eigene Verfassung, 1918 volle Selbständigkeit als Kgr., das mit Dänemark in Personalunion verbunden blieb. I. wurde 1940 von brit., 1941 auch von amerikan. Truppen besetzt. 1944 erklär-

te sich eine große Volksmehrheit für die Lösung von Dänemark und für die Republik; 1949 trat I. der NATO, 1951 dem Nord. Rat bei. Staatspräs.: K. Eldjarn (seit 1968), MinPräs.: J. Hafstein (seit 1970). ⊕ S. 519, ⧠ S. 345.

Isländisches Moos, Lungenmoos, Flechte im nördl. Europa, gelappt, oberseits grünlichbraun, unten weißlich, lederartig. Sie kommt in dt. Gebirgen vor (**Brockenmoos**) und bildet Rasen; dient gegen Halskatarrh, auf Island entbittert als Nahrung und Futter. (BILD Flechten)

Isländische Sprache und Literatur. Die isländ. Sprache gehört zu den nordgerman. Sprachen (→Altnordisch); ihr sind wichtige Zeugnisse nordgerman. Art, Sage und Kunst erhalten (→Edda, →Saga, →Skalden). In neuerer Zeit wurde die isländ. Literatur in Dtl. bekannt durch: Jón Svensson (†1944, Nonni-Bücher), G. Gunnarsson, K. Gudmundsson, G. Kamban, H. K. Laxness.

'**Ismael** [hebr.], im A. T. Sohn Abrahams, Stammvater nordarab. Stämme, der **Ismaeliten.**

Isma'ilia, ägypt. Stadt am Suezkanal, 156 300 Ew.; Bahnknoten.

Ismail'iden die, Sekte der →Schiiten.

iso... [grch.], gleich..., z.B. isomorph, gleichgestaltig.

ISO, Abk. für International Organization for Standardization, internat. Zusammenschluß der nationalen Normenausschüsse zur Aufstellung von Normen (früher ISA). **ISO-Passungen,** →Passungen.

Isochromas'ie [grch.] die, Eigenschaft lichtempfindl. Schichten, für alle Farben gleich empfindlich zu sein.

Is'okrates, griech. Redner, *436, †338 v. Chr.

'**Isola Bella,** eine der Borromeischen Inseln im Lago Maggiore (Palast und Gartenanlagen).

Isolati'on [lat.] die, Vereinzelung, Trennung.

Isolation'ismus [lat.] der, in den USA seit der Monroe-Doktrin (1823) wiederholt vertretene polit. Anschauung, wonach die Regierung jede Verwicklung in nicht-amerikan. Angelegenheiten vermeiden solle.

Isol'ator [lat.] der, -s/...'oren, ein Stoff, der den elektr. Strom sehr schlecht leitet, z.B. Glas, Glimmer, Hartgummi, Porzellan, trockene Luft, Bernstein, Kautschuk, Bakelit u.a. – I. i. e. S. sind die Porzellan- oder Glaskörper zum Verlegen elektr. Leitungen.

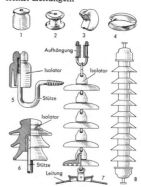

Isolator:
1, 2 Isolierrollen, 3 Eckrolle, 4 Eierisolator, 5 Stützisolator für Niederspannung, 6 Stützisolator für Hochspannung, 7 Kappenisolatoren, 8 Langstabisolator

Is'olde, die Geliebte des →Tristan.

isol'ieren [lat.], 1) absondern, z.B. Kranke. 2) spannungführende elektr. Leiter gegen Berührung schützen oder voneinander trennen durch **Isolierstoffe** (→Isolator). 3) bei Bauten durch Dämm- oder Sperrstoffe die Zu- oder Ableitung von Feuchtigkeit, Schall, Wärme verhindern.

'**Iso-Linien,** Linien gleicher Zahlenwerte (auf Karten, in Diagrammen u.a.). Die wichtigsten sind:

Island

	Linien gleicher(-en)
Isoamplituden	Temperaturschwankungen
Isoanomalen	Abweichung vom Mittelwert (Luftwärme)
Isobaren	Luftdruckwerte
Isobasen	Hebung
Isobathen	Wassertiefe
Isochoren	Rauminhalts
Isochronen	zeitl. Erscheinungen (Gewitterausbruch)
Isodynamen	magnet. Feldstärke
Isogammen	Schwerkraft
Isogonen	magnet. Deklination
Isohalinen	Salzgehaltes
Isohyeten	Niederschlagsmenge
Isohypsen	Höhenlage
Isoklinen	magnet. Inklination
Isophoten	Helligkeit
Isoseisten	Erdbebenstärke
Isothermen	Temperatur

Isomer'ie [Kw., grch.] die, 1) ◦ isom'er sind chem. Verbindungen, die die gleichen Atome in gleicher Anzahl, jedoch in verschiedener Anordnung, enthalten und sich deshalb chem. und physikal. voneinander unterscheiden, z. B. Äthylalkohol C_2H_5OH und Methyläther CH_3OCH_3, Summenformel beide C_2H_6O. Neben dieser **Struktur-I.** gibt es die **Stereo-I.**, bei der spiegelbildl. gleiche Atomordnungen auftreten, die sich durch ihr opt. →Drehungsvermögen unterscheiden. **2)** isomere **Atomkerne** bestehen aus den gleichen Bausteinen, zeigen aber verschiedenes physikal. Verhalten.

Isomorph'ie [grch.] die, Auftreten von Kristallformen, die in ihren Flächenwinkeln sehr ähnlich sind, bei Kristallen verschiedener chem. Zusammensetzung.

Is'onzo der, 136 km langer Fluß aus den Jul. Alpen, mündet in die Bucht von Triest.

Isopr'en das, ◦ flüssiger Kohlenwasserstoff, diente zur Herstellung von künstl. Kautschuk.

'Isospin [Kw.] der, eine Quantenzahl zur Kennzeichnung der Ladungszustände von Elementarteilchen und Atomkernen.

isot'onisch [grch.] heißen Lösungen von gleichem osmotischem Druck.

Isot'ope [grch.] Mz., ◦ Abarten eines Elements mit gleicher Ordnungszahl (Protonenzahl) und daher gleichen chem. Eigenschaften, aber verschiedener Neutronenzahl. Die meisten Elemente bestehen aus einer Mischung verschiedener I., die nur physikal. Verfahren voneinander zu trennen sind. Die wichtigsten Verfahren der **I.-Trennung** sind Massenspektrographie, fraktionierte Destillation, Diffusion, Elektrolyse, Ultrazentrifuge u. a. In der Natur gibt es 281 stabile und über 1300 instabile, meist künstlich hergestellte, radioaktive I. →Radioaktivität, →Kernbatterie.

Isot'openindikatoren, engl. **Tracer,** chem. Elemente oder Verbindungen, in denen eines der in ihnen enthaltenen Isotope stärker angereichert ist, als es deren natürl. Mischungsverhältnis entspricht; zur Untersuchung von Reaktionsabläufen, zur Aufklärung komplizierter Stoffstrukturen.

isotr'op [grch.] heißen Körper mit gleichen physikal., bes. opt. Eigenschaften in allen Richtungen. Gegensatz: anisotrop.

Ispra, italien. Gem. am Lago Maggiore, Kernforschungszentrum.

Israel, 1) Ehrenname Jakobs (1. Mose 32,29). **2)** Volksname seiner Nachkommen, daher **Kinder I., Israeliten. 3)** in der Geschichte I.s seit der Teilung des Reiches Salomos (932 v. Chr.) auch der Name für das nördliche Reich der zehn Stämme, im Gegensatz zum Südreich Juda.

GESCHICHTE. Die Vorgeschichte **(Patriarchenzeit)** der Israeliten ist sagenhaft bis zur Befreiung aus Ägypten durch Moses, der Jahve zum Volksgott von I. erklärte. Ursprünglich waren die Israeliten ein Hirtenvolk der Steppe, aus der sie allmählich in das von Kanaanäern besiedelte Kulturland Palästina eindrangen (→Richter). Die Königs-

zeit eröffnete Saul; David (um 1000 v. Chr.) einigte von dem südl. Stamm Juda aus ganz Palästina, eroberte das bisher noch kanaanäische Jerusalem und besiegte die Philister; sein Sohn Salomo baute den Tempel in Jerusalem. Nach ihm spaltete sich I. 926 in zwei Reiche: Juda und I. Das Nordreich I. wurde 722 von den Assyrern vernichtet; das Südreich **Juda** wurde 621 durch König Josia religiös erneuert, aber 597 und endgültig 586 v. Chr. durch den babylon. König Nebukadnezar zerstört, der Jerusalem eroberte und den Hauptteil des Volkes in die **Babylon. Gefangenschaft** führte. Seit 538 kehrten die Israeliten aus der Gefangenschaft zurück, errichteten einen Priesterstaat und bauten einen neuen Tempel; Weiteres →Juden.

Israel, hebr. **Medinat Israel,** Republik in Vorderasien, 20 700 km², 2,8 Mill. Ew.; Hauptstadt: Jerusalem. Amtssprache: Hebräisch. – Gesetzgebung durch das Parlament (die Knesset), das den Staatspräs. wählt. Vollziehende Gewalt bei der Regierung. ⊕ S. 514, ⊡ S. 345, ⊡ S. 878.

LANDESNATUR →Palästina. BEVÖLKERUNG. Rd. 87% Juden, daneben Araber u. a. Wachsender Anteil der Juden afrikan. und asiat. Herkunft. Religion: Juden, Muslime, Christen, Drusen. WIRTSCHAFT. Rd. 90% der landwirtschaftl. Nutzfläche sind Eigentum des Volkes. Kennzeichnende ländl. Siedlungsformen herrschen vor, darunter Kibbuzim, Moschaw. Anbau, teilweise mit Bewässerung: Getreide, Weintrauben, Citrusfrüchte, Erdnüsse, Baumwolle u. a.; Viehzucht. Bodenschätze: Stein-, Kali- und Bromsalze, Phosphate, Erdgas; Nahrungsmittel-, Textil-, Metall-, chem., feinmechan. u. a. Ind., Diamantschleiferei. Fremdenverkehr. Die Einfuhr (bes. Rohstoffe und Anlagegüter) überwiegt stark die Ausfuhr (bes. Citrusfrüchte, geschliffene Diamanten, Geflügel). Haupthandelspartner: USA, Großbritannien, Bundesrep. Dtl. – Das Straßennetz wird ausgebaut. Haupthäfen: Haifa, Aschdod, Elath; internat. Flughafen: Lod.

GESCHICHTE. Die UN beschlossen am 29. 11. 1947 die Aufteilung →Palästinas in 2 Staaten mit einem internat. Jerusalem unter Treuhandschaft der UN. Der Teilungsplan der UN wurde bes. von den arab. Staaten nicht anerkannt. Mit Beendigung des brit. Palästina-Mandats wurde am 14. 5. 1948 der Staat I. ausgerufen. Am 15. 5. 1948 eröffneten Ägypten, Jordanien, Libanon, Syrien und der Irak den Krieg gegen I. Durch Vermittlung der UN wurden 1949 unbefristete Waffenstillstandsverträge abgeschlossen. Starke Spannungen bestehen fort. Über den israel. Angriff auf Ägypten 1956 →Ägypten. Geschichte. 1967 spitzten sich die arab.-israel. Gegensätze zu. Kriegsausbruch am 5. 6. 1967. Israel besiegte Jordanien, Ägypten, Syrien; eroberte den Gaza-Streifen, die gesamte Sinai-Halbinsel, Jordanien bis zum Jordan (mit O-Jerusalem), Golan längs der syr.-israel. Grenze. Der Sicherheitsrat der UN war am Zustandekommen der Waffenruhe beteiligt. Nach einer polit. Lösung der Krise wird noch gesucht. Staatspräs.: S. Schasar (seit 1963); MinPräs.: L. Eschkol (1963-69); Golda Meir.

Israel: Haifa

431

'**Issos,** alte Seestadt in Kilikien (Kleinasien), bekannt durch den Sieg Alexanders d. Gr. über den
Perserkönig Darius III., 333 v. Chr.

Ist..., tatsächlich vorhanden: **Iststärke, Ist|ein-
nahmen.** Gegensatz: Soll...

'**Istanbul** [türk.], früher **Konstantinopel,** das
alte **Byzanz,** 1453-1923 Hauptstadt der Türkei,
mit 2,7 Mill. Ew. die größte Stadt des Landes.
I. liegt auf Hügeln beiderseits des Südausganges
des Bosporus und am Marmarameer, mit den europ. Vorstädten Pera und Galata, den asiat. Vororten Kadiköi und Skutari. Seine Lage sowie der
Naturhafen des Goldenen Horns machen I. zum
wichtigsten Hafen und Stapelplatz des östl. Mittel-
meergebietes (Werften, Fremdenverkehr, Textil-,
Leder-, Tabakind. u. a.); Sitz von Bischöfen vieler
christl. Bekenntnisse; Univ., TH u. a. Hochschulen; dt. archäolog. Institut. I. hat etwa 700 Moscheen, darunter die früher christl. Hagia Sophia
(jetzt Museum), die Sultansmoscheen, 172 christl.
Kirchen, viele Denkmäler, Säule des Kaisers Konstantin, röm. Wasserleitung. – I., das ehemal.
→Byzanz, wurde 330 n. Chr. Hauptstadt des Römischen, 395 des Byzantin. Reiches, 1204 von den
Kreuzfahrern erobert, 1261 wieder byzantinisch,
1453 von den Türken erobert.

'**Isthmus** [lat.] der, Landenge, z. B. der **I.** von
Korinth; dort hatten im Altertum beim Heiligtum
des Poseidon die **Isthmischen Spiele** statt.

Istikl'al [arab. »Unabhängigkeit«], nationalist.
Parteien in arab. Ländern (Marokko, Irak).

'**Istrien,** Halbinsel am N-Ende des Adriat. Meeres; verkarstetes Kalkgebiet mit hafenreicher Westküste; 3800 km². Haupthäfen: Triest, Pula. I. kam
im 13. Jahrh. größtenteils an Venedig, 1797 an
Österreich, 1919 an Italien, 1947 an Jugoslawien.
→Triest.

Istwä'onen, Istävonen Mz., einer der drei großen westgerman. Stammesverbände, aus dem die
Franken hervorgingen.

it., Abk. für →item.

'**Itala** die, altlatein. Bibelübersetzung.

It'alien, italien. **It'alia,** Rep. auf der Apenninhalbinsel, mit Sizilien, Sardinien, Liparische Inseln, Elba und kleinen Inseln 301 245 km², 54,4
Mill. Ew.; Hauptstadt: Rom. ● S. 523, ◫ S. 345,
◰ S. 878.
Nach der VERFASSUNG vom 22. 12. 1947 ist I.
eine Republik. Gesetzgebung durch das Parlament
(gewähltes Abgeordnetenhaus; teils gewählter, teils
ernannter Senat). Beide wählen gemeinsam auf 7
Jahre den Staatspräs. Er ernennt den MinPräs.
und die dem Parlament verantwortl. Minister. –
Verwaltungseinteilung in 20 Regionen, darunter 5
mit weitergehender Autonomie: Sizilien, Sardinien, Aostatal, Trentino-Tiroler Etschland, Friaul-
Julisches Venetien.
LANDESNATUR. I. besteht aus dem festländi-
schen Italien (Alpengebiet, Po-Ebene), der Apenninhalbinsel (Hauptgebirge der Apennin, in den
Abruzzen bis 2914 m hoch) und Insel-Italien. Mit
Triest greift I. auf das Gegengestade der Adria
über. Die Po-Ebene und die venezian. Ebene sind
das einzige große Flachlandgebiet I.s. Tätige Vulkane sind Vesuv, Ätna, Stromboli. Wichtige Flüsse: Po, Etsch, Tiber, Arno. Seen am Alpenrand

(Lago Maggiore, Comer-, Iseo-, Gardasee), in
Mittel-I. der Trasimenische See. Klima: Im Alpengebiet vorwiegend mitteleuropäisch, dann nach
S Übergang zum Mittelmeerklima. Pflanzenwelt:
Im N und in den Gebirgen meist mitteleuropäisch,
an der Küste und im S mittelmeerisch (Oleander,
Lorbeer, Myrte, Zypresse, Pinie; Macchie).
BEVÖLKERUNG. Meist Italiener; in Südtirol
auch Deutsche und Ladiner, im Aostatal Franzo-
sen, in Friaul Slowenen, in Süd-I. und Sizilien Al-
baner. 41 Großstädte. Religion: 99% kath. (Staats-
religion), daneben Protestanten, Orthodoxe, Juden.
WIRTSCHAFT. Hauptlandwirtschaftsgebiet die
Po-Ebene. Anbau von Weizen, Mais, Zuckerrüben,
Oliven, Wein, Südfrüchten; Viehzucht (Rinder,
Schafe, Schweine); Fischerei. ⚒ auf Marmor, Erd-
öl (Sizilien), Erdgas (Po-Ebene), Eisen, Bauxit u. a.
Textil-, chem., Kraftfahrzeug-, Maschinen-, Pa-
pier- u. a. Ind. Starke Ausnutzung der Wasser-
kraft, da Mangel an Kohle; Kernkraftwerke.
Fremdenverkehr. Ausfuhr: Südfrüchte, Gemüse,
Woll- und Baumwollfabrikate, Schuhe, Maschi-
nen, Fahrzeuge, chem. Erzeugnisse, Wein u. a.
Einfuhr: Mais, Fleisch, Wolle, Kohle, Holz, Ma-
schinen u. a. Haupthandelspartner: EWG-Länder,
USA, Schweiz, Großbritannien. Das Autobahnnetz wird ausgebaut. Zahlreiche Häfen, darunter
Genua, Neapel, Venedig, La Spezia, Augusta, Livor-
no, Brindisi; internat. Flughafen: Rom (Fiumicino).
GESCHICHTE. Über I. im Altertum →Römische
Geschichte. Nach der Zerstörung des Ostgoten-
reiches (→Goten) gewann Byzanz für kurze Zeit
die Herrschaft über I.; sie wurde jedoch nach dem
Einfall der →Langobarden auf I. auf Süd-I.
und die Gebiete um Rom und Ravenna beschränkt.
Die Annäherung der Päpste an das Frankenreich
führte zur Entstehung des →Kirchenstaates (→Pip-
pin). Nach der Krönung (800) Karls d. Gr., der 774
die Langobardenreich gewann, stritten Päpste und
Kaiser in der Nachfolge des Röm. Reiches um die
Macht. In Unter-I. und Sizilien errichteten im 11.
Jahrh. die →Normannen ein Reich; es fiel 1194 in
stauf. Hand, 1265 an Anjou. Nach dem Zusammenbruch der Hohenstaufen-Kaiser entstanden in
Ober- und Mittel-I. selbständige Mittel- und
Kleinstaaten, so das Herzogtum Mailand unter
den Visconti, Florenz unter den Medici (später Großherzogtum Toskana), Piemont-Savoyen,
die Adelsfreistaaten Venedig und Genua, die
zu den führenden Handels- und Seemächten
des Mittelmeers wurden. Trotz der polit. Zerrissenheit war I. im 14. bis 16. Jahrh. der Mittelpunkt des Humanismus und der Renaissance.
Im Kampf gegen Frankreich errang Spanien
(Habsburg) im 16. Jahrh. die Vorherrschaft in I.
Die Herrscher von Piemont-Savoyen erlangten
1718-20 die Königskrone von Sardinien; die Vorherrschaft in I. fiel an Österreich. Die Herrschaft
über Neapel und Sizilien fiel 1735 an die Bourbonen. 1796 rissen die französ. Revolutions-
truppen die Macht in I. an sich und errichteten abhängige Freistaaten. 1805 machte sich
Napoleon auch zum König von I., in Neapel
setzte er seinen Schwager Murat ein. 1815 stellte
der Wiener Kongreß die Vorherrschaft Österreichs (Lombardo-Venezian. Kgr.), Toskana, Modena), den Kirchenstaat, das Kgr. Sardinien-
Piemont und das bourbon. Kgr. Neapel wieder
her. Gegen die österreich. Fremdherrschaft richtete sich die seit 1800 entstandene Einheits- und
Freiheitsbewegung, das »Risorgimento«. Die Revolution von 1848/49 wurde durch die Österreicher niedergeschlagen (Custozza, Novara). Nachdem Cavour französ. Hilfe gewonnen hatte, wurde die Österreicher 1859 bei Magenta und Solfe-
rino besiegt und traten die Lombardei ab. Auf
Grund von Volksabstimmungen vereinigte Cavour
auch Toskana, einen Teil des Kirchenstaats und
Neapel-Sizilien, wo der Freischarenzug Garibaldis
die Bourbonenherrschaft stürzte, mit Piemont-
Sardinien; Viktor-Emanuel II. nahm 1861 den Titel eines Königs von I. an (Hauptstadt Florenz).
Als Verbündeter Preußens gewann I. 1866 noch

Venetien (→Deutscher Krieg von 1866). 1870 wurde Rom besetzt, 1871 zur Hauptstadt erhoben, der Kirchenstaat beseitigt. 1882 schloß I. den Dreibund mit dem Dt. Reich und Österreich-Ungarn ab, obwohl die →Irredenta ein gespanntes Verhältnis zu Österreich verursachte. 1911/12 wurde das bisher türk. Libyen erobert. Im →Weltkrieg I trat I. im Mai 1915 an die Seite der Entente. 1919 gewann es Südtirol bis zum Brenner, Triest, Istrien u.a. Der von Mussolini 1919 geschaffene →Faschismus äußerte sich als scharfer Nationalismus. In den Lateranverträgen von 1929 verständigte sich Mussolini mit der Kirche. Nach kleineren außenpolit.Erfolgen unterwarf er 1935/36 Äthiopien. 1939 wurde Albanien besetzt. 1940 trat I. auf seiten Dtl.s in den 2.Weltkrieg ein. Dem Sturz Mussolinis (1943) folgten Waffenstillstand und Kriegserklärung an Dtl. 1946 wurde I. Republik. 1947 verlor es Istrien, die Dalmatin. Inseln und Fiume an Jugoslawien, den Dodekanes an Griechenland, kleinere Grenzgebiete an Frankreich; Triest wurde Freistaat (seit 1954 die Stadt Triest wieder italien., das Hinterland jugoslaw.), Albanien und Äthiopien wieder selbständig. I. mußte auf alle Kolonien verzichten. Seit 1947 starke innerpolit. Auseinandersetzungen zwischen Kommunisten und den regierenden Christl. Demokraten, seit 1963 entscheidendeVerbreiterung der Regierungsbasis durch die Beteiligung der Nenni-Sozialisten, unterbrochen Juni–Dez.1968 von einer Minderheitsregierung der Christl. Demokraten. 1949 wurde I. Mitgl. der NATO, 1957 der EWG und des Euratom. Staatspräs. G. Leone (seit 1971), MinPräs. G. Andreotti (seit 1972).

Italienische Kunst. Sie entwickelte sich auf der Grundlage des spätantiken Erbes und der byzantin. Kunst nur langsam zu nationaler Eigenart. Ihr Beitrag zur Ausbildung der →Romanik war geringer als des Nordens, trotz großartiger Bauten wie des Domes zu Pisa, bedeutender Wandmalerei und früher Pflege des Tafelbildes. die→Gotik nahm die I.K. mit grundlegenden Umwandlungen auf, in denen sich der nationale Gestaltungswille epochemachend anzeigte; die entscheidenden Meister: Arnolfo di Cambio (Baumeister), Giovanni Pisano (Bildhauer), Giotto (Maler). Das 15.Jahrh. brachte in ständiger Auseinandersetzung mit der Gotik und wachsender Ergriffenheit von der Antike, die Entwicklung zur →Renaissance, die um 1500 zu ihrem Höhepunkt kam und Italien zur führenden Kunstmacht Europas erhob. Baumeister: Brunelleschi, Alberti, Michelozzo; Bildhauer: Donatello, L. della Robbia, Quercia, Verrocchio; Maler: Masaccio, Piero della Francesca, Mantegna, die Bellini. Förderlich war, daß die einzelnen Landschaften miteinander wetteiferten (Toskana, Umbrien, Oberitalien, Venedig, später Rom). Die führenden Meister der Hochrenaissance waren: Leonardo, Bramante, Michelangelo, Raffael, Giorgione, Tizian, Palladio. Auch der →Barock hat von Italien seine Gestalt erhalten: Vignola, Borromini, C.Maderna (Baumeister); Bernini (Bildhauer, Baumeister), Tintoretto, Carracci, Caravaggio, Pietro da Cortona, Domenichino, Guercino, Reni, Tiepolo (Maler). Das →Rokoko war nur Episode (wichtig sind die beiden Canaletto und Guardi), breiter ist die Wirkung des sich schon früh anbahnenden →Klassizismus (Canova). Seit dem →Futurismus gewann die I.K. neue Bedeutung (Maler: G. de Chirico, C. Carrà; Bildhauer: M.Marini, G.Manzù). In neuerer Zeit wandten sich Santomaso, Corpora, Vedova der abstrakten Malerei zu. Seit 1960 etwa entstehen Gegenströmungen mit Perilli, Novelli, Manzoni. Die moderne Architektur setzte mit Sant Elia ein; bed. Betonbauten schuf Nervi. (FARBTAFEL S.690)

Italienische Literatur. Sie beginnt später als die Literatur der anderen roman. Länder, da der Gebrauch des Lateins in Italien länger lebendig blieb. Am Hofe Kaiser Friedrichs II. in Palermo wurde zuerst die provenzal. Troubadourdichtung in Vulgärsprache nachgeahmt. Fast gleichzeitig entstanden die ersten Ansätze religiöser Volksdich-

tung (Franz v. Assisi, Jacopone da Todi). Die sizilian. Dichterschule wurde von nord- und mittelitalien. Dichtern abgelöst (»süßer neuer Stil«). Im 14.Jahrh. erreichte die I.L. bereits ihren ersten Höhepunkt mit dem Dreigestirn: Dante (»Göttliche Komödie«), Petrarca, Boccaccio (»Decamerone«). Die Wiederbeschäftigung mit der antiken Literatur (→Humanismus) führte am Ende des 15. und im 16.Jahrh. zur zweiten Blütezeit (Renaissance): Ritterepen von Boiardo, Ariost, Tasso, wissenschaftl. und philosoph. Prosa von Leonardo da Vinci, Machiavelli, im 17.Jahrh. von G.Bruno, Campanella. »Schäferspiel« (Tasso, Guarini) und Stegreifkomödie (Commedia dell'arte) wurden in ganz Europa nachgeahmt. Seit Marinos Versepos »Adone« (1623) wurde die italien. Dichtung prunkhaft, spitzfindig (Marinismus). Seit Mitte des 18. Jahrh. neuer Aufstieg: Goldoni (Lustspiele), Gozzi (Märchenspiele), Alfieri (Tragödien), Foscolo. Die I.L. der romant. Zeit (Manzoni »Die Verlobten«; Leopardi) trug wesentlich zur polit. Einigung Italiens bei. Bekannte Namen aus neuerer Zeit: Carducci, Pascoli, A.Negri, G.Verga, d'Annunzio, G.Deledda, Pirandello, Marinetti (→Futurismus), B.Croce. In der Gegenwart finden italien. Lyriker (Ungaretti, Saba, Montale, Quasimodo), Erzähler (R.Bacchelli, I.Silone, A.Moravia, C. Pavese, D.Buzzati, G.Tomasi di Lampedusa, I. Calvino,P.Levi, R.Volponi, C.E.Gadda), Dramatiker (U.Betti, D.Fabbri) im Ausland Beachtung.

Italienische Musik. Sie ist durch ihre immer wieder hervortretende Neigung zu schönem Gesang (belcanto) und eingängigen Klangwirkungen auslösende Gregorianische Choral ging von Italien aus. Dort entstand auch im 11.Jahrh. an den →Neumen die abendländ. Notenschrift. Der Beitrag Italiens zur Mehrstimmigkeit war gering. Die geistl. volkssprachigen Lieder des 13.Jahrh., die Lauden, blieben einstimmig. Erst das 14.Jahrh. brachte die Mehrstimmigkeit (Madrigal). Im 15. und frühen 16.Jahrh. herrschten auch in Italien die Niederländer (Dufay, Josquin des Prez, Isaac, Orlando di Lasso). Eine revolutionäre Tat stellte die mehrstimme A-capella-Musik von Palestrina (1525-94) dar. Ebenso epochemachend war die Schöpfung der →Oper um 1600, deren größter Meister Monteverdi wurde. Daneben entstanden das geistliche Oratorium (Carissimi), das Concerto (erst vokal, dann instrumental; Corelli, Vivaldi), Instrumentalgattungen wie der →Toccata (Merulo). Von Bedeutung wurde auch die Klaviermusik D.Scarlattis. Seit dem 18., bis weit ins 19.Jahrh. wirkte die I.M. hauptsächlich durch ihre ernsten und kom. Opern (A.Scarlatti, Pergolesi, Rossini, Bellini, Donizetti, Spontini). Größter dramat. Opernkomponist war Verdi. Nach ihm sind Mascagni, Leoncavallo, Puccini, Wolf-Ferrari, ferner Pizzetti, Malipiero, Casella zu nennen. Von jüngeren Komponisten wurden u.a. Petrassi, Dallapiccola, Peragallo, Maderna, Nono, Berio bekannt.

Italienische Sprache, die aus latein. Volksmundarten entwickelte roman. Sprache in Italien, dem Tessin und in Teilen Graubündens. Italien. Dialekte werden auf Korsika, in Istrien und z.T. an der Küste N-Dalmatiens gesprochen.

It'aliker, moderner Name für eine Gruppe indogerman. Volksstämme, die gegen Ende des 2.Jahrtsds. v.Chr. in Italien einwanderten, darunter die Latiner (Römer).

'item [lat.], **it.**, ebenso, gleichfalls, ferner.

Iterat'ivum [lat.] das, -s/-va, Zeitwort der Wiederholung, z.B. hüsteln, öfter husten.

Ith der, Gebirgsrücken westl. der Leine.

'Ithaka, neugriech. **Ith'aki,** eine der Ionischen Inseln; bei Homer: Heimat des Odysseus (nach einigen neueren Forschern ist das Homerische I. gleich Leukas); Haupterzeugnisse: Korinthen, Wein, Oliven. Hauptort: Ithaki, auch Vathi.

Itiner'ar [lat.] das, -s/...rien, 1) Reisebeschreibung mit Verzeichnis der Haltepunkte und Entfernungen. 2) ⊕ Wegeaufnahme der Forschungsreisenden in noch nicht vermessenen Gebieten.

Itschinomija, japan. Stadt östl. von Tokio, 207 000 Ew.

Itzehoe [-h′o:], Kreisstadt in Schlesw.-Holst., an der Stör, 36 200 Ew.; Zement-, Papier-, Textil-Ind., Druckereien.

ius [lat.] das, Recht (→Jus).

i.V., Abk. für in Vertretung.

Iw′an [russ. »Johannes«], russ. Zaren. **1) I. III.** (1462-1505), vereinigte fast alle russ. Teilfürstentümer mit Moskau, beseitigte 1480 die Oberhoheit der Tataren und begründete so als »Herr von ganz Rußland« den russ. Nationalstaat. **2) I. IV., der Schreckliche** (1533-84), verband staatsmänn. Geschick (Förderung von Handel und Gewerbe, Verbindung mit Westeuropa) mit grausamem Despotismus, eroberte Kasan und Astrachan; unter ihm begann die Unterwerfung Sibiriens.

Iw′anowo, Stadt in der Sowjetunion, nordöstl. von Moskau, 419 000 Ew.; Hochschulen; Textil-Ind., Chemie-Kombinat, Maschinenbau, Nahrungsmittel-u.a.Ind.,Erdöl-undHolzverarbeitung.

′Iwein, ein Ritter der Tafelrunde des Königs Artus; mhd. Epos von Hartmann von Aue.

IWF, →Internationaler Währungsfonds.

Iwr′ith, amtl. Umgangs- und Behördensprache des Staates Israel.

Izm′ir, →Smyrna.

Izmit, türk. Stadt am Marmarameer, 90 100 Ew.

Iztaccihuatl, Ixtaccihuatl [istaks′iuatl, aztekisch »Weiße Frau«], erloschener Vulkan im SO der Stadt Mexiko, 5286 m hoch.

J

j, J, oder **Jot,** österr. **Je** das, **1)** Mitlaut; der zehnte Buchstabe im Abc. **2)** J, chem. Zeichen für →Jod. **3)** ⊗ J, Energieeinheit, →Joule.

J′ablonowyj-Gebirge, J′ablonoi-Gebirge, Gebirge in Ostsibirien, bis 1670 m hoch, reich an Erzen, Wasserscheide Amur/Lena.

Jabl′unkagebirge, Teil der W-Beskiden, bis 1082 m hoch, mit dem Jablunkapaß (551 m).

Jabot [ʒab′o, frz.] das, Brustkrause am Männerhemd des 18. und 19. Jahrh., später an Damenkleidern.

Jacht, engl. **Yacht** [j′o:t] die, schnell fahrendes Segel-, Dampf- oder Motorschiff zu Sport-, Vergnügungs- oder repräsentativen Zwecken, oft seetüchtig.

Jack [dʒæk, engl.], Kurzform von Johann.

Jacketkrone [dʒ′ækit-, engl.], künstl. Zahnkrone aus Porzellan oder Kunststoff.

Jack′ett [frz.] das, Jacke aus Stoff.

Jackson [dʒ′æksn], Hauptstadt von Mississippi, USA, am oberen Pearl River, 155 000 Ew.; vielseitige Ind., in der Umgebung Erdgasfeld.

Jackson [dʒ′æksn], Andrew, 7. Präs. der Verein. Staaten (1829-37); besiegte die Engländer bei New Orleans (1815).

Jacksonville [dʒ′æksnvil], Stadt in Florida, USA, 201 000 Ew.; Winterkurort; größter Industrieort des Staates mit vielseitiger Leichtindustrie.

Jac′obi, Friedrich Heinrich, Philosoph, *1743, †1819,verfocht im Gegensatz zur Aufklärung eine Gefühls- und Glaubensphilosophie.

Jacobsen, Jens Peter, dän. Dichter, *1847, †1885, schwermütiger impressionist. Lyriker, Erzähler. Histor. Roman: »Frau Marie Grubbe«.

Jacquardmaschine [ʒak′a:r-, frz.], Webmaschine zur Herstellung von reich- und großgemusterten Geweben; nach dem französ. Weber Joseph Marie Jacquard (*1752, †1834).

Jacques [ʒak, frz.], Jakob.

Jade die, Handelsname für Nephrit und Jadeït, grünl. Minerale, Natrium-Aluminium-Silicate.

Jade die, schiffbarer Küstenfluß in Oldenburg, mündet in den Jadebusen (190 km²) der Nordsee.

Jaén [xa′ɛn], Stadt in S-Spanien, 75 700 Ew.; Bischofssitz; Kathedrale.

Jaffa, griech. **Joppe,** Hafenstadt in Israel, am

Jaguar

Mittelmeer, bildet mit →Tel Aviv eine Doppelstadt mit zusammen 394 000 Ew. – Hauptlandungsplatz der Kreuzfahrer.

Jagd, Weid-, Waidwerk, das weidgerechte Erlegen, Fangen und Hegen des Wildes, berufsmäßig vom Förster oder Jagdhüter betrieben. Die J. auf Hochwild (alles Schalen- außer Rehwild), Auergeflügel, Stein- und Seeadler heißt **hohe, auf** alle anderen Wildarten **niedere J.** Arten: **Suche** (Federwild u. a.), **Pirschen** (Schalenwild), **Anstand** (Ansitz), **Treib-, Hetz-, Fang-J., Graben** (Dachs, Fuchs), **Frettieren** (Kaninchen), **Beize** (Falken), **Hütten-J.** (Greifvögel). Die J. ist in Dtl. wie in den meisten Kulturstaaten durch Gesetze geregelt. →Jagdrecht, →Jagdschein, →Schonzeit.

Jagdhunde, bes. die Hühner- (Vorstehhunde) Stöber-, Schweiß-, Erdhunde. (TAFEL Hunde)

Jagdrecht, die ausschließl. Befugnis, jagdbaren Tieren nachzustellen; geregelt im Bundesjagdges. vom 30. 3. 1961 mit neuer Verordnung über die J.-Zeiten ab 1. 4. 1968. **Jagdwilderei,** die Verletzung fremden Jagdrechtes, wird mit Freiheitsstrafe bestraft (§§ 292 ff. StGB).

Jagdschein, Ausweis für die Ausübung der Jagd, von der unteren Polizeibehörde ausgestellt, setzt eine abgelegte Jägerprüfung voraus.

Jagi′ello [poln.], **Jagello** [litauisch], Großfürst von Litauen, †1434; wurde 1386 Christ und als **Wladislaw II.** poln. König, besiegte den Dt. Orden bei Tannenberg (1410). Die **Jagiell′onen** herrschten bis 1572 in Polen.

Jagen das, ⚘ von Schneisen eingeschlossenes Forststück.

Jaeger, 1) Richard, Politiker (CSU), *1913, seit 1949 MdB, 1953-65 und seit 1967 Vizepräs. des Bundestages,1965-66 Bundesjustizmin. **2)** Werner, *1888, †1961; Sprach- und Altertumsforscher.

Jägerlatein, übertriebene und erfundene Jagdgeschichten.

Jägerndorf, tschech. **Krnov,** Stadt in der Tschechoslowakei, an der Oppa, 22 200 Ew.; Orgelbau, Tuch-Ind. Alter schles. Herzogssitz.

Jagst die, rechter Nebenfluß des Neckars, 196 km, mündet bei Friedrichshall.

J′aguar der, gefährlichste Großkatze Amerikas, 1,5-2 m lang, rostgelb mit schwarzen Flecken oder Ringen, am Bauch weiß, oft ganz schwarz; lebt in feuchten Wäldern.

Jahn, 1) Friedrich Ludwig, *1778, †1852, Gymnasiallehrer, nach dem Zusammenbruch Preußens 1806 Vorkämpfer einer nationalen Erziehung, bes. des Turnens (Turnvater); später als »Demagoge« verfolgt, 1848 in die Nationalversammlung gewählt. **2)** Gerhard, Politiker (SPD), *1927, Jurist, 1967 Parlamentar. Staatssekr., seit Okt. 1969 Bundesjustizmin.

Jahnn, Hans Henny, Schriftsteller, Orgelbauer, Biologe, *1894, †1959; Dramen (»Pastor Ephraim Magnus«), Romane (»Fluß ohne Ufer«).

Jahr das, die durch den Umlauf der Erde um die Sonne festgelegte Zeiteinheit. Dem bürgerl. Jahr der Kalenderrechnung liegt das **tropische J.,** d.h. die Zeit zwischen zwei Durchgängen der Sonne durch den Frühlingspunkt = 365 Tage, 5 Stunden, 48 Min., 46 Sek., zugrunde. Das **siderische J. (Stern-J.),** d.h. die Zeit zwischen zwei

Jacquardmaschine

Jahn

Jakobinermütze

Durchgängen der Sonne durch eine bestimmte Stellung zu einem Fixstern, ist wegen der →Präzession der Erdachse etwa 20 Min. länger als das trop. Jahr.

Jahresabschluß, der jährl. Abschluß der Buchführung, muß von Aktiengesellschaften veröffentlicht werden. (→Bilanz)

Jahreszeiten, die vier durch den Stand der Sonne bestimmten Teile des Jahres: Frühling, Sommer, Herbst, Winter. Der Wechsel der J. beruht darauf, daß die Umdrehungsachse der Erde auf der Erdbahnebene nicht senkrecht steht, sondern in einem Winkel von 66,5°. Die astronomischen J. sind auf der:

Nordhalbkugel	Zeit	Südhalbkugel
Frühling	21. 3. - 22. 6.	Herbst
Sommer	22. 6. - 23. 9.	Winter
Herbst	23. 9. - 22.12.	Frühling
Winter	22.12. - 21. 3.	Sommer

Jahrring, →Holz.

Jahve, Jahwe, überliefert auch als **Jehova,** der Name Gottes bei den Israeliten, den sie wegen seiner Heiligkeit nicht aussprachen.

Jail'a, Gebirge im S der Halbinsel Krim, bis 1545 m hoch.

Jak [tibet.] der, **Yak, Grunzochse,** Rind in Tibet; Last-, Reit- und Milchtier.

Jako der, Graupapagei.

Jakob [hebr. »Fersenhalter«], männl. Vorname.

Jakob, Sohn Isaaks, durch seine zwölf Söhne Stammvater der zwölf Stämme Israels.

Jakob, Könige von Großbritannien. 1) J. I. (1603-25), Sohn der Maria Stuart, seit 1567 König von Schottland; die Aussöhnung mit den Katholiken vereitelte die →Pulververschwörung (1605). 2) J. II. (1685-88), seit 1672 kath., wurde von seinem protestant. Schwiegersohn Wilhelm III. von Oranien gestürzt und floh nach Frankreich.

Jakob'iner Mz., die bedeutendste und radikalste polit. Klub der Französ. Revolution, genannt nach seinem Tagungsort, dem ehem. Dominikanerkloster St. Jakob in Paris. Die J. waren die eigentl. Träger der Schreckensherrschaft von 1793/94 (Robespierre). Ihr Zeichen war die rote J.-Mütze, als **phrygische Mütze** seit dem Altertum am Mittelmeer gebräuchlich.

Jakob'iten Mz., 1) die christl. Sekte der Monophysiten in Syrien (nach dem syr. Mönch Jakob Baradäus). 2) die Anhänger des 1688 vertriebenen →Jakob II. Stuart.

Jak'obus, 1) J. der Ältere, Apostel, Fischer, Sohn des Zebedäus, Bruder des Evangelisten Johannes, † (hingerichtet) 44 n.Chr.; Tag: 25. 7. 2) J. der Jüngere, Apostel, Sohn des Alphäus; Tag: 3. 5.; im kath. Kult identisch mit J. 3). 3) Bruder (nach kath. Lehre Vetter) Jesu, ein Haupt der ersten christl. Gemeinde Jerusalems, 62 n.Chr. gesteinigt.

Jak'obusbrief, wichtige judenchristl. Schrift im N. T.

Jaksch, Wenzel, Politiker (SPD), *1896, †1966; 1929-38 als sudetendt. Sozialdemokrat Mitgl. des tschechoslowak. Parlaments, emigrierte 1939 nach England; 1964-66 Präs. des Bundes der Vertriebenen.

Jak'uten, Turkvolk an der mittleren und unteren Lena; Pferde- und Rentierzüchter. Jakutische

Jalta

ASSR, autonome Sowjetrep. (seit 1922) in der Russ. SFSR, in NO-Asien, 3103200 km², 646000 Ew. (J., Russen u.a.); Hauptstadt: Jakutsk. Kälteste Gebiete der Erde. Reiche Bodenschätze (Kohle, Gold, NE-Metalle, Erdöl).

Jal'ape, Jalappe, mexikan. Windengewächs mit großen roten Blüten; Wurzelstock (**Jalappenwurzel**) ist Abführmittel.

Jalousie [ʒaluz'iː, frz. »Eifersucht«] die, verstellbarer Sonnenschutz vor Fenstern.

J'alta, Hafenstadt und Kurort auf der Krim, Sowjetunion, 55000 Ew. Auf der **J.-Konferenz** (Febr. 1945) einigten sich Roosevelt, Churchill und Stalin u.a. über die Aufteilung Dtl.s in Besatzungszonen, die poln. Ostgrenze, die Bildung von demokrat. Regierungen für Polen und Jugoslawien, die Grundlagen der Verein. Nationen. Die Sowjetunion sagte gegen territoriale und polit. Zugeständnisse den Kriegseintritt gegen Japan zu.

J'alu, korean. **Amnokgang,** Grenzfluß zwischen Korea und der Mandschurei, mündet in die Koreabai; Kraftwerke.

Jaluit [dʒal'uːt], **Dschalut,** größtes Atoll der →Marshall-Inseln, 90 km² groß.

Jam [dʒæm, engl.] das, Marmelade.

Jam'aika, Insel der Großen Antillen, Land des Commonwealth, 10962 km², 1,9 Mill. Ew. (rd. 80% Neger, 16% Mulatten); Hauptstadt: Kingston. Amtssprache: Englisch. Staatsoberhaupt: die brit. Krone, vertreten durch Gen.-Gouv.; Parlament (2 Häuser). – J. ist gebirgig (bis 2257 m hoch). Erzeugnisse: Zucker, Bananen, Kakao, Rum, Citrusfrüchte, Tabak, Nelkenpfeffer; ⚒ auf Bauxit (größter Erzeuger der Welt). Nahrungsmittel-, Zement- u.a. Ind.; Fremdenverkehr. Haupthandelspartner: USA, Großbritannien. Haupthafen: Kingston; Flughäfen: Palisadoes, Montego Bay. – J. wurde 1494 von Kolumbus entdeckt, 1655 britisch; 1962 unabhängig. Min.-Präs.: H. L. Shearer (seit 1967). ⊕ S.517, ⊡ S.345.

J'ambol, Stadt in Bulgarien, rd. 55000 Ew.; Flughafen; Handel, Industrie.

Jamboree [dʒæmbər'iː, engl.] der, internat. Treffen der →Pfadfinder.

J'ambus, →Iambus.

Jamb'use die, **Malay-Apfel,** Obstfrucht von einer indischen Eugenienart.

James [dʒeimz], 1) Henry, Bruder von 2), amerikan. Erzähler, *1843, †1916, entwickelte den psycholog. Realismus zu höchster Vollendung. 2) William, amerikan. Philosoph, Psychologe, *1842, †1910; Vertreter des →Pragmatismus.

H. James

Jamnitzer, Wenzel, Goldschmied und Ornamentstecher, *1508, †1585; Meister der dt. Renaissance: Merkelscher Tafelaufsatz.

Jam Session [dʒ'æm s'eʃən, engl.] die, zwangloses, improvisiertes Zusammenwirken von Jazz-Musikern.

Jämtland, seenreiche Landschaft und Bezirk in Mittelschweden, 131000 Ew.; Holzreichtum; einzige Stadt: Östersund.

Janáček [j'anaːtʃɛk], Leoš, tschech. Komponist, *1854, †1928; Opern, Orchesterwerke, Lieder.

Jangtsekiang, der, größter und wichtigster Strom Chinas, fließt vom Kun-lun ins Gelbe Meer; 5800 km lang, 2700 km schiffbar. Im Sommer oft verheerende Überschwemmungen.

J'anhagel [niederländ. Jan »Hans« und Hagel »Fluch«] der, Pöbel.

Janitsch'aren Mz., frühere Kerntruppe des türk. Heeres, aus Nachkommen christl. Gefangener; J.-Musik, türk. Militärmusikkapelle.

Jannings

Jan Maat [niederländ.], Matrose.

Jan Mayen, norweg. Vulkaninsel, nordöstl. von Island; 373 km² groß, bis 2270 m hoch; Wetterdienststelle, Peilstation.

Jänner [österr.] der, →Januar.

Jannings, Emil, Schauspieler, *1884, †1950; Theater, Film (»Der blaue Engel«).

Jaensch, Erich, Psychologe, *1883, †1940, Entdecker der →Eidetik, entwarf eine psycholog. Typenlehre.

Japan, links: Goldener Tempel von Kioto, rechts: Fischerfrauen bringen den Fang zum Markt

Jansen'ismus der, kath. Richtung im 17. bis 18. Jahrh., die die Gnadenlehre Augustins entgegen der Kirchenlehre zur Unwiderstehlichkeit der Gnade überspitzte; benannt nach dem niederländ. Bischof Cornelius **Jansen** (*1585, †1638). Hauptsitz der **Jansenisten** war das 1710 zerstörte Kloster Port Royal bei Versailles.

J'anuar [lat. januarius, nach →Janus] der, **Hartung**, der erste Monat des Jahres, hat 31 Tage.

J'anus, altröm. Gott, Schützer des Hauses, später der Gott des Anfangs; nach außen und innen schauend, daher mit zwei Gesichtern.

Jap, Yap, Insel der →Karolinen, 207 km² groß.

J'apan, japanisch **Nippon**, Kaiserreich in O-Asien, 369 661 km², 103,5 Mill. Ew.; Hauptstadt: Tokio. ⊕ S. 515, ⊅ S. 345.

VERFASSUNG von 1946: Der Kaiser (Tenno) ist Staatsoberhaupt mit ausschließlich repräsentativen Aufgaben. Die Souveränität liegt beim Volke. Gesetzgebung durch Unterhaus und Oberhaus; vollziehende Gewalt bei der vom Parlament gewählten und ihm verantwortl. Regierung. – Verwaltungsgliederung in 46 Präfekturen (Provinzen).

Japan

LANDESNATUR. J. ist eine dem ostasiat. Festland vorgelagerte Inselgruppe(über3400Inseln).Hauptinseln: Hokkaido, Honschu, Schikoku, Kiuschu. Die Inseln sind waldreich und gebirgig, mit buchtenreichen Küsten. Rd. 240Vulkane (36 tätige); am höchsten der Fudschisan (3776 m); zahlreiche heiße Quellen, darunter Geysire; häufig Erdbeben. Klima: Im S warme, im N mäßig warme Sommer; kühle bis kalte Winter. Reiche Niederschläge; Monsunwinde, im S häufigTaifune. BEVÖLKERUNG. Meist →Japaner; größte Bevölkerungsdichte im S. 7 Millionenstädte. Religion: überwiegend Schintoismus und Buddhismus; etwa 700 000 Christen.

WIRTSCHAFT. Anbau auf rd. 16% der Fläche: Reis, Getreide, Kartoffeln, Süßkartoffeln, Südfrüchte, Zuckerrohr, Tee, Tabak u. a.; Viehzucht (Schweine, Rinder); bedeutender Fisch- und Walfang; Seidenraupenzucht; Forstwirtschaft. Die Bergbauförderung (Kohle, Eisen, Zink, Erdöl, Erdgas u. a.) reicht für den Bedarf nicht aus. Energieerzeugung durch Wasser- und Wärmekraftwerke. J. ist stark industrialisiert: Eisen- und Stahl-, Maschinenindustrie, Fahrzeug-, Lokomotivbau, elektrotechn., opt., feinmechan., Textil-, chem. Industrie. Im Schiffbau steht J. an erster Stelle der Welt. Ausfuhr: Textilien, elektr. Maschinen und Apparate, Eisen und Stahl, Fahrzeuge, Chemikalien, Fischereierzeugnisse; Einfuhr: Nahrungsmittel, Rohstoffe, Erdöl, Maschinen; Haupthandelspartner: USA, europ. und asiat. Länder. ⊡ rd. 28000 km, Hauptlinie Tokio–Osaka. J. ist eine der führenden Schiffahrtsnationen. Haupthäfen: Kobe, Jokohama, Nagoja, Osaka, Tokio, Schimizu, Moje, Wakanatsu, Nagasaki u. a.; internat. Flughäfen: Tokio, Osaka, Sapporo, Fukuoka.

GESCHICHTE. Kaiserreich (von Jimmu Tenno begründet) schon vor Chr. Geburt, geriet J. seit 400 n.Chr. unter den Einfluß der chines. Kultur, von der es auch den Buddhismus übernahm. Im 7.Jahrh. setzte sich die unumschränkte Herrschaft

der Kaiser durch. Dann trat der Adel immer mehr in den Vordergrund, und seit dem 12.Jahrh. war J. ein Lehnsstaat, dessen wirklicher Herrscher der Kronfeldherr (Schogun) an Stelle des machtlosen Kaisers war; die Daimios waren kleine Fürsten, die Samurai ihre ritterl. Lehnsleute. Um 1550 brachten Jesuiten das Christentum nach J., doch wurde es zu Anfang des 17.Jahrh. ausgerottet und das Land streng von der Außenwelt abgeschlossen. Seit 1854 mußte es seine Häfen den europ.-amerikan. Handelsmächten öffnen. 1867 dankte der letzte Schogun zugunsten des Kaisers Mutsuhito (bis 1912) ab. Nun wurden Staat, Wehrmacht und Wirtschaft nach europ. Muster umgestaltet. Durch den Krieg gegen China (1894/95) erwarb J. Formosa. 1902 schloß es ein Bündnis mit Großbritannien; es siegte im →Russisch-Japanischen Krieg 1904/05, gewann die Herrschaft über Korea sowie Liautung mit Port Arthur und stieg damit zur Großmacht auf. Im 1.Weltkrieg stand es auf seiten der Entente und eroberte 1914 Kiautschou. 1931/32 besetzte J. die Mandschurei und schuf hier den Staat Mandschukuo. 1933 trat es aus dem Völkerbund aus. 1935 setzte es sich auch in N-China fest, 1937 geriet es in offenen Krieg mit der chines. Regierung Tschiang Kai-schek, in dessen Verlauf es einen großen Teil Chinas besetzte. Mit dem Dt. Reich und Italien, mit denen es bereits durch den Antikominternpakt von 1936/37 verbunden war, schloß es 1940 den →Dreimächtepakt. Nach dem Neutralitätsvertrag mit der Sowjetunion (1941) griff es ohne Kriegserklärung überraschend die amerikan. Flotte in Pearl Harbor und trat in den Krieg gegen die USA und Großbritannien ein. Trotz anfängl. Erfolge im gesamten ostasiat. Raum unterlag J. den alliierten Streitkräften im Pazifik und mußte nach dem Abwurf der beiden ersten Atombomben im August 1945 kapitulieren. Es verlor alle seit 1895 gewonnenen Gebiete und wurde von amerikan. Truppen besetzt. 1946 Einführung des parlamentar. Systems. Der Friedensvertrag von San Francisco (1951) – ohne Sowjetunion und Volksrep. China – gab J. die Souveränität zum größten Teil zurück. 1954 wurde mit den USA ein Sicherheitsvertrag abgeschlossen, 1956 der Kriegszustand mit der Sowjetunion beendet. 1960 schloß J. einen neuen Sicherheitsvertrag mit den USA, der von den Linksparteien bekämpft wurde. Staatsoberhaupt: Kaiser Hirohito (seit 1926), MinPräs.: K. Tanaka (seit 1972).

Jap'aner, Volk auf den japan. Inseln, rd. 100 Mill., ein Mischvolk aus Mongolen, Tungusen, Koreanern, Chinesen, Ainu u. a., seit langem in einer ethnischen Einheit verschmolzen. Die J. haben hochentwickelte alte Kultur mit eigener bildender Kunst, Musik und Dichtung (→Japanische Sprache und Schrift); seit dem 19. Jahrh. wurdne westl. Einflüsse aufgenommen.

Japanische Inlandsee, japan. **Setoutschi**, das innerhalb der 3 südwestl. Hauptinseln Japans gelegene Meeresbecken.

Japanische Kunst begann mit der Einführung des Buddhismus und entwickelte sich unter chi-

nes. Einfluß. In der **Baukunst** überwiegt die Verwendung von Holz. Japan. Tempel-Holzbauten, z.B. der Horyuji Nara (607), sind die ältesten der Welt. **Malerei** und **Schreibkunst** entstanden um 700. Tuschmalereien auf Goldgrund, bes. Wandschirme und Schiebetüren und seit dem 18. Jahrh. Farbholzschnitte, herrschen vor. In der **Plastik** wurden Buddhas, Bodhisattwas u.a. Gottheiten aus Bronze, Holz, Trockenlack und Ton gearbeitet, außerdem Masken und Kleinplastiken (→Netsuke). Zum **Kunsthandwerk** gehört die auf chines. Tradition zurückgehende Lackkunst (Schreibkästen u.ä.), Teegeräte und die seit dem 17. Jahrh. durch sparsame Schmelzmalereien verzierten Porzellane.

Japanisches Meer, Meer zwischen Ostsibirien und Japan.

Japanische Sprache und Schrift, mehrsilbige Sprache, die zum Uralaltaischen gerechnet wird. Schrift: die chinesische, außerdem zwei andere Schriftarten; man schreibt von oben nach unten und von rechts nach links.

Japanpapier, weiches, seidigglänzendes, dauerhaftes Papier, bes. aus dem Bast des Papiermaulbeerbaumes hergestellt.

Japanseide, reinseidenes, nicht beschwertes Gewebe japan. Herkunft, in Taftbindung.

J'aphet, Sohn Noahs, Stammvater der kleinasiat. Völker (**Japhet'iten**; 1. Mos. 10).

Japurá, im Oberlauf **Caquetá,** linker Nebenfluß des Amazonas, 2800 km lang.

Jaques-Dalcroze [ʒak dalkr'o:z], Emile, Schöpfer der rhythm. Gymnastik, *1865, †1950.

Jardinière [ʒardinj'ɛ:r, frz. »Gärtnerin«] die, **1)** bepflanzter Blumenkorb. **2)** Gemüsesuppe.

Jargon [ʒarg'ɔ̃, frz.] der, besondere Ausdrucksweise eines bestimmten Gesellschaftskreises oder Berufs.

Jarl [altnord.] der, königl. Statthalter.

Jarosl'awl, Stadt in der Russ. SFSR, beiderseits der Wolga, 517000 Ew.; 2 Kathedralen (17. Jahrh.), Universität; Umschlagplatz mit bedeutender Industrie.

Jasm'in [pers.] der, **1) Echter J.,** Gattung der Ölbaumgewächse; Sträucher, meist in wärmeren Ländern, mit trichterförmigen, wohlriechenden gelben oder weißen Blüten; in Südfrankreich z.T. angebaut wegen des Öles (**Jasmin-Öl**), das zu Parfüm verwendet wird; Gartenpflanzen. **2) Falscher Jasmin,** Pfeifenstrauch, zu den Steinbrechgewächsen gehöriger Zierstrauch, in Europa, Asien und Amerika; die Wurzelschöße geben Pfeifenrohre.

Jasmund, nordöstliche Halbinsel Rügens, in der Stubbenkammer 122 m hoch.

J'ason, →Iason.

Jaspers, Karl, Philosoph, *1883, †1969; seit 1948 Prof. in Basel; neben Heidegger führender Vertreter der Existenzphilosophie. »Philosophie«, »Der philosoph. Glaube«, »Von der Wahrheit«.

J'aspis der, Mineral, trüber, durch Oxyde gefärbter Chalcedon.

Jaß der, in der Schweiz beliebtes Kartenspiel mit dt. oder Schweizer Karten.

Jassy, rumän. Iaşi, rumän. Stadt westl. des Pruth, 179400 Ew.; Universität; alte Paläste und Kirchen; Textilindustrie.

Jatag'an [türk.] der, langer, gebogener Säbel der Türken.

Jauche die, **1)** flüssiger Stalldünger, →Gülle. **2)** ʃ fauliger Wundabsonderung.

Jauer, ehemal. Kreisstadt in Niederschlesien, (1939) 13800 Ew.; Fleischwaren (**Jauersche Würstchen**); seit 1945 unter poln. Verw. (**Jawor**).

Jaufen der, italien. **Passo del Giovo,** Paß in Südtirol, 2094 m, verbindet das Eisacktal mit dem Passeiertal.

Jaunde, französ. **Yaoundé,** Hauptstadt der Rep. Kamerun, 120000 Ew.; Univ.; Industrie.

Jaurès [ʒor'ɛs], Jean, französ. Politiker, *1859, † (ermordet) 1914, trat für dt.-französ. Verständigung ein.

Jause die, österr.: Nachmittagskaffee, Vesper.

J'ava, indones. **Djawa,** die wichtigste Insel

Indonesiens, mit Madura 131174 km², rd. 70 Mill. Ew. (rd. ²/₅ der Ew. Indonesiens); fruchtbar; gebirgig außer im N und O (Vulkane). Klima: tropisch und niederschlagsreich, im O Trockenzeit. Anbau (z.T. Bewässerung): Reis, Maniok, Mais; meist in Plantagen: Kaffee, Tabak, Kautschuk. ⚘ auf Mangan, Schwefel. Auf J. liegt die Hauptstadt Djakarta; 11 weitere Großstädte. Dichtestes Eisenbahn- und Straßennetz Indonesiens, Mittelpunkt des Seeverkehrs. - J. wurde 1596 niederländ., war 1811-16 von Engländern, 1942-45 von Japanern besetzt, ist seit 1945 ein Teil →Indonesiens.

Jav'aner, größter Volksstamm der →Indonesier, bes. in Mittel-Java.

Jawata, Yawata, Industrie- und Hafenstadt auf Kiuschu, Japan, 332200 Ew., seit 1963 Teil der neuen Stadt →Kitakiuschu.

Jawl'ensky, Alexej, russ. Maler, *1864, †1941; abstrakt-expressionist. Bilder religiösen Sinns.

Jazz [dʒæz, vermutlich afrikan. Ursprungs] der, um 1900 unter der Negerbevölkerung N-Amerikas aus -geistl. (Spirituals) und weltl. (Blues, Arbeitslieder) Gesängen entstandene Musikrichtung. Der J. verwendet europ. Harmonik, europ.-afrikan. Melodik und afrikan. Rhythmik; seine Eigenart besteht in der **Improvisation** (dem Abwandeln und Umspielen der Melodie), der starken Betonung des Rhythmus sowie dem häufigen Gebrauch von Synkopen. Er wird gespielt von der **J.-Band,** die bei kleinerer Besetzung **Combo,** bei größerer **Big Band** heißt. Die J.-Band besteht gewöhnlich aus einer Rhythmusgruppe (Schlagzeug, Baß, Klavier, Gitarre, Banjo), auf deren Rhythmus- und Harmoniengerüst die übrigen Instrumente das **Arrangement** spielen und anschließend improvisieren (z.B. Saxophon, Posaune, Trompete, Klarinette, Vibraphon). Dem frühesten **J.-Stil,** dem **New Orleans-J.,** folgte in den zwanziger Jahren der auch von Weißen übernommene **Dixieland-J.** In den dreißiger Jahren folgte der **Swing (Jump),** in den vierziger Jahren der **Bebop** und in den fünfziger Jahren der **Cool-J.** (**progressiver J.**). Die sechziger Jahre sind von zwei Richtungen des modernen J. geprägt, vom **Hardbop** und neuerdings vom **Free-J.,** der die bisherige Form (d.h. Rhythmik, Melodik und Harmonik) des J. zugunsten einer »freien« Gestaltung des Musikstücks aufheben will. Daneben werden jedoch alle übrigen J.-Stile bis auf heute noch gespielt.

Jean [ʒɑ̃, frz.], Johann. **Jeanne** [ʒan], **Jeannette** [ʒan'ɛt], Johanna, Hannchen.

Jean, seit 1964 regierender Großherzog von Luxemburg, *1921.

Jeanne d'Arc [ʒan d'ark], →Jungfrau v. Orléans.

Jean Paul [ʒɑ̃], eigentl. Jean Paul Friedrich Richter, Dichter, *1763, †1825. Seine Erzählungen und Romane von hoher mensch. sprachl. Gestaltungskraft reichen von humorvoller Idyllik bis zu tragischer Größe. »Schulmeisterlein Wuz«, »Hesperus«, »Quintus Fixlein«, »Siebenkäs«, »Titan«, »Flegeljahre«.

Jeans [dʒi:nz] Mz., **Blue J.,** lange enge Hosen aus (meist blauem) Baumwollkörper.

Jedermann, allegor. Schauspiel aus dem MA., das Spiel vom reichen Mann im Augenblick des Todes; bearbeitet u.a. von Hofmannsthal.

Jeep [dʒi:p] der, geländegängiger Kraftwagen mit Vierradantrieb.

Jefferson [dʒ'efəsn], Thomas, 3. Präs. der Verein. Staaten (1801-09), *1743, †1826, Verfasser der Unabhängigkeitserklärung von 1776, war Gouverneur von Virginia, Gesandter in Paris, Staatssekr. Washingtons; gründete die Demokrat. Partei.

Jeh'ova, →Jahve.

Jekater'inburg, →Swerdlowsk.

Jekaterinod'ar, →Krasnodar.

Jelängerjelieber der, →Geißblatt.

Jellicoe [dʒ'elikou], John Earl, engl. Admiral, *1859, †1935; Chef der Großen Flotte 1914-16 (Skagerrakschlacht).

Jellinek, Georg, Jurist, *1851, †1911, Prof. in Heidelberg; soziolog. Betrachtung des Rechts.

Jelusich [j'elusitʃ], Mirko, Schriftsteller, *1886, †1969; Romane (»Cromwell«, »Der Löwe«).

Jasmin

Jaspers

Jean Paul

Jemen: Befestigtes Dorf (DschebelHarrat)

Jerichorose

Jerusalem: Altstadt mit Felsendom

Jemen, Name zweier Staaten auf der arab. Halbinsel.
1) J., **Yemen,** Rep. im SW der Arab. Halbinsel, 195000 km², 5 Mill. Ew. (Araber); Hauptstadt: San'a; Amtssprache: Arabisch. Im W niederschlagsarmer Küstenstreifen, im Innern Gebirgsland mit fruchtbaren Böden (Hirse, Gerste, Mais, Gemüse, Wein, Feigen, Bananen, Kaffee, Tabak), im O Wüste (Dattelpalmen). Eisenerzlager. Ausfuhr: Kaffee (früher berühmter Hafen Mokka), Häute, Felle. Keine ∞; Haupthafen: Hodeida. – Seit 1517 gehörte J. zum Osman. Reich, 1918 bis 1962 unabhängig. Königreich, Rep. seit 1965, Verfassung seit 1970. Vors. des Präsidentschaftsrates wurde A. R. Iriani; MinPräs.: M. S. Sabra (seit 1971). ⊕ S. 514, ⊡ S. 345. 2) J., Demokrat. Volksrep. J., bis 1970 Süd-J., eine durch Vereinigung ehemals brit. Besitzungen 1967 gegr. Volksrep., 155400 km², 1,3 Mill. Ew. Hauptstadt: Medinet-Al-Shaab. Größte Stadt und wichtigster Hafen ist Aden. An eine breite Küstenregion schließen sich Hochländer an; meist wüstenhaft. Anbau (in Wadis, Oasen); Datteln, Getreide, nomad. Viehzucht, Handel. 1538 bis Ende 17. Jahrh. war Aden türkisch; seit 1839 setzten sich die Briten fest. Die 1959 gegr. Südarab. Föderation von Sultanaten und Emiraten unter brit. Oberhoheit ging mit dem O-Protektorat Aden 1967 in der Volksrep. Südjemen auf. Eine Übergangsregelung sieht vor, daß der Staatspräs. (seit 1969 Salam Ali Rabji) zugleich MinPräs. ist. Wahlen für einen Volksrat, der die Legislative übernehmen soll, sind vorgesehen. ⊕ S. 514, ⊡ S. 345.
Jen, Yen der, japan. Währungseinheit.
Jena, Stadt im Bez. Gera, an der Saale, 87 100 Ew.; Universität (gegr. 1558), Inst. f. Mikrobiologie, 2 Sternwarten, Hochschule für Optiker, Konservatorium; Glaswerke (→Jenaer Glas), opt. Werkstätte (Zeiss-Werke). In der **Doppelschlacht von J. und Auerstedt** 1806 Sieg Napoleons über Preußen.
Jenaer Glas, feuerfestes Glas für wissenschaftl., opt. und Haushalt-Zwecke; zuerst von O. Schott in Jena hergestellt.
Jen'akijewo, 1936-44 Ordschonikidse, Stadt im Donezbecken, Ukrain. SSR, 93 000 Ew., Steinkohlenbergbau, Industrie. 2 Technika.
J'enatsch, Georg (Jörg), *1596, † (ermordet) 1639, befreite 1637 Graubünden von den Franzosen; Roman von C. F. Meyer.

J'enbach, Gem. und Sommerfrische in Tirol, Österreich, am Inn, 6000 Ew.; versch. Industrie.
Jeniss'ej der, Strom in Sibirien, 3605 km lang, entspringt am Südhang des Ostsajan. Gebirges, mündet ins Nordpolarmeer, ab Minussinsk von Juni bis Oktober schiffbar.
Jenner [dʒ'enə], Edward, engl. Landarzt, *1749, †1823, führte die Pockenschutzimpfung ein.
Jens, Walter, klass. Philologe und Schriftsteller, *1923; Prof. in Tübingen; Romane, Hörspiele.
Jensen, Johannes Vilhelm, dän. Dichter, *1873, †1950, trat für die Führerrolle der jütisch-engl.-amerikan. Rasse ein. Nobelpreis 1944.
Jerem'ias, Prophet des A. T., wirkte in Jerusalem, verkündete den Untergang des Reiches Juda. Die **Klagelieder** Jeremiä stammen nicht von ihm.
Jerez de la Front'era [xɛr'eθ], Stadt in Spanien (Andalusien), 152 700 Ew.; Weinbau (Sherry). 711 Sieg der Araber über die Westgoten.
J'ericho, uralte Stadt im Jordantal, unweit vom Toten Meer; Ausgrabungen.
J'erichorose, Kreuzblütler des östl. Mittelmeeres, ballt sich in der Trockenzeit zusammen, entfaltet sich bei Befeuchtung.
Jer'obeam, Könige von Israel. 1) J. I., 926 bis 907 v.Chr., wurde nach Salomos Tod König von Israel, das er polit. und kulturell von Juda trennte. 2) J. II., 787-747 v. Chr.
Jerome [dʒər'oum], Jerome Klapka, engl. Erzähler, *1859, †1927; »Drei Mann in einem Boot«.
Jérôme [ʒer'o:m] **Bonaparte,** jüngster Bruder Napoleons I., war 1807-13 König von Westfalen mit Sitz in Kassel (»König Lustig«).
Jersey [dʒ'ə:zi], die größte der brit. →Normannischen Inseln, 116 km², 63 300 Ew.; Hauptstadt: Saint Hélier; Amtssprache Französisch; Ausfuhr: Kartoffeln, Tomaten; Fremdenverkehr.
Jersey [dʒ'ə:zi] der, 1) gewebeähnl. Wirk- oder Strickware. 2) Kreppgewebe aus Seide oder Chemiefaser.
Jersey City [dʒ'ə:zi s'iti], Hafenstadt in New Jersey, USA, am Hudson gegenüber New York, 276 100 Ew.; Schiffswerften, Erdölraffinerien u. a.
Jer'usalem, zweigeteilt in einen israel. Teil mit 191 700 Ew., seit 1950 Hauptstadt Israels, und einen jordan. mit 60 500 Ew.; Juni 1967 wurde der jordan. Teil J.s mit dem israel. verwaltungsmäßig zusammengefaßt. Wallfahrtsort der Christen, Juden und Muslime. J. liegt auf einer wasserarmen Kalkhochebene. Die alte, von einer Ringmauer umschlossene Stadt besteht aus dem christl. Viertel mit der Grabeskirche, der dt. evang. Erlöserkirche, vielen Klöstern, dem islamischen Viertel mit dem Felsendom auf dem Tempelplatz, dem jüd. und dem armen. Viertel. Außerhalb der Ringmauer sind mehrere Vorstädte, christl. Kolonien und jüd. Niederlassungen entstanden. J. ist Sitz von Bischöfen aller christl. Bekenntnisse, hat hebr. Universität, muslim. theolog. Fakultät.
GESCHICHTE. J., schon im 19. Jahrh. v. Chr. erwähnt, wurde von David erobert und zur Hauptstadt Palästinas gemacht, 587 von Nebukadnezar zerstört, später wieder aufgebaut. Seit 63 v.Chr. römisch, 70 n.Chr. von Titus gänzlich zerstört, 130 von Hadrian wiederhergestellt. Seit 326 christlich, wurde J. 637 von den Arabern eingenommen. 1099 wurde es von den Kreuzfahrern erobert, war dann Hauptstadt des **Königreichs J.** bis 1187, als Sultan Saladin die Stadt einnahm. Seit 1244 stand J. ununterbrochen unter der Macht des Islams; seit 1517 türkisch. 1917 besetzten die Engländer die Stadt.
Jes'aja, einer der großen Propheten des A. T., wirkte 740-701 v. Chr.
Jesse, griech. Form für hebr. **Isai,** Vater des israel. Königs David. **Wurzel J.,** bildl. Darstellung des Stammbaums Christi, der in dem ruhenden J. wurzelt.
Jessel, Leon, Operettenkomponist, *1871, †1942; »Das Schwarzwaldmädel«.
Jesu'iten, Gesellschaft Jesu, lat. Societas Jesu, abgek.: **S. J.,** kath. Orden, 1534 von Ignatius von →Loyola gegr., 1540 von Papst Paul III. bestätigt.

Hauptziel: Ausbreitung der kath. Lehre, Förderung der christl. Sitte, Selbstheiligung. Auf die Pflege der Wissenschaften und eine lange, sorgfältige, strenge Ausbildung der Ordensmitgl. wird bes. Wert gelegt. Die J. bauten ein gutgeleitetes Schulwesen auf (**Jesuitenschulen**). An der Spitze des Ordens steht der auf Lebenszeit gewählte General mit Sitz in Rom. – Um 1600 war der Orden in Europa (Gegenreformation) und in den asiat., afrikan. und amerikan. Missionsgebieten tätig. Papst Klemens XIV. (1773) hob den Orden auf, Pius VII. stellte ihn 1814 wieder her. In Dtl. wurden die J. durch das Jesuitengesetz von 1872 ausgewiesen, 1917 wurde der Orden wieder zugelassen.

Jesuitenstaat, die Jesuitenmissionen am Paraná (→Paraguay, Geschichte).

Jesuitentheater, Jesuitendrama, barockes Drama in lat. Sprache, das an Jesuitenschulen seit 1570 gepflegt wurde.

Jesus [griech. Umbildung des hebr. Jehoschuah (Josua) oder Jeschua, »Jahve, hilf«], Eigenname des Heilandes, des Stifters der christl. Religion, meist verbunden mit dem Beinamen →Christus (→Christentum). J. wurde wahrscheinlich im Jahre 8 oder 7 vor unserer Zeitrechnung geboren; er starb am Kreuz auf Golgatha, wohl im Jahre 30 n. Chr. Sein Leben beschreibt die Heilsgeschichte (die vier Evangelien). Seine Persönlichkeit wird auch von nichtchristl. Schriftstellern (Josephus, Tacitus) erwähnt. Sein erster Aufenthaltsort war Nazareth (J. v. Nazareth). Im 30. Lebensjahr begann er, anknüpfend an den Bußprediger Johannes, seine öffentl. Wirksamkeit als Wanderlehrer in Galiläa, die 2 oder 3 Jahre gedauert hat. Er verkündete das Reich Gottes, forderte Sinnesänderung, Nächstenliebe, Hingabe an Gott, den allmächtigen, gütigen Vater. Seine Lehre brachte ihn bald in Gegensatz zu den →Pharisäern und →Sadduzäern, die ihn mit Hilfe der röm. Behörde (des Landpflegers Pilatus) kreuzigen ließen. Nach dem apostol. Glaubensbekenntnis ist J. wahrer, ewiger Gott, zugleich wahrer Mensch, auferstanden von den Toten, von Gott zu sich erhöht.

Jesus Sirach, jerusalem. Jude, * um 200 v. Chr., stellte eine Sammlung relig. und kluger Sittensprüche auf; gehört zu den →Apokryphen des A.T.

Jet [dʒet, engl.] der, das Düsenflugzeug.

Jeton [ʒəˈtõ, frz.] der, Spielmarke.

Jetstream [dʒˈetstriːm, engl.] der, Strahlströmung, Zone maximaler Windgeschwindigkeit in 8-12 km Höhe über der Erde; Kern mit Windgeschwindigkeiten von 150-300, in Ausnahmefällen bis über 500 km je Std.

Jett [engl. dʒet] der, das, die →Pechkohle.

Jeu [ʒøː, frz.] das, Spiel, Glücksspiel.

Jeunesse dorée [ʒœnˈɛs dɔrˈe, frz.] die, vergnügungssüchtige, reiche Großstadtjugend.

Jeunesses musicales [ʒœnˈɛs myzikˈal, frz.], internat. Vereinigung zur musikal. Förderung der Jugend.

Jever, Kreisstadt in Ndsachs., 10 100 Ew.; Brauerei, Molkerei.

Jewtusch'enko, Jewgenij Aleksandrowitsch, russ. Schriftsteller, *1933, Lyriker. »Mit mir ist folgendes geschehen« (1963) u. a.

Jhering [jˈeːriŋ], Rudolf v., Rechtsgelehrter, *1818, †1892; begründete die jüngere histor. Rechtsschule.

Jiddisch, Judendeutsch, die seit dem 9. Jahrh. in Dtl. von den Juden aus d. Mundarten, hebr. und slaw. Bestandteilen herausgebildete Mischsprache; geschrieben und gedruckt mit hebr. Schriftzeichen.

Jiménez [ximˈɛnɛθ], Juan Ramón, span. Lyriker, *1881, †1958; Nobelpreis 1956.

Jinnah, Politiker, →Dschinnah.

Jitterbug [ˈdʒitəbʌg], mod. Gesellschaftstanz, um 1935 in Amerika aus dem Swing entstanden.

Jiu-Jitsu, Dschiu-Dschitsu das, waffenlose Angriffs- und Verteidigungskunst chines.-japan. Ursprungs. Das J. beruht bes. auf geschickter Gewandtheit: Anwendung der Hebelwirkung der Arme oder Beine; Schläge mit der Hand und Fußtritte gegen empfindl. Körperstellen (bes. Nervenstränge).

J'oachim [hebr. »Jahve richtet auf«], männlicher Vorname.

Joachimsthal, →Sankt Joachimsthal.

João Pessoa [ʒwão pɛsˈoːa], Hauptstadt des brasilian. Staates Paraíba, 203 000 Ew.

Job [dʒɔb, engl.] der, Arbeit, Anstellung.

Jobber [dʒˈɔbə, engl.] der, Börsenspekulant.

Joch das, 1) Zuggeschirr für Ochsen, liegt auf der Stirn (**Stirn-J.**) oder dem Nacken (**Nacken-J.**). 2) ein Gespann Zugtiere. 3) früheres Feldmaß: so viel Land, wie ein Gespann (J.) Ochsen in einem Tag umpflügen kann (30-65 a). 4) Pfeiler aus Pfählen bei Holzbrücken. 5) ♀ viereckiger Rahmen zum Schachtausbau im Bergwerk. 6) ⊕ Sattel in einem Gebirgskamm, Paß. 7) ⛫ in Kirchen ein Raumabschnitt von quadrat. oder rechteckigem Grundriß, an dessen Ecken vier Stützen ein Gewölbefeld tragen.

J'ochbein, Backenknochen, paariger Knochen unterhalb der Augen.

Jochum, Eugen, Dirigent, *1902, seit 1961 beim Concertgebouw-Orchester, Amsterdam.

Jockei, Jockey [dʒˈɔki, engl.] der, berufsmäßiger Rennreiter.

Jod [grch. »veilchenfarbig«] das, **J,** chem. Element aus der Gruppe der →Halogene; Ordnungszahl 53, Atomgewicht 126,9044, Dichte 4,93 g/cm³, Schmelzpunkt 113,5 °C, Siedepunkt 184,4 °C; fest schwarzbraun, gasförmig violett. J. ist löslich in Alkohol, Äther. Es ist im Chilesalpeter und in Meeresalgen enthalten. – Silberjodid, AgJ, wird wie das Silberbromid (→Brom) in der Photographie verwendet. **J.-Tinktur** ist eine Lösung von J. in Alkohol und dient ebenso wie →Jodoform in der Medizin als Antiseptikum. Mangel an J. in der Nahrung führt zu Schädigungen des menschl. und tier. Organismus.

j'odeln, textlos mit schnellem Wechsel von Brust- und Kopfstimme singen. Hptw.: **Jodler** der.

Jodl, Alfred, Generaloberst, *1890, † (hingerichtet) Nürnberg 1946, Generalstabsoffizier; seit 1939 Chef des Wehrmachtführungsstabes.

Jodof'orm das, CHJ₃, gelbe Blättchen von safranartigem Geruch; früher Antiseptikum.

Jod'okus [grch.], männlicher Vorname; Kurzformen **Jobst, Jost.**

Jodrell Bank [jˈɔdrəl bæŋk], bei Manchester, Standort des größten europ. Radioteleskops (Durchmesser 75 m).

J'oel, israel. Prophet um 300 v. Chr.

Joffre [ʒˈɔfr], Joseph, franzö. Marschall, *1852; †1931; 1914-16 Oberbefehlshaber, entschied die Marneschlacht.

J'oga, Yoga [Sanskrit »Anspannung«] der, in Indien entwickelte Praxis geistiger Konzentration, die durch völlige Herrschaft über den Körper den Geist befreien will (**J.-Philosophie**).

Joghurt, Yoghurt der, crèmeartige würzige Sauermilch, aus eingedickter warmer Milch durch Bakterien erzeugt.

J'ohann, israel. Prophet →Johannes.

Johann, Fürsten. **Böhmen.** 1) **J. von Luxemburg,** König (1310-46), gewann Schlesien. **Brandenburg.** 2) **J. Georg,** Kurfürst (1571-98), vereinigte die brandenburg. Lande wieder in einer Hand. 3) **J. Sigismund,** Kurfürst (1608-19), trat 1613 zur reform. Kirche über; erwarb 1614 Kleve-Mark, 1618 Ostpreußen. **England.** 4) **J. ohne Land,** König (1199-1216), verlor fast alle engl. Festlandsbesitzungen an Frankreich, mußte seinen Großen 1215 die →Magna Charta gewähren. **Frankreich.** 5) **J. der Gute,** König (1350-1364), mußte 1360 ganz SW-Frankreich an England abtreten. **Österreich.** 6) **J.,** Erzherzog, *1782, †1859, dt. Reichsverweser 1848/49. **Polen.** 7) **J. III. Sobieski,** König (1674-96), war 1683 beim Entsatz Wiens von den Türken beteiligt. **Sachsen.** 8) **J. der Beständige,** Kurfürst (1525-32), Förderer der Reformation, gründete den →Schmalkaldischen Bund. 9) **J. Friedrich der Großmütige,** Sohn von 8), Kurfürst (1532-47), †1554, im Schmalkaldischen Krieg 1547 bei Mühlberg von Kaiser Karl V. geschlagen

Johannes XXIII.

Johannisbeere:
1 Blüte, 2 Frucht

Johannisbrot,
a weibl. Blüten-
stand, b Frucht

L. B. Johnson

Johannesburg

und gefangen. 10) **J. Georg II.**, Kurfürst (1656 bis 1680), künstler. Blütezeit für Dresden. 11) **J.**, König (1854-73), Danteforscher, übersetzte die »Göttliche Komödie«. **Schwaben. 12) J. Parricida,** ermordete 1308 seinen Oheim König Albrecht I.

Johanna [von →Johannes], weibl. Vorname.

Johanna die Wahnsinnige, Königin von Spanien, *1479, †1555, Gemahlin des Habsburgers Philipp des Schönen; Mutter Karls V.

Joh′annes [grch., aus hebr. Jochanan »Gott ist gnädig«], männlicher Vorname.

Joh′annes, 1) J. der Täufer, Bußprediger, verkündete das nahe Messiasreich, taufte Jesus im Jordan; von Herodes Antipas enthauptet. Tag: 24. 6. (Johannistag). 2) **J. der Jüngere und Apostel,** Sohn des Zebedäus, Jünger Jesu, nach der Überlieferung Verfasser des 4. Evangeliums, der Offenbarung des J. (Apokalypse) und von 3 Briefen; eines der Häupter der judenchristl. Gemeinde in Jerusalem; † Ephesos um 100 n. Chr. Tag: 27. 12.; Sinnbild: Adler. 3) **J. der Pr′esbyter,** Jünger Jesu, lebte nach altkirchl. Überlieferung Ende des 1. Jahrh. in Ephesos; von manchen dem Apostel J. gleichgesetzt.

Joh′annes, Päpste. 1) J. XXII. (1316-34), festigte das Papsttum in Avignon. 2) **J. XXIII.** (1410-15), wurde auf dem Konzil von Konstanz abgesetzt; gilt nur als Gegenpapst. 3) **J. XXIII.** (1958-63), Angelo Giuseppe Roncalli, *1881, †1963; 1944 Nuntius in Frankreich, 1953 Kardinal und Patriarch von Venedig, förderte die Unionsbestrebungen, berief das II. Vatikan. Konzil ein.

Johannesburg, größte Stadt und Wirtschaftsmittelpunkt der Rep. Südafrika, inmitten der Goldfelder des Witwatersrands, 1750 m ü. M., 1,3 Mill. Ew., Bahn- und Straßenknoten, internat. Flughafen; Univ., Sternwarte; Goldbergbau, Maschinenbau, Diamantschleiferei u. a.

Johannes Duns Scotus, →Duns Scotus.

Johannesevangelium, das 4. Evangelium im N. T., das Jesus selbst zum Mittelpunkt hat.

Johannes Scotus, →Eriugena.

Johannes vom Kreuz, Juan de la Cruz, span. Mystiker und Dichter, *1542, †1591, Erneuerer des Ordens der →Karmeliter. Heiliger (Tag 14.12.).

Johannes von Nepomuk, Schutzheiliger von Böhmen, *1340, †1393, wurde 1393 durch König Wenzel I. in Prag von der Karlsbrücke gestürzt, daher Brückenheiliger (Tag 16. 5.).

Johannge′orgenstadt, Stadt im Bez. Karl-Marx-Stadt, im Erzgebirge, 10900 Ew.; ein Mittelpunkt des Uranbergbaus.

Johannisbeere, Gattung dornenfreier Beerensträucher. Die **Rote J.** hat grüne Blütchen und rote bis weißl., säuerl. Beeren, in Dtl. heimisch; ebenso die stark riechende, schwarz- und rauhbeerige **Schwarze J.** oder **Ahlbeere** (FARBTAFEL Obst S. 700).

Johannisbrot, Fruchthülsen des **J.-Baums,** eines am Mittelmeer heimischen, bis 10 m hohen immergrünen Hülsenfrüchters.

Johannisfest, das am 24. 6. gefeierte Geburtsfest Johannes′ des Täufers mit Volksbräuchen aus den alten Sonnwendfeiern (Johannisfeuer, Scheibenschlagen u. a.).

Johanniskäfer, 1) →Junikäfer. 2) →Glühwurm.

Johanniskraut, Hartheu, harte, gelbblühende Staude; beim **Tüpfelhartheu** erscheinen die Blätter löcherig durch Öldrüsen.

Johannistrieb, nachträgl. Austreiben bei Holzpflanzen aus Winterknospen, um die Johanniszeit.

Johann′iterorden, 1) geistl. Ritterorden, 1070 in Jerusalem gegr.; Tracht: schwarzer, im Krieg roter Mantel mit weißem Kreuz; Sitz seit 1308 Rhodos(daher **Rhodiserritter**), seit 1530 Malta (daher **Malteserritter**); seit 1879 dient er der Krankenpflege (kath.). 2) **Preußischer J.,** gestiftet 1812 als weltl. Adelsgenossenschaft (evang.), widmet sich seit 1852 der Krankenpflege.

Johann von Leiden, Führer der Wiedertäufer in Münster, *1509, 1536 hingerichtet.

John [dʒɔn, engl.], Johann. **J.** Bull, Spitzname der Engländer.

Johnson, 1) [dʒɔnsn], Lyndon B., 36. Präs. der USA (Demokrat), *1908, wurde 1961 Vizepräs., war 1963-69 Präs. (1964 wiedergewählt). 2) [dʒɔnsn], Samuel, engl. Schriftsteller, *1709, †1784, beurteilte als einflußreicher Geschmacksrichter die engl. Literatur nach klassizist. Grundsätzen. Biographie J.s von Boswell. 3) Uwe, Schriftsteller, *1934; Romane: »Mutmaßungen über Jakob«, »Das dritte Buch über Achim«.

Jókai, Maurus, ungar. Dichter, *1825, †1904, mit Petöfi 1848 Führer der revolutionären Jugend.

Joker [dʒ′ouka, engl.] »Spaßmacher«] der, Austauschkarte in manchen Kartenspielen.

Jokohama, Yokohama, die bedeutendste Hafen- und Handelsstadt Japans, auf der Insel Honschu, 2,2 Mill. Ew.; Werften, Industrie.

Jokosuka, Yokosuka, japan. Hafen am Eingang der Bucht von Tokio, 332000 Ew.

J′okus [lat.] der, Scherz, Spaß.

Joliot-Curie [ʒɔlj′o-kyr′i], franzöz. Physikerehepaar: **1)** Frédéric, *1900, †1958, **2)** Irène, *1897, †1956, Tochter von M. und P. →Curie; entdeckten künstl. Radioaktivität; Nobelpreis 1935.

Jolle die, ℒ kleines festes Ruderboot, als Beiboot benutzt. 2) kleines offenes Sportsegelboot mit Schwert.

Jom Kipp′ur [hebr.], der →Versöhnungstag.

J′onas, israel. Prophet im 8. Jahrh. v. Chr.

J′onas, 1) Franz, österr. Politiker (SPÖ), *1899, seit 1965 Bundespräs. 2) Justus, Freund Luthers, Prof. in Wittenberg, *1493, †1555.

J′onathan, Sohn Sauls, Freund Davids; fiel gegen die Philister.

Jones [dʒounz], 1) Inigo, engl. Baumeister, *1573, †1652; führte den Stil Palladios in England ein. 2) James, amerikan. Schriftsteller, *1921; Romane (»Verdammt in alle Ewigkeit«). 3) Sidney, engl. Komponist, *1869, †1946; Operette »Die Geisha«.

Jongleur [ʒɔ̃gl′œːr, frz.] der, Geschicklichkeitskünstler, Fangspieler. Zw.: jongl′ieren.

J′onkheer [niederländ.], Junker; niedrigste Adelsbezeichnung in den Niederlanden.

Jönköping [j′œntɕœpiŋ], Stadt in S-Schweden, am Vättersee, 54300 Ew.; Zündholzindustrie.

Jonson [dʒɔnsn], Ben, engl. Dichter und Dramatiker, *1573, †1637, neben Shakespeare der größte Dramatiker der elisabethan. Zeit.

Jordaens [j′orda:ns], Jakob, niederländ. Maler, *1593, †1678; kraftvoller Darsteller lebenstrotzenden fläm. Volkstums. (BILD S. 441)

J′ordan der, Hauptfluß Palästinas, fließt vom Hermon durch den See Genezareth (mit hier aus Wasserleitung Israels zum Negev) ins Tote Meer. (BILD Palästina).

Jordan, Pascual, Physiker, *1902, war maßgebend an der Ausbildung der Quantenmechanik beteiligt; physikal. Grundlagenforschung.

Jord′anien, konstitutionelle Monarchie in Vorderasien, 97740 km², 2,2 Mill. Ew. (Araber; etwa 50% Palästina-Flüchtlinge); Hauptstadt: Amman; Amtssprache: Arabisch. – J. umfaßt das östl. des Jordan gelegene ehemalige Emirat Transjordanien und Teile des mittleren Palästina (diese seit 1967 von Israel besetzt); vorwiegend Steppe und Wüste. Anbau, zum Teil mit künstl.

Jordaens: Der Satyr beim Bauern

Bewässerung: Getreide, Obst, Gemüse, Oliven; in der Steppe Viehzucht. Wenig Bodenschätze (Phosphate, Pottasche, Kalisalze); Erdöl bisher kaum entdeckt. Fremdenverkehr. Kapitalhilfe bes. durch USA, Großbritannien. Einziger Hafen: Akaba; internat Flughafen: Amman. ⊕ S. 514, ⊐ S. 345.

GESCHICHTE. Früher Teil der Türkei; 1919-46 brit. Mandat Transjordanien; 1946 unabhängig als Jordanien; 1948 Bündnis mit Großbritannien (bis 1957). Mitgl. der Arab. Liga; nahm 1948/49 an dem Krieg gegen Israel teil, erhielt im Waffenstillstand 1949 die Kontrolle über einen Teil Palästinas mit O-Jerusalem und gliederte sich dieses Gebiet an. Amtl. Name seit 1949 »Haschemitisches Königreich J.« (vom Namen des Königshauses). Im israel.-arab. Krieg (Juni 1967) besiegte →Israel J. und eroberte das Gebiet westl. des Jordan mit O-Jerusalem. Seitdem häufig Konflikte an der Waffenstillstandslinie. 1972 legte Hussein den Plan eines föderativen Staates für J. und die von Israel besetzten Gebiete vor. Staatsoberhaupt: König Hussein II. (seit 1952); Min.-Präs.: A. Lauzi (seit 1971).

Jord'anis, Jornandes, Bischof von Croton, schrieb 551 eine Geschichte der Goten.

Jörg, Koseform von →Georg.

Joruba, →Yoruba.

Joschida, Yoshida, Schigeru, japan. Politiker (Liberaler), *1878, †1967; war 1946/47 und 1948-54 MinPräs.

Joschk'ar-Ol'a, bis 1919 Zarewokokschajsk, 1919-27 Krasnokokschajsk, Hauptstadt der ASSR der Mari, Sowjetunion, 166000 Ew.; Industrie.

Josef, Joseph [hebr. »Gott fügt hinzu«], männlicher Vorname.

Joseph, 1) Sohn Jakobs und der Rahel, von seinen Brüdern nach Ägypten verkauft, stieg dort zum höchsten Beamten auf. 2) der Gatte Marias, der Mutter Jesu, Schutzheiliger der kath. Kirche (Tag 19. 3.), Zimmermann in Nazareth. 3) J. von Arimathia, Heiliger (Tag 17. 3.), bestattete Jesus in einem Felsengrab.

Joseph, Röm.-dt. Kaiser. 1) J. I. (1705-11), setzte den →Spanischen Erbfolgekrieg siegreich fort. 2) J. II., *1741, †1790, wurde 1765 Kaiser und Mitregent seiner Mutter Maria Theresia, seit 1780 Alleinherrscher, erwarb für Österreich 1772 Galizien, 1775 die Bukowina. J. beseitigte als radikaler Reformer 1781 die bäuerl. Leibeigenschaft, gewährte volle Religionsfreiheit und hob die Klöster auf.

Joseph'ine, *1763, †1814, erste Gemahlin Napoleons I. (seit 1796), 1804 Kaiserin, 1809 geschieden.

Josephin'ismus, Josefinismus, das von Kaiser →Joseph II. in Österreich durchgeführte Staatskirchentum, das die kath. Kirche vollständig der Staatshoheit unterstellte.

Josephsehe, Ehe, bei der die Ehegatten durch Verabredung die geschlechtl. Vereinigung ausschließen. Nach weltl. Recht ist eine derartige Vereinbarung nichtig.

Jos'ephus, Flavius, jüd. Geschichtsschreiber im 1. Jahrh. n. Chr.

Josquin des Prez [jŏsk'ẽ dɛ pre:], →Prez.

J'ostedalsbre der, Gletscher in Norwegen, nördl. vom Sogne-Fjord, mit 1000 km² die größte Gletscherfläche des festländ. Europa.

J'osua [hebr. »Gott hilft«], israelitischer Heerführer nach dem Tod des Moses.

Jota [grch.] das, →Iota.

Jötun, nord. Göttersage: dämon. Wesen von ungefüger Kraft, bewohnten Jötunheim.

J'otunheim, hochgebirgsartiges Gletschergebiet im südl. Norwegen, mit Glittertind (2472 m) und Galdhöpig (2469 m).

Jouhaux [ʒu'o], Léon, *1879, †1954, seit 1909 Generalsekr. des franzöz. Allg. Gewerkschaftsbundes (CGT); gründete 1947 die antikommunist. Gewerkschaft »Force Ouvrière« (CGTFO); Friedensnobelpreis 1951.

Joule [dʒaul], James Prescott, engl. Physiker, *1818, †1889, bestimmte das mechan. Wärmeäquivalent. Nach ihm heißt eine Einheit der elektr. Energie: 1 J = 1 Wattsekunde = 10 Mill. erg.

Jour [ʒu:r, frz.] der, Tag, J. fixe [fiks], fester Wochentag für Gästeempfang ohne Einladung.

Journ'al [ʒurn'al, frz.], 1) Tagebuch, Grundbuch in der Buchführung. 2) Zeitschrift, Zeitung.

Journal'ismus [ʒur-] der, besondere Art der schriftsteller. Tätigkeit für Presse, Rundfunk, Fernsehen, Wochenschau, Dokumentarfilm oder polit. und wirtschaftl. Werbung, auch der hierbei entwickelte Stil (Kürze, Prägnanz usw.).

Journalist [ʒur-] der, alle bei Zeitungen, Zeitschriften, Nachrichtenagenturen, Rundfunk, Fernsehen u. a. tätigen Berichterstatter und Kommentatoren.

jovi'al [lat. »dem Jupiter eigen«], heiter, wohlwollend. Hw.: Jovialit'ät die.

Joyce [dʒɔis], James, engl.-irischer Schriftsteller, *1882, †1941, entwickelte bes. in seinem Roman »Ulysses« (1922) eine Stilform, die die Dingwelt ganz in das Bewußtsein einbezieht (Bewußtseinskunst), von starkem Einfluß auf die modernen Roman.

Joyce

jr., Abk. für junior [lat.], der Jüngere.

Juan [xu'an], Don J., Graf von Barcelona, *1913, span. Thronprätendent, Vater des Don Juan Carlos, Prinz von Asturien (*1938), seit 1955 zum Thronprätendenten vorgesehen; ⚭ 1962 mit Prinzessin Sophie von Griechenland.

Juan de Austria [xu'an], Don, natürl. Sohn Kaiser Karls V., siegte 1571 bei Lepanto über die Türken, 1576-78 span. Statthalter der Niederlande.

Juan Fernández [xu'an], chilen. Inselgruppe im Stillen Ozean, insges. 185 km². Die Insel: Más a Tierra (Robinsoninsel) war 1704-09 Aufenthaltsort A. Selkirks (→Robinson Crusoe).

Juan-les-Pins [ʒy'ã lɛ pẽ], Kurort an der franzöz. Riviera, gehört zur Gem. Antibes.

Jüan Schi-kai, chines. Staatsmann, *1859, †1916; wurde 1912 Präs. der chines. Republik.

Juárez [xu'arɛs], Benito, Präs. von Mexiko, *1806, †1872, Gegenspieler Kaiser Maximilians, den er erschießen ließ.

J'uba, Dsch'uba, Fluß im O Afrikas, rd. 1500 km lang, entspringt im SO Äthiopiens, mündet in den Indischen Ozean.

Jubeljahr, 1) jüd.: das Halljahr (3. Mose 25), ein Jahr mit Sklavenbefreiung, Schulderlaß. 2) kath.: ein Jahr, in dem der Besuch der Hauptkirchen Roms einen vollkommenen Ablaß erteilt wird. 1300 für 100jährige Wiederkehr eingesetzt, seit 1475 alle 25 Jahre (Heiliges Jahr).

Jubil'ate [lat. »jauchzet«], der dritte Sonntag nach Ostern.

Jubil'äum [lat., von hebr. jobel »Posaune«] das, -s/...läen, Erinnerungsfeier nach Ablauf von 100, 50, 25 Jahren. Jubil'ar der, jubil'ieren, jauchzen.

J'uchten, nach Juchtenleder duftendes Parfum auf balsam.-blumiger Grundlage.

J'uchtenleder, mit Weidenrinde gegerbtes Fahlleder; durch Birkenteeröl imprägniert, erhält es den kennzeichnenden Juchtengeruch.

Juckausschlag, Juckflechte, lat. **Prurigo,** chron. Hautkrankheit mit flachen, heftig juckenden Knötchen auf der Haut.

Jucker der, kleines, leichtes Wagenpferd.

Jud, Leo, schweizer. Reformator, Mitarbeiter Zwinglis, später Bullingers, *1482, †1542.

J'uda [hebr. »Gottlob«], Sohn Jakobs und der Lea, Ahnherr des **Stammes J.** (→Israel).

Jud'äa, 1) urspr. das Gebiet um Jerusalem. **2)** röm. Prov., umfaßte 6-41 n.Chr. auch Idumäa und Samaria, seit 67 n.Chr. auch Galiläa.

Judas. 1) J. Ischariot (d.h. J. von Kariot], Jünger Jesu; verriet diesen durch den **J.-Kuß. 2) J., Jakobus'** Sohn, vielleicht mit Thaddäus oder Lebbäus personengleicher Jünger Jesu. **3) J. Makkabäus** →Makkabäer.

Judasbrief, ein kurzer, vor Irrlehren warnender Brief im N.T.; wahrscheinlich zwischen 60 und 70 n.Chr. geschrieben.

Juden, der in der Landschaft **Juda (Judäa)** beheimatete und von dort über die Welt zerstreute Rest des ehem. Volkes →Israel, nach der Rückkehr aus dem babylon. Exil von Esra als autonome Religionsgemeinde gebildet. Die Gesamtzahl der J. hat im Laufe der Geschichte außerordentlich geschwankt und ist durch Verfolgungen mehrmals tief gesunken. Sie wird heute auf 13,5 Mill. geschätzt.

Die J. bilden keine biolog., sondern eine sozialreligiöse Einheit. Von einer semit. Rasse zu sprechen ist unrichtig, da Semiten ein sprachwissenschaftl. Begriff ist. Man unterscheidet drei Gruppen: die **Sephardim** (die im Typus verhältnismäßig einheitl. span. und portugies. J.), die **Aschkenasim** (dt., russ., poln. J., die sich im Typus vielfältig unterscheiden) und die arabischsprechenden **Jemeniten.** Nach Rückkehr aus dem babylon. Exil entwickelte sich unter Esra und Nehemia aus altem Brauchtum eine Gesetzesreligion (→Jüdische Religion) mit vielen moral. Geboten und rituellen Vorschriften (vor allem Reinheitsvorschriften). Die von den Propheten vorausgesagte und im Zeitalter des Hellenismus beginnende Zerstreuung vollendete sich nach mißglückten Freiheitskämpfen im 1./2.Jahrh. n.Chr. (Zerstörung Jerusalems durch die Römer 70 n.Chr.). Kriegsgefangene J. wurden teils nach Rom, teils an den Rhein, die Donau und nach Spanien verbannt. Die J. in Spanien erlebten nach 800 eine kulturelle Blütezeit, wurden jedoch 1492 nach Vertreibung der Muslime zur Auswanderung gezwungen. In Frankreich wurden die Juden während der Kreuzzüge verfolgt und 1394 endgültig aus dem Lande verwiesen. Auch in England erlitten sie grausame Verfolgungen. In Dtl. wurden vielfach Judenordnungen erlassen, die persönl. Bewegungsfreiheit, Sondersteuern, Familienrecht, Kleidung und Wohnen in gesonderten Straßen **(Ghettos)** regelten. Infolge ihrer Abgeschlossenheit innerhalb der christl.-ständ. Gesellschaft waren die J. auf den Handel verwiesen; ebenso lag der Geldhandel in ihren Händen, den das kirchl. Zinsverbot den Christen untersagte. Unterdrückung und Verfolgung schufen ein Proletariat, das dem Trödelhandel nachging. Einige wurden als **Kammerjuden** gegen Abgaben unter kaiserl. Schutz genommen, andere mit Schutzbriefen versehen **(Schutz-J.)** oder mit der Führung der Geldgeschäfte beauftragt **(Hofjuden).** Während der Kreuzzüge begannen schwere Ausschreitungen gegen die J. am Rhein. Verstärkte Verfolgung erlitten sie im 14.Jahrh.

Ihre bürgerl. Gleichstellung wurde seit Ende des 18.Jahrh. in Amerika, Frankreich, später in Dtl. und in den meisten europ. Ländern anerkannt **(J.-Emanzipation).** 1882 vollzog sich nach mehrfachen blutigen Pogromen eine Massenauswanderung von Ostjuden nach Amerika. Mitte des 19.Jahrh. entstand in Dtl. und Frankreich eine neue Welle des →Antisemitismus im Zusammen-

hang mit den sozialen Kämpfen, da den J. die Verantwortung für die allgemeinen Mißstände aufgebürdet wurde. Das nat.-soz. Regime verfolgte die J. als rassisch minderwertig und staatsfeindlich. Nach 1933 wurden die J. aus dem Beamtentum entfernt. Die »Nürnberger Gesetze« legalisierten 1935 die Diffamierung der J. und verboten u.a. die Ehe zwischen J. und Nichtjuden. 1938 wurden Verfolgungen organisiert, bei denen fast alle Synagogen angezündet, jüd. Geschäfte und Wohnungen zerstört wurden **(Kristallnacht);** 1941 wurde das Tragen des Judensterns befohlen. Manche dt. J. konnten rechtzeitig unter Zurücklassung ihres Vermögens auswandern. Nach 1940 wurden Millionen von J. aus Dtl. und den besetzten Ländern in Vernichtungslagern (→Konzentrationslager) im Rahmen der sogenannten »Endlösung« umgebracht.

Th. Herzl und M. Nordau begründeten seit 1896 den polit. →Zionismus und forderten die Schaffung einer gesicherten Heimstätte in Palästina, die 1948 im Staat →Israel verwirklicht wurde.

Judenburg, Bez.-Stadt und Sommerfrische in der Obersteiermark, Österreich, 11400 Ew.; Edelstahlwerk, Kartonagenfabrik.

Judenchristen, die ersten Christen jüd. Herkunft, hielten an messianschem Gesetz fest.

Judenkirsche, volkstüml. Name für verschiedene Pflanzen, z.B. Kornelkirsche, Geißblatt, Trauben-, Blasen-, Tollkirsche.

J'udica [lat. »richte«], der fünfte Fastensonntag und 2.Sonntag vor Ostern.

Judikat'ur [lat.] die, ‫ذ‬ Rechtsprechung.

Jüdische Religion, der vom Volk Israel ausgegangene Glaube an den einen einzigen, unkörperl. und rein geistigen Gott, den Vater aller Menschen, der Inbegriff aller sittl. Vollkommenheit ist und vom Menschen Liebe und Gerechtigkeit verlangt. Die Form der jüd. Religiosität ist der Gehorsam gegenüber dem göttl. Gesetz, ihre Quelle ist die Bibel (A.T.), bes. die fünf Bücher Mose, Thora genannt. Dazu tritt der →Talmud. Die Zeremonialgesetze (Speiseges.) gelten für die orthodoxen Juden als unbedingt verpflichtend. Wöchentl. Feiertag ist der Sabbat (Sonnabend); er wird durch strenge Arbeitsruhe gefeiert. Jahresfeste sind das Passah, Wochenfest, Laubhüttenfest, Neujahr, Chanukka, Purim und der große Versöhnungstag. Träger des religiösen Lebens ist nicht der Geistliche (Rabbiner), sondern die Gemeinde in Erfüllung des allgem. Priestertums.

J'udith, die Hauptgestalt des Buches J. im A.T., tötete Holofernes.

Judo [japan.] das, aus der altjapan. Samuraitradition der Selbstverteidigungskunst ohne Waffen **(Jujutsu)** im 19.Jahrh. von S. Kano entwickelter Kampfsport, besteht in der Kunst, durch Nachgeben und Ausnutzen der Kraft des Gegners zu siegen, an japan. Schulen 3 Jahre Pflichtfach. **Jud'oka** der, Judokämpfer. (→Jiu-Jitsu,→Gewichtsklassen)

Jud Süß, →Süß-Oppenheimer.

Jugend, der Lebensabschnitt vom Beginn der Geschlechtsreife (Pubertät) bis zu ihrem Abschluß; rechtlich sind **Jugendliche** Menschen zwischen 14 und 18 Jahren.

Jugendamt, Kommunalbehörde für die →Jugendpflege und →Jugendfürsorge.

Jugendarrest, →Jugendstrafrecht.

Jugendbewegung, der um die Wende des 19.Jahrh. einsetzende Versuch der Jugend, sich von der Bevormundung durch Erwachsene freizumachen und sich eine eigene jugendgemäße Lebensform zu schaffen. Die J. suchte das Erlebnis des Abenteuers, der Naturnähe und der Volksverbundenheit auf Wanderungen (»Fahrten«), im Gruppenleben und in der Gestaltung von Festen (Sonnwendfeiern), »Wandervogel«. Nach dem 1. Weltkrieg zersplitterte sich die J. in zahlreiche Jugendverbände und polit. bestimmte Jugendorganisationen. Der Nationalsozialismus schnitt die weitere Entwicklung der J. ab und setzte an ihre Stelle die Staatsjugend (»Hitler-Jugend«). Bei

Jugendverbände: Jugendzeltlager bei Salzburg

der Neugründung der →Jugendverbände nach 1945 fühlte man sich dem Geist der J. verbunden.

Jugendfürsorge, Schutz-, Hilfs- und Erziehungsmaßnahmen für Kinder und Jugendliche in wirtschaftl., gesundheitl. oder sittl. Notlage oder Gefährdung. Die J. ist die Hauptaufgabe der Jugendämter. Sie umfaßt u.a.: Fürsorgeerziehung, Schutzaufsicht, Jugendgerichtshilfe, Gesundheitsschutz für Kinder und Jugendliche, wirtschaftl. Fürsorge im Rahmen der Wohlfahrtspflege, Betreuung von Pflegekindern, Amtsvormundschaft, Waisenpflege, arbeitspolizeil. Jugendschutz und Erziehungsberatung. (→Jugendwohlfahrt)

Jugendgerichtsbarkeit, →Jugendstrafrecht.

Jugendherberge, Aufenthalts- und Übernachtungsstätte zur Förderung des Jugendwanderns. Das J.-Werk wurde 1909 von R. Schirrmann gegründet. 1933 gab es in Dtl. über 2100 J., in der Bundesrep. Dtl. 1969: 559.

Jugendhilfe, Erziehungs- und Wohlfahrtsmaßnahmen außerhalb der Schule (→Jugendpflege, →Jugendfürsorge, →Jugendschutz).

Jugendpflege, die religiöse, kulturelle und sportl. Jugendarbeit der Jugendämter und Jugendverbände. Im Rahmen der J. wird die eigene Initiative der Jugendlichen angeregt, unterstützt und geschützt. (→Jugendwohlfahrt)

Jugendpsychologie, Lehre von der seel. Entwicklung von Kindern und Jugendlichen; wurde bes. durch W. Stern, Ch. und K. Bühler, Piaget und E. Spranger ausgebildet.

Jugendschutz, der Schutz der Kinder und Jugendlichen vor gesundheitl. und sittl. Gefahren. **1) Jugendarbeitsschutz** (Ges. v. 9. 8. 1960 i. d. F. v. 29. 7. 1966) regelt Beschäftigungszeiten und Mindesturlaub. **2) Schutz der Jugend in der Öffentlichkeit** (Ges. v. 4. 12. 1951 / 27. 7. 1957) regelt den Besuch von Lokalen und Veranstaltungen, öffentl. Rauchen und Genuß von alkohol. Getränken. **3) Schutz der Jugend vor Jugendgefährdenden Schriften** (Ges. v. 29. 4. 1961).

Jugendstil, Kunstrichtung um etwa 1890 bis 1910; prägte sich bes. im Kunstgewerbe (Möbel, Buchschmuck), auch in der Baukunst aus. Wegen seiner willigen Ornamente befehdet, bedeutet der J. doch eine Wende: den Bruch mit der Nachahmung historischer Stile.

Jugendstrafrecht, das für Jugendliche (14 bis 18jährige) und z. T. auch für Heranwachsende (18-21jährige) geltende Straf- und Strafprozeßrecht, das in wesentl. Grundsätzen vom allgem. Strafrecht abweicht (Jugendgerichtsges. v. 4. 8. 1953 / 19. 12. 1964). Dem Jugendrichter (→Gerichtswesen) stehen zur Verfügung: **Erziehungsmaßregeln** (Weisungen; Erziehungsbeistandschaft; Fürsorgeerziehung), **Zuchtmittel** (Verwarnung; Auferlegung von Pflichten; Jugendarrest, der als Freizeit-, Kurz- oder Dauerarrest – Höchstdauer 4 Wochen – vollstreckt wird), **Jugendstrafe** (in bes. Anstalten zu vollstreckender Freiheitsentzug von mindestens 6 Monaten, höchstens 10 Jahren; kann auch auf unbestimmte Zeit – höchstens 4 Jahre – verhängt werden). – In der Dt. Dem. Rep. gilt das Jugendgerichtsges. v. 23. 5. 1952; best. Verbrechen (Mord, polit. Straftaten u. a.) werden nach dem allgem. Strafrecht bestraft (Höchststrafe lebenslängl. Zuchthaus).

Jugendverbände, freiwillige Jugendbünde und -organisationen (ÜBERSICHT)

Jugendverbände
BUNDESREP. DTL.
Dt. Bundesjugendring, darin u.a.: Bund der Dt. Kathol. Jugend, Arbeitsgemeinschaft der Evang. Jugend Dtl.s, Sozialist. Jugendbewegung Dtl.s, Naturfreundejugend, DGB-Gewerkschaftsjugend, Dt. Sportjugend, Ring dt. Pfadfinderbünde, Bund dt. Landjugend, Dt. Jugend des Ostens.
DT. DEM. REP.
Freie Deutsche Jugend (FDJ), daneben lose Gruppen konfessioneller Art.
ÖSTERREICH
Österreich. Bundesjugendring, Jugendrotkreuz.
SCHWEIZ
Schweizer. Arbeitsgemeinschaft der Jugendverbände (SAJV) mit etwa 50 Einzelverbänden.

Jugendweihe, 1) Feier freireligiöser Gemeinden an Stelle der Konfirmation. **2)** in der Dt. Dem. Rep. seit 1955 pseudoreligiöser Festakt beim Verlassen der Schule; von der evang. und kath. Kirche abgelehnt.

Jugendwohlfahrt, Sammelbegriff für Jugendpflege und Jugendfürsorge (J.-Ges. v. 11. 8. 1961).

Jugoslawien, Sozialist. Föderative Republik J., Rep. in SO-Europa, 255804 km², 20,5 Mill. Ew.; Hauptstadt: Belgrad. Amtssprachen: Serbokroatisch, Makedonisch, Slowenisch. ⊕ ⑤ S. 524, ⊡ S. 345, ⬭ S. 878.

Nach der neuen VERFASSUNG v. 7. 4. 1963 ist J. eine sozialist. föderative Rep. Teilrepubliken sind: Serbien, Kroatien, Slowenien, Bosnien und Herzegowina, Makedonien, Montenegro. Oberstes gesetzgebendes Organ ist der Bundesversammlung (5 Kammern). Der Staatspräs. wird auf 5 Jahre gewählt (1 Wiederwahl möglich; bei Tito jedoch auf Lebenszeit). Oberstes vollziehendes Organ ist der Bundesvollzugsrat (Regierung). Die Teilrep. haben eigene Parlamente und Regierungen. Mit der Verfassungsänderung 1971 wurde ein Staatspräsidium (Präs. auf Lebenszeit: Tito) mit 22 Mitgl., je 3 aus den 6 Teilrepubliken, je 2 aus den 2 autonom. Gebieten geschaffen. Nach Titos Ausscheiden wird der Vorsitz im Staatspräsidium im jährl. Turnus unter den Teilrepubliken rotieren. Zentral geleitet wird nur noch Außen- und Wirtschaftspolitik und Verteidigung.

LANDESNATUR. J. reicht von den Karawanken im N bis zum makedon. Gebirgen im S, von der Adria landeinwärts bis zur Batschka (an Donau und Theiß) im NO und zum Balkan im O. Überwiegend Gebirgsland (Kalkgebirge der Dinar. Alpen; höchste Erhebung der Triglav in N, 2863 m). Der Adriaküste sind zahlreiche Inseln vorgelagert. Hauptflüsse: Drau, Save, Donau, Theiß, Morawa. Klima an der Küste mittelmeerisch, im Innern meist kontinental. BEVÖLKERUNG. Serben (Orthodoxe), Kroaten und Slowenen (Katholiken), Makedonier und Montenegriner (meist Orthodoxe, zum Teil Muslime), daneben Minderheiten.

WIRTSCHAFT. Anbau von Mais, Weizen, Zukkerrüben, Kartoffeln, Obst, Wein, Tabak u. a. Be-

Jugendstil, links Henry van de Velde, Türgriffe (1901), rechts: Hermann Obrist, Stickerei (1893)

Juliana

Julius II.

deutender Bergbau (Bauxit, NE-Metalle, Braunkohle, Eisen, Kohle, Erdöl). Zunehmende Industrialisierung: Metall-, Textil-, elektrotechn., chem. u. a. Ind. Ausfuhr: Metallwaren, tierische Erzeugnisse, Obst, NE-Metalle, Holz; Haupthandelspartner: Italien, Sowjetunion, Bundesrep. Dtl., USA. Straßennetz im Ausbau (Autobahn seit 1963). Haupthäfen: Rijeka, Split; Hauptflughäfen: Belgrad, Agram, Laibach.

GESCHICHTE. 1918 wurde das »Königreich der Serben, Kroaten und Slowenen« gebildet, seit 1929 amtl. Jugoslawien genannt. Auf König Alexander I. folgte 1934 sein junger Sohn Peter II. unter der Regentschaft des Prinzen Paul, der 1941 wegen seines Beitritts zum Dreimächtepakt gestürzt wurde. Dies führte zum Einmarsch dt. Truppen. Unter den Partisanengruppen gewann die kommunistische des Josip Broz (→Tito) das Übergewicht. Nach 1945 übernahm Tito als MinPräs. die Regierung der neu gegr. Bundesrep., die seit der Verfassung von 1946 unter rein kommunist. Führung steht. Die selbständige Politik Titos im Sinne eines nationalen Sozialismus führte 1948 zum Ausschluß J.s aus dem Kominform und zu einer gewissen Annäherung an die Westmächte; 1954 Balkanpakt mit Griechenland und der Türkei. Die Beziehungen zur Sowjetunion blieben Schwankungen unterworfen (Verschärfung 1956 nach den Unabhängigkeitsbestrebungen in Polen und Ungarn, 1968 nach dem sowjet. Einmarsch in die Tschechoslowakei). Staatspräsident: J. Tito (seit 1953), MinPräs. D. Bijedic (seit 1971).

Jug′urtha, König von Numidien, im **Jugurthinischen Krieg** (111-105 v. Chr.) von den Römern bekämpft, 104 in Rom hingerichtet.

Juin [ʒɥ′ɛ̃], Alphonse, französ. Marschall, ∗1888, †1967; 1947-51 Generalresident in Marokko, dann Oberbefehlshaber der Landstreitkräfte, 1953-56 aller Waffengattungen der NATO für Mitteleuropa.

Juist [jy:st], ostfries. Nordseeinsel, 16,8 km², 1900 Ew.; Seebad.

Juiz de F′ora [ʒu′i:s], Stadt in Minas Gerais, Brasilien 194 100 Ew.; Wirkwarenindustrie.

Juj′ube die, **Judendorn,** strauch- bis baumartiges Kreuzdorngewächs mit rundl. Steinfrüchten; in S-Europa, Afrika, Asien, Australien.

Juj′utsu, →Judo.

Julfest, nordgerman. Fest der Wintersonnenwende. Ein bes. Brauch ist z. B. der **Julklapp** (Scherzgeschenk) in Skandinavien und Norddtl.

Juli [lat., nach Julius Caesar] der, **Heuert,** der 7. Monat, mit 31 Tagen.

J′ulia, J′ulie, weibl. Form von →Julius.

Juli′an, röm. Kaiser (361-363 n. Chr.), von den Christen **Apostata** [der Abtrünnige] genannt.

Juli′ana, Königin der Niederlande (seit 1948), ∗1909, verheiratet seit 1937 mit Prinz Bernhard zur Lippe-Biesterfeld.

Julianischer Kalender, →Kalender.

Jülich, 1) Kreisstadt in Nordrh.-Westf., an der Rur, 20 200 Ew.; Kleinindustrie, Papier-, Leder-, Zuckerfabriken; Kernforschungsreaktor. 2) ehemal. Herzogtum auf dem linken Rheinufer, 1423 mit Berg vereinigt, fiel 1511 an die Herzöge von Kleve. Als sie 1609 ausstarben, entstand der **J.-Klevesche Erbfolgestreit;** 1614, endgültig 1666, fielen Kleve, die →Mark Ravensberg an Brandenburg, J. und Berg an Pfalz-Neuburg.

J′ulier der, Paß in Graubünden (2284 m), verbindet Oberhalbstein und Oberengadin.

J′ulier Mz., altröm. Geschlecht, dem →Caesar angehörte, dessen Großneffe Augustus die **julischclaudische Dynastie** begründete.

Julirevolution, →Französische Geschichte.

Julische Alpen, Gruppe der südöstl. Kalkalpen, im Triglav 2863 m.

J′ulius [nach dem altröm. Geschlecht →Julier], männl. Vorname.

Julius II., Papst (1503-13), Freund der Künste und der Wissenschaften, förderte Raffael und Michelangelo, begann den Neubau der Peterskirche.

Juliusturm, Festungsturm in Spandau, in dem bis 1914 gemünztes Gold für 120 Mill. Mark (aus

der französ. Kriegsentschädigung 1871) aufbewahrt wurde (Reichskriegsschatz); übertragen: angesammelte Guthaben der öffentl. Hand.

Jumper [dʒ′ʌmpə, engl.] der, Strickbluse.

jun., Abk. für →junior.

Juneau [dʒ′uːnoʊ], Hauptstadt von Alaska, USA, 7000 Ew.; kath. Bischofssitz; Flughafen; Lachsfang.

Jung, Carl Gustav, schweizer. Psychologe, ∗1875, †1961, Prof. in Basel, ging von der Psychoanalyse aus, schuf eine psycholog. Typenlehre, unterscheidet zwischen dem individuellen und kollektiven Unbewußten des Menschen; im letzteren ruhen nach J. urtümliche Bilder (Archetypen).

Junge Pioniere, in der Dt. Dem. Rep. die Vorstufe der FDJ (6-14jährige).

Jünger, 1) Ernst, Schriftsteller, ∗1895, schrieb in geschliffenem Stil, zum Symbolischen neigend. »In Stahlgewittern«, »Blätter und Steine«, »Afrikanische Spiele«, »Auf den Marmorklippen«, »Strahlungen«, »Heliopolis«, »Der gordische Knoten«. **2)** Friedrich Georg, Schriftsteller, Bruder von 1), ∗1898, Lyriker und Essayist (»Die Perfektion der Technik«).

Junges Deutschland, Schriftstellergruppe, die nach der französ. Julirevolution 1830 die Kunst zum Sprachrohr liberaldemokrat. Ideen machen wollte, erstrebte die Emanzipation des Individuums, der Frau, der Juden, die Geistes- und Pressefreiheit. Hauptvertreter: Heine, Börne, Gutzkow, Laube, Wienbarg, Th. Mundt. 1835 wurden ihre Werke zeitweise verboten.

Junge Union, die Nachwuchsorganisation der CDU für 16-40jähr. Mitgl., Sitz Bonn.

Jungfer die, **1)** Jungfrau. 2) Kammermädchen, Zofe.

Jungfer im Grün, ein →Schwarzkümmel.

J′ungfernhäutchen, Hymen der, ⚹ Schleimhautfalte am Scheideneingang.

Jungfern-Inseln, engl. **Virgin Islands,** Inselgruppe der Kleinen Antillen, östl. von Puerto Rico. Die östl. 38 Inseln (130 km², 9100 Ew.) sind britisch, die übrigen gehören den USA (344 km², rd. 51 000 Ew., davon 64% Neger).

Jungfernrebe, →Wilder Wein.

Jungfernzeugung, Parthenogen′ese die, **1)** ⚥ Fortpflanzung durch nicht befruchtete Eier (Würmer, Krebse, Insekten). **2)** ♠ **Jungfernfrüchtigkeit,** Bildung der Frucht aus dem unbefruchteten Fruchtknoten.

Jungfrau die, unberührtes Mädchen.

Jungfrau, 1) nördl. Sternbild mit Spica; das sechste Zeichen des Tierkreises. **2)** ⊕ Gipfel der Berner Alpen, 4158 m; eine elektr. Zahnradbahn führt bis zum **J.-Joch,** 3457 m. (BILD Interlaken)

Jungfrau von Orléans [orle′ɑ̃], die **heilige Johanna,** französ. **Jeanne d'Arc,** französ. Nationalheldin, ∗1412, †1431, Bauernmädchen, fühlte sich durch göttl. Berufung zur Rettung des von den Engländern bedrohten Frankreichs bestimmt, entsetzte 1429 Orléans und führte Karl VII. nach Reims zur Krönung. 1430 wurde sie jedoch bei Compiègne gefangengenommen und von den Engländern als Zauberin verbrannt. 1920 heiliggesprochen. Bühnendichtungen von Schiller, Shaw u. a.

Junghegeli′aner, Vertreter des linken Flügels der Hegelschen Schule: Ruge, Bruno Bauer, D. F. Strauß, Feuerbach, Marx, Lassalle.

Jungk, Robert, Journalist, Schriftsteller, ∗1913; »Die Zukunft hat schon begonnen«, »Strahlen aus der Asche«, »Die große Maschine«.

Jungki, zeitweil. Name für →Kirin.

Jungsteinzeit, Neolithikum, die der Altsteinzeit folgende, der Bronzezeit vorangehende Periode der menschl. Vorgeschichte, in Europa etwa von 5000 bis gegen 1800 v. Chr. Fortschritte in der Steinbearbeitung (polierte und durchbohrte Klingen) und Töpferei, verstärkter Ackerbau (Hack-, später auch Pflugbau) und vermehrte Viehzucht kennzeichnen die J. Nach Gestaltung der Tongefäße wird in Europa unterschieden: die Megalith-, Schnur-, Band- und Kammkeramik und die Glockenbecherkultur.

C. G. Jung

E. Jünger

Jüngstes Gericht, das am Jüngsten Tag auf die Wiederkunft Christi auf Erden folgende Weltgericht mit Auferstehung der Toten.

Jung-Stilling, Heinrich, eigentl. Joh. Heinr. Jung, Schriftsteller, *1740, †1817, studierte mit Goethe in Straßburg, später Augenarzt. Hauptwerk: »Heinrich Stillings Leben«.

Jungtürken Mz., türk. Partei, die die Türkei in einen verfassungsmäßigen Staat umformen wollte; regierte 1908-18.

Juni der, latein. Junius [nach →Juno], der 6. Monat des Jahres, mit 30 Tagen.

Juniaufstand, →Siebzehnter Juni.

Junikäfer, Johanniskäfer, Verwandter des Maikäfers, 15 mm lang, gelbbraun, behaart; die Larve ist an Graswurzeln schädlich.

j′unior [lat.], abgek. **jr., jun.,** der Jüngere.

Junker, ehemals die Söhne der adl. Gutsherren.

Junkertum, polem. Schlagwort für den ostelb. Land- und Militäradel.

Junkers, Hugo, *1859, †1935, Erfinder auf dem Gebiet der Verbrennungsmotoren (J.-Gegenkolben-Dieselmotor), der Wärmetechnik (J.-Kalorimeter) und des Flugwesens (Ganzmetall-Flugzeuge); gründete die J.-Flugzeug- und Motoren-Werke AG. (TAFEL Flugzeuge)

Jüngstes Gericht, von Stephan Lochner (um 1445)

J′unktim [lat.] das, Verbindung mehrerer Gesetzesvorlagen oder Vertragsvorschläge.

J′uno, altröm. Göttin, später Ehe- und Geburtsgöttin, als Gattin des Jupiter Himmelskönigin, der griech. Hera gleichgesetzt.

Junta [x′unta, span.] die, Regierungsausschuß, insbes. nach einem Staatsstreich durch Militärs **(Militärjunta).**

Jupe [ʒyp, frz.] der, Schweiz: Frauenrock.

J′upiter, der altröm. Himmelsgott, Herr des Blitzes und Donners, segnet die Felder, schützt das Recht; entspricht dem griech. Zeus.

J′upiter, der größte Planet unseres Sonnensystems, mit einem Durchm. von 143 640 km, Zeichen ♃. Die Umlaufzeit um die Sonne beträgt 11 Jahre und 315 Tage, die Umdrehungsdauer etwa 10 Stunden. Der J. hat 12 Monde.

Jupon [ʒyp′ɔ̃, frz.] der, ♣ Unterrock.

J′ura [lat., Mz. von →Jus], ♫♭ die Rechte, die Rechtswissenschaft.

Jura der, Gebirgszug in Mitteleuropa, von der Isère zum oberen Main, besteht hauptsächl. aus der **Juraformation** (→Erdgeschichte, ÜBERSICHT). Teile: **Französisch-Schweizer. J.,** erstreckt sich bogenförmig von der Rhône bis zum Rhein; einfacher Faltenbau, auf der Innen-(O)-Seite **(Ketten-J.)** bes. ausgeprägt (Crêt-de-la-Neige 1723 m). Nach W verebben die Falten allmählich, das Gebirge ist zu einer einförmigen, an Karsterscheinungen reichen Hochfläche abgetragen. Der im N vorgelagerte **Tafel-J.** hat an der Faltung keinen Anteil; stark bewaldet, bis 750 m hoch, rauhes, feuchtes Klima; Viehwirtschaft, Uhreind. Der **Deutsche J.,** ein Stufenland mit Steilabfällen nach W und NW, erstreckt sich vom Rhein bis zum Main; er umfaßt die →Schwäbische Alb und die →Fränkische Alb.

jur′idisch [lat.], rechtlich, rechtswissenschaftl.

Jurisdikti′on [lat.] die, Gerichtsbarkeit.

Jurisprud′enz [lat.] die, Rechtswissenschaft.

Jur′ist [lat.] der, Rechtskundiger mit rechtswissenschaftl. Ausbildung. **juristisch,** die Rechtswissenschaft betreffend.

juristische Person, von der Rechtsordnung mit eigener Rechtspersönlichkeit versehene Personenvereinigung (Kapitalgesellschaften, Körperschaft, eingetragene Vereine) oder Vermögensmasse (Stiftung). Die j. P. ist grundsätzl. wie jeder Mensch Träger von Rechten und Pflichten und kann Vermögen erwerben.

Jurte [türk.] die, rundes Filzzelt wandernder Steppenvölker (Kirgisen, Mongolen) Innerasiens.

Jury die, [dʒ′uːri, engl.], in England und den USA die über Tatfragen entscheidende Geschworenenbank, das Schwurgericht. **2)** [ʒyr′i, frz.], Ausschuß von Sachverständigen, z. B. bei Kunstausstellungen.

Jus [lat.] das, das Recht. **J. canonicum,** kanon. Recht (→Kirchenrecht). **J. civile,** Zivil- oder →Bürgerliches Recht. **J. divinum,** göttliches Recht.

Jus [ʒy, frz.] die, das, Saft, bes. Fleischsaft; auch eingedickte Fleischbrühe.

J′uschno-Sachal′insk, Hauptstadt von Sachalin, im S der Insel, 106 000 Ew.; Metallverarbeitung, Nahrungsmittelindustrie.

just [frz.], **justam′ent,** eben, gerade, genau.

Justi, 1) Carl, Kunsthistoriker, *1832, †1912; Monographien: Winckelmann, Michelangelo, Velázquez. **2)** Ludwig, Kunsthistoriker, Neffe von 1), *1876, †1957, bis 1933 Direktor der Berliner Nationalgalerie, seit 1946 Generaldirektor der ehemal. Staatl. Museen Berlin (sowjet. Sektor).

just′ieren [lat.], **1)** Meßgeräte genau einstellen. **2)** Münzen auf Gewicht prüfen. **3)** Druckstöcke auf Schrifthöhe bringen. **4)** Matrizen zum Guß fertigmachen.

Justifikati′on [lat.] die, Rechtfertigung, Genehmigung.

Just′in der Märtyrer, Kirchenvater, † um 165 in Rom; Heiliger (Tag 1. 6.).

Justini′an I., oström. Kaiser (527-565), gewann durch seine Feldherren Belisar und Narses, die das Wandalen- und Ostgotenreich zerstörten, den größten Teil des weström. Reichs zurück, erbaute die Hagia Sophia in Konstantinopel, ließ das →römische Recht im Corpus iuris aufzeichnen.

Just′itia [lat.], **1)** die röm. Göttin der Gerechtigkeit. **2)** die →Justiz.

Justiti′ar [lat.] der, Beauftragter einer Behörde, Rechtsbeistand.

Just′itium [lat.] das, ♫♭ Stillstand der Rechtspflege, bewirkt im Zivilprozeß Unterbrechung des Verfahrens (§ 245 ZPO).

Just′iz [von →Justitia] die, staatliche Rechtspflege (→ÜBERSICHT Gerichtswesen). **J.-Hoheit,** die sich auf die Rechtspflege beziehende Staatsgewalt. **J.-Irrtum,** falsche Entscheidung eines Gerichts auf Grund eines Irrtums über Tatsachen oder irrige Gesetzesauslegung. **J.-Mord,** Verurteilung und Hinrichtung eines Unschuldigen. **J.-Rat,** bis 1918 Titel für verdiente Juristen, unter dem Nat. Soz. für Rechtsanwälte und Notare. **J.-Verwaltung,** Einrichtung und Beaufsichtigung der Justizbehörden

Jurten in der Gobi

Junkers

Jupiter

Kabel, oben:
Fernmelde-K.,
unten: Stark-
strom-K.

Kabul: Grabmal
des Kaisers
Babur

(Gerichte, Staatsanwaltschaften, Notare, Straf-
anstalten).

J'ustus [lat. »der Gerechte«], männl. Vorname.

J'ute die, Bastfaser einer ind. Staude, nächst der
Baumwolle wichtigster Faserstoff, dient zu Säk-
ken, Stricken, Gurten, Teppichen, zur Isolierung
(Kabel) und Papierherstellung. Haupterzeugungs-
land: Indien (Bengalen).

Jüten, german. Stamm in Jütland, der z. T. Britannien besiedelte, z. T. in den Dänen aufging.

J'üterbog, Kreisstadt im Bez. Potsdam, 14 100
Ew.; Industrie: Möbel, Konserven, Papier.

Jütland, das festländ. Gebiet Dänemarks
(→Dänemark, Landesnatur).

Jutta, Jutte [Kurzform von Judith], weiblicher
Vorname.

Juven'al, röm. Dichter, etwa 58–140 n. Chr.;
geißelte in Satiren die Verderbtheit seiner Zeit.

juven'il [lat.], jugendlich.

Juv'entus, altröm. Göttin der Jugend.

Juw'el das, Kleinod, kostbarer Schmuck, geschliffener Edelstein. **Juwel'ier** der, Goldschmied,
Juwelenhändler.

J'yväskylä, Stadt in Mittelfinnland, am Päijän-
nesee, 58 100 Ew.; Universität; Papier-, Holzind.,
Waffenherstellung.

K

k, K, 1) der elfte Buchstabe im Abc, Mitlaut,
stimmloser Gaumen-Verschlußlaut. **2)** K, chem.
Zeichen für →Kalium. **3)** 🔲 °K, Zeichen für Grad
Kelvin, →Kelvinskala.

k, 1) Karat. **2)** Kilo…

K₂, Tschogori, Godwin Austen, zweithöchster Berg der Erde, früher **Dapsang,** im Karakorum, 8611 m hoch, 1954 von Italienern erstiegen.

K'aaba [arab.] die, würfelartiger Bau in Mekka,
in den der Schwarze Stein eingelassen ist; Haupt-
heiligtum der Muslime, Ziel der ihnen vorgeschriebenen Pilgerfahrt (BILD Mekka).

Kaarst, Gem. im Kr. Grevenbroich, Nordrh.-
Westf., 14 000 Ew.

Kab'ale [frz.] die, geheimer Anschlag, Ränke.

Kabard'iner, Volk im mittleren Kaukasus, den
Tscherkessen verwandt. **Kabardino-Balkarische
ASSR,** autonome Sowjetrep. in der Russ. SFSR,
am N-Hang des Kaukasus, 12 500 km², 531 000
Ew. (Kabardiner, Balkaren u. a.); Hauptstadt: Naltschik.

Kabar'ett [frz.] das, 1) Kleinkunstbühne zur
Darbietung von Chansons, Sketches, Tänzen.
2) drehbare Speiseplatte.

K'abbala [hebr. »Überlieferung«] die, im MA.
jüd. Geheimlehre. **Kabbal'ist,** Kenner der K.

Kabel das, 1) kräftiges Tragseil aus zusammen-
gedrehten Stahldrähten oder Hanf. 2) ⚡ elektr.
Leitung zur Verlegung in Luft, im Erdboden und
im Wasser. Die Leiter werden durch getränktes
Papier, Silicongummi oder Kunststoff isoliert und
erhalten als Feuchtigkeitsschutz einen Metall-
mantel aus Aluminium, Kupfer, Stahl, glatt oder
gewellt, eine Bewehrung aus Bandeisen, Flach-
oder Rundstahl, Außenhülle aus getränkter Jute

Jütland: Heidelandschaft

oder Kunststoff als Korrosionsschutz. **Stark-
strom-K.** für Gleich- oder Drehstrom haben bis
4 Leiter aus Kupfer oder Aluminium, ein- oder
mehrdrähtig. Für Spannungen ab 50 kV werden
Öl- und gasgefüllte K. verwendet. **Fernmelde-K.**
enthalten mehrere Hundert Aderpaare, bei sym-
metrischen K. mit gleichen Hin- und Rückleitern
aus verseilten Drähten. Bei **Koaxial-K.** ist der
Innenleiter aus Draht durch Isolierstücke in der
Achse eines rohrförmigen Außenleiters geführt.

K'abeljau der, am Rücken dunkelfleckiger
Raub-Seefisch der Dorschartigen **(Dorsch),** in
allen Meeren zwischen 40° und 75° n. Br., wird
1,50 m lang, 70 kg schwer; Speisefisch, kommt
frisch in den Handel, getrocknet als **Stockfisch,**
oder gesalzen und dann getrocknet als **Klippfisch.**
Aus der Leber stellt man Lebertran her.

Kabellänge, ⚓ Längenmaß der Schiffahrt:
¹/₁₀ Seemeile = 185,2 m.

Kab'ine [frz.] die, 1) Wohn- und Schlafraum
auf Schiffen. 2) Badezelle, Fernsprechzelle. 3)
Raum für Fluggäste bei Luftfahrzeugen.

Kabin'ett [frz.] das, 1) kleines Zimmer. 2)
Raum mit Kunstwerken (Münz-K.). 3) Kunst-
schrank 4.) Regierung.

Kabotage [-t'a:ʒ, span.-frz.] die, Küstenschiff-
fahrt; jeder Staat kann das Recht zur K. den eigenen Staatsangehörigen vorbehalten.

Kabriol'ett [frz.] das, 1) leichter zweirädriger
Einspänner. 2) Kraftwagen mit ganz herabklapp-
barem Verdeck.

Kabr'usche [hebr.] die, Bande.

Kabuki das, volkstüml. japan. Theater.

Kab'ul, Hauptstadt von Afghanistan, am Flusse
K., 449 000 Ew.; Eisenverarbeitung, Textil- und
Lederindustrie.

Einfache Kadenz:
a) Authentisch (Grund-K.)
b) Plagal
(abgeleitete Kadenz)

I = Tonika
V = (Ober) Do-
minante
IV= Subdomi-
nante
VI= Tonika-
Paralleltonart

Kadenz

Kab'ylen, Stammesgruppe der Berber in N-
Afrika, etwa 1 Mill.; meist seßhafte Ackerbauern;
in N-Algerien in der **Großen** und **Kleinen Ka-
byle**i.

Kachel die, gebrannte Ton-, Steingut-, Por-
zellanfliese, glatt oder reliefartig gemustert.

Kachex'ie [grch.] die, ⚕ Kräfteverfall, Abzeh-
rung; Endzustand vieler chron. Krankheiten.

Kádár, János, ungar. Kommunist, *1912, 1948
bis 1950 Innenmin., 1950–53 als »Titoist« in Haft,
war an der Niederschlagung des Aufstands in
Ungarn 1956 wesentl. beteiligt; 1956–58, 1961–65
MinPräs., seit 1956 1. Sekretär der KP.

Kad'aver [lat.] der, Tierleiche. **Kadavergehor-
sam,** blindes Gehorchen.

Kad'enz [ital.] die, **1)** die ein Musikstück oder
einen Teil eines solchen abschließende Akkord-
folge. Die K. schließt auf der Tonika (Ganzschluß),

der Dominante (Halbschluß) oder einer anderen Stufe (Trugschluß). **2)** urspr. improvisierter Soloteil im Instrumentalkonzert, der dem Interpreten Gelegenheit zu virtuosem Alleinspiel gibt.

K′ader [frz.] der, **1)** ♋ Stammbestand einer Truppe (bes. die ausbildenden Offiziere und Unteroffiziere). **2)** kommunist. Sprachgebrauch: wichtiger Funktionär (auch deren Gesamtheit).

Kad′ett [frz.] der, Zögling einer zur Offizierslaufbahn vorbereitenden **Kadettenanstalt.**

K′adi [arab.] der, islam. Richter.

K′adijewka, Stadt im Donezbecken, Ukrain. SSR, 137000 Ew.; Bergakademie, Industrie.

Kadmos, griech. Sage: Bruder der Europa, Gründer der Burg von Theben, erschlug einen Drachen, dessen Zähne er aussäte. Aus der **Drachensaat** erwuchsen geharnischte Männer; K. wurde König von Theben; er soll die Schrift in Griechenland eingeführt haben.

Kaduna, Stadt in Nigeria, 150000 Ew.

kaduz′ieren [lat.], für verfallen erklären; Rechnungsposten als uneinbringl. niederschlagen. **kaduzierte Aktien** sind wegen nicht geleisteter Einzahlung für ungültig erklärt.

Käfer, formenreichste Ordnung der Insekten, mit fast 300000 Arten. Die K. haben kauende Mundwerkzeuge (je nach der Ernährungsweise), hornige Vorderflügel (Flügeldecken), machen eine vollkommene Verwandlung durch (Ei, Larve, Puppe, Käfer). Die Ernährungsweise ist sehr vielgestaltig; zahlreiche K. sind Schmarotzer. Familien: Blatthorn-, Lauf-,Schwimm-,Aas-, Schnell-, Rüssel-, Borken-, Bock-Käfer.

Käferschnecken, Weichtiere mit schildkrötenähnl. Rückenschale; in der Brandungszone.

Kaff [von Kaffer] das, elendes Dorf.

Kaffa, Prov. in SW-Äthiopien; Heimat des Kaffeebaums.

Kaffee [arab.] der, Erzeugnis des **Kaffeestrauchs** (Coffea), im trop. Afrika und Asien heimisch; Sträucher oder Bäumchen mit lederartigen Blättern, weißen Blüten und kirschähnl. Steinfrüchten. Die Frucht enthält meist zwei Fruchtsteine mit je einem harten Samenkern, der **K.- Bohne.** Einsteinige, einsamige Früchte geben **Perlkaffe.** Der K.-Anbau erfordert große Wärme und Bewässerung, in den ersten Jahren Beschattung. Bei der Aufbereitung werden die Bohnen entfleischt, enthülst, verlesen, geröstet. Sie enthalten viel Cellulose, Öl, Gerbsäure und (ungebrannt) 1-1,5% Coffein. Das würzige Getränk, das durch rasches Abbrühen der gemahlenen, gerösteten Bohnen gewonnen wird, wirkt anregend; übermäßiger Genuß verursacht nervöse Störungen, Herzklopfen, Schlaflosigkeit. Man stellt daher auch **coffeinfreien K.** her (→Coffein). Das K.-trinken kam im 17. Jahrh. nach Europa, um 1670 nach Dtl. K. wird in fast allen trop. Ländern angebaut.

Kaffern [arab. kâfir »Ungläubiger«] Mz., alte, oft abwertende Bez. für Bantu, bes. Zulu und Xhosa in S-Afrika.

Kafka, Franz, Schriftsteller, * Prag 1883, †1924. In seinen Romanen (»Der Prozeß«, »Das Schloß«, »Amerika«) und Erzählungen steht hinter dem Alltag das Ungeheuerliche, Groteske.

Kaftan [ägypt.-arab.] der, **1)** langärmeliger, vorn offener, langer Überrock der vorderasiat. Völker. **2)** mantelartiger, enger, geknöpfter Oberrock der orthodoxen Juden.

Kagoschima, Hafenstadt auf Kiuschu, Japan, 401000 Ew.; Fayencen.

Kahl, Gem. in Unterfranken, Bayern, 8100 Ew.; erstes Versuchskernkraftwerk der Bundesrep. Dtl.

Kahla, Stadt im Bez. Gera, an der Saale, 8900 Ew.; Porzellan-Ind. Östl. von K. die Leuchtenburg.

Kahlenberg, Ausläufer des Ostalpen bei Wien, bis 542 m, im eigentl. K. 483 m hoch. Durch die **Schlacht am K.** 1683 wurde Wien von der türk. Belagerung befreit.

Kahlhieb, Kahlschlag, Gesamtfällung auf einer Forstfläche; **Kahlschlagbetrieb,** Hochwaldbetrieb mit K.

Kahlwild, die geweihlosen weibl. Tiere und Kälber von Edel-, Elch- und Damwild.

Kahm, Kahmhaut, feine Haut aus Mikroorganismen auf nährstoffhaltigen Lösungen.

Kai [ndt.] der, Ufermauer in ′Häfen.

Kaifeng, Stadt in der chines. Prov. Honan, 300000 Ew., Textilindustrie.

Kaiman der, Gattung der Panzerechsen in trop.-südamerikan. Flüssen und Seen.

K′aimanfisch, hechtförmiger Schmelzschupper, Raubfisch der südl. USA.

Kain, im A. T. Sohn Adams, Mörder seines Bruders Abel.

Kainz, Josef, Schauspieler, *1858, †1910, wirkte in Berlin und Wien; Hamletdarsteller.

Kaiphas, jüd. Hoherpriester (18-36 n. Chr.) zur Zeit des Prozesses Jesu.

Kairo, Hauptstadt Ägyptens, größte Stadt Afrikas, am Nil, 4,5 Mill. Ew.; mittelalterlicharab. und neuzeitlich-europ. Bauten, 4 Univ., viele Moscheen, Museen. K. ist Verkehrsmittelpunkt und wichtigste Industriestadt Ägyptens. Es wurde 969 gegr., 1517 türk. Prov.-Hauptstadt, 1805 Hauptstadt Ägyptens.

Kairo-Konferenzen, 1) Besprechung zwischen Roosevelt, Churchill und Tschiang Kaischek (22.-26. 11. 1943) über Kriegführung und Kriegsziele gegenüber Japan. **2)** Besprechung zwischen Roosevelt, Churchill und Inönü (2.-6. 12. 1943) über militär. Unterstützung der Türkei durch die Alliierten.

Kair′os [grch.] der, günstiger Augenblick.

Kairu′an, eine der 4 heiligen Städte des Islam, in Tunesien, 82300 Ew.; Teppichweberei.

Kaisari, die türk. Stadt →Kayseri.

Kaisen, Wilhelm, Politiker (SPD), *1887; 1928 bis 1933 Senator in Bremen, nach 1933 mehrfach verhaftet, 1945-65 Senatspräs. und Bürgermeister von Bremen.

Kaiser [von lat. Caesar] der, höchster Herrschertitel, nach dem Personennamen des Gründers der kaiserl. Gewalt im röm. Weltreich: Caesar. Das weström. Kaisertum bestand bis 476, das oström. (in Konstantinopel) bis 1453. Karl d. Gr. erneuerte 800 das weström. Kaisertum als höchste weltliche Würde der Christenheit; seit Otto d.Gr. (962) war es mit dem dt. Königtum verknüpft und erlosch 1806. 1871-1918 führte der König von Preußen den Titel »Deutscher K.«. Außerdem gab es den Kaisertitel in Österreich, Rußland, Frankreich, Brasilien, Mexiko, entsprechende Titel auch in China, Korea, Mandschukuo, Annam, Indien; heute noch in Japan, Äthiopien, Iran.

Kaiser, 1) Georg, Bühnendichter, *1878, †1945, bedient sich in seinen kulturkrit. Schauspielen aller Formen zwischen Tragödie und Posse (»Die Bürger von Calais«, »Gas«). **2)** Jakob, Politiker, *1888, †1961, seit 1912 in der christl. Gewerkschaftsbewegung tätig; Mitgr. der CDU, 1949-57 Bundesmin. für gesamtdeutsche Fragen.

Kaiserchronik, mhd. Dichtung um 1150; Verfasser unbekannt.

Kaisergebirge, Teil der Nordtiroler Kalkalpen, östl. Kufstein, im **Wilden K.** 2344 m, im **Zahmen K.** 1999 m hoch.

Kaiserjäger, österr. Truppe 1816 bis 1918, im

Kaffee: Zweig mit Früchten

Kafka

Kaftan

Kainz

Kairo: Blick über die Innenstadt

Kaiserkrone

Kalabsha

Frieden nur durch Soldaten aus Tirol und Vorarlberg (**Tiroler K.**) ergänzt.

Kaiserkrone, innerasiat. Liliengewächs, Gartenzierpflanze; ziegelrote Blüten.

Kaisermantel, der →Perlmutterfalter.

Kaiserschnitt, ♀ reine Schnittentbindung, bei der durch Leibschnitt die Gebärmutter eröffnet wird.

Kaisersl'autern, Industriestadt in Rheinl.-Pfalz, 102 500 Ew.; Nähmaschinen-, Eisen-, Textil-, Tabakindustrie.

Kaiserstuhl, vulkan. Gebirge in der Oberrhein. Tiefebene, 557 m hoch; Wein-, Obstbau.

Kaisersw'erth, Stadtteil von Düsseldorf; Reste einer Kaiserpfalz; evang. Diakonissenanstalt.

Kaiserwald, Waldgebirge in NW-Böhmen, Tschechoslowakei, 987 m hoch.

Kaiser-Wilhelm-Gesellschaft zur Förderung der Wissenschaften, seit 1948 →Max-Planck-Gesellschaft.

Kaiser-Wilhelm-Kanal, der →Nord-Ostsee-Kanal.

Kaiser-Wilhelms-Land, ehem. dt. Schutzgebiet in Neuguinea (→Schutzgebiete).

Kaiser-Wilhelm-II.-Land, Teil der Ost-Antarktis.

Ka'isöng, Kaesong, Stadt in N-Korea,100 000 Ew.; 910-1392 Hauptstadt des Kgr. Korea.

K'ajak [er oder das, **1)** Männerboot der Eskimos; die Spanten sind mit Seehundshaut überzogen; Doppelpaddel. **2)** Sportpaddelboot.

Kaj'üte [frz.] die, Wohnraum auf Schiffen.

K'akadu der, Papagei Australiens und Indonesiens mit aufrichtbarer Haube.

Kak'ao [altmexikan.], Genuß- und Nahrungsmittel aus den Samen (**K.-Bohne**) des **K.-Baums.** Dieser ist ein tropisch-amerikan. Malvengewächs, hat Blüten, die am Stamm sitzen. Die **K.**-Bohne enthält 45-50% Fett (**K.-Butter, K.-Öl**), 18% Eiweiß, 10% Stärke, 1-3% anregend wirkendes →Theobromin und schmeckt würzig, aber bitter. Die Samen werden getrocknet, entbittert, geröstet, zermahlen und entölt. Das **K.**-Pulver gibt **K.-Getränk** und **Schokolade.** K.-Butter schmilzt bei Körperwärme und wird nicht ranzig (Arzneiträger). Der K. wurde durch Cortez aus Mexiko nach Spanien, 1679 nach Dtl. gebracht. Haupterzeugungsländer: Ghana, Nigeria, Brasilien.

Kakemono [japan.] das, Bild auf Seide oder Papier zwischen zwei Holzstäben, zum Zusammenrollen; Hauptgattung des ostasiat. Gemäldes.

K'akerlak der, **1)** Küchenschabe (→Schabe). **2)** übertragen: →Albino.

Kakinada, Hafenstadt in Andhra Pradesch, Indien, 132 800 Ew.; Ölsaaten-, Reisausfuhr.

Kakod'ylverbindungen, ⚗ übelriechende organ. Verbindungen des Arsens.

Kakophon'ie [grch.] die, Mißklang.

Kakt'een [grch.] Mz., Ez. Kaktus, **Kaktusgewächse,** Familie ausdauernder, dickfleisch. Gewächse von mannigfacher Stengelbildung: blatt-, scheiben-, kugel-, säulenförmig, bis 12 m hoch, meist grün, ohne ausgeprägte Blätter oder blattlos, mit Stacheln besetzt, mit stattl. Blüten und beerenartigen Früchten. Fast alle Arten sind in Amerika heimisch. Der Verlust der Blätter, deren Arbeit der mit Blattgrün ausgestattete Stengel übernommen hat, sowie die Verstärkung der Oberhaut (oft Wachsüberzug) sind Anpassungen an trockenes Klima. Viele Gattungen: **Blatt-K., Opuntie, Säulen-K., Kugel-K.,Warzen-K., Berg-K., Haar-K.** u. v. a. (FARBTAFEL Orchideen, Kakteen S. 701)

Kalabr'eser der, breitkrempiger, spitzer Filzhut (aus Kalabrien).

Kal'abrien, die südwestl. Halbinsel Unteritaliens, wird vom **Kalabrischen Gebirge** durchzogen. Ölbaum-, Wein-, Agrumen- u.a. Kultur. Hauptorte: Reggio di Calabria, Cosenza, Catanzaro.

Kalabsha, ägypt. Tempel aus der Ptolemäerzeit, in Nubien auf dem W-Ufer des Nils, seit1961 mit dt. Hilfe in die Nähe des Assuan-Dammes versetzt.

Kalah'ari die, Trockenbecken in S-Afrika,

Dünenwälle im S, nach N zu Grassteppe, Sümpfe, wildreich; dünn besiedelt. (FARBTAFEL Afrika II S. 162)

Kalamit'ät [lat.] die, Not, Schwierigkeit.

Kal'ander [frz.] der, Maschine mit z.T. heizbaren und mit reliefartigen Mustern versehenen Walzen, zwischen denen Gewebe-, Papier-, Kunststoffbahnen hindurchgeführt, dabei geglättet, geprägt und zur Erzielung von Glanz gestreckt werden.

K'alauer der, schlechter Wortwitz.

Kalb, Charlotte v., *1761, †1843, Gattin eines Offiziers, Freundin Schillers, Hölderlins und Jean Pauls.

Kalb das, Junges des Rindes, Rot-, Elch- und Damwilds im ersten Jahr.

Kalbe die, →Färse. **kalben, 1)** bei der Kuh: ein Kalb werfen. **2)** ⊕ Abbrechen der Eisberge von Gletschern, die ins Meer eintauchen.

K'älberkropf, Kälberrohr, Pflanzen wie Kerbel u. a. Doldenblüter sowie Erdrauch.

Kalbsmilch die, →Thymusdrüse der Kälber.

K'alchas, Seher im antik. Heer von Troja.

Kalch'edon, Chalkedon, Chalcedon, alte Stadt am asiat. Ufer des Bosporus; hier tagte 451 das 4. Ökumen. Konzil.

Kalckreuth, Leopold Graf v., impressionist. Maler, *1855, †1928; Landschaften u. a.

Kaldaunen, Kutteln, eßbares Rindergekröse.

Kaleb'asse, Kalab'asse [span.] die, **1)** Flaschenkürbis. **2)** Gefäß daraus.

Kaled'onien, kelt.-röm. für N-Schottland.

Kaledon. Kanal, durch N-Schottland, 98 km.

Kaleidosk'op [grch.] das, opt. Spielzeug, stellt durch mehrfache Spiegelung unregelmäßiger Scherben u. dgl. regelmäßige Figuren dar.

Kal'enden Mz., die →Calendae.

Kal'ender [lat.] der, Zeitrechnung, das Verzeichnis der nach Wochen und Monaten geordneten Tage des Jahres. Im alten Rom gab es ein Mondjahr von 355 Tagen und 12 ungleich langen Monaten, denen von Zeit zu Zeit ein Schaltmonat eingefügt wurde. Nach dem **Julianischen K.,** eingeführt von Julius Caesar, zählt ein gemeines Jahr 365 Tage, jedes vierte Jahr als Schaltjahr 366 Tage (alter Stil). 1582 führte Gregor XIII. ein genaueres Verfahren ein, wonach der Schalttag des Julianischen K. beim vollen Jahrhundert ausfällt, mit Ausnahme des durch 400 teilbaren (wie 1600, 2000 usw.). Dieser **Gregorianische K.** (neuer Stil) wurde seit bald in den kath. Ländern, in der ev. erst 1700, in Rußland erst 1923 eingeführt. Im **jüdischen K.** ist das gemeine Jahr ein Mondjahr von 354 Tagen in 12 Monaten; zum Ausgleich mit dem Sonnenjahr gibt es drei Jahresformen: das Gemeinjahr, das mangelhafte und das überzählige Jahr. Außerdem wird 7mal in 19 Jahren ein Monat eingeschaltet. – Dem **mohammedanischen K.** liegt ein reines Mondjahr zugrunde, eingeteilt in Monate mit abwechselnd 30 und 29 Tagen; das Gemeinjahr hat 354, das Schaltjahr 355 Tage. **Immerwährender K.,** ein K., aus dem man zu jedem Datum den Wochentag bestimmen kann. (ÜBERSICHT S. 449)

Kakao: 1 Blüte, 2 Frucht, 3 Längsschnitt durch eine Frucht

Immerwährender Kalender für die Jahre 1801 bis 2000

	Jahre 1801-1900			Jahre 1901-2000			J	F	M	A	M	J	J	A	S	O	N	D
01	29	57	85		25	53	81	4	0	0	3	5	1	3	6	2	4	0	2
02	30	58	86		26	54	82	5	1	1	4	6	2	4	0	3	5	1	3
03	31	59	87		27	55	83	6	2	2	5	0	3	5	1	4	6	2	4
04	32	60	88		28	56	84	0	3	4	0	2	5	0	3	6	1	4	6
05	33	61	89	01	29	57	85	2	5	5	1	3	6	1	4	0	2	5	0
06	34	62	90	02	30	58	86	3	6	6	2	4	0	2	5	1	3	6	1
07	35	63	91	03	31	59	87	4	0	0	3	5	1	3	6	2	4	0	2
08	36	64	92	04	32	60	88	5	1	2	5	0	3	5	1	4	6	2	4
09	37	65	93	05	33	61	89	0	3	3	6	1	4	6	2	5	0	3	5
10	38	66	94	06	34	62	90	1	4	4	0	2	5	0	3	6	1	4	6
11	39	67	95	07	35	63	91	2	5	5	1	3	6	1	4	0	2	5	0
12	40	68	96	08	36	64	92	3	6	0	3	5	1	3	6	2	4	0	2
13	41	69	97	09	37	65	93	5	1	1	4	6	2	4	0	3	5	1	3
14	42	70	98	10	38	66	94	6	2	2	5	0	3	5	1	4	6	2	4
15	43	71	99	11	39	67	95	0	3	3	6	1	4	6	2	5	0	3	5
16	44	72		12	40	68	96	1	4	5	1	3	6	1	4	0	2	5	0
17	45	73		13	41	69	97	3	6	6	2	4	0	2	5	1	3	6	1
18	46	74		14	42	70	98	4	0	0	3	5	1	3	6	2	4	0	2
19	47	75		15	43	71	99	5	1	1	4	6	2	4	0	3	5	1	3
20	48	76		16	44	72	00	6	2	3	6	1	4	6	2	5	0	3	5
21	49	77	00	17	45	73		1	4	4	0	2	5	0	3	6	1	4	6
22	50	78		18	46	74		2	5	5	1	3	6	1	4	0	2	5	0
23	51	79		19	47	75		3	6	6	2	4	0	2	5	1	3	6	1
24	52	80		20	48	76		4	0	1	4	6	2	4	0	3	5	1	3
25	53	81		21	49	77		6	2	2	5	0	3	5	1	4	6	2	4
26	54	82		22	50	78		0	3	3	6	1	4	6	2	·5	0	3	5
27	55	83		23	51	79		1	4	4	0	2	5	0	3	6	1	4	6
28	56	84		24	52	80		2	5	5	1	3	6	1	4	0	2	5	1

Wochentage

S	1	8	15	22	29	36
M	2	9	16	23	30	37
D	3	10	17	24	31	
M	4	11	18	25	32	
D	5	12	19	26	33	
F	6	13	20	27	34	
S	7	14	21	28	35	

Anwendung:
Beispiel: Auf welchen Wochentag fiel der 25. Juli 1948?
Lösung: Man gehe von der Jahrestafel aus und suche für das Jahr 1948 in der Monatstafel unter Juli die zugehörige Monatskennzahl (4); zuzüglich der Zahl des gesuchten Wochentags (25) ergibt sich die Schlüsselzahl (4 + 25 = 29), für die man in der Wochentagstafel den Sonntag als den gesuchten Wochentag findet.

Tierkreiszeichen

♈ Widder (21. März–20. April)
♉ Stier (21. April–21. Mai)
♊ Zwillinge (22. Mai–21. Juni)
♋ Krebs (22. Juni–22. Juli)
♌ Löwe (23. Juli–22. August)
♍ Jungfrau (23. Aug.–22. Sept.)
♎ Waage (23. Sept.–23. Okt.)
♏ Skorpion (24. Okt.–22. Nov.)
♐ Schütze (23. Nov.–21. Dez.)
♑ Steinbock (22. Dez.–20. Jan.)
♒ Wassermann (21. Jan.–20. Febr.)
♓ Fische (21. Febr.–20. März)

Kalenderzeichen

Gestirnzeichen

☉ Sonne
☽ Mond
♂ Mars
☿ Merkur
♃ Jupiter
♀ Venus
♄ Saturn
♁ Erde
♅ Uranus
♆ Neptun
P_L Pluto

Kal'esche die, leichter vierrädr. Einspänner.

K'alevala das, das finnische Nationalepos, aus Einzelliedern von Elias Lönnrot (1849 gedr.) zusammengefügt.

K'alewipoëg das, estn. Nationalepos.

Kalf'akter, Kalf'aktor [lat.] der, 1) Hausmeister. 2) Schmeichler, Aushorcher.

kalf'atern, ⚓ die Schiffswände mit Werg und Pech dichten.

Kalgan, mongol. Name von →Tschangkiakou.

Kalgoorlie and Boulder [kælg'uəli ənd b'ouldə], Goldbergwerksstadt in SW-Australien; 21 000 Ew.

Kali das, 1) ungenaue Abk. für Kalium und manche Kalium-Verbindungen. 2) die bergmänn. gewonnenen Kalisalze. Die wichtigsten K.-Salze sind: **Carnallit, Kainit, Polyhalit, Sylvin.** Bedeutende Kalisalzlager in N- und Mittel-Dtl., Elsaß, UdSSR, Texas, New Mexico, Ebro-Becken, S-Polen. Primäre Lagerstätten sind durch langsame Austrocknung eines flachen Meeres, sekundäre durch chem. Umwandlung entstanden. Die Salze werden im Tiefbau gewonnen und direkt oder nach Entfernung unerwünschter Nebenbestandteile zur Düngung, zu K.-Seifen, Gläsern, Sprengstoffen verwendet.

Kaliban, →Caliban.

Kal'iber das, 1) Durchmesser des Hohlraums in den Rohren von Feuerwaffen; auch Durchmesser des Geschosses. 2) ◎ Meßgerät zum Messen von Innen- und Außendurchmessern. 3) beim Walzwerk der Zwischenraum zwischen den Walzen, der das Walzprofil ergibt.

Kalid'asa, der größte Dichter Indiens im 5. Jahrh. n. Chr., schrieb Epen, Lyrik, Dramen (»Schakuntala«).

Kal'if [arab.] der, Titel der an der Spitze des Islams stehenden Herrscher als rechtmäß. Nachfolger Mohammeds (seit 632); anfangs wurden sie gewählt und hatten ihren Sitz in Medina. Die K. aus dem Hause der Omajjaden (660–750) regierten in Damaskus; das folgende Haus der Abbasiden (750–1258) machte Bagdad zur Hauptstadt (→Harun al Raschid). Nach 1258 hielten sie in Ägypten ein Scheinkalifat aufrecht. Mit der türk. Eroberung Ägyptens 1517 ging das Kalifat auf die Sultane von Konstantinopel über; 1924 wurde es abgeschafft.

Kalif'ornien, California, Abk. **Cal., Calif.,** 1) der drittgrößte und volkreichste Staat der USA, am Stillen Ozean, 411 015 km², 19,95 Mill. Ew. (92% Weiße, 5,6% Neger, 1,6% Asiaten); Hauptstadt: Sacramento; größte Städte: Los Angeles, San Francisco. Kernlandschaft ist das Kalifornische Längstal (Hauptflüsse: Sacramento, San Joaquin); im O die Sierra Nevada (bis 4418 m).

Kaliber:
a Feld, b Zug

Kalmus

Kalotte

Kalkutta

Klima: gemäßigt bis subtropisch, nach S zunehmend trocken, im SO wüstenhaft. Anbau (künstl. Bewässerung): Obst (Trauben, Pfirsiche, Citrusfrüchte u.a.), Gemüse, Baumwolle, Getreide, Zuckerrüben; Vieh- und Geflügelzucht, Milchwirtschaft; Fischfang, Forstwirtschaft.⅜ auf Erdöl, Erdgas, Borsalze, Quecksilber, Gold (im Rückgang) u.a. Flugzeug-, Fahrzeugbau, Nahrungsmittel-, Elektro- u.a. Ind. – K. wurde im 18.Jahrh. von Spaniern besiedelt, gehörte dann zu Mexiko. Ober-K. kam 1848 an die USA; Nieder-K. gehört noch jetzt zu Mexiko. ⊕ S. 526. (FARBTAFEL Nordamerika S. 699). **2) Golf von K.,** Bucht des Stillen Ozeans zwischen der W-Küste Mexikos und der Halbinsel Niederkaliforniens; Korallen-, Schwamm- und Perlenfischerei.

K'aliko der, leinwandbindiges Baumwollgewebe für Kittel, Schürzen, Bucheinbände.

Kalim'antan, indonesisch für Borneo.

Kal'inin, früher Twer, Gebietshauptstadt in der Russ. SFSR, an der Wolga, 345000 Ew.; Papier-, Druckereikombinat, Elektro- u.a. Ind.

Kal'inin, Michail, sowjet. Politiker, *1875, †1946, war seit 1938 Vorsitzender des Präsidiums des Obersten Sowjets.

Kal'iningrad, russ. für Königsberg (Ostpr.).

K'alisch, poln. Kalisz, Stadt in Polen, westl. von Lodz, 80200 Ew.; Tucherzeugung.

K'alium das, K, chem. Element, Alkalimetall. Ordnungszahl 19, Dichte 0,86 g/cm³, Schmelzpunkt 63,2 °C, Siedepunkt 754 °C. K. ähnelt in elementarer Form und in seinen Verbindungen dem Natrium. Es kommt in der Natur sehr häufig in Form seiner Verbindungen vor (**Kalisalze,** →Kali); **K.-Carbonat, Pottasche** K_2CO_3, zur Glasherstellung; **K.-Chlorat** $KClO_3$, für Sprengstoffe; **K.-Permanganat** $KMnO_4$, grünschwarze, glänzende Kristalle, die sich in Wasser mit violetter Farbe lösen; starkes Oxydationsmittel.

Kalixt'iner [von lat. calix »Kelch«], die gemäßigten →Hussiten (**Utraquisten**).

Kalk der, natürliche tier. und mineral. Ablagerungen, z.B. als Kalkstein, in Muschelschalen und Kreide. K. ist chem. **Calciumcarbonat,** $CaCO_3$. **Gebrannter K.,** CaO, entsteht, wenn man Kalkstein bei 1200–1400 °C brennt; hierbei wird Kohlendioxid (CO_2) frei. **Gelöschter K.,** Calciumhydroxyd, $Ca(OH)_2$, entsteht aus gebranntem K. durch Aufnahme von Wasser. Durch Aufnahme von Kohlendioxyd aus der Luft geht er wieder in Calciumcarbonat über. Hierauf beruht die Verwendung beim Bauen (Mörtelbereitung); auch in der Landwirtschaft als **Düngekalk** verwendet.

Kalkalgen, Algenpflanzen, die mit Kalk aus dem Wasser ihre Zellwände festigen und Gesteinsbildner werden können (z.B. **Kalkgeißler**).

Kalkalpen. Nördl. und Südl. K., →Alpen.

Kalklicht, das helle Licht eines durch Knallgas erhitzten Kalkzylinders (Drummondscher Brenner).

Kalkspat, wasserklares, weißes oder hellgefärbtes Mineral, hexagonal kristallisierendes Calciumcarbonat. Klare Stücke zeigen starke →Doppelbrechung (**isländ. Doppelspat**).

Kalkstein, Sedimentgestein aus Kalkspat, bildet ganze Gebirgszüge. Kristalliner K. ist reiner Kalkspat, →Marmor; **Muschelkalk,** →Kreide.

Kalkstickstoff, $CaCN_2$, ein Düngemittel, entsteht durch Einwirkung von Stickstoff auf Calciumcarbid.

Kalk'ül [frz.] der, Berechnung, Überschlag; Rechenverfahren, logisches Verfahren.

Kalkulati'on [lat.] die, Berechnung der Kosten einer Fertigung oder Leistung (**Vor-K.** über die voraussichtlichen, **Nach-K.** über die tatsächlich entstandenen Kosten).

Kalk'utta, Hauptstadt von W-Bengalen, Indien, 3,1 Mill. Ew. (einschl. der Vorstädte), zweitgrößte Stadt und einer der wirtschaftl. und geistigen Mittelpunkte Indiens. Univ., Hafen. Textil- (Jute-), Leder- u.a. Industrie.

Kall, Gem. im Kr. Schleiden, Nordrh.-Westf. 11200 Ew.

Kalla, Pflanze, →Calla.

Kalletal, Gem. im Kr. Lemgo, Nordrh.-Westf. 14400 Ew.

kalli... [grch.], in Fremdwörtern: schön...

Kalligraph'ie [grch.] die, Schönschreibekunst. **kalligr'aphisch,** in schöner Schrift.

Kall'imachos, griech. Dichter, etwa 305 bis 240 v.Chr.; Hymnen, Epigramme.

Kall'iope, Muse der erzählenden Dichtung.

K'allus der, **1)** ♠ nach Verletzungen entstandenes Wundgewebe bei Pflanzen. **2)** ⚕ nach Knochenbruch an der Bruchstelle neugebildeter Knochen (Knochenschwiele). Der anfangs weiche K. wird häufig härter als der unverletzte Knochen.

K'álmán, Emmerich, ungar. Operettenkomponist, *1882, †1953: »Zigeunerprimas«, »Csárdásfürstin«, »Gräfin Mariza« u.a.

K'almar, Hafenstadt in S-Schweden, am K.-Sund, gegenüber der Insel Öland, 38700 Ew.; Schiffbau, Zündholz-, Lebensmittel-Ind., Fremdenverkehr. **Kalmarer Union,** die Vereinigung von Dänemark, Schweden, Norwegen durch die dän. Königin Margarete 1397, zerfiel 1523.

K'almar [lat.] der, schlanke zehnarmige Kopffüßer; so der bis 18 m lange **Riesen-K.**

Kalmengürtel, drei die Erde umspannende Gebiete schwacher Winde und häufiger Windstillen, der äquatoriale (**Mallungen, Doldrums**) und die beiden subtrop. K. (**Roßbreiten**).

Kalm'ücken, westmongol. Viehzüchtervolk, Lamaisten; seit 1632 an der Wolga (K.-Steppe) ansässig. 1771 kehrte ein großer Teil in die Dsungarei zurück. **Kalmückische ASSR,** autonome Sowjetrep. in der Russ. SFSR, rechts der Wolga, 75900 km², 268000 Ew.; Hauptstadt: Elista.

Kalmus, der, zu den Aronstabgewächsen gehörige Sumpfstaude mit schwertförmigen Blättern, grünl. Blütenkolben. Der würzige Wurzelstock dient als appetitanregendes Mittel, Likörzusatz.

Kalokagath'ie [grch.] die, Vereinigung von Schönem und Gutem, altgriech. Bildungsideal.

K'alomel [grch.] das, Quecksilber(I)-chlorid, Hg_2Cl_2; Augensalbe, Abführmittel.

Kalor'ie [lat. Kw.] die, Zeichen cal, Wärmeeinheit, die Wärmemenge, die nötig ist, um die Temperatur von 1 g Wasser von 14,5 auf 15,5 zu erhöhen; 1 kcal (**große Kalorie**) = 1000 cal.

Kal'otte [frz.] die, **1)** eine Haube. **2)** Schädeldach. **3)** △ Oberfläche eines Kugelabschnitts.

Kalp'ak [türk.] der, **1)** Husarenpelzmütze. **2)** der seitl. Tuchzipfel derselben.

Kaltblut das, schweres, massiges, ruhiges Zugpferd (BILD Pferde).

Kaltblüter, Tiere, deren Körpertemperatur immer der Umgebung entspricht (**wechselwarme Tiere**): Fische, Lurche, Kriechtiere, Wirbellose.

K'älte [zu kalt] die, Mangel an Wärme. Künstliche K. kann man erzeugen durch jeden Vorgang, der mit einem Wärmeentzug verbunden ist, z.B. Verdunsten einer nicht siedenden Flüssigkeit, etwa Äther (**Verdunstungskälte**), oder Auflösen von Salzen in einer Flüssigkeit (**Lösungskälte**).

Kalte Ente, eine Bowle aus leichtem Wein mit Zitronenscheiben.

Kältemaschinen erzeugen tiefe Temperaturen. Bei **Kompressionsmaschinen** wird in einem geschlossenen Kreislauf ein gasförmiges Kältemittel verdichtet, im Verflüssiger durch Luft oder Wasser abgekühlt und verflüssigt. Im Verdampfer entzieht es der Umgebung Wärme. Bei **Absorptionsmaschinen** wird im Kocher aus einer konzentrierten wäßrigen Ammoniaklösung durch Erwärmung Ammoniak ausgetrieben und im Kondensator verflüssigt. Im Verdampfer wird es entspannt, verdampft und entzieht der Umgebung Wärme.

Kaltenbrunner, Ernst, österr. Nat. Soz., *1903, † (hingerichtet) 1946, wurde 1943 Chef der Sicherheitspolizei und des SD sowie Chef des Reichssicherheitshauptamts; in Nürnberg zum Tode verurteilt.

Kältepole, ⊕ Orte mit extrem niedrigen Wintertemperaturen, z.B. Ojmjakon (Sibirien) –70 °C., Wostok (Antarktis) –88,3 °C.

Kalter Krieg, diplomat., wirtschaftl. oder propagandist., jedoch nicht militär. Auseinandersetzung zwischen Staaten oder Staatengruppen.

Kälterückfall, im regelmäßigen Jahresgang der Temperatur auftretende Störung, in Mitteleuropa bes. in der 1. Hälfte des Februars, im März, Mitte Mai (→Eisheilige), im Juni (Schafkälte).

kaltes Licht, →Lumineszenz.

Kaltfront, →Wetter.

Kalthauspflanzen, Ziergewächse, die im **Kalthaus** (Gewächshaus) überwintern und eine Temperatur von nicht mehr als 1-6° C verlangen.

Kaltleiter, ein Leiter, dessen Widerstand bei Erwärmung zunimmt, im allgemeinen Metalle, für hohe Widerstandsänderung Halbleiter. Anwendungen: Temperaturfühler, Überlastschutz, Zeitschalter, Steuerung, Regelung.

Kaltnadelarbeit, beim Kupferstich: die Metallplatte wird ohne ätzende Säuren nur mit Stichel und Nadel bearbeitet.

kaltwalzen, warm vorgewalzte Metallbänder durch Walzen bei Raumtemperatur weiter auswalzen, wodurch der Werkstoff verfestigt wird.

Kaltwasserkur, →Wasserheilverfahren.

Kal´uga, Stadt in der Sowjetunion, im Moskauer Kohlengebiet, 211000 Ew.; Kohlenbergbau, Maschinenbau, Fabrik für Transportausrüstungen.

K´alundborg, dän. Stadt an der W-Küste Seelands, 11700 Ew.; Rundfunksender.

Kalv´arienberg [lat.], 1) Schädelstätte, Golgatha. 2) Wallfahrtsstätte.

Kalvin´ismus, Calvinismus der, →Calvin.

Kalyd´on, antike Hauptstadt Ätoliens; bekannt durch die Sage vom **Kalydonischen Eber.**

Kal´ypso, bei Homer Tochter des Atlas, hielt auf ihrer Insel Odysseus 7 Jahre zurück.

kalzin´ieren, ⟲ durch Glühen entwässern.

K´ama die, der größte linke Nebenfluß der Wolga, 2032 km lang, davon 1215 km schiffbar, großer Stausee und Kraftwerk bei Perm.

K´ama, Kamad´ewa, der ind. Liebesgott, dargestellt als Jüngling, der auf einem Papagei reitet.

Kamakura, Stadt auf Honschu, Japan, 129000 Einwohner.

Kamaldul´enser Mz., Zweig des Benediktinerordens, 1012 von Romuald in Camaldoli (Toskana) gegr.; weißes Ordensgewand.

Kamarilla [kamar´iλa, span. »Kämmerchen«] die, einflußreiche Hofpartei.

Kamas´utra das, altind. Text, ein Lehrbuch der Liebeskunst von Watsjajana.

K´ambium [lat.] das, Gewebe zwischen Holz- und Siebteil der nacktsamigen und zweikeimblättrigen Pflanzen mit teilungsfähigen Zellen, bewirkt das Dickenwachstum der Stämme. Das K. erzeugt nach innen Holz-, nach außen Rindenzellen.

Kamb´odscha, Rep. (seit 1970) in SO-Asien, 181035 km², 6,7 Mill. Ew., darunter 85% buddhist. Kambodschaner (Khmer), ferner Vietnamesen, Chinesen u.a.; Hauptstadt: Phnom-Penh; Amtssprache: Khmer. – VERFASSUNG des Königreichs von 1947. Durch Verfassungsänderung wurde 1960 das Amt eines Staatsoberhaupts ge-

Kamel: Trampeltier

schaffen, dessen Stellung nicht die eines Königs ist. – Den Kern bildet die gebirgsumrandete Aufschüttungsebene (Reisanbau) um den Mekong und den See Tonle-Sap (bes. fischreich), von Hügeln durchsetzt. Trop. Monsunklima; reichl. Niederschläge bes. im W. Verbreitet Waldgebiete (Hölzer). ஃ auf Phosphat. Die Industrie wird mit ausländ. Hilfe entwickelt. Ausfuhr: Reis, Kautschuk; Haupthandelspartner: Frankreich, asiat. Länder. Haupthafen: Sihanoukville. – GESCHICHTE bis zur Unabhängigkeit K.s (1955) →Indochina. Dem polit. Druck Chinas auf die Staaten Indochinas suchte das Königreich K. durch Neutralitätspolitik zu begegnen. Nach Absetzung des Staatsoberhaupts Prinz Sihanuk regiert der bisherige MinPräs. Lon Nol, der sich 1972 zum Staatspräs. ausrufen ließ. Der Vietnamkrieg weitete sich im April 1970 nach K. aus; Südvietnamesen und Amerikaner versuchen, die Nachschublinien des Vietcong in K. zu unterbinden. Seit 1. 11. 1970 ist K. Republik. ⊕ S. 515, ⊳ S. 345.

K´ambrium, der älteste Zeitabschnitt des Erdaltertums, →Erdgeschichte, ÜBERSICHT.

Kamb´üse, Komb´üse die, ⚓ Schiffsküche.

Kamb´yses, König der Perser und Meder, unterwarf 525 v. Chr. Ägypten und Libyen.

Kam´ee die, erhaben geschnittene →Gemme.

Kam´ele, Familie der Paarhufer, Wiederkäuer ohne Hörner und Geweih. In SW-Asien und N-Afrika lebt das einhöckrige K. oder **Dromedar.** Es ist nur als Haustier bekannt, hat einen Fetthöcker und Schwielen (**Schwielensohler**); anspruchsloses Wüstentier, als Last- und Reittier äußerst leistungsfähig. Das zweihöckrige K. oder **Trampeltier** lebt in Innerasien; es ist größer, plumper, wolliger, dient ebenfalls als Last- und Reittier. Zur Familie K. gehört auch die Gattung →Lama.

Kam´elie die, ostasiat. Strauch, Verwandter des Teestrauchs, Zimmerzierpflanze; hat rote bis weiße Blüten, dunkle, glänzende Blätter.

Kamen, Stadt im RegBez. Arnsberg, Nordrh.-Westf., 41300 Ew.; Steinkohlenbergbau, Metall-, opt., Elektro-, Schuh-, Textilindustrie.

K´amensk-Ur´alskij, Stadt östl. des mittl. Ural, UdSSR, 169000 Ew.; nahebei Bauxit-, Steinkohlelager; Eisen-, Aluminium-, chem. u.a. Ind.

K´amenz, Kreisstadt im Bez. Dresden, am Rande des Lausitzer Berglandes, 16700 Ew.; Tuch-, Glas-, Tonwaren-, Maschinen-Industrie.

K´amera die, Photoapparat, →Photographie.

Kamer´ad [ital. camerata »Stubenbrüderschaft«] der, Gefährte, Waffengenosse.

Kameral´ismus, die dt. Form des →Merkantilismus. Die **Kameralwissenschaften** waren eine staatl. Verwaltungslehre, die sich in Verbindung mit der Förderung des Staatswohlstandes auch mit wirtschaftl. Fragen befaßte. Vertreter: J. Becher, v. Seckendorff, v. Justi.

K´amerlingh Onnes, Heike, niederländischer Physiker, *1853, †1926; verflüssigte 1908 als erster das Helium. Er erhielt 1913 den Nobelpreis.

Kamelie

Kamer'un, Bundesrep. in W-Afrika, 475 442 km², 5,8 Mill. Ew. (im S meist Bantu, im N meist Sudanvölker; rd. 13% Muslime, rd. 15% Christen); Hauptstadt: Jaunde; Amtssprachen: Französisch, Englisch. Staatsoberhaupt der Präsident; Bundesländer: Ost- und West-K. – K. grenzt an den Golf von Guinea (Biafra-Bai) und reicht nach NO bis zum Tschadsee. Flache Küstenniederung mit reichen Niederschlägen (trop. Regenwald), im Innern meist Hochland (Savanne), im W vulkanisch (Kamerunberg 4070 m). Anbau von Mais, Hirse, Maniok; für die Ausfuhr: Kakao, Kaffee, Baumwolle, Bananen, Erdnüsse, Kautschuk; Forstwirtschaft, Nahrungsmittel- u. a. Ind. Haupthandelspartner: Frankreich. ⌾ (Transkamerunbahn) im Ausbau. Haupthafen und Flughafen: Duala. – K. war 1884-1918 dt. Schutzgebiet. Danach kam der Hauptteil unter französ., zwei schmale Streifen im W unter brit. Mandatsverwaltung. Am 1. 1. 1960 wurde Französisch-K. unabhängig (Republik K.), 1961 kam der nördl. Teil von Brit.-K. an Nigeria, der südl. an die Rep. K. (seitdem Bundesrep.). Staatspräs.: A. Ahidjo (seit 1960; auch Min.-Präs. seit 1961). ⊕ S. 514, ▭ S. 345.

Kam'ille die, Gattung der Korbblüter. Arten: die **Echte** oder **Feld-K.** wächst auf Äckern, hat kegelförmige, weißgelbe Blütenkörbchen mit hohlem Boden; diese enthalten das stark riechende flüchtige **Kamillenöl,** das krampf- und schmerzstillend, schweißtreibend wirkt. Die **Strahllose K.** und die **Geruchlose** oder **Falsche K.** sind ebenfalls Feldunkräuter. **Acker-K., Färber-K.** und **Römische K.** gehören in die Gattung →Hundskamille. (FARB-TAFEL Heilpflanzen S. 352)

Kam'in [grch.] der, 1) Feuerstätte, Feuerherd in der Wand, gegen das Zimmer offen. 2) Schornstein. 3) im Hochgebirge: steiler Felsspalt.

Kam'inski, Heinrich, Komponist, *1886, †1946; verband spätromant. Harmonik mit reicher Polyphonie.

K'amitz, Reinhard, österr. Politiker (ÖVP), *1907; 1938 Prof. in Wien, 1952-60 Finanzmin., danach Präs. der Nationalbank.

Kamm der, -s/Kämme, 1) Gerät zum Ordnen der Haare. 2) Holzverbindung. 3) SPINNEREI: die auf- und abschwingende Stahlschiene zur Abnahme der Faserflors an der Krempel. 4) WEBEREI: Teil des Webstuhls (Blatt). 5) ▱ häutiger Auswuchs auf dem Scheitel der echten Hühner; auch die Hautfalte auf dem Rücken mancher Molche. 6) Nackenstück des Schlachtviehs, Wildschweins; oberer Teil des Pferdehalses. 7) ⊕ langgestreckter, schmaler Gebirgsrücken.

Kammer [lat. camera] die, 1) kleines Zimmer. 2) Verwaltung der Einnahmequellen der Fürsten; Bez. von Behörden und Selbstverwaltungskörpern (Handels-K., Handwerks-K.). 3) Volksvertretung; sie besteht häufig aus **Erster K.** (Oberhaus, Senat, Herrenhaus) und **Zweiter K.** (Unterhaus, Abgeordnetenhaus), heute auch in umgekehrter Folge (z. B. Senat als zweite K.). 4) ⚖ aus mehreren Richtern bestehendes Gericht bei den Land- und Landesarbeitsgerichten, →Gerichtswesen.

Kämmerer, 1) **Kammerherr,** Beamter am Fürstenhof. 2) Leiter der Finanzverwaltung.

Kammergericht, →Gerichtswesen, Berlin.

Kammerjäger, 1) Leibjäger eines Fürsten. 2) Ungeziefervertilger.

Kammermusik, für wenige Einzelinstrumente bestimmte Musik (Sonaten, Duos, Trios, Quartette u. a.; auch Gesangstücke); das **Kammerorchester** hat eine Zwischenstellung zwischen der eigentl. K.-Besetzung und dem vollen Orchester.

Kammersänger, Kammermusiker, Titel für hervorragende Sänger und Musiker.

Kammerspiel, kleines Theater, auch Bühnenwerk für kleines Theater.

Kammerton, der für alle Instrumente gültige Stimmton, das eingestrichene a (a¹), seit 1939 auf 440 Schwingungen/s festgelegt.

Kammgarn, aus langer, gekämmter Wolle (Kammwolle) gesponnenes Garn; für glatte Wollzeuge. Gegensatz: →Streichgarn.

Kampfläufer

Kammkeramik, mit Kamm-Eindrücken verzierte Tongefäße aus der Jungsteinzeit.

Kammuscheln, Muschelgattung mit fächerförmig gerippter Schale und flügelförmigen Fortsätzen am Schloßrand.

Kamp der, 1) umfriedetes Feld. 2) Baumschule, Pflanzgarten.

Kampagne [kãp'anjə, frz.] die, 1) Feldzug. 2) jährl. Betriebszeit, z. B. in der Zucker-Industrie.

Kamp'ala, Hauptstadt, Handels- und Verkehrszentrum der Rep. Uganda, 80 000 Ew.

Kamp'anien, geschichtl. Landschaft an der W-Küste Unteritaliens; Hauptstadt: Neapel.

Kämpe der, 1) Kämpfer, Held. 2) Eber.

Kampen auf Sylt, Seebad, 1600 Ew.

Kampf, Arthur v., Maler, *1864, †1950; einer der letzten Maler von Geschichtsbildern.

Kampfer, organ. Verbindung aus dem Holz des südostasiat. K.-Baums; ein aromat. Keton von brennendem, hinterher kühlendem Geschmack, das medizin. verwendet wird. Zur Herstellung von Celluloid und für andere techn. Zwecke verwendet man meist synthet. gewonnenen K.

Kämpfer der, 1) ▯ Platte, Gesims oder Kapitell als Widerlager eines Bogens oder Gewölbes. 2) in den Fensterblendrahmen fest eingebaute, waagerechtes Holz- oder Stahlquerstück.

Kampffisch, farbenprächtiger Aquariumfisch; die Männchen kämpfen miteinander. (FARBTAFEL Zierfische S. 880)

Kampfläufer, Watvogel in Europa und Asien; die Männchen, mit spreizbarem Halskragen (Hochzeitskleid), führen Balzkämpfe.

Kampfstoffe, chem. Substanzen mit reizender, vergifteter Wirkung auf Auge, Haut und Lunge. Zur Abwehr dienen ABC-Schutzmaske, Schutzkleidung, Sauerstoffgeräte.

kamp'ieren [frz.], im Freien lagern.

Kamp-Lintfort, Stadt in Nordrh.-Westf., am Niederrhein, 38 400 Ew.; Steinkohlenbergbau. Das 1123 gegr. ehem. **Kloster Kamp** war die erste Niederlassung der Zisterzienser in Dtl.

Kamtsch'atka, Halbinsel in NO-Asien, 472 300 km², gebirgig, viele tätige Vulkane, rauhes Klima, reich an Wäldern und Pelztieren, Fischund Seetierfang (Krabben). Hauptstadt: Petropawlowsk.

K'ana, Flecken in Galiläa, nördlich von Nazareth; Ort der Hochzeit zu K. (Joh. 2).

K'anaan, im A. T.: das von den Israeliten in Besitz genommene Land (→Palästina).

K'anada, Land des Commonwealth, umfaßt die N-Hälfte Nordamerikas mit Ausnahme Alaskas, einschl. der arkt. Inseln; mit 9,976 Mill. km² das zweitgrößte Land der Erde, 21,4 Mill. Ew.; Hauptstadt: Ottawa; Amtssprachen: Englisch, Französisch. ⊕ S. 516, ▭ S. 345, ☐ S. 878.

K. ist parlamentar. Monarchie. Staatsoberhaupt der brit. Krone, vertreten durch einen Generalgouverneur. Dieser ernennt den Regierungschef; die Regierung ist dem Parlament (Senat, Unterhaus) verantwortlich. K. ist ein Bundesstaat von 10 Provinzen (Gliedstaaten) mit Selbstverwaltung: Neufundland, Prinz-Eduard-Insel, Neuschottland, Neubraunschweig, Quebec, Ontario, Manitoba, Saskatchewan, Alberta, Brit.-Kolumbien; ferner 2 Territorien: Yukon und die Nordwest-Territorien.

LANDESNATUR. →Nordamerika.

BEVÖLKERUNG. Meist europäischer (brit., irischer, französ., dt. u. a.) Herkunft; rd. 236 000 Indianer und Eskimos, ferner Asiaten und Neger. Der ganze N ist nahezu unbesiedelt. Religion: rd. 45% kath., rd. 45% protestant., ferner Orthodoxe, Juden u. a. Größte Städte: Montreal, Toronto, Vancouver, Winnipeg.

WIRTSCHAFT. In der Landwirtschaft herrscht der stark mechanisierte Farmbetrieb vor. Die Prärieprovinzen (Manitoba, Saskatchewan, Alberta) erzeugen bes. Weizen. Mit seiner Weizenerzeugung steht K. an dritter, mit der Weizenausfuhr an erster Stelle der Welt. Milchwirtschaft bes. im Sankt-Lorenz-Tiefland und in den atlant. Küstenprovinzen, Obst- und Gemüsebau im Sankt-Lorenz-Tiefland und im W. Forstwirtschaft, Fischerei; Pelzgewinnung; Energiewirtschaft, vor allem Wasserkraftwerke. Reiche Bodenschätze: NE-Metalle, Asbest, Kali- und Steinsalz, Erdöl, Erdgas, Uran, Kohle, Eisen u.a. Zunehmend Industrie: Zellstoff-, Papier-, Eisen- und Stahl-, chem., Aluminium-, Maschinen- und Fahrzeug-, elektron. Ind., Flugzeugbau. Ausfuhr: Weizen, Fahrzeuge, Papier, Bergbauerzeugnisse, Holz u.a. Haupthandelspartner: USA. Eisenbahn- und

Kanal: Dortmund-Ems-K., Schleusengruppe Münster

Straßennetz werden ausgebaut; Trans-K.-Fernstraße 1962 eröffnet. Durch den St.-Lorenz-Seeweg haben Seeschiffe Zugang zu den Kanad. Seen. Haupthäfen: Montreal, Vancouver, Port Arthur-Fort William, Sept Îles, Hamilton, Halifax, Port Cartier, Quebec. Wichtiger Luftverkehr.
GESCHICHTE. K. wurde im 16. Jahrh. von den Franzosen in Besitz genommn, 1763 an England abgetreten; es erhielt 1840 parlamental. Selbstregierung und vereinigte sich 1867 mit Neuschottland und Neubraunschweig zum Dominion of Canada. In beiden Weltkriegen unterstützte K. das brit. Mutterland; gleichzeitig wurden die Bindungen an die USA verstärkt (gemeinsamer Verteidigungsrat); 1949 trat K. dem Nordatlantikpakt als gründendes Mitglied bei. Innenpolit. Spannungen treten durch die separatist. Bewegung der französ. sprechenden Bevölkerung der Provinz Quebec auf. Min.Präs.: P.E. Trudeau (seit 1968).
K'anadabalsam, klares Terpentin kanad. Balsamfichten; Kitt für opt. Linsen u.a.
Kan'adier, 1) Einwohner Kanadas. **2)** leichtes Sportboot.
Kan'adische Seen, Große Seen, zwischen Kanada und den USA, durch den Sankt-Lorenz-Strom mit dem Atlant. Ozean verbunden: der Obere, Huron-, Michigan-, Erie- und Ontariosee, zusammen 245 612 km².
Kanaille [kan'aj, frz.] die, Schurke; Pack.
Kan'al [aus lat.] der, -s/Kanäle, **1)** Schiffahrts-K., künstlicher Wasserlauf zu Schiffahrtszwecken (ÜBERSICHT). **2)** Bewässerungs-K. zur Versorgung von Städten und Ländereien mit Wasser. **3)** Ent-

wässerungs-K. zur Abführung des Schmutz- und Regenwassers sowie zur →Dränage. **4)** Luft-K. bei Heizungs- und Lüftungsanlagen. **5)** Kanäle zur Aufnahme von Rohrleitungen aller Art. **6)** NACHRICHTENTECHNIK: ein Übertragungsweg oder ein bestimmter Frequenzbereich zur Übertragung einer Nachricht. **Kanalisati'on,** ⚓ die Stadtentwässerung. **kanalis'ieren, 1)** mit Kanälen versehen; **2)** einen Flußlauf schiffbar machen.
Kan'al, →Ärmelkanal.
Kanalgase, übelriechende giftige Gase, die aus Abwässerkanälen und Senkgruben aufsteigen; enthalten Schwefelwasserstoff, Ammoniak.
Kanal-Inseln, →Normannische Inseln.
Kanalstrahlen, Strahlen positiver Ionen, die bei einer Gasentladung den Kathodenstrahlen entgegengerichtet durch Öffnungen (Kanäle) in der Kathode austreten.
Kanalzone, →Panamakanal.
Kananga, →Luluabourg.
K'anapee [frz.] das, Sofa.
Kan'arienvogel, Finkenvogel von den Kanar. Inseln, Stubensänger.
Kan'arische Inseln [»Hundeinseln«], span. Inselgruppe vor der NW-Küste Afrikas, 7273 km², 1,2 Mill. Ew.; 7 größere (darunter Teneriffa, Gran Canaria) und 6 kleinere Inseln. Zwei span. Überseeprov.; Hauptstädte: Santa Cruz de Tenerife, Las Palmas. Stark vulkan., auf Teneriffa bis 3716 m hoch; mildes Klima, sehr fruchtbar. Ausfuhr: Bananen, Tomaten, Gemüse, Kartoffeln. Fremdenverkehr. – Seit dem 15. Jahrh. spanisch.
Kanazawa, japan. Stadt auf der Insel Honschu, 342000 Ew.; Universität.
Kandah'ar, Stadt in Afghanistan, 124000 Ew.; Verkehrsknoten; Handelsmittelpunkt.
Kandah'ar, alpine Skirennen (Abfahrt, Slalom, Kombination), seit 1928 ausgetragen, nach dem Stifter des Pokals, dem engl. General Lord Roberts of K., benannt.
Kand'are [ungar.] die, **Stangengebiß,** am Kopfgeschirr des Pferdes eine Gebißstange mit Kinnkette.
Kandel'aber der, Armleuchter.
Kandertal, das Tal der **Kander** im Berner Oberland, von der Lötschbergbahn durchzogen; lebhafter Fremdenverkehr (Hauptorte **Kandergrund** und **Kandersteg**), Wasserkraftwerke.
Kandid'at [lat.] der, **1)** Prüfling. **2)** Bewerber um ein Amt, einen Parlamentssitz usw. **Kandida't'ur** die, Bewerbung um ein Amt, eine Stellung usw. Zeitwort: **kandid'ieren.**
Kand'insky, Wassily, russ. Maler, *1866, †1944; gehört zu den Begründern der abstrakten Kunst. (BILD abstrakte Kunst.)
K'andis der, **Zuckerkand,** aus großen Kristallen bestehender Zucker. **kand'ieren,** überzuckern.
Kändler, Johann Joachim, Bildhauer, *1706, †1775; Porzellanbildner der Meißner Manufaktur. (BILD S. 454.)
K'andy, Stadt im Innern Ceylons, 67800 Ew.; Tempel mit heiligem Zahn Buddhas.
Kan'eel [mittellat.] der, **weißer Zimt,** Gewürzrinde vom westindischen Zimtbaum.

Kandare

Seeschiffahrtskanäle

Name	Land	Verbindung	Länge km	Tiefe m	eröffnet
Suez-K.	Ägypten	Mittelmeer-Rotes Meer	161,0	12,9	7. 11. 1869
Nordsee-K.	Niederlande	Nordsee-Ijsselmeer	31,0	12,2	1876
K. von Korinth	Griechenland	Ionisches-Ägäisches Meer	6,3	8,0	9. 11. 1893
Manchester-K.	Großbritannien	Irische See-Manchester	64,0	8,5	1894
Nord-Ostsee-K.	Deutschland	Nordsee-Ostsee	98,7	11,0	21. 6. 1895
Brügger See-K.	Belgien	Brügge-Nordsee	10,0	8,5	1907
Panama-K.	Kanalzone(USA)	Atlantik-Pazifik	81,3	12,5	15. 8. 1914
Cape-Cod-K.	USA	Cape Cod Bay-Buzzard Bay	28,0	9,7	1914
Brüssel-Rupel-K. . . .	Belgien	Brüssel-Willebroeck	32,0	6,4	1922
Weißmeer-K.	Sowjetunion	Ostsee-Weißes Meer	227,0	5,0	1933
Houston-K.	USA (Texas)	Golf v. Mexiko-Houston	91,2	10,3	1940
Amsterdam-Rhein-K.	Niederlande	Amsterdam-Tiel	72,0	4,2	1952
Wolga-Don-K.	Sowjetunion	Schwarzes-Kasp. Meer	101,0		27. 7. 1952
St.-Lorenz-Seeweg . .	Kanada	Montreal-Ontariosee	304,0	7,0	1959

Kändler:
Lachender
Chinese

Känguruh:
Rotes Riesen-K.

Kaninchen:
Wild-K.

Kant

K'anevas [frz.] der, →Gitter.
Kangchendzönga der, zweithöchster Berg des Himalaya, 8598 m; Erstbesteigung 1955. (BILD Himalaya)
Kang Teh, →Pu-i.
K'änguruh das, Beuteltier mit sprungtüchtigen Hinterbeinen, Stützschwanz und schwachen kurzen Vorderbeinen. Pflanzenfresser. Das Junge, kaum entwickelt (etwa 3 cm groß) geboren, wird von der Mutter in den Beutel gebracht und hier an einer Zitze fast 8 Monate genährt. Das K. wird in Australien, Neuguinea wegen der Felle stark gejagt. Das Riesen-K. ist sitzend bis 2 m hoch; das Bären-K. wohnt auf Bäumen. Verwandt: die Opossumratte, nur rattengroß.
K'anin, Halbinsel im N der UdSSR, östl. des Weißen Meers, von Samojeden bewohnt.
Kan'inchen das, Nagetier aus der Familie der Hasen. Das Wild-K. ist oben grau, unten weiß, kleiner als der Hase, lebt gesellig in selbstgegrabenen Erdhöhlen. Es stammt aus den westl. Mittelmeerländern und hat sich seiner Gefräßigkeit, der großen Fruchtbarkeit und der Durchwühlung des Bodens wegen zu einer Landplage entwickelt (z.B. in Australien). Das vom Wild-K. abstammende Haus-K. wird als Fleisch- und Pelztier in zahlreichen Rassen gezüchtet (Riesen-K., Angora-K.).
Kan'ister [lat.] der, Versandkanne, Vorratsbehälter.
Kanker der, Spinne, bes. →Weberknecht.
Kankiang, Nebenfluß des Jangtsekiang in der chines. Provinz Kiangsi, 864 km lang, wichtiger Verbindungsweg Mittel- und Südchinas.
Kanne, ♀ Flüssigkeitsmaß, etwa 1 Liter.
Kannegießer, politischer Schwätzer.
kannel'ieren, mit Riefen oder Rillen versehen, z.B. einen Säulenschaft. Die Kannelüre, die so entstandene Auskehlung.
Kannenbäckerland, um Höhr-Grenzhausen im Unter-Westerwald, gegenüber Koblenz; reiche Tonlager; Steingutfabriken, Feinkeramik.
Kannenpflanze, kletternde insektenfangende Urwaldpflanzen Südasiens, Australiens und der ostafrikan. Inseln. Die Mittelrippe der Blätter läuft in einen langen Stiel mit kannenartigem Endteil aus. (BILD Tierfangende Pflanzen)
Kannib'ale [span.] der, Menschenfresser.
K'ano, größte Stadt in N-Nigeria, 295 400 Ew., Bahn nach Lagos; Flughafen. (BILD Nigeria)
Kanoldt, Alexander, Maler, *1881, †1939; Vertreter der »neuen Sachlichkeit«.
K'anon [grch.] der, 1) Regel, Richtschnur; bes. in der bildenden Kunst der Maßstab für die Verhältnisse des ebenmäßigen menschl. Körpers. 2) ♪ Tonstück, bei dem die Stimmen (2, 3 oder mehr), die gleiche Melodie singend oder spielend, derart nacheinander einsetzen, daß ein mehrstimmiger Satz entsteht. 3) die als echt anerkannten (kanonischen) Bücher der Bibel. 4) kath. Kirche: a) die einzelne Kirch. Rechtsvorschrift, b) still gesprochenes Gebet in der Messe, c) das Verzeichnis der Heiliggesprochenen.
Kanon'ade die, anhaltendes Geschützfeuer.
Kan'one [ital.] die, Flachfeuergeschütz; urspr.: Geschütz überhaupt.
Kan'onenofen, kleiner, eiserner Zimmerofen.
Kan'oniker [zu →Kanon] der, Mitglied eines Dom- oder Stiftskapitels.
Kanonisati'on die, →Heiligsprechung.
kan'onisch, dem →Kanon entsprechend, zu ihm gehörend. kanonisches Alter, für kirchl. Amt vorgeschriebenes Alter. kanonisches Recht, das kath. →Kirchenrecht. Kanonische Bücher, die echt anerkannten Schriften der Bibel.
Kan'ope die, altägypt. Gefäß mit menschen- oder tierköpfigem Deckel zur Aufbewahrung der einbalsamierten Eingeweide.
Känoz'oische Formationsgruppe, Känozoikum [Kw., grch.] das, die Neuzeit in der Erdgeschichte, umfaßt Tertiär und Quartär (TAFEL Erdgeschichte).
K'anpur, Khanpur, Stadt in N-Indien, am Ganges, 1,2 Mill. Ew.; Textil-, Leder-Industrie.

Kansas [k'ænzəs], Abk. **Kans.,** einer der nordwestl. Mittelstaaten der USA, 213 063 km², 2,2 Mill. Ew.; Hauptstadt: Topeka. K. gehört zur Prärie. Viehzucht, Ackerbau (bes. Weizen); ⚘ auf Erdöl, Erdgas, Kohle, Zink u. a. Großschlächtereien, Raffinerien, Flugzeugbau u. a. Ind. ⊕ S. 526. (FARBTAFEL Nordamerika S. 699)
Kansas City [k'ænzəs s'iti], Doppelstadt in den USA, am Missouri. Die Stadt in Missouri hat 507 100 Ew., ist Handelsplatz; Bischofssitz, Univ. Die Stadt in Kansas mit 168 200 Ew. ist bes. Industriestadt (Schlachthäuser).
Kansu, nordwestl. Provinz Chinas, 366 500 km², rd. 13 Mill. Ew.; Hauptstadt: Lantschou; hat wichtigen Verkehrsweg zwischen China und Sinkiang (alte Seidenstraße). Ackerbau im SO (Lößgebiet); Kohle, Erdöl; Industrie.
Kant, Immanuel, Philosoph, *1724, †1804, seit 1755 Hochschullehrer. K. begründete die kritische oder Transzendentalphilosophie. Er untersuchte die in den menschl. Erkenntniskräften liegenden Voraussetzungen und Grenzen der Erkenntnis. Die meisten metaphys. Fragen seien für die menschl. Vernunft unlösbar. Die Erkenntnis müsse sich auf »Erscheinungen« beschränken. Nur als sittl. Wesen könnten wir die Schranken unseres an die Sinnenwelt gebundenen Erkenntnisvermögens überwinden (Lehre vom »Primat der praktischen Vernunft«, →Kategorischer Imperativ). Hauptwerke: »Kritik der reinen Vernunft«, »Kritik der praktischen Vernunft«, »Kritik der Urteilskraft«.

Kanoldt:
Telegraphen-
drähte im
Rauhreif

Kant'abrisches Gebirge, westl. Fortsetzung der Pyrenäen in N-Spanien; bis 2642 m hoch.
Kant'ate [lat. »singet!«], 1) der vierte Sonntag nach Ostern. 2) [ital. »Singstück«] die, aus Chorsätzen und Einzelgesängen, Duetten, Terzetten, Rezitativen usw. bestehendes geistl. oder weltl. Gesangswerk mit Instrumentalbegleitung.
Kante die, Schnittlinie zweier Flächen.
Kanter [k'æntə, engl.] der, Handgalopp. **Kantersieg,** ♠ ein leicht gewonnener Sieg.
Kanthaken der, 1) Haken mit Ring und Hebebaum zum Bewegen schwerer Stämme und Bauhölzer. 2) ♃ Bootshaken.
Kanthar'iden [grch.] Mz., die Blasenkäfer, so die Spanische Fliege, aus der das Canthar id'in, ihr giftige Anhydrid einer organ. Säure, gewonnen wird; es reizt Harn- und Geschlechtsorgane; ärztl. nicht mehr angewendet.
Kantil'ene [ital.] die, gesangsmäßig gebundene, meist getragene Melodie.
Kant'ine [ital.] die, Speise- und Verkaufsraum in Kasernen, Betrieben usw.
Kant-Laplacesche Theorie, eine Lehre über die Entstehung des Sonnensystems.
Kant'on [frz.] der, 1) Schweiz: Gliedstaaten der Eidgenossenschaft. 2) Frankreich und Belgien: Unterabteilung des Arrondissements.
K'anton, Stadt im südl. China, Hauptstadt der Prov. Kuangtung, am K.-Fluß (Perlfluß), 2,2 Mill. Ew.; Univ.; Handelsplatz; Seiden-, Baumwoll-, Glas-, Papier-Ind.; Flughafen.

Kant'onsystem, ältere Art der Heeresergänzung: jedes Regiment bekam seinen Ersatz nur aus einem bestimmten Bezirk (Kanton).

K'antor [lat. »Sänger«] der, -s/...t'oren, ursprünglich der Vorsänger, später der Organist und Leiter des Kirchenchors.

K'anu, Kanoe [aus dem Karibischen] das, **1)** Fell-, Rindenboot oder →Einbaum der Naturvölker. **2)** schlankes Sportboot mit Doppelpaddel. **Kan'ute,** K.-Fahrer.

Kanu: Gerüst eines grönländ. Eskimo-Kajaks (Befestigung von Kiel und Spanten mit Lederriemen), a Eskimopaddel, b Querschnitt eines Vorderspants

Kan'üle [frz.] die, Hohlnadel für Einspritzungen und Blutentnahme. **Tracheal-K.,** ein Metallröhrchen zum Durchlassen der Luft nach Luftröhrenschnitt.

Kanzel die, **1)** in der Kirche der erhöhte Standort für den Prediger; nach dem Schranken (cancelli), die früher den Chor absonderten. **2)** ✈ der verglaste Rumpfbug. **3)** ♀ Hochsitz.

Kanzelmißbrauch, öffentl. Äußerungen von Religionsdienern in Ausübung ihres Amtes über Angelegenheiten des Staates in einer den öffentl. Frieden gefährdenden Weise; war in Dtl. seit 1871 strafbar (**Kanzelparagraph;** in der Bundesrep. Dtl. 1953 aufgehoben).

Kanzl'ei [lat. cancellaria] die, urspr. der mit Schranken (cancelli) umgebene Ort zur Ausfertigung öffentl. Urkunden; jetzt: Büro.

Kanzleisprache, im ausgehenden MA. die dt. Sprache einer Kanzlei; Luther benutzte für seine Bibelübersetzung die kursächs. K.

Kanzler [lat. cancellarius] der, **1)** im MA. Hofbeamter, der die Staatsurkunden ausfertigte und verzeichnete, meist ein Geistlicher. **2)** →Reichskanzler, →Bundeskanzler, →Lordkanzler.

Kanz'one [ital.] die, **1)** lyr. Gedichtform, ähnlich den Stanzen, aus 5-10 Strophen, zuerst im 12. Jahrh. bei Provenzalen und Nordfranzosen. **2)** ♪ seit dem 18. Jahrh. einstimmiges volkstüml. Lied mit Instrumentalbegleitung.

Kaohsiung, Ausfuhrhafen auf Taiwan, 747 200 Ew.; Zement-, Aluminium-, Kunstdüngerind.

Kaol'in der, **Porzellanerde,** weißes, reines Gestein, fast reines Aluminiumsilicat (kieselsaure Tonerde), durch Verwitterung von Feldspat entstanden; Hauptrohstoff der Porzellanherstellung.

Kap [frz., von caput »Kopf«] das, Vorgebirge, ins Meer ragender Teil der Küste.

kap'abel [frz.], fähig, brauchbar, geschickt.

Kap'aun der, kastrierter, gemästeter Hahn, mit zartem Fleisch.

Kapazit'ät [lat.] die, Fassungsvermögen **1)** eines elektr. Leiters, gemessen in Farad, **2)** eines Akkumulators, gemessen in Amperestunden. **3)** das techn. mögliche Produktionsvermögen eines Betriebes oder Industriezweiges bei Vollbeschäftigung. **4)** Fachgröße, Kenner.

Kap Blanco [»weißes Vorgebirge«], nördlichstes Vorgebirge von Afrika, in Tunesien.

Kap-Breton-Insel, Cape Breton Island [keip bretn 'ailand, engl.], Insel der kanad. Prov. Neuschottland, 10 400 km², 200 000 Ew.; Ackerbau, Bergbau, Fischerei.

Kap der Guten Hoffnung, das Südende der **Kap-Halbinsel** in Südafrika, südl. von Kapstadt; 1488 von Bartholomeu Diaz erstmals umfahren.

Kap'elagebirge, in Kroatien, 1533 m hoch.

Kap'ella die, hellster Stern im Sternbild des Fuhrmann.

Kap'elle [lat.] die, **1)** kleines kirchl. Gebäude oder kleiner Sonderraum, oft für bes. gottesdienstl. Zwecke (Tauf-K., Sakraments-K.). Die Gotik liebte den K.-Kranz um den Chor. **2)** ♪ Vereinigung von Instrumentalmusikern, geleitet von einem Kapellmeister; ursprüngl. die i m Chor der Kirche aufgestellte Sängerschar.

Kapellen, Gem. im Kr. Moers, Nordrh.-Westf., 12 200 Ew.

K'aper der, **Kaperschiff,** Privatschiff, das auf Grund staatl. Ermächtigung (**K.-Brief**) feindl. Handelsschiffe aufbringt. Die Pariser Seerechtsdeklaration schaffte die Kaperei 1856 ab.

K'aper die, in gesalzenem Essig eingemachte Blütenknospen des am Mittelmeer heim. K.-Strauchs. Ersatz für K.: Knospen von Sumpfdotterblume, Scharbockskraut, Kapuzinerkresse.

Kap'ernaum, Ort in Galiläa, am See Genezareth, häufig von Jesus besucht; jetzt **Tell Hum.**

K'apetinger Mz., französ. Herrschergeschlecht, das 987 mit **Hugo Capet** den Königsthron bestieg und im Hauptstamm 1328 erlosch (→Französische Geschichte).

Kapfenberg, Stadt in der Obersteiermark, Österreich, 27 100 Ew.; Stahlwerke.

Kapholländisch engl., →Afrikaans.

Kap Hoorn, Kap Horn, Kap der Südspitze von S-Amerika, auf der Insel Hoorn, 55⁰ 59′ südlicher Breite.

kap'ieren [lat.], begreifen, verstehen.

kapill'ar [lat.], haarfein. **K.-Gefäße,** ⦃ Haargefäße, ⦿ Haarröhrchen.

Kapillarit'ät [lat.] die, Auswirkung der Oberflächenspannung von Flüssigkeiten in engen Hohlräumen (**Haargefäßen, Kapillaren);** zeigt sich im Höhersteigen benetzender (z. B. Wasser) und Zurückbleiben nichtbenetzender (z. B. Quecksilber) Flüssigkeiten gegenüber dem Flüssigkeitsspiegel der Umgebung; wichtig für den Wasserhaushalt des Bodens und der Pflanzen. (BILD S. 456)

Kapit'al [lat.] das, allgemein: zinsbringend angelegte Geldsumme. — **Volkswirtschaftlich** ist K. die Gesamtheit der erarbeiteten Wirtschaftsmittel, die nicht unmittelbar dem Verbrauch, sondern mittelbar der Erzeugung anderer Güter dienen. Es entsteht durch Konsumverzicht (Sparen, Nichtausschüttung von Gewinnen; **Kapitalbildung**) und produktive Verwendung der gesparten Mittel (Investieren). Neben Arbeit und Boden ist das K. entscheidender Produktionsfaktor. **Kapitalgüter** sind die im Produktionsprozeß benötigten Güter und Vorräte. — **Betriebswirtschaftlich** ist K. die Gesamtheit der in einem Unternehmen investierten Mittel, verkörpert in den Vermögensgegenständen. Nach Abzug der Schulden (**Fremd-K.**) verbleibt das **Eigen-K. (Reinvermögen).** Nach der Verwendung unterscheidet man **Anlage-K.** (Grundstücke, Gebäude, Maschinen usw.) und **Umlauf-(Betriebs-)K.** (Zahlungsmittel, Waren, Rohstoffe usw.).

Kapital... [von lat. caput »Haupt«], in Zusammensetzungen: Haupt..., z. B. **Kapitalfehler.**

Kapit'äl das, ⊓ →Kapitell. **Kapitälchen,** eine Auszeichnungsschrift, z. B. TAFEL.

Kapit'ale [frz.] die, Hauptstadt.

Kapitalerhöhung, die Erhöhung des Grundkapitals einer AG. oder des Stammkapitals einer GmbH. durch Ausgabe von Aktien (Anteilen) oder Umwandlung aufgenommener Fremdgelder in Eigenkapital (Wandelschuldverschreibungen).

Kanüle

Kaper: 1 Blüte, 2 a Blütenknospe, 2 b Blütenknospe im Längsschnitt

Kap-Halbinsel: Hout Bay

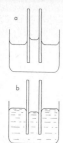

Kapillarität:
Enge Glasröhren
in a benetzender
(Wasser), b nicht
benetzender
Flüssigkeit
(Quecksilber)

Kapotte

Kapitalertragsteuer, als Teil der Einkommensteuer erhobene Steuer auf Einkünfte aus Kapitalvermögen.

Kapitalflucht, Verlagerung von Geld ins Ausland, z. B. wegen polit. Unsicherheit, Geldentwertung oder aus steuerl. Gründen.

Kapitalgesellschaft, Handelsgesellschaft, die als jurist. Person rechtsfähig ist. Haftung der Gesellschafter auf ihren Anteil am Grund- oder Stammkapital beschränkt. Rechtsformen: AG., KGaA., GmbH., bergrechtl. Gewerkschaft.

kapitalisʼieren, einen Ertrag oder eine regelmäßige Geldleistung (Zinsen, Rente) auf ihren Kapitalwert (Ertragswert) umrechnen nach der Formel:

$$\text{Kapitalwert} = \frac{\text{Ertrag (Rente)} \times 100}{\text{Zinsfuß}}$$

Kapitalʼismus [lat.] der, in Wissenschaft und polit. Diskussion in Anlehnung an Marx gebrauchter Begriff, der häufig zum Schlagwort wurde. Gegensatz: Sozialismus. Heute bevorzugt die Wissenschaft das Gegensatzpaar Marktwirtschaft–Zentralverwaltungswirtschaft. Volkstüml. versteht man unter K. ein Wirtschaftssystem, bei dem die Masse der Arbeitenden nicht Kapitalbesitzer ist. Grundlagen sind Anerkennung des Privateigentums und liberale Wirtschaftsgesinnung. Nach Marx ist wesentl. Kennzeichen des K., daß Gesellschaftsklassen, z. B. Lohnarbeiter und Kapitalisten, einander feindl. gegenüberstehen. Kennzeichen wirtschaftl. Handelns im K.: Erwerbsprinzip (Streben nach größtmögl. Gewinn), Wettbewerbsprinzip, Rationalprinzip (Streben nach größtmögl. Zweckmäßigkeit bei der wirtschaftl. Tätigkeit). – Geschichtl. unterscheidet man drei Stufen: **Früh-K.** (erster Höhepunkt im 16. Jahrh.; Fugger; volle Entfaltung im →Merkantilismus), **Hoch-K.** (Industrialisierung im 19. Jahrh., Gewerbefreiheit, Freihandel), **Spät-K.** (im 20. Jahrh.; Neigung zur Regelung und Lenkung, teils durch Zusammenschlüsse von Unternehmen, teils durch den Staat; **Staats-K.**). Erfolg des K. war eine gewaltige Steigerung des Volkseinkommens, die trotz der raschen Bevölkerungszunahme der letzten 150 Jahre eine Steigerung des Lebensstandards aller Bevölkerungsschichten ermöglicht hat.

Kapitalmarkt, Markt der langfristigen Kredite und Kapitalanlagen (Aktien, Obligationen, Pfandbriefe, Hypotheken u. a.). Gegensatz: Geldmarkt (→Geld).

Kapitalverbrechen, schweres Verbrechen.

Kapitalverkehrsteuer, umfaßt die **Gesellschaftssteuer** (Ersterwerb von Anteilen an inländ. Kapitalges., weitere Leistungen der Gesellschafter) und die **Börsenumsatzsteuer** (jede Übertragung von Wertpapieren außer Ersterwerb).

Kapitʼän [lat.] der, 1) ⚓ Führer eines Schiffs, meist nach Prüfung und Erwerb eines Patents. 2) K. zur See (FARBTAFEL Dienstgrade S. 175). 3) ⚔ Hauptmann in ausländ. Heeren. 4) ⚓ Mannschaftsführer. 5) Wirtschaftsführer.

Kapʼitel [lat. capitulum »Köpfchen«] das, 1) Abschnitt einer Schrift. 2) Versammlung der Stifts- oder Klostergeistlichen (Ort des K. ist der K.-Saal, das K.-Haus). 3) →Domkapitel.

Kapitʼell [lat.] das, ⌂ oberster hervorspringender Teil (Kopf) einer Säule, eines Pilasters oder Pfeilers.

Kapitʼol [lat.] das 1) Burg des alten Rom auf dem **Kapitolʼinischen Hügel.** 2) in den USA die Gebäude für die Volksvertretungen, bes. das Kongreßgebäude in →Washington.

Kapitolʼinische Wölfin Bronzewerk aus dem 6. Jahrh. v. Chr., Wahrzeichen Roms.

Kapitulʼar [lat.] der, Mitglied eines (Dom-)Kapitels; Stifts-, Domherr. **K.-Vikar,** der Leiter einer Diözese während der Sedisvakanz.

Kapitulʼarien [lat.] Mz., von den karoling. Herrschern erlassene Verordnungen, nach ihrer Kapitel-Einteilung benannt.

Kapitulatiʼon [lat.] die, 1) ⚔ Übergabe einer Festung, Truppe oder eines ganzen Heeres. 2)

Kapitol in Rom

früher völkerrechtl. Vertrag, durch den eine europ. Macht das Recht erhielt, für ihre Untertanen in nichteurop. Staaten durch eigene Konsuln die Gerichtsbarkeit ausüben zu lassen.

Kapʼiza, Pjotr, russ. Atomphysiker, *1894.

Kap Kennedy, Cape K., bis 1963 **Kap Canaveral,** an der Ostküste von Florida, Verein. Staaten; Raketenversuchs- und Startgelände.

Kaplʼan [lat.] der, -s/...pläne, kath. Hilfsgeistlicher (auch **Kooperator**).

Kʼapok der, baumwollähnl. Samenhaare des trop. Baumwoll- oder K.-Baums und des Ind. Seidenwollbaums; Polstermaterial.

Kaposvár [kʼoposʃvaːr], Stadt und Bahnknoten in Ungarn, 54 000 Ew.; landwirtschaftl. Ind.

Kapʼotte [frz.] die, 1) Regenmantel mit Kapuze. 2) Frauenhut.

Kapova, Höhle am Oberlauf des Belaja, S-Ural, mit eiszeitl. Tiermalereien.

Kappadʼokien, im Altertum Gebirgslandschaft im östl. Kleinasien.

kappen, 1) ab-, beschneiden. 2) ⚓ Masten, Takelung, Taue abhauen. 3) Tiere kastrieren, daher: **Kapphahn** (Kapaun) **Kapphengst** (Wallach).

Käppi das, leichter, niedriger Tschako, kleine Kappe.

Kapp-Putsch, rechtsradikaler Umsturzversuch im März 1920 unter W. Kapp.

Kapprovinz, Kapland, Provinz der Rep. Südafrika, 721 001 km², 5,4 Mill. Ew. (19% Weiße); Hauptstadt: Kapstadt. Ackerbau, Weinbau, verschied. Industrie. – Die K. wurde seit Mitte des 17. Jahrh. von Niederländern, Niederdeutschen und Hugenotten besiedelt, 1806 von den Engländern erobert; 1910 Teil der Südafrikan. Union.

Kaprice [kaprʼis, frz.] die, 1) Laune, Einfall. **kapriziʼös,** launenhaft, eigensinnig. 2) ♪ das →Capriccio.

Kapriʼole [ital. »Bocksprung«] die, 1) Luftsprung, tolles Stückchen. 2) schwerste Übung der →Hohen Schule.

Kaprʼuner Tal, rechtes Seitental der Salzach in den Hohen Tauern, Österreich, Großkraftwerk.

Kapsel die, 1) Gehäuse, Umschlag, Behälter. 2) Verschlußart. 3) ⚘ Streufrucht aus zwei oder mehr Fruchtblättern (BILD Frucht). 4) Raum-K., ein Raumfahrzeug.

Kapstadt, engl. **Cape Town** [keip taun], die Hauptstadt der Kapprovinz, Rep. Südafrika, zweit-

Kap Kennedy: Raketenversuchsgelände

größte Stadt des Landes, mit Vororten 860 000 Ew.; Sitz des südafrikan. Parlaments; Univ., Museen, Botan. Garten; Verkehrsmittelpunkt, Handelsplatz, Hafen, Flughafen; Industrie.

kap′utt [frz. Lw.], entzwei, vernichtet.

Kap′uze [lat.] die, eine am Mantel oder Schulterkragen befestigte Haube.

Kapuz′iner [nach ihrer Kapuze benannt] Mz., kathol. Mönchsorden, Zweig der Franziskaner. (BILD Orden)

Kapuz′ineraffe, amerikan. Breitnasenaffe mit eingerolltem Greifschwanz, kapuzenähnl. Haarwuchs.

Kapuz′inerkresse die, weichkrautige Pflanzen, z. T. mit kletternden Stengeln und rankenden Blatt- und Blütenstielen, aus Peru; viele gelb- bis braunrotblühende Formen sind Gartenzierpflanzen.

Kapuz′inerpilz, eßbarer Röhrenpilz.

Kap Verde [Grünes Vorgebirge], die westlichste Spitze von Afrika, in der Rep. Senegal.

Kapv′erdische Inseln, portugies. Inselgruppe vor der W-Küste Afrikas, vulkanisch (2829 m hoch); 4033 km², 245 000 Ew.; Hauptstadt: Praia. Südfrüchte, Kaffee, Viehzucht, Fischfang, – 1460 von Portugiesen entdeckt.

Kar das, ⊕ nischenförmige Vertiefung in den Abhängen vergletscherter oder ehemals vergletscherter Berge; am Grund oft ein See.

Karab′iner [frz.] der, **1)** ⚔ Gewehr mit kürzerem Lauf. **2) K.-Haken,** Haken mit federndem Verschluß.

Kar′a Bog′as Gol, flache Bucht an der O-Küste des Kasp. Meeres, 18 350 km²; Salzlager.

Kar′affe [frz.] die, geschliffene Glasflasche mit Glasstöpsel.

Karagand′a, Bergbaustadt in der Kasach. SSR, 522 000 Ew., Mittelpunkt eines großen Steinkohlengebietes, Industrie.

Karage′orgewitsch, serb. Fürstenhaus, nach Karageorg, dem 1. serb. Fürsten (1808–17).

Kara′iben, Kariben Mz., Indianergruppe im nördl. Südamerika; fast ausgestorben.

Kara′ibenfisch, räuber. Flußfisch des trop. S-Amerika; greift Säugetiere und Menschen an.

Kara′ibisches Meer, →Karibisches Meer.

K′arajan, Herbert von, Dirigent, *1908; Leiter der Berliner Philharmoniker, der Wiener Staatsoper (1956–64), seit 1964 im Direktorium der Salzburger Festspiele; Gastspiele.

Karakalp′aken Mz., Turkvolk südl. des Aralsees, den Kasachen nahestehend. **Karakalpakische ASSR,** autonome Sowjetrep. (seit 1936 in der Usbek. SSR), 165 600 km², 702 000 Ew. (K., Usbeken, Russen, Ukrainer); Hauptstadt: Nukus. Baumwolle, Getreide; Maschinenbau.

Karakor′um [türk. »schwarzes Geröll«], **1)** der, innerasiat. Hochgebirge, westl. vom Transhimalaya, im K₂ 8611 m hoch; am Ostende der **K.-Paß,** 5575 m hoch. **2)** Ruinen des ehem. Wohnsitzes der Mongolenkaiser, in der N-Mongolei.

Karak′ul das, Schafrasse, deren Lämmer die Persianerfelle liefern.

Karak′um, Wüste zwischen Kasp. Meer und Amu-Darja, Turkmen. SSR., 270 000 km².

Karamai, größtes Erdölfeld der Volksrep. China, am NW-Rand des Dsungarei.

Karambolage [karambol′a:ʒ, frz.] die, Zusammenprall, bes. der Spielbälle im Billard. Zw. **karambol′ieren.**

Karam′el [frz.] der, durch Erhitzen gebräunter Zucker, dient zum Färben, bes. von Bier (Biercouleur). **K.-Bier** ist alkoholarm.

Kar′at [arab.] das, **1)** Einheitsgewicht für Edelsteine; das **metrische K.** (Abk. k) = 0,2 g. **2)** ✝ Feinheit des Goldes. Reines Gold hat 24 K.

Karate [japan.] das, aus Okinawa stammender, in Japan weiterentwickelter Selbstverteidigungssport, die Kunst, mit unbewaffneten Händen zu kämpfen. Im K. werden fast alle Körperteile für Schläge, Stöße, Stiche, Tritte usw. eingesetzt.

Kar′atschi, Stadt in W-Pakistan, am Arab. Meer, 3,0 Mill. Ew.; Univ., TH; größter Ausfuhrhafen Pakistans; wichtiger Flughafen.

Kar′ausche die, karpfenartiger Süßwasserfisch. Verwandt ist der Goldfisch.

Karav′elle [span.] die, im 15. und 16. Jahrh.: größeres Segelschiff mit hohem Heckaufbau.

Karaw′ane [pers.] die, Kaufmanns- oder Pilgerzug im Orient, bes. mit Kamelen in Wüstengebieten. **Karawanser′ei** die, Unterkunftshaus für K.

Karaw′anken Mz., Gruppe der Südl. Kalkalpen, zwischen Drau und Save, im Hochstuhl 2236 m hoch. (FARBTAFEL Österreich S. 703)

Karb′atsche die, russ.-türk. Riemenpeitsche.

Karbe, die, Gewürzpflanze →Kümmel.

Karben, Stadt im Kr. Friedberg, Hessen, 11 100 Ew.

Karbolin′eum das, braunes Steinkohlenteeröl mit Kreosot; zum Haltbarmachen von Holz und zur Schädlingsbekämpfung an Bäumen.

Karb′on das, **Steinkohlenzeit,** Schichtenfolge und Zeitabschnitt der →Erdgeschichte, ÜBERSICHT.

Kapuzineraffe

Karbon′ade [frz.] das, flaches Fleischstück an der Brust oder Rippenstück, Fleischkloß.

Karbon′ari Mz., polit. Geheimbund in Süditalien, um 1796 entstanden, mit nationalen und liberalen Bestrebungen.

karbonis′ieren, 1) pflanzl. Beimengungen in Rohwolle oder Halbwolle durch starke Schwefelsäure zerstören. **2)** Haltbarmachen von Holz durch Ankohlen. **3)** Getränke mit Kohlendioxyd versetzen.

Karbor′undum das, Siliciumcarbid, SiC, aus Sand und Koks bei 2000 °C hergestellte, meist dunkel gefärbte Kristalle (Härte 9,6); Schleifmittel.

Karb′unkel [lat.] der, großflächiges Geschwür aus mehreren →Furunkeln; meist mit Fieber.

karbur′ieren, ⟶ in Leuchtgas Kohlenwasserstoffe (z. B. Benzol) einspritzen, zur Erhöhung der Leuchtkraft und des Heizwertes.

Kardam′om [grch. aus ind.] der oder das, Kapselfrüchte südostasiat. Ingwergewächse. In den Samen **K.-Öl;** vielseitiges Gewürz.

Kard′an, →Gelenk 2).

kard′anische Aufhängung, von →Cardano erfundene Aufhängevorrichtung aus 3 zueinander senkrechten, ineinander bewegl. Ringen; bewirkt,

Kardä

kardanische
Aufhängung

Karl d. Gr.
(Bronze)

Karl V.

daß ein im innersten Ring befindl. Körper bei Lageänderung des Ganzen seine Lage beibehält (z. B. Kompaß, Uhr, Lampe).

Kard'ätsche [von lat. carduus »Distel«] die, 1) Hilfsmittel zum Aufrauhen von Tuchen. 2) scharfe Bürste zum Pferdeputzen.

Karde die, 1) ⚘ distelähnl., hochwüchsige Pflanzengattung: die hellviolettblühende **Weber-K.**, mit hakenborstigen Blütenköpfen, diente früher zum Rauhen von Tuch (**Rauh-K.**); die stachlige, lilablühende **Wilde K.** wächst an Hängen. 2) WEBEREI: Maschine zum Aufrauhen von Tuch.

kardin'al... [lat.], haupt..., grund...

Kardin'al [lat.] der, 1) kath. Kirche: die höchsten Würdenträger nach dem Papst; vom Papst ernannt. Sie bilden das **K.-Kollegium.** Die K. wählen den Papst (→Konklave), bilden eine beratende Behörde (Konsistorium) und sind die Hauptglieder kirchl. Ausschüsse (Kongregationen). Tracht: Chorrock, Purpurmantel, roter Hut. **K.-Staatssekretär,** Außenminister. 2) 🐦 scharlachroter, singender nordamerikan. Finkenvogel mit Schopf.

Kardin'altugenden, seit dem Altertum (Platon) die Grundtugenden der Weisheit, Gerechtigkeit, Tapferkeit, Besonnenheit.

Kardin'alzahl, △ Grundzahl, →Zahlwörter.

Kardiogr'amm das, →Elektrokardiogramm.

Kar'elier, Stamm der Finnen, im östl. Finnland und in Karelien.

Kar'elische ASSR, Karelien, autonome Sowjetrep. im NW der Sowjetunion innerhalb der Russ. SFSR, 172400 km², 714000 Ew.; Hauptstadt: Petrosawodsk. Seen- und waldreiches Flachland. Forstwirtschaft, Fischerei; 🐟 auf Marmor, Granit, Glimmer. Holz-, Papier-, Maschinen- u. a. Ind. - Karelien war jahrhundertelang zwischen Schweden, Finnen und Russen umkämpft. Die aus den ostkarel. Gebieten 1923 geschaffene ASSR wurde 1947 mit dem von Finnland an die Sowjetunion abgetretenen W-Karelien vereinigt; seit 1956 Karel. ASSR.

Kar'enz [lat.] die, Wartezeit, Sperrfrist.

Karfi'ol der, Blumenkohl.

Karfreitag, Tag der Kreuzigung Christi.

Karf'unkel der, **K.-Stein,** roter →Granat.

Kargo, →Cargo.

Kariba-Damm, Staudamm am → Sambesi. (BILD Sambesi).

Kar'ibisches Meer, Kara'ibisches Meer, Teil des amerikan. Mittelmeeres, zwischen den Antillen, Süd- und Zentralamerika; im Cayman-Graben 7680 m tief.

kar'iert [frz.], gewürfelt, gekästelt.

K'aries [lat.] die, Knochenfraß; Zahnfäule (→Zähne).

Karikat'ur [ital. caricare »übertreiben«] die, Zerr- oder Spottbild menschl. Eigenschaften oder Handlungen. Die K., in der Antike und im MA. bekannt, kam im 19. Jahrh. (Daumier) zur Blüte.

K'arin [schwed. Form von →Katharina], weibl. Vorname.

K'arisches Meer, Kara-See, Teil des Nordpolarmeeres zwischen den Inselgruppen Nowaja Semlja und Sewernaja Semlja.

Karkadé, Sudantee, getrocknete Blüten einer nordafrikan. Hibiscus-Art; ergeben aufgebrüht ein erfrischendes rotes Getränk.

Karl [ahd. »Mann«], männl. Vorname.

Karl, Fürsten: Röm. und Röm.-Dt. Kaiser. 1) **K. I., der Große,** *742, †814; seit 768 Frankenkönig, unterwarf in blutigen Kämpfen (772-805) die Sachsen und zwang sie zur Annahme des Christentums, eroberte 774 das Langobardenreich, setzte 788 den Bayernherzog Tassilo ab, errichtete die Ostmark und die Span. Mark; Weihnachten 800 Kaiserkrönung in Rom. Im Innern Zentralisierung der Reichsgewalt, Förderung von Kunst und Wissenschaft. 2) **K. II., der Kahle,** †877; erhielt 843 das Westfränk. Reich (Frankreich), 875 zum Kaiser gekrönt. 3) **K. III., der Dicke,** †888; seit 876 König des Ostfränk. Reichs, wurde 881 Kaiser, 885 auch König von Frankreich, kämpfte erfolglos gegen die Normannen; 887 abgesetzt. 4) **K. IV.,**

*1316, †1378; Luxemburger, Erbe des Königreichs Böhmen, seit 1346/47 Dt. König, 1355 zum Kaiser gekrönt, erließ die →Goldene Bulle, gründete 1348 die erste dt. Univ. in Prag, erwarb für seine Hausmacht die Oberpfalz, Schlesien und Brandenburg. 5) **K. V.,** *1500, †1558; Habsburger, seit 1516 König von Spanien und Herr der Niederlande, 1519 zum Dt. Kaiser gewählt, ächtete 1521 Luther auf dem Wormser Reichstag, zwang Frankreich in vier Kriegen zum Verzicht auf Mailand und die Vorherrschaft in Italien, besiegte 1546/47 die protestant. Fürsten des →Schmalkaldischen Bundes, mußte aber 1552 vor dem Aufstand des Kurfürsten Moritz von Sachsen weichen und dankte 1556 ab. 6) **K. VI.,** *1685, †1740; seit 1711 Kaiser, führte zwei Türkenkriege, suchte durch die »Pragmatische Sanktion« von 1713 die Nachfolge in den österreich. Erblanden seiner Tochter Maria Theresia zu sichern. 7) **K. VII. Albrecht,** *1697, †1745; seit 1726 Kurfürst von Bayern, 1742 zum Kaiser gewählt, wurde im →Österreich. Erbfolgekrieg besiegt. – **Baden.** 8) **K. Friedrich,** seit 1738 Markgraf, seit 1806 Großherzog, †1811; vergrößerte sein Land durch die Erwerbungen von 1803-06. – **Braunschweig.** 9) **K. Wilhelm Ferdinand,** Herzog (seit 1780), wurde als preuß. Oberbefehlshaber 1806 bei Auerstedt besiegt und tödlich verwundet. – **Burgund.** 10) **K. der Kühne,** Herzog (seit 1467), wurde 1476 von den Schweizern geschlagen, fiel 1477 bei Nancy. – **Fränk. Reich.** 11) **K. Martell** [Hammer], Hausmeier 717 bis 741, Karolinger, schlug die Araber 732 bei Poitiers. – **Frankreich.** 12) **K. VII., der Siegreiche,** König (1422-61), verlor anfangs den größten Teil des Landes an die Engländer, entriß ihnen aber seit dem Eingreifen der →Jungfrau von Orléans (1429) nach und nach ihre Eroberungen. 13) **K. X.,** König (1824-30), hochkonservativ, wurde durch die Julirevolution von 1830 gestürzt; †1836. – **Großbritannien.** 14) **K. I.,** König (seit 1625), aus dem Hause Stuart, geriet in Gegensatz zum Parlament und den →Puritanern, unterlag im Bürgerkrieg seit 1642, auf Betreiben Cromwells 1649 enthauptet. 15) **K. II.,** König, Sohn von 14), wurde 1660 zurückgerufen, neigte zum Katholizismus und Absolutismus; leitete das parlamentar. Spaltung in →Whigs und →Tories durch zwei Seekriege gegen Holland; †1685. – **Neapel.** 16) **K. I. von Anjou,** französ. Prinz, eroberte im Auftrag des Papstes 1266 das bisher stauf. Königreich Neapel, ließ 1268 Konradin hinrichten. – **Österreich.** 17) **K.,** Erzherzog, *1771, †1847; kämpfte 1796 und 1799 siegreich gegen die französ. Revolutionsheere in Süddtl.; im Krieg von 1809 gegen Napoleon I. siegte er bei Aspern und Eßling, unterlag aber bei Wagram. 18) **K. I.,** Kaiser (1916-18), *1887, †1922; Nachfolger Franz Josephs, verlor 1918 den Thron, unternahm 1921 zwei mißglückte Versuche der Rückkehr nach Ungarn, darauf nach Madeira verbannt. – **Rumänien.** 19) **K. oder Carol I.,** *1839, †1914; Prinz von Hohenzollern-Sigmaringen, 1866 zum Fürsten gewählt, nahm 1881 den Königstitel an; Freund des Dreibunds. 20) **K. oder Carol II.,** König (1930-40), *1893, †1953; dankte zugunsten seines Sohnes Michael ab. – **Sachsen-Weimar.** 21) **K. August,** seit 1758 Herzog, seit 1815 Großherzog, *1757, †1828; Freundschaft mit Goethe, berief auch Herder nach Weimar und Schiller nach Jena. Politisch schloß er sich eng an Preußen an; 1816 gab er seinem Lande die erste dt. Verfassung. – **Schweden.** 22) **K. XII.,** König (seit 1697), *1682, †1718; siegte anfangs im →Nordischen Krieg, unterlag 1709 bei Poltawa gegen Peter d. Gr., hielt sich dann bis 1714 in der Türkei auf, fiel vor einer norweg. Festung. 23) **K. XIV. Johann,** König (seit 1818), *1763, †1844; aus der Familie Bernadotte, französ. Revolutionsgeneral, Marschall Napoleons I., 1810 zum schwed. Kronprinzen ernannt, befehligte 1813 die Nordarmee der Verbündeten, zwang Dänemark 1814 zur Abtretung Norwegens. – **Württemberg.** 24) **K. Eugen,** Herzog (1737-93), prachtliebender Gewaltherrscher, gründete die →Karlsschule.

Karlfeldt, Erik Axel, schwed. Dichter, *1864, †1931; volkstüml. Lyriker, Nobelpreis 1931.

Karl'isten, in Spanien die Anhänger des Thronanwärters Don Carlos (†1855) und seiner Nachkommen (erloschen 1936), die deren Thronansprüche in den **K.-Kriegen** 1834-40 und 1872-76 verfochten. Die Ansprüche der K. hat die Linie Bourbon-Parma übernommen.

Karlmann, fränk.-karoling. Herrscher. **1) K.,** Bruder Karls d. Gr., seit 768 König im südöstl. Teil des Frankenreiches, verbündete sich mit Sachsen und Langobarden gegen Karl, der nach seinem Tod 771 Alleinherrscher wurde. **2) K.,** Sohn Ludwigs des Deutschen, 877-79 König von Italien, †880.

Karl-Marx-Stadt, bis 1953 Chemnitz, **1)** Bez. der Dt. Dem. Rep., 1952 aus dem südl. und südwestl. Teil des Landes Sachsen gebildet, 6009 km², 2,06 Mill. Ew.; umfaßt das Vogtland, das westl. und mittl. Erzgebirge, im N einen Teil des Mittelsächs. Hügellandes. Dicht besiedelt, stark industrialisiert (Textil-, Papier-, Maschinen- u. a. Ind.), Landwirtschaft bes. im N. Bodenschätze: NE-Metalle, Steinkohle. **2)** Hauptstadt von 1), am Fuße des Erzgebirges, 295 200 Ew.; wichtiger Verkehrsknoten. Textil-, Maschinen-, chem. Ind., Fahrzeugbau. ⊕ S. 520/21.

K'arlowitz, serbokroat. **Sremski Karlovci,** Stadt in Jugoslawien, an der Donau, 5400 Ew. Im Frieden von K. 1699 mußte die Türkei Ungarn an Österreich abtreten.

K'arlsbad, tschech. **Karlovy Vary,** Kurort in NW-Böhmen, Tschechoslowakei, 45 200 Ew.; alkalisch-salinische und radioaktive Heilquellen; Mineralwasser; **Karlsbader Salz.**

Karlsbader Beschlüsse, die 1819 von den dt. Regierungen unter dem Einfluß Metternichs gefaßten Beschlüsse gegen die nationale und liberale Bewegung, bes. strenge Beaufsichtigung von Univ. und Presse (1848 aufgehoben).

Karlsh'orst, südöstlicher Ortsteil von O-Berlin; Rennbahn.

Karlskoga [-k'u:ga], Bergbau- und Industriestadt in Schweden, 38 600 Ew.; Stahlwerk.

Karlskrona [-kr'u:na], Stadt in Südschweden, an der Ostsee, 37 800 Ew.; Kriegshafen.

Karlspreis, seit 1950 von der Stadt Aachen vergebener Preis für Verdienste um die europ. Bewegung; bisher an Coudenhove-Kalergi, Brugmans, De Gasperi, Monnet, Adenauer, Churchill, Spaak, Schuman, Marshall, Bech, Hallstein, Heath, Segni, Krag, Luns. Europäische Kommission in Brüssel, Seydoux (1970), 1971 nicht verliehen, 1972 Jenkins.

K'arlsruhe, Stadt in Baden-Württ., in der Oberrhein. Tiefebene, Rheinhafen; 259 200 Ew.; TU, Kernforschungszentrum, Musikhochschule, Akademie der bildenden Künste; Bundesgerichtshof, Bundesverfassungsgericht; Industrie: Erdölraffinerien, Metall, Nahrungs-, Genußmittel, Seifen, graph. und Kunstgewerbe. – K. entstand nach 1715 als neue Hauptstadt der Markgrafen von Baden-Durlach.

Karlsschule, 1770 von Herzog Karl Eugen von Württemberg auf Schloß Solitude bei Stuttgart als »militär. Waisenhaus« gegr., 1775 nach Stuttgart verlegt. Schiller war dort Schüler.

K'arlstad [-sta], Stadt in Schweden, 52000 Ew.; Bischofssitz; Dom; Maschinen-, Textil-Ind.

Karlstadt, eigentl. Andreas Bodenstein, Vorkämpfer der Reformation, *1480, †1541; trat 1519 als Anhänger Luthers gegen Eck auf.

K'arma(n) das, Hauptglaubenssatz des Brahmanismus, Buddhismus und Dschainismus: das Schicksal des Menschen nach dem Tode hängt von seinem abgelaufenen Dasein ab. Je nachdem wird er in Himmel, Hölle oder auf Erden als Mensch, Tier oder Pflanze wiedergeboren.

K'ármán, Theodor von, ungar. Physiker und Mathematiker, *1881, †1963; Strömungslehre.

K'armel der, Gebirge in Nordpalästina, 552 m hoch; die Karmelhöhlen enthielten umfangreiche Siedlungsschichten der Altsteinzeit; an der Nordspitze liegt das Stammkloster der Karmeliter.

Karmel'iter Mz., kath. Mönchs-(Bettel-)Orden, auf dem →Karmel um 1155 gestiftet. Frauenorden: **Karmeliterinnen.**

Karm'in, Karmes'in [arab.] das, roter Farbstoff, aus Schildläusen (Koschenille) hergestellt.

Karnak, oberägypt. Dorf bei Luxor, rechts am Nil, an der Stelle des alten Theben, mit Resten eines riesigen Tempelbezirkes.

Karne'ol [ital.-frz.] der, Schmuckstein; rote Abart des Chalcedons.

K'arner der, Kirchhofkapelle; Beinhaus.

K'arneval der, →Fastnacht.

K'arnische Alpen, Zug der Südl. Kalkalpen: Gailtaler Alpen und die **Karn. Hauptkette,** die die Grenze zwischen Österreich und Italien bildet.

Karniv'ore [lat.] der, **1)** Fleischfresser (Raubtier). **2)** tierfangende Pflanzen.

Kärnten, Bundesland Österreichs, 9533 km², 523 700 Ew.; Hauptstadt: Klagenfurt. K. reicht von den Hohen Tauern (Großglockner, 3797 m) und den Gurktaler Alpen im N bis zu den Karnischen Alpen und den Karawanken im S. Viele Seen, bes. im Klagenfurter Becken. Hauptfluß die obere Drau. Viehzucht; Ackerbau in Unter-K. und den Tälern; ⚒ auf Eisen, Blei, Mangan; Holz-, Papier- u. a. Ind.; Energiewirtschaft; Fremdenverkehr. GESCHICHTE. K. kam im 8. Jahrh. unter bayer. Herrschaft; 976 eigenes Herzogtum, seit 1335 habsburgisch. Nach dem 1. Weltkrieg beanspruchte Jugoslawien Südost-K.; die Volksabstimmung 1920 entschied für Österreich. (FARBTAFEL Österreich S. 703)

K'aro [frz.] das, **1)** Viereck. **2)** beim Kartenspiel: Eckstein, Schellen.

Karol'ine [zu →Karl], weibl. Vorname.

Karol'inen Mz., Inselgruppe Mikronesiens, etwa 500 Inseln (meist Koralleninseln), 1340 km², 65 500 Ew. (Mikronesier, Japaner, Mischlinge). Wichtigste Inseln: Jap, Ponape, Kusae, Truk. Tropenklima; Ausfuhr: Kopra. GESCHICHTE. Die K., bis 1899 spanisch, kamen durch Kauf an Dtl. (zu Dt.-Neuguinea), wurden 1919 bis 1945 japan. Mandat; seit 1947 Treuhandgebiet der Verein. Nationen (verwaltet durch die USA).

Karlsruhe: Schloß (Vorderansicht)

K'arolinger, fränk. Herrschergeschlecht; Stammvater Bischof Arnulf von Metz (†641). **Pippin der Mittlere** wurde 687 Hausmeier des ganzen Fränk. Reichs, ebenso **Karl Martell; Pippin der Kleine** wurde 751 an Stelle der →Merowinger König. Ihm folgte → **Karl d. Gr.,** der die röm. Kaiserwürde erwarb; nach ihm ist das Geschlecht genannt. **Ludwig der Fromme** erbte Karls Reich; **Lothar I.** (†855), **Ludwig der Dt.** (†876) und **Karl der Kahle** (†877) teilten im Vertrag von Verdun (843) und stifteten drei Linien: in Italien und Lothringen (erlosch 875), im Ostfränk. (Dt.) Reich (erlosch 911), im Westfränk. Reich (Frankreich; erlosch 987).

Karolingische Kunst, →Deutsche Kunst.

Kartennetzentwürfe, oben: Azimutaler Entwurf(Tangentialebene), Mitte: Konischer Entwurf (Kegelfläche), unten: Zylindrischer Entwurf (Zylinderfläche)

Kartoffelkäfer

Karpaten: Wald-K.

Kar'oluszelle, die →Kerrzelle.

Kar'osse [frz.] die, Prachtwagen.

Karosser'ie [frz.] die, Aufbau des Kraftwagens.

Kar'otte [frz.] die, kurze Mohrrübe.

Karp'aten Mz., bogenförmige Gebirgsumrandung des ungarisch-siebenbürg. Beckens; reich an Wäldern und Bodenschätzen: Eisenerz, Quecksilber, Mangan, Kupfer, Magnesit, Antimon, Steinkohle, Silber, Gold; Steinbrüche. Die Bevölkerung lebt in den Tälern (Ackerbau, Viehzucht). **West-K.,** von der Donau bis zum Hernad; **Wald-K.,** bis zum Quellgebiet der Theiß; **Ost-K.,** bis zum Ostende des Gebirgsbogens, und **Süd-K.,** bis zum Eisernen Tor der Donau. Hochgebirgsartig, aber ohne Gletscher, sind die K. fast nur in der Hohen Tatra (2662 m) und Teilen der Süd-K. (2544 m). Neun Paßbahnen; in abgelegenen Teilen noch Bären, Wölfe, Wildkatzen; Naturschutzgebiete; Fremdenverkehr.

Karp'aten-Ukraine, Gebiet der Ukrain. SSR, am SW-Hang der Waldkarpaten, an der Grenze der Sowjetunion mit der Tschechoslowakei und Ungarn, 12800 km², 1,05 Mill. Ew. (Ukrainer, Ungarn, Russen und Juden); Hauptstadt: Uschgorod. K. gehörte vor 1918 Ungarn, dann zur Tschechoslowakei, 1939 wieder zu Ungarn, seit 1945 zur Sowjetunion.

Karpfen der, Knochenfischfamilie des Süßwassers, mit zahnlosen Kiefern, aber Schlundzähnen am 5. Kiemenbogen; Speisefisch; meist wärmeliebend und in der kalten Jahreszeit an tiefen Stellen Winterschlaf haltend, so die **Weißfische** (Schleie, Karausche u. a.). Der Teich- oder Fluß-K. wird 30-70 cm lang und bis 20 kg schwer. Durch Zucht gingen aus dem Schuppen-K. der kleiner geschuppte **Spiegel-K.** und der fast schuppenlose **Leder-K.** hervor.

Karrag'een das, →Irländisches Moos.

Karr'ee [frz.] das, Viereck, Quadrat.

K'arren Mz., zerrissene und schmale Grate im nackten Kalkgestein der Karstgebiete; bilden oft große **Karrenfelder**; scheller Karren.

Karri'ere [frz.] die, 1) Laufbahn; **K. machen,** schnell befördert werden. 2) schärfster Galopp.

Kärrner der, Karrenführer, Fuhrmann.

Karr'u die, engl. Karroo, Trockensteppe der südl. Randstufen S-Afrikas; Schaf-, Ziegenzucht.

Karsch, Anna Luise, Dichterin, *1722, †1791.

Karst der, Kalkhochflächen im NW Jugoslawiens mit den **K.-Erscheinungen,** die auf der Durchlässigkeit und Auflösbarkeit des Kalksteins beruhen: Höhlen, Einsturztrichter (**Dolinen**), blinde, zeitweise überschwemmte Täler (**Poljen**), Karrenfelder, unterird. Flüsse u. a. Weite Teile des K. sind entwaldet und öde.

Kart'ätsche [aus ital.] die, 1) ⚙ früheres Artilleriegeschoß für kurze Entfernungen; Blechhülse mit Kugelfüllung. 2) →Kardätsche.

Kart'ause die, Kloster der →Kartäuser.

Kart'äuser Mz., kath. Einsiedlerorden, beobachtet strenges Fasten und Schweigen; 1084 gestiftet. Tracht: weißes Ordenskleid mit Kapuze. (→Chartreuse.)

Karte die, 1) steifes Blatt Papier zu allerlei Verwendungen (Post-, Fahr-, Speise-, Spielkarte).

Kartenlegen, Kartenschlagen, abergläub. Voraussagen der Zukunft aus Spielkarten. Das gewerbsmäßige K.-Legen ist in Dtl. verboten. 2)→Landkarte. **Kartenkunde,** die →Kartographie. **kart'ieren,** 1) aufzeichnen. 2) in eine K. eintragen.

Kart'ei, Kartoth'ek die, Sammlung auswechselbarer Karten oder Blätter (**K.-Karten**); diese werden nach dem Abc, nach Zahlen oder sachlich in Kästen (**K.-Kästen**) oder Rahmen übersichtl. angeordnet; Steh-, Flach- oder Sicht-K.

Kart'ell [frz.] das, 1) Schutzbündnis, Freundschaftsvertrag. **Kartellträger,** studentisch: Überbringer einer Herausforderung zum Zweikampf. 2) ⌦ Zusammenschluß von jurist. und wirtschaftl. weitgehend selbständig bleibenden Unternehmen zur Marktbeeinflussung durch Wettbewerbsbeschränkungen (**Preis-K.:** Festsetzung von Mindestverkaufspreisen; **Konditionen-K.:** Vereinbarung über sonstige Absatzbedingungen). In der Bundesrep. Dtl. sind K. verboten (Ges. gegen Wettbewerbsbeschränkungen v. 27. 7. 1957 i. d. F. v. 3. 1. 1966), doch gibt es zahlreiche Ausnahmen (z. B. →Preisbindung der zweiten Hand); diese sind anmeldepflichtig (Bundeskartellamt, Berlin, mit K.-Register).

Kartennetzentwurf, Kartenprojektion, in der Kartographie die Übertragung des (gedachten) Gradnetzes der Erde oder eines Ausschnittes daraus auf eine Ebene. Die Erde wird dabei im allgem. als Kugel angenommen, die jedoch ohne Verzerrung nicht in die Ebene abwickelbar ist. Man unterscheidet zwischen Zylinder-, Kegel- und Azimutalentwürfen.

Kartesian'ismus der, Lehre und Schule des →Descartes.

Karth'ago, die Hauptstadt des Reiches der Karthager, an der N-Küste Afrikas, beim heutigen Tunis. K. wurde im 9. Jahrh. v. Chr. von Phönikern aus Tyrus gegr., war lange die bedeutendste Handelsstadt des Altertums und besaß die größte Seemacht. Schon im 6. Jahrh. v. Chr. hatte es Kolonien in Sardinien, Sizilien, Spanien, Gallien und an der W-Küste Afrikas. In den →Punischen Kriegen unterlag es den Römern; 146 v. Chr. wurde es zerstört, sein Gebiet röm. Provinz. Die von Caesar in K. gegr. Kolonie wurde 439 n. Chr. Hauptstadt des Wandalenreiches, 533 von Belisar erobert, 697 durch die Araber zerstört.

Kart'offel [von ital. tartufolo »Trüffel«] die, **Erdapfel,** eine der wichtigsten Nutzpflanzen der gemäßigte Gebiete aus der Familie Nachtschattengewächse mit weißen, rosa oder violetten Blüten und grünen, ungenießbaren Beeren. Die Knolle (verdickter unterird. Stengelausläufer) ist wichtig als Nahrung, Futter und Rohstoff (Brennerei). Sie enthält etwa 20% Stärke, wenig Eiweiß, Fett, Vitamine. Die K. liebt tiefgründigen, lockeren, etwas sandigen Boden und wird als Hackfrucht angebaut. Es gibt Tausende von K.-Sorten. Die Heimat der K. sind die Hochebenen in Nordchile und Peru. Durch die Spanier kam die K. in der Mitte des 16. Jahrh. nach Europa; erst im 18. Jahrh. im großen angebaut.

Kartoffelkäfer, Koloradokäfer, ein Blattkäfer aus dem westl. N-Amerika, 9-11 mm lang, gelb-schwarz gestreift. Die fleischrote Larve richtet durch das Zerfressen der Kartoffelblätter großen Schaden an. Die Puppe entwickelt sich in der Erde. Die Eier werden auf die Unterseite der Blätter in stehenden Häufchen abgelegt. Bekämpfung: Absuchen, Insektengifte.

Kartoffelkrankheiten werden hervorgerufen durch Pilze, Bakterien und Viren; wirtschaftlich schädlich sind: 1) Kraut- und Knollenfäule, Erreger ein schmarotzender Algenpilz (Kartoffelpilz): dunkle, abgestorbene Flecke am Kraut, fleckige Knollen, die erst beim Hinzutreten anderer Schmarotzer völlig zerstört werden. 2) Knollennaßfäule, Erreger ein Bakterium, kann bei zu hoher Temperatur in der Miete das gesamte Erntegut vernichten. 3) Viruskrankheiten sind: **Blattrollkrankheit, Strichelkrankheit** und **Rauhmosaik**; werden durch Saugen einer Blattlaus von kranken auf gesunde Pflanzen übertragen. **4) Kartoffelschorf,** eine Schalenkrankheit. **5) Kartoffelkrebs,** von geringer Bedeutung.

Kartoffelmehl, die Stärke aus Kartoffeln.

Kartogr'amm [grch.] das, figürl. Darstellung von Zahlenwerten auf Landkarten.

Kartograph'ie [grch.] die, das Entwerfen und Bearbeiten von →Landkarten, Stadtplänen usw. durch den **Kartographen.** Eigw.: **kartogr'aphisch.** Die kartograph. Darstellung erfolgt durch Signaturen (Zeichen z. B. für Wege, Wald, Gebäude). Die 1. Weltkarte schuf Hekatäus um 500 v. Chr.; im 18. Jahrh. erste Karten auf Grund planmäßiger Vermessungen. Heute Verfeinerung der Kartenaufnahme durch Photogrammetrie und Luftbild.

Karton [kart'ő, frz.] der, **1)** steifes, dickes Papier; Pappschachtel. **2)** MALEREI: Zeichnung auf starkem Papier als Vorstudie für eine große Darstellung in anderem Material.

Kartoth'ek [grch.] die, →Kartei.

Kart'usche [frz.] die, **1)** eine von halb aufgerollten Bändern oder Blättern eingerahmte schildartige Fläche zur Aufnahme von Wappen, Sinnbildern, Inschriften u. dgl. **2)** ⚙ Pulverladung für Geschütze, jetzt meist in Metallhülsen.

Karuss'ell [frz.] das, **1)** Reiterspiel (mit Ringstechen usw.). **2)** eine sich drehende Rundbahn zur Belustigung für Kinder.

Karw'endelgebirge, Kette der Nordtiroler Kalkalpen, zwischen Inn und Isar, in der Birkkarspitze 2756 m hoch.

K'arwin, tschech. **Karviná,** Bergbauort im Bez. Freistadt, ČSSR, 75000 Ew.; Steinkohle.

K'arwoche [von ahd. chara »Klage«], Woche vor Ostern, **stille Woche,** zum Andenken an Christi Leiden und Tod, mit dem →Karfreitag.

Karyat'ide [grch.] die, ⌂ weibl. Gewandfigur als Gebälkträgerin.

Kary'opse [grch.] die, Frucht der →Gräser.

K'arzer [lat.] der, früher Haftraum in höheren Schulen und Hochschulen.

Karzin'om [grch.] das, →Krebs.

Kas'achen Mz., Turkvolk im Tiefland zwischen Kasp. Meer und den Gebirgen Innerasiens, rd. 3,5 Mill.; Sunniten. Die K. waren Nomaden, z. T. bis ins 20. Jahrh. **Kas'achische SSR,** Unionsrep. der Sowjetunion, zwischen unterer Wolga im W und Altai im O, 2715100 km², 12,8 Mill. Ew. (Russen, K., Ukrainer u. a.); Hauptstadt: Alma-Ata. Meist Steppe, Halbwüste, Wüste. Landwirtschaft im Schwarzerdegürtel, z. T. mit künstl. Bewässerung (Getreide, Baumwolle, Zuckerrüben, Obst). Reiche Bodenschätze: Erdöl, Erdgas, Kohle, Erze. Hüttenwerke, Eisen-, Stahl-, chem., elektrotechn. u. a. Industrie.

Kas'ack [frz.] der, Kittelbluse.

K'asack, Hermann, Schriftsteller, *1896, †1966; surrealist. Roman: »Die Stadt hinter dem Strom«; besinnl. Lyrik.

Kas'ai der, wasserreicher linker Nebenfluß des Kongo, 1950 km lang.

Kas'an, Hauptstadt der Tatar. ASSR, links der Wolga, 869000 Ew.; Univ.; mehrere alte Klöster (eines mit dem Marienbild der hl. Mutter von K.); Handels- und Industriestadt.

Kasaw'ubu, Joseph, *1910, †1969; 1960-65 Staatsoberhaupt der Republik Kongo (K.).

K'asba, die, in N-Afrika Zidatelle, Altstadt.

Kasb'ek der, Berg im mittl. Kaukasus, 5047 m.

K'aschau, slowak. **Košice, Kassa,** bedeutende Stadt in der östl. Slowakei, 106000 Ew.; TH; Bischofssitz; got. Dom; Maschinen-, Textil-, Lederfabriken. K. war im MA. eine dt. Stadt, später ungarisch. 1921 kam es an die Tschechoslowakei, 1938 an Ungarn, 1947 wieder an die Tschechoslowakei.

Kasch'emme [zigeuner.] die, üble Kneipe.

Kaschg'ar, chines. **Sufu,** Stadt in der chines. autonom. Reg. Sinkiang-Uigur, im westl. Tarimbecken, über 100000 Ew.; Textilindustrie.

kasch'ieren [frz.], verdecken.

K'aschmir der, feines Gewebe aus K.-Wolle, dem Flaumhaar der K.-Ziege.

K'aschmir, amtl. **Dschamm und K.,** Staat im nordwestl. Himalaya, von Indien 1957 zum Bundesstaat erklärt, von Pakistan beansprucht und im W besetzt, 222800 km², 3,729 Mill. Ew. (rd. 2,5 Mill. Muslime, rd. 1 Mill. Hindus, daneben Sikhs, Buddhisten u. a.); Hauptstädte: Srinagar (Sommer), Dschammu (Winter). In den Tälern Anbau von Reis, Mais, Obst und Wein; Viehzucht, Seidenraupenzucht; Weberei. ⚙ von Dschammu nach Pakistan. Straße nach Indien (Banihal-Paß); eine Verbindung nach Sinkiang (Mintaka-Paß) ist im Bau.

GESCHICHTE. K., seit 1341 unter islam. Herrschaft, wurde 1846 brit. Schutzstaat unter einem Hindu-Maharadscha. Seit der Teilung Brit.-Indiens (1947) ist K. zwischen Indien und Pakistan strittig (schwerer militär. Zusammenstoß im Herbst 1965). Versuche der Verein. Nationen, eine polit. Lösung zu vermitteln, blieben ergebnislos.

Kartusche über einem Hausportal

Kaschmir: Seenlandschaft bei Srinagar

Kaschmir der, feiner Damenkleiderstoff, urspr. aus Kaschmir-Ziegenhaaren.

K'aschnitz, Marie-Luise, Schriftstellerin, *1901; Lyrik, Romane, Betrachtungen, Essays.

Kasch'uben Mz., westslaw. Volksstamm in Pommerellen, vor 1918 z. T. eingedeutscht.

Käse der, Gemenge aus Eiweißstoffen, Fett, Wasser, Salzen, aus der Milch abgeschieden durch Lab (Süßmilch-K.) oder durch Säuerung (Sauermilch-K.) infolge Eindringens von Milchsäurebakterien (zunächst Quark), dann gegoren; Rückstand ist die Molke. Nach Festigkeit und Fettgehalt unterscheidet man: Hart-, Weich-, Rahm-, Fett-, halbfetten und Mager-K.

K'asel [lat. casula] die, Meßgewand.

Kasem'atte [ital.] die, schußsicherer Raum in Festungswerken, auf Kriegsschiffen.

Kas'erne [ital.] die, Gebäude zur dauernden Unterbringung von Truppen.

K'asimir [slaw. »Friedensstifter«], männl. Vorname.

K'asimir, Fürsten von Polen: **1) K. I., der Erneuerer,** stellte als Herzog (1034-37, 1041-58) die staatl. Ordnung wieder her. **2) K. III., der Große,** König (1333-70), verzichtete auf Schlesien, eroberte Wolhynien und Galizien, gab Polen die ersten geschriebenen Gesetze. **3) K. IV.,** König (1447-92), erwarb im Kampf mit dem Dt. Orden Pommerellen und die Lehnshoheit über Ostpreußen.

Kas'ino [ital.] das, Speise- und Aufenthaltsraum für Offiziere und Unteroffizier; auch in Fabriken, Büros u. ä.; Name für Unterhaltungsstätten **(Spiel-K.).**

Kask'ade [frz.] die, **1)** über Stufen stürzender Wasserfall. **2)** Zirkus: verwegener Sprung. **3)** ⚡ die Anordnung über- oder hintereinandergeschalteter, gleichartiger Gefäße.

Kask'adengebirge, waldreicher Gebirgszug im W der USA, vom Columbia (mit Kaskaden) durchflossen, im Mount Rainier 4391 m hoch; Silber-, Blei-, Kohlenbergbau.

Kask'adengenerator, Hochspannungsanlage zur Beschleunigung geladener Teilchen. (TAFEL Physik)

K'asko [span.], Schiffsrumpf; Beförderungsmittel. **K.-Versicherung,** Versicherung gegen

Kasel

Erich Kästner

Schäden an Beförderungsmitteln (Schiffs-K., Auto-K.).

K'aspar [pers. »Schatzmeister«], männl. Vorname; der Legende nach einer der Heiligen Drei Könige, dargestellt als Mohr.

Kasper, lustige Person der dt. Bühne, nur noch in Marionetten- und **Kasperle-Theatern.**

K'aspisches Meer, K'aspisee, größter Binnensee der Erde, östlich vom Kaukasus, 28 m u. d. Spiegel des Schwarzen Meeres, 423 300 km², fischreich; salzig; am W-Ufer große Erdölfelder.

Kass'andra, in der griech. Sage Tochter des Priamos und der Hekuba, Seherin. K.-Rufe, vergebl. Warnungen.

Kassati'on [frz.] die, 1) ♫ Aufhebung eines gerichtl. Urteils durch ein höheres Gericht; in der Dt. Dem. Rep. außerordentl. Rechtsmittel (→Gerichtswesen); in Frankreich, Italien: **K.-Hof,** höchstes Gericht. 2) früher die Strafe der Dienstentlassung für Beamte und Offiziere (Kassierung). 3) ♪ leichteres, mehrsätziges Instrumentalstück, der Serenade ähnlich.

Kass'ave die, →Maniok.

Kasse [ital. cassa], ☞ bares Geld; **gegen** oder **per K.,** gegen Barzahlung.

Kassel, die Hauptstadt des RegBez. K., Hessen, an der Fulda, 214 800 Ew.; nach starken Kriegsschäden großzügig wiederaufgebaut. Im W über der Stadt liegen Schloß und Park Wilhelmshöhe. K. ist Sitz des Bundessozialgerichts, Bundesarbeitsgerichts; hat u. a. Gemäldegalerie, Staatstheater, Universität (Gesamthochschule), Kunst- u. a. Hochschulen, Konservatorium. Industrie: Lokomotiven, Kraftwagen, Maschinen, chirurg. und opt. Instrumente, Holz-, Textilwaren, Feinmechanik. K. war bis 1866 Hauptstadt von Kurhessen, 1807-13 Hauptstadt des Kgr. Westfalen, 1866-1945 der preuß. Prov. Hessen-Nassau.

Kassel: Friedrichsplatz mit Museum und Staatstheater

Kassem, Abdel-Kerim, irak. General, *1914 (1917?), † (gestürzt und erschossen) 1963; nach dem Staatsstreich vom 14. 7. 1958 MinPräs.

Kassenbuch, Kassabuch, das Grundbuch der kaufmänn. Buchführung, in das alle Einnahmen (links) und alle Ausgaben (rechts) eingetragen werden. Die Endsummen werden monatl. auf das **Kassenkonto** im Hauptbuch übertragen.

Kassengeschäft, Kassageschäft, Geschäftsabschluß, bei dem Lieferung und Zahlung der Ware oder des Wertpapiers sofort erfolgen; Gegensatz: Lieferungs- und Termingeschäft.

Kassenscheine Mz., staatl. Papiergeld.

Kasser'olle [frz.] die, Brat-, Schmorgefäß.

Kass'ette [frz.] die, 1) Behälter, Kästchen, bes. für Geld oder Schmucksachen. 2) ⊞ kastenförmig vertiefte, oft verzierte Felder an einer Decke (**Kassettendecke**).

Kass'iber [jidd.] der, heiml. schriftl. Mitteilung in und aus Gefängnissen.

K'assie die, trop. Hülsenfrüchtergattung. Afrikan. Arten (**Senna**) liefern →Sennesblätter; die südasiat., auch angepflanzte **Röhren-** oder **Fisett-**

K. enthält in hohlstabförmigen Fruchthülsen ein braunes, klebriges, süßes Fruchtmark (**Manna**) von abführender Wirkung.

kass'ieren [frz.], 1) Geld erheben. 2) für ungültig erklären, vernichten. 3) entlassen, (eines Amtes) entsetzen. **Kassierer** der, Kassenführer.

Kassiod'or, röm. Gelehrter, Staatsmann, † um 575, Min. des Ostgotenkönigs Theoderich.

Kassiop'eia, 1) in der griech. Sage: die Mutter der Andromeda. 2) die, ✶ Sternbild im nördlichsten Teil der Milchstraße.

Kassiop'eium, ✦ →Lutetium.

Kassner, Rudolf, philosoph. Schriftsteller und Essayist, *1873, †1959.

Kastagnetten [kastaɲ'ɛtən, span.] Mz., nußschalenförmige Holzklappern zur Betonung des Rhythmus beim Tanz.

Kast'anie [lat.-grch.] die, 1) verschiedene Baumgattungen, →Edel-K. und →Roß-K. 2) ☞ Hornschwiele auf der Innenseite des Pferdebeins.

Kaste [portug. »Geschlecht«] die, 1) abgeschlossener erbl. Stand, bes. in Indien (→Hinduismus). 2) Gesellschaftsschicht. **Kastengeist,** Absonderung bes. Gesellschaftsschichten.

kast'eien [lat. castigare »züchtigen, geißeln«], durch Bußübungen züchtigen, abtöten.

Kast'ell [lat.] das, röm. und mittelalterl. Befestigungsanlagen.

Kastell'an [lat.] der, früher: Burgvogt. 2) jetzt: Aufseher, Hausverwalter.

Kasten, ein ursprünglich schwed. Sprunggerät für Turner. (BILD Turngerät)

Kast'ilien, Hochland im mittl. Spanien; das Kastilische Scheidegebirge (bis 2592 m hoch) trennt **Alt-K.** im N von **Neu-K.** im S. Über das mittelalterl. Königreich K. →Spanien.

Kästner, 1) Abraham Gotthelf, Mathematiker und Epigrammdichter, *1719, †1800, bekannt durch seine »Sinngedichte«. 2) Erhart, Schriftsteller, *1904, »Zeltbuch von Tumilad«. 3) Erich, Schriftsteller, *1899; Gedichte, Romane (»Fabian«), Jugendbücher (»Emil und die Detektive«, »Pünktchen und Anton«, »Das doppelte Lottchen«).

K'astor der, Stern im Sternbild Zwillinge.

K'astor und **P'ollux,** die →Dioskuren.

Kastrati'on [lat.] die, **Entmannung, Verschneidung,** Entfernung der Hoden, wodurch →Unfruchtbarkeit eintritt und der Geschlechtstrieb erlischt. Geschieht die K. im Kindesalter, so bleibt der **Kastr'at** (grch. **Eunuch,** dt. **Hämling**) in seiner seel. und körperl. Entwicklung zurück; so unterbleibt auch der Stimmwechsel. Tiere verschneidet man, um sie gefügiger oder ihr Fleisch schmackhafter zu machen.

Kasu'alien [lat.] Mz., gelegentl. geistl. Amtshandlungen, z. B. Trauung; Vergütung dafür.

Kasu'ar der, straußartiger flugunfähiger Vogel mit hornigem Helm; in Australien, Neuguinea.

Kasuar'ine die, Baumgattung mit Rutenästchen; in Australien, O-Indien; liefert Eisenholz.

Kasu'istik [lat.] die, 1) die Anwendung sittl. Grundsätze und Lehren auf einzelne prakt. Fälle und Beispiele, um zu zeigen, wie sich im Gewissensfragen entscheiden soll. 2) ♫ Beschreibung einzelner Krankheitsfälle.

K'asus [lat.] der, →Casus.

Kasw'in, Stadt im Iran, 88 100 Ew.; wichtiger Straßenknoten, Marktzentrum.

Kat, Kath das, Blätter des arab.-ostafrikan. K.-Strauches, anregendes Genußmittel.

Kataf'alk [ital.] der, Gerüst für den Sarg.

Kat'ajew, Valentin Petrowitsch, russ. Erzähler und Dramatiker, *1897.

Katak'ombe [grch.] die, unterird. Begräbnisanlage der ersten Christen, bes. in Rom; z. T. kilometerlange Gänge; die Gräber befinden sich in den Seitenwänden oder im Boden. Kammern und Einzelgräber sind oft ausgemalt. (BILD S. 463)

Katal'anen, die Bewohner Kataloniens. Volksstamm in Katalonien, Valencia und auf den Balearen. Das **Katalanische** steht selbständig zwischen dem Span. und Provenzalischen.

Katal'asen Mz., eisenhaltige Enzyme.

Katakombe in Rom (Anfang 4. Jahrh.)

Katal'aunische Felder,dieEbene umChâlons-sur-Marne in der Champagne; 451 Sieg der Römer unter Aëtius über die Hunnen unter Attila.

katal'ektisch [grch.], unvollständig.

Kataleps'ie [grch.] die, ♁ Starrsucht.

Katal'og [grch.] der, Verzeichnis, bes. von Büchern, Handschriften, Münzen, Kunstgegenständen, Tier- oder Pflanzensammlungen usw. Bei den K. der Büchereien (Bibliotheken) unterscheidet man: Alphabet. K., Sach-K. (systemat. K.), Schlagwort-K., Standort-K. Der Form nach ist der K. entweder Band-K. (in Buchform), Zettel-K. oder Blatt-K. (→Kartei).

Katal'onien, der nordöstl. Teil Spaniens, vorwiegend Bergland mit Korkeichen, Olivenhainen, Weingärten; Hauptindustriegebiet →Spaniens (Kali-, Blei-, Schieferbergbau); Hauptstadt: Barcelona. Die Bewohner (→Katalanen) halten zäh an ihrer Sprache und Eigenart fest.

Kat'alpe [indian.] die, **Trompetenbaum,** Pflanzengattung Nordamerikas und Ostasiens; Parkbäume und -sträucher.

Katal'yse [grch.] die, ⟲ Beschleunigung oder Verzögerung des Ablaufs eine chem. Reaktion durch die Anwesenheit eines Stoffes, des **Katalysators,** der selbst dabei keine merkbare Veränderung erleidet. Für chem. Technik und Lebensvorgänge sehr wichtig.

Kat'anga, Landschaft und Provinz im S der Rep. Kongo (K.), 496965 km² mit 2,214 Mill. Ew.; Hauptstadt: Lubumbashi. K. ist wegen seiner reichen Vorkommen an Kupfer-, Uran-, Zinn-, Kobalterzen, Germanium, Kohlen und Industriediamanten eines der wichtigsten Bergbaugebiete der Erde. – Am 11. 7. 1960 erklärte MinPräs. Tschombé die Unabhängigkeit K.s. Nach blutigem Konflikt mit der UNO mußte es die Abtrennung beenden (→Zaïre).

Kataphor'ese [grch.] die, Wanderung von Kolloidteilchen im elektr. Feld.

Katap'ult [grch.-lat.] das, **1)** antike Wurfmaschine. **2)** Flugzeugschleuder, Startvorrichtung; das Flugzeug ruht auf einem Schlitten, der durch Druckluft oder Raketen mit großer Geschwindigkeit nach vorn geschoben wird.

K'atar, arab. Halbinsel im Pers. Golf, selbständiges Scheichtum (seit 1971), zuvor unter brit. Protektorat, 22014 km², 75000 Ew.; Hauptstadt und Hafen: Doha. Wüstenhaft, seit 1949 steigende Erdölförderung. ⯐ S. 345.

Katar'akt [grch.], **1)** der, Wasserfall, Stromschnelle. **2)** die, ♁ grauer →Star.

Kat'arrh [grch.] der, ♁ Entzündung einer Schleimhaut, verbunden mit Schwellung, Rötung und Absonderung von Schleim oder Eiter.

Kat'aster [ital.] der, das, amtl. Verzeichnis der Grundstücke (i. w. S. auch der Personen) eines Bezirks, enthält Lage, Größe, Eigentümer **(Grund-, Gebäude- K.);** Unterlage des Grundbuchs und für die Erhebung der Grundsteuer.

Katastr'ophe [grch. »Umwendung«] die, **1)** die Wendung zum Unheil. **2)** schweres, unglückl. Ereignis. Egw.: **katastroph'al.**

Kataton'ie [Kw., grch.] die, Spannungsirresein, eine besondere Form der →Schizophrenie.

Kate, Kote die, Haus eines Kleinbauern oder Landarbeiters, des **Kätners;** auch Hütte.

Katech'ese [grch.] die, religiöse Unterweisung, bes. in Frage- und Antwortform. **Katech'etik** die, Lehre vom kirchl. Unterricht.

Katech'ismus [grch.] der, Leitfaden der christl. Glaubenslehre in Frage und Antwort. **Katholisch:** K. von Canisius, der Tridentin. K. oder Catechismus Romanus (1566). **Protestantisch:** der Große K. (für Geistliche) und der Kleine K. Luthers von 1529; der Genfer K. Calvins (französ., 1542); der Heidelberger K. von Ursinus und Olevianus (1563).

K'atechu das, Auszug aus einer in Ostindien heim. Akazie; Gerb- und Farbstoff, zusammenziehendes Heilmittel.

Katechum'ene [grch.] der, Teilnehmer am Vorbereitungsunterricht zur Konfirmation (im frühen Christentum: zur Taufe).

Kategor'ie [grch.] die, **1)** Begriffsklasse, in die ein Gegenstand gehört. **2)** PHILOSOPHIE: die allgemeinsten Verstandesbegriffe; z. B. Größe, Anzahl, Beziehung. **kateg'orisch,** unbedingt, bestimmt (im Gegensatz zum Bedingten, Hypothetischen).

Kategorischer Imperativ, das Sittengesetz bei →Kant, weil es unabhängig von jeder Rücksicht auf Nutzen oder Vergnügen gebietet oder verbietet: »Handle so, daß die Maxime deines Willens jederzeit zugleich als Prinzip einer allgem. Gesetzgebung gelten könne.«

katexoch'en [grch.], im wahrsten Sinne.

K'atgut [engl. »Katzendarm«] das, Faden aus Schaf- und Ziegendarm, zum Nähen von Wunden an Eingeweiden oder Schleimhäuten, wird vom Körper allmählich aufgelöst.

K'atharer [grch. »die Reinen«] Mz., eine den Manichäern verwandte, streng asket. Sekte, die sich seit Ende des 10. Jahrh. im südl. und westl. Europa ausbreitete (in Italien **Gazzari,** in Frankreich **Albigenser,** auch **Bulgaren** genannt); durch Inquisition und Albigenserkriege im 13. und 14. Jahrh. ausgerottet.

Kathar'ina [grch. »Reine«], weibl. Vorname.

Kathar'ina, Heilige. **1)** K. von Alexandria, legendär, 307 enthauptet; gehört zu den Vierzehn Nothelfern. **2) K. von Siena** (Tag 29. 4.), bewog Papst Gregor XI. zur Rückkehr aus Avignon, †1380. **3) K. von Genua** (Tag 22. 3.), Asketin und religiöse Schriftstellerin, †1510.

Kathar'ina, Fürstinnen: **Frankreich. 1)** K. von **Medici,** Gemahlin König Heinrichs II., *1519, †1589, als Königinwitwe sehr einflußreich, veranlaßte 1572 das Blutbad der →Bartholomäusnacht.– **Rußland. 2) K. I.,** Kaiserin (1725-27), Frau eines schwed. Dragoners, dann Geliebte Peters d. Gr. seit 1712 mit ihm vermählt. **3) K. II., die Große,** Kaiserin (1762-96), Prinzessin von Anhalt-Zerbst, Gattin des russ. Thronfolgers, späteren Kaisers Peter III., bestieg nach dessen Ermordung den Thron. Sie entriß den Türken die Nordküste des Schwarzen Meeres und der Krim, gewann den Hauptanteil bei der Aufteilung Polens, rief die Wolgadeutschen nach Rußland. Schriftstellerin. Ihr einflußreichster Günstling war →Potemkin.

Katharina II.

K'atharsis [grch.] die, Läuterung durch seel. Erschütterung, nach Aristoteles Wirkung der Tragödie.

Kath'eder [grch. »Sessel«] das, Lehrstuhl, erhöhter Platz.

Kath'edersozialismus, Richtung der dt.Wirtschaftswissenschaft im 19. Jahrh., trat für eine staatl. Sozialpolitik ein, um Klassengegensätze zu mindern und den sozialen Aufstieg der Arbeiter zu fördern. Hauptvertreter: Adolph Wagner, G. Schmoller, L. Brentano.

Kathedr'ale [lat.] die, bischöfl. Hauptkirche: Dom, Münster.

Kath'eten [grch.] Mz., im rechtwinkligen Dreieck die den rechten Winkel einschließenden Seiten.

Katheten: a, b

Kath'eter [grch.] der, ⌇ Röhre aus Metall, Hartgummi oder Gummi, kann in Kanäle oder Höhlen des Körpers eingeführt werden.

Kathi'awar [»Land der Kathi«], trockene Halbinsel im N der Westküste Indiens; Baumwoll- und Getreideanbau mit künstl. Bewässerung.

Kath'ode [grch.] die, ∮ negative →Elektrode.

Kath'odenstrahlen, aus einer Kathode austretende Elektronenstrahlen.

Kathodenstrahlröhre, eine luftleere oder mit geringen Gasmengen gefüllte Elektronenröhre zum Sichtbarmachen elektromagnet. Schwingungen mit Kathodenstrahlen.

Kathol'ik [grch.] der, Angehöriger der kathol. (latein. und unierten) Kirche.

Katholikentag, Deutscher K., die alle 2 Jahre, bis 1950 jährl., abgehaltene »Generalversammlung der Katholiken Dtl.s« (so seit 1858).

Katholik'os [grch.] der, Titel des Patriarchen der armen. Kirche.

kath'olisch [grch.], allgemein, allumfassend.

Katholisch-apostolischeGemeinden,fälschlich **Irvingianer,** Anfang des 19. Jahrh. entstandene Gemeinschaften, die eine baldige Wiederkunft Christi annahmen und Ämter und Ordnungen der Urkirche wiederherstellen wollten.

Katholische Akademien, seit 1950 entstandene kirchl. Einrichtungen zur Laienbildung; in Aachen, Frankfurt a. M., Freiburg i. Br., Honnef, München, Stuttgart-Hohenheim, Würzburg.

Katholische Aktion, 1) das Laienapostolat. **2)** von Papst Pius XI. ins Leben gerufene Bewegung zur Durchsetzung der kirchl. Grundsätze.

Katholische Briefe, sieben Briefe im N.T., die nicht für eine Einzelperson oder Einzelgemeinde, sondern für die Gesamtheit der Kirche bestimmt erscheinen.

Katholische Kirche, die unter dem →Papst stehende christl. Kirche (→Christentum). Sie gliedert sich in die **Latein. Kirche** (etwa 554 Mill. Gläubige), die zugleich Trägerin der Äußeren Mission ist, und in die **Unierte Ostkirche** (ohne die heute unterdrückten Kirchen der Ostblockländer etwa 8,5 Mill.). Die Verfassung ist hierarchisch (Unterscheidung von →Klerus und Laien); jedoch hat das Zweite →Vatikanische Konzil die Einheit beider als des Volkes Gottes sehr betont. Ebenso hat es das bisherige monarch. Prinzip (Papst, →Bischof) im Sinne der Kollegialität und die zentralist. Verwaltung (→Römische Kurie) im Sinne größerer Selbständigkeit der Bischofskonferenzen und durch Beteiligung auswärtiger Bischöfe an den Kardinalkongregationen aufgelockert. Die **Glaubenslehre** beruht auf der nach der Tradition zu verstehenden Hl. Schrift; das kirchl. Lehramt legt sie unter Berücksichtigung der theolog. Forschung aus. Ihre **Soziallehre** über die richtige Ordnung von Gesellschaft, Wirtschaft und Staat entspricht nach ihrer Auffassung der naturrechtl. Ordnung; insoweit hält sie eine Übereinkunft mit den nichtkath. Christen und auch mit den nichtchristl. Weltanschauungen über die Soziallehre für möglich und erstrebenswert. Übernatürl. Grundlage ihres Seins und Wirkens sind ihre 7 →Sakramente. Mittelpunkt des Kultus sind →Messe und Altarsakrament; daneben besteht Heiligenverehrung (→Maria). Das Klosterwesen (→Orden) wird seit dem Konzil im Sinne stärkerer Weltzugewandtheit umgebildet. Ihren Anspruch, alleinseligmachend zu sein, hat die K. K. auf dem Konzil dahingehend ausgelegt, daß alle christl. Konfessionen und auch die nichtchristl. Religionen mögliche Wege zum Heil seien, wenn auch die Annahme des kath. Glaubens und demgemäß seine Ausbreitung durch die Mission der eigentl. Wille Gottes sei. Gemäß dem Menschenrecht der Religionsfreiheit beansprucht sie Unabhängigkeit vom Staat.

katholische Presse, die aus kath.Weltanschauung gestalteten Zeitungen und Zeitschriften: Bistumskirchenzeitungen, Verbandsblätter, Familien-, Sonntags-, Jugendzeitschriften u.a.

Katholische Reform, Bestrebungen der kath. Kirche im 15.-17.Jahrh., den sittl. Niedergang der Klöster und des Klerus, die finanzielle Ausnutzung der Volksfrömmigkeit und der päpstl. Amtsrechte u.a. innerkirchl. Mißstände zu beseitigen. Wesentl. Anstöße gab die Reformation.

Katholiz'ismus [lat.-grch.] der, Wesen und Eigenart der kath. Kirche in Verfassung, Lehre, gottesdienstl. Ordnung, Frömmigkeit, Einstellung zur Welt.

K'ation [Kw., grch.] das, →Ion.

Katmai [k'ætmai], 2047 m hoher Vulkan in Alaska, bekannt durch den Ausbruch von 1912.

Katm'andu, Hauptstadt von Nepal, im Himalaya, 122 500 Ew. (BILD S. 465).

Kätner der, Besitzer einer Kate.

kat'onisch [nach Cato dem Älteren], sittenstreng.

Katschberg, 1641 m hoher Paß zwischen Hohen Tauern und Norischen Alpen (Mur- und Drautal).

K'attak, Cuttak, Stadt in Orissa, Indien, 192 200 Ew.; Silberfiligranarbeiten.

Katt'arasenke, eine der tiefsten Depressionen der Erde, in der Libyschen Wüste, NW-Ägypten, bis 137 m u.M.

K'attegat das, Meeresteil zwischen Jütland Seeland und Schweden.

Katten, →Chatten.

K'attowitz, poln. **Katowice,** 1953-56 Stalinogród, Industriestadt in Ostoberschlesien, Polen, 297 200 Ew.; Hochschulen für Medizin, Ökonomie, Pädagogik, Ingenieurwesen, Musik; Stadttheater, Gemäldegalerie; Steinkohlenbergbau, Eisenhütten, Gießereien, Werkzeugmaschinen u.a. 1921 kam K. an Polen.

Katholische Kirche, links: Papst Paul VI. beim Einzug in den Petersdom, Mitte: Hl. Messe in einem Wiener Studentenhaus, rechts: Dt. Katholikentag Essen 1968 (Forumsgespräch)

Katt'un [arab. »Baumwolle«] der, leinwandartig gewebtes Baumwollzeug.

Kat'ull, röm. Dichter, † um 54 v. Chr., schrieb Liebesgedichte, Spottverse, Epigramme.

Kat'yn, Ort bei Smolensk, in dessen Nähe 1943 dt. Soldaten die Massengräber von etwa 4100 poln. Offizieren fanden, die wahrscheinlich von sowjet. Truppen erschossen wurden.

Katz, Bernard, Sir (1969), engl. Biophysiker, *1911, erhielt 1970 den Nobelpreis für Medizin für neurophysiologische Arbeiten auf dem Gebiet der Informationsübertragung im Organismus.

Katzbach die, Nebenfluß der Oder, in Niederschlesien. – 1813 Sieg von Blücher und Gneisenau über die napoleon. Truppen unter Macdonald.

Kätzchen, ährenähnlicher, filzig-dichter, oft hängender Blütenstand.

Katzen Mz., Raubtierfamilie, Zehengänger, meist mit einziehbaren Krallen, vorzügl. Springer und Schleicher, mit scharfem Seh-, Hör- und Tastvermögen. Zu den K. gehören Luchs, Gepard, ferner Löwe, Tiger, Leopard, Jaguar, Puma. Die europ. Wild-K. unterscheidet sich von der Haus-K. durch die Größe und das stumpfe Schwanzende, sie bewohnt Waldgebirge. Die Haus-K. stammt von der ägypt. Falb-K. ab, sie wird in einigen Rassen gezüchtet (Angora-K., Siam-K. u. a.).

Katzenauge, 1) Edelstein, der infolge regelmäßiger Einschlüsse einen wogenden Lichtschein zeigt. **2)** reflektierender →Rückstrahler.

Katzenbuckel, höchster Berg des Odenwalds, 626 m hoch.

Katzenhai, 1,50 m langer Haifisch im Mittelmeer und in westeuropäischen Meeresteilen (FARBTAFEL Fische S. 344).

Katzenjammer, Kater, Unlustgefühl, Nachwirkungen zu reichl. Alkoholgenusses.

Katzenkraut, Pflanzenname für: Baldrian, Hauhechel, Gamander, Katzenminze.

Katzenpfötchen, Korbblüter mit weißen oder roten strohigen, zweihäusigen Blüten.

Katzer, Hans, Politiker (CDU), *1919, 1965 bis 1969 Bundesarbeitsminister.

Kaub, Stadt in Rheinl.-Pf., rechts am Rhein, 2000 Ew.; Weinbau, Fremdenverkehr; Schieferindustrie. Im Rhein die Pfalz (14. Jahrh.); Neujahr 1814 ging Blücher hier über den Rhein.

K'auderwelsch das, schwerverständl. Gerede, geradebrechtes Deutsch.

Kaud'inische Pässe, Engpässe bei Caudium, Mittelitalien, wo die Römer 321 v. Chr. als Besiegte unter einem Joch aus Speeren hindurchziehen mußten. Daher **Kaudinisches Joch,** Demütigung, schimpfliche Unterwerfung.

Kauf der, Vertrag, durch den sich der Verkäufer verpflichtet, das Eigentum an einer Sache oder ein Recht zu übertragen, während sich der Käufer zur Kaufpreiszahlung und zur Abnahme des Kaufgegenstandes verpflichtet (§§ 433 ff. BGB). Der K. kann formlos abgeschlossen werden, bei Grundstücken bedarf er gerichtl. oder notarieller Beurkundung. Der Verkäufer haftet für Sach- und Rechtsmängel. Sachmängel geben dem Käufer das Recht, »Wandlung« (Rückgängigmachung des K.) oder »Minderung« (Herabsetzung des Kaufpreises) zu verlangen, u. U. auch Schadenersatz wegen Nichterfüllung. Diese Ansprüche verjähren, wenn der Mangel nicht arglistig verschwiegen ist, bei bewegl. Sachen in 6 Monaten, bei Grundstücken in einem Jahr nach der Übergabe. – **Bar-K.,** gegen sofortige Bezahlung, **Raten-K.,** →Abzahlungsgeschäft.

Kaufb'euren, altertüml. Kreisstadt im bayer. Schwaben, an der Wertach, 39 900 Ew.; neu-aufgebaute Gablonzer Glas- und Schmuckwaren-Ind., Spinnereien, Webereien, Brauereien.

Kauffmann, Angelika, Malerin, *1741, †1807; Bildnisse, z. B. Winckelmanns, Goethes.

Kaufhaus, Großbetrieb des Einzelhandels, im Unterschied zum Warenhaus auf bestimmte Warengruppen, z. B. Bekleidung, beschränkt.

Kaufkraft, 1) die Fähigkeit eines einzelnen, einer Berufsschicht oder eines Volkes, Waren zu kaufen; sie ist abhängig von der Größe des jeweiligen Vermögens und Einkommens. **2)** der Tauschwert des Geldes (Zahlungskraft), der Währung, gemessen an der Menge der Güter, die für eine Geldeinheit erworben werden kann. Die **Kaufkraftstabilität** kann durch →Inflation oder →Deflation gestört werden.

Kaufmann der, -s/...leute, **1)** allgemein jeder, der im Handelsgewerbe, sei es auch unselbständig, tätig ist. **2)** ♂ Person, die ein Handelsgewerbe selbständig betreibt. Wer ein Grundhandelsgeschäft (z. B. Anschaffung und Veräußerung von Waren) betreibt, ist ohne weiteres K. (**Muß-K.**), wer ein anderes Gewerbe ausübt, kann durch Eintragung ins Handelsregister K. werden. Zu dieser Eintragung ist er teils verpflichtet (**Soll-K.**), teils berechtigt (**Kann-K.**). Wer K. im Sinne des HGB ist, hat die für Kaufleute festgesetzten Pflichten (z. B. Buch- und Firmenführung) und Rechte (z. B. Erteilung einer Prokura). Ausnahmen bestehen für Personen, deren Gewerbebetrieb einen kaufmänn. eingerichteten Geschäftsbetrieb nicht erfordert (**Minder-K.** im Unterschied zum **Voll-K.; §§** 1 ff. HGB).

kaufmännischer Angestellter, ausgebildeter Kaufmannsgehilfe (→Handlungsgehilfe). Ausbildung: 3jähr. Lehrzeit, schließt mit der Kaufmannsgehilfenprüfung ab; kann für Abiturienten und Absolventen von Handelsschulen auf 2 Jahre abgekürzt werden.

Kaufungen, Gem. im Kr. Kassel, Hessen, 10 300 Ew.

Kaufunger Wald, Waldhochfläche bei Kassel; im Bilstein 642 m hoch; Braunkohlen.

Kaugummi, knetbare Masse aus Chiclegummi, dem eingedickten Milchsaft des in Mittelamerika wachs. Sapotillbaums, mit Zusatz von Würzstoffen; statt Chicle auch Polyvinylchlorid.

Kauk'asien, die Länder zwischen Schwarzem und Kasp. Meer, durch den Kaukasus getrennt in einen nördl. (**Zis-K.**) und südl. Teil (**Trans-K.**).

K'aukasus der, Hochgebirge auf der Landenge zwischen Schwarzem und Kasp. Meer, über 1100 km lang, 100-160 km breit; mehrere gleichlaufende Ketten (Elbrus 5633 m hoch); im W üppige Wälder, reiche Tierwelt; geringe Verkehrserschließung. – Südl. liegt der **Kleine K.,** ein Teil des armen. Hochlandes. (BILD S. 466)

K'aukasusvölker, die Bewohner der Gebirgstäler des Kaukasus, bes. die Georgier, Lesgier, Tschetschenen, Tscherkessen, Abchasen; i. w. S. auch die iran. Völker: Osseten, Taten, Talysch, ferner Armenier, Bergjuden, türk. Aserbaidschaner, Karatschaier u. a.

Kaulbach, Wilhelm v., Maler, *1805, †1874; Geschichtsbilder; Bildnisse.

Kaulbarsch der, **Pfaffenlaus,** bis 25 cm langer, wohlschmeckender Barschfisch der Ostsee, braungrün, mit dunklen Flecken.

Kaulquappe, die, ♀ Larve der →Froschlurche.

Kaulun, →Hongkong.

K'aunas, russ. **Kowno,** Stadt in der Litauischen SSR, an der Memel, 306 000 Ew.; Kultur- (Univ.) und Industriemittelpunkt; Holz-, Metall-, Turbinen-, Textil-, Möbelindustrie.

Kaunitz, Wenzel Anton Fürst v., österreich.

Katmandu: Königspalast

Katzen: Gefleckte Hauskatze

Kaukasus: Mestia im Swanetischen K.

Staatsmann, *1711, †1794, leitete 1753-92 bes. die Außenpolitik Maria Theresias.

K′auri die, Porzellanschnecke des Ind. Ozeans; war früher in Afrika Münze und Schmuck.

kaus′al [lat.], ursächlich, begründend. **Kausalität** die, das Verhältnis von Ursache und Wirkung (Kausalnexus). **Kaus′algesetz, Kaus′alprinzip,** der Satz, daß jede Veränderung eine bestimmte Ursache hat. **Kaus′alsatz,** begründender Nebensatz, mit »da« oder »weil« eingeleitet.

Kausche [frz.] die, →Seilkausche.

K′austik [grch.] die, 1) ∫ Verschorfung kleiner Hautstücke durch Glühhitze; →Galvanokaustik. 2) die Fläche, in der sich Bildstrahlen bei unvollkommener Korrektur eines opt. Systems schneiden (**Brennfläche**).

k′austisch [grch.], ätzend, beißend, spöttisch; ⌒ ätzend. **k. Soda,** Natriumhydroxyd.

Kautabak, Priem der, strangförmig gedrehter gewürzter Tabak; zum Kauen.

Kaut′el [lat.] die, Vorsichtsmaßregel.

Kauti′on [lat.] die, ⚖ Sicherheitsleistung durch Hinterlegung von Geld oder Wertpapieren.

Käutner, Helmut, Film- und Bühnenregisseur, *1908; Filme »Die letzte Brücke«, »Des Teufels General«, »Das Glas Wasser« u. a.

Kautsch, →Couch.

K′autschuk der, eingedickter Milchsaft einiger trop. Gewächse, bes. des brasilian. **K.-Baumes** (Hevea brasiliensis). Der Milchsaft (Latex) wird den Bäumen durch Anschneiden der Rinde entzogen; mit Säuren oder durch Räuchern gewinnt man daraus **Roh-K.** Da der Roh-K. in der Wärme weich und klebrig wird, kann er nur in wenigen Fällen direkt verwendet werden (Isolierband, Heftpflaster). Dieser Nachteil wird durch Vulkanisieren behoben. Hierbei wird ein durchgeknetetes Gemisch von Roh-K. und Schwefel auf 80-160 °C erwärmt. Es entsteht je nach Schwefelgehalt **Weichgummi** (1-7% S) oder **Hartgummi** (bis 45% S). Die zugelrate Farbe der Gummiwaren wird durch Zusatz von Antimonpentasulfid, die schwarze durch Ruß erreicht.

Künstlicher K., eine Reihe hochmolekularer organ. Verbindungen, meist Polymerisate von Butadien (mit Styrol oder Acrylnitril, **Nitril-K.**) oder Chlorbutadien (Chloropren-K.). Rohstoffe zur Herstellung von künstl. K. sind Kohle oder Erdöl und Kalk, die im elektr. Ofen in Calciumcarbid und weiter in Acetylen und Butadien übergeführt werden. Der bekannteste synthet. K. ist **Buna** (1926 zum ersten Male in Dtl. hergestellt). – Der künstliche K. hat z. T. bessere Eigenschaften als der natürliche, z. B. bessere Abreibfestigkeit, größere Temperaturbeständigkeit.

Kegel, K.-Schnitte: links oben Ellipse, links unten Parabel, rechts oben und unten Hyperbel.

Kautschukgewinnung (in 1000 t)			
Naturkautschuk (1969)		**Kunstkautschuk (1970)**	
Malaysia	1279	USA	2196
Indonesien . . .	766	Japan	693
Thailand	282	Bundesrep. Dtl. .	321
Ceylon	151	Frankreich	315
Indien	80	Großbritannien .	260
Nigeria[1])	60	Kanada	205
Welt	**2855**	Italien[2])	135
[1]) Ausfuhr [2]) 1969			

Kautsky, Karl, sozialist. Politiker und Theoretiker, *1854, †1938, Mitverfasser des Erfurter Programms (1891) der Sozialdemokratie.

Kauz der, -es/Käuze, 1) 🦉 **K., Käuzchen,** →Eulen. 2) wunderl. Mensch, Sonderling.

Kaval′ier [frz.-ital.] der, 1) ⚔ Reiter; Ritter; Edelmann. 2) ritterl. Mann.

Kavalk′ade [ital.] die, Reitertrupp.

Kavaller′ie [frz.] die, ⚔ zu Pferd fechtende Truppe; in modernen Heeren kaum noch verwendet.

Kavat′ine [ital.] die, einfaches liedartiges Einzelgesangstück in der Oper.

Kav′erne [lat.] die, ∫ Hohlraum in der Lunge durch Gewebszerfall, bei →Tuberkulose.

K′aviar [türk.] der, eingesalzener Rogen, bes. vom Stör, Hausen (Beluga), Sterlet.

K′awa die, Harzstoff aus der Wurzel eines polynes. Pfeffers. **K.-Bier,** Rauschgetränk.

Kawabata, Yasunari, japan. Erzähler, *1899, †1972 (Selbstmord); schrieb »Tausend Kraniche«, »Schneeland«; Nobelpreis 1968.

Kawasaki, Stadt in Japan, südl. von Tokio, 887 000 Ew.; chem. und Schwerindustrie.

Kaw′aß der, früher: türk. Ehrenwächter.

Kayser′i, türk. Provinzhauptstadt, 126 900 Ew.; Handels- und Verkehrsmittelpunkt.

Kayßler, Friedrich, Schauspieler und Schriftsteller, *1874, †1945; Gedichte, Schauspiele.

Kazan [kæsn], Elia, amerikan. Regisseur sozialkrit., realist. Autor, * Konstantinopel 1909; schrieb »Das Arrangement«.

· **Kazantz′akis,** Nikolaos, griech. Schriftsteller, *1885, †1957; Romane aus dem Volksleben: »Alexis Sorbas«, »Griechische Passion«.

Kaz′ike der, indian. Dorfhäuptling in Mittel- und Südamerika.

kcal, Abk. für Kilokalorie (→Kalorie).

Keaton [ki:tn], Buster, *1896, †1966; Komiker des amerikan. Stummfilms.

Keats [ki:ts], John, engl. Dichter, *1795, †1821; Vertreter der engl. Hochromantik, schrieb Gedichte, Verserzählungen (»Endymion«).

Kebnek′aise, höchster Berg Schwedens, 2111 m hoch, in der Provinz Norrbotten.

Kebse [german.] die, **Kebsweib,** Nebenfrau.

Kecskemét [k′ɛtʃkemet], Stadt in Ungarn, südöstl. von Budapest, 77 500 Ew.; Obst- und Weinbau; landwirtschaftl. Industrie.

Keeling-Inseln [k′i:liŋ-], →Kokos-Inseln.

keep smiling [ki:p sm′ailiŋ, engl., »immer lächeln«], der amerikan. Grundsatz, stets eine zuversichtliche, freudige Haltung zu zeigen.

Kees das, in den Ostalpen: Gletscher.

K′efir [türk.] der, alkohol. Getränk, hergestellt aus Milch durch Gärung mit **K.-Körnern** (Bakterien- und Hefepilzmassen).

K′eflavik, Siedlung auf Island, im W von Reykjavik, 5100 Ew.; großer Flughafen.

Kegel der, 1) △ eine Fläche, die entsteht, wenn alle Punkte einer geschlossenen Kurve mit einem außer der Kurve liegenden Punkt (Spitze) durch Geraden verbunden werden. Beim gewöhnl. oder Kreis-K. der elementaren Raumlehre ist die Kurve ein Kreis, und der K. heißt **K.-Mantel.** Die beim Schnitt eines Kreis-K. mit einer Ebene entstehenden Kurven heißen **K.-Schnitte:** Kreise, Ellipsen, Parabeln, Hyperbeln. 2) die neun Figuren (→Kegeln). 3) eine Schriftgröße, (→Letter. 4) ⚔ unehel. Kind.

K′egeln, Kegelsport, Kugelspiel, bei dem der Spieler am Ende einer glatten Bahn eine Holzkugel ins Rollen bringt, um die am anderen Ende der Bahn aufgestellten 9 Kegel umzustoßen.

Kegelrad, der →Zahnrad.

Kehl, Kreisstadt in Baden-Württ., am Rhein gegenüber Straßburg (Brücke), 16 000 Ew.; Rheinhafen; Betonröhrenwerk.

Kehle die, 1) Vorderteil des Halses. 2) 🏠 abgerundete einspringende Ecke an einem Bauglied.

Kehlkopf, beim Menschen und den lungenatmenden Wirbeltieren der Eingang in die Luftröhre und das Organ der Stimmbildung, in der Mittellinie des Vorderhalses (**Larynx**). Der **Kehldeckel** verschließt beim Schlucken den K., so daß die Speisen an ihm vorbei in die Speiseröhre gleiten. Der stimmbildende Teil des K. besteht aus den **Stimm-** und den **Taschenbändern**, zwischen denen **Stimmritze** und K.-Bucht liegen.

Kehlkopfgenerator, Gerät zur Erzeugung einer künstl. Stimme nach operativer Entfernung des Kehlkopfs.

Kehlkopfmikrophon, am Kehlkopf angesetztes Mikrophon, bes. für Flieger, ermöglicht klare Verständigung auch bei starkem Lärm.

Kehlkopfspiegelung, die Betrachtung des Kehlkopfes, mit Hilfe eines gestielten Spiegels (indirekte K.) oder mit dem **Laryngoskop,** einem elektr. beleuchteten Metallrohr (direkte K.).

Kehre die, im Turnen der Abschwung mit dem Rücken zum Gerät (Barren, Pferd, Reck).

Kehrreim, Refrain [refrˈɛ̃] der, regelmäßig wiederkehrende Worte oder Verse, meist als Schluß der Strophe, bes. bei volkstüml. Liedern.

Kehrwert, →reziproker Bruch.

Keighley [kiːˈθli], Stadt im östl. England, 55 900 Ew.; Textil- und Maschinen-Industrie.

Keihin, die vereinigten Häfen von Tokio, Jokohama, Kawasaki und Tschiba.

Keil der, 1) in eine Kante spitz zulaufender Körper zum Trennen und Spalten; die an der Grundfläche angreifende Kraft wird in zwei von den Schenkeln ausgehende Kräfte zerlegt. 2) bei Maschinen ein Verbindungselement in Form eines Stahlstücks von rechteckigem Querschnitt, das in eine Nut zwischen den zu verbindenden Teilen gesteckt wird.

Keil: K. und K.-Verbindungen: 1 K.-Wirkung, 2 K.-Verbindung, 3 K.-Welle, 4 K.-Welle, 5 Kerbverzahnung a Welle, b Nabe, c Keil

Keilbein, 1) Knochen des Schädelbodens mit der K.-Höhle. 2) 3 Fußwurzelknochen.

Keilberg, höchster Gipfel des Erzgebirges, auf der böhm. Seite, 1244 m hoch.

Keilberth, Joseph, Dirigent, *1908, †1968.

Keiler der, männl. Wildschwein.

Keilriemen, Riemen mit trapezförmigem Querschnitt; meist als Treibriemen verwendet.

Keilschrift, die aus keilförmigen Strichen zusammengesetzten Schriftarten der Denkmäler Babyloniens, Assyriens und Persiens; die K. entstand im 3. Jahrtsd. v. Chr. aus einer Bilderschrift; zuerst von dem dt. Gelehrten Grotefend (†1853) entziffert.

Keim der, 1) einfaches Ausgangsgebilde, das in Keimung zum Pflanzen-, Tier- oder Menschenkörper oder zu einem Organ auswächst; bei Pflanzen auch die ungeschlechtl. Spore oder Brutknospe. 2) Krankheitserreger. 3) das erste in einer Schmelze oder Lösung gebildete Kriställchen, an dem die Kristallisation ansetzt.

Keimblase, der Blasenkeim, →Entwicklung.

Keimblatt, Samenlappen, früchestes Blattgebilde am Pflanzenkeim, in Einzahl bei den Einkeimblättrigen, in Zweizahl bei den Zweikeimblättrigen, in größerer Zahl bei den Nadelhölzern.

Keimdrüsen, Hoden und Eierstöcke.

keimfrei, aseptisch, →Asepsis.

Keimgifte, Stoffe, die männl. oder weibl. Keimzellen schädigen (**Keimschädigung**), z. B. Alkohol, radioaktive Substanzen.

Keimling, der →Embryo.

Keimscheibe, 🐦 Teil des Vogeleis.

Keimung, erste Fortentwicklung eines pflanzl. Keims mit Hilfe des Vorratsstoffes. Beispiele: Bei den Samen beginnt die K. mit Wasseraufnahme

in den ruhenden Samen und mit Quellen; danach wird die Samenschale gesprengt, der Keim wird zur Keimpflanze. Blütenstaubkörner wachsen zum Pollenschlauch aus (**Pollenkeimung**).

Keimzelle, Geschlechtszelle.

Keiser, Reinhard, Komponist, *1674, †1739; Kirchenmusik, Kantaten, Opern.

Keitel, Wilhelm, Generalfeldmarschall (seit 1940), *1882, † (hingerichtet) 1946; 1938-45 Chef des Oberkommandos der Wehrmacht; in Nürnberg verurteilt.

Kˈekkonen, Urho, finn. Politiker, *1900; 1950 bis 1953 und 1954-56 MinPräs., seit 1956 Staatspräs.

Keks [aus engl. cake], trockenes Feingebäck.

Kˈekule von Stradonitz, August, Chemiker, *1829, †1896; wurde durch seine Hypothese über den Aufbau des Benzols (Benzolring) einer der Begründer der neuzeitl. organ. Chemie.

Kelch [von lat. calix] der, 1) Trinkgefäß mit Fuß, bes. im christl. Abendmahl (TAFEL Sakrale Kunst). 2) 🌸 Teil der →Blüte.

Kelheim, Kreisstadt im RegBez. Niederbayern, 11 900 Ew., Zellstoff-, Chemiefaserind.; westl. die Befreiungshalle (erbaut 1842-63) zum Andenken an die Freiheitskriege.

Kelˈim [pers.-türk.] der, gewebter oriental. Teppich, mit Muster auf beiden Seiten.

Kelkheim, Stadt im Main-Taunus-Kreis, Hessen, 16 500 Ew.; Möbelindustrie.

Kelle die, 1) Schöpflöffel mit langem Stiel. 2) Maurergerät zum Auftragen von Mörtel.

Keller, 1) Gottfried, schweizer. Dichter,*1819, †1890; war 1861-76 erster Staatsschreiber des Kt. Zürich. Seine Dichtungen sind erfüllt von Freude am Schönen wie am Absonderlichen; sie gestalten mit Ernst, Spott und Heiterkeit bes. den Kampf des Gesunden und Aufrechten gegen Lüge und Heuchelei. Romane: »Der grüne Heinrich«, »Martin Salander«; Erzählungen: »Die Leute von Seldwyla«, »Zürcher Novellen«, »Das Sinngedicht«, »Sieben Legenden«; Gedichte. 2) Helen, amerikan. Schriftstellerin, *1880, †1968, verlor mit 19 Monaten Augenlicht und Gehör. 3) Paul, Erzähler, *1873, †1932; Romane: »Die Heimat«, »Waldwinter«, »Ferien vom Ich«.

Kellermann, Bernhard, Schriftsteller, *1879, †1945; techn.-utop. Roman »Der Tunnel« u. a.

Kellerwechsel, Wechsel, der auf eine nicht existierende Person gezogen ist.

Kˈellogg, Frank, *1856, †1937, war 1925 bis 1929 Außenmin. der USA; Friedens-Nobelpreis 1929; veranlaßte den K.-Pakt, der die Ächtung des Krieges (mit Ausnahme der Verteidigungskriege) vorsah; 1928 in Paris von 15, später von weiteren 48 Staaten unterzeichnet.

Kelly, 1) Gene, amerikan. Schauspieler und Tänzer, *1912. 2) Grace, →Gracia Patricia.

Kelsen, Hans, Rechtsphilosoph, * 1881.

Kelsterbach, Stadt im Kr. Groß-Gerau, Hessen, 15 200 Ew.; Textilindustrie.

Kelten Mz., indogerman. Völkergruppe; zunächst in Süddtl., Böhmen und Schlesien, seit dem 5. Jahrh. v. Chr. unter german. Druck über den Rhein nach Westen. Hauptgruppen: **Gallier** (in Südfrankreich, Oberitalien), **Belgen** (in Nordfrankreich, Südengland), **Briten** (in England, Wales), **Gälen** (in Irland, Schottland), **Galater** in Kleinasien. Mit der Eroberung Galliens und Britanniens durch die Römer wurde ihre Macht gebrochen. Reste mit eigener Sprache leben heute noch in der Bretagne, in Schottland, Wales, auf der Insel Man und im westl. Irland. **Kelt. Sprachen,** →Sprachen der Erde.

Kelter die, große Frucht-, Traubenpresse.

Kelvinskala [kˈɛlvin], absolute Temperaturskala, die auf den absoluten Nullpunkt (—273 °C) als »Null Grad Kelvin« (0 °K) umgewandelte Celsiusskala. 0 °C = 273 °K.

Kemˈal Pˈascha, türk. Staatspräs., →Atatürk.

Kemenˈate [ahd., lat. Lw.] die, im MA. heizbarer Wohnraum, Frauengemach.

Kemerˈowo, sibir. Bergwerksstadt, Gebiets-

Keilschrift: K.-Zeichen

1   2   3

Keimblatt: 1 Einkeimblättrige Pflanze (Roggen), **2** Zweikeimblättrige Pflanze (Bohne), **3** Mehrkeimblättrige Pflanze (Kiefer)

G. Keller

hauptstadt im Kusnezker Kohlenbecken, UdSSR, 385000 Ew.; Zentrum der chem. Industrie.

K'emijoki, längster Fluß Finnlands, 494 km, zum Bottn. Meerbusen; im Unterlauf schiffbar.

Kempen (Niederrhein), Kreisstadt in Nordrh.-Westf., 40000 Ew.; Ind., Verlage, Druckereien.

Kempff, Wilhelm, Pianist, Komponist, *1895.

Kempten, Kreisstadt im bayer. Schwaben, Allgäu, 44400 Ew.; Milch-, Textil-, Papierind.

K'endo [japan. »Schwertweg«], urspr. die Fechtkunst der Samurai mit scharfen Schwertern und ohne Schutzwaffen, seit 1876 in eine sportliche Form umgewandelt.

K'enia, Republik in O-Afrika, 582 646 km², 10,5 Mill. Ew. (meist Bantu); Hauptstadt: Nairobi. Amtssprache: Englisch; Verkehrssprache: Kisuaheli. Präsidialverfassung. – K. ist eine im W von Gräben und Brüchen durchzogene, z.T. vulkan. Landschaft (Kenia 5194 m) mit steppenartigen Hochebenen. Niederschläge nur im W und im Küstengebiet (SO) reichlicher. Anbau: Mais, Maniok, Zuckerrohr; für die Ausfuhr (z. T. in Plantagenwirtschaft): Kaffee, Tee, Sisal. Viehzucht. Nahrungsmittel-, Erdöl-, Zement- u.a. Ind. Ausfuhr: Kaffee, Tee, Sisal; Schweröle. Fremdenverkehr. Haupthandelspartner: Großbritannien, Bundesrep. Dtl. Haupthafen: Mombasa; Flughäfen: Nairobi, Mombasa. – Die Engländer setzten sich seit 1889 in K. fest; seit 1920 war es Kronkolonie. Einheim. Negerstämme lösten 1952 den »Mau-Mau«-Aufstand aus (bis 1955/56). 1963 wurde K. als Land des Commonwealth unabhängig, 1964 Republik. Staatspräs.: J. Kenyatta (seit 1964). ⊕ S. 514, ⊟ S. 345.

Kennedy [k'enədi], 1) John Fitzgerald, 1961 bis 1963 der 35. Präs. der USA (Demokrat), *1917, † (ermordet) 22. 11. 1963; entwickelte ein neues Konzept (»Neue Grenzen«) zur Förderung von Technik und Bildung, Kampf gegen Armut, für die Bürgerrechte der Farbigen; erstrebte durch Abrüstung einen Ausgleich mit der Sowjetunion, mit dem er jedoch anläßl. der Kubakrise 1962 in schweren Konflikt geriet. 2) Robert F., Bruder von 1), amerikan. Politiker (Demokrat), *1925, † (ermordet) 1968; 1960-64 Justizmin., dann Senator, bewarb sich 1968 um die Präsidentschaftskandidatur seiner Partei. 3) Edward M., Bruder von 1), * 1932, wurde 1962 zum Senator für Massachusetts gewählt.

Kennedy Airport, John F. Kennedy International Airport, Flughafen von New York.

Kennedy-Runde, 1964-67 Verhandlungen über allgem. Zollsenkungen innerhalb des →GATT.

K'enning die, Mz. -ar, dichter. Umschreibung in den Dichtungen nord. Skalden. So heißt z.B. die Dichtkunst »Trank Odins«.

Kennkarte, ✝ →Personalausweis.

K'ennung die, 1) Merkmal. 2) ♃ ♁ rhythmisch gegebenes opt., elektromagnet. oder akust. Wegoder Leitsignal.

Kenot'aph [grch.] das, leeres Grab, bes. das Grabmal für fern von der Heimat Gestorbene.

Kensington [k'enziŋtən], vornehmer westlicher Stadtteil von London.

Kent, die südöstlichste Grafschaft Englands, fruchtbares Hügelland.

Kent'aur [grch.], 1) griech. Fabelwesen, halb Pferd, halb Mensch. 2) ☆ der →Zentaur.

kentern, vom Schiff: umschlagen.

K'entia die, austral. Fiederpalme; mehrere Arten sind Zimmerpflanzen.

Kentucky [kent'ʌki], Abk. **Ky.,** einer der südöstl. Staaten der USA, südl. des Ohio, 104623 km², 3,2 Mill. Ew.; Hauptstadt: Frankfort; größte Stadt: Louisville. Tabak-, Mais-, Weizenanbau, Vieh- und Pferdezucht; Tabakindustrie. Kohle, Erdöl, Erdgas. ⊕ S. 526.

Keny'atta, Jomo, Politiker in Kenia, *1893(?), seit 1964 Staatspräsident.

Kephall'enia, die größte der Ionischen Inseln, gebirgig; Ausfuhr von Wein, Öl, Korinthen.

Kenia: Nairobi (Parlamentsgebäude)

Kepler, Johannes, Naturforscher, *1571, †1630; Erfinder des astronom. Fernrohrs, entdeckte die nach ihm benannten Gesetze der Planetenbewegung; 1601-12 kaiserl. Hofastronom in Prag. **Keplersche Gesetze:** 1) die Planeten bewegen sich in Ellipsen, in deren einem Brennpunkt die Sonne steht; 2) die von der Sonne bis zum Planeten gedachte Gerade (Fahrstrahl) überstreicht in gleichen Zeiten gleiche Flächen; 3) die Quadrate der Umlaufzeiten verhalten sich wie die Kuben der mittleren Entfernungen von der Sonne.

Ker'amik [grch.] die, Sammelbegriff für alle Tonwaren. **Fein-K.** sind Geschirr, Platten u.a. Nach dem Grundstoff und dem Brennprozeß sind zu scheiden: Töpferware, →Steingut, →Fayence, →Steinzeug und →Porzellan. Zur **Grob-K.** gehören Baustoffe (Ziegel, Röhren, Kacheln usw.).

Kerat'in [Kw., grch.], das, **Hornstoff,** eiweißartiger Körper, aus dem Haare, Nägel, Hufe, Federn und Oberhaut bestehen.

Kerat'itis [grch.] die, Entzündung der Hornhaut des Auges.

Kerat'om das, geschwulstartige Verdickung der Hornschicht der Haut, bes. der Fußsohle.

Kerbel der, Doldenblütergattung. **Garten-K.** (**Küchen-K.**) in Dtl. als Würzpflanze.

K'erbela, Stadt im Irak, südwestl. von Bagdad, 65000 Ew.; Wallfahrtsort der Schiiten.

Kerbholz, der Länge nach gespaltener Holzstab, in dessen zwei Hälften Einschnitte (Kerben) zur Zählung und Abrechnung von Arbeitstagen, Schuldforderungen u.a. gemacht wurden. Daher: etwas auf dem K. haben.

Kerbschnitzerei, Verzierung von Holzflächen: eckige oder mandelförmige Einschnitte mittels Stecheisen, Schnitzmesser u.a.

Kerbstift, zylindr. Metallstift mit 3 Kerbfurchen am Umfang, zum Verbinden zweier Teile. Der **Kerbnagel** ist eine Sonderausführung.

Kerbtiere, Kerfe Mz., die →Insekten.

Ker'enski, Alexander, russ. Politiker, *1881 †1970; Vizepräs. des Petersburger Arbeiter- und Soldatenrats, Mai bis Juni 1917 Kriegsmin. der »Provisor. Regierung«, Juli bis Okt. 1917 MinPräs.; lebte in den Verein. Staaten.

K'erényi, Károly, ungar. Philologe und Religionswissenschaftler, *1897.

Kerguelen [kɛrg'elen], französ. Inselgruppe im südl. Indischen Ozean, 6200 km², in W weitgeschert; Forschungsstationen.

Kerker [von lat. carcer] der, 1) enges Gefängnis. 2) in⁴ österreich. Strafrecht die schwerste Form der Freiheitsstrafe.

K'erkrade, Stadt im S-Zipfel der Niederlande, im Steinkohlengebiet, 51000 Ew.

K'erkyra, griech. Name der Insel →Korfu.

Kermadecgraben [kɛrmad'ɛk-], Tiefseegraben des Stillen Ozeans, bis 9994 m tief, östl. der **Kermadec-Inseln** (33 km²); gehört zu Neuseeland.

Kermansch'ah, Provinzhauptstadt in Iran, 187900 Ew.; Erdölraffinerie (Pipeline).

Kermesschildlaus, in Südeuropa und im Orient auf der Kermeseiche; war früher Rotfärbemittel (**Karmoisin**).

Kern der, 1) ⚭ ⚘ 🖫 Zellkern. 2) ⊗ Atomkern. 3) ⚘ Samenkorn, Stein der Steinfrucht. 4) ◎ aus Sand oder Lehm hergestellter Teil der Gußform, wird in die Form eingelegt, um Hohlräume im Gußstück zu erzeugen, z. B. die Nabenbohrung eines Rades, →Gießerei.

Kernbatterie, mit radioaktiven →Isotopen geheizte Thermoelemente zur Erzeugung von elektr. Energie für Satelliten, unbemannte Wetterstationen u. a.

Kernbeißer, Kirschkernbeißer, großer Finkenvogel mit dickem Kegelschnabel. Farbe: braunschwarz-hellgrün; knackt Bucheckern, Kirsch-, Pflaumenkerne. (BILD Schnabelform)

Kernchemie, die Lehre von den Atomumwandlungen, ein Teilgebiet der →Kernphysik.

Kerner, Justinus, Dichter und Arzt, *1786, †1862; schrieb gemütvolle Lieder, Balladen; okkultist. Aufzeichnungen: »Die Seherin von Prevorst«.

Kernobst, die zu den Rosengewächsen gehörenden Obstarten Apfel, Birne, Quitte u. a., deren fleischige Scheinfrucht in fünf pergamentartig ausgekleideten Fächern (**Kernhaus**) Samen (Kerne) enthält. (FARBTAFEL Obst S. 700)

Kernphysik, die Wissenschaft vom Bau und den Eigenschaften der Atomkerne. Sie geht zurück auf die seit 1911 (Rutherford) begründete Vorstellung vom Aufbau der Atome (→Atom). Nach heutigen Vorstellungen sind alle Atomkerne aus Nukleonen (→Protonen und →Neutronen) aufgebaut. So besteht der Kern des leichtesten Atoms, des Wasserstoffs, aus einem Proton allein, der Heliumkern (Alphateilchen) aus zwei Protonen und zwei Neutronen, der Kern des schwersten in der Natur vorkommenden Elements, des Urans, aus 92 Protonen und 146 Neutronen. Die Gesamtzahl der Kernteilchen ist die Massenzahl (Protonen und Neutronen sind fast gleich schwer), im Falle des Urans also $92 + 146 = 238$, die Anzahl der positiv elektr. geladenen Protonen die Ladungszahl oder Ordnungszahl des Kerns. Die Kräfte, die die Kernbausteine zusammenhalten, sind wesentlich größer als die elektr. Kräfte der Atomhülle, weshalb durch Abbau (bei den leichtesten Kernen auch durch Zusammenschluß) von Kernen riesige Energie, die →Atomenergie, gewonnen werden kann. Bei manchen Atomen bedingen gewisse Unsymmetrien im Aufbau Instabilitäten des Atomkerns, die sich in spontanem Zerfall äußern; sie treten von Natur aus ein bei den schwersten Elementen (natürl. Radioaktivität) oder werden durch künstl. Eingriff erzeugt (künstl. Radioaktivität). Nur wenige Elemente bestehen aus lauter Atomen mit Kernen gleicher Massenzahl (Reinelemente); bei den meisten kommen Kerne mit verschiedenen Massenzahlen, aber gleicher Ordnungszahl (Isotope) vor (Mischelemente). Erst durch Wechsel der Ordnungszahl (Protonenzahl) entsteht ein anderes Element. Durch Beschuß mit Elektronen oder schweren Teilchen kann man Atomkerne in andere bekannte oder noch unbekannte, neue umwandeln. Durch Beschießen von Uran mit solchen energiereichen Teilchen, vorzugsweise Neutronen, hat man die →Transurane hergestellt. Auch im Bereich der bekannten Kerne wurden auf diese Weise weit über 1000 neue isotope Arten künstlich erzeugt, unter ihnen auch die in der Natur nicht vorkommenden Elemente Technetium, Promethium, Astatium, Francium. Das dadurch erschlossene Anwendungsgebiet der K. nennt man auch Kernchemie. Fast alle so gewonnenen neuen Kernarten sind radioaktiv. Die Theorie des Kernaufbaues ist trotz erfolgreicher Modellvorstellungen (Sandsackmodell, optisches Modell, Schalenmodell u. a.) bisher noch nicht abgeschlossen. (TAFEL Physik)

Kernschleifen, →Chromosome.

Kernspaltung, der Zerfall schwerster Atomkerne in zwei Bruchstücke, meist ausgelöst durch eindringende Neutronen. Dabei wird die Bindungsenergie als Bewegungsenergie und Strahlung frei. Spaltbar sind bes. das Uranisotop U 235 (Hahn und Straßmann 1938/39) sowie bestimmte Isotope des Thoriums und Plutoniums. Die bei der Uranspaltung freigesetzten Neutronen ermöglichen eine K.-Kettenreaktion, die sich zur techn. Gewinnung der Atomenergie eignet. Sie führte im 2. Weltkrieg zur Entwicklung der **K.-Bombe**, einer aus dem reinen Uranisotop U 235 oder aus Plutonium bestehenden Atombombe, bei der die K. als Kettenreaktion in Bruchteilen einer Sekunde ungehemmt abläuft und die gesamte verfügbare Atomenergie des Bombenmaterials (20 Millionen kWh/kg Uran) zerstörerisch freigibt. →Reaktor.

Kernteilung, Teilung des Zellkerns, die Grundlage der Zellteilung und Vermehrung, der Fortpflanzung und Vererbung. Die wichtigste Form der K. ist die indirekte K. (**Mitose**). Aus dem Kerngerüst (**Chromatin**) bilden sich Kernschleifen (**Chromosomen**). Sie spalten sich der Länge nach in zwei Hälften, die zu den entgegengesetzten Polen der Kernspindel abwandern und das Chromatingerüst der Tochterkerne bilden. Dadurch werden die Chromosomen und die in ihnen liegenden Erbanlagen gleichmäßig auf die beiden Tochterzellen verteilt. Bei der Reifung der Geschlechtszellen tritt eine bes. Form der indirekten K. auf (**Reduktionsteilung**); durch diese K. wird die Chromosomenzahl (beim Menschen 46) auf die Hälfte vermindert. Alle Körperzellen haben einen doppelten (**diploiden**) Chromosomensatz, die reifen Geschlechtszellen dagegen einen einfachen (**haploiden**) Satz.

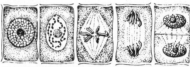

Kernteilung (indirekte K.)

Kernverschmelzung, 1) der Aufbau von Atomkernen, bes. Heliumkernen, aus leichteren Bestandteilen, wie er unter Freisetzung riesiger Energien im Inneren aller Sterne abläuft. Seine Beherrschung gelang bisher nur in unkontrollierter, explosiver Form in der Wasserstoffbombe. Eine kontrollierte techn. Nachahmung, die an die Erzeugung höchster Temperaturen (~ 100 000 000 °C) und stärkster Magnetfelder gebunden ist, stößt auf bisher noch nicht überwundene Schwierigkeiten. 2) Biologie: Vereinigung zweier Zellkerne.

Kernwaffen, →Atombombe.

Kerouac [kˈeruak], Jack, amerikan. Schriftsteller der »Beat-Generation«, *1922; »Unterwegs«.

Kerpen, Stadt in Nordrh.-Westf., 10 500 Ew.

Kerr, 1) Alfred, urspr. Kempner, *1867, †1948, emigrierte 1933 nach England, war einer der einflußreichsten Theaterkritiker Berlins. 2) John, engl. Physiker, *1824, †1907, Entdecker des Kerr-Effekts (→Kerrzelle).

Kˈerria die, Goldröschen, ostasiat. Rosengewächs mit grünen Zweigen, gelben Blüten.

Kerrzelle, Karoluszelle, Gerät zur trägheitslosen Umwandlung elektr. Spannungsschwankungen in entsprechende Lichtschwankungen (Karolus, 1923/24). Sie wird u. a. benutzt bei Bildtelegraphie und Tonfilm.

Kerschensteiner, Georg, Erzieher, *1854 †1932, trat für die Arbeitsschule ein, förderte Handfertigkeitsunterricht und Berufsschulwesen.

Kersting, Friedrich Georg, Maler, *1785, †1847; biedermeierl. Innenraumbilder.

Kertsch, Hafen- und Industriestadt auf der Krim, an der **Straße von K.** (zwischen Asowschem und Schwarzem Meer), 128 000 Ew.; Hüttenwerk, Fischkombinat.

Kˈerygma [grch.] das, zeitnahe Verkündigung des Evangeliums, Anwendung auf die akuten Fragen des christl. Lebens.

Kerze die, 1) Beleuchtungskörper aus Wachs, Paraffin, Stearin mit Baumwolldocht, brennt mit offener Flamme. 2) ⊗ Einheit der Lichtstärke. 3) kurz für Zündkerze. 4) ⚡ eine Turnübung; beim Fußball: Steilschuß.

v. Ketteler

Kescher der, **Käscher,** Rahmennetz an einem Stiel, zum Fisch- oder Schmetterlingsfang.

keß [hebr.], 1) dreist, flott, schneidig. 2) in der Gaunersprache: schlau, gerieben.

Kessel der, 1) bauchiges Metallgefäß. 2) ⊕ beckenförmige Vertiefung im Gelände, bes. im Gebirge (**Talkessel**). 3) ⚲ Lager des Schwarzwilds; der Mittelraum im Fuchs- und Dachsbau; der von den Treibern und Schützen umstellte Raum beim K.-Treiben.

Kesselhaube, kesselförmiger geschlossener Ritterhelm (13.-14. Jahrh.).

Kesselring, Albert, Generalfeldmarschall, *1885, †1960; im 2. Weltkrieg Führer der Luftstreitkräfte in Polen und an der Westfront, Befehlshaber in Italien, 1952 aus brit. Strafhaft entlassen.

Kesselstein, steinartige Kruste aus Calciumcarbonat, Gips, Calcium- und Magnesiumsilicat u. a., die sich in Kochgefäßen beim Verdampfen von Wasser absetzt. (→Härte des Wassers.)

Kesten, Hermann, Schriftsteller, *1900; zeitkrit. Romane, Biographien, Essays.

Ketchup, →Catchup.

Ket'one Mz., -◌ organ. Verbindungen, die die Carbonylgruppe $>C = O$, gebunden an zwei Kohlenwasserstoffatome, enthalten. Das einfachste K. ist das Aceton, CH_3COCH_3.

K'etschua, indian. Volk in den Andengebieten von Peru und Bolivien, das einstige Staatsvolk des Inkareichs. Die Sprache der K. ist heute viel weiter verbreitet und wird von rd. 6 Mill. Menschen gesprochen.

Kette die, 1) ◌ ein Zug- oder Treiborgan, dessen Glieder beweglich ineinandergreifen (**Glieder-K.**) oder gelenkig miteinander verbunden sind (**Gelenk-K.**). Arten: Steg-K., Vaucansonsche Haken-K., Gallsche Gelenk-K., Rollen-K. u. a. 2) die Längsfäden im Zeugstück (**Kettfäden**), →Weberei. 3) ⚲ Familie von wilden Hühnern, Enten oder Gänsen.

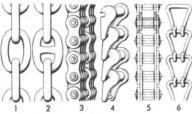

Kette: 1 Glieder-K., 2 Steg-K., 3 Gallsche Gelenk-K. (Laschen-K.), 4 zerlegbare Gelenk-K., 5 Rollen-K., 6 Vaucansonsche Haken-K.

Ketteler, Wilhelm Freiherr v., Bischof von Mainz, *1811, †1877; 1871-73 Zentrumsabgeordneter im Reichstag, trat für die rechtl. und kulturelle Selbständigkeit der kath. Kirche ein.

Kettenbrief, Brief mit geheimtuerischem Inhalt, den sein Empfänger abschreiben und weitersenden soll; u. U. als »grober Unfug« strafbar.

Kettenhandel, Einschaltung von überflüssigen Zwischenhändlern zwischen Erzeuger und Verbraucher.

Kettenpanzer, aus Eisenringen geflochtenes Panzerhemd im MA.

Kettenrad, Rad mit Zähnen oder gezahnter Rille (**Kettenrolle**) zum Bewegen einer →Kette, z. B. am Fahrrad, an Hebezeugen.

Kettenreaktion, physikal., chem. oder biolog. Vorgang, der, einmal eingeleitet, von selbst weiter um sich greift. Die Einleitung einer chem. K. heißt **Zünd-, Start-, Primärreaktion.** K. neigen zu explosivem Verlauf. Beispiele sind die gewöhnl. Verbrennung, die selbständige Gasentladung und die im →Reaktor oder in der Atombombe vollzogene →Kernspaltung.

Kettwig, Stadt in Nordrh.-Westf., an der Ruhr, 17700 Ew.; Textil-, Metall-, Elektroindustrie.

Ketzer [aus »Katharer«] der, Leugner eines dogmat. Glaubenssatzes (auch **Häretiker**).

Keuchhusten, Stickhusten, ansteckende Kinderkrankheit mit krampfhaften Hustenanfällen und Entleerung von zähem Schleim.

Keulenpilz, Ständerpilz, →Ziegenbart.

Keuper der, die oberste Abteilung der Trias (→Erdgeschichte, ÜBERSICHT).

Keuschheit die, geschlechtl. Enthaltsamkeit und Selbstbeherrschung, auch im Reden und Denken; eines der drei Klostergelübde.

Kevelaer [k'efəla:r], Stadt im Kr. Geldern, Nordrh.-Westf., 20300 Ew.; Wallfahrtskirche; Ind.

Key, Ellen, schwed. Pädagogin, *1849, †1926.

Keynes [keinz], John Maynard Lord, engl. Nationalökonom, *1883, †1946, gab der theoret. Volkswirtschaftslehre eine neue Grundlage, untersuchte bes. Probleme der Vollbeschäftigung, Zusammenhänge zwischen Sparen und Investieren.

Keyserling, 1) Eduard Graf von, *1855, †1918, schilderte die Welt des balt. Adels. 2) Hermann Graf v., Philosoph, *1880, †1946, schrieb »Reisetagebuch eines Philosophen« (1919), gründete 1920 in Darmstadt die »Schule der Weisheit«.

Key West [ki:-], südlichste Stadt der USA; auf der Hauptinsel der **Key-Inseln**, Florida.

kg, Abk. für Kilogramm.

KG., Abk. für Kommanditgesellschaft. **KGaA.,** Kommanditgesellschaft auf Aktien.

Khaibarpaß, Chaibarpaß, verbindet Pakistan und Afghanistan, 1072 m hoch.

Khaki [pers.] der, graugelber Stoff aus Baumwolle, für Tropenuniformen.

Khan der, Herrschertitel, →Chan.

Khanpur, Stadt in Indien, →Kanpur.

Khart'um, Hauptstadt des Sudan, 138000 Ew., am Zusammenfluß des Weißen und des Blauen Nil; wichtigster Hafen und Handelsplatz des östl. Sudan; am linken Ufer des Weißen Nil liegt die Eingeborenenstadt **Omdurman** (171000 Ew.).

Khatchat'urian, Aram, einer der führenden Komponisten der Sowjetunion, *1903.

Khed'ive [pers. »Gebieter«] der, 1867-1914 Titel des Vizekönigs von Ägypten.

Khmer, Volk mit austroasiat. Sprache in Hinterindien, noch die Mehrheit der Ew. Kambodschas, bewohnten früher Siam, Laos und Kotschinchina. Das K.-Reich erreichte seine höchste Blüte im 11. Jahrh. Unter vorderind. Einfluß entstanden großartige Bauten (Tempelbauten von Angkor).

Khoisan, wissenschaftl. Gesamtname für Hottentotten und Buschmänner. Sie haben sprachl. (Schnalzlaute) und rassische Gemeinsamkeiten.

Khorana, Har Gobhind, amerikan. Enzymforscher, * Raipur (Indien) 1922, erhielt 1968 (zus. mit →Holley und →Nirenberg) den Nobelpreis für die Aufklärung der genetischen Codes bei der Eiweißsynthese in der lebenden Zelle.

kHz, Kilohertz = 1000 Hz (→Hertz).

Kiai, Stadt auf Formosa, 155000 Ew.

Kiamusze, Stadt in der Mandschurei, China, 200000 Ew.; Bahnendpunkt, Flughafen, Ind.

Kiautschou, ehemal. dt. Flottenstützpunkt in China, an der Küste der Halbinsel Schantung, 515 km², (1914) 200000 Ew., mit der Halbinsel

Khartum

→Tsingtau; wurde 1898 durch Vertrag mit China auf 99 Jahre gepachtet, 1914 von den Japanern besetzt, 1922 an China zurückgegeben.

Kibbuz der, Mz. **Kibbuzim,** landwirtschaftl. Kollektiv in Israel.

Kibo, höchster Gipfel des →Kilimandscharo.

Kicher die, **K.-Erbse,** krautiger Schmetterlingsblütler in Südeuropa und Asien, die eckigen Samen dienen als Nahrung und Futter.

Kickelhahn der, Berg im Thüringer Wald, südwestlich von Ilmenau, 861 m hoch.

kicken [engl.], stoßen, treten. **Kicker** der, Fußballspieler. **Kickstarter** der, Fußhebel zum Anwerfen des Kraftradmotors.

Kid [engl. »Böckchen«], Fell junger Ziegen.

K'idnapping [-næpiŋ, engl.] das, →Kindesraub.

Kidron, wasserarmes Tal bei Jerusalem.

Kiebitz der, 1) Regenpfeifervogel; grünschwarz und weiß. 2) Zuschauer beim Kartenspiel, der meist durch Hineinreden stört.

Kiefer der, **Kinnlade,** zwei Knochengebilde, die die Mundöffnung stützen und die Zähne tragen. **Ober-K.:** zwei miteinander fest verbundene Knochen, von denen jeder eine **K.-Höhle** einschließt. U-förmiger **Unter-K.:** durch ein Gelenk mit dem Schläfenbein verbunden, wird durch die Kaumuskeln bewegt. **K.-Klemme** oder **Maulsperre,** ein Krampf der Kaumuskeln.

Kiefer die, Nadelbaumgattung, größtenteils in der nördl. gemäßigten Zone. Zweinadlig sind: **Gemeine K.** (**Föhre, Kiene**), bes. auf Sandboden; **Berg-K.,** in höheren europ. Gebirgen als niedrige, buschige **Latsche** (**Knieholz, Legföhre**); **Schwarz-K.,** im östl. Alpengebiet, bei uns Zierbaum; →Pinie. Fünfnadelige K. sind: **Weymouths-K.,** mit feinen, hellen, 6-10 cm langen Nadeln, aus Nordamerika, und →Zirbelkiefer. (TAFEL Waldbäume)

Kieferneule, ein Schmetterling, →Forleule.

Kiefernspanner, bräunl. Spannerschmetterling, dessen grüne Raupen an Kiefern schädlich werden.

Kiefernspinner, ein Schmetterling, dessen graublaue Raupe in Kiefernwäldern besonders schädlich ist.

Kiel der, 1) ⚓ unterster Längsverband eines Schiffes. 2) ⚘ der Schaft der Vogelfeder; der **Gänse-K.** war früher Schreibwerkzeug.

Kiel, Hauptstadt von Schlesw.-Holst., Ostseehafen an der **Kieler Förde,** 271700 Ew.; Univ. (Inst. für Weltwirtschaft); Werften, Maschinen-, Schiffsausrüstungs-, elektrotechn., Textil-, Photoind., Fischräucherei (Kieler Sprotten). Olymp. Segelhafen (Kieler Woche).

Kielboot, Segelboot mit verlängertem Kiel.

Kielce [ki'eltsə], Stadt in Polen, am Südfuß der Łysa Góra, 121 200 Ew.; Hochschule; Zementind., Kupfer-, Eisen- und Bleibergbau.

k'ielholen, ⚓ 1) ein Schiff auf die Seite legen. 2) früher: als Strafe einen Matrosen an Tauen unter dem Kiel des Schiffes hindurchziehen.

Kielland [kj'elɑn], Alexander, norweg. Dichter, *1849, †1906; realist. Gesellschaftsromane.

Kiellinie, ⚓ Schiffe in einer Reihe hintereinander; nebeneinander: dwars.

Kielmansegg, Johann Adolf Graf von, General, *1906, war 1963-66 Befehlshaber der NATO-Landstreitkräfte in Mitteleuropa, 1966-67 Oberbefehlshaber der NATO-Streitkräfte Europa Mitte.

Kielwasser, ⚓ die Wasserspur hinter einem fahrenden Schiff, die Folge des Sogs.

Kieme die, ⚙ Atmungsorgan der meisten Wassertiere, zartes, häutiges, blutgefäßreiches Gebilde an der Körperwand, ermöglicht den Gasaustausch mit dem umgebenden Wasser bei Fischen, einigen Amphibien, den Krustentieren, Weichtieren u.a. Sie sind kamm-, blatt-, lappen- oder büschelförmig. Bei den Fischen sitzen die K.-Blättchen an **K.-Bögen,** zwischen denen die **K.-Spalten** liegen, durch die das Atemwasser strömt. Bei den Knochenfischen sind die K. durch **K.-Deckel** bes. geschützt.

Kien der, harzreiches Kiefernholz, **Kienholz.**

Kienzl, Wilhelm, Komponist, *1857, †1941; Oper »Der Evangelimann«.

Kiepe die, ein Rückentragkorb.

Kierkegaard [kj'ɛrgɔɔ:r], Sören, dän. Theologe und Philosoph, *1813, †1855, wandte sich gegen die idealist. Philosophie, bes. Hegels, und gegen das Kirchenchristentum und wirkte entscheidend auf die →Dialektische Theologie und die →Existenzphilosophie.

Kierspe, Stadt im Sauerland, Nordrh.-Westf., 13 500 Ew.; Kleineisen-, elektrotechn. Ind.

Kies der, 1) vom Wasser rundgeschliffene Gesteinstrümmer, Korngröße 2-70 mm. 2) Mz. **Kiese,** metallglänzende Mineralien, →Blenden.

Kiesel der, abgerundetes Quarzstückchen.

Kieselalgen, Diatom'een, mikroskop. kleine, meist gelbl., einzellige Algen in Süß- und Meerwasser, bilden einen zweiteiligen, schachtelförmig übereinandergreifenden Kieselpanzer. Die K. leben einzeln oder in Kolonien, festsitzend auf Stielen oder freischwebend im Plankton; Fortpflanzung meist durch Zweiteilung. (BILD Algen)

Kieselgur, als mehlige weiße Masse abgelagerte Kieselalgenpanzer, verwendet als Isolier-, Polier-, Filtermittel u.ä.

Kieselsäuren, ⚗ Säuren der Formeln H_2SiO_3, H_4SiO_4 u.a., in freiem Zustand sehr unbeständig, in Form ihrer Salze (Silicate) und ihres Anhydrids (Siliciumdioxyd, SiO_2) in der Natur sehr verbreitet (Quarz, Sand).

Kieselsinter, wasserhaltiges Siliciumdioxyd; Absatz an heißen Quellen.

Kieselzinkerz, der →Galmei.

kiesen [ahd. kiosan »wählen«], auswählen.

Kieser'it, der, weißliches Mineral, ein wasserhaltiges Magnesiumsulfat, $MgSO_4 \cdot H_2O$; in Kalisalzlagern (→Kali).

Kiesinger, Kurt-Georg, Politiker (CDU), *1904, Rechtsanwalt, 1949-58 MdB; 1958-66 MinPräs. von Baden-Württemberg, 1966-69 Bundeskanzler; 1967-71 Bundesvorsitzender der CDU. (BILD S. 472)

Kiew [k'ief], Hauptstadt der Ukrain. SSR, 1,6 Mill. Ew.; Mittelpunkt des ukrain. Kulturlebens (Univ., Akad. der Wissenschaften, Kernforschungsinstitute, Gemäldegalerie; Höhlenkloster, Sophienkathedrale von 1073); Maschinen-, Waggonbau-, Elektromotoren-, Kabel-, Gummi-, Textilind.; Flußhafen mit Werft. – K. war seit 882 die altruss. Hauptstadt, 1240 von den Mongolen zerstört, kam 1320 an Litauen, dann an Polen, 1686 an Rußland.

Kigali, Hauptstadt von Rwanda, 20000 Ew.; Flughafen; Handelszentrum; Kurzwellensender »Deutsche Welle«.

Kik'uju, Bantuvolk im Hochland von Kenia, rd. 2,1 Mill.

K'ilian, Apostel der Franken, 689 ermordet; Schutzheiliger Würzburgs (Tag 8.7.).

Kilimandsch'aro der, Vulkanstock in Ostafrika, mit 5895 m der höchste Berg Afrikas; drei Gipfel: der vergletscherte Kibo, Schira, Mawensi. (BILD S. 472, FARBTAFEL Afrika I S. 161)

Kilmarnock [kilm'ɑ:nək], Stadt in Schottland, 47 500 Ew.; Webwaren, Maschinenbau.

Kiel: Kern der Altstadt

Kiel

Kiebitz

Kierkegaard

Kieme: Teil einer K. (schematisch); a Kiemenbogen, b Kiemenblättchen mit den Blutgefäßen. Schwarz: zuführende, grau: abführende Blutgefäße

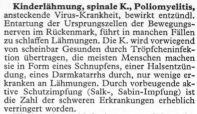

Kilimandscharo: Kibo

Kiesinger

Kimono

King

Kilo... [grch.], Zeichen **k**, Vorwort an Maßen: das Tausendfache. Das **Kilo**, Kurzform für **Kilogramm** (kg), Einheit der Masse (1000 g); **Kilopond** (kp), Einheit für Kräfte und Gewichte (1000 Pond); **Kilometer** (km), Längenmaß (1000 m); **Kilowatt** (kW), Maß für elektr. Leistung; **Kilowattstunde** (kWh), Maß für elektr. Energie.

K'ilpinen, Yrjö, finn. Liederkomponist, *1892, †1959; schrieb Lieder von melod. Eigenart.

Kilt der, kurzer faltiger Rock der schott. männl. Nationaltracht, aus kariertem Wollstoff.

Kimberley [k'imbəli], Stadt in der Rep. Südafrika, 95 100 Ew.; Bergbau auf Diamanten.

K'imbern, Cimbern Mz., german. Volk auf der Jüt. Halbinsel; wandten sich gegen Ende des 2. Jahrh. v. Chr. nach Süddtl., Gallien und Spanien,besiegten105 bei Arausio(Orange) die Römer, wurden nach der Vernichtung der →Teutonen von den Römern unter Marius 101 bei Vercellae (Oberitalien) entscheidend geschlagen.

Kimm [ndt.] die, ⚓ 1) Horizont. 2) Übergang vom Schiffsboden zur Schiffswand.

Kimme die, Kerbe im Visier des Gewehres.

Kimm'erier, 1) bei Homer die Anwohner des Okeanos, am Eingang zum Hades, wo ewiges Dunkel ist: **kimm'erische Finsternis. 2)** Stamm der Thraker am **Kimm'erischen Bosporus** (Straße von →Kertsch), nach Herodot von dort durch die Skythen verdrängt.

K'imon, athen. Feldherr und Staatsmann, † 449 v. Chr., schlug 465 v. Chr. die Perser.

Kimono [jap.] der, japan. Kleidungsstück mit weiten Ärmeln, von einem Gürtel (Obi) zusammengehalten.

kinästh'etisch [grch.], Bewegungen wahrnehmend. **k. Sinn,** der Muskelsinn.

Kind das, der Mensch von der Geburt bis zum Beginn der geschlechtl. Entwicklung. **Neugeborenes** bis zum 10. Lebenstag, **Säugling** bis zum 12. Lebensmonat, **kleines** oder **Spiel-K.** (2.-6. Lebensjahr), **Schul-K.** (7.-14. Lebensjahr).

Kindbettfieber, →Wochenbettfieber.

Kinderarbeit, → Jugendschutz.

Kinderdorf, Schul- und Erziehungssiedlungen für heimat- und elternlose Kinder und Jugendliche (1944 Vereinigung K. Pestalozzi; SOS-K., gegr. 1949 von H. Gmeiner).

Kinderehe, kommt bei manchen Naturvölkern sowie bes. im hinduist. Indien vor; von modernen Sozialreformern bekämpft.

Kinderfreibetrag, steuerl. Erleichterung bei Erhebung der →Einkommensteuer.

Kindergarten, öffentl. oder private Einrichtungen zur Betreuung der Kleinkinder. →Fröbel.

Kindergeld, in der Bundesrep. Dtl. an Arbeitnehmer, Angestellte und mithelfende Familienangehörige gewährter steuerfreier Zuschuß für das 2. (monatl. 25 DM, Gehaltsgrenze 15 600 DM im Jahr), 3. und 4. (60 DM), 5. und jedes weitere Kind unter 18 Jahren (je 70 DM).

Kinderkrankheiten, die dem Kindesalter eigentüml. Erkrankungen, wie Brechdurchfall, Rachitis, sowie die kindl. Infektionskrankheiten: Masern, Scharlach, Diphtherie, Keuchhusten u. a.

Kinderkreuzzug, →Kreuzzüge.

Kinderlähmung, spinale K., Poliomyelitis, ansteckende Virus-Krankheit, bewirkt entzündl. Entartung der Ursprungszellen der Bewegungsnerven im Rückenmark, führt in manchen Fällen zu schlaffen Lähmungen. Die K. wird vorwiegend von scheinbar Gesunden durch Tröpfcheninfektion übertragen, die meisten Menschen machen sie in Form eines Schnupfens, einer Halsentzündung, eines Darmkatarrhs durch, nur wenige erkranken an Lähmungen. Durch vorbeugende aktive Schutzimpfung (Salk-, Sabin-Impfung) ist die Zahl der schweren Erkrankungen erheblich verringert worden.

Kinderschutz, Maßnahmen zum Schutz der Kinder vor Mißhandlungen oder sittl. Gefahren und vor Schädigungen durch gewerbl. Arbeit. (→Jugendfürsorge, →Jugendschutz)

Kinderzuschläge, zusätzl. Bezüge der Beamten, Angestellten und Lohnempfänger im öffentl. Dienst für den Unterhalt von Kindern.

Kindesmord, Kindestötung, die vorsätzl. Tötung eines unehel. Kindes durch die Mutter bei oder gleich nach der Geburt. Strafe: Freiheitsstrafe nicht unter einem Jahr, bei mildernden Umständen Freiheitsstrafe. Die vorsätzl. Tötung eines ehel. Kindes wird als Mord oder Totschlag bestraft.

Kindesraub. Wer einen Minderjährigen durch List, Drohung oder Gewalt seinen Eltern oder seinem Vormund entzieht, wird mit Freiheitsstrafe (in besonderen Fällen mit Freiheitsstrafe nicht unter einem Jahr) oder mit Geldstrafe bestraft (§ 235 StGB). Auf Entführung eines fremden Kindes in Erpressungsabsicht steht Freiheitsstrafe nicht unter 3 Jahren.

Kindesunterschiebung, Art der Personenstandsfälschung, wenn man z. B. ein fremdes Kind als eigenes im Geburtenbuch eintragen läßt.

Kinemath'ek [grch.] die, Filmarchiv. 1963 wurde in West-Berlin eine Dt. K. gegründet.

Kinem'atik [grch.] die, →Mechanik.

Kinematograph'ie [grch.] die, ⚙ Herstellung und Vorführung von Filmen.

Kin'etik die, ⚙ Teil der Bewegungslehre.

kin'etische Gastheorie, Lehre, daß sich die Moleküle aller Gase unabhängig voneinander mit einer Durchschnittsgeschwindigkeit bewegen, die von der Temperatur des Gases abhängt; ermöglicht die Berechnung der Geschwindigkeit der Moleküle und die Ableitung der Gasgesetze.

kin'etische Wärmetheorie, Lehre, daß die Wärme eines Körpers in der Energie der ungeordneten Bewegung seiner Moleküle besteht; je größer ihre Geschwindigkeit, desto höher die Temperatur des Körpers.

King, Martin Luther, *1929, † (Attentat) 1968, Pfarrer in Montgomery, Alabama, Vorkämpfer für die Bürgerrechte der Neger in den USA. Friedensnobelpreis 1964.

Kingston [k'iŋstn], Hauptstadt von Jamaika, 456 600 Ew.; Hafen- und Handelsstadt.

Kingston upon Hull [k'iŋstn əp'on hʌl], Hafenstadt im östl. England, 300 300 Ew.; Univ.; Handelsplatz, Fischerei, vielseitige Industrie.

Kinkel, Gottfried, Schriftsteller, *1815, †1882, Prof. in Bonn, wegen Beteiligung am pfälz.-bad. Aufstand 1849 zu lebenslängl. Festungshaft verurteilt; 1850 von K. Schurz befreit.

Kinn das, Vorsprung des Unterkiefers; stammesgeschichtlich ein wichtiges Merkmal.

Kino [Abk. von Kinematograph] das, Lichtspieltheater.

Kinsey [k'inzi:], Alfred, amerikan. Zoologe, Sexualforscher, *1894, †1956.

Kinshasa, Léopoldville, Hauptstadt der Rep. Zaïre, wichtiger Umschlaghafen am unteren Kongo, 730 000 Ew.; Flughafen, Ind.

Kinzig die, 1) rechter Nebenfluß des Mains mündet bei Hanau. 2) rechter Nebenfluß des Rheins, mündet bei Kehl.

Ki'osk [türk.] der, Verkaufshäuschen, Zeitungsstand.

Kioto, Kyoto, Stadt auf der japan. Insel Hon-

Kioto: Haupttor des kaiserlichen Schlosses

schu, 1,39 Mill. Ew.; altes Kulturzentrum (Krönungsstadt der Kaiser) und Mittelpunkt des japan. Buddhismus (über 900 Tempel); Univ., Kernforschungsinstitute, Kunsthandwerk.

Kipfel [oberdt.] der, das, Hörnchen (Gebäck).

K'ipling, Rudyard, engl. Dichter, *1865, †1936, leidenschaftl. Verkünder des brit. Imperialismus, schrieb Gedichte, Balladen, Erzählungen, bes. aus Indien (»Dschungelbücher«). Nobelpreis 1907.

Kippe die, 1) Schaukelbrett. 2) Punkt, wo ein Gegenstand das Gleichgewicht verliert; **auf der K. stehen,** in Gefahr sein, umzuschlagen. 3) im Turnen das Aufstemmen aus dem Hang in den Stütz, meist im Schwung (Reck, Barren, Ringe).

Kippenberg, Anton, Verlagsbuchhändler, *1874, †1950, Leiter des Insel-Verlags; schuf die größte private Goethe-Sammlung (Stiftung in Düsseldorf).

Kipper der, 1) Lastwagen oder Anhänger mit kippbarem Kastenaufbau zum schnellen Entladen von Schüttgut. 2) Vorrichtung zum Entladen von Eisenbahnwagen durch Schrägstellen.

Kipper und Wipper [von ndt. kippen »abschneiden«, wippen »wiegen«], Geldfälscher, bes. um 1618-23, die Münzen' durh Beschneiden und Abfeilen im Gewicht verminderten.

Kippregel, Meßtischaufsatz, Feldmeßgerät, dient in Verbindung mit dem Meßtisch zum Messen von Geländewinkeln.

Kippscher Apparat, ⚗ Glasgerät zur Herstellung von Gasen.

Kippschwingungen, Schwingungen mit Ecken oder Sprungstellen; Darstellung sägezahnartig.

Kiptsch'ak, türk. Eigenbez. der →Kumanen, auch ihre südruss. Siedlungsgebiete.

Kirche [von grch. kyriake »Haus des Herrn«] die, 1) dem christl. Gemeindegottesdienst gewidmetes Gebäude. 2) die gesamte Christenheit oder ihre Teile (Bekenntnisse). Über die kath. Auffassung von der K. →Katholische Kirche. Protestantisch: Unterscheidung zwischen **unsichtbarer K.** (Gesamtheit der wahrhaften Christen) und **sichtbarer K.** (Gesamtheit der Getauften). Zwischen der kath. und protestant. Ausprägung des K.-Gedankens stehen die →Ostkirche, die →anglikanische Kirche, die →Altkatholiken.

Kirchen, Stadt in Rheinl.-Pf., 10 200 Ew.

Kirchenaustritt muß vor dem Amtsgericht erklärt werden. Folgen: Befreiung von der Kirchensteuer, Verlust der kirchl. Rechte. Der Übertritt in eine andere christl. Kirche heißt **Konversion.**

Kirchenbann, Exkommunikation, in der kath. Kirche schwerste Besserungsstrafe (Zensur); besteht im Verlust der kirchl. Mitgliedschaftsrechte (Teilnahme an Gottesdienst, Sakramentenempfang, kirchl. Begräbnis u. a.).

Kirchenbuch, vom Geistlichen geführtes Verzeichnis der Tauf-, Trauungs- und Sterbefälle, auch anderer kirchl. Handlungen und Vorkommnisse. Vor 1876 zugleich staatl. Urkunde.

Kirchengemeinde, die unterste Stufe der kirchl. Territorialgliederung (Pfarrei).

Kirchengesetz, Anordnung der kirchl. Organe mit rechtsverbindl. Wirkung für die Angehörigen ihrer Kirche. In der kath. Kirche sind oberste Gesetzgeber der Papst, die Röm. Kurie, das ökumen. Konzil. In der dt. evang. Kirche liegt die Gesetzgebung bei den Gesamtsynoden.

Kirchengewalt, Befugnisse der Leiter einer Kirche; gesetzgebende, vollziehende oder verwaltende (**Kirchenregiment**) und richterl. (→Schlüsselgewalt) Gewalt.

Kirchenjahr, Jahreskreis gottesdienstl. Tage und Festzeiten; beginnt in der kath. und evang. Kirche mit dem 1. Adventssonntag.

Kirchenlehrer, in der kath. Kirche ein wegen der Rechtgläubigkeit seiner Lehre und wegen seiner persönl. Heiligkeit kirchl. mit dem Titel »Doctor ecclesiae« ausgezeichneter Kirchenschriftsteller (→Kirchenväter).

Kirchenmusik. Die Grundlage der katholischen K. ist der Gregorianische →Choral. Die Mehrstimmigkeit scheint zuerst auf flandr. Boden in die K. eingedrungen zu sein. Höhepunkte der älteren Zeit sind die Motetten des 12./13. Jahrh. und die Messen der niederländ. Meister des 15. bis 16. Jahrh. (Dufay, Okeghem, Josquin). Gegen das Überhandnehmen der weltl. Formen und der Instrumentalmusik wandte sich die Gegenreformation. Das Ergebnis war der A-capella-Stil Palestrinas. Im 17. Jahrh. drangen aus der Oper über das geistl. Oratorium Rezitativ und Arie in die K. ein. Die Grenzen zwischen weltl. und geistl. Musik verwischten sich weiter. Meister der klass. und romant. K. sind Haydn, Mozart, Beethoven, Schubert, Liszt, Bruckner. In der **evangelischen Kirche** wurde im 16. Jahrh. das Kirchenlied (Luther, Fleming, Gerhardt, Spener, Tersteegen) bestimmend und zur Grundlage einer reichen Motetten- und Orgelkunst. Im 17. Jahrh. kam der neue Sologesang mit Generalbaß auf. Über H. Schütz, Kuhnau, Pachelbel, Buxtehude führte der Weg zu der umfassenden Kunst Bachs. Bald nach ihm begann der Niedergang der protestant. K. Reger griff wieder auf Bach zurück. Die neueste K. erstrebt den Zusammenhang mit Lithurgie und Choral: Thomas, Kaminski, David, Distler.

Kirchenpräsident, der leitende Geistliche in den evang. Landeskirchen von Hessen-Nassau und der Pfalz.

Kirchenprovinz, kath. Kirche: Zusammenfassung mehrerer benachbarter Diözesen unter einem Erzbischof (Metropoliten).

Kirchenrat, evang. Kirche: 1) in manchen Gemeinden der Kirchenvorstand. 2) Landes- oder Ober-K., in einzelnen Landeskirchen das anstaltl. Organ. 3) Titel für verdiente Pfarrer.

Kirchenrecht, Gesamtheit der Normen, die das kirchl. Leben der christl. Religionsgemeinschaften und ihr rechtl. Verhältnis zum Staat regeln.

Kirchenslawisch, makedon.-bulgar. Mundart, in die Ende des 9. Jahrh. Kyrill, Method und ihre Schüler die Bibel übersetzten; Sprache der bibl. und liturg. Bücher der orthodoxen Slawen.

Kirchenstaat, das ehemalige Staatsgebiet unter päpstl. Oberhoheit in Mittelitalien. Entstanden im 8. Jahrh. durch Schenkungen der fränk. Könige an die Päpste (Pippinische und Karolingische Schenkung), schwankte der Gebietsumfang dauernd durch Neuerwerbungen und Verluste, bis Julius II. (1503-13) den neuen K. schuf; er gewann die Romagna, Bologna, Perugia, Parma und Piacenza. Unter Pius VI. (1775-99) verlor der K. infolge der Französ. Revolution Avignon, Bologna, Urbino, Ferrara, Ravenna, Imola und Faenza. 1798 wurde er vorübergehend zur Röm. Republik erklärt und 1815 durch den Wiener Kongreß wiederhergestellt. 1870 wurde der K. dem Königreich Italien einverleibt. Die Lateranverträge (1929) gaben dem Papst die Vatikanstadt als Herrschaftsgebiet zurück.

Kirchensteuer wird in der Bundesrep. Dtl. von den öffentl.-rechtl. Religionsgesellschaften erhoben (8-10% der Einkommensteuer) und durch die staatl. Finanzbehörden eingezogen. Daneben

Kipling

Kipper:
a Antrieb,
b Hohlspindel,
c Kippbühne

Kippscher Apparat

wird in einigen Ländern als bes. Abgabe **Kirchgeld** erhoben.

Kirchentag, Deutscher Evangelischer K. jährl. Großversammlung der evang. Laienschaft (seit 1957 alle zwei Jahre).

Kirchentonarten, Kirchentöne, ♪ die 8 Tonarten, die vor Ausbildung der Dur- und Molltonleiter, z. T. noch bis ins 17. Jahrh., in Gebrauch waren. Ihre griech. Benennung stammt aus dem 10. Jahrh.: Dorisch, Hypodorisch, Phrygisch, Hypophrygisch, Lydisch, Hypolydisch, Mixolydisch, Hypomixolydisch.

Kirchenväter, altchristl. Kirchenschriftsteller, deren rechtgläubige Lehre und Heiligkeit des Lebens von der Kirche anerkannt ist.

Kirchenverfassung, →Evangelische Kirche, →Katholische Kirche.

Kirchheim unter Teck, Stadt in Baden-Württ., 28 800 Ew.; vielseitige Industrie.

Kirchhellen, Gem. im Kr. Recklinghausen, Nordrh.-Westf., 12 000 Ew.

Kirchhoff, 1) Alfred, Geograph, *1838, †1907; Neugestaltung des geograph. Schulunterrichts. **2)** Robert, Naturforscher, *1824, †1887; erfand mit Bunsen die →Spektralanalyse.

Kirchhundem, Gem. in Nordrh.-Westf., 11 800 Ew.; Landesanstalt für Fischerei, Ind.

Kirchlengern, Gem. im Kr. Herford, Nordrh.-Westf., 13 900 Ew.

Kirchner, Ernst Ludwig, Maler und Graphiker, *1880, † (Selbstmord) 1938; einer der Wegbereiter des dt. Expressionismus.

Kirchner: Segelboote (1914)

Kirchspiel, Kirchsprengel, Pfarrbezirk.

Kirchweih die, feierl. Einweihung einer Kirche sowie die jährl. Erinnerungsfeste daran; jetzt meist Volksfest (**Kirmes, Kirmse**).

Kirg'isen Mz., Turkvolk in Mittelasien, etwa 1,2 Mill.; Sunniten; meist Viehzüchter. **Kirgisische SSR,** Unionsrep. der Sowjetunion, an der NW-Abdachung des Tienschan, 198 500 km², 2,9 Mill. Ew. (K., Russen, Usbeken u. a.); Hauptstadt: Frunse. Gebirgig (Pik Pobedy 7439 m). Viehwirtschaft; Ackerbau mit Bewässerung; reiche Bodenschätze (Kohle, Erdöl, NE-Metalle), Nahrungsmittel-, Textilindustrie, Maschinenbau.

Kirikkale, türk. Stadt, 58 900 Ew.; Stahlwerk.

K'irin, Provinzhauptstadt in der Mandschurei, China, 600 000 Ew.; chem. Ind., Schiffbau, Öl.

Kirkcaldy [kə:k'ɔldi], Stadt in Schottland, am Firth of Forth, 52 400 Ew.; Leinenindustrie.

K'irke, lat. Circe, in Homers »Odyssee« eine Zauberin auf einer einsamen Insel (Aia).

K'irkenes, Bergbaustadt im nördl. Norwegen, nahe der finn. Grenze, 3300 Ew.

Kirk'uk, Stadt im Irak, 225 700 Ew., Mittelpunkt eines Erdölgebietes.

Kirmes, Kirmse die, →Kirchweih.

Kirn an der Nahe, Stadt in Rheinl.-Pf., 10 700 Ew., Feinleder- u. a. Industrie.

K'irow, bis 1935 Wjatka, Stadt in der Russ. SFSR, 332 000 Ew.; TH; Maschinenbau-, Pelz-, Lederindustrie, Elektrizitätswerke auf Torfbasis.

Kirowab'ad, bis 1935 **Gandscha,** Stadt in der Aserbaidschan. SSR, 190 000 Ew.; Wein-, Obstbau; Metall-, Aluminiumindustrie.

Kirowogr'ad, Industriestadt in der Ukrain. SSR, 189 000 Ew.; Kohlengruben, landwirtschaftl. Maschinen-, chem. u. a. Industrie.

Kirsche, Kirschbaum, zu den Rosenblütern gehörende sortenreiche Steinobstarten. Die **Süß-K.** ist ein Laubwaldbaum, veredelte Formen davon sind **Knorpel-** und **Herz-K.,** die beliebtes Obst liefern. Das Holz ist gut. Möbelholz. Die **Sauer-K.** stammt aus Vorderasien. (FARBTAFEL Obst S. 700)

Kirschfliege, eine Bohrfliege; legt ihr Ei in Kirschen; die Larve ist die **Kirschmade.**

Kirschlorbeer, traubenkirschenartiger Zierstrauch aus Kleinasien, lederige Blätter.

Kirschwasser, Kirsch, wasserheller Trinkbranntwein aus Süßkirschen.

Kiruna [k'iryna], nördlichste Stadt Schwedens, mit den Erzbergen **Kirunavaara** (749 m) und **Luossavaara,** 29 200 Ew.; an der Bahn Luleå-Narvik. Erzbergbau; Europ. Raketenabschußbasis, Geophysikal. Observatorium.

Kir'ungavulkane, Virungavulkane, Gebirge in Afrika, zwischen dem Kiwu- und dem Edwardsee, im Karisimbi 4507 m hoch.

Kisangani, bis 1966 Stanleyville, Stadt in der Rep. Zaïre, unterhalb der Stanleyfälle, 200 000 Ew; Verkehrs-, Handels- und Industrieplatz.

Kisch, Egon Erwin, Schriftsteller, *1885, †1948; »Der rasende Reporter« (1925).

Kischin'ew, Hauptstadt und Kulturzentrum der Moldauischen SSR, 357 000 Ew.; Kathedrale, Univ., Forschungsinstitute; Nahrungs- und Genußmittel-, metallverarbeitende, Leichtindustrie.

Kisel'ewsk, Stadt in W-Sibirien, Kusnezker Kohlenbecken, 139 000 Ew.; vielseitige Ind.

Kisil-kum, Sandwüste südöstlich vom Aralsee.

Kism'et [arab.] das, unabwendbares Schicksal; auch die Ergebung in das Schicksal.

Kissingen, Bad K., Kreisstadt und Heilbad in Bayern, an der Fränk. Saale, 12 700 Ew.; Kochsalzquellen gegen Magen-, Darm-, Leber-, Galle-, Herz- u. a. Leiden; Industrie.

Kistna, amtl. **Krischna** die, 1280 km langer Fluß, durchströmt die vorderind. Halbinsel in östl. Richtung.

Kisuah'eli, Suaheli das, Bantusprache; Verkehrssprache in O-Afrika.

Kitakiuschu, Kitakyuschu, japan. Industriestadt im N von →Kiuschu, 1,042 Mill. Ew. 1963 entstanden durch Vereinigung der Städte Jawata, Tobata, Wakamatsu, Modschi, Kokura, Kohlebergbau, Schwer-, chem., Textilind. Durch einen untermeer. Tunnel mit Schimonoseki verbunden.

Kitchener [k'itʃinə], Herbert Lord, engl. Heerführer, *1850, †1916; eroberte 1898 den ägypt. Sudan, führte das engl. Heer im Burenkrieg 1899 bis 1902, wurde 1914 Kriegsmin., setzte die allgemeine Wehrpflicht durch.

Kith'ara die, altgriech. Saiteninstrument.

Kitimat, Indianersiedlung in W-Kanada; eines der größten Aluminiumwerke der Welt.

Kitsch der, geschmacklose Erzeugnisse der Kunst, des Schrifttums, der Industrie u. a.

Bad Kissingen: Regentenbau

Klagemauer

Kiwi

Kitt der, Klebmasse zum Ausfüllen von Fugen, Hohlräumen u. ä. oder echte Klebstoffe. **Schmelz-K.** erweichen in der Wärme, **Abdunst-K.** erhärten durch Verdunsten eines Lösungsmittels, **Reaktions-K.** durch chem. Reaktion.

Kittel der, leichtes knielanges, hemdähnl. Obergewand für Männer und Frauen.

Kitwe, Stadt in Sambia, 179 300 Ew.; Zentrum des Kupferminen- und -industriegürtels.

Kitzbühel, Luftkur- und Wintersportort in NO-Tirol, Österreich, 8100 Ew.; Seilbahnen.

Kitze die, **Kitz** das, Junges von Reh, Ziege.

Kitzingen, altertüml. Kreisstadt in Bayern, am Main, 18 400 Ew.; Weinbau; Industrie.

Kitzler, Kl'itoris, weibl. Geschlechtsorgan.

Kiuschu, südlichste der großen japan. Inseln, 42 063 km², 12,6 Mill. Ew.; vulkanisch.

K'ivi, Alexis, finn. Dichter, *1834, †1872; Volkskomödie »Die Heideschuster«, Roman »Die sieben Brüder«.

K'iwi der, **Schnepfenstrauß,** Vogel in Neuseeland, haushuhngroß, mit Stummelflügeln, Stummelschwanz, haarähnl. Gefieder.

K'iwusee, See in Ostafrika, nördl. vom Tanganjikasee, 2650 km², 1460 m ü. M.; fischreich.

Kizil Irmak [türk. »roter Fluß«] der, im Altertum Halys, der größte Fluß Kleinasiens, mündet ins Schwarze Meer.

Kjellén [tçεl'e:n], Rudolf, schwed. Geschichtsforscher, *1864, †1922; vertrat eine geopolit. Staatsauffassung.

Kjökkenm'öddinger [dän.] Mz., Abfallhaufen mittel- und jungsteinzeitl. Siedlungsstellen, bes. in Dänemark und Nord-Dtl.

k. k., Abk. für kaiserlich-königlich.

Klab'autermann, Gestalt des Aberglaubens in der Seefahrt, verläßt bei drohendem Unheil das Schiff.

Klab'und, eigentl. Alfred Henschke, *1890, †1928; impressionist. Lyriker, Erzähler, histor. Romane (»Moreau«, »Mohammed«, »Pjotr«).

Kladde [niederdt. »Schmutz«] die, Tagebuch; Buch für erste Eintragungen.

Kladderad'atsch der, 1) Krach; Zusammenbruch. 2) polit. Witzblatt in Berlin nach 1848.

Kl'adno, Stadt in der Tschechoslowakei, westl. von Prag, 56 000 Ew.; Steinkohlenbergbau, Eisen- und Stahl-Industrie.

Klafter die, 1) altes dt. Längenmaß: Spannweite der seitwärts gestreckten Arme, zwischen 1,7 und 2,5 m. 2) Raummaß für Holz, 1 preuß. K. = 3,338 m³.

Klage die, Bitte um Rechtsschutz durch Urteil. Sie wird i. d. R. dem zuständ. Gericht schriftl. eingereicht (**Klagschrift**), muß Gegenstand und Grund des geltend gemachten Anspruchs (**Klaggrund**) angeben und einen bestimmten Antrag (**Klagantrag**) enthalten. Die **Klagerhebung** erfolgt durch Zustellung der Klagschrift an den Beklagten. (→Anklage, →Privatklage).

Klagemauer, Teil der W-Wand des Tempels im alten Jerusalem, jüd. Gebetsstätte.

Klagenfurt, Hauptstadt von Kärnten, Österreich, 4 km östl. des Wörther Sees, 75 300 Ew.; Dom (16. Jahrh.), Landhaus; Industrie: Leder, Holz, Mineralfarben; Flughafen.

Klages, Ludwig, Philosoph, *1872, †1956; schuf eine wissenschaftl. Handschriftenkunde sowie eine allgem. Ausdruckslehre und Charakterkunde (→Lebensphilosophie).

Klam'auk der, Geschrei, Lärn.

Klamm die, ⊕ vom Wasser ausgewaschene schmale, tief eingeschnittene Felsschlucht.

Klammeraffe, südamerikan. Kapuzineraffe mit sehr langen Armen und Greifschwanz.

Klam'otten Mz., 1) Theaterstücke mit primitiver Situationskomik. 2) zerbrochene Mauersteine. 3) Kleider, ärml. Hausrat.

Klampfe die, Zupfgeige, Gitarre.

Klang der, Zusammenklingen mehrerer einfacher Töne, →Klangfarbe, →Klangfiguren.

Klangfarbe, ♪ der Unterschied im Klang gleich hoher Töne bei verschiedenen Musikinstrumenten, auch der menschl. Stimme, bewirkt durch die mit dem Grundton mitklingenden Teil- und Obertöne.

Klangfiguren, regelmäßige Figuren, die sich auf mit Sand bestreuten Platten bilden, wenn der Rand mit einem Geigenbogen angestrichen wird und dadurch die Platte in Schwingungen gerät.

Klapperschlange, gefährl. Giftschlange Nordamerikas, mit einer aus mehreren Hohlringen zusammengesetzten Hornrassel am Schwanz.

Klapperschote, Gattung von Schmetterlingsblütern mit blasigen Hülsen.

Klappertopf, Gattung der Rachenblüter, Kräuter mit gelben Blüten; in der Kapselfrucht klappern die Samen; Wurzelschmarotzer.

Klaproth, Martin Heinrich, Chemiker,*1743, †1817; entdeckte die Elemente Uran, Zirkonium, Strontium, Cer und Titan, führte wichtige Mineralanalysen durch.

Klara [lat. »die Glänzende«], weibl. Vorname.

Klara, *1194, †1253; Stifterin des Ordens der Klarissinnen (→Franziskaner); Heilige (Tag 11. 8.).

Kläranlagen dienen zur Reinigung der →Abwässer.

Klar'ett [frz.] der, sehr blasser Rotwein.

klar'ieren, (Schiffsgüter) verzollen.

Klarin'ette [ital.] die, Holzblasinstrument, um 1700 erfunden; besteht aus der Schallröhre mit 18 Klappen zur Tonlöchern und dem schnabelförmigen Mundstück mit einfachem Rohrblatt; in verschiedenen Stimmungen: B (Umfang: d-b³), A (cis-a³); ferner Baß- und **Kontrabaß-K.**

Klasen, Karl, Jurist, *1909, Bundesbankpräs. (seit 1970).

Klasse [lat. classis] die, 1) Abteilung einer Schule. 2) menschl. Gruppe, deren Rangstellung innerhalb einer geschichteten Gesellschaft durch ihre wirtschaftl. Lage bestimmt wird. Die klass. Nationalökonomie verstand unter K. vornehmlich Besitz-K., d. h. Gruppen gleicher Besitz- und Einkommensart. Zum polit. Begriff und Schlagwort wurde K. durch den Marxismus; er unterscheidet herrschende K., die über die Produktionsmittel verfügen, und beherrschte K. Nach Marx werden die K. zusammengehalten durch das **Klassenbewußtsein.** Die gesamte menschl. Entwicklung sei eine Geschichte der **Klassenkämpfe,** z. B. bürgerl. Gesellschaft gegen Feudalismus; proletar. Erhebung gegen die bürgerl. K.; (→Stand, →Kaste). 3) höhere Einheit der Systematik der Pflanzen und Tiere, die mehrere Ordnungen umfaßt.

Klassifikati'on, Klassifiz'ierung die, Einteilung von Sachen oder Begriffen in Klassen. Zw. **klassifiz'ieren.**

Kl'assik die, griech.-röm. Kunst und Kultur. **Deutsche K.,** Blütezeit des dt. Schrifttums zur Zeit Schillers und Goethes.

Klassiker [bei der röm. Einteilung der Bürger nach ihrem Vermögen waren die classici die Angehörigen der reichsten Gruppe] der, als vorbildlich anerkannter Schriftsteller, dann großer anerkannter Meister in Künsten oder Wissenschaften überhaupt, bes. die des griech.-röm. Altertums.

klassisch, 1) das, was die Klassik betrifft, von ihnen herrührt; im bes. griech.-römisch, z. B. k.

Klangfiguren: Chladnische K.

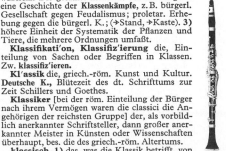

Klapperschlange

Klarinette

Klassizismus: Weimar, Schloß, großer Festsaal (von H. Gentz 1802 erbaut)

Philologie, die Wissenschaft von der griech. und röm. Sprache und dem Kulturerbe der Antike überhaupt. **2)** vortrefflich, mustergültig; z. B. nennt man die Blütezeit einer Nationalliteratur ihr klass. Zeitalter. **3)** Stilbegriff: maßvoll, klar, ausgewogen, harmonisch (nach dem Stil in der Blütezeit der griech. Kunst).

Klassiz'ismus der, **1)** in der Literatur die schulmäßige Nachahmung klass. Muster und Regeln; in der dt. Literatur z. B. die klassizist. Reform →Gottscheds. **2)** Richtung der bildenden Kunst, die in der 2. Hälfte des 18. Jahrh. einsetzte und sich an Formen und Vorbilder der Antike und der italien. Renaissance anlehnte. Die führenden Baumeister in Dtl. sind Schinkel, Weinbrenner, Klenze, in Frankreich Soufflot, neben dem Percier und Fontaine die von den Formen der röm. Kaiserzeit ausgehende Abart des K., den **Empirestil,** entwickelten, in England Chambers, Soane. In der Malerei waren in Dtl. Carstens und Koch, in Frankreich David und Ingres führend. Die Hauptmeister der Bildhauerkunst sind Canova in Italien, Thorwaldsen in Dänemark, Schadow und Dannecker in Dtl., Flaxman in England. (TAFEL Baukunst)

Klatschmohn, Klatschrose, →Mohn.

Klaue die, **1)** hornige Zehenbekleidung der Wiederkäuer und Schweine, umgibt die 3. und 4. Zehe. Die K. höherstehender Stummelzehen heißen **After-K. 2)** bei Raubtieren, Vögeln: Kralle.

Klaus [von Nikolaus], männl. Vorname.

Klaus, Josef, österreich. Politiker (ÖVP), *1910, Jurist, 1964–1970 Bundeskanzler.

Klause [lat. clusa] die, **1)** Engpaß (in den Alpen). **2)** Klosterzelle, Einsiedelei. Der Bewohner einer K. heißt **Kjausner.**

Klausel [lat.] die, ⌐ Vorbehalt, Nebenbestimmung in Verträgen.

Klausenburg, rumän. **Cluj,** Stadt in Rumänien, 197900 Ew.; Univ., Theater, Museen; wirtschaftl. Mittelpunkt N- und W-Siebenbürgens; Metall-, Maschinen-, Leder-, Textilind. Im MA. war K. eine überwiegend dt. Stadt, später kulturelles Zentrum der Madjaren, seit 1921 rumän.

Klaus'ur [lat.] die, **1)** für Fremde, bes. für Personen des anderen Geschlechts, unzugängl. Klosterräume, **2)** Prüfungsarbeit unter Aufsicht.

Klaviat'ur [la . clavis »Schlüssel« die, ♪ Gesamtheit der Tasten eines Tasteninstruments.

Klavich'ord [Kw., lat.] das, →Klavier.

Klav'ier [lat.-frz.] das, Tasteninstrument mit Metallsaiten; durch Niederdrücken der Taste wird durch ein Hebelwerk ein mit Leder und Filz überzogenes Hämmerchen gegen die Saite geschlagen. Eine ältere Form ist das **Klavichord.** Die rechtwinklig zu den Tasten liegenden Saiten werden durch je ein Metallplättchen (Tangente) angeschlagen. Beim **Spinett** werden die Saiten mit Federspulen angerissen. Das **Cembalo,** auch **Klavizimbel,** in Flügelform, dessen Saiten durch Federkiele angerissen werden, wurde nach 1750 vom **Hammerklavier,** *Pianoforte,* abgelöst.

Klavierauszug, die Übertragung eines nicht für das Klavier komponierten Musikstückes (z. B. Sinfonie) in einen Klaviersatz.

Klaviz'imbel [Kw., lat.] das, →Klavier.

Klebe, Giselher, Komponist, *1925; Orchester- und Kammermusik, Opern: »Die Räuber«.

Kleber der, Gemisch wasserunlösl. Eiweißstoffe im Getreidekorn.

Klebstoffe, →Leim, →Kitt.

Klee der, Gattung der Schmetterlingsblüter, Kräuter mit meist dreizähligen Blättern. Arten: **Kopf-** oder **Rot-K.** mit roten Blütenköpfen, auf Wiesen wild; die wichtigste Futterpflanze Mitteleuropas. Der **Inkarnat-** oder **Blut-K.** hat blutrote, längliche Köpfchen, der *Acker-K.* gelbweiße, der kriechende *Weiß-K.* rötlichweiße Blütenköpfe. (BILD Blatt)

Klee, Paul, Maler, Graphiker, *1879, †1940; Mitgl. des →Blauen Reiters, lehrte seit 1921 am →Bauhaus, lebte seit 1933 in der Schweiz; malte abstrakte Bilder von zarter Farbgebung. (FARBTAFEL Deutsche Kunst S. 173)

Kleesalz, ⟨○ saures Kaliumsalz der →Oxalsäure, giftig, dient zur Fleckenbeseitigung.

Klei [ndt.] der, tonreiche fette Bodenart, bes. der Marschen.

Kleiber der, den Meisen verwandter Klettervogel, mit rostgelber Unterseite und schieferblauen Flügeldecken, klettert an Baumstämmen, auch kopfabwärts. (FARBTAFEL Singvögel S. 872)

Kleiber, Erich, Dirigent, *1890, †1956.

Kleidung, hierzu FARBTAFELN Mode S. 695/96.

Kleie die, beim Mahlen abgesonderte Schalen, Außenschichten der Getreidekörner; Viehfutter.

Klein, Felix, Mathematiker, *1848, †1925; setzte sich für eine Neuordnung des mathematisch-naturwissenschaftl. Unterrichts ein.

Kleinasien, Anatolien, die zwischen Schwarzem Meer und Mittelmeer nach Europa vorgestreckte Halbinsel Asiens, der asiat. Teil der →Türkei. – GESCHICHTE. Seit etwa 2000 v. Chr. traten die Hethiter auf. Noch vor 1000 v. Chr. siedelten Griechen an der W-Küste. Seit dem 7. Jahrh. v. Chr. bildete K. westlich des Halys das Lyd. Reich; dieses ging 546 v. Chr. im Perserreich auf. 333 v. Chr. wurde K. von Alexander d. Gr. erobert, nach 133 v. Chr. fiel es an das Röm. Reich. Später gehörte es zum Byzantin., seit dem 14. Jahrh. zum Osman. Reich.

Kleinbetrieb, gewerbl. Betriebe bis zu 5 Beschäftigten, landwirtschaftl. Betriebe bis zu 5 ha.

Kleindeutsche, im 19. Jahrh. die Gegenpartei der →Großdeutschen.

Kleine Entente [ãt'ãt], 1920/21 vom tschech. Außenmin. Benesch gegr. Bündnis der Tschechoslowakei, Rumäniens und Jugoslawiens, um die Ungarn im Vertrag von Trianon auferlegten Grenzen aufrechtzuerhalten; endete 1938/39.

Kleingärten, Schrebergärten [nach dem Leipziger Artz D. M. Schreber, *1808, †1861], kleine, gärtnerisch genutzte Grundstücke am Großstadtrand, meist gepachtet.

Kleinhirn, →Gehirn.

Kleinkrieg, Guerilla, Kampf im Rücken des Gegners durch kleine Abteilungen und →Partisanen.

Klee: Kampfszene aus der Oper »Sindbad der Seefahrer«, Aquarell (1923)

Kleinkunstbühne, →Kabarett.

Kleinm'achnow, Villenvorort von Berlin, im Bez. Potsdam, 14200 Ew.

Kl'einod [mhd.] das, Schmuckstück.

Kleinrußland, früher der mittlere Teil der Ukraine, Heimat der **Kleinrussen** (Ukrainer).

Kleinstadt, Stadt bis zu 20000 Ew.

Kleist, 1) Ewald v., Dichter, *1715, †1759, fiel als preuß. Offizier bei Kunersdorf; beschreibendes Gedicht »Der Frühling«; »Ode an die preuß. Armee«, Idyllen im klassizist. Zeitstil. **2)** Heinrich v., Dichter, *1777, † (Selbstmord) 1811. In seinen sprachgewaltigen Schauspielen gestaltete er die traumwandler. Gefühlsgewißheit (»Käthchen von Heilbronn«), auch die trag. Verwirrung des Bewußtseins in der begrenzten Wirklichkeit (»Penthesilea«, »Prinz von Homburg«). Lustschauspiele: »Amphitryon«, »Die Hermannsschlacht«, Lustspiel »Der zerbrochene Krug«. Formstrenge Erzählungen und Novellen: (»Michael Kohlhaas«, »Die Marquise von O...« u. a.).

Kleister, Klebstoff aus Stärkemehl, Wasser.

Kl'eisthenes, griech. Staatsmann, ersetzte 507 v. Chr. die alte Stammesordnung des athen. Staates durch 10 neue Einheiten (Phylen).

Kleistsche Flasche, →Leidener Flasche.

Kl'emens, Päpste: **1) K. V.** (1305-14), verlegte 1309 den päpstl. Sitz nach Avignon. **2) K. VII.** (1523-34), nahm zunächst für Frankreich Partei gegen Karl V., krönte diesen aber 1530 in Bologna, verweigerte die Zustimmung zur Scheidung des engl. Königs Heinrich VIII. von Katharina; daraufhin sagte sich 1534 England von Rom los. **3) K. XIV.** (1769-74), hob 1773 den Jesuitenorden auf, förderte Künste und Wissenschaften (Klementin. Museum).

Klemens von Alexandria, griech. Kirchenschriftsteller des 2. Jahrh., verband kirchl. Überlieferung mit platon.-stoischer Philosophie.

Kl'emperer, Otto, Dirigent, *1885.

Klempner, Blechschmied, Handwerker, der Blechwaren anfertigt und ausbessert.

Kl'enau, Paul v., dän. Komponist, *1883, †1946; Opern u. a. im Zwölftonsystem.

Klenze, Leo v., Baumeister, *1784, †1864; klassizist. Bauten, bes. in München: Glyptothek, Propyläen, Alte Pinakothek, Königsbau.

Kl'eon, griech. Staatsmann, riß nach dem Tode des Perikles die Macht in Athen an sich, †422.

Kle'opatra, ägypt. Königin, *69, † (Selbstmord) 30 v. Chr.; war die Geliebte von →Caesar, später von Markus →Antonius.

Kleptoman'ie [grch.] die, Stehltrieb.

klerik'al, 1) den Klerus betreffend, geistlich. **2)** streng kirchlich gesinnt. **Klerikal'ismus** der, heute meist abwertend für eine ausgeprägte kirchl. Haltung im polit. Leben.

Kl'erus der, kath. Geistlichkeit. Gegensatz: Laien. **Kl'eriker** der, kath. Priester. **Kleris'ei** die, Klerus; Anhang; Sippschaft.

Klette die, Gattung hochwüchsiger Korbblüterstauden mit widerhakigen Blüten- und Fruchtköpfen. Wegunkraut ist die **Große K.**

Klettenberg, Susanne v., *1723, †1774; Urbild der »schönen Seele« in Goethes »Wilhelm Meister«.

Klettgau, der, Landschaft zwischen unterer Wutach und Rhein.

Kleve, Kreisstadt in Nordrh.-Westf., im SW des Niederrheins (Hafen), 44200 Ew.; ehemal. Residenzschloß. Leder-, Maschinen-, chem. Ind. Die ehemal. Grafschaft (seit 1417 Herzogtum) K. mit Jülich, Berg und Ravensburg vereinigt, kam 1614 und 1666 an Brandenburg-Preußen.

Kli'ent [lat.] der, **1)** Auftraggeber, Kunde des Rechtsanwaltes. Die Gesamtheit der K. ist die **Klient'el. 2)** im alten Rom der Hörige, später der Anhang eines Vornehmen oder hohen Politikers.

Kliff [engl.] der, der Brandung beständig unterspülter Steilabfall der Küste.

Kl'ima [grch.] das, -s/...'ate, Witterungsverlauf eines Gebietes. Das K. wird in erster Linie durch die Stärke der Sonnenstrahlung bestimmt, weiter durch Art und Höhe der Niederschläge, vorherr-

schende Windrichtung, eine hohe oder tiefe, eine Nord- oder Südlage des Ortes, Entfernung vom Meer, Strömungsverhältnisse angrenzender Meeresteile, Pflanzenwuchs usw. Klimazonen: die heiße **Zone (Tropen)** zwischen den zwei Wendekreisen oder bis zu den Jahresisothermen von + 18°C; die zwei **gemäßigten Zonen** zwischen den Wendekreisen und den Polarkreisen oder bis zu den 10°-Isothermen des wärmsten Monats; die zwei **kalten Zonen** jenseits der Polarkreise oder den 10°-Isotherme. Das Übergangsgebiet zwischen gemäßigter und heißer Zone heißt **subtropische Zone**. Das polare K. ist immer kalt mit halbjährl. Wechsel von Tag und Nacht, das **gemäßigte K.** hat ausgesprochene Jahreszeiten, das **tropische** ist immer heiß mit wechselndem Regen- und Trockenzeiten. Das **Binnenland-** oder **Kontinental-K.** hat heiße Sommer, strenge Winter (z. B. Rußland); das **See-** oder **maritime K.** mäßig warme Sommer, milde Winter (z. B. Irland); das **Mittelmeer-K.,** auch **Etesien-K.** genannt, hat heiße, trockene Sommer und milde, feuchte Winter (z. B. Süditalien, Griechenland).

Kl'imaanlage hält Temperatur, Feuchtigkeit, Reinheit der Luft in geschlossenen Räumen in festgelegten Grenzen durch **Klimatis'ierung.**

Klimakt'erium [lat.] das, ‖ →Wechseljahre.

Klimatolog'ie [Kw., grch.] die, Klimakunde.

Klimatotherap'ie, Klimatherap'ie die, ‖ Ausnutzung der Heilwirkung des Klimas.

Kl'imax [grch. »Leiter«] die, Rhetorik: Steigerung.

Klimsch, Fritz, Bildhauer, *1870, †1960; klassisch bestimmte Akte, Denkmäler, Bildnisbüsten.

Klimt, Gustav, Wiener Maler, *1862, †1918, malte Bilder meist symbol. Art von raffiniert dekorativer Wirkung.

Klingel, →elektrische Klingel.

Klingenthal, Kreisstadt im Bez. Karl-Marx-Stadt, im Vogtland, 39500 Ew. Musikinstrumentenbau.

Klinger, 1) Friedrich Maximilian v., Dichter, *1752, †1831; nach seinem Drama »Sturm und Drang« wurde die Sturm-und-Drang-Zeit benannt. **2)** Max, Maler, Bildhauer, Graphiker, *1857, †1920; arbeitete sowohl realistisch wie idealisierend; Radierungszyklen.

Kl'inik [grch.] die, Krankenhaus.

Klinker, der, **1)** aus Ton bis zum Sintern gebrannter, sehr fester Ziegel. **2)** eine Bauweise für Boote mit ziegelartig übereinanderliegenden Außenplanken.

Klinomob'il [grch.-lat.], Handelsname für einen fahrbaren Operationssaal.

Kl'io [grch.], die Muse der Geschichte.

Klippe die, gefährl. Felsen wenig unter oder über einer Wasserfläche.

Klipper [engl.] der, schnelles Segelschiff.

Klippfisch, getrockneter Kabeljau.

Klippschliefer der, **Klippdachs,** kaninchengr. Säugetiere mit Haftschwielen, bewohnen die felsigen Gebiete SO-Asiens und Afrikas.

Klirrfaktor, ✎ Maß für die Verzerrung eines reinen Tons durch die in der Übertragungsgliedern entstehenden Oberschwingungen.

Klisch'ee [frz.] das, →Druckstock für den →Hochdruck; daher: Abklatsch.

Klist'ier [grch.] das, ‖ ein →Einlauf.

Kl'itoris [grch.] die, →Kitzler.

KLM, Abk. für Koninklijke Luchtvaart Maatschappij N. V., niederländ. Luftverkehrsgesellschaft, gegr. 1911 (älteste der Welt).

Klo'ake [lat.] die, **1)** Abzugskanal für Abwässer. **2)** ⚕ gemeinsame Ausmündung für Darm, Harnblase und Geschlechtsorgane, z.B. bei Kriechtieren, Vögeln, Haien.

Kloben der, **Bandhaken, 1)** Scheitholz. **2)** Feilkloben, Werkzeug zum Einspannen und Festhalten kleiner Werkstücke. **3)** Beschlagteil zur drehbaren Befestigung von Türen, Toren, Fensterläden an der Wand oder am Anschlag.

Klondike [kl'ondaik], Landschaft und Fluß in NW-Kanada; Goldfunde 1896. Hauptort: Dawson.

klopfen, durch Selbstentzündung verursachte,

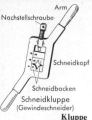

Arm
Nachstellschraube
Schneidkopf
Schneidbacken
Schneidkluppe
(Gewindeschneider)
Kluppe

Knallgas:
K.-Gebläse,
a Sauerstoff,
b Wasserstoff

Kneipp

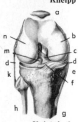

a
n
m
d
k
h
b
c
d
e
f
g

Kniegelenk:
a Kniescheibe
(hochgehoben),
b innerer Gelenk-
knorren, c vorde-
res Kreuzband,
d Meniskus,
e inneres Seiten-
band, f Quer-
band, g Schien-
bein, h Waden-
bein, k äußeres
Seitenband, m
hinteres Kreuz-
band, n äußerer
Gelenkknorren

Kniehebel

vorzeitige Verbrennung des Kraftstoffs bei Verbrennungsmotoren.

Klopffestigkeit, die Widerstandsfähigkeit eines Kraftstoff-Luft-Gemischs gegen Selbstentzündung, durch Oktan- oder Cetanzahl gemessen.

Klopfkäfer, ein im Holz lebender Bohrkäfer **(Totenuhr).**

klöppeln, Spitzen herstellen durch Verflechten
vieler Fäden, die sich von Holzspulen **(Klöppel)**
abwickeln. Das Muster **(Klöppelbrief)** wird auf
dem **Klöppelkissen** befestigt.

Klopstock, Friedrich Gottlieb, Dichter, *1724,
†1803; bereitete mit seiner feierl., schwungvoll be-
seelten Sprache den Durchbruch der Empfindsamkeit, des »Sturm und Drang« und der Erlebnis-
dichtung vor. Einführung reimloser altgriech.
Versmaße: Epos »Messias«, Oden, vaterländ. und
bibl. Dramen. **(BILD S. 477)**

Klos'ett [engl.] das, Abort.

Kloster [lat. claustrum »verschlossener Ort«]
das, von einer Mauer umgebene Gebäudegruppe
aus Kirche, Wohnräumen, Wirtschaftsgebäuden,
oft mit reichem Grundbesitz. Die Mitgl. eines
geistl. Ordens leben im K. gemeinsam nach einer
Regel **(Mönchs-K., Nonnen-K.).** Die **Klosterschule**
war im frühen MA. die Pflegestätte des allgemeinen wissenschaftl. Unterrichts (z. B. Fulda, St.
Gallen, Reichenau, Corvey).

Klostern'euburg, Stadt bei Wien, 26000 Ew.;
Stiftskirche, Chorherrenstift (1106 gegr.).

Kl'osters, Kurort im schweizer. Kt. Graubünden, 1125-1313 m ü. M., 3100 Ew.

Kloten, der Flughafen von Zürich.

Klothilde [aus ahd. hlút »berühmt« und hiltja
»Kampf«], weibl. Vorname.

Kl'otho, griech. Sage: eine der Schicksalsgöttinnen, Spinnerin des menschl. Lebensfadens.

Klotschießen das, Eisschießen.

Klotz, Mathias, Geigenbauer, *1653, †1743.

Klub [engl.] der, gesellige Vereinigung und ihr
Versammlungsort.

Kluge, 1) Friedrich, Sprachforscher, *1856,
†1926; »Etymolog. Wörterbuch der dt. Sprache«,
1881. 2) Günther v., Generalfeldmarschall, *1882,
† (Selbstmord) 1944; 1944 Oberbefehlshaber
West, schwankte zwischen Hitler und der Widerstandsbewegung. 3) Kurt, Schriftsteller, Bildhauer, *1886, †1940; »Der Herr Kortüm«, »Die
Zaubergeige«.

Klumpfuß, Mißbildung: Mittelfuß und Zehen
sind nach innen und unten eingerollt.

Klüngel der, 1) Knäuel. 2) Anhang, Parteiwirt-
schaft, sich abschließende Gesellschaft.

Kluniaz'enser, Mönchsorden, →Cluny.

Kluppe die, 1) Handwerkszeug zum Gewindeschneiden **(Gewindeschneid-K.).** 2) Längenmeßgerät für grobe Messungen **(Meß-K.).**

Klüver der, ⚓ dreieckiges Segel am **K.-Baum,**
der Verlängerung des →Bugspriets.

Kl'ystron [Kw., griech.], das, Elektronenröhre
zur Erzeugung von Dezimeterwellen.

Klytämn'estra, griech. Sage: Gattin Agamemnons, ermordete ihn; von Orestes getötet.

km, Abk. für Kilometer (→Kilo).

Knab, Armin, Komponist, *1881, †1951; Ma-
rienlieder, Weihnachtskantate.

Knabenkraut, zu den Orchideen gehörende
Stauden mit stärkereichen Knollen (Salep): das
Gemeine K. und das Breitblättrige K., mit meist
braunfleckigen Blättern und handförmig geteilten
Knollen, wachsen auf Naßwiesen; purpurne Blü-
ten. **(FARBTAFEL Heilpflanzen S. 352)**

Knäckebrot, Fladenbrot aus Roggenmehl.

Knallgas, ◁ Wasserstoff-Sauerstoff- oder
Wasserstoff-Luft-Gemenge, das bei Entzündung
heftig explodiert, wobei sich die Gase zu Wasserdampf vereinigen; zum Schweißen u. ä.

Knallquecksilber, der gefährl. explosive
Quecksilbersalz der **Knallsäure** C = NOH.

Knappe der, 1) im MA. ein Jüngling, der zum
Ritter ausgebildet wurde. 2) Bergmann.

Knappertsbusch, Hans, Dirigent, *1888, †1965.

Knappschaft die, seit dem 13. Jahrh. zunftmä-

Klöppeln (Handklöppeln): a Klöppelkissen,
b Klöppelbrief, c Klöppel

ßiger Zusammenschluß der Bergleute (Knappen),
vor allem zur gegenseitigen Unterstützung bei
Krankheiten oder Unfällen. **K.-Versicherung,** Trägerin der Kranken- und Rentenversicherung für
Arbeiter und Angestellte des Bergbaus.

Knäuelgras, Knaul-, Hundsgras, Futtergras,
Ährchen in Knäueln. **(BILD Gräser)**

Knauf der, 1) kugel- oder knopfartiger Griff.
2) Säulenkopf (Kapitell).

Knaus-Og'ino, die vom österr. Frauenarzt
H. Knaus und dem japan. Frauenarzt K. Ogino
aufgestellte Theorie von der zeitlich begrenzten
Fruchtbarkeit der Frau. (→Empfängnis)

Knecht der, Unfreier; im MA. Hilfskraft im
Gewerbe (Bäckerknecht) und im Waffenhandwerk
(Landsknecht); in neuerer Zeit Arbeitnehmer im
landwirtschaftl. Gesinde.

Knecht Ruprecht, Volksbrauch: Begleiter des
hl. Nikolaus oder des Christkindes; geht auch
allein in der Weihnachtszeit umher und verteilt
Rügen oder Gaben.

Knef, Hildegard, Filmschauspielerin und Chan-
sonsängerin, *1925.

Kneip, Jakob, Schriftsteller, *1881, †1958; Gedichte (»Bauernbrot«), Romane.

Kneipe die, 1) Wirtshaus. 2) regelmäßige Zusammenkunft der Studenten zum Zechen und Singen.

Kneipp, Sebastian, kath. Pfarrer, Heilkundiger,
*1821, †1897; bildete ein eigenes →Wasserheilver-
fahren aus.

Knesset die, Volksvertretung in Israel.

Knick der, 1) scharfe Biegung, Falz. 2) Wall mit
Gebüsch um ein Feld (Norddtl.).

Knickebein, Mischgetränk aus Likör, Edel-
branntwein, Eigelb oder Eierkognak.

Knickerbocker [n'ikəbɔkə, engl.] Mz., weite
Kniehosen.

Knickfestigkeit, →Festigkeit.

Knie das, ⚕ Gelenk zwischen Ober- und Unterschenkel; vorn ist in die Sehne des Streckmuskels
die **K.-Scheibe** eingelassen. Durch die **K.-Kehle** an
der Beugeseite gehen Blutgefäße und Nerven.

Kniebis der, Berg im N-Schwarzwald, 971 m.

Kniehebel, Einrichtung zur Erzielung großer
Drücke beim Pressen, Verschlüssen; Doppelhebel
mit Gelenk, das durch eine Kraft, z. B. Schraube,
gestreckt werden kann.

Knieholz, Kiefer.

Knigge, Adolf Freiherr, Schriftsteller, *1752,
†1796; schrieb »Über den Umgang mit Menschen«.

Knight [nait], untere Stufe des niederen engl.
Adels (Titel Sir).

Knipperd'olling, Bernhard, Wiedertäufer in
Münster, † (hingerichtet) 1536.

Knittel, John, schweizer. Schriftsteller, *1891,
†1970; Romane: »Via mala«, »Therese Etienne«,
»El Hakim« u. a.

Knittelfeld, Stadt in Steiermark, Österreich,
im Murtal, 15100 Ew.; Metallindustrie.

Knittelverse, Knüttelverse, zu Reimpaaren
gebundene vierhebige Verse, mit beliebiger Anzahl von Senkungen; aus der höf. Epik hervorgegangen; oft im 16. Jahrh. verwendet (Hans Sachs),
von Goethe bes. im »Faust«.

kn'obeln, knöcheln, würfeln.

Kn'obelsdorff, Georg v., Baumeister Friedrichs d. Gr., *1699, †1753; vertrat ein klassizistisch gemäßigtes Rokoko: Opernhaus Berlin, Stadtschloß Potsdam, Sanssouci.

Knoblauch, vorderasiat. Lauch, dessen aus mehreren Teilen (Zehen) bestehende Zwiebel Küchengewürz ist.

Knöchel der, die beiden seitl. Knochenvorsprünge über dem Fußgelenk.

Knochen, die feste Grundlage des menschl. und tier. Körpers. Die K. bestehen im wesentl. aus leimgebenden Fasern und phosphorsaurem Kalk. Außen sind sie von der **K.-Haut (Periost)** überzogen, innen liegt bei den langen **Röhren-K.** (z. B. Oberarmbein, Schienbein) gelbes, fettreiches **K.-Mark,** bei den **kurzen platten K.** (z. B. Rippen, Becken-K.) rotes, blutbildendes K.-Mark.

ERKRANKUNGEN DER K.: **K.-Bruch, Fraktur,** entsteht meist durch äußere Gewalteinwirkung (Schlag, Stoß, Fall usw.); heftiger Druckschmerz an der Bruchstelle, Bluterguß, Gebrauchsunfähigkeit des Gliedes mit unnatürl. Beweglichkeit und Stellung. Die Heilung geht durch eine Kallusbildung vor sich und dauert verschieden lange. Erste Maßnahmen →TAFEL Erste Hilfe. – **K.-Entzündungen** gehen von der K.-Haut **(Periostitis)** oder vom K.-Mark **(Osteomyelitis)** aus und entstehen meist durch bakterielle Infektion. Schwere **K.-Zerstörungen** mit Fistelbildungen nach außen **(K.-Fraß)** entstehen vorwiegend bei Tuberkulose und Syphilis. – **K.-Erweichung (Osteomalazie),** seltene K.-Systemerkrankungen Erwachsener infolge Kalkmangels. – **K.-Krebs, K.-Sarkom,** bösartige Geschwulst des K.-Gewebes mit schnellem Wachstum. (TAFEL Mensch I, S. 693)

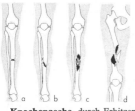

Knochen: Knochenbrüche, a gerader Bruch, b Schrägbruch, c Splitterbruch, d Drehungsbruch

Knochenasche, durch Erhitzen von Knochen erhaltenes Gemisch von Calciumphosphat, Calciumcarbonat, -fluorid; zu Düngemitteln.

Knochenfische, Fische mit verknöchertem Skelett, so die meisten See- und Süßwasserfische. Gegensatz: →Knorpelfische.

Knochenmehl, gemahlene, entleimte Knochen; Düngemittel, Hühnerfutter.

Knockout [nɔk'aut, engl.], k. o., Boxkampf: der den Sieg entscheidende **Niederschlag.**

Knöllchenbakterien, im Erdboden heim. Bakterien, die in engster Gemeinschaft (Symbiose) mit Blütenpflanzen (bes. mit Schmetterlingsblütern) leben. Die K. ernähren sich auf Kosten der von der Pflanze gelieferten organ. Substanz und verwenden den Stickstoff der Bodenluft zur Bildung von Eiweißstoffen. Die Pflanze nimmt die Eiweißstoffe von absterbenden Bakterien auf. Schmetterlingsblüter-Feldfrüchte können daher als Gründünger dienen.

Knolle die, ⚘ fleischig verdickter, stärkereicher Sproß- (Stengel-) oder Wurzelteil; dient zur ungeschlechtl. Fortpflanzung und zur Nährstoffspeicher. Wichtig als Nahrungsmittel für den Menschen: Kartoffel, Batate, Maniok, Yam u. a.

Knollenblätterpilz, giftiger Blätterpilz, dem Champignon ähnl., mit knolligem Stielgrund und weiß bleibenden Lamellen; an der Hutfläche oft Fetzen der Hülle. (FARBTAFEL Pilze S. 865)

Knorpel der, elast. Stützgewebe, das die Gelenkenden überzieht, an vielen Stellen als Skelett (Nase, Kehlkopf, Luftröhre) und als biegsame Verbindung (Rippenenden) dient.

Knorpelfische, Unterklasse der Fische, mit

Knorpelskelett; zu ihnen gehören Haifische, Rochen. Gegensatz: →Knochenfische.

Knorren der, knotiger Auswuchs am Baum.

Knospe die, 1) ⚘ Sproß oder Blüte vor der Entfaltung, oft von **K.-Schuppen** umhüllt. 2) ☿ manche bei ungeschlechtl. Fortpflanzung entstehende Tochtertiere.

Knossos, Stadt des alten Kreta; große, mehrfach zerstörte und wiederaufgebaute, 1900 ausgegrabene Palastanlage (Palast des Minos), Bauzeit etwa 2000-1400 v. Chr.

Knötchenflechte, →Lichen.

Knoten der, 1) Sammelpunkt; Verschlingung von Fäden. 2) ⚘ gliedernde Verdickung am Pflanzenstengel, die Ursprungsstelle der Blätter und Knospen. 3) ☿ bei Schwingungen die in Ruhe bleibenden Punkte zwischen den schwingenden Teilen. 4) ✲ die beiden Schnittpunkte der Bahn eines Himmelskörpers mit einer anderen Ebene, bes. der Ekliptik. 5) ⚓ Einheit für die Geschwindigkeit eines Schiffes; 1 K. = 1 Seemeile = 1,825 km je Stunde.

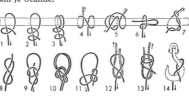

Knotenformen: 1 ein halber Schlag, **2** zwei halbe Schläge, **3** Rundtörn mit zwei halben Schlägen, **4** Webeleinstek, **5** Stopperstek, **6** Schlippstek (Slipstek), **7** Zimmermannstek, **8** Achtknoten, **9** Pahlstek, **10** doppelter Pahlstek, **11** laufender Pahlstek, **12** einfacher Schotstek, **13** doppelter Schotstek, **14** Hakenschlag

Knöterich der, vielgestaltige, größtenteils staudige Pflanzengattung: **Vogel-K.,** niederliegendes Wegunkraut mit rötl. Blütchen, dient als Brusttee; **Wiesen-K.,** fleischrot blühende Wiesenpflanze.

Know how [n'ouhau, engl.] das, Fachwissen um die techn. Verwirklichung eines Vorhabens.

Knox [nɔks], John, der Reformator Schottlands, Schüler Calvins; *1505(?), †1572.

Knoxville [n'ɔksvil], Stadt in Tennessee, USA, 174 600 Ew.; Univ., Sitz der →Tennessee Valley Authority; Maschinen-, Textil-, Nahrungsmittel-, Holz-, Papierind., Stahlwerke.

Knüll, Gebirgsstock des Hess. Berglandes, zwischen Fulda und Schwalm, im Eisenberg 636 m.

Knurrhahn, schmackhafter Meeresfisch, erzeugt ein knurrendes Geräusch.

Knut, Könige von Dänemark: **1) K. der Große** (1018-35), seit 1017 König von England, seit 1028 auch von Norwegen, erwarb von Kaiser Konrad II. Schleswig. **2) K. IV., der Heilige** (1080-86), von Aufständischen ermordet; 1100 heiliggesprochen.

Knute [russ.] die, aus Riemen geflochtene Peitsche; Sinnbild grausamer Willkürherrschaft.

Knuth, Gustav, Schauspieler, *1901.

Knüttelverse, →Knittelverse.

k. o., Abk. für →Knockout.

ko... [lat.], Vorsilbe in Fremdwörtern: svw. mit..., zusammen...

Koadj'utor [lat.] der, Amtsgehilfe eines Bischofs, Pfarrers.

Koagulati'on [lat.] die, Gerinnung, Ausfallen kolloidaler Stoffe aus ihrer Lösung. Zw. **koagul'ieren. Koagul'antia** Mz., ⚕ blutgerinnungsfördernde Mittel.

Ko'ala der, Beutelbär, ostaustral. bärenähnl. Beuteltier, trägt sein Junges auf dem Rücken.

Koaliti'on [lat.] die, Bündnis von Staaten, bes. zu gemeinsamer Kriegführung; Zusammenschluß von Parteien zu einer Regierungsmehrheit.

Koalitionsfreiheit, das Recht, bes. der Arbeitnehmer, sich zu Berufsverbänden zusammenzuschließen.

Knöllchenbakterien (Lupine)

a

b

c

d

e

Knolle: Sproß-K., a Kartoffel, b Kohlrabi, c Krokus, Wurzel-K., d Dahlie, e Orchidee

Koala

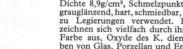

Koblenz: Deutsches Eck, davor Rhein, dahinter Mosel

Robert Koch

H. Kohl

Kogge (15. Jahrh.)

Koaliti'onskriege, Kriege mehrerer Verbündeter gegen einen gemeinsamen Gegner, bes. die Kriege gegen die →Französische Revolution.

Koaxi'alleitung, ∮ eine gegen Störungen von außen unempfindl. elektr. Leitung für Wechselströme bis zu höchsten Frequenzen.

K'obalt das, **Co,** chem. Element, Metall; Dichte 8,9g/cm³, Schmelzpunkt 1493 °C. K. ist grauglänzend, hart, schmiedbar, magnetisch; wird zu Legierungen verwendet. K.-Verbindungen zeichnen sich vielfach durch ihre blaue oder rote Farbe aus, Oxyde des K. dienen zum Blaufärben von Glas, Porzellan und Email.

Kobaltbestrahlung, eine Tiefenbestrahlung zur Behandlung von Geschwulstkrankheiten mit im Kernreaktor aktiviertem Kobalt (Kobalt 60).

Kobaltbombe, eine →Wasserstoffbombe mit Kobaltmantel, dessen Verdampfung bei der Explosion weite Gebiete jahrelang radioaktiv verseuchen würde.

Kobe, Stadt in Japan, an der S-Küste Honschus, 1,2 Mill. Ew.; große Hafenanlagen; elektrotechn., Textil-, Stahl-, Flugzeugind., Werften; Univ., TH.

Kobell, Ferdinand, *1740, †1799, und sein Sohn Wilhelm v., *1766, †1855; Maler und Radierer (Landschaften u.a.).

Koberger, Anton, Nürnberger Buchdrucker, Verleger, Buchhändler * um 1445, †1513.

Koblenz, Hauptstadt des Reg.Bez. K., Rheinl.-Pf., an der Mündung der Mosel in den Rhein (Dt. Eck), 122 700 Ew.; Mittelpunkt des mittelrhein. Weinbaus und -handels; »Industriegebiet Rheinhafen« mit Aluminium-, Gummi-, Bremsen-, Schraubenind., ferner chem., Textilind., Verlage; Bundesarchiv. - K., als Römerkastell 9 v.Chr. gegr., gehörte seit 1018 den Erzbischöfen von Trier, kam 1815 an Preußen.

K'obold der, im dt. Volksglauben zwergenhafter Erd- und Hausgeist.

K'oboldmaki der, **Gespensttier,** hinterind. Halbaffe mit großen Augen; nächtl. Baumtier.

K'obra die, ind. →Brillenschlange.

Koch, 1) Joseph Anton, Vertreter der heroischen Landschaftsmalerei, *1768, †1839. 2) Robert, Arzt und Bakterienforscher, *1843, †1910, einer der Begründer der Bakteriologie, entdeckte die Erreger der Cholera und der Tuberkulose. Nobelpreis 1905. 3) Rudolf, Schrift- und Buchkünstler, *1876, †1934; entwarf auch kirchl. Geräte. (TAFEL Sakrale Kunst)

Kochelsee, See in Oberbayern, am Fuß des Herzogstads; 5 km südwestl. liegt das Walchenseekraftwerk.

Köchelverzeichnis, KV, das 1862 von Ludwig Köchel herausgegebene »Chronolog.-themat. Verzeichnis sämtl. Tonwerke W.A.Mozarts«.

Kocher der, rechter Nebenfluß des Neckars, kommt von der Schwäb. Alb, 180 km lang.

Köcher der, Behältnis für Pfeile.

Köcherfliege, mottenähnl. Insekten; ihre raupenförmige Larve, der **Köcherwurm,** lebt im Wasser in einem selbsthergestellten Gehäuse.

Kochsalz, →Salz.

Kodály [k'oda:λ], Zoltán, ungar. Komponist, *1882, †1967; moderne national-ungar. Musik.

Kode'in, Codein das, Methylmorphin, Linderungsmittel bei quälendem Hustenreiz.

Köder der, zum Fang von Raubwild und Fischen dienende Lockspeise.

K'odex, dt. Schreibung für →Codex.

Kodifikati'on [von →Codex] die, ♻ Zusammenfassung eines oder mehrerer Rechtsgebiete zu einem einheitl. Gesetzbuch (u.a. BGB).

Koëdukati'on [lat.] die, gemeinsamer Unterricht für Jungen und Mädchen.

Koëffizi'ent [lat.] der, △ Vorzahl, Faktor, mit dem eine unbekannte oder veränderl. Größe multipliziert wird, z.B. 2 in dem Ausdruck 2x.

Koëxist'enz [lat.] die, gleichzeitiges Bestehen. **Friedliche K.,** Schlagwort der sowjet. Außenpolitik in dem Verzicht auf krieger. Durchführung ihrer polit. Ziele.

Koffe'in, →Coffein.

Köflach, Industriestadt in Steiermark, 12 700 Ew.; Mittelpunkt des Braunkohlenreviers.

Kofu, Stadt auf der japan. Insel Honschu, 174 000 Ew.; Weinbau; Seidenwebereien.

Kogge die, hochbordiges Kriegs- oder Handelsschiff der Hanse, im 13.-15. Jahrh.

Kognak [kɔɲak] der, Weinbrand aus Weinen der Gegend um die französ. Stadt Cognac.

Kogn'at [lat.] der, Blutsverwandter; im engeren Sinn: Blutsverwandter der mütterl. Seite, Gegensatz: →Agnat.

Kogon, Eugen, polit. Publizist, *1903; nach 1945 führend in der Europa-Bewegung; Hg. der »Frankfurter Hefte«; schrieb »Der SS-Staat«.

Kohär'enz [lat.] die, Zusammenhang, Geschlossenheit.

Kohäsi'on [lat.] die, gegenseitige Anziehungskraft der Moleküle flüssiger und fester Körper.

Koh-i-Noor [ind. »Berg des Lichts«], Diamant im brit. Kronschatz, wiegt 109 Karat.

Kohl, Brassica, Kreuzblütergattung, wichtige Gemüsepflanzen. Arten: **Garten- K.,** davon Grün-, Braun-K., Wirsing, Kopf-K. oder -Kraut (Weiß-, Rot-K.), Rosen-K., Blumen-K., Kohlrabi. **Rüben- K.** wird angebaut teils als Ölfrucht (Rübsen), teils als Wurzelgemüse (Weiße Rübe, Mairübe sowie Teltower, Märk. Rübe). **Raps- K.** wird angebaut als →Raps und →Kohlrübe; ferner der **Senf- K.** oder Schwarze →Senf.

Kohl, Helmut, Politiker (CDU), *1930; wurde 1959 MdL von Rheinl.-Pf., 1963 Fraktionsvors. im Landtag, 1966 Landesvors. der CDU, 1969 MinPräs. von Rheinland-Pfalz.

Köhl, Hermann, Flieger, *1888, †1938, überflog als erster mit Hünefeld und Fitzmaurice den Atlant. Ozean in OW-Richtung.

Kohle die, ein Zersetzungs- und Umwandlungsprodukt organ. Substanzen, entsteht einerseits als Holzkohle durch Erhitzung solcher Stoffe unter Luftabschluß, andererseits als Mineral-K., im wesentl. durch Reduktion unter großem Druck innerhalb langer Zeiten: Aus üppigen Sumpfmoorwäldern in trop. Klima bildeten sich Torfmoore, dann die Braun-K. und unter dem Einfluß starken Drucks durch weitere Anreicherung des Kohlenstoffs die Stein-K. Das geolog. Alter der großen Steinkohlenvorkommen beträgt ungefähr 250-280, das der Braun-K. etwa 40-50 Mill. Jahre. Die Steinkohle hat dichtes, hartes Gefüge, muschligen Bruch, oft fetten Glanz, schwarze, seltener braune Farbe, 60 bis fast 100% Kohlenstoffgehalt, 6000-8500 kcal Heizwert, Dichte 1,2 bis 1,5 g/cm³. Die Gewinnung der Stein-K. geschieht fast durchweg im Untertagebau. Man unterscheidet: 1) **fette K.,** mit einem hohen Gehalt an Kohlenwasserstoffen und großer Teerausbeute; 2) **trockene K.,** die hohe Kohlenwasserstoffen noch große Anteile von Kohlenoxyd und Kohlendioxid enthält; 3) **magere K.,** mit geringem Gehalt an flüchtigen Bestandteilen. Die magere K. mit hohem Heizwert ist vor allem im Hausbrand, die fette K. für die K.-Veredelung wertvoll. Die Grundlage dieses Prozesses ist die Verkokung: Durch Erhitzen der Steinkohle unter Luftabschluß werden die leichtflüchtigen Bestandteile als Gas (Stadtgas) und die schwererflüchtigen Kohlenwasserstoffe als Teer abgetrieben, als Rückstand entsteht Koks, ein hochwertiger Brennstoff; er wird außer im Hausbrand vor allem für die Eisenverhüttung verwendet. Ein anderer Veredelungsprozeß ist die →Kohlehydrierung.

Die **Braunkohle,** eine junge K. von geringem Inkohlungsgrad, hat ein bröckliges, mitunter noch holziges Gefüge von brauner bis schwarzer Farbe. Dichte 1,2-1,4 g/cm³, Heizwert 2500-6000 kcal, ziemlich hoher Wassergehalt (50-60%). Sie bildet meist mächtige, oberflächennahe Flöze, die im Tagebau abgebaut werden können. Sie wird entweder an Ort und Stelle zur Elektrizitätserzeugung verfeuert oder in Brikettfabriken zu Preßkohle verarbeitet, die für Hausbrand verwendbar ist. Wertvoll ist die Braun-K. bes. durch die moderne Veredelungstechnik geworden: Verschwelung, wobei durch Erhitzen unter Luftabschluß die Kohlenwasserstoffe ausgetrieben werden; man gewinnt Schwelgas, Teer, flüssige Treibstoffe, Öle, Paraffin, Montanwachs, als Rückstand Grude.

Die wichtigsten europ. Steinkohlenvorkommen sind: Großbritannien, Donezbecken, Ruhr- und Niederrheingebiet, Saarland, Oberschlesien, N-Frankreich, Namur und Lüttich. Große Braunkohlenvorkommen finden sich in Mitteldtl., der Sowjetunion, Böhmen u. a.

Kohleförderung (in Mill. t)			
Steinkohle (1970)		Braunkohle (1970)	
UdSSR	624	Dt. Dem. Rep.	260
USA	542	UdSSR³)	182
Polen	140	Bundesrep. Dtl.	107
Großbritannien¹)	136	Tschechoslowakei	78
Bundesrep. Dtl.	111	Polen	32
Indien	74	Bulgarien	28
Südafrika	53	Jugoslawien	27
Australien	49	Australien	24
Japan	39	Ungarn	23
Frankreich	37	Österreich	3
Welt²)	**2079**		

¹) ohne Nordirland. ²) ohne VR China. ³) 1969

Kohlehydrierung, ⊙ Umwandlung von Kohle in Kohlenwasserstoffe. Beim direkten Verfahren **(Bergius-Pier-Verfahren)** wird die Kohle mit Rohöl zu einem Brei angerieben und durch hohen Druck und hohe Temperaturen aufgespalten; an die gerade entstehenden Spaltprodukte wird katalytisch Wasserstoff angelagert. Die gasförm. Erzeugnisse werden verflüssigt und durch Destillation voneinander getrennt. Beim **Fischer-Tropsch-Verfahren** wird die Kohle mit Wasserdampf zu Wassergas (Kohlenoxyd und Wasserstoff) umgesetzt. Dieses wird bei etwa 2000 °C über Katalysatoren geleitet, wobei neben Benzin u. a. flüssige Kohlenwasserstoffen auch Paraffine entstehen.

Kohlendioxyd, CO_2, fälschl. **Kohlensäure,** farb- und geruchloses Gas, das bei Verbrennungsvorgängen und bei der tier. und menschl. Atmung entsteht; kommt in der Luft vor (0,03-0,04%), strömt aus Vulkanen und ist in allen natürl. Wässern gelöst. Verwendung zur Herstellung künstl. Mineralwässer, in der Kältetechnik, für Feuerlöschgeräte u. a. Unter dem Einfluß des Sonnenlichts bauen Pflanzen daraus Kohlenhydrate auf (Assimilation) und scheiden den im K. enthaltenen Sauerstoff wieder aus. Die Kohlenhydrate gelangen durch pflanzl. Nahrungsstoffe in den Tierkörper, werden ausgebaut und das K. wieder ausgeatmet (»Kreislauf des Kohlenstoffs«).

Kohlenhydrate, ⊙ stickstofffreie organ. Verbindungen, die mit den Fetten und Eiweißstoffen die Nährstoffe für Mensch und Tier bilden. Zu den K. gehören die Zuckerarten, Stärke, Cellulose, Glykogen, Inulin u. a.

Kohlenox′yd, Kohlenmonoxyd, CO, farb- und geruchloses, giftiges Gas, entsteht bei unvollständiger Verbrennung von Kohle u. dgl.; kräftiges Reduktionsmittel. Zu K.-Vergiftung können führen: schadhafte Leuchtgasleitung, Kohlen-

dunst, Motorgase in geschlossenen Räumen. Anzeichen: Kopfschmerz, Benommenheit, Schwindel, schließl. Betäubung. ERSTE HILFE: Frische Luft, künstl. Atmung. Arzt rufen!

Kohlensäure, 1) H_2CO_3, wenig beständige Säure, entsteht bei Auflösung von Kohlendioxyd in Wasser. Ihre Salze sind die **Carbonate. 2)** das →Kohlendioxyd.

Kohlenstaubexplosion die, explosionsartige Entzündung von Kohlenstaub durch Sprengschüsse oder schlagende Wetter.

Kohlenstaubfeuerung ist auch für geringwertige Kohle geeignet; durch einen Luftstrom wird aus Brennern Kohlenstaub geblasen und verbrannt; sehr wirtschaftlich.

Kohlenstoff, C, chem. Element, Nichtmetall, Ordnungszahl 6, Atomgewicht 12,01115; kommt in der Natur vor als Diamant und Graphit, die sich durch verschiedene Anordnung der K.-Atome im Kristallgitter unterscheiden. Graphit ist grau, hat eine Dichte von 2,26 g/cm³ und leitet den elektr. Strom. Diamant ist farblos, hat eine Dichte von 3,51 g/cm³ und ist ein Isolator. Diamant läßt sich in Graphit überführen; der umgekehrte Prozeß ist in nennenswertem Umfang erst in neuester Zeit gelungen. Ruß, Holzkohle, Koks bestehen aus sehr kleinen, regellos zusammengefügten Graphitteilchen (frühere Bezeichnung: »amorpher« K.). K. ist auch der Hauptbestandteil der Steinkohle. Verwendung des elementaren K.: Ruß zur Herstellung von Druckerschwärze, Schuhkrem, Tusche u. dgl. sowie als Füllmittel in der Gummiwarenindustrie; in sehr fein zerteiltem Zustand als Tier- oder Holzkohle, →Aktivkohle. K. verbindet sich mit einigen Metallen zu **Carbiden.** Er nimmt unter den Elementen eine Sonderstellung ein durch seine Fähigkeit, seine Atome untereinander in vielfältiger Weise zu verketten.

Kohlenstoffverbindungen, organische Verbindungen, ⊙ die Gesamtheit der die lebenden Organismen aufbauenden, durch unzählige künstlich erzeugte Stoffe ergänzten chem. Verbindungen des Kohlenstoffs.

Kohlenwasserstoffe, ⊙ die chem. Verbindungen des Kohlenstoffs mit Wasserstoff. Aus ihnen lassen sich die organ. Verbindungen ableiten; es gibt zwei Hauptgruppen, die →aliphatischen und die →aromatischen Verbindungen.

Kohlepapier, dünnes zähes Seidenpapier mit einseitiger Farbschicht, für Durchschriften.

Kohler, Josef, Jurist, *1849, †1919, arbeitete bes. auf dem Gebiet des Patent- und Urheberrechts und der vergleichenden Rechtswissenschaft.

Köhler, Wolfgang, Psychologe, *1887; einer der Begründer der Gestaltpsychologie.

Köhlerei die, Herstellung von Holzkohle durch Verschwelen von Holz im **Kohlenmeiler.**

Kohlhaas, Michael, Held der gleichnam. Novelle von H. v. Kleist, nach dem Kaufmann Hans Kohlhase aus Kölln bei Berlin (hingerichtet 1540), der aus verletztem Gerechtigkeitsgefühl zum Gesetzesbrecher wurde.

K′ohlhernie, Kohlkropf, krankhafte Auswüchse an Kohlwurzeln; Erreger ein Algenpilz.

Kohlrabi der, Gartenkohlart, deren Stengelknolle als Gemüse dient. **Unter-K.,** →Kohlrübe.

Kohlrausch, Friedrich, Experimentalphysiker, *1840, †1910; »Leitfaden der prakt. Physik«.

Kohlröschen, Orchideengattung. **Schwarzes K.,** Brändlein, Brunelle, mit schwarzroter, kugeliger, vanilleduftender Blütenähre, auf kalkigen Gebirgsmatten Europas; steht unter Naturschutz.

Kohlrübe, Steck-, Erdrübe, Unterkohlrabi, aus dem Kohl entstandene Gemüse- und Futterrübe, mit gelber, dickfleischiger Rübenwurzel.

Kohlscheid, Gem. im Kr. Aachen, Nordrh.-Westf., 15 500 Ew.; Gießereien, Möbelfabriken.

Kohlweißling, weißer, schwarzgezeichneter Tagfalter; die Raupen schaden an Kreuzblütlern.

Koh′orte [lat.] die, altröm. Truppeneinheit; der 10. Teil einer →Legion, gegliedert in 6 Zenturien von 600, später 1000 Mann.

Kokoschka:
Selbstbildnis
(1914)

Kolbe: Die
Tänzerin (1912)

Kolben:
a Kolben,
b Pleuelstange

Kolkrabe

Koimbator, ind. Stadt im Dekkan, 380 300 Ew.; landwirtschaftl. Veredelungsindustrie.

Koin'e [grch.] die, die griech. Sprache im Zeitalter des Hellenismus.

Koinzid'enz [lat.] die, Zusammenfallen, Zusammentreffen.

K'oitus, →Coitus.

K'oje [ndt.] die, 1) Bettverschlag auf Schiffen. 2) kleiner Raum.

Koka, →Coca.

Koka'in, →Cocain.

Kok'and, Stadt in der Usbek. SSR, 133 000 Ew.; Superphosphatfabrik, Metall-, chem., Leicht-, Nahrungsmittel-Industrie.

Kok'arde [frz.] die, nationales Zeichen an Uniformkopfbedeckungen, urspr. in der Franzö. Revolution am Hut getragene Schleife oder Stoffblume; heute meist aus Metall, rund oder oval, auch Kennzeichen an Flugzeugen.

Koker'ei die, Betrieb zur Gewinnung von →Koks, mit Gas als wichtigstem Nebenerzeugnis.

kok'ett [frz.], gefallsüchtig. **kokett'ieren,** tändeln. **Kok'ette** die, Gefallsüchtige.

Kok'ille [frz.] die, ⚙ eiserne Gußformen für Rohstahlblöcke und Kokillenguß, →Gießerei.

Kokiu, chines. Stadt, im SO der Prov. Yünnan, 160 000 Ew., Zentrum des Zinnbergbaus.

Kokken [grch.], Ez. **Kokkus** der, →Bakterien.

Kokon [kɔk'õ, frz.] der, Schutzhülle um eine Insektenpuppe oder um Eigelege (z. B. bei Spinnen, Käfern, Würmern), aus Gespinst allein oder mit versponnenen Untergrund-, Nahrungsteilen, Körperhaaren u. a.

Kok'oschka, Oskar, Maler, Graphiker, Schriftsteller, *1886; entwickelte einen zwischen Impressionismus und Expressionismus sich bewegenden Stil: Landschaften, Bildnisse, symbol. Kompositionen und Illustrationen.

Kokos-Inseln, Keeling-Inseln, austral. Inselgruppe (Koralleninseln) im Ind. Ozean, 13 km², rd. 700 Ew.; Kokospalmen; Flughafen.

K'okospalme, trop. Fiederpalmengattung. Die Wedel sind 4-6 m lang, der Stamm ist bis 30 m hoch. Die kopfgroße, dreikantige Frucht (**Kokosnuß**) hat eine aus drei Schichten bestehende Fruchtwand: eine ledrige Außen-, eine dicke, faserige Mittel- und eine steinharte Innenschicht. Darin sitzt eine fleischige Hohlkugel, der Samen; er enthält milchähnl. Flüssigkeit (**Kokosmilch**). Das Holz dient als Nutzholz; das Laub zu Dachbedeckung u. a.; die Fruchtfaser (**Kokosfaser,** Coïr) gibt Taue, Matten, Bürsten, Polster; der Blütenscheidensaft Palmzucker, Palmwein. Das getrocknete Samenfleisch (**Kopra**) wird zu Speisefett (**Kokosfett, Kokosöl**), Kerzen, Seife verarbeitet; der Preßrückstand gibt Kraftfutter.

Kok'otte [frz.] die, Dirne.

Koks [engl.] der, hochwertiger Brennstoff, entsteht als Rückstand beim Entgasen von Steinkohlen. In den Gasanstalten ist K. Nebenerzeugnis, in **Kokereien** wird er als Haupterzeugnis gewonnen.

Kokura, Stadt auf Kiuschu, Japan, 286 500 Ew., seit 1963 Teil von →Kitakiuschu.

K'ola, Halbinsel zwischen Weißem Meer und Barents-See, Sowjetunion. Im W, der im **Chibiny-Gebirge** bis 1240 m ansteigt, sind bedeutende Nephelin- und Apatitlager, in der **Montsche-Tundra** (bis 1115 m hoch) Nickel- und Kupferlager. Mittelpunkt des Abbaus ist Kirowsk, Haupthafen Murmansk.

K'ola die, trop.-afrikan. Baumgattung mit faustgroßen, mehrsamigen Früchten. Die Keimlinge der Samen, die **Kolanüsse,** enthalten Coffeïn und geben Anregungs- und Kräftigungsmittel.

Kolar Goldfields [kol'ar g'ouldfi:ldz], 1) Goldminengebiet in Maisur, Indien. 2) Stadt in 1), 238 300 Ew.

Kol'arowgrad, früher **Schumen,** türk. **Schumla,** Stadt im NO Bulgariens, 69 600 Ew.; landwirtschaftl. Handelsplatz.

Kolb, Annette, Schriftstellerin, *1875, †1967; geistvoll-liebenswürdige Erzählerin (Romane

»Daphne Herbst«, »Die Schaukel«), Essayistin, Biographin, Übersetzerin.

Kolbe, Georg, Bildhauer, *1877, †1947, schuf vom griech. Gestaltideal beeinflußte Aktfiguren Denkmäler; Bildnisse.

Kolben der, 1) Maschinenteil in K.-Maschinen, der in einem Zylinder Druckkräfte aufnimmt und an einen Kurbeltrieb abgibt (Kraftmaschinen) oder auf eine Flüssigkeit oder Gas überträgt (Pumpen, hydraul. Pressen, Kompressoren). Abdichtung durch **Kolbenringe** oder andere Liderung. 2) ⚗ flaschenförmiges Glasgefäß. 3) ährenartiger, aber dickachsiger Blütenstand, z. B. beim Mais.

K'olbenheyer, Erwin Guido, Schriftsteller, *1878, †1962; Romane (»Amor Dei«), Dramen (»Gregor und Heinrich«).

Kolbenmaschine, Arbeits- oder Kraftmaschine, bei der unter Druck stehende Dämpfe oder Gase auf den →Kolben wirken und Arbeit leisten (→Dampfmaschine, →Diesel-, →Otto-, →Glühkopfmotor).

Kolberg, Ostseebad und Hafen in Ostpommern, (1939) 36 600 Ew.; Getreide-, Holz-, Kohlen-, Düngemittelhandel. 1945 zu 80% zerstört; unter poln. Verw. (**Kołobrzeg,** 1968: 23 500 Ew.).

Kolberg: Mariendom (Vorkriegsaufnahme)

K'olchis, antike Landschaft an der Ostküste des Schwarzen Meeres; Heimat der Medea.

Kolchiz'in, Colchizin, das, giftiges Alkaloid aus dem Samen der Herbstzeitlose; schmerzlindernd bei Gicht.

Kolch'ose [russ.] die, in der Sowjetunion die zu Kollektivbetrieben zusammengefaßten Bauernwirtschaften.

K'olding, Stadt an der O-Küste Jütlands, Dänemark, 39 700 Ew.; Handelsplatz; Industrie.

Kolhap'ur, Stadt in den Westghats, Indien, 238 300 Ew.; alte buddhist. Tempel.

K'olibakterien, im Dickdarm gesunder Warm- und Kaltblüter in Symbiose mit dem Wirt lebende Bakterien.

K'olibri der, artenreiche Familie kleiner, farbenprächtiger, metallisch schillernder, amerikan. Vögel, schnelle Schwirrflieger; der kleinste wiegt nur etwa 2 g. Die K. nähren sich mit Hilfe ihrer Pinselzunge und ihres röhrenartigen Schnabels von Nektar und Blüteninsekten.

K'olik [grch.] die, heftige, von den inneren Organen ausgehende krampfhafte Leibschmerzen (Magen-, Darm-, Gallenstein-, Nierenstein-K.).

Kolk der, durch Wasserwirbel oder -strömung im Flußbett entstandene Vertiefung.

K'olkrabe, ein 70 cm großer Rabe mit schwarzem, metall. Gefieder, guter Flieger; unter Naturschutz; Flugbild greifvogelähnlich.

Kollaborati'on [frz.] die, Zusammenarbeit mit der Besatzungsmacht oder dem Feind überhaupt, bes. in Frankreich 1940-44. Die **Kollaborateure** wurden dort, wie anderwärts, nach Abzug der dt. Truppen verfolgt.

Kollag'en [grch.] das, Eiweißstoff im tier. Bindegewebe, in Knorpeln und Knochen, geht beim Kochen in Leim über.

Koll'aps [lat.] der, ⚕ Zusammenbruch, →Ohnmacht, →Schock. Zeitw.: **kollab'ieren.**

K'ollár, Jan, slowak. Dichter, *1793, †1852; romant. Panslawist; Sonette.

Kollati'on [lat.] die, **1)** Vergleichung einer Abschrift mit der Urschrift. **2)** Imbiß, Stärkung. **3)** Verleihung eines kirchl. Amts. Zeitw.: **kollationieren**.

Koll'eg [lat.] das, -s/-ien, **1)** Vorlesung (an Hochschulen). **2)** Jesuiteninstitut. **3)** Schuleinrichtungen des Zweiten Bildungswegs: mehrjährige Vollzeitschulen (Institute zur Erlangung der Hochschulreife) für Schüler von 19 Jahren an mit Berufsausbildung (Hansa-, Hessen-Kolleg u. a.).

Koll'ege [lat. collega] der, Amts-, Berufsgenosse. **Koll'egin** die. **kollegi'al**, kameradschaftlich, einträchtig. **Kollegi'algericht,** mit mehreren Richtern besetztes Gericht. **Kollegi'alsystem,** Zusammensetzung einer Behörde aus mehreren Mitgl., die durch Abstimmung entscheiden. **Kollegi'atkapitel,** das Kapitel einer nichtklösterl. und nichtbischöfl. Kirche **(Kollegiat-** oder **Stiftskirche). Koll'egium** das, -s/...gien, Körperschaft von Personen gleichen Amtes, z. B. Lehrkörper.

Koll'ekte [lat.] die, **1)** kirchl. Geldsammlung zu wohltätigem Zweck. **2)** kath. Messe: Gebet des Priesters vor der Epistel.

Kollekti'on [lat.] die, Sammlung.

kollekti'v [lat.], gemeinschaftl., gruppenweise; umfassend. **K.-Vollmacht,** mehreren Personen gemeinschaftl. übertragene Vollmacht.

Kollekti'v [lat.] das, Gruppe, Arbeitsgemeinschaft, bes. im Sinne des →Kollektivismus.

Kollektivi'erung die, Überführung von Privateigentum in Gemeineigentum.

Kollekti'vismus der, die Lehre, daß das gesellschaftl. Ganze den Vorrang vor dem Einzelnen (Individuum) habe, den der K. als unselbständigen Teil des Ganzen auffaßt. Gegensatz: Individualismus. Dem K. entsprechen gebundene Formen der Wirtschaft (Zwangs-, Planwirtschaft, kollektive Arbeitsregelungen).

Kollekt'ivschuld, die moral. und rechtl. Schuld, die einer Gesamtheit (Familie, Volk, nationale oder rass. Minderheit) für verbrecherische oder polit. Handlungen einzelner Glieder oder eines größeren Mittäterkreises beigemessen wird, auch wenn viele Individuen unschuldig sind.

Kollekt'ivum [lat.] das, -s/...va, ⑤ Sammelwort, z. B. Gebirge, Volk.

Kollekt'ivvertrag, **1)** Staatsvertrag, an dem auf jeder Seite mehr als ein Vertragsteil beteiligt ist. **2)** →Tarifvertrag.

Koll'ektor [lat.] der, →Kommutator.

Koller das, **1)** ärmelloses Lederwams des 17. Jahrh. **2)** ⚔ weißer Rock der Kürassiere. **3)** **K., Goller,** Frauenkragen.

Koller der, **1)** Wutausbruch. **2)** unheilbare Gehirnkrankheit bei Pferden.

Kollergang ⚙ Zerkleinerungsmaschine (für Erze, Steine, Kohlen), bei der schwere Walzen auf einer waagerechten Bahn abrollen.

K'olli, Colli [ital.] Mz., Frachtstücke.

kollidi'eren [lat.], zusammenstoßen.

Kollier [kɔlje, frz.] das, Halskette.

Kollim'ator [lat.] der, opt. Gerät, das eine Meßmarke oder dgl. ins Unendliche abbildet.

Kollisi'on [lat.] die, Zusammenstoß, Gegeneinanderwirken verschiedener Kräfte; Zwist.

Kollo, Walter, eigentl. **Kollodziezski,** Operetten- und Schlagerkomponist, *1878, †1940; »Wie einst im Mai«.

Koll'odium das, Lösung von Dinitrocellulose in Alkohol und Äther, verwendet als Wundverschluß, Lackherstellung, Schießpulver u. a.

Kollo'ide Mz., ⟨⟩ fein verteilte Stoffe mit Teilchengrößen zwischen tausendstel und millionstel Millimeter. Die Teilchen sind als **disperse Phase** in einem **Dispersionsmittel** verteilt. Kolloidale Lösungen stehen zwischen echten Lösungen und Suspensionen; sie zeigen keinen osmot. Druck, keine Siedepunktserhöhung und keine Gefrierpunktserniedrigung. Gelöste Kolloidteilchen tragen meist adsorbierte Ladungen, weshalb sie elektrolytisch ausgeschieden werden können (Elektrophorese); sie setzen sich als Gelee ab (Koagulation, Ausflokkung). K., die das Ausflocken anderer verhindern,

Köln: Severinsbrücke, im Hintergrund Dom

heißen Schutz-K., z. B. Dextrin. Im pflanzl. und tier. Körper sind viele Wirkstoffe in kolloidaler Lösung vorhanden.

Koll'oquium [lat.] das, wissenschaftl. Unterredung.

Kollusi'on [lat.] die, ᵍ'ᵈ »unerlaubte Verständigung zwischen Angeklagten und Zeugen zur »Verdunkelung« der Wahrheit. Verdunkelungsgefahr **(K.-Gefahr)** ist Verhaftungsgrund (§ 112 StPO).

Kollwitz, Käthe, Malerin, Graphikerin, Bildhauerin, *1867, †1945; sozial aufrüttelnde Radierungen und Lithographien; Gefallenendenkmal bei Dixmuiden.

Kolmar, →Colmar.

Köln, Hauptstadt des RegBez. K., Nordrh.-Westf., beiderseits des Rheins (8 Brücken), 866 300 Ew.; wichtiger Bahnknoten, Flußhafen, Flughafen in Wahn. Viele weltl. und kirchl. Bauten (→Kölner Dom) des MA. Erzbischofssitz, Univ., Hochschulen für Musik und Sport; Sitz des Dt. Städtetages, von Botschaften, Konsulaten, Handelsmissionen, Wirtschaftsverbänden u. a.–Industrie: Fahrzeug-, Maschinenbau, chem. Ind., Elektrotechnik, Petrochemie u. a.; zahlreiche Messen. – K. entstand als röm. Stadt (Colonia Agrippinensis); Karl d. Gr. errichtete 785 das Erzbistum K. Die Stadt, einer der wichtigsten Vororte der Hanse, wurde 1274 Reichsstadt. 1815 kam sie an Preußen. Im 2. Weltkrieg zu 72% durch Bomben zerstört.

Köln

Kölner Dom, das bedeutendste Bauwerk der Hochgotik in Dtl., fünfschiffiges Langhaus, Westtürme 160 m hoch; 1248 begonnen, Chor 1322 geweiht. Vollendet erst 1842-1880.

Kölner Malerschule, die am frühesten zu ausgeprägter Eigenart gekommene Schule der dt. Tafelmalerei. Im 15. Jahrh.: Meister der hl. Veronika, St. Lochner, Meister des Marienlebens, Meister von St. Severin u. a.

Kollergang

Kölnisch Wasser, französ. **Eau de Cologne,** alkohol. Lösung flüchtiger Öle; Duftwasser.

Kolomb'ine [ital. »Täubchen«] die, Geliebte des Harlekins im italien. Lustspiel.

Kol'omna, Stadt südöstl. von Moskau, 136 000 Ew.; Maschinen-, Baumwoll- u. a. Industrie.

K'olon [grch.] das, **1)** Satzzeichen: Doppelpunkt. **2)** ⟨ der Dickdarm (→Darm).

Kol'one [lat.] der, persönlich freier, erbl. an die Scholle gebundener, zu Abgaben an den Grundherrn verpflichteter Bauer in der röm. Kaiserzeit.

Kolon'el [frz.-engl. aus grch.], **1)** der, Oberst. **2)** die, Schriftgrad, →Schriften.

Koloniali'smus, Schlagwort für eine übersteigerte, rücksichtslose Kolonialpolitik.

Koloni'alstil, ein in Übersee zu Sonderformen entwickelter europäischer Stil.

Koloni'alwaren, überseeische Erzeugnisse: Kaffee, Tee, Reis, Kakao usw.

Koloni'e [von lat. colonus »Feldbauer«] die, auswärtige, i. d. R. überseeische Besitzung eines Staates. Arten: Siedlungs-K., nahm Massenauswanderungen in Dauersiedlung auf; Wirtschafts-K., diente der wirtschaftl. Ausnutzung; **kolonialer Stützpunkt,** Militär-, Luft-, Flottenstützpunkt. Man unterscheidet zwischen den **eigentlichen K.**

Kollwitz: Selbstbildnis

Kolosseum

Kolumbien

Kolumbus

Cauca. BEVÖLKERUNG. Über 70% Mischlinge, rd. 20% Weiße, sonst Neger und Indianer. Religion: rd. 90% kath. – WIRTSCHAFT. Anbau von Mais, Maniok, Reis; für die Ausfuhr: Kaffee, Bananen; Viehzucht; Energiewirtschaft. ⚒ auf Erdöl-, Erdgas, Kohle, Erze, Schmucksteine, Salz. Nahrungs‧mittel-, chem., Papier-, Metallind., Raffinerien. Ausfuhr: Kaffee, Erdöl, Bananen. Haupthandelspartner: USA. Haupthäfen: Santa Marta, Cartagena, Buenaventura, Barranquilla. Internat. Flughafen: Bogotá. ⊕ S. 517, ⊓ S. 345.

GESCHICHTE. Die 1536-39 errichtete span. Herrschaft wurde 1819 von Bolívar beseitigt. In blutigen Bürgerkriegen wurde ein loser Staatenbund, 1886 die »Republik K.« geschaffen. Staatspräs.: M. Pastrana Barrero (seit 1970).

Kol'umbus, Christoph, der Entdecker Amerikas, *1451, †1506; wollte Indien auf dem Westweg erreichen, gewann die Unterstützung der Königin Isabella und landete am 12.10.1492 auf der Insel Guanahani (Bahamas).

Kol'umne [lat.] die, 1) Säule. 2) senkrechte Reihe, Spalte. 3) Druckseite. **Kolumnist,** →Columnist.

Kol'ur [grch.] der, durch die Himmelspole gelegter Großkreis.

Kolym'a die, Fluß in NO-Sibirien, fließt vom Tscherskijgebirge ins Nordpolarmeer.

kom... [lat.], Nebenform von: →kon... vor Wörtern, die mit b, p oder m beginnen.

K'oma [grch.], 1) ♃ das, tiefe Bewußtlosigkeit, bei Harnvergiftung, Zuckerkrankheit, Schlaganfall u. a. 2) die, Bildfehler von Linsen oder Linsensystemen: ein seitl. der opt. Achse gelegener Punkt wird nicht als Punkt, sondern in Form eines Kometenschweifs abgebildet.

Kom'antschen Mz., nordamerikan. Indianerstamm in Texas und New Mexico, lebt jetzt in Reservationen.

Kombatt'ant [frz.] der, Mitkämpfer.

Kombin'at das, in den kommunist. Ländern der Zusammenschluß industrieller Erzeugungsstätten mit ihren Nebenindustrien.

Kombinati'on [lat.] die, 1) Zusammenfügung, Verknüpfung. 2) Gedankenverbindung, Vermutung. 3) ⚽ planmäßiges Zusammenspiel. Zeitwort: **kombin'ieren.**

Kombinati'onslehre, Kombinat'orik die, △ die Lehre von den verschiedenen Möglichkeiten, gegebene Dinge oder Elemente anzuordnen; bes. in der Wahrscheinlichkeitsrechnung.

Kombiwagen, Personenkraftwagen, der auch zur Beförderung von Gütern eingerichtet ist.

Komb'üse [holländ.] die, ♨ Schiffsküche.

Kom'et [grch.] der, **Schweifstern,** Himmelskörper von geringer Masse und Dichte, besteht aus Kopf (Meteoransammlung mit Gashülle) und in Sonnennähe oft einem von der Sonne abgekehrten Schweif. Ein mit bloßem Auge sichtbarer wiederkehrender K. ist der **Hallesche K.** (Umlaufzeit 76 Jahre, nächste Wiederkehr 1986).

Komfort [kɔmf'oːr, frz.] der, Bequemlichkeit. **komfort'abel,** bequem.

K'omi Mz., Eigenbez. der →Syrjänen. **ASSR der Komi,** Teilrep. (seit 1936) der Russ. SFSR, westlich des nördl. Ural, 415 900 km², 974 000 Ew.; Hauptstadt: Syktywkar. Vorwiegend Waldland. ⚒ auf Kohle (Workuta), Erdöl, Erdgas.

Komet: Halleyscher K.

(mit und ohne Selbstverwaltung; →Kronkolonie), →Protektoraten, Schutzstaaten und →Schutzgebieten, Pachtgebieten sowie →Mandats- und Treuhandgebieten. Die Bezeichnung K. wird heute vielfach durch eine andere ersetzt, so **Überseegebiet, Territorium.** – Die Gründung von K. begann mit den Phöniкern (Karthago) und erreichte in der Zeit vor dem 1. Weltkrieg ihren Höhepunkt. Nach dem 2. Weltkrieg setzte eine rasche Auflösung der Kolonialreiche ein. **Kolonisati'on** die, Gründung einer K.; **innere Kolonisation,** Urbarmachung, Besiedlung und wirtschaftl. Erschließung des eigenen Landes (→Siedlung). **kolonis'ieren,** besiedeln.

Kolon'ist der, Ansiedler, Koloniebewohner.

Kolonn'ade [frz.] die, Säulengang, -halle.

Kol'onne [frz. »Säule«] die, 1) Form der Truppenaufstellung. 2) Gruppe, Arbeitsgruppe.

Koloph'onium [nach der altgriech. Stadt Kolophon] das, **Geigenharz,** Rückstand bei der Destillation des Terpentinöls.

Koloqu'inte die, Kürbisgewächs N-Afrikas und S-Asiens; weißl., apfelgroße, bittere Frucht (**K.-Apfel**) mit eßbarem Samen.

Kolorat'ur [ital.] die, Gesangsverzierung, bes. für Sopranstimme.

kolor'ieren [lat.], 1) färben. 2) Zeichnungen farbig ausmalen. **Kolorim'eter** das, Gerät, mit dem man die Stärke einer Farblösung mit Hilfe von Vergleichslösungen bestimmt. **Kolor'it** das, 1) Farbgebung. 2) ♪ Klangwahl.

Kol'oß [grch.] der, Riesengebilde, z. B. Standbild. **koloss'al,** riesig, gewaltig.

Kol'osserbrief, Schrift des Apostels Paulus.

Koloss'eum das, 80 n. Chr. vollendetes Amphitheater in Rom für 40 000-50 000 Zuschauer; heute großartige Ruine.

Kol'oß von Rhodos, von Chares aus Lindos gegossenes, 34 m hohes Erzstandbild des Helios am Hafen von Rhodos, 227 v.Chr. umgestürzt; eines der 7 Weltwunder.

Kol'ostrum [lat.] das, ♃ milchähnl. Flüssigkeit, wird nach der Geburt von der Brustdrüse gebildet.

Kolping, Adolf, Gründer der kath. Gesellenvereine, *1813, †1865.

Kolportage [-t'aːʒe, frz.] die, 1) früher Wanderbuchhandel. 2) minderwertige Schrift; **K.-Roman,** Hintertreppenroman. **Kolporteur** [-œːr] der, Hausierer mit Büchern, Zeitschriften. **kolport'ieren,** 1) mit Druckschriften hausieren gehen. 2) verbreiten (ein Gerücht).

Koltsch'ak, Alexander, russ. Admiral, *1874, † (erschossen) 1920; 1918/19 Führer der weißruss. Armee gegen die Bolschewiki.

Kolumb'arium [lat. »Taubenhaus«] das, Urnenhalle eines Krematoriums.

Kol'umbien, amtl. **República de Colombia,** Rep. im NW Südamerikas, 1 138 355 km², 21,1 Mill. Ew.; Hauptstadt: Bogotá; Amtssprache: Spanisch. Präsidialverfassung. – Im W 3 Ketten der Kordilleren, die mittlere bis 5750 m hoch. Viele fruchtbare Hochbecken. Im O Trockensavannen (Llanos), nach SO in trop. Wälder (Amazonasgebiet) übergehend. Hauptflüsse: Magdalena,

K'omik [grch.] die, was erheiternd, lachenerregend· wirkt. **K'omiker,** Darsteller kom. Rollen Spaßmacher. **komisch,** spaßhaft, sonderbar.

Kominf'orm das, Kurzwort für Kommunistisches Informationsbüro, 1947 in Belgrad an Stelle der →Komintern gegr., Sitz Bukarest, April 1956 aufgelöst.

Komint'ern die, Kurzwort für Kommunistische Internationale; 1919 in Moskau gegr. (Dritte Internationale), um die Revolution im Sinne der marxist.-leninist. Lehren in andere Länder zu tragen. Formal von der bolschewist. Reg. unabhängig, wurde sie bes. unter Stalin ein Werkzeug der sowjet. Außenpolitik, löste sich 1943 auf (→Kominform). Der gegen die K. gerichtete **Antikominternpakt** wurde 1936 zwischen dem nat.-soz. Dt. Reich und Japan abgeschlossen, seit 1937 erweitert (Italien, Ungarn, Spanien u. a.).

Komit'adschi [türk.] Mz., bulgar. Freischärler in Makedonien (Ende 19. Jahrh.).

Komit'at [lat.] das, 1) feierl. Geleit. 2) früher Verwaltungsbez. in Ungarn (Gespanschaft).

Komit'ee [frz.] das, Ausschuß.

Kom'itien [lat.] Mz., im alten Rom die Volksversammlungen; **Kuriat-, Zenturiat-, Tribut- K.,** mit gesetzgeberisch unterschiedl. Bedeutung.

K'omma [grch.] das, -s/-s und -ta, Satzzeichen: der Beistrich.

Kommand'ant [lat.] der, Befehlshaber einer Festung, eines Schiffes u. a. **Kommandant'ur** die, entsprechende Behörde; das Dienstgebäude dieser Behörde. **Kommandeur** [-œ:r, frz.] der, Führer einer Truppe. **kommand'ieren,** befehlen.

Kommand'itgesellschaft, Abk. **KG.,** Handelsgesellschaft, bei der mindestens ein Gesellschafter persönl. mit seinem ganzen Vermögen haftet **(Komplementär),** der andere Teil nur mit einer bestimmten Vermögenseinlage **(Kommanditist).** Von der offenen Handelsgesellschaft unterscheidet sich die K. durch die Stellung des Kommanditisten (§§ 161 ff. HGB). Bei der **K. auf Aktien (KGaA.)** sind die Kommanditisten mit Einlagen auf das in Aktien zerlegte Grundkapital beteiligt.

Komm'ando [ital.] das, 1) Befehlswort. 2) Sonderauftrag. 3) Befehlshaberschaft. **Komm'andobrücke,** ⚓ Aufbau auf dem Oberdeck eines Schiffes, Aufenthaltsort des Schiffsführers.

Komm'ende [von lat. commendare »anvertrauen«] die, 1) kirchl. Pfründe ohne Amtspflichten. 2) Komturei (→Komtur).

kommensur'abel [lat.], maßverwandt.

Komm'ent [frz. comment, kɔm'ã »wie?«] der, das student. Brauchtum.

Komment'ar [lat.] der, Erläuterung; Auslegung von Gesetzen, Büchern, Zeitereignissen u. a. **Komment'ator** der, -s/...'oren, 1) Verfasser eines K. 2) Fernseh-, Rundfunksprecher, der zu Zeitereignissen Stellung nimmt.

K'ommerell, Max, Literarhistoriker, *1902, †1944; Prof. in Marburg; »Der Dichter als Führer in der dt. Klassik«, »Jean Paul«.

Komm'ers [lat.] der, studentisch: festl. Trinkgelage mit Gesang von **K.-Liedern.**

Komm'erz [lat.] der, Handel, Verkehr. **kommerzi'ell,** den Handel betreffend. **Kommerzialis'ierung** die, 1) Überbetonung des Wirtschaftlichen. 2) Umwandlung öffentl. in privatwirtschaftl. Schulden, z. B. durch die Dawes- und Young-Anleihen nach dem 1. Weltkrieg. **Komm'erzienrat,** bis 1919 verliehener Titel für Männer aus Handel und Industrie; Österreich: **Kommerzi'alrat.**

Kommilit'one [lat.] der, Mitstudent.

Kommis [kɔm'i, frz.] der, Handlungsgehilfe.

Komm'iß [lat.] der, die Truppe.

Kommiss'ar [lat.] der, 1) im Staats- oder Gemeindeauftrag tätige Person, die mit Sondervollmachten ausgestattet ist. 2) Amtsbezeichnung, z. B. Polizei-K. **kommiss'arisch,** beauftragt, auftragsweise.

kommiss'arische Vernehmung, die Vernehmung von Zeugen und Sachverständigen durch einen beauftragten oder ersuchten Richter.

Kommissi'on die, 1) Auftrag. 2) Ausschuß.

Kommissi'onär [lat.] der, Kaufmann, der Waren oder Wertpapiere im eigenen Namen, aber für Rechnung eines andern **(Kommittenten)** gegen Vergütung (Provision) kauft oder verkauft.

komm'od [frz.], bequem, gemächlich.

Komm'ode [frz.] die, Kastenmöbel mit Schubfächern. (TAFEL Möbelstile)

Kommod'ore [ital.] der, 1) Kriegsmarine: ⚓ Kapitän z. S., in Admiralsstellung. 2) Luftwaffe: Kommandeur eines Geschwaders. 3) Handelsmarine: Ehrentitel für verdiente Kapitäne.

kommun'al [lat.], eine Gemeinde betreffend oder ihr gehörig. **Kommun'al..,** Gemeinde... **kommunalis'ieren,** Privatunternehmen in Verwaltung und Besitz einer Gemeinde überführen.

Kommun'arsk, bis 1961 **Worosch'ilowsk,** Stadt in der Ukrain. SSR, im Donezbecken, 123000 Ew.; Kohlengruben, Hüttenwerk, chem. Industrie.

Komm'une [frz.] die, 1) Gemeinde. 2) **Pariser K.,** die revolutionäre sozialist. Sonderregierung vom 18. 3. bis 29. 5. 1871. 3) Vereinigung linksgerichteter Studenten **(Kommun'arden)** vor allem an der Freien Univ. Berlin. 4) →Volkskommune.

Kommunikati'on [lat.] die, Mitteilung, Verbindung, Verständigung.

Kommuni'on [lat.] die, kath. Kirche: Abendmahl. Kommunik'ant, Teilnehmer an der K. **kommuniz'ieren,** 1) das Abendmahl empfangen. 2) in Verbindung stehen (→kommunizierende Röhren).

Kommuniqué [-mynik'e] das, Denkschrift, amtl. Mitteilung.

Kommun'ismus [lat.] der, die Theorie einer Gesellschaftsordnung, in der es keine Klassenunterschiede gibt, die Produktionsmittel, die Produktion und die Güterverteilung in den Händen der Gesellschaft liegen, jeder gleichen Zugang zu den Verbrauchsgütern hat und der Staat mit seiner Zwangsgewalt zugunsten freiwilliger Zusammenarbeit verschwunden ist. Gedankengänge dieser Art wurden schon früh vertreten (altes Griechenland, frühes Christentum). Der heutige K. entstand aus dem Sozialismus des 19. Jahrh. Die beiden Begriffe wurden anfangs auswechselbar benutzt. Der Sozialismus und mit ihm der K. erhielten ihre theoret. Grundlage durch K. Marx und F. Engels **(Marxismus).** Sie verfaßten 1847 eine Kampfschrift, das **Kommunistische Manifest,** die alle Arbeiter aller Länder zum Zusammenschluß aufrief. In Auseinandersetzung mit reformer. Richtungen innerhalb des Marxismus (→Revisionismus 1) deutete und spezifizierte W. I. Lenin die Lehren von Marx u. Engels neu **(Marxismus-Leninismus)** und schuf die theoret. Grundlagen des **Bolschewismus,** der in der Oktoberrevolution 1917 in Rußland zur Macht kam (→Sowjetunion). Mit Hilfe der →Komintern ging unter Stalin die Führung des Weltkommunismus auf die Sowjetunion über. Nach ihrem Sieg im 2. Weltkrieg kam der K. in den Ostblockstaaten zur Herrschaft. Der Übergang Chinas ins Lager des K. (1949) und die →Entstalinisierung (seit 1956) haben eine neue Phase eingeleitet. Sie fand ihren Ausdruck in der weiteren Verbreitung des K. in Ostasien (Nordkorea, Vietnam), in der Ablehnung des Führungsanspruches der KPdSU seitens der Partei- und Staatsführung in China (Mao Tsetung), bes. in dem Versuch, das Eigengewicht der kommunist. Staaten Europas (Rumänien, Tschechoslowakei) gegenüber der Sowjetunion zu verstärken. Seit 1961 machte sich der ideolog. und machtpolit. Gegensatz zwischen China und der Sowjetunion immer mehr bemerkbar. Nach der Revolution in Kuba 1959 unter F. Castro faßte der K. in einem lateinamerikan. Staat Fuß, übte im ibero-amerikan. Raum starken Einfluß aus.

In den kommunist. regierten Staaten sind Machtpolitik und kommunist. Ideologie eng miteinander verquickt. In diesen Volksrepubliken oder →Volksdemokratien ist der K. jeweils durch eine Minderheit zur Herrschaft gelangt. Er hat dann alle Mittel eingesetzt, um die Alleinherrschaft zu erringen; die übrigen polit. Parteien wurden aufgelöst oder führten ein Schattendasein.

Kompaß:
Kreisel-K.,
a Schwimmer,
b Kreisel

kommunizierende
Röhren

Der Staatsapparat wurde der KP untergeordnet und von ihr überwacht. Die Herrschaftsform ist totalitär und bürokratisch, auf straffe Lenkung der Massen abgestellt. Die individuelle Freiheit wurde aufgehoben und in der Wirtschafts-, Sozial- und Kulturpolitik durch einen radikalen →Kollektivismus ersetzt; das Privateigentum an Produktionsmitteln wurde durch Vergesellschaftung und »Bodenreform« beseitigt oder zumindest eng begrenzt. Gleichzeitig wurden starke militär. Kräfte aufgebaut. In der KP selbst wurden Abweichungen von der Generallinie durch »Säuberungen« und »Liquidationen« abgewehrt. Auswüchse der Zeit Stalins, wie Persönlichkeitskult, Massenterror, Vorgehen gegen nationale Volksgruppen u. a., wurden vom 20. Parteikongreß der KP der Sowjetunion 1956 verworfen; einige andere kommunist. Länder folgten dem Beispiel der »Entstalinisierung«. Die Verquickung des K. mit der Weltmachtpolitik der Sowjetunion hat, ebenso wie die Mißachtung der Freiheit, die Anziehungskraft des K. geschwächt. Versuche der Kommunist. Partei der Tschechoslowakei, persönl. Freiheit, Presse-, Meinungsfreiheit mit dem Führungsanspruch der Kommunist. Partei zu verbinden, wurden durch den Einmarsch von Truppen aus den Staaten des Warschauer Paktes (August 1968) vereitelt.

Kommunistische Parteien. Staatspartei ist die KP oder eine von ihr beherrschte »Einheitspartei« in der Sowjetunion und den Ostblockstaaten (Polen, Tschechoslowakei, Ungarn, Rumänien, Bulgarien, Albanien, Dt. Dem. Rep.), ferner in Jugoslawien, China, N-Korea, N-Vietnam und Kuba. In Westeuropa verfügt die KP nur in Frankreich und Italien über größere Wählermassen (1968 in Italien 26,9%, in Frankreich 20,3%). Im übrigen Europa und in Amerika spielen die KP keine große Rolle, in vielen Ländern sind sie verboten.

Die KP wurde 1918 in Rußland gegründet (→Bolschewismus), ihr folgten die Gründungen der KP in Dtl. (1919) und der übrigen Welt. Die **KPD** spielte 1919-23 eine revolutionäre Rolle. 1932 besaß sie 100 von den 584 Sitzen im Reichstag. 1933 wurde sie aufgelöst. 1945 wurde die KPD in allen Besatzungszonen zugelassen, 1946 in der sowjet. Zone mit der SPD zur »Sozialist. Einheitspartei« (SED) verschmolzen. In der Bundesrep. Dtl. wurde die KPD 1956 für verfassungswidrig erklärt und aufgelöst; eine »Deutsche Kommunist. Partei« (DKP) wurde 1968 neu gegründet.

kommuniz'ierende Röhren, oben offene, unten verbundene Röhren, in denen eine Flüssigkeit überall gleich hoch steht.

Kommutati'on [lat.] die, Vertauschung.

Kommut'ator [lat.] der, ⌀ Teil einer Gleichstrommaschine, der die Wechselströme der Ankerwicklung gleichrichtet.

Komn'enen, byzantin. Kaiserhaus aus Kleinasien, herrschte 1057-59 und 1081-1185 in Konstantinopel, 1204-1462 in Trapezunt.

Kom'ödie [grch.] die, **1)** Lustspiel, die Gattung des →Schauspiels, die Verwicklungen zu heiterem Schluß führt. Eine Abart ist die **Posse**, sie sucht durch derb Lächerliches zu wirken; eine Mittelstellung zwischen beiden nimmt der **Schwank** ein. **2)** im weiteren Sinn: Theater und Theaterstück überhaupt. **Komödi'ant der,** → Schauspieler.

Kom'oren Mz., vulkan. Inselgruppe an der O-Küste Afrikas, französ. Übersegebiet; 2171 km², rd. 260 000 Ew. Ausfuhr: Vanille, Sisal, Duftstoffpflanzen (Ylang-Ylang).

K'omotau, tschech. **Chomutov,** Stadt in der Tschechoslowakei, am Fuß des Erzgebirges, 38 300 Ew.; vielseitige Ind.; Braunkohlen⚒.

Kompagnon [kõpaɲõ, frz.] der, Teilhaber, Gesellschafter.

komp'akt [lat.], gedrungen, fest, dicht.

Kompan'ie [frz.] die, -/...n'ien, **1)** Genossenschaft, Gesellschaft. **2)** ⚒ Truppenabteilung, 100 bis 250 Mann.

kompar'abel [lat.], vergleichbar.

Komparati'on [lat.] die, **1)** Vergleichung. **2)** Ⓢ

Steigerung. **K'omparativ** der, Ⓢ Steigerungsstufe.

Kompar'ator [lat.] der, Gerät zur genauen Längenmessung (Abstand von Spektrallinien, von Sternen auf photograph. Platten, Messungen in der Feinmeßtechnik.

Komp'arse [ital.] der, stummer Darsteller be Theater und Film. **Komparser'ie** die, Statisten.

K'ompaß [ital.] der, Instrument zum Bestimmen der Himmelsrichtung. Der **Magnet-K. (Bussole)** besteht aus einer sich in waagrechter Richtung frei drehenden Magnetnadel, die sich infolge des erdmagnet. Feldes in N-S-Richtung einstellt (→Deklination). Beim **Kreisel-K.** dreht sich eine Scheibe um eine waagrechte Achse, die sich von selbst, also unabhängig vom magnet. Einflüssen, immer gleichlaufend zur Erdachse, also genau in die N-S-Richtung, einstellt.

kompat'ibel [lat.], vereinbar.

Komp'endium [lat.] das, **1)** Handbuch. **2)** trichterförmiger Vorsatz vor den Linsen einer Kamera, hält Streulicht ab.

Kompensati'on [lat.] die, **1)** allgemein: Ausgleichung, Aufhebung der Wirkung einander entgegengesetzter Ursachen. **2)** AUSSENHANDEL: bei Devisenbewirtschaftung die Verrechnung der Einfuhr mit der Ausfuhr, so daß keine Devisenzahlungen nötig sind. **3)** STRAFRECHT: Ausgleich wechselseitiger Verschuldens. **4)** PSYCHOLOGIE: Ausgleich von Minderwertigkeitskomplexen.

Kompens'ator [lat. Kw.] der, in der Optik auch **Komparator,** ein Gerät, das eine Meßgröße, z. B. elektr. Spannung oder Lichtintensität, mit einer bekannten Standardgröße vergleicht.

kompet'ent [lat.], zuständig, befugt. **Kompet'enz** die, Zuständigkeit, hier. Behörde.

Kompilati'on [lat.] die, ein aus Büchern anderer zusammengestelltes Werk; Zeitwort: **kompil'ieren;** Hauptwort: **Kompil'ator** die.

Komplem'ent [lat.] das, Ergänzung, Ergänzungsstück. **K.-Winkel,** der Winkel, der einen gegebenen zu 90° ergänzt. **Komplement'är,** persönl. haftender Gesellschafter der →Kommanditgesellschaft. **Komplement'ärfarben,** Farben, die zusammen Weiß ergeben (→Farbe).

Komplet, 1) die [kõpl'e, frz.], Kleid mit Jacke oder Mantel. 2) die [lat.], kirchl. Nachtgebet.

kompl'ett [frz.], 1) vollständig. 2) besetzt. **komplett'ieren,** vervollständigen.

Kompl'ex [lat.] der, 1) Gesamtumfang, Inbegriff; Gebiet, Fläche; Block (von Gebäuden). 2) PSYCHOLOGIE: Erlebnisgesamtheiten, die sich aus Einzelbestandteilen zusammensetzen; PSYCHO-ANALYSE: ein »affektmächtiger Gedanken- und Interessenkreis« (S. Freud), der oft unbewußt ist und von sich aus in das Seelenleben einwirkt, z. B. Minderwertigkeits-K.

kompl'exe Zahlen, aus →reellen und →imaginären Zahlen zusammengesetzte Zahlen der Form a + bi.

Komplexverbindung, ⌀ zusammengesetzte chem. Verbindung; ein **Zentralatom** oder -ion ist von weiteren Atomen, Molekülen, Ionen oder Radikalen, den **Liganden,** umgeben.

Komplikati'on [lat.] die, 1) Verwicklung. 2) ⚕ Zusammentreffen mehrerer Krankheiten.

Komplim'ent [frz.] das, Höflichkeitsbezeigung, liebenswürdige Schmeichelei.

Kompl'ize [lat.] der, Mitschuldiger.

kompliz'ieren [lat.], verwickeln, erschweren.

Kompl'ott [frz.] das, Verschwörung.

Kompon'ente [lat.] die, Bestandteil eines Ganzen, Baustein.

kompon'ieren [lat.], 1) zusammensetzen. 2) ♪ →Komposition 2). **Kompon'ist** der, ♪ Tonsetzer, Tondichter.

Kompos'iten Mz., ♠ die →Korbblüter.

Kompositi'on [lat.] die, 1) wohldurchdachte Zusammensetzung. 2) ♪ die Schöpfung eines musikal. Kunstwerks und dieses selbst.

Komp'ositum [lat.] das, -s/...ta, Ⓢ Zusammensetzung, zusammengesetztes Wort.

Komp'ost [frz. aus mittellat.] der, Mischdünger aus Erde, Abfällen, Jauche.

Komp'ott [frz.] das, gedünstete oder einge-machte Früchte.
kompr'eß [lat.], eng, dicht gedrängt; Druck-technik: Schriftsatz ohne Zwischenraum (Durch-schuß) zwischen den Zeilen.
Kompr'esse [lat.] die, ⚕ Verband aus mehrfach zusammengelegtem Mull oder Leinen.
Kompressi'on [lat.] die, 1) Zusammenpressen. 2) Verdichten von Gasen, z. B. bei Verbrennungs-motoren.
Kompr'essor [lat.] der, -s/...'oren, ⚙ Maschi-ne zum Verdichten (Komprimieren) von Gasen und Dämpfen, z. B. zur Erzeugung von Druckluft, für Kälteanlagen, Ferngasversorgung, Luftver-flüssigung, Drucksynthesen. **Kolben-K.** haben wie die Dampfmaschine Zylinder, **Turbo-K.** arbeiten ähnlich dem Dampfturbine.
komprim'ieren [lat.], zusammenpressen, ver-dichten; komprimierte Luft, ↠Druckluft.
Komprom'iß [lat.] der, 1) Vergleich, Über-einkunft. 2) Zwischenlösung.
kompromitt'ieren [lat.], bloßstellen, gefährden.
Komsom'ol der, Kurzwort für die kommunist. Jugendorganisation in der Sowjetunion.
Komsom'olsk-na-Am'ure, Stadt in der So-wjetunion, am Amur, 218 000 Ew.; Stahlwerke, Werften, Flugzeugbau, Ölraffinerie.
Komt'esse [frz.] die, unverheiratete Gräfin.
Komt'ur [lat.] der, 1) Verwalter oder Amts-träger eines Ritterordens. **Komtur'ei, Kommende** die, bei den geistl. Ritterorden das einem K. über-wiesene Verwaltungsgebiet; mehrere Komtureien bilden eine **Ballei.** 2) Inhaber einer höheren Or-densstufe.
kon... [lat.], in Fremdwörtern: zusammen..., mit...
Kon'ak [türk.] der, in der Türkei: Regierungs-gebäude; Schloß.
Konakry, ↠Conakry.
K'onche die, bei frühchristl. und roman. Kir-chen die Halbkuppel der Apsis, auch diese selbst.
Konch'ylie [grch.] die, ⚭ Schale von Schnek-ken und Muscheln.
Kondensati'on [lat.] die, Übergang von Gasen und Dämpfen in den flüssigen oder festen Zu-stand.
Kondens'ator [lat.] der, 1) ⚡ Vorrichtung zur Aufnahme elektr. Ladungen, z. B. der Platten-K.: zwei Metallplatten, die sich in geringem Abstand gegenüberstehen. Die Aufnahmefähigkeit hängt von der Größe der Platten, ihrem Abstand und der Art des Diëlektrikums ab. Der K. hat die Ei-genschaft, Gleichstrom zu sperren, Wechselstrom aber weiterzuleiten (↠Drehkondensator). 2) Vor-richtung bei Dampfturbinen, die den Abdampf zu Wasser verdichtet.
Kond'ensor [lat.] der, in opt. Geräten die Sammellinse oder das System aus mehreren Sam-mellinsen oder Spiegeln zur richtigen Beleuch-tung.
Kondensstreifen Mz., zu Eiskristallen erstarrte feine Wassertröpfchen, die sich aus dem Wasser-dampf der Abgase von Flugzeugen an Kondensa-tionskernen bei Temperaturen weit unter dem Ge-frierpunkt bilden.
Konditi'on [lat.] die, 1) Bedingung; im Han-del: Lieferungs-, Zahlungsbedingung. 2) ⚕ kör-perl. Verfassung. **kondition'al, kondition'ell,** be-dingend, bedingt. **Kondition'alsatz,** ⑤ Bedin-gungssatz.
Kond'itor [lat.] der, Fein-, Zuckerbäcker.
Kondol'enz [lat.] die, Beileidsbezeigung. Zeit-wort: **kondol'ieren.**
Kond'om der, Gummischutz, Präservativ.
Kondomin'at [lat.] das, **Kondom'inium** das, die ungeteilte Herrschaft mehrerer über ein Ge-biet; auch das Gebiet selbst.
K'ondor der, größter Geiervogel in den Anden; 3 m Flügelspanne.
Kondotti'ere [ital.] der, ↠Condottiere.
Kondu'ite [frz.] die, Betragen, Führung.
Kond'ukt [lat.] der, Geleit, Leichenzug.
Kondukteur [-t'œːr, frz.] der, ⚐ Schaffner.

Kompressor: Kolben-K.

Absperrventil — IV. Stufe — III. Stufe — Kolbenstange — Kreuzkopf — Elektromotor — II. Stufe — I. Stufe — Kompressorkolben — Pleuelstange

Kond'uktor [lat.] der, ⚡ isoliert aufgestellte Metallkugel, ältere Form eines Kondensators.
Konf'ekt [lat.] das, Zuckerwerk, Pralinen.
Konfekti'on [lat.] die, serienmäßig hergestellte Fertigkleidung.
Konfer'enz [lat.] die, Beratung, Sitzung.
Konfessi'on [lat.] die, 1) (Glaubens-)Bekennt-nis. 2) Bekenntnisschrift. **konfession'ell,** das Glau-bensbekenntnis betreffend.
Konf'etti [ital.] Mz., Papierschnitzel zum Be-werfen beim Karneval.
Konfigurati'on [lat.] die, Gestaltung, Anord-nung.
Konfirmati'on [lat.] die, 1) Bestätigung. 2) Einsegnung, in der evang. Kirche die feierl. Be-stätigung des Tauf bundes seitens des **Konfirm'an-den,** seine Zulassung zu allen kirchl. Rechten und Pflichten.
Konfiskati'on [lat.] die, Beschlagnahme, Ein-ziehung. Zeitw.: **konfisz'ieren.**
Konfit'üre [frz.] die, Eingemachtes, Marmela-de, auch andere Süßwaren.
Konfl'ikt [lat.] der, Streit, Zusammenprall, Gegensatz.
Konföderati'on [lat.] die, Staatenbund.
Konföderierte Staaten von Amerika, die 11 Südstaaten der USA, die 1861-65 einen Sonder-bund bildeten; unterlagen im Sezessionskrieg den Nordstaaten und kehrten zur Union zurück.
konf'orm [lat.], übereinstimmend.
Konform'ist der, sich willig Anpassender.
Konfr'ater [lat.] der, Mitbruder.
Konfrontati'on [lat.] die, Gegenüberstellung. Zeitw. **konfront'ieren.**
konf'us [lat.], verwirrt. **Konfusi'on** die, Ver-wirrung. ⚖ Vereinigung von Gläubigerrecht und Schuldnerpflicht in einer Person.
Konfutati'on [lat.] die, ✝ Widerlegung.
Konf'uzius, eigentl. **Kung-fu-tse,** chines. Philosoph, *551 v. Chr., † um 479 v. Chr.; war Be-amter, wurde verbannt, führte ein Wanderleben und sammelte viele Schüler um sich; erst im Alter kehrte er in seine Heimat zurück. — Nach dem **Konfuzian'ismus** ist die Familie die Grundlage des Staates. Als Grundtugenden gelten Nächstenliebe, Gerechtigkeit, Schicklichkeit, Weisheit und Pietät, bes. in der Form der Treue gegen die Eltern; der Pietätsgedanke ist mit dem Ahnenkult verbunden.
kongeni'al [lat.], geistesverwandt.
kongenit'al [lat.], angeboren.
Kongesti'on [lat.] die, der Blutandrang.
Konglomer'at [lat.] das, 1) Klumpen von ver-schiedenartigen Dingen. 2) ⊕ aus Geröllen be-stehendes, durch kalkige u. a. Bindemittel verkit-tetes Gestein, z. B. der engl. **Puddingstein** aus Feuersteingeröll oder der ↠Nagelfluh.
Kongo der, wasserreichster Strom Afrikas, 4320 km lang, entspringt als Lualaba auf dem Katanga-Hochland, vereinigt sich mit dem Lua-pula und Lukuga. Nach den **Stanley-Fällen** er-weitert er sich im Stanley Pool zu einem See, bil-det im Unterlauf die 32 **Livingstone-Fälle,** mündet, 40 km breit, in den Atlant. Ozean. Größere Ne-benflüsse sind rechts Aruwimi, Ubangi, Sanga, links Lomami, Kasai. (FARBTAFEL Afrika I S. 161)
Kongo, Bakongo, Bantuvolk im westl. Kongo und in N-Angola, 2,8 Mill.
Kongo, zwei Staaten in Mittelafrika:
1) K. Brazzaville, Kongo (B.), Volksrep. (seit 1970) im westl. Äquatorialafrika, 342 000 km²; 870 000 Ew. (meist Bantu); Hauptstadt: Brazzaville; Amts-

sprache: Französisch. K., zwischen Gabun und Kongo (K.) gelegen, ist meist stark zerklüftetes Bergland. Forstwirtschaft. ⚒ auf Erdöl, Blei, Zink, Diamanten, Gold, Kalisalze u. a. Ausfuhr: Diamanten, Holz, Erdöl. Seehafen: Pointe-Noire. – Ehemaliges Gebiet von Französ.-Äquatorialafrika, 1958 autonom, 1960 unabhängig. Staatsratsvors.: M. Ngouabi (seit 1969). ⊕ S. 514, ⊓ S. 345.
2) K. Kinshasa, Kongo (K.), →Zaïre.
Kongo|rot, ⊸O roter Azofarbstoff.
Kongregati'on [lat. »Vereinigung«] die, kath. Kirche: **1)** Verbindung mehrerer Klöster derselben Regel. **2)** Klostergenossenschaft mit einfachen Gelübden oder Vereinigung ohne Gelübde. **3) Kardinals-K.,** die 9 Ministerien des Papstes.
Kongr'eß [lat.] der, **1)** Tagung, Zusammenkunft, bes. von Bevollmächtigten mehrerer Staaten. **2)** die aus Senat und Repräsentantenhaus bestehende Volksvertretung der USA.
Kongreßpolen, das durch den Wiener Kongreß 1815 geschaffene Kgr. Polen, in Personalunion mit Rußland, 1832 Rußland einverleibt.
Kongru'enz [lat.] die, Übereinstimmung. △ zwei Figuren sind **kongruent,** wenn sie in Größe und Gestalt übereinstimmen. Zeichen: ≅.
Konia, die türk. Stadt →Konya.
Konif'eren [lat.] Mz., die →Nadelhölzer.
König [ahd. kuning], der, höchste Herrscherwürde nach dem →Kaiser; Anrede: »Majestät«. – Aus dem Königtum der Merowinger und Karolinger gingen die dt. und das französ. Königtum hervor. Im Unterschied zur Erblichkeit bes. des französ. und engl. Königtums blieb das dt. bis 1806 ein Wahlkönigtum. Wahlberechtigt waren zunächst alle Reichsfürsten, später nur die Kurfürsten. Die Wahl fand seit 1152 in Frankfurt a.M. statt, die Krönung bis 1531 in Aachen. Seit Otto d. Gr. (962) führten die dt. Könige den Titel eines »Römischen Kaisers«, sobald sie in Rom vom Papst gekrönt waren; seit 1508 und 1556 nannten sie sich ohne päpstl. Krönung Kaiser. **2)** Spielkarte. **3)** Hauptfigur im Schachspiel.
König, 1) Franz, Kardinal, *1905, Erzbischof von Wien. **2)** Leo Freiherr v., Maler, *1871, †1944; Impressionist; Bildnismaler.
Koenig, Friedrich, *1774, †1833; Erfinder der Buchdruck-Schnellpresse.
Könige, Bücher der K., Schrift des A. T., enthalten die israelit. Geschichte vom Tod Davids bis zur Babylon. Gefangenschaft.
Königgr'ätz, tschech. **Hradec Králové,** Stadt in der Tschechoslowakei, an der Elbe, 65 000 Ew.; got. Kathedrale (1312); Leichtmetall-, Maschinen-, Textil-, Gummi-, Holz-Ind. 1866 Sieg der Preußen über die Österreicher und Sachsen.
Königin die, **1)** Herrscherin in einem Königreich oder Gattin eines Königs. **2)** Karten- und Schachspiel: Dame. **3)** Weisel, das fruchtbare Weibchen des Bienenvolks (→Biene).
Königin-Charlotte-Inseln, gebirgige, fjordreiche Inselgruppe an der W-Küste Kanadas, 13 215 km², von Indianern bewohnt.
Königin der Nacht, ⚘ ein →Säulenkaktus.
Königs-Au, 50 km langer Fluß in Jütland, Dänemark; 1864-1920 Grenze zwischen Dänemark und Schleswig-Holstein.
Königsberg, die ehem. Hauptstadt der Prov. Ostpreußen, Festung, zu beiden Seiten des Pregels, (1939) 372 200 Ew.; war geistiger Mittelpunkt des dt. Ostens, bes. durch die Albertus-Universität und die Staats- und Universitätsbibliothek; ferner Handelshochschule, Kunstakademie, Konservatorium, Theater, Museen; Wirtschaftsmittelpunkt (Ostmesse); Hafen mit modernen Löschanlagen; Industrie umfaßt: landwirtschaftl. Verarbeitungsbetriebe, Sägewerke, Cellulosefabriken, Landmaschinen- und Waggonbau, Werften, Ziegeleien, Textilien, Bernsteinmanufaktur, Marzipanherstellung. Bedeutende Bauwerke waren u. a.: Schloß aus der Ordenszeit, Kirche von Juditten (Anfang 14. Jahrh.), Dom, Schloßkirche (1592), Burgkirche (1690). – 1255

Königsberg

Königsberg: Holzbrücke und Dominsel (Vorkriegsaufnahme)

vom Dt. Orden gegr., war K. seit 1457 Sitz des Hochmeisters und 1525-1618 der Herzöge von Preußen; Krönungsstadt der preuß. Könige (1701; 1861). 1944/45 wurde die Innenstadt mit Dom und Schloß zerstört; seit 1945 steht es unter sowjet. Verw. (**Kaliningrad,** 1970: 297 000 Ew.).
Königsh'ütte, poln. **Chorzów,** Stadt in Polen, im oberschles. Industriegebiet, 153 300 Ew.; Steinkohlengruben, Eisen- und Stahl-Ind., Zement-, Stickstoff-, Waggonfabrik, Großkraftwerk. K. fiel 1921 an Polen.
Königskerze, Wollkraut, Gattung hochstaudiger filzhaariger Rachenblüter. Die gelbblühende **Großblütige K.** oder **Fackelblume** wird 2 m hoch, ihre getrockneten Blüten (**Wollblumen**) geben Hustentee.
Königsleutnant, unter den Bourbonen in Frankreich der Stellvertreter des Königs (lieutenant du roi); später hoher Militärbeamter in besetzten Gebieten.
Königsl'utter, Stadt in Ndsachs., am Elm, 9600 Ew.; Industrie; Kalkwerke; Roman. Stiftskirche (Kaiserdom; Grab Kaiser Lothars).
Königsschlange, Abgottschlange, eine →Riesenschlange.
Königssee, Alpensee bei Berchtesgaden, bis 188 m tief, 5,2 km² groß. (FARBTAFEL Deutschland, Landschaften S. 174)
Königspitze, Berg im →Ortler, 3857 m.
Königsstuhl, achteckiger Steinbau von 1376 bei Rhens am Rhein, 1794 zerstört, 1843 wiederhergestellt; im MA. Versammlungsort der Kurfürsten.
Königstein im Taunus, Stadt und Luftkurort im Obertaunuskreis, Hessen, 9500 Ew.; Burgruine. **Königsteiner Kreis,** Vereinigung von Persönlichkeiten des öffentl. Lebens, die die Probleme der Wiedervereinigung erörtert.
Königstuhl, 1) Berg bei Heidelberg, 568 m. **2)** Kreidefels bei Stubbenkammer auf Rügen.
Königswasser, ⊸O Lösungsmittel für Gold und Platin, Mischung aus 3 Teilen konzentrierter Salzsäure mit 1 Teil konzentrierter Salpetersäure.
Königsw'inter, Stadt in Nordrh.-Westf., am rechten Rheinufer, 31 800 Ew.; Zahnradbahn nach dem Petersberg, Drachenfels.

Königslutter: Stiftskirche (Chor)

Königs Wusterh'ausen, Kreisstadt im Bez. Potsdam, 10 300 Ew.; Jagdschloß (1718), Standort des »Dtl.-Senders« der Dt. Dem. Rep.

Koni'in, Coniïn [grch.] das, sehr giftiges Alkaloid aus dem gefleckten Schierling.

Konim'eter das, Meßgerät zum Feststellen des Staubgehaltes der Luft.

k'onisch [grch.], kegelförmig.

Köniz, Vorort von Bern, Schweiz, 32 500 Ew.; Brauerei, Metall-, Maschinen- u. a. Industrie.

Konjekt'ur [lat.] die, Vermutung; Verbesserungsversuch in alten Texten.

K'onjew, Iwan, sowjet. Marschall, *1897; 1946 bis 1950 Oberbefehlshaber des sowjet. Heeres, 1955 bis 1960 der Streitkräfte der Ostblockstaaten, 1961 bis 1962 der in der Dt. Dem. Rep. stationierten sowjet. Truppen.

Konjugati'on [lat.] die, Ⓢ Beugung des Zeitwortes. Zeitw.: konjug'ieren.

Konjunkti'on [lat.] die, 1) Ⓢ das →Bindewort. 2) ⚶ →Aspekt.

K'onjunktiv [lat.] der, Ⓢ Möglichkeitsform.

Konjunktiv'itis die, Bindehautentzündung.

Konjunkt'ur [lat.] die, Gesamtlage der Wirtschaft, bes. die Bewegungsvorgänge, aus denen sich die wirtschaftl. Aussichten ergeben; i. e. S. die günstige Lage. Das wirtschaftl. Wachstum verläuft wellenförmig (**K.-Schwankungen, K.-Zyklen**). Der **K.-Anstieg** ist durch ein Ansteigen von Erzeugung, Beschäftigung, Gewinnerwartungen und Preisen gekennzeichnet, die **Hoch-K.** durch steigende Zinssätze bei nachlassendem Preisauftrieb und Umschlag in die Krise (Geldknappheit, sinkende Börsenkurse, Produktionsrückgänge, steigende Arbeitslosigkeit), die darauf folgende **Depression** durch sinkende Zinssätze. – Die **K.-Theorien** untersuchen die Ursachen dieser Schwankungen. Aufgabe der **K.-Forschung** ist die statist. Beobachtung der Wirtschaft, aus der man Voraussagen über den weiteren Verlauf (**K.-Prognosen**) zu gewinnen sucht. Die staatl. Maßnahmen zur Vermeidung übermäßiger Wirtschaftsschwankungen heißen **K.-Politik.**

konk'av [lat.], hohl, nach innen gekrümmt. **K.-Linse,** Zerstreuungslinse; **K.-Spiegel,** Hohlspiegel. Gegensatz: konvex (→Linse).

Konkl'ave [lat.] das, 1) von der Außenwelt abgeschlossener Raum, in dem die Kardinäle zur Papstwahl zusammenkommen. 2) Kardinalsversammlung zur Papstwahl.

konklud'ent [lat.], eine Schlußfolgerung zulassend, schlüssig. **Konklusi'on** die, Schluß, Schlußfolgerung.

Konkord'anz [lat.] die, 1) Zusammenstellung aller in einem Schrifttwerk vorkommenden Wörter nach dem Abc mit Angabe der Belegstellen (Verbal-K.) oder aller auf einen bestimmten Gedanken oder Gegenstand bezüglichen Stellen (Real-K.), z. B. die Bibelkonkordanz. 2) ⊕ die gleichförmige Lagerung von Schichten. Gegensatz: →Diskordanz.

Konkord'at [lat.] das, Vertrag zwischen einem Staat und dem Heil. Stuhl, z. B. K. mit Bayern (1924), Preußen (1929), Baden (1932), dem Dt. Reich (1933), →Reichskonkordat.

Konk'ordienbuch, Sammlung der luther. Bekenntnisschriften.

Konkrem'ent das, ⚕ durch gegenseitige Verkittung kleinerer Teile entstandene feste Masse, z. B. Gallensteine, Nierensteine.

konkr'et [lat.], dinglich, anschaulich, greifbar. Gegensatz: abstrakt.

Konkreti'on [lat.] die, in einem anderen Gestein eingeschlossene Mineralmasse.

Konkubin'at [lat.] das, wilde Ehe. **Konkub'ine** die, Geliebte, Nebenfrau.

Konkupisz'enz [lat.] die, fleischl. Begierde.

Konkurr'enz [lat.] die, 1) Wettstreit. 2) Wettbewerb im Wirtschaftsleben. **Konkurrenzklausel,** ⚖ das vertragl. →Wettbewerbsverbot. **Konkurr'ent** der, Mit-, Wettbewerber, Gegner. Zeitw.: konkurr'ieren. 3) K. von Verbrechen, →Idealkonkurrenz, →Realkonkurrenz.

konkurr'ierende Gesetzgebung, in einem Bundesstaat der Bereich der Gesetzgebung, für den der Gesamtstaat und die Gliedstaaten nebeneinander zuständig sind.

Konk'urs [lat.] der, 1) Zahlungsunfähigkeit. 2) K.-Verfahren, das Verfahren zur gleichzeitigen und gleichmäßigen Befriedigung aller Gläubiger (K.-Gläubiger) aus dem gesamten Vermögen (K.-Masse) eines zahlungsunfähigen Schuldners (Gemeinschuldner). Der K. wird auf Antrag des Schuldners oder eines Gläubigers durch das Amtsgericht (K.-Gericht) eröffnet. Die Abwicklung führt ein richterl. bestellter K.-Verwalter durch. Das Verfahren ist in der K.-Ordnung v. 10. 2. 1877/20. 5. 1898 geregelt. (→Zwangsvergleich, →Vergleich)

Konn'ex [lat.] der, Zusammenhang. **Konnexi'on** die, einflußreiche Verbindung.

Konniv'enz [lat.] die, Nachsicht, Duldung.

Konnossem'ent [ital.-frz.] das, ⚓ Seefrachtbrief, vom Schiffer nach Empfang des Gutes ausgestellte Urkunde, die ihn verpflichtet, das Gut dem berechtigten Inhaber des K. nach Beendigung der Reise auszuhändigen.

Konn'ubium [lat.] das, Ehe.

Konquistad'or [span. »Eroberer«] der, Eroberer, bes. die span. Eroberer in Amerika im 16. Jahrh. (Cortez, Pizarro).

Konrad [ahd. »Kühnrat«], männl. Vorname.

Konrad. Deutsche Könige. 1) **K. I.** (911-918), Herzog der Franken, kämpfte vergeblich gegen die übrigen Stammesherzöge. 2) **K. II., der Salier** (1024-39), wurde 1027 in Rom zum Kaiser gekrönt, warf die Aufstände seines Stiefsohnes Ernst II. von Schwaben nieder, erwarb 1032 das Kgr. Burgund. Grab im Dom zu Speyer. 3) **K. III.** (1138-52), der erste Staufer auf dem dt. Thron, 1127 Gegenkönig Kaiser Lothars III. in Italien, kämpfte gegen den Welfenherzog Heinrich den Stolzen, unternahm den mißglückten 2. Kreuzzug 1147-49. 4) **K. IV.** (1250-54), der letzte Staufer auf dem dt. Thron, zog 1251 nach Italien.

Konrad der Pfaffe, Regensburger Geistlicher um 1150, verfaßte die erste dt. Bearbeitung des altfranzös. Rolandsliedes (→Roland).

Konradin, eigentl. Konrad, Herzog von Schwaben, *1252, †1268; der letzte Staufer, zog 1267 nach Italien, um die Kgr. Neapel-Sizilien zurückzuerobern; 1268 von Karl von Anjou besiegt, gefangen und in Neapel enthauptet.

Konrad von Marburg, Dominikaner, Beichtvater der hl. Elisabeth; 1233 erschlagen.

Konrad von Soest, Maler, 1394 bis um 1425 in Dortmund tätig; zarte, in hellen Farben leuchtende Bilder, z. B. Hochaltar in Wildungen.

Konrad von Würzburg, * zwischen 1220 und 1230, †1287; mhd. Dichter, pflegte das Kleinepos (»Die Herzmäre«, »Der Welt Lohn«).

K'onrektor [lat.] der, Vertreter des →Rektors an Volks- und Mittelschulen.

Konsekrati'on [lat.] die, 1) Einsegnung, Weihung. 2) kath. : die dem Bischof vorbehaltene Weihe von Personen oder Sachen (Kirche, Altar); auch die Wandlung, →Transsubstantiation.

konsekut'iv [lat.], abgeleitet, folgernd. **K.-Satz,** Folgesatz, mit »daß«, »so daß« eingeleitet.

Kons'ens [lat.] der, Zustimmung, Übereinstimmung; Genehmigung.

konsequ'ent [lat.], folgerichtig, beharrlich. **Konsequ'enz** die, 1) Folgerichtigkeit. 2) Folge, Folgerung.

konservat'iv [lat.], erhaltend; am Hergebrachten festhaltend. Hw. **Konservativ'ismus.**

Konservat'ive Partei, 1) im Dt. Reich nach 1871: a) die **Alt-** (seit 1876 **Deutsch-)konservative Partei;** sie entsprach der K.P. in Preußen, wo sie bis 1918 maßgebend war; ganz überwiegend protestant., kirchl., föderalist., gegen Erweiterung der Volksrechte, vertrat vorwiegend landwirtschaftl. Interessen. Spätere Führer: v. Heydebrand und der Lasa, Graf Westarp. b) die liberaleren **Freikonservativen,** im Reichstag: **Deutsche Reichspartei.** Führer: v. Kardorff. c) in der Weimarer Zeit gingen die Konservativen in der →**Deutschnationalen Volkspartei** auf, von ihr spalteten sich die **Volks-**

Konstantin II.

konservativen und andere unbedeutende Gruppen ab. 2) Großbritannien: eine der beiden führenden Parteien. Sie ging 1832 aus der feudalen Partei der Tories hervor, war im 19. und frühen 20. Jahrh. Trägerin des brit. Imperialismus. Führer u. a.: Peel, Disraeli, J. Chamberlain, Baldwin, Churchill, Macmillan, D. Home, Heath (seit 1965).

Konserv'ator [lat.] der, Beamter, dem in Denkmalpflege oder Museumsdienst die Erhaltung und Pflege der Kunstwerke und naturwissenschaftl. Sammlungen untersteht.

Konservat'orium [lat.] das, -s/...rien, hochschulart. Ausbildungsstätte für Musik.

Kons'erven [lat.] Mz., Dauerwaren, durch besondere Behandlung vor dem Verderben geschützte Nahrungsmittel (→einmachen). konserv'ieren, aufbewahren, erhalten, haltbar machen. Konservierungsmittel sind Sorbin-, Benzoe-, Ameisensäure, PHB-Ester.

Konsignati'on [lat.] die, Übergabe von Waren zum Verkauf in Kommissionsgeschäft.

Kons'ilium [lat.] das, -s/...ien, 1) →Consilium. 2) Ärzteberatung über einen Krankheitsfall.

konsist'ent [lat.], dicht, fest, haltbar. **Konsist'enz** die, äußere Beschaffenheit von Körpern und ihr Verhalten gegen Formänderungen; z. B. spröde, zähe, breiige Konsistenz.

Konsist'orium [lat.] das, -s/...rien, 1) kath.: bischöfl. Verwaltungsbehörde; Versammlung von Kardinälen unter Vorsitz des Papstes. 2) evang.: früher die vom Landesherrn eingesetzte Behörde aus geistl. und weltl. Mitgl., die statt seiner das Kirchenregiment ausübten (**Konsistorialverfassung**), 1918-33 selbständige kirchl. Behörden, nach 1945 nicht wieder neu gebildet.

Konskripti'on [lat.] die, bedingte Wehrpflicht, ließ Loskauf oder Stellvertretung zu; im 19. Jahrh. durch allgem. Wehrpflicht ersetzt.

Kons'ole [frz.] die, ⌐ Wandvorsprung als Träger eines Bauteils, Standbilds usw.

konsolid'ieren [lat.], festigen, sichern; vereinigen. konsolidierte Anleihen entstehen durch Zusammenlegen älterer Anleihen; oft mit niedrigerem Zinssatz ausgestattet. konsolidierte Bilanz, zusammengefaßte Bilanz mehrerer Gesellschaften, z. B. von Mutter- und Tochtergesellschaften (in einem Konzern).

Kons'ols [engl.] Mz., Schuldverschreibungen aus der Zusammenfassung älterer Anleihen.

Konson'ant [lat.] der, ⓢ Mitlaut.

Konson'anz [lat.] die, ♪ harmon. Zusammenklang von Tönen; Gegensatz: →Dissonanz.

Kons'ortium [lat.] das, -s/...tien, vorübergehende Vereinigung von Kaufleuten, bes. Banken, zur Durchführung eines größeren Geschäfts (**Konsorti'algeschäft**).

Konspirati'on [lat.] die, Verschwörung. konspir'ieren, sich verschwören.

Konst'abler, Konst'abel [lat.] der, 1) ehemals: Büchsenmeister zur Bedienung der Geschütze. 2) → Polizist.

konst'ant [lat.], unveränderlich, beständig. **Konst'ante** die, △ feste Größe.

Konstant'an [Kw., lat.] das, Nickel-Kupfer-Legierung mit temperaturunabhängigem Widerstand; für elektr. Widerstände und Thermoelemente.

K'onstantin, Konst'anze [lat. ›der, die Standhafte‹], Vornamen.

K'onstantin, 1) K. I., der Große, röm. Kaiser (306-337), * nach 280, †337; seit 312 Herr des Westens, 324 Alleinherrscher, erhob das Christentum zur Staatsreligion, 330 Byzanz (Konstantinopolis) zur Reichshauptstadt, berief 325 die erste allgem. Kirchenversammlung (Konzil) nach Nicäa. **2)** K. II., König der Hellenen (Griechen), *1940, folgte 1964 seinem Vater, Paul I., auf den Thron; ∞ seit 1964 mit Prinzessin Anne-Marie von Dänemark; lebt seit Dez. 1967 in Rom im Exil (→Griechische Geschichte).

Konstant'inische Schenkung, im 8. Jahrh. gefälschte Urkunde, nach der Konstantin d. Gr. dem Papst Silvester I. und seinen Nachfolgern die Herrschaft über Rom und das weström. Reich zugestanden haben soll.

Konstantin'opel, türk. Stadt, →Istanbul.

K'onstanz, Stadt in Bad.-Württ., am Bodensee, 61 200 Ew.; Fremdenverkehrszentrum, Grenzübergang zur Schweiz; alte Bauwerke: Münster (11. Jahrh.), Konzilshaus (1388), Rathaus (16. Jahrh.); Universität, Bodensee-Forschungsanstalt, Museen, Theater; Textil-, Holz-, Metall-, Elektro-, chem. Ind. – K., um 300 n. Chr. von den Römern gegründet, wurde im 6. Jahrh. Bischofssitz (bis 1827), 1192 Reichsstadt, 1548 österreich., 1805 badisch. Das **Konstanzer Konzil** 1414-18 beendete die Kirchenspaltung (seit 1378) durch Absetzung der Gegenpäpste und verurteilte →Hus als Ketzer.

Konst'anz [lat.] die, Unveränderlichkeit.

Konstanz: Konzilsgebäude

Konst'anze, Erbin der normann. Kgr. Sizilien, *1152, †1198, Gemahlin des Staufers Heinrich VI., Mutter Kaiser Friedrichs II.

konstat'ieren [lat.], feststellen.

Konstellati'on [lat.] die, 1) ✩ Stellung von Himmelskörpern zueinander. 2) Lage, Umstände.

konstern'iert [lat.], bestürzt, verblüfft.

Konstipati'on [lat.] die, Verstopfung.

konstitu'ieren [lat.], festsetzen, einrichten, gründen. **Konstituierende Versammlung, Constituante** [frz.] die, Versammlung von Volksvertretern zur Ausarbeitung einer Verfassung.

Konstituti'on [lat.] die, 1) Grundbeschaffenheit. 2) Einrichtung, Festsetzung. 2) Staatsrecht: die →Verfassung. 3) ♀ die durch Erbgut und äußere Einwirkungen geformte körperl.-seel.-geist. Beschaffenheit eines Menschen. – K.-Typen nach E. Kretschmer sind: **leptosomer (asthenischer)** Typ (schmal, zart); **athletischer** Typ (kräftig, muskulös); **pyknischer** Typ (kurz, gedrungen, dick).

konstitutio'nelles System, Staats- und Regierungsform, bei der das Staatsoberhaupt, meist der Monarch: **konstitutionelle Monarchie**) im Unterschied zum Absolutismus durch eine Verfassung (Konstitution) gebunden ist (**Konstitutional'ismus**); zuerst in England (1689).

konstitut'iv [neulat.], aufbauend, grundlegend, wesentlich.

konstru'ieren [lat.], 1) bauen, entwerfen. **Konstrukteur** [-'tœːr] der, Erbauer, Erfinder. 2) △ eine geometr. Figur mit vorgeschriebenen Eigenschaften zeichnen. Hw.: die **Konstrukti'on**.

konstruktives Mißtrauensvotum, →Mißtrauensvotum.

Konstruktiv'ismus, Richtung der abstrakten Kunst, die auf streng geometr. Formen aufbaut; von W. Tatlin in Moskau begründet.

K'onsul [lat.] der, 1) in der röm. Republik: Amtsbezeichnung der beiden obersten, auf 1 Jahr gewählten Beamten; das **Konsul'at** war zuerst nur den Patriziern, seit 366 v. Chr. auch den Plebejern zugänglich. 2) in Frankreich 1799-1804: **Erster K.,** Napoleon I. als Inhaber der obersten Regierungsgewalt. 3) der ständige, nicht diplomat. Vertreter eines Staates in einem andern, bes. zum Schutz des Handels, Verkehrs, der Schiffahrt, zur Überwachung der Staatsverträge und zum Beistand den Angehörigen seines Staates Rat und Beistand zu gewähren.

Konsulargerichtsbarkeit, die früher in der Türkei, Ägypten und Ostasien den Konsuln zuste-

Konstitution,
a leptosom,
b pyknisch,
c athletisch

hende Gerichtsbarkeit über ihre Staatsangehörigen.
Konsul'ent [lat.] der, Rechtsberater.
Konsultati'on [lat.] die, Beratung, Befragung (eines Arztes, Rechtsanwalts). **konsult'ieren,** um Rat fragen. **konsultat'iv,** beratend.
Konsultat'ivpakt, Vereinbarung zwischen Staaten, bestimmte außenpolit. Entscheidungen erst nach gemeinsamer Beratung zu treffen.
Kons'um [lat.] der, 1) Verbrauch. 2) volkstüml.: Konsumverein. **Konsum'ent** der, Verbraucher. Gegensatz: Produzent. **konsum'ieren,** verbrauchen. **Konsumti'on** die, Verbrauch.
Konsumfinanzierung, die Finanzierung von →Abzahlungsgeschäften, bes. durch Kreditinstitute (Teilzahlungsbanken), entweder mit dem Händler (Absatzfinanzierung) oder mit dem Käufer (Kundenfinanzierung): daneben Kreditgewährung; durch den Verkäufer selbst.
Konsumgenossenschaften, Konsumvereine, Verbrauchergenossenschaften, genossenschaftl. Zusammenschlüsse von Verbrauchern zur Versorgung mit Gütern des tägl. Lebensbedarfs (gemeinsamer Einkauf, preisgünstiger Verkauf gegen bar). Die K. sind mehr und mehr vom Großeinkauf zur Eigenproduktion übergegangen. Oberster Zusammenschluß in der Bundesrep. Dtl.: Bund dt. Konsumgenossenschaften GmbH., Hamburg.
kontagi'ös [frz.], ansteckend.
Kont'akt [lat.] der, 1) Berührung. 2) ⚡ die Berührung zweier Stromleiter.
Kontaktgesteine, durch Berührung mit einem Magmaerguß umgewandelte Gesteine, z. B. Hornfelse, Schiefer, Kalkgranate.
Kontaktlinse die, →Haftglas.
Kontaminati'on [lat.] die, 1) ⑤ Verschmelzung, Vermischung, z. B. von Wortformen. 2) Verunreinigung durch radioaktive Stoffe.
Kontemplati'on [lat.] die, Beschauung, Betrachtung, anschauende Versenkung. **kontemplat'iv,** beschaulich.
kontempor'är [lat.], zeitgenössisch.
K'ontenplan, systemat. Ordnung der Konten in der doppelten →Buchführung.
K'onterbande [frz.] die, 1) verbotswidrige Ein- und Ausfuhr zollpflichtiger Waren, Schmuggel. 2) Kriegs-K., →Banngut.
K'onterfei [frz.] das, Bildnis, Abbildung.
k'ontern, 1) Offset- und Steindruck: ein Druckbild umkehren. 2) Boxen: mit Gegenschlag abwehren.
Kontertanz, Contredanse, mit Paartanzfiguren durchsetzter Reigentanz des 17./18. Jahrh., hervorgegangen aus den altengl. Countrydances (ländl. Tänze), in Frankreich Contre Anglaise, Contrefrançaise.
Kontestation, [französ.] Streit, auch der aktive Protest gegen die bestehende Gesellschaftsordnung.
Kontin'ent [lat.] der, Festland, Erdteil; **kontinent'al,** festländ. **Kontinent'alklima,** →Klima.
Kontinent'alsperre, Maßnahme Napoleons I. zur wirtschaftl. Abschließung des europ. Festlandes gegen England (1806-13).
Kontinent'alverschiebungstheorie, →Wegener.
konting'ent, zufällig, nicht notwendig, unwesentlich. **Konting'enz** die, Zufälligkeit.
Konting'ent [lat.] das, Beitrag, Anteil; z. B. die festgesetzte Warenmenge, die ein Kartellmitgl. erzeugen und absetzen darf; die Höchstmenge an Waren, die ein-(aus-)geführt werden darf **(Einfuhr-, Ausfuhr-K.);** ⚔ der Beitrag an Truppen, den Mitgl. eines Bundesstaates, Staatenbundes oder einer Verteidigungsgemeinschaft zu stellen haben. **kontingent'ieren,** ein K. festsetzen, eine knappe Ware zuteilen.
Kontinuit'ät [lat.] die, Stetigkeit. **kontinu'ierlich,** stetig, ununterbrochen. **Kont'inuum** das, das lückenlos Zusammenhängende.
K'onto [ital.] das, -s/...ten, auch ...ti, Verrechnungsform für Geschäftsvorfälle in der Buchführung. **Kontokorr'ent** das, laufende Rechnung; Geschäftsverbindung, bei der die beiderseitigen Ansprüche und Verbindlichkeiten nebst Zinsen kon-

tenmäßig in Rechnung gestellt werden und in regelmäßigen Zeitabschnitten der Überschuß (Saldo) festgestellt wird.
Kont'or frz.] das, Büro; Handelsniederlassung; Reederei. **Kontor'ist** der, Büroangestellter.
k'ontra [lat.], gegen, dagegen.
K'ontrabaß, Baßgeige, ♪ das tiefste Streichinstrument, meist mit vier Saiten, die in Quarten ‚E, ‚A, D, G gestimmt sind.
kontradikt'orisch [lat.], →Gegensatz; im Zivilprozeß: streitig.
Kontrah'ent [lat.] der, Vertragspartner, Zweikampfgegner.
kontrah'ieren [lat.], 1) vereinbaren. 2) zum Zweikampf fordern. **Kontrahierungszwang,** ⚖ die gesetzl. Verpflichtung zum Abschluß eines Vertrages, besteht z. B. für die Eisenbahn zur Beförderung von Personen und Gütern.
Kontr'akt [lat.] der, →Vertrag.
Kontrakti'on [lat.] die, Zusammenziehung.
Kontrakt'ur [lat. »Zusammenziehung«] die, dauernde Verkürzung von Muskeln oder Sehnen, meistens mit veränderter Gelenkstellung.
Kontrap'ost [ital.] der, bei der künstler. Darstellung der menschl. Gestalt der Wechsel zwischen dem vom Körper belasteten Standbein und dem entlasteten Spielbein; ausgebildet von der griech. Klassik, aufgenommen von der Renaissance.
K'ontrapunkt der, ♪ die Lehre und Kunst, die Stimmen eines mehrstimmigen Musikstücks selbständig zu führen; bes. die Kunst, zu einer gegebenen Melodie eine oder mehrere melodisch selbständige Gegenstimmen zu gestalten (polyphone Mehrstimmigkeit). Ein Hauptmittel ist die melodische Nachahmung (→Kanon, →Fuge).
kontr'är [lat.], entgegengesetzt, gegenteilig.
Kontr'ast [frz.] der, Gegensatz.
Kontr'astmittel, ♪ für Röntgenstrahlen undurchlässige Stoffe, die auf dem Röntgenbild Schatten geben (Kenntlichmachen von Hohlräumen).
Kontributi'on [lat.] die, 1) gemeinschaftl. Beitrag. 2) vom Feind auferlegte Kriegssteuer.
Kontr'olle [frz.] die, Prüfung, Überwachung. Zeitw. **kontroll'ieren. Kontrolleur** [-'l'œ:r] der, Prüfer, Aufsichtsbeamter.
Kontr'ollkommission, 1) 1919-27 alliierter Ausschuß zur Überwachung der Entmilitarisierung der Mittelmächte. 2) 1949-53 der sowjet. Besatzungsbehörde in Dtl., Sitz Berlin-Karlshorst. **3) Zentrale K., Zentrale Kommission für staatl. Kontrolle,** in der Dt. Dem. Rep. zur Überwachung der Verwaltungsorgane sowie der wirtschaftl., kulturellen und sozialen Einrichtungen.
Kontr'ollrat, Organ, durch das Frankreich, Großbritannien, die Sowjetunion und die USA lt. Erklärung vom 5. 6. 1945 die oberste Regierungsgewalt in Dtl. ausübten; bestand aus den Militärbefehlshabern der 4 Besatzungszonen, Sitz: Berlin. Der sowjet. Vertreter verließ am 30. 3. 1948 die Sitzung des K., damit praktisch außer Tätigkeit trat.
Kontrov'erse [lat.] die, Streit(frage). **kontrov'ers,** strittig, umstritten.
Kontum'az [lat.] die, ⚖ Fernbleiben von der Gerichtsverhandlung.
Kont'ur [frz.] die, Umriß.
Kontusi'on [lat.] die, Quetschung.
K'onus [lat.] der, -/...nen, Kegel.
Konvekti'on [lat.] die, Übertragung von Energie, z. B. Wärme, durch die Teilchen einer Strömung.
Konveni'enz [lat. »Übereinkunft«] die, gesellschaftl. Herkommen, Schicklichkeit. **konven'ieren,** 1) zusagen, passen. 2) übereinkommen.
Konv'ent [lat.] der, 1) Versammlung. 2) Kloster, Stift. 3) Nationalkonvent, verfassungsgebende Versammlung der Französ. Revolution 1792-95. 4) in den USA die Tagung der polit. Parteien zur Aufstellung ihrer Kandidaten für die Wahl des Präsidenten und des Vizepräsidenten.
Konvent'ikel [lat.] das, außerkirchl. Versammlung zur religiösen Erbauung (Pietismus).
Konventi'on [lat.] die, 1) Überlieferung, Brauch. 2) zwischenstaatliche Vereinbarung.

Kontrapost: Rekonstruktion des Speerträgers von Polyklet

Konzil: Zweites Vatikanisches Konzil

Dachau, Buchenwald und Sachsenhausen und 25 kleinere Lager. Das Ausmaß der Greuel wurde durch härteste Schweigegebote verschleiert. Die Zahl der K. stieg nach Kriegsausbruch auf 85. In den **Vernichtungslagern** (wie Auschwitz, Maidanek u.a. sowie in den Gettos in Warschau, Lemberg und Riga) wurden die Massenmorde an →Juden begangen. 3) die 1945-50 von der sowjet. Militärverwaltung als Internierungslager benutzten ehemaligen nat.-soz. K., in denen über 50% der Häftlinge an Hunger oder Tuberkulose starben.

konzentr'ieren [lat.], 1) verdichten, sättigen (eine Lösung). 2) sich sammeln, auf etwas einstellen, genau aufmerken. **konz'entrisch,** mit gemeinsamem Mittelpunkt.

Konz'ept [lat.] das, Entwurf.

Konzepti'on [lat.] die, 1) Abfassung eines Schriftstückes. 2) geistiges Begreifen. 3) ƒ Empfängnis.

Konzeptual'ismus [lat.] der, philosoph. Lehre, nach der Allgemeinbegriffe weder bloße Namen (Nominalismus) noch eigene Realitäten (Realismus) darstellen, sondern im Geist durch Abstraktion von Einzelmerkmalen entstehen (→Universalien).

Konz'ern [engl.] der, Zusammenschluß mehrerer Unternehmen, die aber diese rechtl. selbständig bleiben, wirtschaftl. aber eine Einheit mit gemeinsamer Leitung und Verwaltung bilden. Die K.-Bildung kann produktionstechn., markt- oder finanzwirtschaftl. Gründe haben. Häufige K.-Form ist die →Holdinggesellschaft. Ein K. mit monopolist. Machtstellung ist der **Trust.**

Konz'ert [ital.] das, 1) Musikaufführung. 2) Musikstück, in dem einzelne Stimmen oder Instrumente solistisch ⁀hervortreten: Kirchen-, Kammer-, Instrumental-K. →Concerto grosso. 3) [aus frz. concert], Vertrag, Einverständnis; z.B. das »Europäische Konzert«. **konzert'iert,** abgestimmt, verabredet, gemeinsam. **konzertierte Aktion,** Schlagwort für eine Wirtschaftspolitik, an der alle Sozialpartner mitwirken.

Konzertmeister, Titel der führenden Orchestermusiker (der 1. Geiger am 1. Pult).

Konzessi'on [lat.] die, 1) Zugeständnis. 2) Verwaltungsrecht: polizeil. Erlaubnis zum Betrieb eines nicht jedem zugängl. Gewerbes, z.B. einer Apotheke, auch Verleihung des Rechts an einer öffentl. Sache. 3) Völkerrecht: Gebiet für das ein Ausbeutungs- oder Niederlassungsrecht erteilt ist, z.B. Erdöl-Konzession.

konzess'iv [lat.], einräumend. **Konzess'ivsatz,** Ⓢ der Einräumungssatz.

Konz'il [lat.] das, Versammlung kirchl. Würdenträger. **Allgemeine** oder **Ökumenische K.,** Versammlung der Bischöfe, urspr. der ganzen christl., später der röm.-kath. Kirche. Die röm.-kath. Kirche zählt zwanzig Allgemeine K., die Ostkirche erkennt nur die ersten sieben an. Die wichtigsten Allgemeinen K. sind: 1) Erstes K. zu Nicäa (325; Verwerfung der Lehre der →Arianer), 2) Dritte Lateransynode (1179; Ordnung der Papstwahl), 3) Vierte Lateransynode (1215; Lehre von der →Transsubstantiation), 4) K. zu Konstanz (1414 bis 1418; Absetzung der Gegenpäpste, Verurteilung von Hus), 5) K. zu Basel (1431-49; Versuch einer Neuordnung der Kirche), 6) Fünfte Lateransynode (1512-17; Versagen der Reform), 7) Tridentinisches K. (1545-63; Neuordnung der kath. Kirche), 8) Erstes Vatikanisches K. (1869/70; Kirchenlehre über die →Unfehlbarkeit des Papstes), 9) Zweites Vatikanisches K., 1962-65, leitete eine in Ausmaß und Erfolg noch nicht absehbare Umwandlung der röm.-kath. Kirche ein.

konzili'ant [lat.], versöhnlich, verbindlich.

konzip'ieren [lat.], entwerfen, planen.

Koog der, -s/Köge, eingedeichte Marsch.

Kooperati'on [lat.] die, Zusammenarbeit. **Kooper'ator** der, kath. Hilfsgeistlicher.

Kooptati'on [lat.] die, Ergänzungswahl zu einer Körperschaft durch deren Mitglieder.

Koordin'aten [Kw., lat.] Mz., Größen, welche die Lage eines Punktes oder einer Geraden auf

Konvention'alstrafe, die Vertragsstrafe.

konvention'ell, herkömmlich; förmlich, kalt. **konventionelle Waffen,** ⚔ die bisher verwendeten, nichtnuklearen Waffen.

konverg'ieren [lat.], sich nähern, einem Punkte zustreben. **Konverg'enz** die, Annäherung. **konverg'ent,** aufeinander zulaufend.

Konversati'on [frz.] die, Unterhaltung, Gespräch. **konvers'ieren,** sich unterhalten.

Konversati'onslexikon das, Nachschlagewerk, allgemeinverständliches Sachwörterbuch in Abc-Folge, Sonderform der allgemeinen →Enzyklopädie; sie wurde durch Brockhaus' K. (→Brockhaus) festgelegt.

Konversati'onsstück, Schauspiel mit geistvoller Unterhaltung, Gesellschaftsstück.

Konversi'on [lat.] die, 1) Übertritt zu einer christl. Religion. 2) Umwandlung einer Schuld (z.B. öffentl. Anleihe) in eine andere, meist mit niedrigerem Zinsfuß.

Konv'erter [Kw., lat.] der, 1) die Bessemerbirne (→Bessemer). 2) Reaktor, in dem durch Kernreaktionen neuer Spaltstoff entsteht.

Konvert'ierbarkeit Konvertibilit'ät, die Möglichkeit, inländ. Geld ohne Beschränkungen in ausländ. Zahlungsmittel umzuwechseln.

konvert'ieren [lat.], den Glauben wechseln. **Konvert'it,** der Übergetretene.

konv'ex [lat.], erhaben, nach außen gewölbt; Gegensatz: konkav (→Linse).

Konv'ikt [lat.] das, Gemeinschaftsheim (bes. kirchl. K.) für Studenten oder Schüler.

Konv'ivium [lat] das, Schmaus, Gelage.

Konvol'ut [lat.] das, 1) Bündel von Schriftstücken oder Drucksachen. 2) Sammelband.

Konvulsi'on [lat.] die, ƒ Krampfanfall. **konvuls'ivisch, konvuls'orisch,** krampfartig.

Konya, Konia, das alte **Ikonium,** türk. Stadt in S-Anatolien, 127800 Ew.; Nahrungsmittelind.

Konz, Stadt in Rheinl.-Pf., 12700 Ew.

konzed'ieren [lat.], zugestehen, einräumen.

Konzentrati'on [lat.] die, 1) gespannte Aufmerksamkeit. 2) wirtschaftl. Zusammenschluß, →Konzern. 3) Vereinigung aller Aufgaben einer staatl. Verwaltungsstufe bei einer Behörde. 4) Menge einer Molekülart je Raumeinheit in einer bestimmten Phase, ausgedrückt z.B. in Gewichts-, Mol- oder Volumenprozent.

Konzentrati'onslager, 1) Lager zur Festhaltung von Zivilpersonen während eines Krieges, eingeführt von England 1901 im Burenkrieg, später meist **Internierungslager** genannt. 2) in totalitären Staaten des 20. Jahrh. ein Mittel zur Unterdrückung von »Staatsfeinden«, bes. im nat.-soz. Dtl. In die K. kamen polit. Gegner, rassisch Verfolgte (bes. Juden), Kriminelle, »Asoziale«, Homosexuelle u.a. Die Häftlinge waren rechtlos und schlimmsten Quälereien sowie drakon. Strafen ausgesetzt; Zwangsarbeit bis zur Erschöpfung geleistet werden. Die Zahl der Opfer war sehr hoch. Die K. unterstanden seit 1934 überwiegend der SS. Bis 1939 bestanden die 3 großen Lager

einer Fläche oder im Raum eindeutig festlegen. In der Ebene wählt man meist die Abstände x (**Abszisse**) und y (**Ordinate**) des Punktes P von zwei aufeinander senkrecht stehenden Geraden (Achsenkreuz). Zur Festlegung eines Raumpunktes sind drei Koordinaten notwendig. Als **sphärische K.** (z. B. auf der Erd- oder Himmelskugel) dienen der Abstand vom Nullpunkt und bestimmte Bögen (Winkel) auf Kugelgroßkreisen.

Koordinati'on [lat.] die, Zuordnung, Abstimmung. **koordin'ieren,** beiordnen, zuordnen.

Kop'al der, sehr feste Harze versch. trop. Bäume, z. T. durch Einritzen von Bäumen, z. T. als fossiles K. durch Ausgraben gewonnen. Verwendung für Lack, Firnis, Linoleum.

Kop'ejsk, Industriestadt östl. des Urals, unweit Tscheljabinsk, Russ. SFSR, 169000 Ew.

Kop'eke die, seit 1535 russ. Silbermünze, jetzt sowjet. Scheidemünze = $^1/_{100}$ Rubel.

Kopenh'agen, dän. **København,** die Hauptstadt Dänemarks, 1,4 Mill. Ew.; königl. Residenz, Festung und Flottenstützpunkt; Universität, TH, Konservatorium, Kunstakademie, Theater mit Oper und Ballett; bedeutende Bauwerke; wichtige Handels- und Industriestadt (Eisen-, Metall-, Lebensmittelind.); großer Hafen, Reedereien; Schiffbau, kgl. Porzellanfabrik.

Köper der, Gewebe, in Köperbindung, →Bindung.

Kop'ernikus, Nikolaus, Naturforscher, *1473, †1543; Begründer des heliozentrischen (kopernikanischen) Weltsystems, nach dem im Gegensatz zu dem geozentr. System des Ptolemäus die Sonne, und nicht die Erde, den Mittelpunkt unseres Planetensystems bildet.

Kopf, Haupt, birgt in der knöchernen Schutzhülle des →Schädels die wichtigsten Teil des Zentralnervensystems, das Gehirn.

Kopf, Hinrich, Politiker (SPD), *1893, †1961; 1946-55 und 1959-61 MinPräs. von Ndsachs.

Kopffüßer, Tintenfische, Tintenschnecken, Klasse meeresbewohnender Weichtiere mit deutlich vom Rumpf abgesetztem Kopf, hochentwikkelten Augen und 8 oder 10 Fangarmen, die auch zum Kriechen dienen. Das Atemwasser wird an der Bauchseite durch einen Trichter ausgepreßt, wodurch das Tier rückwärts schwimmt. Zur Gefahr stoßen einige K. einen dunklen Farbstoff (Sepia) aus. Zu den K. gehören Kraken, Nautilus.

Kopfjagd, Brauch bei manchen Naturvölkern, durch Überfälle die Köpfe von Feinden zu erbeuten.

Kopfleiste, ▯ Schmuckstreifen am oberen Ende der Druckseite.

Kopfschmerz wird hervorgerufen z. B. durch Krämpfe der glatten Muskulatur, durch Giftwirkungen, seel. Belastung, Blutdruck- und Kreislaufstörungen, Erkrankungen der Gehirnhäute, Blutaustritt und Geschwülste im Gehirn. Behandlung je nach Ursache. Eine Sonderform des K. ist die →Migräne.

Kopfsteuer, einfachste Form der Personalsteuer, bei der jede Person mit dem gleichen Betrag besteuert wird.

Kopfstimme, Kopfregister, ♪ →Falsett.

Kopenhagen: Schloß Amalienborg

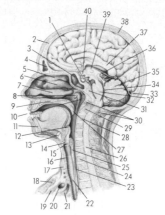

Kopf: 1 Hirnanhangdrüse (Hypophyse), 2 Stirnbein, 3 Keilbeinhöhle, 4 Stirnbeinhöhle, 5 obere Nasenmuschel, 6 mittlere Nasenmuschel, 7 untere Nasenmuschel, 8 Öffnung der Ohrtrompete, 9 Oberkiefer mit hartem Gaumen, 10 Rachenmandel, 11 Unterkiefer, 12 Kehldeckel, 13 Zungenbein, 14 Schildknorpel des Kehlkopfes, 15 Stimmband, 16 Ring, 17 Schilddrüse, 18 Brustbein, 19 Thymusdrüse, 20 Venenstamm für linke Kopf- und Armseite, 21 aufsteigende Aorta, 22 Luftröhre, 23 Speiseröhre, 24 erster Brustwirbel, 25 Platte des Ringknorpels, 26 Rückenmark, 27 Weicher Gaumen mit Zäpfchen, 28 dritter Halswirbel, 29 Zahn des Epistropheus, 30 Atlas, 31 Keilbein, 32 Brücke, 33 Hinterhauptbein, 34 4. Hirnventrikel, 35 Kleinhirn, 36 Zirbeldrüse (Epiphyse), 37 Balken, 38 Scheitelbein, 39 Thalamus, 40 Kreuzung der Sehnerven

Kop'ie [lat.] die, 1) Vervielfältigung, Abschrift. 2) Nachbildung eines Kunstwerks. 3) Abzug einer photograph. Aufnahme.

kop'ieren, 1) nachahmen. 2) abschreiben, -zeichnen, -malen. 3) vervielfältigen.

Kopierstift, Bleistift mit Zusatz wasserlösl. Teerfarbstoffe.

Kopisch, August, Maler, Dichter, *1799, †1853; entdeckte die »Blaue Grotte« auf Capri, schrieb märchenhafte Gedichte, Novellen.

Kopp, Georg v., *1837, †1914; 1887 Fürstbischof von Breslau, 1893 Kardinal, an der Beendigung des Kulturkampfes wesentl. beteiligt.

Koppel die, 1) eingezäuntes Land, - bes. Weidestück (**Koppelweide**). 2) Pferde oder Hunde, die miteinander gekoppelt sind. 3) das, ⚔ Leibriemen.

Koeppen, Wolfgang, Schriftsteller, *1906; Romane »Das Treibhaus«, »Der Tod in Rom«.

Kopplung die, 1) ⊗ wechselseitige Beeinflussung zweier physikal. Systeme. 2) ⚡ Verbindung zweier Stromkreise zur Energieübertragung. 3) ♪ bei Orgel, Cembalo, Harmonium mechan. Verbindung mehrerer Register durch den Registerzug.

Kopra die, gedörrtes Kokosnußfleisch.

K'opten Mz., die christl. Nachkommen der alten Ägypter, bes. in den Städten Oberägyptens; sie haben eigene Kirche, die **Koptische Kirche,** eigene Schrift, Sprache und Schrifttum.

koptische Kunst, die in altägypt. Überlieferung wurzelnde Kunst der Kopten, die spätantike, byzantin., arab. Einflüsse zu eigener Formensprache verarbeitete (5.-9. Jahrh.): kuppelüberwölbte Kirchenbauten, Wandmalereien in Klosterkirchen, meist flächenhaft ornamental wie auch die Bauplastik, Grabsteine, Elfenbeinschnitzereien, Gewebe.

K'opula [lat.] die, 1) Ⓖ das Zeitwort »sein« im Prädikat, z. B. »die Rose ist rot«. **kopulat'iv,** ver-

Koordinaten

Kopernikus

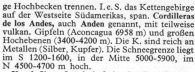

Koralleninsel: Großes Barriere-Riff mit Hannibal Island

Korallentiere, links: Zweig der Edelkoralle, rechts: Schnitt durch die Rinde eines Zweiges mit Polypen in verschiedenen Entwicklungsstufen

bindend. 2) Biologie: Verschmelzung der Geschlechtszellen (Kopulati'on). 3) Veredelung durch Edelreis auf ganzer Schnittfläche.

K'orah, im A.T.: Urenkel des Levi, wurde als Empörer gegen Moses mit der **Rotte K.** von der Erde verschlungen.

Kor'alle, →Korallentiere.

Kor'allenbaum, 1) Indischer K., Mimosengewächs Ostindiens, Zierbaum mit eßbaren roten Samen, die Halsketten liefern, sowie mit rotem wertvollem Holz (**Korallenholz**). 2) Schmetterlingsblüter mit roten Blüten, so der rotsamige, leichtholzige **Amerikan. K.,** der rotsamige **Südafrikan. K.,** der brasilian. **Korallenstrauch.**

Korallenfische, kleine, farbenprächtige Fische, die zwischen Korallenriffen leben.

Korallenhalsband, Hundehalsband zur Abrichtung.

Koralleninseln und **-riffe,** aus den Kalkgerüsten abgestorbener Korallentierchen, liegen in trop. Meeren als **Saum-** oder **Küstenriffe** den Küsten an, verlaufen nach Senkung des Inselkerns und weiterem Wachsen der Korallenstöcke als **Wall-** oder **Barriere-Riffe** in einiger Entfernung von ihnen und werden schließlich zu →Atollen.

Korallenmeer, Teil des Stillen Ozeans vor der NO-Küste Australiens.

Korallentiere, Korallen, Klasse der Hohltiere; meist festsitzend, oder Polypengestalt, in warmen Meeren. Einzeln lebende, skelettlose K. sind die **Seerosen.** Die **Stein-** oder die **Riffkorallen** leben in Tierstöcken und scheiden ein Kalkskelett aus (Riffe, →Atolle, →Koralleninseln). Die **Edelkoralle** bildet Tierstöcke an Felsen, bes. im Mittelmeer. Aus ihrem roten Kalkskelett stellt man Schmuck her.

Korallenwurz, europäische Waldorchidee ohne Blattgrün mit grünlichgelben Blüten.

Kor'an [arab.] der, das hl. Buch des Islams, enthält in 114 **Suren** (Kapiteln) die von Mohammed verkündigten göttl. Offenbarungen.

Korbach, Kreisstadt des Kr. Waldeck, Hessen, 22 200 Ew.; Gummi-, Stahlmöbel-, elektrotechn. Ind.; mittelalterl. Stadtkern.

Korbball, dem →Basketball ähnl. Spiel zwischen zwei Mannschaften von je 7 Spielern.

Korbblüter, Pflanzen, deren Blüten zu Körbchen vereint sind (**Kompositen**). Der Kelch bildet meist eine Haarkrone (**Pappus**). Die Blumenkrone ist röhrenförmig (**Röhrenblüten**) oder zungenförmig (**Zungenblüten**). Je nach der Stellung auf dem Boden (der Scheibe) des Körbchens oder am Rand unterscheidet man **Scheiben-** und **Randblüten.** Der Fruchtknoten ergibt eine einsamige Schließfrucht (**Achäne**).

Korcë, Stadt in S-Albanien, 45 900 Ew.; Tabak-, Gummi-, Konservenindustrie.

K'ordel [frz.] die, Schnur, Bindfaden.

kordi'al [frz.], herzlich.

Kordilleren [kɔrdiλ'ɛrən, span.] Mz., die Hochgebirgsketten im W von N- und S-Amerika, über 15 000 km lang. Die **K. von Nordamerika** bestehen aus zwei mehrkettigen Gebirgszügen, die gewalti-

ge Hochbecken trennen. I.e.S. das Kettengebirge auf der Westseite Südamerikas, span. **Cordilleras de los Andes,** auch **Anden** genannt, mit teilweise vulkan. Gipfeln (Aconcagua 6958 m) und großen Hochebenen (3400-4200 m). Die K. sind reich an Metallen (Silber, Kupfer). Die Schneegrenze liegt im S 1200-1600, in der Mitte 5000-5900, im N 4500-4700 m hoch.

Kordof'an, Landschaft in der Rep. Sudan; Gummiarabicumgewinnung, Baumwollanbau.

Kordon [kɔrd'õ, frz.] der, ⚭ ✝ Postenkette.

K'ore [griech. »Jungfrau«] die, bekleidete Mädchenfigur der archaischen griech. Kunst, auch als Karyatide ein Gebälk tragend.

Kor'ea, Halbinsel in O-Asien, zwischen dem Gelben und dem Japan. Meer, von 2 Gebirgsketten durchzogen, im W Tiefland. Längster Fluß und Grenze gegen China ist der Jalu. Klima: bindend. Bevölkerung: →Koreaner.

Politisch ist K. seit 1948 geteilt in:
1) **Süd-K.,** Republik in S K.s, 98 479 km², 32,4 Mill. Ew.; Hauptstadt: Söul; Amtssprache: Koreanisch. Präsidialverfassung. Anbau von Reis, Getreide, Sojabohnen, Baumwolle; Seidenraupenzucht; Fischerei. ⚒ auf Kohle, Wolfram, Graphit, Kupfer, Blei, Zink. In der Industrie stehen Nahrungsmittel- und Textilind. an erster Stelle. Ausfuhr: Graphit, Wolfram, Asbest, Konserven. Haupthandelspartner: Japan, USA. Haupthafen: Pusan; internat. Flughafen: Söul. Staatspräs.: Tschung Hi Park (seit 1963). ⊕ S. 515, ▯ S. 345.
2) **Nord-K.,** Volksrep. im N K.s, 120 538 km², 13,3 Mill. Ew.; Hauptstadt: Pjöngjang; Amtssprache: Koreanisch. Kollektives Staatsoberhaupt das Präsidium der Obersten Volksversammlung (Vors.: Tschö Jong Gon, seit 1957); MinPräs.: Kim Il-Sung (seit 1948). Landwirtschaft kollektiviert und stark mechanisiert (Reis, Getreide u. a.). Forstwirtschaft, Fischerei. ⚒ auf Kohle, Eisen, NE-Metalle. Eisen-, Stahl-, Maschinen-, chem., Textil- u.a. Ind.; Wasserkraftwerke. Ausfuhr: Eisenerz, Buntmetalle. Haupthandelspartner: Sowjetunion, Volksrep. China. Seehäfen: Wönsan, Hungnam, Kimtschaek; internat. Flughafen: Pjöngjang. ⊕ S. 515, ▯ S. 345.

GESCHICHTE. In K. bestanden mehrere Reiche, z. T. auch unter chines.- oder japan. Herrschaft. Seit 1910 gehörte K. zu Japan. Nach der Kapitulation Japans 1945 wurde die Unabhängigkeit K.s erklärt, 1948 das Land in zwei Staaten gespalten (Grenze der 38. Breitengrad). In den 1950 zwischen Nord- und Süd-K. ausbrechenden Korea-Krieg griffen die Verein. Nationen unter Führung der USA auf der Seite Süd-K.s ein, während starke chines. Truppen Nord-K. unterstützten. Nach langen Verhandlungen wurde am 27.7.1953 der Waffenstillstand von Panmunjon abgeschlossen.

Kore'aner, mongol. Rasse Koreas und der Nachbargebiete, zeigt in den N-Prov. Koreas Ähnlichkeit mit den Mongolen, in den S-Prov. mit den Japanern; alte Eigenkultur (chines.) hat sich z. T. erhalten.

koreanische Kunst entwickelte sich unter dem Einfluß der chines. zu selbständigen Leistungen und befruchtete ihrerseits die japan.; Königsgräber aus dem 4.-6. Jahrh., Tempel seit dem 7. Jahrh. erhalten; hervorragend das Kunsthandwerk, bes. Lackkunst und Keramik.

k'ören [ndt.], Zuchttiere auswählen.

Korf'anty, Wojciech, poln. Politiker, *1873, †1938; war 1903-12 und 1918 im Dt. Reichstag; organisierte 1919-21 poln. Aufstände in Oberschlesien, war 1922/23 MinPräs. in Polen.

Korfball, Ballspiel für 2 Mannschaften mit je 6 männl. und weibl. Spielern, bei dem der Ball (Umfang 68-71 cm) in einen Korb geworfen wird.

K'orfu [ital.], griech. **Kerkyra, 1)** die nordöstlichste der →Ionischen Inseln, 593 km²; im N gebirgig; Wein, Oliven; Fremdenverkehr. **2) K.,** Hauptstadt der Insel, 27 000 Ew., Hafen.

Kori'ander der, südeurop. krautiges Doldengewächs; die Früchtchen sind Gewürz.

Kor'inth, Stadt in Griechenland, auf der

Peloponnes, am **Golf von K.**, der mit dem Saron. Golf durch den **Kanal von K.** (6,3 km lang, quert den **Isthmus von K.**) verbunden ist. 15900 Ew., im Altertum berühmte Stadt. Den **Korinth. Krieg** führte K. im Bunde mit Athen, Theben und Argivern gegen Sparta (395-386 v. Chr.); 337 einigte Philipp von Makedonien im **Korinth. Bund** Griechenland (außer Sparta) unter seiner Führung; 146 v. Chr. wurde K. von Mummius zerstört, von Caesar 44 v. Chr. wieder besiedelt.

Kor'inthe die, kleine schwarze Rosine.

Kor'intherbriefe, zwei Schreiben des Apostels Paulus im N. T. an die Gemeinde von Korinth.

kor'inthische Säule, →Griechische Kunst.

Koriol'an, röm. Adliger des 5. Jahrh. v. Chr.; Tragödie von Shakespeare; Ouvertüre von Beethoven.

Kork [span.] der, oberfläch. liegendes, meist braunes Schutzgewebe der pflanzl. Rinde, an Zweigen, Stamm, Wurzel, Knollen. Seine Zellwände sind durch eine fettartigen Stoff, das Suberin, schwer durchlässig, daher Schutzmittel gegen Wasserverlust. Die **Korkeiche** in Spanien, Unteritalien, N-Afrika liefert K. zu Verschlußpfropfen (K.-Stöpseln), Schwimmgürteln, Linoleum usw.

Korkholz, leichtes, elast. Holz verschiedener trop. Bäume, z. T. wie Kork zu benutzen.

Kormor'an der, **Scharbe,** Vogelgattung der Ruderfüßer, lebt von Fischen. Die **Eisscharbe** wird in China zum Fischfang benutzt.

Korn das, 1) Samen oder samenähnl. Hartfrucht. 2) landesübl. Hauptgetreide, meist Roggen, Weizen oder Mais. 3) Feingehalt der Münze. 4) Photographie: kleinste Silberteilchen, aus denen ein photograph. Bild aufgebaut ist. 5) Narbe des Papiers. 6) Handfeuerwaffe: Teil der Zieleinrichtung (→Visier). 7) kurz für K.-Branntwein.

Kornberg, Arthur, amerikan. Biochemiker, *1918; klärte die Biosynthese der Nucleinsäuren in der lebenden Zelle auf; Nobelpreis 1959.

Kornblume, eine Art der →Flockenblume.

Korn'elkirsche, Korn'elle, →Hartriegel.

Körner, ⌖ Stahlstift mit gehärteter Spitze zum Kennzeichnen von Meßstellen auf Metall.

Körner, 1) Christian Gottfried, *1756, †1831, Theologe, Freund Schillers, Vater von 2) Theodor, Dichter, *1791, † (gefallen) 1813, trat in das Lützowsche Korps ein; Kriegslieder (»Leier und Schwert«), Trauerspiele (»Zriny«), Lustspiele. 3) Theodor, *1873, †1957, seit 1951 österr. Bundespräsident.

Körnerkrankheit, mit Körnerbildung verbundene ansteckende Entzündung der Bindehaut des Auges (**Trachom, Granulose**), die zu narbiger Schrumpfung und zum Erblinden führen kann.

Korn'ett [ital.] 1) das, kleines Trompeteninstrument, meist in B, aus dem Posthorn entstanden. 2) der, früher Reiterfähnrich.

Korngold, Erich, Komponist, *1897, †1957; Opern-, Orchester- und Kammermusik, Lieder.

Kornkäfer, Kornkrebs, Kornrüßler, braunschwarzer 4 mm langer Rüsselkäfer. Das Weibchen legt die Eier in lagerndes Korn; Schädling.

Kornrade, purpurn blühendes Getreideunkraut, Nelkenblüter; im giftigen Samen Saponin.

Kornw'estheim, Stadt in Baden-Württ., 28 800 Ew.; Eisenbahnfachschule, Maschinen-, Metall-, Schuh-Industrie.

Korol'enko, Wladimir, russ. Erzähler, *1853, †1921; »Sibirische Geschichten«.

Korom'andelküste, südlicher Teil der Ostküste Vorderindiens.

Kor'ona [lat.] die, 1) ☆ die äußerste Umhüllung der Sonne, eine weiß. Strahlenkrone, die mit dem **Koronogr'aphen** oder bei vollständiger Sonnenfinsternis beobachtet werden kann. 2) ⚡ Glimmhaut einer →Gasentladung; K.-Verluste an Höchstspannungsleitungen werden durch Hohlund Bündelleiter vermindert. 3) Freundeskreis, fröhliche Gesellschaft. (FARBTAFEL Sternkunde S. 874)

Koron'argefäße, Herzkranzgefäße; ungenü-

gende Durchblutung führt zur **Koronarinsuffizienz.**

Körper der, 1) △ von Flächen begrenzter Raumteil; regelmäßige K. werden von deckungsgleichen regelmäßigen Vielecken begrenzt: Tetraeder, Würfel (Hexaeder), Oktaeder, Dodekaeder, Ikosaeder. 2) Gegenstand der höheren Algebra. 3) Stoffmenge mit beständiger (starrer K.) oder veränderl. Gestalt. 4) Organismus (Leib) der Lebewesen.

Körperbehindertenfürsorge, Versehrtenfürsorge, →Versorgung.

Körperfarben, Farben einer nicht selbstleuchtenden Fläche. Gegensatz: Spektralfarben.

Körperschaft die, mit den Rechten einer jurist. Person ausgestattete Vereinigung mehrerer Personen zu gemeinsamem Zweck; im öffentl. Recht z. B. die Gemeindeverbände, im Privatrecht der Verein.

Körperschaftsteuer, Steuer auf die Einkünfte der Körperschaften, Personenvereinigungen und selbständigen Vermögensmassen. Steuersatz: 51 % (bei best. Kreditanstalten 27,5 %), für den ausgeschütteten Gewinn der Kapitalgesellschaften 15 %. Gewinne aus Beteiligungen sind von der K. befreit (**Schachtelprivileg**).

Körpertemperatur, wird bei Mensch und Warmblütern durch chem. Umsetzungen aufrechterhalten, schwankt beim gesunden Menschen zwischen 36 und 37°C; bei Fieber wesentl. erhöht.

Körperverletzung, ⚖ die widerrechtl. Verletzung der körperl. Unversehrtheit eines Menschen. Rechtsfolgen: Schadenersatz, Strafe (Geldstrafe, Freiheitsstrafe bis oder über ein Jahr), Buße (§§ 823 ff. BGB; §§ 223 ff. StGB).

Korpor'al [frz.] der, Unteroffizier.

Korpor'ale [lat.] das, quadrat. Linnentuch, auf dem in der Messe Hostie und Kelch ruhen.

Korporati'on [lat.] die, 1) die →Körperschaft. 2) student. →Verbindung. **korporat'iv,** körperschaftlich, geschlossen.

Korps [ko:r, frz.] das, 1) Gemeinschaft von Personen gleichen Standes (Offiziers-K.). 2) ⚔ das Armeekorps. 3) manche Studentenverbindungen.

korpul'ent [lat.], wohlbeleibt.

K'orpus [von lat. →Corpus], 1) der, Körper. 2) die, ▯ Schriftgrad (→Schriften).

Korp'uskel [lat. »Körperchen«] die, kleinste Bestandteile der Materie, wie Proton, Elektron.

K'orreferent [lat.] der, 2. Berichterstatter.

korr'ekt [lat.], regelrecht, fehlerlos.

Korrekti'on [lat.] die, 1) Nachbesserung, Berichtigung. 2) Verbesserung opt. Systeme.

Korr'ektor der, -s/...t'oren, ▯ Angestellter, der den Schriftsatz auf Satzfehler prüft.

Korrekt'ur die, Verbesserung, Berichtigung.

Korrel'at [lat.] das, Ergänzung, Gegenstück.

Korrelati'on die, Wechselbeziehung. Eigenschaftswort: **korrelat'iv.**

Korrepet'itor [lat.] der, Musiker an der Oper, der die Sänger am Klavier einübt.

Korrespond'ent [lat.] der, 1) den Briefverkehr erledigende kaufmänn. Angestellter. 2) Geschäftspartner. 3) auswärtiger Berichterstatter einer Zeitung. **Korrespondenz** die, Briefwechsel (ge-

Korinth: Einfahrt zum Kanal von K.

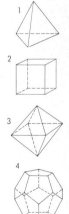

Körper: Regelmäßige K.,
1 Tetraeder
2 Würfel,
3 Oktaeder,
4 Dodekaeder,
5 Ikosaeder

Kossygin

schäftlicher), Briefverkehr, Nachrichtendienst für Zeitungen.

korrespond'ieren, 1) Briefe wechseln. **2)** übereinstimmen, entsprechen.

K'orridor der, **1)** Gang, Flur. **2)** Gebietsstreifen, der fremdes Staatsgebiet durchquert, z. B. der 1919 errichtete **Polnische Korridor.**

korrig'ieren [lat.], berichtigen.

Korrosi'on [lat.] die, Zerstörung von Werkstoffen durch chem. oder elektrochem. Angriffe von der Oberfläche aus. **K.-Schutz** durch Verwendung sehr reiner Werkstoffe, durch bestimmte Legierungszusätze oder durch bes. Oberflächenbehandlung (Anstreichen mit einer Schutzschicht, Überziehen mit korrosionsbeständigen Metallen). Zw.: **korrod'ieren.**

korrump'iert, korr'upt [lat.], verdorben, sittenlos, bestechlich. **Korrupti'on** die, Sittenverderbnis, Bestechlichkeit.

K'orsak der, Fuchs der Kirgisensteppe, liefert wertvolles Pelzwerk.

Kors'ar [ital.] der, Seeräuber.

K'orsen Mz., Bewohner Korsikas, italien. Volksstamm, wohl iberischer und ligur. Herkunft.

Kors'ett [frz.] das, Schnürleib, Mieder.

K'orsika, französ. **La Corse,** französ. Insel im Mittelmeer, 8722 km², 273 500 Ew. (→Korsen); Hauptstadt: Ajaccio. Gebirgsland (bis 2710 m) mit Viehzucht, Küstenebenen (Wein-, Obst-, Gemüseanbau. Fremdenverkehr). – Im Altertum unter karthagischer, seit 238 v. Chr. unter röm. Herrschaft. Seit 1300 von Genua beherrscht; 1768 an Frankreich verkauft. Heimat Napoleons I.

K'orso [ital.] der, -s/-s, **1)** festliche Auffahrt, Schaufahrt. **2)** Name von Straßen. **3)** Wettrennen reiterloser Pferde. [†1970.]

Kortner, Fritz, Schauspieler, Regisseur, *1892, **Kortrijk** [k'ortrejk], französ. **Courtrai,** Stadt in W-Flandern, Belgien, an der Leye, 45 200 Ew.; viele alte Bauten: Rathaus, St.-Martins-Kirche, Beginenhof, Belfried u. a.; Leinen-Industrie.

Kortum, Karl Arnold, Schriftsteller, *1745, †1824; grotesk-komisches Heldengedicht »Die Jobsiade« mit selbstentworfenen Bildern.

Kor'und der, sehr hartes Tonerdemineral. K. sind u. a. **Saphir, Rubin, Smirgel.**

Korv'ette [frz.] die, kleineres Kriegsschiff; im 2. Weltkrieg engl. und amerikan. Kanonenboote für den Geleitschutz.

Koryb'ant [grch.] der, Begleiter, auch Priester der phrygischen Göttin Kybele.

Koryph'äe [grch. »Chorführer«] die, in seinem Fachgebiet hervorragender Mensch; Meister.

Kos, italien. **Coo,** türk. **Istanköy,** griech. Sporadeninsel, im Ägäischen Meer, 282 km² groß; im Altertum berühmt durch Asklepiosheiligtum.(→Hippokrates)

Kos'aken Mz., seit dem 15. Jahrh. freie, kriegerische Gemeinschaften in der Ukraine, in SO-Rußland (Donkosaken) und Sibirien, bildeten unter eigenen Feldherren (Ataman), später bes. russ. Reiterregimenter.

Koschen'ille die, mehrere Arten von Schildläusen, die roten Farbstoff liefern (Cochenille).

Korsika: Hafen von Ajaccio

k'oscher, kauscher [hebr. »rein«], nach den jüd. Speisegesetzen zum Genuß erlaubt.

Kosciusko [kɔsi'usko], **Mount K.,** mit 2230 m der höchste Berg Australiens.

Kościuszko [kɔsjtsj'uʃkɔ], Tadeusz, poln.Feldherr, *1746, †1817; 1794 Anführer im letzten Aufstand gegen die poln. Teilungen.

Kösen, Bad K., Stadt und Solbad im Bez. Halle, an der Saale, 6500 Ew. Bei K. →Schulpforta und die Ruinen Rudelsburg und Saaleck.

K'osinus der, →Winkelfunktionen.

K'oskenniemi, Veikko Antero, finn. Dichter, Literarhistoriker, *1885, †1962.

Kösl'in, Stadt in Pommern, (1939) 33 500 Ew.; kam 1945 unter poln. Verw. (**Koszalin**), wird als Woiwodschaftshauptstadt ausgebaut, 54 000 Ew.

Kosl'ow, Frol, sowjet. Politiker, *1908, †1965, war seit 1960 Mitgl. des Sekretariats des ZK.

K'osmas und **Dami'an,** Heilige (Tag 26.9.), Brüder, Ärzte in Kilikien, 303 enthauptet.

Kosm'etik [grch.] die, →Schönheitspflege.

k'osmisch [grch.], zum Weltall gehörend.

kosmische Ultrastrahlung, Höhenstrahlung, aus dem Weltraum auf die Erde treffende, sehr energiereiche Teilchenstrahlung (bis 10^{15} eV) von Protonen und leichteren Atomkernen, die mit der Höhe über dem Erdboden zunimmt, aber auch in der Erdrinde und in 1300 m Meerestiefe noch nachweisbar ist. →Hochenergiephysik.

K'osmo... [grch.], in Fremdwörtern: Welt..., z. B. Kosmonaut, Weltraumfahrer.

Kosmogon'ie [grch.] die, Lehre von der Weltentstehung.

Kosmograph'ie die, Beschreibung der Welt.

Kosmolog'ie [grch.] die, Lehre von der Weltordnung, Teil der Metaphysik und der Naturphilosophie, i. e. S. die Physik des Weltalls.

Kosmopol'it [grch.] der, Weltbürger.

K'osmos [grch.] der, Weltordnung, Weltall.

K'osovo, autonome Prov. der Volksrep. Serbien, Jugoslawien, 10 887 km², 1,2 Mill. Ew. (rd. ²/₃ Albaner); Hauptstadt: Priština.

Koss'inna, Gustaf, Vorgeschichtsforscher, *1858, †1931, Begründer der »siedlungsarchäolog. Methode«.

Kossuth [k'ɔʃut], Ludwig v., *1802, †1894, war 1848/49 Führer des ungar. Unabhängigkeitskampfes gegen das habsburg. Österreich.

Koss'ygin, Alexej, sowjet. Politiker, *1904, Wirtschaftsfachmann, seit 1960 Erster stellvertr. Min-Präs., seit 1964 Vors. des Ministerrats (MinPräs.).

Kosten Mz., Gesamtheit der Werte, die für die Beschaffung oder Herstellung eines wirtschaftl. Gutes aufgewendet werden, betriebswirtschaftl. der gesamte Verbrauch an Sachgütern, Dienstleistungen u. a. (Löhnen und Gehältern, Rohstoffen, Abschreibungen, Zinsen, Steuern), der notwendig ist, um eine wirtschaftl. Leistung hervorzubringen. Die in einem Betrieb entstehenden K. gliedern sich in **direkte** oder **Einzel-K.** (unmittelbar auf das einzelne Werkstück anzurechnen) und **indirekte** oder **Gemein-K.** Ferner werden unterschieden **fixe K.** (unabhängig vom Beschäftigungsgrad des Unternehmens) und **variable K.,** die sich je nach dem Beschäftigungsgrad ändern.

Koestler, Arthur, Schriftsteller, *1905; seine Romane stellen eindringl. kommunist. Methoden dar (»Sonnenfinsternis«, »Gottes Thron steht leer«); »Pfeil ins Blaue«(selbstbiogr.).

Köstritz, Bad K., Kurort im Bez. Gera, an der Weißen Elster, 4500 Ew.; ehemal. fürstl. Reußisches Schloß; Sand- und Solbäder; Gartenbau.

Kostrom'a, Stadt im zentralruss. Industriegebiet, an der Wolga, 223 000 Ew.; Werft, Hüttenwerk, Maschinenbau, Fischverarbeitung.

Kost'üm [frz.-ital.] das, **1)** Tracht, Kleidung. **2)** Jackenkleid. **kostüm'ieren,** verkleiden.

Kot der, Auswurfstoffe.

K'otangens der, →Winkelfunktionen.

Kot'au der, China: tiefe Verbeugung vor hochgestellten Personen und im Gottesdienst.

Kotel'ett [frz.] das, Rippenstück vom Kalb, Schwein, Hammel.

Kotel'etten [frz.] Mz., seit dem Biedermeier der kurze Schläfen- oder Backenbart.

Koter'ie [frz.] die, Klüngel, Sippschaft.

Köthen, Kreisstadt im Bez. Halle, 37200 Ew.; Acker-, Gartenbau, versch. Industrie.

Koth'urn [grch.] der, altgriech.: hoher Schnürschuh; dann der Bühnenschuh zur Erhöhung der Gestalt. Übertragen: gestelzter Stil.

Kot'ierung die, Zulassung eines Wertpapiers zur Notierung an der Börse.

Kotillon [kɔtij'õ, frz.] der, -s/-s, Gesellschaftstanz mit scherzhaften Überraschungen.

K'otor, italien. **C'attaro,** Hafenstadt in Montenegro, Jugoslawien, 4600 Ew.; K. gehörte 1797 bis 1805 und 1814-1919 zu Österreich.

Kotschi, japan. Stadt auf Schikoku, 238000 Ew.; Papier-, Zement-, Seidenindustrie.

Kotschinchina, Cochinchina, südl. Teil von S-Vietnam, eines der größten Reisanbaugebiete Asiens; bis 1945 französ. Kolonie.

Kotten der, kleine Bauernstelle. **Kötter** der, Besitzer eines Kottens (Häusler).

Kotze die, Wetterüberwurf.

Kotzebue [-bu:], August v., Schriftsteller, *1761, †1819, in Mannheim von dem Burschenschafter K. L. Sand erdolcht, weil er als Polizeispitzel der russ. Regierung galt. Lustspiele (»Die deutschen Kleinstädter«) und Rührstücke.

Kowa, Victor de, Schauspieler, *1904; Charakterdarsteller, auch in Filmen.

K'owno, polnisch für →Kaunas.

Kozhikode, früher **Calicut,** versandeter Hafen (Malabarküste), Indien, 222600 Ew.; Baumwollweberein. 1498 landete hier Vasco da Gama.

kp, Abk. für Kilopond; 1 kp = 1000 →Pond.

KP, Kommunistische Partei.

Kr, chem. Zeichen für →Krypton.

Kra, Landenge auf der Halbinsel Malakka bei der gleichnam. Stadt, 42 km breit.

Krabben [ndt.] Mz., **1)** zehnfüßige Schalenkrebse, mit kurzem Hinterleib; meist Meeresbewohner; sie laufen vielfach seitwärts. – **Taschenkrebs,** bis 30 cm breit, und **Gemeine Strand-K.,** im der Nordsee; **Japan. Riesen-K.,** größter Krebs; →Wollhand-Krabbe. Viele K. sind eßbar.

Krabben [ndt.] Mz., 🔲 knollen- und blattartige steinerne Verzierungen.

Kracken, Umwandlung höher siedender Kohlenwasserstoffe in niedriger siedende zur Gewinnung klopffester Fahrbenzine, gelenkt durch Temperatur- und Druckregelung sowie durch Katalysatoren, auch einem abgewandelten Bergius-Pier-Verfahren (→Kohlehydrierung).

Krad, Abk. für Kraftrad.

Krafft, Kraft, Adam, Bildhauer, * um 1460, †1508/1509; Meister der dt. Spätgotik: Sakramentshaus in St. Lorenz, Kreuzwegstationen im German. Museum Nürnberg.

Kraft die, ⊗ die Ursache der Änderung des Bewegungszustandes eines Körpers, bestimmt durch das Produkt Masse × Beschleunigung. Maßeinheit im Internat. Einheitensystem (SI) ist das **Newton**(N); 1 N ist die K., die der Masse 1 kg eine Beschleunigung von 1 m/s² erteilt, also 1 N = 1 mkg/s². In der Physik verwendet man auch die kleinere Einheit 1 dyn = 10⁻⁵ N. In der Technik wird einstweilen noch die Einheit 1 Pond verwendet; 1 kp = 9,80665 N ≈ 9,81 N (entspricht der Fallkraft, die an der Erdoberfläche auf 1 kg Masse ausgeübt wird). Zwei oder mehrere Kräfte, die in einem Punkt angreifen, können zu einer **Ersatz-K.** vereinigt werden. Ihre Größe und Richtung ist durch die Diagonale eines Parallelogramms bestimmt, dessen Seiten die gegebenen Kräfte bilden (**Kräfteparallelogramm**).

Kraftfahrt-Bundesamt, Bundesoberbehörde für den Straßenverkehr, Sitz: Flensburg-Mürwik. Aufgaben: Typprüfung, Auswertung der Erfahrungen im kraftfahrtechn. Prüf- und Überwachungswesen, Führung des »Verkehrssünderkartei«.

Kraftfahrzeug, abgek. **Kfz,** durch Maschinenkraft angetriebenes Straßenfahrzeug, das nicht an Schienen gebunden ist: →Kraftwagen, Kraftrad,

Krafft: Sockel des Sakramentshauses, mit Selbstbildnis (Nürnberg, St. Lorenz)

→Zugmaschine, →Elektrokarren. Zulassung und Betrieb der K. unterliegen mit wenigen Ausnahmen gesetzlichen Vorschriften (Straßenverkehrs- und Straßenverkehrszulassungs-Ordnung). – **K.-Verkehr.** Voraussetzung ist eine Betriebserlaubnis (Zulassung) und ein amtl. Kennzeichen, die von der zuständigen Verwaltungsbehörde erteilt werden. Für das K. muß eine Haftpflichtversicherung abgeschlossen werden.

Kraftfahrzeugbrief, Urkunde, in der ein bestimmtes Kraftfahrzeug beschrieben ist; dient der Sicherung des Eigentums; Verlust melden.

Kraftfahrzeugkennzeichen, vgl. hierzu Übersicht im hinteren Buchdeckel.

Kraftfahrzeugsteuer, erfaßt das Halten eines Kfz. zum Verkehr zu öffentl. Straßen, allgem. ohne Rücksicht auf die tatsächl. Benutzung (Ges. v. 23.3.1935 i. d. F. v. 18.3.1965); meist auf Hubraum oder Gewicht bezogen.

Kraftfeld, Kraftlinien, →Feld.

Kraftloserklärung, Rechtshandlung, durch die Urkunden ihre Wirksamkeit entzogen wird.

Kraftmaschine, Maschine zur Umwandlung einer Energieform in eine andere, z. B. Wärme in mechan. Arbeit (Dampfmaschine, Wasserturbine).

Kraftmesser der, →Dynamometer.

Kraftrad, durch Zwei- oder Viertakt-Ottomotor, in Dtl. mit 100 bis 600 cm³ Hubraum, angetriebenes Einspurfahrzeug, auch mit Beiwagen. Antrieb geht vom Motor über Kupplung, Wechselgetriebe, Gelenkwelle oder Kettenrad mit Kette auf Hinterrad. (BILD S. 498)

Kraftwagen (hierzu TAFEL und FARBTAFEL S. 691), im allg. von →Verbrennungsmotoren angetriebene Fahrzeuge. Drehzahl und Leistung werden durch Betätigen des Gaspedals, das die Zuführung des Kraftstoff-Luft-Gemisches zum Motor steuert, geregelt. Vom Motor wird die Kraft über Ausrückkupplung, Wechselgetriebe, Gelenkwelle, Ausgleichsgetriebe auf die Antriebsräder übertragen. Vorherrschend ist der Hinterradantrieb, daneben gibt es den Vorderradantrieb sowie (für Gelände-K.) den Allradantrieb. Die **Ausrückkupplung** ermöglicht ruckfreies Anfahren und Schalten des **Getriebes.** Dieses soll durch Änderung der Übersetzungsverhältnisse das nur in engen Grenzen veränderl. Drehmoment des Motors den wechselnden Fahrwiderständen (Anfahren, Beschleunigen, Steigen) anpassen und Rückwärtsfahrt ermöglichen; es wird durch den Handschalthebel betätigt. Neben Handschaltgetrieben werden halb- und vollautomat. Getriebe gebaut. Bei den ersteren gibt der Fahrer nur den Impuls zum Schalten, das dann durch den Getriebemechanismus selbsttätig ausgeführt wird. Vollautomat. Getriebe passen ohne Zutun des Fahrers die Übersetzung den auftretenden Fahrwiderständen an. – Das **Fahrgestell** (eigener Rahmen oder selbsttragender Aufbau) trägt Motor, Kraftübertragung, Achsen oder Radaufhängung, Federung mit Bereifung, Bremsen und Lenkung. Die **Federung** soll Fahrbahnstöße auffangen. Starrachsen sind bei Lkw. und Omnibussen üblich, bei

Kotze

Kraft: Kräfteparallelogramm. F_1, F_2 = Einzelkräfte, AB = F = resultierende Gesamtkraft

Krafträder, links: Motorroller Heinkel-Tourist, 175 cm³, 1960-66, Mitte: BMW R 69 S, 595 cm³, 1967/68, rechts: Kreidler-Florett Mokick, 50 cm³, 1968

Pkw. für die Hinterachse vorherrschend, sonst Einzelradaufhängung. Zur **Lenkung** werden durch Drehen des Lenkrads über Lenkgetriebe und Lenktrapez die auf den Achsschenkeln gelagerten Vorderräder um den Lenkzapfen geschwenkt. Jeder K. muß 2 voneinander unabhängige **Bremsen** haben, von denen eine feststellbar sein muß. Gebräuchl. ist die Vierradbremse als Innenbacken- oder Scheibenbremse, die meist hydraulisch (Öldruck), bei Lkw. und Omnibussen durch Saug- oder Druckluft betätigt wird. – Der **Aufbau** (Karosserie) nimmt die Fahrgäste oder Waren auf. Geschlossene Pkw. heißen Limousinen, solche mit Rolldach Kabriolimousinen, mit zurückklappbarem Verdeck Kabrioletts. Der Motor wird auch im Heck oder unter Flur eingebaut. Die Aufbauten der Lkw. richten sich nach dem Verwendungszweck. (FARBTAFEL Verbrennungsmotor S. 876)

Kraftwerk, links: Flußniederdruckanlage im K. Griesheim, rechts: Hochdruckanlage des Walchensee-Kraftwerkes

Kraftwerk umfaßt elektr. Erzeugungs-, Umspann- und Schaltanlagen. Für den Antrieb der Generatoren verwendet man Wasser- und Wärmekraftmaschinen. In der Bundesrepublik sind die Wasserkräfte mit 22%, Kohle mit 77% und sonstige Energiequellen mit 1% an der gesamten Erzeugung beteiligt. Die Grundlast übernehmen die **Wärme-K.** (auch Dampf aus Kernreaktoren) und die **Laufwasserwerke,** die das fließende Wasser der Flüsse bei geringem Gefälle ausnutzen. Die Lastspitzen werden von **Speicher-K.** übernommen. Das Wasser hochgelegener Seen und die Wassermengen, die in Talsperren gestaut und gespeichert werden, stehen hierfür zur Verfügung. Je nachdem, ob es sich um **Nieder-** (Gefälle bis zu 50 m) oder **Hochdruck-** (50-800 m) **K.** handelt, verwendet man Turbinen unterschiedlicher Bauart (Francis-, Kaplanturbine, Peltonrad). Die Generatoren in Wärme-K. werden in der Hauptsache durch Dampfturbinen angetrieben. Zum Energieausgleich zwischen den K. kuppelt man sie über das Hochspannungsnetz (Verbundbetrieb). Die von den Generatoren erzeugte Energie (meist Drehstrom 6000 V, 50 Hz) wird in der Umspannstation auf Hochspannung (380000 bis 700000 V) gebracht und ins Netz geleitet. Die Zu- und Abschaltung, die Umspannung, die Netzversorgung und der Verbundbetrieb werden durch Schaltanlagen beherrscht. Die Fernsteuerung der Schaltgeräte und die Überwachung des gesamten Betriebes übernimmt die Schaltwarte.

Kragstein der, ⌐ →Konsole.

Krag̀ujevac [-vats], jugoslaw. Stadt, 59000 Ew.; Rüstungsindustrie, Kraftfahrzeugbau.

Krähe die, Rabenvogel, in Mitteleuropa mit den Arten: **Raben-K.,** schwarz, westl. der Elbe; **Nebel-K.,** grauschwarz, östl. der Elbe bis Asien; **Saat-K.,** blauschwarz, sehr häufig, frißt Getreidekörner und Schädlinge des Feldes.

KRAFTWAGEN
Wichtige deutsche und ausländische Kraftfahrzeugwerke

DEUTSCHE WERKE. **Personenkraftwagen:** Audi NSU Auto Union AG., Neckarsulm; Bayerische Motoren Werke AG., BMW, München, mit Hans Glas GmbH., Dingolfing; Daimler-Benz AG., Stuttgart-Untertürkheim; Ford-Werke AG., Köln-Niehl; Neckar-Automobilwerke AG. (vorm. NSU-Automobil-AG.), Heilbronn; Adam Opel AG., Rüsselsheim; Dr. Ing. h. c. F. Porsche KG., Stuttgart; Volkswagenwerk AG., Wolfsburg; Industrieverwaltung Fahrzeugbau, IFA, Chemnitz; Automobilwerke Eisenach, AWE, Eisenach. **Liefer- und Kombiwagen, Omnibusse, Lastkraftwagen:** Büssing Automobilwerke AG., Braunschweig; Daimler-Benz AG., Stuttgart-Untertürkheim; Faun-Werke, Nürnberg; Rheinische Henschel-Werke AG., Kassel; Carl Kaelble GmbH., Backnang; Krauss-Maffei AG., München; Klöckner-Humboldt-Deutz AG., Köln; Maschinenfabrik Augsburg-Nürnberg AG., MAN, Augsburg; Karl Kässbohrer Fahrzeugwerke GmbH., Ulm; Friedr. Krupp Motoren- & Kraftwagenfabriken, Essen; Rheinstahl-Hanomag AG., Hannover; Vidal & Sohn Tempo-Werk GmbH., Hamburg.

AUSLÄNDISCHE WERKE. Alfa Romeo, Mailand; American Motors Corporation, Detroit; British Leyland Motor Corporation, Fusion der British Motor Holdings Ltd. (Austin, Morris u.a. Marken sowie Jaguar Cars Ltd.), Coventry) mit der Leyland Motor Corporation Ltd., Leyland (mit Triumph International Ltd., Coventry); Chrysler Corporation, Detroit; André Citroën S.A., Paris; van Doorne's Automobilfabrieken N.V., DAF, Eindhoven; Fiat S.p.A., Turin; Ford Motor Company, Detroit; General Motors Corporation, GMC, Detroit; Lancia & C., S.p.A., Turin; Nissan Motor Co. Ltd., Jokohama; S.A. Automobiles Peugeot, Sochaux (Paris); Régie Nationale des Usines Renault, RNUR, Paris-Billancourt; Rolls-Royce Ltd., Derby; Saab Aktiebolag, Linköping; Adolf Saurer, Arbon (Schweiz); Société Industrielle de Mécanique et Carossérie Automobile, Simca, Nanterre; Skodawerke (seit 1952 V. I. Lenin-Werke), Pilsen; Steyr-Daimler-Puch AG., Wien; Tatra-Werke, Kopřivnice (CSSR); Toyota Motor Co. Ltd., Toyota-City (Japan); Vauxhall Motors Ltd., Luton; AB. Volvo, Göteborg. ⌐

KRAFTWAGEN

1, 2

3

4, 5

6, 7

Kraftwagen: 1 Benz-Motor-wagen, 1885/86. **2** BMW-Kleinwagen als Cabriolet, 1928. **3** Ford 17M, 1968. **4** Formel-I-Rennwagen Ford Lotus. **5** Opel Rekord Cara-van 1700, 1967/68. **6** MAN-Frontlenker 13.250F, 1968. **7** BMW 2002 TI, 1968. **8** Kässbohrer-Setra-Reisebus S 150, 1968

8

Kranich:
Jungfern-K.

Krähenbeere, nadelblättriger, rosablühender, heidelbeerähnl. Zwergstrauch auf Mooren.

Krähennest, ♣. der hoch am vorderen Mast eines Schiffes befindliche Ausguck.

Krahl, Hilde, Schauspielerin, *1917.

Krähwinkel, Kleinstadt in Kotzebues Lustspiel »Die deutschen Kleinstädter« (1803).

Kraichgau, Landschaft zwischen Schwarzwald und Odenwald, Bad.-Württ.

Krain, Landschaft in Jugoslawien, der Westteil der Volksrep. Slowenien. Hauptstadt: Laibach (Ljubljana).

Krakat'au, Krakatoa, vulkan. Insel in der Sundastraße (Ausbrüche 1883, 1928, 1933).

Kr'akau, poln. **Kraków,** Stadt in Polen, an der oberen Weichsel, 577000 Ew.; got. Marienkirche (Altar von Veit Stoß), Schloß mit Kathedrale (Krönungsort und Grabstätte der poln. Könige); Universität (1364 gegr.); Kernforschungsinstitut; Eisen-, Metallindustrie, Kunstdüngerwerke. – K., im 13. Jahrh. als dt. Stadt angelegt, war 1320-1550 poln. Hauptstadt, bis 1609 Residenz, kam 1795 an Österreich, wurde 1815 Freistaat, 1846 österreichisch, 1918 polnisch.

Krake der, achtfüßiger →Tintenfisch.

Krak'eel [niederländ.] der, Lärm, Streit.

Krak'owiak der, poln. Nationaltanz im $^2/_4$-Takt mit Synkopenrhythmus.

Kral der, kreisförm. Dorf afrikan. Völker.

Kralle die, dolchförmig gebogener Zehennagel bei Raubtieren und Greifvögeln.

Kramář, Kramarsch, Karel, tschech. Politiker, *1860, †1937; 1918/19 MinPräs. der Tschechoslowakei, Führer der Nationalbewegung.

Kramat'orsk, Industriestadt im Donezbecken, Ukrain. SSR, 151000 Ew.; Ausrüstungswerke für die Metallindustrie.

Kramb'ambuli der, Danziger Kirschwasser und andere alkohol. Getränke.

Kr'ammetsbeere, Kramtsbeere, die Wacholderbeere (→Wacholder).

Kr'ammetsvogel, Wacholderdrossel.

Krampe die, U-förmig gebogene Eisenklammer.

Krampf der, unwillkürl. schmerzhafte Zusammenziehung einzelner oder mehrerer Muskeln, kürzere oder längere Zeit dauernd, veranlaßt durch krankhafte Reizung, die von einem Nerv, vom Rückenmark oder Gehirn ausgehen kann.

Krampfader, krankhaft erweiterte Blutader, am häufigsten an den Unterschenkeln und am After (→Hämorrhoiden). Durch Ernährungsstörungen der Haut entstehen oft **K.-Geschwüre** (Ulcus cruris); auch besteht Neigung zu Venenentzündungen (→Vene). Bäder, elast. Binden, Verödung durch Einspritzungen.

Kran der, Maschine zum Heben, Senken, Versetzen von Lasten, z.B. als Lauf-, Dreh-, Kipp-, Portal-, Derrick-K., Verladebrücke.

Kr'anich der, großer, hochbeiniger Vogel, mit langem Hals, kleinem Kopf und spitzem Schnabel; Sumpfbewohner. Im Herbst fliegen sie in ihre Winterquartiere nach Afrika.

Kraniolog'ie [grch.] die, Schädellehre.

Kraniometr'ie die, Schädelmessung.

Krankenkassen, Träger der gesetzl. und privaten →Krankenversicherung.

Krankenpflege, die Versorgung eines Kranken mit den zur Genesung notwendigen Mitteln und Handleistungen.

Krankenversicherung, 1) soziale K. als Teil der →Sozialversicherung, Pflichtversicherung für Arbeiter, Lehrlinge, Hausgehilfen, Seeleute (ohne Rücksicht auf Einkommenshöhe), für Angestellte seit 1. 1. 1971 bis zu einem Jahresarbeitsverdienst in Höhe von 75 v. H. der Beitragsbemessungsgrenze der Rentenvers. (1971: 17 100 DM). Die soziale K. gleicht zwei Risiken aus: das der Krankheit selbst und das der krankheitsbedingten Erwerbsminderung. **2) private K.** beruht auf freiwilliger Grundlage.

Krankheit die, Störung im Ablauf der Lebensvorgänge. Man erkennt K. durch **Diagnose,** sucht sie durch **Prophylaxe** zu verhüten, behandelt sie durch **Therapie,** bestimmt ihren mutmaßl. Verlauf durch **Prognose.**

Kranzadern, Kranz-, Koronargefäße, die das Herz ernährenden Blutgefäße.

Kranzgeld, →Defloration.

Kranzgesims, ⌂ das einen Bau am Dachansatz abschließende Gesims.

Krapfen [oberdt.] der, kugeliger, gefüllter Pfannkuchen, in Fett gebacken.

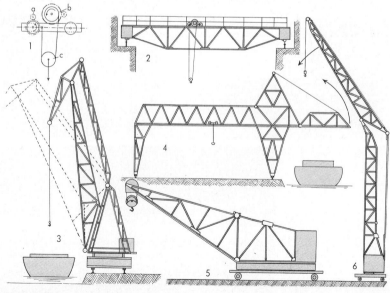

Kran: 1 Laufkatze, a Fahrwerk, b Hubwerk, c Lastrolle, 2 Laufkran, 3 Wippkran, 4 Verladebrücke, 5 fahrbarer Drehkran, 6 Turmdrehkran

Krapp der, **Krapprot,** roter Farbstoff aus der Wurzel der Färberröte; →Alizarin.

Krasiński [krasj'injski], Zygmunt Graf, poln. Dichter der Romantik, *1812, †1859; »Ungöttl. Komödie«, »Irydion«.

Krasnod'ar, früher **Jekaterinodar,** Stadt in N-Kaukasien, UdSSR, am Kuban, 465000 Ew.; Erdöl-, Pelz-, Lederwarenindustrie.

Krasnoj'arsk, bedeutendste Industriestadt Ostsibiriens, UdSSR, am Jenissej und der Sibir. Bahn, 648000 Ew.; Hochschulen.

Kr'asnyj Lutsch, Industriestadt im Donezbecken, Ukrain. SSR, 102000 Ew.

kraß [lat. »dick«], plump, handgreiflich.

Krat'er [grch.] der, altgriech. zweihenkliges Gefäß zum Mischen des Weins.

Kr'ater [grch.] der, kesselförmige Öffnung der Vulkane.

Krätze, Scabies, durch die **Krätzmilbe** hervorgerufene Hautkrankheit. Die Milben graben sich zur Eiablage in die Haut ein (Milbengänge). Starker Juckreiz führt durch Kratzen zu einer Sekundärinfektion. Behandlung: milbentötende Mittel.

Kraul, Crawl [engl.] der, ⚡ schnellste Schwimmart; im Handüberhandstil mit pendelartigem Beinschlag.

Kraus, 1) Franz Xaver, kath. Kirchen- und Kunstgeschichtsforscher, *1840, †1901. 2) Karl, Wiener Schriftsteller, *1874, †1936; leidenschaftl. Zeitkritiker, Herausgeber der »Fackel«; Drama »Die letzten Tage der Menschheit«.

Krause, Karl Ch. F., Philosoph, *1781, †1832, schuf ein System des Panentheismus (→Pantheismus); einflußreich war seine Rechtsphilosophie.

Krauss, 1) Clemens, Dirigent, *1893, †1954. 2) Werner, Schauspieler, *1884, †1959.

Kraut das, 1) jede Pflanze mit saftigem (unverholztem), weichem Stengel. 2)→Kohl. 3) das Blätterwerk von Kartoffeln, Rüben, Beerenpflanzen. 4) im Rheinland: Obstgelee, der eingedickte Saft von Äpfeln, Birnen, Trauben, auch Rüben.

Kraw'all [lat.] der, Lärm, Aufruhr, Zank.

Kraw'atte [frz.] die, 1) Schlips, Selbstbinder. 2) ⚡ Ringergriff.

Kreat'in das, ⚘ Abbaustoff des Eiweißstoffwechsels, Bestandteil des Muskelfleisches.

Kreati'on [lat.] die, Schöpfung; Gestaltung (einer Rolle, eines Kleides).

Kreat'ur [lat.] die, 1) Geschöpf. 2) verächtl. Mensch, willenloses Werkzeug.

Krebs der, 1) ⚶ →Krebse. 2) ⚶ das vierte Zeichen des Tierkreises (♋). 3) ⚶ nördl. Sternbild. 4) ⚘ durch Wucherungen gekennzeichnete Pflanzenkrankheiten. 5) ⚕ Karzin'om das, eine vom Epithelgewebe ausgehende bösartige Geschwulstbildung. Der **Primärherd** junger, sich ständig vermehrender Zellen, breitet sich in die Umgebung aus. Einzelne der wuchernden Zellen können sich aus dem Verband lösen und mit dem Lymph- und Blutstrom in entfernte Körperteile gelangen, wo sie Tochtergeschwülste (Metastasen) bilden. Bei seinem Wachstum zerstört der K. benachbarte Organe oder verschließt Hohlräume wie Speiseröhre, Magen und Darm und ruft so die verschiedensten Krankheitserscheinungen hervor. Die Ursachen der K.-Bildung sind vielfältig und noch nicht völlig geklärt. Langdauernde physikal., chem. oder entzündl. Reize sind wesentlich, so verschiedene Strahlen, krebserregende (karzino-

Todesfälle durch Krebserkrankungen 1950-66 (Bundesrep. Dtl.: je 100000 Ew.)				
Krebserkrankungen an	1950	1957	1960	1966
Verdauungsorg. .	99,1	88,9	85,0	81,7
Atmungsorgane	14,5	22,7	25,1	30,9
Brustdrüse, Harn- u. Geschlechts-..				
organe	40,7	45,7	45,2	}65,7
Sonstige	15,3	16,8	17,1	
insgesamt	169,6	174,1	172,4	178,3

g'ene) Stoffe (so Bestandteile von Teer, der Farbstoff »Buttergelb«), Entzündungen oder Verletzungen, die das Gewebe zu vermehrter Zellteilung anregen, vielleicht auch bestimmte Erbanlagenkombinationen; auch das Alter begünstigt die Entstehung des K. BEHANDLUNG: Entfernen der Geschwulst durch Operation; Zerstören durch Bestrahlung; Chemotherapie, z. B. mit zytostat. Mitteln. Frühzeitige Erkennung ist für die Heilung am wichtigsten. Krebsverdächtige Allgemeinerscheinungen sind zunehmende Blässe, Ermüdbarkeit, Gewichtsabnahme.

Krebse, Krustentiere, Klasse der Gliederfüßer mit Kiemen, meist zwei Paar Fühlern, zweiästigen Spaltfüßen; sie haben einen Panzer aus Chitin mit Kalkeinlagerung. Kopf und Brust sind meist zu einem Kopfbruststück vereinigt. Die Augen, meist Facettenaugen, sitzen vielfach auf Stielen. Die meisten K. sind Meeresbewohner. Niedere K., z. B. Rankenfüßer, Ruderfuß-K., Wasserflöhe. Höhere K.: Zehnfüßer wie Fluß-K., Hummer, Krabben und Ringel-K. (Floh-K., Asseln).

kred'enzen [ital.], anbieten, darreichen. **Kred'enz** die, Geschirrschrank, Anrichte.

Kred'it [frz.-ital. »das Geglaubte«] der, 1) Vertrauenswürdigkeit eines Schuldners. 2) zusätzl. Kaufkraft, die auf der Entnahme fremder Mittel beruht, wobei der **K.-Geber** dem **K.-Nehmer** die wirtschaftl. Verfügung über eine bestimmte Geldsumme überläßt, gegen die Verpflichtung, den Betrag zu einem späteren Zeitpunkt zurückzuzahlen. Der K.-Geber erhält als Entgelt Zins. — Man unterscheidet: **Konsumtiv-K.,** der zur Bedürfnisbefriedigung, und **Produktiv-K.,** der zur Gütererzeugung verwendet wird; **kurzfristigen K.** (z. B. Wechsel-K.) und **langfristigen K.** (z. B. Anleihe-K.); **Personal-K.,** der sich auf die Vertrauenswürdigkeit des K.-Nehmers gründet, und **Real-K.,** der durch besondere Sicherheiten gedeckt ist (bewegl. Güter, Lombard-K.; unbewegl. Güter, Hypothekar-K.). — Volkswirtschaftl. Bedeutung: durch den K. wird Kaufkraft den Stellen zugeleitet, die verfügbare Mittel möglichst produktiv verwenden. K.-Erleichterung und K.-Drosselung (billiges und teures Geld) sind wichtige Instrumente der Wirtschaftspolitik. Ihre Anwendung, die **K.-Politik,** obliegt den Zentralnotenbanken. **K.-Schöpfung,** →Geld.

Kreditbrief, an Banken gerichtete Zahlungsanweisung (**Akkreditiv**), dem im K. genannten Inhaber Geldbeträge bis zu einer bestimmten Höhe auszuzahlen; wichtig im Reiseverkehr (Reisekreditiv). Eine freiere Ausgestaltung sind die Reise- oder Zirkular-(Traveller-)Schecks.

Kreditgefährdung, ⚖ Behauptung oder Verbreitung unwahrer Tatsachen wider besseres Wissen, die geeignet sind, den Kredit eines anderen zu gefährden; als verleumder. Beleidigung strafbar, verpflichtet zu Schadenersatz.

Kr'efeld, Stadt in Nordrh.-Westf., westl. vom Niederrhein, 228700 Ew.; Ingenieur- u. a. Fachschulen, Textil-Forschungsanstalt, Seiden-, Samtweberei, -Färberei und -Appretur; Gießereien, Maschinen-, Waggonfabrik, Edelstahlwerk, chem. Ind.; Rheinhafen. — K. erhielt 1373 Stadtrecht.

Kregel, Wilhelm, Jurist, *1909, seit 1970 Präs. des Dt. Sportbundes.

Kreide die, 1) erdiger weißer Kalkstein, dient zum Polieren, als Farbe, in der keram. Ind. Rote K. ist Rötel. Schreib-K. besteht meist aus Gips. 2) ⊕ jüngste Formation des Mesozoikums (→Erdgeschichte, ÜBERSICHT).

Kreidezeichnung, Zeichnung mit schwarzer oder farbiger Kreide. **Kreidemanier,** →Crayon.

kre'ieren [lat.], schaffen, in Mode bringen.

Kreis der, 1) Bereich, Bezirk. 2) Gruppe. 3) Verwaltungsbezirk: in beiden Teilen Dtl. der Gemeindeverband mit Selbstverwaltung (**Land-K.**), die größeren Städte bilden davon unabhängige **Stadt-K.;** in einigen Ländern ist der Land-K. zugleich staatl. Verwaltungsbezirk. Organe sind der **Kreistag** (Beschlußorgan), der **Kreisausschuß** (Verwaltungsorgan). 4) △ eine geschlossene ebene

Krätze: Krätzmilbe

Krebs: Darmkrebs. Röntgen-Kontrastdarstellung des Dickdarms durch Kontrastbrei, oben normaler Querdarm, die Geschwulst sitzt unten am Übergang vom absteigenden Dickdarm in den Mastdarm, sie hat hier zu einer Einengung der Darmlichtung auf Bleistiftdicke geführt (Heilung durch operative Entfernung)

Krebse, oben Hummer, Mitte Flußkrebs, unten Krabbe

Kreis: a Tangente, b Sekante, c Sehne, d Durchmesser, r Radius, e Kreisabschnitt, f Kreisausschnitt

Kreisel: a Präzession, b Schwerkraft, c Rotation

Kreisky

Kreml in Moskau

Kurve, deren Punkte alle den gleichen Abstand r **(Radius)** von einem festen Punkt M (Mittelpunkt) haben. Eine den K. schneidende Gerade heißt **Sekante,** ihr Stück innerhalb des K. **Sehne.** Eine Sehne durch M heißt **Durchmesser.** Berührt eine Gerade den K., so nennt man sie **Tangente.** Die Länge der Kreislinie **(Umfang)** ist $U = 2\pi r$, der Flächeninhalt des K. ist $F = \pi r^2$ $(\pi = 3,14...)$.
Kreisarzt, bis 1934 der →Amtsarzt.
Kreisauer Kreis, Gruppe der dt. Widerstandsbewegung gegen Hitler. Mittelpunkt war Graf Helmuth J. v. Moltke, Gutsherr in Kreisau (bei Schweidnitz, Schlesien); er wurde im Jan. 1944, tet. Zum Tode verurteilt und hingerichtet: Moltke, Yorck v. Wartenburg, A. Delp, Th. Haubach, J. Leber, A. Reichwein, ferner die dem K. K. nahestehenden A. v. Trott zu Soltz und H. B. v. Haeften. Zuchthaus: E. Gerstenmaier u. a.
Kreisel der, in einem Punkt festgehaltener, sich drehender, i. e. S. rotationssymmetr. Körper. Seine Eigenschaft, bei freier Beweglichkeit die Stellung seiner Drehimpulsachse zu erhalten, wird zum Stabilisieren bei Bewegungen verwendet **(Schiffs-K.** zum Dämpfen des Schlingerns. **K.-Kompaß** →Kompaß).
Kreisgericht, →Gerichtswesen.
Kreiskolbenmotor, im Viertaktverfahren arbeitender Verbrennungsmotor, dessen Kolben in einer zylindr. Kammer von ellipt. Querschnitt umläuft; z. B. der **Wankel-Motor.** (FARBTAFEL Verbrennungsmotor S. 876)
Kreisky, Bruno, österreich. Politiker (SPÖ), *1911; 1959-66 Außenminister, seit 1970 Bundeskanzler einer SPÖ-Minderheitsregierung.
Kreislaufschwäche, Versagen des Blutkreislaufs (→Ohnmacht, →Schock).
Kreislaufstörungen, ♀ nervöse Störungen des Blutkreislaufs mit schwankendem, meist erniedrigtem Blutdruck. Neigung zu Schwindelanfällen, Ohnmachten, Herzbeschwerden.
Kreisler, Fritz, Geigenvirtuose, Komponist, *1875, †1962; bearbeitete alte Violinmusik.
kreißen, sich in Geburtswehen befinden.
Kreißsaal, Entbindungssaal.
Krematorium [lat.] das, -s/...rien, Einäscherungsanlage; →Feuerbestattung.
Krementschug, Stadt in der Ukrain. SSR, am Dnjepr, 148 000 Ew.; Holzverarbeitung, Transportmaschinen- und Waggonbau; Leder-, Metall-, Granitverarbeitung.
Kreml [russ.] der, in Rußland der meist erhöhte, befestigte innere Teil einer Stadt, in Moskau, früher Palast des Zaren, jetzt Sitz der Regierung.
Krempel der, 1) Trödelware, Kram. 2) Spinnereimaschine zum Auflösen und Gleichrichten wirrer Faserflocken.
Krempling, eßbarer Blätterpilz (FARBTAFEL Pilze S. 865).
Krems, mittelalterl. Stadt in Niederösterreich, 21 000 Ew.; Obst- und Weinhandel; Maschinen.
Kr'emser [Berliner Fuhrunternehmer, 1825] der, offener, vielsitziger Wagen mit Verdeck.
Kremsmünster, Markt in Oberösterreich, a. d. Krems, 5500 Ew.; Benediktinerstift, 777 gegr.
Křenek [krʒˈɛnɛk], Ernst, Komponist, *1900;

kam vom Expressionismus zur Zwölftonmusik; Jazz-Oper »Jonny spielt auf«, Opern, Sinfonien.
Kre'ole der, in den Kolonien geborener Nachkomme von Spaniern, bes. in Südamerika.
Kr'eon, griech. Sage: König von Theben, Bruder der Jokaste, ließ →Antigone einmauern.
Kreos'ot das, -/○ Gemisch von →Kresolen, Guajakol u. a., gewonnen aus Teer. K. ist giftig und wirkt keimtötend.
krep'ieren [lat.], 1) zerspringen, zerplatzen (Sprenggeschosse). 2) ♀ verenden, verrecken.
Krepp der, gekräuselte oder wellig aussehende Gewebe, entstehen durch besondere Bindung oder durch stark gedrehte Garne.
Kreppapier, Papier mit gerunzelter Oberfläche, durch Stauchen der nassen Papierbahn.
Kres'ol das, -○ durch Phenol abstammende Verbindung im Steinkohlen- und Holzteer, keimtötend, angewendet bes. im →Lysol.
Kresse die, Kreuzblüter verschiedener Gattungen, weißblühende, pfeffrige Salatkräuter: **Garten-K.** vom östl. Mittelmeer; **Brunnen-K.** in Bächen, auch viel gezüchtet. (→Kapuzinerkresse)
Kresz'enz [lat.] die, Wachstum (Wein).
Kr'eta, Krete, italien. **Candia,** die größte griech. Insel im östl. Mittelmeer, 8331 km², 483 300 Ew.; gebirgig, Wein- und Olivenbau. Städte: Chania, Rethymnon, Heraklion. – K., der Herrschersitz des sagenhaften Minos (→ägäische Kultur), früh von den Griechen besiedelt, wurde 67 v. Chr. römisch, kam im 13. Jahrh. an Venedig, 1669 an die Türken, 1913 an Griechenland.
Krethi und **Plethi** [hebr.], Leibwache König Davids; gemischte Gesellschaft.
Kretin [krɛtˈɛ̃, frz.] der, geistesschwacher und körperlich mißgebildeter Mensch (Zwergwuchs, kleiner Schädel, eigenartiges Aussehen). Ursache ist angeborenes Fehlen oder Unterfunktion der Schilddrüse (→Myxödem).
Kretonne [krɛtˈɔn, frz.] die, kräftiger Baumwollstoff zu Vorhängen, Möbelbezügen.
Kr'etscham [slaw.] der, Wirtshaus. **Kretschmar** oder **Kretschmer** der, Wirt.
Kretschmer, Ernst, Psychiater, *1888, †1964; 1946 Prof. in Tübingen, stellte eine Typengliederung der menschl. →Konstitution auf.
Kretzschmar, Hermann, Musikpädagoge und Musikforscher, *1848, †1924.
Kreuder, 1) Ernst, Schriftsteller, *1903; Kurzgeschichten, Romane. 2) Peter, Komponist, *1905; Musik zu Filmen, Operetten.
Kreusa [krˈeuza], in der griech. Sage 1) Tochter des Priamos. 2) Gemahlin des Jason.
Kreuth, Luftkurort in Oberbayern, südlich vom Tegernsee, 800 m ü. M., 3000 Ew. Dabei **Wildbad K.** mit Schwefelquellen.
Kreutzberg, Harald, Tänzer und Choreograph, *1902, †1968; Schüler von M. Wigman.
Kreutzer, 1) Konradin, Komponist, *1780, †1849; Oper »Das Nachtlager von Granada«; Männerchöre. 2) Rodolphe, Geigenvirtuose und Komponist, *1766, †1831; Beethoven widmete ihm seine Violinsonate op. 47 (Kreutzersonate).
Kreuz [aus lat. crux] das, 1) aus zwei sich überschneidenden Balken gebildeter Körper und das entsprechende Zeichen. Das K. in seinen verschiedenen Formen ist ein uraltes Zauber- und Heilszeichen. 2) ♯ altes Hinrichtungsgerät in K.-Form; durch die Kreuzigung Christi wurde es Sinnbild des Christentums. 3) ♯ Körpergegend des Kreuzbeins. 4) ♪ Erhöhungszeichen (♯) des Tons um ¹/₂ Ton. 5) **K. des Südens,** südl. Sternbild, →Südliches Kreuz. 6) Kartenspiel: die Farbe →Treff, entspricht dem dt. Eichel. (BILD S. 503)
Kreuzau, Gem. im Kr. Düren, Nordrh.-Westf., 10 200 Ew.
Kreuzband, 1) Türband für schwere Türen. 2) Streifband für Drucksachen.
Kreuzbeere, Beere von →Kreuzdorn.
Kreuzbein, durch Verschmelzung von fünf Wirbeln entstandener Knochen, der die hintere Wand des Beckens bildet.
Kreuzblume, 1) ♀ auf Wiesen das blaublühen-

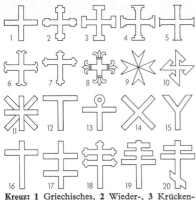

Kreuz: 1 Griechisches, 2 Wieder-, 3 Krücken- oder Krucken-, 4 Stufen-, 5 Tatzen-, 6 Anker-, 7 Kleeblatt-, 8 Lilien-, 9 Johanniter- oder Malteser-, 10 Haken-, 11 Doppel-, 12 Antonius-, 13 Henkel-, 14 Andreas- oder Schräg-, 15 Gabel- oder Schächer-, 16 Lateinisches oder Passions-, 17 Lothringisches, 18 Patriarchen- oder Kardinal-, 19 Päpstliches, 20 Russisches Kreuz

Kreuzgang der Benediktiner- kirche in Königslutter

Kreuzotter

de, kleinstaudige Kreuz- oder Natternblümchen; die nordamerik. **Senega-K.** liefert die hustenlösende Senegawurzel. 2) ⌂ auf got. Türmen u. a. Baugliedern die aus kreuzförmig angeordneten Blumen oder Blättern gebildete Spitze.

Kreuzblüter, Kruzif'eren, große Pflanzenfamilie von Kräutern oder auch Halbsträuchern mit je vier kreuzweise stehenden Kelch- und Blütenblättern. Die Früchte sind Schoten mit Scheidewand. Vergleiche →Hülse. (BILD Blüte)

Kreuzburg, Kreisstadt in Oberschlesien, 15 300 Ew.; Ind.; seit 1945 unter poln. Verw. **(Kluczbork).**

Kreuzdorn, kreuzähnl. verzweigter Dornstrauch mit grünl. Blütchen und schwarzen Früchten **(Kreuzbeeren),** die als Abführmittel dienen; das Holz wird zu Drechslerarbeiten verwendet.

kreuzen, ⚓ gegen den Wind segeln; dabei läßt man durch wiederholtes Wenden nach Backbord und Steuerbord (Zickzackkurs) den Wind unter einem Winkel von 45° auf die Segel treffen.

Kreuzer [Münze mit aufgeprägtem Kreuz] der, ältere Scheidemünze, in Dtl. bis 1871, in Österreich-Ungarn bis 1892.

Kreuzer der, ⚓ schnelles, gepanzertes Kriegsschiff, für Aufklärung und Sicherung: **Leichte K.** (früher **Kleine K.),** etwa 3000-8000 t, mit Geschützen bis zu 15-cm-Kaliber und **Schwere K.** (früher **Große K., Panzer-K.),** etwa 10 000 t, mit Geschützen bis etwa 21-cm-Kaliber. Die früheren **Schlacht-K.,** etwa von 20 000 t an, rechnet man jetzt zu den Schlachtschiffen.

Kreuzgang, der Umgang eines Klosterhofes, gegen diesen in Bogenstellungen geöffnet.

Kreuzgewölbe, ⌂ die rechtwinklige Durchdringung zweier Tonnengewölbe gleichen Querschnitts.

Kreuzkopf, ◉ Gelenk zur Verbindung von Kolben- und Pleuelstange. →Kurbel.

Kreuzkraut [eigentl. Greiskraut], **Senecio,** Gattung krautiger Korbblüter, meist mit gelben Blütenkörbchen, mit weißem Flughaarschopf auf den Früchten; **Gemeines K.,** Unkraut, Vogelfutter; **Jakobs-K.,** bis 1 m hoch. Viele Arten sind Zierpflanzen.

Kreuzlingen, Stadt im schweizer. Kt. Thurgau, am Bodensee, 28 800 Ew.; Weinbau, Ind.; Barockkirche, ehem. Augustinerkloster.

Kreuznach, Bad K., Radium-Solbad in Rheinl.-Pf., an der Nahe, 43 500 Ew.; Weinhandel und Wermutherstellung; Lederwaren-, Textil-, Kamm-, opt., chem., Maschinenindustrie.

Kreuzotter die, 80 cm lange Giftschlange Europas, meist grau, braun, schwarz, längs des Rückens mit dunklem, bisweilen in Flecke aufgelöstem Zickzackband, dreieckigem Kopf; nährt sich von Mäusen, Eidechsen. Ihr Biß kann tödlich sein, →Schlangengift.

Kreuzritter, 1) Teilnehmer an →Kreuzzügen. 2) die Dt. Ritter (→Deutscher Orden).

Kreuzschnabel, Finkenvogel mit gekreuztem Schnabel; gewandter Kletterer. **Fichten-K.** lebt von dem Samen der Nadelbäume.

Kreuzspinne, Radspinne mit weißer Kreuzzeichnung auf dem Hinterleib; baut in Gärten große Radnetze.

Kreuzspulgerät, →elektr. Meßinstrumente.

Kreuztal, Stadt in Nordrh.-Westf., 27 700 Ew.

Kreuzung, in der Züchtung die Paarung zweier Pflanzen oder Tiere mit verschiedenen Erbanlagen.

Kreuzverhör, ⚖ Zeugenvernehmung durch die Parteien und deren Anwälte ohne Mitwirkung des Richters, bes. im angloamerikan. Recht; im dt. Strafprozeß – durch Staatsanwalt und Verteidiger – ausnahmsweise zulässig.

Kreuzweg, 1) der Leidensweg Jesu vom Palast des Pilatus bis Golgatha. 2) kath. Andacht vor den 14 K.-Stationen, den Nachbildungen des K. 3) Volksglaube: die Kreuzungsstelle zweier Wege; Aufenthaltsort von Geistern und Hexen.

Kreuzwoche, Bitt-, Gangwoche, 2. Woche vor Pfingsten, mit Bittgängen für die Saaten.

Kreuzworträtsel, Worträtsel, bei dem die gesuchten Wörter buchstaben- oder silbenweise in waagerecht und senkrecht aneinandergereihte Vierecke eingetragen werden.

Kreuzzeichen, im Christentum Brauch, mit der rechten Hand über sich selbst, andere oder auch über Dinge ein Kreuz zu zeichnen. Im kath. und ostkirchl. Gottesdienst sehr häufig. Bei kath. Laien und Geistlichen auch im tägl. Leben. Im luther.Gottesdienst, nicht im reformierten, bei der Taufe, →Konsekration und am Schluß des Segens.

Kreuzzüge, im allgem. Kriegszüge zur Bekehrung der Ungläubigen, im bes. die Kriege der abendländ. Christenheit zur Eroberung Palästinas (1096-1291). Im 1. K. (1096-99), von Papst Urban II. veranlaßt, eroberten Gottfried v. Bouillon und sein Bruder Balduin Jerusalem (1099), das unter Gottfried v. Bouillon Königreich wurde. Der 2. K. (1147-49), von Bernhard v. Clairvaux veranlaßt, unter Konrad III. und Ludwig VII. von Frankreich, war erfolglos. 1187 eroberte der Sultan Saladin Jerusalem; daraufhin 3. K. (1189-92), an dem Kaiser Friedrich I. (†1190), Philipp II. August von Frankreich und Richard Löwenherz teilnahmen. Eroberung von Akka. Im 4. K. (1204) wurde Konstantinopel erstürmt und das Latein. Kaisertum (→Byzantin. Reich) gegründet. Im 5. K. (1228/29) gewann Kaiser Friedrich II. das Heilige Land durch Vertrag. Der 6. und 7. K. Ludwigs IX. von Frankreich blieben erfolglos (1248-54, 1270). Außerdem viele kleinere Züge, auch ein Kinder-K. (1212). Die Christen verloren jedoch alle Eroberungen im Heiligen Lande wieder, zuletzt (1291) Akka. Die K. waren polit. ein Mißerfolg und kosteten die europ. Völker große Blutopfer. Kulturell erbrachte sie der Berührung mit der vorderasiat. Welt und die Entwicklung des Ritterwesens, bes. der Ritterorden.

Kribbelkrankheit, Kornstaupe, Ergotismus, eine Vergiftung durch Mutterkorn.

Kr'icket das, engl. Schlagballspiel zwischen 2 Parteien zu je 11 Spielern; Spielgeräte: Schläger, Ball, Tor. Der Werfer **(Bowler)** sucht das feindl. Tor so zu treffen, daß die Stäbchen herabfallen, der Schläger **(Batsman)** soll dies verhindern.

Kriebelmücke, →Gnitze.

Kriechspur, ⇦ zusätzl. Fahrbahn für langsame Fahrzeuge, bes. an Autobahnsteigungen.

Kriechtiere, →Reptilien.

Krieg der, gewaltsame Austragung von Streitigkeiten zwischen Staaten (→Taktik, →Strategie). **K.-Erklärung,** förml. Ankündigung der K.-Eröffnung an den Gegner.

Kriegsakademie, Hochschule zur Ausbildung von Generalstabsoffizieren.

Kriegsanleihe, →Kriegsfinanzierung.

Kriegsartikel, Pflichtenlehre für Soldaten.

Kriegsbeschädigtenfürsorge, →Versorgung.

Kriegsdienstverweigerer ist in der Bundesrep. Dtl., wer sich aus Gewissensgründen jeder Waffenanwendung zwischen den Staaten widersetzt und deshalb den Kriegsdienst mit der Waffe verweigert; er hat zivilen Ersatzdienst zu leisten und kann auf Antrag zum waffenlosen Dienst in der Bundeswehr herangezogen werden.

Kriegsentschädigung, der Ersatz der Kriegskosten durch den unterlegenen Teil, meist im Friedensvertrag festgesetzt. →Reparationen.

Kriegsfinanzierung, Beschaffung der im Krieg nötigen Gelder. Da verschärfte Besteuerung meist nicht ausreicht, wird staatl. Kreditaufnahme (**Kriegsanleihen,** im 1. Weltkrieg in Dtl. 98,7 Mrd. M) oder Geldschöpfung (»geräuschlose K.« in Dtl. im 2. Weltkrieg) erforderlich.

Kriegsgefangene, Angehörige einer Kriegsmacht, die in die Hände des Feindes fallen. Maßgebend für ihre Behandlung sind die →Genfer Konventionen von 1929 (1949 verbessert).

Kriegsgericht, früher das erstinstanzl. Gericht im Militärstrafverfahren.

Kriegsgräberfürsorge, Betreuung der Gräber und Friedhöfe der im Krieg Gefallenen. Träger ist seit 1919 neben amtl. Stellen der »Volksbund Dt. K.«, Kassel.

Kriegshinterbliebenenfürsorge, →Versorgung.

Kriegsmarine, der Teil der Wehrmacht eines Staates, der die Rüstung zur See umfaßt.

Kriegsrecht, 1) die völkerrechtl. Regeln, die für kriegführende Staaten untereinander und gegenüber Neutralen gelten und die nach neuerer Auffassung auch unmittelbar Rechte und Pflichten für Einzelpersonen erzeugen. Der Zweck des K. ist, die Leiden des Krieges so weit zu mildern, als es die militär. Interessen gestatten. Quellen sind das Kriegsgewohnheitsrecht und Staatsverträge: die Pariser Seerechtsdeklaration (1856), die Genfer Konventionen von 1864, 1929 und 1949, die Haager Abkommen von 1899 und 1907 u. a. Danach ist z. B. die Verwendung von Giften und bakteriolog. Kampfmitteln, die Tötung, Verwundung eines Feindes, der die Waffen gestreckt hat, die Plünderung und Festnahme von Geiseln verboten. **2)** innerstaatlich die Veränderung des für normale Zeiten geltenden Rechts im Krieg, z. B. Verhängung des Ausnahmezustandes, Einschränkung der Pressefreiheit und der Freizügigkeit, Zwangswirtschaft, Sonderbestimmungen für Kriegsteilnehmer.

Kriegsschiffe sind Kreuzer, Flugzeugträger, Zerstörer, Torpedo-, Unterseeboote, Minensuchboote u. a.

Kriegsschule, Schule für die militärwissenschaftl. Ausbildung des Offiziersnachwuchses, heißt in der Bundesrep. Dtl. Heeresoffizierschule.

Kriegsverbrechen, Verbrechen, die unter Verletzung des Kriegsrechts begangen werden, z. B. Ermordung und Mißhandlung von Kriegsgefangenen, Verschleppung von Zivilpersonen. Die K. sind regelmäßig nach dem allgem. oder militär. Strafrecht der einzelnen Staaten strafbar. Auf Grund des Londoner Abkommens v. 8. 8. 1945 zur Aburteilung dt. K. fanden in Nürnberg verschiedene K.-Prozesse statt. Die Anklage stützte sich auf Verbrechen gegen den Frieden, auf K. und auf Verbrechen gegen die Menschlichkeit. 1945-46 fanden vor dem Internat. Militärtribunal, das sich aus amerikan., engl., franzöz. und sowjet. Richtern zusammensetzte, die Prozesse gegen 24 führende Angehörige der NSDAP, des Staates und der Wehrmacht (Hauptkriegsverbrecher) und gegen 6 verbrecher. Organisationen statt; später weitere Prozesse gegen Generäle, Angehörige der SS, Ärzte, Juristen, Beamte usw.

Kriegsversehrter, →Versorgung.

Kriegswirtschaft, auf die Bedürfnisse des Krieges eingestellte Volkswirtschaft, meist Zwangswirtschaft mit bevorzugter Deckung des militär. Bedarfs.

Kriemhild, Hauptgestalt des Nibelungenlieds; ihrer Rache für den Mord ihres Gatten Siegfried fiel nicht nur der Mörder Hagen, sondern ihre ganze Sippe, das burgund. Königsgeschlecht, zum Opfer.

Kriens, Gem. im schweizer Kt. Luzern, 21 000 Ew.; Maschinen-, Textil-, Holzindustrie.

Krim die, Halbinsel zwischen dem Schwarzen und dem Asowschen Meer, 26 000 km², 1,5 Mill. Ew.; im N Steppe und Ackerland, im S das Jailagebirge, an der Südküste Mittelmeer-Pflanzenwuchs und Kurorte. Bodenschätze: Kohle, Erdöl, Eisen, Salz; Hafen Sewastopol. – Im Altertum entstand hier das Bosporan. Reich, das später in das Oström. überging; während der Völkerwanderung drangen Goten ein. Seit 1475 stand die K. unter türk. Oberhoheit, 1783 wurde sie russisch. →Krimkrieg.

krimin′al [lat.], strafrechtlich. **krimin′ell** [frz.], verbrecherisch. **Kriminalgericht,** Gericht, das die Strafrechtspflege ausübt. **Kriminal′ist,** Beamter der Kriminalpolizei, auch Lehrer des Strafrechts; **Kriminal′istik** die, Lehre von den Erscheinungsformen, Ursachen und Zielen des Verbrechens, den Mitteln seiner Erforschung, Bekämpfung und Verhütung. **Kriminalit′ät,** die Art und Häufigkeit von Straftaten, die innerhalb eines Volkes, einer Berufsgruppe oder von Einzelnen begangen werden. **Kriminalpolizei,** der Zweig der Polizei, der zur Unterstützung der Staatsanwaltschaft und des Untersuchungsrichters bei der Aufdeckung, Untersuchung und Verfolgung strafbarer Handlungen mitwirkt. **Kriminalbeamter,** Beamter der Kriminalpolizei in Zivil.

Kriminalroman, Kriminalgeschichte, Erzählung über ein Verbrechen, seine Aufdeckung, seine Sühne. Vorläufer der K. sind die Räuberromane. Großen Einfluß hatte E. A. Poes Erzählung »Mord in der Rue Morgue« (1841). Mit Conan Doyles Sherlock-Holmes-Geschichten gelangte die Detektivgeschichte zu einem Welterfolg.

Krimkrieg, Krieg Rußlands gegen die mit Frankreich und England verbündete Türkei, 1853 bis 56. Der Hauptkampf ging um Sewastopol, das 1854/55 von den Franzosen und Engländern erobert wurde. Im Pariser Frieden von 1856 verzichtete Rußland auf eine Kriegsflotte im Schwarzen Meer (bis 1871), trat S-Bessarabien ab.

Krinol′ine [frz. crin »Roßhaar«], die, **1)** Stoff aus Baumwolle und Roßhaar. **2)** →Reifrock.

Krippe die, **1)** Futtertrog. **2)** **Weihnachts-K.,** figürl. Darstellung der hl. Familie im Stall zu Bethlehem. **3)** früher: Kindertagesheim.

Kris der, Malaiendolch mit meist schlangenförmig gekrümmter Klinge.

Kr′ischna [Sanskrit »der Schwarze«], **1)** urspr. ind. Fürst, wurde zu göttl. Würde erhoben und als

Kriminalistik: Zehnfingerabdruckblatt

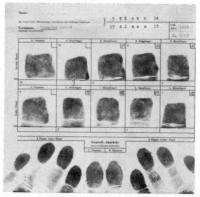

8. Verkörperung des →Wischnu gefeiert. **2)** amtl. Name des Flusses →Kistna.

Krischna Menon, ind. Politiker, →Menon.

Krise, Krisis [grch.] die, **1)** Wendepunkt, Umschlag; bedenkl. Lage, Störung im Wirtschaftsleben. **2)** ʃ der endgültige Fieberabfall binnen kurzer Zeit bei fieberhaften Krankheiten.

Krist'all [grch.] der, die regelmäßige, vieleckige Form, die viele Stoffe bei der Kristallisation einnehmen. Alle K. sind in gesetzmäßiger Weise von ebenen Flächen begrenzt, die in Kanten und Ecken zusammenstoßen. In die K. kann man sich immer drei (oder vier) Achsen einbeschrieben denken, die sich im K.-**Mittelpunkt** schneiden. Nach diesen Achsenkreuzen unterscheidet man sechs K.-**Systeme: 1)** kubisches (reguläres)System mit drei gleich langen, senkrecht aufeinanderstehenden Achsen; **2) tetragonales System** mit zwei gleichen, sich rechtwinklig schneidenden Achsen (Nebenachsen), auf denen eine dritte, verschieden lange Hauptachse senkrecht steht; **3) hexagonales System** mit drei gleich langen, sich unter 60° schneidenden Nebenachsen, auf denen eine vierte, abweichend große, senkrecht steht; **4) rhombisches System** mit drei sich rechtwinklig schneidenden, aber verschieden langen Achsen; **5) monoklines System** mit zwei ungleichen, sich schiefwinklig kreuzenden Achsen und einer darauf senkrechten Achse; **6) triklines System** mit drei ungleichen, schiefwinklig gekreuzten Achsen. Die K. sind aufgebaut aus kleinsten Zellen, in deren Eckpunkten die Atome (richtiger: Ionen) regelmäßig angeordnet sind (**K.-Gitter**); ihr Aufbau wird durch Beugung von Röntgenstrahlen ermittelt (Laue-Diagramm). Physikal. Eigenschaften bestimmter K. sind →Doppelbrechung, Drehung der Polarisationsebene hindurchfallenden Lichtes und Piezoelektrizität, letztere ausgenutzt im →Transistor u. a. **Kristallisati'on** die, Bildung von K. **kristall'inisch** heißen Stoffe, die K. bilden; Gegensatz: amorph. **Kristallograph'ie** die, Lehre von den K.

Krist'allglas, stark lichtbrechendes Bleikaliumglas.

kristall'ine Schiefer, →Gesteine.

Kristallnacht, die von den Nationalsozialisten in Dtl. in der Nacht vom 9./10. 11. 1938 organisierten Pogrome gegen Juden.

Kristians'and, bedeutendste Hafenstadt S-Norwegens, 56200 Ew.; Fährverbindung nach Dänemark; Holzausfuhr, Nickelwerk.

Kr'istianstad, Stadt in S-Schweden, 42500 Ew.; Handel; Tuch-, Maschinenfabriken.

Krit'erium [grch.] das, -s/...rien, unterscheidendes Merkmal; Kennzeichen.

Krit'ik [grch.] die, Beurteilung, Prüfung, Urteilsvermögen. **Kritik'aster** der, Nörgler. **Kr'itiker** der, Kunstrichter, Beurteiler, Tadler. **kritis'ieren,** beurteilen, tadeln.

kr'itisch, 1) prüfend, **2)** entscheidend, bedrohlich. **kritisches Alter,** →Wechseljahre. **kritische Temperatur,** die Temperatur, oberhalb deren ein Gas durch keinen noch so starken Druck mehr verflüssigt werden kann.

Kritiz'ismus der, Denkrichtung, die die Erkenntnismittel, ihr Wesen und ihre Grenzen prüft. Der Begründer des K. ist →Kant.

Kriw'oj Rog, Stadt in der Ukrain. SSR, 573000 Ew.; Eisenerzbergbau; Maschinenbau.

Krk, ital. **Veglia,** nördlichste Insel Jugoslawiens, 408 km², rd. 20000 Ew.

Kro'aten Mz., **Hrvati,** südslaw. Volk in Kroatien, Slawonien, Sirmien, Dalmatien, Herzegowina, Teilen von Bosnien; 4-5 Mill.

Kro'atien, serbokroat. **Hrvatska,** Landschaft und Rep. in Jugoslawien, 56538 km², 4,3 Mill. Ew.; Hauptstadt: Agram (Zagreb). K. umfaßt das Tiefland zwischen Drau, Donau und Save, das Gebirgsland Hochkroatiens und das dalmatin. Küstengebiet. Überwiegend Landwirtschaft(Mais, Weizen, Wein, Obst), Forstwirtschaft; ℅ (Bauxit, Kohle, Eisen, NE-Metalle, Erdöl); Industrie im Aufbau; Fremdenverkehr. Verkehrsnetz z. T. gut

ausgebaut. Haupthafen: Rijeka (Fiume). – GE-SCHICHTE. Das Land wurde im 7.Jahrh. von den Kroaten besiedelt, kam Ende des 11.Jahrh. an Ungarn, mit diesem im 16.Jahrh. unter habsburg., dann unter türk. Herrschaft, fiel 1699 an das habsburg. Ungarn zurück. K. bildete zum Slawonien ein Nebenland der ungar. Krone; 1918 dem neuen Kgr. →Jugoslawien angeschlossen.

Kr'ocket das, Rasenspiel zwischen 2 Parteien; Holzkugeln sind mit Schlägern durch eine Reihe von Toren (Drahtbügel) zu treiben. Wer zuerst den Zielpfad erreicht, ist Sieger.

Kröger, Timm, Erzähler, *1844, †1918; schrieb Erzählungen aus dem holstein. Bauernleben.

Krok'ant [frz.] der, feste Masse aus Nüssen oder Mandeln und Zucker.

Krok'etten, Krusteln, gebackene kleine Vor- und Zwischengerichte.

Krok'i das, ⊕ Kartenskizze.

Krokod'ile, Panzerechsen, große Reptilien der warmen Zonen, deren Körper mit knöchernen Hautschilden gepanzert und mit Hornschilden bedeckt sind. **Nil-K.,** bis 6 m lang, in Afrika, ist dem Menschen gefährlich; Männchen mit Moschusgeruch. **Chines. Alligator,** bis 2 m lang; **Hechtalligator (Kaiman),** bis 4 m lang, in Amerika; **Gavial,** bis 5 m, in Indien.

Krokodile, oben: Nil-Krokodil, Mitte: Gavial, unten: Brillenkaiman

Krokod'ilwächter, afrikan. Regenpfeifervogel; sucht Krokodile nach Schmarotzern ab.

Kr'okus der, -/...sse, knollentragende Schwertliliengewächse, blau-, weiß-, gelbblühende Frühlingsblüher. (BILD Knolle)

Kronach, Kreisstadt im bayer. RegBez. Oberfranken, 10100 Ew.; erhaltene Stadtbefestigung (16.Jahrh.); Porzellan- u. a. Industrie.

Kronberg (Taunus), Luftkurort im Obertaunuskreis, Hessen, 7400 Ew.; Erdbeerkulturen.

Kr'one [lat. corona »Kranz«] die, **1)** Zeichen der fürstl. Würde, urspr. nur ein Stirnreif. **2)** Münzeinheit in Schweden, Norwegen, Dänemark, Island, Tschechoslowakei, bis 1924 auch in Österreich und Ungarn. **3)** ʃ oberer Teil des Zahns. **4)** ☆ zwei Sternbilder: Nördl. und Südl. Krone.

Krone, Heinrich, Politiker, *1895; Philologe, 1925-33 MdR, 1945 Mitgr. der CDU in Berlin, 1955-61 Fraktionsvors. der CDU/CSU, 1961-66 Bundesmin. für bes. Aufgaben.

Kronglas, mit Pottasche (statt Soda) erschmolzenes optisches Glas.

Kronkolonie, früher eine brit. →Kolonie, in der die Krone (die Königin) durch einen von ihr ernannten Gouverneur die Gesetzgebung und Verwaltung ausübte.

Kronländer, 1) die Erbländer eines fürstl. Hauses. **2)** in Österreich bis 1918 die einzelnen Länder.

Kr'onos, in der griech. Göttersage ein Titan, jüngster Sohn des Uranos, vermählt mit seiner Schwester Rhea, verschlang alle seine Kinder bis auf Zeus, den Rhea verbarg. Zeus, der **Kron'ide,**

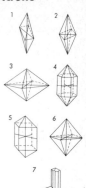

Kristall:
Kristallformen, 1 triklin, 2 monoklin, 3 rhombisch, 4 hexagonal, 5 tetragonal, 6 regelmäßig, 7 Zwillingsform

Kruseler

stieß ihn in den Tartarus. Das Zeitalter des K. galt später als goldenes.

Kr'onprinz, in Monarchien der zukünftige Thronerbe, sofern er Sohn oder Enkel des Herrschers ist.

Kronsbeere, die →Preiselbeere.

Kronshagen, Gem. in Schlesw.-H., 10 600 Ew.; Wohn- und Industrievorort von Kiel.

Kronstadt, 1) K., rumän. **Braşov,** bedeutendste Industriestadt Siebenbürgens, 179 300 Ew.; spätgot. Schwarze Kirche (1477 vollendet); Verkehrsmittelpunkt; Textil-, Maschinen-, Flugzeug-, Lebensmittelind. K. kam 1921 an Rumänien. **2)** Kriegs- und Handelshafen vor Leningrad, auf der Insel Kotlin, 45 000 Ew.

Kronstadt (Rumänien): Schwarze Kirche

Krönung die, feierl. Einsetzung des Herrschers durch Aufsetzen der Krone. (→König)

Kronzeuge, Hauptzeuge; in England und Amerika ein Mittäter, der gegen Zusicherung der Straflosigkeit als Belastungszeuge auftritt.

Kropf der, 1) Erweiterung der Vogelspeiseröhre zur Vorverdauung. **2)** § von einer Vergrößerung der Schilddrüse herrührende Anschwellung vorn am Hals; in manchen Gebirgsgegenden häufig. Vorbeugung: jodhaltiges Speisesalz. In schweren Fällen: Operation. (→Basedowsche Krankheit)

kröpfen, 1) ⊚ eine Welle winkelig abbiegen. **2)** ♟ Nahrung aufnehmen (bei Greifvögeln).

Kropftauben, Kröpfer, Haustauben mit blähbarem Kropf. (BILD Taube)

Krop'otkin, Krapotkin, Peter Fürst, russ. Schriftsteller und Revolutionär, *1842, †1921; Vertreter des kommunist. Anarchismus.

Kröse die, gefaltete Hemdkrause.

Kr'ösus, der letzte König von Lydien, um 564 bis 560 v. Chr., durch seinen Reichtum sprichwörtlich; wurde von Kyros entthront.

Kröten, zahnlose Froschlurche, meist plump, mit fast gleichlangen Beinen und warzig-drüsiger Haut, deren Drüsen das giftige Bufotalin aus. Die an schattig-feuchten Orten in selbstgegrabenen Löchern lebende, etwa 12 cm lange **Erdkröte** ist dunkel-, die **Wechselkröte** buntfarbig. Die südamerikan. **Riesen-K. (Aga)** wird über 20 cm lang.

Kr'oton [grch.] der, trop. Gattung der Wolfsmilchgewächse, darunter der südasiat. **Tiglibaum;** das fette Öl seiner Samen (Purgierkörner) ist ein starkes Abführmittel (**K.-Öl).**

Kru, Volk in Liberia und Elfenbeinküste.

Krug der, 1) bauchiges Gefäß für Flüssigkeiten, mit Henkel und kurzem Hals. 2) ndt. Dorfwirtshaus. **Krüger** der, Schankwirt.

Krüger, 1) Franz, Maler, *1797, †1857; Vertreter eines nüchternen Realismus; Pferdebilder. **2)** Paulus, genannt **Oom Paul,** Präs. des Burenfreistaates Transvaal (seit 1883), *1825, †1904, leitete den Widerstand der Buren gegen England.

Krueger, Felix, Psychologe, *1874, †1948; begründete die Ganzheitspsychologie.

Krüger-Nationalpark, Naturschutzgebiet und Wildreservat in Transvaal, Rep. Südafrika.

Kruke die, kurzhalsige Flasche aus Steingut.

Kröse

Krulle die, breiter gesteifter Halskragen der weibl. Tracht des 17. Jahrh.

Krume die, das weiche Innere im Brot.

Krümmer der, 1) Bodenbearbeitungsgerät, ein Mittelding zwischen Egge und Grubber. **2)** ⊚ rechtwinklig gebogenes Rohrstück.

Krummholz, das →Knieholz.

Krummhorn, Holzblasinstrument des 16./17. Jahrh., mit unten aufgebogener Schallröhre.

Krummhübel, Luftkurort und Wintersportplatz im ehemal. Kr. Hirschberg, Niederschlesien, unter der Schneekoppe, 550-813 m ü. M.; seit 1945 unter poln. Verw. (**Karpacz).**

Krummstab, oben spiralförmig gekrümmter Stab der kath. Bischöfe und Äbte.

Krümmung die, △ Abweichung einer Linie vom geradlinigen, einer Fläche vom ebenen Verlauf.

Krümper Mz., die 1808-12 zu kurzer Ausbildung in das preuß. Heer eingestellten Soldaten, ein Notbehelf Scharnhorsts (**K.-System).**

Krupp der, →Diphtherie des Kehlkopfes. **falscher K.,** nicht diphtherit. entzündl. Anschwellung der Rachenschleimhaut.

Krupp, Fried. K., führendes Unternehmen der Montanind. in Essen, gegr. 1811 (Gußstahlfabrik) von Friedrich K. (*1787, †1826) Sohn Alfred (*1812, †1887) es zu einem der bedeutendsten Werke seiner Art entwickelte; er begründete das **K.-Sozialwerk.** Ihm folgte Friedrich Alfred (*1854, †1902), 1909 dessen Schwiegersohn Gustav v. Bohlen und Halbach (*1870, †1950), dem der Name K. v. Bohlen und Halbach verliehen wurde; 1943 wurde Alfried K. v. Bohlen und Halbach Alleininhaber (*1907, †1967). 1967 wurde die Firma in eine Stiftung eingebracht, die Alleinerbin Alfried K.s wurde; sie soll philanthrop. Zwecken dienen.

Krupp'ade [frz.] die, Hohe Schule: das Pferd springt und landet auf der Hinterhand.

Kruppe [frz. croupe] die, Pferderücken zwischen Nierengegend und Schweifwurzel.

Krüppel der, **Körperbehinderter,** ein Mensch mit angeborener oder erworbener schwerer Beeinträchtigung der Bewegungsmöglichkeit.

Kruse, Käthe, Malerin und Kunstgewerblerin, *1883, †1968; durch ihre Puppen bekannt.

Kr'useler, Krüseler der, eine Frauenhaube zwischen 1340 und 1430.

Kruzif'eren [lat.], →Kreuzblütler.

Kruzif'ix [lat.] das, bildl. Darstellung des gekreuzigten Christus in Holz, Metall usw. (TAFEL Sakrale Kunst)

Kryl'ow, Iwan A., russ. Fabeldichter, *1768, †1844.

Kryol'ith [grch. »Eisstein«] der, farbloses Mineral, Natrium-Aluminiumfluorid; Schmelzbad für Aluminiumoxyd bei der Aluminiumgewinnung, Trübungsmittel in der Glasindustrie.

Kr'ypta [grch.] die, Grabkammer eines Märtyrers in den Katakomben, dann Grabstätte auch kirchl. und weltl. Würdenträger, ein mehrschif-

Krypta der Stiftskirche in Bonn, um 1060/70

figer Hallenraum als Unterkirche unter einem erhöhten Kirchenchor; bis zur Gotik.

krypto... [grch.], geheim, verborgen.

Kryptog'amen [grch.], die →Sporenpflanzen.

Kryptom'erie, Japanische Zeder, japan.-chines. Nadelbaum, wichtiger Forstbaum Japans.

Kr'ypton [grch.] das, **Kr,** chem. Element, Edelgas; in ganz geringen Mengen in der Luft. Zur Füllung von Glühlampen verwendet.

Kryptorch'ismus [Kw., grch.] der, Leisten- oder Bauchhoden.

Ksch'atrija [Sanskrit »Krieger«], die zweite Kaste der Inder (Fürsten, Kriegeradel).

Kt'esiphon, alte Stadt in Mesopotamien, ehemals links, jetzt beiderseits des Tigris.

Ku'ala L'umpur, die Hauptstadt Malaysias, des Malaiischen Bundes und des Staates Selangor, 450 000 Ew.; Kautschuk-, Zinnhandel.

Kuangsi-Tschuang, autonome Region in S-China, 220 400 km², 24 Mill. Ew.; Hauptstadt: Nanning. K. gehört vorwiegend dem Flußgebiet des Sikiang an. Anbau von Reis, Zuckerrohr u. a.; ✷ auf Antimon, Zinn, Mangan u. a.

Kuangtschouwan, franz. **Kouang-Tscheou-Wan,** 1898-1943 französ. Pachtgebiet auf der Ostseite der chines. Halbinsel Leitschou.

Kuantung, bis 1945 japan. Pachtgebiet auf der Halbinsel Liautung der Mandschurei.

K'uba, Cuba, größte Insel der Großen Antillen, Rep. in Westindien, 114 524 km², 8,5 Mill. Ew. (70% Weiße, 12% Neger, 18% Mischlinge; überwiegend kath.); Hauptstadt: La Habana; Amtssprache: Spanisch. Staatsoberhaupt der Präs.; die tatsächl. Macht übt der MinPräs. aus. Der Kongreß ist seit 1959 aufgelöst. – Im Innern vorwiegend Hügelland, im SO Gebirge (bis 2560 m hoch). Klima tropisch; oft Wirbelstürme, Erdbeben. Anbau von Zucker, Mais, Reis, Obst, Tabak, Kaffee; Viehzucht; ✷ (Eisen-, Nickel-, Kupfer-, Manganerze); Zucker-, Zigarren-, Textil- u. a. Ind. Ausfuhr: Zucker, Bergbauerzeugnisse, Tabak; Haupthandelspartner: Ostblockstaaten. Gutes Verkehrsnetz. Haupthafen und Flughafen: La Habana. – GESCHICHTE. K., von Kolumbus 1492 entdeckt, wurde 1511 spanisch, 1898 unabhängige Rep. Von 1901 bis 1934 besaßen die USA das Interventionsrecht. Sie besitzen einen Flottenstützpunkt in Guantánamo. Dez. 1958 wurde Präs. Batista durch einen Aufstand F. Castros gestürzt. Seitdem kam es zu großen wirtschaftl. Umwälzungen und zu einer feindl. Haltung gegenüber den USA. 1961 erklärte Castro sich offen für den Kommunismus. Im Okt. 1962 kam es zu einer internat. Krise um K. (→Vereinigte Staaten, Geschichte). MinPräs.: F. Castro (seit 1959). ⊕ S. 516, ▭ S. 345.

Kub'an der, Fluß in Nordkaukasien, mündet mit mehreren Armen ins Asowsche Meer.

Kubat'ur die, Bestimmung des Rauminhalts.

Kubel, Alfred, Politiker (SPD), *25.5.1909, 1946 bis 1955 und 1957-70 Min. in versch. Ressorts, seit 1970 MinPräs. in Niedersachsen.

K'ubelik, Rafael, tschech. Dirigent, *1914; seit 1961 Chefdirigent am Bayer. Rundfunk, München.

kub'ieren [lat.] die in 3. →Potenz bringen.

Kub'ik... [grch.], Raum..., z. B. **Kubikmeter** (m³), Raummeter, Würfel von 1 m Kantenlänge. **Kubikzahl,** die 3. Potenz einer Zahl, z. B. 5³ = 125.

Kubilai Chan, mongol. Großchan, *1215, †1294, Enkel Dschingis Chans, vollendete die Unterwerfung Chinas, einigte es unter die Yüan-Dynastie. An seinem Hof weilte Marco Polo.

Kub'in, Alfred, Zeichner, *1877, †1959; Federzeichnungen von spukhafter Wirkung, illustrierte Werke von E. T. A. Hoffmann, Dostojewski, Poe.

k'ubisch, 1) würfelförmig. 2) dritten Grades, in 3. Potenz.

Kub'ismus [Kw., lat.] der, von Picasso und Braque 1908 begr. Richtung der Malerei, die gegenständl. Formen facettenartig gebrochen in die Fläche übersetzte, anfangs in grauen und braunen Tönen, später farbenreicher (Gris, Delaunay).

K'ubus [lat.] der, →Würfel.

Küchenlatein, schlechtes Latein, bes. das verderbte Mönchs- und Hochschullatein des MA.

Küchenschelle, Kuhschelle, Pflanzenart, gehört zur Gattung Anemone, giftig. (FARBTAFEL Giftpflanzen S. 350)

K'uckuck der, ein aschgrau gefärbter, scheuer Vogel; das Weibchen legt seine Eier in Nester anderer Vögel (Brutschmarotzer).

Kuckucksei, das Ei des →Kuckucks; daher: etwas Untergeschobenes.

Kuckucksnelke, eine →Lichtnelke.

Kuckucksspeichel, weißer Schaum an Wiesenpflanzen; stammt von der Schaumzikade.

Kud'owa, Bad K., Kurort und Heilbad im Glatzer Bergland, Niederschlesien, 8800 Ew.; seit 1945 unter poln. Verw. **(Kudowa Zdrój).**

K'udrun, →Gudrunlied.

K'udu der, **Schraubenantilope,** hirschgroße afrikan. Antilope mit korkzieherförmigen Hörnern.

Kueilin, Stadt in der Prov. Kuangsi, China, 145 000 Ew.; Textilindustrie.

Kueisui, zeitweilig Name von →Huhehot.

Kueiyang, Hauptstadt der chines. Prov. Kueitschou, 504 000 Ew.; Bahn nach Tschungking.

K'ufa, Ruinenstadt in Irak, vom 7.-10. Jahrh. n. Chr. ein Mittelpunkt islam. Wissenschaft; **Kufische Schrift,** Monumentalform der arab. Schrift.

Kufe die, 1) großes Gefäß für Wein und Bier. 2) Gleitschiene des Schlittens.

K'üfer der, 1) Kelleraufseher. 2) Böttcher.

K'ufra, Oasengruppe in der östl. Sahara (Libyen), bis 1931 Hauptsitz der Senussi.

K'ufstein, Sommerfrische in N-Tirol, Österreich, im Inntal, überragt von der alten Festung K., 11 200 Ew.; Glashütte, Blechwaren-, Skifabrik.

Kugel die, eine geschlossene Fläche, deren Punkte alle den gleichen Abstand **r (Radius, Halbmesser)** von einem festen Punkt **M (Mittelpunkt)** haben. Ebenen durch **M** schneiden die K. in größten Kreisen. Kugelfläche **K.** vom Radius r ist $V = \frac{4}{3} \pi r^3$, Oberfläche $O = 4 \pi r^2$ ($\pi = 3{,}14...$).

Kugelblume, Gebirgspflanze mit gipfelständigen, halbkugeligen blauen Blütenköpfchen.

Kugeldistel, distelähnl. Korbblüter mit dürrem Boden mit kugeligen, graublauen Blüten.

Kugeldreieck, sphärisches Dreieck, ein Dreieck auf einer Kugeloberfläche, dessen Seiten Bögen größter Kugelkreise sind; für Berechnungen in der Astronomie und der Kartographie.

Kugelfische, Nacktzähner, trop. Knochenfische, können ihren Magen mit Luft füllen und treiben so kugelig aufgeblasen auf der Wasseroberfläche. (FARBTAFEL Zierfische S. 880)

Kugelgelenk, ⚬ ✷ ein Gelenk, bei dem sich der Gelenkkopf in einem Teil einer Hohlkugel dreht; z. B. das Schultergelenk.

K'ügelgen, 1) Gerhard von, Maler, *1772, †1820; religiöse und mytholog. Bilder klassizist. Art. 2) Wilhelm, Maler, Schriftsteller, *1802, †1867; »Jugenderinnerungen eines alten Mannes«.

Kugellager, ⚬ →Lager.

Kugelmühle, eine drehbare Trommel mit Löchern, halb mit Mahlgut und Kugeln aus Stahl,

Kuba

Kugel: a Abschnitt, **b** Kugelschicht, **c** Zone, **d** Ausschnitt

Kufstein gegen das Kaisergebirge

Kugelmühle:
a Stahlkugeln,
b Mahlbalken,
c gelochte Trommel, d Einfülltrichter, e Auslauf

Kühlschrank
(Aufbau):
a Kühlschrankgehäuse, b Kompressor, c Kondensator, d Verdampfer,
e Druckleitung,
f Saugleitung,
g Eiszellen

Kulmbach mit der
Plassenburg

Porzellan, Flintstein gefüllt. Bei Drehung zerkleinern die Kugeln das Mahlgut.

Kugelschreiber, Schreibgerät mit etwa 1 mm starker Kugel als Schreibspitze, gespeist von Farbpaste in einem griffelförmigen Röhrchen.

Kugelstoßen, ⚡ das Stoßen einer Kugel, meist aus Eisen (für Männer 7,257 kg, für Frauen 4 kg), aus einem Kreis von 2,135 m Durchmesser.

Kugler, Franz, Kunsthistoriker, Geschichtsschreiber, *1808, †1858; »Gesch. Friedr. d. Gr.«.

Kuh die, weibl. Rind; Muttertier von Büffel, Elefant, Flußpferd, Hirsch, Elch, Nashorn.

Kuh|antilopen, Paarhufer mit kräftigen Hörnern und langem Quastenschwanz, antilopenähnlich; leben in Afrika und Arabien: das südafrikan. **Haartebeest (Kaama),** der **Buntbock** und die mähnentragenden →Gnus.

Kuhblume, Löwenzahn, Hahnenfuß, Sumpfdotterblume u. a.

Kühlanlagen, mit →Kältemaschinen ausgestattete Einrichtungen zum Frischhalten von Lebensmitteln, Räumen, Fahrzeugen u. a.

Kühler der, 1) Einrichtung bei Verbrennungsmotoren zum Rückkühlen des im Motor erwärmten Kühlwassers. 2) ⚗ Gerät zum Abkühlen und Verdichten der Dämpfe bei der →Destillation. (BILD Chemische Geräte)

Kühlhaus, wärmedicht gebautes, mit Kältemaschinen versehenes Gebäude zum Aufbewahren von Nahrungsmitteln.

Kühlschrank, wärmedicht gebauter Schrank mit →Kältemaschine.

Kühltruhe, →Tiefkühlung.

Kühlturm, Rieselgerüst aus Holz oder Beton zum Rückkühlen von erwärmtem Kühlwasser.

Kühlungsborn, Ostseebad im Bez. Rostock, 8100 Ew., früher Brunshaupten-Arendsee.

Kühn, Heinz, Politiker (SPD), *1912, Journalist; 1948 MdL., 1953-63 MdB, MinPräs. von Nordrh.-Westf. seit Dez. 1966.

Kuhnau, Johann, Komponist, *1660, †1722; war als Thomaskantor in Leipzig Vorgänger Bachs; Schöpfer der mehrsätzigen Klaviersonate.

Kühnle, Heinz, Soldat, *1915, Konteradmiral der Bundeswehr; seit 1971 Marineinspekteur.

Kuhpilz, rötlichgelber, eßbarer Röhrenpilz.

Kuhreigen der, gesungene oder auf dem Alphorn geblasene alte Weise der Hirten.

K'uibyschew, bis 1935 **Samara,** Stadt und wichtiger Umschlaghafen in der Sowjetunion, an der Wolga, 1,016 Mill. Ew.; wissenschaftl. Institute, Bibliotheken; Waffen- und Maschinenfabriken, Textilien, Ölraffinerien. **Kuibyschewer Stausee,** im Wolgalauf zwischen K. und Kasan, 600 km lang, bis 45 km breit; Kraftwerk (seit 1958).

Kuj'on [frz.] der, nichtswürdiger Mensch, Schuft. **kujon'ieren,** schlecht behandeln.

Küken das, 1) junges Huhn. 2) ⚙ kegeliger, drehbarer Teil eines Hahns.

Ku Klux Klan, polit. Geheimbund im Süden der USA, richtete sich nach dem Bürgerkrieg gegen die Gleichberechtigung der Farbigen; wegen seines Terrors seit 1871 unterdrückt; lebte im 1. bes. nach dem 2. Weltkrieg wieder auf.

Kuk'umer [lat. Lw.] die, **Kukumber,** Gurke.

Kuku-nor [mongol. »Blauer See«], chines.

Tsinghai, abflußloser See in NW-China, 3205 m ü. M., etwa 5000 km² groß.

K'ukuruz [türk.] der, Mais.

Kul'ak [russ.] der, russ. Großbauer, bolschewist. Schlagwort für Dorfkapitalist.

kul'ant [frz.], gefällig, entgegenkommend.

Kuldscha, Oasenstadt in NW-China, 125000 Ew.; alter Handelsplatz, Kohlengebiet, Flugplatz.

Kulenkampff, 1) Georg, Geiger, *1898, †1948. **2)** Hans-Joachim, Schauspieler und Conférencier, *1921.

K'uli der, Lastträger in China und Indien.

kulin'arisch [lat.], feinschmeckerisch.

Kul'isse [frz.] die, **1)** Theater: die als Seitenabschluß des Bühnenbilds hintereinander aufgestellten (aufgehängten) Schiebewände. **2)** Börse: der nichtamtl. Wertpapierhandel; auch die berufsmäßigen Spekulanten.

Kulm der, 1) ⊕ einzelner Berggipfel. 2) ⊕ die untere Steinkohlenzeit (→Erdgeschichte, ÜBERSICHT).

Kulm, poln. **Chełmno,** Stadt in Polen, an der Weichsel, 16500 Ew.; mehrere got Kirchen aus der Ordenszeit. Das **Kulmer Land** fiel 1226 an den Deutschen Orden, der hier von hier aus die Preußen unterwarf. K. war Hansestadt, wurde 1466 poln., 1772 preußisch.

Kulmbach, Kreisstadt im bayer. RegBez. Oberfranken, am Weißen Main, 22800 Ew.; Bierbrauereien. Über der Stadt die **Plassenburg.**

Kulmbach, Hans v., Maler, *um 1480, †1522; Schüler Dürers: Altarbilder.

Kulminati'on [lat.] die, **1)** ✷ der höchste Punkt; Durchgang eines Gestirns durch die Mittagslinie (**K.-Punkt**). Die K. der Sonne findet um 12 Uhr (wahre Sonnenzeit) statt. **2)** der Höhepunkt einer Entwicklung. Zw. **kulmin'ieren.**

Külpe, Oswald, Philosoph und Psychologe *1862, †1915; vertrat einen krit. Realismus.

Kult, K'ultus [lat.] der, **1)** Pflege, Verehrung, z. B. Goethe-K. **2)** die Form der öffentl. Gottesverehrung. **kultiv'ieren,** pflegen.

Kultiv'ator [Kw., lat.] der, →Grubber.

Kult'ur [lat.] die, **1)** die Gesamtheit der Lebensäußerungen der menschl. Gesellschaft in Sprache, Religion, Wissenschaft, Kunst u. a. **2)** allgemein: Pflege, Veredlung, Vervollkommnung, vor allem der menschl. Gesittung, Lebensführung und der Umwelt des Menschen. **3)** Urbarmachen des Bodens; Anbau, Pflege von Nahrungspflanzen. **4)** 🌲 künstl. Gründung eines Waldbestandes (Saat, Pflanzung). **5)** ✦ auf geeigneten Nährböden gezüchtete Bakterien oder Zellarten.

Kulturfilm, richtet im Gegensatz zum Spielfilm sein Hauptaugenmerk auf Brennpunkte des Natur- und Kulturgeschehens (**Dokumentarfilm**); Unterrichtsmittel.

Kulturgeschichte, Darstellung der geistigen und gesellschaftl. Entwicklung der Menschheit, im Unterschied zur polit. Geschichtsschreibung.

Kult'urkampf, der Kampf des preuß. Staates (Bismarck), parlamentarisch bes. von den Nationalliberalen unterstützt, gegen die kath. Kirche, deren parlamentar. Vorkämpferin die Zentrumspartei war; er wurde eine polit. Niederlage Bismarcks. Der K. begann 1871, führte u. a. zum Jesuitengesetz von 1872 (1904 und 1917 aufgehoben) und zu den schärfen »Maigesetzen« von 1873, die aber 1880-87 allmählich abgebaut wurden. Im Verlauf des K. wurde auch die pflichtmäßige Zivilehe eingeführt.

Kulturrevolution, →China (Geschichte).

Kulturtechnik, landwirtschaftl. Bodenverbesserung, Wasserversorgung, z.B. Ödlandkultur, Neulandgewinnung; i. w. S. auch Flurbereinigung.

Kum, Wallfahrtsort in Iran, 134000 Ew.

Kumamoto, Stadt in Japan, auf der Insel Kiuschu, 440000 Ew.; Nahrungsmittelindustrie.

Kum'anen, Völkerschaft türk. Sprache, wanderte im 13. Jahrh. aus Südrußland in die Donauländer ein (**Groß-Kumanien**); ging in den Ungarn und Rumänen auf.

Kumar'in das, ⚗ Duftstoff des Waldmeisters.

Kumar'on das, -○ Bestandteil des Steinkohlenteers, bildet mit Schwefelsäure **K.-Harz,** das zu Lacken, Papierleimung usw. dient.

Kum'asi, Stadt in Ghana, 230 500 Ew., Univ.

Kümmel der, Doldenblüter, bes. auf trockenem Grasland, auch angebaut. Die Früchtchen dienen als Gewürz; fördern die Verdauung.

Kümmelblättchen [vom hebr. Zahlzeichen Gimel = 3], ein Glücksspiel.

Kump'an [lat. »Brot-, Tischgenosse«] der, **Kumpel,** Gefährte, auch Bergarbeiter.

Kumt, Kummet das, um den Zugtierhals gelegter gepolsteter Geschirrteil.

Kumulati'on [lat.] die, Häufung.

K'umulo|nimbus [lat.] der, Gewitterwolke, →Wolke.

K'umulus [lat. »Haufe«] der, -/...li, Haufenwolke, scharf begrenzte, kuppelförmige →Wolke. (FARBTAFEL Wolken S. 879)

K'umyß [türk.] der, weinähnl. Getränk aus gegorener Stutenmilch, ähnl. →Kefir.

Kunde der, ständiger Abnehmer, Käufer.

Kündigung die, einseitige Erklärung, die ein bestehendes Vertragsverhältnis (z. B. Miete, Darlehen, Dienst-, Arbeitsvertrag) beenden soll. Die **ordentliche K.** erfolgt unter Einhaltung der gesetzlich oder vertraglich bestimmten Fristen und Termine, die **außerordentliche K.** setzt einen »wichtigen Grund« voraus. Über die K. von Mietverträgen →Miete. Die ordentl. K. eines **Arbeitsvertrags** durch den Arbeitgeber unterliegt dem **K.-Schutz;** eine sozial ungerechtfertigte K. ist unwirksam. Die K. durch den Arbeitnehmer ist nicht beschränkt. Wenn keine vertragl. Fristen vereinbart sind, gelten die gesetzl. Fristen des HGB, der Gewerbeordnung und des BGB. Ein »wichtiger Grund« zur fristlosen K. liegt vor, wenn dem Kündigenden die Fortsetzung des Arbeitsverhältnisses nicht zugemutet werden kann. Die K. einer Frau während der Schwangerschaft ist unzulässig (→Mutterschutz).

K'undrie, die abschreckend häßl. Botin des Grals im »Parzival« Wolfram von Eschenbachs.

Küng, Hans, kath. Fundamentaltheologe und Dogmatiker, *1928, Prof. in Tübingen.

Kunig'unde [aus ahd. kunni »Geschlecht« und gund »Kampf«], weibl. Vorname.

Kunig'unde, Gemahlin Kaiser Heinrichs II., †1033, beigesetzt im Bamberger Dom, 1200 heiliggesprochen (Tag 3.3.).

Kunig'undenkraut, Wasserdost, staudiger Korbblütler an Ufern, fleischfarbige Blüte.

Kunkel die, 1) Spindel, Spinnrocken. 2) ♀ im MA. Sinnbild des weibl. Geschlechts, →Mage.

Kun-lun, gewaltige Gebirgskette Innerasiens; im Ulugh Mustagh 7723 m hoch.

Kunming, früher **Yünnanfu,** Hauptstadt der chines. Prov. Yünnan, 900 000 Ew.; Handel; Bahn nach Hanoi; Kupferhütte, Zementfabrik.

Künneke, Eduard, Komponist, *1885, †1953; Operetten: »Der Vetter aus Dingsda« u. a.

Kuno, männl. Vorname, Abk. von Konrad.

Kunst die, zur Meisterschaft entwickeltes Können; im engeren Sinn die bildenden Künste (Architektur, Plastik, Malerei, Graphik, Kunsthandwerk), ferner auch Musik, Dichtung, Theater, Tanz. Die K. entspringt einem Grundtrieb des Menschen und ist seit Urzeiten eines seiner wichtigsten Ausdrucksmittel (Ornamentik, Felsbilder von Jagdtieren kultisch-mag. Bedeutung u. a.). In den alten Hochkulturen war die K. lange aufs engste mit Glauben und Kult verbunden (Tempel, Götterbilder, myth. Darstellungen; so in Griechenland fast ausschließlich bis ins 5. Jahrh. v. Chr.). Auch im MA. stand sie im Dienst der Religion, die bis in die Zeit des Barocks für weite Gebiete der K. maßgebend blieb. Die zunehmende Lockerung der religiösen Bindungen seit der Renaissance zeitigte auch die Ablösung der K. von der Religion und ihre Verselbständigung zu ästhet. Eigenleben. Kennzeichnend für die den großen Blütezeiten der K. folgenden Epochen, in denen nicht mehr ein umfassender Gehalt dem künstler. Formwillen im Gleichgewicht stand, sind der Phantasie- und Gefühlsüberschwang der Romantik, das Streben nach unbedingter Wirklichkeitserfassung (Realismus), schließlich der Bruch mit der künstler. Überlieferung und das Suchen nach neuen Ausdrucksmitteln, um neuerlebte Gehalte auszusprechen (Expressionismus, abstrakte Kunst, Surrealismus). Vgl. die Artikel und Übersichten über die K. der einzelnen Länder und Kulturen, über Epochen und Stile, über die Zweige des Kunsthandwerks.

Kunst, Hermann, evang. Theologe, *1907; evang. Militärbischof der Bundeswehr.

Kunstakademie, eine Kunsthochschule zur Ausbildung in den bildenden Künsten.

Kunstfälschung, →Fälschung.

Kunstfaser, →Chemiefaser.

Kunstfehler, ♂ der Verstoß eines Arztes, Heilpraktikers, Apothekers oder einer Hebamme gegen die anerkannten Regeln der Medizin.

Kunstflug, das Ausführen schwieriger Flugfiguren zur Beherrschung aller Fluglagen; bei sportl. Wettbewerben wird die Genauigkeit der Figuren und die Einhaltung des Raumes bewertet.

Kunstgeschichte, →Kunstwissenschaft.

Kunsthandwerk, Kunstgewerbe, Sammelbegriff für alle Kunst, die dem Gebrauch oder Schmuck dient (Möbel, Keramik, Weberei, Bucheinbände, Goldschmiedearbeiten usw.).

Kunstharze, →Kunststoffe.

Kunsthochschule, →Kunstakademie.

Kunsthonig, honigähnl. Nahrungsmittel aus eingedampfter Rohrzuckerlösung.

Kunstkautschuk, →Kautschuk.

Kunstkraftsport, Akrobatik, schwerathlet. Sportart mit Elementen des Gewichthebens, der Gymnastik und des Turnens.

Kunstleder, künstl. hergestellte Werkstoffe mit lederähnl. Eigenschaften aus Faser-K. oder Textilgewebe mit einem Aufstrich von Nitrocelluloselack; lederähnlich gepreßt.

künstliche Atmung, zur Wiederbelebung. (TAFEL Erste Hilfe)

Kunstschwimmen, →Synchronschwimmen.

Kunstseide, Reyon, -○ aus Lösungen von Zellstoff hergestellte, verspinnbare, seidige Fäden. Arten: Viskoseseide, Kupferseide, Chardonnetseide, Acetatseide u. a.

Kunstspringen, ♀ →Wasserkunstspringen.

Kunststoffe, Plaste, organ.-chem. makromolekulare Stoffe, Synthet. Herstellung: 1) durch Abwandlung hochpolymerer Naturstoffe oder 2) aus kleineren chem. Grundbausteine (z. B. aus Kohle und Erdölchemie); K. auf Cellulose-, Casein-, Naturkautschukbasis; sie werden aus niedermolekularen Verbindungen durch Polykondensation, Polymerisation oder Polyaddition hergestellt. **Thermoplaste** lassen sich in der Wärme erweichen, **Duroplaste** »härten« beim Erwärmen. Thermoplaste: Polyäthylen, Polyvinylchlorid, Polystyrol, Polyacrylharze u. a. Duroplaste: Phenol- und Aminoplaste, Epoxydharze, ungesättigte Polyester u. a. Andere wichtige K.: Polyamide, Polyurethane, Silicone, Fluorcarbone. – Verwendung: K. sind den metall. Werkstoffen vielfach überlegen. Ihre Verformbarkeit erlaubt preiswerte maschinelle Verarbeitung (Gießen, Pressen, Spritzen). Die Festigkeit wird durch Verbund mit Füll- und Gerüststoffen gesteigert. Harzartige K. (**Kunstharze**), die auch als Bindemittel dienen, werden auch als Lösungen oder Dispersionen für Imprägnierungen, Lack- und Anstrichstoffe, Klebstoffe u. a. verwendet. Polymerisate und Copolymerisate des Butadiens haben gummiähnl. Eigenschaften (**Elastomere;** Herstellung von Synthesekautschuk). Polymerisate und Polykondensate mit kettenförmigem Molekülaufbau können zu den **rein synthet. K.;** zu **Synthesefasern** versponnen werden (z. B. Polyamid- und Polyesterfasern).

Kunsttheorie, sucht die Kunst von ihrem Wesen her zu erforschen, allgem. Wesensmerkmale, Grenzen und Gestaltungsweisen zu finden.

Kunstwissenschaft, betreibt die wissenschaftl.

Kupplung:
a Klauen-K.,
b Scheiben-K.,
c Scheiben-K.
(ausrückbar)

Erforschung der Kunst aller Zeiten und Völker. Ihr wichtigster Teil, die **Kunstgeschichte,** verfolgt eine geschichtl. Entwicklung unter Ausschluß von Archäologie und Völkerkunde; J.J. Winckelmann erhob sie zur Wissenschaft.

Kunstwort, meist aus lat. und griech. Bestandteilen in neuerer Zeit gebildetes Wort der Wissenschaft und Technik, z.B. Automobil.

Kuomintang [chines.] die, chines. »Nationale Volkspartei«, nach dem Sturz des Kaisertums 1912 von Sun Yat-sen mit nationalem und sozialem Programm gegr., in den Bürgerkriegen nach 1919 zur revolutionären Volksbewegung geworden (1924-27 unter sowjet. Einfluß), kam 1925 unter die Führung Tschiang Kai-scheks. 1928-45 war sie die maßgebende, zeitweilig diktator. regierende Partei. Ihr innerer Zerfall trug zum Sieg des kommunist. Umsturzes 1949 bei. – Auf Formosa ist die K. noch Regierungspartei.

K'uopio, Stadt in Finnland, an der W-Küste des Kallavesi (See), 64800 Ew.; Holzindustrie.

Küpe [ndt.] die, Färberei: **1)** großes Gefäß. **2)** die Lösung des Farbstoffes.

Küpenfarbstoffe erhalten ihre wahre Farbe erst auf der Stoffaser durch Aufnahme von Sauerstoff aus der Luft.

Kupfer [lat.] das, *Cu,* chem. Element, Schwermetall; Ordnungszahl 29, Atomgewicht 63,54, Dichte 8,96 g/cm³, Schmelzpunkt 1083° C. An frischen Schnittflächen ist K. von glänzender, hellroter Farbe, nächst Silber der beste Leiter für Wärme und Strom. An feuchter Luft überzieht es sich allmählich mit einer grünen Schicht von basischem **K.-Carbonat (Patina),** durch Einwirkung von Essigsäure entsteht der giftige **Grünspan (**das. **K.-Acetat**). K. kommt gediegen, vor allem aber in Form von Sulfiden und Oxyden vor; das wichtigste K.-Erz ist der **K.-Kies,** CuFeS₂. Gewinnung: Aus Rohkupfer wird durch eine Raffinationsschmelze und anschließende Elektrolyse das **Elektrolyt-K.** mit 99,95% K. gewonnen. Die bedeutendsten K.-Erz-Lagerstätten finden sich in den USA, Chile, Afrika, der Sowjetunion und in Kanada; in geringeren Mengen auch in Dtl. (Mansfelder Kupferschiefer). K. wird in Form von Draht, Röhren und Blechen in der Industrie verwendet, vor allem aber auch in Form seiner Legierungen wie Bronze, Messing, Neusilber u.a. Von seinen Verbindungen wird das tiefblaue **K.-Sulfat** (**K.-Vitriol**), CuSO₄ · 5 H₂O, zur galvan. Verkupferung, in galvan. Elementen sowie zur Bekämpfung von Schmarotzern (Peronospora) u.a. verwendet. K. war schon in vorgeschichtl. Zeit bekannt.

Kupferförderung (1970, in 1000 t)			
USA	1548	Peru	203
UdSSR¹)	900	Südafrika²)	161
Chile	686	Australien	146
Sambia	684	Japan	119
Kanada	613	**Welt**	**6250**
Kongo (K.)	386		
¹) Schätzung ²) einschl. Südwestafrika			

Kupferdruck, Druck von Kupfer-, Stahlstichen, Radierungen auf der **K.-Presse.**

Kupferschiefer, bituminöser schwarzer Mergelschiefer mit feinen Kupfererzteilchen, reich an fossilen Fischresten.

Kupferstich, die Kunst, eine Zeichnung in eine Kupferplatte einzugraben, auch der von dieser abgezogene Druck. Der K. entstand in Dtl. (erster datierter K. von 1446). Meister des K. waren bes. Schongauer und Dürer. Anfang des 16. Jahrh. kam die →Radierkunst auf, die den K. verdrängte.

Kupfertiefdruck, →Tiefdruck.

kup'ieren [frz.], **1)** abschneiden; Stutzen der Ohren oder des Schwanzes bei Hunden und Pferden. **2)** Wein verschneiden.

Kup'olofen, Kuppelofen, ⊛ Schachtofen zum Umschmelzen von Roheisen zu Grauguß.

Kupon [kup'õ, frz.] der, →Coupon.

Kuppe die, **1)** rundl. Ende, z.B. Fingerkuppe. **2)** rundl. Berggipfel.

Kuppel [ital.] die, ⊟ meist halbkugelförmiges Gewölbe über kreisrundem oder vieleckigem Auflager.

Kuppel'ei die, ⚤ gewohnheitsmäßige oder eigennützige Begünstigung der →Unzucht, bes. die Unterhaltung eines Bordells; Strafe: Freiheitsstrafe und Geldstrafe; wird die K. von Ehemännern, Eltern, Vormündern usw. begangen (schwere K.): Freiheitsstrafe nicht unter einem Jahr und Geldstrafe (§§ 180 f. StGB).

Kuppelstange, ⊛ Verbindungsstange zwischen gleichlaufenden Kurbeln oder Rädern.

Kupplung die, Maschinenteil zur Verbindung zweier, meist sich drehender Maschinenteile, z.B. Wellen. Arten: **starre K.,** z.B. Scheiben-K.; **längsbewegliche K.:** Klauen-K.; **querbewegliche K.:** Kugel-, Kreuzgelenk-K.; **Ausrück-,** meist Reibungs-K.,z.B. Scheiben-, Lamellen-K. bei Kraftwagen, Arbeitsmaschinen' Außerdem Schlauch-, Eisenbahn-K. usw.

Kur [lat.] die, Heilverfahren mit planmäßiger Anwendung bes. zusammengestellter Heilmittel.

Kur [von küren] die, im MA. Kurfürstentum, Kurwürde.

Kür die, Wahl; ⚔ frei gewählte Übung. **küren,** wählen.

Kur'a die, größter Fluß Transkaukasiens, 1515 km, vom Armen. Hochland zum Kasp. Meer.

Kur'ant [frz.] das, **Kurantgeld,** Geld, das unbeschränkt in Zahlung genommen werden muß und seinen Wert ganz in seinem Material trägt. Gegensatz: Scheidemünze, Papiergeld.

Kur'are das, Pfeilgift der südamerikan. Indianer aus dem Saft der Strychnospflanzen; lähmt die Bewegungsnerven der Muskeln; heute in der Heilkunde für Narkose verwendet.

K'üraß [frz.] der, Brustharnisch schwerer Reiter (**Kürassiere**), urspr. aus Leder, später Metall.

Kur'at [lat.] der, Pfarramtsverweser, Kaplan.

Kurat'el [lat.] die, ⚤ Pflegschaft, Vormundschaft, bes. über entmündigte Erwachsene.

Kur'ator [lat.] der, **1)** Vormund, Pfleger. **2)** der Aufsichtsbeamte des Staates an Hochschulen. **3)** Verwalter einer Stiftung.

Kurat'orium [lat.] das, Aufsichtsbehörde.

Kuratorium Unteilbares Deutschland, Sitz Bonn; 1954 gegr. Vereinigung zur Förderung und Vorbereitung der dt. Wiedervereinigung.

Kurbel die, ⊛ einarmiger Hebel zum Drehen einer Welle, z.B. **Handkurbel.**

K'ürbis der, einjährige Kletter- oder Kriechgewächse aus dem wärmeren Amerika, mit gelben zweihäusigen Blüten, sind mit zahlreichen Schwesterarten Kulturpflanzen; ihre bis zentnerschwere Beerenfrucht dient als Speise und Futter. Verschiedene K.-Formen dienen als Zierpflanzen. Vom verwandten **Flaschen-K.** in Afrika wird die Frucht ausgehöhlt und als Flasche verwendet.

K'urden Mz., muslim., der Sprache nach iran. Volk, bes. am oberen Tigris (in **Kurdistan**), wandernde Hirten und seßhafte Ackerbauer; Gesamtzahl etwa 6 Mill.

Kure, Hafenstadt in Japan, am Nordufer der Inlandsee, 227000 Ew.; Stahl-, Werft-, Papier- und Zellstoffindustrie.

Kürenberg, der von K., der älteste mit Namen bekannte dt. Minnesänger (um 1160).

Kür'ette [frz.] die, ⚕ Gerät zum Ausschaben.

K'urfürsten, im alten Dt. Reich (bis 1806): die Fürsten, denen das Recht zustand, den dt. König zu wählen (küren). Es waren seit dem 13. Jahrh. die Inhaber der →Erzämter: die Erzbischöfe von Mainz, Trier und Köln, der Pfalzgraf bei Rhein (seit 1623 der Herzog von Bayern), der Herzog von Sachsen, der Markgraf von Brandenburg und der König von Böhmen (→Goldene Bulle). 1654 wurde für die Pfalz die 8. Kurwürde geschaffen (ging 1777 wieder ein), 1692 als 9. die des Hauses Hannover. 1803 (Reichsdeputationshauptschluß) erhielten die Kurwürde noch Salzburg, Baden, Württemberg, Hessen-Kassel.

Kurg'an, westsibir. Stadt, 244000 Ew.; Landwirtschaftsgebiet; Bahnstation; Flußhafen.

K'urhessen, das ehemal. Kurfürstentum Hessen-Kassel (→Hessen).

Kuri'ale [lat.] die, Schrift der älteren Papsturkunden. **Kuri'ale** der, päpstl. Hofbeamter.

K'urie [lat.] die, 1) im alten Rom Bez. der 30 Geschlechtsverbände; auch Versammlungsort, bes. des Senats. 2) früher: Gerichtshof, Behörde, Wahlkörper, z.B. im Dt. Reichstag vor 1806. 3) der päpstl. Hof. Egw. **kuri'al.**

Kur'ier [frz.] der, Eilbote; Überbringer von wichtigen staatl. Meldungen oder Papieren.

kur'ieren [zu Kur], ⌠ heilen.

Kur'ilen Mz., Inselbogen mit etwa 32 vulkanreichen Inseln östlich von Asien, zwischen Kamtschatka und Hokkaido. Die K. kamen 1875 an Japan, 1945 zur Sowjetunion.

kuri'os [lat.], seltsam, sonderbar. **Kuri'osum** das, **Kuriosit'ät** die, Merkwürdigkeit.

K'urisches Haff, Strandsee in Ostpreußen, 1620 km², 3,8 m mittl. Tiefe, durch die 96 km lange **Kurische Nehrung** (schmaler Landstreifen mit Sanddünen) von der Ostsee getrennt.

Kurk'ume, trop. Ingwergewächs; der Wurzelstock, **Gelber Ingwer,** liefert Gewürz, Farbstoff.

Kurland, geschichtl. Landschaft in Lettland, nach den balt. **Kuren** genannt. Hauptstadt: Mitau. K. wurde im 13. Jahrh. vom Dt. Orden erobert, war seit 1561 ein Herzogtum der dt. Familien Kettler und Biron unter poln. Lehnshoheit; 1795 bis 1918 russ., seit 1940 Teil der Lett. SSR.

Kurmark die, Hauptteil der ehemaligen Mark Brandenburg.

Kurnool, Karnul, zeitweilig Hauptstadt von Andhra Pradesch, Indien, 118400 Ew.

Kuro Schio, warme, salzreiche Meeresströmung an der japan. Ostküste.

Kurpfuscherei, unsachgemäße Heilbehandlung durch einen Laien.

Kurr'ende [lat.] die, 1) früher: aus bedürftigen Schülern gebildete Chöre, die vor Häusern gegen Spenden sangen; jetzt: kirchl. Knabenchor. 2) Laufzettel, Rundschreiben.

Kurr'entschrift, die gewöhnl. Schreibschrift. Gegensatz: Kanzleischrift und Kurzschrift.

Kurs [lat.] der, 1) ⚓ Lauf und Richtung eines Schiffs. 2) ⚒ Richtung und Reihenfolge der Züge (→Kursbuch). 3) Umlauf einer Geldsorte. 4) Kursus. 5) Börse: der Preis für Wertpapiere, Devisen und vertretbare Waren. Die **Börsenkurse** werden von **Kursmaklern** festgesetzt und im **Kurszettel** bekanntgegeben.

Kursachsen, das Kurfürstentum →Sachsen.

Kursbuch, Fahrpläne von Bahn, Schiffs-, Kraft-, Luftverkehrslinien in Buchform.

Kürschner [von mhd. kürsen »Pelzrock«] der, Handwerker, der Pelzwerk verarbeitet.

Kürschner, Joseph, Schriftsteller, *1853, †1902; gab Jahrbücher und Nachschlagewerke (seit 1882 den »Dt. Literaturkalender«) sowie eine Auswahl aus der dt. Dichtung (»Dt. Nationalliteratur«, 220 Bde., 1882ff.) heraus.

kurs'ieren [zu Kurs], in Umlauf sein.

Kurs'ivschrift, schräggestellte Druckschrift.

Kursk, Stadt in der Russ. SFSR, an der Kursk, 272000 Ew.; Eisenerzlager, Hüttenwerke, Metall-, Kunstkautschuk-, Lederindustrie.

kurs'orisch [lat.], fortlaufend, ohne auf Einzelheiten einzugehen.

K'ursus, Kurs der, Lehrgang.

Kurswagen, ⚒ durchlaufender Wagen.

Kurt [von →Konrad], männl. Vorname.

Kurtage [kurt'a:ʒ, frz.] die, →Courtage.

Kurtis'ane [frz.] die, Buhlerin.

Kurtschat'ovium das, **Ku,** künstl. hergestelltes radioaktives Element, ein →Transuran.

kur'ulischer Stuhl, Amtssessel der hohen Staatsbeamten im alten Rom.

Kurve die, 1) allgem.: eine Krümmung, z.B. einer Straße. 2) △ gerade oder gekrümmte Linie, entweder in der Ebene **(ebene K.)** oder im Raum **(Raum-K.).** Ebene K. sind z.B. Gerade, Kreis, Parabel, eine Raum-K. ist z.B. die Schraubenlinie.

Kurvenlineal, Hilfswerkzeug zum Zeichnen von K.

Kurvengetriebe, ein Getriebe, bei dem ein gleichförmig umlaufender Kurventräger (Scheibe, Zylinder) als Eingriffsglied (Schieber, Hebel) in eine vorgeschriebene Bewegung versetzt.

Kurverein zu Rhense, Vereinigung der Kurfürsten 1338 zur Verwahrung gegen die Ansprüche des Papsttums auf Bestätigung der dt. Königswahl.

Kurz, 1) Hermann, Dichter, *1813, †1873; Gedichte, Erzählungen, Romane (»Schillers Heimatjahre«, »Der Sonnenwirt«). 2) Isolde, Dichterin, Tochter von 1), *1853, †1944; Gedichte (»Florentiner Novellen«), Romane (»Vanadis«).

Kurzarbeit, verkürzte Arbeitszeit unter entsprechender Kürzung des Arbeitslohnes; zur Vermeidung von Entlassungen aus betriebl. Gründen mit Genehmigung des Landesarbeitsamtes mögl. Im Rahmen der Arbeitslosenversicherung kann in bes. Fällen **K.-Geld** gewährt werden.

Kurzflügler, Käfer mit stummelhaften Flügeldecken; leben in Mist, Aas, Moder.

Kurzgeschichte, [von engl. short story], kurze Erzählung zwischen Novelle und Anekdote.

Kurzschluß, die ungewollte direkte Berührung von Leitern, die elektr. Spannung verschiedener Polarität führen. Es fließt dabei ein hoher Strom, der Anlagen oder Geräte gefährden kann und der die Überstromschalter oder Sicherungen auslöst.

Kurzschrift, Stenographie, die Schnellschrift zur Beschleunigung des Schreibens, bes. zum Nachschreiben von Ansagen (Diktaten) oder Reden. 1924 wurde die **Einheits-K.** entwickelt, die noch heute gelehrt wird.

	der	die	das, daß	an	in	mit	ist	zu
Gabels- berger								
St.-Sch.								
D.E.K.								

Kurzschrift: Kürzel. St.-Sch. = Stolze-Schrey. D.E.K. = Dt. Einheits-K.

Kurzsichtigkeit, griech. **Myop'ie** die, ein →Brechungsfehler des Auges, läßt Fernes unscharf, Nahes scharf sehen.

Kurzstreckenlauf, Leichtathletik: Lauf über Strecken bis 400 m.

Kurz- und Mikrowellentherapie, ⌠ die Anwendung von →Kurzwellen zur Tiefendurchwärmung von Geweben und Körperteilen; bei rheumat. Leiden, Ischias, Gelenk-, Nebenhöhlenentzündungen u.a.

Kurzwaren, Nähbedarf (Knöpfe, Garne u.a.).

Kurzwellen, elektromagnet. Wellen mit einer Wellenlänge von 100-10 m; längere heißen Mittel-, Langwellen, kürzere **Ultra-K.** (10-1 m), **Dezimeterwellen** (1-1 dm), **Zentimeterwellen** (10-1 cm). In der Funktechnik sind die K. bes. für den Weitverkehr geeignet. Sie haben auch bei geringer Sendeenergie eine große Reichweite, zeigen geringe Störanfälligkeit und lassen ein gerichtetes Senden zu (Richtstrahler). Sie werden vorwiegend als

Kurische Nehrung: Fischernetze am Strand

Kurve: Kurvenlineal

Kurvengetriebe: a Ventilsteuerung durch Nockenwelle, b Kupplungsumsteuerung durch Schaltwalze, c Drehstahlzustellung durch Steuerkurve

Küste, links: Steilküste mit vorgelagerter Abrasionsfläche (Kalifornien, USA), rechts: Wattküste (bei Cuxhaven)

»Raumwellen« steil in den Raum gestrahlt, wo sie in der Ionosphäre mehrfach gebrochen und reflektiert werden. Nachteilig ist der Unterschied in der Empfangslautstärke bei Tag und Nacht sowie die Erscheinung der »toten Zone«, eines mehr oder weniger breiten, konzentr. Gürtels um den Sender, in dem man ihn nicht hört.

Kurzzeile, 4hebiger Vers mit stumpfem oder 3hebiger Vers mit klingendem Ausgang.

Kus'ine [frz. cousine] die, Base.

Kusm'in, Michael, russ.Erzähler, *1875, †1936; Vollender des russ. Impressionismus.

Kusnezker Kohlenbecken, russ. Abk. **Kusbas,** das wichtigste Kohlenbergbaugebiet der asiat. Sowjetunion, in Westsibirien.

K'üßnacht, Sommerfrische im schweizer. Kt. Schwyz, 7800 Ew., am NO-Arm des Vierwaldstätter Sees; in der Nähe die **Hohle Gasse** (Tell-Sage).

Kustan'aj, Stadt in der Kasach. SSR., 123000 Ew.; Eisenbahnknoten, Industrieschwerpunkt.

Küste die, **Gestade** das, der an das Meer grenzende Streifen eines Landes: **Flach-K.** mit K.-Wällen oder Nehrungen, Dünen, Lagunen. **Steil-K.** mit Kliffen, Klippen usw.; Abtragungs- und Anschwemmungs-K., Fjord-, Förden-, Bodden-K. Den K.-Teil **Strand** läßt das Meer je nach Flut und Ebbe bespült oder trocken.

Küstengebirge, nordamerikan. Gebirge (Kalifornien), längs der Küste des Stillen Ozeans.

Küstengewässer, der Teil des Meeres, der zum Hoheitsbereich des Küstenstaates gehört, gewöhnlich 3 Seemeilen (→Dreimeilenzone). Zu den K. gehören der Luftraum darüber sowie der Meeresgrund und -untergrund.

Küstenkanal, Schiffahrtskanal zwischen Ems und Weser, 71 km lang.

Küster [lat.] der, Kirchendiener.

K'ustos [»Hüter«] der, -/...st'oden, wissenschaftl. Verwalter; Aufsichtsbeamter in Büchereien, Museen.

Küstr'in, Stadt an der Mündung der Warthe in die Oder, (1939) 23800 Ew.; K., zuerst 1232 erwähnt, war preuß. Festung. 1945 kam K. jenseits Oder und Warthe zum poln. verwalteten Gebiet (**Kostrzyn**).

Kutaissi, Kutais, Stadt in der Grusin. SSR., 163000 Ew.; chem., Textilindustrie.

Kut'ikula, Cuticula [lat. »Häutchen«] die, ein dünnes, für Gase und Wasser kaum durchlässiges Häutchen aus dem korkähnl. **Kutin,** als Schutz der Oberhaut von Pflanzen und Tieren.

Kutsche [von ung. kocsi »Wagen«] die, gefederter Personenwagen mit Verdeck.

Kutscher, Artur, Theaterwissenschaftler und Literarhistoriker, *1878, †1960.

Kutte die, langer Mönchsrock mit Kapuze.

K'utteln Mz., Eingeweide, Gekröse.

Kutter der, ♪ 1) Fahrzeug zum schnellen Segeln (BILD Segelschiff). 2) Rettungsboot.

Kut'usow, Michail I. Fürst, russ. Feldmarschall, *1745, †1813; 1805-12 Oberbefehlshaber gegen Napoleon I.

Kuvert [kuv'ɛr, frz.] das, 1) Briefumschlag.

Zw. **kuvert'ieren. 2)** Gedeck auf dem Eßtisch.

Küv'ette [frz.] die, **1)** flache Glasflasche. **2)** Staubdeckel an Taschenuhren.

Kuw'ait, Koweit, arab. Scheichtum am Pers. Golf, 24280 km², 512800 Ew. (davon 52% Ausländer); Hauptstadt: K. (100000 Ew.); Haupthäfen: Schuwaik und Schuaiba. Seit 1946 Erdölproduktion. Haupthandelspartner: USA. – K. war 1880 bis 1961 brit. Protektorat. Staatsoberhaupt: Emir Sabah as-Salem (seit 1965). ⊕ S. 514, ᛘ S. 345.

Kux der, Gesellschaftsanteil an einer bergrechtl. Gewerkschaft, lautet auf eine Quote, nicht auf einen Nennwert. Die Inhaber (Gewerken) müssen im Notfall Zubußen leisten.

k.v., ♔ Abk. für kriegsverwendungsfähig.

kV, Kilovolt. 1 kV = 1000 V (→Volt).

KV, Abk. für Köchelverzeichnis.

kW, Kilowatt. 1 kW = 1000 W (→Watt).

Kw'annon [japan.], chines. **Kuan-jin,** die buddhist. Göttin der Barmherzigkeit.

Kwas, Kwaß der, russ. bierähnl. gegorenes Getränk aus Roggenbrot und Früchten.

Kyb'ele, kleinasiat. Naturgöttin, bei den Griechen mit Rhea gleichgesetzt, 204 v. Chr. als Magna Mater in Rom eingeführt; orgiast. Kult.

Kyber, Manfred, Erzähler, *1880, †1933; schrieb Märchen und Tiergeschichten.

Kybern'etik [Kw., grch.] die, Wissenschaftszweig, der gemeinsame Züge der Steuerungs- und Regelungsvorgänge in der Technik, bei Organismen und in Gemeinschaften behandelt und daraus auf ähnliche Aufbau- und Arbeitsprinzipien schließt. Ein wichtiger Forschungsgegenstand der K. ist die Kommunikation. Eine der Grundlagen der K. ist die Nachrichtentheorie.

Kyd [kid], Thomas, engl. Bühnendichter, † um 1594, schrieb »Spanische Tragödie«.

K'yffhäuser der, Waldgebirge zwischen Harz und Thüringen, 477 m hoch; mit der Ruine der Burg Kyffhausen (1936-38 ausgegraben) und dem K.-Denkmal. Nach der Sage war Kaiser Friedrich I. Barbarossa in dem K. verzaubert.

Kyffhäuserbund e.V., Verband ehem. Soldaten, neugegr. 1951 in Nachfolge des Dt. Reichs-Kriegerbundes Kyffhäuser (1920-33).

Kykl'aden, Zykladen Mz., griech. Inselgruppe im südl. Ägäischen Meer; darunter Andros, Naxos, Paros; gebirgig, fruchtbare Täler. Hauptort: Hermupolis auf Syros.

Kykl'op der, →Zyklop.

Kym'ation [grch.] das, →Eierstab.

Kymogr'aph [Kw., grch.] der, Gerät zur Aufzeichnung von Muskelzuckungen, Tonschwingungen.

K'ynast der, Berg und Burgruine im Vorland des Riesengebirges, 588 m hoch.

K'yniker, dem griech. Philosophenschule, begründet von dem Sokratesschüler Antisthenes, dem Diogenes von Sinope, Krates u. a. folgten; vertrat das Ideal der Bedürfnislosigkeit bis zur Verachtung aller Sitte; danach hieß Kyn'ismus, Zyn'ismus; zynisch: verletzend.

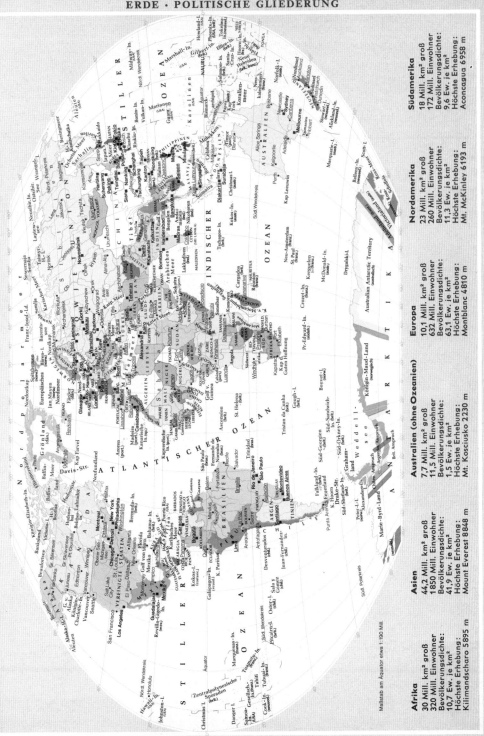

Maßstab am Äquator etwa 1:190 Mill.

Afrika
30 Mill. km² groß
320 Mill. Einwohner
Bevölkerungsdichte:
10,7 Ew. je km²
Höchste Erhebung:
Kilimandscharo 5895 m

Asien
44,2 Mill. km² groß
1850 Mill. Einwohner
Bevölkerungsdichte:
41,9 Ew. je km²
Höchste Erhebung:
Mount Everest 8848 m

Australien (ohne Ozeanien)
7,7 Mill. km² groß
11,5 Mill. Einwohner
Bevölkerungsdichte:
1,5 Ew. je km²
Höchste Erhebung:
Mt. Kosciusko 2230 m

Europa
10,1 Mill. km² groß
632 Mill. Einwohner
Bevölkerungsdichte:
63,1 Ew. je km²
Höchste Erhebung:
Montblanc 4810 m

Nordamerika
23 Mill. km² groß
260 Mill. Einwohner
Bevölkerungsdichte:
11,3 Ew. je km²
Höchste Erhebung:
Mt. McKinley 6193 m

Südamerika
18 Mill. km² groß
172 Mill. Einwohner
Bevölkerungsdichte:
9,6 Ew. je km²
Höchste Erhebung:
Aconcagua 6958 m

AFRIKA

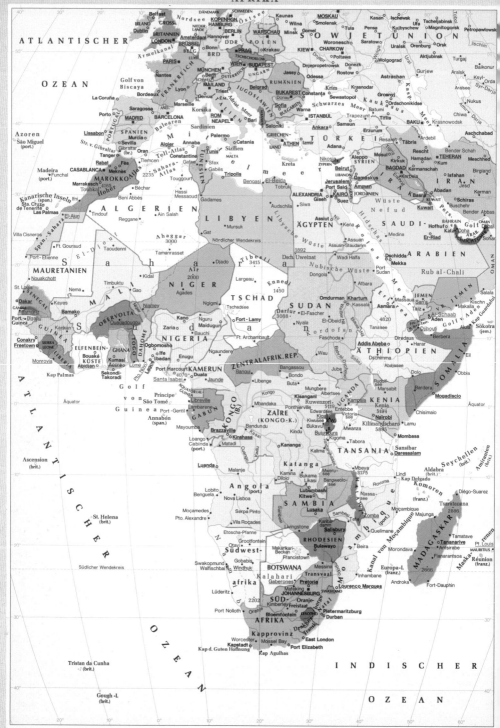

ATLANTISCHER

OZEAN

Azoren
São Miguel
(port.)

Madeira
Funchal
(port.)

Kanarische Inseln
(span.)
Sta. Cruz
de Tenerife
Las Palmas

Villa Cisneros

Port-Etienne

MAURETANIEN
Nouakchott

St. Louis
Dakar
Bathurst
Port-
Guinea

Conakry
Freetown
SIERRA
LEONE
Monrovia
LIBERIA
Kap Palmas

ATLANTISCHER
OZEAN

Ascension
(brit.)

St. Helena
(brit.)

Tristan da Cunha
-2 (brit.)

Gough-L
(brit.)

IRLAND
Dublin

BRITANNIEN
LONDON

Belfast
GROSS-

Nordsee
Ärmelkanal

PARIS
Nantes

FRANKREICH
Lyon

La Coruña
Porto
PORTUGAL
Lissabon
MADRID
SPANIEN
Sevilla
Str. v. Gibraltar
(br.)
Tanger
Rabat
Meknès
CASABLANCA
Marrakesch
4165
Toubkal

Ifni
El-Aaiún
Span. Sahara
Tindouf
Reggane

Kidal
Nema
Timbuktu
Kayes
Bamako
Kankan
MALI
Niamey
Ouagadougou
OBERVOLTA
GHANA
Kumasi
Accra
Abidjan
ELFENBEIN-
KÜSTE
Bouaké
Sekondi-
Takoradi

AMSTERDAM
NIEDER-
LANDE
BRÜSSEL
BELG.
LUX.

KOPENHGN.
HAMBURG
BERLIN
DDR
Bonn
BRD
Hannover
POLEN
WARSCHAU

DÄNEMARK
SCHWEDEN
Ostsee

Kaunas
Minsk
Gomel

MOSKAU
Tula

Kasan

MÜNCHEN
WIEN
BUDAPEST
BELGRAD
RUMÄNIEN
BUKAREST
Donau
Sofia
BULGARIEN
Warna
ISTANBUL

Genua
Triest
ITALIEN
ROM
NEAPEL
Bari
Adriat. Meer
JUGOSLAWIEN

Sardinien
Palermo
Catania
Sizilien
MALTA

Korsika

Tunis
TUNESIEN
Sfax
Gabès
Tripolis
Bengasi
El-Beida
Tobruk

ALEXANDRIA
Gizeh
KAIRO
Suez

LIBYEN

Nördlicher Wendekreis

Gat

Ahaggar
3000

Tamanrasset

Djado
Tibesti
3415

Aïr
Agadès

NIGER

Ngigmi
Tschadsee
Maiduguri
N'Guru
Kano
Zaria
Bauchi
NIGERIA
Ogbomosho
Ife
Ibadan
Enugu
Ngaundere

TSCHAD

Fort-Lamy

Largeau

Ennedi
1450

Darfur
3088
El-Fascher
Nyala
El-Obeid

SUDAN

Omdurman
Khartum
Kassala

Atbara

Dongola

Nubische Wüste
Wadi Halfa

Assuan
Assuan-Staudamm

Medina

SAUDI-
ARABIEN

Mekka

Rub al-Chali

JEMEN
Sana
Taiz

Aden

Golf von Aden

SOMALIA

Mogadiscio

ZENTRALAFRIK.REP.
Bangui

KAMERUN
Duala
Jaunde
Santa Isabel

Golf
von
Guinea

Príncipe
São Tomé

Annobón
(span.)

GABUN
Libreville
Port-Gentil
Loango
Cabinda
(port.)
Matadi

KONGO
(BZ.)
Brazzaville
Kinshasa

ZAÏRE
(KONGO-K.)
Bandundu
Kindu

UGANDA
Kampala
KENIA
Nairobi

KATANGA
Kamina
Dilolo

Luanda
Malanje

Angola
(port.)

Lobito
Benguela

Moçamedes
Pto. Alexandre

TANSANIA
Daressalam

SAMBIA
Lusaka

RHODESIEN
Bulawayo
Salisbury

BOTSWANA
Windhuk

Südwest-
afrika
Kalahari

SÜD-
AFRIKA
JOHANNESBURG
Pretoria
Bloemfontein
Durban
Kapprovinz
Kapstadt
Kap der Guten Hoffnung
Kap Agulhas

MADAGASKAR

INDISCHER

OZEAN

514

ASIEN

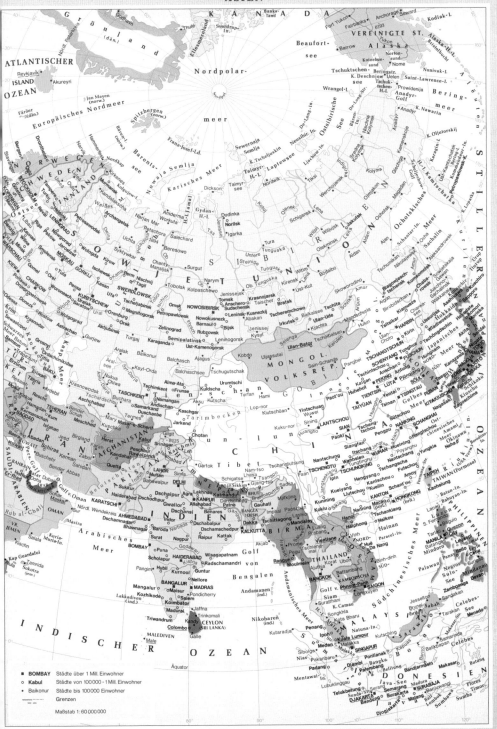

■ **BOMBAY** Städte über 1 Mill. Einwohner
● **Kabul** Städte von 100000 - 1 Mill. Einwohner
○ Baikonur Städte bis 100000 Einwohner
〰〰 Grenzen

Maßstab 1 : 60 000 000

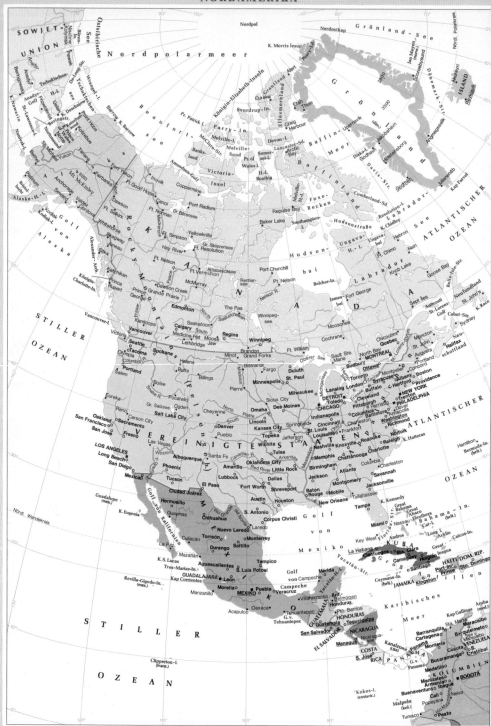

SÜDAMERIKA

Legend:

- **BOGOTÁ** Städte über 1 Mill. Einwohner
- **Medellín** Städte von 100 000 - 1 Mill. Einwohner
- Belize Städte bis 100 000 Einwohner
- Grenze

Maßstab 1 : 50 000 000

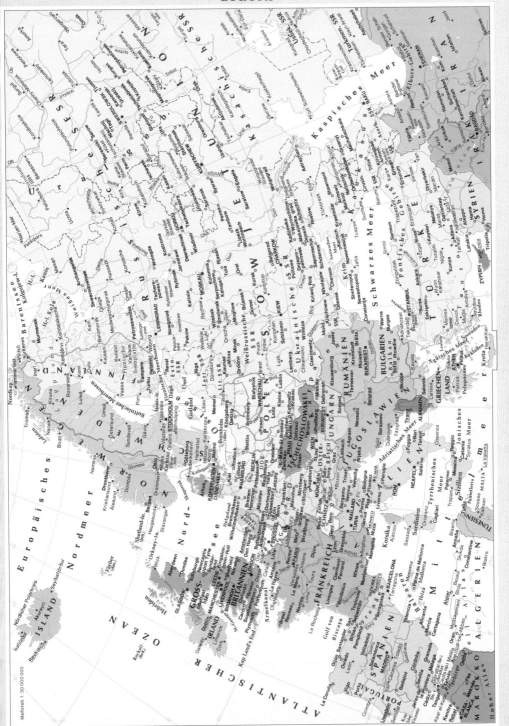

520

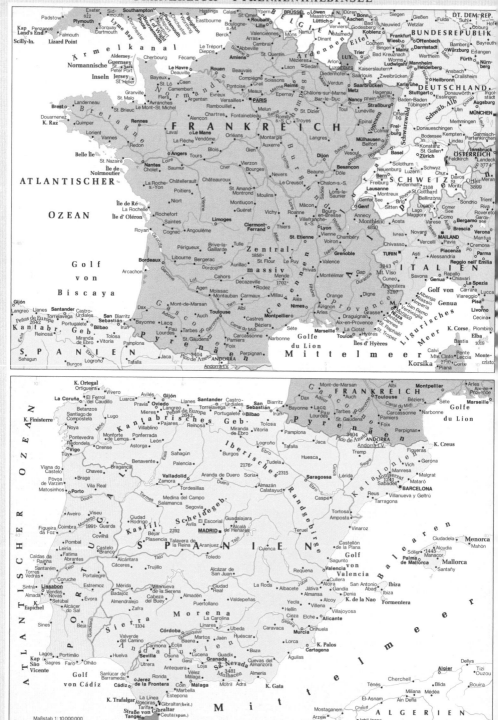

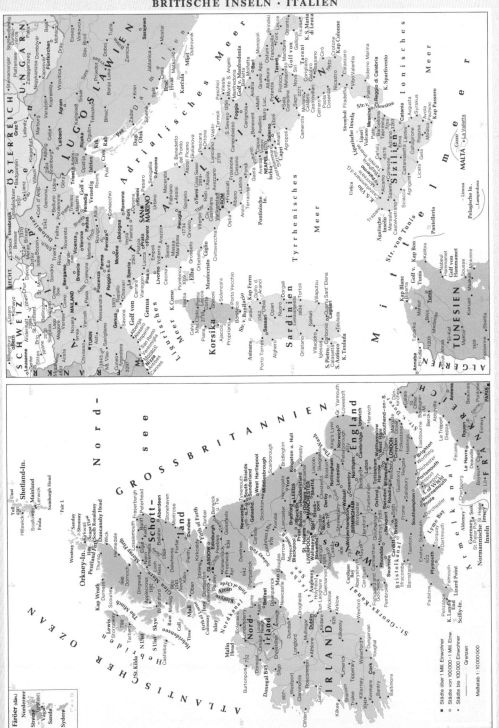

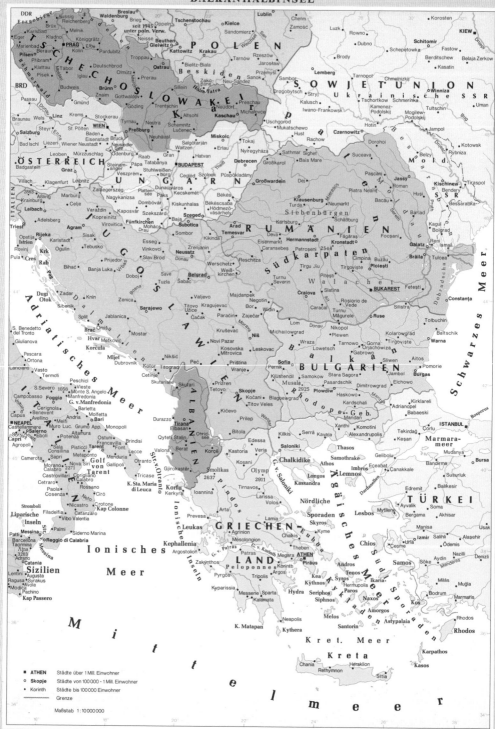

SKANDINAVIEN

Maßstab 1 : 10 000 000

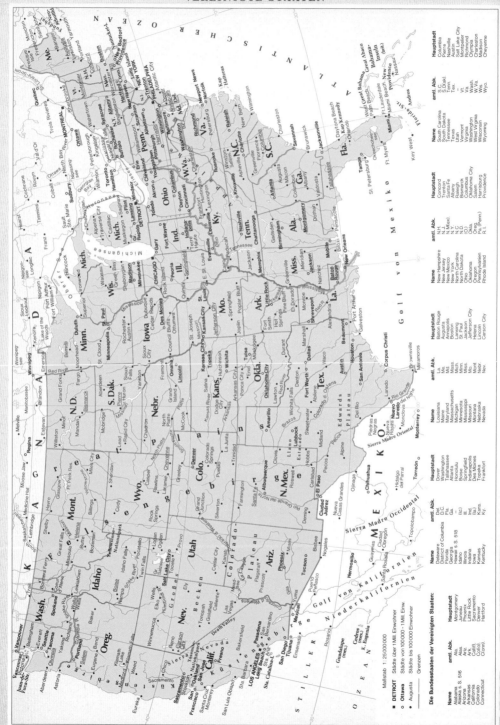

Maßstab 1 : 25000000

- DETROIT Städte über 1 Mill. Einwohner
- o Ottawa Städte von 100000–1 Mill. Einw.
- • Augusta Städte bis 100000 Einwohner
- —— Grenzen

Die Bundesstaaten der Vereinigten Staaten:

Name	amtl. Abk. s. S. 516	Hauptstadt
Alabama	Ala.	Montgomery
Alaska s. S. 516	Alas.	Juneau
Arizona	Ariz.	Phoenix
Arkansas	Ark.	Little Rock
California	Calif.	Sacramento
Colorado	Colo.	Denver
Connecticut	Conn.	Hartford

Name	amtl. Abk.	Hauptstadt
Delaware	Del.	Dover
District of Columbia	D.C.	Washington
Florida	Fla.	Tallahassee
Georgia	Ga.	Atlanta
Hawaii s. S. 518	(LC)	Honolulu
Idaho	(id.)	Boise
Illinois	Ill.	Springfield
Indiana	Ind.	Indianapolis
Iowa	(Ia.)	Des Moines
Kansas	Kans.	Topeka
Kentucky	Ky.	Frankfort

Name	amtl. Abk.	Hauptstadt
Louisiana	La.	Baton Rouge
Maine	Me.	Augusta
Maryland	Md.	Annapolis
Massachusetts	Mass.	Boston
Michigan	Mich.	Lansing
Minnesota	Minn.	St. Paul
Mississippi	Miss.	Jackson
Missouri	Mo.	Jefferson City
Montana	Mont.	Helena
Nebraska	Nebr.	Lincoln
Nevada	Nev.	Carson City

Name	amtl. Abk.	Hauptstadt
New Hampshire	N.H.	Concord
New Jersey	N.J.	Trenton
New Mexico	N.Mex.	Santa Fe
New York	N.Y.	Albany
North Carolina	N.C.	Raleigh
North Dakota	N.D.	Bismarck
Ohio	O.	Columbus
Oklahoma	Okla.	Oklahoma City
Oregon	Oreg.	Salem
Pennsylvania	Pa. (Penn.)	Harrisburg
Rhode Island	R.I.	Providence

Name	amtl. Abk.	Hauptstadt
South Carolina	S.C.	Columbia
South Dakota	S. Dak.	Pierre
Tennessee	Tenn.	Nashville
Texas	Tex.	Austin
Utah		Salt Lake City
Vermont	Vt.	Montpelier
Virginia	Va.	Richmond
Washington	Wash.	Olympia
West Virginia	W.Va.	Charleston
Wisconsin	Wis.	Madison
Wyoming	Wyo.	Cheyenne

SOWJETUNION

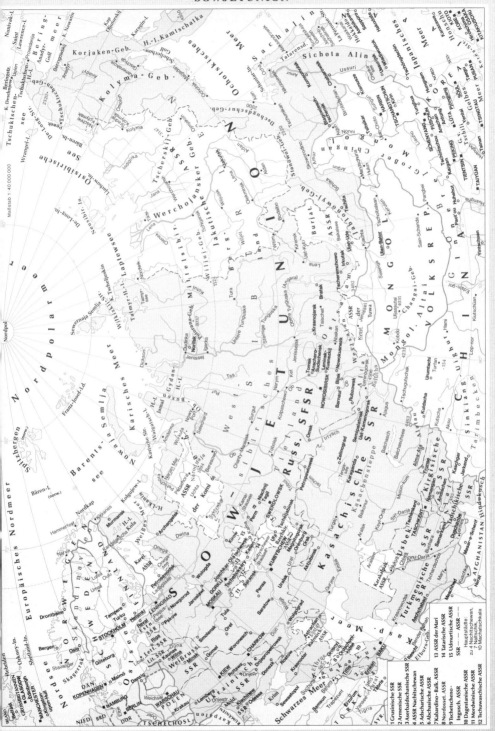

527

POLARGEBIETE

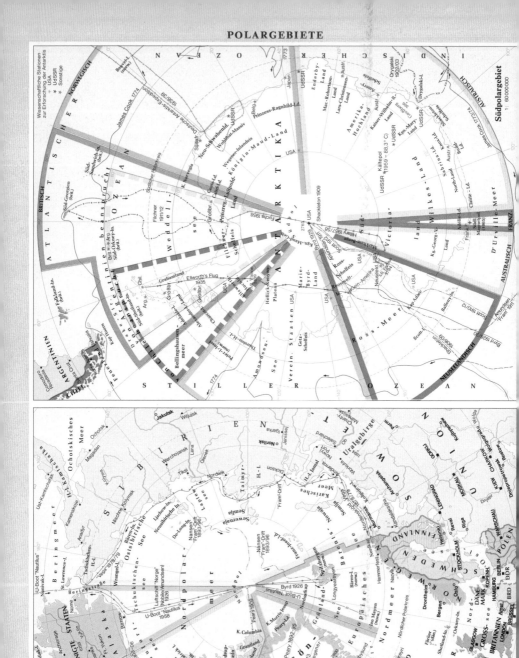

Kynolog'ie [grch.] die, Lehre vom Hund und seiner Zucht.

Kynosk'ephalä, Berg und Hügelland in Thessalien; dort fiel 364 v.Chr. der Thebaner Pelopidas, 197 v. Chr. schlug der röm. Feldherr Flaminius Philipp V. von Makedonien.

Kyph'ose [Kw., grch.] die, ∫ Buckel, Verbiegung der Wirbelsäule nach hinten.

Kyren'äische Schule, von dem Sokratesschüler Aristippos in Kyrene gegr. Philosophenschule, die später durch Epikur verdrängt wurde.

Kyri'ale [grch.-lat.] das, Sammlung der in jeder Messe wiederkehrenden Gesänge: Kyrie, Gloria, Credo, Sanctus, Agnus Dei.

K'yrie el'eison [grch. »Herr, erbarme Dich«], christl. Gebetsformel, am Anfang der kath. Messe gesungen, in der evang. Kirche Bittruf in der Eingangsliturgie des Gottesdienstes.

Kyrill und **Method, Kyrillos** und **Methodios,** zwei Brüder, Apostel der Slawen, Heilige (Tag 14. 2.); führten die slaw. Sprache im Gottesdienst ein (→Kirchenslawisch). K. (†869) gilt als Erfinder der ältesten slaw. Schrift (→kyrillische Schrift).

kyr'illische Schrift [nach →Kyrill], die aus den griech. großen Buchstaben umgebildete altslaw. Schrift. In modernisierter Form wird die k. S. heute im Russischen, Ukrainischen, Serbischen und Bulgarischen verwendet.

K'yros, lat. **Cyrus, 1)** K. der Ältere, Gründer des Pers. Reichs, †529 v.Chr., befreite Persien von den Medern, eroberte Medien, Lydien, Babylon. **2)** K. der Jüngere, empörte sich gegen seinen Bruder Artaxerxes, fiel 401 v.Chr. bei Kunaxa.

Kyth'era, italien. **Cerigo,** griech. Insel südl. der Peloponnes, 285 km²; gebirgig.

KZ, Konzentrationslager.

L

l, L, 1) Mitlaut, der zwölfte Buchstabe im Abc. **2)** röm. Zahl: L = 50. **3)** italien. Währungseinheit: L = Lira. **4)** l = Liter. **5)** £ = Pfund Sterling.

La, chem. Zeichen für →Lanthan.

Laacher See, das größte Maar im Vulkangebiet der Eifel, westl. von Andernach, 275 m ü.M., 3,24 km², bis 53 m tief, Naturschutzgebiet; an seinem Ufer die Benediktinerabtei **Maria Laach.**

Laaland, dän. Insel, →Lolland.

Laatzen, Stadtrandgemeinde von Hannover, Ndsachs., 12 600 Ew.; Messegelände.

Lab das, ein Enzym des Magens, bringt das Casein der Milch zur Gerinnung.

L'aban, im A. T. der Vater von Lea und Rahel.

L'abarum [lat.] das, spätröm. kaiserl. Feldzeichen: Konstantin brachte auf ihm das Christusmonogramm an.

Labé, Louise, französ. Dichterin, *1525, †1566; Liebessonette, dt. v. Rilke.

L'abenwolf, Pankraz, Erzgießer in Nürnberg, *1492, †1563, Schüler P. Vischers.

Laberd'an der, gepökelter Dorsch.

Labi'al [lat.] der, Lippenlaut. **labi'al,** die Lippen angehend.

Labi'aten [lat.] Mz., ⚘ die →Lippenblüter.

lab'il [lat.], schwankend.

Labkraut, Wald- und Wiesenpflanze mit quirlständigen Blättern, meist weißen Blütchen.

Labmagen, Hauptmagen der Wiederkäuer.

Laboe [-'œ], Ostseebad an der Kieler Außenförde, Schlesw.-Holst., 4100 Ew.; Marine-Ehrenmal.

Laborat'orium [lat.] das, -s/...rien, **Lab'or** das, Arbeitsstätte für naturwissenschaftl. oder techn. Arbeiten. **Labor'ant, Labor'antin,** Hilfskraft für die L., ohne Hochschulbildung.

labor'ieren [lat.], leiden an, sich vergebens abmühen, ein Übel loszuwerden.

Labour Party [l'eibə p'a:ti], die engl. Arbeiter-

partei; entstand 1900 und nahm 1906 den Namen L. P. an. Ihren Kern bildeten die Gewerkschaften. Sie bildete 1924, 1929-31, 1945-51 und seit 1964 allein die Regierung. Mit absoluter Mehrheit im Unterhaus führte sie nach 1945 ein Sozialisierungsprogramm durch. Parteiführer: J.R.Macdonald, A.Henderson, Lansbury, Attlee, Gaitskell, Wilson.

Labrad'or, 1) Halbinsel N-Amerikas, zwischen Hudsonbai und Atlant. Ozean, 1,4 Mill. km², ein flachwelliges, seenreiches Hochland mit steiler Felsküste, im NO Fjorde. L. hat kaltes, rauhes Klima; viel Wald. Eisen- u.a. Erze, Kraftwerke, Fischfang. – L. wurde um 1000 von Normannen entdeckt (Helluland), 1497 von Caboto wiederentdeckt. **2)** L., **Labrador'it,** Kalknatron-Feldspat; Schmuckstein.

Labrad'orstrom, südl. gerichtete kalte Meeresströmung an der Ostküste von Labrador.

La Bruyère [labryj'ɛ:r], Jean de, französ. Moralist, *1645, †1696; »Die Charaktere oder die Sitten im Zeitalter Ludwigs XIV.« (1688).

L'abskaus das, seemänn. Eintopfgericht.

Labyr'inth [grch.] das, 1) Irrgarten; berühmt das L. auf Kreta (→Ariadne). 2) innerster Teil des →Ohres.

Labyrinthfische, trop. stachelflossige Fische des Süßwassers und der Küstengebiete. In zwei seitl. Schädelhöhlen liegt das Luft-Atmungsorgan (Labyrinth). Zu den L. gehören: Kletterfisch, Gurami.

Lac [frz.], See.

La Chaux-de-Fonds [-ʃodf'ɔ̃], Stadt im schweizer. Kt. Neuenburg, 41 800 Ew.; Uhrenind.

L'achesis, griech. Sage: die Zuteilerin des Lebensloses, die zweite der drei →Parzen.

Lachgas, Distickstoffmonoxyd; bewirkt eingeatmet rauschartige bis narkot. Zustände.

Lachmann, Karl, Altphilologe, Germanist, *1793, †1851; einer der Begr. der modernen philolog. Textkritik; Theorie über Entstehung des Nibelungenliedes aus 20 Einzelliedern.

Lachs der, **Salm,** edler, 1,5 m langer, bis 45 kg schwerer Raubfisch, mit einer Fettflosse, lebt in nördl. Meeren. Der L. wandert zum Laichen die Flüsse aufwärts, ohne dabei Nahrung aufzunehmen (Weiß-L. mit schmackhaftem Fleisch). Er überwindet dabei kleinere Wasserfälle und Wehre durch über 3 m hohe Sprünge. Zur Erleichterung werden Rinnen (L.-Leitern) angelegt. Die Jungen wandern im 2. Sommer aus dem Quellgebiet flußabwärts ins Meer. In Dtl. findet sich der L. bes. im Rhein (**Rheinsalm**), Elbe, Oder; in der Donau lebt der **Huchen (Donau-L.).**

Lachsschinken, zartgepökeltes, wenig geräuchertes Rückenfleisch des Schweins.

Lack der, 1) Lösung von Harzen oder Kunstharzen in einem Lösungsmittel, nach dessen Verdunsten ein dichtes, meist glänzendes Häutchen zurückbleibt. Lack-Farben enthalten zur Lösung vermischte Trockenfarben. 2) ⚘ →Goldlack.

Lackarbeiten, mit Lacküberzug versehene Gegenstände aller Art, bes. Möbel, Kästchen u.a.,

Laacher See (Luftaufnahme)

meist aus Holz, auch aus Metall oder Ton; in China erfunden, in Japan sehr gepflegt.

Lackmus das, ein Farbstoff aus Flechtenarten; Indikator (Anzeiger) für Säuren und Basen. In alkal. Lösung wird L.-Papier blau, in saurer rot gefärbt.

Lac Léman [lem'ᾱ, frz.], der Genfer See.

Laclos [lakl'o], Pierre Ambroise François Choderlos de, französ. Schriftsteller, *1741, †1803; Briefroman »Gefährliche Liebschaften«.

La Coruña [lakɔr'uŋa], Hafenstadt an der NW-Küste Spaniens, 224000 Ew.

Lacq, französ. Industriestadt im Pyrenäenvorland, 700 Ew.; große Erdgasvorkommen, petrochem. Industrie.

L'acrimae Christi [lat. »Tränen Christi«], Wein vom Vesuv oder seiner Umgebung.

Lacrosse, ein dem Hockey, Tennis und Eishockey verwandtes Mannschaftsspiel mit Tore, bei dem 2 Mannschaften einen Ball mit einem rechteckigen Netzschläger (Racket) fangen und schlagen.

Lact'asen Mz., Enzyme, die Milchzucker in Traubenzucker und Galaktose spalten.

Lact'ate Mz., die Salze der Milchsäure.

Lactoflav'in das, Vitamin B_2.

Lact'ose [lat.] die, →Milchzucker.

Ladakh, Gebirgslandschaft in Kaschmir. (FARBTAFEL Asien II S. 167)

Ladebaum, ⚓ kranähnl. Fördereinrichtung.

Lademaß, über einem Bahnhofsgleis aufgestellter Rahmen zum Nachprüfen der Umfangslinien beladener Güterwagen.

Ladenpreis, Verkaufspreis einer Ware im Einzelhandel; bei Markenartikeln oft vom Hersteller festgelegt (**Preisbindung** der 2. Hand).

Ladenschluß. Nach dem L.-Gesetz v. 28. 11. 1956/17. 7. 1957/14. 11. 1960 müssen Verkaufsstellen an Sonn- und Feiertagen ganztägig, montags bis freitags bis 7 Uhr und ab 18 Uhr 30 und samstags ab 14 Uhr (am 1. Samstag im Monat ab 18 Uhr) geschlossen sein. An vier aufeinander folgenden Samstagen vor dem 24. 12. dürfen sie bis 18 Uhr geöffnet bleiben. Ausnahmen z. B. für Apotheken, Tankstellen, Friseurbetriebe, Kurorte, besondere Waren (z. B. Milch, Zeitungen).

Ladeschein, Urkunde, die der Frachtführer über seine Verpflichtung zur Auslieferung des Gutes an den Empfänger ausstellt.

läd'ieren [lat.], verletzen, beschädigen.

Lad'iner Mz., 1) älterer Name der Rätoromanen. 2) rätoroman. Bewohner einiger Täler S-Tirols.

Lad'ino, in Lateinamerika (bes. Guatemala) Bevölkerungsgruppe, die kulturell zwischen Weißen und Indianern steht; deckt sich teilweise mit dem rass. Begriff →Mestize.

L'adislaus, poln. **Władisław,** ungar. **László,** männl. Vorname.

L'adogasee, der zweitgrößte See Europas, in Karelien, 18400 km², 225 m tief; fischreich. Abfluß: die Newa. Durch Kanäle mit der Wolga, Dwina und dem Weißen Meer verbunden.

Ladung die, 1) Nutzlast eines Fahrzeugs. 2) ⚡ →Elektrizität, →Elementarladung. 3) Feuerwaffe: die Pulvermenge; beim Geschütz die →Kartusche. 4) ⚖ die Aufforderung, zu einem bestimmten Termin vor einer Behörde, bes. vor Gericht, zu erscheinen. **Ladungsfrist,** der Zeitraum zwischen Zustellung der L. und Terminstag: in Zivilsachen bei Anwaltsprozessen 1 Woche, sonst 3 Tage, in Meß- und Marktsachen 24 Stunden; in Strafsachen 1 Woche.

Lady [l'eidi] die, Dame; i. e. S.: 1) vor dem Namen: Adelstitel der engl. Frauen. 2) ohne Namen: Anrede. **ladylike** [l'eidilaik], damenhaft.

La'ertes, der Vater des Odysseus.

Lafayette [lafaj'ɛt], Joseph Marquis de, *1757, †1834, nahm am nordamerikan. Unabhängigkeitskrieg teil, war 1789-92 und wieder 1830 Führer der Pariser Nationalgarde.

Laf'ette [frz.] die, ⚙ Schießgerüst, in der Regel Fahrgerüst der →Geschütze.

La Fontaine [lafõt'ɛn], Jean de, französ. Dichter, *1621, †1695; schrieb Fabeln (in Versen) und Verserzählungen.

LAFTA, Abk. für Latin American Free Trade Association, die →Lateinamerikanische Freihandelszone.

LAG, Abk. für →Lastenausgleichs-Gesetz.

L'agasch, altbabylon. Stadt im südl. Mesopotamien, heute Tello (»Hügel«); reiche Funde aus dem 3. Jahrtausend v. Chr.

Lage, (♪ 1) die Stellung der Töne innerhalb des Gesamttonumfanges: hohe, mittlere, tiefe L. 2) in der Harmonielehre die Stellung der Töne eines Akkordes zueinander. 3) augenblickl. Verhältnisse, z. B. militär. oder polit. L.

Lage, Stadt im Kr. Detmold, Nordrh.-Westf., 31000 Ew.; Eisen-, Möbel- u.a. Industrie.

Lägel das und der, 1) Faß mit eirundem Boden. 2) früher schweizer. Weinmaß, etwa 45 l. 3) Stahlgewicht, 70 kg.

Lagenstaffel, SCHWIMMEN: Staffel mit Wechsel des Schwimmstils bei jeder Einzelstrecke.

Lager das, 1) behelfsmäßige Truppenunterkunft in Zelten, Hütten oder Baracken. 2) geschlossene Unterbringung von Personengruppen aus polit., militär. und Wohlfahrtsgründen (Flüchtlings-, Auffang-, Kriegsgefangenen-, Internierten-, Verschleppten-Lager; →Konzentrations-L.). 3) ⚙ Maschinenteil zum Tragen (**Trag-L.**) oder Stützen (**Stütz-L.**) von Wellen und Zapfen. **Gleit-L.** bestehen meist aus zweiteiligem Gußgehäuse mit **L.-Schalen** aus Grauguß, Bronze, Rotguß, oft mit L.-Metall (Weißmetall) ausgegossen, oft mit Kunststoff. Metall. Berührung zwischen L.-Schale und Welle muß durch **Ölfilm** vermieden werden. Geringere Reibung besitzen **Wälz-L.** (Kugel- und Rollen-L.). Die gehärteten Wälzkörper (Kugeln, Rollen) laufen zwischen gehärtetem Innen- und Außenring und werden durch Käfig gehalten. **Nadel-L.** können unmittelbar zwischen Welle und Gehäuse oder Nabe laufen. 4) Aufbewahrungsraum für Rohstoffe u. a. (→Lagergeschäft). 5) →Lagerstätte.

Lagergeschäft, gewerbsmäßige Lagerung und Aufbewahrung fremder Güter durch den **Lagerhalter** (§§ 416ff. HGB). Gegenleistung ist das **Lagergeld.** Empfang des Gutes und Verpflichtung zur Aushändigung bestätigt den **Lagerschein.**

L'agerkvist, Pär, schwed. Dichter, *1891, Nobelpreisträger 1951; Roman: »Barabbas«.

L'agerlöf, Selma, schwed. Dichterin, *1858, †1940; Romane und Geschichten: »Gösta Berling«, »Jerusalem«, »Nils Holgerssons wunderbare Reise«, »Christuslegenden«; Nobelpreis 1909.

Lagerpflanzen, →Thallophyten.

Lagerstätten, die Fundorte nutzbarer organ. und anorgan. Rohstoffe.

Lagerlöf

Lager. 1 Ringschmierlager, a Lagerfuß, b Lagerdeckel, c Lagerschalen, d Deckelschrauben, e Schmierring; 2 Kugellager, a Lagerringe, c Kugeln, d Kugelkäfig; 3 Spurlager, a Ringlager, b Scheibenlager; 4 Rollenlager, a Außen-, b Innenring, c Rollen, d Rollenkäfig

La Habana: Appartement-Hochhäuser an der Strand-Avenida

L'ago [ital. und span.], See.

Lago Maggiore [madʒ'o:re], Langensee, einer der oberitalien. Seen, am Südfuß der Alpen, 194 m ü. M., 212 km² groß, bis 372 m tief, vom Tessin durchflossen.

Lagos, Hauptstadt von Nigeria, 665000 Ew.; Universität, Haupthafen des Landes, Bahn nach Kano, Industrie, Flugplatz.

Lagrange [lagr'ãʒ], Joseph Louis, französ. Mathematiker, *1736, †1813, Prof. in Berlin, Paris; hervorragender Forscher auf fast allen Gebieten der Mathematik und Himmelsmechanik.

Lagting [l'ateŋg] das, in Norwegen das vom →Storting gewählte Oberhaus.

Lag'une [ital.] die, ⊕ seichter Strandsee.

La Habana [av'ana], **La Havanna,** Hauptstadt von Kuba, 990000 Ew.; Hafen, Univ., Erzbischofssitz; Industrie, Ausfuhr von Tabak und Zucker; 1515 von den Spaniern gegründet.

La Harpe [la arp], Frédéric César, schweizer. Politiker, *1754, †1838, war Erzieher des russ. Kaisers Alexander I.; als Anhänger der Französ. Revolution Mitbegr. der Helvet. Republik (1798).

Lahmann, Heinrich, *1860, †1905; stellte die Naturheilkunde auf wissenschaftl. Grundlage.

Lähmung die, ♀ Aufhebung der Tätigkeit eines Organs, äußert sich in Bewegungs- oder Empfindungslosigkeit. Ursache: ein krankhafter Zustand von Gehirn, Rückenmark, Nerven, Muskeln.

Lahn die, rechter Nebenfluß des Rheins, 245 km lang, kommt vom Rothaargebirge, mündet bei Lahnstein.

Lahnstein, Stadt in Rheinl.-Pf., am Eingang der Lahn in den Rhein, 20 200 Ew., gebildet aus Ober- und Nieder-L., dabei Burg Lahneck, gegenüber Burg Stolzenfels.

Lahnung die, netzartig parallel und senkrecht zur Küste angelegte Dämme. →Landgewinnung.

Lah'or, Lahore, Stadt im Pandschab, Pakistan, 1,8 Mill. Ew.; alte Prachtbauten, Univ., Ind.

Lahr, Stadt in Baden-Württ., 24700 Ew., am Fuß des Schwarzwalds; Kartonagen-, Zigarren-, Leder-, Holz- u. a. Industrie.

Lahti, Stadt in S-Finnland, am Vesijärvi (See), 87 300 Ew.; Maschinen-, Holzind., Funkstelle.

Laibach, slowen. Ljubljana, Stadt in N-Jugoslawien, 190000 Ew., wirtschaftl. und kultureller Mittelpunkt Sloweniens, Univ. – L. war Hauptstadt des habsburg. Hzgt. Krain, kam 1919 an Jugoslawien.

Laibung die, ⌂ innere Fläche der Maueröffnung bei Bögen, Fenstern, Türen.

Laich der, ♀ die ins Wasser abgelegten und von einer gallertigen Hülle umgebenen Eier der Fische, Frösche und Schnecken.

Laichkraut, artenreiche einkeimblättrige Wasserpflanzengattung.

Laie [von grch. laos »Volk«] der, 1) Nichtfachmann, Ungelernter. 2) Nichtgeistlicher. Laienapostolat, in der kath. Kirche die Mitarbeit von L. an der Ausbreitung der kath. Lehre und Lebensführung. Laienbruder, Mitglied einer Klostergenossenschaft, das keine Weihen empfängt.

Laienrichter, nicht jurist. vorgebildete Richter, z. B. Schöffen und Geschworene, auch Handels- und Arbeitsrichter (Beisitzer in Kammern für Handelssachen und Arbeitsgerichten).

Laienspiegel, Rechtsbuch in dt. Sprache, von Ulrich Tengler, 1509 in Augsburg gedruckt.

Laienspiel, Theaterspiel von Laien, auch das hierfür verfaßte Stück. Das L. steht in bewußtem Gegensatz zum Liebhaber-(Dilettanten-)Theater; es ist eine Gemeinschaftsbetätigung, die sich auf Brauchtum, Reigen, Tanz stützt.

Laissez faire, laissez passer [lɛs'e fɛ:r, lɛs'e pas'e, frz.], auch **laissez aller** [al'e], d. h. laßt machen (gehen); Forderung des Wirtschaftsliberalismus: die Wirtschaft gedeiht am besten, wenn der Staat sich nicht einmischt.

Laiz'ismus der, die Bestrebungen nach Ausschluß der Geistlichkeit von nicht kirchl. Angelegenheiten.

Lak'ai [frz.] der, Diener (in besonderer Kleidung, der Livree).

Lake [leik, engl.], See.

L'ake die, Salzbrühe zum Einpökeln.

Laked'ämon, Laked'aimon, antiker Name von →Sparta. Lakedäm'onier, Spartaner.

Lake Success [leik səks'es], Vorort von New York auf Long Island, bis 1951 Sitz der UNO.

Lake Superior, →Oberer See.

L'akhnau, Lucknow, Hauptstadt von Uttar Pradesch, Indien, 743 400 Ew.; Univ., alte Bauten, rege Industrie.

Lakkad'iven, 14 Koralleninseln im Ind. Ozean, vor der SW-Küste Indiens; bilden mit den Amindiven und den Minicoy-Insel ein Unionsgebiet Indiens (seit 1956).

Lakkol'ith der, zwischen ältere Schichtgesteine von unten eingepreßte vulkan. Gesteinsmasse.

Lak'onien, alte griech. Landschaft, in der südöstl. Peloponnes, das Kernland des alten Sparta.

lak'onisch, kurz und treffend im Ausdruck.

Lakr'itze [grch.-lat.] die, eingedickter Saft vom →Süßholz.

L'akschmi, Schri, hinduist. Göttin des Glücks, Gattin des Wischnu; dargestellt mit Lotosblume.

Laktati'on die, ♀ ⛊ Milchabsonderung.

Lalebuch [Narrenbuch], dt. Schwankbuch, erschien 1594; später als →Schildbürger.

La Línea de la Concepción, Stadt in S-Spanien, 57 000 Ew., Gemüseanbau.

Lal'o, Edouard, span.-französ. Komponist, *1823, †1892; Frühimpressionist.

L'ama das, 1) höckerloses, hirschgroßes Haustier des westl. Südamerika; als Last-, Woll- und Fleischtier aus der wildlebenden Kamelart Guanako gezüchtet. Zu den L. gehören auch das **Alpaka (Pako)** und das kleinere ockerfarbene **Vicuña,** dessen Wolle sehr wertvoll ist. 2) flanellähnliches, weiches Gewebe, aus Streichgarn. (BILD S. 532)

Lamas

L'ama [tibet. »der Obere«] der, im Lamaismus Titel der vollgeweihten Priester.

Lama'ismus der, tibet. Abart des →Buddhismus, eine Mischung buddhist. Philosophie, prunkvollen Kults und bodenständigen Dämonen- und Zauberglaubens. Die Häupter der lamaist. Kirche sind der **Dalai-Lama,** der zugleich weltl. Herrscher Tibets war, und der **Pantschen-rin-po-tsche** oder **Taschi-Lama,** der mehr religiöse Aufgaben zu erfüllen hat. Da sich der Druck des kommunist. Chinas immer mehr verstärkte, floh der Dalai-Lama 1959 von seinem Sitz in Lhasa nach Indien. Die Klöster (bis zu 4000 Insassen) waren bis zur chines. Besetzung Mittelpunkte des wirtschaftl. und polit. Lebens.

Lamant'in der, amerikan. →Seekuh.

Lam'arck, Jean Baptiste de, französ. Naturforscher, *1744, †1829; bestritt als erster die Unveränderlichkeit der Arten. **Lamarck'ismus** der, Lehre von der Vererbarkeit »erworbener« Eigenschaften, z.B. durch Gebrauch eines Organs, wurde von der Forschung bisher nicht bestätigt. (→Darwinismus)

Lamartine [lamart'in], Alphonse de, französ. Dichter, *1790, †1869; schrieb als Romantiker schwermütig-klangvolle Gedichte, die epischen Dichtungen »Jocelyn«, »Der Fall eines Engels«.

Lamb [læm], Charles, engl. Schriftsteller, *1775, †1834; geistreicher Essayist; Nacherzählungen Shakespearescher Dramen für Kinder.

Lambar'ene, Ort in der Rep. Gabun, Zentralafrika; Wirkungsstätte A. Schweitzers.

Lambeth-Konferenzen [l'æmbəθ-], Welttreffen der anglikan. Bischöfe.

Lambrequin [lãbrək'ɛ̃, frz.] der, Behang über Fenstern, Türen usw.

Lambris [lãbr'i, frz.] der, der untere Teil der Wandbekleidung; aus Holz, Stuck, Marmor.

Lamé der, Gewebe mit Metallfäden.

Lam'elle [lat.] die, dünnes Blättchen.

Lamennais [lamn'ɛ], Robert de, französ. relig. und phil.-sozialer Schriftsteller, *1782, †1854.

Lam'ento [ital.] das, Wehklage, Klagegeschrei.

lament'ieren, klagen.

Lam'etta [ital.] die, papierdünne Zinn- oder Aluminiumstreifen; Christbaumschmuck.

Lamettr'ie, Julien Offray de, französ. Arzt und Philosoph, *1709, †1751; Vertreter des Materialismus (Der Mensch »eine Maschine«).

L'amia [lat.] die, im altgriech. Glauben Spukgeist, der Müttern die Kinder raubte; später gespenst. weibl. Wesen **(Lamien),** die Jünglinge an sich lockten, um ihnen das Blut auszusaugen.

L'amina [lat.] die, 1) metallenes Plättchen. 2) blattähnl. geformter Körperteil. **Laminektom'ie** die, operatives Freilegen des Rückenmarks.

Lamin'aria die, **Riementang,** Gattung großer Braunalgen, z.B. Zuckertang, bis 5 m lang.

Lamm das, /-es, Lämmer, Schaf oder Ziege vor dem vollendeten 1. Lebensjahr.

Lammasch, Heinrich, Jurist, *1853, †1920; Professor des Straf- und Völkerrechts in Wien, letzter MinPräs. des alten Österreichs.

Lämmergeier, →Bartgeier.

Lamormain [lamɔrm'ɛ̃], Wilhelm, Jesuit, *1570, †1648; wirkte für die Gegenreformation, Beichtvater Kaiser Ferdinands II.

Lampe, Name des Hasen in der Tierfabel.

Lampe die, Gerät zur Erzeugung von Licht. Früher Öl-, Petroleum- und Gas-L. (→Gasbeleuchtung), heute die elektr. →Glühlampe und die →Leuchtstofflampe.

Lamarck

Landauer

Landeck (Tirol)

Lampertheim, Stadt in Hessen, 24400 Ew., in der Rheinebene; Tabak-, Gemüsebau; Möbel- und Elektroindustrie.

Lampion [lãpj' õ, frz.] der oder das, Lämpchen, Papierlaterne.

Lamprecht, Karl, Historiker, *1856, †1915, Prof. in Leipzig; Hauptwerk: »Dt. Geschichte«.

Lamprecht der Pfaffe, geistl. Dichter, schrieb um 1120 nach französ. Vorlage ein Alexanderlied, erste dt. Bearbeitung eines antiken Stoffes.

Lampr'ete die, ⚲ Wassertier, →Neunauge.

Län das, Verwaltungsbezirk (Provinz) in Schweden und Finnland (Lääni).

Lancashire [l'æŋkəʃiə], fälschl. auch **Lancaster** [l'æŋkəstə], Grafschaft in NW-England; Eisen-, Kohlenbergbau, Textilindustrie.

Lancaster [l'æŋkəstə], Hauptstadt der Grafschaft Lancashire in England, 48200 Ew.; Textil-, Linoleum-, Waggonindustrie.

Lancaster [l'æŋkəstə], Herzogstitel einer Nebenlinie des engl. Königshauses Plantagenet, die von 1399-1461 die engl. Könige stellte; in den →Rosenkriegen ausgerottet (1471).

Lancaster [l'æŋkəstə], Burt, amerikan. Filmschauspieler, *1913; »Die tätowierte Rose« u.a.

Lancelot, Lanzelot vom See, sagenhafter Held aus der Tafelrunde des Königs Artus.

lancieren [lãs'iːrən, frz.], in Gang, Mode bringen; zur Aufnahme verhelfen.

Land das, 1) Erdboden. 2) ⊕ die festen Teile der Erdoberfläche. 3) Gegend, Landschaft. 4) abgegrenztes Gebiet.

Landammann, Amtsbezeichnung des Regierungschefs einiger schweizer. Kantone.

Landarbeiter, Person, die in landwirtschaftl. Betrieben im Lohnverhältnis Feld-, Hof-, Stallarbeiten verrichtet. Zu den **ständigen L.** gehören Gesinde (Knechte, Mägde), Deputanten, Taglöhner. Die **unständigen L.** sind bes. während der Ernte beschäftigt, z.T. als Wanderarbeiter. Die L. werden in der Regel nach Tarif entlohnt. Das Gesinde erhält außer dem Barlohn freie Unterkunft, Verpflegung, der **Deputant** Naturalien (Anteillohn), Wohnung, Garten- oder Ackerland, Berechtigung zur Viehhaltung.

L'andauer der, viersitziger Wagen mit zusammenlegbarem Verdeck.

Landau in der Pfalz, Stadt in Rheinl.-Pf., 32600 Ew., in der Rheinebene; Stiftskirche; Wein-, Tabakhandel; Textil-, Gummiind. L. war seit 1291 Reichsstadt, fiel 1679 an Frankreich, 1816 an Bayern.

Landbau, die landwirtschaftl. Nutzung des Bodens.

Landeck, 1) **Bad L. in Schlesien,** im Glatzer Bergland, 5400 Ew., Radium-, Schwefel-, Moorbad. Seit 1945 unter poln. Verw. **(Ladeck).** 2) Stadt in Österreich, Tirol, 6500 Ew.; der Arlbergbahn; Fremdenverkehr.

Landenge die, →Isthmus.

Länder Mz., im Dt. Reich seit 1919 und in der Bundesrep. Dtl. die Gliedstaaten; in der Dt. Dem. Rep. 1952 durch Bezirke ersetzt.

Landerziehungsheime, private höhere Heimschulen auf dem Lande. Das erste dt. L. wurde 1898 von H. Lietz gegründet.

Landes, Les L. [lãd, kelt. »Heide«], französ. Landstrich zwischen Gironde und Golf von Biscaya, einst unfruchtbare Sandebenen, Moore, jetzt durch Aufforstung, Entwässerung ertragreiches Kulturland (Holz, Getreide, Gemüse).

Landesaufnahme, die planmäßige Vermessung und kartograph. Aufnahme eines Landes zur Herstellung der amtl. Landkarten in verschiedenen Maßstäben. Die L. liegt in Dtl. bei den Landesvermessungsämtern.

Landesbanken, gemeinnützige öffentl.-rechtl. Bankinstitute, meist von Provinzialverbänden gemeinsam mit den zuständigen Sparkassen- und Giroverbänden betrieben, als Girozentrale Verrechnungsstellen der regionalen Sparkassen.

Landesbischof, der oberste Geistliche einer evang. Landeskirche, →Bischof.

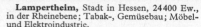

Landmaschinen, links: Ackerschlepper mit Frontlader, rechts: Vollerntemaschine für Runkel- und Stoppelrüben

Landeshauptmann, 1) Preußen: der Leiter der Provinzialselbstverwaltung (bis 1933). 2) Österreich: in den Bundesländern der Vors. der Landesreg.; in Wien ist L. der Bürgermeister.

Landesherrschaft, Herrschaftsbereich (»Territorium«) der dt. Fürsten und Städte im alten Dt. Reich. 1648 erhielten sie die Souveränität im Rahmen des Reiches, bis dieses 1806 zerfiel.

Landshut, Stadt in Schlesien, am Bober, (1939) 13 700, (1968) 21 100 Ew., Textilindustrie. Seit 1945 unter poln. Verw. **(Kamienna Góra).**

Landeskirche, im Unterschied zur überstaatl. kath. Kirche die durch Territorialgrenzen bestimmten evang. Kirchen in Dtl.

Landeskultur, umfaßt Bodenerhaltung, -verbesserung, Neulandgewinnung, Flurbereinigung.

Landesliste, Wahlvorschläge auf Landesebene; z.B. wird die Hälfte der Abgeordneten für den Bundestag über L. gewählt.

Landesplanung, vorausschauende Gesamtgestaltung eines Gebiets unter Berücksichtigung der Bedürfnisse von Siedlung, Bodenbewirtschaftung, Industrie, Verkehr (→Raumordnung).

Landesrecht, in Bundesstaaten das von den Gliedstaaten (Ländern) gesetzte Recht. Gegensatz: Bundesrecht. Auch das Recht der einzelnen Staaten. Gegensatz: Völkerrecht.

Landesregierung, in den Ländern der Bundesrep. Dtl. die leitenden Behörden (Ministerien, Staatskanzlei); auch das Kabinett (MinPräs. und Min.). In Bayern heißt die L. **Staatsregierung,** in Hamburg. Bremen und Berlin **Senat.**

Landesvermessung, →Landesaufnahme.

Landesverrat, ⚖ in der Bundesrep. Dtl.: die vorsätzl. Preisgabe oder öffentl. Bekanntmachung eines Staatsgeheimnisses, die das Wohl der Bundesrep. Dtl. oder eines ihrer Länder gefährdet. Strafe: Freiheitsstrafe nicht unter einem Jahr (§§ 99 ff. StGB). Die Dt. Dem. Rep. hat eine entsprechende, noch weiter gefaßte Strafbestimmung.

Landesversicherungsanstalten, Hauptträger der Arbeiterrentenversicherung.

Landeszentralbank, seit 1.8.1957 die in jedem Land der Bundesrep. Dtl. bestehende Hauptverwaltung der Dt. Bundesbank. Die L. wickeln die Geschäfte mit dem Land, mit den öffentl. Verwaltungen im Land sowie mit den Kreditinstituten des Landes vorbehalten.

Landflucht, Massenabwanderung ländl. Arbeitskräfte in industrielle Berufe. Ursachen: ländl. Geburtenüberschüsse, Streben nach einträglicheren Berufen (Familiengründung), Anziehung des städt. Lebens.

Landfolge, Landwehr, Landesaufgebot, im alten Dt. Reich die Verpflichtung der Landeseinwohner zur Heeresfolge und zur Hilfeleistung in Notfällen.

Landfriede, im MA. das Verbot oder die Einschränkung der Fehden durch strenge gesetzl. Bestimmungen (→Ewiger L. von 1495).

Landfriedensbruch, ⚖ Verübung von Gewalttätigkeiten an Personen oder Sachen durch eine zusammengerottete Menschenmenge. Strafe: für einfache Teilnehmer Freiheitsstrafe, für Rädelsführer Freiheitsstrafe nicht unter einem Jahr.

Landgemeinde, ländl. Gemeinde mit weniger als 2000 Ew. Verwaltungsrechtl. besteht kein Unterschied zwischen L. und Stadtgemeinden.

Landgericht, →Gerichtswesen, ÜBERSICHT.

Landgewinnung, geschieht bes. aus dem Wattenmeer durch Förderung der Schlickablagerung mit Buhnen und Lahnungen; auch durch Trockenlegen von Binnenseen.

Landgraf, Fürstentitel im alten Dt. Reich.

Landjäger, ✝ der →Gendarm.

Landkapitel, in der kath. Kirche die Geistlichkeit eines Dekanats; Leiter ist der Dechant.

Landkarte, verkleinerte Darstellung der Erdoberfläche oder ihrer Teile in einer Ebene. Man unterscheidet dem Maßstab nach: **topograph. Grundkarten** bis 1:10 000, **topograph. Länderkarten** bis 1:100 000, **topograph. Übersichtskarten** bis 1:900 000 und **geograph. Karten** ab 1:1 000 000. Eine systemat. Sammlung von Karten heißt **Atlas.**

Landkreis, →Kreis.

Ländler der, dt. Tanz im langsamen ³/₄- oder ³/₈-Takt, benannt nach dem Landl, einem Teil von Oberösterreich.

Landmarke, weithin sichtbarer Geländepunkt; in Seekarten auch Bauwerke.

Landmaschinen, Arbeitsmaschinen und Geräte zur Bodenbearbeitung, Feldbestellung, Ernte; i.w.S. auch Maschinen zur Weiterverarbeitung der Feldfrüchte sowie Hofmaschinen (Dresch-, Häcksel-, Melkmaschinen, Schrotmühlen).

Landmeister, im Dt. Orden Vertreter des Hochmeisters in Preußen, Livland, Binnendtl.

Landmesser, ✝ der →Vermessungsingenieur.

Landpfleger, A.T.: Statthalter über einen Landesteil. N.T.: der röm. Prokurator.

Landrat, 1) Leiter der Landkreisverwaltung oder Vorsitzender des Kreistages. 2) Schweiz: in manchen Kantonen die gesetzgebende Behörde.

Landrecht, ⚖ 1) im MA. das allgemeine Recht der Einwohner eines Stammesgebietes im Gegensatz zu den Sonderrechten des Stadt-, Hof-, Dienst- und Lehnsrechts. 2) in der Neuzeit: zusammenfassendes bürgerlich-rechtl. Gesetzbuch für ein Land, z.B. das **Allgemeine L.** für Preußen 1794, in Geltung bis 1900.

Landsassen, im Mittelalter die persönl. freien Zinsbauern oder Pächter.

Landsberg, 1) L. **am Lech,** altertüml. Stadt in Oberbayern, 14 600 Ew.; Brauereien, Ind. 2) **L. an der Warthe,** seit 1945 unter poln. Verwaltung **(Gorzów Wielkopolski,** 69 700 Ew.), Bischofssitz, Kunstfaser-Kombinat, Maschinen-, Fahrzeug- u.a. Industrie.

Landschaft die, ein Gebiet, das durch sein bes. Gepräge eine Einheit bildet und sich von anderen L. abhebt, als **Natur-L.** ohne Eingriffe des Menschen, als **Kultur-L.** zum Siedlungs-, Wirtschafts- und Verkehrsraum umgebildet.

Landschaften, ⚖ 1) →Landstände. 2) im ehem. Preußen: Bodenkreditanstalten auf genossenschaftl. Grundlage.

Landschaftsmalerei. Landschaften wurden schon auf röm. Wandgemälden dargestellt, dann in Ostasien, im Abendland wieder seit dem Spät-MA., bes. in niederländisch-burgund. Buchmalereien, auch auf Altarbildern, in denen Landschaftshintergründe allmählich den Goldgrund verdrängten (Genfer See im Fischzug Petri von Witz, 1444). Dürer stellte Landschaften ohne Figuren in Aquarellen dar, Altdorfer schuf das erste selbständige Landschaftsgemälde. Im 17. Jahrh. begründeten Poussin und Claude Lorrain die ideale (heroische) und holländ. Maler die realist. L.

Landschaftsschutz, →Naturschutz.

Landschule, Volksschule auf dem Lande, oft wenig gegliedert oder auch einklassig; jetzt häufiger zu mehrklassigen Bezirks-, Mittelpunkt- oder Zentralschulen zusammengelegt.

Landser der, Landsmann, Kamerad, Soldat.

Landsgemeinde, in einigen Kantonen der Schweiz die Vereinigung der stimmfähigen Bürger zur Ausübung der polit. Rechte; sie tritt einmal jährlich zusammen.

Landshut, Industriestadt in Niederbayern, 51 600 Ew.; an der Isar, Nahrungsmittelind. und Brauerei. 1255-1340, dann 1392-1503 bayer. Herzogssitz; 1800-26 Sitz der Bayer. Landesuniv.

Landsknecht, zu Fuß kämpfender Söldner des 15./16. Jahrh. L.-Heere wurden zuerst von Kaiser Maximilian I. aufgestellt. Sie wurden von Feldobersten (-hauptleuten) angeworben und waren eingeteilt in **Fähnlein** zu je etwa 400 Mann unter einem Hauptmann; 10-16 Fähnlein bildeten ein Regiment. Hauptwaffen: Schwert, Spieß, Sturmhaube, später noch die Hakenbüchse.

Landskrona [lanskr'u:na], Hafenstadt in S-Schweden, am Sund, 33 800 Ew.; Industrie.

Landsmål [l'ansmo:l] das, älterer Name der neunorweg. Schriftsprache, jetzt Nynorsk.

Landsmannschaft, 1) Vereinigung zur Heimatpflege. **2)** student. →Verbindung.

Landstände, nach den Ständen (Geistlichkeit, Ritterschaft u. a.) gegliederte Vertretung des Landes gegenüber den Landesherren im alten Dt. Reich.

L'andsteiner, Karl, ärztl. Forscher, * Wien 1868, †1943; seit 1922 in New York, entdeckte die Blutgruppen. Nobelpreis 1930.

Landsknecht

Landstreicher'ei, gewohnheitsmäßiges Umherziehen ohne rechtmäßigen Erwerb.

Landstuhl, Stadt in Rheinl.-Pf., 9400 Ew.; Ind.; dabei Burg Nanstein (Grabmal Sickingens).

Landsturm, ✠ Aufgebot der waffenfähigen Männer über 45 Jahre zur Verteidigung der Heimat.

Landtag, die Volksvertretung in den einzelnen Ländern der Bundesrep. Dtl.

Landvogt, 1) bis 1806: vom König bestellter Verwalter eines reichsunmittelbaren Gebiets. **2)** in der Schweiz bis 1798: Verwalter eines Untertanengebiets in einem selbständigen Kanton.

Landwehr die, im früheren dt. Heer die ausgebildeten Wehrpflichtigen von 35-45 Jahren.

Landwehrkanal, Schiffahrtsweg durch Berlin, verbindet Ober- und Unterspree.

Landwirt der, Eigentümer oder Pächter eines landwirtschaftl. Betriebes, allgemein: jeder, der eine landwirtschaftl. Berufsausbildung genossen hat: meist 3jähr. Lehre in anerkanntem Lehrbetrieb, Gehilfenprüfung; nach 3jähr. Tätigkeit als Betriebsleiter Meisterprüfung; Landwirtschaftsschulen vermitteln die für die Betriebsführung notwendigen theoret. Kenntnisse, höhere Landbauschulen verleihen nach einjähr. Lehrgang den Titel **Staatl.** gepr**üfter** L**.; Diplom-L.** studieren 8 Semester an einer Landwirtschaftl. Hochschule oder Universität. – **Altershilfe für L.** wird nach Übergabe des Hofes vom 65. Lebensjahr an gewährt.

Landwirtschaft die, Nutzung der Bodenkräfte zur Erzeugung pflanzl. und tier. Rohstoffe: Ackerbau, Wiesen- und Weidewirtschaft, Viehzucht, Garten- und Weinbau; auch Jagd und Fischerei werden zur L. gerechnet. Die beiden Hauptzweige, Bodennutzung und Viehhaltung, ergänzen und fördern sich gegenseitig. Ziel ist die Umwandlung, Züchtung und Veredelung der pflanzl. und tier. Produkte. Nach dem Aufwand an Arbeit und Betriebsmitteln unterscheidet man **extensive** und **intensive** L. Technisch-organisator. Einheit ist der **landwirtschaftl. Betrieb.**

Langgässer

landwirtschaftliche Betriebslehre, die Lehre von der zweckmäßigen Organisation und Bewirtschaftung landwirtschaftl. Betriebe, Teilgebiet der Landwirtschaftswissenschaften.

landwirtschaftliche Genossenschaften, Kredit-, Bezugs- und Absatz-, Betriebs- und Produktivgenossenschaften, häufig auch als Universalgenossenschaften (z. B. Spar- und Darlehnskassen mit Warenverkehr), soweit sie vorwiegend Landwirte als Mitgl. haben; in der Bundesrep. Dtl. im »Dt. Raiffeisenverband« zusammengefaßt.

Landwirtschaftliche Produktionsgenossenschaften, LPG, in der Dt. Dem. Rep. zwangsmäßige Zusammenschlüsse von Bauern, eine Abart der sowjet. Kolchosen.

landwirtschaftliche Schulen bestehen als landwirtschaftl. Berufsschule, Landwirtschaftsschule, Landfrauenschule, höhere Landbauschule (→Landwirt).

Landwirtschaftskammern, berufsständ. Vereinigungen zur Wahrnehmung der Belange der Land- und Forstwirtschaft ihres Bezirks.

Landwirtschaftspolitik, →Agrarpolitik.

Landwirtschaftswissenschaften, die der landwirtschaftl. Produktion dienende Forschung.

Landzwang, Störung des öffentl. Friedens durch Androhung eines →gemeingefährlichen Verbrechens.

Lang, Fritz, Filmregisseur, *1890.

L'angbehn, Julius, Schriftsteller, *1851, †1907; 1890 erschien anonym sein Buch »Rembrandt als Erzieher« (daher der **Rembrandtdeutsche**).

Lange, Helene, eine Führerin der dt. Frauenbewegung, *1848, †1930; verdient um die Neuordnung des Mädchenschulwesens.

Länge die, ⊕ geograph. L. eines Ortes ist der in Winkelgraden gemessene Bogen (**L.-Grad**) des Erdäquators zwischen einem angenommenen Nullmeridian (Greenwich) und dem Meridian (**L.-Kreis**) des Ortes. Alle Meridiane laufen durch beide Pole der Erde. Vom Nullmeridian zählt man nach O (**östl. L.**) und W (**westl. L.**) bis 180°. Orte gleicher L. haben gleiche Zeit.

Langemar(c)k, belg. Ort in Westflandern mit 4700 Ew., bekannt durch den Ansturm dt. Freiwilligenregimenter am 11.11.1914.

Langen, Stadt in Hessen, in der Mainebene, 29 900 Ew.; Maschinen-, Holz- u. a. Industrie.

Langenberg, Stadt in Nordrh.-Westf., 16 600 Ew., Standort des Senders Köln; Textil-, Metallindustrie.

Langenb'ielau, Industriestadt in Niederschlesien; Webwaren, seit 1945 unter poln. Verw. (Bielawa, 31 500 Ew.).

Langenfeld, Stadt in Nordrh.-Westf., 45 300 Ew.; Eisen-, Textil-Industrie.

Längengrad der, ⊕ →Länge.

Langenhagen, Gem. in Ndsachs., 37 100 Ew.; Flughafen von Hannover, Eisen-, Elektro-Ind.

Langens'alza, Bad L., Kreisstadt im Bez. Erfurt, an der Salza, 17 100 Ew.; Schwefelbad; Textil-, Leder-Ind. Schloß Dryburg (um 1300).

Langenscheidt KG., Verlagsbuchhandlung, Berlin, gegr. 1856 v. Gustav L. (*1832, †1895); Wörterbücher, fremdsprachl. Unterrichtsbriefe.

Langenthal, Gem. im schweizer. Kt. Bern, 12 000 Ew.; Industrie und Handel.

L'angeoog, ostfries. Nordseeinsel, 19 km², 2800 Ew., Nordseebad.

Langerhans, Paul, Anatom, *1847, †1888; entdeckte die L.schen Inseln der Bauchspeicheldrüse.

Langgässer, Elisabeth, *1899, †1950; schrieb religiös-myth. Gedichte und Romane: »Das unauslöschliche Siegel«, »Märk. Argonautenfahrt«.

Langhans, Carl Gotthard, Baumeister, *1732, †1808; Klassizist: Brandenburger Tor, Berlin.

Langhaus, ⌂ der lange, meist nach O gerichtete Teil einer Basilika oder Hallenkirche.

Langlauf, Skiwettkampf, bei Männern als 15, 30 und 50 km L. sowie 4 × 10 km Staffel, bei Frauen als 10 km L. und 3 × 5 km Staffel.

Langob'arden, westgerman. Stamm, urspr. an der Unterelbe, zog im 4. Jahrh. in die Donau-

Theiss-Ebene, eroberte 568 unter König Alboin Oberitalien (Lombardei) und Teile Mittel- und S-Italiens. 774 rief der Papst Karl d. Gr. gegen die L. zur Hilfe, der ihr Reich eroberte und dem Fränk. Reich eingliederte. Nur das Herzogtum Benevent hielt sich bis ins 11. Jahrh. Die L. sind im italien. Volk aufgegangen.

Langr'eo, Stadt in Spanien, Asturien, am Nalón, 71 600 Ew.; Steinkohlenbergbau.

Langstreckenlauf, sportl. Laufwettbewerbe über 3000, 5000 und 10000 m sowie die Marathonstrecke (→Marathon).

langue d'oc [lãg d'ɔk] die, im MA. Bez. für die provenzal. Sprache nach dem Worte oc für »ja«; Gegensatz: **langue d'oïl,** die nordfranzös. Sprache nach der Bejahungsform oïl (oui).

Languedoc [lãgd'ɔk] die, alte Landschaft in S-Frankreich, Hauptstadt: Toulouse; Weinbau.

Lang'uste [frz.] die, hummergroßer, scherenloser, schmackhafter Krebs; im Mittelmeer und an der engl. Küste.

Langwellen, elektromagnet. Wellen mit einer Wellenlänge von etwa 1000-10 000 m.

Langzeile, Vers der altgerman. Dichtung, aus 2 durch Stabreim gebundenen Kurzzeilen.

Lanner, Joseph, Komponist, *1801, †1843, der eigentl. Vater des Wiener Walzers.

Lanol'in das, Salbengrundlage aus Wollfett, Paraffin und Wasser.

Lansdowne [l'ænzdaun], Henry Ch. K. **Petty-Fitzmaurice,** Marquess of L., engl. Politiker, *1845, †1927; als Außenmin. (1900-05) Mitbegründer der »Entente cordiale« mit Frankreich.

Lansing [l'ænsiŋ], Hauptstadt von Michigan, USA, 131 500 Ew.; Kraftwagen- u. a. Industrie.

Lanth'an das, **La,** chem. Element, zinnfarbenes Erdmetall, Ordnungszahl 57, Atomgewicht 138,92, kommt in einigen →Seltenen Erden zus. mit anderen →Lanthaniden vor.

Lanthan'iden Mz., ↶ die 14 chem. Elemente der Ordnungszahlen 58 bis 71 von Cer bis Lutetium, durch sehr ähnl. Atombau chem. nahe verwandte Metalle. Technisch wichtig: Cer für Feuersteine, Neodym als Beimengung im Schutzbrillenglas Neophan und Cer, Lanthan, Europium für Leuchtstoffe in Farbfernsehröhren.

Lantschou, Lanchow, Hauptstadt der chines. Prov. Kansu, am Huangho, 699 000 Ew.; an der Seidenstraße; Erdöl- und -zubehörindustrie.

Lan'ugo die, Wollhaar (Flaumhaar) der Säugetiere.

L'anza, Mario, eigentl. Alfredo **Cocozza,** Tenor, *Philadelphia 1921, †1959.

Lanze [lat.] die, Wurf-, später Stoßwaffe, meist aus Holz oder Metall, mit Spitze.

Lanz'ette [frz.] die, zweischneid. ärztl. Messer.

Lanzettfischchen, Amphioxus, niedrigste Form der Wirbeltiere, von fischähnl. Gestalt, ohne Schädel, Gliedmaßen und Herz. Wirbel fehlen; der Körper wird durch eine elast. Stab, die ungegliederte Rückensaite (Chorda), gestützt. Das 5-6 cm lange L. gräbt sich in den Meeressand und strudelt sich kleine Nahrungsteilchen herbei.

La'okoon, in der griech. Sage Apollonpriester in Troja. Sein und seiner Söhne Tod durch zwei von Poseidon gesandte Schlangen ist bes. durch Vergil (Äneis 2) bekannt. Vielerörterte (Winckelmann, Lessing, Goethe) Marmorgruppe (wahrscheinl. 1. Jahrh. v. Chr.) im Vatikan.

Laon [lã], Stadt im NW Frankreichs, 27 300 Ew.; frühgot. Kathedrale; Industrie.

L'aos, Kgr. in Hinterindien, 236 800 km², 2,9 Mill. Ew. (meist buddhist. Lao); Residenz: Luang Prabang; Hauptstadt: Vientiane; Amtssprachen: Lao, Französisch. Größtenteils unzugängl. Waldgebirge (bis 2817 m). Trop. Monsunklima. Die Erzeugung (Reis, Mais, Tabak u. a.) reicht für den Eigenbedarf nicht aus. ✂ auf 🌾 – GESCHICHTE bis 1955 →Indochina. 1961 wurde L. polit. Krisenherd (Kämpfe zwischen kommunist. und neutralist. Truppen; Genfer L.-Konferenz). Nahe der Grenze zu Vietnam verläuft der Ho-Schi-Min-Pfad. Staatsoberhaupt: König Sawang Vattána

(seit 1959); MinPräs.: Prinz Suvanna Phuma (seit 1962). ⊕ S. 515, ⊐ S. 345.

L'ao-tse, der größte und neben Konfuzius einflußreichste chines. Philosoph; ihm wird das Werk »Tao-te-king« zugeschrieben, das (nach heutiger Annahme) um oder nach 300 v. Chr. entstand.

Laparotom'ie [grch.] die, ⸹ das operative Eröffnen der Bauchhöhle (Bauchschnitt).

La Paz [lap'as], Hauptstadt von Bolivien, 3700 m ü. M., 361 300 Ew.; Kathedrale; Universität.

La Paz

La Pérouse [laper'u:z], Jean François de Galaup, Comte de, französ. Seefahrer, *1741, †1788, entdeckte 1787 die **L.-P.-Straße** zwischen Sachalin und Hokkaido.

lapid'ar [lat. lapis »Stein«], wuchtig, knapp.

Lapisl'azuli der, →Lasurstein.

Laplace [lapl'a:s], Pierre Simon, französ. Mathematiker und Astronom, *1749, †1827; Lehre über die Entwicklung des Sonnensystems.

La Pl'ata, 1) Río de L. P., die Mündungsbucht der Flüsse Paraná und Uruguay, 300 km lang, 50-300 km breit. Haupthäfen: Buenos Aires, Montevideo. **2)** 1952-55 **Eva Perón,** Hafenstadt in Argentinien, 406 000 Ew.; Univ., Industrie.

La-Plata-Staaten, die ganz oder großenteils zum Stromgebiet des Río de la Plata gehörenden Staaten: Argentinien, Uruguay, Paraguay.

Lapp'alie die, wertlose Kleinigkeit.

Lappen Mz., Volksstamm in →Lappland, dem europäden Rassenkreis (mit mongol. Einschlag) zugehörig, der Sprache nach zu den Finno-Ugriern; treiben Rentierjagd, Fischfang.

läppen, 🔧 ein Gleitschleifverfahren der spanabnehmenden Formung.

Lappland, die nördlichste Landschaft Europas, zwischen Norwegen, Schweden, Finnland und der Sowjetunion aufgeteilt; rd. 1,1 Mill. Ew. (darunter etwa 35000 Lappen); in N Finnland. Viehzucht (Rentiere), Waldwirtschaft, reiche Erzlager (Kiruna, Gällivare, Petsamo).

Lapplandbahn, für den Erztransport gebaute Bahn zwischen Luleå und Narvik.

L'appobewegung, finn. Bauernbewegung, die 1930 ein Verbot der Kommunist. Partei erzwang; 1934 aufgelöst.

L'apsus [lat.] der, Fehler, bes. Schreib- oder Sprechfehler.

Larbaud [larb'o], Valéry, französ. Schriftsteller, *1881, †1957; Romane, Übersetzungen.

Lärche die, ✿ Nadelbaum der nördl. gemäßigten Zone. Die hellgrünen, gebüschelig, weichen Nadeln fallen im Herbst ab. Die L. liefert gutes Werkholz (TAFEL Bäume).

L'aren Mz., im alten Rom: die Schutzgötter der Familien, der Feldflur; bes. die Hausgötter.

largh'etto [ital.], ♪ mäßig langsam.

l'argo [ital.], ♪ **1)** breit, sehr langsam. **2)** ein Musikstück oder der Satz einer Sonate, Sinfonie in diesem Zeitmaß.

Larif'ari das, Unsinn, Unfug.

L'arissa, Stadt in Griechenland (Thessalien), 55 400 Ew.; Textilindustrie.

Lärm der, unangenehm empfundenes Geräusch

Lanzettfischchen

Lärche: 1 Junger Zweig, a weibl., b männl. Blüten. 2 Zweig und Zapfen

(→Lautstärke). Mittel zur **L.-Bekämpfung** sind bes. schalldämmende Baustoffe und Schalldämpfer für Maschinen und Motoren.

larmoyant [larmwaj'ant, frz.], weinerlich, rührselig.

La Roche [lar'ɔʃ], Sophie, Erzählerin, *1731, 1807; schrieb den ersten empfindsamen dt. Briefroman: »Geschichte des Fräuleins von Sternheim«. Ihre Tochter Maximiliane war die Mutter von Clemens und Bettina Brentano.

La Rochefoucauld [larɔʃfuk'o], François VI. Duc de L.R., frz. Schriftsteller, *1613, †1680; »Betrachtungen oder moral. Sentenzen und Maximen«.

La Rochelle [rɔʃ'ɛl], befestigte Hafenstadt in W-Frankreich, 66 600 Ew.; Schiffbau, Fischerei, Werften. L. R. war ein Hauptwaffenplatz der Hugenotten; 1628 von Richelieu erobert.

Larousse [lar'us], **Librairie L.**, Verlag in Paris, gibt Lexika und Wörterbücher heraus.

Larsen, Johannes **Anker,** dän. Schriftsteller, *1874, †1957; »Der Stein des Weisen«.

Larsson, Carl, schwed. Maler und Graphiker, *1853, †1919; Aquarelle; Fresken in Stockholm.

L'art pour l'art [la:rpurl'a:r, frz. »die Kunst für die Kunst«], Formel für die Eigengesetzlichkeit der Kunst (v. Cousin, 1836).

La Rue [lar'y], Pierre de, niederländ. Komponist, †1518; Meister des Kontrapunkts: Messen, Motetten, Chansons.

Larve [lat.] die, **1)** Gesichtsmaske. **2)** ☿ bei den Tieren, die eine Verwandlung durchmachen (Schmetterlinge, Käfer, Bienen, Fliegen, manche Fische u. a.), eine vom ausgebildeten Tier stark abweichende Jugendform.

L'arynx [grch.] der, Kehlkopf.

La Salle [las'al], Jean Baptiste de, Stifter der christl. Schulbrüder, *1651, †1719; Heiliger (Tag 15. 5.); Schutzpatron der Lehrer.

Las C'asas, (Fray) Bartolomé de, span. Dominikaner, *1474, †1566; kämpfte gegen die Versklavung der Indianer durch die Spanier.

Lascaux [lask'o], eine Höhle bei Montignac (Dordogne, S-Frankreich) mit den besterhaltenen altsteinzeitl. Felsmalereien.

L'aser der, →Lichtverstärker.

las'ieren, Farbe oder Lack so dünn auftragen, daß der Untergrund durchscheint.

Läsi'on [lat.] die, Verletzung.

L'asker-Schüler, Else, Schriftstellerin, *1869, †1945; seit 1933 in Jerusalem; expressionist. Lyrik »Hebräische Balladen«, »Mein blaues Klavier«, Novellen, Dramen.

La Spezia, Kriegs- und Handelshafen Italiens, an der italien. Riviera, 129 550 Ew., am Golf von S.; Seebäder, rege Industrie.

Lassalle [las'al], Ferdinand, dt. Politiker, *1825, † (im Zweikampf) 1864, gründete 1863 den »Allgem. dt. Arbeiterverein« zu Leipzig, erstrebte das gleiche Wahlrecht. Sein Anhang ging 1875 in der von Bebel und Liebknecht gegr. sozialist. Arbeiterpartei auf.

L'asso [span.] der oder das, Wurfschlinge, die zum Rinder- und Pferdefang benutzt wird.

L'asso, Orlando di, niederländ. Komponist, *1532, † München 1594, das. Hofkapellmeister, neben Palestrina der bekannteste Komponist des 16. Jahrh. Messen, Motetten, dt. Lieder.

Last die, **1)** Gewicht, Gewichtsdruck. **2)** ein Schiffsfrachtgewicht (Kommerzlast), in Dtl. = 2000 kg. **3)** Fracht-, Vorratsraum auf Schiffen. **4)** →Belastung.

Lastenausgleich, 1) der horizontale Finanzausgleich. **2)** in der Bundesrep. Dtl. nach dem 2. Weltkrieg der Vermögensausgleich zwischen den durch Kriegs- und Nachkriegsereignisse Geschädigten und denen, die ihren Besitzstand ganz oder überwiegend gewahrt haben (Ges. v. 14. 8. 1952, mit vielen Novellen). Zur Durchführung werden **Ausgleichsabgaben** erhoben (Vermögensabgabe, Hypothekengewinnabgabe, Kreditgewinnabgabe). **Ausgleichsleistungen** sind: Hauptentschädigung, Eingliederungsdarlehen, Kriegsschadenrente, Hausratentschädigung, Wohnraumhilfe u. a. För-

derungsmaßnahmen. Dem L. unterliegen Vertreibungs-, Kriegssach-, Ost- und Sparerschäden; er wird vom Bundesausgleichsamt (Landesausgleichsämter, örtl. Ausgleichsämter) durchgeführt.

Lastensegler, Gleitflugzeug zum Befördern und Absetzen von Lasten.

last, not least [l'a:st nɔt l'i:st, engl.], als letztes in der Reihe, nicht in der Wertschätzung.

Lästryg'onen Mz., menschenfressendes Riesenvolk, zu dem Odysseus verschlagen wurde.

Lastschrift, Buchung einer Forderung zu Lasten des Schuldners.

Las'urfarben, Farbstoffe oder Pigmente, die durchscheinende Überzüge ergeben.

Las'urstein, Lapislazuli, blauer Schmuckstein, Gemenge aus verschiedenen Mineralien.

Las V'egas, Stadt in Nevada, USA, 64 400 Ew.; Spielbanken; in der Umgebung Atombomben-Versuchsgelände.

Las Vegas

lasz'iv [lat.], unzüchtig, schlüpfrig.

Latak'ia, französ. **Lattaquié,** das antike **Laodikeia,** Hauptstadt und Hafen der Prov. L. in Syrien mit 87 400 Ew.

Laet'are [lat. »Freue dich«], 4. Fastensonntag und 3. Sonntag vor Ostern (Jesaias 66, 10).

Lateinamerika, Ibero-Amerika, das von der Iberischen Halbinsel (Spanien, Portugal) her kolonisierte →Südamerika und →Mittelamerika.

Lateinamerikanische Freihandelszone, span. Asociación Latinoamericana de Libre Comercio, **ALALC,** engl. **Latin American Free Trade Association, LAFTA,** Sitz Montevideo, 1960 gegr., soll Zoll- und Handelsschranken zwischen 11 lateinamerikan. Staaten abbauen.

lat'einamerikanische Literatur. Die brasilian. Literatur ist in portugiesischer, die der übrigen lateinamerikan. Länder in span. Sprache geschrieben. Das bodenständige l. L. entfaltete sich nach Ansätzen am Ende des 19. Jahrh. im wesentlichen seit den 20er Jahren des 20. Jahrh. Die chilen. Literatur erlangte Weltgeltung durch die Lyriker Gabriela Mistral (1889-1957), Pedro Prado (1886-1952), Vicente Huidobro (1893-1948), Pablo Neruda (*1904). Der guatemaltek. Erzähler M. A. Asturias erhielt 1967 den Nobelpreis.

Lateinische Kirche, der Teil der →Katholischen Kirche, der den latein. Ritus befolgt; der andere Teil ist die orient. Oriental. Kirche.

Lateinische Münzunion, 1865 in Paris zwischen Frankreich, Belgien, Italien und der Schweiz (1868 Griechenland) geschlossener Vertrag über gleichartige Ausprägung von Gold- und Silbermünzen; seit 1925 gekündigt.

Lateinisches Kaisertum, das Kaisertum der Kreuzfahrer in Konstantinopel (1204-61).

Lateinische Sprache, urspr. die Sprache der Latiner und der Römer, gehört zu den indogerman. Sprachen und verbreitete sich über Italien und mit dem röm. Weltreich über die westl. Mittelmeergebiet. Man unterscheidet die **Vorliterar. Zeit** bis 240 v. Chr., **Altlatein. literar. Periode** bis etwa 100 v. Chr., die **Klass. (goldene) Latinität,** bis etwa 14 n. Chr., die **Silberne Latinität,** bis etwa

Lassalle

120 n. Chr. Das **Vulgärlatein** wurde Grundlage der
→romanischen Sprachen. Das **Mittellatein** ist die
Fortsetzung der spätantiken latein. Schriftsprache.
Die Besinnung der Humanisten auf die klass. latein. Literatur führte das **neulatein. Zeitalter** herauf
(seit dem 14. Jahrh.), doch wurde die L. S. nunmehr
zur toten Sprache. – Im MA. war sie die Unter-
richtssprache an allen europ. Schulen und Hochschulen; es entstand eine reiche latein. Dichtung
(mittellatein. Literatur). Als Sprache der Wissenschaft wurde die L. S. erst seit dem 17. und 18. Jahrh.
durch die Nationalsprachen abgelöst.

lateinisches Segel, ⚓ dreieckiges Segel auf
kleineren Seeschiffen, bes. im MA.

Lateinschrift, Antiqua, →Schriften.

Latènezeit [lat'ɛn-, nach der Fundstätte La
Tène, einer Untiefe am Neuenburger See], **Jüngere Eisenzeit,** die der Hallstattzeit folgende vorgeschichtl. Eisenzeit West- und Mitteleuropas (etwa
500 v. Chr. bis Chr. Geburt), schöpferisch getragen in der Hauptsache von den →Kelten. Erhalten
sind: Waffen, Werkzeuge, Schmucksachen mit
reicher Verzierung. Charakteristisch sind die großen Burgen und Bergwerke.

lat'ent [lat.], verborgen, schlummernd. **l. Wärme,** die Wärmemenge, die ein Körper aufnimmt,
ohne dabei wärmer zu werden. **Latenzzeit,** ⚡ die
Zeit zwischen Reiz und Reaktion (Nerven).

later'al [lat.], seitlich.

Later'an der, päpstl. Palast in Rom. Die **L.-
Kirche** ist die rangerste kath. Kirche.

Later'anverträge, die am 11. 2. 1929 zwischen
Italien und dem Papst im Lateranpalast abgeschlossenen Verträge: der Papst erhielt die Staatshoheit über die Vatikanstadt und erkannte Italien mit der Hauptstadt Rom an.

Later'it der, ziegelrote tonerde- und eisenoxyd-
reiche Bodenart der Tropen.

Lat'erna m'agica [lat. »Zauberlaterne«] die,
ältere Form des →Diaskops.

Lat'erne [lat.] die, 1) durch ein Glasgehäuse
vor Wind und Wetter geschützte Lampe. 2) 🏠
Dachreiter auf Hallendächern und Kuppeln.

L'atex der, Milchsaft der Kautschukpflanzen.

Latif'undium [lat.] das, -s/...dien, sehr großer,
in einer Hand vereinigter Grundbesitz.

Lat'ina, italien. Prov.-Hauptstadt, in den Pon-
tinischen Sümpfen, 72 300 Ew.; Kernkraftwerk.

Lat'iner Mz., Bewohner der histor. Landschaft
L'atium im mittleren Italien; sie gingen später im
Römertum auf.

Latin'ismus der, -/...men, dem Lateinischen
eigentüml. Redewendung.

Lat'inum das, Examen in Latein für Studenten.

La Tour [lat'u:r], 1) Georges de, französ. Maler,
*1593, †1652; Nachtstücke. 2) Maurice-Quentin de,
französ. Maler, *1704, †1788; Pastellbildnisse.

Latr'ine [lat.] die, Abort, Senkgrube.

L'atsche die, 🌲 eine →Kiefer.

L'attich der, 🌼 Gattung krautiger milchsaft-
haltiger Korbblüter, meist gelbblühend. Wichtigste Art ist der **Garten-L.** (Gartensalat, →Salat),
ferner **Mauer-L., Stachel-L.** (»Kompaßpflanze«).

Latw'erge [lat.] die, 1) Fruchtmus, z. B. Pflau-
menmus. 2) Mischung aus Arzneistoffen mit
Pflanzenmus.

L'auban, Stadt in Niederschlesien, am Queis;
(1939) 17 400, (1969) 31 300 Ew.; Webwaren; seit
1945 unter poln. Verw. **(Lubań).**

Laubbäume, 🌼 →Laubhölzer.

Laube die, 1) Gartenhäuschen. 2) 🏠 überbau-
ter Gehsteig.

Laube, Heinrich, Schriftsteller, *1806, †1884,
gehörte zum →Jungen Deutschland, war 1849-67
Direktor des Burgtheaters in Wien, schrieb Schauspiele (»Graf Essex«), Romane.

Laubfrösche, Fam. der Froschlurche mit über
250 Arten, die meist charakterist. Stimme und
Farbwechselvermögen haben; Haftscheiben an
den Zehenenden, meist Baumbewohner. Der
Europ. L. ist bis 5 cm lang, als Männchen mit
blähbarer Schallblase an der Kehle, nur zur Paarung und Eiablage (im Frühjahr) im Wasser; In-

Laubenhaus: in Schömberg (Schlesien)

sektenfresser mit Winterschlaf. Als angebl. Wetterprophet ist der L. auch Zimmertier.

Laubheuschrecken, 🦗 →Heuschrecken.

Laubhölzer, 🌼 bedecktsamige Bäume und
Sträucher mit flächigen Blättern (Laub), z. B.
Ahorn, Eiche, Buche, Linde, Birke, Pappel. Ge-
gensatz: Nadelhölzer.

Laubhüttenfest, jüd. Erntedankfest (Okt.).

Laubkäfer, 🦗 Gattung der Blatthornkäfer;
viele sind Pflanzenschädlinge (Blätter).

Laubmoose, eine der beiden Klassen der Moose. Die L. sind immer in Stengel und Blätter gegliedert. Bekannte Vertreter: →Frauenhaar, Dreh-
moos, Weißmoos, →Torfmoose.

Laubsäge, U-förmiger Stahlbogen mit dünnem Sägeblatt, bes. für Bastel- und Feinarbeiten.

Laubsänger, 🦗 kleine, grüngraue Singvögel,
so Fitis, Zilpzalp, Wald-L.

Lauch der, 🌼 Gattung der Liliengewächse,
meist mit Zwiebel. Viele Nutzpflanzen: **Knoblauch, Zwiebel, Porree, Schnittlauch** u. a. In feuchten Laubwäldern der weißblütige **Bären-L.**

L'auchhammer, Gem. im Bez. Cottbus, 28 000
Ew.; Eisen-, Maschinen- und Braunkohlenind.

Lauchstädt, Bad L., Stadt im Bez. Halle,
5700 Ew.; Eisensäuerling-Quelle, -Versand. – Im
18. Jahrh. beliebtes Bad (Goethe-Theater).

laud'abel [lat.], löblich, lobenswert.

Laud'anum [lat.] das, im MA. jedes Beruhigungsmittel; heute Opium.

Laud'atio [lat.] die, Lobrede.

L'audes [lat. »Lobgesänge«] Mz., Teil des kath.
Breviers.

L'audon, Gideon Ernst Frhr. v., österr. Feldmarschall im Siebenjähr. Krieg, *1717, †1790; eroberte im Türkenkrieg 1789 Belgrad.

Laue, Max von, Physiker, *1879, †1960; Prof.
in Berlin, entdeckte die Beugung von Röntgenstrahlen an Kristallen, förderte die Relativitätstheorie, entwickelte eine Theorie der Supraleitung. Nobelpreis für Physik 1914.

Lauenburg, 1) L. an der Elbe, Stadt in Schlesw.-
Holst., 11 400 Ew., an der Mündung des Elbe-
Trave-Kanals; Schiffahrt; Holz-, Textilindustrie.
– **Burg L.** (1260). Das **Herzogtum Sachsen-L.,** früher Grafschaft Ratzeburg, fiel 1865 an Preußen.
2) L. in Pommern, Kreisstadt, (1939) 19 100 Ew.;
seit 1945 unter poln. Verwaltung **(Lębork).**

Lauf der, 1) Gangart, Leibesübung und Wettbewerb, umfaßt **Flach-, Hürden-** und **Hindernis-
lauf.** Die Flach-L. werden gegliedert in Kurzstrek-
ken-L. (50-400 m), Mittelstrecken- (500-1500 m)
und Langstrecken-L. (über 1500 m). 2) Rohr der
Handfeuerwaffen und Maschinengewehre, das
dem Geschoß die Richtung gibt. 3) 🐾 Bein der
vierfüßigen Jagdtiere und Hunde. 4) 🐾 aus Fuß-
wurzel- und Mittelfußknochen verschmelzener
langer Knochen, der den unteren Teil des Vogel-
beines bildet. 5) 🎵 schnelle Tonfolge.

v. Laue

Lauf an der Pegnitz, Kreisstadt in Bayern,
15 100 Ew.; Wenzelsschloß; Industrie.

Läufer der, 1) Figur des Schachspiels. 2) langer, schmaler Teppich. 3) 🎵 auf- und absteigende
schnell zu spielende Noten. 4) Schwein von etwa
vier Monaten. 5) Ordonnanz an Bord von Kriegsschiffen. 6) Fußball, Handball, Hockey: Verbin-

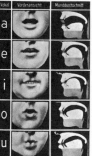

Läuse:
a Kopflaus,
b Kleiderlaus

Laut:
Lautbildung

Laute

Lausanne:
Schloß und
Kathedrale

dungsspieler zwischen Stürmern und Verteidigern; Rugby: einer der vier Spieler hinter den Stürmern. (Dreiviertelspieler). 7) ⚙ bewegl. Teil einer Maschine, z.B. L. einer Turbine.

Lauffeldröhre, Röhre der Höchstfrequenztechnik zur Verstärkung breiter Frequenzbänder.

läufig, hitzig, brünstig (Hündinnen; zweimal im Jahr für 2-3 Wochen).

Laufkäfer, ⚙ schnellfüßige Raubkäfer, meist Vertilger von Ungeziefer, z.B. Gold-, Getreide-L.

Laufkatze, ⚙ auf einem →Kran, Drahtseil oder Träger laufender Wagen mit Windwerk oder angehängtem Flaschenzug.

Laufmilben, ⚙ bunte Milben, leben am Boden, saugen Pflanzensäfte, stechen aber auch den Menschen (z.B. Erntemilbe).

Laufvögel, ⚙ flugunfähige Tiere mit vier verkümmerten Flügeln: Strauß, Nandu, Emu, Kasuar, Moa, Kiwi.

Laufzeitröhre, ∮ eine Elektronenröhre, bei der die Laufzeit der Elektronen ausgenutzt wird.

Lauge die, 1) Salzlösung. 2) die Lösung der Alkalihydroxyde.

Laughton [l'ɔ:tn], Charles, engl. Charakterdarsteller, auch im Film, *1899, †1962.

Laupheim, Stadt in Bad.-Württ., 10 500 Ew.

L'aura [grch.] die, urspr. Zellen von Einsiedlern; später Name für Klöster der Ostkirche, z.B. auf dem Athos.

Laura, Petrarcas Geliebte.

Laur'ana, 1) Francesco, italien. Bildhauer, * um 1420/25, †1502. 2) Luciano, italien. Baumeister, * um 1420, † 1479; schuf u. a. den Herzogspalast in Urbino.

laure'atus [lat.], mit Lorbeer bekränzt.

Laurensberg, Gem. im Kr. Aachen, Nordrh.-Westf., 10 500 Ew.

Laurentium, chem. Zeichen **Lr,** chem. Element der Transurane, Ordnungszahl 103.

Laur'entius [von lat. laurus »Lorbeer«], männl. Vorname. **Laur'entia,** weibl. Vorname.

Laur'entius, Märtyrer, 258 in Rom verbrannt; Kirchenlehrer, Heiliger (Tag 21. 7.).

Laur'entiusschwarm, →Sternschnuppen.

L'aurin, Heldendichtung (1250): Zwergenkönig in Tirol; sein Reich war der »Rosengarten«.

L'aurion, neugriech. **Lawrion,** Gebirgslandschaft in Griechenland, auf der Südspitze von Attika. Blei, Zink, Eisenmanganbergbau.

Lauritzen, Lauritz (SPD), *1910, Jurist; 1963-66 Min. für Justiz und Bundesangelegenheiten in Hessen, Bundesmin. für Städtebau und Wohnungswesen seit 1966, 1972 auch für Verkehr und Post, seit der Regierungsneubildung 1972 Bundesmin. für Verkehr.

Lausanne [loz'an], Hauptstadt des schweizer. Kantons Waadt, 140 000 Ew.; am Genfer See (Hafen Ouchy); Kathedrale, Univ.; alter Bischofssitz. – **Konferenzen von L.,** 1923: Anerkennung der Türkei; 1949: Waffenstillstandsabkommen zwischen Israel und Arabern.

Lauscha, Gem. im Bez. Suhl, 5400 Ew.; Glas-Ind.; Sommerfrische, Wintersportplatz.

Lauscher Mz., **Loser, Luser,** ⚙ die Ohren des Hochwildes.

Läuse Mz., flügellose Insekten mit stechendsaugenden Mundwerkzeugen, Klammerbeinen, abgeflachtem Körper; machen keine Verwandlung durch. Blutsauger an Säugern. Am Menschen: **Kopflaus,** klebt die Eier (Nisse) an die Kopfhaare, **Kleiderlaus,** in rauher Wäsche, läßt sich bei 50 bis 60⁰ C abtöten, Überträger des Flecktyphus und Rückfallfiebers; **Filzlaus,** nistet im Bereich der Scham- und Achselhöhlenhaare ein. BEKÄMPFUNG: Reinigung, Rasieren, insektentötende Mittel.

Läusekraut, ⚙ Gattung rot- oder gelbblühender Halbschmarotzer auf Graswurzeln; eine Abkochung davon wurde gegen Läuse verwendet.

Lausfliegen, Zweiflügler, z.T. mit rückgebildeten Flügeln; Außenschmarotzer an Säugern und Vögeln.

Lausitz die, dt. Landschaft, umfaßt den NO Sachsens, Niederschlesien bis zum Bober und Queis und den Spreewald im N; besteht aus dem Bergland der **Ober-L.** und dem Flachland der **Nieder-L.** Die L. ist nach den slaw. Lusizern genannt, die von Markgraf Gero 963 unterworfen wurden. Im 14. Jahrh. fiel sie an Böhmen, 1635 an Kursachsen und 1815 größtenteils an Preußen. Seit 1945 steht die östl. L. unter poln. Verw.

Lausitzer Bergland, die westl. der Görlitzer Neiße liegenden Ausläufer der Sudeten, im **Lausitzer Gebirge,** dem südl. Teil, bis 793 m hoch (Lausche).

Lausitzer Kultur, spätbronze- und früheisenzeitl. Fundgruppe (etwa 1200-500 v. Chr.) in Ostdtl., Böhmen, Mähren, Niederösterreich und Nordungarn, gekennzeichnet durch schöne Tongefäße (»Buckelurnen«, »Urnenfelderkultur«). Ihre Träger waren hauptsächlich Illyrer.

Laut der, 1) Ton, Klang. 2) ⊙ jeder bestimmter Stellung der Sprachwerkzeuge (Artikulation) mit Hilfe des Atemstroms erzeugte Schall.

Lauta, Stadt im Bezirk Cottbus, 9200 Ew.; Aluminium-Ind.; Großkraftwerk.

Laute [aus dem Arab.] die, Musikinstrument, heute gewöhnlich mit 6 Saiten, die mit den Fingern gezupft werden. Die Baßlaute hat noch Baßsaiten, deren Tonhöhe nicht durch Greifen verändert werden kann.

Lauterbach, altertüml. Kreisstadt in Hessen, an Vogelsberg, 9800 Ew.; Industrie.

Lauterberg im Harz, Bad L., Stadt in Nd.-sachs., 9900 Ew.; Kneippkurort am Südharz.

Lauterbrunner Tal, Gletschertrogtal im Berner Oberland (Schweiz), viele Wasserfälle; Kurort Lauterbrunnen.

Lautréamont [lotream'ɔ̃], Comte de, eigentl. Isidore **Ducasse,** franzöś. Dichter, *1847, †1870; satan. »Gesänge des Maldoror«.

Lautschrift, phonetische Schrift, lautgetreue Aufzeichnung der Aussprache.

Lautsprecher, wandelt elektromagnet.Schwingungen in hörbare (akustische) um.

Lautstärke, Maß für die Stärke einer Schallempfindung. Maßeinheit ist das **Phon.**

Lautverschiebung, die Veränderung bestimmter Mitlaute in den german. Sprachen. Man unterscheidet zeitlich zwei Stufen: **1)** die **germanische L.,** vor Chr. stattfand und die german. Sprachen aus der indogerman. Gemeinschaft löste. Durch sie wandelten sich u. a. die Laute k, t, p in h, th, f; z.B. entsprechen sich im Lateinischen und Gotischen: cornu und haurn [horn], tres und threis [thris, drei], pater und fadar [Vater]. 2) die **hochdeutsche L.,** vom 5. bis 8.Jahrh., betraf nur die hochdt. Sprache, die seitdem vom

Lautstärke, gemessen in Phon			
Untere Hörschwelle	0	Mittlerer Straßenlärm	70
Blättersäuseln	10	Schreien	80
Flüstern	20	Motorrad	85
Gedämpfte Unterhaltung	40	Schmerzschwelle (z.B. Flugzeug in	
Lautes Sprechen	60	25m Entfernung)	130

Niederdt. geschieden ist. Damals wandelten sich k in ch, t in tz oder ss, p in f oder pf. So entsprechen sich niederdt. Schipp, Water, ik und hochdt. Schiff, Wasser, ich, niederdt. ten, Perd, hochdt. zehn, Pferd.

Lava [ital.] die, bei Vulkanausbruch aus dem Erdinnern ausgestoßenes geschmolzenes Gestein; durch Gase oft porös aufgetrieben, erstarrt es zu **Fladen-L.** oder **Block-L.**

Lav′abo [lat.] das, die sinnbildl. Handwaschung des Priesters in der Messe und die Gefäße, die dazu verwendet werden.

Laval [lav′al], Pierre, französ. Politiker, *1883, †(hingerichtet)1945;war 1931/32,1935/36 und 1940 MinPräs. (in der Regierung Pétain, 1942 auf dt. Betreiben wiederernannt); 1945 als Kollaborateur verurteilt.

La Vall′etta, Hauptstadt der Insel Malta, 17700 Ew.; Großmeisterpalast, Kathedrale; Univ. (gegr. 1769); zwei natürl. Hafenbuchten.

Lavallière [frz.] die, lockere Seidenschleife.

L′avater, Johann Kaspar, *1741, †1801, Pfarrer in Zürich; Vertreter des »Sturm und Drang« auf religiösem Gebiet. In seinen »Physiognom. Fragmenten« erläuterte er die Kunst der Charakterdeutung aus den Gesichtslinien.

Lav′endel der, halbstrauchige, blaublühende Lippenblüter des Mittelmeerbereichs; die duftreiche Blüte gibt L.-Öl; z.T. Heilpflanzen. (FARBTAFEL Heilpflanzen S. 352)

Laveran [lavər′ã], Charles L. A., französ. Bakteriologe, *1845, †1922; entdeckte die Malariaerreger. Nobelpreis 1907.

lav′ieren [niederländ. von »Luv«], 1) ⚓ kreuzen. 2) zaudern, sein Verhalten oft wechseln. 3) Malerei: aufgetragene Farbe mit Wasser verreiben.

Lavoisier [lavwazj′e], Antoine Laurent, französ. Chemiker, *1743, † (hingerichtet) 1794;Begr. der neuzeitl. Chemie, wies nach, daß jede Verbrennung auf einer Sauerstoffaufnahme beruht.

L′avongai, bis 1918 **Neuhannover,** Insel des Bismarck-Archipels.

Law [lɔ:], John L. **of Lauriston,** *1671, †1729; seine 1716 in Paris gegr. Privatnotenbank wurde 1718 Staatsbank; ihr Zusammenbruch 1720 brachte eine Finanz- und Wirtschaftskrise.

Law′ine [ladin. zu lat. labi »fallen«] die, inTirol **Lähne,** große stürzende Schnee- und Eismassen der Hochgebirge. **Staub-L.** aus feinkörnigem, trockenem Neuschnee. **Grund-** oder **Schlag-L.:** durchweichter Schnee, der an steilen Berglehnen abrutscht und niedergeht. **Gletscher-** oder **Eis-L.:** Gletschereis, das sich beim Vorrücken des Gletschers an einem steilen Abhang ablöst. Oft genügt ein lauter Ruf, ein fallender Stein, um Schnee in Bewegung zu setzen. Am besten schützt der geschlossene Hochwald (Bannwald), sonst Dämme, Mauern, Galerien. **L.-Schnur,** eine lange farbige Schnur, die bei Betreten lawinengefährdeten Geländes angeschleift wird und bei Verschüttung schnelles Auffinden ermöglichen soll.

Lawn-Tennis [lɔ:n-] das, →Tennis.

Lawrence [l′ɔrəns], 1) David Herbert, engl. Erzähler,*1885,†1930.»Söhne und Liebhaber«,»Lady Chatterley«; Novellen. 2) Ernest Orlando, amerikan. Physiker, *1901, †1958, baute das →Zyklotron. Nobelpreis 1939. 3) Sir Thomas, engl. Maler, * 1769, † 1830; gesuchter Porträtist der Zeit. 4) Thomas Edward, engl. Politiker und Schriftsteller, *1888, †1935, organisierte 1915-18 erfolgreich den arab. Aufstand gegen die Türkei und die Mittelmächte, widersetzte sich 1919 vergebl. der Friedensregelung im Nahen Osten; »Die sieben Säulen der Weisheit« u. a.

lax [lat.], schlaff, locker. **lax′ieren,** ⚕ abführen. **L′axans** das, Abführmittel.

Laxenburg, Markt in Niederösterreich, 1500 Ew.; Schlösser.

Lax′ismus der, kath. Moraltheorie: die Lehre, daß ein Gesetz nicht befolgt werden muß, wenn auch nur schwache Gründe anderes Verhalten erlauben; 1679 vom hl. Offizium verurteilt.

Lawine

L′axness, Halldór Kiljan, eigentl. **Gudjonsson,** isländ. Schriftsteller, *1902; »Atomstation«, »Das Fischkonzert« u. a.; Nobelpreis 1955.

Layout [l′eiaut, engl.] das, graph. Entwurf zur Gestaltung von Bild und Schrift. **Layouter** der, wer berufsmäßig L. herstellt.

Lazar′ett [ital.] das, ⚕ Krankenhaus.

Lazar′isten, Vinzentiner, kath. Priestergenossenschaft ohne öffentl. Gelübde, gegr. 1625.

L′azarus [hebr. »Gott hilft«], N. T.: 1) Bruder der Maria und Martha, durch Jesus vom Tode erweckt (Johannes 11,1ff.; 12,1ff.). 2) der arme L. (Lukas 16,20), Schutzheiliger der Kranken und Lazarette (Tag 17. 12.).

Lazzar′oni Mz., Gelegenheitsarbeiter in Neapel; Tagediebe.

lb, engl. Abk. für Pfund (libra), in Dtl. in der Form ℔.

l.c., Abk. für loco citato [lat.], am angeführten Ort (in Büchern).

LDP, Abk. für →Liberal-Demokratische Partei (in der Dt.Dem.Rep.).

L′ea, in der Bibel: Gattin Jakobs.

Leader [l′i:də, engl.] der, 1) Führer. 2) Aufsatz im Hauptblatt (Leitartikel) von Zeitungen.

Le′ander, Geliebter der →Hero.

Lear [li:ə], sagenhafter König von Britannien, Held eines Trauerspiels von Shakespeare.

Leasing [li:-, engl.] das, Vermietung von Investitionsgütern, auch ganzen Industrieanlagen, von Finanzierungsinstituten an Unternehmer.

L′eba die, Küstenfluß in Ostpommern, 135km lang, fließt durch den Lebasee in die Ostsee.

Leben das, die Daseinsweise der Organismen (Pflanzen, Tiere, Menschen) im Unterschied zum anorgan. Sein. Die wichtigsten Merkmale des L. sind **Stoffwechsel** (Ernährung, Ausscheidung, Atmung), **Wachstum** und **Fortpflanzung.** Alles L. ist an die Zelle als äußere Form und an →Protoplasma geknüpft. Die Wissenschaften vom L. sind →Biologie und →Physiologie.

lebend gebärend, vivipar, Bez. für Tiere, deren Junge ihre Frühentwicklung in den mütterl. Geschlechtswegen durchmachen. →Säugetiere.

Lebensbaum, ⚘ schuppenblättrige Nadelhölzer von kegelförmigem Wuchs. Der **Morgenländ.**

Lebensdauer (annähernde Höchstwerte in Jahren)	
Pflanzen:	Perlmuschel über 100
Affenbrotbaum 5000	Adler 80
Mammutbaum 4000	Storch 70
Linde 800-1000	Eule 60
Buche . . . 600-1000	Pferd 50
Ulme 500	Kuckuck 40
Nadelhölzer. 300-500	Rind 30
Weinstock . . . 130	Löwe 25
Heide 40	Katze, Hund . 15-25
Heidelbeere . 25	Amsel 18
Tiere:	Reh 16
Schildkröte . . 110	Regenwurm . . . 10
Elefant 70	Hase 10
Karpfen . . . über 100	Hausmaus 4

D. H. Lawrence

L. und der **Amerikan. L.,** der kanad. Zedernholz liefert, sind Zierpflanzen.

Lebenselix'ier, alchimist. Allheilmittel.

Lebenserwartung, die durchschnittl. Zahl von Jahren, die ein Lebewesen oder eine Pflanze voraussichtlich lebt. Für neugeborene Menschen in der Bundesrep. Dtl. betrug sie (1964/66) bei Männern 67,58, bei Frauen 73,48 Jahre (1901/10: 44,82 und 48,33 Jahre).

Lebenshaltungskosten, die Preise der von einer vierköpfigen Arbeitnehmerfamilie mit einem best. Monatseinkommen **(Indexfamilie)** benötigten Güter des tägl. Bedarfs. Die Zusammenstellung der ausgewählten Güter **(Warenkorb)** ist abhängig vom Wandel der Verbrauchsgewohnheiten. Die Entwicklung der L. wird durch Indexziffern dargestellt; der **Preisindex für die Lebenshaltung** ist Maßstab der Kaufkraft des Geldes.

Lebenshilfe, helfende Maßnahmen für entwicklungsgeschädigte Kinder, gefördert durch die Bundesvereinigung L., Sitz Marburg, Lahn.

Lebenslinie, Handlesekunst: die Linie um den Daumenballen der Innenhand.

Lebensmittel, →Ernährung.

Lebensphilosophie, eine im 19. und 20. Jahrh. weitverbreitete philosoph. Strömung, die vom Begriff des Lebens ausgeht. Grundbegriffe der L. sind Erleben, Verstehen, Einfühlen, Intuition, élan vital. Die L. knüpft an Herder, Goethe, die Romantik, vor allem Nietzsche an; ihre wichtigsten Vertreter waren Bergson, Klages und Dilthey.

Lebensschutz, Bioprotektion, Biophylaxe, Oberbegriff für Menschen-, Tier-, Pflanzen-, Natur- und Landschaftsschutz.

Lebensstandard, die Gesamtheit der Güter, Rechte und Nutzungen, die der Bevölkerung eines Staates, einer Bevölkerungsgruppe oder dem einzelnen für die private Lebensführung zur Verfügung stehen. Im Gegensatz zu den →Lebenshaltungskosten ist der L. nicht statist. meßbar, da er viele nicht erfaßbare Bestandteile enthält (öffentl. Ausgaben für Bildung, Gesundheit, Verkehr usw.). Im internat. Vergleich wird der L. durch Angaben des Volkseinkommens pro Kopf gemessen (in US-$), z. B. USA 3150, Schweiz 2073, Großbritannien 1512, Bundesrep. Dtl. 1510, Österreich 1043, Italien 964, Jugoslawien 414, Indien 64.

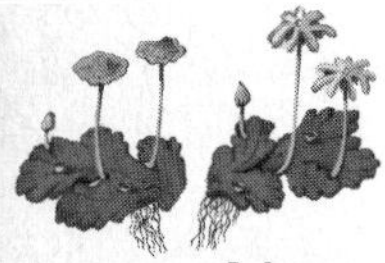

Lebermoos

Lebensversicherung, Zweig der Versicherung. Man unterscheidet **Rentenversicherung** (lebenslängl. Rente) und **Kapitalversicherung,** bei der die Auszahlung einer Geldsumme für den Todesfall oder zu einem best. Zeitpunkt vereinbart wird (Alter; Ausbildung und Aussteuer der Kinder). Die Höhe der Prämien richtet sich, abgesehen von der Höhe der Versicherungsleistungen, nach Alter und Gesundheit des Aufzunehmenden.

Leber die, größte Drüse des Körpers, wichtig für den Stoffwechsel (Aufspeicherung des Zukkers, der im Blut der Pfortader der L. zugeführt wird, als Glykogen), Aufnahme und Verarbeitung der Eiweißstoffe (Bildung von Harnstoff) und für die Bildung der Gallenfarbstoffe aus Blutfarbstoff. Sie liegt als abgerundetes Dreieck auf der rechten Seite unter dem Zwerchfell, besteht aus einem größeren (rechten) und einem kleineren (linken) **L.-Lappen.** Absonderung der L. ist die →Galle. KRANKHEITEN: **L.-Entzündung,** Hepatitis, verläuft meist unter dem Bild einer →Gelbsucht. Kann vielerlei Ursachen haben und zu schweren Stoffwechselstörungen führen. **L.-Krebs,** fast immer durch Verschleppung von Krebszellen aus anderen Organen (L.-Metastasen). **L.-Schwellung,** am häufigsten durch Stauung im Blutkreislauf (→Herzkrankheiten) und bei Gelbsucht. **L.-Zirrhose,** entzündl. Wucherung des Bindegewebes, die zum Schwund der L.-Zellen führt (Schrumpf-L., L.-Verhärtung). Oft als Folge von Alkoholmißbrauch; auch durch Syphilis, Tuberkulose.

Leber

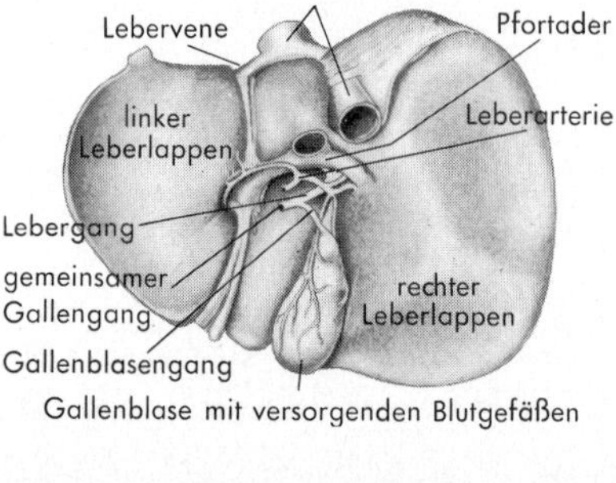
untere Hohlvene
Lebervene
Pfortader
linker Leberlappen
Leberarterie
Lebergang
gemeinsamer Gallengang
rechter Leberlappen
Gallenblasengang
Gallenblase mit versorgenden Blutgefäßen

Leber, 1) Georg, Politiker (SPD), *1920; MdB seit 1957, 1966-72 Bundesmin. für Verkehr, 1969 bis 1972 auch für Post- und Fernmeldewesen, seit 1972 Bundesverteidigungsminister. **2)** Julius, sozialdem. Politiker, Journalist, *1891, † (hingerichtet) 1945; 1924-33 MdR, 1933-37 im KZ, Widerstandskämpfer.

Leberbalsam, 1) ⚘ kleinstaudige Alpenpflanze mit spatelförmigen Blättern und rotvioletten Blüten. **2)** amerikan. Korbblütergattung, Zierpflanzen für Einfassungen.

Leberblümchen, ⚘ kleinstaudiges, blaublühendes Hahnenfußgewächs in Laubwäldern.

Leber|egel, 2-3 cm lange, 1 cm breite, zwittrige Saugwürmer, schmarotzen in der Leber von Schafen, Schweinen, Rindern, Pferden, gelegentl. auch Menschen, verursachen die Leberfäule.

Leberfleck, ⚕ →Muttermal.

Lebermoose, ⚘ eine der beiden Klassen der Moose. Die L. wachsen an feuchten, schattigen Orten, sind meist laubartig: **Brunnen-L.**

Leberpilz, ⚘ zungenförmiger Pilz, an morschem Laubholz, Farbe orange, später rotbraun, eßbar.

Leber-Plan, Plan von G. →Leber zum wirtschaftl. Ausgleich zwischen Schienen- und Straßenverkehr, 1968 vom Bundestag angenommen.

Lebertran, fettes Öl aus der Leber vom Kabeljau oder Dorsch mit hohem Gehalt an Vitamin D und A; zur Vorbeugung gegen Rachitis. **L.-Emulsion,** durch Emulgierung leichter verdaulicher L.

Lebkuchen [oberdt.] der, Honigkuchen.

Leblanc [ləbl'ɑ̃], Nicolas, französ. Chemiker und Arzt, *1742, †1806; erfand ein Verfahren zur Sodaherstellung.

Le Bon [lə bɔ̃], Gustave, französ. Arzt, *1841, †1931; Begründer der Massenpsychologie.

Lebrun [ləbr'œ̃], **1)** Charles, französ. Maler, *1619, †1690; der große Organisator des Stils Ludwigs XIV. **2)** Elisabeth, →Vigée-Lebrun.

Lecce [l'ɛtʃe], Provinzhauptstadt in S-Italien (Apulien); 81800 Ew.; Dom; Textilindustrie.

L'ecco, italien. Stadt am Comer See, 52300 Ew.; metallurg., Seidenindustrie.

Lech der, rechter Nebenfluß der Donau, kommt aus Vorarlberg, berührt Augsburg, mündet östl. von Donauwörth, 263 km lang. Auf dem **Lechfeld** südl. von Augsburg siegte 955 Otto d. Gr. entscheidend über die Ungarn.

Lechtaler Alpen, Gruppe der Kalkalpen in Tirol zwischen Inn und Lech; Parseier Spitze 3038 m.

Lecith'in [grch.] das, cholinhaltige organ. Verbindung, ein in jeder tier. und menschl. Zelle, bes. aber im Eigelb, Gehirn und Nerven vorkommendes Lipoid; in Kräftigungsmitteln.

Leck das, ⚓ Undichtigkeit eines Schiffes.

Leckage [lɛk'aʒə] die, **1)** Frachtverkehr: Verlust an flüssigen Waren durch Auslaufen oder Verdunsten. **2)** aus einem Reaktor ungenutzt entweichende Neutronen **(Leckfaktor, Leckverlust).**

Leconte de Lisle [lək'ɔ̃tdəl'il], Charles Marie, französ. Dichter, *1818, †1894; gilt als größter Vertreter der →Parnassiens.

Le Corbusier [lə kɔrbysj'e], eigentl. Charles-Edouard **Jeanneret,** schweizer. Architekt in Paris, *1887, † (ertrunken) 1965; baute in Stahlbeton kubisch klare Wohnhäuser, dann vor allem Wohnhochhäuser (Marseille 1947-52, Berlin 1957 u. a.). Einen neuartigen Weiheraum schuf er mit der

Lehár

Le Corbusier: Wohnhaus in Marseille

Wallfahrtskirche Ronchamp (1950-55). Seit 1951 entsteht nach seinen Plänen Tschandigarh, die Hauptstadt des Pandschab.

Le Creusot [ləkrøz'o], französ. Stadt südwestl. von Dijon, 24100 Ew.; Kohlengruben, Erzlager, Rüstungsindustrie (Schneider & Cie.).

L'eda, in der griech. Sage: Mutter der Dioskuren, auch der Helena; Zeus nahte ihr als Schwan.

Leder das, durch Gerbstoff haltbar gemachte tier. Haut. Die älteste **L.-Bereitung,** die **Lohgerberei,** verwendet die in der Rinde von Eichen und Nadelhölzern (Lohe) enthaltene Gerbsäure und erhält so lohgares L.: Rindsleder für Schuhe, Treibriemen, Lack-L., Saffian, Juchten (Jagdstiefel, Bucheinbände, Taschen). In der **Mineralgerberei** unterscheidet man die **Weißgerberei,** die Alaun und Kochsalz, und die **Chromgerberei,** die Chromsalz verwendet. Sie erzeugt Boxcalf, Chevreau (Ziegenleder). Die **Sämisch-** oder **Ölgerberei** verwendet Öle und Trane zur Herstellung von Wild-, Wasch-, Putz-L. Vielfach werden gemischte Gerbverfahren angewandt, z.B. beim Glacé-L.

Lederhaut, Teil von →Haut und →Auge.

Lederstrumpf, Beiname des Helden in den Indianergeschichten von J.F. Cooper.

Ledóch'owski, Mieczysław Graf, *1822, †1902, Erzbischof von Gnesen-Posen, während des →Kulturkampfes abgesetzt; 1875 Kardinal.

Lee die, **Leeseite,** ⚓ die vom Wind abgekehrte Seite (des Schiffs). Gegensatz: **Luv.**

Lee [li:], Robert E., nordamerikan. General, *1807, †1870; führte im Sezessionskrieg 1861-65 das Heer der Südstaaten.

Leeds [li:dz], Industriestadt in O-England, 508800 Ew.; Univ.; Tuch-, Eisenindustrie.

Leer (Ostfriesland), Hafenstadt in Ndsachs., 29900 Ew.; Seefahrtsschule; Industrie.

Leeuwarden [l'euvardə], Hauptstadt der niederländ. Prov. Friesland, 88700 Ew.; ehem. Residenzschloß; Viehmärkte; Industrie.

Leeuwenhoek [l'euvənhuk], Antony van, niederländ. Naturforscher, *1632, †1723, baute Mikroskope, entdeckte die Infusorien, die Blutkörperchen u.a.

Leeward Islands [lj'uəd'ailəndz, engl.], Inselgruppe der Kleinen →Antillen.

Le Fort [ləf'o:r], Gertrud v., Schriftstellerin, *1876, †1971; schrieb aus kath. Sicht »Hymnen an die Kirche«, »Hymnen an Dtl.«, »Die Letzte am Schafott«, »Die Magdeburg. Hochzeit«, »Das Schweißtuch der Veronika«.

leg'al [lat.], gesetzlich, gesetzmäßig. **Legalit'ät** die, Gesetzmäßigkeit.

Legalit'ätsprinzip, ⚖ Grundsatz, nach dem die Staatsanwaltschaft wegen aller strafbaren Handlungen Anklage erheben muß (§ 152 StPO). Gegensatz: →Opportunitätsprinzip.

Legasthenie [grch.], angeborene Lese-Schreib-Schwäche bei im übrigen normaler Begabung.

Leg'at [lat.] das, ⚖ →Vermächtnis. **Legat** der, 1) bei den Römern: Gesandter; militär. Befehlshaber. 2) kath. Kirche: Abgesandter des Papstes für kirchl. Aufgaben (**Apostol. L.**).

Legati'on [lat.] die, Gesandtschaft. **Legati'onsrat,** Titel für Räte im Auswärtigen Dienst.

leg'ato [ital.], ♪ gebunden.

Leg'ende [lat.] die, 1) Erzählung aus dem Leben der Heiligen; fromme Sage. 2) erklärender Text zu Landkarten und Abbildungen.

Léger [leʒ'e], Fernand, französ. Maler, *1881, †1955; einer der grundlegenden Meister des Kubismus.

leger [leʒ'ɛ:r, frz.], ungezwungen, leicht.

leggiero [ledʒ'ero, ital.], ♪ leicht, ungezwungen.

Leghorn das, ⚲ weiße Haushuhnrasse.

Leg'ierung [lat.] die, ⚙ entsteht durch Zusammenschmelzen mehrerer Metalle zur Verbesserung der Eigenschaften des Grundmetalls, z.B. erhöhte Festigkeit, Härte, Rostbeständigkeit.

Legi'on [lat.] die, 1) röm. Heereseinheit, urspr. 300 Reiter und 4200 Fußsoldaten, später etwa 6000 Mann stark. 2) in neuerer Zeit Truppenverbände aus Freiwilligen oder Söldnern (z.B. →Fremdenlegion, Poln. L.). **Legion'är,** 1) Soldat einer L. 2) Ritter der →Ehrenlegion.

Legion Mariens, kath. Laienapostolatswerk.

legislat'iv [lat.], gesetzgebend. **Legislat'ive** die, die gesetzgebende Gewalt (→Gesetzgebung). **Legislat'urperiode,** Zeitraum, für den eine Volksvertretung gewählt wird.

Legitimati'on [lat.] die, Beglaubigung; Nachweis der Berechtigung; Ausweis über die Persönlichkeit; auch Urkunde, durch die man sich ausweist, z.B. Paß.— Im Familienrecht erlangt ein unehel. Kind durch die L. die Rechtsstellung eines ehel., entweder kraft Gesetzes durch nachfolgende Ehe des Vaters mit der Mutter des Kindes (§ 1719 BGB) oder durch behördl. Verfügung (**Ehelichkeitserklärung**), die einem unehel. Kind diese Rechtsstellung gegenüber dem Vater, nicht aber dessen Verwandten und Frau gegenüber verschafft.

Legitimationspapier, Wertpapier, bei dem der Gläubiger zwar in der Urkunde genannt ist, der Aussteller aber an den jeweiligen Inhaber leisten kann (z.B. Sparkassenbuch).

legitim'ieren, beglaubigen, **sich legitimieren,** sich ausweisen. **legit'im,** gesetz-, rechtmäßig; ehelich. **Legitimit'ät** die, Rechtmäßigkeit, bes. einer Regierung oder eines Herrscherhauses. **Legitim'ist** der, Anhänger der Legitimität, bes. eines gestürzten Herrscherhauses.

Legnano [lɛɲ'ano], Stadt in N-Italien, 46800 Ew.; Maschinenfabriken. – 1176 Sieg der lombard. Städte über Friedrich Barbarossa.

Legros [ləgr'o], Alphonse, französ. Maler, Graphiker, Bildhauer, *1837, †1911; totentanzartige, düster-phantast. Darstellungen.

Legu'an der, vorwiegend südamerikan. Echsenfamilie; Baum- und Erdtiere mit Stachelkamm, bis 1,50 m lang.

Legumin'osen Mz., die →Hülsenfrüchte.

L'ehár, Franz, Operettenkomponist, *1870, †1948; »Die lustige Witwe«, »Paganini«, »Das Land des Lächelns«, »Der Graf von Luxemburg« u.a.

Le Havre [lə 'a:vr], Hafenstadt in der Normandie, Frankreich, 199500 Ew.; Schiffbau, Erdölraffinerien, chem., Textil-Ind.; Erdölleitung nach Paris; starke Ein- und Ausfuhr. (**BILD S. 542**)

Lehen, Lehn das, im MA. ein Grundstück, nutzbares Recht oder Amt, das der **Lehnsmann** (Vasall) vom **Lehnsherren** durch die **Belehnung** zu meist erbl. Besitz erhielt. Er war dafür zu ritterl. Kriegs- und Hofdienst verpflichtet. Das Lehnswesen entstand im Fränk. Reich der Karolinger und wurde Grundlage der mittelalterl. Staatsverfassung (**Lehnsstaat**).

Lehm, der, durch Eisenverbindungen gelb bis braun gefärbter, sandhaltiger Ton; Rohstoff für die Ziegel- und Töpferwarenfabrikation, auch Baustoff.

Lehmann, Wilhelm, Schriftsteller, *1882, †1968; Gedichte »Der grüne Gott«, »Ruhm des Daseins«.

Lehmbruck, Wilhelm, Bildhauer, *1881, † (Selbstmord) 1919; expressionist. Bildwerke.

Lehn'in, Gem. im Bez. Potsdam, 4000 Ew.; ehemal. (1180 gegr.) Zisterzienserkloster.

Lehnwort, aus einer anderen Sprache aufge-

v. Le Fort

Le Havre: Hafen

Lehre: a Blech-, b Draht-, c Sechskant-, d Gewindelehre

Leibl: Das ungleiche Paar

Leibniz

nommenes Wort, das sich den dt. Sprachgesetzen angepaßt hat.

Lehrberufe, 1) Berufe, für die eine Lehrzeit verlangt wird. **2)** die Lehrerberufe.

Lehrdichtung, didaktische Poesie, Dichtung, die auf unterhaltende Weise belehren will; sie ist an keine bestimmte Gattung gebunden, wenn auch Fabel, Epigramm und Parabel ihr zuneigen. Im 20. Jahrh. entwickelte sich das **Lehrstück** (B. Brecht).

Lehre die, **1)** Lehrsatz, kluge Regel. **2)** Lehrmeinung, Anschauung. **3)** Lehrzeit. **4)** nicht einstellbares Meßgerät (Festmaß-L.) zum Messen von Längen, Winkeln, z. B. Blech-, Draht-, Grenz-, Normal-L. L. verhüten Einstellfehler und beschleunigen das Messen.

Lehrer der, berufsmäßig Unterrichtender, i. e. S. die Lehrkräfte an Schulen, Hochschulen und Volksschulen. Die Ausbildung der L. setzt in der Bundesrep. Dtl. die Reifeprüfung voraus. Volksschul-L. werden an Univ. oder an Pädagog. Hochschulen ausgebildet. Als Realschul-L. können zugelassen werden: Volksschul-L. nach der 2. Prüfung, Studierende nach mindestens 6semestr. Fach- und 2semestr. pädagog. Studium. Gymnasial-L. werden in einem mindestens 8semestr. Studium an Univ. oder Hochschule und durch Vorbereitungsdienst als Studienreferendare ausgebildet.

Lehrfilm, →audio-visuelle Unterrichtsmittel.

Lehrfreiheit, das Recht, gewonnene Einsichten und Überzeugungen zu verbreiten; in der Bundesrep. Dtl. als Grundrecht in Art. 5 GG gewährleistet.

Lehrling der, jugendl. Person, die einen Beruf unter Leitung eines Lehrherrn erlernen will. Die Einstellung als L. erfolgt durch einen **Lehrvertrag.** Die Lehrzeit dauert in der Regel 3-3½ Jahre. Die Zahlung einer Erziehungsbeihilfe ist üblich. Die Lehre wird durch die Lehrabschlußprüfung beendet (im Handwerk Gesellen-, im Handel Gehilfen-, in der Industrie Facharbeiterprüfung). Der Lehrherr muß die bürgerl. Ehrenrechte besitzen, längere Berufserfahrung haben und mind. 24 Jahre alt sein. Bei Streitigkeiten zwischen Lehrherrn und L. sind die Innungsausschüsse und das Arbeitsgericht zuständig. →Anlernling.

Lehrmaschinen, Lernmaschinen, Hilfsgeräte für das Lernen, ermöglichen selbsttätiges Aneignen von Lernstoffen und Kontrollieren des Gelernten. →audio-visuelle Unterrichtsmittel.

Lehrte, Industriestadt und Bahnknoten in Ndsachs.; Zubehör u. a.; Kalibergbau.

Leibeigenschaft, ♀ im MA. persönl. Abhängigkeit des zu Frondienst und best. Abgaben verpflichteten bäuerl. Hintersassen von seinem Herrn. In Süd- und Westdtl. führte die Auflösung der Grundherrschaft schon im Spät-MA. zur Auflockerung und Beseitigung der L., in Ostdtl. bildete sie jedoch ihre strengste Form in der seit dem 16. Jahrh. entstandenen Erbuntertänigkeit aus (bis 1850).

Leibesübungen, planmäßig betriebene körperl. Übungen zur Erhaltung oder Steigerung der Leistungsfähigkeit: Gymnastik, Spiel, Sport.

Leibesvisitation, →Durchsuchung.

Leibgedinge das, **Leibzucht,** das Altenteil.

Leibl, Wilhelm, Maler, *1844, †1900; mit sei-

nen Bildern aus dem bayer. Bauernleben und seinen Bildnissen überwand er den Impressionismus und prägte den Stil des dt. Realismus im 19. Jahrhundert.

Leibniz, Gottfried Wilhelm Freiherr v., Philosoph, *1646, †1716; seit 1700 Präs. der von ihm gegr. Akademie der Wissenschaften in Berlin; bedeutend als Mathematiker, Rechtsgelehrter, Geschichtsforscher, Staatsmann und Sprachforscher. Als Philosoph entwarf er ein rationalist.-idealist. Denkgebäude, das die mechanist. Naturerklärung Descartes' mit dem religiösen Glauben zu versöhnen suchte. An die Stelle der toten Atome setzte L. **Monaden,** d. s. lebendige, einfache Einheiten, aus denen das Weltganze aufgebaut ist. Gott ist die Urmonade; er hat alle Monaden zu einem harmonisch geordneten Kosmos abgestimmt (prästabilierte →Harmonie); daher ist nach L. unsere Welt die beste aller möglichen.

Leibrente, Lebensrente, Geldrente, die einem anderen für dessen Lebensdauer in best. Abständen zu entrichten ist (§§ 759 ff. BGB).

Leibung die, →Laibung.

Leicester [l'estə], alte Stadt im mittleren England, 278 500 Ew.; Universität; Industrie.

Leicester [l'estə], Robert **Dudley,** Earl of, *1533, †1588; Günstling der Königin Elisabeth I. von England.

Leich [germ. »Tanz«] der, im Mhd. eine kunstvolle Liedform aus verschieden gestalteten und vertonten Strophen. Der L. kommt als geistl. und als Tanzlied vor.

Leiche die, abgestorbener menschl. **(Leichnam)** oder tier. Körper. Gleich nach dem Tode des Menschen tritt die **Leichenstarre** ein, die Haut verfärbt sich an tiefliegenden Stellen infolge der Senkung des Blutes **(Leichenflecke).** – L. sind nach der →Leichenschau innerhalb landesgesetzl. festgelegter Fristen zu bestatten.

Leichenfledderer, Dieb, der Tote, Schlafende, Betrunkene oder Bewußtlose bestiehlt.

Leichenöffnung, S'ektion, 'Obduktion, geschieht zur Feststellung der Todesursache.

Leichenschändung, an einer Leiche vorgenommene unzüchtige Handlungen.

Leichenschau, im amtl. Auftrag erfolgende Untersuchung Verstorbener; soll bes. die Beerdigung Scheintoter verhindern.

Leichhardt, Ludwig, Australienforscher, *1813, verschollen 1848 in Australien.

Leichlingen, Stadt in Nordrh.-Westf., 20 900 Ew.; Industrie, Obstbau und -verwertung.

Leichtathletik, aus den natürl. Bewegungen des Gehens, Laufens, Werfens und Springens entwickelte Sportübungen, die als Einzel-, Mehr- oder Mannschaftswettkämpfe ausgetragen werden.

Leichtbau, eine Bauweise, bei der durch bes. Baustoffe, Bauarten und -formen das Gewicht verringert wird (Stahl-L., Leichtmetallbau, Leichtbetonbau u. a.). **Leichtbauplatten,** aus Holzwolle oder Holzspänen mit Zement, Magnesit oder Gips gebunden, in Formen verpreßte Bauplatten.

Leichter der, kleines Wasserfahrzeug zum Entladen (Löschen) von Schiffen.

Leichtgewicht, →Gewichtsklassen.

Leichtmetalle, alle Metalle, deren Dichte kleiner als 4,5 g/cm³ ist; techn. bes. wichtig sind Aluminium, Magnesium und ihre Legierungen.

Leichtöl, ein leicht entzündl. Brenn- und Heizöl, Bestandteil des Steinkohlenteers.

Leiden, alte Stadt in den westl. Niederlanden, an der Vereinigung zweier Rheindeltaarme, 102 500 Ew.; Universität (seit 1575); Sternwarte; Renaissancebauten; Textil-, Nahrungsmittel-, Papierind., Maschinenbau.

Leidener Flasche, ♭ älteste Form des elektr. →Kondensators, besteht aus einem innen und außen mit Stanniol belegten Glasbecher; von E. J. v. Kleist 1745 erfunden.

Leidenfrostsches Phänomen [nach dem Arzt Johann Gottlob Leidenfrost, 1715-94], die Erscheinung, daß Wassertropfen, die auf eine glühende Platte fallen, durch einen sich bildenden

Dampfmantel vor sofortiger Verdampfung geschützt werden.

Leie, Leye, franzöz. **Lys,** linker Nebenfluß der Schelde, 214 km lang, schiffbar, mündet bei Gent.

Leier die, 1) die Lyra, Sinnbild lyr. Dichtung. 2) ☆ nördl. Sternbild.

Leierkasten, →Drehorgel.

Leierschwanz, 🐦 fasanengroßer austral. Singvogel; Männchen mit leierförmigem Schwanz.

Leif Eriksson, norweg. Seefahrer, fand um 1000 die Küste Nordamerikas.

Leigh [li:], Stadt in Nordengland, 46400 Ew.; Textil- u. a. Ind., Kohlenbergbau.

Leigh [li:], Vivien, engl. Schauspielerin, *1913, †1967. Filme: »Vom Winde verweht«, »Endstation Sehnsucht«.

Leihe die, 🕰 unentgeltl., zeitlich begrenzte Überlassung einer Sache zum Gebrauch (§§ 598ff. BGB). Gebrauchsüberlassung gegen Entgelt ist rechtl. Miete.

Leihhaus, öffentl. (staatl., städt.) Anstalt, die gegen Pfand Geld auf kurze Zeit ausleiht.

Leih-Pacht-System, engl. **Lend Lease System** [- li:s -], Maßnahmen der USA im 2.Weltkrieg zur Versorgung der Alliierten mit Kriegs- und Hilfsmaterial ohne Bezahlung.

Leim der, Klebemittel zur Herstellung dauerhafter Verbindungen. Man unterscheidet tier. L. (Knochen-L.), pflanzl. L. (Stärke-Kleister, Dextrin) und synthet. L. (Alleskleber).

Leimkraut, die Gattung →Silene.

Lein der, →Flachs.

Leinberger, Hans, Bildhauer, † um 1531/35; Hochaltar in Moosburg, Sitzender Jakobus (München, Nat.-Museum).

Leine die, linker Nebenfluß der Aller, 281 km lang, entspringt auf dem Eichsfeld, mündet bei Schwarmstedt, ab Hannover schiffbar.

Leinenfischerei, Angelfischerei mit Lang-, Schlepp- oder Handleinen.

Leinfelden, Stadt im Kr. Böblingen, Baden-Württ., 12200 Ew.

Leinkraut, Gattung der Rachenblüter mit gespornten Blüten. Arten: **Echtes L.** (Frauenflachs) mit gelben Blüten; **Alpen-L.,** violettgelb blühend; **Zimbelkraut,** violett blühend.

Leinöl, aus Leinsamen gepreßtes, goldgelbes Öl; wird als Speiseöl, zur Herstellung von Firnis, für Ölfarben, Linoleum verwendet.

Leinpfad, Treidelweg, Weg längs eines Flusses oder Kanals, von dem aus früher die Schiffe an Seilen gezogen (getreidelt) wurden.

Leinster [l'enstə], irisch **Laighin** [lain], Provinz im östl. Irland; Hauptstadt: Dublin.

Leinwand die, Gewebe in Leinwandbindung, als **Reinleinen** ganz aus Flachsbastfasergarnen, als **Halbleinen** in der Kette aus Baumwolle, im Schuß aus Flachs; für Wäsche, Kleider u. a.

Leip, Hans, Schriftsteller, *1893; Gedichte (»Lili Marleen«), Seemannsgeschichten u. a.

Leipzig, 1) Bez. der Dt. Dem. Rep., 4966 km², 1,5 Mill. Ew.; 1952 aus Teilen von Sachsen, Sachsen-Anhalt und Thüringen gebildet, an Elbe, Mulde, Pleiße und Weißer Elster, überwiegend Flachland. Im S Ackerbau. Der SW bildet den Mittelpunkt des mitteldt. Braunkohlenbergbaus. Chem., Maschinen- u. a. Ind. ⊕ S. 520/21. 2) Hauptstadt von 1), bedeutendste Handels- und Industriestadt von Mitteldtl., 591500 Ew. in fruchtbarer Auenlandschaft der Elster und Pleiße, inmitten der **Leipziger Tieflandsbucht;** Univ. (seit 1409); Akademien, Hoch-, Fachschulen; Dt. Bücherei; Museen; mehrere Theater; Gewandhausorchester; Thomaskirche (15. Jahrh.; Thomanerchor), Nikolaikirche (13 -16. Jahrh.), Altes Rathaus (Mitte 16. Jahrh.); Völkerschlachtdenkmal; Sitz des Reichsgerichts 1879-1945. Die **Leipziger Messe** ist Mustermesse mit Techn. und Baumesse. Industrie: Eisen-, Stahlwaren, Elektrotechnik, Chemikalien, Webereien, Druckereien u. a. Bis 1945 war L. Mittelpunkt des dt. Buchhandels und der Pelzverarbeitung. – Vom 16.-19.10.1813 entschied die **Völkerschlacht bei L.** den Herbstfeldzug

der →Freiheitskriege. 1943-45 wurde die Innenstadt stark zerstört.

Leipziger Allerlei, Gericht aus jungem Gemüse, Spargel und Morcheln, mit Grießklößchen garniert.

Leise die, **Leis** der, kirchl. Bittgesang und geistl. Volkslied des MA., nach dem Kehrreim des →Kyrie eleison.

L'eisewitz, Johann Anton, Dichter, *1752, †1806; Bruderzwist-Tragödie »Julius von Tarent«.

Leistengegend, der dicht über der Schenkelbeuge liegende Bauchteil; in der L. verläuft der Leistenkanal für den Samenstrang oder das runde Mutterband bei der Frau; durch den Kanal können Eingeweide hindurchtreten; **Leistenbruch,** →Bruch.

L'eistikow [-ko], Walter, Maler, *1865, †1908; stimmungsvolle Bilder märk. Seen.

Leistung die, 1) ⚙ mechan. L., die in 1 Sekunde von einer Kraft geleistete Arbeit. Einheiten der L. sind das mkp/s und das Watt, 1 mkp/s = 9,81 W, daneben besteht noch als Einheit die Pferdestärke, 1 PS = 75 mkp/s = 736 W. Elektr. L. ist bei Gleichstrom das Produkt von Spannung und Strom, 1 W = 1 Volt × 1 Ampere. Bei Wechselstrom werden unterschieden: Scheinleistung, Wirkleistung und Blindleistung. 2) 🕰 Gegenstand einer Schuldverpflichtung, bes. die Zahlung. **Leistungsklage,** 🕰 Klage, mit der die Verurteilung des Beklagten zu einer Leistung (oder Unterlassung) verlangt wird. **Leistungslohn,** →Lohn. **Leistungsort,** 🕰 Erfüllungsort (→Erfüllung). **Leistungsschutzrecht** hat bes. der L. ausübender Künstler gegen Schallplattenhersteller und der Sendeunternehmen zum Gegenstand. **Leistungsverweigerungsrecht,** →Einrede.

Leitartikel, Leitaufsatz, größerer Aufsatz an bevorzugter Stelle in Zeitungen.

Leiter der, ⊗ Stoff, der Wärme, Schall oder elektr. Strom weiterführt. Elektr. L. sind alle Metalle, Kohle und die Elektrolyte. Elektr. und Wärme-Leitfähigkeit entsprechen einander.

Leitfossil das, Tier- oder Pflanzenversteinerung, die nur in einer bestimmten geolog. Schicht vorkommt und diese kennzeichnet.

Leith [li:θ], Seehafen von Edinburgh.

Leitha die, rechter Nebenfluß der Donau, 180 km, wird rechts begleitet vom **L.-Gebirge,** das bis 1918 z.T. die Grenze zwischen Österreich (Zisleithanien) und Ungarn (Transleithanien) bildete.

L'eitmeritz, tschech. **Litoměřice,** Stadt in der Tschechoslowakei, an der Elbe, 17900 Ew.

Leitmotiv das, ♪ bes. bei R. Wagner eine oft wiederkehrende Tonfolge zur Kennzeichnung einer Person, eines Vorganges, einer Stimmung; auch auf die Literatur übertragen.

Leitstrahlsender, ein Navigationshilfsmittel für Luft- und Seefahrt.

Leittier, das einem Wildrudel voranziehende Alttier.

Leitung die, Einrichtung zum Fortleiten von Stoffen oder Energien, →Rohr, →Kabel. Frei-L.: an Masten mit Isolatoren befestigte Starkstrom- oder Fernmelde-L.

Leitwerk, 1) dammartige Bauwerke an Flüssen

Leipzig

Leipzig: Thomaskirche

543

Lenau

Lenin

Leningrad:
Newski-Prospekt

zur Festlegung der Streichlinie und zur Einschränkung des Querschnitts. **2)** beim Höhen- und Seitensteuer eines Flugzeuges die feste Flosse und ein bewegl., der Änderung der Bewegungsrichtung dienendes Ruder.

Leitzahl, Photographie: bei Blitzlichtgeräten eine von der Filmempfindlichkeit abhängige Hilfszahl, mit der sich die Blendenöffnung errechnen läßt.

Lek der, Mündungsarm des Rheins, in den Niederlanden.

Lekti'on [lat.] die, **1)** Vorlesung, Unterrichtsstunde, Aufgabe. **2)** Strafrede, Verweis.

L'ektor [lat. »Vorleser«] der, **1)** Hochschullehrer für Einführungskurse und Übungen. **2)** Mitarbeiter eines Verlags, der Manuskripte auf ihre Brauchbarkeit prüft. **3)** evang. Kirche: ehrenamtl. Stellvertreter des Pfarrers.

Lekt'üre [frz.] die, Lesen; Lesestoff.

Le Locle [lə l'ɔkl], Bez.-Stadt im Kt. Neuenburg, Schweiz, 14 600 Ew.; Uhrenindustrie.

Lemaître [ləm'ɛ:tr], Georges, belg. Astrophysiker, *1894, †1966; arbeitete über kosmolog. Anwendungen der Relativitätstheorie.

Le Mans [lə mã], Stadt in NW-Frankreich, an der Sarthe, 143 200 Ew.; Kathedrale (12.-15. Jahrh.); Ind.; Autorennstrecke.

Lemberg, russ. Lwow, Gebietshauptstadt in der Ukrain. SSR, 537 000 Ew.; Universität, Hoch- und Fachschulen; russ.-orthodoxer Erzbischofssitz; vielseitige verarbeitende Ind. – L. kam 1340 an Polen, war 1772 bis 1918 Hauptstadt des österreich. Kronlandes Galizien, 1919-39 poln., kam 1945 an die Sowjetunion.

Lemercier [ləmɛrsj'e], Jacques, französ. Baumeister. *1585, †1654; Kirche der Sorbonne, Palais Richelieu (heute Palais Royal).

L'emgo, Stadt in Nordrh.-Westf., 36 900 Ew.; alte Hansestadt; got. Kirchen; Industrie.

Lemke, genannt **von Soltenitz,** Helmut, Politiker (CDU), * 1907, 1963-71 MinPräs. von Schlesw.-Holst.

L'emma [grch.] das, -s/...mata, Hilfssatz, Annahme; entliehener Satz; Stichwort.

Lemmer, Ernst, Politiker (CDU), *1898, Journalist, 1956/57 Bundespostmin., 1957-62 Bundesmin. für gesamtdt. Fragen, 1964-65 Bundesvertriebenenminister.

L'emming der, 🐭 im Norden lebende Wühlmaus, hamsterähnlich, richtet durch Massenwanderungen großen Schaden an.

L'emnitzer, Lyman L., amerikan. General, *1899, war 1963-69 Oberbefehlshaber der NATO-Streitkräfte in Europa.

L'emnos, griech. Insel im Ägäischen Meer, 475 km²; Hafen Mudros. – 1479-1912 türkisch.

Lem'uren, Ez. **Lem'ur** der, **1)** altröm. Bezeichnung für die Geister Verstorbener. **2) Makis,** 🐭 Halbaffen Madagaskars, Nachttiere.

L'ena die, Strom in Ostsibirien, 4400 km lang, entspringt im Baikalgebirge, mündet ins Nordpolarmeer; z. T. schiffbar.

Le Nain [lə n'ɛ̃] drei französ. Maler, in Werkstattgemeinschaft arbeitende Brüder: Antoine (* um 1588, †1648), Louis (* um 1593, †1648), Mathieu (* um 1607, †1677).

L'enard, Philipp, Physiker, *1862, †1947; untersuchte die Wechselwirkungen zwischen Elektronen und Licht (Photoeffekt, Phosphoreszenz), 1905 Nobelpreis.

L'enau, Nikolaus, Deckname des Dichters **Niembsch von Strehlenau,** *1802, †1850, seit 1844 geisteskrank; schrieb schwermütige Lieder und Gedankendichtungen, z. B. »Faust«, »Savonarola«, »Albigenser«.

L'enbach, Franz v., Maler, *1836, †1904; war der erfolgreichste dt. Bildnismaler seiner Zeit: Bismarck, Moltke, Wilhelm I. u. a.

Lenclos [lãkl'o], Anne, genannt **Ninon de L.,** *1620, †1705, gebildete französ. Kurtisane; »Briefe an den Marquis de Sévigné«.

Lende die, { 🐭 die hintere seitl. Gegend der Bauchwand.

Lendringsen, Gem. im RegBez. Arnsberg, Nordrh.-Westf., 13 100 Ew.; Elektro-, Kalkstein-, eisenverarbeitende und Papierindustrie.

Lengefeld, 1) Charlotte v., Gemahlin →Schillers. **2)** Karoline v., Schwester von 1), →Wolzogen.

Lengerich, Stadt in Nordrh.-Westf., am Teutoburger Wald, 21 600 Ew.; Kalk-, Zement-Ind.

Lenggries, Gem. in Oberbayern, 6900 Ew. 680 m ü. M.; Sommerfrische, Wintersportort.

L'enin, eigentl. Uljanow, Wladimir Iljitsch, *1870, †1924; seit 1903 Haupt der russ. Bolschewiki (→Bolschewismus, →Kommunismus), lebte als Schriftsteller im Ausland (u. a. London, München, Genf, Zürich), kehrte 1917 mit dt. Hilfe nach Rußland zurück, organisierte mit →Trotzkij den Aufstand vom 7. 11. 1917 und errichtete den Sowjetstaat; stand seitdem unbestritten an dessen Spitze als Vors. des Rates der Volkskommissare (→Sowjetunion, GESCHICHTE). In seinen Schriften vertrat er als bedeutendster Theoretiker des Kommunismus den dialekt. und histor. Materialismus, den er zum Marxismus-Leninismus weiterentwickelte (→Marxismus).

Lenin, Pik L., früher **Pik Kauffmann,** 7134 m hoher Gipfel im Transalai, Sowjetunion.

Leninak'an, früher **Alexandropol,** Stadt in der Armen. SSR, 139 000 Ew.; Textilindustrie.

L'eningrad, bis 1914 **St.Petersburg,** 1914-24 **Petrograd,** Stadt in der Sowjetunion, 3,9 Mill. Ew., liegt an der Mündung der Newa in den Finn. Meerbusen, z. T. auf Inseln. Nach Moskau größtes Kulturzentrum der Sowjetunion, Sitz eines Metropoliten, zahlreiche histor. Bauten, große Staatsbibliothek (eine der größten Buch- und Handschriftensammlungen der Welt), Theater, Universität, Forschungsinstitute; Werften, Elektro-, feinmechan., Textil-, Schuh-, chemische Industrie; Seehafen. – L. wurde 1703 von Peter d. Gr. gegründet und war bis 1917 Residenz der russischen Kaiser.

L'eninsk-Kusn'ezkij, Bergbau- und Industriestadt in W-Sibirien, russ. SFSR, Mittelpunkt des Kusnezker Kohlenbeckens, 141 000 Ew.

Lenne die, linker Nebenfluß der Ruhr, entspringt am Kahlen Asten, 131 km lang.

Lenné, Peter Joseph, *1789, †1866; schuf in engl. Stil Parkanlagen preuß. Schlösser.

Lennestadt, Stadt in Nordrh.-Westf., 26 000 Ew., 1969 durch Zusammenschluß mehrerer Gemeinden gebildet.

Le Nôtre [lə n'o:tr], André, französ. Gartenarchitekt, *1613, †1700, schuf den französ. Gartenstil; Parkanlagen in Versailles, St. Germain, St. Cloud u. a.

l'ento [ital.], ♪ langsam.

Lenz der, Frühling.

Lenz, 1) Hans, Politiker (FDP), *1907, wurde 1961 Bundesschatzmin., war 1962-65 Bundesmin. für wiss. Forschung. **2)** Jakob Michael Reinhold, Dichter, *1751, †1792, schloß sich in Straßburg Goethe an; Dramen im Geist der Sturm-und-Drang-Zeit (»Der Hofmeister«, »Die Soldaten«), Gedichte. **3)** Siegfried, Schriftsteller, *1926; Romane, Schauspiel.

lenzen, ⚓ **1)** eingedrungenes Wasser aus einem Schiffsraum pumpen. **2)** bei schwerem Sturm ein

Leopard

Leonardo da Vinci
(Selbstbildnis)

Schiff mit gerefftem oder ohne Segel vor dem Wind laufen lassen.

Lenzing der, **Lenzmond,** der Monat März.

L'eo, Päpste. 1) **L. I.,** der **Große** (440-461), erwirkte 445 die Anerkennung der Vormachtstellung der Päpste innerhalb der Kirche; Kirchenlehrer; Heiliger (Tag 10.11.). 2) **L. IX.** (1049-54), kämpfte gegen Priesterehe und Simonie, unter ihm 1054 endgültiger Bruch mit der Ostkirche. 3) **L. X.** (1513-21), aus der Familie Medici, Förderer der Wissenschaften und Künste. 4) **L. XIII.** (1878 bis 1903), förderte die kath.-soziale Bewegung, suchte die Annäherung an Frankreich, beendete den →Kulturkampf in Preußen.

L'eo III., der **Syrer,** byzantin. Kaiser (717-41), verteidigte Konstantinopel gegen die Araber (717/18); verbot 726 den Bilderdienst.

Le'oben, Bezirksstadt in der Ober-Steiermark, Österreich, an der Mur, 36 300 Ew.; Mittelpunkt des steir. Eisen- und Braunkohlenbergbaus; Montanist. Hochschule.

L'eobschütz, Stadt in Oberschlesien, (1939) 13 500 Ew.; seit 1945 unter poln. Verw. (**Glubczyce,** 1969: rd. 9 200 Ew.).

Leoch'ares, griech. Bildhauer um 350 v. Chr.; vermutlich geht auf ihn der als Kopie erhaltene Apollo von Belvedere (Vatikan) zurück.

Le'ón, 1) geschichtl. Landschaft in NW-Spanien, um den Fluß Duero; im frühen MA. ein christl. Königreich. 2) Hauptstadt von 1), 83 700 Ew.; Kathedrale (13.-15. Jahrh.). 3) Stadt in Mexiko, 275 300 Ew., 1885 m ü. M.; Textil-, Lederindustrie. 4) Stadt in Nicaragua, früher Hauptstadt des Landes, 46 300 Ew.

León, Luis **Ponce de,** span. Lyriker, *1528, †1591; Augustiner; »Los nombres de Cristo«.

Leon'ardo da Vinci [v'intʃi], italien. Maler, Bildhauer, Naturforscher, *1452, †1519; war bei Verrocchio in Florenz als Maler tätig (Verkündigung, Florenz, Uffizien; Anbetung der Könige, Uffizien); in Mailand malte er die Felsgrottenmadonna (Paris) und das Wandbild des Abendmahls. 1499 Rückkehr nach Florenz, wo er u. a. das Bild der Mona Lisa malte. – L. war als Maler der Vollender des klass. Stils der Renaissance und gelangte zu einer überzeugenden Licht- und Schattenmalerei (»sfumato«).

L'eonberg, Kreisstadt in Bad.-Württ., westl. von Stuttgart, 25 000 Ew.; versch. Industrie.

Leoncav'allo, Ruggiero, italien. Opernkomponist, *1858, †1919; »Der Bajazzo« (1892) u. a.

Le'one, Giovanni, italien. Politiker (Democrazia Cristiana), *1908; 1963 und 1968 MinPräs., seit 1971 Staatspräsident.

L'eonhard [ahd. »löwenstark«], männl. Vorname.

L'eonhard, Heiliger des 6. Jahrh.; Schutzheiliger der Haustiere (Tag 6. 11.).

Le'onidas, König von Sparta, fiel 480 v. Chr. bei den →Thermopylen.

Leon'iden Mz., →Sternschnuppen.

Leop'ard der, 1) **Panther,** Großkatze in Afrika und Asien, 45-62 cm Schulterhöhe, mit gelbl., schwarzgeflecktem Fell (zu Pelzwerk), zuweilen auch ganz schwarz; guter Kletterer. 2) **Jagd-L.,** →Gepard.

Leop'ardi, Giacomo Graf, italien. Dichter, *1798, †1837; seine klangvollen, streng geform-

ten Verse sind Ausdruck tiefen Weltschmerzes.

L'eopold [lat. Umlautung von Luitpold], männl. Vorname.

L'eopold, Fürsten: **Röm.-dt. Kaiser.** 1) **L. I.** (1658-1705), gewann 1683-99 (→Türkenkriege) Ungarn mit Siebenbürgen; damit stieg das Reich der österr. Habsburger zur europ. Großmacht auf. Zugleich kämpfte L. gegen Ludwig XIV. von Frankreich. 2) **L. II.** (1790-92), Bruder und Nachfolger Josephs II., seit 1765 Großherzog von Toskana. – **Anhalt-Dessau.** 3) **L. I.,** Fürst (1693 bis 1747), der **Alte Dessauer,** preuß. Feldmarschall und Freund Friedrich Wilhelms I. – **Belgien** 4) **L. I.,** König (1831-65), Prinz von Sachsen-Coburg, vertrat einen gemäßigten Liberalismus. 5) **L. II.,** König (1865-1909), Sohn von 4), erwarb mit Hilfe Stanleys 1881-85 den Kongostaat (→Kongo). 6) **L. III.,** *1901, König (1934-1951), dankte ab zugunsten seines Sohnes Baudouin.

Leopold'ina, Deutsche Akademie der Naturforscher, 1652 gegr., 1687 durch Leopold I. anerkannt, seit 1879 Sitz in Halle.

Leopoldshöhe, Gem. im Kr. Lemgo, Nordrh.-Westf., 10 200 Ew.

L'eopoldville, →Kinshasa.

Lep'anto, griech. **Naupaktos,** Ort am Golf von Korinth; 1571 Sieg der venetian.-span. Flotte über die Türken.

Lepidod'endron, der →Schuppenbaum.

Lepor'ello das, in Buchform harmonikaartig zusammenfaltbare Reihe von Bildern; nach Don Juans Diener L. (in Mozarts »Don Giovanni«).

L'epra [grch.] die, der →Aussatz.

L'epsius, Richard, Ägyptenforscher, *1810, †1884, leitete die ägypt. Expedition, die 1842-46 das Niltal bis in den Sudan erforschte.

L'eptis M'agna, alte phönik. Hafenstadt in N-Afrika, östl. von Tripolis, seit 107 v. Chr. röm.; wurde im 4. und 7. Jahrh. zerstört, später verschüttet; seit 1920 wurden ihre Ruinen freigelegt.

lepto... [grch.], zart..., schmal..., dünn..., fein...

Lept'onen, die leichten →Elementarteilchen Elektron, e- und μ-Neutrino, Muon und deren Antiteilchen.

leptos'om [grch.], eine →Konstitution.

Lerchen Mz., erdfarbene Singvögel, leben in offenem Gelände und brüten auf dem Boden. Feld-L. und Heide-L. sind Zugvögel. Die **Hauben-L.** tragen einen Federschopf am Hinterkopf.

Lerchensporn der, weichkrautige Frühlingsstaude in Laubwäldern, lila oder weiß blühend.

L'érida, Stadt in Katalonien, Spanien, 74 500 Ew.; Textil-, Glasindustrie. L. wurde 1117 den Mauren entrissen.

L'ermontow, Michail Jurjewitsch, russ. Dichter, *1814, †1841, neben Puschkin und Gogol Begründer der neuen russ. Literatur; weltschmerzl. Lyriker, schrieb das visionäre lyr. Epos »Der Dämon«; Roman: »Ein Held unserer Zeit« (1840).

L'ermoos, Sommerfrische und Wintersportplatz in Tirol, an der Loisach, 995 m ü. M.

Lern'äische Schlange, die →Hydra.

L'ernet-Hol'enia, Alexander, österr. Schriftsteller, *1897; Romane (»Ich war Jack Mortimer«, »Die Standarte«), Schauspiele.

Lersch, Philipp, Psychologe, *1898, †1972, Be-

Lermontow

Lerche:
Hauben-L.

Lérida mit alter
Kathedrale

Lessing

Letter

Lettner im Dom
von Halberstadt

gründer einer umfassenden psycholog. Wissenschaft der Person.

Lesage [ləʒ'a:ʒ], Alain René, franzöς. Schriftsteller, *1668, †1747; Roman »Der hinkende Teufel« (nach dem Span.), Schelmenroman »Gil Blas«.

l'esbische Liebe, gleichgeschlechtliche Liebe unter Frauen.

L'esbos, Mytil'ene, griech. Insel im Ägäischen Meer, gebirgig; 1613 km², 140000 Ew.; Anbau von Oliven, Wein, Südfrüchten. Hauptstadt: Mytilene. 1462-1913 türkisch.

Lescot [lesk'o], Pierre, franzöς. Baumeister, * um 1510, †1578, baute im franzöς. Renaissancestil den SW-Flügel des Louvre-Hofs in Paris.

L'esgier, ostkaukas. Völkergruppe, bes. in der Dagestan. ASSR, etwa 600000 Menschen, Viehzüchter, z. T. Ackerbauer.

Lesk'ow, Nikolaj S., russ. Erzähler, *1831, †1859 (»Lady Macbeth von Mzensk«; Roman »Die Domgeistlichen«).

Les'otho, Kgr. in S-Afrika, 30344 km², 885000 Ew. (Sotho oder Basuto; 70% Christen); Hauptstadt: Maseru; Amtssprachen: Englisch, Sotho. Gebirgsland, von der Rep. Südafrika umschlossen. Getreide-, Gemüsebau, Viehzucht. Diamanten. Haupthandelspartner: Südafrika. ✈ von Maseru nach Bloemfontain. – L. war als **Basutoland** brit. Schutzgebiet; seit 1966 unabhängig. König: Moshoesho II. (seit 1960), MinPräs.: L. Jonathan. ⊕ S. 514, ▷ S. 346.

Less'eps, Ferdinand, Vicomte de, franzöς. Diplomat, *1805, †1894; führte 1859-69 den Bau des Suezkanals durch, 1879 begann er den Bau des Panamakanals, scheiterte jedoch.

Lessing, Gotthold Ephraim, Dichter und Kritiker, *1729, †1781, lebte seit 1748 meist in Berlin, schrieb treffsichere Kritiken in der »Vossischen Zeitung« (1748-55) und in der Zeitschr. »Briefe, die neueste Literatur betreffend« (1759-65). Mit der Tragödie »Miß Sara Sampson« (1755) begründete er das dt. bürgerl. Trauerspiel nach engl. Vorbild. 1767-69 war er Dramaturg am Dt. Nationaltheater in Hamburg (»Hamburgische Dramaturgie«), seit 1770 Bibliothekar in Wolfenbüttel. – Als Kritiker befreite L. die dt. Dichtung aus ihrer Abhängigkeit von franzöς. Mustern. Als Dichter schuf er mit »Minna von Barnhelm« das erste dt. realist. Lustspiel; sein »Nathan der Weise« (1779) ist Ausdruck aufklärerischer Humanitätslehre. Sein Sprachstil wurde beispielhaft für die dt. Prosa. Weitere Werke: »Laokoon« (1766), »Fabeln«, »Emilia Galotti« (1772).

Le Sueur [ləsy'œːr], Eustache, franzöς. Maler, *1617, †1655; Ausstattung des Hôtel Lambert mit mytholog. Szenen, Bildern aus dem Leben des hl. Bruno.

Lesung die, Beratung einer Gesetzesvorlage im Parlament. Meist sind drei L. erforderlich.

let'al [lat.], tödlich.

l'Etat c'est moi [let'a sɛ mwa, frz.], »Der Staat bin ich«; angebl. Ausspruch Ludwigs XIV.

Lethargie [grch. »Untätigkeit«] die, geistige Trägheit, Unempfindlichkeit; Schlafsucht.

L'ethe [grch. »Vergessen«] die, griech. Sage: Strom in der Unterwelt, aus dem die Seelen der Verstorbenen Vergessen trinken.

L'etmathe, Stadt im RegBez. Arnsberg, Nordrh.-Westf., 27200 Ew.; Stahl-, Eisen- u. a. Ind.

L'eto, griech. Sage: Titanentochter, durch Zeus Mutter des Apollon und der Artemis.

L'etten der, bunter Schieferton des Keuper.

L'etten Mz., Volk der balt. Sprachengruppe, etwa 1,4 Mill., bes. in der Lettischen SSR.

Letter die, 1) Buchstabe. 2) eine Drucktype: ein viereckiger Schriftkörper aus einer Blei-Antimon-Zinn-Legierung, der am Kopf den Buchstaben seitenverkehrt trägt.

Lette-Verein, 1866 von W. A. Lette gegr.; widmet sich der Ausbildung der Frauen für kaufmänn., hauswirtschaftl., gewerbl. Berufe.

Lettland, einer der baltischen Staaten zwischen Estland im N und Litauen im S, an der Rigaer Bucht, ist als **Lettische SSR** seit 1940

Unionsrep. der Sowjetunion; 63700 km², 2,29 Mill. Ew. (rd. 62% Letten, daneben Russen, Weißrussen, Polen u. a.); Hauptstadt: Riga. Niederes Moränenhügelland, von der Düna entwässert. Zahlreiche Seen. Ackerbau, Viehwirtschaft. Maschinen-, Textil-, Holz-, Nahrungsmittel- u. a. Ind. – GESCHICHTE. L. war seit dem 13. Jahrh. Teil des Deutschen Ordensstaates; seit dem 16. Jahrh. im poln., im 17. Jahrh. im schwed. Staatsverband, seit 1710 im Russ. Reich. Im Nov. 1918 wurde die Rep. L. ausgerufen. 1920 wurde durch die Agrarreform der deutschbalt. Großgrundbesitz enteignet. 1940 wurde L. Sowjetrep. (1941-44 von dt. Truppen besetzt).

L'ettner [mlat. lectorium »Lesepult«] der, in Kirchen die Scheidewand zwischen Chor und Mittelschiff, mit einer Empore.

L'ettow-Vorbeck, Paul v., General, *1870, †1964; 1913-18 Kommandeur der Schutztruppe in Dt.-Ostafrika.

Letzte Dinge, →Eschatologie.

Letzte Ölung, →Ölung, Letzte.

Letzter Wille, das →Testament. **letztwillige Verfügung,** Verfügung über den Nachlaß durch Testament.

Leuchtdichte, →Lichttechnik.

Leuchtenberg, Eugen Beauharnais [boarn'ɛ] Herzog v., Stiefsohn Napoleons I., *1781, †1824; wurde 1807 von Napoleon als Sohn und Erbe des damaligen Kgr. Italien angenommen.

Leuchtfeuer, Lichtzeichen der See- und Luftfahrt von →Leuchttürmen, Feuerschiffen, Leuchtbaken, -bojen, -tonnen ausgestrahlt.

Leuchtgas, das →Stadtgas.

Leuchtgasvergiftung, Kohlenoxydvergiftung. Erste Hilfe: Frische Luft, künstl. Atmung.

Leuchtkugel, Körper mit Leuchtsatz, wird als Signal oder zur Geländebeleuchtung aus besonderen Pistolen oder Geschützen abgefeuert.

Leuchtlebewesen Mz., tier. und pflanzl. Lebewesen, die durch chem. Vorgänge beim Stoffwechsel phosphorartig leuchten. Die L. sind z.T. Landbewohner, z.B. Glühwürmchen, der amerikan. Cucujokäfer, der auf faulem Holz lebende Hallimasch, das Leuchtmoos; z.gr. T. Meeresbewohner, wie Quallen, Borstenwürmer, Muscheln und Tieffseetiere. Das **Meeresleuchten** wird u. a. Leuchtbakterien, Algen und das Geißeltierchen Noctiluca. Die Leuchtorgane vieler Tiefseetiere (Tintenfische, Fische, Feuerwalzen) enthalten Leuchtbakterien, die mit diesen in Symbiose leben und das Leuchten verursachen.

Leuchtröhre, röhrenförmige →Gasentladungslampe mit kalten, nicht geheizten Elektroden; Füllung meist mit Edelgasen (Neon: rotes Licht, Neon mit Quecksilberdampf: blaues Licht; andere Farben mit Opal- und Filtergläsern oder durch Leuchtstoffe). Verwendung vor allem in der Werbe-Beleuchtung.

Leuchtschirm, mit Zinksulfid o. ä. bestrichener Schirm, der beim Auftreffen energiereicher Strahlen, z.B. Alpha-, Elektronen- oder Röntgenstrahlen, aufleuchtet. Verwendung: Röntgentechnik, Fernsehen.

Leuchtstoffe, Leuchtmassen, Leuchtfarben, Luminesz'enzstoffe, meist pigmentartige Stoffe, die der Fluoreszenz oder Phosphoreszenz fähig sind. Die **nicht nachleuchtenden L.** wandeln die auffallende Strahlung in (meist) längerwellige um. **Nachleuchtende L.** leuchten nach Aufhören der Bestrahlung oft noch lange nach. Anorgan. L. sind z.B. Zink- und Zinkcadmiumsulfide. Organ. L. sind Lumogen L und das Luciferin der Leuchtkäfer und Leuchtbakterien.

Leuchtstofflampe, Niederspannungs-Gasentladungslampe, gefüllt mit einem Grundgas und einer geringen Menge Quecksilber. Die Innenwand des Entladungsrohrs ist mit →Leuchtstoffen bedeckt, die durch die Ultraviolettstrahlung der Entladung zum Leuchten angeregt werden. (BILD S. 547)

Leuchtturm, turmartiges Seezeichen an Häfen oder gefährl. Küstenpunkten, mit starkem Leuchtfeuer, oft auch mit Funkanlagen, Nebelsignalen, Geräten für Wetter-, Seenotdienst.

leuk..., leuko... [grch.], weiß...

Leukäm'ie [grch. »Weißblütigkeit«] die, schwere Erkrankung der blutbildenden Gewebe (Lymphknoten, Milz oder Knochenmark), bei der die weißen Blutkörperchen außerordentlich vermehrt, die roten meist vermindert sind.

L'eukas, eine der →Ionischen Inseln.

Leuk'ippos von Milet, griech. Philosoph des 5. Jahrh. v. Chr., gemeinsam mit seinem Schüler Demokrit Begründer des →Atomismus.

L'eukobasen, chem. Verbindungen zur Herstellung künstl. Farbstoffe.

Leuk'om [grch.] das, weiße Narbentrübung der Augenhornhaut, nach Hornhautgeschwüren.

Leukotom'ie [Kw., grch.] die, operative Durchtrennung der vom Stirnhirn zu anderen Hirnteilen ziehenden Nervenbahnen.

Leukoz'yten Mz., die weißen Blutkörperchen (→Blut).

L'euktra, Ort im alten Griechenland, südwestl. von Theben. 371 v. Chr. Sieg des Epaminondas über die Spartaner.

Leumund [ahd. liumunt »Ruf, Gerücht«] der, der Ruf, den jemand genießt. **Leumundszeugnis,** Zeugnis für den Ruf eines anderen.

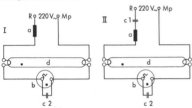

Leuchtstofflampen: a Drosselspulen, b Glimmstarter mit Bimetallschalter, c 1 Kompensationskondensator in Reihenschaltung (falls zugelassen auch in Parallelschaltung), d Leuchtstofflampe

Leuna, Stadt im Bez. Halle, an der Saale, 11 800 Ew., **Leunawerke:** Großbetrieb der chem. Industrie; Benzin-, Stickstoffgewinnung; chem. Hochschule.

Leuschner, 1) Bruno, Politiker (Kommunist), *1910, †1965, Sohn von 2), 1936-45 im KZ, darauf als Leiter der Staatl. Plankommission (seit 1952), als stellvertr. MinPräs. (seit 1955) und als Mitgl. des Staatsrats (seit 1960) der mächtigste Wirtschaftsfunktionär der Dt. Dem. Rep. **2)** Wilhelm, Gewerkschaftler, *1890, † (hingerichtet) 1944; 1928-33 hess. Innenmin., 1933/34 im KZ, war führend im sozialist. Flügel der Widerstandsbewegung; nach dem 20. 7. 1944 verurteilt.

Leussink, Hans, *1912, Prof. für Bodenmechanik, 1969-72 Bundesmin. für Bildung und Wissenschaft (parteilos).

Leuthen, Dorf bei Breslau; 1757 Sieg Friedrichs d. Gr. über die Österreicher.

Leutnant [frz.] der, unterste Rangklasse der Offiziere, mit den Stufen **L.** und **Ober-L.**

Lev'ante [ital. »Morgenland«] die, die Länder um das östl. Mittelmeer bis zum Euphrat und Nil, bes. die Küste Kleinasiens, Syriens und Ägyptens. **Levant'iner** der, **1)** europ.-oriental. Mischling in der **L. 2)** Händler in den Hafenstädten der **L.**

Levée [ləv'e, frz.] die, Aushebung von Rekruten, Aufgebot. **L. en masse** [ãm'as], Aufgebot der gesamten männl. Bevölkerung.

Lever [ləv'e, frz.] das, Aufstehen; Morgenempfang bei einem Fürsten.

Leverk'usen, Industriestadt in Nordrh.-Westf. nahe der Wuppermündung, 111 600 Ew.; chem. Großind. (Bayer), Eisen-, Maschinen-, Textilind.

Leverrier [ləvɛrj'e], Urbain Jean Joseph, französ. Astronom, *1811, †1877; schloß aus den Abweichungen der Bewegung des Uranus von der Theorie auf die Existenz des Neptun.

L'evetzow, Ulrike v., *1804, †1899; Goethes

Leverkusen: Bayer-Hochhaus

Liebe zu ihr fand Ausdruck in seiner »Marienbader Elegie«.

L'evi, Sohn Jakobs und der Lea (→Leviten).

Leviath'an der, A. T.: der Chaosdrache (Ps. 104,26). Dichterisch: ein Meeresungeheuer.

Levir'at das, **Leviratsehe,** Schwägerehe, die bei manchen Völkern (z. B. Israeliten) bestehende Sitte, daß der jüngere Bruder die Witwe des älteren zu heiraten hat.

Lev'iten [nach →Levi] Mz., Ez. **Levit** der, **1)** israelit. Stamm, dem der Tempeldienst oblag. **2)** kath. Kirche: der Diakon und Subdiakon beim feierl. Hochamt. **3) die L. lesen,** einem Verweis erteilen.

Levk'oje die, krautige Kreuzblüter, bes. im Mittelmeergebiet; Gartenblumen.

Lévy-Bruhl [-bry:l], Lucien, französ. Soziologe und Psychologe, *1857, †1939; Arbeiten über das Denken der Naturvölker.

Levkoje

Lew, Lev der, -s/Lewa, bulgar. Währungseinheit, = 100 Stotinki. →Währungseinheiten.

Lewis [l'uis], **1)** Cecil Day, engl. Schriftsteller, *1904, traditionalist. Lyriker; auch Kriminalromane. **2)** John Llewellyn, amerikan. Gewerkschaftsführer, *1880, †1969; 1910-59 Führer der Bergarbeitergewerkschaft. **3)** Sinclair, amerikan. Schriftsteller, *1885, †1951; gab satir. Sittenbilder der amerikan. Mittelklasse; Romane »Hauptstraße«, »Babbitt«, »Dodsworth« u. a. Nobelpreis 1930.

Lex [lat.] die, Mz. Leges, ♐ das Gesetz.

Lex, Hans Ritter von, *1893, †1970; Verw.-Beamter, 1961-67 Präs. des Dt. Roten Kreuzes.

L'exikon [grch.] das, -s/...ka, Wörterbuch; nach dem ABC geordnetes Sachwörterbuch (→Enzyklopädie, →Konversationslexikon).

Ley, Robert, nat.-soz. Politiker, *1890, † (Selbstmord) 1945; Chemiker; 1932 Reichsorganisationsleiter; löste 1933 die Gewerkschaften auf, gründete die Dt. Arbeitsfront (DAF) sowie die Organisation »Kraft durch Freude« (KdF).

Leyden, 1) →Gerhaert von Leyden. **2)** →Lucas van Leyden.

Leysin [lez'ɛ̃], Luft- und Lungenkurort im Kt. Waadt, Schweiz, 1400 m ü. M., 4000 Ew.

L'eyte, vulkan. Insel der Philippinen, 7213 km², 1,257 Mill. Ew.; fruchtbar, mineralreich.

Lh'asa [tibet. »Ort der Götter«], Hauptstadt von Tibet, etwa 3600 m ü. M., etwa 50 000 Ew.; die hl.

S. Lewis

Lhasa: Potala

Libelle: a Libelle,
b Larve

Libyen:
Tripolitanische
Landschaft

Stadt der lamaist. Buddhisten, bis 1959 Sitz des Dalai-Lama mit Palastburg (Potala) und Jokhangtempel.

L'hombre [lŏbr, frz.] das, Kartenspiel unter 3-5 Spielern, mit franzÖs. Karte ohne 8, 9 und 10.

Lhotse, Berg im Himalaya, 8510 m hoch, erstiegen 1956 von E. Reiss und F. Luchsinger.

Li, chem. Zeichen für →Lithium.

Liaison [lięz'ŏ, frz.] die, Liebesverhältnis.

Li'ane [frz.] die, Kletterpflanze, bes. im trop. Urwald.

L'ias der oder die, **schwarzer Jura,** Gesteinsschicht, →Erdgeschichte, ÜBERSICHT. (TAFEL Erdgeschichte)

Liautung, Halbinsel in der südl. Mandschurei, zwischen dem Golf von L. und der Koreabai.

L'ibanon [arab. »Weißes Gebirge«] der, 1) Gebirge in Vorderasien, 160 km lang, über 3000 m hoch; an seinen Höhen nur noch Reste von L.-Zedern., 2) arab. Republik an der O-Küste des Mittelmeers, 10400 km², 2,6 Mill. Ew.; Hauptstadt: Beirut. Religion: rd. 50% Christen, darunter Maroniten; sonst Muslime und Drusen, rd. 6000 Juden. Der Staatspräs. muß Maronit, der MinPräs. Sunnit sein. – Anbau von Südfrüchten, Oliven, Wein, Tabak, Maulbeerbäumen; Erdölraffinerien. Transithandel, Fremdenverkehr. – GESCHICHTE. Bis 1946 →Syrien; seit 1946 Republik. Mai 1958 brachen schwere Unruhen aus: Landung amerikan. Truppen (Juli-Oktober) auf Ersuchen des Staatspräs. Staatspräs. seit 1970: S. Frangieh; MinPräs.: S. Salam (1970). ⊕ S. 514, ⊐ S. 346.

L'ibau, lett. **Li'epaja,** Hafenstadt der Lett. SSR, 88000 Ew.; Kriegshafen; Trockendocks; Industrie, Handel; Badestrand. – Im 13. Jahrh. vom Schwertbrüderorden gegr., gehörte L. seit 1795 zu Rußland. 1919-1940 zur Republik Lettland.

L'ibby, Willard F., amerikan. Physiker und Chemiker, *1908, erhielt für die Entwicklung der →Radiokarbonmethode 1960 den Nobelpreis.

Libellen [lat.] Mz., 1) **Wasserjungfern, Schillebolde.** Insekten mit vier netzadrigen Flügeln, großem Kopf, sehr leistungsfähigen Facettenaugen und kräftigen Mundwerkzeugen. Bekannt sind **See-, Schmal-** (oder Schlank-) und **Goldjungfer.** 2) →Wasserwaage.

liber'al [lat.], freisinnig; vorurteilsfrei.

Liberal-Demokratische Partei Deutschlands, LDPD, 1945 in der sowjet. Besatzungszone gegr. Partei, die 1948 ihre Unabhängigkeit durch Blockbildung mit der SED verlor.

Liberalis'ierung [lat. Kw.] die, Lockerung oder Aufhebung von Einschränkungen; polit.: Herstellung einer freiheitlicheren Ordnung; wirtschaftl. und i. e. S.: Beseitigung mengenmäßiger Beschränkungen bei der Einfuhr.

Liberal'ismus [lat.] der, Geisteshaltung, die der persönl. Freiheit und ungehinderten Betätigung des Einzelnen wie von Gruppen entscheidenden Wert im Rahmen des Ganzen zuspricht; auch die Bestrebungen, das öffentl. Leben entsprechend zu gestalten. Historisch entstand der L. Anfang des 19. Jahrh.; er wurde von bürgerl. Schichten getragen und knüpfte an die Franzöl. Revolution von 1789 an. Polit. Ziele waren die Beseitigung des

Absolutismus, die Einführung von Verfassungen, die Errichtung von Volksvertretungen, weitgehende Selbstverwaltung, Gewährung der Grundrechte. In Dtl. vor 1870 und in Italien war der L. Träger des nationalen Einheitsstrebens. Auf wirtschaftl. Gebiet forderte er die Beseitigung staatl. Eingriffe in das wirtschaftl. und soziale Leben (»laissez faire«, »Gewährenlassen); bei freiem Wettbewerb durch Gewerbefreiheit und Freihandel sollten sich Preise und Löhne nach dem Gesetz von Angebot und Nachfrage im freien Spiel der Kräfte regeln. Vielfach trat er gegen polit. Einflüsse der Kirche auf, so in Preußen z. Z. des Kulturkampfes; bes. in Frankreich, Italien und Spanien zeigte er antiklerikale Tendenzen. Die **liberalen Parteien** spielten im 19. Jahrh. eine wichtige Rolle. Seit den ersten Jahrzehnten des 20. Jahrh. trat ein Rückschlag ein, der sie vielfach, so in Großbritannien, zur Bedeutungslosigkeit herabdrückte. Heute sucht der L. in vielen Ländern nach neuen Wegen (Neoliberalismus).

Lib'eria, Rep. an der Oberguineaküste, W-Afrika, 111370km², 1,1 Mill. Ew. (rd. 25% Muslime, rd. 75000 Christen); Hauptstadt: Monrovia; Amtssprache: Englisch. – Präsidialverfassung nach amerikan. Muster. – Im Küstengebiet meist trop. Regenwald, landeinwärts Savanne. Anbau: Reis, Bananen, Kaffee u. a., in Plantagenwirtschaft Kautschuk. ✿ auf Eisenerz, Diamanten. Ausfuhr: Eisenerz, Kautschuk. Haupthandelspartner: USA. Große Handelsflotte unter liberian. Flagge. Haupthafen: Monrovia; Flughafen: Robertsfield (nahe Monrovia). – GESCHICHTE. L. ist 1822 aus einer Ansiedlung freigelassener nordamerikan. Negersklaven entstanden; seit 1847 selbständig. Präs.: W. Tolbert (seit 1971). ⊕ S. 514, ⊐ S. 346.

Lib'ertas die, altröm. Göttin der Freiheit.

Liberté, Egalité, Fraternité [frz.], »Freiheit, Gleichheit, Brüderlichkeit«, die Losungsworte der Französischen Revolution.

Libertin [libɛrt'ɛ̃, frz.] der, **Libertiner,** 1) zügelloser, liederl. Mensch. 2) ✝ Freigeist. **Libertinage** [libɛrtin'a:ʒ] die, Liederlichkeit.

l'iberum arb'itrium [lat.], freies Ermessen.

Lib'ido [lat.] die, im geschlechtl. Verhalten Lust, Trieb, Begierde.

Librati'on [lat.] die, scheinbare Pendelung des Mondes, die bewirkt, daß man ⁴/₇ der Oberfläche sehen kann.

Libr'etto [ital.] das, Textbuch einer Oper oder Operette.

Libreville [librəv'il], Hauptstadt und wichtigster Hafen der Rep. Gabun, 53300 Ew.

Lib'ussa, sagenhafte Gründerin Prags.

L'ibyen, Republik in N-Afrika, 1759540 km², 1,8 Mill. Ew.; Hauptstädte: Tripolis, Bengasi (im Wechsel), als neue Hauptstadt wird El Beida erbaut. Amtssprache: Arabisch. Volksvertretung: Senat und Abgeordnetenkammer; keine polit. Parteien. – L. umfaßt die Cyrenaica, Tripolitanien und Fessan. In Küstennähe kulturfähige Steppe und Weidegebiete; im Innern Wüste. Klima: heiß, trocken. BEVÖLKERUNG. Meist Araber, daneben Berber. Staatsreligion: Islam. WIRTSCHAFT. Anbau an der Küste und in Oasen, z. T. mit Bewässerung: Getreide, Datteln, Oliven. Grundlage der Wirtschaft L.s ist das Erdöl (an 6. Stelle in der Welterzeugung; erste Förderung 1956). Fremdenverkehr. Ausfuhr: Erdöl, Erdnüsse, Olivenöl, Datteln, Häute, Rizinussamen. Haupthandelspartner: Bundesrep. Dtl., Italien. Moderne Küstenstraße. Haupthäfen und Flughäfen: Tripolis, Bengasi. – GESCHICHTE. L. kam im 1. Jahrh. v. Chr. unter röm., im 7. Jahrh. unter arab. Herrschaft, 1556 an die Türkei, 1912 an Italien. L. war im 2. Weltkrieg Kampfgebiet. Am 24. 12. 1951 wurde es auf Beschluß der Verein. Nationen selbständiges Königreich unter Idris el-Senussi. Der König wurde 1969 abgesetzt. Oberst Moammer el Kadhafi übernahm die Macht. Die Republik wurde geführt. L. schloß sich am 1. 9. 1971 mit Ägyten und Syrien zu einer Föderation zusammen. ⊕ S. 514, ⊐ S. 346.

L'ibysche Wüste, der nordöstl., wasser- und

pflanzenärmste Teil der Sahara, etwa 2 Mill. km². Der NW der L. W. gehört zu Libyen, der NO zu Ägypten, der S zum Sudan.

Lic., Abk. für →Lizentiat.

L'ichen [grch.] der, **Knötchenflechte,** stark juckender knötchenförmiger Ausschlag.

Lichn'owsky, 1) Felix Fürst, *1814, † (ermordet) 1848, Führer der Rechten in der Frankfurter Nationalversammlung. **2)** Karl Max Fürst, *1860 †1928; Neffe von 1), 1912-1914 dt. Botschafter in London, bemühte sich um dt.-engl. Verständigung.

Licht das, eine elektromagnet. Strahlung, die sich geradlinig ausbreitet; an der Grenze zweier Medien (z. B. zwischen Luft und Glas oder Luft und Wasser) wird die Strahlrichtung geändert (→Brechung). Weißes L., das als eine Mischung verschiedenfarbigen L. aufzufassen ist, kann in seine verschiedenen Farben zerlegt werden, da diese verschiedene Brechbarkeit haben (→Dispersion, →Spektrum). Beim Auftreffen auf undurchsichtige Körper wird das L. entweder vollständig zurückgeworfen (reflektiert), wie vom Spiegel oder von weißen Körpern, oder es wird verschluckt (absorbiert), teilweise von farbigen, völlig von schwarzen Körpern (→Körperfarben). Die **L.-Geschwindigkeit** beträgt 300 000 km/s. Newton nahm an, daß das L. aus kleinsten Teilchen bestünde (Emissionstheorie, 1669). Die Wellentheorie von Huygens (1677) betrachtete das L. als die Wellenbewegung eines das ganze Weltall erfüllenden, unwägbaren Stoffes, des »Äthers«. Die Maxwellsche Theorie deutete das L. als elektromagnet. Strahlung der Wellenlängen 0,36-0,78 µm. Den **L.-Wellen** sind nach der Quantentheorie masselose Elementarteilchen, die **L.-Quanten** oder **Photonen,** zugeordnet, die von den Elektronen der Atome emittiert und absorbiert werden. **L.-Quellen** strahlen entweder selbst infolge hoher Temperatur und dadurch bedingter Anregung der Atomelektronen (Sonne, Fixsterne, Glühlampe) oder nach Anregung durch elektr. Vorgänge (Leuchtröhren), oder sie werfen das auf sie auftreffende L. zurück (Mond, Planeten, alle nicht selbstleuchtenden Körper).

Lichtanlage, alle zur elektr. Beleuchtung erforderl., fest verlegten Leitungen, Schalter, Sicherungen, Steckdosen u. ä.

Lichtbild, →Photographie.

Lichtbogen, Gasentladung hoher Stromstärke, techn. genutzt in der Bogenlampe, zum Schneiden, Schweißen, Schmelzen von Metallen (**L.-Ofen**).

Lichtdruck, 1) ⬚ Flachdruckverfahren zur Wiedergabe von Halbtönen, bei dem eine mit Gelatine überzogene Mattglasplatte belichtet wird. **2)** der Strahlungsdruck (→Strahlung).

lichte Höhe, Weite, Höhe im Lichten, innere nutzbare Höhe (Breite) eines Raumes oder einer Öffnung.

lichtelektrischer Effekt, →Photoeffekt.

lichtelektrische Zelle, →Photozelle, →Selen.

lichten, ⚓ den Anker hochziehen.

Lichtenberg, Georg Christoph, Schriftsteller, Physiker, *1742, †1799; Prof. in Göttingen; geistreiche »Aphorismen«, Abhandlungen.

Lichtenfels, Kreisstadt im bayer. RegBez. Oberfranken, am Main, 11000 Ew.; Fachschule für Korbflechterei; Korbwarenfabrik.

Lichtenstein, 1) Industriestadt im Bez. Karl-Marx-Stadt, 15 300 Ew.; Textilfachschule und -industrie. **2)** Schloß südöstl. von Reutlingen, auf der Schwäb. Alb, 1839 auf den Grundmauern der älteren, durch Hauffs Erzählung bekannten Burg L. erbaut.

Lichtjahr, die Strecke, die das Licht in einem Jahr zurücklegt, dient als Einheit für astronom. Entfernungsmessungen (1 L. = 9,461 Billionen km.

Lichtmaschine, im Kraftfahrzeug vom Motor angetriebener Generator, der den Strom für die elektr. Verbraucher und zur Batterieladung liefert.

Lichtmeß, Mariä L., Darstellung Christi (2. 2.), Fest zum Gedächtnis des Besuchs Marias mit dem Jesuskinde im Tempel.

Lichtnelke, 1) Lychnis, Gattung der Nelkengewächse. **Kuckucks-L.:** Wiesenblume mit fleischroten, zerschlitzten Blüten. Gartenpflanze: **Brennende Liebe,** scharlachrot. **2) Melandryum,** leimkrautähnl. Gattung der Nelkengewächse.

Lichtpause, die Kopie einer Vorlage (auf Transparentpapier) auf lichtempfindl. Material.

Lichtquant das, →Photon.

Lichtsignale, 1) zur Regelung des Verkehrs (Straßen, Eisenbahn). **2)** zur Übermittlung von Nachrichten (→Leuchtkugel, →Blinklicht; Notzeichen).

Lichtspielwesen, →Film.

Lichtstärke, 1) →Lichttechnik. **2)** Photographie: das Verhältnis der wirksamen Öffnung eines Objektivs zur Brennweite.

Lichtstrom, →Lichttechnik.

Lichttechnik, Grundbegriffe: **Lichtstrom:** die gesamte von einer Lichtquelle ausgehende Strahlungsleistung, soweit sie vom Auge als Licht empfunden wird, Einheit Lumen, Abk. Lm. **Lichtmenge:** das Produkt aus Lichtstrom und Zeit, Einheit Lumenstunde, Abk. Lmh. (für Wirtschaftlichkeitsbetrachtungen und als Dosis für photochem., -graph. und -biolog. Vorgänge). **Lichtstärke:** die Lichtstromdichte in der Raumwinkel 1, Einheit Candela, Abk. cd (Basiseinheit für das Internationale Einheitensystem SI). Eine nach allen Seiten gleichmäßig strahlende Lichtquelle von 12,57 Lm hat die Lichtstärke 1 cd. Die Lichtverteilungskurve einer Lichtquelle oder Leuchte gibt die Lichtstärke in verschiedenen Richtungen an. Als Normal dient ein Hohlraumstrahler bei der Temperatur des erstarrenden Platins. **Lichtausbeute:** der Quotient aus abgegebenem Lichtstrom und zugeführter elektr. Leistung, Einheit Lm/W. **Leuchtdichte:** Maß für die Helligkeit einer leuchtenden Fläche, d. h. Quotient aus Lichtstärke und Fläche (senkrecht zur Strahlungsrichtung), Einheit Stilb, Abk. sb (1 sb = 1 cd/cm²). **Beleuchtungsstärke:** Maß für die Helligkeit einer beleuchteten Fläche, d. h. Quotient aus Lichtstrom und Fläche, Einheit Lux, Abk. Lx (1 Lx = 1 Lm/m²).

Lichttonverfahren, photograph. Aufzeichnung von Schallwellen, die in Lichtsteuergeräten in Lichtschwankungen umgesetzt wurden (Tonfilm).

Lichtverstärker, engl. Laser der [Abk. für light amplification by stimulated emission of radiation], neuartige Lichtquelle zur Verstärkung einer Lichtstrahlung, liefert einen kohärenten, scharf gebündelten, fast zerstreuungsfreien Strahl von monochromat., frequenz- und phasengleichem Licht mit hoher Energiedichte. Bauarten: Festkörper-L. (Kristalle, meist Rubin), Gas-L. (Helium, Neon, Argon, Krypton, Kohlendioxyd), Halbleiter-L. (meist Gallium-Arsenid-Halbleiterdiode als Injektions-L. mit geringen Abmessungen). Die L.-Wirkung beruht auf der Möglichkeit, durch Resonanz bestimmte Elektronenübergänge im Atom zu erzwingen. Anwendungen: Bohren von feinsten Löchern, Schneiden, Schmelzen, Schweißen von Metallen, Keramik, Kunststoffen, Diamanten; Augen- und Mikrochirurgie, Spektroskopie, Landvermessung, Längenmessung, Leitstrahlsteuerungssysteme (Tunnelbauten), Radar, Nachrichtenübertragung. (TAFEL Physik)

Lichtwark, Alfred, Kunsthistoriker, *1852, †1914, führend in der Kunsterziehungsbewegung.

Lichtwert, bei automat. Kameraverschlüssen die vom Belichtungsmesser angezeigte Hilfszahl (1 bis 20), mit der Belichtungszeit und Blende eingestellt werden.

Lick-Sternwarte, auf dem Mount Hamilton in Kalifornien, nach dem Stifter benannt.

Lid das, Augenlid (→Auge).

Liderung, ⚙ →Dichtung 2).

Lidice [li'idjitse], tschech. Dorf im Bez. Kladno, 1942 von der SS als Repressalie für das Attentat auf Heydrich zerstört; die Männer wurden erschossen, die Frauen in KZ gebracht, die Kinder auf dt. Familien verteilt.

L'idingö, Stadt im schwed. VerwBez. Stockholm, auf der Insel L., 35 800 Ew.; Industrie.

L'ido [ital.] der, Landstreifen zwischen Meer und Lagune, z. B. der **L. von Venedig.**

M. Liebermann
(Selbstbildnis,
Ausschnitt)

Lie [li:], 1) Jonas, norweg. Schriftsteller, *1833, †1908; Romane (»Die Familie auf Gilje«). 2) Trygve, norweg. Politiker, *1896, †1968; 1946-53 Generalsekr. der Verein. Nationen.

Liebe [germ. Stw.] die, 1) opferbereite Gefühlsbindung, Zuneigung, z.B. →platonische Liebe; i.e.S.: geschlechtsgebundene Gefühlsbeziehung. 2) Erbarmen, Mildtätigkeit.

L'iebeneiner, Wolfgang, Schauspieler und Regisseur, *1905; wirkte zuerst in Berlin, seit 1954 am Theater i. d. Josefstadt in Wien. Filme: »Der Mustergatte«, »Liebe 47« u.a.

Liebenstein, Bad L., Gem. im Bez. Suhl, 8600 Ew.; ältestes Heilbad Thüringens (Eisen-, Arsen-, Mangan-, Kochsalzquellen); Augenheilanstalt.

Liebenwerda, Bad L., Kreisstadt im Bez. Cottbus, an der Schwarzen Elster, 6500 Ew.; Eisenmoorbad.

L'iebermann, 1) Max, Maler und Graphiker, *1847, †1935; Hauptvertreter des dt. Impressionismus; Genrebilder, Porträts, Landschaften. 2) Rolf, schweizer. Komponist, *1910; Opern, Orchesterwerke u.a. in der Zwölftonmusik nahestehendem Stil.

Liebesmahl, 1) Agape, in der christl. Kirche die bis ins 4. Jahrh. zugunsten der Armen veranstaltete gemeinsame Mahlzeit. 2) feierl. Abendmahlzeit der Brüdergemeine mit Gesang, Gebet.

Liebfrauenmilch, edler Wein aus Worms; danach: Name edler Rheinweine.

Liebig, Justus v., Chemiker, *1803, †1873; Schöpfer der Agrikulturchemie, führte die Mineraldüngung ein, entwickelte einen Fleischextrakt.

Liebknecht, 1) Karl, Politiker, Sohn von 2) *1871, †1919; seit 1912 sozialdemokrat. Reichstagsabgeordneter, führte den von ihm gegr. Spartakusbund (1919 in Berlin), wurde verhaftet und ohne Verfahren erschossen. 2) Wilhelm, Politiker, *1826, †1900; lebte seit 1850 in enger Freundschaft mit Marx in London; neben Bebel der erste Führer der SPD; Redakteur des »Vorwärts«.

Liebstöckel der oder das, Doldenblüter mit gelbl. Blütchen (Küchengewürz); der Wurzelstock gibt harntreibenden Tee.

L'iechtenstein, Fürstentum in den Alpen, zwischen Österreich und der Schweiz, von dieser durch den Rhein getrennt; 157 km², 20500 deutschsprachige, kath. Ew.; Hauptstadt: Vaduz. Verfassung von 1921, Landtag mit 15 Abgeordneten. Außenpolit. Vertretung L.s durch die Schweiz. Acker-, Obst-, Weinbau; Textil-, feinmechan. u.a. Ind.; Fremdenverkehr. Post- und Zollgemeinschaft mit der Schweiz. – Das österr. Adelsgeschlecht L. erwarb 1699 und 1712 die reichsunmittelbaren Herrschaften Schellenberg und Vaduz, 1719 zum Fürstentum L. erhoben. Fürst: Franz Joseph II. (seit 1938). ⊳ S. 346.

Lied das, 1) sangbare lyrische Kurzform. 2) ♪ die zum Singen bestimmte Vertonung eines Gedichts mit einer in sich geschlossenen Melodie. Das **Volkslied** gibt dem Empfindungen eines Volkes in allgemeingültiger Weise Ausdruck. Dagegen ist das **Kunstlied,** von einem bestimmten

v. Liebig

Lilie

Liechtenstein:
Vaduz
mit Schloß

Künstler geschaffen, in seinem Ausdruck persönlicher. Die häufigste Liedform in der Neuzeit ist das einstimmige Sololied mit Klavierbegleitung (Schubert, Schumann, Brahms, H. Wolf, R. Strauß u.a.).

Lieferschein, Begleitschein bei Warenlieferungen, oft verbunden mit einem Empfangsschein, der vom Empfänger zu unterzeichnen ist.

Liegendes, ⊕ Gesteinsschicht, →Hangendes.

Liegenschaft die, Grundstück.

Liegnitz, ehemal. Hauptstadt des RegBez. L., Niederschlesien, an der Katzbach, (1939) 83700 Ew.; Behördenstadt, landwirtschaftl. Veredelungs- u.a. Ind.; evang. Peter-Paul-Kirche (14. Jahrh., got.), kath. Johanniskirche (1714-1730 barock umgebaut); ehemal. herzogl. Schloß, barockes Rathaus. L. war schles. Herzogssitz, 1241 Mongolenschlacht (bei Wahlstatt), kam 1675 an Österreich, 1742 an Preußen. Seit 1945 unter poln. Verw. (**Legnica; 1969:** 75800 Ew.).

L'ienz, Stadt in Osttirol, Österreich, an der Drau, 675 m ü.M., 12800 Ew.; Fremdenverkehr.

Lieschgras, Grasgattung mit walziger Rispe: Wiesen-L. **(Timotheusgras,)** Futtergras.

L'iestal, Hauptstadt des Kt. Basel-Land, Schweiz, 45100 Ew.; verschiedene Industrie.

Lietz, Hermann, Pädagoge, *1868, †1919, gründete die ersten Landerziehungsheime.

Lif'ar, Serge, russ. Tänzer, *1905; seit 1930 Choreograph und Ballettmeister an der Großen Oper in Paris.

Lift [engl.] der, -s/-e oder -s, Aufzug. **Liftboy** der, Aufzugführer.

Liga [span.] die, -/...gen, Bund, Bündnis, bes. die Fürstenbündnisse im 15.-17. Jahrh. **Katholische Liga,** unter Maximilian I. von Bayern 1609 gegen die Protestant. Union abgeschlossen.

Liga für Menschenrechte, 1898 in Paris zur Revision des Dreyfus-Prozesses gegr. 1922 schlossen sich die nationalen Gruppen zur **Internat.** L. f. M. zusammen.

Ligam'ent [lat.] das, ∫ sehniges Band.

Ligat'ur [lat.] die, 1) Vereinigung zweier Buchstaben auf eine Type, z.B. fi, fl, æ, œ. 2) ♪ Zusammenziehung von zwei gleich hohen Noten zu einem Ton; Zeichen dafür: ◡.

Lign'in [lat.] das, Holzbestandteil.

Lign'it der, holzartige Braunkohle.

Ligu'ori, Alfonso Maria di, kath. Moraltheologe, *1696, †1787; Gründer der →Redemptoristen (1732); Kirchenlehrer (Tag 1. 8.).

Lig'urien, 1) im Altertum das Land der kelt. **Ligurer,** die zu Beginn der geschichtl. Zeit im südl. Gallien und westl. Oberitalien wohnten. 2) Landschaft um den Golf von Genua.

Lig'urisches Meer, der nördl. Teil des westl. Mittelmeers zwischen der Riviera und der Insel Korsika.

Lig'uster der, **Rainweide,** Heckenstrauch mit weißen Blüten und schwarzen Beeren.

Lig'usterschwärmer, großer, braun-rotschwarzer Nachtschmetterling; die grüne Raupe lebt auf Liguster und Flieder.

li'ieren [frz.], eng verbinden. **li'iert,** eng verbunden, vertraut.

Lik'ör [frz.] der, süßer oder sämiger Gewürz-, Frucht-, Kräuterbranntwein.

Likt'oren [lat.] Mz., Ez. **L'iktor** der, im alten Rom: Amtsdiener der höheren Beamten, denen sie die →fasces vorantrugen.

lila [arab. »Flieder«], fliederfarben.

L'ilie die, Gattung einkeimblättriger hoher Zwiebelpflanzen mit großen Blüten; manche als Zierpflanzen. Europ.-asiat.: **Türkenbund,** blaß braunrot blühend, bes. im Buchenwald, steht unter Naturschutz; europ.: **Feuer-L.,** rot-gelb blühend, auf Gebirgswiesen. Viele Arten sind Gartenzierpflanzen, z.B. die weißblühende **Weiße L.** aus dem östl. Mittelmeerbereich. Zur Familie Liliengewächse gehören außer der Gattung Lilie noch die Tulpe, Kaiserkrone, Hyazinthe, Zwiebel.

L'iliencron, Detlev Freiherr v., Dichter, *1844, †1909; Gedichte (»Adjutantenritte«, »Der

Haidegänger«), Kriegsnovellen, Romane, das »kunterbunte« Epos »Poggfred«.

L'ilienthal, Otto, Ingenieur und Flugtechniker, *1848, † (abgestürzt) 1896; führte seit 1891 als erster Gleitflüge über mehrere 100 m Länge aus.

L'iliput, in Swifts Satire »Gullivers Reisen« (1726) ein Märchenland mit nur daumengroßen Bewohnern **(Liliputanern).**

Lil'ith, im jüd. Aberglauben unheilbringendes Nachtgespenst; im Talmud Adams erstes Weib.

Lilje, Hanns, evang. Landesbischof von Hannover (1947-71), *1899; stellvertr. Vors. des Rates der EKD.

Lille [lil], Stadt und Festung in NO-Frankreich, 193 100 Ew.; 2 Universitäten; Mittelpunkt eines ausgedehnten Industriegebiets (Gewebe, Maschinen). Lille gehörte früher zu Flandern, kam 1668 an Frankreich.

Lima, Hauptstadt der Rep. Peru, Südamerika, 2,0 Mill. Ew.; Kathedrale, Bauten aus der Kolonialzeit, alte Kirchen und Klöster; Erzbischofssitz; Universität, Tierärztl. Hochschule. Baumwoll-, Möbel-, Schuh-, Mühlen-Ind., Brauereien. – 1535 von Pizarro gegründet.

Lim'an [türk.] der, Haff, bes. die Haffe senkrecht zur Nordküste des Schwarzen Meers.

Limbach-Oberfrohna, Stadt im Bez. Karl-Marx-Stadt, 25 900 Ew.; Fachschule für Wirkerei; Wirkwaren- u. a. Industrie.

Limburg, 1) L. an der Lahn, Kreisstadt in Hessen, 15 300 Ew.; roman. Dom; Fachwerkhäuser; Industrie: Maschinen, Blech-, Papierwaren. **2)** südl. Provinz der Niederlande, ehemal. Herzogtum; Hauptstadt: Maastricht. **3)** nordöstl. Provinz Belgiens, westlich der Maas; Hauptstadt: Hasselt. **4)** Stadt in Belgien, östl. von Verviers; Käsebereitung: **Limburger Käse.**

Limburg, die Brüder von, Paul, Hermann, Jan, niederländ.-französ. Miniaturmaler. Hauptwerk: Stundenbuch »Très riches heures« (um 1416), für den Herzog von Berry geschaffen.

L'imbus [lat. »Rand«] der, nach kath. Lehre die Vorhölle, der Aufenthaltsort a) der Gerechten des A. T. bis zur Himmelfahrt Christi, b) der seit der Verkündigung des Evangeliums ungetauft verstorbenen Unmündigen.

L'imerick, Hafenstadt im südwestl. Irland, an der Shannonbucht, 55 900 Ew.; Schiffbau, Eisengießerei, Großschlächtereien, Molkereien, Salmfischerei.

L'imerick der, engl. Strophenform, meist fünfzeilig, für Ulkverse.

L'imes [lat.] der, Grenzwall; bes. der unter Domitian, Trajan, Hadrian gebaute und durch Kastelle verstärkte **Obergerman.-Rätische L.** (548 km lang), der die Prov. Obergermanien und Rätien zwischen Rhein und Donau gegen die german. Völker abschloß; nach 250 n. Chr. von den Römern aufgegeben. Verlauf: Neuwieder Becken-Ems an der Lahn-Südrand des Taunus (Saalburg)-Butzbach-Miltenberg-Lorch-Kelheim a.d.Donau.

L'imfjord der, 180 km lange, buchtenreiche Meeresstraße durch N-Jütland (Dänemark).

L'imit [engl.] das, Preisgrenze, bes. im Wertpapierhandel, soll beim Kauf nicht über-, beim Verkauf nicht unterschritten werden. Zw.: **limit'ieren.**

Limited [l'imitid, engl. »beschränkt«], **Ltd.,** **Lim., Ld.,** Zusatz bei engl. Handelsfirmen, die etwa der dt. AG. oder GmbH. entsprechen.

L'immat der, rechter Nebenfluß der Aare, entspringt als **Linth** am Tödi, fließt in den Zürichsee, den sie als L. verläßt, mündet bei Brugg.

Limnolog'ie [grch.] die, Wissenschaft von den Binnengewässern und ihren Lebewesen. **Limnogr'aph,** Pegel, der Wasserveränderungen selbsttätig aufzeichnet.

Limoges [lim'o:ʒ], Hauptstadt der geschichtl. Landschaft **Limousin,** Mittelfrankreich, an der Vienne, 132 000 Ew.; mittelalterl. Bauwerke; Univ.; Herstellung von Fayencen, Porzellan, Emailwaren, Elektrogeräten.

Limon'ade [frz., von →Limone] die, Getränk aus Wasser, Zucker, Fruchtsaft.

Lim'one [ital.] die, Zitrone (→Citrus).

Limous'ine [nach der französ. Gfsch. Limousin] die, geschlossener Personenkraftwagen.

Limp'opo der, Fluß im östl. Südafrika, entspringt als **Krokodilfluß** bei Johannesburg, mündet in den Indischen Ozean, 1600 km lang.

Lina, Linchen [Kurzform von Karoline oder Pauline], weibl. Vorname.

Lin'ares, Bergwerksstadt im südl. Spanien, 62 200 Ew.; Blei-, Kupferbergbau.

Lincke, Paul, Operetten-, Schlagerkomponist, *1866, †1946; »Frau Luna«, »Berliner Luft« u.a.

Lincoln [l'iŋkən], **1)** Stadt in Mittelengland, 77 180 Ew.; Kathedrale (12.-14. Jahrh.). **2)** Hauptstadt von Nebraska, USA, 149 500 Ew.; Staatsuniversität; Druckereien, Schlachthäuser.

Lincoln [l'iŋkən], Abraham, *1809, † (ermordet) 1865; als Republikaner 1861-65 der 16. Präs. der USA, hob 1862 die Sklaverei auf, führte die Nordstaaten im Sezessionskrieg.

Lind, Jenny, schwed. Sängerin, *1820, †1887; als »schwedische Nachtigall« gefeiert.

Lindau, Kreisstadt in Bayern, Altstadt auf einer Insel im Bodensee, 26 300 Ew.; Peterskirche (10. u. 12. Jahrh.), Stefanskirche (12. u. 18. Jahrh.), Rathaus (17. Jahrh.; umgebaut), Patrizierhäuser; Fremdenverkehr; Metall- u.a. Ind. Bis 1805 Reichsstadt.

Lilienthal

Lincoln

Lindau: Blick auf den Hafen

Lindbergh, Charles, amerikan. Flieger, *1902, überflog 1927 als erster allein den Atlant. Ozean auf der Strecke New York - Paris.

Linde, die, Baumgattung der Lindengewächse in der nördl. gemäßigten und subtrop. Zone, mit grünlichgelben, duft- und honigreichen Blüten, mit Flugblatt, das dem Blütenstiel angewachsen ist, und einsamigen Nüßchen. Die **Großblättrige L.** oder **Sommer-L.** blüht Mitte bis Ende Juni, die **Kleinblättrige L.** oder **Winter-L.** etwa zwei Wochen später (→Zimmerlinde). Das weiche, zähe Holz dient zu Schnitzarbeiten, der Bast als Binde- und Flechtstoff, die Blüten zu Schwitztee, dem

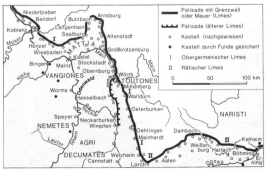

Limes

Linde: a Blüte der Winterlinde, b Frucht

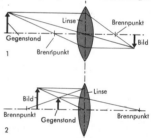

Lindenblütentee, die Holzkohle zum Zeichnen. (TAFEL Waldbäume)

Linde, Carl v., Ingenieur, *1842, †1934; erfand 1876 die Ammoniakkältemaschine.

Lindenberg im Allgäu, Stadt im RegBez. Schwaben, Bayern, 10400 Ew.; Industrie; Fremdenverkehr.

Linderhof, Prunkschloß Ludwigs II. von Bayern, südwestl. von Oberammergau.

Lindlar, Gem. in Nordrh.-Westf., 12500 Ew.; umfangreiche Steinindustrie.

Lindtberg, Leopold, österr. Bühnen- und Filmregisseur, *1902; seit 1933 Regisseur am Schauspielhaus Zürich.

Lindwurm, 1) Ungeheuer der german. Dichtung und Sage, →Drache. 2) Heraldik: Drache ohne Flügel.

Line'al [lat.] das, Holz- oder Metallstab zum Ziehen gerader Linien. Kurven-L., →Kurve.

line'ar [lat.], auf Linien beziehbar, durch Linien darstellbar; **lineare Gleichung,** Gleichung ersten Grades.

Line'arbeschleuniger, Gerät zur Beschleunigung geladener atomarer Teilchen auf gerader Bahn (einige m bis km). Ionen werden durch Spannungsstöße zwischen aufeinanderfolgenden Elektroden, Elektronen durch ein elektr. Wechselfeld beschleunigt. Anwendung in der Hochenergiephysik und zur Erzeugung sehr harter Röntgenstrahlen.

L'inga(m) [Sanskrit »Geschlechtsglied«] das, in Indien verehrtes Sinnbild des Schiwa.

Lingen, Kreisstadt in Ndsachs., am Dortmund-Ems-Kanal, 25800 Ew.; Erdölgewinnung; Kernkraftwerk.

Lingu'istik [lat.] die, Sprachwissenschaft.

L'inie [lat.] die, 1) △ Bahn eines bewegten Punktes. 2) früher: aktive Truppenteile zum Unterschied von Reserve, Landwehr. 3) Abstammungsreihe, Familienzweig.

Linienrichter, Gehilfe eines Schiedsrichters bei Ballspielen (an der Seitenlinie).

L'inienschiff, bis etwa 1918 die größten und kampfkräftigsten Schlachtschiffe.

Linim'ent [lat.] das, weiche, fast flüssige Salbe.

Linke die, 1) im Parlament die (vom Präsidentenplatz aus) auf der linken Seite des Saales sitzende(n) Partei(en). 2) bes. die sozialist. Parteien, auch in einer polit. Partei der linke Flügel, der dem Sozialismus oder Kommunismus nahe steht.

linke Hand, →morganatische Ehe.

Linklater [l'iŋkleitə], Eric, schott. Erzähler, *1899; Romane »Juan in Amerika« u. a.

Linköping [l'intçøpiŋ], Stadt in S-Schweden, 79300 Ew.; Dom (12.-15. Jahrh.), Schloß (15.Jahrhundert), Flugzeug- u.a. Industrie.

Linkshändigkeit, Bevorzugung der linken Hand vor der rechten (z. B. beim Schreiben), bei 2-5% aller Menschen.

Link-Trainer [-treinə], Übungsgerät für Flugschüler, bes. zur Vorschulung im Blindflug.

Linné, Carl v., schwed. Naturforscher, *1707, †1778; schuf für die Pflanzen- und Tierarten latein.-griech. Benennungen mit je einem Gattungs- und einem Artnamen, beschrieb auch viele neue Arten und Gattungen.

v. Linné

Linse: a Blüte, b Frucht

Linz (Donau), links: Stadtpfarrkirche, rechts: alter Dom

Linnich, Stadt in Nordrh.-Westf., 12200 Ew.

Lin'oleum das, dauerhafter, elast. Belagstoff für Fußböden, Wände, Tische usw. aus Leinölfirnis, Kork, Harzen und Farbstoffen, auch Sojabohnenöl; in der Graphik zur Herstellung von Linolschnitten.

Linon [lin'ɔ̃, frz.] der, feinfädiges Gewebe aus Leinen, Baumwolle oder Halbleinen.

Linotype [l'ainotaip, engl.] die, →Setzmaschine.

Lin Piao, chines. kommunist. General, *1907; seit 1959 Verteidigungsmin., stellvertretender Vors. der KP, 1969 zum späteren Nachfolger Mao Tsetungs ernannt, bald danach entmachtet.

Linse die, 1) ⚶ krautiger, einjähriger Schmetterlingsblütler mit kleinen, weißl. Blüten und meist zweisamigen Hülsen; in Europa und anderen Erdteilen angebaut. Die Samen dienen als Gemüse, das Kraut als Viehfutter. 2) →Auge. 3) Optik: aus durchsichtigem Stoff (Glas, Steinsalz, Quarz) bestehende Körper, die von zwei schwach gewölbten Kugelhauben oder einer Ebene und einer Kugelhaube begrenzt sind. **Sammel-** oder **Konvexlinsen,** in der Mitte dicker als am Rand, vereinigen parallele Strahlen in einem Punkt, dem **Brennpunkt** (daher auch **Brennglas**). Seine Entfernung von der Linsenmitte heißt **Brennweite. Zerstreuungs-** oder **Konkavlinsen,** in der Mitte dünner als am Rand, bewirken Auseinanderlaufen der Strahlen. Je nach Art der Krümmung der Linsen unterscheidet man **bi-, plan-** und **konkavkonvexe Sammellinsen** und **bi-, plan-** und **konvexkonkave Zerstreuungslinsen. Linsen-Kombination,** Linsen-Satz, eine Vereinigung mehrerer L., um die bei einfachen L. auftretenden Fehler (Aberration, Astigmatismus, Dispersion, Koma) auszugleichen.

Linse: Abbildung durch eine Sammellinse, 1 Gegenstand außerhalb, 2 innerhalb der Brennweite

Linters [engl.] Mz., unverspinnbare Schutzhaare des Baumwollsamenkerns; zur Herstellung von Chemiefasern, auch als Rohstoff für Papier.

Linth die, der Oberlauf der →Limmat.

Lintorf, Gem. im Kr. Düsseldorf-Mettmann, Nordrh.-Westf., 11000 Ew.

Lin Yutang, eigentl. **Lin Yü-t'ang,** chines. Schriftsteller, *1895; lebt seit 1936 in den USA. Romane »Mein Land und mein Volk«, »Weisheit des lächelnden Lebens«.

Linz an der Donau, Hauptstadt Oberösterreichs, 205400 Ew.; Rathaus (1651), Dreifaltigkeitssäule (1723), Jesuitenkirche, ehemal. Minoritenkirche (spätbarocker Neubau), Landhaus (1564 bis 1571); wichtiger Verkehrsknoten; Eisen- und Stahlwerke, opt., Stickstoff-, Textil-, Tabakind. – L. entstand aus dem röm. Kastell Lentia.

Linzgau, Landschaft nördl. vom Bodensee.

Lion, Golfe du [dy ljɔ̃], Meeresbucht an der franzö́s. Mittelmeerküste, in ihn mündet die Rhône.

Lions [l'aiənz, engl.], Kurzw. aus Liberty, Intelligence, Our Nations' Safety, Zusammenschluß von Persönlichkeiten des öffentl. Lebens zur internat. Verständigung, Sitz: Chicago.

Liotard [liot'a:r], Jean-Etienne, schweizer. Pastell- und Emailmaler, *1702, †1789.

Lip'arische Inseln, Äolische Inseln, vulkan.

Inselgruppe nördl. von Sizilien, 117 km². Tätige Vulkane: Stromboli, Vulcano.

Lip'asen Mz., fettspaltende Enzyme.

L'ipezk, Stadt nördl. von Woronesch, Sowjetunion, 275000 Ew.; Badeort; Hüttenwerk, Nahrungsmittel- u. a. Industrie.

Lipizz'aner, Warmblutpferde (meist Schimmel), bis 1918 aus dem Hofgestüt Lipizza bei Triest, das dann nach Piber (Steiermark) verlegt wurde; edle Dressurpferde der Span. Reitschule in Wien.

Lipo'ide [grch.] Mz., in tier. und pflanzl. Zellen vorhandene fettähnl. Stoffe, z. B. Phosphatide. Die fettlösl. Vitamine sind an L. gebunden.

Lip'om [grch.] das, die →Fettgeschwulst.

Lippe [dt. Stw.] die, fleisch. Rand bes. der menschl. Mundspalte. Die L. bestehen aus dem kreisförm. Schließmuskel des Mundes, der nach außen von der Gesichtshaut, nach innen von der Mundschleimhaut bedeckt ist; durch eine Schleimhautfalte (Lippenbändchen) sind beide Häute in der Mittellinie mit dem Zahnfleisch verbunden.

Lippe die, rechter Nebenfluß des Rheins, 237 km lang, entspringt im Teutoburger Wald, mündet bei Wesel.

Lippe, ehemal. Freistaat in NW-Dtl., westl. der Weser, vom Lipp. Bergland und Lipp. Wald durchzogen, umfaßte 1215 km² mit (1939) 187300 Ew. Hauptstadt war Detmold. – Die im 10. Jahrh. entstandene, seit 1529 reichsunmittelbare Herrschaft L. wurde 1720 Fürstentum; 1643 hatte sich →Schaumburg-Lippe abgetrennt. 1918 wurde L. Freistaat, seit 1947 gehört es zu Nordrh.-Westf.

Lippenblüter, Labi'aten Mz., Pflanzenfamilie, Kräuter oder Sträucher, mit vierkant. Stengel und lippenförm. Blüten; die Blüte hat Ober- und Unterlippe, zwei ungleich lange Staubfädenpaare, vierteil. Fruchtknoten. Die L. sind meist würzig durch flüchtiges Öl (Arznei-, Küchenpflanzen).

Lippi, italien. Maler, 1) Filippino, Sohn von 2), * 1457, † 1504; Schüler von Botticelli; religiöse Bilder, bizarre Spätwerke. 2) Fra Filippo, *1406, †1469; Karmelitermönch; naturnaher, weltfreudiger Meister der Frührenaissance.

Lipps, Theodor, Psychologe und Philosoph, *1851, †1914; Anhänger des Psychologismus.

Lippspringe, Bad L., Stadt in Nordrh.-Westf., an der oberen Lippe, 10100 Ew.; radioaktive Mineralquellen.

Lippstadt, Stadt in Nordrh.-Westf., an der Lippe, 42300 Ew.; Eisen-, Metall-, Textil-, Möbel-, Keramikindustrie.

L'iptauer Käse [aus Liptau in der Slowakei], ein Schafmilch-Weichkäse.

l'iquet [lat.], es ist klar, es leuchtet ein.

liqu'id [lat.], flüssig, verfügbar. **Liquidit'ät** die, Flüssigkeit, die Fähigkeit zur rechtzeitigen Erfüllung fälliger Zahlungsverpflichtungen.

L'iquidae [lat. »flüssige Laute«] Mz., die Mitlaute r und l.

Liquidati'on die, 1) Kostenberechnung; Rechnung, z. B. eines Arztes. 2) Auflösung eines Geschäfts, Unternehmens. **Liquid'ator** der, als Vertrauensmann bestellter Leiter der Auflösung von Handelsgesellschaften usw.

liquid'ieren, 1) abrechnen, berechnen (fordern). 2) auflösen (ein Geschäft). 3) vernichten.

L'iquor [lat.] der, Flüssigkeit. L. cerebrospinalis, der →Lymphe ähnl., Gehirn- und Rückenmark umspülende Flüssigkeit; wird durch Lumbalpunktion (→lumbal) gewonnen.

Lira [von lat. libra »Pfund«] die, -/Lire, italien. →Währungseinheit, = 100 Centesimi.

Lisel'otte von der Pfalz, Tochter des Kurfürsten Karl Ludwig, *1652, †1722; ∞ 1671 mit Herzog Philipp von Orléans, dem Bruder Ludwigs XIV.; schrieb urwüchsige Briefe über die Zustände am Versailler Hof.

Lis'ene [frz.] die, ⊓ flacher, senkrechter, der Gliederung dienender Wandstreifen.

Lisieux [lizj'ø] franz. Stadt in der Normandie, 25200 Ew.; got. Kathedrale; Möbel- u.a. Ind.

lispeln, eine →Sprachstörung.

Liss, Johann, Maler, * um 1597, †1629/30.

Lissa, poln. **Leszno,** Kreisstadt in Polen (Posen), 33700 Ew.; Möbel-, Maschinen- u. a. Ind. L. kam 1793 an Preußen, 1920 an Polen. Seit dem Dreißigjährigen Krieg war es der Hauptsitz der Böhm. Brüder in Polen (Comenius).

L'issabon, portugies. **Lisb'oa,** Hauptstadt und -hafen Portugals, an der Mündungsbucht des Tejo (Brücke), 824800 Ew.; kultureller und wirtschaftl. Mittelpunkt des Landes; Univ., TH; Bauten: das mächtige Kloster Dos Jeronymos de Belem (1499 bis 1572), alte Kathedrale, die Kirchen São Vicente de Fora und São Roque, Necessidadespalast (früher kgl. Schloß), vielseitige Industrie, Schiffbau, Flughafen. – L., seit dem 8. Jahrh. islamisch, wurde 1147 den Mauren entrissen, im 15. Jahrh. wichtigster Handelsplatz Europas; 1755 durch Erdbeben vernichtet.

List, Friedrich, Volkswirtschaftler, *1789, †1846; trat für ein einheitl. dt. Zollgebiet und für den Eisenbahnbau ein. Hauptwerk: »Das nationale System der polit. Ökonomie« (1840).

Listenwahl, Wahlverfahren, bei dem mehrere Abgeordnete zugleich nach einer feststehenden Liste gewählt werden.

Lister, Joseph, engl. Chirurg, *1827, †1912; führte die Wundbehandlung mit keimtötenden Mitteln (Antisepsis) ein.

Liszt, Franz v., Pianist und Komponist, *1811, †1886, Förderer Richard Wagners. Werke: sinfon. Dichtungen, Oratorien, Messen, Klavierwerke (Konzerte, Rhapsodien, Etüden). Seine Tochter Cosima, *1837, †1930, ∞ mit Hans v. Bülow, dann mit Richard Wagner. Sein Vetter Franz v. L., Jurist, *1851 †1919, war der Gründer der dt. soziolog. Strafrechtsschule. (BILD S. 554)

Li Tai-po, auch **Li-po,** der größte chines. Lyriker, *701, †762.

Litan'ei [grch.] die, Wechselgebet zwischen Geistlichem (Vorbeter) und Gemeinde.

L'itauen, geschichtl. Landschaft im Baltikum, zwischen Ostpreußen und Lettland, ist als Litauische SSR seit 1940 Unionsrep. der Sowjetunion; 65200 km², 3,026 Mill. Ew. (rd. 80% Litauer, Russen, Polen, Weißrussen u. a.); Hauptstadt: Wilna. Wald- und Seenlandschaft; Hauptfluß der Memel; größte Städte: Wilna, Kaunas. Ackerbau, Obstbau, Viehwirtschaft. Nahrungsmittel-, Textil-, Papier- u. a. Ind. – GESCHICHTE: Die Litauer kämpften im 13. und 14. Jahrh. oft gegen den Dt. Orden und gründeten seit Anfang des 14. Jahrh. ein Großreich zwischen Düna und Schwarzem Meer. 1386 durch Jagiello, der zum Christentum übertrat, mit Polen vereinigt, kam durch die poln. Teilungen von 1772, 1793 und 1795 an Rußland. 1918 wurde L. unabhängiger Freistaat. Das von L. beanspruchte Wilnagebiet nahm Polen 1920 in Besitz; die vorläufige Hauptstadt wurde Kaunas. 1923 wurde L. das Memelgebiet zugesprochen. Seit 1940 Sowjetrepublik (1941-44 von dt. Truppen besetzt).

L'itauer, Volk der balt. Sprachengruppe, katholisch, etwa 3 Mill.; bes. in Litauen.

Lite der, Höriger; altgerman. Halbfreier.

Liter [frz.] der, das, Abk. **l,** Einheit der Raum-

Lissabon: Turm des Klosters Belem

Lippenblüter: Blüte der Taubnessel, 1 Längsschnitt, 2 von vorn, 3 Grundriß, 4 Frucht im Kelch, a Kelchblätter, b Blütenblätter, c Staubgefäße, d Fruchtknoten, e Griffel mit Narbe

Filippo Lippi: Bildnis einer jungen Frau

List

Liszt

Livingstone

Liverpool: Hafen

maße, Rauminhalt von 1 kg Wasser von 4 °C; 1 l = 1 dm³ = 1000 cm³.

Literat'ur [lat.] die, Gesamtheit aller schriftl. niedergelegten sprachl. Zeugnisse, bes. die Dichtung. Die L. wird nach Epochen, Völkern oder Sachgebieten geordnet. Das Schrifttum einer Nation ist die National-L., die über die Grenzen hinauswirkende L. die Welt-L. Die **L.-Wissenschaft** erforscht Geschichte **(L.-Geschichte)**, Formen und Gattungen der L.; sie sichert die Originaltexte literar. Werke, deutet ihre Form und ihren Gehalt **(Interpretation)** und untersucht ihre Entstehung, Wirkung, Verbreitung und den geschichtl. Zusammenhang, in dem sie stehen. liter'arisch, schriftstellerisch. **Liter'at** der, Berufsschriftsteller (neuerdings meist abschätzig).

Lit'ewka [poln.] die, -/...ken, blusenartiger Uniformrock mit Umlegekragen.

L'itfaßsäule [nach dem Buchdrucker E. Litfaß], Anschlagsäule, zuerst 1854 in Berlin.

L'ithium [grch.] das, **Li**, chem. Element, dem Natrium sehr ähnl., silberweißes Alkalimetall; Dichte 0,53 g/cm³ (das leichteste Metall), Schmelzpunkt 180 °C; in geringen Mengen weitverbreitet in Mineralien und Mineralwässern. L. und L.-Salze färben die Flamme karminrot.

Lithograph'ie [grch.] die, →Steindruck.

Lithop'one [Kw., grch.] die, weiße Malerfarbe aus Zinksulfid und Bariumsulfat.

Lithosph'äre [Kw., grch.] die, der etwa 1200 km dicke Gesteinsmantel der Erde.

litor'al [lat.], zur Küste gehörig.

Lit'otes [grch.] die, Bejahung durch Verneinen des Gegenteils: »nicht wenig« für »viel«.

Litt, Theodor, Philosoph, *1880, †1962; Schüler Diltheys, vom dt. Idealismus bestimmt.

Little Rock [litl rɔk], Hauptstadt von Arkansas, USA, 132 500 Ew.; Univ., Baumwollind.

Liturg'ie [grch.] die, 1) in altgriech. Staaten unentgeltl. Leistung für das Gemeinwesen. 2) der öffentl., von der Kirche geübte Kultus. In der kath. Kirche seit 1963 stark geändert (Umgestaltung der Messe, Erhebung des Landes- zur L.-Sprache), als Ergebnis der **Liturgischen Bewegung**. In der evang. Kirche befaßt sich bes. der →Berneuchener Kreis mit L.

Litw'inow, Maksim, eigentl. **Wallach**, sowjet. Politiker, *1876, †1951; 1930-39 Außenkommissar, vertrat die Sowjetunion im Völkerbund, 1941-43 Botschafter in Washington.

Litze die, 1) schmales Geflecht, Tresse. 2) biegsamer elektr. Leiter aus dünnen, zum Teil miteinander verflochtenen Einzeldrähten. 3) Seil aus einer oder mehreren Drahtlagen.

L'iudger, Ludger, Missionar der Friesen, †809; Heiliger (Tag 26. 3.).

L'iudolfinger, Ludolfinger, altsächs. Adelsgeschlecht, erlangte im 9. Jahrh. die sächs. Herzogswürde, stellte dann die sächs. Kaiser; mit Heinrich II. starb es 1024 aus. (→Sachsen).

Liu Schao-tschi, chines. Politiker (Kommunist), *1898, Organisator der chines. KP, 1959-68 Präs. der Volksrepublik China.

Liutschou, Industriestadt in der autonomen Region Kuangsi-Tschuang, 159 000 Ew.; Flußhafen, Eisenbahn; Maschinenbau.

Liverpool [l'ivəpu:l], Stadt in W-England, am Mersey, 729 100 Ew.; Univ., Kathedrale, Sternwarte; Welthandelshafen mit Docks und Trockendocks; Baumwollmarkt; Flugplatz.

Live-Sendung [laiv-, engl.], ☎ Original- oder Direktsendung.

L'ivia, Drusilla, 3. Gemahlin des Augustus, *58 v. Chr., †29 n. Chr., Mutter des Tiberius.

Livingstone [l'ivinstən], David, engl. Afrikaforscher, *1813, †1873, unternahm seit 1849 erfolgreiche Entdeckungsreisen in Süd- und Mittelafrika. Nach ihm sind die L.-Fälle im Kongounterlauf und das L.-Gebirge am Njassasee benannt.

Livist'ona, Schirmpalme, trop. Gatt. der Fächerpalmen; Gewächshaus-, Zimmerpflanzen.

L'ivius, Titus, röm. Geschichtsschreiber, * um 59 v. Chr., †17 n. Chr.

L'ivland, geschichtl. Landschaft im Baltikum, stand seit dem 13. Jahrh. unter der Herrschaft des Dt. Ordens, wurde 1561 poln., 1629 schwed., 1721 russ.; die dt. Oberschicht (Ritterschaft und Städte) bewahrte bis gegen Ende des 19. Jahrh. ihre ständ. Selbstverwaltung. 1918 zwischen Estland und Lettland geteilt.

Liv'orno, Hafen- und Handelsstadt an der Westküste Mittelitaliens, 173 800 Ew.

Livre [livr], ehem. französ. Münze zu 20 Sous.

Livrée [frz.] die, Uniform für Diener.

Lizenti'at der, Abk. **Lic.** oder **Lic. theol.,** in Dtl. akadem. Würde der evang. Theologen.

Liz'enz [lat.] die, 1) Erlaubnis, bes. zum Betrieb genehmigungspflichtiger Gewerbe, z.B. Schankwirtschaft, auch die Abgabe, die für den Betrieb eines solchen Gewerbes zu entrichten ist (L.-Gebühr). 2) Patentrecht: die vom Inhaber eines Patents einem andern erteilte Erlaubnis, die Erfindung für sich in einem bestimmten Gebiet gewerblich zu nutzen.

Lj'uberzy, Stadt im Gebiet Moskau, 139 000 Ew.; Maschinenbau, chem. Industrie.

Ljublj'ana, slowen. für →Laibach.

Llanos [lj'anɔs, span.] Mz., Hochgrassteppen im trop. und subtrop. Amerika.

Llewellyn [lu'elin], Richard, engl. Schriftsteller, *1907; Romane »So grün war mein Tal« u. a.

Lloyd [lɔid], Selwyn, brit. Politiker (konservativ), *1904; 1955-60 Außenmin., 1960-62 Schatzkanzler, 1963-64 Lordsiegelbewahrer.

Lloyd George [lɔid dʒɔ:dʒ], David, brit. Staatsmann, *1863, †1945; führte als Schatzkanzler (1908-15) eine Sozialreform durch. MinPräs. 1916 bis 1922; auf der Pariser Friedenskonferenz (1919) führend.

Lloyd's, kurz für **Corporation of Lloyd's,** Vereinigung von engl. Einzelversicherern, bes. Seeversicherung), nach E. Lloyd, dessen Londoner Kaffeehaus seit Ende des 17. Jahrh. Zentrum der Schiffsinteressenten wurde.

l. M., Abk. für laufenden Monats.

Lm, Abk. für →Lumen.

Lob [lɔb] der, Rückhandschlag beim Tennis über den in Netznähe befindl. Gegner hinweg.

Lobatsch'ewskij, Nikolaj, russ. Mathematiker, *1793, †1856; Prof. in Kasan, Mitbegründer der nichteuklid. Geometrie.

L'öbau, Kreisstadt im Bez. Dresden, in der Oberlausitz, 18 100 Ew.; Textil-, Schuhind.

Lobby'ismus [von engl. »lobby« Vorraum], Beeinflussung von Politikern (Abgeordneten) durch Interessenvertreter.

Löbe, Paul, Politiker, *1875, †1967; führender Sozialdemokrat, 1920-32 (außer 1924) Reichstagspräsident, 1949-53 MdB (für Berlin).

Lob'elie die, Gattung der Glockenblumengewächse; die blau- oder weißblühende **Lobelia erinus** ist eine beliebte Zierpflanze.

Loc'arno, Bezirksstadt und Kurort im schweizer. Kt. Tessin, am Lago Maggiore, 13 500 Ew.

Locarno-Pakt, 1925 in Locarno vereinbarter und in London unterzeichneter Sicherheitsvertrag, durch den sich das Dt. Reich (→Stresemann), Frankreich und Belgien (Garantie Großbritanniens und Italiens) verpflichteten, die im Vertrag von Versailles festgelegten dt. Westgrenzen und die entmilitarisierte Rheinlandzone zu achten. Am 7.3.1936 erklärte Hitler den L. für hinfällig und marschierte ins Rheinland ein.

L'occum, Gem. in Ndsachs., westl. des Steinhuder Meeres. Das ehemalige Zisterzienserkloster (1136 gegr.) wurde 1593 evangel., 1820 Predigerseminar, 1953 evangel. Akademie.

Loch das, 1) Öffnung, Riß, Lücke, Spalte. 2) 🔲 ein nicht besetzter Quantenzustand in einer sonst voll besetzten Folge von Zuständen.

Loch [lox, lok, gäl.], irisch **Lough,** See.

L'ochien [grch.] Mz., ⚕ Wochenbettausfluß.

Lochkamera, Camera obscura, →Photographie.

Lochkarte, Hilfsmittel der →Datenverarbeitung, der →Weberei. Informationen (Zahlen, Buchstaben oder Schemafolgen) werden in die L. eingestanzt; der Kartenaufdruck dient nur der Prüfung der Lochungen. In L.-**Maschinen** (→Rechengeräte) werden mit Tastern die L. abgetastet und die Arbeitsvorgänge (berechnen, sortieren, prüfen, ausdrucken usw.) gesteuert.

Lochner, Stephan, der bedeutendste Maler der Kölner Schule, *um 1410, †1451; malte Altarwerke (Dreikönigsbild, Kölner Dom). (BILD Jüngstes Gericht).

Locke [lɔk], John, engl. Philosoph, Begründer des engl. Empirismus, *1632, †1704; in seiner Staatslehre entwickelte er die Gedanken der Volkssouveränität und der Gewaltenteilung.

l'oco [lat.], am Orte. **loco cit'ato,** Abk. l. c., und **loco laud'ato,** Abk. l. l., an angeführter Stelle (eines Buches). **Loco sig'illi,** Abk. L. S., anstatt des Siegels. **l'ocus,** Ort, Stelle.

Loden der, Tuch aus grober Wolle, gewalkt, gerauht, aber nicht geschoren.

Lodge [lɔdʒ], Henry Cabot, amerikan. Politiker (Republikaner), *1902; vertrat die USA 1950 bis 1960 bei den Verein. Nationen, 1963–67 in S-Vietnam, 1968–69 in der Bundesrep. Dtl., dann bei den Friedensgesprächen über Vietnam in Paris.

L'odi, Stadt in Oberitalien, an der Adda, 43 300 Ew., Dom; Majolika, landwirtschaftl. Industrie.

Lodz, poln. **Łódź,** Fabrikstadt im mittleren Polen, 753 000 Ew.; Univ., Oper, Sender; Textilind.

Löffel, ⚘ die Ohren von Hasen, Kaninchen.

Löffelkraut, Kreuzblütler mit weißen oder violetten Blüten, an nord. Küsten.

Löffler, fälschlich **Löffelreiher, Reihervogel mit** löffelförmigem Schnabel.

Löffler, Friedrich August, Hygieniker, *1852, †1915; entdeckte den Erreger der Rotzkrankheit bei Pferden und den der Diphtherie.

L'ofoten Mz., felsige Inselgruppe vor der Küste Norwegens; Haupthafen: Harstad; bedeutende Fischerei (Kabeljau); Schafzucht. FARBTAFEL Europa I, S. 339.

Log das, ⚓ Gerät zum Messen der Fahrgeschwindigkeit von Schiffen. **Logbuch,** gesetzl. vorgeschriebenes Schiffstagebuch, in das Kurs, Fahrgeschwindigkeit, Wetter, bes. Vorkommnisse usw. eingetragen werden.

log, △ Abk. für den dekad. →Logarithmus.

Logar'ithmus [grch.] der, -/...men, Abk. **lg,** △ der Exponent einer →Potenz, z. B. ist wegen $5^3 = 125$ die Zahl 3 der L. des **Numerus** 125 zur **Basis** 5, ^{5}lg 125 = 3. Meistens werden die **dekad.** oder **Briggschen L.** benutzt, die die Basis 10 haben. Dann ist der L. diejenige Zahl, mit der man 10 potenzieren muß, um den Numerus zu erhalten, z. B. log 100 = 2, log 1000 = 3 (wegen $10^2 = 100$, $10^3 = 1000$), log 2 = 0,3010, log 20 = 1,3010. Die Zahl links vom Komma heißt **Kennzahl,** die rechts vom Komma **Mantisse.** L.-**Tafeln** enthalten eine Zusammenstellung von Mantissen. Die Aufgaben des Multiplizierens, Dividierens, Potenzierens und Wurzelziehens werden durch die L. auf die einfacheren der Addition, Subtraktion, Multiplikation und Division zurückgeführt. In der höheren Mathematik haben größte Bedeutung die L. zur Basis e = 2,71828... (**natürliche L.,** Abk. ln).

Logau, Friedrich Frh. v., schles. Barockdichter, *1604, †1655; Sinngedichte.

Loge [lo:ʒe, frz. aus dt. Laube] die, 1) umschlossener Platz im Zuschauerraum des Theaters. 2) Raum für Pförtner **(Portier-L.).** 3) Verein und Versammlungsort der Freimaurer.

Logger der, ⚓ Heringsfangschiff mit Dieselmotorantrieb und Hilfsbesegelung.

Loggia [l'ɔdʒa, ital.] die, -/...ien, ⊡ offene Bogenhalle oder Bogengang an einem Gebäude; auch die dem Haus verbundene Laube.

L'ogik [grch., von →Logos] die, Lehre von den Gesetzen des richtigen Denkens, von den Begriffen, Urteilen und Schlüssen. **l'ogisch,** den Gesetzen der L. gemäß; vernünftig.

Logis [lɔʒ'i:, frz.] das, zeitweilige Wohnung; auf Handelsschiffen der Mannschaftsraum. **logieren** [lɔʒ'i:rən], wohnen; beherbergen.

Log'istik die, 1) →mathematische Logik. 2) militär. Versorgungssystem.

Logopäd'ie [grch.] die, Sprachheilkunde.

L'ogos [grch.] der, im Griechischen, bes. in der griech. Philosophie (zugleich »Wort«, »Rede«, das in den Dingen erkennbare »Gesetz«; später bei den Stoikern als Weltvernunft, als Gott aufgefaßt. In der jüd. Philosophie: Mittler zwischen Gott und den Menschen; im A. T.: das empfangene Urwort Gottes; im N. T.: Christus, der Fleisch gewordene L.

Logroño [lɔgr'ɔnjɔ], span. Provinzhauptstadt, am oberen Ebro, 70 000 Ew.; Weinbau.

Lohe die, gemahlene Rinde junger Eichen und anderer Bäume, zum Gerben.

Löhe, Wilhelm, evang. Theologe, *1808, †1872; gründete 1846 die Neuendettelsauer Missionsanstalt, 1854 das Diakonissenmutterhaus.

Loheland, Schule für Gymnastik, Landbau und Handwerk in der Rhön, gegr. 1912.

L'ohengrin, Schwanenritter, Sohn des Parzival, Sagenheld aus dem Gralskreis.

Lohenstein, Daniel C. v., Dichter, *1635, †1683; Trauerspiele in barocker Sprachfülle, Roman »Großmütiger Feldherr Arminius«.

Lohfelden, Gem. im Kr. Kassel, Hessen, 11 100 Ew.

Lohmar, Gem. im Rhein-Sieg-Kreis, Nordrh.-Westf., 17 800 Ew.

Lohn der, Entgelt für die Arbeitsleistung, bes. das wöchentl. gezahlte Entgelt für den Arbeiter. Bei anderen Berufen sind die Bezeichnungen →Gehalt, →Honorar, →Gage, →Heuer üblich. Nach der Art des Entgelts unterscheidet man Geld- und **Naturallohn** (Lebensmittel, Wohnung, Land usw.), nach der Art der Berechnung **Zeitlohn** (Wochen-, Stundenlohn), bei dem die Arbeitszeit maßgebend ist, und **Werklohn** (Stück-, Akkordlohn), bei dem die Arbeitsleistung zugrunde gelegt wird. Beim **Sozial-** oder **Familienlohn** wird durch Verheirateten- und Kinderzuschläge auch der Familienstand berücksichtigt.

Lochner: Maria im Rosenhag

Lohne, Stadt im Kr. Vechta, Ndsachs., 15 600 Ew.; Korken-, Korb- u. a. Industrie.

Löhne, Stadt in Nordrh.-Westf., 37 200 Ew.

Lohnfortzahlung, die für gewerbl. Arbeitnehmer vorgesehene Weiterzahlung des Lohns im Krankheitsfall bis zu 6 Wochen durch den Arbeitgeber – entsprechend der Regelung bei Angestellten. Bisher erhält der kranke Arbeiter von der

Lofoten

Krankenkasse Krankengeld; die Differenz zum Nettolohn trägt für 6 Wochen der Arbeitgeber.

Lohnpfändung. Arbeitseinkommen unter 221 DM monatlich ist unpfändbar, der darüber hinausgehende Betrag ist beschränkt pfändbar, je nachdem, wieviel unterhaltsberechtigte Personen der Schuldner zu versorgen hat. Für Unterhaltsansprüche von Ehegatten, unehel. Kindern u. a. gilt diese Beschränkung nicht, jedoch muß dem Schuldner der nötige Bedarf belassen werden.

Lohn-Preis-Spirale, bildl. Ausdruck für das Anziehen der Löhne als Folge von Preissteigerungen und für das Steigen der Preise als Folge von Lohnerhöhungen.

Lohnsteuer, die →Einkommensteuer für Einkünfte aus nicht selbständiger Arbeit.

Lohr am Main, Kreisstadt in Unterfranken, Bayern, 11 400 Ew.; Forstschule, Industrie.

Lohse, Eduard, * 1924, 1971 zum evang. Landesbischof von Hannover gewählt.

Loiblpaß, Karawankenpaß, 1366 m hoch, zwischen Kärnten und Jugoslawien.

Loire [lwa:r] die, längster Fluß Frankreichs, kommt von den Cevennen, 1010 km lang, mündet bei Saint-Nazaire in den Atlantik; Kanalverbindung mit der Saône, Seine, nach Brest.

Loisach die, linker Nebenfluß der Isar, in Oberbayern, entspringt bei Lermoos in Tirol.

lok'al [lat.], örtlich, räumlich, auf einen Ort beschränkt. **Lok'al** das, Gaststätte. **lokalis'ieren,** örtlich beschränken. **Lokalit'ät** die, Räumlichkeit.

Lok'alanästhes'ie die, örtl. →Betäubung.

Lok'altermin, ♃ gericht. Termin am Tatort (Strafprozeß), zur Besichtigung des Streitgegenstandes oder zur Vernehmung von Zeugen außerhalb des Gerichtes (Zivilprozeß).

L'oktiv [lat.] der, ⑨ Beugefall in manchen Sprachen; antwortet auf die Frage »wo?«.

L'oki, Gestalt der german. Göttersage, der Untergangsdämon; veranlaßt durch eine List den Tod des Lichtgottes Baldr.

Lokomob'ile [lat.] die, ⊚ auf einen Dampfkessel aufgebaute Dampfmaschine auf fahrbarem Untergestell.

Lokomot'ive die, kurz **Lok,** Zugmaschine der Eisenbahnen. Der auf dem Laufwerk ruhende Rahmen trägt das Triebwerk und die übrigen Aufbau. Das Laufwerk umfaßt Lauf- und Treibachsen. **Dampf-L.** haben einen mit Holz, Torf, Kohle oder Öl geheizten Dampfkessel, der den Dampf für die Dampfmaschine erzeugt; deren Kraft wird über Treib- und Kuppelstangen auf die Treibräder übertragen. Antriebsmaschine der **Turbo-L.** ist eine Dampfturbine. Bei **turbo-elektr. L.** erzeugen turbinengetriebene Generatoren der Strom für Elektro-Fahrmotoren. Die **elektr. L.** erhält den Strom unmittelbar mit besonderer Leitung oder Schiene über Stromabnehmer oder mittelbar durch Speicherung in Akkumulatoren-Batterien (**Akkumulatoren-L.**). Am weitesten verbreitet ist die Einphasen-Wechselstrom-L. für 16²/₃ Hz. Der Strom wird aus der Fahrleitung mit 15000 Volt Spannung entnommen. Die meisten elektr. L. haben Fernsteuereinrichtung, durch die über ein Kabel entweder eine zweite unbemannte L. mitgesteuert oder die L. von einem Steuerwa-

gen aus ferngesteuert werden kann. Die **Brennkraft-L.** wird durch Dieselmotoren, Vergasermotoren, auch durch Gasturbinen angetrieben. Von diesen hat die **Diesel-L.** die größte Verbreitung gefunden. Die Antriebskraft wird vom Motor über Zahnradstufengetriebe oder Flüssigkeitsgetriebe (**diesel-hydraul. L.,** in Dtl.) oder Druckluft oder unter Zwischenschalten eines Gleichstromgenerators und der Fahrmotoren (**diesel-elektr. L.,** in anderen Ländern) auf die Achsen übertragen. **Druckluft-L.** (vorwiegend in Bergwerken) werden durch mitgeführte Druckluft betrieben.

L'okris, altgriech. Landschaft an der Küste genüber N-Euböa (Östl. L.) an der N-Küste des Golfs von Korinth (Westl. L.).

Lolch der, Grasgatt. mit zweiseitig abgeflachten Ährchen: **Ausdauernder L.,** auch Wiesen-L. oder **Raygras,** ohne Grannen; **Italien. L.,** mit Grannen, Unkraut; beide Futtergräser. **Taumel-L.,** Samen giftig, unter der Saat.

Lolland, Laaland [l'ɔlan] dän. Insel, südl. von Seeland; 1241 km², 83000 Ew.; fruchtbar.

Lollobrigida [-br'idʒida], Gina, italien. Schauspielerin, *1928.

Lombard'ei die, Landschaft in Oberitalien, von den Alpen bis auf den Apennin; Hauptstadt: Mailand. Die L., benannt nach den 6. Jahrh. eingewanderten Langobarden, wurde 951 dt. Reichslehen. Gegen die Herrschaft der dt. Kaiser kämpfte im 11.-13. Jahrh. der Lombard. Städtebund auf seiten der Päpste. Seit Ende des 14. Jahrh. bildete der größte Teil der L. das Hzgt. Mailand. 1815-59 gehörte die L. zu Österreich.

Lomb'ardgeschäft, Gewährung von Bankkredit gegen Verpfändung von Waren oder Wertpapieren (**Lombardkredit**). Der Zinsfuß (**Lombardsatz**) liegt i. d. R. 1% über dem Diskontsatz.

Lomb'ardo, venezian. Bildhauer- und Baumeisterfamilie: Pietro (*1435, †1515) und seine Söhne Tullio (*1455, †1532), Antonio (*1458, †1516), erbauten die Kirche S. Maria dei Miracoli in Venedig.

L'ombok, eine der Kleinen Sunda-Inseln.

Lombr'oso, Cesare, italien. Arzt, *1836, †1909; Lehre vom »geborenen Verbrecher« und vom Zusammenhang zwischen Genie und Irrsinn.

L'omé, Hauptstadt und -hafen von Togo, 115 000 Ew.; ein neuer Kaihafen wurde 1968 gebaut.

Lomon'ossow, Michail Wassiljewitsch, russ. Gelehrter, Schriftsteller, *1711, †1765; bemühte sich um Ausbildung einer wissenschaftl. Chemie auf physikal. Grundlage, kann in vieler Hinsicht als Vorläufer Lavoisiers gelten. Seine Dichtungen (Oden), seine »Russ. Grammatik« sind für die Entwicklung der russ. Schriftsprache wichtig.

Lomon'ossow-Land, russ. Name von →Franz-Joseph-Land.

London [l'ʌndən], Hauptstadt Großbritanniens und des Commonwealth, an beiden Ufern der Themse, 75 km oberhalb ihrer Mündung, als Greater London, 7,7 Mill. Ew. Am Nordufer liegt im Zentrum die **City,** das Geschäftsviertel; die Hauptstraßen Fleet Street und Strand führen in den flußaufwärts gelegenen Stadtteil **Westminster** mit Parlament und Ministerien, nördl. davon die belebten Straßenviertel von Regent Street, Piccadilly u. a., ferner der **Hyde Park.** Bekannteste Gebäude: Tower, St.-Pauls-Kirche, die got. Westminster-Abtei (Ruhmeshalle mit den Gräbern und Denkmälern engl. Könige und berühmter Briten); das Parlamentsgebäude, das Rathaus, die königl. Paläste Saint James und Buckingham Palace; Univ.; das Brit. Museum mit reichhaltigen Sammlungen und die Nationalgalerie (Gemälde) u. a. Museen. L. ist ferner eine bedeutende Handels- und Industriestadt und ein Mittelpunkt des Weltverkehrs; Flughäfen, Seehafen mit großen Docks und Lagerhäusern. – Schon das Londinium der Römerzeit war eine wichtige Handelsstadt. Ende des 12. Jahrh. entstand die Verfassung der City (Mayor und Stadtrat), die vorbildlich für die übrigen engl. Stadtverfassungen wurde. (BILD S.557)

London [l'ʌndən], Jack, nordamerikan. Erzäh-

Lokomotive: Elektrische L. E 10 der Deutschen Bundesbahn

ler, *1876, †1916; schrieb Abenteuer-, sozialist. Romane und Tiergeschichten: »Ruf der Wildnis«, »Lockruf des Goldes«.

London Boroughs Mz., →Greater London.

Londonderry [l'ʌndənderi], Stadt in N-Irland, 55 000 Ew.; käth. und protestant. Bischofssitz; bedeutender Hafen; vielseitige Industrie.

Londoner Abkommen, 1) Abkommen zwischen Frankreich, Großbritannien, der Sowjetunion und den USA vom 8. 8. 1945 über die Aburteilung von →Kriegsverbrechen. **2)** 1954 Neunmächtekonferenz, auf der die Beendigung des Besatzungsregimes in der Bundesrep. Dtl. und die Aufstellung dt. Truppen in neuen Formen beschlossen wurde (vertraglich festgelegt in Paris 23. 10. 1954).

Londoner Schuldenabkommen vom 27. 2. 1953 regelt die Rückzahlung der dt. Vorkriegs-(bes. Auslandsanleihen des Dt. Reiches, private Sonderkredite und Handelsschulden) und Nachkriegsschulden (bes. aus der Wirtschaftshilfe der Verein. Staaten).

Long Beach [lɔŋ bi:tʃ], Seebad in Kalifornien, USA, bei Los Angeles, 358 600 Ew.; in der Umgebung Erdölfelder.

long drink [engl.], Getränk aus Spirituosen, mit Sodawasser stark verdünnt.

Longe [lõʒ, frz.] die, Laufleine, an der man Pferde zur Ausbildung im Kreis laufen läßt.

Longfellow [l'ɔŋfelou], Henry W., nordamerikan. Dichter, *1807, †1882; Verserzählungen (»Lied von Hiawatha«), volkstüml. Gedichte.

Longhena [lɔŋg'ena], Baldassare, venezian. Baumeister, *1598, †1682; Santa Maria della Salute.

L'onghi, Pietro, italien. Maler, *1702, †1785.

Long Island [lɔŋ'ailənd], Insel an der Ostküste der USA, 3780 km², zum Staate New York gehörend. Auf L. I. liegen Stadtteile von New York: Brooklyn und L. I. City, an der Außenküste Seebäder und das ihr vorgelagerte →Coney Island.

longitudin'al [lat.], der Länge nach, längs.

L'ongo, Luigi, italien. Politiker, *1900; seit 1964 Generalsekretär der Kommunist. Partei.

Longwy [lõv'i], Stadt im östl. Frankreich, 22 200 Ew.; bedeutende Eisenerzlager, Hochöfen; Befestigungen von Vauban.

Lönnrot, Elias, finn. Volkskundler und Sprachforscher, *1802 †1884; zeichnete das finn. Volksepos →Kalewala auf.

Löns, Hermann, Schriftsteller, Heidedichter, *1866, † (gefallen) 1914, schrieb volksliedartige Gedichte, Natur- und Tierschilderungen.

Looping [l'u:piŋ, engl.] der, Kunstflug-Figur.

Loos, Adolf, Baumeister, *1870, †1933, Vertreter des sachl. Bauens.

L'ope de V'ega, →Vega.

Lop-nor der, wanderndes Seen- und Sumpfgebiet, das Mündungsgebiet des Tarim, in Innerasien.

Loran, Abk. für Long range navigation, Funkmeßverfahren zur Standortbestimmung von Flugzeugen und Schiffen über große Entfernungen (Langstreckennavigation) mit Hilfe drahtloser Impulse von Landsendern.

L'orbeer der, immergrüner Baum Asiens und des Mittelmeergebiets; mit grünlichweißen Blüten. Die ledrigen Blätter dienen als Gewürz; die Samen der blauschwarzen Beere enthalten das grünliche scharfe **L.-Öl**, das zu Einreibungen verwendet wird.

L'orca, Stadt in SO-Spanien, 63 700 Ew.; maur. Kastell, alte Paläste; Industrie.

Lorca, span. Dichter, →García Lorca.

Lorch 1) Stadt in Baden-Württ., 5900 Ew.; an der Rems (zum Neckar); Benediktinerabtei (Grabmäler der Staufer). **2)** Stadt in Hessen, im Durchbruchstal des Rheins, 3700 Ew.; Weinbau, -handel; Martinskirche; Fremdenverkehr.

Lorchel die, morchelartige Schlauchpilze mit hirnähnlich gewulstetem Hut: **Früh-L.** oder **Speise-L.** und braungelbe **Krause L.** oder **Herbst-L.** Der Verzehr der L. kann zum Tode führen; auch das zweimalige Abkochen und Weggießen des

London: Themse mit St.-Pauls-Kathedrale

Kochwassers gilt nicht mehr als sichere Methode. (FARBTAFEL Pilze S. 865)

Lord [lɔ:d, engl.] der, engl. Adelstitel für den Baron, auch für den Viscount, Earl und Marquis, ferner für den ältesten Sohn eines Earl und die jüngeren Söhne eines Herzogs und Marquis; Rang und Anrede der Bischöfe; Titelbestandteil bei einzelnen hohen Richtern und Beamten: **Erster L. der Admiralität,** der brit. Marineminister; **L.-Kanzler,** Justizmin.; **L. Mayor,** der Erste Bürgermeister von London, York, Dublin; **House of L.,** das brit. Oberhaus.

Lord'ose [grch.] die, eine Verbiegung der Wirbelsäule nach vorn (Hohlkreuz).

Lore die, kleiner kippbarer Förderwagen.

Loreley, Lorelei [d.h. Elfenfels] die, hoher Fels rechts am Rhein, unterhalb Kaubs; nach der Sage ein Sitz einer Nixe, die die Schiffer durch ihren Gesang anlockte.

Loren, Sophia, eigentl. Scicolone, italien. Filmschauspielerin, *1934.

Lorentz, Hendrik, niederländ. Physiker, *1853, †1929, verschmolz die Maxwellsche Feldtheorie mit W.→Webers elektro-atomist. Auffassungen zur klass. Elektronentheorie; stellte Formeln für den Übergang von einem ruhenden Koordinatensystem zu einem gleichförmig-geradlinig zu diesem bewegten auf (**L.-Transformationen**). Nobelpreis 1902, zus. mit →Zeeman.

L'orenz [von →Laurentius], männl. Vorname.

Lorenz, Konrad, Verhaltensforscher, *1903; Prof. in Königsberg, München.

Lorenzstrom, →Sankt-Lorenz-Strom.

Lor'eto, Wallfahrtsort mit mittl. Italien, mit dem »Hl. Haus«, angebl. das Wohnhaus der Hl. Familie, 1295 von Engeln nach L. gebracht.

Lorgnette [lɔrn'etə] die, **Lorgnon** [lɔrn'õ] das, zusammenlegbare Stielbrille.

L'ori der, **1)** Halbaffen im trop. Asien und Afrika. **2)** Papageien in Australien und Indonesien, z. T. sehr farbenprächtig.

Lorient [lɔri'ɛ], bedeutende Stadt und Kriegshafen an der Südküste der Bretagne, 66 400 Ew.; bedeutender Fischereihafen; Schiffbau.

Loerke, Oskar, Dichter, *1884, †1941; seine Lyrik ist Ausdruck eines kosm. Naturgefühls.

Lörrach, Kreisstadt im südl. Baden-Württ., 33 900 Ew.; Industrie.

Lorrain, Claude, →Claude Lorrain.

Lorsch, Stadt in Hessen, in der Rheinebene, 10 200 Ew. Die Torhalle (Michaelskapelle) ist der Rest des **Klosters L.** aus der Zeit der Karolinger (763 gegründet).

Lortz, Joseph, *1887; kath. Kirchenhistoriker, schrieb: »Die Reformation in Dtl.«.

Lortzing, Albert, Komponist, *1801, †1851; Hauptvertreter der dt. Singspieloper: »Zar und Zimmermann«, »Der Wildschütz«, »Der Waffenschmied«, »Undine«.

Los das, **1)** Geschick, Schicksal. **2)** Mittel der Schicksalsbefragung, z. B. durch Ziehen von Halmen. **3)** Anteilschein in der Lotterie. **4)** Anteil, Warenposten, Stück Land.

Löns

Lorbeer

Lortzing

557

Los Angeles (Luftaufnahme)

Lot. l ist das Lot vom Punkt P auf die Gerade g

Lotosblume: Ägypt. L.

Los 'Alamos, Industriesiedlung im SW der USA; Forschungsstätten für die Verwertung von Atomenergie.

Los Angeles [lɔs 'ændʒələz], Stadt in Kalifornien, 2,66, mit Vororten über 6,8 Mill. Ew.; eine der weiträumigsten Städte der Welt, inmitten eines reichen Obstbaugebiets und großer Erdölfelder; Univ., Kunsthafen, Flugplatz; Industriemittelpunkt: Film **(Hollywood)**, Flugzeug, Kautschuk, Auto, Erdöl, Textil, chem., Möbel u. a.

löschen, 1) ⚓ ausladen. 2) ♻ tilgen, streichen (→Löschung). 3) Branntkalk mit Wasser versetzen.

Loschmidtsche Zahl [nach dem Physiker Joseph Loschmidt, *1821, †1895], die Anzahl der Moleküle in 1 Mol = 6,02 · 10²³.

Löschung die, ♻ Streichung von Eintragungen in öffentl. Registern (z. B. im Grundbuch, Handels- oder Strafregister).

Löß der, gelbl. mergeliger Sand, größtenteils Quarzmehl mit Kalkspat, Silicaten und Ton; sehr fruchtbarer Boden. Der L. wurde in der Eiszeit vom Wind aus Moränen ausgeweht. Er ist standfest, bildet senkrechte Wände (Hohlwege). In Dtl. tritt er in der Magdeburger Börde auf.

Lößnitz die, Landschaft am rechten Elbufer unterhalb Dresdens; Wein-, Obst-, Spargelbau.

Lostage Mz., nach dem Volksglauben für die Wettervorhersage bedeutsame Tage, z. B. Lichtmeß (2. Febr.), die Eisheiligen (11.-13. Mai), Siebenschläfer (27. Juni).

Losung die, 1) ♘ best. Wort als Erkennungszeichen. 2) ♘ Kot von Wild, Hunden. 3) die tägl. Bibelsprüche in der Brüdergemeine. 4) Gesamttageseinnahme eines Ladengeschäftes.

Lösung die, meist flüssiges Stoffgemisch, das durch die feine Verteilung des gelösten Stoffes im **Lösungsmittel** klar erscheint. Die **Löslichkeit** fester Stoffe in Flüssigkeiten wächst im allgemeinen mit der Temperatur. **Gesättigte L.** enthalten die Höchstmenge lösbaren Stoffes, **übersättigte L.** scheiden den Überschuß aus. Die Wärmemenge, die bei der Auflösung einer chem. Verbindung gebunden oder frei wird, heißt **L.-Wärme.** Kolloidale L. →Kolloide.

Los-von-Rom-Bewegung, →Schönerer.

Lot das, 1) gerade Linie, die auf einer anderen Geraden senkrecht steht. 2) kugelförm. Metallgewicht **(Senkblei)** zum Ermitteln senkrechter Richtungen. 3) ⚓ Gerät zum Messen der Wassertiefe **(loten).** 4) Lötmetall. 5) altes Edelmetallgewicht.

Lot [lɔ] der, Fluß in Frankreich, rechter Nebenfluß der Garonne, 480 km lang.

Lot, im A. T. Neffe Abrahams, Stammvater der Moabiter und Ammoniter.

löten dient zur Verbindung von Metallteilen durch eingeschmolzenes Lot: **Weichlot** (Blei und Zinn, Schmelzpunkt unter 400 °C); **Hartlot** (Kupfer und Zink, Schmelzpunkt über 500 °C); **Sonderlote** (Schnellot, Silberlot). Die Lötstelle wird metall. rein geschabt oder gebeizt, mit einem Flußmittel (Lötwasser, Kolophonium, Borax) bestrichen und mit einem Lötkolben, Lötlampe, Schweißbrenner so weit erwärmt, bis Lot in die Lötfuge einfließt.

L'othar [ahd. hlût »berühmt« und heri »Heer«], männlicher Vorname.

L'othar. Fürsten: 1) **L. I.,** röm.-dt. Kaiser (840 bis 855), ältester Sohn Ludwigs des Frommen, *795; von seinen Brüdern 841 besiegt, erhielt er im Teilungsvertrag von Verdun 843 die Kaiserwürde, Italien und den mittleren Teil des Fränkischen Reichs. 2) **L. II.,** Sohn von 1), fränk. König, *825, †869, erhielt 855 das nach ihm genannte Lotharingen (Lothringen). 3) **L. III.** oder **L. von Supplinburg,** *1075, seit 1106 Herzog von Sachsen, röm.-dt. Kaiser (1125-37), verband sich gegen die Staufer mit den Welfen, die seine Erben wurden; förderte die ostdt. Siedlung.

Lothar, Ernst, eigentl. E. **Müller,** *1890, Schriftsteller und Theaterleiter (Salzburg); Gesellschafts- und Zeitroman.

L'othringen [nach →Lothar II.], französ. **Lorraine,** Landschaft in NO-Frankreich, zwischen Vogesen, Champagne und Ardennen, von mehreren nach O steil abfallenden Landstufen durchzogen und von Mosel und Maas durchflossen. Neben Ackerbau, Viehzucht und Waldwirtschaft hat L. bedeutenden Eisenerz- (Minette) und Kohlebergbau; wichtiges Industriegebiet (bes. Stahlindustrie). GESCHICHTE. L. war ursprüngl. das Land zwischen Schelde, Rhein, Maas und Saône, das der Karolinger Lothar II. 855 bei der Teilung als Königreich erhielt; es kam 870, endgültig 923 bis 925 an das Dt. Reich. Als dt. Herzogtum wurde es 959 in Ober-L. und Nieder-L. geteilt. Nieder-L., das die Niederlande, den größten Teil Belgiens und der Rheinprovinz umfaßte, zerfiel im 12. Jahrh. Aus dem Herzogtum Ober-L. mit der Hauptstadt Nancy bildete sich die jetzige Landschaft L. Frankreich riß 1552 die lothr. Bistümer Metz, Toul und Verdun an sich, 1735/1766 fiel L. an Frankreich, 1871-1918 gehörte der östl. Teil L. zum Dt. Reich (Reichsland Elsaß-Lothringen; →Elsaß).

Lot'i, Pierre, eigentl. Julien Viaud, französ. Schriftsteller, *1850, †1923; Roman »Die Islandfischer«.

Lotoph'agen [grch. »Lotosesser«] Mz., sagenhaftes Volk in Nordafrika.

L'otosblume, mehrere Arten von Seerosen, in Ägypten und Indien heimisch: weißblühende **Ägyptische L.** und die **Nelumbo** mit eßbarem Wurzelstock und Samen. Die L. gilt als hl. Pflanze, Sinnbild für Reinheit, ewiges Leben u. a.

Lotrechtstarter, Flugzeug, das senkrecht starten und landen kann. Der vom Triebwerk erzeugte Luftstrahl ist senkrecht nach unten gerichtet und erzeugt den Auftrieb.

Lötschental, Seitental der Rhône im schweizer. Kt. Wallis. Der **Lötschenpaß,** 2690 m hoch, führt ins Kandertal, die elektr. **Lötschbergbahn** durch den **Lötschbergtunnel** (14,5 km lang) von Spiez am Thuner See nach Brig.

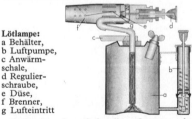

Lötlampe:
a Behälter,
b Luftpumpe,
c Anwärmschale,
d Regulierschraube,
e Düse,
f Brenner,
g Lufteintritt

Lotse der, ⚓ revierkundiger Seemann, der Schiffsführer bei Fahrten in schwierigen Gewässern nautisch berät; er muß das höchste Seefahrtspatent und die L.-Bestallung besitzen.

Lotsenfisch, Leitfisch, Pilot, 20-30 cm lange Stachelmakrele, begleitet Haie.

Lotte [Abk. von →Charlotte], weibl. Vorname.

Lotter'ie [frz.] die, Auslosung, bei der durch Ziehen eines Loses oder von Nummern der Zufall über Verlust des Spieleinsatzes oder Gewinn entscheidet. Der Einsatz ist regelmäßig eine Geldsumme; der Gewinn besteht bei der **Geld-L.** aus Geld, bei der **Waren-L. (Tombola)** aus Sachen.

Die **Klassen-L.** wird in mehreren Ziehungen (Klassen) gespielt. **Zahlenlotto:** der Spieler hat 6 Nummern aus der Zahlenreihe 1-49 auszuwählen und im Wettschein einzutragen. Gezogen werden 6 Nummern und eine Zusatzzahl. Die Gewinne werden entsprechend 6-3 richtigen Voraussagen in 4 Gewinnklassen ausgezahlt; Höchstgewinn: 500000 DM.

Lotto, Lorenzo, italien. Maler, * um 1480, †1556, schuf Gemälde vor allem mit reichen Helldunkelwirkungen. Seine Bildnisse gehören zu den besten der Renaissance.

Lotze, Hermann, Philosoph, *1817, †1881; versuchte die Überlieferung des dt. Idealismus mit der Naturwissenschaft zu vereinigen.

Lötzen, Kreisstadt in Ostpreußen, inmitten der Masur. Seen, (1939) 16300, (1968) 16600 Ew.; Schloß des Dt. Ritterordens. Seit 1945 unter poln. Verw. **(Giżycko).**

Louis [lwi, frz.], Ludwig.

Louisdor [lwidoːr] der, französ. Goldmünze seit Ludwig XIII. (später 20-Franc-Stück).

Louis Ferdinand [lwi], 1) Prinz von Preußen, *1772, Neffe Friedrichs d. Gr., fiel 1806 bei Saalfeld gegen die Franzosen. 2) Enkel Kaiser Wilhelms II., *1907, Chef des Hauses Hohenzollern.

Louisiana [luizi'ænə], Abk. **La.,** Staat im S der USA, am Golf von Mexiko, am Delta des Mississippi, 125674 km², 3,6 Mill. Ew. (33% Neger); Hauptstadt: Baton Rouge; größte Stadt: New Orleans. Über 50% der Fläche sind Wald; im S fruchtbares Schwemmland. Anbau: Zuckerrohr, Baumwolle, Reis, Mais u.a.; Fischerei, Holzgewinnung; ⚒ auf Erdöl, Erdgas, Schwefel, Kohle; chem. u. a. Ind. Haupthafen: New Orleans. – L., zunächst französisch (nach LudwigXIV. benannt), kam 1763 teils an Großbritannien, teils an Spanien, 1783 und 1803 an die USA. Seit 1812 Staat der Union. ⊕ S. 526.

Louis Philippe [lwi fil'ip], →Ludwig 15).

Louis-Quatorze [lwi kat'orz, frz. »Ludwig XIV.«] das, klass. gemäßigter Barockstil unter Ludwig XIV. (1643-1715).

Louis-Quinze [lwi kɛ̃ːz, frz. »Ludwig XV.«] das, der unter Ludwig XV. (1723-74) in Frankreich herrschende Stil (Rokoko).

Louis-Seize [lwi sɛːz, frz. »Ludwig XVI.«] das, der in Frankreich in den 60er Jahren des 18. Jahrh. einsetzende Stil der Übergangszeit vom Rokoko zum Klassizismus.

Louisville [l'uivil], größte Stadt in Kentucky, USA, am Ohio, 389000 Ew.; Univ., Erzbischofssitz, Tabak-, Weizenbau-, Viehzuchtgebiet; Großschlächtereien, Mühlen; vielseitige Industrie.

Lourdes [lurd], Stadt in S-Frankreich, an den Pyrenäen, 18300 Ew.; einer der bekanntesten kath. Wallfahrtsorte mit Quelle, die übernatürl. Heilwirkungen zugeschrieben werden.

Lourenço Marques [lor'ẽsu mark'ɛʃ], Hauptstadt und Hafen von Moçambique, an der Delagoa-Bai, 177900 Ew.; Industrie.

Louvois [luvw'a], François Michel Le Tellier [tɛlj'e], Marquis de, *1641, †1691; seit 1668 Kriegsmin. Ludwigs XIV., befürwortete 1689 die Verwüstung der Pfalz.

Louvre [luːvr] der, ehemal. Schloß der französ. Könige in Paris, seit 1793 Museum.

Lövenich, Gem. im Kr. Köln, Nordrh.-Westf., 26900 Ew.; Steinzeugindustrie.

Löwe der, 1) große Wildkatze, in Afrika, SW-Asien, NW-Vorderindien, früher auch in SO-Europa; mit gelbem Fell und Mähne beim männl. Tier (Widerristhöhe 80-100 cm, Länge 150-190 cm). L. und Tiger können miteinander gekreuzt werden. 2) ☆ fünftes Sternbild im Tierkreis; nördlich des L. der **Kleine L.**

Loewe, Karl, Komponist, *1796, †1869; Meister der neueren Ballade (»Erlkönig«).

Löwen, fläm. **Leuven,** französ. **Louvain,** belg. Stadt an der Dyle, 32400 Ew.; got. Rathaus, Univ. (1426 gegr.); Industrie.

Löwenherz, Richard, →Richard.

Löwenmaul, Pflanzengattung mit zahlreichen

Louvre

Arten, darunter das **Garten-L.** als Zierpflanze; volkstüml. auch für andere Pflanzen.

Löwent'insee der, einer der Masurischen Seen, bei Lötzen, 27 km² groß, bis 40 m tief.

Löwenzahn [nach dem Blattrand], zwei Korbblütergattungen, milchige, meist staudige Pflanzen mit einzelnen Köpfen aus gelben Zungenblüten: 1) Gattung **Taraxacum,** darunter der **Gemeine L.** mit dickem Wurzelstock, hohlem Schaft und abblasbaren Flugfrüchten, auf Wiesen; Salat- und Gemüsepflanze, Volksarznei. 2) Gattung **Leontodon,** darunter der **Herbst-L.,** meist mit mehrköpf. Stengel, bes. auf Magerrasen.

Lowestoft [l'oustoft], engl. Hafenstadt und Seebad, 50700 Ew.; Fischerei, Motorenbau.

Löwith, Karl, Philosoph, *1897, Prof. in Heidelberg, Gastprof. in Japan und den USA.

Loxodr'ome [grch.] die, die Kurve auf einer Kugel, die alle Meridiane unter gleichem Winkel schneidet; wichtig in der Navigation.

loyal [lwaj'al, frz.], 1) gesetzmäßig, pflichttreu. 2) redlich. Hw.: die **Loyalit'ät.**

Loy'ola, Ignatius v., span. Offizier, *1491, †1556; stiftete 1534 in Paris den Orden der Jesuiten; Schutzheiliger der Krieger (Tag 31. 7.).

LPG, Abk. für →Landwirtschaftliche Produktionsgenossenschaft.

L. S., Abk. für Loco sigilli (→loco).

LSD, →Lysergsäurediäthylamid.

LT, Abk. für →Brieftelegramm.

Ltd., Abk. für →Limited.

Lu, chem. Zeichen für Lutetium.

Lual'aba, →Kongo (Fluß).

Lu'anda, São Paulo de L., auch **Loanda,** Haupt- und Hafenstadt von Angola, 279900 Ew.

Luang Prab'ang, Residenz des Königs von Laos, am Mekong, 30000 Ew.; buddhist. Wallfahrtsort.

Luap'ula, →Kongo (Fluß).

Luba, Baluba, Bantuvolk im Kongogebiet und in Sambia, rd. 2,6 Mill.

L'übbecke, Kreisstadt im RegBez. Detmold, Nordrh.-Westf., am Mittellandkanal, 11400 Ew.; Zigarren-, Maschinenindustrie.

Lübben (Spreewald), Kreisstadt im Bez. Cottbus, 13000 Ew.; spätgot. Kirche mit Grab Paul Gerhardts.

L'übbenau, Stadt im Bez. Cottbus, 17900 Ew.; Gemüsebau.

Löwenzahn: 1 Taraxacum officinale, a blühende Pflanze, b Frucht mit Haarkrone (pappus). 2 Leontodon autumnalis, a blühende Pflanze, b Frucht mit Haarkrone (pappus)

Löwenpaar, links: Löwe, rechts: Löwin

Lübke

Luchs

Ludwig XIV.
von Frankreich

Ludwig II.
von Bayern

L'übeck, Hansestadt L., Stadt in Schlesw.-Holst., an der schiffbaren Trave, 239 300 Ew., mit Vorhafen Travemünde an der **Lübecker Bucht.** Handel mit Holz, Erz, Kohle, Fertigwaren, Getreide, Vieh, Marzipan; Seefahrts- u. a. Schulen; Metall-, Lebensmittel-, chem., Textil-Ind., Werft. Mittelalterl. Bauten mit Kunstschätzen: Marienkirche, Rathaus, Holstentor u. a. 1942 teilweise zerstört. – L., 1143 gegr., wurde 1226 Reichsstadt, wirkte bei der Gründung vieler dt. Ostseestädte mit und war seit Ende des 13. Jahrh. Haupt der Hanse. Das **lübische Recht,** das wichtigste Stadtrecht im dt. MA., verbreitete sich über den ganzen Ostseeraum. Seit dem 16. Jahrh. ging die Machtstellung L.s zurück.

Lüben, Kreisstadt in Niederschlesien, (1939) 10 800, (1969) 36 200 Ew., Pianofabrik; seit 1945 unter poln. Verw. **(Lubin).**

Lubitsch, Ernst, Filmregisseur, *1892, †1947; seit 1923 in Hollywood. »Ninotschka« u. a.

Lübke, Heinrich, Politiker (CDU), *1894, †1972; 1931-33 Mitgl. des Preuß. Landtags (Zentrum); seit 1953 Bundesernährungsmin., 1959-69 Bundespräsident.

L'ublin, Stadt in Polen, 238 000 Ew.; Univ.; Kraftwagenfabrik, Textilien, Maschinen, Zement. 1317 Magdeburger Stadtrecht.

Lubumbashi, früher **Elisabethville,** moderne Industriestadt in Katanga, Zaïre, 233 100 Ew., Mittelpunkt des Kupferbergbaus; Univ.

Lucas van Leyden, niederländ. Maler und Graphiker, *1494, †1533; schuf Bildnisse, Altarwerke, Genreszenen, auch Kupferstiche.

Lucca, Stadt im mittl. Italien, bei Pisa, 91 700 Ew.; Erzbischofssitz; Dom; Industrie (Seide, Tabak, Öl, Weberei).

Luce [lju:s], Henry Robinson, nordamerikan. Verleger, *1898, †1967; Gründer der Zeitschriften »Fortune«, »Life«, »Time«.

Luch, das, die, Bruch, Sumpf.

Luchon, Bagnères-de-L. [baɲ'ɛr dᵊ lyʃ'õ], Thermalbad in den Pyrenäen. In der Nähe Wintersportzentrum **Superbagnères.**

Luchs, der, katzenartiges Raubtier, braun gefleckt, Pinselohren, kurzer Schwanz, lebt in N- und O-Europa, Asien.

L'ucia, Luzia, Märtyrerin aus Syrakus. Heilige. Tag 13. 12., in Schweden bes. gefeiert **(Lucia-Braut).**

Lücke, Paul, Politiker (CDU), *1914, Ingenieur; seit 1949 MdB, 1957-65 Wohnungsbaumin., 1965-68 Innenmin. **Lücke-Plan:** Lockerung, Aufhebung der Wohnungszwangswirtschaft (1960).

Luckenw'alde, Kreisstadt im Bez. Potsdam, 29 200 Ew.; Tuch, Hüte, Metall-, Papierwaren.

Luckner, Felix Graf v., Seeoffizier, *1881, †1966, im 1. Weltkrieg Führer des Segelhilfskreuzers »Seeadler«, schrieb »Seeteufel«.

Lucknow, →Lakhnau.

Lucr'etia, römische Sage: vornehme Römerin, tötete sich, weil sie von einem Sohn des Tarquinius Superbus entehrt worden war.

Luc'ullus, Lucius Licinius, röm. Feldherr, *117, †um 57 v. Chr., siegreich gegen Mithridates. Seine Freude am Genuß ist sprichwörtlich (Lukullische Gastmähler.)

Ludendorff, Erich, preuß. General, *1865, †1937; leitete unter Hindenburg den Krieg im Osten (Schlacht bei Tannenberg). Seit 1916 in der Obersten Heeresleitung, erhielt er als Erster Generalquartiermeister entscheidenden Anteil an der militär. Kriegführung; er übte auch Einfluß auf die Politik aus. Nach dem Krieg betätigte er sich, gemeinsam mit seiner Gattin Mathilde (*1877, †1966), polit. im »deutschvölkischen« Sinne. Er schrieb »Meine Kriegserinnerungen« (1919) u. a.

L'üdenscheid, Stadt in Nordrh.-Westf., im Sauerland, 80 100 Ew.; Metall-, Kunststoff-Ind.

Luder, ♀ Aas zum Anlocken von Raubzeug Wildschweinen. **ludern,** anlocken.

L'üderitz, Adolf, Bremer Großkaufmann, *1834, †1886; kaufte 1883 den Hafen Angra Pequena (seit 1886 **L.-Bucht,** seit 1920 L.), Kern des Schutzgebietes Dt.-Südwestafrika.

Lübeck: Holstentor

Ludhi'ana, Stadt in Indien, im Pandschab 349 000 Ew.; Textil-, Metallind.; Weizenbau.

Lüdinghausen, Kreisstadt in Nordrh.-Westf. 12 600 Ew.; bei Schloß Nordkirchen.

L'udolfsche Zahl, die Kreiszahl π = 3,1415... nach Ludolf van Ceulen, *1540, †1610.

Ludwig [aus ahd. hlût »berühmt« und wig »Kampf«], männlicher Vorname.

Ludwig. Fürsten: **Röm.-dt. Kaiser und Könige.** 1) **L. I., der Fromme,** Kaiser (814-840), Sohn Karls d. Gr., unterlag 833 auf dem »Lügenfeld« bei Kolmar einer Empörung seiner Söhne (Lothar I., L. der Dt., Karl der Kahle). 2) **L. der Deutsche,** König des Ostfränk. Reichs (843-876), Sohn von 1), erhielt zum Ostfränk. Reich (seit 843) 870 im Vertrag von Mersen auch einen Teil Lothringens. 3) **L. das Kind,** König (900-911), der letzte dt. Karolinger. 4) **L. IV., der Bayer,** Kaiser (1314-47), seit 1302 Herzog von Oberbayern, besiegte 1322 bei Mühldorf den Gegenkönig Friedrich den Schönen, geriet 1324 in langen Kampf mit dem Papst, wurde von den Kurfürsten unterstützt (Kurverein zu Rhense 1338), erwarb für sein Haus die Mark Brandenburg, Holland, Seeland und Hennegau. – **Baden.** 5) **L. Wilhelm I.,** Markgraf (1677-1707), der **Türkenlouis,** besiegte die Türken 1691. – **Bayern.** 6) **L. I.,** König seit 1825, dankte 1848 ab, machte München zur Kunststadt, ließ die Ludwigstraße, die Glyptothek und die Propyläen, die Feldherrnhalle, die Pinakotheken, die Walhalla bei Regensburg bauen. 7) **L. II.,** König (1864-86), vollzog 1870/71 den Eintritt Bayerns ins Dt. Reich, förderte Richard Wagner, baute die Schlösser Herrenchiemsee, Neuschwanstein und Linderhof; wurde für geisteskrank erklärt und ertrank unter ungeklärten Umständen im Starnberger See. – **Frankreich.** 8) **L. IX., der Heilige,** König (1226 bis 1270), unternahm 1246-54 den 6. Kreuzzug gegen Ägypten, starb auf dem 7. Kreuzzug vor Tunis. 9) **L. XI.,** König (1461-83), kämpfte zäh und erfolgreich gegen den mächtigen Burgunderherzog Karl den Kühnen. 10) **L. XIII.,** König (1610-43), überließ seit 1624 dem Kardinal →Richelieu die Regierung. 11) **L. XIV., der Sonnenkönig** (1643 bis 1715), Sohn von 10), *1638, †1715, regierte seit dem Tode des Kardinals →Mazarin (1661) selbständig. Unter ihm erlebte der französ. Absolutismus seine Glanzzeit. Der Minister →Colbert führte innere Reformen durch, während →Louvois ein starkes Heer schuf. Durch seine ersten Raubkriege (1667/68 und 1672-79) eroberte L. belg. Grenzgebiete und die Freigrafsch. Burgund; durch die →Reunionen·riß und elsäss. Gebiete an sich und nahm 1681 Straßburg weg. Er verfolgte die →Hugenotten und hob 1685 das Edikt von Nantes auf. Seine europ. Vormachtstellung wurde schließlich durch den Span. Erbfolgekrieg gebrochen. Der prunkvolle Hof L. in Versailles wurde das Vorbild vieler Fürsten; seine Regierung war zugleich das klass. Zeitalter des französ. Geisteslebens. 12) **L. XV.,** König (1715-74), Urenkel von 11), regierte willkürlich und verschwenderisch (Mätressen Pompadour und Dubarry); erwarb 1766 Lothringen, verlor aber durch den →Siebenjähr. Krieg die nordamerikan. Kolonien (Kanada)

an England. **13) L. XVI.,** König (1774-92), Enkel
von 12), ⚭ mit der österr. Kaisertochter Marie
Antoinette, versuchte innere Reformen, konnte
1789 den Ausbruch der Französ. Revolution nicht
verhindern, wurde 1792 abgesetzt, 1793 enthauptet. **14) L. XVIII.,** König (1814-24), Bruder von
13), war 1791 ins Ausland geflohen und nach dem
Sturz Napoleons I. zurückgerufen worden. **15) L.
Philipp, der Bürgerkönig** (1830-48), aus dem Hause
Orléans, gelangte nach dem Sturz Karls X.
durch die liberale Julirevolution von 1830 auf den
Thron, vertrat eine Friedenspolitik, wurde durch
die Februarrevolution von 1848 gestürzt; †1850. –
Thüringen. 16) L. IV., der Heilige, Landgraf (1217
bis 1227), Gatte der heiligen →Elisabeth, starb auf
dem 5. Kreuzzug. – **Ungarn. 17) L. I. der Große,**
König (1342-82), seit 1370 auch von Polen; durch
erfolgreich geführte Kriege hatte Ungarn unter
ihm seine größte Ausdehnung (von der Ostsee bis
zum Schwarzen und Adriatischen Meer).

Ludwig, 1) Emil, eigentl. E. L. **Cohn,** *1881,
†1948; biograph. Werke (»Goethe«, »Napoleon«,
»Wilhelm II.«). **2) Otto,** Dichter und Erzähler,
*1813, †1865; Drama »Der Erbförster«, Romane.

Ludwigsburg, Kreisstadt in Bad.-Württ.,
78000 Ew., Barockschloß; Pädagog. Hochschule,
Meisterschule für Instrumentenbau; Maschinen,
Orgelbau, Textilien, Chemikalien.

Ludwigshafen am Rhein, Industriestadt in
Rheinl.-Pf., gegenüber Mannheim, 176300 Ew.
Im 2. Weltkrieg stark zerstört; wichtiger Binnenhafen und Umschlagplatz; chem. (BASF) und
vielseitige andere Ind.; Großmühlen, Brauereien.

Ludwigslied, ahd. (rheinfränk.) Gedicht auf
den Sieg des westfränk. Königs Ludwig III. über
die Normannen bei Saucourt 881.

Ludwigslust, Stadt im Bez. Schwerin, 12000
Ew., Schloß; Landmaschinenfabrik, Viehmärkte.

Lu'eger, Karl, österr. Politiker, *1844, †1910;
Führer der Christl.-Soz. Partei, seit 1897 Bürgermeister von Wien, vertrat den Antisemitismus.

L'ues [lat.] die, →Syphilis.

L'uffa die, kürbisähnl. Frucht; ihr entfleischtes
Gefäßbündelnetz ist Schwammersatz.

Luft die, Gasgemenge der →Atmosphäre, mit

Ludwigshafen:
Haus der Jugend

rund ⁴/₅ Stickstoff, ¹/₅ Sauerstoff, dabei geringe
Mengen Edelgase, Kohlendioxyd, Wasserstoff,
Ozon, Wasserdampf und Verunreinigungen.

Luftballon, 1) Luftfahrzeug, das leichter als
Luft ist (Frei-, Fessel-, Sperrballon), →Luftfahrt.
2) Kinderspielzeug.

Luftbild, meist von Flugzeugen aus photographisch aufgenommene Abbildung eines Teiles der
Erdoberfläche.

Luftbrücke, Versorgung abgeschnittener Gebiete durch Flugzeuge. Auf der L. nach Berlin
wurden vom Juni 1948 bis Mai 1949 durch die
westl. Besatzungsmächte 2343301 t Versorgungs-
güter eingeflogen.

Luftdruck, →Atmosphäre.

Luftfahrt begann mit nichtlenkbaren Luft-
fahrzeugen, die leichter als Luft waren. Die Er-
findung des Warmluftballons durch die Brüder
Montgolfier 1783 (Montgolfière) leitete die eigentl.
L. ein. Diese Entdeckung führte zum Freiballon
und →Luftschiff. Mit Apparaten, die schwerer als
Luft sind, führte O. Lilienthal seit 1891 Gleitflüge
durch. Darauf aufbauend, gelangen 1903 den
Brüdern Wright die ersten gelenkten Motorflüge.
Ein bedeutender Abschnitt der Entwicklung be-
gann mit dem Bau des Ganzmetallflugzeugs von
H. Junkers (1915). Die Leistungssteigerung der

Luftfahrt, oben links: Heißluftballon Montgolfière (1783), oben rechts: Luftschiff L. Z. 127
»Graf Zeppelin« (Aufnahme 1928), unten links: Otto Lilienthals Hängegleiter, unten rechts: Langstrecken-Militärtransporter Lockheed C-5A Galaxy, größtes Flugzeug der Welt.

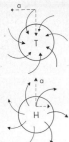

Motoren und die Verbesserung der Navigation und Nachrichtenübermittlung ermöglichten Flüge über Ozeane, Polargebiete, Urwälder, Wüsten (erster Atlantikflug in West-Ost-Richtung 1919 von Alcock und Brown, in Ost-West-Richtung 1928 von Hünefeld, Köhl, Fitzmaurice; 1954 erster Passagierflug über den Nordpol: Kopenhagen-Los Angeles). Mit Strahltriebwerken werden Überschallgeschwindigkeiten erreicht.

Luftfeuchtigkeit, die Menge des in der atmosphär. Luft enthaltenen Wasserdampfs. Messung durch das →Hygrometer.

Luftgewehr, Windbüchse, Sportgewehr, bei dem das Geschoß durch Druckluft aus dem Lauf getrieben wird.

Lufthansa, →Deutsche Lufthansa.

Lufthoheit, das Recht jedes souveränen Staates, die Benutzung des über seinem Staatsgebiet liegenden Luftraums bindend zu regeln.

Luftkissenfahrzeug, Bodeneffekt-Fluggerät, Luftfahrzeug, das schwerer als Luft ist, in Form einer runden oder ovalen Scheibe. Es schwebt auf einem Luftpolster, das durch einen nach unten gerichteten Luftstrom erzeugt wird, etwa 40 cm über dem Boden oder über dem Wasser. Den Vortrieb erzeugen Luftschrauben oder Druckluftdüsen.

Luftkorridor, eine festgelegte Einflugstrecke durch anderes Hoheitsgebiet, z. B. nach West-Berlin.

Luftkrieg, alle Kampfmaßnahmen der Luftstreitkräfte mit operativen oder takt. Zielen einschließl. Bodenabwehr, sowohl in Verbindung mit Heer und Marine als auch selbständig. Der operative L. richtete sich im 2. Weltkrieg gegen Industrie, Wirtschaft und Zivilbevölkerung.

Luftlandetruppen, Streitkräfte, die mit Flugzeugen oder Lastenseglern zum Einsatzort gebracht werden (Fallschirmtruppen).

Luftlinie, die kürzeste Entfernung zwischen zwei Punkten der Erdoberfläche.

Luftpost, Postbeförderung auf dem Luftweg gegen Sondergebühr. Vermerk »Mit Luftpost« ist Vorschrift.

Luftpumpe, 1) ein Verdichter, z. B. zum Aufpumpen von Fahrzeugreifen. **2)** eine Vorrichtung zum Erzeugen eines Vakuums. Die **Kolben-L.** wird nicht mehr verwendet. Die erreichbaren Verdünnungen sind bei der **Kapsel-L.** 10^{-3} Torr, bei der **Quecksilber-L.** 10^{-5} Torr, bei der **Molekular-L.** 10^{-6} Torr. Die höchsten Vakua sind mit Diffusionspumpen erreichbar. **3)** ☆ Sternbild des Südhimmels.

Luftrecht, das für die Luftfahrt geltende Sonderrecht. In der Bundesrep. Dtl. liegt die Gesetzgebung über den Luftverkehr beim Bund (Art. 73 Ziff. 6 GG), die Ausführung der Bundesgesetze meist bei den Ländern. Maßgebend ist das Luftverkehrs-Ges. v. 1. 8. 1922/10. 1. 1959. Privatrechtl. ist bes. wichtig das Warschauer Abkommen von 1929 zur Vereinheitlichung der Beförderungsregeln im internat. Luftverkehr (Beförderungsscheine, Haftpflicht, Personen- und Sachschäden). Völkerrechtl. wird der internat. Luftverkehr im Abkommen von Chicago geregelt (7. 12. 1944). Oberste internat. Behörde ist die **Internat. Zivilluftfahrt-Organisation (ICAO)** in Montreal (Kanada) als Sonderorganisation der Verein. Nationen.

Luftreifen, Gummireifen, der aus dem mit Luft gefüllten Schlauch und der schützenden Decke mit einer dicken gerillten Lauffläche besteht; **schlauchlose Reifen** schließen luftdicht an der Felge ab; **Gürtelreifen** haben verhältnismäßig steifen Zwischen- und elastischen Unterbau.

Luftröhre, ein etwa 12 cm langes, aus Knorpelringen bestehendes Rohr, welches Kehlkopf und Lungen verbindet. Sie teilt sich nach unten in die beiden Bronchien. **L.-Katarrh,** eine Entzündung der Luftröhrenschleimhaut.

Luftröhrenschnitt, Operation zur Eröffnung der Luftröhre. →Kanüle.

Luftschiff, ein Luftfahrzeug, das wie der →Luftballon schwebend erhalten wird und sich

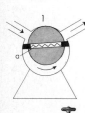

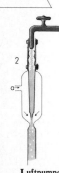

mit eigener Kraft vorwärts bewegt. Das **Prall-L.** erhält seine feste Form durch Überdruck der Gasfüllung (Parseval-L.). Das **Starr-L.** hat unter einer Stoffhaut ein Gerippe aus Leichtmetall, so das Zeppelin-L. Zwischen den Hauptringen des Gerippes liegen die Gaszellen. Als Füllgas diente früher nur Wasserstoff, heute auch Helium (nicht brennbar). →Luftfahrt. (TAFEL Luftfahrt)

Luftschraube, Prop'eller, Vortriebsmittel der Luftfahrzeuge, meist drei oder vier tragflügelähnl., meist verstellbare Flächen aus Metall auf einer Drehachse.

Luftschutz, für den Kriegsfall vorgesehene Maßnahmen zum Schutz gegen feindl. Luftangriffe. In der Bundesrep. Dtl. besteht seit 1953 die »Bundesanstalt für den zivilen L.«.

Luftspiegelung, durch Brechung der Lichtstrahlen an verschieden warmen Luftschichten bewirkte scheinbare Erhöhung eines entfernten Gegenstandes über den Horizont (**Kimmung**). Wenn tiefere Luftschichten eine geringere Dichte haben, kann Spiegelung nach unten erzeugt werden (**Fata morgana**).

Lüftung die, Zuführung frischer Luft in geschlossene Räume durch Ventilatoren oder Absaugen verbrauchter Luft (Bewetterung, →Bergbau). L. ist oft verbunden mit Reinigung, Erwärmung oder Abkühlung (Klimaanlagen).

Luftverflüssigung, die Erzeugung flüssiger Luft durch Abkühlung unter die krit. Temperatur (—140,7 °C) unter gleichzeitiger Kompression auf den krit. Druck (38,4 at). Flüssige Luft ist wasserklar bis bläulich, sie dient zum Erzeugen tiefer Temperaturen (—196 °C); Verwendung für Sprengstoffe und Raketenantrieb.

Luftverkehr, Beförderung von Personen, Post, Fracht auf dem Luftweg. Neben dem öffentl. planmäßigen L. gibt es den Bedarfs-L. und den nichtöffentl. L. für Berufs-, Vergnügungs- und sportl. Zwecke. Den L. kennzeichnen Schnelligkeit und hohe Transportkosten, im **Luftfrachtverkehr** werden daher Güter von hohem Kosten- und Eilwert befördert. In verkehrsmäßig unterentwickelten Ländern ist der L. oft wichtigstes Verkehrsmittel, in durch Straßen und Eisenbahnen gut erschlossenen Ländern besteht erst für Entfernungen über 300 km ein L.-Bedarf.

Luftverunreinigung, durch Rauch, Abgase von Industrie, Heizungen, Fahrzeugen usw. verunreinigte Luft; ist gesundheitsschädlich.

Luftwaffe, Teil der Streitkräfte, umfaßt Fliegertruppe, Flakartillerie, Fernmeldetruppe und Versorgungstruppen der L.

Luftwege, Nase, Rachen (**obere L.**), Kehlkopf, Luftröhre, Bronchien (**untere L.**).

Luftwirbel, spiralförm. Luftbewegungen, treten als Wind-, Wasserhosen, als Wirbelstürme (Tornados, Taifune) sowie als Zyklone (Tiefdruckgebiet), Antizyklone (Hochdruckgebiet) auf.

Luftwurzel, ⚘ →Wurzel.

Lug'ano, Stadt und Luftkurort in der südl. Schweiz, Kanton Tessin, 22 700 Ew., am **Luganer See** an der Gotthardbahn. (BILD S. 563)

Lug'ansk, →Woroschilowgrad.

L'ugau, Industriestadt im Bez. Karl-Marx-Stadt, 10 400 Ew., im L.-Oelsnitzer Steinkohlenbecken; Steinkohlenbergbau, Textilindustrie.

Lügde, Stadt in Nordrh.-Westf., 10 900 Ew., Elektrodrahtwerk, Zigarren-, Holz-, Möbel-, Textil-, chemische Fabriken.

Lüge die, falsche Aussage. **Lügendichtung,** Erzählung übertriebener Begebenheiten, z. B. »Eulenspiegel«, »Münchhausen«.

Lügendetektor, Gerät, das die Erregungsschwankungen sichtbar macht, die z. B. bei falschen Aussagen auftreten. Verwendung als Beweismittel vor Gericht in der Bundesrep. Dtl. verboten.

Lügendichtung, sie übertreibt das Unmögliche, so daß der Leser die Lüge entdecken und als künstlerisches Mittel würdigen kann (1001 Nacht).

Luise [frz. Louise], weiblicher Vorname.

Luise, Königin von Preußen, Gemahlin Friedrich Wilhelms III., *1776, †1810, unterstützte die Reformen Steins und Hardenbergs.

L'uitpold, Prinzregent von Bayern (1886-1912) für die geisteskranken Könige Ludwig II. und Otto.

L'ukácz, Georg (von), ungar. sozialist. Literaturhistoriker, *1885, †1971; »Der histor. Roman«.

L'ukas, Verfasser des **L.-Evangeliums** und der Apostelgeschichte, Begleiter des Paulus, Arzt; Schutzheiliger der Maler (Tag 18. 10.).

Luke die, ⚓. wasserdicht verschließbare Öffnung im Schiffsdeck, zum Laden, Lüften.

Luki'an, griech. Schriftsteller, aus Samosata (Euphrat), * um 120, † nach 180 n. Chr., geißelte mit scharfem Spott die Gebrechen seiner Zeit.

Lukm'anier, italien. **Passo del Lucomagno,** Alpenpaß der Gotthardgruppe (1916 m), verbindet das Medelser Tal (Graubünden) mit dem Val Blenio (Tessin).

lukrat'iv [lat.], gewinnbringend.

Lukr'ez, eigentlich **Titus Lucretius Carus,** röm. Dichter, Philosoph; †55 v. Chr.; schrieb ein großes Lehrgedicht »De rerum natura«.

luk'ullisch, üppig, schwelger. (wie →Lucullus).

Luleå [l'yleo], Hafenstadt in N-Schweden, an der Mündung des Luleälv in den Bottn. Meerbusen, 57 200 Ew.; Erzausfuhr, Stahlwerk.

L'ullus, Erzbischof von Mainz, †786, stammte aus England, Schüler des Bonifatius, gründete das Kloster Hersfeld. Heiliger (Tag 16. 10.).

L'ullus, Raimundus, katalan. Mystiker und Dichter, *1235, †1316; Missionar in Afrika.

Lully [lyl'i], Jean-Baptiste, *1632, †1687, der erste Großmeister der franzÖs. Nationaloper.

Luluabourg [-bu:r], neuerdings **Kananga,** Handelsplatz im Kongo (K.), 140900 Ew.

Lumb'ago [lat.] die, →Hexenschuß.

lumb'al [lat.], ⚕ die Lenden betreffend. **L.-Anästhesie,** Betäubung der unteren Körperhälfte. **L.-Punktion,** Entnahme von Nervenwasser aus dem Duralsack.

L'umbeckverfahren, fadenlose Klebebindung anstelle des Heftens von Büchern und Heften.

Lumberjack [l'ʌmbədʒæk, engl.] der, sportliche, weite Jacke.

Lumen das, →Lichttechnik.

Lumière [lymj'ε:r], Auguste, *1862, †1954; schuf mit seinem Bruder Louis (*1864, †1948) Neuerungen auf dem Gebiet der Photographie.

Luminesz'enz [lat.] das, Leuchten von Körpern ohne Temperaturerhöhung; →Fluoreszenz, →Phosphoreszenz. Die L. verschiedener Tiere (Glühwürmchen) heißt **Bio-L.**

Lumme die, zu den Alken gehörige Schwimmvögel. Die **Trottel-L.** brütet auf Helgoland.

Lum'umba, Patrice, *1925, †1961 (ermordet); wurde 1960 kongoles. Ministerpräs.

L'una [lat.] die, Mond; röm. Mondgöttin.

Lunch [lʌntʃ, engl.] der, das, Gabelfrühstück (am Mittag). Zeitw. **lunchen.**

Lund [lynd], Stadt in S-Schweden, 52 500 Ew.; Univ. (seit 1668), roman. Dom, Bischofssitz.

Lunda, 1) Bantuvolk im südl. Kongo. 2) zentralafrikan. Hochland.

Lüneburg, Hauptstadt des RegBez. L., Nie-

Lugano

Lüneburger Heide

dersachsen, 60 300 Ew.; mittelalterl. Stadtbild, Pädagog. Hochschule; verschiedene Industrien; Sol- und Moorbad. – L., im 12. Jahrh. gegr., war im 13.-16. Jahrh. berühmter Handelsplatz.

Lüneburger Heide, eiszeitl. Landrücken zwischen Aller und Elbe; im Wilseder Berg (Naturschutzgebiet) 169 m hoch; teilweise bebaut oder aufgeforstet. Im SW Erdölvorkommen.

Lünen, Industriestadt in Nordrh.-Westf., an der Lippe, 72 400 Ew.; Steinkohlen⚒, verschiedene Industrien.

Lün'ette [frz.] die, ⬠ Bogenfeld, oft mit einem Relief oder einer Malerei.

Lunéville [lynev'il], Stadt im östl. Frankreich, mit 25 400 Ew.; landwirtschaftl. Handel; Industrie: Maschinen, Fayence, Textilien. – Der **Friede von L.** (1801) zwischen Frankreich und Österreich schloß die franzÖs. Revolutionskriege ab.

Lunge die, Atmungsorgan aller luftatmenden Wirbeltiere, entsteht urspr. aus zwei Säcken und liegt im Brustkorb. Beim Menschen unterscheidet man die rechte L., die aus drei Lungenlappen, und die linke L., die aus zwei Lappen besteht. Überzogen ist die L. und die Wand der Brusthöhle von einer sich geschlossenen feinen Haut (Pleura), die als **Rippenfell** die innere Brustwand, als **Lungenfell** die L. überkleidet. Das Lungengewebe ist schwammig, elastisch, rosafarben. Die in die beiden Lungen eintretenden **Bronchien** enden mit ihren feinsten Verzweigungen in kleinen **Lungenbläschen (Lungen-Alveolen),** die von vielen Haargefäßen netzartig umsponnen sind und in denen das Blut durch die sehr dünnen Wände der L.-Bläschen und der Haargefäße hindurch bei der →Atmung Sauerstoff aufnimmt und Kohlendioxyd abgibt.

Lungenfische, Knochenfische, die mit ihrer lungenartigen Schwimmblase durch Schlund und Nase Luft atmen und längere Zeit auf dem Lande aushalten (Lurchfische), z. B. der 1-2 m lange Molchfisch in Afrika.

Lungenkrankheiten: Lungenabszeß, eine Eiterhöhle im Lungengewebe. – **Lungenblähung,** das →Emphysem. – **Lungenembolie,** Verstopfung des Lungenschlagader oder eines ihrer Äste durch ein Blutgerinnsel. Kann zu plötzlichem Tod führen (Lungenschlag). – **Lungenentzündung, Pneumonie,** die Durchsetzung (Infiltration) des Lungengewebes mit entzündl. Ausschwitzung aus den Blutgefäßen. Die **fibrinöse** oder **kruppöse Lungenentzündung,** durch Pneumokokken verursacht, beginnt mit Schüttelfrost, hohem Fieber, Seitenstechen; es folgen schmerzhafter Husten, Atemnot, zäher, rostfarbener Auswurf. Die Krise tritt zwischen dem 7. und 13. Tag unter Schweißausbruch und schneller Entfieberung ein. Die Entzündung betrifft stets einen ganzen Lungenlappen. Die **katarrhalische Lungenentzündung** (Bronchopneumonie) betrifft kleinere Teile der Lunge. Erreger sind Bakterien verschiedenster Art, auch Viren. Meist geht ein Katarrh der feinsten Bronchien voraus oder eine ansteckende Krankheit (Masern, Grippe, Typhus u. a.). Behandlung: Antibiotica Sulfonamide. – **Lungenkrebs,** eine

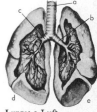

Lunge: a Luftröhre, b linker Stammbronchus, c rechter Stammbronchus, d rechte Lunge, e linke Lunge

Lure

M. Luther

meist von der Schleimhaut der Bronchien ausgehende bösartige Geschwulst, →Krebs. – **Lungenödem,** Übertritt von Blutwasser in das Lungengewebe infolge Blutstauung bei Herzschwäche, Nierenentzündung u. a. Ein Zustand höchster Atemnot und Erstickungsgefahr. – **Lungenpest,** →Pest. – **Lungentuberkulose,** →Tuberkulose.

Lungenkraut, ⚕ staudige, behaarte, borretschartige Frühlingspflanze, mit zuerst hellroten, dann blauen Blüten; früher als Lungenmittel verwendet.

Lungenschnecken, Pulmonaten, landbewohnende Schnecken, bei denen das blutgefäßreiche Dach der Mantelhöhle als lungenähnliches Atmungsorgan dient.

Lunker der, Hohlräume in Gußstücken.

Luns [lyns], Joseph, niederländ. Politiker, *1911, 1956 Außenminister, seit 1971 Generalsekr. der NATO.

Lunte die, 1) Feuerschwamm oder mit Bleizuckerlösung getränkter, langsam glimmender Hanfstrick, diente im MA. als Zündmittel bei Feuerwaffen. 2) ⚲ Schwanz des Fuchses.

Lupan'ar [lat.] das, altröm. Bordell.

L'upe [frz.] die, Vergrößerungsglas.

Lup'ine die, Gattung der Schmetterlingsblüter, hohe Kräuter aus dem südl. Europa, Grün- und Körnerfutter, auch zur Gründüngung (Stickstoffsammler). In Dtl. am häufigsten die **Blaue,** seltener die **Gelbe** und **Weiße L.** Die gezüchtete **Süß-L.** ist bitterstofffrei.

L'upus [lat.] der, →Hauttuberkulose.

Lurche, Amphibien, wechselwarme Wirbeltiere mit nackter drüsenreicher Haut und 4 Gliedmaßen. Die Jungen leben im Wasser und atmen durch Kiemen. Hauptgruppen: **Schwanzlurche** (Salamander, Molche), **Froschlurche** (Frösche, Kröten).

L'ure die, große, gewundene Bronzetrompete der nord. Bronzezeit.

Lus'aka, Hauptstadt von Sambia, 138 000 Ew., Handels- und Industriezentrum; Universität.

Lus'erke, Martin, Pädagoge, Schriftsteller, *1880, †1968; förderte Jugend- und Laienspiel.

Lusit'anien, röm. Provinz auf der Pyrenäenhalbinsel, etwa das heutige Portugal.

Lust die, alle Gefühlsarten, die eine Befriedigung von Bedürfnissen oder eine Steigerung des Lebensgefühls anzeigen.

L'ustenau, Marktgem. in Vorarlberg, Österreich, 15 300 Ew.; Textilindustrie.

Lüster [frz.] der, 1) Kronleuchter. 2) leinwandbindiger Stoff.

L'ustrum [lat.] das, -s/...stren und ...stra, 1) im alten Rom das alle fünf Jahre wiederkehrende Sühneopfer. 2) Jahrfünft.

Lustspiel, →Komödie.

Lüta, Zusammenschluß der chines. Städte Port Arthur und Talien, 3,5 Mill. Ew.; Univ.; seit 1897 russisch, 1904–45 japanisch, seit 1945 sowjet. Flottenstützpunkt; 1955 Rückgabe an China.

Lut'etium, das, **Lu,** chem. Element aus der Gruppe der Lanthaniden.

Luther, 1) Hans, Politiker, *1879, †1962; 1922/23 Reichsernährungs-, 1923–25 Reichsfinanz-Min., 1925/26 Reichskanzler, 1930 Reichsbankpräs., 1933–37 Botschafter in Washington, seit 1937 Vors. des Ausschusses zur Neugliederung des Bundesgebietes. 2) Martin, Reformator, Begründer des dt. Protestantismus, * Eisleben 10.11. 1483, † das. 18.2.1546, Sohn des Bergmanns Hans L. aus Möhra, bezog 1501 die Univ. Erfurt, trat 1505 ins Augustinerkloster ein, wurde 1507 Priester, 1508 Prof. der Philosophie in Wittenberg, 1512 Dr. und Prof. der Theologie. Am 31.10.1517 schlug er seine gegen Tetzel gerichteten 95 Streitsätze (Thesen) über den Ablaß an die Schloßkirche in Wittenberg an, mußte sich 1518 vor Kardinal Cajetan in Augsburg verantworten, unterwarf sich nicht. Im Streitgespräch 1519 mit Eck, der Leipziger Disputation, bestritt L. den Primat des Papstes und die Unfehlbarkeit der Konzilien. Damit hatte L. mit der kath. Kirche gebrochen und beschritt nun den Weg zu einer völligen Reformation der Kirche und der Theologie. 1520/21 veröffent-

lichte er die entscheidenden Reformationsschriften: »An den christl. Adel deutscher Nation«, »Von der babylon. Gefangenschaft der Kirche«, »Von der Freiheit eines Christenmenschen«, verbrannte am 15.12.1520 die päpstl. Bannandrohungsbulle, wurde darauf am 3.1.1521 gebannt, verteidigte sich am 17. und 18.4.1521 vor dem Reichstag in Worms und wurde in die Reichsacht erklärt. Von Kurfürst Friedrich dem Weisen auf die Wartburg gebracht, übersetzte er das Neue Testament (1522 zuerst gedruckt). Im März 1522 kehrte er nach Wittenberg zurück und trat gegen die Wiedertäufer auf. 1525 heiratete er Katharina von Bora. 1526–30 half L. mit an der Einrichtung der Kursächs. Kirchen- und Schulvisitation. Mit den beiden Katechismen (1529), der Bibelübersetzung (1534 die ganze Bibel), seinen geistl. Liedern (»Ein' feste Burg« u. a.) förderte er entscheidend die Entwicklung der dt. Sprache. – Im Mittelpunkt seiner Lehre von den Gnadenmitteln steht das »Wort Gottes« als Gesetz und Evangelium. Mit der »Rechtfertigung allein aus dem Glauben« hat er das kath. Dogma gesprengt. Die unmittelbare Glaubensbeziehung zwischen Gott und Mensch macht nach seiner Lehre jede priesterl. Mittlerschaft unnötig (allgem. Priestertum aller Gläubigen). Die christl. Sittlichkeit erfüllt sich nach L. im weltl. »Beruf«, der im Glauben und in der Liebe getan wird.

l'utherische Kirchen, die an den luther. Bekenntnisschriften festhaltenden evang. Kirchen, bes. in Dtl., Dänemark, Skandinavien und Nordamerika im Unterschied zu den von Zwingli und Calvin bestimmten reformierten Kirchen. In Preußen schlossen sich die l. K. und die reformierte Kirche 1817 zur **Altpreuß. Union** (nach 1945 in »Evang. Kirche der Union« umbenannt) zusammen; später Trennung der **Altlutheraner** von der Landeskirche. Die luther. Landeskirchen Deutschlands sind seit 1948 in der **Vereinigten Evangel.-Luther. Kirche Deutschlands** (VELKD) zusammengeschlossen. Die Mehrzahl der l. K. der Welt sind im Luther. Weltbund (1947) verbunden.

Luthuli, Albert, südafrikan. Eingeborenenpolitiker, *1899, †1967; vertrat den gewaltlosen Widerstand gegen die Rassentrennungspolitik der Regierung. Friedensnobelpreis 1960.

Luton [lju:tn], Stadt in England, 147 800 Ew.; Gießereien, Kraftwagen-, Apparatebau.

L'utter am B'arenberge, Gem. nordwestl. von Goslar; 1626 Sieg Tillys über Christian IV. von Dänemark.

Lüttich, Hauptstadt der belg. Prov. L., 155 900 Ew.; liegt an der Mündung der Ourthe in die Maas; geistiger Mittelpunkt der Wallonen (Univ.). Steinkohlen- und Industriegebiet. – Das alte Reichsfürstentum der Bischöfe von L. kam 1797 an Frankreich, 1815 an die Niederlande, 1830 an Belgien.

Lützen, Stadt im Bez. Halle, südwestl. von Leipzig, 4800 Ew.; am 16.11.1632 siegten die Schweden über Wallenstein, Gustav Adolf fiel.

L'ützow, Adolf Freiherr v., preuß. Freikorpsführer, *1782, †1834; stellte 1813 die **Schwarze Schar** auf.

Luv die, ⚓ die dem Wind zugekehrte Seite; Gegensatz: Lee.

Lux, →Lichttechnik.

Luxati'on [lat.] die, ♫ Verrenkung.

L'uxemburg, 1) Großherzogtum in W-Europa, 2586 km², 337 000 Ew. (über 90% kath.); Hauptstadt: Luxemburg; Amtssprache: Französisch. VERFASSUNG vom 17.10.1868 (Änderungen 1919/48/56). Konstitutionelle Monarchie (Haus Nassau). Gesetzgebungsorgan ist die Abgeordnetenkammer. – Der N hat Anteil an den Ardennen (Ösling), im S erzreiches Stufenland. Anbau von Getreide, Kartoffeln, Wein; Viehzucht; Bergbau (Eisen), Eisen- und Stahl-, Getränke- u. a. Ind. Haupthandelspartner: EWG-Länder. ⊕ S. 520/21, ⚏ S. 346, ☐ S. 878.

GESCHICHTE. Die Grafen von L. stellten 1308 bis 1437 die dt. Kaiser (Heinrich VII., Karl IV., Wenzel, Sigismund). Das Herzogtum L. kam 1443

Luxemburg, links alte Befestigungen

an Burgund, 1477 mit den Niederlanden an Habsburg, 1797 an Frankreich; als Großherzogtum 1815 mit den Niederlanden in Personalunion verbunden (bis 1890) und in den Dt. Bund aufgenommen. 1839 fiel der wallon. Teil an Belgien. 1867 wurde L. für neutral und selbständig erklärt. 1890 wurde Adolf, bis 1866 Herzog von Nassau, Großherzog. Bis 1918 blieb L. im dt. Zollverband. Die 1922 mit Belgien geschlossene Zoll- und Wirtschaftsunion wurde 1948 auf die Niederlande ausgedehnt (→Benelux-Länder). L. ist Mitglied der NATO und der europ. Gemeinschaften. Staatsoberhaupt: Großherzog Jean (seit 1964); Min.-Präs.: P. Werner (seit 1959). 2) Hauptstadt von 1), 77 100 Ew.; Industrie: Stahl, Maschinen, Steingut. Bis 1967 Sitz der Hohen Behörde der Montanunion.

Luxemburg, Rosa, sozialist. Politikerin, * 1870, † (erschossen) 1919, gründete 1917 mit K. Liebknecht den Spartakusbund, nahm am Berliner kommunistischen Aufstand 1919 teil.

Luxor, Luksor, Stadt in Oberägypten, am Nil, auf der Stelle des alten Theben; 50 000 Ew.

luxur'ieren [lat.], ⊕ ☿ ⚕ ein Erbmerkmal in stärkerer Ausprägung zeigen als die Eltern.

L'uxus [lat.] der, **1)** Üppigkeit, Wohlleben. **2)** Aufwand, der die als normal empfundene Lebenshaltung weit überschreitet; Bekämpfung früher durch L.- oder Aufwandgesetze, seit dem 18. Jahrh. durch L.-Steuern. Egw.: luxuri'ös.

Luz'ern, 1) Kanton der mittl. Schweiz, 1494 km², 289600 deutschspr. Ew.; im S gebirgig, im N Hügelland; Ackerbau, Alpwirtschaft, etwas Industrie; Fremdenverkehr. **2)** Hauptstadt von 1), 74 100 Ew., am Vierwaldstätter See; mittelalterl. Bauten; Textil-, Metallind.; Mittelpunkt des schweizer. Fremdenverkehrs. (FARBTAFEL Schweiz S. 871)

Luz'erne die, Schmetterlingsblütler der Gattung Schneckenklee aus Vorderasien, mit violetten Blüten, schneckenhausförmiger Fruchthülse; vieljährige Futterpflanze.

luz'id [lat.], **1)** hell, licht. **2)** klar.

L'uzifer [lat. »Lichtbringer«], **1)** ⚝ der Morgenstern. **2)** der Teufel.

Luz'on, Hauptinsel der Philippinen, 104 567 km², 16,4 Mill. Ew., im S stark vulkan., hat feuchtwarmes Tropenklima; Vorkommen von Kupfer, Gold, Chrom. Anbau von Reis, Zuckerrohr, Manilahanf, Tabak. Urbewohner sind Negritos, eingewanderte Malaien. Hauptstadt: Manila.

Lw, chem. Zeichen für Lawrencium.

Lyallpur [l'aiəl-], Stadt in Pandschab, Pakistan, 425 300 Ew.; Baumwollindustrie.

Lyck, Stadt im südl. Ostpreußen, (1939) 16 500 Ew.; seit 1945 unter poln. Verw. **(Ełk).**

L'ydia, weiblicher Vorname.

L'ydien, alte Landschaft im W Kleinasiens; Hauptstadt: Sardes. Einst ein mächtiger, reicher Staat (Krösus), 546 v. Chr. von Kyros erobert.

L'ykien, antike Landschaft im S Kleinasiens; berühmte Felsengräber.

Lyk'urg, sagenhafter Gesetzgeber Spartas.

L'ymphe [grch.] die, **Gewebsflüssigkeit,** ⚕ **1)** farblose bis gelbl. Flüssigkeit, die aus den Gewe-

ben abfließt und von den →Lymphgefäßen aufgenommen wird. Sie besteht aus Blutplasma mit weißen Blutkörperchen und vermittelt den Stoffaustausch zwischen den Blutgefäßen und den Gewebezellen. **2)** Flüssigkeit für Pockenimpfung.

Lymphgefäße, ⚕ den Blutadern ähnliche feine Röhren, die die →Lymphe sammeln und dem Blut wieder zuführen. Die größeren L. besitzen Klappen. Die L., die von den unteren Gliedmaßen und den Baucheingeweiden kommen, treten vor der Lendenwirbelsäule zum Brust-Lymphgang zusammen, der in die linke Schlüsselbein-Blutader einmündet.

Lymphgefäßentzündung, eine Entzündung der Lymphgefäße, als roter Streifen von der Infektionsstelle zum Lymphknoten sichtbar.

Lymphknoten, früher fälschl. **Lymphdrüsen** genannt, linsen- bis haselnußgroße Kapseln, die als Filter in die Lymphgefäße eingeschaltet sind; sie enthalten in Lymphfollikeln gesammelte **Lymphzellen.**

Lymphogranul'oma inguin'ale das, bes. beim Geschlechtsverkehr (»vierte Geschlechtskrankheit«) übertragene, durch ein Virus hervorgerufene **venerische Lymphknotenentzündung.** Behandlung: Sulfonamide, Antibiotica.

Lymphogranulomat'ose die, →Hodgkinsche Krankheit.

Lymphoz'yten, weiße →Blutkörperchen.

lynchen [l'intʃən], gesetzloses Töten von Personen durch gewalttätige Gruppen **(Lynchjustiz).**

L'ynkeus, griech. Sage: scharfsichtiger Steuermann des Schiffes der Argonauten.

Lyon [lj'õ], drittgrößte Stadt Frankreichs, 528 500 Ew.; am Zusammenfluß von Rhône und Saône; bed. Handels- (Lyoner Messe), Textilstadt; Kraftfahrzeug-, pharmazeut., Elektro-, Seiden-Industrie. Erzbischofssitz; zwei Universitäten u. a. Hochschulen. – L. wurde unter Augustus die Hauptstadt Galliens und kam 1312 an Frankreich.

Luzerne, a Frucht

L'yra [grch. »Leier«] die, -/...ren, **1)** ♪ altgriech. Saiteninstrument. **2)** ♪ ein Glockenspiel.

L'yrik [grch.] die, Gattung der Poesie, neben Epik und Dramatik. L. ist die Selbstaussage des Dichters, der seiner Gestimmtheit, seinen Gefühlen, Vorstellungen, Gedanken unmittelbar Ausdruck verleiht. Stilmittel der L. sind Rhythmus und Reim (→Vers), Sprachklang, bildhafter Ausdruck. Formen: Lied, Hymne, Ode, Elegie, Sonett u. a.

Lys [lis], französ. Name des Flusses →Leie.

Lysógóry die, Höhenzug in Polen, in der Łysa Góra 611 m hoch.

Lys'ander, spartan. Feldherr, Staatsmann, † 395 v. Chr.; beendete durch seinen Seesieg bei Ägospotamoi 405 und die Eroberung Athens 404 v. Chr. den Peloponnes. Krieg.

Lysergsäurediäthylamid, LSD, synthet. gewonnene Verbindung der Lysergsäure, bewirkt Halluzinationen.

L'ysias, athen. Redner, * um 440 v. Chr.; wegen seiner gewandten Redeweise bewundert.

Lys'ippos, griech. Bronzebildner des 4. Jahrh. v. Chr.; mit seinem neuen Stil (gestreckte Proportionen, kleine Köpfe) beginnt die hellenist. Zeit der Plastik.

L'ysis [grch.] die, ⚕ langsames Absinken des Fiebers.

Lyon mit Kathedrale St. Jean

Lyra (Vasenbild)

Lys'ol, Handelsname einer 0,5 bis 5prozentigen Kresolseifenlösung; keimtötendes Mittel.

Lyss'enko, Trofim, sowjet. Botaniker, *1898; dialektisch-materialist. Vererbungslehre.

Lyz'eum das, -s/...zeen, höhere Schule, in Dtl. früher höhere Mädchenschule.

M

Machiavelli

m, M, 1) der dreizehnte Buchstabe im Abc. 2) röm. Zahl: M = 1000. 3) Abk. für französ. Monsieur, für engl. Master. 4) m = Meter; m² = Quadratmeter; m³ = Kubikmeter.

MA., Abk. für Mittelalter.

M. A., →Magister Artium.

Mä'ander der, 1) im Altertum Name des Flusses Menderes in Anatolien. 2) Flußwindungen. 3) Ornamentband aus einer mehrfach rechtwinklig gebrochenen oder fortlaufenden Linie.

Mäanderfries

Maar das, trichterförmige Bodenvertiefung, durch vulkan. Gasexplosionen entstanden; oft wassergefüllt, z.B. die Eifelseen. (→Laacher See)

Maas die, französ. **Meuse** [møz], Fluß im östl. Frankreich, Belgien und den südl. Niederlanden; Länge 925 km, davon 574 km schiffbar.

Maastricht, Hauptstadt der niederländ. Prov. Limburg, an der Maas, 95000 Ew., alte Bauten. Ind.: Fayence, Glas, Zement, Seife, Textilien.

Maat der, Unteroffizier der dt. Marine.

Mabillon [mabij'õ], Jean, französ. Benediktiner, *1632, †1707, schuf die Urkundenlehre.

Mabuse [mab'y:z], Jan, eigentl. **Gossaert,** niederländ. Maler, * um 1478, † um 1533/34; italien. beeinflußte Bilder mit Akten und überreichen Architekturen.

Mac [mæk, gälisch], abgek. **M'** oder **Mc,** unbetonte Vorsilbe in schott. Namen, svw. Sohn, z.B. Macdonald oder MacDonald.

Macao [mak'au], portugies. Überseeprov. an der S-Küste Chinas, eine Halbinsel und 2 Inseln, 14 km², 300000 Ew.; Hauptstadt M. Seit 1557 portugiesisch.

MacArthur [mək'a:θə], Douglas, amerikan.General, *1880, †1964; im 2.Weltkrieg Oberkommandierender im Fernen Osten; 1945-51 Oberbefehlshaber in Japan und 1950 Oberbefehlshaber der UN-Streitkräfte im Koreakrieg; 1951 aus allen Ämtern abberufen.

Madeira:
Funchal
Macaulay [mək'o:li], 1) Rose, engl. Erzählerin, *1887, †1958; iron. Romane: »Tante Dot, das Ka-

mel und ich«. 2) Thomas, Lord **M.** of Rothley (1857), *1800, †1859, liberaler engl. Politiker, Geschichtsschreiber; »Geschichte Englands«.

Macbeth [mækb'eθ], König von Schottland 1040-57. Trauerspiel von Shakespeare.

Macchie [m'akia, ital.] die, dichtes, immergrünes Gebüsch der Mittelmeerländer.

Macdonald [məkd'ɔnəld], James Ramsay, brit. Politiker, *1866, †1937, Führer der Arbeiterpartei, von deren Mehrheit er sich 1931 bei der Bildung der »Nationalregierung« trennte; 1924 und 1929 bis 1935 Premierminister.

Macdonnell-Kette [məkd'ɔnl], Gebirge in Zentralaustralien, 250 km lang, bis 1510 m hoch. (FARBTAFEL Australien S. 171)

Maceió [masej'o], Stadt in Brasilien, 237000 Ew.; Hafen, Erzbischofssitz; Zucker, Baumwolle, Mais.

Maec'enas, röm. Ritter, Vertrauter des Kaisers Augustus, † 8 v. Chr.; Gönner von Vergil und Horaz (→Mäzen).

Mach, Ernst, Physiker und Philosoph, *1838, †1916. Nach M. beruht alle Erkenntnis auf den Sinnesempfindungen. M. beeinflußte die Fortbildung des Positivismus und der Logistik. **Machzahl,** das Verhältnis der Geschwindigkeit eines mit Überschallgeschwindigkeit bewegten Körpers zur Geschwindigkeit des Schalles in dem betr. Medium.

Mácha [m'a:xa], Karel Hýnek, tschech. Dichter, *1810, †1836; romant. Lyrik.

Mach'andelbaum, der Gemeine →Wacholder.

Machatschkal'a, früher Petrowsk-Port, Stadt am Kasp. Meer, UdSSR, 177000 Ew.; Erdölleitung von Grosnyi, vielseitige Industrie.

Machete [matʃ'ɛtɛ, span.] die, Haumesser Buschmesser.

Machiavelli [makjav'ɛli], Niccolò, italien. Staatsmann und Geschichtsschreiber, *1469, †1527; sein Buch »Il principe« (Der Fürst) galt seinen Gegnern als Rechtfertigung des von allen sittl. Normen losgelösten Machtstaates **(Machiavell'ismus).** Friedrich d.Gr. verfaßte dagegen seinen »Antimachiavell«.

Machinati'on [lat.] die, Machenschaft, Ränke.

Mächtigkeit die, Dicke (Gesteinsschicht).

Macke, August, Maler, *1887, † (gefallen) 1914; gehörte dem »Blauen Reiter« an, malte, von R. →Delaunay beeinflußt, Bilder von lichter Farbigkeit, bes. Aquarelle.

M'ackensen, August v., Generalfeldmarschall *1849, †1945; Armeeführer im 1.Weltkrieg in Polen, Serbien, Rumänien.

Mackenzie [mək'enzi] der, Strom im NW Kanadas; Quellflüsse: Athabasca und Peace River (mit dem Athabasca 4600 km lang); mündet ins Nordpolarmeer, etwa 2000 km schiffbar.

MacLeish [məkl'i:ʃ], Archibald, amerikan. Schriftsteller, *1892; Gedichte, Schauspiele.

Mac-Mahon [-ma'õ], Maurice Marquis de, Herzog von Magenta, französ. Marschall, *1808, †1893, siegte 1859 bei Magenta, wurde 1871 bei Wörth und Sedan geschlagen; 1873-79 Staatspräsident.

MacMahon-Linie [məkm'ein, nach Sir Henry M., 1914], die (von China nicht anerkannte) NO-Grenze Indiens gegen Tibet.

Macmillan [məkm'ilən], Harold, brit. Verleger und Politiker, *1894, konservat. Abgeordneter, 1955 Außenmin., 1955 Schatzkanzler, 1957-63 Premiermin. und Führer der Konservat. Partei.

Macpherson [məkf'ə:sn], James, schott. Dichter, *1736, †1796; →Ossian.

Madag'askar, Insel im Indischen Ozean, von Südafrika durch den Kanal von Moçambique getrennt, Republik, 587041 km², 6,7 Mill. Ew.; Hauptstadt: Tananarive; Amtssprachen: Französisch, Malagasy. – M. wird im O von einem vulkan. Gebirge (bis 2880 m) durchzogen; im W weites Tafelland. Klima tropisch. BEVÖLKERUNG. Meist →Madegassen; daneben Weiße, Inder u.a. Religion: Naturreligionen, rd. ⅓ Christen, 300000 Muslime. – WIRTSCHAFT. Anbau von Reis, Maniok, Kaffee, Erdnüssen u.a.; Viehwirtschaft. Bodenschätze, z.T. im Abbau: Graphit, Glimmer,

Edelsteine, NE-Metalle, Uran. Nahrungsmittel- u. a. Ind. Ausfuhr: Kaffee, Vanille, Zucker, Schlachtvieh, Textilien u. a. Haupthandelspartner: Frankreich; Haupthafen: Tamatave. – M. wurde 1896 franzö̈s. Kolonie, 1946 Überseegebiet der Französ. Union, 1960 unabhängige Republik. Staatspräs.: P. Tsiranana (seit 1960), MinPräs.: Ramanantsoa (seit 1972). ⊕ S. 514, ⊟ S. 346.

Madame [mad′am, frz. »meine Dame«], französ. Anrede für verheiratete Frauen.

Madari′aga y Rojo [r′ɔxɔ], Salvador de, span. Schriftsteller und Diplomat, *1886, lebt als Gegner Francos in London; histor. Schriften, Romane.

Mädchenhandel, ♫ Anwerben und Verschleppen von weibl. Personen, um sie der Prostitution im Ausland zuzuführen; von fast allen Staaten bekämpft, in Dtl. mit Freiheitsstrafe nicht unter einem Jahr bestraft.

Maddal′ena, La M., italien. Insel zwischen Sardinien und Korsika, Flottenstützpunkt.

Made die, fußlose Larve mancher Insekten.

Madeg′assen Mz., die Völker Madagaskars. Aus dem Malaiischen Archipel eingewandert sind Merina, Betsimisaraka, Betsileo u. a. Bewohner des Innern und der O-Küste; im W leben Sakalaven u. a. Die Verkehrssprache (Malagasy) gehört zu den indones. Sprachen.

made in Germany [meid in dʒ′ɔːmɔni], »in Dtl. hergestellt«, seit 1887 vorgeschriebene Handelsbezeichnung für nach England eingeführte dt. Waren; später allgem. für dt. Ausfuhrwaren.

Madeira [mad′eːra] 1) portugies. Insel im Atlant. Ozean, 797 km², 269 000 Ew.; Hauptstadt: Funchal. Vulkanisch; mildes Klima. Anbau: Wein (M.-Wein), Zuckerrohr, Früchte, Gemüse. Fremdenverkehr. (BILD S. 566) 2) der, rechter Nebenfluß des Amazonas, 3240 km; Stromschnellen.

Madeleine [madl′ɛːn, frz. Form von Magdalene] weibl. Vorname.

Mademoiselle [madmwaz′ɛl, frz. »mein Fräulein«], französ. Anrede für Fräulein.

Madenwurm, bis 1 cm langer weißl. Fadenwurm, Schmarotzer im menschl. Dickdarm, bes. bei Kindern, verursacht beim Auskriechen Jucken am After. Ansteckung durch Nahrung, die mit Wurmeiern verunreinigt ist.

Mad′erna, 1) Bruno, italien. Komponist, Dirigent, *1920; Kompositionen in Zwölftontechnik. 2) Carlo, Baumeister in Rom, *1556, †1629, seit 1603 Bauleiter der Peterskirche, die er mit dem Bau von Langhaus, Vorhalle und Fassade vollendete. 3) Stefano, Bildhauer in Rom, *1576, †1636; bekanntestes Werk: Hl. Cäcilia nach dem Martyrium.

Madison [m′ædisn], Hauptstadt von Wisconsin, USA, 173 300 Ew.; Univ.; Elektro- und Maschinenindustrie; Flughäfen.

Madjaren, →Magyaren.

Mad′onna [ital. »meine Herrin«] die, -/...nen, die Jungfrau →Maria.

Madr′as, Hauptstadt des ind. Staates Tamizhagam (früher M.), 2,0 Mill. Ew.; Hafen; Kulturmittelpunkt; Baumwollindustrie; Gerbereien.

M′adras der, Gardinenstoff (bunt gemustert).

Madr′id, Hauptstadt Spaniens, 3,1 Mill. Ew.; geistiger Mittelpunkt des Landes, Univ., Akademien, Kernforschungsinst., berühmte Gemäldegalerien (Prado), Museen, Kirchen, Bauten; Regierungs-, Erzbischofsitz. In der Nähe: ehemal. Königsschloß San Lorenzo del →Escorial, die Gärten von Aranjuez. M. wurde 1561 span. Königssitz.

Madrig′al [ital.] das, 1) aus Italien stammende lyr. Form aus 6-15 Versen, Sieben-, Elfsilber frei mischend. 2) ♪ urspr. kleines Hirtenlied; im 16., 17. Jahrh. mehrstimmiges Chorlied a capella.

Mad′ura, Insel vor der N-Küste Javas, Indonesien, 4470 km² groß.

Mad′urai, Stadt im S Vorderindiens, 479 100 Ew.; Weberei, Metallverarbeitung.

maëst′oso [ital.], ♪ majestätisch, feierlich.

Ma′estro [ital.] der, Meister.

Maeterlinck [m′aːtərliŋk], Maurice, belg. Dichter, *1862, †1949. Nobelpreis 1911; schrieb

Magdeburg: Dom

Gedichte, Schauspiele, ferner »Das Leben der Bienen«, »Das Leben der Termiten« u. a.

M′afia, Maffia, polit. Geheimbund in Sizilien, 1800-60 im Kampf gegen die Bourbonen bedeutsam; nach 1943 wieder erstanden.

Magalhães [maɣaʎ′ãiʃ], Fernão de, span. **Magallanes, auch Magellan,** portugies. Seefahrer, *1480, †1521; entdeckte 1520 die **Magellanstraße** zwischen dem südamerikan. Festland und dem Feuerland.

Magaz′in [arab. »Scheune«], 1) Lager-, Vorratshaus. 2) Unterhaltungszeitschrift. 3) Patronenkammer in Mehrladewaffen.

Magdeburg

Magd die, 1) urspr. Jungfrau, junges Mädchen. 2) Dienerin.

Magdal′ena, Magdal′ene, weibl. Vorname, →Maria Magdalena.

Magdal′ena, span. **Río Magdal′ena,** Hauptfluß Kolumbiens, von den Anden zum Karibischen Meer, 1350 km lang.

Magdalenien [magdalenj′ɛ̃] das, jüngste Stufe der Altsteinzeit, benannt nach den Funden bei dem französ. Ort La Madeleine.

Magdeburg, 1) Bez. der Dt. Dem. Rep., 11 525 km², 1,323 Mill. Ew.; 1952 aus dem N-Teil des Landes Sachsen-Anhalt unter Geländeaustausch an der Ostgrenze und am Harz gebildet. Vorwiegend Tiefland, im SW gebirgig (Anteil an Harzvorland und Harz). Hauptflüsse: Elbe, untere Saale. Ackerbau, Viehwirtschaft; ✕ auf Salze, Eisen, Braunkohle, Schwefelkies; Nahrungsmittel-, Maschinen-, chem. u. a. Ind. ⊕ S. 520/21. **2)** Hauptstadt von 1), 270 700 Ew.; liegt an Elbe und Mittellandkanal; Medizin. Akademie, Hochschule, Institute; Umschlagplatz für landw. Erzeugnisse der **Magdeburger Börde;** Schwermaschinen-, chem. Ind., Meßgeräte-, Armaturenwerk, Konserven-, Zuckerfabriken. Bauten: Dom aus dem 13. Jahrh., roman. Liebfrauenkirche (11. Jahrh.). M., 805 schon erwähnt, wurde 968 durch Otto d. Gr. Erzbischofsitz; besondere Bedeutung er-

Magalhães

Madrid: Plaza de España, im Hintergrund der könig. Palast

Magde

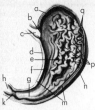

Magen, a Magengrund, b Magenmund, c Speiseröhre, d kleine Krümmung, e Magenkörper, f Magenstraße, g Vorpförtner, h Zwölffingerdarm, k Pförtner, m Magenwand, n große Krümmung, p Magenschleimhaut, q Magenschleimhaut im Schnitt

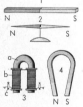

Magnetismus: 1 Stab-M., 2 Magnetnadel, 3 Elektro-M., a Eisenkern, b Wicklung, c Stromanschluß, 4 Hufeisen-M.

langte sein Stadtrecht, das weite Verbreitung im Osten fand. M. – eine Hochburg der Reformation – kam 1680 an Brandenburg-Preußen.

Magdeburger Halbkugeln, zwei hohle Halbkugeln, an denen O. v. →Guericke die Wirkung seiner Luftpumpe zeigte.

Mage [germ.] der, im alten dt. Recht der durch Heirat verwandt Gewordene.

Magellan, →Magalhães.

Magel'one, Heldin einer französ. Erzählung; danach dt. Volksbuch von der schönen **M.**

Magen der, sackartige Erweiterung des Verdauungskanals zwischen Speiseröhre und Dünndarm, in der oberen Bauchhöhle unter dem Zwerchfell. Der Eingang heißt **M.-Mund** (Kardia), der durch einen Ringmuskel verschließbare Ausgang ist der **Pförtner** (Pylorus). Die Drüsen der M.-Schleimhaut liefern den **M.-Saft,** der neben Schleim vor allem Salzsäure, Pepsin, Lipase und Lab enthält. Durch die Magenbewegungen (Peristaltik) wird der M.-Inhalt gemischt und durch den Pförtner von Zeit zu Zeit in den Darm entleert. Die M.-Verdauung einer gewöhnlichen Mahlzeit dauert 2-3 Stunden.

Magenbitter, bitterer Kräuterbranntwein.

Magenbremse die, 🐝 →Dasselfliegen.

Magenkrankheiten verlaufen akut oder chronisch, gehen mit Störungen der Verdauung einher. **Magenerweiterung,** meist zur Senkung führende Überdehnung des Magens infolge Erschlaffung der Muskulatur. – **Magengeschwür, Ulcus ventriculi,** entsteht meist auf dem Boden einer Entzündung bei zeitweise schlechter Durchblutung der Schleimhaut. – **Magenkrebs,** →Krebs. – **Magenschleimhautentzündung, Gastritis,** zeigt sich an durch schmerzhaften Druck, Völlegefühl, mitunter Magenkrämpfe und Sodbrennen. Ursachen mannigfaltig, z. B. durch zu kalte oder verdorbene Speisen, reichlichen Alkohol- oder Nikotingenuß; auch seel. Faktoren (Ärger) spielen bei der Entstehung eine Rolle.

Magenspülung, ⎰ →Aushebern des Magens.

M'aghreb [arab. »Westen«], der westl. Teil des arab. N-Afrikas (Marokko, Algerien, Tunesien).

Mag'ie [grch.] die, Zauber; der Glaube, sich durch best. geheimnisvolle Handlungen, Zeichen und Formeln übernatürl. Kräfte dienstbar machen und mit ihnen ird. Ereignisse beeinflussen zu können. Bei gegenwärtigem Einfluß: **schwarze M.,** bei nutzbringendem: **weiße M.** Die M. findet sich bei Natur -und Kulturvölkern; sie ist auch für die vorgeschichtl. Zeit zu erschließen.

Maginot-Linie [maʒinoʼ:-], tiefes Befestigungssystem, seit 1930 an der französ. O-Grenze unter Kriegsmin. Maginot angelegt.

M'agisches Auge, Abstimmungsanzeigeröhre in Funkempfängern, Kathodenstrahlröhre mit Leuchtbild, erleichtert die genaue Abstimmung.

Mag'ister Artium [lat.] der, Abk. **M. A.,** alter akadem. Grad; heute noch in den angelsächs. Ländern und in Österreich, auch wieder an philosoph. Fakultäten der Bundesrep. Dtl.

Magistr'at [von Magister] der, leitende städt. Behörde in einigen dt. Ländern.

M'agma [grch.] das, glutflüssiges Erdinneres.

M'agna Charta [kʼarta, lat.] die, wichtigstes altengl. Staatsgrundgesetz und Grundstein der engl. Parlamentsverfassung; wurde 1215 dem König →Johann von den Großen des Landes abgenötigt. Die M. C. faßte altes Lehensrecht zusammen und enthielt Bürgschaften der persönl. Freiheit und des Eigentums.

m'agna cum l'aude [lat.], mit großem Lob.

Magnani [-ɲʼani], Anna, italien. Schauspielerin, *1908.

Magn'at [lat.] der, früher ein Angehöriger des hohen Adels in Ungarn, Polen.

Magn'esia, MgO, Magnesiumoxyd; feuerfestes Material für Tiegel, Brennöfen.

Magnes'it der, Bitterspat, weißes Mineral, Magnesiumcarbonat; für feuerfeste Ziegel.

Magn'esium das, **Mg,** chem. Element, silberweißes Leichtmetall, Ordnungszahl 12, Dichte

1,74 g/cm³, Schmelzpunkt 650°C. Weit verbreitete M.-Mineralien sind die M.-Silicate Serpentin, Olivin, Dolomit. Talk, Magnesit, Meerschaum, Asbest. M.-haltige Salze: Kieserit, Kainit, Carnallit. Gewonnen wird M. durch Schmelzflußelektrolyse, verwendet in Blitzlichtpulvern und Feuerwerkssätzen, hauptsächl. aber in M.-Legierungen für den Fahrzeug- und Flugzeugbau.

Magn'et [nach der Landschaft Magnesia in Thessalien] der, →Magnetismus.

Magn'eteisenstein, Magnet'it, stark magnet. Eisenerz, Fe₃O₄, liefert natürl. Magnete. Hauptvorkommen: Schweden, Ural.

magn'etische Stürme, magnetische Gewitter, rasche zeitl. Schwankungen des erdmagnet. Feldes, als Wirkung der Sonnenflecken.

Magnet'ismus, die Eigenschaft einiger Metalle und Legierungen, Eisen anzuziehen. Jeder Magnet hat zwei Pole, einen Nord- und einen Südpol. Ungleichnamige Pole ziehen sich an, gleichnamige stoßen sich ab. Jeder Magnet erzeugt in seiner Umgebung ein **Magnetfeld,** das man sich durch Kraftlinien veranschaulichen kann; die Kraftlinien beginnen und enden sämtlich in den Polen. Sie haben die Richtung der anziehenden und abstoßenden Kräfte, ihre Dichte ist proportional der **magnetischen Induktion** oder **Kraftflußdichte.** Der in der Natur vorgefundene Magnetismus des Eisens (Ferro-M.) ist ein Sonderfall der viel allgemeineren Erscheinung, daß jeder elektr. Strom von einem Magnetfeld umgeben ist. Ein stromdurchflossener Draht erzeugt ein Magnetfeld, dessen Kraftlinien den Draht kreisförmig umschlingen. Eine zylinderförm. stromdurchflossene Spule wirkt wie ein Stabmagnet. Auch der Ferro-M. des Eisens entsteht durch elektr. Ströme: die in den Atomen kreisenden und sich drehenden Elektronen. Denkt man sich einen solchen Elementarstrom als Kreisscheibe, so bilden deren beide Seiten die beiden Magnetpole. Die Erde selbst verhält sich wie ein Magnet (→Erdmagnetismus); ihre Magnetpole liegen nahe den geograph. Polen. Eine frei aufgehängte Magnetnadel nimmt daher die Nord-Süd-Richtung an. – Der technisch durch Ströme erzeugte M. hat größte Bedeutung in Generatoren, Elektromotoren u. a. elektr. Maschinen und Meßgeräten für Lasthebemagneten, Schalter, Relais, Lautsprecher, Bildröhren u. a.

Magnet'it der, →Magneteisenstein.

Magn'etkies, Mineral, Fe₅S₄, enthält meist Nickeleinschlüsse in Form von Pentlandit, NiS.

Magn'etnadel, dünnes, im Schwerpunkt aufgehängtes oder auf eine Spitze gesetztes Magnetstäbchen, zeigt infolge des Erdmagnetismus zum magnet. Pol der Erde; Anwendung im Kompaß. (→Deklination, →Inklination)

Magn'eton das, Elementarquantum des magnetischen Moments.

Magnetosph'äre, Zone der hohen Atmosphäre, in der schnelle Teilchen vom Magnetfeld der Erde eingefangen sind; →Strahlungsgürtel.

M'agnetron das, Elektronenröhre zum Erzeugen von Dezimeter- und Zentimeterwellen.

Magnet-Tonverfahren, ein Schallaufzeichnungsverfahren, →Tonbandgerät.

Magn'ifikat [lat.] das, Lobgesang der Maria (Lukas 1,46-55); oft vertont.

Magnifiz'enz [lat. »Herrlichkeit«] die, Titel der Rektoren an Hochschulen und der regierenden Bürgermeister der Hansestädte.

Magnitog'orsk, Industriestadt in der Sowjetunion (Südural), 364000 Ew.; Magneteisenberg, Hüttenwerke.

Magn'olie die, Zierbäume mit großen tulpenähnl. weißen bis roten Blüten.

M'agnus-Effekt [nach dem Physiker H. G. Magnus, *1802, †1870], die Erscheinung, daß Geschosse, die sich rasch um ihre Achse drehen, seitlich aus der Bahn abweichen (durch Luftströmungen am Mantel).

Magot [frz., magʼo] der, mit den Meerkatzen verwandter Affe, einzige in Europa (Gibraltar) vorkommende Affenart; sonst in Nord-Afrika.

Magnolie

Magy'aren, Madj'aren Mz., **Ungarn,** Volk im mittl. Donautiefland, zur finnisch-ugrischen Sprachgruppe gehörig.

Mahabh'arata [Sanskrit] das, Nationalepos der Inder; im 4. Jahrh. n. Chr. aufgezeichnet.

Mahag'oni das, verschiedene trop. Edelhölzer von rotbrauner Färbung mit Goldglanz.

Mahalla el-K'ubra, Stadt in Unterägypten, 225 300 Ew.; Textilindustrie.

Mahan'adi der, Fluß in NO-Vorderasien, mündet bei Kattak in den Golf von Bengalen; oberhalb Kattak der Hirakud-Damm.

Mahar'adscha, ind. Herrscher, →Radscha.

Mah'atma, ind. Ehrentitel für geistig hochstehende Persönlichkeiten, z. B. Gandhi.

Mahd die, das Mähen; das Gemähte.

M'ahdi [arab. »der Rechtgeleitete«] der, der von den Muslimen erwartete Erlöser. 1881 gab sich Mohammed Achmed in ägypt. Sudan für den M. aus. Seine Anhänger, die **Mahd'isten,** wurden 1898/99 von Kitchener niedergeworfen.

Mah-Jongg [dʒɔŋ, chines.] das, urspr. chines. Spiel mit 144 dominoähnl. Steinen (oder Karten).

Mahler, Gustav, österr. Komponist und Dirigent, *1860, †1911; Brahms- und Brucknernachfolger, unter Ausweitung der musikal. Mittel; Sinfonien, Orchester-, Vokalmusik.

Mahlschatz [ahd. mahal »Vertrag«] der, Brautschatz, Aussteuer.

Mähmaschine, fahrbare Landmaschine zum Schneiden von Gras, Getreide u. ä. Das Schneidwerk, in dem in einem kammähnl. Balken das Messer hin- und hergeht, wird von den Rädern, einem Einbaumotor oder der Zapfwelle des Motors der Zugmaschine angetrieben.

Mahnung die, ₰ Aufforderung des Gläubigers an den Schuldner, eine fällige Schuld zu bezahlen. Leistet der Schuldner auf eine M. nicht, so kommt er in →Schuldnerverzug, doch unterbricht M. nicht die →Verjährung.

Mahnverfahren, ₰ vereinfachtes Zivilprozeßverfahren bei Geldforderungen und Ansprüchen auf Leistung vertretbarer Sachen. Auf Antrag des Gläubigers stellt das Amtsgericht dem Schuldner einen **Zahlungsbefehl** zu. Erhebt der Schuldner Widerspruch, so kommt es zur mündl. Verhandlung, unternimmt er nichts und leistet auch nicht, erläßt das Gericht auf erneuten Antrag des Gläubigers den **Vollstreckungsbefehl,** aus dem vollstreckt werden kann (§§ 688 ff. ZPO).

M'ahomet, →Mohammed.

Mahón [ma'ɔn], Hauptstadt, Kriegs- und Handelshafen der span. Insel Menorca, 16 600 Ew.

Mah'onie die, nordamerikan. Zierstrauch, der Berberitze verwandt, mit immergrünen Dornblättern, gelben Blüten, blauen Beeren.

Mahr der, Alp, Nachtgespenst.

Mähren, geschichtl. Landschaft in der Tschechoslowakei. Ihren Kern bildet das Becken der March und Thaya, das durch die Böhmisch-Mährische Höhe von Böhmen, durch das Mährische Gesenke von Schlesien, durch die Karpaten von der Slowakei getrennt wird. Nach N hat M. durch die Mährische Pforte Verbindung zur Oder. Hauptstadt: Brünn. – GESCHICHTE. Den german. Quaden folgten im 6. Jahrh. die slaw. Morawer. Nach Zerfall des großmähr. Reich; es erlag 907/08 den Ungarn. 1018 wurde M. mit Böhmen vereinigt, 1182 Markgrafschaft. Seit 1411 teilte M. die Geschichte →Böhmens.

Mährisch-Ostrau, →Ostrau.

Mai, der 5. Monat des Jahres (31 Tage). Der 1. M. ist mit mancherlei Volksbräuchen verknüpft; seit 1890 ist er internat. Arbeiter-Feiertag.

Maiandachten, zur Verehrung Mariens während des Mai, entstanden im 18. Jahrh.

Mai'ano, 1) Benedetto da, italien. Bildhauer, *1442, †1497. **2)** Giuliano da, Bruder von 1), italien. Baumeister, *1432, †1490.

Maibowle, Bowle mit Waldmeister. Das im Waldmeister enthaltene, als krebserregend erkannte Kumarin wurde 1970 auf die Liste der als Zusatz zu Lebensmitteln verbotenen Stoffe gesetzt.

Maidstone [m'eidstǝn], Stadt in SO-England, 67 400 Ew.; Mittelpunkt des Hopfenhandels.

Maier [von lat. major], →Meier.

Maier, Reinhold, Politiker, *1889, †1971, Jurist; 1930-33 Wirtschaftsmin. in Württemberg, nach 1945 Gründungsmitgl. der FDP (1957-60 Partei-Vors.), 1945-52 MinPräs. von Württ.-Baden, dann bis 1953 von Baden-Württemberg.

Mai'eutik [grch. »Hebammenkunst«] die, Methode des →Sokrates.

Maifeld, →Märzfeld.

Maiglöckchen, Maiblume, staudiges Liliengewächs in lichten Gehölzen, mit duftreichen, weißen Blüten und roten Beeren, giftig.

Maihofer, Werner, Jurist, *1918, Politiker (FDP), seit 1972 Bundesmin. für besondere Aufgaben.

Maikäfer, Blatthornkäfer, dessen Larve (Engerling) 3-5 Jahre im Boden lebt (Wurzelschädling); der Käfer schadet durch Blattfraß.

Maik'op, Stadt im N-Kaukasus, Sowjetunion, 111 000 Ew.; Erdölgebiet.

Mailand, italien. **Mil'ano,** zweitgrößte Stadt Italiens, in der Lombardei, 1,70 Mill. Ew.; Erzbischofssitz, Univ. u. a. Hochschulen, Kunstsammlungen, Scala (Opernhaus). M. ist die wichtigste Industrie- und Handelsstadt (Messe) Italiens: Banken; Maschinen-, Textil-, Elektro-, Auto-, Lebensmittel-, chem. Ind. Bedeutende Bauten: Dom, S. Maria delle Grazie u. a. – M. entstand im Altertum als kelt. Stadt, wurde 1162 als Haupt der lombard. Städte von Friedr. Barbarossa zerstört. Das Geschlecht der Visconti regierte 1277-1450.

Mahonie, a Blüte, b Frucht

Mailand: Dom

Mailer [m'eilǝ], Norman, amerikan. Schriftsteller, *1923; »Die Nackten und die Toten«.

Maillol [maj'ɔl], Aristide, *1861, †1944, französ. Bildhauer, schuf bes. weibl. Aktfiguren, auch Holzschnitt-Illustrationen (Vergil).

M'aimon, Salomon, jüd. Philosoph, *1753 †1800; Kritiker der kant. Philosophie.

Maim'onides, Moses, jüd. Religionsphilosoph, *1135, †1204; maßgeblicher jüd. Gesetzeslehrer.

Main der, größter rechter Nebenfluß des Rheins, 524 km lang, entsteht bei Kulmbach aus dem **Weißen M.** (vom Fichtelgebirge) und dem **Roten M.** (vom O-Rand der Fränk. Alb), mündet bei Mainz; ab Bamberg schiffbar. Nebenflüsse: rechts Fränkische Saale, Kinzig, Nidda, links Regnitz, Tauber. Als Verbindung zur Donau ist der **Main-Donau-Kanal** im Bau.

Main'ardi, Enrico, italien. Cellist und Komponist, *1897.

Mainau, Insel im Bodensee, subtrop. Pflanzenwelt; im Besitz des schwed. Königshauses.

Maine [mein], Abk. **Me.,** Küstenstaat im NO der USA, 86 027 km², 992 000 Ew.; Hauptstadt: Augusta, größte Stadt: Portland. Ackerbau (Kartoffeln), Viehwirtschaft, Forstwirtschaft (rd. 80% der Fläche bewaldet); Fischerei; Holz- und Papierind.; Fremdenverkehr. ⊕ S. 526.

Maine de Biran [mɛn dǝ bir'ã], François Pierre, französ. Philosoph, *1766, †1824; vertrat einen Voluntarismus, später myst. Metaphysik.

Mainland [m'einlǝnd], **1)** größte der Shetland-

Maillol: Leda

Mainz

Makarios

Inseln. **2) M.,** auch **Pomona,** Hauptinsel der Orkney-Inseln.

Mainlinie, der Main als Grenze zwischen Nord- und Süddeutschland.

Maintenon [mɛ̃tn'õ], Françoise d'Aubigné Marquise de, *1635, †1719, seit 1684 heiml. Gemahlin Ludwigs XIV.

Mainz, Hauptstadt von Rheinl.-Pf., 175000 Ew., an der Mündung des Mains in den Rhein, Umschlaghafen, Bischofssitz, roman. Dom (11. bis 13. Jahrh.); Univ. u.a. Hochschulen, Gutenberg- u.a. Museen. Waggon-, Maschinen-, Papier-, Glas- u.a. Ind. Hauptsitz des rhein. Weinhandels. – Die Stadt, auf dem Boden des röm. Kastells Moguntiacum, wurde 747 Sitz eines Erzbistums, das seit Bonifatius größte kirchl. und polit. Bedeutung erlangte. Die Erzbischöfe waren Kanzler und später Kurfürsten des Dt. Reiches. Das Erzbistum, zu dem auch Aschaffenburg, Erfurt und das Eichsfeld gehörten, wurde 1803 aufgelöst, 1827 als Bistum erneuert.

Mainz: Dom

Maire [mɛːr, frz.] der, Bürgermeister. **Mairie** [mɛr'iː] die, Bürgermeisterei, Gemeindeamt.

Mais der, **Welschkorn, Kukuruz,** bis 2,50 m hohes einjähriges Getreidegras aus dem Peruan. Hochland. Die männl. Blüten sitzen in Rispen, die weibl. weiter unten in blattumhüllten, dickachsigen Kolben, deren Spindeln mit Längsreihen von Fruchtknoten (Körnern) besetzt sind. Das Mehl wird mit Weizen- oder Roggenmehl zu Brot verbacken, in Italien und Rumänien als Brei genossen **(Polenta, Mamaliga),** in Mexiko als Fladen gebacken **(Tortilla).** Ferner liefert es M.-Stärke und Futtermittel.

Maisernte 1969, in 1000 t			
USA[1])	116 401	Jugoslawien	7 821
Brasilien ..	12 693	Rumänien .	7 676
Sowjetun.[1]).	11 954	Südafrika	5 339
Mexiko ...	8 496	**Welt**	**265 015**
[1]) Nur Körnermais.			

Maische [mhd.] die, **1)** Wein: die durch Traubenmühlen zerdrückte Traubenmasse. **2)** Bier: das mit Wasser angesetzte zerkleinerte Darrmalz. **3)** Spiritus: Mischung aus gedämpftem, stärkehaltigem Rohstoff (Kartoffeln, Korn) mit gequetschtem Grünmalz und Wasser.

Maistre [mɛ(s)tr], Joseph Marie Comte de, *1753, †1821, französ. Staatstheoretiker (Vertreter des Royalismus und polit. Klerikalismus).

M'aisur, Stadt in Indien, im Hochland von Dekkan, rd. 260000 Ew.; Universität; Baumwoll-, Papier- u.a. Industrie.

Maître [mɛːtr, frz.], Meister, **M. de plaisir** [-plɛziːr], Festorganisator, -ansager.

Maiwurm, Ölkäfer, Blasenkäfer, mit kurzen Flügeldecken, blauschwarz glänzend, scheidet bei Berührung gelbes ätzendes Blut ab. Die Larven schmarotzen im Bienenstock.

Maizière [mɛsj'ɛr], Ulrich de, General, *1912; 1962-64 Kommandeur der Führungsakad. der Bundeswehr in Hamburg, 1964 als Generalleut-

nant Inspekteur des Heeres, 1966-72 Generalinspekteur der Bundeswehr.

M'aja, 1) griech. Religion: die Tochter des Atlas, durch Zeus Mutter des Hermes. Von den Römern wurde ihr die Naturgottheit M. (Maigöttin) gleichgestellt. **2)** ind. Religion: die als leidvoll erlebte Erscheinungswelt, aufgefaßt als trügerische Verhüllung (»Schleier der M.«) des eigentlich Wirklichen.

Majak'owski, Wladimir, russ. Dichter, *1894, † (Selbstmord) 1930; Futurist, Bolschewist.

Majest'ät [lat. majestas »Größe, Hoheit«] die, Titel und Anrede der Kaiser und Könige und ihrer Gemahlinnen.

Majest'ätsbrief, Bestätigung von Sonderrechten. Der M. von Rudolf II. 1609 gewährte den protestant. böhm. Ständen freie Religionsübung.

Maj'olika [nach der Insel Mallorca, von der im 15. Jahrh. die Herstellung ausging] die, -/...ken, buntbemalte, glasierte Tonwaren.

m'ajor [lat. »größer«], älter; Gegensatz: **m'inor** [lat. »kleiner«], jünger.

Maj'or, unterster Dienstgrad der Stabsoffiziere, meist Kommandeur eines Bataillons.

Major'an, Meiran der, Küchengewürz, Lippenblüter mit weißen bis bläulichen Blütchen.

Major'at [lat.] das, Ältestenrecht, **1)** Erbfolgeordnung, die dem ältesten Sohn (**M.-Herrn**) das Vorzugsrecht auf das Erbgut gewährt, bes. bei →Fideikommissen. **2)** das dieser Erbfolgeordnung unterworfene Erbgut, **M.-Gut.**

Majord'omus [lat.] der, →Hausmeier.

major'enn [lat.], großjährig, mündig.

Majorit'ät [lat.] die, Mehrheit.

Maj'orz [lat.] der, Mehrheitswahl (Schweiz).

Maj'uskel [lat.] die, großer Buchstabe, z.B. in Namen; Gegensatz: **Min'uskel.**

mak'aber [frz.], todesdüster; schaurig-frivol.

Makad'amdecke, eine Straßenfahrbahndecke aus Schotter, gebunden durch eingeschlämmten Sand und eingewalzte bituminöse oder steinartig erhärtende Bindemittel.

Mak'ak der, -s/...ken, mit den Meerkatzen verwandte Affen, aus SO-Asien; bes. der gelbrote **Rhesusaffe.**

Mak'alu, Berg im Himalaya, 8481 m hoch.

Mak'arios III., eigentl. Michael Kykkotis, griech.-orthodoxer Erzbischof, *1913, Führer der Enosis-Bewegung zur Vereinigung Zyperns mit Griechenland, 1956/57 von der brit. Regierung nach den Seychellen verbannt; seit 1960 Staatspräs. der Rep. Zypern.

M'akart, Hans, Maler, *1840, †1884; ausstattungsreiche Geschichtsbilder.

Mak'asar, Stadt im SW der Insel Celebes, Indonesien, 384000 Ew.; Ausfuhrhafen für Rotang, Teakholz, Kaffee, Kopra und Pflanzenöl.

Maked'onien, Mazedonien, 1) geschichtl. Landschaft in SO-Europa, an der N-Küste des Ägäischen Meeres; gebirgig mit fruchtbaren Bekken (Tabakanbau). Hauptflüsse: Wardar, Struma. Bevölkerung: Griechen, slaw. Makedonier, Serben, Bulgaren u.a. – Das antike Kgr. M. war Ausgangspunkt des Alexanderreichs; 148/147 v.Chr. wurde M. röm. Provinz. Heute gehört es zu Griechenland, Jugoslawien (siehe unten), ein kleiner Teil zu Bulgarien. **2)** Volksrep. im S Jugoslawiens, 25713 km², 1,6 Mill. Ew.; Hauptstadt: Skopje. Reich an Bodenschätzen (NE-Metalle, Eisen).

Mak'ejewka, Industriestadt im Ukrain. SSR, 399000 Ew.; im Donezbecken; Hütten- u.a. Ind.

Make up [meik ʌp, engl.] das, Herrichten des Gesichts mit kosmet. Mitteln.

M'aki der, zu den →Lemuren gehörender Halbaffe. **Kobold-M.,** →Halbaffen.

Makkab'äer, jüd. Priestergeschlecht, nach Judas Makkabäus (†161 v.Chr.) benannt; erlosch 35 v.Chr. **Simon der Makkabäer** (142-135 v.Chr.) befreite die Juden von der syr. Herrschaft.

Makkar'oni [ital.] Mz., röhrenförmige Nudeln.

Makler, der, Unterhändler, der gegen Entgelt Geschäfte nachweist oder Abschlüsse vermittelt. Es gibt Zivil-, Handels- und Kurs-M. Sie erhalten einen Prozentsatz der Umsatzsumme als Vergütung (**M.-Gebühr**).

M'ako der, rötlichgelbe ägypt. Baumwolle.

Makr'ele die, Stachelflosser, Raubfisch im nördl. Atlantik und im Mittelmeer, Speisefisch. Verwandt: die **Gold-M.**, in warmen Meeren.

makro... [grch.], lang, groß.

Makrok'osmos [grch.] der, Welt des Großen, das Weltgebäude. Gegensatz: →Mikrokosmos.

Makromoleküle bestehen aus etwa 1000 und mehr Atomen, meist fadenförmig, verzweigt oder vernetzt. Aus M. bestehen Eiweiß, Cellulose u.a. Naturstoffe sowie die Kunststoffe.

Makr'one [ital.] die, Mandelplätzchen.

Makrop'oden [grch.] Mz., häufig im Aquarium gehaltene →Labyrinthfische.

makrosk'opisch, mit bloßem Auge sichtbar. Gegensatz: mikroskopisch.

Mak'ua, Bantuvolk in SO-Afrika, 4,1 Mill.

Makulat'ur [lat.] die, fehlerhafter Druckbogen; Altpapier. **makul'ieren**, einstampfen.

Mal das, 1) sichtbares Zeichen einer Grenze, z.B. Grenzstein, Pfahl. 2) Fleck, Abzeichen. 3) Zeitpunkt: dieses M. (aber: diesmal).

M'alabar, der südlichste Teil von W-Vorderindien; gebirgig, fruchtbar (Pfefferanbau).

Malach'ias, Male'achi, israel. Prophet, letzter der »kleinen Propheten«.

Malach'it der, grünes Mineral, basisches Kupfercarbonat; zu Schmucksteinen, Vasen u.a. (FARBTAFEL Edelsteine, Mineralien S. 176).

Malad'etta die, höchster Teil der Pyrenäen, im Pico de Aneto 3404 m hoch.

m'ala f'ide [lat. »in bösem Glauben«], wider besseres Wissen. Gegensatz: →bona fide.

M'álaga, Hafen- und Handelsstadt an der SO-Küste Spaniens, am Mittelmeer, 325 000 Ew.; ist Bischofssitz; maur. Burgruine; Industrie (Zucker Baumwolle); Ausfuhr: Südfrüchte, **M.-Weine**.

Málaga: Amphitheater

Mal'aien, 1) Kulturgruppen der →Indonesier, 2) im engeren Sinn ein indones. Volk auf Malakka, auf Borneo und O-Sumatra; Muslime. Die M. sind Reisbauern, Fischer, Viehzüchter, Handwerker, Seefahrer, Händler. Ihre Sprache (Malaiisch) ist die Grundlage der Amtssprache Indonesiens (Bahasa Indonesia).

Malaiischer Archip'el, auch **Australasien** oder **Insulinde**, die zwischen Südostasien, Australien und Neuguinea liegende Inselwelt, mit den Großen und Kleinen Sunda-Inseln, den Philippinen, Molukken und kleineren Inselgruppen; der Rest einer Asien und Australien verbindenden Landbrücke; viele Erdbeben, tätige Vulkane.

Mal'aiischer Bund, Westmalaysia, Gliedstaat von Malaysia, im S der Halbinsel Malakka (ohne Singapur), 131 313 km², 8,6 Mill. Ew. (meist muslim. Malaien und konfuzian. Chinesen); Hauptstadt: Kuala Lumpur. Der M. B. ist seit 1957 ein Bundesstaat auf monarch. Grundlage. Er umfaßt 11 Staaten mit weitgehender Selbstverwaltung: die Sultanate Perak, Selangor, Negri Sembilan, Pahang, Kedah, Perlis, Kelantan, Trengganu, Johore sowie die Staaten Penang und Malakka. Staatsoberhaupt ist einer der malai-

ischen Fürsten, der auf 5 Jahre gewählt wird. Erzeugnisse: Kautschuk, Reis, Kopra, Tee, Palmkerne. ✷ auf Zinn, Eisen, Bauxit u.a. Haupthäfen: George Town, Malakka, Port Swettenham. – Das Gebiet wurde seit 1511 portugiesisch, seit 1641 niederländisch; im 18./19. Jahrh. wurde die brit. Herrschaft errichtet (→Straits Settlements). 1957 wurde der M. B. unabhängig, seit 1963 ist er Mitgl. der Föderation →Malaysia.

Malaise [mal'ɛːz, frz.] die oder das, Unbehagen, Mißstimmung.

Malajalen, Volk in S-Indien, 16,5 Mill., mit Drawida-Sprache.

Malakka, Malacca, Malaiische Halbinsel, Malaya, der südlichste Teil Hinterindiens; gebirgig (bis 2190 m hoch); durch die M.-Straße von Sumatra getrennt. Der NW gehört zu Birma, der NO und die Mitte zu Thailand, der S zum Malaiischen Bund und zu Singapur. Haupthäfen: Singapur, George Town. (FARBTAFEL Asien I S. 166)

Mal'an, Daniel Fr., südafrikan. Politiker (Nationale Partei), *1874, †1959, Verfechter der →Apartheid, 1948-54 MinPräs.

M'alang, Stadt auf Java, Indonesien, 341 000 Ew.

Malap'arte, Curzio, eigentl. Kurt Suckert, italien. Schriftsteller, *1898, †1957; Romane über Kriegs- und Nachkriegszeit (»Die Haut«).

Mal'aria [ital. »schlechte Luft«] die, fieberhafte übertragbare Krankheit, hervorgerufen durch einzellige Sporentierchen, die sich geschlechtlich im Darm der Gabelmücke (Anopheles) und ungeschlechtlich in den roten Blutkörperchen entwickeln. Mehrere Arten von Erregern mit verschiedener Inkubationsdauer: 48 Stunden (Fieberanfall jeden 3. Tag, **M. tertiana**), 72 Stunden (Anfall jeden 4. Tag, **M. quartana**), 24-48 Stunden (fast tägl. Anfall, **M. tropica**). Gegenmittel: Chinin, Atebrin, Plasmochin; Vorbeugung: Mückenbekämpfung.

M'älarsee, inselreicher See in Schweden, im W von Stockholm, 1140 km² groß.

Malasp'inagletscher, Gletscher an der SW-Küste Alaskas, 3840 km², einer der größten der Erde.

Mal'atya, türk. Prov.-Hauptstadt, 105 200 Ew.

Mal'awi, Rep. in O-Afrika, am W-Ufer des Njassasees, 118 000 km², 4,5 Mill. Ew.; Hauptstadt: Zomba, größte Stadt: Blantyre; Amtssprache: Englisch. Präsidialverfassung. – Übergang von Tiefland (Zentralafrikan. Graben) über Hochflächen zu Gebirgen (im S bis 3000 m). BEVÖLKERUNG. Meist Bantu; Religion: Naturreligionen, 30-40% Christen, ca. 15-20% Muslime. Anbau: Mais, Maniok, Hülsenfrüchten, Ausfuhr: Tee, Tabak, Baumwolle, Erdnüsse. Haupthandelspartner: Großbritannien, Rhodesien. Internat. Haupthäfen: Blantyre, Lilongwe. – 1891 brit. Protektorat Njassaland, 1964 unabhängig, 1966 Rep. Präs.: H. Banda (seit 1966). ⊕ S. 514, ⊐ S. 346.

Mal'aya, 1)→Malakka, 2) der→MalaiischeBund.

Mal'aysia, der am 16.9.1963 proklamierte föderative Zusammenschluß des Malaiischen Bundes mit Singapur, Sarawak und Sabah. Nach dem Austritt Singapurs (1965) umfaßt M. 332 634 km², 10,6 Mill. Ew. Hauptstadt ist die Hauptstadt des Malaiischen Bundes, Kuala Lumpur; Amtssprache: Malaiisch. – Parlament mit 2 Kammern. Die Einzelstaaten haben eigene Regierungen und Parlamente. Staatsoberhaupt der Föderation ist das Staatsoberhaupt des Malaiischen Bundes (seit 1970: Abdul Halim M. Schah), Regierungschef der MinPräs. des Malaiischen Bundes (seit 1970: A. Razak). ⊕ S. 515, ⊐ S. 346.

Malchen, Melib'okus der, Berg im Odenwald, an der Bergstraße, 517 m hoch.

Malebranche [malbr'ãʃ], Nicole, französ. Philosoph, *1638, †1715; Okkasionalist.

Maled'iven, Inselgruppe im Ind. Ozean, südwestlich von Ceylon, Sultanat, 298 km², 103 000 Ew. (Muslime); Hauptstadt: Male. Kokospflanzungen. – 1887 brit. Protektorat, 1965 unabhängig; Staats- und MinPräs.: I. Nasir. ⊐ S. 346.

Malenk'ow, Georgij, sowjet. Politiker, *1902, Privatsekretär Stalins, 1953-55 MinPräs.

Mallarmé

Malraux

Malve: Weg-
malve, a Blüte,
b Frucht

Mallorca: Palma

Mal'ente, Luftkurort in Schlesw.-Holst., in der Holstein. Schweiz; 9400 Ew.

Malep'artus, in der späteren dt. Tiersage Name der Höhle des Reineke Fuchs.

Malerei die, ein Zweig der bildenden Kunst. Ihr Bereich ist die Fläche, ihr Mittel die Farbe; ihre Gestaltungen sind meist gegenständlich darstellender Art, im 20. Jahrh. auch ungegenständlich. – Nach Malgrund und Farbstoff unterscheidet man: Wand- (→Freskomalerei), Tafel- (→Temperamalerei, →Ölmalerei), Miniatur- (→Miniatur), →Glasmalerei, →Schmelzmalerei, →Aquarellmalerei, →Guaschmalerei, →Pastellmalerei. Nach dem Inhalt: Historien-M. (religiöse und weltl. Legende, Sage, Geschichte), Landschafts-, Bildnis-, Architektur-, Stilleben-, Tier-, Genre-M. (Darstellungen aus dem Alltagsleben). Vgl. die FARBTAFELN zur Kunst der einzelnen Länder, FARBTAFEL Maltechniken S. 692.

Malherbe [mal'εrb], François de, französ. Dichter, *1555, †1628; Wegbereiter des sprachl.-literar. französ. Klassizismus.

Malheur [mal'œ:r, frz.] das, Unglück, Mißgeschick.

Mali, 1) altes islam. Negerreich im Gebiet des oberen Niger; größte Ausdehnung im 13.-15. Jahrh. **2)** Republik in Afrika, im westl. Sudan, 1 240 000 km², 5,0 Mill. Ew. (Sudanvölker, Tuareg, Fulbe; über ²/₃ Muslime); Hauptstadt: Bamako; Amtssprache: Französisch. – M. reicht vom Oberlauf des Senegal (Baumsavanne) über das Gebiet des oberen und mittleren Niger (Baum- und Kurzgrassavanne; Anbau von Hirse, Reis, Maniok, Erdnüssen, zunehmend Baumwolle) bis weit in die Sahara (Datteln). Viehzucht; Fischerei. Ausfuhr (bes. an afrikan. Nachbarländer): Baumwolle, Erdnüsse, Vieh, Häute, Fische. Einfuhren bes. aus Frankreich, China. ⛭ von Bamako nach Dakar. Internat. Flughafen: Bamako. – M., seit dem 19. Jahrh. Französ.-Sudan, wurde 1960 unabhängig. Staatspräs.: M. Traore (seit 1968). ⊕ S. 514, ▭ S. 346.

mal'ign [lat.], bösartig.

Malin'owski, Rodion, sowjet. Marschall, *1898, †1967; seit 1957 Verteidigungsmin.

Malipi'ero, Francesco, *1882, italien. Komponist: Orchester-, Chor-, Kammermusik.

malizi'ös [frz.], boshaft, hämisch.

Mallarmé, Stéphane, französ. Dichter, *1842, †1898; beeinflußte die moderne europ. Literatur.

Mallorca [maλ'ɔrka], **Maj'orca,** größte Insel der span. Balearen; 3411 km², 324 200 Ew., gebirgig; Hauptstadt und Hafen: Palma de M.

Malm der, oberster Teil der Juraformation. (TAFEL Erdgeschichte)

M'almedy, Stadt im östl. Belgien, 6500 Ew.; im Hohen Venn; Mineralquellen. M. kam 1815 an Preußen, 1920 mit Eupen an Belgien.

M'almö, Hafenstadt in S-Schweden, am Sund, 256 100 Ew., Schloß; Maschinen-, Schiffsbau, Textil-, Zementindustrie; Flughafen.

M'alnehmen, Multiplikation, →Grundrechnungsarten.

Mal'ojapaß, Alpenpaß (1815 m hoch) in Graubünden, zwischen Bergell und Engadin.

Malp'ighi, Marcello, italien. Arzt, *1628, †1694; gilt als Begr. der mikroskop. Anatomie.

Malraux [malr'o], André, eigentl. **Berger,** französ. Schriftsteller und Politiker, *1901, nahm an den Bürgerkriegen in China und Spanien teil, trat 1939 aus der KP aus; seit 1959 Min. für kulturelle Angelegenheiten. Romane, kunsttheoret. Schriften.

M'alstrom [norweg. Malström] der, durch Ebbe und Flut verursachte wirbelartige Meeresströmung zwischen den südl. Lofot-Inseln.

M'alta, Insel im Mittelmeer, Land des Commonwealth, mit Nebeninseln 316 km², 323 000 Ew.; Hauptstadt und Hafen: La Valletta; Amtssprachen: Englisch, Maltesisch. Staatsoberhaupt: der brit. Krone, vertreten durch GenGouv. – Stark befestigte Felseninsel. Die Landwirtschaft kann den Bedarf nicht decken. Fremdenverkehr. Handelsschiffahrt, Flottenstützpunkt. M. ist Einfuhrland. – M., urspr. phönik. und karthag. Besitz, wurde 218 v. Chr. römisch, fiel 870 an die Araber, gehörte 1090-1530 zu Sizilien, dann dem Johanniterorden (Malteserorden); seit 1800 britisch, seit 1964 unabhängig. MinPräs.: D. Mintoff, Sozialist (seit 1971). ⊕ S. 523, ▭ S. 346.

Maltechniken, hierzu FARBTAFEL S. 692.

Malter [von mahlen], altes dt. Getreidemaß.

Malt'eser, 1) die Bewohner Maltas. Ihre Sprache, das Maltesische, ist eine arab. Mundart mit starkem italienischem, bes. sizilian. Wortschatz. **2)** 🐕 seidenhaariges Hündchen mit Hängeohren. **3)** 🕊 Taubenrasse (Huhntauben).

Malt'eserkreuz, 1) achtspitziges →Kreuz. **2)** ⚙ Schaltwerk, das eine stetig umlaufende Bewegung in eine ruckweise fortschreitende umwandelt, z. B. beim Kinoprojektor.

Malthus [m'ælθəs], Thomas Robert, engl. Sozialforscher, *1766, †1834; vertrat die Ansicht, daß sich die Bevölkerung schneller als die Nahrungsmittelmenge vermehre **(Malthusian'ismus),** empfahl Beschränkung des Bevölkerungswachstums.

Malt'ose die, Malzzucker.

malträt'ieren [frz.], mißhandeln.

M'alus [lat. »schlecht«] der, in der Kraftfahrzeugversicherung Prämienzuschlag bei öfterem Eintreten von Schadensfällen.

Malvas'ier der, ursprünglich bei Malvasia (Griechenland) gezüchtete Rebsorte.

Malve [lat.] die, **1)** artenreiche Pflanzengattung, Kräuter mit gelappten Blättern, röhrenförmig verwachsenen Staubblättern und linsenförmigen Früchten; an Wegen, Zäunen: **Wilde M., Weg-M., Sigmarswurz. 2)** weitere Pflanzenarten: **Stock-M.** (Stockrose), **Schön-M.** u. a.

Malz das, angekeimtes Getreide (Gerste, Roggen, Weizen) zur Bereitung von Bier und Spiritus. Durch den Keimvorgang bildet sich ein Enzym, die Diastase, das die Stärkekörner im Getreide in Maltose umwandelt (verzuckert) und dadurch vergärbar macht. Zur Bierherstellung wird die gekeimte Gerste noch gedarrt (getrocknet) und geröstet. **M.-Bier,** alkoholarmes, malzreiches Bier. **M.-Kaffee,** Kaffee-Ersatz aus geröstetem Gerstenmalz. **M.-Zucker,** die Maltose.

M'ambo, Gesellschaftstanz kuban. Ursprungs; gelangte um 1942 nach N-Amerika.

Mamel'ucken [arab.], urspr. türk. Sklaven, die im 12. Jahrh. in Ägypten eingeführt und bald die Herren des Landes wurden; herrschten 1260 bis 1517. Auch nach der Eroberung Ägyptens durch die Türken spielten die M. bis ins 19. Jahrh. in Politik und Verwaltung des Landes eine wichtige Rolle.

Mam'ertus, Erzbischof von Vienne, * um 475, Heiliger (Tag 11. 5.; einer der Eisheiligen).

Mamill'aria die, **Warzenkaktus,** kugeligwalziger Kaktus; Zimmerpflanze. (FARBTAFEL Orchideen, Kakteen S. 701)

M'amma [lat.] die, -/-ae, die weibl. Brust.

M'ammon [aramäisch] der, Götze der Gewinnsucht, danach: Reichtum, Geld.

M'ammut das, ausgestorbene Elefantenart mit rotbraunem langhaarigem Pelz und mächtigen gebogenen Stoßzähnen, bis 4 m hoch, lebte in der Eiszeit im nördl. Asien und Europa. In den gefrorenen Erdschichten Sibiriens fand man Leichen des M. (BILD S. 573)

Mandalay: Pagodenruine

M'ammutbaum, kaliforn. Nadelbäume: **Riesen-M.,** über 90 m hoch, **Küsten-M.,** Nutzholz.

M'ammuthöhle, fünfstöckige riesige Höhle in Kentucky, USA, Gänge von 240 km Länge.

Mams'ell [aus Mademoiselle], Wirtschafterin.

Man [mæn], brit. Insel in der Irischen See, 588 km², 50000 Ew.; Hauptstadt: Douglas; eigene Verfassung und Volksvertretung. Getreide-, Gemüsebau, Viehzucht, Fischfang, Fremdenverkehr. Die Bewohner sprechen z. T. das kelt. Manx.

M.A.N., Maschinenfabrik Augsburg-Nürnberg AG., Sitz Nürnberg, gegr. 1898.

Män'aden [grch. »die Rasenden«] Mz., die rasenden, den →Thyrsus schwingenden Weiber in der Umgebung des Dionysos.

Manager [m'ænidʒə, engl.] der, Leiter, Geschäftsführer, Veranstalter, Vermittler. **M.-System,** Form moderner Unternehmensführung, beruht auf Trennung von Eigentum und Geschäftsführung; eine kleine Zahl leitender Angestellter, nicht die Eigentümer, verfügen über Großunternehmen.

Managerkrankheit, die krankhafte Reaktion auf eine gehetzte, übermüdende Lebensweise bei Menschen, die durch Verantwortungslast in ständiger Anspannung gehalten sind. Die M. tritt meist als Herzmuskelerkrankung oder als Hochdruckkrankheit auf.

Man'agua, Hauptstadt von Nicaragua, 264000 Ew., moderne Tropenstadt.

Man'asse, 1) Sohn Josephs, Ahnherr des israelit. Stammes M. 2) König von Juda, etwa 696 bis 642 v. Chr.

Man'áus, Hauptstadt des brasilian. Staates Amazonas, 279000 Ew.; Flußhafen, Industrie.

Mancha, La M. [m'antʃa], Steppenlandschaft in Neukastilien, eine Kornkammer Spaniens. FARBTAFEL Europa II, S. 340.

Manchester [m'æntʃistə, engl.] der, starker, gerippter, samtartiger Baumwollstoff.

Manchester, Fabrikstadt in NW-England, mit Vororten rd. 2,4 Mill. Ew.; Univ., Kathedrale; Mittelpunkt der engl. Baumwollind. und des handels; Maschinen-, Fahrzeug-, Flugzeug- u. a. Ind. Durch den **M.-Schiffskanal** (64 km) Seehafen.

Manchestertum [nach der Stadt Manchester], extreme Richtung des wirtschaftl. Liberalismus, für schrankenlosen →Freihandel, gegen wirtschafts- und sozialpolit. Eingriffe des Staates.

Mand'äer, gnost. Täufersekte in Irak.

Mandalay [mændəl'ei], **Mandal'eh,** Stadt in Birma, 322000 Ew.; buddhist. Wallfahrtsort.

Mandar'in der, im alten China: höherer Staatsbeamter.

Mandar'ine die, Südfruchtbaum, →Citrus.

Mand'at [lat.] das, 1) ein Auftrag, den der **Mand'ant**(Auftraggeber) dem **Mandat'ar**(Beauftragten) erteilt. 1) bürgerl. Recht: Vertrag zur unentgeltl. Geschäftsbesorgung. 2) Verfassungsrecht: die Stellung eines Abgeordneten; er ist in der modernen demokrat. Verfassungen nicht an einen Auftrag gebunden. 3) Völkerrecht: der vom Völkerbund einigen Siegermächten des 1. Weltkriegs erteilte Auftrag, in seinem Namen frühere dt.

→Schutzgebiete und frühere türk. Gebietsteile zu verwalten; auch diese Gebiete selbst (**M.-Gebiete**). Die M. über die türk. Gebietsteile sind erloschen; es entstanden selbständige Staaten. Nach dem 2. Weltkrieg wurden die früheren dt. Schutzgebiete und das frühere Italien.-Somaliland zu **Treuhandgebieten** der Verein.Nationen. Sie werden auf Grund von **Treuhandabkommen** von einzelnen Mächten verwaltet. Viele sind selbständig geworden.

Mandel die, 1) ⚘ die Frucht des →Mandelbaums. 2) ⑃ **Mandeln (Tonsillen),** lymphknotenähnl. Organe im Rachen. Die beiden jederseits zwischen dem vorderen und dem hinteren Gaumenbogen liegenden **Gaumen-M.** und die am Dach des Nasenrachenraumes gelegene **Rachen-M.** gehören zu dem lymphat. Rachenring. 3) altes Zählmaß; 1 M. = 15 Stück.

Mandelbaum, aus Vorder- und Mittelasien stammendes, dem Pfirsichbaum verwandtes Rosengewächs, mit dünnfleischiger Frucht, die in einer Steinschale den Kern (**Mandel**) enthält. Rosablütige Ziersträucher (auch u.ä.) sogenannte **Zwerg-M.** und der dreilappige M.

Mandelentzündung, die Entzündung bes. der Gaumenmandeln (**Halsentzündung, Angina**), mit Fieber, Halsschmerzen und bei **eitriger M.** mit gelblichweißen Flecken auf den Mandeln; es kann sich ein **Mandelabszeß** bilden. Behandlung: Bettruhe, Halswickel, desinfizierende Arzneimittel; bei chron. M. und Herdinfektion auch chirurg. Entfernen der Mandeln (**Mandelausschälung**).

Mandelkrähe die, →Blaurake.

Mand'ingo, Mande, Gruppe von Sprachen in W-Afrika, von rd. 7,5 Mill. Menschen gesprochen.

Mandol'ine [ital.] die, lautenartiges Musikinstrument mit 4 Drahtsaitenpaaren, die mit einem Spielblättchen (Schildpatt u.ä.) angerissen werden.

Mandr'ill der, zu den Pavianen gehörender Affe Guineas, mit großem Kopf, blauen Wangenwülsten, Stummelschwanz, rotblauen Gesäßschwielen.

M'andschu, bedeutendste Gruppe der südl. Tungusen, eroberte 1644-60 China und wurde hier Gründer des bis 1912 herrschenden Kaisergeschlechtes (M.-Dynastie); ihre Heimat ist die →Mandschurei. Das eigene Chinesentum auf.

Mandschur'ei die, Landschaft im NO Chinas, zwischen dem Amur im NO und dem Gelben Meer im SW, umfaßt die chines. Provinzen Heilungkiang, Liauning, Kirin; grenzt an Korea, die Sowjetunion und die Mongolei. Kernlandschaft ist die von Hochgebirgen umrahmte mandschur. Ebene, vom Sungari nach NO und dem Liauho nach SW durchflossen. Landwirtschaft; ⚒ (Kohle, Eisen, Zink, Bauxit); wichtige Stahl- u. a. Ind. – Die tungusischen →Mandschu einigten das Gebiet im 16. und 17. Jahrh. und eroberten 1644-60 China. 1900 wurde die M. von den Russen besetzt, 1905 in ein russ. und ein japan. Einflußgebiet aufgeteilt, 1917 faktisch selbständig. 1931 errichtete Japan den Staat »Mandschukuo«. Seit 1946 Basis für die kommunist. Eroberung Chinas, wurde die M. seit 1948 in China eingegliedert.

Manege [man'ɛʒ, frz.] die, Reitbahn, Reitschule, Schauplatz im Zirkus.

M'anen Mz., bei den alten Römern: die Seelen der Verstorbenen.

Man'essische Handschrift, Große Heidelberger Liederhandschrift, Sammelhandschrift mittelhochdt. Minnedichtung, benannt nach Rüdiger Manesse (†1304) und dessen Sohn; entstanden in Zürich zwischen etwa 1300 und 1340; mit 137 ganzseitigen Bildern. Seit 1888 in der Heidelberger Universitätsbibliothek.

Manet [man'ɛ], Edouard, französ. impressionist. Maler, *1832, †1883; Bildnisse, Landschaften. (BILD S. 574)

Manfred, männl. Vorname.

Manfred, Sohn Kaiser Friedrichs II., 1258 König von Sizilien, fiel 1266 gegen Karl von Anjou.

Mangal'ur, Stadt in SW-Indien; 153800 Ew.

Mang'an das, **Mn,** chem. Element, eisenähnl. Schwermetall; Ordnungszahl 25, Dichte 7,43, g/cm³, Schmelzpunkt 1244°C; in der Natur in Form sei-

Mammut

Mandoline

Manessische Handschrift: Miniatur (1320-30)

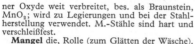

Manet: Im Gartenlokal

Maniok,
a Blüte, b Wurzel

Th. Mann

Manila
(Luftaufnahme)

ner Oxyde weit verbreitet, bes. als Braunstein, MnO_2; wird zu Legierungen und bei der Stahlherstellung verwendet. M.-Stähle sind hart und verschleißfest.

Mangel die, Rolle (zum Glätten der Wäsche).

Mängelhaftung, ⚖ die Verpflichtung eines Vertragsteils, dem anderen für Fehler der geschuldeten Leistung (Sach- und Rechtsmängel) einzustehen; bei einzelnen Vertragsarten verschieden geregelt. M. wird durch **Mängelrüge** geltend gemacht.

Mangelkrankheiten, Avitamin'osen, →Vitamine.

M'angfall die, linker Nebenfluß des Inns bei Rosenheim, kommt aus dem Tegernsee.

Mang'it, türk. Dynastie in Buchara, 1785-1869.

M'angobaum, immergrüne Bäume in Ostasien, mit gelben, als Obst beliebten Steinfrüchten.

M'angold der, →Beta.

Mangr'ove, Gehölze, die im Gezeitenbereich trop. Küsten wachsen; haben Stelz- und Atemwurzeln. Aus den Früchten sprossen auf dem Baum Keimlinge, die sich im Abfallen mit der Wurzel festspießen.

Mang'uste die, Raubtier, →Schleichkatzen.

Manhattan [mænˈhætən], ältester Stadtteil New Yorks, auf der gleichnamigen Strominsel; Sitz der Verein. Nationen.

Manich'äer, die Anhänger der von **M'ani** aus Babylonien (gekreuzigt 276 n. Chr.) um 242 gestifteten Religion, des **Manichä'ismus.** Seine aus altpers. und christl. Vorstellungen gebildete Lehre stellte ein Reich des Lichts und ein Reich der Finsternis einander gegenüber. Sie wurde im O bis ins 13./14. Jahrh., im W bis ins 5. Jahrh. fast ständig verfolgt.

Man'ie [grch.] die, 1) Besessenheit, Sucht, Leidenschaft. 2) Phase der manisch-melanchol. Krankheit, mit gehobenem Selbstgefühl, Größenwahn, Rede- und Bewegungsdrang, seel. Enthemmung.

Man'ier [frz.] die, 1) Art und Weise; Verfahren. 2) Benehmen, Lebensart. **manier'iert,** gekünstelt, überfein. **man'ierlich,** gesittet, artig.

Manier'ismus der, um 1520 einsetzende Kunstströmung, die sich von der Klassik der Renaissance abwandte. Auf die Anfänge in Italien (Pontormo u. a.) wirkten sich auch Einflüsse nord. Kunst aus (Graphik Dürers). Die Stilmerkmale des M. (Streckung und Entkörperlichung der Figur, Verunklärung der Raumzusammenhänge, Brechung der Farben, flackernder Wechsel von Hell und Dunkel) sind Anzeichen einer Zeit der Krise und seel. Spannungen. Der M. führte zu kühlem Formalismus (Parmiggianino, Bronzino, Cellini, Ammanati), auch zu gesteigertem seel.-religiösem Ausdruck (Tintoretto, Greco); überwunden zuerst in Italien vom Barock.

Manif'est [lat.] das, 1) öffentl. Erklärung, Programm. 2) Seerecht: Verzeichnis der verladenen Güter.

Manih'ot der, ⚘ →Maniok.

Manik'üre [frz.] die, Hand- und Nagelpflege.

Man'ila, Haupthafen der Philippinen, 2,9 Mill. Ew., im W der Insel Luzon; teils altspan. (Kathedralen, Klöster), teils neuzeitlich amerikan. Gepräge; 3 Univ., Lebensmittel-, Maschinen-, Textilindustrie.

Man'ilahanf, die Faser der Abaka-Banane; dient zu Flechtwerk.

Mani'ok der, **Manihot, Bittere Kass'ave,** trop. amerikan. Wolfsmilchgewächs; auch in Afrika und Asien angebaut; die Wurzelknollen dienen nach dem Auskochen des Blausäuregifts als Nahrungsmittel (M.-, Mandioka-, Kassavemehl); das verfeinerte Mehl heißt **Tapi'oka.**

Man'ipel [lat.], 1) der M., Unterabteilung der röm. Legion. 2) die M., ein Band, das der kath. Priester bei der Messe über dem linken Unterarm trägt.

Manipulati'on [lat.] die, 1) kunstgerechte Handhabung, Verfahren. 2) Beeinflussung. Zw.: **manipul'ieren.**

Manipul'ator [lat.] der, Fernbedienungswerkzeug für Strahlenschutzzellen, bedient von Hand oder durch elektr. Schaltwerk. **Mikro-M.** übertragen Bewegungen auf kleinste mikroskop. Dimensionen; Anwendung in der Mikroskopie, Skalenherstellung, Mikroelektronik.

Man'isa, türk. Prov.-Hauptstadt, 69 400 Ew.

m'anisch, zur Manie leidend, besessen.

manisch-melancholische Krankheit, erbl. Geisteskrankheit, bei der manische Zustände (maßlos gesteigertes Selbstgefühl, Rede- und Bewegungsdrang) mit depressiven (Schwermut, Grübelsucht, Entschlußunfähigkeit) abwechseln; dazwischen liegen Zeiten seel. Gesundheit.

Manitoba [mænɪtˈoubə], Prov. in Mittelkanada, 652 218 km², 977 000 Ew.; Hauptstadt: Winnipeg. Getreidebau (Weizen), Forstwirtschaft, Fischerei; ⚒ auf Nickel, Kupfer, Gold, Zink, Silber, Erdöl; Industrie.

M'anitu, bei den Algonkin-Indianern, N-Amerika, der Name einer allen Dingen und Naturerscheinungen innewohnenden Kraft.

M'aniu, Julius, rumän. Politiker, *1873, †1951, proklamierte 1918 die Vereinigung Siebenbürgens mit Rumänien, mehrfach MinPräs. als Führer der ehem. Nationalzaranist. (Bauern-)Partei; 1947 von der kommunist. Regierung zu lebensläng. Zwangsstrafe verurteilt.

Manizales [manisˈales], Provinzhauptstadt in Kolumbien, 222 000 Ew.; Kaffeehandel.

M'anko [ital.] das, Mangel, Fehlbetrag.

Mann, 1) Golo (Gottfried), Sohn von 4), Historiker, *1909; »Dt. Geschichte des 19. und 20. Jahrh.« (1959). 2) Heinrich, Schriftsteller, Bruder von 4), *1871, †1950; emigrierte 1933, schrieb drei Renaissance-Romane (»Die Göttinnen«, 1902-1903), griff die wilhelmin. Gesellschaft mit ätzender Schärfe an (»Professor Unrat«, 1905; Trilogie »Das Kaiserreich«, 1924/25, mit »Der Untertan« als Teil 1); Essaysammlungen. 3) Klaus, Schriftsteller, Sohn von 4), *1906, † (Selbstmord) 1949; emigrierte 1933; »Der Wendepunkt« (1952, zuerst englisch 1942) u. a. 4) Thomas, Schriftsteller, Bruder von 2) *1875, †1955; seit 1934 in der Schweiz,

1939-52 in den Verein. Staaten. Bürgerl. Niedergang und Künstlerdasein, der Mensch in seiner Gebrochenheit zwischen Leben und Geist, der Geist als lebenzersetzende und -verfeinernde Kraft werden in seinen Romanen und Novellen mit meisterl. Sprachbeherrschung behandelt. Romane: »Buddenbrooks« (1901), »Königl. Hoheit« (1909), »Der Zauberberg« (1924), »Josephs-Roman« (4Tle., 1933-43), »Lotte in Weimar« (1939), »Dr. Faustus« (1947), »Der Erwählte« (1951), »Bekenntnisse des Hochstaplers Felix Krull« (Tl.1, 1954); Novellen: »Tonio Kröger« (1903), »Tristan« (1903), »Der Tod in Venedig« (1913); Essays.

M'anna [grch.] das, 1) eßbare, zuckerreiche, auch arzneil. Stoffe; so **persisches M.** (honigartiger Saft aus der **M.-Klee**). 2) Himmelsbrot, mit dem Gott die Juden in der Wüste speiste: aus der **M.-Flechte,** einer vorderasiat. Krustenflechte, die in trockenen, knolligen Stücken vom Wind fortgetragen wird.

Mannequin [manǝkɛ̃, frz.] der, das, 1) Gliederpuppe. 2) Vorführdame für Moden. Männl. Entsprechung: der **Dressman** [-mæn].

Männerapostolat, lose Vereinigung kath. Männer im Dienst der →Katholischen Aktion.

Männerbund, bei vielen Naturvölkern (Geheim-)Bund aller erwachsenen Männer, mit kulturellen, polit. oder militär. Zielen; er tagt im **Männerhaus.**

Männergesangvereine, Vereinigungen zur Pflege mehrstimmigen Männergesangs, urspr. in 2 Richtungen geschieden: Zelter (Berliner Liedertafel, 1809) verlangte künstler. Betätigung der Mitglieder; H. W. Nägeli, Anhänger Pestalozzis, rief 1810 in Zürich den ersten M. auf volkstüml. Grundlage ins Leben.

Mannerheim, Carl Gustav Freiherr v., Marschall von Finnland (1942), *1867, †1951; ab 1887 in der russ. Armee, warf als Oberbefehlshaber der finn. »Weißen Garde« den kommunist. Aufstand 1918 nieder. Regent von Finnland 1918/19. Oberbefehlshaber der finn.Streitkräfte im Krieg 1939/40 und 1941-44; Staatspräs. 1944-1946.

Männerkindbett, französ. **Couvade** [kuv'ad] die, Sitte, bei der der Vater nach der Geburt eines Kindes an Stelle der Frau die Aufgaben und das Verhalten der Wöchnerin übernimmt; seine urspr. magisch-animist.Vorstellungen: durch Irreführen der Geister soll der Säugling vor Schaden bewahrt werden (Indien, S-China, NO-Südamerika).

Männertreu, volkstüml. Name für verschiedene Pflanzen: Ehrenpreis, Vergißmeinnicht u. a.

Mannheim, Stadt in Bad.-Württ., 332200 Ew., an der Mündung des Neckars in den Rhein; Schloß mit großen Sammlungen; Theater, Univ. u. a. Hochschulen; nächst Duisburg der größte dt. Binnenhafen (Kohlen, Baustoffe, Mineralöl, Erze, Holz), starke Ind. (Maschinen-, Fahrzeugbau, Elektrotechnik, Zellstoff, chem.Ind., Metalle,Textilien). M. wurde 1606 gegr., 1720 Residenz der Kurpfalz und kam 1802 an Baden.

Mannheimer Schule, ein Kreis von Komponisten am kurpfälz. Hof in Mannheim (Stamitz, F. X. Richter, I. Holzbauer), der sich durch seinen neuen, zur Wiener Klassik hinführenden Instrumentalstil auszeichnete.

M'annlicher, Ferdinand Ritter v., Ingenieur, *1848, †1904; Gewehrkonstrukteur.

Mannstreu, distelähnl. Doldengewächse mit kopfförmigen Blütendolden: **Feld-M.,** grünlich blühend; **Stranddistel,** bläulich blühend, unter →Naturschutz (BILD).

Manom'eter [grch.] das, Vorrichtung zum Messen des Druckes von Gasen und Flüssigkeiten. Die übl. Form ist das **Feder-M.:** durch das Gas wird eine in einem Gehäuse eingeschlossene Metallmembran durchgebogen. Die Durchbiegung wird auf einen Zeiger übertragen.

Man'över [franz.] das, 1) ⚔ kriegsmäßige Übung für Führung und Truppe in zwei Parteien. 2) bei Schiffen, Flugzeugen die Ausführung einer Bewegung.

Mansart [mãs'a:r], französ. Baumeister. 1)

François, *1598, †1666. 2) Jules **Hardouin-M.** [ardu'ɛ̃], Großneffe von 1), *1646, †1708; nach ihm werden die **Mansardendächer** benannt.

Mansfield [m'ænsfi:ld], Industriestadt in Mittelengland, 55300 Ew.; Kohlenbergbau.

Mansfield [m'ænsfi:ld], Katherine, engl. Erzählerin, * Neuseeland 1888, †1923.

Mansholt, Sicco, niederländ. Politiker, *1908; seit 1958 Vizepräs., seit 1972 Präs. der Kommission der Europ. Gemeinschaften.

Mans'ura, Stadt in Unterägypten, 191500 Ew.; Stapelplatz für Baumwolle, Industrie.

Mantegna [mant'ɛɲa], Andrea, italien. Maler und Kupferstecher, *1431, †1506; Meister der oberitalien. Frührenaissance. (BILD S. 576)

Mantel der, 1) Übergewand. 2) äußere Hülle von Hohlkörpern (z.B. Kessel-M.), Geschossen. 3) die eigentl. Urkunde des Wertpapiers; Gegensatz: Dividenden-, Zinsbogen. 4) die Rechtsform, das »Kleid«, in dem ein Unternehmen nach außen in Erscheinung tritt, z.B. AG., GmbH.

Manteltarif, Tarifvertrag, der für längere Zeiträume die Arbeitsbedingungen regelt, die keiner häufigen Änderung unterliegen, z.B. Arbeitszeit, Urlaub.

Manteltiere, festsitzende Meerestiere, deren sackförmiger Körper von einem Mantel umhüllt ist **(Tunikaten);** die ältesten Ahnen der Wirbeltiere. Als Vorläufer der Wirbelsäule haben sie einen knorpeligen Skelettstab **(Chorda).** Zu den M. gehören die Salpen und die Seescheiden.

M'anteuffel, Edwin Freiherr v., preuß. Generalfeldmarschall, *1809, †1885; war seit 1879 Statthalter von Elsaß-Lothringen.

M'antik [grch.] die, Wahrsagekunst.

Mantilla [mant'iλa, span.] die, Schleiertuch der span. Frauen. **Mant'ille** die, Frauenmantel. (BILD S. 576)

Mantin'ea, Stadt in Arkadien, Griechenland, bei der 362 v.Chr. Epaminondas fiel.

Mant'isse [lat.] die, △ →Logarithmus.

M'antua, italien. **M'antova,** befestigte Stadt in Oberitalien, am Mincio, 66600 Ew.; Museen; Handel, Industrie. In M. herrschten 1328-1708 die Gonzaga.

M'anu, nach ind. Glauben Urvater und Gesetzgeber der Menschheit.

Mannheim

Manometer,
a Dampfdruck,
b Membran,
c Skala

Mantua: Dom
und herzogl.
Palast

Mantegna

Mantille

Mao Tse-tung

Marabu:
Afrikan. M.

Marder:
Kleines Wiesel

Manu'al [lat.] das, ♪ bei Tastinstrumenten die Tastenreihe für die Hände.

M'anuel I., Komn'enos, Kaiser von Byzanz 1143-80; unterwarf 1151 Serbien, suchte vergeblich Friedrich Barbarossa aus Italien zu verdrängen.

M'anuel, Niklaus, genannt **Deutsch,** * um 1484, †1530, schweizer. Maler und Zeichner, bes. des Landsknechtslebens; als Anhänger der Reformation schrieb er Satiren, Fastnachtsspiele.

manu'ell [frz.], mit der Hand..

Manufakt'ur [lat.] die, früher: gewerbl. Großbetrieb mit vorherrschender Handarbeit, z. B. Porzellan-M.

Manuskr'ipt [lat.] das, Handgeschriebenes, bes. handgeschriebenes Buch vor Erfindung des Buchdrucks. Im literar. →Urheberrecht das **Original**werk; jede Vorlage für den Setzer, auch wenn sie mit Schreibmaschine geschrieben ist. Gegensatz: vervielfältigtes Exemplar.

Man'ytsch der, Niederung nördl. des Kaukasus zwischen Asowschem und Kasp. Meer, gilt als Teil der Grenze zwischen Asien und Europa.

Manzanares [manθa'narɛs] der, Fluß in Spanien, berührt Madrid.

Manzan'illobaum [-λ-], mittelamerikan.-westindisches, sehr giftiges, birnbaumähnliches Wolfsmilchgewächs; liefert Pfeilgift.

Manz'oni, Alessandro, italien. Dichter, *1785, †1873; Romantiker; Hymnen, Trauerspiele, geschichtl. Roman »Die Verlobten«.

Manzù, Giacomo italien. Bildhauer, *1908; weibl. Akte, Bronzetür des Salzburger Doms.

Ma'ori Mz., die Eingeborenen Neuseelands, ein Volk der Polynesier.

Mao Tse-tung, chines. Politiker, *1893 als Bauernsohn, studierte am Lehrerseminar. 1921 Mitgründer der Kommunist. Partei Chinas, seit 1931 ihr Vorsitzender. 1947-49 führte er eine völlige Niederlage der Truppen Tschiang Kai-scheks herbei und rief 1949 die Chines. Volksrepublik aus; 1954-59 Staatspräs.; bestimmt als Vors. des ZK die Politik der Volksrep. Er ist der führende Vertreter des Marxismus-Leninismus in chines. Sicht.

Map'ai, die sozialist. Partei Israels.

Maquis [mak'i, aus dem Kors.] der, Buschwald, sinnbildl.: Schlupfwinkel; daher Bez. für die französ. →Widerstandsbewegung.

Mär, M'äre [ahd. mâri »Kunde«] die, altertümlich: Erzählung, Nachricht.

M'arabu der, Storchvogel in Afrika und Indien; mit nacktem Kopf, Hals und Kropfsack.

Maraca'ibo, Hafenstadt in Venezuela, 690 400 Ew., Univ.; Schiffbau, Erdölraffinerien.

Marac'ay, Stadt in Venezuela, 192 900 Ew.

Mar'äne die, ⚓ Lachsfisch in nordeurop. Gewässern, schmackhafter Speisefisch.

Marañón [-ɲ'on] der, Quellfluß des Amazonas.

Mar'ante die, **Pfeilwurz,** ⊕ trop.-südamerikan. Staudengewächs der Ordnung Kannaartige.

Maraş, türk. Stadt, 63 300 Ew.; Textilind.

Maraschino [marask'i:no, ital.] der, Likör aus der dalmatin. Sauerkirsche.

Mar'asmus [lat.] der, ⚕ körperl. Entkräftung, z. B. bei Altersschwäche.

Marat [mar'a], Jean Paul, einer der radikalsten Führer der Französ. Revolution, *1744, † (ermordet) 1793.

Mar'athen Mz., Gruppe ind. Bauernkasten im Dekkan; Sprache: **Marathi.**

M'arathon, altgriech. Flecken an der Ostküste von Attika; der Sieg der Athener über die Perser 490 v. Chr. wurde nach Athen gemeldet durch den »Läufer von M.«. Daher **M.-Lauf,** sportl. Wettlauf über 42,2 km.

Marbach am Neckar, Stadt in Baden-Württ. 10 400 Ew., am Neckar; Geburtsort Schillers; Schiller-Nationalmuseum; Industrie.

Marbod, Herzog der →Markomannen.

Marburg, 1) M. an der Lahn, Stadt in Hessen, 47 200 Ew., Univ. (gegr. 1527), got. Elisabethkirche mit dem Grabmal der hl. Elisabeth. Industrie. 1529 hier erfolgloses Religionsgespräch zwischen Luther und Zwingli. **2) M. an der Drau,** slowen. Maribor, Stadt in Jugoslawien, 82 400 Ew.; Ind., Mühlen; Wein-, Obstbau; seit 1919 jugoslaw.

Marburger Bund, 1947 gegr. Vereinigung der angestellten Ärzte der Bundesrep. Dtl.

Marburger Schule, →Neukantianismus.

Marc, Franz, Maler, *1880, † (gefallen) 1916; gehörte dem »Blauen Reiter« an; Tierbilder von zunehmend abstrakter Art.

Marceau [mars'o:], Marcel, französ. Pantomimenspieler, *1923; »Der Mantel«, »Bip«.

Marcel [mars'ɛl], Gabriel, französ. Philosoph, *1889; christl. Existenzphilosoph.

March, der, Hauptfluß Mährens, 500 km lang, kommt vom Glatzer Schneeberg, mündet bei Preßburg in die Donau.

Märchen das, phantasievoll ausgeschmückte Erzählung, in der die Naturgesetze aufgehoben und das Wunder vorwaltet. Entscheidend für das dt. M. wurde die Sammlung »Kinder- und Haus-M.« der Brüder Grimm. – Den Kunst-M. (von E. T. A. Hoffmann, Brentano, Hauff, dem Dänen Andersen, dem Engländer O. Wilde u. a.) fehlt die naive Stoffbehandlung des echten M.

Marchese [mark'e:zə, ital.] der, Marquis.

Marchfeld, Ebene zwischen Donau und March; Erdölfelder, Erdgaslagerstätten. 1278 besiegte hier Rudolf von Habsburg Ottokar II. von Böhmen.

M'arcion, Gründer einer altkirchl. Sekte, † um 160, verwarf das A. T.; vertrat die paulin. Gnadenlehre und forderte strenge Askese.

Marcks, Gerhard, Bildhauer und Graphiker, *1889; Aktfiguren, Tierbilder, Totenmale.

Marc'oni, Guglielmo, italien. Funktechniker, *1874, †1937, Mitbegründer der drahtlosen Telegraphie; 1909 Nobelpreis.

Marc'use, Herbert, Philosoph, *1898; lebt seit 1934 in den USA, übt scharfe Kritik an den gesellschaftl. Zuständen in den westl. Ländern.

Mar del Pl'ata, Hafenstadt und Seebad in der argentin. Prov. Buenos Aires, 280 000 Ew.

Marder der, Familie der Raubtiere mit gestrecktem Leib, kurzen Beinen und dichtem feinem Fell, daher geschätzte Pelztiere; guter Kletterer. **Baum-M.** oder **Edel-M.,** bis 50 cm lang, braun, Kehle und Brust gelb; **Stein-M.** oder **Haus-M.,** 45 cm lang, grau-braun, Kehle und Brust weiß; **Zobel** der, mit orangefarbenem Kehlfleck, in Sibirien, fast ausgerottet. Die **Stink-M.** haben Stinkdrüsen am After. Zu ihnen gehören der →Iltis und das →Frettchen; **Wiesel** das, 20 cm lang, rostbraun-weiß, im Winter manchmal weiß, saugt seiner Beute das Blut aus, frißt Eier; **Hermelin** das, oder **Großes Wiesel,** 30 cm lang, im Sommer braun-weiß, im Winter weiß (Schwanzspitze schwarz), Edelpelztier, besonders in Sibirien, Nordamerika; **Nerz** oder **Nörz** der, Sumpftier mit wertvollem Pelz. Zu den M. gehören auch →Dachs, →Fischotter, →Stinktier.

M'arduk, Reichsgott der Babylonier.

Marées [mar'e:], Hans v., Maler, *1837, †1887; malte Bildnisse, Landschaften mit Reitern, auch mit mytholog. Gestalten; Hauptwerk: Fresken der Zoolog. Station, Neapel.

M'arek, Kurt W., →Ceram.

Mar'emmen Mz., einst ungesunde Sumpfgegenden an der Küste der Toskana.

Mar'engo [ital.] der, Streichgarngewebe.

Mar'engo, Dorf in der italien. Prov. Alessandria; 1800 Sieg Napoleons über Österreich.

Margar'eta, eine der 14 →Nothelfer, legendäre Märtyrerin; Heilige.

Margar'ete, Margar'eta [grch. »die Perle«], weibl. Vorname.

Margar'ete, 1) M. I., Königin von Dänemark, Norwegen und Schweden (1387-1412), schloß 1397 die Kalmarer Union (→Kalmar). **2) M. II.,** Königin von Dänemark seit 1972. **3) M. Maultasch,** Gräfin von Tirol (seit 1335), †1369, überließ Tirol 1363 den Habsburgern. **4) M. von Angoulême** oder **von Navarra,** *1492, †1549, ⚭ König Heinrich von Navarra, stand den Reformierten nahe; »Heptameron«. **5) M. von Parma,** Generalstatthalterin der Niederlande 1559–67, unter der die Unruhen in den Niederlanden begannen.

Margaretenblume, 1) ein →Chrysanthemum. 2) die →Gänseblume.

Margar′ine die, alle der Butter und ihnen Butterschmalz ähnl. Zubereitungen; Rohstoffe: Kokos- und Palmkernfett, Palm-, Soja-, Baumwollsaat-, Sonnenblumen-, Erdnußöl, Wal- und Fischöle. Die Fettmischung wird geschmolzen, mit Aroma, Farbstoffen, Vitaminen, Lecithin, etwas Stärke versetzt, emulgiert, geknetet, gepreßt und abgepackt. M. hat einen hohen Gehalt an ungesättigten (essentiellen) Fettsäuren. – Erzeugung (1967, in 1000 t): USA 959, UdSSR (1966) 690, Bundesrep. Dtl. 566, Großbritannien 306.

Margate [m′ɑ:git], Hafenstadt und Seebad im südöstl. England, 48 800 Ew.

Marge [marʒ, frz.] die, 1) Unterschied, Spanne (z. B. zwischen Selbstkosten und Verkaufspreis). 2) Bareinschuß bei Termingeschäften.

Marggraf, Andreas, Chemiker, *1709, †1782, entdeckte den Zuckergehalt der Runkelrübe.

Margin′alie [lat.] die, Randbemerkung.

M′ari Mz., Eigenbez. der Tscheremissen. **ASSR der Mari,** autonome Sowjetrep. in der Russ. SFSR, an der mittleren Wolga, 23 200 km², 657 000 Ew. (M., Russen, Tataren u. a.); Hauptstadt: Joschkar-Ola; versch. Industrie.

Mar′ia, Marie [griech. Form von hebr. Mirjam, meist als »Bitterkeit« gedeutet], weibl., bei Katholiken auch männl. Vorname.

Mar′ia, Mutter Jesu, auch **Unsere Liebe Frau, Mutter Gottes, Heilige Jungfrau** genannt, französ. Notre-Dame, italien. Madonna. Von allen Christen verehrt. Nach kath. Lehre gebar sie durch das Wirken des Hl. Geistes das Jesuskind. Sie wurde »unbefleckt« empfangen (Glaubenssatz von 1854): im Schoß ihrer Mutter Anna blieb sie vor jedem Makel der Erbsünde bewahrt. Nach dem Dogma vom 1. 11. 1950 ist »die immer jungfräul. Gottesmutter nach Vollendung ihres ird. Lebenslaufes mit Leib und Seele in den himml. Herrlichkeit aufgenommen worden«. Durch ihre Würde überragt sie alle Heiligen, ist sie »mit der heiligsten Dreifaltigkeit in einzigartiger Weise verbunden«. In der **Ostkirche** ist die Verehrung der Maria nicht minder groß. Die **evang. Theologie** anerkennt die besondere Stellung der M.s als der Mutter Jesu, verwirft aber die kath. Ausgestaltung der bibl. Aussagen, vor allem die Lehre von der Gnadenvermittlung und der leibl. Himmelfahrt, sieht vielmehr in ihr einen sündigen Menschen, der der Erlösung bedarf. **Marienfeste:** Mariä Lichtmeß oder Reinigung (Gang zum Tempel: 2. 2.), Verkündigung (25. 3.), Geburt (8. 9.), Heimsuchung (2. 7.), Himmelfahrt (15. 8.), Unbefleckte Empfängnis (8. 12.), M. Königin (31. 5.). Die Marienverehrung fand in Malerei, Bildhauerei und Dichtung Ausdruck.

Mar′ia, Fürstinnen: **Röm.-dt. Kaiserin:** 1) **M. Theresia,** *1717, †1780; Erbtochter Kaiser Karls VI., seit 1736 ∞ mit dem späteren Kaiser (seit 1745) Franz I. aus dem Hause Lothringen, übernahm 1740 die Regierung der habsburg. Erblande, die sie im »Österreichischen Erbfolgekrieg behauptete; doch verlor sie Schlesien an Friedrich d. Gr. (→Siebenjähriger Krieg). Seit 1765 war ihr Sohn Joseph II. Mitregent. Im Innern führte sie wichtige Reformen durch. – **England.** 2) **M., die Katholische oder die Blutige,** Königin (1553 bis 1558), ∞ mit Philipp II. von Spanien, verfolgte die Protestanten. – **Frankreich.** 3) **M. von Medici,** Königin, ∞ 1600 mit Heinrich IV., wurde 1610 Regentin für Ludwig XIII., mußte als Gegnerin Richelieus 1631 ins Ausland fliehen. 4) **M. Antoinette,** Königin, Tochter von 1), ∞ 1770 mit Ludwig XVI., Gegnerin der Französ. Revolution, 1793 enthauptet. 5) **M. Louise,** Kaiserin, Tochter des österr. Kaisers Franz II., ∞ 1810 mit Napoleon I., seit 1815 Herzogin von Parma. – **Schottland.** 6) **M. Stuart,** Königin seit 1561, streng katholisch, heiratete 1565 Lord Darnley und 1567 dessen Mörder Lord Bothwell, wurde vom protestant. Adel ge-

stürzt, floh 1568 nach England; wurde von ihrer Gegnerin Elisabeth gefangengehalten und 1587 hingerichtet.

Mariage [mari′a:ʒ, frz. »Heirat«] die, Kartenspiel: König und Dame gleicher Farbe in einer Hand.

Maria Laach, Benediktinerabtei am Laacher See, gegr. 1093, mit roman. Kirche (1156 geweiht, um 1230 vollendet).

Maria Magdal′ena, Maria aus Magdala, die **büßende M.,** Heilige (Tag 22. 7.), Vorbild der Buße. **Magdalenerinnen,** Schwestern von der Buße der hl. M., kath. Frauenorden zur Rettung verwahrloster Mädchen. Ähnlichen Aufgaben dienen die protestant. **Magdalenenstifte.**

Mari′amne [hebr.], weibl. Vorname; Gemahlin Herodes′ d. Gr., der sie unter der falschen Anklage des Ehebruchs 29 v. Chr. hinrichten ließ.

Mari′anen, vulkan. Inselgruppe Mikronesiens, 16 größere Inseln, rd. 950 km² mit 90 000 Ew. – Seit 1565 spanisch. Die M. außer →Guam kamen 1899 an das Dt. Reich, wurden 1920 japan. Mandatsgebiet, 1947 Treuhandgebiet der USA. – Am Ostrand der M. der **Marianengraben** (11 022 m tief).

Mari′anische Kongregati′onen, kath. religiöse Vereinigungen zur Verehrung Marias.

Mari′anne [aus Marie und Anna, vielleicht auch zu Mariamne], weibl. Vorname.

Maria-Theresien-Taler, Levantetaler, früherer österr. Silbertaler (18. Jahrh.) mit dem Bilde Maria Theresias, auch heute noch im Vorderen Orient und Ostafrika verbreitet.

Maria Theresi′opel, →Subotica.

M′aribor, slowen. für →Marburg 2).

Marie de France [də frɑ̃s], französ. Dichterin des 12. Jahrh., verfaßte Versnovellen (Lais).

Mar′ienbad, tschech. **Mariánské Lázně,** Kurort und Bezirksstadt in NW-Böhmen, Tschechoslowakei, 12 900 Ew.; Mineralquellen.

Mar′ienborn, Gem. im Bez. Magdeburg; Kontrollstelle des Interzonenverkehrs.

Mar′ienburg in Westpreußen, Kreisstadt in der Provinz Ostpreußen, an der Nogat, (1939) 27 300, (1969) 29 500 Ew. Das **Schloß M.,** erbaut im 13. und 14., erneuert im 19. Jahrh., ist eines der bedeutendsten weltl. Bauwerke des MA. (got. Backsteinbau, wurde im 2. Weltkrieg stark zerstört), war Sitz der Hochmeister des Dt. Ritterordens. Seit 1945 unter poln. Verw. **(Malbork).**

Mar′ienkäfer, Familie halbkugeliger Käferchen: **Siebenpunkt,** 7 mm lang, ziegelrot-schwarz. Die M. und ihre Larven fressen Blattläuse.

Mar′ienkanalsystem, in der Sowjetunion, verbindet die Wolga mit dem Finn. Meerbusen.

Marienw′erder, Stadt in Ostpreußen, (1939) 20 500, (1969) 23 500 Ew.; Burg (1233 vom Dt. Orden gegr.), Dom und Kapitelschloß (14. Jahrh.); landwirtschaftl., Textil- und chem. Ind. Seit 1945 unter poln. Verw. **(Kwidzyn).**

Marihu′ana, ein Rauschgift, →Haschisch.

Mar′ille [aus ital. amarello] die, Aprikose.

Mar′imba die, afrikan., dem Xylophon ähnl. Schlaginstrument der mittelamerikan. Neger.

Marin′ade die, Essigbrühe, →marinieren.

Mar′ine [lat.] die, die Gesamtheit der Seeschiffe und Besatzungen. **M.-Ehrenmal,** bei Laboe (Kieler

Maria Stuart

Maria Theresia

Marie-Antoinette

Marienkäfer, a Siebenpunkt, b Puppe, c Larve

Marienburg (1959)

Förde) für die Gefallenen der dt. M. 1936 errichtet. **marineblau,** dunkelblau.

Marin'etti, Emilio Filippo Tommaso, italien. Schriftsteller, *1876, †1944; Gründer und Haupt des →Futurismus.

Mar'ini, Marino, italien. Bildhauer, *1901; Bildwerke (meist Pferd und Reiter).

marin'ieren [frz.], Fleisch oder Fisch in gewürzte Essigbrühe (Marinade) einlegen.

Marin'ismus [nach dem italien. Dichter Marini] der, schwülstige Schreibart im 17. Jahrh.

Marion'ette [frz.] die, 1) Gliederpuppe für die kleine Bühne des **M.-Theaters.** Die M. wird von oben oder unten durch Fäden oder Drähte gelenkt. 2) übertragen: willenloser, von anderen beherrschter Mensch.

Mariotte [mari'ɔt], Edme, französ. Physiker, * um 1620, †1684, →Boyle.

Maris, holländ. Maler, drei Brüder: 1) Jacob, *1837, †1899; 2) Matthijs, *1839, †1917; 3) Willem, *1844, †1910. Sie malten holländ. Landschaften im impressionist. Stil.

Maritain [marit'ɛ̃], Jacques, französ. Philosoph, *1882, führender Vertreter des Neuthomismus, beeinflußte Literatur und Kunst.

marit'im [lat.], Meer und Schiffahrt betreffend.

M'aritza die, Hauptfluß von S-Bulgarien, fließt vom Rhodopegebirge ins Ägäische Meer, 514 km.

Mari'upol, →Schdanow.

M'arius, Gajus, röm. Feldherr, schlug 102 v. Chr. die Teutonen bei Aquae Sextiae, 101 die Kimbern bei Vercellae. Sein Gegensatz zu Sulla führte 88 zum Bürgerkrieg; geächtet, floh M. nach Afrika, eroberte aber 87 Rom zurück; †86.

Marivaux [mariv'o], Pierre de, französ. Dichter, *1688, †1763; Komödien und Romane.

Mark [eigentl. »mit einer Marke versehenes Metallstück«] die, 1) Währungseinheit des Dt. Reiches 1871-1924, abgek.: **M;** 1924-48 gefolgt von der **Reichsmark (RM).** 1948 wurde in der Bundesrep. Dtl. die **Deutsche M. (DM)** eingeführt. In der Dt. Dem. Rep. hieß die Währung nach 1948 zunächst **DM (Ost),** 1964-67 **M. der Dt. Notenbank (MDN),** seit 1968 **M. der Dt. Dem. Rep. (M).** 2) urspr. altdt. Gewicht, vom 12. Jahrh. bis 1857 dt. Münzgewichtseinheit (köln. M. = 233,89 g).

Mark das, 1) Zellgewebe im Innern von Knochen (Knochen-), Rücken-M.) oder Organen (Niere, Gehirn). 2) bei Pflanzen: Zellgewebe von innerer Lage und lockerer, weicher Beschaffenheit (Holunder-M.). 3) übertragen: Kraft, Sitz der Kraft.

Mark die, 1) Gemarkung, Dorfflur, Gemeindeland, früher das von der **Markgenossenschaft** bewirtschaftete Land, bes. Viehweide. 2) Grenzland, im mittelalterl. Dt. Reich, verwaltet von einem **Markgrafen** (Brandenburg).

Mark die, 1) ehem. westfäl. Grafschaft mit der Hauptstadt Hamm, 1368 mit dem Herzogtum Kleve, 1511 auch mit Jülich und Berg vereinigt, kam 1614, endgültig 1666 an Brandenburg-Preußen. 2) **M. Brandenburg,** →Brandenburg.

mark'ant [ital.], hervorstechend, auffallend.

Markas'it der, Mineral, FeS₂, die rhomb. Modifikation des Pyrit; für Schmuck.

Mark Aur'el, röm. Kaiser (161-180 n. Chr.), bekämpfte die Markomannen; schrieb philosoph. »Selbstbetrachtungen« (Stoiker).

Marke die, 1) Herkunftszeichen oder -angabe an einer Ware oder ihrer Verpackung **(Markenartikel),** wodurch gleichbleibende Verpackung, einheitl. Güte und Preis gewährleistet werden; als →Warenzeichen rechtl. geschützt **(Schutzmarke).** 2) Post: Freimarke.

Marken [ital. Marche] Mz., Landschaft Mittelitaliens, Hauptstadt: Ancona.

Market'ender [ital.] der, Händler, der den Soldaten Lebensmittel u. a. verkauft.

M'arketing [engl.] das, ⌀ marktgerichtete und marktgerechte Unternehmenspolitik.

Markgenossenschaft, Märkerschaft die, ländl. Siedlungs- und Wirtschaftsgenossenschaft der altgerman. Zeit und des MA.s. Die →Allmende blieb bis in die Neuzeit im Gemeineigentum der

Markgenossen oder **Märker.** Aus den M. entwickelten sich die Landgemeinden.

Markgraf, im MA. der Befehlshaber einer Grenzmark (→Mark); sein Bezirk: **Markgrafschaft.** Später wurde M. ein Fürstentitel.

Markgräfler, bad. Wein aus dem Markgräfler Land, südl. von Freiburg i. Br.

mark'ieren, 1) mit einer Marke (Zeichen) versehen; hervorheben. 2) vortäuschen.

Mark'ise [frz.] die, Sonnenschutz vor Fenstern, Balkonen, Terrassen.

Markkl'eeberg, Wohnvorort im S von Leipzig, 22000 Ew.; Gartenbau, Industrie.

Markom'annen Mz., westgerman. Stamm im Maingebiet, von Marbod 9 v. Chr. nach Böhmen geführt, kämpfte 166-180 n. Chr. gegen den röm. Kaiser Mark Aurel; im 3. und 4. Jahrh. ließen sich in Bayern nieder und wurden wahrscheinlich der Kern der Bajuwaren (→Bayern).

M'arkranstädt, Stadt im SW von Leipzig, 9900 Ew., Rauchwaren-, Maschinen-, Zuckerind.

Markscheide die, ⚒ Grenze des Grubenfeldes. **M.-Kunst,** Berechnung und Vermessung für bergmänn. Zwecke durch **Markscheider.**

Markt der, 1) Veranstaltung, zu der an best. Orten zu best. Zeiten Käufer und Verkäufer zusammentreffen, um Waren zu erstehen oder abzusetzen (Kleinhandel: **Tages-, Wochen-, Jahrmärkte.** Großhandel: →Messen, Börsen). – Das Recht, M. zu errichten, war Vorrecht des fränk. und dt. Königs **(M.-Regal),** der es weiterverleihen konnte. 2) WIRTSCHAFTSTHEORIE: der (gedachte) Ort des Zusammentreffens von Angebot und Nachfrage, dort der Preisbildung in der Verkehrswirtschaft. **M.-Formen:** Monopol, Oligopol, vollständige Konkurrenz. Bei staatl. Preisfestsetzungen können sich **graue** (geduldete) und **schwarze** (verbotene) M. bilden.

Marktforschung, Erforschung der Verhältnisse auf den Einkaufs- und Absatzmärkten, entweder zu einem bestimmten Zeitpunkt **(Marktanalyse)** oder in ihrer Bewegung **(Marktbeobachtung).**

Marktoberdorf, Stadt in Schwaben, 10 000 Ew.

Marktordnung, Beeinflussung der Wettbewerbs am Markt durch staatl. Maßnahmen sowie durch Zusammenschlüsse von Erzeugern und Verbrauchern (bes. für landwirtschaftl. Produkte).

Marktredwitz, Stadt und Bahnknoten in Bayern, Fichtelgebirge, 15 300 Ew.; Porzellan.

Mark Twain [mɑːktw'ein], eigentl. Samuel Clemens, nordamerikan. Erzähler, *1835, †1910; humorist. Skizzen, Reisebeschreibungen, die Schelmenromane »Tom Sawyer«, »Huckleberry Finn«.

Marktwirtschaft, Wirtschaftsordnung, in der Gütererzeugung und -verbrauch durch den auf dem Markt frei gebildeten Preis bestimmt werden. Die **freie M.** (unbeschränkter Wettbewerb, keine staatl. Eingriffe) brachte soziale Spannungen und Krisengefahren (→Kapitalismus); daher betont man heute die **soziale M.,** die durch eine Wettbewerbsordnung sozial nachteilige Auswirkungen (Monopole, Kartelle usw.) verhindern soll.

M'arkus, Verfasser des **Markusevangeliums,** des ältesten erhaltenen Evangeliums; begleitete Paulus und Barnabas, starb nach der Legende als Märtyrer in Alexandria; Schutzheiliger von Venedig (Tag 25.4.). Sinnbild: Löwe.

Marl, Stadt im Kr. Recklinghausen, Nordrh.-Westf., 75 300 Ew.; Bergbau, Chem. Werke Hüls, Buna-, Faser-, Betonwerke u. a. Industrie. (BILD S. 579)

Marlborough [mɑː'lbərə], Herzog von, eigentl. John **Churchill,** engl. Feldherr und Staatsmann, *1650, †1722; war Oberbefehlshaber im →Spanischen Erbfolgekrieg, besiegte zus. mit Prinz Eugen wiederholt die Franzosen.

Marlowe [mɑː'lou], Christopher, bedeutendster engl. Dramatiker vor Shakespeare, *1564, †1593; Tragödien (»Tamerlan«, »Doctor Faustus«).

M'armarameer, Binnenmeer zwischen Dardanellen u. Bosporus, 280 km lang, 80 km breit.

Marm'arika, Küstenland der O-Cyrenaica (Libyen), 200 m hohe, fast regenlose Hochfläche.

Mark Twain

Marmel'ade [von portugies. marmelo »Quitte«] die, eingekochtes Obstmus.

Marmol'ata die, höchster Gebirgsstock der Dolomiten, 3342 m hoch.

Marmor der, kristallin.-körniger Kalkstein (Calciumcarbonat), rein weiß, durch Beimengungen auch gelb, rot, grün, grau, schwarz gefärbt; Bildhauer- und Dekorationsstein.

Marne die, rechter Nebenfluß der Seine, mündet oberhalb Paris, 525 km lang, schiffbar.

Marne-Schlacht, →Weltkrieg 1914-18.

Marnix, Philips van, Heer van Sint Aldegonde, niederländ. Schriftsteller, Staatsmann, Freiheitskämpfer, *1538, †1598.

mar'ode [frz.], ermattet, krank.

Marodeur [marɔd'œr, frz.] der, ⚥ von der Truppe abgekommener, plündernder Soldat.

Mar'okko, Kgr. in NW-Afrika; 445 180 km², 15,5 Mill. Ew.; Hauptstadt: Rabat; Amtssprache: Arabisch. Konstitutionelle Monarchie; seit 1965 Ausnahmezustand. ⊕ S. 514, ⴿ S. 346. (FARBTAFEL Afrika I S. 161)

Den Ketten des Mittleren Atlas, des Hohen Atlas und des Anti-Atlas ist nach NW ein breites Tafelland vorgelagert, das zur Atlantikküste abfällt. Im N das Rifgebirge mit Steilabfall zum Mittelmeer. Nach SW Übergang zu Steppe und Wüste. Klima: im Küstengebiet mittelmeerisch, im S trocken. BEVÖLKERUNG. Araber, Berber, daneben Europäer, Juden. Staatsreligion: Islam. 10 Großstädte (Casablanca, Marrakesch u.a.). WIRTSCHAFT. Anbau von Getreide, Citrusfrüchten, Gemüse, Wein, Oliven, Zuckerrüben, Baumwolle; Viehzucht (Schafe, Ziegen); Fischerei. 🐟 auf Phosphate (3. Stelle der Welterzeugung), Eisen, Mangan, Blei, Zink, Kohle u. a. Nahrungsmittel-, Textil-, Metall- u.a. Ind. Der Energieversorgung dienen bes. Wasserkraftwerke. Fremdenverkehr. Ausfuhr: Bergbauprodukte, Citrusfrüchte, Fischkonserven, Wein. Haupthandelspartner: Frankreich. Haupthafen und -flughafen: Casablanca.

GESCHICHTE. Das antike Mauretanien kam um 40 n. Chr. unter röm., 429 unter wandal., 530 unter byzantin., 700 unter arab. Herrschaft. Ansprüche Frankreichs auf die Vorherrschaft in M. führten zu den Marokkokrisen (1905/06 und 1911). 1912 bis 1956 war M. bei Aufrechterhaltung seiner Einheit unter dem Sultan (Scherifisches Reich) eingeteilt in: 1) das Französ. Protektorat, Hauptstadt: Rabat; 2) das Span. Protektorat, Hauptstadt: Tetuan; 3) das internat. Gebiet Tanger. 1921-26 Aufstand der Rifkabylen unter Abd el-Krim gegen Spanier und Franzosen; seit 1945 verstärkte Unabhängigkeitsbewegung. 1956 wurde M. unabhängig. Bei Spanien verblieben die Städte Ceuta und Melilla und das Gebiet von Ifni, das 1968 zurückgegeben wurde. Staatsoberhaupt: König Hassan II. (seit 1961); MinPräs.: K.Lamrani (seit 1971).

Maron [mar'õ, frz.], span. **Cimarrón** der, in Westindien und Guayana im Busch lebende Nachkommen entlaufener Negersklaven (**Buschneger**).

Mar'one [ital.] die, Frucht der Edelkastanie.

Mar'onenpilz, ein Röhrenpilz. (FARBTAFEL Pilze S. 865)

Maron'iten, von der Ostkirche getrennte Kirchengemeinschaft in Syrien, mit Rom uniert.

Maroquin [marɔk'ɛ̃, frz.] der, saffianähnl. Ziegenleder aus Nordafrika (Marokko).

Marot [mar'o], Clément, französ. Dichter, *1496, †1544; Psalmenübersetzung, Elegien.

Mar'otte [frz. »Narrenzepter«] die, Schrulle.

Marqu'esas-Inseln, vulkan. Inselgruppe in Französisch-Polynesien, 1274 km², 4800 Ew.; Kopra-Ausfuhr. – Seit 1842 französisch.

Marquet [mark'ɛ], Albert, französ. Maler der →Fauves, *1875, †1947.

Marquis [mark'i, frz.] der, französ. Adelstitel, dem Rang nach zwischen Herzog und Graf; weibl. **Marquise** [mark'iz]; entsprechend in England **Marquess** [m'ɑ:kwis, engl.], in Italien **Marchese** [mark'ezo].

Marrak'esch, Stadt in Marokko, 265000 Ew.; inmitten einer reichbewässerten Oase gelegen, am Rand des Hohen Atlas; wichtiger Handelsplatz; alte Moscheen und Paläste.

Marr'anen, Maranen Mz., Juden, die sich unter dem Zwang der Inquisition zur Vertreibung aus Spanien und Portugal (1492) taufen ließen.

Marryat [m'æriət], Frederick, engl. Erzähler, *1792, †1849; Seeromane: »Sigismund Rüstig«.

Mars, 1) der röm. Kriegsgott, dem griech. Ares gleich. 2) ☿ der vierte Planet von der Sonne aus, Zeichen♂, Abstand von der Erde zwischen 55 und 377 Mill. km, Durchmesser etwa die Hälfte des Erddurchmessers, Umlaufzeit um die Sonne 687 Tage. Tageslänge und Jahreszeitenwechsel des M. sind ähnlich denen der Erde, seine Atmosphäre jedoch enthält nur wenig Sauerstoff und hat sehr geringen Druck. Die Oberfläche weist Krater auf, ist wahrscheinlich wüstenartig und sehr wasserarm; eine niedere Flechtenvegetation scheint möglich. Die »M.-Kanäle« sind rein opt. Erscheinungen. Der M. hat 2 Monde.

Mars der, die, ⚓ eine Plattform am Schiffsmast; unseemännisch **Mastkorb** genannt.

Mars'ala, Hafenstadt an der W-Küste Siziliens, 83 200 Ew.; Ausfuhr des M.-Süßweins.

Marsch der, 1) Gangart; Bewegung von Truppen in Verbänden. 2) Musikstück in zweiteiligem Takt.

Marsch die, **Marschland,** fruchtbares Schwemmland der Flußtäler und Küsten im NW Dtl.s, durch Deiche geschützt.

Marschall [ahd. marschalc »Pferdeknecht«] der, im alten Dt. Reich eines der von den Kurfürsten wahrgenommenen Erzämter (**Erz-M.**); hoher Hofbeamter (**Hof-M.**); höchster Generalsrang (**Feld-M., Generalfeld-M.**).

Marschner, Heinrich, Komponist, *1795, †1861; romant. und volkstüml. Opern (»Der Vampir«, »Hans Heiling«); Chöre.

Marseillaise [marsɛj'ɛ:z] die, französ. Revolutions- und Freiheitsgesang, Nationalhymne: »Allons, enfants de la patrie, le jour de gloire est arrivé...«; 1792 von Rouget de Lisle in Straßburg für die Rheinarmee geschrieben.

Marseille [mars'ɛj], die zweitgrößte Stadt Frankreichs und der bedeutendste französ. Hafen am Mittelmeer, nahe der Rhône-Mündung, 889000 Ew., Univ.-Fakultäten, Kathedrale; Museen, Theater; Industrie: Erdöl, Seife, Metall

Marl: Rathaus

Marrakesch

Marx

Masaccio: Vertreibung aus dem Paradies

Marseille, am Hafen Schiffbau. – M., um 600 v. Chr. von den Griechen gegründet, hieß im Altertum **Massilia**, gehörte im MA. zum Kgr. Burgund, kam mit der Provence 1481 an Frankreich.

Marsfeld [lat. Campus Martius] das, 1) im alten Rom: Platz für Truppenübungen, Volksversammlungen. 2) in Paris: **Champs de Mars** [ʃã də mars], Platz für Paraden, Ausstellungen.

Marshall [mˈɑːʃəl], 1) Bruce, schott. Schriftsteller, *1899; »Das Wunder des Malachias«, »Alle Herrlichkeit ist innerlich«, »Keiner kommt zu kurz« u. a. 2) George C., amerikan. General und Politiker, *1880, †1959; 1939 Generalstabschef und militär. Hauptberater des Präs. Roosevelt, 1947-49 Außenmin., 1950/51 Verteidigungsmin.; Urheber des →Marshall-Plans.

Marshall-Inseln [nach dem engl. Forscher Marshall], Inselgruppe in Mikronesien, 182 km², 18900 Ew.; Hauptinsel: Jaluit. Kopra-Ausfuhr. Im NW das Bikini- und das Eniwetok-Atoll. – 1885 dt. Schutzgebiet, 1920 japan. Völkerbundsmandat; seit 1947 Treuhandgebiet der USA.

Marshall-Plan, Europäisches Wiederaufbauprogramm, ERP, das von G. Marshall 1947 verkündete, am 3. 4. 1948 in Kraft getretene Programm der amerikan. Wirtschaftshilfe an westeurop. Staaten; diese erhielten bis Juni 1951 13 Mrd. US-$ als nicht zurückzuzahlende Zuschüsse oder als langfristige Kredite.

Mars'ilius von Padua, Staatstheoretiker, *1290, †1342/43, spricht in der Streitschrift »Defensor pacis« die oberste Gewalt in Staat und Kirche dem Volk zu.

M'arstall [zu Mähre] der, 1) die Pferdeställe und Wagenschuppen einer fürstl. Hofhaltung. 2) die Gesamtheit ihrer Pferde.

M'arsyas, griech. Sage: flötenblasender Silen, der von Apollo im Wettstreit besiegt, gehängt und enthäutet wurde.

M'arterl das, -s/-n, Erinnerungsmal am Ort eines Unglücks oder Verbrechens.

M'artha [aramä. »Herrin«], die Schwester des Lazarus und der Maria von Bethanien.

Marti'al, lat. Dichter, * um 40 n. Chr., † um 103; schrieb treffsichere »Epigramme«.

marti'alisch [von Mars 1)], kriegerisch.

Martin [von Mars 1)], männl. Vorname.

Martin, Bischof von Tours, *316/17, †397, der Apostel Galliens, Heiliger. Am 11. 11. wird der **M.-Fest (Martini)** gefeiert, mit volkstüml. Bräuchen (**M.-Männchen, M.-Gans** usw.). Am Vorabend werden **M.-Feuer** abgebrannt.

Martin V., Papst, 1417-1431; mit seiner Wahl wurde das →Schisma beendet.

Martin [-tˈɛ̃], Frank, *1890; namhaftester westschweizer. Komponist neben Honegger.

Martin du Gard [martˈɛ̃ dygˈaːr], Roger, französ. Schriftsteller, *1881, †1958; Zyklenroman »Les Thibaults«; Nobelpreis 1937.

Martinique [martinˈik], Insel der Kleinen Antillen, 1100 km², 340000 Ew. (Neger, Mulatten); Hauptstadt: Fort-de-France. Gebirgig, im N vulkanisch (bis 1350 m hoch). Zuckerrohr, Bananen,

Ananas, Rum. – Seit 1635 französ., seit 1946 französ. Übersee-Département.

M'artinu, Bohuslav, tschech. Komponist, *1890, †1959; Opern, Ballette, Orchestermusik.

M'ärtyrer [grch. »Zeuge«] der, Blutzeuge, der sich für seinen Glauben opfert. **Mart'yrium** das, schweres Leiden. **Martyrol'ogium** das, Verzeichnis der M. mit biograph. Angaben.

Marx, Karl, sozialist. Theoretiker, Begründer des →Marxismus, *1818, †1883; studierte Rechtswissenschaft und Philosophie, 1842/43 Redakteur der liberalen »Rhein. Zeitung«; 1843 in Paris, 1845-48 in Brüssel; aus beiden Städten ausgewiesen, lebte er nach kurzem Aufenthalt in Köln von 1849 bis zu seinem Tode in London. M. wurde mit F. Engels der Schöpfer des wissenschaftl. Sozialismus. Er übernahm von Hegel die dialekt. Methode und Geschichtsauffassung (Erfassung der Wirklichkeit in ihren Widersprüchen und Zusammenhängen) und gestaltete sie (unter Abkehrung vom Idealismus Hegels) zum dialekt. und histor. →Materialismus um, wonach die wirtschaftl. Kräfte und Verhältnisse die Entwicklung von Gesellschaft und Geschichte bestimmen. Hauptwerk: »Das Kapital«, 3 Bde. (Bd. 1: 1867, Bd. 2 und 3 hg. v. F. Engels 1885-94).

Marx'ismus, die von K. Marx unter Mitwirkung von F. Engels geschaffene, auf der Geschichtsauffassung des histor. Materialismus (→Marx) gegr. Theorie des wissenschaftl. Sozialismus. Die Arbeit, nicht das Kapital schaffe Werte. Der bei der Produktion entstehende **Mehrwert** werde dem Arbeiter durch zu niedrigen Lohn (Existenzminimum) vorenthalten und falle durch Ausbeutung der Arbeitskraft dem Unternehmer als Profit zu. Während sich so das Kapital in wenigen Händen anhäufe, verelendeten die Massen. Am Ende stehe der Zusammenbruch des kapitalist. Systems und der weltrevolutionäre Umschlag, bei dem sich die erwachten Massen der Produktionsmittel bemächtigten. Aus der Übergangszeit der **Diktatur des Proletariats** gehe dann als Endzustand die klassen- und staatlose Gesellschaft hervor. Der seinem Wesen nach internat. Materialismus M. war von nachhaltigem Einfluß auf einen großen Teil der Arbeiterbewegung. Die Kritik an seinen Lehren führte zur Spaltung des →Sozialismus in den revisionist. Flügel, dem der →Kommunismus, heute ganz überwiegend in Form des Bolschewismus (**M.-Leninismus**), gegenübersteht. Entgegen der Voraussage des M. ist es bisher in keinem der »für den Sozialismus reifen« hochindustrialisierten Staaten zu einem selbstgesetzl. Umschlag des »Kapitalismus« zur Kollektivwirtschaft gekommen.

Mar'y, früher **Merw,** Handelsstadt in der Oase M., Turkmen. SSR, 61000 Ew.; Baumwoll-, Gartenbau, Fleisch- u. a. Lebensmittelindustrie.

Mary [mˈɛəri], engl. Form für Marie.

Maryland [mˈɛərilænd], Abk. **Md.,** Staat im O der USA, an der Chesapeake Bay, 27394 km², 3,9 Mill. Ew. (etwa 17% Neger); Hauptstadt: Annapolis, größte Stadt und Hafen: Baltimore. Anbau: Getreide, Tabak u. a.; Viehzucht. 🦪 auf Kohle, Erdgas. Metall-, Maschinen-, Fahrzeug-, chem. u. a. Ind. Fremdenverkehr. ⊕ S. 526.

März [lat. Martius, dem Kriegsgott Mars heilig] der, Lenzmond oder Lenzing, der dritte Monat des Jahres; er hat 31 Tage.

Märzenbier, Märzen das, starkes, urspr. im März gebrautes, sommerbeständiges Bier.

Märzfeld das, Fränk. Reich: im März abgehaltene Heeresversammlung; seit Pippin **Maifeld.**

Marzip'an der oder das, Zuckerwerk aus süßen und bitteren Mandeln; seit dem MA. in Lübeck, Hamburg, Königsberg hergestellt.

Märzrevolution die, Revolution des dt. liberalen Bürgertums im März 1848.

Masaccio [masˈatʃo], italien. Maler, *1401, †1428, wurde mit seinen Fresken in der Brancacci-Kapelle in S. Maria del Carmine von Florenz zum Bahnbrecher der Renaissance.

Mas'ada, →Massada.

Maske:
Japan. Holz-M.

Masereel:
Holzschnitt
aus der Fol-
ge: Die Pas-
sion eines
Menschen

Mas'ai, Massai Mz., Volksstamm in Ostafrika.
M'asaryk, 1) Jan, tschechoslowak. Politiker,
Sohn von 2), *1886, †1948; war im diplomat,
Dienst, 1945 Außenmin., endete nach dem kommunist. Umsturz durch Selbstmord. **2)** Thomas,
tschechoslowak. Staatsmann, *1850, †1937; wurde
1882 Prof. der Philosophie in Prag; 1917 Präs. des
tschech. Nationalrats in Paris, 1918 maßgebend
beteiligt an der Gründung einer unabhängigen
Tschechoslowakei; 1918-35 deren Präsident.
Mascagni [mask'aɲi], Pietro, italien. Opernkomponist, *1863, †1945; Hauptwerk »Cavalleria
rusticana« (Sizilian. Bauernehre).
Masche die, Schlinge beim Stricken, Häkeln,
bei Netzarbeit, in Drahtgeflechten.
Masch'ine [lat.] die, **1)** ⊛ jede Einrichtung
zur Übertragung von Kräften, die nutzbare Arbeit leisten (**Arbeits-M.**) oder die eine Energie-
form in eine andere umwandeln (**Kraft-M.**). **2)** ⊠
einfache M. heißen die Vorrichtungen: Hebel,
Rolle, Wellrad, schiefe Ebene, Keil, Schraube.
Masch'inenelemente, die meist genormten
Grundbestandteile aller Maschinen, z.B. Schrau-
ben, Nieten, Keile, Bolzen, Federn, Keilen, Wel-
len, Zapfen, Lager, Kupplungen, Räder, Rollen,
Ketten, Zylinder, Stopfbüchsen, Ventile.
Masch'inenstraße, die Aneinanderreihung von
Arbeitsmaschinen zur möglichst durchlaufenden
Bearbeitung von Werkstücken. Unterschieden
werden: **Fertigungs-, Maschinenfließ-, Taktstra-
ßen.** Vollautomat. M. heißen auch **Transferstraßen.**
Masch'inenwaffen, schnellfeuernde Waffen
(Maschinengeschütz, -gewehr, -pistole), bei denen
Laden und Abfeuern durch Ausnutzung des Rück-
stoßes selbsttätig erfolgt.
Masefield [m'eisfi:ld], John, engl. Dichter,
*1878, †1967, »Salzwasserballaden«; Dramen,
Romane.
Maser, →Molekularverstärker.
M'asereel, Frans, belg. Graphiker und Maler,
*1889, †1972; bes. durch seine kraftvollen Holz-
schnitte bekannt.
Masern Mz., fieberhafte Infektionskrankheit,
erregt durch ein Virus; meist im Kindesalter. Er-
scheinungen: Bindehautentzündung, Husten, wei-
ße Pünktchen auf der Wangenschleimhaut, linsen-
große rote Flecke an Gesicht und Hals, über den
ganzen Körper. Bei der Heilung schuppt sich die
Haut kleienartig ab. Vorbeugend: Serum; Be-
handlung: Bettruhe, Zimmerverdunkeln.
Mas'eru, Hauptstadt von Lesotho, 9000 Ew.
M'aserung die, Musterung des Schnittholzes.
Maskar'enen Mz., vulkan. Inselgruppe im
Ind. Ozean, östl. von Madagaskar; umfaßt Réunion, Mauritius und Rodrigues mit Nebeninseln.
Maskaron [maskar'õ, frz.] der, Menschen-
oder Fratzengesicht als Bauschmuck.
Mask'at und Om'an, früherer Name von
→Oman.
Maske die, **1)** Gesichtsverhüllung bei Kult-
handlungen, Volksfesten, Maskenbällen. **2)** Auf-
machung eines Schauspielers; die M. ist Sinnbild
der Bühnenkunst, da die Schauspieler im Alter-

tum Gesichts-M. trugen. **3)** Drucktechnik: Scha-
blone zum Abdecken.
Maskenball, ein Festball, dessen Besucher in
Verkleidungen und mit Gesichtsmasken erschei-
nen.
Masker'ade die, **1)** Vermummung, Verkleidung.
2) Maskenfest. **sich mask'ieren,** sich verkleiden.
Maskoki, nordamerikan. Indianergruppe, zu
der u.a. die Creek zählen, bis auf einen Rest der
Seminolen jetzt in Oklahoma angesiedelt.
Mask'otte [frz.] die, Glücksbringer, Amulett.
M'askulinum [lat. »männl. Geschlecht«] das,
-s/...lina, männl. Hauptwort.
Masoch'ismus [nach dem österr. Schriftsteller
Sacher-Masoch], lustvolles Erleiden von Miß-
handlungen; eine geschlechtl. Perversion.
Masol'ino, italien. Maler, *1383, †1447.
Masora, Massora, hebr. »Überlieferung« die,
die von jüd. Gelehrten, den
Masoreten, verfaßten textkritischen Bemerkungen
zum hebräischen Text des A.T.
Mas'owien, fruchtbare Landschaft an Weich-
sel und Bug, mit Warschau und Plozk.
Massachusetts [mæsətʃ'u:səts], Abk. **Mass.,**
einer der Neuengland-Staaten der USA, 21386
km², 5,6 Mill. Ew.; Hauptstadt: Boston. Werk-
zeug-, Maschinen-, Textil-, Leder- u.a. Ind.;
Fischerei. – M. war Mittelpunkt des puritan. Neu-
englands. ⊕ S. 526.
Mass'ada, vorchristl. Felsenfestung im W des
Toten Meeres, Israel, von den Juden gegen die
Römer verteidigt, dann vor diesen im 1.Jahrh.
erobert und ausgebaut; seit 1963/64 erforscht.
Massage [mas'aːʒ, frz.] die, ⨎ Körperbehand-
lung durch Streichen, Reiben, Kneten, Klopfen
mit der Hand, mit Geräten; beschleunigt den Blutumlauf und die Fortschaffung krankhafter Stoffe.
Massag'eten Mz., antikes Nomadenvolk iran.
Stammes, zwischen Kasp. Meer und Aralsee.
Massai, →Masai.
Mass'aker [frz.] das, Gemetzel, Blutbad. **mas-
sakr'ieren,** niedermetzeln.
Maßanalyse, ⚛ die Ermittlung der Menge eines gelösten Stoffes durch Zusetzen einer genau
bekannten Lösung eines anderen Stoffes (**Titrie-
ren),** bis der zu untersuchende Stoff völlig umgesetzt ist. Dieser Zeitpunkt wird durch Farbände-
rung oder elektrochemisch angezeigt.
Mass'aua, Haupthafen von Eritrea, 20000 Ew.;
einer der heißesten Orte der Erde.
Masse die, **1)** die Menge des Stoffes, aus dem
ein Körper besteht; die physikal. Ursache seines
Gewichtes und seines Widerstandes gegen jede
Bewegungsänderung. **2)** Soziologie: eine Vielzahl
von Menschen, die im Unterschied zur Gemeinschaft kein Ordnungsgesetz in sich trägt, wohl
aber einheitl. Gefühle und Willensantriebe entwickeln kann. Der Mensch in der M. verliert sehr
oft an Urteilsfähigkeit, Besonnenheit, Haltung;
Massenhandeln kann großmütig und heroisch,
aber auch reizbar, triebhaft und feige sein. Infolge

Massada

581

Maßei

Maße und Gewichte des metrischen Systems

Längenmaße
Kilometer	1 km	= 1000 m
Meter	1 m	= 10 dm
Dezimeter	1 dm	= 10 cm
Zentimeter	1 cm	= 10 mm
Millimeter	1 mm	= 1000 μm
Mikrometer	1 μm	= 1000 nm
		(Nanometer)

Flächenmaße
Quadratkilometer	1 km²	= 100 ha
Hektar	1 ha	= 100 a
Ar	1 a	= 100 m²
Quadratmeter	1 m²	= 100 dm²
Quadratdezimeter	1 dm²	= 100 cm²
Quadratzentimeter	1 cm²	= 100 mm²
		(Quadratmillimeter)

Raummaße
Kubikmeter	1 m³ (cbm)	= 1000 dm³
Kubikdezimeter (Liter)	1 dm³	= 1000 cm³
Kubikzentimeter	1 cm³ (ccm)	= 1000 mm³
		(Kubikmillimeter)

Hohlmaße
Hektoliter	1 hl	= 100 l
Liter	1 l	= 10 dl
Deziliter	1 dl	= 10 cl
Zentiliter	1 cl	= 10 ml
		(Milliliter)

Gewichte
Tonne	1 t	= 1000 kg
Doppelzentner	1 dz	= 100 kg
Kilogramm	1 kg	= 1000 g
Gramm	1 g	= 1000 mg
		(Milligramm)

Englische und amerikanische Maße und Gewichte

Längenmaße
Mile	= 1760 Yards		1,609 km
Yard	= 3 Feet		91,440 cm
Foot	= 12 Inches		30,480 cm
Inch	= 10 Lines		2,540 cm

Flächenmaße
Square Mile	= 3097600 Sq. Yards	2,59	km²
Square Yard	= 9 Square Feet	0,836	m²
Square Foot	= 144 Square Inches	0,093	m²
Square Inch	= 100 Square Lines	6,451	cm²
Acre	= 4 rood	0,405	ha

Raummaße
Cubic Yard	= 27 Cubic Feet	0,765	m³
Cubic Foot	= 1728 Cubic Inches	0,028	m³
Cubic Inch	= 1000 Cubic Lines	16,387	cm³

Hohlmaße
Flüssigkeitsmaße Gr. Brit. / USA

1 gill		0,142 / 0,118 l
1 pint = 4 gills		0,568 / 0,473 l
1 quart (qt) = 2 pints		1,136 / 0,946 l
1 gallon (gal) = 4 qt		4,546 / 3,787 l

1 barrel (bbl) = 31¹/₂ gal	119,2 l
1 barrel Erdöl = 42 gal	158,8 l

Trockenhohlmaße Gr. Brit. / USA

1 pint	0,568 / 0,56 l
1 quart (qt) = 2 pints	1,136 / 1,12 l
1 peck (pk) = 8 qt	9,092 / 8,81 l
1 bushel (bu) = 4 pk	36,37 / 35,24 l
1 quarter = 8 bu	2,91 hl
1 barrel (bbl)	163,7 / 119,2 l

Gewichte
a) Handelsgewichte (Avoirdupois):

Pound	= 16 Ounces	0,454 kg
Ounce	= 48 Scruples	28,35 g
Scruple	= 10 Grains	0,591 g
Ton	= 20 Centweights	1016,048 kg

b) Troygewichte:

Troy Pound	= 12 Troy Ounces	0,373 kg
Troy Ounces	= 20 Pennyweights	31,104 g
Pennyweight	= 24 Troy Grains	1,555 g

Physikalische Maßeinheiten (Auswahl)

Zeit	1 h	= 60 min = 3600 s
Druck	1 at	= 1 kp/cm²
Arbeit	1 mkp	= 9,81 Wattsekunden
Wärmemenge	1 kcal	= 1000 cal
Leistung	1 mkp/s	= 9,81 Watt

Schwingungszahl	1 Hertz	= 1 Schwingung/s
Wellenlänge	1 nm	= $^1/_{1000000}$ mm
Lichtstärke	1 NK	= 1,1 HK

Weitere Einheiten →Elektrizität.

---

großer Beeinflußbarkeit kommt es leicht zu seel. »Ansteckung« (**M.-Psychose, M.-Suggestion**).

Maßeinheiten, Vergleichsgrößen zur Bestimmung des Zahlenwerts einer physikal. Größe gleicher Art durch Messung. Ursprünglich benutzte man Naturmaße wie Fuß, Elle, Steinwurf, Tagwerk, Morgen usw.; die Französ. Revolution(1789) schuf das metrische System, das im Laufe des 19. Jahrh. von fast allen Ländern eingeführt wurde; England und die USA haben es bisher nicht übernommen. Danach ist in allen Ländern der **Meterkonvention** das Meter Grundlage der Längenmessung. Für Massenmessungen (Wägung) führte das metr. System einheitl. das Kilogramm (Gramm), für Zeitmessungen die Sekunde ein. Die heutigen physikal. Maßsysteme leiten sich von diesen M. unter Hinzunahme weiterer (elektr. M., Temperatur-M.) ab.

Maßvorsätze zur Bezeichnung von Vielfachen und Teilen von M.:

T	Tera-	= 10^{12}	=	1 000 000 000 000
G	Giga-	= 10^9	=	1 000 000 000
M	Mega-	= 10^6	=	1 000 000
k	Kilo-	= 10^3	=	1 000
h	Hekto-	= 10^2	=	100
D	Deka-	= 10^1	=	10
d	Dezi-	= 10^{-1}	=	0,1
c	Centi-	= 10^{-2}	=	0,01
m	Milli-	= 10^{-3}	=	0,001
μ	Mikro-	= 10^{-6}	=	0,000 001
n	Nano-	= 10^{-9}	=	0,000 000 001
p	Piko-	= 10^{-12}	=	0,000 000 000 001

M'assel [hebr. »Sternbild«] der, Glück. Gegensatz: Schlamassel, Unglück.

Massel die, in Sandformen oder Kokillen gegossene Roheisenbarren (bis 1000 kg).

Massenanziehung, Gravitation, Anziehungskraft K zwischen zwei punktförmigen Massen m_1, m_2, gehorcht dem **Newtonschen Gravitations-Gesetz:** $K = f \cdot m_1 \cdot m_2/r^2$, wo r die Entfernung zwischen m_1 und m_2 und $f = 6,670 \cdot 10^{-8}$ dyn cm²/g² die **Gravitations-Konstante** ist. Die M. ist die Ursache des inneren Zusammenhalts der Sterne und der Sternsysteme sowie der Sternbewegungen. Die **Schwerkraft** ist ein Sonderfall der M. Nach der allgemeinen Relativitätstheorie wird die M. durch die Krümmung des Raumzeitkontinuums in der Nähe schwerer Massen hervorgerufen. Danach unterliegt jede bewegte Energie, also auch das Licht, der M.

Massedefekt, ⊗ die Abweichung des Isotopengewichts zusammengesetzter Atomkerne von der ganzzahligen Massenzahl, verursacht durch die Bindungsenergie der Kernbestandteile.

Massenet [masnˈɛ], Jules, französ. Komponist, *1842, †1912; Opern (»Manon«, »Werther«, »Don Quichotte«), Orchesterwerke, Lieder.

Massenmedien sind Presse, Film, Funk, Fernsehen, Tonband und Schallplatte.

Massenspektrogr'aph der, Gerät zur Bestimmung der Massenunterschiede von Isotopen, angegeben von Aston (1919).

Massenwirkungsgesetz, ↻ Grundgesetz der theoret. Chemie, wonach bei chem. Vorgängen die

Wirkung eines Stoffes seiner Konzentration verhältnisgleich ist.

Masseur [mas'œːr, frz.] der, einer, der →Massage ausübt, weiblich **Masseuse** [mas'øzə]. **mass'ieren**, kneten, Massage ausüben.

mass'iv [lat.], fest, derb; voll, gediegen (nicht hohl). **Mass'iv** das, Gebirgsstock, Massengebirge, Tiefengesteinsmasse.

Maßliebchen, Maßlieb das, →Gänseblume.

Maßmann, Hans Ferdinand, Germanist; Mitgründer des dt. Turnwesens, *1797, †1874.

Maßstab der, 1) ein Längenmeßgerät, z. B. Lineal, Gliedermaßstab, Stahlbandmaß u. a. 2) Kartographie: das Längenverhältnis von Karten gegenüber der Natur, in cm angegeben (z. B. 1 : 25 000 = 1 cm der Karte entspricht 25 000 cm in der Natur).

Maßwerk das, ⌂ Schmuckform der Gotik, aus geometr. Gebilden, bes. als Fensterfüllung.

M'assys [-sɛjs], Quentin, fläm. Maler, *1465/66, †1530, malte mit äußerster Verfeinerung, vor allem der Farben.

Mast der, 1) ♃ kräftiges Rundholz oder Metallrohr, an dem die Rahen oder Gaffeln mit den Segeln befestigt sind, →Segelschiff. 2) Leitungs-M. →Leitung.

Mast die, Fettfütterung von Schlachtvieh.

M'astaba die, altägypt. Grabbau.

Mastdarm, ein Teil des →Darms.

Master [m'aːstə, engl.], Meister; Lehrer. 1) engl. Anrede an junge Leute höherer Stände. 2) der Führer des Feldes im Jagdreiten. 3) **M. of Arts,** abgek. **M. A.,** »Lehrer der freien Künste«, →Magister Artium.

M'astiff der, engl. plumpe Dogge.

Mast'itis [grch.] die, ⚕ Entzündung der →Brustdrüsen.

M'astix [grch.] der, Harz einer Pistazienart, für Firnisse, Pflaster, Klebemittel.

M'astodon [grch.] das, vorweltl. Rüsseltier.

Masturbati'on [neulat.] die, →Onanie.

Mas'uren, Landschaft in Ostpreußen, wald- und seenreich, in der Seesker Höhe 303 m hoch. Die größten **Masurischen Seen** sind **Mauer-, Spirdingsee.** M. wurde durch den Dt. Orden, durch preuß. Herzöge und Könige meist mit Bauern aus Masowien besiedelt. Im 1. Weltkrieg Schlachten an den Masur. Seen. Seit 1945 unter poln. Verw.

Mas'urium, Ma, frühere Bezeichnung für Technetium.

Mas'urka, Mazurka die, poln. Tanz im Dreivierteltakt.

Matab'eleland, Landschaft in Rhodesien, Farm- und Bergbaugebiet.

Mat'adi, Seehafen in Zaïre, am unteren Kongo, 60 300 Ew., Beginn der Kongobahn; bedeutender Umschlagplatz.

Matad'or [span. »Töter«] der, Stierkämpfer, der dem Tier den Todesstoß gibt.

Mata Hari, eigentl. M. Zelle, Tänzerin, *1876, 1917 in Paris als dt. Spionin erschossen.

Matam'oros, Stadt in Mexiko, 162 700 Ew.

Mat'anzas, Stadt auf Kuba, 94 200 Ew.; Ausfuhr von Rohrzucker, Zuckerindustrie.

Mataré, Ewald, Bildhauer, *1887, †1965; schuf Tierbildwerke, später vor allem Arbeiten in kirchl. Auftrag (Bronzetüren der Dome in Köln und Salzburg). (FARBTAFEL Gebrauchsgraphik S. 349)

Match [mætʃ, engl.] der, Wettkampf.

M'ate der, zu Tee verwendetes Laub einer südamerikan. Stechpalme, koffeinärmer als Tee.

M'ater [lat.] die, 1) Mutter. **Mater dolor'osa** [lat. »schmerzensreiche Mutter«], die Mutter Jesu im Schmerz über die Leiden ihres Sohnes (→Pietà). 2) in der Drucktechnik Tafel aus Papierasbestmasse oder Kunststoff, als Gußform für den Drucksatz.

Materi'al [von lat. materia »Stoff«] das, -s/...lien, die Rohstoffe und Hilfsmittel für eine Arbeit oder einen bestimmten Zweck.

Materialisati'on [lat. »Stoffwerdung«] die, im Okkultismus die angebliche körperl. Erscheinung in Form einer nebelartigen Masse (Tele- oder Ektoplasma).

Material'ismus der, Weltsicht oder Haltung, für

die die →Materie der Grund alles Wirklichen ist; versucht das gesamte Weltgeschehen einschließlich des Lebens, der Seele und des Geistes als Wirkung des Stoffs und seiner Bewegungen zu erklären. Gegensatz: →Idealismus. In der Antike vertraten Leukipp, Demokrit, Epikur und Lukrez, in der Neuzeit Gassendi, Holbach, Feuerbach u. a. den M. – **Praktischer M.,** Lebensauffassung, die materielle Werte wie Genuß, Besitz den geistigen Werten vorzieht. – **Historischer M.,** die theoret. Grundlage des →Marxismus, von Marx und Engels entwickelt, indem sie die Hegelsche dialekt. Selbstbewegung des Geistes (→Hegel, →Dialektik) umkehrten in eine dialekt. Selbstbewegung der materiellen, d. h. ökonom. Verhältnisse. Danach ist die Geschichte ein Vorgang, der allein von den gesellschaftl. Produktionsverhältnissen gelenkt wird. Diese bestimmten das menschl. Bewußtsein. Alle geistige Kultur sei nur »Überbau« über den jeweiligen Produktionsverhältnissen. So erscheint die Geschichte in ihrem Kern als eine Geschichte von Klassenkämpfen. – **Dialektischer M.,** Abk. **Diamat,** der Ausbau des Histor. M. zu einem umfassenden System, bes. in Rußland durch Plechanow und Lenin. **material'istisch,** 1) vom Stofflichen ausgehend. 2) die sinnlich-stoffl. Werte bevorzugend.

Materi'alprüfung, →Werkstoffprüfung.

Mat'erie [lat. materia] die, 1) der Stoff, Inhalt. Gegensatz: Form. 2) der Gesamtheit dessen, was als chem. Elemente oder Verbindungen in der Natur anzutreffen ist. **materi'ell,** 1) auf die M. bezüglich, stofflich. 2) **m. Sorgen,** wirtschaftl. Sorgen, Nahrungssorgen. 3) am Irdischen hängend.

Mat'eriewellen, →Wellenmechanik.

Maternit'ät [von →Mater 1)] die, Mutterschaft.

Mathemat'ik [grch.] die, Wissenschaft von den Zahl- und Raumgrößen. Sie geht von einigen als richtig angenommenen, nicht beweisbaren Grundsätzen **(Axiomen)** aus und entwickelt daraus alle mathemat. Sätze. Die M. wird eingeteilt in die Wissenschaft von den Zahlen und Gleichungen **(Arithmetik und Algebra)** und in die der Flächen- und Raumgrößen **(Geometrie).** Zur höheren M. rechnet man Infinitesimalrechnung, höhere Algebra, Mengenlehre u. a. Für viele Wissenschaften und Techniken ist die **angewandte M.** die wichtigste Grundlage ihrer Methoden (Physik, Chemie, Astronomie, Vermessungskunde, Statistik, Versicherungslehre u. a.).

mathematische Logik, Logistik, die Lehre von den log., von inhaltl. Bedeutung unabhängigen Zusammenhängen, soweit sie, im Unterschied zur älteren formalen Logik, nicht nur Subjekt und Prädikat, sondern alle Elemente und Beziehungen log. Zusammenhänge durch Symbole darstellt.

mathematische Zeichen (Auswahl):

$+$	plus (und)	$\parallel$	parallel
$-$	minus (weniger)	$\perp$	senkrecht
$\cdot$	(oder $\times$) mal	$\not\subset$	Winkel
$:$	(oder $/$) geteilt durch	Σ	Summe
$=$	gleich	$\int$	Integral
$\equiv$	identisch	d	(oder ∂) Differential
$>$	größer als	e	$= 2{,}71828\ldots$
$<$	kleiner als	π	$= 3{,}14159\ldots$
$\sqrt[n]{}$	n-te Wurzel aus	i	$= \sqrt{-1}$
lg	Logarithmus	∞	unendlich

Captions (right margin):
Masuren: Niedersee

Mataré: Türgriff an der Kölner Domtür (Bronze)

583

Mauersegler

Maugham

a

b

Maulbeere,
a Blüte, b Frucht

Maulwurf

Maupassant

Math'ilde [aus ahd. maht »Kraft« und hiltja »Kampf«], älter **Mechthild**, weibl. Vorname. **Math'ilde, 1)** Gemahlin König Heinrichs I., Mutter Ottos d. Gr., †968; Heilige (Tag 14.3.). **2)** Markgräfin von Tuscien (Toskana), †1115; unterstützte die Päpste gegen die dt. Kaiser im Investiturstreit, setzte die röm. Kirche zum Erben ihrer Güter und Lehen ein.

M'athura, Mattra, Stadt in Uttar Pradesch, Indien, 125 000 Ew., Museum; gilt den Hindus als Geburtsort Krischnas. Baumwoll-, Papierind.

Matin'ee [frz., von matin »Morgen«] die, Morgenfeier, -veranstaltung.

Matisse [mat'is], Henri, französ. Maler, Graphiker und Bildhauer, *1869, †1954; Führer der Gruppe der →Fauves; entwickelte aus dem Impressionismus einen sehr dekorativen Flächenstil.

M'atjeshering [niederländ.] der, →Hering.

Matk'owsky, Adalbert, Schauspieler, *1857, †1909.

Mato Grosso [portug. »dichter Wald«], Binnenstaat Brasiliens mit trop. Pflanzenwuchs, 1,2 Mill. km², 1,5 Mill. Ew. (viele Indianer), Hauptstadt: Cuiabá; im S Viehzucht, im N Urwald.

Mätr'esse [von frz. Maître] die, Geliebte.

Matriarch'at [lat.-grch.] das, →Mutterrecht.

Matr'ikel [lat.] die, **1)** amtl. Verzeichnis von Personen oder Einkünften, auch der Reichsstände im alten Dt. Reich (**Reichs-M.**). **2)** Hochschule: Aufnahmeverzeichnis der Studenten.

Matrim'onium [lat.] das, Ehe.

Matr'ize [von Mater 2)] die, **1)** kupferne Gußform für Druckbuchstaben. **2)** Papierformen zum Abguß der Stereotype (→Stereotypie). **3)** Weichblei oder Wachsform für Galvanos (→Galvanotechnik). **4)** unterer Teil der Stahlform beim Gesenkschmieden, Prägen, Stanzen.

Matr'one [lat.] die, ehrbare ältere Frau.

Matr'ose [niederländ.] der, Seemann; in der Kriegsmarine der einfache Soldat.

Matsujama, Stadt auf der Insel Schikoku, Japan, 303 000 Ew.; Daimyo-Schloß und Park, der als Muster japan. Gartenkunst gilt.

Matsumoto, Stadt auf der Insel Honschu, Japan, 157 000 Ew.; Seidenraupenzucht.

matt [arab. »tot«], **1)** schwach, müde. **2)** nicht glänzend. **schachmatt** [der König ist tot], Schachspiel: der König kann keinen Zug mehr.

Matte die, **1)** Alpenwiese. **2)** Geflecht oder Gewebe aus Fasern, Draht u. a. **3)** geronnene Milch.

Matte'otti, Giacomo, italien. Politiker, *1885, † (ermordet) 1924; führender Sozialist.

Matterhorn, steile Felspyramide der Walliser Alpen, an der schweizer.-italien. Grenze, 4478 m hoch. (BILD Alpen)

Matth'äus, Apostel (Tag 21.9.), Verfasser des M.-Evangeliums; Sinnbild: Engel. **Matthäi am letzten**, am Ende.

Matth'ias, Apostel (Tag 14.5.) Jesu, an Judas Ischariots Stelle berufen; männl. Vorname.

Matth'ias, 1) M., röm.-dt. Kaiser (1612-19), Bruder Rudolfs II., suchte vergebens zwischen Protestanten und Katholiken zu vermitteln. **2)** M. Corvinus, König von Ungarn (1458-90), Sohn des Johann Hunyadi, erwarb 1479 Schlesien, Mähren und die Lausitz, eroberte 1485 Wien; zog Gelehrte und Künstler an seinen Hof und gründete die Univ. von Preßburg.

M'atthisson, Friedrich v., Lyriker, *1761, †1831; wohllautend-gefühlvolle Naturgedichte.

matt'ieren, ☉ **1)** Metall-, Glaswaren eine matte Oberfläche durch Sand oder Säuren verschaffen. **2)** Möbel tiefmatten Glanz geben.

Mattscheibe, eine Mattglasscheibe in photograph. Apparaten zum Sichtbarmachen reeller opt. Bilder.

Mat'ura [lat.] die, **Mat'urum** das, →Reifeprüfung.

Matut'in [lat.] die, kath. Kirche: Frühmesse.

Matze [von hebr. mazzoth] die, **Matzen** der, das ungesäuerte Passahgebäck der Juden.

Mauerfraß der, Zerstörung des Mauerwerks

Matisse:
Figur vor
ornamenta-
lem Hinter-
grund (1908)

durch salpetersaure Salze, die sich meist als weißer Beschlag oder schmutziger Überzug bilden.

Mauerpfeffer, ⚘ eine Fetthennenart.

Mauersee, einer der größten Masur. Seen, 104 km², bis 40 m tief; Abfluß die Angerapp.

Mauersegler, schwalbenähnl. Seglervogel (»Turmschwalbe«) mit Klammerfüßen, vorzügl. Flieger, Zugvogel, Vertilger von Kerbtieren.

Maugham [mɔːm], William Somerset, engl. Erzähler, Dramatiker, *1874, †1965, Arzt; Romane (»Der bunte Schleier«), gesellschaftskrit. Lustspiele.

Mauke die, Hautkrankheit am Fuß der Pferde und Rinder.

Maulbeerbaum, Bäume, deren Blätter die beste Nahrung für Seidenraupen liefern; die Beeren dienen als Obst: der **Weiße M.**, aus China, in Europa bis S-Schweden angebaut, mit weißen Früchten. Der **Schwarze M.** hat dickere Blätter, schwarze Früchte.

M'aulbertsch, Maulpertsch, Franz Anton, Maler. *1724, †1796, bedeutender Barockmeister: Fresken, Tafelbilder.

Maulbr'onn, Stadt im Kr. Vaihingen, Baden-Württ., 3500 Ew.; besterhaltene mittelalterl. Klosteranlage Dtl.s; jetzt evangel.-theolog. Seminar.

Maulbrüter, ⚕ Fische (Buntbarsche), die ihre Eier im Maul ausbrüten.

Maulesel [ahd. mul aus lat. mulus], Kreuzung von Pferdehengst und Eselstute; **Maultier**, Kreuzung von Eselhengst und Pferdestute, pferdeähnlich, größer und stärker als M.; nur beschränkt fortpflanzungsfähig; bes. am Mittelmeer gezüchtet, gutes Last- und Zugtier auf schwierigen Pfaden.

Maul- und Klauenseuche, seuchenartig auftretende, ansteckende Viruskrankheit des Klauenviehs (Wiederkäuer, Schweine); anzeigepflichtig. Kennzeichen: fieberhafter Bläschenausschlag, Geschwüre im Maul, an den Klauen, am Euter. Die M.- und K. ist durch Berührung und den Genuß ungekochter Milch auch auf Menschen übertragbar. Gegenmittel: Impfung mit einem Heilserum.

Maulwurf [mhd. moltwerf »Erdaufwerfer«] der, -s/...würfe, im Boden wühlender Insektenvertilger mit dunklem Samtfell, Rüsselschnauze, Grabfüßen und rückgebildeten Augen.

Mau-Mau, Geheimorganisation der Bantu in Kenia, mit der die Erhebung gegen die Weißen begann. Sie trat zuerst 1948 in Erscheinung unter den Kikuyus. Die militär. Operationen der Engländer dauerten bis Nov. 1956.

M'auna K'ea und **M'auna L'oa**, Vulkane auf der Insel Hawaii, 4208 und 4170 m hoch.

Maupassant [mopas'ã], Guy de, französ. Erzähler, *1850, †1893; schildert in seinen meisterl. Novellen das Alltägliche, Gewöhnliche, Erotische; Romane (»Bel ami« u. a.).

Mauren, 1) die berber.-arab. Mischbevölkerung der Atlasländer. **2)** in Spanien: Araber.

Maurer, Jon Gheorge, rumän. Politiker (Kommunist), *1902, 1958-61 Staatspräs., seit 1961 MinPräs.

Mauret'anien, 1) im Altertum: NW-Afrika.

2) amtl. **Islamische Republik M.,** Rep. in W-Afrika, 1 030 700 km², 1,1 Mill. Ew. (meist Mauren, Neger); Hauptstadt: Nouakchott; Amtssprache: Französisch. Präsidialverfassung. Staatsreligion: Islam. – Meist abflußlose Wüste; im S Anbau von Getreide im Schwemmland am Senegal; Viehzucht. 🜨 auf Eisen, Kupfer. Ausfuhr: Eisenerz, Fischereierzeugnisse. See- und Flughäfen: Nouakchott, Port Etienne. – Ehem. Gebiet von Französ.-Westafrika, 1960 unabhängig. Staatspräs.: M. Ould Daddah (seit 1961). ⊕ S. 514, ⊟ S. 346.

Mauriac [mori'ak], François, französ. Schriftsteller, *1885, †1970; Romane auf der Grundlage kath. Ethik, vom Bösen und seinen Zerstörungen (»Natterngezücht«, »Die schwarzen Engel«); Biographie »Ch. de Gaulle« (1964); Nobelpreis 1952.

Maur'iner, französ. Benediktinerorden, 1618 gegr.; um die Geschichtswissenschaft verdient.

Maurische Kunst, →Islamische Kunst, →Spanische Kunst.

Maur'itius, vulkan. Insel der Maskarenen, im Ind. Ozean, Land des Commonwealth, umfaßt mit der Insel Rodrigues rd. 1970 km², 803 000 Ew.; Hauptstadt und -hafen: Port Louis; Amtssprache: Englisch. Staatsoberhaupt die brit. Krone, vertreten durch GenGouv. Klima tropisch. Die Bevölkerung (Inder, Chinesen, Weiße, Kreolen u. a. Mischlinge) nimmt stark zu. Religion: Hindus, Katholiken, Muslime. Zuckeranbau und -ausfuhr. – 1598 niederländisch, 1715 französisch, 1810 britisch, 1968 unabhängig. MinPräs.: Sir S. Ramgoolam (seit 1968). ⊕ S. 514, ⊟ S. 346.

Maur'itius, Anführer der →Thebäischen Legion; Schutzheiliger der Infanterie (22. 9.).

Maurois [morw'a], André, eigentl. Emile Herzog, französ. Schriftsteller,*1885, †1967; Dichterbiographien, Romane, Studien.

Maurras [mor'as], Charles, französ. Politiker und Schriftsteller, *1868, †1952, Gründer der →Action Française; 1944 als Kollaborateur verurteilt; schrieb Gedichte, Erzählungen.

Maus die, Nagetierfamilie mit etwa 300 Arten; viele M. werden durch starke Vermehrung und große Gefräßigkeit dem Menschen schädlich. Zu den M. gehören die →Hamster, die →Wühlmäuse und die eigentl. M.: Die **Haus-M.** ist mit Schwanz 18 cm lang und dunkelaschgrau gefärbt, lebt in menschl. Behausungen, fast über die ganze Erde verbreitet. Die **Weiße M.** (Albino) wird als Versuchstier gezüchtet. Die bräunlichgraue **Wald-M.** lebt in Wäldern, die rostbraune **Brand-M.** ist ein Feldschädling. Die **Zwerg-M.** (13 cm lang) baut ihr Nest frei zwischen Pflanzenteile. Zu den eigentl. M. gehören auch die →Ratten.

Mauscheln das, Kartenglücksspiel.

Mäuschen, Musikantenknochen, Stelle am Ellbogengelenk, wo der Ellennerv dicht unter der Haut auf dem Knochen liegt.

Mäusedorn der, stachlige, halbstrauchige Liliengewächse der Mittelmeerländer; auf blattförmigen, immergrünen Flachsprossen stehen in der Achsel eines Blättchens zweihäusige Blüten.

Mauser, Mauserung die, Federwechsel der Vögel, meist im Frühjahr und Herbst.

Mauretanien: Nouakchott

Mausergewehr [nach den Erfindern, den Brüdern Mauser], nach 1871 im dt. Heer eingeführtes, später verbessertes Gewehr (Gewehr M 98). **M.-Pistole,** eine Selbstladepistole.

Mäuseturm, Turm auf einer Felseninsel im Rhein bei Bingen, in den sich nach der Sage Erzbischof Hatto II. von Mainz geflüchtet haben soll vor Mäusen, die ihn zur Strafe für seine Hartherzigkeit gegen die Armen auffraßen.

Mausol'eum [Grabbau des karischen Fürsten Mausolus, †352 v. Chr.] das, -s/...leen, prächtiger Grabbau.

Maut [german.] die, Zoll, Zollamt.

Mauthausen, Gem. in Oberösterreich, Konzentrationslager 1939-45.

mauve [mov, frz.], malvenfarbig.

Max, Kurzform für →Maximilian.

Max, Prinz von Baden, *1867, †1929; als letzter Reichskanzler der dt. Kaiserreichs verkündete er 1918 die Abdankung Wilhelms II. und übertrug Ebert das Reichskanzleramt.

Max'entius, Marcus Aurelius Valerius, röm. Kaiser (306-12), wurde von seinem Mitkaiser Konstantin an der Milvischen Brücke besiegt.

maxim'al...[lat.], das Größte, Äußerste, z. B. M.-Geschwindigkeit, Höchstgeschwindigkeit; Gegensatz: minim'al.

Max'ime [frz.] die, Grundsatz, Lebensregel.

Maximi'an, Mitkaiser (285-305) des röm. Kaisers Diokletian in der westl. Reichshälfte.

Maxim'ilian [aus lat. Maximus Aemilianus], Abk. **Max,** männl. Vorname.

Maxim'ilian, Fürsten: Röm.-dt. Kaiser. 1) M. I. (1493-1519), genannt »der letzte Ritter«, gewann durch seine Heirat mit Maria von Burgund (1477) die Niederlande und durch die Vermählung seines Sohnes Philipp mit der span. Erbtochter (1504) auch Spanien für die Habsburger, kämpfte erfolglos um Italien. 1495 verkündete er den Ewigen Landfrieden und setzte das Reichskammergericht ein. **2) M. II.** (1564-76), neigte zum Protestantismus, blieb aber äußerlich der kath. Kirche treu. **Bayern. 3) M. I.,** seit 1597 Herzog, 1623-51 Kurfürst, gründete 1609 die Kath. Liga, kämpfte im Dreißigjährigen Krieg neben den habsburg. Kaisern (Gegner Wallensteins), erwarb die Oberpfalz. **4) M. II.** Emanuel, Kurfürst (1679-1726), kämpfte gegen die Türken, verbündete sich im →Span. Erbfolgekrieg mit Ludwig XIV. von Frankreich. – **Mexiko. 5) M.,** Kaiser (1864-67, auf Betreiben Napoleons III.), Bruder des österr. Kaisers Franz Joseph, konnte sich gegen die Republikaner nicht durchsetzen; 1867 gefangengenommen und in Querétaro erschossen.

M'aximum [lat.] das, **1)** höchster Wert. Gegensatz: Minimum. **2)** Wetterkunde: Hochdruckgebiet.

Max-Planck-Gesellschaft zur Förderung der Wissenschaften, Vereinigung freier, vorwiegend naturwissenschaftl. Forschungsinstitute, die weder Staat noch Wirtschaft angehören; 1948 gegr., Sitz Göttingen. Nachfolgerin der Kaiser-Wilhelm-Gesellschaft.

Maxwell [m'ækswəl], James Clerk, engl. Physiker, *1831 †1879; fand die Gesetze der Elektrodynamik, erkannte, daß das Licht eine elektromagnet. Wellenbewegung ist.

May, 1) Ernst, Architekt, *1886, †1970; vorbildlich gewordene Siedlungen und städtebaul. Planungen. **2)** Karl, Erzähler, *1842, †1912; schrieb spannende Erzählungen, die meist unter den Indianerstämmen Nordamerikas (»Winnetou«) oder im Nahen Osten (»Von Bagdad nach Stambul«) spielen. **Karl-M.-Museum** in Bamberg.

M'aya Mz., sprachverwandte Indianerstämme in Mittelamerika, bes. Yucatán, etwa 1,3 Mill. – Zeugen von einst hochentwickelter Kultur sind ihre Tempel-, Palast-, Städtebauten (Chichén Itzá). 1524 von Cortez unterworfen. (BILD S. 586)

Maybach, Wilhelm, Ingenieur, *1846, †1929; erfand Vergaser, Wechselgetriebe, Kulissensteuerung, Wabenkühler u. a.

Mayen, Stadt in Rheinl.-Pf., in der Eifel, 20 700 Ew.; Basaltwerke, Zellstoff- u. a. Industrie.

Mäusedorn,
a Blüte, b Frucht
c männl.,
d weibl. Blüte

Maya: **Mayer, 1)** Hans, Literarhistoriker, *1907. **2)**
Chichén Itzá Julius Robert, Arzt, *1814, †1878, entdeckte das
Gesetz von der Erhaltung der Energie.

Mayflower [m'eiflauǝ], Name des Schiffs, auf
dem 1620 die ersten engl. Kolonisten **(Pilgerväter)**
nach Amerika (Massachusetts) fuhren.

Mayo-Klinik, eins der bedeutendsten Krankenhäuser der Welt, 1889 von W. W. Mayo und
seinen Söhnen in Rochester (USA) gegr., verfügt
über viele Abteilungen für diagnost. und thera-
peut. Verfahren. In Wiesbaden ist 1970 eine Kli-
nik nach dem Vorbild der M.-K. eröffnet worden.

Mayonnaise [-'ɛzǝ, frz.] die, Sauce aus Ei, Öl,
Zitronensaft oder Essig, Senf, Gewürzen.

Mayor [mɛǝ, engl.] der, England und Nord-
J. R. Mayer amerika: Bürgermeister. **Lord-M.,** →Lord.

Mayr, Peter, Tiroler Freiheitskämpfer, Waffengefährte Andreas Hofers, *1767, †1810.

Mazarin [mazar'ɛ̃], Jules, Kardinal, französ.
Staatsmann, *1602, †1661, Nachfolger →Riche-
lieus seit 1642 und leitender Min. während der
Minderjährigkeit Ludwigs XIV.

Mazed'onien, →Makedonien.

Mäz'en [nach →Maecenas] der, Freund und
Förderer der Kunst.

Maz'eppa, Iwan, *1652, † (Selbstmord) 1709;
seit 1687 ukrain. Kosakenführer unter Peter d. Gr.,
1708 Verbündeter Karls XII. von Schweden,
mußte nach dessen Niederlage fliehen.

Mazerati'on [lat.] die, Erweichen oder Ausziehen von organ. Geweben (Seidenkokon) oder
Drogen in Flüssigkeiten.

Mazz'ini, Giuseppe, italien. republikan. Freiheitskämpfer, *1805, †1872; gründete revolutionäre Geheimbünde.

Mbabane, Hauptstadt von Swasiland.

Mc, andere Schreibung für →Mac.

McCarthy [mǝk'ɑ:θi], Mary, amerikan.Schrift-
stellerin, *1912; Roman »Die Clique«.

McCloy [mǝkl'ɔi], John Jay, *1895; 1949-52
Hochkommissar der USA in Dtl.

McGovern, George, amerikan.Politiker,*1922,
Kandidat der Demokraten für die Wahl des Präsidenten der Verein. Staaten 1972.

McKinley [mǝk'inli], William, nordamerikan.
Politiker, *1843, † (ermordet) 1901; 1897-1901

Mayo-Klinik, Rochester

Präsident der Verein. Staaten (Republikaner).

McKinley, Mount M. [mǝk'inli], höchster
Berg Nordamerikas (6193 m), in Alaska.

McNamara [m'æknǝmærǝ], Robert Strange,
amerikan. Politiker,*1916; 1960-68 Verteidigungsmin. der USA, seitdem Präs. der Weltbank.

MdB, Abk. für Mitglied des Bundestags.

MdL, Abk. für Mitglied des Landtags.

MdR, Abk. für Mitglied des Reichstags.

m'ea c'ulpa [lat. »durch meine Schuld«],
Schuldbekenntnis im →Confiteor.

Mead [mi:d], **1)** George Herbert, amerikan.
Philosoph, *1863, †1931, Pragmatist. **2)** Margaret, amerikan. Völkerkundlerin, *1901.

Mech'anik [grch.] die, 1) ⊗ Wissenschaft vom
Gleichgewicht und von der Bewegung der Kör-
per. Erstere heißt auch **Statik,** letztere **Dynamik.**
Die M. der flüssigen Körper heißt **Hydro-M.,** die
der gasförmigen Körper **Aëro-M.** **mechanisch,**
zur M. gehörig, durch ihre Gesetze bestimmt; ma-
schinenmäßig, zwangsläufig; übertragen: gedan-
kenlos. **2)** ⊗ Teil des Maschinenbaues (Büromaschinen, Fahrräder), →Feinmechanik.

mech'anisches Wärmeäquivalent, ⊗ zahlenmäßige Beziehung zwischen Wärmemenge
(-energie) und mechanischer Energie (Arbeit):
1 kcal = 427 mkp (R. Mayer, 1842).

Mechanis'ierung die, der Ersatz von Handarbeit durch Maschinenarbeit.

Mechan'ismus [grch.] der, ⊙ die innere Einrichtung einer Maschine, ihr Triebwerk. **mecha-
nistisch,** Denkweise, die alles Geschehen auf einer
ursächlich bestimmten Bewegung stoffl. Massen
zurückführt. Gegensatz: organisch.

M'echeln, Stadt in Belgien, von mittelalterl.
Gepräge, an der Dyle, 65 500 Ew.; Webwarenind.
Sitz des Erzbischofprimas von Belgien.

Mechernich, Gem. im Kr. Schleiden,Nordrh.-
Westf., 13 100 Ew.

M'echow, Karl Benno v., Erzähler, *1897
†1960; Romane: »Das ländl. Jahr«, »Vorsommer«.

Mechtal, bis 1936 Miechowitz, Ind.-Gem. in
Oberschlesien, (1939) 16 900 Ew., Bergbau; seit
1945 unter poln. Verwaltung **(Miechowice).**

M'echthild, alte Form von →Mathilde.

Mechthild von Magdeburg, Nonne und Mystikerin, * um 1212, †1283.

Mecklenburg, geschichtliches dt. Land, an
der Ostsee zwischen Lübecker Bucht und Darß,
von der waldreichen **Mecklenburg.** Seenplatte
durchzogen (Müritz, Schweriner See u.a.). GE-
SCHICHTE. Mecklenburg, urspr. german. Siedlungsgebiet, wurde im 7.Jahrh. von Wenden
(Obotriten) besetzt. Seit der Unterwerfung durch
Heinrich den Löwen (12. Jahrh.) wurde das Land
völlig eingedeutscht. Seit 1701 bestanden die
Herzogtümer M.-Schwerin und M.-Strelitz; sie
wurden 1815 zu Großherzogtümern, 1918 zu Freistaaten. 1934 Vereinigung zu einem Land M., das
1945 um den W Vorpommerns vergrößert wurde.
1952 Aufteilung auf die neu geschaffenen Bezirke
Rostock, Schwerin, Neubrandenburg. (FARB-
TAFEL Deutschland, Landschaften S. 174)

Medaille [med'a:j, frz., gewöhnl. med'aljǝ] die,
Denk- oder Schaumünze. **Medaillon** [-aj'õ] das,
flache Kapsel für ein kleines Bildnis.

M'edan, indones. Stadt, auf Sumatra, 479 000
Ew., in einem Tabakanbaugebiet.

Med'ea, griech. Sage: Tochter des Königs von
Kolchis; entfloh mit Iason und dem Goldenen
Vlies. Von Iason verstoßen, tötete sie ihre Neben-
buhlerin Kreusa und die eigenen Kinder.

Medellín [medɛλ'in], Stadt in W-Kolumbien
868 500 Ew.; Univ.; Textil-, Tabakind., in der
Nähe Gold-, Platin-, Kupferbergbau.

M'edia [lat.] die, -/...ien, stimmhafter Verschlußlaut (b, d, g).

medi'al [lat.], die Mitte bildend, auch svw. mit
den Fähigkeiten eines Mediums begabt. **medi'an,**
in der Mittellinie gelegen.

Mediatis'ierte [neulat. »mittelbar gemachte«],
bes. die südd. Standesherren, Fürsten und Grafen, die 1801-03 ihr Staatsgebiet zugleich mit den

»säkularisierten« geistl. Fürstentümern verloren.

mediäv'al [lat.], mittelalterlich. **Mediäval** die, eine Art der Antiqua-Schrift.

Medici [m'editʃi], **Mediceer,** florentin. Herrscherhaus, wurde durch Bankgeschäfte sehr reich, übte seit 1434 die Stadtherrschaft über Florenz aus. **Cosimo der Alte** (1434-64) und **Lorenzo der Prächtige** (1469-92) förderten großzügig Kunst und Humanismus. 1532 wurden die M. Herzöge von Florenz, 1569 Großherzöge von Toskana. Zu ihnen gehören auch die Päpste →Leo X. und Klemens VII., die französ. Königinnen →Katharina und →Maria. 1737 erlosch das Geschlecht.

M'edien, im Altertum: der NW-Teil von Iran. Die Meder schufen 714 v. Chr. unter Kyaxares ein Reich, das 550 v. Chr. vom Perserkönig Kyros erobert wurde. Hauptstadt: Ekbatana.

Medikam'ent [lat.] das, Arzneimittel.

M'edikus, Medicus [lat.] der, Arzt.

Med'ina [arab. »Stadt«], Pilgerstadt im Hidschas, etwa 60000 Ew.; die zweite hl. Stadt der Muslime, mit dem Grab Mohammeds.

m'edio [lat.], in der Mitte.

Mediokrit'ät [lat.] die, Mittelmäßigkeit.

Medisance [medis'ãs, frz.] die, üble Nachrede.

Meditati'on [lat.] die, sinnende Betrachtung, Versenkung; im Mystik allen Zeiten der wichtigste Weg zur Erfassung des Absoluten. **medit'ieren,** tief nachdenken.

mediterr'an [lat.], mittelmeerisch.

M'edium [lat. »Mittel«] das, -s/...ien, 1) Mittel, Vermittelndes. 2) ⊗ Stoff, in dem sich ein Vorgang abspielt. 3) Kommunikations-, bes. Werbeträger, →Massenmedien. 4) Spiritismus: ein Mensch, der angebl. Wahrnehmungen aus der Geisterwelt vermitteln kann. 5) ⊚ rückbezügl. Form des Zeitworts in indogerman. Sprachen, im Altgriech. und Gotischen erhalten.

Mediz'in die, 1) **M., Heilkunde,** ärztl. Wissenschaft. Sie umfaßt: die Lehre vom Bau **(Anatomie)** und den Verrichtungen **(Physiologie)** des menschl. Körpers, von den durch die Krankheiten im Körper erzeugten Veränderungen **(Pathologie),** von der Gesunderhaltung des Körpers **(Hygiene),** von den Arzneimitteln **(Pharmakologie),** von der Behandlung der Krankheiten **(Therapie).** Nach der Art der Krankheiten unterscheidet man z. B. Chirurgie, Innere Medizin, Geburtshilfe, Gynäkologie, Psychiatrie, Augen-, Ohrenheilkunde usw.

GESCHICHTE. Die wissenschaftl. Grundlage der M. schuf Hippokrates im 5. Jahrh. v. Chr.; außer ihm galt im MA. Galen als medizin. Autorität. Die M. blühte im MA. bes. bei den Arabern. Auf prakt. Erfahrungen wollte im 16. Jahrh. Paracelsus die M. aufbauen. Seit dem 19. Jahrh. machte die M. als Wissenschaft große Fortschritte, bes. durch die Behorchung (→Auskultation), Beklopfung (→Perkussion), die keimtötende (antisept.) und keimfreie (asept.) Wundbehandlung, die Erforschung der →Bakterien und Viren (→Virus), die →Schutzimpfung, die Anwendung der →Röntgenstrahlen und des Radiums, die →Chemotherapie. 2) Arznei. **medizin'al,** auf die M. bezüglich.

Mediz'inball, Sportgerät zur Kräftigung der Rumpfmuskeln: ein Vollball von 30-35 cm Durchmesser und 2-5 kg Gewicht.

medizinisch-technische Assistentin, MTA, Gehilfin an Krankenanstalten, Gesundheitsämtern, in Arztpraxen u. ä., die praktisch-wissenschaftl., dem Arzt unterstützende Arbeiten verrichtet. Ausbildung in Lehranstalten für MTA (2 Jahre); staatl. Abschlußprüfung.

Mediz'inmann, bei Naturvölkern der Zauberer der Kranke behandelt, mitunter auch Priester ist.

Médoc [med'ɔk], Landschaft in SW-Frankreich, zwischen Gironde und atlant. Küste; bekannt durch →Bordeauxweine.

M'edresse, Medrese die, islam. Hochschule.

Med'usa, in der griech. Sage: weibl. Ungeheuer, eine der Gorgonen (→Gorgo); ihr Blick versteinerte den Betrachter.

Med'use die, Meerestier, →Qualle.

Meer das, zusammenhängende Wassermasse,

Medina

die 71% der Erdoberfläche (rund 360 Mill. km²) einnimmt und sich auf **drei Weltmeere,** Atlant., Ind., Stiller Ozean, verteilt. Von diesen gliedern sich noch Neben-M. ab. Die mittlere M.-Tiefe beträgt etwa 3800 m, die größte bekannte Tiefe im Stillen Ozean (11022 m), im Atlant. 9219 m, im Ind. 7500 m. **M.-Wasser** schmeckt salzig-bitter. Die verschiedenen **Meeresströmungen** entstehen im wesentl. im offenen Ozean als Winddriften durch gleichmäßig wehende Winde (→Passat, →Monsun), je nach der Herkunft warm (z. B. Golfstrom) oder kalt (z. B. Labradorstrom). Das entführte Wasser wird durch Ausgleichsströme an der Oberfläche und in der Tiefe ersetzt. Über die Schwankungen des Meeresspiegels →Gezeiten. Die Wissenschaft vom M. heißt **Meereskunde** oder **Ozeanographie.**

Meeralpen, südwestl. Zug der Alpen, grenzt ans Mittelmeer.

Meer'ane, Industriestadt im Bez. Karl-Marx-Stadt, 24400 Ew.; Textilien, Maschinenbau.

Lorenzo Medici

Meerbusch, Stadt in Nordrh.-Westf., 48000 Ew., 1970 gegründet.

Meerdrachen Mz., drachenförmige Rochenfische, z. B. Teufelsrochen im Mittelmeer.

Meeresleuchten, nächtl. Leuchten des Meerwassers, durch Leuchtlebewesen.

Meerkatzen Mz., afrikan. Affen, gesellig lebende Tiere, mit Backentaschen, Gesäßschwielen und langem Schwanz.

Meerkohl der, grünkohlähnl. Kreuzblüter, an europ. Küsten; Schößlinge sind Gemüse.

Meerrettich der, weißblütige Kreuzblüterstaude; Wurzel ist Küchengewürz.

Meerschweinchen

Meersburg, mittelalterl. Stadt in Baden-Württ., 4900 Ew., am N-Ufer des Bodensees; Weinbau; Fremdenverkehr.

Meerschaum, weiches, erdiges, gelblichweißes Mineral, ein wasserhaltiges Magnesiumsilicat; zu Pfeifenköpfen u. dgl. verwendet.

Meerschweinchen, aus Südamerika stammendes schwanzloses Nagetier; Versuchstier in der medizin. Forschung.

Meerssen, →Mersen.

Meerzwiebel die, weißblühendes, giftiges Liliengewächs in Südeuropa, Zimmerpflanze.

Meersburg: Obertor

Meisen, oben:
Tannenmeise,
Mitte: Hauben-
meise, unten:
Sumpfmeise

Meißel, a Flach-,
b Kreuz-,
c Stemmeißel

Golda Me'ir

Meeting [m'i:tiŋ, engl.] das, Versammlung, Treffen, Sportveranstaltung mit Wettkämpfen.

Mega... [grch.], groß, z.B. Megaph'on, Sprachrohr in Trichterform; Maßeinheit = 10⁶.

Megal'ith [grch.] der, große Steinblöcke, in vorgeschichtl. Zeit im Kreis oder in Reihen senkrecht aufgerichtet (Menhire) zu kult. Zwecken. **M.-Gräber**, →Hünengräber (BILD Dolmen).

Megaloman'ie [grch.] die, Größenwahn.

M'egara, Stadt in Mittelgriechenland, war im Altertum der Hauptort der dor. Landschaft Megaris und bis ins 6. Jahrh. v. Chr. eine der bedeutendsten Städte Griechenlands.

Meg'äre die, →Erinnye; böses Weib.

M'egaron [grch.] das, Hauptraum myken. Paläste.

Megath'erium das, **Riesenfaultier**, Gattung eiszeitl. Säugetiere Südamerikas.

Mehlbeere, Frucht vom M.-Baum, einer Eberesche, auch vom Weißdorn **(Mehlfäßchen)**.

Mehlmotte die, **Mehlzünsler** der, grauer Kleinschmetterling, dessen 1,5 cm lange Raupe das Mehl verunreinigt und verklumpt.

Mehlschwitze die, →Einbrenne.

Mehltau der, **Meltau**, Pflanzenkrankheit, bes. auf Blättern, besteht aus dem Fadengeflecht von Schlauchpilzen, den **M.-Pilzen**, das Saugfortsätze in die Oberhautzellen der Wirtspflanze sendet; häufig an Beeren und Blättern des Weinstocks, an Eichen, Rosen, Stachelbeeren u. a. Bekämpfung mit schwefelhaltigen Mitteln. Der »falsche M.« der Weinrebe →Peronospora.

Mehlwurm, Larve des **Mehlkäfers**, 2 cm lang; lebt in Mehl und Kleie; Vogelfutter.

Mehm'ed Ali, nach der Unterwerfung der oberen Nilländer (1820–22) erbl. türk. Statthalter, begründete das ägypt. Herrscherhaus.

Mehnert, Klaus, *1906, Publizist und polit. Historiker; »Der Sowjetmensch«, »Peking und Moskau«.

Mehrheit die, der größte Teil. Nach dem **Mehrheitsgrundsatz (Majoritätsprinzip)** gilt bei Abstimmungen der Wille der M. als Ausdruck der Gemeinwillens. Man unterscheidet: absolute M. (mehr als die Hälfte aller Stimmen), relative M. (mehr Stimmen als für jede der anderen Meinungen abgegeben), qualifizierte M. (z. B. ²/₃ oder ³/₄ der Stimmen), →Wahlrecht.

M'ehring, Walter, Schriftsteller, *1896.

Mehrphasenstrom, →Drehstrom.

Mehrwert, →Marxismus.

Mehrwertsteuer, Steuer auf die Wertschöpfung der Unternehmen, unter Abzug der Vorsteuer. Die M. wurde in der Bundesrep. Dtl. im Rahmen der Vereinheitlichung des Steuersystems in der EWG ab 1. 1. 1968 eingeführt; Steuersatz: zunächst 10%, seit 1. 7. 1968: 11% (manche Wirtschaftszweige werden nur mit 5,5% belastet).

Mehta, Zubin, ind. Dirigent, *1936.

Méhul [me'yl], Etienne, französ. Komponist, *1763, †1817; Opern in der Nachfolge Glucks.

Meier, Maier, Meyer [aus lat. m'ajor »der Größere«] der, 1) MA.: Vogt. 2) Verwalter eines M.-Hofs (Landguts). 3) Besitzer eines Bauern-(M.-)Guts. 4) in manchen Gegenden: Pächter.

Meier, John, Germanist und Volkskundler, *1864, †1953; Gründer des Volksliedarchivs in Freiburg.

Meierei die, Betrieb für Milchwirtschaft.

Meier Helmbrecht, erste dt. Dorfgeschichte in Versen, 13. Jahrh., von Wernher dem Gartenaere.

Meile [von lat. milia passuum, 1000 Schritte] die, ein Wegemaß: 1) 1 geograph. M. = 7420 m; 2) 1 dt. M. = 7500 m (etwa ¹/₁₅ Äquatorgrad); 3) 1 See-M. = 1852 m = ¹/₆₀ Äquatorgrad; 4) 1 engl. M. = 1609 m.

Meiler der, gleichmäßig geschichteter Holzstapel zur →Holzverkohlung.

Meinecke, Friedrich, Historiker, *1862, †1954; »Weltbürgertum und Nationalstaat« (1908), »Die Entstehung des Historismus« (1936), »Die dt. Katastrophe« (1946).

Meineid [ahd. »Falscheid«] der, Beschwören einer Aussage, deren Unrichtigkeit der Schwörende bewußt ist. Strafe: Zuchthaus, in leichten Fällen Gefängnis nicht unter 6 Monaten.

Meinerzh'agen, Stadt im Kr. Lüdenscheid, Nordrh.-Westf., 17 400 Ew., Metall-, Elektroind.

M'einingen, Stadt im Bez. Suhl, an der oberen Werra, 24900 Ew.; 1680–1918 Hauptstadt der Herzöge von Sachsen-M. Großen Ruf genoß das M. Hoftheater und dessen Schauspielertruppe, die **Meininger**.

M'einong, Alexius, Ritter von Handschuchsheim, österr. Philosoph, *1853, †1920.

Meinrad, Josef, Schauspieler, *Wien 1913.

Meinungsforschung, Demoskopie die, Erkundung der öffentl. Meinung in bezug auf polit., wirtschaftl. und soziale Fragen; bes. durch Befragen »repräsentativer« Bevölkerungsgruppen. In den USA entstand 1935 das Gallup-Institut, in Dtl. nach 1945 u. a. das Institut für Demoskopie in Allensbach, das Institut für M. (EMNID) in Bielefeld, DIVO in Frankfurt a. M.

Meinungsfreiheit, die Freiheit der Meinungsbildung und -äußerung, eines der wesentlichsten Grundrechte des Einzelnen, in der Bundesrep. Dtl. im Grundgesetz gewährleistet.

Me'ir, früher Myerson, Golda, israel. Politikerin, *1898 in Kiew; 1956–66 Außenmin., 1969 MinPräs. von Israel.

M'eiringen, Ort im schweizer. Kt. Bern, an der Aare, Kreuzung mehrerer Paßstraßen.

Meise die, Familie der Singvögel: Kohl-M., Blau-M., Sumpf- oder Nonnen-M., Weiden-M., Tannen-M., Hauben-M., Schwanz-M., Beutel-M. (FARBTAFEL Singvögel S. 872).

Meißel der, Werkzeug mit scharfer Schneide zur spanenden Formung; zur Holzbearbeitung →Stemmeisen, in der Bildhauerei **Grabstichel**.

Meißen, Kreisstadt im Bez. Dresden, an der Elbe, 46900 Ew.; Albrechtsburg, Frauenkirche (Porzellan-Glockenspiel), Dom. M. besitzt die ältesten Porzellanwerkstätten Europas **(Meißner Porzellan)**. – Die Burg M. wurde 929 von König Heinrich I. gegr., das **Bistum M.** 968 von Otto I.; Bischofssitz ist Bautzen.

Meißen: Albrechtsburg

Meißner, Berg südöstl. von Kassel, 749 m hoch. 1913 Proklamation der Freidt. Jugend.

Meißner, Otto, *1880, †1953; Leiter der Reichs- (später Präsidial-)Kanzlei 1920–45.

Meistbegünstigung, Vertragsklausel der internat. Handelspolitik: die Vertragspartner gewähren einander alle Vorteile, die sie dritten Ländern einräumen; meist gegenseitig.

Meister Bertram, →Bertram.

Meister des Marienlebens, Kölner Maler um 1430–80, genannt nach einem Marienaltar (7 Tafeln in München, 1 in London), malte auf klare, äußerst ruhige Art.

Meister Francke, →Francke.

Meistergesang, bürgerl. Lieddichtung des 14. bis 16. Jahrh.; sie setzte äußerlich den Minnesang fort. Die Dichtkunst wurde zum schulmäßig gelehrten Handwerk (»Singschulen« in Nürnberg, Worms, Mainz u. a.), wie ihre Träger (die **Meister-**

Mekka: Kaaba

singer) oft Handwerksmeister waren. Zunächst waren für den musikal. Vortrag nur die »Töne« der 12 Meister erlaubt, im jüngeren M. (Reform von Hans Folz, †1515) durfte man auch neue »Töne« komponieren. Bedeutendster Vertreter war Hans Sachs.

Meistermann, Georg, Maler, *1911; entwirft abstrakte Glasmalereien; Gemälde.

Meisterprüfung, Abschluß der dreistufigen Berufsausbildung im Handwerk u. a. Wirtschaftszweigen (Industrie, Landwirtschaft, Gärtnerei). Zugelassen sind Inhaber des Gesellenbriefs, Absolventen der industriellen Facharbeiterprüfung mit mehrjähr. Berufspraxis sowie Fachschüler unter best. Voraussetzungen. Die M. besteht aus prakt. und theoret. Abschnitten und der Anfertigung eines **Meisterstücks.** Als Beurkundung wird der **Meisterbrief** ausgestellt.

Meister von Flémalle, →Flémalle.

Meitner, Lise, Physikerin, *1878, †1968; früher Berlin, seit 1940 Stockholm; Mitarbeiterin von Otto →Hahn; Arbeiten über Radioaktivität, Höhenstrahlung sowie über die Methoden zur Gewinnung von Atomenergie.

M'ekka, Stadt in der Landschaft Hidschas, Saudi-Arabien, Geburtsort Mohammeds, daher der wichtigste muslim. Wallfahrtsort, rd. 250000 Ew.; mit dem Haupttheiligtum des Islams, der Kaaba. M. wird jährl. von etwa 300000 Pilgern besucht.

Meknès, Stadt in Marokko, 195000 Ew.; Moscheen, Sultanspalast; Handelsmittelpunkt.

Mekong der, größter Strom Hinterindiens, 4500 km lang, mündet ins Südchines. Meer.

Mélac, Ézéchiel Graf v., französ. General, †1709; verwüstete 1689 die Pfalz, u. a. Heidelberg.

Melanchol'ie [grch. »Schwarzgalligkeit«] die, **1)** eins der vier →Temperamente. **2)** ʃ Schwermut, Gefühl der Leistungsunfähigkeit, Grübelsucht, Entschlußunfähigkeit, bes. bei →manisch-melanchol. Krankheit, auch infolge trauriger Erlebnisse. **melanch'olisch,** schwermütig.

Mel'anchthon [grch. für Schwarzerd], Philipp, der »Lehrer Dtl.s«, *1497, †1560, der bedeutendste Mitarbeiter Luthers um die Reformation. Er machte sich um das Schulwesen sehr verdient. Wegen seiner Lehrabweichungen wurde er von den strengen Lutheranern angegriffen. Er verfaßte die →Augsburger Konfession.

Melan'esien, Inselwelt im südwestl. Stillen Ozean, umfaßt Neuguinea, Bismarck-Archipel, Salomon-, Santa-Cruz-Inseln, Neue Hebriden, Neukaledonien, Fidschi-Inseln und kleinere Inselgruppen, zus. rd. 960000 km², rd. 3,9 Mill. Ew.

Melan'esier, die Bevölkerung Melanesiens; negerähnlich, seßhafte Grabstockbauern, Jäger, Fischer.

Melange [mel'ãʒ, frz.] die, Mischung. **Café mélange,** Milchkaffee.

Melan'in [grch.] das, natürl. dunkler Farbstoff.

Mel'asse [frz.] die, bei der Zuckergewinnung zurückbleibender schwarzbrauner Sirup; als Viehfutter und zur Spiritusherstellung.

Melbourne [m'elbən], Hauptstadt und Hafen des austral. Staates Victoria, 2,3 Mill. Ew.; Univ., Museen, Sternwarte; bedeutende Industrie- und Handelsstadt Australiens. 1835 gegr.

M'elchior, einer der Hl. →Drei Könige.

Melchis'edek [hebr. »König der Gerechtigkeit«], Priesterkönig zur Zeit Abrahams.

Melde die, Gattung spinatähnl. Unkräuter, mit grünen Blüten; **Garten-M.** wird wie Spinat benutzt. (BILD Blatt)

Meitner

Meldepflicht. Jeder Wohnungswechsel ist binnen 1 Woche auf vorgeschriebenen Meldescheinen der örtl. Meldebehörde anzuzeigen. Meldepflichtig sind: 1) der Umziehende selbst; 2) der Hauseigentümer; 3) der Wohnungsinhaber (bei Untermietern). 4) Eine M. an die Gesundheitsamt besteht für den Arzt bei verschiedenen ansteckenden Krankheiten.

Meldorf, Kreisstadt in Schlesw.-Holst., 8000 Ew.; Dom (13. Jahrh.); Mühlenwerke, Holz-, Konservenindustrie.

Melib'okus der, →Malchen.

mel'iert [frz.], gesprenkelt.

Melilla [mel'iʎa], Hafenstadt an der Nordküste Marokkos, 87500 Ew.; Erzausfuhr.

Meliorati'on [lat.] die, Urbarmachen oder Verbesserung landwirtschaftl. Böden.

Mel'isse [grch.] die, Lippenblütergattung; die Blätter der weißblühenden **Zitronen-** oder **Garten-M.** geben Tee, M.-Öl, Karmelitergeist.

Melit'opol, Stadt in der Ukrain. SSR, 127000 Ew.; Getreidehandel, Eisengießereien.

Melk, Bezirksstadt in Niederösterreich, an der Donau, 6000 Ew.; Benediktinerabtei im Barockstil von Prandtauer (1702-36).

Melanchthon

Melk: Benediktinerabtei

Melkmaschine, Saugpumpe, die das Handmelken nachahmt und die Milch vom Euter der Kuh absaugt.

Mell, Max, österreich. Schriftsteller, *1882, †1971; schrieb christl.-legendäre Spiele, Gedichte.

Melod'ie [grch., ♪] die, Weise, einer in wechselnden Tonhöhen rhythmisch sich bewegende, in sich geschlossene, sangbare Tonfolge. **Mel'odik** die, Lehre oder Kunst der M. **mel'odisch** oder **melodi'ös,** wohlklingend.

Melodr'ama [grch.] das, Schauspiel oder Gedicht, begleitet von Musik, die Spiel und Wort ausdeutend untermalt oder unterbricht.

Mel'one [ital.] die, Kürbisgewächse: 1) Schwesterart der Gurke, mit saftreichen, süßen, würzigen Früchten. 2) **Wasser-M.,** Schwesterart der Koloquinte, mit glatten, grünen, saftreichen Früchten, in trocken-warmen Gegenden.

Mel'onenbaum, trop., den Fächerpalmen ähnelnde Baumgatt. mit melonenartigem Obst. Der Milchsaft der M. enthält das Enzym **Papain** (pflanzl. Pepsin), das Milch gerinnen läßt, Kochfleisch weich macht, magenstärkend wirkt.

M'elos, italien. **Milo,** 148 km² große, tiefgebuchtete griech. Kykladeninsel; heiße Quellen; Bergbau auf Schwefel, Mangan und Blei. Fundort der **Venus von Milo.**

Mel'ozzo da Forlì, italien. Maler, *1438, †1494; niederländisch beeinflußt; bedeutend durch seine

Melone

Melozzo da Forli: Segnender Christus

Kunst der Perspektive; Fresken in Rom, Loreto, Urbino.

Melp'omene, eine der →Musen.

M'elsungen, Kreisstadt in Hessen, an der Fulda, 9000 Ew.; Textil-, Katgut- u. a. Industrie.

Melville [m'elvil], Herman, nordamerikan. Erzähler, *1819, †1891; sein Werk (Seeroman »Moby Dick«) gilt als ein Höhepunkt der amerikan. Prosaliteratur.

Melville-Halbinsel, an der Küste N-Amerikas, führt zum Baffinland hinüber.

Melville-Insel [m'elvil-], Insel des arkt. N-Amerika, nördl. des Melvillesund, 42 700 km².

Membr'an [lat.] die, 1) am Rand eingespanntes Häutchen (Papier, Blech, Kunststoff, Leder) zu Druckfortpflanzung (Druckmesser), Schwingungserregung (Mikrophon, Lautsprecher, Trommel) und Transport bestimmter Stoffe (halbdurchlässige M.). 2) ⊕ die Wand der →Zelle. 3) ☜ ♩ dünne Häute, s. das Trommelfell.

Memel die, russ. **Njemen,** Fluß, entspringt südl. von Minsk, 879 km lang, mündet in s Kur. Haff.

Memel, litauisch **Kl'aipeda,** Stadt in der Litauischen SSR, 1924-39 Hauptstadt des →Memelgebietes, 140 000 Ew.; Umschlaghafen für Erdöl, Holz, Cellulose, Erz, Fische; Werften u. a. Ind. 1254 von Riga aus gegr., 1422-1919 preußisch.

Memelgebiet, der nördl. der Memel und der Ruß gelegene Teil Ostpreußens, 2417 km², (1939) 154 000 Ew.; wurde im Versailler Vertrag 1919 ohne Befragung der Bevölkerung an die Alliierten abgetreten. Nach dem Memelstatut von 1924 war das M. ein Gliedstaat Litauens. 1939 gab Litauen das M. vertraglich an Dtl. zurück. Im Winter 1944/45 wurde es vom Großteil der Bevölkerung geräumt; seitdem Teil der Litauischen SSR.

Mem'ento [lat. »gedenke«] das, Mahnruf, Denkzettel, auch der Beginn des Fürbittgebetes. **mem'ento m'ori,** gedenke des Todes.

M'emleben, Gem. im Bez. Halle, an der Unstrut, mit Resten einer Kaiserpfalz, in der Heinrich I. und Otto d. Gr. starben.

Memling, Hans, niederländ. Maler dt. Herkunft, *1430-40, †1494; malerisch feine, gefühlsinnige religiöse Bilder; einprägsame Bildnisse.

Memme, der, Feigling.

Memmingen, mittelalterl. Stadt in Bayern, am Rand des Allgäus, 35 500 Ew.; Textil-, Metall-, chem., elektrotechn. u. a. Industrie.

M'emnon, griech. Sage: Sohn der Eos, später Fürst der Äthiopier, von Achilles getötet. Auf ihn wurden die **M.-Säulen** beim ägypt. Theben, zwei Riesensteinbilder, zurückgeführt.

Memoiren [memw'arən, frz.] Mz., Lebenserinnerungen, Denkwürdigkeiten.

Memor'andum [lat.] das, 1) Denkschrift. 2) Merk-, Tagebuch.

Mem'oria [lat.] die, das Gedächtnis. **Memori'al** das, 1) Denk-, Bittschrift, Eingabe. 2) kaufmänn. Tagebuch. **memor'ieren,** auswendig lernen.

Memory Tube [m'eməri tju:b, engl.] die, Elektronenstrahlröhre mit »Erinnerungsvermögen«, die auf einer isolierenden Platte ein Ladungsbild bis zu mehreren Tagen konserviert.

M'emphis, 1) M., ägypt. **Menfe,** älteste Hauptstadt Ägyptens; Ruinenstätte mit Tempelresten, 1930/31 ausgegraben. **2) M.,** Stadt in Tennessee, USA, am Mississippi, 544 500 Ew.; Univ., Fahrzeug-, Maschinenbau, Holz- und Textilind.

Menage [men'a:ʒ, frz.] die, 1) ⚔ Truppenverpflegung. 2) Tischgestell mit Essig, Öl, Gewürz. 3) ⚔ Haushalt. **menag'ieren,** sich selbst verköstigen, Essen fassen; haushalten, mäßigen.

Menagerie [menaʒər'i:, frz.] die, 1) Tierschau. 2) Tiergarten.

M'enaikanal, engl. **Menai Strait,** Meerenge zwischen Wales und der Insel Anglesey, von 2 Brücken überspannt.

Menam, Hauptstrom von Thailand, 850 km.

Men'ander, griech. Lustspieldichter, *342, † 292 v. Chr.

Mencken, Henry Louis, amerikan. Kritiker, *1880, †1956; übte scharfe Kritik an der amerikan. Geisteskultur.

Mende, Erich, Politiker, *1916; Jurist, war 1960-68 Vors. der FDP, 1963-66 Vizekanzler und Min. für gesamtdt. Fragen.

Mendel die, italien. **La M'endola,** Paß südwestl. von Bozen, 1360 m.

Mendel, Gregor, Abt und Vererbungsforscher, *1822, †1884; fand bei Kreuzungsversuchen mit Erbsen und Bohnen Gesetze für die →Vererbung einfacher Merkmale, die **Mendelschen Gesetze,** deren Tragweite erst 1900 erkannt wurde.

Mendel'ejew, Dimitrij I., russ. Chemiker, *1834, †1907; stellte 1869 unabhängig von Lothar Meyer das →Periodische System der Elemente auf.

Mendel'evium, chem. Element. Zeichen **Md,** chem. Element der Ordnungszahl 101, Transuran.

M'endelsohn, Erich, Architekt, *1887, †1953; verband Sachlichkeit mit formenreich plastischer Durchgliederung des Baukörpers (Einsteinturm, Potsdam, 1920/21 u. a.).

M'endelssohn, 1) Moses, Philosoph, *1729, †1786; Freund Lessings, vertrat die Grundgedanken der Aufklärung (religiöse Toleranz, Deismus); Wegbereiter der Emanzipation der Juden. **2) M.-Bartholdy,** Felix, Komponist, Enkel von 1), *1809, †1847, auch bedeutender Klavierspieler und Dirigent; Wiedererwecker von Bachs Matthäuspassion; Gründer des Leipziger Konservatoriums; romant. Orchester-, Kammer-, Klaviermusik.

Menden, Stadt im RegBez. Arnsberg, Nordrh.-Westf., 30 100 Ew.; Metallindustrie.

Mendès-France [mãndɛsfr'ãs], Pierre, französ. Politiker, *1907; Rechtsanwalt, 1932-58 radikalsozialist. Abgeordneter; Juni 1954 bis Febr. 1955 MinPräs.

Mendik'ant [lat.] der, Bettelmönch.

Mendoza [mɛnd'osa], Hauptstadt der argentin. Prov. M., 109 200 Ew.; Wein-, Obstbau; in der Umgebung Erdölgewinnung.

Menel'aos, griech. Sage: König von Sparta, Bruder Agamemnons, Gemahl der Helena.

M'enelik, Menilek II., Kaiser von Äthiopien, (1889-1913), *1844, †1913.

Menet'ekel das, Warnungszeichen im Anschluß an Buch Daniel (5, 25), wo Belsazar durch eine Geisterschrift gewarnt wurde.

Menge die, △ Zusammenfassung von beliebigen, auch bloß gedachten Dingen (Elementen) zu einem Ganzen. Die **Mengenlehre** untersucht bes. die unendl. Mengen (z. B. alle ganzen Zahlen, alle Punkte einer Strecke).

Mengelberg, Willem, niederländ. Dirigent, Pianist und Komponist, *1871, †1951.

Mengh'in, Oswald, österr. Vorgeschichtsforscher, *1888; Prof. in Wien, seit 1945 in Argentinien; »Weltgeschichte der Steinzeit«.

Mengs, Anton Raphael, Maler, *1728, †1779; führender Vertreter des akadem. Klassizismus.

Meng-tse, chines. Philosoph, 4. Jahrh. v. Chr., bildete die Ethik des Konfuzius fort.

M'enhir [kelt.] der, bis 20 m hohe vorgeschichtl., roh behauene Steinsäule (→Megalith).

Mening'itis [grch.] die, **Gehirnhaut-Entzündung,** hervorgerufen durch Bakterien verschie-

Mendel

Mendelssohn-Bartholdy

Mengs: Selbstbildnis

denster Art, Zeichen: Kopfschmerzen, Nackensteifigkeit, hohes Fieber, Benommenheit, Erbrechen, Hirnnervenlähmungen. Früher fast immer tödlich, heute durch Anwendung von →Antibiotica meist heilbar. **M. tuberculosa,** →Tuberkulose. **M. epidemica,** die ansteckende Genickstarre, hervorgerufen durch Meningokokken; befällt meist Kinder und Jugendliche.

Men'iskus [grch. »Möndchen«] der, 1) zwei Knorpel im Kniegelenk. 2) ⊗ die gewölbte Oberflächenform einer Flüssigkeit in einer Röhre. 3) Optik: **Meniskenglas,** stark durchgebogenes Brillenglas, liefert auch für Randstrahlen deutliche Bilder.

M'ennige die, Pb_3O_4, gelb- bis scharlachrotes Blei(II, IV)-oxyd, Rostschutzmittel.

Mennon'iten, Taufgesinnte [nach dem Stifter Menno Simons, †1561], evang. Gemeinschaft, die Erwachsenentaufe, Eidverweigerung, Kampf für Toleranz fordert. Europ. Zentrum in den Niederlanden; größere Verbreitung in Nordamerika, bes. Kanada.

Menon, Krischna M., ind. Politiker, *1897; lebte seit 1924 in England, 1947 erster ind. Hochkommissar in London, 1952-63 Vertreter Indiens bei den Verein. Nationen, 1957-62 Verteidigungsminister.

Menop'ause die, die Zeit nach dem endgültigen Aufhören der →Menstruation.

Men'orca, zweitgrößte Insel der span. Balearen, 669 km², 47 400 Ew.; Landwirtschaft und Fischfang. Hauptstadt: Mahón.

Menorrhag'ie [grch.] die, zu starke Menstruationsblutung.

Men'otti, Gian-Carlo, italien. Opernkomponist, *1911, lebt in den USA; »Der Konsul«, »Die Heilige von der Bleecker Street«.

M'ensa [lat. »Tisch«] die, 1) Platte des Altars. 2) **M. academica,** Studentenspeiseraum.

Mensch der, lat. **h'omo,** griech. **'anthropos,** das höchstentwickelte Lebewesen der Erde. Durch Glauben (Mythos, Religion), Gewissen (Sittlichkeit, Recht), schöpfer. Formgebung (Kunst) und abstraktes Denken (Wissenschaft), das an die Sprache geknüpft ist und durch sie mitteilbar wird, vermag der M. die Welt zu gestalten, während das Tier viel stärker von angeborenen Trieben und arteigenem Instinktverhalten geleitet wird. Zum Körperbau des M.: FARBTAFELN Mensch I, II S. 693/694.

Nach der →Abstammungslehre gehört der M. als oberste Stufe des Tierreichs zur Klasse der Säugetiere; er unterscheidet sich jedoch von allen Tieren durch die besondere Entwicklung des Gehirns, den aufrechten Gang, die hochentwickelte Greiffähigkeit der Hände, den Besitz einer reich gegliederten Sprache und den Gebrauch von Feuer. Die →Anthropologie beschäftigt sich mit den menschl. →Konstitutionen und den Menschenrassen.

Die stammesgeschichtl. Entwicklung des M. aus primitiven vormenschl. Formen ist durch Funde, bes. in Transvaal, nachgewiesen. Skelettreste früher Formen des ersten M. aus der Eiszeit wurden gefunden in Java (Pithecanthropus), in China (Sinanthropus = Peking-M.), in Ostafrika am Eyasi-See (Africanthropus) und in Europa (Heidelberg-M.). Der →Neandertaler stellt eine Sonderentwicklung dar. Der heutige M. **(Homo sapiens)** wanderte vermutlich gegen Ende der Eiszeit von Osten her in Europa ein.

Menschenaffen, Familie der Altweltaffen; gesellig lebende Tiere, geschickte Kletterer, die kurze Zeit aufrecht gehen können. Der Körper ist stark behaart, die Arme sind länger als die Beine; der Daumen ist rückgebildet, der Fuß ist Greiforgan. Die Augen sind nach vorne gerichtet, die Stirn ist fliehend und hat starke Augenbrauenwülste; das Kinn springt schnauzenartig vor. Die Menschenähnlichkeit ist auch im Verhalten ausgeprägt, rein äußerlich bei Jungtieren am größten. Arten: →Gorilla, →Orang-Utan, →Schimpanse.

Menschenopfer, früher bei Naturvölkern die kultische Opferung von Menschen.

Menschenrassen, natürl. systemat. Unter-

gruppen der Menschen, →Rasse mit TAFELN Rassen der Menschheit I, II.

Menschenraub, die Überwältigung eines Menschen durch List, Drohung oder Gewalt, um ihn in hilfloser Lage auszusetzen oder in auswärt. Kriegs- oder Schiffsdienst oder in Sklaverei zu bringen (→Verschleppung); wird in der Bundesrep. Dtl. nach § 234 StGB. mit Freiheitsstrafe nicht unter einem Jahr bestraft.

Menschenrechte, angeborene, unveräußerl. und unantastbare Rechte und Freiheiten des Einzelnen gegenüber staatl. Eingriff; sie werden in den modernen Verfassungen als →Grundrechte gewährleistet. Der Schutz der Menschenrechte ist ein Ziel der →Vereinten Nationen; die von ihnen 1948 beschlossene »Allgemeine Deklaration der M.« enthält rechtl. nicht verbindl. Empfehlungen; die Umwandlung in ein internat. Abkommen ist noch nicht erreicht. Dagegen haben die Mitgl. des →Europarats 1950 die **Europäische Konvention der M.** abgeschlossen; 1959 wurde der **Europäische Gerichtshof für Menschenrechte** gebildet.

Menschensohn, Selbstbezeichnung Jesu in den 3 ersten Evangelien.

Menschew'iki [russ.] Mz., →Bolschewismus.

M'enschikow, Alexander D., Fürst (seit 1705), russ. Staatsmann und Feldherr unter Peter d. Gr. und Katharina I., *1672, †1729.

Mens s'ana in c'orpore s'ano (sit) [lat.], ein gesunder Geist (möge) in einem gesunden Körper (wohnen) (Juvenal »Satiren«).

Menstruati'on [lat.] die, **Periode, Regel, Unwohlsein,** die bei der geschlechtsreifen Frau in etwa 28tägigen Abständen erfolgende Blutung aus der Gebärmutter. Sie zeigt den Tod einer unbefruchtet gebliebenen Eizelle an und geht mit einer Abstoßung der für die Schwangerschaft vorbereiteten Gebärmutterschleimhaut einher.

Mens'ur [lat. »Maß«] die, 1) Fechtkunst: der Abstand der beiden Gegner. 2) Studentspr.: der Zweikampf mit blanker Waffe (Schläger). 3) ♪ bei Musikinstrumenten das Maßverhältnis des Tonkörpers. 4) Meßzylinder für Flüssigkeiten.

Mensur'alnotenschrift, Mensuralnotation, die Notenschrift des 13.-16. Jahrh.

ment'al [lat.], den Geist angehend, gedanklich. **Mentalität** die, Geistesrichtung, Denkungsart.

Ment'alreservation [lat.] die, →Gedankenvorbehalt.

Menth'ol das, kühlender, schmerzstillender, entzündungswidriger Bestandteil des Pfefferminzöls; zu Mundwassern, Schnupfenpulvern u. a.

Menton [mãt'ō], italien. **Ment'one,** Stadt und Kurort in Südfrankreich, bei Monaco, 25 300 Ew.

M'entor, 1) griech. Sage: der Vertraute des Odysseus und Erzieher des Telemach. 2) M. der, Lehrer, Berater.

Men'ü [frz.] das, Speisenfolge, Speisekarte.

Menu'ett das, 1) alter franzöz. Tanz im Dreivierteltakt. 2) ♪ Satz einer Suite, Sonate, Sinfonie, aus Hauptteil und Trio bestehend.

Menuh'in, Yehudi, amerikan. Geiger, *1916.

Menzel, Adolph v., Maler und Zeichner, *1815, †1905. Hauptwerke: Tafelrunde in Sanssouci,

Menzel:
Tafelrunde

Flötenkonzert, Eisenwalzwerk; Holzschnitte zu Geschichte Friedrichs d. Gr., Lithographien.

Mephist'opheles, Meph'isto, Name des Teufels in Goethes »Faust«.

Meppen, Stadt in Ndsachs., am Dortmund-Ems-Kanal, 17 900 Ew.; Viehmärkte; Industrie.

Mer'an, italien. **Mer'ano,** Stadt in Südtirol, an der Etsch, 33 800 Ew.; alte Schlösser, z.B. Schloß Tirol; Herbst- und Winterkurort (Wintersportgebiet »Meran 2000«); Wein- und Obstbau.

Mercapt'ane, -O organ., Schwefel enthaltende Alkohole von intensivem, widerlichem Geruch.

Merc'ator, eigentl. **Kremer,** Gerhard, Geograph, Kartograph, *1512, †1594; wendete zuerst die winkeltreue **M.-Projektion** für Seekarten an. 1595 erschien als sein Hauptwerk der erste Atlas.

Merc'edes-Benz, →Daimler.

Merck, Johann H., Schriftsteller, *1741, †1791; hervorragender Kritiker, Freund Goethes.

Meredith [m'erediθ], George, engl. Schriftsteller, *1828, †1909; psychologische, ironisch-satir. Romane (»Der Egoist«).

Mereschk'owski, Dmitri Sergejewitsch, russ. Dichter, *1865, †1941; geschichtl. Romane: »Christ und Antichrist«, »Leonardo da Vinci« u.a.

Mergel der, Gemenge aus Kalk und Ton; wird in der Zementindustrie verwendet.

Mergentheim, Bad M., Kreisstadt in Bad.-Württ., im Taubertal, 12 600 Ew.; Heilbad (Bittersalzquellen); Deutschmeisterschloß; Industrie.

M'erian, Matthäus, schweizer. Kupferstecher, *1593, †1650; schuf kulturgeschichtl. wertvolle Städteansichten (»Theatrum Europaeum«).

Mérida, Stadt in Mexiko, 197 000 Ew.; Sisalanbau. Nahebei die Ruinen von →Chichén Itzá. (BILD Maya)

Meridi'an [lat.] der, Längenkreis, →Länge.

Mérimée, Prosper, franzöz. Dichter, *1803, †1870; schuf kunstvolle Novellen (»Carmen«).

Mer'ino [span.] der, mehrere feinwollige Schafrassen.

Mer'iten [lat.] Mz., Verdienste.

Merkantil'ismus der, das wirtschaftspolit. System des Absolutismus (16.-18. Jahrh.). Ziel war die Erhöhung der staatl. Geldeinkünfte (für Heer, Beamte usw.). Dazu förderte man inländ. industrielle Erzeugung, Verkehr und Ausfuhr, um eine aktive Handelsbilanz und damit den Zustrom von Geld aus dem Ausland zu erreichen.

Merkstein, Gem. im RegBez. Aachen, Nordrh.-Westf., 15 200 Ew.; Steinkohlenbergbau, Glas- und Keramikindustrie.

Merk'ur, Merc'urius, 1) röm. Gott des Handels, dem →Hermes gleichgesetzt; Symbole: Flügel an Füßen, geflügelter, von zwei Schlangen umwundener Stab. **2)** der sonnennächste →Planet; hat wahrscheinlich keine Atmosphäre.

Merl'an [frz.] der, **Wittling,** →Schellfisch.

M'erlin, 1) der Zwergfalke. **2)** Zauberer und Prophet des Artuskreises.

M'erowinger Mz., Königsgeschlecht der sal. Franken, gründete unter Chlodwig I. (481-511) ein Großreich (→Fränk. Reich). Im 7. Jahrh. verlor es seine Macht an die karoling. →Hausmeier; 751 wurde der letzte M. abgesetzt, →Karolinger.

M'erseburg, Kreisstadt im Bez. Halle, an der Saale, 56 000 Ew.; Domkirche; Techn. Hochschule für Chemie; Papier- und Maschinenindustrie. Südl. von M. das **Leunawerk,** →Leuna.

Merseburger Zaubersprüche, zwei ahd. Zauberformeln, Stabreimgedichte, aufgezeichnet im 10. Jahrh.

Mersen, Gem. in den Niederlanden; 870 Vertrag zwischen Ludwig dem Dt. und Karl dem Kahlen über die Teilung Lothringens.

Mersey [m'ə:si], Fluß in NW-England, 109 km lang, mündet in die Irische See.

Mers'in, Mersina, Provinzhauptstadt in der Türkei (Kleinasien), 87 300 Ew.; Hafen; Ausfuhr von Baumwolle, Häuten, Galläpfeln.

Merthyr Tydfil [m'ə:θə t'idfil], Industriestadt im Steinkohlenbezirk von Südwales, England, 59 000 Ew.; Eisen- und Stahl-Industrie.

Merseburg: Schloß

M'eru, Vulkanstock in Ostafrika, 4558 m hoch, westl. des Kilimandscharo, schwach tätig.

Merveilleuse [mɛrvɛj'ø:z, frz.] die, in Frankreich während der Direktoriumszeit eine Frau, die durch Übertreibung der Mode auffiel.

Merw, Oase, →Mary.

merzeris'ieren, nach dem Verfahren von Mercer, Thomas und Prevost Baum- oder Zellwollgarnen durch Behandeln mit Laugen und gleichzeitigem Strecken waschbeständigen Glanz verleihen.

Merzig, Kreisstadt im Saarland, an der Saar, 12 200 Ew.; versch. Industrie.

Mesabi Range [mɛs'a:bi reindʒ], Gebirgszug in Minnesota, USA, reiches Eisenerzlager.

Mesalliance [mezali'ɑ̃s, frz.] die, Mißheirat.

Mescal'in das, Alkaloid aus mexikan. Kakteen; Rauschgift.

M'eschede, Kreisstadt in Nordrh.-Westf., an der oberen Ruhr, 16 200 Ew.; Ingenieurschule; Hennetalsperre; Leichtmetall-, Textilindustrie.

M'eschhed, Stadt im nordöstl. Iran, 409 600 Ew.; Wallfahrtsort der Schiiten; Textil-, Zuckerindustrie.

mesch'ugge [hebr.], verrückt.

Meseritz, Kreisstadt in Brandenburg, an der Obra, (1939) 7400 Ew.; landwirtschaftl. Verarbeitungsindustrie; seit 1945 unter poln. Verwaltung (Międzyrzecz): 1969: 18 800 Ew.).

Mesmer, Franz Anton, *1734, †1815; begründete die Lehre vom tier. Magnetismus (**Mesmer'ismus**).

M'esner der, Küster, Kirchendiener.

meso... [grch.], mittel..., zwischen...

Mesol'ithikum [grch.] das, die Mittelsteinzeit.

Mesol'ongion, italien. **Missolunghi,** griech. Stadt am Eingang des Golfs von Patras, 11 300 Ew.; im griech. Freiheitskampf ein Hauptbollwerk gegen die Türken.

Mes'onen [grch.] Mz., instabile →Elementarteilchen, die bei energiereichen Stößen u. dgl. entstehen und in verschiedener Weise wieder zerfallen. Die M. kommen positiv, negativ und ungeladen vor. Die π-M. (**Pionen**) spielen eine wesentl. Rolle bei Wechselwirkung zwischen Nukleonen, die K-M. (**Kaonen**) entstehen bei Wechselwirkungen zwischen Nukleonen und π-M.

Mesopot'amien [grch. »Zwischenstromland«], geschichtl. Landschaft beiderseits des unteren und mittleren Euphrat und Tigris, gehört jetzt größtenteils zum Irak. Im Altertum bedeutende Kulturlandschaft, später versteppt; neuerdings wieder zunehmend Anbauflächen, z.T. mit künstl. Bewässerung. Erdöllager. – M. gehörte zu Babylonien und Assyrien, später zur Herrschaft von Persern, Parthern, Römern, Sassaniden, Arabern, Seldschuken, Mongolen, Türken.

Mesosph'äre [grch.] die, Schicht der →Atmosphäre.

Mesoth'orium das, -O radioaktives Isotop, entsteht aus Thorium durch radioaktiven Zerfall; zu Leuchtfarben verwendet.

Mesoz'oikum [grch.] das, der mittlere Abschnitt der →Erdgeschichte, ÜBERSICHT.

M'espelbrunn, Wasserschloß der Grafen von Ingelheim im Spessart.

Messal'ina, dritte Gattin des röm. Kaisers Claudius, sittenlos, herrschsüchtig, 48 n. Chr. hingerichtet.

Messe [lat. missa, missio »Entlassung«] die, 1) KATH. KIRCHE: **Meßopfer** (BILD Katholische Kirche), die Feier des Abendmahls als unblutige Erneuerung des Kreuzesopfers Christi. Hauptteile: **Wortgottesdienst** (Stufengebet, Introitus, Kyrie Gloria, Kollekte, Epistel, Graduale, Evangelium, Credo), **Offertorium** (Bereitung der Opfergaben Brot und Wein), **Wandlung** oder **Konsekration** (Verwandlung von Brot und Wein in Leib und Blut Christi), **Kommunion** (Genuß der Opfergaben durch Priester und Gemeinde); danach abschließende Gebete, Segen. Die kath. Gläubigen sind verpflichtet, an Sonn- und Feiertagen die M. zu hören. Der Feierlichkeit nach unterscheidet man Lese-(Still-)M., **gesungene M.,** feierl. **Hochamt** (Missa solemnis) und **Pontifikal-M.** (von Bischöfen zelebriert; höchste Form die päpstl. oder **Papal-M.**). – Wichtigste liturg. Neuerungen seit dem 2. Vatikan. Konzil: Freigabe der Landessprache neben der latein. für die ganze M., Zelebration zum Volk hin, Einführung der Konzelebration (gemeinsame Feier der M. durch mehrere Priester). – MUSIK: Das **Ordinarium Missae** sind die bei jeder M. wiederkehrenden Teile, das **Proprium Missae** die für jeden Sonn- und Feiertag des Kirchenjahres wechselnden Gesänge. Höhepunkt der M.-Musik waren die A-capella-Schöpfungen Palestrinas. 2) →Messen.

Messe [engl.] die, ⚓ Wohn- und Speiseraum der Offiziere und Unteroffiziere.

Messen, Handelsmessen, im MA. in einigen Städten (Meßplätzen) entstandene Märkte für den Großhandel. Früher brachten Fabrikanten und Großhändler die Waren mit (**Waren-M.**), seit etwa 1850 zeigten sie nur mehr Muster (**Muster-M.**). Nach 1945 wurden in Dtl. neben Leipzig bes. Frankfurt a. M., Hannover, Köln, München und Berlin Messeplätze.

Mess'enien, griech. Landschaft in der südwestl. Peloponnes, von Sparta in 3 **Messenischen Kriegen** (8.-5. Jahrh. v. Chr.) unterworfen.

Messerschmitt, Willy, Flugzeugbauer, *1898, konstruierte Hochleistungsflugzeuge (Reiseviersitzer »Taifun«, Jagdflugzeuge).

Messiaen [mɛsiˈɛ̃], Olivier, französ. Komponist, *1908; Orchesterwerke, Kammermusik.

Mess'ias [hebr. »der Gesalbte«, grch. »Christos«] der, im A. T.: Bezeichnung des Königs; später: der erwartete Nachkomme des Stammes David, der das **Messi'anische Reich** aufrichten werde. Jesus hat sich als der erwartete M. und als der Erfüller der messian. Hoffnungen bekannt.

Mess'ina, Hafenstadt auf Sizilien, an der **Straße von M.** (3-16 km breit), 272 300 Ew.; Univ.; 1783, 1908 durch Erdbeben zerstört.

Messing das, gelbe Legierung aus Kupfer und 60-10% Zink; zinkärmere Legierungen heißen **Tombak** (Rot-M.); Verwendung im Maschinenbau.

Meßinstrumente, Hilfsmittel der Wissenschaft und Technik, dienen der genauen Größenbestimmung von Druck (Barometer), Durchfluß (Gas-und Wasserzähler), Elektrizität (Amperemeter, Voltmeter), Gewicht (Waage), Lichtstärke (Photometer), Radioaktivität (Zählrohr), Temperatur (Thermometer), Wärme (Kalorimeter), Zeit (Uhr) u. a.

Messmer, Pierre, Jurist, französ. Politiker (Gaullist), 1959-69 Armeemin., 1971-72 Min. für überseeische Verwaltungsbezirke, seit 1972 MinPräs.

M'eßter, Oskar, Kinotechniker, *1866, †1943; verbesserte den kinematograph. Geräte, führte die erste deutsche Wochenschau vor.

Meßtisch, auf einem Stativ befestigte waagerechte Zeichenplatte mit eingezeichnetem Grad- oder Gitternetz und zugehörigen Festpunkten für topograph. Feldaufnahmen. **Meßtischblatt,** der dt. topograph. Karten im Maßstab 1:25000.

Meßuhr, Feinmeßgerät, zeigt bei Meßbereich bis 10 mm Abweichung bis zu 0,001 mm.

Messina: Hafeneinfahrt

Meßzahl, Indexzahl, Verhältniszahl zur deutlicheren Darstellung einer zahlenmäßigen Entwicklung. Der Zustand zu einem bestimmten Zeitpunkt wird als Grundlage genommen und gleich 100 gesetzt; die übrigen Zahlen werden im Verhältnis dazu umgerechnet.

Mest'ize [span.] der, Mischling zwischen Weißen und Indianern oder Indonesiern.

Meštrović [mˈɛʃtrovitɕ], Ivan, kroat. Bildhauer, *1883, †1962; Denkmäler, relig. Skulpturen.

Met der, schon in vorgeschichtl. Zeit bekanntes Getränk aus vergorenem Honig, in Nord- und Osteuropa noch heute beliebt.

meta... [grch.], mit..., nach..., zwischen...

Metageschäft [ital. metà »Hälfte«], gemeinsames Geschäft: beide Partner tragen Gewinn und Verlust zu gleichen Teilen.

Met'alle [grch.-lat.], chem. Elemente, die sich durch besondere Eigenschaften von allen anderen chem. Elementen, den Nichtmetallen, unterscheiden (→Halbmetalle). M. sind i. d. R. bei Raumtemperatur fest (Ausnahme: Quecksilber) und undurchsichtig, haben lebhaften Glanz, bilden mit anderen M. Legierungen, sind gute elektr. und Wärmeleiter und sind im festen Zustand plastisch verformbar. Die meisten M. überziehen sich an der Luft mit einer dunklen Oxydschicht (**unedle M.** im Gegensatz zu den **edlen M.** Platin, Gold, Silber). Nach dem spezif. Gewicht unterteilt man die M. in **Leicht-M.** (Dichte unter 4,5 g/cm³) und **Schwer-M.** In der Natur kommen die Edel-M. z. T. gediegen vor, die unedlen Metalle nur in Form ihrer Verbindungen, bes. als Oxyde und Sulfide. Die meisten M. sind in Säuren löslich und bilden mit ihnen Salze.

Metallograph'ie [grch.] die, ein Zweig der Metallkunde, der sich mit metallmikroskop. Untersuchungen befaßt.

Metallo'ide Mz., →Nichtmetalle.

Metallschutz, der Schutz von Metallen gegen Oxydation, Korrosion u. a., durch Anstrich, Überzüge mit anderen Metallen, Emaillieren, Legieren, Alitieren u. a.

Metallspritzen, Verfahren zur Herstellung metall. Schutzüberzüge mittels Spritzpistole.

Metallurg'ie [grch.] die, **Hüttenkunde,** befaßt sich mit dem Erschmelzen der Metalle aus den Erzen.

Metamorph'ose [grch.] die, Gestaltwandel, 1) 🐛 die Entwicklung eines Tieres durch ganz verschiedene Formen hindurch, z. B. Larve, Puppe. 2) Umbildung von Pflanzenteilen zu besonderen Aufgaben, z. B. Speicherwurzeln (Rüben, Knollen), Blattranken. 3) 🜨 die Umwandlungen, die ein Gestein durch Änderung seines physikal.-chem. Gleichgewichtszustandes, etwa durch hohen Druck und hohe Temperatur, in der Erdkruste erleidet, ohne daß es völlig eingeschmolzen wird.

Met'apher [grch.] die, übertragener (bildl.) Ausdruck, z. B. »Hafen« »Zuflucht«. **metaph'orisch.**

Metaphys'ik [grch.] die, der Teil der Philosophie, der die Grundlagen des Seins erforscht, die man in und hinter der wahrnehmbaren Welt annimmt. **metaph'ysisch, 1)** auf die M. bezüglich. **2)** übersinnlich.

Meßuhr

Metternich

Meunier:
Lastträger

Metast'ase[grch.»Versetzung«]die,Geschwulst oder Entzündung, die durch Verschleppung von Geschwulstzellen oder Keimen fernab vom Ursprung (Primärherd) an einer anderen Körperstelle entsteht (Krebs-M.; metastatischer Abszeß).

Meta|z'entrum das, der Schnittpunkt der Auftriebsrichtung eines geneigten Schiffes mit der vertikalen Symmetrie-Ebene des Schiffes.

Metaz'oen Mz., die vielzelligen Tiere. Gegengruppe: Protozoen.

Metempsych'ose[grch.]die,Seelenwanderung.

Mete'or [grch.] der, das, als Feuerkugeln, Sternschnuppen am Nachthimmel erscheinende Materiestücke außerird. Ursprungs. Zur Erde gefallene Stücke werden **Meteor'ite** genannt. Die M. dringen mit hohen Geschwindigkeiten (11-70 km/s) in die Erdatmosphäre ein, wo sie sich durch Reibung bis zum Glühen erhitzen; ihre Größe schwankt zwischen wenigen g und vielen t. Die meisten M. sind Steinmeteorite, einzelne Eisenmeteorite.

Meteorolog'ie [grch.] die, Wetterkunde. **Meteorol'oge** der, Fachmann der M.

Meteoropatholog'ie [grch.] die, wissenschaftl. Grenzfach zwischen Meteorologie und Medizin, erforscht den Einfluß des Wetters auf die Gesundheit und auf Entstehung und Verlauf von Krankheiten.

M'eter das, der, abgek. m, Längeneinheit, ursprüngl. der 40millionte Teil eines Erdmeridians; das in Paris aufbewahrte **Urmeter** weicht geringfügig davon ab. Als Basiseinheit des →Internationalen Einheitensystems (SI) seit 1960 festgelegt als Vielfaches der Wellenlänge einer bestimmten elektromagnet. Strahlung des Kryptonisotops ^{86}Kr.

Meth'an das, **Sumpfgas, Grubengas,** $\curvearrowright$ der einfachste Kohlenwasserstoff, CH$_4$, ein farb- und geruchloses, brennbares Gas; findet sich in erdölhaltigen Schichten, entsteht bei der Gärung von Cellulose (in Sümpfen), bei Zersetzungsvorgängen organ. Stoffe; Ursache der schlagenden Wetter.

Meth'ode [grch. methodos »Weg zu etwas«] die, planmäßiges Verfahren zur Erreichung eines Ziels. **Methodolog'ie** die, Lehre von den wissenschaftl. Verfahren. **Meth'odik** die, planmäßige Verfahrensweise. **meth'odisch**, planmäßig, zielsicher.

Method'isten Mz., eine protestant. Freikirche, entstand 1738 aus der Erweckungspredigt von J. Wesley und G. Whitefield. Die M. fordern praktische sittliche Tat.

Meth'usalem, Methusala, einer der Urväter (1. Mos. 5,21 ff.), der 969 Jahre alt geworden sein soll. Sprichwörtlich: **so alt wie M.,** sehr alt.

Meth'yl [grch.] das, $\curvearrowright$ die einwertige Alkylgruppe CH$_3$-.

Meth'ylalkohol der, **Methan'ol** das, CH$_3$OH, der einfachste →Alkohol; giftig, führt beim Genuß zur Erblindung.

Methyl'en das, $\curvearrowright$ die zweiwertige Alkylgruppe CH$_2$=.

Methyl'enblau, $\curvearrowright$ künstl. blauer Farbstoff zum Färben von Papier, Stroh, Tinte.

Meth'ylorange, $\curvearrowright$ künstl. Farbstoff, ein →Indikator; in sauren Lösungen rot.

Metier [metj'e, frz.] das, Gewerbe, Handwerk.

Met'öke [grch. »Mitbewohner«] der, im alten Griechenland: ortsansässiger Fremder mit Handels- und Gewerbe-, aber ohne Bürgerrecht.

Met'ope [grch. »Zwischenfeld«] die, ⃞ rechteckiges Feld zwischen den Triglyphen des dorischen Tempelgebälks, meist mit Reliefs.

M'etrik [grch.] die, **1)** Lehre vom Versmaß **(Metrum),** →Vers. **2)** ♪ die Lehre vom Takt.

m'etrisches Syst'em, das auf dem Meter aufgebaute Maßsystem; allgemeiner das Meter-Kilogramm-Sekunde-System **(MKS-System).**

M'etro, die Untergrundbahn von Paris.

Metron'om [grch.] das, ♪ Gerät zum Messen des musikal. Zeitmaßes.

Metrop'ole [grch.] die, Hauptstadt, Mittelpunkt. **Metropol'it** der, Erzbischof. **Metropolit'ankirche,** die Kathedrale eines Metropoliten.

Metropolitan Area [metrəp'ɔlitən 'ɛəriə, engl.]

Metz: Deutsches Tor

die, in den USA der die Vorstädte einschließende Planungs- und Verwaltungsraum großer Städte.

Metropolitan Opera [metrəp'ɔlitən 'ɔpərə, engl.], führendes amerikan. Opernhaus in New York.

M'etschnikow, Ilja, russ. Zoologe, *1845, †1916; seit 1888 am Pasteur-Institut Paris; grundlegende Forschungen über bakterielle Infektionen und Immunisierung; Nobelpreis 1908.

Metsu [m'etsy], Gabriel, holländ. Maler, *1629, †1667; schilderte das häusl. Leben des holländ. Bürgertums.

Mett [ndt.] das, gehacktes Rind- oder Schweinefleisch; daraus mit Gewürz die **Mettwurst.**

Mette [von lat. matutina] die, der Gottesdienst in der Nacht oder am Vorabend eines hohen Festes.

M'etternich, Klemens Reichsgraf, seit 1803 Fürst v. **M.-Winneburg,** österr. Staatsmann, *1773, †1859; wurde 1809 Außenmin., 1822 Staatskanzler. Auf dem Wiener Kongreß 1815 wirkte er führend an der Neuordnung Europas mit und sicherte Österreich die Vorherrschaft in Dtl. und Italien. Sein Ziel war die Erhaltung der staatl. Ordnung von 1815 und die Sicherung des Gleichgewichts der Mächte. Durch Polizeiherrschaft suchte er nationale und liberale Strömungen niederzuhalten. Die Revolution von 1848 erzwang seine Entlassung.

Metteur [met'œ:r, frz.], der, Schriftsetzer, der den Fahnensatz umbricht (→umbrechen).

Mettmann, Stadt in Nordrh.-Westf., 30200 Ew.; Kleineisen-, Maschinen-, Metallindustrie; bei M. das Naturschutzgebiet Neandertal.

Metz, Stadt in Lothringen, an der Mosel, 107500 Ew.; got. Kathedrale, alte Häuser und Tore; Schuh-, Tabak-, Konservenind. - M. ist eine sehr alte, stark befestigte Siedlung. 870 kam es zum Ostfränk. (Dt.) Reich, im 13. Jahrh. wurde es Reichsstadt, 1552 mit dem reichsunmittelbaren Gebiet der Bischöfe von M. von Frankreich besetzt. 1871 bis 1918 gehörte M. zum Dt. Reich, dann kam es an Frankreich.

Metze [von Mechthild] die, Dirne.

Metzingen, Stadt in Bad.-Württ., am Fuß der Schwäb. Alb, 14500 Ew.; Textil-, Metall- und Lederindustrie.

Meuchelmord der, heimlich oder hinterlistig ausgeführter Mord.

Meunier [mœnj'e], Constantin, belg. Maler, Bildhauer, *1831, †1905; eindrucksvolle Darstellungen arbeitender Menschen, bes. Bergarbeiter.

Meuse [mø:z] die, franzöz. Name von →Maas.

Meuselwitz, Stadt im Kr. Altenburg, Bez. Leipzig, 10700 Ew.; Textilien, Maschinen; Braunkohlenbergbau.

Meute [frz.] die, Jagdhunde, Hundeschar zur Hetzjagd.

Meuter'ei [von →Meute] die, Vereinigung mehrerer Personen, bes. Soldaten, Gefangene, Seeleute, zur Empörung gegen Vorgesetzte.

Mexicali [mɛçik'ali], Hauptstadt und Grenzort des Staates Baja California, Mexiko, 288600 Ew.

mexik'anische Kunst. Geschichte →mittelamerikanische Kulturen. Gegenwart: In Architektur (J. O'Gorman), Freskenmalerei (J. C. Orozco, D. Rivera, D. A. Siqueiros, R. Tamayo) und Plastik (C. Bracho, F. Zúñiga) bestehen nebeneinander realist., expressionist., kubist. und surrealist. Stilformen mit Rückgriffen auf altmexikan. Vorbilder.

M'exiko, amtlich **Estados Unidos Mexicanos,** Rep. in Amerika, zwischen dem Golf von M. und dem Stillen Ozean, einschl. Inselgebiete 1972 547 km², 50,6 Mill. Ew.; Hauptstadt: Mexiko; Amtssprache: Spanisch. ⊕ S. 516, ⊡ S. 346.

M. ist Bundesrep. mit 29 Bundesstaaten, 2 Territorien und dem Bundesdistrikt. Volksvertretung (Kongreß): Senat und Abgeordnetenhaus. Der Präs. wird vom Volk gewählt; er ernennt die Minister. Die Bundesstaaten haben eigene Volksvertretung.

Überwiegend Hochland (1000 bis über 2000 m), im W und O von höheren Gebirgen umsäumt; im S vulkanisch (Pico de Orizaba 5700 m, Popocatepetl 5452 m). Tiefland nur an den Küsten und auf der Halbinsel Yucatán. Größter Fluß der Rio Grande del Norte. Klima: im N trocken, binnenländisch; im S sind die Küstenniederungen tropisch, höhere Lagen gemäßigt und kühl. BEVÖLKERUNG. Rd. 95% Mestizen, daneben Indianer, Weiße, wenig Neger. 23 Großstädte. Religion: über 90% kath. WIRTSCHAFT. Anbau (z. T. mit Bewässerung): Mais, Weizen, Reis, Zuckerrohr, Baumwolle, Citrusfrüchte, Kaffee, Sisal (Yucatán); Viehzucht, Forstwirtschaft, Fischerei (Niederkaliforniens). ⚒ auf Silber, Schwefel, Erdöl, Erdgas, Gold, Eisen, NE-Metalle u. a. Industrie im Ausbau (Stahl-, Maschinen-, elektrotechn., chem., Papier- u. a. Ind.). Fremdenverkehr. Ausfuhr: Baumwolle, Kaffee, Zucker, Bergbauerzeugnisse. Haupthandelspartner: USA. Haupthäfen: Veracruz, Tampico. Gut ausgebauter Flugverkehr.

GESCHICHTE. Das Aztekenreich in M. erlag 1519-21 dem span. Eroberer Cortez. 1821 riß sich M. von Spanien los und wurde 1824 Freistaat. Seitdem häufige Bürgerkriege. 1848 mußte M. Kalifornien, New Mexico, Texas u. a. Gebiete an die USA abtreten. 1861 griff Napoleon III. in M. ein und machte 1864 den österr. Erzherzog Maximilian zum Kaiser (1867 erschossen). 1877-1911 Herrschaft des Diktators Diaz. Dann wieder blutige Bürgerkriege; Kampf zur Reform bedachter Regierungen gegen Großgrundbesitz (1910-20 aufgeteilt), kath. Kirche und nordamerikan. Erdölgesellschaften. Seit 1946 verstärkte Förderung von Industrie, Landwirtschaft, Verkehr. Staatsund MinPräs.: L, Echeverria Alvarez (seit 1970).

Mexiko, Mexico City, amtl. **Ciudad de México** [θ'iuðað de m'ɛxiko], Hauptstadt und größte Stadt der Republik M., 7,4 Mill. Ew., 2265 m ü. M.; Universität; Barockkathedrale, Nationalpalast, Häuser und Paläste im span. Stil; wichtigster Handelsplatz des Landes; Verkehrsknoten; Textil-, Eisen-, chem., Tabak-, Zement-, Papier-Ind. M. wurde auf den Trümmern der alten Aztekenhauptstadt Tenochtitlán erbaut.

Mexiko, Golf von M., der westl. Teil des Amerikan. Mittelmeeres zwischen Florida, Kuba und Yucatán; Hauptursprung des →Golfstroms.

Meyer, 1) Conrad Ferdinand, schweizer. Dichter, *1825, †1898; schrieb formvollendete Ge-

Mexiko (Stadt): Universitätsbibliothek

dichte und meisterhafte Novellen, auch aus der italien. Renaissancezeit: »Angela Borgia«, »Die Versuchung des Pescara«. Roman: »Jörg Jenatsch«. Episches Gedicht: »Huttens letzte Tage«. **2)** Eduard, Historiker, *1855, †1930; »Geschichte des Altertums«. **3)** Joseph, Verlagsbuchhändler, *1796, †1856; Gründer des Bibliograph. Instituts. **4)** Lothar, Chemiker, *1830, †1895; stellte 1869 unabhängig von Mendelejew das →Periodische System der Elemente auf.

Mexiko

M'eyerbeer, Giacomo, eigentlich Jakob Liebmann **Beer,** Komponist, *1791, †1864; Opern: »Die Kreuzritter«, »Robert der Teufel«, »Die Hugenotten«.

Meyrink, Gustav, Schriftsteller, *1868, †1932; Erzählungen, Romane (»Der Golem«).

M'eysenbug, Malvida v., Schriftstellerin, *1816, †1903; Demokratin, Freundin von R. Wagner, Nietzsche, Liszt; »Memoiren einer Idealistin«.

MEZ, Abk. für Mitteleuropäische →Zeit.

Mezzan'in [ital.] das, ⊡ Halb- oder Zwischengeschoß.

mezza voce [m'ɛdza vo:tʃe, italien.], ♪ mit halber (halbstarker) Stimme.

mezzo [ital.], mittel, halb. ♪ **Mezzosopr'an** der, ♪ Stimmlage zwischen Sopran und Alt.

Mezzogiorno [mɛdzodʒ'orno, ital. »Mittag«], der Süden Italiens.

Mezzot'into [ital. »Mittelfarbe«] das, die Schabkunst.

MF, Abk. für Mittelfrequenz.

mg, Abk. für Milligramm, $^1/_{1000}$ g.

Mg, chem. Zeichen für →Magnesium.

M.G., Abk. für Maschinengewehr.

mhd., Abk. für mittelhochdeutsch.

Miami [mai'æmi], Stadt im S Floridas, USA, 1,051 Mill. Ew.; Seebad und Winterkurort, inmitten einer trop. und subtrop. Pflanzenwelt.

Miami

Mi'asma [grch.] das, aus dem Boden aufsteigende Dünste, die Seuchen verursachen sollen.

Mi'ass, Stadt am M., Russ. SFSR, 132 000 Ew.; Kraftfahrzeug-, Elektro-Industrie.

M'icha [hebr. »wer ist wie Jahve?«], Prophet in Israel, um 720 v. Chr.

M'ichael [hebr. »wer ist wie Gott?«], männl. Vorname. Kurzform: Michel. (→Deutscher Michel)

M'ichael, einer der Erzengel, Sieger über den Satan, Beschützer der Kirche, Volksheiliger der Deutschen; das **Michaelis-Fest** am 29. 9.

M'ichael, König von Rumänien (1940-47), Sohn Carols II., *1921; 1947 zwang ihn die kommunist. Regierung zum Thronverzicht.

Michaux [miʃ'o], Henri, französ. Schriftsteller, Zeichner und Maler, *1899; surrealist. Dichtungen in Prosa oder in selbstgeschaffenen Rhythmen.

Michelangelo [mikɛl'andʒelo], **M. Buonarroti,** Bildhauer, Maler, Baumeister, Dichter, *1475, †1564; eines der umfassendsten Genies der abendländ. Kunst, das ihr den Weg von der Renaissance zum Barock wies. Bildwerke: Pietà, David, Moses, Medicigrabmäler in San Lorenzo zu Florenz. Gemälde: Fresken in der Sixtin. Kapelle Rom (Schöpfungsszenen, Sintflut, Propheten, Sibyllen usw., Jüngstes Gericht). Bauten: Biblioteca Lau-

C. F. Meyer

Michelangelo
Moses (am Grabmal von Papst
Julius II. in
S. Pietro in Vincoli in Rom,
um 1550)

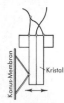

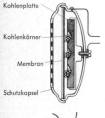

Mikrophon,
oben: Kohle-M.
(schematisch),
unten:
Kristall-M.

renziana in Florenz; Kapitolsplatz, Kuppel von St. Peter in Rom. (FARBTAFEL Italien. Kunst S. 690)

Michelet [miʃlˈɛ], Jules, französ. Geschichtsschreiber, *1798, †1874; Hauptwerke: »Histoire de France«, »Histoire de la Révolution française«.

Michelozzo [mikɛlˈodzo], **M. di Bartolommeo,** italien. Baumeister und Bildhauer, *1396, †1472; Kloster S. Marco, Palazzo Medici in Florenz.

Michelson [mˈaikəlsn], Albert, amerikan. Physiker, *1852, †1931; bewies die Unabhängigkeit der Lichtgeschwindigkeit von der Erdbewegung (→Relativitätstheorie). Nobelpreis 1907.

Michelstadt, Gem. in Hessen, im Odenwald, 7100 Ew.; Rathaus (1484); versch. Ind., Elfenbeinschnitzerei.

Michigan [mˈiʃigən], Abk. **Mich.,** nordöstl. Mittelstaat der USA, am Huron-, Michigan- und Oberen See, 150 779 km², 8,8 Mill. Ew. (rd. 10% Neger); Hauptstadt: Lansing; größte Stadt: Detroit. ⚒ auf Eisen, Salz, Erdöl, Erdgas u. a. Stark industrialisiert: Kraftwagen- (Detroit), Flugzeug-, Maschinen-, Möbel- u. a. Ind. Obst-, Getreidebau. ⊕ S. 526.

Michigansee [mˈiʃigən-], **Lake Michigan,** der südwestlichste der 5 Großen Seen Nordamerikas, 58 016 km² groß, 281 m tief.

Mickiewicz [mitskiˈevitʃ], Adam, poln. Dichter, *1798, †1855; lebte als Emigrant im Ausland; begründete die poln. romant. Schule.

M'idas, griech. Sage: ein phryg. König, dem sich alles, was er berührte, in Gold verwandelte und dem Apollo aus Rache für eine Beleidigung Eselsohren wachsen ließ.

Middlesbrough [mˈidlzbrə], Hafenstadt an der Ostküste Englands, 157 700 Ew.; Eisen- und Stahl-, chem. Industrie, Schiffbau.

Middlesex [mˈidlseks], frühere engl. Grafschaft, gehört heute zu →Greater London.

M'idgard [altnord.] der, nord. Göttersage: die Erde; umschlungen von der **Midgardschlange.**

Midi [frz.], Mittag, Süden.

Midin'ette [frz.] die, Pariser Nähmädchen.

Midlands [mˈidlən dz], das mittelengl. Tiefland; durch Eisen- und Kohlenvorkommen bedeutendes Industriegebiet; wichtigste Städte Birmingham, Coventry, Nottingham.

M'idrasch [hebr.] der, die jüd. Auslegung des A. T.

Mieder das, **1)** eng anliegendes Oberteil der Frauenkleidung ohne Ärmel, bes. bei Trachten. **2)** Sammelbegriff für Korsett, Hüfthalter, Büstenhalter u. a.

Miegel, Agnes, Schriftstellerin, *1879, †1964; stimmungsvolle Balladen und Erzählungen.

Miere die, zwei Gattungen der Nelkengewächse: 1) Gatt. Stellaria, darunter **Stern-M.,** weißblühendes Unkraut, und **Vogel-M.,** Vogelfutter, Unkraut. 2) Gatt. Alsine, darunter die **Frühlings-M.**

Mierendorff, Carlo, Politiker (SPD), *1897, † (Luftangriff) 1943; seit 1930 MdR, 1933-38 im KZ, Verbindungsmann zum →Kreisauer Kreis.

mies [hebr.], schlecht, übel. **M'iespeter,** Unzufriedener. **M'iesmacher,** wer alles schlechtmacht.

Miesbach, Kreisstadt im RegBez. Oberbayern, im Alpenvorland, 698 m ü. M., 5100 Ew.; Industrie; Fremdenverkehr.

Miesmuschel [zu Moos] die, eßbare Muschel der nordeurop. Meere, mit blauschwarzen Schalen.

Mies van der Rohe, Ludwig, Architekt, *1886, †1969; war 1929-33 Leiter des Bauhauses Dessau, einer der führenden Architekten des neuen Bauens.

Miete die, ♃ Vertrag, durch den sich der Vermieter verpflichtet, dem Mieter eine unbewegliche oder bewegliche Sache gegen einen vereinbarten Mietzins (auch M. genannt) zum Gebrauch zu überlassen (§§ 535 ff. BGB). Der Mietzins ist am Ende der Mietzeit zu zahlen, bei Bemessung nach Zeitabschnitten jeweils nach Ablauf des Zeitabschnittes. Der Vermieter von Grundstücken oder Räumen hat für seine Forderungen aus der M. ein gesetzl. Pfandrecht **(Vermieterpfand-**

Mies
van der Rohe:
Hochhäuser
in Chicago

recht) an den eingebrachten pfändbaren Sachen des Mieters. Beendigung der M. mit Ablauf der vereinbarten Mietzeit oder nach Kündigung mit gesetzl. Frist.

Nach dem Gesetz über den Abbau der Wohnungszwangswirtschaft v. 23.6.1960 ist das Mieterschutzgesetz v. 1.6.1923, i. d. F. v. 15.12.1942, das die Kündigungsbefugnis des Mieters einschränkte u. die Kündigung nur aus bestimmten Gründen zugelassen hat, regional stufenweise außer Kraft getreten. An seine Stelle ist wieder das Mietrecht des BGB, ausgestaltet nach neuen Gesichtspunkten, getreten. Nach dem Mietrechtsänderungs-Ges. vom 29. 7. 1963, 14. 7. 1964, 21. 12. 1967 und 4.11.1971 bestehen nur in Berlin der Mieterschutz und die Mietpreisbindung, in Hamburg, München und im Landkreis München der Mietpreisbindung noch bis zum 31.12.1972 fort. In den kreisfreien Städten Bonn und Freiburg sowie in den Landkreisen Bonn und Göttingen ist das Mieterschutzgesetz bereits mit Ablauf des 31.12.1968 außer Kraft getreten. Entsprechendes gilt für die Mietpreisbindung. – **Geschäftsräume** werden in der Bundesrep. Dtl. nicht mehr bewirtschaftet; die Preisstopp- und Mieterschutzbestimmungen sind aufgehoben. Das Geschäftsraummietengesetz enthält Übergangsregelungen.

Miete [von lat. meta] die, **1)** der Diemen oder →Feim. **2)** flache Erdgrube zur Aufbewahrung von Kartoffeln, Rüben, Obst.

Mietvorauszahlung, →Baukostenzuschuß.

M'igma [grch. »Mischung«] das, der Teil des Erdinnern, der plastisch, aber noch nicht glutflüssig (Magma) gedacht wird.

Migne [miɲ], Jacques Paul, französ. kath. Geistlicher und Verleger, *1800, †1875; Gesamtausgabe der Kirchenväter.

Migr'äne die, Leiden mit heftigen, meist halbseitigen Kopfschmerzanfällen, Übelkeit und Brechreiz.

Migros-Genossenschafts-Bund, Zürich, schweizer. Großunternehmen für den Einzelhandel, gegr. von G. Duttweiler.

Mih'ajlović [-vitʃ], Draža, jugoslaw. General, *1893, † (erschossen) 1946; gründete 1941 eine Partisanenarmee, Gegner Titos.

Mihr'ab das, Gebetsnische der →Moschee.

Mijnheer [mɛjnˈeːr, niederländ.], Herr.

Mik'ado [japan.] der, dichterisch umschreibende Benennung des Kaisers von Japan; die amtl. Bezeichnung ist Tenno.

M'iklas, Wilhelm, österr. Politiker, *1872, †1956; Gymnasialdirektor, christl.-soz. Abgeordneter, war 1928-38 Bundespräsident.

Mikoj'an, Anastas, sowjet. Politiker, *1895, war enger Mitarbeiter Stalins; seit 1955 einer der stellvertr. MinPräs., 1964-65 Vors. des Präsidiums des Obersten Sowjets (Staatsoberhaupt), seit 1966 Mitgl. des Zentralkomitees.

mikro... [grch.], klein...

Mikr'oben [grch.], Ez. Mikrobe die, **Mikrobien,** Ez. Mikrobion das, die kleinsten Lebewesen **(Mikroorganismen),** bes. Bakterien und Protozoen;

Mikrobiologie, die Wissenschaft von den Mikroorganismen.

Mikrodokumentation, Verwendung stark verkleinerter photograph. Aufnahmen (**Mikrofilm**) von Originaltexten zur Aufbewahrung.

Mikrok'osmos [grch.] der, die »Kleinwelt«; das Einzelwesen, der Einzelorganismus. Gegensatz: →Makrokosmos.

Mikrom'eter [grch.] das, 1) →Schraublehre. 2) Abk. μm, ein Millionstel Meter.

M'ikron [grch.] das, μ [my], veraltet für $^1/_{1000}$ mm; heute ersetzt durch das →Mikrometer.

Mikron'esien, Inselwelt im westl. Stillen Ozean, umfaßt die Palau-Inseln, Marianen, Karolinen, Marshall-Inseln, Nauru, Gilbert-Inseln, zus. rd. 3180 km², rd. 225000 Ew. (**Mikronesier**).

Mikroph'on [grch.] das, Gerät zur Umwandlung von Schallschwingungen in elektr. Wechselspannungen. Beim **Kohle-M.** des Fernsprechers werden zwischen einer Membran und einer von ihr isolierten Gegenelektrode Kohlekörnchen durch die Schwingungen der Membran mehr oder weniger gegeneinander gepreßt. Dadurch ändert sich der Übergangswiderstand zwischen den Körnern, entsprechend schwankt ein durch sie geleiteter Gleichstrom. Beim **Kondensator-M.** werden die Wechselströme durch Kapazitätsänderung, beim **dynamischen (Tauchspulen-)M.** durch Induktion erzeugt, beim **Kristall-M.** wird der →Piezoeffekt ausgenutzt. **Körperschall-M.** (z. B. das **Kehlkopf-M.**) reagieren nur auf Schwingungen des Körpers, an den sie angelegt sind. (BILD S. 596)

Mikrosk'op [grch.] das, opt. Gerät zur vergrößerten Betrachtung und photograph. Aufnahme sehr kleiner Gegenstände. Eine Sammellinse sehr geringer Brennweite (Objektiv) entwirft ein wirkliches, vergrößertes Bild des Gegenstandes, das durch eine als Lupe wirkende Okularlinse nochmals stark vergrößert betrachtet wird. Das auf einem drehbaren Objekttisch ruhende Präparat wird von unten mit Hilfe einer Beleuchtungseinrichtung (Hohlspiegel, Kondensorlinsen) durchleuchtet. Das Auflösungsvermögen wird durch die Wellenlänge des Lichts begrenzt, es liegt bei Verwendung von sichtbarem Licht bei etwa 0,2 μm. Mit dem **Ultra-M.** können nur die Beugungsbilder von vergrößerter Teilchen beobachtet werden. Mit Elektronenstrahlen statt Licht arbeitet das →Elektronenmikroskop.

Mikrot'om [grch.] das, hobelart. Schneidemaschine zur Anfertigung dünnster, bes. tier. oder pflanzl. Schnitte (bis 10^{-5} mm) zu mikroskop. Untersuchungen.

M'ikrowellen, elektromagnet. Schwingungen hoher Frequenz (Dezimeter-, Zentimeter- und Millimeterwellen). Verwendung: in der Physik zur Erforschung des Aufbaus von Molekülen und Atomen (M.-Spektrographie), techn. zur Wärmeerzeugung (Trockenanlagen für Papier, Textilien, Vierfarbendruck, Vulkanisieren), mediz. zur M.-Therapie (ähnl. der Kurzwellentherapie).

Mil'an [frz.] der, Falkenvogel; in Dtl. leben **Rotmilan** (Gabelweihe) und **Schwarzmilan;** Zugvögel.

Milben Mz., Ordnung der Spinnentiere mit verschmolzenem Kopfbruststück und Hinterleib. Viele Arten sind Schmarotzer; es gibt: **Haus-M., Lauf-M., Käse-M., Käfer-M.; Krätz-M. Milbensucht,** von M. erzeugte Krankheit, z. B. Kräuselkrankheit des Weinstocks, →Krätze.

Milch die, 1) Abscheidung der M.-Drüsen der Frau und der weibl. Säugetiere nach dem Gebären; Nahrung des Neugeborenen. Verschiedene Haustiere haben durch Fortzüchtung reichlichere M.-Absonderung, besonders Rind, Ziege, Schaf. Die **Kuh-M.** enthält 90-84% Wasser, 2,8-4,5% Fett, 3,3-4% Eiweiß und 3-5,5% **M.-Zucker,** außerdem Vitamine. Das Fett, der →Rahm, der **Voll-M.** ist Ausgangsstoff für die Herstellung von →Butter und →Käse; als Rückstand entsteht →Molke und Buttermilch (→Butter). Beim Sauerwerden der Milch wandelt sich der Milchzucker unter Mitwirkung von M.-Säurebakterien in **M.-Säure**

um. 2) ☷ weiße Samenmasse des männl. Fisches, des **Milchners.**

Milchglas, ein getrübtes, lichtdurchlässiges und lichtverteilendes Glas.

Milchling der, Gattung der Blätterpilze; sie sondern Milchsaft ab, z. B. der Reizker.

Milchmädchenrechnung [nach einer Fabel von La Fontaine], volkstümlich: Rechnung, die auf Trugschlüssen fußt.

Milchpulver, →Trockenmilch.

Milchsaft der, **Chylus,** ≹ trüb-weißl. Flüssigkeit der Lymphgefäße des Dünndarms nach Aufnahme fettreicher Nahrung; ergießt sich in die Blutbahn.

Milchschleuder, →Zentrifuge.

Milchschorf, ein Hautausschlag im Säuglingsalter bei dazu veranlagten Kindern; im Gesicht und an der behaarten Kopfhaut.

Milchstraße, Gal'axis die, das →Sternsystem, in dem sich die Sonne befindet und das als breiter, heller Gürtel am Himmel zu sehen ist; entsteht durch den vereinigten Glanz sehr vieler, weit entfernter Sterne (einige hundert Milliarden). (FARBTAFEL Sternkunde S. 874)

Milchwirtschaft, →Molkerei.

Milchzähne, die ersten Zähne.

Milchzucker der, **Lact'ose** die, ⊸ Zuckerart aus der Milch der Säugetiere.

mildernde Umstände, ♎ besondere tatsächl. Verhältnisse eines Straffalles, die die regelmäßige Strafe als zu streng erscheinen lassen.

Mile [mail] die, Mz. Miles, engl. für →Meile.

Mil'et, im Altertum die mächtigste ion. Stadt Kleinasiens, an der Mündung des Mäander in das Ägäische Meer. 494 v. Chr. von den Persern zerstört; neue Blüte unter den Römern. Dt. Ausgrabungen seit 1899.

Milhaud [mij'o:], Darius, franzöz. Komponist, *1892; Opern, Kammermusik.

Milieu [milj'ø, frz.] das, die →Umwelt.

milit'ant [lat.], kämpferisch.

Milit'är [frz. von lat.] das, 1) →Wehrmacht. 2) Soldatenwesen.

Milit'ärattaché [-ataʃ'e] der, →Attaché.

Milit'ärgerichtsbarkeit, die durch die militär. Behörden ausgeübte Gerichtsbarkeit über Militärpersonen in Strafsachen; wurde 1920 aufgehoben, 1933 wieder eingeführt, nach 1945 erneut beseitigt.

Milit'ärgrenze, im 16.-19. Jahrh. der streng militär. eingerichtete, mit Bauernsoldaten (»Grenzern«) besiedelte Landstrich entlang der türk. Grenze Österreich-Ungarns.

Militärischer Abschirmdienst, Abk. **MAD,** Einrichtung zum Schutz der Bundeswehr gegen Spionage, Sabotage und Zersetzung.

Militar'ismus [lat.] der, die Vorherrschaft des Militärischen, bes. eine Gesinnung, die militär. Formen und Denkweisen überspannt.

Milit'ärkonvention, Vertrag zwischen Staaten über militär. Fragen; heute meist durch kollektive Sicherheitsbündnisse ersetzt.

Milit'ärregierung, die mit der Ausübung der Staatsgewalt in einem besetzten Gebiet betraute militär. Kommandostelle. In Dtl. übten die Besatzungsmächte 1945-49 die oberste Regierungsgewalt durch den →Kontrollrat aus.

Military [m'ilitari, engl.] die, ⚘ reiterl. Vielseitigkeitsprüfung: Dressur, Geländeritt und Jagdspringen.

Mil'iz [lat.] die, Truppe, die nur zu kurzer Ausbildung und im Mobilmachungsfall einberufen wird, →Heer.

Mill, John Stuart, engl. Philosoph und Volkswirt, *1806, †1873; vertrat in seiner Erkenntnislehre den →Empirismus, in seiner Ethik den →Utilitarismus und in seiner Wirtschaftslehre den →Liberalismus.

Millais [mil'ɛ], Sir John, engl. Maler, *1829, †1896; gehörte zu den →Präraffaeliten.

Mille [lat.] das, das Tausend. **pro mille** oder **per mille,** aufs Tausend, abgek.: ⁰/₀₀. **Mill'ennium** das, das Jahrtausend.

Mikroskop

Milan: Roter M.

Milhaud

A. Miller

Milton

Mimose,
a Blatt nach der
Berührung

Miller, 1) Arthur, amerikan. Dramatiker, *1915; »Der Tod des Handlungsreisenden«; »Hexenjagd«. **2)** Glenn, amerikan. Schlagerkomponist und Bandleader, *1904, † (Flugzeugabsturz) 1944; klass. Swingstil. **3)** Henry, amerikan. Schriftsteller, *1891; Romane »Im Zeichen des Krebses« u.a. **4)** Oskar v., Ingenieur, *1855, †1934; Gründer des →Deutschen Museums in München.

Millet [mil'ε], Jean-François, französ. Maler und Graphiker, *1814, †1875; malte Bauerngestalten in meist schwermütigen Landschaften.

Milli... [lat.], vor Maßeinheiten: Tausendstel.

Milli'arde [frz.] die, tausend Millionen, 1000000000.

Millib'ar [lat.-grch.] das, eine Maßeinheit des Drucks, bes. des Luftdrucks. 1000 Millibar (mbar) = 1 Bar = 750,062 Torr.

Millikan [m'ilikan], Robert Andrews, amerikan. Physiker, *1868, †1953; bestimmte die elektr. →Elementarladung; Nobelpreis 1923.

Milli'on [ital.] die, tausend mal tausend, 1000000.

M'illöcker, Karl, österr. Operettenkomponist, *1842, †1899; »Der Bettelstudent«.

Millstätter See, Alpensee in Kärnten.

Milo, griech. Insel, →Melos.

M'ilosch Obr'enowitch, Gründer des serb. Fürstenhauses O., *1780, †1860.

M'iltenberg, Kreisstadt in Bayern, am Main, 8000 Ew.; Industrie; **Miltenburg** (13.-16. Jahrh.), Fachwerkhäuser, Rathaus (15. Jahrh.), Pfarrkirche (14., 19. Jahrh.), Reste der Stadtbefestigung.

Miltenberg:
Hotel Riesen

Milt'iades, athen. Feldherr, schlug 490 v. Chr. bei Marathon die Perser.

Milton [m'ilton], John, engl. Dichter, *1608, †1674; Puritaner, verfaßte polit. Schriften im Dienst Cromwells. Erblindet diktierte er die Epen: »Das verlorene Paradies« und »Das wiedergewonnene Paradies«.

Milwaukee [milw'ɔ:ki:], Stadt in Wisconsin, USA, am Michigansee, 1,3 Mill. Ew.; kath. Marquette-Universität; Hafenanlagen; Maschinenbau, Automontage, Brauereien.

Milz die, der große Blutlymphknoten des Menschen und der Wirbeltiere, Bildungsstätte von weißen Blutkörperchen (→Blut), liegt links in der Bauchhöhle unter dem Zwerchfell. In der M. erfolgt der Abbau der verbrauchten roten Blutkörperchen; sie schwillt bei fast allen Infektionskrankheiten an, da die Bildung der weißen Blutkörperchen als Abwehrmaßnahme stark gesteigert ist.

Milzbrand, durch den **M.-Bazillus** verursachte Infektionskrankheit, bes. bei Schafen, Rindern, Pferden, Schweinen, Ziegen. Erscheinungen: Fieber, Muskelzittern, Atemnot, Mattigkeit. Der M. kann auf den Menschen übertragen werden.

Milzkraut, ausdauerndes Steinbrechgewächs mit grünl. Blüten, an feuchten Stellen.

Mim'ese die, spezielle Schutztracht, Übereinstimmung von Körpergestalt und Färbung eines Tieres mit anderen Objekten. (FARBTAFEL Farbe II S. 342)

M'imik [grch.] die, Ausdrucksformen des Gesichts. **Mime,** der Schauspieler.

M'imikry [engl. »Nachahmung«] die, spezielle Schutztracht oder Verhaltensweise, Übereinstimmung genießbarer oder nicht wehrhafter Tiere mit ungenießbaren oder wehrhaften Tieren z.B. Wespenmimikry. (FARBTAFEL Farbe II S. 342)

M'imir, Mime, deutsche Heldensage: kunstreicher Schmied, der Siegfried erzieht.

Mim'ose [grch.] die, artenreiche Gattung der Hülsenfrüchter. Die Blätter der **Mimosa pudica** sind stark reizempfindlich; daher Sinnbild für übertriebene Empfindlichkeit.

M'imus [grch.] der, improvisierte Darbietung realist. Szenen (ohne Maske und vulgärsprachlich), gepflegt im dorischen Sizilien, dann bes. in Rom bis zum Ausgang der Antike.

Minar'ett [arab. »Leuchtturm«] das, Turm einer Moschee mit Galerie für den Gebetsrufer.

Minas Gerais, Binnenstaat Brasiliens, 587172 km², 11,7 Mill. Ew.; Hauptstadt: Belo Horizonte. Kaffee, Tabak, Zuckerrohr; Viehzucht. Wichtigster Bergbaustaat Brasiliens (Eisen, Mangan, Bauxit, Zinn, Nickel u.a.); Schwerindustrie.

Mindan'ao, Insel der Philippinen, 94594 km²; gebirgig, vulkanisch (Apo 2955 m); reich an Seen, Sümpfen, Urwald; Anbau von Reis, Zucker, Kaffee. Größte Stadt: Davao. (BILD Philippinen)

M'indel die, rechter Nebenfluß der Donau; nach ihr ist die **Mindel-Eiszeit** benannt.

Mindelheim, Kreisstadt im RegBez. Schwaben, Bayern, 10000 Ew.; versch. Ind.; Stadttore, Stadtmauerreste.

Minden, Stadt in Nordrh.-Westf., an der Weser und am Mittellandkanal (mit Häfen), 51000 Ew.; Dom (frühgot. Hallenkirche, roman. Westbau); Hammer- und Walzwerk, Eisengießereien, Sägewerke, Schiffswerften u.a. Ind. – Das alte Bistum M. kam 1648 als weltl. Fürstentum an Brandenburg.

Mindere Brüder, die →Franziskaner.

Minderheiten, →nationale Minderheiten.

Minderjährigkeit die, $\frac{s}{s}$ der Lebensabschnitt bis zum vollendeten 21. (in der Dt. Dem. Rep. bis zum 18.) Lebensjahr. Gegensatz: Volljährigkeit. Ein Minderjähriger, der das 18. Jahr vollendet hat, kann in der Bundesrep. Dtl. durch das Vormundschaftsgericht für volljährig erklärt werden (§§ 2ff. BGB). →Geschäftsfähigkeit, →Vormund, →Jugendgerichtsbarkeit.

Minderung die, $\frac{s}{s}$ Herabsetzung des Preises bei Mängeln der Ware, z.B. bei Kauf- und Werkvertrag (§§ 462, 634 BGB), →Mängelhaftung.

M'inderwertigkeitskomplex, Gefühl des Versagens vor den Ansprüchen des Lebens (Umwelt) und der Unterlegenheit gegenüber Leistung und Wert von Mitmenschen.

Mindestreserven, die Guthaben, die die Kreditinstitute bei der Zentralnotenbank unterhalten müssen. Werden sie erhöht, müssen die Banken ihre Kreditgewährung einschränken, Senkung erlaubt Kreditausweitung **(M.-Politik).**

Mind'oro, waldbedeckte, fruchtbare Philippineninsel, 9826 km² groß; Hauptstadt: Calapan.

M'indszenty, Joseph, Kardinal (seit 1946), *1892, 1945 Erzbischof von Gran; seit 1949 in Haft, während des ungar. Aufstands 1956 befreit, lebte seitdem bis 1971 in der amerikan. Botschaft in Budapest. M. verließ unter Druck des Vatikans Budapest und lebt seither in Wien.

Mine die, altgriech. Gewicht und Münze (gleich $\frac{1}{60}$ Talent, gleich 100 Drachmen).

Mine [frz.] die, **1)** allgem.: Sprengladung, die geballt oder in einem Gefäß verwendet wird. **Landminen** werden zu Sperren. **Seeminen** werden als Minenfelder durch Minenleger ausgelegt. **Luftminen** sind Fliegerbomben mit besonderer Steuerung und hoher Luftdruckwirkung. **2)** Bergwerk. **3)** Füllung in Bleistiften und Kugelschreibern.

Miner'alfarben Mz., die →Erdfarben.

Miner'alien [lat.] Mz., chemisch und physikalisch einheitl. Stoffe der Erdrinde; →Gesteine dagegen sind Gemenge verschiedener M. Die weitaus meisten M. nehmen bei ihrer Bildung aus Lösungen oder aus geschmolzenem oder gasförmigem Zustand Kristallform an (→Kristall). Die Beschreibung dieser, die Kristallographie, ist ein Teilgebiet der **Allgemeinen Mineralogie.** Die **Spezielle Mineralogie** beschreibt die rund 2000 einzelnen M. (FARBTAFEL Edelsteine und Mineralien S.176)

Miner'alöle, Öle, die bes. durch Destillation des Erdöls, des Steinkohlen- und Braunkohlenteers und bei der Kohleverflüssigung gewonnen werden; sie oxydieren im Unterschied zu den pflanzl. und tier. Ölen an der Luft nicht.

Miner'alsalze, die anorgan. Bestandteile der Lebewesen.

Miner'alwässer, Miner'alquellen, →Heilbäder, ÜBERSICHT.

Min'erva, röm. Göttin des Handwerks; später der →Athene gleichgesetzt.

Min'ette [frz.] die, phosphorhaltiges Brauneisenerz in Lothringen und Luxemburg.

Ming, chines. Herrscherhaus, 1368–1644.

M'ini... [lat.], klein..., kleinst...

Miniat'ur [ital.] die, Buchbild oder Kleinbild. Miniaturmalerei, im MA. die Buchmalerei (Initialen, figürl. Bilder), in der Neuzeit Kleinbildmalerei (Bildnisse auf Pergament, Elfenbein oder Porzellan).

Minigolf, Kleingolf, dem Golf ähnl. Geschicklichkeitsspiel über 12 oder 18 kleine, im Schwierigkeitsgrad unterschiedl. Hindernisbahnen.

minim'al... [lat.], mindest..., niedrigst..., kleinst...; Gegensatz: maximal.

Min'imen [lat.] Mz., **Mindeste Brüder, Paulaner,** kath. Bettelorden, 1454 von Franz v. Paula gestiftet.

M'inimum [lat.] das, **1)** kleinster Wert, Tiefstand. **2)** Wetterkunde: Tiefdruckgebiet.

Min'ister [lat. »Diener«] der, **1)** Mitgl. der Regierung, meist Leiter eines Zweiges der Staatsverwaltung, z. B. der Finanzen; gelegentl. ohne bes. Geschäftsbereich (»ohne Portefeuille«). **M.-Präsident** oder **Premier-M.,** in vielen Ländern der Vors. der Regierung. **M.-Rat,** in vielen Staaten das Gesamtministerium, vielfach auch ein M.-Ausschuß für besondere Aufgaben; in kommunist. Staaten das oberste Vollzugsorgan. **2)** bevollmächtigter **M.,** Titel des Gesandten. **M.-Resident,** →Gesandter.

Ministeri'ale der, **Dienstmann,** im MA.: ein zu ritterl. Dienst herangezogener Unfreier. Die M. erlangten allmählich die Gleichstellung mit den freien Rittern und wurden zum Kern des niederen Adels.

Minist'erium [lat.] das, **1)** oberste Behörde eines Verwaltungszweiges, z. B. das Justiz-M. **2)** die Gesamtheit der Minister (Gesamtministerium, Kabinett, Regierung).

Ministr'ant [lat.] der, Meßdiener.

Minja Konka, Minya Gongkar, Granitpyramide in der Prov. Sikang, China, 7590 m hoch.

Mink'owski, Hermann, Mathematiker, *1864, †1909; schuf die mathemat. Grundlagen der Relativitätstheorie.

Minne die, ritterl.-höf. Liebesauffassung des 12. bis 14. Jahrh.; Verehrung des weibl. Idealbildes, der frouwe (→Minnesang). Die M. wurde zum gesellschaftl. Spiel mit Regeln und Gesetzen (hohe M.).

Minneapolis [mini'æpəlis], Stadt in Minnesota, USA, am Mississippi, 470000 Ew.; Universität; größtes Müllereizentrum der Welt, versch. andere Ind. – M. ist mit St. Paul zusammengewachsen.

Minnesang, höf. Lyrik des 12. bis 14. Jahrh. Minnesänger waren u.a.: Der von Kürenberg, Dietmar von Aist, Heinrich von Veldeke, Friedrich von Hausen, Heinrich von Morungen, Reinmar der Alte, Walther von der Vogelweide, Wolfram von Eschenbach, später Neidhart, Frauenlob.

Minnesota [minis'outə], Abk. **Minn.,** Staat der USA, westl. des Oberen Sees, Ursprungsgebiet des Mississippi, 217736 km², 3,8 Mill. Ew.; Hauptstadt: St. Paul; größte Stadt: Minneapolis. Ackerbau, Milch-, Forstwirtschaft; Eisenerz; versch. Industrie. ⊕ S. 526.

Min'oische Kunst, →Ägäische Kultur.

m'inor [lat.], kleiner, geringer, jünger.

Minsk

Minor'at [lat.] das, **Jüngstenrecht,** ⚹ Vorrecht des Jüngsten in der Erbfolge. Gegensatz: →Majorat.

Minorit'ät [lat.] die, Minderheit. (→nationale Minderheiten)

Minor'iten [lat.] Mz., die →Franziskaner.

M'inos, griech. Sage: mächtiger König von Kreta, Vater der Ariadne und der Phädra; seine Gattin gebar einen Menschen mit Stierkopf, den Minotaurus. Von Minos in einem →Labyrinth eingesperrt, tötete Theseus ihn mit Hilfe der →Ariadne.

Minsk, Hauptstadt der Weißruss. SSR, 842000 Ew.; Universität; vielseitige Industrie.

M'instrel [provenzal.] der, im MA.: Sänger, Spielmann, Gaukler im Dienst eines Adligen.

Minu'end [lat.] der, →Grundrechnungsarten.

m'inus [lat.], **1)** weniger. **2)** △ Ausdruck für die Subtraktion und die negativen Zahlen; Zeichen: —.

Min'uskel [lat.] die, Kleinbuchstabe; Gegensatz: Majuskel.

Min'ute [lat.] die, **1)** der 60. Teil einer Stunde, abgek. :min. **2)** der 60. Teil eines Grades (**Bogen-M.**).

minuti'ös, minuzi'ös [lat.], peinlich genau.

Minze die, Gattung der Lippenblüter, mehrjähr., würz. Kräuter, z. B. wilde Arten: **Acker-M., Wasser-M.,** angebaut: **Pfeffer-M.,** deren Blätter krampflindernden, blähungtreibenden Tee liefern.

Mioz'än das, zweitjüngste Stufe des Tertiärs, →Erdgeschichte, ÜBERSICHT.

Mir [russ.] der, früher das russ. Dorfgemeine.

Mirabeau [mirab'o], Gabriel Graf v., französ. Staatsmann, *1749, †1791; geistsprühender Redner, 1791 Präs. der Nationalversammlung; erstrebte liberale Reformen unter Erhaltung des Königtums.

Mirab'elle [frz.] die, eine →Pflaume. (FARBTAFEL Obst S. 700)

Mir'akel [lat.] das, **1)** Wunder. **2)** im MA.: dramatisierte Heiligenlegende.

M'irat, engl. **Meerut,** Stadt in Uttar Pradesch, Indien, 239500 Ew.; Weizen- und Zuckermarkt, Nahrungsmittelindustrie.

Miró, Joan, span. Maler, *1893; surrealistisch-abstrakte Bilder.

Misanthr'op [grch.] der, Menschenfeind.

Misburg, Gem. in Ndsachs., 19100 Ew.; Hafen am Mittellandkanal; Erdölraffinerien.

Mischehe, 1) Ehe zwischen Personen verschiedener Rasse. **2)** Ehe zwischen Personen verschiedener Religion oder verschiedenen Bekenntnisses. Das kath. Kirchenrecht verbietet die M.; Ausnahmegenehmigung wird nur erteilt, wenn beide Teile versprechen, sich kath. trauen und die Kinder kath. taufen zu lassen und zu erziehen. Auch die evang. Kirche verlangt i. d. R. Sicherstellung der evang. Kindererziehung.

Mischkristalle, →Isomorphie.

Mischlichtlampe, Lampen, in denen verschiedene Lichtquellen, meist Glühlampen und Gasentladungslampen, vereinigt sind, um tagesähnl. Licht zu erhalten.

Mischling der, **1)** ein Mensch, dessen Eltern verschiedenen Rassen angehören, z. B. →Mulatte, →Mestize, →Bastaard. **2)** ⚭ ⚘ ein →Bastard.

M'ischna, der erste Teil des →Talmud.

Mispel:
Gemeine M.,
a Blüte
b Frucht

Mistel, a männl.
b weibl. Blüte

Mischp'oke [hebr.] die, 1) Familie, Sippschaft, Verwandtschaft. 2) Gesindel.

Mischsendung, zusammengepackte Drucksachen, Geschäftspapiere, Warenproben (bis 500 g).

M'ischwald, Forst aus 2 oder mehr Holzarten (gemischter Bestand).

Misdr'oy, Ostseebad auf der Insel Wollin; seit 1945 unter poln. Verw. **(Międzyzdroje).**

Mis'ere [frz.] die, Elend, Not, Jammer. **miser'abel**, elend, kläglich, erbärmlich.

Mis'ereor [lat. »mich erbarmt es«], dt. Bischöfl. Werk gegen Hunger und Krankheit in der Welt, gegr. 1959. Die Mittel stammen bes. aus dem jährl. Fastenopfer der dt. Katholiken.

Miser'ere [lat. »erbarme dich«] das, Anfangswort und zugleich Bezeichnung des 51. (50.) Psalms.

Miseric'ordias D'omini [lat. »Die Gnade des Herrn«], der zweite Sonntag nach Ostern (nach Psalm 33,5).

M'ises, Ludwig von, österreich. Volkswirt und Soziologe, *1881; gründete 1926 das österreich. Institut für Konjunkturforschung.

Miskolc [m'iʃkɔlts], Stadt in Ungarn, 175000 Ew.; got. Stephanskirche (13. Jahrh.); Schwerindustrie; Handel mit Wein.

Misog'yn [grch.] der, Weiberfeind.

M'ispel die, ein Kernobstbaum, Rosenblüter, stammt aus Vorderasien, blüht weiß. Die Früchte sind erst überreif schmackhaft.

Miss [engl.] die, Mz. **M'isses**, Fräulein.

Miss'ale [lat.] das, **Meßbuch**, enthält die in der Messe vorgeschriebenen Gebete, Lesungen, Gesänge.

Mißbildung, Fehlbildung, ⚬ ♋ ⚘ durch Entwicklungsstörung bedingte Abweichung von der regelrechten Bildung des gesamten Körpers oder seiner Teile. Geringfügige M. wird auch als **Anomal'ie** oder **Deformit'ät** bezeichnet.

m'issing link [engl. »fehlendes Glied«] das, vermutete Übergangsform zwischen Mensch und Menschenaffen.

M'issio can'onica [lat. »kirchl. Sendung«], die von der zuständigen Stelle der kath. Kirche ausgesprochene Beauftragung mit einem kirchl. Amt.

Missi'on [lat.] die, 1) Sendung, Auftrag. 2) **Äußere M.,** die Aussendung christl. Lehrer (**Mission'are**) zur Verbreitung des Christentums. Die M. begann mit der christl. M. Die M. begann mit der Wanderpredigt und Gemeindegründung der Apostel. Nach der Christianisierung des Röm. Reiches wandte sich die M. vornehmlich an die german., kelt. und slaw. Völker. Erst seit dem 16. Jahrh. ging sie auch in außereurop. Länder. Die kath. **Missionsgesellschaften** unterstehen der Kardinalskongregation für die Evangelisation der Völker in Rom, die evang. stehen nicht unter kirchl. Leitung. 3) **Volks-M.,** kath. Seelsorge am Volk durch Predigten und Vorträge. Neuerdings wurde diese M. auch von den evang. Kirchen als **Evangelisation** aufgenommen (→Innere Mission).

Mississ'ippi [indian. »Vater der Gewässer«] der, längster Strom Nordamerikas, mit dem Missouri 6051 km lang; entwässert das Gebiet zwischen Kordilleren und Appalachen; mündet in

Mississippi bei Memphis

drei Hauptarmen in den Golf von Mexiko; ist schiffbar bis oberhalb St. Paul. Nebenflüsse: rechts Missouri, Arkansas, Red River; links Ohio. Einzugsgebiet: 3,2 Mill. km².

Mississ'ippi, Abk. **Miss.,** Staat im S der USA, links des unteren M., 123 584 km², 2,35 Mill. Ew. (42% Neger); Hauptstadt: Jackson. Klima subtropisch, fruchtbarer Boden (Baumwolle, Obst, Getreide); Viehzucht, Holzwirtschaft; wenig Industrie. ⊕ S. 526.

Missouri [mis'uəri, indian. »Schlammfluß«] der, rechter Nebenfluß des Mississippi, entsteht in Montana, mündet bei St. Louis.

Missouri, Abk. **Mo.,** einer der Mittelstaaten der USA, 180486 km², 4,6 Mill. Ew. (9% Neger); Hauptstadt: Jefferson City; größte Städte: St. Louis, Kansas City. Anbau von Getreide, Baumwolle; Viehwirtschaft. ⚒ auf Blei, Kohle, Silber u. a.; Zementherstellung; Fahrzeug-, Nahrungsmittel-, Leder-, chem. u. a. Ind. ⊕ S. 526.

Mißtrauensvotum, ein Mehrheitsbeschluß des Parlaments, der der Regierung, dem Regierungschef oder einem Minister das Vertrauen entzieht und damit den Rücktritt erzwingt. In der Bundesrep. Dtl. ist nur das **konstruktive M.** gegenüber dem Bundeskanzler vorgesehen (Art. 67 GG).

Mißweisung, die erdmagnet. →Deklination.

Mistel die, auch **Hexenbesen,** ein Strauch, Halbschmarotzer auf verschiedenen Bäumen. Die M. hat ledrige, überwinternde Blätter, zweihäusige grünl. Blüten und weiße Beeren mit klebr. Saft. Bei Germanen und Kelten war die M. heilig; sie ist heute noch Weihnachtspflanze der Engländer.

M'ister [engl.], abgek. **Mr.,** Anrede an Herren, stets mit dem Familiennamen verbunden.

Mistkäfer, Blatthornkäfer mit plumpem Körper und Grabbeinen. Sie ernähren sich von Mist, formen daraus Ballen und legen sie in unterird. Brutbauten. Zu den M. gehören z. B. der **Roßkäfer** und der **Heilige Pillendreher (Skarabäus),** der am Mittelmeer lebt.

Mistr'al der, kalter, trockener Fallwind in Südfrankreich, bes. im Rhônedelta.

Mistr'al,1) Frédéric, provenzal. Dichter, *1830, †1914. Sein Epos »Mirèio« (1859) führte zur Gründung der Félibrige (→Félibre). 2) Gabriela, eigentl. Lucila Godoy Alcayaga, chilen. Lyrikerin, *1889, †1957; Nobelpreis 1945.

Mistress, abgek. **Mrs.** [m'isiz, engl.], Herrin, Lehrerin; Frau, Anrede vor dem Namen.

Misz'ellen [lat.] Mz., Aufsätze vermischten Inhalts.

M'itau, lett. **J'elgava,** Stadt in der Lett. SSR, 51 400 Ew.; Textil- u. a. Ind. Deutschordensburg, 1265 erbaut. 1562-1795 war M. die Hauptstadt der kurländ. Herzöge.

Mitbestimmung, die Beteiligung der Arbeitnehmer an allen Entscheidungen in Betrieben, Unternehmen und wirtschaftl. Organisationen, von denen ihr wirtschaftl. Schicksal berührt wird **(soziale, personelle, wirtschaftl. M.);** in der Bundesrep. Dtl. geregelt durch das →Betriebsverfassungsgesetz, das M.-Gesetz Bergbau und Eisen und das Personalvertretungsgesetz. Offen geblieben ist bisher die Ausdehnung des M.-Rechts auf die Selbstverwaltungsorgane der Wirtschaft (Handwerkskammern, Industrie- und Handelskammern; **überbetriebliche M.).**

Mitchell [m'itʃəl], Margaret, amerikan. Schriftstellerin, *1900, †1949; Roman aus dem amerikan. Bürgerkrieg: »Vom Winde verweht« (1936).

Miteigentum, Beteiligung der Arbeitnehmer am Unternehmen, z. B. durch Belegschaftsaktien; dient der Eigentumsbildung.

Miterbe, ⚬ Mitgl. einer Erbengemeinschaft.

Mitesser der, →Talgdrüsen.

Mitgift [mhd. gift »Gabe«] die, Aussteuer.

M'ithras, arischer Lichtgott; sein myst. Kult verbreitete sich von Persien über Rom bis nach Germanien und Britannien.

Mithrid'ates VI., König von Pontus, * um 132, †63 v. Chr.; eroberte fast alle Nachbarländer, 88 v. Chr. auch das röm. Kleinasien, wurde dann von den Römern in den drei **Mithridatischen Kriegen** besiegt; beging Selbstmord.

M'itla, Ruinenstätte im Staat Oaxaca (Mexiko), einstige Residenz der Zapoteken.

Mitlaut der, latein. **Konson'ant,** Laut minderer Schallfülle, der keine Silbe bildet.

Mitoch'ondrien [grch.], körnige bis fädige Teilkörper des Protoplasmas vieler Zellen; wichtig für den Energiehaushalt der Zelle.

Mit'ose die, indirekte →Kernteilung.

M'itra [grch. »Binde«] die, **1)** Kopfbinde griech. und röm. Frauen. **2)** mützenartige Kopfbedekkung altoriental. Herrscher. **3)** Bischofsmütze.

Mitr'opa, Mitteleuro**p**äische Schlafwagen- und Speisewagen AG., gegr. 1917; besteht in der Dt. Dem. Rep. weiter, in der Bundesrep. Dtl. seit 1950 →Deutsche Schlafwagen- und Speisewagen GmbH.

Mitr'opoulos, Dimitrios, griech. Dirigent, *1896, †1960; schrieb Opern, Orchesterwerke.

M'itscherlich, 1) Alexander, Mediziner, *1908, Prof. für Psychoanalyse und Sozialpsychologie, Leiter des Sigmund-Freud-Instituts in Frankfurt a. M. 1969 ist ihm der Friedenspreis des dt. Buchhandels verliehen worden. **2)** Eilhard, Chemiker, *1794, †1863, Entdecker der Isomorphie.

Mitsch'urin, Iwan, W., russ. Botaniker, *1855, †1935, beschäftigte sich mit Problemen der Pflanzenzüchtung.

Mitsch'urinsk, früher **Koslow,** Stadt im Gebiet Woronesch, Russ. SFSR, 93000 Ew.; Ind.

Mittag [von Mitte] der, **1)** der Zeitpunkt des Durchgangs der Sonnenmitte durch den Meridian eines Ortes. **M.-Kreis,** der Längenkreis (→Länge), **M.-Punkt,** Südpunkt. **2)** allgem. für Süden. **3)** die mittleren Tagesstunden.

Mittagsblume, artenreiche Pflanzengattung, oft durch Blattsukkulenz an Wüstenklima angepaßt (»Lebende Steine«); auch Topfzierpflanzen, z. B. **Eiskraut.**

M'ittäterschaft, die Form der Beteiligung mehrerer an einer Straftat, bei der jeder einzelne einen die Tat fördernden Beitrag leistet und die Tat als eigene will. Nach § 47 StGB wird jeder Mittäter als Täter bestraft.

Mittel das, △ Mittelwert: Das **arithmetische M.** oder der Durchschnitt mehrerer Zahlen wird gefunden, wenn man ihre Summe durch ihre Anzahl teilt, z. B. haben 2, 6 und 7 das arithmet. M. $(2+6+7):3=5$. Das **geometrische M.** findet man, wenn man aus dem Produkt der Zahlen die Wurzel zieht, z. B. haben 3 und 12 das geometrische M. $\sqrt{3\cdot 12}=6$.

Mittelalter das, die Zeit vom Untergang des weström. Reichs (476 n. Chr.) bis zu den Entdeckungen und der Reformation (um 1500); Teilabschnitte: Früh-, Hoch- und Spät-M.

Mittelamerika, die zwischen Nord- und Südamerika gelegenen Teile Amerikas, bestehend aus der schmalen Festlandbrücke zwischen der Landenge von Tehuantepec und der kolumbian. Nordgrenze **(Zentralamerika)** und den Antillen und Bahama-Inseln **(Westindien).** ⊕ S. 516/517.

Der Festlandsteil ist überwiegend Gebirgsland, z. T. mit mehreren parallelen Ketten. Viele Vulkane, auch auf den Inseln. Das atlant. Küstentiefland ist heiß, feucht, die Hochebenen gemäßigt, trockner. BEVÖLKERUNG. Indianer, Mestizen, Weiße, Neger, Mulatten, Inder, auf den Inseln bes. Neger und Mulatten. Erzeugnisse: Kaffee, Zucker, Baumwolle, Edelhölzer, Mais, Reis, Bananen, Kakao, Tabak, Kautschuk. STAATLICH gehören zu M. das südl. Mexiko, Guatemala, El Salvador, Honduras, Nicaragua, Costa Rica, Panama und Britisch-Honduras; ferner →Antillen, Bahama-Inseln. (ÜBERSICHT Nordamerika)

mittelamerikanische Kulturen. Die Kultur der indian. Völker Mittelamerikas (bes. Azteken und Maya) ist von einheitl. Prägung. Erhalten sind außer Bauwerken hauptsächlich Keramik, Stein- und Metallgerät. – Um 200 bis um 900 n. Chr. entstanden größere kult. Bauwerke: mit Tempeln gekrönte Stufenpyramiden und Ballspielplätze. Die Bildhauerkunst schuf bes. Reliefs aus Stein oder Stuck. Auch die Wandmalerei blühte. Erst in der Folgezeit wurde die Rundplastik häufiger. Von der schon früh entwickelten Steinschneidekunst zeugen Masken für den Totenkult und Schmuckstücke. – Die Kunst der Metallbearbeitung breitete sich erst in der Toltekenzeit aus (um 900 bis um 1300). Die besten Goldarbeiter waren die Mixteken. Erst kurz vor der span. Eroberung trat Bronze auf. Holzgegenstände, reichgemusterte Textilien und Federmosaiken haben sich nur spärlich erhalten. – Die Bildhauerkunst der Azteken (um 1370-1519) brachte neben starren Götterbildern auch realist. Bildwerke von Tieren und Menschen hervor. Die Keramik verlor an Reichtum der Farbe, Figuren wurden nun stets in Modeln geformt. Eine Bilderschrift, die Astronomie und Arithmetik waren bes. hoch bei den Maya entwickelt.

Mitteldeutschland, dt. Großlandschaft zwischen dem sächs.-böhm. Gebirgswall, Franken- und Thüringer Wald im SW, dem Fläming und Harz im N, mit der Leipziger Bucht als Kerngebiet; hochentwickelte Landwirtschaft, Kohlen-, Salz-, Kali-⚒, vielseitige Industrie.

Mitteleuropa, der mittlere Teil Europas zwischen den Alpen im S, Nord- und Ostsee im N; im W und O fehlen natürl. Grenzen. Gewöhnlich versteht man unter M. die Stromgebiete von der Schelde bis zur Weichsel und das der Donau bis zur Mährischen Pforte.

Mitteleuropäische Zeit, abgek. **MEZ,** →Zeit.

Mittelfranken, Regierungsbezirk in Bayern, 7624 km², 1,49 Mill. Ew.; Hauptstadt: Ansbach.

Mittelgebirge, Gebirge in der gemäßigten Zone unter 2000 m, in den Tropen auch höher.

Mittelgewicht, →Gewichtsklassen.

Mittelhochdeutsch, abgek. **mhd.,** Entwicklungsstufe des Hochdeutschen, →Deutsche Sprache.

Mittellandkanal, Schiffahrtsweg für 1000-t-Schiffe vom Dortmund-Ems-Kanal bei Bergeshövede bis zur Elbe bei Magdeburg; 1938 eröffnet. (BILD S. 602)

Mittelmächte, im 1. Weltkrieg das Dt. Reich und Österreich-Ungarn und ihre Verbündeten (Türkei, Bulgarien).

Mittelmeer, das rund 2496000 km² große Meer zwischen S-Europa, Vorderasien und N-Afrika, das über die Straße von Gibraltar mit dem Atlant. Ozean, über den Suezkanal und das Rote Meer mit dem Ind. Ozean Verbindung hat. Es hat ein westl. und ein östl. Hauptbecken, die durch die Straße von Tunis und die Straße von Messina in Verbindung stehen. Zum westl. gehören Iberisches, Ligurisches, Tyrrhenisches Meer, zum östl. Ionisches, Adriatisches, Syrten-, Ägäisches, Levantinisches Meer. Dardanellen, Marmarameer

Mittellandkanal

Mittellandkanal bei Minden

und Bosporus führen zum Schwarzen Meer. Seiner Entstehung nach ist das M. ein Einbruchsbecken. Das Wasser ist sehr salzhaltig (36,5⁰/₀₀ im W, 39⁰/₀₀ im O) und von tiefblauer Farbe. Das Klima, **Mittelmeerklima,** ist gekennzeichnet durch Winterregen und Sommertrockenheit.

Mittelohrentzündung, →Ohr.

Mittelpunktschule faßt die Oberstufen der Schulen mehrerer Dörfer zu einer gemeinsamen Schule zusammen.

Mittelschulen, jetzt →Realschulen; →Schule.

Mittelstand, die Schicht zwischen arm und reich; heute die Bauern, Handwerker, Beamte, die Angehörigen freier Berufe und z. T. die Angestellten und Kaufleute.

Mittelsteinzeit, Mesolithikum, die Übergangszeit zwischen Alt- und Jungsteinzeit (etwa 9000-4000 v. Chr.). Sie setzt ein mit der Umgestaltung der Steinwerkzeuge zu kleineren Geräten (→Vorgeschichte, ÜBERSICHT).

Mittelwellen, Wellen mit einer Wellenlänge von 100 bis 1000 m ($3 \cdot 10^6$ bis $3 \cdot 10^5$ Hz).

M'ittenwald, Luftkurort und Wintersportplatz in Oberbayern, am Fuß des Karwendelgebirges, 920 m ü. M.; 8000 Ew.; Geigenbau.

Mitternacht, 1) Zeitpunkt, an dem die Sonnenmitte zum 2. Mal durch den Meridian geht, 12 Uhr nachts (24 Uhr). **2)** allgem. für Norden.

Mitternachtssonne, die Erscheinung, daß die Sonne in hohen Polargebieten im Sommer auch um Mitternacht über dem Horizont bleibt.

Mitterrand [miter'ã], François, französ. Politiker, *1916; unterlag bei der Präsidentschaftswahl 1965 gegen de Gaulle.

mittlere Reife, das Abschlußzeugnis der mittleren Schulbildung; auch die Obersekundareife an Gymnasien.

Mittw'eida, Stadt im Bez. Karl-Marx-Stadt, an der Zschopau, 19 700 Ew.; Textil-, Metallwaren.

Mixed pickles [m'ikst piklz, engl.] Mz., Beigericht aus jungem Gemüse in gewürztem Essig.

Mixteken, Mixteca [mist'ɛka], mexikan. Indianerstamm im Staat Oaxaca, (1961 rd. 35 000 Menschen), in vorspan. Zeit hatten die M. eine bedeutende Kultur.

M'ixtum comp'ositum [lat.] das, Mischmasch.

Mixt'ur [lat.] die, **1)** Mischung, flüssige Arznei aus mehreren Bestandteilen. **2)** ♪ bei der Orgel das durch ein Register auslösbare gleichzeitige Erklingen von zwei oder mehr Pfeifen.

Mj'ölnir, Mj'öllnir der, nord. Göttersage: der Hammer des Thor.

Mjösa [mj'øsa], **Mj'ösen,** größter See Norwegens, nördl. von Oslo, 366 km² groß.

mkg, Abk. für Meterkilogramm, →Meter.

mkp, Abk. für Meterkilopond.

MKS-System, →metrisches System.

Mlle. [frz.], Abk. für Mademoiselle.

mm, Abk. für Millimeter, $1/1000$ m; **mm²,** Quadratmillimeter; **mm³,** Kubikmillimeter.

Mme. [frz.], Abk. für →Madame.

Mn, chem. Zeichen für →Mangan.

Mn'eme [grch.] die, das Gedächtnis.

Mnem'onik, Mnemot'echnik [grch.] die, Gedächtniskunst.

Mnemos'yne, griech. Sage: Göttin des Gedächtnisses, Mutter der 9 Musen.

Mo, chem. Zeichen für →Molybdän.

M'oa der, ausgerotteter, flugunfähiger Riesenvogel Neuseelands, bis 3,5 m hoch.

Moab'iter, A. T.: Volk östl. des Toten Meeres.

Mob [engl.] der, Pöbel, Gesindel.

Möbel [frz.] Mz., die bewegl. Einrichtungsgegenstände eines Raumes. (TAFEL Möbelstile)

mob'il [lat.], **1)** beweglich. **2)** ⚔ kriegsbereit.

M'obile, das, Gebilde aus federnden Drähten mit blattart. Blechen, das in schwingende Bewegung gebracht werden kann; zuerst von dem Amerikaner A. Calder (*1898) geschaffen.

Mobili'ar [lat.] das, bewegliche Güter, besonders die →Möbel.

Mob'ilien [lat.] Mz., bewegl. Sachen. Gegensatz: Immobilien.

mobilis'ieren [lat.], beweglich machen.

Mobilit'ät die, SOZIOLOGIE: Möglichkeit des Wechsels aus einer Position in die andere, z. B. Wohnsitzwechsel, sozialer Auf- und Abstieg.

Mob'ilmachung, ⚔ die Überführung der Wehrmacht, der Staatsverwaltung und der Wirtschaft in den Kriegszustand.

Mobutu, Joseph Désiré, kongoles. Politiker, *1930; seit 1965 Staatspräs. der Rep. Zaïre.

Moçamb'ique, Mosambik, Portugiesisch-Ostafrika, portugies. Überseeprovinz an der O-Küste des südl. Afrikas, 783 030 km², 7,2 Mill. Ew.; Hauptstadt: Lourenço Marques. M. umfaßt den östl. Steilabfall der inneren Hochländer Südafrikas und die vorgelagerte Küstenlandschaft; im S vorwiegend Steppe. Hauptfluß der Sambesi. Klima im Tiefland tropisch heiß, auf dem Hochland Savannenklima. BEVÖLKERUNG. Meist Bantu, daneben Weiße, Inder, Mischlinge u. a. Überwiegend Naturreligionen, rd. 1,2 Mill. Christen, rd. 800 000 Muslime. Anbau von Reis, Mais, Erdnüssen; für die Ausfuhr: Zucker, Baumwolle, Cashewnüsse, Tee, Sisal, Kopra. Haupthandelspartner: Portugal. Haupthäfen und internat. Flughäfen: Lourenço Marques, Beira. ⊕ S. 514.

Mochica [mɔtʃ'ika], indian. Kultur (um 200 n. Chr.) im Küstengebiet Perus, Vorläuferin der Kultur von →Chimú.

Moctez'uma, letzter Herrscher des Aztekenreiches (1502-19).

Modalit'ät [lat.] die, Art und Weise, wie etwas geschieht, gedacht, ausgesagt wird.

Mode [frz.] die, i. w. S. jeder plötzlich auftauchende Gebrauch, der sich, indem er Neigungen entgegenkommt, rasch ausbreitet; i. e. S. die vorübergehend herrschende Bekleidungsweise (FARBTAFELN S. 695/696).

M'odel [lat.] der, figürlich geschnitzte Holzform. **Modeldruck, Stoffdruck, Textildruck, Zeugdruck,** Druckverfahren zur Herstellung von Tapeten- und Stoffdrucken im Hoch- oder Tiefdruckverfahren.

Mod'ell [frz.] das, **1)** Vorbild, Muster, Gebrauchsmuster, z. B. **Modellkleid.** **2)** der Aufbau, die Form, nach der das eigentl. Werk geschaffen wird. **3)** MALEREI, BILDHAUERKUNST: das gegenständl. Vorbild oder die lebende Person als Gegenstand des künstler. Nachbildens. **4)** vereinfachende bildl. oder mathemat. Darstellungen von Strukturen, Funktionsweisen oder Verlaufsformen. **modell'ieren,** formen, bilden.

M'odena, Stadt in Norditalien, 167 300 Ew.; roman. Dom, Universität (gegr. 1182); Industrie. M. war bis 1860 die Hauptstadt des Herzogtums M. (→Este).

M'oder der, **1)** Fäulnis, Verwesung. **2)** Sumpf-, Schlammerde.

moder'ato [ital.], ♪ gemäßigt, mäßig.

Moder'ator der, **1)** Bremssubstanz, im Kernreaktor verwendete Substanz, die die bei Kernspaltungen entstehenden schnellen Neutronen auf niedrige (thermische) Energie abbremst. **2)** im Rundfunk und Fernsehen: Diskussionsleiter.

1, 2, 3

Möbelstile. **1** Gotik: Maß-
werk-Truhe (Mitte
15. Jahrh.). **2** Spätrenaissance: Schrank mit Flach-
reliefs, norddeutsch (Ende
16. Jahrh.). **3** Barock:
Himmelbett (um 1680).
4 Barock: Schrank mit
Flachschnitt und Wap-
penreliefs (1692).
5 Rokoko: Kommode
(2. Hälfte 18. Jahrh.).
6 Rokoko: Sofa (um 1760).
7 Louis XVI.: Stuhl (um
1770). **8** Moderne Wohn-
ecke. **9** Empire: Wand-
tisch (um 1790)

4, 5

6

7, 8, 9

P. Modersohn-
Becker:
Mädchenbildnis

Mohammed II.

Mohendscho
Daro: Bronze-
figur einer
Tänzerin

mod′ern [lat.], neuzeitlich, zeitgemäß.
Moderne Kunst. In der ARCHITEKTUR: Abwendung von den histor. Baustilen; Versuch, die Form vom Zweck her und auf den Zweck hin zu entwickeln (funktionales Bauen); neue Werkstoffe, bes. der Stahlbeton, boten dabei neue konstruktive Möglichkeiten. Vorläufer: Behrens, Berlage, Garnier, J. Hoffmann, Loos, Mackintosh, Perret, van de Velde u. a.; Fortführer: Bartning, Gropius, Le Corbusier, Mies van der Rohe, Aalto, Oud, Wright u. a. In der PLASTIK, stärker noch in der MALEREI: Verzicht auf Abbildlichkeit und Gegenständlichkeit; er bahnte sich im Impressionismus an und erreichte über Neo-Impressionismus, Jugendstil, Futurismus, Expressionismus im Kubismus und in der »abstrakten Kunst« den Höhepunkt. Maler: Cézanne, van Gogh, Munch, Nolde, Macke, Marc, Klee, Kirchner, Schmidt-Rottluff, Kandinsky, Beckmann, Picasso, Matisse, Baumeister, Werner, Winter, Nay; Bildhauer: Maillol, Lehmbruck, Despiau, Barlach, Mataré, Marcks, Moore, Marini. Die Entwicklung ist aber nicht einheitlich, Vorstöße wechselten mit Rückschlägen (Neue Sachlichkeit in Dtl., Neoklassizismus in Italien u. a.), es gibt keinen einheitl. Gegenwartsstil. Der »gegenstandslosen Kunst« ist der stark gegenständlich bestimmte Surrealismus (M. Ernst, S. Dali u. a.) entgegengetreten, der Hintergründiges, Dämonisches anschaulich machen will. – Seit Ende des zweiten Weltkrieges zeigt die Kunst internationalen Charakter, das betrifft die Idee, die Gestaltung, die Materialien. Jedoch sind alle Richtungen, die in den letzten Jahren eingeschlagen wurden, nur als Stationen eines Weges, nicht aber als Ziel zu bezeichnen (→Action Painting, →Pop Art, →Op Art, →Happening, →Informelle Kunst). Doch ist eine Umkehr der Sehweisen zu beobachten, ein Zurück zum Menschen und seinem Abbild. – In der MUSIK: Hinwendung zur Atonalität, d. h. Verzicht der Beziehung aller Töne einer Melodie auf einen Grundton; ihre verbreitetste Form ist die →Zwölftonmusik. Bahnbrecher war A. Schönberg, dem vor allem A. Berg, A. von Webern, L. Dallapiccola, H. W. Henze, W. Fortner u. a. folgten. Hindemith, Strawinsky, Bartók, Orff u. a. sahen in der Erschütterung der harmon. Tonalität die Möglichkeit zur Gestaltung neuer Klänge und Rhythmen. Nach 1950 entwickelten sich die elektron. Musik und die experimentelle Musik, bei der das klangl. Ergebnis einer Aufführung weitgehend dem Zufall überlassen ist.
Modern′ismus [frz.] der, die von Papst Pius X. 1907 verurteilte Richtung in der kath. Kirche, die einen Ausgleich zwischen kath. Glauben und modernem Denken herbeizuführen suchte. Der **Anti-modernisteneid** war 1910-67 für alle kath. Priester vorgeschrieben.
Modersohn, 1) Otto, Landschaftsmaler,*1865, †1943, Mitgr. der Künstlerkolonie Worpswede, Gatte von 2). **2)** Paula, **Modersohn-Becker,** Malerin, *1876, †1907; Bilder bäuerl. Menschen und Kinder, Selbstbildnisse und Stilleben.
mod′est [lat.], bescheiden.
Modifikati′on [lat.] die, **1)** Milderung, Abänderung. **2)** ♃ ☿ ♓ nichterbl. (umweltbedingte) Änderung von Merkmalen. Gegensatz: Mutation. **3)** die zwei oder mehr Kristallformen, in denen manche chem. Elemente und Verbindungen existieren können (→Allotropie, →Polymorphie).
Modigliani [-diʎ′aːni], Amadeo, italien. Maler in Paris, *1884, †1920, malte meist Köpfe und Akte von jungen Frauen.
Mod′istin [von →Mode] die, Putzmacherin.
Mödling, Stadt in Niederösterreich, am Rande des Wienerwaldes, 17 300 Ew.; zwei spätgot. Kirchen, Renaissance-Rathaus.
M′odul [lat.] der, **1)** △ Faktor, durch den sich der →Logarithmus verschiedener Systeme unterscheidet. **2)** ⚙ Vielfaches der Zahl π, z. B. bei Gewinden (Steigung), Zahnrädern (Teilung): Modul × Zähnezahl gibt Teilkreisdurchmesser. **Elastizitätsmodul,** Kennzahl der Elastizität von Stoffen. **Modulati′on** [lat.] die, **1)** die Beeinflussung der

Modigliani: Mädchen in Blau (Ausschnitt)

Frequenz, Amplitude o. a. Größen einer Schwingung durch die gleiche Größe einer gleichart. zweiten Schwingung. **Frequenz-M.** wird im Ultrakurzwellenbereich, **Amplituden-M.** im Kurz-, Mittel- und Langwellenbereich angewandt. **2)** ♪ der Übergang von einer Tonart in die andere. Zeitw.: modul′ieren.
M′odus [lat. »Maß«] der, -/Modi, **1)** Art, Weise. **Modus viv′endi** der, die Art und Weise eines erträgl. Zusammenlebens. **2)** Ⓖ die Aussageweise des Zeitwortes. Egw.: mod′al.
Mofa, Abk. für →Motorfahrrad.
Mof′ette [ital.] die, kalte, Kohlendioxyd fördernde Gasquelle vulkan. Ursprungs.
Mogadiscio [-d′iʃo], Hauptstadt und wichtigster Hafen der Rep. Somalia, 170 000 Ew.
m′ogeln [hebr.], betrügen.
Möggingen, Schloß am Bodensee, seit 1946 Sitz der Vogelwarte Radolfzell, ehem. Rossitten.
Mogilew [magilʲ′of], **Mohilew,** Stadt in der Weißruss. SSR, am Dnjepr, 190 000 Ew.; Holz-, Lederindustrie.
M′ogul [pers. »Mongole«] der, svw. →Großmogul.
Mohair [moh′ɛːr, frz.] der, Gewebe aus dem Haar der Angoraziege.
Moh′ammed, Muhammad, der Stifter des →Islam, * um 570, †632. Seit ungefähr 595 unternahm M. als Kaufmann Handelsreisen, wobei er das Christentum, später u. a. Religionen kennenlernte. Seit etwa 610 verkündete er in Mekka seine Offenbarungen, die wohl schon zu seinen Lebzeiten aufgezeichnet wurden (→Koran). Die vornehmen Mekkaner verhielten sich ablehnend. 622 entschloß sich M. zur Auswanderung nach Medina (→Hedschra), wo er eine Gemeinde gründete. 630 konnte er Mekka besetzen und für seine Lehre gewinnen. Mittelpunkt des Islam und Wallfahrtsziel der Mohammedaner wurde die Kaaba in Mekka. Als M. starb, war der Islam über weite Teile Arabiens verbreitet.
Moh′ammed, türk. **Mehmed,** Name türk. Sultane. **M. II., d. Gr.** (1451-81), eroberte 1453 Konstantinopel, unterwarf Serbien und Bosnien.
Moh′ammed V., König (seit 1956) von Marokko, *1911, †1961, erlangte März/April 1956 von Spanien und Frankreich die Unabhängigkeit.
Mohammed Risa Pehlewi, →Risa Pehlewi.
M′ohatsch, ungar. **Mohács,** Stadt im südl. Ungarn, an der Donau, 19 600 Ew.; 1526 Sieg der Türken über die Ungarn, 1687 Sieg Karls von Lothringen über die Türken.
Moh′endscho Daro, engl. **Mohenjo-Daro,** Ruinenstätte am Unterlauf des Indus, die größte bekannte Siedlung der Induskultur des 3. Jahrtausends v. Chr.
Mohik′aner Mz., ausgestorbener nordamerikan. Indianerstamm.
Mohn der, Pflanzengattung mit weißem Milchsaft und Kapselfrucht. Der einjährige **Schlaf-M.** oder **Garten-M.** hat hellrote, lila oder weiße Blü-

ten. Aus der unreifen Fruchtkapsel wird Opium gewonnen. Die kleinen, bläul. Samen dienen als Würze (auf Backwerk) und zu Mohnöl. Ackerunkraut ist der scharlachrot blühende **Klatsch-M. (Klatschrose).** In den Alpen wächst der **Alpen-M.** (FARBTAFEL Heilpflanzen S. 352)

Möhne die, rechter Nebenfluß der Ruhr in Westfalen, 57 km lang. Die **Möhne-Talsperre** faßt 134 Mill. m³ Wasser.

Mohole-Projekt, die geplante Durchbohrung der Erdkruste an einer ihrer dünnsten Stellen (etwa 3-5 km), die durchweg am Grund von Ozeanen liegen; Vorarbeiten seit 1960.

Moholy-Nagy [m'ohoin'odj], Laszlo, Vertreter der gegenstandslosen Malerei und Plastik, *1895, †1946, war am Bauhaus in Weimar, seit 1937 in Chicago.

Mohr [lat. maurus] der, 1) urspr. Bewohner Mauretaniens. 2) muslim. Bewohner N-Afrikas. 3) ✣ Neger.

Mohrrübe, Möhre, Gelbe Rübe, Doldenpflanze, blüht weiß, wächst wild auf Wiesen. Bei der Zuchtform ist die Pfahlwurzel fleischig, meist orangerot, zuckerreich; Gemüse, Futtermittel.

Mohssche Skala, →Härte.

Moiré [mwar'e, frz.] der und das, Gewebe mit schillernder Oberfläche.

M'oiren [grch.] Mz., die griech. Schicksalsgöttinnen: Klotho, Lachesis, Atropos.

Moissan [mwas'ã], Henri, französ. Chemiker, *1852, †1907, Entdecker des Fluors; Nobelpreis 1906.

mok'ant [frz.], spottlustig, spöttisch. **sich mok'ieren** über etwas spotten.

M'okassin der, wildlederner Halbschuh der nordamerikan. Indianer.

M'okick das, Kleinstmotorrad mit Kickstarter und festen Fußrasten.

Mokka, südarab. Stadt am Roten Meer, im 15. Jahrh. Ausfuhrhafen für den Kaffee Jemens. **M.,** starker Kaffee.

Mol das, →Grammatom.

Mol'aren [lat.] Mz., Mahlzähne (→Zähne).

Mol'asse die, ⊕ tertiäre Ablagerungen aus Konglomeraten, Sandsteinen, Mergeln am N-Rand der Alpen.

Molch der, Schwanzlurch; der auf dem Land lebende **Salamander,** ferner viele wasserlebende Arten (**Kamm-M., Berg-M.** u.a.).

M'oldau die, 1) tschech. Vltava, der Hauptfluß Böhmens, entspringt im Böhmerwald, mündet in die Elbe, 435 km. 2) rumän. **Moldova,** Landschaft in Rumänien, zwischen Ostkarpaten und Pruth. 1360-1859 selbst. Fürstentum. Hauptstadt: Jassy.

Moldauische SSR, Unionsrep. (seit 1940) im SW der Sowjetunion, an Dnjestr und Pruth, 33 700 km², 3,5 Mill. Ew. (Rumänen, sogenannte Moldauer; daneben Ukrainer, Russen u.a.); Hauptstadt: Kischinew. Anbau von Getreide, Wein, Obst, Tabak u.a.; versch. Industrie.

Mölders, Werner, Jagdflieger und Inspekteur der Luftwaffe, *1913, † (Absturz) 1941.

Mole [ital.] die, Damm, der einen Hafen gegen das offene Meer abgrenzt.

Molek'ül [lat.] das, **Mol'ekel** die, ✧ das kleinste Teilchen einer chem. Verbindung, das noch deren chem. Eigenschaften darstellt, besteht aus zwei oder mehr Atomen. Man kennt auch organische **Riesen-M.** (→Makromoleküle) mit mehreren Millionen Atomen. Einen Übergang zwischen Riesen-M. und primitivsten Lebewesen bilden die Viren (→Virus). Die Summe der relativen Atommassen aller in einem M. vereinigten Atome ist die **relative M.-Masse (Molekulargewicht);** sie läßt sich bei Gasen besonders einfach durch Wägung eines bestimmten Volumens bestimmen (→Avogadrosches Gesetz). →Loschmidtsche Zahl.

Molekul'arbiologie erfaßt die Lebensvorgänge im Molekularbereich, z.B. Biosynthese der Eiweißstoffe.

Molekul'arverstärker, engl. **Maser,** Gerät zur Erzeugung und Verstärkung von Mikrowellen durch Ausnutzung der Resonanzeigenschaften

innermolekularer oder innerkristalliner Eigenschwingungen; Gas-M. (Ammoniak), Festkörper-M. (Rubin). Anwendung: rauscharme Verstärker für Radioastronomie, Funkempfang über Satelliten und von Raumfahrzeugen, Radar.

molest'ieren [lat.], belästigen.

Molf'etta, Hafenstadt in Süditalien (Apulien), 64100 Ew.; Dom (1150); Öl, Wein.

Molière [molj'ε:r], Jean Baptiste **Poquelin,** gen. M., französ. Komödiendichter, *1622, †1673; leitete 12 Jahre eine Wandertruppe, seit 1658 Schauspieler und Theaterdirektor in Paris; genoß die bes. Gunst Ludwigs XIV. Für die Hofbühne schrieb er mehrere Comédies-Ballets (»Der Bürger als Edelmann«, »Der eingebildete Kranke«). Seine Komödien mit ihrer meisterl. Handlungsführung und ihrer Sprache voller Witz stellen Mißstände seiner Zeit als Sonderfälle menschl. Defekte bloß, z. B. in »Schule der Frauen«, »Tartuffe«, »Der Geizhals«, »Der Menschenfeind«, »Der Arzt wider Willen«.

Molke [von melken] die, flüssiger Rückstand der von Fett und Casein befreiten Milch.

Molkerei die, Weiterverarbeitung der Milch und der hierzu dienende Betrieb.

Moll [lat. mollis »weich«] das, ♪ →Tonart mit kleiner Terz.

Möller, Alex, Politiker (SPD), *1903, MdB seit 1961, 1969-71 Bundesfinanzmin.

Moeller van den Bruck, Arthur, Schriftsteller, *1876, † (Selbstmord) 1925; der Titel seines Buches »Das dritte Reich« wurde sinnentstellt zum nat.-soz. Schlagwort.

Mollet [mol'ε], Guy, französ. Politiker, *1905; seit 1946 Generalsekretär der Sozialist. Partei; war 1954-56 Präs. der Beratenden Versammlung des Europarates, 1956/57 MinPräs.; 1958/59 Staatsmin. in der Regierung de Gaulle.

Mölln, Stadt in Schlesw.-Holst., 15000 Ew.; Luftkurort; Nikolaikirche mit Grabstein Till Eulenspiegels; Metall-, Holzindustrie.

Moll'usken [lat.] Mz., Stamm der →Weichtiere.

M'olnár, Ferenc, ungar. Schriftsteller, *1878, †1952; Lustspiele »Spiel im Schloß«), Romane.

M'olo, Walter v., *1880, †1958; histor. Romane.

M'oloch der, semit. Gott, wurde durch Menschenopfer verehrt. Sinnbild für alles, was Menschen und Werte verschlingt.

M'olotow, Wjatscheslaw, eigentl. **Skrjabin,** sowjet. Politiker, *1890; 1930-41 Vors. des Rats der Volkskommissare (MinPräs.), 1939-49 und 1953 bis 1956 Außenmin., 1957 aus allen Führungsstellen entfernt, bis 1961 verschiedene Auslandsposten.

M'olotow, 1940-57 Name der Stadt →Perm.

M'olotow-C'ocktail [-teil], mit Benzin und Phosphor gefüllte Flasche, behelfsmäßig zur Panzernahbekämpfung erstmals von sowjet. Truppen im 2. Weltkrieg benutzt.

Moltke, 1) Helmuth Graf v., preuß. Generalfeldmarschall, *1800, †1891, urspr. dän. Offizier, seit 1822 im preuß. Heer, 1858 Chef des Generalstabs der preuß. Armee. Er leitete die Kriegführung 1866 und 1870/71. 2) Helmuth v., Neffe von 1), preuß. Generaloberst, *1848, †1916, wurde 1906 als Nachfolger Schlieffens Chef des Generalstabs der Armee, leitete 1914 die Operationen bis zur Marneschlacht; nach deren unglücklichem Ausgang trat er zurück. 3) Helmuth James Graf v., Jurist und Landwirt, *1907, † (hingerichtet) 1945, war 1939-44 Sachverständiger für Kriegs- und Völkerrecht im Oberkommando der Wehrmacht, Mittelpunkt des →Kreisauer Kreises.

molto [ital.], ♪ sehr, viel.

M'olton [frz.] der, weiches, beidseitig gerauhtes Baumwollgewebe.

Mol'ukken, Maluku, Gewürz-Inseln, Inselgruppe zwischen Celebes und Neuguinea, zur Rep. Indonesien gehörig, 74 505 km², 850000 Ew.; Verwaltungssitz: Ambon. Klima tropisch. Erzeugnisse: Gewürznelke, Muskatnuß, Sago, Betelnuß, Pfeffer, Kaffee, Kopra, Holz, Asbest, Perlen u.a.

Molwärme, Molekularwärme, die zum Erwärmen von 1 Mol eines Stoffes um 1 Grad benötigte Wärmemenge.

Mohrrübe: 1-4 Blütenstände, 5 Frucht, 6 Wurzel

Mokassin

Molière

H. v. Moltke d. Ä.

Monaco:
Monte Carlo

Mommsen

Mondfinsternis,
a Halbschatten,
b Kernschatten,
E Erde, S Sonne,
M Mond

Molybd′än das, Mo, chem. Element, silberweißes Schwermetall; Ordnungszahl 42, Atomgewicht 95,94, Dichte 10,2 g/cm³, Schmelzpunkt 2620 °C. M. ist selten, findet sich im **M.-Glanz**, MoS_2; wird zu Edelstählen verwendet.

Momb′asa, Stadt und Haupthafen von Kenia, 236 000 Ew.; Ausgangsort der Ugandabahn.

M′ombert, Alfred, Lyriker, *1872, †1942; visionäre Gedichte »Der himmlische Zecher«.

Mom′ent [frz.] der, Augenblick. **moment′an,** augenblicklich.

Mom′ent [lat.] das, 1) (wesentlicher) Umstand; Gesichtspunkt. 2) Mechanik: Trägheitsmoment, →Trägheit; **Dreh-M.,** →Hebel.

Mommsen, Theodor, Historiker, *1817, †1903; seit 1858 Prof. in Berlin; liberaler Politiker. Hauptwerke: »Corpus inscriptionum Latinarum« (Sammlung aller lat. Inschriften), »Römische Geschichte«.

Mon, austroasiat. Restvolk in Birma und Thailand, 485 000. Die M. gründeten im 1. Jahrh. n. Chr. das Reich Pegu in Niederbirma, das 1757 zerstört wurde.

Møn, dt. **Mön,** fruchtbare dän. Insel, im SO von Seeland, 220 km² 22 000 Ew., Fischerei.

Monaco, konstitutionelles Fürstentum an der Riviera, unter französ. Schutz; 1,5 km², 23 000 Ew.; Amtssprache: Französisch. M. bildet nur eine Gemeinde, zu der auch Monte Carlo (mit Spielbank) gehört. Fremdenverkehr. Staatsoberhaupt: Fürst Rainier III. ⊕ S. 522, ⊓ S. 346.

Mon′ade [grch.] die, kleinstes seel. Einzelwesen, →Leibniz.

M′ona L′isa, Gioconda [dʒɔk′ɔnda], Gattin des Florentiners Francesco del Giocondo; Bildnis von Leonardo da Vinci (Paris, Louvre).

Monarch′ie [grch. »Einherrschaft«] die, Staatsform, in der ein Einzelner, der erbl. oder gewählte **Mon′arch,** auf Lebenszeit Staatsoberhaupt ist, urspr. als Alleinherrscher, der alle Staatsgewalt in seiner Person vereinigte **(absolute M.).** In der **konstitutionellen M.** ist seine Gewalt durch eine Verfassung (Konstitution) beschränkt, bes. in der Volksvertretung (Parlament) an der Gesetzgebung beteiligt. In der **parlamentar. M.** bedarf außerdem die Regierung des Vertrauens der Volksvertretung (→Parlamentarismus). **Monarch′ist** der, Anhänger der Monarchie.

Monast′ir, Stadt in Jugoslawien, →Bitola.

M′onat [von Mond] der, die Zeit eines Mondumlaufs um die Erde; die Zeit, **1) siderischer M.,** die Zeit, die vergeht, bis der Mond wieder vor dem gleichen Fixstern erscheint: 27 Tage, 7³/₄ Stunden. 2) **synodischer M.,** die Zeit von einem Neumond zum andern: 29 Tage, 12³/₄ Stunden. – Im bürgerl. Leben gelten die **Kalender-M.**

Monaz′it der, rötlichbraunes bis gelbes Mineral, Cerphosphat, in dem Cer teilweise durch Lanthan u. a. Lanthaniden ersetzt ist; enthält ferner bis 33 % Thorium. Wichtig für die Thorium- und Cergewinnung.

Mönch [von grch. monachos »einsam lebend«] der, einem Kloster angehöriges männl. Mitglied eines geistl. →Ordens. Das **Mönchtum** ist in vielen Religionen verbreitet, auch im Brahmanismus, Buddhismus, Lamaismus.

Mönch, breite, steile Firnkuppe der Finsteraarhorngruppe, Berner Alpen, 4099 m hoch.

Mönchengladbach, Industriestadt in Nordrh.-Westf., in der Kölner Tieflandsbucht, 154 200 Ew.; Mittelpunkt der rhein. Textilind. mit Textil-, Ingenieur- u. a. Fachschulen. – Im 10. Jahrh. als Benediktinerabtei entstanden.

Mönchgut, die südöstl. Halbinsel Rügens.

Mond der, Himmelskörper, der sich um einen Planeten und mit diesem um die Sonne bewegt. Die Erde hat 1, Mars 2, Jupiter 12, Saturn 10, Uranus 5 und Neptun 2 M. Der die Erde begleitende M. dreht sich im Laufe von 27,32 Tagen (sider. →Monat) in einer ellipsenförmigen Bahn einmal um die Erde. Seine mittlere Entfernung von der Erde beträgt 384 400 km, sein Durchmesser 3476 km, seine Masse ¹/₈₁ der Erdmasse, die mittlere Dichte 3,35 g/cm³; die Schwerkraft auf dem M. ist ¹/₆ der Schwerkraft auf der Erde. Er wendet der Erde stets dieselbe Seite zu. Der M. ist ohne Atmosphäre und Wasser, seine eintönig graue, staubüberzogene, steinige Oberfläche ist von unzähligen Kratern bis zur Größe von Ringgebirgen (Durchmesser bis 200 km, Höhe bis 8 km) bedeckt. Der M. erhält sein Licht von der Sonne; er erscheint von der Erde aus in verschiedenen Phasen: **Neumond** (M. zwischen Erde und Sonne), **Vollmond** (Erde zwischen M. und Sonne). Geht der Vollmond durch den Erdschatten, entsteht eine partielle oder totale **M.-Finsternis.** (→Raumfahrt; FARB-TAFELN Raumfahrt S. 866, Sternkunde S. 874)

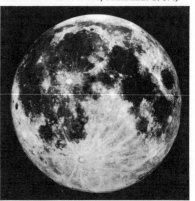

Mond, unten der Krater Tycho

mond′än [frz.], weltmännisch, weltgewandt.

Mondfisch, ein Kugelfisch im Atlant. Ozean und im Mittelmeer.

Mondraute die, Farnpflanze auf Bergwiesen.

M′ondrian, Piet, niederländ. Maler, *1872, †1944; unterteilte die Fläche durch schwarze Linien in rechteckige Felder, wenig Farben.

Mondsee, im Salzkammergut, 14 km² groß.

Mondstein, ein bläulich-weißer Feldspat; Schmuckstein.

Moneg′asse der, Bewohner von →Monaco.

M′onelmetall [nach A. Monel, †1921], eine Nickel-Kupfer-Legierung mit 5 % Eisen und Mangan; sehr korrosionsbeständig; wird zu Turbinenschaufeln verwendet.

Monet [mɔn′ɛ], Claude, französ. Maler, *1840, †1926, der den Stil den Namen gebende Meister des Impressionismus; gibt in seinen Landschaften das wechselnde Spiel von Licht und Luft in zarten Farben wieder. (BILD S. 607)

Mon′eta [lat. »Mahnerin«], Beiname der Göttin Juno; nahe ihrem Tempel befand sich die röm. Münzstätte; daher heißt **Mon′eten** svw. Geld. **monet′är,** geldlich, durch Geld bedingt.

Mongol′ei die, Hochland im NO Innerasiens, von Mongolen bewohnt; meist abflußlose Wüste

Monet: Sommertag

und Wüstensteppe (Gobi) mit Gebirgen (Changai über 4000 m). Die **Äußere M.** (zwischen der Gobi und Sibirien) bildet die →Mongolische Volksrepublik. Östlich und südöstlich davon die **Innere M.,** autonomes Gebiet (seit 1947) in der Volksrep. China, 1177500 km², 9,2 Mill. Ew.; Hauptstadt: Huhehot. – GESCHICHTE. Die M. war seit dem 17. Jahrh. chinesisch. 1911 machte sich die Äußere M. unabhängig; 1921 wurde mit sowjet. Hilfe eine revolutionäre Regierung gebildet, 1924 die →Mongolische Volksrepublik ausgerufen, die 1946 von China anerkannt wurde.

Mong'olen Mz., verwandte Stämme in der Mongolei und deren Randgebieten; gehören zum mongoliden Rassenkreis und zur altaischen Sprachfamilie. Hauptgruppen: Ost-M. mit Burjaten und West-M., dazu die Kalmücken. Sie sind nomad. Viehzüchter. Im 4. und 5. Jahrh. drangen die mongol. →Hunnen bis Westeuropa vor. Zu Anfang des 13. Jahrh. gründete Tschingis-Chan ein mongol. Weltreich; die M. eroberten ganz China, Mittelasien und Rußland, stürzten das Kalifat in Bagdad, besiegten die Ungarn, wurden in Schlesien durch die Schlacht bei Wahlstatt (Liegnitz) 1241 aufgehalten. Gegen Ende des 13. Jahrh. zerfiel dieses Reich, 1368 wurden die M. aus China vertrieben. Um 1369 gründete Timur ein neues Großreich von Mittel- bis Vorderasien.

Mong'olenfalte, Hautfalte, die den Tränenwinkel und den anschließenden Teil des Oberlids bei geöffnetem Auge überdeckt; die Lidspalte erscheint schief gestellt (»Schlitzauge«).

Mongol'ide Mz., einer der drei Hauptstämme der Menschenrassen (→Rassen der Menschheit).

Mongolische Volksrepublik, Volksrep. in Innerasien, 1,565 Mill. km², 1,2 Mill. Ew.; Hauptstadt: Ulan-Bator; Amtssprache: Mongolisch. Oberstes Staatsorgan ist der Große Volks-Chural; die tatsächl. Gewalt übt die kommunist. Mongol. Revolutionäre Volkspartei aus. Die M. V. reicht vom Altai im W bis zum Chingan im O. BEVÖLKERUNG. Mongolen, Turkvölker u. a.; der Lamaismus geht zurück. – Getreideanbau, daneben bes. Viehzucht (Schafe, Ziegen, Pferde, Rinder, Kamele). ⚒ auf Kohle, Erdöl u. a. Leder-, Textilind. Die Transmongol. Bahn verbindet Moskau und Peking. Internat. Flughafen: Ulan-Bator. – GESCHICHTE →Mongolei. MinPräs.: J. Zedenbal (seit 1952). 🌐 S. 515, ⚐ S. 346.

Mongol'ismus der, **mongolo'ide Idiotie,** eine angeborene Schwachsinnsform mit körperl. Veränderungen, bes. mongolenartigem Gesichtsausdruck.

Monheim, Stadt in Nordrh.-Westf., 35800 Ew.; Erdölraffinerie u. a. Industrie.

Monier [mɔnj'e], Joseph, *1823, †1906; urspr. Gärtner, erwarb 1867 das erste Patent auf Herstellung von Stahlbeton (→Beton).

Mon'ismus [grch.] der, Lehre, wonach alles auf ein einziges stoffl. oder geistiges Prinzip zurückzuführen sei (Gegensatz: Dualismus); im bes. die auf die naturwissenschaftl. Entwicklungslehre (Spencer, Haeckel) gegr. Weltanschauung. Der »Deutsche Monistenbund« (gegr. 1906) wirkte gegen religiöse, bes. kirchl. Anschauungen.

M'onitor [lat.] der, **1)** kleines gepanzertes Kriegsschiff für Küsten und Ströme. **2)** Meßgerät zur Überwachung physikal. Größen. **3)** Kontrollbildschirm beim Fernsehen.

M'onitum [lat.] das, -s/...ta, erinnernde Bemerkung, Tadel, Rüge. Zw.: **mon'ieren.**

Moniuszko [mɔnj'uʃkɔ], Stanislaw, poln. Komponist, *1819, †1872; Schöpfer der 1. poln. Nationaloper (Halka, 1848), Messen, Lieder.

Monnet [mɔn'ɛ], Jean, französ. Wirtschaftspolitiker, *1888; stellte ein Modernisierungsprogramm für die französ. Wirtschaft auf; maßgebl. an der Gründung der →Montanunion beteiligt, 1952-55 Vors. ihrer Hohen Behörde.

Monnier [mɔnj'e], Thyde, französ. Schriftstellerin, *1887, †1968; Romane: »Liebe, Brot der Armen«, »Die kurze Straße« u.a.

mono... [grch.], Allein..., Ein...

Monoch'ord [grch.] das, Instrument zum Nachweis der Gesetze schwingender Saiten: ein mit der Intervallskala versehener Kasten, über den eine Saite gespannt ist.

monochr'om, monochrom'atisch [grch.], einfarbig. **Monochromas'ie** die, völlige Farbenblindheit.

Monod'ie [grch.] die, Einzelgesang, unbegleitet (Gregorian. Choral) oder mit Instrumentalbegleitung (Madrigal, Chanson); auch der Gesang auf akkord. Grundlage im Gegensatz zu kontrapunkt. Mehrstimmigkeit.

Monogam'ie [grch.] die, Einehe, Gegensatz: →Polygamie.

Monogr'amm [grch.] das, Anfangsbuchstaben eines Namens; Signatur eines Künstlers **(Künstler-M.).**

Monograph'ie [grch.] die, Abhandlung über ein wissenschaftl. Thema oder eine Person.

Mon'okel [frz.] das, Glas für ein Auge.

monokl'ines Kristallsystem, →Kristall.

Monokotyled'onen [grch. »mit einem →Keimblatt«], **Monokot'ylen,** →Einkeimblättrige.

M'onokultur [grch.] die, einseitiger Anbau der gleichen Pflanze über längere Zeiträume.

Monol'ith [grch. »ein Stein«] der, mächtiger, roh behauener Naturstein (z. B. Obelisk).

Monol'og [grch.] der, Selbstgespräch.

Monoman'ie [grch.] die, von einem bestimmten Gedanken besessener Geisteszustand.

Monophys'iten [grch.], Anhänger der christl. Lehre, die Christus nur eine Natur, die göttl., zuerkennt. Sie bilden die Kirchen in Armenien, Syrien, Ägypten, Äthiopien.

Monop'ol [grch.] das, Marktform, bei der das Angebot (seltener die Nachfrage) in einer Hand vereinigt ist, wodurch der freie Wettbewerb am Markt unterbunden wird. Beim Angebots-M. kann der Inhaber **(Monopol'ist)** Absatzmenge und **M.-Preise** selbst festsetzen, die ihm **M.-Gewinne** verschaffen. Die M.-Stellung umfaßt entweder nur den Verkauf **(Vertriebs-M.)** oder auch die Erzeugung **(Herstellungs-M.).** Zw. **monopolis'ieren.**

Monothe'ismus [grch.] der, Verehrung eines einzigen, persönl., überweltl. Gottes, im Judentum, Christentum, Islam vertreten. Gegensatz →Pantheismus, →Polytheismus. **Monothe'ist,** Anhänger des M.

monot'on [grch.], eintönig, einförmig.

M'onotype [-taip, engl.], →Setzmaschine.

Monre'ale, Stadt in Italien, Sizilien, 25900 Ew.; Dom, die schönste normann. Kirche Siziliens; Kloster mit prachtvollem Kreuzgang.

Monroe-Doktr'in [m'ɔnrou-], Erklärung des Präs. der USA James Monroe von 1823: den europ. Mächten sollte die weitere Erwerbung amerikan. Kolonialgebietes und die Einmischung in die inneren Angelegenheiten amerikan. Staaten verwehrt sein.

Monr'ovia, Hauptstadt und -hafen der westafrikan. Republik Liberia, 135000 Ew.

Mons [mɔ̃s], fläm. **Bergen,** Stadt im Hennegau, Belgien, 27200 Ew.; spätgot. Kathedrale; Steinkohlenbergbau, Industrie.

Monsalv'atsch, die Gralsburg im »Parzival« von Wolfram v. Eschenbach.

Monstere

Montaigne

Montesquieu

Montessori

Monte Cassino während des Wiederaufbaus

Monseigneur [mõsɛɲ'œːr, frz. »mein Herr«], Abk. **Msr.** oder **Msgr.** Anrede und Titel für Fürstlichkeiten und geistl. Würdenträger.

Monsieur [məsj'ø, frz. »mein Herr«] der, Herr, Abk. **M.,** Mz. **Messieurs,** Abk. **MM.** oder **Messrs.**

Monsignore [mɔnsinj'ore, ital. »mein Herr«], Abk. **Msr., Msgr.,** Titel hoher Geistlicher.

Monst'ere die, staudige Kletterpflanze im trop. Amerika, Aronstabgewächs; Zimmerpflanze.

Monstr'anz [lat.] die, Gefäß für die Ausstellung der geweihten Hostie, im MA. auch von Reliquien.

monstr'ös [lat.], unförmig, mißgebildet. **Monstrosit'ät** die, Mißbildung. **M'onstrum** das, -s/...stra, Ungeheuer, Scheusal.

Mons'un [arab.] der, bes. in Asien auftretender, halbjährlich die Richtung wechselnder Wind. Im Sommerhalbjahr strömen die M. landeinwärts, im Winterhalbjahr landauswärts.

Mont [mõ, frz.], Berg, z. B. Montblanc.

Montaf'on das, Tal der Ill in Vorarlberg.

Montag [Tag des Monds], der 2. Wochentag.

Montage [mõnt'aːʒə, frz.] die, der Zusammenbau von Maschinen und Geräten (**mont'ieren,** ausrüsten) durch den **Monteur.** [-t'œr].

Montaigne [mõt'ɛɲ], Michel de, französ. Philosoph, Schriftsteller, *1533, †1592; »Essays«.

mont'an [lat.], bergbaulich.

Mont'ana, Abk. **Mont.,** Staat im NW der USA, am oberen Missouri, 381 087 km², 702 000 Ew.; Hauptstadt: Helena. Getreideanbau (Weizen), Viehzucht. ✹ auf Erdöl, Kupfer u. a. ⊕ S. 526.

Mont'anindustrie, Bergbau; i. w. S. auch die weiterverarbeitende Schwerindustrie.

Montan'isten, altchristl. Sekte, nach Montanus, †178/79; er predigte die urchristl. Hoffnung auf baldige sichtbare Wiederkunft Jesu zur Errichtung des Tausendjährigen Reichs.

Mont'anunion, amtl. **Europäische Gemeinschaft für Kohle und Stahl, EGKS,** die am 18. 4. 1951 in Paris gegr., seit 25. 7. 1952 wirksame übernationale Gemeinschaft der Bundesrep. Dtl., Frankreichs, Italiens, Belgiens, Luxemburgs und der Niederlande zur Schaffung eines gemeinsamen Marktes für Kohle und Stahl. Seit 1967 ist ihr früheres oberstes Organ, die »Hohe Behörde«, mit der EWG- und Euratom-Kommission zur »Kommission der Europäischen Gemeinschaften« verschmolzen. M.-, EWG- und Euratom-Vertrag sollen zu einem einzigen Vertrag zusammengefaßt werden. Die M. war die erste Gemeinschaft, der staatl. Hoheitsrechte übertragen wurden (supranationale Gemeinschaft).

Mont'anwachs, durch Schwelen bitumenhaltiger Braunkohle gewonnenes Wachs.

Montavon, →Montafon.

Montblanc [mõbl'ã »weißer Berg«] der, höchste Berggruppe Europas, in den Westalpen, auf der französ.-italien. Grenze, bis 4807 m hoch; 1786 zuerst bestiegen; von dem **M.-Tunnel** (längster Straßentunnel der Welt; 11,6 km) durchquert.

Mont Cenis [mõ sən'i], Paß der Westalpen, mit Straße, an der französ.-italien. Grenze, 2083 m hoch; 12 km langer Eisenbahntunnel (1871).

Monte [ital.], Berg.

Monte Alban, religiöses Zentrum der Zapoteken im mexikan. Staat Oaxaca aus dem 1. Jahrh.

v. Chr. mit Tempeln, Pyramiden und Palästen.

Monte Carlo, Teil von →Monaco.

Monte Cass'ino, Berg in Italien, nördl. von Neapel; mit dem ersten, wohl 529 gegr. Benediktinerkloster; 1944 zerstört; wiederaufgebaut.

Montec'uccoli, Raimund Fürst, österr. Feldherr, *1609, †1680, besiegte die Türken 1664, kämpfte 1672-75 am Rhein gegen die Franzosen.

Mont'elius, Oskar, schwed. Vorgeschichtsforscher, *1843, †1921; arbeitete über die Chronologie der german. Bronzezeit.

Monten'egro, serbokroat. **Crna Gora,** Volksrep. in Jugoslawien, 13 812 km², 542 000 Ew.; Hauptstadt: Titograd. Karsthochland mit Kleintierzucht, in den Tälern Getreide- und Weinbau. – M., seit 1528 unter türk. Oberhoheit, wurde im 19. Jahrh. weltl. Fürstentum; 1918 mit Jugoslawien vereinigt.

Monter'ia, Stadt in Kolumbien, 136 200 Ew.

Monte Rosa, der zweithöchste Gebirgsstock der Alpen, im O der Pennin. Alpen mit Dufourspitze, 4634 m hoch (Schweiz).

Monterr'ey, Stadt in Mexiko, 954 600 Ew.; Bleischmelze, Eisen-, Stahlwerke.

Montesquieu [mõtɛskj'ø], Charles Baron de, französ. Schriftsteller, *1689, †1755, schrieb satirische »Pers. Briefe«, ferner »Ursachen der Größe und des Verfalls der Römer« und verglich in seinem Hauptwerk »Geist der Gesetze« die Staatsformen; er trat für die konstitutionelle Monarchie ein, forderte →Gewaltenteilung und gehört zu den geistigen Wegbereitern der Französ. Revolution.

Montess'ori, Maria, italien. Ärztin und Erzieherin, *1870, †1952; forderte Schulung der Sinnesorgane und Selbsterziehung bes. in der Kindergartenerziehung.

Montev'erdi, Claudio, italien. Komponist, *1567, †1643; Opern: »Orfeo«, »Arianna« u. a.; ferner Messen, Madrigale, Motetten.

Montevid'eo, Hauptstadt Uruguays, S-Amerika, an der Mündung des La Plata, 1,25 Mill. Ew.; Univ.; Kathedrale; Hafen (BILD Uruguay).

Montez [m'ɔntɛθ], Lola, *1818, †1861, Tänzerin, seit 1846 in München, Geliebte Ludwigs I.

Montez'uma, →Moctezuma.

Montgolfier [mõgolfj'e:], Jacques Etienne, *1745, †1799, und sein Bruder Joseph Michel, *1740, †1810, erfanden den Heißluftballon (**Montgolfière**). (BILD Luftfahrt)

Montgomery [məntg'ʌməri], Lord Bernard Law, brit. Feldmarschall, *1887; hielt 1942 Rommels Vorstoß bei El-Alamein auf, reichte nach 1945 die brit. Besatzungstruppen in Dtl., 1946 Generalstabschef, 1948 Oberbefehlshaber der Streitkräfte der Westeurop. Union, 1951-57 stellvertr. Oberkommandierender der NATO.

Montherlant, [mõtɛrl'ã], Henry de, französ. Schriftsteller, *1896; Romane und Schauspiele.

Mont'ini, Giovanni Battista, Papst →Paul VI.

Montmartre [mõm'artr], Stadtteil auf einer Anhöhe im N von Paris, mit Kirche und Friedhof; Künstler- und Vergnügungsviertel.

Montparnasse [mõparn'as], Stadtteil von Paris, Friedhof mit Grabstätten berühmter Männer.

Montpellier [mõpelj'e:], Stadt in S-Frankreich, nahe dem Mittelmeer, 167 200 Ew.; Universität (gegr. 1289); Weinbau.

Montreal [mɔntri'ɔːl], wichtige Handels- und Hafenstadt in Kanada, am St.-Lorenz-Strom, 2,5 Mill. Ew. (60% französ. Herkunft); Bischofssitz; kath. und protestant. Univ.; Ausfuhrhandel; Industrie: Flugzeugbau, Petrochemie, Ölraffinerien u. a. Bahnknoten. – M. wurde 1642 von Franzosen gegr. (BILD S. 609)

Montreux [mõtr'ø], Luftkurort im schweizer. Kt. Waadt, 20 400 Ew., am Genfer See, besteht aus den Gem. **M.-Châtelard** und **M.-Planches.**

Mont-Saint-Michel, Le M.-S.-M. [lə mõ sɛ̃ mif'ɛl], Ort auf einer Insel vor der Küste der Normandie; ehem. Benediktinerabtei, Denkmal mittelalterl. Kloster- und Festungsbaukunst (11./12. Jahrh.). (BILD S. 609)

Montserr'at, 1) vielzackiger Berg in Katalo-

nien, Spanien, 1241 m hoch; mit Benediktiner-kloster (880 gegr.). **2)** Insel der brit. Kleinen Antillen, 98 km², 14 500 Ew.; Hauptstadt: Plymouth.
Mont'ur [ital.] die, ⚓ Bekleidung.
Monum'ent [lat.] das, Denkmal. **monument'al,** groß, bedeutend. **Monum'enta Germ'aniae hist'o-rica** [lat. »Geschichtsdenkmäler Dtl.s«], von Freiherrn vom Stein und G. H. Pertz 1819 begonnene Sammlung der mittelalterl. Quellen zur dt. Geschichte.
M'onza, Stadt in Oberitalien, 107 800 Ew.; im Dom die →Eiserne Krone; Autorennbahn.
Moor das, dauernd durchfeuchtete Bodenart aus unvollständig zersetzten Pflanzenresten. Man unterscheidet: **Hoch-M.** (bes. in Nord-Dtl.), durch Dickenwachstum uhrglasähnlich aufgewölbt, mit Heidekraut u. a. bedeckt, und **Flach-M.** (bes. in Süd-Dtl.), nicht höher als der Wasserspiegel, mit Gräsern und Sauergräsern; beide können zur Torfgewinnung ausgenutzt werden. In Dtl. ist über 1% der Gesamtfläche vermoort. Andere Namen für M.: Moos, Bruch, Ried, Luch, Fehn, Venn oder Fenn, Mies.
Moorbäder, warme Voll- oder Teilbäder mit Moorerde, gegen Rheumatismus, Gicht, Gelenkentzündungen und Frauenkrankheiten.
Moore [mʼuə], **1)** George Edward, engl. Philosoph, *1873, †1958; vertrat einen an der Naturwissenschaft orientierten Neurealismus. **2)** George, anglo-irischer Erzähler, *1853, †1933; schloß sich der kelt. Renaissance an. **3)** Henry, engl. Bildhauer, *1898, schuf Bildwerke von starker Ausdruckskraft. **4)** Thomas, anglo-irischer Dichter, *1779, †1852; Heimatlieder »Irische Melodien«, oriental. Idyllen »Lalla Rookh«.
Moorleichen, im Moor gefundene Leichen aus der vor- und frühgeschichtl. Zeit, die durch die Moorstoffe vor Verwesung bewahrt geblieben sind.
Moos das, **1)** →Moose. **2)** →Moor.
Moos, Ludwig v., schweizer. Politiker (konservativ-christlichsozial), *1910; Jurist, Bundespräs. 1964 und 1969.
Moosbeere, Preiselbeere und Verwandte, Bärentraube der Alpen und Krähenbeere.
Moosbrugger, Kaspar, schweizer. Baumeister, *1656, †1723; Stiftskirche Einsiedeln.
Moose Mz., eine große Abteilung der Sporenpflanzen, zwei Gruppen: entweder in Stengel und Blätter gegliedert, die →Laub-M., oder flächiglappig geformt, die →Leber-M. Die M. haben →Generationswechsel: die erste (geschlechtl.) Generation ist das Moospflänzchen, das aus der Spore über dem **Vorkeim** entsteht; die zweite (ungeschlechtl.) ist die aus dem weibl. Geschlechtsorgan sprossende, auf der Moospflanze sitzende **Sporenkapsel.**
Moos|tierchen, stockbildende Kleinlebewesen mit Fangarmen, leben meist im Wasser.
M'oped das, Fahrrad mit Hilfsmotor (50 cm³, meist in den Rahmen einbezogen) und Pedalen; versicherungs- und führerscheinpflichtig.
Mops der, Zwergform der Dogge, mit großem Kopf, Stirnrunzeln, eingedrückter Schnauze.
Moradab'ad, Stadt in Indien, östl. von Delhi,

Montreal (Luftaufnahme)

202 500 Ew.; Burg, große Moschee; Messing-, Baumwollindustrie.

Mont-Saint-Michel

Mor'al [lat. mores »Sitten«] die, Sittlichkeit sowohl als Verhalten und Gesinnung wie als bewußte Erfassung ihrer Regeln und Normen (→Ethik); auch die aus dem Vorfall oder einer Erzählung (z. B. Fabel) sich ergebende Lehre oder Nutzanwendung. **mor'alisch,** sittlich gut. **moralis'ieren,** belehrende Betrachtungen anstellen. **Moral'ist** der, Sittenprediger; Sittenbeobachter.
Moralische Aufrüstung, die von Frank →Buchman geschaffene, anfangs Oxford-Gruppenbewegung genannte Bewegung, die im Glauben an Gott zur Erneuerung der Menschheit aus den moral. Kräften kommen will.
Moralit'ät [lat.] die, **1)** Sittlichkeit. **2)** religiös-moralisierendes Schauspiel des Spät-MA.
Mor'altheologie, wissenschaftl. Darstellung der Sittenlehre nach den Grundsätzen der kath. Glaubenslehre.
Mor'andi, Giorgio, italien. Maler, *1890, †1964; Stilleben (bes. Krüge, Flaschen).
Mor'äne [frz.] die, ⊕ von den Gletschern verfrachtete und abgelagerte Schuttwälle: **Seiten-, Mittel-** und **Grund-M.** Am Ende des Gletschers häufen sich die Schuttmassen zur **End-M.**
Morat'orium [lat.] das, -s/...rien, **Stundung,** Zahlungsaufschub; kann vom Gläubiger bewilligt oder durch Gesetz angeordnet werden.
Mor'avia, Alberto, eigentl. A. Pincherle, italien. Schriftsteller, *1907; Romane: »Adriana«, »Der Konformist«, »La noia«; Novellen.
M'orawa die, **Morava,** der Hauptfluß Serbiens, rechter Nebenfluß der Donau, 500 km lang.
Moray Firth [mʼʌri fəːθ]; trichterförmiger Meerbusen an der NO-Küste Schottlands; Verbindung zum Atlantik durch den Kaledon. Kanal.
morb'id [lat.], kränklich, krankhaft, angekränkelt. **Morbidit'ät** die, krankhafter Zustand.
Morchel die, Gattung der Schlauchpilze mit keulig-knolligem, hohem, auf dem Oberteil netzig-grubigem Fruchtkörper, eßbar, wachsen im Frühling, z. B. **Speise-M., Spitz-M.** (FARBTAFEL Pilze S. 865)
Mord der, ⚥ die vorsätzl. Tötung eines Menschen; aus der Täter aus Mordlust, Habgier, zur Befriedigung des Geschlechtstriebes oder sonst aus niedrigen Beweggründen, heimtückisch, grausam oder mit gemeingefährl. Mitteln oder um eine andere Straftat zu ermöglichen oder zu verdecken, handelt. Strafe in der Bundesrep. Dtl. lebenslängl. Freiheitsstrafe, in der Dt. Dem. Rep. Todesstrafe.
Mord'ent [ital.] der, ♪ eine Verzierung.

Mordent, a Notierung, b Ausführung

Mordw'inen Mz., Volk mit finnisch-ugrischer Sprache, an der mittleren Wolga. **Mordw'inische ASSR,** Autonome Sowjetrep. (seit 1934) in der Russ. SFSR, 26 200 km², 1,03 Mill. Ew. (Russen, M., Tataren); Hauptstadt: Saransk. Landwirtschaft; Holz-, Textil- u. a. Industrie.
More [mɔə], latinisiert **Morus,** Sir Thomas, engl. Humanist und Staatsmann, *1478, † (enthauptet) 1535; Lordkanzler Heinrichs VIII.; als Anhänger des Papstes Gegner der Reformation; Verfasser von »Utopia« (Schrift über einen Idealstaat auf Erden); danach →Utopie.
Moreau [mɔrʼo], **1)** Gustave, franzöś. Maler,

Morgenstern

*1826, †1898; bibl. und mytholog. Bilder. **2)** Jean Michel, französ. Kupferstecher, *1741, †1814; Radierungen, Illustrationen. **3)** Jean Victor, französ. General, *1763, †1813, von Napoleon der Verschwörung bezichtigt, trat später in russ. Dienste.

Mor'elia, Stadt in Mexiko, 146 800 Ew.

Mor'elle [ital.] die, eine Sauerkirsche.

M'ores [lat.] Mz., Anstand, gute Sitten.

Mörfelden, Stadt im Kr. Groß-Gerau, Hessen, 12 000 Ew.

Morgan [mˈɔːgən], **1)** Charles, engl. Erzähler, *1894, †1958; pflegte den psycholog. Roman (»Der Quell«, »Sparkenbroke«). **2)** John Pierpont, amerikan. Finanzmann, *1837, †1913, gründete 1871 das Bankhaus J.P.M. & Co., New York (seit 1959 M. Guaranty Trust Co.).

morgan'atische Ehe [lat. morganatica »Morgengabe«], **Ehe zur linken Hand,** in regierenden Häusern und beim Hochadel die Ehe mit einer nicht ebenbürtigen Frau.

M'organten, Bergrücken am Aegerisee, Grenze zw. den Kt. Schwyz und Zug; 1315 Sieg der Schweizer über Herzog Leopold I. von Österreich.

Morgen der, **1)** der Tagesanbruch. **2)** Himmelsrichtung: der Osten. **3)** älteres Feldmaß, im Durchschnitt 25-30 Ar.

Morgengabe, Geschenk des Ehemanns an seine Frau am Morgen nach der Hochzeit.

Morgenland das, →Orient.

Morgenländische Kirche, →Ostkirche.

Morgenrot, →Abendrot.

Morgenstern, 1) ☿ eine mit Stacheln besetzte Keule. **2)** im MA. eine mit Stacheln besetzte Keule.

M'orgenstern, Christian *1871 †1914, Dichter von humorist. und ernsten Gedichten (»Galgenlieder«, »Palmström« u. a.).

Morgenthau-Plan, Plan des Finanzmin. der USA Henry Morgenthau jr. vom Herbst 1944, in dem u. a. die Abtretung des linken Rheinufers an Frankreich, die Zerstörung der Ind. Dtls. und seine Umwandlung in ein Agrarland empfohlen wurde. Der Plan führte u. a. zur →Demontage.

morib'und [lat.], sterbend.

M'örike, Eduard, Dichter, *1804, †1875, war Pfarrer, dann Lehrer, schrieb zarte Gedichte, die Novelle »Mozart auf der Reise nach Prag«, den Künstlerroman »Maler Nolten«.

Mor'isken, Mauren, die nach der Vernichtung der arab. Herrschaft in Spanien zurückblieben.

Mörike

M'oritat die, Bänkelsängerlied.

M'oritz, 1) M. von Nassau-Oranien, Prinz, *1567, †1625, folgte 1584 seinem Vater Wilhelm dem Schweiger als Statthalter und Oberbefehlshaber der Niederlande, kämpfte siegreich gegen die Spanier. **2)** M. Kurfürst von Sachsen, *1521, †1553, seit 1541 Herzog, erhielt als Verräter der protestant. Sache von Kaiser Karl V. 1547 die Kurwürde, zwang diesen jedoch 1552 zum Vertrag von Passau; Gründer der Fürstenschulen.

M'oritz, Karl Philipp, *1756, †1793, Freund Goethes; autobiograph. Roman »Anton Reiser«.

M'oritzburg, Jagdschloß nördlich von Dresden, 1542-46 erbaut, 1722-30 umgebaut.

Morm'onen, Anhänger der Freikirche **Heilige der letzten Tage,** 1830 in Amerika gegr., errichteten 1848 den M.-Staat Utah mit der Ansiedlung

Moritzburg

Moschee des Sultans Selim II. in Adrianopel (16. Jahrh.)

→Salt Lake City, wo man die Wiederkunft Christi erwartete; früher Vielweiberei.

M'oro, Aldo, italien. Politiker (Democrazia Cristiana), *1916; Jurist, wurde 1959 Parteisekretär, war 1963-68 MinPräs.

M'orpheus, bei Ovid der Traumgott.

M'orphium das, **Morph'in,** betäubend wirkendes Gift, gewonnen aus dem Opium, wirkt in Gaben von 0,01-0,02 g schmerzstillend und beruhigend, in größeren Mengen tödlich. Anhaltender Gebrauch, **M.-Sucht** oder **Morphin'ismus,** führt zu körperl. und geistigem Verfall (→Rauschgifte).

Morpholog'ie [grch.] die, Wissenschaft von Bildung und Umbildung von Gestalten, bes. im Pflanzen- und Tierreich. Die **Kultur-M.** untersucht die Strukturen der Kulturen.

Morris, William, engl. Dichter und Künstler, *1834, †1896; Erneuerer des Kunstgewerbes.

Moers, Stadt in Nordrh.-Westf., 51 300 Ew.; Steinkohlenbergbau.

Mörser der, **1)** Schale, in der harte Stoffe mit dem **Pistill** zerrieben werden. **2)** ⚔ Steilfeuergeschütz zum Bekämpfen befestigter Ziele.

Morsezeichen, von S. Morse (*1791, †1872) geschaffene, aus Strichen und Punkten zusammengesetzte Zeichenschrift zum Telegraphieren.

a	·—	l	·—··	x	—··—
ae	·—·—	m	——	y	—·——
à, å	·——·—	n	—·	z	——··
b	—···	ñ	——·——	1	·————
c	—·—·	o	———	2	··———
ch	————	oe	———·	3	···——
d	—··	p	·——·	4	····—
e	·	q	——·—	5	·····
é	··—··	r	·—·	6	—····
f	··—·	s	···	7	——···
g	——·	t	—	8	———··
h	····	u	··—	9	————·
i	··	ue	··——	0	—————
j	·———	v	···—	Irrung	········
k	—·—	w	·——	Punkt	·—·—·—

Mortad'ella [ital.] die, Wurst aus Schweine- und Kalbfleisch, Speck, Gewürzen.

Mortalit'ät [lat.] die, Sterblichkeit.

Mörtel der, Bindemittel für Bausteine. **Kalk-M.,** der →Kalk; **Wasser-M.,** der →Zement.

Morus, Thomas, →More.

Mosa'ik [grch.] das, aus flachen farbigen Steinchen oder Glasstückchen zusammengesetzte ornamentale oder figürl. Flächenverzierung (Böden, Wände usw.).

mos'aisch, jüd., von →Moses herrührend.

Mosambik, →Moçambique.

Mosbach, altertüml. Stadt in Baden-Württ., an der Elz, 13 700 Ew.; Brauerei, Industrie.

Moschee [arab. mazgit »Anbetungsort«] die, muslim. Bethaus; gewöhnlich mit →Minareten; im Innern das →Mihrab.

M'oscherosch, Johann Michael, Schriftsteller, *1601, †1669; Prosasatire »Wunderliche und wahrhaftige Gesichte Philanders von Sittewald«.

M'oschus der, **Bisam** der, Drüsenausscheidung der →Moschustiere, von durchdringendem Geruch; für Riechstoffe, Tusche; auch künstlich erzeugt (meist Nitroverbindungen).

Moschusochse, Horntier Grönlands und des arkt. Amerikas; schwarzbraun. Das Fleisch riecht nach Moschus.

M'oschustiere, geweihlose Hirsche in Hochgebirgen Innerasiens, das Männchen mit Hauerzähnen und Drüse, die Moschus absondert.

Mosel die, linker Nebenfluß des Rheins, kommt aus den südl. Vogesen, durchfließt Lothringen, mündet bei Koblenz; 545 km lang; im M.-Tal Weinanbau **(M.-Weine).** 1964 wurde die M. zwischen Diedenhofen und Koblenz für 1500-t-Schiffe schiffbar gemacht (14 Staustufen; Stromerzeugung).

Moseley [m'ouzli], Henry, engl. Physiker, *1887, †1915; entdeckte das **Moseleysche Gesetz,** nach dem die Schwingungszahl der von einem Atom ausgesandten Röntgenstrahlen von der Kernladungszahl des Atoms abhängt.

Moser, 1) Hans, eigentl. **Juliet,** Schauspieler *Wien 1880, †1964. **2)** Johann Jakob, Rechtslehrer, *1701, †1785, stellte als erster das geltende dt. Staatsrecht vollständig dar. **3)** Lukas, möglicherweise Maler des Magdalenenaltars in Tiefenbronn bei Pforzheim (1431).

M'öser, Justus, Schriftsteller, *1720, †1794, Gegner der Aufklärung; für bodenständiges Volkstum: »Osnabrückische Geschichte«, »Patriotische Phantasien«.

M'oses [hebr.], eine geschichtl., wenngleich von Sagen umwobene Gestalt (um 1225 v. Chr.). Nach dem A. T. sind die Befreiung Israels aus Ägypten und der für die Einigung Israels und seine ganze Geschichte grundlegende Bundesschluß mit →Jahve am Sinai sein Werk. **Die fünf Bücher Mose,** →Pentateuch.

Moses [m'ousəs], Anna Mary, *1860, †1961, nordamerikan. Farmersfrau, begann mit 75 Jahren, naive Bilder zu malen **(Grandma M.).**

Mosi, Mossi, afrikan. Volksgruppe, bes. in Obervolta und N-Ghana, rd. 3,8 Mill.

M'ösien, im Altertum röm. Provinz südlich der unteren Donau.

M'oskau, russ. **Moskw'a,** Hauptstadt und größte Stadt der Sowjetunion, 6,9 Mill. Ew. M. liegt am Fluß Moskwa, in einem hochentwickelten Industrie- und Wirtschaftsgebiet in günstiger Verkehrslage (Bahnen, Straßen, Binnenhafen, Flugnetz). Den Kern bildet der **Kreml** (davor Roter Platz mit Lenin-Mausoleum) mit alten Kirchen und Palästen. M. ist Sitz der obersten Sowjetbehörden und des Patriarchen der russisch-orthodoxen Kirche; Universitäten, Hoch- und Fachschulen; Akademie der Wissenschaften, viele Museen, Bibliotheken, zahlreiche Theater; U-Bahn; Maschinen-, Fahrzeug-, Kugellager-, Triebwagen-, feinmechan., chem., Textil- u. a. Ind., Hüttenwerk. – M., 1147 erstmals erwähnt, war 1328 bis 1712 Sitz der russ. Herrscher; seit 1922 ist M. wieder Hauptstadt. 1812 (nach dem Einzug Napoleons) brannte ein Teil der Stadt nieder.

Moskauer Konferenzen, interalliierte Konferenzen, bes. jene Großbritanniens, der Sowjetunion und der USA vom Okt. 1943: Sie faßten den Entschluß, den Krieg bis zur bedingungslosen dt. Kapitulation fortzusetzen und eine neue Friedens- und Sicherheitsorganisation zu gründen (auch von China unterschrieben).

Mosk'ito [span.] der, Stechmücke in warmen Ländern.

Mosk'itoküste, ungesunder Küstenstrich in Mittelamerika, gehört zu Nicaragua.

Moskw'a die, Fluß in Rußland, linker Nebenfluß der Oka, schiffbar von Moskau an.

M'oslem [arab. »Gottergebener«], **Muslim** der, Anhänger des Islams.

Moslemliga, von den Muslimen in Indien 1906 zur Wahrung ihrer Interessen gegenüber den Hindus gegr. Organisation; maßgebl. für die Gründung des Staates →Pakistan.

Mossad'egh, eigentl. **Hedayat,** Mohammed, iran. Politiker, * um 1880, †1967; 1951-53 Min.-Präs., verstaatlichte 1951 die Erdölindustrie.

Mössbauer, Rudolf, Physiker, *1929, erhielt für seine Arbeiten über Kernresonanzfluoreszenz bei tiefen Temperaturen **(M.-Effekt)** und ihre Auswertung 1961 den Nobelpreis.

Most der, **1)** Traubensaft. **2)** in Süddtl. und Österreich: gegorener Apfelsaft.

M'ostar, Stadt in Jugoslawien, Herzegowina, 56 000 Ew. (50% Muslime), oriental. Stadtbild.

M'ostar, Gerhart Herrmann, eigentl. G. **Herrmann,** *1901, schrieb Romane, Schauspiele, Prozeßberichte.

M'ostrich der, →Senf.

M'osul, Mossul, Stadt im Irak, am Tigris, 388 000 Ew.; Woll-, Fell-, Ledermarkt; Erdöllager.

M'otala, Stadt in Schweden, 28 600 Ew.; Schwerindustrie, Rundfunksender.

Motel [aus **Mo**tor und Ho**tel**] das, Gastbetrieb, der bes. auf Unterbringung von Reisenden mit Kraftfahrzeugen eingestellt ist.

Mot'ette [ital.] die, ♪ mehrstimmiger kirchl. Gesang ohne Instrumentalbegleitung (a cappella), in streng kontrapunkt. Stil.

Motherwell and Wishaw [m'ʌðəwəl ənd w'iʃɔː], Stadt in Schottland, 75 600 Ew.; Eisen-, Stahlwerke; Kohlengruben.

Moti'on [lat.] die, Antrag (im Parlament).

Mot'iv [lat.] das, **1)** Beweggrund. **2)** Vorwurf, Gegenstand eines Kunstwerkes. **3)** ♪ das kleinste selbständige Glied in einem Melodiegefüge.

Motoball, →Motorrad-Fußball.

Moto-Cross [engl.], eine Motorrad-Geländefahrt quer durch Wälder, Wiesen, Sumpf.

M'otor [lat.] der, Antriebsmaschine, bes. →Elektromotor, →Verbrennungsmotor (hierzu FARBTAFEL S. 876). **Motoris'ierung** die, allgem.: der Ersatz menschl. und tier. Zug- und Tragkraft durch M.-Kraft; auch: Bestand an Kfz.

M'otorboot, durch Verbrennungsmotor (Innen- oder Außenbordmotor) angetriebenes Boot.

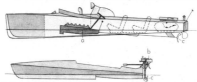

Moskau: Basilius-Kathedrale und Lenin-Mausoleum

Motorboot: a Dieselmotor, b Außenbordmotor c Schiffsschraube

M'otorfahrrad, Fahrrad mit Hilfsmotor, Vorläufer des →Moped.

mot'orisch, auf Bewegung bezüglich, z. B. m. Nerven, die zu den Muskeln gehen.

Motten: 1 Kleidermotte, a Eiablage am Stoffgewebe, b Larve in der Wohnröhre, c Larve, d Puppe im Kokon, e Fraßröhre mit leerer Puppenhülle. **2** Kornmotte, 2a Eiablage im Getreidekorn, 2b Puppe, 2c Larve mit zerfressenen Körnern und hinterlassenem Kot

Möwen: Mantelmöwe

Mozart

M′otorrad, →Kraftrad.

Motorrad-Fußball, Motoball, ein Mannschaftsspiel auf Motorrädern nach Fußballregeln.

M′otorroller, Zweiradfahrzeug, gekennzeichnet durch kleine Räder, weitgehende Verkleidung des Fahrwerks, Fahren im Sesselsitz ohne Knieschluß; Hubraum bis 200 cm³. (BILD Kraftrad)

M′otorschiff, Schraubenschiff mit Dieselmotor oder Gasturbine.

M′otorsport, Kraftfahrsport, umfaßt Schnelligkeitswettbewerbe (Straßen- oder Bahnrennen), Zuverlässigkeitsprüfungen (werden nach einem Punktsystem bewertet) und große, meist internat. Sternfahrten (Rallyes, Dauerprüfungen). Wichtige Rennstrecken: →Nürburgring, Hockenheimring, Monza, Indianapolisbahn (USA).

Mott, John R., amerikan. Theologe, *1865, †1955, Leiter der Weltorganisation des CVJM; führend in der ökumen. Bewegung; Friedens-Nobelpreis 1946.

Motta, Giuseppe, schweizer. Staatsmann, *1871, †1940; seit 1912 kath.-konservativer Bundesrat, 1915-37 wiederholt Bundespräsident.

Motten Mz., Kleinschmetterlinge. Die Raupen der **Kleider-M.** werden bis 1 cm lang, die der **Pelz-M.** zerstören Pelze. Schutz: dichter Abschluß, Ausklopfen der Kleidungsstücke, Anwenden von M.-Schutzmitteln.

M′otto [ital.] das, Sinnspruch, Geleitspruch.

Motu pr′oprio [lat.] das, auf persönl. Entschluß des Papstes beruhender Erlaß.

Mouche [muʃ, frz.] die, **1)** schwarzes Schönheitspflaster. **2)** Bartform: Fliege.

mouillieren [muj′iːrən], ⑤ einen Laut mit der Mundstellung eines i oder j sprechen, z. B. französ. ll und gn wie lj und nj.

Mouliné [mulin′e, frz.] der, Zwirn aus zwei verschiedenen Einzelgarnen.

Mount [maunt, engl.], Berg. **Mountains,** [-tinz], Gebirge.

Mountbatten [mauntbˈætn], →Battenberg. **1)** Louis, Earl M. of Burma, brit. Admiral, *1900; 1944/45 Oberkommandierender in Birma, 1947 letzter Vizekönig von Indien, 1955 Erster Lord der Admiralität, 1958 Chef des Verteidigungsstabes. **2)** Philipp M., jetzt Prinz Philipp, Herzog von Edinburgh, früher Prinz Philipp von Griechenland, Neffe von 1), dessen Namen er annahm, *1921, ⚭ Königin Elisabeth II.

Mount Everest, →Everest, Mount.

Mount Palomar [pˈæləmaː], Berg in Kalifornien, 1867 m; Sternwarte mit dem größten Teleskop der Erde (Spiegeldurchmesser 5 m).

Mount Vernon [-vˈaːnən], Landsitz George Washingtons am Potomac in Virginia, USA, seit 1859 Gedenkstätte (Wohnhaus, Grab).

Mount Wilson [wˈilsn], Berg bei Pasadena in Kalifornien, 1742 m hoch, mit dem Sonnenobservatorium der Carnegie-Stiftung.

moussieren [musˈiːrən, frz.], schäumen.

Möwen, Vogelfamilie, kräftige Stoßtaucher mit Schwimmfüßen und langen, zugespitzten Flügeln, leben gesellig an Gewässern. Arten: Lach-, Silber-, Sturm-, Herings-, Mantel-M. u. a.

M′ozart, Wolfgang Amadeus, Komponist, * Salzburg 27. 1. 1756, † Wien 5. 12. 1791, der bedeutendste der Wiener Klassiker, zwischen Haydn und Beethoven; erregte schon mit 6 Jahren Bewunderung als Klavierspieler und Komponist. Opern: »Die Entführung aus dem Serail« (1782), »Die Hochzeit des Figaro« (1786), »Don Giovanni« (1787), »Cosi fan tutte« (1790), »Die Zauberflöte« (1791), »Titus« (1791); Kirchenmusik (Messen, Requiem); 48 Sinfonien u. a. Orchesterwerke; Konzerte für Klavier, Geige; Sonaten u. a. für Klavier; Kammermusik (28 Streichquartette, Geigensonaten); Lieder. (→Köchelverzeichnis)

M. P., Abk. für Member of Parliament, Abgeordneter im brit. Unterhaus; auch Military Police, Militärpolizei.

Mr., Abk. für engl. →Mister, Herr.

Mrozek [mrˈɔʒek], Sławomir, poln. Schriftsteller, Satiriker, *1930; Komödie »Die Polizisten«.

Mrs., Abk. für engl. →Mistress, Frau.

Msgr., Abk. für →Monseigneur, →Monsignore.

MTS, Abk. für Maschinen-Traktoren-Station; staatl. Landmaschinenpark in sozialist. Ländern, der den Bauern und Kolchosen der Umgebung Maschinen mit Bedienungspersonal zur Verfügung stellt.

Mücheln (Geiseltal), Stadt im Bez. Halle, 10 200 Ew., in einem Braunkohlengebiet.

M′ucius, Gajus, genannt **Scaevola** [»Linkhand«], sagenhafter Stammesvater des plebej. Geschlechts der Mucier in Rom. Er soll, bei einem Mordversuch gegen den etrusk. König Porsenna ergriffen, zum Beweis seiner Furchtlosigkeit seine rechte Hand im Feuer verbrannt haben.

Mücke die, Zweiflüglerinsekt; die Larven leben in Wasser oder pflanzl. Stoffen. Die **Stech-M.** oder Moskitos haben einen Stechrüssel; die Weibchen der echten Stech-M. saugen Blut an Menschen, Säugetieren, Vögeln. Zur M.-Bekämpfung dienen Insektengifte. (BILD S. 613)

Muckermann, 1) Friedrich, Jesuit, *1883, †1946; Kulturpolitiker, scharfer Gegner des Bolschewismus und Nationalsozialismus. **2)** Hermann, Jesuit, später Weltgeistlicher, *1877, †1962; Eugeniker und Forscher auf dem Gebiet der Sozialethik.

Mu′ezzin [arab.] der, islam. Gebetsrufer.

Muff der, Handwärmer aus Pelz u. a.

Muffe die, kurzes Rohrverbindungsstück.

Muffel die, **1)** Gefäß oder Kammer aus feuerfestem Ton oder Gußeisen zum Erhitzen von gemalten oder emaillierten Tonwaren. **2)** mit Öl oder Gas geheizter Härteofen.

Muffelwild, M′ufflon der, ein Wildschaf, →Schafe.

M′ufti [arab.] der, islam. Rechtsgelehrter, der Gutachten nach religiösem Recht abgibt.

Müggelsee, Spree-Erweiterung bei Berlin.

Muhammed, →Mohammed.

Mühlacker, Industriestadt in Baden-Württ., an der Enz, 14 000 Ew.; Maschinen-, Holz-Ind.

Mühldorf am Inn, altertüml. Stadt in Oberbayern, 11 000 Ew.; bis 1802 zu Salzburg; Ind.

Mühle die, **1)** Mahlmaschine, Mahlanlage, vgl. auch **Säge-M.,** Holzschneide-M. **Öl-M.,** Quetsch-M. für Ölfrüchte. **Papier-M.,** Papierfabrik. **2) M.-Spiel,** Brettspiel zwischen zwei Spielern mit je neun Steinen.

Mühlhausen, Stadt im Bez. Erfurt, 45 700 Ew.; Textil-, Tabak-, Holz-, Leder- u. a. Ind. M., 775 erstmalig erwähnt; 1256 Freie Reichsstadt.

Mühlheim am Main, Stadt in Hessen, 20 800 Ew.; Metall-, Leder-, Gummi- u. a. Industrie.

Mühlsteinkragen, Halskrause für Frauen im 16. und 17. Jahrh.

Mühlviertel das, Landschaft in Oberösterreich, mit den Donaunebenflüssen **Große** und **Kleine Mühl.**

Muhme die, Tante; weibl. Verwandte.

Mukden, zeitweilig Name von →Schenyang.

Mul′atte der, Mischling: Weißer – Neger.

Mulde die, linker Nebenfluß der Elbe bei Dessau, entsteht aus der **Freiberger M.** und der **Zwickauer M.,** die beide vom Erzgebirge kommen.

Mulhacén, höchster Berg Spaniens, 3481 m.

Mülhausen, französ. **Mulhouse** [myl′uːz], Industriestadt im Oberelsaß, Frankreich, 118 600 Ew.; an der Ill und dem Rhein-Rhône-Kanal; Mittelpunkt der Textil-, Maschinen-, Papier- u. a. Industrie.

Mülheim an der Ruhr, Stadt in Nordrh.-Westf., 191 000 Ew.; Hafen an Ruhr und Rhein-Herne-Kanal; Hütten-, Stahl-, Erdölindustrie.

Mull [engl.] der, leichtes Baumwollgewebe; auch Verbandstoff **(M.-Binde).**

Müller, 1) Adam Heinrich, Staats- und Wirtschaftsphilosoph, *1779, †1829, Hauptvertreter der romant. Staats- und Wirtschaftslehre; trat gegen den Liberalismus für die organ. Einordnung der Wirtschaft in den Staatsaufbau ein. **2)** Friedrich, genannt **Maler M.,** Maler und Dichter, *1749, †1825, schrieb Schauspiele (»Fausts Le-

ben«), wirklichkeitsnahe Prosaidyllen (»Die Schafschur«). **3)** Gebhard, Politiker (CDU), *1900, Jurist; 1948-52 Staatspräs. von Württemberg-Hohenzollern, 1953-58 MinPräs. von Baden-Württ., 1958-71 Präs. des Bundesverfassungsgerichts. **4)** Hermann, Politiker, *1876, †1931, Sozialdemokrat, unterzeichnete 1919 als Außenmin. den Vertrag von Versailles; war 1920 und 1928-30 Reichskanzler. **5)** Johannes v.,schweizer.Historiker,*1752, †1809; »Geschichte der schweizer. Eidgenossenschaft«. **6)** Wilhelm, Dichter, *1794, †1827, schrieb die von Schubert vertonten Liederkreise »Müllerlieder«, »Winterreise«, ferner »Griechenlieder«.

Mueller, Otto, Maler der →Brücke, *1874, †1930; jugendlich-herbe, zigeunerhafte Gestalten. (FARBTAFEL Deutsche Kunst S. 173)

Müllerei die, Mehlbereitung.

Mull'it der, Mineral, ein Aluminiumsilicat; dient zur Herstellung feuerfester Steine.

Mult'an, Stadt in Pakistan, 358000 Ew.; Handelsplatz; Textil-, Leder- u. a. Industrie.

multilater'al [lat.], mehrseitig.

Multi-Media (engl. aus lat.), auch **Mixed**- oder **Inter-Media,** alle Äußerungen der zeitgenöss. Kultur, deren Wirkungsformen sich nicht mehr auf die Gattungsgrenzen einer Disziplin oder eines Materials beschränken, sondern auf Zusammenfassung anderer Medien zielen.

mult'iple Skler'ose [grch.-lat.] die, langdauernde Erkrankung des Gehirns und Rückenmarks, in denen sich viele kleine Entzündungsherde bilden. Die Ursache des in Schüben verlaufenden Leidens ist noch unbekannt.

Multiplikati'on [lat.] die, Malnehmen, →Grundrechnungsarten.

M'ultscher, Hans, Bildhauer und Maler, * um 1400, †1467, tätig in Ulm; Flügel des Wurzacher Altars (Berlin), Altar in Sterzing.

M'umie [arab.] die, durch Einbalsamieren vor Verwesung geschützter, eingetrockneter Leichnam, mit Tuchstreifen umwickelt; im alten Ägypten, Mexiko u. a. **Mumifikati'on** die, mumienhaftes, trockenes, brandiges Absterben eines Gliedmaßenteiles.

Mummel die, →Seerose.

Mummelsee, See an der Hornisgrinde im nördl. Schwarzwald, 1032 m ü. M.

Mummenschanz der, Maskenfest, -scherz.

Mumps der, **Ziegenpeter, Parot'itis epid'emica,** ƒ ansteckende, meist Kinder befallende, harmlos verlaufende Viruskrankheit mit entzündl. Schwellung der Ohrspeicheldrüsen.

Munch, Edvard, norweg. Maler und Graphiker, *1863, †1944, wurde, vom Impressionismus ausgehend, ein Wegbereiter des Expressionismus, den er in späteren Werken wieder zu überwinden suchte.

Münchberg, Stadt in Bayern, Oberfranken, 10500 Ew.; Textilindustrie.

München, Hauptstadt Bayerns, an der Isar, drittgrößte Stadt Dtl.s, 1,4 Mill. Ew.; reich an schönen Bauten und Kirchen, u. a. Frauenkirche

Munch: Mädchen auf einer Brücke (1905)

(15. Jahrh.), Michaelskirche (16. Jahrh.), Theatinerkirche (Spätbarock), Asamkirche (1733-1746), Residenz, Schloß Nymphenburg; Ludwigstraße mit klassizist. Prachtbauten aus der Zeit Ludwigs I.; hervorragende Bildungs- und Forschungseinrichtungen: Univ. (1826), TH, Kunstakademie, Hochschule für Musik; hat große Sammlungen: Dt. Museum (Technik), Bayer. Nationalmuseum, Pinakothek (Gemälde), Glyptothek (Bildhauerwerke) und bedeutende Theater. In M. sollen 1972 die Olymp. Spiele stattfinden. U-Bahn im Bau; Flughafen. – INDUSTRIE: Bier, Maschinen-, opt., Apparate-, feinmechan., elektrotechn., Textilindustrie; Verlage, graph. und Kunstgewerbe. GESCHICHTE. M., nach einer kleinen Siedlung des Klosters Tegernsee (zu den Mönchen) genannt, wurde 1158 durch Heinrich den Löwen zur Stadt gegründet und war seit 1255 Wohnsitz der bayer. Herrscher. Ludwig I. (1825-48) erhob M. zur Kunststadt von europ. Bedeutung. Im 2. Weltkrieg erlitt M. schwere Zerstörungen.

Mücke: Entwicklung der Stechmücke, 1 Eipaket, 2 Larve, 3 Puppe, 4 Stechmücke

München

München: Frauenkirche

Münchener Abkommen, am 29.9.1938 von Hitler, Mussolini, Chamberlain und Daladier abgeschlossen, über die Abtretung des Sudetenlandes durch die Tschechoslowakei an das Dt. Reich.

Münchhausen, 1) Börries Freiherr v., Dichter, *1874, †1945, schrieb Balladen, Idyllen. **2)** Karl Friedrich Hieronymus Freiherr v., *1720, †1797; seine witzigen Erzählungen unglaubl. Reise-, Jagd- und Kriegsabenteuer wurden z. T. von E. R. Raspe ins Engl. übersetzt; 1786 von G. A. Bürger dt. bearbeitet und erweitert.

Mund der, Eingang des Magen-Darm-Kanals, führt in die mit drüsenreicher Schleimhaut ausgekleidete **M.-Höhle,** wo die Nährstoffe zerkleinert und eingespeichelt werden. **M.-Fäule,** ƒ schmerzhafte Entzündung des Zahnfleisches und der Wangenschleimhaut mit Bildung von Geschwüren.

Mundart die, **Dialekt** der, Volkssprache einer Landschaft, meist im Gegensatz zur Hochsprache.

Mündel das, der von einem Vormund betreute, nicht oder beschränkt Geschäftsfähige, z. B. ein elternloser Minderjähriger oder ein entmündigter Geisteskranker. **M.-Sicherheit,** bes. sichere, in §§ 1807f. BGB aufgezählte Vermögensanlage; nur so darf der Vormund **M.-Gelder** anlegen.

Münden, früher **Hannoversch M.,** Stadt in Ndsachs., 19700 Ew.; am Zusammenfluß von Fulda und Werra zur Weser; Fachwerkhäuser der Renaissance, forstwissenschaftl. Fakultät der Univ. Göttingen; Gummi-, Schmirgel-, Holz- u. a. Ind.

Münder (Deister), Bad M., Stadt in Ndsachs., 8500 Ew.; Schwefel-, Stahl-, Solbad; Industrie.

Mundharmonika die, Blasinstrument mit Luftkanälen und Metallzungen.

Mündigkeit [von ahd. munt »Hand«, »Schutz«] die,→Volljährigkeit.**Ehe-M.,**→Ehe;**Eides-M.,**→Eid.

Mundraub, ⚖ Entwendung oder Unterschlagung von Nahrungs- oder Genußmitteln in geringer Menge zum sofortigen Verbrauch; als Übertretung mit Geldstrafe oder Haft bestraft.

Mundschenk der, Hofbeamter, dem das Getränk anvertraut war; bisweilen erbl. Hofamt.

Mundt, Theodor, Schriftsteller des →Jungen Deutschlands, *1808, †1861; zeitgeschichtl. Romane; geschichtl. und krit.-ästhet. Werke.

M'ungo der, ostind. rattenähnl. Raubtier der Familie Schleichkatzen, jagt Giftschlangen.

Muniti'on [lat.] die, Schießbedarf.

munizip'al [lat.], städtisch. **Munizipalit'ät** die, Gem. mit bes. Verfassung; Stadtobrigkeit.

Munk, Kaj, dän. Dichter, Pastor, *1898, † (von der Gestapo erschossen) 1944; Dramen über religiöse und polit. Fragen.

Munkácsy [m'unka:tʃi], Michael v., ungar. Maler, *1844, †1900, schuf religiöse Bilder.

Munster [m'ʌnstə], irisch **Mumhu** [mu:], Prov. im SW der Rep. Irland, 24128 km², 859300 Ew.

Munster, Stadt in Ndsachs., 15600 Ew., Ind.; Truppenübungsplatz **Munsterlager.**

Münster [lat. monasterium »Kloster«] das, große Stiftskirche, Dom.

Münster, 1) Bad M. am Stein-Ebernburg, Solbad in Rheinl.-Pf., 4000 Ew., an der Nahe. **2) M. (Westf.),** Stadt in Nordrh.-Westf., 205000 Ew., Hafen am Dortmund-Ems-Kanal; reich an got. und Renaissance-Bauwerken; Univ.; Brauerei, Brennerei, Maschinen-, Textil- u. a. Ind. – Das Bistum M. wurde 802 gegr., Stadtrecht seit etwa 1170. In M. wurde 1648 der →Westfälische Friede unterzeichnet.

Münster, Sebastian, Theologe und Kosmograph, *1489, †1552; Anhänger der Reformation.

Münstereifel, Bad M., Stadt in Nordrhein-Westf., 14800 Ew.

Münstersche Bucht, Einbuchtung der Norddt. Tiefebene zwischen Teutoburger Wald und Rhein. Schiefergebirge; Ackerbaulandschaft, der südl. Teil **(Soester Börde)** bes. fruchtbar.

Munt [ahd. »Schutz«] die, **Mundschaft,** ein Grundbegriff im älteren german. Recht: Herrschafts- und Schutzgewalt.

Münter, Gabriele, Malerin, *1877, †1962.

Munthe, Axel, schwed. Arzt, *1857, †1949; »Das Buch von San Michele« (Erinnerungen).

Münze [aus lat. moneta] die, **1)** nach Zusammensetzung und Gewicht bestimmtes, geprägtes Metallgeld in Scheibenform. Bei **Währungs-M.** sind Metall- und Nennwert gleich, bei **Scheide-M.** liegt der Metallwert unter dem Nennwert. **2)** Münzstätte.

Münzeinheiten, →Währungseinheiten.

Münzer, Thomas, Theologe und Revolutionär, *1489, †1525, erst Anhänger, später Gegner Luthers; 1525 Führer im Bauernkrieg in Thüringen, bei Frankenhausen besiegt und hingerichtet.

Münzfuß, die gesetzl. festgelegte Zahl von Münzen, die aus der Gewichtseinheit des Münzmetalls geprägt werden sollen.

Münzhoheit, das obrigkeitl. Recht zur Ordnung des Münzsystems.

Münzkunde, Numism'atik, Erforschung früherer Münzen, histor. Hilfswissenschaft.

Münzregal, das vom Staat ausgeübte oder verliehene Recht, Münzen zu prägen und in Verkehr zu bringen.

Münzstätte, Münze, Prägeort der Münzen; in der Bundesrep. Dtl.: München (Münzbuchstabe D), Stuttgart (F), Karlsruhe (G), Hamburg (J).

Münzverbrechen, Münzvergehen, die Herstellung oder Verbreitung falschen Metall- oder Papiergeldes **(Falschmünzerei, Münzbetrug)** oder die Veränderung gültiger oder außer Kraft gesetzter Geldzeichen, um diesen den Schein eines höheren Wertes zu geben **(Münzverfälschung);** bestraft mit Freiheitsstrafe von einem Jahr.

Münzvertrag, Münzkonvention, Münzunion, völkerrechtl. Vertrag über Vereinheitlichung oder Annäherung des Münzwesens mehrerer Staaten.

Mu'onen, Myonen, μ-**Mesonen** Mz., instabile Elementarteilchen; früher zu den →Mesonen, heute zu den →Leptonen gerechnet.

Mur die, linker Nebenfluß der Drau in Steiermark, 440 km lang; ab Graz schiffbar.

Mur'äne die, 🐟 aalartiger, schmackhafter Raubfisch im Mittelmeer, 1-1½ m lang.

Murmeltier: Alpen-M.

Mur'ano, Insel bei Venedig, Mittelpunkt der venezian. Kunstglaserzeugung (seit 1292).

Murat [myr'a], Joachim, französ. Marschall, *1767, † (erschossen) 1815, ∞ Napoleons I. Schwester Karoline, 1808-15 König von Neapel.

Murcia [m'urθia], Stadt in SO-Spanien, 277900 Ew., Univ., got. Kathedrale, Industrie.

Mure die, **Rüfe,** 🌐 Schlamm- und Schuttstrom im Hochgebirge.

Murg die, rechter Nebenfluß des Rheins, mündet bei Rastatt, kommt vom Schwarzwald; 96 km lang; Talsperre, Kraftwerk.

Murger [myrʒ'ɛr], Henri, französ. Erzähler, *1822, †1861; »Szenen aus dem Leben der Bohème«.

Murillo [mur'iʎo], Bartolomé E., span. Maler, getauft 1618, †1682, bedeutender Meister des span. Barocks: Madonnen, Bildnisse, Genrebilder.

Murillo: Häusliche Toilette

Müritz die, See auf dem Mecklenburg. Höhenrücken, 117 km², bis 33 m tief.

M'urmansk, Stadt und Flottenstützpunkt im NW der Sowjetunion, 309000 Ew., wichtiger, durch den Golfstrom eisfreier Umschlaghafen an der **Murmanküste,** Endpunkt der Kirowbahn von Leningrad, Fischerei-Ind., Werften.

Murmeltier, eine Gattung der Nagetiere **(Marmotte).** Das **Alpen-M.** ist oben braungrau, unten rostgelb, 50-60 cm lang; lebt unter der Schneegrenze (1600-3000 m), gräbt im Sommer einfache Baue mit Fluchtröhre, im Winter Kessel. M. stoßen bei Gefahr einen Pfiff aus; unter Naturschutz.

Murner, Thomas, Satiriker (Franziskaner), *1475, †1537, schrieb Spottdichtungen, z.B. »Narrenbeschwörung«, »Schelmenzunft«. Gegner Luthers.

Murray [m'ʌri] der, wasserreichster Fluß Australiens, kommt aus den Austral. Alpen, 2570 km lang.

Murrhardt, Stadt in Bad.-Württ., 11300 Ew.

Mürzz'uschlag, Stadt in Österreich (Steiermark), 12000 Ew.; Kurort an der Mürz, einem Zufluß der Mur. Eisen-, Holzindustrie.

Musag'et [grch.] der, Musenführer, Beiname des Gottes Apollo; Musenfreund.

Mus'äus, Karl, Schriftsteller, *1735, †1787; gab »Volksmärchen der Deutschen« heraus.

Muscar'in das, Gift des Fliegenpilzes.

Muschelkalk, mittlere Abteilung der Triasformation, →Erdgeschichte, ÜBERSICHT.

Muschelkrebse, niedere Krebstiere in muschelähnl. Schale.

Muscheln, Muscheltiere, eine Klasse der Weichtiere. Sie haben einen **Mantel** und, daraus abgesondert, eine **Schale** mit zwei **Klappen.** Diese sind am Rücken durch ein Band (Schloßband) verbunden. Durch Schließmuskeln kann das Tier die Klappen schließen. Feine Wimpern treiben einen Wasserstrom durch den Körper, der pflanzl. und tier. Nahrung zuführt.

M'uschik [russ.] der, Bauer.

Muselman, Muselmann [aus pers. musliman, arab. muslim] der, Bekenner des Islams.

Musik

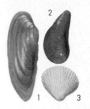

600-1200: Um 600 Gregorian. Choral. 9.Jahrh. Mehrstimmigkeit (Organum). Um 1000 Anfänge der Notenschrift. Um 1025 Solmisationslehre des Guido v. Arezzo. Um 1150 französ. Troubadour- und Trouvèremusik. **1201-1500:** Um 1200 Hochblüte der »Ars antiqua« (Organumkomposition); Tonschule von Notre-Dame in Paris, Minnesang in Deutschland. Um **1225** »Carmina Burana«. 1288 Anfänge des musikal. Zunftwesens(Wien).14.Jahrh.Ars nova inItalien und Frankreich; Vorrang der weltl. Musik. 1430 bis 1450 Burgund.-niederländ. Schule. 1455 »Lochhamer Liederbuch«. 1498 Erfindung des Notendrucks mit bewegl. Typen. **1501-1600:** 1524 protestant. Choral. Um 1550 klass. Vokalpolyphonie (Palestrina, Orlando di Lasso, A. Willaert). Um 1580 Venezian. Schule (Brüder Gabriele). 1594 1.Oper »Dafne« von J.Peri (1561-1633) in Florenz. 1600 1.Oratorium von Cavalieri. **1601-1700:** Generalbaßzeitalter. 1607 Oper »Orfeo« von C. Monteverdi (1567-1643). 1627 1. dt. Oper »Daphne« (nicht erhalten) von H. Schütz. 1637 1. öffentl. Operntheater in Venedig, 1645 1. italien. Oper in Paris. Um 1650 latein. Oratorium in Rom (G. Carissimi 1605 bis 1674), 1671 Académie royale de musique (Große Oper) in Paris, 1678 1. dt. Operntheater in Hamburg. **1701-1800:** 1705 »Almira« 1. Oper von Händel, 1742 »Messias«. 1709 erstes Hammerklavier (Christofori). 1714 Silbermann-Orgel im Freiburger Dom. 1721 J. S. Bach: Brandenburg. Konzerte, 1729 »Matthäuspassion«, 1749 bis 1750 »Kunst der Fuge«. 1733 G. B. Pergolesi (1710-36): »La Serva Padrona«. 1743 »Großes Konzert« (seit 1781 »Gewandhauskonzerte«) in Leipzig. Um 1750 Vorherrschen des galanten, empfindsamen Stils (Bachs Söhne, J. Stamitz, Mannheimer Schule). 1755 J. Haydn: 1. Streichquartett; Beginn der Wiener Klassik (Haydn, Mozart, Beethoven). 1762 Gluck: 1. Reformoper (»Orpheus und Eurydike«) in Wien. 1768 Mozart: Singspiel »Bastien und Bastienne«. 1790 Berliner Singakademie. 1795 Beethoven: Klaviertrios, Klaviersonaten, 1. Klavierkonzert, 1800-23 9 Sinfonien; 1805 Oper »Leonore«(später »Fidelio«, 1814), 1823 »Missa solemnis«.

1801-1900: Beginn der musikal. Romantik (Weber, Schubert, Schumann). 1835 Mendelssohn-Bartholdy: Leiter der Gewandhauskonzerte in Leipzig. 1839 Chopin: Préludes. 1842 R. Wagner: »Rienzi«. 1843 G. Donizetti: »Don Pasquale«. 1846 H. Berlioz: »Fausts Verdammnis«. 1849 Meyerbeer: »Der Prophet«. 1851 Verdi (1813-1901): »Rigoletto«. 1854 Franz Liszt: »Faust-Sinfonie«. 1859 Gounod: »Margarethe«. 1868 Brahms: Ein dt. Requiem, 1. Sinfonie 1877; 1868-81 Bruckner: 3 Sinfonien. 1874 Mussorgski: »Boris Godunow«. 1879 Tschaikowski: »Eugen Onegin«. 1884 Massenet: »Manon«. 1888 Hugo Wolf: Mörike-, Eichendorff-Lieder. 1889 Richard Strauss: »Don Juan«. 1890 Borodin: »Fürst Igor«. 1891 G. Mahler (1860-1911): 1. Sinfonie, 8. Sinfonie, »Das Lied von der Erde«. 1892 Debussy: »L'après-midi d'un faune«. 1894 Dvořák: »Sinfonie aus der Neuen Welt«. 1895 Pfitzner: »Der arme Heinrich«. 1898 Rimskij-Korssakow: »Sadko«. **1901 bis 1968:** 1901 Ravel: »Jeux d'Eau«. 1906 Bartók: Sammlung ungar. Volkslieder. 1909 Reger: 100.Psalm-Sinfonischer Prolog, Mozartvariationen 1915. 1910 Strawinsky: »Der Feuervogel«. 1912 Schönberg: 5 Orchesterstücke (Entstehung der Zwölftonmusik). 1918 Prokofieff: Klass. Sinfonie. 1921 Honegger: »König David«. 1922 Gesellschaft für Neue Musik gegr.; Aufblühen der Jugendmusikbewegung. 1924 G. Gershwin: Rhapsody in Blue. 1925 A. Berg: »Wozzeck«. 1926 Hindemith: »Cardillac«. 1927 Křenek: »Jonny spielt auf« (Jazzoper); Internat. Gesellschaft für Musikwissenschaft gegr. 1928 Brecht und Weill: »Dreigroschenoper«. 1931 D. Milhaud: »Columbus«. 1934 Schostakowitsch: »Lady Macbeth«. 1937 C. Orff: »Carmina Burana«. 1942 W. Egk: »Columbus«, »Abraxas«. 1947 G. v. Einem: »Dantons Tod«. 1951 B. Britten: »Billy Budd«, I. Strawinsky: »The Rake's Progress«. 1952-61 P. Boulez: »Structures«. 1965 G. Ligeti »Requiem«. 1966 H. W. Henze »Die Bassaniden«. 1967 W. Lutoslawski »2. Sinfonie«. 1968 L. Dallapiccola »Odysseus«. 1968 S. Szokolay »Hamlet«. – Vgl. Opern und Operetten, ÜBERSICHT.

Musen, die 9 griech. Göttinnen der schönen Künste und Wissenschaften, Töchter des Zeus: **Klio** (Geschichte), **Euterpe** (Instrumentalmusik), **Thalia** (Lustspiel), **Melpomene** (Trauerspiel), **Terpsichore** (Tanz), **Erato** (Liebesdichtung), **Polyhymnia** (ernster Gesang, Musik), **Urania** (Sternkunde), **Kalliope** (ep. Dichtung).

M'usenalmanach der, regelmäßig erscheinende Sammlung von Gedichten, Dramenteilen u. a., z. B. der »Göttinger M.« (1770 von Gotter und Boie gegründet), »Schillers M.« (1796-1800), »Cottascher M.« (1891-1900) u. a.

Musette [myz'εt, frz.] die, französ. Gesellschaftstanz im Dreitakt zur Zeit Ludwigs XIV.; später Suitensatz. Aus der M. entwickelte sich der **M.-Walzer.**

Mus'eum [den Musen geweiht] das, -s/...seen, Sammlung von Werken der bildenden Künste oder von Gegenständen und belehrenden Darstellungen aus allen Wissensgebieten (z. B. Erd-, Völker-, Natur-, Menschenkunde, Kulturgeschichte, Technik).

Mushin, Stadt in S-Nigeria, 312 000 Ew.

Musical [mj'u:zikəl, engl.] das, operettenartiges Bühnenstück, zuerst in Amerika (z. B. »Kiss me, Kate«, »My fair Lady«).

Mus'ik [grch. »Kunst der Musen«] die, bei den alten Griechen die Bildung von Gemüt und Geist (im Gegensatz zur Gymnastik); seit christl. Zeit die **Tonkunst** als Ausdrucksmittel des menschl. Seelen- und Gefühlslebens. Gestaltungsmerkmale der M. sind Rhythmus, Melodie, Harmonie, ferner Tonstärken- und Zeitmaßverhältnisse sowie

die Instrumentation. Nach den Darstellungsmitteln teilt man die M. ein in **Gesang (Vokal-M.)** und **Instrumental-M.** Werden viele verschiedene M.-Instrumente verwendet, spricht man von **Orchester-M.,** bei einigen wenigen von **Kammer-M.** – Historisch entwickelt sich die M. aus dem Boden der **Volks-M.** zu einer persönl. gestalteten **Kunst-M.** Neben den letzteren unterscheidet man folgende Arten der M.: **Kirchen-M.,** **Unterhaltungs-M.,** **Tanz-M.,** **Jazz-M.** M. in Verbindung mit Darstellungen auf der Bühne: →Oper, Operette, →Musical, →Singspiel. (→Programmusik)

Musikbox die, Plattenspieler, der nach Münzeinwurf eine gewünschte Platte abspielt.

Musikdrama, durchkomponierte Oper im Gegensatz zur älteren Nummern-Oper.

Muscheln: 1 Fluß-, 2 Mies-, 3 Herzmuschel, 4 Auster

Museum: Zeitblom-Saal, Staatsgalerie Stuttgart

Musil

Muskatnuß:
1 Blüte, 2 Frucht

Mussolini

Mussorgskij

Mutterkorn,
a Roggenähre
mit M.,
b M. vergrößert

Musikhochschulen bilden Musiker (ausübende Musiker, Komponisten, Dirigenten) aus, auch Musiklehrer und Lehrer für das künstler. Lehramt. Staatl. M. bestehen u. a. in Berlin, Köln, Frankfurt a. M., Karlsruhe, Hamburg, München.

Musikinstrumente sind meist Saiten-, Blas- und Schlaginstrumente (vgl. die Einzelstichwörter). **Musikwerk, Musikautomat,** Gerät zur Musikwiedergabe auf mechan. Wege, z. B. Spieldose, elektr. Klavier.

M'usil, Robert, Schriftsteller, *1880, †1942; unvollendeter iron. Roman: »Der Mann ohne Eigenschaften«.

m'usisch, kunstempfänglich.

mus'ivisch [lat.-grch.], Eigw. zu Mosaik.

Musk'at der, trop. Gewürz. Der **Muskatnußbaum** ist ein bis 18 m hoher, trop. Baum mit einem eiförmigen, braunen Samen **(M.-Nuß).**

Muskat'ellerwein, nach Muskat schmeckender Rot- oder Weißwein von der Muskatellertraube (Süßwein).

Muskau, Bad M., Stadt im Bez. Cottbus, 5200 Ew.; Eisen-Moorbad an der Lausitzer Neiße; Renaissance-Schloß, Fürst-Pücklerscher Park.

Muskel [lat.] der, fleischiger Teil des menschl. und der tier. Körpers, der durch Zusammenziehen die Bewegungen vermittelt, besteht aus **M.-Fasern.** Die M. an den Knochen sind dem Willen unterworfen (**willkürl.** oder **quergestreifte M.**), im Gegensatz zu den **unwillkürl.** oder **glatten M.,** die sich unabhängig vom Willen betätigen und die Bewegungen der inneren Organe regeln. Die Herz-M. sind zwar quer gestreift, sind aber dem Willen nicht unterworfen.

M'uskelatroph'ie die, ♪ Muskelschwund.

Muskelkater, schmerzhafte Verhärtung der Muskulatur nach größeren Anstrengungen. Behandlung: bei hochgradigem M. völlige Ruhe, bei leichterem M. Bewegung als Selbstmassage.

Muskelkrampf, ♪ unwillkürl. starke Muskelzusammenziehung (→Krampf).

Muskelzerreißung, ♪ unter blitzartigem Schmerz entstehender Riß eines Muskels **(Muskelriß, Muskelzerrung).**

Musk'ete [mittellat. muscetus, kleine Sperberart] die, ⚔ Handfeuerwaffe mit Luntenschloß, im 17. Jahrh. Hauptwaffe der Infanterie.

Musket'ier der, urspr. der mit einer Muskete Bewaffnete, später bis 1919 der einfache Soldat bei den meisten Infanterieregimentern.

Muskulat'ur die, Gesamtheit der Muskeln.

M'uslim der, Bekenner des Islams.

M'uspilli, stabreimendes Bruchstück einer ahd. Dichtung über das Weltende (9. Jahrh.).

Mussel'in [frz. aus »Mosul«] der, zartes, leichtes Gewebe aus Wolle oder feinen Baumwollgarnen in Leinwandbindung.

Musset [mys'ε], Alfred de, französ. Dichter, *1810, †1857; Romantiker; Gedichte, Verserzählungen, Theaterstücke.

Mussol'ini, Benito, italien. Politiker, *1883, † (erschossen) 1945, urspr. Sozialist; trat 1914 für Italiens Kriegseintritt gegen Dtl. und Österreich ein. 1919 gründete er den faschist. »Kampfbund«, →Faschismus. Als Regierungschef und Führer (Duce) der faschist. Partei erlangte er 1922 nach einer Krise in seiner Partei (Ermordung →Matteottis) diktator. Gewalt, die er durch Ausschaltung der Parteien und innerparteil. Gegner zur persönl. Diktatur ausbaute. →Italien, Geschichte. Machtsender →Antifaschismus, bes. jedoch militär. Mißerfolge Italiens im 2. Weltkrieg sowie innerparteil. Opposition führten Juli 1943 zur Entlassung und Verhaftung M.s durch König Viktor Emanuel III. Nach M.s Befreiung rief er als »Staatschef« eine von NS-Dtl. völlig abhängige »Italien. Sozialrep.« aus; von kommunist. Partisanen erschossen.

Muss'orgskij, Modest Petrowitsch, russ. Komponist, *1839, †1881; Oper »Boris Godunow«.

M'ustafa, Name mehrerer türk. Sultane.

Must'agh-at'a, Gipfel im O-Pamir, 7433 m.

M'ustang [span.] der, Präriepferd.

Muster ohne Wert das, →Warenprobe.

Musterrolle, vom Seemannsamt ausgefertigtes Verzeichnis der angemusterten Schiffsmannschaft; ist an Bord mitzuführen.

Musterschutz, ⚖ der gesetzl. Schutz bestimmter Gegenstände gegen Nachbildung. Für gewerbl. Muster und Modelle **(Geschmacksmuster)** nach Anmeldung beim **Musterregister** (Amtsgericht); Dauer 1 bis 15 Jahre. Für Arbeitsgerätschaften oder Gebrauchsgegenstände **(Gebrauchsmuster)** nach Eintragung in die **Gebrauchsmusterrolle** (Patentamt); Dauer 3 bis 6 Jahre.

Musterung die, 1) Feststellung der militär. Tauglichkeit. 2) ⚓ →Heuer. 3) Art der Zeichnung, Ornamentik.

Mutati'on [lat.] die, ⚘ ⚕ Änderung eines erbl. Merkmals (Gegensatz: →Modifikation). M. können auch künstlich erzeugt werden durch Bestrahlung mit kurzwelligen Strahlen. Die von DeVries 1901 aufgestellte **M.-Lehre** ist die Grundlage der modernen Abstammungslehre.

mut'atis mut'andis [lat. »nach Änderung des zu Ändernden«], sinngemäß abgeändert.

Muth, Carl, kath. Publizist, *1867, †1944, gründete 1903 die Zeitschrift »Hochland«.

Muth'esius, Hermann, Baumeister und Kunstschriftsteller, *1861, †1927; Mitgründer des Deutschen Werkbundes; trat für die Typisierung im Bauwesen ein.

mut'ieren [lat.], 1) verändern; 2) die Stimme wechseln, sich im Stimmwechsel befinden.

Mutsuhito [mutshito], Meiji Tenno, Kaiser von Japan (1867-1912); unter ihm wurde Japan Großmacht.

Mutter die, 1) Frau, die ein Kind geboren hat; bei Tieren **M.-Tier.** 2) ◉ →Schraube.

Müttergenesungswerk, Dt. M., gemeinnützige Stiftung, 1950 von E. Heuss-Knapp gegr.

Mutterkorn, schwarzvioletter, hornartiger Körper in der Ähre des Roggens, schmarotzende Schlauchpilze; Arzneimittel gegen Gebärmutterblutungen, giftig.

Mutterkuchen, Fruchtkuchen, lat. Placenta, weiches, scheibenförmiges, blutreiches Organ, das sich während der Schwangerschaft in der Gebärmutter bildet und dem Austausch von Nährstoffen, Sauerstoff und Kohlensäure zwischen kindl. und mütterl. Blut dient. Die Verbindung zwischen M. und Kind bildet die Nabelschnur.

Mutterlauge, ⚗ Restflüssigkeit nach Auskristallisieren einer chem. Verbindung.

Muttermal das, angeborene oder kurz nach der Geburt hervortretende umschriebene Geschwulst der Haut, erscheint als Farbstoffanhäufung in Form des **Pigmentmals,** als Blutgefäßgeschwulst (erweiterte, netz- oder schwammartig verbundene Blutgefäße) in Form der **Feuer-, Gefäß-, Brand-, Blutmale.**

Mutterrecht, frühgeschichtl. Rechtsform, nach der für die Gruppenzugehörigkeit und die Rechte des Kindes die Verwandtschaft mit der Mutter maßgebend ist; noch bei Naturvölkern anzutreffen. Gegensatz: Vaterrecht.

Mütterschulen, theoret. und prakt. Volksbildungskurse über Pflege, Ernährung, Erziehung von Säuglingen und Kindern u. a.

Mutterschutz. Nach dem M.-Gesetz vom 24. 1. 1952, i. d. F. v. 18. 4. 1968, ist die Beschäftigung werdender und stillender Mütter mit schwerer körperl. Arbeit verboten. Werdende Mütter dürfen in den letzten 6 (Hausgehilfinnen in den letzten 4) Wochen vor der Niederkunft, Wöchnerinnen während 8 Wochen nach der Niederkunft nicht beschäftigt werden. Mehr-, Nacht- und Sonntagsarbeit werdender und stillender Mütter während 8 Wochen ist verboten. Ferner besteht gegenüber Frauen während der Schwangerschaft und bis zum Ablauf von 4 Monaten nach der Entbindung grundsätzlich ein Kündigungsverbot.

Muttertag, Tag zur bes. Ehrung der Mutter (2. Maisonntag). In Dtl. seit 1923.

Mutung die, ⚒ beim Bergamt einzureichende Gesuch auf Verleihung des Bergwerkseigentums in einem bestimmten Felde.

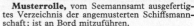

Myk'ene, im Altertum griech. Stadt in Argolis, bei Homer Sitz des Agamemnon.–M. war im 2. Jahrtausend v. Chr. Mittelpunkt einer bedeutenden Kultur (→Ägäische Kultur). Ausgrabungen durch Schliemann u. a.

Mykorrh'iza [Kw., grch.] die, Symbiose zwischen Pilzen und Wurzeln höherer Pflanzen.

Mylady [mi'leidi, engl.], gnädige Frau (Fräulein). **Mylord** [mi'lo:d], gnädiger Herr.

Mynheer, seltener für →Mijnheer.

Myok'ard [grch.] das, ⌠ der Herzmuskel.

My'om [grch.] das, ⌠ gutartige Geschwulst aus Muskelfasern, meist in der Gebärmutter.

Myop'ie [grch.] die, →Kurzsichtigkeit.

Myri'ade [von grch. zehntausend] die, eine sehr große Menge.

Myrmid'onen Mz., 1) bei Homer: die Mannen des →Achill vor Troja. 2) übertragen: treue Gefolgschaft.

M'yron, griech. Bildhauer der klass. Zeit um 450 v. Chr. in Athen. Werke: Diskuswerfer, Athena und Marsyas. (BILD Diskus)

M'yrrhe die, Harz einer arab.-ostafrik. Strauchgattung; für Räucherwerk, Mundwasser.

M'yrte die, Strauch vom Mittelmeer. Die immergrünen Blättchen enthalten flüchtiges **M.-Öl.** Ästchen werden zu Brautkränzen verwendet.

M'ysien, im Altertum: Landschaft im nordwestl. Kleinasien, südlich des Marmarameers.

Myslowitz, Mysłowice, Industriestadt in Polen, 43 500 Ew.; Zinkwalzwerk, Steinkohlenbergbau.

Mysore [mais'o:], engl. für →Maisur.

Myst'erienspiel, Mysterium, geistl. Dramen, seit dem 14. Jahrh. aus der Liturgie entwickelt (Oster-, Passions-, Weihnachtsspiele).

mysteri'ös [grch.], geheimnisvoll, dunkel.

Myst'erium [grch. »Geheimnis«] das, -s/...rien, 1) Geheimnis. 2) im Altertum: gottesdienstl. Handlung nur für »Eingeweihte« (**Mysten**), so die eleusin. und die orph. M.; sie sollte Erlösung und Gemeinschaft mit der Gottheit vermitteln. 3) in der kath. Kirche: die eigentlich unfaßbaren Glaubenswahrheiten wie Dreifaltigkeit, Gegenwart Christi in der Messe.

Mystifikati'on die, Täuschung, Vorspiegelung. Zw. **mystifiz'ieren.**

M'ystik [grch.] die, eine Grundform des religiösen Lebens, das unmittelbare Erleben Gottes. M. kann der Art nach gefühlsbetont, sinnl.-rauschhaft, kontemplativ oder spekulativ sein; ihre Grundlage ist durchweg asketisch. – Bedeutende Ausprägungen: der Taoismus in China, die Erlösungslehre des Vedanta in Indien, die Mysterienkulte im alten Griechenland, der Neuplatonismus der Spätantike, der Sufismus im Islam. Kabbala und Chassidismus im Judentum, Braut- und Passions-M. sowie spekulative M. (Eckart, Seuse, Tauler) im Christentum des MA., in der Neuzeit die myst. Bewegungen in Spanien (Loyola), Frankreich, Rußland (Starzentum) sowie der Pietismus. – **m'ystisch,** geheimnisvoll, dunkel. **Mystiz'ismus** der, Neigung zum Geheimnisvollen.

M'ythen, Voralpen-Gipfel der Glarner Alpen: **Großer M.,** 1903 m, **Kleiner M.,** 1810 m hoch.

M'ythos [grch.] der, **M'ythus,** -/Mythen, eigentlich Erzählung, bes. Vorzeiterzählung, oft auch Bericht über göttl. Mächte. **m'ythisch,** den M. betreffend, auch: nach Art der M., sagenhaft.

Mytholog'ie die, 1) Gesamtheit der M. eines Volkes. 2) die Wissenschaft von den M.

Mytil'ene, Hauptstadt der griech. Insel Lesbos (M.), 26 000 Ew.; Wein-, Ölausfuhr.

Myt'ischtschi, Stadt im N von Moskau, 119 000 Ew.; Maschinenbau u. a. Industrie.

Myxöd'em [grch.] das, ⌠ bes. im Gesicht auftretende teigige Schwellung der Haut, mit körperl. und geistiger Schwerfälligkeit; Ursache: zu schwache Tätigkeit der Schilddrüse.

Myz'el, Myz'elium [grch.] das, der spinnfädige, fortwachsende Pflanzenkörper der Pilze.

N

n, N, 1) der 14. Buchstabe im Abc. 2) ⌀ n., netto. 3) ⊕ N, Norden. 4) ⌀ N, Zeichen für →Stickstoff. 5) ⊙ n, Abk. für →Neutrum. 6) ⊠ n, Abk. für →Neutron. 7) n, Abk. für →Nano.

Na, ⌀ Zeichen für →Natrium.

Naab, Nab die, linker Nebenfluß der Donau, vom Fichtelgebirge, mündet bei Regensburg.

Nabe die, ⊙ der Teil eines Rades, mit dem es auf der Welle oder dem Zapfen sitzt.

Nabel der, rundl. Narbe in der Mitte des Bauches. Zur Zeit des Lebens im Mutterleib mündet im N. die **N.-Schnur,** die Verbindung zwischen Mutterkuchen und Embryo.

Nabelbruch, ⌠ bei Säuglingen eine Vorwölbung des Nabels; sie kann durch eine Heftpflasterverband zusammengezogen und zur Heilung gebracht werden.

Nabelkraut, →Echeverie.

Nablus, Nabulus, jordan. Stadt, 60 000 Ew.

N'abob [arab.] der, steinreicher Mann, Geldfürst, bes. in Indien.

Nab'okow, Wladimir, amerikan. Schriftsteller, *1899; Romane (»Lolita« u. a.).

Nabopol'assar, König von Babylon (626-605 v. Chr.), vernichtete mit Hilfe der Meder die Assyrer.

Nachahmung, Imitation, 1) ♪ die Wiederholung einer bestimmten Tonfolge, z. B. in Kanon, Fuge. 2) **Nachbildung,** das Wiederholen fremden Tuns oder die Darstellung nach einem Vorbild; für gewerbl. Geschmacksmuster oder Modelle verboten. →Plagiat.

Nachbarrecht, die Rechtssätze, die die einander widerstreitenden Belange benachbarter Grundstückseigentümer ausgleichen sollen.

Nachbild, ein Bild, das das Auge noch sieht, wenn der gesehene Gegenstand nicht mehr auf das Auge einwirkt, →Eidetik.

Nachdruck, 1) ⌠⌂ die unberechtigte Vervielfältigung eines Schriftwerkes, einer Abbildung, eines Tonwerkes, das durch →Urheberrecht geschützt ist. 2) unveränderter Abdruck. 3) Betonung.

Nachen der, Schifferkahn.

Nacherbfolge, ⌠⌂ die Erbeinsetzung mehrerer in der Weise, daß der eine (Nacherbe) erst Erbe werden soll, wenn der andere (Vorerbe) es gewesen ist (§§ 2100 ff. BGB).

Nachfolge Christi, lat. **imit'atio Christi,** 1) nach Matth. 16, 24, die echte, in Selbstverleugnung und Pflichterfüllung sich zeigende Frömmigkeit. 2) Titel eines Erbauungsbuches; als Verfasser gilt →Thomas a Kempis.

Nachfrage die, ⌀ die bei einem bestimmten Preis bestehende Bereitschaft der Käufer zur Abnahme einer best. Gütermenge. Die Kaufbereitschaft steigt (sinkt) mit fallenden (steigenden) Preisen; je stärker sie auf eine Änderung der Preises oder Einkommens reagiert, desto elastischer ist sie (**N.-Elastizität**).

Nachgeburt die, besteht aus dem Mutterkuchen, den Eihäuten und einem Teil der Nabelschnur; in der **N.-Periode** der Gebärmutter ausgestoßen.

Nachhall der, ein mehrfaches →Echo.

Nachhut die, ⌖ Rückendeckung der Truppen, die vor dem Feind zurückgehen.

Nachitschew'an, Autonome Sozialist. Sowjetrep. in der Aserbaidschan. SSR, im Armenischen Hochland, 5500 km², 202 000 Ew. (Aserbaidschaner, Armenier); Hauptstadt: N. Anbau (z. T. mit Bewässerung): Baumwolle, Getreide, Wein.

Nachlaß der, das gesamte Vermögen eines Verstorbenen. **N.-Gericht,** das Amtsgericht, in dessen Bezirk der Erblasser seinen letzten Wohnsitz hatte. **N.-Konkurs,** das Konkursverfahren über den N. eines Verstorbenen bei dessen Überschuldung. **N.-Pflegschaft,** die vom N.-Gericht anzuordnende →Pflegschaft zur Sicherung und Erhaltung des N. für einen unbekannten Erben. **N.-Verwaltung,** die Pflegschaft über einen N. zum

Myrte

Nagold:
Altes
Bürgerhaus

Zwecke der Befriedigung der N.-Gläubiger. 2) Herabsetzung, Minderung einer Schuld (z. B. Steuer-N.) oder eines Preises (Rabatt).

Nachnahme die, Einziehen des Rechnungsbetrages durch die Post bei der Aushändigung der Sendung.

Nachrede, üble N., ♐ →Beleidigung.

Nachricht die, Sachbericht in Kurzform. Einheit der **Nachrichtenmenge** = 1 →**Bit.**

Nachrichtenagentur vermittelt gegen Entgelt aktuelle Nachrichten an Zeitungen (**Presseagentur**), Rundfunk- und Fernsehsender. Die nationalen N. sind oft staatlich subventioniert und stehen mit anderen nationalen N. auf Grund von Ringverträgen im Nachrichtenaustausch.

Nachrichtendienst, der staatl. Geheimdienst zur Gewinnung und Auswertung geheimgehaltenen, für die Staatssicherheit bedeutsamen Materials aus dem Aus- und Inland. (→Bundesnachrichtendienst)

Nachrichtensatellit, künstl. Erdsatellit für den interkontinentalen Nachrichtenverkehr (Fernsehen, Fernsprechen, Datenübertragung).

Nachrichtentheorie, →Informationstheorie.

Nachschlag, ♩ ein oder zwei Ziernoten, die dem Hauptton folgen und ihn verkürzen.

Nachschlüssel, widerrechtlich angefertigter oder zufällig passender Schlüssel.

Nachschußpflicht, Pflicht der Gesellschafter einer GmbH. und der Genossen einer Genossenschaft, über ihre Einlagen hinaus weitere Einzahlungen zu leisten.

Nacht die, Zeitraum vom Untergang bis zum Aufgang der Sonne. Die kürzeste und die längste N. fallen in die Zeit der Sonnenwenden (21. Juni und 21. Dez.; auf der südl. Halbkugel umgekehrt).

Nachtblindheit, ungenügendes Vermögen der Augen, sich an die Dunkelheit anzupassen; angeboren oder durch Vitamin-A-Mangel.

Nachtgleiche, →Tagundnachtgleiche.

Nachtigal, Gustav, Arzt und Afrika-Reisender, *1834, †1885, erforschte 1869–74 Tibesti und Sudan, stellte 1884 Togo und Kamerun unter dt. Schutz.

Nachtigall [ahd. »Nachtsängerin«] die, (FARB-TAFEL Singvögel S. 872), rostbraun-grauer, schlankbeiniger Singvogel; als Zugvogel nur von Mai bis August in Mitteleuropa. Verwandt und sehr ähnlich der **Sprosser.**

Nachtkerze

Nachtkerze, Gattung von Krautpflanzen mit gelben königskerzenähnl. Blüten.

Nachtpfauenauge, Nachtfalter, dessen Flügel je einen bunten Augenfleck tragen. Das **Große N.,** in Südeuropa bis Wien, bis zu 14,5 cm breit, ist der größte Schmetterling Europas, das **Kleine N.,** 5–6 cm breit, findet sich in Buchenwäldern.

Nachtragshaushalt, nachträgl. Haushaltsplan zur Änderung eines ordentl. oder außerordentl. →Haushaltsplanes.

Nachtschattengewächse, Familie der zweikeimblättrigen Pflanzen, mit über 1500 meist trop. Arten. Gattungen: Kartoffel, Tomate, Bittersüß; Schwarzer Nachtschatten; Stechapfel; Tabak; Tollkirsche.

Nähmaschine:
Stichbildung,
a Nadel, b Oberfaden, c Unterfaden, d Stoff,
e Schiffchen

Nachtschwalben, Ziegenmelker, in der Dämmerung und Nacht aktive Vögel mit eulenartigem Gefieder, mit den Schwalben (Singvögel) nicht verwandt.

Nachtviole die, ⚥ purpurviolettblühender, duftender Kreuzblüter, auf feuchten Wiesen.

Nachtwächter, 1) Personen, die Häuser, Betriebe, Baustellen u.ä. außerhalb der Betriebsund während der Nachtzeit bewachen (→Wach- und Schließgesellschaften). **2)** Gemeindebeamte, die bes. früher für Ruhe und Ordnung in der Nachtzeit zu sorgen hatten.

Nachtwandeln, Schlafwandeln, →Somnambulismus.

Nacken der, der nach dem Rücken zu gelegene Teil des Halses (das **Genick**).

Nacktkultur, Nud'ismus, →Naturismus.

Nacktsamige Pflanzen, ⚥ →Blüte.

Nacktschnecken, ⚲ Landschnecken, fressen zarte Blätter im Garten; **Weg-, Egelschnecken.**

Nadel die, **1)** spitzes Stechwerkzeug. **N.-Arbeiten,** →Handarbeiten. **2)** ⚥ Blattform.

Nadelgeld, Taschengeld, das der Mann seiner Frau, der Vater seiner Tochter gewährt.

Nadelhölzer, Konif'eren, Zapfenträger, größte Klasse der Nacktsamigen, meist mit nadel- oder schuppenförmigen, immergrünen Blättern. Die Blütenstände sind meist ährenähnlich (Zapfen). Zugehörig: Fichte, Kiefer, Lärche, Tanne, Lebensbaum, Wacholder, Eibe.

Nadelkap, Kap Agulhas, die Südspitze Afrikas, 34° 52' südl. Breite.

Nad'ir [arab.] der, Fußpunkt, →Himmel.

N'aga, Stämme tibeto-birman. Sprache im Gebirge zwischen Assam und Birma.

Nag'aika die, Kosakenpeitsche.

Nagano, Stadt auf Honschu, Japan, 276 000 Ew.; Seidenraupenzucht, Rohseidenindustrie.

Nagaoka, Stadt in Japan, im W von Honschu, 157 000 Ew.; Mittelpunkt eines Erdölgebiets.

Nagasaki, Stadt in Japan, 424 000 Ew.; bedeutender Hafen im W der Insel Kiuschu; Univ.; Schiffbau, Textil-, Fischind. Am 9.8.1945 Abwurf einer Atombombe über N.

Nagel der, **1)** wohl ältestes Befestigungsmittel, besteht aus zugespitztem Schaft mit verschiedenartig geformtem Kopf, hölzern oder aus Draht. **2)** ♂ Hornplatte an Fingern und Zehen. Mit seiner inneren Fläche liegt der N. auf dem **N.-Bett.** Der eingewachsene N., **Neid-** oder **Nied-N.,** ist eine entzündete Weichteilwunde nahe dem N.-Rand.

Nägelein das, Bez. für mehrere Pflanzen: Nelke, Gewürznelke, Syringe, Goldlack.

Nagelfluh die, durch kalkhaltigen Sandstein verkittete Gerölle von Kalkstein.

Nagetiere, Ordnung der Säugetiere, mit **Nagezähnen,** d.h. meißelförmigen Schneidezähnen, die sich abnutzen und fortwährend nachwachsen. Die N. leben überwiegend von pflanzl. Nahrung; z.B. Mäuse, Ratten, Hamster, Hörnchen, Biber, Hasen, Stachelschweine, Schläfer. Einige N. sind wertvolle Pelztiere (Biber, Nutria, Chinchilla).

Nag'ib, Mohammed, ägypt. General und Politiker, *1901 im Sudan, 1952 nach Sturz →Faruks MinPräs. der Rep., 1954 von →Nasser abgesetzt.

Nagoja, Stadt in Japan, 2,0 Mill. Ew.; auf der Insel Honschu, Schloß; Industrie.

Nagold, altertüml. Stadt in Baden-Württ., 12 500 Ew.; Holz-, Textil-, Metallindustrie.

N'agpur, Stadt in Maharaschtra, Indien, 801 600 Ew.; Univ.; Ferro-Mangan-Hütte, Textilind.

Nagy [nodj], Imre, *1896, † (hingerichtet) 1958; 1956 als MinPräs. Führer der ungar. Volkserhebung.

Nahe die, linker Nebenfluß des Rheins, vom Hunsrück, mündet bei Bingen, 116 km; Weinanbau.

Naher Osten, die Länder Vorderasiens und Ägypten.

Nähmaschine, verwendet im Gegensatz zur Handnaht zwei Fäden; Antrieb mit der Hand, mit den Füßen oder durch Elektromotor. Erste N. bauten Ch. F. Weisenthal, B. Krems, J. Madersperger zu Anfang des 19. Jahrh. Die Urform der Doppelstich-N. schuf 1845 der Amerikaner E. Howe. (BILD S. 618)

Nährhefe die, getrocknete, entbitterte →Hefe; dient als Nähr-, Futter-, Heilmittel.

Nährlösung, Lösung von Nährstoffen in destilliertem Wasser als Nahrungsquelle für Pflanzen, zu Versuchszwecken sowie zur erdelosen Pflanzenkultur (Wasserkultur); auch in fester Form **(Nährboden).**

Nährpräparat, fabrikmäßig hergestelltes Kräftigungsmittel aus Nährstoffen, Salzen, Vitaminen u. a.

Nährstoffe, die Nahrungsstoffe, aus denen die Lebewesen ihre Körper aufbauen.

Nahrungsmittel, →Ernährung. **N.-Chemie,** angewandte Chemie für das N.-Chemie. **N.-Vergiftungen,** durch Aufnahme verunreinigter oder unter Einwirkung von Bakterien bereits in Zersetzung (Gärung, Fäulnis, Verwesung) übergegangener Lebensmittel (→Botulismus). **Nährwert,** der Nahrungswert von N. (FARBTAFEL S. 697)

Naht die, 1) natürl. Verbindung zwischen Knochen am Schädel. **Chirurg. N.,** die Vereinigung durchtrennter Gewebe mittels Seide, Katgut, Draht u.a. 2) durch Nieten, Löten, Schweißen hergestellte Verbindungsstelle zweier Metallteile.

N'ahua, altindian. Jägerstämme, die von N her nach Mexiko einwanderten. Wichtigste Untergruppe: Azteken.

N'ahum, Prophet Israels im 7. Jahrh. v. Chr.

Nair'obi, Hauptstadt von Kenia, 1660 m ü. M., 478 000 Ew.; an der Ugandabahn; internat. Flugplatz; Kathedrale, College. (BILD Kenia)

na'iv [frz.], 1) natürlich, ungekünstelt. 2) kindlich, einfältig. Hw. **Naivit'ät** die. **Naive** die, weibl. Bühnenfach.

Naj'aden [grch.], griech. Mythos: die →Nymphen der Quellen.

N'altschik, Hauptstadt der Kabardino-Balkar. ASSR, Kurort im nördl. Kaukasus-Vorland, 129 000 Ew., Univ.; Industrie.

N'amaland, 1) **Groß-N.,** der südl., hochliegende Teil Südwestafrikas. Die eingeborene Bevölkerung (Hottentotten, Buschmänner) ist in Reservate zurückgedrängt. 2) **Klein-N.,** Namaqualand, das südl. vom Oranje anschließende Gebiet in der Kapprovinz.

Namang'an, Gebietshauptstadt in der Usbek. SSR, 170 000 Ew.; Mittelpunkt eines Baumwollgebiets; Baumwoll-, Seiden-, Konservenind.; nahebei Erdöl.

Name der, Bezeichnung einer Person **(Eigenname)** oder Örtlichkeit **(Orts-, Flurname).** In Dtl. bildeten sich seit dem 12. Jahrh. die **Familiennamen** aus, zuerst beim Adel.

Namenspapiere, Rektapapiere, →Wertpapiere, die auf den Namen einer best. Person ausgestellt sind. Gegensatz: →Inhaberpapiere.

Namensrecht. Das ehel. Kind erhält den Familiennamen des Vaters, das unehel. den der Mutter, die Ehefrau den des Mannes, kann jedoch ihren Mädchennamen hinzufügen. Das Recht auf den Namen, auch auf den anerkannten Künstlernamen, ist gegen Mißbrauch geschützt. Jede Namensänderung bedarf behördl. Genehmigung.

Namenstag, der Kalendertag des Heiligen, dessen Namen jemand führt; in der kath. Kirche oft mehr als der Geburtstag gefeiert.

N'amib die, Wüste an der Küste SW-Afrikas, 500 km lang, 100 km breit; Diamantenlager.

Nämlichkeitssicherung, Zollmaßnahme zum Wiedererkennen vorübergehend aus- oder eingeführter zollpflichtiger Waren **(Identitätsnachweis);** bei unveränderter Wiederein- oder -ausfuhr besteht Zollfreiheit.

Nampula, Stadt in Moçambique, 104 600 Ew.

Namur [nam'yr], fläm. **Namen,** Stadt in Belgien, am Einfluß der Sambre in die Maas, 32 500 Ew.; Stahl-, Glasind., Kohle-, Eisenbergbau.

Nancy [nã'si], Stadt in O-Frankreich, 133 500 Ew.; am Rhein-Marne-Kanal. Univ.; Industrie (Textil-, chem., Ton-, Glaswaren, Handschuhe). Bis 1766 Residenz der Herzöge von Lothringen.

Nanking: Sun Yat-sen-Gedenkstätte

N'andu der, **Pampasstrauß,** Straußenvogel der südamerikan. Graslandschaften.

N'anga P'arbat, Gipfel im W-Himalaya, 8125 m hoch. Dt. Besteigungsunternehmen 1934-38 scheiterten unter schweren Opfern. Am 4. 7. 1953 wurde er von dem Österreicher H. Buhl bestiegen.

N'änie [aus lat.] die, Totenklage im republikan. Rom.

Nanking, Hauptstadt der Prov. Kiangsu, 1928 bis 1949 auch Hauptstadt Chinas, am Jangtsekiang, 1,5 Mill. Ew.; Univ. seit 1921; Textilindustrie.

Nanning, postamtl. Hauptstadt der Autonomen Region Kuangsi-Tschuang, China, am Jukiang, 264 000 Ew.; lebhafter Handel.

Nano..., Abk. **n,** Vorsilbe bei physikal. Maßeinheiten; das 10^{-9}fache der betr. Einheit.

Nanschan, Gebirge in Innerasien, Teil des Kunlun, viele über 6000 m hohe Bergketten.

Nansen, Fridtjof, norweg. Polarforscher und Philanthrop, *1861, †1930; durchquerte 1888 als erster Südgrönland, unternahm 1893-96 eine Nordpolfahrt mit der »Fram«, wirkte seit 1918 für die Rückführung der Kriegsgefangenen und die Heilung von Kriegsschäden (Hungersnot); erhielt 1922 den Friedensnobelpreis.

Nansenpaß, ein auf Anregung von F. Nansen vom Völkerbund geschaffener Ausweis als Paßersatz für Staatenlose, zunächst für russ., später auch für andere Flüchtlinge.

Nantes [nãt], Handelsstadt im westl. Frankreich, in der südl. Bretagne, an der Loire, 265 000 Ew.; Univ.; Schiffbau, Eisen-Ind. 1598 **Edikt von N.** (→Hugenotten).

Nantschang, Haupt- und Handelsstadt der chines. Prov. Kiangsi, 508 000 Ew., Textilind.

Nantung, früher **Tungtschou,** Stadt in der Prov. Kiangsu, China, 100 000 Ew.; Kohlengebiet.

Naogeorg, Thomas, eigentl. **Kirchmair,** neulatein. Dichter, *1511, †1563 als Pfarrer; wandelte das Schuldrama zum protestant. Tendenzdrama.

Napalm-Bombe, Brandbombe; Füllung: Benzin, eingedickt durch Aluminiumseifen von Naphthen, **Palmitinsäure** u. a.

N'aphtha [grch.] das, eigentl. das russ. Erdöl; dann das Erdöl insbesondere.

Naphthal'in das, ⌬ im Steinkohlenteer vorkommender Kohlenwasserstoff von durchdringendem Geruch; kristallisiert in weißen Blättchen.

Naphth'ole Mz., aromat. Alkohole, Naphthalinabkömmlinge; wichtig für die Herstellung von Farb- und Riechstoffen.

Napier [n'eipiə], John, Lord Merchiston, **Neper,** schott. Mathematiker, *1550, †1617; erfand die Logarithmen.

Nap'oleon, 1) **N. I., Kaiser der Franzosen,** aus der kors. Familie Bonaparte, * Ajaccio 1769, † St. Helena 1821; wurde französ. Artillerieoffizier, stieg in der Französ. Revolution rasch empor. Nach 1798/99 übernahm er als Erster Konsul die Staatsgewalt und machte sich 1804 zum Kaiser, 1805 auch zum König von Italien. 1801 gewann N. die Vorherrschaft in Europa. Im Krieg gegen England, den er 1803 begonnen hatte, verhängte er 1806 die Kontinentalsperre. 1805 wandte er sich gegen die Österreicher und zwang sie zum Preßburger Frieden (Verlust Venetiens und Ti-

Nansen

Naphthalin (Strukturformel)

Narvik

Napoleon I.

Napoleon III.

rols). Seinen Bruder Ludwig machte er zum König von Holland, seinen Schwager Murat zum König von Neapel. 1806 gründete er den →Rheinbund, besiegte Preußen und gründete 1807 das Kgr. →Westfalen (König: sein Bruder Jérôme). 1808 machte er seinen Bruder Joseph zum König von Spanien. Nachdem Österreich 1809 erneut unterlegen war, mußte es im Frieden von Schönbrunn auf Salzburg und seine adriat. Küstenländer verzichten. Nach der Scheidung von Josephine Beauharnais vermählte er sich 1810 mit der österr. Kaisertochter Marie Louise. Im russ. Feldzug von 1812 konnte N. zwar in Moskau einziehen, mußte aber beim Rückzug antreten, auf dem das Heer fast völlig zugrunde ging. Die →Freiheitskriege 1813/14 führten zum Sturz. Im April 1814 mußte er abdanken und wurde nach Elba verwiesen. Als er 1815 noch einmal die Macht in Frankreich an sich riß (die »Hundert Tage«), wurde er von den Engländern nach St. Helena verbannt. Grab (seit 1840) im Pariser Invalidendom. Von seinen innenpolit. Leistungen hat ihn bes. die große Gesetzessammlung (**Code N.**) überdauert. **2) N. II.,** Sohn von 1), der Herzog von →Reichstadt. **3) N. III., Kaiser der Franzosen,** *1808, †1873, Neffe von 1), unternahm 1836 und 1840 mißglückte Putschversuche gegen König Ludwig Philipp, wurde Ende 1848 zum Präsidenten der Zweiten Republik gewählt, erlangte durch einen Staatsstreich 1851 die unumschränkte Macht und ließ sich 1852 zum Kaiser ausrufen; 1853 vermählte er sich mit der span. Gräfin Eugenie. Er siegte im Krimkrieg 1854-56 über Rußland, im italien. Krieg von 1859 über Österreich. Im Dt.-Französ. Krieg mußte sich N. am 2. 9. 1870 in Sedan ergeben. 1871 ging er nach England.

Napoleond'or, unter Napoleon I. und III. geprägte französ. 20-Franc-Stücke in Gold.

N'appaleder, glacégegerbtes Schaf- oder Ziegenleder, für Handschuhe, Handtaschen u. a.

Nara, japan. Stadt auf Honschu, 181000 Ew.

N'arbada der oder die, amtl. **Narmada,** 1300 km langer Fluß in Indien, mündet in den Golf von Cambay.

Narbe die, 1) ♀ der Endzustand einer Wundheilung. Das wenig elast., kaum durchblutete **N.-Gewebe** entsteht durch Schrumpfung aus dem →Granulationsgewebe. 2) ♠ Teil des →Stempels (→Blüte).

Narbonne [narb'on], alte Stadt in S-Frankreich, nahe dem Mittelmeer, 40000 Ew.; war Hauptstadt der röm. Provinz Narbonensis.

Narc'otica Mz., →Betäubungsmittel.

Narde die, wohlriechende Pflanzenteile für Salben, Salböl, Arzneien.

N'arew der, Nebenfluß des Bug, 425 km.

N'argileh [pers.] die, das, oriental. Wasserpfeife, bei der der Rauch erst durch Wasser geht.

Nark'ose [grch.] die, ♠ allgemeine →Betäubung. Zeitw. narkotis'ieren.

Narr der, 1) Dummkopf, Tor. 2) Spaßmacher, reißt seit altersher unter der **N.-Kappe** seine Possen, genießt **N.-Freiheit:** kann ungestraft kritisieren (so heute in der →Fastnacht).

N'arses, armen. Eunuch, * um 478, †573; Feldherr des oström. Kaisers Justinian I., eroberte 552-555 das Ostgotenreich in Italien.

N'arvik, Stadt in N-Norwegen, 13 600 Ew., am Ofotenfjord; eisfreier Ausfuhrhafen schwed. Eisenerze. N. wurde 1940 hart umkämpft.

N'arwa, Hafenstadt in der Estn. SSR, 53 000 Ew.; Textil-Ind. – N. gehörte 1346-1558 zum Deutschordensland, bis 1704 zu Schweden (Karl XII. siegte 1700 bei N. über Peter d. Gr.).

N'arwal der, Zahnwal der Nordmeere; das Männchen hat 2 schraubig gewundene Stoßzähne.

Narz'iß, in der griech. Sage ein schöner Jüngling, der sich in sein Spiegelbild im Wasser verliebte. **Narzißmus,** abnorme Selbstverliebtheit, Autoerotik.

Narz'isse die, ♠ Zwiebelgewächse, Gartenzierpflanzen: **Weiße N.:** weiß-gelb-rote, duftreiche Blüte, **Gelbblütige N.** oder **Osterblume.**

NASA, National Aeronautics and Space Administration, 1958 gegr. zivile amerikan. Weltraumbehörde, Sitz Washington; betreibt Weltraumforschung zu friedl. Zwecken.

nas'al, auf die Nase bezüglich; **Nasal** der, Nasenlaut; im Deutschen: m, n, ng.

Nase die, 1) ♪ Geruchsorgan, Eingang in die Luftwege bei Menschen und Tieren (TAFEL Sinnesorgane). Die äußere N. mit dem **N.-Bein** und dem knorpeligen Teil bestimmen wesentlich den Gesichtsausdruck. Die **N.-Höhle** wird durch die **N.-Scheidewand** in zwei **N.-Gänge** geschieden, deren Außenwand je drei knorpelige Muscheln tragen. Im Bereich der oberen N.-Muschel liegt die **Riechschleimhaut.** Die Nasenhöhle steht mit den lufthaltigen →Nebenhöhlen in Verbindung. Die Atemluft gelangt durch die hinteren Öffnungen der N.-Gänge (Choanen) in den **N.-Rachenraum.** KRANKHEITEN: Behinderung der N.-Atmung durch Verbiegung der N.-Scheidewand, **N.-Polypen,** vergrößerte Rachenmandel (→Mandeln), Schwellung der N.-Schleimhaut (→Schnupfen). **N.-Bluten,** meist harmlos, durch Zerreißung kleiner Schleimhautadern. 2) ⌂ Schmuckform im got. Maßwerk.

Nasenaffe, Affe mit langer Nase, auf Borneo.

Nash [næʃ], Paul, engl. Maler, *1889, †1946; Naturbilder, in denen sich Wirklichkeitsnähe mit Surrealismus verbindet.

Nashorn das, **Rhinozeros,** Fam. der Unpaarhufer. Plumpe, dickhäutige Pflanzenfresser mit 1-2 Hörnern auf den Nasenbein. Ein Horn hat z. B. das **Ind. N.,** 1,70 m Schulterhöhe; zwei Hörner haben die **Afrikan. N.,** 1,60 m Schulterhöhe.

Nashornkäfer, Blatthornkäfer, deren Männchen ein Horn tragen; in Mitteleuropa der **Gemeine N.** (3 cm), im trop. Südamerika der **Herkuleskäfer** (16 cm).

Nashornvögel, häher- bis hühnergroße Vögel, dicker, langer Schnabel mit hornigem Aufsatz; in Indien, Neuguinea, Südafrika.

Nashville-Davidson [n'æʃvil], Hauptstadt von Tennessee, USA, am Cumberlandfluß, 447900 Ew.; Universitäten, Verlage, Ind.; Holzhandel.

N'asik, Stadt in Maharaschtra, Indien, 146000 Ew.; Wallfahrtsort der Hindu.

Nassau, 1) Hauptstadt der →Bahama-Inseln, 55000 Ew. 2) ehem. dt. Hzgt., gehört jetzt zu →Hessen, einzelne Kreise zu Rheinland-Pfalz. Die **Grafen von N.,** vordem von Laurenburg, teilten sich 1255 in die Walramsche und die Ottonische

Nashorn: Afrikan. Spitzmaul-N.

Nasser

Hauptlinie. Aus der Otton. stammt das Haus **N.-Oranien,** das im 16. Jahrh. die Statthalterschaft, 1815 die Königswürde der Niederlande erwarb und 1890 im Mannesstamm ausstarb. Die Walramsche vereinigte die nassauischen Besitzungen 1806 und 1815 zum Hzgt. N., wurde hier 1866 entthront, kam aber 1890 in Luxemburg zur Regierung; 1912 im Mannesstamm erloschen.

n'assauern, volkstüml. Ausdruck für das Ausnutzen eines Vorteils auf Kosten anderer.

N'asser, Gamal ad-Din, **'Abd an-Nasir,** ägypt. Offizier und Politiker, *1918, †1970; als Führer der »Gruppe freier Offiziere« 1952 Haupturheber des Staatsstreichs, 1954 MinPräs., dann auch Staatspräs.; seit Febr. 1958 Präs. der Verein. Arab. Republik; behielt diesen Titel auch nach dem Abfall Syriens bei. Nach dem arab.-israel. Krieg ernannte er sich am 19. 6. 1967 zum MinPräs. und Generalsekretär der Arab. Sozialist. Union, der neuen Einheitspartei.

Nast'ie [grch.] die, Krümmungsbewegung eines Pflanzenteils, ausgelöst durch einen Reiz, z. B. **Photo-N.** (durch Lichtreiz).

N'atal, 1) Provinz der Rep. Südafrika, am Ind. Ozean, 86967 km², 3 Mill. Ew.; Hauptstadt: Pietermaritzburg; Hafen: Durban (Port N.). Getreide, Zuckerrohr, Tee, Baumwolle; ✺ auf Eisen und Kohle; Schwerindustrie. – N. wurde 1839 ein Burenfreistaat, 1843 britisch; 1893 Selbstregierung, 1910 südafrikan. Provinz. **2)** Hauptstadt und Hafen des brasilian. Staates Rio Grande do Norte, 209000 Ew.

Natal 1): Abhang der Drakensberge

Natalit'ät [lat.] die, Geburtenhäufigkeit.

Nat'ania, Küstenstadt und Seebad in Israel, nördl. Tel Aviv, 54600 Ew.

N'athan [hebr. »von Gott gegeben«], Prophet, der David eine Bußpredigt hielt (2. Sam. 7 und 12, 1 ff.).

Nath'anael, Jünger Jesu (in Joh. Ev. 2 und 21), wird mit Bartholomäus gleichgesetzt.

Nati'on [lat.] die, **1)** die Gesamtheit der Bewohner eines Landes, wie sie durch die polit. Entwicklung geformt ist und sich als Einheit erhalten will (Staats-N., z. B. Frankreich); oft gleichbedeutend mit »Staat« (z. B. Verein. N.). **2)** das Volk als Träger einer Abstammung, Sprache und Kulturüberlieferung (z. B. Fichtes »Reden an die Dt. N.«). Eigw. **nation'al.**

Nationalchina, ✷Formosa.

Nationaldemokratische Partei Deutschlands (NPD), rechtsstehende Partei in der Bundesrep. Dtl., gegr. 1964; Vors.: M. Mußgnug.

Nationale Befreiungsfront, französ. **Front de la Libération Nationale, FLN,** seit 1951 Zusammenschluß der für die Unabhängigkeit Algeriens eintretenden Kräfte, seit 1963 die allein zugelassene Partei Algeriens.

Nationale Front, Sammelorganisation der polit. Parteien und Massenorganisationen in den Volksdemokratien; in der Dt. Dem. Rep. 1949 aus dem Volkskongreß hervorgegangen.

nationale Minderheiten, Volksgruppen, die in Abstammung, Sprache oder Religion von der Mehrheit des Staatsvolks verschieden sind. Nach

1945 ist ein Schutz der n. M. international nur in Einzelfällen vereinbart, so für Südtirol, doch verbieten die Verfassungen meist die unterschiedl. Behandlung nach Abstammung, Sprache und Religion. Die Bundesrep. Dtl. schloß 1955 ein gegenseitiges Abkommen über die n. M. mit Dänemark.

Nationales Olympisches Komitee, NOK, bereitet die Teilnahme dt. Sportler an den Olymp. Spielen vor. Präs. in der Bundesrep. Dtl.: W. Daume, in der Dt. Dem. Rep.: E. Schöbel.

Nationale Volksarmee, die Streitkräfte der Dt. Dem. Rep.

Nationalfarben, Landesfarben, die Farben der Nationalflagge. Die **Nationalflagge** darf jedermann gemäß seiner Staatszugehörigkeit zeigen. Auf See weist sie die Nationalität des Schiffes aus; oft ist sie von der Handels- und Kriegsflagge verschieden. (FARBTAFEL Flaggen S. 346)

Nationalgarde, eine Art Bürgerwehr der französ. Revolutionszeit, seit 1862 Reserve der gedienten Soldaten über 30 Jahre. In den USA Teil des Heeres **(National Guard).**

Nationalhymne, ein Lied, das das Bewußtsein der Zusammengehörigkeit einer Nation ausdrückt, daher bei nationalen Feiern und im zwischenstaatl. Verkehr zur Begrüßung und Ehrung von Staatsoberhäuptern, Sportmannschaften usw. gespielt wird (✷Deutschlandlied, ✷God save the King, ✷Marseillaise, ✷Star-spangled Banner).

nationalis'ieren, 1) ins Eigentum des Staats überführen. **2)** einbürgern. Hw. **Nationalisierung** die, meist zu 1).

National'ismus, die Überbetonung des nationalen Gedankens, bes. eine polit. Richtung seit dem 19. Jahrh. Der N. ist oft mit ✷Imperialismus und ✷Militarismus verbunden und fand seine stärkste Prägung in den totalitären Bewegungen und in Staaten mit ✷nationalen Minderheiten, bes. auch im ✷Panslawismus. **National'ist** der, Vertreter des N.

Nationalit'ät die, **1)** Zugehörigkeit zu einer Nation. **2)** ✷nationale Minderheit.

Nationalitätenstaat, ein Staat, dessen Bevölkerung sich aus mehreren Nationen oder Volksgruppen (Nationalitäten) zusammensetzt, wie das alte Österreich-Ungarn, die Sowjetunion, Jugoslawien. Gegensatz: ✷Nationalstaat.

Nationalkirche, eine Kirche, die als Volkskirche möglichst die ganze Nation umschließt, nationales Gepräge hat und bevorrechtete Stellung hat; so die Ostkirchen und die luther. Kirchen in den skandinav. Staaten.

Nationalkomitee Freies Deutschland, 1943 in Moskau gegr. Organisation dt. kommunist. Emigranten, Überläufer und Kriegsgefangener, 1945 aufgelöst.

Nationalkonvent, 1) die revolutionäre Volksvertretung in Frankreich 1792-95. **2) National Convention,** in den USA die Delegiertenversammlung der Parteien zur Aufstellung der Präsidentschaftskandidaten.

Nationalliberale Partei, rechtsliberale Partei im Dt. Reich, 1867 gegr.; anfangs stärkste Partei des Reichstags; unterstützte Bismarck bis 1879; Führer: Bennigsen, Miquel, Bassermann, Stresemann. In der Weimarer Rep. trat die ✷Deutsche Volkspartei die Nachfolge an.

Nationalmannschaft, ✶ die zu einer Mannschaft zusammengefaßten Wettkämpfer einer Sportart, die ihr Heimatland gegen andere Nationen vertreten, z. B. Fußball, Tischtennis, Springreiten u. a.

Nationalökonomie, ✷Volkswirtschaftslehre.

Nationalpark, ✷Naturschutz.

Nationalpreis, die in der Dt. Dem. Rep. jährl. am 7. 10. für Wissenschaft und Technik sowie für Kunst und Kultur in je 3 Klassen verliehenen Geldpreise, meist Goldmedaille.

Nationalrat, 1) Schweiz: eine der beiden Kammern der Bundesversammlung. **2)** Österreich: die Volksvertretung.

Nationalsozialismus der, die 1919 in München gegr., seit 1921 von A. ✷Hitler geführte Be-

Natorp

wegung, die sich in der **Nat.-sozialist. Dt. Arbeiterpartei (NSDAP)** organisierte und 1933-45 die Herrschaft in Dtl. ausübte. Hitler hat die Ziele des N. in »Mein Kampf« (1925) offen dargelegt. Danach mißt der N. dem als »rassische« Einheit aufgefaßten Volk den höchsten Wert zu; dabei wird in der Wertung der Rassen der nord.-german. Mensch an die Spitze gestellt, der Jude auf den untersten Rang verwiesen. Am Ende der Entwicklung soll eine »höchste Rasse als Herrenvolk« stehen. Dem dt. Volk gebühre der nötige »Lebensraum«, der nur durch »das Schwert« gewonnen werden könne. Diesem Ziele diente die Gewinnung der Massen durch eine grobe, aber erfolgreiche Propaganda mit Aufmärschen, Symbolen, Fahnen, Uniformen und die straffe Organisation der Partei und ihrer Gliederungen, bes. der SA und SS, sowie das schon 1920 aufgestellte »unabänderliche« Parteiprogramm (25 Punkte).

In seiner Propaganda wandte sich der N. radikal und fanatisch gegen die Folgen der Niederlage im 1. Weltkrieg und der Novemberrevolution, gegen die Bedingungen des Versailler Vertrages, gegen die parlamentarisch-demokrat. Neuordnung, gegen den Marxismus der kommunist. wie der sozialdemokrat. Richtung, gegen die demokrat.-liberale Ideenwelt, gegen den positi. Katholizismus, gegen bürgerl.-nationale und konservativ-feudale Richtungen und bes. in einem schrankenlosen Antisemitismus gegen das Judentum. Mißstände und Krisenerscheinungen in der staatl. und gesellschaftl. Entwicklung der Weimarer Republik wurden in diesem Kampf gegen die bestehende Ordnung geschickt und bedenkenlos ausgenutzt. Die 1929 einsetzende Wirtschaftskrise mit ihrer Massenarbeitslosigkeit und der Verschuldung der Bauern führte der NSDAP Wählermassen zu, wobei auch die außenpolit. Schlagworte (für Gleichberechtigung, gegen Erfüllungspolitik) mitspielten. Der 30. 1. 1933 brachte die »Machtübernahme« im Staat.

Kennzeichen des nat.-soz. »Führerstaats« waren: der erbarmungslose Kampf gegen das Judentum, das erst entrechtet, dann in Hitlers Machtbereich nahezu ausgerottet wurde; die Errichtung eines Polizeistaates mit Gestapo (→Geheime Staatspolizei), Sicherheitsdienst und →Konzentrationslagern; der Fortfall aller rechtsstaatl. Garantien; die Beseitigung der Parteien und der Parlamente; die Auflösung oder Gleichschaltung aller nicht nat.-soz. Organisationen; die Gleichschaltung des Presse- und Rundfunkwesens; die Unterdrückung einer freien literar. und künstler. Tätigkeit; der Kampf gegen die Kirchen; die Zerschlagung der Gewerkschaften; die Ersetzung der Tarifverträge durch staatl. Tarifordnungen und das Streikverbot; die Errichtung des dt. Einheitsstaates unter Beseitigung der Eigenstaatlichkeit der Länder; die Wiedereinführung der allgem. Wehrpflicht sowie die Schaffung einer starken Wehrmacht und Rüstungsindustrie. Neben dem Rassenprinzip wurden einige wenige Grundsätze dem Volk eingehämmert, so: 1) der Anspruch auf Totalität. Das gesamte Leben mit Wirtschaft, Kultur und Religion wurde »gleichgeschaltet« und dem Machtanspruch des N. unterworfen. 2) das Führerprinzip. Die Entscheidungen wurden nicht durch Mehrheitsbeschlüsse herbeigeführt; an ihre Stelle trat die Befehlsgewalt einer abgestuften Führerhierarchie mit Hitler als »dem Führer« an der Spitze. 3) der Gedanke der Volksgemeinschaft durch Überwindung der Klassen- und Standesgegensätze, dadurch entwertet, daß weite Kreise, Juden und Andersdenkende, ausgeschlossen wurden. 4) »Gemeinnutz geht vor Eigennutz«, ein Grundsatz, der zu Willkürakten mißbraucht wurde.

Der außenpolit. Weg führte über den Austritt des Dt. Reiches aus dem Völkerbund (1933), die einseitige Kündigung der Rüstungsbeschränkung des Versailler Vertrages (1934), die Wiederbesetzung des Rheinlandes (1936), den Anschluß Österreichs (1938) und des Sudetenlandes (1938) zum Einfall in Polen (1. 9. 1939). Der 2.→Weltkrieg

brachte eine gesteigerte Schreckensherrschaft in Dtl. und den besetzten Gebieten und führte nach militär. Anfangserfolgen zur größten militär., polit., wirtschaftl. und moral. Katastrophe der →Deutschen Geschichte. Von den führenden Nationalsozialisten endeten Hitler, Göring, Goebbels, Himmler und Ley durch Selbstmord; Rosenberg, Frank, Frick, Streicher, Ribbentrop und Kaltenbrunner wurden in Nürnberg vom Internat. Militärtribunal zum Tode verurteilt und hingerichtet. Andere erhielten Freiheitsstrafen; von ihnen befindet sich (1972) nur noch R. Heß im alliierten Kriegsverbrechergefängnis in Spandau (→Widerstandsbewegung, →Entnazifizierung).

Nationalstaat, ein Staat, dessen Angehörige ganz oder überwiegend zur selben Nation gehören. Gegensatz: →Nationalitätenstaat.

Nationalstraßen, wichtige Fernstraßen, bes. in der Schweiz.

Nationaltracht wird im Unterschied zur Volkstracht von allen Ständen einer Nation getragen.

Nationalversammlung, Volksvertretung, die bes. Zwecken einberufen ist, namentl. zur Schaffung einer neuen Verfassung. Die erste N. wurde in Frankreich einberufen (1789-92), in Dtl. →Frankfurter N., →Weimarer N. In Frankreich ist die N. seit 1946 Gesetzgebungsorgan (Assemblée Nationale).

Nativ'ismus der, jede Lehre, die das Angeborensein geistiger Fähigkeiten (z. B. der Raumvorstellung) behauptet.

Nativit'ät [lat.] die, 1) Geburtenhäufigkeit. 2) die Stellung der Sterne bei der Geburt.

NATO, Abk. für North Atlantic Treaty Organization, →Nordatlantikpakt.

N'atorp, Paul, Philosoph, *1854, †1924; Neukantianer, vertrat eine Sozialpädagogik.

N'atrium das, **Na,** chem. Element, ein Alkalimetall; Ordnungszahl 11, Dichte 0,97 g/cm³, Schmelzpunkt 97,8 °C, Siedepunkt 890 °C, ein silberweißes, weiches Metall, das an der Luft unter Bildung eines grauen Überzuges sofort oxydiert und Wasser unter Bildung von Wasserstoff und N.-Hydroxyd stürmisch zersetzt; es wird deshalb unter Petroleum aufbewahrt, es verbrennt mit gelber Flamme. N. kommt in großen Mengen in der Natur vor, aber nur in Form seiner Verbindungen (Feldspat, Steinsalz, Chilesalpeter). **N.-Chlorid, Kochsalz,** NaCl, findet sich als Steinsalz sowie gelöst im Meerwasser. N.-Hydroxyd, **Ätznatron,** NaOH, gibt durch Auflösung in Wasser die **Natronlauge,** eine sehr starke Base, die zur Seifenherstellung verwendet wird. **N.-Carbonat,** Na₂CO₃, →Soda. **N.-Bicarbonat,** (doppeltkohlensaures) Natron, NaHCO₃, wird u. a. zur Mineralwasserbereitung und als Backpulver verwendet.

Natriumdampflampe, Gasentladungslampe, die eine Edelgasniederdruckfüllung und metall. Natrium enthält. Ihr monochromat. gelbes Licht erhöht die Sehschärfe und durchdringt Nebel und Dunst besser als Tageslicht. Anwendung zur Beleuchtung von Ausfallstraßen, Hafenanlagen u. a. Gegenüber der Glühlampe höhere Lichtausbeute und Lebensdauer.

N'atron das, **doppeltkohlensaures N.,** Natriumbicarbonat NaHCO₃ (→Natrium).

Nattern, die artenreichste Familie der Schlangen. Ungiftig ist z. B. die Ringelnatter, giftig die Brillenschlange.

Natternkopf, hohes, borstiges, erst blau-, dann rotblühendes Unkraut; Borretschgewächs.

Natterzunge die, Gattung der Farnpflanzen.

Nat'ur [lat.] die, Gesamtheit der beobachtbaren Tatbestände, soweit sie unabhängig von der Tätigkeit des Menschen da sind, also im Unterschied einerseits zum Übernatürlichen (als Gegenstand religiösen Glaubens), andrerseits zur Kultur (als Inbegriff des vom Menschen Geschaffenen). Der Mensch macht die N. in den →Naturwissenschaften zum Gegenstand der Erforschung und Erkenntnis, die dadurch ermöglichte Technik macht ihn in hohem Maß zum Beherrscher der N.

Er bleibt aber selbst Glied und Teil der N.

Natur′alien Mz., 1) Bodenerzeugnisse, Lebensmittel, Rohstoffe. 2) in Sammlungen aufgestellte Tiere, Pflanzen, Steine, Versteinerungen.

naturalis′ieren, einbürgern, →Einbürgerung.

Natural′ismus [neulat.] der, 1) Lehre, die alles aus Naturtatsachen erklären will. 2) Kunstrichtung, die eine genaue Nachahmung der Wirklichkeit anstrebt, dabei auch vor dem Häßlichen nicht zurückschreckt oder es gar sucht; vielfach als gesteigerter →Realismus verstanden. In der Literatur löste der N. den Realismus ab (1880 bis 1900). Starken Einfluß gewann der französ. N. (Emile Zola) mit seiner Lehre von der Willensunfreiheit und der Bestimmtheit des Menschen durch Vererbung und soziale Umwelt (Milieutheorie), auch der N. Rußlands (Dostojewski, Tolstoi) und Skandinaviens (Ibsen). Deutsche Vertreter: Holz, Schlaf, Hart, G. Hauptmann.

Naturalleistung, Leistung in Gütern oder Diensten. Die Pflicht des Einzelnen zu N. an den Staat regelt das →Sachleistungsrecht.

Natur′allohn, Bezahlung in Gütern.

Natur′alobligation, ⚖ Forderung, die nicht eingeklagt werden kann, z. B. Spiel- und Wettschulden.

Natur′alrestitution, ⚖ Schadenersatz durch Wiederherstellung des urspr. Zustandes (§ 249 BGB). Gegensatz: Schadenersatz in Geld.

Natur′alwirtschaft, 1) geldlose Wirtschaft. 2) die geschlossene →Hauswirtschaft.

Naturdenkmal, auffallende Bildung oder Form in der Natur, deren Erhaltung wertvoll ist.

Natur′ell [frz.] das, natürliche Gemütsart.

Naturfreunde, Touristenverein Die N., TVN, gegründet 1895 zur sozialdemokrat. Arbeitern in Wien zur Pflege des Wanderns.

Naturgesetz, feste Regel, nach der erfahrungsgemäß das Naturgeschehen verläuft und die sich meist mathemat. ausdrücken läßt, z. B. das Gesetz von der Erhaltung der Energie.

Naturheilkunde, eine Lehre der Krankenbehandlung, die auf Steigerung der dem Menschen innewohnenden Naturheilkräfte hinzielt. Heilung durch naturgemäße Verfahren (Luft, Licht, Gymnastik, Massage, Ernährungsänderung u. a.). Die neuzeitl. N. hat als **biolog. Medizin** innerhalb der Schulmedizin große Bedeutung erlangt.

Natur′ismus der, Freiluftleben in der Natur ohne Bekleidung **(Freikörper-, Nacktkultur).**

Naturkunde, der pflanzen- und tierkundl. Unterricht der Volksschule.

natürliche Person, ⚖ der Mensch als Träger von Rechten und Pflichten. Gegensatz: →juristische Person.

natürliches Kind, 1) ehel. Kind im Gegensatz zum angenommenen. 2) außerehel. Kind.

Naturpark, →Naturschutz.

Naturphilosophie, philosophische Lehren, die in engem Anschluß an die Naturwissenschaften die Natur deuten, die letzten Zusammenhänge des gesamten Naturgeschehens erkennen wollen.

Naturrecht, das im Wesen des Menschen, bes. in seiner Vernunft begründete, daher unwandelbare Recht, im Unterschied zum staatl. gesetzten **positiven Recht.** – Die Grundgedanken des N. finden sich bereits im Altertum (Heraklit, Aristoteles u. a.). Augustinus, Thomas von Aquino u. a. sahen im N. das von Gott der menschl. Vernunft eingeschriebene Gesetz. Die Renaissance und bes. die Aufklärung (Grotius, Spinoza, Pufendorf, Kant u. a.) lösten das N. aus der Verbindung zur Theologie und entwickelten es zum rationalen System.

Naturreligion, göttliche Verehrung der Naturkräfte oder -erscheinungen; →Animismus.

Naturschutz, Teilgebiet des **Lebensschutzes,** setzt sich für die Erhaltung von Tier- und Pflanzenwelt, von Naturdenkmälern und Naturgebieten von starker Eingriff ein. Maßnahmen: Einrichtung von **N.-Gebieten** und **Nationalparks** (z. B. ein Stück der Lüneburger Heide, das Neandertal, der Schweizer Nationalpark im Unterengadin, die

Nationalparks in den USA, Kanada, Afrika); Erlaß von N.-Verordnungen (Verzeichnisse der geschützten Pflanzen und Tiere).

Naturschutz (vollkommen geschützte Pflanzen): 1 Kohlröschen, 2 Frauenschuh, 3 Gelber Fingerhut, 4 Mannstreu, 5 Diptam, 6 Akelei, 7 Türkenbund, 8 Adonisröschen

Naturvölker, Menschheitsgruppen abseits der Hochkulturen, die in starker Naturabhängigkeit, in Sippen-, Clan- und Stammesbildung, in von Naturverehrung, Totemismus, Magie u. a. abhängigen relig. Vorstellungen leben.

Naturwissenschaften, die Wissenschaften von den Naturerscheinungen und den Naturgesetzen, z. B. Physik, Chemie, Astronomie, Mineralogie, Geologie, Biologie (Botanik, Zoologie, Anthropologie).

Nauen, Kreisstadt im Bez. Potsdam, 11 900 Ew.; Zuckerfabrik, Großfunkstation.

Nauheim, Bad N., Stadt in Hessen, 14 500 Ew.; am NO-Rand des Taunus; Herzbad; William-G.-Kerckhoff-Institut für Herzforschung.

Naumann, Friedrich, evang. Theologe und christl.-sozialer Politiker, *1860, †1919; gründete 1895 die Wochenschrift »Die Hilfe«, 1896 den »Nationalsozialen Verein« mit dem Programm, die Arbeiterschaft für den Staat zu gewinnen; 1919 Vors. der Dt. Demokrat. Partei.

Naumburg an der Saale, Stadt im Bez. Halle, 38 300 Ew.; Dom (13./14. Jahrh.) mit bedeutenden Bildwerken des Naumburger Meisters. Industrie: Nahrungsmittel, Textil-, Spielwaren.

N′aupaktos, Ort in Griechenland, →Lepanto.

Na′uru, Koralleninsel Mikronesiens, Rep. im Brit. Commonwealth mit enger Bindung an Australien, 21 km², 6100 Ew. (Nauruaner, Mikronesier, Chinesen); Phosphatlager. – 1888 deutsch, seit 1920 unter brit.-austral.-neuseeländ. Verwaltung, 1968 unabhängig. ⊕ S. 518, ▯ S. 346.

Naus′ea [grch.] die, Übelkeit.

Naus′ikaa, in Homers »Odyssee« die Tochter des Königs der Phäaken.

N′autik [grch.] die, Schiffahrtskunde, Steuermannskunst. **nautisch,** das Seewesen betreffend.

N′autilus [grch.] der, 1) vierkiemiger Kopffüßer mit gewundener Schale, im Stillen Ozean. Der N. ist der einzige lebende Vertreter einer vorzeitl. Gruppe der Kopffüßer (Ammoniten). 2) Name des ersten mit Kernenergie angetriebenen U-Boots der USA (1954).

Nav′arra, Provinz im nördl. Spanien. Das ehemalige **Königreich N.** entstand aus der Span. Mark Karls d. Gr.; der südl. Teil fiel 1512 an Spanien, der Rest wurde 1589 durch Heinrich IV. mit Frankreich vereinigt.

Navigati′on [lat.] die, Führung von Schiffen oder Luftfahrzeugen nach Karte (→Seekarte), →Kompaß oder durch →Peilen.

Nautilus

623

Navigationsakte, das engl. Gesetz von 1651 (Cromwell), das die Einfuhr aus Übersee den engl. Schiffen, aus Europa den engl. und den Schiffen des Ursprungslandes vorbehielt (gegen den holländ. Zwischenhandel); 1849 aufgehoben.

N'axos, die größte Insel der →Kykladen, 417 km²; fruchtbar (Wein, Ölbäume).

Nay, Ernst Wilhelm, Maler, *1902, †1968; malte gegenstandslos in leuchtenden Farben.

Nazar'ener, 1) einige kleinere Sekten. 2) die Maler des Lukasbundes, gegr. 1809 von Overbeck und Pforr in Wien, seit 1810 in Rom, wo sich Cornelius, W. Schadow, Schnorr v. Carolsfeld u.a. anschlossen. Die N. wandten sich von der akadem. Richtung ab und erstrebten, durch Ideen der Romantik bestimmt, eine an frühe Malerei anknüpfende Erneuerung der Kunst auf religiöser Grundlage.

N'azareth, arabisch **En-Nasira,** Stadt in Israel, 43 700 Ew., Wallfahrtsort mit Missionsniederlassungen; Wohnort Jesu und seiner Eltern.

NB., n.b., Abk. für lat. nota bene, »beachte«.

Nb, chem. Zeichen für →Niob.

n. Br. oder **n. B.,** nördliche Breite.

n. Chr., nach Christi (Geburt).

Nd, chem. Zeichen für Neodym.

NDR, Abk. für Norddt. Rundfunk.

Ne, chem. Zeichen für →Neon.

Ne'ander, Joachim, Pfarrer, *1650, †1680; evang. Kirchenliederdichter.

Ne'andertaler, fossile Menschenform der jüng. Eiszeit, nach einem Schädelfund von Fuhlrott 1856 aus dem Neandertal bei Düsseldorf, war nach Skelettfunden in Europa, Asien und Afrika weit verbreitet. Nach der neueren Forschung ist der N. nicht der direkte Vorfahr des heutigen Menschen, sondern gehört einer ausgestorbenen Seitenlinie an.

Ne'apel, italien. **N'apoli,** Hauptstadt der Prov. N., Italien, am **Golf von N.,** westl. vom Vesuv, 1,3 Mill. Ew.; etwa 500 Kirchen und Kapellen, schöne weltl. Bauwerke, viele Bildungsstätten: alte Univ., Hochschulen, Kunstschulen, Büchereien, Altertumssammlungen (Ausgrabungen von Herkulaneum und →Pompeji). N. hat Kriegs- und Handelshafen, Schiffbau, Schwerindustrie, Textilwaren, chem., Nahrungsmittelindustrie; Kunstgewerbe. GESCHICHTE. N. ist eine griech. Kolonie des Altertums (Neapolis = Neustadt). Es war bis 1860 die Hauptstadt des im 11./12. Jahrh. von den Normannen gegründeten, dann an die Staufer vererbten **Königreichs N.,** das ganz Unteritalien mit Sizilien umfaßte (→Italien), dann Neapel.

neapolit'anische Schule, ein Kreis von Komponisten in Neapel im 17./18. Jahrh.; sie schufen die Buffo-Oper und führten Solo-Arie und Opernmelodik in die Kirchenmusik ein (A. Scarlatti, Durante, Porpora, Pergolesi, Cimarosa u.a.).

Nebel der, 1) Ausscheidung sehr kleiner Wassertröpfchen aus der Luft. 2) ☆ **N.-Flecken,** helle, nebelartige Gebilde am Nachthimmel. Aus diffusen N. sind leuchtende **(Emissions-N.)** oder das Sternenlicht reflektierende **(Reflexions-N.)** Gasmassen. **Planetarische N.** sind Gasmassen, die einen heißen Stern umlagern. Die **Spiral-N.** sind spiralähnl. →Sternsysteme. **Dunkel-N.,** →Dunkelwolken. (FARBTAFEL Sternkunde S. 873)

Nebel, Gerhard, philosoph. Schriftsteller, *1903; »Weltangst und Götterzorn«.

Nebelkammer, Gerät zum Sichtbarmachen der Bahnen elektr. geladener atomarer Teilchen in einem mit übersättigtem Dampf gefüllten Behälter. Ein entsprechendes Gerät mit überhitzter Flüssigkeit ist die von Glaser entwickelte **Blasenkammer.**

Nebelung, der Monat November.

Nebelwerfer, Raketensalvengeschütz des 2. Weltkriegs.

Nebenhoden, dem Hoden aufsitzendes Organ, Speicher für reife Samenfäden.

Nebenhöhlen, ♪ 👃 lufthaltige, mit der Nasenhöhle in Verbindung stehende Hohlräume in Schädelknochen (Stirn-, Oberkiefer-, Keilbeinhöhle).

Nebenintervention, ⚖ der Eintritt eines am Rechtsstreit interessierten Dritten in einen Zivilprozeß zur Unterstützung einer Partei.

Nebenklage, im Strafprozeß der Anschluß des durch eine Straftat Verletzten an die vom Staatsanwalt erhobene öffentl. Klage. Die N. kann jeder erheben, der zu einer →Privatklage berechtigt ist.

Nebenlinie, Abkömmling eines jüngeren Sohnes. Gegensatz: Hauptlinie.

Nebennieren, ♪ zwei den Nieren aufsitzende kleine Drüsen mit →innerer Sekretion, die eine Anzahl lebenswichtiger Hormone herstellen. u.a. Adrenalin (im **N.-Mark**), Corticosteron und Cortison (in der **N.-Rinde**).

Nebensatz, Ⓖ von einem Hauptsatz abhängiger Satz.

Nebenschilddrüsen, Epith'elkörperchen, ♪ erbsengroße Organe mit innerer Sekretion, hinten an der Schilddrüse gelegen, an jeder Seite gewöhnlich zwei; regeln Calcium- und Phosphatgehalt des Blutes.

Nebenstrafen, →Strafe.

Nebraska [nibr'æskə], Abk. **Nebr.,** nordwestl. Mittelstaat der USA, 200 018 km², 1,5 Mill. Ew.; Hauptstadt: Lincoln; größte Stadt: Omaha. Meist fruchtbare Grassteppe; Ackerbau (im N. künstl. Bewässerung), Viehzucht; Erdöl. Verarbeitung landwirtschaftl. Erzeugnisse. ⊕ S. 526.

Nebukadn'ezar, 605-562 v.Chr. König von Babylon, gründete das neubabylon. Reich, zerstörte 586 Jerusalem und führte die Juden ins Exil.

nebul'os [lat.], unscharf, düster.

Necessaire [neses'ε:r, frz.] das, Behälter für Toilettengegenstände oder Nähzeug.

Neckar der, rechter Nebenfluß des Rheins, entspringt am SO-Rand des Schwarzwaldes, ist 367 km lang, mündet bei Mannheim; ab Plochingen schiffbar.

Neckarsulm, Stadt in Bad.-Württ., 18 500 Ew., am Neckar; NSU-Motorenwerke AG. (Audi NSU Auto Union AG.)

Necker, Jacques, Bankier und französ. Finanzminister, *1732, †1804, veranlaßte 1789 die Einberufung der Generalstände; Vater der Mme. de Staël.

Neckermann, Josef, Versandkaufmann und Dressurreiter, *1912; Weltmeister und Olympiasieger; Präs. der Dt. Sporthilfe.

N'edbal, Oskar, tschech. Komponist und Dirigent, *1874, †1930; Operetten (»Polenblut«).

Nedschd, Binnenhochland im Innern Arabiens, Kernlandschaft Saudi-Arabiens, etwa 1000 m hoch.

Neefe, Christian Gottlob, Komponist, *1748, †1798, Lehrer Beethovens in Bonn.

Neer, Aert van der, niederl. Landschaftsmaler, * um 1603, †1677, malte Lichtwirkungen von Mondschein, Feuer u.a.

Neffe der, i.e.S. Sohn des Bruders oder der Schwester, i.w.S. auch des Vetters oder der Base.

Negati'on [lat.] die, **Neg'ierung,** Verneinung. **neg'ieren,** verneinen.

N'egativ [lat.] das, Photographie: das beim Entwickeln entstehende Bild mit dem Original entgegengesetzten Helligkeitswerten.

Negativdruck, ein Druckverfahren, bei dem die umgebende Fläche bedruckt wird und Schrift und Bild in der Farbe des Untergrundes erscheinen.

Neapel: Blick auf die Bucht, im Hintergrund der Vesuv

BROCKHAUS

Negativdruck

negative Zahlen, △ Zahlen, die kleiner als Null sind, z. B. — 1, — 2, — 3.

N'egeb, Negev, wüstenhafte Landschaft im S Israels, wird kolonisiert; Bergbau, Leichtindustrie.

Neger, die dunkelhäutigen, kraushaarigen Bewohner Afrikas südl. der Sahara (Schwarzafrika). Sie gehören zu den →Negriden und zeigen große sprachl. und kulturelle Unterschiede. Durch den Sklavenhandel im 16.-19. Jahrh. kamen N. in großer Zahl auch nach Amerika. Sie entfalten bed. künstler. Fähigkeiten auf dem Gebiet der Bildnerei, des Tanzes, der Musik und Literatur (→Neoafrikan. Literatur).

Negerkorn das, Mohrenhirse, →Hirse.

Negligé [negliʒ'e, frz.] das, Morgengewand.

Negoziati'on [lat.] die, 1) Geschäftsführung. 2) Verhandlung. 3) Unterbringung von Anleihen durch Banken. Zw.: negozi'ieren.

Negr'elli, Alois, Ritter von **Moldelbe,** österr. Ingenieur, *1799, †1858; sein Entwurf für den Suezkanal wurde ausgeführt.

N'egri, Ada, italien. Dichterin, *1870, †1945; soziale und relig. Lyrik, Romane.

Negr'ide Mz., ein Hauptstamm der Menschenrasse (→Rasse).

Negr'itos, dunkelhäutige, kraushaarige Zwergvölker S-Asiens: Andamaner, Semang, Aëtas (Ureinwohner der Philippinen); Wildbeuter.

negro'id, negerähnlich.

N'egros, Philippinen-Insel, 12 698 km².

Negro Spirituals [n'i:grou sp'iritjuəlz, engl.], →Spirituals.

N'egus, äthiopischer Königstitel.

Neheim-Hüsten, Stadt in Nordrh.-Westf., im Sauerland, 36 000 Ew.; Lampen, Metallwaren.

Nehem'ia, 444-433 v. Chr. pers. Statthalter in Jerusalem, erneuerte das jüd. Gemeindeleben; nach ihm ist das Buch N. im A. T. benannt.

Nehru, Jawaharlal, Pandit (»Gelehrter«), ind. Staatsmann, *1889, †1964; war Anhänger Gandhis, mehrmals Präs. des Ind. Nationalkongresses (Kongreßpartei); achtmal in engl. Haft; seit 1947 ind. MinPräs., zeitweilig auch Außenmin.; betrieb eine Politik der »blockfreien Staaten«.

Nehrung die, ⊕ langer, schmaler Landstreifen zwischen Meer und Haff, meist mit Dünen. (BILD Kurische Nehrung)

Neidhart von Reuenthal, ritterl. Dichter aus Bayern, * um 1180, † um 1250; nahm bäuerische Stoffe in die höf. Lyrik auf.

Neiße, die, 2 linke Nebenflüsse der Oder: 1) Glatzer N., kommt vom Glatzer Schneeberg, mündet oberhalb Brieg. 2) Lausitzer oder **Görlitzer N.,** kommt vom Isergebirge, mündet nördl. von Guben; seit 1945 Teil der »Oder-Neiße-Linie«.

Neisse, Stadt in Oberschlesien, an der Glatzer Neiße, (1939) 37 000, (1969) 30 100 Ew.; Bauten aus der Renaissance- und Barockzeit; stark zerstört; seit 1945 unter poln. Verwaltung (**Nysa**).

Neißer, Albert, Dermatologe, *1855, †1916; Prof. in Breslau, entdeckte die Erreger des Trippers und der Lepra.

Nekr'assow, Nikolaj A., russ. Dichter, *1821, †1878; polit.-soziale Gedichte und Erzählungen.

Nekrol'og [grch.] der, Nachruf, Lebensbeschreibung eines Verstorbenen.

Nekromant'ie [grch.] die, Weissagung durch Totenbeschwörung.

Nekrop'ole [grch.] die, Gräberstätte aus Vorgeschichte und Altertum.

Nekr'ose [grch.] die, ʃ der →Brand.

N'ektar der, 1) Trank der alt. Götter. 2) Zuckersaft bei Pflanzen, wird von Drüsen abgesondert.

N'ekton [grch.] das, selbständig im Meer schwimmende Tiere; Gegensatz: Plankton.

Nelken, 1) Dianthus, buntblühende, duftreiche Zierpflanzen, so **Garten-N., Feder-N.,** mit meist weißen Blüten; wild wachsen: **Heide-N.** und **Kartäuser-N. 2) Tunica,** bes. die rosablühende **Fels-N. 3)** →Gewürznelken.

Nelkenöl, →Gewürznelken.

Nelkenwurz die, Gattung der Rosenblüter; die **Echte N.,** gelb, auf Waldwiesen; Gartenzierpflanze ist die **Scharlachblütige N.**

Nell-Breuning, Oswald v., Jesuit, *1890; Prof. in Frankfurt a. M., Vertreter der kath. Sozial-, Staats- und Wirtschaftslehre.

Nellingen auf den Fildern, Gem. im Kr. Esslingen, Bad.-Württ., 11 200 Ew.

Nelson [nelsn], Horatio Lord, brit. Admiral, *1758, †1805; vernichtete 1798 die französ. Flotte bei Abukir, siegte 1805 über die französ.-span. Flotte bei Trafalgar, wo er tödl. verwundet wurde.

Nelson, der, im Ringkampf: Nackenhebel.

Nelson River [nelsn], Fluß in Kanada, Abfluß des Winnipegsees in die Hudsonbai.

Nemat'oden Mz., die →Fadenwürmer.

Nem'ea, im Altertum Tal und Ort in Argolis, mit Zeustempel, Stätte der **Nemeischen Spiele.**

N'emesis, griech. Göttin der Vergeltung.

NE-Metalle, die →Nichteisenmetalle.

N'emisee, See in Mittelitalien, aus dem (1930/31) zwei röm. Kaiserschiffe gehoben wurden.

Nenner der, △ →Bruch.

Nennform, Infinitiv der, ⑤ die Form auf ...en, in der das Zeitwort meist genannt wird, z. B. laufen.

N'enni, Pietro, italien. Politiker, *1891, Führer des linken Flügels der Sozialisten, seit 1966 der Verein. Sozialist. Partei; war 1945/46 Vize-Min.-Präs., 1946/47 Außenmin., 1963-68 wieder Vize-MinPräs., danach Außenminister.

Nennwert, 1) Nominalwert, der auf einer Münze oder einem Wertpapier aufgeprägte oder aufgedruckte Wert; er kann vom tatsächl. Wert (Stoff-, Kurswert) stark abweichen. **2)** der auf dem Leistungsschild elektr. Maschinen und Geräte genannte Wert, z. B. Nennleistung.

neo... [grch.], neu...; z. B. **Neolog'ie** die, Neubildung (von Wörtern).

Neoafrikanische Literatur. Aus Spirituals und Blues (**Afroamerikan.** Musik) erwuchs in den USA eine gefühlsbetonte Negerlyrik (P. L. Dunbar, Langston Hughes u. a.). Die Romane von R. Wright zeichnen die Rassendiskriminierung, J. Baldwins Prosa nimmt die Jazz-Rhythmus auf. Die N. L. der Antillen (J. Roumain, Aimé Césaire u. a.) zeigt neben sozialist. Tendenz die Bindung des Negers an altafrikan. magische Vorstellungen. In Kuba entstand seit 1928, anknüpfend an den Rumba-Rhythmus, die **Afrokuban.** Lyrik (N. Guillén, M. Arozarena). In Afrika setzt L. Sédar Senghor (Senegal) Bildreichtum und Rhythmus afrikan. Sänger in französ. Sprache fort. A. Tutuola (Nigeria) erzählt afrikan. Mythen in engl. Prosa.

Neod'ym [grch.] das, **Nd,** chem. Element aus der Gruppe der →Lanthaniden; wird den Glasflüssen für Glas-Laser und für blendungsfreie, nicht farbverfälschende Sonnenbrillen (Neophanbrille) zugesetzt.

Neofaschismus, polit. Bewegung nach dem 2. Weltkrieg, geht auf den →Faschismus zurück.

Neoimpressionismus, →Pointillismus.

Neoliberalismus, wirtschaftspolit. Richtung, die unter Erneuerung des wirtschaftl. Liberalismus eine Ordnung des Wettbewerbs anstrebt. Durch Maßnahmen des Staates soll ein echter Leistungswettbewerb garantiert werden; zentrale Wirtschaftslenkung durch Staat oder Kartelle wird abgelehnt. Hauptvertreter: W. Eucken, F. A. v. Hayek, W. Röpke, A. Rüstow.

Neol'ithikum [grch.] das, →Jungsteinzeit.

N'eon das, **Ne,** chem. Element, ein Edelgas; ist in geringen Mengen in der Luft enthalten. Spuren von N. in Leuchtröhren erzeugen orangerotes Licht (N.-Röhren).

Neoreal'ismus, LITERATUR: illusionslose, bisweilen zyn. Lebensdarstellung nach dem 1. (Hemingway) und 2. Weltkrieg (Ruinenliteratur);

Nehru

Nelson

Nero

1   2

Nest, Nestformen: **1** Drosselrohrsänger, **2** Beutelmeise

FILM: der bes. in Italien nach dem 2. Weltkrieg entwickelte Stil der unbeschönigten Darstellung sozialen Elends und moral. Verwilderung (Regisseure: Visconti, Rossellini, de Sica, Zampa, Fellini).

Neoteb'en das, Handelsname für Isonicotinsäurehydrazid, Antibioticum gegen Tuberkulose.

Neoz'oikum, die Neuzeit der Erde, Abschnitt der →Erdgeschichte, ÜBERSICHT.

Nepal, Kgr. an der S-Seite des Himalaya, 140 798 km², 10,8 Mill. Ew.; Hauptstadt: Katmandu. Vorwiegend Hochgebirge (Mount Everest); Kernland ist das Hochtal von N. BEVÖLKERUNG: Mongolen (Tibetaner), als Oberschicht hinduist. Gurkha. In den Tälern Anbau von Reis, Getreide, in höheren Lagen Alpwirtschaft; Industrie im Aufbau. Ausfuhr: Holz, Getreide, Heilkräuter, Häute und Felle. Haupthandelspartner: Indien. – Das Kgr. wurde 1769 von einem Gurkha-Fürsten gegr.; seit 1959 konstitutionelle Monarchie. König: Birendra Bir Bikram (seit 1972). ⊕ S. 515, ⊟ S. 346.

Neper, abgek. **N,** das gleiche Maß für die Dämpfung wie →Dezibel, jedoch mit natürl. Logarithmus.

Nephel'in der, Mineral, ein Natrium-Aluminium-Silicat, Bestandteil von Eruptivgesteinen.

Nephr'it der, **Beilstein,** →Jade.

Nephr'itis [grch.] die, Nierenentzündung.

Nephr'ose [grch.] die, Nierenerkrankung ohne Entzündung.

N'epomuk, →Johannes von Nepomuk.

N'epos, Cornelius, röm. Geschichtsschreiber, † nach 32 v. Chr.

Nepot'ismus [neulat.] der, **Vetternwirtschaft,** Begünstigung von Verwandten bei der Verleihung öffentl. Ämter.

Nept'un, 1) der röm. Gott des fließenden Wassers, dann wie der griech. →Poseidon auch des Meeres. **2)** der achte →Planet; wurde 1846 von Galle in Berlin entdeckt, nachdem seine Bahn aus den Störungen der Uranusbahn von Leverrier berechnet worden war. Der N. besitzt zwei Monde.

Nept'unium das, **Np,** künstlich hergestelltes, radioaktives Element, ein →Transuran.

Nere'iden Mz., die 50 Töchter des Meergreises Nereus, darunter Thetis, Amphitrite.

N'eri, Filippo, *1515, †1595; gründete die Weltpriester-Kongregation der Oratorianer; Heiliger (Tag 26. 5.).

Nernst, Walter, Physiker, *1864, †1941; Mitbegründer der physikal. Chemie; 1920 Nobelpreis für Chemie.

N'ero, röm. Kaiser (54–68 n. Chr.), verfolgte nach dem Brande Roms (64) die Christen als Brandstifter, ließ Mutter, Gattin und viele Senatoren ermorden; beging Selbstmord.

N'erthus, german. Göttin des Wachstums.

Ner'uda, Pablo, chilen. Lyriker, *1904, erhielt 1971 den Nobelpreis für Literatur.

N'erva, Marcus, röm. Kaiser (96–98) nach der Ermordung des Domitian, adoptierte Trajan.

Nerv'al, Gérard de, eigentl. **Labrunie,** französ. Dichter, *1808, †1855; Vorläufer des Surrealismus.

N'erven [lat.] Mz., Ez. der **Nerv,** ⎘ ♬ strangartige Gebilde zur Reizleitung, die kabelartig aus N.-Fasern aufgebaut sind und sich bis zu feinsten

Nervi: Flugzeughalle bei Orvieto (1935)

Zweigen verästeln. Das gesamte **Nervengewebe** besteht aus N.-Zellen, N.-Fasern und einem Stützgewebe (Neuroglia). Die **N.-Zellen** (Ganglien) haben einen unregelmäßig sternförmigen Zellkörper mit verästelten kurzen Fortsätzen (Dendriten) und einem längeren, unverästelten Fortsatz (Neurit). Die **Empfindungsnerven (sensible N.)** dienen zur Aufnahme von Empfindungen (Schmerz, Temperatur) und ihrer Weiterleitung zum Gehirn (Bewußtsein), die **Bewegungsnerven (motorische N.)** übermitteln Befehle vom Gehirn an die quergestreifte Muskulatur (Muskelbewegung). Viele Vorgänge verlaufen als →Reflex. – **N.-Entzündung,** →Neuritis; **N.-Lähmung,** →Lähmung; **N.-Schmerzen,** →Neuralgie; **N.-Schwäche,** →Neurasthenie; **N.-Schock,** →Schock; **N.-Wasser,** →Liquor.

Nervensystem, die Gesamtheit der reizleitenden und reizverarbeitenden Organe. Man unterscheidet zwischen dem **zerebrospinalen N.** und dem **vegetativen (autonomen) N.** – Zum zerebrospinalen N. gehören →Gehirn und →Rückenmark **(Zentral-N.)** sowie die von da aus nach allen Körperteilen (zur Peripherie) laufenden Kopf- und Rückenmarksnerven **(peripheres N.).** Es vermittelt die mit dem Bewußtsein verbundenen Empfindungen und Bewegungen. – Das vegetative N. regelt die zum Leben nötige Tätigkeit der inneren Organe (Herz, Magen, Darm u. a.) unter Ausschluß des Bewußtseins und des Willens. Dabei wirken zwei Anteile, der **Sympathikus** und der **Parasympathikus (Vagus),** funktionell entgegengesetzt (der eine fördert z. B. die Herztätigkeit, der andere hemmt sie). Das vegetative N. besteht aus Kernen im Zwischen-, Mittelhirn und Rückenmark sowie aus zahlreichen Nervengeflechten im ganzen Körper, in die **Ganglien** (Nervenzellhaufen) eingeschaltet sind. Den Hauptteil bildet der Grenzstrang des Sympathikus, eine Kette von Ganglien beiderseits der Wirbelsäule.

N'ervi, Pier Luigi, italien. Ingenieur, *1891; fand neue technisch-künstler. Lösungen für weitgespannte Hallen- und Kuppelwölbungen aus vorgefertigten Stahlbetonteilen.

Nervosit'ät die, § 1) volkstüml.: verschiedenartige Störungen des Nervensystems. 2) wissenschaftl.: Veranlagung zu Beschwerden bei sonst körperlich gesunden Menschen mit bes. empfindlichem vegetativem Nervensystem.

n'ervus r'erum [lat.] der, »der Nerv aller Dinge«, d. h. das Geld.

Nerz der, Pelztier, →Marder.

Ness, Loch N., See in N-Schottland, Teil des Kaledon. Kanals, 36 km lang, 1,6 km breit; sein Ausfluß, der Fluß Ness, fließt zur Moray-Bucht.

Nessel die, **1) Brennessel,** Kräuter mit grünl. Blütchen und hakenspitzen Brennhaaren. Diese brechen leicht ab, ritzen die Haut und ergießen einen Brennsaft hinein. Junge Blätter sind Gemüse. **2)** leinwandbindiges Baumwollgewebe.

Nesselausschlag, Nesselsucht, stark juckende Quaddeln auf der Haut, bisweilen von Fieber **(Nesselfieber)** begleitet; nach Insektenstichen, Berühren von Brennesseln, nach bestimmten Speisen, Arzneien, Serumeinspritzungen. (→Allergie)

Nesseltiere, Hohltiere mit Nesselzellen (mit giftiger Flüssigkeit) als Schutz- und Angriffswaffe.

N'essos, ein Zentaur (→Herakles).

Nest das, Wohn- oder Brutstätte von Insekten, Fischen, Säugetieren und Vögeln. Bei den **N.-Hockern** bleiben die Jungvögel im N., die **N.-Flüchter** verlassen es sofort nach dem Ausschlüpfen.

Nestlé Alimentana Comp., Cham und Vevey (Schweiz), Holdinggesellschaft (seit 1936) der Nahrungs- und Genußmittelind., gegr. 1866.

N'estor, in der griech. Sage der König von Pylos, weiser Ratgeber vor Troja.

Nestori'aner, Anhänger der Lehre des Nest'orius, des Patriarchen von Konstantinopel (†451), daß die göttl. und menschl. Natur in Christus getrennt seien und Maria nur Mutter des Menschen Jesus sei.

N'estroy, Johann, Bühnendichter, *1801, †1862; schrieb Wiener Volksstücke: »Lumpazivagabundus«, »Einen Jux will er sich machen«.

Nestwurz die, fast blattgrünfreie Orchideenpflanze mit braungelben Blüten, im Moder des Waldes; Wurzelwerk nestähnl. verflochten.

Netphen, Gem. im Kr. Siegen, Nordrhein-Westf., 19 500 Ew.

Netsuke [nɛtskɛ] Mz., japan. Kleinschnitzereien aus Holz, Elfenbein oder Horn.

Nettelbeck, Joachim, *1738, †1824; Seemann, unterstützte Gneisenau als Bürgeradjutant erfolgreich bei der Verteidigung Kolbergs (1807).

Nettetal, Stadt in Nordrh.-Westf., 37 200 Ew.

n'etto [ital.], Abk. **n,** rein, nach Abzug. Gegensatz: brutto. **N.-Ertrag,** der Reingewinn. **N.-Gewicht,** Reingewicht einer Ware ohne Verpackung. **N.-Lohn,** der Lohn nach Abzug von Steuern, Versicherungsbeiträgen usw. **N.-Preis,** Preis, von dem kein Abzug mehr gewährt wird. **N.-Produktionswert,** der Wert der industriellen Produktion, von dem der Wert der bezogenen Rohstoffe, Halbfabrikate u. ä. abgezogen wurde. **N.-Registertonne, NRT,** →Registertonne. **N.-Sozialprodukt,** das →Volkseinkommen.

Nett'uno, Seebad südl. von Rom.

Netz das, 1) Maschenwerk. 2) △ die in eine Ebene abgewickelte Oberfläche eines Körpers. 3) ⌇ Teil des Bauchfells. 4) Linienwerte zum Bestimmen eines Punktes, z. B. das →Gradnetz der Erde. 5) ϟ Leitungssystem für die Übertragung von Energie: Fernleitungs-, Überland-, Orts-N.; Hoch-, Mittel- und Niederspannungs-N. Leitungsart: Freileitungs- oder Kabel-N.

Netzanschlußgerät, ein aus dem elektr. Versorgungsnetz gespeistes Gerät.

Netzarbeit, Filetarbeit, Handarbeit, bei der ein Netz regelmäßiger Vierecke durchstopft wird.

Netzätzung, Autotyp'ie die, Druckform für den Hoch- und Offsetdruck; ermöglicht die Wiedergabe von Halbtönen, z. B. von Lichtbildern. Durch einen Raster wird das Bild in kleine, nach den Lichtwerten verschieden große Punkte aufgelöst.

Netze die, rechter Nebenfluß der Warthe, wird bei Nakel schiffbar, durchfließt das **N.-Bruch,** mündet östl. von Landsberg; 370 km lang.

Netzflügler, Insektenordnung mit netzadrigen Flügeln (Ameisenlöwe, Florfliege).

Netzhaut die, →Auge.

Netzkarte, ⌲ Zeitfahrkarte zu beliebig häufigen Fahrten in einem bestimmten Gebiet gegen Zahlung eines Pauschalbetrages.

Netzmagen, 1) das Wiederkäuermagens.

Neuapost'olische Kirche, um 1860 von der Kathol.-apostol. Gemeinde abgespaltene Sekte mit streng hierarch. Ordnung.

Neubeckum, Gem. im Kr. Beckum, Nordrh.-Westf., 10 700 Ew.

Neuber, Karoline, die **Neuberin,** Schauspielerin und Theaterleiterin, *1697, †1760; reinigte in Zusammenarbeit mit Gottsched die Bühne von den groben Hanswurstspäßen.

Neubrandenburg, 1) Bez. der Dt. Dem. Rep., 10 793 km², 639 000 Ew.; 1952 aus Teilen der Länder Mecklenburg und Brandenburg gebildet; erstreckt sich westl. der unteren Oder im Gebiet der Mecklenburg. Seenplatte; Landwirtschaftsgebiet. Nahrungsmittel-, Baustoffind. 2) Hauptstadt von 1), 40 000 Ew.; got. Backsteinbauten; Maschinen-, Baustoff-Industrie. (BILD S. 628)

Neubraunschweig, engl. **New Brunswick,** Prov. von Kanada, am St.-Lorenz-Golf; 73 437 km², 627 000 Ew.; Hauptstadt: Fredericton. Wald-, Fischreichtum; Viehzucht; Erzbergbau.

Neubritannien, engl. **New Britain,** früher Neupommern, größte Insel des Bismarck-Archipels, 36 500 km², 154 000 Ew.

Neuburg a. d. Donau, Stadt in Bayern 18 500 Ew.; chem., Textil-Industrie; war 1505-1685 Hauptstadt des Fürstentums Pfalz-Neuburg.

Neuchâtel [nøʃat'ɛl], →Neuenburg.

Neu-Delhi, →Delhi.

Neue Hebr'iden, Inselgruppe Melanesiens, im Stillen Ozean; 14 763 km², 80 000 Ew.; Verw.-

Sitz: Port Vila. Kopra, Kakao, Kaffee; Fischerei. – Seit 1906 brit.-französ. Kondominium.

Neue Linke, um 1959 entstandene polit.-soz. Bewegung bes. unter Studenten (in der Bundesrep. Dtl. die →Außerparlamentar. Opposition), mit Theorien u. a. von H. Marcuse, Ché Guevara, Mao Tse-tung, die die Konsumgesellschaft kritisiert und sie durch Revolution beseitigen will. 1968 Studentenrevolten bes. in Paris, Berlin.

Neue Malerei, Neue Musik, Neues Bauen u. a. →Moderne Kunst.

Neuenahr, Bad N.-Ahrweiler, Heilbad an der Ahr, in Rheinl.-Pf., 23 900 Ew.; alkal. Warmquellen, Eifelfangowerke, Spielbank, Weinbau.

Neuenburg, französ. **Neuchâtel,** 1) Kanton der westl. Schweiz, 797 km², 169 200 Ew.; französ. Sprachgebiet. Gebirgig (Jura); im O der **Neuenburger See** (216 km²). Viehzucht, Weinbau, Uhren-u. a. Ind. – N., seit 1288 Fürstentum, unterstand 1707-1806 und 1814-57 dem preuß. König; seit 1814 schweizer. Kanton. 2) Hauptstadt von 1), 35 300 Ew., am Neuenburger See; Univ., Schloß; Uhrenindustrie.

Neuengland, engl. **New England,** der NO der USA; die Staaten: Maine, New Hampshire, Vermont, Massachusetts, Rhode Island, Connecticut; seit Anfang des 17. Jahrh. bes. von engl. →Puritanern besiedelt.

Neuenhagen bei Berlin, östl. Vorort Berlins, Bez. Frankfurt a. d. O., 13 100 Ew., Gestüte.

Neuenkirchen, Gem. im Kr. Steinfurt, Nordrh.-Westf., 10 100 Ew.

Neue Sachlichkeit, eine um 1920 aufgekommene Richtung der Malerei, die im Gegensatz zum Expressionismus die Wirklichkeit realist. erfaßte und sie in festen, oft starren Formen überbetont scharf darstellte. Kanoldt, Schrimpf u. a. malten Bilder von ruhiger Verhaltenheit, Grosz und Dix bevorzugten krassen Naturalismus mit sozialkrit. Tendenz. – In der Literatur ist N. S. die Richtung, die sich vom Pathos und Gefühlsüberschwang des Expressionismus abkehrte.

Neues Testament, →Bibel.

Neue Welt, →Alte Welt.

Neufundland, engl. **Newfoundland,** östlichste Provinz Kanadas, umfaßt die Insel N. mit Nebeninseln und den O Labradors, 404 519 km², 514 000 Ew.; Hauptstadt: Saint John's. N. hat Fischerei, viel Wald (Cellulose-, Papierind.), ⚒ auf Eisenerz, Zink, Kupfer u. a. – N., von Caboto 1497 entdeckt, war seit 1713 britisch, seit 1855 mit Selbstverwaltung; 1949 kanad. Provinz.

Neufundländer, eine dem Bernhardiner ähnl. Hunderasse, meist schwarzhaarig.

Neugersdorf, Stadt im Bez. Dresden, 11 600 Ew.; Textilindustrie.

Neugotik, künstler. Stilrichtung im 19. Jahrh., die Formen der →Gotik wiederaufnahm.

Neugriechische Sprache, die Sprache der Griechen seit etwa dem 15. Jahrh.

Neuguinea [-gin'ea], Insel nördl. von Australien, 771 900 km², etwa 2,9 Mill. Ew. Südlich des Zentralgebirges (bis 5030 m) liegt eine weite, z. T. sumpfige Ebene. Flüsse: Fly River, Sepik u. a. Klima tropisch-feucht; Regenwald. Bewohner: Papua, im O auch Melanesier, daneben Pygmäen;

Nestroy

Netzätzung,
oben: Autotypie,
unten:
stark vergrößerter Ausschnitt

Neuber

Neuenburg:
Schloß von Osten
und Türme der
Stiftskirche

Neubrandenburg:
Treptower Tor

im W indones. Einfluß. Pflanzungswirtschaft; ✧ auf Gold, Erdöl. – Polit. Gliederung: 1) im W ⊹West-Irian; 2) im SO das austral. Gebiet⊹Papua; 3) im NO austral. **Treuhandgebiet N.,** das ehem. dt. Schutzgebiet **Kaiser-Wilhelms-Land,** rd. 180000 km², 1,3 Mill. Ew., gemeinsam mit Papua verwaltet. – N. wurde 1526 von Spaniern entdeckt. ⊕ S. 518.

Neuhannover, ⊹Lavongai.

Neuhochdeutsch, abgek. **nhd.,** der seit 1500 bestehende Sprachzustand, ⊹Deutsche Sprache.

Neuhumanismus, die Erneuerung der humanist. Bewegung seit etwa 1750. Das neue Bild des Griechentums und die Idee der Humanität wurden zum Leitmotiv des dt. klass. Zeitalters. Die Idee der Humanität wurde u. a. von Herder, Schiller, Goethe und W. v. Humboldt betont. Bes. Bedeutung gewann der N. im 19. Jahrh. als Grundlage des Bildungswesens.

Neuilly-sur-Seine [nœj'i syr s'ɛːn], westl. Vorort von Paris, 73 300 Ew. **Vertrag von N.,** 27. 11. 1919: Bulgarien verlor die südl. Dobrudscha an Rumänien, sein thrakisches Küstengebiet an Griechenland.

Neuirland, engl. **New Ireland,** früher Neumecklenburg, zweitgrößte Insel des Bismarck-Archipels, 8650 km², 50000 Ew.

Neu-Isenburg, Stadt in Hessen, in der Mainebene, 34900 Ew.; photochem. Industrie.

Neukaled'onien, franzöz. Überseegebiet im südwestl. Stillen Ozean, umfaßt die gebirgige Insel N. und Nebeninseln, zusammen 19 103 km² mit 95 000 Ew. (Melanesier, Weiße u. a.); Hauptstadt: Nouméa. Viehzucht, Bergbau. Ausfuhr: Nickel, Chrom, Eisen; Kaffee, Kopra.

Neukantian'ismus, philosoph. Bewegung seit 1865, die vor allem in der Marburger Schule (Cohen, Natorp) eine Neubelebung und Weiterbildung des Kritizismus von ⊹Kant erstrebte.

Neukirchen-Vluyn, Gem. in Nordrh.-Westf., 23 300 Ew.; Textil-, Maschinen-Industrie.

Neuklassik, Neuklassizismus, dt. Literaturrichtung um 1905, greift auf klass. Kunsttradition zurück als Gegenströmung zum Naturalismus, Impressionismus (Paul Ernst, W. v. Scholz).

Neulatein, die an lat. Klassikern geschulte Sprache seit Petrarca, Blütezeit: 15.-17. Jahrh.

Neumann, 1) Alfred, Schriftsteller, *1895, †1952; psycholog. Geschichtsromane (»Der Patriot«, »Es waren ihrer sechs«). 2) Balthasar J., Baumeister, *1687, †1753; überragender Meister des Barocks: fürstbischöfl. Residenz in Würzburg, Wallfahrtskirche Vierzehnheiligen, Abteikirche zu Neresheim. 3) Robert, Schriftsteller, *1897; Parodien, Romane. 4) Therese, * Konnersreuth (Oberpfalz) 1898, †1962; 1926 stigmatisiert; erlebte seitdem visionär das Leiden Christi.

Neumark, der östl. der Oder liegende Teil der Mark Brandenburg. Hauptstadt: Küstrin. – Um 1260 vom Markgrafen von Brandenburg erworben, 1402-55 dem Dt. Orden verpfändet, dann zurückgekauft; seit 1945 unter poln. Verwaltung.

Neumarkt in der Oberpfalz, Stadt in Bayern, 18 000 Ew.; Bleistift-, Holz-, Elektro-Ind.

Neumecklenburg, ⊹Neuirland.

N'eumen [grch.] Mz.,♪ die ältesten Tonschriftzeichen des MA.

Neumünster, Stadt in Schleswig-Holstein, 86 000 Ew.; Bahnknoten; Textilfachschule; Textil-, Leder-, Maschinen-, chem. Industrie.

Neunauge das, zu den Rundmäulern gehörendes fischähnl. Wirbeltier. An jeder Körperseite befinden sich 9 Öffnungen (7 Kiemenspalten, 1 Auge, 1 Nasenloch). **Fluß-N.** bis 50 cm, **Meerbricke (Lamprete)** bis 1 m lang.

Neunkirchen, 1) Industriestadt im Saarland, 46000 Ew., Eisen-, Stahlindustrie; Steinkohlenbergbau, Aluminiumwerk. 2) Gem. im Kr. Siegen Nordrh.-Westf., 13900 Ew.

Neuntöter der, **Rotrückenwürger,** ein Singvogel. (FARBTAFEL Singvögel S. 872)

Neuphilologie, die Wissenschaft von den lebenden Sprachen.

Neuplaton'ismus, die letzte große Systembildung der griech. Philosophie, um 200 n. Chr. geschaffen: die Welt ist ein geistiges Stufenreich. Höchster Begriff ist das Ur-Eine (Gott), aus dem nicht durch Schöpfung, sondern durch Ausstrahlung (Emanation) alle Seinsformen hervorgehen. Der bedeutendste Geist des N. und Systemschöpfer war Plotin. Der N. hatte starke Wirkung auf das abendländische Denken.

Neupommern, ⊹Neubritannien.

Neupositivismus, ⊹Positivismus.

Neuralg'ie [grch.] die, Nervenschmerz, ein oft quälend empfundener Schmerz ohne (oder nur mit geringem) objekt. Krankheitsbefund.

Neurasthen'ie [grch.] die, nervöse Erschöpfung nach schweren Krankheiten, hochgradiger Überarbeitung oder Unterernährung.

Neurath, Konstantin Freiherr v., Diplomat, *1873, †1956; Botschafter in Rom und London, 1932-38 Reichsaußenmin.; 1939-43 Reichsprotektor in Böhmen und Mähren; 1946 zu 15 Jahren Gefängnis verurteilt, 1954 aus Spandau entlassen.

Neureut (Baden), Arbeiterwohngemeinde in Bad.-Württ., 12000 Ew.

Neur'itis [grch.] die, Nervenentzündung, krankhafte Vorgänge an den peripheren Nerven, die sich in Bewegungsstörungen und Mißempfindungen äußern.

Neurochirurg'ie [Kw., grch.] die, Chirurgie des Nervensystems, chirurg. Eingriffe an Gehirn, Rückenmark, Nerven, Nervenknoten.

Neur'ode, Stadt in Niederschlesien, im Eulengebirge, 19 100 Ew.; Webwaren; seit 1945 unter poln. Verwaltung (Nowa Ruda).

Neurolog'ie [grch.] die, Lehre von den Nerven und Nervenkrankheiten.

Neuromantik, die, literar. Bewegung um 1900, stand im Gegensatz zum Naturalismus, empfing Anregungen von franzöz. Symbolismus. Vertreter: George, Rilke, Hofmannsthal, R. Huch.

N'euron [grch.] das, Nervenzelle mit ihren Fortsätzen (Dendriten und Neurit).

Neur'ose [grch.] die, durch seel. Krisen verursachte »Gleichgewichtsstörung«, die sich in seel. oder körperl. Krankheitserscheinungen oder in beiden äußern kann. N. sind oft aus unbewältigten Lebenskonflikten, überhaupt aus der Lebensgeschichte der Kranken zu verstehen.

Neurupp'in, Stadt im Bez. Brandenburg, 22 300 Ew.; Luftkurort am Ruppiner See.

Neusalz (Oder), Stadt in Niederschlesien, (1939) 17300, (1969) 31500 Ew.; Eisen-, Textil-Ind.; seit 1945 unter poln. Verw. (Nowa Sól).

N'eusatz, serb. **Novi Sad,** Stadt in der Batschka, a. d. Donau, Jugoslawien, 123000 Ew.; Ind.

Neuscholastik, kath. philosoph. Bewegung, die seit Mitte des 19. Jahrh. die Lehren der Scholastik, bes. die von ⊹Thomas v. Aquino **(Neuthomismus),** der Wissenschaft anzupassen sucht.

Neuschottland, engl. **Nova Scotia,** Prov. Kanadas, am Atlant. Ozean, umfaßt die Halbinsel

Neuschwanstein

N. und die Kap-Breton-Insel, 55 491 km², 764 000 Ew.; Hauptstadt: Halifax. Viehzucht, Obstbau (Äpfel), Forstwirtschaft, Fischerei. ⚒ auf Kohle, Gips, Baryt, Salz.

Neuschwanstein, für König Ludwig II. von Bayern 1869-86 erbautes Schloß bei Füssen (Allgäu).

Neuseeland, engl. **New Zealand,** Land des Brit. Commonwealth, im Stillen Ozean südöstl. Australiens, umfaßt die Doppelinsel N. und benachbarte kleinere Inseln, 268 680 km², 2,8 Mill. Ew.; Hauptstadt: Wellington; Amtssprache: Englisch. ⊕ S. 518, ⊡ S. 346.

N. ist parlamentar. Monarchie, Staatsoberhaupt die brit. Krone, vertreten durch GenGouv. Gesetzgebung durch das Abgeordnetenhaus. – Auf der Nordinsel zahlreiche Vulkane, auf der Südinsel die teilweise vergletscherten Neuseeländischen Alpen (bis 3763 m hoch). Klima: gemäßigt-mild, im W und in N (Subtropen) niederschlagsreich. Verbreitet urtümliche Tier- und Pflanzenwelt. BEVÖLKERUNG. Meist Europäer, daneben einheim. Maori (Polynesier). 34% Anglikaner, 22% Presbyterianer, 16% Katholiken, 16% Methodisten u. a. christl. Gemeinschaften. – 4 Großstädte; größte Stadt: Auckland.

WIRTSCHAFT. Auf der Nordinsel herrscht Molkereiwirtschaft vor, auf der Südinsel Getreideanbau und Schafzucht; Fischerei. Wenig Bodenschätze (Kohle, Gold u. a.); Nahrungsmittel-, Maschinen-, chem. u. a. Ind. Ausfuhr: Molkereierzeugnisse, Fleisch, Wolle, Häute. Haupthandelspartner: Großbritannien, USA. Haupthäfen: Auckland, Wellington, Lyttelton, Whangarei; internat. Flughäfen: Auckland, Christchurch.

GESCHICHTE. N. wurde 1642 von Tasman entdeckt, 1840 brit. Kolonie, 1907 Dominion. Seit 1954 Mitgl. des Südostasienpaktes (SEATO). MinPräs.: J. Marshall (seit 1972).

Neuseeland: Mount Cook

Neusib'irische Inseln, unbewohnte Inselgruppe im Nordpolarmeer, zur Sowjetunion gehörig.

Neusiedler See, im Burgenland, etwa 320 km², bis 4 m tief, Durchschnittstiefe etwa 1 m; der N-Teil gehört zu Österreich, der S zu Ungarn.

Neusilber, Kupfer–, Zink-, Nickel-Legierung (Argentan, Alpakka u. a.), silberähnlich.

Neusohl, slowak. **Bānská Bystrica,** Stadt in der Tschechoslowakei, 37 500 Ew., Holzind.; war einst dt. Bergstadt.

Neuß, Industriestadt in Nordrh.-Westf., linksrhein., 117 600 Ew.; Quirinsmünster (13. Jahrh.); Hafen; Industrie: chem., landwirtschaftl. Maschinen, Papier, Eisenwerke.

Neustadt, 1) **N. an der Aisch,** Stadt in Mittelfranken, Bayern, 9000 Ew.; verschiedene Ind. 2) **N. bei Coburg,** Stadt in Oberfranken, Bayern, 12 400 Ew.; Spielwaren-, Elektro-Ind. 3) **N. in Holstein,** 15 200 Ew.; Getreide-, Holzhandel. 4) **N. in Oberschlesien,** (1939) 17 400 Ew.; Leinen-, Damastweberei; seit 1945 unter poln. Verw. **(Prudnik).** 5) **N. an der Orla,** im Bez. Gera, 10 200 Ew.; Web-, Leder-, Möbel-Ind. 6) **N. am Rübenberge,** Stadt in Niedersachsen, 13 100 Ew.; Dach-

pappen-, Maschinenfabrik. 7) **N. an der Saale, Bad N.,** Stadt in Unterfranken, Bayern, 8900 Ew.; altes Stadtbild; Sol-, Moorbad. 8) **N. im Schwarzwald,** Kurort und Wintersportplatz in Bad.-Württ., 830 m ü. M., 8100 Ew. 9) **N. an der Weinstraße,** Stadt in Rheinl.-Pf., 51 000 Ew.; altes Stadtbild; Weinhandel; Metall-, Holz-, Papier-Ind.

Neustett'in, Stadt in Pommern, (1939) 19 900 Ew.; seit 1945 unter poln. Verw. **(Szczecinek).**

Neustr'elitz, Stadt im Bez. Neubrandenburg, am Zierker See, 28 000 Ew.; Großherzogl. Schloß; Maschinenfabriken.

N'eustrien, unter den Merowingern der westl. Teil des Fränk. Reichs.

Neusüdwales [-'w'eilz], engl. **New South Wales,** Bundesstaat im SO Australiens, 801 428 km², 4,47 Mill. Ew.; Hauptstadt: Sydney.

N'eutitschein, tschech. **Nový Jičín,** Hauptort d. »Kuhländchens«, Tschechoslowakei, 18 900 Ew.; Textil-, Hut-, Tabakindustrie.

Neutra die, slowak. **Nitra,** linker Nebenfluß der Waag in der Slowakei, 233 km lang.

Neutra, Richard, österr. Architekt in den USA, *1892, †1970; schuf Wohnhäuser, Schulen, Krankenhäuser u. a. in enger Verbindung zur Natur.

neutr'al, 1) unparteiisch. 2) Völkerrecht: nicht beteiligt (→Neutralität). 3) ⑤ sächlich.

neutralis'ieren, 1) unwirksam machen. 2) ⟁ eine Säure mit einer Base (oder umgekehrt) so absättigen, daß weder saure noch basische, also »neutrale« Reaktion herrscht. 3) ⚡ einen Wettkampf auf best. Zeit unterbrechen, z. B. ein Fußballspiel, wenn ein Spieler verletzt wurde.

neutrale Ecken, Boxen: im Ring die beiden nicht von den Gegnern besetzten Ecken.

Neutralit'ät die, Völkerrecht: die Nichtteilnahme eines Staates an einem Krieg zwischen anderen Staaten; teilweise geregelt im →Haager Abkommen. Im Gegensatz zu neutralisierten Staaten, die sich vertraglich zur Nichtteilnahme an krieger. Auseinandersetzungen verpflichtet haben (z. B. Schweiz, Vatikan, Österreich), kann es neutrale Staaten nur während eines Krieges geben. Doch spricht man heute auch von N., wenn ein Staat sich allg. von internat. Konflikten oder Bündnissen fernhält, ohne formell neutralisiert zu sein (z. B. Schweden).

Neutralitätszeichen, nach der Genfer Konvention das rote Kreuz im weißen Feld.

Neutr'ino [grch.] das, masseloses, ungeladenes Elementarteilchen, experimentell nur durch seinen Rückstoß nachweisbar. N. und Anti-N. entstehen beim Zerfall von Mesonen und Neutronen.

N'eutron [grch.] das, Elementarteilchen, neben dem Proton einer der beiden Bausteine der Atomkerne. N. sind bes. geeignet zur Auslösung von Kernreaktionen, da sie elektrisch ungeladen sind und leicht in Atomkerne eindringen können. Freie N. sind nicht beständig, sondern zerfallen in Protonen und Elektronen. In großen Mengen entstehen sie bei der Kernspaltung in Reaktoren.

N'eutrum [lat.] das, -s/...tra, ⑤ ein Wort sächlichen Geschlechts.

Neu-Ulm, Stadt in Bayern, a. d. Donau, gegenüber Ulm, 27 700 Ew.; Leder-, Maschinenind.

Neuw'ied, Stadt in Rheinl.-Pf., am Rhein, 62 700 Ew.; Schloß; Bimssteinindustrie.

Neuzeit, die Zeit von etwa 1500 n. Chr. bis zur Franzö. Revolution 1789; dann **Neuere Zeit,** seit dem 1. Weltkrieg **Neueste Zeit.**

Nev'ada, Abk. **Nev.,** Kordillerenstaat der USA, 286 299 km², 481 900 Ew.; Hauptstadt: Carson City; größte Stadt: Las Vegas. Wüstenhaft (Kernwaffenversuche); Ackerbau bei künstl. Bewässerung; ⚒ auf Kupfer, Gold. ⊕ S. 526.

N'evermann, Paul, Politiker (SPD), *1902; 1961-65 Erster Bürgermeister von Hamburg.

Nevers [nəv'ɛːr], Stadt in Mittelfrankreich, 45 100 Ew.; Kathedrale (13.-15. Jahrh.); Weinhandel, Fayencen, Maschinen-, chem. Ind.

N'eviges, Stadt in Nordrh.-Westf., 23 700 Ew.; Wallfahrtsort; Textil-, Eisenindustrie.

New York: Wolkenkratzer von Manhattan, Mitte: Hochhaus der Vereinten Nationen

Newton

N'ewa die, Abfluß des Ladogasees zum Finnischen Meerbusen, an ihr liegt Leningrad.

Newark [nj'u:ək], Stadt in New Jersey, USA, 392000 Ew.; bed. Hafen; Lederwaren, Elektro-, Celluloid-, Metall-Ind., Schmelzwerke.

New Bedford [nju: b'edfəd], Stadt in Massachusetts, USA, 102500 Ew.; Textilindustrie.

Newcastle [nj'u:ka:sl], 1) N. upon Tyne [əp'ɔn tain], Hafenstadt an der Ostküste Englands, 260700 Ew.; got. Kathedrale; Stapelplatz der Kohlenfelder von Durham und Northumberland; chem., Stahl-, Eisen-, Glas-Ind., Schiffbau. 2) N.-under-Lyme [ʌndəlaim], Stadt in Mittelengland, 76600 Ew.; Baumwoll-, Schuh-Ind. 3) N., Hafenstadt im austral. Staat Neusüdwales, 234000 Ew.; Ausfuhr (Kohle); Metall-, chem. Ind.; Schiffbau.

New Deal [nju: di:l, engl.] der, wirtschaftspolit. Maßnahmen Präs. Roosevelts (seit 1933) zur Bekämpfung der Wirtschaftskrise und zur Durchführung sozialer und wirtschaftl. Reformen.

New Hampshire [nju: h'æmpʃiə], Abk. **N.H.,** einer der Neuenglandstaaten der USA, 24097 km², 722800 Ew.; Hauptstadt: Concord; größte Stadt: Manchester. Waldreiches Hügelland. Schuh-, Textil- u.a. Ind. ⊕ S. 526.

New Haven [nju: heivn], Stadt in Connecticut, USA, 152000 Ew.; Yale-Universität; Industrie.

New Jersey [nju: dʒ'ə:zi], Abk. **N.J.,** einer der atlant. Staaten der USA, 20295 km², 7,1 Mill. Ew. (9% Neger); Hauptstadt: Trenton; größte Stadt: Newark. Getreide-, Obstanbau, Milchwirtschaft. Wichtige Industrien. ⊕ S. 526.

Newman [nj'u:mən], John Henry, engl. Theologe, Kardinal (1879), *1801, †1890; urspr. anglikan. Geistlicher, wurde 1845 kath.; betonte das Gefühl als Grundlage der Theologie, beeinflußte die moderne kath. Theologie.

New Mexico [nju: m'eksikou], Abk. **N.Mex.,** Kordillerenstaat der USA, 315115 km², 1,03 Mill. Ew.; Hauptstadt: Santa Fé. Anbau mit künstl. Bewässerung: Baumwolle, Getreide u.a.; Viehzucht. ⚒ auf Uran, Erdöl, Erdgas, Kalisalze. Kernversuchszentrum Los Alamos. ⊕ S. 526.

New Orleans [nju: 'ɔ:liənz], Stadt in Louisiana, USA, Hafen im Sumpfgebiet des Mississippideltas, 645000 Ew.; Univ.; Stapelort von Reis, Zukkerrohr, Baumwolle, Holz, Erdöl, Schwefel. – N., 1718 von Franzosen gegründet, 1803 an die USA.

Newport [nj'u:pɔ:t], Hafenstadt in England, am Bristolkanal, 112000 Ew.; Kohlenausfuhr; Eisen-, Stahl-, Gummi-Ind.; Schiffbau.

Newton [nj'u:tn], Sir (seit 1705) Isaac, engl. Physiker und Mathematiker, *1643, †1727, Prof. in Cambridge, ab 1703 Präs. der Royal Society in London. N. fand die 3 Bewegungsgesetze der klass. Mechanik (**N.sche Axiome, N.sche Mechanik**), erklärte mit dem von ihm gefundenen Gravitationsgesetz die Planeten- und Mondbewegungen, die Gezeiten, entwickelte die Anfänge der Infinitesimalrechnung, wies die spektrale Zusammensetzung des weißen Lichts nach.

Newton [nach I Newton] das, **N,** Maßeinheit der Kraft, 1 N = 100000 dyn.

New York [nju: j'ɔ:k], 1) Abk. **N.Y.,** Staat im NO der USA, reicht vom Erie- und Ontario-See bis zur Atlantikküste, 128408 km², 18,3 Mill. Ew.

(9% Neger); Hauptstadt: Albany; größte Stadt: New York. Bedeutendster Industrie- und Handelsstaat der USA; Landwirtschaft (Obstanbau, Viehzucht); Bodenschätze. – N. wurde seit 1614 von den Holländern besiedelt und bildete mit New Jersey die Kolonie Neuniederland; 1664 von den Engländern erobert. ⊕ S. 526. 2) Stadt in 1), 7,9 Mill. Ew. N.Y. liegt an der Mündung des Hudson, beiderseits des East River auf mehreren Inseln und dem Festland. Fünf Stadtteile: Manhattan, Bronx, Brooklyn, Queens, Richmond. Der ältere südl. Teil, die Hauptgeschäftsgegend, ist unregelmäßig, die übrige Stadt rechtwinklig gebaut, mit vielen Hochhäusern; Hauptgeschäftsstraße: der Broadway; am Nordende der 5.(Fifth) Avenue der Zentralpark. N.Y. besitzt mehrere Hochschulen, Büchereien, Museen, viele Theater. Über Hudson und East River führen große Brücken, darunter hindurch Tunnel. Der Hafen ist befestigt und neben London der verkehrsreichste der Erde. In seiner Einfahrt steht auf einer Insel die Freiheitsstatue. N.Y. ist der bedeutendste Geldmarkt der Erde und die erste Industriestadt der Union. Es entstand 1612 als kleine holländ. Niederlassung, hieß damals Neu-Amsterdam; 1664 wurde es engl. und in N.Y. umbenannt.

N'exus [lat.] der, -/-, Zusammenhang.

Ney, 1) Elly, Pianistin, *1882, †1968. 2) [nɛ], Michel, französ. Marschall, *1769, †1815; zeichnete sich unter Napoleon I. 1812 bei Borodino aus; nach Napoleons Sturz erschossen.

NF, Abk. für Neuer Franc.

Ngo dinh-Diem, 1954 MinPräs. von Südvietnam, 1955-63 Staatspräs. und Regierungschef; *1901, † (ermordet) 1963.

Ngwane, Ngwana, Eigenbezeichnung für Swasiland.

nhd., Abk. für neuhochdeutsch.

Ni, chem. Zeichen für →Nickel.

Niagara [engl. nai'ægrə] der, Strom in N-Amerika, Verbindung von Erie- und Ontariosee, auf der Grenze zwischen Kanada und den USA; 40 km lang, bildet den **N.-Fall,** der durch die Ziegeninsel in zwei Arme geschieden wird: den **Amerikan. Fall** im O (300 m breit, 59,9 m hoch) und den **Kanad.** oder **Hufeisen-Fall** im W (900 m breit, 48,2 m hoch); Kraftwerke. (BILD S. 631)

Niagara Falls [nai'ægrə fɔ:ls], Stadt in New York, USA, 102400 Ew.; Elektrizitätswerke.

Niamey [-me] der, Hauptstadt, Wirtschafts- und Verkehrszentrum der Rep. Niger, 65000 Ew.

N'ibelungen, in der dt. Sage ein Zwergengeschlecht, dessen Schätze (**N.-Hort**) der Zwerg Alberich hütete. Als Siegfried ihn überwunden hatte, ging der Name auf ihn und seine Mannen, später auf die Burgunden über.

Nibelungenlied [→Nibelungen], mhd. Heldenepos, gedichtet um 1205 von unbekanntem oberdt. Dichter. In 39 »aventiuren« ist der Stoff urspr. getrennter Sagenkreise, den der Brünhildenliedes und dem der älteren Nibelungennot zu einem einheitl. Epos geformt. Die drei wichtigsten Handschriften entstanden im 13.Jahrh.

New Orleans: Hausfassade aus der franzÖs. Kolonialzeit

Nic'äa, Nikaia, alte Stadt im nordwestl. Kleinasien; Kirchenversammlungen. **Nicänisches Glaubensbekenntnis,** 325 beschlossen, lehrt die Wesenseinheit (Homousie) des Sohnes mit dem Vater.

Nicar'agua, Rep. in Zentralamerika, 130000 km², 1,9 Mill. Ew. (Mestizen, daneben Indianer, Neger, Weiße u.a.; meist kath.); Hauptstadt: Managua; Amtssprache: Spanisch. Präsidialverfassung. – Parallel zur pazif. Küstenzone (Hauptanbaugebiet) verläuft die N.-Senke mit Vulkanen, dem Managua- und N.-See; im Innern Hochland (um 1000 m), im O breites Tiefland (Urwald). Anbau: Mais, Reis, Hirse, Knollenfrüchte; für die Ausfuhr: Baumwolle, Kaffee, Zuckerrohr; Viehzucht, Forstwirtschaft, Fischerei. ⚒ auf Kupfer, Gold. Nahrungsmittel-, Textil- u.a. Ind. Haupthandelspartner: USA, Japan; Haupthafen: Corinto; internat. Flughafen: Managua. – GESCHICHTE. 1522-24 von den Spaniern erobert, 1821 von ihrer Herrschaft befreit, seit 1839 selbständige Rep.; häufige Bürgerkriege. Präs.: A. Somoza (seit 1967). ⊕ S. 516, ◻ S. 346.

Nicholson [n'ikəlsən], Ben, engl. abstrakter Maler, *1894; statisch und architekton. aufgebaute Landschaften und Stilleben.

Nichtangriffspakt, zwischenstaatl. Vertrag, der die Partner verpflichtet, sich über alle Streitfragen durch Verhandlungen zu verständigen und nicht Gewalt auszuüben.

Nichte die, i.e.S. die Tochter des Bruders oder der Schwester, i.w.S. auch des Vetters, der Base, des Schwagers oder der Schwägerin.

Nichteisenmetalle, NE-Metalle, die techn. genutzten Metalle und Legierungen außer Eisen (Stahl). N. werden unterteilt in →Schwermetalle und →Leichtmetalle.

Nichteukl'idische Geometr'ie, eine Geometrie, bei der es zu jeder Geraden durch einen Punkt außerhalb von ihr nicht wie in der gewöhnlichen euklid. Geometrie genau eine Parallele gibt, sondern bei der entweder keine oder mehrere Parallelen zugelassen werden.

Nichtigkeit die, ↻ restlose Unwirksamkeit eines Rechtsgeschäftes oder Verwaltungsaktes oder Urteils. N.-Klage, die Klage auf Nichtigkeitserklärung einer Ehe (§§ 631 ff. ZPO), auch die Klage, mit der die Wiederaufnahme eines beendeten Zivilprozesses wegen bestimmter formaler Verstöße betrieben wird (§§ 578 ff. ZPO), ferner die Klage auf Feststellung der N. eines Hauptversammlungsbeschlusses einer AG. oder eines GmbH.-Gesellschaftsvertrages.

Nichtkriegführung, →Neutralität.

Nichtleiter, →Isolator.

Nichtmetalle, Metallo'ide, chem. Elemente mit nichtmetallischen Eigenschaften.

Nickel das, **Ni,** chem. Element, eisenähnl., ferromagnet. Schwermetall; Ordnungszahl 28, Dichte 8,9g/cm³, Schmelzpunkt 1455°C. N. ist silberweiß, zäh, dehnbar, luftbeständig, widerstandsfähig gegen Säuren und Alkalien. Es findet sich im Meteoreisen, in Form seiner Verbindungen in Erzen, vor allem im nickelhaltigen Magnetkies (Kanada), Fe_9S_4, und im Garnierit (Neukaledonien). Verwendung als wichtiger Legierungsbestandteil des Stahls (erhöht Festigkeit, Härte, Zähigkeit, Korrosionsbeständigkeit, elektr. Widerstand), für Widerstandswerkstoffe (Konstantan, Nickelin) und Heizleiter, hart- und weichmagnetische Werkstoffe; N.-Cadmium-Akkumulator.

Nickfänger, Messer zum Abnicken (Töten), Aufbrechen (Öffnen) u.a. des Wildes.

Nickhaut, das dritte Augenlid der Wirbeltiere, das in kurzen Abständen den Augapfel reinigt.

Nicolai, 1) Friedrich, Schriftsteller, *1733, †1811; gab u.a. die krit. Zeitschrift »Allg. Deutsche Bibliothek« (268 Bde., 1765-1806) heraus; Vertreter der Aufklärung, humorist.-satir. Romane. **2)** Otto, Komponist, *1810, †1849; Opern.

Nicolsches Prisma [nach W. Nicol, schott. Physiker, *1768, †1851], opt. Polarisator (→Polarisation), aus zwei bes. geschliffenen Spaltstücken von Kalkspat zusammengekittet.

Nidda, Stadt im Kr. Büdingen, Hessen, 14300 Ew.

N'idwalden, Halbkanton der Schweiz, Teil des Urkantons →Unterwalden, 274 km², 25600 Ew.; Hauptort: Stans.

Niebelschütz, Wolf v., Schriftsteller, *1913, †1960; Romane (»Der blaue Kammerherr«).

N'iebergall, Ernst Elias, hess. Mundartdichter, *1815, †1843; Tragikomödie: »Datterich«.

Niebuhr, 1) Barthold Georg, Historiker, *1776, †1831, begründete, bes. durch seine »Römische Geschichte«, die krit. Geschichtsschreibung. **2)** Reinhold, führender evang. Theologe in den USA, *1892, tritt für Durchdringung des sozialen und polit. Lebens mit christl. Grundsätzen ein.

Niederbayern, RegBez. in Bayern, 10754 km², 1,0 Mill. Ew.; Hauptstadt: Landshut.

niederdeutsche Sprache, Plattdeutsch, dt. Mundarten, die von der hochdeutschen→Lautverschiebung nicht betroffen worden sind. Im MA. war das **Mittelniederdeutsche** Schriftsprache in Nord-Dtl. (Sachsenspiegel von Eike von Repgau). Im 19.Jahrh. schrieben Groth, Reuter, Stavenhagen u.a. niederdeutsche Dichtungen.

Niederfrequenz, NF, i.e.S. Frequenz bis 300 Hz, i.w.S. die hörbaren Frequenzen **(Tonfrequenzen)** von 16 Hz bis 20000 Hz.

Niederkalifornien, span. **Baja California,** langgestreckte Halbinsel an der W-Küste Nordamerikas, zu Mexiko gehörig, 143800 km², rd. 1 Mill. Ew. Meist wüsten- und steppenhaft; bei künstl. Bewässerung Baumwollanbau; Acker- und Gartenbau. Neben Erdöl kommen Kupfer-, Silberund Golderze vor. Wichtiges Fischfanggebiet.

Niederkassel, Gem. im Rhein-Sieg-Kreis, Nordrh.-Westf., 19500 Ew.

Niederlande, auch **Holland,** Kgr. in W-Europa, 36153 km² (davon 33612 km² Landfläche), 13,0 Mill. Ew. (346 je km²); Hauptstadt: Amsterdam; Regierungssitz: Den Haag. ⊕ S. 520/21, ◻ S.346, ⊡ S.878. (FARBTAFEL Europa I S.339) VERFASSUNG (von 1815/1963). Die N. sind eine parlamentar. Monarchie. Gesetzgebung bei der Königin und dem Parlament (Generalstaaten), das aus der 1. Kammer (von den Provinziallandtagen gewählt) und der vom Volk gewählten 2. Kammer besteht. Die Minister werden von der Königin ernannt und sind dem Parlament verantwortlich; beratendes Organ der Staaten. 11 Provinzen mit eigenen Volksvertretungen (»Staaten«).

Die N. sind Tiefland (über ⅓ der Fläche liegt unter dem Meeresspiegel). Im Mündungsgebiet von Rhein, Maas und Schelde und im nördl. Küstengebiet fruchtbare Marschen (Polder), sonst Geest- und Moorland. Das →Ijsselmeer wird nach und nach trockengelegt. Nur im äußersten S (Limburg) hügelig. Klima mild und feucht. BEVÖLKERUNG. Niederländer, Friesen. 15 Großstädte. Religion: rd. 45% protestant., rd. 40% kath.

WIRTSCHAFT. Acker-, Gartenbau (Blumen-, Obst-, Gemüseanbau), bedeutende Milchwirtschaft; Fischerei. ⚒ auf Stein- und Braunkohle (Limburg), Erdgas, Erdöl, Salz. Nahrungsmittel-, Metall-, chem. Ind., Schiffbau, Textil-, Papieru.a. Ind. Ausfuhr: Molkereierzeugnisse, Maschinen und Apparate, Textilien, Erdöl u.a. Haupt-

Niagara-Fall

Niederlande: Getreideernte im Nordostpolder

handelspartner: EWG-Länder, Großbritannien. Wichtiger Handel, bedeutende Fluß-, Kanal- und Seeschiffahrt; Haupthafen: Rotterdam. Die N. gehören der EWG an; mit Belgien und Luxemburg sind sie wirtschaftlich bes. eng zusammengeschlossen (→Benelux-Länder). GESCHICHTE. Urspr. von Batavern und Friesen bewohnt, kam das Gebiet der N. in der Völkerwanderungszeit zum Fränk., 870/79 mit Ausnahme Flanderns zum Ostfränk. Reich. Es fiel 1555 an den span. Habsburger Philipp II., der den Calvinismus und die ständischen Vorrechte bekämpfte; die 1566 einsetzenden Unruhen wurden trotz der Härte des Herzogs von Alba zum offenen Aufstand, und die in der Utrechter Union 1579 vereinigten 7 nördl. Provinzen, an ihrer Spitze Holland, fielen unter Führung Wilhelms von Oranien 1581 ab; sie bildeten die überwiegend protestant. Republik der Vereinigten N., die nach langen Kämpfen gegen Spanien im Westfäl. Frieden 1648 die Anerkennung ihrer vollen Unabhängigkeit erlangte. Die N. wurden die größte europ. Handels- und Seemacht des 17. Jahrh., erwarben ein großes Kolonialreich, bes. in Ostindien; doch wurden sie durch England im 18. Jahrh. zurückgedrängt. 1815 entstand das Königreich der N. Mit ihm waren bis 1830/31 auch die südl. Teile (das spätere Belgien), bis 1890 in Personalunion das Großherzogtum Luxemburg verbunden. Im 1. Weltkrieg blieben die N. neutral, im 2. wurden sie 1940–44 von dt. Truppen besetzt gehalten. Seit 1949 gehören sie dem Nordatlantikpakt an. König: Juliana (seit 1948); MinPräs.: B. W. Biesheuvel (seit 1971).

Niederländische Kunst (FARBTAFEL S. 698), die Kunst der Holländer und Flamen. Ihre Hauptleistungen liegen auf dem Gebiet der Malerei. Anfang des 15. Jahrh. führten Robert Campin und die Brüder van Eyck die neue Wirklichkeitsmalerei des Nordens herauf. Neben ihnen schuf Rogier van der Weyden, stärker dem MA. verbunden. Neue Tiefen des Seelischen erschloß H. van der Goes. H. Bosch stellt einen Höhepunkt nord. Phantastik dar. Der bedeutendste Meister des 16. Jahrh. ist P. Bruegel d. Ä. Von überragender europäischer Wirkung war die niederl. Malerei des 17. Jahrh., in dem sich stärker als bisher die barock bewegte flämische und die malerisch stillere holländ. Kunst voneinander absetzen. Der fläm. Hauptmeister ist Rubens, neben dem van Dyck und Jordaens stehen. Von Rubens unabhängiger bleiben die Sittenbildmaler A. Brouwer und D. Teniers d. J. Die holländ. Landschaftsmalerei entwickelte sich zu der heroisch gesteigerten Kunst J. van Ruisdaels. Unter den Innenraumbildern sind die J. Vermeer van Delfts am bedeutendsten. Das Gesellschaftsbild wurde von S. Terborch gepflegt, die Bauernmalerei von A. van Ostade. Alle schöpferischen Kräfte der holländ. Malerei aber sind in →Rembrandt verkörpert. Im 18. Jahrh. verlor die N. K. ihre europäische Bedeutung. Erst mit dem späteren 19. Jahrh. begannen Holland und Belgien wieder hervorzutreten (van Gogh, Berlage, Meunier, Ensor u. a.). Zu Beginn des 20. Jahrh. erreichen sie erneut internationale Bedeutung durch H. van de

Velde, die dem Jugendstil verwandte Stijlbewegung, durch P. Mondrian und auf dem Gebiet der Architektur durch den Wiederaufbau des im zweiten Weltkrieg zerstörten Rotterdam.

Niederländische Sprache ist Schrift- und Umgangssprache der Niederlande (Holländisch) und im westl. und nördl. Teil Belgiens (Flämisch). Die N. S. gehört zur westgerman. Sprachgruppe, im engeren Sinne zum Niederfränkischen. Das bekannteste ältere Sprachdenkmal ist die Tierdichtung »Reinaert« (→Reinecke). Die heutige N. S. hat sich seit dem Ende des 16. Jahrh. ausgebildet. Das Afrikaans, die Sprache der Buren, Tochtersprache der N. S., hat sich zur selbständigen Hochsprache entwickelt.

Niederländisch-Guayana, →Surinam.

Niederländisch-Indien, Niederländisch-Ostindien, umfaßte bis 1945 die Großen Sunda-Inseln Sumatra, Java und Madura, die Kleinen Sunda-Inseln außer Ost-Timor, die Molukken sowie kleinere Nebeninseln, dazu auch den W→Neuguineas; →Indonesien.

Niederländisch-Westindien, die niederländ. Antillen und →Surinam.

Niederlassungsfreiheit, Teil des Rechtes der →Freizügigkeit.

Niedermarsberg, Stadt in Nordrh.-Westf. 10 400 Ew.

Niederösterreich, österr. Bundesland, 19 170 km², 1,4 Mill. Ew.; Regierungssitz ist Wien, das jedoch ein eigenes Bundesland bildet. N. liegt beiderseits der Donau zwischen Ennsmündung im W und Marchmündung im O, hat Anteil an den Alpen und am Alpenvorland, am Wiener Becken, am Marchfeld und Waldviertel. Anbau: Getreide, Hackfrüchte, Obst, Wein; Waldwirtschaft; ⚒ auf Erdöl, Erdgas (Marchfeld); versch. Industrie.

Nieder-Roden, Gem. im Kr. Dieburg, Hessen, 10 000 Ew.

Niedersachsen, Land der Bundesrep. Dtl., 47 404 km², 7,10 Mill. Ew.; Hauptstadt: Hannover. 6 RegBez.: Hannover, Hildesheim, Lüneburg, Stade, Osnabrück, Aurich; 2 Verwaltungsbez.: Braunschweig, Oldenburg. STATISTIK Bundesrepublik Deutschland, ⊕ S. 520/21, ◌ S. 878. N. umfaßt das Norddt. Tiefland zwischen Ems und unterer Elbe und den Ostfries. Inseln, den O-Teil des Weserberglandes und den W-Harz. Sehr fruchtbare Gebiete (z. B. Marschland), daneben große Moor- und Geestgebiete (z. B. Teufelsmoor, Lüneburger Heide). Flüsse: Ems, Weser, Elbe, durch Kanäle (bes. Mittellandkanal) untereinander verbunden. Wirtschaft: Landwirtschaft (Ackerbau, Viehzucht); Moorkultivierung und Torfgewinnung; ⚒ auf Erdöl, Erdgas, Eisenerz (Salzgitter), Salz, Kali, Kohle; Industrie: Fahrzeuge, Maschinen, Nahrungsmittel, Elektrotechnik, Textilien, Gummi, Holzverarbeitung; Fischerei und Schiffahrt. – N. wurde am 1. 11. 1946 aus der ehem. preuß. Provinz Hannover, den Ländern Braunschweig, Oldenburg, Schaumburg-Lippe und (seit 1. 1. 1947) Teilen des Landgebietes von Bremen gebildet. MinPräs.: A. Kubel, SPD (seit 1970). Seit 1970 sind nur noch SPD und CDU im Landtag vertreten.

Niederschlag, 1) ⟳ fester Stoff, der sich aus einer Lösung abscheidet. 2) WETTERKUNDE: Verdichtung des in der Luft vorhandenen Wasserdampfes zu Nebel, Tau, Regen, Schnee, Hagel.

Niederschlagung, ⚖ die Beendigung schwebender Straf- und Disziplinarverfahren vor dem Urteilsspruch, ein Teil des Gnadenrechts; in der Bundesrep. Dtl. nicht zulässig (→Amnestie).

Niederschlesien, preuß. Prov., →Schlesien.

Niederspannung, elektr. Spannung unter 250 V gegen Erde.

Niederwald der, Bergrücken am Rhein bei Rüdesheim, 350 m hoch, mit dem **N.-Denkmal.**

Niehans, Paul, schweizer. Arzt, *1882, †1971; bekannt durch seine Frischzellenbehandlung.

Ni'ello [ital.] das, Verzierung von Metall, bes. Silber, durch schwärzl. Schmelz.

Nielsen, Asta, dän. Schauspielerin, *1881

†1972; nach 1919 Filmschauspielerin in Berlin.

N'iemann, Walter, Komponist und Musikschriftsteller, *1876, †1953; Klaviermusik.

N'iemeyer, Oscar, brasilian. Architekt, *1907, plante und erbaute u.a. Brasília.

N'iemöller, Martin, evang. Theologe, *1892, im 1. Weltkrieg U-Boot-Kommandant, 1931 Pfarrer in Berlin-Dahlem, führender Vertreter der Bekennenden Kirche, 1937-45 im KZ; 1945-56 Leiter des Außenamtes der EKD, 1947-64 Kirchenpräs. von Hessen und Nassau.

N'ienburg a.d.Weser, Stadt in Niedersachsen, 22400 Ew.; Glas-, chem. Industrie.

Niepce [ni'εps], Josef, *1765, †1833; einer der Erfinder der Photographie (Niepcotypie). Er versuchte erfolgreich, Lithographievorlagen mit Hilfe des Lichts auf den Stein zu übertragen.

Niere die, das paarige Organ der Harnabsonderung. Beim Menschen liegen die beiden N. an der hinteren Bauchwand, beiderseits der Wirbelsäule in Höhe der 12. (letzten) Rippe, eingehüllt in fettreiches Bindegewebe **(N.- Kapsel)** (FARBTAFEL Mensch II S. 694). Gestalt bohnenförmig, Länge etwa 11 cm. Die N.-Substanz besteht aus der äußeren Rindenschicht, die die **N.- Körperchen (Glomeruli)** enthält, und der inneren Markschicht mit den Harnkanälchen. Diese sammeln sich zu Ausflußröhrchen, aus denen der Harn in das N.-Becken und weiter in den Harnleiter abfließt.

Nieren-Krankheiten. N.-Beckenentzündung (Pyelitis), eine Entzündung der N.-Beckenschleimhaut mit Rückenschmerzen und Fieber, entsteht meist als Folge einer Harnblasenentzündung. **N.-Entzündung (Nephritis),** bakterielle Infektion, die bes. N.-Körperchen betrifft und damit zu Störungen der Harnbildung führt; hohes Fieber, Gesichtsschwellungen (Ödem), erhöhter Blutdruck und Eiweißharnen sind die wesentl. Anzeichen. Komplikationen können auftreten durch Harnvergiftung und **N.-Abszeß.** Chron. N.-Entzündung kann zu einer Schrumpf-N. führen. **N.-Kolik,** heftiger Schmerzanfall bei Vorhandensein von N.-Steinen. **N.-Krebs,** →Krebs. **N.-Tuberkulose,** →Tuberkulose.

Nierenbaum, trop.-südamerikan. Baumgatt.; **Westind. N.,** weitverbreiteter Tropenobstbaum.

N'ierstein, Weinbauort in Rheinl.-Pf., am Rhein, 5500 Ew.; steinzeitl. Gräberfeld.

N'ießbrauch [mhd. niez »Nutzen«], ⚭ das dingl. Recht, eine fremde beweg. Sache, ein fremdes Grundstück oder Recht zu nutzen. Der N. ist weder übertragbar noch vererblich.

N'ieswurz die, **Schwarze N., Christrose,** Hahnenfußgewächs mit giftigem Wurzelstock, der gepulvert Niesen erregt; im Winter rötlich-weiße Blüten.

Niet der oder das, ⚙ ein Verbindungselement aus Metall mit zwei festen Köpfen.

Niete [holländ. »nichts«] die, Los, das nichts gewonnen hat.

Niethammer, Emil, Jurist, *1869, †1956; Prof. in Tübingen; bekannt als Strafrechtler.

Nietzsche, Friedrich, Philosoph, *1844, †1900; 1869-79 Prof. der klass. Philologie in Basel, lebte dann in der Schweiz und in Italien, seit 1889 geistesgestört. Seine Jugendschriften, von Schopenhauer und der Musik R. Wagners beeinflußt, bringen eine neue Auffassung des Griechentums (»Geburt der Tragödie aus dem Geiste der Musik«). Nach dem Bruch mit Wagner suchte N. ein neues Wertsystem zu schaffen, wandte sich gegen Christentum und Demokratie und stellte der »Sklavenmoral« die »Herrenmoral«, dem Jenseitsglauben die Bejahung der Erde und des Lebens entgegen. Die Lehre von der ewigen Wiederkunft des Gleichen wurde ihm zum Prüfstein, das Bild des »Übermenschen« zum Inbegriff der neuen Werte. In seinen Hauptwerken: »Also sprach Zarathustra« (1883-85) »Der Wille zur Macht« (unvollendet) war N. ein Meister der Sprache und ein wirksamer Gestalter der Kulturkrise des späten 19. Jahrh.

nieuw [ni:v, niederländ.], neu.

Nieuwe Maas [n'i:və], Hauptarm des Rhein-

deltas, von dem der **Nieuwe Waterweg** abzweigt, die Verbindung Rotterdams mit der See.

N'iflheim [»Nebelwelt«], in der nord. Göttersage die Unterwelt. Gegensatz: Muspelheim.

N'iger der, größter Strom Westafrikas, entspringt in Oberguinea, mündet mit einem Delta in den Golf von Guinea, 4160 km lang; auf weite Strecken schiffbar; Nebenfluß →Benuë. Bei Kainji ist ein Staudamm im Bau.

N'iger, Rep. in Afrika, in der südl. Sahara, 1,267 Mill. km², 4,0 Mill. Ew. (Hausa, Fulbe, Tuareg u.a., viele Nomaden und Halbnomaden; meist Muslime); Hauptstadt: Niamey; Amtssprache: Französisch. – Überwiegend Wüste; im S (vom mittleren Niger bis zum Tschadsee) Anbau von Hirse, Maniok, Erdnüssen u.a., in den Steppengebieten und Oasen Weideland (Ziegen, Rinder, Schafe). Uranvorkommen; ⚒ auf Salz, Zinn. Wenig Industrie. Ausfuhr: Erdnüsse u.a.; Haupthandelspartner: Frankreich. Flughafen: Niamey. – Ehem. Gebiet von Französ.-Westafrika, 1960 unabhängig. Präs.: H. Diori (seit 1960). ⊕ S. 514, ▱ S. 346.

Nig'eria, Bundesrep. in Afrika, beiderseits des unteren Niger und des Benuë, 923772 km², mit 66,1 Mill. Ew. der volkreichste Staat Afrikas; Hauptstadt: Lagos; Amtssprache: Englisch. ⊕ S. 514, ▱ S. 346.

Die Verfassung von 1963 ist seit 1966 außer Kraft. Seit 1967 sind gesetzgebende und ausübende Gewalt beim Obersten Militärrat vereinigt. Verwaltungseinteilung seit 1967 in 12 Staaten.

An der Guineaküste Tiefland (Mangroven, trop. Regenwald), anschließend welliges Hochland mit Savanne im Bauchi-Hochland bis 2000 m hoch). BEVÖLKERUNG. Wichtigste der vielen Stämme: Hausa, Ibo, Yoruba, Fulbe. 25 Großstädte. Religion: rd. 40% Muslime (bes. im N), 20% Christen (bes. im S), Naturreligionen. WIRTSCHAFT. Anbau von Yamswurzeln, Maniok, Hirse, Erdnüssen, Mais, Palmkernen, Baumwolle, Kakao, Kautschuk, Sojabohnen. Viehzucht bes. im N; Fischerei. ⚒ auf Erdöl, Zinn, Columbit. Nahrungsmittel-, chem., Textilind. Nigerstaudamm im Bau. Ausfuhr: Erdnüsse, Kakao, Palmkerne und -öl; Erdöl, Zinn. Haupthandelspartner: Großbritannien, EWG-Länder. Haupthäfen: Lagos, Port Harcourt; internat. Flughäfen: Lagos, Kano.

GESCHICHTE. Seit dem MA. bestanden große Reiche. Das von Portugiesen entdeckte Gebiet geriet seit dem 18. Jahrh. unter brit. Handelsvorherrschaft. 1861 besetzten die Engländer Lagos, beim 1880 das Hinterland; 1914 wurde N. brit. Kolonie, 1960 unabhängig, 1963 Rep. Im Jan. und Juli 1966 kam es zu Militärputschen und zu schweren Ausschreitungen gegen die Ibo. Seit Juli 1966 ist Oberst Y. Gowon Staatsoberhaupt. Am 30. 5. 1967 erklärte Oberst O. Ojukwu die Unabhängigkeit der Staaten der Ostregion unter dem Namen **Biafra.** Es kam zum blutigen Bürgerkrieg. Die Truppen Biafras wurden besiegt und mußten sich im Jan. 1970 ergeben.

Nightingale [n'aitiŋgeil], Florence, *1820, †1910, organisierte im Krimkrieg die freiwillige Krankenpflege.

Nihil'ismus [lat. nihil »nichts«] der, 1) grundsätzl. Leugnung gültiger Erkenntnisse und allgemeinverbindl. Werte, Grundbegriff der Philosophie Nietzsches. Die →Existenzphilosophie gelangt, indem sie die Begriffe des Nichts und der absoluten Freiheit betont, zuweilen zu nihilist. Folgerungen (Sartre). 2) der →Anarchismus der russ. Intellektuellen seit etwa 1870.

Niigata, Hafenstadt in Japan, an der W-Küste von Honshu, 370000 Ew.; Erdöl-, Stahlind.

Nij'inskij, Vaclav, russ. Tänzer und Choreograph, *1890, †1950.

N'ike [grch.], die griech. Göttin des Sieges, geflügelt dargestellt.

N'ikias, athen. Feldherr im Peloponnes. Krieg, schloß 421 v.Chr. mit Sparta den Frieden »des N.«; 413 vor Syrakus hingerichtet.

N'ikisch, Arthur, Dirigent, *1855, †1922.

Niere (Längsschnitt), a Nierenkelch, b Nierenvene und -arterie, c Harnleiter, d Nierenbecken, e Fettgewebe des Nierensinus, f Rindensubstanz, g Marksubstanz

Niet: Nietverbindung

Nietzsche

Nigeria

die Tabakpflanze von Portugal nach Frankreich brachte] das, farblose, in Wasser leicht lösl. Flüssigkeit, in Form von Salzen in den Samen und Blättern des Tabaks. N. ist ein starkes Gift, wirkt in kleinen Mengen anregend, in größeren lähmend auf Gehirn, Atmung, Verdauung, Herztätigkeit (**N.-Vergiftung**).

Nil der, Strom in Afrika, 6671 km lang. Als Quellfluß gilt der in den Victoriasee mündende **Kagera.** Als **Victoria-N.** verläßt er den See. Er fließt als Bahr el-Dschebel, dann als **Weißer N.** nordwärts, vereinigt sich bei Khartum mit dem **Blauen N.** Von hier an durchströmt er Wüstengebiet und nimmt als letzten Nebenfluß den Atbara auf. Der N. mündet in einem 23000 km² großen Delta mit den Hauptarmen Damiette und Rosette in das Mittelmeer. Für die Fruchtbarkeit der Nilländer sind die regelmäßigen Überschwemmungen (**Nilflut**) sehr wichtig. Die Wassermassen kommen bes. von den äthiop. Bergen herunter. Die größte Breite des überschwemmten Anbaulandes beträgt 15 km; das Anschwellen des Stroms dauert vom Juni bis Oktober. Die Bewässerung wird durch Stauwerke geregelt, z.B. Staudamm bei →Assuan. Regelmäßiger Schiffsverkehr bis Wadi Halfa und von Khartum aufwärts; dazwischen zahlreiche Stromschnellen. (FARBTAFEL Afrika I S. 161)

Niloten, Sprachgruppe in O-Afrika (Dinka, Nuer, Masai u.a.), 7,1 Mill.

Nilpferd, →Flußpferd.

N'imbus [lat.] der, **1)** dunkle Regenwolke. **2)** Heiligenschein. **3)** Ansehen, Weihe.

Nîmes [ni:m], Stadt in Südfrankreich, 105 200 Ew.; alte Kathedrale, Reste röm. Bauwerke, Tempel (1. Jahrh.), in der Nähe röm. Aquädukt; Weinbau, Textil-, Metallwaren.— N. war ein Hauptsitz der Hugenotten.

Nîmes: Maison carrée (röm. Tempel)

Nimmersatt der, Storchenart.

N'imrod [nach 1.Mos. 10,9] der, ein Städteerbauer und großer Jäger.

N'imwegen, niederländ. **Nijmegen,** Stadt in den Niederlanden, an der Waal, 147200 Ew.; Univ., Industrie (Papier, Textilien, Elektrotechnik, Kunstfasern, Schiffbau u.a.), Handel. Im **Frieden von N.** 1678/79 erhielt Ludwig XIV. von Frankreich die Freigrafschaft Burgund und einige belg. Grenzstädte von den Spaniern.

Ninghsia-Hui, Autonome Region in N-China, am Huangho, 66400 km², 1,8 Mill. Ew. (Hui oder Dunganen; chines. Muslime); Hauptstadt: Yintschuan. Reis, Weizen, Leinsaat; Schafzucht.

Ningpo, Hafenstadt in Mittelchina, 250000 Ew.

N'inive, alte Stadt am oberen Tigris, gegenüber Mosul, unter den Assyrern Hauptstadt, 612 v.Chr. von Nabopolassar zerstört.

N'iob, Nb, chem. Element, seltenes, chem. sehr widerstandsfähiges Metall, in allen Säuren unlöslich; Ordnungszahl 41, Dichte 8,55 g/cm³, Schmelzpunkt 2468 °C; kommt in der Natur meist zusammen mit Tantal vor.

N'iobe, griech. Sage: Gemahlin des theban. Königs, dem sie 14 Kinder schenkte. Übermütig höhnte sie die Göttin Leto, die nur zwei Kinder,

Nikosia

Nikko, japan. Stadt auf Honschu, 32000 Ew., Tempel, Pagoden; Nationalpark. (FARBTAFEL Asien I S. 166)

Nikob'aren Mz., ind. Inselgruppe im Bengal. Meer; →Andamanen.

Nikod'emus [grch. »Volksbesieger«], Anhänger Jesu (Joh. 3).

Nikol'aj, russ. Form für →Nikolaus.

Nikol'ajew, Schwarzmeerhafen in der Ukrain. SSR, 318000 Ew.; Schiffbau, Industrie.

Nikol'aj Nikol'ajewitsch, russ. Großfürst, *1856, †1929; Onkel des Zaren Nikolaus II., führte 1914/15 die russ. Streitkräfte.

N'ikolaus [grch. »Volksbeherrscher«], männl. Vorname. Kurzform: Niklas, Klaus.

Nikolaus, Heilige: **1)** legendärer Heiliger, Patron der Schiffer, Kaufleute, Bäcker, Schüler u.a. Tag: 6. 12.; beschenkt im Volksglauben am Vorabend (5. 12.) oder in der Nacht seines Festtages (**N.-Tag**) die Kinder. **2)** N. von der Flüe, Bruder Klaus, schweizer. Einsiedler, Mystiker; Patron des Kt. Obwalden, *1417, †1487; verhütete 1481 den Bürgerkrieg unter den Eidgenossen. Tag: 25. 9.

Nikolaus, Päpste: **1)** N. I. d.Gr. (858-867), verfocht die höchsten päpstl. Machtansprüche gegen die karoling. Könige und Bischöfe. Heiliger (13. 11.). **2)** N. V. (1447-55), der 1. Renaissancepapst, Freund der Künste und Wissenschaften, stiftete die Vatikan. Bibliothek.

Nikolaus, 1) N. I., Kaiser von Rußland (1825 bis 1855), besiegte 1828/29 die Türken, warf den poln. Aufstand von 1830/31 nieder, wirkte als Vertreter des strengsten Absolutismus auch auf die dt. Verhältnisse ein, unterlag im →Krimkrieg. **2)** N. II., Kaiser von Rußland (1894-1917), regte die erste Haager Friedenskonferenz von 1899 an, verlor den Krieg gegen Japan 1904/05, mußte infolge der Revolution von 1905 eine Verfassung gewähren, wurde im März 1917 gestürzt und mit seiner Familie im Juli 1918 von den Bolschewiki erschossen.

Nikolaus von Kues, Cusanus, *1401, †1464, universaler Denker, der von der Scholastik zur neuzeitl. Philosophie überleitet; er lehrte die Drehung der Erde; schied zwischen verstandesmäßiger Erkenntnis und myst. Anschauung, die zu Gott, der Einheit aller Gegensätze (coincidentia oppositorum), führt.

Nikolaus von Verdun, Goldschmied, nachweisbar 1181-1205; Hauptmeister der Rhein-Maas-Schule; schuf die Grubenschmelzplatten des Klosterneuburger Altars u.a.

N'ikolsburg, tschech. **Mikulov,** Stadt in der Tschechoslowakei, in S-Mähren; **Vorfriede von N.,** →Deutscher Krieg von 1866.

Nikom'edia, im Altertum Hauptstadt Bithyniens, Residenz Diokletians.

N'ikopol, Stadt der Ukrain. SSR, am Dnjepr, 125000 Ew.; Stahlind., Manganerzlager.

Nikos'ia, griech. **Leukosia,** Hauptstadt von Zypern, 47000 Ew.; Sitz eines griech. Erzbischofs, Moscheen, Kirchen.

Nikot'in [nach Jean Nicot, *1530, †1600, der

Apollon und Artemis, hatte. Zur Rache töteten diese N.s Kinder vor deren Augen mit Pfeilen.

N'ipkow, Paul, Ingenieur, *1860, †1940, erfand 1884 die **N.-Scheibe** (früher beim Fernsehen verwendeter mechan. Bildzerleger).

Nippel der, ⊕ kurzes Rohrstück mit Gewinde zur Befestigung oder Verbindung von Teilen. Ein **Schmier-N.** schließt mit einem Rückschlagventil eine Schmierstelle ab.

Nippes [nip, frz.] Mz., **N'ippsachen,** kleine Ziergegenstände zum Aufstellen.

Nippflut, →Gezeiten.

Nippon, japan. Name von →Japan.

Nirenberg, Marshall Warren, amerikan. Biochemiker, *1927, erhielt 1968 (zus. mit →Khorana und →Holley) den Nobelpreis für die Aufklärung des genet. Codes bei der Eiweiß-Biosynthese.

Nirw'ana [Sanskrit »das Verlöschen«] das, im Buddhismus: das Aufhören des Daseinsins, das nach dem Tode eine Wiedergeburt unmöglich macht; im Brahmanismus: das Aufgehen der Einzelseele im Brahman, dem Absoluten.

Niš, Nisch, Stadt in Serbien, Jugoslawien, 101 000 Ew.; wirtschaftl. Mittelpunkt des oberen Morawagebietes, Bahnknoten, Tabak-, Textil-, Möbel-, Rundfunkgeräteindustrie.

Nischinomija, japan. Stadt auf Honshu, 352 000 Ew.; Stahl-, Auto- u. a. Industrie.

N'ischnij N'owgorod, russ. Stadt, →Gorkij.

N'ischnij Tag'il, Stadt im Ural, 379 000 Ew.; Hüttenwerke, chem. u. a. Ind., Bergbau.

Nisse der, Ei der Läuse.

Niter'ói, Hauptstadt des brasilian. Staates Rio de Janeiro, 312 000 Ew.

N'ithardt, Mathis Gothardt (früher: **Grünewald**), * um 1480, †1528, der größte dt. Maler des Spät-MA. neben Dürer, aber farbenmächtiger, ausdrucksgewaltiger als dieser. Isenheimer Altar (1515), Stuppacher Madonna (1519), Erasmus und Mauritius (1524/25), Handzeichnungen. (FARBTAFEL Deutsche Kunst S. 173)

Nitr'ate, ⊙ die Salze der Salpetersäure.

Nitr'ide, ⊙ die Stickstoffverbindungen der Metalle, z. B. Magnesiumnitrid Mg_3N_2.

nitr'ieren N ⊙ Nitrogruppen (—NO₂) in organ. Verbindungen einführen. 2) ⊕ eine Art des Oberflächenhärtens von Stahl.

Nitrifikati'on die, Bindung und Weiterverarbeitung freien Stickstoffs durch **nitrifizierende Bakterien.** Stickstoffbinder sind z. B. Knöllchenbakterien.

Nitr'ite, Salze der salpetrigen Säure, HNO₂.

Nitrobenz'ol das, $C_6H_5NO_2$, schwach gelbliche, wie Bittermandelöl riechende, giftige Flüssigkeit; dient zur Herstellung von Anilin; Riechstoff für billige Seifen.

Nitrocellul'ose die, ⊙ ein explosibler, gelblich-weißer Stoff; entsteht durch Nitrieren von Cellulose. Schwach nitrierte Cellulose ergibt **Kollodiumwolle** (Ausgangsmaterial für Celluloid), stärker nitrierte **Schießbaumwolle.**

Nitroglycer'in das, ⊙ ölige, äußerst explosible Flüssigkeit, der Salpetersäureester des Glycerins; →Dynamit; ⚕ krampflösend bei Angina pectoris.

Ni'ue, neuseeländ. Insel östlich der Tonga-Inseln, 259 km², 5200 meist polynes. Ew.

Niveau [niv'o:, frz.] das, 1) waagerechte Fläche. 2) Höhengrad. 3 Rang, Stufe.

nivell'ieren [zu Niveau] 1) einebnen, verflachen, gleichmachen. 2) Vermessung: das Bestimmen von Höhen auf geometr. Wege, bes. mit dem **Nivelliergerät,** einem Präzisionsinstrument mit Zielfernrohr und Libelle, und der **Nivellierlatte** (3 oder 5 m hoch, mit Skala).

Nix, Neck, Nöck der, in der german. Sage Wassergeist; weibl. die **Nixe.**

Nixon [nixn], Richard M., amerikan. Politiker (Republikaner), *1913; 1954-60 Vizepräs. der USA unter Eisenhower, unterlag 1960 als republikan. Präsidentschaftskandidat gegen J. F. Kennedy, siegte 1968 gegen H. Humphrey; seit 1969 der 37. Präs. der USA.

N'izza, französ. **Nice,** Kurort an der Riviera, S-Frankreich, 325 000 Ew.; Festung; Parkanlagen, Univ., Theater, Spielkasino, Blumenfeste. – N., 300 v. Chr. von Massilia (Marseille) aus gegr., kam 1388 an Savoyen-Piemont, 1860 an Frankreich.

Nizza: Promenade des Anglais

n. J., Abk. für nächsten Jahres.

Nj'assaland, →Malawi.

Nj'assasee, See im südl. Ostafrika, 30 800 km², 706 m tief, von Gebirgen eingeschlossen, Abfluß nach S über den Shire zum Sambesi.

Nj'emen, russ. Name der →Memel.

Nkrumah, Kwame, afrikan. Politiker, *1909, †1972; 1957 MinPräs., 1960-66 Staatspräs. von Ghana.

NKWD, Abk. für das frühere sowjet. Volkskommissariat des Inneren; →GPU.

NN, Abk. für →Normalnull.

N. N. [aus lat. nomen nescio »Namen weiß ich nicht«], irgend jemand.

No, klass. japan. Drama mit Musik, Tanz.

No, chem. Zeichen für →Nobelium.

NO, Abk. für Nordost.

Noah, A. T.: der mit seinen Söhnen Sem, Ham, Japhet aus der Sintflut in der Arche gerettete Stammvater der heutigen Menschheit.

n'obel [lat.], edel, hochsinnig.

Nob'el, Alfred, schwed. Chemiker, *1833, †1896, erfand →Dynamit und Sprenggelatine, errichtete die Nobelstiftung (→Nobelpreis).

Nipkow: N.-Scheibe

N'obelgarde, päpstl. Leibwache aus italien. Edelleuten, 1968 in »Ehrengarde« umbenannt.

Nob'elium das, **No,** künstlich hergestelltes radioaktives Element, ein →Transuran.

Nob'elpreis. A. →Nobel hinterließ sein Vermögen (31 Mill. schwed. Kronen, 40 Mill. RM) einer Stiftung für verdiente Männer und Frauen aller Länder. Seit 1901 werden i. d. R. 5 Preise von (1968) je 350 000 schwed. Kronen für Physik, Chemie, Medizin, Literatur und Bemühungen um den Völkerfrieden verliehen. Die ersten 4 verteilt die Schwed. Akademie in Stockholm, den Friedenspreis das norweg. Storting in Oslo. (ÜBERSICHT Nobelpreisträger S. 637/638)

Nixon

N'obile, Umberto, italien. General, *1885, überflog 1926 mit dem Luftschiff »Norge« den Nordpol, leitete 1928 die Polarexpedition mit dem Luftschiff »Italia«.

Nobilit'ät [lat.] die, seit dem 3. Jahrh. v. Chr. die führenden Geschlechter, der patriz. und plebej. Geschlechter Roms, die die höheren Beamten stellten.

Nobility [nɔb'iliti, engl.] die, in Großbritannien: der hohe Adel, die →Peers.

Noblesse [nɔbl'ɛs, frz.] die, Adel, vornehme Denkart. **N. oblige** [– ɔbl'i:ʒ], Adel verpflichtet (edel zu handeln).

Nöck der, →Nix.

Nocken der, kurvenförmiger Vorsprung an einer Welle oder Scheibe, ruft an einem daraufschleifenden Hebel eine Auf- und Abwärtsbewegung hervor.

Nocturne [nɔkt'yrn, frz.] das, ♪ →Notturno.

No'etik [grch.] die, Denklehre.

Nofret'ete, Gemahlin →Amenophis IV. (FARBTAFEL Ägyptische Kunst S. 164)

Nobel (Medaille mit Bildnis)

Nog'aier, türk. Volk, hervorgegangen aus der →Goldenen Horde, lebten nördl. des Kaukasus bis zur Krim, heute in Dagestan.

N'ogat die, östl. Mündungsarm der Weichsel.

Nohl, Herman, Philosoph, Pädagoge, *1879, †1960; Arbeiten zu Ästhetik, Sozialpädagogik.

NOK, →Nationales Olympisches Komitee.

Nolde, Emil, eigentl. **Hansen,** Maler und Graphiker, *1867, †1956; malte Landschaften, Meeresbilder, Blumen, religiöse Bilder.

Nolde: Fischdampfer (Holzschnitt, 1910)

n'olens v'olens [lat.], mag man wollen oder nicht.

n'oli me t'angere [lat. »rühr mich nicht an«], 1) Worte Christi, der nach seiner Auferstehung Maria Magdalena erscheint, von ihr zuerst für einen Gärtner gehalten; oft bildlich dargestellt. 2) ⚕ **Noli tangere,** eine Balsamine und eine Mimose.

Nom'aden [grch.] Mz., umherziehende Hirtenvölker, die nach Jahreszeit Weideland wechseln.

N'omen [lat. »Name«] das, Mz. Nomina, Nennwort, Haupt- und Eigenschaftswort. **N. est 'omen,** im Namen liegt eine Vorbedeutung (nach Plautus).

Nomenklat'ur [lat.] die, Gesamtheit der Benennungen in einem Wissensgebiet.

nomin'al [lat.], **nomin'ell,** 1) dem Namen nach. 2) dem →Nennwert (Nomin'alwert) nach.

Nominal'ismus [mittellat.] der, philosoph. Auffassung bes. im MA., daß die Allgemeinbegriffe nichts Wirkliches, sondern bloße Namen sind. »Wirklich« sind nur die konkreten Einzeldinge.

Nominallohn, der →Lohn als Geldbetrag. Gegensatz: Reallohn, bei dem die Geldentwertung gegenüber früher abgezogen ist.

Nonius

Nominati'on [lat.] die, 1) Ernennung. 2) Namhaftmachung.

N'ominativ [lat.] der, ⚕ Werfall.

nomin'ieren [lat.], nennen, ernennen.

Nomograph'ie [grch.] die, mathemat. Verfahren, unbekannte Größen durch zeichner. Darstellung zu ermitteln.

N'omos [grch.] der, Gesetz, Ordnung.

Nonchalance [nɔʃal'ãs, frz.] die, Nachlässigkeit. **nonchal'ant,** ungezwungen.

N'one [lat. nona »die Neunte«] die, 1) die Gebetsstunde um 3 Uhr nachmittags (→Horen). 2) ♪ die 9. Stufe der diaton. Tonleiter.

N'onius der, Hilfsteilung an Längen- und Winkelmeßgeräten, zum Ablesen von Zehnteln der Hauptteilung. Der N. hat meist 10 Teilstriche, die zusammen so lang sind wie 9 Einheiten der Hauptteilung (M).

Nonkonform'ist [lat.] der, jemand, der mit herrschenden Ansichten nicht übereinstimmt.

Nonne [lat.] die, 1) Angehörige eines weibl. Ordens **(Ordensfrau),** ungenau die Klosterfrau überhaupt. 2) ein Trägspinner-Schmetterling, Vorderflügel weiß mit schwarzen Zickzacklinien, Hinterleibsspitze rosa; als Raupe Nadelwaldschädling (FARBTAFEL Schmetterlinge S. 870). 3) Vogel, ein Weberfink.

Nonnenwerth, Insel im Rhein, gegenüber vom Siebengebirge; Benediktinerinnenabtei.

N'ono, Luigi, italien. Komponist, *1924, schreibt serielle Musik.

non 'olet [lat.], es (Geld) stinkt nicht.

Nonpareille [nɔ̃par'ɛj, frz.] die, ein Schriftgrad von drei Viertelpetit oder sechs typograph. Punkten, →Schriften.

non plus 'ultra [lat. »nicht darüber hinaus«], unübertrefflich.

N'onsens [lat.] der, Unsinn.

Nonstopflug, Flug ohne Zwischenlandung.

Noppe die, Knoten, Schlinge im Gewebe.

Norbert [aus ahd. nord »Norden« und beraht »glänzend«], männl. Vorname.

Norbert, Bußprediger, * um 1080, †1134, gründete 1121 in Prémontré bei Laon den Prämonstratenserorden. 1126 Erzbischof von Magdeburg. Heiliger, Tag: 6. 6.

Nordamerika, die nördl. Hälfte von →Amerika, umfaßt (einschl. Grönland) rd. 23 Mill. km² mit rd. 260 Mill. Ew. Grenzen: Nordpolarmeer im N, Atlant. Ozean im O, Stiller Ozean im W, Golf von Mexiko und Landenge von Tehuantepec im S. Zu N. wird →Mittelamerika (rd. 1 Mill. km², rd. 40 Mill. Ew.) statistisch meist hinzugerechnet. ⬥ S. 516, FARBTAFEL S. 699.

LANDESNATUR. Der N-Teil ist in zahlreiche Inseln aufgelöst. Das Festland ist durch wenige Meeresbuchten gegliedert: Hudsonbai, St.-Lorenz-Golf, Golf von Mexiko, Golf von Kalifornien. Im W wird N. von den Kordilleren (bis 6193 m hoch) durchzogen. Nach O schließen sich an: das Tafelland der Prärien, der seenreiche kanad. Schild und das Stromtiefland des Mississippi. Den O durchziehen die Appalachen, denen ein breites Küstentiefland vorgelagert ist. Küsten: im NO niedere Küsten, im SO flache Anschwemmungsküsten, im W Gebirgsküsten, die im N in Inseln und Fjorde gegliedert sind. Hauptflüsse: Mississippi mit Missouri und Ohio, St.-Lorenz-Strom (Ab-

NORDAMERIKA UND MITTELAMERIKA: STAATLICHE GLIEDERUNG

	1000 km²	Mill. Ew.		1000 km²	Mill. Ew.
Barbados	0,4	0,25	**Zu USA:** Jungfern-I., Panama-		
Costa Rica	51	1,6	kanal-Zone, Puerto Rico	10,7	2,8
Dominikan. Rep.	49	4,3	**Britisch:** Bahama-I., Bermuda-		
El Salvador	21	3,5	I., Brit.-Honduras, Jungfern-I.		
Guatemala	109	5,0	(brit. Teil), Caymans-I., Mont-		
Haiti	28	4,8	serrat, Assoz. Westind. Staaten .	37,5	0,83
Honduras	112	2,5	**Dänisch:** Grönland	2176	0,04
Jamaika	11	1,9	**Französisch:** Guadeloupe, Mar-		
Kanada	9976[1]	21,5	tinique, St. Pierre u. Miquelon	3,1	0,65
Kuba	115	8,5	**Niederländisch:** Niederländ.-An-		
Mexiko	1973[2]	50,6	tillen	1,0	0,2
Nicaragua	130	1,9			
Panama	76	1,4	[1]) einschl. Binnengewässer.		
Trinidad u. Tobago	5	1,0	[2]) einschl. Inselgebiete.		
Verein. Staaten	9363[1]	205,3[3]	[3]) einschl. US-Streitkräfte in Übersee.		

NOBELPREISTRÄGER

Ch = Chemie F = Friedenspreis L = Literatur M = Physiologie und Medizin Ph = Physik
W = Wirtschaftswissenschaften (erstmalig 1969)

Addams, J. ...... F 1931
Adrian, E. D. ... M 1932
Agnon, S. J. ..... L 1966
Alder, K. .... Ch 1950
Alfvén, H. ..... Ph 1971
Alvarez, L.W. ... Ph 1968
American Friends
  Service Committee F 1947
Anderson, C. D. . Ph 1936
Andrić, I. ...... L 1961
Angell, Sir N. ... F 1933
Appleton, Sir E.V. Ph 1947
Arnoldson, K. P.. F 1908
Arrhenius, S. A. . Ch 1903
Asser, T.M.C.... F 1911
Aston, F.W...... Ch 1922
Asturias, M.A. .. L 1967
Axelrod, J. ...... M 1971

von Baeyer, A.... Ch 1905
Bajer, F. ...... F 1908
Balch, E. G..... F 1946
Banting, F. G. .. M 1923
Bárány, R. ...... M 1914
Bardeen, J....... Ph 1956
Barkla, Ch. G. .. Ph 1917
Barton, D. H. ... Ch 1969
Basow, N........ Ph 1964
Beadle, G.W..... M 1958
Beckett, S. ...... L 1969
Becquerel, H.A. . Ph 1903
Beernaert, A.M.F. F 1909
von Behring, E.A. M 1901
Békésy, Gg. v. ... M 1961
Benavente, J. .... L 1922
Bergius, F. ..... Ch 1931
Bergson, H. ..... L 1927
Bethe, H. A...... Ph 1967
Björnson, B. .... L 1903
Blackett, P.M.S. . Ph 1948
Bloch, F. .... Ph 1952
Bloch, K. .... M 1964
Bohr, N........ Ph 1922
Bordet, J. ...... M 1919
Borlaug, N. E.... F 1971
Born, M. .... Ph 1954
Bosch, C. ...... Ch 1931
Bothe, W. ...... Ph 1954
Bourgeois, L..... F 1920
Bovet, D. ...... M 1957
Boyd Orr of Brechin,
  Lord (John) .... F 1949
Bragg, W. H. ... Ph 1915
Bragg, W. L. ... Ph 1915
Brandt, W. ...... F 1971
Branting, K. H... F 1921
Brattein, W. H. .. Ph 1956
Braun, F. .... Ph 1909
Briand, A. ...... F 1926
Bridgman, P.W. . Ph 1946
de Broglie, L.-V. . Ph 1929
Buchner, E. ..... Ch 1907
Buck, P. S....... L 1938
Buisson, F. ..... F 1927
Bunche, R. ...... F 1950
Bunin, I......... L 1933
Bureau int. perma-
  nent de la Paix . F 1910
Burnet, F. M. ... M 1960
Butenandt, A.F.J. Ch 1939
Butler, N. M..... F 1931

Calvin, M. ...... Ch 1961
Camus, A. ...... L 1957
Carducci, G. .... L 1906
Carrel, A. ...... M 1912
Cassin, R. ...... F 1968

Cecil of Chelwood,
  Lord Robert.... F 1937
Chadwick, J. .... Ph 1935
Chain, E. B. ..... M 1945
Chamberlain, Sir A. F 1926
Chamberlain, O. . Ph 1959
Churchill, Sir W.. L 1953
Cockcroft, Sir J.D. Ph 1951
Comité int. de la F 1917
  Croix-Rouge ... F 1944
Compton, A. H. . Ph 1927
Cori, C. F. ...... M 1947
Cori, G. T. ...... M 1947
Cournand, A. F. . M 1956
Cremer, Sir W. R. F 1903
Crick, F. H. C. .. M 1962
Crowfoot-
  Hodgkin, D..... Ch 1964
Curie, M. S...... Ph 1903
Curie, M. S. .... Ch 1911
Curie, P. .... Ph 1903
Dale, Sir H. H. .. M 1936
Dalén, G. ...... Ph 1912
Dam, H......... M 1943
Davisson, C. J. .. Ph 1937
Dawes, Ch. G. .. F 1926
Debye, P.J.W. .. Ch 1936
Delbrück, M..... M 1969
Deledda, G...... L 1926
Diels, O. .... Ch 1950
Dirac, P.A.M. .. Ph 1933
Doisy, E.A. ..... M 1943
Domagk, G...... M 1939
Ducommun, E. .. F 1902
Dunant, H. ..... F 1901
Eccles, J. C. .... M 1963
Echegaray, J..... L 1904
Ehrlich, P. ..... M 1908
Eijkman, Ch. .... M 1929
Eigen, M........ Ch 1967
Einstein, A. ..... Ph 1921
Einthoven, W. ... M 1924
Eliot, T. S. ...... L 1948
Enders, J. F. .... M 1954
Erlanger, J. ..... M 1944
d'Estournelles
  P. Baron ...... F 1909
Eucken, R. ..... L 1908
Euler-Chelpin, U.v. M 1971
Euler-Chelpin, H.v. Ch 1929
Faulkner, W. .... L 1949
Fermi, E. .... Ph 1938
Feynman, R. P. . Ph 1965
Fibiger, J........ M 1926
Finsen, N. R. ... M 1903
Fischer, E. ...... Ch 1902
Fischer, H. ...... Ch 1930
Fleming, Sir A. .. M 1945
Florey, Sir H. ... M 1945
Flüchtlingsamt der
  Verein. Nat. (1954) F 1955
Forssmann, W.... M 1956
France, A. ...... L 1921
Franck, J. ...... Ph 1925
Frank, J. M...... Ph 1958
Fried, A. H. ..... F 1911
Friends Service
  Council .... F 1947
Frisch, R. ...... W 1969
Gabor, D. ...... Ph 1971
Galsworthy, J. ... L 1932
Gasser, H. S. ... M 1944
Giauque, W. F. .. Ch 1949
Gide, A. .... L 1947

Gjellerup, K. ... L 1917
Glaser, D. A. ... Ph 1960
Gobat, Ch. A. ... F 1902
Golgi, C. .... M 1906
Goeppert-Meyer,
  M............ Ph 1963
Granit, R. ...... M 1967
Grignard, V. ..... Ch 1912
Guillaume, Ch. E. Ph 1920
Gullstrand, A. ... M 1911
Haber, F. .... Ch 1918
Hahn, Otto...... Ch 1944
Hammarskjöld, D. F 1961
Hamsun, K...... L 1920
Harden, A. ...... Ch 1929
Hartline, H. K. .. M 1967
Hassel, O. ...... Ch 1969
Hauptmann, G... L 1912
Haworth, W. N. . Ch 1937
von Heidenstam,V. L 1916
Heisenberg, W. .. Ph 1932
Hemingway, E. .. L 1954
Hench, P. S. .... M 1950
Henderson, A. .. F 1934
Hershey, A. D. .. M 1969
Hertz G. .... Ph 1925
Herzberg, G. .... Ch 1971
Hess, V. F. ...... Ph 1936
Hess, W. R. ..... M 1949
Hesse, H. ...... L 1946
Hevesy, G.K.von Ch 1943
Heymans, C. .... M 1938
Heyrovský,J. .... Ch 1959
Heyse, P. .... L 1910
Hill, A.V. ...... M 1922
Hinshelwood,
  Sir C. N. ..... Ch 1956
van t'Hoff, J. H. . Ch 1901
Hodgkin, A. L. .. M 1963
Hofstadter, R. ... Ph 1961
Holley, R.W..... M 1968
Hopkins, Sir F. G. M 1929
Houssay, B. A.... M 1947
Huggins, Ch. B. . M 1966
Hull, C. .... F 1945
Huxley, A. F.... M 1963
Institut de droit
  international.... F 1904
Internationale Ar-
  beitsorganisation F 1969
Internat. Rotes
  Kreuz .... F 1963
Jacob, F......... M 1965
Jensen, H. D..... Ph 1963
Jensen, J.V. ..... L 1944
Jiménez, J. R. ... L 1956
Joliot, F. .... Ch 1935
Joliot-Curie, I.... Ch 1935
Jouhaux, L. ...... F 1951
Kamerlingh-Onnes,
  H. .... Ph 1913
Karlfeldt, E. A. .. L 1931
Karrer, W. ...... Ch 1937
Kastler, A. ...... Ph 1966
Katz, B. .... M 1971
Kawabata, Y. ... L 1968
Kellogg, F. B. ... F 1929
Kendall, E. C. ... M 1950
Kendrew, J. C. .. Ch 1962
Khorana, H. G... M 1968
King, M. L. ..... F 1964
Kipling, R. ..... L 1907
Koch, R......... M 1905
Kocher, Th....... M 1909

Kornberg, A. ... M 1959
Kossel, A........ M 1910
Krebs, H. A. .... M 1953
Krogh, A. ...... M 1920
Kuhn, R. .... Ch 1938
Kusch, P. ...... Ph 1955
Kusnez, S. ...... W 1971

La Fontaine, H... F 1913
Lagerkvist, P. ... L 1951
Lagerlöf, S. ..... L 1909
Lamas, C. de
  Saavedra ...... F 1936
Lamb, W. E. .... Ph 1955
Landau, L. D. .. Ph 1962
Landsteiner, K... M 1930
Lange, Ch. L. ... F 1921
Langmuir, I. .... Ch 1932
von Laue, M. ... Ph 1914
Laveran, Ch. L.A. M 1907
Lawrence, E. O. . Ph 1939
Laxness, H. K. .. L 1955
Lee, T. D. ...... Ph 1957
Lederberg, J. ... M 1958
Leloir, L. .... Ch 1970
Lenard, Ph. ..... Ph 1905
Lewis, S. .... L 1930
Libby, W. F. .... Ch 1960
Lipmann, F.A. .. M 1953
Lippmann, G. ... Ph 1908
Loewi, O........ M 1936
Lorentz, H. A. .. Ph 1902
Luria, S. E. ..... M 1969
Luthuli, A. ...... F 1960
Lwoff, A. .... M 1965
Lynen, F........ M 1964

Macleod, J. J. R. M 1923
Maeterlinck, M. . L 1911
Mann, Th. ...... L 1929
Marconi, G. ..... Ph 1909
Marshall, G. C. . F 1953
Martin, A.J. P.... Ch 1952
Martin du Gard,R. L 1937
Mauriac, F. ..... L 1952
McMillan, E. M. Ch 1951
Medawar, P. B. . M 1960
Metchnikov, I.... M 1908
Meyerhof, O..... M 1922
Michelson, A.A. . Ph 1907
Millikan, R. A. .. Ph 1923
Minot, G. R. .... M 1934
Mistral, F. ...... L 1904
Mistral, G. ...... L 1945
Moissan, H. ..... Ch 1906
Mommsen, Th.... L 1902
Moneta, E.T. ... F 1907
Moniz, Egas .... M 1949
Monod, J........ M 1965
Morgan, Th. H... M 1933
Mössbauer, R. ... Ph 1961
Mott, J. R. ...... F 1946
Muller, H. J. .... M 1946
Müller, P. H..... M 1948
Mulliken, R. S.... Ch 1966
Murphy, W. P.... M 1934

Nansen, F. ...... F 1922
Natta, G. .... Ch 1963
Néel, L. .... Ph 1971
Nernst, W. ...... Ch 1920
Neruda, P. ...... L 1971
Nicolle, Ch. ..... M 1928
Nirenberg, M.W. . M 1968
Noel-Baker, P. .. F 1959
Norrish, R. G.W. . Ch 1967
Northrop, J. H. .. Ch 1946

Ochoa, S.	M 1959	Reymont, W. S.	L 1924	Siegbahn, K. M. G.	Ph 1924	Tscherenkow, P. A.	Ph 1958
Office int. Nansen		Richards, D. W.	M 1956	Sienkiewicz, H.	L 1905	Undset, S.	L 1928
pour les Réfugiés	F 1938	Richards, Th. W.	Ch 1914	Sillanpää, F. E.	L 1939	UNICEF	F 1965
O'Neill, E.	L 1936	Richardson, O. W.	Ph 1928	Soddy, F.	Ch 1921	Urey, H. C.	Ch 1934
Onsager, L.	Ch 1968	Richet, Ch.	M 1913	Söderblom, N.	F 1930	du Vigneaud, V.	Ch 1955
von Ossietzky, C.	F 1935	Robbins, F. C.	M 1954	Solschenizyn, A.	L 1971	Virtanen, A. I.	Ch 1945
Ostwald, W.	Ch 1909	Robinson, Sir R.	Ch 1947	Spemann, H.	M 1935	van der Waals, J. D.	Ph 1910
Passy, F.	F 1901	Röntgen, W. C.	Ph 1901	Spitteler, C.	L 1919	Wagner-Jauregg, J.	M 1927
Pasternak, B.	L 1958	Rolland, R.	L 1915	Stanley, W. M.	Ch 1946	Waksman, S. A.	M 1952
Pauli, W.	Ph 1945	Roosevelt, Th.	F 1906	Stark, J.	Ph 1919	Wald, G.	M 1967
Pauling, L. C.	{ Ch 1954 / F 1962 }	Root, E.	F 1912	Staudinger, H.	Ch 1953	Wallach, O.	Ch 1910
Pavlov, I. P.	M 1904	Ross, Sir R.	M 1902	Steinbeck, J.	L 1962	Walton, E. Th. S.	Ph 1951
Pearson, L. B.	F 1957	Rous, F. P.	M 1966	Stern, O.	Ph 1943	Warburg, O.	M 1931
Perrin, J.	Ph 1926	Russell, Earl B.	L 1950	Stresemann, G.	F 1926	Watson, J. D.	M 1962
Perutz, M. F.	Ch 1962	Rutherford, E.	Ch 1908	Sully Prudhomme,		Weller, Th. H.	M 1954
Pirandello, L.	L 1934	Ruzicka, L.	Ch 1939	Sumner, J. B.	Ch 1946	Werner, A.	Ch 1913
Pire, G.	F 1958	Sabatier, P.	Ch 1912	Sutherland, E. W.	M 1971	Whipple, G. H.	M 1934
Planck, M.	Ph 1918	Sachs, N.	L 1966	von Suttner, B.	F 1905	Wieland, H.	Ch 1927
Pontoppidan, H.	L 1917	Saint-John Perse.	L 1960	Svedberg, T.	Ch 1926	Wien, W.	Ph 1911
Porter, G.	Ch 1967	Samuelson, P.	W 1971	Synge, R. L. M.	Ch 1952	Wigner, E.	Ph 1963
Powell, C. F.	Ph 1950	Sanger, F.	Ch 1958	Szent-Györgyi, A.	M 1937	Wilkins, M. H. F.	M 1962
Pregl, F.	Ch 1923	Sartre, J. P.	L 1964			Willstätter, R.	Ch 1915
Prochorow, A.	Ph 1964	Scholochow, M. A.	L 1965	Tagore, R.	L 1913	Wilson, Ch. Th. R.	Ph 1927
Purcell, E. M.	Ph 1952	Schrödinger, E.	Ph 1933	Tamm, J.	Ph 1958	Wilson, W.	F 1919
Quasimodo, S.	L 1959	Schweitzer, A.	F 1952	Tatum, E. L.	M 1958	Windaus, A.	Ch 1928
Quidde, L.	F 1927	Schwinger, J.	Ph 1965	Theiler, M.	M 1951	Woodward R. B.	Ch 1965
Rabi, I. I.	Ph 1944	Seaborg, G. Th.	Ch 1951	Theorell, A. H. Th.	M 1955	Yang, Ch. N.	Ph 1957
Raman, Sir Ch. V.	Ph 1930	Seferis, G.	L 1963	Thomson, G. P.	Ph 1937	Yeats, W. B.	L 1923
Ramon y Cajal, S.	M 1906	Segré, E.	Ph 1959	Thomson, J. J.	Ph 1906	Yukawa, H.	Ph 1949
Ramsay, Sir W.	Ch 1904	Semjonow, N. N.	Ch 1956	Tinbergen, J.	W 1969	Zeeman, P.	Ph 1902
Rayleigh, Lord	Ph 1904	Shaw, G. B.	L 1925	Tiselius, A. W. K.	Ch 1948	Zernike, F.	Ph 1953
Reichstein, T.	M 1950	Sherrington,		Todd, Sir A. R.	Ch 1957	Ziegler, K.	Ch 1963
Renault, L.	F 1907	Sir Ch. S.	M 1932	Tomonaga, S.	Ph 1965	Zsigmondy, R.	Ch 1925
		Shockley, W.	Ph 1956	Townes, C. H.	Ph 1964		

fluß der Kanad. Seen), Mackenzie, Yukon, Colorado, Rio Grande del Norte. KLIMA. Am N-Rand herrscht Polarklima, an der W-Küste feucht-kühles Meeresklima, das in das warme, sommertrockene Klima Kaliforniens übergeht. Im Innern und im S trockenes, sommerheißes Binnenklima; der O ist ziemlich feucht, Florida und die Golfküste subtropisch heiß. PFLANZEN- UND TIERWELT. Im hohen N Moor- und Flechtentundra mit Ren und Moschusochsen; anschließend ein breiter Waldgürtel, nach S zunehmend mit Laubwald. Im Innern weite Grassteppen (Prärien), einst reich an Steppentieren, in den südl. atlant. Küstenebenen und am Golf von Mexiko z. T. immergrüne Wälder, im S mit Palmen vermischt.

BEVÖLKERUNG. Indianer sind nur noch im S (Mexiko) in größerer Zahl verbreitet. Im äußersten N leben Eskimos. Die Hauptmasse der Bevölkerung stellen die seit 400 Jahren eingewanderten Weißen (Hauptsprachen: Englisch, Französisch, im S Spanisch). Die seit 1700 als Sklaven eingeführten Neger bilden einen wesentl. Bestandteil. Religion: überwiegend Christen.

WIRTSCHAFT. Die Grundlage für die günstige wirtschaftl. Entwicklung N.s ist sein Reichtum an Bodenschätzen u.a. Rohstoffen. Die USA und Kanada stellen bei weitgehender Arbeitsteilung ein stark technisiertes Wirtschaftsgebiet mit hoher Produktivität dar. Näheres siehe bei den einzelnen Staaten. VERKEHR: Ein geschlossenes Eisenbahnnetz überzieht N. mit ausnahme der arkt. Gebiete. Hervorragendes Straßennetz; das Flugzeug wird zum Massenverkehrsmittel. Die Seehäfen N.s gehören zu den größten Weltumschlagplätzen.

Nordamerikanische Kunst. Bis zur Unabhängigkeitserklärung (1776): Kolonialstile; Bauten in Neuengland und Virginia in engl. Stilformen (Old State House, Philadelphia, 1733; Bauten in Williamsburg, in New York nach holländ. Vorbildern, im Westen in span. Barockformen. – Anspruchslos naive Bildnisse.

Nach 1776: Bauten meist im Stil des engl. Klassizismus, in Holz übertragen (Wohnhäuser in Washington, Salem u.a.; Holzkirchen). Kapitol in Washington, 1793 von W. Thornton begonnen; State House in Boston, 1798.

19. Jahrh.: Klassizist. Repräsentationsstil unter Einfluß des Präsidenten und Architekten Jefferson; Fortführung des Kapitols, seit 1818 von Bulfinch. Dann Eklektizismus. Streng gestaltet dagegen die Bauten von H. Richardson (um 1880). – Malerei: Zu Anfang des 19. Jahrh. in London tätig: J. S. Copley (Bildnisse) und B. West (realist. Geschichtsbilder). Hervorragende Bildnisse von G. Stuart. Romant. Landschaften von W. Allston. Laienmaler, den der Quäker E. Hicks. Amerikan. Landschaften der Hudson River School seit etwa 1826: Th. Cole u.a. Bilder aus dem Leben der Siedler von G. C. Bingham. In Paris tätig: Mary Cassatt, Schülerin von Degas. Ebenfalls meist in Europa: Whistler und Sargent. Von typisch amerikan. Art: W. Homer, Th. Eakins u.a.

20. Jahrh.: Hochhäuser von L. H. Sullivan in Chicago: neue Lösungen aus der Stahlskelettkonstruktion entwickelt. Der vielseitige Architekt: F. L. Wright, Wohnbauten im Einklang mit der Landschaft gestaltet. Hochhausbauten in New York: Empire State Building, 1931, Rockefeller Center, 1940. Führend waren die aus Dtl. emigrierten Architekten des Bauhauses: W. Gropius, L. Mies van der Rohe, M. Breuer; ferner A. Aalto, Eero Saarinen u.a. Malerei: G. Wood (neusachliche Bilder), L. Feininger seit 1937 in den Verein.Staaten; B. Shan u.a. Gegenstandslose Bilder von M. Tobey und J. Pollock (Tachist). – Mobiles von A. Calder.

Nordamerikanische Literatur. Erst seit 1800 gewann die N. L. selbständige Bedeutung durch H.W.→Longfellow, J.F.→Cooper, H.→Beecher-Stowe,N.→Hawthorne und H.→Melville. Eingeleitet durch W. Irving (1783-1859), erlangte die Kurzgeschichte durch E. A.→Poe, später durch Bret Harte, Mark Twain, O. Henry, W. Saroyan, Carson McCullers, J. Thurber in der N. L. größere Bedeutung. Führender Kopf der »Transzendentalisten«, der größten geistigen Bewegung Amerikas im 19. Jahrh., war R. W.→Emerson. Der Lyriker W.→Whitman lieh dem Lebensgefühl der Neuen Welt Ausdruck. Die Romantechnik von H. →James wurde epochemachend auch für den engl. Roman. Nach F. Norris schrieben revolutionär-naturalist. oder sozialkrit. Romane Th. Dreiser, S.

Lewis, U. Sinclair, J. London, J. Dos Passos, S. Anderson, J. Steinbeck, E. Hemingway. In den epischen Gemälden von Th.→Wolfe, W.→Faulkner, auch von Margaret →Mitchell, trat der Süden der Verein. Staaten in den Vordergrund. Weltanschaul. Fragestellungen zeigen die Werke Th. →Wilders, J. Baldwins; Pearl S. Buck behandelt chines. Leben. Kriegsromane schrieben N. Mailer, J. Jones, H. Wouk, J. Hershey, J. Michener, Antikriegsromane J. Heller. Als Romanschriftsteller traten hervor N. West, H. Miller, S. Bellow, B. Malamud, W. Burroughs, J. D. Salinger, Mary McCarthy, W. Styron, J. Updike. Realist. wie symbol. Elemente verbinden die Werke von Truman Capote, P. Bowles, W. Goyen. Als Dramatiker ragen E. O'Neill, T.→Williams, A. Miller, E.Albee, W. Inge hervor. Ezra Pound u. a. ›Imagisten‹ haben die moderne Lyrik entscheidend beeinflußt. Neuere Lyriker sind R. Frost, C. Sandburg, V. Lindsay, R. Penn Warren, P.Viereck, R. Lowell, E. E. Cummings. A. Ginsberg, Rexroth, J. Kerouac u. a. zählen zu den Autoren der »Beat Generation«.

Nordatlantikpakt, NATO, der am 4. 4. 1949 in Washington von Belgien, Dänemark, Frankreich, Großbritannien, Island, Italien, Kanada, Luxemburg, den Niederlanden, Norwegen, Portugal und den USA unterzeichnete Sicherheitspakt. Griechenland und die Türkei traten 1952 bei, 1954 die Bundesrep. Dtl. in Verbindung mit den →Pariser Abkommen. Die Partner sind zur gegenseitigen Unterstützung, nicht aber zum automat. militär. Beistand verpflichtet, wenn einer von ihnen in Europa, Nordamerika und im nordatlant. Bereich angegriffen wird. Die polit. Leitung liegt bei dem **NATO-Rat** (Sitz bis 1967 in Paris, seitdem in Brüssel). Die Partner unterstellen diesem Land-, Luft- und Seestreitkräfte. Die militär. Leitung hat ihren Sitz in Casteau (Belgien). Durch die Pariser Verträge von 1954 sind die NATO und die →Westeuropäische Union in enge Verbindung gebracht. 1966 trat Frankreich aus der militär. Integration der N. aus, blieb jedoch Mitglied.

Nordaustralien, engl. **Northern Territory of Australia,** Bundesgebiet des Austral. Bundes, 1347519 km², 68 000 Ew.; Hauptstadt: Port Darwin.

Nordbaden, RegBez. in Bad.-Württ., 5121 km², 1,90 Mill. Ew.; Hauptstadt: Karlsruhe.

Norddeich, Seebad und Hafen gegenüber Juist und Norderney, Ndsachs., 1230 Ew. **N.-Radio,** dt. Hauptfunkstelle für den Seefunkdienst.

Norddeutscher Bund, 1866-71, best. aus Preußen und 17 norddt. Kleinstaaten, Bundesstaat, von Bismarck als Nachfolger des Dt. Bundes gegr., Vorläufer des Dt. Reiches.

Norddeutschland, das norddt. Tiefland mit den vorgelagerten Inseln, im S begrenzt von den dt. Mittelgebirgen.

Norden der, **Mitternacht,** die Himmelsgegend des tiefsten Stands der Sonne.

Norden, Stadt in Ndsachs., nahe der Nordsee, 16 200 Ew.; Maschinen u. a. Industrie.

Nordenham, Stadt in Ndsachs., Hafen an der Unterweser, 27 000 Ew.; Elektro-, Metall- u.a. Ind.

Nordenskiöld [n'u:rdənʃœld], **1)** Adolf Erik Freiherr v., schwed. Polarfahrer, *1832, †1901, führte 1878/79 auf der »Vega« die erste →Nordöstliche Durchfahrt aus. **2)** Otto, Neffe von 1), Polarforscher, *1869, †1928, leitete 1901-03 die schwed. Südpolarexpedition.

Nordern'ey, Nordsee-Insel an der ostfries. Küste, 26 km², 9000 Ew.; Seebad.

Norderstedt, Stadt in Schleswig-Holstein, 54 300 Ew.

Nordeuropa, die nord. Länder Europas mit Norwegen und Schweden als Kernraum, Dänemark, Finnland und Island als Randländern.

Nordfriesland, das Marschland an der Westküste Schleswig-Holsteins, zwischen Tondern und Husum. **Nordfries. Inseln,** die Inselkette der Nordsee von Amrum bis Fanö und die Halligen.

Nordhausen, Stadt im Bez. Erfurt, am Südrand des Harzes, 43 700 Ew.; mittelalterl. Bauwerke, Dom (13.-15. Jahrh.), Rathaus (1610); metall-

Norderney: Kurhaus

verarbeitende u. a. Industrie (bes. Maschinenbau). 1220-1803 Freie Reichsstadt.

Nordhorn, Stadt in Ndsachs., 42 200 Ew.; Textilmeisterschule, Textilindustrie.

Nordirland, der 1921 bei Großbritannien verbliebene Teil von →Irland, 14 146 km², 1,5 Mill. Ew. (dav. 58% protest., 35% kath.); Hauptstadt: Belfast. N. hat beschränkte Autonomie; ausgenommen sind z. B. Verteidigung, Auswärtiges und bestimmte Steuern. Parlament aus 2 Häusern, Kabinett mit MinPräs. Die Krone wird durch den Gouverneur vertreten. Verwaltungseinteilung: 6 Grafschaften, 2 Stadtgrafschaften. WIRTSCHAFT. Anbau von Gerste, Hafer, Kartoffeln. Industrie: Textilien, Maschinen, Schiff- und Flugzeugbau, Elektrotechnik, Nahrungsmittel u. a. – GESCHICHTE, →Irland. Die Unruhen um die Stellung der kath. Minderheit in N. veranlaßten Großbritannien, die beschränkte Autonomie 1972 aufzuheben, die nordir. Regierung und das Parlament zu entlassen und selbst die Regierungsgewalt auszuüben. . ⊕ S. 523.

Nordische Kombination, Ski-Wettkampf: 15-km-Langlauf und Springen.

Nordischer Krieg, 1700-21, zwischen Schweden (Karl XII.) einerseits, Dänemark, Polen-Sachsen (August der Starke) und Rußland (Peter d. Gr.), später auch Preußen und Hannover andererseits. Karl XII. war anfangs siegreich und zwang August den Starken 1706 zum Frieden von Altranstädt, wurde aber 1709 bei Poltawa von Peter d. Gr. entscheidend besiegt; 1718 fiel er. Der N. K. brach das Übergewicht Schwedens im Norden und erhob Rußland zur europ. Großmacht.

Nordischer Rat, seit 1951 gemeinsames Organ Dänemarks, Islands, Norwegens und Schwedens zur Zusammenarbeit in kulturellen, wirtschaftlichen und sozialpolitischen Fragen. Finnland trat 1955 bei.

Nordkalotten [schwed. aus frz.], Skandinavien nördlich des Polarkreises.

Nordkanal, Meerenge zwischen Schottland und Irland, an der engsten Stelle 20 km breit.

Nordkap, steiles, 307 m hohes Vorgebirge auf der norweg. Insel Mageröy; gilt als Nordspitze Europas, doch liegt ein anderer Vorsprung der Insel 1¹/₂ km weiter nördlich.

Nordlicht, Lichterscheinung, →Polarlicht.

Nördlingen, Stadt in Bayern, Schwaben, 14 100 Ew.; das reizvolle mittelalterl. Stadtbild ist z.T. erhalten (Tore, Stadtmauer). – Bis 1803 Reichsstadt.

Nord-Ossetische ASSR, autonome Sowjetrep. (seit 1936) in der Russ. SFSR, im N-Kaukasus, 8000 km², 553 000 Ew. (→Osseten u.a.); Hauptstadt: Ordschonikidse. Erzlager; Ackerbau, Viehwirtschaft, verschiedene Industrie.

Nordöstliche Durchfahrt, der Seeweg längs der nördl. Küste von Europa und Asien und durch die Beringstraße zum Stillen Ozean; 1878/79 gefunden; ohne Verkehrsbedeutung.

Nordostpolder, fruchtbarer Koog am Ostufer des Ijsselmeers, besteht aus dem eigentlichen Polder und den miteingedeichten ehemal. Inseln Urk und Schokland.

Nord-Ostsee-Kanal

Nord-Ostsee-Kanal, Seekanal zwischen der Kieler Förde (Ostsee) bei Kiel-Holtenau und der Elbebucht (Nordsee) bei Brunsbüttelkoog, 98,7 km lang, an jedem Endpunkt je zwei Schleusen; 1895 eröffnet.

Nordpol, →Pol, →Entdeckungsreisen.

Nordpolargebiet, Arktis, das Gebiet um den Nordpol der Erde. Grenze: mathematisch der nördl. Polarkreis (66° 33' n. Br.), geographisch die nördl. Baumgrenze. ⊕ S. 528.

Nordpolarmeer, Nördl. Eismeer, →Polarmeere.

Nordrhein-Westfalen, Land der Bundesrep. Dtl., 34045 km², 17,12 Mill. Ew.; Hauptstadt: Düsseldorf. 6 RegBez.: Düsseldorf, Köln, Aachen, Münster, Detmold, Arnsberg. STATISTIK Bundesrepublik Deutschland, ⊕ S.520/21, ⛒ S.878. N.-W. umfaßt etwa ²/₃ Tiefland (Niederrhein. und Münstersche Bucht) und ⅓ Gebirgsland (N-Teil des Rhein. Schiefergebirges, westliches Weserbergland). N.-W. ist stark industrialisiert, mit den Zentren Ruhrgebiet (Steinkohle; Schwerindustrie, chem., Maschinen- u.a. Ind.), Kölner Raum (Braunkohle; chem. Ind., Fahrzeugbau u.a.), Bergisches Land (Kleineisen-, Textilind.), Siegerland (Eisenerz; Hüttenind.); auch anderwärts Textil- (Niederrhein, Westfalen), chem. (Düsseldorfer Raum), Maschinen- (Düsseldorf, Aachen) u.a. Ind. In Dtl. N.-W. hat die größte Energieerzeugung der Bundesrep. Dtl.; viele Erdölraffinerien. Die Landwirtschaft dient der Versorgung der Industriegebiete. – Das Land N.-W. wurde 1946 aus dem N-Teil der preuß. Rheinprov. und der Prov. Westfalen gebildet, 1947 um Lippe-Detmold erweitert. MinPräs.: H. Kühn, Koalition SPD-FDP (seit 1966).

Nordrhodesien, →Sambia.

Nordschleswig, nördl. Teil von Schlesw.-Holst. (3993 km²), seit 1920 zu Dänemark.

Nordsee, Randmeer des Atlant. Ozeans, zwischen den Brit. Inseln im W, Skandinavien und Jütland im O und dem NW-europ. Festland im S, rd. 580000 km². Verbindung zum Atlantik durch den Ärmelkanal und das Meeresgebiet zwischen Norwegen und Schottland, zur Ostsee durch Ska-

gerrak und Kattegat. Mittlere Tiefe 94 m, tiefste Stelle 795 m, über der Doggerbank nur 13 m; starke Gezeiten. Wichtiges Fischereigebiet, eines der verkehrsreichsten Meere der Erde.

Nordseegermanen, Gruppe sprachlich eng verwandter germ. Stämme, früher auch **anglofries. Gruppe** genannt.

Nordseekanal, Großschiffahrtsweg von Amsterdam nach der Nordsee.

Nordstrand, nordfries. Insel, 48 km², 3000 Ew.; Damm nach dem Festland bis Husum.

Nordwestliche Durchfahrt, der Seeweg im N Nordamerikas, durch die Beringstraße in den Stillen Ozean; 1850 gefunden, 1903-06 von Amundsen ganz befahren; ohne Verkehrsbedeutung.

Nordwest-Territorien, Verwaltungsgebiet im N Kanadas, nördlich des 60. Breitengrades, 3379623 km², 28700 Ew.

Nordwürttemberg, RegBez. in Bad.-Württ., 10581 km², 3,48 Mill. Ew.; Hauptstadt: Stuttgart.

Norfolk [n'ɔːfək], engl. Herzogswürde.

Norfolk, 1) Grafschaft in O-England. **2)** Hafenstadt in Virginia, USA, 304800 Ew.; Werften, Holz-, chem. Ind.; Kriegshafen.

N'oricum, im Altertum: Land zwischen Donau, Inn, Karnischen Alpen und Wienerwald.

Nor'ilsk, Bergwerksstadt in N-Sibirien, 136000 Ew.; Nickel-, Kupfer-, Kohlengruben.

N'orische Alpen, Teil der Zentralalpen, zwischen Murtal und Kärntner Becken.

Norm [lat.] die, **1)** Richtmaß, Regel, Vorschrift. **2)** ۞ →Normung. **3)** ⬚ der gekürzte Titel am Fuß der ersten Seite jedes Bogens.

norm'al [lat.], der, →Norm entsprechend.

Norm'ale [lat.] die, △ bei Kurven (Flächen): die im Berührungspunkt der Tangente (Tangentialebene) auf dieser errichtete Senkrechte.

Normalfeld, Maximalfeld, BERGBAU: die größte Fläche, die einem Fundpunkt bei Erteilung der Abbauberechtigung zugeteilt wird, gesetzlich auf 2200000 m² (in einigen Bergamtsbezirken 110000 m²) festgelegt.

Norm'alnull, Abk. **NN,** Ausgangsfläche für Höhenangaben, der mittlere Wasserstand des Meeresspiegels.

Norm'alspur die, ⊑⊒ eine →Spurweite.

Norm'alton der, ♪ →Kammerton.

Norm'aluhr, **1)** in Sternwarten die astronom. Hauptuhr. **2)** bei elektr. Uhrenanlagen die Mutteruhr. **3)** öffentl. Uhren auf Straßen.

Normandie [nɔrmãd'i], geschichtl. Landschaft in NW-Frankreich; mildes, feuchtes Klima. Hauptstadt: Rouen, Haupthäfen Le Havre, Cherbourg; kam 1449/50 endgültig an Frankreich; →Normannen.

Norm'annen [eigentl. Nordmannen], **W'ikinger,** die nordgerman. Seefahrer und Eroberer des 9.-11. Jahrh., suchten des. die Küsten des Fränk. Reichs und das Angelsachsenreich heim. Sie erhielten 911 die →Normandie, eroberten von hier aus 1066 England (Wilhelm der Eroberer) und gründeten das unteritalien. Reich Neapel-Sizilien (Robert Guiscard). Von Island kamen sie nach Grönland und um 1000 nach Nordamerika (→Vinland). Schwed. N., die **Waräger,** schufen unter Rurik seit 862 das Russ. Reich.

Norm'annische Inseln, Kanal-Inseln, brit. Inselgruppe im Ärmelkanal, 195 km², 113400 Ew.; Hauptinseln Jersey und Guernsey; eigene Verfassung. – Anbau von Tomaten, Wein u. a.

normat'iv, als Norm, Richtschnur geltend.

Normenkontrolle, die Überprüfung von Gesetzen durch Verfassungsgerichte.

Normung [zu Norm] die, in der Industrie die Vereinheitlichung von Benennungen, Kennzeichen, Formen, Größen, Abmessungen und Beschaffenheit von Industrieerzeugnissen. Ziel: Verringerung der Sortenzahlen, einfachere Lagerhaltung, Verbilligung der Herstellung, leichtere Ersatzbeschaffung und Austauschbarkeit. Normen sind verpflichtende Empfehlungen. Die N. in Dtl. werden vom **Dt. Normenausschuß** aufgestellt.

Nordpolargebiet:
Eisfjord in
W-Spitzbergen

N'ornen, die drei Schicksalsgöttinnen der german. Götterlehre: Urd, Verdandi, Skuld.

N'orrbotten, nördlichste Prov. Schwedens, 105877 km², 259800 Ew.; Hauptstadt: Luleå.

Norrköping [nɔˈrtjøːpiŋ], Hafen- und Industriestadt in S-Schweden, nahe der Ostsee, 95000 Ew.; Textil-, Papier-, Lebensmittel- u. a. Ind.

N'orrland, der nördlichste, am dünnsten besiedelte Teil Schwedens.

Northampton [nɔːˈθæmptən], Stadt in Mittelengland, 123700 Ew.; Leder-, Metall-Ind.

North Carolina [nɔːθ kærəlˈainə], Abk. **N.C.,** einer der südl. atlant. Staaten der USA, 136524 km², 5,0 Mill. Ew. (25% Neger); Hauptstadt: Raleigh. N. hat Anteil an der Küstenebene und den Appalachen. Tabak, Mais, Baumwolle; Vieh- und Geflügelzucht; Forstwirtschaft; Textil-, Zigaretten- u. a. Ind. ⊕ S. 526.

Northcliffe [nɔːˈθklif], Alfred, Viscount (seit 1917), *1865, †1922, Inhaber eines Zeitungskonzerns mit Daily Mail, Times u. a., den sein Bruder Lord Rothermere (*1868, †1940) weiterführte. N. leitete 1918 die Propaganda gegen Dtl.

North Dakota [nɔːθ dəkˈoutə], Abk. **N.D.,** Staat im N der USA, 183022 km², 650000 Ew.; Hauptstadt: Bismarck. Präriegebiet. Ackerbau (Getreide, Flachs, Kartoffeln); Viehzucht. ⚒ auf Erdöl, Erdgas, Braunkohle. ⊕ S. 526.

Northeim, altertüml. Stadt in Ndsachs., 19400 Ew.; Nahrungsmittel-, Textil- u. a. Industrie.

Northumberland [nɔːˈθʌmbələnd], nördlichste Gfsch. Englands, Hauptstadt: Newcastle.

N'orwegen, Kgr. in N-Europa, der westliche Teil der Skandinavischen Halbinsel (ohne arkt. Besitzungen Spitzbergen, Bären-Insel und Jan Mayen), 324219 km², 3,8 Mill. Ew. (protestant. Norweger, im N Lappen); Hauptstadt: Oslo. ⊕ S. 525, ⊡ S. 346, ⛅ S. 878.

VERFASSUNG (von 1814, mit Änderungen). N. ist konstitutionelle Monarchie. Die Volksvertretung, der Storting (2 Kammern), hat die gesetzgebende Gewalt. Die vollziehende Gewalt liegt beim König und dem Staatsrat (Kabinett). Die Minister sind am Storting verantwortlich. – Verwaltungseinteilung: 20 Fylker (Provinzen). 3 Großstädte.

LANDESNATUR. Stark vergletschertes Hochgebirge (bis 2472 m hoch) mit fjordreicher Küste; Ebenen nur im S. Klima: feucht und mild.

WIRTSCHAFT. Überwiegend Forst- und Weidewirtschaft; Anbau nur in Tälern. Pelztierzucht; Fischerei (Kabeljau, Hering). ⚒ auf Erze, Steinkohle (Spitzbergen). Papier-, Hütten-, elektron. Ind. Grundlage der Energiewirtschaft ist die Wasserkraft. Handels- und Lohnschiffahrt; Fremdenverkehr. Hauptausfuhr: Aluminium, Fischereierzeugnisse, Schiffe, Papier, Häute, Fleisch. Haupthandelspartner: Großbritannien, Schweden, Bundesrep. Dtl. N. ist Mitglied der EFTA. Zahlreiche gute Häfen. Internat. Flughafen: Oslo.

GESCHICHTE. N. wurde im 10./11. Jahrh. ein einheitl. Königreich und nahm zugleich das Christentum an. 1387 bis 1814 war N. mit Dänemark, 1397-1523 auch mit Schweden vereinigt. 1814 wurde es in Personalunion erneut mit Schweden verbunden, erhielt jedoch eine freiheitl. Sonderverfassung; 1905 trennte es sich friedlich von Schweden und wählte einen dän. Prinzen als Håkon VII. zum König. Seit 1949 ist N. Mitglied der NATO, seit 1951 mit den nord. Ländern im Nord. Rat verbunden. Staatsoberhaupt: König Olaf V. (seit 1957), MinPräs.: T. Bratteli (seit 1971).

Norwegische Kunst. Ihre eigentümlichsten Leistungen seit frühgeschichtl. Zeit sind die nach der Christianisierung (11. Jahrh.) entstandenen →Stabkirchen und ihre Schnitzereien. Die Steinbauten schlossen sich im MA. engl. Vorbildern an (Dome von Stavanger und Drontheim, 12. Jahrh.). Das Beste brachte die Volkskunst hervor. Aus klassizist. Zeit stammen Universität und Schloß in Oslo. Die Maler des 19. Jahrh. standen in enger Verbindung mit Dtl. (so der mit C. D. Friedrich befreundete J. Chr. Dahl; sein Schüler: Fearn-

ley); später lernten sie meist in Paris (F. Thaulow, Chr. Krohg, E. Werenskiold), wie auch die Bildhauer (St. Sinding, G. Vigeland). Der größte norweg. Maler war E. Munch, der zu den Wegbereitern des Expressionismus gehört.

Norwegische Literatur. Die Dichtung blühte schon um 800; die Anfänge der Edda- und Skalden-Dichtung sind norwegisch. Jahrhundertelang war dann nur die Volksdichtung norwegisch. Erst im 19. Jahrh. entwickelte sich norweg. Nationalschrifttum. Einen Höhepunkt erreichte die N. L. mit Ibsen und Björnson; nach 1890 landschaftsgebundene Erzähllliteratur: A. Garborg, H. E. Kinck, A. L. Kielland, J. Lie, J. Bojer, G. Scott, O. Duun, J. Falkberget, K. Hamsun, Sigrid Undset, T. Gulbranssen u. a.; bed. Dramatiker: H. Krog, S. Hoel. In jüngster Zeit traten neben Dichtern wie Reiss-Andersen, Wildenvey, T. Vesaas, O. Bull, hervor: I. Hagerup, L. Kvalstad, A. Bjerke, E. Orvil, F. Carling u. a.

Norwegische Sprache bildet mit dem Isländischen und Färöischen den westnord. Zweig der nordgerman. Sprachgruppe. Nach der Reformation wurde in Norwegen das Dänische als Kirchen- und Schulsprache, um 1600 auch als Rechtssprache eingeführt. Mit der beginnenden Selbständigkeit erwachte der Wunsch nach Sprachreinigung. Das **Bokmål** (»Buchsprache«, früher Riksmål) beruht auf der norweg. Stadtsprache, einer dän.-norweg. Mischung mit reicher Lautgebung. Das 1853 von Ivar Aasen geschaffene **Landsmål** (»Landessprache«), seit 1929 **Nynorsk,** beruht auf den ältesten norweg. Mundarten. Seit 1907 sind beide Sprachen gleichberechtigt.

Norwich [nˈɔridʒ], alte Bischofsstadt in O-England, 119100 Ew.; normann. Kathedrale (1096 begonnen); im MA. wichtiger Kornmarkt der Insel; Maschinen-, Eisen-, Leder- u. a. Ind.

Noske, Gustav, sozialdemokrat. Politiker, *1868, †1946, warf 1919 den Spartakusaufstand nieder, war 1919-20 Reichswehrminister, 1920-33 Oberpräsident der Provinz Hannover.

Nossack, Hans Erich, Schriftsteller, *1901.

Nostrad'amus, eigentl. Michel de **Notredame,** franz. Astrologe, *1503, †1566, Leibarzt Karls IX.; machte dunkle Prophezeiungen in gereimten Vierzeilern.

N'ostrokonto [ital.], ein Konto, das eine Bank bei einer anderen unterhält.

N'ota [lat. »merke an«] die, -/Noten, **1)** Rechnung. **2)** kurze Aufzeichnung.

Not'abel [frz.] der, durch Vermögen, Bildung und Rang ausgezeichneter Mann.

n'ota b'ene [lat.], Abk. **NB,** beachte.

Not'ar [lat.] der, mit öffentl. Glauben ausgestattete jurist. Amtsperson, die vor allem Rechtsgeschäfte beurkundet, Unterschriften und Abschriften beglaubigt, Testamente und Erbverträge errichtet und vollstreckbare Urkunden ausstellt. Das Notari'at kann mit der Anwaltschaft verbunden sein (z. B. in Hessen).

Notaufnahmeverfahren, das Verfahren nach dem Notaufnahme-Ges. v. 22. 8. 1950, i. d. F. v. 14. 8. 1957, bei der Aufnahme Deutscher aus der Dt. Dem. Rep. in das Bundesgebiet zur Erlangung einer Aufenthaltserlaubnis.

Notke: König
Karl Knutsson
(1480/90)

Notbremse, Druckluftbremse der Eisenbahnen, kann in Notfällen von den Fahrgästen durch Ziehen eines Handgriffs betätigt werden.
Note [lat.] die, **1)** Anmerkung, bes. in einem Buche. **2)** schriftl. Mitteilung der Regierung eines Staates an die eines andern. **3)** ♪ Zeichen für die einzelnen Töne, überhaupt für alle musikal. Schriftzeichen. Die **Notenschrift** umfaßt Noten, Linien, Schlüssel, Erhöhungs-, Erniedrigungszeichen, Taktstriche, Pausen usw. **4)** Beurteilung einer Leistung. **5)** Banknote.

Note: Rhythmische Werte

Notenbank die, →Banken.
Notgemeinschaft der deutschen Wissenschaft, →Deutsche Forschungsgemeinschaft.
N'othelfer, 14 Heilige, von denen man in bes. Nöten Hilfe erwartet: Achatius, Ägidius, Blasius, Christophorus, Cyriacus, Dionysius, Erasmus, Eustachius, Georg, Pantaleon, Vitus, Barbara, Katharina, Margareta.
not'ieren, aufzeichnen, vormerken. **Not'iz** die; **Not'ierung** die, Börse: Feststellung und Veröffentlichung der Marktpreise und Kurse.
Notifikati'on [lat.] die, amtl. Mitteilung, z.B. des Kriegszustands an die neutralen Mächte. **notifiz'ieren,** mitteilen, anzeigen.
Nötigung begeht, wer einen andern rechtswidrig durch Gewalt oder Drohung mit einem empfindl. Übel veranlaßt, etwas zu tun, zu dulden oder zu unterlassen. Gefängnis oder Geldstrafe, in bes. schweren Fällen Zuchthaus.
Notke, Bernt, Bildschnitzer und Maler, * um 1440, †1509; Kampf des hl. Georg mit dem Drachen (1489, Stockholm).
N'otker, Mönche in St. Gallen: **1)** N. B'albulus [»der Stammler«], * um 840, †912; verdient um den Kirchengesang. **2)** N. L'abeo [»der Großlippige«] oder **Teut'onicus** [»der Deutsche«], * um 950, †1022; übersetzte lat. Werke vorbildlich ins Althochdeutsche.
notleidendes Papier, Wertpapier, bei dem darin verkörperte Rechte unsicher geworden sind.
N'otodden, südnorweg. Stadt, 13 600 Ew.
not'orisch [lat.], offenkundig, allgem. bekannt.
Notre-Dame [frz.], **1)** →Maria. **2)** Name von Maria geweihten Kirchen (z. B. N.-D. in Paris).
Notstand, 1) ZIVILRECHT: Zwangslage, in der eine fremde Sache beschädigt oder zerstört werden darf, wenn durch sie Gefahr droht (**Sachwehr,** § 228 BGB) oder in der auf eine neutrale Sache eingewirkt werden darf, wenn eine drohende Gefahr nicht anders abgewehrt werden kann (**Nothilfe,** § 904 BGB). **2)** STRAFRECHT: unverschuldete Gefahrenlage für Leib oder Leben, aus der man sich nur unter Verletzung strafrechtl. geschützter Interessen retten kann (§ 54 StGB). Der strafrechtl. N. schließt die Schuld aus. Einen **übergesetzl. N.** erkennt die Praxis als Rechtfertigungsgrund an, wenn der Täter eine höhere Rechtspflicht nur durch Verletzung geringerer Rechtsgüter erfüllen kann. **3)** STAATS-N.: Bei dringender Gefahr für Bestehen oder Sicherheit des Staates haben die obersten Vollzugsorgane das Recht, die zur Überwindung der Notlage erforderl. Maßnahmen zu treffen. In der Bundesrep.Dtl. erging am 24. 6. 1968 die N.-Gesetzgebung. Sie sieht unterschiedl. N.-Maßnahmen vor 1) den bei **Katastrophenfall,** 2) für den **inneren N.** (Gefahr für den Bestand des Staates oder für die freiheitl. demokrat. Grundordnung), 3) für den **äußeren N.** (Spannungs- oder Verteidigungsfall); seinen Eintritt stellt der Bundestag mit ²/₃-Mehrheit fest). Das zur Gefahrenabwehr zulässigen Beschränkungen des Brief- und Fernmeldegeheimnisses, der Freizügigkeit, der Berufsfreiheit (z.B. durch Dienstleistungspflicht), des Eigentums (Sachleistungspflicht nach dem Bundesleistungsges.) sind im

Grundges. (Art. 10, 12, 12a) und ergänzenden einfachen N.-Gesetzen (z.B. Ges. zur Beschränkung des Post-, Brief- und Fernmeldegeheimnisses, Arbeitssicherstellungs-Ges., Ges. zur Erweiterung des Katastrophenschutzes) geregelt.
Notstandsarbeit, öffentl. Maßnahmen zur Beschäftigung Arbeitsloser.
Notstandsgebiet, Landesteil, dessen Wirtschaftsgefüge nachhaltig erschüttert ist.
Nottaufe, Taufe eines Neugeborenen, das zu sterben droht; durch Laien vollziehbar.
Nottestament, kann durch mündl. Erklärung vor 3 Zeugen errichtet werden (§ 2250 BGB). →Dorftestament.
Nottingham [n'otiŋəm], Stadt im mittleren England, 311 800 Ew.; Univ.; Textil-, Maschinen-, chem. Industrie.

Nottingham: Council House

Nott'urno [ital.] das, ♪ Nachtmusik; einsätziges Klavierstück träumerischer Art.
Notverordnung, Notstandsverordnung, eine Verordnung mit Gesetzeskraft, die in Notfällen erlassen wird; in den Rechtsstaaten ist dies nur in den verfassungsmäßig vorgesehenen Fällen und Formen und meist mit nachträgl. parlamentar. Kontrolle zulässig. Nach der Weimarer Verfassung konnten der Reichspräsident und die Reichsregierung N. erlassen (Ebert, Hindenburg). Das GG sieht N. nicht vor und regelt nur den Fall des →Gesetzgebungsnotstandes.
Notwehr, ⚖ die Verteidigung, die erforderlich ist, um einen gegenwärtigen rechtswidrigen Angriff eines Menschen von sich oder einem andern abzuwenden. Eine N.-Handlung ist nicht widerrechtlich; sie ist daher weder strafbar, noch verpflichtet sie zum Schadensersatz.
Notzucht die, **Vergewaltigung,** ⚖ der von einem Mann erzwungene oder erschlichene außerehel. Beischlaf. Strafe: Freiheitsstrafe nicht unter einem Jahr.
Nouakchott, Nuakschott, die Hauptstadt Mauretaniens, 20 000 Ew. (BILD Mauretanien)
Nougat [nug'a, frz.] der, →Nugat.
Nouveau roman [nuv'o rom'ã, frz. »Neuer Roman«], franzöz. Romanform des 20.Jahrh., gekennzeichnet durch Ablehnung traditioneller Formen, Streben nach objektiver Beschreibung.
nouveauté [nuvot'e, frz.] die, Neuheit.
N'ova [lat.] die, -/Novae, →Stern.
Nova Iguaçu, Stadt in Brasilien, 134 700 Ew.
Nov'alis, Schriftstellername des Freiherrn Friedrich von Hardenberg, *1772, †1801, Dichter der Romantik; er schrieb Gedichte voll Sehnsucht nach dem Jenseits (»Hymnen an die Nacht«, »Geistl. Lieder«), den unvollendeten Roman »Heinrich von Ofterdingen«.
N'ova Lisb'ôa, Stadt in Angola, 76 000 Ew.
Nov'ara, Stadt in N-Italien, 99 700 Ew.; Bahnknoten, Textil-, Seiden-, chem. Industrie.
Novati'on [lat. »Erneuerung«] die, ⚖ vertragl. Aufhebung eines Schuldverhältnisses, verbunden mit der Begründung eines neuen, das an die Stelle des ersten tritt. Im Zusammenhang mit dem er-

Novalis

sten begründete Pfandrechte und Bürgschaften erlöschen in der Regel.

Nov'elle [von lat. novus »neu«] die, 1) Nachtragsgesetz. 2) kleinere Erzählung, meist in Prosa. Die klass. Form der N. entstand in der italien. Renaissance (Boccaccios »Decamerone«). In Spanien bedeuten Cervantes' »Novelas ejemplares« einen Höhepunkt novellist. Kunst, in Frankreich das »Heptameron« (1547) der Margarete von Navarra, im 19. Jahrh. die N. von Mérimée, Flaubert, Maupassant. Dt. N. schrieben Goethe, Kleist, E.T.A. Hoffmann, Gottfr. Keller, C. F. Meyer, Stifter, Storm, Raabe, R. G. Binding, Thomas Mann u. a.

Nov'ember [von lat. novem »neun«] der, 11. Monat des Jahres, auch **Nebelung**. Bei den alten Römern war er der 9. Monat.

Novemberrevolution, die dt. Revolution im Nov. 1918. Sie begann am 30. 10. mit dem Marineaufstand in Kiel, führte am 7. 11. zum Sturz der bayr. Monarchie und am 9. 11. zur Abdankung Kaiser Wilhelms II. Alle dt. Fürstenhäuser wurden entthront, in Dtl. die Republik ausgerufen.

Nov'ene [ital.] die, neuntägige kath. Andacht.

N'ovi Sad, →Neusatz.

Novit'ät [lat.] die, Neuheit, Neuerscheinung.

Novizi'at [lat.] das, mindestens 1 Jahr dauernde Prüfungszeit der Nov'izen vor Eintritt in einen geistl. Orden.

N'ovum [lat.] das, -s/...va, etwas Neues.

N'owa H'uta, östl. Vorstadt von Krakau, Polen, 75 000 Ew.; Eisen-, Stahlwerke, chem. Ind.

N'owaja Semlj'a [russ. »Neuland«], russ. Doppelinsel im Nördl. Eismeer, 81 400 km²; Kohle, Kupfer, Pelztierfang, Fischerei; Kernwaffen-Versuchsgelände.

N'owgorod, Stadt in der Russ. SFSR, am Wolchow, 128 000 Ew.; Sophienkathedrale, Klöster, alte Kirchen; im MA. Hanse-Kontor.

Nowokusn'ezk, früher **Stalinsk,** Industriestadt in Westsibirien, Russ. SFSR, 499 000 Ew.; Mittelpunkt des Kusnezker Kohlenbeckens.

Nowomosk'owsk, früher **Stalinogorsk,** Industriestadt im Gebiet Tula, Russ. SFSR, 134 000 Ew.; Hütten-, chem. Ind., Großkraftwerke.

Nowoross'ijsk, Schwarzmeerhafen in der Russ. SFSR, 133 000 Ew.; Metall- u. a. Industrie.

Nowosib'irsk, größte Industriestadt Sibiriens, Russ. SFSR, am Ob, 1,16 Mill. Ew.; Univ.; Hochschulen; Forschungszentrum, Theater, Oper; Maschinen-, Hütten-, Leichtind., Großkraftwerke.

Nowotscherk'assk, Stadt im Gebiet Rostow (Don), Russ. SFSR, 162 000 Ew.; Fachschulen; Weinbau; Lokomotivbau, Eisenindustrie.

N'oxe [lat.] die, Schädlichkeit.

Np, chem. Zeichen für →Neptunium.

NPD, →Nationaldemokratische Partei Deutschlands.

NRT, Abk. für Nettoregistertonne, →Registertonne.

NS, Abk. für Nachschrift, Nationalsozialismus.

NSDAP, Abk. für Nationalsozialistische Deutsche Arbeiterpartei, →Nationalsozialismus.

n.St., Abk. für neuen Stils (d.h. nach dem Gregorianischen →Kalender).

NSU Motorenwerke AG., Neckarsulm, Unternehmen der Zweirad- und Automobilindustrie, 1969 mit der Auto Union fusioniert zur Audi NSU Auto Union GmbH., →Kraftwagen, ÜBERSICHT.

N. T., Abk. für Neues Testament (→Bibel).

Nuance [ny'ãsə, frz.] die, Abstufung, Abschattierung, feine Abtönung. Zw. **nuanc'ieren.**

N'ubien, Landschaft in N-Afrika, am Nil, zwischen Assuan und Khartum, außerhalb des Niltals Wüste; gehört polit. größtenteils zum Sudan.

Nucle'insäuren, Verbindungen aus Phosphorsäure, Nucleinbasen (Pyrimidin- oder Purinbasen) und dem Zucker Ribose (**Ribo-N., RNS**) oder Desoxyribose (**Desoxyribo-N., DNS**). Einfache N., **Mononucleotide,** kommen im Zellstoffwechsel und als Wirkgruppen von Enzymen vor, polymere N., **Polynucleotide** (N. im engeren Sinne), sind die zentralen Bestandteile der Gene im Zellkern; mit Eiweißen bilden sie **Nucleoproteide.** Viele Viren

Nowosibirsk: Stadtzentrum

bestehen ausschließlich aus N. in einer Eiweißhülle.

Nudel die, Teigware aus Mehl und Wasser. **nudeln,** mästen (Federvieh).

Nudit'ät [lat.] die, Nacktheit. **Nud'ismus,** →Naturismus.

N'ufenenpaß, Paß in der Schweiz, 2440 m hoch, verbindet das Tessintal mit dem Rhônetal.

N'ugat [frz.] der, Rohmasse aus Haselnüssen oder gerösteten Mandeln, Zucker, Kakao.

nukle'ar [von lat. nucleus, »Kern«], den Atomkern betreffend. **n. Waffen, Kernwaffen.**

Nuklearmedizin, Atommedizin, umfaßt alle aus der Verwendung künstl. radioaktiver Isotope sich ergebenden ärztl. Aufgaben.

Nukle'onen Mz., ⊗ die Kernbausteine Proton und Neutron.

Nukl'id, Atomkern. N. werden durch das chem. Zeichen, die Massenzahl und oft auch die Ordnungszahl gekennzeichnet: ^{238}U oder $^{238}_{92}$U.

Null [von lat. nullus »keiner«] die, Zahlzeichen 0, Ergebnis einer Subtraktion, wenn man eine Zahl von sich selbst abzieht, z. B. 3 — 3 = 0.

Null-Leiter, ∤ in elektr. Stromkreisen mit mehr als 2 Leitern der bei symmetr. Belastung stromlose **Mittelpunktsleiter** (→Drehstrom).

Num'antia, histor. Stadt in Spanien, am Duero, 133 v. Chr. von den Römern zerstört.

N'umen [lat.] das, göttl. Wille, göttl. Walten, die Gottheit. Numin'ose das, nach R. Otto das Heilige in seiner zugleich erschreckenden (tremendum) und anziehenden (fascinosum) Wirkung.

Numer'ale [lat.] das, ⓢ →Zahlwort. **numer'ieren** [lat.], fortlaufend beziffern. **num'erisch,** zahlenmäßig.

N'umerus [lat.] der, 1) Zahl, Ziffer; **N. clausus,** zahlenmäßige Beschränkung der Zulassung, z. B. zum Hochschulstudium. 2) △ →Logarithmus. 3) ⓢ die Unterscheidungsform der Einzahl, der Zweizahl und der Mehrzahl.

Num'idien, im Altertum: Kgr. in N-Afrika, etwa das heutige Algerien; später röm. Prov.

Numism'atik [grch.] die, Münzkunde. **Numism'atiker,** Münzforscher. **numism'atisch,** auf Münzkunde bezüglich.

N'unataker [grönländ.] der, aus dem Inlandeis herausragender Berg, z.B. in Grönland.

N'untius [lat.] der, ständiger Vertreter des Papstes bei den großen Staaten. Er ist Doyen (Wortführer) des Diplomat. Korps.

Nur'agen Mz., kegelförmige Steinbauten der Jungstein- oder Bronzezeit auf Sardinien, Korsika, in S-Italien.

Nürburgring, Renn- und Prüfungsstraße für Kraftwagen, um die Ruine Nürburg bei Adenau in der Eifel, 1927 eröffnet. (BILD S. 644)

N'urmi, Paavo, finn. Weltrekordläufer im Langstreckenlauf, *1897; Olympiasieger 1920-28.

Nürnberg, Stadt in Bayern Mittelfranken, an der Pegnitz, 474 300 Ew., überragt von der ehemal. kaiserl. Burg; die Altstadt mit berühmten got. Kirchen (St. Sebaldus, St. Lorenz, Frauenkirche), Rathaus, Dürerhaus u. a. wurde im 2. Weltkrieg stark zerstört. N. hat reiche Sammlungen der dt. Geschichte (German. Nationalmuseum); Hoch-

Nürnberg

Nürburgring

und Fachschulen. Elektro-, Maschinen-, Fahrzeug-, Spielwaren-, Lebkuchen-, Brauerei-, Bleistift- u. a. Ind. Haupthandelsplatz für Hopfen. – N. war eine der bedeutendsten dt. Reichsstädte und behauptete sich gegen die fränk. Hohenzollern als Burggrafen von N. Blütezeit im 15./16. Jahrh. (Dürer, Veit Stoß, Peter Vischer, Hans Sachs); 1806 bayerisch; 1835 erste dt. Eisenbahn zwischen N. und Fürth.

Nürnberger Eier, älteste, in Nürnberg im 16. Jahrh. hergestellte Taschenuhren von eirunder Form; als Erfinder gilt Peter Henlein.

Nürnberger Gesetze, die 1935 vom Reichstag beschlossenen →Rassengesetze.

Nürnberger Prozesse, die auf Grund des Londoner Abkommens von 1945 zur Aburteilung dt. →Kriegsverbrechen in Nürnberg durchgeführten Strafverfahren.

Nut, a Keilnut, b Nut und Feder

Nürnberger Trichter, Lehrverfahren, durch das auch dem Dümmsten etwas beigebracht (eingetrichtert) werden kann.

Nürnbrecht, Gem. im Oberbergischen Kreis, Nordrh.-Westf., 10 500 Ew.

Nurse [nəːs, engl.] die, Kinder-, Krankenschwester.

Nürtingen, Stadt in Baden-Württ., am Fuß der Schwäb. Alb, 21 200 Ew.; Textil-, Möbel-, Zementindustrie.

Nus [grch.] der, griech. Philosophie: Weltgeist, Vernunft.

Nuß die, Frucht mit harter, nicht von selbst aufspringender Schale um den Samen, so die Hasel- und Wal-, auch Kokos-, Para-N. u. a.

Nußbohrer, Rüsselkäfer, →Haselnußbohrer.

Nüstern Mz., Nasenlöcher des Pferdes.

Nut die, ⚙ längl. Vertiefung an Wellen, Zapfen, Balken, Brettern zur Befestigung oder Führung anderer Teile.

Nutati'on [lat.] die, period. Bewegung der Fi-

gurenachse eines Kreisels um die Drehimpulsachse; im Falle der Erde als Kreisel ein geringes Schwanken der Erdachse mit 18,7 jähr. Periode infolge der Anziehungskraft des Mondes.

N'utria [span.] die, →Biberratte.

Nutzeffekt der, →Wirkungsgrad.

Nutzholz, Bau- und Werkholz im Unterschied zu Brennholz.

Nutzlast, Gewicht der Ladung, im Gegensatz zum Leer-, Eigen- oder toten Gewicht.

Nutzleistung, die von einer Maschine nach außen abgegebene nutzbare Leistung.

Nutznießung, gesetzl., auf familienrechtl. Verhältnissen (Ehe, elterl. Gewalt) beruhendes **Nutzungsrecht** (→Nießbrauch) an fremdem Vermögen.

NW, Abk. für Nordwest.

Nyerere, Julius K., Politiker in Tansania, *1923, studierte in Edinburgh, Führer der Tanganyika African National Union (TANU); 1961 bis 62 MinPräs., seitdem Staatspräsident.

Nyíregyháza [njíːˈrɛdjhaːzə], Stadt in Ungarn, 70 600 Ew.; im Wein-, Tabak- und Obstbaugebiet Nyírség; landwirtschaftl. Industrie.

Nylon [nˈailɔn], Handelsname für Chemiefasern und Kunststofferzeugnisse aus Polyamiden, die durch Kondensation von Adipinsäure mit 1,6-Hexamethylendiamin hergestellt werden.

Schloß Nymphenburg

Nymphe die, 1) weibl. Naturgottheiten der alten Griechen, die in und an Quellen und Bächen (**Najaden**), im Meere (**Nereiden**), auf Wiesen und Bergen (**Oreaden**), in Wäldern und Bäumen (**Dryaden**) hausen. 2) ⚕ Entwicklungszustand einiger Insekten mit unvollkommener Verwandlung.

Nymphenburg, Stadtteil im W von München mit **Schloß N.,** im Barockstil (1663-1728; Jagdmuseum), Porzellanfabrik (seit 1747).

Nymphoman'ie [grch.] die, der krankhaft gesteigerte Geschlechtstrieb der Frau.

Nyst'agmus [grch.] der, Augenzittern.

O

o, O, 1) Selbstlaut, der 15. Buchstabe im Abc. 2) ⊕ O, Abk. für Osten. 3) O, chem. Zeichen für →Sauerstoff.

O' [altirisch ane »Enkel«], in irischen Familiennamen Enkel, Abkömmling, z. B. O'Connor.

O'ahu, die volkreichste Hawaii-Insel, 1526 km² 500 400 Ew. Hauptstadt: Honolulu.

Oakland [ˈouklənd], Hafen und Industriestadt in der Bucht von San Francisco, USA, 367 500 Ew.; Schiffbau, Erdöl- u. a. Industrie.

Oak Ridge [ˈouk ridʒ], Stadt in O-Tennessee, USA, 28 300 Ew.; kernphysikal. Forschungsstätten.

OAS, 1) Abk. für engl. Organization of American States, die Organisation der Amerikan. Staaten, →Panamerikanische Bewegung. 2) Abk. für französ. Organisation armée secrète, eine französ. rechtsradikale Untergrundbewegung, bes. in Algerien (bis 1962).

O'ase [grch. aus ägypt.] die, Stelle reicheren

Nürnberg, links: Dürerhaus, rechts: Henkersteg mit Weinstadel

Pflanzenwuchses in Wüstengebieten, durch Grundwassernähe oder Quellen hervorgerufen; Ansiedlung und Anbau (Dattelpalmen); Sammelpunkt der Karawanenwege.

OAU, Abk. für Organization of African Unity, Organisation für afrikan. Einheit; gegr. 1963, Sitz Addis Abeba; umfaßt alle unabhängigen afrikan. Staaten außer Südafrika und Rhodesien (Unabhängigkeit umstritten).

Ob der, Hauptstrom Sibiriens, kommt vom Altai, mit Katun 5410 km lang, mündet in das Nordpolarmeer.

Ob'adja, ein Prophet Israels aus der Zeit nach der Babylon. Gefangenschaft.

Obdachlosenfürsorge, betreut Personen ohne Wohnung oder Unterkunft, obliegt den Trägern der →Sozialhilfe.

Obdukti'on [lat.] die, Leichenöffnung, →Leiche.

Obedi'enz [lat.] die, kath. Kirche: der kirchl. Gehorsam der Geistlichen gegen ihre Oberen.

Obel'isk [grch.] der, viereckige Spitzsäule (aus einem Stein). →Monolith.

Ober der, 1) Kellner. 2) dt. Spielkarte.

Oberammergau, Gem. in Oberbayern, 4600 Ew., Sommerfrische in den Kalkalpen, bekannt durch die seit 1634 alle 10 Jahre stattfindenden Passionsspiele der Einwohner; Holzschnitzerei.

Oberbayern, RegBez. in Bayern, 16 339 km², 3,31 Mill. Ew.; Hauptstadt: München.

Oberbruch-Dremmen, Gem. im Selfkantkreis Geilenkirchen-Heinsberg, Nordrh.-Westf., 11 900 Ew.

oberdeutsch, die süddeutschen Mundarten, →Deutsche Sprache.

Obereigentum, im alten dt. Recht beim »geteilten Eigentum« die Rechte des Lehnsherrn, Erbzinsherrn u. a. **(Obereigentümers)** am Grundstück als solchem, während das **Untereigentum** das Recht auf Nutzungen gewährte. (→Heimfall)

Oberer See, in Nordamerika, der westlichste der →Kanadischen Seen, der größte Süßwassersee der Erde, 82 414 km², 393 m tief. Wichtigster Hafen: Duluth.

Oberfläche, die äußere Begrenzung eines Körpers. **O.-Spannung,** die auf jedes Teilchen der O. einer Flüssigkeit wirkende, nach dem Innern der Flüssigkeit wirkende Kraft, Ursache der Tropfenform. **O.-Schutz,** Korrosionsschutz (→Korrosion).

Oberfranken, RegBez. in Bayern, 7497 km², 1,11 Mill. Ew.; Hauptstadt: Bayreuth.

Oberhaus das, 1) i. w. S. die Erste Kammer einer Volksvertretung. 2) i. e. S. das Haus der Lords in Großbritannien.

Oberhausen, Industriestadt in Nordrh.-Westf., 258 000 Ew.; am Rhein-Herne-Kanal; Bahnknoten; Steinkohlenbergbau, Stahl-, Eisenind.; alljährlich Kurzfilmtage.

Oberhessen, Prov. des ehem. Freistaates Hessen-Darmstadt (jetzt zum Land Hessen), umfaßte Gießener Becken, Wetterau, Vogelsberg und Ausläufer des Taunus.

Oberhof, Kurort und Wintersportplatz im Thüringer Wald, 800-830 m ü. M.

Oberitalien, die italien. Alpen, Venetien, die Po-Ebene und der nördl. Apennin.

Oberitalienische Seen, Seen des südl. Alpenrandes; Lago Maggiore, Luganer, Comer, Iseo-, Gardasee.

Oberkirchenrat, evang. Kirche: 1) oberste kirchl. Verwaltungsbehörde in den Landeskirchen von Baden, Oldenburg, Mecklenburg, Württemberg sowie der Evang. Kirche in Österreich. 2) beamtete Mitglieder der Landeskirchenämter, der Kirchenkanzlei der EKD und des Kirchenamtes der VELKD.

Oberkommando der Wehrmacht, O.K.W., 1938-45 Führungsstab der dt. Wehrmacht.

Oberkreisdirektor, in Ndsachs. und Nordrh.-Westf. der hauptamtl. Leiter der Selbstverwaltung eines Kreises; der Landrat ist dort im wesentl. nur der ehrenamtl. Leiter des Kreistags. Ähnl. ist die Aufgabenteilung zwischen dem **Oberstadtdirektor** und dem Oberbürgermeister in den Stadtkreisen.

Oberammergau: Festspielhaus

Oberlahnstein, Stadtteil von →Lahnstein in Rheinland-Pfalz.

Oberländer, 1) Adolf, *1845, †1923, zeichnete mit einfallsreichem Humor bes. für die »Fliegenden Blätter«. 2) Theodor, *1905, Nationalökonom; MdB. (Gesamtdt. Block/BHE, seit 1956 CDU); 1953-60 Bundesmin. für Vertriebene.

Oberlandesgericht, →Gerichtswesen, ÜBERSICHT.

oberlastig, zu hohes Beladen eines Schiffes.

Oberleitungsomnibus, Obus, wird von Elektromotoren angetrieben, die ihren Strom einer Oberleitung entnehmen.

Oberlicht, von oben einfallendes Tageslicht, auch die Lichtöffnung.

Oberlin, Johann Friedrich, evang. Pfarrer im Elsaß, *1740, †1826, gründete die erste Kinderbewahranstalt.

'Oberon, Elfenkönig, Gemahl der Feenkönigin Titania. Aus dem altfranzös. Epos gelangte die Gestalt des O. in die Volksbücher, durch Chaucer in die Kunstdichtung.

Oberösterreich, österr. Bundesland, 11 978 km², 1,21 Mill. Ew.; Hauptstadt: Linz. O. erstreckt sich vom Donautal zwischen Passau und der Ennsmündung nach N bis in den Böhmerwald, nach S über das Alpenvorland bis auf den Kamm der Kalkalpen. Flüsse: Donau, Inn mit Salzach, Enns mit Steyr, Traun mit Krems. Viehzucht, Ackerbau, Obstbau, Forstwirtschaft; Großkraftwerke. Erdölförderung. Textil-, Zellstoff-, Lebensmittel-, Hütten- u. a. Industrie.

Oberpfalz, RegBez. in Bayern, 9646 km², 0,95 Mill. Ew.; Hauptstadt: Regensburg.

Oberpräsident, in Preußen bis 1945 der oberste staatl. Verwaltungsbeamte einer Provinz.

Oberre'alschule, früher Name für naturwissenschaftl. Gymnasien.

Oberrheinisches Tiefland, vom Rhein durchflossene, etwa 300 km lange Einsenkung zw. Schwarzwald und Odenwald im O und Vogesen und Haardt im W; fruchtbar, mildes Klima.

Obers, das, Wien: Sahne, Rahm.

Obersalzberg, Berg bei Berchtesgaden, 900 bis 1000 m hoch, mit Hitlers »Berghof« (April 1945 zerstört).

Oberschlesien, ehem. preuß. Prov., →Schlesien.

Oberschule, höhere Schule, →Schule.

'Oberst, früher Obr'ist, höchste Rangstufe der Stabsoffiziere bei Heer und Luftwaffe.

Oberstadtdirektor, →Oberkreisdirektor.

oberständig, ⚲ ist der Fruchtknoten, wenn die Blütenteile unter ihm entspringen. (BILD Blüte)

Oberstdorf, Luftkurort in Bayern, in den Allgäuer Alpen, 843 m ü. M.; höher Wintersport, Bergbahnen; Molkereiprodukte. (BILD S. 646)

Oberster Sowjet, oberstes Staatsorgan der Sowjetunion.

Oberstes Gericht, →Gerichtswesen.

Oberth, Hermann, Raketenforscher, *1894, arbeitete über Rückstoßantrieb und Raketenbau.

'Obertöne, zum Grundton mitklingende höhere Töne, die seine Klangfarbe bestimmen.

Ober'ursel, Stadt in Hessen, am Taunus, 25 300 Ew., Schmuckwaren- u. a. Industrie.

Obervolta, Rep. in W-Afrika, 274 122 km², 5,3

Oberth

Obelisk, Place de la Concorde in Paris

645

Oberstdorf

Oboe

Ochsenzunge

Mill. Ew. (Mosi u.a. Stämme); Hauptstadt: Ouagadougou; Amtssprache: Französisch. – O. umfaßt das Gebiet der Quellflüsse des Volta; überwiegend Savanne. Erzeugnisse: Hirse, Mais, Yamswurz, für die Ausfuhr Baumwolle, Erdnüsse. Viehzucht. Haupthandelspartner: Elfenbeinküste, Frankreich. ⚏ von Ouagadougou nach Abidjan; internat. Flughafen: Ouagadougou. – Ehem. Gebiet von Französ.-Westafrika, 1960 unabhängig. Staatspräs.: Oberst S. Lamizana (seit 1966). ⊕ S. 514, ▱ S. 346.

Obj'ekt [lat.] das, 1) Philosophie: der Gegenstand einer Tätigkeit, z.B. des Denkens, im Gegensatz zum →Subjekt. 2) ⑤ Satzteil, auf den das Zeitwort abzielt. **objekt'iv**, auf das O. bezüglich; gegenständlich, sachlich, tatsächlich. **Objektivit'ät** die, Denkweise und Haltung, die den Gegenstand sachlich, unbeeinflußt von Voreingenommenheiten, Gefühlen und Interessen auffaßt.

Objekt'iv [lat.] das, Optik: die dem Gegenstand zugewandte Linse. Gegensatz: die dem Beschauer zugewandte Linse, das **Okular**. (BILD Fernrohr)

Obl'ate [lat.] die, 1) die Hostie. 2) Arzneikapsel. 3) waffelartiges Gebäck.

Obl'ate [lat.] der, 1) im MA. ein dem Kloster übergebenes Kind. 2) Person, die sich nach Art der Tertiarier einem kath. Orden angeschlossen hat. 3) Mitgl. einer Klostergenossenschaft von O. (z.B. O. des hl. Franz von Sales).

oblig'at [lat.], 1) verbindlich, unerläßlich. 2) ♪ eine selbständig geführte Einzelstimme, z.B. eine solist. Instrumentalstimme.

Obligati'on [lat. »Verbindlichkeit«] die, 1) ♫ die Verbindlichkeit eines Schuldners, auch das ganze Schuldverhältnis. 2) Teilschuldverschreibung, das einzelne Stück einer in Form von →Schuldverschreibungen aufgenommenen festverzinsl. Anleihe (Staats-, Gemeinde-, Industrie-O.). O.-Recht →Schuldrecht.

obligat'orisch [lat.], verpflichtend, zwangsmäßig. Gegensatz: fakultativ.

'Obligo [ital.] das, Verbindlichkeit, Verpflichtung, Gewähr. **Ohne O., Frei von O.**, die Haftung ausschließender Vermerk auf Wechseln.

obl'ong, länglich, eirund. **Obl'ongum** [lat.] das, -s/...ga, Rechteck.

Obmann der, Vorsitzender, Leiter.

Ob'oe [frz.] die, Holzblasinstrument mit doppeltem Rohrblatt als Mundstück, von etwas näselndem Klang; steht in c, die Baßform in f.

'Obolos [grch.] der, altgriech. Gewicht oder Münze. **Obolus** der, kleiner Betrag.

Obotr'iten, →Abodriten.

'Obra die, linker Nebenfluß der Warthe.

Obr'enowitsch, serb. Herrscherhaus, gegründet von →Milosch O.; 1903 ausgestorben.

Obrigkeitsstaat, Bez. für einen autoritär regierten Staat; sie wurde um 1900 von den Gegnern des monarchisch-autoritären Staates geprägt.

Observ'anten [lat.], eine strengere Richtung der →Franziskaner.

Observ'anz [lat. »Beobachtung«] die, 1) Regel. 2) ♫ in einem begrenzten Kreis, z.B. einer Gebietskörperschaft, ausgebildetes Gewohnheitsrecht.

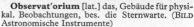

Observat'orium [lat.] das, Gebäude für physikal. Beobachtungen, bes. die Sternwarte. (BILD Astronomische Instrumente)

Obsidi'an [lat.] der, glasige Ausbildungsform junger Ergußgesteine mit muscheligem Bruch.

obsk'ur [lat.], dunkel, unbekannt.

obsol'et [lat.], veraltet, ungebräuchlich.

Obst das, die schmackhaften Früchte und Samen, meist von Natur saftig und süß: **Stein-O.** (z.B. Kirschen, Pflaumen), **Kern-O.** (z.B. Äpfel, Birnen), **Beeren-O.** (z.B. Stachelbeeren), **Schalen-O.** (z.B. Nüsse). O. hat großen Gesundheitswert durch Vitamin- und Mineralgehalt. Viel O. wird durch Trocknen oder Dörren zu Dauerware gemacht (Back-, Dörr- oder Trocken-O.) oder zu O.-Wein und O.-Säften verarbeitet. (FARBTAFEL Obst S. 700)

obstin'at [lat.], hartnäckig, halsstarrig.

Obstipati'on [lat.] die, Verstopfung.

Obstrukti'on [lat.] die, im Parlament die Verhinderung oder Verzögerung von Beschlüssen durch Ausnutzung von Mitteln, die die Geschäftsordnung zuläßt, so durch Dauerreden oder Anträge (→Filibuster).

obsz'ön [lat.], unzüchtig, unanständig.

'Obus, Abk. für →Oberleitungsomnibus.

'Obwalden, Halbkanton der Schweiz, Teil des Urkantons →Unterwalden, 492 km², 24 500 Ew.; Hauptort: Sarnen.

OCAM, Abk. für Organisation Commune Africaine et Malgache [ɔrganizasjɔ̃ kɔmyn afrikˈɛn e malgˈaʃ], dt. **Gemeinsame Afrikanisch-Madegassische Organisation, GAMO**, Zusammenschluß von 16 afrikan. Staaten mit dem Ziel polit., wirtschaftl. und kultureller Zusammenarbeit.

O'Casey [okˈeisi], Sean, angloirischer Dramatiker, *1884, †1964, schrieb sozialkrit. Stücke (»Juno und der Pfau«, »Der Pflug und die Sterne«).

Ochlokrat'ie [grch.] die, Pöbelherrschaft.

Och'otskisches Meer, Randmeer des Stillen Ozeans, zwischen Kamtschatka, den Kurilen, Hokkaido, Sachalin und dem asiat. Festland.

Ochr'ana [russ. »Schutz«] die, zarist. Geheimpolizei (seit 1881).

Ochse der, kastriertes männl. Rind.

Ochsenauge, 1) ⬚ rundes oder eirundes Fenster. 2) ⚘ **Großes O.** und **Kleines O.**, bräunl. Tagfalter mit schwarzen Augenflecken.

Ochsenfrosch, nordamerikan. Frösche, bis 20 cm lang, 600 g schwer, eßbar.

Ochsenfurt, altertüml. Stadt in Bayern, am Main, 8000 Ew.; Rathaus (um 1500 erbaut).

Ochsenzunge, ⚘ Sandbodenpflanze, Borretschgewächs mit steifhaarigen Blättern und blauen Blüten.

'Ochtrup, Stadt in Nordrh.-Westf., 15 800 Ew.; Textil-, Töpferei-, Maschinen-Industrie.

'Ockeghem, auch **Okeghem**, Johannes, niederländ. Komponist, * um 1430, †1495 oder 1496, Hauptmeister der 2. niederländ. Schule; Messen, Motetten, Chansons.

Ocker, gelbes bis rotes Mineralgemenge, meist Eisenoxyd und Ton, wird als rötl. Farbe verwendet. bes. als gebrannter O.

Ockham, Occam [ˈɔkəm], Wilhelm von, *1285, †1349, Begr. des spätscholast. →Nominalismus.

O'Connell [oukˈɔnl], Daniel, irischer Politiker, *1775, †1847, gründete 1823 die »Irish Catholic Association« und erreichte 1829 für die Katholiken Gleichberechtigung.

Oct'avia, 1) Schwester des Kaisers Augustus, †11 v.Chr., ⚭ 40 mit Marcus Antonius. 2) Tochter des Kaisers Claudius und der Messalina, 53 n. Chr. Gemahlin Neros; verbannt und 62 ermordet.

Octavi'anus der, frühere Name des röm. Kaisers →Augustus.

'Oculi [lat.], 4. Sonntag vor Ostern (3. Fastensonntag), nach dem Eingangslied der Messe.

'Odal [zu german. ot »Besitz«] das, im german. Recht der unveräußerl. Grundbesitz einer Sippe.

Odal'iske [türk.] die, weiße Sklavin im Harem.

Odd Fellows [ˈɔdfˈelouz], unabhängiger Orden,

im 18. Jahrh. in England gegr., seit 1870 in Dtl.

'**Ode** [grch. »Gesang«] die, feierl. Gedicht in altem, meist reimlosem Versmaß.

Öd'em [grch.] das, →Wassersucht.

Ödenburg, ungar. **Sopron**, Stadt in W-Ungarn, 45 000 Ew., beim Neusiedler See; in der Nähe Braunkohlenlager.

'**Odense**, Hauptstadt der dän. Insel Fünen, 107 400 Ew.; Geburtshaus des Märchendichters Andersen; Handel und Industrie.

Odenwald, Gebirge in SW-Dtl., südlich vom Main; höchster Berg: der Katzenbuckel, 626 m; am Westrand verläuft die →Bergstraße.

Od'eon [grch. odeion], **Od'eum** [lat.] das, 1) im Altertum: theaterähnl. Gebäude für musikal. Veranstaltungen. 2) heute: Musik-, Tanzhaus.

Oder die, 1) Fluß in O-Dtl., kommt vom **O.-Gebirge**, durchfließt das mähr. Steinkohlengebiet, Schlesien, Brandenburg (unterhalb Frankfurts das **O.-Bruch**), Pommern, bildet bei Stettin den Dammschen See, fließt in das Stettiner Haff und mündet aus diesem in drei Armen, Dievenow, Swine, Peene, in die Ostsee. Die O., 912 km lang, ist eine Hauptwasserstraße, mit der Elbe und der Weichsel durch Kanäle verbunden. Hauptnebenflüsse links: Glatzer Neiße, Katzbach, Bober, Görlitzer Neiße; rechts: Klodnitz, Malapane, Bartsch, Warthe mit Netze; seit 1945 als Teil der O.-Neiße-Linie Grenze der poln. verwalteten Gebiete. 2) Fluß im Harz, zur Rhume; bei Bad Lauterberg die **Odertalsperre** (30 Mill. m³).

Odermennig, Ackermennig, Gattung der Rosenblüter mit gelben in Ähren stehenden Blüten, auf Wiesen, an Wald- und Wegrändern.

Oder-Neiße-Linie, die Demarkationslinie zwischen den polnisch verwalteten dt. Gebieten und dem übrigen Dtl. Sie verläuft von der Ostsee unmittelbar westl. Swinemünde die Oder entlang bis zur Einmündung der Görlitzer (westl.) Neiße und folgt dieser bis zur tschechoslowak. Grenze. Die O.-N.-L. wurde im →Potsdamer Abkommen von 1945 entgegen den Behauptungen von poln. und sowjet. Seite nicht als poln. Westgrenze anerkannt; deren Festlegung wurde vielmehr ausdrücklich der Friedensregelung vorbehalten. Ihre Anerkennung durch die Dt. Dem. Rep. (seit 1950) bindet Gesamt-Dtl. nicht.

Oder-Spree-Kanal, von Fürstenberg a.d. Oder nach der Spree oberhalb Berlins, 84 km.

Od'essa, Industriestadt und bedeutendster Schwarzmeerhafen in der Ukrain. SSR, 892 000 Ew.; Univ.; im 19. Jahrh. Getreidehandelsplatz.

Odeur [od'œr, frz.] das, Duft, Wohlgeruch.

Od'ilienberg, Hohenburg, Gipfel der Vogesen, 826 m, mit vorgeschichtl. Denkmälern und Kloster; Wallfahrtsort.

'**Odin**, german. Gott, →Wodan.

odi'os, odi'ös [lat.-franz.], verhaßt.

'**Ödipus**, in der griech. Sage der Sohn des theban. Königs Laios und der Jokaste; tötete seinen Vater, den er nicht kannte. In Theben löste er das Rätsel der →Sphinx, wodurch er Gatte der Königswitwe, der eigenen Mutter, wurde. Ö. blendete

Odense: Geburtshaus H. C. Andersens

Odessa: Hafen

sich und irrte in Begleitung seiner Tochter Antigone umher. Tragödien von Äschylus, Sophokles, Euripides.

'**Ödipuskomplex**, nach S. Freud (→Psychoanalyse) Liebe des Knaben zur Mutter, des Mädchens zum Vater, mit Eifersucht, Haß gegen den andern Elternteil.

'**Odium** [lat.] das, Haß, Abneigung, Verruf.

Ödland, land-, forstwirtschaftl. nutzloses Land.

Odo'aker, westgerm. Heerführer, setzte 476 den letzten weström. Kaiser ab und machte sich zum König von Italien, wurde von dem Ostgotenkönig Theoderich besiegt und 493 erschlagen.

Odontolog'ie [grch.] die, Lehre von den Zähnen und den Zahnkrankheiten.

Od'ysseus, in der griech. Sage Sohn des Laërtes, Gemahl der Penelope, Vater des Telemachos, König von Ithaka, Held vor Troja; seine zehnjährige Irrfahrt nach Trojas Fall und seinen Sieg über die seine Gattin Penelope bedrängenden Freier erzählt die **Odyss'ee** des →Homer.

OECD, Abk. für Organization for Economic Cooperation and Development (engl. »Organisation für wirtschaftl. Zusammenarbeit und Entwicklung«), gegr. 1961, Sitz: Paris; Mitglieder wie →OEEC, ferner Kanada und die USA. Oberstes Organ ist der Rat der OECD. Zusammenschluß zu stetiger Wirtschaftsentwicklung, Entwicklungshilfe und Ausweitung des Welthandels.

OEEC, Abk. für Organization for European Economic Cooperation (engl. »Organisation für europ. wirtschaftl. Zusammenarbeit«), 1948-61 wirtschaftl. Zusammenschluß europ. Staaten. Außer der Bundesrep. Dtl. gehörten der OEEC an: Belgien, Dänemark, Frankreich, Griechenland, Großbritannien, Irland, Island, Italien, Luxemburg, Niederlande, Norwegen, Österreich, Portugal, Schweden, Schweiz, Spanien, Türkei. Nachfolger ist die →OECD.

Oer-'Erkenschwick, Stadt in Nordrh.-Westf., 24 700 Ew.; bei Recklinghausen; Steinkohlen ⚒.

OEZ, Abk. für osteuropäische Zeit

OFD, Abk. für Oberfinanzdirektion.

Ofen der, 1) eine Anlage, die die Verbrennungs- oder Stromwärme zum Kochen oder Heizen ausnutzt, z.B. Kachelofen, →Heizung, Gasofen, →Industrieöfen, →Herd. **Allesbrenner** sind eiserne Öfen (einfachste Form: Kanonenofen), deren Schacht mit Schamotte ausgemauert ist. 2) ♐ Sternbild des Südhimmels.

Ofen, Stadtteil von →Budapest.

Ofenpaß, Paß in der Schweiz zwischen Engadin und Münstertal, 2149 m hoch.

off beat [bi:t, engl.], Jazz: die kleine rhythm. Abweichung der Melodie vom Grundrhythmus.

Offenbach, Jacques, Opern- und Operettenkomponist, *1819, †1880; »Orpheus in der Unterwelt«, »Hoffmanns Erzählungen«.

Offenbach, Stadt in Hessen, am Main, 118 800 Ew.; Hauptsitz der Lederwaren-Ind.; Maschinenbau, Metall-, chem., graph. u. a. Industrie.

Offenbarung die, in den Religionen die Willensmitteilung des verborgenen Gottes an den Menschen. Für die **kath. Kirche** ist O. freie Herablassung Gottes zur Menschheit als Enthüllung seines Wesens und seiner Heilspläne; sie ist durch

Ofen: 1 Kachelofen, 2 Dauerbrandofen, 3 Gasofen. a Abzug, b Rauchgaskanäle, c Lufteintritt, d Prallplatte, e Brenner, f Regler

die Schöpfung vorbereitet. Jeder Gläubige soll in der Stimme der lehrenden Kirche den sich offenbarenden Gott selbst vernehmen und ihr glauben. Die evang. **Glaubenslehre** versteht im Sinne des N. T. unter O. nicht ein Wissen, sondern ein Geschehen, das Gott in der Sendung Christi bewirkt, im Gesetz und Evangelium zusammengefaßt.

Offenbarung des Johannes, die **Apokal'ypse,** letztes Buch der Bibel; schildert in wunderbaren Gesichten die Zukunft des Gottesreiches, die Vernichtung des Antichrists, die Wiederkehr Christi.

Offenbarungseid, ⚖ 1) Prozessrecht: der Eid, den der erfolglos gepfändete Schuldner auf Antrag des Gläubigers über seinen Vermögensbestand zu leisten hat. Über Personen, die den O. geleistet haben oder gegen die Haft angeordnet ist, führt das Amtsgericht ein **Schuldnerverzeichnis.** 2) Materielles Recht: Wer Rechnung zu legen oder Sachen herauszugeben hat, muß gegebenenfalls auf Verlangen des Berechtigten den O. dahin leisten, daß er die Einnahmen (bei der Rechnungslegung) oder den Bestand (bei der Herausgabe) vollständig angegeben hat.

Offenburg, Stadt und Bahnknoten in Baden-Württ., 33 100 Ew.; an der Kinzig; Obst- und Weinhandel; graph. u. a. Industrie.

Offene Handelsgesellschaft, OHG., eine Vereinigung von Personen, die sich zum Betrieb eines Handelsgewerbes unter gemeinsamer Firma zusammenschließen. Jeder Teilnehmer haftet für die Schulden der Gesellschaft unbeschränkt. (§§ 105 ff. HGB; →Handelsgesellschaften)

offener Brief, meist in der Presse abgedruckte Mitteilung in Briefform, oft polem. oder kritisch.

Offenmarktpolitik, An- oder Verkäufe von Wertpapieren durch die Zentralnotenbank, um die Geldmenge zu beeinflussen. Kauft die Notenbank Wertpapiere von Banken, so steigt deren Liquidität und die Möglichkeit zur Kreditgewährung; durch Verkauf engt sie diese ein.

offens'iv [lat.], angreifend, verletzend. **Offens'ive** die, Angriff.

öffentliche Anleihen, die vom Staat oder öffentl. Körperschaften langfristig aufgenommenen Kredite (Staatsschulden).

öffentliche Hand, die öffentl. Verwaltung (Staat, Gemeinde) als Unternehmer.

öffentliche Meinung, die Durchschnittsmeinung einer Bevölkerung, bes. in öffentl. Angelegenheiten, oft durch Presse, Rundfunk und Fernsehen beeinflußt.

öffentlicher Glaube, ⚖ der Grundsatz, daß der Inhalt bestimmter öffentl. Bücher und Urkunden (Grundbuch, Erbschein) zugunsten der darauf vertrauenden Personen als richtig gilt, auch wenn er tatsächlich falsch ist.

öffentliches Recht, ⚖ der Teil der staatl. Rechtsordnung, der durch das Wirken hoheitl. Gewalt bestimmt ist, z. B. Verfassungs- und Verwaltungsrecht; Gegensatz: Privat-, bürgerl. Recht.

öffentliche Unternehmen, Unternehmen im Besitz oder unter maßgebender Beteiligung eines öffentl.-rechtl. Gemeinwesens. Sie treten in Organisationsformen des Privatrechts (AG., GmbH.) oder des öffentl. Rechts auf (meist als rechtl. unselbständige **Regiebetriebe** oder als organisator. verselbständigte **Eigenbetriebe** wie Bundesbahn u. a.). Dazu kommen **Sondervermögen,** Beteiligungsgesellschaften und Staatskonzerne. Die ö. U. dienen teils fiskalisch-erwerbswirtschaftl. Zwecken, teils der Entfaltung einer die Wirtschaft beeinflussenden Kraft.

Öffentlichkeitsarbeit, → Public Relations.

öffentlich-rechtliche Körperschaft, jurist. Person, der zu öffentl. Zwecken besondere Rechte zustehen (z. B. Staat, Gemeinde, Kirche).

offer'ieren [lat.], anbieten. **Off'erte** die, bestimmter Antrag (Verkaufsangebot), durch dessen Annahme der Vertrag (Kaufvertrag) zustande kommt.

Offert'orium [lat.] das, Opferung; der 1. Hauptteil der Messe, die Zubereitung von Brot und Wein und die Gebete des Priesters dabei.

Office ['ɔfis, engl.] das, Büro, Geschäftsraum.

Offizi'al [lat.] der, Vorsitzender des bischöfl. Gerichts, des **Offizial'ats. Offizi'alanwalt, Offizi'alverteidiger,** →Pflichtverteidiger.

offizi'ell [frz.], amtlich.

Offiz'ier [frz.] der, militär. Berufsstand mit der Aufgabe der operativen und takt. Führung im Kriege und der Ausbildung der Mannschaften. In der dt. Bundeswehr gibt es **Berufs-O.** und **O. auf Zeit.** O. gibt es auch bei der Polizei, beim Bundesgrenzschutz. (Farbtafel Dienstgrade S. 175)

Offiz'in [lat.] die, Werkstätte (Apotheke, Druckerei).

offizin'ell [lat.] nennt man die im amtl. **Arzneibuch** (DAB VI) aufgeführten Arzneimittel.

offizi'ös [frz.], halbamtlich, auf Veranlassung einer Behörde.

Off'izium [lat.] das, -s/...fizien, Pflicht, Amt. **Heiliges O.,** die älteste (1542) Kardinalskongregation. Aufgabe: Reinhaltung der Glaubens- und Sittenlehre. Seit 1965 heißt es **Kongregation für die Glaubenslehre.**

off l'imits [engl.], Zutritt verboten.

'Offsetdruck [engl., »abgesetzt«], ein Flachdruckverfahren, bei dem von der Druckform erst auf einen mit Gummituch bespannten Zylinder und von diesem auf das Papier gedruckt wird.

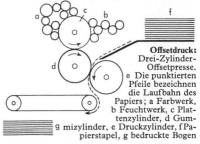

Offsetdruck: Drei-Zylinder-Offsetpresse. e Die punktierten Pfeile bezeichnen die Laufbahn des Papiers; a Farbwerk, b Feuchtwerk, c Plattenzylinder, d Gummizylinder, e Druckzylinder, f Papierstapel, g bedruckter Bogen

Off-Shore-Käufe [ɔf ʃ'ɔ:-, engl.], die außerhalb der Küsten Nordamerikas getätigten Einkäufe amerikan. Vergabestellen.

O'Flaherty [oufl'ɛəti], Liam, irischer Erzähler, *1897; Romane (»Die Nacht nach dem Verrat«).

Ofnet, Höhle bei Holheim, Kreis Nördlingen, Bayern, Fundort von 33 Schädeln vom Ende der Altsteinzeit, die auf rassisch stark gemischte Bevölkerung hinweisen.

Ofterdingen, Heinrich v., →Heinrich.

Ogbom'osho, Stadt in Nigeria, 343 300 Ew.

Ogier der Däne [ɔʒj'e-], Gestalt der Heldensage, Gegner Karls des Großen.

Oglio ['ɔljo], linker Nebenfluß des Po, in Oberitalien, mündet südwestl. Mantua, 224 km lang.

Og'owe, Fluß in Gabun, an der Westküste Afrikas, 1200 km lang, mündet bei Kap Lopez.

'Oheim [mhd.], **Ohm,** Onkel.

OHG., Abk. für →Offene Handelsgesellschaft.

Ohio [oh'aiou] der, 1) der wichtigste linke Nebenfluß des Mississippi, entsteht aus zwei Quellflüssen, die sich bei Pittsburgh vereinigen, von da an ist er 1586 km lang. 2) **Staat der USA,** zwischen dem Fluß O. und dem Eriesee, 106765 km², 10,7 Mill. Ew. (8% Neger); Hauptstadt: Columbus; größte Stadt: Cleveland. O. ist welliges Tafelland; Anbau von Getreide, Sojabohnen; Viehzucht. ⚒ Kohle, Kalk, Salz, Erdöl, Erdgas. Maschinen-, Fahrzeug-, Gummi-u. a. Ind. ⊕ S. 526.

Ohlau, Stadt in Niederschlesien; (1939) 13 100 Ew.; seit 1945 unter poln. Verw. **(Oława).**

Ohle, linker Nebenfluß der Oder, mündet bei Breslau, 98 km lang.

Oehlenschlaeger, Adam Gottlob, dän. Dichter, *1779, †1850, leitete die dän. Romantik ein; Trauerspiele, bes. nord. Stoffe.

Ohm, Georg Simon, Physiker, *1789, †1854; entdeckte das **Ohmsche Gesetz:** die elektr. Stromstärke **I** eines Stromkreises ist gleich der anliegenden Spannung **U** geteilt durch den elektr. Widerstand **R** des Stromkreises, $I = U/R$. Nach O. ist auch die Einheit des elektr. Widerstandes, das O., abgek. Ω (→Elektrizität).

Öhmd das, getrockneter 2. Schnitt der Wiesen.

ohne Gewähr, ohne Obligo, →Obligo.

Ohnmacht die, vorübergehender Zustand von Bewußtlosigkeit, der auf mangelhafter Durchblutung des Gehirns beruht; z. B. infolge →Hitzschlags, eines leichten →Schocks, bei Herzschwäche, durch langes Stehen.

Ohr das (TAFEL Sinnesorgane), der Sitz des Gehörs und des Gleichgewichtssinnes beim Menschen und bei den Wirbeltieren. Das menschl. O. besteht aus dem äußeren O. (**O.-Muschel** und **Gehörgang**), dem **Mittel-O.** (Paukenhöhle mit 3 Gehörknöchelchen) und dem inneren O. Der Gehörgang wird durch das **Trommelfell** gegen das Mittelohr abgeschlossen. Das Mittelohr steht durch die **Eustachische Röhre** oder **O.-Trompete** mit dem Nasen-Rachen-Raum in Verbindung. Das **innere O.** oder **Labyrinth** enthält ein mit Flüssigkeit gefülltes Röhrensystem. Es besteht aus dem Vorhof, den drei Bogengängen und der Schnecke mit den gegen Erschütterungen (Schallwellen) empfindl. Hörzellen. Die Bogengänge dienen der Wahrnehmung von Bewegungen des Kopfes und damit des ganzen Körpers, der Vorhof meist der Wahrnehmung der Lage des ruhenden Körpers im Raum.

Ohrenkrankheiten. Am häufigsten sind die Entzündungen des äußeren Gehörgangs (meist durch Furunkel) und des Mittelohrs. Entzündung oder Katarrh des Mittelohrs und der Paukenhöhle, **Mittelohrentzündung** (Otitis media), entsteht durch Eindringen von Keimen vom Nasen-Rachen-Raum oder, bei durchlöchertem Trommelfell, vom äußeren Ohr her, oft auch bei Masern, Scharlach, Diphtherie, Grippe; sie führt zur Entzündung, oft Durchlöcherung des Trommelfells. **Schwerhörigkeit** kann bei den verschiedensten O. auftreten. Untersuchungen erfolgen mit dem **Ohrtrichter,** durch den mit einem durchlöcherten Hohlspiegel (**Ohrenspiegel**) Licht auf das Trommelfell geworfen wird.

Ohrenqualle die, ☙ teller- bis tassenähnliche, violett durchscheinende Schirmqualle der europ. Küstenmeere.

Öhringen, Stadt in Bad.-Württ., 11 400 Ew.

Ohrspeicheldrüse, griech. **Parotis,** die größte der Mundspeicheldrüsen; sie liegt vor und unter der Ohrmuschel und sondert dünnflüssigen Speichel ab. Entzündung der O., →Mumps.

Ohrwurm, 1) ☙ Geradflügler mit kurzen Flügeln und harmloser Zange am Hinterleib, lebt von Obst, Blüten u. a., für den Menschen ungefährlich. 2) ⚕ Tierkrankheit, bes. bei Hund, Katze, Kaninchen: Entzündung des äußeren und mittleren Ohrs mit Jucken und Ausfluß.

Oise [wa:z] die, rechter Nebenfluß der Seine, von den Ardennen kommend, 300 km lang, mündet bei Conflans.

Oistrach, David, *1908, und sein Sohn Igor, *1931, russ. Geigenvirtuosen.

o.k., okay [ouk'ei, amerikan.], in Ordnung.

Ok'a die, Fluß in der Sowjetunion, rechter Nebenfluß der Wolga bei Gorkij; 1478 km lang.

Okajama, japan. Stadt auf Honschu, 317 000 Ew., altes Schloß; Textil- u. a. Ind.

Ok'api das, giraffenartiger Wiederkäuer in Innerafrika, im Kongo-Urwald; bis 1,5 m Schulterhöhe.

Okar'ina [von ital. oca »Gans«; »Gänsehirtin«] die, -/...nen, tönernes Blasinstrument.

Ok'eanos der, lat. **Oceanus,** in der griech. Göttersage der Weltstrom, der die Länder der Erde umfließt.

Oken, Lorenz, Naturforscher und Philosoph, *1779, †1851; Naturphilosoph der Romantik.

Oker, linker Nebenfluß der Aller, 105 km.

Okinawa, die größte der →Riukiu-Inseln.

Okkasi'on [lat. occasio] die, Gelegenheit. **Okkasionalismus** der, philosoph. Lehre, nach der Leib und Seele nicht von sich aus wechselseitig

Okapis

aufeinander wirken können; alle wechselseitige Wirkung zwischen ihnen geschieht durch Gott; für diesen sind die realen Zustände nur Anlaß, bestimmte Wirkungen hervorzubringen.

Okklusi'on [lat.] die, 1) allgem.: Ein-, Umschließung, Verschluß. 2) WETTERKUNDE: →Front. 3) ⚕ Zusammenbiß von Ober- und Unterkiefer.

okk'ult [lat.], verborgen, geheimnisvoll, übersinnlich.

Okkult'ismus [lat.] der, 1) die Lehre, daß es verborgene, in unsere heutige Wissenschaft nicht einzugliedernde Tatsachen der Natur und des Seelenlebens gebe, →Parapsychologie. 2) die Geheimwissenschaften, z. B. Magie.

Okkupati'on [lat.] die, militär. Besetzung eines fremden Staatsgebiets, entweder mit Gewalt oder durch vertragl. Vereinbarung geregelt. Die **krieger. O.** (occupatio bellica) ist in der →Haager Landkriegsordnung geregelt.

Oklah'oma, Abk. **Okla.,** einer der Mittelstaaten der USA, 181 084 km², 2,5 Mill. Ew. (6% Neger); Hauptstadt: Oklahoma City. Im O Prärie, im W Steppe (künstl. Bewässerung). Anbau von Weizen, Baumwolle u. a. ⚒ auf Erdöl, Erdgas. Ölraffinerien u. a. Ind. ⊕ S. 526.

Ökolamp'adius, Johannes, Reformator von Basel, *1482, †1531; Gegner der luther. Abendmahlslehre.

Ökolog'ie [grch.] die, Wissenschaft von den Beziehungen der Lebewesen zu ihrer Umwelt (Standort, Boden, Klima, andere Lebewesen).

Ökonom'ie [grch.] die, 1) Wirtschaftlichkeit. 2) Wirtschaft; Wirtschaftslehre. 3) Landwirtschaft. **Ökon'om,** der, 1) Gastwirt. 2) Landwirt, Gutsverwalter. **ökon'omisch,** wirtschaftlich.

ökonomisches Prinzip, der Grundsatz, mit dem geringsten Aufwand an Mitteln den größtmöglichen Ertrag zu erzielen.

Okta'eder [grch.] das, △ von 8 gleichseitigen Dreiecken begrenzter, regelmäßiger →Körper.

Oktaeder

Okt'ant der, 1) Winkelmeßinstrument für die Schiffsortbestimmung, ähnlich dem →Sextanten. 2) ✶ Sternbild am Südpol des Himmels.

Okt'anzahl, Kennzahl für die Klopffestigkeit eines Kraftstoffs. Kraftfahrbenzin hat O. von 80-100 und darüber, Flugbenzin von 100-145.

Okt'av [lat.] die O., in der kath. Liturgie die achttägige Feier von Weihnachten, Ostern, Pfingsten. 2) das O., ein gebräuchlichste Buchformat mit 22,5 cm Höhe (8⁰).

Okt'ave [lat.] die, ♪ der von einem Grundton aus gerechnete achte Ton der diatonalen Tonleiter mit doppelter Zahl der Schwingungen.

Okt'ett [von lat. octo »acht«] das, ein Tonstück von acht selbständigen Stimmen.

Okt'ober [von lat. octo »acht«], dt.: **Gilbhart,** der zehnte Monat des Jahres. Bei den Römern war er der achte. **O.-Fest,** jährl. Münchner Volksfest.

Oktave,
a Intervall,
b Tonraum

Oldenburg (in Oldenburg): Schloß

Olaf V.

Oleander

Oktoberrevolution, Sturz der russ. menschewist. Kerenski-Regierung durch die Bolschewiki unter Lenin am 7./8. 11. 1917.

Oktop'oden [grch.], achtarmige Kopffüßer, die Kraken.

oktroyieren [ɔktrwaj'i:rən, frz.], aufdrängen, aufzwingen.

Okul'ar [lat.] das, →Objektiv (→Fernrohr).

okul'ieren [lat.], äugeln, Obstbau: eine Holzpflanze (Wildling) veredeln durch Einbinden eines schildförmigen, einwachsenden Rindenstücks mit Knospe (Auge) vom Edelreis in einen T-förmigen Rindenschlitz des Wildlings. (BILD Veredelung)

Ökum'ene [grch.] die, die bewohnte Erde.

ökum'enisch, allgemein.

Ökumenische Bewegung, Bemühungen der christl. Kirchen, sich trotz Aufspaltung in verschiedene Bekenntnisse und Trennung durch Landesgrenzen zur Einheit zusammenzufinden (1925 Einberufung der ersten Weltkirchenkonferenz in Stockholm). Die verschiedenen Strömungen wurden 1948 in dem **Ökumen. Rat der Kirchen** (Sitz Genf) zusammengefaßt. Diesem **Weltkirchenrat** können alle Kirchen angehören, die »Jesus Christus als Gott und Heiland« bekennen. Der Rat hat keine kirchenleitenden Befugnisse; ihm gehören 232 Mitgliedskirchen an. Die röm.-kath. Kirche ist nicht beteiligt.

Ökumenisches Konzil, in der kath. und in der Ostkirche eine Versammlung der kirchl. Hierarchie, deren Beschlüsse für die ganze Kirche bindend sind.

Ökumen'ismus, vom II. Vatikan. Konzil übernommene Bez. für die kath. Unionsbestrebungen.

O.K.W., Oberkommando der Wehrmacht.

'Okzident [lat.] der, der W Europas (einschließlich Mitteleuropa). Gegensatz: →Orient.

ö.L., ⊕ Abk. für östliche Länge (→Länge).

Öl, gemeinsamer Name für meist flüssige chem. Stoffe, die brennbar, leichter als Wasser und in Wasser unlöslich sind: Erdöl, Fette und fette Öle, Mineralöle, ätherische Öle.

'Olaf V., König von Norwegen, *1903, folgte 1957 seinem Vater Håkon VII. auf den Thron.

'Olaf der Heilige, König von Norwegen 1015 bis 1028, förderte die Ausbreitung des Christentums, vom Dänenkönig Knut d. Gr. vertrieben.

'Öland, schwed. Ostseeinsel, vom Festland durch den Kalmarsund getrennt, 1344 km².

Ölbaum, weidenähnl. Baum mit graugrünem Laub, weißen Blütchen und schwarz-blauer Steinfrucht, der **Olive.** Der Ö. stammt aus Vorderasien, wächst seit dem Altertum am Mittelmeer, wurde dann auch in Amerika, Südafrika, Australien eingeführt. Aus den Früchten bereitet man Olivenöl.

Ölberg, Berg östlich von Jerusalem; Lehrstätte und Stätte der Himmelfahrt Christi.

'Olbernhau, Stadt im Bez. Karl-Marx-Stadt, 14 200 Ew., im Erzgebirge; Holz-, Spielzeugindustrie.

Olbrich, Joseph Maria, Architekt, *1867, †1908, Vorkämpfer des Jugendstils; Bauten auf der Mathildenhöhe in Darmstadt.

Olbricht, Friedrich, General, *1888, † (erschossen) 20. 7. 1944, gehörte als Chef des Heeresersatzamtes Berlin zu den Führern der Umsturzpläne gegen Hitler.

Oelde, Stadt in Nordrh.-Westf., 21 400 Ew.; Emaille-, Draht-, Möbel- u. a. Industrie.

Oldenb'arnevelt, Jan van, *1547, seit 1586 Ratspensionär der Prov. Holland, Führer des republikan. Patriziats, Gegner des Statthalters Moritz von Nassau, der ihn 1618 verhaften, 1619 enthaupten ließ.

'Oldenburg, 1) ehemaliges Land des Dt. Reiches, seit 1946 Verw.-Bez. von Niedersachsen, 5445 km², 840 000 Ew., umfaßt Geest-, Moor- und Marschgebiete und die Wesermündung. GESCHICHTE: O. kam als Stammgebiet der Grafen von O. 1667 an das dänische Königshaus, wurde 1777 Herzogtum und 1815 Großherzogtum, bekam 1803 das Stift Lübeck und 1815 das Fürstentum Birkenfeld, die beide 1937 an Preußen fielen. O. wurde 1918 Freistaat. 2) **O. in O.,** Hauptstadt

von 1), 136 500 Ew., an der Hunte und dem Großschiffahrtsweg Weser-Ems; Ingenieurschule; Handel (Viehmärkte). Ind. (Glas, Maschinen, Nahrungs- und Genußmittel, Textilien). 3) **O. in Holstein,** Stadt in Schlesw.-Holst., 10 000 Ew.

'Oldesloe [-lo:], **Bad O.,** Stadt in Schlesw.-Holst., 18 400 Ew., an der Trave; Sol-, Moor-, Schwefelbad; vielseitige Industrie.

Oldham [ould'əm], Industriestadt in NO-England, 112 600 Ew.; Baumwoll-, Maschinenind.

'Oldoway [-wei], steinzeitl. Fundort in der →Serengeti-Steppe.

Öldruck, Steindruck in bunten Farben mit aufgeprägtem Glanz zur Vortäuschung eines Ölgemäldes.

Ole'ander der, Rosenlorbeer, milchiger, giftiger Uferstrauch oder -baum, im Mittelmeergebiet und in Vorderasien, hat rote oder weiße duftreiche Blüten; in Mitteleuropa Zierpflanze.

Olef'ine, ⟨ Gruppe ungesättigter Kohlenwasserstoffe mit einer C=C-Doppelbindung; einfachster Vertreter das Äthylen $H_2C=CH_2$.

Ol'eg, Waräger, †912, übernahm 879 nach Ruriks Tod die Herrschaft über den ersten russ. Staat, gewann Kiew.

Oléron [ɔler'õ], Insel vor der Küste SW-Frankreichs, 172 km²; Seesalzgewinnung, Austernzucht.

'Oleum, ⟨ rauchende Schwefelsäure, Auflösung von SO_3 in konzentrierter Schwefelsäure.

Ölfarbe, Anstrichmittel, aus Pigment und einem trocknenden Öl (Leinöl); ergibt dichten, wetterbeständigen, waschfesten Anstrich.

Ölfeuerung, die Verwendung von Heizöl zur Heizung der Kessel von Dampfschiffen, Dampflokomotiven, Heizungen, für Industrie- und Heizöfen usw. Ö. ist staubfrei, ohne Rückstände, vollautomatisch regelbar.

Ölfrüchte, Ölpflanzen, angebaute Pflanzen, aus deren Samen oder Früchten fettes Öl liefern; z.B. in Europa: Ölbaum, Raps, Rübsamen, Schwarzer Senf, Weißer Senf, Mohn, Sonnenblume, Flachs, Hanf; außereurop.: Öl-, Kokospalme, Sesam, Rizinus, Baumwolle, Erdnuß, Sojabohne, Mandelbaum. **Ölkuchen:** Preßrückstände (Futtermittel).

'Olga [russ. für Helga], weibl. Vorname.

Olga die Heilige, Gemahlin des Großfürsten Igor von Kiew, †969, nach dessen Tod Regentin, 955 Helena getauft. Heilige der russ. Kirche.

'Olifant [altfrz. »Elefant«] der, in der Heldensage das Horn →Rolands; danach im MA. Jagd- und Trinkhorn überhaupt.

Oligarch'ie [grch.] die, **Oligokrat'ie** die, Herrschaft einer kleinen Gruppe.

Oligokl'as [grch.]der, ein Feldspat.

Oligop'ol [grch.] das, Marktform, bei der wenige Anbieter den gesamten Markt beliefern (**Angebots-O.**) oder wenige Nachfrager das ganze Angebot kaufen (**Nachfrage-O.**).

Oligoz'än das, drittälteste Stufe der Tertiärformation, →Erdgeschichte, ÜBERSICHT.

'olim [lat.], einst, einstmals.

Ol'iva, Vorort von Danzig mit ehem. Kloster, 1178 von Zisterziensern gegr., 1832 aufgehoben; Klosterkirche des 13. Jahrh. – Friede von O., 1660 zwischen Schweden und Polen.

Ol'ive die, Frucht des →Ölbaums.

'Olivier [-vje], 1) Ferdinand, Maler und Graphiker, *1785, †1841, schuf bes. Bilder aus dem Salzburger Land. 2) Friedrich, Maler, Bruder von 1), *1791, †1858. 3) [o'liviə] Lord (seit 1970) Laurence, *1907, engl. Bühnen-, Filmschauspieler.

Oliv'in, olivgrünes Mineral, ein Magnesium-Eisen-Silicat.

Oliv'in-Nephelin'it, ein im wesentlichen aus Olivin, Nephelin und Augit bestehendes Ergußgestein. (FARBTAFEL Farbe II S. 342)

Ölkäfer, ⚥ ein Insekt, der Maiwurm.

Ollenhauer, Erich, Politiker, *1901, †1963; seit 1928 Vors. der Sozialist. Arbeiterjugend, seit 1933 Mitgl. des Parteivorstandes der SPD. 1933 bis 1946 in der Emigration, 1952 Vors. der SPD. MdB., Fraktionsvorsitzender.

Olm der, ⚥ fleischfarbener, durchscheinender Schwanzlurch, lebt in den Karsthöhlengewässern Dalmatiens; hat Kiemenbüschel und verkümmerte Lungen, die Augen liegen unter der Körperhaut.

Ölmalerei, das Malen mit →Ölfarben: sie sind haltbar, können deckend oder lasierend aufgetragen werden, laufen nicht ineinander über, ermöglichen daher die feinsten Übergänge, gestatten Korrekturen. Schon dem MA. bekannt, haben zuerst die Brüder van →Eyck die Ö. zu künstler. Entwicklung gebracht.

Ölmotor, Verbrennungsmotor, bes. →Dieselmotor und →Glühkopfmotor.

Ölmühle, Anlage zur Gewinnung des Öles aus Ölfrüchten durch hydraul. Pressen.

'Olmütz, tschech. Olomouc ['olomouts], Gebietsstadt im nördl. Mähren, Tschechoslowakei, an der March, 78 000 Ew., Univ., Rathaus (15. Jahrh.), Dom (12. Jahrh.); Metall-, Leder-, Lebensmittelind. – 29. 11. 1850 Olmützer Punktation: Aufgabe der kleindt. Einigungspolitik Preußens unter dem Druck Österreichs und Rußlands.

Ölpalme, Fiederpalme, im heißen Afrika und Südamerika. Das Palmöl aus dem Fruchtfleisch dient zu Speisefetten, Seife, Kerzen. Aus dem Samen stellt man Palmkernöl her, der Preßrückstand, Palmkernkuchen, ist Mastfutter.

Olpe, Stadt in Nordrh.-Westf., 22 100 Ew.; Luftkurort im Sauerland; Industrie.

Ölpest, der Verschmutzung küstennaher Meeresgebiete durch in das Meer gelaufenes Öl, das durch das Salzwasser verkrustet. Es verklebt u. a. das Gefieder der Seevögel, die dadurch bewegungsunfähig werden und zugrunde gehen.

Oels, Stadt in Niederschlesien, östl. Breslau, (1939) 18 200 Ew.; seit 1945 unter poln. Verw. (Oleśnica).

'Olsa die, Nebenfluß der Oder in Oberschlesien; Industriegebiet bei Teschen-Oderberg.

Ölsäure, ⊸ eine ungesättigte organ. Säure; kommt (als Glycerinester) in fast allen Fetten und fetten Ölen vor.

Ölschiefer, dunkle, bitumenreiche Schiefer, die bei der Destillation Öl liefern.

Oelsnitz, 1) O. im Erzgebirge, Stadt im Bez. Karl-Marx-Stadt, 18 100 Ew.; Steinkohlenbergbau. 2) O. im Vogtland, Stadt im Bez. Karl-Marx-Stadt, 16 100 Ew., an der Weißen Elster; Gardinen-, Wäsche-, Teppichindustrie.

'Olten, Stadt in der Schweiz, südlich von Basel, 21 900 Ew., Bahnknoten, Aare-Kraftwerk; Schuh-, Maschinen-, Kraftwagen- u. a. Industrie.

Ölung, Letzte Ö., seit dem 2. Vatikan. Konzil: Krankensalbung, Sakrament, in der kath. Kirche Schwerkranken gespendet, um sie von Sünden zu reinigen und seel. und leibl. aufzurichten; in der Ostkirche als Vermittlung leibl. Gesundheit aufgefaßt, auch Gesunden gespendet.

Ölweide die, Bäume und Sträucher mit weidenähnl., silberglänzenden Blättern, duftreichen, unscheinbaren Blüten und Steinfrüchten.

Olymp

Ol'ymp [grch.] der, im Altertum: mehrere Gebirge, bes. das in Griechenland an der Grenze von Makedonien und Thessalien (2911 m), für die Griechen der Sitz der Götter, der Ol'ympier.

Ol'ympia, altgriech. Heiligtum von Zeus und Hera, Stätte der →Olympischen Spiele, in Elis (Peloponnes). Dt. Ausgrabungen 1875-81, seit 1937. Giebelfiguren des Zeustempels im Museum von O.

Olympi'ade [grch.] die, 1) bei den Griechen die zwischen zwei Feiern der →Olympischen Spiele liegenden 4 Jahre. 2) fälschl. für die Olymp. Spiele.

Ol'ympische Spiele, 1) im alten Griechenland die bedeutendsten Festspiele, in Olympia von 776 v. Chr. bis 394 n. Chr. alle 4 Jahre ausgetragen. Sportl. betrieben wurden bes. der klass. →Fünfkampf, Dauerlauf, Wagenrennen u. a. 2) die 1894 durch P. de →Coubertin ins Leben gerufenen Internat. O. S., die seit 1896 (Athen) alle 4 Jahre stattfinden.

Ol'ympische Staffel, →Staffellauf.

Omaha [oumə'ho:], Stadt in Nebraska, USA, 347 300 Ew.; am Missouri, Mittelpunkt großer Getreide- und Viehzuchtgebiete, Großschlächtereien, Metallind.; Hochschulen.

Omajj'aden, muslim. Herrschergeschlecht; 661-749 Kalifen in Damaskus, 756-1031 in Córdoba (Spanien).

Om'an, Sultanat im O Arabiens, bis 1970 Maskat und O., 212 380 km², 565 000 Ew.; Hauptstadt: Maskat; größte Stadt: Matrah. Im W Wüste, im O gebirgig (bis 3020 m). Bevölkerung: Araber, daneben Inder, Belutschen, Neger; Religion: Islam. – Erzeugung: Datteln, Südfrüchte, Zuckerrohr; Erdölförderung im Ausbau; Fischerei. Haupthandelspartner: Großbritannien; Haupthafen: Matrah. – Seit 1891 brit. Protektorat, seit 1939/51 Freundschaftsvertrag. Staatspräs.: Sultan Said Kabus (seit 1970). ⊕ S. 515, ⊟ S. 346.

'Omar I., der zweite Kalif (634-644) leitete den Siegeszug des Islams ein.

'Omar Chajj'am, pers. Dichter, Astronom, Mathematiker, †1121; Sinnsprüche.

Ombudsman (schwed. Schiedsmann), Bevollmächtigte, Sachwalter; im Staatsrecht eine von der Volksvertretung bestellte Person (Behörde),

Olympia-Stadion in Berlin

O'Neill

die die Rechtsanwendung und den Rechtsschutz des einzelnen beaufsichtigt, in Schweden seit 1809, in der Bundesrep. Dtl. der →Wehrbeauftragte.

Omdurm'an, Stadt in Sudan, am Weißen Nil, gegenüber Khartum, 206000 Ew.; Kultur- und Handelszentrum; Textil- u. a. Industrie.

'**Omega**, letzter Buchstabe des griech. Alphabets.

Omelette [ɔml'ɛt, frz.] die, **Omelett** das, feiner Eierkuchen.

'**Omen** [lat.] das, -s/Omina, Anzeichen, Vorbedeutung.

omin'ös [lat.], von (schlimmer) Vorbedeutung.

'**Omnibus** [lat. »für alle«] der, Kraftfahrzeug zur Personenbeförderung mit mehr als 8 Sitzplätzen.

Omnipot'enz [lat.] die, Allmacht. **omnipot'ent**, allmächtig.

Omniv'oren Mz., Allesfresser, Tiere, die pflanzl. und tier. Nahrung aufnehmen, z. B. Affen.

Omsk, Stadt in der Russ. SFSR, 821000 Ew.; am Irtysch; kultureller Mittelpunkt Sibiriens; Maschinen-, Erdöl-, chem. u. a. Industrie.

Omuta, Omuda, japan. Stadt auf Kiuschu, 221000 Ew., Eisen- und chem. Industrie.

'**Onager** [grch.] der, asiat. Halbesel.

Onan'ie die, geschlechtl. Befriedigung durch Reizung der äußeren Geschlechtsteile.

Oncken, Hermann, Historiker, *1869, †1945; Werke zur Geschichte des 19. Jahrh.

on dit [ɔd'i, frz. »man sagt«] das, Gerücht.

ondul'ieren [frz.], das Haar wellig machen.

On'ega, Fluß im Gebiet Archangelsk, UdSSR, 380 km lang, mündet ins Weiße Meer.

On'egasee, See in der N-Sowjetunion, 9549 km², fließt durch den Swir zum Ladogasee ab.

O'Neill [oun'i:l], Eugene, amerikan. Dramatiker, *1888, †1953. Seine Schauspiele geben einer trag. Lebensauffassung Ausdruck: »Gier unter Ulmen«, »Seltsames Zwischenspiel«, »Trauer muß Elektra tragen«, »Der Eismann kommt«, »Fast ein Poet«. Nobelpreis 1936.

Onkelehe, →Rentenkonkubinat.

Onkel Sam [engl. Uncle Sam, aus der Abkürzung U. S. Am. für United States of America], Scherzbezeichnung des amerikan. Volkes.

Onkolog'ie [grch.] die, Lehre von den Geschwülsten.

Önolog'ie [grch.] die, Weinkunde.

onomatopo'etisch [grch.], klangmalend, z. B. »zischen«, »quaken«.

Opanke

on parle français [ɔ̃ parl frɑ̃s'ɛ, frz.], man spricht (hier) französisch.

Ont'ario, 1) O.-See, der kleinste der Kanad. Seen, 19477 km² groß, mit dem Eriesee durch den Niagara und den Wellandkanal, mit dem Atlant. Ozean durch den Sankt-Lorenz-Strom verbunden. **2) Prov.** Kanadas am Nordufer der Kanad. Seen, 1068582 km², 7,4 Mill. Ew.; Hauptstadt: Toronto. Im S Anbau von Gemüse, Obst, Tabak u. a.; Viehzucht; im N Forstwirtschaft. ⚒ auf Nickel, Kupfer u. a.; Uranvorkommen am Huron-See. Fahrzeug-, Holz- und Papier-, chem. u. a. Ind.

Ontogen'ie [grch.] die, **Einzelentwicklung, Individualentwicklung**, Entwicklung eines einzelnen Lebewesens; Gegensatz: Stammesentwicklung. (→Stammesgeschichte)

Ontolog'ie [grch.] die, philosoph. Lehre vom Sein, bes. von den Bestimmungsgründen des Seienden, von den Seinsweisen und Seinsschichten; im Kritizismus Kants als Erkenntnismöglichkeit abgelehnt, heute erneuert (Heidegger, Hartmann).

'**Onyx** [grch.] der, Schmuckstein, ein schwarzweißgestreifter Chalcedon.

Ool'ith der, aus Schalen oder Kügelchen aufgebautes Gestein, bes. Kalk-O.

op., Abk. für Opus.

op'ak [lat.], undurchsichtig.

Op'al der, buntschillerndes Mineral aus wasserhaltiger Kieselsäure; Schmuckstein.

Op'anke [slaw.], absatzloser Lederschuh, mit Riemen über Fuß und Wade kreuzweise festgeschnürt, in SO- und S-Europa.

Op-Art [engl. 'ɔp a:t], Abk. für **Optical Art**, seit etwa 1964 gebräuchl. als Gegenparole zu →Pop-Art, stellt opt. Täuschungsphänomene (Flimmereffekte) dar und findet vor allem Verbreitung in Werbegraphik und Mode; Begründer sind Vasarely und Albers.

Op'atija, italien. **Abazzia**, Kurort in Istrien, Jugoslawien, 13000 Ew.; am Quarnero.

Opel, Adam O. AG., Rüsselsheim, dt. Kraftwagenwerk, →Kraftwagen, ÜBERSICHT.

open shop [ˈoupən ʃɔp, engl.], im amerikan. Arbeitsrecht eine für alle Arbeitnehmer offene Stelle (kein Gewerkschaftszwang).

Oper [ital.] die, Bühnenwerk, in dem Musik, Dichtung, Gesang, Darstellungskunst und Bühnenarchitektur, bisweilen auch Tanz vereinigt sind. Man unterscheidet **ernste O.** (opera seria) und **komische O.** (opera buffa). Der Form nach ist die

Opern und Operetten (Auswahl)

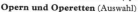

Orfeo; Monteverdi 1607	Verkaufte Braut;	Madame Butterfly;
Iphigenie in Aulis; Gluck 1774	Smetana 1866	Puccini 1904
Entführung aus dem Se-	Meistersinger v. Nürn-	Salome; R. Strauss 1905
rail; Mozart 1782	berg; Wagner ... 1868	Die lustige Witwe;
Figaros Hochzeit; Mozart 1786	Rheingold; Wagner ... 1869	Lehár 1905
Don Giovanni; Mozart . 1787	Walküre; Wagner 1870	Graf von Luxemburg;
Così fan tutte; Mozart . 1790	Aida; Verdi 1871	Lehár 1909
Zauberflöte; Mozart ... 1791	Boris Godunow;	Rosenkavalier;
Fidelio; Beethoven 1805	Mussorgski 1874	R. Strauss 1911
Barbier von Sevilla;	Fledermaus; J. Strauß .. 1874	Palestrina; Pfitzner 1917
Rossini 1816	Carmen; Bizet 1875	Wozzeck; Berg 1926
Freischütz; Weber..... 1821	Siegfried; Wagner 1876	Turandot; Puccini..... 1926
Oberon; Weber 1826	Götterdämmerung;	Oedipus Rex; Strawinsky 1927
Lucia di Lammer-	Wagner 1876	Dreigroschenoper; Weill 1928
moor; Donizetti 1835	Hoffmanns Erzählungen;	Arabella; R. Strauss.... 1933
Zar und Zimmermann;	Offenbach 1881	Zaubergeige; Egk 1935
Lortzing 1837	Parsifal; Wagner 1882	Porgy and Bess;
Wildschütz; Lortzing ... 1842	Bettelstudent; Millöcker 1882	Gershwin 1935
Flieg. Holländer; Wagner 1843	Zigeunerbaron; J. Strauß 1885	Johanna auf der Scheiter-
Tannhäuser; Wagner ... 1845	Othello; Verdi 1887	haufen; Honegger ... 1936
Undine; Lortzing 1845	Cavalleria rusticana;	Mathis der Maler;
Martha; Flotow 1847	Mascagni 1890	Hindemith 1938
Die lust. Weiber; Nicolai 1849	Vogelhändler; Zeller .. 1891	Die Kluge; Orff....... 1943
Lohengrin; Wagner..... 1850	Bajazzo; Leoncavallo .. 1892	Peter Grimes; Britten .. 1945
Rigoletto; Verdi 1851	Falstaff; Verdi 1893	Die Bernauerin; Orff .. 1947
Troubadour; Verdi 1853	Hänsel und Gretel;	Aniara; Blomdahl 1959
La Traviata; Verdi 1853	Humperdinck 1893	Intolleranza; Nono 1960
Margarethe; Gounod .. 1859	La Bohème; Puccini ... 1896	Soldaten; Zimmermann 1965
Tristan und Isolde;	Tosca; Puccini 1900	Bassariden; Henze 1966
Wagner........... 1865	Tiefland; D'Albert ... 1903	Prometheus; Orff 1967

Oppenheim: Katharinenkirche

O. eine Aneinanderreihung geschlossener Musikstücke (»Nummern«, Nummern-O.), die durch Rezitative oder Dialoge verbunden sind. Eine neue Form schuf Wagner mit dem durchkomponierten Musikdrama; ÜBERSICHT.

Operati'on [lat.] die, 1) Handlung, Verrichtung. 2) ♂ mit gewaltsamer Gewebsdurchtrennung verbundener ärztl. (chirurg.) Eingriff. 3) ♂ in sich abgeschlossene Kampfhandlung in einem begrenzten Gebiet (**O.-Gebiet**).

Operations Research [ɔpər'eiʃənz ris'əːtʃ, engl.], die →Unternehmensforschung.

Oper'ette [ital.] die, kleine Oper, heiteres Singspiel, meist mit gesprochenem Text, Gesangsnummern und Tanzeinlagen; ÜBERSICHT S. 652.

Opfer das, 1) Darbringung von Gaben an die Gottheit. 2) die Gabe selbst. Meß-O., →Messe. **O.-Stock** oder **Gotteskasten,** Behälter an Kirchentüren für milde Gaben.

'Ophir, im A. T. ein Goldland, aus dem Salomo Gold und Edelsteine holen ließ.

Ophthalmolog'ie [grch.] die, Augenheilkunde.

Ophüls ['ɔph-], Max, Filmautor, Regisseur, *1902, †1957; »Liebelei«, »Der Reigen«.

Opitz, Martin, Dichter, *1597, †1639; im »Buch von der dt. Poeterei« (1624) gab er strenge Sprachregeln; Lehrgedichte.

'Opium das, ein Rauschgift. O., der eingetrocknete Milchsaft des Schlafmohns, enthält die Alkaloide Morphin, Narcotin, Codein, Papaverin, Thebain, Narcein u. a. In kleinen Dosen ist O. ein wichtiges schmerzstillendes und betäubendes Arzneimittel. **Rauch-O.** enthält etwa 12% Alkaloide, es vermittelt tiefen Schlaf mit lebhaften Träumen. Die **O.-Vergiftung** entspricht der Morphinvergiftung. ♂ →Betäubung.

Opiumkrieg, zwischen England und China 1840–42, wegen der von China verweigerten engl. Opium-Einfuhr; das besiegte China mußte Hongkong abtreten.

'Opladen, Stadt in Nordrhein-Westf., 43 500 Ew.; an der Wupper; Maschinen-, Kartonagenu. a. Industrie.

Op'ossum [indian.] das, ⚏ verschiedene pelzliefernde Beuteltiere.

'Oppa die, linker Nebenfluß der oberen Oder bei Ostrau, 100 km lang.

Oppeln, Stadt in Oberschlesien, an der Oder; (1939) 53 000 Ew.; vielseitige Industrie; seit 1945 unter poln. Verw. (**Opole;** 80 400 Ew.).

Oppenheim, Stadt in Rheinl.-Pf., links des Rheins, 5300 Ew.; Weinbau und -handel, Brauereien, Brennereien; Textilindustrie; got. Katharinenkirche (1234–1439).

'Oppenheimer, 1) Franz, Nationalökonom, *1864, †1943; vertrat einen liberalen Sozialismus. **2)** J. Robert, amerikan. Physiker, *1904, †1967; war an der Entwicklung der Atombombe beteiligt.

oppon'ieren [lat.], widersprechen, Widerstand leisten.

opport'un [lat.], passend, gelegen (zur rechten Zeit). **Opportun'ist** der, ein Mensch, der weniger nach Grundsätzen als nach den gegebenen Verhältnissen handelt.

Opportunit'ätsprinzip, ♂ Grundsatz, nach dem die zuständige Behörde (in der Regel die Staatsanwaltschaft) eine strafbare Handlung nur zu verfolgen braucht, wenn dies nach ihrem Ermessen im öffentl. Interesse liegt. Gegensatz:→Legalitätsprinzip.

Oppositi'on [lat.] die, Gegensatz, Widerstand. **1)** polit.: die Minderheit im Parlament, die der Regierungsmehrheit gegenübersteht. **oppositio-n'ell,** gegnerisch, O. treibend, zur O. gehörig. **2)** ☆ die Stellung zweier Gestirne, wenn ihr Längenunterschied 180° beträgt.

Opt'ant [lat.] der, →Optionsrecht.

'Optativ [lat.] der, ⓢ Wunschform, bes. im griech. Zeitwort.

opt'ieren [lat.], wählen (→Optionsrecht).

'Optik [lat.] die, Lehre vom Licht. Die geometr. O. behandelt Ausbreitung, Brechung und Spiegelung des Lichtes; die **physikal.** O. die Beugung, Interferenz, Polarisation, Farbenzerstreuung, die **angewandte** O. die opt. (aus Linsen gebauten) Geräte; die **physiolog.** und **psycholog.** O. die Vorgänge beim Sehen. **Optiker,** Fachmann für Herstellung und Verkauf opt. Geräte.

Optim'aten, in der Spätzeit der röm. Republik die Vertreter des Amtsadels.

Optim'ismus [von →optimus] der, Neigung, das Leben von der besten Seite aufzufassen und auf einen guten Ausgang der Dinge zu vertrauen. **Optimist** der; Eigw. **optimistisch.** Gegensatz:→Pessimismus.

'optimus, 'optima, 'optimum [lat.], der, die, das Beste. **optim'al,** best, bestmöglich.

Opti'onsrecht, ♂ Wahlrecht. **1)** allgemein: das vertraglich eingeräumte Recht, einen Gegenstand unter bestimmten Bedingungen zu erwerben (»Vorhand«). **2)** Völkerrecht: der bei Abtretung eines Gebietes an einen anderen Staat vereinbarte Vorbehalt, daß sich dessen Bewohner innerhalb einer bestimmten Frist für ihre bisherige Staatsangehörigkeit erklären können. Meist muß der **Opt'ant,** der für seine urspr. Staatsangehörigkeit **opt'iert,** das Land innerhalb einer festgelegten Zeit verlassen.

optische Täuschungen, Gesichtstäuschungen, fehlerhaftes Auffassen, Vergleichen räuml. Größen bei best. Anordnungen der Bildelemente.

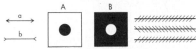

optische Täuschungen: a erscheint kürzer als b, Punkt A erscheint kleiner als B, die Parallelen scheinen zusammenzulaufen

opul'ent [lat.], reich, mächtig, üppig.

Op'untie die, Gattung der Kakteen, meist mit flachen, gegliederten Trieben, z. T. mit eßbaren Früchten, so beim Feigenkaktus. (FARBTAFEL Orchideen, Kakteen S. 701)

'Opus [lat.] das, **op.,** das Werk; bes. das numerierte Einzelwerk eines Komponisten.

'Opus Dei, span. relig. Laienorganisation.

'ora [lat.], bete, bitte. **o. pro n'obis,** bitte für uns. **o. et lab'ora,** bete und arbeite.

Oradour [orad'ur], Gem. in Mittelfrankreich; 1944 wurden dort 648 Einwohner bei einer gegen die Widerstandsbewegung gerichteten Aktion von der SS umgebracht.

Or'akel [lat.] das, **1)** im Altertum: die Zukunft weissagende Sprüche und Zeichen der Götter, bes. an bestimmten heiligen Stätten (Delphi). **2)** diese Stätten selbst. **3)** heute: Schicksalsspruch, Rätselwort. **orakeln,** klug und wissend tun.

or'al [lat.], mündlich, zum Mund gehörend.

Or'an, Stadt in Algerien, 325 000 Ew.; Univ.; Ausfuhrhafen für landwirtschaftl. Erzeugnisse; Flughafen; Tabak-, Leder-, Nahrungsmittelind.

Orange [or'ɑʒə, frz.] die, die Südfrucht Apfelsine, von gelblich-roter Farbe (**orange**), →Citrus.

Orangeade [-ʒ'aːdə] die, Getränk aus O.-Saft.**Oran-**

Orang-Utan

geat [-ʒ'a:t] das, kandierte O.-Schale. **Oranger'ie** die, ein →Gewächshaus. (FARBTAFEL Obst S. 700)

'Orang-'Utan [malaiisch »Waldmensch«] der, eine Art der Menschenaffen auf Borneo, Sumatra. Die Arme reichen fast auf den Boden. Das Männchen wird bis 1.9 m groß. Baumbewohner, ernährt sich von Pflanzen.

Or'anien, Orange, ehem. kleines Fürstentum im Rhônetal; kam 1530 an das Haus Nassau-O.-Dillenburg, aus dem die niederländ. Linie **Nassau-O.** stammt; fiel 1713 an Frankreich.

Or'anienburg, an der Havel, Stadt im Bez. Potsdam, 20 600 Ew.; Metall-, pharmazeut. Ind.

Or'anje, zweitgrößter Strom Südafrikas, entspringt in den Drakensbergen, mündet in den Atlant. Ozean, 1860 km lang, nicht schiffbar.

Or'anjefreistaat, Prov. der Rep. Südafrika, 129 153 km², 1,4 Mill. Ew.; Hauptstadt: Bloemfontein. Viehwirtschaft; Maisanbau. ☒ auf Gold, Diamanten, Kohle. Nahrungsmittel- u. a. Ind. – GESCHICHTE. 1854 als Burenfreistaat gegründet, nach dem Burenkrieg 1902 brit. Kolonie, 1910 der Südafrikan. Union eingegliedert.

Orati'on [lat.] die, Gebet in Messe und Brevier.

Or'ator [lat.] der, -s/...'oren, Redner. **orat'o-risch,** als Redner, rednerisch.

Oratori'aner, kath. Weltpriestervereinigung ohne Klostergelübde.

Orat'orium [lat.] das, **1)** nichtöffentl. oder halböffentl. Betraum. **2)** ♪ mehrteilige Komposition für Chor, Einzelstimmen und Orchester über einen geistl. oder weltl. Text; in ihrem Aufbau (Arien, Rezitative, Chorgesänge, lyrisch-dramat. Teile mit der Charakterisierung einzelner Gestalten) der Oper ähnlich. Hauptmeister: Carissimi, Metastasio, Händel, Haydn, Liszt, neuerdings Haas, Honegger, Strawinsky, Hindemith.

Orb, Bad O., Stadt in Hessen, im Spessart; 7600 Ew., Kohlensäure-Solbad.

'orbis [lat.] der, Kreis. **O. pictus,** gemalte Welt, Schulbuch von Comenius.

Orbit ['ɔ:bit, engl.] der, Umlaufbahn.

Orch'ester [grch. »Tanzplatz«] das, **1)** Theater: der versenkte Raum vor der Bühne. **2)** ♪ aus einer größeren Anzahl von Instrumenten zusammengesetzter Klangkörper; Musikkapelle.

Orch'estrion das, mechan. Musikinstrument mit orchesterähnl. Klang.

Orchid'een, Familie staudiger einkeimblättriger Pflanzen, meist in warmen Ländern. Wegen Form, Farbe und Duft der Blüte sind viele O. kostbare Zier- und Schnittblumen. Einheimisch sind außer Knabenkraut z. B. Frauenschuh, Braunelle, Zweiblatt. (FARBTAFEL Orchideen, Kakteen S. 701)

'Orchis die, Gattung →Knabenkraut.
Orch'itis [grch.] die, Hodenentzündung.
Ord'al das, →Gottesurteil.

Orden [von lat. ordo »Ordnung«] der, **1)** Geistl. O. und →Ritterorden; die **Geistl. O.** sind vom Papst besonders bestätigte Verbindungen von Männern oder Frauen, die nach der **Ordensregel** nach religiös-sittlicher Vollkommenheit streben. Sie müssen die Klostergelübde ablegen (d. h. Armut, Keuschheit, Gehorsam geloben), in Mönchs- oder Nonnenklöstern leben und eine best. **Ordenstracht** tragen. Die O. pflegen meist neben den Frömmigkeitsübungen tätige Nächstenliebe: Seelsorge, Krankenpflege, Mission, Unterricht. An der Spitze eines O. steht der **General,** über den Klöstern einer Provinz der **Provinzial,** über dem einzelnen Kloster der **Abt.**

2) O. als **Verdienstauszeichnung;** sie sind aus den Abzeichen der mittelalterl. Ritter-O. hervorgegangen. In der Bundesrep. Dtl. wurde 1951 der **Verdienstorden der Bundesrep. Dtl.** gestiftet (6 Stufen). O., Ehrenzeichen und Abzeichen aus den 2 Weltkriegen dürfen seit 1957 wieder getragen werden (ohne nat.-soz. Sinnbilder). Die Friedensklasse des **O. pour le mérite** (gestiftet 1842) wurde 1952 mit Zustimmung des Bundespräs. und (seit 1954) unter seinem Protektorat als privater Verein neugegründet. Zwischen O., Ehrenzeichen und ähnl. Auszeichnungen besteht keine scharfe Trennungslinie. Das Eiserne Kreuz war kein O., sondern eine Kriegsauszeichnung. In der Dt. Dem. Rep. gibt es den **Karl-Marx-O.,** den **Vaterländ. Verdienst-O.** und verschiedene Medaillen (→Nationalpreis). Die Schweiz verleiht keine O. (FARBTAFEL Orden S. 702)

Orden: 1 Dominikaner, **2** Franziskaner, **3** Barmherzige Schwester, **4** Jesuit, **5** Kapuziner

Ordensband, 🦋 Eulenschmetterlinge mit gebänderten Hinterflügeln: **Rotes O.** (FARBTAFEL Schmetterlinge S. 870)

'Order [frz.] die, **1)** Befehl. **2)** ✍ der Auftrag.

Orderpapiere, indossable Papiere, Wertpapiere, die zwar eine bestimmte, namentl. bezeichnete Person als berechtigt benennen, aber durch →Indossament auf eine andere übertragen werden können. O. kraft Gesetzes (»geborene O.«): Wechsel, Scheck u. a. »Gekorene O.« können durch **Orderklausel** (»an Herrn X oder dessen Order«) zu O. gemacht werden, z. B. kaufmänn. Anweisungen, Konnossemente, Ladescheine u. a. (§ 363 HGB). Gegensatz: →Namenspapier, Rektapapier.

Ordin'alzahl [lat.], →Ordnungszahl.

ordin'är [lat.], **1)** gewöhnlich, gemein. **2)** 🛒 Ladenverkaufspreis.

Ordinari'at [lat.] das, **1)** kath. Kirche: die Verwaltungsbehörde des Bischofs. **2)** an Hochschulen: das Lehramt eines **Ordin'arius. 3)** an höheren Schulen das Amt des Klassenleiters.

Ordin'ate die, △ →Koordinaten.

Ordinati'on [lat.] die, **1)** Weihe oder Berufung zum kirchl. Amt. **2)** ⚕ ärztl. Verordnung; Sprechstunde. Zw. **ordin'ieren.**

Ordnung, Gruppe von Tieren oder Pflanzen, umfaßt nahverwandte Familien.

Ordnungsruf, Zurechtweisung eines Versammlungsmitglieds durch den Vorsitzenden.

Ordnungsstrafe, im Prozeß zur Aufrechterhaltung der Ordnung verhängte Strafe; keine Kriminalstrafe.

Ordnungswidrigkeit, ⚖ Verstoß gegen Anordnungen der Verwaltungsbehörden; i. d. R. mit

Orchester: Besetzung eines Sinfonie-Orchesters

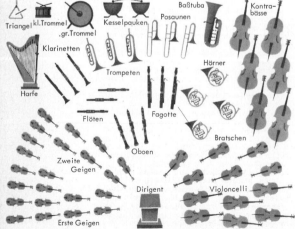

Triangel · kl. Trommel · .gr. Trommel · Klarinetten · Harfe · Kesselpauken · Posaunen · Baßtuba · Kontrabässe · Trompeten · Hörner · Flöten · Fagotte · Bratschen · Oboen · Zweite Geigen · Dirigent · Violoncelli · Erste Geigen

Geldbuße geahndet (**Bußgeldverfahren**). Gegen den Bußgeldbescheid kann innerhalb einer Woche Einspruch eingelegt werden (Ges. v. 24. 5. 1968).

Ordnungszahl, 1) △ →Zahlwörter. **2)** ⊙ gibt die Stelle eines chem. Elements im Periodischen System an; stimmt mit der Kernladungszahl (→Kernphysik) des Atomkerns überein.

Ordonn'anz [frz.] die, ⚔ **1)** Befehlsüberbringer, z. B. der zu einem Stab kommandierte O.-Offizier. **2)** zu bes. Dienst kommandierter Soldat, z. B. Küchen-O.

'Ordos, Steppentafel und Halbwüste in der großen Nordschleife des Huangho in China.

Ordschonik'idse, 1) →Jenakijewo. **2)** Hauptstadt der Nordossetischen ASSR, 236000 Ew., am Terek; kultureller Mittelpunkt des N-Kaukasus; Metallverarbeitung.

Öre das, schwed. Scheidemünze, in Dänemark und Norwegen **Øre.** 1 Ö. = $^1/_{100}$ Krone.

Ore'ade [grch.] die, →Nymphe.

Örebro [-br'u], Stadt in Mittelschweden, 89 100 Ew.; Papier-, Schuh-, Keksfabriken.

Or'echowo-S'ujewo, Stadt in der UdSSR, östl. von Moskau, 120000 Ew.; Textilindustrie.

'Oregon, Abk. **Ore(g).,** Staat der USA, am Stillen Ozean, 251 181 km², 2,0 Mill. Ew.; Hauptstadt: Salem; größte Stadt: Portland. O.-(Kaskadengebirge), im W niederschlagsreich. Ackerbau (im O künstl. Bewässerung), Viehzucht, Forstwirtschaft, Lachsfang. Erzbergbau; Holz-, Leichtmetall-, Papier- u. a. Ind. ⊕ S. 526.

Orel [arj'ɔl], Stadt in der Russ. SFSR, an der Oka, 232000 Ew.; Flußhafen; vielseitige Ind.

'Orenburg, 1936-56 **Tschkalow,** Stadt in der Russ. SFSR, am Uralfluß, 345000 Ew.; Ind.

Or'ense, span. Provinzhauptstadt, am Miño, 73 000 Ew.; Mühlen, Sägewerke, Eisengießereien.

Oresme [ɔr'ɛːm], Nicolaus von, französ. Mathematiker, Astronom und Philosoph, *1320, †1382; Vorläufer neuzeitl. Wissenschaft.

Or'estes, griech. Sage: Sohn des Agamemnon und der Klytämnestra, rächte die Ermordung seines Vaters an Klytämnästra und deren Geliebtem Ägisth. Als Muttermörder wurde er von den Rachegöttinnen verfolgt, die er auf Befehl Apollos zu versöhnen suchte, indem er das Bild der Artemis aus Taurien holte; er kehrte glücklich mit seiner Schwester Iphigenie heim.

'Öresund, der **Sund,** Meerenge zwischen Seeland (Dänemark) und Schonen (S-Schweden).

Orff, Carl, Komponist, *1895; Opern (»Die Kluge«, »Die Bernauerin«); szenische Oratorien (»Carmina burana«); O.-Schulwerk.

Org'an [grch. organon »Werkzeug«] das, **1)** ein zu bestimmter Leistung dienender Körperteil der mehrzelligen Lebewesen, z. B. Wurzel, Leber, Niere. Mehrere zusammenwirkende O. bilden ein **O.-System,** z. B. Nervensystem. Ein O. im Einzeller heißt **Organ'ell. 2)** 🎵 eine Person oder Personenmehrheit, die in Staat, Vereinen, Gesellschaften u. a. bestimmte Aufgaben erfüllt: **Beschluß-O.** (z. B. Parlament), **ausführende O.** (z. B. Regierung), **beratende O.** (Beiräte), **Aufsichts-O.** (z. B. Aufsichtsrat), **rechtsprechende O.** (Gerichte). **3)** Stimme. **org'anisch,** o. betreffend; tierisch-pflanzlich; zusammenhängend geordnet. Gegensatz: anorganisch.

Org'andy, Organd'in [ind.] das, feines, durchsichtiges, steifes Baumwollgewebe.

Organgesellschaft, Gesellschaft mit jurist. Persönlichkeit, die finanziell, wirtschaftl. und organisator. wie eine Betriebsabteilung in ein beherrschendes Unternehmen (ihre Obergesellschaft) eingegliedert ist (**Organschaft**).

Organisati'on [frz.] die, **1)** ⚕ ⚒ ♂ **1)** die den Lebensanforderungen entsprechende Gestaltung und Anordnung der Teile (Organe) eines Lebewesens. **2)** die planmäßige Gestaltung, z. B. des Staates, eines Unternehmens, eines Vereins.

Organisation der Amerikanischen Staaten, OAS, →panamerikanische Bewegung.

Organisation für die Einheit Afrikas, engl. Organization of African Unity, →OAU.

organische Verbindungen, ⊸○ Verbindungen des Kohlenstoffs mit Ausnahme seiner Oxyde und Carbide (→Kohlenstoffverbindungen). Siliciumorganische Verbindungen, →Silicone.

Organ'ismus [grch.-lat.] der, -/...smen, Lebewesen; übertragen: Sozialkörper o. ä.

Organ'ist [grch.] der, Orgelspieler.

Organs'in das, →Seide.

Org'antherapie, Behandlung von Krankheiten mit Auszügen aus tier. Organen.

'Organum [lat.] das, **1)** Orgel. **2)** ♪ früheste gesetzmäßige Form der Mehrstimmigkeit in der Kunstmusik des frühen Mittelalters.

Org'asmus [grch.] der, Höhepunkt der geschlechtl. Erregung. Egw.: **orgastisch.**

'Orgel [grch.] die, Tasteninstrument mit vielen Pfeifen. Die Luft wird aus einem Blasebalg in Windladen gepreßt, auf denen die Pfeifen stehen, die in einzelnen Reihen, den **Registern,** zusammengefaßt sind. Jedes Register besteht aus Pfeifen gleicher Bauart und Klangfarbe. Die O. hat Tastenreihen für Hände (**Manuale**) und Füße (**Pedale**), Registerzüge. Mittelgroße O. haben etwa 30 klingende Register mit etwa 1800 Pfeifen. Die O. wurde im 3. Jahrh. v. Chr. erfunden.

Orgel: Spieltisch mit 4 Manualen, links und rechts der Manuale die Register, unten die Pedale

'Orgelpunkt, ♪ lang ausgehaltener Baßton, über dem die übrigen Stimmen frei bewegen.

Orgelpunkt

'Orgie [grch.] die, Ausschweifung, wildes Fest; im alten Griechenland die ekstat. Riten des Dionysos. **orgi'astisch,** wild, zügellos.

'Orient [lat. »Morgen«] der, **1)** der Osten. **2)** die Länder am östl. Mittelmeer, in Vorderasien. **orient'alisch,** morgenländisch.

Oriental'ide Rasse, →Rassen der Menschheit.

Orientalische Kirchen, →Ostkirche.

Oriental'ist der, Erforscher der oriental. Sprachen und ihres Schrifttums.

Orientbeule, Hautkrankheit in warmen Ländern, mit beulenart. Geschwüren (**Aleppobeule**).

orient'ieren, 1) nach der Himmelsrichtung einrichten. **2)** unterrichten, von der Lage in Kenntnis setzen. **3)** sich zurechtfinden.

'Oriflamme die, im MA. die Kriegsfahne der französ. Könige.

Or'igenes, griech. Kirchenlehrer, * um 185, †253/54; bedeutendster Theologe des christl. Altertums, regte die Dogmenbildung an.

Orpheus und
Eurydike
(Paris, Louvre)

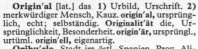

Ortega y Gasset

Orvieto:
Ehem. Palast der
Päpste

Origin'al [lat.] das, 1) Urbild, Urschrift. 2) merkwürdiger Mensch, Kauz. **origin'al,** ursprünglich, echt; selbständig. **Originalit'ät** die, Ursprünglichkeit, Besonderheit. **origin'är,** ursprüngl., urtüml. **origin'ell,** eigenartig.

Orihu'ela, Stadt im östl. Spanien, Prov. Alicante, 47 100 Ew.; vielseitige Industrie.

Orin'oco der, Strom Südamerikas, kommt vom Hochland von Guayana; 2500 km lang, bildet Wasserfälle, Stromschnellen, durch den Casiquiare mit dem Río Negro (Amazonasgebiet) verbunden, mündet unterhalb von Ciudad Bolívar in den Atlant. Ozean; 17 Mündungsarme.

Or'ion, 1) griech. Sage: berühmter Jäger, Liebling der Eos. 2) Sternbild am Äquator mit Beteigeuze, Rigel und den 3 Gürtelsternen.

Orizaba [oris'awa], 1) **Pico de O.** oder **Citlaltepetl,** Vulkan in der Sierra Madre Oriental von Mexiko, 5700 m hoch, schneebedeckt. 2) Stadt im Staat Veracruz, Mexiko, 70 000 Ew.

Ork'an [indian.] der, stärkster Sturm.

Orkney-Inseln ['ɔ:kni-], Inselgruppe vor der Nordspitze Schottlands; 975 km², 18 000 Ew.; Hauptstadt: Kirkwall. Fischerei.

'Orkus [lat.] der, römischer Gott des Todes; auch die Unterwelt, das Totenreich.

Orléans [ɔrle'ã], Stadt in Frankreich, an der Loire, 100 100 Ew.; Kathedrale (13.-18. Jahrh.); Universität; Verarbeitungs-, Textil-, Maschinenind., Baumschulen. – Seit dem 4. Jahrh. Bischofssitz; 1429 von den Engländern belagert, von der →Jungfrau von O. befreit.

Orléans [ɔrle'ã], französ. Herzogs- und Königshaus, wichtigste Nebenlinie der →Bourbonen. Als die Hauptlinie der Bourbonen 1883 ausstarb, erbte das Haus O. ihre Thronansprüche.

Oerlinghausen, Stadt in Nordrh.-Westf., 13 300 Ew.

'Orlog [niederländisch] der, -s/-e, Krieg.

'Orlon das, ⦶ Handelsname einer Chemiefaser von hoher Reißfestigkeit, aus Polyacrylnitril.

Orl'ow, 1) Alexej G. Graf (*1737, †1808), russ. Admiral, mit seinem Bruder 2) Grigori G. Graf (*1734, †1783), maßgeblich an der Palastrevolution und dem Sturz Peters III. 1762 beteiligt.

Orl'ow der, Diamant im russ. Zarenzepter.

Orly [ɔrl'i], der Hauptflughafen von Paris.

'Ormus, H'ormus, iran. Insel in der **O.-Straße** zwischen Pers. Meerbusen und Arab. Meer.

Orm'uzd, altiran. Gottheit, →Ahura Masda.

Ornam'ent [lat.] das, ⊓ Verzierung von Bauwerken und Gegenständen. Die Hauptmotive stammen aus dem Pflanzen- und Tierreich oder sind geometrisch.

Orn'at [lat.] der, das, feierl. Amtstracht.

Ornithol'oge [grch.] der, Vogelforscher.

Ornitholog'ie [grch.] die, Vogelkunde.

Or'ontes, arab. **Nahr el-Asi,** größter Fluß im nördlichen Syrien.

Orozco [ɔr'ɔsko], José Clemente, mexikan. Maler, *1883, †1949; schuf große Wandbilder.

'Orpheus, sagenhafter griech. Sänger, Sohn der Kalliope und des Apollo, bezauberte durch seinen Gesang selbst Tiere, Bäume, Steine; durfte seine Gattin Eurydike aus der Unterwelt holen, verlor sie aber wieder, da er sich nach ihr umschaute. O. galt als Stifter geheimnisvoller Gebräuche (**Orphische Mysterien**) und der Gemeinschaft der **'Orphiker (Orph'ismus**).

Ors'ini, röm. Adelsgeschlecht (Führer der Guelfenpartei), aus dem zwei Päpste hervorgingen.

Orsk, Stadt in der Russ. SFSR, 225 000 Ew., am Rande des Industriegebietes im Südural.

'Oersted, Hans Christian, dän. Physiker, *1777, †1851; entdeckte den Elektromagnetismus. Nach ihm ist die Einheit Oersted (**Oe**) der magnet. Feldstärke im elektromagnet. Maßsystem benannt; $1\ Oe = \dfrac{1000}{4\pi}\dfrac{A}{m}$.

Ort der, -es/-e oder Örter, 1) Platz, Stelle, Siedlung. 2) △ →geometrischer Ort. 3) ⚒ Endpunkt einer Strecke, an dem gearbeitet wird.

Ort'ega y Gass'et, José, span. Philosoph und Schriftsteller, *1883, †1955; einflußreicher Denker des modernen Spaniens; nahm als Kulturphilosoph vom Standpunkt des Individualismus Stellung zu den Problemen unserer Zeit (»Aufstand der Massen«, 1930), kämpfte für die Idee eines neuen Europa.

Oertel, Curt, Filmregisseur, *1890, †1960; Kultur- und Dokumentarfilme.

'Ortelsburg, Stadt in Ostpreußen (Masuren), (1939) 14 200, (1969) 14 400 Ew.; seit 1945 unter poln. Verw. (Szczytno).

Ortenau, geschichtliche Landschaft im badischen Rheintal; Weinbau.

'Orthikon [grch.], das, elektron. Bildzerleger für die Aufnahme von Fernsehbildern.

ortho... [grch.], Vorsilbe in Fremdwörtern: gerade, richtig, z. B. Orthographie, Rechtschreibung.

orthochrom'atisch [grch.], →Photographie.

Orthodox'ie [grch.] die, Rechtgläubigkeit; Übereinstimmung mit der kirchl. Lehre. **orthod'ox,** rechtgläubig. **orthodoxe Kirche,** →Ostkirche.

orthogon'al [grch.], KRISTALLOGRAPHIE: rechteckig, rechtwinklig, aufeinander senkrecht.

Orthograph'ie [grch.] die, Rechtschreibung.

Orthokl'as [grch.] der, →Feldspat.

Orthopäd'ie [grch.] die, ⨎ Lehre von der Entstehung, Verhütung, Behandlung angeborener oder erworbener Fehler des menschl. Stütz- und Bewegungsapparates (Knochen, Gelenke, Muskeln). Eine bes. Fachrichtung der →Chirurgie.

'Ortler-Gruppe, gletscherbedeckter Gebirgsstock der italien. Alpen, im Ortler 3902 m hoch.

Ortner, Eugen, Schriftsteller, *1890, †1947; Schauspiele (»Meier Helmbrecht«), Romane.

'Ortnid, 'Ortnit, in der dt. Heldensage der Sohn Alberichs.

Ortol'an der, Gartenammer, ein Singvogel.

'Ortsbestimmung, Bestimmung der Lage eines Punktes der Erdoberfläche durch Feststellung seiner geogr. →Breite und →Länge und seiner Höhe.

Ortsklassen, nach der Höhe der Lebenshaltungskosten gebildete Gruppen der dt. Gemeinden. Sie wurden zunächst für die Beamtenbesoldung geschaffen, haben jedoch auch für Tarifverträge u.a. Bedeutung.

Ortskrankenkasse, Allgemeine O., AOK, Hauptträger der sozialen →Krankenversicherung.

Ortszeit, die für alle Orte auf gleichem Längengrad geltende Zeit.

Ortung [von Ort] die, 1) Orientierung, Standortbestimmung. 2) ⚒ Festlegung von Punkten unter der Erde durch Vergleichung mit Punkten über der Erde.

Or'uro, Stadt in Bolivien, 90 400 Ew.; Mittelpunkt des bolivian. Zinnminengebiets.

Orvi'eto, Stadt in Mittelitalien, 24 800 Ew.; got. Dom; etrusk. Gräber; Weinbau.

Orwell ['ɔ:wel], George, eigentl. E. **Blair,** engl. Schriftsteller, *1903, †1950; »Farm der Tiere«, pessimist. Zukunftsroman »1984«.

Os, chem. Zeichen für →Osmium.

Osaka, zweitgrößte Stadt Japans, 3,156 Mill. Ew.; Verkehrsknoten; Hafen; Schiffbau, Stahl-, Kraftfahrzeug-, Nähmaschinen-, Textilind., Erdölraffinerien, Elektrizitätswerke; altes Schloß, be-

rühmte Tempel; Universität, Handelshochschule, Kernforschungsinstitute.

Osborne ['ɔzbɔːn], John, engl. Schauspieler und Dramatiker, *1929; schrieb »Blick zurück im Zorn«, »Der Entertainer« u. a.

'Oscar, Statuette, jährl. (seit 1928) als Preis für beste Leistungen (Darstellung, Regie, Musik u. a.) des amerikan. Films verliehen.

Osch, Stadt in der Kirgis. SSR, 130000 Ew.; Fleisch-, Textil-, Möbelind.; Flughafen.

'Oschatz, Stadt im Bez. Leipzig, 16000 Ew.; vielseitige Industrie; auf dem Collmberg westl. O. Geophysikalisches Observatorium.

'Oschersleben (Bode), Stadt im Bez. Magdeburg, 18300 Ew.; in der Magdeburger Börde; Maschinen-, Zucker-, chem. u. a. Fabriken.

Oseberg-Fund ['uːsəbɛrj-], schmuckreicher Fund der Schiffsbestattung einer norweg. Fürstin, 9. Jahrh., Museum Oslo-Bygdöy.

'Ösel, estn. **Saare,** Ostseeinsel vor der Rigaer Bucht, 2710 km². – Ö. wurde 1227 von den Deutschen besetzt, kam 1559 an Dänemark, 1645 an Schweden, 1721 an Rußland, 1918 an Estland.

Öser, Adam Friedrich, Maler, *1717, †1799; Lehrer Goethes in Leipzig, Klassizist.

Osh'ogbo, Stadt in Nigeria, 210000 Ew.; Handelszentrum; Kakao-, Tabakverarbeitung.

Osi'ander, Andreas, luther. Theologe, *1498, †1552, begleitete 1529 Luther nach Marburg zum Religionsgespräch mit Zwingli; geriet später mit den Anhängern Melanchthons in Streit über die Rechtfertigungslehre.

Os'iris, ägypt. Gott, Bruder und Gemahl der Isis, Vater des Horus, als Totengott verehrt; dargestellt als Mumie mit Krone, Krummstab und Geißel. (FARBTAFEL Ägyptische Kunst S. 164)

'Oskar [german. »Asenspeer«], männl. Vorname.

Oskar, schwed. und norweg. Könige: 1) **O. I.** (1844-59), Sohn Bernadottes, *1799, †1859, Anhänger des Skandinavismus. 2) **O. II.** (1872-1907), Sohn von 1), *1829, †1907, suchte vergebens, die Union mit Norwegen aufrechtzuerhalten, die sich 1905 löste.

'Osker Mz., altitalischer Volksstamm in Kampanien, nah verwandt den Samniten.

Ösling, die luxemburgischen Ardennen.

Oslo, 1624-1924 **Christiania,** Hauptstadt von Norwegen, am Nordende des **O.-Fjords;** 487000 Ew.; Bischofssitz; Universität; Akademie; Nobel-Institut; Nationaltheater, Galerien, Museen. Hauptmandelshafen. Schiffbau, Maschinen-, Papier-, Textil-, chem. Ind.; nahebei liegt das Wintersportgebiet Holmenkollen.

Osm'ane der, Türke. **Osm'anisches Reich,** das Türk. Reich (bis 1918), genannt nach seinem Gründer Osman I. (Sultan 1288-1326).

'Osmium, Os, das, chem. Element, Platinmetall; Ordnungszahl 76, Dichte 22,48 g/cm³, Schmelzpunkt 2700 °C. O. ist der schwerste aller bekannten Stoffe; wegen seines hohen Schmelzpunktes früher zur Herstellung von Glühlampenfäden verwendet, heute durch Wolfram verdrängt.

Osm'ose [grch.] die, das Hindurchtreten von Flüssigkeiten durch eine durchlässige und halbdurchlässige Wand, die zwei Lösungen voneinander trennt. Halbdurchlässige Häutchen lassen nur Wasser eindringen. Dadurch wird die Konzentration einer Lösung und damit ihr **osmotischer Druck** herabgesetzt. Die O. ermöglicht die Aufnahme von und den Austausch von Wasser und Nährstoffen durch die Wände lebender Zellen. Der osmotische Druck bewirkt eine elast. Straffung **(Turgor)** der Zellwände.

Osmotherap'ie [grch.] die, Heilverfahren bei krankhaften Wasseransammlungen in den Geweben: durch Osmose wird dabei die zurückgehaltene Flüssigkeit ins Blut ausgeschwemmt.

Osnabr'ück, Stadt in Ndsachs., 143000 Ew.; Hafen am O.er Zweigkanal (zum Mittellandkanal). Stadtkern im 2. Weltkrieg stark zerstört; spätmittelalterl. Dom, got. Kirchen, Rathaus und Schloß wiederhergestellt. Von Karl d. Gr. vor 787 begründeter Bischofssitz; war Mitglied der Hanse.

'Osning der, Teil des Teutoburger Waldes, bei Bielefeld.

Oes'ophagus [grch.] der, die Speiseröhre.

Os'orno, 1) tätiger Vulkan im südl. Chile, 2660 m hoch. **2)** Provinzhauptstadt in S-Chile, 77000 Ew.; Landwirtschafts- und Handelsmittelpunkt; älteste dt. Schule Chiles.

'Ossa, neugriech. **Kissavos,** Gebirge im östl. Thessalien, bis 1978 m hoch.

Oss'eten, Ossen, Volk im mittleren Kaukasus, rd. 413000, mit iran. Sprache; Ackerbauern und Hirten. Sie bewohnen die →Nordossetische ASSR und das Autonome Gebiet der Südosseten in der Grusinischen SSR.

'Ossiacher See, See in Kärnten, nordöstlich von Villach, 10,6 km² groß.

'Ossian, Held eines südirischen Sagenkreises, dessen angebliche Gedichte →Macpherson 1760 herausgab; sie beeinflußten die naturhafte Lyrik des Sturm und Drang.

Ossi'etzky, Carl v., Schriftsteller, *1889, †1938 (nach Haft im KZ); Pazifist, Herausgeber der »Weltbühne«; Friedensnobelpreis 1935.

Osswald, Albert, Politiker (SPD), *1919, 1962 Wirtschaftsmin., 1964 Finanzmin. in Hessen, seit Okt. 1969 Hessischer MinPräs.

Ost'ade, Adriaen van, niederländ. Maler und Radierer, *1610, †1685; stellte in malerischen Sittenbildern das Leben der Bauern dar; ebenso sein Bruder **Isaak van O.,** *1621, †1649.

Ostafrika, das meist über 1000 m hohe Randstück von Afrika zwischen Indischem Ozean, Sambesi, Sudan und Äthiopien.

Ostasien, der Osten des Erdteils Asien: Japan, China, Korea, die östl. Sowjetunion.

Ostblockstaaten, die im Warschauer Pakt 1955 zusammengeschlossenen Staaten: Sowjetunion, Albanien (Austritt 1968), Bulgarien, Polen, Rumänien, Tschechoslowakei, Ungarn, Dt. Dem. Rep. Zu den O. zählt man i. w. S. auch China, die Mongol. Volksrepublik und Nordkorea; wirtschaftl. sind die O. im »Rat für gegenseitige wirt-

Oslo: Blick auf die Festung Akershus (rechts) und das Rathaus

Osiris

Osnabrück: Dom

Oster-Insel:
Ahnenbilder

Osterluzei

Bundeskanzler und die Minister werden vom Bundespräs. ernannt und entlassen und sind vom Vertrauen des Nationalrats abhängig. Gesetzgebende und vollziehende Gewalt sind zwischen dem Bund und den Ländern aufgeteilt. Der Verwaltungsgerichtshof kontrolliert die Verwaltung; der Verfassungsgerichtshof entscheidet über verfassungsgesetzl. gewährleistete Rechte. Vgl. auch ÜBERSICHT Gerichtswesen.

Bundesländer	Fläche km²	Ew. (1969) 1000	je km²
Wien.............	415	1644,9	3964
Niederösterreich .	19 170	1359,3	71
Steiermark.......	16 384	1187,2	72
Oberösterreich ...	11 978	1214,9	101
Kärnten	9 533	523,7	55
Tirol.............	12 648	513,7	41
Salzburg.........	7 155	394,1	55
Burgenland	3 965	265,0	67
Vorarlberg	2 601	270,1	104

LANDESNATUR. Ö. ist vorwiegend Alpenland mit Anteil an den Nördl. Kalkalpen (Parseier Spitze 3038 m), den Zentralalpen (Großglockner 3797 m) und den Südl. Kalkalpen (Gr. Sandspitze 2772 m). Nach NO schließt sich das Alpenvorland an, nördl. der Donau das Mühl-, Wald- und Weinviertel, östl. der Alpen das Wiener Becken und das Burgenland. Flüsse: Donau, Inn, Salzach, Traun, Enns, Mur, Drau. Viele Seen im Salzkammergut und in Kärnten; südöstl. von Wien der Neusiedler See. BEVÖLKERUNG. Rd. 99% deutschsprachige Österreicher, daneben Kroaten, Magyaren, Slowenen, Tschechen. 5 Großstädte (Wien, Graz, Linz, Salzburg, Innsbruck). Religion: überwiegend kath. (89%). WIRTSCHAFT. Anbau auf nur rd. 21% der Fläche: Getreide, Kartoffeln, Zuckerrüben, Wein; Alpwirtschaft, Forstwirtschaft; ⚒ auf Magnesit (an 2. Stelle der Welterzeugung), Eisenerz, Braunkohle, Erdöl, Erdgas, NE-Metalle, Graphit, Salz. Die Industrie (viele Großbetriebe verstaatlicht) hat steigenden Anteil am Sozialprodukt. Wichtige Zweige sind Eisen- und Stahl-, Maschinen- und Fahrzeug-, Holz-, Zellstoff- und Papier-, Textilind. Energiewirtschaft (Wasserkraft), Fremdenverkehr. Ausfuhr: Eisen und Stahl, Fertigwaren, Nahrungsmittel. Haupthandelspartner: Bundesrep. Dtl., Italien, Schweiz, Großbritannien. Ö. ist Mitgl. der EFTA. Das Autobahn- und Straßennetz wird ausgebaut (Brenner-Autobahn). Wichtigste Donauhäfen: Linz, Wien; 6 Flughäfen.

GESCHICHTE. Ober-Österreich, Salzburg und Tirol gehörten zum altbayer. Stammesgebiet; seit dem 8. Jahrh. wurden auch Kärnten und Steiermark einbezogen. Nach dem Sieg Ottos d. Gr. über die Ungarn 955 entstand die Bayerische Ostmark jenseits der Enns. Seit 976 waren die Babenberger Markgrafen der Ostmark, die dann Ö. genannt wurde; sie erwarben 1192 die Steiermark. 1278 gewann Rudolf von Habsburg Ö. und verlieh es 1282 mit der Steiermark seinen Söhnen. Die →Habsburger erwarben 1335 Kärnten und Krain, 1363 Tirol, 1368 den Breisgau, 1382 Triest, 1500 die Grafschaft Görz, 1363–1765 das alemann. Vorarlberg, verloren jedoch einen Teil ihrer südwestdt. Stammbesitzungen an die Schweizer Eidgenossenschaft. Ö. wurde 1453 zum Erzherzogtum erhoben. 1438 erlangten die Habsburger wieder die dt. Königs- und Kaiserkrone. Durch ihre Heiratspolitik gewannen sie 1482 das niederländ. Reich der Herzöge von Burgund, dann Spanien. Kaiser Karl V. überließ 1521 die österr. Erblande seinem Bruder Ferdinand I., der 1526 das Kgr. Böhmen mit Schlesien und der Lausitz sowie Ungarn erwarb, aber erfolglos gegen die Türken kämpfte (türk. Belagerung Wiens 1529). Der Protestantismus ergriff auch in Ö. in den größten Teil der Bevölkerung, doch erzwangen die Habsburger fast überall die Rückkehr zum Katholizismus. Damit siegte in Ö. zugleich der Absolutismus. Im

schaftl. Hilfe« (Comecon) zusammengeschlossen.

Ostchinesisches Meer, flaches Randmeer des Stillen Ozeans zwischen China, Formosa, den Riukiu-Inseln und dem Gelben Meer.

Ostdeutsche Siedlung, →Deutsche.

Ost′elbien, Mecklenburg und die ehem. preuß. Provinzen östlich der Elbe.

Osten der, die Himmelsrichtung nach Sonnenaufgang. Zeichen O, internat. E.

Ost′ende, Stadt in Belgien, 57 400 Ew.; Nordseebad; Überfahrtshafen nach England; Fischfang, Werften, Tabak-, Textilindustrie.

ostentat′iv [lat.], augenfällig, herausfordernd.

Osteolog′ie [grch.] die, Knochenkunde.

Österb′otten, Landschaft an der finn. Westküste, meist Flachland eiszeitl. Prägung mit vielen Mooren und Seen.

Östergötland [′œstərjøːt-], VerwBez. in S-Schweden, zwischen Vättersee und Ostsee.

′Osterholz-Sch′armbeck, Stadt in Ndsachs.; 15 200 Ew.; verschiedene Industrie.

Oster′ia [ital.] die, -/...rien, Wirtshaus.

Oster-Insel, die östlichste Insel Polynesiens, vulkanisch, 166 km², 1200 Ew. (Mischlinge der alten polynes. Bevölkerung mit Tahitiern und Weißen; ihre Sprache ist polynesisch). Die O.-I. ist bekannt durch die rd. 600 riesigen Skulpturen mit menschl. Gesichtern, aus Tuffstein gemeißelt. – Die O.-I., Ostern 1722 von dem Niederländer Roggeveen entdeckt, gehört seit 1888 zu Chile.

′Osterluzei die, Gatt. zweikeimblättriger Pflanzen, Schlinggewächse oder Stauden mit Röhrenblüten. Arten: **Tabakpfeifenstrauch, Pfeifenstrauch,** windender, großblättriger Zierstrauch mit braunen, pfeifenkopfähnl. Blüten, aus dem östl. N-Amerika; **Gemeine O.** in Weinbergen.

Ostern [fränk.-kirchenlat. Fehlübersetzung aus Albae (paschales) »Osterwoche« über altfränk. ostarun, alba als Morgenröte mißdeutet], Fest der Auferstehung Christi am ersten Sonntag nach dem ersten Frühjahrsvollmond. **Osterbräuche,** durch die das Osterfest mit german. Sitten verknüpft ist: **1)** Verschenken und Suchen der **Ostereier,** die als Lebenssinnbild zu deuten sind und nach Kinderglauben vom **Osterhasen** gelegt werden. **2)** Schöpfen von **Osterwasser** am Ostermorgen aus einem Fluß. Es soll Gesundheit bringen und schön machen. **3)** Anzünden von **Osterfeuern** als Schutz der Felder vor Hagel, Verhexung. **Osterspiele,** Darstellungen der Auferstehung Christi.

Oster′ode, 1) O. am Harz, Stadt in Ndsachs.; 18 800 Ew.; Fachwerkhäuser; Textil-, Eisen-, chem. u. a. Ind. **2)** O. in Ostpreußen, Stadt (1939: 19 500 Ew.) am Drewenzsee und Oberländ. Kanal, seit 1945 unter poln. Verw. **(Ostróda).**

Österreich, Bundesstaat im SO Mitteleuropas, 83 849 km², 7,349 Mill. Ew.; Hauptstadt: Wien. 9 Bundesländer. ⊕ S. 520/21, ⊐ S. 346, ⊓ S. 878. FARBTAFEL S. 703.

VERFASSUNG von 1920/1929, wieder in Kraft seit 1. 5. 1945. Die Gesetzgebung üben der vom Volk gewählte Nationalrat und der Bundesrat aus, dessen Mitglieder von den Landtagen gewählt werden; beide zusammen bilden die Bundesversammlung. Staatsoberhaupt ist der Bundespräsident; er wird auf 6 Jahre vom Volk gewählt. Der

→Dreißigjährigen Krieg wurden die Lausitz 1635 an Kursachsen, die habsburg. Besitzungen im Elsaß 1648 an Frankreich abgetreten. Mit der Abwehr der zweiten türk. Belagerung Wiens 1683 begann der große Türkenkrieg, in dem bis 1699 ganz Ungarn mit Siebenbürgen erobert wurde (→Türkenkriege); 1716-18 wurde den Türken durch Prinz Eugen von Savoyen auch das Banat entrissen. Durch den →Spanischen Erbfolgekrieg gewann Kaiser Karl VI. 1714 die südl. Niederlande, Mailand und Neapel-Sizilien, das er aber 1735 wieder preisgab. Auf Grund der »Pragmatischen Sanktion« von 1713 suchte Karl VI. die Nachfolge seiner Erbtochter Maria Theresia zu sichern, die durch ihre Heirat mit Herzog Franz Stephan von Lothringen (Kaiser Franz I.) die Stammutter des neuen Hauses Habsburg-Lothringen wurde (→Österreichischer Erbfolgekrieg, →Siebenjähriger Krieg). 1772 wurden das poln. Galizien, 1775 die Bukowina, 1779 das bayer. Innviertel erworben. Maria Theresia schuf eine einheitl. Verwaltung der österr.-böhm. Länder, während Ungarn seine alte Sonderverfassung behielt. Kaiser →Joseph II. führte 1781 wichtige Reformen durch. Im Kampf gegen die Französ. Revolution gingen 1797 Belgien und die Lombardei verloren. Ebenso unterlag Ö. 1805 und 1809 gegen →Napoleon I. Kaiser Franz II. hatte 1806 der dt. Kaiserwürde entsagt, nachdem er schon 1804 den Titel eines Kaisers von Ö. (als Franz I.) angenommen hatte. In den →Freiheitskriegen half Ö. beim Sturz Napoleons mit und wurde nach dem →Wiener Kongreß die führende Macht im neuen Dt. Bund und in Italien (→Metternich). Die Revolution von 1848/49 erschütterte die habsburg. Monarchie. Ungarn konnte nur mit russ. Hilfe bezwungen werden. Seit 1848 war Franz Joseph I. Kaiser. 1859 wurde die Lombardei, 1866 Venetien an Italien abgetreten. Im Innern wurde 1860/61 der Absolutismus aufgegeben. Nach dem →Deutschen Krieg von 1866 schuf der Ausgleich mit den Ungarn 1867 die Doppelmonarchie **Österreich-Ungarn.** Diese erhielt die liberale Verfassung v. 21.12. 1867. Sie wurde immer mehr in die Nationalitätenkämpfe, bes. mit den Slawen, verwickelt. Mit dem neuen Dt. Reich schloß sie das Verteidigungsbündnis von 1879, geriet aber in wachsenden Gegensatz zu Rußland, Serbien und Italien. 1907 wurde das allgemeine und gleiche Wahlrecht eingeführt. Die Ermordung des Thronfolgers Franz Ferdinand am 28. 6. 1914 gab den Anlaß zum Ausbruch des 1. →Weltkriegs.

Mit dem militär. Zusammenbruch im Herbst 1918 entstanden auf dem Gebiet Österreich-Ungarns die Nachfolgestaaten Ö., Ungarn und Tschechoslowakei; andere Gebietsteile fielen an die neuen Staaten Polen und Jugoslawien, ferner an Italien und Rumänien. Die Verträge von Saint-Germain (1919) und →Trianon (1920) besiegelten die Aufteilung der habsburg. Monarchie.

Im Nov. 1918 wurde die Rep. Deutsch-Ö. ausgerufen, die alle dt. Siedlungsgebiete in den Alpen- und Sudetenländern des alten Ö. umfassen sollte, und durch Gesetz zum Teil des Dt. Reiches erklärt; diese Bestimmung wurde 1919 auf alliiertes Verlangen aufgehoben, der Name in Rep. Ö. geändert. Ihr Gebiet wurde auf Niederund Ober-Ö., Nord- und Osttirol, Vorarlberg, Salzburg, den größten Teil von Steiermark und Kärnten beschränkt. Hinzu kam das bisher ungar. Burgenland (ohne Ödenburg). 1931 scheiterte der Plan einer deutsch-österr. Zollunion. 1934 errichtete Dollfuß, gestützt auf die »Vaterländische Front«, den ständisch-autoritären Bundesstaat Ö. Dollfuß wurde bei einem nat.-soz. Putschversuch 1934 ermordet. Sein Nachfolger Schuschnigg führte Dollfuß' Kurs weiter, doch mußte er unter starkem nat.-soz. Druck am 11. 3. 1938 zurücktreten; Seyß-Inquart übernahm die Regierung. Am 12. 3. rückte die dt. Wehrmacht in Ö. ein. Am 13. 3. wurde die Vereinigung Ö.s mit dem Reich von Hitler verkündet. Unter nat.-soz. Herrschaft wurde Seyß-Inquart Reichsstatthalter und Leiter der Österr. Landesregierung. 1939 wurde das Land Ö. aufgelöst und durch 7 »Reichsgaue« ersetzt. Nach dem Zusammenbruch der nat.-soz. Herrschaft wurde am 27. 4. 1945 die demokrat. Rep. Ö. ausgerufen. Ö. wurde wie Dtl. in vier Besatzungszonen, Wien in vier Sektoren aufgeteilt. Am 15. 5. 1955 wurde in Wien von den vier Großmächten und Ö. der »Staatsvertrag« unterzeichnet, der Ö. die Unabhängigkeit zurückgab und es zur Neutralität verpflichtet. Seit 1960 gehört Ö. der Europ. Freihandelsgemeinschaft an. Staatspräs.: F. Jonas (seit 1965); MinPräs.: B. Kreisky (seit 1970); Kreisky bildete 1970 nach dem Wahlsieg der SPÖ eine Minderheitsregierung; seit der Wahl 1971 absolute Mehrheit der SPÖ. 1947-66 Koalition ÖVP/SPÖ, 1966-70 ÖVP-Regierung.

KUNST: Blütezeiten waren die Gotik (um 1300; Hauptwerke z. B. die Chöre in Heiligenkreuz und von St. Stephan in Wien, »Dienstbotenmadonna« in St. Stephan, Tafelbilder des Klosterneuburger Altars), die Spätgotik (um 1500; Kefermarkter Altar, Altäre M. Pachers, Malerei der Donauschule u. a.), vor allem die Entfaltung des österr. Barocks nach dem Sieg über die Türken von 1683 (Hauptmeister Fischer v. Erlach und L. v. Hildebrandt). Unter den Bildhauern ragt im 18. Jahrh. G. R. Donner hervor; wichtigste Vertreter der Malerei waren im 19. Jahrh. der Romantiker M. v. Schwind und die Wiener Biedermeiermaler (F. Waldmüller u. a.), im 20. Jahrh. G. Klimt, O. Kokoschka. – Zur Entwicklung der europ. MUSIK hat Wien seit dem 18. Jahrh. einen großen Beitrag geleistet (Haydn, Mozart, Beethoven, Schubert, Brahms, Bruckner, Mahler, Hugo Wolf, R. Strauss, Schönberg, Berg, Webern). – Die LITERATUR Ö.s stand seit dem 16. Jahrh. im Licht der europ. Weite des habsburg. Reiches. Erfüllt von Musikalität, hat sie eine außerordentl. Spannweite zwischen leidenschaftl. Tragik und einer an das Volkhaft-Mimische anknüpfenden Komik, zwischen Schwermut und philosoph. Heiterkeit, bäuerl. Schwere und tänzerischer Leichtigkeit. Während die Volksdichtung mit Bühnenspiel und Lied (Raimund, Nestroy) sich eigenständig entwickelte, hatte die Kunstdichtung (Grillparzer, Stifter, Hofmannsthal, Trakl, Schnitzler, Musil, Broch, Doderer u. a.) eine starke Ausstrahlung in den westl. und nördl. dt. Raum.

Österreichischer Erbfolgekrieg 1741-48. Kurfürst Karl Albert von Bayern (als Kaiser Karl VII.) verbündete sich mit Frankreich und Spanien gegen die Erbfolge Maria Theresias in den habsburg. Ländern; auf Österreichs Seite traten England, Holland, später Rußland. Im Aachener Frieden 1748 wurde die Erbfolge Maria Theresias anerkannt.

Österreichische Volkspartei, ÖVP, gegr. 1945, demokrat., föderalist., sozialreformator., vertritt die christl.-abendländ. Kulturauffassung.

Österreichisch-Ungarische Monarchie (Österreich-Ungarn), 1867 bis 1918 Bez. der habsburg. Monarchie, bestehend aus 1) den im Reichsrat vertretenen österr. Ländern (»Kaisertum Österreich«), 2) den Ländern der ungar. Krone: Ungarn, Kroatien und Slawonien und 3) den 1878 besetzten, 1908 einverleibten türk. Provinzen Bosnien und Herzegowina. VERFASSUNG: Österreich-Ungarn war 1867 bis 1918 eine →Realunion. Beide Staaten waren konstitutionelle Monarchien unter gemeinsamem Staatsoberhaupt, dem Kaiser von →Österreich und König von →Ungarn (»Doppelmonarchie«).

Osteuropa, das Tiefland östl. der Ostsee und der Karpaten, etwa der europ. Teil der Sowjetunion (→Europa).

Ostflevoland, trockengelegter Polder vor dem Südostufer des Ijsselmeers. Hauptort: Lelystad.

Ostfriesische Inseln, →Friesische Inseln.

Ostfriesland, Landschaft zwischen Oldenburg und den Niederlanden, mit den vorgelagerten Ostfries. Inseln; vorwiegend Ackerbau- und Viehzuchtgebiet. Das ehem. Fürstentum O. kam 1744 an Preußen, 1815 an Hannover.

Ostgebiete, →Deutsche Ostgebiete.

Ostgoten, →Goten.

'**Ostia,** im Altertum: die Hafenstadt Roms am Tiber; seit dem 4.Jahrh. verfallen.

ostin'ato [ital.], ♪ fortgesetzt die gleiche Tonfolge wiederholend.

Ostindien, ✝ für Vorder- und Hinterindien und den Malaiischen Archipel.

Ostindische Kompanien, die im 17.Jahrh. bes. für Ostindien gegr. →Handelskompanien.

Ostj'aken Mz., eigener Name **Chanti,** finn.-ugrisches Volk im Gebiet des mittleren Ob und des Tas in Westsibirien.

Ostkirche, morgenländische Kirche, auch **orthodoxe Kirche,** urspr. griechisch-orthodoxe Kirche, die christl. Kirchen des Ostens; sie sind autokephal und erkennen nur die ersten 7 Konzile an; die Glaubenslehre unterscheidet sich von der röm.-kath. nur in einigen Punkten. Den Priesterzölibat erkennt die O. nur für die aus der Klostergeistlichkeit gewählten Bischöfe an. Die O. zeigt starke mystisch-asketische Züge; die Heiligen und Bilder werden hoch verehrt. Hauptgruppen sind die russ., rumän., serb., griech. und bulgar. Kirche. – 1054 wurde die Trennung zwischen Ost- und Westkirche endgültig. Seit 1453 war der Patriarch von Konstantinopel, nach 1589 der Patriarch von Moskau führend. Seit dem 17.Jahrh. steht wieder ein Teil der morgenländ. Christen in Gemeinschaft mit dem Papst **(unierte O., griech.-unierte Kirche).**

Ostkirche: Fest der Glockenweihe

Ostmark die, **1)** Bayerische O., im MA. das Gebiet zwischen Enns und Leitha (Niederösterreich). **2)** Sächsische O., die von Otto d. Gr. zwischen Elbe und Spree errichtete Mark, die spätere Mark Lausitz. **3)** 1938-45 Name für Österreich.

Ostpreußen, ehem. preuß. Provinz mit (1939) 36992 km² und 2,5 Mill. Ew.; umfaßte die Reg.-Bez. Königsberg, Gumbinnen, Allenstein und (bis 1939) Westpreußen; Hauptstadt: Königsberg. ⊕ S. 520/21, ⬚ S. 878. – Seit 1945 steht der Nordteil mit Königsberg unter sowjet., der Südteil unter poln. Verwaltung (→Deutsche Ostgebiete). – O. ist teils Norddt. Tieflandes, durchzogen vom seenreichen Baltischen Landrücken (Kernsdorfer Höhe 313 m); im N meist Acker- und Wiesenland, wälder bes. im S. O. hatte bedeutende Landwirtschaft (Ackerbau, Viehzucht) und Forstwirtschaft; ferner Bernsteingewinnung, Fischerei, Schiffbau. Bes. im sowjet. besetzten Teil O.s wurden Industrie, Fischfang und Bernsteingewinnung nach 1945 ausgebaut.

GESCHICHTE. O. ist aus dem ehem. Herzogtum Preußen, dem Rest des alten Deutschordensstaates (→Deutscher Orden), hervorgegangen; es fiel 1618 an die brandenburg. Hohenzollern. Durch die erste poln. Teilung 1772 kam das Ermland hinzu. Durch den Vertrag von Versailles (1919) fiel das Gebiet von Soldau an Polen, das →Memelgebiet wurde ebenfalls abgetrennt. Westpreußen rechts der Weichsel wurde O. als RegBez. angegliedert. Auf der Potsdamer Konferenz (1945) wurde vorbehaltlich der Regelung durch einen Friedensvertrag die Teilung in ein sowjetisch und ein polnisch verwaltetes Gebiet beschlossen.

Ostpunkt, der Punkt des Horizonts, der von den Schnittpunkten des Meridians mit dem Horizont um 90⁰ entfernt ist; in ihm geht die Sonne zur Tagundnachtgleiche auf.

'**Ostrau,** tschech. **Ostrava,** aus **Mährisch-O.** und **Schlesisch-O.** entstandene Stadt, Tschechoslowakei, 272200 Ew.; Steinkohlen⚒, Eisen-, Stahl- u. a. Industrie.

Ostraz'ismus [grch. ostrakon »Scherbe«] der, **Scherbengericht,** im alten Athen: Volksabstimmung mit Tontafeln über eine 10jährige Verbannung politisch verdächtiger Bürger.

Östrog'ene, die Follikelhormone (→Follikel 2).

Oströmisches Reich, →Byzantinisches Reich.

Ostr'owo, poln. **Ostrów Wielkopolski,** Stadt in Polen, 46100 Ew.; westl. von Kalisch.

Ostr'owskij, Alexander, russ. Bühnendichter, *1823, †1886; neben Gogol eigentl. Schöpfer des russ. Schauspiels: »Das Gewitter«, »Wald«.

Ostrum'elien, das fruchtbare Becken der oberen Maritza, Bulgarien; Hauptstadt: Plowdiw.

Ostsee, Baltisches Meer, Binnenmeer, das die Skandinav. Halbinsel vom Festland trennt; etwa 422000 km² groß, bis 469 m tief (55 m mittl. Tiefe); salzarm. Die O. hat starke Eisbildung (Bottn. und Finn. Meerbusen bis 5 Monate); die Gezeiten treten kaum in Erscheinung. Sie ist durch Sund, Gr. und Kl. Belt mit der Nordsee verbunden; Fischerei; bed. O.-Häfen (Kopenhagen, Stockholm, Helsinki, Kiel, Lübeck, Rostock, Stettin, Danzig, Königsberg, Leningrad).

Ostseeprovinzen, die früheren russ. Gouvernements Estland (seit 1721), Livland (seit 1721) und Kurland (seit 1795). 1918 entstanden aus den O. die Republiken Estland und Lettland.

Ostwald, 1) Wilhelm, Chemiker, Physiker Philosoph, *1853, †1932; entdeckte u. a. den Mechanismus der Katalyse (1909 Nobelpreis); →Farbenlehre. **2)** Wolfgang, Chemiker, Sohn von 1), *1883, †1943; Hauptbegr. der Kolloidchemie.

Ostzone, anderer Name für die Sowjet. Besatzungszone Deutschlands (Dt. Dem. Rep.).

Oswald [aus angelsächs. os »Gott« und waltan »walten«], männlicher Vorname.

Oswald von Wolkenstein, spätmittelalterlicher Liederdichter, *1377, †1445.

Oszilla'tion [lat.] die, →Schwingung, **oszill'ieren,** schwanken, schwingen. **Oszill'ator** der, Gerät zur Erzeugung von Schwingungen.

Oszillogr'aph [lat.-grch.] der, Gerät zur Beobachtung oder photograph. Aufnahme oszillierender Vorgänge (Spannungsverlauf von Wechselströmen, Schwingungen an Bauwerken u. a.).

Otaru, Hafenstadt in Japan, auf Hokkaido, 207000 Ew.; Mittelpunkt der Fischerei.

Otfried, Benediktinermönch in Weißenburg, Elsaß, verfaßte um 863-871 eine →Evangelienharmonie, das älteste dt. Gedicht mit Endreimen.

Oth'ello, maurischer Befehlshaber der Truppen Venedigs, »der Mohr von Venedig«, ermordete aus Eifersucht seine Gemahlin; Trauerspiel von Shakespeare; Opern von Rossini, Verdi.

Ot'itis [grch.] die, Ohrenentzündung.

'**Otranto, Straße von O.,** Meerenge zwischen

Ottawa: Parlamentsgebäude

Süditalien und Albanien; sie ist 71 km breit.
Ottavi'ani, Alfredo, italien. Kurienkardinal
(seit 1953), *1890.
Ottawa ['ɔtəwə], Bundeshauptstadt Kanadas,
Prov. Ontario, 527 400 Ew.; Erzbischofssitz; Bibliothek; Universität; Holz-, Textil-, chem., Papierindustrie, Druckereigewerbe.
Otter die, 1) vipernartige Giftschlange, bes.
Kreuzotter. 2) der oder die →Fischotter.
Otto, Fürsten: **Röm.-dt. Kaiser. 1) O. I., der
Große** (936-973), Sohn Heinrichs I., *912, †973;
brach die Macht der Stammesherzöge, stützte
sich auf die Bischöfe, besiegte die Ungarn 955 auf
dem Lechfeld, dehnte die Ostgrenze gegen die
Slawen aus, gründete 968 das Erzbistum Magdeburg, besetzte 951/952 das Königreich Italien
(Oberitalien); 962 in Rom zum Kaiser gekrönt;
beigesetzt im Magdeburger Dom. **2) O. II.** (973
bis 983), *955, †983; Sohn von 1), ⊙ mit der byzantin. Prinzessin Theophano, kämpfte gegen Araber und Byzantiner in Unteritalien. **3) O. III.**
(983-1002), *980, †1002, Sohn von 2), erstrebte
die Wiederherstellung des röm. Weltreichs in
christl. Geiste; Astronom und Mathematiker. **4)
O. IV. von Braunschweig** (1198-1218), * um 1175,
†1218; Welfe, Sohn Heinrichs des Löwen, Gegenkönig des Staufers Philipp von Schwaben, nach
dessen Ermordung 1208 allgemein anerkannt,
1212-14 durch den Staufer Friedrich II. verdrängt.
Österreich. **5) O. Habsburg-Lothringen,** Sohn Kaiser Karls, *1912; Kronprätendent, lebte 1939-1944
in den Verein. Staaten, seit 1950 in Bayern.
Otto, 1) Berthold, Pädagoge, *1859, †1933;
empfahl »freien Gesamtunterricht«, Selbstregierung der Schüler u. a. **2)** Nikolaus, Ingenieur,
*1832, †1891; schuf den nach ihm benannten
→Ottomotor. **3)** Rudolf, evang. Religionspsychologe, *1869, †1937; Hauptwerk: »Das Heilige«.
Ottob'euren, Gem. im RegBez. Schwaben,
Bayern; Benediktinerabtei (Kirche 1737-66, Klostergebäude 1711-31 erbaut); Kneippkurort.
Ottokar II., König von Böhmen (1253-78), * um
1230, †1278; förderte die dt. Einwanderung,
brachte 1251 Österreich, 1260 Steiermark, 1269
Kärnten an sich; im Kampf gegen König Rudolf
von Habsburg auf dem Marchfeld besiegt und
getötet. Trauerspiel von Grillparzer (1825).
Ottom'an [frz. »türkisch«] der, Gewebe mit
starken Querrippen für Kleider, Möbelbezüge u.ä.
Ottom'ane [frz., von Osmane], **1)** der, Türke.
2) die, ⚓ Liegemöbel.
Ottomotor [nach N. →Otto], Verbrennungskraftmaschine mit Fremdzündung. Der Kolben
saugt in den Zylinder Luft ein, die das im Vergaser gebildete Gemisch von Tröpfchen, Nebel
und Dampf des Kraftstoffes mitreißt. Dieses
Kraftstoff-Luft-Gemisch wird vom zurückgehenden Kolben verdichtet; kurz bevor der Kolben
seinen oberen Totpunkt erreicht, wird das Gemisch durch elektr. Funken gezündet. Die heißen,
unter Druck stehenden Verbrennungsgase treiben
den Kolben vor sich her und leisten dabei Arbeit.
Arbeitsweise: →Viertaktverfahren oder →Zweitaktverfahren. Gleichmäßiger Gang wird durch
ein Schwungrad oder durch Anordnung als Mehrzylindermotor erreicht.(FARBTAFEL Verbrennungsmotor S. 876)
Ott'onen, die dt. Könige und Kaiser des sächs.
Hauses im 10. Jahrh. (→Otto I., II. und III.).
ott'onische Kunst, die Kunst zur Zeit der
Ottonen, →Deutsche Kunst.
Otto-Peters, Luise, *1819, †1895; gründete
1848 die erste dt. »Frauenzeitung«, 1865 den
»Allgemeinen Dt. Frauenverein«.
Otto von Bamberg, Apostel der Pommern,
* um 1060, †1139; Bischof von Bamberg, führte
seit 1124 in Pommern das Christentum ein, Heiliger (Tag 2. 7.).
Otto von Freising, Geschichtsschreiber,
* nach 1111, †1158; seit 1138 Bischof von Freising; schrieb »Gesta Friderici I« und »Weltchronik«, der bedeutendste geschichtsphilosoph. Versuch des MA.

'**Ottweiler,** Kreisstadt im Saarland, an der
Blies, 10 200 Ew.; Eisen-, Ziegel-, Chemieind.
Ötztal, rechtes Seitental des Inns in Tirol, in
den an Gletschern reichen **Ötztaler Alpen** (Wildspitze 3774 m hoch). Das obere Ö. spaltet sich in
das **Venter** und das **Gurgler Tal.**
Ouagad'ougou, Wagadugu, Hauptstadt von
Obervolta, 110 000 Ew.; Bahn nach Abidjan.
Oud [aut], Jacobus Johannes Pieter, holländ.
Architekt, *1890, †1963; Bauten von strenger
Sachlichkeit und Klarheit.
Oujda, Stadt in O-Marokko, 140 000 Ew.;
Wirtschafts- und Verkehrszentrum.
'**Oulu,** schwed. **Uleåborg,** Hafenstadt in N-
Finnland, 85 100 Ew.; Holzausfuhr.
ounce [auns, engl. »Unze«] die, abgek.: **oz.,**
engl. Gewicht = 28,35 g, für Edelmetalle und
-steine = 31,1 g.
out [aut, engl.], aus, draußen. **Outcast** ['autka:st, engl.] der, gesellschaftl. Geächteter. **Outsider** ['autsaidə, engl.] der, Außenseiter.
Output, [engl.] der, ⌀ Produkt, Ausstoß.
outrieren [utr'i:rən, frz.], übertreiben.
Ouvertüre [uvɛrt'y:rə, frz. »Eröffnung«] die,
Instrumentalvorspiel zu Bühnenwerken (Oper,
Ballett, Schauspiel) oder Oratorien; auch selbständig (Konzert-O., Fest-O.).
ov'al [lat.], eirund, länglichrund.
Ov'arium, Ovar [lat.] das, →Eierstock.
Ovati'on [lat.] die, Huldigung.
Overall ['ouvərɔ:l, engl.] der, Überzieh-,
Schutzanzug.
'**Overath,** Gem. in Nordrh.-Westf., im Berg.
Land, 15 600 Ew.; Werkzeugfabriken, Zink ⚒.
'**Overbeck,** Johann Friedrich, Maler, *1789,
†1869; bestimmender Meister der →Nazarener (2),
malte u. a. religiöse Bilder.
Overdrive ['ouvərdraiv, engl.] der, ein Zusatzgang zu einem Kraftwagengetriebe, der bei höherer Geschwindigkeit zugeschaltet wird und die
Motordrehzahl herabsetzt.
Ov'id, lat. **Publius Ovidius Naso,** röm. Dichter,
*43 v. Chr., † etwa 17 n. Chr., lebte in Rom als geschätzter Dichter der Gesellschaft, 8 n. Chr. von
Augustus verbannt; schrieb Liebeselegien, das
Lehrbuch der Liebe (»Ars amandi«), die »Metamorphosen« (Kleinepen aus der griech.-röm.
Sage) und in der Verbannung
»Tristia« (Klagelieder).
Ovi'edo, Hauptstadt der span. Prov. O. in
Asturien, 144 700 Ew.; got. Kathedrale; Univ.
(1604 gegr.); Waffen-, Eisen-, Lederindustrie.
ovip'ar [lat. »eigebärend«], eierlegend.
ÖVP, Abk. für →Österreichische Volkspartei.
Ovulati'on [lat.] die, der Eisprung (→Eierstock).
Ow'ambo Mz., Bantustamm, →Ambo.
Owen ['ouən], Robert, engl. Sozialist, *1771,
†1858; führte als Industrieller soziale Reformen in
seinem Betrieb ein; geistiger Begründer der engl.
Genossenschaften.
Ox'alsäure, Kleesäure, COOH-COOH, eine
im Pflanzenreich sehr verbreitete organ. Säure, giftig, farblose Kristalle. Die O. und einige ihrer Salze
(Oxalate, →Kleesalz) werden verwendet als Farbbeize, Bleichmittel, Fleckenmittel (Rost, Tinte).
Oxenstierna ['uksənfærna], Axel Graf, schwed.
Staatsmann, *1583, †1654, Kanzler Gustav Adolfs,
leitete seit dessen Tode 1632 die schwed. Politik
im Dreißigjährigen Krieg.
Oxer, Hindernis beim →Parcours.
Oxford ['ɔksfəd], Stadt im mittl. England, an
der Themse, 109 700 Ew.; älteste engl. Univ. (1163);
got. Kathedrale, alte Kirchen und Collegegebäude; Bischofssitz; Fahrzeugind. (BILD S. 662)
Oxford-Bewegung, →Ritualismus.
Oxford-Gruppenbewegung, →Moralische
Aufrüstung.
oxy... [von grch. oxys »scharf«, »sauer«], bei
chem. Verbindungen: sauerstoffhaltig.
Ox'yd [grch.], **Ox'id** das, die, chem. Verbindung eines Elements mit Sauerstoff.
Oxydati'on [grch.-lat.] die, chem. Vereinigung
von Sauerstoff mit andern Elementen oder Verbin-

Oxford: Magdalen College

dungen, auch die Abspaltung von Wasserstoff aus Verbindungen. Eine rasch unter Feuererscheinung sich abspielende O. heißt Verbrennung. **O.-Mittel:** Sauerstoff und sauerstoffabgebende Mittel wie Ozon, Kaliumchlorat u. a.

Oxyg'enium [grch.] das, Sauerstoff.

Ox'ymoron [grch. »scharfsinnig-dumm«] das, Verbindung zweier sich widersprechender Begriffe: alter Knabe, schaurig-schön.

Oxy'uren Mz., die →Madenwürmer.

Oyb'in der, bewaldeter Felsberg bei Zittau, Klosterruine; am Fuß der Kurort O.

Oeynhausen ['øːn-], **Bad O.,** Stadt in Nordrh.-Westf., nahe der Westfäl. Pforte, 14200 Ew.; Thermal- und Solquellen.

'Ozean [von grch. →Okeanos] der, das →Meer. **Ozeanograph'ie** die, Meereskunde. **Ozeanolog'ie** die, Wissenschaft von den Meeren und ihren Lebewesen.

Ozelot

Oze'anien, die Inseln des südwestl. Stillen Ozeans, zwischen Australien, Indonesien, Japan und den küstennahen Inseln S-Amerikas; teils alte Festlandmassen **(Melanesien),** teils aus jüngerem vulkan. Gestein und Korallenkalk aufgebaut **(Mikronesien, Polynesien).** STAATLICHE GLIEDERUNG →Australien und Ozeanien. ⊕ S. 518.

'Ozelot [indian.] der, Pantherkatze, gefleckte Wildkatze; lebt im warmen Amerika.

Ozenfant [ozãf'ã], Amédé, französ. Maler und Kunstschriftsteller, *1886, †1966; mit Le Corbusier Begründer des →Purismus.

Ozoker'it [grch.] der, das →Erdwachs.

Oz'on [grch.] das, O_3, Verbindung aus drei Sauerstoffatomen, daher starkes Oxydationsmittel. O. bildet sich aus Sauerstoff (Luft) durch ultraviolette Strahlen und elektr. Entladungen, riecht kräftig und reizt die Atmungsorgane.

P

p, P, 1) der sechzehnte Buchstabe des Abc. **2)** P, chem. Zeichen für Phosphor. **3)** p, in Zitaten pagina (Seite), auf Gemälden pinxit (hat gemalt), in der Musik piano; P, Pater oder Père. **4)** p, →Pond.

Pa, chem. Zeichen für →Protactinium.

p. a., Abk. für pro anno [lat.], fürs Jahr.

p. A., auf Briefen: per Adresse.

PAA, Pan American World Airways Inc. [pæn əm'erikən wəːld 'ɛəweiz...], amerikan. Luftverkehrsgesellschaft.

P'äan [grch.] der, feierl. Gesang, Siegeslied.

Paarerzeugung, →Elementarteilchen.

Paarhufer, Paarzeher, Ordnung der Säugetiere, alle huftragenden Säuger, bei denen nur die 3. und 4. Zehe entwickelt und mit Hufen bedeckt sind. Die P. leben von Pflanzen. Man unterscheidet Nichtwiederkäuer (Schwein, Flußpferd) und Wiederkäuer (Horntiere, Hirsche, Giraffen, Kamele).

Paarung, →Begattung.

Paarvernichtung, →Elementarteilchen.

P'aasikivi, Juho Kusti, finn. Staatsmann, *1870, †1956; führte 1920, 1939 und 1940 die Friedensverhandlungen mit Moskau, 1944-46 MinPräs., 1946-56 Staatspräs.

Pabianice [-jan'itsɛ], Stadt in Polen, im SW von Lodz, 62100 Ew.; Leinenindustrie.

Pace [peis, engl.] der, Schritt, Gang. Rennsport: Geschwindigkeit eines Rennens.

Pacelli [patʃ'ɛli], Papst Pius XII. (→Pius).

Pacem in terris [lat.], Anfangsworte einer Enzyklika Papst Johannes XXIII. von 1963.

P'achelbel, Johann, bedeutender Organist und Komponist vor Bach, *1653, †1706.

Pacher, Michael, Maler und Bildschnitzer, * um 1435, †1498; führender Meister der dt. Spätgotik: Altar in Sankt Wolfgang (Salzkammergut).

Pach'omius, Heiliger, †346, gründete am Nil das erste Kloster (Tabennisi).

Pacht die, ♫ Überlassung eines Gegenstandes an einen anderen **(Pächter)** zum Gebrauch und zur Nutzung gegen Zahlung eines **Pachtzinses** (§§ 581ff. BGB). Im Gegensatz zur Miete können auch Rechte (z. B. Jagdrechte) Gegenstand der P. sein, außerdem erhält der Pächter im Rahmen einer ordnungsgemäßen Wirtschaft die Früchte des P.-Gegenstandes. Im allgemeinen finden auf die P. die Vorschriften der Miete Anwendung. Halboder Teil-P.: im älteren Recht Form der P., bei der der Pachtzins in einem Bruchteil des Früchteertrages bestand.

Pachyd'erme [grch.] der, ♁ Dickhäuter.

Pacioli [patʃ'oli], Luca, Erfinder der doppelten Buchführung, * um 1445/50, † um 1514.

Päckchen das, Postsendung, die ohne Paketkarte durch Paketpost befördert wird (bis 2 kg).

Packeis, zusammen- und übereinandergeschobene Eisschollen im Meer.

Packung die, **1)** ♫ das Umhüllen des Körpers oder eines Körperteils mit feuchten Tüchern (zur **kühlenden P.** stubenwarm, zur **Schwitz-P.** heiß). **2)** ⚙ die Dichtung.

Packungsanteil, ⚛ relative Abweichung des Isotopengewichts von der ganzzahligen Massenzahl.

P'acta sunt serv'anda [lat.], Verträge müssen gehalten werden.

Päd... [grch.], Knabe..., Kind...

Pädagoge der, Erzieher, Lehrer, Wissenschaftler für Erziehungsfragen.

Pädag'ogik [grch.] die, Kunst und Lehre von der Erziehung, Erziehungswissenschaft; seit dem 17. Jahrh. wurde sie zu einer eigenen Wissenschaft mit vielen Zweigen: pädagog. Psychologie, sozio-

Pacher: Der Teufel hält dem hl. Wolfgang das Meßbuch (vom Kirchenväter-Altar)

log. P., Didaktik(Unterrichtslehre), pädagog. Ziellehre, Moral-P., Geschichte der P.

Pädagogische Hochschulen, Hochschulen zur Ausbildung von Volksschullehrern, auch von Mittel- und Sonderschullehrern u. a.

Pädag'ogium das, höhere Schule mit Heimerziehung.

P'adang, Hafenstadt in Westsumatra, Indonesien, 144000 Ew.; Universität; Ausfuhr von Kaffee, Gewürzen, Tabak, Kohlen.

P'addel das, Ruder, das frei (ohne Widerlager) mit den Händen geführt wird. **paddeln,** mit dem P. rudern, z. B. ein Paddelboot.

Päderast'ie [grch.] die, Knabenliebe.

Paderb'orn, Stadt in Nordrh.-Westf., am Eggegebirge, 68700 Ew.; Erzbischofssitz; Dom (11. bis 13. Jahrh.), roman., got. und Barockkirchen, Rathaus (Renaissance); Fakultät für kath. Theologie; Akademien; verschiedene Ind. – Karl d. Gr. stiftete das Bistum P. Die Stadt P. war seit 1295 Mitgl. der Hanse.

Pader'ewski, Ignacy, poln. Pianist, Komponist und Politiker, *1860, †1941; 1919 poln. Min.-Präs.; 1940 Präs. des poln. Exilparlaments in Paris.

Pädiatr'ie [grch.] die, Kinderheilkunde.

P'adischah [pers.] der, **Schahinschah,** Großkönig.

Pädog'enesis [grch.] die, Fortpflanzung schon bei der Larve eines Tieres (Zuckmücke, manche Schlupfwespen).

P'adua, italien. Padova, Stadt in Norditalien, 226300 Ew.; alte Bauten (Ringmauer, Dom, Justizpalast aus dem 12. Jahrh., Kirche Sant'Antonio); Bischofssitz; Universität; Maschinen-, Auto-, Konservenindustrie. – P. fiel 1406 an Venedig, 1797 und 1814 an Österreich, 1866 an Italien.

Padua: Prato della Valle

pag. oder **p.,** Abk. für →pagina.

Pagan'ini, Niccolò, italien. Geigenvirtuose und Komponist, *1782, †1840.

Pagan'ismus [lat.] der, 1) das Heidentum. 2) im Christentum fortlebender heidn. Brauch.

Page [pa:ʒə, frz.] der, 1) Edelknabe im Hofdienst. 2) Lehrling in Gaststätten oder Hotels.

p'agina [lat.] die, abgek. **pag., p.,** Mz. **pp.,** Buchseite. **paginieren,** mit Seitenzahlen versehen.

Pagnol [paɲ'ɔl], Marcel, französ. Dramatiker, *1895; Lustspiele »Topaze« und »Marius«, Filme.

Pag'ode [malaiisch aus ind.] die, 1) turmartige Tempelbauten Ostasiens. 2) fälschlich: kleine chines. Figur mit nickendem Kopf.

Paiho, Peiho der, Fluß im nordöstl. China, fließt bei Peking vorbei und mündet bei Taku.

Paillette [paj'ɛtə, frz.] die, dünnes Metallblättchen zur Verzierung von Kleidern, Abendtaschen.

Paine [pein], Thomas, engl. Schriftsteller und Politiker, *1737, †1809; Wortführer der amerikan. Unabhängigkeitsbewegung. Hauptwerk: »Menschenrechte« (1791).

Pai'onios, griech. Bildhauer, 5. Jahrh. v. Chr.; erhalten Marmorstandbild der Nike in Olympia.

Pair [pɛ:r frz.] der, 1) in Frankreich bevorrechtigtes Mitgl. des Hochadels, im bes. ein Mitglied der Oberen Kammer 1814-48. 2) in England →Peer.

Paisi'ello, Giovanni, italien. Opernkomponist. *1740 †1816; »Der Barbier von Sevilla« u. a.

Paisley [p'eizli], Stadt in Schottland, westl.

Glasgow, 95800 Ew.; alte Abtei; Industrie.

Pak, Abk. für Panzerabwehrkanone.

Pak'et [aus frz.] das Post: Kleingutsendung, die zu bestimmten, nach Entfernung und Gewicht gestaffelten Gebühren unter Beifügung einer **P.-Karte** versandt wird.

Pak'etboot, ♣ Postdampfer.

P'akistan, Islamische Republik P., Rep. in Vorderindien (803940 km², rd. 50 Mill. Ew.). Hauptstadt: Rawalpindi; die neue Hauptstadt Islamabad ist im Bau. Amtssprache ist Urdu; Englisch ist bis 1972 als Amtssprache anerkannt. ⊕ S. 515. ⊟ S. 346. (FARBTAFEL Asien II)

LANDESNATUR. P. reicht vom Pamir nach S und SW zum Arab. Meer; es umfaßt das Stromgebiet des Indus, das Suleimangebirge und das Hochland von Belutschistan. Klima: Trocken und sommerheiß. Bevölkerung: →Vorderindien. Großstädte: Karatschi, Lahor.

WIRTSCHAFT. Anbau von Zuckerrohr, Reis, Weizen, Baumwolle, Tee u. a.; Fischerei. 🐑 auf Erdöl, Erdgas (Pipeline von Sui nach Karatschi), Chrom, Gips, Kalkstein, Kohle u. a. Energiewirtschaft, Wasserkraftwerke). Textil-, Nahrungsmittelind.; Stahlwerke im Aufbau. Ausfuhr: Baumwolle, Spinnstoffe, Häute, Fische. Haupthandelspartner: Großbritannien, USA, Japan, EWG-Länder. Haupthäfen: Karatschi, Tschalna; internat. Flughafen: Karatschi.

GESCHICHTE. P. ist 1947 aus der Teilung Brit.-Indiens entstanden (→Vorderindien, GESCHICHTE). Es bestand bis 1971 aus West- und Ost-P. Am 23. 3. 1956 wurde die Bindung an die brit. Krone gelöst und die unabhängige Rep. P. proklamiert. Mit Indien besteht seit 1947 der Konflikt um →Kaschmir. P. gehört dem Südostasienpakt (SEATO) an. Der Gegensatz zwischen West- und Ost-P. sowie zwischen orthodoxen Muslimen und Vertretern neuerer Staatsauffassungen führte wiederholt zu inneren Unruhen. Ost-P. erklärte im März 1971 seine Unabhängigkeit als →Bangla Desh. Im folgenden Bürgerkrieg konnten die O-Pakistaner von ind. Truppen unterstützt, die westpakistan. Truppen schlagen. Es entstand der selbständige Staat Bangla Desh. 1972 erklärte P. seinen Austritt aus dem Brit. Commonwealth. Staatspräs.: Zulfikan Ali Bhutto.

Pako der, **Alpaka,** ein →Lama.

Pakt [lat. pactum] der, Vertrag, im bes. Staatsvertrag. **pakt'ieren,** übereinkommen; Zugeständnisse machen.

Pal, →Fernsehen (2).

Palacio Valdés [pal'aθjo vald'ɛs], Armando, span. Schriftsteller, *1853, †1938; realist., psycholog. Romane.

Palacký [p'alatski], Franz, tschech. Historiker und Politiker, *1798, †1876; Verfasser der ersten wissenschaftl. tschech. Geschichte.

Palad'in der, im Rolandslied einer der 12 Helden; allgemein: treuer Gefolgsmann.

Palais [pal'ɛ, frz.] das, Palast. **P. de l'Elysée,** Amtssitz des französ. Staatspräs. **P. Schaumburg,** Amtssitz des Bundeskanzlers in Bonn.

paläo... [grch.], alt...; Vorwelts...; z. B. paläolithisch, altsteinzeitlich.

Paläobiolog'ie die, die Biologie vergangener Erdzeiten.

Paläogeograph'ie die, ein Zweig der Geologie, dient der Erforschung der geograph. Verhältnisse der Vorzeit.

Paläograph'ie die, die Wissenschaft von den Schriftarten des Altertums und -MA.

Paläol'ithikum das, die →Altsteinzeit.

Paläol'ogen Mz., das letzte byzantin. Kaiserhaus (1261-1453).

Paläontolog'ie die, **Versteinerungskunde,** die Wissenschaft von den fossilen, d.h. versteinerten Tier- und Pflanzenresten und von der Geschichte des Tier- und Pflanzenreichs im Lauf der Erdgeschichte. Die P. ist bedeutsam für die Klärung der →Stammesgeschichte.

Paläoz'oikum [grch.] das, Zeitabschnitt aus dem Altertum der →Erdgeschichte (ÜBERSICHT).

Paganini

Pakistan

Palermo: Blick auf den Hafen

Pallium

P'alas [von lat. palatium] der, Wohnbau einer →Burg mit Festsaal.

Pal'ast [von lat. palatium] der, schloßartiges Bauwerk.

Paläst'ina [»Land der Philister«], geschichtl. Landschaft an der O-Küste des Mittelmeeres, mit vielen dem Christentum, Judentum und Islam heiligen Orten, daher **Heiliges Land** genannt. P. reicht von der flachen, fast buchtenlosen Mittelmeerküste und der breiten Küstenebene über ein etwa 1000 m hohes Bergland bis zur Jordansenke (Spiegel des Toten Meeres 392 m unter dem Mittelmeerspiegel). Hauptstrom: Jordan. Mittelmeerklima mit spärlichen Niederschlägen und dürftiger Pflanzenwelt im Landesinnern. Über BEVÖLKERUNG und WIRTSCHAFT →Israel, →Jordanien. – GESCHICHTE. In das schon zur Altsteinzeit besiedelte P. wanderten um 3000 v. Chr. die semit. Amoriter, später die Kananiter ein, denen die Juden folgten (→Israel, Volksstamm). Nach der Eroberung Babyloniens durch Persien kehrten die Israeliten aus der babylon. Gefangenschaft zurück; seitdem gehörte P. zum Perserreich, seit 332 zum Reich Alexanders d. Gr.; es kam 320 zum Ptolemäerstaat, 198 zum Seleukidenreich. Nach der Befreiung durch die →Makkabäer wurde P. 63 v. Chr. abhängig von Rom. Seit dem 1. Jahrh. n. Chr. bildete P. eine röm. Prov., seit 395 gehörte es zu Ostrom. Seit 642 unter dem Einfluß des Islam, war P. 1517-1918 türkisch, 1920-48 brit. Mandatsgebiet. 1948 wurde der jüdische Staat →Israel ausgerufen, der östl. Teil P.s fiel an →Jordanien. ⊕ S. 514.

Palästina: Jordan bei der Taufstelle

Pal'ästra [grch.] die, die altgriech. Ausbildungsstätte für den Sport.

Palat'al [lat.] der, Gaumenlaut.

Palat'in der, einer der sieben Hügel Roms, der vornehmste Stadtteil im alten Rom.

Palat'in [lat.] der, **1)** der →Pfalzgraf. **2)** in Ungarn (bis 1848) Stellvertreter des Königs.

Palat'ina, alte Heidelberger Bibliothek; kam 1623 nach Rom; ein Teil 1816 zurückgegeben.

Palatsch'inken Mz., Österreich: gefüllte Eierkuchen.

P'alau-Inseln, Inselgruppe Mikronesiens, 488 km², 11900 Ew.; Guanolager. – 1899 von Spanien an das Dt. Reich verkauft; 1920-45 japan. Mandat; seitdem Treuhandgebiet der USA.

Pal'aver [engl., von portug. »Wort«], weitschweifiges Gerede.

Pal'azzo [ital.] der, Palast.

Pal'embang, Hafenstadt auf Sumatra, Indonesien, 475000 Ew.; Erdölraffinerien.

Palenque [pal'ɛŋkɛ], Ruinenstadt der Maya im mexikan. Staat Chiapas.

Pal'ermo, Hafenstadt Siziliens, an der Nordküste, am **Golf von P.,** 659000 Ew.; Erzbischofssitz; Dom (1170) mit den Gräbern Kaiser Heinrichs VI., Friedrichs II.; Palazzo Reale (11.Jahrh.); Univ.; Stahl-, Glas-, chem., Textil-, Zement-, Papier-, Lebensmittelind., Schiffbau; Fremdenverkehr. – P. wurde von den Phönikern gegründet; 830 von den Arabern, 1072 von den Normannen erobert; Lieblingssitz Kaiser Friedrichs II.

Palestr'ina, Giovanni, eigentl. G. **Pierluigi da P.,** italien. Komponist, * um 1525, †1594; Erneuerer der kath. Kirchenmusik (A-cappella-Stil): Messen, Motetten u. a. – Oper »P.«, musikal. Legende von H. Pfitzner.

Paletot [palt'o, frz.] der, Überzieher, Herrenmantel.

Pal'ette [frz.] die, mit Daumenloch versehene Tafel, auf der der Maler die Farben mischt.

P'ali das, die Sprache des indischen Mittelalters und der Schriften der Buddhisten.

Palimps'est [grch.] der, Pergamenthandschrift, deren urspr. Text beseitigt durch einen anderen ersetzt ist; ältere Schrift kann durch neuzeitl. Hilfsmittel wieder lesbar gemacht werden.

Palindr'om [grch.] das, Lautreihe, die vor- und rückwärts gelesen einen Sinn ergibt, z.B. Otto, Regen.

Paling'enesis [grch.] die, **Palingen'ese, 1)** Wiedergeburt. **2)** Wiederholung stammesgeschichtlich älterer Formen in der Keimesentwicklung.

Palis'ade [frz.] die, ⚒ Reihe zugespitzter Schanzpfähle als Hindernis.

Palis'adenwürmer, bis zu 1 m lange Fadenwürmer, Schmarotzer im Nierenbecken von Tieren und Menschen.

Palis'ander der, rötlichbraunes hartes Holz einiger Jacaranda-Arten (S-Amerika).

Pall'adio, Andrea, italien. Baumeister, *1508, †1580; schuf Bauten von strenger Klarheit und Harmonie; Lehrmeister des Klassizismus.

Pall'adium das, **1)** im Altertum geschnitztes Bild der Pallas Athene zum Schutz einer Stadt. **2)** Schutzbild, Hort.

Pall'adium das, **Pd,** chem. Element, Platinmetall; Ordnungzahl 46, Dichte 12,1 g/cm³, Schmelzpunkt 1550°C. In feinverteiltem Zustand **(P.-Mohr)** nimmt P. viel Wasserstoff auf; Verwendung als Katalysator.

P'allas [grch.], Beiname der Göttin →Athene.

P'allasch [russ.] der, langer, schwerer Degen, früher Stichwaffe der Kürassiere.

Pallet [p'ælit, engl.] die, Rahmen oder Platte, auf denen gestapelte Lasten von Hub- oder Gabelkarren befördert werden.

Palliat'iva [lat.] Mz., Arzneimittel, die nur lindernd wirken, ohne die Ursachen zu beheben.

P'allium das, **1)** altröm. weiter Überwurf für Männer; im MA. kaiserl. Mantel, Krönungsmantel. **2)** Papst und Erzbischöfe: ringförmige, mit Kreuzen verzierte weißwollene Binde mit Brust- und Rückenstreifen.

Pallott'iner Mz., kath. Missionsgesellschaft; 1835 gegründet.

Palm, Johann Philipp, Buchhändler, *1766, †1806; als Verleger einer vaterländ. Druckschrift auf Befehl Napoleons erschossen.

P'alma, Jacopo, genannt **P. Vecchio,** italien. Maler, * um 1480, †1528; malte Altarbilder, weibl. Akte und Halbfiguren.

Palma de Mallorca [maλ'ɔrka], Hauptstadt und -hafen der Balearen, auf Mallorca, 204000

Ew.; got. Kathedrale; Handel, Leder-Ind., Kunstgewerbe, Fremdenverkehr. (BILD Mallorca)

Palm′arum, der →Palmsonntag.

P′almas, 1) Kap P., Vorgebirge Westafrikas. **2)** LasP., Stadt auf der Insel Gran Canaria, 210 000 Ew.; Hafen ist La Luz; Ausfuhr von Bananen, Tomaten.

Palm Beach [pa:m bi:tʃ], Badeort an der SO-Küste Floridas, USA, 6100 Ew.

Palme, Olof, schwed. Politiker, *1927, Jurist, seit 1963 Min., seit Okt. 1969 MinPräs.

P′almen Mz., einkeimblättrige Pflanzenfamilie, bis 30 m hohe und 50 cm dicke Holzgewächse der Tropen und warmer Landstriche. Man unterscheidet nach der Form der Blätter **Fieder-P.** und **Fächer-P.** Die P. tragen blütenreiche, oft zweihäusige Blütenstände; die Früchte sind Beeren, Steinfrüchte oder Nüsse. Zugehörig: **Dattelpalme, Kokospalme, Ölpalme, Rohrpalme, Sagopalme** u. a.

Palmen: A Kokospalme, a oben männl., unten weibl. Blüte, b Frucht. B Ölpalme, c männl., d weibl. Blüten, e Frucht, f Fruchtstand

Palmerston [p′a:məstən], Henry John Temple, Viscount, engl. Staatsmann, *1784, †1865; liberal, 1855-58, 1859-65 Premierminister.

Palm′ette [frz.] die, **1)** am Palmenblatt ähnl. Ornament. **2)** eine Spalierbaumform.

Palm′etto der, amerikan. Fächerpalmen.

Palmfarne Mz., **1)** Farne mit dicken Stämmen, an denen palmenartige Wedel sitzen; trop. Waldpflanzen Südasiens, Polynesiens, Madagaskars. **2) Zykasgewächse,** einfachste Formen der Nacktsamigen, in warmen Ländern, farnähnl. mit holz. Stamm. Die **japan. P.** liefern in ihren Stämmen Stärkemehl (Sago).

Palm′ira, Stadt in Kolumbien, 151 700 Ew.; landwirtschaftl. Versuchsstation.

Palmit′insäure, ⌀ eine Fettsäure; in Form ihres Glycerinesters Bestandteil der meisten Fette.

Palmkerne, die Samen der →Ölpalme.

Palmn′icken, Ostseebad in Ostpreußen, an der samländ. Küste; Bernsteingewinnung; seit 1945 unter sowjet. Verw. **(Jantarnyj).** Radarleitstelle, Fischereikombinat.

Palmsonntag, Sonntag vor Ostern, nach dem Palmenstreuen beim Einzug Christi in Jerusalem.

Palmwein, alkohol. Getränk aus Palmen.

Palm′yra, alte Stadt in einer Oase der syr. Wüste; Baureste aus dem 3. Jahrh. n. Chr.; Fundort zahlreicher aramäischer Inschriften.

Pal′olowurm, Borstenwurm der Südsee, an Korallenriffen.

Pal′ucca, Gret, Solotänzerin, *1902; Meisterin des Ausdruckstanzes; 1925 gegr. **P.-Schule** in Dresden.

Pam′ir der, **Dach der Welt,** Knotenpunkt der Gebirgszüge in Mittelasien, im Kungur 7719 m hoch, besteht aus verschiedenen Hochgebirgen und Hochflächen (Pamire Mz.); gehört zum größten Teil zur Tadschik. SSR.

P′ampa die, baum- und strauchlose Grasebene in Argentinien.

P′ampasgras, Silbergras, hohe Grasart in den Pampas, mit weißer Rispe; Gartenpflanze.

P′ampashase, meerschweinchenartiges Nagetier in der patagon. Steppe Argentiniens.

P′ampelmuse die, eine Südfrucht, →Citrus.

Pamphl′et [engl.-frz.] das, Schmähschrift.

Pamph′ylien, antike Landschaft im südlichen Kleinasien.

Pampl′ona, Stadt im nördl. Spanien, 122 000 Ew.; Festung; got. Kathedrale; Textil-, Papier-, Steingut-, Eisenindustrie.

Pan, in der griech. Göttersage ein (urspr. arkadischer) Hirtengott, mit Bocksbeinen und halbtier. Gesicht oder mit Bockshörnern dargestellt. P. galt als Erfinder der Syrinx **(Panflöte)** und Urheber plötzl. und unerklärl. **(panischer)** Schrecken.

Pan [poln., tschech.], Herr.

pan... [grch.], all..., ganz.., z. B. Panamerika.

Pan′aitios von Rhodos, griech. Philosoph im 2. Jahrh. v. Chr., Leiter der stoischen Schule in Athen, prägte den Begriff der Humanität.

P′anama, span. **Panamá, 1)** Rep. in Zentralamerika, beiderseits des →Panamakanals, 75 650 km², 1,4 Mill. Ew. (überwiegend Mestizen, daneben Neger, Weiße, Mulatten, Indianer; rd. 93% kath.); Hauptstadt: Panamá; Amtssprache: Spanisch. – P. umfaßt die **Landenge von P.;** gebirgig, verbreitet Wälder. Klima tropisch. Anbau von Reis, Mais; für die Ausfuhr: Bananen, Kaffee, Zuckerrohr u. a.; Fischerei (Krabben); Erdölraffinerie. Von wirtschaftl. Bedeutung sind die Einnahmen aus der Kanalzone. Haupthandelspartner: USA. – P. war bis 1821 spanisch, schloß sich 1821 Kolumbien an, erklärte 1903 seine Unabhängigkeit mit Unterstützung der USA, die das Recht zum Bau des P.-Kanals und die Herrschaft über die Kanalzone erhielten. Provisor. Staatspräs.: J. M. Pinilla (seit Putsch v. 11. 10. 1968). ⊕ S. 516, ⊓ S. 346. – **2)** Hauptstadt und -hafen von 1), am Golf von P., 7 km vom S-Ende des P.-Kanals, 373 200 Ew.; 1519 von Spaniern gegr.

P′anama der, Gewebe mit kleinem Würfelmuster, eine Abart der Leinwandbindung.

P′anamahut, aus Blättern der Kolbenpalme geflochtener Strohhut mit breiter Krempe.

P′anamakanal, stark befestigter Schleusen-

Panamakanal

Palmfarne: 1 P., **2** Blatt mit Früchten

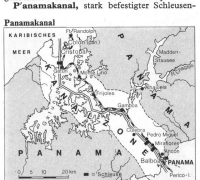

Panamakanal

Pandang

Pantoffelblume

kanal zwischen dem Atlant. und dem Stillen Ozean, mit einem beiderseits gelegenen Landstreifen Hoheitsgebiet der USA (**Kanalzone,** 1430 km², 56000 Ew.), aber neutralisiert, durchschneidet die Landenge von →Panama; 81 km lang, wird in 7-8 Stunden durchfahren. – Der Bau des P., den zuerst 1881 bis 1889 eine von Lesseps gegr. französ. Gesellschaft versuchte, wurde erst 1903 bis 1914 von den USA durchgeführt.

Panamarinde, Quillajarinde (→Quillaja).

Panamerican Highway [pænəm'erikən h'aiwei], span. **Carretera Panamericana,** ein fast fertiggestelltes Straßensystem, das Alaska (Fairbanks) mit Feuerland verbindet; Gesamtlänge 34620 km.

panamerik'anische Bewegung, die Zusammenarbeit der Staaten Amerikas zur freien Entwicklung gemeinsamer polit. und wirtschaftl. Interessen. Aus der 1. Konferenz (Washington 1889) ging 1890 die »Panamerikan. Union« hervor. Auf der 9. Konferenz (Bogotá 1948) entstand die **Organisation der Amerikanischen Staaten,** OAS.

panarabische Bewegung, das Streben nach Zusammenarbeit der Staaten des arab. Sprachgebiets. (→Arabische Liga)

Panar'itium das, ⚕ die →Fingerentzündung.

panasch'ieren [frz. aus ital. »mischen«], bei der Verhältniswahl (→Wahlrecht) Kandidaten verschiedener Parteien auf -einem Stimmzettel zusammenstellen.

Pan|athen'äen Mz., im Altertum: das in Athen gefeierte Hauptfest der Athene.

panchrom'atisch, →Photographie.

P'anda der, Name verschiedener Arten von Kleinbären (Katzenbär, Bambusbär).

Pandäm'onium [grch.] das, Versammlung, Versammlungsort aller bösen Geister.

P'andang der, **Schraubenpalme,** palmenähnl. trop. Baumgattung mit Stelzwurzeln und schraubigen Blattzeilen.

Pand'ekten [grch. »alles enthaltend«] Mz., ⚖ Hauptteil des Corpus iuris civilis (→Corpus). **P.-Recht,** ein auf der Grundlage der P. entwickeltes modernes Recht.

Pandem'ie [grch.] die, ⚕ eine sich über große Gebiete ausbreitende Epidemie.

P'andit, Gelehrtentitel in Indien.

Pand'ora, griech. Sage: ein von Zeus im Zorn geschaffenes Weib. Es öffnete ein auch alle Übel einschließendes Gefäß, die **Büchse der P.,** nur der Elpis (Hoffnung) blieb darin zurück.

Pandsch'ab [»Fünfstromland«] der, Landschaft in W-Pakistan und NW-Indien, vom Indus und seinen Nebenflüssen durchflossen; wichtiges Bewässerungsgebiet (viele Kanäle).

Pand'uren Mz., im 17./18. Jahrh. die aus Südungarn stammenden österr. Soldaten.

Pan'eel [niederländ. aus frz.] das, Wandbekleidung, Füllung, Täfelung.

Paneg'yrikus [grch.] der, Lobrede. **Paneg'yriker** der, Lobredner.

p'anem et circ'enses [lat.], »Brot und Zirkusspiele«; sprichwörtlich für: die Hauptbedürfnisse der gedankenlosen Menge.

Pan|enthe'ismus der, →Pantheismus.

Paneuropa, →Europäische Unionsbewegung.

Pangerman'ismus [grch.-lat.] der, Schlagwort für ein angebl. gemeinsames Stammesbewußtsein aller Völker german. Herkunft.

P'angwe, Bantuvolk in Äquatorialafrika, mit den Unterstämmen der Fang und Yaunde.

Pan'ier das, Banner, Feldzeichen.

pan'ieren [frz.], Bratstück in Ei und Semmelkrümel oder Mehl umwenden.

P'anik [zu Pan] die, plötzliche Bestürzung; Massenangst.

p'anislamische Bewegung, Panislam'ismus, abendländ. Bez. für das Streben der islam. Welt nach polit. Einheitlichkeit gegenüber dem Übergewicht der europ. Großmächte im 19.Jahrh.

P'anje [von po|n. →Pan] der, Soldatensprache: der Bauer der östl. Kriegsschauplatzes. **P.-Pferd,** westruss. kleines Landpferd.

Pankhurst [p'æŋkhə:st], Emmeline, *1858,

†1928; Vorkämpferin für das Frauenwahlrecht in England.

P'ankok, Bernhard, Architekt und Maler, *1872, †1943; führend im →Jugendstil.

P'ankow [-o:], der, 19. VerwBez. der Stadt Berlin (O-Berlin); Schlagwort für die Regierung der Dt.Dem.Rep.

Pankr'atius, Pankraz, Märtyrer, † um 304; einer der Eisheiligen (Tag 12. 5.).

P'ankreas [grch.] das, ⚕ Bauchspeicheldrüse.

Panlog'ismus [grch.] der, Allvernunftlehre.

Panne [frz.] die, eine Betriebstörung.

Pann'onien, im Altertum: röm. Provinz an der mittleren Donau.

P'annwitz, Rudolf, Kulturphilosoph, *1881, †1969; »Krisis der europ. Kultur«, »Kosmos Atheos«, »Der Nihilismus und die werdende Welt«.

Pan'optikum [grch.] das, Wachsfigurensammlung; Schaustellung von Sehenswürdigkeiten.

Panor'ama [grch.] das, 1) Rundblick. 2) Rundbild.

Panpsych'ismus [grch.-lat.] der, Allbeseelungslehre (z.B. vertreten von Paracelsus, Fechner).

P'ansen der, Magenteil der Wiederkäuer.

Panslaw'ismus der, die allslaw. Bewegung, die im 19. und frühen 20. Jahrh. den Zusammenschluß aller Slawen, bes. unter russ. Führung, anstrebte.

Pantalons [pãtal'õ, frz.] Mz., lange Hose (FARBTAFEL Mode I S. 695).

panta rhei [grch.], »alles fließt«, ein Satz des →Heraklit.

Panteller'ia, italien. vulkan. Insel, südwestl. von Sizilien, 83 km² groß; heiße Quellen, Schwefelgruben; Flotten- und Luftstützpunkt.

Panthe'ismus [grch.] der, religiöse oder philosoph. Lehre, die das Göttliche mit dem Weltganzen in eins setzt, also die Immanenz Gottes in der Welt behauptet und einen persönl. Gott leugnet. Die Brücke zwischen P. und Theismus bildet der **Panentheismus:** Gott wirkt danach in allem, aber er überragt zugleich die Welt.

P'antheon [grch. »Tempel für alle Götter«] das, in der Neuzeit Gedächtnisstätte bedeutender Männer. 1) Rundbau in Rom, mit gewaltiger Kuppel, um 120 n.Chr. vollendet. (TAFEL Baukunst) 2) Kirche Ste. Geneviève in Paris, von Soufflot (1764-90); seit 1791 Ehrentempel großer Franzosen.

Panther der, schwarzer →Leopard.

Pant'ine [frz.] die, Holzpantoffel.

Pant'offel [ital.] der, bequeme Fußbekleidung, mit Kappe für den vorderen Teil des Fußes.

Pantoffelblume, südamerikan. Rachenblüter, mit pantoffelförm. bunten Blüten; Zierpflanzen.

Pantoffeltierchen, einzellige Tiere der Klasse Wimpertierchen, mit pantoffelförm. Körper; leben in faulenden Gewässern.

Pantogr'aph [grch.] der, Zeichengerät, der →Storchschnabel.

Pantokr'ator [grch.], Christus als Allbeherrscher, Motiv der ostkirchl. Ikonographie.

Pantom'ime [grch.] die, Bühnenspiel ohne Worte, bei dem nur Gebärden, meist verbunden mit Musik und Tanz, die Handlung ausdrücken.

Pantoth'ensäure, weit verbreiteter Wirkstoff der Gruppe der B_2-Vitamine.

√**Pantry** [p'æntri, engl.] die, Raum zum Speisenanrichten, Geschirraufbewahren auf Schiffen und in Flugzeugen.

Pantschat'antra [Sanskrit] das, altind. Fabelsammlung, meist Tierfabeln.

Pantschen-Lama, neben dem Dalai Lama das Oberhaupt der lamaistischen Geistlichen.

P'antschowa, jugoslav. Pančevo, Stadt in Jugoslawien, an der Donau, 50000 Ew.; Bahn- und Straßenknoten nach Belgrad; Lebensmittelind.

Panzer der, 1) Schutzvorrichtung gegen feindl. Angriffe; auch im Tierreich (z.B. Schildkröte). 2) Panzerfahrzeug.

Panzerechsen, die →Krokodile.

Panzerfische, die urtümlichsten Wirbeltiere,

Fische mit panzerartiger Haut, ohne Kiemen und paarige Flossen, im Silur und Devon.

P'anzergrenadiere, zunächst eine Spezialtruppe zum Zusammenwirken mit Kampfpanzern, heute die gesamte Infanterie.

Panzerschiff, 1) im allg.: gepanzerte Kriegsschiffe (Linienschiffe; Panzerkreuzer, später Schlachtkreuzer; Küstenpanzerschiffe). **2)** bis 1939 amtl. Bezeichnung der 1928-36 erbauten dt. 10000-t-Kampfschiffe, später schwere Kreuzer.

Panzertruppe, Waffengattung der Kampftruppen, besteht aus Panzer- und Panzeraufklärungsverbänden. **Kampfpanzer** haben Waffen in Drehtürmen (meist Schnellfeuerkanonen bis 12 cm Kaliber); **Sturmpanzer** sind Unterstützungsfahrzeuge mit Steilfeuerwaffen zum Kampf gegen Feldstellungen; **Jagdpanzer** sind zum Kampf gegen Panzer bestimmt, **Selbstfahrlafetten** tragen Waffen hinter schwächerer (manchmal oben offener) Panzerung. Spezialpanzer zur Luftabwehr sind die **Flakpanzer** mit leichter oder mittlerer Flak sowie Flakraketen. Sonderbauarten: **Brückenlege-, Minenräum-, Flammen-, Raketenwerferpanzer.** Die schnellen, leicht gepanzerten **Spähpanzer** dienen der Aufklärung. – Panzerabwehrwaffen sind Lenkraketen, rückstoßfreie Leichtgeschütze, im Nahkampf Hohlladungen und Gewehrpanzergranaten.

Paoki, Stadt in der Prov. Schensi, China, 130 000 Ew.; Textilindustrie.

Pä'onie die, **Pfingstrose, Gichtrose, Bauernrose,** staudige bis strauchige Hahnenfußgewächse, mit rosenähnl. Blüten; Zierpflanzen.

Paot'ou, Stadt in China, Innere Mongolei, über 600000 Ew.; Eisen- und Stahlzentrum; chem., Textilindustrie.

P'apa [grch.], in der Ostkirche jeder höhere Geistliche; latein. Kirche: Titel des Papstes.

Pap'abile [ital.] der, ein Kardinal, der Aussicht hat, zum Papst gewählt zu werden.

Papag'ei der, artenreiche Vogel-Ordnung, meist trop.-subtrop. Klettervögel mit stark gekrümmtem Schnabel, beweg!., fleisch. Zunge und Kletterfüßen. Die oft farbenprächtigen P. nähren sich von Früchten, Samen, Insekten und Honig. Gedächtnis und Assoziationsvermögen sind hoch entwickelt; Verwandtschaftsgruppen: **Aras, Jakos, Kakadus, Wellensittiche.**

Papag'eienkrankheit, durch Papageien u. a. Vogelarten übertragene bes. Art von Lungenentzündung ohne Husten. Erreger ist ein Virus.

Papag'eifisch, Meeresfische mit schnabelartigen Kiefern, in warmen Meeren.

Pap'alsystem [papal »päpstlich«], die Lehre der kath. Kirche, daß alle Kirchengewalt allein vom Papst als dem Stellvertreter Christi und dem Nachfolger Petri herkomme. Gegensatz:→Episkopalsystem.

P'apel die, Knötchen auf der Haut, bei Hautkrankheiten.

Papen, Franz v., Politiker, *1879, † 1969; 1932 Reichskanzler, 1933-34 Vizekanzler, 1934-38 Gesandter (seit 1936 Botschafter) in Wien; 1939-45 Botschafter in Ankara; wurde im Nürnberger Prozeß freigesprochen.

P'apenburg, Stadt in Ndsachs., Fennkolonie, durch einen Kanal mit der Ems verbunden, 16 700 Ew.; Schiffswerft, Torfwerk, Glashütte.

Paperback [p'eipəbæk, engl.], Buch mit lackiertem oder laminiertem Papierumschlag.

Paphlag'onien, antike Landschaft im nördl. Kleinasien.

Pap'ier [von grch. papyros, →Papyrus] das, wurde etwa um 105 n. Chr. in China bekannt. Es wird durch dichtes Verfilzen, Pressen und Leimen feiner Pflanzenfasern (Baumwoll-, Hanf-, Leinen-, Holzfasern), für hochwert. P. feinst gemahlener Hadern (Lumpen) gewonnen, die mit Wasser zu einem wäßrigen Brei vermengt werden. Bei der vorherrschenden maschinellen P.-Herstellung fließt der P.-Brei auf ein endloses Metallsiebband, wird entwässert und anschließend über dampfbeheizten Trommeln (→Kalander) getrocknet und geglättet. Leimen macht das P. tintenfest; Füllen mit Kao-

lin, Talkum verleiht der Oberfläche Glanz und Glätte. Hauptrohstoff der P.-Herstellung ist Holz, das zu Holzschliff oder Zellstoff verarbeitet wird. Holzhaltiges P. (Zeitungs-P.) vergilbt, holzfreies (z. B. gutes Schreib- und Druck-P.) ist lichtecht.

Papierboot, Papiernautilus, vierkiemiger, achtarmiger Tintenfisch; das Weibchen erzeugt einen papierartigen Brutbehälter.

Papierchromatographie, Verfahren der chem. Analyse zur Auftrennung von Stoffgemischen auf Grund ihrer Löslichkeit. Die Stoffe werden durch ein Lösungsmittel, das von einem Filtrierpapierstreifen aufgesogen wird, verschieden schnell transportiert, dadurch auseinandergezogen und schließlich durch Reagentien fixiert und sichtbar gemacht.

Papierformate. An Stelle der früher üblichen Formate mit den Bezeichnungen Oktav, Quart, Kanzlei usw. werden heute fast ausschließlich **DIN-Formate** der Hauptreihe A verwendet. Ausgangsgröße ist A 0 (841 × 1189 mm) mit 1 m² Fläche. Die folgenden P. A 1 bis A 10 erhält man durch wiederholtes Halbieren, z. B. die Postkartengröße A 6 (105 × 148 mm) durch sechsmaliges Halbieren.

Papiermaché [papj'ema∫'e, frz.] das, formbare Masse aus Papier mit Zusatz von Leim, Stärke, Gips, Ton, wird in Formen gepreßt, dann getrocknet, gefirnißt und bemalt.

Papierwährung, Währungssystem, bei dem außer Scheidemünzen nur Banknoten **(Papiergeld)** umlaufen, die nicht in Edelmetall oder Metallgeld eingelöst werden.

Pap'ille [lat.] die, Wärzchen.

Pap'ini, Giovanni, italien. Schriftsteller, *1881, †1956; »Lebensgeschichte Christi«, »Augustinus«.

Papini'anus, Aemilius, bedeutender röm. Jurist, * um 140, †212.

Pappat'acifieber, Dreitagefieber, im Mittelmeergebiet auftretende Viruskrankheit mit grippeähnl. Verlauf.

Pappe, festes dickes Papier, oft aus mehreren Lagen dünnen Papiers.

Pappel die, Gattung der Weidengewächse, bis 30 m hoch, zweihäusige Windblüter. Die **Schwarz-P.,** mit dreieckigem Blatt, ist als **Pyramiden-P. (Italienische P.)** Zierbaum an Landstraßen; die **Weiß-** oder **Silber-P.** hat Blätter, die unten schneeweißfilzig sind. Die Blätter der **Zitter-Pappel** oder **Espe** sind ebenfalls unten weiß-filzig und flattern bei geringstem Luftzug. **Pappel-Holz** ist weich und leicht; es wird als Furnier-, Kisten-, Faser-, Schnitzholz sowie für Zündhölzer verwendet.

Pappenheim, Gottfried Heinrich, Graf zu, kaiserl. General des Dreißigj. Krieges, *1594, †1632; Führer eines Kürassierregiments **(Pappenheimer),** wurde bei Lützen tödl. verwundet.

Pappus der, weißl. Haarschopf der Früchte mancher Korbblüter (Löwenzahn), verbreitet die Früchtchen im Wind.

P'appus, griech. Mathematiker, lebte um die Wende des 3. und 4. Jahrh. n. Chr. in Alexandria.

P'aprika [ungar.] der, südamerikan. Gattung der Nachtschattengewächse, mit kartoffelähnl. Blüten und roten, kugel. bis spindelförm. Beeren **(P.-Schoten).** Einige Arten liefern mit ihrer Fruchtschale das Gewürz P. (Span. Pfeffer, Cayennepfeffer), andere Gemüse.

Papst [von grch. pappas, lat. papa »Vater«] der, Titel des Bischofs von Rom, nach kath. Lehre der Stellvertreter Christi auf Erden und Nachfolger des Petrus. Als Oberhaupt der röm.-kath. Kirche ist er oberster Lehrer, Gesetzgeber und Richter, steht über allen Bischöfen und Kirchenversammlungen (Konzilien) und ist, wenn er vom Lehrstuhl Petri aus« (ex cathedra) in Sachen des Glaubens und der Sitten spricht, unfehlbar (**Unfehlbarkeit**). Er ist zugleich Landesherr der →Vatikanstadt. TRACHT: weißseidener Talar, Brustkreuz, rote Schuhe, roter Mantel und Hut; beim Gottesdienst wie der Erzbischof gekleidet; bei feierl. Anlässen außerhalb des Gottesdienstes trug er (bis 1963) die Tiara. ANREDE: Eure Heiligkeit, Heilig-

Pappel, a männl.
b weibl. Blüte,
c Frucht

Papyrus:
P.-Staude

Parabel, a Achse,
b Leitlinie,
F Brennpunkt,
P Punkt der
Parabel

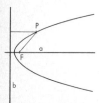

Paraboloid

Paracelsus

Parallaxe: C Erd-
mittelpunkt, M
Mond, AB Beob-
achtungspunkte,
AMB Parallaxe

ster Vater. Der P. wird gewählt durch die Kardinäle im Konklave, in geheimer Abstimmung mit Zweidrittelmehrheit (aktives und passives Papstwahlrecht seit 1970 auf Kardinäle bis zum 80. Lebensjahr beschränkt). Der Vorrang (Primat) des Bischofs von Rom ist nach kath. Lehre darin begründet, daß Christus dem Apostel Petrus die →Schlüsselgewalt verliehen hat und daß Petrus der erste Bischof von Rom war. Kaiser Valentinian III. erkannte 445 den Bischof von Rom als den obersten (Primas) der Bischöfe an. Nach vorübergehendem Verfall im 10. Jahrh. erstarkte mit der inneren Erneuerung der Kirche durch die Kluniazenser (→Cluny) auch das Papsttum: Kampf zwischen Kaisertum und Papsttum (Beginn unter Gregor VII., 1073-85, →Investiturstreit; Höhepunkt unter Innozenz III. 1198-1216). Verlegung des päpstl. Sitzes nach Avignon (1309) und das →Schisma (1378-1417) führten zum Niedergang. Trotz Reformation und Aufklärung vermochte das Papsttum jedoch sein Ansehen zu erhalten und zu steigern, besonders seit dem 19. Jahrh. Auf dem Ersten Vatikanischen Konzil (1870) wurde das Dogma von der Unfehlbarkeit des P. verkündet. Leo XIII. und seine Nachfolger verstanden das Ansehen der P. weiter zu vergrößern. Pius XI. söhnte sich 1929 mit dem Kgr. Italien aus (→Kirchenstaat). 1939 wurde Pacelli als Pius XII. Papst. (Vermehrung der außereurop. Kardinäle, Verurteilung des Kommunismus, Dogma von der Himmelfahrt Mariä). 1958-63 war Johannes XXIII. Papst (Einberufung des Zweiten Vatikan. Konzils 1962), seitdem Paul VI. Der päpstl. Primat wurde unter ihm durch die Lehre von der bischöfl. Kollegialität ergänzt. Seit dem 16. Jahrh. sind nur Italiener zum P. gewählt worden. **Päpstliche Insignien,** die Abzeichen des Papstes: die →Tiara über 2 schräg aufwärts gerichteten Schlüsseln. **Päpstlicher Stuhl,** →Römische Kurie.

Pap'ua, 1) Papuas Mz., die Urbevölkerung Neuguineas und der umliegenden Inseln, mit dunkler Hautfarbe, kraushaarig; Vielfalt der Sprachen; Grabstockbauern, Wildbeuter; etwa 2,2 Mill. 2) P., austral. Territorium im SO Neuguineas, (mit Nebeninseln) 222998 km², 620000 Ew.; Verwaltungssitz: Port Moresby.

Pap'yrus der, Stoff zum Beschreiben, aus Blättern der Papyrusstaude, in Ägypten seit dem 3. Jahrtsd. v. Chr., in Griechenland seit dem 6. Jahrh. v. Chr. gebraucht.

para... [grch.], bei..., neben..., hinzu..., entgegen...

Par'á, Rio P., die trichterförmige Mündungsbucht von Tocantins und eines südl. Mündungsarms des Amazonas.

Par'abel [grch.] die, **1)** lehrhaftes Gleichnis in Erzählform. **2)** △ eine Kurve, deren Punkte P von einem festen Punkt F (**Brennpunkt**) und einer festen Geraden b (**Leitlinie**) den gleichen Abstand haben. Die P. ist einer der drei Kegelschnitte (→Kegel). **parab'olisch, 1)** gleichnisweise. **2)** in Form einer P.

Parabolo'id das, gekrümmte Fläche; durch Drehung einer Parabel um die Achse entsteht das **Umdrehungsparaboloid.**

Parac'elsus, Arzt und Philosoph, * um 1493, †1541, erkannte als erster die chem. und physikal. Grundlagen des Lebendigen und wendete sie in der Heilkunde an.

Par'ade [frz.] die, **1)** feierl. Truppenschau. **2)** Par'ieren, beim Fechten die Abwehr der Hiebe des Gegners. **3)** Parieren, in der Reitkunst das plötzl. Anhalten des Pferdes.

Paradent'itis [lat.-grch.] die, richtiger **Parodontitis,** der entzündl., und **Parodent'ose (Parodontose),** der nichtentzündl. Schwund der den Zahn umgebenden Gewebe (**Parad'entium**).

Parad'ies [grch. aus altpers.] das, **1)** der Garten in Eden, die ursprüngl. Schöpfungswelt vor dem Sündenfall. **2)** Ort der Seligen.

Paradiesapfel, **1)** Apfelbaumsorte mit kirschähnl. Früchten. **2)** Tomate. **3)** Pampelmuse.

Paradiesvogel, den Raben verwandte Sing-

Paraguay: Asunción, rechts hinten Kongreß

vögel Neuguineas und Australiens; das Männchen mit Prachtgefieder.

Parad'igma [grch. »Vorbild«] das, Beispiel, Muster; ⑤ Musterbeispiel.

parad'ox [grch.], von der allgemeinen Meinung abweichend, widersinnig. **Parad'ox, Par'adoxon** das, eine scheinbar widersinnige Behauptung, z.B. »da ward die Stille laut«. **Paradox'ie** die, Widerstreit zweier an sich gleich begründeter Sinngehalte.

Paraff'in das, ein Gemisch fester Kohlenwasserstoffe, das aus Braunkohlenteer, Erdwachs, Erdöl durch Destillation gewonnen wird; löslich in Benzin, Äther, Schwefelkohlenstoff. Verwendung zur Herstellung von Kerzen und Salben, zum Tränken von Zündhölzern usw. In der Chemie bezeichnet man die gesättigten Kohlenwasserstoffe als **Paraffine. P.-Öl,** ein Gemisch flüssiger Kohlenwasserstoffe.

Paragr'aph [grch.] der, 𝄽 kleinerer Abschnitt in Gesetzen, Verträgen usw., bezeichnet durch das P.-Zeichen (§).

Paragu'ay, 1) der, größter rechter Nebenfluß des Paraná in S-Amerika, entspringt im Hochland von Mato Grosso, mündet oberhalb Corrientes; 2200 km lang, größtenteils schiffbar. **2)** Rep. in Südamerika, 406752 km², 2,3 Mill. Ew.; Hauptstadt: Asunción; Amtssprache: Spanisch, Umgangssprache auch Guaraní. Präsidialverfassung. – P. wird durch den Fluß P. zweigeteilt in ein fruchtbares östl. Hügelland (zwischen den Flüssen P. und Paraná) und ein westl. Flachland mit Savanne und Wäldern (Gran Chaco). Klima: warm, nach W zunehmend trocken. BEVÖLKERUNG. Rd. 95% Mestizen, daneben Indianer, Weiße. Religion: 90% kath. (Staatsreligion). WIRTSCHAFT. Trop. Landbau (Mais, Maniok, Zuckerrohr, Baumwolle, Tabak, Kaffee); Viehzucht; Forstwirtschaft (Edelhölzer, Quebracho). Fleischverarbeitung, chem. u.a. Ind. Ausfuhr: Fleisch, Holz, Öle, Baumwolle, Tabak. Haupthandelspartner: USA, Argentinien. Wichtige Binnenschiffahrt. Binnen- und Flughafen ist Asunción; Freihafenzonen in Buenos Aires u.a. – P. wurde im 16. Jahrh. von Spaniern besiedelt; im 17./18. Jahrh. Mittelpunkt des Jesuitenstaates. 1811 wurde P. unabh. Rep. 1864-70 unterlag es gegen Brasilien, Argentinien und Uruguay, 1932-35 führte es den siegreichen Chacokrieg gegen Bolivien. Staatspräs.: A. Stroessner (seit 1954). ⊕ S. 517. ▷ S. 346.

Parakl'et [grch. »Rechtsbeistand«], der Hl. Geist (auch Jesus selbst) als Fürsprecher.

Paralip'omena [grch. »Beiseitegelassenes«] Mz., Ergänzungen.

Parall'axe [grch. »Abweichung«] die, **1)** Winkel zwischen 2 Geraden, die von verschiedenen Standorten aus nach dem gleichen Punkt gerichtet sind; dient in der Astronomie zur Entfernungsbestimmung von Sternen. **2)** Ablesefehler, der z.B. an Instrumenten auftritt, wenn man das Auge nicht genau senkrecht über Zeiger und Skala bringt.

Parall'ele [grch.] die, **1)** △ eine Gerade, die eine gegebene Gerade weder schneidet noch windschief zu ihr verläuft. **2)** Gegenüberstellung, vergleichbarer Fall.

Parallel|epip′ed, Parall′elflach [grch.] das, ein von drei Paaren paralleler Ebenen begrenzter Körper.

Parallel′ismus der, das gleichartige Auftreten ähnlicher Ereignisse oder Entwicklungen. **Psychophysischer P.**, philosoph. Lehre, nach der leibl. und seel. Vorgänge stets parallel verlaufen (Spinoza, Leibniz).

Parallelogr′amm [grch.] das, ein →Viereck, bei dem gegenüberliegende Seiten parallel sind. Gegenseiten und Gegenwinkel sind gleich, benachbarte Winkel haben die Summe 180°. **P. der Kräfte,** →Kraft.

Parallelogramm, a Quadrat, b Rechteck, c Rhomboid, d Rhombus

Parall′elschaltung, Nebeneinanderschaltung, alle Stromerzeuger oder Verbraucher liegen parallel an derselben Spannung.

Paral′yse [grch.] die, ʃ vollständige Lähmung. – **Par′alysis agitans** (Schüttellähmung) tritt auf bei Parkinsonismus. Die **progressive P.** ist eine Form der Syphilis; die Erreger dringen in das Gehirn ein und bewirken dort zunächst Entzündungs-, später Entartungsvorgänge. Behandlung: Heilfieber, Penicillin.

P′aramagnetismus [grch.] der, ein Magnetismus, den alle Stoffe mit atomarem magnet. Moment besitzen. Paramagnet. Stoffe zeigen im Magnetfeld eine temperaturabhängige Magnetisierung in Feldrichtung. Gegensatz: →Diamagnetismus.

Paramar′ibo, Hauptstadt und -hafen von Niederländ.-Guayana, 150000 Ew.

Paramaribo: Häuser im Kolonialstil

Param′ent [lat.] das, kirchliches Gewand, Altarbekleidung usw.

Par′ameter [grch.] der, 1) bei Kegelschnitten die Sehne, die senkrecht zur Hauptachse durch einen Brennpunkt geht. 2) unterscheidende Konstante in einer Gruppe gleichartiger Funktionen. 3) veränderliche Hilfsgröße bei der Darstellung einer Kurve.

Paraná, 1) der, Fluß in Südamerika, entsteht aus Rio Grande und Paranaíba, hat viele Nebenflüsse (u. a. Paraguay), ist (mit dem La Plata) 4700 km lang, bis Corrientes schiffbar. **2)** Staat in S-Brasilien, 200857 km², 8,26 Mill. Ew.; Hauptstadt: Curitiba. Bedeutendstes Kaffeeanbaugebiet Brasiliens; Viehzucht, Forstwirtschaft, Holzindustrie. **3)** Stadt in Argentinien, am Unterlauf des P., 108000 Ew., gegenüber von Santa Fé.

Paran′oia [grch.] die, Verfolgungswahn, eine Form der →Schizophrenie.

P′aranuß, Bras′ilnuß die, der ölreiche Samen eines brasilian. Baums, wohlschmeckend.

Par′aph [grch.-frz.] der, **Par′aphe** die, abgekürzter Namenszug unter Schriftstücken. **Paraph′ierung** die, ʃ vorläufige, rechtl. noch nicht verbindl. Unterzeichnung einer völkerrechtl. Vereinbarung.

Paraphr′ase [grch.] die, 1) Umschreibung, freie Wiedergabe des Inhalts. 2) ♪ freie Bearbeitung von Tonstücken.

Parapsycholog′ie [grch.] die, Lehre von den Erscheinungen, die außerhalb der bekannten Naturgesetze zu stehen scheinen. Dazu gehören: Telepathie, Hellsehen, Prophetie, Telekinese, Materialisationen.

Paras′it [grch.] der, Schmarotzer.

Paras′ol [frz.] der, das, 1) Sonnenschirm. 2) **P.-Pilz, Schirmpilz,** schirmförmiger Blätterpilz mit langem Stiel; eßbar.

Parästhes′ie [grch.] die, ʃ eine Mißempfindung bei Einschlafen der Glieder.

Parasymp′athikus der, →Vagus.

par′at [lat.], bereit, fertig.

P′aratyphus [grch.] der, dem Typhus ähnliche, aber leichter verlaufende übertragbare Erkrankung mit Brechdurchfall und Darmkatarrh. Erreger: P.-Bakterien A und B. Vielfach führen diese durch Zersetzung von Lebensmitteln zu →Nahrungsmittelvergiftungen.

Paravent [parav′ã, frz.] der, das, Windschirm, spanische Wand.

ParAvion [par avj′ɔ̃, frz.»durchFlugzeug«],engl. **By (via) Airmail,** [»mit Luftpost«], zusätzl. Vermerk auf Luftpostsendungen im Auslandsverkehr.

P′archim, Stadt im Bez. Schwerin, 19200 Ew.; got. Backsteinkirchen; Tuchfabrik.

Parcours [park′u:r, frz.] der, die Hindernisbahn bei Jagdrennen, Jagdspringen.

par distance [-dist′ãs, frz.], aus der Ferne.

Pardon [pard′ɔ̃, frz.] der, Verzeihung, Begnadigung.

P′ardubitz, tschech. **Pardubice,** Stadt in der Tschechoslowakei, Ostböhmen,66500 Ew.;chem., elektrotechn. Ind., Mineralölraffinerie.

Parench′ym [grch.] das, 1) bei Pflanzen und niederen Tieren ein nur füllendes Gewebe aus gleichmäßigen, einfach gearteten Zellen. 2) bei höheren Tieren und beim Menschen die besonderen Gewebeteile eines Organs im Unterschied zu dem Bindegewebegerüst.

Parent′el [lat.] die, Gesamtheit der Abkömmlinge eines gemeinsamen Stammvaters.

parenter′al [grch.], unter Umgehung des Magendarmkanals; p. einverleibt wird Arznei, z. B. durch Einspritzung.

Parenth′ese [grch.] die, Einschaltung, Zwischenbemerkung, Klammern: ( ), - -.

Par′ergon [grch.] das, **Parerga** Mz., kleinere Schrift, Nebenwerk.

Par′ese [grch.] die, ʃ unvollständige Lähmung.

Par′eto, Vilfredo, italien. Volkswirtschaftler und Soziologe, *1848, †1923. Seine Lehren von der Herrschaft, insbes. vom »Kreislauf der Eliten«, haben den Faschismus beeinflußt.

par excellence [par ɛksɛl′ã:s, frz.], vorzugsweise, ganz besonders.

par exemple [par ɛgzã:pl, frz.], zum Beispiel.

par force [parf′ɔrs, frz.], mit Gewalt. **Parforcejagd,** Hetzjagd zu Pferd auf Fuchs, Wildschwein, Hirsch.

Parf′üm [frz.] das, Riechmittel, Duft. **Parfümer′ie** die, Riechmittelherstellung oder deren Verkauf. Zw.: **parfüm′ieren.**

p′ari [ital. »gleich«], von Wertpapieren: der Kurswert ist gleich dem Nennwert.

P′aria der, 1) Angehöriger der niedersten Kasten in Indien. 2) Unterdrückter, Rechtloser.

par′ieren [lat.], 1) gehorchen. 2) Fechtkunst, →Parade.

pariet′al [lat.], 1) ☌ ʃ a) nach der Körperwand zu liegend; b) nach dem Scheitel zu liegend. 2) ⚘ wandständig.

P′aris, griech. Sage: Sohn des Priamos und der Hekuba, entschied den Streit der Göttinnen Hera, Athene und Aphrodite um den Apfel der »Eris zugunsten der Aphrodite, entführte Helena (→Troja), tötete Achilles durch einen Pfeilschuß in die Ferse, fiel durch Philoktet.

Par′is [frz. par′i], die Hauptstadt Frankreichs und dessen geist. und wirtschaftl. Mittelpunkt,

Paris: Eiffelturm

Paris: im P. Becken, beiderseits der Seine, 2,5 Mill.
L'Ile de la Cité Ew. (Groß-P. 9,2 Mill. Ew.). – Charakterist. für
das Stadtbild sind der Ring der inneren und äuße-
ren Großen Boulevards, großartige Straßen
(Champs-Elysées) und Plätze (Place de la Concorde, Place Vendôme). Den Kern bildet die Cité-
Insel in der Seine mit Justizpalast, Sainte-Chapelle, Kathedrale Notre-Dame (12./13. Jahrh.). Am
Südufer der Seine liegen: Quartier Latin mit Sorbonne, Künstlerviertel Montparnasse, Panthéon,
Kirche St. Germain-des-Prés, Institut de France,
Jardin de Luxembourg, Palais Bourbon (Sitz der
Nationalversammlung), Invalidendom und Marsfeld mit Eiffelturm. Mehr als 30 Brücken verbinden den südl. mit dem nördl. Stadtteil: Rathaus,
im Tuileriengarten der Louvre, Palais Royal, Palais de l'Elysée (Sitz des Staatspräs.), Place de
l'Etoile mit Triumphbogen (Grabmal des Unbekannten Soldaten), Opernhaus. Im W liegt der
Bois de Boulogne, im N der Montmartre mit der
Kirche Sacré-Cœur. – P. ist Sitz der französ. Regierung und der obersten Staats- und kirchl. Behörden, vieler internat. Organisationen; es hat
neben der Sorbonne mehrere andere Hochschulen
(Grandes écoles: Ecole Polytechnique u. a.) sowie Akademien und Forschungsinstitute, Bibliotheken (Bibliothèque Nationale), viele Museen
und Theater. P. ist Finanz-, Handels- und Industriezentrum des Landes, Mittelpunkt des franz-
zös. Eisenbahnnetzes, größter Binnenhafen des
Landes; Untergrundbahn (Métro), Flughäfen
(Orly, Le Bourget). – P., das gall.-röm. **Lutetia
Parisiorum,** war seit 508 Herrschersitz der Fran-
kenkönige, später der Capetinger. Seit der Regierung Ludwig XIV. war es der geist. Mittelpunkt
Europas. Der Zentralismus der Revolution und
das napoleon. Kaisertum festigten seine Stellung.
Pariser Abkommen, Pariser Verträge, die
zwischen den westeurop. Staaten und den USA
am 23. 10. 1954 in Paris getroffenen Vereinbarungen. Sie bestehen aus dem erweiterten →Deutsch-
land-Vertrag, dem Truppenvertrag (über den Aufenthalt ausländ. Truppen in der Bundesrep. Dtl.),
den Protokollen über den Beitritt der Bundesrep.
Dtl. zur Westeurop. Union und zum Nordatlantikpakt (damit Ermächtigung zur Aufstellung von
Truppen im Rahmen der NATO) sowie dem
Saarland-Abkommen zwischen Frankreich und
der Bundesrep. Dtl.; seit Mai 1955 in Kraft.
Pariser Bluthochzeit, →Bartholomäusnacht.
Pariser Friedensschlüsse, 1) 1763: zwischen
England und Frankreich/Spanien (Ende des Ko-
lonialkrieges). **2)** 1814 (1. Pariser Friede): →Frei-
heitskriege, Frankreich wurde auf die Grenzen
von 1792 festgelegt und **3)** 1815 (2. Pariser Friede): →Freiheitskriege, Frankreich erhielt die
Grenzen von 1790 (ohne Saarbrücken, Landau,
Savoyen). **4)** 1856: zwischen den Westmächten
und Rußland, Ende des Krimkrieges. **5) Pariser
Vorortverträge** 1918-20: zwischen den Alliierten
und Dtl. (Versailles), Österreich (Saint-Germain),
Ungarn (Trianon), Bulgarien (Neuilly), der Türkei (Sèvres). **6)** 1946/47: zwischen den Alliierten

Parkett, links P.,
rechts Stabfuß-
boden, a Blind-
bogen, b quadra-
tische Holztafeln
oder Stäbe aus
Hartholz, c Fries

und (je gesondert) Finnland, Italien, Ungarn,
Rumänien, Bulgarien.
Pariser Seerechtsdeklaration, in Paris 1856
unterzeichnete völkerrechtl. Erklärung über Kaperei, Blockade, Schutz neutraler Güter.
Pariser Übereinkunft, →Internationale Konvention zum Schutz des gewerblichen Eigentums.
Parit'ät [lat.] die, **1)** Gleichberechtigung, bes.
der Religionsbekenntnisse. **2)** Vergleichswert der
Währungseinheiten zweier Länder, z. B. 1 £ =
9,60 DM oder 1 $ = 4,00 DM (1969). **parit'ä-
tisch,** aus verschiedenen Parteien gleichmäßig zusammengesetzt. **3)** vom Drehsinn des Raumes abhängige Eigenschaft der Elementarteilchen.
Park der, **1)** Tiergehege **(Wildpark). 2)** kunstvoll angelegter großer Garten. **3)** militär. Sammelstelle von Kriegsgerät u. a.
parken [von →Park], Kraftfahrzeuge an hierfür vorgesehenen Stellen vorübergehend abstel-
len. **Parkplatz,** Geländeteile zur Abstellung von
Kraftfahrzeugen; zur Entlastung dieser und der
Straßen dienen **Parkhochhäuser** oder **Tiefgaragen.**
Parkeris'ieren, Rostschutzverfahren, →Phos-
phatieren.
Park'ett [frz.] das, **1)** Fußbodenbelag aus natürl. gewachsenem Holz in Stab- oder Tafelform,
meist aus Eiche, Buche, Kiefer. Die **Parkettstäbe
(Riemen)** werden mit Nut und Feder (gefedert)
auf Blindboden verdeckt genagelt verlegt oder mit
Kaltklebemasse auf Zementestrich geklebt. Heute
wird auch **Klein-, Mosaik-, Lamellen-P.,** zu Tafeln verleimt: **Tafel-P.,** hergestellt. **2)** Theater:
ein Teil der Saalsitzplätze des Zuschauerraums.
Parkinson [p'a:kinsn], **1)** Cyril Northcote,
engl. Historiker und Schriftsteller, *1909; stellte
eine iron.-satir. Regel für das Wachsen der Büro-
kratie auf **(Parkinsons Gesetz). 2)** James, engl.
Arzt, *1755, †1824; beschrieb eine mit Starre des
gesamten Körpermuskels und Zittern verbundene
Krankheit **(Parkinson'ismus).**
Parkleuchte, nach vorn weiß, nach hinten rot
strahlende Leuchte auf beiden Seiten von parken-
den Personenkraftwagen; darf nur in geschlossenen Ortschaften verwendet werden.
Parkscheibe ermöglicht in best. Stadtgebieten
(→blaue Zone) für kurze Zeit ein kostenloses Parken. Sie wird sichtbar im Wageninneren angebracht und auf die Uhrzeit des Parkbeginns eingestellt.
Parkuhr, Parkometer, am Straßenrand oder
auf Parkplätzen aufgestellte Parkzeitmesser mit
Münzeinwurf.
Parlam'ent [frz.] das, die Volksvertretung, bestehend aus einer oder aus zwei Kammern. Die
eine von ihnen ist in den modernen Verfassungsstaaten vom Volke in allgemeiner, geheimer und
unmittelbarer Wahl gewählt; der Zugang zu der
anderen ist verschieden geregelt (mittelbare oder
unmittelbare Wahl, Ernennung, Erblichkeit). Das
P. ist in Verfassungsstaaten das Hauptorgan der
Gesetzgebung, wobei die in Volkswahl gewählte
Kammer meist den entscheidenden Anteil hat.
Parlament'är [frz.] der, ⚕ Unterhändler.
Parlament'arischer Rat, 1948/49 parla-
mentähnl. Körperschaft aus 65 von den Landtagen der 11 westdt. Länder gewählten Abgeordneten; beschloß das Grundgesetz für die Bundesrep.
Dtl. Präsident war Adenauer.
Parlamentar'ismus der, Regierungsform, bei
der die Regierung vom Vertrauen des Parlaments
abhängig ist. Das Parlament ist an der Regierungsbildung beteiligt, indem es entweder den Regierungschef (die Regierung) wählt oder die vom
Staatsoberhaupt ernannten oder vorgeschlagenen
Mitgl. der Regierung durch ein Vertrauensvotum
bestätigt. Regierungschefs oder Regierungen,
denen das Parlament das Mißtrauen ausspricht,
müssen zurücktreten.
parl'ando [ital.], ♪ Singweise, dem schnellen
Sprechen ähnlich.
Parler, Baumeister- und Bildhauerfamilie des
14. Jahrh. – Peter P., *1330, †1399; baute u. a. die
Karlsbrücke in Prag. **(BILD S. 671)**

P. Parler: Selbstbildnis

parl'ieren [frz.], plaudern.

P'arma, 1) vormals selbständiges Herzogtum in Norditalien, kam 1512 an den Kirchenstaat, 1545 an das Haus Farnese, 1731 und 1748 an eine Nebenlinie der span. Bourbonen, 1860 dem Königreich Italien einverleibt (Provinz P. und Piacenza). **2)** Stadt in Norditalien, 172 300 Ew., bedeutende Bauten (Dom, 11. Jahrh.), Universität (gegr. 1512); landwirtschaftl. Verarbeitungsind.

Parma: Dom und Baptisterium

Parm'enides, griech. Philosoph, um 500 v. Chr., lehrte: Nur das Denken läßt den wahren Sachverhalt erkennen, die sinnl. Wahrnehmung täuscht uns.

Parmes'ankäse [nach der Stadt Parma], halbfetter oberitalien. Reibkäse.

Parmigianino [parmidʒan'i:no], eigentl. Francesco **Mazzola,** italien. Maler, *1503, †1540, fand, ausgehend von Correggio, einen neuen manierist. Stil von raffinierter Eleganz.

Parnaíba [parna'i:ba], Fluß in Nordostbrasilien, 1716 km lang, mündet in den Atlantik.

Parn'aß, Parnassos der, **1)** Gebirge im mittl. Griechenland, 2459 m hoch; an der Südseite lag Delphi; galt im Altertum als Sitz des Apollo und der Musen. **2)** sinnbildl.: Dichtersitz.

Parnassiens [parnasj'ɛ̃] Mz., französ. Dichtergruppe in der 2. Hälfte des 19. Jahrh., die eine kühle, formal vollendete Dichtung pflegte (Leconte de Lisle u. a.).

Paroch'ie [grch.] die, Pfarrei.

Parod'ie [grch.] die, spött. Nachahmung ernster Dichtung, deren Form beibehalten, deren Inhalt ins Komische umgestimmt wird.

Parodont'ose [grch.] die, →Paradentitis.

Par'ole [frz.] die, ⚔ Losung, Kennwort. **p. d'honneur** [par'ol don'œ:r], Ehrenwort.

P'aroli das, Verdoppelung des Einsatzes beim Pharaospiel; ein **P. bieten** (oder **biegen**), mit derber Münze heimzahlen.

P'aros, grch. Kykladeninsel, 209 km², gebirgig, bis 750 m hoch; im Altertum **Parischer Marmor.**

Par'otis [grch.] die, Ohrspeicheldrüse. **Parot'itis** die, →Mumps.

Parox'ysmus [grch.] der, ⚕ anfallsweise auftretende Steigerung von Krankheitserscheinungen.

Parric'ida [lat.], Verwandten- oder Vatermörder; Beiname Johanns von Schwaben. **Parric'idium** das, Vater- oder Verwandtenmord.

Pars'ek [aus Parallaxe und Sekunde], **Parsec,** Abk. **pc** das, ✶ Längeneinheit für Fixsternentfernungen: 1 P. = 3,26 Lichtjahre.

P'arsen Mz., die heutigen Anhänger des altiran. Propheten →Zarathustra, in Iran rd. 20 000, in Indien (bes. um Bombay), wohin sie im 8. Jahrh. auswanderten, über 100 000.

Pars'enn, Wintersportgebiet bei →Davos.

P'arseval, August v., Luftschiffer, *1861, †1942, erfand mit Sigsfeld den Drachenballon und baute ein unstarres Luftschiff.

P'arsifal, Oper von Wagner, →Parzival.

Pars'ismus der, Form der Lehre →Zarathustras, die sich bei den →Parsen entwickelte.

pars pro t'oto [lat.], ein Teil für das Ganze, z. B. »Köpfe« für »Menschen«.

Part [frz.] der, Teil, Anteil, Rolle.

Partei die, ⚖ der Kläger und Beklagte im Zivilprozeß. **P.-Fähigkeit,** die Fähigkeit, Träger prozessualer Rechte und Pflichten zu sein; parteifähig ist, wer rechtsfähig ist, →Prozeßfähigkeit. **P.-Vernehmung,** das letzte Beweismittel im Zivilprozeß, wenn alle anderen Beweismöglichkeiten erschöpft sind. **P.-Verrat, Prävarikation,** Anwaltstreubruch, die pflichtwidrige Beratung oder Unterstützung beider P. in derselben Rechtssache durch einen Anwalt oder sonstigen Rechtsbeistand; wird mit Gefängnis oder Zuchthaus bestraft.

Parteien, politische P., Verbindungen von Menschen, die auf Grund gleichgerichteter polit. Anschauungen oder Interessen Einfluß auf die staatl. Willensbildung erstreben, bes. durch Teilnahme an der Wahl der Volksvertretung. P. im modernen Sinne entstanden zuerst in England, dann in den USA und Frankreich, in Dtl. erst nach 1815. Haupttypen der Parteien sind (unter verschiedenen Benennungen): Konservative, Liberale, Demokraten, Christlich-Soziale, Sozialisten, Kommunisten. In den westl. Demokratien gilt der Grundsatz der freien Parteibildung. Es gibt Staaten mit einem **Zweiparteiensystem** (USA, England) und einem **Vielparteiensystem** (Bundesrep. Dtl., Frankreich). In totalitären Staaten herrscht in der Regel das **Einparteisystem,** so in der Sowjetunion; alle polit. Vereinigungen außerhalb der herrschenden P. sind verboten. Eine Abart des Einparteisystems ist das **Blocksystem** der →Volksdemokratien, in denen eine herrschende P. die neben ihr bestehenden P. unter ihrer Führung zu einem festen Block zusammenschließt. Die Leitung der P. liegt in der Hand eines **P.-Vorstands.** Die P. stellen ein **P.-Programm** auf, entweder als Grundsatz- oder als Aktionsprogramm für eine kommende Wahl u. dgl. In den Volksvertretungen schließen sich die Abgeordneten einer P. zu **Fraktionen** zusammen, die häufig eine einheitl. Stimmabgabe durch **Fraktionszwang** herbeiführen. In der Bundesrep. Dtl. ist die Gründung von P. frei, doch können sie durch den Bundesverfassungsgerichtshof für verfassungswidrig erklärt werden. In der Dt. Dem. Rep. besteht das Blocksystem.

parterre [part'ɛr, frz.], zu ebener Erde. **Parterre** das, **1)** Erdgeschoß. **2)** Theater: die hinteren Saalplätze.

Parthenogen'ese [grch.] die, ☿ ♀ die →Jungfernzeugung.

P'arthenon [grch.] der, Tempel der jungfräul. Göttin Athene auf der Akropolis in Athen. (TAFEL Baukunst)

P'arthien, im Altertum Landschaft in NO-Persien. Die **Parther** bildeten im 3. Jahrh. v. Chr. ein **Parthisches Reich** zwischen Euphrat und Indus, das Artaxerxes 226 n. Chr. stürzte.

Part'ie [frz.] die, **1)** der abgeschlossene Teil eines Ganzen. **2)** ⚀ eine Anzahl, Menge. **3)** ✶ einzelnes Spiel. **4)** Vergnügungsreise. **5)** Heirat. **6)** ♪ Stimme, Rolle.

parti'ell [frz., von lat. pars »Teil«], **parti'al,** zum Teil, teilweise.

Part'ikel [lat.] die, **1)** Teilchen. **2)** ⓢ Füllwort, unbeugbares Wort; Sammelbegriff für: Verhältnis-, Binde- und Umstandswort.

partikul'ar [lat.], **1)** einen Teil betreffend, abgesondert. **2)** einzelstaatlich.

Partikular'ismus [lat.] der, das Streben eines Gliedstaates nach möglichst großer Selbständigkeit, wobei Sonderinteressen denen des Staatsganzen vorangestellt werden.

Partis'an [frz. aus ital.] der, Anhänger; Freischärler, der den Kleinkrieg im besetzten Gebiet führt.

Partis'ane die, alte Stoßwaffe mit zweischneidiger Spitze und Parierstange.

Part'ita [ital.] die, ♪ die →Suite.

p'artitiv [lat.], teilend. **Partit'iv** das, **Partitivum,** ⓢ Teilungswort.

Partit'ur [lat.] die, ♪ Aufzeichnung sämtl. Stimmen eines Tonstücks in Notenschrift; die gleichzeitig erklingenden Noten stehen übereinander.

Pascal

Passionsblume

Passau: Blick
über die Donau
auf die Altstadt

Partiz'ip, Partizipium [lat.] das, -s/...ien, ⓢ
Mittelwort oder Beiform des Zeitworts.
partizip'ieren [lat.], teilnehmen.
P'artner [engl.] der, Teilhaber, Mitspieler.
partout [part'u, frz.], durchaus, unbedingt.
Party [p'a:ti, engl.] die, -/...ties, zwanglose
Geselligkeit.
Parus'ie [grch.] die, Wiederkunft Christi am
Jüngsten Tage zum Weltgericht.
Parven'ü [frz.] der, Emporkömmling.
Parz'elle [frz.] die, kleines Grundstück. **par-
zell'ieren,** in P. einteilen.
P'arzen [lat.] Mz., die drei röm. Schicksals-
göttinnen, entsprechen den griech. Moiren.
P'arzival, mittelalterl. Sagenheld, das Urbild
des christl. Ritters, der in schweren Kämpfen
Ritterpflicht und Pflicht gegen Gott zu vereinigen
sucht. Die Sage von P. ist der Artussage angeglie-
dert. Bearbeiter des Stoffes: Chrétien de Troyes
(1190), Wolfram von Eschenbach (1200-10); bei
R. Wagner »Parsifal«.
Pas [pa, frz.] der, Schritt, bes. Tanzschritt.
PAS, Para-Aminosalicylsäure, ein Heilmittel
gegen Tuberkulose.
Pasad'ena, Wohnvorort von Los Angeles,
Kalifornien, USA, 116400 Ew.; Technolog.,
Kernforschungsinstitut.
Pasc'al, Blaise, *1623, †1662, französ. Mathe-
matiker (Kegelschnitte, Wahrscheinlichkeitsrech-
nung, Kombinationslehre, Pascalsches Dreieck)
und Philosoph, erlebte eine innere Bekehrung,
war als Anhänger des →Jansenismus Gegner des
Jesuitenordens, sah in seiner Verteidigung des
Christentums (»Pensées sur la religion«) den Men-
schen zugleich in seiner Größe und Gefährdetheit.
Pasch der, im Würfelspiel Wurf mit gleichen
Augen auf jedem Würfel. **paschen,** würfeln, auch
schmuggeln.
P'ascha der, früher ein Titel der obersten türk.
Beamten und Offiziere, 1934 abgeschafft; bis 1952
auch in Ägypten verliehen.
Pasch'alis [-sk-], Päpste: **1) P. I.** (817-24), erhielt
von Ludwig dem Frommen eine Bestätigung der
Pippinschen Schenkung. **2) P. II.** (1099-1118),
suchte vergeblich durch den Vertrag von Sutri
den dt. Investiturstreit zu beenden. **3) P. III.**
(1164-68), Gegenpapst Alexanders III.; 1165 Heiligsprechung Karls d. Gr.
P'aschitsch, serb. **Pašić,** Nikola, serb. Staatsmann, *1846, †1926; 1919 maßgebend an der
Gründung des jugoslaw. Staates beteiligt.
pasch'oll [russ.], packe dich!
P'ascoli, Giovanni, italien. Dichter, *1855,
†1912; melodische, zarte Gedichte.
Pas-de-Calais [pa dəkal'ɛ], die engste Stelle
des →Ärmelkanals (33 km breit).
P'asewalk, Stadt im Bez. Neubrandenburg,
14400 Ew.; got. Nikolai-, Marienkirche; Ind.
Pasigraph'ie [grch.] die, Zeichenschrift un-
abhängig von jeder Lautsprache, z.B. internat.
Flaggensignale.
Pasod'oble [span. »Doppelschritt«] der, urspr.
Marsch; als Tanz eine Abart des Onestep.
P'aspel der oder die, **Passepoil,** schmaler an-
dersfarbiger Stoffstreifen an Nähten von Dienst-
oder Damenkleidung.

Pasqu'ill [nach einer Säule in Rom, an der man
Spottschriften anklebte] das, Schmähschrift.
Paß [von lat. passus »Schritt«] der, ...sses/Pässe,
1) ⊕ Einsenkung in einem Gebirgsrücken, mit
mit Weg, Straße oder Eisenbahn. **2)** amtl. Ausweis mit Lichtbild und Personenbeschreibung.
pass'abel [frz.], erträglich, leidlich.
Passacaglia [pasak'alja], alter italien. Tanz in
langsamem ³/₄-Takt.
Passage [pas'a:ʒə, frz.] die, **1)** Durchgang,
Durchfahrt. **2)** ♪ schnelle Tonfolge aus tonleiter-
mäßigen Gängen. **3)** Reitübung der Hohen Schule: versammelter Trab.
Passagier [pasaʒ'i:r, frz.] der, Fahr-, Fluggast.
P'assah [hebr. pesach »Vorübergehen«, 2.Mos.
12, 13] das, jüd. Fest zur Erinnerung an den Auszug aus Ägypten, gefeiert am Abend des 14. Nisan
(am 1. Frühlingsvollmond).
Pass'ant [frz.] der, **1)** Durchreisender. **2)** Fußgänger (im Straßenverkehr).
Pass'arge die, Fluß in Ostpreußen, mündet in
das Frische Haff, ab Braunsberg schiffbar.
Pass'at der, regelmäßig wehender Wind in der
unteren Atmosphäre aus östl. Richtung in den
Tropen; auf der nördl. Halbkugel bis zu 30⁰ n.Br.
aus NO, auf der südl. bis zu 25⁰ s.Br. aus SO, dazwischen liegt die etwa 1100 km breite innertrop.
Konvergenzzone, in die die Luftmassen aus den
subtrop. Randgebieten von beiden Seiten einströmen und nach oben steigen.
Passau, Stadt in Niederbayern, 31000 Ew., an
der Mündung von Inn und Ilz in die Donau, Umschlaghafen und Stapelplatz; Dom (eine der größten Kirchenorgeln der Welt), bischöfl. Residenz,
philosoph.-theol. Hochschule; Maschinen-, Tex-
til-, chem. Ind. – Das alte Bistum P. fiel 1803 an
Bayern. Der **Passauer Vertrag** von 1552 zwischen
Kurfürst Moritz von Sachsen und Ferdinand I.
gewährte den Protestanten Religionsfreiheit bis
zum nächsten Reichstag.
passé [frz.], vergangen, abgetan, erledigt.
Pass'eier das, Seitental des Etschtals, mündet
bei Meran, Heimat Andreas Hofers.
passen, 1) sich eignen, angemessen sein, das
richtige Maß haben. **2)** Kartenspiel: auf ein Spiel
verzichten. **3)** auf etwas lauern.
Passepartout [paspart'u, frz.] der, das, **1)**
Hauptschlüssel. **2)** dauernd gültige Eintrittskarte.
3) Wechselrahmen für Bilder.
Passepoil [paspw'al, frz.] der, →Paspel.
Paßgang [von lat. passus »Schritt«] der, wie-
gender Gang von Reittieren (Kamel, Elefant,
manche Pferde) infolge gleichzeitigen Bewegens
der Beine einer Seite.
pass'ieren [frz.], **1)** vorbeikommen, durchrei-
sen, überschreiten (eine Brücke, Grenze). **2)** sich
ereignen. **3)** Kochkunst: durch ein Sieb pressen,
durchseihen.
Passi'on [lat. passio »das Leiden«] die, **1)** Leidenschaft, Hang. **2)** Leiden und Sterben Christi.
P.-Zeit, die Fastenzeit vor Ostern.
passion'ato [ital.], ♪ mit Leidenschaft.
passion'iert [frz.], leidenschaftlich, begeistert.
Passion'isten, →Paulus vom Kreuz.
Passi'onsblume, Halbsträucher des wärmeren
Amerikas, meist kletternd, mit schönen großen
Blüten. Im Griffel und den Staubfäden sah man
Abbilder der Marterwerkzeuge Christi (Geißel,
Dornenkrone und Nägel); manche mit gelbem
Beerenobst **(Granadillen, Grenadillen).**
Passi'onsmusik, Komposition über die Pas-
sion Christi (H. Schütz, J. S. Bach).
Passi'onsspiel, →Mysterienspiel.
p'assiv [lat.], leidend; untätig; teilnahmslos.
Gegensatz: aktiv. **P'assiv** das, ⓢ Leideform des Zw.
P'assiva [lat.] Mz., die auf der rechten Seite
der →Bilanz **(Passivseite)** ausgewiesenen Werte
eines Unternehmens (Eigenkapital und Verbind-
lichkeiten).
passives Wahlrecht, →Wahlrecht.
Pass'ivgeschäft, Geschäft einer Bank, bei dem
sie Geld hereinnimmt, also Schuldnerin wird.
Passivit'ät [lat.] die, tatenloses Zusehen.

Pasternak

Pasteur

Passung die, bezeichnet Form und Art, wie zusammengehörige Teile, z. B. Welle und Lager, ineinanderpassen. Wirtschaftl. Fertigung und Austauschbarkeit ohne Nach- oder Paßarbeit verlangen einheitl. Regelung des »Passens«. Dies geschah in Dtl. 1922 durch die **DIN-P.;** sie sind inzwischen durch die internationalen **ISA-P.** ersetzt. Diese legen u. a. die zulässigen Abweichungen (**Toleranzen**) vom Nennmaß (= Sollmaß), gestuft nach Genauigkeitsgraden (**Qualitäten**), sowie die Lage der Abweichungen (**Toleranzfeld**) fest, fassen zur Vereinfachung die Nennmaße zu **Durchmesserbereichen** zusammen, innerhalb deren Größe und Lage der Toleranz gleichbleiben. Zum Messen werden →Grenzlehren benutzt.

P′assus [lat. »Schritt«] der, Abschnitt, Stelle einer Schrift.

Paste [ital. pasta »Teig«] die, teigige Form von Speisen, Arzneien u. a.

Past′ellmalerei, das Malen mit trocknen Farbstiften, den Pastellstiften. (FARBTAFEL Maltechniken S. 692)

Pastern′ak, Boris L., russ. Schriftsteller, *1890, †1960, studierte Philosophie in Moskau und Marburg; Lyriker und Übersetzer (Goethe, Shakespeare, Rilke); Roman: »Doktor Schiwago«. Den Nobelpreis dafür (1958) mußte P. ablehnen.

Past′erze die, größter Gletscher der Ostalpen am Glockner, 10 km lang, 31,5 km² Fläche.

Past′ete die, feine Fleisch-, Fisch- oder Gemüsespeise, die in Blätterteig gebacken wird.

Pasteur [past′œ:r], Louis, franzós. Chemiker und Biologe, *1822, †1895, entdeckte die Mitwirkung von Bakterien an der Gärung, schuf die Grundlagen der Bakteriologie (Asepsis), stellte erstmals Impfstoffe gegen Tollwut, Milzbrand, Rotlauf u. a. her. **pasteuris′ieren,** ein Verfahren, um in Wein, Bier, Milch durch Erhitzen auf 65 °C alle Gärungserreger abzutöten.

Past′ille [lat.] die, Arzneizubereitung in Form von Scheibchen, Kugeln, Plätzchen.

Pastin′ake die, **Pastinak** der, staudiger gelbblühender Doldenblüter; Wurzelgemüse.

Pasto, San Juan de Pasto, Stadt in Kolumbien, 134 000 Ew.; 2594 m ü. M.; Universität.

P′astor [lat. »Hirt«] der, -s/.. ′oren, Seelsorger, bes. der evang. Geistliche.

Pastor, Ludwig, Freiherr v. Campersfelden, österreich. Geschichtsforscher, *1854, †1928; »Geschichte der Päpste seit dem Ausgang des Mittelalters« (bis 1800).

Pastor′ale [lat.] das, Schäferspiel; Musikstück ländlichen Charakters.

Pastor′altheologie, Lehre von der Seelsorge.

past′os [von ital. pasta »Teig«], Malerei: mit dickem Farbenauftrag.

P′aestum, grch. **Poseid′onia,** antike Stadt am Golf von Salerno; 3 dorische Tempel.

Paestum: Poseidontempel

Patag′onien, der südl. Teil S-Amerikas. Im argentin. Ost-P. regenarmes, geröllübersätes Hochland mit zahlreichen Seen; Schafzucht; Erdölfelder. Der chilen. W gehört an die Anden an, hat Wälder, Gletscher, Fjorde.

Patan, Stadt in Nepal, 135 000 Ew.

P′ate [von lat. pater »Vater«] der, **Patin** die, Taufzeuge, der für christl. Erziehung des Paten-

kindes bürgen soll. Nach kath. Auffassung besteht zwischen P. und Patenkind geistl. Verwandtschaft (Ehehindernis). Firm-P., →Firmung.

Pat′ella [lat.] die, ↓ Kniescheibe.

Pat′ene [lat.] die, in der christl. Kirche flache Schale für Hostien.

Pat′ent [lat.] das, 🜨 1) Urkunde, durch die für eine neue Erfindung ein Schutzrecht erteilt wird, geregelt im Patentges. v. 5. 5. 1936/2. 1. 1968. Auch das Recht selbst wird P. genannt. Ein P. wird erteilt, wenn die Erfindung eine techn. Neuheit darstellt und eine gewerbl. Verwertung gestattet; ausgenommen sind Erfindungen, die gegen Gesetze oder die guten Sitten verstoßen, außerdem Erfindungen von Nahrungs-, Genuß- und Arzneimitteln sowie von chem. Stoffen. Das Recht auf das P. hat der Erfinder oder sein Rechtsnachfolger. Die Schutzdauer des P. beträgt 18 Jahre. 2) Urkunde über eine öffentl. Rechtshandlung, durch die einem Privaten ein Recht verliehen wird (z. B. Kapitäns-P.).

P′ater [lat. pater »Vater«] der, -s/Patres, Abk. **P.,** Mz. **PP.,** Ordensgeistlicher.

Pater [p′eita], Walter H., engl. Schriftsteller, *1839, †1894; »Marius der Epikuräer«.

Paternit′ät [lat.] die, →Vaterschaft.

Patern′oster [lat.], das, Gebet: Vaterunser.

Patern′ostererbse, die, roten, schwarzfleckigen, giftigen Samen eines trop. Schmetterlingsblüters; für Rosenkränze und als Zierat.

Patern′osterfahrstuhl, →Umlaufaufzug.

P′ater p′atriae [lat. »Vater des Vaterlandes«], altröm. Ehrentitel.

Paterson [p′ætəsn], Stadt in New Jersey, USA, 144 800 Ew.; Seiden-, Maschinen-Industrie.

pathog′en [grch.], Krankheit erzeugend.

Pathogen′ese [grch.] die, Entstehungsgeschichte einer Krankheit.

Patholog′ie [grch.] die, Krankheitslehre. **pathol′ogisch,** 1) krankheitskundlich. 2) krankhaft.

P′athos [grch. »Leiden«] das, leidenschaftl., erhabener Ausdruck. **path′etisch,** leidenschaftlich.

Pathoskler′ose [grch.] die, krankhaftes Altern der Gewebe, z. B. bei Bluthochdruck.

Patience [pasj′ās, frz.] die, Geduldspiel, bes. Kartenspiel für eine Person.

Pati′ent [lat.] der, ein Kranker.

P′atina [lat.] die, grünl., braune oder schwarze Oberflächenschicht auf Metallen (Kupfer und Kupferlegierungen), entsteht durch Einwirken von Chemikalien.

Patin′ir, Joachim, niederländ. Maler, * um 1485, †1524; gebirgige Landschaften mit kleinen bibl. Figuren.

P′atio [span.] der, Innenhof eines Hauses.

Pâtisser′ie [frz.] die, feines Kleingebäck.

P′atmos, griech. Insel der Dodekanes; Aufenthaltsort des Evangelisten Johannes; Kloster.

P′atna, Stadt am Ganges, Indien, 414 500 Ew.; Univ., oriental. Bibliothek.

Patois [patw′a] das, in Frankreich: die Bauernsprache, die Mundart des niederen Volkes.

Paton [peitn], Alan, südafrikan. Erzähler, *1903; »Denn sie sollen getröstet werden« u. a.

P′atras, P′aträ, Hafenstadt der nördl. Peloponnes (Griechenland), 95 400 Ew.; Wein-, Korinthenausfuhr.

P′atres [lat. »Väter«, Mz. von Pater], 1) im alten Rom die Senatoren (→Senat). 2) Abk. **PP.,** →Pater. **P. ecclesiae,** die →Kirchenväter. **P. apostolici,** Apostol. Väter (→apostolisch).

P′atria [lat.] die, Vaterland.

Patri′arch [grch.] der, 1) **Erzvater,** die Stammväter Israels: Abraham, Isaak, Jakob. 2) seit dem 5. und 6. Jahrh.: die Bischöfe von Rom, Konstantinopel, Alexandria, Antiochia, Jerusalem. 3) Titel der Erzbischöfe von Venedig, Lissabon und der obersten Bischöfe der meisten Ost- und unierten Kirchen.

patriarch′alisch, nach Vorväterart, altväterl.

Patriarch′at das, 1) die Würde eines →Patriarchen. 2) Vaterherrschaft; Gegensatz: Matriarchat (→Mutterrecht).

Patrick [p'ætrik], **Patr'icius,** Apostel und Schutzheiliger Irlands (Tag 17. 3.), † um 460.

Patrim'onium [lat.] das, -s/...nien, röm. Recht: das väterl. Erbteil. **P. Petri** (»Erbe des Apostels Petrus«), der älteste Teil des →Kirchenstaats.

Patrimonialgerichtsbarkeit, die mit dem Besitz eines Ritterguts verbundene niedere Gerichtsbarkeit (in Dtl. 1879 beseitigt).

Patri'ot [grch.] der, Vaterlandsfreund. **Patriot'ismus,** Vaterlandsliebe, vaterländ. Gesinnung. Egw.: **patri'otisch.**

Patr'istik [lat.] die, **Patrologie** [grch.] die, Wissenschaft, die die Schriften und Lehren der Kirchenväter behandelt.

Patr'izier [lat.] der, 1) im alten Rom: Mitgl. des Geschlechtsadels. 2) im MA.: vornehme Familien, aus denen Ratsmitgl. gewählt wurden.

P'atroklos, Patroklus, griech. Sage: Freund des Achill, vor Troja von Hektor getötet.

Patr'on [lat.] der, 1) Schutz-, Schirmherr, Beschützer. 2) Schutzheiliger. 3) Inhaber des Patron'ats, der Schutzherrschaft über eine Kirche. 4) ⚓ Schiffs-, Handelsherr.

Patr'one [frz.] die, bei Handfeuerwaffen, MG und kleinkalibrigen Geschützen: Pulverladung, Geschoß und Zündmittel, zusammengefaßt in der **Patronenhülse. Platz-P.** (zu Übungszwecken) haben statt des Geschosses einen Holzpfropfen.

Patron'ymikon [grch.] das, -s/...ka, Personenname, der vom Namen eines Vorfahren, meist des Vaters abgeleitet ist, z. B. Peterson, Hansen.

Patrouille [patr'uljə, frz.] die, ⚔ Spähtrupp, Erkundungs- oder Sicherungsabteilung.

patt [ital.], Schachspiel: unentschieden.

Pau [po], Stadt in SW-Frankreich, am Fuß der Pyrenäen, 76 200 Ew.; Ind., Weinhandel.

Pauke, die, **Kesselpauke,** Schlaginstrument mit veränderbarer Tonhöhe, ein mit Kalbs-(Esels-) Fell bespannter Kupfer- oder Messingkessel.

pauken, 1) student. fechten. 2) angestrengt, aber geistlos lernen.

Paukenhöhle, Teil des Ohrs. (TAFEL Sinnesorgane des Menschen)

Paul [von lat. paulus »der Kleine«], männl. Vorname; weibl. Form: **Paula.**

Paul, Päpste, 1) P. III. (1534-49), Gönner Michelangelos; bestätigte 1540 den Jesuitenorden. 2) P. VI. (seit 1963), Giovanni Montini, *1897; 1954 Erzbischof von Mailand, 1958 Kardinal. Unter ihm wurde das II. Vatikan. Konzil 1965 zu Ende geführt, Kurie und Liturgie reformiert, das Kardinalskollegium erweitert. Seine Enzyklika »Humanae vitae« über den rechten Gebrauch der Empfängnisverhütung erregte eine weltweite Diskussion. (BILD Katholische Kirche)

Paul, Fürsten: **Griechenland. 1) P. I.,** König der Hellenen, *1901, †1964, folgte 1947 seinem Bruder Georg II.; seit 1938 ⚭ mit →Friederike. **Jugoslawien. 2) P.,** Prinz von Jugoslawien, *1893; 1934 bis 41 während der Unmündigkeit König Peter II. **Rußland. 3) P. I.,** Kaiser (1796-1801), gehörte 1798-1800 zur europ. Koalition gegen Frankreich, 1801 bei einer Offiziersverschwörung ermordet.

Paul, 1) Hermann, Germanist, *1846, †1921; »Dt. Grammatik«; »Dt. Wörterbuch«. 2) Jean, Dichter, →Jean Paul.

Pauli, Wolfgang, österr. Physiker, *1900, †1958, stellte das für den Atombau wichtige **P.-Prinzip** auf.

Pauling [p'ɔ:liŋ], Linus Carl, amerikan. Chemiker, *1901; 1954 Nobelpreis für die Aufstellung von Strukturmodellen der Kettenproteine, 1962 Friedensnobelpreis.

Paul'ownie die, **Kaiserbaum,** großblättriger japan. Baum, violette Rachenblüten.

Paulsen, Friedrich, Philosoph, Pädagoge, *1846, †1908; bestimmte den Geist als Willen.

Paulskirche in Frankfurt a. M., 1848/49 Tagungsort der Dt. Nationalversammlung; Veranstaltungsraum.

Paulus, vor seiner Bekehrung **Saul,** Apostel Jesu, der Heidenapostel, * Tarsus (Kilikien) um

Paulskirche

10 n. Chr.; zuerst eifriger Gegner der Christen, wurde um 34 vor Damaskus durch eine wunderbare Erscheinung (Damaskuserlebnis) zum Jünger Jesu bekehrt. Seine Missionsreisen führten nach Zypern, Kleinasien (bes. Ephesos), Makedonien, Griechenland (bes. Korinth). Überall entstanden Gemeinden, mit denen P. in regem persönl. und schriftl. Verkehr stand. Auf Betreiben der Juden in Jerusalem von P. von den Römern gefangengenommen und zwischen 64 und 67 enthauptet. Seine Lehre ist in seinen Briefen im N. T. enthalten. Mittelpunkt ist die Botschaft von Jesus Christus, von dessen Tod, Auferstehung und Erhöhung. P. hat das junge Christentum den ausdrucksformen der oriental.-hellenist. Kulturwelt angepaßt und ihm den Weg zur Weltreligion bereitet. – Heiliger, Tage 29. 6. (Peter-Pauls-Tag), 25. 1. (Pauli Bekehrung).

Paulus, Friedrich, Gen.-Feldmarschall, *1890, †1957; war 1942 mit der 6. Armee in Stalingrad eingeschlossen; 1943-54 in sowjet. Gefangenschaft, wo er sich dem »Nationalkomitee Freies Deutschland« anschloß.

Paulus vom Kreuz, *1694, †1775, stiftete 1725 den Orden der Passionisten (innere und äußere Mission); Heiliger (Tag 19. 10.).

Paulus von Theben (in Ägypten), Heiliger (Tag 15. 1.), † um 374; der erste Einsiedler.

Paus'anias, spartanischer Feldherr, Führer der Griechen bei Platää 479 v. Chr.

Pausch'ale die, älter: das, Gesamtabfindung an Stelle von Einzelzahlungen. **pauschal,** alles zusammen, zum Sammelpreis. **Pauschbetrag,** Betrag, der ohne Ermittlung von Einzelzahlungen usw. berechnet wird.

Pausche [zu Bausch] die, 1) Wulst am Sattel. 2) Bügel am Turnpferd.

Pause die, 1) ♪ das Schweigen einer Stimme für einen zeitl. begrenzten Abschnitt. 2) eine Durchzeichnung, auch kurz für →Lichtpause. 3) Arbeitsunterbrechung.

Pauspapier, 1) durchscheinendes Papier. 2) Blau- oder Kohlepapier.

P'avelić, Ante, kroat. Nationalist, *1889 †1959, war 1941 Staatsführer Kroatiens.

Pav'ese, Cesare, italien. Schriftsteller, *1908, † (Selbstmord) 1950; Romane »Junger Mond«, »Die einsamen Frauen« u. a.

Pav'ia, Stadt in Oberitalien, am Tessin, 85 700 Ew.; Univ., Handel, Ind. – P. war 572-774 Hauptstadt der Langobarden, kam 1359 an Mailand; 1525 wurde hier Franz I. von Frankreich von Kaiser Karl V. besiegt. (BILD S. 675)

P'avian der, Affen der Familie Hundsaffen, mit starkem Gebiß und grellroten Gesäßschwielen; leben auf Felsen in gebirgigen Gegenden Arabiens, Afrikas. **Mantel-P.,** mit langem Schulter- und Kopfhaar (Äthiopien bis Arabien); **Babuin** (Ostafrika).

Pavillon [pavilj'õ, frz.] der, eckiger oder runder Bau, auch Anbau.

Pawlod'ar, Stadt i.d. Kasach. SSR, 187 000 Ew.

P'awlow, Iwan, russ. Arzt und Forscher, *1849, †1936, schuf die Lehre von den bedingten Reflexen. Nobelpreis für Medizin 1904.

P'awlowa, Anna, russ. Ballettänzerin, *1882, †1931; »Der sterbende Schwan«.

Pax [lat.] die, Friede.

Paz'ifik [engl.] der, →Stiller Ozean.

Pazifik-Pakt, 1951 in San Francisco geschlossenes Verteidigungsbündnis zwischen Australien, Neuseeland und den USA, ergänzt 1954 durch den Südostasiat. Verteidigungspakt (SEATO).

Pazif'ismus [lat.] der, →Friedensbewegung.

pazifiz'ieren [lat.], befrieden.

Pb, chem. Zeichen für →Blei.

PC-Faser, Chemiefaser aus Polyvinylchlorid; für Schutzanzüge.

p. Chr., Abk. für lat.: post Christum (natum), nach Christi Geburt.

Pd, chem. Zeichen für →Palladium.

Peace River [pi:s rivə], Fluß in Kanada, 1200 km lang, kommt mit 2 Quellflüssen aus dem Kanad. Felsengebirge, vereinigt sich mit dem Athabasca zum Großen Sklavenfluß.

Peak [pi:k, engl.] der, Bergspitze.

Pearl Harbor [pə:l h'α:bə], Kriegshafen und Flottenstützpunkt der USA auf der Hawaii-Insel Oahu. Der Überfall der Japaner auf P. H. am 7. 12. 1941 eröffnete den japan.-amerikan. Krieg.

Pearson [p'iəsn], Lester Bowles, kanad. Politiker, *1897; 1948-57 Außenmin., 1963-68 Premiermin. Friedensnobelpreis 1957.

Peary [p'iəri], Robert, amerikan. Polarforscher, *1856, †1920, stellte 1901 durch Umfahren die Inselnatur Grönlands fest, erreichte 1909 den Nordpol. **P.-Land,** die NO-Halbinsel Grönlands.

Pech das, 1) zähflüssige braune bis schwarze Masse, Rückstand bei der Destillation von Steinkohlenteer und Erdöl; zur Brikettierung von Kohlen, zum Wasserdichtmachen, zur Isolierung. 2) übertragen: Unglück.

P'echblende die, **Ur'anpecherz,** U_3O_8, das wichtigste Uranerz.

Pechel, Rudolf, Schriftsteller, *1882, †1961; Herausgeber der »Dt. Rundschau«, war 1942-45 im KZ; schrieb »Dt. Widerstand«.

Pechkohle die, **Gag'at** der, eine spröde, pechschwarze Braunkohle, polierfähig, wird zu Schmuck (Jett) verarbeitet.

Pechnase die, kleiner, unten offener Ausbau an mittelalterl. Burgmauern, zum Herabgießen siedenden Pechs.

Pechnelke, Nelkengewächs mit roten Blüten, klebriger Stengelabsonderung; Gartenpflanze.

Pechstein, Max, expressionist. Maler und Graphiker, *1881, †1955.

Ped'al [lat.] das, 1) ⚙ mit dem Fuß betätigter Hebel oder Kurbel **(Tretkurbel)** zum Übertragen einer Bewegung. 2) ♩ Fußhebel bei Harfe, Klavier, Pauke; bei der Orgel die mit den Füßen zu spielende Tastenreihe.

Ped'ant [ital. »Schulmeister«] der, Kleinigkeitskrämer. Hw. **Pedanter'ie,** die. **ped'antisch,** nach Art eines P., kleinlich.

P'eddigrohr [ndt.] das, Stamminneres des span. Rohrs (→Rotang).

Ped'ell [lat.] der, Hausmeister in Schulen, Hochschulen und Gerichten.

Pedik'üre [frz.] die, Fußpflege.

P'edro, Kaiser von Brasilien: 1) **P. I.** (1822-31), *1798, †1834, Sohn des portugies. Königs Johann VI., machte Brasilien selbständig. 2) **P. II.** (1831-89), *1825, †1891, Sohn von 1), bis 1840 unter Vormundschaft, förderte das Land sehr; hob die Sklaverei auf (1888); dadurch Sturz des Kaisertums.

Peel [pi:l], Sir Robert, engl. Staatsmann, *1788, †1850; mehrfach Min., 1834-35 und 1841-46 Premiermin.; Führer der Konservativen, ging 1846 zum Freihandel über und spaltete damit die Partei.

Peene die, 1) westl. Mündungsarm der Oder. 2) schiffbarer Fluß, mündet in 1).

Peenem'ünde, ehemal. Fischerdorf im NW von Usedom, an der Peene 1), bis 1945 Forschungsstelle für Raketen- und Fernlenkwaffen, nach 1945 Marinestützpunkt der Dt. Dem. Rep.

Peer [piə, »Gleiche«] in England: Mitglied des hohen Adels, das Recht auf Sitz und Stimme im Oberhaus hat. Die Würde vererbt sich nach dem Erstgeburtsrecht. Rangstufen: Duke (Herzog), Marquess, Earl (Graf), Viscount und Baron; allgem. ihr Titel **Lord.**

P'egasus der, 1) griech. Sage: Flügelroß, dessen Hufschlag die Musenquelle Hippokrene hervorbrachte; daher Dichterroß. 2) ☆ Sternbild des nördl. Himmels.

P'egel der, eine Vorrichtung zum Messen des Wasserstandes, Latte mit Maßeinteilung oder Gerät mit Schwimmer und Zeiger (P.-Uhr).

Pegnitz, 1) der, Fluß in Franken, fließt durch Nürnberg, mündet bei Fürth in die Regnitz. 2) Stadt in Bayern, Fränk. Schweiz, 8900 Ew.; Ind., Eisenerzbergwerk.

Péguy [peg'i], Charles, franzö. Schriftsteller, *1873, †1914; verkündete einen religiös verklärten Nationalismus.

Pehlewi [p'eçlevi], genauer **Pahlawi,** die mittelpers. Sprache; die P.-Schrift ist aus der aramäischen Schrift abgeleitet.

Peilen, das Feststellen der Richtung und des Standorts von Schiffen, Flugzeugen usw. Richtungspeilung, →Funkpeilung. Impulspeilung, Einstationspeilung, →Funkmeßtechnik.

Peine, Stadt in Ndsachs., 30 400 Ew.; am Mittellandkanal; Schuh-, elektromechan. u. a. Ind.

peinlich und **hochnotpeinlich,** ehemals von Strafen, Gericht u. dgl.: Leib und Leben betreffend; **p. Befragung,** die →Folter.

Peiping, zeitweilig Name von →Peking.

P'eipussee, See in der NW-Sowjetunion, 4300 km² groß; sein Abfluß ist die Narwa.

Peirce [pə:s], Charles Sanders, amerikan. Philosoph, *1839, †1914; Begründer des Pragmatismus, Mitbegründer der mathemat. Logik.

Peis'istratos, latein. **Pisistratus,** Tyrann von Athen von 560-528/27 v. Chr.

Peitschenwurm, Fadenwurm, bis 5 cm lang, harmloser Darmschmarotzer des Menschen.

P'ekari, Bisamschwein, kleines trop.-amerikan. Wildschwein mit stark riechender Rückendrüse.

Pekin'ese der, langhaariger kleiner Luxushund aus China; seine Stammform ist unbekannt. (TAFEL Hunde)

Peking [»nördl. Hauptstadt«], zeitweilig **Peiping,** Hauptstadt der Volksrep. China, eigenes Verwaltungsgebiet, 7,0 Mill. Ew. P. umfaßt die Mandschustadt mit dem ehem. kaiserl. Palastbezirk »Verbotene Stadt« und dem Gesandtschaftsviertel, ferner die Chinesenstadt. P. hat Tempel, Paläste, Museen, Universitäten, Akademien, Kernforschungszentrum u. a.; Textil-, Gummi-, Elektro-, Leder-, Glasind. – Seit etwa 1000 v. Chr. Hauptstadt versch. Dynastien, zuletzt bis 1911/12 der Mandschukaiser. Nach Einnahme P.s durch die Kuomintang war Nanking 1928-45 die Hauptstadt Chinas. 1937 wurde P. von den Japanern, 1945 wieder von der Kuomintang, 1949 von den chines. Kommunisten erobert. (BILD S. 676)

Pekingmensch, Sinanthropus, bei Peking entdeckte Reste einer sehr altertüml. Menschenform, die dem Java-Menschen (Pithecanthropus) ähnelt.

Pavia: Blick zum Dom, rechts Tessinbrücke

Peking:
Verbotene Stadt

Pelikan

Pekt'in das, Gallertstoffe in Pflanzen, bewirken das Gelieren der Fruchtsäfte.

Pektor'ale [lat.] das, Brustschnalle für den Chormantel des kath. Priesters; Brustkreuz.

pekuni'är [lat.], Geld betreffend, geldlich.

Pelagi'aner, Anhänger des irischen Mönchs **Pelagius** (um 400), der die Erbsünde leugnete und eine natürl. Fähigkeit des Menschen zum Guten behauptete; von Augustinus bekämpft.

Pel'agische Inseln, vulkan. Inselgruppe südl. von Sizilien; dürftiger Pflanzenwuchs.

Pelarg'onie [grch.] die, eine Gattung der Storchschnabelgewächse, auch **Geranium** genannt; mit gespornten Blüten; z. T. Zierpflanzen, so **Muskat-P. (Muskatkraut)** mit wohlriechenden Blättern, weißen Blütchen.

Pel'asger Mz., die Urbewohner Griechenlands.

pêle-mêle [pɛːlmˈɛːl, frz.], bunt gemischt.

Peler'ine [frz.] die, Schulterkragen, Umhang.

P'eleus, griech. Sage: Herrscher der →Myrmidonen, Vater des Achill.

P'elias, griech. Sage: Sohn Poseidons, sandte Iason nach dem Goldenen Vlies aus. Nach Iasons Rückkehr wurde P. auf Medeas tückischen Rat von seinen Töchtern (außer Alkestis) zerstückelt und in einem Zaubertrank gekocht.

Pel'ide [Sohn Peleus'] der, Beiname →Achills.

P'elikan [grch.] der, Gattung der Schwimmvögel mit Kehlsack für die Fischbeute; zwei schwanengroße Arten leben im südl. Europa, in Afrika, Südasien. Der P. gilt als Symbolgestalt der christl. Liebe.

P'elion, neugriech. **Pilion,** Waldgebirge auf der griech. Halbinsel Magnesia, 1547 m hoch.

Pelkum, Landgem. im Kr. Unna, Nordrh.-Westf., 25 500 Ew.

Pella, Hauptstadt des alten Makedoniens, westl. von Saloniki.

P'ellagra [ital.] das, eine auf Mangel an Vitamin B beruhende Krankheit; heute selten.

P'ellworm, nordfries. Insel, westlich der Insel Nordstrand, 35,9 km² groß, 1700 Ew.

Pel'opidas, befreite 379 v. Chr. Theben von den Spartanern, entschied unter Epaminondas 371 den Sieg von Leuktra, fiel 364.

Peloponn'es [grch. »Insel des Pelops«] die, der, **Morea,** die südl. Halbinsel Griechenlands, 21 556 km²; mit dem Festland verbunden durch die Landenge von Korinth. Hauptort: Patras. **Peloponn'esischer Krieg,** Kampf Athens und Spartas um die Vorherrschaft in Griechenland 431-404 v. Chr., endete mit der Niederlage Athens.

P'elops, griech. Sage: Sohn des Tantalos, wurde als Kind von diesem geschlachtet und den Göttern als Speise vorgesetzt, von ihnen aber neu belebt. Seine Nachkommen sind die **Pelop'iden.**

Pel'ota [span.], bask. Nationalspiel.

Pel'otas, Stadt im brasilian. Staat Rio Grande do Sul, 178 300 Ew.; Schlachthäuser, Ind.

Peltier-Effekt [pɛltjˈeˑ-, nach dem französ. Physiker Peltier, *1785, †1845], Temperatureffekt an der Lötstelle eines Thermoelements: Fließt ein elektr. Strom durch die Lötstelle, so

Pendel, links
mathemat., Mitte
und rechts physi-
kal. Pendel

tritt je nach der Stromrichtung Abkühlung oder Erwärmung ein. Gegensatz: thermoelektr. Effekt.

P'eltonrad, →Wasserturbinen.

Pelz der, behaarte Tierhaut, →Rauchwaren.

Pelzflatterer, Flugmaki, katzengroßes Säugetier mit Flughäuten; Baumbewohner im Malaiischen Archipel.

Pelztiere, Säugetiere, die wegen ihres weichen, dichten Felles zur Gewinnung des Pelzwerks gezüchtet werden: Nerz, Nutria, Biber, Fohlen, Karakulschaf, Skunk, Kaninchen, Fuchs, Waschbär, Zobel, Opossum, Ziege u. a. (→Rauchwaren).

P'emba, Koralleninsel vor der Küste Ostafrikas, zu Tansania gehörig, 984 km², 164 200 Ew.; Gewürznelkenpflanzungen.

P'emmikan [indian.] der, Dauerfleisch.

P'emphigus [grch.], ♀ Blasenausschlag.

P.E.N., Penclub, internat. Vereinigung von Dichtern, Essayisten, Romanschriftstellern (Poets, Essayists, Novelists), 1921 in London gegr.

Penalty [pˈɛnəlti] die, Strafstoß beim Fußball (Elfmeter), Eishockey u. a.

Pen'aten [lat.] Mz., altröm. Hausgötter.

Pence [pens]. Mz. von →Penny.

Penck, Albrecht, Geograph, *1858, †1945; Landformen- und Landeskunde.

Pendant [pãdˈã, frz.] das, 1) Ohrgehänge. 2) Gegenstück.

Pendel das, um eine Achse oder einen Punkt frei drehbarer Körper, der unter dem Einfluß der Schwerkraft eine period. Bewegung ausführt. Beim mathemat. P., dessen Masse man sich in einem Punkt vereinigt denkt, ist die Schwingungsdauer bei kleinen Schwingungen proportional der Wurzel aus der P.-Länge. Jedes wirkliche (physikal.) P. schwingt schneller als ein gleichlanges mathemat. P.

Pendelachse, Achsbauart für Kraftwagen: die Räder sind unabhängig voneinander abgefedert.

Pendentif [pãdãtˈif, frz.] das, ⬡ Gewölbeteil in Form eines sphär. Dreiecks (Zwickel), der von den Ecken eines quadrat. Grundrisses zum Kreisrund einer Kuppel überleitet.

Pen'elope, Gemahlin des →Odysseus.

penetr'ant [lat.], durchdringend, hartnäckig.

Pengö der, frühere ungar. Währungseinheit, 1946 durch den Forint ersetzt.

pen'ibel, gewissenhaft; peinlich, mühsam.

Penicill'in das, erstes, 1929 von A. Fleming entdecktes, seit 1940 in der Heilkunde verwendetes →Antibioticum; aus einem Schimmelpilz hergestellt.

P'enis [lat.] der, das männliche Glied (→Geschlechtsorgane).

Penki, chines. Stadt, 500 000 Ew.; Stahlwerk.

Penn, William, Gründer Pennsylvaniens, *1644, †1718, Führer der Quäker; gründete 1683 Philadelphia, führte unbedingte Religionsfreiheit durch, gewann die Indianer durch gute Behandlung.

Penn'al [lat. »Federbüchse«] das, **P'enne,** die, Schülersprache: höhere Lehranstalt. **Penn'äler** der, Schüler einer höheren Lehranstalt.

Penn'inische Alpen, Walliser Alpen, Teil der Westalpen (im Monte Rosa 4634 m hoch); reich an Gletschern.

Penn'inisches Gebirge, engl. **Pennine Chain,** Gebirgszug in N-England, bis 893 m hoch.

Pennsylv'ania [-vˈeinjə], Abk. **Pa.,** einer der mittleren atlant. Staaten der USA, 117 412 km², 11,7 Mill. Ew. (8% Neger); Hauptstadt: Harrisburg, größte Städte: Philadelphia, Pittsburgh. Hauptflüsse: Delaware, Susquehanna, Allegheny. Getreide-, Obstbau, Tabak; Milchwirtschaft. 🎣 auf Kohle, Erdöl, Erdgas. Stark industrialisiert (Schwer-, Textil-, chem., Tabak- u. a. Ind.). – P. wurde 1681/82 von dem engl. Quäker William →Penn gegründet. Seit 1683 starke dt. Einwanderung. ⊕ S. 526.

P'enny [engl.] der, Mz. **Pence** [p'ens, als Wertangabe] oder **Pennies** [p'enis, zur Bez. mehrerer einzelner Stücke], Abk.: **d** [denarius], kleinste engl. Münzeinheit.

P'ensa, Stadt in der Sowjetunion, an der Sura, 374000 Ew.; Ackerbau, Holzindustrie.

Pension [frz. pãsjõ] die, 1) Ruhegehalt; Witwen- und Waisengeld. 2) Fremdenheim mit Beköstigung. 3) P. oder **Pensionat,** Erziehungsheim für junge Mädchen. **Pension'är** der, Beamter im Ruhestand; Kostgänger; Zögling.

Pensionskasse, rechtl. selbständige Einrichtung zahlreicher Unternehmen, gewährt den Mitgl. zusätzl. zur sozialen Rentenversicherung Alters- und Hinterbliebenenrenten. Auf die Leistungen der P. besteht Rechtsanspruch.

P'ensum [lat.] das, Aufgabe, Lehrstoff.

Penta... [grch.], Fünf...

Pentag'on [grch.] das, 1) Fünfeck. 2) **P'entagon,** das Verteidigungsministerium der USA in Washington (fünfeckiger Grundriß).

Pentagr'amm [grch.] das, Drudenfuß.

Pent'ameter [grch.], der, fünffüßiger daktylischer Vers, bildet mit dem Hexameter das elegische →Distichon.

Pent'ane Mz., ⟳ die drei isomeren Kohlenwasserstoffe von der Zusammensetzung C_5H_{12}; im Erdöl.

Pentat'euch [grch. »das fünfteilige Buch«] der, **die fünf Bücher Mose,** das Gesetzbuch **(Thora)** des Judentums, berichtet von der Erwählung des jüd. Volkes durch Jahve.

Pentat'onik [grch.] die, Tonordnung, die sich auf fünf Töne innerhalb des Oktavraumes beschränkt und urspr. keine Halbtöne aufweist: f g a . c d . f g (Südsee, Ostasien, Afrika). Eine jüngere Form: e f . a h c . e f liegt der japan. Musik zugrunde.

Pent'elikon der, griech. Gebirge (Attika), 1109 m; **Pentelischer Marmor.**

Penthesil'ea, griech. Sage: Königin der →Amazonen, von Achill getötet.

Pentland'it, NiS, wichtiges Nickelerz, bes. in Magnetkies-Lagerstätten (Kanada).

Pent'ode [grch.] die, eine Elektronenröhre mit fünf Elektroden.

Penzberg, Stadt in Oberbayern, 10600 Ew.; am Fuß der Alpen; Pechkohlenbergbau.

Penzoldt, Ernst, Dichter, Bildhauer, *1892, †1955, schrieb Schauspiele, heitere Romane (»Die Powenzbande«).

Peoria [pi'oriə], Stadt in Illinois, USA, 127000 Ew.; Hafen-, Handels-, Industrieort.

Pepping, Ernst, Komponist, *1901; Vertreter neuer evang. Kirchenmusik.

Peps'in [grch.] das, ein eiweißverdauendes Enzym des Magensaftes.

Pept'ide [grch.] Mz., ⟳ Zwischenprodukte beim Abbau der Eiweiße.

Pept'one [grch.] Mz., ⟳ Zwischenprodukte beim Abbau des Nahrungseiweißes im menschl. und tier. Organismus.

P'epusch, Johann Christoph, Komponist, *1667, †1752, vertonte J. →Gays »Bettleroper«.

per [lat. und ital.], durch, für.

Per'äa [grch.], der jenseits, d.h. östlich des Jordans gelegene Teil des alten Palästina.

per 'aspera ad 'astra [lat. »über rauhe (Pfade) zu den Sternen«], durch Nacht zum Licht.

Perbor'ate Mz., ⟳ Salze aus Borsäure und Natriumperoxyd; Bleichmittel.

Perchta, Berchta, oberdt. Volksglauben: eine Sagengestalt, die während der Zwölfnächte (25.12. bis 6. 1.) helfend oder schadend durch die Lüfte fährt, begleitet von den **Perchten** (Rest eines Fruchtbarkeitszaubers). Perchtentag: 6. 1.

Perchtoldsdorf, Marktgem. am Rand des Wienerwaldes, Österreich, 13300 Ew.; Weinbau.

perd'ü [frz.], verloren; dahin, futsch.

p'ereat [lat. »er möge zugrunde gehen«], nieder!

Pereira, Stadt in Kolumbien, 212500 Ew.

Père-Lachaise [pɛːr laʃ'ɛːz], Friedhof in Paris, Gräber berühmter Persönlichkeiten.

perem(p)t'orisch [lat.], ɟ̣ aufhebend.

perenn'ierend [lat. »ausdauernd«], mehrfach überwinternd; p. heißen Stauden, deren Kraut im Herbst abstirbt, die aber aus unterird. Teilen

(Wurzelstock, Zwiebel, Knolle) im Frühjahr neu treiben **(Perennen).**

Pérez de Ay'ala [p'εrεθ], Ramón, span. Schriftsteller, *1881, †1962; Lyrik, Romane.

perf'ekt [lat.], vollendet, vollkommen. **Perfekti'on** die, Vollkommenheit.

Perf'ekt, Perf'ektum das, ⑤ Vollendung in der Gegenwart, z.B. er hat gesprochen.

perf'id [lat.], treulos, hinterlistig. Hw. **Perfid'ie.**

Perforati'on [lat.] die, Durchbohrung, Durchlöcherung. Zw. **perfor'ieren.**

Pergam'ent das, Beschreibstoff aus enthaarten, geglätteten, getrockneten Tierhäuten.

P'ergamon, im Altertum: Hauptstadt des Pergamenischen Reichs, das in Mysien (Kleinasien) 282 v.Chr. gegr. wurde und 133 v.Chr. an Rom fiel. Dt. Ausgrabungen seit 1878 legten Burg, Tempel, Paläste frei. Die Skulpturen des **P.-Altars** (197-159 v.Chr.) stehen in Berlin.

Pentagon in Washington

Pergamonaltar (im Pergamon-Museum, Berlin)

P'ergola [ital.] die, -/...len, 1) ⌂ auf Pfeilern oder Säulen ruhender Laubengang. 2) P., auch **Pergl** das, die, Lattengerüst für Weinstöcke.

Pergol'esi, Giovanni Battista, italien. Komponist, *1710, †1736; komische Opern, u.a. »La serva padrona«; Kirchenmusik.

perhorresz'ieren [lat.], verabscheuen.

peri... [grch.], um..., herum..., z.B. Peripherie, Umfangslinie.

Perid'erm [grch.] das, →Kork.

Perig'äum [grch.] das, →Apsiden.

Perig'on [grch.] das, Blütenhülle mit gleichgestalteten Blumen- und Kelchblättern.

Périgueux [perig'ø], Stadt in SW-Frankreich, 41100 Ew.; röm. Baureste; Industrie (Lebensmittel, Schuhe).

Perih'el [grch.] das, →Apsiden.

Perik'ard [grch.] das, ↕ der Herzbeutel. **Perikard'itis** die, Herzbeutelentzündung.

P'erikles, griech. Staatsmann, * nach 500, †429 v.Chr., wurde, gestützt auf das Volk, seit etwa 460 der maßgebende Führer Athens, das unter ihm die höchste Blüte erreichte **(Perikleisches Zeitalter;** Schaffung der →Akropolis).

Perik'ope [grch.] die, Bibelabschnitt; beim Gottesdienst Lesestück und Predigttext.

perinat'al [grch.-lat.], um die Zeit der Geburt.

Peri'ode [grch. »Umlauf«, »Kreislauf«] die, 1) die regelmäßige Wiederkehr einer Erscheinung, z.B. Umläufe von Gestirnen. 2) △ eine Wieder-

Perikles

Periodisches System der chemischen Elemente (Stand 1971)

Periode	Gruppe 0	Gruppe I a	b	Gruppe II a	b	Gruppe III a	b	Gruppe IV a	b	Gruppe V a	b	Gruppe VI a	b	Gruppe VII a	b	Gruppe VIII
1	0 n	1 H 1,00797														
2	2 He 4,0026	3 Li 6,939		4 Be 9,0122		5 B 10,811		6 C 12,01115		7 N 14,0067		8 O 15,9994		9 F 18,9984		
3	10 Ne 20,183	11 Na 22,9898		12 Mg 24,312		13 Al 26,9815		14 Si 28,086		15 P 30,9738		16 S 32,064		17 Cl 35,453		
4	18 Ar 39,948	19 K 39,102		20 Ca 40,08		21 Sc 44,956		22 Ti 47,90		23 V 50,942		24 Cr 51,996		25 Mn 54,9380		26 Fe 55,847 27 Co 58,9332 28 Ni 58,71
			29 Cu 63,54		30 Zn 65,37		31 Ga 69,72		32 Ge 72,59		33 As 74,9216		34 Se 78,96		35 Br 79,909	
5	36 Kr 83,80	37 Rb 85,47		38 Sr 87,62		39 Y 88,905		40 Zr 91,22		41 Nb 92,906		42 Mo 95,94		43 Tc [99]		44 Ru 101,07 45 Rh 102,905 46 Pd 106,4
			47 Ag 107,870		48 Cd 112,40		49 In 114,82		50 Sn 118,69		51 Sb 121,75		52 Te 127,60		53 J 126,9044	
6	54 Xe 131,30	55 Cs 132,905		56 Ba 137,34		57–71 Lantha- niden*)		72 Hf 178,49		73 Ta 180,948		74 W 183,85		75 Re 186,2		76 Os 190,2 77 Ir 192,2 78 Pt 195,09
			79 Au 196,967		80 Hg 200,59		81 Tl 204,37		82 Pb 207,19		83 Bi 208,980		84 Po [210]		85 At [210]	
7	86 Rn [222]	87 Fr [223]		88 Ra [226,05]		89-103 **) Actiniden		104 Ku [257]		105 Ha [261]						

*) Lanthaniden

57 La 138,91	58 Ce 140,12	59 Pr 140,907	60 Nd 144,24	61 Pm [147]	62 Sm 150,35	63 Eu 151,96	64 Gd 157,25	65 Tb 158,924	66 Dy 162,50	67 Ho 164,930	68 Er 167,26	69 Tm 168,934	70 Yb 173,04	71 Lu 174,97

**) Actiniden

89 Ac [227]	90 Th 232,038	91 Pa [231]	92 U 238,03	93 Np [237]	94 Pu [242]	95 Am [243]	96 Cm [247]	97 Bk [247]	98 Cf [249]	99 Es [254]	100 Fm [253]	101 Md [256]	102 No [254]	103 Lr [257]

Die Zahl vor jedem Element ist die Ordnungszahl (Kernladungszahl), die unter dem Element das Atomgewicht, bei instabilen Elementen die Massenzahl des längstlebigen bekannten Isotops.

kehr oder Wiederholung, etwa die Ziffernfolge 54 in dem period. Dezimalbruch $\frac{6}{11}$ = 0,5454... 3) ‹ →**Menstruation.** 4) Zeitabschnitt, Zeitraum. 5) ⑤ langer Satz. peri'odisch, regelmäßig wiederkehrend.

peri'odische Literatur, Peri'odika, in regelmäßigen Abständen erscheinende Zeitschriften.

Peri'odisches System der Elemente (hierzu ÜBERSICHT), eine Anordnung der chem. Elemente nach steigendem Atomgewicht, bei der Elemente mit verwandten chem. Eigenschaften untereinander zu stehen kommen. Z.B. enthält die erste Gruppe die Alkalimetalle, die Gruppe II die Erdalkalimetalle, Gruppe VII die Halogene. Die den Elementen im P.S.d.E. zugeordnete **Atomnummer** stellte sich später als identisch mit der Kernladungszahl (der Zahl der Protonen im Kern, ihr entsprechend Zahl der Elektronen der Hülle) heraus. – Das P. S. wurde 1869 gleichzeitig und unabhängig voneinander von Mendelejew und Lothar Meyer entdeckt..

Peri'öke [grch. »Um-, Nebenwohner«] der, im griech. Altertum der persönlich freie, aber politisch rechtlose Einwohner, bes. in Sparta.

Peri'ost [grch.] das, Knochenhaut (→Knochen).

Peripat'etiker [von grch. »herumgehen«] der, Philosoph aus der Schule des Aristoteles (nach der Wandelhalle, wo Aristoteles gehend lehrte).

Peripet'ie [grch.] die, entscheidende Schicksalswendung; Umschwung im Drama, Roman.

Peripher'ie [grch.] die, Umfangslinie einer begrenzten Fläche, z.B. des Kreises. **periph'er,** außen.

Perisk'op das, →Sehrohr des Unterseeboots.

Perist'altik [grch.] die, ‹ bei Hohlorganen (z.B. Darm) die fortschreitende Zusammenziehung der Ringmuskeln zum Vorwärtstreiben des Inhalts.

Perkussion: P.-Hammer

Perlblümchen

Perist'yl [grch.] das, ⊟ Säulenhalle um den Hof des altgriech. und röm. Wohnhauses.

Periton'aeum [grch.-lat.] das, Bauchfell. **Periton'itis** die, Bauchfellentzündung.

Perk'al der, feinfädiger Baumwollstoff.

Perkin [p'ə:kin], William Henry, engl. Chemiker, *1838, †1907, entdeckte den ersten künstl. Farbstoff, das Mauvein.

Perkussi'on [lat.] die, **1)** Erschütterung, Stoß, Schlag. **2)** ‹ das Beklopfen des Körpers, um aus dem Schall Schlüsse auf die inneren Organe zu ziehen. **3)** ♪ die Gruppe der Schlaginstrumente, das Schlagzeug.

perkut'an [lat.], durch die unverletzte Haut hindurch.

Perl die, ⧠ ein Schriftgrad (→Schriften).

Perlblümchen, ⚘ eine Art Träubel.

Perle die, **1)** Kügelchen aus Perlmutter, das als krankhafte Bildung bei vielen Weichtierarten, bes. Perlmuscheln, deren Mantel und Schale entsteht. Um den »Perlkern« wird innerhalb von Jahren dauernd neuer Perlstoff herumgelagert. Die Muscheln werden durch Taucher oder mit Netzen heraufgeholt (**Perlfischerei** im Pers. Golf, bei Ceylon, Australien, den Südseeinseln, Mexiko). Zucht-P. (nach dem Verfahren des Japaners Mikimoto, †1954; Japan-P.) haben sehr an Beliebtheit gewonnen. Sie werden durch Einschieben von kleinen Fremdkörpern oder Injizieren einer Ölmasse in gesunde Muscheln erzeugt. (BILD S. 679) **2)** Knochenknötchen am Geweih.

Perleberg, Stadt im Bez. Schwerin, 13800 Ew.; Konserven-, Holz-, Maschinen-Industrie.

Perlgras, zierl. Gras mit oft ährenförmiger Rispe, wächst im Laubwald. ·

Perlhuhn, Hühnervögel mit graublauem, weißgeflecktem Gefieder. Das **Gemeine P.** stammt aus Westafrika, ist bei uns Nutzgeflügel.

Perlmuschel, →Perle.

Perlmutter die, **Perlmutt** das, Schicht aus dünnen Kalkblättchen in Weichtier-, bes. Muschelschalen; für Schnitz- und Einlegearbeiten.

Perlmutterfalter, Tagschmetterling; Flügelunterseite perlmutterähnl. gestreift oder gefleckt.

P'erlon das, Handelsname einer Chemiefaser mit hoher Reißfestigkeit; sie entsteht durch Polykondensation einer komplizierten Aminosäure.

Perlpilz, eßbare Schwesterart des Fliegenpilzes. (FARBTAFEL Pilze S. 865)

Perlsucht die, Tuberkulose der Haustiere.

Perlzwiebel, Perllauch, perlenähnliche Brutzwiebeln verschiedener Laucharten.

Perm das, Abschnitt des Erdaltertums, →Erdgeschichte, ÜBERSICHT.

Perm, 1940-57 Molotow, Stadt in der Sowjetunion, an der Kama, 850000 Ew.; Univ., TH; Maschinen-, Erdöl-, Holz-Ind., Schiffbau.

Perman'enz [lat.] die, Fortdauer, Ständigkeit.

perman'ent, ununterbrochen.

Permeabilit'ät [lat.] die, 1) ⚬ Durchlässigkeit von Scheidewänden. 2) ⊠ Größe, die angibt, wievielmal sich die magnet. Induktion durch einen in das Magnetfeld gebrachten Stoff vergrößert oder verkleinert. Für paramagnet. Stoffe ist die P. etwas größer, für diamagnet. etwas kleiner als 1; bes. groß ist sie für ferromagnet. Stoffe, einige 1000 bis 100000. Egw.; **perme'abel.**

per mille [lat.], für 1000 Stück.

P'ermoser, Balthasar, Bildhauer, *1651, †1732; Figurenschmuck am Dresdner Zwinger.

Permutati'on [lat.] die, △ Anordnung einer Anzahl von Zahlen oder Buchstaben in allen möglichen Reihenfolgen. **permut'ieren,** vertauschen.

Permut'ite Mz., kristallisierte Mineralien, komplexe Natrium-Aluminium-Silicate, die bestimmte Stoffe aus wäßrigen Lösungen gegen mineraleigene Stoffe austauschen. **Permutitverfahren** zur Wasserenthärtung mit P.

P'ernik, Stadt in Bulgarien, 79800 Ew.; Braunkohlenbergbau.

Pernizi'öse Anämie, Pernizi'osa, Biermersche Krankheit, eine Blutkrankheit mit zuwenig roten Blutkörperchen und Fehlen von Magensäure. Anzeichen sind Ermüdung, Gewichtsabnahme, Zungenbrennen. Behandlung: Injektionen von Leberextrakt, Gaben von Folinsäure und Vitamin B 12.

Pernod [-n'o, frz.] der, aus Anis u. a. Kräutern hergestellter alkohol. Getränk.

Perón, Juan Domingo, argentin. General und Politiker, *1895, beteiligt an den Staatsstreichen 1942-44, war 1943-46 Min., wurde 1946 Staatspräs., 1955 gestürzt, lebt im Exil. Anteil an seinem Aufstieg hatte seine Frau Eva P. (*1919, †1952).

Peronosporaz'een [grch.] Mz., Pilze, die falschen Mehltau erzeugen, z. B. an Reben; auch den **Blauschimmel** der Tabakpflanze.

peror'al, per os [lat.], ∫ durch den Mund.

P'eroxyde Mz., ⚬ Abkömmlinge des Wasserstoffperoxyds, die an Stelle der Wasserstoffatome ein Metall enthalten, wie **Natrium-P.,** Na_2O_2, **Baruim-P.,** BaO_2.

per p'edes [lat.], zu Fuß; **p. p. apostolo'rum,** zu Fuß (reisen) wie die Apostel.

Perpendicular Style [pə:pənd'ikjulə stail, engl.], in der engl. Kunst der Stil der spätgot. Architektur.

Perpend'ikel der, das, 1) Uhrpendel. 2) →Lot.

Perp'etuum m'obile [lat. »dauernd beweglich«] das, Maschine, die ohne Energiezufuhr Arbeit leisten soll; sie ist mit den Naturgesetzen nicht vereinbar.

Perpignan [pɛrpiɲ'ã], Stadt in S-Frankreich, nahe dem Mittelmeer, 104100 Ew.; Kathedrale, maur. Zitadelle; Handel, Ind. – P. kam 1659 von Spanien an Frankreich.

perpl'ex [lat.], bestürzt, verblüfft.

per proc'ura [ital.], **p. p.,** ppa., Zusatz bei der Unterschrift durch einen Prokuristen.

Perrault [pɛr'o], Charles, französ. Schriftsteller, *1628, †1703; Märchensammlung.

Perron [pɛr'õ, frz.] der, ⚒ Bahnsteig.

Pers'ante die, Küstenfluß in Ostpommern bei Kolberg.

per s'e [lat.], selbstverständlich.

Perse'iden Mz., →Sternschnuppen.

Pers'enning die, starkfädiges, wasserdicht ausgerüstetes Flachs- oder Hanfsegeltuch in Leinwandbindung für Boots- und Autoverdecke, Planen, Zelte.

Pers'ephone, lat. **Pros'erpina,** griech. Göttin, Tochter des Zeus und der Demeter, Gemahlin des Hades.

Pers'epolis, Hauptstadt des altpers. Reichs, bes. unter Darius I.; wurde 332 v. Chr. durch Alexander d. Gr. in Brand gesteckt. Ausgrabungen.

Perser, die Bewohner von Persien (→Iran). **Perserkriege,** die Kriege zwischen Persern und Griechen, 490-448 v. Chr. (→Griechische Geschichte).

P'erseus, 1) griech. Göttersage: Sohn des Zeus und der Danaë, tötete die Medusa, befreite Andromeda und vermählte sich mit ihr. 2) ✳ nördl. Sternbild mit dem Stern 3. Größe **Algol,** dessen Lichtstärke wechselt.

Persever'anz [lat.] die, Beharrlichkeit.

Persi'aner der, **Karakul,** die feinsten schwarzen Lammfelle des buchar. Karakulschafes.

P'ersien, früherer Name von →Iran.

Persiflage [persifl'a:ʒə, frz.] die, feiner, versteckter Spott. Zw. **persifl'ieren.**

Persische Kunst, die altpers. Kunst des Achämenidenreichs vom 7. Jahrh. bis 330 v. Chr., auch die Kunst der Parther, die Sassaniden und die Kunst Persiens in islam. Zeit. Hauptwerke altpers. Baukunst sind die Königspaläste in Persepolis und Susa mit ihren gewaltigen Säulenhallen, das Grabmal des Kyros in Pasargadä und die Felsgräber der Achämenidenkönige in Naksch-i-Rustem. Sehr gut erhalten sind die Reliefs der Palastwände in Persepolis (schreitende Gestalten, Tierkampfszenen) und die aus farbig glasierten Ziegeln in Susa (Bogenschützen, Löwen, Fabeltiere). Hoch entwickelt war die Kleinkunst.

Persischer Golf, Nebenmeer des Ind. Ozeans.

Persische Sprache und Literatur. Das Persische ist ein Zweig der iran. Sprachen (ÜBERSICHT Sprachen der Erde). Aus dem Altpers. (Sprache der Keilinschriften) ging das Mittelpers. (Pehlewi) hervor. Das Neupers. ist in arab. Schrift bis nach Nordindien verbreitet. Berühmte Dichter sind Firdausi (†1020, Nationalepos »Königsbuch«) und der Lyriker Hafis (†1389, Ghaselendichtung). Naturbeschreibung, Märchen- und Erzählungsdichtung wurden gepflegt.

persist'ent [lat.], beharrlich.

Pers'on [lat.] die, 1) menschl. Einzelwesen. 2) ⚖ der Träger von Rechten und Pflichten: natürl. und juristische P. **Persona grata,** in (hoher) Gunst stehend; Gegenteil: **persona non grata.**

Personalausweis, mit Lichtbild versehener polizeil. Inlandsausweis, den jede über 16 Jahre alte meldepflichtige Person in der Bundesrep. Dtl. besitzen muß, soweit sie nicht Inhaber eines gültigen →Passes ist.

Personalgesellschaft, eine →Handelsgesellschaft, deren Gesellschafter für die Verbindlichkeiten der Gesellschaft persönlich haften (→offene Handelsgesellschaft). Gegensatz: →Kapitalgesellschaft.

Person'alien [lat.] Mz., Angaben über Name, Herkunft, Geburtstag, Beruf usw.

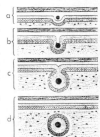

Perth 2)

Perspektive

Peru

Perugia

Personal'ismus der, 1) die Gottesanschauung des Theismus im Unterschied zum Pantheismus. 2) in der Philosophie jedes System, in dem »Person« als selbsttätiges Sein aufgefaßt wird, in dem Freiheit, Entscheidungsfähigkeit, persönl. Selbstverwirklichung des Menschen betont wird (Scheler, Jaspers u. a.).

Personalpronomen das, persönl. Fürwort.

Personalunion die, durch die Person des gleichen Herrschers hergestellte Staatenverbindung, die die Selbständigkeit des einzelnen Staates nicht berührt, z. B. Norwegen und Schweden 1814-1905. Gegensatz: →Realunion.

Personalvertretung, die Vertretung der Beamten, Angestellten und Arbeiter des öffentl. Dienstes, in der Bundesrep. Dtl. geregelt durch das **Personalvertretungsges.** v. 5. 8. 1955 i. d. F. v. 8. 5. 1967; es entspricht etwa dem →Betriebsverfassungsgesetz.

Personenkult, im →kommunist. Sinne die polit. Verehrung einer Einzelperson; verwerflich, da dem →Kollektivismus widersprechend.

Personenstand, die rechtl. Stellung, die durch die Zugehörigkeit zu einer bestimmten Familie begründet wird (P.-Ges. vom 3. 11. 1937). Änderung durch →Annahme an Kindes Statt, →Legitimation, →Ehe. **P.-Fälschung,** →Kindesunterschiebung; vorsätzl. Verwechslung zweier Kinder; Unterdrückung des P., z. B. vorsätzl. Nichtanmeldung einer Geburt; Freiheitsstrafe, bei gewinnsüchtiger Absicht Freiheitsstrafe nicht unter einem Jahr.

Personifikati'on die, Verkörperung, Vermenschlichung von Kräften, Begriffen, Wesen, Völkern, z. B. »Germania«, bes. in Kunst und Dichtung. Zw. **personifiz'ieren.**

Persönlichkeit die, ausgeprägte Individualität eines Menschen.

Perspekt'ive [frz.] die, scheinbare Verkürzung entfernter Strecken und die zeichner. Darstellung entsprechend diesem räuml. Eindruck. Bei der **mathemat. P.** werden vom Auge A aus Strahlen nach den Punkten **G** des Gegenstandes gezogen. Wo diese die Bildebene **a** schneiden, liegen die zugehörigen Bildpunkte **B.** Die Bilder paralleler Geraden schneiden sich in einem Punkt **(Fluchtpunkt).** In der Malerei gibt es auch Beleuchtungs-, Luft- und Farb-P.

Perspektiv'ismus der, philosoph. Lehre, wonach es keine standpunktfreie, allgemeingültige Erkenntnis gibt (Nietzsche, Ortega y Gasset).

Perth [pə:θ], 1) Stadt in Schottland, am Firth of Tay; 41 500 Ew., Gewebeind.; bis 1437 Sitz der

schott. Könige. 2) Hauptstadt von Westaustralien, am Schwanenfluß, mit der Hafenstadt Fremantle, 457 000 Ew.; Universität.

Perthes, Justus P., geograph. Anstalt und Verlagsbuchhandlung in Darmstadt, gegr. 1785 in Gotha. »Genealog. Taschenbücher«, Atlanten.

Per'u, amtl. **República del Perú,** Rep. im W Südamerikas, 1 285 215 km², 12,7 Mill. Ew.; Hauptstadt: Lima; Amtssprache: Spanisch. – Präsidialverfassung. FARBTAFEL Südamerika S. 875. ⊕ S. 517. ⊡ S. 346.

Im W flache, schmale Küstenzone; den Hauptteil nehmen die Kordilleren (bis 6768 m, viele Hochbecken) ein; im O schließt sich der westl. Teil des Amazonasgebiets an (Urwälder). Im S hat P. Anteil am Titicacasee. Hauptflüsse: Marañón, Ucayali. Klima gemäßigt, nur im O tropisch. BEVÖLKERUNG. Rd. 50% Indianer, rd. 33% Mestizen, daneben Weiße u. a. Religion: überw. kath. WIRTSCHAFT. Im Küstenland (Bewässerung) werden Baumwolle, Kaffee, Zuckerrohr, Balata, im Hochland Getreide, Maniok u. a. angebaut; Viehzucht. In den Wäldern Gewinnung von Koka, wildem Kautschuk, Balata. Bedeutender Fischfang (an 1. Stelle der Welt). ⚒ auf Eisen, NE-Metalle, Silber, Erdöl; Erdgas- und Phosphatlager. Industrie (Textil-, Nahrungsmittel-, chem., Leder- u. a. Ind.) im Ausbau. Ausfuhr: Fischmehl, Baumwolle, Bergbauerzeugnisse, Zukker, Wolle, Häute. Haupthandelspartner: USA, Bundesrep. Dtl. Carretera Panamericana 2580 km; eine Urwaldstraße entsteht östl. der Kordilleren. Haupthafen: Callao; internat. Flughafen: Lima.

GESCHICHTE. P., das zum Reich der →Inka gehörte, wurde 1531-33 von Pizarro erobert; das Vizekönigreich P. war es wichtige span. Kolonie. 1821-24 erkämpfte P. seine Unabhängigkeit; 1824 löste es sich Bolivien ab. Seitdem häufige Bürgerkriege. 1879-84 unterlag P. im »Salpeterkrieg« gegen Chile. 1942 wurde ein Streit mit Ecuador um die Zugänge zum oberen Amazonas zugunsten P.s entschieden. Präs.: J. Velasco Alvarado (seit 1968).

Per'ubalsam, vanilleartig duftender Harzsaft eines südamerikan. Baums; antisept. Mittel, Rohstoff der Parfüm-, Seifen-, Süßwarenindustrie.

Per'ücke [frz.] die, Haarersatz.

Perugia [pε'rudʒa], das alte **Perusia,** Stadt in Mittelitalien, 126 900 Ew.; alte Bauwerke, Univ. (seit 1307); pharmazeut., Metallindustrie.

Perugino [pεrudʒ'i:nɔ], Pietro, italien. Maler, * um 1450, †1523, Lehrer Raffaels.

perv'ers [lat.], verkehrt, widernatürlich. **Perversi'on** die, Umkehrung der natürl. Gefühle und Triebe, bes. des Geschlechtstriebs. **Perversit'ät** die, krankhafte Art der Geschlechtsbefriedigung.

Pervit'in das, Handelsname für ein Anregungsmittel; unterliegt dem Betäubungsmittelgesetz.

Perzepti'on [lat.] die, seel. Vorgang des Wahrnehmens. **perzip'ieren,** begreifen. →Apperzeption.

P'esaro, Stadt in Italien, 81 700 Ew., an der Adria; Herzogspalast (15./16. Jahrh.), Industrie.

Pescad'ores [pef-, portugies. »Fischerinseln«], chines. **Penghu,** Inselgruppe in der Formosastraße, zu Nationalchina gehörend, 127 km² groß, 103 000 Ew.; Hauptort: Makung.

Pesc'ara, Seebad in Italien, an der Adria, 116 700 Ew.

Pesch, Heinrich, Volkswirtschaftler, Jesuit, *1854, †1926, entwickelte von der kath. Soziallehre her den →Solidarismus.

Pesch'aur, Peshawar, befestigte Stadt in Pakistan, 218 600 Ew.; beherrscht den Khaibarpaß; Handel.

Pes'eta die, span. →Währungseinheit.

Pesne [pε:n], Antoine, französ. Maler, *1683, †1757, Hofmaler Friedr. Wilhelms I.; Bildnisse.

P'eso der, Währungseinheit in Argentinien, der Dominikan. Rep., Kolumbien, Kuba, Mexiko, Uruguay und den Philippinen.

Pess'ar [lat.] das, **Mutterring,** Ring aus Hartgummi u. a., z. B. zum Stützen der Gebärmutter, auch zur Empfängnisverhütung.

Pessim'ismus [lat.] der, Neigung, alles von

der schlechten Seite her zu sehen (Gegensatz: Optimismus); in der Philosophie die Lehre, daß das Übel in der Welt das Gute überwiege (E. v. Hartmann), daß das Leben überwiegend Leiden sei (Schopenhauer) oder daß Welt und Leben sinnlos seien. Der P. kann den Grundton religiöser Glaubenslehren bilden (Buddha, Prediger Salomon), ebenso den dichter. Werke (griech. Tragiker, Lord Byron, Leopardi). **Pessimist** der, Anhänger des P., Schwarzseher. **pessimistisch,** schwarzseherisch.

Pest [lat.] die, auch **Pestil'enz** die, schwere Infektionskrankheit, die von Nagetieren durch Vermittlung von Rattenflöhen auf den Menschen übergehen und dann (als **Lungen-P.**) von Mensch zu Mensch weitergegeben werden kann. Erreger ist das **Pestbakterium.** Zunächst zeigen sich Lymphknotenvereiterungen **(Beulen-P.).** Behandlung: Sulfonamide, Antibiotica. Der **Schwarze Tod,** die europ. P.-Epidemie 1347-52, forderte viele Opfer. Heute ist die P. in Europa fast ausgestorben.

Pest, Stadtteil von →Budapest.

Pestal'ozzi, Johann Heinrich, schweizer. Pädagoge und Philosoph, *1746, †1827; eine Methode der Erziehung beruhte auf »Anschauung«. Er wollte die Kräfte des Zöglings bilden und betonte den erzieher. Wert der Arbeit und des Gemeinschaftslebens. Von seinem Wirken ging eine Erneuerung der Erziehung in ganz Europa aus.

Pestal'ozzidörfer, eine Gruppe der →Kinderdörfer in allen Erdteilen.

Pestiz'ide [lat.] Mz., Sammelname für chem. Schädlingsbekämpfungsmittel.

Pestwurz, Korbblüter mit rhabarberähnl. Blättern, im Vorfrühling mit rötl. Blütenspross.

P'etah T'ikwa, Stadt in Israel, östl. von Jaffa, 71400 Ew., 1878 als jüd. Ackerbaukolonie gegr.; Mittelpunkt von Citruskulturen; vielseitige Ind.

Pétain [pet'ɛ̃], Henri-Philippe, französ. Marschall, *1856, †1951; 1916 Verteidiger von Verdun, 1922-31 Generalinspekteur der Armee, im Juni 1940 MinPräs., Juli 1940 Staatsoberhaupt (Sitz: Vichy). 1945 als Kollaborateur zum Tode verurteilt und zu lebenslanger Haft begnadigt.

P'etel, Georg, Bildhauer des dt. Frühbarocks in Augsburg, * um 1601/02, †1633.

Pet'ent [lat.] der, Bittsteller.

Peter [von Petrus], männl. Vorname.

Peter. Fürsten: **Jugoslawien.** 1) **P. I.** (1903-18), König von Serbien, dann bis 1921 von Jugoslawien; Russenfreund. 2) **P. II.,** *1923, König seit 1934, jedoch bis 1941 vertreten von Prinz Paul, 1941 vertrieben, 1945 abgesetzt. **Rußland.** 3) **P. I.,** **der Große,** Kaiser, *1672, †1725, regierte seit 1682, als Alleinherrscher seit 1689, suchte sein Land der westeurop. Kultur zu öffnen, erlernte selbst in Holland den Schiffbau, gründete 1703 die neue Hauptstadt Petersburg. Im →Nordischen Krieg gegen Schweden gewann er Ingermanland, Estland, Livland und machte damit Rußland zur europ. Großmacht. Seine inneren Reformen setzte er mit großer Härte durch. 4) **P. III.,** Kaiser, *1728, †1762, aus dem Hause Holstein-Gottorp, folgte 1762 der Kaiserin Elisabeth, schloß sogleich Frieden mit Preußen, wurde aber von seiner Gemahlin Katharina II. gestürzt und von A. Orlow ermordet.

Peterborough [p'i:tǝbrǝ], Stadt im östl. Mittelengland, 66800 Ew.; Kathedrale (12./13. Jahrh.), alte Abtei (gegr. 656); Eisenbahnwerkstätten, Textilindustrie.

Petermann, August, Geograph und Kartograph, *1822, †1878, gründete 1847 eine kartograph. Anstalt in London, 1855 die Zeitschrift »Dr. A. P.s Mitteilungen«.

Peters, Carl, Gründer des →Schutzgebiets Dt.-Ostafrika, *1856, †1918, erwarb privat 1884 Gebiete in Ostafrika, 1885 Reichskommissar. Sein Versuch, 1889/90 Uganda zu gewinnen, wurde durch den Helgoland-Sansibar-Vertrag vereitelt.

P'etersberg, 331 m hohe vulkan. Kuppe des Siebengebirges bei Bonn.

P'etersburg [nach Zar Peter d. Gr.], **St. P.,** früherer Name der Stadt →Leningrad.

Peters'ilie die, gelblichblühende Doldenpflanze; Blätter und Wurzeln liefern Gewürz und Gemüse.

Peterskirche, Hauptkirche der kath. Christenheit in Rom; unter Konstantin d. Gr. erbaut, in der Renaissance und im Barock vollständig erneuert; den Neubau begann man 1506 nach dem Plan Bramantes: überkuppelter Zentralbau mit vier gleich langen Kreuzarmen und vier überkuppelten Eckräumen; auf Michelangelo gehen die westl. Hauptteile zurück; von Giacomo della Porta wurde die Kuppel gewölbt, von C. Maderna das Langhaus verlängert. (TAFEL Baukunst)

Peterspfennig, freiwillige Gaben der Katholiken an den Papst.

Peterward'ein, serbokroat. **Petrovaradin,** Stadtteil von Neusatz, Jugoslawien; 1716 Sieg Prinz Eugens über die Türken.

Petit [pti, frz. »klein«] die, ▯ ein Schriftgrad (→Schriften).

Petiti'on [lat.] die, Gesuch, Bittschrift. Zw.: **petiti'eren.**

pet'itio princ'ipii [lat.] die, Beweisfehler, bei dem der zu beweisende Satz als Beweisgrund dient.

Petitpierre [ptipj'ɛ:r], Max, schweizer. Politiker, *1899; 1950, 1955 und 1960 Bundespräs.

Petit point [pti pwɛ̃, frz.] der, Stickerei mit bunten Garnen auf engmaschigem Gitterstoff **(Wiener Arbeit).**

Petits fours [pti fu:r] Mz., kleine, trockene oder glasierte Feingebäcke.

Petöfi [p'ɛtø:fi], Alexander, ungar. Lyriker, *1823, † (gefallen) im ungar. Freiheitskampf 1849; Revolutionslieder, volksliedhafte Dichtung.

Petr'arca, Francesco, italien. Dichter und Gelehrter, *1304, †1374, Wegbereiter des →Humanismus. Seine latein. Werke umfassen alle Kunstformen der Zeit (Epos, Traktat, Dialog usw.). Seine italien. Gedichte (Gefühls- und Gedankenlyrik) waren jahrhundertelang Vorbild für die Dichter Italiens und Europas.

Petref'akt [grch.-lat.] das, Versteinerung.

Petrikau, poln. **Piotrków,** poln. Stadt, südl. von Lodz, 57100 Ew.; got. Kirche, Textil-Ind.

Petrochemie, großtechn. Herstellung von Erzeugnissen aus Kohlenwertstoffen und Erdöl.

Petrograph'ie [grch.] die, Gesteinskunde.

Petr'oläther, ⟨O sehr leicht siedendes Spezialbenzin.

Petr'oleum [grch.-lat.] das, Destillationsprodukt des Erdöls, siedet bei 180-300 °C; für Ölheizungen, als Traktorentreibstoff und Lösungsmittel verwendet; früher für Leuchtzwecke.

Petrop'awlowsk, 1) Stadt in der Kasach. SSR, am Ischim, 173000 Ew.; Industrie. 2) **P.-Kamtsch'atskij,** Hauptort und Hafen in Kamtschatka, 154000 Ew.

Petr'opolis, Stadt und Kurort in SO-Brasilien, 200000 Ew.; Industrie.

Petrosaw'odsk, Hauptstadt der Karel. ASSR, am Onegasee, 185000 Ew.; Hütten-, Sägewerke; Glimmerfabrik.

P'etrus [von grch. petra »Fels«], männl. Vorname. Dazu **P'etra,** weibl. Vorname.

P'etrus, Apostel, eigentl. **Simon,** Fischer aus Kapernaum, Jünger Jesu, von diesem (nach Mt. 16, 18) als **Kephas,** grch. **Petros** (von petra »Fels«) bezeichnet. Er hat nach der Überlieferung in Rom 64 n. Chr. unter Nero den Märtyrertod erlitten. Die kath. Kirche sieht in P. den ersten Bischof von Rom und Stellvertreter Christi auf Erden, d. h. den ersten Papst. Heiliger; Gedächtnistag der **Peter-Pauls-Tag** 29. 6.; **Petri Stuhlfeier,** in Rom 22. 2., außerhalb Roms häufig 18. 1.; **Petri Kettenfeier** 1. 8., auf die Ketten des P. in seinen Gefängnissen in Jerusalem und Rom bezüglich. Über dem Grabe des P. in Rom steht die **Peterskirche.** Die **Petrusbriefe,** zwei Briefe des Apostels P. im N. T.

Petrus Dami'ani, →Damiani.

Petrus Lombardus, Scholastiker, *um 1100, † um 1164, Bischof von Paris. Sein Hauptwerk »Sententiarum libri IV« war im MA. maßgebl. Lehrbuch der kirchl. Glaubenslehre.

Pestalozzi

Peter d. Gr.

Petrarca

Pfahlbauten an der pazifischen Küste Kolumbiens

Petrus von V'inea, Hofrichter Kaiser Friedrichs II., *1190, †1249, Gegner des Papsttums, 1248 als Verräter geblendet.

P'etsamo, russ. **P'etschenga,** Gebiet am Nordpolarmeer, 1920 finnisch, 1940/47 sowjetisch. Hauptort P. am P.-Fjord, eisfreier Hafen Liinahamari. In den P.-Bergen Nickel-, Kobalterze.

P'etschaft [tschech.] das, Handstempel mit Namenszug oder Wappen zum Siegeln.

Petsch'ora die, Fluß im NO der Sowjetunion, 1789 km lang, mündet ins Nordpolarmeer.

P'ettenkofer, Max v., ärztl. Forscher, *1818, †1901, begründete die experimentelle Gesundheitslehre in Dtl.

Petticoat [p'etikout, engl.] der, gesteifter Halbrock zur krinolinenartigen Unterstützung weiter Röcke.

P'etting [engl.] das, Austausch erot. Zärtlichkeiten ohne Geschlechtsverkehr.

p'etto [ital.], Brust; **in p. haben,** im Sinne haben.

Pet'unie die, krautiges südamerikan. Nachtschattengewächs; Zierpflanzen.

Petunie

Petz der, Meister P., der (braune) Bär.

peu à peu [pø ɑ pø, frz.], nach und nach.

Peugeot [pøʒ'o] **S.A.,** Paris, Holdinggesellschaft (seit 1965) der französ. Kraftwagenindustrie, →Kraftwagen, ÜBERSICHT.

Peutinger, Konrad, Augsburger Humanist, *1465, †1547. **Peutingersche Tafel,** Kopie einer röm. Straßenkarte aus seinem Besitz.

Pey'ote [aztek.] die, das →Mescalin.

Peyrefitte [pɛrf'it], Roger, französ. Schriftsteller, *1907; Romane (»Söhne des Lichts«, »Diplomat. Mission«, »Die Juden« u. a.).

Pfadfinder der, in Dtl. 1909 nach dem Vorbild der engl. Boy-scouts gegr. Jugendbund.

Pfäfers, Dorf im schweiz. Kt. St. Gallen, Benediktinerkloster (bis 1838); 2 km südl. in der Taminaschlucht Bad P.

Pfaffe [von grch. papas »Vater«] der, urspr. Ehrenname jedes Geistlichen, dann abfällig gebraucht.

Pfaffenhütchen, Pfaffenkäppchen, ein →Spindelbaum.

Pfahlbauten, auf Pfählen errichtete Siedlungen, während der europ. Stein-, Bronze- und Eisenzeit in Seen, Sümpfen und Mooren; in Hinterindien, auf Neuguinea u. a. noch heute.

Pfahlbürger, im MA. Landbewohner in den Außenwerken einer Stadt, die das Bürgerrecht der Stadt erworben hatten.

Pfahlrost, Rost aus Holz- oder Stahlbetonpfählen bei zu lockerem Baugrund.

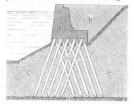

Pfahlrost,
a Kaimauer,
b frische Schüttung,
c nicht tragfähiger Boden, d in den Boden eingerammte Pfähle (Pfahlrost), e Fels

Pfalz [von lat. palatium »Palast«] die, unbefestigter, später auch befestigter Wohnsitz der Könige und Kaiser im MA.

Pfalz die, **Rheinpfalz, Bayerische P.,** histor. Landschaft am Mittelrhein, bis 1968 RegBez. in Rheinl.-P.; Hauptstadt: Neustadt a. d. W. – Aus der lothring. Pfalzgrafschaft ging im 12. Jahrh. die Pfalzgrafschaft bei (am) Rhein hervor. Sie kam 1214 an die wittelsbach. Herzöge von Bayern und 1329 mit der →Oberpfalz an eine eigene Linie der Wittelsbacher, die bald auch die Kurwürde (daher **Kurpfalz)** erhielt. Ihre Hauptstadt war Heidelberg (seit 1720 Mannheim). Die Kurfürsten von der P. wurden 1561/83 calvinistisch und 1608 Führer der Protestant. Union. Friedrich V. unterlag 1619/20 im Kampf um die böhm. Königskrone; die Oberpfalz kam 1623 an Bayern. 1689 wurde die P. im **Pfälz. Erbfolgekrieg,** der von dem französ. König Ludwig XIV. um Teile der P. 1688-97 ohne Erfolg geführt wurde, von dem französ. General Mélac furchtbar verwüstet, 1777 mit Bayern vereinigt, unter den pfälz. Wittelsbachern. Die linksrhein. P. fiel 1797 an Frankreich, die rechtsrhein. 1803 an Baden. 1815-1945 war die linksrhein. P. wieder bayerisch.

Pfälzer Bergland, reichgegliederte Landschaft zwischen **Pfälzer Wald** und Hunsrück, im Donnersberg 687 m hoch, mit steilen Porphyrfelsen (Nahe- und Glantal).

Pfalzgraf, im Fränk. Reich königl. und kaiserl. Verwalter einer Pfalz, unter den Karolingern Vorsitzender des Königsgerichts, seit Otto I. Vertreter der Königsrechte in den einzelnen Stammesherzogtümern.

Pfälzischer Erbfolgekrieg, →Pfalz.

Pfandbrief, festverzinsl. Schuldverschreibung einer Kreditanstalt **(P.-Anstalt).** Diese gibt das durch P. beschaffte Kapital gegen Bestellung von Hypotheken bes. für den Wohnungsbau weiter **(Hypotheken-P.).**

Pfandkehrung die, ⚖ ein Antragsdelikt, das vorliegt, wenn jemand eine eigene bewegl. Sache oder eine fremde dem Nutznießer, Pfandgläubiger oder dem Gebrauchs- oder Zurückhaltungsberechtigten in rechtswidriger Absicht zugunsten des Eigentümers wegnimmt; wird mit Freiheitsstrafe oder Geldstrafe bestraft (§ 289 StGB).

Pfandleihe, das Ausleihen von Geld gegen Pfänder. Gewerbsmäßige P. durch private Pfandleiher bedarf der behördl. Erlaubnis.

Pfandrecht, das dingliche Recht an einer fremden Sache (bei Grundstücken →Hypothek, →Grundschuld), auf Grund dessen der Berechtigte (der Pfandgläubiger) die Sache versteigern lassen kann, falls der Schuldner die durch das P. gesicherte Schuld nicht bezahlt. Das P. entsteht durch Vertrag, kraft Gesetzes (bes. bei →Miete) oder durch staatl. Hoheitsakt (→Pfändung). Zur Entstehung des vertragl. P. an bewegl. Sachen ist Übergabe des Pfandes an den Gläubiger erforderlich (→Faustpfand). Soll die Übergabe vermieden werden, so läßt sich durch →Sicherungsübereignung eine dem P. ähnl. Sicherung des Gläubigers erreichen. – Ein P. kann auch an Forderungen u.a. Rechten bestellt werden, soweit diese übertragbar sind.

Pfändung, ⚖ Beschlagnahme von bewegl. Sachen oder Rechten zur Durchführung einer →Zwangsvollstreckung oder eines →Arrestes. Bewegl. Sachen werden vom Gerichtsvollzieher dadurch gepfändet, daß er sie dem Schuldner wegnimmt oder einem Siegel versieht. Die P. von Forderungen u. a. Rechten bewirkt das Amtsgericht durch **P.- und Überweisungsbeschluß,** durch den der Gläubiger an Stelle des Schuldners in die Lage versetzt wird, eine dem Schuldner zustehende Forderung einzuziehen oder in Recht geltend zu machen (→Lohnpfändung). Wer gepfändete Sachen beiseite schafft oder zerstört **(Pfand-, Arrestbruch),** wird mit Freiheitsstrafe oder Geldstrafe bestraft.

Pfändungsschutz, →Vollstreckungsschutz.

Pfanne [von lat. panna] die, **1)** flaches Küchengerät zum Braten, Backen usw. **2)** { die Gelenkgrube am Knochen, z.B. die Hüftgelenk-P. des Hüftbeins. **3)** ⊕ flache Mulde in Trockengebieten mit dauernder oder zeitweiser Wasserführung. Es gibt Salz- oder Sand-P.

Pfarrer [ahd. pfarrari] der, geistl. Vorsteher einer **Pf'arre, Pfarr'ei.** Die kath. P. werden durch die Bischöfe, die evang. durch die Kirchenbehörden ernannt, meist unter Mitwirkung der Gemeinde. **Pfarrvikar,** kath. Kirche: vom Bischof anstatt oder zur Unterstützung eines P. ernannter Geistlicher.; evang Kirche: Geistlicher als Stellvertreter oder Gehilfe des P.

Pfau der, **1)** 🐦 ein Fasanenvogel Ostindiens und Afrikas, truthuhngroßer Waldvogel mit langen Oberschwanzfedern (die beim Hahn zum »Rad« fächerartig aufgerichtet werden können), Federkrönchen und blau, grün, rot schillerndem Gefieder. **2)** ✶ Sternbild des Südhimmels.

Pfauenauge, Schmetterling mit augenähnl. Flügelflecken. **Abend-P., Nacht-P., Tag-P.** (FARBTAFEL Schmetterlinge S. 870)

Pfeffer [lat. aus ind.] der, scharfe Gewürze vom **P.-Strauch,** der in heißen Ländern wächst. **Schwarzer P.** sind die unreifen, gedörrten Beeren eines in Ostindien heim. P.-Strauchs, **Weißer P.** die ausgeschälten reifen Samen.

Pfefferfresser der, **Tukan,** bunter Vogel des trop. Amerika mit Kletterfuß, großem Schnabel.

Pfefferkuchen, Gebäck aus Mehl, Honig, Zucker, Mandeln, Gewürzen.

Pfefferküste, 1) →Malabar. **2)** ein Küstenstrich von →Guinea.

Pfefferminze, eine →Minze.

Pfeife die, **1)** Rohr, in dem durch Luftschwingungen Töne erzeugt werden. Bei **Lippen-P.** trifft der Luftstrom gegen eine Kante, an der periodisch Wirbel entstehen; bei **Zungen-P.** tritt die Luft durch eine Öffnung, die das Schwingungen eines Metallstreifens periodisch geöffnet und geschlossen wird. **2)** Rauchgerät (z.B. Tabaks-P.). **3)** Weberei: die Bobine.

Pfeifenstrauch, →Jasmin 2).

Pfeiler [lat.] der, Stütze aus Holz, Stein, Beton, Stahl zum Tragen von Gebälken, Bogen, Gewölben. Flache Wand-P. heißen **Pilaster.**

Pfeilgift, →Kurare.

Pfeilkraut, staudige Wasserpflanze mit pfeilförmigen Blättern, rötlichweißen Blüten.

Pfennig der, Abk. **Pf,** kleinste dt. Münzeinheit, = ¹/₁₀₀ DM.

Pferch der, umzäunter Raum für Vieh-, bes. Schafherden, zur Übernachtung im Freien.

Pferd der, **1)** 🤸 Turngerät für Sprungübungen: ein gepolsterter, lederüberzogener Holzrumpf mit ausziehbaren Beinen. **2)** 🤸 **Kleines P.,** das Sternbild der Füllen. **3)** 🐴 Reit- und Zugtier; zu den Unpaarhufern gehörige Säugetierfamilie der **Equ'iden.** Zu ihnen gehören außer dem Wild-P., das früher auch in Europa verbreitet war, heute aber auf Asien beschränkt ist, auch Zebra und Esel. Die P. sind hochbeinig, schnellfüßig und leben in Herden. Nur die dritte Zehe ihrer Gliedmaßen ist ausgebildet (»Einhufer«). Das Gebiß ist

für pflanzl. Ernährung eingerichtet. Das **Haus-P.** stammt vom Wild-P. ab. Es gibt 2 große Rassengruppen: das leichtgebaute, edle **Warmblut** (Lauf-P.) und das schwergebaute **Kaltblut** (Schritt-P.). Die wichtigsten Warmblutrassen sind Vollblut (Turkmenen, Tataren, Araber, Berber, Perser, engl. Vollblut) und die aus Kreuzungen von Vollblut- und Land-P. entstandenen dt. Warmblutrassen: Trakehner, Hannoveraner, Holsteiner, Oldenburger, Ostfriesen. Die wichtigsten dt. Kaltblutrassen sind Rheinisch-dt., Süddt., Schleswiger Kaltblut. Zu den **Klein-P.** gehören u.a. Haflinger und Ponys. Das männl. P. heißt **Hengst,** das weibl. **Stute,** das junge **Fohlen (Füllen),** das kastrierte männl. **Wallach.** Nach der Farbe gibt es Schimmel, Fuchs, Isabellen, Rappen, Schecken, Braune, Falben. Das Haus-P. wird bis 25 Jahre alt; Tragzeit 11, Säugezeit 4-6 Monate. – Das P. ist seit der Bronzezeit Haustier. Bei den Germanen war es als Opfertier geheiligt.

Pferderennen, Wettrennen zu sportl. Zwecken und zur Prüfung der Leistungsfähigkeit der Pferde: Flach-, Hindernis-, Trabrennen.

Pferdestärke, Abk. **PS,** ⊚ Maßeinheit für die →Leistung.

Pferdmenges, Robert, Bankier und Politiker, ✶1880, †1962; 1931 Teilhaber des Bankhauses Sal. Oppenheim jr. & Cie. in Köln; nach dem 20. 7. 1944 verhaftet; MdB (CDU).

Pfette die, Dachstuhlbalken, der Sparren und Schalung trägt.

Pfifferling der, ein dottergelber, pfefferig(**Pfefferling**) schmeckender eßbarer Blätterpilz (**Gelbschwämmchen, Gänschen**). (FARBTAFEL Pilze S. 865)

Pfingsten [von grch. pentekoste »der 50.« (Tag)], das Fest der Ausgießung des Hl. Geistes am 50. Tage nach Ostern (Apostelgeschichte 2). Viele alte Volksbräuche: **Pfingstreiten,** Setzen von **Pfingstmaien.**

Pfingstrose, →Päonie.

Pfinzgau, Landschaft zwischen Schwarzwald und Kraichgau.

Pfirsich der, **P.-Baum,** Steinobstbaum asiat. Herkunft, Rosenblüter, mit rosa Blüten und sehr saftiger Frucht mit samtartiger Haut.

Pfitzner, Hans, Komponist, ✶1869, †1949; in der dt. Romantik verwurzelt: Opern »Palestrina«, Kammermusik, Kantaten, Lieder.

Pflanze die, Lebewesen, das seinen Körper aus anorgan. Nahrung aufbaut (→Assimilation); manche niederste P. sind schwer von niederen Tieren unterscheidbar. Grundbestandteil der P. ist die Zelle; die niedersten P. bestehen aus nur einer Zelle (Bakterien, gewisse Algen). Man unterscheidet Blüten- oder Samen-P. und blütenlose oder Sporen-P. (ÜBERSICHT S. 684)

Pflanzenarzt, Berufsbezeichnung für einen hauptamtl. im Pflanzenschutzdienst tätigen Akademiker mit Spezialausbildung.

Pflanzenformationen, Pflanzengesellschaften von einheitl. Aussehen und bestimmter Wuchsform, z.B. Laubwald.

Pflanzengeographie, die Wissenschaft von der räuml. Verteilung der Pflanzen.

Pfeffer

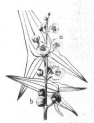

Pfefferfresser

Pfeilkraut, a männl., b weibl. Blüten

Pfitzner

Pferd, links: Araberstute (Vollblut), rechts: Trakehnerstute (Warmblut)

NATÜRLICHES SYSTEM DER PFLANZEN
Insgesamt etwa 380 000 heute noch lebende Arten

A. Reich der Prokaryota (Akaryobionta)   Arten:
Abteilung: Schizophyta (Spaltpflanzen)
1. Klasse: Schizomycetes (Bakterien, Spaltpilze)   2 000
2. Klasse: Cyanophyceae (Blaugrüne oder Spalt-
algen)   1 500

B. Reich der Eukaryota (Karyobionta)
I. Abteilung: Phycophyta (Algen)
1. Klasse: Euglenophyceae (Änderlinge)   500
2. Klasse: Pyrrhophyceae (Panzergeißelalgen)   1 000
3. Klasse: Chrysophyceae (Goldalgen)   1 000
4. Klasse: Xanthophyceae (Gelbgrüne Algen)   400
5. Klasse: Chlorophyceae (Grünalgen)   6 000
6. Klasse: Phaeophyceae (Braunalgen)   1 500
7. Klasse: Rhodophyceae (Rotalgen)   4 000
II. Abteilung: Mycophyta (Pilze)
1. Klasse: Myxomycetes (Schleimpilze)   600
2. Klasse: Phycomycetes (Algenpilze)   1 500
3. Klasse: Ascomycetes (Schlauchpilze)   12 000
4. Klasse: Basidiomycetes (Ständerpilze)   13 500
III. Abteilung: Lichenes (Flechten = Pilz-Algen-Sym-
biosen)   20 000
1. Klasse: Ascolichenes (Schlauchpilzflechten)
2. Klasse: Basidiolichenes (Ständerpilzflechten)
IV. Abteilung: Bryophyta (Moose)
1. Klasse: Hepaticae (Lebermoose)   9 000
2. Klasse: Musci (Laubmoose)   15 000
V. Abteilung: Pteridophyta (Farngewächse)
1. Klasse: Psilophytatae (Ur- oder Nacktfarne)   —
2. Klasse: Lycopodiatae (Bärlappartige Farngewächse)   11 000
3. Klasse: Equisetatae (Schachtelhalmartige Farngewächse)   32
4. Klasse: Filicatae (Farnkräuter im engeren Sinn)   9 000
VI. Abteilung: Spermatophyta (Blüten- oder Samenpflanzen)
Unterabteilung: Coniferophytina oder Gymnospermae
Nacktsamer)
1. Klasse: Ginkgotae (Fächerblattpflanzen)   1
2. Klasse: Pinatae oder Coniferae (Nadelhölzer)   600
3. Klasse: Lyginopteridatae oder Pteridospermae
(Samenfarne)   —
4. Klasse: Cycadatae (Palmfarne)   90
5. Klasse: Bennettitatae (Bennettitenartige
Pflanzen)   —
6. Klasse: Gnetatae (Gnetumverwandte Pflanzen)
Unterabteilung: Magnoliophytina oder Angiospermae   über
(Bedecktsamer)   250 000
1. Klasse: Magnoliatae oder Dicotyledoneae
(zweikeimblättrige Bedecktsamer)   150 000
2. Klasse: Liliatae (Monocotyledoneae,
einkeimblättrige Bedecktsamer)   50 100

Pflanzengesellschaft, Gruppe verschiedener Pflanzenarten mit gleichen oder ähnl. ökolog. Ansprüchen.

Pflanzenkrankheiten können verursacht sein durch pflanzl. Schmarotzer: (Pilze, Bakterien), tier. Schmarotzer (Rübenmüdigkeit, Gichtkorn) und andere Einflüsse, z. B. Rauchschaden, Frost und Sonnenbrand, Gelbsucht (Chlorose). Die P. äußern sich sehr verschiedenartig: Mißbildungen (Gallen), Kräuselung, Welken, Vertrocknen, Verfaulen.

Pflanzenkunde, Botanik, die Wissenschaft von den Pflanzen. Teilgebiete: Verwandtschaftslehre (Systematik); Gestaltlehre (Morphologie); Lebenserscheinungen (Physiologie); Beziehungen der Pflanzen untereinander und zur Umwelt (Ökologie oder Biologie); Verbreitung über Erde und Meere (Pflanzengeographie); Vorweltpflanzen (Paläophytologie). Zur **angewandten Botanik** gehören z. B. landwirtschaftl. Botanik, Pflanzenzucht, pharmazeut. Botanik, Lehre von den →Pflanzenkrankheiten.

Pflanzenschutz, 1) Kultur-P., die Bekämpfung und Verhütung von Pflanzenkrankheiten. **2) Botan. P.,** der Naturschutz wildwachsender Pflanzen.

Pflanzenzucht, die Veredelung schon vorhandener und die Gewinnung neuer Pflanzenformen durch Auslese der Stammpflanzen, Kreuzung (Bastardierung), Änderung der Lebensbedingungen und Fortzüchten der Mutationen. Man erzielt so neue Formen und Farben, größere Pflanzen und Früchte, frühere Reife, gesteigerte Menge und Güte der Erträge. Wichtig sind z. B. die Saatzucht und Obstzucht.

Pflaster [lat.] das, **1)** ⚕ Arzneimittelzubereitung aus Fett, Öl, Wachs, Harz, Terpentin, fettsaurem Blei oder aus Mischungen davon, zu äußerl. Gebrauch. **2)** klebender Verbandstoff, z. B. Heft-P. **3)** Straßenbelag aus gesetzten Steinen.

Pflaume die, **Pflaumenbaum,** Steinobstpflanzen, Rosenblüter mit zahlreichen Spielarten: 1) die **Zwetsche,** mit violettblauer, längl. Frucht; 2) die **Reineclaude,** mit grüngelber, kugeliger, sehr süßer Frucht; 3) die **Kriechen-P.** oder **Spilling,** mit kleiner blauer oder auch gelber Frucht; 4) die **Kirsch-P.** oder **Mirabelle,** mit kugeliger, roter bis gelber Frucht. (FARBTAFEL Obst S. 700)

Pflegekinder, Kinder, die dauernd oder nur für einen Teil des Tages in fremde Pflege zu Familien oder in Anstalten gegeben sind. Vor der Aufnahme eines P. unter 16 Jahren ist die Erlaubnis des Jugendamtes einzuholen.

Pflegschaft die, ⚖ Fürsorge für eine in rechtl. Hinsicht hilfsbedürftige Person oder ein Vermögen **(Kuratel).** Im Unterschied zur →Vormundschaft bezieht sich die P. nur auf einzelne Angelegenheiten (§§ 1909 ff., 1961 BGB), z. B. Gebrechlichkeits-, Abwesenheits-, Nachlaß-P. oder P. für die Leibesfrucht. Die P. wird durch das Vormundschafts- oder Nachlaßgericht bestellt.

Pflichtexemplar, ⬚ das von Verleger oder Drucker von ihren Druck-Erzeugnissen kostenfrei an Staat, bestimmte öffentl. Bibliotheken oder Sammlungen abzuliefernde Stück; in der Bundesrep. Dtl. landesgesetzl. Regelung.

Pflichtteil, ⚖ der Anteil am Nachlaß, den die Abkömmlinge, die Eltern und der Ehegatte des Erblassers verlangen können, wenn sie durch Verfügung von Todes wegen von der Erbfolge ausgeschlossen worden sind. Der P. besteht in der Hälfte des Wertes des gesetzl. Erbteils; er ist ein schuldrechtl. Anspruch gegenüber den Erben.

Pflichtversicherung, Versicherung auf Grund einer gesetzl. Verpflichtung, z. B. in der Sozialversicherung.

Pflichtverteidiger, Offizialverteidiger, ⚖ in schweren Strafsachen dem Angeklagten vom Gericht beigeordneter Verteidiger (Rechtsanwalt).

Pflug, das, das wichtigste Gerät zum Wenden, Mischen, Lockern und Krümeln des Bodens.

Pforr, Franz, Maler, *1788, †1812; seit 1810 mit den →Nazarenern in Rom; malte, an Altmeister anknüpfend, Bilder aus der mittelalterl. Geschichte und Legende.

Pf'ortader, eine große Blutader, sammelt das nährstoffhaltige Blut aus dem Magen-Darm-Kanal, um es der Leber zuzuführen. (FARBTAFEL Mensch II S. 694)

Pforte [von lat. porta] die, **1)** Tür, kleines Tor. **2) Hohe P.,** der Hof des türk. Sultans in Konstantinopel; bis 1918 die türk. Regierung.

Pflug: Dreischariger Anhängepflug

Pforzheim: Schloßkirche

Pförtner, Pylorus der, Schließmuskel am Ausgang des Magens.

Pforzheim, Stadt in Baden-Württ., im nördl. Schwarzwald, 90 300 Ew.; Hauptsitz der dt. Schmuckwarenindustrie; Maschinen-, Papier-, Uhren-, feinmechan. Industrie.

Pfronten, Sommerfrische und Wintersportplatz in den Allgäuer Alpen, 6500 Ew.; Ind.

pfropfen, ⊕ Verfahren der Veredelung, bei dem das zugeschnittene, dünnere Edelreis zwischen Rinde und Splint des Wildlings in den gespaltenen Wildling oder einen Kerb eingesetzt wird.

Pfründe [von lat. praebenda] die, 1) Kirchengut, dessen Genuß bestimmten geistl. Personen zusteht. 2) daher: einträgl. Amt.

Pfullingen, Stadt in Baden-Württ., an der Schwäb. Alb, 16000 Ew.; Textil-, Leder-, Maschinenindustrie.

Pfund [von lat. pondus »Gewicht«] das, 1) Gewicht = ½ kg (500 g), bis zur Einführung des metr. Systems in fast allen Kulturstaaten Gewichtseinheit; in Dtl. seit 1935 als gesetzl. Maß abgeschafft. 2) Währungseinheit, bes. das engl. **P. Sterling,** Abk. £, zu 20 Schilling; heißt als geprägtes Goldstück **Sovereign** [s'ovrin].

Pfungstadt, Stadt in Hessen, im SW von Darmstadt, 17200 Ew.; Spargelanbau, Industrie.

Pg, Parteigenosse (der NSDAP).

pH, pH-Wert, ⊙ Maßzahl für die Konzentration freier Wasserstoff-Ionen in einer Lösung. Für destilliertes Wasser ist pH ungefähr = 7, pH-Werte kleiner als 7 gehören zu sauren, pH-Werte größer als 7 zu alkal. Lösungen.

Phä'aken Mz., bei Homer: sagenhaftes Volk, dessen König Alkinoos Odysseus gastl. aufnahm.

Ph'ädra, griech. Sage: Tochter des Minos und der Pasiphae, Gemahlin des Theseus.

Ph'ädrus, röm. Dichter zur Zeit des Augustus; schrieb Götterschwänke, Tierfabeln, Anekdoten.

Ph'aethon, 1) griech. Sage: Sohn des Sonnengottes Helios, setzte mit dem Sonnenwagen die Erde in Brand; von Zeus vernichtet. **2) P.** der, leichter vierrädriger Kutschwagen.

Ph'alanx [grch.] die, -/...l'angen, die altgriech. geschlossene Schlachtreihe des Fußvolks, mehrere Glieder tief.

Ph'aleron, ältester Hafen Athens.

Ph'allus [grch.] der, das männl. Glied, bes. als Fruchtbarkeitssymbol.

Phanerog'amen [grch.], die →Blütenpflanzen.

Phänolog'ie [grch.] die, biolog. Forschungsrichtung, die Lebenserscheinungen und Entwicklung bei Pflanzen, Tieren im Jahreslauf untersucht.

Phänom'en [grch.] das, Erscheinung; Wunder. **phänomen'al,** außerordentlich.

Phänomenolog'ie [grch.] die, 1) allgemein: die systemat. Beschreibung anschaul. Gegebenheiten. 2) von Husserl begründete Lehre von den Bewußtseinsgegebenheiten, unter Ausklammerung ihrer Realität.

Phänot'ypus [grch.] der, **Erscheinungsbild,** die durch die Umwelt bedingte äußere Erscheinungsform eines Lebewesens.

Phantas'ie [grch.] die, 1) Einbildungskraft;

schöpfer. Erfindungsgabe; Träumerei, Wahngebilde. 2) ♪ **P., Fantasie,** frei gestaltetes Instrumentalstück. Zw.: **phantas'ieren.**

Phant'asma [grch.] das, Schein-, Trugbild.

Phant'ast [grch.], Schwärmer. **phantastisch,** unwirklich, märchenhaft.

Phant'om [grch.] das, 1) Trugbild, Hirngespinst. 2) ⌇ ein zu Lehrzwecken nachgebildeter Teil des menschl. Körpers.

Ph'arao [grch. aus ägypt. »großes Haus«], 1) der, -s/...'onen, Titel der altägypt. Könige. 2) **P.** das, Kartenglücksspiel.

Pharis'äer [hebr. »Abgesonderte«] Mz., 1) religiös-polit. Partei der Juden (etwa 150 v.Chr. bis 70 n.Chr.), hielten am Buchstaben des Mosaischen Gesetzes fest; Schriftgelehrte. 2) übertragen: Heuchler.

Pharmakolog'ie [grch.] die, Arzneimittellehre.

Pharmakop'öe [grch.] die, Arzneibuch.

Pharmaz'ie [grch.] die, Gesamtheit aller für Beschaffung, Herstellung und Verarbeitung der Arzneimittel nötigen Kenntnisse. **Pharmaz'eut** der, Apotheker.

Ph'aros, im Altertum: Insel (jetzt Halbinsel) bei Alexandria (Ägypten); mit Leuchtturm.

Ph'arsalos, alte Stadt in Thessalien; 48 v.Chr. Sieg Caesars über Pompejus.

Ph'ase [grch.] die, Entwicklungsstufe, Erscheinungsform. 1) die wechselnden Lichtgestalten von Monden und Planeten, verursacht durch die Richtung des Lichteinfalls von der Sonne. 2) der durch Ort und Impuls bestimmte Zustand eines mechan. Systems. 3) der durch Frequenz und Anfangszustand bestimmte Zustand einer Welle. 4) homogener Bereich innerhalb eines heterogenen Systems, z. B. die Dampf-P. über einer Flüssigkeitsoberfläche. 5) ʄ früher bei →Drehstrom sowohl die 3 Außenleiter als auch die 3 Wicklungsstränge; heute nur noch als **Phasenverschiebung** bei Wechselstromgrößen (→Watt).

Phen'ole [grch.] Mz., ⊙ aromat. Verbindungen, bei denen Wasserstoffatome des Benzolkerns durch die Hydroxylgruppe -OH ersetzt sind; finden sich meist im Steinkohlenteer. – Das gewöhnl. P., die Carbolsäure, C_6H_5OH, farblose Kristalle von durchdringendem Geruch, wirkt sehr giftig und keimtötend; Ausgangsstoff zur Darstellung von Farbstoffen, Kunstharzen u.a.

Phenolphthale'in das, ⊙ weißes Pulver, das sich in Alkalien mit roter Farbe löst, durch Säurezusatz aber wieder entfärbt wird; Verwendung als Indikator in der Maßanalyse.

Phen'yl..., ⊙ die einwertige chem. Atomgruppe -C_6H_5 (in vielen aromat. Verbindungen).

Pherom'one Mz., tier. Wirkstoffe ähnlich den Hormonen, die jedoch von Drüsen nach außen abgesondert werden; bes. bei Insekten als Duft- und Lockstoffe verbreitet.

Phi das, griech. Buchstabe, Φ, φ.

Phi'ale [grch.] die, flache Schale.

Ph'idias, griech. Bildhauer, * um 500 v.Chr., † nach 438; die Hauptwerke (Athena Parthenos, Zeus von Olympia) sind nicht erhalten.

phil... [grch.], in Fremdwörtern ...freund, ...liebend.

Ph'ilä, Nilinsel oberhalb Assuan, mit Tempeln der Isis (4.-2.Jahrh.v.Chr.), die jetzt einen Teil des Jahres durch den Stausee überschwemmt sind.

Philad'elphia, Stadt in Pennsylvania, USA, 4,8 Mill. Ew.; bedeutender, vielseitiger Industrieort und Einfuhrhafen am Delaware; zahlreiche Kulturinstitute und Bildungsstätten; Universitäten; 1683 von dem engl. Quäker Penn gegr. (BILD S. 686)

Philanthr'op [grch.] der, Menschenfreund. **Philanthrop'ismus** der, Erziehungsbewegung, vertreten von Basedow und seinen Anhängern Ende des 18. Jahrh., erstrebte eine natur- und vernunftgemäße Erziehung.

Philatel'ie [grch.] die, Briefmarkenkunde. **Philatel'ist** der, Briefmarkensammler.

Phil'emon und B'aucis, in der griech. Sage:

pfropfen

Phaethon

Philadelphia

Philipp II. von Spanien

Philippinen

Philippinen:
Pfahlbauten auf
Mindanao

altes treues Ehepaar, das Zeus und Hermes Obdach gewährte (Ovid).

philharm'onisch [grch.], musikliebend. **Philharm'onie** die, eine Konzertgesellschaft. **Philharm'oniker,** Name verschiedener Orchester (Berliner, Wiener Philharmoniker).

Philhell'enen, »Griechenfreunde«, Nichtgriechen, die seit 1821 den Freiheitskampf der Griechen unterstützten.

Ph'ilipp [von grch. Philippos »Pferdefreund«], männl. Vorname.

Ph'ilipp, Fürsten: **1)** P. von Schwaben, Dt. König (1198-1208), Staufer, kämpfte erfolgreich gegen den welf. Gegenkönig Otto IV., wurde von dem Pfalzgrafen Otto von Wittelsbach ermordet. – Burgund. **2)** P. der Kühne, Herzog (1363-1404), erwarb durch Heirat 1384 Flandern, Artois und die Freigrafschaft Burgund. **3)** P. der Gute, Herzog (1419-67), erwarb Brabant, Hennegau, Holland, Luxemburg u.a.; sein Hof war der Mittelpunkt einer Spätblüte der französ. Ritterkultur. – **Frankreich** (Könige). **4)** P. II. August (1180-1223), nahm am 3. Kreuzzug teil, entriß dem engl. König Johann ohne Land 1203-08 den größten Teil seiner französ. Besitzungen und siegte zus. mit dem Staufer Friedrich II. über Otto IV. 1214 bei Bouvines. **5)** P. IV., der Schöne (1285-1314), ließ 1303 Papst Bonifaz VIII. gefangennehmen, erreichte 1309 die Übersiedlung der Päpste nach Avignon und erzwang 1312 die Vernichtung des Templerordens. – **Großbritannien. 6)** Prinz P., Herzog von Edinburgh, →Mountbatten. – **Hessen. 7)** P. der Großmütige, Landgraf (1509-67), führte 1526 die Reformation ein, gründete 1527 die Univ. Marburg, war neben dem Kurfürsten von Sachsen der Führer des Schmalkald. Bundes der dt. Protestanten; 1547-52 von Kaiser Karl V. gefangengehalten. – **Makedonien. 8)** P. II., König (359-336 v.Chr.), Vater Alexanders d.Gr., erhob Makedonien zur Großmacht, einigte ganz Griechenland unter makedon. Führung. – **Spanien** (Könige). **9)** P. II. (1555-1598), Sohn Kaiser Karls V., Vorkämpfer des strengen Katholizismus der Gegenreformation, konnte den Abfall der nördl. (protestant.) Niederlande nicht verhindern (→Niederlande, Geschichte); im Krieg gegen die Königin Elisabeth von England wurde 1588 die span. →Armada vernichtet. Doch vereinigte P. 1581 Portugal mit Spa-

nien. **10)** P. V. (1701-46), Bourbone, Enkel Ludwigs XIV. von Frankreich, mußte sich den Thron im →Spanischen Erbfolgekrieg erkämpfen.

Philippeville, →Skikda.

Phil'ippi, Stadt im alten Makedonien, 42 v. Chr. Sieg von Antonius und Oktavian über Cassius und Brutus.

Phil'ippika die, -/...ken, Reden des →Demosthenes gegen Philipp von Makedonien; danach: heftige Strafrede.

Philipp'inen Mz., nördlichste Inselgruppe des Malaiischen Archipels, Rep., 300000 km², 38,5 Mill. Ew.; Hauptstadt: Quezon City; Amtssprache: Tagalog, ein malaiischer Dialekt; daneben Englisch, Spanisch. – Präsidialverfassung nach amerikan. Vorbild. ⊕ S. 518, ⴲ S. 346.

Die P. bestehen aus über 7000 Inseln (die größten sind Luzon und Mindanao); viele, z.T. noch tätige Vulkane. Trop. Monsunklima. BEVÖLKERUNG. Überwiegend Filipinos, ein Zweig der Indonesier; daneben Reste der Ureinwohner (Aëtas), ferner Chinesen u.a. in 11 Großstädte. Religion: rd. 84% kath., 5% philippin. Kirche, 5% Muslime, 3% Protestanten, Minderheiten. WIRTSCHAFT. Anbau von Reis, Mais, Manilahanf, Kokosnüssen, Zuckerrohr, Tabak; Geflügelzucht. Forstwirtschaft, Harzgewinnung. Fischerei. ✄ auf Chrom-, Gold-, Kupfer-, Eisenerz u.a. Nahrungsmittel-, Textil- u.a. Ind. Ausfuhr: Holz, Kopra, Zucker, Kupferkonzentrate, Kokosöl, Manilahanf. Haupthafen und internat. Flughafen: Manila.

GESCHICHTE. Die P. wurden 1521 von Magalhães entdeckt, dann von den Spaniern in Besitz genommen, 1898 an die USA abgetreten. Seit 1946 unabhängig, Mitgl. des Südostasienpakts (SEATO). Staatspräs.: F. E. Marcos (seit 1965).

Philipp'opel, bulgar. Stadt, →Plowdiw.

Phil'ippus, Jünger und Apostel Jesu, aus Bethsaida (Galiläa); Heiliger (Tag 1.5.).

Phil'ister, 1) nichtsemit. Kulturvolk an der SW-Küste Palästinas (seit 1200 v.Chr.); von Saul und David besiegt; erlag seit 734 v.Chr. den Assyrern. **2)** einer, der nicht (mehr) Student ist. **3)** Spießbürger.

philo— [grch.], lieb, ...freund, z.B. Philosoph, Weisheitsfreund.

Philokt'et, Held der griech. Sage, erbte den Bogen des Herakles, tötete Paris vor Troja.

Philolog'ie [grch.] die, i. e. S. die Kunst, Texte zu deuten, i. w. S. die Erforschung der geistigen Entwicklung und Eigenart eines Volkes oder einer Kultur auf Grund von Sprache und Literatur. Die **klass.** oder **Alt-P.** beschäftigt sich mit der Antike. Als **Neu-P.** faßt man die P. der neueren Sprachen zusammen, bes. Germanistik, Anglistik, Romanistik, Slawistik. Aus der P. haben sich Sprachwissenschaft und Literaturwissenschaft entwickelt.

Philom'ela, griech. Sage: athen. Königstochter, wurde in eine Schwalbe verwandelt.

Ph'ilon von Alexandria, jüd.-hellenist. Philosoph, * um 20/30 v.Chr.; versuchte eine Vereinigung von griech. Philosophie und jüd. Glauben.

Philosem'it der, Judenfreund.

Philosoph'ia per'ennis [lat.] die, immerwährende philosoph. Wahrheiten (Neuscholastik) oder zeitlose philosoph. Probleme (N. Hartmann).

Philosoph'ie [grch. »Liebe zur Weisheit«] die, das Streben des menschl. Geistes, die letzten Zusammenhänge des Seins und die Grundsätze der Lebensführung und Daseinsgestaltung zu erkennen. Der Umkreis ihrer Probleme ist nicht fest umrissen. Obenan stehen das Sein selbst und seine allgemeinsten Bestimmungen (**Metaphysik, Ontologie**), die Grundsätze und -formen der Erkenntnis (**Erkenntnistheorie**) sowie die allgemeine Gesetzlichkeit des Wahren (**Logik**), des Guten (**Ethik**), des Schönen (**Ästhetik**). Dazu kommen Sonderfächer wie Natur-P., Geschichts-P., Sprach-P., Kultur-P. usw. GESCHICHTE. Philosoph. entwickelte sich aus dem mythischen Denken, neben Chinesen und Indern zuerst bei den Griechen (→Griechische Philosophie); sie

schufen die Grundlagen der abendländ. P. In der P. des MA., der →Scholastik, steht im Mittelpunkt die Frage, wie sich Offenbarung und menschl. Erkenntnis, ·Glauben und Wissen zueinander verhalten. In der P. der Neuzeit treten zwei große Gedankensysteme hervor, der →Rationalismus und der →Empirismus. In Kants Kritizismus werden Rationalismus und Empirismus in einer höheren Einheit zusammengefaßt. Seine P. setzt sich in dem deutschen →Idealismus fort. Im 19. Jahrh. wird nach Hegels Tod (1831) der Idealismus durch positivist. und materialist. Denken zurückgedrängt (→Positivismus, →Materialismus). Ende des 19. Jahrh. und im 20. Jahrh. entwickeln sich an neuen Richtungen die →Lebensphilosophie, der →Pragmatismus, die →Wertphilosophie, die →Phänomenologie, die →Existenzphilosophie (→Deutsche Philosophie, →Englische Philosophie, →Französische Philosophie). (ÜBERSICHT)

Phi'ole [grch.] die, birnenförmiges Glasgefäß mit langem, engem Hals.

Phleb'itis [grch.] die, Venenentzündung, →Vene.

Phl'egma [grch. »Schleim«] das, Unempfindlichkeit, Trägheit; Mangel an Erregbarkeit. **Phlegm'atiker** der, Bedächtiger, Behäbiger. **phlegm'atisch**, schwer erregbar, träge.

Phlegm'one [grch.] die, →Zellgewebsentzündung.

Phl'ogistontheorie [grch.], von G. E. Stahl im 18. Jahrh. aufgestellte, überholte Theorie, wonach ein als **Phlogiston** bezeichneter Stoff aus verbrennenden Körpern entweichen sollte.

Phlox [grch.] die und der, **Flammenblume**, Gartenzierpflanze mit Doldentrauben weißer oder roter Trichterblüten.

Phnom-Penh, Hauptstadt von Kambodscha, am Mekong, 403 500 Ew.; Königspalast; Flugplatz, Hafen; Baumwollentkörnerei, Reismühlen.

Phöbe, griech. **Phoibe**, Beiname der Artemis und Selene.

Phlox

Phob'ie [grch.] die, krankhafte Angst.

Ph'öbus [lat.], griech. **Phoibos** [»der Leuchtende«], Beiname →Apollos.

Ph'okis, lat. **Phocis**, antike Landschaft in Mittelgriechenland.

Phon [grch.] das, Einheit der →Lautstärke.

Phon'etik [grch.] die, Lehre von den Sprachlauten. **phon'etisch**, lautgetreu, lautlich.

Phön'ikien, Phönizien, im Altertum der Küstenstrich Syriens vom Fluß Eleutheros (Nahr el-Kebir) im N bis zum Kap Karmel im S. Die **Phöniker** (auch Sidonier, Kanaanäer, Punier) waren ein altes Handels- und Seefahrervolk; sie be-

---

Abendländische Philosophie seit der Renaissance

Humanisten, Platoniker und Naturphilosophen: Lorenzo Valla (*1406), Marsilius Ficinus (*1433), Pico della Mirandola (*1463), Juan Luis Vives (*1492), Geronimo Cardano (*1501), Giordano Bruno (*1548), Bernardino Telesio (*1508), Campanella (*1568). **Skeptiker:** Montaigne (*1533), Larochefoucauld (*1613), Bayle (*1647)

Rationalismus	Empirismus	Idealismus	Religions-, Geschichts-P.
Descartes (Discours de la Méthode, 1637; Meditationes, 1641) Spinoza (Ethica; Tractatus politicus, 1677 posthum) Malebranche (De la recherche de la vérité, 1674) Leibniz (Syst. nouveau de la nature, 1695; Essais de Théodicée, 1710) Chr. Wolff (Psychologia rationalis, 1734)	Fr. Bacon (Novum organum scientiarum, 1620) Hobbes (De Cive, 1647; Leviathan, 1651) Locke (Essay concerning human understanding, 1690; Two treatises of government, 1690) Hume (Treatise of human nature, 1739, History of Great Britain, 1754-63) A. Comte (Cours de philosophie positive, 1830 bis 1842) J. St. Mill (System of logic, 1843, On liberty, 1859; Utilitarianism, 1864) H. Spencer (System of synthetic philosophy, 1862-96) W. James (Principles of psychology, 1890; Pragmatism, 1907; Pluralistic Universe, 1909) J. Dewey (Human nature and conduct, 1922)	Kant (Nova dilucidatio, 1755; Kritik d. reinen Vernunft, 1781, d. prakt. Vernunft 1788, d. Urteilskraft, 1790) Fichte (Grundlage der gesamten Wissenschaftslehre, 1794; System d. Sittenlehre, 1798; Die Bestimmung des Menschen, Geschlossener Handelsstaat, 1800; Reden an d. dt. Nation, 1807) Schelling (Vom Ich als Prinzip der Philosophie, 1795; Entwurf eines Systems der Naturph., 1799; System des transzendentalen Idealismus, 1800; Philos. d. Mythologie, 1830; d. Offenbarung, 1842) Schopenhauer (Welt als Wille und Vorstellung, 1818) Hegel (Phänomenologie des Geistes, 1807; Wissensch. d. Logik, 1812; Enzyklopädie, 1817; Grundlinien der Philos. des Rechts, 1821)	Shaftesbury (Moralist, 1709) Vico (Scienza nuova, 1725) Hamann (Sokrat. Denkwürdigkeiten, 1762) F. H. Jacobi (Über die Lehre d. Spinoza 1785) Herder (Ideen zur Philosophie der Geschichte der Menschheit, 1784; Briefe zur Beförderung der Humanität, 1793; Metakritik zur Kritik der reinen Vernunft, 1799) Kierkegaard (Begriff der Angst, Philos. Brocken, 1844, Stadien auf dem Lebensweg, 1845; Erbauliche Reden, 1847; Der Augenblick, 1855) L. Feuerbach (Wesen des Christentums, 1840; Wesen der Religion 1845) Croce (Logica, 1902, Lebendiges und Totes in Hegels Philosophie, 1907)
Franz. Aufklärung Voltaire (Éléments de la philosophie de Newton 1738, Candide, 1759) Lamettrie (L'homme machine, 1748) Rousseau (Contrat social; Émile, 1762; Confessions, 1781) Diderot (Pensées philosophiques, 1746)		**Historischer Materialismus** Marx (Kommunist. Manifest, 1848, Kapital 1867, 1885-94) **Neukantianer** H. Cohen (Kants Theorie d. Erfahrung, 1871; System d. Philosophie, 1902 ff.) Windelband (Präludien, 1884; Geschichte der Philosophie, 1892) Natorp (Platos Ideenlehre, [2]1921; Sozialpädagogik, [6]1925) Cassirer (Philosophie der symbolischen Formen, 1923 ff.)	**Phänomenologie** Husserl (Logische Untersuchungen, 1900; Ideen zu einer reinen Phänomenologie 1913) Jb. für Philos. und phänomenolog. Forschung 1913 ff. (Heidegger, Pfänder, Scheler u. a.) Scheler (Materiale Wertethik, 1913; Stellung des Menschen, 1928)

Lebens-Philosophie			

Nietzsche (Geburt der Tragödie, 1872, Menschliches-Allzumenschliches 1878; Zarathustra, 1881; Jenseits von Gut und Böse, 1886; Genealogie der Moral. 1887)
Dilthey (Einleitung in die Geisteswissenschaft, 1883; Jugendgeschichte Hegels, 1905; Der Aufbau der geschichtl. Welt in den Geisteswissenschaften, 1910)
Bergson (Matière et mémoire, 1896; L'évolution créatrice, 1907; Les deux sources de la morale et de la religion, 1932)
Driesch (Philosophie des Organischen, 1909)

Ontologie	Existenz-Philosophie	Analytische P. und Logistik	
N. Hartmann (Ethik, 1926; Das Problem des geistigen Seins, 1932; Der Aufbau der realen Welt, 1940) Diemer (Einf. in d. Ontologie 1959)	Heidegger (Sein und Zeit, 1927; Holzwege, 1949) Jaspers (Philosophie, 1932; Existenzphilosophie, 1938; Von der Wahrheit, 1946) Sartre (L'être et le Néant, 1943) Marcel (Le mystère de l'être, 1951)	B. Russell (Principia mathematica, 1910) A. Whitehead (Science and the modern world, 1926) L. Wittgenstein (Tractatus logico-philosophicus, 1938) R. Carnap (Induktive Logik, 1959)	

herrschten das Mittelmeer und gründeten viele Ansiedlungen (u. a. Karthago). Tyros errang die Vorherrschaft über die phönik. Städte. Im 8.Jahrh. v. Chr. unterwarfen die P. sich den Assyrern, 538 den Persern, 63 den Römern. Sie verehrten den Gott Baal, daneben die Astarte und andere Gottheiten. Ihre schon im 14. Jahrh. v. Chr. entwickelte Buchstabenschrift ist die Grundlage aller anderen westsemit. Alphabete und damit auch der europ., mongol. und ind. Schriften.

Ph'önix der, sagenhafter Vogel der alten Ägypter, der sich selbst verbrennt und aus der Asche verjüngt hervorgeht; Sinnbild der Auferstehung.

Phoenix [f'i:niks], Hauptstadt von Arizona, USA, 581 600 Ew.; verschiedene Industrie.

Ph'oenix-Inseln, brit. Inselgruppe (Atolle) in Polynesien, 29 km², etwa 250 Ew.

Phosg'en [grch.] das, COCl₂, sehr giftiges Gas aus Kohlenoxyd und Chlor.

Phosph'ate Mz., die Salze der Phosphorsäure (→Phosphor); →Phosphorit, →Thomasmehl.

Phosphat'ide Mz., Gruppe zellwichtiger Lipoide (Lecithine, Kephalin, Plasmalogene).

phosphat'ieren, mit phosphorsäurehaltigen Lösungen auf Eisen, Zink u. a. Metallen unlösliche Schutzschichten erzeugen.

Ph'osphor [grch. »Lichtträger«] der, **P,** chem. Element, Nichtmetall; P. kommt in der Natur nur in Phosphaten, bes. →Phosphorit (Nordafrika, Florida) vor. P. ist ein wesentl. Bestandteil des pflanzl. und tier. Organismus, in den Knochen und im Eiweiß. P. tritt in drei verschiedenen Modifikationen auf: **Weißer P.,** Dichte 1,82 g/cm³, Schmelzpunkt 44 °C, Siedepunkt 281 °C, löst sich bei der Abkühlung von P.-Dampf; sehr giftig, löslich in Schwefelkohlenstoff, sehr reaktionsfähig, leuchtet im Dunkeln, entzündet sich sehr leicht (bei 60 °C) an der Luft, wird deshalb unter Wasser aufbewahrt. **Roter P.,** Dichte 2,20 g/cm³, entsteht aus weißem P. durch Erhitzen unter Luftabschluß; ungiftig, unlöslich in Schwefelkohlenstoff, sehr reaktionsträge, leuchtet nicht im Dunkeln, entzündet sich erst oberhalb 400 °C, kann an der Luft aufbewahrt werden, wird für die Reibflächen der Zündholzschachteln verwendet. **Schwarzer P.,** Dichte 2,69 g/cm³, entsteht aus den andern P.-Arten durch sehr hohen Druck; seine Eigenschaften ähneln denen des roten P. P. verbrennt an der Luft zu **P.-Pentoxyd,** P₂O₅, dem stärksten wasserentziehenden Mittel, das sich mit Wasser zu **P.-Säure,** H₃PO₄, umsetzt.

Phosphoresz'enz die, Fähigkeit mancher Stoffe, unter der Einwirkung von Strahlen eigenes Licht auszusenden, im Gegensatz zur →Fluoreszenz nachleuchtend (→Leuchtstoffe).

Phosphor'it der, Ca₃(PO₄)₂, **Calciumphosphat,** Mineral; wird mit Schwefelsäure in **Superphosphat** umgewandelt (Düngemittel).

Ph'osphoros [grch.] der, Morgenstern (→Venus).

Phot das, **ph,** Einheit für die spezif. Lichtausstrahlung, auch für die Beleuchtungsstärke; 1 ph = 10⁴ Lux.

ph'oto... [grch.], in Fremdwörtern: Licht..., **Photo** das, Lichtbild.

Photochem'ie [grch.] die, Lehre von den chem. Wirkungen des Lichts.

Ph'otodiode die, Halbleiterdiode zur Umwandlung von Licht- in Stromschwankungen.

Photoeffekt, lichtelektrischer Effekt, die Auslösung von Elektronen aus belichteten Metallflächen, entdeckt 1888 von Hallwachs: Anwendung in der →Photozelle.

photog'en [grch.], für Photo- oder Filmaufnahmen geeignet.

Photogrammetr'ie,Meßbildverfahren, Verfahren zur Geländeaufnahme und Landesvermessung aus photograph. Aufnahmen der Landschaft (Meßbildern) von der Erde oder vom Luftfahrzeug. Diese werden entzerrt und in dem gewünschten Maßstab in die Karte eingetragen.

Photograph'ie [grch.] die, die Technik, mit Hilfe der chem. Wirkungen strahlender Energie, bes. des Lichtes (Belichtung), ein Bild der Umwelt zu erzeugen (Lichtbild). **Photographische Kamera:** Die einfachste Form ist die Lochkamera, ein innen geschwärzter Kasten. Durch eine feine Öffnung der Vorderwand dringen Lichtstrahlen ein und erzeugen an der Rückwand (photographische Platte oder Film) ein umgekehrtes Bild der vor der Kamera befindlichen Gegenstände. Die Nachteile dieser Bilder (unscharf, lichtschwach) werden durch **photographische Objektive** beseitigt. Auf jedem Objektiv ist seine Brennweite f und seine größte Lichtstärke angegeben. Die durch das Objektiv eintretende Lichtmenge wird durch eine Blende geregelt. Kleine Blenden vergrößern die **Schärfentiefe,** d. h. sieben verschieden weit entfernte Gegenstände scharf ab. Als Maß der Lichtstärke verwendet man das Verhältnis des Blendendurchmessers d zur Brennweite: $L = \frac{d}{f}$. Ist $\frac{d}{f} = \frac{1}{8}$, so wird meist angegeben d = f : 8. Die Blendeneinstellungen sind so gewählt, daß die nächstkleinere Blende die doppelte Belichtungszeit erfordert. Die Öffnungszeit wird durch Verschlüsse geregelt. Die **lichtempfindlichen Schichten** aus Emulsionen von Silberbromid oder -jodid in Gelatine werden durch Maschinen auf das Trägermaterial (Glasplatten, Filme oder Papiere) aufgetragen. Gewöhnliches Halogensilber ist hauptsächlich für blaues und violettes Licht empfindlich, durch besondere Farbstoffe (Sensibilisatoren) können sie auch für Gelb und Grün **(orthochromatisch)** sowie noch für Rot **(panchromatisch)** empfindlich gemacht werden, die auch für infrarote

Photographie:
Lochkamera

Photographie, links: Großbildkamera »Linhof-Super-Technika« mit Mattscheibeneinstellung, gekuppeltem Entfernungsmesser, auswechselbarem Objektiv: a opt. Universalsucher für verschiedene Brennweiten, b Wasserwaage, c Balgen, d Objektiv, e Laufboden, f Handgriff mit Drahtauslöser, **Mitte:** Zweiäugige Spiegelreflexkamera »Rolleiflex«: a Lupe zur Scharfeinstellung, b Rahmensucher, c Mattscheibe, d Spiegel, e Filmspule, f Film, g Sucherobjektiv, h Blendeneinstellung, k Aufnahmeobjektiv, **rechts:** Kleinbildkamera »Leica« mit auswechselbaren Objektiven: a »Leica M 3«, b Teleobjektiv, c Weitwinkelobjektiv mit Suchervorsatz, d Normalobjektiv, e Sonnenblende

1, 2

1 Reliquiar aus einem Stupa in Bimaran, Afghanistan; Gold, um 200 (London, British Museum). **2** Halbfiguren von Sigiriga, Ceylon; 5. Jahrh. **3** Göttin, Wandmalerei in Adschanta; Ende 5. Jahrh. **4** Teller mit farbiger Unterglasurmalerei; Türkei, 17. Jahrh. (Berlin, Staatl. Museen). **5** Soldat und Gefangene, Seidengewebe; 16. Jahrh. **6** Gläserne Moscheeampel mit Emailfarbendekor; vermutl. syrisch, 1340. (Berlin, Staatl. Museum. **7** Bildnis eines jungen Adeligen, dem pers. Maler Farrukh Beg zugeschrieben; Murakka Gulsham, um 1600.

3, 4

5, 6, 7

1, 2, 3

4

1 Fra Angelico: Der hl. Dominikus, Fresko im Kloster San Marco (Florenz). 2 P. Lorenzetti: Szene aus dem Altar der Heiligen Demut; 1341 (Florenz, Uffizien). 3 G. Bellini: Madonna mit Bäumchen (Venedig, Akademie). 4 Michelangelo: Die Erschaffung Adams (Vatikan, Sixtin. Kapelle). 5 Raffael: Madonna Colonna; um 1507 (Berlin, Staatl. Museen). 6 Tintoretto: Der hl. Markus befreit einen Sarazenen aus Seenot; um 1562 (Venedig, Akademie). 7 Carrà: Pinie am Meer; 1921 (Rom, Slg. A. Cassella)

5, 6, 7

Oben: Hinterradantrieb mit hinten liegendem Motor; Volkswagen (Modell 411). **Mitte:** Hinterradantrieb mit vorn liegendem Motor; Mercedes-Benz (Modell 250, 1968). **Unten:** Vorderradantrieb mit vorn liegendem Motor; NSU (Modell Ro 80, 1967)

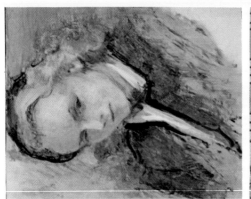

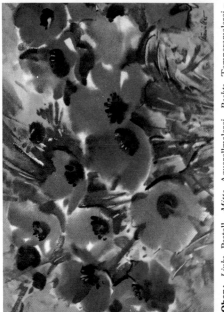

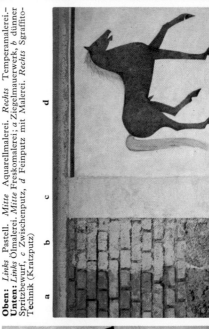

Oben: *Links* Pastell. *Mitte* Aquarellmalerei. *Rechts* Temperamalerei. – **Unten:** *Links* Ölmalerei. *Mitte* Freskomalerei; *a* Ziegelmauerwerk, *b* dünner Spritzbewurf, *c* Zwischenputz, *d* Feinputz mit Malerei. *Rechts* Sgraffito-Technik (Kratzputz)

a   b   c   d

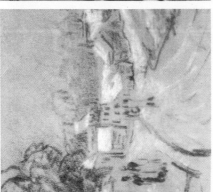

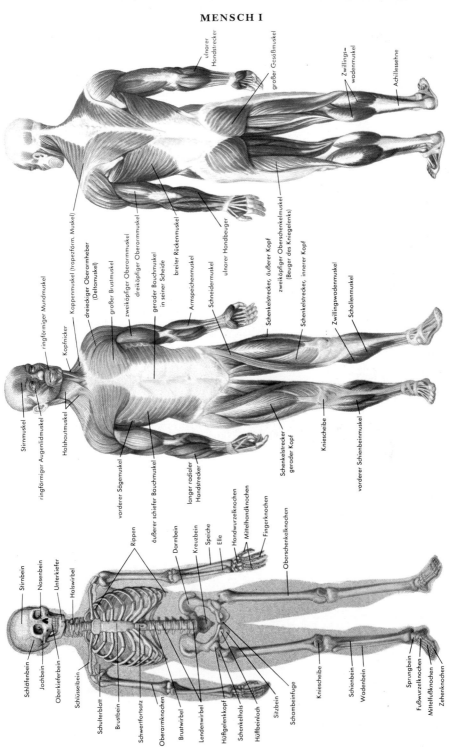

Skelett von vorn (links), oberflächliche Skelettmuskeln von vorn und von hinten gesehen (Mitte und rechts)

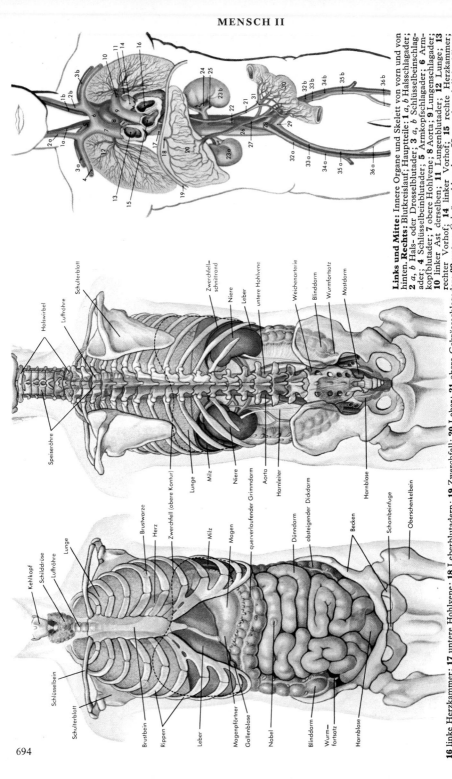

Links und Mitte: Innere Organe und Skelett von vorn und von hinten. **Rechts:** Blutkreislauf; Hauptteile: **1** *a, b* Halsschlagader; **2** *a, b* Hals- oder Drosselblutader; **3** *a, b* Schlüsselbeinschlagader; **4** Schlüsselbeinblutader; **5** Armkopfschlagader; **6** Armkopfblutader; **7** obere Hohlvene; **8** Aorta; **9** Lungenschlagader; **10** linker Ast derselben; **11** Lungenblutader; **12** Lunge; **13** rechter Vorhof; **14** linker Vorhof; **15** rechte Herzkammer; **16** linke Herzkammer; **17** untere Hohlvene; **18** Leberblutadern; **19** Zwerchfell; **20** Leber; **21** obere Gekröseschlagader; **22** untere Gekröseschlagader; **23** *a* rechte, *b* linke Niere; **24** Nierenschlagader; **25** Nierenblutader; **26** untere Hohlvene; **27** Pfortader; **28** Teilung der absteigenden Aorta in die Hüftschlagadern **32**; **29** Entstehung der unteren Hohlvene aus den Hüftblutadern **33**; **30** Darmstück; **31** Verzweigung der oberen Gekröseschlagader; **32** *a, b* äußere Hüftschlagader; **33** *a, b* äußere Hüftblutader; **34** *a, b* Oberschenkelschlagader; **35** *a, b* Oberschenkelblutader; **36** *a, b* große Rosenblutadern

Labels (middle figure): Halswirbel; Luftröhre; Schulterblatt; Zwerchfell—schnittrand; Niere; Leber; untere Hohlvene; Weichenarterie; Blinddarm; Wurmfortsatz; Mastdarm; Speiseröhre; Lunge (obere Kontur); Milz; Niere; Aorta; Harnleiter; absteigender Dickdarm; Harnblase; Becken; Schambeinfuge; Oberschenkelbein

Labels (lower figure): Kehlkopf; Schilddrüse; Luftröhre; Lunge; Brustwarze; Herz; Zwerchfell (obere Kontur); Milz; Magen; querverlaufender Grimmdarm; Dünndarm; absteigender Dickdarm; Becken; Schambeinfuge; Oberschenkelbein; Schlüsselbein; Schulterblatt; Brustbein; Rippen; Leber; Magenpförtner; Gallenblase; Nabel; Blinddarm; Wurm—fortsatz; Harnblase

MODE I · KLEIDUNG

1 Ende **9.** Jahrh. Schwertträger (Miniatur): Hemdkittel, ärmelloser Mantel, Lederstiefel. **2** Ende **9.** Jahrh. Fränkische Dame (Handschrift Paris): Langes Unterkleid, Oberkleid mit weiten Ärmeln, Schleier. **3** Anfang **14.** Jahrh. (Manessische Handschrift): Enges Unterkleid, ärmelloses Überkleid (Suckenie), Gebende. **4** Anfang **14.** Jahrh. (Manessische Handschrift): Langärmeliger Rock, pelzgefütterter Mantel, Schapel. **5** Mitte **15.** Jahrh. (Kupferstich Israel van Meckenem): Oberkleid mit Schleppe, Hennin. **6** Mitte **15.** Jahrh. (Kupferstich Israel van Meckenem): Kurze Schecke, Beinlinge mit Schamkapsel, Federhut. **7** Mitte **16.** Jahrh. Spanische Tracht: Wattiertes Wams, Schultermantel, Beinlinge, Pluderhosen, Barett. **8** Mitte **16.** Jahrh. Spanische Tracht: Unterkleid mit Halskröse, geöffnetes Oberkleid mit Achselpuffen, Barett. **9** Mitte **17.** Jahrh. Unterkleid mit Schnürbrust, vorn offene Robe, stehender Spitzenkragen. **10** Mitte **17.** Jahrh. Unter dem Knie gebundene Hosen, Wams mit geschlitzten Ärmeln, Spitzenkragen, Rosettenschuhe, Schlapphut. **11** Mitte **18.** Jahrh. Justeaucorps, lange Weste, Culotte, Spitzenjabot, Haarbeutel und Seidenschleife. **12** Mitte **18.** Jahrh. Reifrock (Panier), Schnürleib, Manteau, Igelfrisur (Herisson). **13** Anfang **19.** Jahrh. Überrock, Pantalons, Stiefel, Halsbinde, runder Hut. **14** Anfang **19.** Jahrh. Chemisekleid mit hoher Taille und Schleppe. **15** Mitte **19.** Jahrh. Frack, Weste (Gilet), Hosen mit Steg, Vatermörder, Zylinder. **16** Mitte **19.** Jahrh. Fußfreies Kleid, Wespentaille, Keulenärmel (Gigots), Kapotthut. **17** Ende **19.** Jahrh. Straßenkleid mit Tournüre (Cul de Paris), Hütchen (Toque), Sonnenschirm. **18** Ende **19.** Jahrh. Straßenanzug, Filzhut.

1 Hamburg/Vierlande. 2 Pommern/Rügen (Mönchsgut). 3 Lausitz/Spreewald. 4 Braunschweig. 5 Hessen/ Schwalm. 6 Baden/Schwarzwald (Gutachtal). 7 Schwaben/Ries. 8 Franken/Ochsenfurt. 9 Bayern/Oberbayern (Miesbach). 10 Österreich/Zillertal. 11 Österreich/Montafon. 12 Schweiz/Appenzell. 13 Schweiz/Kanton Uri

NAHRUNGSMITTEL

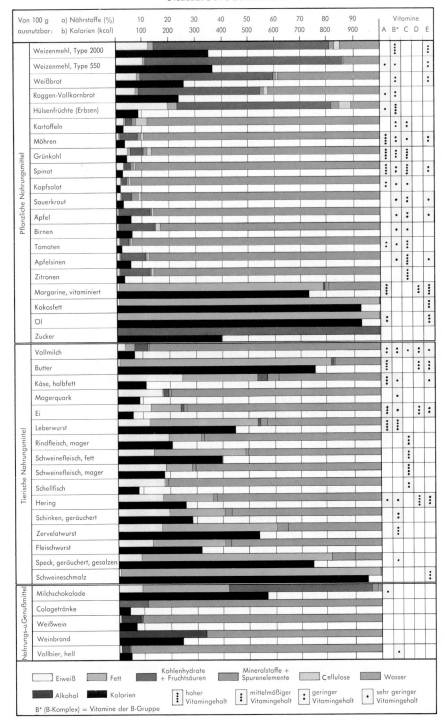

1,2

3

1 Stundenbuch des Herzogs von Berry, Monat Februar; Brüder Limburg; 1413–16 (Chantilly, Musée Condé). **2** Bruegel d. Ä.: Das Gleichnis von den Blinden; 1568 (Neapel, Museo Nazionale). **3** F. Hals: Festmahl der Offiziere der St.-Georgs-Schützengilde; 1627 (Haarlem, Frans-Hals-Museum). **4** Rembrandt: Joseph und Potiphars Weib; 1655 (Berlin, Staatl. Museen). **5** Vermeer: Die Briefleserin (Dresden, Gemäldegalerie). **6** P. P. Rubens: Helene Fourment mit ihrem Söhnchen Frans; um 1635 (München, Alte Pinakothek). **7** V. van Gogh: Getreidefeld mit Zypressen; 1889 (London, Tate Gallery) **8** P. Mondrian: Düne III (Den Haag, Gemeinde-Museum)

4, 5, 6

7, 8

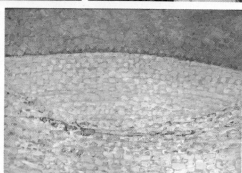

1 In den südlichen Appalachen. 2 Viehweiden in Kansas. 3 Im Garten der Götter, Colorado. 4 Mount Shasta, Kalifornien. 5 In den Küstensümpfen bei New Orleans. 6 Im Banff-Nationalpark, Rocky Mountains

OBST

STEINOBST: **1** Hauszwetsche. **2** Mirabelle von Nancy.
3 Dürkheimer Goldaprikose. **7** Süßkirsche Kassins Frühe.
8 Süßkirsche Dönissens gelbe Knorpel. **9** Sauerkirsche
Ludwigs Frühe.
BEERENOBST: **4** Schwarze Johannisbeere. **5** Walderdbeere.
6 Himbeere.
KERNOBST: **10** Birne Gute Luise. **11** Williams Christbirne.
12 Madame Verté. **13** Goldparmäne. **14** Schöner aus Bos-
koop. **15** Cox Orangen-Renette

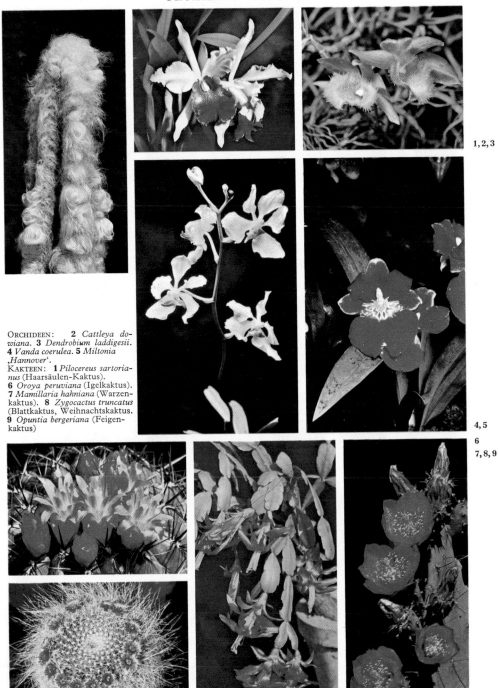

ORCHIDEEN: **2** *Cattleya dowiana.* **3** *Dendrobium laddigesii.*
4 *Vanda coerulea.* **5** *Miltonia „Hannover'.*
KAKTEEN: **1** *Pilocereus sartorianus* (Haarsäulen-Kaktus).
6 *Oroya peruviana* (Igelkaktus).
7 *Mamillaria hahniana* (Warzenkaktus). **8** *Zygocactus truncatus* (Blattkaktus, Weihnachtskaktus.
9 *Opuntia bergeriana* (Feigenkaktus)

1, 2, 3

4, 5

6

7, 8, 9

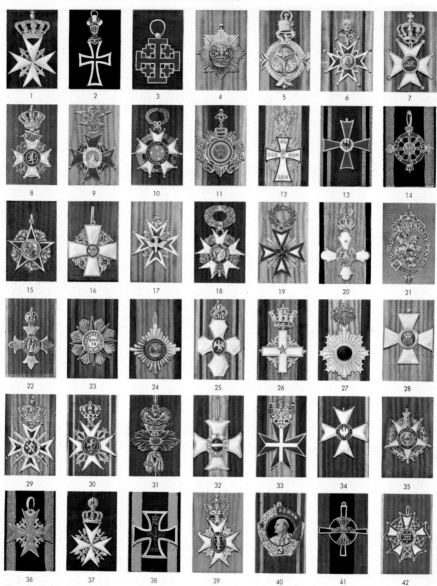

Autonome Orden: **1** Malteser-O. (1099). **2** Dt. Ritterorden, Ritterkreuz (1190). **3** O. vom Hl. Grabe (1868). *Staatl. Orden:* **4** Afghanistan, Stern-O. (1923). **5** Äthiopien, Dreifaltigkeits-O. (1930). **6, 7** Bayern: **6** St.-Georgs-O. (1729). **7** Militär-Max-Josephs-O. (1797/1806). **8** Belgien, Leopold-O. (1832). **9** Bolivien, O. vom Kondor der Anden (1925). **10** Brasilien, O. vom Kreuz des Südens (1822). **11** China, Jade-O. (1933). **12** Dänemark, Danebrog-O. (1671). **13, 14** Bundesrep. Dtl.: **13** Verdienstorden (1951). **14** Orden pour le mérite, Friedensklasse (1842). **15** Dt. Dem. Rep., Karl-Marx-O. (1953). **16** Finnland, O. der Weißen Rose (1919). **17–19** Frankreich: **17** (Königtum) O. vom Hl. Geist (1578). **18** O. der Ehrenlegion (1802). **19** O. vom Schwarzen Stern von Benin (1889). **20** Griechenland, Phönix-O. (1926). **21, 22** Großbritannien: **21** Hosenband-O. (1348). **22** O. vom Brit. Reich (1917). **23** Hl. Stuhl, Pius-O. (1847). **24** Iran, Kaiserl. O. (1931). **25** Island, Falken-O. (1921). **26** Italien, (1951). **27** Japan, O. der Aufgehenden Sonne (1875). **28** Luxemburg, O. der Eichenkrone (1841). **29** Niederlande, O. von Oranien-Nassau (1892). **30** Norwegen, St.-Olafs-O. (1847). **31–33** Österreich: **31** (Monarchie) O. vom Goldenen Vlies (1430). **32** (Monarchie) Militär-Maria-Theresien-O. (1757). **33** Ehrenzeichen für Verdienste um die Rep. Ö. (1952). **34** Polen, O. der Auferstehung P. (1921). **35** Portugal, O. von Turm und Schwert (1808). **36–38** Preußen: **36** Orden pour le mérite, Militärklasse (1740). **37** Johanniter-O., Kreuz der Rechtsritter (1382/1852). **38** Eisernes Kreuz von 1813, 1. Klasse. **39** Schweden, Wasa-O. (1772). **40** Sowjetunion, Lenin-O. (1930). **41** Spanien, O. vom Joch und den Pfeilen (1937). **42** Verein. Staaten von Amerika, Verdienstlegion (1942).

1, 2

3, 4

1 Wien, Heldenplatz mit Rathaus. 2 Landschaft im Seewinkel, östlich des Neusiedler Sees. 3 Innsbruck, Maria-Theresien-Straße mit Annasäule; im Hintergrund das Karwendelgebirge. 4 Gnadenalm am Radstädter Tauernpaß. 5 Drautal bei Villach, mit Karawanken (Kärnten)

5

PHOTOGRAPHIE

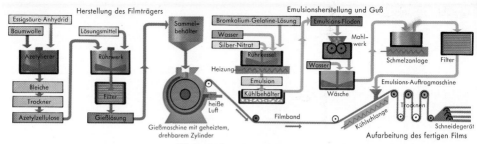

Herstellung des Filmträgers

Emulsionsherstellung und Guß

Essigsäure-Anhydrid
Baumwolle
Lösungsmittel
Sammelbehälter
Bromkalium-Gelatine-Lösung
Emulsions-Floden
Wasser
Silber-Nitrat
Rührkessel
Mahlwerk
Azetylierer
Rührwerk
Wasser
Schmelzanlage
Filter
Heizung
Bleiche
Filter
Emulsion
Emulsions-Auftragmaschine
Trockner
Kühlbehälter
Wäsche
Azetylzellulose
Gießlösung
heiße Luft
Filmband
Kühlschlange
Trocknen
Gießmaschine mit geheiztem, drehbarem Zylinder
Schneidegerät
Aufarbeitung des fertigen Films

Filmherstellung (schematisch)

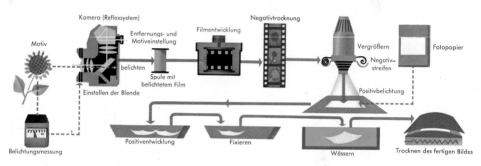

Kamera (Reflexsystem)
Negativtrocknung
Motiv
Entfernungs- und Motiveinstellung
Filmentwicklung
Vergrößern
Fotopapier
belichten
Spule mit belichtetem Film
Negativstreifen
Einstellen der Blende
Positivbelichtung
Belichtungsmessung
Positiventwicklung
Fixieren
Wässern
Trocknen des fertigen Bildes

Schematische Darstellung der Entstehung einer Aufnahme

Farbphotographie. *Links* die schematische Darstellung des Agfacolor-Umkehr-Verfahrens (Aufnahme bis zum Bild); *rechts* Schema des Technicolor-Verfahrens

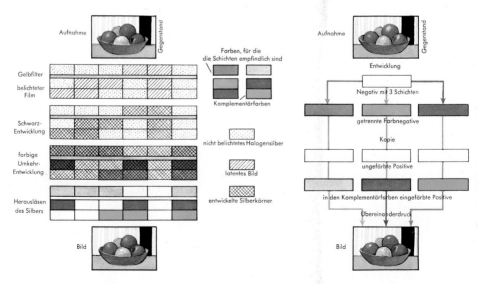

Aufnahme
Gegenstand
Farben, für die die Schichten empfindlich sind

Gelbfilter
belichteter Film
Komplementärfarben

Schwarz-Entwicklung
nicht belichtetes Halogensilber

farbige Umkehr-Entwicklung
latentes Bild

Herauslösen des Silbers
entwickelte Silberkörner

Bild

Aufnahme
Gegenstand
Entwicklung
Negativ mit 3 Schichten
getrennte Farbnegative
Kopie
ungefärbte Positive
in den Komplementärfarben eingefärbte Positive
Übereinanderdruck
Bild

(ultrarote) Strahlen sensibilisiert worden sind, ermöglichen die **Infrarot-P.**, wichtig für Forschung (unsichtbare Spektrallinien), für Nebel-P., auch auf weite Entfernungen, und Dunkel-P. (Kriminalistik). Die Empfindlichkeit wird in →DIN-Graden oder in ASA-Graden gemessen (50 ASA = 18° DIN). Die **Belichtungsmesser** arbeiten mit Photozellen. Zur Dämpfung zu starken blauen Lichts verwendet man **Gelbfilter.** Belichtete Platten und Filme werden in einer Dunkelkammer bei rotem oder grünem (panchromatisch) Licht **entwickelt.** Lösungen reduzierender Stoffe rufen durch Abscheidung von Silber an den belichteten Stellen eine Schwärzung hervor. Die nichtentwickelten Stellen der Emulsion werden durch eine Lösung von Fixiersalz (Natriumthiosulfat) entfernt **(Fixieren).** Nach gründlichem Wässern wird das **Negativ** getrocknet. **Positive** gewinnt man dadurch, daß photographische Papiere oder Diapositivplatten durch das Negativ hindurch belichtet werden; die Weiterverarbeitung ist dann die gleiche wie beim Negativ.

Farb-P.: Grundlage ist, daß man mit den drei Farben Rot, Grün, Blau alle in der Natur vorkommenden Farben hinreichend genau wiedergeben kann. Auf den Träger werden rotempfindliche, darüber grünempfindliche und darauf blauempfindliche Emulsionsschichten aufgebracht. Durch eine Farbentwicklung werden an den Stellen, wo das Silberbild entsteht, die Schichten angefärbt, und zwar die rotempfindliche blaugrün, die grünempfindliche purpur und die blauempfindliche gelb. Nach Entfernung des Silbers erhält man ein Negativ in den Gegenfarben. Das farbrichtige Positiv entsteht durch Kopieren auf gleichartigem Dreischichtenfilm oder -papier. Durch eine Umkehrentwicklung kann der Aufnahmefilm auch direkt zum farbrichtigen Positiv entwickelt werden.

GESCHICHTE: Um 1500 Lochkamera durch Leonardo da Vinci. 1727 Lichtempfindlichkeit der Silbersalze entdeckt durch J. H. Schulze in Halle. 1826 erste Lichtbilder auf Metallplatten (Niepce), 1839 Vervollkommnung (Daguerre), 1871 Erfindung der Trockenplatte (Maddox), 1887 Erfindung des Films (Goodwin). (FARBTAFEL S. 704)

Photograv′üre die, **Heliogravüre, Gravüre,** ein Tiefdruckverfahren. Als Druckform dient eine präparierte blanke Kupferplatte, auf die eine auf chromiertem Gelatinepapier hergestellte Kopie aufgequetscht wird; durch diese hindurch wird geätzt; gedruckt wird auf der Kupferdruckpresse.

Photokop′ie [grch.] die, photograph. Herstellung originalgleicher Zweitstücke von Dokumenten, Akten u. a.; sie haben Urkundenwert.

Photometr′ie [grch.] die, **Lichtmessung,** bes. Messung von Lichtstärken, meist durch Photometer mit Photozelle.

Photomontage [-′a:ʒə, frz.] die, Zusammensetzen von Teilen verschied. Aufnahmen zu einem neuen Bild und nochmal. photograph. Aufnahme.

Ph′oton das, **Lichtquant, Gammaquant,** masseloses Elementarteilchen, Träger des elektromagnet. Feldes, z. B. des →Lichts. P. sind um so energiereicher, je kurzwelliger die elektromagnet. Strahlung ist.

Photonast′ie [grch.] die, →Nastie.

Photosph′äre [grch.] die, die strahlende Oberfläche der Sonne; Sitz der Sonnenflecken.

Photosynth′ese [grch.] die, Aufbau chem. Verbindungen durch Einwirkung von Licht, bes. die Bildung organ. Stoffe aus Kohlendioxyd und Wasser, die Assimilation bei grünen Pflanzen.

Photot′axis [grch.] die, →Taxis.

Phototrop′ismus [grch.] der, →Tropismus.

Phototyp′ie [grch.] die, ein photochem. hergestellter Druckstock, z. B. Strichätzung.

Photowiderstand, meist ein Halbleiter, dessen elektr. Widerstand bei Strahlungseinwirkung durch photoelektr. ausgelöste Elektronen vermindert wird.

Photozelle, Gerät zur Umwandlung von Licht in elektr. Strom unter Ausnutzung des lichtelektr. Effekts **(lichtelektrische Zelle),** im wesentl. eine in ein Vakuum eingeschlossene photoelektr. wirksame Schicht, z. B. Alkalimetall (Alkali-P.) oder Kupferoxydul (Sperrschicht-P.). Anwendung bei Tonfilm, Fernsehen, Belichtungsmessern u. a. Selenzellen, →Selen.

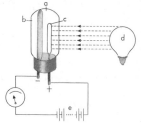

Photozelle,
a Glaskörper,
b Kalium-
schicht
(Kathode),
c Draht-
schleife
(Anode),
d Lichtquel-
le, e Batterie

Phr′ase [grch.] die, **1)** Satz, Redewendung, inhaltleeres Gerede. **2)** ♪ in sich geschlossene Motivfolge. **Phraseolog′ie** die, Lehre von den einer Sprache eigentümlichen Redensarten. **phras′ieren,** gliedern. **Phras′ierung** die, ♪ Abgrenzung und Verbindung der Gliederungen eines Tonsatzes durch **Phrasierungsbogen.**

Phrenolog′ie [grch. »Geisteskunde«] die, von F. J. Gall eingeführte Schädellehre.

Phr′ygien, antike Landschaft in Kleinasien. Die indogerman. **Phryger** bildeten bis etwa 600 v. Chr. ein selbständiges Reich.

phr′ygische Mütze, Zipfelmütze der alten Phryger und kleinasiat. Griechen; Urbild der Freiheits-(Jakobiner-)Mütze (→Jakobiner).

Phthale′ine Mz., organ. Verbindungen, die aus Phthalsäureanhydrid und Phenolen oder Aminophenolen unter Wasseraustritt entstehen; z. B. der Indikator **Phenolphthalein.**

Phth′isis [grch.] die, ⚕ Auszehrung.

Ph′ylax [grch.] der, Wächter, Hüter.

Ph′yle, die, Unterabteilung der altgriechischen Stämme und Stadtstaaten.

Phyll′it [grch.] der, dunkles schiefriges Gestein aus der Urschiefergruppe, verbreitet im Erz-, Fichtelgebirge, Bayerischen Wald u. a.

Phylloc′actus, Flügelkaktus, ein Blattkaktus mit blattähnl. Stengeln.

Phylogen′ie [grch.] die, →Stammesgeschichte. **phylogen′etisch,** stammesgeschichtlich.

Phys′ik [grch.] die, Lehre von den Naturerscheinungen, soweit sie Zustandsänderungen, nicht stoffl. Veränderungen sind. Sie gliedert sich in die klass. Teilgebiete Mechanik, Wärmelehre, Akustik, Elektrodynamik (Elektrizität, Magnetismus) und Optik. Quer durch diese Gebiete geht die neuere Einteilung in **Mikrophysik** (Atom-, Kern-, Elementarteilchen-P.), **Makrophysik** und **Kosmologie** (P. des Weltalls). Quellen der Forschung sind Beobachtungen, Versuche (Experimente), aus denen man physikal. Gesetze abzuleiten sucht (hierzu TAFEL). **Ph′ysiker** der, Forscher, Lehrer der P.

Physikalisch-Technische Bundesanstalt, PTB, Braunschweig und Berlin, gegr. 1949, techn. Bundesoberbehörde für das Prüfungs-, Eich- und Zulassungswesen; hervorgegangen aus der 1887 gegr. Physikalisch-Techn. Reichsanstalt (PTR) in Berlin.

Ph′ysikum das, 2. Teil der ärztl. Vorprüfung am Schluß des 5. Semesters (Anatomie, Physiologie, physiolog. Chemie). →Vorphysikum.

Ph′ysikus des, bis 1901 in Preußen: beamteter Arzt.

Physiognom′ie [grch.] die, äußere Erscheinung eines Menschen, bes. sein Gesicht als Abbild (Spiegel) seines Inneren, seiner Wesensart. **Physiogn′omik** die, Deutung der Wesensart eines Menschen aus seiner P.

Physiokrat′ismus [grch.] der, von dem Franzosen F. Quesnay (†1774) begr. volkswirtschaftl. Lehre, die den Boden als einzige Quelle des Reichtums ansieht; Gegensatz zum →Merkantilismus.

A. Piccard

Physiolog'ie [grch.] die, Wissenschaft von den Leistungen und der Arbeitsweise der Zellen, Gewebe und Organe.

Physioskler'ose [grch.] die, mit dem Alter fortschreitende Wasserverarmung und damit Verdichtung der Gewebe.

ph'ysisch [grch.], körperlich.

p'hyto... [grch.], in Fremdwörtern: Pflanzen...; z. B. **phytog'en,** aus Pflanzen entstanden.

Pi das, 1) griech. Buchstabe. 2) △ die Zahl π = 3,14159..., die angibt, wievielmal so groß der Kreisumfang im Vergleich zum Durchmesser ist.

P'ia [lat. »die Fromme«], weibl. Vorname.

Piacenza [pjatʃ'ɛntsa], Stadt in Oberitalien, am Po, 102 800 Ew.; schöne alte Bauten; Bischofssitz; Mittelpunkt eines Landwirtschaftsgebiets. 219 v. Chr. von den Römern gegr.; 1545-1860 mit dem Herzogtum →Parma vereinigt.

Pi'affe [frz.] die, Reitübung der Hohen Schule: trabartige Bewegung auf der Stelle.

Pi'ano, Pianof'orte [ital.] das, →Klavier. **Pian'ino** das, Klavier mit aufrechtstehendem Saitenkasten. **Pian'ist** der, Klavierspieler, -künstler. **Pian'ola** das, elektr. betriebenes Klavierspielgerät.

pi'ano [ital.], **p,** ♩ leise, schwach; Gegensatz: forte. **pian'issimo, pp,** sehr leise.

Piar'isten Mz., eine 1617 in Rom gestiftete Klostergenossenschaft für Schulunterricht.

Piass'ave [indian.-portug.] die, Bastfasern verschiedener Palmen; zu Bürsten, Matten u. a.

Pi'asten Mz., ältestes poln. Herrschergeschlecht, regierte in Polen bis 1370, in Masowien bis 1526, in Schlesien bis 1675.

Pi'aster [ital. piastra »Metallplatte«] der, Währungseinheit in S-Vietnam (= 100 Centimes); kleine Münzeinheit in Ägypten, Libanon, Libyen, Sudan, Syrien.

Pi'ave der, Fluß in Oberitalien, 220 km lang.

Pi'azza [ital.] die, (Markt-)Platz.

Piazz'etta, Giovanni Battista, italien. Maler, *1682, †1754; Altar- und Genrebilder.

Pic'abia, Francis, französ. Maler, *1878, †1953; geistiger Führer des Neodadaismus.

Picad'or [span.] der, berittener Stierkämpfer; reizt den Stier durch Lanzenstiche in den Nacken.

Picard [pik'aːr], Max, schweizer. Schriftsteller, *1888, †1965; »Das Menschengesicht« u. a.

Picard'ie die, fruchtbare Landschaft im nordöstl. Frankreich, Hauptstadt Amiens.

Pic'asso, eigentl. **Ruiz y P.,** Pablo, span. Maler und Graphiker, *1881; in seiner Frühzeit schuf er in Paris schwermütige Bilder, die er auf einen blauen, seit 1905 auf einen rosa Ton stimmte; 1908 gleichzeitig mit Braque die ersten Bilder des →Kubismus; seit 1917 auch Werke eines neuen klassizist. Stils; 1925 begann er mit immer krasser werdenden Verzerrungen zu malen. Seine vielseitige Kunst läßt gegensätzl. Werke oft gleichzeitig entstehen.

Pickelhaube

Pierrot

Picasso: Bildnis der Madame »Z« (1954)

Piccadilly [pikəd'ili], Geschäftsstraße im W der Londoner City, mit **P. Circus** (großer Platz).

Piccard [pik'aːr], Auguste, schweizer. Physi-

ker, *1884, †1962; unternahm Stratosphärenflüge, Tiefseetauchfahrten in einem selbst entworfenen Tauchschiff (Bathyskaph) zus. mit seinem Sohn **Jacques P.**

Piccol'omini, italien. Adelsgeschlecht. **1)** Enea Silvio, →Pius II. **2)** Octavio, Fürst, kaiserl. Feldherr im Dreißigjährigen Krieg, 1634 führend am Sturz Wallensteins beteiligt.

Pickel der, **1)** Spitzhacke, bes. der Eis-P. des Bergsteigers. **2)**♩ kleine spitze Erhebung der Haut.

Pickelhaube, Lederhelm mit Metallbeschlag und -spitze, bis 1915 der dt. Infanteriehelm.

Pickelhering, komische Gestalt der engl. Komödianten.

P'icknick [frz.] das, -/-s, Ausflug mit Mahlzeit im Freien.

pico..., Abk. **p,** vor Maßeinheiten: der billionste Teil.

P'ico der, span., portug.: Berg, Bergspitze.

P'ico della Mir'andola, Giovanni, italien. Humanist und Philosoph, *1463, †1494; suchte aus Christentum, Judentum und Griechentum eine geläuterte Religion zu bilden; »Über die Würde des Menschen«.

Pidgin English [p'idʒin 'iŋgliʃ] das, eine Verkehrssprache zwischen Eingeborenen und Europäern in O-Asien, mit chines. Satzbau und engl. Wortschatz.

Pièce [pj'ɛːs, frz.] die, Stück; Theaterstück. **p. de résistance** [-rezist'ãs], Hauptgericht beim Essen; das Wichtigste.

Pieck, Wilhelm, Politiker, *1876, †1960; seit 1895 in der SPD, seit 1918 in der KPD (1928-33 MdR); emigrierte 1933 nach Frankreich; war 1939-45 in der Sowjetunion; wurde 1945 Vors. der KPD, 1946-54 mit Grotewohl zusammen Vors. der SED, 1949-60 Präs. der Dt. Dem. Rep.

Piedest'al [frz.] das, Fußgestell, Sockel.

Piem'ont, geschichtl. Landschaft im westl. Oberitalien; eines der wichtigsten Industriegebiete Italiens (Hütten-, chem.-, Textil-, Automobil-, Leder-, Lebensmittelindustrie). GESCHICHTE. P. wurde im MA. das Kernland der Grafen (seit 1416 Herzöge) von Savoyen. 1798 verloren sie ganz P. an die Franzosen, erhielten es aber 1814/15 zurück, dazu Genua. König Karl Albert stellte sich 1848/49 an die Spitze der italien. Nationalbewegung gegen Österreich; unter seinem Sohn Viktor Emanuel II. führte der große piemontesische Staatsmann Cavour 1859-61 die Einigung Italiens durch (→Italien, Geschichte).

Pieper der, Gattung lerchenartiger Singvögel, Zugvögel; sie brüten am Boden. **Baum-P., Wiesen-P., Brach-P.** u. a.

Pier [engl.] der, ♩ Mole, Hafendamm.

Pi'ero della Francesca [frantʃ'eska], italien. Maler, * um 1415, †1492; schuf Fresken und Tafelbilder in lichter, zarter Farbigkeit.

Pierre [pjɛːr, frz.], Peter.

Pierrot [pjɛːr'o, frz.] der, komische Gestalt der italien. Bühne in Paris. **Pierr'ette** die, entsprechende weibliche Maske.

Pietà [ital.] die, Vesperbild, Darstellung der trauernden Maria mit dem Leichnam Christi. (FARBTAFEL Französ. Kunst S. 347)

Piet'ät [lat. pietas] die, Frömmigkeit, Ehrfurcht, Anhänglichkeit.

Pieterm'aritzburg [nach 2 Burenführern], Hauptstadt der Provinz Natal, Rep. Südafrika, 95 100 Ew.; Univ.; Handel, vielseitige Ind.

Piet'ismus der, evang. religiöse Bewegung zur Erneuerung des frommen Lebens und der Kirche, seit dem 17. Jahrh. Ihre Anhänger wurden urspr. spöttisch **Piet'isten** (»Frömmler«) genannt. Eigentl. Schöpfer des P. war Ph. J. Spener. Hauptsitze des älteren P. waren Halle (A. H. Francke), Württemberg, niederrhein. Gebiete, Westfalen. Die Herrnhuter Brüdergemeine ist stark vom P. beeinflußt.

Pi'ezoeffekt, elektr. Aufladung mancher Kristalle durch mechan. Druck, beruht auf der Polarisation der Atome, der Verschiebung der äußeren Elektronenhülle gegenüber dem Atomrumpf. Durch elektr. Felder kann umgekehrt Zusammen-

1, 2, 3

Physik:
1) Elektrisches Elektronenmikroskop, 2) Experiment
mit Laserstrahlen, 3) Kas-
kadengenerator mit
Funkenüberschlag, 4) Ring-
tunnel des Elektronensyn-
chrotons DESY in Ham-
burg, 5) Versuchsgerät zur
Kernverschmelzung im
Münchener Max-Planck-
Institut für Plasmaphysik
(Wendelsteinapparat),
6)StrömungstechnischeVer-
suche in einem Windkanal **4**

5, 6

Pillendreher

Pinguin:
Königs-P.
(etwa 100 cm
groß)

ziehung und Ausdehnung, durch elektr. Wechselfelder mechan. Schwingung im Kristall erzeugt werden. Anwendung zur Ultraschallerzeugung, in der Meßtechnik (→Quarzuhr) u.a.

Pigalle [pig'al], Jean-Baptiste, französ. Bildhauer zwischen Rokoko und Klassizismus, *1714, †1785.

Pigm'ent [lat.] das, 1) farbgebender Stoff, der von Bindemitteln aufgenommen, aber nicht gelöst wird. 2) Farbstoff in tier. und menschl. Geweben (Haut, Haaren, Augen).

Pik [frz.] der, spitzer Berg.

Pik [frz.] das, Farbe der französ. Spielkarte (schwarzer Spaten); entspricht dem dt. Grün.

pik'ant [frz.], 1) appetitanregend gewürzt. 2) lüstern, prickelnd. **Pikanter'ie** die, Anzüglichkeit, Reiz.

pikar'esker Roman [span. pícaro »Gauner«], **pik'arischer Roman,** →Schelmenroman.

P'ike [frz.] die, Spieß, Lanze. **von der P. auf,** vom untersten Rang an.

Pik'ee [frz.] der, Baumwolldoppelgewebe mit eingesteppten Mustern.

Pik'ett [frz.] das, 1) ✠ ♣ kleine Truppenabteilung. 2) **P.-Spiel,** Kartenspiel mit zwei Spielern.

pik'ieren [frz.], 1) junge Pflanzen auseinanderpflanzen. 2) stechen, sticheln, reizen.

P'ikkolo [ital.] der, Kellnerlehrling.

P'ikkoloflöte, ♪ die kleine →Flöte.

Pik'ör [frz.] der, reitender Jäger, der bei der Jagd die Meute führt.

Pikr'insäure [grch. pikros »bitter«], **Trin'itrophenol,** gelbe, giftige Kristalle, entsteht durch Erhitzen aus Phenol und Salpetersäure.

P'ikten Mz., die keltischen Ureinwohner Schottlands, die sich 844 mit den Skoten zum späteren Kgr. Schottland vereinigten.

Pil'aster [ital.] der, ⊡ Wandpfeiler.

Pil'atus der, Bergstock der Berner Alpen, am Vierwaldstätter See, 2129 m hoch; Pilatusbahn.

Pil'atus, Pontius, 26-36 n.Chr. röm. Landpfleger in Judäa; war an der Verurteilung Jesu beteiligt.

Pil'aw, Pilaf, Pilau [türk.] der, oriental. Gericht aus Reis und Hammelfleisch.

Pilcom'ayo der, Fluß in Südamerika, 2500 km lang, entspringt in Bolivien, mündet in den Paraguay.

Pile [pail, engl.] das, Kernreaktor.

Pilger [lat.] der, **Pilgrim** [lat.], Wallfahrer nach heiligen Orten.

Pilgerväter, die ersten puritan. Ansiedler in Neuengland (USA).

P'ilgram, Anton, österr. Baumeister und Bildhauer, * um 1460, † um 1515; schuf Bildwerke von ausdrucksstarkem Realismus.

P'illau, Stadt und Kriegshafen in Ostpreußen, am Pillauer Tief, (1939) 12400, (1965) 17000 Ew.; seit 1945 unter sowjet. Verw. **(Baltijsk).**

Pille [lat.] die, Arzneizubereitung in Kugelform; volkstüml. für empfängnisverhütende Hormonpräparate (→Empfängnis).

Pillendreher, Mistkäfer mit ausgeprägter Brutpflege; formt aus dem Dünger von Weidetieren kugelige Ballen, die den Larven als Nahrung dienen. Der Heilige P. (Skarabäus) lebt im Mittelmeergebiet.

P'illnitz, Lustschloß bei Dresden, an der Elbe.

Pilon [pil'õ], Germain, französ. Bildhauer, * um 1536, †1590; Hochrenaissance; Marmorgrabmal für Heinrich II. und Katharina von Medici.

Pil'ot [frz.] der, 1) ⚓ Lotse, Steuermann. 2) ✈ Flugzeugführer. **P.-Ballon,** Wetterkunde: kleiner unbemannter Luftballon zur Windmessung in größeren Höhen. Ferner →Radiosonde.

Pil'oty, Karl von, Maler, *1826, †1886; malte theatral.-realist. Geschichtsbilder.

Pilsen, tschech. **Plzeň,** Stadt in der Tschechoslowakei, 144500 Ew.; bed. Wirtschaftsmittelpunkt: Brauereien, Stahl- und Geschützwerke (Škoda), Glas-, Ton- u.a. Industrie.

Pils'udski, Josef, poln. Staatsmann und Marschall, *1867, †1935; kämpfte im 1.Weltkrieg mit

Pilsen: Marktplatz mit Rathaus

seiner poln. Legion auf österr. Seite; 1918-22 Staatsoberhaupt Polens; sicherte 1920 im Krieg gegen die Sowjetunion die poln. Unabhängigkeit. 1926 stürzte er die parlamentar. Regierung und herrschte bis zu seinem Tode autoritär.

Pilze Mz. (hierzu FARBTAFEL S. 865), Gruppe von Sporenpflanzen, zu denen Schleim-, Spalt-, Echte Pilze und Flechten gehören. I.e.S. die Echten P., zu denen die Ständer-, Schlauch- und Algenpilze gehören. Die Echten P. haben kein Blattgrün und ernähren sich als Fäulnisbewohner (Saprophyten) oder Schmarotzer. Sie bestehen aus vielzelligen **Pilzfäden** oder **Hyphen,** die Gesamtheit dieser Fäden nennt man **Lager** oder **Myzel.** Die Echten P. vermehren sich durch Sporen, die in Sporenträgern oder **Fruchtkörpern** (dem, was der Volksmund Pilz oder Schwamm nennt) entstehen, und zwar durch Abschnürung nach außen (Ständer-P.) oder im Innern von **Sporenbehältern** (Schlauch-P., Algen-P.). Zu den Echten P. gehören unsere Speise-P., Hefe, Schimmel-P., der schädliche Hausschwamm sowie viele Arten von Schmarotzer-P., die Krankheiten an Kulturpflanzen, seltener bei Tieren und Menschen hervorrufen. Gift-P. enthalten gesundheitsschädigende, z.T. tödl. Stoffe, meist Alkaloide. ERSTE HILFE BEI PILZVERGIFTUNG: Erregen von Erbrechen und Durchfall, Tierkohle; Arzt rufen.

Pim'ent [lat.] der, das, **Nelkenpfeffer,** die unreifen, getrockneten Beeren eines westind. Myrtengewächses; Küchengewürz.

Pimpernuß, Klappernuß, Sträucher mit dreizähligen oder gefiederten Blättern, meist weißen Blütentrauben und blasiger Frucht mit klapperndem Samen; z.B. Maiblumenstrauch.

Pimpin'elle [lat.] die, **Pimpern'ell** der, **Bibernell,** Gattung staudiger Doldengewächse, würzige Wiesenkräuter, darunter Anis.

Pinakoth'ek [grch.] die, im Altertum Sammlung gemalter Weihegeschenke; seit dem Humanismus: Gemäldegalerie (z.B. in München).

Pin'asse [frz.] die, ⚓ Kriegsschiff-Beiboot.

Pinay [pin'ε], Antoine, französ. Politiker, *1891; 1946 Vize-Präs. der Unabhäng. Republikaner; 1959/60 Finanz- und Wirtschaftsminister.

Pincenez [pẽsn'e, frz.] das, Kneifer.

Pinch-Effekt [pintʃ-], **Quetscheffekt,** das Zusammenschnüren einer Gasentladung hoher Stromstärke durch ihr eigenes Magnetfeld; wichtig für Experimente zur Kernverschmelzung.

P'indar, griech. Dichter, * um 518 v.Chr. † nach 446; steht mit seiner Chorlyrik am Ausgang der archaischen Zeit; Hymnen.

Pinder, Wilhelm. Kunsthistoriker, *1878 †1947; Erforschung und Deutung der dt. Kunst.

P'indos der, Gebirgszug in Griechenland, trennt Thessalien von Epirus, 2637 m hoch.

Pin'en [lat.] das, ⚗ ein Kohlenwasserstoff, Hauptbestandteil des Terpentinöls.

Ping-Pong das, →Tischtennis.

P'inguin [frz.] der, flugunfähige Schwimmvögel im Südpolargebiet, mit schuppenähnlichem Gefieder und flossenartigen Flügeln. Sie leben in großen Gesellschaften und brüten in Mulden,

Höhlen oder in Steinnestern. **Riesen-P.** und **Kaiser-P.** werden bis 1 m groß.

P′inie [lat.] die, zur Gattung Kiefer gehöriger Nadelbaum mit schirmförmiger Krone, in den Mittelmeerländern, bis 30 m hoch; der hartschalige Samen (**Piniennuß, Pignole**) enthält einen mandelähnlich schmeckenden Kern.

Pinke [Gaunersprache] die, Geld.

Pinkiang, →Harbin.

Pinne [lat.] die, **1)** kleiner spitzer Nagel, Zwecke. **2)** Hebel zum Bedienen des Steuerruders.

Pinneberg, Stadt in Schlesw.-Holst., 34 200 Ew.; Industrie; Rosenzucht, Baumschulen.

Pinscher [engl.] der, alte deutsche Hunderasse; meist glatthaarige Schnauzer.

Pinsel der, **1)** Handwerkzeug, Stiel mit daran befestigten Borsten. **2)** Haarbüschel.

Pinseläffchen, eichhorngroßer Krallenaffe der südamerikan. Urwälder.

Pinsk, Stadt in der Weißruss. SSR, 62 000 Ew.; Kanal zum Bug; Flußhafen am Pripet; Ind.

pint [paint, engl.] die, engl. Hohlmaß: $^1/_8$ gallon = 0,568 l.

Pinter, Harold, engl. Schauspieler und Dramatiker, *1930; Hörspiele, Theaterstücke.

Pinturicchio [pintur′ikjo], Bernardino, italien. Maler, *1454, †1513; Fresken in den Domen zu Orvieto und Siena.

Pin up girl [pin′ʌpgəːl, engl.] das, aus Zeitschriften ausgeschnittenes Bild eines reizvollen Mädchens, an die Wand geheftet.

p′inxit [lat.] »hat gemalt«, Zusatz zur Künstlersignatur.

Pinz′ette [frz.] die, Federzange mit zwei Armen, zum Fassen kleiner Gegenstände.

Pinzgau der, Längstal der oberen Salzach zwischen Hohen Tauern und den Kitzbühler Alpen; Pferde- und Rinderzucht.

Pi′ombo, →Sebastiano del Piombo.

Pion′ier [frz.] der, **1)** Soldat der techn. Truppe des Heeres. **2)** Wegbereiter, Vorkämpfer.

Pipeline [paiplain, engl.] die, Rohrleitung zum Befördern von Erdöl (Erdgas) u. a.

Pip′ette [frz.] die, Stechheber zum Abmessen von Flüssigkeiten (BILD chem. Geräte).

P′ippau der, **Grundfeste,** Gattung der Korbblüter, meist gelbblühende Kräuter auf Wiesen.

P′ippin der Jüngere (fälschl. »der Kleine«), *714, †768; fränk. Herrscher aus dem Hause der →Karolinger (seit 751), schlug die von seinem langobard. Eroberungen (**Pippinische Schenkung,** die Grundlage des →Kirchenstaates); Vater Karls d. Gr.

Pips der, ansteckender Schnupfen, eine Geflügelkrankheit.

Pirand′ello, Luigi, italien. Schriftsteller, *1867, †1936; Schauspiel: »Sechs Personen suchen einen Autor«. Roman: »Die Wandlungen des Mattia Pascal«. Nobelpreis 1934.

Piran′esi, Giambattista, italien. Kupferstecher, *1720, †1778; Ansichten von Rom, Architekturphantasien.

Piranha [pir′aɲa, indian.-portug.] die, span.

Piraya, der Karaibenfisch.

Pir′at [lat.] der, Seeräuber.

Piratenküste, →Vertragsstaaten.

Pir′äus, Stadtteil von Athen und Haupthafen Griechenlands, 184 000 Ew.; Industrie (Werften u. a.). – P. wurde von Themistokles gegr., 86 v. Chr. von Sulla zerstört, lag im MA. verödet, ist seit 1835 neu aufgeblüht.

Pire [piːr], Dominique Georges, belg. Dominikaner, *1910, †1969; gründete 1950 die »Hilfe für heimatlose Ausländer und deren Europadörfer«; 1958 Friedens-Nobelpreis.

Pirkheimer, Willibald, Ratsherr in Nürnberg, *1470, †1530; Humanist, Freund Dürers.

P′irmasens, Stadt in Rheinl.-Pf., im Pfälzer Wald, 55 200 Ew.; Hauptsitz der Schuhind.

Pirm′inius, Missionsbischof, †753; gründete die Klöster Reichenau, Murbach u. v. a.; Heiliger (Tag 3. 11.).

P′irna, Stadt im Bez. Dresden, an der Elbe,

Piräus: Hafen

45 500 Ew.; alte Bauten; verschiedene Ind.; Hauptausfuhrplatz des Elbsandsteins.

Pir′oge [span.] die, indian. Einbaum.

Pir′ol der, **Goldamsel,** gelbschwarzer amselgroßer Singvogel.

Pirouette [piru′ɛt, frz.] die, **1)** Figur beim Tanz und Eislauf: Kreiselbewegung. **2)** Reitkunst: kreisförm. Wendung im Galopp um die inwendige Hinterhand.

Pirquet [pirk′ɛ], Clemens v., österr. Kinderarzt, *1874, †1929; fand die für die Feststellung der kindl. Tuberkulose wichtige Hautreaktion mit Tuberkulin.

pirschen, birschen, ↻ lautloses, kunstgerechtes Anschleichen an Wild. **Pirsch** die, **Birsch,** Einzeljagd, Spürjagd.

P′isa, Stadt im mittl. Italien, am Arno, 103 000 Ew.; roman. Dom mit dem schiefen, 54 m hohen Glockenturm (1174-1350); Erzbischofssitz; Friedhof (Campo Santo, mit berühmten Wandgemälden), Universität (1338 gegr.); Textil-, Porzellan-Ind. In der Nähe die **Pis′anischen Bäder** (36 Quellen). – P. war im 11.-13. Jahrh. eine der führenden See- und Handelsstädte Italiens und beherrschte auch Sardinien und Korsika.

Pinseläffchen

Pisan′ello, Antonio, eigentl. **Pisano,** italien. Maler und Medailleur, *1395, †1450(?), begründete die Medaillenkunst der Renaissance.

Pisangfresser, Bananenfresser, bunte Kukkucksvögel Afrikas.

Pis′ano, 1) Andrea, italien. Bildhauer, * um 1295, †1348/49. **2)** Antonio, genannt →Pisanello. **3)** Giovanni, italien. Bildhauer, Baumeister, * um 1250, † nach 1314; got. Bauwerke. **4)** Niccolò, italien. Bildhauer, Vater von 3), * um 1225, † nach 1278; griff auf antike Vorbilder zurück.

Pinzette

Pisc′ator, Erwin, Regisseur und Theaterleiter, *1893, †1966; expressionist. Inszenierungen in Berlin; 1934-51 in der Emigration; 1962-66 Intendant der Freien Volksbühne in W-Berlin.

Pis′idien, antike Landschaft Kleinasiens, am Taurus; die Burgen der krieger. **Pisider** waren für Perser und Makedonier uneinnehmbar.

Pissarro, Camille, franzöz. Maler und Graphiker, *1830, †1903; impressionist. Landschaften.

Pisa: Dom mit schiefem Turm

Pistazie, a Blütenstand, b männl., c weibl. Blüte, d Fruchtstand

Pist'azie die, vorderasiat., am Mittelmeer angepflanzter Baum mit eiförmig., grün-rötl., fleischigen Früchten. Die haselnußgroßen Kerne (**Pistaziennüsse, grüne Mandeln**) enthalten den mandelähnlich schmeckenden, ölreichen Samen, der als Gewürz, Nußobst, auch zur Ölbereitung dient. Schwesterart am Mittelmeer: **M'astixbaum**, liefert das Harz Mastix. **Erd-P.**, die →Erdnuß.

P'iste [frz.] die, 1) Einfassung der Manege im Zirkus. 2) Fährte; nicht ausgebauter Verkehrsweg; Skispur, Rodelbahn; Rennstrecke, Rennbahn; Start-, Landebahn eines Flughafens.

Pist'ill [lat.] das, 1) Mörserkeule, Stampfer. 2) ♀ Fruchtknoten.

Pist'oia, Stadt im mittl. Italien, 91 700 Ew., roman. Dom, Baptisterium (1337); Metallwaren-, Musikinstrumenten-, Textilindustrie.

Pist'ole die, 1) kurze einläufige Handfeuerwaffe, heute meist Selbstlader. 2) ältere Goldmünze (in Dtl. etwa 5-6 Taler).

Piston [pist'ɔ̃, frz. »Kolben«] das, ♪ Blechblasinstrument, ein Kornett mit Pumpventilen.

Piston [pistn], Walter, amerikan. Komponist, *1894.

P'istyan, slowak. **Piešťany**, Stadt und Badeort in der Tschechoslowakei, an der Waag, 27 900 Ew.; Schwefelquellen (67°C), Moorbäder.

Pitav'al, Sammlung von Kriminalfällen, nach dem ersten Hg., dem französ. Rechtslehrer P. (*1673, †1743).

Pitcairn [p'itkɛən], brit. Insel im östl. Stillen Ozean, 5 km², rd. 100 Ew.; wurde 1790 von meuternden Matrosen des brit. Schiffes Bounty und Tahitierinnen besiedelt.

Pitchpine [p'itʃpain, engl.] das, rotgelbes amerikan. Kiefernholz; Bau- und Möbelholz.

Pit'eşti, Stadt in Rumänien, 72 500 Ew.; Industrie- und Kulturzentrum.

Pithec'anthropus [grch.] der, ein Urmensch der älteren Eiszeit, 1891 von Dubois auf Java entdeckt. Kennzeichen: flacher Schädel, kleines Gehirn, starke Augenbrauenwülste.

Pitt, William, brit. Staatsmänner: 1) **P. der Ältere**, Earl of Chatham [tʃ'ætəm], *1708, †1778, unterstützte Friedrich d. Gr. im Siebenjähr. Krieg mit Hilfsgeldern, ließ das französ. Kolonialreich in Amerika und Indien erobern. 2) **P. der Jüngere**, Sohn von 1), *1759, †1806, entschiedener Gegner Napoleons; vereinigte 1800 Irland staatsrechtl. mit Großbritannien.

Pittermann, Bruno, österr. Politiker (SPÖ), *1905; 1957-66 Vizekanzler, 1957-67 Parteivors., seit 1966 Fraktionsvors. der SPÖ.

Pitti, Palazzo P. in Florenz, Palast der Familie P., dann der Medici; jetzt Gemäldegalerie.

pittor'esk [ital.], malerisch.

Pittsburgh [p'itsbɔ:g], Stadt in Pennsylvania, USA, am Ohio, 575 000 Ew.; Universität, Carnegie-Institut, Kernforschungsinstitut; eine der bedeutendsten Industriestädte der Erde inmitten reicher Erdölfelder, Naturgasquellen, gewaltiger Kohlenlager, hat Eisen-, Stahl-, Maschinen-, Glas-Ind.; starker Flußverkehr.

Pitt'ura metaf'isica [ital. »metaphys. Malerei«], Richtung vorwiegend der modernen Malerei, zwischen 1911 und 1915 von G. de Chirico be-

Planck

Pittsburgh

gründet, von C. Carrà und G. Morandi unterstützt. Die P. m. stellt Gegenstände ohne Beziehung zu ihrer Umwelt mit betont zeichner. Härte und scharfen plast. Modellierungen dar. Sie erreichte um 1920 ihren Höhepunkt und wird vom →Surrealismus fortgeführt.

Pity'usen Mz., Inselgruppe der →Balearen; Hauptinseln: Ibiza und Formentera.

più [ital.], ♪ mehr; z. B. **più forte**, stärker.

P'ius [lat. »der Fromme«], männl. Vorname.

P'ius, Päpste. 1) **P. II.** (1458-64), Enea Sylvio **Piccolomini**, 1442 Rat Kaiser Friedrichs III., bedeutend als Dichter, Humanist, Geschichtsschreiber. 2) **P. V.** (1566-72), Michele **Ghislieri**, Vorkämpfer der Gegenreformation; Heiliger (Tag 30. 4.). 3) **P. VII.** (1800-23), Barnaba **Chiaramonti**, krönte 1804 Napoleon I., verlor 1809 den Kirchenstaat an ihn, sprach den Bann gegen ihn aus, war 1809-1814 sein Gefangener, stellte Kirchenstaat (1815) und Jesuitenorden wieder her. 4) **P. IX.** (1846-78), Giovanni **Mastai-Ferretti**, verlor den Kirchenstaat, 1870 auch Rom; verkündete 1854 das Dogma der Unbefleckten Empfängnis Mariä (→Maria, Mutter Jesu), berief das 1. Vatikan.Konzil, das die päpstl. Unfehlbarkeit zum Dogma erhob. 5) **P. X.** (1903-14), Giuseppe **Sarto**, seit 1893 Patriarch von Venedig, bemühte sich um inneren Ausbau des kirchl. Lebens, bekämpfte den →Modernismus; Heiliger (Tag 21. 8.). 6) **P. XI.** (1922 bis 39), Achille **Ratti**, wurde 1918 Nuntius in Polen, 1921 Erzbischof von Mailand und Kardinal, 1922 Papst, schloß 1929 mit Italien die →Lateranverträge ab. 7) **P. XII.** (1939-58), Eugenio **Pacelli**, wurde 1917 Nuntius in München, 1920 in Berlin, 1929 Kardinal in Rom, 1930 Kardinalstaatssekretär Pius' XI., 1939 Papst; verkündete 1950 das Dogma von der Himmelfahrt Mariä.

Piz [rätoroman.] der, Bergspitze.

Pizarro [piθ'aro], Francisco, span. Konquistador, *1478, † (ermordet) 1541; eroberte 1531-33 das Inkareich in Peru, ließ dessen letzten Herrscher hinrichten, gründete 1535 Lima.

pizzic'ato [ital.], abgek. **pizz.**, ♪ gezupft (Anreißen der Saiten mit dem Finger).

Pjöngjang, Hauptstadt von Nordkorea, wirtschaftl. und kultureller Mittelpunkt, 940 000 Ew.

Pkw, PKW, Abk. für Personenkraftwagen.

Plac'ebo [lat.] das, in Form, Farbe, Geschmack einer bestimmten Arznei nachgebildetes Präparat, das jedoch keinen Arzneistoff enthält.

Pl'acet [lat.] das, →Plazet.

plac'ieren [frz.], auch **plazieren**, 1) unterbringen, anlegen (Geld). 2) ⚔ einen Treffer erzielen; **sich p.**, einen der ersten Plätze des Wettbewerbs besetzen.

pläd'ieren [frz.], eine Sache vor Gericht mündl. vertreten. **Plädoyer** [plɛdwaj'e], ♪♪ Schlußvortrag einer Partei, im Strafprozeß des Staatsanwalts und des Verteidigers.

Plafond [plaf'ɔ̃, frz.] der, 1) Zimmerdecke. 2) Höchstbetrag.

Plagge die, ausgestochenes Rasenstück.

Plagi'at [lat.] das, geist. Diebstahl, die bewußte Verletzung des Urheberrechts. **Plagi'ator** der, wer ein P. begeht; er ist zum Schadensersatz verpflichtet.

Plagiokl'as der, Sammelname für alle Natrium und Calcium enthaltenden Feldspäte.

Plaid [pleid, engl.] das, der, 1) schott. Umhang aus kariertem Wollstoff. 2) Reisedecke.

Plak'at [aus frz. über niederl. zu. dt. Placken »Flecken«, 16. Jahrh.] das, öffentl. angeschlagene Bekanntmachung, Werbe-P., heute meist bildlich.

Plak'ette [frz.] die, kleine, meist rechteckige Relieftafel aus Bronze oder anderem Metall, mit einer religiösen, mytholog., allegor. Darstellung; eng verwandt mit der Medaille.

plan [lat.], flach, eben. **Plan** der, -s/Pläne, 1) Karte eines kleinen Gebietes (Stadt usw.) in großem Maßstab. 2) Absicht, Vorhaben; Entwurf.

Planck, Max, Physiker, *1858, †1947, Prof. in Berlin und Göttingen. Durch die von ihm begründete →Quantentheorie ist die Physik grundlegend umgestaltet worden. Seine Hauptarbeitsgebiete

waren Strahlungstheorie und Thermodynamik. Nobelpreis 1918.

Plancksches Wirkungsquantum, Plancksche Konstante, Zeichen **h,** physikal. Konstante von der Dimension einer Wirkung; $h = 6{,}625 \cdot 10^{-27}$ ergsec.

Plane die, wasserdichte Schutzdecke, Wagendecke.

Planet'arium [lat.] das, Kuppelbau, in dem durch Projektionsapparat der Sternhimmel nachgebildet wird.

Plan'eten [grch.], Ez. **Planet** der, **Wandelsterne,** kalte Himmelskörper, die sich nach den Keplerschen Gesetzen in ellipt. Bahnen um die Sonne bewegen. Nach ihrer Entfernung von der Sonne geordnet sind es Merkur, Venus, Erde, Mars, Jupiter, Saturn, Uranus, Neptun, Pluto. Die mit bloßem Auge sichtbaren P. von Merkur bis Saturn waren schon im Altertum bekannt; Uranus wurde 1781, Neptun 1846, Pluto 1930 entdeckt. Zwischen den Bahnen von Mars und Jupiter bewegen sich kleine P. (**Planeto'iden, Astero'iden**), von denen bis jetzt über 2000 bekannt sind. Außer Merkur, Venus und Pluto besitzen alle Planeten Monde; Saturn besitzt außerdem einen Ring aus Meteoriten und Staub.

Plan'etengetriebe, ⊚ →Umlaufgetriebe.

plan'ieren [frz.], ebnen, glätten.

Planim'eter [grch.] das, Gerät zum Ausmessen unregelmäßig begrenzter ebener Flächen.

Planimetr'ie die, Geometrie in der Ebene.

Plankommission, Staatliche P., oberste Wirtschaftsinstanz in der Dt. Dem. Rep.; ihre Anordnungen haben Gesetzeskraft.

plankonk'av, plankonv'ex, →Linse.

Pl'ankton [grch.] das, die Gesamtheit der im Wasser frei schwebend lebenden Tiere (**Zooplankton**) und Pflanzen (**Phytoplankton**). Die tier. Planktonten besitzen besondere Einrichtungen, die das Absinken verhindern, z.B. Gasblasen im Innern des Körpers, lange Schwebefortsätze. Zum tier. P. gehören Radiolarien, Geißeltierchen, Quallen, Hüpferlinge, Rädertiere, Larven von Fischen. Zum pflanzl. P. gehören Bakterien, Kieselalgen, Algen. Das Plankton dient zahlreichen Tieren als Nahrung.

Planscheibe, Teil der →Drehbank zum Aufspannen größerer scheibenförm. Werkstücke.

Plantage [plant'a:ʒə, frz.] die, Bestand mehrjähr. Nutzgewächse bes. in trop. und subtrop. Gebieten.

Plantagenet [plænt'ædʒinit], **Anjou-P.** [ãʒu-], engl. Königshaus, das 1154-1485 herrschte. Der Name stammte von der Helmzier Graf Gottfrieds V. von Anjou (1129-51), einem Ginsterbusch (lat. planta genista). (→Großbritannien, Geschichte).

Planwirtschaft, Wirtschaftsform, bei der der gesamte Wirtschaftsablauf von einer zentralen Stelle aus gelenkt wird (**Zentralverwaltungswirtschaft**). In einem für alle verbindl. Gesamtplan legt der Staat Produktion, Investition, Güterverteilung, z.T. auch Berufs- und Arbeitsplatzwahl fest; bes. in totalitären Staaten und manchen Entwicklungsländern. In der P. kommunist. Länder sind die Produktionsmittel einschl. Grund und Boden meist verstaatlicht. Die **gemäßigte sozialist. P.** erstrebt bei Erhaltung der Marktwirtschaft im Konsumbereich eine zentrale Planung im Investitionsbereich zur Erhaltung der Vollbeschäftigung.

Pläs'ier [frz.] das, Vergnügen, Freude.

Plasma [grch.] das, 1) das →Protoplasma der Zelle. 2) gerinnbare Flüssigkeit, z.B. des Blutes, der Milch. 3) ein lauchgrüner Chalcedon, Halbedelstein. 4) ⊗ hochionisiertes, elektr. leitendes Gas, Gemisch aus neutralen Atomen, positiven und negativen Ionen, Elektronen, Photonen und angeregten Atomen; bes. im Entladungsrumpf einer →Gasentladung (Gasschlauch), in Flammengasen und Sternatmosphären. Die **Plasmaphysik** erforscht das P. mit Temperaturen bis zu 100 Millionen °C und hohen Drücken. Techn. Anwendung im **P.-Brenner** zum Schmelzen, Schweißen u. dgl.

Plasm'odium [grch.-lat.] das, 1) Entwicklungszustand der Schleimpilze. 2) **P. malariae,** ein Sporentierchen, Erreger der →Malaria.

Pl'aste [Kw.] Mz., **Plastics** [engl.], Ez. auch Plastik, Polyplaste, gleichbedeutend mit Kunststoffen.

Pl'astik [grch.] die, 1) die →Bildhauerkunst. 2) ⚕ eine Operation zur Ausfüllung von Haut- oder Knochenlücken (z.B. Gesichts-P.). **Thorako-P.,** die Umformung des Brustkorbes durch Entfernung von Rippen zur Einengung der an Tuberkulose erkrankten Lunge. **plastisch, 1)** körperhaft. 2) bildhauerisch.

Plastikbombe, ein knet- und verformbares Sprengmittel; die Explosion wird durch Zeitzünder oder chemisch ausgelöst.

Plastil'in das, **Plastil'ina** die, knetbare Masse aus z.B. Wachs, Ton, Mineralfarben, Olivenöl.

plastische Chirurgie, der Zweig der Chirurgie, der sich mit plast. Operationen beschäftigt, →Plastik 2).

Plastizit'ät [zu Plastik] die, Geschmeidigkeit; Verformbarkeit mit bleibender Gestaltänderung.

Plastron [plastr'õ, frz.] das, der, **1)** breite Krawatte. **2)** Schutzpolster beim Fechten.

Plat'ää, antike Stadt in Südböotien; 479 v. Chr. Sieg der Griechen unter →Pausanias über die Perser.

Plat'ane [grch.] die, Baumgattung mit heller, glatter, in Platten abfallender Borke, mit drei- bis fünflapp. Blättern und kugel. (getrenntgeschlecht.) Blüten- und Fruchtköpfen. Die **Morgenländ. P.** und die **Nordamerikan. P.** sind Park- und Alleebäume; liefern gutes Nutzholz.

Plateau [plat'o, frz.] das, Hochebene.

Pl'aten, August Graf v. **P. Hallermund,** Dichter, *1796, †1835; formstrenge Gedichte, Schauspiele, Epos »Die Abassiden«.

Plater'esken-Stil [span. plateresco »silberschmiedeartig«], Ende des 15. Jahrh. aufgekommener Stil der span. Kunst, der sich in Fassadendekorationen zu überreicher Pracht entwickelte.

Plat'in [aus span.] das, **Pt,** chem. Element, silberweißes Metall; Ordnungszahl 78, Atomgewicht 195,09, Dichte 21,45 g/cm³, Schmelzpunkt 1769 °C, Siedepunkt etwa 4400 °C. Es ist chem. sehr widerstandsfähig und in Säuren (außer Königswasser) unlöslich. P. findet sich nur gediegen, meist legiert mit den andern →Platinmetallen. Verwendung zu Schmucksachen, zur Herstellung von Schmelztiegeln, Schalen, Drähten und in feinverteilter Form (**P.-Mohr**) als Katalysator (→Katalyse).

Plat'inmetalle, Platin und die platinähnl. Me-

Plankton,
a Schnecke, b Larve des Seeteufels, c Manteltier

Platane: Blühender Zweig mit a männl., b weibl. Blütenstand, c männl. Blüte, d weibl. Blüte

Planeten

Name	Zeichen	Entfernung von der Sonne in Mill. km	Umlaufzeit	Durchmesser in km	Rotationsdauer
Merkur	☿	58	88 Tage	4840	59 Tage
Venus	♀	108	225 Tage	12400	247 Tage
Erde	♁	149	1,00 J.	12757	23 h 56 m
Mars	♂	228	1,88 J.	6800	24 h 37 m
Jupiter	♃	778	11,86 J.	143640	9 h 53 m
Saturn	♄	1426	29,46 J.	120670	10 h 14 m
Uranus	♅	2868	84,02 J.	47600	10 h 49 m
Neptun	♆	4494	164,80 J.	44600	15 h 49 m
Pluto	♇	5899	247,60 J.	5800	6 Tage 9,4 h

Plato

Plattfuß,
a normaler Fuß,
b normaler Fuß-
abdruck, c Platt-
fuß, d Plattfuß-
abdruck, e Platt-
fuß mit Einlage

talle Ruthenium, Rhodium, Palladium, Osmium, Iridium.

Platit′üde [frz.] die, Plattheit.

Pl′ato, griech. **Platon,** griech. Philosoph, Schüler des Sokrates, *427 v. Chr., †347 v. Chr.; gründete in Athen die →Akademie. Der Kern seiner Lehre sind die »Ideen«, die er als die ewigen Urbilder alles Seienden begreift; die Dinge der Wirklichkeit sind unvollkommene Abbilder der Ideen; die höchsten Ideen sind das Wahre, Schöne, Gute. Auch die Seele ist unsterblich, Ideenerkenntnis ist Wiedererinnerung. P.s Lehre ist in Gesprächen (Dialogen) dargestellt, von denen 35 erhalten sind. **Plat′oniker** der, Anhänger der platon. Philosophie. **plat′onische Liebe,** rein seelische Zuneigung (nach Platos Schrift »Symposion«).

Plattdeutsch, Niederdeutsch, →ndt. Sprache.

plätten, bügeln, Gewebe mit erhitztem Bügeleisen glätten.

Plattensee, ungar. **Balaton,** größter See Ungarns und Mitteleuropas, 591 km², flach, fischreich.

Plattenspieler, Gerät zur Wiedergabe von Schall (Musik, Sprache), der auf einer Schallplatte aufgezeichnet ist. Der P. besteht aus einem **Plattenteller,** der von einem Elektromotor mit bestimmter, meist umschaltbarer Drehzahl (i. d. R. 78, 45, 33¹/₃, 16²/₃ Umdrehungen je Minute) gedreht wird, und einem schwenkbaren **Tonarm,** der den **Tonabnehmer** mit dem **Abtaststift** (Saphir- oder Diamantnadel) trägt. Der Tonabnehmer (meist Kristall- oder Magnetsystem) wandelt die Bewegungen der Nadel in den Plattenrillen in elektr. Wechselspannungen um, die verstärkt und einem Lautsprecher zugeführt werden. **Stereo-P.** werten die in den Rillen von Stereo-Schallplatten in Zweikomponentenschrift gespeicherten Informationen für die Aussteuerung der beiden beim Stereo-Verfahren erforderl. Kanäle getrennt aus. Die beiden gewonnenen Wechselspannungen werden auch getrennt verstärkt und über zwei Lautsprecher abgestrahlt. – Vorläufer des P. war der 1878 von Edison erfundene **Phonograph;** er benutzte als Schallträger Walzen mit Tiefenschrift. Die runde, ebene Schallplatte mit Seitenschrift wurde 1887 von E. Berliner erfunden.

Plattenspieler

Platterbse, krautige, meist rankende Schmetterlingsblüter. Die bläulich bis weiß blühende **Saat-P.** oder **Kicherling** wird der als Nahrung und Futter dienenden Samen wegen angebaut; die purpurn blühende **Knollen-P.** oder **Erdeichel** hat eßbare Knollen; als Zierpflanze dient die wohlriechende **Spanische P.** oder **Spanische Wicke.**

Plattfuß, angeborene oder erworbene Senkung des Fußgewölbes, häufig mit erhebl. Gehbeschwerden, öfter auch Kreuzschmerzen.

platt′ieren, ein Metall zum Schutz oder zur Verschönerung mit einem anderen Metall überziehen, durch Walzen oder Galvanostegie.

Plattwürmer, formenreiche Klasse von Würmern mit flachem Körper, meist Schmarotzer: Strudel-, Saug-, Band-, Schnurwürmer.

Platzangst, Angstzustand beim Überschreiten eines freien Platzes.

Platzhirsch, der stärkste am Brunftplatz.

Platzwechsel, 1) Wechsel, bei dem der Ausstellungsort auch Zahlungsort ist. Gegensatz: Domizilwechsel (→Domizil). 2) ♉ Seitenwechsel.

Platzwette, Wette, daß ein Pferd ein Rennen auf einem der mit Preisen bedachten ersten Plätze beendet.

Plauen, Stadt im Bez. Karl-Marx-Stadt, an der Weißen Elster, 82 000 Ew.; Mittelpunkt der vogtländ. Textil- (Spitzen, Gardinen u. a.), Maschinen-, Fahrzeug- und elektrotechn. Industrie.

plaus′ibel [lat.], einleuchtend, glaubhaft.

Pl′autus, röm. Lustspieldichter, * vor 251 v. Chr., †184 v. Chr.; erhalten sind 21 Lustspiele, freie Fortbildungen griech. Komödien.

Playboy [pl′eiboi, engl.], unernster, modisch bewußter, allein dem Amüsement lebender Mann.

Plaz′enta [lat.], **Placenta** die, der →Mutterkuchen.

Pl′azet [lat. placet »es wird genehmigt«] das, Zustimmungsformel.

Pleb′ejer der, 1) urspr.: Angehöriger der röm. →Plebs. 2) unfeiner, unvornehmer Mensch.

Plebisz′it [lat.] das, 1) Staatsrecht: ein →Volksentscheid über Gesetze und andere Staatsakte. 2) Völkerrecht: Volksabstimmung über einen Gebietswechsel.

Plebs [lat. »Menge«] die, 1) im altröm. Staat urspr. die Bevölkerung, die nicht zu den →Patriziern gehörte (Plebejer), errang erst 287 v. Chr. polit. Gleichberechtigung. 2) abfällig für, svw. Pöbel.

Plech′anow, Georgij W., russ. Sozialist, *1857, †1918; gehörte bis 1904 zur Exekutive der 2. Internationale.

Pleinairmalerei [plɛn′ɛːr-, frz.], →Freilichtmalerei.

Pleinpouvoir [plɛ̃puvw′ar, frz.] das, unbeschränkte Vollmacht, freie Hand.

Pleiße die, rechter Nebenfluß der Weißen Elster, fließt durch Leipzig.

Pleistoz′än [grch.] das, neuerer Name des Diluviums, →Eiszeit.

pleite [hebr.], bankrott. **Pleite** die, der Bankrott.

Plej′aden Mz., ☆ das →Siebengestirn.

Pl′ektron [grch.], **Pl′ectrum** [lat.] das, 1) im Altertum: Stäbchen zum Reißen der Saiten der →Kithara. 2) ♪ Horn-, Holz-, Metallplättchen zum Anreißen der Saiten von Zupfinstrumenten.

Pl′empe die, 1) Säbel, Seitengewehr. 2) fades Getränk.

plen′ar... [lat.], gesamt..., voll...

Plen′arsitzung, Vollsitzung.

Pl′enum [lat.] das, die Vollversammlung.

pleo... [grch.], mehr...

Pleon′asmus [grch.] der, überflüssiger Zusatz (z. B. weißer Schimmel).

Plesios′aurus der, ausgestorbener Saurier mit schlangenartigem Hals, bis 5 m lang.

Pl′eskau, russ. **Pskow,** Stadt in der Russ. SFSR, nahe dem **Pleskauer (Pskower) See,** dem südl. Teil des Peipussees, 127 000 Ew.

Pleß, fürstl. Geschlecht in Schlesien, bis zum 1. Weltkrieg eine der reichsten Familien von Dtl.

Pleskau: Kreml mit Glockenturm (links) und Sommerkirche

Plettenberg, Stadt in Nordrh.-Westf., im Sauerland, 30 200 Ew.; versch. Industrie.

Pleuelstange, Schub-, Kurbel-, Treibstange, bei Kolbenmaschinen das Organ, das die hin- und hergehende Bewegung des Kolbens in eine drehende, z.B. des Rades, umwandelt.

Pl'eura [grch.] die, Brustfell (→Rippenfell).

Pleur'itis [grch.] die, Rippenfellentzündung.

Pleureuse [plœr'ø:zə, frz. »die Trauernde«] die, 1) Trauerbesatz, Trauerrand am Briefpapier. 2) Straußenfeder mit angeknüpften Federästen.

Pl'ewen, Pleven, Stadt im nördl. Bulgarien, 100 000 Ew.; Textilindustrie.

Pl'exus [lat.] der, ∫ Geflecht, netzartige Verbindung aus Blutadern oder Nerven.

Pl'eydenwurff, Hans, Maler, †1472; Hochaltar in Breslau, Kreuzigung (München, Pinakothek).

Pli [frz. »Falte«] der, feines Benehmen, Schliff.

Plievier, Theodor, Schriftsteller, *1892, †1955; emigrierte 1933 in die Sowjetunion, kehrte 1945 zurück; »Des Kaisers Kuli«, »Stalingrad«, »Moskau«, »Berlin«.

Pl'inius, 1) **P. der Ältere,** röm. Offizier und Gelehrter, *23 oder 24 n.Chr., †79 (beim Vesuvausbruch); verfaßte u.a. eine große »Naturgeschichte«. 2) **P. der Jüngere,** Neffe und Adoptivsohn von 1), *61 oder 62 n Chr., † um 113; seine Reden und Briefe geben ein anschauliches Bild vom Leben seiner Zeit.

Pl'inse [russ.] die, großer runder Eierkuchen, in der Pfanne gebacken.

Pl'inthe [grch.] die, Fußplatte einer Säulen- oder Pfeilerbasis, auch das entsprechende Glied eines Sockelprofils.

Plioz'än [grch.] das, ⊕ die jüngste Stufe des Tertiärs, →Erdgeschichte, ÜBERSICHT.

Pliss'ee [frz.] das, **Faltenstoff,** Gewebe mit Falten. **pliss'ieren,** fälteln.

Pl'ochingen, Stadt in Bad.-Württ., am Neckar, 13000 Ew.; Textil-, Metall-, Kunststoffind.

Ploieşti [ploj'ɛʃt], Stadt in Rumänien, 160000 Ew.; wirtschaftl. Mittelpunkt des größten rumän. Erdölgebietes am Rand der Karpaten.

Pl'ombe [von frz. plomb »Blei«] die, 1) Bleisiegel. 2) Zahnfüllung. Zeitw.: **plomb'ieren.**

Plön, Stadt in Schlesw.-Holst., 10 500 Ew.; Kurort im Holstein. Schweiz, zwischen 5 Seen; Biolog. Station der Max-Planck-Gesellschaft.

Plot'in, grich. Philosoph, * um 205, †270; wichtigster Denker des →Neuplatonismus.

Plötze die, ein →Weißfisch.

Plötzensee, Strafanstalt in West-Berlin, Ehrenmal für die im Hof hingerichteten Widerstandskämpfer des 20. 7. 1944.

Pl'owdiw, früher **Philipp'opel,** Stadt in Bulgarien, an der Maritza, 236 600 Ew.; Textil-, Schuh-Ind.; größte Druckerei Bulgariens.

Plozk, poln. **Płock,** Stadt in der Woiwodschaft Warschau, 69 700 Ew., an der Weichsel; roman. Dom. – 1138-1351 Residenz der Masow. Herzöge.

Pluderhose die, weite, farbige Kniehose (16. Jahrh.).

Plumeau [plym'o, frz.] das, kleines Federdeckbett.

Plumpudding [plʌm-, engl.] der, Pudding mit Nierenfett, Rosinen, Zitronat, Gewürz, mit Rum-Zucker-Gemisch übergossen und angezündet; engl. Weihnachtsspeise.

Plünderung, im Krieg die unbefugte Wegnahme von Gegenständen unter Ausnutzung der Kriegsverhältnisse. In der →Haager Landkriegsordnung (1899 und 1907) verboten.

Pl'ural [lat.] der, ⑤ Mehrzahl; der **Plur'alis maiest'atis,** die von Fürsten gebrauchte Mehrzahl »wir« statt »ich«. **Pluralet'antum,** nur in der Mehrzahl gebrauchtes Wort, z.B. Leute.

Plural'ismus [lat.] der, jede Lehre, die eine Vielheit von Prinzipien, Elementen oder Bereichen der Wirklichkeit annimmt, im Unterschied zu Dualismus und Monismus; auch die Lehre, daß Staat und Gesellschaft aus einer Vielzahl von sozialen und weltanschaul. Teilmächten und Gruppierungen bestehen. Deren Hervortreten in

modernen Staaten, bes. in »Massendemokratien«, hat dazu geführt, daß man heute oft von einer pluralistischen Gesellschaft spricht.

plus [lat.], mehr; und: Zeichen (+), Rechenzeichen des Zusammenzählens; Vorzeichen der positiven Zahlen. **Plus** das, Mehr, Überschuß, Vorsprung.

Plüsch [frz.] der, langhaariger Samt.

Pl'usquamperfekt [lat.] das, ⑤ die Vergangenheitsform des Perfekts.

Plut'arch, griech. Schriftsteller, * um 50 n.Chr., † um 125; vergleichende Lebensbeschreibungen berühmter Griechen und Römer.

Pl'uto, 1) P., Hades, der griech. Gott der Unterwelt; Bruder des Zeus. **2)** ♇ →Planeten.

Plutokrat'ie [grch.] die, die Herrschaft des Reichtums, bes. des Geldkapitals (geschichtl. Beispiel: Karthago); wurde vom Nat.-Soz. als polit. Schlagwort bes. gegen England und die USA verwendet.

plut'onische Gesteine [von Pluto], Tiefengesteine, →Gesteine.

Pluton'ismus [von Pluto], **Tiefenvulkanismus,** alle Erscheinungen, die mit der Bewegung des Magmas in der Erdkruste zusammenhängen.

Plut'onium [von Pluto], das, **Pu,** künstlich hergestelltes, radioaktives Element, ein →Transuran; Ordnungszahl 94. P. entsteht aus dem Uranisotop U 238 im Uranbrenner durch Beschuß mit Neutronen. Es wird durch langsame Neutronen gespalten (→Kernspaltung), dient deshalb als »Sprengstoff« für Atombomben.

Pl'utos, der griech. Gott des Reichtums.

Pluvi'ale [lat.] das, mantelähnl. Gewand der kath. Geistlichen.

Pluvi'alzeit [von lat. pluvium »Regen«], die der Eiszeit nördlicherer Gebiete entsprechende Zeit stärkerer Niederschläge in den Tropen und Subtropen.

Pluviom'eter [lat.] der, Regenmesser.

Plymouth [pl'iməθ], Hafenstadt an der Südküste Englands, befestigter Kriegs-, bed. Handelshafen, 246 300 Ew.; Kriegsschiffbau, Docks; Maschinen-, Radio- und Textil-Ind.

Pm, chem. Zeichen für →Promethium.

p. m., Abk. für 1) **pro mille,** das Tausend. 2) **post meridiem,** nachmittags.

Pn'euma [grch.] das, 1) Hauch, Luft, Atem. 2) Seele, Geist. 3) der Heilige Geist. **pneum'atisch, 1)** mit Luft gefüllt. 2) durch Luftdruck getrieben.

pneum'atische Wanne, mit Wasser oder Quecksilber gefülltes Gefäß zum Auffangen von Gasen.

Pluviale

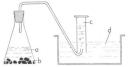
Pneumatische Wanne, a Säure, b Metall (Zink), c Wasserstoff, d Wasser

Pneumok'okken [grch.], Ez. **Pneumokokkus** der, Kugelbakterien, die sich im Wirtskörper mit einer Kapsel umgeben; Erreger einer Lungenentzündung.

Plymouth: Nordende des P.-Sundes mit Zitadelle

Podgorny

Pneumon'ie [grch.] die, die Lungenentzündung (→Lunge).

Pneumoth'orax [grch.] der, **Luftbrust,** Luftansammlung in der Pleurahöhle (→Rippenfell); wird künstlich erzeugt (zur Ruhigstellung der erkrankten Lunge) oder kann durch Verletzung entstehen.

Po, chem. Zeichen für →Polonium.

Po der, lat. **Padus,** der größte Fluß Italiens, entspringt am Monte Viso (Cottische Alpen), durchfließt die **P.-Ebene,** mündet in einem Delta, das sich ständig ins Adriat. Meer vorschiebt. 676 km lang; von Mantua an schiffbar.

Pöbel [frz. peuple, von lat. populus »Volk«] der, gemeines, rohes Volk.

Pocci [p'ɔtʃi], Franz Graf v., Zeichner, Dichter, Musiker, *1807, †1876; schrieb und illustrierte Kinderbücher, komponierte Singspiele, Opern.

Pochwerk, ⚙ Maschine zum Zerkleinern, bes. von Erz. **Pochstempel:** von Welldaumen gehoben, fallen durch ihr Eigengewicht auf das Pochgut.

Pocken, Blattern Mz., durch ein Virus hervorgerufene Infektionskrankheit, bei der sich auf Haut und Schleimhäuten unter hohem Fieber Eiterpusteln bilden. Diese gehen in Geschwüre über, die nach späteren Abheilen entstellende Narben hinterlassen. ⁓ Seit der Einführung der gesetzl. P.-Schutzimpfung (1874) sind die P. in Dtl. fast erloschen.

Pocket-book [p'ɔkitbuk, engl.], Taschenbuch.

Pockholz, Holz des Guajakbaumes.

P'odagra [grch.] das, ⨪ Fußgicht (→Gicht).

Pod'est [lat.] der oder das, 1) Treppenabsatz. 2) Bühne, erhöhter Tritt.

P'odex [lat.] der, Gesäß.

Podg'orny, Nikolai Wiktorowitsch, sowjet. Politiker, *1903; seit 1965 Vors. des Präsidiums des obersten Sowjets (Staatsoberhaupt).

P'odiĕbrad, Georg v., König von Böhmen (seit 1458), *1420, †1471; Führer der gemäßigt hussit. Partei.

P'odium [lat.] das, Bühne, erhöhter Tritt.

Pod'olien, fruchtbare Landschaft (Weizen, Zuckerrüben) in der Ukraine.

Pod'olsk, Stadt im Gebiet Moskau, Russ. SFSR, 169000 Ew.; Schwerindustrie.

Poe [pou], Edgar Allan, amerikan. Schriftsteller, *1809, †1849; bedeutendster Vertreter der amerikan. Romantik; spannende, phantasiereiche, oft unheiml. Erzählungen, Gedichte.

Po'em [grch.-lat.] das, Gedicht. **Poes'ie** die, Dichtkunst. **Po'et** der, Dichter. **po'eta laure'atus** der, gekrönter Dichter. **po'etisch,** dichterisch. **Po'etik** die, Lehre von der Dichtkunst, z. B. die P. des Aristoteles.

Pogr'om [russ. »Verwüstung«] der, Judenverfolgung, bes. im zarist. Rußland.

Poilu [pwal'y, frz.] der, erst Spitz-, dann Ehrenname des französ. Frontsoldaten.

Poincaré [pwɛkar'e], Raymond, französ. Staatsmann, *1860, †1934; 1913-20 Staatspräs.; 1922-24, 1926-29 MinPräs. P. baute das Bündnissystem mit Großbritannien und Rußland aus. Nach dem 1. Weltkrieg vertrat er gegenüber Dtl. eine starre Reparationspolitik und bewirkte 1923 die Besetzung des Ruhrgebiets.

Point [pwɛ̃, frz.] der, Punkt, Stich, Spitze.

Pointe [pwɛ̃tə, frz.] die, Spitze, entscheidende Stelle eines Witzes. **point'iert,** geistreich.

Pointer [p'ɔintə, engl.] der, ein Vorstehhund.

Pointill'ismus [frz.] der, auch **Neoimpressionismus,** Fortsetzung des Impressionismus, setzt ungemischte Farben punktartig nebeneinander (Seurat, Signac u. a.).

Poe

Pointillismus: Signac, Hafen von St. Tropez

fläche; Hauptstadt Poitiers. P. war 1154-1204 und 1360-71 in engl. Hand.

Pok'al [lat.] der, 1) kunstvoller Becher mit Fuß. 2) sportl. Siegespreis.

pökeln, Fleisch haltbar machen durch Einlegen in eine Lösung von Salz und Salpeter.

P'oker das, amerikan. Kartenglücksspiel.

pokul'ieren [lat.], zechen.

Pol [grch. p'olos »Drehpunkt«] der, 1) ⊕ ✩ die Punkte, die bei der tägl. Umdrehung der Erde und der scheinbaren Drehung des Himmelsgewölbes in Ruhe bleiben; Endpunkte der Erdachse (**Erdpole,** Nord-, Süd-P.) und Himmels- oder Weltachse (**Himmels-, Weltpole**). 2) **Magnetischer P.,** →Magnetismus. 3) ⚡ die Klemmen einer Stromquelle, zwischen denen eine Spannung besteht (Pluspol oder positiver P.; Minuspol oder negativer P.). **pol'ar,** auf einen P. bezüglich.

Poel [pøl], **Pöl,** Ostsee-Insel in der Wismarer Bucht, 37 km², 3500 Ew.

P'ola, →Pula.

Pol'arforschung, →Entdeckungsreisen, ÜBERS.

Pol'argebiete, das →Nordpolargebiet und ¹ Südpolargebiet.

Polarim'eter [grch.-lat.] das, Gerät zum Messen der Drehung der Polarisationsebene von Licht; besteht in der einfachsten Ausführung aus Polarisator und Analysator (→Polarisation).

Polarisati'on [lat.] die, 1) **P. des Lichts.** Das gewöhnl. Licht ist eine transversale elektromagnet. Welle, d. h. die Schwingungen erfolgen senkrecht zur Fortpflanzungsrichtung. Treten die Schwingungen nur in einer Ebene (**P.-Ebene**) auf, so heißt das Licht **polarisiert.** Das erreicht man durch Spiegelung bei bestimmtem Einfallswinkel oder durch Doppelbrechung in Kristallen. Spiegel oder Kristall (meist ein →Nicolsches Prisma) heißen **Polarisator.** Fällt das polarisierte Licht auf einen zweiten Spiegel oder durch einen zweiten Kristall (**Analysator**), so wird es bei bestimmten Stellungen des Analysators völlig ausgelöscht. Derartige **P.-Apparate** verwendet man zu Untersuchungen von Kristallen (Polarisationsmikroskop; →Dünnschliffe) und bei chem. Untersuchungen optisch aktiver Stoffe. 2) **elektrolytische P., Konzentrations-P.,** unerwünschte Änderungen der Ionenkonzentration an den Elektroden einer elektrolyt. Zelle (z. B. galvan. Element); **chemische P.,** unerwünschte Wasserstoffausscheidung an den Elektroden. Beide Effekte vermindern die Zellenspannung; Abhilfe durch bes. Elektrodenaufbau und **Depolarisatoren** (Sauerstofflieferer).

Polarit'ät [grch.-lat.] die, äußerster Gegensatz.

Pol'arkreis, Breitenkreise von 66,5⁰ nördl. (**nördl. P.**) und von 66,5⁰ südl. (**südl. P.**). Die P. trennen die Polarzonen von den gemäßigten Zonen.

Pol'arlicht, Lichterscheinung am nächtl. nördl. oder südl. Himmel in Horizontnähe (**Nordlicht, Südlicht**) in höheren Breiten, vorhangförmig,

Poitiers [pwati'e], Stadt in W-Frankreich, 74900 Ew.; got. Kathedrale, roman. Kirchen, Baptisterium Saint-Jean (4. Jahrh.); Universität; Handel mit landwirtschaftl. Erzeugnissen. – P. war im MA. die Hauptstadt der Grafschaft Poitou. Der Sieg Karl Martells bei P. 732 rettete das Frankenreich vor den Arabern.

Poitou [pwat'u], geschichtl. Landschaft in W-Frankreich, südl. der Loire, eine fruchtbare Hoch-

Polarisation durch Spiegelung, a einfallender Lichtstrahl, b Spiegel, c Einfallsebene, d Schwingungsebene des gebrochenen Strahls, e Schwingungsebene des reflektierten Strahls

verursacht durch Teilchenstrahlung von der Sonne; meist von →magnetischen Stürmen begleitet.

Pol'armeere Mz., die **Eismeere,** die die Pole umgebenden Teile des Weltmeeres, die größtenteils ständig von Eis bedeckt sind.

Pol'arnacht, die länger als 24 Stunden (am Pol ½ Jahr) dauernden Nächte der Polarzonen. Die Tage von mehr als 24stündiger Dauer heißen **Polartage.**

Pol'arstern, ☆ Stern zweiter Größe im Sternbild des Kleinen Bären, etwa 1° vom Himmelsnordpol entfernt; dient nachts zur Feststellung der Himmelsrichtungen.

Pol'arzonen, kalte Zonen, die beiden Kugelkappen der Erde jenseits der beiden Polarkreise.

P'older [niederländ.] der, ein eingedeichtes Marschland.

Pol'emik [grch.] die, (wissenschaftl.) Streit; Streitkunst. **pol'emisch,** streitend, feindselig. **polemis'ieren,** streiten, bekämpfen.

Polen, Volksrepublik im östl. Mitteleuropa, umfaßt (einschl. der seit 1945 unter poln. Verwaltung stehenden dt. Ostgebiete und Danzig) 312 500 km² mit 32,8 Mill. Ew.; Hauptstadt: Warschau. ⊕ S. 520/21, ⌷ S. 346, ⃢ S. 878.

VERFASSUNG von 1952 (mit Änd.); Staatsoberhaupt ist der vom Parlament (Sejm) gewählte Staatsrat. Die tatsächl. Macht liegt bei den Vollzugsorganen des Zentralkomitees der kommunist. Vereinigten Polnischen Arbeiterpartei (PZPR). Die vollziehende Gewalt übt der vom Staatsrat gewählte Ministerrat aus, dem der MinPräs. vorsteht. – Verwaltungseinteilung in 17 Woiwodschaften und 5 gleichgestellte Städte.

LANDESNATUR. Im N vorwiegend von der Eiszeit geprägte Oberflächenformen (Anteil an der Balt. Tiefebene und Seenplatte und der Pommerschen Seenplatte). Im S schließen sich Mittelgebirge an (Łysa Góra 611 m), im äußersten S Hochgebirge (Karpaten bis 2503 m hoch), im SW ein Teil der Sudeten. Hauptflüsse: Weichsel mit Bug, Oder mit Warthe und Netze. BEVÖLKERUNG. Überwiegend Polen; 1963 gab es nach poln. Angaben nur rd. 40000 Deutsche. 23 Großstädte. Religion: überwiegend katholisch.

WIRTSCHAFT. Seit 1947 entwickelte sich P. zu einem Industriestaat, in dem die Landwirtschaft (Anbau von Getreide, Hackfrüchten, Kartoffeln; Viehzucht) ein wichtiger Wirtschaftszweig blieb. Das Agrarland ist meist in Privatbesitz; die Schlüsselindustrien wurden verstaatlicht oder stehen unter Staatskontrolle. Mehrjahrespläne fördern die Industrialisierung. P. war (1967) hinter Großbritannien der zweitgrößte Steinkohlenerzeuger Europas (Oberschlesien); ferner ✂ auf Zink-, Blei-, Eisenerz u. a.; Erdgaslager. Schwer-, Maschinen- und Fahrzeug-, elektrotechn., chem., Papier-, Textil- u. a. Ind. Forstwirtschaft, Fischerei. Ausfuhr: Kohle, Hüttenerzeugnisse, Schiffe, Eisenbahnwagen. Haupthandelspartner: Sowjetunion und Ostblockstaaten, Großbritannien, Bun-

desrep. Dtl. Haupthäfen: Gdingen, Danzig, Stettin, Kolberg; internat. Flughafen: Warschau.

GESCHICHTE. Nach dem Abzug der Germanen aus dem Gebiet der mittleren Weichsel und Warthe drangen um 600 Slawen ein. Fürst Misika (Mieszko), der das Haus der **Piasten** gründete, wurde Christ (seit 1000 eigenes Erzbistum Gnesen) und deutscher Lehnsmann. Sein Sohn Boleslaw I. Chrobry (992-1025) machte größere Eroberungen. Nach der Teilung von 1138 fiel Schlesien 1163 an Böhmen, Pommern 1181 an das Dt. Reich, Westpreußen 1230, Pommerellen 1308/43 an den Dt. Orden. Der letzte Piast Kasimir d. Gr. (1333 bis 1370) eroberte Galizien, Wolhynien, Podolien. 1386 gelangte mit →Jagiello (Wladislaw II.) das litauische Haus der **Jagiellonen** auf den Thron; so wurde das großlitauische Gebiet, das auch Weißrußland und die Ukraine umfaßte, mit P. vereinigt. Im Kampf gegen den →Deutschen Orden gewannen die Polenkönige 1466 die Herrschaft über Westpreußen mit dem Ermland und die Oberlehnshoheit über Ostpreußen (bis 1657), ferner 1561 Livland und die Lehnshoheit über Kurland. Seit dem Aussterben der Jagiellonen 1572 machtloses **Wahlkönigtum** und innere Kämpfe der Adelsparteien. 1629 kam Livland zu Schweden, 1654/67 die östl. Ukraine zu Rußland. König Johann Sobieski (1674-96) kämpfte erfolgreich gegen die Türken. Unter den wettinischen sächs. Kurfürsten (1697-1764) wurde P. zum Objekt der Großmächte Österreich, Frankreich und später Rußland. Durch die **poln. Teilungen** von 1772, 1793 und 1795 wurde P. unter Rußland, Österreich und Preußen aufgeteilt. Napoleon I. errichtete 1807 aus preuß. und österr. Teilen das Hzgt. Warschau. Dieses fiel 1815, in das Königreich P. (Kongreßpolen) umgewandelt, zum größten Teil an Rußland. Im Nov. 1918 entstand die unabhängige **Republik P.** Sie gewann durch den →Versailler Vertrag den größten Teil Westpreußens (als »Polnischen Korridor« zur Ostsee) und der Prov. Posen, Vorrechte in der »Freien Stadt« Danzig, dazu 1921 den wertvollsten Teil von Oberschlesien. 1920 wurde ein Angriff Sowjetrußlands bei Warschau abgeschlagen, 1921 im Frieden von Riga weißruss. und ukrain. Gebiete P. einverleibt. Marschall →Piłsudski nahm den Staatsstreich von 1926 eine autoritäre Machtstellung. Er suchte eine Verständigung mit dem Dt. Reich und schloß 1934 den dt.-poln. Nichtangriffspakt ab. 1939 schloß P. den Beistandspakt mit Großbritannien. An der poln. Frage entzündete sich der 2. Weltkrieg. P. wurde 1939 von dt. und russ. Truppen, 1941 ganz von den Deutschen erobert, 1945 von den Russen besetzt. Nach Kriegsende fielen die poln. Ostprovinzen an die Sowjetunion. P. erhielt die Verwaltungsbefugnis über die dt. Gebiete östl. der Oder-Neiße-Linie; die dt. Bevölkerung wurde ausgewiesen. Seit 1947 ist P. **Volksrepublik** (→Volksdemokratie). P. nutzte die durch den 20. Parteikongreß der KPdSU 1956 geschaffene Lage zum Wechsel in Führerstellen (→Gomułka, →Rokossowskij) und zu Reformen. Eine Revolte in Posen (28. und 29. 6. 1956) und Studentenunruhen in Warschau (1968) wurden unterdrückt. P. ist Mitgl. des Warschauer Pakts und des Comecon. Präs. des Staatsrates: H. Jablonski (seit 1972); 1. Sekretär des ZK der PZPR: E. Gierek (seit 1970); Min.-Präs.: P. Jaroszewicz (seit 1970).

Pol'enta [ital.] die, italien. Maisbreispeise.

Pol'esien, unwegsame Sumpf- und Waldlandschaft am Pripet, im W der Sowjetunion.

P'olgar, Alfred, Essayist und Kritiker, *1875, †1955; emigrierte 1940 nach Amerika.

Polheim, Gem. im Kr. Gießen, Hessen, 12 100 Ew.

Polhöhe, der Winkel Himmelspol-Beobachter-Horizont; er ist gleich der geograph. Breite. **P.-Schwankung,** →Nutation.

Poli'akoff, Serge, russ. Maler, *1906, †1969; malt gegenstandslose Bilder; lebt in Paris.

Police [pol'isə, frz.] die, Versicherungsschein.

Pol'ier, Pa'ier [von frz. parler »sprechen«,

Polder: Polderlandschaft in Nordholland

Polizei, links: Funkstreifenwagen mit Kamera-Ausrüstung, rechts: Boote der Wasserschutzpolizei im Hamburger Hafen

»reden«] der, aufsichtführender Bauhandwerker.

pol'ieren, glänzende Oberflächen herstellen durch Glattschleifen mit feinkörnigen Schleifmitteln (Metalle, Glas, Kunststoff), bei Holz wird noch eine Politur aufgetragen.

P'oliklinik [von grch. polis »Stadt«] die, Krankenhaus für nicht bettlägerige Kranke.

Poliomyel'itis [grch.] die, →Kinderlähmung.

P'olis [grch.] die, altgriech. Stadtstaat, erste Verwirklichung des abendländ. Freistaates, Höhepunkt im 5. Jahrh. v. Chr.

Pol'itbüro das, Abk. für **Politisches Büro,** 1917 bis 1952 und wieder seit 1966 oberstes Vollzugsorgan der Kommunist. Partei der Sowjetunion.

Polit'esse [frz.] die, 1) Höflichkeit. 2) volkstümlich: weibl. Polizist.

Polit'ik [von polis] die, **1)** staatl. oder auf den Staat bezogenes Planen und Handeln; als **Staats-P.** zur Verwirklichung der Staatszwecke (Macht, Sicherheit, Frieden, Gerechtigkeit, Wohlfahrt, Kultur u. a.) und als **Partei-P.** zur Erringung von Macht oder Einfluß im Staate (durch Parteien, Klassen, Verbände, Interessengruppen u. a.). Bereiche: Außen-, Innen-, Länder-, Kommunal-, Finanz-, Sozial-, Wirtschafts-, Agrar-, Bevölkerungs-, Kultur-P. u. a. **2) wissenschaftl. P.,** Politologie, die Lehre vom staatsbezogenen Denken und Handeln mit Wissensgebieten aus Staat, Recht, Wirtschaft, Soziologie, Geschichte, Geographie.

Pol'itikum [grch.-lat.] das, eine ins Politische gezogene Angelegenheit.

Politische Ökonomie, Volkswirtschaftslehre.

Politische Verbrechen, die gegen den Staat gerichteten strafbaren Handlungen, z. B. Hochverrat, Staatsgefährdung, Landesverrat, Handlungen gegen ausländ. Staaten, Verbrechen und Vergehen in Beziehung auf die Ausübung staatsbürgerl. Rechte.

Pol'itoffiziere, in der Dt. Dem. Rep. Offiziere in Truppenstäben der Armee, verantwortlich für das kommunist. Schulungsprogramm.

Politolog'ie [grch.], die Lehre von der →Politik. **Diplom-Politologe,** ein akadem. Grad.

Polizei die, ein Teil des öffentl. Verwaltung; dient in erster Linie der Abwehr von Gefahren, durch die die öffentl. Sicherheit oder Ordnung bedroht wird. – Das **P.-Recht** ist in der Bundesrep. Dtl. bis auf einige Ausnahmen Angelegenheit der Länder. – Die Länder sind auch Träger der P. daneben auch in einigen Ländern die Gemeinden. Auf einzelnen Gebieten verfügt der Bund über echte Sonderpolizeibehörden: Bahn-P., Bundesgrenzschutz, Bundeskriminalamt u. a. – Die P. gliedert sich in die Sicherheits-P. im weiteren Sinn oder **Ordnungs-P.,** das sind alle die Behörden, die der öffentl. Sicherheit und Ordnung dienen, und in die Sicherheits-P. im engeren Sinn, das ist die gesamte **Vollzugs-P.** (die uniformierte Schutz-P., Bereitschafts-P., Wasserschutz-P. und die nichtuniformierte Kriminal-P.). Diese Unterscheidung hat aber an Bedeutung verloren, da die sog. Verwaltungs-P. (Bau-, Gewerbe-P. u.a.) in vielen Ländern abgeschafft und ihre Aufgabe reinenVerwaltungsbehörden übertragen worden ist. – Die Voraussetzung für die Tätigkeit der P. gibt die

sog. **Generalermächtigung.** Die Maßnahmen sind nach pflichtmäßigem Ermessen zu treffen und dürfen nicht weitergehen, als zur Erreichung des Zieles nötig ist. Eingeschränkt werden die Maßnahmen der P. durch die zum Schutze des Bürgers vor Eingriffen in seine Freiheitssphäre (→Menschenrechte) erlassenen Gesetze, z. B. über die Durchsuchung von Personen und Räumen. – In der Dt. Dem. Rep. hat der **Staatssicherheitsdienst** die Aufgaben der polit. P., die **Volks-P.** die der allgemeinen P. Daneben gibt es die **Transport-P.** Die kasernierte Volks-P. ist 1956 in die Nationale Volksarmee übergeführt worden.

Polizeiaufsicht, 🔒 eine Freiheitsbeschränkung, die in best. Fällen vom Richter neben einer Freiheitsstrafe verhängt werden kann: Untersagung des Aufenthalts an best. Orten; Haussuchung unbeschränkt möglich.

Polizeihund, Diensthund mit bes. Abrichtung zur Unterstützung der Polizei.

Polizeistaat, der Staat des Absolutismus im 17./18. Jahrh., der nach Willkür der Fürsten mit seiner von der Justiz nicht klar getrennten Verwaltung (Polizei im damaligen Sinne) stark in den Privatbereich der »Untertanen« eingriff. Im 19. Jahrh. wurde der P. durch den Verfassungs- und Rechtsstaat abgelöst; in den totalitären Staaten des 20. Jahrh. mit ihrer Beseitigung der rechtsstaatl. Garantien fand eine Rückentwicklung zum P. statt.

Polizeistunde, polizeil. festgesetzter Zeitpunkt, nach dem, auch die Zeitspanne, während der der Aufenthalt in Gastwirtschaften verboten ist.

P'olka [tschech.] die, Rundtanz im ²/₄-Takt.

Pollaiu'olo, Antonio, italien. Bronzebildner und Maler, *1432 (?), †1498, schuf die Grabmäler für Sixtus IV. und Innozenz VIII. (Rom, St. Peter), Kleinbronzen und Gemälde (vor allem Taten des Herkules). Sein Bruder Piero, *1443, †1496, arbeitete mit ihm gemeinsam.

Pollen [lat.] der, ⌀ der Blütenstaub. →Blüte, →Bestäubung, →Befruchtung.

Pollenanalyse, die Erschließung des vorzeitl. Pflanzenwuchses eines Gebietes aus Pollen früherer Pflanzen.

Poller der, kurzer, säulenförmiger Körper aus Gußeisen oder aus Stahlrohr mit Betonfüllung auf Schiffen und den Anlegestellen zum Festmachen der Schiffe.

P'ollock, Jackson, amerikan. Maler, *1912, †1956; einflußreicher Künstler des Tachismus.

Polluti'on [lat.] die, ⚕ nächtl. Samenerguß, oft mit sexuellen Träumen verknüpft. P. sind natürl. Ausgleichsvorgänge.

P'ollux, [lat.] die Dioskuren. 2) ☆ der Stern 1. Größe β im Sternbild Zwillinge.

Polnische Kunst. Im MA. enger Zusammenhang mit mitteleurop. Kunst. wenige roman. Kirchen erhalten, bes. Zentralbauten. Domtür in Gnesen (um 1230). Im 13. Jahrh. got. Bauformen durch Zisterzienser verbreitet. Nach dem Mongolensturm (1241) Aufschwung der Baukunst in den dt. Recht neugegr. Städten (Krakau, Lublin, Lemberg u. a.). In spätgot. Zeit Nürnberger Meister in Krakau: V. Stoß, P. Vischer, H. v. Kulmbach u. a. Seit dem 16. Jahrh.: wachsender Einfluß der Renaissance; italien. Baumeister in P.; dann zunehmende Verselbständigung. Im 17. Jahrh. Verschmelzung europ. und oriental. Formen (»Sarmatischer Stil«, bes. im Kunsthandwerk). Warschau Mittelpunkt des höfischen Barocks. Im 18. Jahrh.: dt. Einfluß maßgebend unter den sächs. Königen. Seit dem Übergang zum 19. Jahrh. der westeurop. Kunst entsprechende Entwicklung: Klassizismus, Eklektizismus; in der Malerei nationale Themen bevorzugt (Bilder aus der poln. Geschichte von J. Matejko u. a.). Nach 1945 vorbildliche Leistungen der Architektur durch Restaurierung zerstörter Städte (Warschau, Danzig, Posen). Hochentwickelt die Volkskunst, die bis in die Gegenwart ihre bodenständige Überlieferung bewahrt hat; hervorragende Leistungen auch in der Gebrauchsgraphik: Plakate, Illustrationen (bes. Kinderbücher).

Polnischer K'orridor, →Korridor 2).

Polnische Sprache und Literatur. Das Polnische gehört zum westl. Zweig der slaw. Sprachfamilie. Die ersten Sprachdenkmäler stammen aus dem 14. Jahrh. Unter dem Einfluß der Romantik und dem Eindruck des polit. Zusammenbruchs (poln. Teilungen) schwang sich den poln. Dichtung zu großen Leistungen auf (Mickiewicz, Słowacki, Krasiński). Abgelöst wurde die Romantik von der naturalist.-psycholog. Richtung (Prus, Konopnicka, später Reymont, Żeromsky). Den patriotisch-histor. Roman pflegte Sienkiewicz. Seit etwa 1895 entstand eine neuromant. Dichtung (Tetmajer, Kasprowicz, Wyspiański). Vor und nach dem 1. Weltkrieg entwickelte sich die Literatur vielseitig (Berent, Kaden-Bandrowski, Z. Nałkowska, M. Dabrowska, W. Gombrowicz). Nach dem 2. Weltkrieg Hinwendung zum sozialist. Realismus (Rembeck, Hlasko, Mrozek, Milosz).

P'olo, M'arco P., Kaufmann in Venedig, *1254, †1324, bereiste den Fernen Osten (1271 bis 1292); schrieb »Am Hofe des Großkhans«.

P'olo das, dem Hockey ähnl. Ballspiel, bei dem zwei Parteien zu Pferde einen Holzball mit Schlägern durch das Tor zu treiben suchen.

Polon'aise [frz.] die, urspr. poln., geschrittener Tanz im ³/₄-Takt, oft als Balleröffnung.

Pol'onium das, **Po,** radioaktives chem. Element, entdeckt 1898 von P. und M. Curie.

Polt'awa, Stadt in der Ukrain. SSR, 202000 Ew.; Industrie.

Polterabend, Abend vor der Hochzeit, an dem Töpfe u. a. zerschlagen werden, weil die Scherben Glück bringen sollen.

Poltergeist, Klopfgeist, Hauskobold.

Poly... [grch.], in Fremdwörtern: Viel..., z. B. Polygon, Vieleck.

Polyadditi'on [Kw. grch.-lat.] die, ⊷ Bildung von Makromolekülen durch Wanderung von Wasserstoffatomen ohne Abspaltung anderer Stoffe, →Kunststoffe.

Polyacr'ylharze, thermoplast., licht- und wetterbeständige Kunststoffe, oft glasklar, auch als Faser verspinnbar («Orlon«).

Polyam'ide, hornartige Kunststoffe, die zu Fasern, Borsten, Folien, Lacken, Spritzgußmassen u. a. verarbeitet werden.

Polyandr'ie, →Polygamie.

Polyäthy'len das, ⊷ thermoplast. Kunststoff, u. a. für Fasern verwendet.

Pol'ybios, griech. Geschichtsschreiber, † nach 120 v. Chr., kam als Geisel nach Rom, beschrieb die Ausbreitung der röm. Herrschaft über die Mittelmeerwelt.

polychr'om [grch.], vielfarbig, bunt.

Poly'eder [grch.] das, **Vielflächner,** △ ein von ebenen Flächen begrenzter Körper, z. B. der Würfel.

Poly'ester, Kunststoff für Gießharze und Niederdruckpreßmassen.

Polygam'ie [grch.] die, Vielehe; entweder die Vielweiberei oder Polygyn'ie (ehel. Verbindung eines Mannes mit mehreren Frauen) oder die Vielmännerei oder Polyandr'ie (ehel. Verbindung einer Frau mit mehreren Männern).

polygl'ott [grch.], vielsprachig; in mehreren Sprachen abgefaßt oder sie sprechend.

Polyg'on [grch.] das, △ →Vieleck.

Polygyn'ie, →Polygamie.

Polyh'istor [grch.] der, -s/...st'oren, Gelehrter, der in vielen Wissenschaften bewandert ist.

Polyh'ymnia, die Muse des Gesangs.

Polykl'et, klassischer griech. Bildhauer des 5. Jahrh. v. Chr.: Speerträger, Diadumenos, Amazone.

Polykondensati'on [grch.-lat.] die, ⊷ Bildung von Makromolekülen unter Abspaltung anderer Stoffe (meist Wasser), →Kunststoffe.

Pol'ykrates, seit etwa 538 v. Chr. Tyrann von Samos, großartiger Bauherr mit glanzvollem Hof; vom pers. Satrapen Orötes getötet. – Ballade von Schiller: Der Ring des P. (1797).

Polymerisati'on [grch.] die, ⊷ Zusammenschluß vieler Moleküle einer einfachen Verbindung zu einem Makromolekül; →Kunststoffe.

Polymorph'ie die, **Polymorph'ismus** [grch.] der, Vielgestaltigkeit. 1) verschiedenerlei Gestalt in derselben Tier- oder Pflanzenart (Bienenkönigin, Drohne und Arbeiterin). 2) ⊷ die Eigenschaft chem. Verbindungen, in verschiedenen Kristallformen aufzutreten.

Polyklet:
Amazone

Polyn'esien, der östl. Teil Ozeaniens, meist vulkan. oder Koralleninseln; umfaßt die Tonga-, Samoa-, Tokelau-, Phoenix-, Fanning-, Manihiki-, Gesellschafts-, Cook-, Tubuai-, Tuamotu-, Marquesas-Inseln, die Oster-Insel u. a.; zus. rd. 43700 km² mit rd. 1,3 Mill. Ew. (→Polynesier, ferner weiße und asiat. Einwanderer). Kokospalmen, Fischerei.

Polyn'esier Mz., die hellfarbigen Eingeborenen Polynesiens, hochgewachsene Menschen, sind rassisch Europide mit mongolischer Beimischung; geschickte Seefahrer, Fischer, Feldbauern; haben sakrales Häuptlingstum, ausgeprägten Kunstsinn; stark europäisiert.

Polyn'om [grch.] das, ein mathemat. Ausdruck, der Form $a_0 + a_1x + a_2x^2 + ... + a_nx^n$; die Koeffizienten $a_0, a_1,...$ sind Zahlen, die Größe x heißt Unbestimmte, n ist der Grad des P.

Pol'yp [grch. »Vielfüßer«] der, 1) ⚕ ✛ der Krake. 2) ⚕ die festsitzende, ungeschlechtlich fortpflanzende Form der →Hohltiere. 3) ⚕ gutartige, geschwulstförmige Wucherung der Schleimhäute (Nasen-, Kehlkopf-, Gebärmutter-P. u. a.).

Polyp 2)

Polyph'em, griech. Sage: ein einäugiger Zyklop, wurde von Odysseus geblendet.

Polyphon'ie [grch.] die, in der mehrstimmigen Musik die Komposition, bei der jeder Stimme selbständige melod. Bedeutung zukommt. Egw.: polyph'on.

Polysacchar'ide, zusammengesetzte Zuckerarten, →Zucker.

Polystyr'ol das, ⊷ glasklarer Kunststoff für den Spritzguß von Massenartikeln.

Polyt'echnikum das, ✛ höhere techn. Fachschule.

polytechnischer Unterricht, wirtschaftlich-techn. Unterricht an sowjet. höheren Schulen, auch in der Dt. Dem. Rep.; in Österreich das neunte Schuljahr.

Polythe'ismus [grch.] der, Vielgötterei.

polyton'al, ♪ eine Musik, die verschiedene Melodielinien in verschiedenen Tonarten zugleich erklingen läßt.

Polyur'ie [grch.] die, krankhaft vermehrte Harnausscheidung.

Polyvin'ylchlorid das, **PVC,** ein →Kunststoff.

Poelzig, Hans, Architekt, *1869, †1936.

Polz'in, Bad P., Stadt in Pommern, (1939) 6900, (1969) 6500 Ew.; Moorbäder; seit 1945 unter poln. Verw. (Połczyn Zdrój).

Pom'ade [ital.] die, Haarsalbe, Schönheitsmittel.

Pomer'anze [ital.] die, Form von →Citrus.

Pomes'anien, Landschaft rechts an der Weichsel, von Graudenz bis Elbing.

Pommer'ellen, Landschaft westl. der unteren Weichsel.

P'ommern, ehem. preuß. Prov. an der Ostseeküste, (1939) 38409 km² mit 2,4 Mill. Ew.;

Pomeranze,
a Blüte, b Frucht

Pompadour

Hauptstadt: Stettin. ⊕ S. 520/21, ☐ S. 878. Die Oder trennt Vor-P. von Hinter-P.; an der Küste Ebene, südl. davon das Hügelland des **Pommerschen Landrückens (Pommersche Seenplatte).** Hinter-P. mit einem östl. Streifen Vor-P.s steht seit 1945 unter poln. Verwaltung; das übrige Vor-P. (1945 an Mecklenburg) ist seit 1952 auf die Bezirke Rostock und Neubrandenburg der Dt. Dem. Rep. aufgeteilt. – GESCHICHTE. P. wurde 1124-28 durch Otto von Bamberg zum Christentum bekehrt. Die slaw. Herzöge von P. wurden 1181 Reichsfürsten; 1637 starben sie aus. Im Westfäl. Frieden (1648) wurde Vor-P. schwedisch, Hinter-P. brandenburgisch; 1720 kam der größte Teil, 1815 der Rest von Vor-P. mit Rügen an Preußen.

Pommersches Haff, →Stettiner Haff.
Pommersf'elden, Schloß in Oberfranken, an der Ebrach, 1711-18 von J. →Dientzenhofer geb.
Pommes frites [pɔm fr'it, frz.], roh in Streifen geschnittene, in Fett gebackene Kartoffeln.
Pomolog'ie [lat.-grch.] die, Obstbaukunde.
Pom'ona, altröm. Göttin der Baumfrüchte.
Pom'ona, die Orkney-Insel Mainland.
Pomor'anen Mz., westslaw. Stamm, im frühen MA. zwischen der unteren Weichsel und Oder. Reste sind die →Kaschuben.
Pomp [lat.] der, Gepränge, Prachtentfaltung. **pomp'ös,** prächtig, prunkhaft.
Pompadour der, Strickbeutel, Handtäschchen.
Pompadour [pɔpad'u:r], Marquise de, Geliebte des franz. Königs Ludwig XV., *1721, †1764, von großem Einfluß auf die Regierung.
Pomp'eji, in der Antike blühende Hafenstadt in S-Italien, 79 n. Chr. mit Herculaneum und Stabiä durch Ausbruch des Vesuvs verschüttet, seit dem 18. Jahrh. wieder ausgegraben.

Pompeji: Am Forum

Pomp'ejus, röm. Staatsmann, *106 v. Chr., †48 v. Chr.; schloß 60 v. Chr. mit Caesar und Crassus das erste Triumvirat; wurde 48 von Caesar bei Pharsalus besiegt, in Ägypten ermordet.
Pompidou [pɔpid'u], Georges, franzöz. Politiker, *1911; Anhänger de Gaulles, 1962-68 Premiermin., seit Juni 1969 Staatspräs.
Pompon [pɔpɔ̃, frz.] der, Büschel, Knäuel.
P'onape, die größte Insel der Karolinen.
Ponce [p'ɔnse] in S Puerto Ricos, 115200 Ew.; Ausfuhr von Tabak, Zucker.
Ponce de León, span. Dichter, →León.
Poncelet [pɔsl'ɛ], Jean Victor, franzöz. Ingenieur, *1788, †1867, konstruierte das **P.-Rad,** eine Wasserturbine.
Poncho [p'ɔntʃo, span.] der, viereckige Decke mit Halsschlitz, mantelartiger Überwurf der mittel- und südamerikan. Indianer und Gauchos.
Pond das, Abk. **p,** die Gewichtseinheit (von 1 g), im Unterschied zur Masseneinheit Gramm (→Gewicht, →Kraft).
Ponderab'ilien [lat.], wägbare Dinge. Egw.: ponder'abel, Gegensatz →Imponderabilien.
Ponditsch'erri, Unionsgebiet an der SO-Küste Indiens, 479 km², 412000 Ew.; Hauptstadt: P. – P. war bis 1954 franzöz. Schutzgebiet.
Pon'ente [ital.] die, Westen. Gegensatz →Levante.

Poncho

Pontresina mit Blick ins Roseggtal

Pongau, Talweitung der Salzach im österreich. Bundesland Salzburg, vom Gasteiner Tal bis zum Paß Lueg.
Ponge [pɔ̃ʒ], Francis, franzöz. Schriftsteller, *1899; »Proêmes«.
Poniat'owski, poln. Adelsgeschlecht: 1) Joseph Anton P., poln. General und napoleon. Marschall, *1763, †1813. 2) Stanislaus P., Geliebter Katharinas II. von Rußland; letzter König (1764-95) von Polen.
Pönit'enz [lat. »Reue«] die, kath. Kirche: die vom Beichtvater auferlegten Bußwerke, die der **Pönit'ent** (Büßende) zu leisten hat.
P'onta Delg'ada, die Hauptstadt der Azoren auf der Insel São Miguel, 22300 Ew.
Pontev'edra, Kriegs- und Handelshafen in Spanien, Galicien, 60200 Ew.; Sardinenfang.
Pontiac [p'ɔntjæk], Stadt in Michigan, USA, 85300 Ew.; Kraftwagen-, Holz-Industrie.
Ponti'anak, Hafen an der Westküste Borneos, Indonesien, 150200 Ew.
P'ontifex [lat.] der, 1) Mitglied eines altröm. Priesterkollegiums, an dessen Spitze der **P. maximus** (der oberste Priester) stand. 2) christlich: Titel des Papstes.
Pontifik'alamt, feierl. Hochamt des Bischofs (→Messe). **Pontifik'alien** Mz., Amtstracht oder geistl. Amtshandlungen der Bischöfe und Prälaten. **Pontifik'at** das, 1) das Amt des Papstes. 2) dessen Regierungszeit.
Pont'inische Sümpfe, ehemals versumpfte Küstenebene im SO von Rom, seit 1928 planmäßig trockengelegt und besiedelt.
P'ontisches Gebirge, Gebirgssystem, das den Nordrand von Anatolien bildet, bis 3937 m hoch; Steinkohle bei Ereğli-Zonguldak.
Ponton [pɔ̃t'ɔ̃, frz.] der, das, größerer Kahn aus Stahlblech, der als Träger von Fähren und Schiffbrücken (**P.-Brücken**) dient.
Pont'ormo, Jacobo da, Maler in Florenz, *1494, †1556. Seine Werke gehören zu den frühesten des Manierismus (Fresken in der Certosa bei Florenz).
Pontres'ina, Kurort im schweizer. Kt. Graubünden, im Oberengadin, 1802 m ü. M.
P'ontus, im Altertum: Reich am Schwarzen Meer zwischen Bithynien und Armenien, blühte unter →Mithridates, nach dessen Tod röm. Provinz.
Pony [p'ɔni, engl.] das, kleines Pferd.
P'onza-Inseln, vulkan. Inselgruppe vor der Westküste Italiens.
Pool [pu:l, engl.] der, 1) Spieleinsatz. 2) Interessengemeinschaft, bes. Vereinbarung von mehreren Unternehmen, Gewinne aus best. Quellen nach festem Schlüssel zu verteilen. 3) allgemein: Ring, Zusammenschluß.
Poole [pu:l], Hafenstadt an der Südküste Englands, 101900 Ew.; Schiffbau.
P'opanz [von tschech. bubak] der, 1) Schreckgestalt. 2) spaßige Figur.
Pop-Art [engl.], Kunstrichtung seit etwa 1960, stellt banale Objekte des Massenkonsums als Montage oder Imitation zusammen.
P'ope [russ., aus grch. pappas »Vater«] der, -n/-n, volkstüml. für ostkirchl. Priester.

Pope [poup], Alexander, engl. Dichter, *1688, †1744; Vertreter des Klassizismus; Lehrgedichte, Verserzählung »Der Lockenraub«.

Popel'ine [frz.] die, leinwandbindiges Gewebe, meist aus Baumwolle.

Popitz, Johannes, *1884, † (hingerichtet) 1945; 1925-29 Staatssekretär im Reichsfinanzmin., 1933 preuß. Finanzmin., als Widerstandskämpfer 1945 zum Tode verurteilt.

Pop-Musik [engl.], urspr. anglo-amerikan. Sammelbez. für verschiedene Formen moderner Tanz- und Unterhaltungsmusik; umfaßt Rock 'n' Roll, Folklore, Beat-, Soul-Musik u. ä.

Popocatep'etl der, Vulkan im SO der Stadt Mexiko, 5452 m hoch.

Pop'ow, Alexander, russ. Physiker, *1859, †1905; Erfinder der Antenne.

Pöppelmann, Matthes Daniel, Baumeister, *1662, †1736; baute den Zwinger in Dresden.

popul'är [lat.], 1) volkstümlich, beliebt. 2) gemeinverständlich. Hw.: **Popularit'ät** die. Zw.: **popularis'ieren.**

Popul'arphilosophen, Schriftstellergruppe der Aufklärung, die ihre Lehren weiten Kreisen verständlich machen wollten (z.B. F.Nicolai).

Populati'on [lat.] die, Bevölkerung, die Gesamtheit der Individuen (Menschen, Tiere) eines abgegrenzten Gebiets; auch **Stern-P.**

Popul'orum progr'essio [»der Fortschritt der Menschen«, lat.], Anfangsworte einer Enzyklika Papst Pauls VI. von 1967.

Pore [grch.] die, Loch, Öffnung; **Haut-P.,** Mündung der Schweißdrüsen der Haut. **por'ös,** mit P. versehen, durchlässig. Hw.: **Porosit'ät** die.

P'ori, Stadt in SW-Finnland, 1365 von Schweden gegr., 72 000 Ew.; Holz-, Papier-Industrie.

P'orjus, schwed. Großkraftwerk, am Luleälv, das nördlichste der Erde, zum Schutz gegen die Kälte 50 m unter der Erde angelegt.

P'orkkala, Gebiet an Finnlands S-Küste, 393 km², 1945-56 an die Sowjetunion verpachtet.

Porling, Porenpilz, eine Gruppe der →Röhrenpilze.

Pornograph'ie [grch.] die, unzüchtige Schriften, Bilder, Darstellungen.

P'orphyr der, Eruptivgestein aus einer Grundmasse mit Einsprenglingen. **Granit-** und **Quarz-P.** werden zu Pflastersteinen, Schotter, Splitt verarbeitet.

Porph'yrios, griech. Philosoph, * um 233, † um 304; Neuplatoniker.

P'orree [frz.] der, Zuchtform des südeurop. **Asch-** oder **Eschlauchs; Gemüse, Suppenkraut.**

Porridge [p'ɔridʒ, engl.] das, Haferbrei.

Porsche, Ferdinand, *1875, †1951; erfolgreicher Kraftwagenkonstrukteur (Rennwagen, Volkswagen, Tiger-Panzer), Gründer der P. KG.

Porst der, **Sumpf-P., Wilder Rosmar'in,** zu den Heidekrautgewächsen gehöriger Torfmoorstrauch, immergrün, mit weißen bis rötl. Blüten in Doldentrauben; stark riechend, daher auch **Mottenkraut.**

Port [von lat. portus] der, Hafen.

Port'al [lat.] das, Haupteingang.

P'orta N'igra die, Tor der röm. Stadtbefestigung in Trier, Anf. 4. Jahrh. n. Chr.; vom 11.-19. Jahrh. war eine Kirche eingebaut. (BILD Trier)

Port Arthur, Teil von →Lüta.

Portat'iv [frz.] das, kleine tragbare Orgel, bes. im 13./14. Jahrh.

Port-au-Prince [pɔrtopr'ɛ̃s], Hauptstadt von Haiti, 250 000 Ew.; Univ., Ausfuhrhafen.

P'orta Westph'alica [lat.] die, →Westfälische Pforte.

Port Darwin, befestigte Hafenstadt in N-Australien, 17 000 Ew.; Luftverkehrsmittelpunkt.

Portefeuille [pɔrtf'œj, frz.] das, 1) Brieftasche, Mappe. 2) Bank: Behältnis zur Aufbewahrung von Wertpapieren; auch: der Bestand selbst. 3) Politik: Ministerposten. **Minister ohne P.** hat Sitz und Stimme im Gesamtministerium, aber keinen eigenen Verwaltungsbereich.

Port Elizabeth [el'izəbəθ], Hafenstadt in der

Kapprov. der Rep. Südafrika, 381 200 Ew.; Kultur-, Handels- und Industriezentrum.

Portemonnaie [pɔrtmɔn'ɛ, frz.] das, Geldtäschchen, Geldbörse.

Portep'ee [frz.] das, silbergestickter Riemen mit Quaste an der Offiziersseitenwaffe.

P'orter [engl.] der, mittelstarkes, dunkles engl. Bier. Starke Sorte: der **Stout** [staut].

Porter [p'ɔːtə], 1) Cole, *1893, amerikan. Schlagerkomponist; Musicals (»Kiss me, Kate«, 1948). 2) Katherine Anne, amerikan. Schriftstellerin, *1894; Kurzgeschichten, Erzählungen.

Portici [p'ɔrtitʃi], Hafenstadt in S-Italien, auf den Trümmern von Herculaneum, 61 100 Ew.

Portier [pɔrtj'e, frz.] der, Pförtner.

Portiere [pɔrtj'ɛrə, frz.] die, Türvorhang.

P'ortikus [lat.] der, ⌂ Säulenvorbau.

Portland [p'ɔːtlənd], 1) Isle of P., Halbinsel an der engl. Kanalküste, mit dem Kriegshafen P. (12 800 Ew.) und dem Kriegshafen P. Harbour. 2) Stadt in Oregon, USA, 385 400 Ew.; Hafen-, Handels- und Industrieplatz, Columbia-Universität.

Port Louis [pɔːtl'uis], Hauptstadt und Hafen von Mauritius, 136 200 Ew.

Portmann, Adolf, schweizer. Zoologe und Anthropologe, *1897, beschäft sich mit der Entwicklungsgeschichte von Tier und Mensch.

Port Natal, →Durban.

P'orto [ital.] das, -s/Porti, Postgebühr.

P'orto, Op'orto [ital. und portug.], Hafen.

P'orto, Op'orto, zweitgrößte Stadt Portugals, an der Mündung des Duero (portug. Douro), 315 000 Ew.; Univ.; Textil-, Leder-, Genußmittelind.; Ausfuhr von Wein (Portwein).

P'ôrto Al'egre, Hauptstadt des brasilian. Staates Rio Grande do Sul, 1,026 Mill. Ew.; Hafen, Werft; Industrie.

Portoferr'aio, Hauptstadt und Hafen der Insel Elba, 10 600 Ew.

Port of Spain [pɔːt ɔf spein], Hauptstadt von Trinidad und Tobago, 93 300 Ew.; Ausfuhr: Asphalt, Kakao.

Porto N'ovo, Hauptstadt und Hafen von Dahome, 77 100 Ew.

Porto Rico, bis 1932 Name von →Puerto Rico.

Porträt, Portrait [pɔrtr'ɛ] das, Bildnis. **porträt'ieren,** ein Bildnis malen.

Port Said, Hafenstadt in Ägypten, am nördl. Eingang des Suezkanals, 283 000 Ew.

Pörtschach, Kur- und Badeort am Nordufer des Wörther Sees, Österreich, 2500 Ew.

Portsmouth [p'ɔːtsməθ], 1) Stadt und Hauptkriegshafen Englands an der Kanalküste, 221 500 Ew.; Docks und Werften; Seebad. 2) Hafenstadt in Virginia, USA, 114 800 Ew.; Marinewerft, Ind.

P'ortugal, Rep. im W der Pyrenäenhalbinsel, rd. 92 000 km², 9,5 Mill. Ew. (mit Azoren und Madeira); Hauptstadt: Lissabon. ⊕ S. 522, ▯ S. 346, ▯ S. 878.

VERFASSUNG von 1933 (mit Änderungen). Staatsoberhaupt ist der Präs., der von der Nationalversammlung und der Ständekammer und weiteren Wahlmännern gewählt wird; ihn unterstützt der Staatsrat. Die Minister sind dem Präs. verantwortlich. Einteilung in 22 Bezirke. – Überseepro-

Porst

Porto: Blick über den Douro

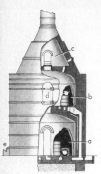

Porzellan:
P.-Ofen, a Glatt-
ofen, b Verglüh-
ofen, c Kuppel,
d Tür, e Feue-
rung

Posaune

Poseidon

vinzen sind: Kapverdische Inseln, Portugies.-Guinea, São Tomé und Príncipe, Angola, Moçambique, Macao, Timor.

P. ist im N gebirgig (Serra da Estrela 1993 m), im S und an der Küste herrscht Tiefland vor. Flüsse: Minho, Duero, Tajo, Guadiana. Klima: im N mild und feucht, im S sommerheiß, bes. im Innern trocken. BEVÖLKERUNG: fast ausschließlich kath. Portugiesen. Großstädte: Lissabon, Porto. WIRTSCHAFT. P. hat Landwirtschaft (Weizen, Mais, Wein, Oliven, Kork, Südfrüchte), Viehzucht (bes. Schafe), Fischerei (Sardinen, Thunfisch). ⚒ auf Wolfram, Mangan, Zinn, Pyrite, Eisen, etwas Kohle u. a. Die Industrie (Nahrungsmittel-, Textil- u. a. Ind.) wird ausgebaut. Wasserkraftwerke; Fremdenverkehr. Ausfuhr: Kork (über 50% der Welterzeugung), Wein, Sardinen, Holz, Harze, Textilien. Haupthandelspartner: Großbritannien, Bundesrep. Dtl., USA, Angola, Moçambique, Frankreich. Haupthäfen: Lissabon, Porto; internat. Flughäfen: Lissabon, Porto, Faro. GESCHICHTE. P. entstand im Kampf gegen die arab. Herrschaft Ende des 11. Jahrh. Alfons I. nahm den Königstitel an und eroberte 1147 Lissabon. Durch große Entdeckungsfahrten seit 1415 (Heinrich der Seefahrer, Barth. Diaz, Vasco da Gama) vor allem nach Ostindien und Brasilien wurde P. im 15. und 16. Jahrh. die führende See- und Kolonialmacht Westeuropas. 1580 eroberte Philipp II. von Spanien das Land; P. verlor seine wertvollsten Kolonien in Ostindien an die Holländer; 1640 wurde P. unter dem Hause Braganza wieder selbständig. Außenpolit. wurde es von England abhängig. 1822 machte sich Brasilien unabhängig. In der Folgezeit ständige Parteikämpfe. Seit 1910 ist P. Republik. Die von Salazar (MinPräs. 1932-68) geschaffene korporative Staatsform erlaubte ihm, autoritär zu regieren. 1951 wurden die Kolonien zu Überseeprovinzen mit Verwaltungs- und Finanzautonomie erhoben. Portugies.-Indien wurde 1961 von Indien in Besitz genommen. Staatspräs. A. Tomás (seit 1958); MinPräs. M. Caetano (seit 1968).

Portugiesische Literatur. Blütezeit im 16. Jahrh. (Vicente: Schauspiele, Camões: Nationalepos »Die Lusiaden«) und im 19. Jahrh. (Herculano: histor. Roman, Garrett: Drama). Realismus der »Generation von Coimbra«: E. de Queirós und E. de Castro. Führer der Moderne unter französ. Einfluß A. Correia d'Oliveira: Lyrik, A. de Figueiredo und A. Ribeiro: Roman, J. Dantas: Drama.

Portugiesische Sprache, eine roman. Sprache, in Portugal, W-Galicien, Galicien, S-Amerika (Brasilien), auf den Azoren gesprochen.

Portugiesisch-Guin'ea, portugies. Überseeprovinz in W-Afrika, 36125 km², 550000 Ew.; Verwaltungssitz und Hafen: Bissau. Tropischheißes Tiefland. Erzeugnisse: Reis, Mais, Maniok, Erdnüsse, Palmöl, Holz.

Portugiesisch-Ostafrika, →Moçambique.
Portugiesisch-Westafrika, →Angola.

P'ortulak [lat.] der, 1) Gemüse-P., fette, oft rötl. Gemüse-, Würzpflanze, mit gelbl. Blütchen. 2) Wasser-P., rötliches Weiderichgewächs auf nassem Boden.

Portwein, weißer und roter portugies. Wein aus dem Dourogebiet; in Porto verschifft.

Porz am Rhein, Industriestadt in Nordrh.-Westf., 78100 Ew. Der ehem. Truppenübungsplatz Wahn wurde Flughafen Köln-Bonn.

Porzell'an [ital.] das, feinste weiße durchscheinende Tonware, **Hart-P.** besteht aus 40-65% Kaolin, 12-30% Quarz, 15-35% Feldspat. Herstellung: Feingeschlämmter Kaolin wird mit Quarz und Feldspatpulver gemengt und in feuchten Kuchen längere Zeit gelagert (Faulen). Die mit der Töpferscheibe, von Hand, durch Gießen oder Pressen in Gipsformen geformten Gegenstände werden langsam an der Luft getrocknet und darauf in Öfen bei etwa 900°C geglüht, nach dem Erkalten in die flüssige Glasur-

masse getaucht, die ähnlich zusammengesetzt ist wie das P. Dann werden sie getrocknet und in Schamottekapseln bei etwa 1400°C glattgebrannt. P. ohne Glasur heißt **Biskuit.** Malereien werden meist vor dem Glasieren aufgetragen (Scharffeuerfarben). Malereien auf die Glasur brennt man in weniger heißen Öfen ein (Schmelzfarben). – P. war den Chinesen schon im Altertum bekannt; in Europa wurde es zuerst 1693 durch v. Tschirnhaus hergestellt, später von Böttger verbessert.

Porzell'anerde, der →Kaolin.
Porzell'anschnecke, Kiemenschnecke mit porzellanartiger Schale; **Tigerschnecke, Kauri.**

Posam'enten [frz.] Mz., Besatzartikel (Borten, Litzen, Quasten, Tressen u. a.).

Pos'aune [frz.] die, tiefes Blechblasinstrument mit Röhre ohne Tonlöcher, ausziehbar (dadurch sind alle chromatischen Töne erzeugbar). Arten: **Baß-, Tenor-, Alt-P.**

Pose [frz.] die, wirkungsvolle Stellung, Gebärde.

Pos'eidon, griech. Meergott, auch der Erderschütterer, Bruder des Zeus; römisch: →Neptun. Kennzeichen: Dreizack.

Poseid'onios, stoischer Philosoph, * um 135, †51 v. Chr., lehrte in Rhodos und Rom, war Naturforscher, Astronom, Geograph, Mathematiker, Historiker. Pompejus, Cicero waren seine Schüler.

Posen, poln. **Poznań,** Stadt in W-Polen, an der Warthe, 457000 Ew.; Univ., Hochschulen; Maschinen-, Seifen-, Lebensmittelind., Messen. Die bedeutenden Bauten (roman. Johanniskirche, got. Marienkirche, Dom, Schloß u. a.) wurden im 2. Weltkrieg z. T. zerstört. – P. wurde 968 Bischofssitz und war bis 1296 Residenz der poln. Herzöge. Der westl. Teil (Hauptteil) wurde 1253 von dt. Einwanderern angelegt und hatte bis 1793 eigene Verwaltung nach magdeburg. Recht; P. war Mitglied der Hanse. 1793-1806 und 1815-1918 preuß. (seit 1815 Hauptstadt der ehemal. Prov. P.). 1821 wurde P. Sitz des Erzbistums Posen-Gnesen. 1920 bis 1939 und seit 1945 Hauptstadt der poln. Woiwodschaft P.

Posen:
Rathaus

Posen-Westpreußen, →Grenzmark P.-W.
Poseur [poz'œr, frz.] der, Wichtigtuer. **pos'ieren,** eine →Pose annehmen.
Positi'on [lat.] die, Stellung, Lage.
Positionslampen, Leuchten auf Schiffen, Flugzeugen (rechts/steuerbord grün, links/backbord rot) oder festen Punkten, bes. bei Nacht; auch in best. Richtung strahlende Hochfrequenzsender, zeigen Lage und Fahrtrichtung an.

p'ositiv [lat.], 1) bejahend. 2) tatsächlich, vorhanden; Gegensatz: negativ. 3) △ größer als Null. 4) eine der beiden elektr. Ladungsarten.

P'ositiv [lat.] das, 1) Lichtbildabzug. 2) kleine Orgel mit wenig Stimmen in hoher Lage. 3) P. der, ⓢ Grundstufe bei der Steigerung.

Positiv'ismus der, eine von A. Comte begründete Richtung der Philosophie, die nur in dem unmittelbar Wahrgenommenen eine sichere Grundlage des Erkennens sieht und Metaphysik ablehnt. Eine Erneuerung des P. bildet der bes. in angelsächs. Ländern verbreitete **Logische P. (Neu-P.),** der eine Verbindung von empirist. Erkenntnistheorie und mathemat. Logik anstrebt.

P'ositron [grch.] das, -s/...tr'onen, das positiv geladene Antiteilchen des Elektrons, kommt vor in der kosm. Ultrastrahlung, beim Zerfall radioaktiver Stoffe u. ä. (→Elementarteilchen).

Posit'ur [lat.] die, Körperstellung, -haltung. **Posse** die, Schwank, derbkomisches Bühnenstück. **Possen** der, derber Streich.

Possess'ivpronomen [lat.] das, ⓢ besitzanzeigendes Fürwort.

poss'ierlich [von →Posse], spaßig, drollig. **P'ößneck,** Industriestadt im Bez. Gera, an der Orla, 19 400 Ew.; Leder-, Textilindustrie.

post [lat.], nach, hinter; **p. f'estum,** nachträglich; **p. mer'idiem,** nachmittags; **p. Christum n'atum,** nach Christi Geburt.

Post die, Organisation zum Übermitteln von Nachrichten durch Briefe, Postkarten u. a. oder auf dem Draht- und Funkweg, ferner für die Beförderung von Personen und Kleingütern sowie zur Abwicklung von Geldverkehr (→Postscheckverkehr). In den meisten Ländern ist die P. eine staatl. Einrichtung (→Postregal), nur das Fernmeldewesen wird in manchen Ländern, z. B. in den USA, von Privatgesellschaften unter staatl. Aufsicht betrieben. In der Bundesrep. Dtl. hat der Bund die ausschließl. Gesetzgebung über die P. (→Deutsche Bundespost). Postähnl. Einrichtungen gab es schon im Altertum und MA. Seit 1520 bis ins 19. Jahrh. lag das dt. Postwesen im wesentlichen in Händen der Familie Thurn und Taxis. 1850 wurde der **Dt.-Österreich. Postverein** gegr., 1867 von Preußen die **Norddt. Bundespost,** die 1871 zur **Dt. Reichspost** erweitert wurde; von 1945 bis 1950 und noch in der Dt. Dem. Rep. **Dt. Post;** anfängl. getrennt nach Zonen.

post'alisch, die →Post betreffend.
Postam'ent [lat.] das, ⌂ Fußgestell, Sockel.
Postamt, Postanstalt größeren Umfangs; untersteht einer Oberpostdirektion.
Postanweisung, Auftrag an die Post, einen bei ihr eingezahlten Geldbetrag an einen Empfänger in bar auszuzahlen.
P'osten [ital.] der, **1)** ⚔ wachehaltender Soldat. **2)** Warenmenge.
Poster [p'oustə, engl.], künstler. Plakat, oft Nachdruck von klass. oder mod. Plakaten, Photos.
Poste restante [pɔst rɛst'ãt, frz.], →postlagernd.
Posterit'ät [lat.] die, Nachwelt, Nachkommenschaft.
Postgeheimnis, →Briefgeheimnis.
posth'um [lat.], fälschlich für →postum.
post'ieren [frz.], hinstellen, aufstellen.
Post'ille [lat.] die, Sammlung von Predigten; Andachtsbuch.
P'ostillion, P'ostillon [frz.] der, Postkutscher. **P. d'amour** der, Liebesbote.
Postl, Karl, Erzähler, →Sealsfield.
postlagernd, im Auslandsverkehr **Poste re-**

stante, Postsendungen, die zur Abholung am Postschalter bereitgehalten werden.

Postleitzahl, postamtl. Leitbezeichnung (1 bis 4stellige Zahl), im Dt. Reich seit 1940, in der Bundesrep. Dtl. seit 1961 (8 Leitzonen, 64 Leiträume, 503 Leitbereiche). P. wurden in der Schweiz 1964, in der Dt. Dem. Rep. 1965, in Österreich 1966, auch in Frankreich, Italien und den USA eingeführt. Sendungen nach ausländ. Staaten, die P. haben, tragen vor der P. das Kfz.-Länderkennzeichen des betreffenden Staates (z. B. CH-8000 für Zürich, Schweiz).

postnumer'ando [lat.], nachträglich zu zahlen, z. B. das Gehalt ist p. fällig, ist am Monatsende zu zahlen. Gegensatz: pränumerando.

Postregal das, Alleinrecht des Staates, Postanstalten zu errichten und zu betreiben.

Postscheckverkehr, bankmäßige Posteinrichtung für bargeldlosen Zahlungsverkehr. Beim **Postscheckamt** kann jeder Volljährige ein **Postscheckkonto** errichten (Stammeinlage 5 DM). Guthaben werden nicht verzinst. Überweisungen von Konto zu Konto erfolgen gebührenfrei, Bareinzahlungen durch **Zahlkarten,** Barauszahlungen durch **Postscheck;** auch Postanweisungs-, Postauftrags-, Nachnahmezahlungen werden gutgeschrieben. Der P. besteht in Dtl. seit 1909.

Postskr'iptum [lat.] das, Abk. **P. S.,** Nachschrift; dt. Abk. auch NS.

Postsparkasse, Annahme (und Verzinsung) von Spareinlagen durch die Post. **Postsparbücher** (Mindesteinlage 1 DM) gibt das Postamt aus. Der Sparer kann an allen Postschaltern Beträge einzahlen oder abheben.

Postul'at [lat.] das, Forderung; unbeweisbare, aber unentbehrliche Annahme, nach Kant sind Willensfreiheit, Unsterblichkeit und Dasein Gottes P. der prakt. Vernunft.

post'um, [lat.], nachgeboren; nachgelassen.
Postwertzeichen, →Briefmarke.

Potemkin [patj'ɔmkin], Fürst, russ. Staatsmann, *1739, †1791; Günstling, Geliebter der Kaiserin Katharina II., vereinigte 1783 die Krim mit Rußland. **Potemkinsche Dörfer,** die angeblich von P. rasch aufgebauten Dörfer in der Krim, die der Kaiserin Wohlstand vorspiegeln sollten.

pot'ent [lat.], **1)** leistungsfähig. **2)** wohlhabend. **3)** zeugungsfähig.

Potent'at [lat.] der, Machthaber, Herrscher.

potenti'al, auch **potenti'ell** [lat.], möglich; als Kraft vorhanden. **Potential** das, kennzeichnende Größe eines Kraft- oder Geschwindigkeitsfeldes **(Gravitations-, elektr., Strömungs-P.).** Elektrische **P.-Differenz,** elektrische Spannung.

Potenti'alis der, ⓢ Möglichkeitsform des Zeitworts.

Potentiom'eter das, Widerstand mit Schleifkontakt zur Spannungsregelung.

Pot'enz [lat.] die, **1)** Macht, Leistung. **2)** Zeugungskraft. **3)** △ das Produkt einer Anzahl (n) gleicher Faktoren (a), geschrieben a^n, gesprochen

Post (Aufbau)

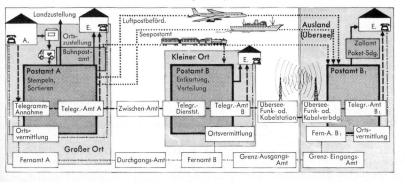

Pound

a hoch n. a heißt **Grundzahl** oder **Basis,** n heißt **Hochzahl** oder **Exponent,** die Rechnungsart heißt **potenz'ieren.** Beispiel: $a^3 = a \cdot a \cdot a$. Für a^2 liest man auch zweite P. oder Quadrat von a. **4)** Philosophie: die Möglichkeit, Anlage im Unterschied zu Aktus (Wirklichkeit, Verwirklichung).

P'otiphar, im A.T. ägypt. Beamter, an den Joseph verkauft wurde und dessen Weib ihn verführen wollte.

Potomac [pət'oumæk], Fluß im östl. Nordamerika, von den Appalachen zur Chesapeake Bay, 670 km lang. Am P. liegt Washington.

Potos'í, Stadt in Bolivien, 4000 m ü.M., im öden Hochland, 58 000 Ew.; einst ausgedehnter Bergbau auf Silber, heute auf Zinn.

Potpourri [p'otpuri] das, aus verschiedenen Melodien zusammengestelltes Musikstück.

Potsdam, 1) Bezirk der Dt.Dem.Rep., 12 568 km², 1,14 Mill. Ew. 1952 aus dem W-Teil des Landes Brandenburg und Randstücken von Sachsen-Anhalt gebildet; umfaßt das Tiefland zwischen dem Fläming und der Mecklenburg. Seenplatte, teils fruchtbares Wiesenland, teils sandige Böden mit Kiefernwald. Land- und Forstwirtschaft; Nahrungsmittel-, Metall-, chem. Ind., Fahrzeugbau u.a. **2)** Hauptstadt von 1), 110 600 Ew., liegt auf dem von Havel und Havelseen gebildeten **Potsdamer Werder;** im 2. Weltkrieg z.T. zerstört, u.a. die Garnisonkirche (1731-35) und die Nikolaikirche (1830-37; wiederhergestellt). Zahlreiche Schlösser wurden zerstört, Sanssouci im wesentlichen erhalten. P. hat Observatorien, viele andere wissenschaftl. Institute, wenig Ind. Im O liegen die Schlösser Babelsberg (Filmstadt P.-Babelsberg) und Glienicke. P. war die bevorzugte Residenz der preuß. Könige. – Das **P. Edikt** (1685) rief die Hugenotten nach Brandenburg.

Potsdam: Nikolaikirche

Potsdamer Abkommen, unterzeichnet am 2. 8. 1945 als Ergebnis der Dreimächtekonferenz (17. 7. bis 2. 8. 1945) zwischen Truman, Stalin, Churchill (bis 25. 7.) und Attlee und ihren Außenministern. Vereinbart wurde u.a.: 1) Grundsätze der polit. und wirtschaftl. Behandlung Dtl.s. 2) Reparationen. 3) Übertragung der Verwaltung der dt. Ostgebiete an die Sowjetunion und Polen bis zu einer Friedensregelung; dabei wurde der Sowjetunion die Unterstützung ihres Anspruchs auf Königsberg und das anliegende Gebiet zugesagt. 4) Die Ausweisung der Deutschen aus den osteurop. Gebieten. 5) Errichtung eines Rates der Außenminister der drei Mächte, Chinas und Frankreichs (Sitz: London); erste Aufgabe war die Vorbereitung der Friedensverträge mit Italien, Bulgarien, Finnland, Rumänien und Ungarn.

P'ottasche, Kaliumcarbonat, →Kalium.

Potter, Paulus, niederländ. Maler und Radierer, *1625, †1654; Tierbilder.

Potteries [p'ɔtəri:z, engl. »Töpfereien«], auch **Pottery District,** Fabrikgegend im westl. Mittelengland, liefert Steingut und Porzellan.

Pottwal, der größte Zahnwal, über 20 m lang, lebt gesellig in wärmeren Meeren, liefert Ambra, Tran, Walrat. (BILD Wale)

Poujade [puʒ'a:d], Pierre, französ. Politiker, *1920; rief 1954 zur Steuerverweigerung auf.

Poularde [pul'ardə, frz.] die, weibl. kastriertes Huhn, auch gemästete junge Henne.

Poulenc [pul'ɑ̃], Francis, französ. Komponist, *1899, †1963; Klavier-, Kammermusik u.a.

Pound [paund, engl.] das, Abk. **lb,** das engl. und amerikan. Pfund (→Maßeinheiten, ÜBERSICHT). **P. Sterling,** das →Pfund 2).

Pound [paund], Ezra, amerikan. Dichter, *1885; übte starken Einfluß auf die moderne Lyrik aus.

Pour le mérite [purləmer'it, frz. »für das Verdienst«], 1) bis 1918 hoher preuß. Kriegsorden, von Friedrich d.Gr. 1740 gestiftet. 2) seit 1842 preuß. Zivilorden (1952 neu belebt), Friedensklasse für Wissenschaften und Künste (→Orden).

Poussin [pus'ɛ̃], Nicolas, französ. Maler, *1594, †1665; klass. Meister Frankreichs im 17. Jahrh.; Darstellungen aus Götter-, Heldensagen, Landschaften (FARBTAFEL Franzos. Kunst S. 347).

Pozzu'oli, Stadt am Golf von Neapel, 62 900 Ew.; röm. Amphitheater (Ruine).

pp, ♩ pianissimo, sehr leise.

pp. [lat. perge, perge »fahre fort«!], ⊹ und so weiter.

PP., Abk. für lat. Patres.

P.P., auch **p.p.** 1) Abk. für lat. praemissis praemittendis, »nach Vorausschickung der Vorauszuschickenden«, Ersatz für Anrede und Titel. 2) ⅗ Abk. für franzos. port payé »Porto bezahlt« (Nachlässigkeitsklausel).

ppa., p.p., ⅗ Abk. für lat. per procura. (→Prokura).

Pr, chem. Zeichen für Praseodym.

Prä... [lat.], Vorsilbe in Fremdwörtern: vor..., vorher..., z.B. Präparation, Vorbereitung.

Prä'ambel [lat.] die, Vorrede, Einleitung.

Präb'ende [lat.] die, svw. →Pfründe.

Prachtfinken, bunte, trop. Webervögel, beliebte Stubenvögel.

pr'aecox [lat.], frühreif, frühzeitig.

Prädestinati'on [lat.] die, Vorherbestimmung. Zw.: **prädestin'ieren. P.-Lehre,** die Lehre von der Vorherbestimmung des Menschen. Sie ist bes. durch Augustinus entwickelt worden, war aber von jeher umstritten.

Prädik'ant [lat.] der, Prediger.

Prädik'at [lat.] das, 1) ⑤ Satzaussage. 2) ehrendes Beiwort; Titel.

prädispon'iert [lat.], vorausbestimmt; empfänglich, anfällig (für Krankheiten).

Pr'ado [span. »Wiese, Aue«] der, öffentl. Park- und Gartenanlagen in span. Städten. **P.-Museum (Museo del P.),** Gemäldesammlung in Madrid.

prädomin'ieren [lat.], vorherrschen.

Präexist'enz [lat.] die, Lehre vom Dasein der Seele schon vor Erzeugung des Leibes.

Präf'atio [lat.] die, 1) Vorrede. 2) kath. Messe: Gebet vor der Wandlung.

Präf'ekt [lat.] der, oberster Verwaltungsbeamter, in Frankreich des Departements, in Italien der Provinz.

Präfer'enz [lat.] die, Vorzug, Vorrang; ⓐ gegenseitige Vorzugsbehandlung zwischen zwei oder mehreren Ländern, bes. durch niedrige Zollsätze (Vorzugszölle, **P.-Zölle**).

Präf'ix [lat.] das, ⑤ Vorsilbe.

Prag, tschech. **Praha,** Hauptstadt der Tschechoslowakei, 1,1 Mill. Ew., beiderseits der Moldau, über die 11 Brücken führen, mit schönem geschlossenem Stadtbild aus der Zeit der Gotik und des Barock. Auf dem hochgelegenen Hradschin der got. Dom St.Veit (14. Jahrh.) mit Wenzelkapelle, Grabmal des hl. Nepomuk; in der Altstadt Rathaus, Univ. u.a. Hochschulen. Im Wirtschaftsleben stehen Handel (Prager Mustermesse) und Bankwesen voran; vielseitige Ind., u.a. Maschinen, Nahrungsmittel, elektrotechn., chem., opt. Ind.; Verkehrsknoten, Flußhafen; südl. P.s Stauwerk mit Kraftwerk. – P. war seit dem 10. Jahrh. Sitz des Bischofs und der böhm. Könige. Es erlebte eine Blütezeit bes. unter Kaiser Karl IV., der 1348 in P. die erste dt. Univ. gründete. 1618 leitete der **Prager Fenstersturz** den Dreißigjährigen Krieg ein. 1866 **Prager Friede** zwischen Preußen und Österreich (Dt. Krieg von 1866).

Prägedruck, die mit oder ohne Farbe (Blinddruck) auf Prägepressen ausgeführte Herstellung von Druckerzeugnissen, bei der die Schrift erhaben oder vertieft erscheint, →prägen.

prägen, Herstellen erhabener oder vertiefter Verzierungen, Schrift u. ä. in Metall, Papier, Pappe mittels Pressen in zweiteiligen Prägeformen. **Massivprägen** von Münzen; **Hohlprägen:** Gebrauchsgegenstände aus Blech, Verzieren von Pappe.

pragm'atisch [von grch. pragma »Tat«], auf Tatsachen beruhend; auf die Praxis bezogen; dem Nutzen dienend.

Pragmatische Sanktion die, ein Staatsgrundgesetz, z. B. die österreich. von 1713, durch die Kaiser Karl VI. die Unteilbarkeit der habsburg. Länderbesitzes festlegte und die Erbfolge zugunsten Maria Theresias auch auf weibl. Nachkommen ausdehnte.

Pragmat'ismus [grch.] der, von C. S. →Peirce 1878 begründete und von W. James und J. Dewey ausgebildete philosoph. Lehre, die alles theoret. Erkennen nur nach dem Nutzen wertet. Die menschl. Erkenntnis ist nur ein Werkzeug des Handelns (Instrumentalismus).

prägn'ant [lat.], bündig, treffend. **Prägn'anz** die, Begriffsschärfe, Bestimmtheit.

Pr'ähistorie [lat.] die, →Vorgeschichte.

Prahm der, ⚓ flacher offener Lastkahn.

Präjud'iz [lat.] das, ⚖ Gerichtsentscheidung, die für künftige gleichartige Fälle richtungsweisend ist. Zw.: präjudiz'ieren.

Pr'akrit [Sanskrit] das, mittelindische Volksmundarten, bes. im religiösen Schrifttum der →Dschaina.

Pr'aktik [grch.] die, 1) Praxis, Ausübung. 2) Kunstgriff, Kniff.

praktik'abel [grch.], zweckdienlich, brauchbar. Bühnentechnik: wirklich, nicht nur gemalt.

Pr'aktikum das, -s/...ka, 1) prakt. Tätigkeit zur Vorbereitung auf bestimmte Berufe (Praktik'antenzeit). 2) im akadem. Unterricht Übung zur prakt. Anwendung des Gelernten.

pr'aktisch, 1) für das tätige Leben tauglich, Gegensatz: theoretisch. 2) zweckdienlich, brauchbar, geschickt, Gegensatz: unpraktisch. 3) tätig, die Praxis ausübend.

praktiz'ieren, ausüben (Beruf, Methode).

Präl'at [lat.] der, kath. Kirche: höherer kirchl. Würdenträger. Evangel. Kirche: in einigen Landeskirchen die Leiter kirchl. Aufsichtsämter, auch der Vertreter der EKD bei der Bundesregierung.

prälimin'ar [lat.], einleitend, vorläufig. **Präliminar'ien,** Vorverhandlungen, vorläufige Abmachungen. **Prälimin'arfriede,** Vorfriede.

Pral'ine die, Praliné das, Schokoladenzuckerwerk, gefüllt mit Marzipan u. a.

Präl'udium [lat.] das, -s/...dien, ♪ Vorspiel.

Pr'ämie [lat.] die, 1) Belohnung für Verdienste. 2) ⚄ Zuschuß (Ausfuhr-P.). 3) Börse: das Reugeld beim P.-Geschäft. 4) Zuschuß zum Lohn. 5) Risikozuschlag. 6) Versicherung: der regelmäßige Beitrag des Versicherten. 7) Lotterie: Zusatzgewinn. **prämi'ieren,** mit einem Preis auszeichnen.

Prämiengeschäft, bedingtes Termingeschäft an der Börse, läßt Rücktritt vom Geschäft gegen Zahlung einer Prämie zu.

Prämiensparen, 1) Sparverfahren bei Sparkassen und Volksbanken, bei dem regelmäßig ein Sparbetrag und ein Auslosungsbetrag einzuzahlen sind. 2) **Sparprämie,** wird Sparern bei Abschluß bestimmter Kapitalansammlungsverträge unter Ersterwerb und Festlegung best. Wertpapiere (Festlegungsfrist 6 oder 7 Jahre) von der öffentl. Hand gewährt. 3) Wohnungsbauprämie.

Prag: Karlsbrücke mit Hradschin

Präm'isse [lat.] die, Voraussetzung; Logik: der Vordersatz beim →Schluß.

Prämonstrat'enser Mz., kath. Mönchsorden, gegr. 1120 in Prémontré (Picardie); weiße Tracht.

Prandtauer, Jakob, österreich. Barockbaumeister, * 1660, †1726; Stift Melk an der Donau.

Prandtl, Ludwig, Physiker, *1875, †1953, Gründer des Instituts für Strömungsforschung in Göttingen.

Pranger der, **Schandpfahl,** an dem im MA. Verbrecher zur Schau gestellt wurden. **anprangern,** Mißstände der Öffentlichkeit bekanntgeben.

pränumer'ando [lat.], im voraus; →postnumerando.

Präpar'at [lat.] das, etwas kunstgemäß Zubereitetes; z. B. Arzneimittel oder naturkundl. Lehrmittel. **Präparati'on** die, Vorbereitung, Zubereitung. Zw.: präpar'ieren.

Präponder'anz [lat.] die, Übergewicht.

Präpositi'on [lat.] die, ⓢ Verhältniswort.

Präraffael'iten Mz., engl. Maler (seit 1848), die die italien. Kunst vor Raffael zum Vorbild nahmen.

Prär'ie [frz. »Wiese«], die, große baumlose Grasebenen in Nordamerika, östl. an das Felsengebirge anschließend, im SW Wüstensteppe. **P.-Indianer,** zusammenfassend die in der P. lebenden Indianerstämme (Sioux, Algonkin u. a.).

Prärogat'iv [lat.] das, **Prärogat'ive** die, Vorrecht der Staatsoberhauptes, bes. des Monarchen. In modernen Rechtsstaaten sind dafür meist die durch die Verfassung festgelegten Befugnisse getreten.

Pr'äsens [lat. »gegenwärtig«] das, ⓢ Gegenwartsform des Zeitworts.

präs'ent [lat.], gegenwärtig, anwesend. **Präs'ent** das, -es/-e, Geschenk.

präsent'ieren, 1) vorzeigen, darreichen, einreichen, vorstellen, vorschlagen. 2) ⚔ das **Gewehr** p., eine Ehrenbezeigung.

Präs'enz [lat.] die, Gegenwart, Vorhandensein.

Praseod'ym das, **Pr,** chem. Element aus der Gruppe der Lanthaniden.

Präservat'iv [lat.] das, →Kondom.

Pr'äses [lat.] der, Präsident, Vorsitzender.

Präsid'ent [lat.] der, Vorsitzender; Staatsoberhaupt einer Republik.

Präsidi'alsystem, eine Staatsverfassung, bei der ein vom Volk gewählter Präsident die Regierung unabhängig vom Vertrauen der Volksvertretung entweder selbst als Regierungschef (USA) oder durch ein von ihm eingesetztes Ministerium (später in der Weimarer Rep.) ausübt.

Präs'idium [lat.] das, Vorsitz; präsid'ieren, den Vorsitz führen.

prästabil'ierte Harmon'ie, →Leibniz.

präsumt'iv [lat.], voraussichtlich, mutmaßlich. **Präsumti'on** die, Mutmaßung.

Prätend'ent [lat.] der, Bewerber; bes. ein Fürst, der Ansprüche auf einen ihm vorenthaltenen Thron erhebt. **prätenti'ös,** anspruchsvoll.

Prätensi'on, Prätenti'on die, Anspruch.

Pr'ater [aus ital.] der, Park in Wien.

Prät'eritum [lat.] das, ⓢ Vergangenheitsform des Zeitwortes.

praeter pr'opter [lat.], ungefähr, etwa.

Prato: Kastell

Prät'ext [lat.] der, Vorwand.

Pr'ato, Stadt in Mittelitalien, 141000 Ew.; Dom (13. Jahrh.), Paläste (14. Jahrh.), Kastell (1250), Gemäldegalerie; Textil-, Lederind.

Pratol'ini, Vasco, italien. Schriftsteller, *1913; Romane (»Chronik armer Liebesleute«).

Pr'ätor [lat.] der, -s/...t'oren, im alten Rom urspr. die Konsuln, dann die mit der Zivilgerichtsbarkeit betrauten Beamten.

Prätori'aner Mz., die Leibwache röm. Feldherren und Kaiser; daher: Schutzwache.

Prät'orius, Michael, eigentl. **Schultheiß,** Komponist und Musikwissenschaftler, *1571, †1621; evangel. Kirchenmusiker, schrieb 2-16stimmige Psalmen, Motetten u. a.

Pr'ättigau, Prätigau das, Hochtal des Flusses Landquart im schweizer. Kt. Graubünden.

Präval'enz [lat.] die, Übergewicht. **präval'ieren,** überwiegen.

Prävarikati'on [lat.] die, ♗ Parteiverrat (→Partei).

Präventi'on [lat.] die, Zuvorkommen, bes. mit einer Rechtshandlung; Strafrecht: Abschreckung. **prävent'iv,** vorbeugend. **Prävent'ivkrieg,** ein Krieg, den ein Staat beginnt, um dem Angriff eines Gegners zuvorzukommen.

Pr'axis [grch.] die, 1) Ausübung, Anwendung einer Lehre. Gegensatz: Theorie. 2) Tätigkeitsbereich, z. B. des Arztes.

Prax'iteles, griech. Bildhauer, um 350 v. Chr. in Athen; berühmt durch die Anmut seiner Götterbilder: Aphrodite, Apollon, Hermes.

Präzed'enzfall [lat.], ein Musterfall für die Behandlung späterer ähnlicher Fälle.

Präz'eptor [lat.] der, Lehrer. **P. Germaniae,** Lehrer Deutschlands, Beiname des Hrabanus Maurus und des Philipp Melanchthon.

Präzessi'on [lat.] die, Wandern der Achse eines bewegten Kreisels auf einem gedachten Kegelmantel (→Kreisel). Die Erdachse beschreibt in 26000 Jahren (**Platonisches Jahr**) einen solchen Kegel. Infolgedessen durchwandern in diesem Zeitraum Frühlings- und Herbstpunkt einmal die Ekliptik, d. h. die Tagundnachtgleichen rücken jährl. auf der Ekliptik von Osten nach Westen um rund 50'' vor.

Präzipit'at [lat.] das, Niederschlag. **P.-Salbe,** die weiße Quecksilbersalbe.

präz'is [lat.], bestimmt, genau; kurz und deutlich. **Präzisi'on** die, Genauigkeit, Bestimmtheit. **präzis'ieren,** genau angeben.

Präzisionsmechanik, svw. →Feinmechanik.

Pred'ella [ital.] die malerisch oder plastisch geschmückter Sockel des Altarschreins.

Predigerorden, Bez. für die →Dominikaner.

Prediger S'alomo, Schrift des A. T., dem König Salomo zugeschrieben.

Predigerseminar das, Vorbildungsanstalt für evang. Theologen nach der 1. Prüfung.

Pr'edigt [von lat. praedicare »verkündigen«] die, die gottesdienstl. Rede, zur Verkündung und Auslegung des Wortes Gottes; ihr liegt meist eine Bibelstelle zugrunde. In der evang. Kirche steht die P. im gottesdienstl. Mittelpunkt.

Praxiteles: Hermes (Ausschnitt)

Preiselbeere, a Blüte, b Frucht

Preet'orius, Emil, Graphiker, Bühnenbildner und Kunstschriftsteller, *1883.

Preetz, Stadt in Schlesw.-Holst., im SO von Kiel, 14700 Ew.; Industrie.

prefabricated [prif'æbrikeitid, engl.], vorgefertigt.

Pregel der, Hauptfluß Ostpreußens, 128 km lang, entsteht aus Inster und Angerapp, mündet in das Frische Haff.

Preis der, 1) ⚏ der Gegenwert für eine Ware oder Leistung. In der freien Marktwirtschaft bilden sich die P. durch Ausgleich von Angebot und Nachfrage **(P.-Bildung).** Das Ausmaß, in dem die P. auf Veränderungen von Angebot oder Nachfrage reagieren, ist die **P.-Elastizität.** Daneben wirken die P. der Konkurrenzgüter auf die P.-Höhe. Die P. stehen zueinander in einem best. Verhältnis **(P.-Gefüge).** Voraussetzung für das selbsttätige Einspielen der Markt-P. ist freier Wettbewerb. Monopole können ihre marktbeherrschende Stellung zum Herauftreiben oder Herabdrücken der P. wahrnehmen, auch zur Festsetzung unterschiedl. P. für verschiedene Käuferschichten **(P.-Differenzierung).** – Veränderungen der Waren-P. **(P.-Bewegungen)** sind eine Erscheinungsform der wirtschaftl. Wellenbewegungen. Generelle P.-Bewegungen erklären sich aus dem Steigen und Sinken des Geldwertes. – **P.-Politik** ist die staatl. Beeinflussung der P., bes. in Kriegs- und Notzeiten, aber auch im normalen Wirtschaftsleben für best. Güter und Leistungen. Ihr wichtigstes Mittel ist die Festsetzung von Höchst-, Mindest- oder Fest-P. Da staatl. Fest-P. keinen automat. Ausgleich von Angebot und Nachfrage bewirken, sind ergänzende Maßnahmen der Produktions- und Verbrauchslenkung (Rationierung) notwendig. 2) Siegergewinn bei Wettbewerben.

Preisbindung der zweiten Hand, Vertragssystem, durch das sich der Abnehmer verpflichtet, beim Weiterverkauf der Ware den vom Hersteller festgesetzten Preis einzuhalten und weitere Abnehmer zur Einhaltung des gleichen Preises zu verpflichten; in der Bundesrep. Dtl. zugelassen für Markenartikel und Verlagserzeugnisse **(vertikale Preisbindung).**

Preiselbeere, Preißelbeere, Kronsbeere, immergrüner Kleinstrauch. Heidekrautgewächs, auf trockenem Waldboden, mit rötlichweißen Glockenblüten und roten, herben Beeren.

Preisschere, bildl. Ausdruck für die Spannung zwischen zwei Preisreihen, bes. der landwirtschaftl. Produkte und der von der Landwirtschaft benötigten Industriegüter.

Preiswerk, Handwerksform: der Handwerker beschafft die Rohstoffe selbst. Gegensatz: Lohnwerk.

prek'är [frz.], unsicher, mißlich, heikel.

Prellbock, Vorrichtung zum Anhalten von Wagen am Ende der Gleise.

Preller, Friedrich, d. Ä., Maler, *1804, †1878; griech. Landschaften mit Sagengestalten.

Prellung, ♪ Verletzung durch stumpfe Gewalt (Schlag, Stoß, Auffallen); mit Bluterguß verbunden.

Prélude [prel'yd, frz.] das, Vorspiel.

Premier [prəmj'e, frz.] der, Kurzwort für **Premierminister,** Ministerpräsident.

Premiere [prəmj'ɛːrə, frz.] die, Ur- oder Erstaufführung eines Bühnenstücks, Films.

Premnitz, Stadt im Bez. Potsdam, 11200 Ew.

Prenzlau, Stadt im Bez. Neubrandenburg, die Hauptstadt der Uckermark, am Unter-Uckersee, 21200 Ew.; Maschinen-, Zucker- u. a. Industrie.

Pr'esbyter [grch. »Ältester«] der, 1) Kirchenältester. 2) evang. Kirche: die erwählten Vertreter der Gemeinden.

Presbyteri'aner, reformiert-evangel. Kirchen, die die bischöfl. Verfassung der Anglikan. Kirche und den gemäß. Kongregationalismus ablehnen und sich selbst regieren **(Presbyterialverfassung).**

Presbyt'erium, [grch.] das, 1) das Kollegium der Presbyter. 2) der für die Geistlichkeit bestimmte Teil des Kirchenraums.

press'ant [frz.], eilig, dringend.

Preßburg, slowak. **Bratislava,** Hauptstadt der slowak. Rep. und wichtigster Donauhafen der ČSSR; 281000 Ew.; Dom, Schloß (Wohnsitz der ungar. Könige), Univ.; vielseitige Ind., Weinbau. P. war 1541 bis 1784 Haupt- und Krönungsstadt Ungarns. **Preßburger Friede** vom 26.12.1805 zwischen Frankreich (Napoleon I.) und Österreich.

Presse die, 1) Vorrichtung oder Maschine zur Ausübung von Druck, mit der Hand, mit Dampf, Druckwasser (→hydraulische Presse), Druckluft. Arten: Schrauben-P., Hebel-P., Exzenter-P., Kurbel-P., Kolben-P., verwendet als Öl-, Wein-, Papier-, Präge-P. usw., bes. auch als **Buchdruck-P.** und Schnell-P., →Buchdruck. 2) Zeitungen und Zeitschriften; auch Sammelbezeichnung für die Journalisten. Die P. ist mit Rundfunk und Fernsehen das wichtigste Mittel zur Bildung der öffentl. Meinung und zur Verbreitung von Nachrichten, von Einfluß auch auf die Wirtschaft und die Wissenschaft (Fach-P.). **Presseverbände** in der Bundesrep. Dtl. u.a.: Bundesverband der Dt. Zeitungsverleger e.V. in Bad Godesberg, der Dt. Journalisten-Verband e.V. in Bonn, der Verband Dt. Zeitschriftenverleger e.V. in Frankfurt a.M.

Presseagentur, →Nachrichtenagentur.

Pressefreiheit, das Recht auf freie Meinungsäußerung durch die Presse; umfaßt das Recht, ungehindert Nachrichten und Informationen einzuholen und ohne Zensur darüber zu berichten sowie Kritik zu üben. Die P. findet ihre Grenze an den allgem. Gesetzen.

Presserecht, ♊ die Rechtsnormen, die die Beziehungen zwischen Presse, Staat, Allgemeinheit und dem Staatsbürger regeln. Das P. gilt für die Erzeugnisse der Buchdruckerpresse wie auch für alle sonstigen durch mechan. oder chem. Mittel bewirkten und zur Verbreitung bestimmten Vervielfältigungen von Schriften und bildl. Darstellungen. - In der Bundesrep. Dtl. gilt bis zum Erlaß eines Bundespresseges. das Reichspresseges. (7.5.1874), sofern die Länder nicht eigene Presseges. erlassen haben.

Pressestelle, Abteilung einer Behörde zur Unterrichtung von Presse, Rundfunk u.a. über Ziele und Beweggründe behördl. Maßnahmen.

Preßguß, →Druckguß.

press'ieren [lat.], drängen, Eile haben.

Preßkohlen, →Brikett.

Preßkopf, Wurst mit grobem Füllsel aus Schweinskopf, Zunge, Fettstücken.

Preßluft, →Druckluft.

Preßmassen, Gemische aus harzartigen Stoffen (Kunstharzen) und Füllstoffen, die unter Druck und Hitze zu starren Formteilen verpreßt werden.

Preßspan, dichte, glatte, harte Pappe, für Isolierzwecke in der Hochspannungstechnik, z.B. zu Spulenkörpern.

pressure group [pr'efə gru:p, engl.] die, Interessengruppe (z.B. Wirtschaftsverbände), die auf die Entschlüsse des Parlaments Druck auszuüben sucht (→Lobbyismus).

Prestige [prɛst'i:ʒ, frz.] das, Ansehen, Einfluß.

pr'esto [ital.], ♪ schnell; **prest'issimo,** sehr schnell.

Preston [pr'estən], Hafenstadt in NW-England, 113300 Ew.; Textil-, Textilmaschinenind.; Kessel- und Schiffbau.

Pret'oria, Hauptstadt der Rep. Südafrika und von Transvaal, 550000 Ew. (202700 Weiße); zwei Univ., viele wissenschaftl., kulturelle Einrichtungen; vielseit. Ind.; bei P. Gold-, Platin-, Eisenlager.

Preußen Mz., 1) ehemaliger baltischer Volksstamm, →Prußen. Danach 2) die Bewohner Ost- und Westpreußens und 3) 1701-1945 die Einwohner des preußischen Staates.

Preußen, ehem. Land (das größte) des Dt. Reiches, 294159 km², (1939) 41,7 Mill. Ew., 10 Provinzen: Ostpreußen, Brandenburg, Pommern, Schlesien, Sachsen, Schleswig-Holstein, Hannover, Westfalen, Hessen-Nassau, Rheinprovinz; dazu die Hauptstadt Berlin und die Hohenzollerischen Lande.

GESCHICHTE. Die Entstehung des preuß. Staates ist das Werk der →Hohenzollern, die seit 1415 Kurfürsten von Brandenburg waren (→Brandenburg, Geschichte); sie erhoben 1486 Berlin zur Hauptstadt und führten 1539 die Reformation ein. Kurfürst Johann Sigismund erwarb 1614 die rheinisch-westfälischen Gebiete Kleve, Mark und Ravensberg, ferner 1618 das Herzogtum P. (Ostpreußen ohne Ermland), den Rest des alten Deutschordensstaates (→Deutscher Orden). Der Große Kurfürst Friedrich Wilhelm (1640-88) setzte im Innern den fürstl. Absolutismus durch, erwarb 1648 Hinterpommern, Halberstadt, Minden und 1680 das Herzogtum Magdeburg, beseitigte 1657 die poln. Lehnsoberhoheit über das Herzogtum P. Kurfürst Friedrich III. krönte sich am 18.1.1701 in Königsberg als Friedrich I. zum König in Preußen. Sein Nachfolger Friedrich Wilhelm I. (1713 bis 40) schuf das preuß. Heer und Beamtentum; von Schweden erwarb er 1720 Vorpommern bis zur Peene. Friedrich II., d. Gr. (1740-86), erhob P. zur europ. Großmacht; er eroberte das öster. Schlesien und verteidigte es im →Siebenjährigen Krieg; dazu erwarb er 1744 Ostfriesland. Er gewährte volle Glaubensfreiheit, trieb eine großzügige Siedlungspolitik und schuf das »Allgemeine Preußische Landrecht«. Bei den Teilungen Polens erhielt P. 1772 Westpreußen mit dem Ermland und Netzdistrikt, 1793 und 1795 weite Gebiete Polens einschließl. Warschau. Im Krieg von 1806/07 gegen →Napoleon I. erlebte P. einen völligen Zusammenbruch und verlor im Tilsiter Frieden 1807 die Hälfte seines Staatsgebiets. Die innere Erneuerung kam durch die Reformen Steins, Hardenbergs und Scharnhorsts: Bauernbefreiung, Selbstverwaltung der Städte, allgemeine Wehrpflicht. Im Frühjahr 1813 erhob sich P. gegen die napoleon. Herrschaft; mit den siegreichen →Freiheitskriegen erhielt P. 1814/15 die Provinz Posen, den Rest Vorpommerns, die nördl. Hälfte des Königreichs Sachsen, vor allem Westfalen und die Rheinprovinz. Es gründete 1828-34 den Dt. Zollverein. Unter Friedrich Wilhelm IV. (1840-61) errang der bürgerl. Liberalismus vorübergehend einen Sieg in der Märzrevolution 1848; die Folge war die konservative Verfassung von 1850. Der König lehnte 1849 die dt.

Preßburg

Pretoria: Vortrecker-Denkmal

Primel

Kaiserkrone ab, und der Versuch, durch eine »Union« der dt. Fürsten einen kleindt. Bundesstaat zu schaffen, scheiterte am Widerstand Österreichs (Vertrag von Olmütz 1850). Dann begann Wilhelm I. (seit 1858 Prinzregent, seit 1861 König) mit seinem Kriegsminister Roon eine Neuordnung und Vermehrung des Heeres, geriet jedoch in scharfen Gegensatz zur liberalen Mehrheit des Abgeordnetenhauses. Diesen Machtkampf focht Bismarck, 1862 zum MinPräs. berufen, zugunsten der Monarchie durch. Gleichzeitig gelang ihm die bisher vergeblich erstrebte kleindt. Reichsgründung: in den Kriegen von 1864, 1866 und 1870/71 siegte das preuß. Heer dank der Feldherrnkunst Moltkes; P. wurde 1866 durch die Einverleibung Schleswig-Holsteins, Hannovers, Hessen-Kassels, Nassaus und Frankfurts wesentlich vergrößert, Wilhelm I. am 18. 1. 1871 in Versailles zum Deutschen Kaiser ausgerufen. Im neuen Dt. Reich war P. der führende Bundesstaat; der Reichskanzler war meistens auch preuß. MinPräs. 1918 wurde P. Freistaat und erhielt 1920 eine demokrat.-parlamentar. Verfassung. Die langjährige sozialdemokrat. Regierung Braun-Severing wurde 1932 durch Reichskanzler v. Papen abgesetzt. Hitler vereinigte 1934 die preuß. Regierung mit der des Reiches. Nach dem Zusammenbruch von 1945 wurde P. 1947 aufgelöst.

Preußisch Blau, das →Berliner Blau.

Preußisch 'Eylau, Stadt in Ostpreußen, südl. von Königsberg, (1939) 7500 Ew.; seit 1945 unter sowjet. Verw. **(Bagrationowsk).**

Prévert [prev'ε:r], Jacques, französ. Dichter *1900; Gedichte, Drehbücher (»Kinder des Olymp«).

Prévost [prev'o:], Marcel, eigentl. E. **Marcel,** französ. Erzähler, *1862, †1941; Romane.

Prévost d'Exiles [prevodεgz'il], Antoine-François, Abbé, französ. Erzähler, *1697, †1763; »Manon Lescaut«.

Preysing, Konrad Graf v., Kardinal (seit1946), *1880, †1950; wurde 1932 Bischof von Eichstätt, 1935 von Berlin; war führend im Kampf der kath. Kirche gegen den Nationalsozialismus.

Prez, Josquin des **P.** [ʒɔsk'ε̃ de pr'e], frankoniederländ. Komponist, * um 1450, †1521; Messen, Motetten, weltliche Lieder.

prezi'ös [frz.], kostbar; geziert.

Prezi'osen, Preti'osen [lat.] Mz., Schmuck, Edelsteine.

Pr'iamos, Priamus, sagenhafter König von →Troja, Gemahl der Hekuba, Vater des Hektor und des Paris, hatte insgesamt 50 Söhne.

Pri'apus, griech.-röm. Fruchtbarkeitsgott.

Priel [ndt.], der, schmaler Wasserablauf im Wattenmeer; durch Ebbe und Flut offengehalten.

Priem [niederländ. »Pfläumchen«] der, Stück Kautabak. **priemen,** Tabak kauen.

Prießnitz, Vincenz, Naturheilkundiger, *1799, †1851, trat für die Kaltwasserbehandlung ein. **P.-Umschlag** (Kompresse), feuchter Umschlag, mit trockenen wollenen Tüchern bedeckt.

Pr'iester [aus grch.], der, Bevollmächtigter und Stellvertreter der Gemeinde bei kultischen und rituellen Handlungen, häufig auch der Mittler zur Gottheit. Amt des P. ist es, die kult. Tradition zu hüten. Das Priestertum kann erblich sein oder als unpersönl. Amt durch Weihen u.a. übertragen werden. In der chines. Staatsreligion, im Islam und im Urbuddhismus fehlt es. In der kath. Kirche ist der P. ein Kleriker, der die **P.-Weihe** empfangen hat. Die evangel. Kirchen kennen keinen besonderen Priesterstand.

J. B. Priestley

Priestley [pr'i:stli], 1) John Boynton, engl. Erzähler, Dramatiker *1894; Romane: »Die Engelsgasse«, »Die guten Gefährten«; Schauspiel: »Ein Inspektor kommt«. 2) Joseph, engl. Naturforscher, *1733, †1804; Entdecker des Sauerstoffs.

Prignitz die, Nordwestteil der ehem. Kurmark Brandenburg, nordöstl. von Elbe und Havel.

Prim [lat.] die, 1) ♪ →Prime. 2) kath. Kirche: eine Gebetsstunde, →Horen. 3) Fechtsport: gerader Hieb von oben nach unten.

Pr'ima [lat. »die Erste«] die, -/...men, 1) zwei Klassen einer höheren Schule: **Unterprima,** 12. Schuljahr; **Oberprima,** 13. Schuljahr. **Prim'aner** der, Schüler der P. 2) Erstausfertigung eines Wechsels. **pr'ima,** abgek. **Ia,** sehr fein, ausgezeichnet.

Primaballer'ina [ital.] die, erste Solotänzerin eines Theaters.

Primad'onna [ital.] die, erste Sängerin.

prim'är [lat.], ursprünglich, anfänglich.

Prim'arschule, in der Schweiz: Volksschule.

Pr'imas [lat. »Erster«] der, 1) der Erste Erzbischof eines Landes. 2) ♪ der Erste Geiger, z.B. Zigeuner-P.

Prim'at [lat. primatus] der und das, 1) Erstgeburtsrecht, erste Stelle, Vorrang. 2) Vorrang des Papstes als Oberhaupt der kath. Kirche.

Prim'aten [lat.] Mz., **Herrentiere,** die höchstentwickelten Säugetiere: Affen, Halbaffen.

pr'ima v'ista [ital.], 1) Musik: vom Blatt. 2) auf Wechsels: bei Sicht (zu bezahlen).

Pr'ime [lat.] die, ♪ die erste Stufe; Grundton einer Tonleiter, eines Zusammenklangs.

Pr'imel [lat.] die, ausdauernd krautige Pflanzengattung mit grundständiger Blattrosette: **Hohe P.,** mit hellgelben Blüten, und **Gebräuchliche P.,** mit sattgelben Blüten, Wald- und Wiesenblumen (**Schlüsselblume, Himmelsschlüssel**); **Alpenaurikel,** gelb blühend, in den Voralpen usw., unter Naturschutz (BILD Alpenpflanzen), **Gartenaurikel,** mit glatten Blättern und bunt braunroten bis gelben Samtblüten, und **Garten-P.,** rauhblättrig, meist rotbunt; **Chinesische P.,** weiß bis rosa blühend, weitkelchig, und **Becher-P.,** weiß bis violett blühend, mit Trichterkelch, beliebte Zimmerpflanzen aus China; scheiden durch Drüsenhaare das Allergien verursachende Primin aus. Auch priminfreie Züchtungen.

primit'iv [lat.], 1) ursprünglich, urzuständlich, urtümlich. 2) einfach, dürftig.

Prim'iz [lat.] die, kath. Kirche: die erste Messe eines neugeweihten Priesters.

Primo de Riv'era, 1) José Antonio, span. Politiker, Sohn von 2), *1903, †1936, Gründer der Falange, im Bürgerkrieg von Kommunisten erschossen. 2) Miguel, Marqués de Estella, span. General und Politiker, *1870, †1930, kam nach einem Staatsstreich 1923 an die Regierung und führte sie seit 1925 als Diktator unter dem König, der ihn 1930 entließ. Er starb in Paris.

Primogenit'ur [lat.] die, Erstgeburt, das Vorzugsrecht der Erstgeborenen bei der Erbfolge.

prim|ordi'al [lat.], ursprünglich.

pr'imus [lat.], der, Erste; **p. inter p'ares,** der Erste unter Gleichen (an Rang, Bedeutung).

Primzahlen, ganze Zahlen, die nur durch 1 und sich selbst teilbar sind, z.B. 3, 5, 7, 11.

Prince of Wales [prins ɔv weilz], Titel des engl. Thronfolgers.

Pr'inceps [lat. »der Erste, Vorderste«] der, Mz. Principes, 1) im alten Rom: Ehren- oder Amtstitel; seit Octavianus: der röm. Kaiser, →Prinzipat. 2) im MA.: Fürst.

Princeton [pr'instən], Stadt im Staat New Jersey, USA, Univ., Rockefeller-Forschungsinstitut.

Príncipe [pr'insipə], Insel im Golf von Guinea, →São Tomé.

princ'ipiis 'obsta [lat.], wehre den Anfängen.

Printe [ndt.] die, eine Art Pfefferkuchen.

Prinz [aus lat. →princeps] der, **Prinz'essin** die, nichtregierendes Mitglied eines Fürstenhauses; **Prinzgemahl,** Gemahl einer regierenden Herrscherin; **Prinzregent,** →Regent.

Prinz-Eduard-Insel, engl. **Prince Edward Island,** Insel jm S des Sankt-Lorenz-Golfs, bildet die kleinste kanad. Provinz, 5657 km², 108500 Ew.; Hauptstadt: Charlottetown. Landwirtschaft, Fischerei.

Prinz'ip [lat.] das, -s/-ien, Grundsatz; Grundbegriff. **prinzipi'ell,** grundsätzlich.

Prinzip'al [lat.] der, 1) Eigentümer eines kaufmänn. Unternehmens. 2) Hauptstimme der Orgel.

Prinzip'at [lat.] der und das, die Würde eines →Princeps; bes. das röm. Kaisertum.

Pr'ior [lat. »Oberer«] der, -s/...'oren, Gehilfe eines Abtes oder Vorsteher eines Klosters.

Priorit'ät [lat.] die, Vorzug, Vorrang.

Prioritätsaktie, →Vorzugsaktie.

Pr'ipet der, rechter Nebenfluß des Dnjeprs, 779 km lang, aus Wolhynien, durchfließt Polesien, entwässert die Pripet-Sümpfe.

Pr'ise [frz.] die, 1) was man mit 2-3 Fingern fassen kann (z. B. Schnupftabak). 2) SEEKRIEGS-RECHT: als Seebeute weggenommenes feindl. oder neutrales Privatgut (Schiff, Ladung oder beides). Das **Prisenrecht** ist auf der Grundlage des Völkerrechts in nationalen **Prisenordnungen** festgelegt. Über die Rechtmäßigkeit der Wegnahme entscheidet ein (nationales) **Prisengericht.**

Pr'isma [grch.] das, -s/...men, 1) △ Säule; ein Körper, bei dem Grundfläche und Deckfläche deckungsgleiche Vielecke sind. Rauminhalt = Grundfläche mal Höhe. 2) OPTIK: keilförmiger Körper aus lichtdurchlässigem und lichtbrechendem Stoff, z. B. Glas, Quarz oder Steinsalz, benutzt zur Richtungsänderung abbildender Strahlen, zur Bilddrehung, zur spektralen Zerlegung von Licht u.a.m.

Pr'iština, Gebietshauptstadt in der serb.Volksrep., Jugoslawien, 44 000 Ew.; Textilindustrie.

Pritzwalk, Stadt im Bez. Potsdam, 10 500 Ew.; Tuchindustrie.

priv'at [lat.], nicht öffentlich, persönlich.

Privatdozent [lat.] der, zu Vorlesungen an einer Hochschule berechtigter Gelehrter ohne Professur.

Privatier [privatj'e:, frz.] der, -s/-s, Privatmann.

Privatis'ierung die, Überführung von Staatsbesitz in privates Eigentum.

privat'issime [lat.], im engsten Kreis.

Privatklage, ⚖ Strafklage, die, im Gegensatz zur öffentlichen (vom Staatsanwalt erhobenen) Anklage, vom Verletzten selbst **(Privatkläger)** vor dem Amtsgericht erhoben werden kann. Sie ist nur zulässig bei Beleidigung, Körperverletzung, Bedrohung, Hausfriedensbruch, Verletzung von Privatgeheimnissen, Sachbeschädigung, unlauterem Wettbewerb und bei Urheberrechtsverletzung. Die öffentliche Klage wird hier nur erhoben, wenn es im öffentlichen Interesse liegt. Meist muß der P. ein Sühneversuch vorausgehen (§§ 374 ff. StPO).

Privatrecht, ⚖ →bürgerliches Recht.

Privatschulen, neben den öffentl. Schulen bestehende Unterrichtsanstalten, oft mit besonderen pädagog. Methoden; entsprechen in Lehrziel und Lehrplan den öffentl. Schulen.

Privatwirtschaft, die auf Erwerb oder Versorgung gerichtete Tätigkeit der Einzelwirtschaften, im Gegensatz zur Volkswirtschaft oder zu öffentl. Unternehmen.

Privil'eg, Privil'egium [lat.] das, -s/...gien, Sonderrecht.

Prix [pri, frz.], Preis.

pro [lat.], für; **Pro und K'ontra,** Für und Wider.

prob'abel [lat.], wahrscheinlich. **Probabilit'ät** die, Wahrscheinlichkeit. **Probabil'ismus** der, Wahrscheinlichkeitsstandpunkt.

prob'at [lat.], erprobt, bewährt.

Probearbeitsverhältnis, ⚖ Arbeitsverhältnis, über dessen Fortsetzung erst nach einer Probezeit entschieden wird.

prob'ieren [lat.], versuchen, kosten.

Probierkunst, die trockene Untersuchung der Erze, Legierungen usw. auf Edelmetalle; z. B. für Goldlegierungen durch Strichprobe auf dem **Probierstein,** durch Vergleichen mit dem Strich von **Probiernadeln** bekannten Goldgehalts.

Probl'em [grch.] das, Frage, Aufgabe, Rätsel, Schwierigkeit. **Problem'atik** die, Fragestellung, Ungelöstheit, Fragwürdigkeit. **problem'atisch,** 1) ungewiß, unbewiesen. 2) schwierig.

pro'odekan, an Universitäten der Stellvertreter des amtierenden Dekans.

pro d'omo [lat. »für das Haus«], in eigener Angelegenheit; zu eigenem Nutzen.

Prod'ukt [lat.] das, 1) Erzeugnis; **Produktenbörse,** Warenbörse (→Börse). 2) △ →Grundrechnungsarten.

Produkti'on [lat.] die, Erzeugung. 1) VOLKS-WIRTSCHAFT: die Herstellung neuer Güter zur Befriedigung menschl. Bedürfnisse, erfordert den Einsatz von **P.-Mitteln** (Rohmaterial, Energie, menschl. Arbeitsleistung u.a.). Die Aufwendungen bilden die **P.-Kosten.** Die P. gliedert sich in Ur-P. (Land-, Forstwirtschaft, Bergbau) und Weiterverarbeitung. 2) BETRIEBSWIRTSCHAFT: Abteilungen zur techn. Herstellung der Erzeugnisse. 3) Gesamtheit der erzeugten Gütermenge.

Produktionsfaktoren, die drei elementaren Kräfte der Gütererzeugung: Arbeit, Ertragskraft des Bodens, Kapital.

Produktionsgenossenschaften, gewerbl. oder landwirtschaftl. Genossenschaften, die die Erzeugnisse ihrer Mitglieder verarbeiten, verkaufen.

produkt'iv, werteschaffend, fruchtbar.

Produktivit'ät [lat.] die, schöpferische Kraft, Ergiebigkeit. Volkswirtschaftl. unterscheidet man: **absolute P.,** Gesamtergebnis der Produktion, gemessen am Nutzen; **wirtschaftl. P.,** Verhältnis zwischen dem Wert des Produktionsergebnisses und den aufgewendeten Kosten; **techn. P.,** Mengenverhältnis zwischen Ausbringungsmenge und Einsatzmenge, gemessen am Verhältnis des Produktionsergebnisses zu den Produktionsfaktoren, bes. zur Arbeit **(Arbeits-P.).**

Produz'ent [lat.] der, Hersteller, Erzeuger. **produz'ieren,** 1) hervorbringen, erzeugen. 2) zur Schau stellen.

prof'an [lat.], ungeweiht, unheilig, weltlich. **profan'ieren,** entweihen, schänden.

Prof'eß [lat.] die, Ablegung des Ordensgelübdes.

Professi'on [lat.] die, Beruf. **Professional** [prof'e∫nl, engl.] der, Profi, berufsmäßiger Sportler.

Prof'essor [lat.] der, -s/...'oren, Hochschullehrer; entweder **Ordentlicher P.,** beamteter Inhaber eines Lehrstuhls, oder **Außerordentlicher P.,** mit beschränkten Rechten, meist mit bestimmtem Lehrauftrag. **Honorar-P.,** P. mit dem Ehrenrecht, Vorlesungen zu halten. Der Titel P. wird auch ehrenhalber verliehen. **Profess'ur** die, das Lehramt eines P., Lehrstuhl.

Prof'il [ital.] das, Seitenansicht oder Schnitt eines Gegenstandes oder Körpers. **profil'iert,** scharf umrissen, hervortretend.

Prof'it [frz.] der, Gewinn, Nutzen, Vorteil. **profit'ieren,** Nutzen haben.

pro f'orma [lat.],der Form wegen, zum Schein.

Prof'os, Profoß, in Landsknechtsheeren der Regimentspolizist.

prof'und [lat.], tief, gründlich.

prof'us [lat.], verschwenderisch, übermäßig.

Progenit'ur [lat.] die, Nachkommenschaft.

Progester'on das, ♀ Gelbkörperhormon der Eierstöcke, reguliert den Schwangerschaftsablauf.

Prognath'ie [grch.] die, schnauzenartiges Vorstehen des Oberkiefers.

Progn'ose [grch.] die, Vorhersage (der Witterung, des Verlaufs einer Krankheit). Zw.: **prognostiz'ieren.**

Progr'amm [grch.] das, -s/-e, 1) Spielfolge, Festordnung. 2) Arbeitsplan, Ziel. 3) Plan für automatisierte Arbeitsvorgänge in Maschinenanlagen durch Schaltungen, Lochkarten, durch elektron. Rechner u. a. **programm'ieren,** ein P. für einen Rechenautomaten aufstellen.

programmierter Unterricht, ein Unterricht mit genau festgelegten Einzelschritten, dessen Erfolg vom Schüler stndig nachgeprüft werden kann; an Hand von Programmen, in Form von Fragebogen, Lehrbüchern, Lehrmaschinen u. a.

Programmusik, ♪ musikalische Darstellung bestimmter Ereignisse oder Vorstellungen.

Progressi'on [lat.] die, 1) Fortschritt, Stufenfolge. 2) △ die →Reihe. 3) STEUERRECHT: Staffelung des Steuertarifs, so daß mit steigender Besteuerungsmenge (z. B. Einkommen) nicht nur die

Prisma: Sechsseitiges P.

Prognathie

Steuerbeträge, sondern auch die Steuersätze ansteigen. Gegensatz: Degression.

Progressisten [frz.], Fortschrittler, Fortschrittsfreunde, auch als polit. Parteiname gebräuchlich. In jüngster Zeit wird die Bezeichnung P. vor allem für radikaldemokratisch-sozialistische Gruppen benutzt.

progress'ive Paral'yse die, Gehirnerweichung (→Paralyse).

progressiver Jazz, →Jazz.

Prohibiti'on [lat.] die, Verhinderung, Verbot, bes. staatl. Verbot von Herstellung und Verkauf alkoholhaltiger Getränke (Alkoholverbot). P. bestand 1920-33 in den Verein. Staaten, 1919-22 in Finnland, 1918-26 in Norwegen. Teil-P. besteht gegenwärtig in verschiedenen Staaten. **prohib'ieren,** verhindern, verbieten. **prohibit'iv, prohibit'orisch,** hindernd, verbietend.

Prohibit'ivsystem das, außenhandelspolitisches System mit dem Zweck, Ein- und Ausfuhr durch Verbote gänzlich oder durch hohe Zölle **(Prohibitivzölle)** möglichst zu verhindern.

Proj'ekt [lat.] das, Plan, Entwurf; **projekt'ieren,** planen.

Projekt'il [lat.] das, -s/-e, Geschoß.

Projekti'on [lat.] die, △ Abbildung von Körpern, Flächen oder Kurven auf eine Bildebene durch Strahlen. Bei der **Zentral-P.** gehen alle Strahlen von einem Punkt (Zentrum) aus (→Perspektive). Die **Parallel-P.** bildet durch parallele Strahlen zur Bildebene parallele Strecken in wahrer Größe ab. Beim techn. Zeichnen erhält man durch Parallel-P. auf drei senkrecht aufeinanderstehende Ebenen **Grund-, Auf-** und **Seitenriß.** In dem BILD ist der Grundriß des Zylinders ein Kreis, Aufriß und Seitenriß sind Rechtecke.

Projektion:
Parallel-P.

Projektionsgerät, Bildwerfer zur vergrößerten Wiedergabe von Bildern. Im **Diaskop** gehen die Lichtstrahlen durch das durchsichtige Lichtbild (Diapositiv). Undurchsichtige Bilder werden durch das **Episkop** projiziert, wobei das Licht auf die Vorlage geworfen und diese durch das Objektiv auf den Schirm abgebildet wird. Beide Geräte sind im →Epidiaskop vereinigt.

projiz'ieren [lat.], 1) mit Hilfe→Projektion fertigen. 2) mit dem Projektionsgerät vorführen.

Proklamati'on [lat.] die, Verkündigung, Bekanntmachung, Aufruf. Zw.: **proklam'ieren.**

Pr'oklos, griech. Philosoph, *411, †485 n.Chr.; der letzte bedeutende Neuplatoniker.

Prok'ofieff, Serge, Komponist, *1891, †1953; Vertreter der modernen russ. Musik: Opern (»Die Liebe zu den drei Orangen«), Sinfonien.

Prokofieff

Prok'onsul, Propr'ätor, im alten Rom: ein ehemaliger Konsul oder Prätor als Statthalter einer Provinz.

Prok'op, byzantin. Historiker des 6. Jahrh. n.Chr., schrieb die Geschichte der Kriege Kaiser Justinians I. mit den Persern, Wandalen, Goten.

Prok'opjewsk, Stadt in W-Sibirien, Sowjetunion, 286000 Ew.; Kohlengruben.

Prokr'ustes, griech. Sage: ein Räuber, der den zu kurzen Reisenden auf einem Folterbett die Glieder streckte, den zu langen diese abhackte; von Theseus getötet. **P.-Bett,** peinl. Zwangslage.

Prok'ura [lat.] die, 𝄞 eine sehr weitgehende Vollmacht eines Vollkaufmannes oder dessen gesetzl. Vertreters, die den Bevollmächtigten, den **Prokur'isten,** zu allen Geschäften und Rechtshandlungen ermächtigt, die der Betrieb irgendeines Handelsgewerbes mit sich bringt. Die P. kann mehreren Personen gemeinschaftl. erteilt werden **(Gesamt-P.).** Sie ist jederzeit widerruflich, erlischt jedoch nicht mit dem Tode des Geschäftsinhabers (§§ 48ff. HGB). Abk. **ppa.**

Prokur'ator [lat.] der, -s/...t'oren, 1) röm. Reich: der Verwalter einer Provinz. 2) kath. Kirchenrecht: der Prozeßvertreter oder der Vertreter eines religiösen Ordens beim Hl. Stuhl **(General-P.).**

Pr'okyon [grch.], heller Fixstern im Sternbild des Kleinen Hundes.

Prol'aps [lat.] der, →Vorfall.

Proleg'omena [grch.] Mz., Vorbemerkungen, Einleitung.

Prolet'arier [lat.] der, 1) im alten Rom: Bürger, die nicht einmal den niedrigsten Steuersatz zahlten. 2) unter Einfluß des Kommunistischen Manifests klassenkämpferisches Schlagwort für die besitzlosen Lohnarbeiter. (→Marxismus)

Prol'og [grch.] der, Vorrede.

Prolongati'on [lat.] die, Verlängerung der Dauer eines Rechtsverhältnisses, einer Zahlungsfrist, insbesondere bei Wechseln. **prolong'ieren,** verlängern, Stundung bewilligen.

pro mem'oria [lat.], zur Erinnerung. **Promemoria** das, Eingabe, Denkschrift.

Promen'ade [frz.] die, 1) Spaziergang. 2) Spazierweg, Anlage. **promen'ieren,** spazierengehen.

Prom'etheus, griech. Göttersohn, →Titan; raubte dem Zeus das Feuer, um es den Menschen zu bringen; wurde zur Strafe an einen Felsen geschmiedet, wo ihm ein Adler die immer wieder wachsende Leber aushackte, bis ihn Herakles befreite. Später schrieb man P. auch die Schöpfung des Menschen zu. Drama von Äschylos, **prometh'eisch,** titanenhaft, urgewaltig.

Prom'ethium das, **Pm,** künstlich hergestelltes radioaktives Element aus der Gruppe der Lanthaniden.

Prom'ille [lat.] das, Abk.: **p.m.** oder °/₀₀, je Tausend.

promin'ent [lat.], hervorragend. **Promin'ente** der, führende Persönlichkeit.

Promiskuit'ät die, wahlloser Geschlechtsverkehr ohne eheliche Bindung.

Promoter [prom'outə, engl.] der, Veranstalter sportl. Wettkämpfe (z.B. Boxen, Ringen).

Promoti'on [lat.] die, Verleihung der Doktorwürde. **promov'ieren,** die Doktorwürde verleihen oder erlangen.

prompt [lat.], unverzüglich, pünktlich.

Promulgati'on [lat.] die, Verkündigung, bes. eines Gesetzes. Zw.: **promulg'ieren.**

Pron'omen [lat.] das, ⊚ das Fürwort.

prononciert [prɔnɔs'i:rt, frz.], ausgesprochen, betont, scharf ausgeprägt.

Pronunciamiento [pronunθiami'ento, span.] das oder der, Aufstand, Putsch; urspr. Kundgebung.

Pr'onyscher Zaum [nach dem franzöс. Ingenieur Prony, †1839], ⊚ Bremsdynamometer zum Messen der Leistung einer Maschine, z.B. der Pferdestärken (PS) eines Motors.

Pro'ömium [grch.-lat.] das, -s/...mia, Vorspiel, Eingang einer Rede, Vorrede einer Schrift.

Propäd'eutik [grch.] die, Vorbereitung, Vorschule. **propäd'eutisch,** vorbereitend.

Propag'anda [lat.] die, Werbetätigkeit einer Firma, Bewegung, einer Partei oder eines Staates zur Beeinflussung der öffentl. Meinung durch publizist. Mittel, ferner durch Versammlung, »Flüsterpropaganda«. Totalitäre Staaten bedienen sich ihrer systematisch; sie errichten **Propagandaministerien.** Zw.: **propag'ieren.**

Propagandakongregation, kath. Kirche: 1622 gegr. Kardinalskongregation zur Leitung der Mission unter den Heiden und für Bekehrung der nichtkatholischen Christen; seit 1968 **Evangelisationskongregation.**

Prop'an das, C_3H_8, gasförmiger Kohlenwasserstoff; Rohstoff in der chem. Industrie; in Stahlflaschen abgefüllt als Heiz- und Treibgas (ungiftig).

Prop'eller [lat.] der, Luft-, Schiffsschraube.

Propeller-Turbinen-Luftstrahltriebwerk, PTL-Triebwerk, Turboprop, ein Strahltriebwerk, bei dem die Gasturbine nicht nur den Verdichter, sondern über ein Übersetzungsgetriebe auch noch eine Luftschraube antreibt. Das Flugzeug erhält mithin einen Antrieb durch die Luftschraube und durch den Rückstoß der Düse. Verwendung für mittelschnelle Flugzeuge mit größerer Antriebsleistung.

Prop'erz, Sixtus Propertius, röm. Dichter, † nach 16. v.Chr., dichtete Elegien.

Proph'et [grch.] der, Verkünder des göttlichen Willens (→Bibel); Weissager. **prophez′eien,** vorhersagen, weissagen.

Prophyl′axe [grch.] die, ⚕ Vorbeugung, Verhütung von Krankheiten. **prophyl′aktisch,** vorbeugend.

propon′ieren [lat.], vorschlagen, beantragen. **Proporti′on** [lat.] die, 1) Verhältnis. 2) △ eine Gleichung zwischen zwei Zahlenverhältnissen, z.B. 5:15 = 6:18. In jeder P. ist das Produkt der inneren Glieder gleich dem Produkt der äußeren (hier 90). **proportion′al,** verhältnismäßig, im gleichen Verhältnis. **proportion′iert,** gut abgemessen.

Proportionalitätsfaktor, der konstante Quotient zweier veränderlicher Größen; z.B. ist der P. von Spannung zu Strom ein Widerstand.

Prop′orz [von Proportion] der, 1) Verhältniswahl. 2) Verteilung von Ämtern nach dem polit. Kräfteverhältnis.

Propositi′on [lat.] die, 1) Vorschlag. 2) Lehrsatz, Behauptung.

Propst [von lat. praepositus »Vorgesetzter«] der, -es/Pröpste, 1) kath. Kirche: erster Würdenträger in Dom- und Stiftskapiteln. 2) evangel. Kirche: Titel für Superintendent oder Geistliche in gehobener Stellung. **Propst′ei, Präposit′ur** die, Sprengel, Amtshaus des P.

Prop′yl [grch.], die einwertige Atomgruppe C₃H₇-.

Propyl′äen [grch.] Mz., 1) ⌂ Eingangstore zu monumentalen Anlagen (P. der Akropolis zu Athen), danach die P. in München. 2) Name einer von Goethe 1798-1800 herausgegebenen Zeitschrift.

Propyläen: auf der Akropolis, Athen, Westfront vom Niketempel aus

Pr′orektor [lat.], Stellvertreter des Rektors.

Prorogati′on [lat.], Aufschub; die Unterwerfung unter ein gesetzlich nicht zuständiges Gericht; **prorog′iv,** aufschiebend.

Pr′osa [lat.] die, nicht durch Vers gebundene Sprache. **Pros′aiker** der, P.-Dichter. **pros′aisch,** 1) in P. geschrieben. 2) nüchtern.

Prosekt′ur [lat.] die, Institut für Leichenöffnungen (Sektionen) an Krankenhäusern.

Prosel′yt [grch.] der, Neubekehrter, Überläufer (zu einer anderen Partei oder Religion).

Prosench′ym [grch.] das, ⚘ Gewebe mit dickwandigen Zellen, das den Pflanzenkörper festigt. **Pros′erpina,** lat. Name von →Persephone.

Pr′osit [lat. »es möge nützen«] oder **Prost!,** Wohl bekom m's.

Proskripti′on [lat.] die, Ächtung, Verbannung. Zw.: **proskrib′ieren.**

Pr′osna die, linker Nebenfluß der Warthe; entspringt in Oberschlesien, mündet bei Konin.

Prosod′ie [grch.] die, Lehre von der Behandlung der Sprache im Vers.

Prosp′ekt [lat.] der, 1) Werbeschrift. 2) Bekanntmachung über Wertpapiere, die zur Börse zugelassen werden sollen. 3) MALEREI: Ansicht von Gebäudegruppen, Straßen, Plätzen. 4) THEATER: gemalter Bühnenhintergrund.

prosper′ieren [lat.], gedeihen. **Prosperit′ät** die, 1) Wohlstand. 2) guter Fortgang.

Pr′ostata [grch.] die, →Vorsteherdrüse.

Prostitui′on [frz.] die, die gewerbsmäßige Unzucht, wird unter bestimmten Umständen mit Freiheitsstrafe bestraft (§ 361 Nr. 6-6c StGB). **prostitu′ieren,** preisgeben, entehren.

Prosz′enium [grch.] das, vorderster Bühnenteil zwischen Vorhang und Orchester mit seitl. Proszeniumslogen.

Protact′inium [grch.] das, **Pa,** radioaktives chem. Element aus der Gruppe der Aktiniden.

Protagon′ist [grch.] der, 1) im griech. Drama: Hauptspieler. 2) Vorkämpfer.

Prot′agoras aus Abdera, griech. Sophist, * etwa 485, †415 v.Chr., lehrte die menschl. Bedingtheit alles Wissens und aller Erkenntnis (»der Mensch ist das Maß aller Dinge«).

Protégé [prɔteʒ′e, frz.] der, Günstling, Schützling. **protegieren** [prɔteʒ′i:rən], begünstigen.

Prote′in [grch.], ⚗ einfacher Eiweißkörper.

Protekti′on [lat.] die, Förderung, Gönnerschaft, Schutz. **Prot′ektor** der, Schirmherr, Beschützer, Gönner.

Protektion′ismus [lat.] der, handelspolit. System, das die inländ. Erzeugung einzelner Wirtschaftsbereiche (z. B. Landwirtschaft) durch Schutzzölle, Einfuhrkontingente u.a. vor der ausländ. Konkurrenz zu schützen sucht. Das →GATT strebt den Abbau des P. seiner Mitglieder an.

Protektor′at [lat.] das, 1) VÖLKERRECHT: die Schutzherrschaft eines Staates oder einer Staatenmehrheit über einen anderen Staat, dessen Außenpolitik ganz oder teilweise von der Schutzmacht wahrgenommen wird (z.B. Indien über Sikkim). Das P. wird meistens durch einen Schutzvertrag begründet. Es kann auch eine Form für koloniale Abhängigkeit sein. 2) Gönnerschaft. 3) Ehrenvorsitz.

Proteroz′oikum [grch.] das, ⊕ neuere Bezeichnung für →Eozoikum.

Prot′est [lat.] der, 1) Einspruch, Widerspruch. 2) ♫ Wechsel-P., →Wechsel.

Protest′ant [lat. »Widersprecher«] der, Angehöriger der lutherischen oder der reformierten Kirche. Der Name stammt von dem feierlichen Einspruch (Protestation) der evang. Stände auf dem Reichstag zu Speyer 1529 gegen den Beschluß der kath. Mehrheit, der alle kirchl. Neuerungen verbot.

Protestant′ismus der, die aus der →Reformation hervorgegangenen Glaubensgemeinschaften im Unterschied zur römisch-kath. und Ostkirche. Die kirchl. Mannigfaltigkeit des P. ist stark ausgeprägt. Ihnen allen ist gemeinsam, daß nur das Evangelium Richtschnur für Kirche und Verkündigung ist. Die Lehre von der →Rechtfertigung allein durch den Glauben ist nicht für alle protestant. Gemeinschaften in derselben Weise verbindlich geblieben. Gegenüber der sakralen Heilsvermittlung in der kath. Kirche betont der P. den persönlichen Charakter des Glaubens, das allgemeine Priestertum. Der P. begründete die Freiheit des nur an Gottes Wort gebundenen Gewissens. Gesamtzahl: etwa 316 Mill. Protestanten; davon etwa 78 Mill. dem Luthertum, 50-55 Mill. dem reformierten P., 40 Mill. der Anglikan. Kirche, die übrigen den Methodisten, Baptisten und kleineren Kirchengemeinschaften zugehörig. (BILD S. 730)

Pr′oteus, griech. Sage: weissagender Meergreis, der sich in alle Gestalten verwandeln konnte.

Proth′allium [grch.] das, der Vorkeim der Farnpflanzen.

Proth′ese [grch.] die, Ersatz für verlorengegangene Körperteile, z.B. Zahn-P., Augen-P., Ersatzglieder (künstliche Glieder).

Protok′oll [grch.] das, 1) Niederschrift über eine Verhandlung, Erklärung, Aussage, einen Beschluß. 2) VÖLKERRECHT: zwischenstaatl. Vereinbarung, z.B. das Genfer P. von 1925. 3) Abteilung der Auswärtigen Ämter unter dem **Chef des P.,** die sich mit den persönl. Angelegenheiten der Mitglieder des Diplomat. Korps und Fragen des diplomat. Zeremoniells befaßt.

Prothese: Kunstbein mit seitlich bewegl. Vorfuß

Protestantismus: Links Taufe, Mitte Konfirmation in einer evangelischen Kirche, rechts die Präsidenten der Vollversammlung des Ökumenischen Rates der Kirchen (anläßlich der Weltkirchenkonferenz in Uppsala 1968).

Protok'olle der Weisen von Zion, gefälschte Protokolle einer fiktiven jüd. Tagung, die einen Plan zur Aufrichtung der jüd. Weltherrschaft unter einem König aus dem Hause Zion enthalten.

Pr'oton [grch. »erstes«] das, ein →Elementarteilchen, zusammen mit dem Neutron Baustein aller Atomkerne.

Pr'oto|notar [lat.], oberste Rangstufe der päpstl. Hof- und Ehrenprälaten.

Protopl'asma [grch.] das, ⊕ ❧ ⨀ das in den Zellen (Zytoplasma) aller Lebewesen enthaltene eiweißhaltige Stoffgemisch **(Protopl'ast),** das sich in eine äußere gleichförmige Schicht (Ektoplasma) und eine innere, Körnchen (z. B. Mitochondrien, Chromatophoren, Fettkügelchen) aufweisende Schicht (Entoplasma) gliedert. P. und Zellkern sind die Träger des Lebens.

Protot'yp [grch.] der, Urbild, Musterbild.

Protoz'oen [grch.] Mz., →Urtiere.

protrah'ieren [lat.], aufschieben, verzögern.

Protuber'anz [lat.] die, **1)** ❨ Vorsprung. **2)** aus der Chromosphäre der Sonne emporgeschleuderte leuchtende Gasmasse. Größte Aufstiegshöhe etwa 1 Mill. km. (FARBTAFEL Sternkunde S. 874)

Protze die, ⚔ ✠ zweirädriger Vorderwagen von Geschützen.

Proudhon [prud'ɔ̃], Pierre Joseph, französ. Sozialist, *1809, †1865, griff die herrschende Eigentumsverfassung an (Eigentum ist Diebstahl).

Proust [pru:st], Marcel, französ. Erzähler, *1871, †1922; Romanwerk »Auf der Suche nach der verlorenen Zeit«.

Provence [prɔv'ã:s]die,Landschaft in S-Frankreich, mit Mittelmeerklima, meist Gebirgsland (Schaf-, Ziegenzucht); in den fruchtbaren Niederungen Anbau von Wein, Maulbeerbäumen, Oliven, Gemüse, Obst, Blumen. Die Bewohner, die venz'alen, haben eine eigene Sprache (→Provenzalische Sprache). – Der Name P. kommt von der röm. Bezeichnung Provincia für SO-Frankreich.

Providence

Die P. gehörte im Mittelalter zum Kgr. Burgund, kam 1246 an das Haus Anjou, 1481 mit Frankreich vereinigt.

Proveni'enz [lat.] die, Herkunft, Ursprung.

Provenz'alische Sprache, Mundart S-Frankreichs **(Langue d'oc),** war im MA. auch Schriftsprache. Blütezeit der Dichtung 11.-13.Jahrh. (→Troubadour).

Prov'erb [lat.] das, Sprichwort.

Provi'ant [ital.] der, Mundvorrat; Lebensmittel (bes. für Truppen).

Providence [pr'ɔvidəns], Hauptstadt des Staates Rhode Island, USA, 207 500 Ew.; Hafen,Univ.; Hauptsitz der amerikan. Schmuckwarenind.

Provid'enz [lat.] die, Vorsehung.

Prov'inz [lat.] die, **1)** im alten Rom ein der röm. Herrschaft unterworfenes, von einem Statthalter verwaltetes Land. **2)** größerer Teil eines Staatsganzen. **3)** im kath. Ordenswesen Vereinigung mehrerer Ordensniederlassungen (Klöster) unter einem **Provinzi'al. 4)** Kirchenprovinz: Bezirk eines Erzbischofs.

Provinzial'ismus [lat.] der, mundartl. Ausdruck.

provinzi'ell, kleinstädtisch, beschränkt (in Gesichtskreis und Ansichten).

Provisi'on [lat.] die, Vergütung für die Vermittlung oder Besorgung eines Geschäfts.

Prov'isor [lat.], ✠ Verwalter einer Apotheke.

provis'orisch [lat.], vorläufig, bis zur endgültigen Regelung geltend. **Provis'orium** das, vorläufiger Zustand, vorläufige Einrichtung.

Provitamine, natürl. Vorstufen der Vitamine.

Provokati'on [lat.], die, Herausforderung, Aufreizung. **Provokateur** [-'œ:r], Lockspitzel, Aufreizer. **provokat'orisch, provokat'iv,** herausfordernd, aufreizend. **provoz'ieren,** herausfordern, reizen, herauf beschwören.

Pr'oxima Cent'auri, ✫ der uns nächste Fixstern (4,3 Lichtjahre entfernt).

Prozed'ur [lat.] die, Verfahren.

Proz'ent [lat.] das, **v.H.,** %, für, auf, vom Hundert. Egw.: **prozentu'al.**

Proz'eß [lat.] der, **1)** Vorgang, Geschehen. **2)** ⚖ das Gerichtsverfahren zur Entscheidung von Rechtsstreitigkeiten (Zivilprozesse, Strafprozesse, Verwaltungsgerichtsprozesse u. a.). Das **Prozeßrecht** ist in Prozeßordnungen enthalten.

Prozeßfähigkeit, ⚖ die Fähigkeit, einen Prozeß selbst oder durch einen Bevollmächtigten zu führen.

Prozessi'on [lat.] die, **1)** feierl. Aufzug. **2)** kath. Kirche: gottesdienstl. Umzug der Geistlichkeit und der Gläubigen, auch als Bittgang.

Prozessi'onsspinner, Nachtschmetterling, dessen Raupen abends in geordneten Zügen vom Ruheplatz zum Futterplatz in die Baumkronen wandern. **Eichen-P.** und **Kiefern-P.**, Schädlinge.

Prschewalski [pʃεv'alski], Nikolai M., russ. General und Asienforscher (NW-Tibet, Huanghoquellgebiet), *1839, †1888.

prüde [frz.], zimperlich, spröde tuend. **Prüder'ie** die, Zimperlichkeit.

Prud'entius, Aurelius P. Clemens, christl.-lat. Dichter, * um 348, † um 405; »Psychomachia«.

Prud'hon [pryd'ɔ̃], Pierre-Paul, franzöz. Maler, *1758, †1823, schuf, vom Helldunkel Correggios beeinflußt, mytholog.-allegor. Bilder, Bildnisse.

Pr'unus [lat.], Baum- und Strauchgattung, Rosenblüter, z. T. mit Steinobst (Kirsche, Pflaume, Aprikose, Pfirsich, Traubenkirsche, Schlehe).

Prur'igo, →Juckausschlag.

Prur'itus [lat.] der, Hautjucken, Juckreiz.

Prus, Bolesław, eigentl. Alex. **Głowacki,** poln. Schriftsteller, *1847, †1912; schrieb naturalist.-psycholog. Romane (»Pharao«).

Prußen, Pruzzen Mz., balt. Volksstamm an der Ostsee, östl. der Weichsel, vom →Deutschen Orden im 13. Jahrh. unterworfen, zum Christentum bekehrt, ging im ostpreuß. Deutschtum auf.

Pruth, rumän. **Prut,** linker Nebenfluß der Donau, 632 km lang, ist Grenzfluß zwischen Rumänien und der Moldauischen SSR.

Przemyśl [pʃ'εmisl], Stadt in Polen, 53 100 Ew.; an der poln.-sowjet. Grenze; Bischofssitz.

Przemysliden [pʃεmisl'i:dən], altes böhmisches Herrscherhaus tschechischer Herkunft.

Przybyszewski [pʃybyʃ'εfski], Stanisław, poln. Dichter, *1868, †1927, schrieb zunächst deutsch (Essays, Romane); seit 1898 in Krakau einer der Führer des naturalistisch-symbolistischen »Jungen Polens«.

Przywara [pʃyv'ara], Erich, Jesuit, *1889; Religionsphilosoph, bemüht sich um eine Synthese von Thomismus und moderner Philosophie.

P.S., lat. post scriptum, Nachschrift.

PS, Abk. für Pferdestärke (→Leistung).

Psalm [grch. »Gesang«] der, -s/-en, die 150 im **Psalter** des A. T. gesammelten Lieder. **Psalm'ist** der, Dichter von Psalmen. **Psalmod'ie** die, Psalmengesang.

Psalter [grch.] der, **1)** Sammlung von →Psalmen. **2)** ♪ altes harfenähnliches Saiteninstrument.

Pseudo... [grch.], in Fremdwörtern: falsch, unecht, z. B. Pseudodiphtherie, falsche Bräune.

Pseudoisid'orische Dekret'alen, folgenreiche kirchenrechtl. Fälschungen aus dem 9. Jahrh.

Pseudomorph'ose [grch.] die, **Afterkristalle,** Mineralien, die eine ihnen fremde Kristallform erfüllen.

Pseudon'ym [grch.] das, Deckname. **pseudon'ym,** unter falschem Namen, Decknamen.

Psittak'ose [grch.] die, ♀ die →Papageienkrankheit, eine Viruskrankheit.

Psor'iasis, P. vulg'aris [grch.], die Hautkrankheit Schuppenflechte.

Psychag'ogik [grch.] die, Menschenführung durch seel. Beeinflussung (heilpädagog. Zweck).

Ps'yche [grch.] die, **1)** urspr. Hauch, Atem. **2)** Leben, Seele. **3)** die Geliebte des →Amor. **ps'ychisch,** auf das Seelenleben bezüglich, seelisch.

psyched'elisch [urspr. engl. aus grch.] nennt man die Wirkungen mancher Drogen (z. B. LSD), die angeblich den geistig-sinnl. Erfahrungsbereich erweitern.

psychog'en [grch.], seelisch bedingt.

Psychohygi'ene [grch.] die, seelischer Gesundheitsschutz, bes. Vorbeugung gegen Überbelastung und Fehlentwicklung.

Psycholog'ie [grch. »Seelenkunde«] die, die Wissenschaft vom seelischen Leben. Die **allgemeine P.** oder **theoretische P.** untersucht allgemeine seelische Erscheinungen wie Auffassung und Gedächtnis, Denken und Phantasie, Verhalten und Handeln. Neuere Arbeitsrichtungen sind Strukturlehre, Gestalttheorie, Ganzheits-P., Typen-P., Tiefen-P., Personwissenschaft. Die **Entwicklungs-P.** gliedert sich heute in Kinder-, Jugend-, Erwachsenen-, Alters-P. Die **angewandte P.** umfaßt eine große Reihe von Sachgebieten wie Wirtschafts- (Arbeits-, Betriebs-, Verkaufs-) P., pädagogische P. (P. der Erziehung und der Schule), medizinische P. (mit klinischer P. und Psychopathologie), gerichtliche oder forensische P. (P. des Rechtsbrechers, des Zeugen usf.), soziale oder politische P.

Psycholog'ismus [grch.-lat.], PHILOSOPHIE: die Überbewertung psycholog. Gesichtspunkte.

Psychopath'ie [grch.] die, eine meist angeborene seelisch-charakterliche Abartigkeit, z. B. Geltungssucht, Fanatismus, Schwermut u. a.; sie tritt in allen Graden auf (leichte, krankhafte, kriminelle P.). Behandlung durch →Psychotherapie.

Psychopatholog'ie [grch.] die, Lehre vom kranken Seelenleben, die wissenschaftliche Grundlage der Psychiatrie.

Psychoph'armaca [grch.] Mz., Arzneimittel, die die Stimmung und Verhaltensweise des Menschen beeinflussen.

Psychophys'ik die, Wissenschaft von den Wechselbeziehungen zwischen körperl. und seel. Vorgängen; ihr Begründer ist Th. Fechner.

Psych'osen [grch.] Mz., Ez. **Psychose** die, Hauptgruppe der →seelischen Krankheiten.

Psychosom'atik [Kw., grch.] die, Lehre der Medizin und Psychologie über die Ganzheit von Seele und Körper, insbes. über die Zusammenhänge zwischen Seelenleben und Krankheit (V. v. Weizsäcker).

Psychot'echnik, angewandte Psychologie.

Psychotherap'ie [grch.] die, Behandlung seelischer Leiden (→Neurosen, →Psychopathien) und seelisch bedingter körperl. Leiden (Organneurosen) durch seelische Beeinflussung (→Psychoanalyse, Suggestion, Hypnose).

psychroph'il [grch.], ♀ ☖ kälteliebend.

Pt, chem. Zeichen für Platin.

P.T., Abk. für: praemisso titulo [lat.], d. h. mit Voraussschickung des Titels; gleichbedeut. mit P.P.

Ptah, ägypt. Ortsgottheit von Memphis, Schutzherr der Handwerker und Künstler.

Pteros'aurier [grch.] der, →Flugsaurier.

Ptolem'äus, Feldherr Alexanders des Großen, gewann nach 323 v. Chr. die Herrschaft über Ägypten; seine Nachkommen, die **Ptolemäer,** herrschten bis 30 v. Chr.

Ptolem'äus, Claudius, Geograph, Astronom, Mathematiker, gebürtiger Ägypter, etwa 85-160 n. Chr. in Alexandria, faßte die Beobachtungen seiner Vorgänger im **Ptolem'äischen Weltsystem** zusammen; danach wurde die Erde als Mittelpunkt der Welt angenommen; schrieb eine wissenschaftl. Begründung der Astrologie.

Ptyal'in [grch.] das, ein stärkespaltendes Enzym des Speichels.

Pu, chem. Zeichen für Plutonium.

Pubert'ät [lat.] die, Lebensstufe der Entwicklung zur Geschlechtsreife, meist bei Jungen das 13.-15., bei Mädchen das 12.-14. Lebensjahr.

Publicity [engl., pʌbl'isiti] die, **1)** Publizität; allgem. Bekanntheit, Berühmtheit. **2)** Reklame, Werbung.

Public Relations [p'ʌblik ril'eiʃənz, engl. »Verbindungen zur Öffentlichkeit«], Öffentlichkeitsarbeit; Maßnahmen, um Menschen für eine Idee, eine Berufsgruppe, eine Firma zu gewinnen oder zu erhalten.

Public School [p'ʌblik sku:l], engl. höhere Internatsschule, z. B. Eton, Harrow, Rugby, Westminster, Winchester.

publ'ik [lat.], öffentlich, bekannt. **Publikati'on** die, Veröffentlichung, Bekanntmachung, Druck-

Prud'hon:
Mädchenakt
(Kreidezeichnung)

Puccini

Pufendorf

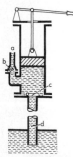

Pumpe, links:
Saugpumpe,
a Druckventil,
b Saugventil,
c Saugrohr,
d Kolben,
e Zylinder,
rechts:
Druck-
pumpe, a Druck-
rohr, b Druck-
ventil, c Steig-
ventil, d Saug-
rohr

schrift. **P'ublikum** das, Öffentlichkeit; Zuschauer, Hörerschaft, interessierte Allgemeinheit.

Publiz'istik [lat.] die, Behandlung öffentl. Angelegenheiten in öffentl. Aussprache durch Wort, Schrift, Bild; übertragen: die Mittel dieser Aussprache (Presse, Rundfunk, Film, Fernsehen). **Publiz'ist**, Schriftsteller, der auf die öffentl. Meinung einwirkt, bes. in der Presse. **publiz'ieren**, veröffentlichen.

Publizit'ät [lat.] die, Öffentlichkeit, Offenkundigkeit. **P.-Prinzip**, der Grundsatz des →öffentlichen Glaubens.

Puccini [putʃ'i:ni], Giacomo, italien. Opernkomponist, *1858, †1924; »Bohème«, »Tosca«, »Madame Butterfly«.

Puck [engl.] der, 1) ein Kobold. 2) die Scheibe im Eishockey.

Pückler-Muskau, Hermann Fürst v., *1785, †1871; bekannt durch seine künstler. Gärten.

Pudel Mz., kraushaarige Hunde, gelehrige Tiere. (TAFEL Hunde.)

Puder der, ein Pulver aus Reisstärke oder Zinkoxyd und Talk zur Hautpflege.

Pud'owkin, Wsewolod Iwanowitsch, russ. Filmregisseur, *1893, †1953.

Pu'ebla, Stadt in Mexiko, östl. vom Popocatepetl, 360600 Ew.; Baumwoll-, Lederindustrie.

Pu'eblos [span. pueblo »Dorf«] Mz., seßhafte Indianerstämme in den südl. Hochlandstaaten Nordamerikas; wohnen in festungsartigen Stammeshäusern; Maisbauern.

puer'il [lat.], kindisch, zurückgeblieben.

Puerper'alfieber [lat.], Kindbettfieber, →Wochenbettfieber.

Pu'erto Rico, die kleinste der Großen Antillen, einschl. Nebeninseln 8897 km², 2 76 Mill. Ew. (²/₃ Weiße, ⅓ Neger u. Mischlinge), Hauptstadt: San Juan; gebirgig (bis 1338 m hoch), mit trop. Klima. Anbau von Zuckerrohr, Bananen, Kaffee, Ananas, Tabak; Fischfang; Nahrungsmittel-, Textil-, Zement-, Maschinen- u. a. Ind. Fremdenverkehr. GESCHICHTE. P. R., 1493 von Kolumbus entdeckt, wurde 1508 von den Spaniern in Besitz genommen, 1898 an die USA abgetreten.

P'ufendorf, Samuel, Jurist, Philosoph und Geschichtsschreiber, *1632, †1694, kritisierte die damalige Reichsverfassung.

Puff, 1) das, ein Brettspiel, Tricktrack. 2) das, Freudenhaus. 3) der, Schlag, Stoß. 4) der, Polsterstuhl ohne Lehne.

Puffbohne, Ackerbohne, Saubohne, zu den Wicken gehörige, weiß-schwarz blühende, fettkrautige Futter-, Gemüse-, Gründüngungspflanze.

Puffer der, 1) federnde Vorrichtung an den Stirnseiten der Untergestelle von Eisenbahnwagen zur Aufnahme von Druck- und Stoßkräften. 2) Stoffe zur Aufrechterhaltung der Wasserstoffionenkonzentration in Reaktionssystemen. 3) gebackene Kartoffelpfannkuchen.

Pufferstaat, kleiner Staat zwischen größeren.

Puffotter der, gefährl. Giftschlange Afrikas.

Pu-i, *1906, †1967; 1909-12 Kaiser von China, 1934-45 von Mandschukuo (Kang Teh).

P'ula, italien. Pola, Stadt in Kroatien, Jugoslawien, an der Südspitze von Istrien, 41000 Ew.; römische Baureste (Amphitheater), Dom (9. Jahrh. gegr., 1923 neu erbaut); Schiffswerft. – P. war 1850-1918 österreich.-ungar. Hauptkriegshafen.

Pulcinella [pultʃin'ɛla, ital. »Hähnchen«], Charaktermaske der Commedia dell'arte, der gefräßige, unverschämte, listige Diener.

Pulheim, Gem. im Kr. Köln, Nordrh.-Westf., 11000 Ew.

P'ulitzer, Joseph, nordamerikan. Journalist und Zeitungsverleger, *1847, †1911; Stifter der **P.-Preise** für Literatur, Erziehung, öffentl. Verdienste.

Pulk [russ.] der, Haufen, Trupp.

P'ulkowo, Observatorium südl. v. Leningrad.

pullen [engl.], 1) rudern. 2) im Rennen: ein Pferd pullt, drängt scharf vorwärts. 3) beim Wettrennen betrügen.

Pullman [p'ulmən], George Mortimer, ame-

rikan. Industrieller, *1831, †1897, baute 1858 den ersten Eisenbahnschlafwagen, 1864 den ersten Durchgangswagen (P.-Wagen); gründete 1867 die **P.-Palace Car Company** in Chicago.

Pull'over [engl.] der, Strickbluse.

Pully [pyl'i], Stadt im schweizer. Kt. Waadt, 15800 Ew.

pulmon'al [lat.], die Lunge betreffend.

P'ulpa [lat.] die, Zahnmark (→Zähne).

P'ulque [span.] der, mexikan. alkohol. Getränk, gegorener Saft der Agave.

Puls [lat. »Stoß, Schlag«]der, sicht- und fühlbare Bewegung an den größeren Schlagadern, hervorgerufen durch das bei jedem Herzschlag wiederholte Einströmen des Blutes in den Anfangsteil der Hauptschlagader. Jedem Herzschlag entspricht ein P.-Schlag; in Ruhe beim Erwachsenen etwa 60-80 in der Minute, beim Kinde im 10. Lebensjahre 90, im ersten 130; die Zahl wird erhöht durch körperl. Arbeit, geistige Erregung, Fieber (Tachykardie). Bei allen, auch krankhaften Veränderungen der Herztätigkeit ist der P. verändert. **P.-Verlangsamung** (Bradykardie), z. B. bei Gehirnblutung. **P.-Adern,** →Schlagadern.

Puls'are Mz., 1967 entdeckte stellare Objekte, die mit 0,03 bis etwa 3,7 s Periode Radioimpulse größter Regelmäßigkeit aussenden. Die Strahlung rührt von rotierenden überdichten (Neutronen-) Sternen her, deren mitgeführtes Magnetfeld auf Elektronen in der Umgebung einwirkt. Auch im sichtbaren Gebiet ist bei einem P. der Lichtwechsel genau entsprechend den Radioimpulsen gefunden worden.

Pulsom'eter der, kolbenlose Dampfdruckpumpe zur Wasserförderung.

Pulver [lat. »Staub«] das, 1) sehr fein zerteilter fester Stoff. Man unterscheidet grobe P. (Korngröße größer als 0,75mm), mittlere P. (0,3 bis 0,75 mm), feine P. (unter 0,3 mm). 2) →Schießpulver.

Pulver, Liselotte, Filmschauspielerin, *1929.

Pulvermetallurgie, aus Pulver, Körnern oder Spänen von Metallen und Nichtmetallen Formkörper durch Druck und Wärme herstellen.

Pulverschnee, lockerer, nicht ballender Schnee.

Pulververschwörung, der mißglückte Plan fanat. Katholiken in England, Jakob I. 1605 mit dem Parlament in die Luft zu sprengen.

P'uma der, **Kuguar, Silberlöwe,** Großkatze mit hellgrauem Fell, lebt wild nur noch in S-Amerika, in N-Amerika fast ausgerottet.

Puma

Pumpe die, Arbeitsmaschine zum Fördern (bes. Heben) von Flüssigkeiten und zum Verdichten oder Verdünnen von Gasen und Dämpfen. Die wichtigsten Arten sind Kolben-; Zahnrad-, Kreisel-, Dampfstrahl-, Ketten-P., Stoßheber, Mischluftheber.

P'umpernickel der, westfäl. schwarzes Roggenbrot, Schrotbrot.

Pumphose [ndt.], weite Kniebundhose.

Pumps [pʌmps, engl.] Mz., Schlupfhalbschuhe ohne Spangen oder Schnüre.

Pumpspeicherwerk, Kraftwerk, bei dem mit Hilfe des überschüssigen Nachtstromes wieder Wasser in das Speicherbecken gedrückt wird.

P'una, engl. Poona, Stadt in Indien, im SO von Bombay, 806400 Ew.; alte Paläste, Tempel; Textil-, Papier-, chem. Industrie.

P'unas Mz., kalte öde Hochebenen in Peru und Bolivien, oberhalb von 3500 m.

Punch [pʌntʃ], Gestalt der engl. Komödie des 18. Jahrh. (Kasperl); danach polit.-satirische engl. Wochenschrift (gegr. 1841).

Punchingball [pʼʌntʃiŋbɔːl], Übungsball für Boxer.

P'unctum [lat.] das, Punkt. **P. s'aliens,** der springende Punkt; Kernpunkt.

Pünder, Hermann, Verwaltungsjurist, *1888; 1949-57 MdB (CDU); 1952-57 Vizepräs. der Gemeins. Versammlung der Montanunion.

P'unier [von lat. Poenus, Phönikier] Mz., Karthager, Bewohner von →Karthago. Egw.: **punisch.**

P'unische Kriege, die drei Kriege der Römer mit den Karthagern (**Puniern**) um die Vorherrschaft im westl. Mittelmeer. Im **1. P. K.** (264-241 v. Chr.) verlor Karthago nach mehreren röm. Seesiegen Sizilien. Den **2. P. K.** (218-201 v. Chr.) führte Hannibal anfangs erfolgreich (→Cannae), aber schließlich unterlag Karthago bei Zama und mußte alle auswärtigen Besitzungen und die Flotte ausliefern. Im **3. P. K.** (149-146) wurde Karthago vernichtet.

Punjab [pʌndʒʼaːb] der, →Pandschab.

Punkt [lat.] der, 1) △ Ort im Raum, Gebilde ohne Ausdehnung. 2) Teilfrage, Glied einer Aufzählung oder Ausführung. 3) ♪ Einheit zur Bewertung von Leistungen. 4) ⑤ Zeichen am Ende eines Satzes; Abkürzungszeichen. 5) △ Rechenzeichen der Multiplikation, **mal** z. B. 3 · 3. 6) ▯ Maßeinheit für die Schriftgröße: 0,38 mm. **punkt'ieren,** P. machen, mit P. versehen; eine →Punktion ausführen.

Punktati'on die, vorläufige Abfassung eines Vertrags (Aufstellung der einzelnen Punkte).

Punkti'on [lat.] die, ⚕ Einstich in Hohlräume des Körpers mit einer Hohlnadel, um krankhafte Flüssigkeitsansammlungen festzustellen und zu entfernen, z. B. **Pleura-, Kniegelenk-P.**

Punsch [von sanskr. pantscha »fünf«] der, Getränk aus Wasser, Wein oder Tee mit Zucker oder Rum, Gewürzen, Zucker; meist heiß genossen.

P'unta [ital., span.] die, Vorgebirge, Spitze.

P'unta Ar'enas, Provinzhauptstadt in Chile, 64500 Ew.; Hafen an der Magellanstraße.

punzen, mit Stahlstiften (**Punze**) erhabene oder vertiefte Figuren in Metall treiben.

Pup'ille [lat.] die, ⚕ Sehloch (→Auge).

P'upinspule, zwei Spulen auf einem ringförmigen, aus Eisenpulver und Isoliermittel gepreßten Kern, dient zur Verminderung der Dämpfung auf Fernsprechleitungen, von dem Amerikaner M. Pupin (*1858, †1935) erfunden.

Puppe [lat.] die, 1) Nachbildung der Menschengestalt, bes. Kinderspielzeug. 2) Getreide-P., eine Art Garbenstapel. 3) ⚘ Entwicklungsstufe der Insekten; ein Ruhezustand, in dem das Tier, in einer festen Haut liegend, die Verwandlung von dem Zustand der Larve zum ausgebildeten Vollkerf vollzieht.

Puppenspiel, Theaterspiel mit bewegl. Marionetten oder Handpuppen, im 12. Jahrh. aus Asien nach Europa gekommen.

pur [lat.], rein, unvermischt.

Purcell [pɔːsl], Henry, engl. Komponist, *1659, †1695; Opern, Kirchen-, Instrumentalwerke.

Pür'ee [frz.] das, Brei, Mus.

purg'ieren [lat.], abführen, reinigen. **Purgat'iv** die, ⚕ Abführmittel. **Purgat'orium** das, Reinigungsort, Fegefeuer.

Pur'im [hebr. »die Lose«] das, **Losfest,** jüd. Fest am 14. Adar (März) zur Erinnerung an die Errettung der pers. Juden durch Esther.

Pur'ine Mz., ⚛ ringförmige, stickstoffhaltige Kohlenwasserstoffverbindung, bildet sich im Tier- und Pflanzenkörper, z. B. Harnsäure.

Pur'ismus [lat.] 1) übertriebenes Streben, die Muttersprache von Fremdwörtern zu reinigen. **Pur'ist** der, Anhänger des P. 2) 1918 von Ozenfant und Le Corbusier begründete Kunstrichtung in Malerei und Architektur; erstrebte eine klare und strenge Formgebung.

Purrmann: Häuser in Porto d'Ischia (1957)

Purit'aner [von lat.], seit etwa 1560 die engl. Protestanten, die im Geiste des Calvinismus der Kirche ihre evang. Reinheit wiedergeben und vor allem auch die bischöfl. Verfassung der anglikan. Staatskirche durch eine presbyterianische Synodalverfassung ersetzen wollten. Aus den P. sind neben den eigentl. Presbyterianern auch die Independenten, Baptisten und Quäker hervorgegangen. Die sittl. Ideale des **Puritan'ismus** sind strenge Selbstzucht und verstandesmäßige Beherrschung des Trieblebens.

P'urpur der, roter Farbstoff aus dem Saft der P.- und Stachelschnecken, chem. ein Indigoabkömmling. – Im Altertum war der **P.-Mantel** Zeichen höchster Würde (asiat. Könige, röm. Senatoren und Kaiser), jetzt Farbe der Kardinäle.

Purrmann, Hans, Maler, *1880, †1966; malte südl. Landschaften, Stilleben und figürl. Bilder in leuchtkräftigen Farben.

pürschen, Nebenform von pirschen.

Pur'ús der, rechter Nebenfluß des Amazonas, 3210 km lang.

Pusan, Hafenstadt in S-Korea, 1,43 Mill. Ew.; Endpunkt des kontinentalasiat. Eisenbahnnetzes, Fähre nach Japan; Baumwoll- u. a. Ind.

P'uschkin, Alexander, russ. Dichter, *1799, †1837; Gedichte, Versroman »Eugen Onegin«, Trauerspiel »Boris Godunow«, Novellen.

Puschkin

Puschl'av, italien. **Poschiavo** [pɔskiʼavɔ], Landschaft im schweizer. Kt. Graubünden, zwischen Berninapaß und Veltliner Grenze.

Pushball [puʃ-, engl.], Ballspiel zwischen zwei Mannschaften, die einen Ball um 180 cm Durchmesser ins gegner. Mal zu schieben versuchen.

P'ußta [ungar. »Einöde«] die, -/...ten, in Ungarn große, einst unbewohnte Steppen, die jetzt z. T. mit Reis und Grünfutter bebaut sind; Viehzucht.

P'ustel [lat.] die, Eiterbläschen.

P'ustertal, 100 km langes Tal in den Ostalpen zwischen den Hohen Tauern und den Dolomiten und Karn. Alpen. Der W-Teil ist seit 1919 italienisch; Hauptort: Bruneck.

putat'iv [lat.], vermeintlich, irrtümlich. **Putativdelikt (Wahnverbrechen),** ⚖ erlaubte Handlung, begangen in der Meinung, daß sie strafbar sei.

P'utbus, Gem. und Seebad auf Rügen, 6100 Ew.; Park mit Schloß.

Pute [lat.] die, Truthenne. **Puter** der, Truthahn.

Putsch [schweiz. »Stoß«] der, Umsturz oder Umsturzversuch (→Revolution).

Putte [ital. putto, Mz. putti] die, nackte Kindergestalt in der Kunst.

Putte

Puttfarcken, Hans, Jurist, *1902; 1961-70 Präses der Synode der Evang. Kirche in Dtl.

Püttlingen, Gem. im Saarland, 14400 Ew., im NW von Saarbrücken; Steinkohlenbergbau, Ind.

Putum'ayo, linker Nebenfluß des oberen Amazonas, 1580 km.

Putziger Nehrung, die Halbinsel →Hela.

Pyramide: links: Stufen-P. des Königs Djoser bei Sakkara, Ägypten (um 2500 v.Chr.), rechts: Nischen-P. in El Tajín, NO-Mexiko (600–1200 n. Chr.)

Pyknometer

Pyramide:
Fünfseitige P.

Pyrenäen:
Observatorium
auf dem Pic du
Midi de Bigorre
(2877 m)

Puvis de Chavannes [pyv'i də ʃav'an], Pierre, französ. Maler, *1824, †1898; klassizist. Wandmalereien.

Puy de Dôme [pyi də d'o:m], Gipfel in der Chaîne des Puys, Auvergne, 1465 m.

Puzzlespiel [pazl-, engl.], Geduldspiel.

PVC das, Polyvinylchlorid, ein Kunststoff.

Pyäm'ie [grch.] die, ⚕ ✛ Blutvergiftung.

Pyel'itis [grch.] die, Nierenbeckenentzündung.

Pygm'äen [grch. »Fäustlinge«], Zwergstämme in Afrika (Bambuti), SO-Asien (Negrito) und Neuguinea; kleinwüchsig (1,45 m), kraushaarig, dunkelhäutig. (TAFEL Rassen der Menschheit I)

Pygm'alion, griech. Sage: ein König, der sich leidenschaftlich in die von ihm selbst geschaffene Statue einer Jungfrau verliebte. Aphrodite belebte das Bild, und P. nahm die Jungfrau zur Gattin.

Pyhrn, Paß zwischen den Ennstaler und den Ausseer Alpen, 945 m hoch.

Pyjama [pidʒ'a:ma, engl. aus hindustanisch] der, Schlaf- und Hausanzug.

p'yknisch, eine →Konstitution.

Pyknom'eter [grch.] das, Gerät zur Messung des spezif. Gewichts von Flüssigkeiten und festen Körpern.

P'ylades, griech. Sage: Freund des →Orestes.

Pyl'on [grch.] der, 🏛 ägypt. Tempeltor mit zwei festungsartigen Seitenbauten; auch ein diesen ähnlicher turmartiger Bauteil (z. B. Brückenpfeiler).

Pyram'ide das, 1) △ Körper mit einem Vieleck als Grundfläche, dessen Eckpunkte durch Kanten mit der Spitze verbunden sind. Rauminhalt = ⅓ Grundfläche × Höhe. 2) 🏛 Grabbau altägypt. Könige in Form einer P. mit quadrat. Grundfläche. Das Kernmauerwerk besteht meist aus Muschelkalk, die Verkleidung aus Blöcken von feinkörnigem Kalkstein, auch Granit. Das Innere birgt die Sargkammer, zu der ein Stollen von der Nordseite führt. Vorläufer der P. war die über rechteckigem Grundriß errichtete Stufen-P. von Sakkara. Die meisten P. (rd. 70) liegen am westl. Nilufer (die größten: die P. des Cheops und des Chefren bei Giseh). – P. gab es auch im Gebiet der alten Kulturen Mittel- und Südamerikas, wo sie meist den Unterbau von Tempeln bildeten.

P'yramus und Th'isbe, →Thisbe.

Pyren'äen Mz., Kettengebirge zwischen Frankreich und Spanien, 450 km lang, etwa 110 km breit. Sie bilden eine geschlossene Erhebung mit einheitlichem Kamm und hohen Pässen, vorwiegend Quertäler; kleine Gletscher; zahlreiche Heilquellen. Im Gegensatz zur reichbewaldeten N-Seite ist die Südabdachung meist kahl und öde. Die P. sind am höchsten in der Mitte im Granitmassiv der →Maladetta. Die W-P. sind eher ein Mittelgebirge, dicht bewaldet, leicht überschreitbar. Daher haben sich hier die Basken über beide Hänge des Gebirges ausgebreitet, während die mittleren P. eine scharfe Scheide zwischen dem franzöz. und dem span. Sprachgebiet bilden. Die P. werden von Straßen und vier Bahnen überquert. **P.-Halbinsel,** die SW-Halbinsel Europas mit Spanien (⁴/₅) und Portugal (¹/₅).

Pyren'äenfriede, 1659 zwischen Frankreich und Spanien, brachte die span. Gebiete nördl. der Pyrenäen und Artois an Frankreich.

Pyrid'in [grch.] das, ⚗ eine organ. Base im Steinkohlenteer.

Pyrimid'in das, ⚗ ringförmige organ. Verbindung mit zwei Stickstoffatomen im Ring.

Pyr'it [grch.] der, FeS₂, metallisch glänzendes Mineral, dient zur Herstellung von Schwefelsäure.

P'yritz, Kreisstadt in Pommern, (1939) 11300, (1969) 12200 Ew.; Stadtmauer, Tore, Mauritiuskirche (14./15. Jahrh.). Seit 1945 unter poln. Verwaltung (Pyrzyce).

P'yrmont, Bad P., Stadt in Ndsachs., 16500 Ew.; im Weserbergland, Heilbad mit kohlensäurereichen Kochsalzquellen und Eisenmoor (Herz, Rheuma u. a.).

Pyro... [grch.], in Fremdwörtern: Feuer... Hitze..., z. B. **Pyrotechnik,** Feuerwerkerei; **Pyroman'ie,** Brandstiftungstrieb.

Pyrogall'ol [grch.] das, ein Trioxybenzol, photograph. Entwickler in der Gasanalyse.

Pyrom'eter das, Gerät zum Messen hoher Temperaturen in Schmelz-, Härteöfen. Für Temperaturen von 400 bis 1500°C werden geeichte **Thermoelemente** benutzt.

pyroph'ore Metalle, feinstverteilte Metalle, die sich bei Zimmertemperaturen an der Luft von selbst entzünden; z. B. Eisen, Nickel, Blei.

Pyrox'ene [grch.] Mz., für die Gesteinsbildung wichtige Gruppe von Mineralien; Silicate.

P'yrrhon, griech. Philosoph aus Elis, z. Z. Alexanders d. Gr., gründete in Athen die Schule der Skeptiker (Leugnung jeder Erkenntnis).

P'yrrhos, lat. **Pyrrhus,** König von Epirus *319, † (gefallen) 272 v.Chr., siegte u. a. 280 und 279 in Unteritalien über die Römer, jedoch unter schweren Verlusten (»Pyrrhussieg«), ging 275 nach Griechenland zurück.

Pyth'agoras, griech. Philosoph, im 6. Jahrh. v.Chr., wirkte in Kroton in Unteritalien; lehrte Zahl und Maß als Wesen der Dinge, fand die Gesetze harmonisch schwingender Saiten. **Lehrsatz**

des **P.**: Im rechtwinkligen Dreieck ist die Summe der Quadrate über den Katheten gleich dem Quadrat über der Hypotenuse.

P'ytheas, griech. Geograph und Mathematiker, reiste etwa 334 v. Chr. nach Britannien, Thule und ins »Bernsteinland«, brachte die erste Kunde von den Germanen in die Mittelmeerwelt.

P'ythia, Priesterin des Orakels in Delphi.

p'ythisch, dunkel, geheimnisvoll.

P'ython, griech. Sage: Drache am Parnaß, den Apollo tötete.

P'ythonschlange, eine Riesenschlange.

P'yxis [grch.] die, Büchse zum Aufbewahren der Hostien, Reliquien.

Q

q, Q, Doppellaut aus k und w, meist mit nachfolgendem u geschrieben, im Französ. und Span. k; der 17. Buchstabe im Abc. **qm,** Abk. für Quadratmeter, heute **m²**.

Q-Fieber, Abk. für **Queensland-Fieber,** eine durch Rickettsien hervorgerufene Infektionskrankheit des Menschen, eine Lungenentzündung.

Quacksalber der, Kurpfuscher.

Quaddel [ahd. aus niederl.] die, ⚬ vorübergehende flache, blaßrote Anschwellung der Haut, bes. bei Nesselsucht.

Quaden, westgerman. Stamm, den →Sweben zugehörig, wanderte 8 v. Chr. aus der Maingegend nach Mähren, kämpfte mit den →Markomannen gegen die Römer. Ein Teil zog mit den Wandalen nach Spanien.

Quader [lat.] der, △ ein von sechs Rechtecken begrenzter Körper.

Quadflieg, Will, Schauspieler, *1914.

Quadrag'esima [lat.] die, 40tägige Fastenzeit vor Ostern, auch die 1. Sonntag dieser Zeit.

Quadrag'esimo anno, Anfangsworte der Enzyklika Pius' XI. (1931) über die kath. Soziallehre.

Quadr'ant [lat.] der, **1)** Viertelkreis. **2)** Instrument zur Messung der Höhen im Meridian.

Quadr'at [lat.] das, **1)** ebenes Viereck mit vier gleichen Seiten und vier rechten Winkeln. **2) Quadrat-,** Flächen-, in 2.Potenz, z.B. **Q.-Meter,** Flächenmeter, Meter mal Meter. **Q.-Wurzel,** →Wurzel.

Quadrat'ur [lat.] die, Umwandlung einer krummlinig begrenzten Fläche in eine gleich große, von Geraden begrenzte Figur (z.B. Quadrat). Die Q. des Kreises allein mit Zirkel und Lineal ist unmöglich.

quadr'ieren [lat.], **1)** in die 2.Potenz erheben. **2)** eine Entwurfszeichnung mit einem Quadratnetz überziehen, um sie in die Größe des auszuführenden Werks zu übertragen. **3)** Scheinfugen in Putz einritzen.

Quadr'iga [lat.] die, Viergespann; im Altertum für Wettfahrten, Triumphzüge.

Quadriga: Weihrelief (5. Jahrh. v. Chr.)

Quadrille [kadr'ij, frz. »Viertanz«] die, Gesellschaftstanz für je vier Paare.

Quadr'ivium [lat.] das, →Freie Künste.

Quadrup'eden [lat. Kw.] Mz., die Vierfüßer.

quadr'upel [lat.], vierfach.

Quagga das, ausgestorbene Zebraart.

Quai [kɛ, frz.] der, →Kai. **Q. d'Orsay** [kɛ dɔrs'ɛ], Straße in Paris am südl. Seine-Ufer, mit dem Außenministerium; auch dieses selbst.

Quäker [engl. quaker »Zitterer«] der, urspr. Spottname für die im 17.Jahrh. von George Fox in England gegr. religiöse »Gesellschaft der Freunde«. Sie wurde durch William Penn auch in Amerika verbreitet. Die Q. glauben an die unmittelbare Erleuchtung der Gläubigen durch Gott. Sie verwerfen Sakramente, Priestertum, Eid, Krieg, Lustbarkeiten; wirkten in und nach den Weltkriegen durch ihre großzügige Wohltätigkeit.

Qualifikati'on [lat.] die, Befähigung. **sich qualifiz'ieren,** seine Eignung beweisen.

qualifizierte Mehrheit, →Mehrheit.

Qualit'ät [lat.] die, Güte, Beschaffenheit, Wertstufe, bes. im Gegensatz zur →Quantität. **qualitat'iv,** der Q. nach.

Qualle, eine frei schwimmende Form (**Meduse**) der Hohltiere. Ihr gallertartiger glockenförmiger Körper besteht zum größten Teil aus Wasser. Sie bewegt sich stoßweise durch Zusammenziehen; ihre Fangarme sind mit Nesselkapseln besetzt.

Quandt, Günther, Großindustrieller, *1881, †1954.

Quantenelektronik, quantenmechan. Theorie der Maser und Laser.

Quantentheorie, die Beschreibung der (von der klass. Mechanik und Elektrodynamik abweichenden) Gesetze, nach denen sich das physikal. Geschehen in kleinsten Bereichen abspielt. Die **Quantenmechanik** erklärt das Verhalten der Elementarteilchen, Atome, Moleküle und Kristalle (Festkörper) und der ihnen zugeordneten Felder (**Quantenfeldtheorie,** für das elektromagnet. Feld: **Quantenelektrodynamik**). Aus dem Atom- und Molekülbau erklärt die Q. die Mannigfaltigkeit der Spektren und das chem. Verhalten der Materie. Kennzeichnend für die Q. ist der sprunghafte (»quantenhafte«), aus unteilbaren Einzelakten zusammengesetzte Geschehensablauf, theoretisch bedeutsam der mit jedem Meßakt unvermeidl. Eingriff des Beobachters in ein nicht mehr vollständig objektivierbares physikal. Geschehen, das deshalb grundsätzliche Unbestimmtheiten enthält (Heisenbergsche Unbestimmtheitsrelationen) und sich nur mehr statistisch erfassen läßt. **Quantensprünge** und Unbestimmtheit hängen eng miteinander zusammen und werden in ihrer Größe durch eine fundamentale physikalische Konstante, das Plancksche Wirkungsquantum, bestimmt. Max Planck gab um 1900 mit einer neuen Strahlungsformel den Anstoß zur Entwicklung der Q.

Quantit'ät [lat.] die, **1)** Menge, Größe; Gegensatz: Qualität. **quantitat'iv,** nach der Q. **2)** Metrik: Silbendauer (lang, kurz), →Vers.

quantité négligeable [kɑ̃tit'e negliʒ'a:bl, frz.] die, Größe oder Tatsache, die nicht berücksichtigt zu werden braucht.

Qu'antum [lat.] das, **1)** durch Maß, Gewicht oder Stückzahl bestimmte Menge. **2) Q., Quant,** kleinste Menge, z.B. von Energie (**Energie-Q.**); Wechselwirkung vermittelndes Elementarteilchen.

Quantz, Johann Joachim, Flötist,*1697,†1773; Hofkomponist Friedrichs d. Gr.: Flötenkonzerte.

Quappe, die **Aalraupe,** Raubfisch in Forellenbach, auch in Brackwasser.

Quarant'äne [frz.] die, Schutzmaßregel gegen Einschleppen von Seuchen: Überwachung der Ankommenden in **Q.-Stationen,** bes. in Seehäfen. Die gelbe Flagge auf Schiffen zeigt an, daß an Bord eine Seuche herrscht, oder daß das Schiff aus einem verseuchten Hafen kommt.

Quark, der, Käsestoff aus Sauermilch, leicht verdaul. Speise; auch zu Klebstoffen und Kitt verwendet.

Quarks [kwɔ:ks, engl., nach einer Wortschöpfung von J. Joyce] Mz., hypothet. Bausteine der Mesonen und Baryonen, die, falls sie als selbstän-

Qualle, oben:
Staatsqualle,
unten:
Kompaßqualle

dige →Elementarteilchen existieren, drittelzahlige elektr. Elementarladungen tragen; experimentell bisher nicht nachgewiesen.

Quarn'ero der, Golf des Adriat. Meers zwischen Istrien und Kroatien, mit den **Quarnerischen Inseln.**

Quart [lat.] das, 1) ¼ vom Ganzen. 2) engl. Hohlmaß zu ¼ Gallon = 1,136 l. 3) Papiergröße: 22,5 × 28,5 cm. 4) Buchformat, 25-35 cm hoch. 5) Fechthieb von rechts nach links.

Qu'arta [lat.] die, 3. Klasse (7. Schuljahr) der höheren Schule. **Quart'aner,** Schüler der Q.

Quart'al [lat.] das, Vierteljahr.

Quart'är [lat.] das,→Erdgeschichte,ÜBERSICHT.

Qu'arte [lat.] die, ♩ die 4. Stufe oder der Zusammenklang der 1. und 4. Stufe einer Tonleiter.

Quarter [kw'ɔ:tə, engl.] das, engl. Getreidemaß = 2,91 hl; engl. Gewicht = 12,7 kg.

Quart'ett [ital.] das, 1) ♩ Tonsatz für 4 Stimmen oder Instrumente. **Streich-Q.:** 2 Violinen, Bratsche, Violoncello; **Klavier-Q.:** Klavier und 3 Streichinstrumente. 2) Kartenspiel.

Quart'ier [frz.] das, 1) Wohnung, Nachtunterkunft. 2) Stadtviertel. 3) ⚔ Unterkunft, Standquartier, Kaserne. 4) ♩ Ruhezeit; die Wache während dieser Zeit.

Quartier Latin [kartj'e lat'ɛ̃] das, Hochschulviertel von Paris, links der Seine.

Quarz der, weitverbreitetes, wasserhelles, oft trübes bis gefärbtes, hexagonales Mineral, chemisch Kieselsäure, SiO_2. Arten: Bergkristall(wasserhell), Amethyst (violett), Milch-Q. (milchweiß), Rosen-Q. (blaßrosa), Saphir-Q. (indigoblau), Prasem (lauchgrün), Katzenauge (grünlich), Aventurin (rotbraun), Stink-Q. (grau bis braun), ferner Jaspis, Chalcedon u. a.

Quarzglas, aus reinem Quarz erschmolzenes Glas, ist hitzebeständig, korrosionsfest, ultraviolettdurchlässig.

Quarz'it der, Gestein aus zahnig ineinandergreifenden Quarzkörnern, fast ohne Bindemittel.

Quarzlampe, Quecksilberdampflampe zur Erzeugung ultravioletter Strahlen. **Bestrahlungslampen** zur Heilbehandlung, **Analysenlampen** für Forschungszwecke und gerichtl. Untersuchungen.

Quarzuhr, ein von Scheibe und Adelsberger 1933/34 entwickeltes Zeitmeßgerät, in dem die Schwingungsdauer eines Schwingquarzes zur Zeitmessung ausgenutzt wird. Der mit hochfrequenten elektr. Schwingungen angeregte Schwingquarz schwingt bei gleichbleibender Temperatur mit konstanter Frequenz. Die am Kristall abnehmbare Wechselspannung dieser Frequenz dient zum Antrieb einer Synchronuhr.

Quas'are Mz., ⚛ quasi-stellare Radioquellen, die in ihrer Ausdehnung nicht von einem Stern unterschieden werden können; sie haben ein extrem starke Rotverschiebung, extrem blaue Farbe und zeigen z. T. Veränderlichkeit der opt. oder der Radio-Helligkeit. Eine einheitl. Deutung der Q. steht bisher noch nicht, da das physikal. Verhalten extrem dichter Materie noch unerforscht ist.

qu'asi [lat.], gleichsam, als ob.

Quas'imodo, Salvatore, italien. Lyriker,*1901, †1968; Nobelpreis 1959.

Quasimodog'eniti [lat. »wie Neugeborene«], der Sonntag nach Ostern (nach 1. Petri 2, 2); auch **Weißer Sonntag** genannt.

Qu'astenflosser, eine aus dem Devon bekannte Gruppe der Fische, die **Krossopterygier.** Gegenwärtig lebt noch die Art **Latimeria chalumnae,** z. B. im Ind. Ozean.

Qu'ästor [lat.] der, 1) im alten Rom oberster Finanzbeamter. 2) der oberste Kassenbeamte einer Hochschule, dessen Amtsraum die **Quäst'ur** ist.

Quat'ember [lat. quattuor tempora] der, kirchl. Beginn eines Vierteljahrs.

Quattrocento [kvatroʧ'ɛnto, ital. vierhundert, Abk. für 1400] das, italien. Bezeichnung für das 15. Jahrh. und seinen Stil.

Quebec [kwib'ek], 1) größte Provinz Kanadas, umfaßt den Hauptteil von Labrador und das süd-

Quebec: Château Frontenac

lich anschließende Gebiet am Sankt-Lorenz-Strom, 1 540 680 km², 5,8 Mill. Ew.; Forstwirtschaft, Fischerei; ⚒ auf NE-Metalle, Eisen u. a.; Holz- und Papier-, Textilind., Fahrzeug-, Schiffbau u. a.; Wasserkraftwerke. 2) Hauptstadt von 1), am Sankt-Lorenz-Strom, 413 000 Ew.; Hafenfestung; Univ.; Seehandel, vielseitige Ind. — 1608 von den Franzosen gegr., 1759 von den Engländern erobert.

Quebracho [kɛbr'atʃo, span. »Axtbrecher«] der, südamerikan. Baumgattung mit hartem, gerbstoffreichem Holz.

Quecke die, **Hundsgras,** schwer auszurottendes, weizenähnl. Wurzelunkraut.

Qu'ecksilber, Hg, hell silbernglänzendes Element; Dichte 13,55g/cm³,Schmelzpunkt—38,9 °C, Siedepunkt 357°C. Q. findet sich hauptsächlich als **Zinnober,** HgS, bei Almadén (Spanien) und Idria (Jugoslawien). Es ist das einzige bei Zimmertemperatur flüssige Metall; der **Q.-Dampf** sowie alle lösl. Q.-Salze sind sehr giftig. Q. löst sich in konzentrierter Salpetersäure, mit den meisten Metallen bildet es Legierungen, die **Amalgame.** Es dient zum Füllen von Thermometern und Barometern, als Sperrflüssigkeit bei physikal. und chem. Apparaturen; elektr. Entladungen in Q.-Dampf liefern ein an ultravioletten Strahlen reiches Licht (→Quarzlampe).

Quecksilberdampflampe, Gasentladungslampe mit Quecksilberzusatz, gibt bläulichweißes, tageslichtähnl. Licht. Verwendung für Straßenbeleuchtung, Scheinwerfer u. a.

Qu'edlinburg, Stadt im Bez. Halle, am Nordfuß des Harzes, 30 900 Ew.; Renaissanceschloß, roman. Basilika (11./12. Jahrh.) mit den Gräbern König Heinrichs I. und seiner Gemahlin Mathilde; frühgot. Kirchen, Fachwerkhäuser; Blumen- und Zuckerrübensamenzucht, verschiedene Ind. – Heinrich I. erbaute hier eine Burg; Otto d. Gr. und seine Mutter Mathilde gründeten 936 das reichsfürstl. Frauenstift Q., das im 10./11. Jahrh. eine bedeutende Stätte des Geisteslebens war.

Queen [kwi:n, engl.] die, Königin.

Queensland [kw'i:nzlənd], Staat im NO des Austral. Bundes, 1 727 522 km², 1,7 Mill. Ew.; Hauptstadt: Brisbane. FARBTAFEL Australien S.171.

Queis der, Nebenfluß des Bobers, entspringt im Isergebirge, mündet oberhalb von Sagan.

Quelle die, das Zutagetreten fließenden Wassers, meist Grundwasser. Aus größeren Tiefen kommen warme und heiße Q. (Therme, →Geysir). **Mineralquellen** enthalten Kohlendioxyd, Salze, radioaktive Stoffe (→Heilbad ÜBERSICHT).

Queller der, →Glasschmalz.

Quell'inus, Artus d. Ä., fläm. Barockbildhauer, *1609, †1668, schuf Skulpturen für Kirchen. Sein Vetter Artus d. J., *1625, †1700; Werke: Kanzeln und Grabmäler.

Quemoy [kɛm'ɔi], nationalchines. Insel vor dem chines. Festland.

Qu'empas [aus: Quem pastores laudavere »den die Hirten lobeten«], **Quempaslieder,** alte, auf die Weihnachtsgeschichte bezogene Wechselgesänge.

Quendel der, →Thymian.

Quastenflosser

Quecksilberdampflampe, D Drosselspule

Queneau [kən'o], Raymond, französ. Schriftsteller, *1903; Roman »Zazie dans le métro«.

Quent, Quentchen, früheres dt. Handelsgewicht = 1,67 g.

Quercia [ku'ɛrtʃa], Jacopo della, italien. Bildhauer, *1367, †1438; Marmorreliefs am Hauptportal von S. Petronio in Bologna.

Querétaro [kɛr'ɛtaro], Stadt in Mexiko, 74000 Ew.; hier wurde 1867 Kaiser Maximilian erschossen.

Querpfeife, eine kleine Flöte mit seitlichem Blasloch, ohne Klappen.

Querschiff, Querhaus, 🏠 der das Langhaus der Kirche vor dem Chor kreuzende Raum.

Querschläger, Gewehrgeschoß, das infolge einer Ablenkung schief auftrifft.

Querschnitt, techn. Zeichnen: Schnitt durch einen Körper quer zur Längsachse.

Querschnittslähmung des Rückenmarks, Lähmung beider Beine, des After- und Blasenschließmuskels mit Empfindungslosigkeit infolge von Verletzungen u. a., die das Rückenmark durchtrennen.

Quersumme, △ die Summe der Ziffern einer natürl. Zahl; z. B. die Q. von 314 ist 3 + 1 + 4 = 8.

Querul'ant [lat.] der, Nörgler. **querul'ieren,** quengeln; mit wiederholten, nichtigen Beschwerden lästig fallen.

Quesnay [kɛn'ɛ], François, französ. Volkswirtschaftler, *1694, †1774; Begründer des →Physiokratismus.

Quetelet [ketl'ɛ], Lambert Adolphe Jacques, belg. Astronom und Statistiker, *1796, †1874; Begründer der Sozialstatistik.

Quetschung, Kontusi'on die, Verletzung durch stumpfe Gewalt mit Zerreißung von Weichteilen unter der Haut.

Quetta [kv'ɛta], Hauptstadt der Prov. Belutschistan, Pakistan, 107000 Ew.; 1935 von Erdbeben fast völlig zerstört, danach wiederaufgebaut.

Quetz'al [kɛ-] der, Währungseinheit in Guatemala (1 Q. = 100 Centavos); nach dem Vogel Q., dem Wappentier Guatemalas.

Quetzalcoatl [k'ɛtsalkoatl, aztek.], Gottheit der alten Kulturvölker Mexikos und Mittelamerikas.

Queue [kø, frz.] das, Billardstock.

Quevedo y Villégas [kɛv'ɛdo i viʎ'egas], Francisco Gómez de, span. Schriftsteller, *1580, †1645; Gedichte, Schelmenroman »Das Leben des Buscón«.

Quezon City [k'eisɔn s'iti], Hauptstadt der Philippinen, im NO von Manila, 501800 Ew.

quick [german., zu keck], lebhaft, regsam.

Quickborn, Großgem. im Kr. Pinneberg, Schlesw.-Holst., 14600 Ew.; Wetternachrichtenzentrale.

Qu'ickborn, 1909 entstandener Zweig der dt. kath. Jugend.

Qu'ierschied, Gem. im Saarland, 10800 Ew.; Steinkohlenbergbau, Kraftwerk.

Quiet'ismus [lat. quies »Ruhe«] der, religiöse Lehre des 17./18. Jahrh., die eine myst. Einigung mit Gott durch affekt- und sicherergeben in den Willen Gottes erstrebte. **Quietist** einer, Anhänger des Q.

Quill'aja die, →Seifenbaum.

Quinquag'esima [lat.] die, der 50. Tag vor Ostern, der Sonntag Estomihi.

Quint [lat.] die, 1) Musik: →Quinte. 2) Fechten: Stoß gegen eine von der rechten Hüfte zur linken Schulter führenden Linie.

Qu'inta [lat.] die, die 2. Klasse (6. Schuljahr) einer höheren Schule. **Quint'aner** der, Schüler der Quinta.

Qu'inte [lat.] die, ♪ die fünfte Tonstufe oder der Zusammenklang der ersten und fünften Tonstufe einer Tonleiter.

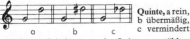

Quinte, a rein,
b übermäßig,
c vermindert

Quintenzirkel, ♪ nach Quinten gezählter Rundgang durch die →Tonarten, der in der tempe-

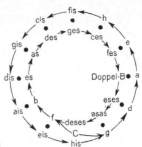

Quintenzirkel

rierten Stimmung von jedem Grundton aus nach 12 Quinten-Intervallen wieder zum gleichen Ton zurückführt (→enharmonisch).

Qu'intessenz [lat. »das fünfte Wesen«] die, das Wesentliche, der Kern einer Sache.

Quint'ett [ital.] das, ♪ Tonstück für fünf Stimmen oder Instrumente; auch die fünf Ausführenden.

Quintili'an, Marcus Fabius, röm. Redner, * etwa 30 n. Chr., † um 96; Werk über Rhetorik »Institutio Oratoria«.

Qu'intus [lat.], altröm. Vorname.

Quiproqu'o [lat. »der für den«] das, Personenverwechslung.

Quipu [k'ipu] das, **Knotenschrift** der Inka. Verschiedenfarbige Schnüre bezeichnen Menschen, Tiere, Gegenstände, die Knoten, Zahlen.

Quirin'al der, 1) einer der sieben Hügel Roms. 2) Palast auf diesem Hügel, seit 1947 Residenz des italien. Präs.; übertragen: die italien. Regierung.

Quir'it [lat.] der, altröm. Vollbürger.

qui s'excuse, s'accuse [ki sɛksk'y:z sak'y:z, frz.], »wer sich (ohne beschuldigt zu sein) entschuldigt, klagt sich an«.

Qu'isling, Vidkun, norweg. Politiker, *1887, †1945; gründete die völk. »Nasjonal Samling«, wurde wegen Zusammenarbeit mit der dt. Besatzung 1945 hingerichtet. Sein Name wurde zum Symbol für Landesverrat.

Quisqu'ilien [lat.] Mz., Kleinigkeiten, Nichtigkeiten.

Quito [k'ito], Hauptstadt Ecuadors, 2850 m ü. M., 462900 Ew.; 2 Universitäten, Sternwarte; Textil-, Schmuckwaren- u. a. Ind. – Q. gehörte zum Inkareich, 1533 von den Spaniern erobert.

Quito: Plaza de Independencia

quitt [frz.], frei, ledig, ohne Verbindlichkeiten.

Quitte die, **Quittenbaum,** aus Vorderasien stammender, im milderen Europa angepflanzter Obststrauch oder -baum, Rosenblüter mit einzelnstehenden weißroten Blüten und grünlichgelben apfel- oder birnenförmigen Früchten. Die **Japan. Q.,** mit roten Blüten, in Mitteleuropa Zierstrauch.

Quittung die, 1) Empfangsschein. 2) im engeren Sinn schriftl. Bestätigung eines Gläubigers, daß eine ihm zustehende Forderung getilgt ist (§§ 368 ff. BGB). **quitt'ieren,** 1) eine Q. ausstellen, durch Q. bestätigen. 2) verzichten, aufgeben, z. B. den Dienst quittieren.

Quitte, links Blüte, rechts Frucht

Raabe

Rachmaninow

Racine

qui vive? [ki vi:v, frz.], französ. Postenruf: wer da?; auf dem Quivivesein, aufpassen, auf der Hut sein.

qui vivra, verra [ki vivr'a ver'a, frz.], »wer es erlebt, der wird's sehen«; die Zukunft wird es lehren.

Quiz [kwis, engl.] das, Frage- und Antwortspiel.

Qumran [kumr'a:n], **Wadi Qumran,** Trokkenflußtal am Toten Meer; seit 1947 wurden dort Handschriften, bes. zum A. T., gefunden.

quod 'erat demonstr'andum [lat.], was zu beweisen war.

Qu'odlibet [lat.»was beliebt«] das,♪scherzhafte Kompositionsform, in der versch. Melodien verknüpft werden; Blütezeit 16.-18. Jahrh.

quod l'icet J'ovi, non l'icet b'ovi [lat.], was dem Jupiter erlaubt ist, ist nicht dem Ochsen erlaubt; »Eines schickt sich nicht für alle«.

Qu'ote [lat.] die, rechnungsmäßiger Anteil. **Quotis'ierung,** jährl. Festsetzung der Steuersätze nach dem Bedarf. **Quotenaktie,** Aktie, die auf keinen bestimmten Nennwert lautet, sondern einen Anteil am Gesellschaftsvermögen verkörpert.

Quoti'ent [lat.] der, →Grundrechnungsarten.

quo'usque t'andem? [lat.], wie lange noch? Ausruf der Ungeduld (nach Cicero).

quo v'adis? [lat.], vollständig: Domine q. v.: »Herr, wohin gehst du?«, die Frage, die der aus dem Kerker entflohene Petrus dem ihm erscheinenden Christus stellte. Roman von →Sienkiewicz.

q. v., Abk. für lat. quod videas, siehe dieses.

R

r, R, 1) der 18. Buchstabe im Abc. **2)** △ R = rechter Winkel; r = Radius. **3)** ⊗ R = Réaumur. **4)** ♪ R (r) = rechte Hand. **5)** auf Uhren: R = retarder [frz. »verzögern«]. **6)** auf Rezepten: R = Recipe [lat. »nimm«].

Ra, chem. Zeichen für →Radium.

Ra, ägypt. Sonnengott, →Rê.

Raa die, ♫ die →Rahe.

Raab, 1) die, rechter Nebenfluß der Donau, entspringt in der Steiermark, mündet bei der Stadt R. **2)** Győr, Stadt in W-Ungarn, 87 100 Ew., an der R.;|Dom (12. Jahrh.); Handel.

Raab, Julius, österr. Politiker (ÖVP), *1891, †1964; war 1953-61 Bundeskanzler.

Raabe, Wilhelm, Erzähler, *1831, †1910; sein Stil ist barock, verschmitzt, seine Gestalten sind oft Sonderlinge, die äußerlich scheiternd, innerlich reich geblieben sind: »Die Chronik der Sperlingsgasse«, »Der Hungerpastor«; Erzählungen: »Die Akten des Vogelsangs«, »Stopfkuchen« u. a.

Rab, italien. **Arbe,** Insel Jugoslawiens, 92,4 km², etwa 17 000 Ew.; Öl-, Weinbau, Fischfang, Viehzucht; Hauptort: R., 7800 Ew.

Rab'at, arab. **Rib'at el-Fath,** Stadt in Marokko, Hafen am Atlant. Ozean, 410 000 Ew.; war bis 1957 Hauptstadt des französ. Protektorats Marokko; Teppiche, Leder-, Töpferwaren.

Rab'att [ital.] der, Preisnachlaß (meist in Prozenten), als Vergütung für sofortige Zahlung (**Barzahlungs-R., Skonto**) oder bei Bezug größerer Mengen (**Mengen-R.**) bes. für Wiederverkäufer.

Rab'atte [niederl. aus frz.] die, Einfassungs-, Randbeet.

R'abbi [hebr. »mein Meister«] der, Ehrentitel der jüd. Gesetzeslehrer; auch Anrede Jesu.

Rabb'iner [von Rabbi] der, geistl. Lehrer der Juden, meist zugleich Prediger.

Rabe der, Vogel der Fam. **Rabenvögel,** mit derbem Schnabel, meist krächzender Stimme. Zu den R. gehören u. a. **Kolkrabe, Krähe, Dohle, Elster** und **Häher.** – Im Volksglauben Künder der Zukunft, des Todes und Unglücks.

Rabelais [rabl'ε], François, französ. Schriftsteller, *1494, †1553; Geistlicher und Arzt; derbzeitsatir. Roman »Gargantua und Pantagruel«.

Rabenschlacht, mhd. Epos über die Kämpfe Dietrichs von Bern mit Ermanrich vor Raben (Ravenna).

rabi'at [lat. rabies »Wut«], wütend, sinnlos vor Zorn.

R'abitzwand, Drahtputzwand, Gipswand mit Einlage von Drahtgeflecht.

Rabul'ist [lat.] der, Rechtsverdreher. **Rabul'istik** die, Kunst, das Recht zu verdrehen.

Rachel der, Berg (1452 m hoch) im Bayer. Wald, am SO-Fuß liegt der **R.-See.**

Rachen der, ♀ Teil des Schlundkopfes, der mit der Mundhöhle in Verbindung steht. Krankheiten im Bereich des R.: **R.-Katarrh,** häufig in Verbindung mit Schnupfen (Erkältung) auftretende Entzündung der R.-Schleimhaut; chronisch meist bei Rauchern (Raucherkatarrh). **R.-Polypen,** Vergrößerung der R.-Mandeln (→Mandeln).

R'achenblüter, Braunwurzgewächse, zweikeimblättrige Pflanzenfamilie, mit gegen- oder quirlständigen Blättern und fünfgliedrigen, meist zweilippigen Blüten; Frucht meist eine Kapsel.

Rach'itis [grch.] die, **Englische Krankheit,** volkstümlich »Knochenerweichung«, eine Störung des Kalk- und Phosphorstoffwechsels, die bes. Veränderungen am Knochensystem verursacht; beginnt meist im 2. bis 3. Lebensvierteljahr. Ursache ist neben Mangel an Vitamin D_2 Mangel an Sonnenlicht. Anzeichen sind eindrückbarer Weichschädel, spätes Aufsitzen und Stehen, mangelhafte Zahnung, aufgetriebener Bauch. In schweren Fällen Verbildung des Brustkorbes (Hühner-, Trichterbrust), des Beckens und der Beine (O-, X-Beine). Schutz vor R. gewährt Muttermilch, Licht, Luft und Sonne, Heimsonnenbestrahlung, Lebertran, Vitamin-D-Präparate.

Rachm'aninow, Sergej W., russ. Komponist, *1873, †1943; Orchester- und Klaviermusik, Lieder.

Rachm'anowa, Alja, russ. Schriftstellerin, *1898; Romane über sowjetruss. Verhältnisse.

Racine [ras'in], Jean Baptiste, französ. Bühnendichter, *1639, †1699. Seine Dramen sind der Höhepunkt der klass. französ. Bühnendichtung: »Andromache«, »Britannicus«, »Bérénice«, »Mithridates«, »Phädra«, die beiden bibl. Tragödien »Esther«, »Athalie«.

Rackelhuhn, Kreuzung zwischen Auer- und Birkhuhn.

Rad das, **1)** Rollkörper, dessen äußerer runder Rollkranz (Felge) durch Speichen oder eine Scheibe mit der Nabe verbunden ist. **2)** ⚡ seitl. Überschlag aus dem Handstand heraus.

Radar, Abk. für engl. radio detecting and ranging, →Funkmeßtechnik.

Rad'au [Berliner Wort; um 1878] der, Lärm.

Radaune, linker Nebenfluß der Mottlau, 98 km lang, mündet südl. von Danzig.

Radball, fußballähnl. Spiel zweier Mannschaften mit 2 oder 3 Spielern auf Fahrrädern, bei dem der Ball mit Vorder- oder Hinterrad ins gegner. Tor zu treiben ist.

Raddampfer, ein durch Heckrad oder Seitenräder angetriebenes Dampfschiff.

Rade die svw. →Kornrade.

R'adeberg, Stadt im Bez. Dresden, 18 100 Ew.; Glas- u. a. Industrie.

Radeb'eul, Gartenstadt im Bez. Dresden, in der fruchtbaren Lößnitz, 41 000 Ew.; Metallwaren- u. a. Ind.; Obst- und Spargelbau.

r'adebrechen [eigentl. »Verbrecher rädern«], stümperhaft sprechen.

Radecki [rad'etski], Sigismund v., Schriftsteller, *1891, †1970, schrieb humorvolle Betrachtungen, übersetzte Puschkin, Gogol u. a.

Raeder, Erich, Großadmiral, *1876, †1960; war im 1. Weltkrieg Kreuzerkommandant, 1935 bis 1943 Oberbefehlshaber, dann Admiralinspekteur der Kriegsmarine. Im Nürnberger Prozeß zu lebenslängl. Gefängnis verurteilt, 1955 entlassen.

rädern, Todesstrafe im MA.; die Glieder des Verbrechers wurden durch ein Rad zerschlagen.

Radertiere, mikroskopisch kleine, meist festsitzende durchsichtige Wassertiere. Ein radförmiges Wimperorgan dient zum Herbeistrudeln der Nahrung und zur Fortbewegung.

Räd'etzky, Joseph Graf R. von R'adetz, österr. Feldmarschall (1836), *1766, †1858; 1813/14 Stabschef Schwarzenbergs, 1831-57 Oberbefehlshaber in der Lombardei und Venetien, besiegte die Italiener 1848 bei Custozza, 1849 bei Mortara und Novara. **R.-Marsch** von J. Strauß (Vater).

Radevormw'ald, Stadt in Nordrh.-Westf., im Berg. Land, 22 100 Ew.; Kleineisen-, Fahrrad-, Textil-, Elektroindustrie.

Radfenster, großes rundes Kirchenfenster mit speichenförmiger Gliederung.

R'adhakrischnan, Sarwapalli, ind. Philosoph und Politiker, *1888; 1962-67 Staatspräs. der Rep. Indien; 1961 Friedenspreis des Dt. Buchhandels.

radi'al [lat.], strahlenartig, strahlenförmig. **Radialturbine,** →Turbine.

Radi'algeschwindigkeit, die Geschwindigkeit der Sterne in Richtung auf die Erde oder von ihr weg; sie wird mit Hilfe des →Dopplereffektes spektrographisch gemessen.

Radi'ator der, aus einzelnen Gliedern zusammengesetzter Zentralheizungs-Heizkörper.

Rad'ierkunst, die Kunst, eine Zeichnung mit der Radiernadel auf eine mit säurefester, harziger Masse überzogene Platte (Kupfer, Stahl, Zink) einzuritzen, durch →Ätzen zu vertiefen und abdruckfähig zu machen. Die ersten **Radierungen** entstanden im 16. Jahrh.

Rad'ies|chen [lat. radix »Wurzel«], →Rettich.

radik'al [von lat. radix »Wurzel«], von Grund auf, gründlich; unentwegt, scharf, bis zum Äußersten gehend; rücksichtslos. **Radik'al** das, →chemische Radikale. **Radikal'ismus** [lat.] der, Unentwegtheit, Unbedingtheit, Schärfe der Anschauungen, bis zum Äußersten gehende Richtung.

Radik'and [lat.] der, △ →Wurzel.

R'adio [lat. radius »Strahl«] das, →Rundfunk.

Radioaktivität die, Eigenschaft der **radioaktiven Elem.** sich ohne äußere Beeinflussung unter Aussendung von Alpha-, Beta- oder Gammastrahlen in andere Elemente umzuwandeln, die ihrerseits wieder radioaktiv sein können. **Natürliche R.** findet sich bei allen →Isotopen der in der Natur vorkommenden Elemente mit einer Ordnungszahl größer als 80. Die Lebensdauer der einzelnen radioaktiven Stoffe schwankt zwischen Bruchteilen einer Sekunde und Millionen von Jahren (→Halbwertszeit). Alle natürlich radioaktiven Elemente sind durch Zerfall des Urans oder Thoriums über verschiedene Zwischenglieder entstanden (Zerfallsreihen), die Endprodukte dieses Zerfalls sind verschiedene stabile (nicht radioaktive) Isotope des Bleis. Da man die Zeiten des radioaktiven Zerfalls genau kennt, kann man aus dem Gehalt eines Gesteins an Uran (oder Thorium) und Blei die Zeit berechnen, die zur Entstehung des Bleis durch Zerfall des Urans nötig war; auf diese Weise gelangte man zu Schätzungen über das Alter von Gesteinen und der Erde (3-4 Milliarden Jahre). **Künstliche R.** tritt bei allen künstlich hergestellten Isotopen auf (→Kernphysik). Künstlich radioaktive Stoffe sind fast durchweg Beta- und Gammastrahler, viele solcher Kerne emittieren aber auch →Positronen. Gemessen wird die R. eines Stoffes mit Elektrometer, Ionisationskammer, Zählrohr, Kristallzähler u. a., auch durch die Schwärzung von Photoplatten. Alle radioaktiven Strahlen, bes. die Beta- und Gammastrahlen, wirken schädigend auf den Organismus, schnellwachsende Gewebe (Geschwulstbildungen (Krebs) werden zerstört. Die natürliche R. wurde zuerst (1896) von H. Becquerel am Uran nachgewiesen. Kurze Zeit darauf (1898) fand das Ehepaar Curie in der Pechblende das Polonium und das Radium; danach wurden radioaktive Elemente in großer Zahl aufgefunden. Die künstl. R. wurde 1934 durch das Ehepaar Joliot-Curie entdeckt.

Radioastronomie untersucht die Radio- und Mikrowellenstrahlung astronomischer Objekte von etwa 30 m bis 1 mm Wellenlänge. In der **Radioteleskopen** (bewegl. Antennen in Form von Parabolspiegeln oder Dipolantennen) aufgefangen wird. Die R. dient zur Erforschung der Korona

der Sonne, des Planeten Jupiter, bestimmter Sterne, des interstellaren Wasserstoffs und anderer Gase in den Spiralarmen der →Milchstraße, kollidierender und explodierender Sternsysteme (Radiogalaxien). R. ermöglicht größere Reichweiten als die opt. Astronomie. →Quasar, →Pulsar.

Radiojodtest, die Prüfung der Schilddrüsenfunktion mit geringfügigen Radiojodgaben; ersetzt die Grundumsatzbestimmung.

Radiokarb'onmethode, Verfahren zur Altersbestimmung geolog. und histor. Gegenstände aus ehemals organ. Stoff (Holz, Kohle und dgl.) durch Ermittlung ihres Gehalts an radioaktivem Kohlenstoff (Kohlenstoffmethode). Dieser stammt aus dem Kohlendioxyd der Luft und verringert sich im Laufe der Zeit gesetzmäßig durch radioaktiven Zerfall.

Radiol'arien [lat.] Mz., ⚇ Strahlentierchen, Wurzelfüßer, die frei schwebend im Meer leben. Einzeller mit fadenförm. Scheinfüßchen und einem zierl. Kieselskelett. Die Skelette der abgestorbenen R. bilden den **R.-Schlamm.**

Radiolarien:
1 Lithomespilus, 2 Hexacontium, 3 Clathocyclas, 4 Carpocanium

Radiosonde, Beobachtungsgerät der Aerologie und Flugmeteorologie, besteht aus einem Pilotballon mit Meßgeräten (für Luftdruck, Temperatur, Feuchtigkeit) und einem Kurzwellensender zum Übermitteln der Meßwerte.

R'adiotechnik, →Rundfunk.

R'adium [lat.] das, **Ra,** radioaktives Element aus der Gruppe der Erdalkalimetalle, Ordnungszahl 88, Atomgewicht 226,05; zerfällt unter Aussendung von Alphastrahlen mit einer Halbwertszeit von 1620 Jahren in das Edelgas Radon. R. findet sich in ganz geringen Mengen in Uranmineralien, seine prakt. Bedeutung ist seit der Entdeckung der Radioisotope stark zurückgegangen, es wird gegenwärtig noch bei der Krebsbehandlung verwendet.

R'adius [lat.] der, Halbmesser bei Kreis, Kugel.

R'adiusvektor [lat.], **Fahrstrahl, Leitstrahl,** der Abstand eines bewegten Punktes von einem festen.

radiz'ieren [lat.], △ die →Wurzel (**Radix**) einer Zahl ziehen.

Radolfz'ell, Stadt in Bad.-Württ., am Bodensee, 15 700 Ew.; got. Stadtkirche; Textil-, Pumpen-, Nahrungsmittel-Ind. Naturschutzgebiet: Halbinsel Mettnau.

R'adom, Stadt in Mittelpolen, 155 700 Ew.; Metall-, Holz-, Tabak- u. a. Ind.; Rohrleitung zu den Erdgasfeldern von Jasło-Krosno.

Radome, Radar-Kuppel, aerodynamische Verkleidung, meist aus Kunststoff, über Radargeräten, bes. deren Antennen.

R'adon, Rn, früher **Emanation,** chem. Element, radioaktives Edelgas; entsteht beim Zerfall des Radiums, ist in tieferen Erdschichten vorhanden und gelangt in Quellen an die Erdoberfläche.

R'adowitz, Joseph Maria v., preuß. General und Minister, *1797, †1853.

Radpolo, Ballspiel mit Torwertung für Zweier-Damenmannschaften und das Fahrrad mit Schlagstöcken.

Radrennbahn, ellipsenförmig angelegte Zementbahn mit überhöhten Kurven zum Austragen von Rad- (auch Motorrad-)Wettkämpfen.

R'adscha [Sanskrit »König«] der, ind. Fürst.

Rädertiere, links: Philodina, rechts: Anuraea (beide stark vergrößert)

Radetzky

Radfenster mit gotischem Maßwerk

Raffael

Rafflesie

Raiffeisen

Rainier III.

Maharadscha (Großkönig), Fürst über mehrere R.

Radscham'andri, Rajamundry, Stadt in Andhra Pradesh, Indien, 140 700 Ew.; Holzhandel; Herstellung von Schmelztiegeln.

Radschasth an, Staat in NW-Indien, 342 272 km², 23,5 Mill. Ew.; Hauptstadt: Dschaipur. Weizen, Mais, Baumwolle u.a. (z.T. mit Bewässerung); Textil-, Zement- u.a. Industrie.

R'adschkot, amtl. **Rajkot,** Stadt in Gudscharat, Indien, 233 500 Ew.; Unterrichtsstätten.

Radsch p'uten Mz., Stammeskaste in N-Indien, rd. 10 Mill. Menschen, mit eigener indoarischer Sprache; meist Hindus; Grundbesitzer und Ackerbauern.

Radsport, umfaßt das sportl. Radrennen als Bahn- und als Straßensport. Die Bahnfahrer sind **Flieger** (Kurzstreckenfahrer) oder **Steher** (Langstreckenfahrer) hinter Schrittmachern.

R'adstadt, Sommerfrische und Wintersportplatz im österr. Bundesland Salzburg, an der über die Radstädter Tauern (FARBTAFEL Österreichs. 703) führenden Römerstraße; 856 m ü.M., 3600 Ew.

Radsturz, Achssturz, Schrägstellung der Räder von Kraftwagen durch Neigen der Achszapfen. Ist der Abstand der unteren Felgenkanten kleiner als der der oberen Kanten, spricht man von **negativem Sturz,** umgekehrt von **positivem Sturz.**

R.A.F., Abk. für →Royal Air Force.

R'affael, eigentl. Raffaello Santi, italien. Maler und Baumeister, *1483, †1520; der klass. Meister der Renaissance: Madonnenbilder (→Sixtinische Madonna), Bildnisse, Fresken in den Stanzen des Vatikan; Entwürfe für die Peterskirche. (FARBTAFEL Italien. Kunst S. 690)

Raffin'ade [frz.] die, gereinigter Zucker.

raffin'ieren [frz.], ↺ ⚙ reinigen, läutern. **Raffiner'ie** die, Reinigungsanstalt, bes. für Zucker, Öl (BILD Erdöl). – **raffin'iert, 1)** gereinigt, geläutert. **2)** verfeinert, überfeinert. **3)** schlau, durchtrieben; Hauptw.: die **Raffin'esse.**

Raffl'esie, hinterind.-indones. Riesenpflanze mit Blüten bis 0,50 m Durchmesser. Ihr Hauptkörper schmarotzt pilzfadenförmig in der Wirtspflanze, aus der die Blüten hervorbrechen.

Rag'az, Bad R., Badeort im Kt. St. Gallen, am Rhein, 3900 Ew.

Rage [ra:ʒə, frz.] die, Wut, Raserei.

R'aglan [engl.] der, Schnittform von Ärmeln mit angeschnittenen Schulterteilen.

R'agnarök [altnord. »Göttergeschick«] Mz., nord. Sage: der Kampf der Götter mit den feindl. Mächten (Fenriswolf, Midgardschlange), ihr Untergang und die Vernichtung der Erde.

R'agnit, Stadt in Ostpreußen, an der Memel, (1939) 10100 Ew.; Flußhafen, Holzind.; Burg des Dt. Ordens (1397–1409); seit 1945 unter sowjet. Verwaltung (**Neman,** 1956: 10 000 Ew.).

Ragout [rag'u, frz.] das, Gericht aus Fleischoder Fischstückchen in gewürzter Soße; **R. fin** [fɛ̃] aus Kalbsmilch, Hirn, Geflügelfleisch, mit Parmesankäse bestreut, meist in Muschelschalen gebacken.

Ragtime [r'ægtaim, amerik.] der, Frühform des Jazz für Klavier, mit treibender, scharf rhythmisierter Begleitung zu einer einfachen, volkstüml. Melodie.

Rag'usa, 1) Stadt in S-Sizilien, 60 400 Ew.; Asphaltbergbau; Wein; in der Umgebung Erdöllagerstätten. **2)** italien. Name von →Dubrovnik.

Rahe, Raa die, ⚓ Stange für **Rahsegel.**

Rahm [mhd.] der, das Milchfett, Ausgangsstoff für Butter und Käse.

Rahman, Scheich Mujibur, bengal. Politiker, *1922, seit 1972 MinPräs. von Bangla Desh.

Rahmenerzählung, umschließt eine oder mehrere andere Erzählungen, z.B. »1001 Nacht«.

Rahmengesetz, 𝄐 ein Gesetz, das nur allgemeine Grundsätze und Richtlinien enthält, die Einzelheiten aber Ausführungsgesetzen überläßt.

Rahner, Karl, Jesuit, *1904, Prof. in Münster, gehört als Dogmatiker und Religionsphilosoph zu den Führern der kath. Erneuerung.

Raid [reid, schott.] der, Streifzug, Einfall.

Raiffeisen, Friedrich Wilhelm, *1818, †1888,

Gründer des ländl. Genossenschaftswesens in Dtl., bes. der Spar- und Darlehnskassen (**R.-Vereine, -Kassen**). →Genossenschaften.

Raimund, Ferdinand, österr. Schauspieler, Bühnendichter, *1790, †1836; Volksstücke und Zauberpossen, z.B. »Der Verschwender«, »Der Alpenkönig und der Menschenfeind«.

Rainald von Dassel, Erzbischof von Köln, * um 1120, †1167; leitete seit 1156 die Politik Friedrich Barbarossas.

Rainer [zu →Reinhard], männl. Vorname.

Rainfarn der, **Wurmkraut,** gelbblühender Korbblütler; Blätter, Blüten sind Wurmmittel.

Rainier, Mount R. [maunt r'einjə], **Mount Tacoma,** Vulkankegel des Kaskadengebirges im Staat Washington, USA, 4391 m hoch.

Rainier III. [rɛnj'e], Fürst von Monaco (seit 1949), *1923; seit 1956 ∞ mit →Gracia Patricia.

Rainweide die, ∆ →Liguster.

Raiser, Ludwig, Jurist, *1904, seit 1970 Präses der Synode der Evang. Kirche in Dtl.

Raison [rɛz'ɔ̃, frz.] die, →Räson.

Raisting, Gem. in Oberbayern, südl. des Ammersees, 1180 Ew.; in der Nähe eine Breitband-Erdefunkstelle, die über Satelliten Fernsehsignale und Ferngespräche überträgt.

Rakel die, ▢ messerartig geschliffenes Stahlband, das beim →Tiefdruck die Druckfarbe vom Druckzylinder abstreift.

Rak'ete [ital.] die, durch Rückstoß angetriebener Flugkörper. Der die Vortriebskraft erzeugende, nach hinten durch eine Düse austretende Gasstrahl wird durch Verbrennen des Treibstoffes erzeugt. Da die R. außer dem Brennstoff den gesamten Sauerstoff mit sich führt, ist sie nicht an die Lufthülle gebunden. Der R.-Kopf enthält die Nutzlast (Leutsatz, Sprengladung, Geräte, Erdsatellit, Raumsonde oder Besatzung). **Feuerwerks-R.** enthalten in einer zylindr. Papp- oder Blechhülse den Treibsatz, in dem eine Bohrung (Seele) die Düse ersetzt. Vor dem Treibsatz befindet sich meist noch eine kleine Pulverladung, die im Gipfelpunkt der Feuerwerkskörper zur Wirkung bringt: Steighöhen 120–200 m. **Signal-** und **Leucht-R.** erzielen eine starke Leuchtwirkung durch Abbrennen eines Magnesiumsatzes. **Feststoff-R.** haben einfachsten Aufbau; der feste Treibsatz ist ein Gemisch aus Treibstoff und Sauerstoffträger. Sie werden als Starthilfen benutzt. **Flüssigkeits-R.** enthalten Treibstoff und Sauerstoffträger in getrennten Tanks. Sie werden für militär. Zwecke (Raketenwaffen) und, in der Regel zusammen mit weiteren Flüssigkeits- oder Feststoff-R. (**Mehrstufen-R.**), als Träger von Forschungseinrichtungen oder Erdsatelliten angewendet. Bei Mehrstufen-R. besteht der R.-Körper aus mehreren hintereinandergeschalteten Teilen mit jeweils eigenen Triebwerken, die nach Verbrauch des Treibstoffes abgetrennt werden. An **Ionentriebwerken,** bei denen ein gerichteter Strahl hochbeschleunigter Ionen den Schub erzeugt, wird gearbeitet. In **Atom-R.** soll die Atomenergie zum Vortrieb ausgenutzt werden. Hierbei könnte ein Massenträger auf sehr hohe Temperaturen aufgeheizt werden und als Gasstrahl mit hoher Geschwindigkeit austreten (etwa Wasserstoff oder Wasserdampf). (BILD S. 741)

Rak'etenapparat, Gerät zur Rettung Schiffbrüchiger: eine Rakete, an der ein Seil befestigt ist, wird über das gestrandete Schiff geschossen und damit die Verbindung hergestellt.

Rak'etenwaffen, unbemannte Flugkörper mit Rückstoßantrieb (Treibsatz aus festem oder flüssigem Treibstoff), die durch vorherige Programmierung oder durch Fernlenkung ihr Ziel erreichen. Als Abschußvorrichtungen dienen Rohre, Gleitschienen, Tische, Gerüste auf der Erde, auf (Panzer-)Fahrzeugen, Flugzeugen, Schiffen usw., für schwere Raketen auch unterird. Raketenbasen (Raketensilos). – Das Heer verfügt über Panzerabwehr- und über Kurzstreckenraketen. Raketenwerfer haben oft eine Mehrfachanordnung der Abschußvorrichtung (Salvengeschütz) der verschiedensten Kaliber (im 2. Weltkrieg z. B. der dt. Nebelwerfer und die sowjet. Stalinorgel). – Größere Raketen können mit Atomsprengköpfen ausgerüstet werden. R. für größere Reichweiten sind Mittelstreckenraketen (Intermediate Range Ballistic Missile, IRBM) oder Interkontinentalraketen (Intercontinental Ballistic Missile, ICBM); letztere haben Reichweiten bis zu 12 000 km. – Die bekanntesten R. der westl. Länder sind (1969) die Typen Pershing, Corporal, Mace, Nike, Redstone, Atlas, Thor, Jupiter, Minuteman, Polaris. Die letztere wird von atomgetriebenen U-Booten abgeschossen. – Nach der Verwendungsart unterscheidet man Boden-Boden-, Boden-Luft-, Luft-Luft- und Luft-Boden-Raketen.

Rákóczi [r'aːkoːtsi], ungar. Adelsgeschlecht, ausgestorben 1756; protestant. Fürsten von Siebenbürgen; Georg I. (1630-48), sein Sohn Georg II. (1648 bis 1660); Franz II. (*1676, †1735) war 1703-11 Führer eines Aufstandes gegen die Habsburger. – R.-Marsch [nach Franz II. R.], ungar. Nationalmarsch.

Raleigh [r'ɔːli], Sir Walter, engl. Seefahrer und Schriftsteller, * um 1552, † (hingerichtet) 1618; gründete 1584/85 die erste engl. Kolonie in Nordamerika (Virginia).

Rallen Mz., Wasser- und Sumpfvögel mit hohen Beinen und langen Zehen. In Europa: **Wasser-R., Wiesenralle** (auch »Wachtelkönig«), **Teichralle** (auch »Teichhuhn«), **Bleßralle** (auch »Bleßhuhn«), **Sumpfrallen** (auch »Sumpfhühner«).

rallent'ando [ital.], ♩ langsamer werdend.

Rallye [rali, frz.] die, →Sternfahrt.

Ramad'an [arab.] der, islam. Fastenmonat.

Ram'ajana [Sanskrit] das, Nationalepos der Inder (4./3. Jahrh. v. Chr.).

Ramakr'ischna, ind. Asket, *1834, †1886, gründete einen hinduist. Reformorden.

R'aman, Chandrasekhara Venkata, ind. Physiker, *1888, †1970; Entdecker des **Smekal-R.-Effektes:** an Materie gestreutes Licht weist infolge der Schwingungen und Rotationen der Moleküle teilweise geänderte Frequenzen auf; Nobelpreis 1930.

Rambouillet [rãbuj'ɛ], 1) Stadt südwestl. von Paris; das Schloß (14. Jahrh.) ist Sommerresidenz des französ. Staatspräs. 2) Hôtel de R., Palais der Marquise de R. (1588-1665) in Paris; von etwa 1610 bis 1650 versammelte sich in ihrem Salon die vornehme Gesellschaft Frankreichs, um Geselligkeit in preziösem Geist zu pflegen.

Rameau [ram'o], Jean Philippe, französ. Komponist, *1683, †1764; Opern, Klaviermusik; Schöpfer der neuzeitl. Harmonielehre.

Ram'ie die, **Rhea, Chinagras**, ostasiat. Nesselgewächs; die Stengelrinde liefert Gespinstfasern **(chines. Hanf).**

Ram'in, Günther, Organist, *1898, †1956; Thomaskantor in Leipzig.

Ramme die, für Pflastersteine, →Handramme. Zum Eintreiben von Pfählen ein in einer Führung gleitender Klotz, der durch Menschenkraft oder maschinell gehoben wird.

Rampe die, 1) schiefe Ebene als Wagenauffahrt, zum Verladen von Gütern (Laderampe). 2) Theater: vorderer Bühnenrand mit Beleuchtung.

Ramp'olla, Mariano, italien. Kardinal, *1843, †1913; Kardinalstaatssekretär Leos XIII.

rampon'ieren [frz.], beschädigen.

Rampur, Stadt in Uttar Pradesch, Indien, 135 400 Ew.; Handelszentrum.

Ramsay [r'æmzi], Sir William, engl. Chemiker, *1852, †1916; Entdecker der Edelgase. Nobelpreis 1904.

Ramsch [frz.] der, 1) Ausschußware, Minderwertiges. 2) Kartenspiel: im Skat.

R'amses, ägypt. Könige der 19. und 20. Dynastie. R. II., 1301-1234 v. Chr., kämpfte mit den Hethitern (Schlacht bei Kadesch), errichtete viele große Bauten. (TAFEL Baukunst)

Ramsey [r'æmzi] Arthur Michael, anglikan. Theologe, *1904; seit 1961 Erzbischof von Canterbury und damit Primas der Kirche von England.

Ramuz [ram'y], Charles Ferdinand, französ.-

Rakete. Flüssigkeitsrakete: **1** Gesamtansicht der Rakete. **a** Steuerungs- und Regelstriergeräte, **b** Brennstoffbehälter, **c** Sauerstoffbehälter, **d** Dampfturbine mit Pumpen, **e** Verbrennungskammer mit Düse. **2** Raketentriebwerk. **a** Dampfturbine, **b** Kreiselpumpe, **c** Brennstoffdruckleitung, **d** Sauerstoffdruckleitungen, **e** Brennkammer, **f** Schubdüse

schweizer. Erzähler, * 1878, †1947; Roman »Das große Grauen in den Bergen«.

Ran, nord. Göttersage: die Herrin des Meeres, Gattin des Ägir.

Ranch [ræntʃ, engl. aus span.] die, Viehwirtschaft, Farm im nordamerikan. Westen.

Rand, Währungseinheit der Rep. Südafrika, 1 R. = 100 Cents.

Randers [r'anərs], Industrie- und Handelsstadt im NO Jütlands, Dänemark, 57 300 Ew.

Rang der, 1) Stufe in einer Ordnung; gesellschaftl. Stellung. 2) Offiziersdienstgrad. 3) Stockwerk im Zuschauerraum. 4) ♪♫ das Verhältnis eines Rechtsanspruches zu einem anderen an derselben Sache. Bei bewegl. Sachen geht regelmäßig das früher entstandene dem später entstandenen Recht vor. Für den R. mehrerer Rechte an Grundstücken ist die Aufeinanderfolge der Eintragung in das Grundbuch maßgebend (§ 879 BGB).

rangieren [rãʒ'iːrən, frz.], 1) eine bestimmte Rangstufe einnehmen, gelten. 2) ♒ (Wagen) verschieben.

R'angström, Ture, schwed. Komponist, *1884, †1947; Opern, Orchester- und Kammermusik, Lieder.

Rang'un, engl. **Rangoon**, Hauptstadt von Birma, am östl. Mündungsarm des Irawadi, 1,759 Mill. Ew.; Hafen, Ausfuhr bes. von Reis; Universität; Flugplatz; Schwe-Dagon-Pagode.

Ranke die, fädiges, zum Klettern dienendes Pflanzenorgan, entstanden durch Umbildung von Blättern (Zaunrübe), Blatteilen (Erbse) oder dem Sproß (Wein).

Ranke, Leopold von (1865), *1795, †1886; Geschichtsschreiber auf der Grundlage strenger Quellenkritik und unbedingter Sachlichkeit. Hauptwerke: »Die röm. Päpste«, »Dt. Gesch. im Zeitalter der Reformation«, »Weltgeschichte«.

Rankenfüßer Mz., meerbewohnende Gruppe niederer Krebstiere; festsitzend, mit rankenhaft verlängerten Beinen, die Nahrung und Atemwasser herbeischaffen; z. B. Seepocken, Entenmuscheln.

Rank'üne [frz.] die, Groll, heiml. Feindschaft.

R'antshi, Stadt in SW-Bihar, Indien, 122 400 Ew.; Straßenknoten, Handelszentrum.

Ran'unkel [lat.] die, ♠ Gattung →Hahnenfuß.

r'anzig [aus frz.], unangenehmer Geruch alter Fette infolge Spaltung durch Bakterien und Sauerstoff.

Rapacki [rap'atski], Adam, poln. Politiker (Kommunist), *1909, †1970; 1956-68 Außenmin., trat 1957 mit dem Plan einer kernwaffenfreien Zone in Mitteleuropa hervor.

Rap'allo, Kurort an der norditalien. Riviera, 25 900 Ew.; 1922 dt.-sowjet. Vertrag; unter **Rapallo-Politik** versteht man ein sowjet.-dt. diplomat. Zusammenspiel. (BILD S. 742)

R'aphael, Erzengel (Buch Tobias); Beschützer der Pilger (Tag 29. 9.). **Raphaelsverein,** Verein zum Schutz dt. kath. Auswanderer; Sitz Hamburg.

R'aphia die, Gattung der Fiederpalmen; eine madagass. Art liefert den **R.-** oder **Raffiabast,** eine westafrikan. die →Piassave.

Ramses II.

v. Ranke

Raps

Rasmussen

rap′id [lat.], reißend, schnell.
Rap′ier [frz.] das, **1)** Degen zum Hieb- und Stoßfechten. **2)** ⚔ Schläger.
Rappe [zu »Rabe«] der, schwarzes Pferd. **auf Schusters Rappen,** zu Fuß.
Rappen der, schweizer. Münze (französ. **Centime**) = ¹/₁₀₀ Franken.
Rappersw′il, Gem. im Kt. St. Gallen, Schweiz, 8800 Ew.; alte Bauwerke; Textilind.
Rapp′ort [frz.] der, Bericht, Meldung. **rapport′ieren,** berichten.
Raps der, **Rapskohl,** gelbblühender Kreuzblüter, dem Kohl verwandt. Feldfrucht, wird hauptsächlich als Ölfrucht angebaut und liefert Rüböl (**Rapsöl**) und Rapsfett aus dem Samen.
Rapsglanzkäfer, metallisch glänzender Käfer, der die Blütenknospen des Rapses zerfrißt.
Rap′unzel der und die, **1)** das Baldriangewächs **Rapünzchen** oder Feldsalat. **2)** das Glockenblumengewächs **Teufelskralle.**
rar [lat.], selten. **Rarit′ät** die, Seltenheit, Sehenswürdigkeit.
Ras [arab. »Kopf«] der, **1)** Vorgebirge, Berg. **2)** in Äthiopien Titel für den dritten Fürstenrang.
ras′ant [frz.], **1)** flachverlaufend (Geschoßflugbahn). **2)** außerordentlich, toll.
Rasenspiele, Sammelbezeichnung für Fuß-, Faust- und Handball, Hockey, Tennis, Golf u. a.
Ras H′afun, Meddudu, östl. Kap Afrikas.
Rask, Rasmus Kristian, dän. Sprachforscher, *1787, †1832; entdeckte die german. Lautverschiebung.
Rask′olniki [russ. »Abtrünnige, Ketzer«] Mz., die russ. Sekten, die sich im 17. Jahrh. von der russ. Kirche getrennt haben.
R′asmussen, Knud, dän. Polarforscher,* 1879, †1933; nahm 1902–04 an der Grönlandexpedition von Mylius-Erichsen teil, führte 1912–32 sieben Polarexpeditionen durch.
Räson [frz. raison, frz. rɛˈzõ] die, Vernunft, Einsicht. **räson′ieren, 1)** überlegen, untersuchen. **2)** nörgeln, schimpfen.
Raspel die, ein der →Feile ähnl. Werkzeug zur Bearbeitung von Holz, Horn usw.
Rasp′utin, Grigorij J., russ. Mönch und Abenteurer, *1871, † (ermordet) 1916; myst. Wundertäter, hatte seit 1907 großen Einfluß am russ Kaiserhof.
Rasse die, eine Gruppe von Lebewesen, die sich durch eine Reihe von erbl. Merkmalen und durch ihren räuml. Zusammenhang von andern Gruppen der gleichen Art unterscheidet, aber mit diesen paarungsfähig ist (**Rassenmischung**).
Die heutige Menschheit läßt sich nach diesem

Rapallo

biolog. R.-Begriff in zahlreiche R. untergliedern. Die Bezeichnung R. ist dabei scharf zu trennen von der des Volkes. Zur Unterscheidung der einzelnen Menschen-R. dienen im wesentlichen körperl. Merkmale wie Hautfarbe, Haarform und -farbe, Schädelform und darüber hinaus psych. Merkmale (**Rassenpsychologie**). Die Stellung einzelner R.-Gruppen und R.-Splitter ist umstritten, doch hält man an der Einteilung in 3 Hauptstämme fest. (Hierzu Übersicht u. Tafeln Rassen der Menschheit)
Rassengesetze, Nürnberger Gesetze, die 1935 vom Reichstag in Nürnberg beschlossenen Gesetze. Das »Reichsbürgergesetz« nahm den Juden das Vollrecht als Bürger; das »Blutschutzgesetz« verbot die Ehe zwischen dt. Staatsangehörigen »dt. oder artverwandten Blutes« und Juden.
Rassenkunde, die Wissenschaft von den menschl. Rassen, ihrer Verbreitung, ihrem Wachstum, ihren Verschiebungen und Wanderungen. Sie ist ein Teilgebiet der Anthropologie und gliedert sich in verschiedene Zweige: **Rassenbeschreibung, -geographie, -geschichte, -psychologie.** Von den exakten biolog. Forschungsmethoden sind polit. Rassenlehren abzugrenzen; Gobineau, Nietzsche, H. St. Chamberlain versuchten einen Zusammenhang zwischen Weltgeschichte und Menschenrassen herzustellen und die Rassen in politisch und kulturell wertvolle und minderwertige aufzuteilen. Diese Lehren wurden bes. durch den Nationalsozialismus zu einer Ideologie ausgebaut, die als Vorwand für die Entrechtung und Vernichtung ganzer Volksteile, insbes. der Juden, dienten.
R′astatt, Stadt in Bad.-Württ., in der Rhein-

Rassen der Menschheit

I. Europider (weißer) Hauptstamm (weit über die Erde verbreitet). Nördl. hellfarbige Gruppe: **Nordische R.** und **Fälische R.; Osteuropide** (Ostbaltische) **R.** mit vorstehenden Backenknochen, in Rußland, Polen, Balkan, Ostdtl. Mittl. Kurzkopfgruppe: **Alpine, Dinarische, Armenide.** Südl. dunkelfarbige Langkopfgruppe: **Mediterrane; klein und zierlich. Orientalide:** Arabien, Syrien, Irak, W-Afrika. **Indide:** schlank, klein, dunkles welliges Haar; Iran, Indien. Primitivformen: **Weddide** (Wedda auf Ceylon, Toala auf Celebes, Senoi auf Malakka). Randgruppe: **Ainu.** Schwer einzuordnende Übergangsgruppen zwischen Europiden und Negriden: **Melanide** (N- und S-Indien); **Australide, Polyneside** (mit mongolidem Einschlag). **II. Negrider (schwarzer) Hauptstamm.** Urspr. im trop. Afrika beheimatet, später nach Amerika verbreitet. Merkmale: kurzer	Rumpf, langgliedrig, dunkle Hautfarbe, breite Nase, Wulstlippen, Kraushaar. Europ. Kontaktzone: **Äthiopide.** Graslandgürtel: **Sudanide** (Sudanneger), **Nilotide, Bantuide** (Bantuneger). Von diesen eigentl. Negern unterscheiden sich die folgenden Primitivformen: **Khoisanide:** Buschmänner, Hottentotten (Zwischenformen zw. negrid u. mongolid). **Pygmide:** Zwergformen im trop. Afrika, **Melaneside,** im Melanes. Archipel. **III. Mongolider (gelber) Hauptstamm.** Vom asiat. Lebensraum aus verbreitet zum Malaiischen Archipel und nach Amerika. Merkmale: langer Rumpf, kurzgliedrig, gelbl. Hautfarbe, schwarzes, straffes Haar, Mongolenfalte (über dem Augenlid), Mongolenfleck (in der Kreuzbeingegend). **Sinide R.,** eigentl. Mongolen, Chinesen, Japaner, Koreaner. – **Tungide** (im N der Wüste Gobi). – **Palämongolide (Malaien),** Sibiride (europ. Kontaktform). – **Indianide** in Amerika (westl. Gebirgsformen und östl. Ebenenformen in N- und S-Amerika); **Eskimide,** arkt. Sonderform.

ebene, an der Murg, 29 900 Ew. Im 18. Jahrh. planmäßig neu angelegt; Schloß (französ.-italien. Barock), Schloßkirche; Maschinen-, Metall-, Möbel-Ind. – Der **Friede von R.** (1714) beendete den Spanischen Erbfolgekrieg.

R'astede, Gem. in Ndsachs., 16 100 Ew.

R'astenburg, Stadt in Ostpreußen, (1939) 19 600 Ew.; Ordensburg und Kirche (14. Jahrh.); seit 1945 unter poln. Verw. (Kętrzyn; 1965: 17 200 Ew.).

Raster [lat.] der, Glasplatte mit feinem Netz sich kreuzender Linien zur Herstellung von ↛Netzätzungen.

Rastr'elli, Bartolomeo Francesco Graf, italien.-russ. Baumeister, *1700, †1771; Hauptmeister des russ. Rokokos.

Rat der, 1) Amtsbezeichnung von Beamten höheren Ranges (z. B. Ministerialrat, Landrat); auch Ehrentitel (z. B. Hofrat). 2) aus mehreren Mitgl. bestehende Behörde oder Körperschaft: Staatsrat, Gemeinderat.

Rate [lat.] die, Beitrag oder Anteil. **Ratenzahlung,** Tilgung einer Schuld durch Teilzahlungen; bes. beim Abzahlungsgeschäft.

Ratekau, Gem. im Kr. Ostholstein, Schlesw.-Holst., 11 400 Ew.

Rätesystem, ↛Sowjetunion, Verfassung.

Rat für gegenseitige Wirtschaftshilfe, engl. **Comecon,** 1949 gegr. Organisation für wirtschaftl. Zusammenarbeit der Ostblockländer. Mitglieder: Sowjetunion, Polen, Tschechoslowakei, Dt. Dem. Rep., Ungarn, Rumänien, Bulgarien, seit 1962 die Mongol. Volksrepublik. Albanien bleibt dem Comecon seit 1961 fern, Jugoslawien ist seit 1964 assoziiertes Mitglied.

Rathaus, Gebäude für die Gemeindeverwaltung und die städt. Ämter. – Aus dem Altertum ist bes. das R. in Milet (2. Jahrh. v. Chr.) bekannt; im MA. bauten bes. Italien und Dtl. die monumentalsten und formreichsten R.

R'athenau, Walther, Industrieller und demokrat. Politiker, *1867, † (ermordet) 1922; war 1921 Wiederaufbaumin., 1922 Außenmin.; trat für die Erfüllung des Vertrages von Versailles ein, schloß den Vertrag von Rapallo.

R'athenow [-no], Stadt im Bez. Potsdam, an der Havel, 29 200 Ew.; Marien-Andreas-Kirche (13., 15., 16. Jahrh.), Rathaus (16. Jahrh.); opt., feinmechan. u. a. Industrie.

R'atibor, Industriestadt in Oberschlesien, an der Oder, (1939) 50 000 Ew.; 1282-1532 schles. Herzogssitz; seit 1945 unter poln. Verw. (Racibórz) 1969: 40 200 Ew.).

R'ätien, Rh'ätien, lat. Raetia, röm. Prov., die Graubünden, Tirol und Südbayern umfaßte und 15 v. Chr. durch Tiberius erobert wurde. Die Räter sind mit den Kelten und Illyrern verwandt.

Ratifikati'on [lat.] die, Genehmigung. 1) Staatsrecht: die verfassungsrechtl. vorgesehene Bestätigung von Staatsverträgen (meist durch das Parlament). 2) im internationalen Verkehr: die Inkraftsetzung eines völkerrechtl. Vertrags durch das zur Vertretung des Staates nach außen berufene Organ (Staatsoberhaupt oder Vertreter). Die Form der R. ist meist der Austausch der vom Staatsoberhaupt vollzogenen R.-Urkunden. Zeitwort: ratifiz'ieren.

R'ätikon, Rh'ätikon das, Gruppe der Alpen zwischen Montafon und Prätigau.

R'atingen, Stadt in Nordrh.-Westf., 43 400 Ew.; vielseitige Industrie.

R'atio [lat.] die, 1) Vernunft. 2) Ursache, Grund.

Rati'on [frz.] die, das zugeteilte Maß; der Tagesbedarf. **ration'ieren,** den beschränkten Vorrat, z. B. an Lebensmitteln, planmäßig erfassen und verteilen. Hauptw.: die **Ration'ierung.**

ration'al [lat.], vernunftmäßig, auf Vernunfterkenntnis gegründet; **ration'ell,** zweckmäßig, praktisch. **ration'ale Zahlen,** △ alle Zahlen, die sich mit Hilfe der zwei Grundrechnungsarten und ihrer Umkehrungen aus den positiven ganzen Zahlen darstellen lassen.

Rationalis'ierung [von ↛Ratio] die, ⌀ Gesamtheit der Maßnahmen, die durch techn. und organisator. Verbesserungen höchste Leistung bei geringsten Kosten zu erreichen suchen, bes. durch Mechanisierung und Vereinheitlichung (Automatisierung, Normung, Typisierung, Standardisierung).

Rational'ismus [von ↛ratio] der, die Überzeugung, daß die Welt der Vernunft gemäß, d. h. von logischer, gesetzmäßig berechenbarer Beschaffenheit sei. Nach rationalist. Auffassung sind auch alle geschichtl. Erscheinungen, bes. die Kulturgebilde, aus vernunftgeleiteten Erwägungen und Entschlüssen des handelnden Menschen entstanden. Die ↛Aufklärung als Zeitalter des R. hat auch seine Schwächen deutlich gemacht: Verkennung der Bedeutung und Macht der Erfahrung (↛Empirismus), der Gefühlskräfte und des Unbewußten. Gegen die mit Descartes beginnenden und in Leibniz und Chr. Wolff gipfelnden rationalist. philosoph. Systeme wandte sich Kants Kritik. **Rational'ist** der, Anhänger des R., Verstandesmensch.

R'ätische Alpen, Teil der mittleren Ostalpen, in der östl. Schweiz und in W-Tirol.

R'ätoromanen, drei Gruppen der romanisierten Räter im Alpengebiet: die **Bündner Romanen** im schweizer. Kt. Graubünden (ihre Sprache, das **Rumauntsch,** ist als 4. Nationalsprache der Schweiz anerkannt), die **Ladiner** in Südtirol und die **Friauler** im Tagliamentogebiet.

Ratsche die, ⊚ Zahnkranz mit ein- und ausschaltbarer Sperrklinke zum Feststellen eines Getriebeteils, z. B. der Handbremse beim Kfz.

Rätsel das, Denkaufgabe, die eine Lösung verlangt; wohl kult. Ursprungs und als eine Urform der Dichtung bei allen Völkern ausgebildet. Es gibt u. a. **Wort-R., Buchstaben-R., Bilder-R.** (Rebus), **Kreuzwort-R.**

Ratsherr, in einigen dt. Ländern: Mitglied der Gemeindevertretung der Städte.

Ratte die, Nagetier der Fam. Mäuse; die **Haus-R.** ist braunschwarz, lebt in menschl. Wohnungen und wird durch die aus Asien eingewanderte größere **Wander-R.** verdrängt. Diese liebt feuchte Orte, richtet in Schlachthäusern und Lebensmittellagern großen Schaden an. Die R. sind vor allem gefährlich als Überträger von Pest, Typhus, Trichinen. **R.-Gift:** Meerzwiebelpräparate, mit Strychnin getränkte Getreidekörner.

Rattenkönig, 1) 🐀 junge Ratten, deren Schwänze vom Nestleben her verschlungen und verklebt sind. 2) bildlich: Verknüpfung ärgerlicher Dinge, z. B. von Prozessen.

Rattigan [r'ætigən], Terence Mervyn, engl. Dramatiker, *1911; Gesellschaftslustspiele, zeitnahe Problemstücke.

Ratzeburg, Stadt in Schlesw.-Holst., 11 800 Ew., Kurort auf einer Insel im **R.er See;** roman. Dom (12./13. Jahrh.); landwirtschaftl. Handel; Holzind. – 1225-1689 war R. Residenz der Herzöge von Lauenburg. Das Bistum wurde 1154 gegr., 1648 kam es als weltl. Fürstentum R. an Mecklenburg.

Ratzel, Friedrich, Geograph, *1844, †1904; Prof. in München und Leipzig; förderte die Geographie des Menschen.

Raub der, ⚖ mit Gewalt gegen eine Person oder unter Drohungen mit gegenwärtiger Gefahr für Leib oder Leben begangener Diebstahl. Frei-

Ratzeburg

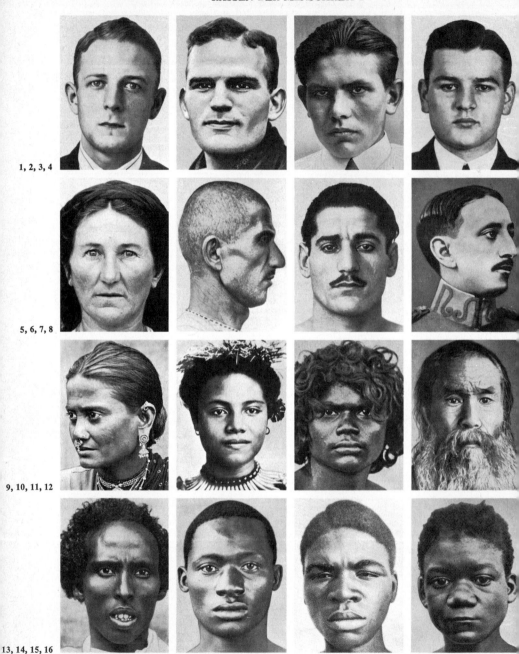

1, 2, 3, 4

5, 6, 7, 8

9, 10, 11, 12

13, 14, 15, 16

Rassen der Menschheit. Die wichtigsten Rassentypen in Übersicht, die beigefügten Angaben über Volks- oder Stammes-
zugehörigkeit geben Anhaltspunkte über die geographische Verteilung der Rassen: **1** nordid, Holsteiner. **2** fälisch, Hesse
3 osteuropid, Mann von der Insel Ösel. **4** alpin, Badener. **5** dinarid, Montenegrinerin. **6** armenid, Türke. **7** mediterranid
Grieche. **8** orientalid, Spanier. **9** indid, Hindufrau. **10** polynesid, Samoanerin. **11** weddid, Panyer. **12** ainuid, Ainu-Manr
13 äthiopid, Somali. **14** sudanid, Sudanneger aus Tukulor. **15** bantuid, Neger aus Moçambique. **16** bambutid, Kongo-Pygmä

1, 2, 3, 4

5, 6, 7, 8

9, 10, 11, 12

13, 14, 15, 16

1 khoisanid, Buschmann. 2 negritid, Andamanin. 3 melanid, Singhalesin. 4 neomelanesid, Papua. 5 palämelanesid, Neukaledonier. 6 australid, Australier. 7 tungid, Tunguse. 8 sinid, Japanerin. 9 südsinid, Südchinese. 10 palämongolid, Palaungfrau. 11 eskimid, Grönländer. 12 silvid, Sioux-Indianer. 13 zentralid, südmexikan. Indianerin. 14 andid, Aimara-Mann aus Bolivien. 15 patagonid, Patagonier. 16 fuegid, Feuerländer

heitsstrafe, bei **Schwerem R.** (z.B. Straßenraub) nicht unter einem Jahr. (§§ 249ff. StGB).

Raubbau strebt einen zeitweilig möglichst hohen Ertrag an ohne Rücksicht auf die Erhaltung der Erzeugungsgrundlagen.

Raubfische, Fische mit raubtierhafter Ernährung (Hai, Hecht); Gegensatz: Friedfische.

Raubfliegen, Mordfliegen, meist behaart, lauern auf Insekten und saugen sie aus.

Raubkäfer, Käfer, die lebendes Kleingetier fressen, bes. die Kurzflügler.

Raubtiere, 1) Tiere, die sich von lebendig ergriffener Beute nähren. **2)** i.e.S. eine Ordnung der Säugetiere mit großen Eckzähnen, starken Reißzähnen und scharfen Krallen: Katzen, Hyänen, Hunde, Marder, Bären.

Raubvögel, Greifvögel, Ordnung der Vögel mit kräftigem Körper, hakig gebogenem Oberschnabel und scharfen Krallen. Sie nähren sich vor allem von Wirbeltieren und speien die unverdaul. Teile (das Gewölle) wieder aus. Ihre Jungen sind Nesthocker. Zu den R. gehören Falken, Habichte, Adler, Geier u.a.

Rauch der, gasförmiger Abgänge einer Verbrennung. R. enthält Kohlendioxyd, Stickstoff, Wasserdampf, Kohlenoxyd (giftig), Schwefeldioxyd, mitunter auch Teerdämpfe, und fein verteilte feste Stoffe (Ruß, Flugasche).

Rauch, 1) Christian Daniel, Bildhauer, *1777, †1857; Bildnisse, Denkmäler. **2)** Wendelin, kath. Moraltheologe, *1885, †1954; 1948 Erzbischof von Freiburg i.Br., beschäftigte sich mit eugenischen Fragen.

rauchen, Einsaugen des Rauches bestimmter Pflanzenerzeugnisse als Genußmittel, z.B. Tabak (Zigarren, Zigaretten, Pfeife). Das im Tabak enthaltene **Nikotin** ist stark giftig. R. ist meist gesundheitsschädigend.

räuchern, Fleisch und Fisch im Rauch bestimmter Hölzer haltbar machen.

Rauchfang, bei offenen Feuerungen die untere, trichterförmige Erweiterung des Schornsteins zum Auffangen des Rauches.

Rauchfaß, kath. Kirche: Behälter zum Verbrennen von Weihrauch, mit Ketten zum Schwenken. (TAFEL Sakrale Kunst)

Rauchgasprüfer, ermöglicht die fortlaufende Analyse von Gasen, bes. der Abgase von Feuerungsanlagen.

Rauchgasvorwärmer, Economizer, in den Abgaskanal der Dampfkesselfeuerung eingebautes Rohrsystem zur Vorwärmung des Kesselspeisewassers, Bestandteil jeder neuzeitl. Dampfkesselanlage.

Rauchhelm, Rauchmaske, helm- oder maskenartiges Atmungsgerät für Feuerwehrleute zum Schutz gegen Rauchvergiftung.

R'auchmüller, Matthias, Bildhauer, *1645, †1686; beeinflußt von der fläm. Kunst, schuf Grabmäler (Trier, Liebfrauenkirche u.a.).

Rauchquarz, der, **Rauchtopas** der, grauer oder brauner Bergkristall; Schmuckstein.

Rauchvergiftung, meist Kohlenoxydvergiftung (→Kohlenoxyd).

Rauchwaren [von rauch »behaart«] Mz., **1)** Tabakwaren (Zigaretten, Zigarren). **2)** Pelzwirtschaft: veredelte, zur Herstellung von Pelzgegenständen taugl. Tierfelle, entweder nur zugerichtet (→Leder) oder zugerichtet und gefärbt.

Räude, Krätze die, **Grind,** ansteckende Hautkrankheit der Haustiere. Sie wird durch Milben hervorgerufen und verursacht stark juckenden Hautausschlag und Haarausfall. Die Fuß-R. des Pferdes ist anzeigepflichtig.

Rauhe Alb, volkstüml. Name für die höheren Teile der Schwäb. Alb.

Rauhes Haus [eigentl. »Ruges (des Erbauers) Haus«], **Wichernsche Anstalten,** die 1833 in Horn bei Hamburg von →Wichern gegründete Anstalt für die Innere Mission.

Rauhfrost, Rauhreif, →Reif.

Rauhnächte, Rauchnächte, →Zwölf Nächte.

Raum der, die substanzfreie Leere, in der die wirkl. Dinge wahrgenommen werden. Der R. ist nach drei Dimensionen ausmeßbar (Länge, Breite, Höhe). In der Mathematik wird der R.-Begriff stark verallgemeinert: als R. wird eine Menge von Dingen (z.B. von Punkten) bezeichnet, zwischen denen bestimmte Beziehungen bestehen. Solche abstrakten Räume können beliebig viele Dimensionen haben. In der Physik erweitert man den R. durch die Zeit als 4.Dimension (»Welt«) und sieht diese nicht mehr als leere Form, sondern selbst als Träger physikal. Eigenschaften (Feld) an.

Räumen, Verfahren der spanenden Formung zur Herstellung von Ebenen und beliebigen zylindr. Flächen (Profilen) an Werkstücken aus Metall mit Räumnadeln. Die (bis zu 1 m lange) Räumnadel trägt eine größere Anzahl von Zähnen, die sehr dünne Späne abnehmen (etwa 0,01 mm). Das R. ist bes. bei hohen Stückzahlen und, wenn hohe Genauigkeit verlangt wird, wirtschaftlich.

Raumer, Friedrich v., Historiker, *1781, †1873; schrieb eine romantisch verklärte »Gesch. der Hohenstaufen«.

Raumfahrt, Weltraumfahrt, Astron'autik (hierzu FARBTAFEL S. 866), die Erforschung und Eroberung des Weltraumes außerhalb der Lufthülle der Erde. Sie kann heute mit Raketen Wirklichkeit werden. Die Bewegung eines Körpers im Weltraum hängt nur von Größe und Richtung seiner Geschwindigkeit und den auf ihn wirkenden Kräften durch die anderen Himmelskörper ab. Damit er nicht wieder auf die Erde zurückfällt, muß er (abgesehen vom Luftwiderstand) die»Kreisbahngeschwindigkeit« von 7,9 km/s außerhalb der Lufthülle parallel zur Erdoberfläche erreichen. Da die Luftreibung sehr stark ist, muß senkrecht gestartet werden und der Raketenkörper aerodynamische Form und hitzebeständige Hülle haben. In einer Höhe mit nur noch geringer Luftreibung wird der Körper in eine Bahn parallel zur Erdoberfläche umgelenkt. Es entsteht dann eine elliptische oder kreisförmige Bahn um die Erde. Um den Anziehungsbereich der Erde zu verlassen, ist die»Fluchtgeschwindigkeit« erforderlich (rund 11,2 km/s). Ein mit dieser Geschwindigkeit gestarteter Körper verbleibt aber noch im Anziehungsbereich der Sonne und umkreist diese als künstl. Planet. Zum Verlassen des Sonnensystems wäre eine Geschwindigkeit von rund 42,5 km/s erforderlich.

Die zum Erreichen des Mondes nötige Geschwindigkeit liegt nur wenig unter der Fluchtgeschwindigkeit. Das gleiche gilt für Bahnen zu den anderen Planeten. Alle Bahnen zum Mond oder zu einem anderen Planeten sind sehr verwickelt, weil die Anziehungskräfte von Erde, Mond und Sonne wirksam sind.

Die **unbemannte** R. hat wichtige Erkenntnisse über die hohe Atmosphäre, über den erdnahen Bereich (z.B. Van-Allen-Gürtel), über die Gestalt und das Schwerefeld der Erde u.a. gebracht.

Seit 1957 wurden Hunderte von →Erdsatelliten und mehrere →Raumsonden gestartet. Der erste **bemannte** Raumflug gelang am 12.4.1961 der Sowjetunion (Gagarin); die USA folgten am 20.2. 1962 (Glenn). Bei Raumflügen 1965 verließen mehrere Raumfahrer die Flugkörper und schwebten im Raum. Später gelangen mehrfach Ansteuerungs-, Rendezvous- und Ankoppelmanöver. 1968 koppelten sowjet. Astronauten zwei Raumfahrzeuge und stiegen in die andere Kapsel um; die USA führten Ende des Jahres die erste bemannte Mondumkreisung durch; am 20.7.1969 gelang ihnen die erste Landung zweier Astronauten auf dem Mond (Armstrong, Aldrin); 2. Mondlandung mit Apollo 12: 19./20.11.1969 (Conrad, Bean); 3. Mondlandung mit Apollo 14: 5./6.2.1971 (Shepard, Mitchell); 4. Mondlandung mit Apollo 15: 27.7.–7.8.1971 (Scott, Irwin, Worden); 5. Mondlandung mit Apollo 16: 16. bis 27.4.1972 (Young, Mattingly, Duke). Die Sowjets landeten am 17.11.1970 das unbemannte Raumschiff Luna 17 mit dem Mondwagen Lunochod 1, einem von der Erde ferngesteuerten mit Funk und Fernsehkamera versehenem Laboratorium, das bis Okt. 1971 die Mondoberfläche untersuchte.

Raumforschung, →Raumordnung.

Rauminhalt, Vol'umen, Anzahl von Raumeinheiten (cm³, dm³ ≈ *l*, m³ u. a.) in Körpern.

Raumkunst, die künstlerische Gestaltung und Ausstattung von Innenräumen.

Raumkurve, eine Kurve, die nicht in einer Ebene liegt, z. B. eine Schraubenlinie. Die wichtigsten Eigenschaften einer R. sind ihre Krümmung, d. h. die Abweichung vom geradlinigen Verlauf, und ihre Windung, d. h. die Abweichung vom ebenen Verlauf.

Raumladung, die Elektronenwolke, die eine Elektronenquelle, z. B. Kathode, umgibt.

Raumlehre, Teilgebiet der →Geometrie.

Raummeter, Raumkubikmeter, abgek. rm oder m³(r), **Ster,** Raummaß der Forstwirtschaft, 1 m³ geschichtetes Holz mit Zwischenräumen.

Raumordnung, koordinierende Vorsorge für eine geordnete, den Gegebenheiten der Natur und dem zusammengefaßten öffentl. Interesse entsprechende, planmäßige, vorausschauende, an einem Leitbild ausgerichtete Gesamtgestaltung des Landesgebietes oder einzelner Landesteile.

Raumsonde, mit einer Rakete in den außerird. Raum geschickter Körper, der mit Hilfe von Meß-, Photo-, Fernsehgeräten und Sendern die physikal. Verhältnisse melden soll. – Im April 1966 gelang den Sowjets erstmalig eine weiche Mondlandung. Unbemannte Raumsonden wurden erfolgreich zu den Planeten Venus und Mars geschickt. (→Erdsatellit)

Räumungsfrist, ⚖ ein Aufschub, den das Gericht dem zur Räumung verurteilten Mieter bewilligen und auf Antrag einmal verlängern kann (§ 5 a Mieterschutzgesetz; § 721 ZPO).

Raumwelle, eine Welle, die von einem Funksender ausgestrahlt wird und sich durch den Raum ausbreitet; Gegensatz: Bodenwelle. Die R. gelangt nur durch Reflexion an der Ionosphäre zur Erdoberfläche zurück. Lang- und ultrakurze Wellen breiten sich nur als R. aus; sie haben daher große Reichweiten bei geringen Energien.

Raunheim, Stadt im Kr. Groß-Gerau, Hessen, 13 600 Ew.

Raupe, die, Larve der Schmetterlinge.

Raupenfahrzeuge, Gleiskettenfahrzeuge, Fahrzeuge, deren Räder zur Verringerung der Bodenpressung auf Gleisketten laufen; Lenkung durch einseitiges Bremsen der Ketten. Verwendung als **R.-Schlepper, Panzer, Räumgeräte** u. ä.

Rauschbrand, bösartige ansteckende Krankheit der Rinder, anzeigepflichtig; Impfung.

Rauschgifte, Gifte, die einen Zustand des Wohlbehagens, einen Rausch, hervorrufen, so Opium, Morphium, Cocain, Haschisch, Marihuana. Die R. führen bei längerem Gebrauch meistens zur Sucht mit schweren körperl. Schäden, weshalb der Handel mit ihnen dem Betäubungsmittelgesetz unterliegt.

Rauschgold, ausgewalztes Messingblech von 0,01 bis 0,03 mm Stärke.

Raute die, △ →Rhombus.

Raute die, **1) Ruta,** Pflanzengattung der zweikeimblättr. Familie **Rautengewächse. Garten-, Wein-R.,** süd- und westeuropäische gelbblühende, herb-aromatische Staude, bis 1 m hoch; Gewürz und Heilmittel; das Blatt Zierform (Rautenkranz). **2)** ähnl. Pflanzen anderer Gattung, so: **Eberraute, Mauerraute, Mondraute, Wiesenraute.**

Rav'el, Maurice, franzöś. Komponist, *1875, †1937; Opern, Orchester- und Kammermusik.

Raven'ala [madegass.] die, Bananengewächse mit fächerförmigem Blätterschopf und Holzstamm; z. B. auf Madagaskar der **Quellenbaum** mit wasserbergenden Blattscheiden.

Rav'enna, Stadt in Oberitalien, nahe dem Adriat. Meer, 131 300 Ew.; Baudenkmäler des 5. und 6. Jahrh.: Mausoleum der Galla Placidia, Kirche S. Vitale, Basilika S. Apollinare Nuovo, Grab-

mal Theoderichs und Dantes; Kunstakademie. Ind.: Stickstoffdünger, synthet. Gummi; Erdölraffinerie, Energieerzeugung. Hafen. – R. wurde 404 Sitz der weström. Kaiser, später der ostgot. Könige und byzantin. Exarchen (Statthalter) von Italien; im 8. Jahrh. fiel es an den Kirchenstaat.

R'avensberg, ehem. westfäl. Grafschaft mit der Hauptstadt Bielefeld, kam 1346 an Jülich, 1614 (1666) an Brandenburg.

R'avensburg, Stadt in Bad.-Württ., 32 100 Ew.; mittelalterl. Bauwerke; Maschinen-, Textil-, Holz-, Nahrungsmittel-, Papier-Ind. – R. war bis 1803 Reichsstadt, seit 1810 württembergisch.

Ravi'oli [ital.] Mz., kleine Nudelteigtaschen mit Fleisch- oder Gemüsefüllung.

Rawalp'indi, vorläufige Hauptstadt von Pakistan (bis zur Fertigstellung von Islamabad), in NW-Pandschab, 340 200 Ew.

R'axalpe, Kalkhochfläche der Alpen, nordwestl. vom Semmering, 2009 m hoch.

rayé [rεj'e, frz.], gestreift.

R'aygras [engl.] das, →Lolch.

Rayon [rεj'õ, frz.] der, Umkreis, Bezirk.

R'azzia [arab.] die, Razzien Mz., Polizeistreife nach verdächtigen Personen.

Rb, chem. Zeichen für →Rubidium.

Rê, Ra, ägypt. Name der Sonne und des Sonnengottes, mit einem Falkenkopf dargestellt.

Ré, Ile de Ré, Insel an der Westküste Frankreichs, 86 km²; Austernzucht, Seebäder.

Re... [lat.], wieder..., zurück..., gegen..., neu...; z. B. Reform, Neugestaltung.

Re, chem. Zeichen für →Rhenium.

Reading [r'edin], Stadt in Südengland, 127 500 Ew.; Universität; Industrie, Blumenzucht.

Reag'ens [lat.] das, -/...genzien, ⚗ jeder chem. Stoff, der zu Umsetzungen, Lösungen, Fällungen u. a. benutzt wird. **R.-Glas,** Glas für Versuche. **R.-Papier,** mit einem R. durchtränktes Papier, z. B. Lackmuspapier.

reag'ieren [lat.], auf etwas eingehen, eine Rückwirkung erzeugen.

Reakti'on [frz.] die, **1)** Gegenwirkung, Gegendruck, Rückschlag. **2)** ⚗ Einwirkung eines chem. Stoffes auf einen andern. →Kettenreaktion. **3)** Physiologie und Psychologie: die Antwort eines Lebewesens auf einen inneren oder äußeren Reiz. **4)** politisch: das Streben nach Rückkehr zu überholten, veralteten Anschauungen und Einrichtungen. **Reaktionär** der, Anhänger der R.

reaktiv'ieren [frz.], wieder in Tätigkeit (Dienst) setzen.

Re'aktor [lat.] der, Anordnung zur techn. Gewinnung von Kernenergie durch Einleitung einer Kettenreaktion von →Kernspaltungen. Als Spaltstoffe verwendet man Uran 235, Uran 233 und Plutonium 239. Die bei der Spontanspaltung von U 235 entstehenden Neutronen werden durch Graphit, leichtes oder schweres Wasser (Moderator) so abgebremst, daß sie neue Spaltungen einleiten, bei denen wieder Neutronen entstehen usf. Die bei jeder Spaltung freiwerdende Wärme

Raupe:
Spannerraupe

Ravel

Ravenala

Ravenna: Sant' Apollinare in Classe

wird durch Wasser, Gas (Kohlendioxyd, Helium) oder flüssiges Natrium abgeführt (Kühlung) und genutzt. Regelung der Kettenreaktion durch Stäbe aus Cadmium. Weitere Energie neben Wärme wird in Form von Strahlung frei. Verwendung: **Forschungs-R.** als Neutronenquelle, **Produktions-R.** zur Erzeugung von Plutonium(Atombombe), **Leistungs-R.** in Kernkraftwerken. Für letzteren Zweck hauptsächlich **Leichtwasser-R.** mit angereichertem Uran, Wasser als Moderator und zur Kühlung in Form des **Siedewasser-** und **Druckwasser-R.** Der **Gas-Graphit-R.** mit Natururan gilt heute als unwirtschaftlich. Entwicklungsrichtungen: **Fortgeschrittener Gas-R.** oder **Hochtemperatur-R.** mit Thorium-Uran-Zyklus, Heliumkühlung und ggf. Helium-Gasturbine ergibt guten thermodynam. Wirkungsgrad; **Schwerwassermoderierter R.** mit Natururan (für Länder mit Uranvorkommen); **Brut-R. (schneller Brüter)** ohne Moderator erzeugt außer Wärme mehr spaltbares Material (z. B. U 233 aus Thorium) bei allerdings schwieriger Kühlung durch Natrium oder Heißdampf (interessant im Falle einer Uranverknappung). (FARBTAFEL S. 867)

re'al [lat.], 1) sachlich, dinglich. 2) stofflich; Gegensatz: ideal. 3) wirklich, wahrhaft.

Re'al der, alte span. Münze (→Reis).

Re'alenzyklopädie, →Enzyklopädie.

Realg'ar [arab.] das, rubinrotes Mineral, chem. Arsensulfid AsS.

Re'algymnasium, höhere Schule mit Latein und neueren Sprachen (neusprachl. Gymnasium).

Re'alien [lat.] Mz., die Gegenstände als Quellen der Wissenschaft (ohne Sachfunde aus vergangenen Geschichtsepochen).

Re'alinjurie, tätliche →Beleidigung.

realis'ieren, 1) verwirklichen, ausführen. 2) zu Geld machen. 3) begreifen, einsehen.

Real'ismus [lat.] der, 1) Philosophie: die Anerkennung der selbständigen Wirklichkeit der von uns erkannten Außenwelt. Der **naive R.** nimmt an, daß unsere Wahrnehmungen die Welt so spiegeln, wie sie ist; der **kritische R.** behauptet, daß wir zwar von der Außenwelt wissen, aber nur von ihren Erscheinungen, nicht von ihrem An-sich (→Idealismus). 2) Kunst und Literatur: Richtung, die jede Idealisierung ablehnt und die künstler. Darstellung der Wirklichkeit erstrebt. Sie tritt bes. in kulturellen Spätzeiten auf (Spätantike, Plastik des 13. Jahrh., niederländ. Malerei). In der Literatur wird R. die Epoche von etwa 1830-80 genannt (Maler: Courbet, Menzel, Leibl; Dichter: Balzac, Flaubert; G. Keller, Raabe, Fontane); sie wurde abgelöst von Naturalismus und Impressionismus. **Sozialistischer R.,** die Darstellung der Wirklichkeit im Sinne der marxist.-leninist. Ideologie, ist der in den kommunist. beherrschten Ländern von der Partei geforderte Stil. **Real'ist** der, Anhänger des R., Tatsachenmensch.

Realit'ät [lat.] die, Wirklichkeit, Tatsache.

Re'alkonkurrenz [lat. »sachliches Zusammentreffen«], 🕮 die Verletzung mehrerer Strafgesetze oder die mehrfache Verletzung desselben Strafgesetzes durch mehrere selbständige Handlungen. Gegensatz: Idealkonkurrenz. Bei R. wird, außer bei Haft-, Geld- und lebenslängl. Freiheitsstrafen, durch Erhöhung der verwirkten schwersten Strafe eine Gesamtstrafe gebildet (§§ 74 ff. StGB).

Re'allast [lat.], 🕮 Belastung eines Grundstücks in der Weise, daß aus dem Grundstück an den Berechtigten wiederkehrende Leistungen (z. B. Rente) zu entrichten sind (§§ 1105 ff. BGB).

Re'allexikon [lat.-grch.], Sachwörterbuch.

Re'allohn, der →Lohn nach seiner Kaufkraft bemessen (Realeinkommen).

Re'alpolitik, eine von den realen Gegebenheiten bestimmte Politik.

Re'alschulen, seit Beginn des 18. Jahrh. zunächst fachlich-berufliche Schulen; seit dem 19. Jahrh. lateinlose höhere Schule. Seit 1965 heißen R. in der Bundesrep. Dtl. einheitlich die früheren Mittelschulen. →Schule.

Re'alunion, die verfassungsmäßig festgelegte Vereinigung zweier selbständiger Staaten nicht nur durch die Person des Staatsoberhaupts (→Personalunion), sondern auch durch gemeinsame Einrichtungen; z. B. Schweden-Norwegen (1814 bis 1905), Österreich-Ungarn (1867-1918).

Re'alwert, der wirkliche Wert, im Gegensatz zum →Nennwert.

Réaumur [reom'yr], René-Antoine, französ. Physiker und Biologe, *1683, †1757; führte die 80teilige Gradeinteilung für das Thermometer ein.

R'ebbach, Rebbes [hebr.] der, Gaunersprache: Gewinn, Nutzen.

Rebe die, 1) der Weinstock (→Wein). 2) Schößling, Zweig des Weinstocks.

Reb'ekka, im A.T. Gattin Isaaks, Mutter Jakobs und Esaus (1. Mos. 24-27).

Reb'ell [lat.] der, Empörer, Aufrührer. **rebell'ieren,** sich empören, **reb'ellisch,** aufrührerisch; widerspenstig. **Rebelli'on** die, Empörung.

Rebhuhn, erdfarbenes Feldhuhn, Bodenbrüter.

Reblaus, eine sehr schädl. Blattlaus, stammt aus Nordamerika. Als Wurzelläuse saugen die ungeflügelten Weibchen an den feinen Wurzeln des Weinstocks und erzeugen hier Anschwellungen, die später faulen. Die Reben sterben bei Befall nach 5-10 Jahren ab. Bekämpfung: Beseitigung der befallenen Rebpflanzungen, Züchtung widerstandsfähiger (immuner) Reben, Desinfektion des Bodens.

Rebstecher, Rebenstecher, sehr schädl., bis zentimeterlanger grüner oder blauer Rüsselkäfer (Afterrüsselkäfer), dessen Weibchen Weintriebe anbohrt, nach dem Anwelken deren Laub zusammenwickelt **(Rebenwickler)** und als Brutnahrung mit Eiern belegt.

R'ebus [lat.] der, das, Bilderrätsel.

Récamier [rekamj'e], Julie, *1777, †1849, geistvolle und schöne Frau, deren Salon Mittelpunkt der Gegner Napoleons war. R. war später die Vertraute Chateaubriands.

J. Récamier (Gemälde von J. L. David)

Rechaud [rəʃ'o, frz.] das, Schüsselwärmer für den Tisch.

Rechenarten, →Grundrechnungsarten; höhere Rechnungsarten arbeiten mit →Potenzen, →Wurzeln, →Logarithmen.

Rechengeräte, Hilfsmittel zur Ausführung von Rechenaufgaben. **Rechenschieber** für Multiplikation und Division benutzen die Logarithmengesetze und erlauben auch das Potenzieren und Radizieren. **Rechenmaschinen** sind mechan. Zählwerke zur Ausführung von Additionen, Subtraktionen **(Addiermaschinen)** oder aller vier Grundrechnungsarten **(Multipliziermaschinen).**

Rechenanlagen mit Programmsteuerung **(elektron. Datenverarbeitung,** Abk. EDV, engl. **Computer)** werden als **Analogrechner** (Nachbildung von Rechengrößen durch kontinuierlich veränderliche elektr. Ströme, Spannungen u. dgl.; beschränkte Genauigkeit) oder meist als **Digitalrechner** (ziffernmäßige Nachbildung von Rechengrößen, meist als Dualsystem; große Genauigkeit) gebaut. Die techn. Ausführung (Relais, Röhren, Transistoren, Dioden, integrierte Schaltkreise) läßt die Additionszeiten immer kürzer werden

Reblaus

(bis 10⁻⁹ s). – Außer dem **Rechenwerk** benötigt man **Speicherwerke.** Interne Arbeitsspeicher und Register speichern Eingabe, Zwischenergebnisse und Programm, externe Zusatzspeicher erreichen eine Informationskapazität bis 10^{12} bit (= etwa 20000 Lexikonbände). Verwendet werden Lochkarten-, Magnetspeicher (ähnlich dem →Magnettonverfahren, als Kern-, Dünnschicht-, Trommel-, Band-, Platten-, Streifen-, Drahtspeicher) oder Mikrofilm. Die **Eingabe** von Daten geschieht mittels Lochkarten oder -streifen sowie durch Magnetband, die **Ausgabe** der Ergebnisse durch Schreibmaschinen, Schnelldrucker, Magnetband, Stanzer, Bildschirm- und Zeichengeräte, indirekt durch Zwischenspeicher. Das **Leitwerk (Steuereinheit)** steuert das Zusammenarbeiten aller Teile einer Rechenanlage nach dem Befehlsprogramm. Über das Fernsprechnetz können Rechenanlagen auch aus der Ferne benutzt werden. Dazu dienen **Modems** (Modulator/Demodulator) und Eingabe-Ausgabe-(EA-)Geräte beim Teilnehmer.

Anwendungen: a) kaufmännisch-organisator. Art; notwendig sind leistungsfähige EA-Geräte, die Rechenarbeit ist verhältnismäßig gering. Erledigt werden: Buchhaltung, Kontoführung, Karteien, Stücklisten, Abrechnung, Materialfluß, Einkauf, Lagerhaltung, Fakturierung, Lohnabrechnung, Statistik; daneben Sprachenübersetzung, Hilfe bei der Diagnose und Therapie von Krankheiten. b) technisch-wissenschaftl. Art; erforderlich sind schnelle Rechenwerke, wenige EA-Geräte. Die Rechenarbeit ist verhältnismäßig groß. Beispiele: Berechnung von Netzwerken, Differentialgleichungen, Entwerfen von Maschinen, Steuerung von Raketen und Satelliten. Gleichzeitige Abwicklung mehrerer Programme erlaubt eine Mehrfachausnutzung der Rechenanlagen.

Rechenzentrum, Datenverarbeitungszentrum, zentrale Organisationsstelle in einem Unternehmen, die mit einer Rechenanlage (→Rechengeräte) alle größeren Berechnungen erledigt.

Recherche [rəʃ'ɛrʃ, frz.] die, Ermittlung.

Recht das, 1) Rechtsordnung, die Gesamtheit der Rechtssätze, die innerhalb einer rechtsverbundenen Gesamtheit (Rechtsgemeinschaft) für die Rechtsgenossen verbindlich gelten. 2) der Anspruch, der sich im Einzelfall für eine Person aus der Rechtsordnung ergibt. – Zur Rechtserzeugung befähigt sind: 1) der Staat. 2) die Kirche (Kirchenrecht). 3) die Völkerrechtsgemeinschaft (→Völkerrecht). Geltungsgrund, die eigentl. »Quelle« der Rechtsordnung, ist die Rechtsidee (Gerechtigkeit), d.h. der aus den obersten sittl. Werten der Rechtsgemeinschaft hergeleitete Grundsatz, daß jedem Rechtsgenossen ein angemessener Anteil an Rechten und Pflichten innerhalb des Ganzen zukommt. Zu den Erscheinungsformen der Rechtsordnung gehören: 1) das Gewohnheitsrecht. 2) das Gesetzesrecht, das vom obersten Gesetzgeber einer Rechtsgemeinschaft in schriftl. Anordnungen (Gesetzen usw.) niedergelegt wird. Es teilt sich in **öffentliches R.** und **Privatrecht.** Beide sind dort miteinander verschmolzen, wo der Staat beansprucht, Rechtsbeziehungen zwischen einzelnen durch hoheitl. Eingriffe zu gestalten, z.B. im Arbeitsrecht, Wirtschaftsrecht, Miet- und Pachtrecht. (→Naturrecht)

Rechte die, 1) im Parlament die (vom Präsidentenplatz aus) auf der rechten Seite des Saales sitzende(n) Partei(en). 2) in einer polit. Versammlung der rechte Flügel, mit gemäßigteren oder konservativen Zielen. 3) im Boxen ein Stoß mit der rechten Hand (rechte Gerade, rechter Haken).

Rechteck das, △ ein →Viereck mit vier rechten Winkeln. Gegenüberliegende Seiten sind gleich und parallel. Wenn zwei benachbarte Seiten a und b sind, ist der Flächeninhalt des R.: A = ab.

Rechtfertigung die, 1) in der evang. Theologie die Grundlehre der Reformatoren, die Lehre von der R. allein aus dem Glauben, auf Grund des Römerbriefes. Danach vermag der Mensch vor sich aus nichts, um das durch die Sünde gestörte Verhältnis zu Gott wiederherzustellen. In dem ihm von Gott aus freier Güte geschenkten Glauben nimmt der Mensch Gnade und R. an. 2) nach kath. Lehre verläuft die R. des Sünders in einem durch Gottes Gnade eingeleiteten Prozeß, auf Grund dessen dann Gott ihm die heiligmachende eingegossene Gnade aus freier Güte schenkt und zugleich die Sünden vergibt.

Rechtsanwalt, früher **Advokat,** der juristisch ausgebildete unabhängige Berater und Vertreter in allen Rechtsangelegenheiten, bes. im →Prozeß. Der R. übt einen »freien Beruf« aus, kein Gewerbe. Als R. wird nur zugelassen, wer die Befähigung zum Richteramt hat. Die R. sind in R.-Kammern zusammengeschlossen. In der Dt. Dem. Rep. wird der unabhängige R. mehr und mehr durch Anwaltskollegien verdrängt. – Vom R. zu unterscheiden ist der **Rechtsbeistand (Rechtskonsulent),** der ohne Zulassung als R. auf Grund besonderer Erlaubnis (Rechtsberatungsges. vom 13. 12. 1935, i. d. F. v. 1962) berechtigt ist, fremde Rechtsangelegenheiten geschäftsmäßig zu besorgen. Voraussetzungen: Zuverlässigkeit, persönl. Eignung, Sachkunde.

Rechtsbeugung, ᛋ bewußte Verletzung eines Gesetzes bei Leitung oder Entscheidung einer Rechtssache durch Richter, Schiedsrichter oder Justizbeamte (nicht Geschworene oder Schöffen) zugunsten oder zum Nachteil einer Partei. Freiheitsstrafe nicht unter einem Jahr (§ 336 StGB).

Rechtschreibung, Orthographie, die Regelung der Schreibweise.

Rechtsfähigkeit, die Fähigkeit, Träger der in der Rechtsordnung vorgesehenen Rechte und Pflichten zu sein. Rechtsfähig ist jeder Mensch von vollendeter Geburt an (§ 1 BGB) bis zum Tode, ferner jede →juristische Person.

Rechtsgeschäft, die aus einer oder mehreren →Willenserklärungen bestehende Rechtshandlung, durch die eine privatrechtl. Verpflichtung oder Verfügung bewirkt wird. Man unterscheidet **einseitige R.** (z.B. Kündigung, Testament), **zweiseitige R.** (z.B. →Vertrag, Eheschließung) und **kollektive R.** (z.B. →Gesellschaftsvertrag) oder **Verpflichtungsgeschäfte,** die eine schuldrechtl. Verpflichtung zu einer Leistung begründen (z.B. Kauf, Werkvertrag), und **Verfügungsgeschäfte,** die ein dingl. Recht ändern (z.B. Übereignung).

Rechtshängigkeit, das durch Klageerhebung oder →Eröffnungsbeschluß begründete Schweben eines Prozesses vor Gericht, durch das z.B. die Verjährung unterbrochen und die Haftung in bestimmten Fällen verschärft wird.

Rechtshilfe, richterl. Hilfeleistung (z.B. Zeugenvernehmung) durch ein anderes als das Prozeßgericht.

Rechtskirche, die kath. Kirche, deren Bekenntnis und Hierarchie nach ihrer Ansicht durch göttl. Recht begründet sind.

Rechtskraft, die Endgültigkeit (Unanfechtbarkeit) von Rechtsentscheidungen der Gerichte oder Verwaltungsbehörden. Gegen rechtskräftige Entscheidungen kann jedoch Verfassungsbeschwerde eingelegt werden, wenn der Betroffene in seinen Grundrechten verletzt glaubt.

Rechtsmißbrauch, die unzulässige Ausübung eines Rechtes, z. B. wenn die Rechtsausübung nur den Zweck hat, einem anderen Schaden zuzufügen (Schikane, § 226 BGB).

Rechtsmittel, das gesetzl. Mittel, mit dem jemand der Nachprüfung einer ihm ungünstigen, noch nicht rechtskräftigen Entscheidung durch eine übergeordnete Instanz veranlassen kann (z.B. Beschwerde, Berufung, Revision).

Rechtsnachfolge, Sukzession, tritt ein durch Abtretung **(Zession)** oder Gesamtübergang **(Universalsukzession),** im Staats-, Völkerrecht die **Staatennachfolge.**

Rechtsnorm, eine zur Regelung des Gemeinschaftslebens erlassene Vorschrift (Gesetze, Rechtsverordnungen, Staatsverträge usw.).

Rechtspfleger, Beamter des gehobenen Justizdienstes, der mit der selbständigen Erledigung bestimmter einfacher richterl. Aufgaben betraut ist,

Recife

Redingote

Reduktionszirkel

z.B. Vormundschafts-, Vollstreckungs-, Kosten- und Grundbuchsachen.

Rechtspositivismus, Richtung der Rechtsphilosophie, die im Gegensatz zum Naturrecht das Recht mit den in einem Staat tatsächlich (»positiv«) geltenden Normen gleichsetzt und seine Rechtfertigung in der staatl. Macht sieht.

Rechtsprechung, Anwendung der Gesetze auf den Einzelfall durch die Gerichte.

Rechtsstaat, →Staat.

Rechtsstreit, →Prozeß.

Rechtsverordnung, die von einer staatl. Stelle erlassene Vorschrift, die ohne formelles Gesetz zu sein, wie ein Gesetz wirkt. In der Bundesrep.Dtl. können die Bundesregierung und die Landesregierungen und die Bundesminister durch Gesetz zum Erlaß von R. ermächtigt werden (Art. 80 GG).

Rechtsweg, ein Begriff, teils für die Zuständigkeit der Gerichte überhaupt, teils für diejenige der Zivilgerichte – im Unterschied zu der der Verwaltungsgerichte – verwendet.

Rechtswissenschaft, Jurisprud'enz die, die systemat. und begriffl. Durchdringung und Auslegung des geltenden Rechtes **(Dogmatik);** i.w.S. schließt die R. Rechtsphilosophie, -geschichte, -soziologie und -politik ein.

Rec'ife, früher **Pernambuco,** Hauptstadt des Staates Pernambuco, Brasilien, 1,1 Mill. Ew.

Reck das, ein Turngerät.

Recke [germ., eigentl. »Verbannter«] der, Held.

R'ecklinghausen, Industriestadt in Nordrh.-Westf., im rhein.-westfäl. Industriegebiet, 128 000 Ew.; Hafen am Rhein-Herne-Kanal; Steinkohlenbergbau, Maschinen-, Metall-, chem., Textil-Industrie; Ruhrfestspiele.

R'eclam Verlag, Verlagsbuchhandlung in Leipzig (Stammhaus; seit 1950 unter Treuhandschaft) und Stuttgart (seit 1947), gegr. 1828. Reclams Universal-Bibliothek (seit 1867).

Redakteur [redakt'œːr, frz.] der, schweizer. **Red'aktor,** der, Schriftleiter. **Redakti'on** die, Schriftleitung.

Redekunst, griech. **Rhet'orik,** die Kunst der Rede als Praxis; zugleich die Lehre von den Wegen, die zur Redevollkommenheit in der Praxis führen; sie wurde bes. bei den Griechen (Demosthenes) und Römern (Cicero) gepflegt, galt in der späten Antike sogar als vornehmste der Künste.

Redemptor'isten [von lat. redemptor »Erlöser«] Mz., kath. Orden, gestiftet 1732 von Alfons von Liguori. Die R. widmen sich der Seelsorge, bes. der Volksmission.

redig'ieren [lat.], einen Schriftsatz überarbeiten, druckfertig machen.

Redingote [rədɛ̃g'ɔt, frz.] die, gehrockähnl. Überrock im 18. Jahrh.

Rediskont'ierung, Weiterverkauf diskontierter Wechsel durch eine Bank an eine andere (→Diskont).

rediv'ivus [lat.], wiedererstanden, erneuert.

Redon [rəd'ɔ̃], Odilon, französ. Maler, *1840, †1916; mit symbolist. Dichtern befreundet (Mallarmé u.a.), schuf Gemälde, Aquarelle, Pastelle.

Redoute [rəd'utə, frz.] die, **1)** trapezförmiges Befestigungswerk. **2)** Maskenball.

Red River [red r'ivə, engl. »Roter Fluß«], rech-

ter Nebenfluß des Mississippi, 2040 km lang.

Redukti'on [lat.] die, **1)** Zurückführung (auf Einfacheres oder Grundsätzliches); Herabsetzung, Verminderung. **2)** ⊘ die Wegnahme von Sauerstoff aus Verbindungen oder die Anlagerung von Wasserstoff. **R.-Mittel** sind sauerstoffentziehende Mittel, z.B. Wasserstoff, Kohlenstoff, Kohlenoxyd, Natrium, Magnesium.

Redukti'onsteilung, →Kernteilung.

Redukti'onszirkel, Zirkel zum Übertragen von Strecken in einen anderen Maßstab.

Redund'anz [lat.] die, Überfluß; Nachrichtentechnik: die nicht ausgenutzten Möglichkeiten eines Informationssystems bei einer übertragenen Nachricht.

Reduplikati'on [lat.] die, Verdoppelung. In der Grammatik: Wiederholung von Silben als Mittel der Wort- und Formenbildung (z.B. Mama, Papa).

reduz'ieren [lat.], zurückführen; vermindern.

Reduz'ierventil, →Ventil zur Druckverminderung von Flüssigkeiten, Gasen in Leitungen.

Reed [riːd], Walter, nordamerikan. Biologe, *1851, †1902; bahnbrechende Arbeiten zur Bekämpfung des Gelben Fiebers.

Reede die, geschützter Ankerplatz an einer Küste (Bucht, Flußmündung).

Reeder, der, Eigentümer eines Schiffes, das dem Erwerb dient (Binnenschiffahrt: **Schiffseigner). Reeder'ei** die, Schiffahrtsunternehmen.

re'ell [frz.], **1)** wirklich vorhanden. **2)** redlich, zuverlässig. **reelles Bild,** wirkliches Bild.

reelle Zahlen, die gewöhnl. positiven und negativen Zahlen, z.B. 3, −17, $^3/_4$, $\pi = 3,14...$

Reep [niederdt.] das, Tau. **R.-Schläger,** Seiler.

Reeperbahn, 1) Seilerbahn. **2)** Vergnügungsviertel in Hamburg.

REFA, Kurzwort für den 1924 gegr. »Reichsausschuß für Arbeitszeitermittlung«, seit 1936 »Reichsausschuß für Arbeitsstudien«, seit 1948 »Verband für Arbeitsstudien, REFA e.V.«, mit Sitz in Darmstadt.

Refekt'orium [lat.] das, Speisesaal eines Klosters, am Kreuzgang gelegen.

Refer'at [lat.] das, Berichterstattung, Vortrag. **Refer'ent** der, Berichterstatter, Sachbearbeiter. **refer'ieren,** berichten, vortragen.

Referend'ar [lat. »Berichterstatter«] der, ein im Vorbereitungsdienst für die höhere Beamtenlaufbahn stehender Anwärter, z.B. der im jurist. Vorbereitungsdienst zwischen der ersten und zweiten Staatsprüfung stehende Gerichts-R.

Refer'endum [lat.] das, →Volksentscheid.

Refer'enz [frz.] die, Auskunft, Empfehlung.

reffen, ⚓ die Segelfläche verkleinern.

Refinanz'ierung, Geldbeschaffung eines Kreditgebers bei Mangel an Eigenmitteln, z.B. durch Beleihung von Wertpapieren bei der Notenbank.

reflekt'ieren [lat.], **1)** zurückwerfen, zurückstrahlen. **2)** nachdenken. **3)** etwas kaufen wollen, sich bewerben. **Reflekt'ant** der, Kauflustiger, Bewerber.

Refl'ektor [lat.] der, **1)** Gerät an Beleuchtungskörpern zum Zurückwerfen des Lichtes, z.B. bei Scheinwerfern. **2)** FUNKTECHNIK: Drahtgeflecht, Gitterwerk oder Metallfläche in Hohlspiegelform hinter Antennen, erhöht deren Richtwirkung. **3)** Spiegelteleskop.

Refl'ex [lat.] der, **1)** Widerschein (das Zurückstrahlen des Lichts). **2)** ⚕ auf bestimmten Reiz unwillentl. eintretender Körpervorgang (Kniescheibenreflex) oder Drüsentätigkeit (Magensaftabsonderung bei Nahrungsaufnahme). Dabei wird die im Empfindungsnerv ankommende Erregung im Rückenmark oder in tieferen Gehirnteilen (ohne Beteiligung des Bewußtseins) auf Bewegungsnerven **(R.-Bewegungen)** oder zu den Drüsen gehende Nerven übergeleitet. Auch Atmung und Herztätigkeit werden reflektorisch gesteuert.

Reflexi'on [lat.] die, **1)** das Zurückwerfen von Strahlen (Wellen) durch eine Fläche. Durch die R. des Lichts werden die nicht selbst leuchtenden Körper unserem Auge sichtbar. R. von Schallwel-

len, →Echo. →Totalreflexion. **2)** Nachdenken.
reflex'iv [lat.], **1)** zurückwirkend. **2)** Ⓢ rück-
bezüglich. **Reflexivpronomen,** rückbezügl. Fürwort.
Ref'orm [lat.] die, Neugestaltung, planmäßige
Umänderung. **Reform'ator** der, -s/...t'oren, Neu-
gestalter, Verbesserer, bes. Kirchenverbesserer.
reform'ieren, umgestalten, neugestalten.
Reformati'on [lat. »Wiederherstellung«] die,
1) Umbruch, innere Umgestaltung. **2)** die durch
Luther ausgelöste religiöse Bewegung im 16. Jahrh.,
die die Entstehung neuer, vom Papsttum unabhängiger Kirchengemeinschaften herbeiführte.
Grundgedanke war die Erneuerung der Kirche
im Sinne urchristl. Reinheit, Überwindung der
kirchl. Mißstände. Dieser rein religiöse Ansatz
führte gegen die Absicht der Reformatoren zur
Kirchenspaltung. Vorreformatorische Bewegungen →Wiclif, →Hus. Wichtigste Ereignisse: →Lu-
ther; Bündnis der kath. Fürsten zu Regensburg
1524; der Reichstag zu Speyer 1526 als Ausgangspunkt für die Einrichtung luth. Landeskirchen;
»Protestation« der evang. Stände auf dem Reichstag zu Speyer am 19. 4. 1529; Religionsgespräch
zu Marburg 1529; Augsburger Konfession auf
dem Reichstag zu Augsburg 1530; Schmalkaldischer Bund 1531; Nürnberger Religionsfriede
1532; Eröffnung des Tridentinischen Konzils
1545; Schmalkaldischer Krieg 1546-47; Augsburger Interim 1548; Passauer Vertrag 1552; staatl.
Anerkennung der Lutheraner im Augsburger Religionsfrieden 1555. – Von Dtl. griff die R. auf die
meisten anderen Länder über, verlief aber in den
einzelnen Ländern sehr verschieden. In der
Schweiz begann die R. 1522 durch Zwingli; sie
konnte aber nur in einem Teil der Kantone den
Katholizismus verdrängen. Einen neuen Aufschwung nahm hier die reformator. Bewegung
seit 1536 durch Calvin (→reformierte Kirche). In
Skandinavien und den Ostseeprovinzen hatte die
R. Erfolg durch das Luthertum, in Schottland
durch den Calvinismus. In den Niederlanden
wurde der Calvinismus Staatsreligion, in England
fand neben der →Anglikanischen Kirche der Calvinismus Verbreitung, in Frankreich erlangte der
Protestantismus nur vorübergehende Duldung
(→Hugenotten). Seit etwa 1570 veränderte sich die
Lage in Dtl. zuungunsten der luther. R.; der Calvinismus gewann Einfluß, und die kath. Kirche
begann wieder auf dem Boden zu gewinnen **(Gegenreformation).** Der Dreißigjährige Krieg brachte die
große Auseinandersetzung um den Bestand des
Protestantismus in Dtl. Im Westfäl. Frieden
(1648) wurden die luther. und auch die reformierte Kirche endgültig reichsrechtl. anerkannt.
Reformati'onsfest, Gedenkfeier der Reformation am 31. 10. (Anschlag der 95 Sätze durch
Luther in Wittenberg 1517).
reform'ierte Kirche, die von →Zwingli und
→Calvin begründete evang. Kirchengemeinschaft,
ausgehend von der Schweiz, wo in Zürich die Reformation seit 1522 durch Zwingli, in Genf seit
1536 durch Calvin eingeführt wurde. In Genf entstand die strengste Form der r. K., die außer in
Dtl. in Frankreich, England, Schottland, den Niederlanden, Polen, Ungarn Verbreitung fand. Der
Gottesdienst der r. K. ist schlicht und prunklos,
die Gemeinde von Ältesten geleitet (Presbyterialverfassung). Von der lutherischen Kirche unterscheidet sich die r. K. durch eine andere Auffassung des Abendmahls und der Prädestination.
Reformkonzilien, die spätmittelalterl. Kirchenversammlungen von Pisa (1409), Konstanz
(1414-18), Basel (1431-39) und Rom (1512-17),
die zur Beseitigung des abendländ. Schismas und
Reform der Kirche einberufen wurden.
Refrain [rǝfr'ɛ̃, frz.] der, →Kehrreim.
refrakt'är [lat.], ♪ unempfänglich.
Refrakti'on [lat.] die, →Brechung der Lichtstrahlen. **Refr'aktor** der, ein astronomisches Fernrohr (BILD Astronomische Instrumente).
Réfugiés [refyʒj'e, frz. »Flüchtlinge«] Mz., die
bei der Verfolgung durch Ludwig XIV. aus Frankreich geflohenen →Hugenotten.

Ref'ugium [lat.] das, Zufluchtsort.
R'ega die, Fluß in Pommern, 190 km lang.
Reg'al [ital. Lw.] das, -s/-e, **1)** Gestell für Bücher, Waren. **2)** kleine tragbare Orgel des 15. bis
17. Jahrh. **3)** Orgelregister aus Zungenpfeifen mit
verkürzten Schallbechern.
Reg'al [lat. ius regalium »königliches Recht«]
das, -s/-ien, ♊ im MA. die urspr. dem König vor-
behaltenen, später an den Landesherrn gelangten, nutzbaren Hoheitsrechte, bes. **Zoll-, Münz-,
Markt-, Jagd-, Berg-R.** Sie leben in den öffentl.-
rechtl. Monopolen fort.
regal'ieren [frz.], reichlich bewirten.
Reg'atta [ital.] die, -/...tten, Wettfahrt auf dem
Wasser, z.B. **Ruder-R., Segel-R.**

Regatta: Segel-R.

Regel die, **1)** Richtschnur, Vorschrift. **2)** die
→Menstruation.
Regel de tri [lat.] die, →Dreisatz.
Regelung die, Beeinflussung von natürl. oder
techn. Vorgängen derart, daß ihr ungestörter Ablauf mit möglichst geringen Schwankungen gewährleistet wird. Die einfachste techn. R. nimmt
der Mensch mit der Hand vor. Bei der selbsttätigen R. wird die Abweichung einer Größe (z.B.
Temperatur) vom bestimmten eingestellten Sollwert mit einem Fühler gemessen. Auf Grund der
Größe und Richtung der Abweichung wird, z.B.
die Gaszufuhr, durch ein Stellglied so geändert,
daß der Sollwert wieder erreicht wird.
Regen der, häufigste Form des Niederschlags,
mit einem Tropfendurchmesser von 0,5-5 (selten
7) mm, entsteht bei Abkühlung wasserdampfhal-
tiger Luft, tritt in Abstufungen von nässendem
Nebel über Nieseln, Landregen bis zu Platzregen
(Schauer) und Wolkenbrüchen auf.
Regen der, Nebenfluß der Donau bei Regensburg, entspringt im Böhmerwald, 184 km lang.
Regenbogen, farbige Lichterscheinung auf
einer sonnenbeschienenen Regenwolke. Er entsteht durch Brechung und Spiegelung der Sonnenstrahlen an den Regentropfen. Beim **Haupt-R.**
erscheinen von außen nach innen folgende Farben: Rot, Orange, Gelb, Grün, Blau, Violett;
beim (lichtschwächeren) **Neben-R.** umgekehrt.
Regenbogenhaut, →Auge.
Régence [reʒ'ɑ̃s] die, franzõs. Kunststil zwi-
schen Barock und Rokoko während der Regent-
schaft Philipps von Orléans (1715-23).
Regenerati'on [lat.] die, **1)** Wiedererzeugung,
Erneuerung. **2)** ♊ 🜚 die Erscheinung, daß ein
Lebewesen verlorene Körperteile ersetzt, z.B. die
Eidechse den abgebrochenen Schwanz. **3)** beim
Menschen werden u.a. Nägel, Haare, Blut, Kno-
chenmasse regeneriert. Zw.: **regener'ieren.**
Regengeräte dienen der künstl. Bewässerung.
Das Wasser wird durch **Schwenk-, Flachstrahl-,
Mittel-, Weitstrahlregner** u.a. verteilt.
Regenpfeifer, Sumpfvögel mit geradem Schna-
bel, langen Flügeln, kurzem Schwanz und hohen
Beinen; schnelle Läufer, gute Flieger, leben an
Gewässern. **Gold-R.,** in Dtl. seltener Brutvogel;
Fluß-R., Halsband-R., See-R., Mornell-R.
R'egens [lat.] der, -/Reg'entes, geistl. Leiter
eines kath. Priesterseminars.

Reflexion: 1 Ein-
fallswinkel klei-
ner als Grenz-
winkel: normale
Brechung, **2** Ein-
fallswinkel =
Grenzwinkel:
der gebrochene
Strahl verläuft in
der Wasserober-
fläche, **3** Einfalls-
winkel größer als
Grenzwinkel:
totale Reflexion

Regenpfeifer

Regensburg

Reger

Regensburg, Hauptstadt des bayer. RegBez. Oberpfalz, an der Donau, 128 100 Ew.; got. Dom St. Peter, 13. Jahrh., got. Rathaus; Univ., Pädagog. Hochschule u. a. Bildungsstätten. Chem., Nahrungs- und Genußmittelind.; Schiffswerften. – R., das röm. Standlager **Castra Regina,** war im 6.-12. Jahrh. Sitz der bayer. Stammesherzöge, wurde 739 Bischofssitz, 1245 Reichsstadt und erlebte im 14. Jahrh. eine große Handelsblüte. 1663 bis 1806 tagte im Rathaussaal der **Immerwährende Reichstag.** 1810 kam R. an Bayern.

Reg'ent [lat.] der, Herrscher, i. e. S. Landesverweser, der für einen minderjährigen oder durch Krankheit oder Abwesenheit verhinderten Monarchen die Regierung führt; die Aufgabe kann auch einem **Regentschaftsrat** übertragen werden.

Regenwald, immergrüner Tropenwald.

Regenwurm, zu den Ringelwürmern gehörender zwittriger Borstenwurm. Der Körper besteht aus vielen Gliedern, die auf der Bauchseite Borsten zur Fortbewegung haben. Die R. nähren sich von Erde, die mit Pflanzenteilen gemischt ist, und geben die Erde wieder von sich. So mischen und durchlüften sie den Boden.

Regenzeit, in den Gebieten des Monsunklimas die Jahreszeit mit Regenfällen.

Reger, Max, Komponist, *1873, †1916, erneuerte die →Polyphonie der Bachzeit in reicher Harmonik: Orgel-, Orchester-, Kammer-, Klaviermusik, Lieder.

Reg'esten [lat.] Mz., Auszüge aus Urkunden.

Reggio di Cal'abria [r'ɛdʒɔ], Stadt in S-Italien, an der Straße von Messina, 166 000 Ew.; Erzbischofssitz.

R'eggio nell' Em'ilia, Stadt in N-Italien, 127 300 Ew.; Landwirtschaft.

Regie [reʒ'i, frz.] die, 1) die Führung einer wirtschaftl. Unternehmung unmittelbar durch Staat oder Gemeinde **(R.-Betrieb).** 2) THEATER UND FILM: die Tätigkeit des Spielleiters **(Regisseur),** der die Theaterstücke in Szene setzt, die Rollen verteilt usw.

reg'ieren [lat.], 1) lenken, leiten. 2) herrschen. 3) Ⓖ (vom Zeitwort) einen bestimmten Beugefall erfordern.

Reg'ierung [lat.] die, das zur obersten Leitung der Staatsgeschäfte berufene Kollegium (z. B. Bundes-R., Reichs-R., Landes-R.), das in einem Rechtsstaat die oberste Staatsgewalt mit andern Organen (Volk, Parlament, Gerichte) teilt.

Regierungsbezirk, in den Ländern Baden-Württemberg, Bayern, Hessen, Niedersachsen, Nordrhein-Westfalen und Rheinland-Pfalz: staatlicher Verwaltungsbezirk zwischen Land und Kreis; in Bayern und Rheinland-Pfalz zugleich kommunaler Selbstverwaltungsverband. **Regierungspräsident,** der oberste Beamte eines R.

Regierungsrat, 1) höherer Verwaltungsbeamter. 2) in vielen schweizer. Kantonen die Regierung und ihre Mitglieder.

Regime [reʒ'iːm, frz.] das, Regierungsform; Herrschaft; Leitung.

Regim'ent [lat.] das, 1) -s/-e, Herrschaft, Verwaltung. 2) -s/-er, ⚔ die wichtigste mittlere Truppeneinheit, mit geschlossenem Offizierkorps, meist von einem Oberst befehligt.

Reg'ina [lat.] die, Königin; weibl. Vorname.

Regina [ridʒ'ainə], Hauptstadt von Saskatchewan, Kanada, 131 100 Ew.; kath. Erzbischofssitz; Industrie.

Regiomont'anus, eigentl. Johann Müller, Mathematiker und Astronom, *1436, †1476; arbeitete über Zahlentheorie, Jahreslänge, Planetenbewegungen u. a.

Regi'on [lat.] die, Gegend, Bezirk, Gebiet. **region'al,** die R. betreffend.

Region'al liga, 1963 vom Dt. Fußballbund eingeführte Bez. für die 5 gleichrangigen Spielklassen (Süd, West, Südwest, Nord, Berlin) unterhalb der →Bundesliga.

Regionalplanung, die Ausarbeitung eines festen Systems von wirtschafts- und sozialpolit. Zielen für eine Region; auch die Maßnahmen zur Raumordnung.

Regisseur [reʒis'œːr] der, Spielleiter im Theater, bei Filmaufnahmen, →Regie.

Reg'ister [lat.] das, 1) Verzeichnis. 2) in Büchern: Sach-, Namensverzeichnis. 3) bei Gericht oder andern öffentl. Stellen (z. B. Patentamt) geführte Bücher, die der Offenkundigkeit bestimmter Rechtsverhältnisse dienen (z. B. →Handels-, Vereinsregister). 4) ORGEL: selbständige Reihe von Pfeifen gleicher Bauart und Klangfarbe; ähnlich beim Harmonium.

registered [r'edʒistəd, engl.], in ein Register (bes. Patentregister) eingetragen, gesetzl. geschützt.

Reg'istertonne, Abk. **Reg.-T., RT,** Raummaß für Schiffe (2,8316 m³). **Brutto-R. (BRT),** gesamter Vermessungsraum eines Schiffes einschließl. Maschinenräume, Unterkünfte der Besatzung usw. **Netto-R. (NRT),** abgabepflichtiger Vermessungsraum (ohne die genannten Räume).

registr'ieren [von →Register], in ein Verzeichnis eintragen. **Registr'ator** der, Kanzleibeamter, der die Eintragung besorgt. **Registr'ur** die, Ablage von Briefen, Zeitschriften u. a.

Registr'iergeräte, Meß- und Beobachtungsgeräte zum selbsttätigen Aufzeichnen der Meßwerte nach Größe und zeitlichem Verlauf.

Registr'ierkasse, Kontrollkasse, zeichnet Einnahmen und Ausgaben selbsttätig auf, zeigt den Betrag durch ein Schauwerk an und druckt einen Quittungszettel.

Reglement [reglom'ã, frz.] das, Dienstvorschrift. **reglement'ieren,** behördlich regeln.

Regler, Regul'ator [lat.] der, Geräte, die selbsttätig eine →Regelung steuern, z. B. Druck-R., →Fliehkraft-R., →Pendel (bei Uhren), →Thermostat (Temperatur-R.) u. a.

Regnitz die, linker Nebenfluß des Mains, entsteht bei Fürth aus Rednitz und Pegnitz, mündet unterhalb von Bamberg.

R'egnum [lat.] das, Königreich.

Regr'eß [lat.] der, Rückgriff eines haftbar gemachten Erst- auf einen Zweitverpflichteten (z. B. im Wechselrecht); im Recht der Amtshaftung der Rückgriff des entschädigungspflichtigen Staates auf den verantwortl. Beamten. **regress'iv,** zurückschreitend, rückwirkend.

r'egula f'alsi [lat. »Regel des Falschen«], mathemat. Näherungsverfahren zum Auflösen von Gleichungen.

regul'är [lat.], regelmäßig, regelrecht. **reguläres Kristallsystem,** →Kristall.

Regul'aren [lat.] Mz., Ordensmitglieder. **Regularkleriker,** Klostergenossenschaften ohne Bindung des Klerikers an das Kloster des Eintritts und ohne Chorgebet, z. B. Jesuiten.

Regulati'on [lat.] die, →Regelung.

regulat'iv, regelnd, normbildend. **Regulat'iv** das, regelnde Vorschrift, Verordnung.

regul'ieren [lat.], regeln, ordnen.

R'egulus, Stern 1. Größe, α im Sternbild des Löwen.

Reh das, europ.-asiatische Hirschart von zierlichem Körperbau. Im Sommer ist das Fell rotbraun, das Winterkleid ist graubraun. Der weiße »Spiegel« am Hinterende erleichtert den Zusammenhalt des Rudels beim Flüchten. Der Bock trägt ein »Gehörn« (→Geweih). Das Weibchen heißt **Schmalreh** oder **Ricke;** es setzt im Mai 1-2 Junge (**Kitze**), deren Fell weiß gefleckt ist.

rehabilit'ieren [lat.], wieder zu Ehren bringen.

Rehabilitati'on die, 1) Ehrenerklärung, Wiedereinsetzung in den früheren Stand. 2) { alle Maßnahmen, die der Wiedergewinnung der berufl. Leistungsfähigkeit nach Unfall oder Krankheit dienen.

Rehmke, Johannes, Philosoph, *1848, †1930; betrachtete die Philosophie als vorurteilsfreie Grundwissenschaft.

Rehpilz, Habichtschwamm, Stachelpilz.

Rehposten Mz., ♀ stärkster Flintenschrot, für die deutsche Jagd nicht zugelassen.

Rehwinkel, Edmund, Bauernführer, *1899; war 1959-68 Präs. des Dt. Bauernverbandes.

Reib|ahle, Werkzeug mit Längsschneiden zum Erweitern, genauen Ausarbeiten und Glätten von Bohrungen.

Reibung die, bewegungshemmende Kraft bei der Berührung von Körpern (**äußere R.**) oder im Innern von Flüssigkeiten und Gasen (**innere R.,** →Viskosität).

Reibungsbahn, die gewöhnliche Schienenbahn, nur für Steigungen bis höchstens 60⁰/₀₀, bei der die Fortbewegung durch Reibung zwischen Rad und Schiene ermöglicht wird. Gegensatz: z.B. Zahnradbahn.

Reibungselektrizität, durch Reiben hervorgerufene, entgegengesetzte elektr. Aufladung zweier Körper, z.B. Kamm und Haar beim Kämmen.

Reibungsräder dienen zur kraftschlüssigen Übertragung von Drehbewegungen, wobei die glatten oder mit Reibbelag versehenen Scheiben so fest aufeinandergepreßt werden, daß die entstehende Reibung zur Kraftübertragung ausreicht.

Reich das, nicht scharf abgrenzbare Bez. für Staaten und staatl. Großgebilde, z.B. im Altertum das Perser-R., das R. Alexanders d.Gr., das Röm. R.; im MA. entstanden das Oström. R., das Fränk. R., das Heil. Röm. R. Dt. Nation, das Mongolen-R. des Dschingis-Khan; in der Neuzeit das Brit. Reich (British Empire), das Russ. R. (Zaren-R.), das Osman. R., das Französ. Kaiserreich (Empire); der dt. Bundesstaat von 1871 gab sich den Namen Dt. R. (bis 1945 beibehalten).

Reichardt, Johann Friedrich, *1752, †1814; Liederkomponist (bes. Goethetexte); Opern, Sinfonien, Kammermusik, Klaviersonaten.

Reichenau, Insel im Bodensee (Untersee), 4,5 km². Die 724 gegründete Benediktinerabtei war eine der bedeutendsten Pflegestätten der frühmittelalterlichen Kultur.

Reichenbach, 1) **R. im Eulengebirge,** Stadt in Niederschlesien, (1939) 17250, (1970) 33 600 Ew.; Textilind.; seit 1945 unter poln. Verw. (Dzierżoniów). 2) **R. im Vogtland,** Industriestadt im Bezirk Karl-Marx-Stadt, 29 500 Ew.; Textilien.

Reichenbach, 1) Carl-Ludwig Freiherr von, Chemiker und Naturphilosoph, *1788, †1869; entdeckte Paraffin und Kreosot. 2) Hans, Philosoph, *1891, †1953, förderte die Wissenschaftslehre vom Standpunkt des Neupositivismus aus.

R'eichenberg, tschech. **Liberec,** Stadt in der Tschechoslowakei, an der Görlitzer Neiße, 70 600 Ew.; Textil- u. a. Industrie; bis 1945 Mittelpunkt des Sudetendeutschtums.

Reichenh'all, Bad R., Stadt in Oberbayern, 14 800 Ew., Solbad an der Saalach, Salzgewinnung. Das Augustinerchorherrenstift St. Zeno ist seit 1852 Institut der Englischen Fräulein.

Reichensperger, August, *1808, †1895, und Peter, *1810, †1892; Mitbegründer und Führer der Kath. Fraktion (seit 1852), des späteren Zentrums, im Preuß. Landtag.

Reich Gottes, in Christi Lehre die religiössittl. Ordnung der unter der Herrschaft Gottes in Bruderliebe verbundenen Menschheit.

R'eichle, Reichel, Hans, Bildhauer, *um 1570, †1642; Schüler, Mitarbeiter des Giovanni da Bologna in Florenz. Hauptwerk: Bronzegruppe des hl. Michael im Kampf mit Luzifer (1603-06).

Reichsadler, Wappentier des Dt. Reichs, bis 1410 und 1919-1933 einköpfig ohne Krone, 1410 bis 1806 zweiköpfig, zuletzt mit Kaiserkrone, 1871 bis 1918 einköpfig mit preuß. Wappen auf der Brust und Kaiserkrone.

Reichsämter, 1) im Dt. Reich bis 1806 die Erz- und Erbämter. 2) im Dt. Reich 1871-1918 die obersten Reichsbehörden.

Reichsapfel, Kugel (Weltkugel) mit Kreuz, Sinnbild der Königs-(Kaiser-)Herrschaft, eins der →Reichskleinodien. (BILD S. 754)

Reichsarbeitsdienst, Abk. **RAD,** in militär. Form organisierter →Arbeitsdienst der nat.-soz. Zeit; 1935-45 Pflicht für alle Jugendlichen.

Reichsarchiv, 1919 in Potsdam gegr. als Archiv des Dt. Reichs; erlitt 1945 schwere Verluste; Restbestände erhalten.

Reichsbahn, →Deutsche Reichsbahn.

Reichsbank, Deutsche R., von 1875 bis 1945 die Zentralnotenbank des Dt. Reichs.

Reichsdeputationshauptschluß, letzter Beschluß der Reichsdeputation (Ausschuß des alten Reichstags) vom 25.2.1803: Aufteilung der geistl. Fürstentümer und der meisten Reichsstädte, um die dt. Fürsten für den Verlust der linksrhein. Gebiete an Frankreich zu entschädigen.

reichsfrei, →reichsunmittelbar.

Reichsgericht, 1879-1945 höchstes dt. Gericht in Zivil-, Strafsachen; Sitz Leipzig.

Reichshof, Gem. im Oberbergischen Kreis Nordrh.-Westf., 15 300 Ew.

Reichshofrat, bis 1806 der neben dem Reichskammergericht bestehende oberste Gerichtshof; gegr. 1498, Sitz Wien.

Reichskammergericht, 1495-1806 im Dt. Reich höchstes Gericht; zuletzt in Wetzlar.

Reichskanzler, 1) bis 1806: seit dem 13. Jahrh. der Erzbischof von Mainz als Erzkanzler für Dtl. 2) 1871-1918: der vom Kaiser ernannte einzige Reichsminister; er leitete die Politik und die Verwaltung des Reichs. 3) 1919-33: der vom Reichspräs. ernannte Vorsitzende des Reichskabinetts, abhängig vom Vertrauen des Reichstags. Er bestimmte die Richtlinien der Politik. 4) 1933-1945: 1934 wurde das Amt des Reichspräsidenten mit dem des R. vereinigt (»Führer und R.«).

Reichskartenwerk, früher die vom Reichsamt für Landesaufnahme, jetzt von den Landesvermessungsämtern herausgegebenen amtl. Kartenwerke 1:50000, 1:100000, 1:200000, 1:300000; zuletzt in Wetzlar.

Reichsklein'odien, Reichsins'ignien Mz., die Hoheitsabzeichen der dt. Kaiser bis 1806: Krone, Zepter, Reichsapfel, Schwert, Sporen und kostbare Kleidungsstücke; in Wien aufbewahrt. (FARBTAFEL Deutsche Kunst S. 173)

Reichskonkordat, zwischen dem Dt. Reich und dem Heil. Stuhl am 12.7.1933 abgeschlosse-

Reh

Reibahle

Reichsadler

Reichenau

Reichsapfel

ner Vertrag über die Rechtsstellung der kath. Kirche in Dtl. Nach Entscheidung des Bundesverfassungsgerichts (1957) ist das R. gültiges Recht, die Länder sind aber an die Schulbestimmungen nicht gebunden.

Reichsland, 1) bis 1806 das zum Dt. Reich gehörige Gebiet. **2) R. Elsaß-Lothringen,** 1871 aus den von Frankreich abgetretenen Gebieten Elsaß und Lothringen unter einem kaiserl. Statthalter vereinigt, seit 1879 mit eigener Landesregierung, seit 1911 mit eigenem Landtag und Vertretung im dt. Bundesrat; 1918 wieder an Frankreich.

Reichsmark, RM, 1924-48 die dt. Währungseinheit (= 100 Reichspfennige). →Mark.

Reichspost, Deutsche R., →Deutsche Bundespost, →Post.

Reichspräsident, in der Weimarer Rep. das vom Volk gewählte Staatsoberhaupt des Deutschen Reichs. (→Reichskanzler 4)

Reichsrat, 1) in der Weimarer Verfassung die Vertretung der Länder bei der Gesetzgebung und Verwaltung des Reichs. **2)** in Bayern bis 1918 die erste Kammer des Landtags. **3)** in Österreich 1867-1918 die aus Herrenhaus und Abgeordnetenhaus bestehende Volksvertretung.

Reichsreform, 1) im ausgehenden MA. die Bestrebungen, die Verfassung des alten Dt. Reichs bes. durch Stärkung des landesherrl. Einflusses gegenüber dem Kaiser umzugestalten. **2)** in der Weimarer Rep. die Versuche einer Neugliederung des Reichsgebiets unter Zerschlagung Preußens; sie waren bis 1933 nicht über Planung und Beratung hinausgediehen. **3)** nach 1933 die »Gleichschaltung« des Reichs zu einem Einheitsstaat; sie war teilweise durchgeführt.

Reichsregierung, die oberste Leitung der Reichspolitik und der Reichsverwaltung; im Kaiserreich nach 1870 der Reichskanzler und die ihm unterstellten Staatssekretäre; in der Weimarer Rep. der Reichskanzler und die ihm gleichgestellten Reichsminister. Im nat.-soz. Staat verlor die R. immer mehr an Bedeutung und trat seit 1938 nicht mehr zusammen.

Reichsritterschaft, im Dt. Reich bis 1806 der reichsunmittelbare niedere Adel, schloß sich 1577 in den 3 Ritterkreisen (in Schwaben, Franken, am Rhein) zusammen.

Reichssportfeld, für die Olymp. Spiele 1936 von W. March erbaute Sportanlagen in Berlin. (BILD Olympia-Stadion)

Reichsstadt, Freie Reichsstadt, im Dt. Reich bis 1806 die reichsunmittelbaren Städte; sie verloren die Reichsunmittelbarkeit größtenteils 1803, einige 1806. (→Freie Städte)

Reichsstände, im Dt. Reich bis 1806 die weltl. und geistl. Landesherren und die Reichsstädte (→Reichstag 1).

Reichstadt, Napoleon **Herzog v. R.,** einziger Sohn Napoleons I. und der Marie Louise, *1811, †1832; von seinem Vater zuerst als König von Rom, 1815 als Napoleon II. proklamiert; wurde in Wien erzogen, wo er starb.

Reichstag, 1) Dt. Reich bis 1806: Versammlung der →Reichsstände, seit 1663 ständig in Regensburg, gegliedert in 3 Kollegien: Kurfürsten, Reichsfürsten, Reichsstädte. **2)** Deutsches Reich seit 1871: gemeinsame Vertretung des dt. Volkes, hervorgegangen aus allgem., gleichen, geheimen, unmittelbaren Wahlen. Der Schwerpunkt der Reichsgewalt lag beim Bundesrat. **3)** Weimarer Republik: Der R. war als Vertretung des als souverän gedachten Volkes oberstes Reichsorgan und Hauptträger der Reichsgewalt. Reichskanzler und Reichsminister waren vom Vertrauen des R. abhängig (parlamentarisches System). Infolge des Anwachsens der radikalen Parteien war der R. in den letzten Jahren vor 1933 zu einer Mehrheitsbildung unfähig; Gesetzgebung weitgehend durch Notverordnungen des Reichspräsidenten. **4)** nat.-soz. Staat: Der neugewählte R. gab am 21.3.1933 das Gesetzgebungsrecht durch das Ermächtigungsgesetz in die Hand Hitlers. Der nach Auflösung der Parteien (außer der NSDAP) gebildete R.,

Reichstagsgebäude in Berlin (Photo vor 1933)

dessen Mitglieder von Hitler ernannt wurden, beschloß 1935 die →Rassengesetze und trat sonst nur zur Entgegennahme von Regierungserklärungen zusammen.

Reichstagsbrand, die Zerstörung des Reichstagsgebäudes in Berlin durch Brandstiftung am 27.2.1933. Er wurde von Hitler ausgenutzt, um die wichtigsten Grundrechte außer Kraft zu setzen. Im R.-Prozeß wurde der niederländ. Kommunist van der Lubbe zum Tode verurteilt, die Kommunisten Torgler, →Dimitroff u.a. wurden freigesprochen. – Der R. ist nicht völlig geklärt; fraglich ist eine nat.-soz. Urheberschaft.

reichsunmittelbar, reichsfrei, im Dt. Reich bis 1806 derjenige, der nur dem Kaiser und dem Reich untertan war, so Landesherren, Reichsstädte, Reichsritter.

Reichsverfassung, 1) die Verf. des Dt. Kaiserreichs vom 16.4.1871; sie war die nur wenig geänderte Verf. des Norddt. Bundes von 1867. Ihre bedeutsamste Änderung, das Ges. vom 28.10. 1918 (Einführung des parlamentar. Systems), wurde nicht mehr wirksam. **2)** die Verf. der Weimarer Rep. vom 11.8.1919; sie schuf einen demokrat.-parlamentar. und föderativen Rechtsstaat, der durch den Nationalsozialismus (1933) sein Ende fand, ohne daß die Verf. formell außer Kraft gesetzt wurde.

Reichsversicherungsordnung, RVO, regelt die gesetzl. Kranken-, Unfall- und Rentenversicherung der Arbeiter; erlassen am 19.7.1911, Neufassungen v. 15.12.1924, 9.1.1926 und 17.5. 1934. Zahlreiche spätere Änderungen, darunter bes. wichtig das Rentenversicherungs-Neuregelungsges. v. 23.2.1957 und das Unfallversicherungs-Neuregelungsges. v. 30.4.1963. →Rentenversicherung, →Sozialversicherung.

Reichsverweser, 1) im Dt. Reich bis 1806 der einstweilige Verwalter der Königsgewalt bei Thronerledigung, Regierungsunfähigkeit oder längerer Abwesenheit des Königs; auch **Reichsvikar** genannt. **2)** das von der Frankfurter Nationalversammlung 1848 gewählte Oberhaupt der vorläufigen Zentralgewalt Dtl.s (Erzherzog Johann von Österreich). **3)** in Ungarn 1920-44 Admiral N. v. →Horthy.

Reichswehr, die dt. Wehrmacht 1919-35. Das von den Alliierten 1919 zugestandene Berufsheer von 115000 Mann (einschließlich 15000 Mann der Marineeinheiten) wurde 1920 durch Noske organisiert und von General v. Seeckt weiter ausgebaut. Die R. unterstand dem Oberbefehl des Reichspräsidenten. Sie nahm in der Weimarer Rep. zeitweise Einfluß auf die Politik.

Reif der, Niederschlag aus feinen Eiskristallen bei Kälte (gefrorener Tau); bes. stark als **Rauh-R., Rauhfrost.**

Reifen der, Teil des Rades, umschließt die Felge; aus Eisen oder Gummi (→Luftreifen). Bei **schlauchlosen R.** dichtet die Decke unmittelbar am Felgenrand.

R'eifenberg, Benno, *1892, †1970; Journalist. Mitherausg. der Frankfurter Allgemeinen Zeitung.

R'eifensteiner Verband, Schulträger von Landfrauenschulen, 1897 gegr., Sitz Goslar.

Reifeprüfung, Abit'ur, Mat'ura, Abschlußprüfung an höheren Schulen. Sie berechtigt zum Besuch der Hochschulen.

Reifrock, glockenförmig gesteifter Frauenrock, ähnl. der Krinoline, kam in der 2. Hälfte des 16. Jahrh. auf, wurde im 18. Jahrh. höfische Modetracht (FARBTAFEL Mode I S. 695).

Reihe die, $\triangle$ Ausdruck der Form $a_0 + a_1 + a_2$ + ...; die Glieder können Zahlen oder Funktionen sein. Bei der **arithmet. R.** besteht zwischen 2 aufeinanderfolgenden Gliedern stets die gleiche Differenz (z. B. $2 + 5 + 8 + 11$), bei der **geometr. R.** ergibt sich jedes Glied aus seinem Vorgänger durch Multiplikation mit dem gleichen Faktor (z. B. $1 + 2 + 4 + 8 + 16$). Hat eine **unendl. R.** eine endl. Summe, heißt sie **konvergent,** sonst **divergent.**

Reihenfertigung, serienweise Fertigung von Maschinen-, Bauteilen, Häusern u. a., oft am Fließband; ermöglicht beschleunigte und verbilligte Herstellung und Austauschbarkeit der Teile.

Reihenschaltung, Hintereinanderschaltung, Serienschaltung, ∮ Stromerzeuger oder Verbraucher, sind so geschaltet, daß sie vom gleichen Strom durchflossen werden.

Reiher Mz., storchenähnl. Schreitvögel mit Schmuckfedern an Kopf und Hals; leben in wasserreichen Gegenden, nähren sich von Fischen, Lurchen, Mäusen u. a. Der **Grau-** oder **Fisch-R.** wird etwa 1 m hoch, ist grau, weiß und schwarz gefärbt, nistet in Baumkronen. **Silber-R.,** weiß; **Purpur-R.,** mit brauner Brust.

Reiherschnabel, kleinstaudiges, rotviolettblühendes Storchschnabelgewächs; die sich spiralig rollenden Teilfrüchtchen dienen als Feuchtigkeitsmesser. **Moschus-R.** ist Zierpflanze.

Reim der, ein Ausdrucksmittel der gebundenen Sprache, der Gleichklang der Auslauts mehrerer Wörter, besonders am Ende von Verszeilen. Beim **stumpfen** oder **männlichen R.** ruht der Gleichklang nur auf der letzten Silbe, z. B. Herz, Schmerz; beim **klingenden** oder **weiblichen R.** auf den zwei letzten Silben, z. B. Regen, fegen; beim **gleitenden** auf den drei letzten Silben, z. B. lebende, strebende. Die erste dt. Dichtung in Reimen ist Otfrieds »Evangelienbuch« (um 868).

R'eimann, Hans, Schriftsteller, *1889, † 1969; Grotesken, Satiren, Parodien (»Der Greenich«).

Reim'arus, Hermann Samuel, Theologe und Philosoph, *1694, †1768, vertrat eine natürl. Vernunftreligion, übte scharfe Bibelkritik.

Reims [rɛs], Stadt in Frankreich, in der Champagne, 158 600 Ew.; am Aisne-Marne-Kanal; Univ.; Erzbischofssitz; Kathedrale (Meisterschöpfung der Gotik, 12.-14. Jahrh.) u. a. alte Bauwerke; Mittelpunkt der Champagnererzeugung; Leder-, Schmuckwaren-, Textil-, Metall-, Elektro-Ind. – R. war Hauptstadt der belg. Remer, später Krönungsstadt der französ. Könige. Im 1. Weltkrieg stark beschädigt. 7. 5. 1945 Unterzeichnung der dt. Kapitulation. (TAFEL Königin)

R'einbek, Stadt in Schlesw.-Holst.; 15 200 Ew.; Bundesanstalt für Forst- und Holzwirtschaft.

R'einecke, Reineke [niederdt. Koseform von →Reinhard]. TIERFABEL: Name des Fuchses. **R. Fuchs, Reinke de Vos,** niederdeutsches Tiergedicht (1498), nach dem niederländ. »Van den vos Reinaerde« des Hinric van Alkmar bearbeitet. Neudichtung von Goethe (1794) in Hexametern.

Reineclaude [rɛ:nkl'o:d, frz.] die, →Pflaume.

Reinert, Hans Egon, Politiker (CDU) *1908, †1959; Rechtsanwalt, 1952 Mitgründer, seit 1957 Vors. der CDU Saar, 1956 Kultus- und Justizmin., seit 1957 MinPräs. des Saarlandes.

Reinerz, Bad R., Kurort in Niederschlesien; seit 1945 unter poln. Verw. **(Duszniki Zdrój).**

Rein'ette [rɛ:n-, frz.] die, →Renette.

Reinhard, Reinhart [aus ahd. regin »Rat« und hart »stark«], männl. Vorname.

Reinhardswald, Bergzug zwischen Weser und Diemel, 472 m hoch.

Reinhardt, Max, eigentl. **Goldmann,** *1873, †1943; Leiter des Dt. Theaters und der Kammerspiele in Berlin, Mitbegründer der Salzburger Festspiele (1920), übernahm 1924 das Theater in der Josefstadt in Wien, emigrierte 1938 nach den USA.

Reinhold [aus ahd. regin »Rat« und walto »Herrscher«], männl. Vorname.

R'einick, Robert, Maler und Dichter, *1805, †1852; Lieder, Märchen, Geschichten; Holzschnitte, Radierungen.

R'einickendorf, Verw.-Bez. von Berlin (West).

Reïnkarnati'on [lat.] die, Wiederverkörperung, →Seelenwanderung.

R'einmar, 1) R. von Hagenau, auch **R. der Alte,** Minnesänger am Wiener Hof, Lehrer Walthers von der Vogelweide, † vor 1210. **2) R. von Zweter,** rhein. Spruchdichter, † nach 1252.

Reis das, -es/-er, Schößling, Zweig.

Reis der, urspr. trop. Getreidegras, 1-2 m hoch. **Wasser-R.** wird auf feuchtem Boden, **Berg-R.** auf gewöhnl. Boden angebaut. Für den Handel wird das Korn mit Maschinen geschält und poliert. Gesünder ist ungeschälter Vollreis durch die darin enthaltenen Vitamine. R. ist das verdaulichste Getreide. Einseitige Ernährung mit geschältem R. kann Beriberi hervorrufen. Der R. eignet sich bes. zum Kochen und Dünsten; die Stärke dient zu Puder und Schminke. Aus vergorenem R. wird japan. R.-Wein (R.-Bier, Sake) hergestellt, auch Branntwein, z. B. Arrak. (BILD Getreide)

Reisernte 1968 (in 1000 t)			
Indien[1]	56 787	USA	4849
Pakistan[1]	19 005	Ägypten[1]	2316
Japan	18 740	Iran	945
Brasilien[1]	6792	Welt[1]	276 387
[1] 1967			

Reis, Philipp, Physiker, *1834, †1874; Erfinder des Fernsprechers (1861).

Reisescheck, Traveller's Cheque [tr'ævləz tʃek, engl.] der, Reisezahlungsmittel in Form von Schecks, die in Heften an den Reisenden verkauft und von bestimmten Einlösungsstellen (meist Banken) eingelöst werden.

R'eisige [von ahd. reisa »Kriegszug«] Mz., schwerbewaffnete Reiter des MA.

R'eislaufen [von ahd. reisa »Kriegszug«], das Eintreten junger Männer in fremden Kriegsdienst; bes. in der Schweiz im 16.-18. Jahrh., seit 1859 verboten.

Reispapier, papierähnl. Erzeugnis aus dem weißen Mark einer in Ostasien heimischen Aralie.

Reißbrett, Holzplatte (meist Lindenholz), auf der das Papier für eine techn. Zeichnung durch kurze Stifte mit breitem Kopf (**Reißnägel, Reißzwecken,** Heftzwecken) befestigt werden kann. Die Kanten des R. sind sauber gehobelt, damit die **Reißschiene,** ein Lineal mit dazu rechtwinkliger oder verstellbarer Querleiste als Anschlag, parallel verschoben werden kann.

Reißfeder die, →Reißzeug.

Reißlänge, die Länge eines Drahtes oder Bandes, bei der er unter seinem eigenen Gewicht zerreißen würde.

Reißverschluß, besteht aus zwei Reihen gegenüberliegender, versetzt angeordneter Metalloder Kunststoffzähnchen (Krampen), die beim Schließen durch einen Schieber ineinandergepreßt werden. Beim Öffnen werden sie durch ein Herzstück auseinandergedrückt. Beim Gleitverschluß werden durch den Schieber zwei keilförmige Nutenpaare ineinander geschoben.

Reißwolle, früher **Kunstwolle,** durch Zerreißen wollener Abfälle gewonnener Spinnstoff.

Reißzeug, Satz von Geräten zur Anfertigung techn. Zeichnungen: Zirkel, **Reißfedern;** letztere dienen zum Nachziehen der Linien mit Zeichentusche. Die Strichstärke der Reißfeder kann verstellt werden.

Reiten, das Benutzen von Reittieren, bes. Pferden, zum Tragen des Menschen. **Reitkunst,** die vollkommene Beherrschung des **Reitpferdes.** Ziel der Schul- und Dressurreitens ist, den Schwerpunkt des Tieres nach hinten zu verlegen und so die Vorderhand zu entlasten (»Versamm-

Reiher

Reiherschnabel

Reinhardt

Reis

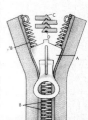

Reißverschluß,
A Schieber,
B Krampenreihen, C Wulst,
D Vertiefung

Reiten: Hindernisrennen

lung«). Durch die **Hilfen** muß das Tier die Hauptgangarten Schritt, Trab und Galopp sowie Wenden, Rückwärts- und Seitwärtstreten, Springen usw. lernen. Höchste Anforderungen stellt die **Hohe Schule** (Übungen: Ballotade, Eskapade, Kapriole, Kurbette, Kruppade, Lançade, Passade, Piaffe, Pirouette). Formen sportl. Wettkampfs sind Rennen, →Reit- und Fahr-Turniere.

Reiter der, 1) wer auf einem Reittier sitzt. 2) Getreidesieb. 3) Heugestell. 4) aufgesteckte Klammern als Kennzeichen auf Karteikarten. 5) verschiebbares kleines Gewicht bei Präzisionswaagen. 6) Soldat der Kavallerie.

Reit im Winkl, Luftkurort und Wintersport platz in den bayer. Alpen, südl. des Chiemsees, 700 m ü. M., 2500 Ew.

Reit- und Fahr-Turnier, auch **Concours hippique,** reiterliche Veranstaltung, besteht in Dressur-, Eignungs- und Materialprüfungen, im Jagdspringen und in Fahrkonkurrenzen.

Reiz der, jede Einwirkung, die im Körper eines Lebewesens eine Wirkung (Empfindung, Bewegung, Absonderungsvorgang, Wachstum usw.) auslöst. Der R. muß eine bestimmte Stärke haben, um wirksam zu werden (**R.-Schwelle**).

Reizbehandlung, Heilweise, die auf die Umstimmung der vegetativen Nerven und der innersekretor. Drüsen abzielt. Bei der **Reizkörperbehandlung** werden Eiweißkörper (Milch, Eigenblut, abgetötete Bakterien u. a.) eingespritzt.

Reizker der, Blätterpilzgattung. Der **Echte R.** ist eßbar, hat orangerote Milch und grünspanähnl. Wundstellen; der **Birken-R.** (**Falscher R.**) ist giftig, hat weiße Milch. (FARBTAFEL Pilze S. 865)

Rekapitulati'on [lat.] die, Wiederholung, Zusammenfassung. Zw.: **rekapitul'ieren.**

Reken, Gem. im Kr. Borken, Nordrh.-Westf., 12000 Ew.

Reklamati'on [lat.] die, Einspruch, Beschwerde. Zw.: **reklam'ieren.**

Rekl'ame [frz.] die, Werbung durch Anzeigen, Drucksachen, Plakate, Schilder, Leuchtschrift, Film, Funk, Fernsehen u. a.

rekognosz'ieren [lat.],1) anerkennen, für richtig erklären. 2) ⚔ erkunden, aufklären.

Rekonstrukti'on [lat.] die, Wiederherstellung. Zw.: **rekonstru'ieren.**

Rekonvalesz'ent [lat.] der, ⚕ Genesender. **Rekonvalesz'enz** die, Genesung.

Rekonziliati'on [lat.] die, Versöhnung; im kath. Kirchenrecht die Wiederheiligung einer Kirche durch neue Weihe; auch die Wiederaufnahme eines Zensurierten (→Zensur).

Rek'ord [engl.] der, Höchstleistung.

Rekr'ut [frz.] der, neu eingestellter Soldat. **rekrut'ieren,** Soldaten ausheben.

rekt'al [lat.], den Mastdarm betreffend.

R'ektapapiere, die →Namenspapiere.

Rektaszensi'on [lat.] die, ✵ svw. →gerade Aufsteigung.

Rektifikati'on [lat.] die, 1) Berichtigung. 2) ↺ Trennung von Stoffgemischen durch wiederholte Destillation. 3) △ Ermittlung der Bogenlänge einer krummen Linie. Zw.: **rektifiz'ieren.**

R'ektor [lat.] der, -s/...t'oren, 1) Leiter einer Hochschule (BILD Talar). 2) Schulleiter. 3) kath. Kirche: Vorsteher eines Konvents, eines geistl. Kollegiums oder einer Stiftung.

Rekt'orenkonferenz, →Westdeutsche Rektorenkonferenz.

Rek'urs [lat.] der, Rechtsmittel. 1) in Dtl. seit 1960 →Widerspruch. 2) Österreich: Rechtsmittel gegen Beschlüsse im Zivilprozeß. 3) Schweiz: Anfechtung von Verwaltungsakten vor Sonderverwaltungsgerichten. Zw. **rekurr'ieren.**

Relais [rəl'ɛ, frz.] das, ⚡ ein Schaltgerät, dessen Arbeitsstromkreis durch Änderung anderer Größen (Temperatur, Druck, Stromstärke) betätigt wird. Beim **elektromagnet. R.** können durch den Anker mehrere Kontakte betätigt werden. Die erregenden Ströme sind meist schwach im Vergleich zu den gesteuerten Strömen.

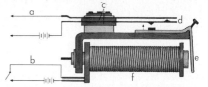

Relais, a Arbeitsstromkreis, b Steuerstromkreis, c Isolator, d Kontaktsatz, e Anker, f Spule

Relaisstation, eine Station mit Empfänger und Sender, die dazu dient, die Reichweite einer Funkverbindung zu vergrößern, indem sie die empfangenen Nachrichten verstärkt weitersendet. 2) Bericht.

relat'ion [lat.] die, 1) Beziehung, Verhältnis. 2) Bericht.

relat'iv [lat.], verhältnismäßig; bedingt; bezogen. GEGENSATZ: absolut. **Relat'ivsatz,** Bezugssatz, Beifügungssatz, durch ein bezügliches Fürwort (Relativpronomen) oder ein Relativadverbium (»das Land, wo meine Wiege stand«) eingeleiteter Nebensatz.

Relativ'ismus [lat.] der, weltanschaul. Richtung, die behauptet, daß es keine absolut gültigen Werte gibt oder daß diese dem Menschen nicht erkennbar sind; alle Werte seien nur für bestimmte Menschen, Zeiten oder Gruppen verbindlich. In der Neuzeit hat der Empirismus meist dem R. zugeneigt; Historismus und Pragmatismus haben ihn weiterentwickelt.

Relativit'ät [lat.] die, Verhältnismäßigkeit, Bezogenheit, Bedingtheit.

Relativitätstheorie, eine physikal. Theorie, die als **spezielle R.** enge Zusammenhänge zwischen der Struktur von Raum und Zeit und der Lichtausbreitung aufgedeckt und als **allgemeine R.** eine noch wesentl. tiefere Einsicht in die Raumzeitstruktur gewonnen hat, derart, daß die Gravitation als eine Eigenschaft von Raum und Zeit verstanden werden kann. Ausgangspunkt der R. bildete das **Relativitätsprinzip** der klass. Mechanik, nach dem es unmöglich ist, experimentell zu entscheiden, ob man sich in »absoluter Ruhe« oder in gleichförmig geradliniger Bewegung befindet. Versuche, für diese Entscheidung die Lichtausbreitung heranzuziehen, verlaufen negativ und zwingen dazu, den Ablauf der Zeit vom Bewegungszustand des Beobachters abhängig zu machen (Einstein 1905). Nach einem verallgemeinerten Relativitätsprinzip muß man auch die durch homogene Gravitation beschleunigten Bewegungen als physikal. gleichwertig den nicht durch Gravitation beschleunigten Bewegungen im feldfreien Raum betrachten (Einstein 1915). Die R. hat wegweisende Anregungen für die Kosmologie gebracht.

Relegati'on [lat.] die, 1) im alten Rom: Verbannung, Verweisung. 2) jetzt: Verweisung von einer Schule oder Hochschule. Zw.: **releg'ieren.**

relev'ant [lat.], wichtig, wesentlich.

Relevati'on [lat.] die, Befreiung von einer Verpflichtung.

Reli'ef [frz.] das, 1) ein Werk der Plastik, das im Gegensatz zu einem freiplast. Bildwerk an eine Fläche gebunden ist. Nach dem Grad der Erhebung über den Grund unterscheidet sich das **Hochrelief** vom **Flachrelief**. Bei dem versenkten R. der ägypt. Kunst setzen sich die Formen nur durch herausgemeißelte Umrisse gegen die Fläche ab. 2) ⊕ die Höhengestaltung der Erdoberfläche, in Karten plastisch wiedergegeben durch Schummerung oder Photographie eines R. aus Gips oder anderen Stoffen **(Reliefkarten)**. Mit einer Karte überzogene oder bedruckte Prägungen heißen **Kartenrelief**.

Religi'on [lat.] die, das Ergriffenwerden von der Wirklichkeit des Heiligen, das überwiegend in Glaubensgemeinschaften, den geschichtlichen Religionen, seine Ausdrucksform findet. Das religiöse Erleben hebt sich vom Erkennen einer Wahrheit, vom Anerkennen einer sittl. Forderung und vom Erfassen eines ästhet. Wertes mit gleicher Deutlichkeit ab. Es ruft im Menschen das Kreaturgefühl der »schlechthinnigen Abhängigkeit« hervor (Schleiermacher) und erhebt ihn zugleich. Religiöses Erleben äußert sich in Gebet und Verehrung. Der religiöse Glaube an ein transzendentes Sein oder Sollen hat stets auch das Erkenntnisstreben herausgefordert, das den Gegenstand der R. zu begreifen, zu objektivieren sucht, in frühen Zeitaltern magisch, dann mythisch, dann rational. Die vielen Einzelreligionen lassen die folgenden Hauptformen erkennen: pantheistische, für die Gott mit der Welt eins ist, und mono- oder polytheistische, in denen ein persönlicher Gott oder eine Mehrzahl von Göttern der Welt gegenüberstehen; Naturreligionen, die das Heilige in Naturdingen erfassen, und Offenbarungsreligionen, die durch historische Persönlichkeiten gestiftet sind und heilige Schriften besitzen; Volksreligionen, die an eine begrenzte Gemeinschaft (Stamm, Volk) gebunden sind, und Universalreligionen, die bei allen volksmäßigen Unterschieden den Einzelnen auf der ganzen Welt erfassen wollen. (TAFEL Weltreligionen)

Religionsfreiheit, →Glaubensfreiheit.

Religionsgeschichtliche Schule, um 1890 entstandene Richtung der evang. Theologie; sie sucht das Christentum in den Gesamtverlauf der Geistesgeschichte einzugliedern (Gunkel, Bousset, Greßmann, Harnack).

Religionsgesellschaften, Vereinigungen von Angehörigen desselben Glaubensbekenntnisses zu gemeinsamer Religionsübung. Nach den Art. 137/138 der Weimarer Verf., die in das Grundges. übernommen wurden, verwalten die R. ihre Angelegenheiten selbständig. Sie gelten als Körperschaften öffentl. Rechts und sind berechtigt, Steuern zu erheben.

Religionskriege, die hauptsächlich durch den Gegensatz der religiösen Bekenntnisse bedingten Kriege (z. B. Hugenottenkriege).

Religionsphilosophie denkt entweder vom Standpunkt einer bestimmten Religion aus und ist dann Deutung oder Rechtfertigung des Glaubens; oder sie versucht unabhängig von diesem die religiösen Grundfragen begrifflich zu lösen. Bed. Vertreter: Hegel, Schleiermacher; in der Gegenwart: Scheler, R. Otto, Przywara u. a.

Religionsunterricht, SCHULRECHTLICH: →religiöse Erziehung.

Religionsverbrechen, Straftaten, durch die das religiöse Gefühl verletzt (Gotteslästerung, Störung des Gottesdienstes) oder die Totenruhe gestört wird (§§ 166ff., 304 StGB).

Religionswissenschaft, die Erforschung sämtl. Religionen und religiösen Lebensäußerung durch **Religionsgeschichte, Religionspsychologie, Religionssoziologie, Religionsphilosophie.**

religiöse Erziehung. Über die r. E. entscheiden die Eltern. Vom 12. Lebensjahr an kann ein Kind nicht mehr gegen seinen Willen in einem anderen Bekenntnis als bisher erzogen werden. Nach dem 14. Lebensjahr steht eine Entscheidung dem Kinde selbst zu. In den öffentl. Schulen ist Religionsunterricht ordentl. Lehrfach. In der Dt. Dem. Rep. gibt es an den Schulen keine r. E.

Religi'osen [lat.] Mz., die →Regularen.

Rel'ikt [lat.] das, Überbleibsel, Rest, bes. von Pflanzen oder Tieren der Vorwelt.

R'eling die, ⚓ hölzerne oder eiserne Brüstung um das Oberdeck des Schiffes.

Rel'iquie [lat.] die, Überbleibsel. **Reliquien** Mz., kath.: die Überreste von Heiligen, ihre Gebeine, Kleider, Marterwerkzeuge. **Reliqui'ar** das, -s/-e, Reliquienschrein.

R'emagen, Stadt in Rheinl.-Pf., am Rhein, 13 600 Ew.; röm. und mittelalterl. Mauerreste; Obst-, Weinbau; Film-, Holz- u. a. Ind. Wallfahrtskirche auf dem Apollinarisberg.

reman'ent [lat.], zurück-, übrigbleibend.

Remarque [rəm'ark], Erich Maria, eigentl. E. Paul Remark, Schriftsteller, *1898, †1970; emigrierte 1932, seit 1939 in den USA, schrieb »Im Westen nichts Neues«, »Arc de Triomphe« u. a.

Rembourskredit [răb'u:r-], durch Übergabe der Verschiffungspapiere gesicherter Akzeptkredit im Überseehandel.

Remboursregreß [răb'u:r-], der →Regreß eines Wechselverpflichteten nach Einlösung des Wechsels gegen seine Vormänner.

R'embrandt, eigentl. R. Harmensz van Rijn, holländ. Maler und Radierer, *1606, †1669; der größte Meister der holländ. Malerei, vor allem durch seine Fähigkeit, Farbe und Licht (Hell-Dunkel) zu Mittlern tiefsten seelischen Ausdrucks zu machen. Erhalten sind etwa 700 Gemälde (Anatomie, Landschaften, Selbstbildnisse, Nachtwache, Jakobssegen, Staalmeesters), 300 Radierungen (Kreuzabnahme, 3 Kreuze, Hundert-Gulden-Blatt, Dr. Faust, Landschaften), 1800 Zeichnungen. (FARBTAFEL Niederländ. Kunst S. 698)

Rembrandt:
Selbstbildnis
(Ausschnitt)

Remed'ur [lat.] die, Abhilfe, Heilung.

Remin'iscere [lat. »gedenke«], der 2. Fastensonntag, 5. Sonntag vor Ostern (Psalm 25,6).

Reminisz'enz [lat.] die, Erinnerung.

remis [rəm'i, frz.], SCHACH: unentschieden.

Rem'ise [frz.] die, 1) Wagenschuppen. 2) Schutzpflanzung für Wild.

Remissi'on [lat.] die, Verminderung; vorübergehende Besserung einer Krankheit.

Remitt'enden [lat.] Mz., ▯ unverkaufte, dem Verleger zurückgesandte Bücher.

Remitt'ent [lat.] der, →Wechsel.

Remonstrati'on [lat.] die, Einwendung, Gegenvorstellung. Zw.: remonstr'ieren.

Rem'onte die, ⚘ unzugerittenes Pferd.

Remoulade [rəmul'adə, frz.] die, kaltgerührte Soße, aus Eidotter, Öl, Essig, Senf u. a.

R'emscheid, Industriestadt in Nordrh.-Westf., im Bergischen Land, 137 400 Ew.; Mittelpunkt der deutschen Werkzeugindustrie.

R'emter [von lat. refectorium] der, Speise- und Versammlungsraum (Deutschordensburgen).

Remunerati'on [lat.] die, Vergütung.

R'emus, Zwillingsbruder des →Romulus.

Ren das, →Rentier.

Renaissance [rənɛs'ãs, frz. »Wiedergeburt«, ital. rinascimento] die, Zeit von der Mitte des 14. bis zur Mitte des 16. Jahrh., in der das Natur- und

Renaissance:
Palazzo Farnese,
Rom (1534 begonnen)

Renoir: Liese

Lebensgefühl, das Denken und Forschen begann, sich aus der kirchl. Gebundenheit des MA. zu lösen, sich auf die Kraft der Persönlichkeit zu gründen und amDiesseits, bes. an der Antike, zu orientieren. Wie der gleichzeitige →Humanismus ging auch die R. von Italien aus, wurde aber zu einer europäischen Bewegung, die in nahezu allen Ländern nationale Ausprägungen erfuhr. Die Kunst gewinnt aus der Antike sinnhafte Schönheit und Klarheit der Verhältnisse, bildet aber die Formensprache selbständig und schöpferisch fort. Ein besonderes Merkmal ist die Fülle der weltl. Aufgaben und die Entwicklung der Perspektive. Der Renaissancestil ist eine Schöpfung der Kunst Italiens. Die Früh-R. reicht hier von etwa 1420 bis etwa 1490, die Hoch-R. bis etwa 1520/30; die Spät-R.,neuerdings mit dem Manierismus gleichgesetzt, mündet in das →Barock. In den außeritalien. Ländern setzt die R. erst um 1500 ein. Baukunst: Alberti, Bramante, Michelangelo; Malerei: Leonardo da Vinci, Michelangelo, Raffael, Tizian, Giorgione, Correggio; Bildhauerei: Donatello, Michelangelo. (TAFEL Möbelstile)

Renan [rən'ã], Ernest, französ. Religionswissenschaftler, Schriftsteller, *1823, †1892; suchte Positivismus und Christentum zu vereinigen.

Ren'ate [lat. »die Wiedergeborene«], weiblicher Vorname.

Renault [rən'o], französ. Kraftwagenwerk, →Kraftwagen, ÜBERSICHT.

Rend'ant [frz.] der, Rechnungsführer, Kassenverwalter, Rentmeister.

Rendezvous [rãdev'u, frz.] das, verabredete Zusammenkunft, Stelldichein, Treffpunkt.

Rend'ite [ital.] die, Rentabilität, bes. von Wertpapieren; zur Berechnung wird der Ertrag (Dividende, z.B. 12%) in Beziehung zum Kurs (z.B. 300%) gesetzt (12 · 100) : 300 = 4%.

R'endsburg, Stadt in Schlesw.-Holst., am Nord-Ostsee-Kanal, 34 800 Ew.; Eisen-, Schiffsu.a. Ind.; Eisenbahnhochbrücke über, Straßentunnel unter dem Nord-Ostsee-Kanal.

Reneg'at [lat.] der, Abtrünniger.

Renekl'ode, Reineclaude →Pflaume.

Ren'ette [frz.] die, Apfelsorte, mit festem Fleisch, säuerlich-würzig-süßem Geschmack.

R'eni, Guido, italien. Maler, *1575, †1642; gefühlvolle religiöse und mythologische Bilder.

renit'ent [lat.], widerspenstig.

R'enke die, Fischgattung, →Felchen.

Renkontre [rãk'õtrə, frz.] das, unerwartete (feindliche) Begegnung, Zusammenstoß.

Renn, Ludwig, eigentl. **A. F. Vieth v. Golßenau,** Schriftsteller, *1889; Offizier, trat 1928 der KPD bei, kehrte 1947 aus der Emigration (Mexiko) nach Dresden zurück; schrieb »Krieg«, »Adel im Untergang« u. a.

R'ennenkampf, Paul v., russ. General, *1854, † (erschossen) 1918; wurde 1914 als Führer der 1. russ. Armee in Ostpreußen geschlagen.

Renner, Karl, österr. Staatsmann, Sozialdemokrat, *1870, †1950; 1919/20 Bundeskanzler, 1931 bis 1933 Präs. des Nationalrats, 1945-50 Bundespräsident.

Rennes [rɛn], Stadt in der Bretagne, Frankreich, 188 500 Ew.; Erzbischofssitz; Universität; Auto-, Erdöl-, elektron. u. a. Industrie.

Rennsport, 1) Bahn- oder Straßenrennen im Radfahrsport. **2)** Automobil-, Motorradrennen.

R'ennstieg, Rennsteig der, alter Grenzweg auf dem Kamm des Thüringer Waldes, von der Saale zur Werra »Rennweg.

Renoir [rən'a:r], Pierre Auguste, französ. Maler, *1841, †1919; Hauptmeister des Impressionismus; Bildnisse, Landschaften, Akte.

Renomm'ee [frz.] das, Ruf. **renomm'ieren,** prahlen, aufschneiden. **renomm'iert,** angesehen. **Renomm'ist** der, Prahlhans, Aufschneider.

Renonce [rən'õsə, frz.] die, **1)** im Kartenspiel: Fehlfarbe. **2)** Studentensprache: →Fuchs.

Renouvier [rənuvj'e], Charles, französ. Philosoph, *1815, †1903; begründete den französ. Kritizismus.

renov'ieren [lat.], erneuern.

rent'abel [frz.], lohnend, einträglich.

R'entamt, Finanz- oder Kassenverwaltung, bes. bei großen Besitzungen, Universitäten.

Rente [frz.] die, Einkommen, das auf Besitz, Versicherungs- oder Versorgungsansprüchen beruht (z.B. →Grundrente).

Rentenbank, landwirtschaftl. Kreditorganisationen, im 19. Jahrh. zur Ablösung der bäuerl. Lasten errichtet.

Rentendyn'amik,→dynamische Rente.

Rentenkonkubinat, Lebensgemeinschaft unter Verzicht auf die Eheschließung, um die Rentenansprüche der Frau zu erhalten (Onkelehe).

Rentenmark, im Nov. 1923 geschaffene Zwischenwährung zur Beendigung der Inflation; 1924 durch die Reichsmarkwährung abgelöst.

Rentenschuld, 🔒 eine besondere Art der →Grundschuld, bei der in regelmäßigen Abständen eine bestimmte Geldsumme aus dem Grundstück zu zahlen ist. Die Ablösungssumme muß festgelegt werden (§§ 1199ff. BGB).

Rentenversicherung leistet gegen einmalige oder laufende Prämie regelmäßige Zahlungen an den Versicherten oder einen Dritten, entweder von einem best. Zeitpunkt oder Ereignis an bis zum Tod **(Leib-, Lebens-, Altersrente)** oder bis zu einem vereinbarten Termin **(Zeitrente).** Mit dem Tod des Versicherten beginnt die Laufzeit der **Witwen- und Waisenrenten.**

Soziale R., Zweig der →Sozialversicherung, leistet an die versicherten Arbeitnehmer bei Berufsund Erwerbsunfähigkeit und bei Eintritt in den Ruhestand Rentenzahlungen, umfaßt die **Arbeiter-R.** (früher Invalidenversicherung), **Angestellten-R.** und die **knappschaftl. R.** Diese Zweige wurden durch die Rentenreform von 1957 umgestaltet und einander stark angenähert. – Die Beiträge zur R. werden i.d.R. je zur Hälfte vom Arbeitgeber und vom Arbeitnehmer getragen. Sie betragen 1969: 16% des Bruttoverdienstes bis DM 1600 monatl. (Beitragsbemessungsgrenze), 1970/71 sollen sie auf 17% steigen.

R'entier, Ren das, Hirschtier in N Europas, Asiens, Amerikas; Fleisch-, Milch-, Zug-, Reittier nord. Völker. Das männl. und weibl. R. tragen ein schaufelförmiges Geweih. Die stämmigen Beine enden in breiten Hufen.

Rentiere

Rentierflechte, Strauchflechte, weißlichgrau, Hauptfutter der Rentiere, wächst auf Heideboden, bes. der Tundra. (BILD Flechten.)

Rentner der, **Rentier** [rɑ̃tj'e, frz.], wer von einer Rente lebt.

reorganis'ieren, neugestalten, umgestalten.

Reparati'onen [lat.-frz.] Mz., Wiedergutmachung von Kriegsschäden. Nach dem 1. Weltkrieg sollte Dtl. auf Grund des Versailler Vertrages Entschädigungen leisten. Die Konferenzen von Boulogne, Spa (1920), Paris, London (1921) und Cannes (1922) brachten keine Lösung der R.-Frage. 1923 kam es wegen Rückständen im R. zur Besetzung des Ruhrgebietes. Auch der Dawesplan (1924) und Youngplan (1930) erwiesen sich als unerfüllbar. Das Hoover-Moratorium (1931) stundete die Zahlungen und führte zur Konferenz von Lausanne (1932), die die R. tatsächlich beendete.

– Nach dem 2. Weltkrieg wurden die R.-Forderungen an Dtl. bes. durch die →Demontagen, in der sowjet. Besatzungszone auch durch Beschlagnahmen und durch Lieferungen aus der Produktion erfüllt. 1946 wurde zwischen den vier Besatzungsmächten ein Industrieplan festgelegt, der den R., der Vernichtung des dt. Kriegspotentials und der industriellen Abrüstung dienen sollte. 1950 wurden die Demontagen in den Westzonen eingestellt. In der sowjet. Besatzungszone wurde nach 1947 nicht mehr demontiert; allerdings gingen die R.-Leistungen aus der laufenden Produktion bis 1952 weiter. Die Pariser Verträge von 1954 beendeten die R.-Leistungen der Bundesrep. Dtl.

Reparat′ur [lat.] die, Ausbesserung, Instandsetzung. **repar′ieren**, ausbessern.

repart′ieren [lat.], nach best. Verhältnis verteilen. **Repartiti′on** die, Verteilung, Zuteilung.

Repatri′ierung [lat.] die, **1)** Zurückführung Kriegsgefangener, Zivilinternierter usw. in ihre Heimat. **2)** Wiedereinbürgerung.

Repellents [rip′ələnts, engl.], →Schreckstoffe.

Repertoire [rəpɛrtw′a:r, frz.] das, **1)** der Spielplan einer Bühne. **2)** die Rollen, die ein Schauspieler oder Sänger beherrscht.

Repert′orium [lat.] das, -s/...rien, Verzeichnis zum Nachschlagen, Übersicht.

repet′ieren [lat.], wiederholen. **Repetiti′on** die, Wiederholung. **Repet′itor** der, Lehrer für die Wiederholung von Lehrstoff. **Repetit′orium** das, Wiederholungsunterricht, -holung.

R′epin, Ilja Jefimowitsch, russ. Maler, *1844, †1930; naturalist. Bilder sozialen und geschichtl. Inhalts (Wolgaschiffer); Bildnisse (Tolstoi).

Repl′ik [lat.] die, Erwiderung; bes. auf Einrede des Beklagten im Prozeß. **repliz′ieren**, erwidern.

Rep′ort [engl., frz.] der, **1)** Bericht. **2)** BÖRSE: Kurszuschlag bei Verlängerung von Zeitgeschäften. **Rep′orter** [engl.] der, Berichterstatter einer Zeitung. **Reportage** [rəpɔrt′a:ʒə, frz.] die, Bericht, Berichterstattung.

Repräsent′antenhaus, die zweite Kammer der Volksvertretung, bes. in den USA.

repräsent′ieren [lat.], **1)** darstellen. **2)** jemand vertreten. **3)** standesgemäß auftreten. **Repräsent′ant** der, Volksvertreter, Abgeordneter. **Repräsentati′on** die, Stellvertretung, standesgemäßes Auftreten. **repräsentat′iv**, stellvertretend; würdig. **Repräsentat′ivverfassung**, Teilnahme des Volkes an der Staatsgewalt durch Abgeordnete.

Repress′alie [lat.] die, Vergeltungsmaßnahme eines Staates gegen völkerrechtswidrige Handlungen eines andern durch eine an sich gleichfalls rechtswidrige, zur Vergeltung aber zulässige Handlung (→Retorsion). R. gegenüber Kriegsgefangenen und Zivilinternierten sind nach den →Genfer Konventionen verboten.

Repression, Unterdrückung, Hemmung, Soziologie: jede Form der Behinderung der freien Entfaltung der Persönlichkeit und der individuellen und gesellschaftl. Emanzipation.

Repr′ise [frz.] die, **1)** ♪ Wiederholung. **2)** THEATER, FILM: Wiederaufnahme eines bereits gespielten Stückes in den Spielplan. **3)** BÖRSE: Kurserholung, Kurssteigerung.

Reprodukti′on [lat.] die, Vervielfältigung, Wiedergabe, Abdruck.

Rept′ilien [lat.], Ez. Rept′il das, Kriechtiere, wechselwarme, meist landbewohnende Wirbeltiere. Ihr Körper ist mit Hornschildern oder Schuppen bedeckt; unter der Oberhaut liegen vielfach noch Knochenplatten. Die R. sind Lungenatmer; sie pflanzen sich durch Eier fort, die mit einer lederart. Schale bedeckt sind. Zu den R. gehören die Echsen, Schlangen, Krokodile und Schildkröten. Die R. waren im Erdmittelalter weit verbreitet, z. T. von gewaltiger Größe (Dinosaurier).

Republ′ik [lat.] die, **1)** im Altertum ein Staat mit anerkannten Volksrechten. **2)** in neuerer Zeit ein Staatsform, bei der die Gewalt nicht bei einer Person ruht. Die früheren dt. Reichsstädte und die italien. Stadtstaaten waren aristokrat. R., während die neueren R. **(Freistaaten)** liberale De-

mokratien sind. Als »Volksrepubliken« bezeichnen sich die →Volksdemokratien.

Republikanische Partei, in den USA eine der beiden großen Parteien. Sie entstand 1854 infolge der wachsenden Gegensätze in der Sklavenfrage. In ihrer Grundtendenz ist sie zentralistisch, schutzzöllnerisch und, bes. in den sozialen Fragen, weiter rechtsstehend als die Demokraten. Präsidenten: Lincoln, Grant, McKinley, Th. Roosevelt, Hoover, Eisenhower, Nixon.

Republikflucht, das illegale Verlassen der Dt. Dem. Rep.; bestraft mit Gefängnis und Einziehung des zurückgelassenen Vermögens.

Reputati′on [lat.] die, guter Ruf, Ansehen.

R′equiem das, **Seelenmesse,** in der kath. Kirche: Totenmesse, benannt nach dem Eingangsgesang: Requiem aeternam dona eis [lat. »Gib ihnen die ewige Ruhe«]. Musikwerke von Mozart, Berlioz, Verdi, Reger.

requi′escat in p′ace [lat.], »Er (sie) ruhe in Frieden«, abgek.: **R. I. P.,** Schlußformel des →Requiems; häufige Inschrift auf Grabsteinen.

requir′ieren [lat.], herbeischaffen, beitreiben, beschlagnahmen, bes. im Krieg.

Requis′it [lat.] das, **1)** Handwerkszeug. **2)** Zubehör zur Bühnenausstattung.

• **R′erum nov′arum** [lat.], die Enzyklika Leos XIII. (1891) über die kath. Soziallehre.

Reschen′eideck das, Alpenpaß zwischen Inntal und Vintschgau, 1510 m hoch.

Rescht, Stadt im nördl. Iran, am Kaspischen Meer, 143 600 Ew.; Hauptseidenmarkt des Iran.

Res′eda [lat.] die, **Wau** der, krautige Pflanzen mit ährigen Blütenständen: **Wohlriechende R.,** unscheinbare, stark duftende Gartenpflanze; **Färber-R.,** Färberwau, duftlos, lieferte gelben Farbstoff.

Resekti′on [lat.] die, das Herausschneiden eines erkrankten Organteils.

Reserv′at [lat.] das, **1)** Vorbehalt, Sonderrecht. **2) R., Reservati′on,** fest umgrenztes Schutzgebiet (z. B. Indianerreservate).

reserv′atio ment′alis [lat.] die, →Gedankenvorbehalt.

Res′erve [frz.] die, **1)** zurückhaltendes Benehmen, 2) Rücklage, Vorrat für die Not. **3)** bei geschäftlichen Unternehmungen, bes. Aktiengesellschaften: Teil des Gewinns, der nicht abgehoben oder ausgeschüttet, sondern als Rücklage, Rückstellung für die Zukunft im Unternehmen bleiben wird. Für die AG. ist die Bildung einer **gesetzl. R.** von 10% des Grundkapitals vorgeschrieben. **4)** ⚔ die Mannschaft (Reserv′isten), nach Ableistung ihrer aktiven Dienstzeit. **R.-Offizier,** Offizier des Beurlaubtenstandes, im Unterschied zum aktiven Offizier.

reserv′ieren [lat.], zurückbehalten, vorbehalten; belegen. **reserv′iert,** zurückhaltend, kühl.

Reservoir [rezervw′a:r, frz.] das, Vorrats- und Sammelbehälter, z. B. Wasserreservoir.

Resid′ent [lat.] der, **1)** der dritte Rangklasse des →Gesandten. **2)** Regierungsvertreter (Statthalter) des Mutterlandes in einer Kolonie.

Resid′enz [lat.] die, Wohnsitz des Staatsoberhauptes (bes. eines Fürsten) oder eines hohen geistlichen Würdenträgers. **Residenzpflicht,** die Pflicht der Beamten, Geistlichen u. a., am Amtssitz zu wohnen. **resid′ieren,** seinen Wohnsitz haben.

Resignati′on [lat.] die, Entsagung, Verzicht. Zw.: **resign′ieren. resign′iert,** gefaßt, ergeben.

Resist′enz [lat.] die, Widerstand.

Reskr′ipt [lat.] das, Erlaß, Verordnung.

resol′ut [lat.], entschlossen. **Resoluti′on** die, Beschluß, Entschließung.

Reson′anz [lat.] die, das Mitklingen von Körpern, deren Eigenschwingungszahl (Frequenz) der einwirkenden Schwingung gleich ist, z. B. das Mitklingen einer Saite, das Mitschwingen von Bauwerken bei Erschütterungen. Auf R. beruht die Funktechnik mit ihren aufeinander abgestimmten Schwingungskreisen. **Reson′ator** der, Gerät zum Nachweis von Schwingungen durch R.

resorb′ieren, ein-, aufsaugen. **Resorpti′on** die, die Aufnahme von Stoffen in die Körpersäfte, bes.

der Nährstoffe in Blut -und Lymphgefäße der Darmzotten.

resp., Abk. für respektive [lat.], beziehungsweise, oder.

Resp′ekt [lat.] der, Achtung, Ehrfurcht. **respekt′ieren,** achten, beachten.

Respighi, [rɛsp′i:gi], Ottorino, italien. Komponist, *1879, †1936; Opern, Orchester- und Kammermusik, Lieder.

Respirati′on [lat.] die, →Atmung.

Respons′orium [lat.] das, -s/...rien, Wechselgesang zwischen Geistlichem und Gemeinde.

Ressentiment [rəsātim′ā, frz.] das, heimlicher Groll; lange, oft unbewußt gehegter Haß, Neid.

Ressort [rəs′o:r, frz.] das, Fach, (Amts-) Bereich, Abteilung.

Ressource [rəs′urs, frz. die, Hilfs-, Erwerbsquelle, Geldmittel.

Rest′anten [lat.] Mz., Rückstände.

Restaurant [rɛstor′ā, frz.] das, Gaststätte, Wirtshaus. **Restaurateur** [rəstorat′œ:r] der, Wirt, Gastwirt.

Restaurati′on [lat.] die, **1)** Wiederherstellung beschädigter Kunstwerke. **2)** Wiedereinsetzung eines vertriebenen Herrscherhauses, bes. der Bourbonen in Frankreich 1814-30 **(Restaurationszeit);** allgemein: die weitgehende Wiederherstellung des früheren polit. Zustandes, meist im Sinne der Reaktion. **3)** das →Restaurant. **restaur′ieren,** wiederherstellen, erneuern.

restitu′ieren [lat.], erstatten, ersetzen. **Restituti′on** die, Wiederherstellung, Erstattung.

Restituti′onsedikt, die 1629 von Kaiser Ferdinand II. erlassene Verordnung, den kirchl. Besitzstand von 1552 wiederherzustellen.

Restrikti′on [lat.] die, Beschränkung.

Result′at [lat.] das, Ergebnis, Erfolg. **result′ieren,** sich ergeben, folgen.

Resüm′ee [frz.] das, Zusammenfassung.

retard′ieren [lat.], aufhalten, verzögern.

Rethel: Auch ein Totentanz

R′ethel, Alfred, Maler und Zeichner, *1816, †1859; Karlsfresken in Aachen; Holzschnittfolge: »Auch ein Totentanz«.

Ret′ikulo-Endoth′el [lat.-grch.] das, **ret′ikulo-endotheli′ales System,** abgek. **RES,** nach L. Aschoff eine Leistungsgemeinschaft von Zellen, die bei Stoffwechsel- und Abwehrvorgängen eine Rolle spielen; bes. in Milz, Knochenmark, Lymphknoten, Leber.

R′etina [lat.] die, Netzhaut im →Auge.

Retir′ade [frz.] die, **1)** Rückzug. **2)** Abort. **retir′ieren,** sich zurückziehen.

Retorsi′on [lat.] die, Vergeltung einer rechtmäßigen, aber unfreundl. Handlung eines Staates durch eine gleiche Handlung, z. B. Abbruch der diplomat. Beziehungen (→Repressalie).

Ret′orte [frz.] die, ⚗ ⚗ zur Destillation von Flüssigkeiten verwendetes Gefäß. (BILD Chem. Geräte)

retour [rət′u:r, frz.], zurück. **retourn′ieren,** zurücksenden.

Retraite [rətr′ɛt, frz.] die, **1)** Rückzug. **2)** Signal zum Zapfenstreich bei der Kavallerie.

retrospekt′iv [lat.], rückschauend. **Retrospekt′ive** die, Rückschau.

R′ettich der, Kreuzblütergatt.: Acker-R., He-

retuschieren, links: Bild ohne Retusche, rechts: retuschiertes Bild

derich, ein gelbblütiges Ackerunkraut; Garten-R. mit scharfer Rübenwurzel, die roh gegessen wird; eine Abart des Garten-R. ist das **Radieschen.**

Rettungsboote, ⚓ seetüchtig mit starken Motoren; vom Seenotdienst unterhalten oder an Bord größerer Schiffe mitgeführt.

Rettungshäuser, Fürsorgeerziehungsheime für Verwahrloste. Bekannt ist das von Wichern gegründete →Rauhe Haus in Hamburg.

Rettungsmedaille, Ehrenzeichen für Lebensrettung unter Einsatz des eigenen Lebens.

Rettungsring, Rettungsboje, Korkring, heute oft ersetzt durch →Schwimmwesten. Für Rettung aus Seenot mit →Raketenapparat dient die Hosenboje.

Rettungsschwimmen, zusammenfassende Bez. für die Rettungs- und Befreiungsgriffe, Tauchen, Kleider- und Beförderungsschwimmen zur Rettung Ertrinkender. Die Dt. Lebensrettungsgesellschaft hat **Rettungsprüfungen** eingeführt.

Rettungswesen, Einrichtungen, die bei Unfällen u. a. Erste Hilfe leisten können: Rotes Kreuz, Organe der öffentl. Krankenfürsorge, freiwillige Körperschaften (Dt. Lebensrettungsgesellschaft, Gesellschaft zur Rettung Schiffbrüchiger, Bergwacht, Samaritervereine u. a.).

retusch′ieren, das Überarbeiten photograph. Platten oder Abzüge zur Beseitigung von Fehlern oder Herausarbeiten von Einzelheiten, z. B. durch Abdecken nebensächl. Teile. Ergebnis ist die **Ret′usche.**

R′euchlin, Johann, Humanist, *1455, †1522, förderte die Kenntnis des Griechischen und Hebräischen. Sein Streit mit den Dominikanern in Köln veranlaßte die →Epistolae obscurorum virorum.

Reue die, **1)** Schmerz über das eigene Tun. **2)** im Strafrecht die →tätige Reue.

Reugeld, 1) ⚖ eine Zahlung, die dem Leistenden vertragsmäßig den Rücktritt vom Vertrag gestattet (§ 359 BGB). **2)** die vom Besitzer eines Rennpferdes dem Rennveranstalter zu zahlende Summe, wenn die Meldung nicht aufrechterhalten wurde.

Réunion [reynj′ɔ̃, frz.] die, **1)** Verein, Versammlung. **2)** Tanzgesellschaft (in Badeorten). **3)** Wiedervereinigung, Einverleibung.

Réunion [reynj′ɔ̃], vulkan. Insel im Ind. Ozean, eine der Maskarenen, 2510 km², 430 000 Ew. (meist Kreolen); Hauptstadt: Saint-Denis. Zukkerrohr, Duft-, Gewürzpflanzen u. a. – Seit 1643 franzö́s., seit 1946 Übersee-Département.

Reuni′onen [frz.] Mz., die gewaltsamen Aneignungen Ludwigs XIV. an der franzö́s. Ostgrenze, bes. im Elsaß 1679-81 (Wegnahme Straßburgs), mit der Begründung, daß die besetzten Gebiete früher zu den 1648 und 1678 an Frankreich abgetretenen Ländern gehört hätten.

Reuse die, Fischfanggerät aus Weidengeflecht (**Korb-R.**) oder aus Netzwerk (**Garn-R.**); die R. wird am Grund befestigt.

Reuß die, rechter Nebenfluß der Aare in der Schweiz, kommt vom Sankt Gotthard, durchfließt den Vierwaldstätter See; ist von da an schiffbar, 159 km lang.

Reuß, zwei ehem. Fürstentümer im östl. Thüringen: R. ältere Linie (Greiz, seit 1778 fürstl.), R. jüngere Linie (Gera und Schleiz, seit 1806 fürstl.).

Reuße der, ✚ für Russe.

reüss'ieren [frz.], Erfolg haben.

Reuter, 1) Christian, *1665, †1712, schrieb den Lügenroman »Schelmuffsky«. **2)** Ernst, sozialdemokrat. Politiker, *1889, †1953; 1931 Oberbürgermeister von Magdeburg, 1939-45 Prof. für Kommunalwissenschaft in Ankara, 1947 zum Oberbürgermeister von Berlin gewählt (Einspruch der Russen), seit 1948 Oberbürgermeister von West-Berlin, 1949 Präsident des Dt. Städtetags. **3)** Fritz, niederdt. Dichter, *1810, †1874, verbrachte als Burschenschaftler erst zum Tode, dann zu 30jähr. Festungshaft verurteilt, 7 Jahre in Festungshaft, war davon 10 Jahre als Gutsvolontär (»Strom«) tätig. Er schrieb plattdeutsche Gedichte, humorvolle Erzählungen »Olle Kamellen« (darunter: »Ut mine Stromtid«).

Reuters Telegraphenbüro, führendes engl. Nachrichtenbüro, 1849 in Aachen gegründet, 1851 nach London verlegt.

R'eutlingen, Stadt in Baden-Württ., südöstl. von Tübingen, 79 500 Ew.; Webwaren-, Leder-, Maschinen-Ind.; Technikum für Textil-Ind. R. war 1240-1803 Reichsstadt.

Reutter, Hermann, Komponist, *1900; Opern, Klavier-, Chorwerke, Lieder.

R'eval, estn. **Tallinn,** Hauptstadt und wichtigster Hafen der Estn. SSR, am Finn. Meerbusen, 363 000 Ew.; Domschloß, Domkirche, got. Rathaus; Baumwoll-, Papier-, Leder-, Maschinen-u. a. Ind. – R. entstand im 13. Jahrh. als dt. Stadt; gehörte zur Hanse.

Revanche [rev'ā∫, frz.] die, Vergeltung, Rache.

Reveille [rəv'ɛj, frz.] die, ⚔ Wecksignal.

R'eventlow, Franziska Gräfin zu, Schriftstellerin, *1871, †1918, schilderte die Münchner Bohème.

Reven'üen [frz.] Mz., Einkommen.

R'everend [engl. von lat. reverendus »ehrwürdig«], der, Titel der engl. Geistlichen.

Rever'enz die, Ehrerbietung; Verbeugung.

Rev'ers [lat.] der, **1)** schriftl. Verpflichtung. **2)** die Rückseite einer Münze; Gegensatz →Avers. **3)** [rəv'ɛːr, frz.], Aufschlag eines Kleidungsstücks.

revers'ibel [lat.], umkehrbar. ⊗ Vorgänge, die rückwärts verlaufen können. Gegensatz: irreversibel, nicht umkehrbar.

Reversible [revɛrz'ibl, frz.] der, beiderseitig verwendbares Gewebe aus Kammgarn, Seide, Kunstseide.

revid'ieren [lat.], nachsehen, prüfen.

Rev'ier [frz.] das, **1)** Bezirk, begrenztes Gebiet, Tätigkeitsbereich (bes. im Forstwesen). **2)** ⚒ größeres Abbaugebiet. **3)** Kasernenräume: Kompanie-R., Kranken-R.

Review [rivj'uː, engl.] die, Übersicht, Rundschau; Rezension, Besprechung; auch Titel engl. und amerikan. Zeitschriften.

Revirement [rəvirm'ā, frz.] das, Änderung in der Besetzung von Ämtern, bes. im diplomat. Dienst.

Revisi'on [lat.] die, **1)** Überprüfung, Nachprüfung. **2)** die regelmäßige Überprüfung des Rechnungswesens eines Unternehmens. **3)** 🕮 Überprüfung des korrigierten Satzes. **4)** ⚖ ein Rechtsmittel zur Nachprüfung der Rechtsfragen (nicht der Tatfragen) durch ein höheres Gericht (**R.-Gericht**). **5)** Abänderung von Verträgen, Verfassungsurkunden oder Gesetzen.

Revision'ismus [lat.] der, ₁**1)** die gemäßte (reformist.) Richtung innerhalb der dt. →Sozialdemokratie. **2)** reformist. Richtung im Kommunismus, bes. seit dem 20. Parteitag der KPdSU (1956). **3)** nach dem 1. Weltkrieg die Forderung nach Revision des Versailler Vertrages und der übrigen Pariser Vorortverträge.

Rev'olte [frz.] die, Empörung, Aufruhr.

Revoluti'on [frz.] die, **1)** Umwälzung. Gegensatz: Evolution. **2)** polit. Umsturz, durch den eine best. Gruppe unter Bruch der Rechtsordnung zur Macht im Staate zu gelangen sucht. **3)** ⚝ Um-

lauf eines Himmelskörpers um einen anderen.

revolution'är, umstürzlerisch; vorwärtsdrängend.

revolution'ieren, in Aufruhr bringen.

Rev'olver [engl. »Drehpistole«] der, kurze Handfeuerwaffe mit einer Mehrladeeinrichtung in Gestalt einer drehbaren Trommel.

revoz'ieren [lat.], widerrufen.

Revue [rev'y, frz.] die, **1)** Bühnendarbietung aus lose aneinandergereihten Szenen mit Gesang, Tanz, Artistik (Ausstattungs-, Tanz-, Eis-R.). **2)** Titel vieler Zeitschriften.

Rex [lat.] der, König.

Rex-Partei, kath.-faschist. Bewegung im wallon. Belgien, gegr. 1935 von Léon →Degrelle mit der Losung »Christus der König« (lat. Christus Rex). Im 2. Weltkrieg kämpften Freiwillige der R.-P. auf dt. Seite.

Reykjav'ík, Hauptstadt und -hafen Islands, 80 100 Ew.; Univ.; Großfunksender.

R'eymont, Władysław, poln. Erzähler, *1868, †1925; Roman »Die Bauern«; Nobelpreis 1924.

Reynaud [rɛn'o], Paul, französ. Politiker, *1878, †1966; seit 1930 wiederholt Min. und Min.-Präs., versuchte 1940 den französ. Widerstand aufrechtzuerhalten, 1940-45 von der Regierung Pétain interniert; 1958 maßgebend an der neuen französ. Verfassung beteiligt.

Reynolds [r'enəldz], Sir Joshua, engl. Bildnismaler und Schriftsteller, *1723, †1792.

Reyon [frz. rɛj'ɔ̃],→Kunstseide.

Reza Pahlewi, →Risa Pehlewi.

Rezens'ent [lat.] der, kritischer Beurteiler eines Buches oder einer künstler. Leistung, Verfasser einer **Rezensi'on.**

rez'ent [lat.], **1)** neu, jung. **2)** ⊕ in der Jetztzeit noch lebend. Gegensatz: fossil.

Rez'ept [lat., rez,1)∫ die schriftl. „mit Datum und Unterschrift versehene Anweisung eines Arztes an den Apotheker zur Herstellung oder Abgabe einer Arznei. **2)** Zubereitungsvorschrift beim Kochen.

Rezepti'on [lat.] die, **1)** Aufnahme, Übernahme. **2)** Empfangsbüro. **3)** die Übernahme fremden Rechts (z. B. dt. Recht in Japan; bes. das Eindringen des röm. Privatrechts in Dtl. (14. bis 16. Jahrh.). Zw. **rezip'ieren.**

rezept'iv [lat.], aufnehmend, empfänglich. Hw.: **Rezeptivit'ät,** die.

Rezept'ur [lat.] die, Zubereitung der ärztl. Rezepte.

Rez'eß [lat.] der, ...sses/...sse, Vereinbarung über strittige Verhältnisse, Vergleich.

Rezessi'on [lat.] die, Nachlassen des wirtschaftl. Wachstums mit sinkender Erzeugung und steigender Arbeitslosigkeit.

rezess'iv [lat.], überdeckt. Gegensatz: dominant. (→Vererbung.)

Rezid'iv [lat.] das, ⚕ erneuter Ausbruch einer Krankheit.

rezipr'ok [lat.], wechselseitig; kehrwertig; z. B. ist ⅓ die **Reziproke** der Zahl 3, ihr Kehrwert.

Rezitati'on [lat.] die, künstler. Vortrag. **Rezit'ator** der, Vortragskünstler.

Rezit'ativ [lat.] das, ♪ dem Rhythmus und Tonfall der Sprache angepaßter Sprechgesang.

Reznicek [r'ɛsnit∫ɛk], Emil Nikolaus v., Kom-

E. Reuter

F. Reuter

Reykjavík

ponist und Dirigent, *1860, †1945; Opern »Donna Diana«, Orchesterwerke u. a.

Rezz'ori, Gregor von, Schriftsteller, *1914; »Maghrebinische Geschichten« u.a.

R-Gespräch, Ferngespräch, dessen Gebühr vom Inhaber des verlangten Anschlusses bezahlt werden muß.

Rh, chem. Zeichen für →Rhodium.

Rhab'anus Maurus, →Hrabanus Maurus.

Rhab'arber der, ampferartige, großblättrige Knöterichgewächse, aus Innerasien. Vom **Echten R.** geben die fleischigen Wurzeln abführende Pillen, Pulver; die oxalsäurehaltigen Blattstiele Gemüse, Kompott.

Rhaps'ode der, altgriech. Wandersänger, der Gedichte, bes. die des Homer, öffentlich vortrug.

Rhapsod'ie [grch.] die, **1)** das von einem Rhapsoden vorgetragene Gedicht. **2)** ♪ Tonstück balladesken Charakters in freier Form (Brahms); Phantasiestück über nationale Volksweisen (Liszt). **rhaps'odisch,** bruchstückartig.

Rh'ätikon, →Rätikon.

Rh'ea, griech. Göttermutter, Gattin des Kronos.

Rheda-Wiedenbrück, Stadt in Nordrhein-Westf., an der Ems, 36900 Ew.; zahlreiche niedersächs. Baudenkmäler, Möbel- u.a. Industrien.

Rhede, Gem. im Kr. Borken, Nordrh.-Westf. 13500 Ew.

Rhein [wohl keltisch »Strom«] der, einer der großen Flüsse Europas; Länge: 1320 km; entsteht in der östl. Schweiz, im Kt. Graubünden, aus dem **Vorder-R.,** der vom St.-Gotthard-Massiv kommt, und dem **Hinter-R.,** der am Rheinwaldhorn in den Adula-Alpen entspringt. Er bildet später den **Alpen-R.,** durchfließt den Boden- und Untersee, bildet bei Schaffhausen den **R.-Fall** (160 m breit, 19 m tief), fließt nach W bis Basel **(Hoch-R.),** dann nach N durch die Oberrhein. Tiefebene bis Mainz **(Ober-R.),** darauf westl. am Rheingau entlang, von Bingen ab nach NW und durchbricht das Rhein. Schiefergebirge **(Mittel-R.).** Bei Bonn tritt der R. in das norddt. Flachland ein **(Nieder-R.)** und mündet in mehreren Armen in die Nordsee: **Waal,** der Merwede, **Nord, Alte** und **Neue Maas** heißt, **Pannerdenscher Kanal,** der sich in Neue Ijssel und Lek mit Krummem R. und Vecht teilt, und Alter R. Die wichtigsten Nebenflüsse sind rechts: Kinzig, Murg, Neckar, Main, Lahn, Sieg, Wupper, Ruhr, Emscher, Lippe; links: Aare, Ill, Sauer, Lauter, Nahe, Mosel, Ahr, Erft, Maas. Wirtschaftlich ist der R. von Bedeutung, bes. für die Güterbeförderung Westdt.s bis zum Meer. Die Seeschiffahrt reicht bis Köln, die Großschiffahrt bis Straßburg, die Schiffahrt überhaupt bis Rheinfelden. Die bedeutendsten R.-Häfen sind: Kehl, Straßburg, Karlsruhe, Mannheim-Ludwigshafen, Mainz, Bingen, Koblenz, Köln, Düsseldorf, Duisburg, Wesel, Arnheim, Nimwegen, Dordrecht, Utrecht (→Rheinseitenkanal). Wichtige Kanalverbindungen: R.-Herne-Kanal, R.-Marne-Kanal, R.-Rhône-Kanal, Amsterdam-R.-Kanal, der Neue Wasserweg Rotterdam-Nordsee. Im Bau ist der R.-Main-Donau-Großschiffahrtsweg.

Rhein: Rheintal bei Kaub

Rheinbach, Stadt in Nordrh.-Westf., 19500 Einwohner.

Rheinberg, Stadt in Nordrh.-Westf., 12000 Einwohner.

Rheinbund, 1) Bündnis westdt. Fürsten mit Frankreich gegen Österreich und Brandenburg/Preußen (»Rhein. Allianz« 1658-1667). **2)** der 1806 von den süd- und westdt. Fürsten unter der Schutzherrschaft Napoleons I. gegr. Bund, der zur Auflösung des alten Dt. Reiches führte. Später traten der König von Sachsen und die kleineren mittel- und norddt. Fürsten dem R. bei; er zerfiel 1813.

Rheine, Stadt in Nordrh.-Westf., an der Ems, 51200 Ew.; Solbad; Textil-, Eisenindustrie, Kalkwerke, Salzgewinnung.

Rheinf'elden, 1) R. in Baden, Stadt in Bad.-Württ., am Rhein oberhalb von Basel, 16400 Ew.; Aluminium- u. a. Ind. **2)** Solbad im schweizer. Kt. Aargau, 7300 Ew., gegenüber von 1).

Rheingau, das vom westl. Taunus **(R.-Gebirge)** zum Rhein abfallende, klimatisch begünstigte Hügelland; obst- und weinreich. − Der R. kam im 13. Jahrh. an die Erzbischöfe von Mainz, 1803 an Nassau. **R.-Weine,** die rechtsrhein. Weine zwischen Hochheim am Main und Lorch am Rhein.

Rheinhausen, Industriestadt in Nordrh.-Westf., gegenüber von Duisburg, 72300 Ew.; Hüttenwerk, Steinkohlenbergbau, Stahl-, Maschinen-, Textil-Industrie.

Rhein-Herne-Kanal, Schiffahrtsweg zwischen dem Rhein bei Duisburg und dem Dortmund-Ems-Kanal bei Herne, 45 km lang.

Rheinhessen, bis 1945 der linksrhein. Teil von Hessen, gehört seitdem zu →Rheinland-Pfalz. Weinbau vor Worms bis Bingen.

Rheinisches Schiefergebirge, die Mittelgebirge zu beiden Seiten des Rheins unterhalb von Mainz; im O Taunus, Westerwald (mit Rothaargebirge) und Sauerland, im W Hunsrück und Eifel-Ardennen.

Rheinisch-westfälisches Industriegebiet, →Ruhrgebiet.

Rheinkamp, Gem. in Nordrh.-Westf., 43200 Ew.; Steinkohlenbergbau, Großmühlen.

Rheinlande, die dt. Gebiete zu beiden Seiten des Rheins. Durch Caesar kam das linke Rheinufer unter röm. Herrschaft; während der Völkerwanderung drangen die Franken ins linksrhein. Gebiet ein und schufen von hier aus das →Fränkische Reich, das die R. umfaßte. Im Karolingerreich wurden sie zur Mittelachse des Reiches und kamen bei den Reichsteilungen (870 Vertrag von Mersen) an das Ostfränk., spätere Hl.Röm. Reich. Im MA. bildeten sich geistl. und weltl. Fürstentümer. Seit dem 17. Jahrh. strebte Frankreich nach der Rheingrenze: es gewann 1648 das Elsaß (ohne Straßburg), besetzte 1681 u. a. Straßburg und erhielt 1766 das Herzogtum Lothringen. In den Französ. Revolutionskriegen erreichte Frankreich vorübergehend sein Ziel, mußte jedoch 1815 mit Ausnahme Straßburgs und Teilen Lothringens die R. wieder an Dtl. zurückgeben. Aus den altpreuß. und kurpfälzischen Gebieten, den geistl. Kurfürstentümern Köln und Trier und anderen Territorien wurde die preuß. **Rheinprovinz** gebildet.

Rheinländer, Rheinische Polka, Rundtanz in mäßigem $^2/_4$-Takt.

Rheinland-Pfalz, Land der Bundesrep. Dtl., 19831 km², 3,67 Mill. Ew.; Hauptstadt: Mainz. 3 Regierungsbezirke: Koblenz, Trier, Rheinhessen-Pfalz. STATISTIK Bundesrepublik Deutschland, ⊕ S. 520/21, ◊ S. 878.

R.-P. hat Anteil am Rhein. Schiefergebirge (Hunsrück, Teile von Eifel, Westerwald und Taunus), am Oberrheintalgraben mit Rheinhessen, an der Haardt und dem Saar-Nahe-Berg- und Hügelland. Wichtigste Flüsse: Rhein, Nahe, Mosel mit Saar, Lahn. Ackerbau im Neuwieder Becken, in Rheinhessen, der Vorderpfalz, im Zweibrücker Hügelland u.a. Weinbau an Rhein, Ahr, Mosel und Nahe, in Rheinhessen und der Pfalz. Forstwirtschaft (rd. 38% Waldfläche), Mineralquellen.

Chem. Industrie (Ludwigshafen), Maschinenbau (Kreuznach, Frankenthal u. a.), Eisen- und Stahlwerke (Randgebiete des Siegerlandes), Textil- (Kaiserslautern), Schuhindustrie (Pirmasens) u. a., Baustoffe und Basalt bes. im Neuwieder Becken. Fremdenverkehr. – R.-P. wurde 1946 aus der bayer. Pfalz, Rheinhessen, Teilen der preuß. Rheinprov. und der Prov. Hessen-Nassau gebildet. 1951-71 Koalition CDU/FDP, seit 1971 nur CDU-Regierung. MinPräs.: seit 1969 H. Kohl.

Rhein-Main-Donau-Großschiffahrtsweg, die im Ausbau begriffene Kanalverbindung zwischen Rhein und Donau für Schiffe bis 1500 t Tragfähigkeit, benutzt zwischen dem Rhein und Bamberg das Flußbett des Mains.

Rhein-Marne-Kanal, Kanal vom Rhein bei Straßburg bis zum Seitenkanal der Marne bei Vitry, 315 km lang.

Rheinpfalz, →Pfalz.

Rhein-Rhône-Kanal, 320 km langer Kanal vom Rhein über Straßburg über Mülhausen zur Saône.

Rh'einsberg (Mark), Stadt im Bez. Potsdam, nördlich von Neuruppin, 5300 Ew.; Schloß und Kronprinzensitz Friedrichs d. Gr.

Rheinseitenkanal, Kanal im Elsaß, der den Oberrhein zwischen Basel und Straßburg streckenweise auf französ. Gebiet ableitete.

Rheinstein, Burg am Rhein gegenüber Aßmannshausen; enthält bedeutende Sammlungen.

Rheinwaldhorn, der höchste Gipfel der Adula-Alpen, 3402 m hoch.

Rheinweine, im allgem. alle im Flußgebiet des Rheins selbst gewonnenen Weine; i. e. S. nur die des Mittelrheins; volkstümlich oft nur die Rheingau- und rheinhess. Weine.

Rh'enium das, **Re,** chem. Element, Metall; Dichte 21,0 g/cm³, Schmelzpunkt 3180°C; tritt in der Natur spurenweise auf, meist mit Molybdän.

Rhens, offen **Rhense,** Gem. in Rheinl.-Pf., bei Koblenz, am Rhein; Obst-, Weinbau; Rhenser Sauerbrunnen. Nahebei liegt der →Königsstuhl. (→Kurverein zu Rhense)

Rheost'at [grch.] der, ein veränderlicher elektrischer Widerstand.

Rheotrop'ismus [grch.] der, **Rheot'axis** die, Einstellen mancher Pflanzenteile oder Tiere zur Strömungsrichtung (Stromaufziehen der Lachse zum Laichen).

Rh'esusaffe, vorderindischer, zierlicher Makak-Affe, in vielen Tiergärten gehalten.

Rh'esusfaktor, Rh-Faktor, 1940 von Landsteiner und Wiener entdecktes Blutkörperchenmerkmal Rh (nach dem Rhesusäffchen benannt), das bei 85% der Menschen vorhanden ist. Sein Fehlen (bei 15% der Menschen) wird mit rh bezeichnet. Auf dieser Bluteigenschaft beruhen vereinzelte Fälle von Schwangerschaftsstörungen und Zwischenfälle bei Blutübertragungen.

Rhet'orik [grch.] die, →Redekunst; **rhetorische Frage,** Frage, auf die man keine Antwort erwartet, z. B.: »Was hilft's?«. **Rh'etor** der, Redner, Lehrer der Redekunst.

Rheumat'ismus [grch.-lat.] der, **Rheuma** das, vielerlei zeitlich wechselnde, schmerzhafte Krankheiten der Muskeln, Gelenke, Nerven, Sehnen und des Bindegewebes **(Gliederreißen),** die auf »Erkältungen« zurückgeführt, durch nasse Kälte verschlimmert, durch Wärme gelindert werden, oft ihren Sitz im Körper wechseln, gleichsam herumwandern (»fließen«). Die Ursachen des R. sind vielfältig, z. T. noch ungeklärt: Infektion, bes. der oberen Luftwege, spielt im Beginn eine wichtige Rolle. Die sich einstellende Überempfindlichkeit (→Allergie) scheint den Anstoß für die Entzündungserscheinungen an der Schleimhaut der Gelenke zu geben. Wichtig ist ferner ein hormonaler Faktor. Anatom. Veränderungen: entzündl. Ausschwitzungen (als »rheumatische« Knötchen in Bindegewebe, Sehnen, Herzmuskel und Herzinnenhaut. Zum R. zählen: 1) **Gelenk-R.** (Bechterewsche Krankheit). 2) **Muskel-R.,** plötzl. beginnender »Hexenschuß« und dauernde Schmerzen in den Muskeln (Myalgien) mit

Muskelhärtung (Myogelosen, Hartspann). Ihres Krankheitsbildes wegen wird auch die **nichtentzündl. Gelenkkrankheit** (Arthrosis deformans) als rheumatisch bezeichnet.

Rheydt, Industriestadt in Nordrh.-Westf., in der Kölner Tieflandsbucht, 101 400 Ew.; Wasserburg (16. Jahrh.); Textil- u. a. Industrie.

Rhin, rechter Nebenfluß der Havel, durchfließt viele durch Kanäle verbundene Seen.

Rhinolog'ie [grch.] die, Nasenheilkunde.

Rhin'ozeros [grch.] das, ein →Nashorn.

Rhizo'id [grch.] das, wurzelähnlicher Zellfaden der Moose, Flechten.

Rhiz'om [grch.] das, →Wurzelstock.

Rhizop'oden [grch.] Mz., →Wurzelfüßer.

Rhod'an das, Thiocyan, die Atomgruppe SCN–. Die Salze der **R.-Wasserstoffsäure,** HSCN, die **Rhodan'ide,** haben in der chem. Analyse Bedeutung.

Rhode Island [roud'ailənd] Abk. **R.I.,** der kleinste, aber dichtestbevölkerte Staat der USA, 3144 km², 946 700 Ew. – am Atlant. Ozean; Hauptstadt: Providence. Textil-, Maschinen-, elektron. u. a. Ind. – 1636 als engl. Kolonie und als Stätte der Glaubensfreiheit gegründet.

Rhodes [roudz], Cecil, engl.-südafrikan. Kolonialpolitiker, *1853, †1902, wurde durch die Ausbeutung südafrikan. Diamantenfelder sehr reich, war 1890-96 MinPräs. der Kapkolonie, veranlaßte die Besitznahme des Betschuanalandes und Rhodesiens, erstrebte die Eingliederung der Burenfreistaaten.

Rhod'esien, 1) ehem. brit. Gebiet im nördl. Südafrika, das bis 1964 die Teilgebiete Nord-R. und Süd-R. umfaßte. – R. wurde 1889/90 von der Brit.-Südafrikan. Ges. in Besitz genommen, 1895 nach C. Rhodes benannt, dann ständig erweitert. Nord- und Süd-R. waren 1953-63 mit Njassaland im Zentralafrikan. Bund zusammengeschlossen. Nord.-R. wurde 1964 als →Sambia unabhängig; Süd-R. nennt sich seither R. (→Rhodesien 2).

2) R., Südrhodesien, Republik seit März 1970, zuvor brit. Kolonie, die 1964 Selbstregierung erhielt und 1965 einseitig ihre Unabhängigkeit erklärte; 389 300 km², 5,2 Mill. Ew.; Hauptstadt: Salisbury. – R. ist ein Hochland (1200-1600 m) zwischen Limpopo und Sambesi; Klima gemäßigt subtropisch. BEVÖLKERUNG. Rd. 4,3 Mill. Neger (meist Bantu), daneben Weiße, Asiaten, Mischlinge. Religion: Naturreligionen, Christen. WIRTSCHAFT. Anbau von Tabak, Mais, Erdnüssen; z. T. mit Bewässerung: Zuckerrohr, Citrusfrüchte, Baumwolle, Tee u. a.; Viehzucht, Fischerei. ⚒ auf Gold, Asbest, Kupfer, Chrom, Eisenerz, Kohle u. a. Wasserkraftwerk (Karibadamm). Nahrungsmittel-, Metall-, Textil-, Tabakwaren-, chem., Papier- u. a. Ind. Ausfuhr: Tabak, Asbest, Fleisch, Kupfer, Eisen, Stahl, Textilien. Haupthandelspartner bis 1965: Großbritannien, Sambia. Internat. Flughafen: Salisbury. – GESCHICHTE →Rhodesien 1). Die einseitige Unabhängigkeitserklärung wurde von Großbritannien nicht anerkannt. Sanktionen bedeuteten, die aber unwirksam waren. MinPräs.: I. Smith (seit 1964). ⊕ S. 514, ▱ S. 346.

Rh'odium [grch.] das, **Rh,** chem. Element, Platinmetall; Dichte 12,5 g/cm³, Schmelzpunkt 1960°C; wird zu Thermoelementen verwendet.

Rhodod'endron [grch.] das, -s/...dren, **Alpenrose,** eine Gattung schön blühender Heidekrautgewächse mit vielen Arten. In den Alpen zwei Arten, **Almrausch** genannt, niedrige Sträucher mit immergrünen Blättern und leuchtendroten Blüten. Asiat. und nordamerikan. Arten mit großen Blüten sind Gartensträucher.

Rh'odope-Gebirge, waldreiches Gebirge in SW-Bulgarien; bis 2925 m hoch.

Rh'odos, 1) griech. Insel im Ägäischen Meer, 1400 km², 61 900 Ew., meist Griechen; gebirgig (bis 1215 m); bedeutende Ruinenstätten (Lindos, Kamiros), Fremdenverkehr; Wein, Olivenöl. – R. erlebte als griech. See- und Handelsmacht der Altertums seine Blütezeit im 3. und 2. Jahrh. v. Chr. Es war 1310-1522 Sitz des →Johanniterordens,

Rhesusaffe

Rhododendron

Rhodos: Blick auf die Stadt R.

dann türkisch, 1911-47 italienisch, seitdem griechisch. 2) die Hauptstadt der Insel und des Dodekanes, 27400 Ew.; Hafen; Ritterpaläste.

Rh'ombus [grch.] der, **Raute**, Parallelogramm mit vier gleich langen Seiten.

Rhön die, Mittelgebirge zwischen Werra, Fulda und Fränk. Saale, gliedert sich in die südl. **Hohe R.** (Wasserkuppe, 950 m hoch) und die nördl. **Kuppen-** oder **Vorder-R.** (Milseburg, 835 m hoch). Viehzucht, gewerbl. Heimarbeit, Kalibergbau; Segelflug.

Rhondda [r'ɔndə], Bergwerks-, Industriestadt in Wales, Großbritannien, 100300 Ew.; Kohlenbergbau.

Rhône die, Fluß der Schweiz und Frankreichs, entsteht aus dem **R.-Gletscher** zwischen Grimsel- und Furkapaß, durchströmt den Genfer See, wendet sich bei Lyon nach S, mündet in zwei Hauptarmen in den Golfe du Lion; 812 km lang, von Le Parc an schiffbar. Durch Kanäle mit Rhein, Seine, -Loire, Marseille verbunden.

Rhönrad, Turngerät aus zwei miteinander quer verbundenen gleich großen Reifen aus Stahlrohr, mit Griffen versehen sowie Brettern zum Anschnallen der Füße.

Rh'ythmus [grch.] der, period. Gliederung, von grundlegender Bedeutung für die meisten Lebensvorgänge und Arbeitsleistungen. Der R. ist wesentl. für alle »Zeitkünste« (Musik, Dichtung, Tanz). In der Musik betrifft er die Zeitdauer der einzelnen Töne im Verhältnis zueinander (**Rhythmik:** im engeren Sinne: lang – kurz), den Wechsel nach Gewicht und Betonung (**Metrik:** leicht – schwer) und das Zeitmaß (Tempo) des Gesamtablaufs; mit der Melodik zusammen ist er der Hauptträger der musikal. Aussage. **rh'ythmisch,** regelmäßig wiederkehrend.

Ri'ad, →Er-Riad.

Richelieu

Ri'al der, iran. Währungseinheit.

Ri'altobrücke, die älteste der drei Brücken über den Canale Grande in Venedig.

R'ias, Abk. für Rundfunk im amerikan. Sektor (Berlin), gegr. 1946.

R'ibbentrop, Joachim v., *1893, † (hingerichtet) 1946; 1936-38 Botschafter in London, 1938-45 Reichsaußenmin.; hatte wesentl. Anteil an Hitlers Macht- und Kriegspolitik; 1946 in Nürnberg verurteilt.

Ribeirão Pr'eto, Stadt im brasilian. Staat São Paulo, 169800 Ew.; Kaffeeplantagen, Stahlind.

Rib'era, Jusepe de, span. Maler, * um 1590, †1652; Meister des span. Barocks.

R'ibnitz-D'amgarten, Stadt im Bez. Rostock, am Ribnitzer Bodden, 15300 Ew.; alte Kirchen; Fischerei; Holzindustrie.

R'ibo|**nucleinsäuren, RNS,** →Nucleinsäuren.

Ricardo [rik'a:dou], David, engl. Volkswirtschaftler, *1772, †1823; Liberaler, entwickelte eine organische Werttheorie, eine Theorie der Grundrente, des Arbeitslohns, des Geldes u. a.

Riccione [ritʃ'one], Seebad an der italien. Adriaküste, Prov. Forli, 27300 Ew.

Rice [rais], Elmer, amerikan. Schriftsteller und Dramatiker, *1892, †1967.

Richard [von ahd. richi »mächtig« und harti »stark«], männl. Vorname.

Richard, Fürsten: Deutscher König. 1) **R. von Cornwallis** (1257-72), als Gegenkönig Alfons' von Kastilien während des »Interregnums« aufgestellt. – **England, Könige. 2) R. I. Löwenherz** (1189-99), nahm 1190-92 am 3. Kreuzzug teil, geriet auf dem Rückweg in die Gefangenschaft Kaiser Heinrichs VI., erst 1194 freigelassen. **3) R. III.** (1483 bis 1485), aus dem Hause York, anfangs Herzog von Gloucester, gelangte durch die Ermordung seiner jungen Neffen Eduard V. und R. auf den Thron, fiel im Kampf gegen Heinrich VII. Tudor.

Richardson [r'itʃədsn], 1) Dorothy M., engl. Erzählerin, *1873, †1957; »Pilgerfahrt«. 2) Sir (1939) Owen, engl. Physiker, *1879, †1959, erforschte die Elektronenemission glühender Metalle; Nobelpreis 1928. 3) Samuel, engl. Erzähler, *1689, †1761; Schöpfer des bürgerl. Familienromans: »Pamela«, »Clarissa«.

Richelieu [riʃəlj'ø], Armand Herzog v., Kardinal, französ. Staatsmann, *1585, †1642, seit 1624 leitender Minister Ludwigs XIII., setzte im Kampf gegen den Hochadel den Absolutismus des Königs durch, nahm den Hugenotten nach der Eroberung von La Rochelle 1628 ihre polit. Sonderstellung, griff 1635 auf schwed. Seite in den Dreißigjährigen Krieg ein, um die span.-habsburg. Macht zurückzudrängen; förderte Kunst und Wissenschaft. Begründer der Vormachtstellung Frankreichs.

Richmond [r'itʃmənd], 1) westl. Vorort Londons, mit Sternwarte, Park. 2) Hauptstadt von Virginia, USA, 249600 Ew.; Ind. – R. war im Sezessionskrieg die Hauptstadt der Südstaaten.

Richter der, ♃ ein mit der Vollmacht zur Entscheidung von Rechtsstreitigkeiten ausgestatteter Staatsbeamter. Die Fähigkeit zum R.-Amt wird durch zwei staatl. Prüfungen erlangt: nach dem Rechtsstudium und einer dreieinhalbjährigen Vorbereitungszeit. Die R. sind in ihren Entscheidungen unabhängig und nur dem Gesetz unterworfen, d.h. sie sind an keine Weisungen eines »Vorgesetzten« gebunden und dürfen wegen ihrer Tätigkeit nicht benachteiligt werden. – Neben den Berufs-R. gibt es →Laienrichter.

Richter, deren im israelit. Volkes nach Besetzung Kanaans bis zum Königtum Sauls. Ihre Geschichte berichtet das **Buch der R.** im A. T.

Richter, 1) Hans Werner, Schriftsteller, *1908; Gründer der literar. »Gruppe 47«. 2) Johann Paul Friedrich, Dichter, →Jean Paul. 3) Ludwig, Maler und Zeichner, *1803, †1884; Meister der volkstüml. Illustration; Landschaften; »Lebenserinnerungen eines dt. Malers«. 4) Swjatoslaw Theophilowitsch, russ. Pianist, *1914. 5) Willi, Gewerkschaftler, *1894; 1956-62 1. Vors. des Dt. Gewerkschaftsbundes.

Richtfest, bei einem Neubau die Feier der Handwerker und des Bauherrn nach Errichtung des Dachstuhls.

Richtfunkverbindung, ein Nachrichtenübertragungsweg: mit scharf bündelnden Antennen werden die mit der Nachricht modulierten hochfrequenten elektromagnet. Schwingungen übertragen. Zur Überbrückung großer Entfernungen werden in Abständen von 40-100 km Relaisstationen zwischengeschaltet.

R'ichthofen, Freiherr v., 1) Ferdinand, Geograph, *1833, †1905, reiste in Süd- und Ostasien, Kalifornien, erforschte China. 2) Manfred, Rittmeister, *1892, † (gefallen) 1918; erfolgreichster dt. Jagdflieger des I. Weltkrieges.

Richthofengebirge, Teil des Nanschan (Innerasien), bis 5934 m hoch.

Richtscheit, das, eine geradlinige Holzleiste; dient als Unterlage für die Wasserwaage.

Richtstrahler, →Antenne.

Ricke [zu Reh] die, weibl. Reh.

Rickert, Heinrich, Philosoph, *1863, †1936; gründete mit →Windelband die südwestdt. (badische) Schule des →Neukantianismus.

ridik'ül [frz.], lächerlich.

Ridinger, Riedinger, 1) Georg, Baumeister, * um 1568; Aschaffenburger Schloß (1605-14).
2) Johann Elias, Maler und Graphiker, *1698, †1769; Tier- und Jagddarstellungen.
Riechstoffe, Duftstoffe meist pflanzl. Herkunft, z.B. Rosen-, Bittermandelöl. Tierische R. sind Moschus und Ambra. Ausgangsprodukt für viele künstl. R. ist der Steinkohlenteer.
Ried das, 1) ⚘ rohr- oder schilfförmige Uferpflanzen, bes. →Segge. 2) Sumpf, Moor.
Riedbock, Wasserbock, rehgroße Antilopen in Mittel- und Südafrika, an Ufersümpfen.
Riefe die, Rille, Furche.
Riege die, ⚘ kleinste Turnerabteilung.
Riegelsberg/Saar, Gem. nördl. von Saarbrücken, 12 600 Ew.; Steinkohlenbergbau.
Riehen, nordöstl. Wohnvorort von Basel, an der Wiese, 21 000 Ew.
Riehl, 1) Alois, Philosoph, *1844, †1924, vertrat eine Mittelstellung zwischen Realismus und Idealismus. 2) Wilhelm Heinrich, Kulturhistoriker, *1823, †1897, war Prof. in München und Direktor des Bayer. Nationalmuseums; Mitbegr. der dt. Soziologie und wissenschaftl. Volkskunde.
Riemann, 1) Bernhard, Mathematiker, *1826, †1866; Prof. in Göttingen, arbeitete über Funktionentheorie, Differentialgleichungen und bes. über die Grundlagen der Geometrie. 2) Hugo, Musikhistoriker, *1849, †1919; »Musiklexikon«.
Riemannsche Geometrie, System geometr. Sätze, in dem der Raum eine von Ort zu Ort veränderliche Krümmung haben kann und demnach der Begriff der Geraden durch den Begriff der kürzesten Linie (**geodätische Linie**) ersetzt ist.
Riemen der, **1) Treibriemen,** endloses Band aus Leder, Gummi, Gewebe, Kunststoff zur Kraftübertragung (Flach-R., Keil-R. mit trapezförmigem Querschnitt, Zahn-R.). **R.-Trieb,** Verbindung zweier R.-Scheiben durch den R. 2) volkstüml. **Ruder,** hölzerne Stange mit schaufelartiger Verbreiterung (»Blatt«) am Ende, zur Fortbewegung von Booten.
R'iemenschneider, Tilman, Bildhauer, * um 1460, †1531; ein Hauptmeister der dt. Spätgotik: Scherenberggrabmal (Würzburg), Schnitzaltäre in Rothenburg, Creglingen, Dettwang.
rien ne va plus [ri'ɛ̃ na va pl'y, frz.], nichts geht mehr (beim Roulettespiel).
Ri'enz, linker Nebenfluß des Eisack in Tirol, mündet bei Brixen, 95 km lang.
Ri'enzo, auch **Ri'enzi,** Cola di, röm. Volksführer, *1313, suchte 1347 im päpstl. Rom einen Freistaat nach altröm. Muster zu errichten; 1354 bei einem Aufstand ermordet.
Ries das, Papiermaß, früher 500 Bogen, heute **Neuries** = 100 Neubuch = 1000 Bogen.
Ries das, fruchtbare Einsenkung zwischen der Schwäb. und der Fränk. Alb; Hauptort Nördlingen.
Riesa, Industriestadt im Bez. Dresden, 49 600 Ew.; Umschlaghafen an der Elbe; Stahl- und Walzwerk, Großmühlen.
Riese der, 1) ♂ ⚘ Lebewesen von übernormaler Körpergröße. 2) Sage und Märchen: Giganten, Titanen, Zyklopen u. a., Verkörperungen

der Naturkräfte, Feinde der Götter, Menschenfresser u. ä.
Riese, Ries, Adam, Rechenmeister, *1492, †1559, verfaßte Lehrbücher des prakt. Rechnens.
Rieselanlagen dienen zur Bewässerung und Düngung von Feldern (**Rieselfelder**) oder Wiesen mit vorgeklärten städt. Abwässern, auch zur Abwasserreinigung.
Riesengebirge, höchster Teil der Sudeten, 37 km lang, 22-25 km breit. Der Kamm ist in einen östl. und einen westl. niedrigeren geteilt, ragt über die Waldgrenze auf und hat Reste einer Vergletscherung: Große und kleine Schneegrube, Großer und Kleiner Teich (Hochseen). Die höchste Erhebung ist die Schneekoppe (1603 m). Das R. hat viele Bäder, Kurorte (Krummhübel, Schreiberhau, Warmbrunn u. a.), Wintersportplätze; neuerdings wird es stark industrialisiert. Seit 1945 ist der schles. Teil unter poln. Verw.
Riesenmuschel, Muschel im Ind. Ozean; die Schalen sind mehrere Zentner schwer, das Fleisch ist eßbar.
Riesensalamander, lidlose Schwanzlurche, bis 1,60 m lang; in Gebirgsbächen O-Asiens.
Riesenschlange, 4-9 m lange, ungiftige trop. Schlangen, die ihre Beute durch Umschlingen erdrücken. Sie verschlingen Tiere bis zur Größe eines Schweines. **Tigerschlange,** 3,5 m lang, lebt in sumpfigen Gegenden Indiens; **Abgott-** oder **Königsschlange (Boa),** bis 6 m lang, im nördl. Südamerika; **Anakonda,** bis 7 m lang, in Brasilien, lebt am und im Wasser.
Riesling der, eine Traubensorte.
Rietberg, Stadt in Nordrh.-Westf., 20 900 Ew.
Rietschel, Ernst, Bildhauer, *1804, †1861; Lutherdenkmal in Worms.
Rif das, **Er-Rif,** Gebirge im N Marokkos, bis 2453 m hoch, schluchtenreich. **Rifkabylen,** Berber der N-Küste Marokkos, Viehzüchter und Ackerbauern, früher Seeräuber; kriegerisch.
Riff das, schmale Bank oder Klippen im Meer (Sand-, Fels-, Korallen-R.), dicht unter dem Meeresspiegel, als Untiefen gefürchtet.
Riga, Hauptstadt der Lett. SSR, 733 000 Ew.; Hafenstadt an der Düna; im 2. Weltkrieg stark zerstört; hatte viele alte Bauwerke: Domkirche (1215-30?), Petrikirche (15. Jahrh.), kath. Jakobikirche (1226), Schloß (1494-1515); Univ. Lebensmittel-, Textil-, Metall-, Maschinen-, chem., Holz- u. a. Ind. – R. wurde als dt. Stadt 1201 gegr., 1255 Erzbischofssitz, 1282 Mitgl. der Hanse, kam 1582 unter poln., 1621 schwed., 1710 russ. Herrschaft; 1919-1940 Hauptstadt der Rep. Lettland.
Rigaud [rig'o], Hyacinthe, französ. Maler, *1659, †1743; malte Mitgl. des Hofs, Gelehrte, Künstler.
Rigel der, ✶ hellster Stern im Orion.
Rigi der und die, Gebirgsstock am Vierwaldstätter See, Schweiz, 1797 m hoch.
rig'olen [frz.], **rajolen,** den Boden bis 1 m tief umgraben, mit dem **Rig'olpflug.**
rigor'os [lat.], streng, hart. **Rigor'osum** das, die mündl. Doktorprüfung.

Riesengebirge mit Schneekoppe

B. Riemann

Riemen: Riementrieb, a Flachriemen, b Keilriemen

Riga

Riemenschneider: Eva

Rikscha

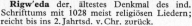

Rigw'eda der, ältestes Denkmal des ind. Schrifttums mit 1028 meist religiösen Liedern; reicht bis ins 2.Jahrtsd. v.Chr. zurück.

Rij'ad, →Er-Riad.

Rij'eka, italien. **Fi'ume,** Hafenstadt in Kroatien, Jugoslawien, am Golf von R., 125 000 Ew.; Schiffswerften, Maschinenbau, Ölraffinerie, Tabakfabriken. – Bis zum 1.Weltkrieg war R. der Hafen Ungarns, 1920 wurde es Freistaat, 1924 italienisch, 1947 jugoslawisch.

Rijswijk, Ryswijk [r'aisvaik], südl. Vorort des Haag. Im **Frieden von R.** 1697 mußte Ludwig XIV. von Frankreich die →Reunionen bis auf das Elsaß mit Straßburg herausgeben.

Rikli, Arnold, schweizer. Naturheilkundiger, *1823, †1906; Sonnenlichtbehandlung.

R'ikscha [japan.] die, zweirädriger Wagen, wird von einem zwischen den Deichseln laufenden oder auf ein Fahrrad sitzenden Mann gezogen.

Riksmål, heute **Bokmål** das, →Norwegische Sprache.

Rilke, Rainer Maria, Dichter, *1875, †1926; empfing maßgebende Eindrücke in Rußland und Paris bei Rodin, drückte mit großer Sprach- und Reimkunst Einsamkeit, Schwermut, Weltangst und Gottsuchertum, schließlich schwer erkämpfte Weltbejahung aus; erster Höhepunkt »Stundenbuch« (1905); zweiter Höhepunkt »Duineser Elegien« und »Sonette an Orpheus« (beide 1923). Weitere Werke: lyr. Prosa »Weise von Liebe und Tod des Cornets Christoph R.« (1906); Roman »Aufzeichnungen des Malte Laurids Brigge« (1910); Briefe.

Rilke

Rimbaud [rɛ̃b'o], Jean-Arthur, französ. Dichter, *1854, †1891; seine wenigen visionären Dichtungen haben den französ. →Symbolismus aufs stärkste beeinflußt. Er schrieb sie vom 16.-19. Lebensjahr, führte dann ein Wanderleben in Vorderasien und Äthiopien.

Rim'esse [ital.] die, 1) Übersendung eines Wechsels zur Deckung einer Schuld. 2) der übersandte Wechsel.

R'imini, Hafenstadt in Mittelitalien, am Adriat. Meer, 116 700 Ew.; Altertümer, Seebad.

R'imski-K'orssakow, Nikolai A., russ. Komponist, *1844, †1908; Opern, Orchester-, Klaviermusik u.a.

Rin'aldo Rinald'ini, Titelheld eines Räuberromans (1797) von Chr. A. Vulpius.

Rinckart, Martin, Dichter, *1586, †1649; schrieb geistl. Lieder (»Nun danket alle Gott«).

Rimbaud

Rind das, Wiederkäuer mit dicken, nach außen gebogenen Hörnern. Die weibl. R. (Kühe) haben ein Euter mit 4 Zitzen, viele R. am Unterhals eine hängende Hautfalte (Wamme). Die Wild-R. leben gesellig im Wald- oder Grasland, als Haustiere sind sie über die ganze Erde verbreitet. Zu den R. gehören **Büffel, Zebu** oder **Buckelochse, Jak** oder **Grunzochse, Wisent** oder **Bison.** Das europ. **Hausrind** stammt vom Auerochsen ab. Es erscheint als Haustier schon in der mittl. Steinzeit und wurde urspr. als heiliges Tier verehrt. Es ist eines der wichtigsten Nutztiere, als Fleisch-, Milch- und Arbeitstier. Es ist im 3.-5. Jahr ausgewachsen und wird über 20 Jahre alt. Die Tragzeit dauert 9 Monate. Das junge R. heißt **Kalb;** das männl. zuerst **Jungtier,** das geschlechtsreife **Stier (Bulle, Farren),** kastriert **Ochse.** Das weibl. R. heißt vor dem 1.Kalben **Färse, Kalbin,** danach **Kuh.** R.-Rassen: 1) Niederungs- und Tieflandrinder; schwarzbunte oder rotbunte R. 2) Höhenvieh: Schweizer, Dt. Fleckvieh, graubraunes Allgäuer R. 3) Engl. Vieh (Shorthorn). Sie unterscheiden sich nach Milch-, Mast- und Zugleistung.

Rinde die, 1) 🌿 die vom Kambium nach außen liegenden Gewebe der Pflanzenachse; im Gegensatz zum innen liegenden Mark oder Holz. Bei zunehmender Dicke des Stammes reißt die Oberhaut. Die nun entstehende Korkschicht läßt die außerhalb davon liegenden Zellen absterben und als Borke abblättern. Aus der R. verschiedener Pflanzen gewinnt man Gerb-, Arznei- und Gewürzstoffe (BILD Holz). 2) die das Mark umge-

Rind, oben: ostfriesisches Milchrindvieh, unten: Simmentaler Höhenfleckvieh

bende äußere Schicht vieler Organe, z.B. des Gehirns, der Niere.

Rinderpest, eine tödl. seuchenhafte Viruskrankheit, bes. der Rinder, mit Fieber, Belägen auf den Kopfschleimhäuten und Ausfluß aus Augen, Nase, Mundspalte. Die R. ist in Afrika und Asien heimisch.

Ring der, 1) Marktplatz. 2) ⚖ das →Kartell. 3) Schmuckreif, Kettenglied. 4) ⚔ Kampfstätte beim Boxen und Ringen.

Ringelblume, Totenblume, Cal'endula, gelbblühender südeurop. Korbblüter, Gartenpflanze.

Ringelnatter, die häufigste dt. Schlange, bis 1,20 m lang, nicht giftig. Kennzeichen: zwei gelbliche halbmondförmige Flecken am Hals; lebt vorwiegend an Wasser, kann schwimmen, klettern, jagt Frösche, Molche.

Ringelnatz, Joachim, eigentl. Hans **Bötticher,** *1883, †1934; satirische und humorist. Gedichte (»Kuttel Daddeldu«), Kriegsaufzeichnungen.

Ringelspinner, rotbrauner Schmetterling, klebt die Eier ringförmig um Obstbaumzweige. Die Raupe ist ein Obstschädling.

Ringelwürmer, 🐛 Gliedertiere, mit mehreren Abschnitten (Segmenten) von gleichem äußerem und innerem Bau, meist mit paarigen Anhängen, die als Bewegungsorgane dienen **(Anneliden);** z.B. die Borstenwürmer.

Ringen, ⚔ waffenloser Kampf Mann gegen Mann. Arten: **griechisch-röm. R.:** alle Griffe von der Hüfte bis zum Kopf erlaubt; **freies (amerikan.) R.** (Catch-as-catch-can): alle Griffe erlaubt; **dt. R.:** nur Griffe von den Schultern bis zur Hüfte. (→Gewichtsklassen)

Ringofen, ein Ofen für fortlaufenden Betrieb zum Brennen von Tonwaren.

Ringrichter, Kampfrichter beim Boxen und Ringen.

Ringwälle, vor- oder frühgeschichtl. Befestigungen, Erdwälle mit Graben.

Rinser, Luise, Erzählerin, *1911; »Mitte des Lebens«, »Ich bin Tobias« u.a.

R'inteln, Stadt in Ndsachs., an der Weser, 10 500 Ew.; Renaissance- und Fachwerkhäuser; Glas- u. a. Ind. – 1621-1809 Universität.

Rio [ital.; portug. Aussprache r'iu] der, span. **Río,** Fluß; auch kurz für Rio de Janeiro.

R'io de Janeiro [-ʒan'eiro], Hauptstadt des Staates Guanabara, Brasilien, 4,3 Mill. Ew.; am Atlant. Ozean gelegen; Univ. u.a. Hochschulen,

Ringelnatter

Kunstakademie, Nationalbibliothek; viele Prachtbauten. In der industriellen Entwicklung blieb die Stadt hinter São Paulo zurück (Gewerbeverbote in der Kolonialzeit). Hauptflughafen Südamerikas; bedeutender Handel, Kaffeeausfuhr. Die Bucht von R. d. J. wurde von Vespucci 1501 entdeckt. R. d. J. war von 1763-1960 Hauptstadt Brasiliens, abgelöst von ↪Brasília.

R′ío de ′Oro, der Südteil von ↪Spanisch-Sahara, fischreiche Küstengewässer.

R′ío Gr′ande del N′orte der, Strom in Nordamerika, kommt vom Felsengebirge (Colorado), bildet die Grenze zwischen Texas und Mexiko; 2870 km lang, mündet in den Golf von Mexiko.

R′ío Gr′ande do N′orte, brasilian. Staat an der NO-Ecke Südamerikas, 53 015 km², 1,3 Mill. Ew.; Hauptstadt: Natal. Baumwolle, Zucker; Textilindustrie.

R′ío Gr′ande do Sul, der südlichste Staat Brasiliens, 282 184 km², 6,7 Mill. Ew. (viele dt. Abstammung); Hauptstadt: Pôrto Alegre. Weizen- und Viehzuchtgebiet; Kohlengruben.

R′ío Muni, der Festlandsteil von Äquatorial-Guinea, südlich von Kamerun, 26 017 km², rd. 200 000 Ew., überwiegend Hochland mit trop. Wäldern. Holzausfuhr. – Bis 1968 spanisch.

R′ío N′egro der, größter linker Nebenfluß des Amazonas, mündet unterhalb Manáus, 1550 km lang. Er ist durch die Gabelteilung des Casiquiare mit dem Orinoco verbunden.

R′ío T′into, Fluß im südl. Spanien, 100 km lang, von der Sierra de Aracena zum Golf von Cádiz; am Oberlauf Kupfererzgebiet.

R. I. P., Abk. für ↪requiescat in pace.

Rippe die, 1) bei Mensch und Wirbeltieren: reifenartiger Knochen, Teil des Brustkorbes. 2) ⌂ eine am Grat eines Gewölbes hervortretende Verstärkung. 3) ⬙ Ader im Blatt.

Rippenfell, ∫ ⬚ das äußere Blatt des Brustfells, nach den Rippen zu gelegen.

Rippenfellentzündung, die Entzündung des Brustfells (**Brustfellentzündung,** Pleuritis), mit Fieber, Hustenreiz, Schmerz beim Atmen. Bei der **trockenen R.** werden die Brustfellblätter rauh. Bei der **feuchten R.** bildet sich im Brustfellraum ein Flüssigkeitserguß. Behandlung durch den Arzt.

Rippenquallen, im Meer frei schwebende, durchsichtige Hohltiere von zweistrahlig symmetr. Bau; bewegen sich mit in Reihen angeordneten Wimperplättchen fort.

Rippe(n)speer der, Rippenstück vom Schwein.

Rips der, Gewebe mit hervortretenden Längs- oder Querrippen.

Ripu′arier Mz., ↪Franken.

Risa Pehlewi, Reza Pahlewi, 1) Schah von Persien (1925-41), *1878, †1944, Begründer seiner Dynastie, brachte den Iran zur wirtschaftl. Geltung, dankte 1941 nach dem Einrücken Großbritanniens und der Sowjetunion zugunsten seines ältesten Sohnes Mohammed ab. 2) **Mohammed R. P.,** Kaiser (Schah-in-Schah, seit Okt. 1967) von Iran, *1919; 1952/53 war seine Stellung durch MinPräs. ↪Mossadegh erschüttert; bemüht sich um soziale Reformen; ∞ 1939-48 mit Fawsia, 1951-58 mit Soraya Esfendiari, seit 1959 mit Farah Diba; Thronfolger Risa Cyrus Ali, *1960.

R′isiko [ital.] das, -s/-s oder ...ken, Wagnis, Gefahr, z. B. die mit jeder wirtschaftl. Unternehmung verbundene Verlustgefahr. **risk′ant,** gefährlich, gewagt. **risk′ieren,** wagen.

Risorgimento [risɔrdʒi′mɛnto] das, die italien. Einheits- und Freiheitsbewegung 1815-61.

Ris′otto [ital.] der, mit Fett und Zwiebel angedünsteter, in Wasser oder Fleischbrühe weichgekochter Reis.

Rispe die, zusammengesetzte Blütentraube. (BILD Blüten)

Rispengras, Grasgattung mit lockeren Rispen, unbegrannt. **Wiesen-R.,** wertvolles Futter.

Riß [von mhd. rizen »zeichnen«] der, Zeichnung; ↪Projektion.

Riß die, rechter Nebenfluß der Donau (Oberschwaben). Nach ihr ist die **Riß-Eiszeit** benannt.

Rio de Janeiro

Rist der, Hand- oder Fußrücken.

Rist, Johann, geistl. Barockdichter, *1607, †1667; gründete den »Elbschwanenorden«.

ritard′ando [ital.], Abk. **rit.,** ♪ langsamer werdend.

r′ite [lat.], ordnungsgemäß.

R′itenkongregation, Kardinalskongregation bei der Kurie für die gottesdienstl. Riten, auch für Selig- und Heiligsprechungen.

riten′uto [ital.], Abk. **riten.,** ♪ zögernd.

Ritorn′ell [ital.] das, 1) ♪ instrumentales Vor-, Zwischen- und Nachspiel bei Gesangstücken. 2) Strophenform italien. Volkslieder, dreizeilig (1. und 3. Zeile gereimt).

Ritschl, Albrecht, evang. Theologe, *1822, †1889, betont die Selbständigkeit der Religion gegenüber allem wissenschaftl. Welterkennen. 2) Otto, *1885, malt gegenstandslose Bilder.

Rittelmeyer, Friedrich, evang. Geistlicher, *1872, †1938; 1922 Mitbegründer der ↪Christengemeinschaft.

Ritten der, Porphyrhochfläche bei Bozen (Südtirol); Erdpyramiden.

Ritter der, 1) im alten Rom: der zweite Stand der Equites. 2) im MA.: die Angehörigen des Berufskriegerstandes, beritten und gepanzert. Der R.-Stand entwickelte sich auf der Grundlage der altgerman. Gefolgschaft und des Lehnswesens (↪Lehen), verdrängte seit der Karolingerzeit immer mehr das altgerman. Volksaufgebot, bildete eine Adelsgenossenschaft, in die auch die unfreien ↪Ministerialen aufstiegen; höchste Blütezeit der ritterl. Kultur im Zeitalter der Kreuzzüge und der Stauferkaiser (↪Minnesang). Die Waffenübung der R. gipfelte im Turnier. Die Jünglinge wurden nach einer Probezeit als Knappen durch den feierl. R.-Schlag wehrhaft. Im späten MA. entartete der R.-Stand zum Raubrittertum.

Ritter, 1) Carl, Geograph, *1779, †1859; Prof. in Berlin, einer der Begründer der wissenschaftl. Erdkunde. 2) Gerhard, Historiker, *1888, †1967; seit 1925 Prof. in Freiburg i. Br.; nach dem 20. 7. 1944 verhaftet. »Luther«, »Stein«, »Friedrich der Große«, »Europa und die dt. Frage«, »Carl Goerdeler«, »Staatskunst und Kriegshandwerk«.

Ritterakademien, Bildungsanstalten für junge Adlige im 16., 17. und 18. Jahrhundert.

Ritteraufstand, 1522/23 der gewaltsame Versuch der Reichsritterschaft unter Führung Sickingens, ihre polit. Stellung zu festigen und zu erhöhen; niedergeschlagen von den Fürsten von Trier, Pfalz, Hessen.

Rittergut, größeres Landgut, urspr. ein Gut, dessen Besitzer Ritterdienste zu leisten hatte und besondere Vorrechte genoß.

Ritterling der, Gattung der Blätterpilze. Zugehörig: Grünling, Maipilz.

Ritterorden, Geistliche R., während der Kreuzzüge gegründet zum Schutz der Pilger im Hl. Land, zur Krankenpflege und zum Kampf gegen die Ungläubigen. Sie vereinigten das asket. und ritterl. Ideal; so der ↪Johanniterorden, der ↪Deutsche Orden, die ↪Tempelherren.

Ritterschaft, der Adel in den alten ↪Landständen.

Ritterschlag, ↪Ritter.

Mohammed
Risa Pehlewi

Rittersporn

Rittersporn der, Gattung krautiger Hahnenfußgewächse mit gespornten Blüten. Blaublütiger **Feld-R.**, Getreideunkraut; **Garten-R.**, Zierstaude vom Mittelmeer.

Rittmeister, der Hauptmannsrang bei der Kavallerie u. ä. Waffengattungen.

Ritu'al [lat.] das, feierl. Formeln und Gebräuche beim Gottesdienst. **Ritu'ale Rom'anum** (Ritus) das, R.-Buch der röm.-kath. Kirche. **R.-Mord,** Mord aus religiösen Gründen.

Ritual'ismus der, nach ihrem Hauptsitz auch **Oxford-Bewegung** genannt, seit 1883 hervorgetretene, zum Katholizismus neigende Richtung in der anglikan. Kirche. Der R. stieß auf starken Widerstand; er ging in der hochkirchl. Partei auf.

R'itus [lat.] der, alter Brauch; bes. der kirchl. Brauch, die festgelegte Form von Kulthandlungen. **ritu'ell,** zum R. gehörig.

Riukiu-Inseln, Inselgruppe, schließt das Ostchines. Meer gegen den Stillen Ozean ab; 4760 km², 1,2 Mill. Ew. Anbau von Reis, Zuckerrohr; Fischfang. Der nördl. Teil gehört zu Japan; der südl., 2388 km² mit 934000 Ew. (einschl. Okinawa), stand 1945-72 unter amerikan. Verwaltung (seit 1952 mit beschränkter Selbstverwaltung).

R'iva, Kurort in Italien, am Nordende des Gardasees, 11 500 Ew.; Weinbau.

Riv'ale [frz.] der, Nebenbuhler. **rivalis'ieren,** wetteifern. **Rivalit'ät** die, Nebenbuhlerschaft.

River [r'iva, engl.] der, Fluß, Strom.

Riv'era, Diego, mexikan. Maler, *1886, †1957; schuf volkstüml. realistische, an altmexikan. Kunst anknüpfende Wandmalereien geschichtl.-polit. Art.

Rivi'era [ital. »Küste«] die, durch mildes Klima, südl. Pflanzenwuchs und Naturschönheiten berühmte Küstenstrich am Golf von Genua, von Marseille bis La Spezia. Man unterscheidet die französ. R. **(Côte d'Azur)** von der italien. R. (die westl. **R. di Ponente** und die östl. **R. di Levante).** Kurorte: Cannes, Nizza, Monaco, Mentone, San Remo, Nervi, Rapallo.

R'izinus, der, trop. Wolfsmilchgewächs; Zierpflanze, bis 2 m hoch. Aus dem großen marmorierten, giftigen Samen preßt man fettes **R.-Öl,** das als Abführmittel, zu Seife, als schwer erstarrendes Schmiermittel dient.

Rjas'an, Stadt in der Sowjetunion, südöstl. Moskau, 351000 Ew.; Kreml und Kirchen des 15. und 16. Jahrh.; Bahnknoten; Industrie.

RKW, Abk. für Rationalisierungskuratorium der Deutschen Wirtschaft, 1921 gegr. gemeinnützige Organisation zur Pflege und Förderung der Rationalisierung, Sitz Frankfurt a. M.

Rn, chem. Zeichen für →Radon.

RNS, →Nucleinsäuren.

Roastbeef [r'oustbi:f, engl.] das, Rippenstück vom Rind, so gebraten, daß es innen noch rötlich ist.

Robbe die, 🜨 Meeressäugetier mit spindelförmigem Körper und flossenartige Gliedmaßen. Die R. sind Raubtiere, sie gehen zur Fortpflanzung ans Land. Zu den R. gehören die →Seehunde, →Walrosse und **Ohren-R.** Von diesen wird der **Seelöwe** 4 m lang und 600 kg schwer, andere Ohren-R. sind **Bären-R.** und **Mähnen-R.** Die R.-Jagd (R.-Schlag) liefert Fette, Fleisch, Speck und Tran.

Robbe-Grillet [rɔb grij'ε], Alain, französ. Schriftsteller,*1922; Romane (»Der Augenzeuge«, »Die blaue Villa in Hongkong« u. a.); Filme.

R'obbia, Luca della, italien. Bildhauer, *1400, †1482, entwickelte die Technik der Tonglasur.

R'obe [frz.] die, Frauenkleid; Amtskleid von Richtern, Geistlichen usw.

Robert [frz. »Ruprecht«], männl. Vorname.

Robert, 1) **R. II., der Teufel,** Herzog der Normandie (1027-35). 2) **R. Guiscard,** Normanne, unterwarf seit 1057 Unteritalien und wurde 1060 Herzog von Apulien; †1085.

Robert von Molesme [mɔl'ε:m], Stifter des Zisterzienserordens,*1027,†1111;Heiliger,Tag:29.4.

Robespierre [rɔbɛspi'ε:r],Maximilien de,*1758, †1794, wurde in der Französ. Revolution der entschiedenste Vertreter der radikalen →Jakobiner,

Rizinus:
1 a männl.,
b weibl. Blüte,
2 Frucht
(Querschnitt)

Robespierre

Robinie,
a Blüte, b Frucht

Robben: 1 Seehund, 2 südl. Seebär, 3 See-Elefant

übte 1793/94 eine blutige Schreckensherrschaft aus, ließ auch seinen Rivalen Danton hinrichten, wurde dann selbst gestürzt und enthauptet.

Robin Hood [r'ɔbin hud], sagenhafter edler Räuber, der Held vieler engl. Volksballaden.

Rob'inie die, amerikan. Gattung der Schmetterlingsblüter; oft mit Akazie verwechselt; dornige Bäume oder Sträucher mit Blütentrauben. Die weißblütige **Gemeine R.** ist in Europa Straßen- und Forstbaum; ihre Rinde ist giftig. Rot- und rosablühende Arten sind Zierbäume.

Robinson [r'ɔbinsn], 1) Edwin Arlington, amerikan. Lyriker, *1869, †1935; Gedichte, Versepen. 2) Henry Morton, amerikan. Schriftsteller, *1898, †1961; Romane (»Der Kardinal«). 3) Sir Robert, engl. Chemiker, *1886, Prof., Präs. der Royal Society 1940-45, erhielt für Arbeiten über Alkaloide und Blütenfarbstoffe 1947 den Nobelpreis.

Robinson Crusoe [kr'u:sou], Titelheld eines Romans von D. Defoe (1719), der die Erlebnisse eines auf eine einsame Insel verschlagenen Schiffbrüchigen schildert. Vorbild war der Matrose Selkirk, der 1704-09 auf der Insel Juan Fernandez lebte. R. C. wurde in vielen **Robinsonaden** nachgeahmt (z. B. von J. G. →Schnabel).

R'oboter [von slaw. robota »Arbeit«] der, Maschine, die selbständig Arbeitsvorgänge verrichtet; Automatenmensch. **R'obot** die, der, Frondienst.

R'oca, Cabo da R., die westlichste Spitze des europ. Festlandes, in Portugal.

Roch'ade [pers. roch »Turm«] die, Schachspiel: Doppelzug mit König und Turm.

Rochdale [r'ɔtʃdeil], Stadt in NW-England, 86600 Ew.; Kohlenbergbau, Maschinen-Ind.

Rochefort[rɔʃf'ɔ:r],**Rochefort-sur-Mer**[-syr mε:r], Hafenstadt in W-Frankreich, an der Charente, 34800 Ew.; früher befestigt; hier ergab sich Napoleon 1815 den Engländern.

Rochen, Roche der, Knorpelfische mit abgeplattetem Körper. Die dunkle Oberseite trägt die Augen, die hellere Unterseite das quergestellte Maul und die Kiemenspalten. Zu den R. gehören der **Glatt-R.,** bis 1 m lang, in der Nordsee; der

Riviera: Französ. R. bei St. Tropez

Dorn-R., in der Ostsee; der **Teufels-** oder **Zitter-R.**, der elektr. Schläge austeilt; der **Sägefisch.**

rocher de bronze [rɔʃ'e də brõs, frz. »eherner Fels«] der, geflügeltes Wort, nach einer Randbemerkung Friedrich Wilhelms I. von Preußen: »Ich ... setze die Krone fest wie einen rocher von bronze«.

Rochester [r'otʃistə], 1) Hafenstadt in Südengland, 55 800 Ew.; Kriegshafen an der Themsebucht; anglikan. Bischofssitz; normann.-got. Kathedrale; Maschinen-Ind., Ölraffinerien, Austernfischerei. 2) Stadt im Staat New York, USA, 314 000 Ew.; Industrie: photograph. und opt. Instrumente, landwirtschaftl. Maschinen.

Roch'ett [aus nlat. roccus] das, Chorhemd der kath. Bischöfe und Prälaten.

R'ochus, Schutzheiliger gegen Pest und Seuchen, *1295, †1327; wirkte für die Pestkranken in Italien. Tag: 16. 8.

Rockefeller [r'ɔkəfelə], 1) John Davison, amerikan. Unternehmer, *1839, †1937, führend in der amerikan. Erdöl- und Schwerindustrie, war der reichste Mann der Welt, errichtete die **R.-Stiftung** zur Förderung der Wissenschaft. 2) Nelson Aldrich, amerikan. Politiker (Republikaner), Enkel von 1), *1908; seit 1959 Gouverneur des Staates New York.

Rocken der, **Kunkel** die, Teil des Spinnrads (→Spinnerei).

Rock'n' Roll, Rock and Roll [engl. »wiegen und rollen«], Tanz im $^4/_4$-Takt mit starker rhythm. Wirkung, der Freiheit zu akrobat. Formen gibt.

Rocker, in Banden zusammengeschlossene Jugendliche, die in Lederkleidung die Bevölkerung provozieren und gelegentlich terrorisieren.

Rocky Mountains [r'ɔki m'auntinz] die, Gebirge in Nordamerika, →Felsengebirge.

Roda Roda, Alexander, österr. Schriftsteller, *1872, †1945, emigrierte 1938 nach Amerika; Komödien (»Der Feldherrnhügel«).

Rodel der, auch die, **Rodelschlitten**, Sportschlitten, Kinderschlitten. Zeitw.: **rodeln.**

r'oden, 1) Wurzelstöcke entfernen, Waldland in Feld verwandeln. 2) Knollen und Wurzelgemüse ernten.

R'odenberg, Julius, eigentl. **Levy**, Schriftsteller, *1831, †1914; Gründer der Zeitschrift »Deutsche Rundschau« (1874).

R'odenkirchen, Gem. in Nordrh.-Westf., bei Köln, 41 000 Ew.; Maschinen-, Armaturen- u. a. Ind.; Ölhafen.

Rod'eo [span.] das, amerikan. Reiterspiele mit Geschicklichkeitsübungen.

Röder, Franz Josef, Politiker (CDU), *1909; seit 1959 MinPräs. des Saarlandes.

R'oderich [ahd. »Ruhmesfürst«], männl. Vorname.

R'oderich, span. **Rodr'igo**, letzter König der Westgoten in Spanien (710/11), fiel 711 im Kampf gegen die Araber.

R'odewisch, Stadt im Bez. Karl-Marx-Stadt, 10 500 Ew.; Textilindustrie.

Rodin [rod'ɛ̃], Auguste, französ. Bildhauer, *1840, †1917; seine Kunst ist der impressionist. Malerei verwandt: »Ehernes Zeitalter«, »Die Bürger von Calais«, »Der Gedanke«, »Der Kuß« u. a.

Rodrigues, Rodriguez [rɔdr'iges], Insel im Ind. Ozean, zu Mauritius; 104 km², 22 400 Ew.

Rog'ate [lat. »bitte«], der fünfte Sonntag nach Ostern (Joh. 16,24).

R'ogen der, die Eier der →Fische. R. enthaltende weibl. Fische heißen **Rogener.** Aus Störrogen wird →Kaviar hergestellt.

Roger [engl. r'ɔdʒə, frz. rɔʒ'e; dt. Rüdiger], männl. Vorname.

Roger, normann. Fürsten in Sizilien: 1) **R. I.**, *1031, †1101; Bruder →Robert Guiscards, entriß 1061-91 den Arabern Sizilien. 2) **R. II.**, *1095, †1154; Sohn von 1), vereinigte 1127 die normann. Eroberungen in Süditalien zu einem Gesamtstaat; seit 1130 König von Sizilien.

Roger Bacon [r'ɔdʒə b'eikn], engl. Franziskaner, *1219, †1294, suchte die Philosophie auf mathemat.-naturwissenschaftl. Kenntnisse zu stützen.

Rogers [r'ɔdʒəz], William P., amerikan. Politiker (Republikaner), *1913; war 1957-61 Justizmin., ist seit 1969 Außenminister der USA.

Roggen der, Gattung der Gräser, mit vierreihiger Ähre, pfriemenförm. Kelchspelzen, endständ. Granne. Der R. ist nächst dem Weizen das wichtigste Getreidegras Europas. Es wird als Sommer- und Winter-R. in vielen Sorten angebaut; als rhein. **Klebkorn** mit dunklem Korn. Aus dem grauweißen Mehl wird Schwarzbrot gebacken. R. wird auch zu Grütze und Kornbranntwein verarbeitet.

Roggenernte 1969 (in 1000 t)			
Sowjetunion .	10 940	Türkei	817
Polen	8 166	Verein. Staaten	802
Bundesrep.Dtl.	2 889	Kanada	419
Dt. Dem. Rep.	1 544	Frankreich. . .	309
Tschechoslow.	867	**Welt**	**29 301**

Rogier van der Weyden, →Weyden.

Rohan [ro'ã], altes französ. Adelsgeschlecht aus der Bretagne: 1) **Henri II.**, Herzog v., *1579, †1638; führte 1621/22 und 1625-29 die Hugenottenkriege. 2) **Louis**, Prinz v., *1734, †1803; Kardinal, wurde 1779 Fürstbischof von Straßburg und 1786 in die Halsbandaffäre um die Königin Marie Antoinette verwickelt, mußte Frankreich 1791 verlassen.

Rohde, Erwin, klass. Philologe, *1845, †1898; Freund Nietzsches; »Psyche, Seelenkult und Unsterblichkeitsglaube der Griechen«.

Rohertrag, das Ergebnis eines Geschäftsjahres vor Abzug der Aufwendungen.

Rohgewinn, der Unterschied zwischen Warenumsatz und Waren- und Materialeinsatz.

Rohkost, Kost aus ungekochten pflanzl. Nahrungsmitteln.

Rohlfs, 1) Christian, Maler und Graphiker, *1849, †1938; malte realist. Stimmungslandschaften, gelangte später zu expressionist. Gestaltung. 2) Gerhard, Afrikareisender, *1831, †1896; durchquerte 1865 Afrika von Tripolis über Bornu nach Lagos, seit 1873 die Libysche Wüste.

Röhm, Ernst, nat.-soz. Politiker, *1887, † (erschossen) 1934; war seit 1931 »Stabschef« der SA, seit Dez. 1933 Reichsmin.; erstrebte die Verschmelzung der SA und der Reichswehr zu einem Volksheer, forderte eine zweite Revolution; wurde des »R.-Putsches« beschuldigt und am 30. 6. 1934 ermordet.

Rohöl, noch nicht destilliertes Erdöl; auch die nicht raffinierten Öle aus Braunkohlen- und Steinkohlenteer sowie aus Ölschiefer.

Rohr das, 1) ⚕ Großgräser und deren Halme, z.B. Schilfrohr, Bambus. 2) Die Stämmchen der Rohrpalme (→Rotang), die zu Spazierstöcken verwendet werden (span. Rohr). 3) Maschinenteil, hauptsächl. zur Fortleitung von Flüssigkeiten und Gasen. Werkstoff: Stahl, Gußeisen, Kupfer, Messing, Aluminium, Blei, Ton, Glas, Kunststoffe.

Rohrdommel die, nächtlich lebende Reihervögel mit braunem weichem Gefieder; bei Gefahr gehen sie in »Pfahlstellung«. In Europa: **Große R.** und **Zwergdommel.**

Röhre, →Elektronenröhre.

r'öhren, rören, Jägersprache: svw. schreien (vom Hirsch in der Brunftzeit).

Röhrenpilze, Löcherpilze, Röhrlinge, Gruppe von Ständerpilzen, bei denen an der Hutunterseite senkrechte, untereinander verwachsene Röhren stehen, in denen sich die Sporen entwikkeln. Dazugehörig: die Speisepilze Stein-, Maronen-, Butterpilz u.a.; der Bitterling (nach seinem bitteren Geschmack); sehr giftig ist der Satanspilz mit rotem Stiel.

Röhrenquallen, →Staatsquallen.

Röhrenwürmer, Borstenwürmer des Meeres, leben in selbstgebauten Röhren, z.B. Sandwurm.

Rohrkolben der, schilfähnliche Pflanze mit endständigem, zweiteiligem, samtigem Blütenkolben (Unterteil weibl., Oberteil männlich).

Rochen

Rodin: Balzac (1898, Paris)

Rohrdommel

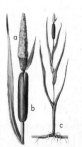

Rohrkolben, a männl., b weibl. Blüte, c Pflanze

Roland: Rolands-
säule in Halber-
stadt

Rohrmühle, zum Zerkleinern von Zement, Kalkstein, Hochofenschlacke, besteht aus einer langen Stahltrommel, in deren Innerem beim Drehen Stahlkugeln das Mahlgut zerschlagen (→Kugelmühle).

Rohrpalme, Schilfpalme, →Rohr, →Rotang.

Rohrpost, Rohrleitungssystem, in dem Briefe, Akten, Warenproben u. a. in zylindr. Büchsen (Patronen) durch Saug- oder Druckluft befördert werden. Geschwindigkeit von etwa 10 bis 13 m/s. In Berlin R. seit 1865.

Rohrsänger, Schilfsänger, graubraune Singvögel, geschickte Kletterer im Schilf, bauen kunstreiche Nester. Arten: **Drossel-R. (Rohrspatz),** der kleinere **Teich-R., Sumpf-R., Schilf-R.**

Rohrzucker, Sacchar′ose die, die wichtigste Zuckerart, wird bes. aus Zuckerrohr und Zuckerrüben gewonnen, kann in Traubenzucker und Fruchtzucker zerlegt werden (→Zucker).

Rohstoff, Rohmaterial, Ausgangsmaterial für die Be- oder Verarbeitung in der gewerbl. Wirtschaft. R. können Naturerzeugnisse tier., pflanzl. oder mineral. Herkunft sein, aber auch Halbfabrikate (z. B. Roheisen, Rohkupfer), Endprodukte einer Synthese (z. B. Kunststoffe, Spinnfasern) oder Abfälle (z. B. Schrott).

Rok′itnosümpfe, große Wald- und Sumpflandschaft beiderseits des Pripets, im S der Weißruss. SSR.

R′okoko [von frz. rocaille »Grottenwerk«] das, der dem →Barock folgende, von 1720-80 bes. in Frankreich, Dtl. italien vorherrschende Stil; gekennzeichnet durch zierl., verspielte Formen, Anmut und Leichtigkeit. Am reinsten entfaltete es sich in der Innenausstattung und im Kunstgewerbe (Porzellan). (TAFEL Möbelstile).

Rokoko: Cuvilliés, Runder Saal im Schloß Amalienburg (Nymphenburg)

Rokoss′owskij, Konstantin, sowjet. Marschall, *1896, †1968; poln. Herkunft, im 2. Weltkrieg sowjet. Heerführer, 1949-56 poln. Verteidigungsmin. und Oberbefehlshaber, dann stellvertr. Verteidigungsmin. der Sowjetunion.

Roland, Held der Karlssage, einer der Paladine und Neffe Karls d. Gr., 778 bei Roncesvalles gefallen. Französ. Epos (»chanson de Roland«, um 1100), danach **Rolandslied** →Konrads des Pfaffen.

Roland der, **Rolandsäule,** mittelalterl. Bildsäulen aus Holz oder Stein auf den Markt- oder Hauptplätzen vieler Orte Nord-Dtl.s (z. B. Bremen), wahrscheinlich Rechtswahrzeichen.

Rolf, männl. Vorname, Koseform von →Rudolf.

Rolland [rol′ā], Romain, französ. Schriftsteller, *1866, †1944; Prof. der Musikgeschichte an der Sorbonne, behandelte die geistige Auseinandersetzung zwischen Dtl. und Frankreich in dem Roman »Jean Christophe« (10 Bde., 1907-12).

Rolle die, 1) ⊚ radähnl. Maschinenteil mit Rille im Umfang zur Aufnahme einer →Kette, eines Seiles usw.: feste und lose R. bei Hebezeugen. Als gehärtete zylindr., kegelige tonnenförmige Walze Wälzkörper in R.-Lagern. 2) der dem Schauspieler zugeteilte Text sowie das Heft, das den Text und die vorhergehenden Anschlußworte (Stichworte) des Mitspielers enthält. 3) ⚜ Purzelbaum,

Rolland

Überschlag, Boden- oder Geräteübung vor- oder rückwärts.

Rollenhagen, Georg, *1542, †1609; schrieb Schuldramen, Gedicht »Der Froschmeuseler«.

Roller der, 1) Kinder-Laufrad. 2) der →Motorroller.

Rollfeld, betonierter Platz, auf dem Flugzeuge zwischen Start- und Landebahnen, den Flugsteigen oder Abfertigungsgebäuden rollen.

Rollschuh, schlittschuhartiger Schuh mit Rollen aus Holz, Metall, Hartgummi.

Rollsiegel, im Alten Orient ein Siegelzylinder mit eingeschnittener Figurendarstellung, der beim Siegeln abgerollt wurde.

Rolltreppe, Fahrtreppe, ein Personen-Beförderungsmittel mit wandernden Treppenstufen.

Rom, italien. **Roma,** die Hauptstadt Italiens, mit 2,7 Mill. Ew. die größte Stadt des Landes, Mittelpunkt der kath. Christenheit, eine der ältesten und bedeutendsten Kulturmittelpunkte der Erde, auf beiden Seiten des Tibers, auf mehreren Hügeln, die heute zum Teil nicht mehr sichtbar sind (die 7 Hügel des alten R. sind: Palatin, Kapitol, Quirinal, Viminal, Esquilin, Caelius, Aventin). Einen Teil R.s bildet der →Vatikan.

Die älteste Ansiedlung wurde um 1000 v. Chr. auf dem Palatin angelegt; als Gründungsdatum setzte Varro 753 v. Chr. fest. Vor 500 v. Chr. breitete sich R. schon auf 7 Hügeln aus. Unter den Kaisern erhielt es als Residenz durch Tempel, Theater, Thermen, Foren, den Kaiserpalast, Stadt. Zahlreiche Aquädukte versorgten R. mit Wasser; unter Aurelian erhielt es eine neue Ummauerung. 330 verlegte Konstantin die Residenz nach Byzanz. 410, 455, 546 eroberten die Germanen R. Im MA. bewahrte es durch die Päpste seine Bedeutung als »Haupt der Welt«. Die Päpste der Renaissance und des Barocks gaben mit Hilfe großer Baumeister und Künstler R. ein neues Gepräge. Seit dem 18. Jahrh. begann man, die antiken Denkmäler zu sichern: Forum Romanum (BILD dort) mit Vespasian-, Saturn-, Castor- und Faustinatempel, Severus- und Titusbogen, Augustus-, Nerva- und Trajansforum (Trajanssäule), Palatin, Kolosseum (BILD dort), Konstantinsbogen, Neptuntempel, Pantheon (TAFEL Baukunst), Grabmäler des Augustus und Hadrian (Engelsburg; BILD dort), Thermen Diokletians, Caracallas. 1809-14 gehörte R. dem napoleon. Kaiserreich an; 1871 wurde es Hauptstadt des Königreichs Italien. Durch die Lateranverträge (1929) wurde die Vatikanstadt geschaffen. Im 2. Weltkrieg wurde R. zur freien Stadt erklärt.

Seit 1931 wurde die Stadt planmäßig umgestaltet und die Ruinenstätten in eine einheitliche Gesamtwirkung einbezogen. Mittelpunkt sind das Forum Romanum, an dessen N-Seite sich das Nationaldenkmal Viktor Emmanuels II. mit dem Grab des Unbekannten Soldaten erhebt, und die Piazza Venezia. Von hier strahlen die Hauptstraßen aus: Via dei Fori Imperiali zum Kolosseum,

Rom: Spanische Treppe mit der Kirche Trinità dei Monti

Corso Vittorio Emanuele zur Engelsburg und der Vatikanischen Stadt mit der Peterskirche (TAFEL Baukunst). Hinter dem Nationaldenkmal erhebt sich das Kapitol (BILD dort). R. hat Universität, Akademien und Hochschulen, wertvolle Sammlungen. Starker Pilger- und Fremdenverkehr. Ind.: Papier, Kunstgewerbe, Druckerei; Filmstadt Cinecittà. Bahnknoten; Flughäfen (Leonardo da Vinci in Fiumicino; Ciampino); Seehafen. GESCHICHTE →Römische Geschichte, →Italien (Geschichte), →Kirchenstaat.

Roma [lat., ital.], Rom. **R.** loc′uta, causa fin′ita [lat.], Rom (d.h. der Papst) hat gesprochen, die Sache ist erledigt.

Romadour [romad′ur] der, fetter Weichkäse aus Schafs- oder Kuhmilch.

Romagna [rɔm′aɲa] die, Landschaft in Norditalien, in der Emilia, zwischen Apenninkamm und Adriaküste.

Romantik: C. F. Schinkel, Der Dom (1815)

Romains [rɔm′ɛ̃], Jules, Deckname des französ. Dichters Louis **Farigoule**, *1885; Romanreihe: »Die Menschen guten Willens«.

Rom′an [aus afrz. »romanz«, jedes in der Landessprache geschriebene Werk] der, eine Form der →erzählenden Dichtung, die seit Beginn der Neuzeit im wesentl. die Aufgabe des Epos übernommen hat. Im R. wird ein breiter Lebensausschnitt oder das ganze Leben einer oder mehrerer Personen und ihre Umwelt dargestellt. Er bedient sich (außer im Hoch-MA.) der Prosa, kann alle Darstellungsarten in sich aufnehmen, wie Bericht, Beschreibung, Gespräch, Monolog usw. – Der neuzeitl. Prosaroman entstand aus der Auflösung der mittelalterl. ritterl. Vers-R. (ÜBERS.).

Romancier [romãsj′e] der, Romanschriftsteller.

Rom′anik die, **romanische Kunst,** der Stilabschnitt der bildenden Kunst des abendländ. MA., der auf den otton. folgte, vom Beginn des 11. bis zum Beginn des 13. Jahrh. in Dtl., in Frankreich bis zur Mitte des 12. Jahrh. Die R. hat einen monumentalen Baustil entwickelt; Grundgestalt des Kirchenbaues ist die kreuzförmige→Basilika. Hauptmerkmale sind der Rundbogen, die körperhaft gegliederten starken Mauern, der ernste wuchtige Innenraum, die Erneuerung der Monumentalplastik. (TAFEL Baukunst)

Romanik: San Isidoro in León (Pantheon der kastilischen Könige)

rom′anische Sprachen, die Sprachen, die auf dem Boden des Röm. Reichs aus dem Lateinischen hervorgegangen sind. Es gibt heute 9 r. S.: Portugiesisch, Spanisch, Katalanisch, Provenzalisch, Französisch, Sardisch, Italienisch, Rätoromanisch, Rumänisch. **Roman′istik** die, die Wissenschaft von den r. S. und Literaturen. **Roman′ist** der, 1) Kenner der r. S. 2) 🔁 Kenner des →römischen Rechts.

Rom′anow, russ. Herrscherhaus 1613-1762 (→Russische Geschichte).

R′omanshorn, Gem. im Kt. Thurgau, Schweiz, 8100 Ew., am Südufer des Bodensees; Schiffswerft u.a. Industrie.

Rom′antik die, eine geistes- und stilgeschichtl. Epoche, die um die Wende zum 19. Jahrh. Aufklärung und Klassizismus ablöste; ihr Höhepunkt kann in Dtl. gesehen werden. **Romantisch** bedeu-

tete urspr. »romanhaft«, »fabulös«, wurde dann zum Begriff des Gefühlvollen, Ahnungsreichen im Gegensatz zum Verstandesmäßigen. Die künstler. Formen wurden oft aufgelöst: Vorliebe für das Fragment, Verschleifung der Künste und der Dichtungsgattungen. Am unmittelbarsten äußerte sich die R. in Dichtung, Musik, Malerei, wirkte jedoch auch in Philosophie und Wissenschaft. In der Früh-R. (Mittelpunkt Jena, dann Berlin; Brüder Schlegel, Tieck) führte die romant. Haltung teilweise zu überspitztem Ichbewußtsein (Subjektivismus). Ausdruck der selbstherrl. Geistigkeit ist die »romantische →Ironie«. Die Hoch-R. (Mittelpunkt Heidelberg) entwickelte die Überzeugung, daß die schöpfer. Kräfte im Volksgeist und seinen Äußerungen Sprache, Dichtung usw. zu suchen seien (Wiedererweckung von Märchen, Sage, Volkslied und volksliedhafter Dichtung durch Brentano, Arnim, Brüder Grimm, Eichendorff). In der Spät-R. (Mittelpunkt Dresden, Schwaben) schlug der Sinn für geschichtl. Vergangenheit in eine konservative, oft reaktionäre Haltung um. – Hauptmeister der romant. Malerei waren C.D. Friedrich, Runge, Schwind. Romant. Musik, →Musikgeschichte, ÜBERSICHT.

Rom′anze die, 1) kürzere episch-lyr. Dichtung in der Art der span. Volksromanzen (Verse von 16 Silben, durch Assonanz zusammengehalten). 2) stimmungsvolles Musikstück von schwärmer. Grundhaltung.

Römer der, 1) Einwohner des alten Röm. Reiches. 2) Einwohner von Rom. 3) kelchförmiges, farbiges Weinglas. 4) alter Teil des Rathauses in Frankfurt a.M., mit dem Kaisersaal, dem Ort der Krönungsfestlichkeiten, 1405 erbaut, nach Zerstörung im 2. Weltkrieg wieder aufgebaut.

Römerbrief, im N.T. der wichtigste Brief des Apostels Paulus, 55 von Korinth aus abgeschickt, behandelt Rechtfertigung und Erlösung.

Römerstraßen, die Straßen des Röm. Reiches. In Italien z.B. Appische (1. röm. Kunststraße), Flaminische, Ämilische und Aurelische Straße. Außerhalb Italiens bes. die Alpenstraßen (z.B. Via Iulia Augusta), die Straßen in Gallien, in den Rheinlanden und in Spanien. Ihre Instandhaltung war bestimmten Beamten übertragen.

Römische Frage, seit 1870 der Streit des Papstes mit dem Königreich Italien um den Kirchenstaat, erst 1929 durch die →Lateranverträge gelöst.

Römische Geschichte beginnt mit der Geschichte →Roms. KÖNIGSZEIT UND REPUBLIK (bis 31 v.Chr.). Die Herrschaft der Könige (Romulus, Numa Pompilius usw.) ist etwa um die 6. Jahrh. zu setzen. Sie endete 510 mit der Gründung der Republik, die von dem Adel (Patrizier) getragen wurde. Dieser stellte allein die Oberbeamten (Konsuln, Prätoren, Ädilen, Quästoren) und den Senat. Die übrigen Bürger (Plebejer) haben erst nach harten Kämpfen die Gleichberechtigung erlangt (Zulassung zum Konsulat 362/361). Der neue Amtsadel (der Nobilität) bestand aus patrizischen und plebejischen Geschlechtern. Der Machtbereich Roms dehnte sich seit dem 4. Jahrh. nach schweren Kriegen gegen die Etrusker, Samniter,

Romains

Tarentiner bis zur Straße von Messina aus. Das führte zu den **Punischen Kriegen,** die 146 mit der Zerstörung Karthagos endeten. Im O eroberte Rom die hellenist. Reiche in Makedonien, Kleinasien und Ägypten. Die Folgen der Kriege waren: Verarmung der kleinen Bauern, zunehmende Anhäufung von Reichtümern in den Händen weniger, was zur Erschütterung des altröm. Staatssinnes führte. Ein hundertjähriger **Bürgerkrieg** begann mit den gracchischen Unruhen (133-121), führte zu den Kämpfen zwischen Marius und Sulla (88-82), Pompejus und Caesar, der zum ersten Male die Alleinherrschaft begründete (48-44) und endlich, der auf Titus (79-81) folgte Niederwerfung des Antonius, zur Neuaufrichtung des Reiches durch Oktavian. DIE KAISERZEIT (31 v. Chr. bis 476 n. Chr.). I. Das Kaiserhaus der **Julier** (31 v.Chr. bis 68 n. Chr.). Caesar Octavianus Augustus schuf im Prinzipat die Grundlagen für das Kaiserreich der folgenden Jahrhunderte; er machte Donau und Euphrat zur Reichsgrenze. Mit Nero (54-68) endet diese Familie. II. Das Haus der **Flavier.** Vespasian (69-79) knüpfte von neuem an Augustus an; Domitian, der auf Titus (79-81) folgte (81-96), geriet in Gegensatz zum Senat und wurde ermordet. Unter Trajan (98-117) erreichte das Röm. Reich seine größte Ausdehnung über die Donau, den Rhein und den Euphrat hinaus; unter Hadrian (117-136) war der Höhepunkt der inneren Entwicklung erreicht; Mark Aurel (161-180) gelang es nur noch mit großer Mühe, das Reich gegen die Angriffe der Markomannen in N, und der Parther im O zu schützen. Unter der Dynastie der **Severer** (193 bis 235) verschwanden die rechtl. Unterschiede zwischen Römern und Provinzialen, das Heer (Soldatenkaiser) wurde zur bestimmenden, die allgemeine Erschütterung der Verhältnisse aber nicht mehr bezwingenden Macht. Mit Diokletian (284 bis 305) kam noch einmal der Stifter einer neuen Ordnung. Aber die Verabsolutierung des Monarchen, die Bürokratisierung des gesamten Staatslebens, die er verfügte, waren eher orientalisch als römisch. Konstantin (324-337) setzte das Ordnungswerk Diokletians fort, erhob das Christentum zur Staatsreligion und machte Byzanz zur Hauptstadt. Theodosius d. Gr. (379-395) teilte 395 das Reich in das Oströmische (Byzanz) und →Weströmische Reich, das Odoaker 476 zerstörte; über das Oströmische Reich →Byzantinisches Reich.

Römische Kunst umfaßt zeitlich die Kunst der Röm. Republik bis zu Konstantin d. Gr., räumlich die von Rom ausgehende Kunst, die sich über das Gebiet des röm. Reiches verbreitete. Im Gegensatz zur griechischen ist die röm. Architektur mit wenigen Ausnahmen (Pantheon; TAFEL Baukunst) Profanbau, in dem sie durch Zweckmäßigkeit der Anlage und durch ihre Wölbungskunst Großartiges leistete (Aquädukte, Thermen, Kaiserforen, →Kolosseum). Die Skulptur schuf das Bedeutendste im Bildnis und im histor. Relief (Trajans-, Mark-Aurel-Säule), die Malerei blieb am stärksten vom griech. Vorbild abhängig. (FARBTAFEL Griech. u. Röm. Antike S. 351).

Römische K'urie, die zentrale Verwaltungsbehörde des Papstes; sie umfaßt a) 9 Kardinalskongregationen, b) Sekretariate für die Einheit der Christen, für die Nichtchristen, für die nicht Glaubenden, c) Laienrat und Päpstl. Studienkommission für »Gerechtigkeit und Frieden«, d) Gerichtsbehörden (Apostol. Signatur und Röm. Rota als Berufungsgerichte, Paenitentiarie für Gewissensangelegenheiten), e) Ämter (Apostol. Kanzlei für die Ausfertigung von Bullen, Finanz-, Vermögensverwaltung des Hl. Stuhles u.a.). An der Spitze der R. K. steht die Staats- oder Päpstl. Sekretarie.

Römische Literatur. Die R. L. entstand aus bewußtem Anschluß an die Griechen. Naevius (um 230 v.Chr.) und Ennius wählten als erste für ihre Epen und Dramen griech. Stoffe; Plautus und Terenz schufen in Anlehnung an griech. Vorbilder das röm. Lustspiel. Im 2. Jahrh. begründete Cato die röm. Prosa. Das 1. Jahrh. v. Chr. ist die Glanzzeit der R. L. Cicero führte die Redekunst zu klass. Höhe. Caesar schilderte seine Feldzüge. In Sallust erstand der erste große Geschichtsschreiber, in Catull der erste große Lyriker, Lukrez verkündete in einem Lehr-Epos die Philosophie Epikurs. Die augusteische Zeit erhielt ihr Gepräge durch Vergil (Aeneis), Horaz (Oden, Satiren), Properz, Tibull (Elegien), Ovid (Metamorphosen) und das Geschichtswerk des Livius. Im 1. Jahrh. n. Chr. brachten die Prosaiker und Tragiker Seneca, die beiden Historiker und Biographen Plinius, der Romandichter Petronius, der Rhetoriker Quintilian, die Satiriker Persius und Juvenal, der Epigrammatiker Martial bedeutende Leistungen hervor. Die Geschichtsschreibung hatte um 100 einen Höhepunkt in Tacitus; richtungweisend für viele Jahrhunderte blieb die Kaiserbiographie Suetons. Letzte bedeutende Werke der R. L.: Trostschrift des Boëthius (524) und die große Rechtssammlung (Corpus iuris civilis) unter Justinian.

Römische Musik ist nur durch Literaturzeugnisse und Bilddokumente überliefert. Danach war sie bedeutend in den verschiedenen Bereichen des röm. Lebens, so im Kult- und Militärwesen, bei Theateraufführungen, Tanz und Unterhaltung. Die Instrumente waren Weiterbildungen etrusk., griech. und oriental. Vorbilder. Als Beleg der sangbaren latein. Lyrik ist nur das Werk des Catull (87-54 v. Chr.) erhalten.

Römische Religion. Urspr. nahmen in der R. R. die drei Götter Jupiter, Mars, Quirinus den ersten Platz ein. An ihre Stelle trat im 6. Jahrh. die Dreiheit Jupiter, Juno, Minerva. Neben diesen wurden verehrt Tellus und Ceres als Göttinnen der Erde und der Saat, Neptun (Wasser), Vulcanus (Feuer), Vesta (Herdfeuer), Janus (Eingang). Götter des Hauses waren Laren und Penaten, Schützer der Zeugungskraft der Genius; als Geister der Toten wurden die Manen verehrt. Diese Götter waren für die Römer keine menschl. empfundenen Wesen; daher wurden neben ihnen viele abstrakte Begriffe, wie Fides (Treue), Concordia (Eintracht) als Gottheiten verehrt, und es gab ursprüngl. auch keine Götterbilder und Tempel. Träger des staatl. Kultes waren die Priester. Bedeutsam wurde das Eindringen griech. Vorstellungen; es veränderte seit dem 3. Jahrh. den Gehalt der R. R. Die röm. Götter wurden bildlich gefaßt und mit den griech. gleichgesetzt, z. B. Jupiter mit Zeus, Minerva mit Athene. Zudem drangen Kulte aus dem Osten ein (z. B. Isis), ungehemmt seit dem 3. Jahrh. n. Chr., an ihrer Spitze die des Mithras, bis im 4. Jahrh. das Christentum an ihre Stelle trat.

Römisches Recht, das im Röm. Reich entstandene Recht; Zusammenfassung im **Corpus iuris civilis** unter Kaiser Justinian (527-565). Diese Rechtssammlung verdrängte seit dem Spät-MA. das zersplitterte →deutsche Recht. Im 17. und 18. Jahrh. bildeten in Dtl. Rechtslehrer und Praktiker das R. R. unter stärkerer Einbeziehung des Rechtsbrauchs zum →Gemeinen Recht um. Noch heute ist das R. R. durch seine klare Begriffsbildung und Systematik von starkem Einfluß auf das Rechtsdenken.

Römische Verträge, die Gründungsverträge der EWG (Rom 25. 3. 1957).

Römische Kunst: Mark-Aurel-Säule

Römische Kunst: Tempel am Forum Boarium, Rom (frühe Kaiserzeit)

Röntgen

Römische Ziffern, die Buchstabenzahlzeichen der alten Römer: I (1), V (5), X (10), L (50), C (100), D (500), M (1000), jetzt noch in Inschriften usw. Nebeneinandergestellte Zeichen werden zusammengezählt, z. B. XX = X + X = 20. CX = C + X = 110. Steht aber eine kleinere Ziffer links von einer größeren, wird sie von dieser abgezogen, z. B. XL = L — X = 40; MDIX = 1509.

Römisch-Germanische Kommission, eine Abteilung des Dt. Archäolog. Instituts, gegr. 1902; Sitz: Frankfurt a. M.

Römisch-Germanisches Zentralmuseum in Mainz, gegr. 1852. Seine Sammlungen geben einen Überblick über die Kulturen Mitteleuropas von der Altsteinzeit bis zur Karolingerzeit.

Römisch-katholische Kirche, →Kath. Kirche.

R'ommé das, Kartenspiel für mehrere Personen, wird mit 53 Karten gespielt.

Rommel, Erwin, Generalfeldmarschall, *1891, †1944; führte 1941-43 das dt. Afrikakorps, leitete seit 1943 die Heeresgruppe B in Frankreich; gehörte später der Widerstandsbewegung an und wurde von Hitler zum Selbstmord gezwungen.

Rømø, Röm, nordfries. Insel, meist Heide und Moor; seit 1920 dänisch.

R'omulus, der sagenhafte Gründer der Stadt →Rom, erster röm. König, wurde mit seinem Bruder **Remus** ausgesetzt, von einer Wölfin gesäugt und von einem Hirten aufgezogen.

R'omulus Aug'ustulus, letzter weström. Kaiser, 476 von →Odoaker abgesetzt.

Ronc'alli, →Johannes (Päpste).

Roncesvalles [rɔnθezv'aʎes, span.], französ. **Roncevaux** [rõsv'o, span. Dorf in den Pyrenäen; hier wurde 778 die Nachhut Karls d. Gr. durch die Basken vernichtet, wobei →Roland gefallen sein soll.

Ronchamp [rõʃ'ã], französ. Wallfahrtsort in den Vogesen, westl. von Belfort; Kirche von Le Corbusier.

Ronchamp: Wallfahrtskirche Notre-Dame du Haut (Le Corbusier, 1955)

Rond'ell [frz.] das, 1) Rundbeet. 2) Rundturm.

R'ondo, Rondeau [rõd'o] das, 1) Reigenliedchen, einstrophiges Tanzlied mit Kehrreimen. 2) Tonstück mit wiederkehrender Hauptweise.

Rongal'it der, ⟨O eine Verbindung von Hyposulfit mit Formaldehyd; dient zur Reduktion von Küpenfarbstoffen.

Ronk'alische Felder, Ebene nördl. des Po, im MA. Sammelplatz der dt. Heere auf dem Wege nach Rom; Reichstage von 996 (Otto III.), 1110 (Heinrich IV.), 1158 (Friedrich I.).

Rønne, Rönne, Hauptstadt der dän. Insel Bornholm, 15 200 Ew.; Hafen.

R'onneburg, Stadt im Bez. Gera, 11 000 Ew.; versch. Ind.; Heilbad (radioaktive Quellen); um R. Uranerzbergbau.

Ronsard [rõs'a:r], Pierre de, französ. Dichter, *1525, †1585; Oden, Natur- und Liebessonette.

Röntgen, Wilhelm Conrad, Physiker, *1845, †1923; entdeckte 1895 die →Röntgenstrahlen; Nobelpreis 1901.

Röntgenkunde, Röntgenolog'ie die, Lehre

von den →Röntgenstrahlen und ihrer Anwendung. In der Technik werden sie benutzt zu Werkstoffprüfungen, Untersuchungen des Feinbaus von Kristallen, Metallen usw. In der Medizin dienen sie zu diagnost. Zwecken (Röntgendurchleuchtung des Körpers, Röntgenuntersuchung von Organen mit Hilfe von →Kontrastmitteln) sowie zur Behandlung von Hautkrankheiten (Oberflächenbestrahlung) und bösartigen Geschwülsten (Röntgentiefenbestrahlung).

Röntgenspektroskopie, die Anregung und Auswertung der charakterist. Eigenstrahlung der Atome (→Röntgenstrahlen) nach dem Debye-Scherrer-Verfahren oder der Drehkristallmethode, um Einblicke in den inneren Bau der Atome zu gewinnen.

Röntgenstrahlen, X-Strahlen, elektromagnet. Strahlung mit kürzeren Wellenlängen als das Licht; entsteht als **Bremsstrahlung** beim Aufprall von Elektronen auf Materie oder als **charakteristische Eigenstrahlung,** wenn die kernnächsten, inneren Elektronen der Atomhülle angeregt werden. R. sind unsichtbar, schwärzen Photoplatten, erzeugen Fluoreszenz und haben hohes Ionisationsvermögen; technisch werden sie in **Röntgenröhren** erzeugt. Ähnlich den Lichtstrahlen zeigen sie Reflexion, Brechung, Beugung, Interferenz, Polarisation, haben aber im Gegensatz zum Licht hohes Durchdringungsvermögen für die meisten Stoffe. Ihre biolog. Wirkung beruht auf der Absorption im Gewebe; unausgereifte Zellen sind gegen R. empfindlicher als ausgereifte, die Empfindlichkeit steigert sich während der Kernteilung. Anwendung →Röntgenkunde.

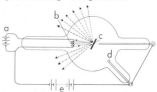

Röntgenstrahlen, a Heizbatterie, b Kathode, c Antikathode, d Anode, e Hochspannung

Roon, Albrecht Graf v., preuß. Generalfeldmarschall, *1803, †1879; war 1859-73 Kriegsmin. und an der Neuordnung des preuß. Heeres führend beteiligt; politisch als Konservativer und Freund Bismarcks einflußreich.

Roosevelt [r'u:zvelt, in USA meist r'ouzvelt], 1) Franklin Delano, der 32. Präs. der USA (1933 bis 1945), Demokrat, entfernter Vetter von 2), *1882, †1945; war 1913-20 Unterstaatssekr. der Marine, 1928 Gouverneur des Staates New York. Als Präsident eröffnete er mit einer Wirtschafts- und Sozialpolitik des »New Deal«. Im 2. Weltkrieg unterstützte er die Kriegführung der Alliierten schon vom Kriegseintritt der USA (1941). 1945 war er maßgebl. an der Gründung der Verein. Nationen beteiligt. 2) Theodore, der 26. Präs. der USA (1901-09), Republikaner, *1858, †1919; war 1897 Unterstaatssekr. der Marine, 1899 Gouverneur des Staates New York, bekämpfte als Präs. die Trusts und verstärkte die Autorität der Exekutive. Gegenüber den lateinamerikan. Staaten führte er eine Interventionspolitik. 1905 vermittelte er bei den russ.-japan. Friedensverhandlungen in Portsmouth; Friedensnobelpreis 1906.

Röpke, Wilhelm, Nationalökonom, *1899, †1966; vertrat die neuliberale Richtung.

Roquefort [rɔkf'ɔ:r], mit grünem Schimmel durchsetzter Schafkäse.

Ror'ate [lat.] die, kath. Kirche: das Engelamt, nach dem Eingangsgesang (Jes. 45, 8).

R'orschach, Gem. im Kt. St. Gallen, Schweiz, 12 700 Ew., am Bodensee; Hafen; versch. Ind.

R'orschach-Test, auch **Klecksstest,** ein von dem schweizer. Psychiater H. Rorschach (*1884, †1922) entwickelter Persönlichkeitstest, bei dem

F. D. Roosevelt

der Prüfling zehn schwarze und farbige (sinnfreie) klecksartige Figuren deuten muß.

R'osa [lat. rosa »Rose«], weibl. Vorname. Weiterbildungen: Ros'alie, Rosam'unde.

R'osa, Salvator, italien. Maler und Dichter, *1615, †1673; Schlachten- und Landschaftsbilder.

Ros'ario, Industriestadt in Argentinien, 671900 Ew., am Paraná; Universität; Flughafen.

Rosa von Lima, Schutzheilige von Amerika, *1586, †1617; Dominikanerin (Tag 23. 8.).

Rosaz'een Mz.,Rosengewächse, -blüter, Pflanzenfamilie mit vielen Arten; Kräuter, Sträucher, Bäume mit strahligen, meist fünfblättrigen Blüten und in der Regel vielen Staubfäden. Zugehörig: Rose, Apfelbaum, Pflaume, Himbeere, Weißdorn, Fingerkraut, Wiesenknopf u.a.

Roscel'in von Compiègne [kõpj'ɛɲ], französ. Philosoph und Theologe, * um 1050, † nach 1120, begründete den frühscholast. Nominalismus.

Rose die, 1) wichtigste Gattung der Familie Rosenblüter (→Rosazeen). Die R. sind Sträucher mit bunten, meist wohlriechenden Blüten und roter oder gelber, beerenähnl. Schein- und Sammelfrucht, der eßbaren, aromat. Hagebutte, in der die kleinen harten Früchte zwischen Stachelborsten sitzen. Es gibt sehr viele Arten Wildrosen. Die bekannteste, die Hunds- oder Hecken-R. mit einfachen rosa Blüten, wächst in Hecken, an Wegen, in lichten Wäldern, 2-3 m hoch. Ihre Wurzelschößlinge werden zur Veredelung (Okulieren) benutzt, man züchtet darauf hochstämmige Gartenrosen. Gartenrosen sind z.B.: die aus Frankreich stammende **Zentifolie** mit stark gefüllter Blüte, die rosafarbige **Monats-R.,** die **Moos-R.,** mit moosähnl. Auswüchsen am Kelch. Von anderer Abstammung sind die duftende **Tee-R.,** die jährlich zweimal blühende **Remontant-R.** und die eigentl. Edelrosen, z.B. **La France** [la frãs], **Maréchal Niel** [mareʃ'al ni'ɛl] und viele andere. 2)→Wundrose.

R'osegger, Peter, österr. Erzähler, *1843, †1918; »Schriften des Waldschulmeisters«, »Der Gottsucher«, »Jakob der Letzte«.

Rosemeyer, Bernd, Autorennfahrer, *1909, † (verunglückt) 1938.

Rosenberg, 1) Alfred, nat.-soz. Politiker, *1893, † (hingerichtet) 1946; neben Goebbels ein Hauptpropagandist der Partei. Sein Buch »Der Mythos des 20. Jahrh.« (1930) gab dem Nat.-Soz. eine scheinwissenschaftl. Begründung. R. war Leiter des »Außenpolitischen Amts« (Parteiamt) und ab 1941 Reichsmin. für die besetzten Ostgebiete. In Nürnberg verurteilt. 2) Ludwig, Gewerkschaftler, *1903; 1962-69 Erster Vors. des Dt. Gewerkschaftsbundes.

Rosengarten, 1) italien. Catinaccio, wildzackige Felskette der Südtiroler Dolomiten, im Kesselkogel 3004 m hoch. 2) **Großer R.,** Heldengedicht des burgund.-got. Sagenkreises, schildert die Kämpfe der zwölf Helden, die Kriemhilds Rosen bewachen, mit den zwölf Helden Dietrichs von Bern. 3) **Kleiner R.,**→Laurin.

Rosenheim, Stadt in Oberbayern am Inn, 36400 Ew.; Brauereien, Zündholzfabrik.

Rosenholz, 1) nach Rosen duftendes Wurzelholz strauch. Windenpflanzen auf den Kanarischen Inseln. 2) duftende oder rote Hölzer anderer Bäume.

Rosenkäfer, metall. glänzende Blatthornkäfer; Larven in alten Bäumen; in Dtl. der **Gold-R.**

Rosenkohl, hochstengliger Kohl mit rosenförmigen Seitensprossen; Wintergemüse.

Rosenkranz, kath. Kirche: 1) Gebetform aus 150 Ave Maria und 15 Vaterunser. 2) Gebetsschnur mit größeren und kleineren Perlen (Kugeln) zum Abzählen der Vaterunser und Ave Maria; auf 10 Ave Maria folgt ein Vaterunser. Ähnl. Gebetschnüre werden auch in der Ostkirche, im Buddhismus, Islam verwendet. **R.-Bruderschaften** pflegen R.-Andacht. **R.-Fest,** am 7.10.

Rosenkreuzer Mz., seit dem 12. Jahrh. bestehende, anfangs geheime Strömung mit reformator. Zielen, die seit dem 16. Jahrh. Bruderschaften gründete. Die R. beeinflußten die engl. und schott.

Werklogen und führten sie zur spekulativen Freimaurerei; sie waren auch wissenschaftl. tätig. – Die mit der Alchemie verbundenen »Gold- und R.« blühten kurz in Europa, heute noch in USA.

Rosenkriege, die engl. Thronkämpfe 1455-85 zwischen den Häusern York (Wappenzeichen: weiße Rose) und Lancaster (rote Rose), zwei jüngeren Linien des Hauses Anjou-Plantagenet; beendet durch den Sieg Heinrichs VII. aus dem Hause Tudor.

Rosenmontag [entstellt aus Rasenmontag, »rasender Montag«], der Tag vor Fastnacht.

Rosenöl, wohlriechendes flüchtiges Öl, aus Rosen mit Wasserdampf hergestellt. 4000-5000 kg Blüten geben 1 kg Öl. R. dient zu Parfümen, Essenzen.

Rose'ole [lat. »Röschen«] die, **Ros'eola,** Hautausschlag mit linsengroßen roten Flecken, die unter Fingerdruck erblassen. Ursachen: Sonnenhitze, Medikamente, Magen-Darm-Katarrh, auch Syphilis.

Rosesches Metall, Legierung aus 2 Gewichtsteilen →Wismut, 1 Teil Blei, 1 Teil Zinn; schmilzt bei 94 °C.

Ros'ette [frz. »Röschen«] die, 1) Schmuckform in Gestalt einer aufgeblühten Rose, altoriental. Ursprungs. 2) rosenförm. Schleifchen aus Stoff.

Ros'ette, arab. **Rasch'id,** Hafenstadt in Unterägypten, am westl. Mündungsarm des Nils, rd. 35000 Ew. Der **Stein von R.** ermöglichte durch seine griech. und hieroglyph. Inschrift die Entzifferung der Hieroglyphen (Champollion).

Rosin'ante die, eigentl. der, Schindmähre; nach Don Quijotes elendem Hengst, den nur er für edel hielt.

Ros'inen Mz., getrocknete Weinbeeren wärmerer Gegenden; große kernlose, hellgelbe R. heißen **Sultan'inen,** kleine **Kor'inthen.**

R'oskilde, Stadt auf Seeland, Dänemark, 39100 Ew.; alter Dom, im MA. dän. Königssitz.

R'osmarin der, immergrüner, halbstrauch. Lippenblüter aus den Mittelmeerländern, mit bläulichweißen Blüten; im dt. Volksglauben Sinnbild für Liebe, Treue, Tod. Das flüchtige, kampferduftende **R.-Öl** dient u.a. als Bestandteil des Kölnischen Wassers, als Zusatz zu Bädern, als Haarwuchsmittel, Gewürz, Volksmedizin.

Rosmarinheide die, ein Heidekrautgewächs der nord. Torfmoore, mit schmalen Blättern, die auf der Unterseite silberweiß glänzen, und mit blaßrosa oder weiß. Krugblüten.

R'osrath, Gemeinde in Nordrh.-Westf., 19200 Ew., südöstl. von Köln; Radiatorenwerk, Apparatebau, Leuchtröhrenfabrikation.

Ross, 1) Sir James, engl. Admiral und Polarforscher, *1800, †1862, entdeckte 1841 Süd-Viktorialand. 2) Sir John, engl. Polarforscher, *1777, †1856, entdeckte 1831 auf Boothia Felix den nördl. magnet. Pol.

Roßbach, Gem. im Kr. Merseburg, Bez. Halle, 2900 Ew.; 1757 Sieg Friedrichs d. Gr. über die Franzosen und die Reichsarmee.

Roßbreiten Mz., ⊕ →Kalmengürtel.

Rössel das, Springer im Schachspiel. **R.-Sprung,** 1) Zug des R. gerade-schräg auf das übernächste Feld. 2) danach Rätselart, bei der die Silben

Rose, oben:
Heckenrose,
unten: veredelte
Rose

Rosegger

Rosmarin

Rosengarten

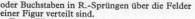

oder Buchstaben in R.-Sprüngen über die Felder einer Figur verteilt sind.

Rossell'ini, Roberto, italien. Filmregisseur, *1906; Mitbegründer des italien. neorealist. Stils.

Rossell'ino, 1) Antonio, italien. Bildhauer, *1427, †1479. **2)** Bernardo, italien. Baumeister und Bildhauer, Bruder von 1), *1409, †1464.

Ross'etti, Dante Gabriel, engl. Maler und Dichter, *1828, †1882; gehörte zum Kreise der →Präraffaeliten; Romanzen, Balladen, Liebessonette (1870).

Rossini

Roßhaar, 1) Schweif- und Mähnenhaar des Pferdes; zum Bespannen von Violinbogen, Polstermaterial usw. **2)** vegetabilisches R., Faser von Louisianamoos.

Ross'ini, Gioacchino, italien. Opernkomponist, *1792, †1868; »Der Barbier von Sevilla«, »Der Kalif von Bagdad«, »Wilhelm Tell«.

Ross-Insel, 1) antarkt. vulkan. Insel im →Rossmeer mit dem tätigen Vulkan Erebus (4023 m). **2)** **James-Ross-Insel,** antarkt. Insel im Weddellmeer.

Ross'itten, Ostseebad auf der Kurischen Nehrung, Ostpreußen; Vogelwarte (heute mit vorwiegend litauischen und lett. Wissenschaftlern).

Roßkamm [ital. cambiare »tauschen«], **Roßtäuscher** der, Pferdehändler.

Roßkastanie, aus Kleinasien stammender, häufig angepflanzter Baum mit meist fünffingrigen Blättern und weißlichen Blüten. Der in einer stachligen Fruchthülle sitzende bittere Samen dient als Futter.

Roßkastanie:
1 Blüte, 2 Blüte
vergrößert,
3 Frucht

Roßlau, Stadt im Bez. Halle, an der Elbe, 17600 Ew.; Schiffswerft, chem., Maschinen- u.a. Ind.

Rossmeer, Bucht des Südl. Eismeeres zwischen Süd-Victorialand und König-Edward-VII.-Land, im S von den **Ross-Schelfeis** begrenzt.

Roßtrappe die, Granitklippe des Bodetals im Harz, bei Thale; wohl german. Kultstätte.

Roßwein, Stadt im Bez. Leipzig, an der Freiberger Mulde, 10200 Ew.; Metall-, Textil-Ind.

Rost der, **1)** die aus gußeisernen Stäben gebildete durchbrochene Einrichtung in Feuerungen, auf der der stückige Brennstoff verbrennt. **2)** **Pfahlrost,** Fundament für Gebäude auf wenig tragfähigem Untergrund. **3)** die braunrote pulverig-schuppige Zersetzungsschicht, die sich auf Eisen an feuchter Luft bildet. **4)** 🌾 eisenrostähnlich hervortretende Pflanzenkrankheiten, hervorgerufen durch innerlich schmarotzende Rostpilze. Vom **Getreide-R.** bilden sich an Berberitzenblättern orangerote Flecke von Pilzsporen, die vom Wind aufs Getreide übertragen werden. Weitere schädliche R.-Pilze: **Flachs-R., Johannisbeer-R., Zuckerrüben-R., Erbsen-R.**

Rostand [rɔst'ɑ̃], Edmond, französ. Dramatiker, *1868, †1918; Versdramen: »Cyrano de Bergerac«, »Der junge Adler« (»L'Aiglon«).

rösten, 1) Kochkunst: Nahrungsmittel ohne Zusatz von Wasser erhitzen; auf dem Rost braten. **2)** ⚒ Erze in **Röstöfen** erhitzen unter Luftzutritt zur Aufbereitung. **3)** Faserbereitung: die Flachs-, Hanfstengel mit Wasser, Wasserdampf oder Schwefelsäure behandeln, um die Fasern bloßzulegen.

Rostock, Bez. der Dt. Dem. Rep., 7072 km², 854300 Ew., 1952 aus dem nördl. Mecklenburg und Vorpommern gebildet, umfaßt die gesamte

Rostock: Hafen

Ostseeküste der Dt. Dem. Rep. Ackerbau, Fischerei, Schiffahrt; Schiffbau, Nahrungsmittel- u.a. Ind. **2)** Hauptstadt von 1), 195100 Ew.; Haupthafen der Dt. Dem. Rep.; Überseehafen am Breitling; Universität; alte Befestigungsanlagen; Bauwerke bes. der Backsteingotik, z.B. Marienkirche, Nikolaikirche; Rathaus (15. Jahrh. und 1727); 3 Stadttore; Schiffbau, Eisen-, Maschinen-, chem. Ind., Fischkombinat. – Neben einer wendischen Burg entstand 1189 die dt. Stadt R., die 1218 lübisches Stadtrecht erhielt; R. war Mitglied der Hanse.

Rost'ow am Don, Stadt in der Russ. SFSR, 789000 Ew.; Univ.; Ausfuhrhafen für Donezkohle; Maschinenbau, Werften, Fischkombinat.

R'ostra [lat.] die, altröm. Rednertribüne.

Rosw'itha, die erste dt. Dichterin, *um 935, † Ende des 10. Jahrh.; Nonne im Kanonissenstift Gandersheim; Schauspiele, Heiligengeschichten, Gedichte in lat. Sprache.

Rot, die langwelligste sichtbare Farbe des →Spektrums.

R'ota die, amtl. **Sacra Romana Rota,** der päpstl. Gerichtshof (seit dem 13. Jahrh.).

Rotalgen, Rottange, Gruppe von Meeresalgen; das Blattgrün ist durch einen übergelagerten roten Farbstoff verdeckt.

Rotang der, **Rohrpalme,** lianenartige Fiederpalmen Südasiens, der Südsee und Westafrikas. Die Stämme werden verwendet als Flechtstoffe (Span. Rohr, Stuhl-, Peddigrohr). **Der Drachen-R.** von Sumatra liefert ein Harz (Drachenblut).

R'otary-Club, weltumspannende, unpolit. Vereinigung unter der Devise des Dienens, 1905 in Chicago gegr.; die Sitzungen finden reihum (rotierend) bei den Mitgl. statt. Dachorganisation ist **Rotary International (R I,** seit 1922, Sitz Chicago), kontinental-europ. Zentralstelle in Zürich.

Rotati'on [lat.] die, Umdrehung.

Rotationsmaschine, schnellaufende Druckmaschine für alle Druckverfahren, bei der die Druckformen auf dauernd umlaufenden Zylindern befestigt sind. Gedruckt wird auf eine »endlose« Papierbahn.

Rotbarsch, der Kaulbarsch, →Barsch.

Rotdorn, Form des →Weißdorns.

Rote Armee, seit 1946 Sowjetarmee; das Heer der Sowjetunion.

Rote Erde [»gerodete Fläche«], seit 1490 nachweisbarer Name für Westfalen.

Rote Garden, Jugendgruppen, die 1966 in der Volksrep. China vor allem aus Schülern und Studenten gebildet wurden. Mit ihrer Hilfe wollte Mao Tse-tung die »Große proletar. Kulturrevolution« verwirklichen.

Roteisenstein, rötl. dichte Varietät des Minerals **Hämat'it,** Fe_2O_3, Eisenerz; Vorkommen in Nordamerika und im Lahn-Dill-Gebiet.

Rötel der, **Rotstein,** derber, roter Toneisenstein; Mal- und Anstrichfarbe, in Stiftform zum Zeichnen (R.-Zeichnungen).

Röteln Mz., Viruskrankheit vorwiegend des Kindesalters, mit masernähnl. Hautausschlag. Die an sich harmlose Krankheit kann, wenn sie in den ersten 3 Schwangerschaftsmonaten einer Frau auftritt, Kinderschädigungen hervorrufen.

Rotenburg (Wümme), Stadt in Ndsachs., 16700 Ew.; Textil-Ind., Saatzuchtbetriebe u.a.

roter Faden, 1) urspr. in das Tauwerk der engl. Marine als Kennzeichen eingedrehter Faden. **2)** übertragen: durchlaufendes Merkmal.

Roter Halbmond, →Rotes Kreuz 1).

Roter Sand, Untiefe mit Leuchtturm in der Wesermündung.

Rotert'urmpaß, Durchbruchstal des Alt durch die Südkarpaten, südl. von Hermannstadt.

Rotes Kreuz, 1) ein gerades rotes Kreuz auf weißem Grunde, internat. Abzeichen des Sanitätsdienstes; dem R. K. entsprechen **Roter Löwe, Rote Sonne** (Iran), **Roter Halbmond** (islam. Länder). **2)** internat. Organisation, durch die →Genfer Konventionen völkerrechtl. Schutz genießt. Das R. K. sorgt im Krieg für die Pflege von Verwundeten und Kranken, betreut die Kriegsgefangenen, leistet Hilfe bei öffentl. Notständen und Unglücksfällen, führt Krankentransporte durch und bildet Helfer aus. Das **Internat. Komitee vom R. K. (IKRK)** hat seinen Sitz in Genf. **3)** das **Deutsche Rote Kreuz (DRK)**, Sitz Bonn, gegr. 1921 (Neugr. 1950); es bildet eine selbständige unpolit. Organisation, die Hilfe leistet im Rettungsdienst, in der Krankenpflege, der Familienzusammenführung (Suchdienst) usw. Ihm obliegt auch die Ausbildung der Bevölkerung in Erster Hilfe und häusl. Krankenpflege. Das DRK unterhält eigene Krankenhäuser und Heime sowie Ausbildungsstätten. Präs. seit 1967 Walter Bargatzky. – In der Dt. Dem. Rep. besteht ein DRK wieder seit 1952 (1954 vom IKRK anerkannt).

Rotes Meer, Meeresarm des Ind. Ozeans zwischen Arabien und Afrika, zugänglich durch die 26 km breite Meerenge Bab el-Mandeb; 2300 km lang, größte Tiefe 2359 m, salzreich, durch Algenwuchs rötl. gefärbt, das wärmste Meer der Erde; war seit Eröffnung des Suezkanals wichtigste Zugangsstraße von Europa nach Süd- und Ostasien.

Rotgültigerz, zwei rote, sulfidische Silbererze. **Dunkles R.,** ein Silber-Antimon-Sulfid; **lichtes R.,** ein Silber-Arsen-Sulfid.

Rotguß, Kupferlegierungen mit bis zu 20% Zink und Zinn.

Roth, 1) Eugen, Schriftsteller, *1895; heitere Verse. **2)** Joseph, Schriftsteller, *1894, † (als Emigrant in Paris) 1939; Roman »Radetzkymarsch«. **3)** Stephan Ludwig, Volksführer der Siebenbürger Sachsen, *1796, †1849; Schüler Pestalozzis, wurde in der ungar. Revolution von den Ungarn standrechtlich erschossen.

Rothaargebirge, Bergzug im Sauerland, im Kahlen Asten 840 m hoch. Quellgebiet von Eder, Lahn, Sieg, Lenne, Ruhr.

R'othacker, Erich, Philosoph, *1888, †1965; Anthropologe und Kulturphilosoph.

Rothaut die, ehem. Bezeichnung für die Indianer N-Amerikas.

Roth bei Nürnberg, Stadt in Mittelfranken, Bayern, 11 500 Ew.; Landwirtschaftsschule mit Fachschule für Hopfen und Tabak, versch. Ind.; frühgot. Pfarrkirche, Schloß Ratibor (16. Jahrh.).

Rothenburg ob der Tauber, Stadt in Mittelfranken, Bayern, 12 000 Ew.; über dem Taubertal, eine der besterhaltenen mittelalterl. Städte mit vollständ. Stadtbefestigung. – 1172 Stadtrecht, später Freie Reichsstadt, kam 1803 an Bayern.

Rothenburg: Rödertor

Rother, König R., dt. Spielmannsepos (um 1150), behandelt R.s morgenländ. Brautfahrt.

Rotherham [r'ôðərəm], Stadt in Mittelengland, 86 500 Ew.; Eisen-, Stahl-, Messingwerke.

Rotholz, 1) rotes Farbholz von trop. Bäumen. **2)** rote Nutzhölzer.

Rothschild, Meyer Amschel, *1743, †1812, gründete 1764 ein Bankhaus in Frankfurt a.M., das 1901 erlosch. Seine Söhne errichteten Banken in London, Paris, Wien und Neapel. Im 19. Jahrh. besaß das Haus R. starken polit. Einfluß. Es bestehen noch: in Paris die **Banque R. S.A.,** in London die Bank **N. M. Rothschild & Sons.**

rot'ieren [lat.], sich um die Achse drehen.

Rotterdam: Karel-Doorman-Straße

Rotkehlchen, Singvogel mit rostroter Kehle, nistet am Boden (FARBTAFEL Singvögel S. 872).

Rotkupfererz, Cuprit, Cu_2O (Kupfer(I)-oxyd), ein rotes Kupfererz.

Rotlauf der, **1)** bei Tieren: **R. der Schweine,** eine anzeigepflichtige Infektionskrankheit mit Hautröte, Fieber und allgemeiner Blutvergiftung. **2)** Erysipelo'id das, der durch Wundinfektion auf den Menschen übertragene R. der Schweine, bes. an den Händen von Fleischern.

Rotliegendes, die untere Stufe des Perms (→Erdgeschichte, ÜBERSICHT).

R'otor der ⊚ umlaufender Teil elektr. Maschinen. (→Läufer 7)

Rotschwanz, 1) Singvögel: **Garten-R.,** lebt in Baumlöchern (FARBTAFEL Singvögel S. 872); **Haus-R.,** meist schwarzgrau, lebt in Mauerlöchern. **2)** Schmetterling: **Buchen-R.**

R'otspon [ndt. Span, »Faß«] der, Rotwein.

Rot|tanne, die Gemeine →Fichte.

Rotte die, **1)** Abteilung, Schar. **2)** die in einer mehrgliedrigen Abteilung hintereinander stehenden Soldaten. **3)** zwei gemeinsam fliegende Flugzeuge (das zweite meist leicht gestaffelt), auch zwei taktisch zusammengehörige kleinere Kriegsschiffe. **4)** ♀ mehrere Sauen oder Wölfe.

Rottenburg, Stadt in Bad.-Württ., am Neckar, 13 000 Ew.; Kathedralkirche St. Martin (15. Jahrh.), Barockbauten; Maschinen-, Holz-, Uhren-Ind. – Röm. Ursprung. 1381 bis 1805 bei Österreich, dann an Württemberg.

Rotterd'am, zweitgrößte Stadt, größter Seehafen der Niederlande und bedeutendste Europas, an der Neuen Maas, 728 300 Ew.; der Hafen (→Europoort) ist für Schiffe bis 12 m Tiefgang benutzbar; Einfuhr von Erdöl, Erzen, Getreide, Holz, Fettrohstoffen, Ausfuhr von Kohle, Obst, Molkereierzeugnissen, Fleisch; Handelsplatz für Rohtabak; Großind.: Maschinen-, Waggon- und Autofabriken, Erdölraffinerie u.a. – Im 17. und 19. Jahrh. großer wirtschaftl. Aufschwung. Nach den Zerstörungen des 2. Weltkrieges neu aufgebaut.

Rottmann, Karl, romant. Landschaftsmaler, *1797, †1850.

Rottmayr, Johann Michael, Maler, *1654, †1730; Deckenfresken in österr. Barockbauten.

Rottweil, Stadt in Bad.-Württ., am oberen Neckar, 20 700 Ew.; Kapellturm (um 1330), Heiligkreuzmünster (vollendet 1534); versch. Industrie. Bekannt ist die **R.er Fasnacht.** – R. war bis 1803 Reichsstadt.

Rottweiler der, kurzhaariger, bis 65 cm hoher kräftiger Hund.

Rot'unde [lat.] die, Rundbau.

Rotverschiebung, →Dopplereffekt, →Spektrum.

Rotwelsch [mhd. rot »Bettler«], Geheimsprache der Gauner.

Rotwild, das Hirschwild.

Rotz der, ⸖ seltene, meist tödlich verlaufende ansteckende Tierkrankheit bei Einhufern (Pferden), die auch auf Menschen übertragbar ist. Erreger ist der R.-Bazillus.

Rot|zunge, rotbrauner Plattfisch der Nordsee.

Rouault [ru'o:], Georges, französ. Maler,

Rouault: Fin d'automne (Ausschnitt)

J.-J. Rousseau

*1871, †1958; schuf Bilder, die religiöse Themen, Arbeiter, Bauern und Clowns darstellen.

Roubaix [rubˈɛ], Industriestadt in N-Frankreich, 114800 Ew.; bedeutende Textilindustrie.

Roué [ruˈe, frz.] der, Wüstling, Lebemann.

Rouen [ruˈɑ̃], Stadt in Frankreich, in der Normandie, 123500 Ew.; wichtiger Einfuhrhafen an der bis hierher für Seeschiffe schiffbaren Seine; Erzbischofssitz; Kathedrale Notre-Dame (12.-16. Jahrh.), Abteikirche (14.-16.Jahrh.), Justizpalast (15.-16.Jahrh.); Universität; Textil-, Maschinen-, Papier-, petrochem., Kraftfahrzeug-Ind., Schiffbau. – In R. wurde 1431 die Jungfrau von Orléans verbrannt.

Rouge et noir [ruːʒ e nwaːr, frz. »Rot und Schwarz«] das, Glücksspiel mit 6 Whistkartenspielen.

Rouget de Lisle [ruʒˈɛ də liːl], Claude Joseph, *1760, †1836; dichtete und vertonte die →Marseillaise.

Roulade [rulˈadə, frz.] die, Fleischrolle.

Rouleau [rulˈo, frz.] das, Rollvorhang.

Roulette [ru-, frz.] die, **Roulett** das, 1) Werkzeug der Kupferstecher. 2) Glücksspiel mit einer Kugel auf einer drehbaren Scheibe mit numerierten Fächern.

Round Table [raund teibl, engl.], runder Tisch; **Round-Table-Konferenzen,** zwanglose Beratungen »am runden Tisch«.

Rourkela, amtl. **Raurkela,** Stadt in Orissa, Indien; von westdt. und österr. Unternehmen gebautes Stahlwerk (1959 eröffnet).

Rousseau [rusˈo], 1) Henri, genannt Le Douanier, französ. Maler, *1844, †1910; Bildnisse, Stilleben, Landschaften von naiv jede Einzelheit erfassender Dingwiedergabe. 2) Jean-Jacques, französ. Schriftsteller und Philosoph, *1712, †1778; Vertreter und zugleich Überwinder der →Aufklärung; konstruierte einen glückl. naturhaften Urzustand der Menschheit (»Rückkehr zur Natur«). Im »Gesellschaftsvertrag« (»Contrat social«, 1762) verkündete er die Lehre von der Souveränität des Volkes. Die Französ. Revolution wurde von seinen staatstheoret. Lehren entscheidend bestimmt. Weitere Werke: Liebesroman »Die neue Héloïse«, Erziehungsroman »Emile«; »Bekenntnisse«.

H. Rousseau: Die Schlangenbeschwörerin (1907)

Roussel [rusˈɛl], Albert, französ. Komponist, *1869, †1937; Orchester-, Kammer-, Chormusik.

Roussillon [rusijˈɔ̃], geschichtl. Landschaft in Südfrankreich, mit einer vorherrschend katalanisch sprechenden Bevölkerung; Hauptstadt: Perpignan. – Bis 1659 spanisch.

Route [rˈutə, frz.] die, Weg, Reiseweg.

Routine [rutˈiːnə, frz.] die, durch Übung erlangte Fertigkeit, Gewandtheit. **routiniert,** gewandt, geübt. **Routinier** [rutinjˈe] der, geschickter Mensch.

Rovˈigo, Stadt in NO-Italien, 48000 Ew.; Dom (1696); Leder-Industrie; Bahnknoten.

Rubens:Raub der Töchter des Leukippos

Rovˈuma der, südl. Grenzfluß von Tanganjika, 1100 km lang, mündet in den Ind. Ozean.

Rowdy [rˈaudi, engl.] der, Raufbold, Rohling.

Rowohlt, Ernst, Verleger, *1887, †1960; nach dem 2.Weltkrieg Reihen billiger Buchausgaben (ro ro ro, rowohlts rotations romane).

Rox'ane, baktrische Fürstentochter, 327 v.Chr., Gemahlin Alexanders d. Gr.; mit ihrem Sohn Alexander (*323) um 310 ermordet.

royal [frz. rwajˈal; engl. rˈɔiəl], königlich.

Royal Air Force [rˈɔiəl ˈɛəfɔːs], abgek.: **R.A.F.,** amtl. Name der brit. Luftwaffe.

Royal Dutch/Shell-Gruppe, →Shell.

Royalˈismus der, Königstreue, Bekenntnis zum Königtum. **Royalˈist** der, Anhänger des Königtums.

Royal Society [rˈɔiəl səsˈaiəti], die älteste engl. Akademie der Wissenschaften, gegr. 1660 zur Förderung der Naturwissenschaften. Die Mitgl. der R. S. heißen **Fellows.**

Royce [rois], Josia, amerikan. Philosoph,*1855, †1916, war vom dt. Idealismus beeinflußt.

Rp., auf Rezepten: Abk. für lat. Recipe, nimm!

RP, bei Telegrammen Abk. für Réponse payée [repˈɔ̃s peˈje, frz.], Antwort bezahlt.

RSFSR, Abk. für **R**ussische **S**ozialistische **F**öderative **S**owjetrepublik.

RT, Abk. für Registertonne.

Ru, chem. Zeichen für →Ruthenium.

Ruˈanda, →Rwanda.

Rübe die, dickfleischig gezüchtete Pfahlwurzel verschiedener Pflanzen. →Beta.

Rˈubel der, Währungseinheit der Sowjetunion; 1 R. = 100 Kopeken (→Währungseinheiten).

Rübeland, Gem. im Bez. Magdeburg, im Harz; Tropfsteinhöhlen; Hermanns- und Baumannshöhle.

Ruben, israelit. Stamm, benannt nach dem ältesten Sohn Jakobs.

Rˈubens, Peter Paul, fläm. Maler,*1577,†1640; seine Werke sind gekennzeichnet durch Farbenpracht, Sinnenfülle, unerschöpfl. Erfindungskraft: Kreuzaufrichtung, Selbstbildnis mit Isabella Brant, seiner ersten Frau; Raub der Töchter des Leukippos; Jüngstes Gericht; Medici-Zyklus; Ildefonso-Altar; Bildnis der Helene Fourment, seiner zweiten Frau; Landschaften. (FARBTAFEL Niederländische Kunst S. 698)

Rˈübezahl, Berggeist des Riesengebirges. Die R.-Sagen wurden zuerst im 17. Jahrh., dann in Musäus' »Volksmärchen« gesammelt (1782-86).

Rubˈidium das, **Rb,** chem. Element, dem Kalium ähnliches, in sehr geringen Mengen vorkommendes Alkalimetall; Ordnungszahl 37, Dichte 1,53 g/cm³, Schmelzpunkt 39°C, Siedepunkt 713°C.

Rˈubikon, Rubico der, im Altertum: Grenzfluß zwischen Italien und dem Zisalpin. Gallien. Mit seiner Überschreitung eröffnete Caesar 49 v.Chr. den Bürgerkrieg gegen Pompejus; daher: **den R. überschreiten,** einen entscheidenden Schritt tun.

Rubˈin [mittellat.] der, Edelstein, ein durchsichtiger, rot gefärbter Korund.

Rubinstein, 1) Anton, russ. Pianist und Komponist, *1829, †1894. **2)** Arthur, Pianist, *1886.

Rublew [rublj'ɔf], Andrej, russ. Maler, * um 1360/70, †1427/30; schuf an die spätbyzantin. Kunst anschließende Werke, z. B. die Dreifaltigkeits-Ikone in Moskau.

Rüböl, fettes Öl aus Raps, Rübsensamen; dient als Brenn-, Schmieröl.

Rubr'ik [lat. rubrica »rote Erde, Rötel«] die, **1)** die im MA. rot geschriebenen Überschriften in Büchern. **2)** übertragen: Abteilung, Abschnitt, Spalte. **rubriz'ieren,1)** mit Überschriften versehen. **2)** ordnen, einteilen.

R'ubrum [lat.] das, Aktenzeichen.

Rübsamen, Rübsaat, Rübenreps, rapsartige Kreuzblüterpflanze, liefert Rüböl.

Rubz'owsk, Stadt im südl. Westsibirien, Russ. SFSR, 145 000 Ew.; Industrie.

Ruchgras, Wiesengras mit Waldmeisterduft.

Rücken der, hintere (bei Tieren obere) Körperwand von der Grenze des Hinterhaupts bis zum Kreuzbein, gebildet von der Wirbelsäule, den hinteren Abschnitten der Rippen, den Schulterblättern und den darüberliegenden Weichteilen.

Rückenmark, Teil des zentralen →Nervensystems; vom Gehirn ausgehender, im Kanal der Wirbelsäule liegender Nervenstrang, der eigene Nervenzentren und die wichtigen Nervenbahnen enthält, die das Gehirn mit den übrigen Körper verbinden. Neben der Erregungsleitung ermöglicht das R. auch die Bildung der Reflexe (→Nerven). 31 Paar R.-Nerven (periphere Nerven) verlassen das R. jeweils durch die Zwischenwirbellöcher, um zu ihren Erfolgsorganen (Haut, Muskeln) zu gelangen. Das R. schwimmt in der **Gehirn-R.-Flüssigkeit** und ist von drei **R.-Häuten** (weiche, Spinnweben-, harte Haut) umgeben. – **R.-Krankheiten** sind solche Erkrankungen, die vorwiegend oder ausschließlich das R. und seine Höhlen befallen, z. B. →**multiple Sklerose,** →**Kinderlähmung, R.-Schwindsucht** (→Tabes dorsalis), **R.-Entzündung** nach Masern, Typhus u. a. Je nach Sitz der Entzündungs- oder Degenerationsherde treten schlaffe oder krampfartige (spastische) Lähmungen, Blasen- und Mastdarmstörungen und andere Ausfallserscheinungen auf.

Rückerstattung, die Rückgewährung einer ohne Rechtsgrund erbrachten Leistung, bes. die Rückgabe der vom nat.-soz. Staat aus rassischen, religiösen, nationalen oder polit. Gründen entzogenen Vermögensgegenstände.

Rückert, Friedrich, romant. Dichter, *1788, †1866; Prof. der oriental. Sprachen; vaterländ. und Liebesgedichte, Kinderlieder; übersetzte meisterhaft ind., arab., pers. Dichtungen (»Die Weisheit des Brahmanen«).

Rückfall, 1) die erneute Begehung der gleichen Straftat nach vorausgegangener Bestrafung; bei Raub wirkt schon der erste R. strafverschärfend, bei Diebstahl, Hehlerei und Betrug erst der wiederholte R. Besondere Strafen treffen →Gewohnheitsverbrecher. **2)** →Rezidiv.

Rückfallfieber, durch Spirochäten verursachte Infektionskrankheit. 2-5 Tage anhaltendes hohes Fieber tritt nach 4-12tägiger Pause mehrmals wiederholt in gleicher Weise auf.

Rückgrat das, die →Wirbelsäule.

Rückgriff, svw. →Regreß.

Rückkauf, Wiederkauf auf Grund eines Vorbehalts des Verkäufers im Kaufvertrag (§§ 497ff. BGB). Besondere R.-Rechte finden sich im Heimstätten- und Erbbaurecht (→Heimfall). **Rückkaufswert** einer Versicherung ist der Wert der Deckungsrücklage.

Rückkopplung, die Rückführung eines Teiles der Ausgangsenergie einer Schaltung, eines Regelkreises, einer chem. Reaktion oder dgl. an den Anfangspunkt zur Verstärkung von Schwingungen, Unterdrückung von Schwankungen, Einregelung einer Größe u. a.

Rücklage die, das zusätzlich zum nominellen (Grund-, Stamm-)Kapital in einem Unternehmen vorhandene Eigenkapital **(Reserve).** Aktiengesellschaften sind zur Bildung gesetzl. R. verpflichtet, freie R. können freiwillig gebildet und beliebig aufgelöst werden. **Offene R.** werden aus dem ausgewiesenen Jahresgewinn gebildet. **Stille R.** sind in unterbewerteten Vermögensteilen oder in überbewerteten Schulden u. a. enthalten

Rückstau, Abflußstörung in Wasserläufen.

Rückstellungen Mz., Verbindlichkeiten, die ihrer Entstehung nach bekannt, der Höhe nach noch ungewiß sind, z. B. für Pensionszusagen.

Rückstoß, die Rückwirkung einer von einem Körper durch innere Kräfte fortgestoßenen Masse auf den Körper selbst, z. B. R. durch eine aus einem Gefäß ausfließende Flüssigkeit, bei Feuerwaffen und Raketen; Folge des Impulserhaltungssatzes.

Rückstrahler, Geräte, die einfallendes Licht mit geringer Streuung zurückwerfen; sie sind vorgeschrieben für Straßenfahrzeuge aller Art **(Katzenaugen).**

Rücktritt, 1) Verzicht auf ein Amt. **2)** Schuldrecht: die einseitige Auflösung eines Vertrages durch Erklärung gegenüber dem andern Vertragsteil, bewirkt rückwirkende Vernichtung des Vertragsverhältnisses. Das R.-Recht kann vertraglich vereinbart sein (§§ 346ff. BGB) oder bei verschuldeter →Unmöglichkeit der Leistung, Verzug, positiver Vertragsverletzung (→Vertrag) kraft Gesetzes gegeben sein (§§ 325ff. BGB).

Rücktrittbremse, eine Reibungsbremse in den Freilaufnaben von Fahrrädern, Motorfahrrädern und Mopeds; bei Rückwärtsbewegung der Pedale wird ein Bremsmantel an die sich drehende Nabenhülse gepreßt.

Rückversicherung, Re|assekur'anz die, eine Versicherung, durch die sich eine Versicherungsgesellschaft zur Deckung des von ihr übernommenen Risikos bei einer anderen Versicherungsgesellschaft (Rückversicherer) weiterversichert.

Rückversicherungsvertrag, der dt.-russ. geheime Neutralitätsvertrag auf drei Jahre vom 18.6. 1887; nach Bismarcks Sturz von Caprivi unter Holsteins Einfluß 1890 nicht verlängert.

Rückwirkung, die Anwendbarkeit einer gesetzl. Bestimmung auch für die Zeit vor deren Verkündung. Rückwirkende Strafgesetze sind in der Bundesrep. Dtl. verboten (Art. 103 Abs. 2 GG).

R'uda, Industriestadt in der Woiwodschaft Kattowitz, Polen, 141 200 Ew.; Eisen- und Zinkhütten, Steinkohlengruben.

Rude [ryd], François, franzöß. Bildhauer, *1784, †1855; Hauptwerk: Hochreliefgruppe der Marseillaise am Arc de Triomphe in Paris.

Rüde der, 1) der männl. Wolf, Fuchs, Hund, Marder. 2) Hetzhund, Jagdhund.

rüde [frz.], roh, ungeschliffen.

Rudel das, Lebensverband mancher Tiere (Hirsche, Gemsen, Rehe, Wölfe).

R'udelsburg, Burgruine auf dem rechten Saaleufer, bei Bad Kösen.

Ruder das, 1) um eine senkrechte Achse drehbare Platte zum Steuern des Schiffes, meist am Heck. Die Tiefen-R. der U-Boote und Torpedos (immer paarweise angeordnet) sind um eine waagerechte Achse drehbar. 2) bewegl. Steuerflächen an Tragflügeln und Leitwerk der Flugzeuge. 3) volkstüml. für →Riemen. 4) Füße der Schwimmvögel.

Ruderfüßer, kleine, niedere Krebstiere, freischwimmend (Hüpferlinge) oder festsitzend als Schmarotzer an Fischen: Karpfenlaus.

Rudergänger, Rudergast, ⚓ Matrose, der das Ruder (Steuer) bedient.

Rudern, wird hauptsächlich als Wettrudern über eine bestimmte Strecke, in der Regel 2000 m, ausgeübt. – Bei den Riemenbooten bedient jeder Mann einen Riemen (Ruder) mit beiden Händen, bei den Skullbooten zwei Riemen. Die Riemenboote werden als Zweier, Vierer und Achter, die Skulls als Einer, Doppelzweier, Doppelvierer gerudert; beim Dollenboot liegt der Ruder ihren Drehpunkt in eisernen Gabeln (Dollen), beim Auslegerboot auf eisernen Trägern (Auslegern). (BILD S. 780)

Anton Rubinstein

Rückert

Rudern: Skullen im Doppelzweier

Rüdersdorf bei Berlin, Gem. im Bez. Frankfurt a. d. O., 11600 Ew.; Kalk-, Zement-Ind.

Rüdesheim am Rhein, Stadt in Hessen, 7500 Ew., im Rheingau; Weinbau und Handel; oberhalb von R. das **Niederwalddenkmal.**

R'üdiger [ahd.»Speerruhm«], männl. Vorname.

Rüdiger von Bechel'aren, im Nibelungenlied Markgraf im Dienst des Königs Etzel.

Rudim'ent [lat.] das, 1) Anfang, erster Versuch. 2) rückgebildeter Körperteil (z. B. Wurmfortsatz). **rudiment'är,** unausgebildet, verkümmert.

Rudolf [ahd. »Ruhmwolf«], männl. Vorname.

Rudolf. Fürsten: 1) R. von Schwaben, Graf von Rheinfelden; 1077 von den Gegnern Heinrichs IV. als Gegenkönig aufgestellt, 1080 tödlich verwundet. 2) R. I., R. von Habsburg, Dt. König (1273 bis 91), *1218, †1291; beendete das →Interregnum, bekämpfte die Raubritter, besiegte 1276 den Böhmenkönig Ottokar II. auf dem Marchfeld, brachte 1282 Österreich und Steiermark an sein Haus; Grab im Dom zu Speyer. 3) R. II., Dt. Kaiser (1576-1612), Habsburger, *1552, †1612; begünstigte die Gegenreformation, mußte aber den böhm. Protestanten im »Majestätsbrief« 1609 Religionsfreiheit zusichern. 4) R. IV., der Stifter, Herzog (1358-65), *1339, †1365; erwarb 1363 Tirol, gründete 1365 die Wiener Universität. 5) R., Kronprinz von Österreich-Ungarn, einziger Sohn Franz Josephs *1858, † (Selbstmord in →Mayerling) 1889.

Rudolf von Ems, mittelhochdt. Dichter, * um 1200, † um 1250; Schüler Gottfrieds von Straßburg, behandelte legendäre Stoffe, begann eine »Weltchronik«.

R'udolstadt, Stadt im Bez. Gera, an der Saale, 30900 Ew.; mit Schloß Heidecksburg. Industrie: Porzellan, Röntgenröhren.

Ruf der, 1) Leumund. 2) Berufung eines Hochschullehrers.

Rüfe die, →Mure.

Rufmord, Zerstörung des Ansehens (Rufs) einer Person durch öffentl. Verleumdung.

Rugby [r'ʌgbi], Stadt in Mittelengland, am Avon, 57800 Ew.; Public School (Entstehung des Rugby-Sports); Eisenbahnwerkstätten u. a. Ind.

Rugby [nach der Stadt →Rugby] das, ein Fußballspiel, bei dem ein ovaler Ball, der auch mit den Händen gefangen und getragen werden darf, hinter die Mallinie oder über das Mal des Gegners gebracht werden muß.

Ruge, Arnold, Schriftsteller des »Jungen Dtl.«, *1803, †1880, gründete 1838 die »Hallischen (seit 1841): Dt. Jb. für Literatur und Kunst«, das führende Organ der »Junghegelianer«.

Rüge die, 1) Tadel, Verweis. 2) die Behauptung vor Gericht, daß Verfahrensvorschriften verletzt seien. 3) im bürgerl. und Handelsrecht die Beanstandung von Mängeln an einer gekauften Sache. 4) im MA. die Anzeige unverfolgt gebliebener Verbrechen durch vereidigte Männer **(R.-Geschworene, R.-Zeugen).**

Rügen, die größte dt. Insel, in der Ostsee, von der pommerschen Küste durch den **Greifswalder Bodden** und den **Strelasund** getrennt, 926 km², 86500 Ew., mit Stralsund durch den 2,54 km langen **R.-Damm** verbunden; Landwirtschaft, Fischerei; Fremdenverkehr in den Seebädern. – R., urspr. von den ostgerman. Rugiern, dann von Slawen bewohnt, kam im 12. Jahrh. unter dän. Oberhoheit, 1325 an Pommern, 1648 an Schweden, 1815 an Preußen.

R'ugier Mz., ostgerman. Stamm, der aus dem Ostseegebiet im 4. Jahrh. nach Italien abwanderte und sich später dem Ostgoten anschloß.

Ruhegehalt, Pension die, wird an Beamte bei dauernder Arbeitsunfähigkeit oder nach Erreichen der Altersgrenze (gewöhnl. 65 Jahre) gezahlt.

Ruhegeld, 1) Alters-R., Rente, Leistung der →Rentenversicherung. 2) betriebl. R., dem Arbeitnehmer vom Unternehmer gewährte Rente. Der Anspruch auf R. bedarf eines Rechtsgrundes (Einzelvertrag, betriebl. Übung).

Ruhestand, die Stellung eines auf Lebenszeit berufenen Beamten nach Beendigung des aktiven Dienstes. Bei einstweiliger Beendigung des Dienstverhältnisses eines Beamten spricht man von **Wartestand.**

Rühmann, Heinz, *1902; Filmschauspieler, Komiker, Regisseur.

R'uhpolding, Kurort und Wintersportplatz in Oberbayern, im SO des Chiemsees, 650 m ü. M.

Ruhr die, **Dysenter'ie,** jedes Krankheitsbild mit schleimigblutigen bis eitrigen Durchfällen. Die **Bakterien-R.** ist eine Infektionskrankheit, erregt durch R.-Bakterien. Behandlung: Sulfonamide, später Antibiotica, Wärme, Diät (Tee, Haferschleim). Die **Amöben-R.** tropischer und subtrop. Gebiete wird erregt durch die R.-Amöbe. Behandlung: Brechwurzel, Malariamittel, Antibiotica.

Ruhr die, rechter schiffbarer Nebenfluß des Rheins, kommt aus dem Sauerland, mündet bei Duisburg; 235 km lang.

Ruhrgebiet, rechts des unteren Rheins zwischen Ruhr und Lippe, im O über Dortmund hinaus bis Hamm reichend, bildet zusammen mit den Industriezentren am Niederrhein und an der Wupper das **rheinisch-westfälische Industriegebiet,** eines der größten industriellen Ballungsgebiete Europas. Grundlage der wirtschaftl. Entwicklung bilden die Steinkohlevorkommen. An den Bergbau schließt sich eine große Anzahl von Industrien an, besonders Eisen-, Stahl- und chem. Ind., ferner Schwermaschinenbau, Textil-, Elektro- und Kraftfahrzeug-Ind. Das Gebiet ist dicht bebaut und besiedelt mit zahlreichen Großstädten. Enges Bahn- und Straßennetz. Wichtigste Kanäle: Rhein-Herne-, Dortmund-Ems-Kanal. Zur reichtl. Regelung der Siedlungs-, Bebauungs- und Verkehrsfragen im R. wurde 1920 der **Siedlungsverband Ruhrkohlenbezirk** geschaffen. – 1919 und 1920 waren im R. schwere kommunist. Unruhen. 1921 besetzten franz. und belg. Truppen Düsseldorf, Duisburg und Ruhrort, um die Reichsregierung zur Annahme der Reparationsbedingungen zu zwingen. Wegen geringer Rückstände in den Reparationsleistungen besetzte Frankreich Jan. 1923 das gesamte R. Der daraufhin von der Reichsregierung proklamierte »passive Widerstand« mußte aus wirtschaftl. Gründen (Inflation) im Sept. aufgegeben werden. Nach Einigung über

Rüdesheim, in der Mitte die Bosenburg, rechts die Brömserburg

Rumänien

Ruhrgebiet: Hüttenwerk Rheinhausen

den Dawesplan (1924) wurde das R. 1925 von den Franzosen geräumt.

Rührmichnichtan das, ein Springkraut (→Balsamine).

Ruhrort, Stadtteil von →Duisburg.

Ruhrstatut, das Abkommen von 1948 zwischen Belgien, Großbritannien, Frankreich, den Niederlanden, Luxemburg und den USA über die internat. Kontrolle der Hilfsquellen des Ruhrgebietes. Das R. wurde 1952 mit Inkrafttreten der Montanunion aufgehoben.

Ru'in [lat.] der, Einsturz, Verfall, Untergang, Verderb. **Ru'ine** die, zerfallendes Bauwerk. **ruin'ieren,** zugrunde richten. **ruin'ös,** verderblich.

Ruisdael [r'œysda:l], **1)** Jakob van, holländ. Maler und Radierer, *1628/29, †1682; schwermütige Landschaften. **2)** Salomon van, Landschaftsmaler. Onkel und wohl Lehrer von 1), * um 1600, †1670, Flußufer-, Kanallandschaften.

S.v.Ruisdael: Vor einem Wirtshaus in Haarlem

Ruiz [rui θ], Juan, genannt »Erzpriester von Hita«, größter span. Dichter des MA., †1351.

Rum der, aus Saft und Melasse des Zuckerrohrs durch Vergären hergestellter, etwa 50%iger Alkohol mit spezif. Aromastoffen.

Rum'änen, Mz., Volk in SO-Europa, rd. 19 Mill.; Nachkommen der romanisierten Daker und röm. Siedler, vermischt mit Slawen und Türken.

Rum'änien, Sozialist. Republik in SO-Europa, 237500 km², 20,2 Mill. Ew.; Hauptstadt: Bukarest. ⊕ S. 524, ▭ S. 346.
VERFASSUNG v. 21.8.1965: Die gesetzgebende Gewalt liegt bei den Großen Nationalversammlung; diese wählt das kollektive Staatsoberhaupt (Staatsrat) und das oberste Vollzugsorgan (Ministerrat). Die tatsächl. Macht liegt beim Präsidium des ZK der Rumän. Kommunist. Partei. Verwaltungseinteilung in 40 Kreise (seit 1968).
LANDESNATUR. R. wird von den O- und S-Karpaten durchzogen, die mit dem Bihorgebirge und dem Banat das Hochland von Siebenbürgen einschließen. Am Außenrand der Karpaten liegen im S das Tiefland der Walachei, im O das Hügelland Moldau und südl. das sumpfigen Donaudeltas das Tafelland der Dobrudscha. Klima: binnenländisch. Flüsse: Donau mit Alt Sereth, Pruth; zur

Theiß entwässern Szamos und Mureş. BEVÖLKERUNG. 88% Rumänen, daneben Magyaren, Deutsche u.a. 13 Großstädte. Religion: Rumän. Orthodoxe Kirche rd. 14,5 Mill., daneben über 1 Mill. kath., 1,2 Mill. evang., ferner Juden, Muslime u.a.
WIRTSCHAFT. Über 90% der landwirtschaftl. Nutzfläche sind kollektiv bewirtschaftet. Anbau von Mais (an 1. Stelle in Europa), Weizen, Zuckerrüben, Gemüse, Obst, Wein; Viehzucht (Rinder, Schweine, Schafe), Forstwirtschaft; ☒ auf Erdöl und Erdgas (nach der Sowjetunion an 2. Stelle in Europa), Eisenerz, Kohle, NE-Metalle, Salz. Eisen- und Stahl-, Maschinen-, chem., elektrotechn., Textil- u.a. Ind. Wasserkraftwerke. Fremdenverkehr. Ausfuhr: Erdöl und -erzeugnisse, pflanzl. und tierische Erzeugnisse, Fertigwaren (bes. Maschinen). Haupthandelspartner: Sowjetunion und Ostblockländer, Bundesrep. Dtl., Italien. R. ist Mitgl. des Comecon. Haupthafen: Constanţa; internat. Flughafen: Bukarest.
GESCHICHTE. Das alte Dakien wurde 101-106 n.Chr. von Trajan unterworfen und in der Folgezeit romanisiert. Im MA. drangen viele Slawen ins Land. Die Fürstentümer Moldau und Walachei (»Donaufürstentümer«), die sich im 14.Jahrh. bildeten, gerieten bald unter türk. Oberherrschaft. 1859 wurden sie zum rumän. Staat vereinigt; 1878 volle Unabhängigkeit; 1881 Königreich (seit 1866 Haus Hohenzollern-Sigmaringen, zunächst als Fürsten von R.). Seit 1916 kämpfte R. gegen die Mittelmächte und erhielt 1919/20 Siebenbürgen, das östl. Banat und die Bukowina, ferner Bessarabien. König Karl (Carol) II. machte sich 1938 zum Träger einer autoritären Staatsgewalt. 1940 mußte R. die nördl. Bukowina und Bessarabien an die Sowjetunion, das nördl. und östl. Siebenbürgen an Ungarn, die südl. Dobrudscha an Bulgarien abtreten. 1941 trat R. auf dt. Seite in den Krieg gegen die Sowjetunion ein, schloß 1944 Waffenstillstand. Im Frieden von Paris 1947 mußte R. auf die wieder besetzten Gebiete verzichten, erhielt aber das an Ungarn abgetretene Siebenbürgen und Banat zurück. 1947 mußte König Michael abdanken; R. wurde eine kommunist. Volksrepublik (→Volksdemokratie). Seit 1955 gehört R. dem Warschauer Pakt an. Seit 1963 nimmt es eine selbständigere Haltung gegenüber Moskau ein. Vors. des Staatsrats und 1.Vors. des ZK der KPR: N. Ceausescu (seit 1967), MinPräs.: G. Maurer (seit 1961).
Rumänische Sprache und Literatur. Rumänisch ist die östlichste der roman. Sprachen. Höhepunkt der rumän. Dichtung ist Mihail Eminescu (1850-89), der Volksliedhaftes mit westl. Einflüssen verband.

R'umba der oder die, Gesellschaftstanz im ⁴/₄-Takt, stammt aus Kuba.

Rum'elien, in der türk. Verwaltung bis 1864 die europ. Türkei außer Bosnien, Ungarn und der Peloponnes.

Rumeln-Kaldenhausen, Gem. im Kr. Moers, Nordrh.-Westf., 14700 Ew.

Rum'or [lat.] der, Lärm. Zw. **rum'oren.**

R'umor, Mariano, italien. Politiker (Democrazia Cristiana), *1915; 1968-70 MinPräs.

Rumpler, Edmund, Flugzeugkonstrukteur, *1872, †1940; gründete 1908 in Berlin die erste dt. Flugzeugfabrik, baute dort die **R.-Taube,** später Autos, erfand Stromlinienform, Schwingachse.

Rumpsteak [r'ʌmpsteik, engl.] das, Lendenschnitte vom Rind, gebraten oder gedämpft.

Run [ran, engl.] der, in Krisenzeiten Ansturm der Konteninhaber auf Banken oder Sparkassen; der Verbraucher auf knappe Waren.

Rundbau, →Zentralbau.

Runde die, ✠ **1)** Boxen: Kampfabschnitt von 3 Min. **2)** der einmalige Weg um eine Kampfbahn (bei Lauf- und Rennwettbewerben).

R'undfunk, Radio, die Verbreitung von Darbietungen in Ton (Hör-, Ton-R.) oder Bild (Fernseh-R., Television, →Fernsehen) durch elektromagnet. Wellen; eins der wichtigsten Mittel der Gegenwart für Unterhaltung, Belehrung und Meinungsbildung. Die durch die Darbietungen er-

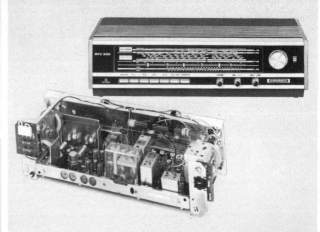

1

2, 3

4, 5

6, 7

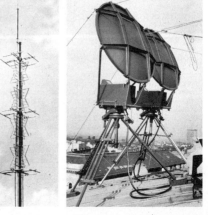

Rundfunk: 1) Transistorempfänger (Koffergerät), **2)** Gedruckte Schaltung und Lautsprecher desselben Gerätes, **3)** Stereo-Steuergerät, Außen- und Innenansicht, **4)** 200-kW-Endstufe des Rundfunkmittelwellensenders ›Rias‹, **5)** Regieraum, im rechten Studio der Solist, im linken der Ansager, davor Regietisch mit Schallplattenspieler, **6)** Übertragungswagen mit vollständiger Tonaufnahme-Apparatur, **7)** Schaltraum des Bayer. Rundfunks, **8)** Kombinierte Antenne für Fernsehen, UKW und Polizeisprechfunk (Funkturm Berlin), **9)** Richtfunkgerät zur drahtlosen Übertragung von Darbietungen ins Funkhaus

8, 9

zeugten Schallschwingungen in der Luft werden am Ort des Geschehens (Live-Sendung) oder in einem Aufnahmeraum (Studio) mit einer Fernsehkamera oder einem Mikrophon in elektr. Schwingungen umgewandelt und verstärkt. Mit diesen Schwingungen wird die Trägerschwingung des **Senders**, die eine sehr viel höhere Frequenz hat, entweder in ihrer Schwingungsweite (Amplitude) oder in ihrer Schwingungszahl (Frequenz) moduliert. Diese modulierten Schwingungen werden der Sendeantenne zugeführt und von ihr ausgestrahlt. Sie breiten sich mit Lichtgeschwindigkeit (300000 km/s) aus und erzeugen (induzieren) in der Empfangsantenne genau entsprechende hochfrequente Wechselspannungen. Aus diesen Schwingungen werden im Empfänger durch Demodulation die der Darbietung entsprechenden Schwingungen herausgeholt, verstärkt und im Lautsprecher oder der Bildröhre in die Darbietung zurückverwandelt.

Ein **Empfänger** hat außer der Demodulation und meist auch Verstärkung noch die Aufgabe, den gewünschten Sender von den nicht gewünschten zu trennen. Hierzu dienen →Schwingungskreise, die meist mittels Drehkondensatoren abgestimmt (in Resonanz gebracht) werden. Der Detektorempfänger dient nur zur Demodulation und Trennung ohne Verstärkung und ist nur für Kopfhörerempfang des Ortssenders brauchbar. Der Röhrenempfänger verstärkt dagegen außerdem noch und ermöglicht deshalb Lautsprecherempfang. Kleine Röhrenempfänger (Audionempfänger) sind wenig trennscharf und hauptsächlich für den Ortsempfang bestimmt. Überlagerungsempfänger (Superhets), die heute überwiegend verwendet werden, sind auch für den Fernempfang geeignet und um so trennschärfer, je mehr Kreise (Schwingungskreise) sie enthalten. Bei diesen Empfängern wird die Empfangsfrequenz beim Empfang eines beliebigen Senders immer in dieselbe Frequenz (Zwischenfrequenz) umgewandelt, was in der Mischstufe mittels einer Hilfsschwingung geschieht. Diese Umwandlung hat den Vorteil, daß die Schwingungskreise des Zwischenfrequenzteils nur einmal fest abgestimmt zu werden brauchen. Die Verwendung von →Transistoren hat Gewicht und Größe der R.-Empfänger sehr

herabgesetzt und damit den Bau von Reise- und Taschenempfängern ermöglicht. Zur Wiedergabe von Stereosendungen werden die Sender und Empfänger mit einem zweiten Übertragungs- und Empfangskanal, zugehörigen Mikrophonen und Lautsprechern ausgerüstet.

Die von den Sendern ausgestrahlten Wellen, die sich durch ihre Wellenlänge (2000 m bis 3 m) und entsprechend durch ihre Frequenz voneinander unterscheiden, liegen in verschiedenen Wellenbereichen, auf denen die Eigenschaften (Reichweite, Störungen, Einfluß von Tag und Nacht, Schwund) verschieden sind: Lang-, Mittel-, Kurz- und Ultrakurzwellen (UKW). Letztere zeichnen sich durch gute Störbefreiung und die Ermöglichung einer guten Klangqualität aus (wegen des großen zur Verfügung stehenden Frequenzbandes) und haben eine geringe Reichweite, die eine entsprechend geringe Störung eines Senders durch frequenzbenachbarte Sender verursacht.

Die modernen R.-Empfänger enthalten Lautsprecher für die hohen Töne, die auch seitlich strahlen, um eine bessere Klangfülle (Raumtonwirkung) zu erzielen.

Bis 1945 war in Dtl. die Reichspost Eigentümer der R.-Sender und führte den techn. Sendebetrieb durch, während die R.-Gesellschaften für den Programmbetrieb sorgten (was in der Dt. Dem. Rep. noch zutrifft). In der Bundesrep. Dtl. wurde dagegen von den Besatzungsmächten das Recht des techn. Sendebetriebes auf die Sendegesellschaften in den einzelnen Ländern übertragen. Der Post verblieb das Recht, das R.-Leitungsnetz zur Verfügung zu stellen, die Senderfrequenzen zu überwachen, R.-Störungen zu beheben und die R.-Gebühren einzuziehen; sie betragen monatlich 2 DM für Hör-R., 5 DM zusätzlich für Fernseh-R. Die Gebühr gilt für mehrere Geräte in demselben Haushalt. Für Auto- und Kofferempfänger besteht eine Sonderregelung.

GESCHICHTE. Aufbauend auf den Arbeiten von Faraday, Maxwell, Hertz, Tesla, Popow, Branly u.a. verwendete Marconi als erster elektromagnet. Wellen zur Nachrichtenübermittlung. Die Löschfunken-, Lichtbogen- und Maschinensender von Braun, Slaby, Arco, Poulsen, Wien u.a. wurden durch den Röhrensender von A. Meißner

Rundfunk- und Fernsehgesellschaften und -anstalten

Bundesrep. Deutschland (Anstalten des öffentl. Rechts): Bayer. R., München; Hess. R., Frankfurt a. M.; Norddt. R., NDR, Hamburg; Radio Bremen; Saarländ. R., Saarbrücken; Sender Freies Berlin, SFB; Süddt. R., SDR, Stuttgart; Südwestfunk, SWF, Baden-Baden; Westdt. R., WDR, Köln; Dt. Welle, Köln (Kurzwellendienst); Deutschlandfunk, Köln (Langwellendienst); Zweites Dt. Fernsehen, Mainz. – Ferner: RIAS, R. im amerikan. Sektor Berlins; American Forces Network, AFN, Frankfurt a. M.; British Forces Broadcasting Service, BFBS, Köln; Canadian Forces Network, CFN, Werl; Radio Forces Françaises, Berlin; Sender Freies Europa, München; Die Stimme Amerikas, München; Radio Europa No. 1 (Europ. R.- u. Fernseh-AG.), Saarbrücken.

Gemeinsame Einrichtungen: Arbeitsgemeinschaft der öffentlich-rechtlichen Rundfunkanstalten der Bundesrep. Dtl., ARD, Bonn; Histor. Kommission des Dt. R., Wiesbaden; Dt. Rundfunkarchiv, Frankfurt a. M.

Dt. Dem. Rep.: Berliner R.; Dtl.-Sender, Berlin (Langwellendienst); Dt. Demokrat. Rundfunk (Kurzwellendienst); Dt. Fernseh-R., Berlin; **Schweiz:** Schweizer. Radio- u. Fernsehges. SRG (Société Suisse de Radiodiffusion et Télévision, Società Svizzera di Radiotelevisione), Bern (privat-rechtl. Verein); Regionalsender Beromünster (deutschsprachig), Sottens (franzÖs.), Monte Ceneri (ital.); **Österreich:** Österr. R. GmbH., Wien; **Großbritannien:** The British Broadcasting Corporation, BBC, London; Independent Television Authority, ITA, London; **Frankreich:** Office de Radiodiffusion-Télévision Française, ORTF, Paris; **Belgien:** Radiodiffusion-Télévision Belge, RTB – Belgische Radio en Televisie, BRT, Brüssel; **Griechenland:** Ethnikon Idrhyma Radhiophonias, Athen; **Niederlande:** Stichting Nederlandse Radio-Unie, NRU; Ned. Televisie St., NTS, Hilversum; **Luxemburg:** Radio Télé-L.; **Skandinavien:** Danmarks Radio, Kopenhagen; Sveriges Radio AB., Stockholm; Norsk Rikskringkasting, Oslo; OY. Yleisradio AB.; Suomen Televisio Finlands TV, Helsinki; **Spanien:** Radio Nacional de España, Madrid; **Italien:** Radiotelevisione Italiana, RAI, Rom; **Jugoslawien:** Jugoslovenska Radio-Televizija, JRT, Belgrad; **Tschechoslowakei:** Českoslov. Rozhlas-C. Televize, Prag; **Sowjetunion:** Staatl. Komitee beim Ministerrat der UdSSR für Rundfunk und Fernsehen, RSFSR, Moskau; **Verein. Staaten:** American Broadcasting Company, ABC; Columbia Broadcasting System, CBS; National Broadcasting Company, NBC, sämtl. New York; The Voice of America, Washington; **Kanada:** Canadian Broadcasting Corporation, CBC, Montreal; **Japan:** Nippon Hoso Kyokai, Tokio; **Indien:** All India Radio, AIR, Neu-Delhi; **China** (Volksrep.): Central Peoples Broadcasting Station, Peking; **Vereinte Nationen:** United Nations Radio and Visual Services Division, N. Y. (USA); **Australien:** Australian Broadcasting Corp. (ABC), Sydney; **Südafrikan. Rep.:** South African Broadcasting Corp., Johannesburg.

P. O. Runge:
Selbstbildnis,
Kreidezeichnung
(Ausschnitt)

B. Russell

verdrängt. Armstrong führte die Rückkopplung ein und entwarf mit Schottky den Überlagerungsempfänger. 1921 wurde in den USA, 1923 in Dtl. der erste Mittelwellensender, 1949 der UKW-R., Ende 1952 der regelmäßige Fernseh-R. in Betrieb genommen.

Rundlauf, ⚡ Strickleitern an einer Drehscheibe zum Laufen und Schwingen im Kreis.

Rundling der, geschlossene Dorfform. Die Gehöfte ordnen sich in Giebelstellung um den inneren Anger.

Rundmäuler Mz., niedere Ordnung der Wirbeltiere, Vorläufer der Fische, von aalähnl. Gestalt, mit knorpeligem Skelett und Saugmund; z. B. Neunauge.

Rundspruch, in der Schweiz: Rundfunk.

R'undstedt, Gerd v., Generalfeldmarschall, *1875, †1953; führte im 2. Weltkrieg Heeresgruppen im poln., französ. und russ. Feldzug; 1942-45 Oberbefehlshaber an der Westfront.

Rundwürmer, →Fadenwürmer.

Runeberg [r'ynəbərj], Johan Ludvig, finn. Nationaldichter, *1804, †1877.

Runen [german. »Geheimnis«, zu »raunen«] Mz., gemeingerman. Kult- und Schriftzeichen, die um 100 v. Chr. vielleicht unter Verwendung altgerman. Sinnbilder aus der nordetrusk. (oder norditalienischen) Schrift entstanden sind. Sie wurden in Holz, Stein und Metall bes. auf Waffen und Schmuckgegenstände geritzt, im Norden auch in **R.-Steine** zum Gedächtnis der Toten. Das älteste der R.-Alphabete, die nach ihren ersten 6 Buchstaben **Futhark** [fuθark] genannt werden, besteht aus 3 Reihen zu je 8 Zeichen. Die Zahl der R.-Inschriften geht in die Tausende (Schweden über 2000). In Dtl. kam ihre Verwendung um 700 außer Gebrauch, in England um 1000, in Skandinavien später.

f u ð o r k ᴣ w h n i j ih p
Runen

Runge, 1) Friedlieb Ferdinand, Chemiker, *1795, †1867, entdeckte Anilin, Phenol und andere organ. Verbindungen. **2)** Philipp Otto, Maler, *1777, †1810, tiefsinniger Romantiker (symbol. Bilder der Tageszeiten); Bildnisse.

Runkelrübe, Futterrübe, Zuchtform der →Beta.

R'uodlieb, Roman, bald nach 1023 im Kloster Tegernsee in latein. Hexametern verfaßt.

Rüpel [von →Ruprecht] der, ungeschliffener Mensch.

Rup'ertus, Ruprecht, Schutzheiliger von Bayern, * um 650, †718 (?), wirkte in Salzburg für das Christentum. Tag: 27. 3.

Rupfen der, grobes Jutegewebe.

R'upiah, Währungseinheit in Indonesien, 1 R. = 100 Sen.

R'upie die, Währungseinheit in Indien (1 R =

Runge: Wir drei, Selbstbildnis mit Braut und Bruder (1805)

100 Naye Paise), Pakistan (1 Pakistan. R. = 100 Paise), Ceylon (1 Ceylon-R. = 100 Cents).

Ruprecht, Rupert [aus ahd. hroud »Ruhm« und beraht »glänzend«], männl. Vorname.

Ruprecht, Fürsten: 1) R. von der Pfalz (1400 bis 1410 Dt. König), Nachfolger des abgesetzten Luxemburgers Wenzel von Böhmen, nur z. T. anerkannt. **2) Rupprecht, Kronprinz von Bayern,** *1869, †1955, ältester Sohn Ludwigs III., Heerführer im 1. Weltkrieg.

Rupt'ur [lat.] die, ⚕ das Zerreißen von Gefäßen, Muskeln oder inneren Organen.

Rur, Roer die, rechter Nebenfluß der Maas, vom Hohen Venn, 207 km lang; Rurtalsperre.

R'urik, schwed. Waräger, wurde Fürst in Nowgorod und Stammvater des ältesten russ. Herrscherhauses; †879.

Rüsche [frz.] die, gefältelter Besatz an Kleidungsstücken.

Rusk [rʌsk], Dean, amerikan. Politiker (Demokrat), *1909; 1961-69 Außenminister.

Ruska, Ernst August Friedrich, Physiker, *1906; erfand mit B. v. Borries das Elektronenmikroskop mit elektromagnet. Linsen.

Ruskin [r'ʌskin], John, engl. Kunstschriftsteller und Sozialreformer, *1819, †1900, forderte Neubewertung der Arbeit, regte die Gründung von Gartenstädten und Arbeiterhochschulen an.

Ruß, der, **1)** tiefschwarzes Pulver, vorwiegend reiner Kohlenstoff, entsteht bei unvollständiger Verbrennung organ. Stoffe; für Farben, Tusche, Kohlestifte, als Kautschukfüllstoff. **2)** ⚕ **Ferkelruß,** braungrauer Hautausschlag verschiedener Ursache, bei Ferkeln.

Russe, Ruse, türk. **Rustschuk,** Stadt in Bulgarien, 123 100 Ew., Donauhafen; Industrie.

Rüssel der, röhrenförmige Verlängerung am Kopf. Saug- und Stech-R. bei Insekten, R. des Elefanten.

Rüsselbär, Nasenbär, Kleinbären mit Wühlrüssel, leben im warmen Amerika.

Rüsselkäfer, Käfer mit rüsselförmig verlängertem Kopf; sie durchbohren damit Pflanzenstoffe; schädlich z. B. der Haselnuß-, Kohlgallenrüßler und Kornkäfer.

Russell [rasl], **1)** Lord Bertrand, 3. Earl R., engl. Philosoph, Mathematiker, Sozialkritiker, *1872, †1970, förderte den philosoph. Empirismus, entwickelte mit A. N. Whitehead das erste System der mathemat. Logik. Seit dem 1. Weltkrieg einflußreich durch sozialkrit. und kulturpolit. Aktivität. 1950 Nobelpreis. **2)** Charles Taze, nordamerikan. Pazifist, *1852, †1916; Gründer der ernsten Bibelforscher. **3)** George William, irischer Schriftsteller und Maler unter dem Decknamen Æ, *1867, †1935; visionäre Dichtungen und Bilder. **4)** Henry Norris, amerikan. Astronom, *1877, †1957, Prof. und Direktor der Sternwarte in Princeton, wirkte bahnbrechend für die moderne Astrophysik.

Rüsselsheim, Stadt in Hessen, am Main, 60 900 Ew.; Kraftwagen-Ind.(Opel-Werke).

Rüsseltiere, Ordnung der Säugetiere mit Rüssel und Greiffortsatz daran. Die R. waren bes. in der Tertiärzeit und in der Eiszeit stark vertreten; z. B. Mammut, Mastodon; heute sind nur noch die Elefanten vorhanden.

Russen, ostslaw. Volk in der Sowjetunion.

Russische Geschichte. Der erste russ. Staat entstand allmählich in der 2. Hälfte des 9. und im Laufe des 10. Jahrh. Die schwedischen Waräger haben dieser Staatsbildung wesentliche Impulse gegeben. Sie begründeten eine Herrschaft über fast alle slaw. Stämme Rußlands mit machten Kiew zur Hauptstadt. Sie kamen in nähere Berührung mit dem Byzantin. Reich, und **Wladimir der Heilige** nahm 988 das Christentum an. Später wurde das Reich von Kiew durch viele Teilungen geschwächt. Es wurde 1224-40 größtenteils von den **Mongolen** (Tataren) unterworfen (»Goldene Horde«), während die westl. Gebiete an Litauen, ein an Polen fielen. Unter mongol. Oberherrschaft, die bis 1480 dauerte, erstarkte allmählich das Großfürstentum Moskau.

Iwan IV., der Schreckliche, nahm 1547 den Zarentitel an und begann mit der Eroberung der mongol. Chanate von Kasan und Astrachan die russ. Expansionspolitik; auch die Unterwerfung Sibiriens wurde eingeleitet. Als 1598 das Herrschergeschlecht (Danilowitschi) ausstarb, kam es zu langen Wirren (der falsche →Demetrius), bis 1613 das Haus **Romanow** den Thron bestieg. Im Kampf gegen Polen wurde 1654 und 1667 die östl. Ukraine mit Kiew gewonnen. →Peter d. Gr. erhob Rußland zur europ. Großmacht und leitete die innere Europäisierung ein. Unter der Kaiserin Elisabeth kämpfte Rußland im →Siebenjähr. Krieg gegen Preußen. Mit Peter III. gelangte 1762 das Haus **Holstein-Gottorp-Romanow** auf den Thron. Die deutschblütige Kaiserin →Katharina II. gewann den größten Teil Polen-Litauens für Rußland und eroberte die ganze Nordküste des Schwarzen Meers. **Alexander I.** entriß Schweden 1809 Finnland und kämpfte gegen Napoleon I., dessen russ. Feldzug 1812 völlig scheiterte (→Napoleon I., →Freiheitskriege); durch den Wiener Kongreß wurde 1815 auch das poln. Kernland (»Kongreßpolen«) mit Rußland vereinigt. **Nikolaus I.** vertrat einen schroff konservativen Standpunkt im Sinne des Absolutismus. Das weitere Vordringen gegen die Türkei, mit dem Ziel der Eroberung Konstantinopels und der Meerengen, erlitt im →Krimkrieg (1853-56) einen Rückschlag. **Alexander II.** hob 1861 die bäuerl. Leibeigenschaft auf und führte 1864 eine beschränkte Selbstverwaltung ein. Die Unterwerfung Kaukasiens wurde abgeschlossen, Turkestan erobert, die Erfolge des Türkenkriegs von 1877/78 freilich durch den Berliner Kongreß (1878) eingeschränkt. Die Bismarcksche Reichsgründung unterstützte Alexander II., während **Alexander III.** ein Bündnis mit Frankreich schloß (1891/94). Unter ihm wurde der russ. Nationalismus herrschend, der sich nach außen als →Panslawismus vor allem gegen das mit dem Dt. Reich verbündete Österreich-Ungarn wandte und sich nach innen in der »Russifizierung« der Ostseeprovinzen, Finnlands, Polens ausdrückte. Seit den 1870er Jahren wuchs der Widerstand liberal- und sozialrevolutionärer Gruppen gegen die Selbstherrschaft der Zaren immer mehr an. Die Forderungen nach inneren Reformen (Agrarreform als Voraussetzung der Modernisierung und Industrialisierung des Landes) wurden immer lauter. Die Eroberungspolitik in Ostasien unter **Nikolaus II.** lief im →Russisch-Japanischen Krieg 1904/05 unglücklich aus. Darauf erzwang die Revolution von 1905/06 die Berufung einer Volksvertretung (Duma). 1907 kam auch eine russ.-engl. Verständigung zustande, die den →Dreiverband vollendete. Nach den schweren Niederlagen durch die dt. Heere wurde Nikolaus II. in der liberalbürgerl. Revolution vom März 1917 entthront. Doch bald errang die bolschewist. Partei unter →Lenin die Oberhand (Oktoberrevolution). →Sowjetunion, GESCHICHTE.

Russische Kirche, das stärkste Glied der →Ostkirche. Rußland wurde seit dem 9. Jahrh. von Byzanz her christianisiert. Seit Errichtung des Moskauer Patriarchats (1589) wurde die R. K. unabhängig von Byzanz. Unter Peter d. Gr. wurde an Stelle des Patriarchen der Hl. Synod die oberste geistl. Spitze, die vom Zaren durch einen weltl. Oberprokuror kontrolliert wurde. 1917 wurde wieder ein Patriarch bestellt, der unter dauernder Staatsaufsicht steht. Neben der R. K. bestanden stets viele Sekten, bes. die →Raskolniki.

Russische Kunst. Altrussische Kunst seit Einführung des Christentums (988) im Dienst der Kirche und unter Einfluß von Byzanz. Erste große Werke der BAUKUNST: Sophienkirchen in Kiew (1017-37) und Nowgorod (1045-52), Vorbild: byzantin. Kreuzkuppelkirchen, dann vielfach vereinfacht und abgewandelt, auch durch Verbindung mit romanischen und armen. Formen (Kirchen in Wladimir). Seit Ende des 15. Jahrh.: Neugestaltung des Moskauer Kremls, bes. durch italien. Baumeister (A. Fioravante, von ihm die Uspen-

skij-Kathedrale im Kreml, 1475-79). Fortbildung byzantin. Kirchenbautypen zu russ. Sonderformen: Außenbau oft turmartig mit hohem Zeltdach: Himmelfahrts-Kirche in Kolomenskaja (1532), auch fast ganz in Türme aufgelöst: Basilius-Kathedrale in Moskau (1555-60). Seit dem 16. Jahrh. Verschmelzung der mannigfachen Einflüsse, auch von islam. Kunst und Barock, zu einem nationalen Stil: malerische Einheit überreicher Formen, gipfelnd in oft grellbunten Zwiebeltürmen. – PLASTIK: wie in Byzanz meist auf Reliefs beschränkt. Hauptwerk des Metallgusses: Hostienbehälter der Sophienkirche in Nowgorod (1435). – MALEREI: in der Frühzeit rein byzantinisch (Mosaiken der Sophienkirche in Kiew, 1017 bis 37). Seit dem 12. Jahrh.: Blüte der Fresken- und Ikonenmalerei in Nowgorod (Theophanes der Grieche, Ende des 14. Jahrh.), seit dem 14. Jahrh. in Moskau (Rublew, um 1400).

Neurussische Kunst, beginnend unter Peter d. Gr. BAUKUNST: Berufung von Ausländern (Schlüter, Schädel; um die 1703 gegr. Hauptstadt St. Petersburg auf europ. Art zu erbauen, anfänglich holländ. Einfluß vorherrschend. Um die Mitte des 18. Jahrh.: russisches Rokoko, Hauptmeister: Rastrelli. Seit Ende des Jahrhunderts: Klassizismus, großzügige Bauten und Platzgestaltungen in St. Petersburg, neben ausländ. Baumeistern vor allem russische maßgebend: A. Sacharow (Admiralität in St. Petersburg, 1806-20), A. Woronichin u. a. Charakteristisch sind reiche Bauplastik, Verwendung der glatten dorischen Säule und mit ockerfarbener Verputz, ausgesprochener Repräsentationsstil. Langes Nachwirken des Klassizismus im 19. Jahrh. Nach 1918: anfangs Begünstigung der modernen Architektur, dann herkömmliche, auf repräsentative Wirkung abzielende Bauten. – PLASTIK: zunächst von Ausländern ausgeübt (Falconet: Reiterdenkmal Peters d. Gr. in St. Petersburg), von Russen seit dem Klassizismus. Außerhalb Rußlands bekannt wurde P. Trubetzkoj durch impressionist. Tier- und Bildnisstatuetten (um 1900). – MALEREI: 18. Jahrh.: zunächst Bildnisse (Lewizkij), 19. Jahrh.: Genre- und Historienmalerei, am vielseitigsten begabt: Repin, naturalist. Schlachtenbilder von Wereschtschagin, russ. Landschaften von Lewitan. 20. Jahrh.: Kandinsky, Jawlensky, Chagall u. a. im Ausland tätig; der →Konstruktivismus hat vor allem in der Architektur gewirkt. Moderne Strömungen seit Stalin als Formalismus bekämpft, maßgebend das Programm des »sozialistischen Realismus«, das der Partei erwünschte Darstellungen mit den realist. Mitteln des 19. Jahrh. fordert. Um 1960 zunehmende Aufgeschlossenheit gegenüber westl. Kunst, vor allem in der Architektur Aufnahme moderner westeurop. Eisen-, Stahl-, Glaskonstruktionen (Kongreßpalast im Kreml) (FARBTAFEL Russische Kunst S. 868)

Russische Literatur. Von der altruss. Dichtung ist nur das Igorlied (um 1200) erhalten. Lomonossow legte im 18. Jahrh. die Grundlagen für eine neue Schriftsprache. Anfang des 19. Jahrh. schrieb Gribojedow sein Lustspiel »Verstand schafft Leiden«, Krylow führte die Fabel zur höchsten Vollendung. In Puschkin (†1837) erstand der größte russ. Dichter, ein Meister des Verses. Dichter des Weltschmerzes war Lermontow (†1841), eigenartiger Romantiker und Satiriker Gogol (†1852), der zur Behandlung der sozialen Fragen hinführte. Gontscharow (†1891) und Turgenjew (†1883) bildeten die realist. Darstellung der russ. Welt weiter aus; sie gipfelte in den Schöpfungen Leo Tolstojs (†1910) und Dostojewskijs (†1881). Bedeutende Erzähler waren auch Leskow (†1895), Mereschkowskij (†1941), Bunin (†1953). Schauspiele schrieben Gogol, Ostrowskij, Tolstoj, Tschechow (†1904). Landstreichertypen und die junge russ. Arbeiterbewegung zeichnete Gorkij (†1936). In der Sowjetunion stand die R. L. im Dienst der bolschewist. Propaganda: Lyriker Majakowskij (†1930), Erzähler Alexej Tolstoj (†1945), Gladkow (†1958), Fadejew (†1956), Fedin, Ehrenburg,

Rüstung:
Ritter-R.
(nach 1500)

Rutherford

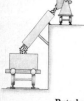

Rutsche:
Schräg-R.

Scholochow; nach Stalins Tod bahnte sich eine »Tauwetterperiode« an: B. Pasternak (†1960), V. Nekrassow (*1911), W. Dudinzew (*1918), A. Solschenizyn (*1918); Lyriker J. Jewtuschenko (*1933), A. Wosnessenskij (*1933).

Russische Sozialistische Föderative Sowjetrepublik, RSFSR, die größte Unionsrep. der Sowjetunion, 17 075 400 km², 127,3 Mill. Ew. (davon 83% Russen), ist mit 76% der Fläche und 54% der Bevölkerung das Kerngebiet der Sowjetunion, auch in polit. und wirtschaftl. Hinsicht; Hauptstadt: Moskau. – Die RSFSR wurde am 7. 11. 1917 gegründet. ⊕ S. 527.

Russische Sprache, im weiteren Sinn Ostslawisch (→Slawen); im engeren Sinn Großrussisch. Der russ. Schriftsprache liegt die südgroßruss. Mundart von Moskau zugrunde. Die **russische Schrift** ist eine jüngere, der Antiqua angeglichene Form der kyrillischen Schrift.

Druckschrift	Volkstümliche Umschrift	Druckschrift	Volkstümliche Umschrift
А а	a	Р р	r
Б б	b	С с	s, ß
В в	w	Т т	t
Г г	g	У у	u
Д д	d	Ф ф	f
Е е	e, je	Х х	ch
Ж ж	sch	Ц ц	z
З з	s	Ч ч	tsch
И и	i	Ш ш	sch
Й й	j, i	Щ щ	schtsch
К к	k	Ы ы	y (ü)
Л л	l	Ъ ъ	–¹)
М м	m	Ь ь	–²)
Н н	n	Э э	e
О о	o	Ю ю	ju
П п	p	Я я	ja

¹) nur in der Druckschrift als Trennungszeichen im Wortinnern gebraucht; handschr.: ' (Apostroph).
²) zeigt an, daß der vorausgehende Konsonant weich auszusprechen ist.

Russisch-Japanischer Krieg, 1904/05 um Korea und die Mandschurei. Nach seinen Siegen von Port Arthur, Mukden, Tsuschima gewann Japan im Frieden von Portsmouth (Verein. Staaten) Korea, Port Arthur, Südsachalin; die Mandschurei kam an China zurück.

Rußland, Russisches Reich, das ehemal. Zarenreich in Osteuropa, Nord- und Innerasien, insgesamt 22,5 Mill. km² mit (1915) 182,2 Mill. Ew.; aus ihm ging die →Sowjetunion hervor. GESCHICHTE, →Russische Geschichte.

Rüster die, →Ulme.

R'ustika [ital.] die, **Bossenwerk,** ⊡ roh behauenes Quaderwerk.

rustik'al [ital.] die, ländlich.

Rüstung die, **1)** der mittelalterl. →Harnisch. **2)** die militär. und wirtschaftl. Einrichtungen eines Staates für den Kriegsfall.

Rüstungsbeschränkung, →Abrüstung.

Rute die, **1)** früheres Längenmaß, zwischen 3 und 5 m. **2)** Schwanz von Hund, Raubwild, Eichhorn. **3)** ⚤ der Penis.

Rutebeuf [rytb'œf], französ. Lyriker, † um 1285; Totenklagen, moralisierende Gedichte, »Mirakelspiel von Theophil«.

Rutenbündel, →fasces.

Rutengänger, Wasser- oder Erzsucher mit →Wünschelrute.

Ruth [hebr. »Freundin«], BIBEL: eine Moabiterin, die Heldin des **Buches R.,** heiratete in Bethlehem Boas, wurde Stammutter des judäischen Königshauses.

Ruth'enen Mz., andere Bez. für die →Ukrainer im ehem. Österreich-Ungarn.

Ruth'enium das, **Ru,** chem. Element, ein Platinmetall; Ordnungszahl 44, Dichte 12,3 g/cm³, Schmelzpunkt 2500 °C.

Rutherford [r'ʌðəfəd], Lord Ernest, engl. Physiker, *1871, †1937, schuf die Grundlagen der Atomphysik; 1919 erste künstl. Umwandlung eines Elements (Stickstoff). Nobelpreis 1908.

Rut'il der, TiO₂, rotbraunes Mineral, →Titan.

R'ütli der, das, **Grütli,** Bergwiese (Matte) im Schweizer Kanton Uri; hier beschworen der Sage nach die Schweizer Urkantone ihren Freiheitsbund gegen die Habsburger.

Rutsche, Gleitbahn, auf der das Fördergut (Kohle, Getreide, Säcke) herabrutscht **(Schurre).**

Rüttelgeräte, ⚙ Gerät zum Verteilen, auch Sieben und Verdichten körniges Gutes.

Ruwenz'ori der, Gebirgsstock Ostafrikas, zwischen Albert- und Edwardsee, 5119 m hoch.

Ruwer die, rechter Nebenfluß der Mosel, mündet unterhalb Trier.

Ruysbroeck [r'œysbru:k], **Ruusbroek,** Jan van, Mystiker, *1293, †1381.

Ruysdael, Salomon van, →Ruisdael 2).

Ruyter [r'œytər], Michiel Adrianszoon de, niederländ. Admiral, *1607; siegte 1666 und 1672 über die Engländer, drang 1667 in die Themse ein; 1676 tödlich verwundet.

RVO, Abk. für Reichsversicherungsordnung.

Rwanda, Ru'anda, Republik in Zentralafrika, 26 338 km², 3,5 Mill. Ew. (meist Bantu; rd. 40% kath.); Hauptstadt: Kigali; Amtssprachen: Kinyarwanda, Französisch. R. liegt östlich des Kiwusees; im W gebirgig. Anbau von Kaffee, Baumwolle, Mais, Bananen; Viehzucht. 🜨 auf Zinn, Wolfram u. a. Ausfuhr: Kaffee, Zinnerz (Kassiterit) u. a. Haupthandelspartner: USA, EWG-Länder. – R. war bis zu seiner Unabhängigkeit (1962) Teil des belg. Treuhandgebiets **Ruanda-Urundi** (bis 1919 Teil von Dt.-Ostafrika). Staats- und Min.-Präs.: G. Kayibanda. ⊕ S. 514, ⊡ S. 346.

R'ybinsk, zeitweise **Schtscherbakow,** Stadt in der Sowjetunion, nördl. von Moskau, 218 000 Ew.; Stausee mit Kraftwerk; Werft, Maschinen- u. a. Industrie.

Rzeszów [ʒ'ɛʃuf], Woiwodschaftshauptstadt in Galizien, Polen, 69 300 Ew.; in der Umgebung Erdölvorkommen.

S

s, S, 1) der 19. Buchstabe im Abc. **2)** S., Abk. für Seite, S, für Süden. **3)** s., Abk. für siehe. **4)** S, chem. Zeichen für →Schwefel. **5)** S., Abk. für Schilling. **6)** S., Abk. für San, Santo, Santa (heilig).

SA, Sturm-Abteilung, →Nationalsozialismus.

Sa., Abk. für lat. summa, Summe.

s.a., bei Angabe von Büchertiteln: Abk. für sine anno [lat.], ohne Jahreszahl.

S. A., Abk. für Société Anonyme [sɔsjet'e anɔn'im, frz.], Aktiengesellschaft.

Saad'i, pers. Dichter, *1184, †1283, schrieb lehrhafte Vers- und Prosaerzählungen und formvollendete, in einem »Diwan« zusammengefaßte Gedichte.

Saalburg, röm. Kastell am Limes im Taunus, nördl. Bad Homburg v. d. H., 1873-1929 aufgedeckt und wiederhergestellt; Sammlungen.

Saale die, **1)** Fränk. S., größter rechter Ne-

Saalburg: Eingangstor

benfluß des Mains, 135 km lang, mündet bei Gemünden. **2) Sächs. oder Thüring. S.,** linker Nebenfluß der Elbe, kommt vom Fichtelgebirge, mündet bei Barby; 427 km lang; Unterlauf schiffbar.

Saalfeld an der Saale, Stadt im Bez. Gera, 33 400 Ew.; Maschinen-, Farben-, Süßwaren-, Elektromotoren- u. a. Ind. Burg S., im 10. Jahrh. Pfalz der Ottonen, dann der Staufer. Bei S. die **Feengrotten,** naturfarbige Tropfsteinhöhlen. — S. wurde 1680 Hauptstadt des Herzogtums Sachsen-Saalfeld, 1826 mit Sachsen-Meiningen vereinigt.

Saaltochter, in der Schweiz: Kellnerin.

Saar die, rechter Nebenfluß der Mosel, kommt von den Vogesen, mündet unterhalb Konz; durch den **S.-Kohlenkanal** mit dem Rhein-Marne-Kanal verbunden; 246 km lang, ab Saargemünd schiffbar.

Saar, Ferdinand v., *1833, † (Selbstmord) 1906; schwermütiger Novellist und Lyriker.

Saarbr'ücken, Hauptstadt des Saarlandes, an der Saar, 134 300 Ew.; alte, teilweise zerstörte Kirchen, Bauten; Universität; Saargrubenverwaltung; Mittelpunkt des Industriegebiets mit Schwerind. im Saarkohlenbecken.

S'aarinen, finn. Architekten, **1)** Eliel, *1873, †1950; seit 1923 in USA. **2)** Eero, Sohn von 1), *1910, †1961; auch Möbelentwürfe.

Saarland, früher **Saargebiet,** Land der Bundesrep. Dtl., 2568 km², 1,12 Mill. Ew.; Hauptstadt: Saarbrücken. ⊕ S. 520/21, ▯ S. 878.

Das S. grenzt an Rheinland-Pfalz, Frankreich und Luxemburg. Es umfaßt meist welliges Hügelland; sehr fruchtbar ist das Tal der Saar. Das S. gehört zu den wichtigsten europ. Industriegebieten: Steinkohlen⚒, Schwerindustrie, Energiewirtschaft u. a.

ENTSTEHUNG, VERFASSUNG, GESCHICHTE. Das S. wurde durch den Versailler Vertrag aus Teilen der preuß. Rheinprov. und der bayer. Pfalz gebildet und für 15 Jahre unter eine Völkerbundsregierung gestellt. 1935 kehrte es nach einer Volksabstimmung (90,8% für die Rückkehr) zum Dt. Reich zurück. — 1946 wurde es aus der frz. Besatzungszone ausgegliedert und 1946/47 durch Teile von Rheinland-Pfalz erweitert. Durch die Verfassung von 1947 nahm das S. die Unabhängigkeit von Dtl. in Anspruch; es bildete mit Frankreich eine Währungs-, Zoll- und Wirtschaftsunion. Das im dt.-französ. Abkommen von 1954 vorgesehene europ. Saarstatut im Rahmen der Westeurop. Union wurde in der Volksabstimmung v. 23. 10. 1955 durch die Saarbevölkerung abgelehnt (67,7%). MinPräs. Hoffmann trat zurück. Auf Grund des dt.-französ. Saarvertrags v. 27. 10. 1956 wurde das S. am 1. 1. 1957 ein Land der Bundesrep. Dtl.; die wirtschaftl. Eingliederung erfolgte am 5. 7. 1959. MinPräs.: F. J. Röder (CDU; seit 1959).

Saarlouis [-lui], Kreisstadt im Saarland, 36 600 Ew.; Befestigung; Kohlenbergbau, Hüttenwerke; Holz-, Metall-Ind. 1681 von Ludwig XIV. als französ. Festung gegr.; 1815 preußisch.

S'aastal, Alpental im schweizer. Kt. Wallis mit dem Kurort **Saas-Fee** (1798 m ü. M.).

Saatgut, Pflanzgut, zur Aussaat bestimmte Samen, Früchte, Knollen.

Saaz, tschech. Žatec, Stadt in NW-Böhmen, an der Eger, 15 800 Ew.; Hopfenhandel, Ind.

Saaz, Johannes von, →Tepl, Johannes von.

S'aba, Sab'äa, im Altertum Landschaft und Reich der Sabäer im südl. Arabien. Die **Königin von S.** besuchte Salomo und prüfte seine Weisheit durch Rätselfragen.

Sabad'ell, Stadt in Spanien, Katalonien, 146 000 Ew.; Woll-, Baumwoll-, Metall-Industrie.

Sabad'ill der, Liliengewächs in Mexiko; der giftige Samen dient als **S.-Essig** gegen Läuse.

Sabah, Gliedstaat von Malaysia, im N der Insel Borneo, 76 115 km², 633 000 Ew. (Malaien, Chinesen); Hauptstadt: Jesselton. S. hat eine eigene Regierung und ein eigenes Parlament. Reis, Bananen, Tabak, Kokospalmen, Kautschuk;

Holzreichtum. — Das Gebiet von S. war als Nordborneo bis 1963 brit. Kolonie. ⊕ S. 515.

S'abata, Victor de, italien. Dirigent, *1892, †1967; wirkte an der Mailänder Scala.

Sabatier [sabatj'e], Paul, französ. Chemiker, *1854, †1941; lieferte wichtige Beiträge zur Erforschung der Katalyse; Nobelpreis 1912.

S'abbat [hebr. »Ruhetag«] der, jiddisch **Schabbes,** jüd. wöchentl. Feiertag vom Freitag bis Sonnabendabend; völliger Ruhetag. Jedes 7. Jahr war ein **S.-Jahr,** in dem die Äcker brach liegenblieben und keine Schulden eingetrieben werden durften. **Sabbat'arier,** christl. Sekten, die den Sonnabend feiern, z. B. Adventisten.

Säbel der, gebogene Hiebwaffe. →Fechten.

SABENA, Abk. für Société Anonyme Belge d'Exploitation de la Navigation Aérienne, belg. Luftverkehrsgesellschaft, Sitz Brüssel.

Sab'ine [von →Sabinern], weibl. Vorname.

Sab'iner Mz., antikes Volk in Mittelitalien. Ein Teil verschmolz in Roms Frühzeit mit den Römern (Sage vom **Raub der Sabinerinnen**). Die übrigen S. wurden 290 v. Chr. unterworfen.

Sab'inergebirge, Gebirgszug des Apennins in Mittelitalien, bis 1368 m hoch.

Sabin-Impfung [s'æbin-], →Schluckimpfung.

Sabotage [sabot'a:ჳə, frz.] die, allgemein: die Vereitelung eines Zieles durch geheime Gegenwirkung oder passiven Widerstand; i. e. S. das vorsätzl. Zerstören oder Beschädigen von Maschinen, Betriebsanlagen u. a. aus Anlaß eines Arbeitskampfes, zu polit. Zwecken u. a. **Saboteur** [-'œ:r] der, wer S. übt. Zw.: **sabot'ieren.**

SAC, Abk. für Schweizer Alpen-Club.

Sacchar'in das, Benzoesäuresulfimid, ein →Süßstoff.

S'accharum [grch.-lat.] das, Zucker, Zuckerrohr. **Sacchar'ate,** Verbindungen von Zucker mit Basen. **Saccharim'eter,** Gerät zur Bestimmung des Zuckergehaltes von Flüssigkeiten; beruht auf dem →Drehvermögen der Zucker.

S'acco di R'oma [ital.] der, die Plünderung Roms durch die dt. und span. Landsknechte Karls V. (6. 5. 1527–17. 2. 1528).

Sac'erdos [lat.] der, Priester. **Sacerd'otium** das, Priestertum.

Sachal'in, sowjet. Insel an der Küste Ostasiens, 76 790 km², 635 000 Ew. (Russen daneben noch Ainu, Tungusen); Hauptstadt: Juschno-Sachalinsk. S. ist gebirgig, waldreich. Kohlen-, Erdöllager; Fischerei. — S. wurde 1875 Rußland zugesprochen, das 1905 den ehemals japanischen südl. Teil wieder an Japan abtrat (1945 an die Sowjetunion zurück).

Sachbeschädigung, ⚖ vorsätzl. und rechtswidrige Beschädigung oder Zerstörung einer fremden Sache. Geldstrafe oder Freiheitsstrafe.

Sachbuch, im Unterschied zur schönen Literatur, der Belletristik Probleme, Gegenstände, Personen, Forschungsreisen u. a. in wissenschaftl. oder populärwissenschaftl. Form dar; auch alle Nachschlagewerke.

Sache die, **1)** dgr., lebloser Gegenstand. **2)** ⚖ jeder körperl. Gegenstand (feste, flüssige und gasförmige Körper, nicht aber Elektrizität, vgl. § 248c StGB). Man unterscheidet z. B. bewegl.

und unbewegl., teilbare und unteilbare S. **Öffentl.** S. dienen der öffentl. Verwaltung und ihren Zwecken unmittelbar (z. B. Schulhäuser, Straßen).

Sachenrecht, ♐ der Teil des bürgerl. Rechts, der die Rechtsbeziehungen der Personen zu den Sachen, die →dinglichen Rechte regelt. Das S. ist im 3. Buch des BGB enthalten. Es gibt nur eine bestimmte Zahl von S., die nicht erweitert werden kann, z. B. →Eigentum, →Nießbrauch, →Pfandrecht (an bewegl. Sachen); →Erbbaurecht, →Dienstbarkeiten, →Reallast (an Grundstücken).

Sachlegitimation, ♐ Befugnis zur Führung eines Rechtsstreits als Kläger (**Aktivlegitimation**) oder Beklagter (**Passivlegitimation**).

Sachleistungsrecht. In der Bundesrep. Dtl. regelt das Bundesleistungsges. i. d. F. v. 27. 9.1961 die Überlassung von bewegl. Sachen, Grundstücken u. a. an die öffentl. Hand zur Verhütung oder Beseitigung einer Gefahr für den Bestand des Bundes oder eines Landes (→Notstand).

Sachs, 1) Hans, Dichter, * Nürnberg 1494, war dort Schuhmacher, †1576; dichtete Meisterlieder, Spruchgedichte, gereimte Schwänke, Fabeln, Fastnachtsspiele. In dem allegor. Gedicht »Die Wittenbergisch Nachtigall« trat S. für Luther ein. **2)** Nelly, Schriftstellerin, Lyrikerin, *1891, †1970, erhielt 1965 den Friedenspreis des dt. Buchhandels, 1966 den Nobelpreis (zus. mit S. J. Agnon).

H. Sachs

Sachsa, Bad S., Kurort in Niedersachsen, am Südharz, 5800 Ew.; Wintersportplatz.

Sachsen Mz., dt. Stamm, breitete sich im 3.-6. Jahrh. über NW-Dtl. und die Harzlande aus. Ein Teil der S. ging nach England (→Angelsachsen). Das altsächs. Stammesgebiet gliederte sich in Westfalen, Engern, Ostfalen und Nordalbingien (Holstein). Karl d. Gr. unterwarf die von Widukind geführten S. (772-804) und zwang sie, das Christentum anzunehmen. Gegen Ende des 9. Jahrh. bildete sich das sächs. Stammesherzogtum der Liudolfinger, die 919-1204 auf dem dt. Königs- und Kaiserthron saßen. Dies Stammesherzogtum wurde unter neuem durch Lothar von Supplinburg (1106-37) und den Welfen Heinrich den Löwen (1139-80) gestärkt, doch 1180 zerschlagen. Die Herzogswürde ging auf eine Linie der Askanier über, die um Lauenburg und Wittenberg saßen; das Herzogtum S.-**Wittenberg**, das auch Kurfürstentum wurde, fiel 1423 an die wettin. Markgrafen von Meißen (→Sachsen, Land).

Sachsen, ehem. Land des Dt. Reiches, 14995 km², (1939) 5,2 Mill. Ew., Hauptstadt: Dresden. S. umfaßte das Mittelgebirge: im S Vogtland, Erzgebirge (mit Fichtelberg, 1214 m), Elbsandstein-, Lausitzer Gebirge, die nach N zur Norddt. Tiefebene (Leipziger Tieflandsbucht) abfallen.

GESCHICHTE. Das Kernland S.s ist die **Mark Meißen,** die gegen die Slawen 929 gebildet worden war und bis ins 12. Jahrh. eingedeutscht wurde. Die **Wettiner** wurden 1089 Markgrafen von Meißen und erwarben 1423 das Kurfürstentum S.-Wittenberg (**Kur-S.**). Durch die Teilung von 1485 entstanden die Linien der **Ernestiner** (Wittenberger Land mit der Kurwürde, größten Teil Thüringens) und der **Albertiner** (Mark Meißen, nördl. Thüringen). Die Ernestiner traten an die Spitze der dt. Protestanten (Friedrich der Weise beschützte Luther). Während sie ihren thüring. Restbesitz durch viele Teilungen zersplitterten, erwarb das nunmehrige albertin. Kur-S. 1635 die Lausitz. Kurfürst Friedrich August I. (**August der Starke**) trat 1697 zum Katholizismus über und erlangte dadurch die poln. Königskrone; er machte Dresden zu einer der schönsten Kunststädte des Barocks. Durch engen Anschluß an Napoleon I. wurde Kur-S. 1806 zum **Königreich S.** erhoben, mußte jedoch 1815 die ganze nördl. Landeshälfte an Preußen abtreten (**Provinz S.**). Der Umsturz vom November 1918 machte S. zum **Freistaat.** Nach dem 2. Weltkrieg wurde S. zunächst Land S. in der Dt. Dem. Rep., seit 1952 in Bezirke aufgeteilt (Dresden, Chemnitz, Leipzig, Cottbus).

Sachsenhausen, 1) bis 1945 nationalsozialist., 1945-50 kommunist. Konzentrationslager bei

Oranienburg. **2)** Vorort von Frankfurt am Main.

Sachsenspiegel, Aufzeichnung des um 1220 geltenden dt. Gewohnheitsrechts durch den Ritter →Eike von Repgau; das älteste und in seiner Zeit bedeutendste dt. Rechtsbuch.

Sachsenwald, Wald östl. von Hamburg, wurde 1871 von Wilhelm I. Bismarck geschenkt.

Sächsische Herzogtümer, die vier Kleinstaaten der Ernestin. Linie der Wettiner in Thüringen: das Großherzogtum **Sachsen-Weimar-Eisenach** und die Herzogtümer **Sachsen-Altenburg, Sachsen-Coburg und Gotha, Sachsen-Meiningen.** Sie wurden 1918 Freistaaten und gingen 1920 im Land Thüringen auf. Coburg schloß sich Bayern an.

Sächsische Schweiz, →Elbsandsteingebirge.

Sachverständiger, ♐ wer auf Grund besonderer Sachkunde Aufklärung über allgem. Erfahrungssätze aus seinem Fachgebiet geben kann; häufig im Prozeß zu Gutachten herangezogen.

Sachwalter, ♐ im Vergleichsverfahren der zur Überwachung des Schuldners bestellte Vertrauensmann der Gläubiger.

Sachwert, der von Geldwertschwankungen unabhängige Substanzwert eines Gutes. **Flucht in S.,** das Bestreben, bei sinkendem Geldwert Geld in wertbeständigen Gütern anzulegen.

Säckingen, Stadt in Baden-Württ., 12900 Ew.; Textil-, Maschinenind.; Mineralquellen.

Sackpfeife, der →Dudelsack.

Sacram'ento, die Hauptstadt von Kalifornien, USA, 254400 Ew.; hat Obst-, Gemüsekonserven-, Holzind., Eisenbahnwerkstätten, Maschinenbau.

Sacré-Cœur [sakrε'œ:r, frz.], Heiliges Herz (Jesu); Kirche auf dem Montmartre in Paris.

Sacré-Cœur

Sacrif'icium [lat. »Opfer«] das, kath. Meßopfer (→Messe).

Sadat, Anwar El, *1918, seit Okt. 1970 Staatspräs. von Ägypten.

Sadduz'äer Mz., jüdische Adelspartei zur Zeit Jesu; Gegner der →Pharisäer; sie hielten nur das Mosaische Gesetz, verwarfen den Auferstehungs- und Engelsglauben.

Sade [sad], Donatien-Alphonse-François Marquis de, franzö. Schriftsteller, *1740, †1814, verbrachte wegen sexueller Vergehen, dann wegen seiner Schriften 27 Jahre im Gefängnis, vertrat ein Übermenschentum im Bösen (→Sadismus).

S'adebaum, dem Wacholder verwandtes, immergrünes, bis 5 m hohes Nadelholz mit Schuppennadeln und schwarzen Beerenzapfen, giftig; an sonnigen Gebirgshängen Europas, Gartenpflanze, Volksarznei.

S'adhu [ind.] der, in Indien Ehrentitel für einen Hindu-Asketen.

Sad'ismus [nach dem franzö. Schriftsteller →Sade] der, Lustbefriedigung durch Quälen des Partners. **Sad'ist** der, wer andere quält.

S'adowa, Dorf in Böhmen; nach ihm wird auch die Schlacht bei →Königgrätz genannt.

SAE, Abk. für Society of Automotive Engineers.

Sagan: Schloß, Parkseite

SAE-Grade sind Viskositätsbezeichnungen für Schmieröle an Stelle der →Englergrade. So ist SAE 20 ein Motorenöl mit etwa 4 bis 6°E bei 50°C.

säen, das Saatgut in den vorgerichteten Boden ausstreuen, teils im Herbst **(Wintersaat),** teils im Frühjahr **(Sommersaat).** Sämaschinen säen breit, in Reihen **(Drillmaschine)** oder in Häufchen **(Dibbelmaschine).**

Saf'ari [ostafrikan.] die, Karawanenreise.

Safe [seif, engl.] der, das, einbruchsicheres Schließfach.

S'affianleder, mit Sumach gegerbtes Ziegenleder.

Safl'or der, **Färberdistel,** gelb-, später rotblühender Korbblüter aus Asien; die Blüten wurden früher zu Farben (Spanischrot), Schminke verwendet.

S'afran [arab.] der, getrocknete braunrote Blütennarben einer Krokusart; dienen zum Gelbfärben von Speisen, als Gewürz.

S'aga [altnord. von segja »sagen«] die, wirklichkeitsnahe, aus mündl. Überlieferung entstandene altisländ. Prosaerzählung: **Familien-S.,** Geschichten der bekanntesten Großbauerngeschlechter von der Landnahmezeit bis ins Hoch-MA., 874 bis 1030, **Königs-S.** (Geschichtserzählungen, z.B. »Heimskringla«), **»Vorzeit-S.«** (märchenhafte Erzählungen der Wikingerzeit, z.B. »Frithjofs-S.«; altnord. Übersetzung mittelalterl. Ritterromane, z.B. »Thidreks-S.«). Die S. wurden im 13. Jahrh. auf Island aufgeschrieben; dt. in der Sammlung »Thule«.

S'agan, Stadt in Niederschlesien, am Bober, (1939) 22800 Ew.; Wallensteinschloß mit ehem. reichen Sammlungen; 1312-1549 schles. Herzogssitz; seit 1945 unter poln. Verw. (Żagań).

Sagan [sag'ã], Françoise, eigentl. **Quoirez,** französ. Schriftstellerin, *1935; melancholischskept. Romane, Dramen.

Sage die, mündl., daher immer wieder umgebildete und dichterisch ausgestaltete Überlieferung der Vorzeit (→Mythos, →Heldensage).

Säge die, ein Schneidwerkzeug, bei dem ein Sägeblatt eine große Anzahl von Schneiden (Zähnen) trägt. Hand-S. sind **Fuchsschwanz, Loch-** oder **Stich-S., Schrot-** oder **Wald-S., Bügel-** oder **Spann-S., Fleischer-S., Metall-S.** Sägemaschinen mit hin- und hergehender Bewegung des Sägeblatts sind die **Bügelsägemaschine** (für Metalle), das **Gatter** (für Holz), mit kontinuierl. Bewegung des Sägeblatts die **Band-S.** und die **Kreis-S.**

Sägefisch, ⊞ haifischähnl. Rochen.

Säger der, ⊞ Entenvogel mit gezähntem Schnabel; Gänse-S., Mittel-S. und Zwerg-S.

Sägewerk, Betrieb zur Aufarbeitung von Holz zu Brettern, Bohlen, Balken u.a.

Saginaw [s'æginɔ:], Stadt in Michigan, USA, 98300 Ew.; Kohlenbergbau, Industrie.

S'ago [malaiisch] der, gekörntes Stärkemehl aus dem Mark ostind. Palmen und des S.-Palmfarns; Nahrungsmittel im südl. Asien. Bei uns bedeutet S. meist Tapioka (→Maniok) oder ein Erzeugnis aus Kartoffelstärke (Kartoffel-S.).

S'ahara [arab. »Wüste«] die, größte Wüste der Erde, in N-Afrika, etwa 8,7 Mill. km². Das Rück-

grat bildet die mittelsahar. Schwelle mit den Gebirgsländern Ahaggar (bis 3000 m) und Tibesti (bis 3415 m). Vorwiegend schuttbedeckte Hochebenen (Hamada) oder Sanddünenwüsten. Das Klima ist sehr trocken mit sehr großen tägl. Temperaturschwankungen. Trockenflußbetten (Wadis) führen nur nach heftigen Regengüssen streckenweise Wasser. Pflanzenwuchs (bes. Dattelpalmen, Akazien, Tamarisken) meist nur in Oasen oder an Flußläufen (Niltal). Die Bewohner sind vorwiegend hamit. Stämme (→Berber, →Tuareg) und Araber, seßhafte Oasensiedler oder Nomaden. Zahlreiche Karawanenstraßen, meist in N-S-Richtung, und Autopisten in der alger. S. Von großer wirtschaftl. Bedeutung sind die 1956 entdeckten Erdölfelder von Hassi Messaoud (Algerien). Ferner sind große Erdgasmengen entdeckt worden. Eisenerzlager in Mauretanien. (FARBTAFEL Afrika I S. 161)

Sah'aranpur, Stadt im nördl. Uttar Pradesch, Indien, 201200 Ew.; Botan. Garten.

S'ahib [arab. »Herr«] der, in Indien Titel der Europäer.

Sahne die, svw. →Rahm.

S'aibling der, Lachsfisch in Gebirgsseen der Alpen und N-Europas. **Bach-S.,** aus N-Amerika eingeführt.

S'aiga die, plumpe Antilope der asiat. Steppen; Kopf und Hals schafähnlich.

S'aigon, Hauptstadt von S-Vietnam, hat zusammen mit dem südwestl. anschließenden Cholon 2,5 Mill. Ew.; Reisausfuhrhafen, versch. Industrie; Flughafen.

Sailer, Johann Michael, kath. Theologe, *1751, †1832; Gegner der rationalist. Aufklärung, vertrat eine verinnerlichte Frömmigkeit.

S'aimaa der, See in SO-Finnland, 1760 km², fließt durch den Vuoksi in den Ladogasee ab; durch den **S.-Kanal** mit dem Finn. Meerbusen verbunden. (BILD Finnland)

Saint [frz. sɛ̃, engl. seint, sənt], Abk. **St.,** weibl. **Sainte** [sɛ̃t, frz.], Abk. **Ste.,** heilig.

Saint Albans [sənt 'ɔ:lbənz], Stadt in S-England, nördl. von London, 50300 Ew.; Kathedrale (12. Jahrh.); Hut-Industrie.

Saint-Cloud [sɛ̃k'lu], westl. Vorwohnort von Paris, 28600 Ew.; Schloß, Park mit Wasserspielen; Industrie.

Saint Croix [sɛ̃ krw'a, engl. sənt kr'ɔi], eine der Jungfern-Inseln.

Saint-Denis [sɛ̃dən'i], Stadt im N von Paris, 100100 Ew.; Abteikirche mit Königsgräbern; bedeutendes Industriezentrum (Maschinen-, Elektronik-, chem. Industrie).

Sainte-Beuve [sɛ̃tb'œv], Charles-Augustin, französ. Schriftsteller, *1804, †1869, der führende Literaturkritiker seiner Zeit.

Saint-Etienne [sɛ̃tetj'ɛn], Industriestadt in S-Frankreich, am N-Fuß der Cevennen, 216000 Ew.; Mittelpunkt eines Kohlenbeckens; Waffen-, Maschinen-, Glas- u.a. Industrie.

Saint-Exupéry [sɛ̃tɛksyper'i], Antoine de, französ. Flieger und Schriftsteller, *1900, † (abgeschossen) 1944, vertrat einen neuzeitl. Humanismus. »Nachtflug«, »Wind, Sand und Sterne«, »Der kleine Prinz«.

Saint-Germain-en-Laye [sɛ̃ ʒɛrm'ɛ̃ ã l'ɛ],

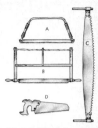

Säge, A Bügel-S.,
B Spann-S.,
C Schrot-S.,
D Fuchsschwanz

Sago:
Sagopalme,
a Frucht

Saint-Exupéry

**Saint-Germain-
en-Laye:** Schloß

Stadt westl. von Paris, 41 200 Ew.; Schloß mit Sammlung galloröm. Altertümer; Friedensverträge von St. Germain 1679 und 1919.

Saint Helens [sənt h'elənz], Industriestadt in NW-England, 107 800 Ew.; Metall-, Maschinen-, Glasindustrie.

Saint John [sənt dʒɔn], Stadt in der kanad.Prov. Neubraunschweig, 55 200 Ew.; Universität; eisfreier Hafen, Industrie.

Saint-John Perse [sēʒɔn pɛrs], eigentl. A. Léger, französ. Lyriker, *1887, Diplomat. Nobelpreis 1960.

Saint John's [sənt dʒɔns], Hauptstadt der kanad. Insel und Prov. Neufundland, 63 600 Ew.; Univ.; Hafen; Fischfang; Maschinenbau.

Saint Kitts [sənt kits], auch **Saint Christopher,** eine der Kleinen Antillen, bildet zusammen mit Nevis (bis 1969 auch mit Anguilla) seit 1967 einen der kanad. Staaten; zus. 350 km², 58 000 Ew.; Hauptstadt: Basseterre.

Saint Louis [sənt l'uis], Stadt in Missouri, USA, am Mississippi 2,3 Mill. Ew.; zwei Univ.; Museen; bedeutender Binnenhandelsplatz; vielseitige Industrie. S. L. wurde 1764 von den Franzosen gegr. und nach Ludwig XV. benannt.

Saint Lucia [sənt l'u:ʃə], eine der Kleinen Antillen, 616 km², 103 000 Ew.; gehört seit 1967 zu den Assoziierten Westind. Staaten.

Saint-Malo [sēmal'o] Hafenstadt in der Bretagne, Frankreich, 43 700 Ew.; Schiffbau, Fischerei, Seebad. In der Nähe Gezeitenkraftwerk.

Saint-Nazaire [sēnaz'ɛ:r], Hafenstadt in W-Frankreich, an der Loiremündung, 64 000 Ew.; Werften.

Saint Paul [sənt p'ɔ:l], Hauptstadt von Minnesota, USA, am Mississippi, 310 000 Ew.; wichtiger Verkehrsknoten; Handel; Industrie; Nordende der Stromschiffahrt.

Saint Petersburg [sənt p'i:təzbə:g], Stadt in Florida, USA, 216 200 Ew.; Winterkurort.

Saint-Pierre [sēpj'ɛ:r], Jacques Henri Bernardin de, französ. Schriftsteller, *1737, †1814; Schüler Rousseaus; »Paul et Virginie« (1784).

Saint-Pierre et Miquelon [sēpj'ɛ:r e mikl'ɔ̃], französ. Überseegebiet, 2 Inseln südlich Neufundland, mit Nebeninseln 242 km², 5500 Ew. (meist Franzosen); Hauptort: Saint-Pierre.

Saint-Quentin [sēkãt'ē], Stadt in N-Frankreich, an der Somme, 66 200 Ew.; got. Kollegiatkirche (12.-15. Jahrh.); Textil-, Maschinenind.

Saint-Saëns [sēsãs], Camille, französ. Komponist, *1835, †1921; Opern (»Samson und Dalila«), Orchester-, Orgelmusik.

Saint-Simon [sēsim'ɔ̃], Claude Henri de Rouvroy, Graf, französ. Sozialreformer, *1760, †1825; forderte die Abschaffung aller altständ. Vorrechte, Leitung der Gesellschaft auf Grund der wissenschaftlich erkannten sozialen Entwicklungsgesetze, Christentum der Tat. Seine Schüler bildeten den **Saint-Simon'ismus** zu einem sozialist.-religiösen Kollektivismus fort.

Saint-Tropez [sētrɔp'e], Seebad an der französ. Riviera, 6200 Ew.

Saint Vincent [sənt v'insənt], eine der Kleinen Antillen, 389 km², 92 700 Ew.; gehört seit 1967 zu den Assoz. Westind. Staaten.

S'aïs, im Altertum Stadt in Unterägypten am Rosettearm des Nil. »Das verschleierte Bild zu S.« (Schiller) ist späte Sage.

Saison [sɛz'ɔ̃, frz.] die, 1) jahreszeitlich bedingte Hauptgeschäftszeit, in Kurorten Zeit des Hauptverkehrs. 2) Theaterspielzeit.

Saite die, Tonquelle der Saiteninstrumente, für Streich- und Lauteninstrumente gewöhnlich aus Darm oder Seide, für Klaviere, Zithern usw. aus Metall.

Saitenwürmer, Fadenwürmer, im Jugendzustand in größeren Kerbtieren, geschlechtsreif frei im Wasser; z. B. das violinsaitenähnl. **Wasserkalb.**

Saj'anisches Gebirge, an der sibir.-mongol. Grenze, im Munko Sardyk 3490 m hoch.

Sakai, Hafenstadt in Japan, südl. von Osaka, 517 000 Ew.; Werkzeug-, Stahl-, Erdölindustrie.

Sak'aria, türk. **Sakarya,** Fluß in NW-Kleinasien; 520 km lang, mündet ins Schwarze Meer.

S'ake der, japan. Nationalgetränk aus vergorenem Reis, enthält 12-14% Alkohol.

Sakk'ara, ägypt. Dorf bei Memphis, große alte Totenstadt, Djoser-Pyramide.

S'akko [ital.] der, kurzer Herrenrock, Jacke.

sakr'al [lat.], 1) auf die Religion oder den Gottesdienst bezüglich. **Sakrale Kunst** (hierzu TAFEL). 2) ʃ das Kreuzbein betreffend.

Sakram'ent [lat. »Eid«] das, Gnadenmittel. Die kath. Kirche und die Ostkirche kennen 7 S.: Taufe, Firmung, Altarsakrament, Buße, Letzte Ölung, Weihe, Ehe, der Protestantismus zwei: Taufe und Abendmahl.

Sakrament'alien Mz., kath. Kirche: Weihungen und Segnungen zu kult. Zwecken; auch die geweihten und die gesegneten Dinge.

Sakril'eg [lat.] das, Religionsfrevel, Heiligtumsschändung.

Sakrist'an [lat.] der, kath. Kirchendiener.

Sakrist'ei [lat.] die, Raum in Kirchen zum Aufbewahren der gottesdienstl. Geräte u. a.

sakros'ankt [lat.], hochheilig, unverletzlich.

säkul'ar [lat.], 1) nur einmal in hundert Jahren, außergewöhnlich; Jahrhunderte dauernd. 2) weltlich.

Säkularisati'on [lat.] die, Verweltlichung; die Überführung geistl. Besitzes in weltl.; in großem Maß vorgenommen in der Reformationszeit, in der Französ. Revolution, in Dtl. 1802/03, in Italien 1860/70. Zw.: **säkularis'ieren.**

S'äkulum [lat.] das, -s/...la, 1) Jahrhundert. 2) die Welt im Gegensatz zur Kirche.

S'aladin, Sultan von Ägypten (1171-93), eroberte auch Syrien, entriß den Kreuzfahrern 1187 Jerusalem.

Sal'am [arab.], **Sel'am, Salem,** Wohlbefinden, Heil. **Selam aleikum,** Gruß der Mohammedaner: Heil sei mit Euch!

Salam'anca, Stadt in Spanien, 99 500 Ew.; Kathedrale; Universität.

Sal'ander [grch.-pers.] der, landbewohnende Schwanzlurche mit rundem Schwanz; leben an feuchten Stellen. **Feuer-S., Alpen-S.** (FARBTAFEL Farbe II S. 343)

Salamander reiben, student. Ehrenbezeigung: Reiben der Gläser auf der Tischplatte.

Sal'ami [ital.] die, geräucherte Dauerwurst.

S'alamis, griech. Insel im Golf von Ägina, 93 km². In der Seeschlacht von S. 480 v. Chr. siegten die Griechen über die Perser.

Salang'ane die, ind. Seglervogel; liefert die aus Speichel bestehenden »eßbaren Schwalbennester«.

Sal'är [frz.] das, Lohn, Gehalt.

Sal'at der, Gericht mit Essig, Öl, Salz, Gewürzen, meist aus S.-Gewächsen, z. B. Garten-S. (Gartenlattich, →Lattich). Er wird gezogen als **Kopf-S., Binde-** oder **Koch-S.** (Sommerendivien, Röm.-S.) mit längl., büschelig stehenden Blättern, **Schnitt-S.** mit kopflosem, schnellwüchsigem Kraut und **Stengel-S.** →Endivie, →Feldsalat, →Kresse.

Salaz'ar, Antonio de Oliveira ʃ, portugies. Staatsmann, *1889 †1970; Prof. für Finanz- und Wirtschaftswiss., 1928-40 Finanzmin., 1932 bis 1968 MinPräs., zugleich 1936-44 Kriegsmin.

und 1936-47 Außenmin. Unter seiner autoritär geführten Regierung wurde Portugal neu gestaltet.

Salb'ader der, Schwätzer. Zw.: **salb'adern.**

S'alband das, Salleiste, feste Webkante.

Salbe die, butterähnl. Masse zum Einreiben, aus Fett, Öl, Wachs u. a., dient als Träger von Arzneistoffen oder als Schönheitsmittel.

S'albei der, die, Lippenblütergattung; z. T. Zierpflanzen. Der **Echte S.** enthält äther. Öl und ist Gewürz-, Arzneipflanze (FARBTAFEL Heilpflanzen S. 352). **S.-Tee** ist harn- und schweißtreibendes Mittel.

S'aldo [ital.] der, -s/...en, Betrag, um den die eine Seite eines Kontos größer ist als die andere **(Soll-, Aktiv-,** oder **Haben-, Passiv-S.).** Der S. wird bei Abschluß des Kontos auf der Gegenseite eingesetzt und darauf neu vorgetragen. **(S.-Vortrag). sald'ieren,** ausgleichen.

Salem, →Salam.

Salem [s'eiləm], 1) die Hauptstadt von Oregon, USA, 68 300 Ew., Willamette-Universität; Konservenind. 2) Stadt in Madras, Indien, 291 400 Ew.; Textilindustrie.

S'alem, Gem. in Baden-Württ., nördl. des Bodensees; Landerziehungsheim (gegr. 1920).

S'alep der, getrocknete Wurzelknollen verschiedener Orchideen; Heilmittel.

Sal'erno, Hafenstadt in S-Italien, am **Golf von S.,** 150 700 Ew.; Dom (11. Jahrh.), älteste medizin. Fakultät Europas (bis 1812); Textilindustrie.

Salesi'aner, 1) die Oblaten des hl. Franz von Sales. 2) **S. Don Boscos,** Priesterkongregation für Erziehung, Unterricht, äußere Mission, aufgebaut seit 1841.

Sales Promotion [seils prəm'oufən, amerikan.] die, ⚔ Maßnahmen zur Absatzsteigerung, bes. durch Einsatz von Werbemitteln und Verkaufspersonal.

Salford [s'o:lfəd], Industriestadt im W Mittelenglands, mit Manchester zusammengewachsen, 150 400 Ew.; Baumwoll-, Eisen-, chem., Maschinenindustrie.

Salic'ylsäure, ⟨O organ. Säure, farblose Kristalle, wird als keimtötendes Mittel verwendet.

S'alier Mz., Teilstamm der alten →Franken. **Salische Kaiser,** die Fränk. Kaiser.

Sali'eri, Antonio, italien. Komponist, *1750, †1825; Lehrer von Beethoven, Schubert, Liszt.

Sal'ine [lat.] die, Werk zur Gewinnung von Salz, häufig mit Gradierwerk.

Salisbury [s'o:lzbəri] 1) Stadt in S-England, 36 400 Ew.; Kathedrale; Messerschmiede, Feininstrumentenind. 2) Hauptstadt Rhodesiens, 358 400 Ew.; Univ., Bahn- und Straßenknoten, Flughafen, Handel, Textil-, Metall- u. a. Ind.

Salisbury [s'o:lzbəri], Robert Cecil, **Marquess of S.,** konservativer engl. Staatsmann, *1830, †1903; seit 1866 mehrfach Premier- und Außenmin.; vergrößerte den engl. Kolonialbesitz.

Salisches Gesetz, lat. **Lex Salica, 1)** das Volksrecht der salischen Franken (aus dem Anfang des 6. Jahrh.). 2) seit dem 14. Jahrh. der Ausschluß der Frauen von der Thronfolge und die Thronberechtigung der durch Männer verwandten Männer (→Agnaten).

Salk-Impfung, von dem amerikan. Mikrobiologen J. E. Salk 1954 angegebene Impfung gegen Kinderlähmung mit abgetöteten Erregern.

Sall'ust, röm. Geschichtsschreiber, *86, † um 35 v. Chr., Anhänger Caesars; schrieb: »Die Verschwörung des Catilina«, »Der Jugurthinische Krieg«, »Historiae« (Bruchstücke). S. leitete Roms Niedergang aus dem allgem. sittl. Verfall her; er beeinflußte Tacitus.

Salm der, ein Fisch, →Lachs.

Salmi'ak der, Ammoniumchlorid, NH_4Cl, weißes Kristallpulver, wird beim Löten verwendet. **S.-Geist,** wäßrige Lösung von Ammoniak.

S'alminen, Sally finnland-schwed. Schriftstellerin, *1906; Romane »Katrina«, »Prinz Efflam«.

Salmon'ellen Mz., krankheitserregende Darmbakterien, verursachen die **Salmonell'osen,** z. B. Paratyphus.

Sal'ome, auch **S'alome** [hebr. »die Friedensreiche«], Tochter der →Herodias, forderte für ihren Tanz von Herodes das Haupt Johannes des Täufers.

S'alomo, König von Israel und Juda (etwa 965 bis 926 v. Chr.), Sohn Davids. Die Nachwelt sah in ihm das Ideal eines mächtigen und weisen Herrschers, in seiner Regierung das Goldene Zeitalter Israels. Mehrere Bücher des A. T. werden ihm zugeschrieben.

S'alomon, Ernst von, Schriftsteller, *1902; Roman »Die Geächteten« (1930); Lebensbericht »Der Fragebogen« (1951).

S'alomon-Inseln, Salom'onen, Inselgruppe in Melanesien, 40 362 km², etwa 217 000 Ew.; gebirgig, vulkanisch, Urwälder; Ausfuhr von Kopra. – Die S.-I. wurden 1895 und 1899 zwischen Dtl. und Großbritannien geteilt. 1920 kam der dt. Teil als Völkerbundsmandat unter austral. Verwaltung (seit 1946 Treuhandgebiet).

S'alomonssiegel, ⚘ der Gemeine →Weißwurz.

Salon [sal'õ, frz.] der, 1) Empfangs-, Gesellschaftszimmer. 2) Treffpunkt der vornehmen Gesellschaft. 3) gut ausgestatteter Geschäfts- oder Ausstellungsraum.

Salon'iki, amtl. **Thessalon'ike,** Stadt in Griechenland, 251 000 Ew.; wichtiger Hafen am **Golf von S.;** Universität; viele byzantin. Bauwerke. – S., um 315 v. Chr. gegr., hatte in byzantin. Zeit seine größte Blüte; wurde 1430 türkisch, kam 1912 an Griechenland.

sal'opp [frz.], lässig, nachlässig, schlampig.

S'alpen [grch.] Mz., glashelle, frei schwimmende, schwanzlose Manteltiere meist wärmerer Meere; mit Ammenzeugung.

Salp'eter der, ⟨O Kalium-, Natrium-, Calcium- und Ammoniumsalze der →Salpetersäure, die sich entweder frei in der Natur finden **(Chile-S.)** oder aus S.-Säure hergestellt werden.

Salpetersäure, HNO_3, wasserhelle, stechend riechende Flüssigkeit vom spezif. Gewicht 1,52, Schmelzpunkt —42 °C, Siedepunkt 86 °C. S. ist ein sehr starkes Oxydationsmittel. Wegen ihrer

Salerno

Saline: Gradierwerk

Saloniki: Demetrius-Kirche

1, 2, 3

4, 5, 6

7, 8, 9

Sakrale Kunst: 1 Edwin Scharff: Kirchentür in Marienthal/Wesel, Bronze. **2** Hein Wimmer und Rudolf Schwarz: Baldachin und Sakramentsaltar der Liebfrauenkirche zu Trier. **3** Ludwig Baur: Petrus-Fenster in der Propstei-Kirche St. Peter zu Recklinghausen. **4** Hein Wimmer: Kelch, Silber vergoldet mit gestochener Inschrift, Knauf mit Zellenschmelz. **5** Ernst Barlach: Kruzifix auf dem Lettneraltar in der Elisabethkirche zu Marburg. **6** Rudolf Koch: Hostiendose, in Blei geschnitten. **7** Karl Schrage: Rauchfaß. **8** Altarbehang in der evangelischen Kirche zu Zierenberg, Entwurf Rudolf Koch. **9** Kurt Schwippert: »Auferweckung des Lazarus«, Tabernakeltür, Bronze, in den Pfarrkirchen Kelberg/Eifel und Kierspe/Westfalen

Fähigkeit, Silber aus seiner Legierung mit Gold herauszulösen, nannte man sie früher **Scheidewasser.** Herstellung heute durch katalyt. Verbrennung von Ammoniak zu Stickoxyd und dessen Überführung in S. Verwendung zum Lösen und Beizen von Metallen und zur Herstellung von Schieß-, Spreng- und Farbstoffen.

SALT [sɔlt, engl.], Abk. für Stratetic Arms Limitation Talks, russ.-amerikan. Gespräche über Waffenbegrenzung, die 1972 zu ersten Vereinbarungen führten.

S′alta, Stadt in Argentinien, in den östl. Kordilleren, 121 500 Ew.; Andenbahn zu dem chilen. Hafen Antofagasta.

Saltillo [salt′iʎo], Hauptstadt des Staates Coahuila, Mexiko, 1520 m ü. M., 135 400 Ew.

Salt Lake City [sɔːlt leik siti, engl. »Salzseestadt«], Hauptstadt von Utah, USA, 192 000 Ew. (fast die Hälfte Mormonen); Sitz des Mormonenpräs.; Univ.; Eisen-, Glas-, Zuckerindustrie.

S′alto [ital. »Sprung«] der, -s/-s, und ...ti, freier Überschlag in der Luft; aus größerer Höhe **Salto mort′ale,** Todessprung.

s′alus [lat.], Heil, Wohlfahrt, Gesundheit.

Sal′ut [frz. aus lat.] der, ehrende Begrüßung durch Aufziehen der Flagge, Kanonenschüsse. **salut′ieren,** grüßen.

Salvad′or, 1) Hauptstadt des brasilian. Staates Bahia, 975 000 Ew., medizin. und jurist. Fakultät; Hafen; Textil-, Kakao-, Tabakind. **2)** →El Salvador, →San Salvador.

Salvars′an [lat.] das, von P. Ehrlich und S. Hata dargestellte Arsenobenzolverbindung gegen Syphilis, Orientbeule, Rückfallfieber u. a.; bes. als Neosalvarsan.

Salv′ator [lat.] der, Erlöser, Heiland.

Salvatori′aner, Gesellschaft vom göttl. Heiland, 1881 gegr. kath. Genossenschaft für Seelsorge und Mission.

s′alve! [lat.], sei gegrüßt! Salve die, gleichzeitiges Feuern; auch als Ehrengruß **(Ehren-S.).**

S′alve Reg′ina [lat. »gegrüßet seist du, Königin«], Anfang einer alten marian. Hymne.

salv′ieren [lat.], retten, sichern.

Salv′inie die, Schwimmfarn, auf ruhigen Gewässern der nördl. gemäßigten Zone.

S′alween, S′aluen der, Fluß in Hinterindien, entspringt auf dem Hochland von Tibet, mündet in den Golf von Martaban; 3200 km lang.

Salz das, 1) ⊙ Verbindung eines Metalls mit einer Säure, im weiteren Sinne alle aus Ionen aufgebauten chem. Verbindungen, die nicht Säuren, Basen oder Oxyde sind. 2) **Kochsalz,** chem. Natriumchlorid, NaCl. Es kommt als **Steinsalz** in großen Lagern vor (z. B. Staßfurt, Reichenhall, Halle, in Galizien, Siebenbürgen, Frankreich, England u. a.), die aus Salzseen oder Meeresteilen entstanden sind; Gewinnung durch bergmänn. Abbau oder Auflösung in Wasser. **Seesalz** gewinnt man durch Verdunstung von Meerwasser, **Solesalz** durch Eindampfen oder Gradieren natürl. oder künstlich hergestellter Solen. Außer zum Würzen der Nahrung dient Kochsalz zur Herstellung von Natrium, Chlor, Salzsäure u. a. – Die Körperflüssigkeit der wirbellosen Meerestiere enthält Salz in ungefähr gleichem Mengenverhältnis wie das Meerwasser, z. B. 3,5% Kochsalz. Bei Süßwasser- und Lufttieren ist der Kochsalzgehalt geringer (z. B. bei Warmblütern 0,9%).

S′alzach die, rechter Nebenfluß des Inns, mündet bei Burghausen; 220 km lang.

Salzbrunn, Bad S., Kurort im Waldenburger Bergland, Schlesien, (1939) 9800 Ew. Seit 1945 unter poln. Verw. **(Szczawno Zdrój).**

Salzburg, 1) österr. Bundesland, 7155 km², 394 100 Ew.; reicht vom nördl. Alpenrand über die Kalkalpen und die Tallandschaften der Salzach (Pinzgau, Pongau) bis zum Kamm der Hohen Tauern, im SO ins Murtal. Erwerbszweige: Alm- und Forstwirtschaft, Ackerbau, ⚒ auf Salz (Hallein), Kupfer (Bischofshofen); Marmor (Untersberg); Eisen-, Maschinen-, Aluminium- u. a. Ind.; Fremdenverkehr. 2) Hauptstadt von 1), an

der Salzach, vor den Kalkhochalpen, 116 600 Ew.; Verkehrsknoten; die malerische Stadt, überragt von der Feste **Hohensalzburg** (gegr. 1077), besitzt bedeutende Kirchen, bes. der Barockzeit, Residenz, das Barockschloß Mirabell; im Benediktinerstift St. Peter das Grabmal Michael Haydns; Bibliotheken, Museen, Festspielhaus (seit 1920 jährlich **Salzburger Festspiele,** seit 1967 auch Osterfestspiele); Geburtsort Mozarts. In der Umgebung die Schlösser **Hellbrunn** (1613-15, mit schönem Park), **Leopoldskron** (1736-40), **Kleßheim** (1700-09). – Das **Bistum S.** wurde 739 durch Bonifatius gegr., 798 zum Erzbistum erhoben, 1802 in ein weltl. Kurfürstentum umgewandelt und kam 1805, endgültig 1816 an Österreich.

Salzburger Emigranten, die von Erzbischof Graf Firmian 1731/32 vertriebenen evang. Salzburger; meist in Ostpreußen angesiedelt.

Salzburger Kalkalpen, erstrecken sich von den Leoganger Steinbergen (Birnhorn 2634 m) im W über das Steinerne Meer (2655 m), Watzmann (2713 m), Hochkönig (2938 m), Dachstein (2996 m) bis zum Paß Pyhrn im O.

Salzgitter, Stadt im VerwBez. Braunschweig, Niedersachsen; mit 118 000 Ew.; größtes dt. Eisenerzlager, Kali-, Steinsalz- und Erdölvorkommen; vielseitige Industrie.

Salzkammergut, Kalkalpenland beiderseits der Traun, in Oberösterreich und Salzburg; reich an Seen. Gebirgsgruppen: Dachstein, Höllen-, Totes Gebirge, Schafberg. Salzwerke in Hallstatt und Ischl; Fremdenverkehr. Hauptort: Bad Ischl.

Salzmann, Christian Gotthilf, *1744, †1811, einer der →Philanthropen, wirkte seit 1784 an dem von ihm gegr. Erziehungsheim Schnepfenthal.

Salzpflanzen, Halophyten, Pflanzen kochsalzreicher Standorte, z. B. des Meeresstrandes, der Salzsteppen; →Glasschmalz oder Queller.

Salzregal, früher das ausschließl. Recht der Fürsten auf Salzgewinnung auf Grund der Goldenen Bulle (1356).

Salzsäure, ⊙ die wäßrige Lösung von Chlorwasserstoff, HCl, eine farblose, stechend riechende Flüssigkeit vom spezif. Gewicht 1,18 g/cm³. S. gehört zu den stärksten Säuren, löst unedle Metalle wie Zink, Eisen, Nickel unter Wasserstoffentwicklung. S. ist ein Bestandteil des Magensaftes aller Wirbeltiere.

Salzschlirf, Bad S., Heilbad in Hessen, 2500 Ew., am Vogelsberg; gegen Gicht, Rheuma.

Salzsee, Großer S., abflußloser See in Utah, USA, 3884-4531 km², enthält 18-27% Salz.

Salzstraßen, Handelswege seit der Vor- und Frühgeschichte, auf denen das lebensnotwendige Salz befördert wurde.

Salz′uflen, Bad S., Stadt in Nordrh.-Westf., an der Salze, 49 000 Ew.; warme Solquellen.

S′alzungen, Bad S., Stadt im Bez. Suhl, an der Werra, 11 500 Ew.; Solquellen.

S′alzwedel, Stadt im Bez. Magdeburg, 19 600 Ew.; Zucker-, chem. Ind. Alte Hansestadt.

Sam [sæm], engl. Abk. für Samuel.

Sam′aden, roman. **Sam′edan,** Wintersportplatz im schweizer. Kt. Graubünden, 1728 m ü. M.

Sam′ara, →Kuibyschew.

Sam′aria, ehem. Stadt in Mittelpalästina, um

Salzburg:
Altstadt; darüber
Festung
Hohensalzburg

Samen:
1 Nacktsamer
(Kiefer), Frucht-
blatt mit a
Samenanlagen,
2 Bedecktsamer
(Stempel), a
Fruchtkern mit
Samenanlagen,
b Griffel, c
Narbe, 3 Samen-
fäden, a Grün-
specht, b Mensch

880 v. Chr. als neue Hauptstadt des Reiches Israel erbaut; später Name der umliegenden Landschaft; Ausgrabungen.

Samar′iter, 1) Samarit′aner, die Bewohner von Samaria, Mischvolk aus Israeliten und fremden Einwanderern, gründeten, von der jüd. Gemeinde ausgeschlossen, um 350 v. Chr. eine eigene Religionsgemeinschaft nach jüd. Muster. **2)** der, Mitgl. eines Vereins zur Leistung der Ersten Hilfe (nach dem **barmherzigen S.,** Lukas 10, 33).

Sam′arium das, Sm, chem. Element aus der Gruppe der →Lanthaniden.

Samark′and, Stadt in der Usbek. SSR, 267 000 Ew.; Univ., Moscheen, Denkmäler aus der Zeit Timurs. Seiden-, Teppich- u. a. Ind. – Blütezeit durch die Araber seit 712; 1369-1405 die Hauptstadt Timurs; wurde 1868 russisch.

Sam′arra, Ruinenstätte im Irak, am Tigris, 1911-13 dt. Ausgrabungen (Abbasidenresidenz 9. Jahrh.); Werke frühislam. Kunst.

S′amba die, urspr. brasilian. Volkstanz, dann Gesellschaftstanz im ⁴/₄-Takt.

Samb′esi der, größter Fluß Südafrikas, fließt vom östl. Angola zum Ind. Ozean; 2660 km lang, bildet die →Victoriafälle. Der **Kariba-Damm** staut den S. zu einem 4500 km² großen See (Kraftwerk beliefert Sambia und Rhodesien). – Der S. wurde von Livingstone erforscht. (FARBTAFEL Afrika II S. 162)

Sambesi: Kariba-Damm

S′ambia, engl. **Zambia,** Rep. in S-Afrika, 752 614 km², 4,2 Mill. Ew.; Hauptstadt: Lusaka; Amtssprache: Englisch. Präsidialverfassung. Vorwiegend Steppenhochland (bis 1200 m) mit trop., durch die Höhenlage gemäßigtem Klima. BEVÖLKERUNG. Fast ausschließlich Bantu. Religion: Naturreligionen, rd. 20% Christen. WIRTSCHAFT. Mais, Hirse, Maniok, Tabak, Baumwolle, Erdnüsse. Viehhaltung, Fischerei. ⚒ auf Kupfer (an 3. Stelle der Welt), Zink, Blei, Kobalt, Kohle u. a.; Nahrungsmittel-, Textil-, Zement-, Holz- u. a. Ind. Ausfuhr: Kupfer u. a. Bergbauerzeugnisse, Tabak; Haupthandelspartner: Großbritannien, Japan, Südafrika, Bundesrep. Dtl. Internat. Flughafen: Lusaka. – S. war als **Nordrhodesien** brit. Protektorat und 1953-63 Teil des Zentralafrikan. Bundes; seit 1964 unabhängige Rep. unter dem Namen S Staats- und MinPräs.: K. D. Kaunda (seit 1964). ⊕ S. 514, ⊓ S. 346.

Sam′edan, roman. für →Samaden.

Samen der, 1) ⚕ lat. **Semen,** bei den S.-Pflanzen der nach der Befruchtung aus der S.-Anlage hervorgegangene, von Hüllen umgebene und mit Nahrungsvorrat versehene Keim; er fällt von der Pflanze ab und keimt zu einem jungen Pflänzchen. Die Nährstoffe sind dem S. entweder in einem Nährgewebe (Endosperm) mitgegeben oder sie sind im Keimling (Embryo) selbst, z. B. den S.-Blättern (Keimblättern), gespeichert. Bei den **Nacktsamigen** sitzt der S. frei an den Fruchtblättern, bei den **Bedecktsamigen** in einer Frucht. **2)** ⚥ ⚭ griech. **Sperma,** die Absonderung (S.-Flüssigkeit) der männl. Geschlechtsdrüsen (Hoden); sie besteht bei Mensch und Wirbeltieren vorwiegend aus den Sekreten der Vorsteherdrüse (Prostata)

und der **Samenbläschen** und enthält die männl. Geschlechtszellen (**Samenzellen, Samenfäden,** Spermien), die sich in den S.-Kanälchen der Hoden bilden. Beim Menschen sind die S.-Zellen etwa 0,06 mm lang, bestehen aus Kopf (Zellkern), Mittelstück und Schwanz und bewegen sich schlängelnd vorwärts. Der S. wird durch die Harnröhre entleert.

Samenanlage, der Jugendzustand des pflanzl. Samens vor der Befruchtung **(Samenknospe, Ei** oder **Eichen),** mit einer Hülle oder mehreren. Die Hüllen lassen einen Kanal frei (Mikropyle) als Eingang für den befruchtenden Pollenschlauch.

Samenkapsel, die Kapselfrucht (→Kapsel).

Samenpflanzen, die →Blütenpflanzen.

sämisch, mit Fett gegerbt, weich (Lederbereitung).

S′amland, ostpreuß. Halbinsel zwischen Frischem und Kurischem Haff; Seebäder: Cranz, Neukuhren, Rauschen, Palmnicken. Im W Steilküste; Bernsteingewinnung. 1254/55 vom Dt. Orden unterworfen.

Sammelheizung, →Zentralheizung.

Sammels′urium [nd. sammelsur»saures Restgericht«] das, buntes Durcheinander.

S′ammet der, →Samt.

Samn′iter Mz., antikes Volk in der mittelitalien. Landschaft **Samnium,** in den **S.-Kriegen** (343 bis 290 v. Chr.) von Rom unterworfen; Reste 82 v. Chr. von Sulla vernichtet.

Sam′oa-Inseln, Inselgruppe in Polynesien; vier große (Sawaii, Upolu, Tutuila, Manua) und zehn kleine vulkan. Inseln, insges. 3039 km², 157 000 Ew. Ausfuhr von Kopra, Kakao, Bananen. Die S.-I. wurden 1722 entdeckt, 1899 zwischen den USA und Dtl. aufgeteilt. Der dt. Anteil wurde 1919/20 neuseeländ. Völkerbundsmandat (seit 1946 Treuhandgebiet); am 1. 1. 1962 wurde er als →West-Samoa unabhängig.

Samog′itien, Landschaft in Litauen, um 1380 vom Dt. Orden unterworfen, 1411 polnisch.

Samoj′eden, eigener Name **Nenzen,** ein Zweig der ural. Völkergruppe, z. T. mit mongol. Zügen. Sie leben von Rentierzucht, Fischfang, Jagd. Ihr Wohngebiet bildet innerhalb der Russ. SFSR drei Nationalbezirke.

Samoj′edenhalbinsel, auch **Jamalhalbinsel,** zwischen Kara-See und Ob-Busen, an der Eismeerküste der Sowjetunion.

S′amos, griech. Insel an der Westküste Kleinasiens, 781 km², 52000 Ew. Ausfuhr von Wein, Öl, Tabak. Hauptstadt: Wathy. Im Altertum erlebte S. seine höchste Blüte unter →Polykrates; 1832 Fürstentum unter türk. Oberhoheit, kam 1912 an Griechenland.

Samothr′ake, griech. Insel in der N-Ägäis, 150 km², 3900 Ew.; Schaf- und Ziegenzucht.

Samow′ar [russ.] der, Teemaschine.

Sample [sa:mpl, engl.] das, Markt- und Meinungsforschung: eine Stichprobenerhebung.

S′amson, →Simson.

Samss′onow, Alexander, russ. General, *1859, †1914; beging Selbstmord nach der Niederlage von Tannenberg.

Samlandküste

Samstag [süddt., österr.], Sonnabend.

Sams'un, Provinzhauptstadt in der kleinasiat. Türkei, Hafen am Schwarzen Meer, 106900 Ew.

Samt [grch.] der, **Sammet,** ein Gewebe mit einer Oberfläche aus kurzen, senkrecht nach oben stehenden Fasern. In einem Grundgewebe werden Fäden (Polfäden, Florfäden) so eingebunden, daß sie nach oben zu aufrechtstehende Schlingen bilden. Diese werden dann aufgeschnitten.

S'amuel [hebr. »Gott erhöre«], israelit. Seher und Priester (um 1050 v. Chr.), salbte Saul und David zum König.

Sam'um [arab.] der, glühendheißer Wüstensturm in Vorderasien und Nordafrika.

Samurai [japan.], urspr. kaiserl. Palastwächter später der adlige japan. Kriegerstand; pflegte eine strenge Moral und Ehrauffassung.

San [ital. und span.], Abk. von Santo, heilig, z. B. San Francisco; weibl.: Santa.

San der, rechter Nebenfluß der Weichsel, 413 km, kommt aus den Beskiden.

S'an'a, Hauptstadt von Jemen, in SW-Arabien; 100000 Ew.; Kaffeehandel.

San Ant'onio, Stadt in Texas, USA, 654200 Ew.; 2 Univ.; Flughafen; Maschinen-, Nahrungsmittelind., Erdöl.

Sanat'orium [lat.] das, -s/...rien, Heilanstalt, bes. für Lungen- und Nervenkranke.

Sancho Pansa [sˈantʃo pˈansa], der Schildknappe des →Don Quijote, verkörpert den realist. bäuerlichen Sinn und Mutterwitz.

s'ancta simpl'icitas [lat.], heilige Einfalt.

S'anctus [lat.], in der kath. Messe der Jes. 6,3 entnommene Lobgesang.

Sand der, Anhäufung kleiner, loser Mineralkörner, bes. Quarz; dient zu Mörtel, zur Glas- und Porzellanbereitung, zum Formen beim Metallguß, zum Schleifen.

Sand 1) [sɑ̃d], George, Deckname der französ. Erzählerin Aurore Baronin de **Dudevant,** *1804, †1876; Geliebte von Alfred de Musset und Chopin, prangerte in ihren Romanen die gesellschaftl. Vorurteile und sozialen Mißstände an. **2)** Karl Ludwig, *1795, † (hingerichtet) 1820; Jenaer Burschenschaftler, erdolchte 1819 →Kotzebue.

Sand|aale, aalschlanke Fischchen des Ufermeeres, bei Ebbe im Sand.

Sand'ale die, mit Riemen am Fuß befestigte Laufsohle mit flachem Absatz als Fußbekleidung, mit schmalem Absatz als **Sandal'ette** für Damen.

Sandbad, { Bad in 45-50°C heißem Sand, wirkt überwärmend und schweißtreibend; z. B. gegen Gicht, Rheumatismus.

Sandblatt, untere, größere, hochwertige Tabakblätter, meist Zigarrendeckblatt.

Sandburg [sˈændbə:g], Carl, nordamerikan. Dichter, *1878, †1967, schrieb die impressionist. »Chicago Poems« und eine Lincoln-Biographie.

Sanddorn, Strauch der Ölweidengewächse, an Meeresküsten und Gebirgsflüssen, mit schmalen Blättern und gelbroter Scheinbeere (**Fasanbeere,** reich an Vitamin C), die Saft und Marmelade gibt, auch Fasanenfutter liefert. (BILD S. 796)

Sandelholz, das Holz verschiedener Bäume, wird bes. zu Schnitzarbeiten verwendet, ferner zur Gewinnung von **S.-Öl** für die Parfümerie.

Sandhausen, Gem. im Kr. Heidelberg, Bad.-Württ., 10 200 Ew.

San Di'ego [sæn diˈegou], Hafenstadt und Badeort in Kalifornien, USA, 1,2 Mill. Ew.; Flughafen, Ind., Kernforschung.

Sandläufer, bunte, räuberisch lebende Bodenkäfer, z. B. der europ. **Sandlaufkäfer.**

Sandpilz, ein Röhrenpilz auf Heideboden, braungelb, eßbar.

Sandr [isländ.] der, **Sander,** flache, ausgedehnte Sandanhäufungen vor Gletschern.

S'andrart, Joachim v., Maler und Kupferstecher, *1606, †1688; schrieb die »Teutsche Akademie der edlen Bau-, Bild- und Malereikünste« (1675-79), die erste dt. Künstlergeschichte.

Sandsch'ak [türk.] der, im alten Türk. Reich ein Verwaltungsbezirk.

Sandsch'ak-Scher'if [türk.] der, in Konstantinopel aufbewahrtes (angebl.) Banner Mohammeds **(Fahne des Propheten).**

Sandstein, Sedimentgestein, entstanden durch Verfestigung von Quarzsand. S. enthält durch winzige Zirkone, Turmaline, oft auch Glimmer, Glaukonit u. a.

Sandstrahlgebläse, ⚙ Gerät zum Reinigen und Behandeln der Oberfläche harter Gegenstände, bei dem Sand oder Stahldrahtstücke durch Druckluft gegen die Oberfläche geschleudert werden.

Sanduhr, Gerät zur Messung kurzer Zeitspannen durch eine langsam rieselnde Sandmenge.

Sandwespe, Gattung der →Grabwespen.

Sandwich [sˈændwitʃ, engl.] das, belegte Weißbrotschnitte.

Sandwich-Inseln [sˈændwitʃ-], die Hawaii-Inseln (→Hawaii).

Sandwurm, Borstenwurm, lebt in einer U-förmigen Wohnröhre im Sand oder Schlick an der Meeresküste (BILD Borstenwurm).

San Francisco [sæn fransˈiskou], **San Franzisko,** abgek.: **Frisco,** Stadt in Kalifornien, USA, 750000 Ew.; größter Hafen und Handelsplatz der W-Küste Amerikas, am Stillen Ozean, auf der Landzunge zwischen der **S.-F.-Bucht** und der Meeresstraße des Goldenen Tores; Erzbischofssitz; Sternwarte. Industrie: Erdölraffinerien, Schiff-, Maschinenbau, Chemikalien u. a. – S. F. ist nach einer Siedlung span. Franziskanermönche benannt; 1906 durch Erdbeben zerstört. Auf der **Konferenz von S. F.** von 1945 wurde die Satzung der →Vereinten Nationen vereinbart.

S'änfte, die, ein Tragstuhl, bei Babyloniern, Ägyptern, Römern, Chinesen im Gebrauch, im Abendland vom 17. bis 19. Jahrh. (BILD S. 796)

Sanger [sˈeindʒə], Frederick, engl. Chemiker, *1918; entwickelte bahnbrechende Verfahren zur Strukturaufklärung der Eiweiße; Nobelpreis 1958.

Sänger, Eugen, *1905, †1964; wissenschaftl. Arbeiten zur Raumfahrt; Vorsitzender der dt. Gesellschaft für Raketentechnik und Raumfahrt.

Sangerh'ausen, Stadt im Bez. Halle, am Harz, 32 400 Ew.; Rosenforschungsinstitut, Maschinen-, Holz-, Nahrungsmittelindustrie.

Sangu'iniker [von lat. sanguis »Blut«] der, leichtblütiger, heiterer Mensch, Hitzkopf. **sangu'inisch,** lebhaft.

S'anherib, König von Assyrien (705-681

San'a: Altstadt, im Hintergrund Dschebel Nukum

Samt,
a Grundgewebe,
b Polfäden,
c Rute,
d Schneidemesser

G. Sand

Sandale:
1 griech. S.,
2 Sandalette

San Francisco

Sanddorn,
a männl. Blüte,
b Frucht, c ver-
größerte männl.
Blüte, d weibl.
Blüte

Sänfte:
Chines. S.

v. Chr.), unterwarf Babylon, · belagerte Jerusalem, baute Ninive zur großen Stadt aus.

san'ieren [lat.], gesund machen, verbessern.
San'ierung die, **1)** Schaffung gesunder Lebens-
verhältnisse (**Großstadt-Sanierung**). **2)** Maßnahme, durch die ein notleidendes Unternehmen auf
gesunde Grundlagen gestellt werden soll, so daß
es mit Gewinn arbeitet.

sanit'är [lat.], die Gesundheit betreffend. **Sanit**-
'äter der, Krankenpfleger, Sanitätssoldat. **Sanit-**
'ätsrat, bis 1918 dt. ärztl. Ehrentitel. **Sanit'äts-**
wesen, 1) Gesamtheit der Gesundheitseinrichtun-
gen militär. Art. **2)** das öffentl. Gesundheitswesen.

San Jose [sæn hoz'ei], Stadt in Kalifornien,
USA, 204200 Ew.; nahebei →Lick-Sternwarte.

San José [sanxos'ε], **1)** Hauptstadt der Rep.
Costa Rica, 186000 Ew.; Univ. **2) S. J. de Cúcuta**
[sanxos'ε–], gewöhnl. **Cúcuta**, Stadt in Kolumbien,
194800 Ew.; Stapelplatz des Handels mit Venezuela.

San Juan [-xu'an], **1)** Stadt in Argentinien,
145000 Ew.; 1944 durch Erdbeben verwüstet. **2)**
Hauptstadt der Insel Puerto Rico, 432800 Ew.;
Universität;Hafen;Ausfuhr:Zucker,Kaffee,Tabak.

San Juan de Pasto, →Pasto.

S'ankhja [Sanskr.] das, dualistische Richtung
der klassischen indischen Philosophie.

Sankt [lat. sanctus], abgek.: **St.,** heilig.

Sankt Andr'easberg, Stadt in Ndsachs., im
Mittelharz, 420–650 m ü. M., Luftkurort.

Sankt Anton am Arlberg, Gem. in Tirol,
Österreich, im Stanzer Tal, 1304 m ü. M., Sommerfrische, Wintersport.

Sankt Augustin, Gem. im Rhein-Sieg-Kreis,
Nordrh.-Westf., 32800 Ew.

Sankt B'ernhard, zwei Alpenpässe: Der
Große S. B., 2469 m hoch, führt von Martigny
(Schweiz) nach Aosta (Italien); wird von einem
Straßentunnel durchquert; auf der Höhe das
S.-B.-Kloster mit Hospiz. **Kleiner S. B.,** 2188 m
hoch, führt vom Isèretal (Frankreich) nach Aosta.

Sankt Bl'asien, Stadt in Bad.-Württ., im südl.
Schwarzwald, 782 m ü. M.; Kurort; Benediktinerkloster (948 gegr.).

Sankt Fl'orian, Markt in Oberösterreich, südöstl. von Linz, Augustiner Chorherrenstift; Stiftskirche mit Krypta und Grab A. Bruckners.

Sankt Gallen, 1) Kanton der östlichen
Schweiz, 2016 km², 384500 Ew.; im S Ausläufer
der Glarner Alpen, in der Mitte die Säntisgruppe,
im N fruchtbares Hügelland; Landwirtschaft mit
Obst-, Weinbau, Viehzucht; versch. Ind. **2)**
Hauptstadt von 1), 78300 Ew.; Hochschule für
Wirtschafts- und Sozialwissenschaften; Textil-
u. a. Ind.; Stiftskirche, Bibliothek. – Die ehemal.
Benediktinerabtei, im 7. Jahrh. als Einsiedelzelle
vom hl. Gallus gegr., war im 9.-11. Jahrh. eine der
bedeutendsten Pflegestätten der mittelalterl. Kunst
und Wissenschaft. Die Äbte wurden 1206 Reichsfürsten und verbündeten sich im 15. Jahrh., ebenso wie die Stadt S. G., mit der Schweizer Eidgenossenschaft. 1803 entstand der heutige Kt. S. G.

Sankt
Gallen:
Klosterkirche

Sankt Ge'orgen, Stadt im Schwarzwald,
12500 Ew.; Werkzeugmaschinen- u. a. Industrie.

Sankt-Georgs-Kanal, Meeresstraße zwischen
Irland und Wales, 80-150 km breit.

Sankt Go'ar, Stadt in Rheinl.-Pf., am linken
Rheinufer; Weinbau, -handel; Ruine **Rheinfels.**

Sankt Goarsh'ausen, Stadt in Rheinl.-Pf.,
rechts am Rhein; in der Nähe die Lorelei.

Sankt G'otthard, Gebirgsstock in der
Schweiz, 3192 m hoch; der über ihn führende
S.-G.-Paß, 2109 m hoch, mit Hospiz, verbindet
Reuß- und Tessintal. (→Gotthardbahn)

Sankt H'elena, brit. Insel im südl. Atlant.
Ozean, 122 km², 4700 Ew.; vulkanisch, fast unzugängl. Küsten, mildes Klima. Verbannungs-
(1815-21) und Sterbeort Napoleons I.

Sankt 'Ingbert, Stadt im Saarland, 29200 Ew.;
Eisen-, Leder-, Glasind., Steinkohlen⚒.

Sankti'on [lat.] die, **1)** feierl. Bestätigung; im
Staatsrecht die Ausstattung eines Gesetzesent-
wurfs mit Gesetzeskraft. **2)** ✝ wichtiges Staats-
gesetz (z. B. →Pragmatische Sanktion). **3)** Strafe.
Sanktionen, Zwangsmaßnahmen polit., wirtschaftl., militär. Art zur Sicherung völkerrechtl.
Verpflichtungen. **sanktion'ieren,** bestätigen, Gesetzeskraft erteilen, Zustimmung geben.

Sankt'issimum [lat.] das, **1)** Allerheiligstes. **2)**
die geweihte →Hostie.

Sankt Jo'achimsthal, tschech. **Jáchymov,**
Stadt in der Tschechoslowakei, 6800 Ew., im
Erzgebirge, 635-750 m ü. M.; Uranbergbau.

Sankt-L'orenz-Strom, Strom im östl. Nordamerika, Abfluß des Ontariosees, 3138 km lang,
mit zahlreichen Inseln, Stromschnellen, Seen und
Nebenflüssen. Er mündet, 150 km breit, in den
Sankt-Lorenz-Golf. 1959 wurde der Ausbau des
S.-L.-St. zum **Sankt-Lorenz-Seeweg** für Seeschiffe
bis Chicago und Duluth vollendet.

Sankt Mor'itz, Kurort und Wintersportplatz
in Graubünden (Schweiz), 5400 Ew., im Oberengadin, 1856 m ü. M.; Stahlbad.

Sankt Peter-Ording, Nordseeheilbad in
Schlesw.-Holst., anschl. im NW Seebad Ording.

Sankt P'ölten, Stadt in Niederösterreich,
42400 Ew.; Bischofssitz; Maschinen- u. a. Ind.

Sankt Tönis, Gem. in Nordrh.-Westf., westl.
von Krefeld, 13500 Ew.; Textil- u. a. Industrie.

Sanktu'arium [lat. »Heiligtum«] das, -s/...rien,
kath. Kirche: **1)** der Raum um den Altar. **2)** Behälter für Reliquien u. a. Heiligtümer.

Sankt Veit an der Glan, Stadt in Kärnten,
Österreich, 12000 Ew.; Maschinen-, Holz-Ind.

Sankt W'endel, Kreisstadt im Saarland, an
der Blies, 10600 Ew.; Tabak-, Ziegel-Industrie.

Sankt Wolfgang, Sommerfrische in Oberösterreich, 2200 Ew., am **St.-Wolfgang-See;** Wallfahrtskirche (Schnitzaltar von M. Pacher); Papier-,
Holz-Industrie.

San Lor'enzo del Escori'al, →Escorial.

San L'uis Potos'í, Hauptstadt des mexikan.
Staates S. L. P., 185700 Ew.; prachtvolle Kirchen; Hüttenwerke, Textil- u. a. Industrie.

San Mar'ino, Republik im mittl. Italien, südwestl. von Rimini, 61 km², 18000 Ew.; Hauptstadt: S. M. Staatsoberhaupt: 2 »capitani reg-
genti«. Fremdenverkehr. – Seit 1862 unter dem
Schutz Italiens. ⊕ S. 523, ⊓ S. 346.

Sannaz'aro, Jacopo, italien. Dichter, *1455,
†1530; Hirtenroman »Arcadia«, oft nachgeahmt.

San R'emo, italien. Winterkurort an der Riviera di Ponente; 64500 Ew.

San Salvad'or, 1) →Watlings-Insel. **2)** Hauptstadt der Rep. El Salvador, 317000 Ew.; Erzbischofssitz; Univ.; Industrie; häufig schwere
Erdbeben (Vulkan S. S.); span. Gründung.

Sansculotten [sãkyl'otən, frz. »ohne Kniehosen«] Mz., Spottname für die Anhänger der
Franzis. Revolution, die lange Hosen trugen.

San Sebasti'án, Hafenstadt im nördl. Spanien,
am Golf von Biscaya, 155300 Ew.; alte Festung.

Sansevi'er(i)a die, **Bogenhanf,** Liliengewächs im trop. Asien und Afrika.

sans façon [sã fas'õ, frz.], ohne Umstände.

sans gêne [sã ʒ'ɛːn, frz.], zwanglos.

S'ansibar, Koralleninsel an der Küste O-Afrikas, gehört mit →Pemba zu Tansania, 1659 km², rd. 200000 Ew. (Suaheli, Araber, Inder, Weiße; überwiegend Muslime); Hauptstadt: S. S. hat eigene Regierung und eigenes Parlament. Im W fruchtbar, Klima tropisch-feucht. Auf S. und Pemba Gewinnung von Gewürznelken (80% der Welternte). – Im 10. Jahrh. setzten sich die Araber auf S. fest. Seit 1832 residierten hier die Sultane von Oman. 1890 kam das Sultanat unter brit. Protektorat (Helgoland-S.-Vertrag); am 10. 12. 1963 wurde es unabhängig. Jan. 1964 wurde der Sultan gestürzt und die »Volksrepublik« ausgerufen. Im April 1964 schloß sich S. mit Tanganjika zusammen (→Tansania).

S'anskrit das, Sprache der altind. Literatur, starb schon im 6. Jahrh. v. Chr. als Volkssprache aus. Die S.-Forschung im 19. Jahrh. begründete die indogerman. Sprachwissenschaft.

Sansov'ino, 1) Andrea, italien. Bildhauer, *1460, †1529; Wandgrabmäler. **2)** Jacopo, *1486, †1570; der führende Baumeister und Bildhauer der venezian. Renaissance.

Sanssouci [sãsus'i, frz. »sorgenfrei«], Rokokoschloß und Park bei Potsdam, Lieblingsaufenthalt Friedrichs d. Gr., 1745-48 von Knobelsdorff erbaut. Östl. vom Schloß die Bildergalerie (1755-64), westl. die Neuen Kammern (1747-74); das Neue Palais (1763-69), gegenüber die beiden Communs (Gästewohnungen, 1765-69); die Villa Charlottenhof (1826-29 von Schinkel im italien. Stil umgebaut); die Orangerie (1851-57).

Sanssouci

S'anta [ital., span., portug.], weibliche Form zu Santo (San) und São, heilig.

Santa Cl'ara, Stadt auf Kuba, 166800 Ew.; Zucker- und Tabakhandel.

Santa Cruz de Tener'ife [-kruθ-], Hauptstadt der Insel Teneriffa, 175000 Ew.; Industrie.

Santa Fe, Stadt im östl. Argentinien, am Paraná, 259600 Ew.; Univ.; Handel.

Santand'er, Hafenstadt Nordspaniens, 133000 Ew.; Bischofssitz; Seebad; Erzausfuhr.

Santay'ana, George de, span.-amerikan. Philosoph und Schriftsteller, *1863, †1952; Roman »Der letzte Puritaner« u. a.

Santi'ago, 1) S. de Chile, Hauptstadt Chiles, 2,5 Mill. Ew.; Erzbischofssitz, 2 Univ., Sternwarte; aufblühende Ind. **2)** S. de Compost'ela, Stadt in NW-Spanien, 67700 Ew.; Erzbischofssitz, Kathedrale, Wallfahrtsort; Univ.; Ind. **3)** S. de Cuba, Stadt auf Kuba, 240600 Ew.; Erzbischofssitz; rege Ind.; Hafen; Ausfuhr: Zucker, Kaffee, Nutzhölzer, Eisenerze.

S'äntis der, höchster Gipfel der S.-Gruppe im Kanton St. Gallen, Schweiz, 2502 m; Wetterwarte, Schwebebahn.

s'anto [span., ital., auch portug.], heilig.

Santo André [s'ãntu ãndr'ɛ], Stadt in Brasilien, 289400 Ew.; räuml. und wirtschaftl. eng mit São Paulo verbunden.

Santo Dom'ingo, 1936-61 Ciudad Trujillo, Hauptstadt der Dominikan. Republik, 367100 Ew.; Ausfuhrhafen für Zucker; Universität.

Santor'in, Th'era, griech. Insel der Kykladen, 72 km² groß, vulkanisch.

S'antos, Hafenstadt in Brasilien, auf der Küsteninsel São Vicente, 313800 Ew.; Bischofssitz; Kaffeeausfuhr.

são [sãu, portug.; sõ, brasil.], heilig.

São Francisco, Rio S. F., [sãu frãns'i:ʃku], 2897 km langer Strom im östl. Brasilien, mit den Paulo-Affonso-Wasserfällen (81 m).

São Luis [sãu l'uis], Hauptstadt und Hafen des brasilian. Staates Maranhão, 242000 Ew.; Erzbischofssitz; Flughafen.

São Miguel [sãu mig'e:l], größte Insel der portugies. Azoren, 747 km².

Saône [soːn] die, Fluß in Frankreich, größter rechter Nebenfluß der Rhône, mündet in Lyon; 482 km lang, davon 374 km schiffbar.

São Paulo [sãu'aulo], 1) Küstenstaat im südl. Brasilien, 247898 km², 17,8 Mill. Ew.; starker Kaffeeanbau, Baumwolle, Reis; Viehzucht; Industrie. Nur S. aus erschlossen portugies. Waldläufer im 17./18. Jahrh. das riesige Hinterland Brasiliens. 2) Hauptstadt von 1), 6,3 Mill. Ew.; Hauptsitz des brasilian. Kaffeehandels, bed. Industrie und Hochschulen.

São Tiago [sãutʃ'agu], die größte der Kapverdischen Inseln, 991 km², 60000 Ew.

São Tomé [sãu-], Insel im Golf von Guinea, 836 km², bildet mit der Insel Príncipe die portugies. Überseeprovinz **S. T. e Príncipe** (60200 Ew.); vulkan., fruchtbar; Ausfuhr von Kakao, Kaffee, Palmkernen, Kopra. Hauptstadt: S. T.

Saph'ir der, Edelstein, der blaue →Korund.

Sapon'ine [von lat. sapo »Seife«] Mz., in vielen Pflanzen (z. B. Panamarinde, Roßkastanie) vorkommende seifenartige organ. Verbindungen.

Sapor'oschje, Industriestadt in der Ukrain. SSR, 658000 Ew.; Dnjepr-Staudamm mit großem Kraftwerk; Aluminiumwerk u. a. bed. Ind.

S'appe [frz.] die, ⚔ ⚒ Graben, der gegen die feindliche Stellung vorgetrieben wird. **Sappeur** [sap'œr] der, ⚔ Pionier.

S'appho, griech. Dichterin, lebte auf Lesbos um 600 v. Chr.; formvollendete Gedichte von tiefer Leidenschaft und Naturverbundenheit. Trauerspiel von Grillparzer.

Sapporo, Hauptstadt der japan. Insel Hokkaido, 881000 Ew.; Universität; Flachs-, Hanf-, Maschinen-Industrie.

Saprop'el der, →Faulschlamm.

Saproph'yten [grch.] Mz., **Fäulnisbewohner,** Pflanzen (bes. Bakterien, Pilze), denen das Chlorophyll fehlt und damit die Fähigkeit, Kohlendioxyd und mineral. Stoffe zu assimilieren; sie nähren sich von pflanzl. und tier. Zerfallstoffen.

S'ara [hebr. »Fürstin, Herrin«], im A. T.: die Frau Abrahams; weibl. Vorname.

Sarab'ande [span.] die, langsamer span. Tanz im ³/₄-Takt, wurde Bestandteil der →Suite.

Saraf'an der, Frauenkleid der russ. Tracht.

S'aragat, Giuseppe, italien. Politiker, *1898, gründete 1947 die Sozialist. Arbeiterpartei, seit 1963 Außenmin., 1964-71 Staatspräsident.

Sarag'ossa, span. Zaragoza, Stadt im nordöstl. Spanien, am Ebro, 387500 Ew.; Erzbischofssitz; got. Kathedrale; Universität (1474 gegr.);

Saragat

Santiago de Chile: Alameda-Straße

Saragossa, links:
La Seo, rechts:
Nuestra Señora
del Pilar

Sari

Sartre

Sardinien: Dorf
in der Barbagia

Lebensmittel-, Bau- und Maschinenind. Seit 1118 die Hauptstadt des alten Königreichs Aragonien.

Saraj'ewo, Stadt in Jugoslawien, Bosnien, 218 000 Ew.; Erzbischofs- und Metropolitensitz; viele Moscheen; Textilien-, Teppich-, Tabak-Ind. In S. wurde am 28. 6. 1914 der österr.-ungar. Thronfolger Franz Ferdinand mit seiner Gattin ermordet (→Weltkrieg I).

Sar'ansk, Hauptstadt der Mordwin. ASSR, Sowjetunion, 190 000 Ew.; landwirtschaftl. Verarbeitungsindustrie.

Saras'ate, Pablo de, span. Violinvirtuose und Komponist, *1844, †1908.

Sar'atow, Stadt in der Russ. SFSR, an der Wolga, 758 000 Ew.; Univ.; Hafen; Maschinen-, Erdöl-Ind.; in der Nähe Erdgasvorkommen.

S'arawak, Gliedstaat von Malaysia, an der NW-Küste der Insel Borneo, 125 205 km², 950 000 Ew. (Malaien, Dajak, Chinesen); Hauptstadt: Kutsching. S. hat eine eigene Regierung und ein eigenes Parlament. WIRTSCHAFT. Reis, Sago, Kautschuk, Kokospflanzungen, Pfeffer; Erdöl, Bauxit, Gold. – S. war 1888-1963 britisch.

Saraz'enen Mz., im Altertum Name eines Beduinenstammes auf der Sinai-Halbinsel, im MA. auf Araber und Muslime übertragen.

Sardanap'al, assyr. König, →Assurbanipal.

Sard'elle [ital.] die, eingesalzene Anchovis.

S'ardes, antike Hauptstadt von Lydien.

Sard'ine [ital.] die, bis 20 cm langer Heringsfisch an den europ. Küsten des Atlantik; kommt eingesalzen oder in Olivenöl eingelegt in den Handel **(Öl-S.).**

Sard'inien, ital. **Sardegna** [sard'εɲa], italien. Insel im Mittelmeer, 23 813 km², 1,5 Mill. Ew. (Sarden); Hauptstadt: Cagliari. Gebirgig. im SW Ebene. Getreide, Wein, Ölbäume, Südfrüchte, Tabak; Viehzucht; ⚒ (Kohle, Zink, Blei, Mangan, Antimon). – S. kam im 5. Jahrh. v. Chr. unter karthag. Herrschaft und war seit 238 v. Chr. röm. Provinz, später oströmisch. Vom 8.-11. Jahrh. war es in den Händen der Araber, dann der Pisaner, 1164-1250 Kgr. unter stauf. Herrschaft, seit 1296 spanisch. 1718-20 fiel S. an die Herrscher von Piemont-Savoyen, die den Königstitel von S. annahmen.

sard'onisches Lachen [nach dem Kraut **Sardonia,** das Gesichtszucken verursachen soll], krampfhaftes Lachen.

Sard'onyx [grch.] der, weiß und rot gestreifter Chalcedon; Halbedelstein.

Sardou [sard'u], Victorien, französ. Bühnendichter, *1831, †1908; »Cyprienne«, »Madame Sans-Gêne«.

Sarg'assomeer, Teil des Atlant. Ozeans zwischen den Azoren, Bermudas und den Westind. Inseln; Laichgebiet der Aale.

Sargent [s'a:dʒənt], John Singer, amerikan. Maler, *1856, †1925; Bildnisse, Landschaften, Geschichtsbilder.

S'argon, altmesopotam. Könige. **1)** S. von Akkad, gründete um 2350 v. Chr. das erste semit. Großreich in Babylonien. **2) S. II.,** König von Assyrien (721-705 v. Chr.), befestigte und erweiterte in Kämpfen gegen Syrien, Babylonien und Armenien die assyr. Herrschaft.

S'ari das, Wickelgewand der indischen Frau.

Sark'asmus [grch.] der, -/...men, beißender Spott. **sark'astisch,** höhnisch, bitter.

Sark'om [grch.] das, **Fleischgeschwulst,** bösartige Geschwulst, ähnl. dem →Krebs, die aber aus dem Binde- und Stützgewebe hervorgeht und sich bes. auf dem Blutwege durch Verschleppung losgelöster Zellen weiterverbreitet.

Sarkoph'ag [grch. »Fleischfresser«] der, meist steinerner Sarg, ohne oder mit Reliefschmuck.

Sarm'aten Mz., im Altertum: iran. Nomadenvolk in Südrußland **(Sarmatien),** gute Reiter und Bogenschützen.

S'arnen, Hauptort im schweizer. Halb-Kt. Obwalden, 6700 Ew.; am **Sarner See;** Holz- u. a. Industrie.

S'arong der, rockähnliches Kleidungsstück der Malaien.

Saroyan [sər'ɔiən], William, amerikan. Schriftsteller armen. Abstammung, *1908; »Menschliche Komödie«, »... sagte mein Vater«.

Sarraute [sar'o:t], Nathalie, französ. Schriftstellerin,*1902; Vertreterin des »Nouveau roman«; »Les fruits d'or« u. a.

S'arstedt, Stadt in Ndsachs., nordwestl. von Hildesheim, 13 500 Ew.; Gartenbauhochschule.

S'arten Mz., türkisierte Iranier am mittl. Syrdarja und in Fergana, meist Händler.

S'arto, Andrea del, italien. Maler, *1486, †1531; Fresken und Tafelbilder.

Sartre [sartr], Jean-Paul, französ. Philosoph und Schriftsteller, *1905, Hauptvertreter der französ. →Existenzphilosophie: der Mensch »ist Freiheit«, ohne Bindung an einen Gott; er ist, wozu er sich durch sein Tun macht. Hauptwerk: »Das Sein und das Nichts«. Schauspiele: »Die Fliegen«, »Die schmutzigen Hände«, »Die Eingeschlossenen«; Romane. 1964 lehnte S. den Nobelpreis ab.

SAS, Abk. für Scandinavian Airlines System [skændin'eivjən 'εərlainz s'istim, engl.], dän.-norweg.-schwed. Gemeinschafts-Luftverkehrsgesellschaft, Sitz Stockholm Bromma.

Sasebo, Hafenstadt in Japan, im W der Insel Kiuschu, 277 000 Ew.; Werftindustrie.

Saskatchewan [sæsk'ætʃiwən], **1)** der, Fluß in Kanada, mündet in den Winnipegsee, dem er als Nelson River entströmt, insges. 2575 km lang. **2)** Prov. Kanadas, 651 903 km², 961 000 Ew.; Hauptstadt: Regina. Getreidebau (über 50% der kanad. Weizenernte), Viehzucht, Pelztierfang; ⚒ auf Erdöl, Erdgas, NE-Metalle u. a.; Uranlager. Raffinerien, holzverarbeitende u. a. Industrie.

S'assafras der, **Sassafraslorbeer,** Lorbeergewächs im atlant. Nordamerika mit gelbl. Blütenrispen und dunkelblauen Beeren. Holz und Rinde enthalten das nach Fenchel riechende **S.-Öl;** Würze für Seife, Tabak, Getränke.

Sassan'iden Mz., neupersisches Herrscherhaus von 226 bis um 640 n. Chr.

S'assari, Stadt im N Sardiniens, 107 300 Ew.; Erzbischofssitz; Universität; Handel.

Saßnitz, Ostseebad auf der Insel Rügen, 13 400 Ew.; Fähre nach Trelleborg (Schweden).

Sassol'in der, weißes Mineral in Schuppen oder Fasern, natürliche →Borsäure.

S'atan [hebr. »Widersacher«] der, Teufel.

S'atanspilz, Blutpilz, sehr giftiger Röhrenpilz. (FARBTAFEL Pilze S. 865)

Satell'it [lat.] der, 1) Leibwächter, Begleiter. 2) ☿ einen Planeten begleitender Mond. 3) →Erdsatellit. 4) S., **Satellitenstaat,** ein von einer Großmacht abhängiger Staat; bes. die unter sowjet. Einfluß stehenden Staaten Ost-Europas.

S'athmar, rumän. **Satu Mare,** ungar. **Szatmár Németi,** Stadt in Rumänien, bis 1919 zu Ungarn, 71 200 Ew.; Handelsmittelpunkt; Waggon-, Eisen-, Maschinen-Industrie.

Satie [sat'i], Eric, französ. Komponist, *1866, †1925; Opern, Ballette, Klavierstücke.

Satin [sat'ɛ̃, frz.] der, Gewebe von seidiger, glänzender Oberfläche, in Atlasbindung. **satin'ieren,** Papier im Kalander glätten, Glanz geben.

Sat'ire [lat.] die, Dichtungsgattung, die durch Spott, Ironie, Übertreibung bestimmte Personen, Anschauungen, Ereignisse kritisieren oder verächtlich machen will. Sie kann sich mit allen literar. Formen verbinden.

Satisfakti'on [lat.] die, Genugtuung, bes. mit der Waffe bei Verletzung der Ehre.

S'atledsch der, größter Nebenfluß des Indus, 1450 km lang, zur Bewässerung genutzt.

Satr'ap [pers.] der, Statthalter.

S'atte [zu: setzen] die, Milchnapf.

Sattel der, 1) Vorrichtung, die den sicheren Sitz des Reiters ermöglicht. Neben den **Reitsätteln** gibt es **Packsättel** für Tragtiere. 2) Sitzvorrichtung beim Fahr- und Motorrad. 3) ⊕ Senke im Verlauf eines Bergzuges.

Sattelholz, ⊓ Querholz auf einer Säule, Unterlage für die Träger.

Sattelpferd, beim Zweigespann das links gehende Pferd. Das andere heißt **Handpferd.**

Sattelschlepper, Zugmaschine mit kurzem Fahrgestell, auf das sich das Vorderende des Anhängers stützt.

S'attler der, handwerkl. und industr. Lehrberuf, **Groblederverarbeiter.** Spezialberufe: Geschirr-, Auto-, Sportartikel-Sattler.

satur'iert [lat.], gesättigt.

Sat'urn der, 1) altröm. Gott der Saaten und der Fruchtbarkeit, später dem Kronos gleichgesetzt. 2) ☿ nach Jupiter der größte Planet. Er ist von einem freischwebenden Ring umgeben, der aus vielen kreisenden Einzelkörpern besteht. 10 Monde des S. sind bekannt. Die bei einer Oberflächentemperatur von −140 °C besteht die Atmosphäre des Planeten vorwiegend aus Methan ähnlich der des Jupiters.

Saturn'alien Mz., altrömisches Fest zu Ehren des Gottes Saturn am 17. Dezember.

S'atyr der in der griech. Göttersage ein mit →Dionysos auftretender Quell- oder Walddämon; Mischgestalt: Menschenkörper, Pferde- oder Bocksbeine, Schwanz; der→Faun. (BILD Jordaens)

S'atyrspiel, das ausgelassene Nachspiel der griech. Trauerspiele einer →Trilogie.

Satz [zu setzen] der, 1) ⑤ der sprachl. Ausdruck eines Gedankens; gliedert sich in zwei **Satzteile: Satzgegenstand** oder **Subjekt** und **Satzaussage** oder **Prädikat.** Zum Zeitwort der Satzaussage kann die **Ergänzung (das Objekt)** hinzutreten. Ferner können Satzgegenstand und -aussage durch nähere Bestimmungen erweitert werden. Die **Haupt-** und **Nebensätze** (Satzteile in Form von Sätzen). Mit dem Satzbau beschäftigt sich die **Satzlehre** oder **Syntax. Satzzeichen:** Punkt, Strichpunkt, Beistrich usw. 2) ⚏ eine Anzahl gleicher Gegenstände verschiedener Größe. 3) ♪ a) abgeschlossener Teil eines größeren Tonstücks (Sonate, Sinfonie u. a.). b) Setzweise, d. h. die Art des Aufbaus eines Tonstücks. 4) ⬭ die Zusammenstellung der Lettern.

Satzung die, **Stat'ut** [lat.] das, ⚖ 1) rechtl. Anordnung, durch die eine mit Selbstverwaltung ausgestattete öffentl. Körperschaft, z. B. Gemeinde, ihr eigenes Recht im Rahmen der Gesamt-rechtsordnung bestimmt. 2) die Verfassung eines Vereins oder einer Gesellschaft.

Sau die, 1) Mz. Säue, das weibliche Schwein. 2) Mz. Sauen, ♀ Wildschwein.

Sau die, Nebenfluß der Donau, →Save.

Sauce [z'osə, frz.] die, französ. für →Soße.

Saudi-Arabien, Kgr. in Arabien, 2,15 Mill. km², 7,2 Mill. Ew.; Hauptstadt: Er-Riad, daneben Mekka. Die durch Personalunion verbundenen Königreiche Nedschd und Hidschas haben getrennte Verwaltung. S.-A. umfaßt den Hauptteil der Halbinsel →Arabien, hat Anteil an den Küsten des Roten Meers und des Pers. Golfs. BEVÖLKERUNG. Überwiegend muslim. →Araber, etwa ²/₃ Nomaden. WIRTSCHAFT. Oasen- und Bewässerungskulturen (Datteln), Viehhaltung (Schafe, Ziegen, Kamele); reiche Erdölvorkommen. Handwerksbetriebe, Leichtindustrie, Raffinerien. Haupthandelspartner: Japan, Italien, USA. Haupthäfen: Dschidda, Damman; internat. Flughäfen: Er-Riad, Dschidda, Dharan. – GESCHICHTE. Bis 1926 →Arabien. 1926 vereinigte der Wahhabitenherrscher →Ibn Saud die Königreiche Hidschas und Nedschd; seit 1932 nannte er sein Reich S.-A. 1953 folgte ihm sein Sohn Saud, 1964 dessen Bruder Feisal. ⊕ S. 514, ▭ S. 346.

Saudi-Arabien: Ölfelder bei Dharan

S'audistel, ⚘ Gänsedistel, eine Eberwurz, Acker- und Kohldistel.

Sauer die, linker Nebenfluß der Mosel, kommt aus den Ardennen, mündet bei Wasserbillig.

Sauerampfer der, →Ampfer.

Sauerbruch, Ferdinand, Chirurg, *1875, †1951; Prof. in Berlin. Neue Methoden der Brustkorbchirurgie, künstl. Glieder (Sauerbruch-Hand). Selbstbiographie: »Das war mein Leben«.

Sauergräser, grasähnl. Sumpfwiesenpflanzen (Seggen, Binsen, Zypergräser), schlechtes Futter.

Sauerklee, kleinstaudige, rötlichweiß blühende Waldpflanze mit →Kleesäure (Oxalsäure). Eine vierblättrige Schwesterart als Glücksklee gezogen. Amerikan. Arten haben eßbare Knollen.

Sauerkraut, eingesalzener Weißkohl, durch Gärung konserviert.

Sauerland, Söderland [Südland], der NO-Teil des Rhein. Schiefergebirges zwischen Sieg, Möhne und Ruhr; Forst-, Weidewirtschaft, Eisenerzgewinnung, Ind.; Fremdenverkehr.

Säuerling der, kohlensäurehaltiges Heilbad (→ Heilbäder, ÜBERSICHT).

Sauerstoff, O, chem. Element, farb-, geruch-und geschmackloses Gas; Ordnungszahl 8, Dichte 1,429 g/l, Siedepunkt −182,97 °C. S. ist das häufigste Element, das gewichtsmäßig etwa 50% der oberen Erdrinde, 89% des Wassers und 21 Vol.% der Luft aus S. besteht. Dabei enthält die Luft den S. in chem. reiner Form, während er im Wasser an den Wasserstoff, in der Erdkruste meist an Metalle chem. gebunden ist. Mit anderen Elementen vereinigt sich S. unmittelbar zu den **Oxyden,** diese Vereinigung wird **Oxydation** oder, falls sie unter Feuererscheinung vor sich geht, **Verbrennung** genannt. S. kann aus zahlreichen sauerstoffhaltigen Verbindungen (Braunstein, Kalium-

Sattel:
1 Herren-,
2 Damensattel,
a Sitz, b Seitenblatt, c Kniepausche, d Steigriemen, e Sattelgurt (Teil),
f Steigbügel,
g Horn,
h Trachtkissen

Sauerampfer,
a ganze Pflanze,
b männl., c weibl. Blüte, d Frucht

Sauerbruch

Savonarola

Saxophon

chlorat) durch Erhitzen abgespalten werden. Technisch wird er aus flüssiger Luft (→Luftverflüssigung) gewonnen und kommt in Stahlflaschen, auf 150 at zusammengepreßt, in den Handel. Verwendet wird S. für Inhalationen in der Heilkunde, für Rettungsgeräte sowie zur autogenen Schweißung. →Ozon.

Sauerstoffgebläse, Gebläse zum Erzeugen hoher Temperatur (Schmelzen von Quarzglas, Platinmetallen, zum Schweißen u. a.), besteht aus zwei konzentr. Rohren; durch das äußere Rohr strömt Wasserstoff oder Acetylen, durch das innere Sauerstoff.

Sauerteig, →Brot.

Sauerwurm, Raupe des Traubenwicklers.

Säugetiere, Säuger, Mamm′alia, Klasse der höchstentwickelten Wirbeltiere, zu der im zoolog. System auch der Mensch gehört. Warmblüter mit Haarkleid (Wärmeschutz), atmen durch Lungen. Sie bringen lebende Junge zur Welt (Ausnahme: Kloakentiere), die mit Hilfe von Milchdrüsen gesäugt werden. Die 4 Gliedmaßen sind meist gleichartig als Füße ausgebildet, oft aber an die besondere Lebensweise angepaßt, z. B. als Greifhand bei Affen, als Flosse bei Walen, Seehunden oder als Flugwerkzeuge bei Fledermäusen. Das Gebiß ist sehr verschieden und der Ernährungsweise angepaßt. Die S. stammen von kriechtierähnlichen Formen ab. Die ersten S. waren kleine Insektenfresser des Erdmittelalters. Die reichste Entfaltung der S. fällt in die Tertiärzeit.

Saugheber, →Heber.

Säugling der, Kind im ersten Lebensjahr. Der S. fordert sorgsame Ernährung und Pflege (möglichst Muttermilch; regelmäßiges Trockenlegen; tägliches Bad, etwa 35°C). Das Körpergewicht nimmt in den ersten 3-5 Tagen ab, danach im Durchschnitt wöchentlich 150-180 g zu. Im 5. Monat pflegt es verdoppelt zu sein, gegen Ende des 12. Monats verdreifacht. Die **Säuglingsfürsorge** wird gefördert durch die **Mütterberatungs-** und **Säuglingsfürsorgestellen.**

Säuglingssterblichkeit, die Anzahl der im ersten Lebensjahr gestorbenen Säuglinge, bezogen auf 1000 Lebendgeborene.

Saugwürmer, Ordnung der Plattwürmer; Schmarotzer mit Saugnäpfen zum Festhalten; z. B. Leberegel.

Saul [hebr. »der Erbetene«], der erste König von Israel (11. Jahrh. v. Chr.).

Säule die, ⊓ freistehende, walzenförmige Stütze aus Stein, Holz, Metall; klass. Gliederung in Basis, **Schaft** und **Kapitell.**

Säule: S. und Kapitelle, **1, 1 a** dorisch, **2, 2 a** ionisch, **3, 3 a** korinthisch, **4, 4 a** romanisch

Säulen des Herkules, im Altertum: das Vorgebirge an der Meerenge von Gibraltar.

Säulenheilige, christl. Asketen (→Askese) im 5. Jahrh., die einen großen Teil ihres Lebens auf der Plattform einer Säule zubrachten.

Säulenkaktus, Kakteen-Unterfamilie mit säulen- oder stengelförmigem Körper; z. B. Riesen-S., Königin der Nacht.

Saulgau, Kreisstadt in Bad.-Württ. 10 200 Ew.

Saulus, Saul, Name des Apostels →Paulus vor seiner Bekehrung.

Saum der, 1) ein einfacher oder doppelter Umschlag der Stoffkante. 2) Traglast eines Tragtiers.

S.-Tier, im Gebirge gebrauchtes Packtier (Maulesel, Maultier, Esel, Pferd), das auf schmalem Gebirgspfad, **S.-Pfad,** sicher und geschickt klettert.

S′auna [finn.] die, hölzernes Badehaus, das zu jedem finn. Gehöft gehört. Der Name übertrug sich auf die Badeweise selbst, eine Verbindung von Dampf bad und Heißluftbad.

Säure die, ⊙ Verbindungen, die Wasserstoff enthalten, der in Lösung positiv geladene Ionen bildet und durch Metalle ersetzt werden kann, wobei sich →Salze bilden. Die S. schmecken meist sauer und färben blaues Lackmuspapier rot; sie werden durch Basen neutralisiert.

S′aurier [grch.] der, Kriechtier der Vorzeit, z. B. Dinosaurier, Ichthyosaurus.

Saussure [sos′yr], Ferdinand de, schweizer. Sprachforscher, *1857, †1913; »Grundfragen der allgemeinen Sprachwissenschaft«.

sauve qui peut! [sov ki p′ø, frz.], rette sich, wer kann!

Savannah [səv′ænə], Stadt in Georgia, USA, 149 200 Ew.; Flußhafen; Küsten-, Überseehandel.

Sav′anne [indian.] die, mit einzelnen Bäumen bestandene Grasflur trop. und subtrop. Gebiete mit reicher Tierwelt, bes. in Afrika.

Savanne: Afrikan. S.-Landschaft

S′ave, Sau die, rechter Nebenfluß der Donau, entspringt am Triglav, mündet bei Belgrad, Hauptfluß Kroatiens, 712 km lang, 592 km schiffbar (von der Kupamündung an).

Savigny [s′aviɲi], Friedrich Karl v., Rechtslehrer, *1779, †1861; Begründer der histor. Rechtsschule. Werke: »Vom Berufe unserer Zeit für Gesetzgebung und Rechtswissenschaft«, »Geschichte des röm. Rechts im Mittelalter«.

Savoir-vivre [savwar′i:vr, frz.] das, Lebensart.

Sav′ona, Stadt in Italien, am Golf von Genua, 78 700 Ew.; Bischofssitz; Dom; Südfrüchte; Eisen- u. a. Industrie.

Savonar′ola, Girolamo, Bußprediger in Florenz, *1452, †1498, errichtete hier eine Art »Gottesstaat«, wurde 1498 verbrannt.

Sav′oyen, geschichtl. Landschaft im südöstl. Frankreich, früheres Herzogtum, das Stammland des mein. italien. Herrscherhauses, seit 1860 bei Frankreich. Die Bewohner, **Savoy′arden,** sprechen eine franzöS. Mundart. – S., seit 121 v. Chr. unter röm. Herrschaft, wurde 443 n. Chr. von den Burgundern besiedelt und kam mit dem Königreich Burgund 1032 an das Dt. Reich; das Kernland der Grafen, seit 1416 Herzöge von S., war bald das oberitalien. Fürstentum →Piemont.

Sav′oyer Alpen, Teil der Westalpen, höchster Berg der →Montblanc.

S′axo Gramm′aticus, dän. Geschichtsschreiber des MA., * um 1150, †1220; behandelte die dän. Geschichte bis 1185 in lat. Sprache.

Saxoph′on [nach dem Erbauer Adolphe Sax, *1814, †1894] das, Blechblasinstrument mit Klarinettenmundstück, bes. in Jazzkapellen.

Sayers [s′eiəz], Dorothy Leigh, engl. Schriftstellerin, *1893, †1957; Detektivromane, relig. Dramen.

Sb, chem. Zeichen für →Antimon.

s. Br., ⊕ Abk. für: südl. →Breite.

SBZ, Abk. für Sowjetische Besatzungszone Dtl.s (→Deutsche Demokratische Republik).

Sc, chem. Zeichen für →Scandium.

sc., Abk.: 1) für scilicet [lat.], nämlich. 2) für sculpsit [lat.], hat es gestochen (auf Kupferstichen).

S. C., Abk. für **1)** studentisch: →Seniorenconvent. **2)** Abk. für South Carolina.

Sc'ala die, **Teatro alla S.,** Opernhaus in Mailand, 1776-1778 von Piermarini erbaut.

Sc'aliger [neulat.], **Scala,** ghibellinisches Adelsgeschlecht Norditaliens, besaß 1260-1387 die Stadtherrschaft von Verona.

Sc'andium das, **Sc,** chem. Element aus der Gruppe der →Seltenen Erden.

Scapa Flow [sk'æpəflou], Bucht in den Orkney-Inseln, in den zwei Weltkriegen Hauptstützpunkt der brit. Flotte. Die 1918 an England ausgelieferte dt. Hochseeflotte wurde hier auf Befehl von Admiral von Reuter 1919 versenkt.

Scarborough [sk'a:bərə], Hafenstadt und Seebad im NO Englands, 43 100 Ew.

Scarl'atti, italien. Komponist, **1)** Alessandro, italien. Komponist, *1666, †1725; Hauptvertreter der älteren neapolitan. Schule: Opern, Kantaten, Messen u. a. **2)** Domenico, italien. Komponist, *1685, †1757; einflußreiche Klaviermusik.

Scesaplana [ʃesapl'ana] die, höchster Berg des Rätikons, 2969 m.

Sch'abbes [hebr.] der, →Sabbat.

Schabe die, lichtscheue Insekten, Geradflügler mit flachem Körper; leben von Abfällen, Brot, Mehl, Getreide. Die **Deutsche Schabe** ist graubraun, 11-13 mm lang; die **Küchen-S.** oder der **Kakerlak** ist kastanienbraun, 22-26 mm lang.

Schabl'one [frz.] die, Muster oder Form aus Pappe, Blech, Holz für oft auszuführende gleiche Arbeiten. Sinnbild geistloser Gleichförmigkeit.

Schab'otte [frz.] die, schwerer Unterbau des Maschinenhammers, auf dem der Amboß ruht.

Schabr'acke [türk.] die, verzierte Decke unter dem Pferdesattel.

Schach [pers.] das, →Schachspiel.

Schächer der, Räuber, bes. die mit Christus gekreuzigten Übeltäter.

Schachspiel [von pers. schâh »König«], aus Indien stammendes altes Brettspiel zwischen zwei Spielern, gespielt auf dem Damebrett, mit 16 weißen, 16 schwarzen Figuren: je 1 König, 1 Dame, 2 Türme, 2 Läufer, 2 Springer, 8 Bauern. Das Ziel ist, den König des Gegners →matt zu setzen. (→patt, →Rochade)

Figuren

Zeichen

a   b   c   d   e   f

Schachspiel, a König, b Dame, c Türme, d Läufer, e Springer, f Bauern

Schacht der, ⚒ senkrecht oder schräg niedergehender Grubenbau zum Erschließen eines Bergwerks, zur Förderung, Wetterführung (→Bergbau). **Schachtbrunnen,** →Brunnen.

Schacht, Horace Greely Hjalmar, Bankmann, *1877, †1970; war 1924-29 und 1933-39 Reichsbankpräs., außerdem 1934-37 Reichswirtschaftsmin. und bis 1943 Reichsmin. ohne Geschäftsbereich; 1944/45 in Konzentrationslagern; im Nürnberger Prozeß freigesprochen; gründete 1953 in Düsseldorf ein Bankhaus.

Schachtelhalme, Gruppe der Sporenpflanzen, Kräuter von quirligem Wuchs, mit Stengeln aus ineinandergeschachtelten Gliedern, kieselsäurereich. Der **Acker-S.** ist ein Ackerunkraut mit nichtgrünen, fruchtbaren Frühlings- und grünen, unfruchtbaren Sommertrieben. Heilmittel gegen Nieren-, Blasenleiden und Gicht.

schächten [hebr.], nach jüd. Brauch schlachten: Tieren wird der Hals ohne Betäubung durchgeschnitten, das Fleisch blutet völlig aus.

Schachtofen, schachtartiger →Industrieofen zur Metallgewinnung (Hochofen, Kupolofen).

Sch'achty, Stadt im Gebiet Rostow, Russ. SFSR, 207 000 Ew.; ⚒ Eisengießerei.

Schack, Adolf Friedrich Graf v., Übersetzer, Dichter, *1815, †1894; gründete die **Schack-Galerie** in München.

Schädel der, das Knochengerüst des Kopfes. Der **Gehirn-S.** umschließt die S.-Höhle mit dem Gehirn; er besteht aus 8 Knochen: Stirnbein, zwei Scheitel-, zwei Schläfenbeine, Hinterhaupt-, Sieb-, Keilbein. Der **Gesichts-S.** hat 14 Knochen: je zwei Oberkiefer-, Nasen-, Gaumen-, Tränen-, Jochbeine, untere Muschelbeine, Pflugscharbein, Unterkiefer; zum Gesichts-S. werden noch die Gehörknöchelchen und das Zungenbein gerechnet. Einen S. haben nur die Wirbeltiere (Ausnahme: Lanzettfischchen).

Schädelstätte, →Kalvarienberg.

Schaden der, ⚖ jede Benachteiligung einer Person an ihren Rechtsgütern. Man unterscheidet **Vermögens-** und **immateriellen S.** (→Schmerzensgeld). Vermögensschaden wird durch **Schadenersatz,** d. h. durch Wiederherstellung des vor der Benachteiligung bestehenden Zustandes oder durch Zahlung von Geld ausgeglichen (§§ 249 ff. BGB); Verpflichtung zum Schadenersatz, →Haftung.

Schädlinge Mz., Tiere, die bei Massenvermehrung dem Menschen und seiner Wirtschaft schaden, vor allem Insekten. BEKÄMPFUNG: **1)** techn. Bekämpfung mit mechan. Mitteln (Absammeln, Abbrennen, Leimringe); **2)** chem. Bekämpfung durch Mittel, die als Berührungs-, Atem- oder Magengifte wirken, z. B. Nikotinbrühe, DDT Hexamittel; **3)** biolog. Bekämpfung, wirkt vorbeugend, schützt die natürl. Feinde der S. (Vögel, Waldameisen, Fledermäuse u. a.), nutzt Seuchen künstl. hervor (Mäusetyphus), baut Pflanzen an, die gegen S. widerstandsfähig sind (reblausfeste Weinsorten u. a.); **4)** integrierter Pflanzenschutz durch Kombination von biolog. und chem. Verfahren.

Schadow [ʃ'ado], Johann Gottfried, Bildhauer, *1764, †1850; bedeutendster dt. Bildner des frühen 19. Jahrh.: Viergespann auf dem Brandenburger Tor (Berlin), Standbilder Ziethens und Friedrichs d. Gr., Lutherdenkmal (Wittenberg), Bildnisbüsten.

Schafblattern Mz., ♃ die →Spitzpocken.

Schafe Mz., horntragende Wiederkäuer, Paarzeher, mit zottigem und wolligem Haar; der Bock hat ein spiraliges Gehörn. Wildlebende S. sind z. B. **Mufflon,** in Sardinien, Korsika; in dt. Mittelgebirgen als Jagdtiere ausgesetzt; wichtigste Stammform vom Hausschaf. Asiatisches Steppen**schaf** mit großen Hörnern; **Argali,** in den zentralasiat. Hochgebirgen, größtes Wildschaf; **Nordamerikan. Dickhornschaf, Mähnenschaf** im Atlas. Das **Hausschaf** stammt von versch. Wildschafen ab und ist über die ganze Erde verbreitet. Männl. Tiere heißen Bock (Widder), kastriert Hammel. Das weibl. S. (Mutterschaf, Zippe) wirft nach 5-6monatiger Tragzeit 1-2 Junge (Lämmer). Das S. wird seit der jüng. Steinzeit gezüchtet, es liefert Wolle, Fleisch, Milch, Felle und Wollfett (Lanolin). Das S. wird zu Beginn der warmen Jahreszeit geschoren und liefert bis 7 kg Wolle. Schafrassen: Haarschafe, gemischtwollige S. (Heidschnucken, Karakul-S.), schlicht-wollige S. (Rhön-S.), krauswollige S. (Merinos), engl. S. (lang- und kurzwollige).

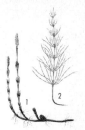

Schachtelhalm:
Acker-S.,
1 Frühjahrs-,
2 Sommertrieb

Schadow

Schafe, links: Heidschnucke, rechts: Merino

Schall: S.-Ausbreitung, oben: Abhängigkeit von S.-Geschwindigkeit und S.-Intensität (links der stärkere Knall), unten: Mündungsknallwelle (S) eines Gewehres mit der für Körper, die sich mit Überschallgeschwindigkeit bewegen, typischen Bugwelle

Schäfer, 1) Walter Erich, Dramatiker, *1901; Generalintendant am Württemberg. Staatstheater, Stuttgart. **2)** Wilhelm, Dichter, *1868, †1952, schrieb bildkräftige Anekdoten, Rheinsagen, Erzählungen, »Dreizehn Bücher der deutschen Seele«.

Schaefer, Oda, verh. mit dem Schriftsteller Horst **Lange,** Schriftstellerin, *1900; Gedichte, Erzählungen.

Schäferdichtung, Hirtendichtung, buk′olische Dichtung, ark′adische Poesie, schildert und preist die Lebensart der Hirten; bildete sich in Zeiten aus, deren gesellschaftl. Verfeinerung sich nach einfachen Sitten und Zuständen zurücksehnte. Sie entstand in Anknüpfung an die Antike (Vergil) in der Renaissance und wurde im 17. Jahrh., getragen von der galanten Gesellschaft, in Dtl. heimisch als **Schäferspiel (Hirtendrama)** und als **Schäferroman,** der von Spanien über England und Frankreich nach Dtl. kam. Schäfermotive begegnen noch in der Rokokolyrik Goethes.

Schäferhund, wolfsähnl. Hund: **Deutscher S.,** glatt- bis langhaarig, grau, schwarz, gelb bis braun; Dienst-, Wach- und Blindenhund. **Schottischer S., Collie** [engl.], langhaarig, braun-weiß gefärbt. (TAFEL Hunde)

Schäffer, Fritz, *1888, †1967; Mitgründer der CSU; 1949-57 Bundesfinanz-, 1957-61 Bundesjustizminister.

Schaeffer, Albrecht, Dichter, *1885, †1950, schrieb Gedichte, Erzählungen, Romane (»Helianth«), übersetzte Homer.

Schaffhausen, 1) Kanton der Schweiz, rechtsrheinisch; 298 km², 72 900 Ew.; Getreide-, Obstbau; Metall-, Uhren-Ind. **2)** Hauptstadt von 1), 37 100 Ew., oberhalb des Rheinfalls; altertüml. Stadt mit roman. und got. Kirchen. Textil-, Uhren-, chem., Fahrzeug-Industrie.

Schaffhausen: Rheinfall

Schäffle, Albert Eberhard Friedrich, Nationalökonom, *1831, †1903; war Prof. in Tübingen und Wien, 1871 österr. Handelsminister; vertrat den Kathedersozialismus.

Schäffler [südd.] der, Böttcher; **S.-Tanz,** alle 7 Jahre in München Reifentanz der Böttcher.

Schaffner, 1) Hans, *1908, schweizer. Bundesrat, 1966 Bundespräs. **2)** Jakob, schweizer. Erzähler, *1875, †1944, lebte seit 1913 in Dtl. Autobiograph. Romane: »Konrad Pilater«, »Johannes«.

Schafgarbe die, fiederblättrige Korbblütler, Heilpflanze.

Schafkopf, Kartenspiel für 4 Spieler, 2 Parteien. **Doppel-S., Doppelkopf** mit 2 Spielen.

Schaf′ott [frz.] das, Gerüst für Hinrichtungen.

Schafstelze, Wiesenstelze die, eine Bachstelzenart.

Schaft der, geglättete Stange od. ähnl. geformter Teil von Pflanzen.

Schah [pers. »König«] der, Herrscher.

Schahdschah′anpur, Shahjahanpur, Stadt im nördl. Indien, 110 400 Ew.; Zuckerindustrie.

Schak′al [frz.] der, fuchsähnl. Wildhunde in Afrika, Asien, SO-Europa; streift nachts meist heulend in Rudeln umher; lebt von Aas. **Gold-S.,** 50 cm Widerristhöhe, graugelb, oben schwärzlich.

Schalotte

Schalen Mz., ♀ die Hufe von Edelhirsch, Elch, Reh, Gemse, Schwarzwild (**Schalwild**).

Schalenobst, in trockenen, harten Schalen sitzende Frucht- oder Samenteile, enthalten fettes Öl, Zucker; z.B. Nüsse, Edelkastanie, Mandel.

Schalj′apin, Fedor Iwanowitsch, russ. Sänger (Baß), *1873, †1938.

Schalk [urspr. Knecht] der, einer, der zu neckischen Streichen neigt.

Schalksmühle, Gem. im Kr. Lüdenscheid, Nordrh.-Westf., 11 000 Ew.

Schall der, Empfindung, die durch die unser Ohr treffenden Luftschwingungen hervorgerufen wird. Der S. wird bei harmonischen Schwingungen als **Ton** oder **Klang,** bei unharmonischen Schwingungen und Schwingungsgemischen als **Geräusch, Knall** o. dgl. empfunden. Die Aufnahmefähigkeit des menschlichen Ohres ist begrenzt; nur S.-Wellen von 16 bis 20 000 Schwingungen je Sek. können wahrgenommen werden (→Ultraschall). Die **S.-Geschwindigkeit** beträgt in Luft rund 333 m je Sek., in Wasser 1440 m, in Stahldraht 4714 m. Erreicht oder übertrifft ein Flugobjekt die S.-Geschwindigkeit, so bewirkt die starke Zunahme des Luftwiderstandes (**S.-Mauer**) eine Stauung des zusammendrückbaren Luft. Die davon ausgehenden Verdichtungsstöße erzeugen einen intensiven Doppelknall.

Schallplatte, kreisrunde Platte als Träger von Schallaufzeichnungen, zum Abspielen auf einem →Plattenspieler. Zur Herstellung wird die Darbietung zunächst auf ein Magnetonband aufgenommen und dann mit einem Plattenschneider auf eine Lackfolie überspielt; dabei werden die Schallrillen eingraviert. Die Folie erhält einen Metallüberzug, der galvan. verstärkt und von der Folie abgenommen wird. Diese Form dient zur Herstellung der Preßmatrizen. S. mit normalen Rillen für 78 Umdr./min. bestehen aus Schellack mit Füllstoffen, S. mit Mikrorillen für 45 und 33⅓ Umdr./ min. (**Langspielplatten**) bestehen aus Kunststoff auf Vinylgrundlage. Bei stereophonischen S. werden in einer Rille in zwei um 90⁰ gegeneinander geneigten Richtungen die von zwei Mikrophonen aufgenommenen Darbietungen eingeschnitten. Bei der Abtastung treibt die eine Nadel des Spezialtonabnehmers zwei Systeme an.

Schalm′ei die, Blasinstrument mit Doppelrohrblatt, Vorform der →Oboe.

Schal′otte [frz.] die, ein vorderasiat. Lauch mit mehrteiligem Zwiebelkörper.

Schalter der, **1)** Gerät zum Verbinden oder Trennen elektr. Stromwege dadurch, daß je Stromweg zwei Kontakte zur Berührung gebracht oder getrennt werden; im einfachsten Fall **Dreh-, Druckknopf-, Kipp-, Zug-S.** Der **Wechsel-S.** dient zum unabhängigen Schalten eines Stromkreises von zwei Stellen aus, der **Kreuz-S.** zum Schalten von mehreren Stellen aus, der **Gruppen-S.** zum abwechselnden Schalten zweier Stromkreise, der **Serien-S.** zum stufenweisen Schalten eines Stromkreises. S. für hohe Ströme und Spannungen sind **Motor-, Hebel-, Paket-, Öl-, Druckluft-, Hartgas-, Wasser-S.** u.a. (BILD S. 803) **2)** Stelle der Kundenbedienung bei Behörden und Banken.

Schaltjahr, jedes 4. Jahr im Kalender, an dem ein Tag, der 29. Februar, eingeschaltet wird.

Schaltung die, **1)** Art der Verbindung von Maschinen, Geräten untereinander. **2)** Anordnung der elektr. Verbindungen zwischen Stromquellen, Maschinen, Geräten und Geräteteilen (z.B. **Dreieck-, Stern-, Hintereinander-, Parallel-S.**). **3)** bei Kraftfahrzeugen Anordnung und Bedienung der Gänge im Wechselgetriebe.

Schalung die, Bretterverkleidung von Decken, Wänden usw. beim Betonieren, bleibt bis zum Abbinden des Betons.

Schal′uppe die, ♫ **1)** Schiffsboot. **2)** einmastiges Küstenfahrzeug.

Schalwald, Eichenniederwald zur Gewinnung von Gerbrinde (Lohe).

Scham die, **1)** **Schamgefühl,** Gefühl des Bloßgestelltseins; instinkthafte, doch spezifisch menschl. Reaktionsform. **2)** ⚥ die äußeren Geschlechtsteile, bes. die weiblichen (große und kleine **Schamlippen** und Kitzler).

Scham'ade [frz.] die, Trommelsignal der Belagerten zum Zeichen, daß sie sich ergeben wollen.

Schama'iten, dt. Name für die litauische Landschaft →Samogitien.

Scham'ane [tungus.] der, Geisterbeschwörer, bes. in Sibirien, Zentralasien und bei den Indianern, der mit Dämonen oder Seelen Verstorbener in Verbindung treten soll. Nach dem Glauben seiner Anhänger **(Schaman'ismus)** sendet der S. seine Seele zu den Geistern aus, oder er wird von ihnen besessen. Er will Kranke heilen, Unheil abwenden, Regen zaubern.

Sch'ambein, Teil des Beckens. (FARBTAFEL Mensch I S. 693)

Scham'otte [frz.] die, gebrannter, feuerfester Ton, Quarz u. a., verwendet zum Auskleiden der Öfen, für die Metall-, Glas-, keram. Industrie.

Schandau, Bad S., Stadt im Bez. Dresden; ein Mittelpunkt des Fremdenverkehrs im Elbsandsteingebirge, an der Elbe; 4500 Ew.

Schändung die, **1)** Entehrung durch körperl. An- oder Eingriff, bes. der Mißbrauch willenloser, bewußtloser oder geisteskranker Frauen zum außerehel. Beischlaf. STRAFE: Zuchthaus (§ 176 Abs. 1 Nr. 2 StGB; →Notzucht). **2)** Entweihung, z. B. Kirchenschändung.

Sch'anghai, größte Stadt und wichtigster Hafen Chinas, nahe der Mündung des Jangtsekiang, 10,7 Mill. Ew., eigene Verwaltungsregion. Textil-, Schwer-, chem., Papier-, Glas-u. a. Ind., Erdölraffinerie, Schiffbau; internat. Flughafen; Verlagszentrum, Futan-Universität u. a. Hochschulen.

Sch'ankara [Sanskrit: Samkara], ind. Philosoph, *788, †820; der bedeutendste Vertreter der Wedanta-Philosophie, verfaßte Kommentare zu dem Hauptwerk dieser Schule, dem Brahmasutra des Badarajana, zu mehreren Upanischaden und zur →Bhagavadgita.

Sch'anker [frz.] der, ein Geschwür, infolge Ansteckung beim Geschlechtsverkehr, meist an den äußeren Geschlechtsteilen. Der **harte S.** ist das erste Zeichen der Syphilis. Beim **weichen S.** (Erreger: Streptobakterien) entzünden sich auch die Leistenlymphknoten. Behandlung: Sulfonamide und Antibiotica.

Schankgewerbe, gewerbsmäßiger Ausschank von Getränken zum Genuß an Ort und Stelle; erlaubnispflichtig **(Schankkonzession).**

Schanstaat, Sondergebiet der Schanstämme (→Thai) in Hinterindien, Teil Birmas; Hauptstadt: Laschio.

Sch'antou, chines. Hafenstadt in der Provinz Kuangtung, 300 000 Ew.; Textilfabriken.

Schantungseide, Rohseide in Leinwandbindung mit verdickten Stellen und Noppen.

Schanze die, ⚔ stark ausgebaute Feldbefestigung mit Wall und Graben, **sch'anzen,** Feldbefestigungen anlegen.

Schapel der, Kopfschmuck des 13. Jahrh., heute noch bei Volkstrachten. (TAFEL Mode I S. 695)

Schanghai: Nanking-Straße

Sch'aper, Edzard, religiös bestimmter Erzähler, *1908; »Die Freiheit des Gefangenen«, »Die Macht des Ohnmächtigen«, »Der Gouverneur«.

Schar'ade [frz.] die, durch Umschreibung oder durch Gebärden angedeutetes Silbenrätsel.

Scharbe die, Wasservogel (→Kormoran).

Scharbockskraut, Heilpflanzen gegen Skorbut (Scharbock), →Hahnenfuß, →Löffelkraut.

Sch'ärding, altertüml. Stadt in Oberösterreich, am Inn, 5700 Ew.; Granit-Industrie.

Sch'ären Mz., Inseln und Klippen an den Küsten Schwedens, Norwegens und Finnlands.

v. Scharnhorst

Schärenküste in Finnland

Sch'arett, bis 1949 **Schertok,** Mosche, israel. Politiker, *1894, †1965; war 1931-48 in der Jewish Agency tätig, 1948-56 Außenmin., 1953-55 Ministerpräsident.

Scharf, Kurt, evang. Theologe, *1902; 1961 bis 1967 Ratsvorsitzender der Evang. Kirche in Deutschland, seit 1966 Bischof von Berlin.

Schärf, Adolf, österr. Politiker, *1890, †1965, Rechtsanwalt; 1945-57 Vizekanzler und Vors. der Sozialist. Partei, 1957-65 Bundespräsident.

Schärfentiefe, die Tiefe des Raumes, innerhalb derer ein opt. Gerät noch scharfe Bilder liefert. →Photographie.

Scharff, Edwin, Bildhauer, Radierer, *1887, †1955; Denkmäler, Bildnisbüsten, Figuren. (TAFEL Sakrale Kunst)

Scharfrichter, Henker, der Vollstrecker der Todesstrafe.

Sch'ari der, Fluß im SW von Tschad, Hauptzufluß des Tschadsees, schiffbar, 1400 km lang.

Scharlach [grch.-lat.] der, **1)** brennendrote Farbe. **2)** ansteckende Krankheit, bes. des Kindesalters, mit scharlachrotem Hautausschlag (S.-Exanthem). Beginn mit plötzl. hohem Fieber, Kopfschmerzen, Erbrechen, Mandelentzündung, Lymphknotenschwellungen am Hals. Im Laufe der 2. Woche Einsetzen einer Hautschuppung. Nachkrankheiten mitunter Nierenentzündung, Mittelohrentzündung, Gelenkrheuma. Behandlung: Penicillin; ärztl. Überwachung bis zur 5. Woche. (→ansteckende Krankheiten, ÜBERSICHT)

Sch'arlatan [frz.] der, Marktschreier, Quacksalber, Aufschneider.

Scharm'ützel [ital.] das, kleines Gefecht, Plänkelei.

Scharnhorst, Gerhard v., preuß. General, *1755, †1813 (nach Verwundung); leitete seit 1807 das Kriegsministerium, wurde der Schöpfer des preuß. Volksheeres, der allgem. Wehrpflicht, führte das Krümpersystem (→Krümper) ein; 1813 Generalstabschef Blüchers.

Scharn'ier [frz.] das, Vorrichtung zum drehbaren Befestigen von Türen, Fenstern u. a.

Scharoun [-'un], Hans, Architekt, *1893; Präs. der Akademie der Künste, Berlin; Hauptwerke: Philharmonie und Nationalbibliothek in Berlin.

Schärpe die, breites Band, meist über der Brust oder um den Leib getragen.

Schart'eke [lat.-ital.] die, wertloses Buch; ältliches, schrulliges Frauenzimmer.

Schasar, Salman, israel. Politiker, *1889, seit 1963 Staatspräs.

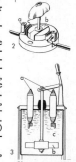

Schalter:
1 Kipp-S. (eingeschaltet), a Anschlußklemmen für Leitung mit federnden Kontakten, b Kontaktstück, **2** Dreh-S., a Anschlußklemme, b Kontaktstück, c Feder, **3** Öl-S., a Stromzuführung, b Kontaktstück, c Öl

Schatten,
a Lichtquelle
(Sonne), b Kern-,
c Halbschatten

Schattenbild

Schaube

Scheel

v. Scheffel

Sch'aschlik [türk.] der, am Spieß geröstete Fleischstückchen mit Speck und Zwiebeln.

Schastri, Lal Bahadur, ind. Politiker, *1904, †1966; hatte seit 1952 verschiedene Ministerposten inne, war als Nachfolger Nehrus 1964-66 Ministerpräsident.

Schatt el-Arab [Araberstrom] der, vereinigter Unterlauf von Tigris und Euphrat.

Schatten der, dunkler Raum hinter einem beleuchteten, undurchsichtigen Körper. Der Raum ohne jedes Licht heißt **Kern-S.** Er ist umgeben vom **Halb-S.,** in den von einigen Punkten der Lichtquelle Strahlen gelangen.

Schattenbild, Schattenriß, Silhouette die, schwarz ausgefüllte Umrißzeichnung, seit dem 18. Jahrh. beliebt. Bekannte Künstler des S.: F. v. Pocci und W. Dieffenbach. Verwandt ist der **Scherenschnitt,** aus Papier ausgeschnittene bildl. Darstellungen.

Schattenblume, kleinstaudiges Liliengewächs, mit weißen Blütchen, roten Beeren, wächst im Wald.

Schattenkabinett, Ausschuß der Opposition, der die mutmaßl. Minister einer künftigen Regierung umfaßt.

Schattenmorelle die, eine edle Sauerkirsche.

Schattenpflanzen, Pflanzenarten, die im Gegensatz zu den Licht- oder Sonnenpflanzen (Heliophyten) im Schatten anderer Pflanzen wachsen, z. B. Haselwurz, fast alle Farne.

Schattenreich, Totenreich, Unterwelt.

Schattenspiel, Spiel mit Figuren hinter einer beleuchteten, durchsichtigen Fläche, auf der sie als Schatten erscheinen.

Schat'ulle [lat.] die, **1)** Kästchen für Kostbarkeiten, Papiere usw. **2)** Privatkasse eines Fürsten.

Schatz der, ₰ eine Sache, die so lange verborgen gelegen hat, daß der Eigentümer nicht mehr zu ermitteln ist. Wird ein S. entdeckt, so gehört er zur Hälfte dem Entdecker und zur andern Hälfte dem Eigentümer der Sache, in der er verborgen war (§ 984 BGB).

Schatzanweisung, Anweisung der Finanzverwaltung auf die Staatskasse. Die **unverzinsl. S.** (Schatzscheine, Schatzwechsel) sind zum Nennwert in 3, 6 oder 12 Monaten rückzahlbare Staatsschulden, die vom Erwerber diskontiert werden. Die mehrjährig laufenden, mit Zinsscheinen ausgestatteten **verzinsl. S.** werden börsenmäßig gehandelt. Die Laufzeit der S. ist meist kürzer als die der Staatsanleihen.

Schatzung die, mit Plünderung von Plünderung und Brand auferlegte Abgabe (**Brandschatzung**).

Schaube [ital.] die, mantelartiger Oberrock; kam im 15. Jahrh. auf.

Schaubild das, →Diagramm.

Schau|brote Mz., bei den Juden: die zwölf Opferbrote als Speiseopfer auf dem Schaubrottisch im Heiligtum des Tempels; sie wurden am Sabbat erneuert (3. Mose 24, 5-9).

Schauerleute [von Scheuer, Scheune] Mz., Einzahl: **Schauermann,** Speicher- und Werftarbeiter.

Schäufelein, Hans L., Maler und Graphiker, * um 1483, † um 1540; Schüler Dürers, am bedeutendsten durch seine Holzschnitte.

Sch'aukal, Richard v., österr. Dichter, Übersetzer, *1874, †1942; Gedichte (»Gezeiten der Seele«), Novellen, Essays, Aphorismen.

Sch'aulen, Stadt in der Litauischen SSR, 88 000 Ew.; Handel und Industrie.

Schaumann, Ruth, Bildhauerin, Graphikerin und Dichterin, *1899; Holz- und Scherenschnitte zu eigenen Dichtungen.

Schaumburg-Lippe, bis 1946 eines der kleinsten deutschen Länder, 340 km², seitdem Kreis im RegBez. Hannover. Hauptstadt: Bückeburg. GESCHICHTE: Als Teil der alten Grafschaft Schaumburg oder Schauenburg 1647 an eine Linie des Hauses →Lippe; 1807-1918 Fürstentum.

Schaumkraut, Gattung der Kreuzblüter: Wiesen-S., Blüte weiß bis blaßviolett; **Brunnen-kresse,** weiße Blüten, scharfe Salatpflanze.

Schaumstoffe, schaumartig aufgetriebene, in zelliger Struktur erstarrte Kunststoffe.

Schaumwein, Sekt, Wein, der im Gegensatz zu gewöhnl. Wein viel Kohlendioxyd gelöst enthält und daher schäumt; Alkoholgehalt 10-12%. Das Kohlendioxyd wird in ausgebauten Wein eingepreßt (Imprägnierverfahren) oder in einem Jungwein durch Vergärung von zugesetztem Zucker erzeugt (Gärverfahren). Zuckerarmer S. heißt »trocken« (sec, dry). Die bekanntesten S. kommen aus der Champagne (**Champagner**).

Schauspiel, Drama das, Dichtungsgattung, die alle Begebenheiten als gegenwärtige, vor den Augen des Zuschauers sich abspielende Handlungen darstellt. Wesensbegründend ist der die dramat. Spannung erzeugende Gegensatz zwischen dem Helden und seinem inneren oder äußeren Gegenspiel (Schicksal, religiöses oder sittliches Gebot, widerstreitende Umwelt, minderwertige oder gleichberechtigte Gegenfigur). Hauptformen: **Tragödie (Trauerspiel),** endet mit dem Untergang des Helden; **Schauspiel** (im engeren Sinn), führt bei ernster Grundstimmung zu einer positiven Auflösung des Konflikts; **Komödie (Lustspiel),** löst die innere (**Charakterkomödie**) oder äußere (**Situationskomödie**) Verwicklung humorvoll oder ironisch-satirisch. Ihre derberen Kurzformen sind **Posse, Farce, Schwank. Die Tragikomödie** verbindet tragische und komische Elemente. Das **Singspiel** leitet hinüber zur Oper. Das Drama baut sich herkömmlich aus 5, häufig aus 3 **Akten** auf, die ihrerseits in **Szenen** oder **Auftritte** unterteilt sind. G. Freytag stellte für die Technik des Dramas ein pyramidenförmiges Schema der steigenden und fallenden Handlung auf, mit **Exposition, erregendem Moment, Höhepunkt (Peripetie), Katastrophe,** das aber nur bedingt anwendbar ist. (Hierzu ÜBERSICHT S. 805)

Schd'anow, früher **Mariupol,** Hafenstadt am Asowschen Meer, Sowjetunion, 417 000 Ew.; Hüttenindustrie.

Schd'anow, Andrej, sowjet. Politiker, *1892, †1948; 1941 Verteidiger von Leningrad, Parteitheoretiker, 1947 Mitgründer des Kominform.

Scheck [engl.-frz.] der, an best. Formvorschriften gebundene, bei Vorlegung zahlbare Anweisung auf ein Bankguthaben des Ausstellers. Wesentl. Erfordernisse: 1) Bez. als »Scheck« im Text; 2) unbedingte Anweisung auf Zahlung eines best. Betrages; 3) Name des Bezogenen (Bank); 4) Zahlungsort; 5) Tag und Ort der Ausstellung; 6) Unterschrift des Ausstellers. Der S. kann **Inhaber-, Order-** oder **Namens-S.** sein. Ein im Inland ausgestellter und zahlbarer S. muß binnen 8 Tagen vorgelegt werden. Nach der Art der Zahlung unterscheidet man **Bar-** und **Verrechnungs-S.**

Schecke [altfrz.] die, **Scheck(e)** ein, buntgeflecktes Pferd oder Rind mit weißen Fellstellen.

Schedel, Hartmann, Nürnberger Arzt und Humanist, *1440, †1514; verfaßte die erste dt. Weltchronik (1493) mit über 1000 Holzschnitten von M. Wolgemut und W. Pleydenwurff.

Scheel, Walter, Politiker (FDP), *1919; 1961 bis 1966 Bundesmin. für wirtschaftl. Zusammenarbeit, seit Okt. 1969 Vizekanzler und Außenmin., seit 1968 Vors. der FDP.

Scheele, Karl Wilh., schwed. Chemiker, *1742, †1786; entdeckte unabhängig von Priestley den Sauerstoff, weiter Chlor, Blausäure, Glycerin, Wein-, Zitronen-, Apfel-, Milch-, Harnsäure.

Scheer, Reinhard, Admiral, *1863, †1928; 1916 Chef der Hochseeflotte (Skagerrakschlacht), 1918 Chef des Admiralstabs.

Scheffel [von Schaff] der, früheres Getreidemaß, in Preußen 54,96 l, in Bayern 222,36 l.

Scheffel, Joseph Victor v., Dichter, *1826, †1886; Roman »Ekkehard«, »Der Trompeter von Säckingen«, Kommersliederbuch »Gaudeamus«.

Schefferville, früher **Knob Lake,** Bergwerksort im N der Prov. Quebec, Kanada, Mittelpunkt großer Eisenerzlager.

Scheffler, Johannes, Dichter, →Angelus Silesius.

Scheler

v. Schelling

Scheherezade [-z'a:də, pers.], die Märchenerzählerin in Tausendundeiner Nacht.

Scheibe die, ⊕ als Riemen-, Seil-, Reib-S. Maschinenteil zur Kraftübertragung.

Scheibenpilze Mz., Ordnung der Schlauchpilze mit scheibenförm. Fruchtgewebe; dazu gehören Becherlinge, Morcheln, Lorcheln.

Scheich [arab.] der, bei den Beduinen Stammesoberhaupt, Ortsvorsteher; Titel von islam. Predigern.

Scheide die, 1) trennende Grenze, z. B. →Wasser-S. 2) schmales langes Behältnis, z. B. Säbel-S. 3) ♀ Vagina, schlauchartiger Kanal von der äußeren weibl. Scham zur Gebärmutter.

Sch'eidegg die, zwei Alpenpässe in der Schweiz: 1) Große S., vom Hasli- zum Grindelwaldtal. 2) Kleine S., vom Grindelwald nach Lauterbrunnen.

Scheidemann, Philipp, Politiker (SPD), *1865, †1939; seit 1903 MdR., Herbst 1918 im Kabinett des Prinzen Max von Baden; rief am 9.11.1918 die Dt. Rep. aus, wurde Febr. 1919 MinPräs., lehnte die Unterzeichnung des Versailler Vertrags ab und trat Juni 1919 zurück; 1920-33 MdR.

Scheidemünze, niedrigwertige →Münze.

Scheidewasser, die →Salpetersäure.

Scheidt, Samuel, Komponist und Organist, *1587, †1654; Meister der Variationenform in der weltl. und kirchl. Instrumentalmusik.

Scheidung der, **Ehescheidung,** →Ehe.

Schein, Johann Hermann, Komponist, *1586, †1630; Thomaskantor; Konzerte, Lieder.

Scheinehe, ♀♂ eine Ehe, die zwar in gesetzl. Form geschlossen ist, aber der Erreichung von Zwecken dient, die außerhalb einer ehel. Lebensgemeinschaft liegen.

Scheiner, Christoph, Mathematiker, Astronom, *1575, †1650. S. erfand die →Storchschnabel, bestimmte die Umdrehungszeit der Sonne, stellte die erste Mondkarte her.

Scheiner-Grade [nach dem Astrophysiker Julius Scheiner, *1858, †1913], frühere Angabe der Empfindlichkeit photograph. Platten und Filme, heute durch →DIN-Grade und ASA-Grade (American Standards Association) ersetzt.

Scheinfrucht, →Frucht.

Scheingeschäft, ♀♂ ein von den Beteiligten nur zum Schein abgeschlossenes Geschäft; es ist nichtig (§ 117 BGB).

Scheintod, Zustand, in dem bei gröberer Untersuchung Lebensäußerungen nicht wahrnehmbar sind; auch Atmung, Herztätigkeit und Reflexe scheinen erloschen zu sein; meist durch Herzstörungen und beginnende Erstickung.

Scheinwarntracht, Scheinwarnfärbung, auffallende Färbung eines Tieres, die im Gegensatz zur Warntracht nicht mit Wehrhaftigkeit (Stachel u.a.) oder Ungenießbarkeit verbunden ist.

Scheinwerfer der, parabel- oder halbkugelförmiger →Reflektor. Bei Kraftwagen-S. ist zum Abblenden der Hauptlampe noch eine zweite Glühlampe vorgesehen, die sich oberhalb des Brennpunktes befindet oder als Zweifadenlampe (Biluxlampe) mit der Hauptlampe vereinigt ist.

Scheitel der, 1) ♀ der mittlere obere Teil des menschl. Kopfes (Wirbel). 2) △ Schnittpunkt der Schenkel eines Winkels. 3) △ Schnittpunkt einer Kurve mit einer Symmetrieachse.

Scheitelpunkt, der Zenit (→Himmel).

Schelde die, Hauptfluß in Flandern, mündet mit zwei Armen (Ooster- und Wester-S.) in die Nordsee, 430 km lang, bis Antwerpen für Seeschiffe befahrbar.

Scheler, Max, Philosoph, *1874, †1928. Von der Wesensschau →Husserls ausgehend, begründete er eine philosoph. Anthropologie, in der das Verhältnis von Geist und Leben im Mittelpunkt steht.

Schelf [engl.] der oder das, von der Flachsee (bis 200 m Tiefe) bedeckter Sockel der Erdteile, an dessen Rand der Abfall zur Tiefsee beginnt; **Schelfmeere,** z. B. die Nordsee.

Schell, 1) Hermann, Theologe, *1850, †1906; ein Führer des Reformkatholizismus (→Modernis-

mus), versuchte eine Synthese zwischen kath. Glaubensgut und moderner Wissenschaft herzustellen. 2) Maria, schweizer. Schauspielerin, *1926. 3) Maximilian, Bruder von 2), schweizer. Schauspieler, *1930.

Sch'ellack [engl.] der, Harz ostind. Bäume, erzeugt durch den Saugstich einer Schildlaus, durch deren Farbstoff rot gefärbt. Verwendung für Lacke, Firnisse, Kitte u.a.

Schellen das, Farbe der dt. Spielkarte, entspricht dem →Karo der französischen.

Schellenbaum der, ♪ →Halbmond.

Schellfisch, grauweißer Knochenfisch, kenntl. an der schwarzen Seitenlinie und dem schwarzen Fleck hinter der Brustflosse; wird bis 90 cm lang, lebt im Atlant. Ozean, in Nord- und Ostsee und ist ein wichtiger Nutzfisch.

Schelling, Friedrich Wilhelm v., Philosoph, *1775, †1854; war Prof. in Jena, Würzburg, München, Berlin; vertrat die Identität von Natur und Geist. In seiner »Philosophie der Mythologie und der Offenbarung« versuchte er eine Deutung des Religiösen.

Schelm der, 1) im Mhd.: Henker, unehrl., schlechter Mensch, daher: Judas, der **Erzschelm.** 2) jetzt: Schalk, Spaßvogel.

Schelmenroman der, entstand als **pikarischer** Roman (Picaro = Gauner) in Spanien in der 2. Hälfte des 16. Jahrh. Seine Entwicklung mündete in den roman. Ländern und in Dtl. seit Grimmelshausens »Simplicissimus« in den Abenteuerroman.

Schelsky, Helmut, Soziologe, *1912; Prof. in Hamburg, Münster; »Soziologie der Sexualität«; »Die skeptische Generation« u.a.

Sch'ema [grch. »Gestalt«] das, -s/-s und -ta, die äußerl. Anordnung; Norm. **schem'atisch,** nach einem S., gleichartig; umrißhaft. **Schemat'ismus** der, 1) gleichmacherische Behandlung. 2) Verzeichnis von Amtspersonen, z.B. der Geistlichen eines Bezirks.

Sch'emen der, wesenloses Schattenbild.

Schendel, Arthur van, niederländ. Erzähler, *1874, †1946; »Fregattenschiff Johanna Maria«.

Schenectady [skin'ektədi], Stadt im Staat New York, USA, 81700 Ew.; Universität; Metall-, Elektro- u.a. Industrie.

Schenefeld, Großgem. im Kr. Pinneberg, Schlesw.-Holst., 15000 Ew.

Schenkel der, 1) ♀ ♂ Ober- und Unter-S. des Beins. 2) △ →Winkel.

Schenkelhals, ♀ der winklig abgebogene Knochenteil zwischen Gelenkkopf und Schaft des Oberschenkelbeins; bricht leicht bei alten Menschen (**S.-Bruch**).

Schenkendorf, Maximilian von, *1783, †1817; Dichter der Freiheitskriege.

Schenkung die, ♀♂ unentgeltl. Zuwendung von Vermögensvorteilen an einen andern. Die sogleich vollzogene S. (**Hand-S.**) ist formlos gültig. Ein S.-Versprechen muß gerichtl. oder notariell beurkundet werden. Bei Verarmung des Schenkers oder grobem Undank des Beschenkten ist Widerruf der S. zulässig. Die S. unterliegt der **S.-Steuer.**

Schenyang, postamtl. **Shenyang,** früher

Schenyang

Mukden, Stadt in der mandschur. Ebene, China, 3 Mill. Ew.; Maschinen-, Werkzeugindustrie.

Scherbengericht, →Ostrazismus.

Scherbenkobalt, mineralisches →Arsen.

Scherchen, Hermann, Dirigent, *1891, †1966; »Lehrbuch des Dirigierens«.

Schere die, **1)** Werkzeug zum Trennen von Papier, Pappe, Stoff, Blech, zum Schneiden von Haaren, Hecken, Gras, Baumästen. Je nach Art der Betätigung: Hand-, Elektro-, Maschinen-S. **2)** ⚷ scherenartige Füße (Krebse) und Mundwerkzeuge (Kreuzspinne, Skorpion).

Scherenfernrohr, ein Prismenfernrohr, dessen Objektive an den Enden zweier senkrecht oder waagerecht einstellbarer Arme sitzen; erlaubt Beobachtung aus einer Deckung.

Scherenschnabel, Möwenvogel mit scherenartigem Schnabel, in Indien, Afrika, Amerika.

Scherer, Wilhelm, Germanist, *1841, †1886; Prof. in Wien, Berlin, Vertreter des Positivismus: »Geschichte der dt. Literatur«.

Scherfestigkeit, →Festigkeit.

Scherflein das, **1)** im MA. der halbe Pfennig. **2)** kleine Geldspende.

Scherge der, Gerichtsdiener, Büttel, Häscher; heute meist Befehlsvollstrecker eines Machthabers.

Scher'if [arab. »edel«] der, Titel der Nachkommen Mohammeds.

Schering, Arnold, Musikhistoriker, *1877, †1941; vielseitige musikgeschichtl. Forschungen.

Schermaus, eine der →Wühlmäuse.

Scherrer, Paul, schweizer. Physiker, *1890; entwickelte mit →Debye die **Debye-S.-Methode** zur Untersuchung von Kristallstrukturen.

Schertok, →Scharett.

Scherung die, ⊚ Verformung eines elast. Körpers durch in Richtung der Seitenflächen wirkende Kräfte.

Scherzo [sk'ɛrtsɔ, ital. »Scherz«] das, -s/...zi, ♪ lebhaftes Musikstück, seit Beethoven Mittelsatz von Sonaten, Sinfonien u. a.

Scheveningen [sx'e:faninǝ], Seebad in den Niederlanden, Vorort von Den →Haag.

Schewtsch'enko, Taras Grigorjewitsch, *1814, †1861, der größte ukrain. Dichter und Maler; Gedichte, Epen.

Schiaparelli [skiapar'ɛlli], Giovanni Virginio, italien. Astronom, *1835, †1910, Entdecker der »Marskanäle«.

Schicht die, **1)** GEOLOGIE: Gesteinskörper von großer seitlicher, aber geringer senkrechter Ausdehnung. **2)** die tägl. Arbeitszeit des Industrie-, bes. des Bergarbeiters. **3)** Soziologie: Teilgruppe der Gesellschaft, die durch ähnliche wirtschaftl. Lage und soziale Einschätzung zusammengehört.

Schichtgesteine, Sedimentgesteine, Ablagerungsgesteine: Konglomerate, Sandsteine, Schiefertone, Tone, Kalke, Kohlen, Gips, Salz.

Schichtlinien, →Höhenlinien.

Schichtlohn, Zeitlohn für eine →Schicht.

Schick, Gottlieb, klassizist. Maler, *1776, †1812; besonders Bildnisse.

Schick der, Eleganz. **schick,** fein, modisch.

Schickele, René, elsäss. Dichter, *1883, †1940; trat für eine europ. Völkergemeinschaft ein; dreiteiliger Roman »Das Erbe am Rhein«; Drama »Hans im Schnakenloch«.

Schicksal das, **1)** Geschick. **2)** die Macht, die den Lebensweg des Menschen bestimmt.

Schiebebühne, eine Plattform mit Gleisen zum Umsetzen von Schienenfahrzeugen, läuft auf Schienen in einer Grube.

Schieber der, ⊚ ein Absperrorgan in Rohrleitungen.

Schieblehre, ein Meßwerkzeug zur Ermittlung von Außen- und Innendurchmesser und Abständen, meist mit Nonius.

Schiedam [sxid'am], Hafenstadt in den Niederlanden, bei Rotterdam, 83 200 Ew.; Destillerien (S.-Korn); Schiff-, Maschinenbau.

Schieder, Theodor, Historiker, *1908, 1942-45 Prof. in Königsberg, seit 1948 in Köln. »Gesch. als Wissenschaft« (1965).

Schiedsgerichtsbarkeit, ⚖ **1)** im Privatrecht ein Verfahren, in dem eine Streitigkeit durch **Schiedsrichter,** die von den Beteiligten durch **Schiedsvertrag** bestellt wurden, nicht durch die staatl. Gerichte entschieden wird. Ein Schiedsvertrag ist nur zulässig für Streitfälle, über die die Beteiligten einen Vergleich schließen können. Der von den Schiedsrichtern gefällte **Schiedsspruch** hat die Wirkung eines rechtskräftigen Urteils und kann, nachdem das zuständige Gericht ihn für vollstreckbar erklärt hat, vollstreckt werden. **2)** im Völkerrecht ein Verfahren zur Entscheidung von zwischenstaatl. Rechtsstreitigkeiten auf Grund von Schiedsgerichtsklauseln oder Schiedsabkommen (→Ständiger Schiedshof).

Schiedsmann, ⚖ eine ehrenamtlich bestellte Person der Rechtspflege zur gütlichen Beilegung von Privatklagesachen.

Schiedsrichter, **1)** →Schiedsgerichtsbarkeit. **2)** ⚽ der Unparteiische, der die Einhaltung der Spielregeln beaufsichtigt.

Schiefblatt, die →Begonie.

schiefe Aufsteigung eines Sterns, der Bogen des Äquators vom Frühlingspunkt bis zu dem Punkt, der zugleich mit dem Stern aufgeht.

schiefe Ebene, eine um den Winkel α (Neigungswinkel) gegen die Waagerechte geneigte Ebene; gehört zu den »einfachen Maschinen«. Beispiele: Schrotleiter, Schrägaufzug.

Schiefer der, ein in dünnen ebenen Platten brechendes Gestein, benannt nach dem Mineralgemengteilen (z.B. **Glimmer-S.**), der Verwendung (z.B. **Dach-S.**) u.a.

Schielen das, ∫ fehlerhafte Stellung der Augen, bei der die gleichzeitige Einstellung beider Augen auf einen Punkt nicht möglich ist. Behandlung: Ausgleichen des Brechungsfehlers beim schielenden Auge (**Schielbrille**). Durch **Schieloperation** wird der Ansatz eines äußeren Augenmuskels am Augapfel verlagert; Schulung zum beidäugigen Sehen (**Orthoptik**) ist zu empfehlen.

Schienbein, der innenliegende stärkere Unterschenkelknochen. (FARBTAFEL Mensch I S. 693)

Schiene die, **1)** ⊚ eine Vorrichtung zur Führung eines Gegenstandes auf bestimmter Bahn. **2)** ∫ aus Metall (z.B. Draht), Holz, Gips, Leder hergestellte Stützvorrichtung zum Ruhigstellen von Gliedmaßen.

Schienenbremse, →Bremse an Schienenfahrzeugen zur Ergänzung der Druckluftbremse.

Schierling der, mehrere weißblütige, sehr giftige Doldenblüter. **1) Echter** oder **Gefleckter S.,** bis 2,5 m hoch, mit weißen Blüten und hohlem, unten oft braungeflecktem Stengel, ein altes Athen Hinrichtungsmittel (S.-Becher). **2) Wasser-S.,** Uferstaude mit fein fiederteiligem Blatt.

Schierlingstanne, →Hemlocktanne.

Schießbaumwolle, -○ Trinitrocellulose, Sprengstoff; wird aus Baumwolle durch Behandeln mit einem Gemisch aus konzentrierter Salpeter- und Schwefelsäure hergestellt.

Schießen, eine Sportart mit Schußwaffen, ausgeübt im Gewehr-, Pistolen-, Wurftauben- und Bogenschießen und mit der Armbrust.

Schießpulver, der älteste Treib- und Sprengstoff; besteht als **Schwarzpulver** (B. →Schwarz) aus Holzkohle, Kaliumnitrat und Schwefel. Heute wird nur noch das **rauchschwache S.** verwendet, das im wesentlichen aus Schießbaumwolle besteht.

Schiff das, **1)** größeres Wasserfahrzeug zur Personen- und Güterbeförderung auf See und auf Binnenwasserstraßen (FARBTAFEL S. 869). Während Binnen-S. meist mit flachem Boden gebaut werden, besitzen See-S. i. d. R. einen **Kiel,** der das S. unten in ganzer Länge von Steven zu Steven durchzieht. An ihn sind seitlich zur Aussteifung des Bodens die **Bodenwrangen** wie Rippen angesetzt. Eine oben auf sie gelegte Beplattung, der Innenboden, bildet mit dem äußeren Boden zusammen den **Doppelboden.** Die Bordwände an den Seiten werden durch die →**Spanten** ausgesteift. Oberer Abschluß ist das Hauptdeck mit den Aufbauten, so daß das Ganze eine Art von Kastenträ-

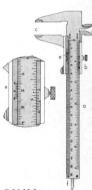

Schere, a Garten-, b Blech-, c Verbands-, d Stoff-, e Brennschere

Schieblehre, a Meßschiene, b Schieber, c Meßschnabel, d Meßschneiden, e Nonius, f Tiefenmaß

Schiene: Schienenformen, a Eisenbahn-, b Rillenschiene

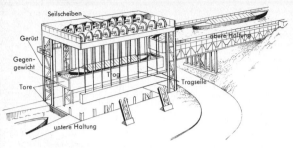

Seilscheiben
Gerüst
obere Haltung
Gegengewicht
Trog
Tore
Tragseile
untere Haltung

Schiffshebewerk

Schiffsschrauben

ger mit großem Querschnitt bildet. Der Raum zwischen Innenboden und Hauptdeck wird je nach S.-Größe und -Art durch weitere Decks waagerecht unterteilt. Längs- und Querwände (**Schotte**) unterteilen weiter in wasserdichte Einzelräume, deren Verbindungen (Schottüren), seem. Schotten) bei Gefahr von der Kommandobrücke aus geschlossen werden und dadurch auch beim Vollaufen einzelner Abteilungen eine gewisse Sinksicherheit gewährleisten. Der Baustoff aller größeren S. ist heute ausschließlich Stahl. Antrieb durch Dampfturbinen (Dampf-S.), Verbrennungsmotoren (Motor-S.) und turbo- oder dieselelektr. Anlagen über eine bis vier Schrauben; Segel sind nur noch für Sportfahrzeuge und Schul-S. üblich. Das S. wird von der Kommandobrücke aus geführt (→Navigation). Jedes Fahrgast-S. muß mit Schwimmwesten, Rettungsflößen und -booten für jede an Bord befindl. Person ausgerüstet sein. Anker, Feuerlöscheinrichtungen, Lenzpumpen und Ladegeschirr, Lüftungseinrichtungen und eine umfassende Stromversorgung bilden die Betriebseinrichtungen für das S. 2) ⌂ Raumteil einer Kirche, nach der Lage unterschieden als **Mittel-, Seiten-, Quer-S.**

Schiffahrt, umfaßt die **Handels-S.** zur gewerbsmäßigen Beförderung von Personen und Gütern (**Personen-, Fracht-S.**) auf Seen, Flüssen,

Kanälen, an Küsten und auf Meeren, sowie die **Kriegs-S.** In der **See-S.** gibt es Große, Mittlere, Kleine Fahrt und Küsten-S. **Große Fahrt** ist die S. nach allen Meeren und Häfen der Welt (Linien-, Tramp-, Passagierdienst), **Mittlere Fahrt** die zwischen europ. und nichteurop. Häfen des Mittel- und des Schwarzen Meeres, Häfen der westafrikan. Küste nördl. von 12° n. Br. sowie Häfen auf den Kapverdischen, Kanarischen Inseln, auf Madeira. **Kleine Fahrt** umfaßt die Ostsee, die Nordsee bis 61° n. Br., den Engl., Bristol- und St.-Georgs-Kanal, die Irische See einschließl. der Clydehäfen. Ferner →Binnenschiffahrt.

Schiffchen das, 1) Nähmaschine: der Teil, der den Unterfaden durch die Schlinge des Oberfadens führt. 2) Weberei: die Schußspule mit dem Schußfaden.

Schifferstadt, Stadt in Rheinl.-Pf., 17000 Ew.; Kunststoff-, Tabakindustrie.

Schiffsbohrwurm, Schiffswurm, eine wurmförmige →Bohrmuschel.

Schiffsboot, ⚓ svw. →Nautilus 1).

Schiffshalter, ⚓ Knochenfische, die sich mit einer schildförmigen Saugscheibe an Schiffen, Haifischen, Schildkröten festheften.

Schiffshebewerk, Bauwerk zur Überwindung größerer Höhenunterschiede in einem Schiffahrtskanal: Das Schiff gleitet in einen mit Wasser gefüllten Stahltrog, der in einem stählernen Gerüst oder auf einer schiefen Ebene auf und ab gleiten kann. Der Trog wird durch Drahtseile oder durch hydraulisch bewegte Preßstempel bewegt.

Schiffsjunge, ⚓ angehender →Seemann, der auf Handelsschiffen ausgebildet wird.

Schiffskreisel, Schlingerkreisel, →schlingern.

Schiffsmakler, Schiffsklar'ierer, vermittelt Schiffsraum, Ladungen, Liegeplätze u. a.

Schiffsregister, ⚓ ein öffentl., bei den AGer. geführtes Register, das über Rechtsverhältnisse an Schiffen Auskunft gibt.

Schiffsschraube, Antriebsmittel für Schiffe, besteht aus zwei bis fünf auf einer Welle befestigten, meist verstellbaren Flügeln in Form von Ausschnitten aus Schraubenflächen.

Schi'iten [arab.] Mz., **Schi'it** der, Religions-

Schiffahrt, oben links: Turbinen-Fahrgastschiff »Hamburg« (23 kn, 23000 BRT), oben rechts: Handelsschiff »Santa Inés«, unten links: Kiellegung eines Flugzeugträgers im Trockendock, unten Mitte: Leuchtturm »Roter Sand«, unten rechts: Steuerhaus der »Ile de France«, links Handrad zur Bedienung der Rudermaschine mit Kompassen, Mitte Selbststeuerapparat, rechts Maschinentelegraph

partei des →Islams; sie erkennen nur die unmittelbaren Nachkommen des Propheten als Kalifen an. S. sind bes. die Perser. Gegensatz: →Sunniten.

Schik′ane [frz.] die, kleinliche Bosheit. **schikan′ieren,** jemanden plagen, quälen.

Schikan′eder, Emanuel, Bühnenleiter und Theaterdichter, *1751, †1812; verfaßte den Text zu Mozarts »Zauberflöte«.

Schikiachwang, Hauptstadt der Prov. Hopei, China, 600 000 Ew.; Textil- u. a. Industrie.

Schikoku, die kleinste der 4 japan. Hauptinseln, im SW von Honschu; 18 760 km², 4 Mill. Ew.

Schikor′ee, Chicoree die, →Wegwarte.

Schild der, -s/-e, 1) am linken Arm getragene Schutzwaffe (Holz, Flechtwerk, Leder, Metall). 2) 🛡 Schutzplatte, bes. an Geschützen. – **S.** das, -s/-er, 1) Sternbild des Südhimmels. 2) Geschäfts-, Namenstafel u. dgl. 3) 🐛 schildförmige Platte an Krebsen, Insekten, Schildkröten. 4) Schulterfell des männl. Wildschweins; auffälliges Brustgefieder der männl. Auer- und Feldhühner.

Schildbürger, die törichten Bürger von Schilda, deren **S.-Streiche** das aus dem Lalebuch entstandene Volksbuch (1598) erzählt.

Schilddrüse, gefäßreiche lebenswichtige Drüse mit →innerer Sekretion, am Hals, vor dem Kehlkopf. Ihr wichtigstes Hormon, das **Thyroxin,** hebt den Stoffwechsel. Übermäßige Tätigkeit der S., meist mit Kropfbildung verbunden, bewirkt Basedowsche Krankheit, verminderte oder fehlende Tätigkeit Fettsucht, Myxödem, Kretinismus.

Schildfarn, Farngattung. Der Auszug aus dem Wurzelstock der häufigen Art **Wurmfarn** ist Bandwurmmittel.

Schildkröten, 🐛 Ordnung der Reptilien mit Bauch- und Rückenschild aus Knochenplatten, die mit Horntafeln **(Schildpatt)** überzogen sind. Kopf, Beine und Schwanz können unter dem Panzer geborgen werden. Die S. haben statt der Zähne Hornschneiden. Sie sind zäh- und langlebig und pflanzen sich durch Eier fort, die sie in den Boden legen. Man unterscheidet: 1) Land- und Sumpf-S., leben von Pflanzen. **Griech. Land-S.; Riesen-** oder **Elefanten-S.,** auf den Galapagosinseln, bis 2 m lang, bis 500 kg schwer, werden 100 Jahre alt; **Europ. Sumpf-** oder **Teich-S.,** schwarzgrün und gelblich, im wärmeren Europa. 2) See- oder Meeres-S., mit Flossenfüßen, leben von Meerestieren. **Suppen-S.,** in warmen Meeren, eßbar. **Karett-S.,** dunkelbraun, bes. im Karib. Meer; werden des Schildpatts wegen gejagt.

Schildläuse, 🐛 Pflanzenläuse; die schildförmigen Weibchen sind flügellos. Sie saugen sich auf Pflanzen fest, von deren Saft sie leben. Viele Arten sind schädlich, so Kommalaus, San-José-S.; andere nützen, z. B. Lack-S., Koschenille.

Schildpatt das, getrocknete Hornplatten vom Panzer der Karettschildkröte; für Kämme, Brillen, Knöpfe u. dgl.

Schilf das, am Wasser wachsende hohe grasähnl. Pflanzen; bes. das Schilfrohr dient als Auflage für Wände, zu Matten, Geflechten.

Schill, Ferdinand v., preuß. Offizier *1776, †1809; schlug 1809 mit seinen Husaren auf eigene Faust gegen den napoleon. Fremdherrschaft los, fiel in Stralsund im Straßenkampf.

Schiller, 1) Friedrich v., * Marbach 10. 11. 1759, † Weimar 9. 5. 1805; besuchte als Sohn des Militärwundarztes Johann Kaspar S. auf Befehl des Herzogs 1773-80 die Militärakademie (Karlsschule), veröffentlichte als Regimentsmedikus 1781 »Die Räuber« und floh 1782 aus Stuttgart. Danach arbeitete er an »Kabale und Liebe« und wurde 1783 als Theaterdichter in Mannheim angestellt. In höchster wirtschaftl. Not bot ihm Ch. G. →Körner 1785 Hilfe und Unterkunft in Leipzig, dann in Dresden. Dort entstand »Don Carlos«, eine seiner Jugendwerke, der »Sturm und Drang angehören. Nach der Übersiedlung nach Weimar 1787 reifte S. 1789 durch Goethes Vermittlung eine Professur für Geschichte und Philosophie in Jena. 1790 heiratete er **Charlotte von Lengefeld** (*1766, †1826). Früchte der histor.

Studien sind »Die Geschichte des Abfalles der vereinigten Niederlande« (1788) und »Die Geschichte des Dreißigjähr. Krieges« (1791-93). Die Auseinandersetzung mit Kant zeitigte zahlreiche philosoph. und ästhet. Abhandlungen. Im Freundschaftsbund mit Goethe (1794) reifte S. zum Klassiker. Die Balladen und Xenien sind die Zeugnisse gemeinschaftl. Arbeit. Gesundheitlich gefährdet, arbeitete S. unablässig an seinen großen Dramen »Wallenstein« (1798/99), »Maria Stuart« (1800), »Die Jungfrau von Orléans« (1801), »Die Braut von Messina« (1803), »Wilhelm Tell« (1804). Über der Arbeit am »Demetrius« starb er. Ein leidenschaftl. sittl. Heroismus ist die Triebfeder von S.s Schaffen. Seine Ideendramen verherrlichen die sittl. Freiheit, die den Menschen, wo er sie festhält, noch im Untergang siegen läßt, den Geist- und Menschheitsglauben des dt. Idealismus. 2) Karl August Fritz, Politiker (SPD), *1911, Professor, 1948-53 Senator für Wirtschaft und Verkehr in Hamburg, 1961-65 Senator für Wirtschaft in Berlin. 1966-72 Bundesmin. für Wirtschaft und 1971-72 für Finanzen.

Schillerfalter, Tagfalter, Männchen blau schillernd, Weibchen braun; im Laubwald.

Schillergesellschaft, Deutsche S., aus dem 1895 gegr. Schwäb. Schillerverein hervorgegangen; Sitz Marbach a. N.; verwaltet das Schiller-Nationalmuseum (eröffnet 1903).

Schildkröte: Griech. Land-S.

Schillerhaus in Weimar

Schillerstiftung, Deutsche S., gegr. 1859, zur Unterstützung dt. Schriftsteller und ihrer Hinterbliebenen, verlor 1945 ihr Vermögen. **Dt. Friedrich S. e. V.,** neu gegr. 1953 in Berlin (West). **Schweizerische S.,** 1905 gegr., verteilt in freien Abständen den Großen Schillerpreis (15 000 sfr.).

Schilling der, 1) nach der Münzordnung Karls d. Gr. = ¹/₂₀ Pfund Silber = 12 Pfennig, nach dem Reichsmünzfuß von 1559 = ¹/₃₂ Taler, später stark entwertet. 2) in England →Shilling. 3) 1924 bis 1938 und seit 1945 österr. Währungseinheit, 1 S. = 100 Groschen.

Schillings, Max v., Komponist, *1868, †1933; Opern »Mona Lisa«, Lieder.

Schim′äre die, →Chimäre.

Schimmel der, 1) ⚕ zerstörende Pilzüberzüge auf organ. Stoffen. Zugehörig der Algenpilz **Kopf-S.,** mit runden Sporenträgern; die zu den Schlauchpilzen zählenden **Gießkannen-S.** sowie **Pinsel-S.,** mit pinselähnlichen Sporenträgern. Eine Art des Pinsel-S. liefert das Penicillin. 2) 🐴 weißes oder teilweise weißhaariges Pferd (z. B. der Apfel-S., Grau-S.).

Schimmelreiter der, Spukgestalt, Anführer der Wilden Jagd (Novelle von Th. Storm).

Schimonoseki, wichtige Hafenstadt in Japan, an der SW-Spitze der Insel Honschu; 277 000 Ew.; Tunnel nach →Kitakiushu.

Schimp′anse der, braunschwarzer Menschenaffe im trop. Afrika, bis 1,7 m groß; sehr gelehrig. (BILD S. 810)

Sch′indanger, Platz, auf dem Tierleichen vergraben werden.

Schindel die, schmales Brettchen zum Decken von Dächern und Hauswänden.

F. v. Schiller

K. Schiller

Schimmel,
a Penicillium,
b Mucor,
c Aspergillus

Schimpanse

Schinkel

Schlägel:
S. und Eisen

Sch'inderhannes, eigentl. Johann **Bückler,** Anführer einer Räuberbande im Rheinland, 1803 enthauptet.

Schinkel, Karl Friedrich, klassizist. Baumeister und Maler, *1781, †1841; Bauten in Berlin: Neue Wache, Schauspielhaus, Altes Museum, Werdersche Kirche. (TAFEL Baukunst, BILD Romantik)

Schinto'ismus der, japan. Nationalreligion. Der S. verehrt als Gottheiten Naturkräfte, Berge, Seen, Flüsse, einige Pflanzen und Tiere. Später kam die Verehrung der Ahnen und Helden hinzu. Damit hängt der Kult des Kaisers zusammen, der seine Abstammung von der Himmelsgöttin Amaterasu herleitet. Der S. ist mit dem Buddhismus vermischt.

Sch'ipkapaß, wichtiger Paß im Balkangebirge in Bulgarien, von Gabrowo nach Kasanlak, 1333 m hoch.

Schippe die, 1) Schaufel. 2) Pik im Kartenspiel.

Schirach, Baldur v., *1907; 1933 Reichsjugendführer, 1940-45 Gauleiter und Reichsstatthalter in Wien; 1946-66 in Spandau inhaftiert.

Schir'as, Hauptstadt der Landschaft Fars, S-Iran, 269 900 Ew.; Moscheen, Wallfahrtsstätten; Rosenöl, Teppiche.

Schirmgitter das, →Elektronenröhre.

Schirmpalme, Gattung der Fächerpalmen in Indien, Indonesien; Zimmerpflanzen.

Schirmquallen, Scheibenquallen, Klasse der Hohltiere, gallertige Meeresbewohner mit Generationswechsel, scheibenförmig; **Ohrenqualle** an dt. Küsten.

Schir'okko [arab.] der, italien. **Scirocco,** im Mittelmeergebiet ein warmer föhnartiger Fallwind aus S bis SO.

Schirrmann, Richard, *1874, †1961, gründete 1909 in Altena die erste Jugendherberge.

Sch'irting der, grobes Baumwollgewebe; stark appretiert, auf Glanz gemangelt, Futterstoff.

Schisma [sç'isma, grch. »Spaltung«] das, -s/ ...men, Kirchenspaltung; bes. unter den Gegenpäpsten in Rom und Avignon (**Großes S.,** 1378 bis 1417). **Schism'atiker,** Anhänger einer abgespaltenen Richtung; Abtrünniger.

Schitomir [ʒit'omir], Stadt in der Ukrain. SSR, 228 000 Ew.; vielseitige Industrie.

Sch'iwa, ein Hauptgott des Hinduismus.

Schizophren'ie [grch.] die, **Spaltungs-Irresein,** meist im jugendl. Alter entstehende Geisteskrankheit mit Zerfall der geistigen Persönlichkeit, Gemüts- und Willensstörungen, Wahnbildungen, Sinnestäuschungen, Erregungszuständen.

schizoth'ym, Temperamentstyp von empfindsamer Geistesverfassung (nach E. Kretschmer).

Schizuoka, Stadt in Japan, im O von Honshu, 367 700 Ew.; Lackwaren-, Papier-Industrie.

Schjelderup, Gerhard, norweg. Komponist, *1859, †1933; Opern, Orchester-, Kammermusik, Lieder; Musikschriftsteller.

Schk'euditz, Stadt im Bez. Leipzig, 16 700 Ew.; Rauchwaren- u. a. Ind., Flugplatz.

Schlachta [von ahd. slahta »Geschlecht«] die, der frühere polnische Adel.

Schlachthof, öffentl. Einrichtung zum Schlachten von Vieh, mit Ställen (**Viehhof**), Schlachthallen, Kühlhäusern; ständig ärztl. überwacht.

Schlacke die, 1) Abfallstoffe bei der Verhüttung der Erze, z. B. die kieselsäurereiche S. des Hochofens, die kalkreiche Thomasschlacke (→Thomasmehl). 2) vulkan. Lavabrocken. 3) } unverdauliche Nahrungsteile.

Schl'adming, Kurort in der Steiermark, Österreich, 3250 Ew.; **Schladminger Alpen** mit Hochgolling (2863 m).

Schlaf der, eine für das Leben wichtige natürl. Ausgleichstätigkeit, die von einer zentralen Stelle (**S.-Zentrum** im Zwischenhirn) aus gesteuert wird. S.-Bedürfnis, S.-Zeiten, S.-Dauer wechseln stark und sind von Lebensalter, Beruf, Lebensgewohnheiten, Klima abhängig.

Schlaf, Johannes, Dichter, *1862, †1941, begründete mit A. Holz den dt. Naturalismus.

Schläfe die, zwischen äußerem Augenwinkel, Ohr, Stirn und Jochbogen gelegener Teil des Schädels.

Schlafkrankheit, 1) Trypanosomiasis, Infektionskrankheit im trop. Afrika, erregt von Geißeltierchen (Trypanosomen). **2) europäische S.,** »Schlafgrippe«, epidem. Gehirnentzündung.

Schlaflosigkeit, zu kurze Dauer oder zu geringe Tiefe des Schlafes. **Schlafstörungen** sind oft seelisch bedingt, auch durch Genußmittelmißbrauch, Schmerzen u. a. Behandlung je nach Ursache.

Schlafmäuse, den Eichhörnchen verwandte Nagetiere, leben auf Bäumen, manche mit bodeird. Nest, halten Winterschlaf. Der **Gartenschläfer** ist ein Obstschädling; **Siebenschläfer; Haselmaus.**

Schlafmittel. } S. mit rasch einsetzender und etwa 3-4stündiger Wirkungsdauer heißen **Einschlafmittel,** solche mit 7-8stündiger **Durchschlafmittel** und S. mit noch längerer Wirkung **Dauer-S.** Als S. dienen z. B. Abkömmlinge der Barbitursäure. Mißbrauch kann zu **S.-Sucht** führen.

Schlafsucht, Folge einer Störung des Schlafzentrums, bes. bei Gehirnschädigungen.

Schlafwagen, Eisenbahnwagen mit Schlafabteilen für 1-3 Personen. **Liegewagen** haben Abteile mit 6 Liegepolstern.

Schlafwandeln, →Somnambulismus.

Schlag der, 1) ↟ flächenweise erfolgter Kahlabtrieb eines Baumbestandes; auch die Fläche selbst. 2) Landwirtschaft: jedes Glied einer Fruchtfolge. 3) ↥ Stich, Knoten, Tauschlinge; Strecke zwischen zwei Wendungen beim Kreuzen. 4) ↗ das Treiben des Balls mit dem Schläger beim Schwimmen, Rudern Einzelphase der Bewegung; beim Boxen der Hieb. 5) ⟨w⟩ alle Individuen einer Haustierrasse, die örtl. bedingte Eigenheiten aufweist.

Schlagadern Mz., **Arterien,** Blutgefäße, die vom Herzen weg in den Körper führen; sie enthalten, mit Ausnahme der Lungen-S., sauerstoffreiches helles Blut.

Schlaganfall, griech. **Apoplex'ie** die, plötzlich auftretende, meist mit Bewußtseinsverlust und Lähmungen verbundene Ausschaltung von Hirnteilen (Gehirnschlag).

Schlagball, Ballspiel: zwei Parteien (Schläger und Fänger) kämpfen um ein Mal.

Schlägel der, Hammer des Bergmanns.

schlagende Wetter, Schlagwetter, ⚒ Grubenwetter, mit einem bestimmten Gehalt an Grubengas (→Methan). Sie explodieren heftig bei Berührung mit offenen Flammen, Funken, z. B. bei Sprengungen.

Schlager der, ♪ leicht eingängiges, oft gefühlsseliges Gesangsstück ohne künstler. Anspruch; übertragen auf leicht verkäufl. Waren u. a.

Schl'ageter, Albert Leo, Offizier, *1894, †1923; war 1923 aktiv am Widerstand gegen die Besetzung des Ruhrgebiets beteiligt; von den Franzosen standrechtlich erschossen.

Schl'agintweit, drei Brüder, Asienforscher; Adolf (*1829, †1857) und Hermann (*1826, †1882) bestiegen 1851 als erste den Monte Rosa und bereisten mit Robert (*1833, †1885) 1854-57 Vorderindien, das Himalayagebiet, Karakorum, Kun-lun, Tarimbecken.

Schlaglot, Hartlot, →löten.

Schlagring, Schlagwaffe: eiserner Bügel mit 4 Ringen zum Überstreifen über 4 Finger.

Schlagsahne die, **Schlagobers,** steif geschlagener Rahm.

Schlagschatz, der Unterschied zwischen Nenn- und Metallwert einer Münze abzüglich der Prägekosten (**Münzgewinn**).

Schlagseite, das Überliegen eines Schiffes nach einer Seite.

Schlagwetter, →schlagende Wetter.

Schlagzeug, ♪ Musikinstrumente, deren Ton durch Schlagen erzeugt wird; Trommel, Pauke, Becken, Triangel usw.

Schlam'assel [hebr.] der, das, Unglück, Widerwärtigkeit. Gegensatz: Massel.

Schlamm der, **Schlick,** Mischung von Wasser mit feinverteilten festen Stoffen.

Schlammbeißer, Schlammpeitzger der, 🐟 Karpfenfisch, bis 25 cm lang, in schlammigen Gewässern. (FARBTAFEL Fische S. 344)

Schlammfisch, 🐟 ein urtümlicher Schmelzschupper, Raubfisch im Mississippi, verbringt den Winter im Schlamm.

Schlammfliege, 🐟 bienenähnliche Schwebfliege, deren Larve **(Rattenschwanzmade)** mit Atemröhre im Schlammwasser lebt.

Schlämmkreide, durch Einrühren in Wasser und Absetzen von fremden Bestandteilen gereinigte Kreide, wird zu Zahnpasten, Kitten und als Poliermittel verwendet.

Schlangen Mz., Ordnung der Reptilien, mit langgestrecktem, gliedmaßlosem Körper, der mit Schuppen bedeckt ist. Die Haut wird mehrmals im Jahr abgestreift **(Natternhemd).** Die S. bewegen sich fort durch Schlängelung, unterstützt durch Aufstellen der Bauchschuppen. Maul, Rachen, Speiseröhre und Magen sind sehr dehnbar. Die Beute wird ganz verschlungen. Die Zähne dienen nur zum Festhalten der Beute, bei **Gift-S.** auch zum Töten **(Giftzähne).** Fortpflanzung meist durch Eier.

Schlangenbad, Kurort im Taunus, Hessen, 1800 Ew.; warme Heilquellen.

Schlangengift, enthält Nerven- und Blutgifte. Die Nervengifte lähmen die Nervenzentren, bes. das Atemzentrum. Die Blutgifte bewirken Zusammenballen der roten Blutkörperchen. Serumbehandlung.

Schlangensterne, 🐟 →Stachelhäuter mit fünf sehr langen, bewegl. Armen, kommen in allen Meeren vor.

Schlankaffe, zierl. Affen S-Asiens mit langem Schwanz und langgliedrigen Händen, z. B. **Nasenaffe, Hulman.**

Schlar′affenland, ein Märchenland, in dem Milch und Honig fließen, die Faulheit Tugend, der Fleiß Laster ist; die Vorstellung geht auf das verlorene Paradies zurück.

Schlauchboot, Wasserfahrzeug, ein zu Bootsform aufblasbarer Schlauch.

Schlauchpilze, Gruppe der Pilze, deren Sporen in Schlauchzellen entstehen, meist 8 Sporen im Schlauch. Dazu gehören: Morchel-, Trüffel-, Mehltau-, Hefepilze, Mutterkorn u. a.

Schlaun, Johann Conrad, Baumeister, *1694, †1773; Meister des westfäl. Barocks: fürstbischöfl. Residenz, Erbdrostenhof in Münster.

Schlegel der, 1) Schlagholz, Klöppel. 2) Kochkunst: die Hinterkeule.

Schlegel, 1) August Wilhelm v., Literaturkritiker und Sprachforscher, *1767, †1845; verbreitete die Ideen der Romantik, vermittelte als Übersetzer den Dt. Literaturen, bes. Shakespeare (17 Dramen). 2) Dorothea, Erzählerin und Übersetzerin, *1763, †1839; Tochter Moses Mendelssohns, verheiratet mit dem Bankier Veit, dann mit 3), hatte um sich in Wien einen literar. Kreis gesammelt. 3) Friedrich v., Dichter und Philosoph, Bruder von 1), *1772, †1829, begründete als genialer Anreger die frühromant. Welt- und Kunstanschauung und als Sprachforscher die altind. Sprachwissenschaft in Dtl. 4) Karoline, bis 1803 Gattin von 1), dann von →Schelling, *1763, †1809; eine der geistvollsten Frauen der Frühromantik.

Schlehe die, **Schwarzdorn,** dorniger Strauch, Rosenblüter, in Hecken, Waldrändern, mit weißen Blüten; die zwetschenfarbigen, sehr herben Steinfrüchte geben Branntwein.

Schlei die, lange, flußartige Ostseebucht in Schleswig-Holstein.

Schleich, Carl Ludwig, Arzt und Dichter, *1859, †1922, erfand eine Art örtl. Betäubung; schrieb »Besonnte Vergangenheit«.

Schleicher, Kurt v., General, *1882, †1934; 1932 Reichswehrmin., Dez. 1932/Jan. 1933 Reichskanzler; im Zusammenhang mit dem Röhm-Putsch von SS-Angehörigen ermordet.

Schleichhandel, der →Schwarzhandel.

Schleichkatzen, Fam. marderähnl. Raubtiere mit langgestrecktem Körper, langem Schwanz und niedrigen Beinen; nächtl. Tiere, die sich von Fleisch- oder Pflanzenkost nähren; so die **Zibetkatze,** deren Afterdrüsen das zu Riechstoff verwandte Zibet liefern; **Ichneumon, Mungo** sind wichtige Schlangenvertilger.

Schleiden, Matthias, Naturforscher, *1804, †1881; Prof. in Dorpat, entdeckte, daß der Pflanzenkörper aus Zellen aufgebaut ist.

Schleie die, **Schlei** der, Karpfenfisch in Europa und Nordasien, bis 50 cm lang, bis 5 kg schwer; lebt in schlammigem Süßwasser.

Schleier der, 1) leichtes Tuch, um Hut und Kopf getragen **(Braut-, Trauer-S.).** Nach der Sittenlehre des Islam verschleiern die Frauen in islam. Ländern noch heute vielfach ihre Gesichter; seit 1926 in der Türkei verboten. 2) ♠ **Ind′usium,** Organ der Farne.

Schleiermacher, Friedrich E.D., Theologe und Philosoph, *1768, †1834, versuchte Theologie und idealist. Philosophie zu verbinden. Das religiöse Bewußtsein des Menschen (»Gefühl schlechthinniger Abhängigkeit«), weniger das Wort Gottes, ist das Thema seiner Theologie. (BILD S. 812)

Schleierschwanz, 🐟 beliebter Aquarienfisch, eine Abart des Goldfisches, mit durchsichtiger Schwanzschleppe. (FARBTAFEL Zierfische S. 880)

schleifen, 1) ⚙ ein Verfahren der spanenden Formung; die scharfen Kanten der Körner des Schleifkörpers nehmen feine Späne vom Werkstoff ab. 2) ⚒ Befestigungswerke niederlegen.

Schleifer der, ♪ Verzierung.

Schleim der, 1) ♬ 🐟 zähe, schlüpfrige Flüssigkeit, Absonderung von **S.-Drüsen** und Becherzellen der **S.-Häute.** Diese kleiden als Fortsetzung der äußeren Haut die Kanäle des Körpers aus (Magen-Darm-Kanal, Luftwege u. a.). 2) ♠ **Pflanzen-S.,** ein Speicherstoff, z. B. in Zwiebeln, Knollen von Knabenkraut-Arten.

Schleimbeutel, ♬ in sich abgeschlossene Verschiebespalten, die mit Gelenkflüssigkeit gefüllt sind; mildern die Reibung zwischen Haut, Sehnen, Gelenkkapseln und Knochen.

schleifen: Längsschleifen

Schlaun: Erbdrostenhof in Münster

Schlangenstern

A. W. v. Schlegel

F. v. Schlegel

Schleimpilze, Gruppe niederer Lebewesen an der Grenze zwischen Tierreich und Pflanzenreich; nackte Protoplasma-Massen mit sporenbildenden Fruchtkörpern; z. B. Lohblüte.

Schleißheim, zwei Schlösser nordwestl. von München (Altes und Neues Schloß).

Schlem'ihl [hebr.], Pechvogel, Unglücksmensch; Märchen von Chamisso.

Schlemmer, Oskar, Maler, *1888, †1943; Meister am →Bauhaus, malte menschl. Figuren in streng geordnetem Bezug zum Raum.

Schlempe die, Abfall der Spiritusbrennerei, Futtermittel.

Schleppe die, auf dem Boden nachschleifender Saum des Frauenkleides.

Schlepper der, 1) **Schleppdampfer,** zieht Frachtkähne oder Schleppkahnzüge an Seilen. 2) →Zugmaschine.

Schleppnetz, Gerät der Fischerei.

Schleppschiffahrt, 1) Überführung von Schwimmkörpern aller Art über See. 2) Schleppen von Kähnen und Schiffen ohne Eigenantrieb gegen Entgelt (Schlepplohn).

Schlern der, italien. **Sciliar** [ʃiliˈar], Kalk- und Dolomitstock in Südtirol, 2564 m hoch.

Schl'esien, Landschaft beiderseits der oberen und mittl. Oder, zwischen Sudeten im SW und poln. Ebene im O; meist Tiefland, an das sich nach SW mit einer Reihe von Vorbergen die Kette der Sudeten anschließt. WIRTSCHAFT. Acker- und Gartenbau mit reichen Erträgen, Obstbau. Der Reichtum an Bodenschätzen (Braunkohle in der Oberlausitz, Steinkohle um Waldenburg und in Ober-S., wo auch Zink, Blei und Eisen gefördert werden) ließ in Ober-S. eine bed. Schwerindustrie entstehen; in Nieder-S. Ton-, Porzellan-, Cellulose-, Textil-Ind. ⊕ S. 520/21.

GESCHICHTE. Der Name S. geht wahrscheinlich auf die Silingen zurück, einen Teilstamm der Wandalen. Seit Ende des 10. Jahrh. gehörte S. zu Polen, 1163 setzte Kaiser Friedrich I. eine Linie des poln. Herrscherhauses der Piasten als selbständige Herrscher ein. 1327-29 kam S. unter böhm. Lehnshoheit, mit Böhmen 1526 an die Habsburger. Durch die →Schlesischen Kriege fiel fast ganz S. mit der Grafschaft Glatz an Preußen (seit 1807 Prov.; ⛶ S. 878), dazu 1815 der Hauptteil der bisher sächs. Oberlausitz. 1919 wurden die preuß. Provinzen **Nieder-S.** (Hauptstadt Breslau) und **Ober-S.** (Hauptstadt Oppeln) gebildet. Ein Teil von Ober-S. fiel nach der 1921 dort abgehaltenen Volksabstimmung an Polen, obwohl rd. 60% für Dtl. gestimmt hatten. Der bis 1918 bei Österreich verbliebene Teil S.s wurde 1920 zwischen Polen und der Tschechoslowakei geteilt. Ober- und Nieder-S. wurden 1934 zusammengefaßt, 1941 erneut aufgeteilt. 1945 wurde das preuß. S. östl. der Oder-Neiße-Linie unter poln. Verwaltung gestellt; der Landstrich westl. der Neiße wurde dem Land Sachsen angegliedert (seit 1952 Teil der Bez. Dresden und Cottbus).

Schlesische Dichterschulen. Erste S. D., Dichter, die an den Schlesier Opitz anknüpften. **Zweite S. D.,** die barocken (schwülstigen) schlesischen Dichter Hofmannswaldau und Lohenstein.

Schlesische Kriege, die drei Kriege Friedrichs d. Gr. gegen Maria Theresia, endeten für Österreich mit dem Verlust, für Preußen mit dem Gewinn Schlesiens: **1. S. K.** (1740-42), **2. S. K.** (1744/45, Österreichischer Erbfolgekrieg), **3. S. K.** (1756-63, Siebenjähriger Krieg).

Schleswig, 1) Stammgebiet der Kimbern, Angeln, Jüten und Friesen, als dän. Mark dem Fränk. Reich angegliedert, von Konrad II. an Dänemark abgetreten, von ihm ein selbständiges Herzogtum wurde. →Schleswig-Holstein. **2)** Stadt in Schleswig-Holstein, 32500 Ew.; Hafen an der Schlei; Leder-, Lebensmittelind. Im MA. Bischofs- und Herzogssitz.

Schleswig-Holstein, Land der Bundesrep. Dtl., 15658 km², 2,55 Mill. Ew.; Hauptstadt: Kiel. Verwaltung: 4 Stadt-, 17 Landkreise, ⊕ S. 520/21, ⛶ S. 878.

S.-H. umfaßt den südl. Teil der Jütischen Halbinsel und die ihm vorgelagerten Inseln. S.-H. hat im O seenreiches Grundmoränen-, im W Marschland, in der Mitte sandige Geest. Die Landwirtschaft ist vorherrschend, bes. Viehzucht und Milchwirtschaft, daneben Getreide-, Kartoffel-, Futterrüben-, Gemüse- und Obstbau; Baumschulen (Halstenbek). Fischerei; Schiffbau, Maschinen-, Nahrungsmittel- u. a. Ind.; Fremdenverkehr.

GESCHICHTE. Die Schauenburger in →Holstein erwarben 1386 auch das Herzogtum Schleswig als dän. Lehen. Nach ihrem Aussterben wurde 1460 der Dänenkönig Christian I. aus dem Oldenburger Haus zum Landesherrn gewählt unter der Bedingung, daß Schleswig und Holstein »auf ewig ungeteilt« bleiben sollten. Als Herzog von Holstein war der dän. König zugleich Reichsfürst. Seit 1815 war Holstein ein Glied des Dt. Bundes, aber nicht Schleswig. Als die Dänen Schleswig von Holstein trennen und in Dänemark einverleiben wollten, erhoben sich 1848 die Schleswig-Holsteiner. Sie unterlagen im Deutsch-Dänischen Krieg von 1848-50 den Dänen. Als Bismarck ein gemeinsames Vorgehen Preußens und Österreichs erreichte, wurden die Dänen im Dt.-Dänischen Krieg von 1864 besiegt und mußten S.-H. abtreten, das dann infolge des →Deutschen Kriegs von 1866 preußisch wurde. Durch eine Volksabstimmung auf Grund des Versailler Vertrags fiel Nordschleswig (nördlich der Flensburger Förde) 1920 an Dänemark. 1946 wurde aus der preuß. Prov. das Land S.-H. gebildet. MinPräs.: G. Stoltenberg, CDU (seit 1971).

Schl'ettstadt, Stadt im Elsaß, Frankreich, an der Ill, 14900 Ew.; Textil-, elektr. Industrie.

Schleuder die, 1) alte Wurfwaffe; jetzt noch von Naturvölkern benutzt. 2) →Zentrifuge.

Schleuderball, ⚕ Wurf- und Fangspiel zwischen 2 Mannschaften mit einem Lederball, der an einer Schlaufe angepackt und geschleudert wird.

Schleuderguß, Gießverfahren, bei dem die Gußform in schnelle Drehung versetzt und das eingegossene Material (Beton, Metall) durch die Fliehkraft an die Formwandung angepreßt wird, wo es erstarrt.

Schleudersitz, ein bei Gefahr mit Raketen aus einem Flugzeug herausschleuderbarer Pilotensitz, mit einem Fallschirm versehen.

Schleuse die, 1) **Schiffs-S.** zur Überführung eines Schiffes von einem Gewässer in ein zweites mit anderer Höhe des Wasserspiegels. Bei der **Kammer-S.** fährt das Schiff in eine Kammer, die nach Ober- und Unterwasser Einfahrtstore besitzt. Durch Füllen oder Leeren der Kammer wird der Wasserspiegel dem Ober- oder Unterwasser angeglichen, so daß nach Öffnen des entsprechenden Tores die Fahrt fortgesetzt werden kann. 2) **Luft-S.,** Kammer mit zwei Türen zur Überwindung von Druckunterschieden zwischen zwei Räumen. (BILD S. 813)

Schlichtungswesen, ⚖ **1)** im Arbeitsrecht Maßnahmen zur Verhütung und Beilegung von Arbeitskämpfen; zunächst auf Grund von Vereinbarungen der Tarifparteien, in zweiter Linie durch ein staatl. Vermittlungsverfahren mit Zustimmung beider Parteien. **2)** Einigungsstellen

Schleiermacher

Schleswig: Blick auf den Petridom

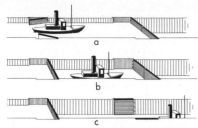

Schliemann

Schluchsee (Luftaufnahme)

Schleuse, a Kammer gefüllt, oberes Tor offen, Einfahrt; b beide Tore geschlossen, Schützen des unteren Tores geöffnet, Schleusung; c unteres Tor geöffnet, Ausfahrt

bei den Industrie- und Handelskammern zur Beilegung von Wettbewerbsstreitigkeiten.

Schlick der, sandig-tonig-kalkige Anschwemmung des Meeres mit organ. Beimengungen.

Schlick, Moritz, Philosoph, *1882, †1936; Vertreter des Neupositivismus.

Schlieffen, Alfred Graf von, preuß. Generalfeldmarschall (1911), *1833, †1913; 1891-1905 Chef des Generalstabs, entwarf den Operationsplan für einen Zweifrontenkrieg: bei hinhaltendem Widerstand im O rasche Entscheidung im W durch Stärkung des rechten Flügels **(S.-Plan).**

Schliemann, Heinrich, Archäologe, *1822, †1890; war erst Kaufmann, unternahm dann erfolgreiche Ausgrabungen in Troja, Mykene, Tiryns, Orchomenos. »Selbstbiographie«.

Schlieren Mz., ⊙ beim Lösen eines Stoffes oder beim Mischen von Flüssigkeiten auftretende Gebilde, die das Licht anders brechen als der umgebende Stoff.

Schliersee, See in Oberbayern, am Nordende der Kurort S., 6200 Ew.; Bauerntheater.

Schließfach, 1) Post-, Bank-S., zu mietendes, verschließbares Fach bei der Post (zum Abholen von Postsendungen), in Banken usw. **2)** auf Bahnhöfen verschließbares Fach zur kurzfristigen Aufbewahrung von Kleingepäck.

Schließmuskel, ringförmiger Muskel, der Öffnungen umgibt (After-S., Blasen-S.).

Schliff [von schleifen] der, **1)** das Schleifen von Metall, Glas, Edelsteinen. **2)** die dadurch erreichten Eigenschaften: Schärfe, Glätte, Glanz usw. **3)** übertragen: feines Benehmen.

schlingern, ⚓ das Pendeln des Schiffes um eine Längsachse infolge des Seeganges oder anderer Impulse. Gegensatz: →stampfen. Gegenmaßnahmen: 1) **Schlingertanks,** paarweise an beiden Seiten des Schiffes eingebaut, enthalten Wasser oder flüssigen Brennstoff und sind durch Wasser- und Luftkanäle miteinander verbunden. Ihr Inhalt schwingt im Gegentakt zum Schiff und dämpft das s. 2) kreiselgesteuerte **Dämpfungsflossen** werden gegen den Fahrtstrom angestellt; sie wirken wie Tiefenruder eines U-Boots. 3) **Schlingerkreisel** (heute überholt) wirken durch ihre Präzession.

Schlingpflanzen, die Kletterpflanzen.

Schlitten [zu mhd. sliten »gleiten«] der, **1)** Fahrzeug mit Gleitschienen (Kufen) statt Rädern, auf Schnee und Eis (Pferde-S., Rodel, Bobsleigh, Skeleton, Hörner-S., Eisjacht). Der **Motor-S.** hat Raupenantrieb oder Luftschrauben. **2)** ⚙ ein hin und her gleitender Maschinenteil, z.B. der Gleitschuh, der Walzenträger der Schreibmaschine. **3)** ⚓ Vorrichtung, auf der das Schiff vom Stapel gelassen wird.

Schlittschuhe mit einer Kufe versehene Schuhe zum Gleiten auf Eis, meist aus Metall. Knochen-S. aus der Steinzeit nachweisbar; bis ins 19. Jahrh. Holz-S. mit Eisenkufen.

Schlitzspülung, bei Zweitaktmotoren ein Verfahren zum Austreiben der Abgase.

Schloß [von schließen] das, ...sses/Schlösser, **1)** Wohngebäude, bes. von Fürsten, im Gegensatz zur →Burg meist unbefestigt. **2)** Vorrichtung zum Verschließen von Türen u. dgl. Das gewöhnl. **Kasten-S.** besitzt eine Zuhaltung. Das **Sicherheits-S.** verwendet mehrere Zuhaltungen, die nur durch Schlüssel mit einem bes. Bart in die zum Öffnen nötige Lage gebracht werden können. Das **Kombinations-S.** läßt sich ohne Schlüssel durch Einstellung bestimmter Zahlen oder Buchstaben öffnen. **3)** ⚔ bei Handfeuerwaffen: der hintere Verschluß des Laufes; dient zum Laden, Spannen und Entzünden der Ladung.

Schloß Holte-Stukenbrock, Gem. im Kr. Bielefeld, Nordrh.-Westf., 17 100 Ew.

Schloß Neuhaus, Gem. im Kr. Paderborn, Nordrh.-Westf., 13 600 Ew.

Schlosser, 1) Friedrich Christoph, Historiker, *1776, †1861; Prof. in Heidelberg; »Weltgeschichte für das dt. Volk«. **2)** Johann Georg, Schriftsteller, *1739, †1799; Freund und Schwager Goethes.

Schlot der, →Schornstein.

Schlözer, August Ludwig von (1802), *1735, †1809; Historiker und einflußreicher polit. Publizist der dt. Aufklärung.

Schl'uchsee, See im südl. Schwarzwald, 900 m ü.M.; Talsperre mit Kraftwerk.

Schlüchten, Stadt in Hessen, 12 000 Ew.

Schlucken, 1) schlingen, ein reflexartig ablaufender Vorgang von Muskelzusammenziehungen, durch den zu Bissen geformte Nahrung oder Flüssigkeiten aus der Mundhöhle in den Magen befördert werden. **2)** Schluckauf, krampfartig auftretende, krampfartige Zwerchfellzusammenziehungen.

Schluckimpfung, die Einnahme von abgeschwächten lebenden Viren durch den Mund, bes. gegen Kinderlähmung (**Sabin-Impfung**; nach dem amerikan. Forscher A. B. Sabin).

Schlund der, unterer Teil des Rachens.

Schlupf der, 1) ⚡ Drehzahlabfall des Asynchronmotors, bezogen auf die Drehfelddrehzahl. **2)** ⚙ Drehzahlabfall des belasteten Riementriebs, abhängig von Umschlingungswinkel und Riemenspannung.

Schlupfwespen, Hautflüglersippe; die Weibchen legen mit dem Legebohrer ihre Eier in Eier oder Larven anderer Insekten. (BILD S. 814)

Schlusnus, Heinrich, Sänger, *1888, †1952.

Schluß der, Logik: die Ableitung eines Urteils aus einem anderen Urteil (**unmittelbarer S., Folgerung**), z. B.: alle Menschen sind sterblich; alle unsterbl. Wesen sind keine Menschen; oder aus mehreren anderen Urteilen (**mittelbarer S., Syllogismus**), z. B.: die Fische haben kaltes Blut, der Hecht ist ein Fisch, also hat der Hecht kaltes Blut. Der Syllogismus besteht also aus zwei Vordersätzen (**Prämissen**) und einem Schlußsatz (**Konklusion**).

Schlüssel der, **1)** →Schloß. **2)** verabredete Wörter, Silben, Ziffern, Zeichen. **3)** ♪ Zeichen am Anfang der Notenlinien zur Bestimmung der Tonhöhe (C-, F-, G-S.).

Schlüsselbein, längl., flach S-förmig gekrümmter Knochen zwischen Brustbein und Schultergelenk (FARBTAFEL Mensch I S. 693).

Schlüsselblume, Primel, ⚘ Pflanzengattung mit zahlreichen Arten.

schlingern: Schlingertank, a Seitenbehälter, b Überströmkanal, c Luftkanal, d Wellenbewegung, A Auftrieb der Welle, G Wassergegengewicht im Behälter

Schloß: Zylinderschloß, oben Vorderansicht, unten Längsschnitt

Schlupfwespe

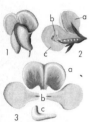

Schmetterlingsblüter: 1 Erbsenblüte, 2 Längsschnitt, a Fahne, b Schiffchen, c Flügel, 3 Teile der Blüte (a, b und c wie 2)

Schlüsselgewalt, 1) ⚥ die Befugnis der Ehefrau zur Geschäftsführung und Vertretung des Mannes innerhalb ihres häuslichen Wirkungskreises. Die Haftung trifft grundsätzlich nur den Mann. **2)** nach kath. Lehre die von Christus verliehene höchste geistl. Gewalt, die dem Papst als Nachfolger des Petrus zusteht.

Schlüsselindustrie, Industriezweige, die andere Wirtschaftszweige mit Rohstoffen und Halbfabrikaten versorgen (Bergbau, Hüttenindustrie).

Schlüsselkind, auf sich gestelltes Kind einer berufstätigen Mutter, das den Wohnungsschlüssel erhält.

Schlüsselroman, ein Roman, in dem wirkl. Personen und Vorkommnisse mehr oder weniger erkennbar dargestellt sind.

Schlüssigkeit die, ⚖ im Prozeß die logische Geschlossenheit des Vorbringens und des Antrages einer Partei; eine Klage ist z. B. **schlüssig,** wenn die vorgetragenen Tatsachen – ihre Richtigkeit unterstellt – den Klageantrag auf Grund der geltenden Gesetze rechtfertigen.

Schlußstein, ⌂ Scheitelstein eines Gewölbes.

Schlüter, Andreas, Baumeister und Bildhauer, *1664, †1714; Hauptmeister des norddt. Barocks: in Berlin das Schloß (1950 abgetragen), das Reiterdenkmal des Großen Kurfürsten, Masken sterbender Krieger am Zeughaus.

Schmalenbach, Eugen, Betriebswirtschaftler, *1873, †1955; Prof. in Köln, befaßte sich bes. mit Kostenrechnung, Finanzierung, Bilanz (»dynamische Bilanz«).

Schmalfilm, ein photograph. Film von 16, 9,5 oder 8 mm Breite.

Schmalk′alden, Stadt im Bez. Suhl, 14 200 Ew.; alte Fachwerkhäuser; Kleineisenindustrie; Solbad.

Schmalkalden: St.-Georgs-Kirche

Schmalk′aldische Artikel, von Luther 1536 verfaßtes Glaubensbekenntnis, das 1580 in das →Konkordienbuch aufgenommen wurde.

Schmalk′aldischer Bund, der von den meisten protestant. Fürsten und Städten unter Führung der ernestin. Kurfürsten von Sachsen und des Landgrafen Philipp von Hessen gegen Kaiser Karl V. 1531 in Schmalkalden geschlossen wurde. Im **Schmalkaldischen Krieg** 1546/47 siegte Karl V. bei Mühlberg; Kurfürst Johann Friedrich und Landgraf Philipp gerieten in kaiserl. Gefangenschaft, der S. B. löste sich auf.

Schmalspurbahnen, ⚒ Bahnen mit geringerer Spurweite (→Spur) als Normalspur.

Schmaltier, ♀ weibliches Hirschwild im 2. Jahr bis zur ersten Brunft.

Schmar′otzer, Paras′iten, Tiere oder Pflanzen, die auf Kosten eines andern Lebewesens (Wirt) leben. Die **Außen-S.** sitzen auf dem Wirt, z. B. Läuse, Stechmücken, Milben. Die **Innen-S.** leben im Körper des Wirtes, z. B. Bandwürmer, krankheitserregende Bakterien. Sie ernähren sich von seinen Körperbestandteilen. Anpassungen: Haftorgane (Blutegel), Saugorgane (Floh), Rück

bildung der Bewegungs-, Sinnes-, Verdauungsorgane. Unter den Pflanzen gibt es **Voll-S.** ohne Chlorophyll (Schuppenwurz, Kleeseide), und **Halb-S.,** die mit Hilfe ihres Chlorophylls assimilieren können (Mistel).

Schmarre [ndt.] die, Narbe, Schmiß.

Schmätzer der, ♫ den Drosseln nahestehende, kleine, am Boden brütende Singvögel, z. B. Steinschmätzer, Braunkehlchen, Schwarzkehlchen.

Schmeil, Otto, *1860, †1943, gab botan. und zoolog. Lehrbücher heraus.

Schmeißfliege, Brummer, große blauschimmernde Fliege; Eier an Fleisch, Aas.

Schmeling, Max, Boxer, *1905; 1930-32 Weltmeister aller Klassen.

Schmelz der, **1)** glänzender, oft gefärbter Überzug auf Metallgegenständen (Email). **2)** die Glasur auf Tonwaren. **3)** ♪ ⚕ **Zahn-S.,** die glänzende oberste Schicht des Zahnes.

schmelzen, Übergang aus dem festen in den flüssigen Aggregatzustand bei bestimmter Temperatur, dem **Schmelzpunkt.** Die dabei aufgenommene **Schmelzwärme** bewirkt keine Temperaturerhöhung.

Schmelzfarben, mit Metalloxyden gefärbte Glasflüsse, zum Einbrennen auf Glas, Porzellan, Email.

Schmelzmalerei, Emailmalerei, Verfahren, mit farbigen Glasflüssen auf Metall zu malen.

Schmelzöfen, →Industrieöfen.

Schmelzschupper, urtümliche Fische (Ganoiden), z. T. mit Schuppen, die wie mit Zahnschmelz überzogen sind.

Schmelzsicherung, ⚡ →Sicherung.

Schmer das, der, rohes Fett, Flomen.

Schmerle die, **Bartgrundel,** schlanker Karpfenfisch, mit 6 Bartfäden, in Bächen frisch.

Schmerling der, eßbarer Röhrenpilz mit braunem Hut und schmieriger Haut.

Schmerz der, eine quälende körperl. Empfindung. In der Haut kann der **Oberflächen-S.** von den **S.-Punkten** her ausgelöst werden. Der **Tiefen-S.** wird von Nervennetzen in den Muskeln u. a. aufgenommen. Der **Eingeweide-S.** wird von den Nerven des vegetativen Nervensystems vermittelt. Seel. S. als Gefühlsqualität (bei Verlust, Trauer, Leid) kann bis in die Bereiche körperl. S. hineinreichen.

Schmerzbekämpfung, griech. Name **Anästh′etik,** Verfahren, um Schmerzen zu lindern oder zu beseitigen, um Unempfindlichkeit **(Anästhes′ie)** zu erreichen. Während **allgemeine Betäubung** einen Schlafzustand herbeiführt, bleibt bei der **örtl. Betäubung (Lokalanästhesie)** das Bewußtsein erhalten.

Schmerzensgeld, ⚖ die Geldentschädigung, die bei Verletzung des Körpers oder der Gesundheit sowie in einigen anderen Fällen neben dem Ersatz des Vermögensschadens verlangt werden kann (z. B. für Schmerzen, Verunstaltung). Die Höhe bestimmt sich nach Billigkeit.

Schmetten [tschech.] der, Rahm.

Schmetterlinge, Falter Mz., sehr artenreiche Ordnung der Insekten, mit 4 häutigen Flügeln, die mit kleinen, farbigen Schuppen bedeckt sind. Sie haben saugende Mundwerkzeuge (Rüssel) und eine vollkommene Verwandlung (Ei, Raupe, Puppe S.). Die Raupen vieler S. sind durch Fraß schädlich. Zu den S. gehören Groß-S. und Klein-S., Schwärmer, Spinner, Spanner, Eulen u. a. (FARBTAFELN S. 342 und 870)

Schmetterlingsblüter, Familie der Ordnung Hülsenfrüchter mit schmetterlingsähnl. Blüte, deren Blütenblätter als »Fahne«, »Flügel« und »Schiffchen« bezeichnet werden. Zugehörig: Bohne, Erbse, Linse, Klee, Wicke, Lupine, Luzerne, Ginster, Robinie u. a.

Schmid, 1) Carlo, Völkerrechtslehrer, Politiker (seit 1946 im Vorstand der SPD), *1896; Prof. in Tübingen und Frankfurt, 1948/49 Mitglied des Parlamentarischen Rates, 1949-72 MdB; 1949-66 Vizepräs. des Bundestages, 1966-69 Bundesratsmin. **2)** Christoph von, Pfarrer und Jugendschriftsteller, *1768, †1854; »Die Ostereier«.

Carlo Schmid

Schmidt, 1) Arno, Schriftsteller, *1914; Romane; Literarhistorisches. **2)** Erich, Germanist, *1853, †1913; Lessingbiographie; entdeckte 1887 Goethes »Urfaust«. **3)** Franz, österr. Komponist, *1874, †1939; Sinfonien, Orgelwerke, Oper »Notre-Dame«. **4)** Helmut, Politiker (SPD), *1918; 1967-69 SPD-Fraktionsvors. im Bundestag, 1969 bis 1972 Bundesverteidigungsmin., 1972 Bundesmin. für Wirtschaft und Finanzen; nach der Regierungsneubildung 1972 für Finanzen. **5)** Wilhelm, kath. Theologe, Völkerkundler, *1868, †1954; Vertreter der Kulturkreislehre und eines urtüml. Hochgottglaubens als erster Stufe der Religion. **6)** Wilhelm, Ingenieur, *1858, †1924, erfand die Heißdampflokomotive.

Schm'idtbonn, Wilhelm, eigentl. Schmidt, Erzähler und Dramatiker, *1876, †1952.

Schmidtrohr, ein periodisch arbeitendes Verpuffungs-Strahltriebwerk.

Schmidt-R'ottluff, Karl, Maler, Graphiker der →Brücke; *1884; Expressionist.

Schmidt-Rottluff: Frau in den Dünen

Schmiedeberg im Riesengebirge, schlesischer Kurort; Metallwaren; seit 1945 unter polnischer Verwaltung (Kowary).

schmieden, erhitzte oder glühende dehnbare Metalle mit dem Schmiedehammer auf dem Amboß oder im Gesenk formen.

Schmiege die, **1)** ein Winkelmaß mit verstellbarem Winkel. **2)** →Zollstock.

Schmiele die, verschiedene Gräser, z. B. Ruchgras, Honiggras, Zittergras.

Schmiergelder, Bestechungsgelder.

Schmiermittel, ⚙ Stoffe zur Reibungsverminderung an Maschinenteilen, meist Öle oder Öl-Seifen-Gemische, Graphit, Glycerin.

Schminke die, Mittel zum Färben der Haut, Lippen, Wimpern, Augenbrauen.

Schmirgel der, feinkörniges, hartes Mineral, Abart des Korunds; als Schleifmittel verwendet.

Schmitt, Carl, Staats- und Völkerrechtler, *1888; war Prof. in Bonn, dann bis 1945 in Berlin.

Schm'itthenner, Paul, Architekt, *1884.

Schmitz, Bruno, Baumeister, *1858, †1916; Kyffhäuser-, Völkerschlachtdenkmal u. a.

Schmöker [ndt. smoken »schmauchen«] der, altes (durchräuchertes) Buch.

Schmoller, Gustav von, Volkswirtschaftler, *1838, †1917; Prof. in Berlin, Vertreter der jüngeren histor. Schule, Vorkämpfer der dt. Sozialgesetzgebung.

Schmollis das, student. Trinkgruß; **S. trinken,** Brüderschaft trinken.

Schmölln, Industriestadt im Bez. Leipzig, 14 100 Ew.; Holz-, Metallwaren-, Leder-Ind.

Schmu [hebr.] der, Gewinn, Betrug.

Schmuck der. Das S.-Bedürfnis ist beim Menschen uralt. Metalle, bes. Edelmetalle, Edelsteine, Perlen, geschnittene Steine, Glasfluß werden bevorzugt. In den Hochkulturen folgt der S. der Stilentwicklung der Kunst (geometr. Motive bei den Griechen, farbenprächtige Glasflüsse auf Gold im späten Rom und in Byzanz, reiche Goldschmie-

dekunst in Frankreich und Burgund im 15. Jahrh.). Außer der sozial auszeichnenden und der erot. Bedeutung hat der S. oft auch magisch-zauberische, z. B. Abwehrbedeutung (Amulette).

Schmücker, Kurt, Politiker (CDU), *1919; Druckereibesitzer; seit 1949 MdB, 1959-61 Vors. des Wirtschaftsausschusses, 1963-66 Bundeswirtschaftsmin., 1966-69 Bundesschatzminister.

Schmuggel [ndt.] der, verbotsweidriges Ein-, Aus- oder Durchführen von Waren; strafbar.

Schnabel der, der mit Hornscheiden überdeckte Unter- und Oberkiefer der Vögel, auch bei Schnabeltier, Schildkröte. Der S. ist in seiner Ausgestaltung der Lebensweise bes. angepaßt.

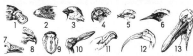

Schnabel: Schnabelformen. 1 Schnabeltier, 2 Karettschildkröte, 3 Kernbeißer, 4 Papagei, 5 Kreuzschnabel, 6 Schwarzspecht, 7 Gans, 8 Steinadler, 9 Kahn-S., 10 Klaff-S., 11 Flamingo, 12 Ibis, 13 Pelikan

Schnabel, 1) Arthur, Pianist und Komponist, *1882, †1951. **2)** Franz, Historiker, *1887, †1966, seit 1947 Prof. in München. »Dt. Geschichte im 19. Jahrh.« **3)** Johann Gottfried, Dichter, *1692, †1750; Robinsonade »Insel Felsenburg«.

Schnabelkerfe, Insektenordnung mit stechenden Mundwerkzeugen. Viele sind Schädlinge an Kulturpflanzen, Blutsauger und Krankheitsüberträger. Zu den S. gehören Wanzen, Zikaden, Pflanzen- und Tierläuse.

Schnabelschuhe, sehr lange →Schuhe, die im 14. und 15. Jahrh. getragen wurden.

Schnabeltier, ♀ zu den Kloakentieren gehörendes Wasser-Säugetier mit Entenschnabel, Schwimmhäuten; legt Eier, lebt in Neusüdwales und Tasmanien.

Schnack, 1) Anton, Schriftsteller, *1892; Gedichte, Romane. **2)** Friedrich, Schriftsteller, Bruder von 1), *1888; Gedichte, Erzählungen.

Schnaderhüpfl, Schnadahüpfl [Schnitterhüpflein, Erntetanzliedchen] das, derbe, spöttische Stegreiflieder der Alpenländer.

Schnake die, **1)** große, mückenartige, nicht stechende, langbeinige Zweiflügler, z. T. Pflanzenschädlinge. **2)** volkstüml. für die →Stechmücke.

Schnapphahn der, Wegelagerer.

Schnauzer der, rauhhaariger Pinscher, drahthaarige Hunderasse mit Schnauzbart.

Schnecke die, **1) Gastrop'oden,** Klasse der Weichtiere, z. gr. T. mit kalkiger Spiralschale (**S.-Haus**) und im Eingeweidesack. Der Fuß, der manchen S. fehlt, hat eine Kriechsohle. Der Kopf trägt Fühler mit Augen. Sie leben vorwiegend von Pflanzen. Zwischen Körper und Schale (Mantelhöhle) liegen die Atemorgane, entweder Kiemen oder Lungen. Viele S. sind Zwitter. Man unter-

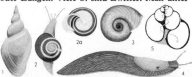

Schnecken. 1 Schlamm-S., 2 Gartenschnirkel-S., 2a Gehäuse von unten, 3 Posthorn-S. (Teller-S.), 4 Weg-S., 5 Längsschnitt durch das Gehäuse der Weinberg-Schnecke

scheidet: **Kiemen-S.,** meist Meeresbewohner wie Wellhorn-S., Kauri-S., Napi-S., und **Lungen-S.** wie Garten-S., Weg-S., Teller-S., Weinberg-S. **2)** Teil des inneren →Ohrs. **3)** ⚙ eine auf einem zylindr. Schaft eingeschnittene endlose Schraube (→Zahnrad). **4)** ♪ oberster Teil des Halses von

R. Schneider

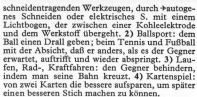

Streichinstrumenten. 5) ☐ →Volute. 6) **Förderschnecke** für Schüttgut (Sand, Zement u. a.).

Schnee der,1) Niederschlag in fester Form, kleine, meist sternförmige Kristalle, die durch Gefrieren des Wasserdampfes in der Luft entstehen. Mehrere zusammengehakte Kristalle bilden **S.-Flocken.** Formen des S.: **Pulver-S.** (trocken, feinkörnig), **Papp-S.** (feucht, aus großen Flocken). Durch Wind entstandene S.-Anhäufungen heißen **Schneewehen.** Älterer S. wird zu →Firn. 2) steifgeschlagener Eiweißschaum.

Schneeball, eine Gattung der Geißblattgewächse. Der Gemeine S. ist ein Waldstrauch mit weißen, urspr. flachen Blütenständen und roten Beeren, als **Gefüllter S.** mit kugeligen Blütenständen Gartenzierstrauch. **Wolliger S.,** Schlinge, Wald- und Zierstrauch, mit filzigen Blättern, gelbweißen Dolden und schwarzen Beeren.

Schneeballsystem, Verkaufssystem, bei dem der Händler dem Käufer Preisnachlaß o. a. Vergünstigungen gewährt, wenn er ihm weitere Kunden zuführt; als unlauterer Wettbewerb strafbar.

Schneebeere, ⊕ nordamerikan. Zierstrauch mit rosa Blüten, weißen Beeren; Geißblattgewächs.

Schneeberg, Stadt im Bez. Karl-Marx-Stadt, 21 600 Ew.; Bergbau (Kobalt), Spitzen, Metallindustrie.

Schneeberg, 1) Gipfel der Kalkalpen in Niederösterreich, 2075 m. **2) Glatzer** oder **Großer S.,** höchster Berg des Glatzer Schneegebirges in den Sudeten, 1424 m. **3)** der höchste Gipfel des Fichtelgebirges, 1051 m. **4) Krainer S.,** höchste Erhebung des Karstes, 1796 m.

Schneeblindheit, ♫ meist vorübergehende Blendung durch längeres Blicken auf sonnenbeschienene Schneefelder.

Schneeglöckchen, weißblühendes Zwiebelgewächs: Vorfrühlingsblüher.

Schneegrenze, die untere Grenze des ewigen Schnees: sie steigt vom Meeresspiegel (im Polargebiet) bis etwa 5000 m (im Karakorum).

Schneehuhn, rebhuhngroße nordeurop. Wildhühner, im Winter weiß, im Sommer braungesprenkelt; die Beine und Zehen pelzartig befiedert. **Alpen-S., Moor-S.**

Schneeketten, Gleitschutz für Kraftfahrzeuge auf verschneiten oder vereisten Straßen.

Schneekoppe, höchster Gipfel des Riesengebirges, 1603 m. (BILD Riesengebirge)

Schneeräumung, die Beseitigung des Schnees auf Straßen und Schienenwegen, bei geringer Schneehöhe mit dem **Schneepflug,** zwei keilförmig miteinander verbundenen Brettern, bei großen Schneemassen mit **Schneefräsen, Schneeschleudern** oder **Frässchleudern,** die den Schnee bis zu 30 m nach der Seite werfen.

Schneeschuh, 1) der →Ski. **2) Schneereifen,** hölzerner Rahmen mit Geflecht, als Hilfsmittel zum Gehen auf dem Schnee.

Schneew'ittchen, Märchengestalt, wird von der Stiefmutter um ihre Schönheit beneidet und gequält, flieht zu den 7 Zwergen.

Schneidemühl, Stadt in Pommern, (1939) 45 800, (1970) 45 000 Ew., Verkehrsknoten, Ind.; seit 1945 unter poln. Verw. (Piła).

schneiden, 1) ۞ Werkstoffe trennen mit

schneidentragenden Werkzeugen, durch →autogenes Schneiden oder elektrisches S. mit einem Lichtbogen, der zwischen einer Kohleelektrode und dem Werkstoff übergeht. 2) Ballsport: dem Ball einen Drall geben; beim Tennis und Fußball mit der Absicht, daß er anders, als es der Gegner erwartet, auftrifft und wieder abspringt. 3) Laufen, Rad-, Kraftfahren: den Gegner behindern, indem man seine Bahn kreuzt. 4) Kartenspiel: von zwei Karten die bessere aufsparen, um später einen besseren Stich machen zu können.

Schneider,1) Erich, Volkswirtschaftler, *1900; Vertreter des mathemat.-ökonometr. Verfahrens. **2)** Reinhold, kath. Schriftsteller, *1903, †1958; »Philipp II.«, »Las Casas vor Karl V.«, »Macht und Gnade«, »Verhüllter Tag«; Gedichte.

Schneiderhan, Wolfgang, Violinvirtuose, *1916.

Schneiderkreide, feingemahlener, zu flachen Stücken geformter Speckstein.

Schneidkluppe, Werkzeug zum Schneiden von Gewinden mit 2 verstellbaren **Schneidbacken.**

Schneifel die, **Schnee-Eifel,** Hochfläche in der westl. Eifel.

Schneise die, baumleerer Streifen in Forsten.

Schnellbahn, S-Bahn, elektrisch betriebene Eisenbahn zur Bewältigung des Massenverkehrs zwischen Großstädten und ihren Vororten.

Schnellboot, S-Boot, kleines Kriegsschiff für das Küstenvorfeld.

Schnellkäfer, Familie schmaler Käfer, die sich aus der Rückenlage in die Höhe schnellen und auf die Beine fallen; z.B. der **Saat-S.,** dessen Larve, der **Drahtwurm,** die Saat schädigt.

Schnellpresse, eine Druckmaschine, bei der der Druckbogen vom Druckzylinder gegen die Druckform gepreßt wird.

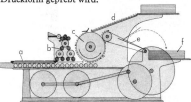

Schnellpresse: Buchdruck-S., a Druckform, b Farbwerk, c Druckzylinder, d Bogenanlage, e Auslegerechen, f Papierablage

Schnellrichter, ⚖ Richter im beschleunigten Strafverfahren. →Strafprozeß.

Schnellzüge, →Eisenbahn.

Schnepfe die, Watvogel mit langem, geradem Schnabel. In Mitteleuropa leben die **Bekassine** (Sumpf-S.) und die **Wald-S.** Nest in Bodenmulde. Ihr Fleisch ist wohlschmeckend.

Schnepfenthal, 1784 von →Salzmann gegr. Erziehungsanstalt bei Waltershausen (Thüringen).

Schnirkelschnecken, ♫ Landlungenschnecken mit spiralig gewundener Schale; Weinberg-, Acker-, Garten-, Hain-Schnecke.

Schnittholz, im Sägewerk zu Brettern, Bohlen usw. zerschnittenes Holz.

Schnittlauch, eine Art von →Lauch, rotblühend; Würzkraut.

Schnittwaren, Stoffe in Ballen, von denen im Einzelhandel das gewünschte Maß abgeschnitten wird.

Schnitzel das, gebratene Fleischscheibe.

Schnitzeljagd, vereinfachte Parforcejagd: die Hunde und der Fuchs werden durch Reiter dargestellt, die Fährte durch Papierschnitzel.

Schnitzer, Eduard, →Emin Pascha.

Schnitzler, Arthur, österr. Schriftsteller, *1862, †1931; impressionist.-psycholog. Bühnenstücke (»Anatol« u. a.), Romane, Novellen.

Schnorchel, der, 1) ⚓ Hohlmast am Unterseeboot zur Versorgung mit Frischluft bei Unterwasserfahrt. 2) Hilfsgerät beim Sporttauchen.

Schnepfe

Schnittlauch, a Pflanze, b Zwiebel, c Blüte, d Frucht

Schneeräumung, links: große Schneeschleuder an Lastkraftwagen mit Allradantrieb, rechts: mittelgroße Schneeschleuder an Kleinschlepper mit Allradantrieb und Kriechgang

816

Schnorr von Carolsfeld, Julius, Maler, *1794, †1872; →Nazarener; religiöse, geschichtl. Bilder.

Schnulze die, schmalziges Schlagerlied, rührseliges Kinostück.

Schnupfen der, die Entzündung (Katarrh) der Nasenschleimhaut. Der **akute S.** (Erkältungs-S.) beruht auf einer Virusinfektion nach Kälte- und Nässeeinwirkung. Der **chronische S.** (Stock-S.) entsteht durch Verstopfung der Nasengänge oder Schleimhautwucherungen (Polypen). Behandlung je nach Ursache. – Über **Heu-S.** →Heufieber.

Schnupftabak, aus Tabakblättern gewonnenes Pulver, reizt die Nasenschleimhaut.

Schnur [altdt.] die, Schwiegertochter (Bibel).

Schnürboden, Rollenboden, Theater: der Raum über der Bühne mit Vorrichtungen zum Aufzug der Vorhänge, Kulissen, Prospekte.

Schnurkeramik, jungsteinzeitl. Fundgruppe, nach den mit Schnüren eingedrückten Verzierungen der Tongefäße benannt. Fundgebiete im nördl. Mitteleuropa mit Ausstrahlungen nach Südrußland und den Niederlanden.

Schnurre, Wolfdietrich, Schriftsteller, *1920; Essays, Gedichte, Erzählungen.

Schober der, **Diemen, Feime,** regelmäßig aufgesetzter Haufen Getreide, Stroh oder Heu, z. T. mit festem Boden und Dach.

Schober, Johannes, österr. Staatsmann, *1874, †1932; 1921/22 und 1929/30 Bundeskanzler, 1930 Vizekanzler und Außenminister; sein Plan einer Zollunion mit Dtl. scheiterte 1931.

Schock das, Zählmaß: 60 Stück.

Schock der [engl.], 1) Stoß, Schlag. 2) ⚡ plötzl. schwere Erschütterung des Nervensystems, die Kreislauflähmung mit Bewußtlosigkeit zur Folge hat, z.B. bei schweren Infektionskrankheiten, nach Verletzungen **(Wund-S.),** durch Schreck oder Freude **(seelischer S., Nerven-S.).** Kann rasch vorübergehen oder durch Herzlähmung zum Tod führen.

Schockbehandlung, Verfahren zur Behandlung seel. Krankheiten. Der **Insulinschock** führt zu Bewußtlosigkeit infolge Verminderung des Zuckers im Blut durch Insulin. Der **Elektroschock** beruht auf der Wirkung von elektr. Strom auf das Gehirn; er löst Krämpfe mit Bewußtlosigkeit aus.

Schoeck, Othmar, schweizer. Komponist, *1886, †1957; Opern, Orchestermusik, Lieder.

schock'ieren [frz.], Entrüstung verursachen.

sch'ofel [hebr.], unfein, gemein, schäbig.

Schöffengericht, ⚖ in der Bundesrep. Dtl. bei den Amtsgerichten bestehendes Strafgericht, das mit dem Amtsrichter als Vorsitzendem und 2 Schöffen besetzt ist. Zuständigkeit →Gerichtswesen. **Schöffe** der, nicht juristisch ausgebildeter Beisitzer beim S. und bei den Strafkammern der Landgerichte; früher (Schöppe) die Urteilsfinder bei den Volksgerichten.

Schog'un der, in Japan: Kronfeldherr, 1192 bis 1868 im Besitz der tatsächl. Regierungsgewalt.

Schokol'ade [altmexikan.] die, Mischung aus Kakao, Zucker, Kakaobutter, Milch, Gewürz.

Scholapur, Stadt im Staat Maharaschtra, Indien, 391 600 Ew.; Baumwollfabriken.

Schol'ar [lat.] der, im MA.: Schüler, Student.

Schol'astik [lat.] die, »Schulwissenschaft«; die Philosophie und Theologie im MA. Sie suchte die kirchl. Glaubenslehren auch durch Vernunftbeweise zu erhärten und in ein einheitl. Gedankengebäude zu bringen; außer an die Kirchenväter knüpfte sie an Aristoteles an. Ihre Blütezeit war vom 11. bis zum 14. Jahrh., ihr bedeutendster Vertreter Thomas von Aquino. **schol'astisch, 1)** auf die S. bezüglich. **2)** wortklaubend, nur am Wort hängend. **Schol'astiker** der, **1)** Anhänger der S. **2)** noch studierender Priesterkandidat.

Scholl, die Geschwister Hans (*1918) und Sophie S. (*1921); sie waren mit anderen Studenten, Gelehrten, Künstlern in der Widerstandsgruppe »Weiße Rose« vereinigt, wurden in der Univ. München am 18.2.1943 bei einer Flugblattverteilung verhaftet, vom Volksgerichtshof zum Tode verurteilt und hingerichtet.

Scholle die, **Plattfisch,** Familie der Knochenfische, mit scheibenförmigem Körper. Die obere, d.h. urspr. rechte Seite ist dunkler. Das linke Auge ist auf die Oberseite gewandert, das Maul ist schief. Die S. leben meist auf dem Meeresboden an den Küsten, nähren sich von kleinen Tieren. Ihr Fleisch ist wohlschmeckend. Arten: **Heilbutt,** bis 4,5 m lang und 200 kg schwer, **Steinbutt, Flunder, Gemeine S.** oder **Goldbutt, Seezunge, Rotzunge.**

Schöllkraut, behaartes staudiges Mohngewächs mit gelbem Milchsaft, gelben Blüten, stabförmigen zweiklappigen Schoten. Heilpflanze gegen Leber-, Gallenleiden (auch **Schellkraut** genannt).

Sch'olochow, Michail Alexandrowitsch, russ. Schriftsteller, *1905, erhielt 1965 für den Roman »Der stille Don« (4 Bde.) den Nobelpreis. »Neuland unterm Pflug« (2 Tle.).

Scholz, Wilhelm v., Dichter, *1874, †1969; Schauspiele, Erzählungen, Romane, Gedichte.

Schön, Helmut, Sportlehrer, *1915; seit 1964 Fußballnationaltrainer des Dt. Fußballbundes.

Schönaich-C'arolath, Emil Prinz v., Lyriker, *1852, †1908; Gedichte, Novellen.

Schönbein, Christian Friedrich, Chemiker, *1799, †1868, entdeckte das Ozon, erfand die Schießbaumwolle und das Kollodium.

Schönberg, Mährisch-S., Stadt in der Tschechoslowakei, im Gesenke, 21 700 Ew.; Mineralöl-, Textilindustrie.

Schönberg, Arnold, Komponist, *1874, †1951; Vertreter der →Zwölftonmusik. Orchester-, Kammer-, Orgelmusik. Oper »Moses und Aron«.

Schönbr'unn, ehem. kaiserl. Barockschloß südwestl. von Wien mit großem Park (1695-1740); **Friede von S.** 1809, →Napoleon I.

Schönebeck, Industriestadt im Bez. Magdeburg, an der Elbe, 46 000 Ew.; Maschinen- u.a. Ind., Saline. Dazu **Bad Salzelmen.**

Schöneberg, der 11. VerwBez. der Stadt Berlin (West-Berlin). Das Rathaus S. ist Sitz der West-Berliner Regierung.

Schöneiche, Landhausgem. am Rand Berlins, Kr. Fürstenwalde, 10 000 Ew.

Schönemann, Anna Elisabeth, Goethes **Lili,** *1758, †1817, war 1775 mit Goethe verlobt.

Schonen, südlichste, fruchtbarste Landschaft Schwedens; bis 1658 dänisch.

schönen, ein Verfahren, um Trübungen im Wein durch Zusatz von Tannin oder gelbem Blutlaugensalz zu beseitigen.

Schoner, Schuner der, ⚓ zwei-, auch dreimastiges Schiff. Der **Gaffel-S.** führt nur Gaffel-, Stagsegel, der **Rah-S.** hat Rahen am vordersten Mast.

Schönerer, Georg Ritter v., österr. Politiker, *1842, †1921; vertrat ein alldt., antisemit., antiklerikales Programm (»Los-von-Rom«-Bewegung); beeinflußte damit Hitler.

Schongau, Stadt in Oberbayern, am Lech 11 200 Ew., Stadtmauer; Papier- u.a. Industrie.

Sch'ongauer, Martin, Maler und Kupferstecher, * um 1450, †1491, förderte entscheidend die künstler. Entwicklung des Kupferstichs.

Schönheitspflege, Kosm'etik die, die Anwendung von Hautpflege- und Verschönerungsmitteln, z.B. Hautcreme, Puder, Schminke; auch Massage und kosmet. Chirurgie.

Schönherr, Karl, österr. Dichter, *1867, †1943; Volksdramen (»Glaube und Heimat«).

Schloß
Schönbrunn

Schönberg

A. Schopenhauer

Schönholth'ausen, Gem. in Nordrh.-Westf., 12200 Ew.; Metall-, Kunstharz-Industrie.

Schöningen, Stadt in Ndsachs., Solbad am Elm, 15200 Ew.; vielseitige Industrie.

Schönkopf, Anna Katharina(Käthchen), *1746, †1810; Jugendfreundin Goethes in Leipzig.

Schonung die, ⚘ geschützte Anpflanzung von jungen Waldbäumen.

Schonzeit, Hegezeit, ♀ Zeit, während der das Jagen oder Fischen bestimmter Tiere verboten ist.

Sch'openhauer, 1) Arthur, Philosoph, *1788, †1860. Er betrachtet als Wesen der Welt einen grund- und ziellosen (blinden) Willen. Dieser »objektiviert« sich in der Erscheinungswelt als Wille zum Leben und zur Fortpflanzung. Auf den höheren Stufen wird er fähig, sich selbst als unvernünftig und böse zu durchschauen und sich dadurch von seinem eigenen Drang zu erlösen. Dies geschieht auf den interesselosen Anschauen der Kunstwerke. Volle Erlösung erreicht nur der Heilige, der den Willen zum Leben verneint (Einfluß des Buddhismus). S. wirkte sehr stark auf R. Wagner, Nietzsche. Hauptwerk: »Die Welt als Wille und Vorstellung«. **2)** Johanna, Mutter von 1), *1766, †1838, lebte als Schriftstellerin seit 1806 in Weimar; Romane, Erinnerungen.

Schöpfung die, **1)** religiös: die Erschaffung der Welt und der ersten Menschen. **2)** Werk, Meisterstück.

Schoppen [zu schöpfen] der, **1)** früheres Flüssigkeitsmaß, meist etwa ½ Liter. **2)** jetzt: ¼ Liter Bier oder Wein.

Schöps [tschech.] der, Hammel.

Schorf der, **Grind, 1)** ⚕ durch geronnenes Blut oder eingetrocknete Hautabsonderungen entstandene Kruste auf Wunden. **2)** 🌱 Pflanzenkrankheiten mit wundschorfähnl. Mißbildungen, erregt bes. durch Pilze.

Schorfheide, Naturschutzgebiet in der Uckermark, Bez. Frankfurt a. d. O.

Schorlemorle das, Erfrischungsgetränk, meist: Weißwein mit Mineralwasser.

Schorndorf, Stadt in Bad.-Württ., 21100 Ew.; Schloß, Fachwerkhäuser; Stahlmöbel-, Holzind.

Schornstein, Schlot der, **Esse** die, der senkrecht aufsteigende Kanal einer Feuerungsanlage, der die Verbrennungsgase ins Freie abführt und den zur Verbrennung erforderl. Luftzug erzeugt. Er wird im Innern des Gebäudes bis über das Dach hochgeführt oder frei stehend aus Eisenblech oder Stein (Fabrik-S.) gebaut.

Schornsteinfeger, Kaminkehrer, Schlotfeger, Handwerksberuf, wegen seiner Bedeutung für den vorbeugenden Feuerschutz geregelt durch Ges. v. 22. 1. 1952.

Sch'ortens, Gem. im VerwBez. Oldenburg, Ndsachs., 13500 Ew.; Büromaschinen- und Fahrzeugindustrie.

Schosch'onen, Shoshoni, nordamerikan. Indianerstamm, ursprüngl. östl. des Felsengebirges.

Schostak'owitsch, Dimitrij, russ. Komponist, *1906; Opern, Orchester-, Kammermusik.

Schote die, Fruchtform der Kreuzblüter: zwei Fruchtblätter mit Mittelwand, an der die Samen sitzen.

Schott, Sebcha [arab.], **Salar** [pers.], **Kawir** [pers.], **Salzsumpf,** flache Salzseen (→Salz), die zeitweilig austrocknen.

Schott [ndt.] das, **Schotte** die, Quer- und Längswände in Schiffen und Flugzeugen, zur Unterteilung in wasser- und feuersichere Abschnitte.

Schott, Friedrich Otto, Chemiker, *1851, †1935, schuf die Grundlagen für die neuzeitl. Glaserstellung, gründete mit Ernst Abbe und Carl Zeiss 1886 das Jenaer Glaswerk S. und Genossen, seit 1952 in Mainz.

Schotten Mz., die heute noch Gälisch sprechenden Bewohner des schott. Hochlandes, die im 5. Jahrh. von Irland her einwanderten; meist reformiert; ihre Tracht (Kilt, Weste, kurze Jacke, Plaid über linker Schulter und Schottenmütze) ist heute im Schwinden.

Schotter der, **Stein-, Kleinschlag,** Geröllab-

Schottland: Loch Maree

lagerungen oder zerkleinerte Steine zur Herstellung, Instandhaltung (**Beschotterung**) von Straßen, Gleisanlagen, als Zuschlagstoff für →Beton.

Schottisch, Schottischer der, **Ekossaise** [ekɔs'æz, frz.] die, lebhafter Tanz schott. Ursprungs, im ³/₄-, jetzt im ²/₄-Takt.

Schottische Kirche, die reformierte Kirche Schottlands, gegr. von John Knox. Sie hält streng an der Lehre →Calvins fest.

Schottland, der nördl. Teil der brit. Hauptinsel (einschl. Hebriden, Orkney- und Shetland-Inseln), 78764 km² mit 5,2 Mill. Ew. (meist →Schotten); Hauptstadt: Edinburgh. S. ist ein wesentlichen Gebirgsland (Ben Nevis 1343 m). Die Highlands (Hochlande) im N werden durch das Senkungsfeld der Lowlands (mittelschott. Tiefland) von den Southern Uplands (südschott. Bergland) getrennt. In den Highlands zahlreiche Seen (Lochs), wenig Wald, Schafzucht. Kohle- und Eisenvorkommen in den Lowlands; wichtigster Industriestandort und größte Stadt ist Glasgow. Schiffbau, Fischerei. FARBTAFEL Europa S. 339.

GESCHICHTE. Im Altertum blieb das von den kelt. Pikten bewohnte nördl. S. (Kaledonien) von der röm. Herrschaft frei. Später kamen von Nordirland die kelt. Skoten, von denen der Name S. herrührt; der S des Landes wurde von den german. Angeln besiedelt. Pikten und Skoten vereinigten sich 844 zu einem Königreich, das seine Unabhängigkeit erfolgreich gegen England verteidigte. Seit 1371 regierte das Haus Stuart; die Königsgewalt blieb gegenüber dem Adel schwach. Im 16. Jahrh. setzte sich der Calvinismus durch (John Knox), die kath. Königin Maria Stuart wurde 1567/68 gestürzt. Ihr Sohn wurde 1603 als Jakob I. auch König von England; 1707 wurde S. endgültig mit England zum Kgr. Großbritannien vereinigt (→Großbritannien, Geschichte).

schraff'ieren, 1) helle und dunklere Teile in Zeichnungen, Stichen usw. durch nebeneinandergesetzte mehr oder weniger starke Striche (**Schraffen; Schraffierung, Schraffur**) kenntlich machen. **2)** Farben durch Striche oder Punkte andeuten.

Schragen [zu schräg] der, Gestell aus gekreuzten Hölzern, z.B. Zaun, Bockgestell.

Schram der, ⚒ tiefer Einschnitt in die Abbauschicht, wird mit der **Schrämmaschine** hergestellt. **schrämen,** glatt abkratzen.

Schramberg, Stadt in Bad.-Württ., im Schwarzwald, 19000 Ew.; Uhrenindustrie.

Schramm, Percy Ernst, Historiker, *1894, †1970; war seit 1929 Prof. in Göttingen.

Schrammelmusik [nach Johann (†1897) und Josef (†1895) Schrammel], Wiener Volksmusik (Geigen, Gitarre und Bandoneon oder Klarinette).

Schranze [mhd. schranz »Schlitz«] der, meist: Hofschranze, liebedienernder Höfling.

Schrapn'ell [nach dem Erfinder Shrapnel, um 1800] das, ⚔ mit Sprengladung und Kugeln gefülltes Artilleriegeschoß.

Schrat [ahd. scrato] der, Waldgeist.

Schratte, die, Rinne, Riefe.

Schraube die, **1)** Befestigungsmittel aus Stahl, Kupfer, Messing, Leichtmetall zur Herstellung

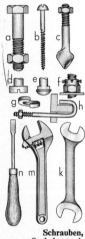

Schrauben, a Sechskant-, b Holz-, c Steinschraube, d Zylinderkopf, e Flachrundkopf, f Kronenmutter, g Federring, h Hakenschraube, k Schraubenschlüssel, m verstellbarer Schraubenschlüssel, n Schraubenzieher

Schriftarten	Nonpareille (6 Punkt)	Petit (8 Punkt)	Borgis (9 Punkt)	Korpus (10 Punkt)	Beispiele für Schriftstärken	
Antiqua	Buch	Buch	Buch	Buch	mager	Buch
Fraktur	Buch	Buch	Buch	Buch	halbfett	**Buch**
Kursiv	*Buch*	*Buch*	*Buch*	*Buch*	fett	**Buch**

lösbarer Verbindungen; besteht aus dem Kopf, dem zylindr., mit Gewinde versehenen Schaft und der Mutter mit Innengewinde, die mittels **S.-Schlüssels** festgedreht (oder gelockert) wird. **Kopf-S.** werden ohne Mutter verwendet. **Holz-S.**, in der Regel Kopf-S., besitzen schwach kegeligen Schaft. **Bewegungs-S.** dienen der Vermittelung einer geradlin. Bewegung, z.B. die Spannspindel des Schraubstockes oder die Leitspindel der Drehbank, die den Support vorwärts bewegt. Der **Schraubenzieher** dient zum Festziehen und Lösen von Schrauben. **2)** →Schiffsschraube.

Schraublehre, Schraubenmikrometer, Gerät zum Messen kleiner Größen.

Schraubstock, Gerät mit gegeneinander bewegl. Backen zum Einspannen von Werkstücken. Beim **Parallel-S.** wird die eine Backe in einer Parallelführung gegen die andere bewegt. Der **Maschinen-S.** ist ein Parallel-S. mit ebenem, geschlitztem Fuß, der auf den Tisch einer Werkzeugmaschine aufgespannt wird.

Schrebergärten, →Kleingärten.

Schreckensherrschaft, →Französische Revolution.

Schreckstoffe, engl. **rep′ellents,** chem. Stoffe, die bei Tieren Schreck- oder Fluchtreaktionen auslösen, im Unterschied zu **Lockstoffen (attractants).** Künstliche S. werden z.B. bei der Schädlingsbekämpfung benutzt.

Schreiber, Georg, kath. Kulturpolitiker, *1882, †1963; Prof. für Kirchengeschichte.

Schreibfeder, kurz **Feder,** Schreibwerkzeug aus hochelast. Stahl, Gold oder Palladiumlegierungen mit bes. gefertigter Spitze; früher hergestellt aus Rohr, dann aus den Kielen von Vogelfedern (bes. **Gänsefedern**).

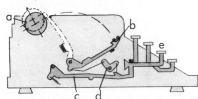

Schreibmaschine, a Schreibwalze, b Typenhebel mit Type, c Tastenhebel, d Zwischenhebel, e Taste

Schreibmaschine, Maschine für Schreibarbeiten, bei der über ein Tastenfeld Typen durch ein Farbband hindurch gegen das Schreibpapier geschlagen werden. Bei der gebräuchlichsten S. sind die Typenhebel unabhängig voneinander im kegeligen Typenkorb angeordnet, eine neuere Ausführung trägt die Typen auf einem auswechselbaren, kugelförmigen Schreibkopf von Tischtennisballgröße. Das Papier ist auf einer Walze aufgespannt; es wandert unter der Typenanschlagstelle nach links (Typenhebel-S.) oder verbleibt in Ruhe, während der Schreibkopf nach rechts wandert (Schreibkopf-S.). Sonder-S.: **elektrische S.** (nur leichter Tastendruck, alle anderen Funktionen elektrisch), S. mit Lochstreifensteuerung, Blinden-, Musiknoten-S., Stenographiermaschine.

Schrein der, hölzerner Behälter, Schrank.

Schreker, Franz, Opernkomponist, *1878, †1934; »Der ferne Klang«, »Die Gezeichneten«.

Schrey, Ferdinand, Stenograph, *1850, †1938; förderte die Stenographie durch ein eigenes System (1887), abgelöst 1897 durch das Ergänzungssystem **Stolze-Schrey.**

וַיֹּאמֶר אֱלֹהִים יְהִי־אוֹר וַיְהִי־אוֹר : a
Ιисоγса има́ть льстиѫ и b

Schrift: Oben Druckschriften, unten Schriftformen.
S.-Formen, a Hebräisch (quadr.), b Kyrillisch, c Altägyptisch (hierat.), d Arabisch (pers.), e Chinesisch (Druckschrift), f Japanisch Hiragana

Schreyvogl, Friedrich, Schriftsteller, *1899; Romane, Dramen.

Schrift die, allgemein anerkannte Zeichen, in denen Sprache festgehalten wird. Älteste Schriftart ist die **Bilder-S.** Zunächst wurden ganze Gedankenreihe durch bildhafte Zeichnung oder Malerei mitgeteilt. Es folgte die **Wort-S.,** bei der jedem Wort ein Zeichen entspricht; daraus entwickelten sich **Silben-** und **Laut-S.,** bei der ein Zeichen ein größeres Lautgebilde darstellt. Die →Hieroglyphen sind eine Bilder-S., die schon den Weg zur Silben- und Laut-S. nimmt. Eine Wort-S. ist die chines. S.; vorwiegend Silben-S. war die →Keil-S. Wahrscheinlich bildeten bestimmte ägypt. Hieroglyphen die Quelle der semit. **Buchstaben-S.,** mit Einkonsonantenzeichen. Das nordsemit. Alphabet, dessen früheste Inschriften aus dem 13. und 12. Jahrh. v. Chr. stammen, spaltete sich früh in 3 Typen: den phönik., althebr. und aramäischen Typ, auf den der altiran. S. zurückgehen. Nach der herrschenden Ansicht ist die griech. S. frühestens im 11. Jahrh. v. Chr. aus der phönik. entlehnt worden; sie wurde ihrerseits der Ausgangspunkt für die Entwicklung der europ. Schriftformen. Aus einer spätgriech. Unzialschrift stammen die got. S., die kopt. S., die Kyrilliza (→kyrillische S.). Die lat. Abc findet sich seit etwa 600 v. Chr. in zusammenhängenden Inschriften. Auf die lat. S. gehen **Antiqua** und **Fraktur** (→Schriften). Als Schreibwerkzeug dienten Griffel, mit denen man die S.-Zeichen in Wachs- oder Lackmasse einritzte, später Rohrfeder, Gänsekiel, seit dem 19. Jahrh. die Stahlfeder.

Schriften Mz., □ die Gesamtheit der nach Größe und Form verschiedenen Typen oder Lettern. Der Form nach unterscheidet man bes. zwei Schriftarten: 1) die **Antiqua** und **Altschrift** und 2) die **Fraktur.** Die Fraktur geht auf die got. Mönchsschrift zurück. Beide S. bildeten sich mit der Entwicklung des Buchdrucks heraus, die Antiqua im 15., die Fraktur im 16. Jahrh. Die **Schriftgrade** unterscheidet man nach der Größe des Kegels (→Letter), gemessen in typograph. Punkten: 1 Punkt = 0,376 mm.

Schriftform, ⚖ eine für bestimmte Rechtsgeschäfte gesetzl. oder vertragl. vorgesehene Form, bei der die Willenserklärung schriftl. niedergelegt werden müssen. Gerichtl. oder notarielle Beurkundung ersetzt die S. (§ 125 BGB).

Schraublehre

Schraubstock

Schreibfeder, links: Chines. Schreibgeräte, rechts: Arabische Rohrfeder (beide mit Behälter und Tintenfaß)

G. Schröder

R. A. Schröder

Schubert

Schriftgelehrter, Ausleger des jüd. Gesetzes, der kult. und sittl. Gebote.

Schriftgießerei, der Zweig des graph. Gewerbes, der Lettern für Druckschriften durch Gießen herstellt. Die Originalstempel (Patrizen) werden nach drei Verfahren hergestellt: **Stempelschneiden, Zeugschnitt, Matrizenbohren.** In der Gießmaschine wird die Form mit Letternmetall abgegossen.

Schriftleiter, Redakteur [-'œr, frz.] der, Leiter von period. Schriften oder Sammelwerken, von Funk- oder Fernsehredaktionen. Für den Gesamtinhalt sind **Hauptschriftleiter** (Chefredakteure) verantwortlich, für einzelne Sachgebiete die **Fach- (Ressort-) S.** (Politik, Wirtschaft, Feuilleton, Lokal, Sport, Bild). Haupt-S. und Fach-S. bilden die **Schriftleitung (Redaktion).**

Schriftsprache, die über den Mundarten und der Umgangssprache sich aufbauende Sprache des Schrifttums eines ganzen Volkes. Sie entwickelt sich meist von einem geist. Mittelpunkt aus (z. B. Athen, Paris), dessen Mundart ihre Grundlage ist. Deutsche S., →Deutsche Sprache.

Schrimpf, Georg, Maler, *1889, †1938; durch realist., klare Landschaften- und Figurenbilder Maler der →Neuen Sachlichkeit.

Schrippe die, bes. in Norddtl. längl. Semmel.

Schrittmacher, 1) Pferderennen: das führende Pferd. 2) Radrennen: der dem →Steher Vorausfahrende (meist auf Motorrad). 3) **künstl. Herzschrittmacher,** elektr. Impulsgeber, von dessen Batterie Stromstöße zum Herzen geleitet werden; zur Behandlung verschiedener Herzkrankheiten.

Schröder, 1) Gerhard, Politiker (CDU), *1910; Jurist; wurde 1953 Bundesinnen-, 1961 Bundesaußen-; 1966-69 Bundesverteidigungsmin., seit Mai 1967 stellvertr. Bundesvors. der CDU. 2) Rudolf Alexander, Dichter, *1878, †1962; Mitbegr. der Zeitschr. »Insel«, schrieb weltl. Gedichte, protestant. Kirchenlieder, Übersetzungen.

Schröder-Devrient [-dəvri'ɛ̃], Wilhelmine, *1804, †1860; Sängerin (dramat. Sopran).

Schrödinger, Erwin, Physiker, *1887, †1961; baute seit 1926 die Ansätze L. de Broglies zur Wellenmechanik aus, bemühte sich um die Fortentwicklung der allgemeinen Relativitätstheorie. Nobelpreis 1933.

schröpfen, örtl. Blutabsaugen durch Saugglokken, Blutegel oder durch Ritzen der Haut; bei Entzündungen oder nach Schlangenbissen.

Schrot das oder der, 1) grobgemahlenes Getreide, dient als Viehfutter und zum Backen von **S.-Brot.** 2) kleine Bleikörner zur Füllung von **S.-Patronen,** Durchmesser von 1,2 mm (Vogeldunst) bis 6 mm (Rehposten). 3) Gesamt- oder Raugewicht von Gold- und Silbermünzen.

Schrotschnitt, Bilddruck des 15./16. Jahrh. in Metallschnitt. Die Umrisse wurden graviert, die Flächen gepunzt; das Bild erscheint im Abzug weiß.

Schrott der, Metallabfälle und unbrauchbare Metallgegenstände.

Schrumpfniere, Schädigung des Nierengewebes, bei der die Fähigkeit der →Niere, den Harn zu verdünnen und zu verdicken, verlorengeht. Der Blutdruck ist erhöht, das Herz vergrößert sich; Blässe, Blutarmut, Sehstörungen. Die Nierenoberfläche wird durch Narbenbildung höckerig.

Schruns, Wintersportplatz im Montafon, Vorarlberg, Österreich, 689 m ü. M., 3300 Ew.

Schtscherbak'ow, die Stadt →Rybinsk.

Schub der, die Vortriebskraft, die vom einem Strahltriebwerk erzeugt wird; sie ergibt sich aus dem Produkt der je Sekunde aus der Düse ausgestoßenen Gasmasse und der Übergeschwindigkeit des austretenden Strahls gegenüber der Eintrittsgeschwindigkeit ins Triebwerk.

Schubart, Christian Friedrich Daniel, Dichter und Musiker, *1739, †1791; 1777-87 auf dem Hohenasperg eingekerkert; stand der Kunst des →Sturm und Drang nahe.

Schubert, Franz, Komponist, *1797, †1828; der bedeutendste Romantiker. Aus der Dichtung der Goethezeit schöpfte er das Lied, z. B. die Folgen »Die schöne Müllerin«, »Winterreise«. Reiche Melodik und neuartige Harmonik geben auch den Instrumentalwerken das Gepräge: Sinfonien, darunter die »Unvollendete«; Ouvertüren; Kammermusik, darunter »Forellenquintett«, Streichquartett »Der Tod und das Mädchen«; Klaviermusik (Sonaten, Tänze); Messen; Singspiele.

Schublehre, →Schieblehre.

Schubstange, ⊕ →Pleuelstange, →Kurbel.

Schuch, Carl, österr. Maler, *1846, †1903; Stilleben, Landschaften (BILD Stilleben).

Schücking, Levin, Schriftsteller, *1814, †1883; schilderte das westfäl. Landleben, schrieb ein Lebensbild der Annette von Droste-Hülshoff.

Schudra, die unterste der vier Hauptkasten der arischen Inder.

Schuh der, 1) ein Längenmaß, der →Fuß. 2) Fußbekleidung des Menschen.

Schuh: S.-Formen, 1 Bundschuh (griech. und röm. Karbatine), 2 Schnabelschuh (14./15.Jahrh.), 3 Bärentatze oder Ochsenmaul (16. Jahrh.), 4 Stiefel (um 1700), 5 Damenstiefel (1860, frz.), 6 Pumps

Schuh, Oskar Fritz, Theaterleiter, *1904; war 1963 bis Anf. 1968 Generalintendant in Hamburg.

Schuhplattler der, ein oberbayer. Volkstanz, bei dem der Bursche in einer Folge von Sprung- und Hüpfbewegungen nach dem Takt der Musik auf Schenkel, Knie und Fußsohlen schlägt.

Schuhschnabel, Abu Markub, Reihervogel mit schuhförmigem Schnabel, am oberen Nil.

Sch'ukow, Georgij, sowjet. Marschall, *1895; verteidigte 1942 Moskau, am Kampf um Stalingrad beteiligt, nahm 1945 Berlin ein, war 1945/46 Oberbefehlshaber der sowjet. Truppen in Dtl.; 1955 Verteidigungsmin., 1957 Mitgl. des ZK-Präsidiums; Ende 1957 aller Posten enthoben.

Schuk'owskij, Wassilij A., russ. Romantiker, *1783, †1852; Übersetzer dt. Dichtung.

Schulbrüder, Schulschwestern, kath. Laien-Klostergenossenschaften für die Erziehung.

Schuld die, ⚖ 1) die individuelle Vorwerfbarkeit und Zurechenbarkeit eines rechtswidrigen Verhaltens; man unterscheidet →Vorsatz und →Fahrlässigkeit. Die strafrechtl. S. ist ausgeschlossen bei mangelnder →Zurechnungsfähigkeit, bei mangelndem Bewußtsein der Rechtswidrigkeit und wenn bes. **Schuldausschließungsgründe** (z. B. →Notstand, Notwehrüberschreitung) vorliegen. 2) die schuldrechtl. Verbindlichkeit (Schulden), →Schuldverhältnis.

Schuldanerkenntnis, Schuldversprechen, ⚖ Vertrag, durch den das Bestehen eines Schuldverhältnisses anerkannt oder eine Leistung versprochen wird. Bei Nicht-Kaufleuten ist eine Schriftform in der Regel erforderlich (§§ 780ff. BGB; § 350 HGB).

Schuldbuch, Verzeichnis, in dem →Staatsschulden eingetragen werden.

Schuldhaft, früher: Haft eines säumigen Schuldners auf Betreiben des Gläubigers, um ihn zur Zahlung zu nötigen; 1868 →Offenbarungseid.

Schuldnerverzeichnis, →Offenbarungseid.

Schuldnerverzug, die vom Schuldner zu vertretende Verzögerung einer geschuldeten Leistung.

Schuldrecht, Obligati'onenrecht, die Gesamtheit der Vorschriften, die das Recht der →Schuldverhältnisse regeln, hauptsächlich im 2. Buch des BGB (§§ 241ff.).

Schuldschein, die schriftl. Bescheinigung des Schuldners, dem Gläubiger eine bestimmte Leistung, meist eine Geldsumme zu schulden. Bei

Erfüllung der Verbindlichkeit kann der Schuldner die Rückgabe des S. verlangen (§ 371 BGB).

Schuldtitel, ⚕ im weiteren Sinn jede Urkunde, in der sich jemand zu einer Leistung verpflichtet; im engeren Sinn eine Urkunde, aus der die Zwangsvollstreckung möglich ist (→Vollstreckung).

Schuldübernahme, die Übernahme einer Schuld durch einen Dritten, entweder an Stelle des bisherigen Schuldners **(befreiende S.)** oder neben dem bisherigen Schuldner als Gesamtschuldner **(kumulative S.** oder **Schuldbeitritt).**

Schuldumwandlung, ⚕ →Novation.

Schuldverhältnis, ⚕ die auf Vertrag oder Gesetz beruhende rechtl. Beziehung zwischen 2 oder mehreren Personen, auf Grund deren die eine (Gläubiger) eine →Forderung (Anspruch) gegen eine andere (Schuldner) hat. Dem Anspruch des Gläubigers entspricht auf der Schuldnerseite die Verbindlichkeit (Schuld). S. werden bdgt z. B. durch Kauf, Miete, Werkvertrag, unerlaubte Handlungen, ungerechtfertigte Bereicherungen usw.

Schuldverschreibung, eine Schuldurkunde (Wertpapier), in der sich der Aussteller dem Gläubiger gegenüber zu einer Leistung verpflichtet, die in der Regel in einem Geldbetrag und einer laufenden Verzinsung besteht. S. sind bes. →Anleihen von öffentl. Körperschaften und privaten Unternehmen (Industrie-S., **Obligationen).**

Schuldversprechen, →Schuldanerkenntnis.

Schule die, öffentl. oder private Bildungseinrichtung, meist unterschieden in **allgemeinbildende S.** (Grund-, Haupt-, Real-S., Gymnasium) und **berufsbildende S.** (Berufs-, Berufsfach-, Fach-S.) mit vielen Sonderformen. In fast allen europ. Staaten besteht Schulpflicht (in der Bundesrep. Dtl. 9 Jahre Vollzeit-S. und 3 Jahre Berufs-S.). Die Schulaufsicht ist meistens staatlich. Die Verbindung zu den Eltern bilden Schulpflegschaften, Eltern- und Schulbeiräte, Schulgemeinden. In vielen Ländern ist ein einheitl. Schulsystem oder eine Einheitsschule vorhanden oder im Aufbau: Dänemark, Schweden, Norwegen, Dt. Dem. Rep., Polen, USA. In der Mehrzahl aller Länder ist eine **Schulreform** im Gange, die die S. den Bedürfnissen der Gegenwart anpassen soll. Man fordert eine Vermehrung von S. und Hoch-S., Ausschöpfung der Begabtenreserven, Behebung des Lehrermangels. Technische Hilfen wie Film, Fernsehen, Funk, Schallplatte und Band sollen die Lehrkräfte entlasten, ebenso Lehr- oder Lernmaschinen, Sprachlabors und programmierter Unterricht. Neue Organisationsformen werden erprobt, bes. die Gesamtschule, eine S., die in einem Gebäudekomplex und unter einheitl. Leitung mehrere S.-Arten (Grund-, Real-S., Gymnasium) vereinigt.

In der BUNDESREP. DTL. untersteht die Schule den Ländern. Die **Grundschule** hat meist 4, in Berlin 6 Jahrgänge. Weiterführende Schulen sind: **5klassige Hauptschule** (bisher Volksschuloberstufe) mit anschließender Pflichtberufsschule; die 9klass. **Realschule** (früher Mittelschule) und die 9klass. höh. Volksschule oder **Gymnasium** (bisher als altsprachl., neusprachl. u. mathemat.-naturwiss. Gymnasium, Wirtschaftsgymnasium, daneben Frauenoberschule). Die Real-S. schließt mit der mittleren Reife, das Gymnasium mit der Hochschulreife ab. Beide kommen als Normalform oder als Aufbauform (spätestens im Anschluß an das 7. Volksschuljahr) vor. Ein für alle Schüler gemeinsames 5. und 6. Schuljahr kann als Förder- oder Beobachtungsstufe geführt werden. Die Klassen werden, beginnend von 1. Grundschuljahr, von Klasse 1 bis 13 durchgezählt. Zur Volks-S. rechnen die →Sonderschulen. Nach dem Hamburger Abkommen (1964) ist die Gesamtdauer der Schulferien auf 75 Werktage und ab 1967 der Schuljahresbeginn einheitl. auf den 1. Aug. festgelegt.

In der DT. DEM. REP. wurde seit 1960 die 8jährige Grundschule in eine 10jährige allgemeinbildende polytechn. Oberschule umgewandelt; die wissenschaftl. Oberschule in eine 12jährige erweiterte polytechn. Oberschule. Seit 1965 wird schon in der S. eine berufl. Grundausbildung betrieben.

Die nach dem Krieg eingerichteten Arbeiter- und Bauernfakultäten sind zurückgetreten.

In ÖSTERREICH wird eine Gesamtneuordnung durch die Schulreformgesetze von 1962 ff. eingeleitet. Die allgemeine Schulpflicht beträgt hiernach 9 Jahre: 8jähr. Volksschul- oder 4jähr. Volksschulund 4jähr. Hauptschulbesuch sowie anschließenden 1jähr. polytechn. Lehrgang. Die nunmehr 9jähr. höh. Schulen (bisher Mittelschulen) bauen auf dem 4. Volksschuljahr auf (Gymnasium, Realgymnasium, wirtschaftskundl. Realgymnasium für Mädchen). Sonderformen sind: musischpädagog. Realgymnasien, Aufbaugymnasien und -realgymnasien, Gymnasium und Realgymnasium für Berufstätige. Neben der Berufs-S. (Pflicht-S.) besteht die ein- bis vierstufige mittl. berufsbildende S. (Fach-, Handels-S.), ferner höh. techn. und gewerbl. Lehranstalten.

In der SCHWEIZ liegt die Schulhoheit bei den Kantonen. Die erste Schulstufe ist die Primaroder Elementar-S. Ihre Abschlußklassen (7., 8. Schuljahr) werden zunehmend auf werktätiger Grundlage ausgebaut. Eine vertiefte Bildung bietet die Sekundar-, Real- oder Bezirks-S. (manchmal auch Mittel-S. genannt), die auf dem 4. bis 6. Primarschuljahr aufbaut. Die höh. S. mit Maturitätsabschluß heißt ebenfalls Mittel-S. Sie umfaßt untere (Progymnasium) und obere Mittel-S. (humanist. Gymnasium, Oberreal-S., techn. Abt., höh. Handels-S.) und schließt mit der Hochschulreife (Maturität) ab.

Schule, neuzeitl. S. in Pavillonbauweise (Zürich)

Schulenburg, 1) Friedrich Werner Graf von der, Diplomat, *1875, † (hingerichtet) 1944; 1934 bis 1941 dt. Botschafter in Moskau, gehörte der Widerstandsbewegung an. 2) Fritz-Dietloff Graf von der, Verwaltungsjurist, *1902, † (hingerichtet) 1944; gehörte der Widerstandsbewegung an.

Schülermitgestaltung, früher Schülerselbstverwaltung, Beteiligung der Schüler an Verwaltung und Gestaltung des Schullebens (Klassensprecher, Schulsprecher, Schülerausschüsse, Gestaltung der Schülerzeitschriften u. a. m.).

Schulpforta, frühere Internatsschule zwischen Naumburg und Bad Kösen, 1543 gegr., die berühmteste der drei Fürstenschulen.

Schulrat, Amtsbezeichnung für Schulaufsichtsbeamte.

Schulschiff, ⚓ Schiff zur Ausbildung des Nachwuchses für Kriegs- und Handelsmarine.

Schulter die, die obere Grenze des Rumpfes zu beiden Seiten des Halses, gebildet von Schlüsselbeinen, Schulterblättern und dazugehörigen Muskeln. Der knöcherne Teil der S. (Schlüsselbein und Schulterblatt) heißt **S.-Gürtel.**

Schultheiß, Schulze, Gemeindevorsteher; in karoling. Zeit der Inhaber der niederen Gerichtsgewalt, später auch der Stadtrichter.

Schultz, Fritz-Rudolf, Politiker (FDP), *1917; seit März 1970 Wehrbeauftragter des Bundestages.

Schulz, 1) Johann Abraham Peter, Liederkomponist, *1747, †1800; »Der Mond ist aufgegangen«. 2) Peter, Politiker (SPD), *1930, Hamburger Senator und 2. Bürgermeister, seit 1971 erster Bürgermeister.

Schumacher

Schuman

Schumann

Schuppenwurz

Schurz

H. Schütz

Schulze-D'elitzsch, Hermann, Volkswirt, *1808, †1883; gründete das gewerbl. Genossenschaftswesen (1849 die erste Rohstoffgenossenschaft in Delitzsch).

Schumacher, Kurt, Politiker (SPD), *1895, †1952; 1930-33 MdR, stand der linksaktivist. Gruppe um Mierendorff und Haubach nahe. 1933 bis 44 im KZ., seit 1945 Vors. der SPD, 1949 MdB.

Schuman, Robert, französ. volksrepublikan. Politiker, *1886, †1963; 1947-48 MinPräs., 1948 bis 52 Außenmin. Am 9.5.1950 trat S. mit dem »Schuman-Plan«, dem Plan einer westeurop. Gemeinschaft für Kohle und Stahl, hervor, der später in der →Montanunion verwirklicht wurde; 1958 bis 60 Präs. des Europ. Parlaments.

Schumann, Robert, Komponist, *1810, †1856 (geisteskrank); wirkte in Leipzig, Dresden, Düsseldorf; Meister der späten Romantik. Schuf bes. Klaviermusik und Lieder, ferner Sinfonien, Kammermusik u.a. Seine Gattin Clara (1819-96), die Tochter seines Klavierlehrers Wieck, war eine bedeutende Pianistin.

Sch'ummerung die, auf Landkarten Darstellung der Gebirge durch Abtönung der Schattierung der Hänge.

Sch'umpeter, Joseph Alois, Nationalökonom, *1883, †1950; seit 1932 in den USA, Vertreter der →Grenznutzenschule, schrieb über Kapitalismus und Sozialismus.

Schundliteratur, künstler. wertlose Schriften, vorwiegend erzählenden Inhalts, die geeignet sind, im Leser niedrigeTriebe zu wecken (Greuelgeschichte, Verbrecherromantik usw.). Von der **Schmutzliteratur** (Pornographie) unterscheidet sie sich dadurch, daß sie nicht eigentlich unzüchtig oder schamlos im Sinne der §§ 184 und 184a des Strafgesetzbuches ist. Doch gibt es viele Übergänge. Seit Anfang des 20. Jahrh. sucht man durch Bereitstellung billiger und guter Jugendschriften der S. entgegenzuwirken. Rechtl. Grundlage der Bekämpfung ist das Ges. über die Verbreitung jugendgefährdender Schriften vom 29. 4. 1961 (»Schund- und Schmutzgesetz«).

Sch'upo, 1) die, Kurzwort für Schutzpolizei. 2) der, für Schutzpolizist.

Schuppen Mz., 1) ♃ trockene Abschilferungen der Haut. Kopf-S. (Kleienflechte), →Seborrhöe. S.-Flechte, →Psoriasis. 2) ♉ schützende Hautgebilde; bei Knochenfischen Knochenplatten, die in die Haut eingelagert sind; bei Reptilien Verhornungen der äußeren Haut; bei Schmetterlingen kleine Chitin-S. auf den Flügeln. Die S. der Haifische entsprechen in ihrem Bau Zähnen.

Schuppenbaum,Lepidod'endron, ausgestorbene bärlappart. Pflanzengattung, gabelzweigige Bäume, Rinde voller schuppenähnl. Blattnarben; bes. im Karbon; Bestandteil der Steinkohlenflöze.

Schuppentiere, zahnlose Säugetierordnung in Afrika, Asien. Sie sind langgestreckt, bis 1,50 m groß; ihren Körper bedecken große, scharfkant. Hornschuppen; sie ernähren sich von Ameisen.

Schuppenwurz die, blattgrünloser gelbl. Schmarotzer auf Baum- und Strauchwurzeln im feuchten Wald, bis 30 cm hoch, fleischig, mit fleischroten Blütenähren, Schuppenblättern.

schürfen, ⚒ nutzbare Mineralien in ihrer natürl. Lagerstätte aufsuchen.

Sch'uricht,Carl, Dirigent, *1880, †1967; 1912 bis 44 in Wiesbaden, danach Gastdirigent.

Schurman [ʃ'ə:mæn], Jacob Gould, amerikan. Diplomat, *1854, †1942; war 1925-30 Botschafter in Berlin; machte sich um die Universität Heidelberg verdient.

Schurz, Carl, Politiker, *1829, †1906; flüchtete nach dem badischen Aufstand 1849 nach den USA, war dort 1869-75 Senator, 1877-81 Staatssekretär des Innern. – Zur Pflege der dt.-amerikan. Beziehungen bestehen seit 1926 die »Vereinigung Carl S.« in Dtl., seit 1930 die »Carl S. Memorial Foundation« in New York.

Sch'uschnigg, Kurt Edler v., österr. Politiker, *1897; 1932 christl.-soz. Justizmin., nach der Ermordung von Dollfuß 1934 bis März 1938 Bundeskanzler. Bis 1945 im KZ.; seit 1948 Prof. in den USA, kehrte 1967 nach Österreich zurück.

Schuß der, 1) **Schußfaden,** die Querfäden eines Gewebes; →Weberei. 2) Abfeuern einer Schußwaffe. 3) Fußball: harter Fußstoß.

Schussenr'ied, Stadt in Bad.-Württ., südwestl. Biberach, 5700 Ew.; im nahen Moor wurden Reste von vorgeschichtl. Pfahlbausiedlungen gefunden.

Schüßler, Wilhelm Heinrich, *1821, †1898; begründete die →Biochemie).

Schute [Nordseewort] die, 1) flacher, breiter Schleppkahn für den Hafenbetrieb. 2) Kiepenhut in gebogener Form.

Schütt die, zwei fruchtbare Donauinseln: **Große S.** (gehört zur Tschechoslowakei), 1540 km², **Kleine S.** (gehört zu Ungarn), 275 km².

Schüttelfrost, Frostgefühl mit Schüttelbewegungen des ganzen Körpers, Zittern und Zähneklappern; zu Beginn eines Fiebers.

Schüttellähmung, Erkrankung des Hirnstamms, oft Folge der »Schlafgrippe«, mit Gliederzittern, Muskelsteifheit, Speichelfluß.

Schüttelreim, Scherzreim, der die Anfangsbuchstaben zweier Wörter oder Wortteile vertauscht: »Wenn der Wind in Wipfeln geht, Trost dir von den Gipfeln weht.«

Schuttpflanzen, 1) Geröll und Schotter liebende Pflanzen. 2) **Ruder'alpflanzen,**die stickstoffreichen Boden bei menschl. Siedlungen bevorzugen (**Salpeterpflanzen, Nitroph'yten).**

Schütz das, 1) in Wasserläufen eine Anlage zum Absperren und Aufstauen des Wassers. 2) elektromagnet. betätigter Schalter für große Schaltleistung und Schalthäufigkeit, gebaut als Luft- oder Öl-S.

Schütz, 1) Heinrich, Komponist, *1585, †1672; Hofkapellmeister in Dresden; wies der protestant. Kirchenmusik neue Wege. Schuf bes. »Cantiones sacrae« (Motetten), »Symphoniae sacrae« (geistl. Kantaten) und »Geistliche Konzerte«, Weihnachtsoratorium, Passionsmusiken; erste dt. Oper »Daphne« (Musik nicht erhalten). 2) Klaus, Politiker (SPD), *1926; seit 1967 Regierender Bürgermeister von Berlin, seit 1968 Landesvors. der SPD Berlins.

Schutzaufsicht, →Erziehungsbeistandschaft.

Schütze der, 1) im Heer, 1920-43 im dt. Heer der einfache Infanterist. 2) Weberei: das Schiffchen, das den Schuß einträgt. 3) Sternbild der südl. Milchstraße, 9. Zeichen des Tierkreises.

Schützenfisch, Spritzfisch, 20 cm langer barschart. Fisch in Fluß- und Brackwasser O-Indiens und N-Australiens; spritzt sich mit Wassertropfen Insekten von Pflanzen ab.

Schutzengel, der nach kath. Lehre jedem Menschen zur Leitung und Hilfe beigegebene Engel.

Schützengesellschaften, Schützengilden, Vereinigungen zur Pflege des Schießsports; auf den Schützenfesten wird der **Schützenkönig** ermittelt.

Schützengraben, Graben zur Deckung der Infanterie gegen feindl. Feuer und zur sicheren Schußabgabe, oft mit Unterständen (Stollen) versehen.

Schützenkette, Feuerkette, Form der geöffneten Ordnung im Infanteriegefecht.

Schutzfärbung, Schutztracht, die Färbung oder Zeichnung eines Lebewesens oder Gegenstands, die ihrer Umgebung ähnelt und sie dadurch verbirgt; z.B. sind viele Wüstentiere sandgelb, Polartiere schneeweiß, Laubtiere grün. Bes. Formen der S. sind →Mimese, →Warntracht, Scheinwarntracht und →Mimikry.

Schutzfrist, ⚖ Zeitraum, in dem das geist. Eigentum gegen ungenehmigte Auswertung durch andere geschützt ist (→Urheberrecht, →Patent).

Schutzgas, chem. unwirksames (inertes) Gas, z.B. Argon, Wasserstoff, Kohlendioxyd, Stickstoff, verhindert durch die Verdrängung des Luftsauerstoffs die Oxydation beim Blankglühen, Hartlöten, Schweißen, in Glühlampen und als Spülgas Explosionen in Rohrleitungen und Behältern.

EHEMALIGE DEUTSCHE SCHUTZGEBIETE

	km²	Einw. 1913 in 1000	Jahr der Erwerbung	seit 1919/22 unter Mandats-, seit 1946 unter Treuhandverwaltung von	unab-hängig seit
Deutsch-Ostafrika ..	993 500	7646	1885/90	Großbritannien (Tanganjika) Belgien (Ruanda-Urundi)	1961 1962
Deutsch-Südwest-afrika	836 000	81	1884	Südafrika ³)	—
Kamerun	797 400¹)	2650	1884/1911	Frankreich Großbritannien	1960 1961
Togo	89 900	1032	1884	Frankreich Großbritannien	1960 1957 zu Ghana
Deutsch-Neuguinea²)	242 600	418	1884/88/99	Austral. Bund (K.-Wilh.-Land mit Bismarck-Archipel, Nauru) Japan, seit 1946 USA (übrige Gebiete)	— ⁴)
Deutsch-Samoa	2927	35	1899	Neuseeland	1962
Kiautschou (Pachtgebiet)	515	192	1898	1914 von Japan erobert	— ⁵)

¹) bis zum Marokko-Kongo-Abkommen (1911) 519 000 km². ²) umfaßte Kaiser-Wilhelms-Land, Bismarck-Archipel, Karolinen, Marianen, Palau-, Marshall-Inseln, Nauru. 1966 Mandat von den UN für verfallen erklärt. ³) Der UN-Verwaltung für Südwestafrika wurde von der Rep. Südafrika die Einreise verweigert. ⁴) Nauru seit 1968. ⁵) 1922 zu China.

Schutzgebiete, bis 1918 die überseeischen dt. Besitzungen (ÜBERSICHT).

Schutzgenossen, im internat. Recht die dem Schutz der diplomat. oder konsular. Organe eines befreundeten oder, im Kriege, eines neutralen Staates (→Schutzmacht) anvertrauten Personen.

Schutzhaft, 🔒 1) die polizeil. Verwahrung einer Person zu ihrem eigenen Schutz oder zum Schutz der Allgemeinheit (bei Störung der öffentl. Sicherheit und Ordnung). 2) polit. S., die Verwahrung polit. Gegner (in der Bundesrep. Dtl. verboten).

Schutzheiliger, Schutzpatron, kath.: Heiliger, der eine Person oder Sache beschützt.

Schutzimpfung, aktive Immunisierung, die Einverleibung abgeschwächter oder abgetöteter Keime, die im Körper die Bildung von Abwehrstoffen (Antikörper, Antitoxine) hervorrufen und so einen gewissen Schutz **(Immunität)** vor der entsprechenden Infektionskrankheit gewähren. – Gesetzlich ist die S. gegen →Pocken. Neuerdings auch S. möglich gegen Kinderlähmung, Diphtherie, Keuchhusten, Tuberkulose, Wundstarrkrampf u.a.

Schutzkontaktstecker, ⚡ für elektr. Geräte mit Schutzleiteranschluß an **Schutzkontaktsteckdosen;** letztere sind für alle Räume, für die Schutzmaßnahmen erforderl. sind, vorgeschrieben.

Schutzmacht, 1) ein Staat, der die Schutzherrschaft **(Protektorat)** über einen anderen ausübt. 2) im Krieg ein neutraler Staat, der die Interessen einer kriegführenden Macht im Feindstaat wahrnimmt.

Schutzmantelmadonna, spätmittelalterl. Darstellung Marias, die mit ausgebreitetem Mantel die Gläubigen umfängt.

Schutzmarke, das →Warenzeichen.

Schutzpolizei, abgek. **Schupo,** ein in der Regel uniformierter Teil der →Polizei.

Schutztruppe, die 1891-1918 in den ehem. dt. Schutzgebieten eingesetzten Truppen.

Schutzzoll, Zoll auf Einfuhrwaren, der inländ. Erzeugnisse gegen ausländ. Wettbewerb schützen soll **(S.-System, Protektionismus).** Gegensatz: →Freihandel.

Schwab, Gustav, Dichter, *1792, †1850; gehörte der Schwäb. Schule an; schrieb Romanzen und Lieder; gab die »Sagen des klassischen Altertums« und die »Deutschen Volksbücher« heraus.

Schwabach, Stadt im RegBez. Mittelfranken, Bayern, 25 800 Ew.; spätgot. Hallenkirche (15. Jahrh.); Metallind. **Schwabacher Schrift,** eine der ältesten dt. Druckschriften.

Schwaben Mz., 1) Teilstamm der →Alemannen in Württ. und dem bayer. Schwaben. 2) die Deutschen im Banat und bei Sathmar.

Schwaben, 1) RegBez. in Bayern. Hauptstadt: Augsburg. **2)** das alte dt. Stammesherzogtum der →Alemannen, umfaßte die dt. Schweiz, das Elsaß, das südl. Baden, Württ. und das bayer. S. Die Herzogswürde war 1079-1268 im Besitz der Staufer; dann zerfiel S. in viele größere und kleinere Gebiete (bis zum 19. Jahrh. →Württemberg, →Baden). 1488-1533 bestand der mächtige **Schwäb. Bund** zur Wahrung des Landfriedens, 1376-1388 der **Schwäb. Städtebund** zur Wahrung der Reichsunmittelbarkeit.

Schwabenspiegel, privates südd. Rechtsbuch, entstand um 1275.

Schwabing, Stadtteil von München, Künstlerviertel.

Schwäbische Alb, südd. Gebirge zwischen Rhein und Nördlinger Ries, bis 1015 m hoch, zahlreiche Tropfsteinhöhlen.

Schwäbische Alb

Schwäbische Kaiser, die staufischen Kaiser, →Deutsche Geschichte, ÜBERSICHT Herrscher und Staatsoberhäupter.

Schwäbischer Bund, →Schwaben.

Schwäbischer Städtebund, →Schwaben.

Schwäbisches Meer, der →Bodensee.

Schwäbisch-fränkisches Stufenland, die abwechslungsreiche Großlandschaft zwischen Schwarzwald, Odenwald und Böhmerwald.

Schwäbisch Gmünd, Stadt in Bad.-Württ., an der Rems, 44 400 Ew.; alte Türme, Fachwerk- und Rokokohäuser, roman. Johanniskirche, Heil.-Kreuz-Münster (1351 ff.); Edelmetall-, Textilind.

Schwäbisch Hall, Stadt in Bad.-Württ., am Kocher, 23 500 Ew.; St.-Michaels-Kirche (Hallenkirche mit roman. Turm; auf der Treppe Freilichtspiele), Rathaus (1732-35, nach dem 2. Weltkrieg wieder hergestellt); versch. Ind. – S. H. war 1276-1802 Reichsstadt.

Schwalbe,
oben: Rauch-S.,
unten: Mehl-S.

Schwalben-
schwanz, oben:
Führung an einer
Maschine,
unten: Holzver-
bindung

Schwäne:
Höcker-S.

Schwachsinn, Oligophren'ie die, schwere Störung der Auffassung, der Aufmerksamkeit, des Kombinations- und Urteilsvermögens. Der **angeborene S.** ist erbbedingt. S. schweren Grades nennt man **Idiot'ie.**

Schwachstrom, Strom in Anlagen mit Spannungen unter 24 Volt, in der Fernmeldetechnik unter 60 Volt. Gegensatz: Starkstrom.

Schwaden der, 1) Landwirtschaft: beim Mähen fallende Feldfrucht. 2) ⚥ mehrere Gräser.

Schwadr'on [ital.] die, ⚔ kleinste Einheit der Kavallerie.

schwadron'ieren, schwätzen, laut und prahlerisch reden. **Schwadroneur** [ʃwadron'œ:r] der, Schwätzer, Maulheld.

Schwager der, -s/Schwäger, 1) →Schwägerschaft. 2) ✝ Postillion.

Schwägerschaft, das Rechtsverhältnis zwischen den einen Ehegatten und den Verwandten, bes. dem Bruder **(Schwager)** oder der Schwester **(Schwägerin)** des andern.

Schwalbach, Bad S., Stadt in Hessen, im Taunus, 14000 Ew.; Stahl- und Moorbad.

Schwalben Mz., Singvögel mit Gabelschwanz, sehr tiefer Mundspalte und schmalen, spitzen Flügeln. Sie fliegen sehr schnell, erbeuten dabei Insekten u. a. und sind Zugvögel. In Mitteleuropa bauen die **Mehl-** oder **Haus-S.** und die etwas größere **Rauch-S.** ihre Nester in oder an Häuser aus Schlamm. Kleiner ist die erdbraune **Ufer-S.;** sie höhlt in Uferwände Röhren zum Nest. Nicht verwandt mit den S. sind die **Turmschwalben** (Mauersegler), die **Nachtschwalben,** die **Seeschwalben.**

Schwalbennester, Eßbare S., die Nester eines Seglervogels (Salangane) in Indien.

Schwalbenschwanz, 1) ⚙ Verbindung zweier Teile mit trapezförm. Querschnitt, auch als Führung des einen Teils in dem anderen verwendet. 2) ⚥ ein Tagfalter, dessen Hinterflügel geschwänzt sind; die grün-schwarz-rote Raupe lebt auf Fenchel, Möhre. (FARBTAFEL Schmetterlinge S. 870)

Schwalbenwurz die, krautiges S.-Gewächs mit grünlichweißen Blüten. Volksmittel, z.B. gegen Vergiftungen (auch Schlangenbiß).

Schwalm die, rechter Nebenfluß der Eder, entspringt auf dem Vogelsberg, durchfließt die Landschaft S., ein Kerngebiet hess. Volkstums.

Schwalmstadt, Stadt im Kr. Ziegenhain, Hessen, 16 200 Ew.

Schwalmtal, Gem. im Kr. Kempen-Krefeld, Nordrh.-Westf., 14000 Ew.

Schwamm der, 1) ⚥ fleischiger Fruchtkörper der →Pilze, bes. auch **Haus-S.** und **Feuer-S.** 2) poröser Reinigungsgegenstand, der viel Wasser aufnimmt. 3) Wassertiere, →Schwämme.

Schwämmchen, Soor, der, eine →Hautpilzerkrankung.

Schwämme Mz., die niedersten mehrzelligen Tiere. Sie sitzen im Wasser fest und bilden vielfach Stöcke. Die Körperwand hat viele Kanäle, die in den Körperhohlraum münden. Diese Poren dienen zur Einfuhr von Nahrung und Atemwasser, das durch die Auswurföffnung wieder abfließt. Zum Bewegen dieses Wassers dienen Kragengeißelzellen, die das Innere des Körpers auskleiden. Die S. haben ein inneres Skelett, das aus Kalk, Kiesel oder Horn besteht. Fortpflanzung

Schwämme: 1 Süßwasser-S. an einem Schilfstengel, 2 Bade-S., 3 Gießkannen-S., 4 Bau des Süßwasser-S. (schemat.)

geschlechtl. durch Eier, ungeschlechtl. durch Knospen. Man unterscheidet **Kalk-S.** (Meeresbewohner), **Kiesel-S.** (Meeres- und Süßwasser-S.), **Horn-S.** (Bade-S., Pferde-S.).

Schwammspinner, ein Schmetterling, dessen Raupen Obst- und Waldschädlinge sind.

Schwan der, 1) →Schwäne. 2) Sternbild des nördl. Himmels.

Schwäne [Mz. von Schwan], große, langhalsige Schwimmvögel, leben in Einehe, Nest meist an Süßwasserseen; die Nahrung besteht aus Pflanzen und Kleingetier. **Höcker-S.,** auch Ziervogel, weiß, mit schwarzem Höcker auf dem roten Schnabel. **Sing-S.,** lebt in N-Europa und Asien, soll bes. vor dem Sterben einen volltönenden Schrei hören lassen; **Zwerg-S., Schwarzer S.**

Schwandorf in Bayern, Stadt in der Oberpfalz, an der Naab, 16 200 Ew.; Braunkohlen-, Tonwaren-, Aluminium-Industrie.

Schwanenblume, meterhohe grasblättrige, fleischrot blühende Sumpfwasserstaude.

Schwanengesang, letztes Werk eines Dichters, nach dem angebl. Sterbegesang des Schwans.

Schwanenritter, der Held einer niederrhein., auf →Lohengrin übertragenen Sage.

Schwangerschaft, Gravidit'ät [lat.] die, Zeitabschnitt im Leben der Frau von der Befruchtung bis zur Geburt. Die normale S. dauert 263 bis 270 Tage; da aber der Befruchtungstermin meist nicht genau bekannt ist, geht man von dem ersten Tag der letzten Menstruation aus und rechnet zu diesem Tag 280 Tage hinzu. Das erste Anzeichen einer S. ist das Ausbleiben der Menstruation. Eindeutig läßt sich eine S. in den ersten 4 Monaten jedoch nur durch **Schwangerschaftsreaktionen** nachweisen, z.B. durch den **Frosch-** und **Krötentest:** bei den Versuchstieren werden durch das mit dem Schwangerenharn eingespritzte Hormon bestimmte Reaktionen ausgelöst. Vom 5. Monat an nimmt der Leibesumfang der Frau zu; Kindesbewegungen.

Schwank der, derbe, lustige Erzählung, im 16. Jahrh. gern in S.-Büchern gesammelt (Pauli, Wickram, Kirchhoff); auch derbkomisches Bühnenstück (Posse).

Schwann, Theodor, Naturforscher, *1810, †1882; entdeckte das Pepsin, wies nach, daß Zellen als Grundorganismen Tier wie Pflanze aufbauen.

Schwanthaler, Ludwig v., Bildhauer, *1802, †1848; Riesenstandbild der Bavaria in München.

Schwanz der, bewegl. Fortsatz des Rumpfes hinter dem After bei allen Wirbeltieren mit Ausnahme der Frösche und der Menschenaffen. Der S. der Vögel ist mehr ein Federbesatz.

Schwanzlurche Mz., Ordnung der Amphibien, bei denen auch das erwachsene Tier einen Schwanz hat; Molche, Salamander.

Schwär der, **Schwäre** die, **Blutschwäre,** ⚥ der →Furunkel.

Schwärmer Mz., Nachtfalter mit langen, schmalen Vorderflügeln, sehr langem Rüssel, fliegen meist in der Dämmerung. Die Raupen haben auf dem letzten Körperring ein aufrechtes Horn. Liguster-, Wolfsmilch-S., Totenkopf.

Schw'artau, Bad S., Stadt in Schlesw.-Holst., nördl. Lübeck, 16 800 Ew.; Jodnatriumquellen (Rheuma, Rachitis); Marmeladenfabrik.

Schwarte die, 1) zähe Außenhaut, z.B. am Speck; Fell von Dachs und Wildschwein. 2) altes, eigentlich in Schweinsleder gebundenes Buch. 3) rindenbesäumtes Brett.

schwarz, 1) die Farbe, die jede Lichtstrahlung vollkommen absorbiert. 2) in Zusammensetzungen, z. B. Schwarzfahrt, -hörer, -schlachtung, svw. unberechtigt, unerlaubt. 3) **s. werden,** Kartenspiel: keinen Stich bekommen.

Schwarz, 1) Berthold, Mönch aus Freiburg i. Br. (14. Jahrh.), vermeintl. Erfinder des Schießpulvers, das bereits die Chinesen kannten. 2) Rudolf, Architekt, *1897, †1961; baute vor allem kath. Kirchen, das Wallraf-Richartz-Museum in Köln; entwarf den Plan für den Wiederaufbau von Köln.

Schwarza die, linker Nebenfluß der Saale im Thüringer Wald.

Schwarzarbeit, heiml. Arbeit gegen Entgelt unter Umgehung steuerl. Vorschriften.

Schwarzburg-Rudolstadt und **Schwarzburg-Sondershausen,** bis 1918 Fürstentümer des Dt. Reiches; sie gingen 1920 im Lande Thüringen auf.

Schwarzdorn, die →Schlehe.

Schwarze Kunst, die →Magie.

Schwarze Listen, Verzeichnisse von Personen oder Sachen (z.B. Bücher), über die Ungünstiges vermerkt ist.

Schwarzenbachtalsperre, Talsperre der →Murg, Stauraum 14,3 Mill. m³; Kraftwerk.

Schwarzenberg, 1) Felix Fürst zu S., österr. Staatsmann, *1800, †1852; seit 1848 MinPräs., bezwang die Revolution von 1848/49, nötigte Preußen zum Vertrag von Olmütz 1850, kehrte zum Absolutismus zurück. **2)** Karl Philipp Fürst zu S., österr. Feldmarschall in den →Freiheitskriegen, *1771, †1820.

Schwarzenberg (Erzgebirge), Stadt im Bez. Karl-Marx-Stadt, 14 600 Ew.; Stadtkirche (1690 bis 1699), Schloß; Holz-Ind. Spitzenklöppelei.

Schwarze Pumpe, großes Braunkohle-Kombinat bei Hoyerswerda, Bez. Cottbus.

Schwarzerde, russ. **Tschernos'em,** zuerst in S-Rußland genauer beschriebener schwarzer fruchtbarer Steppenboden mit hohem Humusgehalt.

Schwarzer Peter, Kartenspiel mit ungerader Kartenzahl zwischen beliebig vielen Teilnehmern. Jeder Spieler legt je zwei gleichartige Karten weg, bis der S. P. übrig bleibt.

Schwarzer Tod, die →Pest.

Schwarzes Meer, kühleres, salzärmeres Nebenmeer des Mittelmeers, nebel- und sturmreich, ohne das Nebenbecken des Asowschen Meers in NO 420 000 km², bis 2245 m tief. Zugang: Dardanellen, Marmarameer, Bosporus. Wichtige Zuflüsse: Donau, Dnjestr, Dnjepr, Don.

Schwarzfahrer, 1) wer einen Kraftwagen ohne Wissen und Willen des Fahrzeughalters benutzt. **2)** wer ein öffentl. Verkehrsmittel ohne Entrichtung des Fahrpreises benutzt.

Schwarzhandel, Warenverkauf außerhalb der normalen Absatzwege unter Umgehung von Zöllen und Steuern.

Schwarzhaupt, Elisabeth, Politikerin (CDU), *1901; Oberkirchenrätin, 1961-1966 Bundesmin. für Gesundheitswesen.

Schwarzheide, Gem. im Bez. Cottbus, in der Niederlausitz, rd. 8000 Ew.; Braunkohlenbergbau, Treibstoffherstellung.

Schwarzhemden, die Faschisten unter Mussolini (→Faschismus).

Schwarzhörer oder **Schwarzfernseher,** Rundfunk- oder Fernsehteilnehmer, der sein Empfangsgerät ohne Genehmigung benutzt (strafbar).

Schwarzkehlchen, Vogel, ein Wiesenschmätzer (→Schmätzer).

Schwarzkopf, Elisabeth, Opern- und Konzertsängerin (Sopran), *1915.

Schwarzkümmel, krautige Hahnenfußgewächse, die blaue Blüte hat zerschlissene Hüllblätter. Zierpflanze vom Mittelmeer ist die **Jungfer im Grünen (Braut in Haaren** oder **Jungfer im Busch).**

Schwarzpulver, ein →Schießpulver.

Schwarzwald, süddt. Mittelgebirge vom Hochrhein bis zum Kraichgau, 160 km lang, 22-60 km breit, im S aus Gneis und Granit, im N aus Buntsandstein, nach W und S steil, nach O allmählich abfallend. Höchste Erhebungen: im S Feldberg 1493 m, Herzogenhorn 1415 m; im N Hornisgrinde 1163 m. Zahlreiche Seen (Feld-, Schluch-, Titi-, Mummelsee). Wintersportplätze und Heilquellen (Baden-Baden, Badenweiler, Wildbad, Liebenzell). Der S. hat überwiegend Nadelwälder; Ackerbau, Viehzucht, Waldwirtschaft; Holz-, Uhren-, Metall-, Textil-Ind.

Schwarzwasserfieber, lebensgefährlicher fieberhafter Blutzerfall, trat mitunter bei Chininbehandlung der Malaria auf.

Schwarzwild, ♀ das Wildschwein.

Schwarzwurzel, gelb blühender Korbblütler, ein Wurzelgemüse.

Schwaz, Stadt in Tirol, Österreich, 9900 Ew.; altes Stadtbild; früher Silberbergbau.

Schwebebahn, →Seilbahn.

Schwebegeräte, Turngeräte für Gleichgewichtsübungen: der **Schwebebaum,** ein auf einem Traggestell ruhender Balken, und das **Schwebebrett,** ein auf Kreuzbänken ruhendes, mit der Kante nach oben gerichtetes Brett. **Schwebebalken,** im Frauenturnen verwendetes, auf pyramidenförmigen Böcken gelagertes Turngerät (5 m lang, 1,20 m hoch, 10 cm breit).

Schwebfliegen, Schwirrfliegen, wespenähnl. Fliegen, die im Schwirrflug lautlos stillstehen.

Schwebung die, period. Schwankung der Amplitude einer Schwingung; z.B. als Schwanken der Tonstärke beim Zusammenklang zweier eng benachbarter Töne.

Schw'echat, Stadt in Niederösterreich, südöstl. von Wien, 15 100 Ew.; Industrie; Flughafen.

Schweden Mz., nordgerman. Volk in Schweden und SW-Finnland (einschl. Ålands-Inseln), ferner Auswanderer bes. in Nordamerika, zus. etwa 8,8 Mill.

Schweden, schwed. **Sverige,** Kgr. in N-Europa, 449 793 km², 8,0 Mill. Ew.; Hauptstadt: Stockholm. ⊕ S. 525, ⊠ S. 346, ⍁ S. 878.

VERFASSUNG von 1809, mehrfach geändert. Konstitutionelle Monarchie (Haus Bernadotte). Der König übt mit dem Reichstag (2 Kammern) die Gesetzgebung aus und ernennt die Minister. Der Staatsrat (Regierung) ist dem Reichstag verantwortlich. — Verwaltungseinteilung in 24 Bezirke (Län) und den Stadtbez. Stockholm.

LANDESNATUR. S. umfaßt die Abdachung der Skandinav. Halbinsel zur Ostsee; im N gebirgig (Kebnekaise 2123 m) mit Küstenniederungen, im S vorwiegend eben. Zahlreiche Flüsse, Wasserfälle und Seen (Väner-, Vätter-, Mälarsee u.a.). Klima: mäßig warme Sommer, schneereiche, kalte Winter. BEVÖLKERUNG (bes. im S): fast ausschließlich Schweden, daneben auch Finnen, im N Lappen. Großstädte: Stockholm, Göteborg, Malmö, Västerås. Religion: evang.-lutherische Staatskirche (Erzbischof in Uppsala).

WIRTSCHAFT. Anbau (bes. in Mittel- und Süd-S.): Getreide, Kartoffeln, Zuckerrüben; Rinder- und Schweinezucht, im N auch Rentier- und Pelztierzucht. Forstwirtschaft (Wald auf 50% der Fläche) bes. im N; Fischerei bes. an der S- und W-Küste. ⚒ auf Eisenerz (4. Stelle der Welterzeugung), Blei, Kupfer, Zink u.a.; Eisen- und Stahl-Metall-, Maschinen- und Fahrzeug-, holzverarbeitende, chem. u.a. Ind. Wasserkraftwerke. Ausfuhr: Maschinen und Fahrzeuge, Eisen und Stahl, Zellstoff, Papier, Holz. Haupthandelspartner: Bundesrep. Dtl., Großbritannien, nord. Länder. S. ist Mitgl. der EFTA. Haupthäfen: Göteborg, Stockholm, Malmö, Hälsingborg, Trelleborg; internat. Flughafen: Stockholm.

GESCHICHTE. Während das südwestl. S. zu Dänemark gehörte, gaben schwedische Wikinger, die Waräger, wesentliche Impulse zur Entstehung des ersten russ. Staates (9.-11. Jahrh.). Seit dem

Schwarzkümmel: Jungfer im Grünen

Schwarzwald: Blick vom Belchen

Schweden: Holzflößen in S.

9. Jahrh. drang das Christentum ein (→Ansgar), 1164 wurde der Königssitz Uppsala Erzbistum. Mit Birger Jarl kamen 1250 die Folkunger auf den Thron (bis 1363). Durch die Kalmarer Union 1397 wurde S. mit Dänemark und Norwegen vereinigt. Unter schwed. Reichsverwesern kam es zu Aufständen. Gustav Wasa befreite S. endgültig von der dän. Herrschaft, wurde 1523 als Gustav I. König und führte die Reformation ein. Sein Enkel Gustav II. Adolf (1611-32) erhob S. durch sein Eingreifen in den Dreißigjährigen Krieg zur führenden Macht des Nordens: 1648 (→Oxenstierna) Erwerb von Vorpommern und dem Herzogtum Bremen mit Verden sowie Süd-S. (von Dänemark). Unter Karl XII. (1697 bis 1718) brach im →Nordischen Krieg S.s äußere Macht zusammen; die dt. Besitzungen (außer dem westl. Vorpommern) und die Ostseeprovinzen gingen verloren. Karl XIII. (1809-18) suchte durch Aufgabe Finnlands Anschluß an Rußland, adoptierte 1810 den franzöz. Marschall Bernadotte, der 1818 als Karl XIV. Johann den Thron bestieg. 1814 erwarb S. gegen den Rest von Vorpommern das Anrecht auf Norwegen, das bis 1905 unter dem schwed. König stand. In beiden Weltkriegen blieb S. neutral. 1919 Einführung des allgem. Wahlrechts. Die Sozialdemokratie wurde zur stärksten Partei; seit 1932 stellt sie ununterbrochen die Regierung. Unter MinPräs. T. Erlander (1946-69) wurde der schwed. Wohlfahrtsstaat ausgebaut. S. pflegt eine Neutralitätspolitik. Mit Norwegen, Dänemark, Island und Finnland ist es seit 1951 im Nord. Rat zusammengeschlossen. König: Gustav VI. Adolf (seit 1950); MinPräs.; O. Palme, seit 1970 Minderheitsregierung.

Schwedenplatte, würzige kalte Vorspeisen, Fisch, Fleischsalat, Käse u. a.

Schwedische Kunst. ARCHITEKTUR: Der roman. Kirchenbau (Basiliken, Rundkirchen) war von Dtl., der got. von Frankreich beeinflußt (Dome von Uppsala, Linköping). Nach der Reformation überwog der Schloßbau unter Mitwirkung dt. und niederländ. Künstler (Renaissance: Gripsholm, Kalmar; Barock: Drottningholm, Stockholm). Im 19. Jahrh. herrschte Klassizismus und Historismus, nach 1900 eigenständige Architektur (Rathaus in Stockholm). – BILDHAUEREI: Noch engere Verbindung zur dt. Kunst, im 14.-16. Jahrh. Bevorzugung lübischer Meister; bis zum 19. Jahrh. überwogen dann niederländ. und franzöz. Einflüsse. europ. Bedeutung erlangten der Klassizist J. T. Sergel, im 20. Jahrh. C. Milles. – Eigenständige MALEREI erst seit dem 18. Jahrh.; im 19. Jahrh. ragte C. J. Fahlcrantz, im 20. der Impressionist A. Zorn hervor. Entwicklung eines gemäßigten Expressionismus und einer →Neuen Sachlichkeit.

Schwedische Sprache und Literatur. Das Schwed. bildet mit dem Dän. den ostnord. Zweig des Nordgerman. Die Schriftsprache entwickelte sich im 15. Jahrh., wobei die Mundart von Östergötland die Grundlage war. – Von der Heldendichtung der Wikingerzeit ist nichts erhalten. Älteste Sprachdenkmäler sind zahlreiche Inschriften in Runen (seit dem 9. Jahrh.). Im allgem. folgte die Entwicklung der schwed. Literatur der der europäischen. Lebens- und trinkfrohe Lieder schrieb Carl Mikael Bellman (*1740, †1795). Die nord. Romantik vertrat Esaias Tegnér. August Strindberg gewann um 1880 dem Naturalismus die Bühne. Bedeutende Vertreter der neueren Entwicklung sind Selma Lagerlöf (†1940), die Neuromantiker Verner Heidenstam (†1940) und Per Hallström (†1960), die Nobelpreisträger Erik Axel Karlfeldt (†1931) und Pär Lagerkvist (*1891).

Schwedt an der Oder, Stadt im Bez. Frankfurt a. d. Oder, 28 300 Ew.; Erdölraffinerie.

Schwefel der, S, chem. Element, Nichtmetall, Ordnungszahl 16, Dichte 2,07 g/cm³, Schmelzpunkt 115 °C, Siedepunkt 444,6 °C. S. ist ein hellgelber, spröder Stoff, unlösl. in Wasser, leicht löslich in S.-Kohlenstoff; Nichtleiter der Elektrizität; verbrennt mit blauer Flamme zu S.-Dioxyd. Freier S. kommt in großen Lagern in Sizilien, Nordamerika und Japan vor, gebundener S. in Sulfaten, Sulfiden, im S.-Wasserstoff und im Pflanzen- und Tierreich als Bestandteil der Eiweißstoffe. S. kommt als Stangen-S. oder »S.-Blume« (S.-Pulver) in den Handel, er dient zur Vulkanisation des Kautschuks, als Schädlingsbekämpfungsmittel, wird in der Medizin zu Hautsalben und Abführmitteln verwendet, ist in Schwarzpulver, Streichhölzern und Feuerwerkskörpern enthalten. VERBINDUNGEN: **S.-Dioxyd,** SO_2, ein stechend riechendes Gas, bildet sich bei der Verbrennung von S. und beim Rösten der S.-Erze; beim Einleiten in Wasser bildet sich →Schweflige Säure, H_2SO_3. Aus S.-Dioxyd und Luft gewinnt man bei etwa 400 °C in Anwesenheit eines Katalysators **S.-Trioxyd,** SO_3, das mit Wasser in →Schwefelsäure übergeht. Leitet man S.-Dämpfe über glühende Kohle, so bildet sich **S.-Kohlenstoff,** CS_2, eine farblose, feuergefährl. Flüssigkeit, in der sich S., Phosphor, Fette leicht auflösen. **S.-Wasserstoff,** H_2S, ein nach faulen Eiern riechendes, giftiges Gas, bildet sich aus den Salzen des S., den Sulfiden, durch Einwirkung von Säuren.

Schwefelfarbstoffe, ⊘ künstl. schwefelhalt. Farbstoffe zum Färben von ungebeizter Baumwolle.

Schwefelkies, der →Pyrit.

schw'efeln, 1) räuchern, mit Schwefel tränken. **2)** Pflanzen zum Schutz gegen Schädlinge mit Schwefelpuder bestäuben. **3)** Wein Schwefeldioxyd zur Haltbarmachung zusetzen.

Schwefelsäure, H_2SO_4, wichtige anorgan. Säure. **Konzentrierte S.** wirkt stark wasserentziehend; sie bildet als Salze die **Bisulfate** und die **Sulfate.** Herstellung früher nach dem **Bleikammerverfahren,** heute fast nur noch nach dem **Kontaktverfahren:** Röstgase von Sulfidmineralien werden gereinigt, gekühlt, gewaschen, das in ihnen enthaltene Schwefeldioxyd katalytisch zu Schwefeltrioxyd oxydiert und dieses in konzentrierter S. aufgefangen, wodurch **rauchende S.** entsteht. Sie wird mit Wasser zu gewöhnl. S. verdünnt.

Schweflige Säure, H_2SO_3, starkes Reduktionsmittel. Die Salze der S. S. heißen **Sulfite.**

Schweidnitz, Stadt in Niederschlesien, am NO-Rand des Eulengebirges, (1939) 39 100 Ew.; alte Bauten; seit 1945 unter poln. Verw. (Świdnica; 1969: 47 000 Ew.).

Schweigepflicht, →Amtsgeheimnis, →Berufsgeheimnis.

Schweikart, Hans, Regisseur, *1895; seit 1947 Intendant der Münchener Kammerspiele.

Schweine Mz., Familie der Paarzeher, Nichtwiederkäuer mit Allesserngebiß, kegelförm. Rüssel und borstigem Haarkleid. Die Männchen

Schwein, links: Wild-S., rechts: Haus-S.

(Eber) tragen wehrhafte Eckzähne (Hauer). Das **Wild-S.** lebt in feuchten Waldgebieten N-Asiens, Europas und N-Afrikas, meist in Rudeln. Es ist braunschwarz, bis 1,70 m lang und wiegt durchschnittl. 35-50 kg. In der Jägersprache heißt es **Schwarzwild** oder **Sau.** Das männl. Tier wird **Keiler,** das weibl. **Bache,** die rotbraunen, gelbgestreiften Jungen **Frischlinge** genannt. Das Wild-S. ist durch sein Wühlen nach Kartoffeln und Rüben schädlich. Das Fleisch jüngerer Tiere ist wohlschmeckend. Andere Wild-S. sind: asiat. **Binden-S.,** afrikan. **Warzen-S.,** amerikan. **Nabel-S.** Das aus dem Wildschwein gezüchtete **Haus-S.,** bis 500 kg schwer, wird meist im zweiten Lebensjahr geschlachtet. Die Sau hat jährl. zweimal 6-12 Junge, die zuerst **Ferkel,** dann **Läufer** genannt werden.

Schweinepest, ⚕ sehr ansteckende Viruskrankheit der Schweine mit inneren Blutungen; anzeigepflichtig.

Schweineseuche, ⚕ durch Bakterien hervorgerufene ansteckende Lungen-Brustfell-Entzündung der Schweine; anzeigepflichtig.

Schweinfurt, Stadt im RegBez. Unterfranken, Bayern, am Main, 59100 Ew.; Johanniskirche (spätromanisch), Rathaus (1572); Kugellager-, Metall-, Leder- und Farbenindustrie.

Schweinfurth, Georg, Afrikaforscher, *1836, †1925; bereiste 1864-89 das Nilgebiet, die Libysche Wüste, Äthiopien, Jemen.

Schweinsaffe, Affenart der Gattung →Makak.

Schweiß der, 1) die flüssige Absonderung der S.-Drüsen der Haut, enthält 99% Wasser, ferner Kochsalz, Harnstoff, Fette und (übelriechende) flüchtige Fettsäuren. 2) ♁ Blut.

schw'eißen, 1) Werkstücke durch Ineinanderkneten (Preßschweißen) oder Ineinanderfließen (Schmelzschweißen) des örtl. erwärmten Werkstoffes verbinden. Bei der ältesten **Preßschweißung,** der **Hammerschweißung,** werden die Teile auf Rotglut erhitzt, übereinandergelegt und durch Hammerschläge zusammengeknetet. Bei der **elektrischen Widerstandsschweißung** werden die Werkstücke an den Verbindungsstellen durch den elektr. Strom bis zur Schweißhitze zusammengepreßt, bei der **Punktschweißung** zwischen Stift-Elektroden, bei der **Nahtschweißung** mit rollenförmigen Elektroden. Bei der **Schmelzschweißung** werden die Teile an den Schweißkanten aufgeschmolzen, meist unter gleichzeitigem Abschmelzen eines Schweißstabes oder einer Elektrode aus gleichem oder ähnl. Werkstoff. Die erforderl. Wärme wird erzeugt durch Verbrennen eines Heizgases (meist Azetylen) mit Sauerstoff (**autogenes S.**), durch einen Lichtbogen zwischen dem Werkstück und einer Elektrode oder zwischen 2 Elektroden (**Lichtbogenschweißung**). Der Zutritt von Luftsauerstoff und Stickstoff wird durch Schutzgase oder durch einen Schlackenmantel verhindert. Die **Elektronenstrahl-Schweißung** (im Vakuum) läßt das S. von Metallen mit sehr unterschiedl. Schmelzpunkt zu. – Kunststoffe werden geschweißt, indem sie durch Erwärmen plastisch gemacht und dann zusammengepreßt werden. Mit Ultraschall schweißt man dünne Bleche und Drähte. 2) ♁ bluten.

Schweißhund, Bluthund, Jagdhund, der angeschossenes (schweißendes) Wild aufspürt.

Schweitzer, Albert, ev. Theologe, Philosoph, Musikforscher, Orgelkünstler, *1875, †1965; studierte später auch Medizin, seit 1913 Missionsarzt in Lambarene in Gabun. Werke: »Zwischen Wasser und Urwald«, »Aus meiner Kindheit und Jugend«, »Kultur und Ethik«, »J. S. Bach« seit Friedensnobelpreis 1952.

Schweiz, amtlich **Schweizerische Eidgenossenschaft,** französ. **Suisse** [sy'is], italien. **Sv'izzera,** Bundesstaat in Mitteleuropa, 41288 km², 6,3 Mill. Ew.; Hauptstadt: Bern; Amtssprachen: Deutsch, Französisch, Italienisch, Rätoromanisch (Bündnerromanisch). ⊕ S. 520/21, ⊏ S. 346, ∪ S. 878, FARBTAFEL S. 871.
VERFASSUNG von 1874 (mehrfach geändert).

Die S. ist ein republikan. Bundesstaat aus 22 Kantonen, von denen drei in je zwei Halbkantone aufgeteilt sind. Die Bundesgesetzgebung liegt bei der Bundesversammlung. Diese besteht aus 2 Kammern, dem Ständerat (44 von den Kantonen gewählte Vertreter) und dem Nationalrat (200 in allgemeiner Wahl gewählte Mitgl.). Der Bundesrat wird von der Vereinigten Bundesversammlung auf 4 Jahre gewählt; er übt die vollziehende Gewalt (Regierung) aus. Seine 7 Mitgl. sind Leiter der Departemente (Ministerien). Aus dem Bundesrat wählt die Bundesversammlung den jährlich wechselnden Bundespräsidenten (1973: R. Bonvin). Die Kantone haben eigene Volksvertretungen und Regierungen. Frauen haben in Kantonen und seit 1971 auch in Bundesangelegenheiten das Wahlrecht. Über die Gerichte vgl. ÜBERSICHT Gerichtswesen S. 329.
LANDESNATUR. Die S. umfaßt den mittleren Teil der Alpen. Der nördl. Gebirgszug erreicht in den stark vergletscherten Berner Alpen 4274 m (Finsteraarhorn), der südl. in den gletscherreichen Walliser Alpen den höchsten Punkt der S. mit 4634 m (Monte Rosa). Nach NW schließen sich die Hügelregion des dicht besiedelten Mittellandes (500 m) und der Schweizer Jura an. Mittelpunkt des Gewässernetzes ist das St.-Gotthard-Massiv, von dem Rhein, Reuß, Aare, Rhône, Tessin ausgehen. Im SO hat die S. Anteil am oberen Inntal. Schöne Seen: Genfer, Neuenburger, Vierwaldstätter, Luganer See, Zürichsee u.a. Klima: gemäßig warm bis rauh, sonnenreich in den Hochtälern, am Nordufer des Genfer Sees und auf der Südseite der Alpen. BEVÖLKERUNG. 70% sprechen Deutsch (im größten Teil des Mittellandes und den Alpen bis ins Monte-Rosa-Gebiet), 20% Französisch (im Jura, Waadtland, Unterwallis), 9% Italien. (im Tessin und den Randtälern Graubündens), 1% Rätoroman. (in Graubünden). Großstädte: Zürich, Basel, Genf, Bern, Lausanne. Religion: Rd. 53% prot., rd. 45% kath. WIRTSCHAFT. Trotz geringer Bodenschätze ist die S. heute überwiegend Industrieland. In der Landwirtschaft arbeiten nur noch rd. 11% aller Berufstätigen. Ackerbau in den tiefsten Lagen, auch Mais- und Weinbau. Hoch entwickelt ist die Milchviehzucht (im Gebirge Almwirtschaft) mit Käserei und Milchverarbeitung; Fleisch, Futtermittel und Getreide müssen jedoch eingeführt werden. Die Industrie (½ der Berufstätigen), vorwiegend im nördl. Mittelland und Jura, liefert Qualitätswaren (Stickereien, Textilien, Uhren, Maschinen, Motoren, elektr. und chem. Erzeugnisse, Medikamente, Schokolade). Der Ausbau der Wasserkräfte zur Elektrizitätsgewinnung ist weit fortgeschritten. Starker Fremdenverkehr, bes. in den Höhenluftkurorten und Wintersportplätzen. Ausfuhr: Nahrungs- und Genußmittel, Fertigwaren; Haupthandelspartner: Bundesrep. Dtl. u. a. EWG-Länder, Großbritannien, USA. Die S. gehört der Europ. Freihandelsgemeinschaft (EFTA) an. Basel hat als Rheinhafen steigende Bedeutung. Zahlreiche Bahnen (meist elektr.) und Straßen führen über die Alpenpässe. Internat. Flughäfen: Zürich, Genf, Basel.
GESCHICHTE. Das Gebiet der heutigen S. kam teils 58 v. Chr. durch Caesars Sieg über die Helvetier, teils 15 v. Chr. unter röm. Herrschaft. Während der Völkerwanderung wurde der größte Teil des Landes von den Alemannen, der SW von den frühzeitig romanisierten Burgundern besetzt; dem entspricht die Sprachgrenze zwischen der dt. und der französ. S. Dann gehörte das Land zum Fränk. Reich, später größtenteils zum dt. Herzogtum Schwaben; die Westschweiz kam mit den Kgr. Burgund 1033 ebenfalls ans Dt. Reich. Im 13. Jahrh. erlangten die **Habsburger** die Vorherrschaft im Lande. Zu ihrer Abwehr schlossen die reichsunmittelbaren Bauerngemeinden Uri, Schwyz und Unterwalden (erst 1309 reichsunmittelbar), die **Urkantone,** 1291 einen »ewigen Bund« (Sage von →Tell). Sie siegten 1315 am Morgarten und nach Erweiterung des Bundes um Luzern (1332), Zü-

Schweitzer

SCHWEIZ, KANTONE

	Fläche km²	Einw. 1971	Amtssprache
Aargau	1404	433 300	Deutsch
Appenzell (Außerrhoden)	243	49 000	Deutsch
Appenzell (Innerrhoden)	172	13 100	Deutsch
Basel (Stadt)	37	235 000	Deutsch
Basel (Land)	428	205 000	Deutsch
Bern	6887	983 300	Deutsch, Französ.
Freiburg	1670	180 300	Französ., Deutsch
Genf	282	331 600	Französisch
Glarus	684	38 200	Deutsch
Graubünden	7109	162 000	Dt., Ital., Roman.
Luzern	1494	289 600	Deutsch
Neuenburg	797	169 200	Französisch
Nidwalden	274	26 500	Deutsch
Obwalden	492	24 500	Deutsch
Schaffhausen	298	72 900	Deutsch
Schwyz	908	92 000	Deutsch
Solothurn	791	224 100	Deutsch
St. Gallen	2016	384 500	Deutsch
Tessin	2811	245 500	Italienisch
Thurgau	1006	182 800	Deutsch
Uri	1075	34 000	Deutsch
Waadt	3211	511 900	Französisch
Wallis	5231	206 600	Französ., Deutsch
Zug	239	68 000	Deutsch
Zürich	1729	1 107 800	Deutsch

rich (1351), Glarus und Zug (1352), Bern (1353) bei Sempach 1386 über österreich. Ritterheere. Auf diese **Eidgenossenschaft** ging dann der Name von Schwyz als Gesamtbezeichnung über. Den Habsburgern entrissen die Eidgenossen 1415 den Aargau und 1460 den Thurgau. In den Burgunderkriegen besiegten sie Karl den Kühnen 1476/77; seitdem waren sie lange Zeit eine vielumworbene Kriegsmacht (→Reislaufen). 1481 wurden Freiburg i. Ü. und Solothurn, 1501 Basel und Schaffhausen, 1513 Appenzell als vollberechtigte Kantone (»Orte«) in die Eidgenossenschaft aufgenommen, mit der sich ferner Wallis, St. Gallen, Graubünden, Genf u.a. als »zugewandte Orte« verbündeten. Der Schwabenkrieg von 1499 führte zur tatsächlichen Loslösung vom Dt. Reich (1648 im Westfäl. Frieden bestätigt). Zu Anfang des 16. Jahrh. eroberten die Eidgenossen das Tessin, im Kampf gegen Savoyen 1536 die Waadt. Trotz Glaubensspaltung während der Reformation (Zwingli in Zürich, Calvin in Genf) hatte die Eidgenossenschaft Bestand. Daran änderte auch die vorübergehende, im Zug der Französ. Revolution erfolgte Umwandlung zur »Helvetischen Republik« (1798-1803) nichts. Napoleon I. schuf durch die Mediationsakte von 1803 wieder einen Staatenbund; zu den 13 alten Kantonen kamen 6 neue: Graubünden, St. Gallen und die bis 1798 ganz unselbständigen, von Landvögten verwalteten Untertanenlande Aargau, Thurgau, Tessin, Waadt. Nach den Freiheitskriegen wurde die Zahl der Kantone durch Genf, Wallis und Neuenburg auf 22 vermehrt; die europ. Mächte erkannten zugleich die dauernde Neutralität der S. an. Die Liberalen erreichten seit 1830 die endgültige Beseitigung der aristokrat. Kantonsverfassungen, überwanden den Widerstand der 1845-47 zu einem Sonderbund vereinigten kath. Kantone und errichteten durch die Verfassung von 1848 einen festen Bundesstaat an Stelle des losen Staatenbundes. Die demokrat. Einrichtungen wurden immer mehr ausgebaut. In beiden Weltkriegen bewahrte die S. ihre Neutralität. Nach 1947 sind Freisinnige, Sozialdemokraten und Kathol.-Konservative die stärksten Parteien.

Schweizer der, 1) Bewohner der Schweiz. 2) päpstl. Leibwache im Vatikan, früher auch S. **Garde** der französ. Könige. 3) Pförtner, Kirchenaufseher, auch in Kirchen. 4) Melker.

Schweizerdegen der, Schriftsetzer, der auch druckt.

Schwelm, Stadt in Nordrh.-Westf., östl. von Wuppertal, 34 200 Ew.; Maschinen-, Textilind.

Schw'elung die, trockene Destillation zur Entfernung aller flüssigen Bestandteile, z.B. aus Braunkohle.

Schwemme [zu schwimmen] die, 1) Badestelle für Pferde in einem Fluß oder Teich. 2) Schankraum, Kneipe.

Schwemmsteine, hochporöse Mauervollsteine, entweder aus geschäumter Hochofenschlacke (**Hütten-S.**) oder Bimskies mit bes. Zusätzen (**Zement-S.**).

Schweninger, Ernst, Arzt, *1850, †1924; seit 1881 der Leibarzt Bismarcks.

Schwen(c)kfeld, Kaspar, Gründer der Sekte der Schwenckfelder (fand in Pennsylvania eine Freistatt), *1489, †1561; brach mit dem Luthertum.

Schwenningen am Neckar, Stadt in Bad.-Württ., 34 700 Ew.; feinmechan. Industrie.

Schweppermann, Seifried, Feldhauptmann, * um 1260, †1337; entschied der Sage nach 1322 bei Mühldorf den Sieg Ludwigs des Bayern über Friedrich den Schönen.

Schwerathletik, Kraftsportübungen: Ringen, Gewichtheben, Boxen usw.

Schwerbeschädigtenfürsorge, →Versorgung.

Schweres Wasser, D_2O, chem. Verbindung des Wasserstoffs der Massenzahl 2 (schwerer Wasserstoff, Deuterium, D) mit Sauerstoff. Darstellung durch Elektrolyse von gewöhnl. Wasser, das S. W. im Verhältnis 1:4700 enthält. S. W. ist gesundheitsschädlich; es wird in Kernreaktoren als Bremssubstanz (Moderator) verwendet.

Schwerelosigkeit, das Fehlen von Schwerkraftwirkungen auf Körper, die sich in keinem Schwerkraftfeld befinden oder im Schwerefeld frei fallen, z.B. antriebslos kreisende Erdsatelliten oder Raumsonden nach Abschalten des Triebwerks.

Schwergewicht, →Gewichtsklassen.

Schwerhörigkeit, ⚕ herabgesetztes Hörvermögen, ein Zeichen für die verschiedensten Erkrankungen des Gehörorgans (→Ohr).

Schwer'in, 1) Bezirk der Dt. Dem. Rep., 8672 km², 598 400 Ew., 1952 aus Teilen der Länder Mecklenburg und Brandenburg gebildet; meist fruchtbares Tiefland mit Anteil an der Mecklenburg. Seenplatte, im W moorig. Landwirtschaft; Nahrungsmittel-, Holz- und Baustoffindustrie. 2) Hauptstadt von 1), am Südwestende des Schweriner Sees, 95 300 Ew.; got. Dom (1170-1416), Schloß auf einer Insel; Maschinen-, chem. Ind. 1160 als dt. Stadt von Heinrich dem Löwen gegr., dann Grafensitz, seit 1358 mecklenburgisch. (BILD S. 829)

Schwerindustrie, Montanindustrie, Bergbau, Eisen- und Stahlindustrie.

Schwerin

Schwerkraft, Schwere die, Kraft, die alle Körper in der Richtung nach dem Erdmittelpunkt zieht. Sie ist in der Nähe der Erdoberfläche um so größer, je näher ein Körper dem Erdmittelpunkt ist. Bei ruhenden Körpern verursacht sie einen Druck oder Zug, bei frei beweglichen eine beschleunigte Bewegung. Man mißt die S. durch die Fallbeschleunigung, die in mittleren geographischen Breiten 981 cm/s² beträgt. Die S. ist ein Sonderfall der allgemeinen →Massenanziehung.

Schwermetalle, ·○ Metalle mit Dichten von 4,5 g/cm³ und darüber.

Schweröl, ein Heizöl, entsteht bei der Destillation des Steinkohlenteers; wird in S.-Motoren (Diesel-, Glühkopfmotor) verwendet.

Schwerpunkt, ⊗ der Punkt eines Körpers, in dem das gesamte Gewicht vereinigt gedacht werden kann. Wird ein Körper im S. unterstützt, so kann er nicht fallen. Ist ein Körper in allen Teilen gleichartig, so fällt der S. mit dem Mittelpunkt zusammen. (→Gleichgewicht)

Schwerspat der, **Bar′yt** der, weißes kristallisges Mineral, Bariumsulfat, BaSO₄; wird in der chem. und Farbenindustrie, in Papier- und Tapetenfabriken sowie zum Satinieren von Hochglanzseide verwendet.

Schwert das, -s/-er, 1) Hieb- und Stoßwaffe mit gerader, breiter, ein- oder zweischneidiger Klinge. 2) ⚓ eiserne oder hölzerne Platte, die in der Richtung des Kiels von flachbodigen Segelbooten ins Wasser greift, um Kentern oder Abdrift (→Segeln) zu verhindern.

Schwertbrüderorden, dt. Ritterorden, 1202 zur Eroberung Livlands gegr., 1237 mit dem →Deutschen Orden vereinigt.

Schwerte, Stadt in Nordrh.-Westf., an der Ruhr, 24 100 Ew.; Metall- u. a. Industrie.

Schwertfeger, der Waffenschmied.

Schwertfisch, Knochenfisch aller Weltmeere, mit schwertartigem. Fortsatz des Oberkiefers; Raubfisch.

Schwertlilie, Iris, Gattung staudiger Irisgewächse, mit schwertförmigen Blättern und fleischigem Wurzelstock. Die häufigste einheim. S. ist die gelbblütige **Wasser-S.** oder **Teichlilie.** Die dunkelviolette **Deutsche S.** ist eine Gartenpflanze.

Schw′etzingen, Stadt in Bad.-Württ., 16 500 Ew.; kurpfälz. Barockschloß (1715) mit Park; Schwetzinger Festspiele; Tabak-, Spargelanbau.

Schw′ib⏐bogen, ⌂ →Strebebogen.

Schw′iebus, Stadt in Brandenburg, (1939) 10300 Ew.; seit 1945 unter poln. Verw. (**Świebodzin**).

Schw′ieger..., durch Anheirat gewonnen, bes. **S.-Mutter, S.-Vater, S.-Eltern.**

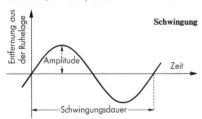

Schwingung

Entfernung aus der Ruhelage

Amplitude

Zeit

Schwingungsdauer

Schwiele die, durch übermäßige mechan. Beanspruchung entstandene Verdickung der Hornschicht der Haut (Hand-S., Hühnerauge).

Schw′ielowsee, Havelsee zwischen Potsdam und Werder, 8,5 km² groß.

Schwimm-Aufbereitung, →Flotation.

Schwimmblase, mit einem Kohlendioxyd-Sauerstoff-Gemisch gefüllte Blase über dem Darm der Fische (**Fischblase**); durch Wechsel des Gasdrucks regelt sie die Anpassung des spezif. Gewichts des Fisches an das des umgebenden Wassers.

Schwimmen. Ein bewegungsloser Körper schwimmt, wenn sein spezif. Gewicht geringer ist als das der Flüssigkeit; er taucht so tief ein, daß die verdrängte Flüssigkeitsmenge so viel wiegt wie er selbst. Schwerere Körper bringt man zum S., in-

Schwerin: Schloß

dem man sie mit einem leichteren verbindet (Schwimmblase, -gürtel, Luftinhalt des Schiffskörpers) oder indem man den statischen Auftrieb des Wassers durch geeignete Bewegungen verstärkt (dynam. Auftrieb, Schwimmen des Menschen, der Landtiere). (BILD S. 830)

Schwimmer der, 1) beim Wasserflugzeug: gleitbootähnliche Hohlkörper, mit dem sich das Flugzeug auf der Wasseroberfläche abstützt. 2) ein schwimmender Hohlkörper zum Regeln des Flüssigkeitsspiegels oder zur selbsttätigen Absperrung einer Leitung (Selbstschlußhahn). 3) Teil der Angel.

Schwimmkäfer, im Wasser lebender Käfer mit Schwimmbeinen. Der schwarzgrüne, 4 cm lange **Gelbrand** lebt in stehenden Gewässern ganz Europas. Zum Atmen hebt er den Hinterleib über Wasser und bewahrt die Atemluft unter den Flügeldecken. Er lebt, wie seine Larve, sehr räuberisch und ist ein gefürchteter Fischvernichter. Verwandt sind der **Taumel-** oder **Drehkäfer,** der an der Wasseroberfläche schwimmt, und der **Kolbenwasserkäfer,** dessen Eipaket mit einem Fortsatz aus dem Wasser hervorragt.

Schwimmvogel, Wasservögel mit Schwimmhäuten an den Zehen: Pinguine, Alken, Taucher, Sturmvögel, Säger, Gänse, Enten.

Schwimmweste, Gürtel aus Kork oder Kapok; hält den Kopf des Schwimmers über Wasser.

Schwind, Moritz v., Maler und Zeichner, *1804, †1871; Bilder zu dt. Märchen und Sagen.

Schwindel der, 1) Gefühl des Schwankens mit kurzdauernder Beeinträchtigung des Bewußtseins; kommt vor bei zu hohem und zu niedrigem Blutdruck, Reizung des Gleichgewichtsorgans (Seekrankheit), Gehirnstörungen u. a. 2) unredl. Unternehmen, Trug.

Schw′indling der, kleine, zähe, als Würze wertvolle Blätterpilze, z. B. Nelken-S. und Knoblauchpilz.

Schwindsucht die, →Tuberkulose.

Schwingel der, artenreiche Grasgattung; der **Wiesen-S.** ist ein wichtiges Futtergras.

Schwinger der, ein Schlag beim Boxen; wird mit leichtgebeugtem Arm, Knöchel nach oben, Daumen nach unten, mit Schwung ausgeführt.

Schwingung die, ⊗ periodische Hin- und Herbewegung eines Körpers (Pendel, Saite, Stimmgabel, Luft beim Schall) oder periodische Ände-

Schwertlilie: Garten-S. (Iris)

v. Schwind (Gemälde von Lenbach, Ausschnitt)

Schwetzingen: Schloß

Schwingungs-
kreis: 1 geschlossen, 2 halboffen,
3 offen

Scilla

R. F. Scott

W. Scott

rung eines Zustandes (elektr. und magnet. Feld). Die Anzahl der S. in einer Zeiteinheit heißt Frequenz, der größte Ausschlag **Amplitude** (Schwingungsweite, Scheitelwert). Ohne Energiezufuhr nimmt die Amplitude einer S. z. B. durch Reibungsverluste bis auf Null ab (Schaukel, nichtaufgezogene Uhr; **gedämpfte** S.). Bei dauernder Energiezufuhr (z. B. durch Feder oder Gewicht einer Uhr, durch Elektromagnet. S. durch Elektronenröhren, Schwingquarz u. a.) bleibt die Amplitude immer gleich groß (**ungedämpfte** S.). →Welle.

Schwingungskreis, meist eine Parallelschaltung von Spule und Kondensator, die zu elektromagnet. Schwingungen angeregt wird, z. B. zur Abstimmung von Empfängern.

Schwippert, 1) Hans, Architekt, *1899; Direktor der Kunstakademie in Düsseldorf, baute u. a. das Bundeshaus in Bonn. **2)** Kurt, Bildhauer, Bruder von 1), *1903, lehrt seit 1956 an der Werkkunstschule in Wuppertal. (TAFEL Sakrale Kunst)

Schwirl der, dem Rohrsänger verwandter, bräunl. Singvogel; **Schlag-S., Rohr-S., Feld-S.**

Schwirrfliegen Mz., →Schwebfliegen.

Schwitters, Kurt, Maler, Schriftsteller, *1887, †1948, begründete in Hannover eine Sonderrichtung des Dadaismus. S. stellte Klebebilder aus zufällig aufgelesenen Materialien zusammen.

Schw'itzkur, die Anwendung von Schwitzbädern (heiße Vollbäder, Dampfbäder, Heißluftbäder) als Teil einer Entfettungskur. Schwitzpakkungen, bei fieberhaften Erkältungen.

Schwundeffekt, →Fading.

Schwungrad, ⚙ Rad mit der Hauptmasse im Radkranz auf der Welle von Kolbenmaschinen, mechan. Pressen usw. zum Ausgleich der durch die Arbeitsweise bedingten Ungleichförmigkeit des Gangs.

Schwur der, -s/Schwüre, ⚖ der →Eid.

Schwurgericht, ⚖ in der Bundesrep. Dtl. Strafgericht, das aus 3 Berufsrichtern und 6 Laien (Geschworenen) zusammensetzt. Richter und Geschworene entscheiden über die Schuld des Angeklagten und seine Bestrafung gemeinsam. Zuständigkeit: →Gerichtswesen.

Schwyz, 1) einer der Urkantone der Schweiz; 908 km², 92000 Ew.; östlich des Vierwaldstätter Sees. Alpwirtschaft; Möbel-, Textil- u. a. Ind. **2)** Hauptort von 1), 12100 Ew., an der Gotthardbahn.

Schw'yzerdütsch, Schweizerdeutsch, die allgemeine mündliche Verkehrssprache der deutschsprechenden Schweizer.

Science Fiction [s'aiəns f'iktʃən, engl.] die, romanhafte Schilderungen von Abenteuern in einer auf naturwissenschaftlich-technischer Grundlage phantasievoll ausgemalten Zukunftswelt (z. B. mit Raumfahrt, Robotern u. a.). Nach J. Verne, H. G. Wells schrieben besonders Amerikaner S. F.

Scientific Management [saiənt'ifik m'ænidʒmənt, engl.] das, »wissenschaftl. Betriebsführung«, von F. W. Taylor begr. Methode zur rationellen Gestaltung des Betriebsablaufs.

sc'ilicet [lat.], Abk.: **scil.,** nämlich.

Sc'illa [lat.] die, Blaustern, Pflanzen der Fam. Liliengewächse; Zwiebelpflanzen mit lauchähnlichen Blättern, meist mit blauen, traubig stehenden Blüten; Zierpflanzen.

Scilly-Inseln [s'ili-], brit. Inselgruppe am W-Ausgang des Ärmelkanals, 16 km², 1700 Ew.

Sc'ipio, röm. Patrizierfamilie: **1) P'ublius Corn'elius S. Afric'anus d. Ä.,** eroberte im 2. →Punischen Krieg Spanien, besiegte Hannibal 202 v. Chr. bei Zama; †183. **2) Publius Cornelius S. Ämili'anus Africanus d. J.,** †129 v. Chr., zerstörte 146 Karthago, 133 Numantia.

Scoresbysund [sk'ɔ:zbi-], nach dem engl. Seefahrer William Scoresby (*1789, †1857) benanntes, 300 km weit ins Land eindringendes Fjordsystem an der O-Küste Grönlands.

Scotland Yard [sk'ɔtlənd ja:d], Hauptdienstgebäude der Londoner Polizei; auch die Londoner (Kriminal-)Polizei selbst.

Scott, 1) Robert Falcon, engl. Südpolforscher, *1868; fuhr 1901-04 und 1911 nach Victorialand

und erreichte 18.1.1912 den Südpol, † auf der Rückkehr Ende März 1912. **2)** Sir Walter, schott. Dichter, *1771, †1832; romant. Versepen, Begründer und zugleich Meister des histor. Romans der europ. Romantik (»Ivanhoe«, »Kenilworth«).

Scranton [skr'æntən], Stadt in Pennsylvanien, USA, 111400 Ew.; Mittelpunkt eines Anthrazit-Kohlengebiets; Eisen-, Stahl-, Textilindustrie.

Scribe [skri:b], Augustin-Eugène, französ. Dramatiker, *1791, †1861, verfaßte mit zahlreichen Mitarbeitern etwa 400 Theaterstücke (»Ein Glas Wasser«) und 60 Operntexte (»Fra Diavolo«).

Scrip [engl.] der, vorläufige Ersatzurkunde, z. B. Interimsschein für eine Aktie.

Scriptgirl [-gə:l, engl.], beim Film: die Sekretärin der Regie bei den Aufnahmen.

Scrub [skrʌb, engl.] der, Buschdickicht der Steppen im inneren Australien.

Scudéry [skyder'i], Madeleine de, französ. Schriftstellerin, *1607, †1701; pseudohistor. Romane.

SD, Abk. für Sicherheitsdienst.

SDS, Abk. für Sozialistischer Deutscher Studentenbund.

Se, chem. Zeichen für →Selen.

Seal [si:l], **Sealskin** [s'i:lskin] der, Pelz der Bärenrobbe (→Robbe), auch Pelze, die Seehundfell nachahmen. Sealbisam, Pelz der Bisamratte.

Sealsfield [s'i:lzfi:ld], Charles, eigentl. Karl Postl, Erzähler, *1793, †1864; Abenteuerromane.

Séance [se'ɑ̃s, frz.] die, Sitzung, bes. spiritist.

SEATO, Abk. für South East Asia Treaty Organisation, →Südostasiatischer Verteidigungspakt.

Seattle [si'ætl], Stadt im Staat Washington, USA, 1,3 Mill. Ew.; Universität; größter Handels-, Fischerei- und Kriegshafen an der pazif. Küste; umfangreiche Industrien.

Seattle, im Hintergrund Mount Rainier

Seb'aldus, Schutzheiliger von Nürnberg, Einsiedler, Prediger (Tag 19.8.); **S.-Grab** von Peter Vischer in der S.-Kirche. (BILD S. 831)

Seb'astian, röm. Märtyrer der diokletian. Zeit, Schutzheiliger der Schützen (Tag 20.1.); nach der Legende von 1000 Pfeilschüssen durchbohrt.

Sebasti'ano del Pi'ombo, italien. Maler, * um 1485, †1547, malte in Venedig unter dem Einfluß Giorgiones. In Rom (seit 1511) schloß er sich dem Raffael-Kreis, dann Michelangelo an, mit dessen großer Form er die warme Farbigkeit der Malerei Venedigs verband.

Sebnitz, Stadt im Bez. Dresden, im Lausitzer Bergland, 14700 Ew.; Herstellung künstl. Blumen; Knopfindustrie.

Seborrh'öe [lat.-grch.] die, **Talgfluß,** anlagemäßig bedingte, verstärkte und veränderte Absonderung der Hauttalgdrüsen. Trockene S. (Kleienflechte) meist am behaarten Kopf; führt zu kleiniger Schuppenbildung (Kopfschuppen, Schinnen) mit →Haarausfall. Fettige S. (Schmerfluß) zeigt fettiglänzende Gesichtshaut und öliges Haar.

sec [frz.], bei alkohol. Getränken: trocken.

Secam, →Fernsehen (Farbfernsehen).

Secchi [s'ɛki], Angelo, italien. Astronom, *1818, †1878; Astrophysik, bes. Spektralanalyse.

S'eccomalerei, →al secco.

Sechser der, 1) früher der halbe Groschen (= 6 Pfennig), übertragen auf das 5-Pfennig-Stück. 2) Rehbock mit Sechsergehörn.

Sechstagerennen, Hallenradrennen von Mannschaften mit je zwei sich beliebig ablösenden Fahrern über 6 Tage und 6 Nächte.

sechster Sinn, volkstümlich für besonderes Ahnungsvermögen.

Sechsundsechzig, Kartenspiel, meist für 2 Spieler, wird mit der Pikettkarte (32 Blätter) oder der dt. Spielkarte um Augen (Punkte, Points) gespielt. Wer zuerst 66 Punkte hat, gewinnt.

Secret Service [s'i:krit s'ə:vis], innen- und außenpolit. Geheimdienst des Brit. Reichs.

SED, →Sozialist. Einheitspartei Deutschlands.

Sedan [sədᾱ], Stadt an der Maas (NO-Frankreich), 24 500 Ew.; Woll- und Metallind.; 1870 Kapitulation Napoleons III.

Sedat'iv [lat.] das, -s/-e, auch -s/-a, Beruhigungsmittel, setzen die Erregbarkeit des Nervensystems herab, z.B. Baldrian, Brom.

Sedim'ent [lat.] das, Bodensatz, Ablagerung, bes. von Schichtgesteinen, z.B. Gips, Ton.

Sedisvak'anz [lat.] die, Zeitraum, in dem der päpstl. oder ein bischöfl. Stuhl freisteht.

Sed'ow, Leonid Iwanowitsch, sowjet. Raumfahrtforscher, *1907, arbeitete über Strömungstheorie, Gasdynamik; Präsident der Internationalen Astronautischen Gesellschaft.

S'edum das, Pflanzengattung →Fetthenne.

See, 1) der, -s/-n, größeres Binnengewässer. 2) die, das Meer.

Seealpen, die →Meeralpen.

Seeamt, Behörde zur Untersuchung von Seeunfällen deutscher Schiffe oder fremder Schiffe in deutschen Gewässern: 1 rechtskundiger Vorsitzender, 4 schiffahrtskundige Beisitzer. Berufungsinstanz: Oberseeamt Hamburg.

Seeanem'one, Seerose, →Korallentiere.

S'eebohm, Hans-Christoph, Industrieller und Politiker, *1903, †1967; 1946-60 führend in der DP, seitdem CDU, 1949-66 Bundesmin. für Verkehr, seit 1959 Sprecher der Sudetendt. Landsmannschaft.

Seeckt, Hans v., Generaloberst, *1866, †1936; im 1. Weltkrieg Generalstabschef Mackensens, 1920-1926 Chef der Heeresleitung, baute die →Reichswehr auf. Schrieb »Die Reichswehr« u. a.

Seedrachen, Seekatzen, eigenartig gebaute Knorpelfische.

See-Elefant, Meeressäugetier, →Seehund.

Seefahrtbuch, Ausweis, in den jede An- und Abmusterung sowie Seereise durch ein Seemannsamt eingetragen wird (**Seepaß**).

Seefahrt-,Schiffahrts-,Navigationsschulen, staatl. Fachschulen zur Ausbildung von Schiffsoffizieren und Kapitänen der Handelsmarine.

S'eefeld, Sommerfrische und Wintersportplatz in Tirol, Österreich, am 1184 m hohen Seefelder Sattel, 2100 Ew.

S'eegras, grasförmige Kräuter, wachsen im flachen Meer; geben Polster-, Packstoff, Streu.

S'eegurke, Stachelhäuter, →Seewalze.

S'eehase, Stachelflosserfisch der nördl. Meere, saugt sich mit den Bauchflossen an Steinen fest.

S'eehund, an das Wasserleben bes. gut angepaßte Robben der nördl. Meere. Ihr Körper ist mit kurzen, anliegenden Haaren bedeckt. Die Füße sind ruderähnlich, die Zehen durch Schwimmhäute verbunden. Der Kopf ist hundeähnlich, äußere Ohren fehlen. Wegen ihrer Häute und ihres Trans werden die S. gejagt. Arten: **Grönländ. S., Gemeiner S., Sattel-, Mönchs-, Ringelrobbe, See-Elefant.** – Die S. stehen unter Naturschutz.

See|igel, formenreiche Klasse der Stachelhäuter, mit apfel- bis scheibenförmigem Körper. Sie haben einen mit beweg. Stacheln besetzten Kalkpanzer. Der Mund befindet sich auf der Unterseite. S. leben im Küstenmeer von Tieren und Algen.

Seekarten, nautische Karten, Karten der Meere und Küsten, die alle für die Schiffahrt wichtigen Seezeichen, Riffe, Lotsenstellen, Tiefen usw. angeben.

Seekrankheit, durch die schwankende Bewegung des Schiffs oder Flugzeugs hervorgerufene Reizung des Gleichgewichtsorgans mit Übelkeit, Schwindel, Schweißausbruch, Erbrechen.

Seekuh, Sir'ene die, den Walen ähnl. Säugetiere in trop. Meeren und Flüssen, bis 5 m lang, Vorderbeine und Schwanz sind flossenförmig; z.B. Dugong und **Lamantin.**

Seelachs, Schellfischart der nordeurop. Meere, mit schwarzem Brustflossenfleck.

Seeland, 1) größte Insel Dänemarks, mit der Landeshauptstadt Kopenhagen, durch den Sund von Schweden getrennt, 6835 km², 2,0 Mill. Ew.; fruchtbar; blühende Landwirtschaft. 2) Provinz der Niederlande (Zeeland), Hauptstadt: Middelburg.

Seele die, 1) das Innere, bes. des Menschen, als Inbegriff der bewußten und unbewußten Vorgänge, vorgestellt als Lebenskraft oder Träger des Lebens. Nach manchen Glaubenslehren wird die S. im Tod vom Körper getrennt oder geht in anderes Lebewesen ein (→Seelenwanderung). Aristoteles unterschied die vegetative (Wachstums-), die sensitive (wahrnehmende und erinnernde) S. von der denkenden Geistseele. Die wissenschaftl. Erforschung des Seelenlebens ist Aufgabe der →Psychologie. 2) bei Streichinstrumenten: der Stimmstock, das dünne Holzstäbchen zwischen Boden und Decke des Resonanzkörpers. 3) Hohlraum im Lauf der Feuerwaffen.

Sebaldus, der hl. S. (von Peter Vischer, Sebalduskirche in Nürnberg)

Seelenblindheit, die Unfähigkeit, Gegenstände als solche zu erkennen auf Grund einer Erkrankung der Gehirnrinde; ähnlich **Seelentaubheit.**

Seelenheilkunde, die →Psychotherapie.

Seelenwanderung, Re|inkarnati'on, die Vorstellung, daß nach dem Tode die Seele in einen neuen Körper (Mensch, Tier oder Pflanze) übergehe. Der Glaube an die S. ist bes. bei den Indern lebendig (→Brahmanismus).

Seelilien, festsitzende Stachelhäuter mit meist blumenkelchförmigem Körper und gegliedertem Stiel, z.B. die **Haarsterne.**

seelische Krankheiten, gewöhnl. **Geisteskrankheiten,** auch **Gemütskrankheiten** genannt, i. e. S. **Psychosen** (→Schizophrenie, →manisch-melancholische Krankheit, →Epilepsie u. ä.), i. w. S. auch Schwachsinn verschiedenen Grades. Manchmal rechnet man zu den s. K. auch →Seelenstörungen, →Psychopathien, →Neurosen u. a. Ursachen von s. K. können sein: einmalige seel. Erlebnisse (z. B. Schreck), Erlebnisketten, Lebenskonflikte (z. B. Ehekrisen), krankhafte Erbanlagen, Gehirnkrankheiten →schädigungen, →Alterungsvorgänge. – Für Geisteskranke besondere Rechtsprechung: Zurechnungsunfähigkeit (§ 51 StGB); Zwangsunterbringung (§§ 42 aff. StGB); Scheidung (§ 44 Ehegesetz); Geschäftsunfähigkeit (§ 104 BGB) u. a.

Seelöwe, Säugetier, eine Robbe.

Seelsorge, in den christl. Kirchen die Hinführung der Gläubigen zu Gott.

Seemann, Mz. **Seeleute,** in der See- und Küstenschiffahrt Berufstätige, ausgebildet als Schiffsjunge und Leichtmatrose auf Handels- oder Schulschiffen zum Matrosen, vielfach Vorbildung an einer Seemannsschule. Nach Besuch einer Seefahrtschule ist Aufstieg zum Steuermann und Kapitän möglich.

Seemannsamt, staatl. Behörde zur An- und Abmusterung, Schlichtung von Streitigkeiten der Schiffsbesatzung usw.

Seemeile, ⚓ Längenmaß. 1 S = 1852 m.

Seenadeln, Rüsselkiemerfische mit rüsselförmiger Schnauze, z.B. das Seepferdchen.

Seenot, für ein Schiff entstandene Gefahr, die fremde Hilfe notwendig macht.

Seepferdchen, Knochenfisch; Büschelkiemer mit pferdeähnl. Körper. Röhrenschnauze und Wickelschwanz; Männchen mit Bruttasche; in südeurop. Meeren, auch in der Nordsee.

Seepferdchen

Seepocke, Krebstier, ein Rankenfüßer.

Seepolyp, Krake, Kopffüßer mit 8 Armen, bis 3 m groß, ein gefürchteter Räuber in europ.

Seerose, oben
weiße, unten
gelbe S.

Seestern und Seegurke

Küstenmeeren, lauert in Felsspalten auf Fische, Krebse und andere Wassertiere. (→Tintenfische)

Seeräuberei, Gewalthandlungen gegen Schiffe oder Personen auf offener See außerhalb eines staatl. bewaffneten Vorgehens, um Schiff, Ladung oder Passagiere zu erbeuten **(Piraterie).** Die an der S. Beteiligten dürfen von jedem Staat auf hoher See verfolgt und bestraft werden.

Seeräuberküste, Piratenküste, →Vertragsstaaten.

Seerecht, die für das Seewesen und die Seeschiffahrt geltenden Rechtsnormen. Das dt. **private S.** ist enthalten im 4. Buch des HGB und im Seemanns-Ges. v. 26.7.1957. Das **öffentl. S.** in der Bundesrep. Dtl. ist in zahlreichen Bundesgesetzen geregelt (z.B. in der Seeschiffahrtsstraßenordnung v. 6.5.1952). Das **internat. öffentl. S.** (Seevölkerrecht) beruht auf zahlreichen internat. Vereinbarungen, deren Grundlage die von Hugo Grotius proklamierte »Freiheit der Meere« ist.

Seerose, 1) Teich-, Wasserrose, Mummel, Kannenblume, zwei Gattungen halb schwimmender, staudiger Wasserpflanzen. Bei uns in Binnengewässern die **Weiße S.** und die plumpere **Gelbe S., Gelbe Teichrose** oder **Nixblume.** In Indien, Ägypten die →Lotosblume. **2)** Aktinie, festsitzendes Meerestier mit Fangarmen, gehört zu den →Korallentieren.

Seescheiden Mz., meist am Meeresgrund sitzende Manteltiere mit je einer Öffnung für Einfuhr und Ausfuhr des Wassers samt Nahrung und Auswurf, mit dickem, festem Mantel **(Aszidien).**

Seeschlangen Mz., lebendgebärende Giftschlangen, bis 2 m lang, im Ind. und Stillen Ozean.

Seeschwalben Mz., Möwenvögel, schlanke Stoßtaucher, mit sehr kleinen Füßen, gegabeltem Schwanz, hellem Gefieder und schwarzer Kopfplatte; meist Küstenbewohner. **Brand-S., Fluß-S., Küsten-S., Zwerg-S.**

Seesen, Stadt in Ndsachs., am Harz, 12900 Ew.; Blechwaren-, Konserven-, Teigwarenind.

Seeskorpion, koppenartiger Raubfisch des Atlantik und seiner nördl. Nebenmeere, mit Kopfstacheln (meist schmerzhafte Verwundungen).

Seesterne Mz., Klasse der Stachelhäuter. Ihr strahlig-symmetr. gebauter Körper hat meist bewegl. Arme. Großes Wiederergänzungs-(Regenerations-)vermögen: abgetrennte Arme ergänzen sich zu vollständigen Tieren. Der Mund liegt auf der Mitte der Unterseite, der After auf der Oberseite. Der **Gemeine S.,** 10–15 cm groß, lebt in den europ. Meeren, nährt sich von Muscheln u. a.

Seetaucher, Tauchvögel der nördl. kalten Zone, mit spitzem Schnabel, im Winter z. T. auch in Nord- und Ostsee. **Eistaucher, Prachttaucher, Sterntaucher.**

Seeversicherung, Versicherung von Schiff, Ladung, Fracht gegen Seegefahren (Untergang, Strandung, Verschollenheit, Zusammenstoß, Leckage, Seeraub, Brand, Explosion).

Seewalze, Seegurke, Ordnung der Stachelhäuter; schlauchförmig, in der Haut Kalkplättchen; asiat. Arten werden getrocknet als **Trepang** gegessen.

Seewarte, Deutsche S., 1875 gegr. Reichsanstalt zur Erforschung der Meere, verwertete die Ergebnisse für die Schiffahrt. Ihre Aufgaben gingen 1945 auf das **Dt. Hydrograph. Institut** und das **Seewetteramt des Dt. Wetterdienstes** über.

Seewinkel, sumpfige Flachlandschaft im Burgenland, östl. vom Neusiedler See, westlichste Salzsteppe Europas; seltene Fauna und Flora, Naturschutzgebiet; Viehzucht, Obst- und Weinbau. (FARBTAFEL Österreich S. 703)

Seewolf, Raubfisch, bis 2 m lang, im nördl. Atlantischen Ozean und in der westl. Ostsee.

Seezeichen dienen zur Kenntlichmachung des Fahrwassers (Leuchtfeuer, Baken, Feuerschiffe, Bojen usw.). (FARBTAFEL Schiff S. 869)

Seezunge, Plattfisch, Körper gestreckter als bei der Scholle; in Nordsee und Mittelmeer geschätzter Speisefisch.

Sef'eris, Giorgos, eigentl. G. Seferiades, neugriech. Lyriker, *1900, †1971; Nobelpreis 1963.

Segant'ini, Giovanni, italien. Maler, *1858, †1899; Alpenlandschaften.

S'egelburg, Bad S., Stadt in Schleswig-Holstein, 12700 Ew.; Solbad; Lehr- und Versuchsanstalt für Bienenzucht; Karl-May-Festspiele.

Segel das, 1) ♙ Fläche aus festem Gewebe, die den Wind zur Fortbewegung eines Fahrzeugs ausnutzt (→Segelschiff). **Schrat-S.** stehen in Längsrichtung (Gaffel- und Stag-S.), **Rah-S.** stehen quer zum Schiff. Die S. eines voll getakelten Mastes sind von unten nach oben: **Unter-S. (Fock-, Groß-S.), Unter-, Obermars-S., Unter-, Oberbram-S., Reuel (Royal), Sky-S. 2)** ☆ Sternbild des Südhimmels, Teil des Schiffes.

Segelfalter, Tagfalter, dem Schwalbenschwanz verwandt, blaßgelb und schwarz.

Segelflug, das Fliegen mit einem motorlosen Flugzeug, dem **Segelflugzeug,** auch mit Hilfsmotor ausgerüstet **(Motorsegler).** Es nützt nach oben steigende Luftströmungen aus: Aufwind an Berghängen (Hangsegeln), vertikale Luftströmungen über erwärmtem Boden (Thermiksegeln), vor Gewitterfronten (Gewitter- und Frontensegeln), Aufwinde in größerer Höhe auf der Leeseite von Gebirgen und stationären Luftmassen (Wellensegeln). – Gestartet wird meist an einem von einer Motorwinde gezogenen Schleppseil oder im Schlepp eines Motorflugzeugs. Im S.-Sport werden Wettbewerbe für Zielflüge, Höhenflüge, Dreieckflüge bis zu 500 km und Geschwindigkeitsflüge ausgetragen.

segeln, 1) die Fortbewegung eines Schiffes oder Bootes durch Windkraft. Die Segelführung richtet sich nach Windrichtung und gesteuertem Kurs. Bei Rückenwind werden die Segel rechtwinklig zur Windrichtung gestellt. Bei Gegenwind ist das Ziel nur durch Kreuzen (Zickzackkurs) zu erreichen, wobei der Wind unter 45⁰ die Segel trifft. Bei Seitenwind werden die Segel so gestellt, daß sie den Winkel der Wind- und Kielrichtung halbieren. Der Winkel, um den ein Segelschiff durch Wind oder Seegang seitlich vom Kurs abgetrieben wird, heißt **Abdrift. 2)** →Segelflug.

Segelschiff, wird mit Hilfe von Segeln durch den Wind fortbewegt. Den Typ bestimmen die Bauart des Schiffskörpers, die Anzahl der Masten und die Form und Anordnung der →Segel. Ein S. mit voll getakelten Masten heißt **Vollschiff.** Zu den S. mit Rahsegeln zählen (Fünf-, Vier-, Dreimast-) Vollschiffe, Briggen (Zweimastvollschiffe); **Barken** sind Dreimaster, deren hinterer Mast keine Rahen hat; **Schoner** haben nur Schratsegel. Ferner gibt es viele S.-Typen mit gemischter Takelung aus Rah- und Schratsegeln (FARBTAFEL Schiff S. 869). (BILD S. 833)

Segelflug, a Wald, b Sandfläche, c See, d Dorf, e Feld, f Wald, g Felsen, h leichter Wind

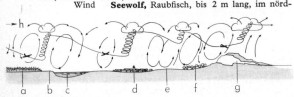

Segelschlitten
(Eisjacht)

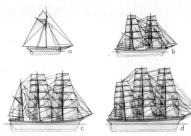

Segelschiff, a Kutter, b Brigg, c Dreimastbark, d Dreimastvollschiff

Segelschlitten, ein Gestell auf drei Kufen mit Mast, Segel und Steuer, wird durch den Wind auf dem Eis vorwärts getrieben **(Eisjacht).**

Segelsport wird auf Binnengewässern wie auch auf See ausgeübt, hier unterscheidet man **Küsten-** und **Hochsee-S.;** beide erfordern seetüchtige Jachten. Man unterscheidet ferner **Renn-** und **Fahrten-S.** (Renn- und Fahrtenjachten). Renn-S. findet in Binnengewässern und an der Küste statt (z. B. Kieler Woche).

Segeltuch, festes, wasserabweisendes Gewebe aus Baumwolle, Flachs oder Hanf.

Segen der, 1) Gottes Gunst, Glück, Gedeihen. 2) feierl. Handlung, in der göttl. Hilfe erbeten oder angewünscht wird. Zw.: **segnen.**

S'egerz die, Böttcherbeil (Lenkbeil).

Seg'esta, griech. **Egesta,** antike Stadt im NW Siziliens, seit dem 1. Punischen Krieg römisch; dorischer Tempel.

Seg'estes, römerfreundl. Cheruskerfürst, Vater der Thusnelda, Gegner des Arminius.

Segge die, artenreiche Riedgrasgattung, meist an feuchten Standorten; die **Sand-S.** mit queckenartigen Ausläufern wird als Flugsandbefestiger angepflanzt.

Seghers, 1) Anna, Deckname der Schriftstellerin Netty **Radvanyi,** *1900; emigrierte als Kommunistin 1933, lebt in O-Berlin. Romane: »Aufstand der Fischer von St. Barbara«, »Das siebte Kreuz«, »Die Toten bleiben jung«. **2)** Herkules, niederländ. Maler und Radierer, *1589, † um 1645.

Segler der, schwalbenähnl. Rakenvögel mit langen schmalen Flügeln, sehr kurzen Beinen und einem gegabelten Schwanz. Zu den S. gehört der →Mauer-S.

Segm'ent [lat.] das, △ von einem Kurvenbogen und einer Geraden begrenztes Flächenstück, z. B. Kreissegment.

Segni [s'ɛɲi], Antonio, italien. Politiker (Democr. Crist.), *1891; 1955-57 und 1959/60 Min.-Präs., 1960-62 Außenmin., 1962-64 Staatspräs.

Seg'ovia, Stadt in Altkastilien, Spanien, 36 700 Ew.; röm. Bauten; Bischofssitz; Tonwaren-Ind.

Seg'ovia, Andrés, span. Gitarrenvirtuose, *1896.

S'egre der, Fluß in Spanien, 257 km lang, von den Pyrenäen zum Ebro.

Segovia: Römische Wasserleitung

Segrè, Emilio G., italien.-amerikan. Physiker, *1905; wies das Antiproton nach; Nobelpreis 1959.

Segregati'on [lat.] die, gesellschaftl., eigentumsrechtl., häufig auch räuml. Absonderung einer Menschengruppe, die innerhalb einer Gemeinschaft als fremdartig empfunden wird, z. B. die Absonderung der Neger von den Weißen im S der USA, der Unberührbaren in Indien.

Seguidilla [segid'iλa] die, andalus. Volkstanz im ³/₈-Takt, aus Bizets »Carmen« bekannt.

sehen, ⟨ 🦎 das Aufnehmen von Lichtreizen durch das →Augen und das Verarbeiten dieser Reize im Gehirn zu Gesichtswahrnehmungen. Bei Mensch und Wirbeltieren werden die Lichtstrahlen durch Hornhaut, Linse und Glaskörper so gebrochen, daß auf der Netzhaut ein umgekehrtes reelles Bild entsteht. Die Iris blendet den Strahlengang durch Zusammenziehen der Pupille ab. Bei Scharfstellung des Auges für verschiedene Entfernungen ändert sich die Linsenkrümmung. →Akkommodation, →Brechungsfehler des Auges.

Sehne die, 1) ⟨ 🦎 aus zugfesten Bindegewebsfasern bestehende Verbindung zwischen Muskel und Knochen. 2) △ Strecke, die zwei Punkte einer gekrümmten Linie oder Fläche verbindet. 3) der Strang, den der Bogen spannt.

Sehnenscheide, 🦎 bindegewebige Hülle, in der die Sehne gleitet. Durch Überanstrengung oder durch Eitererreger kann eine **S.-Entzündung** entstehen.

Sehnerv, der erste der paarigen Gehirnnerven; die Fasern enden in der **Sehrinde** des Hinterhauptlappens.

Sehrohr, Perisk'op das, ein- und ausfahrbares opt. Gerät zur Überwasserbeobachtung vom getauchten U-Boot aus.

Sehschärfe, das Auflösungsvermögen der Netzhaut des Auges; wird geprüft mit Buchstaben, Bildern, Zahlen, die aus bestimmter Entfernung erkannt werden müssen **(Sehproben).**

Seicento [seit∫'ento, ital. »sechshundert«] das, italien. für das 17. Jahrhundert und seinen Stil.

Seiches [sɛ:∫, frz.] Mz., **Schaukelwellen,** period. Schwankungen des Seespiegels infolge unterschiedlicher Luftdrucks oder Windstaus.

Seide die, 1) der glänzende, feine, weiche, feste Faden, womit sich die Raupe der →Seidenspinner umspinnt (Kokon). Der Faden wird von der durch Erhitzen getöteten Puppe abgehaspelt **(Roh-S., Grège).** Der mittlere Teil eines Kokons liefert einen 300-900 m langen Faden. 1 kg Faden erfordert 2,5-4 kg getrockneter Kokons. Für die meisten Verwendungsarten müssen mehrere Fäden durch Zwirnen vereinigt werden. Wichtige Seidengarne: **Organsin,** ein stark gezwirnte S., in der Weberei als Kette verwendet, und **Trama-** (Tramé-) S., schwächer gedreht, als Schuß benutzt (→Japan-S.). Die Abfälle bei der Gewinnung der Roh-S. werden zu **Florett-** oder **Schappe-S.,** die bei der Spinnerei ausgekämmten kurzen Fasern zu **Bourrette-S.** versponnen. Rohseidenerzeugung in Japan und China, auch in Italien (Poebene). Durch die Erzeugung von →Kunstseide ist der Verbrauch an S. stark zurückgegangen. 2) ⚬ **S., Teufelszwirn,** krautige, fädige, blattlose Schmarotzerpflanzen; auf Lein wächst die **Flachs-S.,** auf Klee die **Klee-S.,** auf Hopfen die **Hopfen-S. 3) Pflanzen-S., vegetabilische S.,** Samenhaare (z. B. von einigen Hundsgiftgewächsen), geeignet zu künstl. Blumen, Watte, Polsterstoff.

Seidel das, Bierglas; altes Maß, ¹/₃-¹/₂ l.

Seidel, 1) Hanns, Politiker (CSU), *1901, †1961; 1947-54 bayer. Wirtschaftsmin., 1955-61 Vors. der CSU, 1957-60 bayer. MinPräs. **2)** Heinrich, Schriftsteller, *1842, †1906; humorvolle Geschichten aus dem kleinstädt. Bürgerleben: »Leberecht Hühnchen«. **3)** Heinrich Wolfgang, Erzähler und Theologe, Sohn von 2) und Gatte von 4), *1876, †1945; Roman »Krüsemann«. **4)** Ina, Dichterin, Nichte von 2), *1885; Lyrik; Romane über Fragen des Muttertums, der Reife und Menschwerdung und des evangel. Glaubens: »Das Labyrinth«, »Das Wunschkind«, »Lennacker« u. a.

Segge

Seidenschwanz

Seidelbast, 2 bis 3 m hoher Strauch mit beerenähnl. Steinfrüchten; **Gemeiner S.** hat hellpurpurne,duftreiche Blüten, giftige Früchte; unter Naturschutz. (FARBTAFEL Giftpflanzen S. 350)

Seidenraupe, Raupe des →Seidenspinners.

Seidenschwanz, stargroßer Singvogel N-Europas und N-Asiens, mit gelber Schwanzbinde.

Seidenspinner, Schmetterling, dessen Gespinst um die Puppe (Kokon) →Seide ergibt. Der bekannteste S. ist der gelblichweiße ostasiat. **Maulbeer-S.** Seine Raupe, die weißliche **Seidenraupe (Seidenwurm),** frißt vor allem Blätter des Weißen Maulbeerbaums. Der Spinnstoff tritt aus den Mundspinndrüsen durch feine Öffnungen und erhärtet. Die **Seidenraupenzucht,** in China angebl. seit etwa 2600 v.Chr., wurde unter Kaiser Justinian nach Rom gebracht. Außer dem Maulbeer-S. liefern die **Tussah-S.** und **Eichenspinner S.** (»wilde Seide«).

Seidenspinner, oben links: Weibchen, unten links: Männchen, rechts: Verpuppte Raupe im Kokon

Seidenstraße, alte Karawanenstraße von China durch Innerasien zum Mittelmeer, auf der bes. chines. Seide befördert wurde.

Seidl, Gabriel v., Baumeister, *1848, †1913; Hauptwerk: Dt. Museum in München.

Seife die, Waschmittel aus Alkalisalzen höherer Fettsäuren. S. entsteht, wenn Tier- oder Pflanzenfette mit Natron- oder Kalilauge gekocht (verseift) werden; aus dem sich bildenden Seifenleim wird die S. durch Zusatz von Kochsalz ausgeschieden (ausgesalzen), als Nebenprodukt entsteht Glycerin. **Kern-S.,** entsteht bei Verseifung mit Natronlauge, **Schmier-S.** ist nicht ausgesalzene Kali-S. **Toiletten-S.** erzeugt man aus besten geruchlosen Fetten mit Riechstoffen. **Flüssige S.** enthält nur geringe Fettsäuremengen.

Seifen Mz., Sand- oder Kiesablagerungen, in denen Erze oder Edelsteine enthalten sind.

Seifenbaum, 1) Chilenischer S., südamerikan. Baum, dessen saponinhaltige Rinde **(Panama-Quillajarinde)** in Form von Spänen (Seifenspäne) als Waschmittel für feine Gewebe, in Extraktform als Hustenmittel dient. **2)** die Pflanzengattung →Seifennußbaum.

Seifenkistenrennen, Wettbewerb für Kinder, die in selbstgefertigten kleinen Wagen ohne Motor eine abschüssige »Rennstrecke« hinabfahren.

Seifenkraut, Sapon'aria, Gattung der Nel-

Seifenbaum: Quillaja saponaria,aBlüte, b klaffende Frucht

kengewächse. Das **Gemeine S.** hat rötlichweiße Blüten, enthält Saponin im Wurzelstock.

Seifennußbaum, trop. Baumgattung; die stachelbeergroßen Früchte, **Seifenbeeren** oder **Seifennüsse,** liefern ein mildes Waschmittel.

seiger, ⚒ senkrecht.

seigern, bei Metallschmelzen das Ausscheiden von Kristallen beim Erkalten. Der Guß bekommt dadurch ein uneinheitliches Gefüge.

Seignettesalz [sɛɲ'ɛt-], Kalium-Natriumsalz der Weinsäure; farblose Kristalle, als Piezokristalle verwendet (→Piezoeffekt).

Seigneur [sɛɲ'œ:r, frz.], in Frankreich bis 1789 der adlige Grundherr.

Seil das, Faser- oder Drahterzeugnis (→Drahtseil), hergestellt durch Verflechten oder Zusammendrehen von Fasern oder Garnen oder Drähten. Faser-S. bestehen aus Hanf, Baumwolle oder Chemiefasern.

Seilbahn, Verkehrs- und Fördermittel für Personen und Güter, bei dem die Wagen durch Seilzug fortbewegt werden. Bei der Drahtseilbahn **(Seilschwebebahn)** mit zwei Seilen hängen die Wagen an einem Laufwerk, werden durch das Tragseil getragen und durch das Zugseil fortbewegt. Als Sicherung dient eine Fangvorrichtung, die die Wagen am Tragseil festklemmt, wenn das Zugseil reißt. Beim **Sessellift** sind die Wagen an das Seil angeklemmt und laufen ständig mit um, können aber auch an der Endstelle abgeklemmt werden. Im Unterschied zu diesen **Hängebahnen** laufen bei der **Standbahn** die Wagen auf Schienen. (BILD S. 835)

Seilkausche, rinnenartiger Stahlring, der zum Schutz in die Öse eines Taues oder Drahtseiles eingelegt wird.

Seim der, dickfließender Honigsaft.

Sein das, die allgemeinste Eigenschaft alles Wirklichen (Gegensatz: Nichtsein, Nichts); Gegenstand der Ontologie; es umfaßt sowohl die Tatsache, daß etwas ist (Dasein, Existenz), wie was etwas ist (Wesen, Essenz).

Seine [sɛ:n] die, Fluß in N-Frankreich, kommt vom Hochland von Langres, durchfließt Paris, mündet bei Le Havre in den Ärmelkanal; 776 km lang, viele Kanalverbindungen; ab Méry-sur-S. schiffbar.

Seipel, Ignaz, österreich. Staatsmann, *1876, †1932; kath. Priester, Prof. in Salzburg und Wien, seit 1919 christlichsozialer Abgeordneter, 1922-24 und 1926-29 Bundeskanzler, 1930 Außenmin.

Seismolog'ie, S'eismik [grch.] die, Wissenschaft von den →Erdbeben. **Seismogr'aph, Seismom'eter,** ein Gerät zur automat. Registrierung von Erdstößen, zur Messung ihrer Stärke und zur Feststellung des Erdbebenherdes. **Seismogr'amm** heißen die aufgezeichneten Kurven. **Seismoph'on, Geoph'on** das, Schallwellenempfänger für die Ermittlung des Aufbaus der oberen Erdrinde, z.B. bei der Suche nach Bodenschätzen.

Seitengewehr, ⚔ kurze Hieb- und Stichwaffe, bes. als →Bajonett benutzt.

Seitenstechen, stechende Schmerzen in der Rippengegend, bes. bei Jugendlichen, oft nach Anstrengung, beruht wahrscheinl. auf Gefäßkrämpfen; S. links kann bei Milzschwellung auftreten **(Milzstechen).**

Seitz, 1) Gustav, Bildhauer, *1906, †1969. **2)** Karl, österr. Politiker(SPÖ), *1869, †1950; 1918-20 Staatspräs., 1923-34 Bürgermeister von Wien.

Sejm [seim] der, in Polen der alte Königrats und in der heutigen Volksrep. der Reichstag, 1918-39 die 2. Kammer.

Sek'ante [lat.] die, △ Gerade, die eine Kurve oder Fläche in zwei Punkten schneidet (→Kreis).

Sékou Touré, afrikan. Politiker, →Touré.

Sekr'et [lat.] das, **1)** ♀ ☿ ⚕ durch Sekreti'on (Absonderung) abgegebene Flüssigkeiten, die, im Gegensatz zum →Exkret, bestimmten Aufgaben im Körper dienen. **2)** Geheimnis. **sekret, geheim.**

Sekret'är [lat.] der, **1)** ✎ (Geheim-)Schreiber. **2)** mittlerer Beamter; auch Geschäftsführer von Gesellschaften. **3)** S., **Sekretärin,** qualifizierte Angestellte in Privatwirtschaft und Verwaltung. **4)**

Seismograph: Horizontal-S. von Ishimoto

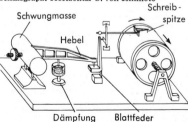

Schwungmasse

Schreib-spitze

Hebel

Dämpfung   Blattfeder

Seilbahn: Kleinkabinen-S.

Schreibschrank. 5) 🐦 storchbeiniger Greifvogel der afrikan. Steppen.

Sekt [ital.] der, →Schaumwein.

Sekte [lat.] die, kleinere Gesinnungsgemeinschaft, bes. religiöse. **Sekt'ierer,** Anhänger einer S.

Sekti'on [lat.] die, 1) Abteilung. 2) ⚕ Leichenöffnung.

S'ektor [lat.] der, -s/...'oren, 1) △ von einem Winkel und einem Kurvenbogen begrenztes Flächenstück, z. B. Kreissektor. 2) Gebietsteil, z. B. die 4 Sektoren von Berlin.

Sek'unda [lat. »die Zweite«] die, -/...den, zwei Klassen einer höh. Schule: **Unter-S.** 10. Schuljahr, **Ober-S.** 11. Schuljahr. **Sekund'aner,** Schüler der S.

Sekund'ant [lat.] der, Helfer, Zeuge im Zweikampf. **sekund'ieren,** Beistand leisten.

sekund'är [lat.], an zweiter Stelle stehend, nebensächlich, untergeordnet.

Sek'unde [lat.] die, 1) ⊗ die Basiseinheit für die Zeit im →Internationalen Einheitensystem, urspr. der 86 400. Teil eines mittl. Sonnentags **(Weltzeit-S.),** seit 1956 durch die Bahnbewegung von Erde, Planeten und Mond **(Ephemeriden-S.),** seit 1967 durch die Frequenz einer bestimmten Spektrallinie des Cäsiumisotops Cs 133 **(Atom-S.)** genauer festgelegt; Abk. s. 2) △ der 60. Teil einer Bogenminute (Altminute), Zeichen ″; der 100. Teil einer Neuminute, Zeichen ᶜᶜ. 3) ♪ die 2. Stufe der Tonleiter.

Sekundogenit'ur [lat.] die, Zweitnachkommenschaft eines Fürstenhauses und die für sie gestiftete und in ihr vererbl. Vermögensmasse. Gegensatz: →Primogenitur.

Selagin'ella die, **Moosfarn,** moosähnl. Gattung der Bärlappgewächse, in Europa selten wild, z. T. Topfpflanzen oder in Rasenform in Gewächshäusern. Viele Arten in den Tropen.

Sel'am, →Salam.

Selb, Stadt in Bayern, Oberfranken, im Fichtelgebirge, 18 700 Ew.; Porzellanindustrie.

Selbstbedienungsläden, Einzelhandelsgeschäfte, in denen die Kunden die Waren selbst auswählen und zur Kasse bringen.

Selbstbefriedigung, →Masturbation.

Selbstbefruchtung, Autogam'ie die, engste Form der →Inzucht, bei der sich die Geschlechtszellen einer Mutterzelle miteinander paaren; auch die →Selbstbestäubung der Blütenpflanzen.

Selbstbehalt der, vereinbarter Betrag, den der Versicherte im Schadensfall selbst tragen muß. Die Versicherung setzt erst nach Überschreiten des S. ein (z. B. Teilkaskoversicherung).

Selbstbestäubung, Übertragung von Pollen auf die Narbe der gleichen Blüte.

Selbstbestimmungsrecht, das Recht der Völker oder gebietlich zusammenhängender Volksgruppen, über ihre staatl. Organisation, bes. über die Zugehörigkeit zu einem bestimmten Staat, selbst zu entscheiden. Die Forderung des S. lag bereits der Unabhängigkeitserklärung der USA

von 1776 zugrunde. In neuester Zeit wurde das S. in die Satzung der Verein. Nationen aufgenommen.

Selbstbeteiligung, Versicherung: Pflicht des Versicherten zum anteiligen Mittragen jedes entstehenden Schadens, z. B. in der Scheunen-Feuerversicherung.

Selbstbewußtsein, 1) die Überzeugung vom Wert der eignen Person. **2)** PHILOSOPHIE: das Wissen des Ichs von sich selbst als dem beharrenden Träger der wechselnden Erlebnisse.

Selbstbildnis, Selbstdarstellung eines Künstlers, kam im Spät-MA. auf, wurde rasch, bes. im Norden (Dürer), zu einem aufschlußreichen Mittel der Selbstdeutung des Künstlers, am umfassendsten bei Rembrandt.

Selbstbiographie, Autobiographie, literar. geformte Darstellung des eigenen Lebens.

Selbsterhaltungstrieb, zusammenfassend für Lebensdrang, Daseinswille, Nahrungs- und Verteidigungstrieb.

Selbstfinanzierung, Finanzierung von Anlagen durch Bildung von Eigenkapital im Betrieb, meist durch Nichtentnahme von Gewinnen.

Selbsthilfe, ⚖ im bürgerl. Recht (§§ 229 ff. BGB) eigenmächtiger Eingriff in einen fremden Rechtsbereich, z. B. Wegnahme einer Sache, Festnahme eines fluchtverdächtigen Schuldners. Die S. ist nicht widerrechtlich, wenn obrigkeitl. Hilfe nicht rechtzeitig zu erlangen ist und ohne sofortiges Eingreifen die Gefahr besteht, daß die Verwirklichung des Anspruchs oder wesentlich erschwert wird. Das Recht zur S. steht auch dem Besitzer zu, der sich verbotener Eingriffe in seinen Besitz mit Gewalt erwehren kann (§ 859 BGB). Über S. im Strafrecht →Notstand, →Notwehr.

Selbsthilfeverkauf, ⚖ Verkauf geschuldeter bewegl. Sachen für Rechnung des Gläubigers durch öffentl. Versteigerung; zulässig für den Schuldner beim Gläubigerverzug, wenn die geschuldete Sache für Hinterlegung nicht geeignet ist **(freihändiger Verkauf).**

Selbstindukti'on, →Induktion.

Selbstlaute, Vokale [lat.], Klanglaute, im Deutschen: a, e, i, o, u, ä, ö, ü und ei, eu, au.

Selbstmord, die gewaltsame und überlegte Vernichtung des eigenen Lebens. S. bei Unzurechnungsfähigkeit würde man besser **Selbsttötung** nennen. Nach dem dt. und österreich. StGB werden S., S.-Versuch, Anstiftung und Beihilfe zum S. nicht bestraft. Das schweizer. StGB bestraft die Anstiftung und Beihilfe aus selbstsüchtigen Gründen.

Selbstschuldner, ⚖ Bürge, der darauf verzichtet hat, daß sich der Gläubiger zunächst an den Schuldner hält, und den der Gläubiger daher bei Fälligkeit der Schuld ohne weiteres in Anspruch nehmen kann (§ 773 BGB).

Selbstverstümmelung, 1) ⚕ Beschädigung des eigenen Körpers, bes. um sich zum Wehrdienst untauglich zu machen; in fast allen Staaten strafbar. **2)** 🐦 **Autotom'ie,** Schutzeinrichtung vieler Tiere (Spinnen, Stachelhäuter, Eidechsen), besteht im Abwerfen von Körperteilen, die meist regeneriert werden.

Selbstverwaltung, die Regelung öffentl. Angelegenheiten durch jurist. Personen des öffentl. Rechts (Gemeinden, Verbände, Körperschaften) unter eigener Verantwortung. Sie erfüllen ihre Aufgaben auf Grund staatl. Ermächtigung und unter staatl. Aufsicht. Wichtigste Form: die **kommunale S.** der Gemeinden. Ferner gibt es die **kulturelle S.** (z. B. Universitäten), die **wirtschaftl. S.** (z. B. Industrie- und Handelskammern), die **soziale S.** (z. B. Sozialversicherungsträger) und die **berufsständ. S.** (z. B. Ärzte-, Anwaltskammern).

selchen [süddt.], räuchern.

Seldsch'uken, türk. Volksstamm und Dynastie (11./12. Jahrh.).

Selekti'on [lat.] die, Auslese (→Zuchtwahl, →Darwinismus.)

Selektivit'ät [lat.] die, ☊ Trennschärfe beim Empfang verschiedener Trägerfrequenzen.

Sel'en das, **Se**, chem. Element, Nichtmetall mit einer metallähnl. Erscheinungsform; Ordnungszahl 34, Dichte 4,8 g/cm³ (graues S.). S. kommt in Schwefelkiesen vor und wird zur Herstellung von Photozellen (lichtelektr. Zellen, S.-Zellen), Gleichrichtern und zum Rotfärben von Glas verwendet.

Sel'ene [grch.], die griech. Mondgöttin.

Sel'enga die, Zufluß des Baikalsees, aus der Mongolei, 871 km lang; schiffbar.

Seleuk'ia, mehrere von den →Seleukiden gegr. Städte des Altertums, darunter S. **am Tigris**, einst Hauptstadt des Reichs der Seleukiden; **S. in Syrien**, Hafenstadt Antiochiens.

Seleuk'iden Mz., griech. Herrschergeschlecht, Nachkommen des **Seleukos**, eines der Diadochen; beherrschten Syrien bis 64 v. Chr.

Selfmademan [s'elfmeidmæn, engl.], wer durch eigene Kraft emporgekommen ist.

Selige, nach kath. Lehre verstorbene Gläubige, die sich wegen des bes. Grades ihrer Tugenden der ewigen Seligkeit erfreuen. **Seligsprechung**, die Verleihung des Titels eines »Seligen« durch den Papst; Vorstufe der Heiligsprechung.

Seligenstadt, Stadt in Hessen, am Main, 12300 Ew.; Schuh-, Leder-, Kleider-Industrie; 828 gegr. Abtei (bis 1803), Einhardsbasilika.

Seligkeit, die Gottesgemeinschaft der Christen, die sich erst nach dem Tode in der ewigen S. vollendet.

Sel'im I., türk. Sultan (1512-20), unterwarf Mesopotamien, Syrien, Palästina, Ägypten.

Selin'unt, **Selin'us**, westlichste altgriech. Stadt auf Sizilien, von Dorern 628 v. Chr. gegr.; Reste von alten Tempeln.

S'ellerie der oder die, Doldenblüter; als Gemüse, Salat und Gewürz verwendet. Es gibt **Knollen-S., Stengel-** oder **Bleich-S.** und **Blatt-S.**

Selm, Gem. im RegBez. Münster, Nordrh.-Westf., 15500 Ew. Elektro- u. a. Industrie.

S'elma, weibl. Vorname, Abk. von **Anselma**, der weibl. Form zu Anselm.

Seltene Erden, die Oxyde der →Lanthaniden, ferner Scandiumoxyd und Yttriumoxyd.

Selterswasser [aus Niederselters, Kr. Limburg], kohlensäurehaltiges Mineralwasser; auch künstl. Mineralwässer werden oft S. genannt.

S'elvas Mz., trop. Regenwälder im Amazonasbecken, S-Amerika.

S'elye, Hans, Mediziner, *1907; Prof. in Montreal; Hormonforscher, begründete die Lehre vom →Stress.

Sem, im A.T. der älteste Sohn Noahs, gilt als Stammvater der →Semiten.

Sem'antik [grch.] die, Lehre von den Wortbedeutungen und den Bezeichnungen der Sachen.

Semar'ang, Hafenstadt an der N-Küste Javas, Indonesien, 596000 Ew.; Ausfuhr von Tabak, Kopra, Zucker, Kaffee, Kakao, Gummi, Teakholz; Schiffswerften, Flughafen.

S'emele, grch. Sage: Tochter des Kadmos, Geliebte des Zeus, Mutter des Dionysos.

Sem'ester [lat.] das, Halbjahr, bes. Studienhalbjahr an Hochschulen.

semi... [lat.], in Zusammensetzungen: halb...

Semifin'ale das, ⚽ Vorschlußrunde, letzte Ausscheidung vor dem Endspiel.

Semik'olon [lat.-grch.] das, der Strichpunkt.

Semin'ar [lat.»Pflanzschule«] das, 1)Bildungsanstalt für Geistliche. 2) an Hochschulen: Institut für wissenschaftl. Übungen, auch diese Übungen selbst. 3) Lehrerbildungsanstalt.

Semipalat'insk, Stadt in der Kasachischen SSR, am Irtysch und an der Turkestan.-Sibirischen Eisenbahn, 236000 Ew.; Handelsplatz; Nahrungsmittel-, Leder-Industrie.

semiperme'abel [lat.], halbdurchlässig.

Sem'iramis, sagenumwobene Königin Assyriens des 9. Jahrh. (→Hängende Gärten).

Sem'iten [nach Sem], sprachverwandte Völkergruppe in Vorderasien und Nordafrika; von geschichtl. Bedeutung die Akkader, Babylonier, Assyrer, Phöniker, Karthager, Aramäer, Chaldäer; heute im wesentl. die Araber, Juden, Äthiopier.

semitische Sprachen, →Sprachen, ÜBERSICHT.

Semj'onow, 1) Nikolaj Nikolajewitsch, sowjet. Chemiker, *1894; Nobelpreis 1956. 2) Wladimir, sowjet. Diplomat, *1902; 1949-53 polit. Berater des Vorsitzenden der Sowjet. Kontrollkommission in Berlin, 1953/54 Botschafter in der Dt. Dem. Rep., seit 1955 einer der Vertreter des Außenmin.

S'emlin, kroat. **Zemun**, Stadtteil von Belgrad, Donau- und Flughafen, Industrie.

Semling, der Barbe verwandter Fisch.

Semmel die, Weißbrötchen.

Semmelpilz, ein eßbarer Stachelpilz.

Semmelweis, Ignaz, Geburtshelfer, *1818, †1865; Prof. in Budapest und Wien, wies nach, daß das Kindbettfieber durch Infektion übertragen wird.

S'emmering der, Alpenpaß (986 m hoch) zwischen Niederösterreich und Steiermark; Kunststraße, 1854 eröffnete **S.-Bahn** durch den **S.-Tunnel.**

Semmering bei Breitenstein

Semn'onen Mz., westgerman. Stamm zwischen mittlerer Elbe und Oder, das Hauptvolk des Bundes der Sweben, zog nach Süddtl., wo aus ihm die Alemannen hervorgingen.

S'empach, Stadt im schweizer. Kt. Luzern, am **S.er See**, 1300 Ew.; Nationaldenkmal. 1386 Sieg der Eidgenossen (A. Winkelried) über Österreich.

Semper, Gottfried, Baumeister, *1803, †1879; Opernhaus, Gemäldegalerie in Dresden, Burgtheater in Wien in Renaissanceformen.

s'emper 'idem [lat.], immer derselbe.

sen., Abk. für lat. senior, der Ältere.

Sen'at [lat. »Rat der Alten«] der, 1) im alten Rom: Staatsrat, bei dem die wichtige polit. Entscheidungen lagen; verlor in der Kaiserzeit an Bedeutung. 2) in Berlin, Hamburg und Bremen: oberste Landes- und Stadtbehörde (Regierung). 3) Hochschulwesen: der Selbstverwaltungskörper der Hochschule, bestehend aus Rektor, Prorektor, Dekanen und Wahlsenatoren. 4) Gerichtsverfassung: die Richterkollegien bei hohen Gerichten (→Gerichtswesen). 5) in einigen Staaten: die Erste Kammer der Volksvertretung, z. B. in den Verein. Staaten. **Sen'ator** der, Angehöriger des Senats.

Senckenbergische Naturforschende Gesellschaft, gegründet 1817 von Bürgern Frankfurts a. M., um ein Naturmuseum zu errichten, nach dem Arzt J. Chr. Senckenberg (1707 bis 1772), der 1763 sein Vermögen für die Forschung stiftete.

Send der, im MA. kirchl. Gericht für die Aburteilung kirchl. Vergehen von Laien.

Sendai, japan. Stadt im N von Honschu, 481000 Ew.; Univ.; Lack-, Seiden-, chem. Ind.

S'eneca, röm. Dichter und Philosoph, * um 4 v. Chr., †65 n. Chr. (von Nero erzwungener Selbstmord); vertrat die stoische Sittenlehre; schrieb Tragödien.

S'enefelder, Alois, der Erfinder des Steindrucks, *1771, †1834.

S'enegal, 1) der, Strom in W-Afrika, 1430 km, mündet bei Saint-Louis in den Atlant. Ozean. **2)** Rep. in W-Afrika, 196192 km², 3,7 Mill. Ew. (überw. Sudanvölker); Hauptstadt: Dakar; Amtssprache: Französisch. S. liegt südlich des Unterlaufs von 1), ist Küstentiefland, hat wenig gegliederte Küste; Baum-, Grassteppen. Anbau von Erdnüssen, Hirse u. a.; Fischerei. ⚒ auf Phosphate, Titanerz; Nahrungsmittel-, Zement- u. a. Ind. Ausfuhr: Erdnüsse (2. Stelle der Weltausfuhr), Phosphate. Haupthafen und internat. Flughafen: Dakar. – S. war Gebiet von Französ.-Westafrika, wurde 1960 unabhängig. Staatspräs.: L. Sédar Senghor (seit 1960). MinPräs.: Abdou Diouf (seit 1970). ⊕ S. 514, ⊐ S. 346.

S'eneschall der, Hofbeamter im Fränk. Reich, entsprechend dem dt. Truchseß.

Senf der, **1) Weißer S.,** Kreuzblüter mit hellgelben, violettadrigen, vanilleduftenden Blüten, wild am Mittelmeer. **2) Schwarzer S.,** Kreuzblüter mit bläulichem Stengel, fiederspaltigen Blättern, gelben Blüten. – Die Samen beider Arten (**S.-Körner**) dienen als Gewürz, zur Herstellung von Speise- und techn. Öl, Mostrich, S.-Pflaster u. a.

Senfl, Ludwig, Komponist, * um 1490, † 1543; Messen, Motetten, Lieder.

Senftenberg (Niederlausitz), Stadt im Bez. Cottbus, 24100 Ew.; Braunkohlen⚒, Eisen-, Glas-Industrie.

Senghor [sɛg'oːr], Léopold Sédar, afrikan. Politiker, Schriftsteller in franzӧs. Sprache, *1906; seit 1960 Präs. von Senegal; 1968 Friedenspreis des dt. Buchhandels.

S'eni, Giovanni Baptista, italien. Sterndeuter, *1600, †1656; 1629-34 im Dienst Wallensteins.

sen'il [lat.], greisenhaft.

s'enior [lat.], Abk. **sen.,** der Ältere; Gegensatz: junior. **S'enior** der, -s/...i'oren, der Älteste einer Familie, Vereinigung. **Seni'oren-Convent, S. C.,** student.: Vertretervereinigung der Verbindungen.

Senkblei, ein durch ein Bleistück gespannter Faden zur Bestimmung der Senkrechten (→Lot).

Senkfuß, leichte Form des →Plattfußes.

Senkgrube, abflußlose Grube zur Aufnahme der menschl. Fäkalien aus Aborten.

senkrecht, △ zwei Geraden stehen aufeinander s., wenn sie einen Winkel von 90° bilden. Eine Gerade steht auf einer Ebene s., wenn sie auf mindestens zwei verschiedenen Geraden der Ebene, die durch den Schnittpunkt gehen, steht.

Senkrechtstarter, der →Lotrechtstarter.

Senkwaage, das →Aräometer.

Senne, Senner Heide, Heidegebiet am SW-Rand des Teutoburger Waldes; Truppenübungsplatz Sennelager.

Senne I, Gemeinde in Nordrh.-Westf., 17900 Ew., an der Senne.

Senner'ei die, sommerl. Almwirtschaft.

S'ennesblätter, die getrockneten Blätter einer Art Kassie; dienen als Abführmittel (Tee).

S'ennestadt, Stadt in Nordrh.-Westf., 20600 Ew., Neugründung als **Senne II** (bis 1965) an der Senne südöstl. von Bielefeld.

Señor [sɛn'or, span.], Herr. **Señ'ora,** Frau, Herrin. **Señor'ita,** Fräulein.

Sens'al [ital. aus pers.] der, Makler.

Sensati'on [lat.] die, Aufsehen erregender Vorgang. Ggw.: **sensation'ell.**

Sense die, Handgerät zum Mähen von Gras, Getreide, besteht aus Stahlschneide und Holz- oder Stahlrohrstiel (Wurf). Schärfen geschieht durch Dengeln und Wetzen.

sensibilis'ieren [lat.], **1)** photograph. Schichten mit bestimmten Chemikalien (**Sensibilisat'oren**) für einzelne Wellenlängenbereiche empfindlich machen. **2)** ♪ eine Überempfindlichkeit gegen einverleibte Stoffe auslösen (**Sensibilisierung**), z.B. Allergie durch manche Nahrungsmittel.

Sensibilit'ät [lat.] die, Empfindlichkeit für Sinnesreize und die Fähigkeit, seelisch darauf zu reagieren. – **sensibel,** empfindsam; zartfühlend.

sensit'iv [frz.], überempfindsam.

Sensual'ismus [lat.] der, philosoph. Lehre,

nach der alle Vorstellungsinhalte aus der Sinneswahrnehmung stammen (z. B. Locke, Condillac).

Sent'enz [lat. »Meinung«] die, Sinnspruch.

Sentiment [sãtim'ã, frz.] das, Empfindung, **sentiment'al,** empfindsam, gefühlsselig. **Sentimentalit'ät** die, Rührseligkeit.

Sen'ussi, muslim. Orden in N-Afrika, gegr. 1833; bes. anfangs europäer- und christenfeindl.

Seo de Urgel [urx'ɛl], Stadt in der span. Provinz Lérida, in den katalan. Pyrenäen; 7000 Ew.; Bischofssitz.

Seoul [sɛul], Hauptstadt S-Koreas, →Söul.

separ'at [lat.], abgesondert, getrennt.

Separati'on [lat.] die, Absonderung.

Separat'ismus [lat.] der, Loslösungsbestrebungen, bes. nationaler Sondergruppen.

separ'ieren [lat.], absondern, trennen.

S'epia [grch.] die, -/...pien, Gemeiner Tintenfisch. Aus der Flüssigkeit des Tintenbeutels wird die braune Malerfarbe **S.** hergestellt. Das kalkige Rückenskelett (Schulp) liefert Poliermasse, Zahnpulver und Ergänzungsfutter für Stubenvögel.

S'epsis [grch.] die, ♪ →Blutvergiftung.

Sept'ember [von lat. septem »sieben«] der, neunter Monat des Jahres; 30 Tage.

Septenn'at, Sept'ennium [lat.] das, ein Zeitraum von sieben Jahren.

septentrion'al [lat.], ⊕ nördlich.

Sept'ett das, Tonstück für 7 Stimmen.

Septim'anien, alte Landschaft, seit spätröm. Zeit das Land zwischen Ostpyrenäen und unterer Rhône, Hauptstadt: Narbonne; 759 zum Fränkischen Reich.

Sept'ime [lat. septima] die, siebente Stufe der diatonischen Tonleiter. **Sept'imenakkord, Septakkord,** Zusammenklang von Grundton, Terz, Quinte und S.

Septuag'inta [lat. »die Siebzig«] die, älteste griech. Übersetzung des A.T., die im 3. Jahrh. v. Chr. in Alexandria angeblich 70 Schriftgelehrte unabhängig voneinander hergestellt.

s'equens [lat.], Mz. sequ'entes Abk.: seq., der oder das Folgende.

Sequ'enz [lat. »Folge, Reihe«] die, **1)** im MA. in die Meßliturgie eingefügte Dichtung. **2)** ♪ die Wiederholung eines Motivs auf höherer oder tieferer Tonstufe. **3)** beim Kartenspiel: mehrere aufeinanderfolgende Karten der gleichen Farbe. **4)** Folge der Bausteine in kettenförm. Makromolekülen (z. B. Aminosäuren in Eiweißen).

Sequ'ester [lat.] der, **1)** ein abgestorbenes Gewebestück, bes. am Knochen. **2)** ♂ Zwangsverwalter, →Zwangsverwaltung. **Sequestrati'on** die, gerichtl. Übergabe einer streitigen Sache an einen Sequester zur vorläufigen Verwaltung.

Sequ'oia, die Nadelholzgatt. Mammutbaum.

Serad'ella die, eine Art des →Vogelfußklees.

Serail [ser'aj] das, Palastanlage in Istanbul, bis 1922 Wohnsitz des türk. Sultans.

Seraing [sorɛ̃], Stadt in Belgien, an der Maas, 41200 Ew.; Hochöfen; Eisen-, Glasindustrie.

S'eraph [hebr.] der, -s/-e und -im, schlangenförm. geflügelte Gestalten im hebr. Volksglaubens; seit Jesaia Engel mit drei Flügelpaaren; ser'aphisch, engelgleich, erhaben.

Ser'apis, Sarapis, ägypt. Gott, in hellenist. Zeit hoch verehrt, zeusähnlich dargestellt.

Senegal: Dakar

Senghor

senkrecht: 1 die Geraden g_1 und g_2 stehen s. aufeinander, **2** die Gerade g steht s. auf der Ebene E

Sesam: Zweig mit Blüten und Früchten

Serben, südslaw. Volk auf der Balkanhalbinsel, meist der griech.-orthodoxen Kirche angehörig, haben kyrillische Schrift.

S'erbien, serbokroat. **Srbija,** Landschaft in Jugoslawien, 55 968 km²; umfaßt als Rep. einschl. der autonomen Provinzen Kosovo und Wojwodina 88 361 km² mit 8,12 Mill. Ew.; Hauptstadt: Belgrad. Die Landschaft am Zusammenfluß von Donau, Theiß und Morawa bildet den fruchtbaren, dichtbesiedelten Kernraum. Im S beckenreiches Gebirgsland. ⚒ auf Erdöl (Banat), Kupfer u. a. – Im 7. Jahrh. wanderten die südslaw. Serben ein, die sich im 12. Jahrh. aus der Abhängigkeit von Byzanz lösten. Seit der Schlacht auf dem Amselfeld 1389 gerieten sie unter türk. Oberherrschaft (seit 1459 türk. Prov.), erkämpften sich erst 1804-16 die Selbständigkeit unter eigenen Fürsten aus den Häusern Obrenowitsch und Karageorgewitsch. 1878 volle Unabhängigkeit, 1882 Königreich. Durch die Balkankriege gewann S. 1913 einen großen Teil Makedoniens. Die gegen Österreich-Ungarn gerichteten großserb. Bestrebungen waren eine der Ursachen des 1. Weltkriegs (28. 6. 1914 Ermordung des österr. Thronfolgers Franz Ferdinand in Sarajewo). 1918 wurde S. Teilgebiet des neugegründeten →Jugoslawien.

serbokroatische Sprache gehört zum südslaw. Zweig der slaw. Sprachen; nur durch die Schrift in Serbisch und Kroatisch geschieden: Serben kyrillische, Kroaten latein. Schrift.

Seren'ade [span. serenada] die, **1)** Abendmusik, Ständchen. **2)** mehrsätziges Tonstück leichter Art für Kammermusik oder kleines Orchester.

Sereng'eti-Steppe, Landschaft in N-Tanganjika; Reservate für Wildtiere, Nationalpark.

Seren'issimus [lat. »der Allergnädigste«], früher Titel und Anrede regierender Fürsten.

S'ereth der, linker Nebenfluß der Donau, 624 km lang, mündet bei Galatz.

Serge [sɛrʒ, frz.] die, Köpergewebe aus Wolle, Baumwolle oder Seide; Futterstoff.

Sergeant [sɛrʒ'ant, frz.], im dt. Heer bis 1919 der Unterfeldwebel; bei den Amerikanern [s'a:dʒənt] Unteroffiziersdienstgrad.

S'erie [lat.] die, Reihe, Folge. **S'erienherstellung,** →Reihenfertigung.

seri'elle Musik, Richtung der modernen Musik, auf dem Prinzip der Reihung aufgebaut. **Serienschaltung** die, →Reihenschaltung.

seri'ös [frz.], ernst, ernst zu nehmen.

S'erkin, Rudolf, dt.-amerikan. Pianist, *1903.

Serm'on [lat.] der, Predigt, Strafrede.

Serolog'ie [lat.-grch.] die, Lehre vom →Serum, bes. von seinen Antikörpern.

Serow [sjɛr'of], bis 1939 **Nadeschdinsk,** früher **Kabakowsk,** russ. Stadt östl. des Urals, 105 000 Ew.; Metallindustrie.

Serpent'in [von lat. serpens »Schlange«] der, dichtes, meist grünes, schlangenartig gefärbtes Mineral, Magnesiumsilicat; als S.-Gestein abgebaut, zu Reibschalen, Vasen u. a. verarbeitet. (→Asbest)

Serpent'ine [lat.] die, Straße in Schlangenlinien.

S'erpuchow, russ. Stadt südl. von Moskau, 124 000 Ew.; Metall-, Baumwoll-, Kunstfaser-, Farben-Industrie; Kernkraftwerk.

S'erra [portug. »Säge«] die, Kammgebirge.

S'ertürner, Friedrich, Apotheker, *1783, †1841; Entdecker des Morphiums.

S'erum [lat.] das, -s/...ren oder ...ra, wäßriger, ungerinnbarer Bestandteil von Körperflüssigkeiten, bes. als Blutserum. **S.-Behandlung,** Behandlung ansteckender Krankheiten mit Heilserum (→Heilimpfung). – **S.-Krankheit,** eine Überempfindlichkeitsreaktion gegen artfremdes Eiweiß (→Allergie).

Serv'atius, legendärer Bischof von Tongern, einer der Eisheiligen (Tag 13. 5.).

S'ervet, Michael, span. Theologe und Arzt, *1511, entdeckte den kleinen Blutkreislauf; wegen Bekämpfung der Dreieinigkeitslehre 1553 in Genf verbrannt.

Service, 1) [sɛrv'is, frz.] das, zusammengehörendes Tafelgeschirr. **2)** [s'ə:vis, engl.] der, Kun-

dendienst. **3)** [s'ɛrvis] der, in Österreich und der Schweiz: Bedienung; Trinkgeld. **4)** [s'ə:vis, engl.] der, TENNIS: Aufschlag.

serv'ieren [frz.], anrichten, bei Tisch bedienen. **Servi'ette** [frz.] die, Mundtuch.

serv'il [lat.], knechtisch, kriechend. **Servilit'ät** die, Unterwürfigkeit, Kriecherei.

Serv'iten, Orden der Diener Mariens, 1233 gestifteter kath. Bettelorden.

Servit'ut [lat.] die, das, 🙔 die →Dienstbarkeit.

S'ervius T'ullius, der Sage nach der 6. röm. König, soll mit der Servian. Verfassung die Bürger nach dem Vermögen eingeteilt haben.

Servomechan'ismen, mechan., elektr., pneumat. oder hydraul. wirkende Kraftverstärker als Hilfsgeräte, bes. bei der Betätigung von Bremsen (**Servobremse**) und Steuerungen (**Servomotor**).

S'ervus [lat.], Diener, Knecht; in Bayern, Österreich ein Gruß.

S'esam der, krautige, dem Fingerhut ähnl. Ölpflanze Vorderasiens, mit weißen oder rötlichen Blüten; das Öl aus den Samen dient zur Herstellung von türk. Honig, von Margarine, Speiseöl, Seifen u. a. Angebaut in Indien, China, Afrika.

Sessellift, →Seilbahn.

Sesshu [sɛʃuː], japan. Maler, *1420, †1506; bedeutendster Meister der altjapan. Tuschmalerei (Landschaften, Tiere).

Sessi'on [lat.] die, Sitzung, auch Sitzungsperiode.

Sest'erz, Sestertius [lat. semistertius] der, altröm. Silbermünze zu 2½ As.

Sète [sɛːt], **Cette,** Stadt und Hafen in Südfrankreich, Badeort, 41 000 Ew.

Seth, 1) ägypt. Gott, Gegner des Horus und Osiris. **2) 3.** Sohn Adams, Stammvater der **Seth'iten.**

Settecento [-tʃ'ento, ital. »siebenhundert«] das, italien. für das 18. Jahrh. und seinen Stil.

S'etter [engl.] der, **englischer S.,** langhaariger Vorstehhund (→Hunde).

Set'ubal, Hafenstadt in Portugal, an der Mündung des Sado, 56 300 Ew.; Fischkonserven-, Zementfabriken.

setzen, 1) 🞖 die Lettern zum Satz zusammenfügen (durch Hand- oder Maschinensatz). **2)** ♀ das Gebären bei Haarwild.

Setzmaschinen stellen einen Schriftsatz maschinell her. **Zeilengießmaschinen** (z. B. Linotype) liefern fertiggesetzte und gegossene Zeilen, **Einzelbuchstaben-S.** (z. B. Monotype) liefern einzeln gegossene Buchstaben, die zu Zeilen zusammengesetzt werden. Bei der **Licht-** oder **Photo-S.** wird der Satz photomechanisch erstellt.

Setzwaage die →Wasserwaage.

Seuche die, 🙔 die →Epidemie.

Seulingswald, Teil des Hess. Berglands, Sandsteingebirge zwischen Werra und Fulda, im Nadelöhr 483 m hoch.

Seume, Johann Gottfried, Schriftsteller, *1763, †1810; »Spaziergang nach Syrakus«.

Seurat [sœr'a], Georges, französ. Maler, *1859, †1891, begründete den Pointillismus.

Seurat: Die Seine bei Courbevoie

Seuse

Sevilla:
Giralda

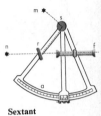

Sextant

Seuse, Suso, Heinrich, Mystiker, *1295, †1366; Schüler Meister Eckharts. Mystisch-religiöse Schriften; »Büchlein der ewigen Weisheit«.

S'evering, Carl, Politiker (SPD), *1875, †1952; mehrfach preußischer, 1928-30 Reichsinnenmin.

Sever'ini, Gino, italien. Maler, *1883, wurde von der neuklassizist. Richtung Picassos beeinflußt; Mosaiken und relig. Wandmalereien.

Sever'inus, Apostel der Noriker, †482; Schutzheiliger von Bayern (Tag 8.1.).

Severn [s'evən], Fluß im südwestl. England, mündet in den Bristolkanal, 336 km lang; ab Welshpool schiffbar.

Sev'erus, Lucius Septimius, röm. Kaiser (193 bis 211 n. Chr.), *146, †211; machte das Heer zur entscheidenden Staatsmacht.

Sévigné [seviɲ'e], Marie de, *1626, †1696; schrieb ihrer Tochter berühmt gewordene Briefe über das höfische Leben ihrer Zeit.

Sevilla [sev'iʎa], Stadt in Spanien, 481 300 Ew.; wichtigste Handels- und Industriestadt Andalusiens, Hafen am Guadalquivir, für Seeschiffe zugängl.; Flugplatz; Erzbischofssitz, got. Kathedrale mit Grabmal des Kolumbus, maur. Alkazar, Univ.; vielseit. Ind. GESCHICHTE. Gründung der Phöniker; 1147 Hauptstadt der maur. Almohaden; vom 16. bis 18. Jahrh. der wichtigste Hafen Spaniens; auch ein Mittelpunkt der span. Malerei.

Sèvres [sɛ:vr], Stadt im SW von Paris, Frankreich, 20 300 Ew.; Porzellanmanufaktur.

Seward [sj'u:əd], Hafen auf der Kenai-Halbinsel, Alaska; Ausgangspunkt der Bahn nach Fairbanks.

Sewast'opol, Sebastopol, Seefestung und Kriegshafen der Sowjetunion, an der SW-Küste der Krim, 229 000 Ew.; Werften, Getreideausfuhr; Seebad. – Im Krimkrieg und 2. Weltkrieg schwer bekämpft.

S'ewernaja Semlj'a, Nordland, sowjet. Inselgruppe im Eismeer, 37 000 km².

Sex [engl.] der, Geschlecht, Geschlechtlichkeit, Erotik.

Sewastopol

Sexag'esima [lat. »60. Tag«], der achte Sonntag vor Ostern.

Sex-Appeal [zeksəp'i:l, engl.] der, Anziehungskraft eines Menschen auf das andere Geschlecht.

Sexta [lat.] die unterste Klasse der höheren Schule (5. Schuljahr). **Sext'aner,** Schüler der S.

Sext'ant der, **Spiegel-S.,** NAUTIK: Gerät zum Messen der Winkelabstände von Gestirnen. r feststehender, s drehbarer Spiegel, f Fernrohr; s ist an einem Dreharm befestigt, der auf der Winkelteilung a gleitet. Wird der Stern m durch Drehung von s mit dem durch den unbelegten Teil von r hindurch anvisierten Stern n zur Deckung gebracht, so läßt sich der Winkelabstand zwischen n und m an a ablesen. Mit dem S. werden Höhe und Abstand von Sternen zum Zweck der geographischen →Ortsbestimmung gemessen.

S'exte [lat.] die 6. Stufe der diatonischen Tonleiter. **Sextakkord,** die Umkehrung des →Dreiklangs, die Terz liegt im Baß.

Sext'ett [lat.] das, ♪ Tonstück für 6 Stimmen.

sexu'al [lat.], **sexu'ell,** geschlechtlich, auf das Geschlechtsleben bezogen. **Sexualit'ät** die, Geschlechtlichkeit. **Sexualhormone,** Geschlechtshormone, die Hormone der Keimdrüsen. Weibl. S. werden in den Eierstöcken gebildet (Follikel- und Gelbkörperhormon), männliche in den Hoden (Testosteron). **Sexualpädagogik,** die Lehre von der geschlechtl. Erziehung. **Sexualpathologie,** die Lehre von den krankhaften Vorgängen im Geschlechtsleben. **Sexualpsychologie,** befaßt sich mit den seel. Erscheinungsformen der Sexualität und ihren Auswirkungen.

Seychellen [sɛʃ'-], brit. Inselgruppe im Ind. Ozean, mit Nebeninseln 404 km², 51 000 Ew.; Ausfuhr von Kopra, Guano, ätherischen Ölen.

Seydlitz, Friedrich Wilhelm v., preuß. Reitergeneral Friedrichs d. Gr. im Siebenjährigen Krieg, *1721, †1773.

Seyß-Inquart, Arthur, österr. nat.-soz. Politiker, *1892, † (hingerichtet) 1946; wurde kurz vor dem dt. Einmarsch Bundeskanzler, dann Reichsstatthalter; 1940-45 Reichskommissar für die besetzten Niederlande; 1946 in Nürnberg zum Tode verurteilt.

Sezessi'on [lat. »Auswanderung, Absonderung«] die, Gruppe meist jüngerer Künstler, die von der hergebrachten Art abweichen. **Sezessi'onskrieg,** →Vereinigte Staaten, Geschichte.

sez'ieren [lat.], ∮ eine Sektion, Leichenöffnung vornehmen; auch: genau zergliedern.

Sfax, Hafenstadt an der Ostküste Tunesiens, 70 500 Ew.; Ausfuhr von Olivenöl, Südfrüchten.

SFB, Abk. für Sender Freies Berlin.

Sf'orza, Francesco, italien. Kondottiere, *1401, †1466; gelangte 1450 in Mailand zur Regierung und unterwarf 1464 auch Genua.

sforz'ato, sforzando [ital.], Abk.: sf., sfz., ♪ verstärkt, stark betont.

Sgraff'ito [ital.] der, Kratzmalerei, wird aus der verschiedenfarbig geputzten, zuletzt weiß getünchten Wand herausgeritzt. (FARBTAFEL Maltechniken S. 692)

's Gravenhage, niederländ. →Den Haag.

sh, Abk. für die engl. Münze →Shilling.

Shackleton [ʃ'ækltən], Sir Ernest H., engl. Südpolforscher, *1874, †1922, unternahm verschiedene Expeditionen (u. a. 1901-04 mit Scott); 1909 Entdeckung des südl. magnet. Erdpols.

Shaftesbury [ʃ'a:ftsbəri], Anthony Earl of, engl. Moralphilosoph, *1671, †1713; seine gefühlsbetonte Kunstlehre wirkte stark auf Herder, Goethe, Schiller und die Romantiker.

Shag [ʃæg, engl.] der, kräftiger Tabak für die Stummel-(Shag-)Pfeife.

Shaker [ʃ'eikə, engl.] der, Mixbecher. **Shake** [ʃeik] der, alkoholfreies Mischgetränk.

Shakers [ʃ'eikəz], amerikan. Sekte, die sich von den engl. Quäkern abzweigte.

Shakespeare [ʃ'eikspiə], William, engl. Dramatiker, * Stratford-on-Avon 1564, † das. 1616; heiratete 1582 Ann Hathaway, ging um 1586 nach London, wird 1592 erstmals als Schauspieler und

Shakespeare: Geburtshaus in Stratford-on-Avon

Shakespeare

Dramatiker erwähnt. Als der erfolgreichste Bühnenautor seiner Zeit und Teilhaber am Londoner Globe- sowie später am Blackfriars-Theater kam er zu Wohlstand. Um 1611 übersiedelte er ganz nach Stratford. S.s Drama »will der Tugend ihre eigenen Züge, der Schmach ihr eigenes Bild und der Zeit den Abdruck ihrer Gestalt zeigen«. Der tragische Konflikt liegt bei S. in des Menschen eigener Brust, im Zwiespalt zwischen dem, was Hamlet Blut und Verstand nennt. S.s Helden sind überlebensgroß im Sinne des Heldenideals seiner Zeit; aber wo sie die Natur vergewaltigen wie Lady Macbeth, stellt der Dichter ihr Menschentum wieder her, indem er die vergewaltigte Natur sich rächen läßt. Auch in den Komödien lauert hinter dem phantastischen Spiel und dem funkelnden Witz der tragische Ernst. S. ist unerreicht in der Menschenschilderung; er individualisiert im Gegensatz zum klass. Drama, das typisiert. WERKE. Verserzählungen; tiefsinnig-rätselhafte »Sonette«. Die Chronologie der Dramen ist umstritten. Man unterscheidet vier Schaffensperioden: a) »Heinrich VI.« (Trilogie); »Richard III.«, »Titus Andronicus«; romant. Tragödie »Romeo und Julia«, »Die Komödie der Irrungen«, »Der Widerspenstigen Zähmung«, »Ein Sommernachtstraum« u. a. Komödien. b) Königsdramen »Richard II.«, »König Johann«, »Heinrich IV.«, »Heinrich V.«; Komödien »Der Kaufmann von Venedig«, »Die Lustigen Weiber von Windsor«, »Viel Lärmen nichts«, »Wie es euch gefällt«, »Was ihr wollt«. c) Die großen Tragödien (»Hamlet«, »Othello«, »Macbeth«, »König Lear«), die Römerdramen (»Julius Caesar«, »Antonius und Cleopatra« u. a.), Komödien (»Maß für Maß« u. a.). d) Drei Romanzen »Cymbeline«, »Das Wintermärchen«, »Der Sturm«. Die erste dichterische S.-Übersetzung stammt von Schlegel-Tieck (1825-33).

Shannon [ʃˈænən], größter Fluß Irlands, 368 km, im Unterlauf schiffbar, mündet in den Atlant. Ozean. Großkraftwerk bei Limerick; am Nordufer der S.-Mündung internat. Flughafen.

Shanty [ʃˈænti, engl.] das, Mz. Shanties, Matrosenlied, zu gemeinsamen Arbeiten.

SHAPE [ʃeip], Abk. für Supreme Headquarter of the Allied Powers in Europe, das Oberkommando der Streitkräfte des Nordatlantikpakts in Europa.

Share [ʃɛə, engl.] der, im engl. Sprachbereich die Aktie.

Shaw

Shaw [ʃɔː], George Bernard, engl.-irischer Dramatiker, *1856, †1950, steht mit seinen Stücken voll Geist, Witz, Ironie und Bosheit im Dienst der Kulturkritik und sozialist. Gesellschaftsreform (»Candida«, »Caesar und Kleopatra«, »Major Barbara«, »Pygmalion«, »Die heilige Johanna«, »Der Kaiser von Amerika«).

Shawl [ʃɔːl] der, engl. für: Schal.

Shed|dach [engl.], **Sägedach**, ⊟ Dach mit sägeförmigen Absätzen, Fenstern an den Steilseiten; ergibt gute Beleuchtung für Fabriksäle.

Sheffield [ʃˈefiːld], Industriestadt in Mittelengland, 528 900 Ew.; anglikan. Bischofssitz, Univ.; Bergbau; Eisenverhüttung; Metallindustrie.

Shell, Royal Dutch/Shell-Gruppe [rˈɔiəldʌtʃ ʃel-], niederländ.-engl. Konzern der Erdölind., zweitgrößter der Erde, gegr. 1907.

Shelley [ʃˈeli], Percy Bysshe, engl. Dichter, *1792, †1822; schrieb gedankentiefe romant. Gedichte und Schauspiele (»Der entfesselte Prometheus«, »An den Westwind«, »An eine Lerche«).

Sheridan [ʃˈeridn], Richard Brinsley, engl. Lustspieldichter, *1751, †1816; »Die Lästerschule«.

Sheriff [ʃˈerif] der, 1) ENGLAND: Verwaltungsbeamter einer Grafschaft; heute nur noch ein Ehrenamt mit Repräsentationspflichten. 2) USA: Beamter mit richterl. und verwaltungsmäßigen Befugnissen.

Sherlock Holmes [ʃˈɔːlɔk houmz], Meisterdetektiv in den Romanen von Conan Doyle.

Sherman [ʃˈɔːmən], William, amerikan. General im Sezessionskrieg, *1820, †1891.

Sherpa, Scherpa, die Bewohner der Südseite der Mount-Everest-Gruppe in Nepal; gute Träger und Bergsteiger.

Sherry [ʃˈeri, engl., aus Jerez] der, südspan. Wein aus der Gegend von Jerez de la Frontera.

Shetlandinseln [ʃˈetlənd-], Inselgruppe nordöstl. von Schottland, 1426 km², 17 500 Ew.; milde, feucht. Fischfang, Viehzucht (**Shetlandpony**).

Shilling [ʃˈiliŋ, engl.] der, Abk. **sh**, kleine engl. Währungseinheit. 1 sh = $^1/_{20}$ £ = 12 Pence.

Shinto'ismus, →Schintoismus.

Shire [ʃˈaiə, engl.], Grafschaft. In Zusammensetzungen wird S. dem Eigennamen angehängt und ʃiə gesprochen, z. B. Devonshire.

shocking [ʃˈɔkiŋ, engl.], anstößig.

Shopping Center [ʃˈɔpiŋ sˈentə, engl.] das, **Einkaufszentrum,** Verkaufszentrum am Stadtrand mit vielen Einzelhandelsgeschäften, Warenhäusern und Parkplätzen.

Shorts [ʃɔːts, engl.], kurze Hose, Sportkleidung für Herren und Damen.

Short story [ʃɔːt stˈɔːri] die, →Kurzgeschichte.

Show [ʃou, engl.] die, Schau, bunte Unterhaltungsdarbietung.

Shreveport [ʃrˈiːvpɔːt], Stadt in Louisiana, USA, 182 100 Ew.; Erdöl, Erdgas, Eisenwerke.

Shrewsbury [ʃrˈuːzbəri], mittelengl. Stadt, 54 200 Ew.; Textilind., Eisenbahnwerkstätten.

Shrimps [ʃrimps, engl.], Garnelen (Krabben).

Shylock [ʃˈailɔk], rachsüchtiger jüd. Geldverleiher in Shakespeares »Kaufmann von Venedig«.

Si, chem. Zeichen für Silicium.

S'ial das, die granitartige, silicium- und aluminiumhaltige äußerste Schicht der Erdkruste.

Si'alkot, Stadt im W-Pandschab, Pakistan, 172 000 Ew.; Herstellung von Sportgeräten, Gummiwaren, medizin. Instrumenten.

S'iam, ehemal. Name von →Thailand.

siam'esische Zwillinge, miteinander verwachsene Zwillinge; nach einem Zwillingspaar aus Siam (1811-1874).

Sian, Hauptstadt der Prov. Schensi in N-China, wichtiger Handelsplatz, 1,3 Mill. Ew.; Baumwoll-, Elektrogeräte-, Nahrungsmittelindustrie. – S. war mehrfach Kaiserresidenz und Hauptstadt des chines. Reiches.

Siangtan, Hafenstadt in der Prov. Hunan, China, am Sinkiang, 300 000 Ew.; Reis- und Teemarkt, Eisen- und Stahlkombinat.

Sibelius

Sib'elius, Jean, finn. Komponist, *1865, †1957; Sinfonien, sinfon. Dichtungen, Kammermusik, Lieder.

Sib'irien, der nördl. Teil Asiens vom Ural bis zu den Wasserscheidengebirgen westl. des Stillen Ozeans und vom Nordpolarmeer bis zum Gebirgsrand Hochasiens. S. gehört zur Sowjetunion, innerhalb dieser zur Russischen SFSR. Drei Großlandschaften: Westsibir. Tiefebene zwischen Ural und Jenissej, von Ob und Irtysch entwässert; Mittelsibir. Bergland (bis 2037 m) zwischen Jenissej und Lena; Ostsibir. Gebirgsland (2500 bis 3500 m). Klima binnenländisch; in Nordost-S. kälteste Gebiete der Erde. Pflanzenwelt von N nach S: Tundra, Taiga (sibir. Nadelwald), Steppe und Ackerland, Gebirgswälder. Waldwirtschaft, Pelztierjagd, Viehzucht u. a. S. ist reich an Bodenschätzen: Kohle, Eisenerze, NE-Metalle, Gold,

Sibirien: Taigalandschaft

Silber, Erdöl, Erdgas, Diamanten. Große Kraftwerke. S. wird zunehmend industrialisiert; bes. der SW ist ein Mittelpunkt der Schwer-, chem. Ind., des Maschinenbaus u. a. Verkehr: Transsibir. Bahn von Swerdlowsk über Omsk, Nowosibirsk, Irkutsk, Baikalsee nach Wladiwostok, quer durch S., 7500 km; ferner Südsibir. Bahn und neue Anschlußstrecken. Im Sommer Flußschiffahrt. GESCHICHTE. Seit dem 11. Jahrh. drangen russ. Kaufleute vor, 1581 wurde das Tatarenreich von Sibir am Irtysch unterworfen; beim weiteren Vordringen erreichten die Russen 1640 den Stillen Ozean. Wirtschaftl. Erschließung im wesentlichen erst im 19. und bes. im 20. Jahrh. 1918-20 kämpfte Admiral Koltschak in S. gegen die Bolschewiki; seit 1922 gehört ganz S. zur Sowjetunion. (FARBTAFEL Asien III S. 168)

Sib'ylle die, weissagende Frau im Altertum.

Sibyll'inische Bücher, angeblich von der Sibylle von Cumä, enthielten Kultvorschriften und Weissagungen.

sic! [lat.], so!, wörtlich so!

Sichel die, halbkreisförmige, einwärts scharfe Stahlklinge mit kurzem hölzernem Griff, zum Schneiden von Getreide und Gras.

Sicherheitsgurt, elast. Gurt aus Natur- oder Kunstfasern, in Kraftfahrzeugen und Flugzeugen, der die Insassen vor Aufprall-Verletzungen schützen soll.

Sicherheitslampe, Grubenlampe, ⚒ eine schlagende Wetter anzeigende, aber nicht zündende Lampe.

Sicherheitsventil, ⚙ gewichts- oder federbelastete Absperrvorrichtung an Dampfkesseln, die sich selbsttätig öffnet, wenn der Dampfdruck zu groß wird.

Sicherheitsleistung, ⚖ Maßnahme zur Verhinderung künftiger Rechtsverletzungen oder zur Sicherung in Aussicht stehender Ansprüche; i. d. R. Hinterlegung von Geld oder Wertpapieren (§§ 232 ff. BGB; →Kaution). Im Zivilprozeß spielt die S. hauptsächl. bei der Prozeßkosten (§§ 108 ff. ZPO) und zur Abwendung oder Ermöglichung der Vollstreckung vor vorläufig vollstreckbaren Urteilen eine Rolle (§§ 710, 713 ZPO).

Sicherheitsrat, eines der Hauptorgane der →Vereinten Nationen. Er besteht aus 15 Mitgliedern, darunter 5 ständigen (Frankreich, Großbritannien, Sowjetunion, USA, Nationalchina). Der S. handelt im Namen aller Mitglieder der Vereinten Nationen und ist ständig in Funktion. Er bemüht sich um die friedl. Beilegung von Streitfällen; er stellt das Vorliegen einer Friedensbedrohung, eines Friedensbruchs oder einer Angriffshandlung fest und beschließt über notwendige Maßnahmen der Mitgliedstaaten. Beschlüsse des S., außer in Verfahrensfragen, erfordern die Zustimmung von 9 Mitgliedern, einschließlich der 5 ständigen, von denen jedes ein Vetorecht hat.

sichernde Maßnahmen, ⚖ Maßregeln der Sicherung und Besserung neben der Strafe: Unterbringung in Heil- oder Pflegeanstalt, Trinkerheilanstalt oder Arbeitshaus; →Sicherungsverwahrung; Untersagung der Berufsausübung; Entziehung des Führerscheins (§§ 42a ff. StGB).

Sicherung die, eine in elektr. Stromkreise eingebaute Schutzvorrichtung: Sie unterbricht einen Stromkreis, wenn die Stromstärke durch Kurzschluß oder Überlastung eine bestimmte Größe überschreitet. Als Schmelz-S. ist sie ein Glas- oder Porzellanrohr, in dem ein Sand ein Schmelzdraht eingebettet ist, der durch die Stromwärme geschmolzen wird. Bei den immer wieder verwendbaren Leitungsschutzautomaten und Motorschutzschaltern wird elektromagnetisch oder durch einen Bimetallstreifen der Kontakt unterbrochen.

Sicherungsübereignung, ⚖ Übereignung einzelner bewegl. Sachen oder einer Sachgesamtheit (Warenlager) an einen Gläubiger zur Sicherung seiner Forderung mit der Abrede, daß das Eigentum nur für die Dauer des Bestehens der Forderung übergehen soll. Der Veräußerer behält den Besitz an der Sache. Die S. ist Ersatz für das ohne Besitzübertragung nicht zulässige Pfandrecht.

Sicherungsverwahrung, ⚖ Maßnahme gegen gefährl. → Gewohnheitsverbrecher, die neben der Strafe angeordnet wird und so lange dauert, wie ihr Zweck es erfordert (§§ 42e ff. StGB).

Sicht die, 1) Möglichkeit des Sehens, Aussicht. 2) bei S., auf S., Vermerk auf Wechseln, daß der Wechsel bei Vorlage fällig ist.

Sichteinlagen, täglich fällige Verbindlichkeiten bei Banken.

Sichtvermerk, V'isum [lat.] das, Erlaubnisvermerk in einem Paß, der einem Ausländer die Ein- oder Ausreise in oder aus einem Staat gestattet; von vielen Staaten nicht mehr gefordert.

Sickingen, Franz v., Reichsritter, *1481, †1523; Söldnerführer unter Maximilian I. und Karl V. Durch Ulrich von Hutten für den Humanismus und die Reformation gewonnen, gewährte S. auf der Ebernburg an der Nahe vielen Anhängern der neuen Lehre Zuflucht. Sein Kampf gegen die Fürsten schlug fehl; er wurde bei der Belagerung seiner Burg Landstuhl tödlich verwundet.

Siddh'attha, Siddhartha, Name →Buddhas.

sid'erisch [von lat. sidus »Gestirn«], die Gestirne betreffend.

sid'erisches Pendel [von grch. sideros »Eisen«], ein Pendel aus einem Metallring, das in der Hand mancher Menschen edle Metalle, Wasserstellen und Erdstrahlungen anzeigen soll.

Sider'it der, →Spateisenstein.

Sidgwick [s'idʒwik], Nevil Vincent, engl. Chemophysiker, *1873, †1952; bahnbrechende Arbeiten auf dem Gebiet des Atombaus.

Sidi-bel-Abbès, alger. Stadt, 105000 Ew.; Mittelpunkt eines Landwirtschaftsgebietes.

Sidney [s'idni], Sir Philip, engl. Dichter, *1554, †1586; Sonette; Schäferroman »Arcadia«.

S'idon, heute **Saida,** alte Hafenstadt Phönikiens, neben Tyros zeitweise die erste Seemacht Vorderasiens. Zahlreiche Funde, bes. die Sarkophage der Herrscher von S. (Alexandersarkophag).

Siebbein, Riechbein, unpaariger Schädelknochen zwischen den Augenhöhlen, mit ein Sieb durchlöchert für den Durchtritt der Riechnerven in die Nase.

Siebdruck, Druckverfahren zum Bedrucken von Plakaten, Textilien und Hartmaterial (Glas, Blech, Holz, Pappe). Druckform ist eine Schablone. Über sie wird ein engmaschiges Textil- oder Drahtgewebe gelegt, durch das hindurch die Farbe aufgetragen wird.

Siebenbürgen, rumän. **Transilvania** oder **Ardeal,** hügeliges Hochland in Rumänien, zwischen Ostkarpaten, Südkarpaten und Siebenbürg. Erzgebirge, 62000 km², etwa 3,4 Mill. Ew. Flüsse: Szamos, Mures, Alt. BEVÖLKERUNG etwa 60% Rumänen, gegen 30% Magyaren, Deutsche (Siebenbürger Sachsen) u. a. Erwerbszweige: Ackerbau (Mais, Weizen, Wein), Schaf- und Rinderzucht, Waldwirtschaft, Gold-, Salz-, Eisen ⚒. In den Städten Gewerbe und Industrie. Hauptstadt: Klausenburg. GESCHICHTE. S., im Altertum zum Reich der Daker gehörend, wurde im 9. Jahrh. von

Sicherheitslampe

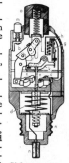

Sicherung: Leitungsschutzautomat, ausgeschaltet, a Druckknopf, b Hebelübertragung zu einem der Kontakte, c, d Magnetspule, die bei Überstrom durch den Stift e den Auslösehebel f betätigt, g Bimetallstreifen, h Widerstand, k Hebel des thermischen Auslösers, m Auslöseknopf, n Netzanschlußkontakt

v. Sickingen

Siebenbürgen: Kirchenburg Tartlau, Innenhof; links Kirche, rechts Wehrgang mit Wohnkammern

den Ungarn unterworfen. Die ungar. Könige riefen im 12. Jahrh. Deutsche **(Siebenbürger Sachsen)** ins Land. Seit 1541 war S. selbständig unter magyar. Fürsten (türk. Oberherrschaft), kam 1691 mit Ungarn unter habsburg. Herrschaft; 1918 mit Rumänien vereinigt; durch den Wiener Schiedsspruch 1940 kam der nördl. und östl. Teil S.s an Ungarn, durch den Pariser Frieden (1947) ganz S. wieder an Rumänien.

Siebengebirge, vulkan. Gebirge rechts am Rhein, oberhalb Bonns, im Großen Ölberg 460 m hoch.

Siebengebirge, rechts Drachenfels, links Petersberg

Sieben Gemeinden, ehem. dt. Sprachinsel am S-Rand der Alpen, in der italien. Prov. Vicenza.

Siebengestirn, Plejaden, Sterngruppe im Stier.

Siebenjähriger Krieg (3. Schles. Krieg), 1756 bis 63. Um das von Friedrich d. Gr. im 1. und 2. →Schlesischen Krieg eroberte Schlesien zurückzugewinnen, verbündete sich Österreich mit Rußland, Frankreich und Sachsen-Polen; später noch mit Spanien, Schweden und der Reichsarmee. Preußen, nur im Bunde mit Großbritannien-Hannover, kam der Einkreisung zuvor. Friedrich siegte u. a. bei Prag, Roßbach, Leuthen, Zorndorf, Liegnitz, Torgau, Kᵗefeld, Minden; verlor bei Kolin, Hochkirch, Kunersdorf. Aus arger Bedrängnis rettete ihn 1762 das Ausscheiden Rußlands. Im Frieden von Hubertusburg behauptete Friedrich Schlesien und die Großmachtstellung Preußens. Mit dem S. K. war im französ.-engl. Kolonialkrieg verflochten. Im Frieden von Fontainebleau trat Frankreich sein Kolonialreich in N-Amerika an Großbritannien ab.

Siebenschläfer, 1) der 27. 6.; das Wetter um den S.-Tag ist im Volksglauben bestimmend für das der 7 nächsten Wochen. **2)** 🐭 →Schlafmaus.

Sieben Schwaben, Helden eines Schwanks aus dem 15. Jahrh., die, mit einem großen Spieß bewaffnet, vor einem Hasen davonlaufen.

Siebenstromland, Landschaft im sowjet. West-Turkestan, südlich vom Balchaschsee, benannt nach den sieben Mündungsarmen des Ili.

Sieben Weise, griech. Philosophen und Staatsmänner des 7. und 6. Jahrh. v. Chr., Vorbilder der Weisheit: Thales, Bias, Pittakos, Solon, Kleobulos, Periandros, Chilon.

Siegel von Stralsund

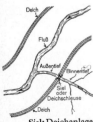

Siel: Deichanlage mit S.

Sieben Weltwunder, im Altertum: sieben berühmte Bau- und Kunstwerke: die ägypt. Pyramiden, die hängenden Gärten der Semiramis in Babylon, der Artemistempel in Ephesus, die Zeusstatue des Phidias in Olympia, das Mausoleum in Halikarnassos, der Koloß zu Rhodos, der Leuchtturm von Pharos bei Alexandria.

S'ieburg, Friedrich, Schriftsteller, Kritiker, *1893, †1964; »Napoleon« (1956).

Siebzehnter Juni, Tag der deutschen Einheit, nationaler Feiertag in der Bundesrep. Dtl. zum Gedenken an den Volksaufstand in Ost-Berlin und der Dt. Dem. Rep. am 17. 6. 1953.

siech, kränklich, langdauernd krank.

sieden, die Verwandlung einer Flüssigkeit in Dampf bei einer bestimmten Temperatur, dem **Siedepunkt** (→Gefrierpunkt, ÜBERSICHT). Gegensatz: Kondensation. Der Siedepunkt steigt mit wachsendem Druck. Flüssigkeiten mit gelösten Stoffen erfahren eine Siedepunktserhöhung.

Siedlung die, allgem. jede feste menschl. Niederlassung, vom neuen Wohnplatz in bisher unbesiedeltem Gebiet bis zum planmäßig angelegten Ortsteil (z. B. Stadtrand-S.).

Sieg die, rechter Nebenfluß des Rheins, entspringt im Rothaargebirge, mündet unterhalb Beuel, 130 km lang.

S'iegburg, Stadt in Nordrh.-Westf., an der Sieg, 34 000 Ew.; Eisen-, Holz-, chem. Industrie.

Siegel [lat. sigillum] das, Abdruck eines Stempels in einer weichen Masse, früher in Gold, Silber, Blei oder Wachs gedrückt, später benutzte man S.-Lack. Eine Weiterbildung des S. ist der Gummi- oder Stahlstempel, der von den Behörden als Amtssiegel zur Beglaubigung ihrer Schriftstücke verwendet wird.

Siegellack, gefärbtes, leicht schmelzbares Harzgemenge in Stangenform, aus Schellack und Kolophonium, zum Verschließen von Briefen, Paketen, Flaschen.

Siegelbewahrer, Hüter der großen Staatssiegel; im alten Dt. Reich der Kurfürst von Mainz, in England der Lordkanzler.

Siegelbruch, ⚖ das vorsätzl. unbefugte Erbrechen, Ablösen oder Beschädigen eines amtl. Siegels, das angelegt ist, um Sachen zu verschließen, zu bezeichnen oder zu beschlagnahmen. Freiheitsstrafe oder Geldstrafe (§ 136 StGB).

S'iegen, Industriestadt in Nordrh.-Westf., an der Sieg, 57 500 Ew.; bis 1806 nassauisch.

S'iegfried, Sigfrid, jüng. Form **Seyfried,** nord. **Sigurd,** Gestalt der german. Heldensage. Im Nibelungenlied besteht S. in seiner Jugend zahlreiche Abenteuer (Drachenkampf, Gewinnung des Nibelungenhorts), überwindet für den Burgunderkönig Gunther mit Hilfe der Tarnkappe Brunhilde, erhält Gunthers Schwester Kriemhild zur Frau. Als Brunhilde erfährt, daß S., nicht Gunther, sie besiegt hat, läßt sie S. durch Hagen töten.

S'iegfried, Hermann, schweizer. Topograph, *1819, †1879, bekannt durch die »S.-Karte« (»Topograph. Atlas der Schweiz«, 1:25000).

S'ieglar, Gem. in Nordrh.-Westf., an der Sieg, 26 000 Ew.; chem., Elektro- u. a. Industrie.

Siel [niederdtsch.] der oder das, Deichschleuse zur Entwässerung der eingedeichten Niederungen an der See oder in Flußgebieten.

S'iele die, -/-n, Brustblatt, das Geschirr der Zugtiere; **in den Sielen sterben,** aus der Arbeit heraus sterben.

S'iemens, Werner v., Begründer der Elektrotechnik, *1816, †1892; verbesserte den elektr. Zeigertelegraphen, gründete 1847 zus. mit J. G. Halske eine Telegraphenbauanstalt, die 1848/49 die erste große Telegraphenleitung (Berlin-Frankfurt a. M.) legte. 1866 erfand er die Dynamomaschine. (BILD S. 843)

Siemens AG, Berlin und München, größtes westdt. Unternehmen der elektrotechn. Ind., entstand aus der 1847 gegr. Siemens & Halske OHG.

Si'ena, Stadt im mittl. Italien, 66 100 Ew.; zahlreiche Bauwerke des späteren MA. (Gotik) und der Renaissance; Univ. (gegr. im 12. Jahrh.); Bischofs-

Siena: Dom

sitz; Industrie (Gewebe, Hüte). Seit dem 12. Jahrh. Freistaat, 1559 von Florenz besiegt.

Sienkiewicz, Henryk, poln. Romanschriftsteller, *1846, †1916; »Quo vadis«. Nobelpreis 1905.

Si'erra [span. »Säge«] die, langgestreckter Gebirgszug.

Si'erra Le'one, Republik (seit 1971), in W-Afrika, an der Oberguineaküste, 72 000 km², 2,5 Mill. Ew.; Hauptstadt: Freetown. Staatsoberhaupt: die brit. Krone, vertreten durch GenGouv. Im W Flachland (Mangrovenküste), im O Plateaulandschaft. Erzeugnisse: Palmkerne und -öl, Kaffee, Ingwer; Eisenerz, Diamanten, Bauxit, Chrom-, Titanerze. – Seit 1808 brit. Kolonie, seit 1896 Protektorat; seit 1961 unabhängig. Min-Präs.: S. Stevens (seit 1968). ⊕ S. 514, ⊡ S. 346.

Si'erra Mor'ena, der Südabfall des Kastilischen Hochlands in Spanien, reich an Bodenschätzen (Kupfer, Quecksilber, Blei).

Si'erra Nev'ada [span. »Schneegebirge«], 1) höchstes Gebirge Spaniens, in Andalusien, bis 3481 m hoch. 2) Gebirgskette in Kalifornien (USA), bis 4418 m hoch.

Si'esta [span.] die, Mittagsruhe.

S'ieveking, Amalie, *1794, †1859, gründete 1832 in Hamburg den weibl. Verein für Armen- und Krankenpflege.

S'ievers, Eduard, Germanist, *1850, †1932, stellte die Schallanalyse in den Dienst der Stil- und Textkritik.

Sieyès [sjεj'εs], Emanuel Joseph Graf, kath. Geistlicher, *1748, †1836; im Anfang der Französ. Revolution Wortführer des 3. Standes.

S'igel [lat. sigillum »kleines Siegel«] das, Wortkürzung, bes. in der Kurzschrift.

S'igismund, 1) S., röm.-dt. Kaiser (1410-37), der letzte Luxemburger, war seit 1378 Kurfürst von Brandenburg, seit 1387 auch König von Ungarn, gab Brandenburg 1415/17 an die Hohenzollern, führend auf dem Konstanzer Reformkonzil 1414-18, erst nach Führung der Hussitenkriege (1419-36, →Hussiten) als König von Böhmen anerkannt. 2) S. II. August, König von Polen (1548-72), gewann Livland und Lehnsoberhoheit über Kurland, vereinigte Litauen mit Polen. 3) S. III., Kö-

Sierra Nevada bei Granada (Spanien)

nig von Polen (1587-1632) und Schweden (1592 bis 1604), dessen Krone er als Förderer der Gegenreformation verlor.

S'igmaringen, Stadt in Bad.-Württ., am Donaudurchbruch durch die Schwäb. Alb, 11 100 Ew.

Signac [sin'ak], Paul, französ. Maler, *1863, †1935; Vertr. des Pointillismus: Landschaften. (BILD Pointillismus)

Sign'al [frz., von lat. signum »Zeichen«] das, verabredetes oder durch Vorschrift bestimmtes Zeichen zur Nachrichtenübermittlung: **hörbare** (akustische) S., z. B. durch Trompete, Trommel, Pfeife, Sirene usw.; **sichtbare** (optische) S., z. B. Licht- und Flaggen- S. (→Eisenbahnsignale). Flaggen-S. für die Seeschiffahrt sind im Internat. S.-Buch zusammengestellt.

Signalement [sinalm'ã, frz.] das, Personalbeschreibung (im Paß, Steckbrief o. ä.).

Signat'armacht [lat.], Staat, der einen zwischenstaatl. Vertrag unterzeichnet oder ihm nachträglich beitritt.

Signat'ur [lat.] die, 1) Kennzeichen, Bezeichnung. 2) ⬒ die Bezifferung der Bogen am Fuße der 1. Seite. 3) Namensunterschrift. 4) auf Landkarten: die allgem. übl. Zeichen für bestimmte Gegenstände, Bodenbedeckungen usw.

Sign'et [lat.] das, Drucker- oder Verlegerzeichen. (BILD Druckerzeichen)

Signore [sin'o:re, ital.], Mz. Signori, Herr; weibl. Sign'ora [sin'o:ra], Mz. Signore. **Signor'ina** [sinor'i:na], Fräulein.

Signorelli [sinor'εli], Luca, italien. Maler, * um 1445/50, †1523; Fresken und Tafelbilder.

Signoria [sinor'i:a, ital.] die, im mittelalterl. Italien die Herrschaft über ein Stadtgebiet.

S'ignum [lat.] das, Zeichen, Künstlerzeichen. (BILD Dürer)

Sigr'ist [lat.] der, Kirchendiener, Küster.

S'igurd [altnord.], Name von →Siegfried.

Sikhs [von Sanskrit »Schüler«] Mz., eine um 1500 gegr. hinduist.-muslim. Mischsekte im Pandschab; ihr theokrat. Militärstaat wurde 1849 von den Engländern unterworfen. 5,7 Mill. Bekenner. Bei der Teilung des Pandschab 1947 schlugen sie sich größtenteils zu Indien.

Sikiang [Westfluß] der, größter Fluß in Südchina, kommt aus Yünnan, mündet bei Macao ins Südchinesische Meer, 1450 km lang.

Sikkat'iv [lat.] das, →Trockenstoffe.

S'ikkim, Fürstentum im Himalaya, ind. Protektorat, 7107 km², 191 000 Ew. (Nepalesen u. a.); Hauptstadt: Gangtok. Reis, Obst u. a.; Viehzucht. – 1890 zu Britisch-Indien; seit 1947 ind. Protektorat. ⊕ S. 515.

Sik'orski, Igor Iwanowitsch, Flugzeugbauer, *1889; baute 1913 in Rußland das erste viermotorige Flugzeug, seit 1919 in den USA, entwickelte viermotorige Flugboote und Hubschrauber.

Silbe [von lat.-grch. syllaba] die, Verbindung von Lauten, die mit einem Stimmabsatz gesprochen werden kann.

Silber, lat. **Argentum,** Zeichen **Ag,** chem. Element, Edelmetall mit Schmelzpunkt 961,3 °C; Ordnungszahl 47, Dichte 10,5 g/cm³; glänzend weiß, sehr politurfähig, weicher als Kupfer, härter als Gold; von allen Metallen leitet es die Wärme und Elektrizität am besten. An der Luft ist S. ziemlich beständig, von Schwefelwasserstoff wird es unter Bildung von schwarzem S.-**Sulfid,** Ag_2S, angegriffen (Anlaufen von S.-Gegenständen). In Salpetersäure löst es sich zu **Silbernitrat,** $AgNO_3$ (Höllenstein). Mit Gold, Kupfer, Blei, Quecksilber, Zink legiert es sich sehr leicht. In der Natur findet sich S. in gediegener Form, in kleinen Mengen auch in den S.-Erzen **Rotgültigerz, Fahlerz** sowie mit **Hornsilber** und S.-**Glanz,** Ag_2S; meist aber als S.-Sulfid im **Bleiglanz** und **Kupferkies.** S. wird in Legierungen für Münzen, Schmuck, Geräte, in der Hauptmenge jedoch von der photograph. Industrie als **Silberbromid,** AgBr (→Brom), verarbeitet. Das Versilbern von Metallgegenständen geschieht bei der Feuerversilberung durch Anreiben eines silberhaltigen Amalgams,

v. Siemens

Silberblatt,
a Frucht,
Scheidewand
mit Samen

aus dem dann durch Hitze das Quecksilber ausgetrieben wird, bei der galvanischen Versilberung durch Elektrolyse einer S.-Nitratlösung.

Silberblatt, Kreuzblüterstaude mit silbr. Scotenscheidewand, im Felsgebüsch; Zierpflanze.

Silberdistel, eine →Eberwurz.

Silberfischchen, ⚲ silberweißes, 1 cm großes, ungeflügeltes Insekt, in Wohnungen.

Silbergras, Pampa(s)gras, 3-6 m hohe Grasart Südamerikas; als Hutflecht-, Papierrohstoff, für Trockensträuße; Parkzierpflanze.

Silberlöwe, →Puma.

Silbermann, Gottfried, Orgel-, Klavierbauer, *1683, †1753; Orgeln in Freiberg, Straßburg u. a.

Silberstift, Zeichengriffel mit Silberspitze, mit dem auf bes. behandeltem Papier gezeichnet wurde (bes. Dürer).

Silberwurz, Dryas, weißblütiger Polsterstrauch der Hochalpen und der Arktis mit unterwärts silberfilzigem Laub. (BILD Alpenpflanzen).

Silcher, Friedrich, Liederkomponist, *1789, †1860; »Ännchen von Tharau«, »Zu Straßburg auf der Schanz«.

Sild [sil, dän.] der, ⚲ Hering. **Delikateß-S.,** entgrätete, in Kräuter eingelegte Anschovis.

Sil'en der, griech. Sage: Begleiter des Bacchus, ein trunkener, glatzköpfiger Alter.

Sil'ene die, Leimkraut, Gattung krautiger Nelkengewächse. Arten: **Taubenkropf, Marienröschen.**

Sil'entium [lat.] das, Stillschweigen, Ruhe.

Sil'esia, latein. Name für Schlesien.

Silhouette [silu'εtə, frz.] nach dem französ. Finanzminister de Silhouette, †1767] die, Schattenbild, Scherenschnitt.

Silicag'el das, wasserhaltiges Siliciumdioxyd; wird zur Adsorption von organ. Dämpfen, zum Trocknen von Gasen u. ä. verwendet.

Silic'ate Mz., →⊙ Salze der →Kieselsäure.

Sil'icium, Si, chem. Element, Halbmetall; Ordnungszahl 14, Dichte 2,3 g/cm³, Schmelzpunkt 1423 °C; bildet schwarzgraue, glänzende Kristalle, ist an der Luft und gegen Säuren (außer Flußsäure) beständig, löst sich in Laugen unter Bildung von **Silicaten;** mit Metallen bildet es Verbindungen (**Silicide**) oder Legierungen, mit Kohlenstoff das **S.-Carbid.** S. ist ein Halbleiter, es wird für Gleichrichter und Transistoren verwendet. Etwa 25% der äußeren Erdrinde bestehen aus S., das aber nur in Form von Silicaten oder als **S.-Dioxyd,** SiO₂ (wird oft fälschlich →Kieselsäure genannt), auftritt, und zwar in grobkristalliner Form als **Quarz** (Sand), bei Färbung durch Spuren von Schwermetalloxyden als **Rauchquarz, Rosenquarz, Amethyst, Chrysopras** usw., bei wasserklarem Aussehen als Bergkristall, in poröser Form als wasserhaltiger **Kieselgur.** Mit den Oxyden zahlreicher Metalle verbindet sich das S.-Dioxyd zu den **Silicaten,** zu deren natürl. Vertretern die **Feldspäte, Glimmer, Asbest, Talk** und andere Mineralien gehören. Weitere Anwendungen: für Legierungen, Heizleiter, elektr. Isolierstoffe.

Silic'one Mz., Kunststoffe aus Silicium-Sauerstoff-Ketten mit Acyl- und Alkylgruppen, je nach Aufbau flüssig (**S.-Öle**), fest (**S.-Harze**) oder kautschukartig (**S.-Kautschuk**).

Silik'ose die, →Staubinhalationskrankheiten.

Silo:
Hafenmühle in
Stavanger
(Norwegen)
mit pneumat.
Getreidehebern
zur Schiffs-
entladung

S'ilo [span.] der, Schachtspeicher für Getreide, Viehfutter.

Sil'one, Ignazio, eigentl. Secondo **Tranquilli,** italien. Schriftsteller, *1900, schildert in sozialreformer. Romanen das süditalien. Bauerntum. »Fontamara«, »Brot und Wein«.

Sils im Engadin, romanisch **Segl,** Kurort im Kt. Graubünden, Schweiz, 280 Ew., besteht aus **S.-Baselgia** (1802 m) und **S.-Maria** (1817 m ü. M.) zwischen Silvaplaner und Silser See. S.-Maria war 1881-88 Sommeraufenthalt Nietzsches.

Sil'ur das, **Silurische Formation,** ein Zeitabschnitt der →Erdgeschichte, ÜBERSICHT.

Silv'aner, Sylvaner, Rebsorte (Weißwein).

Silv'ester, Sylv'ester, Name mehrerer Päpste. S. I. wurde heiliggesprochen; Tag: 31.12., daher Name für letzte Tag des Jahres auch **S.-Abend** oder **S.-Tag** (**S.-Abend**).

Silv'retta die, Gebirgsstock auf der Grenze von Vorarlberg, Tirol und Graubünden, 3411 m.

S'ima, Zone der Erdkruste, die hauptsächl. aus Silicium und Magnesium aufgebaut ist.

Simca, Abk. für Société Industrielle de Mécanique et Carosserie Automobile, Unternehmensgruppe der Kraftfahrzeugindustrie, →Kraftwagen, ÜBERSICHT.

Simenon [simə'ɔ̃], Georges, eigentl. **Sim,** französ.-belg. Schriftsteller, *1903; Kriminal- und Zeitromane.

S'imeon, Fürst der Bulgaren (890-927), eroberte große Teile der Balkanhalbinsel und nahm 917 den Titel »Kaiser (Zar) der Bulgaren und Griechen« an.

Simfer'opol, Stadt auf der Krim, Sowjetunion, 250 000 Ew.; Universität, Industrie.

S'imilidiamanten, Glasbrillanten, Edelsteinnachahmungen aus Glas; →Straß.

S'immel, 1) Georg, Philosoph, Soziologe, *1858, †1918, schrieb eine Soziologie des Geldes, untersuchte die Hauptprobleme der Philosophie. **2)** Johannes Mario, Schriftsteller, *1924, Chemiker, Romane: »Es muß nicht immer Kaviar sein« (1960), »Liebe ist nur ein Wort« (1963), »Und Jimmy ging zum Regenbogen« (1970), »Der Stoff aus dem die Träume sind« (1971) u. a.

S'imon, im N.T.: **1)** S. **Petrus,** Apostel, →Petrus. **2)** S. von **Kyr'ene,** wurde gezwungen, das Kreuz Christi zu tragen (Mark. 15). **3)** S. **Magus,** →Simonie.

Sim'one Mart'ini, italien. Maler, *1284, †1344; Fresken im Rathaus zu Siena, Tafelbilder.

Sim'onides von Keos, griech. Lyriker, * um 556, †468 v. Chr.; Epigramme auf die Helden der Perserkriege u. a.

Simon'ie [nach Simon Magus, der den Hl. Geist erkaufen wollte, Apostelgesch. 8] die, Erwerbung geistl. Ämter durch Kauf.

S'imonow, Konstantin Michailowitsch, sowjet. Schriftsteller, *1915; Lyrik; Kriegsromane.

S'impel [lat.], einfach, einfältig. **simplifi'zieren,** vereinfachen. **Simplizit'ät** die, Einfachheit.

Simplic'issimus [von lat. simplex], **1)** Held eines Romans von Grimmelshausen: »Der abenteuerliche S.«. **2)** politisch-satir. Wochenschrift, erschien 1896-1944 und 1954-67 in München.

S'implon der, italien. **Passo del Sempione,** Alpenpaß in der Schweiz (2010 m hoch), zwischen Walliser und Tessiner Alpen, mit Straßen- und Bahntunnel.

S'impson, William von, Erzähler, *1881, †1945; Familienroman »Die Barrings« mit der Fortsetzung »Der Enkel«.

S'imrock, Karl, Dichter und Germanist, *1802, †1876, übertrug viele althochdeutsche Dichtungen ins Neuhochdeutsche.

Sims der oder das, **Gesims** das, ⊓ ein waagerechter, vorspringender Streifen als Abschluß oder Gliederung einer Wand.

Simse die, ⚘ grasähnliche Sumpfpflanzen, z. B. die bis 2,5 m hohe See-**Simse.**

S'imson, Samson, im A.T. israelit. Volksheld von großer Körperkraft, Richter, besiegte die Philister; doch durch Delila seiner Kraft beraubt,

wurde er von den Philistern geblendet; nahm sterbend Rache (Richter 13f.).

S'imson, Eduard v., liberaler Politiker, *1810, †1899, führte 1849 als Präsident der Frankfurter Nationalversammlung die Abordnung, die Friedrich Wilhelm IV. die Kaiserkrone anbot.

Simulati'on [lat.] die, Verstellung, Erheucheln; bewußte Vortäuschung von Krankheit. **Simul'ant** der, Scheinkranker. **Simul'ator** der, Gerät zur Ausbildung von Flugzeugführern, ohne Flüge zu unternehmen; ähnl. in Auto-Fahrschulen.

simult'an [lat.], gemeinschaftlich, gleichzeitig. **Simult'ankirche,** eine von Gläubigen verschiedener Bekenntnisse gemeinsam benutzte Kirche. **Simult'anschule,** die →Gemeinschaftsschule. **Simultan-Übersetzungsanlage,** Anlage zur gleichzeitigen Übertragung einer Rede in verschiedene Sprachen.

sin, △ Abk. für Sinus, →Winkelfunktionen.

S'inai der, Gebirgsstock auf der ägypt. S.-Halbinsel, die das Rote Meer vom Mittelmeer trennt. Welcher von den Gipfeln der bibl. Berg Horeb, der Berg der Gesetzgebung, war, ist umstritten; am Fuß des Musa: Katharinenkloster.

Sin'an, der größte Baumeister der Osmanen, *1489 (?), †1578; Moscheen.

Sin'anthropus der, **Peking-Mensch,** ein fossiler Urmensch, dessen Knochenreste 1927 in einer Höhle bei Peking gefunden wurden.

Sin'atra, Frank, amerikan. Sänger, Filmschauspieler, *1915; »Verdammt in alle Ewigkeit« u. a.

Sinclair [s'iŋkleə],Upton, nordamerikan. sozialist. Erzähler, *1878, †1968. Sozialkrit. Romane: »Der Sumpf«, »König Kohle«, »Petroleum«.

S'indelfingen, Stadt in Bad.-Württ., 40800 Ew.; Kraftfahrzeug-, Uhren- u. a. Industrie.

S'inding, 1) Christian, norweg. Komponist, *1856, †1941; Spätromantiker. 2) Stephan, Bruder von 1), *1846, †1922, Bildhauer.

s'ine 'ira et st'udio [lat. »ohne Zorn und Vorliebe«], unvoreingenommen.

Sinek'ure [von lat. sine cura »ohne Sorge«] die, 1) urspr. Pfründe ohne Amtsgeschäfte. 2) übertragen: einträgliche, aber mühelose Stellung.

Sinfon'ie, Symphonie die, Orchesterwerk von 3 oder 4 Sätzen, meist in der Folge:Allegro,Andante(Adagio),Menuett oder Scherzo,Allegro(Presto). Der erste Satz hat in der Regel Sonatenform, der zweite langsame Lied- oder Variationenform, das Menuett (Scherzo) Tanzform, der Schlußsatz Sonaten-, Rondo-, Fugen- u. a. Form. Die zur S. hinführende ältere Entwicklung gipfelte in Haydn, Mozart, Beethoven; bed. spätere **Sinfoniker:** Schubert, Schumann, Brahms, Bruckner, R. Strauss, Mahler; neueste: Strawinsky, Prokofieff, Schostakowitsch, Honegger, Hartmann, Fortner u. a.

sinf'onisch, symphonisch, nach Art der Sinfonie. **sinfonische Dichtung,** meist einsätziges Orchesterwerk, wichtigste Gattung innerhalb der Programm-Musik. Beispiel: R. Strauss, »Till Eulenspiegel«.

S'ingapur [»Löwenstadt«], engl. **Singapore,** Rep. im Brit. Commonwealth, auf der Insel S. an der S-Spitze von Malakka, 581 km², 2 Mill. Ew. (rd. 75% Chinesen, daneben Malaien, Inder u. a.); Hauptstadt: S.; Amtssprachen: Engl., Malaiisch, Chinesisch, Tamili. Die Stadt S. ist nach Tokio der zweitgrößte Verkehrs- und Handelshafen Asiens und ein Stützpunkt der brit. Flotte. Internat. Flughafen. Veredelungsindustrie. – S. stand 1819-1963 unter brit. Oberhoheit, seit 1959 als autonomer Staat. 1963-65 gehörte es der Föderation →Malaysia an; seit 1965 unabhängige Rep. Präs.: B. H. Sheares (seit 1971). ⊕ S. 515, ⌷ S. 346.

Singen (Hohentwiel),Stadt in Bad.-Württ.,im Hegau; 41300 Ew.; Nahrungsmittel- (Maggi), Eisen-, Stahl- und Aluminium-Industrie.

Singhal'esen Mz., Bauernvolk auf Ceylon, etwa 7 Mill., dessen herrschende indoarische Schicht in den letzten Jahrh. v.Chr. aus NW-Indien einwanderte; Buddhisten.

Sing Sing, Staatsgefängnis des Staates New York, in der Nähe von Ossining.

Singspiel, ein Bühnenstück, bei dem im Gegensatz zur Oper Gesang und gesprochener Dialog wechseln.

S'ingular [lat.] der, ⓢ Einzahl. **singul'är,** vereinzelt.

Singvögel, Ordnung der Vögel mit etwa 5000 Arten; meist Baumvögel. Sie haben einen bes. gestalteten unteren Kehlkopf, der sie zu einem wohltönenden Gesang befähigt. Alle S. sind Nesthocker. Wichtigste Familien: Finken, Meisen, Stare, Würger, Raben, Paradiesvögel, Drosseln, Sänger (Grasmücken, Nachtigall, Zaunkönig), Stelzen, Lerchen, Schwalben. (Hierzu FARBTAFEL S. 872)

Sin'ide,den Mongoliden zugehörige Menschenrasse (→Rassen der Menschheit).

Sining, Hauptstadt der Prov. Tsinghai, China, 300000 Ew.; wichtiger Handelsplatz an den Karawanenstraßen nach Tibet.

Sinkiang-Uighur, Autonome Region Chinas in Innerasien, 1,65 Mill. km² (¹/₆ der Fläche Chinas), 5,6 Mill. Ew. (Uighuren, Kasachen, Mongolen u.a., überw. Muslime); Hauptstadt: Urumtschi; umfaßt das Dsungarei und das Tarim-Becken. Wüste, Hochgebirge. Anbau in Oasen, Viehzucht; ⚒ auf Kohle, Eisenerz, NE-Metalle, Uran, Erdöl. Kernwaffen-Versuchsgelände am Lop-nor.

Sinking, Stadt in China, →Tschangtschun.

Sinkkasten, →Stadtentwässerung.

Sinnbild, →Symbol.

Sinne Mz., die Gesamtheit aller Fähigkeiten, Vorgänge der Außenwelt und Zustände des eigenen Körpers wahrzunehmen. Hierzu dienen die **Sinnesorgane** (TAFEL S. 847). Die **Sinnesreize** werden durch **Sinnesnerven** dem Gehirn zugeleitet, wo sie durch Erregung bestimmter **Sinneszentren** zum Bewußtsein gelangen. Außer den Elementar-S. (Sehen, Hören, Riechen, Schmecken, Tasten) gibt es zusammengesetzte (komplexe) Sinneswahrnehmungen wie Schmerz, Wollust u.a. Leibesempfindungen, die in das Gefühlsleben hineinreichen. Im Tierreich gibt es indifferente Geruchs-, Geschmacks-, Licht-, Temperatur-, Tast-, Strömungs-, Gleichgewichts-S. Auch bei Pflanzen gibt es anatom. Einrichtungen für die Reizaufnahme (z.B. Fühlborsten). – **Sinnestäuschungen** →Illusion, →Halluzination.

Sinn Féin [ʃ'infeːn, irisch], nationalist. irische Partei, gegr. 1905, strebte die Befreiung Irlands

Sinai: Katharinenkloster

Singapur: Collyer Quay

von der engl. Herrschaft an. Nach Errichtung des Irischen Freistaats (Eire) spaltete sie sich 1922 in eine gemäßigte und eine radikale Gruppe.

Sinngedicht, →Epigramm.

Sinolog′ie [grch.] die, Wissenschaft von der chines. Sprache und Kultur.

Sin′op, kleinasiat. Hafenstadt am Schwarzen Meer. – S., das antike Sin′ope, war 183-70 v. Chr. Hauptstadt des pont. Reiches.

S′intenis, Renée, Bildhauerin, *1888, †1965; Kleinbildwerke junger Tiere.

S′inter der, Mineralabsatz (bes. Kalk und Kieselsäure) aus Quellen, bildet Rinden, traubige, zapfenförmige Formen usw. **S.-Terrassen,** treppenförmige Bildungen von S., bes. von heißen Quellen und Geisern.

Sintermetalle, gesinterte Carbid-Hartmetalle, vorwiegend aus Wolframcarbid, Molybdäncarbid u. a., verwendet für Hartmetallwerkzeuge.

sintern, pulverförmige oder kleinstückige Stoffe so weit erhitzen, daß sie oberfläch. schmelzen und dann zusammenbacken.

Sintflut [ahd. sinfluot »große Flut«], **Sündflut,** in der Bibel: eine Überflutung der Erde als göttl. Strafe für die Sünden der Menschheit, die nur Noah mit seiner Familie überlebte.

S′inus [lat.] der, △ →Winkelfunktionen.

Sinzig, Stadt in Rheinl.-Pf., 12 300 Ew.

Sioux [engl. su:z] Mz., Indianerstamm am Mississippi, rd. 70000; leben in Reservationen.

S′iphon [grch.] der, 1) der →Geruchverschluß. 2) tragbares Schankgefäß mit Kohlendioxid-Patrone, die das Getränk schaumig austreibt.

Sippe, die, 1) Blutsverwandtschaft, Großfamilie; auf frühen Kulturstufen Religions-, Wirtschafts- und Siedlungsgemeinschaft. 2) ⚤ ⚕ Verwandtschaftsgruppe (z. B. Gattung, Familie).

Sippenhaftung, Bestrafung oder sonstige Benachteiligung von Familienangehörigen polit. Gegner; widerspricht der rechtsstaatl. Ordnung.

Sir [sə:, engl.], 1) Titel des niederen Adels, stets dem Vornamen vorangestellt. 2) ohne Zusetzung eines Namens: mein Herr, höfl. Anrede.

S′irach, →Jesus Sirach.

Sire [si:r, frz.], Anrede an Kaiser, Könige.

Sir′ene [grch.] die, lautstarkes Schallsignalgerät. Druckluft oder Dampf, die durch eine feststehende und eine rasch umlaufende Scheibe mit jeweils gleich vielen Löchern strömen, erzeugen den Ton durch Unterbrechung des Luftstroms. **Ultraschall-S.** dienen zur Entnebelung und Entstäubung.

Sir′enen [grch.] Mz., 1) griech. Sage: Göttinnen auf einer Insel, die Vorüberfahrende durch betörenden Gesang anlockten und dann töteten. 2) ⚕ →Seekuh.

S′irius der, **Hundsstern,** ☆ Stern 1. Größe im Sternbild Großer →Hund.

S′irmien, Syrmien, Landschaft in Kroatien, zwischen Donau und Save; Landwirtschaft.

S′irup [lat.] der, konzentrierte Zuckerlösung; Rückstand bei der Zuckerherstellung.

S′isalhanf, Faser aus Agaveblättern.

Sisley [sisl′ε], Alfred, franzöz. Maler, *1839, †1899; lichte impressionist. Landschaften.

Sismondi [sismõd′i], Jean Charles Léonard Simonde de, schweizer. Volkswirtschaftler, *1773, †1842, übte Kritik am wirtschaftl. Liberalismus.

sist′ieren [lat.], 1) zum Stillstand bringen. 2) festnehmen.

S′isyphos, lat. **Sisyphus,** griech. Sage: König von Korinth, mußte in der Unterwelt zur Strafe ein Felsstück auf einen steilen Berg wälzen, von dem es immer wieder herabrollte.

Sit-in [engl.] das, aus den USA stammende Form der (meist polit.) Demonstration; urspr. gewaltlose Besetzung von Lokalen, in denen Rassentrennung praktiziert.

Sitte die, Art des Verhaltens und Handelns, die auf Grund langer Gewohnheit befolgt wird; sie kann innerhalb einer Gemeinschaft verbindlich sein. **Gute S.,** ⚖ Handlungsweise, die dem Anstandsgefühl und sittl. Empfinden aller billig und

Sisley: Die Seine bei By

gerecht Denkenden entspricht. Rechtsgeschäfte, die gegen die guten S. verstoßen, sind ungültig.

Sitten, franzöz. **Sion** [si′õ], Hauptstadt des Kantons Wallis, Schweiz, im Rhônetal, 16000 Ew.; Bischofssitz; Obst-, Weinbau, Tabakindustrie.

S′ittich [von grch. psittakos »Papagei«] der, der langschwänzigen Papageien.

S′ittlichkeit die, →Moral.

Sittlichkeitsverbrechen, ⚖ die strafbaren unsittl. Handlungen, wie Blutschande, Notzucht, Päderastie, Sodomie, Kuppelei, Zuhälterei, Verführung von Mädchen unter 16 Jahren, Exhibitionismus, Verbreitung unzüchtiger Schriften, Unzucht zwischen Männern unter erschwerenden Umständen.

Situati′on [frz.] die, Lage, Zustand.

Situati′onskomik, erregt Lachen durch seltsame Geschehnisse, nicht durch Worte.

situ′ieren [frz.], unterbringen; **gut situ′iert,** gut gestellt; in gesicherter Position.

sit v′enia v′erbo [lat.], mit Verlaub zu sagen; wenn Sie mir diese Wendung gestatten.

Sivas, Siwas, Stadt in der Türkei, am oberen Kizil Irmak, 109 200 Ew.; Baumwollwarenind.

S′iwa, ägypt. Oase in der Libyschen Wüste, 50 km lang, 4-6 km breit; Anbau von Datteln, Oliven, Orangen, Wein, Weizen.

Sixt′inische Kapelle, 1) auch **Sixtina,** eine unter Papst Sixtus IV. 1473-81 erbaute Kapelle im Vatikan, mit Fresken von Pinturicchio, Botticelli, Ghirlandajo u. a., bes. Michelangelo. 2) nach der Kapelle benannter päpstl. Sängerchor.

Sixt′inische Madonna, Altarbild von Raffael, genannt nach dem auf ihm dargestellten Heil. Sixtus (Dresden, Galerie).

S′ixtus, Päpste. 1) **S. IV.,** 1471-84, baute die Sixtin. Kapelle. 2) **S. V.,** 1585-90, errichtete Prachtbauten in Rom, wie die Vatikan. Bibliothek.

S′ixtus, Prinz von Bourbon-Parma, Bruder der österr. Kaiserin Zita, *1886, †1934, nahm als belg. Offizier am 1. Weltkrieg teil, versuchte 1917 im Einverständnis mit Kaiser Karl I. eine geheime Friedensvermittlung zwischen Österreich-Ungarn und der Entente.

Sizili′anische Vesper, Volksaufstand in Palermo zur Vesperstunde am 30.3.1282 gegen die Franzosen Karls von Anjou, die aus Sizilien vertrieben wurden.

Siz′ilien, größte Insel des Mittelmeers, gehört zu Italien, durch die Straße von Messina vom Festland getrennt, 25426 km², 4,9 Mill. Ew.; Hauptstadt: Palermo; hat eine hafenreiche Nord- und Ostküste und ist gebirgig, im O der noch tätige Vulkan Ätna (3263 m). Klima: im Sommer trocken-heiß, im Winter mild-feucht. Anbau von Südfrüchten, Weizen, Wein, Ölbäumen; Fischfang, Gewinnung von Seesalz; ⚒ auf Schwefel, Asphalt, Erdgas u. a. GESCHICHTE. S. wurde im Altertum von Phönikern und bes. von Griechen besiedelt, kam zum Teil unter karthag., 241 v. Chr. unter röm. Herrschaft. Es wurde im 9. Jahrh. von den Arabern, 1061-91 von den unteritalien. Normannen erobert und gehörte dann zum Kgr. Nea-

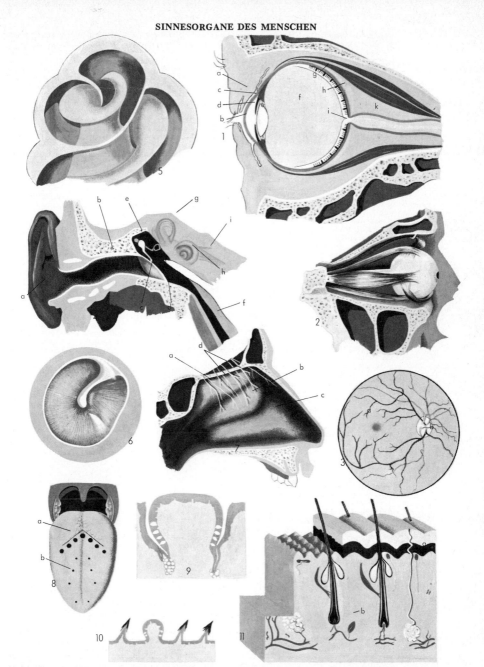

Sinnesorgane des Menschen: Gesicht: **1** Schnitt durch Augenhöhle. a Bindehautsack, b Hornhaut, c Regenbogenhaut, d Pupille, e Linse, f Glaskörper, g Netzhaut, h Aderhaut, i Lederhaut, k Sehnerv. **2** Äußere Augenmuskeln. **3** Netzhaut. a Stelle des schärfsten Sehens (gelber Fleck), b Sehnervenkopf (blinder Fleck). **Gehör: 4** Ohr, Übersicht im Schnitt. a Ohrmuschel, b äußerer Gehörgang, c Trommelfell, d Paukenhöhle, e Gehörknöchelchen, f Tube (Ohrtrompete), g Bogengänge (Gleichgewichtsorgan), h Schnecke, i Gehör- und Gleichgewichtsnerv. **5** Knöcherne Schnecke, halbschematisch (n. Benninghoff). **6** Trommelfell. **Geruch: 7** Nase, im Schnitt. a, b, c Nasenmuscheln, d Endgebiet des Riechnervs (Riechbezirk). **Geschmack: 8** Zunge. a Wallförmige (s. **9**), b faden- und pilzförmige Geschmackswärzchen (s. **9**). **9, 10** Geschmackswärzchen der Zunge im Schnitt. **Gefühl: 11** Haut, Schema. a Tastkörperchen, b Nervenkörperchen

Sizilien: Tempel der Concordia in Agrigent

Skabiose,
a Rand-, b Mit-
telblüte, c Blü-
tenboden mit
Sporenblättern,
d Frucht

pel-S., dem späteren (seit 1815) Kgr. beider S.;
von ihm war es jedoch unter den Königen von
Aragonien infolge der →Sizilianischen Vesper 1282
bis 1442 getrennt. 1503-1714 wurde S. von span.
Vizekönigen verwaltet; nach kurzer Vereinigung
mit Savoyen-Piemont war es bis 1735 österreichisch, danach regierte eine Linie der Bourbonen.
Garibaldi stürzte 1860 die Bourbonen, seit 1861
gehört S. zu Italien.

S. J., Abk. für Societas Jesu, →Jesuiten.

Skabi'ose die, **Knopfblume,** Gatt. staudiger
Kardengewächse, mit korbblüterähnl. Blüten-
stand. **Tauben-S.,** mit bläulichroten Blüten;
Schwarzpurpurne S. (Witwenblume), Zierpflanze,
verschiedenfarbig. Verwandt sind die blaublütige
Wiesenstaude **Knautie** und der **Abbiß.**

Sk'agerrak das, Teil der Nordsee zwischen
Jütland, Norwegen und Schweden, stellt mit dem
Kattegat die Verbindung zwischen Nord- und Ostsee her. Die **Seeschlacht vor dem S.** (31. 5./1. 6. 1916)
war die größte Seeschlacht des 1.Weltkrieges.

skål [sko:l], entspricht unserem »Prosit« in den
skandinav. Sprachen.

Sk'ala [ital. »Treppe«] die, -/...len, **1)** ♪ Tonleiter. **2)** Gradeinteilung, Stufenleiter.

Skal'ar der, eine koordinatenunabhängige geometr. Größe.

Skalde der, norweg. und isländ. Hofdichter des
9.-13. Jahrh., die in kunstvoll gestalteten Preislie-
dern **(Skaldendichtung)** die Heldentaten nord. Könige besangen (z. B. →Bragi). **Skaldenlehrbuch**
(→Edda) von Snorri Sturluson.

Skalp [engl.] der, -s/-e, bei nordamerikan. Indianern dem besiegten Feind als Siegeszeichen
abgezogene Kopfhaut samt den Haaren.

Skalp'ell [lat.] das, kleines chirurg. Messer mit
feststehender Klinge.

Skand'al [lat.] der, **1)** Anstoß erregender Vorgang. **skandal'ös,** anstößig, unerhört. **2)** Lärm.

Sk'anderbeg, Iskender-Bei, eigentl. Gjergj
Kastriota, * um 1405, †1468; alban. Volksheld und
Freiheitskämpfer gegen die Türken im 15. Jahrh.

skand'ieren [lat.], Verse nach Versfüßen
sprechen.

Skandin'avien, Halbinsel im N Europas, zwischen dem Atlant. Ozean, Nord- und Ostsee, vom
Skandinavischen Gebirge (im Glittertind 2472 m
hoch) durchzogen, 1900 km lang, 400 bis 700 km
breit, umfaßt 773 500 km², rd. 11 Mill. Ew.; im W
fjordreich, im O flach und seenreich; polit. aufgeteilt zwischen →Schweden im O, →Norwegen im
W und einem kleinen finn. Anteil im N.

Skandin'avische Kunst, →Dänische Kunst,
→Norwegische Kunst, →Schwedische Kunst, →Fin-
nische Kunst.

Skandinavische Sprachen, →Sprachen der
Erde, ÜBERSICHT, Nordgermanisch.

Skapul'ier [lat. scapula »Schulterblatt«] das,
Mönchskleidung: zwei über Brust und Rücken
getragene Tuchstreifen.

Skarab'äus [lat.] der, -/...bäen, Mistkäfer,
→Pillendreher, den Ägyptern heilig. (FARBTAFEL
Ägyptische Kunst S. 164)

Skat der, verbreitetes dt. Kartenspiel zwischen
3 Spielern; jeder erhält 10 Karten, 2 bleiben als S.
verdeckt. Man unterscheidet **Großspiel (Grand),**
Farben- und **Nullspiel.**

Skalpell

Skeleton [sk'elitn, engl.] der, -s/-s, kurzer
Sportschlitten aus Stahl; wird nur auf vollständig
vereisten Bahnen gefahren.

Skel'ett [grch.] das, Körpergerüst, das durch
seine harte Beschaffenheit als Schutz- oder Stützorgan geeignet ist. Man unterscheidet **äußere S.**
(Hautskelett, Schalen) und **innere S.,** beide können
entweder ungegliedert oder gegliedert sein. S. finden sich in vielfältigen Formen schon bei niederen
Tieren, z. B. bei Radiolarien, Foraminiferen,
Schwämmen, Korallen, Stachelhäutern, Weichtieren. Die Gliederfüßer (z. B. Insekten, Krebse)
haben ein gegliedertes **Haut-S.,** das aus Chitin besteht und Schutz- und Stützorgan zugleich ist. Die
Wirbeltiere und der Mensch haben ein inneres
Stütz-S., das nach einem einheitl. Bauplan gestaltet ist. Es besteht aus Wirbelsäule, Schädel, Rippen, Schultergürtel mit Vordergliedmaßen, Bek-
kengürtel mit Hintergliedmaßen. Das S. des Menschen setzt sich aus 210 Knochenstücken zusammen. (FARBTAFEL Mensch I S. 693)

Sk'epsis [grch.] die, Zweifel, kritische, vorbe-
haltsreiche Betrachtungsweise. Egw. **sk'eptisch.**

Skeptiz'ismus der, Philosophie: Standpunkt
grundsätzl. Zweifels. Anhänger: **Sk'eptiker.**

Ski [ʃi:, norw. »Scheit«] der, -s/-er, **Schi,**
Schneeschuh, besteht aus einem 8-10 cm breiten,
etwa 2 m langen Brett (Holz, Metall oder Kunststoff), das vorn etwas aufgebogen ist. Die S.
werden mit der **Bindung** an die Schuhe geschnallt.
Bei der Abfahrt bedient man sich je nach der
Geländebeschaffenheit des Schußfahrens, der
Stemmbogen, verschiedener Schwünge oder des
Geländesprungs, heute immer mehr des Tempo-
schwunges. Das **Skispringen** von der Sprungschanze ist ein Sondergebiet des Skisports (bei
bes. hohen Schanzen spricht man von **Skifliegen**).
Skijöring [ʃ'itçøriŋ, norweg.], Skifahren hinter
vorgespanntem Pferd oder Motorrad.

Ski: Temposchwung im Skilauf

Skiff [engl.] das, leichtes Ruderboot.

Sk'ikda, früher **Philippeville,** Hafenstadt im östl.
Algerien, 88 000 Ew.; Ausfuhr von Wein, Kork.

Skin-Effekt, →Hautwirkung.

Skink der, plumpe Wühleidechse N-Afrikas
und Arabiens. Arzneimittel der Eingeborenen.

Skipet'aren, eigener Name der →Albaner.

Sk'izze [ital.] die, **1)** zeichnerischer Entwurf.
2) kurze, knappe Erzählung.

Sklavenfluß, Großer S., der →Athabasca in
Kanada, zwischen Athabasca-See und **Großem**
Sklavensee (28 919 km² groß).

Sklavenküste, Teil der Guineaküste (W-Afrika), zwischen Volta- und Nigermündung.

Sklaverei die, vollständige Entrechtung, Abhängigkeit und Dienstuntertänigkeit von Menschen
(Sklaven). Die S. war früher über die ganze Erde
verbreitet, vielfach begründet durch Kriegsgefangenschaft und Kolonisation. Im christl. Europa
hörte sie im 13. Jahrh. auf (nur in Spanien und Portugal im 16. Jahrh.). Nach der Entdeckung Amerikas
nahm der **Sklavenhandel** neuen Aufschwung. Sehr
viele afrikan. Neger wurden nach Amerika in die
S. verkauft. Erst im 19. Jahrh. wurde der Sklavenhandel nach und nach von allen Kolonialmächten

verboten. In den USA führte die Sklavenfrage u. a. zum Sezessionskrieg.

Sklerench′ym [grch.] das, ⚕ Hartgewebe aus abgestorbenen Zellen mit verdickten Wänden, so die Fasern von Bast, Holz.

Skleroderm′ie [grch.] die, **Darrsucht,** eine Verhärtung der Haut, so daß z. B. der Gesichtsausdruck maskenartig wird.

Skler′ose [grch.] die, Verkalkung. **Arterio–S.,** →Arterienverkalkung.

Skler′otium [grch.] das, knolliges, dauerhaftes Pilzgebilde aus verflochtenen Pilzfäden, z. B. bei einigen Pflanzenkrankheiten (**Sklerotienkrankheiten**), Stengelfäule bei Zierpflanzen, Hülsenfrüchten, Gurke, Tomate, Raps (Rapskrebs) sowie beim Kleekrebs.

Sk′odawerke [ʃk-], seit 1952 **V. I. Leninwerke,** das größte Industrie- und Rüstungsunternehmen der Tschechoslowakei, Sitz: Pilsen, Prag; gegr. 1859, seit 1946 verstaatlicht.

Sk′olion das, -/...ien, bei den alten Griechen kurzes Trinklied.

Skoli′ose [grch.] die, seitliche Verbiegung der Wirbelsäule.

Skolop′ender der, →Bandasseln.

Skonto [ital.] der, das, -s/...ti, Abzug vom Rechnungsbetrag, z. B. bei Barzahlung.

Skontro [ital.] das, Hilfsbuch in der Betriebsbuchführung, in dem der Ein- und Ausgang von Waren, Wechseln usw. verbucht wird.

Sk′opas, griech. Bildhauer, um 350 v. Chr., arbeitete am Mausoleum in Halikarnassos.

Sk′opje, serb. **Skoplje,** Hauptstadt der Rep. Makedonien, Jugoslawien, 245 000 Ew.; oriental. Altstadt; Kultur- und Wirtschaftsmittelpunkt; am 26.7.1963 durch ein Erdbeben großenteils zerstört.

Skopolam′in das, Gift (Alkaloid) in Nachtschattengewächsen wie Tollkirsche, Stechapfel. Beruhigungsmittel (zus. mit Morphin).

Skorpi′on [lat.] der, **1)** Ordnung der Spinnentiere mit Giftstachel am Ende des Hinterleibs und mächtigen Scheren. Der Stich trop. Arten, die bis 15 cm lang werden können, kann für den Menschen tödlich sein. Im Mittelmeerraum leben harmlosere Arten. **2)** ♏ südl. Sternbild mit Antares; das 8. Zeichen des Tierkreises.

Skorb′ut der, Erkrankung durch Mangel an Vitamin C; Zahnfleisch-, Schleimhautblutungen, Zahnausfall, Anämie, Kräfteverfall. Heute nur noch selten.

Skoten Mz., alter kelt. Volksstamm (→Schottland, Geschichte).

Skrib′ent [lat.] der, Schreiber, Vielschreiber.

Skr′iptum [lat.] das, -s/-ta, Geschriebenes, Aufsatz.

Skrj′abin, Alexander Nikolajewitsch, russ. Komponist, *1872, †1915; erstrebte ein neues »Gesamtkunstwerk« auf kultischer Grundlage.

Skroful′ose die, seltene Kinderkrankheit mit Lymphknotenschwellungen, Schnupfen, Ekzem des Gesichts und Bindehautkatarrh. Behandlung: klimat. Kuren, Solbäder, Heimsonnenbestrahlung. **skroful′ös,** an S. leidend.

Skr′upel [lat.] der, -s/-, Gewissenszweifel, Bedenken. **skr′upellos,** gewissenlos.

Sk′uller, →Rudern.

Skulpt′ur [lat.] die, **1)** die →Bildhauerkunst. **2)** ein einzelnes Bildhauerwerk.

Sk′utari, 1) S., alban. **Shkodra,** Stadt in Albanien, am S.-See, 47 000 Ew.; Bischofssitz; bedeutender Handelsplatz. **2)** S., türk. **Üsküdar,** Vorstadt von Istanbul.

Skunk der, -s/-s, das →Stinktier.

Sk′upschtina [serbokroat.] die, in Jugoslawien die Volksvertretung.

skurr′il [lat.], albern, possenhaft.

Skye [skai], größte Insel der Inneren Hebriden, 1735 km² mit 11 000 Ew.; Schafzucht, Fischerei. Hauptort: Portree.

Sk′ylla die, Homer: menschenverschlingendes Ungeheuer in einer Höhle gegenüber der →Charybdis; daher: **zwischen S. und Charybdis,** zwischen zwei Gefahren oder Übeln.

Sk′ythen, Scythen Mz., antiker Name für Reitervölker Südrußlands, dann der Nordvölker überhaupt.

Sl′alom [norw.] der, Skiwettbewerb über eine durch Tore bezeichnete abschüssige Bahn.

Slang [slæŋ] der, niedere engl. und amerikan. Umgangssprache.

Sl′atin Pascha, Rudolf v., österr. Afrikaforscher, nahm an der Wiedereroberung des Sudans durch Kitchener teil, war 1900-14 Generalinspekteur des anglo-ägypt. Sudans; *1857, †1932.

Slato′ust, Industriestadt in der Russ. SFSR, im südl. Ural, 181 000 Ew.; Stahlwerke.

Slawen Mz., indogerman. Völkergruppe in O- und SO-Europa, durch Kolonisation auch in Sibirien, gegliedert in **Ost-S.** (Russen, Ukrainer, Weißrussen), **West-S.** (Polen, Slowaken, Tschechen, Kaschuben, Sorben), **Süd-S.** (Slowenen, Kroaten, Serben, Bulgaren, Makedonen).

slawische Sprachen, Sprachfamilie der indogerman. Sprachen. Man unterscheidet: **1)** Ostslawisch mit Russisch, Ukrainisch, Weißrussisch. **2)** Westslawisch mit Tschechisch, Slowakisch, Sorbisch, Polnisch, Kaschubisch und den ausgestorbenen Sprachen Slowinzisch und Polabisch. **3)** Südslawisch mit Slowenisch, Serbokroatisch, Bulgarisch und Makedonisch.

Slawj′ansk, Stadt in der Ukrain. SSR, 124 000 Ew.; chem. Ind.; Sol-, Moorbäder.

Slaw′onien, Landschaft in Jugoslawien, zwischen Save und Drau.

Sl′eipnir, das achtfüßige Roß Odins.

Sl′evogt, Max, Maler und Graphiker, *1868, †1932; impressionistische Figurenbilder, Landschaften, Buchillustrationen.

Sl′ezak, Leo, Tenor, *1873, †1946; 1901-26 Mitglied der Wiener Oper, Gastsänger, Filmschauspieler.

Sl′ibowitz, Sliwowitz [slaw.] der, Zwetschenschnaps.

Slip [engl.] der, kurze Unterhose.

Slipper [engl.] der, Schlupfschuh mit flachem Absatz, ohne Schnürung.

Slogan [sl′ougən, engl.] der, Werbeschlagwort.

Slowacki [suvaˈtski], Juljusz, poln. Dichter, *1809, †1849; seit 1831 im Ausland; neben Mickiewicz und Krasiński der bedeutendste poln. Romantiker.

Slowak′ei die, Landschaft im O der Tschechoslowakei, als **Slowak. Sozialist. Republik** Teilrep. der Tschechoslowakei, östl. der March, 49 009 km², 4,5 Mill. Ew. (Slowaken: daneben Magyaren, Juden, Ukrainer); Hauptstadt: Preßburg. Überwiegend gebirgig (West-, Waldkarpaten, Beskiden, Tatra, Slowak. Erzgebirge); Hauptfluß: die Waag. – Ackerbau in den tieferen Gebieten, Viehzucht und Waldwirtschaft in den Gebirgen, ⚒ auf Erze, Braunkohle; Hütten-, Metall-, chem. Ind., Maschinenbau. Geschichte. Die S. gehörte 1000 Jahre lang zu Ungarn, seit 1918 zur Tschechoslowakei. Nach dem Münchener Abkommen 1938 erhielt die S. Autonomie; im März 1939 wurde sie zum unabhängigen Staat unter Führung des kath. Geistlichen Tiso erklärt. Seit 1945 gehört sie wieder zur Tschechoslowakei, seit Jan. 1969 als Rep. mit eigener Regierung und Volksvertretung.

Slow′aken Mz., westslaw. Volk in der Slowakei und SO-Mähren, etwa 4 Mill., mit eigener Schriftsprache.

Slow′enen Mz., südslaw. Volk, in NW-Jugoslawien (Slowenien), Randgebieten NO-Italiens und Teilen Südkärntens; etwa 2,2 Mill., meist Bauern; Kultur stark deutsch beeinflußt.

Slow′enien, Rep. im NW Jugoslawiens, 20 251 km², 1,7 Mill. Ew.; Hauptstadt: Laibach. Waldreich; ⚒ auf Braunkohle, Eisenerz u. a.; Papier-, chem., Metall- u. Textil-Ind. – Die Slowenen wanderten in der 2. Hälfte des 6. Jahrh. in ihr Siedlungsgebiet ein. 1000 – Die Slowenen wanderten in der 2. Hälfte des 6. Jahrh. in ihr Siedlungsgebiet ein. Der Kernraum wurde das Herzogtum Krain, das seit dem 13./14. Jahrh. zu Habsburg gehörte. 1918 kam S. zu Jugoslawien.

Slum [slʌm, engl.] der, Elendsviertel.

Skorpion

Sluter: Mönch
am Grabmal
Philipps des
Kühnen (Paris)

Smetana

Söderblom

Soest:
Osthoventor

Slump [slʌmp, engl.] der, wirtschaftl. Niedergang. Gegensatz: Boom.

Sluter [sl'y-], Claus, niederländ. Bildhauer, †1406; Mosesbrunnen, Portalplastik in Dijon.

Sm, chem. Zeichen für Samarium.

S. M., Abkürzung für Seine(r) Majestät.

sm, Abkürzung für Seemeile.

SMAD, Abkürzung für Sowjetische Militäradministration in Deutschland.

Småland [sm'o:-], Landschaft in S-Schweden, wald-, fluß-, seenreich (bis 377 m hoch).

Smalte, Schmalte die, durch Kobaltoxyduloxyd tiefblau gefärbtes Kaliglas.

Smar'agd [grch.] der, Edelstein, grüne, durchsichtige Abart des →Beryll.

smart [engl.], elegant; gewandt, gerissen.

Sm'etana, Friedrich, tschech. Komponist, *1824, †1884; Opern (»Die verkaufte Braut«), Kammermusik, sinfon. Dichtungen, Lieder.

Smethwick [sm'eθik], frühere Stadt in Mittelengland, wurde 1966 mit Oldburg und Rowley Regis zu Warley vereinigt.

Smith [-θ], Adam, engl. Moralphilosoph und Begründer der klass. Volkswirtschaftslehre, *1723, †1790. S. sah nicht in Geld und Bodenertrag allein, sondern in der Arbeit aller die Ursache des Volkswohlstandes. Die Ertragskraft der menschl. Arbeit werde durch die Arbeitsteilung gesteigert.

Smog [engl.] der, gefährliche Anreicherung von Verbrennungsprodukten (Kohlenwasserstoffe, Kohlen- und Schwefeldioxyd, Ruß, Flugasche) in der Luft, bes. bei Nebel.

Smoking [sm'oukiŋ, engl.] der, ein- oder zweireihiges Jackett mit seidenen Aufschlägen als Abendanzug; dazu schwarze Schleife.

Smolensk [russ. smalj'ɔnsk], Stadt in der Russ. SFSR, am Dnjepr, 211 000 Ew.; Hoch- und Fachschulen; Leinenspinnerei und -weberei (Flachsanbaugebiet); Leicht-Ind. S. ist eine der ältesten Städte Rußlands.

Sm'utje der, Spitzname des Schiffskochs.

Smuts, Jan, südafrikan. Staatsmann, brit. Feldmarschall, *1870, †1950; focht im Burenkrieg gegen die Engländer, wirkte dann für die Versöhnung. S. war 1910 Mitbegründer der Südafrikan. Union, 1919-24 und 1939-48 MinPräs.

Sm'yrna, türk. **Izmir**, Stadt in der kleinasiat. Türkei, am Golf von S., 417 400 Ew.; Hafen; Univ.; Teppich-, Textil- u. a. Industrie.

Sn, chem. Zeichen für →Zinn.

Snack-Bar [snæk-, engl.] die, Imbißstube.

Snake River [sneik r'ivə, »Schlangenfluß«] der, Fluß im westl. Nordamerika, Nebenfluß des Columbia, 1500 km lang.

Sn'ellius, Snell van Rojen, Willebrord, Naturforscher, *1580 (oder 1591), †1626, entdeckte das Gesetz der Lichtbrechung.

Snob [engl.] der, -s/-s, Geck, Vornehmtuer. Snob'ismus der, -/...men, Vornehmtuerei.

Sn'orri St'urluson, isländ. Dichter, Geschichtsschreiber, Staatsmann, *1179, †1241, gab die jüngere →Edda und die »Heimskringla« (Geschichte der norweg. Könige bis 1177) heraus.

Snowdon [sn'oudn] der, höchster Berg Englands, in Wales, 1085 m.

Snyders [sn'ɛj-], Frans, niederländ. Tier- und Stillebenmaler, *1579, †1657.

SO, ⊕ Abkürzung für Südost.

Sobi'eski, Jan, poln. Feldherr, →Johann 7).

Sobr'anje die, bulgarische Volksvertretung.

Société Anonyme [sɔsjet'e anɔn'im, frz.] die, abgek. franz. Bez. für Aktiengesellschaft.

S'ockel der, -s/-, 🏛 Unterbau eines Gebäudes, Untersatz für Säulen, Standbilder; Postament.

S'oda die, das, **Natriumcarbonat**, früher: **kohlensaures Natrium**, Na_2CO_3, farblose, in Wasser leicht lösl. Kristalle. S. findet sich in manchen Salzseen Nordamerikas und Afrikas, im allgemeinen wird es aber nach dem **Solvay-Verfahren** (Ernst Solvay, *1838, †1922) gewonnen: In Kochsalzlösung wird Ammoniak und Kohlendioxyd eingeleitet; es fällt Natriumbicarbonat aus, das durch Erhitzen in S. übergeführt wird. Ver-

Smyrna: Antiker Markt

wendung für Waschmittel, Glas, Seife, Natriumsalze u. a.

Sodawasser, künstliches Selterswasser.

Sodbrennen, Brennen oder Kratzen in der Speiseröhre, durch Aufstoßen von saurem Mageninhalt. Gegenmittel: schluckweise verdünnte Milch, Zwieback oder Weißbrot.

Soddy [s'ɔdi], Frederick, engl. Chemiker, *1877, †1956, machte grundlegende Entdeckungen über Radioaktivität, Isotope und ihre Entstehungsgesetze; 1921 Nobelpreis.

S'oden, Bad S., 1) **B. S. bei Salmünster**, Solbad in Hessen. 2) **B. S. am Taunus**, Stadt in Hessen, 10 200 Ew.; Heilbad mit warmen Kochsalzquellen; pharmazeut. Industrie.

Söderblom [s'ø:dərblum], Nathan, schwed. evang. Religionsforscher, *1866, †1931, Erzbischof von Uppsala, Führer der ökumenischen Bewegung; 1930 Friedensnobelpreis.

Södermanland, Landschaft Mittelschwedens, südwestl. von Stockholm, seen- und waldreich.

Södertälje, Stadt in Schweden, südwestl. von Stockholm, 55 500 Ew.; versch. Industrie.

S'odoma, eigentl. Giovanni Bazzi, italien. Maler, *1477, †1549; Fresken, Tafelbilder.

Sodom'ie die, Unzucht von Menschen mit Tieren; Freiheitsstrafe (§ 175b StGB).

S'odom und Gom'orrha, Städte in Palästina, nach 1.Mos. 19 wegen Gottlosigkeit durch Jahve vernichtet.

Soest [zo:st], altertüml. Stadt in Nordrh.-Westf., in der Soester Börde, 40 600 Ew.; mit roman. und got. Kirchen; vielseitige Ind. S. ist Handelsstadt und gehörte zur Hanse.

Soff'itten [ital.] Mz., 1) oberer Abschluß des Bühnenbildes. 2) Unteransicht eines Bogens oder einer Balkendecke. **S.-Lampe**, eine röhrenförmige →Glühlampe.

S'ofia, Hauptstadt von Bulgarien, am Isker, 848 000 Ew.; Verkehrsknoten; Sitz eines Metropoliten; Universität u.a. Hochschulen; Maschinenbau, Elektro-, chem., graph. Ind. – 810 von

Sofia: Alexander-Newski-Kathedrale

den Bulgaren, 1382 von den Türken erobert, seit 1878 Hauptstadt.

Soforthilfe, im Lastenausgleich vorläufige Leistungen an Geschädigte.

Software [s'ɔftwɛːə, engl.] die, bei der elektron. Datenverarbeitung Sammelbegriff für die Programme, die zur Betriebsabwicklung dienen und von der zu bearbeitenden Einzelaufgabe unabhängig sind, z.B. das Betriebssystem zum Steuern und Überwachen der Arbeitsprogrammabwicklung, die Dienstprogramme zum Steuern von Druckern u.ä., die Prüfprogramme zur Fehlersuche. (→Hardware)

Sog der, 1) von der Wirbeln durchsetzte, saugende Teil der Strömung hinter einem bewegten Fahrzeug (Schiff, Flugzeug, Kraftwagen usw.). 2) das über dem Grund seewärts abströmende Wasser der Brandungswellen.

Sognefjord [s'ɔŋnəfjuːr], Fjord an der Südwestküste Norwegens, 180 km lang.

S'ohar der, Hauptwerk der →Kabbala, aus dem 13. Jahrh.

Sohle die, 1) die Lauffläche des Schuhs. 2) ⚒ die untere Begrenzung eines Grubenbaues, auch die einzelnen, untereinanderliegenden Abteilungen einer Lagerstätte. 3) Boden von Tälern, Gräben, Flüssen, Docks.

Sohlengänger, Säugetiere, die mit ganzer Fußsohle auftreten, z.B. Bären. Gegensatz: Zehengänger.

Soho, Vergnügungsviertel in London.

Soirée [swar'e, frz.] die, Abendgesellschaft, Abendvorstellung.

Soissons [swas'ɔ̃], Stadt an der Aisne, Frankreich, 27 600 Ew.; Maschinen-, Nahrungsmittel-, landwirtschaftl. Ind.; hier besiegte 486 Chlodwig den röm. Statthalter in Gallien, Syagrius.

Sojabohne, Ölbohne, Schmetterlingsblüter. Die Samen enthalten rund 35 % Eiweiß, 17 % Fett und halbtrockenes Öl, Lecithin, viel Vitamin B u.a. Die S. ist in Ostasien seit Jahrtausenden eine wichtige Kulturpflanze; sie liefert vor allem **S.-Öl. Sojamilch** wird statt Tiermilch für die Kinderernährung benutzt. Der Anbau ist in warmen Ländern (auch Südeuropa) verbreitet. Klimafest gezüchtete Rassen werden auch in Deutschland angebaut. Die Bohne, ihr Öl und Eiweiß sind in steigendem Maße Rohstoff für Nahrungsmittel (z.B. **Sojamehl** für fleischähnl. Zubereitungen) und techn. Produkte. Der Rückstand der Ölbereitung (**Sojaschrot, Bohnenkuchen**) gibt Kraftfutter.

S'okol [slaw. »Falke«] der, -s/-s und -e, Name slawischer Turnvereine.

Sokol'owskij, Wassilij, sowjet. Marschall, *1897, †1968; 1946-49 Chef der sowjet. Militärregierung in Dtl., 1953-60 Generalstabschef.

Sok'otra, brit. Insel vor der O-Spitze Afrikas, mit Nebeninseln 3579 km², rd. 12 000 Ew.

S'okrates, griech. Philosoph und Lehrer, *470, †399 v. Chr. in Athen. Durch eindringl. Fragen (**sokratische Methode,** Maieutik) suchte er vermeintl. Wissen zu zerstören und zum »Wissen des Nichtwissens« hinzuführen; von Einzelfällen ausgehend, suchte er zum Allgemeinen, Gesetzmäßigen aufzusteigen (Induktion). S. widmete sein Denken vor allem dem sittl. Handeln: aus einsichtigem Denken folgt notwendig richtiges Handeln, Tugend ist Wissen; eine innere Stimme (Daimonion) warnt den Menschen vor Irrwegen. S. wurde auf Grund von Verleumdungen zum Tod durch den Giftbecher verurteilt. Seine Wirkung beruht auf den Berichten seiner Schüler, vor allem Platos.

Sokr'atiker, die Schüler des Sokrates, die seine Lehre selbständig fortsetzten, bes. Plato, Anthistenes, Aristipp.

Sol das, kolloidale Lösung; →Kolloide.

Sol [lat. »Sonne«], Sonnengott der Römer.

Sol'anum [lat.], Pflanzengatt. Nachtschatten.

sol'ar [lat.], die Sonne betreffend.

Solarisati'on [lat.] die, bei photograph. Negativen die Erscheinung, daß bei sehr langer Belichtungsdauer Umkehrung eintritt, d.h. weiße Gegenstände im Positiv schwarz erscheinen.

Sol'arkonstante, die von der Sonne zur Erde eingestrahlte Wärmemenge; ihr Wert beträgt etwa 1,94 cal/cm² in der Minute.

Solbad, ⚭ Bad in natürl. kochsalzhalt. Quellen.

Soldan'elle die, →Alpenglöckchen. (BILD Alpenpflanzen)

Sold'at der, 1) jeder im Waffendienst stehende Angehörige der Streitkräfte eines Staates. 2) ⚥ Ameisen- oder Termitenkrieger. **Soldat'eska** [ital.] die, zügelloses, rohes Kriegervolk.

Söldner der, um Lohn (Sold) Dienender. S. bildeten im MA. den Hauptteil der Heere.

S'ole die, 1) kochsalzhaltiges Wasser aus natürl. Salzquellen; dient als Heilmittel (**Solbäder**) oder zur Gewinnung von Speisesalz durch Eindampfen. 2) i. w. S. Lösung irgendeines Salzes.

S'ol|ei, hartgekochtes, mit Salzwasser getränktes Ei.

sol'enn [lat.], feierlich.

Soleno'id [grch.] das, ⊗ eine zylindrische →Spule, deren Länge groß gegen ihren Durchmesser ist.

Solfat'ara [von ital. solfo »Schwefel«] die, -/...ren, Ausströmungen von Schwefelwasserstoff (→Fumarole)

Solfeggio [sɔlf'ɛdʒo, ital.] das, Gesangsübung ohne Text auf die Tonsilben do, re, mi, fa, sol, la, si.

Solfer'ino, Dorf in Norditalien, nordwestl. von Mantua; Franzosen und Piemontesen besiegten 1859 bei S. die Österreicher.

sol'id [lat.], 1) fest, gediegen, zuverlässig. 2) häuslich, anständig.

Solid'arhaftung, gesamtschuldner. Haftung.

solid'arisch [lat.], 1) gemeinsam, geschlossen. 2) gesamthaftend. **Solidarit'ät** die, das Zusammengehörigkeitsgefühl, der Gemeinsinn. **Solidar'ismus** der, eine sozialreformer. Richtung, die die Verbindung individueller Freiheit und sozialer Einordnung als Grundlagen echter Gemeinschaft erstrebt.

S'olidus der, altröm. Goldmünze.

S'oliman, Name türk. Sultane, →Suleiman.

S'olingen, Stadt in Nordrh.-Westf., im Berg. Land, 175 900 Ew.; Messerschmiedewaren, Werkzeugmaschinen, chem. Ind.; Instrumente.

Solips'ismus [lat. solus »allein«, ipse »selbst«] der, Lehre, daß die Welt nur in der Vorstellung des denkenden Ichs und dieses allein wirklich sei.

Sol'ist [ital.] der, Einzelsänger oder -spieler. (→Solo)

solit'är [lat.], einzeln, einsam. **Solitär** der, einzeln gefaßter Diamant.

Solit'üde [frz. »Einsamkeit«], Lustschloß bei Stuttgart, 1763-67 im Rokokostil erbaut. In der Nähe Rennstrecke für Auto- und Motorradrennen.

Soll das, 1) Buchführung: linke Seite des Kontos, Belastung. 2) kameralist. Rechnungswesen: Summe der im Rechnungsjahr erwarteten Einnahmen und Ausgabe. 3) Planwirtschaft: die einem Arbeiter vorgeschriebene Leistung, auch die termingerecht hergestellte Menge von Produktionsgütern.

Soll das, Mz. **Sölle,** kleine rundl., wassergefüllte Wanne in ehemaligen Vereisungsgebieten.

Sojabohne, a Blüte, b Frucht

Sokrates

Schloß Solitüde

Sommerwurz

Sonde:
Hohlsonde

Söller der, Altan, offener Umgang oder Saal.

S'olling der, Gebirge zwischen oberer Leine und Weser, 509 m hoch, Sandsteinbrüche.

Solmisati'on [ital.] die, ♪ Bez. der Tonstufen durch Silben (→Solfeggio).

S'olna, Stadt in Schweden, nordwestl. von Stockholm, 56 800 Ew.

Solnh'ofen, Gem. in Bayern, Fränk. Alb, Lithographiesteine (**S.er Schiefer**).

S'olo [ital. »allein«] das, -s/...li, 1) ♪ Einzelstimme mit oder ohne Begleitung im Unterschied zum mehrfach besetzten Chor oder Orchester; auch Tonstück für ein Instrument. 2) Spielart beim Skat oder eigenes Kartenspiel unter 4 Spielern. solo, allein.

Solog'ub, Feodor, eigentl. Feodor Kusmitsch **Teternikow,** russ. Dichter, *1863, †1927; Novellen, Romane (»Der kleine Dämon«), Übersetzungen.

S'olon, Gesetzgeber in Athen, * um 640, † um 560 v. Chr.; eigentl. Gründer des Stadtstaates Athen.

S'olothurn,1) Kanton der Schweiz (Mittelland und Jura), 791 km², 224 100 deutschsprachige Ew.; Industrie. 2) Hauptstadt von 1), 18 400 Ew., an der Aare. Seit 1218 Reichsstadt; 1481 in die schweizer. Eidgenossenschaft aufgenommen.

Solowjew [-j'ɔf], Wladimir Sergejewitsch, russ. Philosoph und Dichter, *1853, †1900; erstrebte eine Verbindung der orthodoxen Glaubenslehren mit westl. (bes. dt.) Philosophie und eine Wiedervereinigung der christl. Kirchen.

Solschen'izyn, Alexander, russ. Schriftsteller, *1918; Romane (»Krebsstation«), Nobelpreis 1970.

Solst'itium [lat.] das, →Sonnenwende.

S'oltau, Stadt in Ndsachs., in der Lüneburger Heide, 15 000 Ew.; Zinngießerei, vielseitige Ind.

Solutréen [sɔlytre'ɛ̃] das, Kulturstufe der Altsteinzeit.

Solvay-Verfahren, →Soda.

solv'ent [lat.], zahlungsfähig.

Som'ali, Volksstamm in Afrika, etwa 3,8 Mill., davon 1,9 Mill. in Somalia und 1,6 Mill. in Äthiopien.

Som'alia, Republik in O-Afrika, 637 661 km², 2,7 Mill. Ew.; Hauptstadt: Mogadiscio. S. umfaßt das Küstenland der Somali-Halbinsel; im N Hochland, im S flache Küstenebene; Baum- und Buschsavanne. BEVÖLKERUNG. Überwiegend Somali, meist Hirtennomaden, mit hamit. Sprache; Staatsreligion: Islam. Anbau (bes. im S) von Hirse, Mais, Bananen, Zuckerrohr u. a.; Viehhaltung; Küstenfischerei; Nahrungsmittelverarbeitung. Ausfuhr: Vieh, Fleisch, Häute und Felle, Bananen u. a.; Haupthandelspartner: Italien. Keine ⚷. Haupthafen und internat. Flughafen: Mogadiscio. – Das frühere Brit.- und Italien.-Somaliland wurde am 1. 7. 1960 als S. unabhängig. Staatspräs.: Scek Muktar (seit 1969). ⊕ S. 514, ▭ S. 346.

Som'aliland, 1) Französisches Gebiet der Afar und Issa.) →Somalia.

som'atisch [grch.], auf den Körper bezüglich.

Somatolog'ie die, Teilgebiet der biolog. Anthropologie, erforscht Merkmale am Körper des lebenden Menschen.

S'ombart, Werner, Volkswirtschaftler, Soziologe, *1863, †1941; baute auf histor.-soziolog. Grundlagen eine »verstehende Nationalökonomie« auf, kritisierte Liberalismus und Kapitalismus.

Sombr'ero [span.] der, mexikanischer breitkrempiger Hut.

Somme [sɔm] die, Fluß in Nordfrankreich, 245 km lang, mündet in den Kanal. 1914 und 1916 fanden an der S. schwere Kämpfe statt.

Sommer, auf der nördl. Halbkugel die Zeit vom 21. 6. bis 23. 9.; auf der südl. vom 21. 12. bis 21. 3.

S'ömmerda, Industriestadt im Bez. Erfurt, an der Unstrut, 17 600 Ew.

S'ommerfeld, Arnold, Physiker, *1868, †1951; förderte die Quantentheorie, bes. in der Anwendung auf die Atombau.

S'ommerfeld (Niederlausitz), Stadt in Brandenburg, (1939) 10 800 Ew.; seit 1945 unter poln. Verw. **(Lubsko,** 1969: 17 100 Ew.).

Sommersprossen, im Sommer hervortretende braune, auf zu starker Farbstoff-(Pigment-)Bildung beruhende Hautflecke.

Sommertrüffel, Pilz der Familie Schlauchpilze. (→FARBTAFEL Pilze S. 865)

Sommerwurz die, **Würger,** Gattung krautiger Pflanzen, ohne Blattgrün, sie leben auf Wurzeln anderer Pflanzen als Schmarotzer, z. B. auf Klee **(Kleeteufel),** auf Hanf **(Hanfwürger).**

Sommerzeit, Stundenzählung während der Sommermonate, die um eine Stunde vorverlegt ist, zur besseren Ausnutzung des Tageslichtes.

Somnambul'ismus [von lat. somnus »Schlaf« und ambulare »wandeln«] der, ein schlafähnl. Zustand, der von selbst **(Schlafwandeln)** oder durch Hypnose **(Trance)** entsteht.

Son'ate [ital.] die, Musikstück für 1-2 Soloinstrumente aus gewöhnlich 3 oder 4 Sätzen, von denen wenigstens einer (gewöhnlich der erste) in der **S.-Form** gehalten ist. Diese ist durch die Aufstellung zweier Themen und eines Durchführungsteils bestimmt, der die Themen frei verarbeitet. Sonat'ine die, kleine S.

S'onde [frz.] die, 1) ∫ dünnes Stäbchen zum Untersuchen von Wunden, Körperhöhlen. 2) ⚒ Probebohrung, bes. nach Erdöl. 3) →Raumsonde.

Sonderausgaben, im Einkommensteuerges. Lebensversicherungsbeiträge, werden auf Antrag vom Gesamtbetrag der Einkünfte abgezogen.

Sonderbundskrieg, Krieg der schweizer. liberalen Kantone gegen die 1845 in einem »Sonderbund« zusammengeschlossenen kath. Urkantone, der 1847 zur Auflösung des »Sonderbunds« führte.

S'onderburg, dän. **Sønderborg,** Hafenstadt auf der Insel Alsen, Dänemark, 22 400 Ew.; Maschinen-, Gewebe-, Lebensmittelindustrie; war bis 1919 preußisch.

Sonderburg: Schloß

Sonderführer, ⚔ im 2. Weltkrieg nur auf Grund berufl. Fachkenntnisse in Offizierstellen eingeteilte Personen.

Sondergerichte, Gerichte, die einen von den ordentl. Gerichten abgesonderten Teil der Gerichtsbarkeit ausüben (z. B. Finanzgerichte). Vom Nat.-Soz. wurden für bestimmte Strafsachen (bes. polit. Vergehen) S. eingerichtet; sie entschieden im beschleunigten Verfahren; Rechtsmittel waren unzulässig.

Sonderschulen, für schulpflichtige Kinder, die wegen geistiger, seelischer oder körperlicher Mängel die allgemeine Schule nicht besuchen können, z. B. Hilfs-, Taubstummen-, Schwerhörigen-, Sprachheil-, Blindenschulen.

S'ondershausen, Stadt im Bez. Erfurt, 22 800 Ew.; verschiedene Industrie; bis 1918 Hauptstadt des Fürstentums Schwarzburg-S.

sond'ieren [frz.], 1) mit der Sonde untersuchen. 2) vorsichtig zu erkunden suchen, vorfühlen.

Son'ett [ital.] das, Gedicht aus 14 Zeilen, gegliedert in 2 Vierzeiler und 2 Dreizeiler. Reimschema meist: abba abba cde cde.

Song [engl.] der, Gesang, Lied, →Schlager.

Songkoi, Songka, Fluß in Südostasien, etwa 800 km, mündet in den Golf von Tongking.

S'onnabend, Samstag, 7. Tag der Woche.

Sonnblick, Hoher S., Gipfel der Hohen Tauern, 3105 m hoch, Wetterdienststelle.

Sonne die, der Fixstern, um den sich unsere Planeten bewegen und von dem sie Licht und Wärme erhalten. Die S. hat Kugelgestalt (Durchmesser 1 391 000 km) und erscheint uns in ihrer Entfernung von 149,5 Millionen km als eine Scheibe. Ihre Masse ist etwa 800mal so groß wie die der Planeten zusammen, ihre Dichte ist gleich 0,26 der mittl. Erddichte; die Temperatur an ihrer Oberfläche, der **Photosphäre,** beträgt 5700°C, im Inneren 15-20 Millionen °C. Die S. besteht zu etwa $^4/_5$ aus Wasserstoff, $^1/_5$ aus Helium, weniger als 0,1% übrige Elemente (Fraunhofersche Linien im Spektrum der S.). Die Temperatur wird derzeit durch Fusion von Wasserstoff- zu Heliumkernen (→Kernverschmelzung) aufrechterhalten; der Wasserstoffvorrat reicht für etwa 13 Milliarden Jahre bei einem Alter von etwa $^1/_3$ dieser Zeit. Die Photosphäre ist umgeben von der sehr dünnen, selbstleuchtenden **Chromosphäre.** Die **Sonnenflecken** sind mit einer mittleren Periode von $11^1/_8$ Jahren zeitweilig erscheinende dunkle Flekken, aus denen die Umdrehungszeit der S. zu etwa 25 Tagen bestimmt worden ist. Bei →Sonnenfinsternissen werden die Korona und rosafarbene, wolkenähnl. Gebilde, die **Protuberanzen,** sichtbar. Außer Licht sendet die Sonne, vorzugsweise aus begrenzten Bereichen eruptiver Tätigkeit, Radio-, Ultraviolett-, Röntgen- und energiereiche Teilchenstrahlen aus.

S'onneberg, Stadt im Bez. Suhl, am Thüringer Wald, 30 100 Ew.; bed. Spielwaren-Industrie.

Sonnenbatterie, Stromquelle aus vielen hintereinandergeschalteten **Solarzellen,** meist dünnen Silicium-Photoelementen, zur Energielieferung für Raumflugkörper.

Sonnenblume, 2-3 m hohe amerikan. Korbblütergattung; Kräuter mit großem Blütenstand mit leuchtendgelben Randblüten. Aus den Früchten der **Gemeinen S.** wird Öl gewonnen; sie dienen auch als Vogelfutter. Die **Knollen-S., Erdbirne** oder **Topinambur** dient als Futterpflanze, die eßbare Knolle als Gemüse **(Erdartischocke).**

Sonnenbrand, ∫ entzündl. Rötung der Haut, kann zu Blasenbildung und Hautschälung führen.

Sonnenferne, Ap|hel, ☆ →Apsiden.

Sonnenfinsternis, entsteht dadurch, daß der Mond zwischen Erde und Sonne tritt. Erdorte, die vom Kernschatten (→Schatten) des Mondes getroffen sind, haben **totale S.,** Orte, die im Halbschatten, **partielle S.,** Orte, die im Gegenkegel des Mondkernschattens liegen, **ringförmige S.**

Sonnenfinsternis, S Sonne, M Mond, E Erde, K Kernschatten

Sonnengeflecht, Pl'exus sol'aris, großes Geflecht von Nervenknoten des vegetativen Nervensystems dicht unterhalb des Zwerchfells auf der Vorderseite der Hauptschlagader, steht mit den Nerven aller Bauchorgane in Verbindung.

Sonnenkompaß, ein Gerät, das im Polargebiet den Kompaß ersetzt: Fernrohr, das mit Hilfe eines Uhrwerks über einem geteilten Horizontalkreis dem tägl. Sonnenlauf folgt.

Sonnenkönig, Beiname →Ludwigs XIV.

Sonnenkraftanlagen nutzen die Energie der Sonnenstrahlung aus (bei vollem Sonnenschein und senkrechtem Einfall 1 kW/m²). Parabolspiegel sammeln die Sonnenstrahlung im Brennpunkt, wo bis 3000°C erreicht werden. Die Energie wird zur Salzwasserdestillation, zur Kunstdüngerherstellung, zum Schmelzen von Metallen u. a. verwertet.

Sonnenkult, die religiöse Verehrung der Sonne; bei Natur- und Kulturvölkern verbreitet.

Sonnenlichtbestrahlung, Sonnenbad, wirkt heilend bei Tuberkulose der Haut, Drüsen, Knochen und Gelenke sowie vorbeugend gegen Rachitis. Biolog. wertvoll ist der ultraviolette Teil des Sonnenlichtes.

Sonnennähe, Perih'el, ☆ →Apsiden.

Sonnentag, →Sonnenzeit.

Sonnenstich, der →Hitzschlag.

Sonnensystem, umfaßt alle Himmelskörper, die sich im Anziehungsbereich der Sonne befinden und sich in Bahnen, die den Keplerschen

Sonnenblume

Sonnensystem, oben: Entfernung der Planeten von der Sonne (in Mill. km) und zurückgelegter Bogen in einem Merkurjahr (88 Tage), rechts: Größenverhältnisse der Planeten im Vergleich zum Sonnendurchmesser, links: das Sonnensystem mit den Bahnen der Planeten und der wichtigsten Kometen (mit Umlaufzeit)

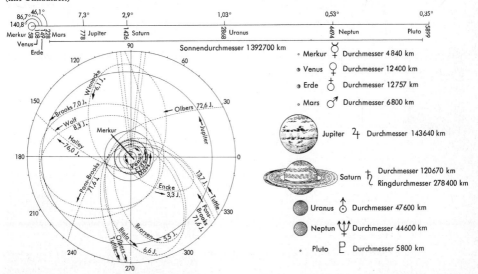

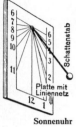

Sonnenuhr

Sophokles

Gesetzen folgen, um diese bewegen. Es sind dies die 9 großen →Planeten mit ihren Monden, die über 2000 Planetoiden, die →Kometen und Sternschnuppenschwärme. Das S. bewegt sich im Vergleich zu den umgebenden Fixsternen mit einer Geschwindigkeit von 20 km/s in Richtung auf das Sternbild des Herkules; mit seiner näheren Umgebung kreist es um den Mittelpunkt des Milchstraßensystems mit 275 km/s Geschwindigkeit.

Sonnentau, Dr'osera die, tiefangende Pflanzen, mit weißen Blütchen; auf Moorboden. Setzt sich ein Kerbtier auf eines der löffelförmigen Blätter, so krümmen sich klebrige rote Drüsenhaare, die Verdauungssaft ausscheiden, auf das Tier und verdauen es. (BILD tierfangende Pflanzen)

Sonnentierchen, kugelige Einzeller der Klasse Wurzelfüßer, meist als Plankton in stehenden Gewässern; der Körper hat zahlreiche Fortsätze (Pseudopodien). (BILD Urtiere)

Sonnenuhr, Zeitmesser. Die S. mißt Länge oder Richtung des Schattens, den ein Stab bei wechselndem Sonnenstand auf eine waagerechte oder senkrechte Fläche wirft.

Sonnenwende, Solst'itium, ☼ die Umkehr der Sonne von ihrer größten nördl. oder südl. Abweichung nach dem Äquator zu. Der nördl. Punkt, die **Sommer-S.,** wird am 22. 6. erreicht. Durch diesen Punkt hat man den nördl. Wendekreis gelegt. Die **Winter-S.** wird am 21. 12. erreicht. Durch diesen Punkt läuft der südl. Wendekreis.

Sonnenzeit, die durch die Stellung der Sonne bestimmte Zeit: Der zwischen zwei aufeinanderfolgenden höchsten Sonnenständen (→Mittag) liegende Zeitraum ist ein **wahrer Sonnentag.** Da dieser im Laufe des Jahres ungleich lang ist, wählt man das Mittel aller Sonnentage als **mittleren Sonnentag.** Der Unterschied zwischen wahrer und mittlerer S. heißt **Zeitgleichung** (höchstens 16 Min. 21 Sekunden, am 2. 11. und 11. 2. →Sterntag).

Sonntag [Tag der Sonne], der 1. Tag der Woche, wird in der christl. Kirche als Ruhetag gefeiert. Die Sonntagsruhe ist gesetzlich geschützt.

Sonnwendfeier, bei vielen Völkern Fest zur sommerl. Sonnenwende, in christl. Zeit mit dem Fest Johannis d. T. (24. 6.) zusammengelegt. Dt. Volksbrauche: Johannisfeuer, Feuerrad u. a.

son'or [lat.], klangvoll.

S'onthofen, Kurort in Bayern, im Allgäu, 16 500 Ew.; Hütten-, Textil-, Käse-, Holz-Ind.

Sooden-Allendorf, Bad S.-A., Stadt in Hessen, an der Werra, 6800 Ew.; brom- und jodhaltige Solquellen (Asthma, Rheuma).

Soonwald, Teil des Hunsrücks.

Soor der, eine →Hautpilzerkrankung.

Soph'ie [grch. »Weisheit«], weibl. Vorname.

Soph'ist [grch.] der, 1) im antiken Griechenland Lehrer der Allgemeinbildung, bes. der Redekunst, seit etwa 450 v. Chr.; die S. übten Kritik an Sitte und Überlieferung. 2) übertragen: spitzfindiger Mensch. **Soph'istik** die, Kunst der S.; abwertend: die Kunst der Scheinbeweise und -schlüsse. **Soph'isma** das, der →Trugschluß.

S'ophokles, griech. Dichter, * um 496, †406 v.Chr., einer der 3 großen griech. Tragöden, zeigte den Menschen als sittl. Wesen in der Hand der Götter. Von 123 Dramen sind 7 erhalten: Ödipus, Antigone, Elektra u. a.

Sophros'yne [grch.] die, Besonnenheit.

Sopr'an [ital.] der, **Disk'ant,** ♂ höchste Frauen-, Knabenstimme; man unterscheidet **hohen S.** und **Mezzo-S.** Normalumfang c¹-a².

S'orau, Stadt in Brandenburg, (1939) 25900, (1969) 34800 Ew.; Altes Schloß (Wasserburg), Neues Schloß. Seit 1945 unter poln. Verw. **(Żary).**

S'orben, Wenden, die im frühen MA. zwischen Saale und Oder wohnenden Slawen.

S'orbet [türk.-pers.] der, **Scherbet** [arab.] der, türk. Kühltrank aus Fruchtsaft.

Sorbonne [sɔrb'ɔn] die, das Zentrum der Univ. Paris, urspr. theolog. Kolleg.

Sord'ino [ital.] der, Dämpfer; bei Musikinstrumenten Vorrichtung zur Abschwächung der Tonstärke.

Sorel [sor'ɛl], Georges, franzö́s. Soziologe, *1847, †1922; Mitbegründer der Lehre des revolutionären →Syndikalismus.

S'orghum das, **Mohrenhirse,** →Hirse.

S'orin, Valerian A., sowjet. Diplomat, *1902; 1945-47 Botschafter in Prag, 1955/56 in Bonn, dann einer der stellvertr. Außenmin., seit 1960 Vertreter bei den Verein. Nationen, seit 1965 Botschafter in Paris.

Sorocaba [soruk'ava], Stadt in Brasilien, 142800 Ew.; vielseitige Industrie.

Sorr'ent, italien. **Sorrento,** Stadt und Seebad in S-Italien, am Golf von Neapel, 13200 Ew.; Erzbischofssitz; Intarsien-, Seidengewerbe; Wein- und Obstbau.

S'orten Mz., im Bankwesen ausländ. Münzen, Banknoten, Zinsscheine.

Sortim'ent [lat.] das, 1) Zusammenstellung von verschiedenartigen Waren derselben Gattung. 2) **S., S.s-Buchhandlung,** Laden-Buchhandlung; ihr Inhaber heißt **Sortim'enter.**

SOS, 1) international festgelegtes Notsignal [gedeutet als save our souls, engl., »rettet unsere Seelen«], →Morsezeichen. 2) allgemein: Hilferuf in höchster Not.

S'oschtschenko, Michail Michailowitsch, russ. Humorist und Satiriker, *1895, †1958.

S'osnowitz, Sosnowiec, Stadt in Polen, im Dombrowaer Kohlengebiet, 139800 Ew.; Steinkohlengruben, Schwerindustrie.

Soße [frz. sauce] die, Tunke, Brühe.

sosten'uto [ital.], ♪ gehalten, getragen.

Sot'er [grch. »Erretter«, »Heiland«], 1) bei den Griechen Beiname von Göttern (Zeus, Dioskuren u. a.), im Hellenismus auch von Herrschern. 2) im N. T. Jesus.

Sotho, auch **Basuto,** Bantuvolk südl. des Sambesi, von SW-Afrika bis Transvaal verbreitet.

S'otschi, Stadt im Gau Krasnodar, Russ. SFSR, am Schwarzen Meer, 177000 Ew.; Hafen, Seebad, Kurort im Kaukasus-Vorland.

Sottens [sɔt'ɑ̃s], Dorf im Kt. Waadt, Schweiz; Rundfunksender für die franzöś. Schweiz.

Sott'ise [frz.] die, Albernheit, freche Bemerkung, Beleidigung.

Sou [su] der, franzö́s. 5-Centimes-Stück.

Soubrette [subr'ɛtə, frz.] die, 1) Kammerzofe. 2) Sopranistin in jugendl., bes. schelm. Rollen.

Souffleur [sufl'œːr, frz.] der, **Souffleuse** [sufl'øːz] die, Vorsager(in), Einhelfer(in) im **S.-Kasten** dicht vor der Bühne. Zw.: **souffl'ieren.**

Soul [soul, engl. »Seele«], ein aus dem Jazz und bes. der Beatmusik entwickelter neuer Klang und Rhythmus der amerikan. Neger (soul-sound).

Sö́ul, Seoul [su:l, sə'u:l, korean. sœ'ul], Hauptstadt S-Koreas, 3,7 Mill. Ew., wirtschaftl. Mittelpunkt; Universität.

Souper [sup'e, frz.] das, Abendessen.

Soutane [sut'anə] die, langer Leibrock der kath. Geistlichen (→Talar).

Souterrain [sutɛr'ɛ̃, frz.] das, Kellergeschoß.

South [sauθ, engl.], Süden, Süd-...

Southampton [sauθ'æmptən], Stadt in England, an der Südküste, am **S. Water,** einer 15 km

Söul: Innenstadt

langen Bucht, 208 700 Ew.; wichtiger Hafen mit großen Dockanlagen; umfangreiche Ind.; Universität, mittelalterl. Bauten.

South Carolina [sauθ kærəl'ainə], Abk. **S. C.,** Staat im SO der USA, reicht vom Atlant. Ozean an die Appalachen (Blaue Kette), 80 432 km², 2,6 Mill. Ew. (rd. 35% Neger); Hauptstadt: Columbia. Tabak, Baumwolle, Sojabohnen; Viehzucht; Forstwirtschaft. Industrie. ⊕ S. 526.

South Dakota [sauθ dək'outə], Abk. **S.D.,** Staat der USA, beiderseits des mittl. Missouri, 199 552 km², 680 500 Ew.; Hauptstadt: Pierre; größte Stadt: Sioux Falls. Präriegebiet; Getreidebau, Viehwirtschaft. ⚒ auf Gold u. a. ⊕ S. 526.

Southend-on-Sea [s'auθend ɔn si:], Seebad in SO-England, 165 800 Ew.; Fahrradindustrie.

Southport [s'auθpɔ:t], Hafenstadt und Seebad in NW-England, an der Irischen See, 82 000 Ew.

South Shields [s'auθ ʃi:ldz], Hafenstadt in NO-England, Vorhafen von Newcastle, 108 800 Ew.; Schiffbau, Eisen-, chem. Industrie.

Souvenir [suvən'i:r, frz.] das, Andenken.

souver'än 1) herrschaftsberechtigt, unbeschränkt. **2)** überlegen. **Souverän** der, Herrscher, Inhaber der höchsten Staatsgewalt. **Souveränit'ät** die, die nicht abgeleitete, nach innen und außen unbeschränkte Hoheitsgewalt eines Staates. Träger der S. ist in absoluten und konstitutionellen Monarchien das Staatsoberhaupt, in parlamentar. Monarchien und Demokratien das Volk (Volkssouveränität). Die modernen Staatengemeinschaften (z. B. die Verein. Nationen) führen zur Einschränkung der staatl. Souveränität.

Sovereign [s'ɔvrin] der, engl. Goldmünze, urspr. gleich dem Pfund Sterling (→Pfund).

S'owchos der, **Sowch'ose** die, staatl. landwirtschaftl. Großbetrieb in der Sowjetunion.

Sowj'et [russ.] der, urspr. Arbeiterrat, jetzt Name der Behörden und Organe der Selbstverwaltung in der →Sowjetunion. **Sowjets** (Mz.), volkstüml. für Regierung, Armee und Bevölkerung der Sowjetunion.

Sowj'etunion, Union der Sozialistischen Sowjetrepubliken, Abk. **UdSSR,** der räumlich größte Staat der Erde, in O-Europa und Asien, einschl. Wasserflächen 22 402 000 km², (1970) 241 Mill. Ew.; Hauptstadt: Moskau. Staatssprache ist Russisch, daneben in den Unionsrepubliken, Autonomen Gebieten und Nationalbezirken die jeweiligen Volkssprachen als Amtssprachen. ⊕ S. 527, ⊡ S. 346, ⛌ S. 878.

VERFASSUNG von 1936 (mehrfach geändert): Die S. ist ein »sozialistischer Staat der Arbeiter und Bauern«, in dem alle Gewalt vom werktätigen Volke ausgeht, das durch Sowjets (Räte) seiner Abgeordneten vertreten wird. Sie ist ein Bundesstaat mit 15 sozialist. Sowjetrepubliken (Unionsrepubliken), die ebenfalls gegliedert sind (ÜBERSICHT). Höchstes Staatsorgan und einziger Gesetzgeber ist der **Oberste Sowjet;** er besteht aus dem auf Grund von Einheitslisten im Volke gewählten Unionsrat und dem von den Unionsrepubliken, den Autonomen Republiken und Gebieten und den Nationalen Bezirken gewählten Nationalitätenrat. Das vom Obersten Sowjet gewählte **Präsidium** übt die oberste Gewalt zwischen den Sitzungsperioden aus, es ernennt die ihm verantwortl. Minister und hat die Funktion des Staatsoberhaupts, die vom Vorsitzenden (seit 1965 N. Podgorny) ausgeübt wird. Der **Ministerrat** ist das oberste Organ der Vollziehung und Verwaltung; es besteht aus dem MinPräs. (Vors. des Ministerrats; seit 1964 A. Kossygin), seinen Stellvertretern, den Ministern und den Vorsitzenden staatlicher Komitees, z. B. des Planungskomitees.

Die **Kommunist. Partei der Sowjetunion (KPdSU)** ist die eigentl. Trägerin der polit. Macht. Als ihr Hauptorgan gilt der mindestens alle 4 Jahre tagende Parteikongreß; das von diesem gewählte Zentralkomitee wählt als engsten Führungskreis sein Präsidium, dem zur ständiger Übung die Mitgl. des Ministerrats-Präsidiums angehören (→Politbüro), und sein Sekretariat, dessen 1. Sekretär (seit 1964 L. Breschnew) eine entscheidende Rolle spielt. – Die Kommunist. Partei hatte 1966 rd. 11,6 Mill. Mitgl., dem →Komsomol gehörten 23 Mill. Jugendliche an.

LANDESNATUR. Die S. erstreckt sich von der Ostsee, den Karpaten und dem Schwarzen Meer nach O bis zum Stillen Ozean und zur Beringstraße, von den innerasiat. Hochländern nach N bis zum Nordpolarmeer. Tiefländer herrschen vor: das Osteuropäische Tiefland westl. des Urals, östl. davon das Sibirische Tiefland und im S das Tiefland von Turan. Das Mittelsibir. Hügelland geht im O in Küstengebirge über (Kamtschatka 4850 m). Den Südrand der S. bilden hohe Faltengebirge: Kaukasus, Hochland von Armenien, Pamir (Pik des Kommunismus 7495 m), westlicher Tienschan, Altai. Große Ströme: im europ. Teil die Wolga, in Sibirien Ob, Jenissej, Lena, in Ostasien Anteil am Amur. Die Flüsse sind, bes. im europ. Teil, durch Kanäle verbunden. Das Kasp. Meer ist der größte, der Baikalsee der tiefste Binnensee der Erde. Das KLIMA weist scharfe jahreszeitl. Gegensätze auf. Der N und NO haben sehr lange und kalte Winter, der S heiße und sehr trockene Sommer. Über Pflanzen- und Tierwelt →Asien, →Europa.

Die BEVÖLKERUNG setzt sich aus etwa 180 Völkerschaften verschiedener Rasse, Sprache und Kultur zusammen: etwa ³/₄ Ostslawen (Russen, Ukrainer, Weißrussen), ferner Usbeken, Tataren, Kasachen, kaukasische u. a. Türkvölker, Iranier, finn. Völker, Juden, Deutsche, Polen u. a. Millionenstädte: Moskau, Leningrad, Kiew, Taschkent, Baku, Charkow, Gorkij, Nowosibirsk, Kuibyschew. KIRCHE. Staat und Kirche sind getrennt. Die Verfassung von 1936 garantiert »allen Bürgern die Freiheit der religiösen Bekenntnisses und der antireligiösen Propaganda« (Art. 124). An der Spitze der →Russischen Kirche steht der Patriarch von Moskau. Andere Ostkirchen sind die Georgische, die Armenische Kirche und die Altgläubigen (→Raskolniki). Röm. Katholiken in Litauen und den früher poln. Teilen der S., Protestanten (Baptisten, Lutheraner) bes. in Estland, Lettland. Es gibt etwa 24 Mill. Muslime und 2 bis 2,5 Mill. Juden. BILDUNG. Alle Schulen sind staatlich; der Schulunterricht einschl. Studium ist kostenlos. Schulpflicht besteht vom 7. bis zum 15./16., in großen Städten bis zum 17. Lebensjahr. Nach der Umbildung des Schulwesens 1958 wurde die verbindl. Achtklassenschule eingeführt. Die prakt. Betriebsarbeit neben Schule und Studium spielt eine große Rolle (polytechnische Erziehung). 1967 gab es 767 Hochschulen aller Art mit 4,1 Mill. Studenten.

WIRTSCHAFT. Seit dem Beginn der Fünfjahrespläne (1928) nimmt die Industrialisierung rasch zu. Wirtschaftsgrundlage ist die sozialist. Eigentum an Boden und Bodenschätzen und an den Produktionsmitteln, die dem Staat gehören. Die Landwirtschaft wird überwiegend in Kolchosen und Staatsgütern (Sowchosen) betrieben. Die Anbauflächen wurden erweitert. Von 610 Mill. ha landwirtschaftl. Nutzfläche entfallen 35–40% auf Ackerland. Haupterzeugnisse sind Getreide, Zuckerrüben, Kartoffeln, Sonnenblumenkerne, Baumwolle. Bedeutende Viehzucht (Rinder, Schweine, Pferde, Schafe, Ziegen) und Forstwirtschaft (Waldfläche 9,1 Mill. km² = etwa ¼ des Waldbestandes der Erde), Fischerei in den Randmeeren der S., Pelztierfang bes. in O-Sibirien. Die S. ist reich an Bodenschätzen: in der Förderung von Eisenerz, Mangan, Chrom steht sie an 1. Stelle, von Erdöl (Kaukasus, Wolga-Ural-Gebiet), Erdgas (Sibirien, Kasachstan) und Kohle (Kusnezker Kohlenbecken) hinter den USA an 2. Stelle, von Gold hinter Südafrika an 2. Stelle der Welt; ferner an Zink, Kupfer, Silber, Uran u. a. Die Industrialisierung nahm bes. seit dem 2. Weltkrieg stark zu und bezieht die asiat. Teile der S. ein. Schwerpunkte: zwischen Dnjepr und Donez, um Moskau, am Ural (Swerdlowsk, Tscheljabinsk, Magnitogorsk), W- und Mittel-

Sovereign
Georgs IV.
(Rückseite)

Verwaltungsgliederung 1969

Russische Sozialistische Föderative Sowjetrepublik; sie umfaßt:

a) 16 Autonome Sozialist. Sowjetrepubliken: Baschkirische, Burjatische, Dagestanische, Jakutische, Kabardino-Balkarische, Kalmükkische, Karelische ASSR, ASSR der Komi, ASSR der Mari, Mordwinische, Nordossetische, Tatarische, Tschetscheno-Inguschische, Tschuwaschische ASSR, ASSR der Tuwa, Udmurtische ASSR.

b) 5 Autonome Gebiete: Gorno-Altaiisches, Adighisches, Chakassisches, Karatschaiisch-Tscherkessisches, Jüdisches A. G.

c) 10 Nationalbezirke: N. B. der Nenzen, der Korjaken, Dolgano-Nenzen (Taimyr-Halbinsel), der Tschuktschen, der Komi-Permjaken, der Chanten und Mansen, der Jamalo-Nenzen, der Burjaten von Ust-Ordinsk und von Aginsk.

d) 6 Gaue (Kraj): Altai, Krasnodar, Krasnojarsk, Primorje, Stawropol, Chabarowsk.

e) 49 Gebiete (Oblasti).

Ukrainische Sozialistische Sowjetrepublik; sie umfaßt 25 Gebiete.

Weißrussische Sozialistische Sowjetrepublik; sie umfaßt 6 Gebiete.

Litauische Sozialistische Sowjetrepublik.

Lettische Sozialistische Sowjetrepublik.

Estnische Sozialistische Sowjetrepublik.

Moldauische Sozialistische Sowjetrepublik.

Grusinische Sozialistische Sowjetrepublik; sie schließt ein:

a) 2 Autonome Sozialistische Sowjetrepubliken: Abchasische ASSR, Adscharische ASSR.

b) das Südossetische Autonome Gebiet.

Armenische Sozialistische Sowjetrepublik.

Aserbaidschanische Sozialistische Sowjetrepublik; sie schließt ein:

a) die Autonome Soz. Sowjetrep. Nachitschewan,

b) das Autonome Gebiet Nagornij-Karabach.

Turkmenische Sozialistische Sowjetrepublik.

Kasachische Sozialistische Sowjetrepublik; sie umfaßt 16 Gebiete.

Usbekische Sozialistische Sowjetrepublik; sie schließt ein:

a) die Karakalpakische ASSR,

b) 9 Gebiete.

Kirgisische Sozialistische Sowjetrepublik; sie schließt 1 Gebiet ein.

Tadschikische Sozialistische Sowjetrepublik; sie schließt das Autonome Gebiet Gorno-Badachschan ein.

---

sibirien (Omsk, Nowosibirsk, Nowokusnezk, Irkutsk), Zentralasien (Taschkent), Ferner Osten (Amurtal). Neben der Schwer-, Maschinen-, Raketen- und Raumfahrt-, chem. Ind. wird auch die Verbrauchsgüter-Ind. verstärkt ausgebaut. Ausfuhr (bes. nach Ostblockstaaten): Textilwaren, Bergbauerzeugnisse, Schnittholz u. a. VERKEHR. Rd. 1,5 Mill. km Straßen (darunter 405 500 km mit fester Decke), rd. 132 500 km Eisenbahn. Wichtige Binnenschiffahrt auf Flüssen und Kanälen (Marienkanalsystem, Moskau-Kanal, Ostsee-Weißmeer-Kanal, Dnjepr-Bug-Kanal, Wolga-Don-Kanal). Bedeutende Seeschiffahrt; Haupthäfen: Leningrad, Murmansk (einziger eisfreier Hafen), Archangelsk, Odessa, Rostow, Wladiwostok. Mittelpunkt des Flugnetzes ist Moskau.

GESCHICHTE. Nach dem Ausbruch der »Februarrevolution« (im März) 1917, die den Zaren zur Abdankung zwang (→Russische Geschichte), riß die bolschewistische Partei (→Bolschewismus) unter →Lenin am 7. Nov. 1917 die Regierungsgewalt an sich. Nach dem Frieden von Brest-Litowsk, der unter Verzicht auf die westl. Grenzländer den Krieg beendete, wurde im März 1918 in Moskau durch den All-Unionskongreß der Sowjets (Arbeiterräte) die »Russ. Soz. Föderative Sowjetrepublik« (RSFSR) gegründet. Im Bürgerkrieg (1918 bis 1921) behauptete sich die Sowjetmacht mit Hilfe der »Roten Armee« unter L. Trotzkij gegen die »Weiße Armee« (Koltschak, Denikin, Judenitsch, Wrangel) und gegen die Intervention der Ententemächte (England, Frankreich, USA, Japan). Nach Intervention der Bolschewiki hatten sich auch in Randgebieten des ehemaligen Zarenreiches Sowjetrepubliken (Ukraine, Weißrußland, Transkaukasien) gebildet, die sich Dez. 1922 durch Vertrag mit der RSFSR in der »Union der Sozialistischen Sowjetrepubliken« (UdSSR) zu einem föderativen Bundesstaat vereinigten. Infolge des wirtschaftl. Zusammenbruchs in den Jahren des »Kriegskommunismus« leitete Lenin 1921 die »neue ökonomische Politik« (NEP) ein. Nach Lenins Tod (1924) wurde →Stalin der einflußreichste Politiker; er schaltete Trotzkij, Sinowjew und Kamenew, später die Gruppe um Bucharin aus. 1928 begann unter ihm die Periode der totalen Planwirtschaft: Industrialisierung mit weitgehender Technisierung und (1928–32) die »Kollektivierung« der Landwirtschaft. Die innere soziale Revolution, die mit der Verfassung von 1936 abschloß, und die »Große Säuberung« (1936–38) veränderten das innere Gefüge von Partei, Staat und Gesellschaft wesentlich. 1939 entzog sich Stalin der brit. Koalitionspolitik und nutzte nach dem deutsch-sowjet. Pakt vom 23. 8. 1939 den europ. Krieg zu Gebietserweiterungen im W aus: Ostpolen, Baltikum, Bessarabien, nördl. Bukowina, karelische Landenge und Ostkarelien. 1941 ließ Hitler dt. Truppen in die S. einmarschieren (→Weltkrieg II). Die S. verbündete sich nun mit den angelsächs. Mächten. In Ostasien schaltete sie sich 1945 in die Endphase des Krieges gegen Japan ein. Durch die Vereinbarungen von Teheran, Jalta und Potsdam hatte sich die S. fast ganz Europa östl. der Linie Lübeck-Triest als Einflußsphäre gesichert. Trotz Mitgliedschaft bei den UN kühlten sich die Beziehungen zwischen der S. und den Westalliierten ab. Aus dem erstarkenden Widerstand des Westens gegen die sowjet. Expansion entwickelte sich ein »kalter Krieg«. Im Ostblock schuf sich die S. ein polit. und wirtschaftl., im Warschauer Pakt ein militär. Bündnissystem (→Ostblockstaaten). Nach Stalins Tod zeichnete sich eine Entspannung zwischen Ost und West ab, die bes. auf der ersten der Genfer Konferenzen (1955) sichtbar zu werden schien, jedoch hat die Spannung zwischen Ost und West seither wieder zugenommen (Berlin-Krise, Laos, Kuba, Vietnam, Nahost). Über die Beschlüsse des 20. Parteikongresses →Kommunismus. Seit 1961 haben sich die Meinungsverschiedenheiten zwischen der S. und China über die Auslegung des Marxismus-Leninismus vergrößert, zu machtpolit. Auseinandersetzungen und bereits zu Kampfhandlungen (März 1969 am Ussuri) geführt. Die Bemühungen einzelner Ostblockstaaten um Selbständigkeit, bes. Polens, Rumäniens und der Tschechoslowakei, verstärkten sich 1968. Der Liberalisierungsprozeß in der Tschechoslowakei wurde durch die gewaltsame sowjet. Besetzung des Landes im August 1968 beendet. Der Zwiespalt zwischen kommunist. Ideologie und sowjet. Machtpolitik belastet seither das Verhältnis der S. zu den Volksdemokratien und kommunist. Parteien in aller Welt.

sozi'al [lat.], **1)** gesellschaftlich, die Ordnung der menschl. Gesellschaft betreffend. **2)** menschenfreundlich.

Sozi'alarbeit, alle fürsorger. und sozialpädagog. Bestrebungen; Ausbildung: in Höheren Fachschulen für S., für Jugendhilfe, Sozialpädagogik sowie in besonderen Schulen für Heimerzieher, Kinderpflegerinnen und -gärtnerinnen, usw.

Sozi'aldemokratie die, polit. Parteirichtung der vom →Marxismus herkommenden Arbeiterbewegung. Der Name S. beschränkt sich seit dem 1. Weltkrieg auf den gemäßigten, evolutionären Flügel (→Sozialismus, →Kommunismus); er umfaßt nach dem in Deutschland üblichen Sprachgebrauch die nichtkommunistischen, in der 1919/20 und dann 1951 neugegründeten Zweiten →Internationale zusammengefaßten sozialistischen Parteien. – Die **Sozialdemokratische Partei Deutschlands (SPD)** entstand 1875 durch Zusammenschluß der Sozialdemokrat. Arbeiterpartei mit dem Allg. Dt. Arbeiterverein als Partei des entschiedenen Marxismus, zu dem sich das Erfurter Programm von 1891 bekannte. 1912 wurde sie stärkste Partei des Reichstags. Seit 1899 entstand der bes. von E. Bernstein entwickelte reformistische Revisionismus, der sich bis 1919 in der Partei durchsetzte. Die im 1. Weltkrieg abgespaltene **Unabhängige Sozialdemokrat. Partei** ging 1922 wieder in der SPD auf. In der Weimarer Zeit war die SPD mehrfach an Koalitionsregierungen beteiligt und stellte mit F. →Ebert den ersten Reichspräsidenten. Zu den Führern gehörten Bebel, Liebknecht, v. Vollmar, Ebert, Scheidemann, Herm. Müller, in Preußen Braun, Severing. In der nat.-soz. Zeit wurde die SPD 1933 aufgelöst. Nach 1945 wiedergegr., ging sie in der sowjet. Besatzungszone in der →Sozialist. Einheitspartei Deutschlands (SED) auf. In der Bundesrep. Dtl. wurde sie zweitstärkste Partei. Auf dem Parteitag in Bad Godesberg (Nov. 1959) gab sich die SPD ein neues Grundsatz-Programm. 1966 bildete sie mit der CDU eine Koalitionsreg., Vizekanzler: Brandt. Führende Politiker: Schumacher (†1952), Ollenhauer (†1963), Reuter (†1953), Erler (†1967); heute Brandt, Wehner, C. Schmid, H. Schmidt, Schiller. – In ÖSTERREICH bildete sich 1888/89 unter Victor Adler die **Sozialdemokratische Partei Österreich, SPÖ** (1945 als **Sozialistische Partei Österreichs** neugegr.), die 1907 die zweitstärkste Partei des Reichsrats wurde. Nach 1918 wurde sie zunächst die stärkste, 1920 die zweitstärkste Partei. Maßgebend war die radikale Richtung des **Austromarxismus.** Unter der Regierung Dollfuß wurde die SPÖ 1934 aufgelöst. Seit der Neugründung 1945 stellt sie den Bundespräsidenten (Renner, seit 1951 Körner, seit 1957 Schärf, seit 1965 Jonas); als zweitstärkste Partei des Nationalrats trat sie bis Frühjahr 1966 in alle Koalitionsregierungen seit 1949 ein. – In der SCHWEIZ wurde die Sozialdemokratische Partei endgültig 1880 gegründet. Von ihrer anfangs radikalen Haltung wandte sie sich nach dem 1. Weltkrieg, besonders seit 1933 ab. Sie hat (Wahlen von 1963) im Nationalrat die Mehrheit. In den SKANDINAVISCHEN STAATEN und in FINNLAND haben die unterschiedlich benannten entsprechenden Parteien die größte Wählerzahl; in den NIEDERLANDEN ist die Arbeiterpartei (Wahlen von 1963) die zweitstärkste Partei, ebenfalls in BELGIEN (Wahlen von 1961); in FRANKREICH bildete sich 1905 die »Französische Sektion der Arbeiterinternationale« (Section Française de l'Internationale Ouvrière, S.F.I.O.), die seitdem in der III. und IV. Republik eine einflußreiche Rolle spielte. In der V. Republik wurde sie ein entscheidener Gegner Präs. De Gaulles.; über GROSSBRITANNIEN →Labour-Partei; in ITALIEN zerfiel die Sozialist. Partei nach dem 2. Weltkrieg u. a. in die Sozialisten Nennis (Nenni-Sozialisten) und die Sozialdemokraten Saragats. Sie schlossen sich 1966 jedoch wieder in der Verein. Sozialist. Partei Italiens zusammen. In den VEREIN. STAATEN ist die »Amerikan. Arbeiterpartei« ohne Bedeutung und im Kongreß nicht vertreten. – In den OST-BLOCKSTAATEN sind die sozialdemokrat. Parteien mit den kommunistischen zu Einheitsparteien verschmolzen.

sozi'ale Marktwirtschaft, →Marktwirtschaft.
Sozi'aler Wohnungsbau, der Bau von Wohnungen für einkommensschwache Bevölkerungsschichten. Der Staat gewährt den Trägern zinslose oder -verbilligte Darlehen, Steuervergünstigungen u. a.
Sozi'algerichtsbarkeit. Sozialgerichte ent-scheiden im wesentlichen über öffentl.-rechtl. Streitigkeiten in Angelegenheiten der Sozialversicherung, der Arbeitslosenversicherung und der Kriegsopferversorgung.

Sozi'alhilfe, früher **Fürsorge,** die organisierte (materielle, seel., erzieherische) Hilfstätigkeit durch Staat, Kirche, private Wohlfahrtsorganisationen zur Behebung individueller Notlagen und Gefährdungen. Einzelgebiete: Gesundheits-, Jugend-, Wirtschafts-S. Das Bundessozialhilfeges. v. 30. 6. 1961 regelt die staatl. Pflicht zur Gewährung von S. Träger der S. sind auf örtl. Ebene die kreisfreien Städte und Landkreise, auf überörtl. Ebene werden sie durch die Länder bestimmt. Träger der privaten freien Wohlfahrtspflege sind konfessionelle, humanitäre, weltanschaul.-polit. Organisationen, Vereine, Anstalten, Stiftungen.

Sozialis'ierung die, Vergesellschaftung der Produktionsmittel, steht nach Marx am Ende der kapitalist. Entwicklung. Hauptformen: 1) **Verstaatlichung** (»Nationalisierung«) oder **Kommunalisierung,** d. h. Überführung privater Unternehmen in Gemeineigentum. 2) **Kollektivierung,** d. h. Übertragung von Eigentum und Betrieb an Vereinigungen der Arbeitnehmer.

Sozial'ismus [lat.] der, die im 19. Jahrh. als Folge der Industrialisierung und der damit anfänglich verbundenen Proletarisierung der Arbeitermassen entstandenen Bewegungen und Lehren, die die individualist., liberal-kapitalist. Gesellschafts- und Wirtschaftsordnung durch eine klassenlose, auf Gemeineigentum und Gemeinwirtschaft gegründete Ordnung ersetzen wollen. In dieser allgemeinen Zielsetzung stimmen die beiden auf die Lehre von Marx und Engels zurückgehenden, etwa seit der russ. Revolution von 1917 getrennten Bewegungen des **Kommunismus** (→Marxismus, →Bolschewismus) und des S. überein. Unter S. im engeren Sinne versteht man heute meist der westl. Welt heute meist der **evolutionäre S.** (Revisionismus, Reformismus) verstanden (→Sozialdemokratie). Er will den S. schrittweise durch soziale Reformen, nicht durch die Weltrevolution erreichen. Die von der marxist. Lehre der zunehmenden Verelendung des Proletariats abweichende Entwicklung mit ihrer weitgehenden Umschichtung von Besitz und Einkommen läßt den Gedanken des Klassenkampfes zurücktreten; die Forderung nach einer Sozialisierung der Produktionsmittel wird auf die Großgrundbesitz und die Grundindustrien (Kohle, Eisen, Energie) oder auf diese und andere Wirtschaftszweige (Banken, Versicherungen, Verkehr) beschränkt; der Schwerpunkt liegt in dem Streben, die soziale Lage des Arbeitnehmers und seine Stellung im Betrieb (→Mitbestimmung) zu verbessern. Die wirtschaftl. und gesellschaftl. Schäden der Industrialisierung bewirkten, daß das Bestehen der »sozialen Frage« auch in den nichtsozialist. Parteien, oft unter Einfluß christl. Gedanken, erkannt wurde, so daß sich vielfach der Abstand zwischen den **sozialistischen** und den **bürgerlich-sozialen** Parteien verringert hat; und in solchen Ländern erfolgte Eintritt der Sozialisten in Koalitionsregierungen drängte ebenso zu einer Annäherung. – Nach der marxist.-leninist. Lehre ist dagegen für S. ein Übergangsstadium zum Kommunismus; der S. ist erreicht, wenn die Produktionsmittel und die Produktion vergesellschaftet sind und die klassenlose Gesellschaft hergestellt ist, der Kommunismus, wenn darüber hinaus jeder den gleichen Zugang zu den Verbrauchsgütern hat und die staatl. Zwangsgewalt fortgefallen ist.

Sozial'istengesetz, von Bismarck 1878 zur Bekämpfung der Sozialdemokratie durchgesetztes Ausnahmegesetz. Es ermächtigte u. a. die Polizei zur Auflösung ihrer Vereine und zur Beschlagnahme ihrer Zeitungen und Schriften. Das S. lief 1890 ab.

Sozial'istische Einheitspartei Deutschlands, Abk. **SED,** 1946 in der Sowjetzone unter Druck der Sowjet. Militär-Administration durch Zusammenschluß der KPD und SPD entstanden; oberstes Parteiorgan: das Zentralkomitee (ZK),

Spachtel

dessen 1. Sekretär E. Honecker (seit 1971) ist. Die SED beherrscht die Nationale Front, in der die Parteien und Massenorganisationen der Dt. Dem. Rep. zusammengeschlossen sind. Im Staat übt sie die entscheidende Macht aus.

sozial'istischer Realismus, →Realismus.

Sozi'alpolitik, die Maßnahmen zur Verbesserung der Arbeits- und Lebensbedingungen der arbeitenden Menschen, bes. der Schutz vor Not durch Krankheit, Alter, Erwerbslosigkeit, die Erhaltung und Steigerung der Arbeitskraft und die Verbesserung der Lebensbedingungen der nicht arbeitsfähigen Menschen; umfaßt Arbeitsschutz und -verfassung, Entlohnung, Sozialversicherung u. a. Es gibt staatl. und betriebl. S.

Sozi'alprodukt, der Geldwert aller in der Volkswirtschaft jährl. gewerbsmäßig hergestellten Güter und in Anspruch genommenen Dienste; in der Bundesrep. Dtl. 1967: 483,6 Mrd. DM.

Sozi'alpsychologie untersucht die im sozialen Leben auftretenden seel.-geist. Erscheinungen sowie die psycholog. Rückwirkungen der Kulturbedingungen (z. B. der Industrialisierung).

Sozi'alrentner, wer aus der Renten- oder Knappschaftsversicherung eine Rente erhält.

Sozi'alversicherung, staatl. Pflichtversicherung zum Schutz der Arbeitnehmer vor den Folgen von Krankheit, Unfall, Arbeitslosigkeit und Alter, umfaßt die →Rentenversicherung, →Krankenversicherung, →Unfallversicherung und →Arbeitslosenversicherung. Versicherungspflichtig sind in der Bundesrep. Dtl. alle gewerbl. Arbeitnehmer, ein großer Teil der Angestellten (Einkommensgrenzen) sowie einzelne Gruppen von Selbständigen. – Die dt. S. wurde von Bismarck geschaffen **(Sozialgesetzgebung):** 1883 Kranken-, 1884 Unfall-, 1889 Invaliden- und Altersversicherung; 1911 folgte die Angestellten-, 1927 die Arbeitslosenversicherung. Nach 1945 wurde die gesetzl. Grundlage der S. in der Bundesrep. Dtl. ständig ergänzt. Neu geregelt wurden bisher die Renten- (1957) und die Unfallversicherung (1963).

Soziet'ät [lat.] die, Gesellschaft, Genossenschaft, Verband.

Sozini'aner Mz., Religionsgemeinschaft, die auf die Italiener L. Sozzini und F. Sozzini (16. Jahrh.) zurückgeht; sie lehrten statt der Dreieinigkeit die Einheit Gottes **(Unitarier).**

Soziolog'ie die, **Gesellschaftslehre,** die Wissenschaft von der Gesellschaft, ihren Formen, Gesetzlichkeiten und ihrer Entwicklung. Die **allgemeine S.** sucht soziolog. Grundbegriffe zu gewinnen und zum System zu ordnen, die **spezielle S.** wendet die soziolog. Fragestellung auf einzelne Kulturbereiche (Religions-, Rechts-, Wissens-S.) oder auf bestimmte Teilerscheinungen an (S. des Dorfes, der Großstadt, des Berufs, des Betriebs usw.). Die **empirische Sozialforschung** versucht, Forschungshypothesen durch Ansammeln von Tatsachenmaterial (Erhebungen, Gruppenexperimente) zu untermauern.

S'ozius [lat.] der, Teilhaber.

Spa, Badeort in Belgien, 9600 Ew.

Spaak, Paul-Henri, belg. Politiker (Sozialist), *1899; seit 1938 mehrfach Außenmin. und Min.-Präs. (1940-45 im Exil), 1949-51 Vors. des Europarates, 1952 Präs. der Versammlung der Montanunion; 1957-61 Generalsekr. der NATO, 1961 bis 1966 wieder Außenminister.

Spachtel der oder die, Werkzeug zum Auftragen, Glätten oder Abkratzen von Farben, Gips, Mörtel u. ä.

Spaak

Spag'at [ital.] der, **1)** süddt.: Bindfaden. **2)** Spreizen der Beine bis in Waagerechtstellung.

Spagh'etti [ital.] Mz., lange, dünne Nudeln.

Sp'ahis [pers.], ✝ französ. Reitertruppen aus nordafrikan. Eingeborenen.

Sp'alatin, Georg, Theologe, *1484, †1545; Freund Luthers, Hofkaplan Friedr. d. Weisen.

Sp'alato, italien. Name von →Split.

Spal'ier [frz.] das, **1)** Gestell für Spalierbäume. **2)** Ehrenaufstellung, in Reihen zu beiden Seiten eines Weges.

Spaltfrucht, ⌀ Trockenfrucht, die in einsamige Teilfrüchte längsgeteilt ist, z. B. beim Ahorn.

Spaltöffnungen, mikroskop. kleine, spaltförm. Öffnungen an oberird. Pflanzenteilen, bes. in der Haut der Unterseite der Blätter; zur Atmung, Verdunstung, Assimilation.

Spaltpilze, →Bakterien.

Spaltstoff, der für →Kernspaltung im Reaktor verwendete Stoff. **S.-Element,** →Brennstoffelement.

spanabhebende Formung, Bearbeitungsverfahren, wie Drehen, Fräsen, Hobeln, Räumen, Schleifen, bei denen ein Werkstück durch Abnehmen von Spänen geformt wird.

Spandau, VerwBez. Berlins (West-Berlin). Das Gefängnis wurde 1946 Haftort für die in Nürnberg wegen Kriegsverbrechen verurteilten nat.-soz. Führer.

Sp'aniel [engl.] der, Jagdhundrasse, langhaar. Stöberhund.

Sp'anien, span. **España,** Staat auf der Pyrenäenhalbinsel, 504 741 km² (einschl. Kanar. Inseln und Balearen), 33,2 Mill. Ew.; Hauptstadt: Madrid. ⊕ S. 522, ⊨ S. 346, ◌ S. 878.

STAAT. Nach dem Nachfolgegesetz von 1947 (durch Volksabstimmung gebilligt) ist S. ein Kgr. Derzeitiger Staatschef ist der Caudillo General Franco (zugleich Führer der →Falange). Gesetzgebung durch die Cortes, deren Mitgl. teils ernannt, teils aus den ständischen Organen, teils unmittelbar durch Familienoberhäupter und Ehefrauen gewählt werden. Bei Staatsnotstand kann der Rat des Königreichs Gesetze erlassen. Franco leitet auch das Kabinett, doch ist seit 1966 das Amt eines MinPräs. vorgesehen. 50 Provinzen.

LANDESNATUR. S. umfaßt das innere Hochland (Alt- und Neukastilien, getrennt durch das Kastil. Scheidegebirge), die nordwestl. Küstengebirgslandschaften Galicien, Asturien und Baskenland, im NO das Ebro-Becken bis zum Kamm der Pyrenäen, die östl. Küstenlandschaften Katalonien, Valencia und Murcia, im S das Tiefland Andalusien mit der Sierra Nevada (Hochandalusien), ferner die Inselgruppen der Balearen und der Kanar. Inseln. Hauptflüsse: Duero, Tajo, Guadiana und Guadalquivir zum Atlant. Ozean, Ebro und Júcar zum Mittelmeer. Klima: im inneren Hochland und Ebro-Becken im Sommer heiß, im Winter kalt, vorwiegend trocken; im NW mild und feucht (Bergwälder), an der südl. Mittelmeerküste sehr heiß (subtrop. Pflanzenwelt). BEVÖLKERUNG. →Spanier, Katalanen, Galicier, Basken. 31 Großstädte. Staatsreligion: röm.-katholisch.

WIRTSCHAFT. Anbau von Weizen, Gerste, Mais, Kartoffeln, Wein, Oliven, Südfrüchten, im S Zuckerrohr und Baumwolle (vielfach künstl. Bewässerung). Viehzucht (Schafe u. a.), Fischerei. ⚒ auf Kohle, Eisenerz, Schwefelkies, Kupfer, Blei u. a.; Hütten-, Fahrzeug- und Maschinen-, Textil-, chem. u. a. Ind. Fremdenverkehr. Ausfuhr: Citrusfrüchte, Oliven, Nüsse, Wein, Fahrzeuge, Bergbauerzeugnisse. Haupthandelspartner: USA, Bundesrep. Dtl., Frankreich. Haupthäfen: Barcelona, Valencia, Málaga, Cádiz, Bilbao.

GESCHICHTE. Iberer und Ligurer, dann auch Kelten waren die ältesten Bewohner des Landes; es kam im 3. Jahrh. v. Chr. großenteils unter karthag., seit dem 1. Pun. Krieg unter röm. Herrschaft und wurde ganz romanisiert. Im 5. Jahrh. n. Chr. machten sich die german. Westgoten zu Herren S.s. Ihr Reich erlag 711 den Arabern, die hier das Kalifat von Córdoba gründeten. Allmählich entstanden im N mehrere kleine christl. Staaten: León, Navarra, Katalonien, Aragonien, Kastilien, im W Portugal. Während Portugal sich seit dem 12. Jahrh. ganz selbständig entwickelte, dehnten sich auf der übrigen Pyrenäenhalbinsel die Königreiche Aragonien und Kastilien immer mehr aus, unter ständigen Kämpfen gegen die Mauren; der christl. Kreuzzugsgeist verkörperte sich in dem Nationalhelden →Cid. Durch die Heirat Isabellas von Kastilien und Ferdinands von Aragonien 1469 wurden beide Reiche zum span. Gesamtstaat vereinigt. 1481 Einführung der Inquisition; Austreibung der Mauren und Juden. Unter Karl I.(1516 bis 1556), als Dt. Kaiser Karl V., der auch die Niederlande besaß, schufen span. »Konquistadoren« das Kolonialreich in Amerika. Unter Karls Sohn Philipp II. (1556-98) war das streng kath. S., die Heimat des Jesuitenordens, für ganz Europa die Vormacht der Gegenreformation. Die nördl. Niederlande erkämpften ihre Unabhängigkeit (→Niederlande, Geschichte); im Kampf gegen England wurde 1588 die span. →Armada vernichtet. Die span. Habsburger starben 1700 aus. Ihnen folgte ein Zweig der französ. Bourbonen. Durch den →Spanischen Erbfolgekrieg wurden Belgien, Gibraltar und die bisherigen span. Nebenlande in Italien abgetrennt. König Karl III. vertrieb 1767 die Jesuiten. 1808 setzte Napoleon I. seinen Bruder Joseph Bonaparte auf den span. Thron (bis 1813). Die span. Kolonien in Amerika fielen 1810-24 ab (Lateinamerika). Das Streben nach einer liberalen Verfassung führte in der Folgezeit zu häufigen inneren Wirren; Bürgerkriege von 1834 bis 1840 und 1873-76. Für kurze Zeit (1875/76) war S. Republik. 1898 verlor es Kuba, Puerto Rico und die Philippinen, seine letzten wertvollen Kolonien, an die USA; seit 1904 nahm es unter schweren Kämpfen gegen die Rifkabylen das nördl. Marokko in Besitz. Im 1.Weltkrieg blieb es neutral. 1923-30 Militärdiktatur des Generals Primo de Rivera. 1931 dankte König Alfons XIII. nach einem Wahlsieg der Linksparteien ab; S. wurde demokrat. Republik. Der →Spanische Bürgerkrieg (1936-39) führte zur Bildung der autoritär-zentralist. Regierung unter General Franco. Trotz enger Verbindung zu den Achsenmächten blieb S. dem 2.Weltkrieg fern. Im Innern kam Franco den Monarchisten entgegen (1947 Nachfolge-Ges.). Seit 1953 erhält S. wirtschaftl. Hilfe von den USA; es überließ diesen militär. Stützpunkte. Nach der Räumung Span.-Guineas und der Rückgabe Ifnis an Marokko bleibt (neben einigen span. Plätzen in N-Marokko) Span.-Sahara die einzige Überseeprovinz.

Spanien: Sitges an der Costa Brava

Sp'anier Mz., roman. Volk auf der Pyrenäenhalbinsel, hervorgegangen aus der iber. Urbevölkerung durch vielfältige Überschichtung mit Kelten, Karthagern u. a. (→Spanien, GESCHICHTE). Zum span. Sprach- und Kulturbereich gehört auch Mittel- und Südamerika (außer Brasilien).

Spani'olen Mz., Nachkommen der 1492 aus Spanien und Portugal vertriebenen Juden.

Spanische Fliege, goldgrüner, langgestreckter Käfer, →Kanthariden.

Spanische Kunst. Aus dem 9. und 10.Jahrh. sind westgot. Bauten in Asturien erhalten; seit dem 11.Jahrh. setzt sich die roman. Stil mit eigentüml. Schöpfungen in Baukunst, Plastik, Fresko- und Buchmalerei bes. in Katalonien durch. Die im 13.Jahrh. von Frankreich eingedrungene Gotik brachte große Kathedralen hervor, die in der Schmuckformen manche Besonderheiten zeigen (León, Burgos). Bis zum 16.Jahrh. gingen maur. und abendländ. Stilelemente immer wieder Verbindungen miteinander ein (Mudejarstil). Baukunst und Bildnerei der Renaissance

sind stark von Italien abhängig (Escorial); Hauptmeister des Manierismus ist der Maler Greco. Im Barock tritt Eigenes deutlicher hervor und äußert sich vor allem in üppiger Fülle der Formen. Im 17.Jahrh. erlangte die span. Malerei durch Velazquez und Murillo europ. Bedeutung, im 19.Jahrh. wirkte der große künstler. Revolutionär Goya; an der Entstehung der modernen Kunst haben Spanier: Gaudi, Picasso, Mirò, Dali, Gargollo, Gonzalez bedeutenden Anteil. (FARBTAFEL S. 873)

Spanische Literatur. Ihr ältestes Denkmal ist das Heldengedicht vom Cid (um 1140). Nach den französ. beeinflußten Ritterromanen des 13. und 14.Jahrh. und der italien. beeinflußten Kunstlyrik des 15.Jahrh., die neben die volkstüml. Romanzendichtung trat, erreichte mit der polit. Entfaltung Spaniens im 16. und 17.Jahrh. auch die Literatur ihren Höhepunkt (»Goldenes Zeitalter«) mit dem Erzähler Cervantes (»Don Quijote«), den Dramatikern Lope de Vega, Tirso de Molina, Calderón, Moreto, den Mystikern Teresa de Jesús, Juan de la Cruz, Luis de León. Im stilist. überladenen Barockstil dichteten Góngora und Quevedo. Das aufgeklärte 18.Jahrh. stand unter französ. Einfluß. Im 19.Jahrh. wurde die nationale Romantik um 1860 von einer der Wirklichkeit zugewandten Dichtung abgelöst (Blasco Ibáñez, Pérez Galdós, Valera). Seit der Jahrhundertwende ist auch die Dichtung um eine Erneuerung Spaniens bemüht. Als Dramatiker erlangten Benavente, als Lyriker und Dramatiker García Lorca, als Kritiker und Essayisten J.Martínez Ruiz, M. de Unamuno, Ortega y Gasset Weltruf; Lyriker: J. R. Jiménez (Nobelpreis), P. Salinas, J. Guillén, L. Cernuda u. a., Erzähler: Baroja, Valle Inclán, Pérez de Ayala, Jarnés, Cela. Span.-amerikan. Literatur, →lateinamerikanische Literatur.

Spanische Reitschule, 1572 in Wien gegr. Reitschule, Pflegestätte der Hohen Schule.

Spanischer Bürgerkrieg, der von Juli 1936 bis April 1939 geführte Kampf der revoltierenden Truppen General Francos, der von der Falange und den klerikal-traditionalist. unterstützt wurde, gegen die republikan. Madrider Regierung, die sich bes. auf sozialist. Gruppen stützte. Auf seiten Francos griffen Truppen des faschist. Italien und des nationalsozialist. Dtl. (Legion Condor) ein, auf seiten der Republikaner, die militärtechn. Hilfe der Sowjetunion erhielten, zahlreiche Freiwillige aus vielen Nationen (Internat. Brigaden). Versuche auf internat. Ebene, die Einmischung ausländ. Mächte zu unterbinden, scheiterten. Die Eroberung Kataloniens durch Franco (Jan./Febr. 1939) entschied den S. B.; Madrid wurde am 28. 3. 1939 kampflos besetzt.

Spanischer Erbfolgekrieg 1701-14, veranlaßt durch das Erbe des letzten span. Habsburgers Karl II. Als der Bourbone Philipp V., ein Enkel Ludwigs XIV., den Thron bestieg, verbanden sich England, Holland und Österreich und stellten ihm den österr. Habsburger Karl (später Kaiser Karl VI.) entgegen. Eugen von Savoyen und Marlborough erfochten 1704-09 die Siege von Höchstädt, Turin, Ramillies, Oudenaarde, Malplaquet. Dann erfolgte ein Umschwung: Marlborough wurde gestürzt, England schloß den Utrechter Frieden 1713, dem Österreich im Rastatter Frieden 1714 beitreten mußte. Philipp V. blieb König von Spanien, während die span. Nebenlande (Neapel, Mailand, südl. Niederlande) an Österreich fielen; England gewann Gibraltar und Neufundland.

Spanischer Pfeffer, der Paprika.

Spanischer Reiter, bewegl. Drahthindernis.

Spanischer Schritt, →Hohe Schule.

Spanische Sprache, die →roman. Sprache, die auf dem größten Teil der Pyrenäenhalbinsel, auf den Kanar. Inseln, in Südamerika (außer Brasilien), Mittelamerika, Mexiko sowie auf den Philippinen gesprochen wird. Die Schriftsprache ist der kastil. Mundart hervorgegangen. Die **katalan.** Sprache entwickelte sich selbständig; sie steht zwischen dem Spanischen und Provenzalischen.

Spargel:
1 Blüte, 2 Trieb

Spaten, links Umgrabe-, rechts Dränagespaten

Specht

Speckkäfer

Spanisches Rohr, →Rohr, →Rotang.

Spanische Wand, der →Paravent.

Spanisch-Guinea, ehem. span. Überseeprovinz, →Äquatorial-Guinea.

Spanisch-Sahara, span. Überseeprovinz an der NW-Küste Afrikas, 265600 km², 48000 Ew., mit den Zonen Rio de Oro (im S) und Sekia el-Hamra; Verwaltungssitz: El-Aiun; regenarmes Randgebiet der Sahara; Phosphatvorkommen.

Spann, Othmar, österr. Nationalökonom und Philosoph, *1878, †1950; forderte einen christl. Ständestaat.

Spanner Mz., Familie von Nachtfaltern, deren Raupen sich »spannend« fortbewegen, indem sie ihren Körper stark krümmen und wieder ausstrecken. **Stachelbeer-S.** (Harlekin), an Beerensträuchern; **Frost-S.,** Obstbaumschädling; **Kiefern-S.,** Waldschädling.

Spannung die, ⊗ 1) Zustand, den ein elast. Körper einnimmt, wenn äußere Kräfte auf ihn einwirken. 2) **elektrische S.,** →Elektrizität.

Spannungsreihe, 1) thermoelektrische S., Reihenfolge der Metalle und Legierungen nach abnehmender Thermospannung gegen ein Bezugsmetall, z. B. Kupfer: Sb, CrNi, Fe, Sn, Au, Cu, Ag, Rh, Pb, Al, Pt, Hg, Ni, Konstantan, Bi. 2) **elektrochem. S.** (Voltasche S.), Reihenfolge der Elemente nach steigendem Potential gegenüber der Normalwasserstoffelektrode: (unedel, negativ) K, Ca, Na, Mg, Al, Mn, Zn, Cr, Fe, Cd, Ni, Sn, Pb, H, Sb, As, Cu, C, Hg, Ag, Au, Pt (edel, positiv).

Spannweite, ◎ 1) bei Brücken der Abstand benachbarter Stützen voneinander. 2) bei Flugzeugen die Entfernung zwischen den äußersten Enden der Tragflügel.

Spanten Mz., Flugzeug- und Schiffbau: gebogene Träger aus Holz oder Metallprofilen zur Querversteifung und Formhaltung.

Spargel mit Liliengewächs, bis 1,3 m hohe Staude mit hellgrünen Schein-Nadeln, grünlichgelben Blüten und roten Beeren; die unterird. dicken, weißen Sprosse (**Pfeifen, Stangen**) geben geschätztes Gemüse. S.-Zucht auf sonnigem, feinkörnigem Sandboden. Ernte (**Stechen**) des S. erst vom dreijähr. Beet, im späteren Frühjahr.

Sparkasse, Kreditanstalt, die Spareinlagen annimmt, verwaltet und verzinst. Jeder Inhaber eines **Sparkontos** erhält ein **Sparbuch,** in dem alle Kontoänderungen eingetragen und quittiert werden. Die S. führen auch Depositen- und Kontokorrent-Konten; sie geben Kommunal-, Hypotheken- und kurzfristige Kredite, letztere bes. an den Mittelstand.

Sparren der, die schrägliegenden Hölzer des Dachgerüsts, Träger der →Dachdeckung.

Sparringskampf [əngl.], Boxen: Trainingskampf mit einem Partner.

Sparta, im Altertum auch **Lakedämon,** Hauptstadt der Landschaft Lakonien, am Eurotas, neben Athen die bedeutendste Stadt Altgriechenlands. Die **Spart'aner** führten ein auf Krieg und Dienst am Staat eingestelltes Leben; **spart'anisch,** streng.

Sp'artakus, röm. Sklave, Thraker, Führer im 3. Sklavenkrieg, schlug mehrere röm. Heere, fiel 71 v.Chr.

Sp'artakusbund, linksradikale Vereinigung, unter Führung von Karl Liebknecht und Rosa Luxemburg, gebildet 1917; aus ihr ging 1918/19 die kommunist. Partei Dtl.s hervor.

Sp'arte [lat.] die, Abteilung, Fach.

Spar- und Darlehnskasse, Darlehnskassenverein, ländl. Kreditgenossenschaft.

sp'asmisch, spasm'odisch [grch.], krampfhaft. **spasmog'en,** krampferzeugend.

Spasmophil'ie [grch.] die, durch Kalkverarmung des Blutes bedingte Neigung zu Muskelkrämpfen bei Kindern mit Rachitis.

Sp'asmus [grch.] der, Krampf, bes. Starrezustand der Muskeln nach Erkrankung einer zu den Muskeln gehenden Nervenbahn im Rückenmark. Egw.: **sp'astisch.**

Spat der, Entzündung der Knochenhaut am Sprunggelenk des Pferdes, führt oft zu Knochenauflagerungen, stets zu Lahmgehen.

Spateisenstein, Sider'it, FeCO₃, Eisenerz.

Spaten der, Gerät zum Umgraben, mit flachem eisernem Blatt.

Sp'atium [lat.] das, Mz. ...tien, Zwischenraum.

SPD, Abk. für Sozialdemokratische Partei Deutschlands (→Sozialdemokratie).

Speaker [sp'i:kə, engl.] der, im brit. Unterhaus und im Repräsentantenhaus der Verein. Staaten der Leiter der Sitzungen.

Spechte, Klettervögel, mit starkem, meißelartigem Schnabel, Kletterfuß und steifen, aufstemmbaren Schwanzfedern. Sie hacken Insekten aus Rinde und Holz frei und erbeuten sie mit Hilfe ihrer langen, widerhakigen, klebrigen Zunge. Die Nisthöhlen meißeln sie meist in morsche oder kernfaule Bäume. Mitteleurop. Arten: **Schwarz-S.** 50 cm, mit rotem Kopf; **Großer, Mittlerer** und **Kleiner Bunt-S.,** kleiner, schwarz, weiß und rot; **Grün-S.,** grünlich, mit Kopf und Nacken rot.

Spechtmeise, Vogel, →Kleiber.

Sp'ecies, Spezies [lat.] die, 1) in der Biologie nur Ez., die →Art. 2) bei Arzneiverordnungen nur Mz., Teegemische.

Speckbacher, Joseph, Tiroler Freiheitskämpfer, *1767, †1820; gehörte 1809 zu den Führern um Andreas Hofer; entkam nach Wien.

Speckkäfer, kleiner brauner Käfer mit heller Binde, Schädling an Fleisch, Speck, Pelzen.

Speckstein, Steat'it, dichter →Talk; dient zur Herstellung säurefester Gefäße, Schmelztiegel, Ofensteine, als Schmier- und Dichtungsmittel.

Spediteur [-t'œ:r, frz.] der, wer gewerbsmäßig für fremde Rechnung in eigenem Namen Besorgung von Gütersendungen durch Frachtführer (z. B. die Eisenbahn) oder Verfrachter von Seeschiffen übernimmt (**Speditionsgeschäft**).

Spee, 1) Friedrich v., Barockdichter, *1591, †1635; »Trutznachtigall«, Sammlung geistl. Gedichte. 2) Maximilian Graf v., Admiral, *1861, †1914 in der Schlacht bei den Falklandinseln.

Speech [spi:tʃ, engl.] der, Rede, Ansprache.

Speer der, 1) die →Lanze. 2) **Sportgerät für Wurfübungen** (2,60 m oder 2 m lang, 800 g oder 500 g schwer).

Speiche die, 1) Verbindungsstück zwischen Radkranz und Nabe. 2) **Radius,** ⎰ Röhrenknochen an der Daumenseite des Unterarms.

Speichel der, dünn- oder zähflüssige Absonderung der Mundspeicheldrüsen (Ohrspeichel-, Unterkiefer-, Unterzungendrüse u. a.); besteht aus Wasser, Salzen, Schleimstoffen und enthält das stärkespaltende Enzym Ptyalin. Er dient zur leichteren Verdauung der Nahrung. Die tägl. Menge beträgt etwa 1-1½ l.

Speicherkraftwerk, ein Wasserkraftwerk, bei dem Wasser in einem Staubecken gesammelt wird. Das S. wird nur bei Spitzenbedarf genutzt.

Speidel, Hans, General, *1897; 1936-44 in Generalstabsstellungen, 1944/45 als Angehöriger der Widerstandsbewegung in Haft; seit 1951 im Amt Blank, dann in der Bundeswehr, 1957-63 Oberbefehlshaber der NATO-Landstreitkräfte in Mitteleuropa.

Speierling der, dem Vogelbeerbaum ähnl. Baum, mit rötl. Blüten und walnußgroßen, birnenähnlichen, eßbaren Früchten.

Speik der, meist duftreiche Pflanzen wie Lavendel, Primel, Nelkenwurz, Kreuzkraut, Garbe.

Speisefette, die zur menschl. Ernährung geeigneten festen Fette, z. B. Butter, Margarine, Schweine-, Rinds-, Hammelfett. Gehärtete S. müssen als **Kunst-S.** bezeichnet werden.

Speiseöle, die bei Zimmertemperatur flüssigen Speisefette.

Speiseröhre, Ösophagus, Teil des Nahrungskanals, zwischen Schlundkopf und Magen, ein 25 cm langes, 1-1,5 cm breites muskulöses Rohr, innen von Schleimhaut ausgekleidet. Verengungen entstehen durch Geschwürbildung (Krebs) oder Narbenbildung infolge Verätzungen usw.

Speiskobalt, $CoAs_2$ bis $CoAs_3$, ein Kobalterz.
Spektabilit′ät [lat.], Anrede der Dekane an Hochschulen.
Spekt′akel [lat.], 1) der, Lärm, Aufruhr. 2) das, Schauspiel. **spektakul′är,** aufsehenerregend.
Spektr′alanalyse [lat.-grch.], Verfahren zum Nachweis und zur Mengenbestimmung chem. Elemente und Verbindungen aus ihrem →Spektrum.
Spektr′alapparate [lat.], opt. Geräte zum Erzeugen und Messen von Spektren.
Spektr′alfarben, die Farben des →Spektrums.
Spektr′alklassen, Spektraltypen, Klassen von Sternen, die auf Grund ihrer Spektren gebildet werden.
Sp′ektrum [lat.] das, Mz. ...tren, das Lichtband, das entsteht, wenn man das durch einen Spalt hindurchtretende Licht entsprechend seinen verschiedenen Wellenlängen verschieden stark seitlich ablenkt und auf einen Schirm wirft. Stammt das Licht von einem glühenden Gas, so entsteht eine Folge von Spaltbildern **(Linien-S.);** jedes Bild **(Spektrallinie)** hat eine der Wellenlänge entsprechende Farbe. Sehr viele dicht benachbarte Linien bilden ein **Banden-S.** Beim Sonnenlicht entsteht ein zusammenhängendes farbiges Band von Blauviolett über Blau, Grün, Gelb, Orange bis Gelblichrot. Das sichtbare S. läßt sich durch photograph. u. a. Hilfsmittel in Richtung auf kürzere **(Ultraviolett-S.)** und längere **(Ultrarot-S.)** Wellenlängen fortsetzen; →elektromagnetische Schwingungen. Auch andere Wellengemische besitzen ihre S., z. B. Schall-S. FARBTAFEL Farbe I S. 341.
Spekulati′on [lat.] die, 1) Betrachtung; das Denken, das versucht, durch Überlegungen den Bereich der Erfahrung zu überschreiten. 2) Käufe und Verkäufe unter Ausnutzung von (erwarteten) Preisveränderungen, bes. auf Wertpapier-, Waren- und Grundstücksmärkten und im Börsenhandel. **Spekul′ant** der, wer unsichere Geschäfte wagt. **spekulat′iv,** 1) unternehmungslustig, im Gewinn vieles wagend. 2) grüblerisch. 3) die Erfahrung überschreitend, nur erdacht.
Spekul′atius [lat.] der, süßes Gewürzgebäck.
Spellman [sp′elmən], Francis Joseph, Kardinal (seit 1946), *1889, †1967; seit 1939 Erzbischof von New York.
Spel′unke [lat.] die, verrufene Kneipe.
Spelz, Spelt der, →Dinkel.
Spelze die, Hochblatt (Deck-, Füllspelze) in Blütenständen der Gräser, oft begrannt.
Spemann, Hans, Zoologe, *1869, †1941; Entwicklungsphysiologe; Nobelpreis 1935.
Spencer [sp′ensə], Herbert, engl. Philosoph, *1820, †1903; machte den Entwicklungsgedanken zum Grundgedanken seiner Philosophie.
Sp′ender, Stephen, engl. Dichter, *1909; Gedichte, Essays, Autobiographie »Welt zwischen Welten«.
Sp′ener, Philipp Jakob, luth. Geistlicher in Dresden, Berlin, *1635, †1705; Begründer des →Pietismus; schuf Armen- und Waisenhäuser.
Spenge, Stadt in Nordrh.-Westf. 12 900 Ew.
Spengler, Oswald, Geschichtsphilosoph, *1880, †1936. Entstehung, Blüte und Verfall der Kulturen haben n. S. eine vergleichbare Gesetzlichkeit; die gegenwärtige westl. (»faustische«) Kultur hielt S. für dekadent. Werke: »Der Untergang des Abendlandes«, »Preußentum und Sozialismus«.
Spenser [sp′ensə], Edmund, engl. Dichter, *1552, †1599; neben Shakespeare der bedeutendste Dichter der engl. Renaissance; Sonette, allegorisch-lehrhaftes Epos »Feenkönigin«.
Sp′enzer (nach Earl Spencer, 1758–1834), kurze Überjacke (18. Jahrh.); Bestandteil der österr. und bayer. Volkstracht.
Sperber der, taubengroßer Greifvogel, braunweiß gebändert.
Sperling, Spatz der, Finkenvogel mit schlichtem braunem Gefieder und schilpender Stimme. Arten: **Haus-S., Feld-S.**
Sp′erma [grch.], ♂, ⚲ →Samen.
Sperrfrist, 1) ♫ Schutzfrist, innerhalb derer bestimmte Rechtshandlungen nicht vorgenom-

men werden dürfen, z. B. das Sperrjahr vor der Verteilung des Vermögens einer aufgelösten AG. (§ 213 AktGes.). 2) Presse: Frist bis zur Veröffentlichung gewisser Nachrichten.
Sperrguthaben, 1) Konten für Devisenausländer bei dt. Banken, über die nur beschränkt verfügt werden konnte. Die Beschränkung entfiel mit der Konvertierbarkeit der DM (seit 29. 12. 1958). 2) aus der →Stillhaltung entstandene, auf fremde Währung lautende Sperrkonten.
Sperrholz, ein Lagerholz, bei dem Holzplatten in gekreuzter Faserrichtung miteinander verleimt werden. Das Schrumpfen oder Quellen der einen Platte wird durch die andere Platte »gesperrt«. (BILD S. 862)
Sp′esen [ital.] Mz., Auslagen, Unkosten.
Sp′essart [ital.] der, Waldgebirge in Mainfranken, rechts vom Main, im Geyersberg 585 m; Buchenwälder.
Speyer, Stadt in Rheinl.-Pf., am Rhein, 42 200 Ew.; Kaiserdom mit Gräbern dt. Kaiser, der größte roman. Kirchenbau in Dtl.; Bischofssitz; Metall-, Holz-, Tabakverarbeitung, Erdölraffinerien u. a. Ind. – S. im röm. Zeit Civitas Nemetum, ist alter Bischofssitz, wurde 1294 Reichsstadt, 1526 bis 1689 Sitz des Reichskammergerichts und 1816 bis 1936 Hauptstadt der bayer. Pfalz; die Reichstage in S. 1526 und 1529 waren grundlegend für die dt. Reformation.

Speyer: Dom

Spezer′ei [ital.] die, **S.-Waren,** eigentlich Gewürze, dann Kleinkramwaren.
Spezi′al... [lat.], Sonder..., Einzel..., z. B. Spezialfall, Einzel- oder Sonderfall.
Spezialbanken, Banken, die sich einem bes. Kundenkreis oder einem bes. Zweig des Bankgeschäfts widmen, z. B. Realkreditbanken.
Sp′ezies [lat.] die, 1) ♀ ⚲ →Art. 2) die vier **S.,** die vier →Grundrechnungsarten.
Spezifikati′on [lat.] die, Darstellung oder Aufzählung der Einzelheiten.
spez′ifisch [lat.], wesentlich, kennzeichnend; etwas, was zum Wesen einer Person, Sache oder eines Stoffes gehört und diesen allein eigen ist. In Physik und Technik gibt es für s. Größen auch eigene Namen, z. B. →Dichte als Stelle von s. Masse.
spez′ifisches Gewicht, das Verhältnis des Gewichts der Raumeinheit (cm³) eines Stoffes zum Gewicht der Raumeinheit von Wasser, eine dimensionslose Größe, zahlengleich der →Dichte.
spez′ifische Wärme, die Wärmemenge, die nötig ist, um 1 g eines Stoffes um 1 °C zu erwärmen.
Sph′äre [grch.] die, 1) Kugel. 2) Himmelsgewölbe. 3) Wirkungskreis. In **höheren S.** schweben, nicht in der Wirklichkeit stehen. **sphärisch,** kugelig; himmlisch. Die **sphärische Trigonometrie** ist die Lehre von den Dreiecken, die auf einer Kugeloberfläche durch Kugelkreise gebildet werden.
Sphäro′id [grch., »kugelförmig«] das, die mathemat. darstellbare Gestalt des Erdkörpers, eine durch die Rotation an den Polen abgeplattete Kugel.
Sphinx [grch.-ägypt.] die, 1) antikes Mischwesen aus Löwenleib und Menschenkopf; am be-

Spencer

Spener

Spenser

Sperber

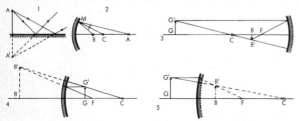

Sphinx (links) in der Nähe der Cheopspyramide bei Giseh (um 2500 v. Chr.)

Sperrholz, fünffach verleimte Möbelplatte

A A
♦ ♦
♦
♦ ♦
V V

Spielkarten, oben französ., unten dt. S.

Spiegel, Legende vgl. Stichwort (1)

862

kanntesten die S. von Giseh. 2) griech. Sage: Die S. bei Theben verschlang jeden, der das ihm aufgegebene Rätsel nicht lösen konnte; Ödipus erriet es, worauf die S. sich vom Felsen herabstürzte.

Spiegel der, 1) glatte Fläche, die Lichtstrahlen zurückwirft (spiegelt). Der **Glas-S.** besteht aus einer Glasplatte, die auf der Rückseite mit einer sehr dünnen Silberschicht versehen ist; **Metall-S.** bestehen aus einer auf Hochglanz polierten Metallplatte. Die zurückgeworfenen Strahlen bilden mit dem Einfallslot den gleichen Winkel wie die einfallenden Strahlen. Das erzeugte Bild ist ein virtuelles (scheinbares) Bild. **Hohl-** oder **Konkav-S.** erzeugen ein virtuelles, aufrechtstehendes, vergrößertes Bild, wenn der Gegenstand sich innerhalb der Brennweite befindet; befindet er sich außerhalb der Brennweite, so entsteht ein reelles, umgekehrtes Bild. **Parabol-S., →**Reflektor. **Konvex-S.,** d. h. nach außen gekrümmte S., erzeugen stets ein virtuelles, aufrechtes und verkleinertes Bild. BILD. 1 Spiegelbild A' eines leuchtenden Punktes A durch Reflexion am ebenen Spiegel. 2 Bild B eines leuchtenden Punktes A durch Reflexion am Hohlspiegel; MC Flächenlot. 3 Konstruktion des Bildes BB' eines außerhalb der Brennweite gelegenen Gegenstandes GG' am sphärischen Hohlspiegel. 4 Konstruktion des Bildes BB' eines innerhalb der Brennweite gelegenen Gegenstandes GG' am sphärischen Hohlspiegel. 5 Konstruktion des Bildes BB' eines Gegenstandes GG' am sphärischen Konvexspiegel; C Krümmungsmittelpunkt. 2) das abgeflachte Heckstück einer Jacht. 3) Satzspiegel, das bedruckte Teil einer Buchseite. 4) ♀ der weiße Fleck am Hinterteil der Hirsche und Rehe; farbiger Flügelfleck bei Enten. 5) in Zusammensetzungen Titel von Büchern, die Regeln enthalten, z. B. **Fürstenspiegel.** 6) Tuchbesatz auf den vorderen Kragenenden der Uniform.

Spiegelteleskop, ein →Fernrohr.

Spiekeroog, ostfries. Insel, 14,1 km² groß; Seebad mit breitem, feinsandigem Strand.

Spiel das, 1) jede Tätigkeit, die aus Freude an dieser selbst geschieht, im Gegensatz zur zweckbestimmten Arbeit. 2) Bühnen- oder Filmdarbietung. 3) ↛, z. B. Fußball-, Handball-S. 4) →Glücksspiel. 5) ⚙ Maßunterschied von zwei zueinander gehörenden Maschinenteilen. 5) Anzahl zusammengehöriger Gegenstände, z. B. ein S. Karten.

Spielbank, →Glücksspiel.

Spielbein, →Kontrapost.

Sp'ielhagen, Friedrich, Erzähler, *1829, †1911; Romane »Problematische Naturen« u. a.

Spielhahn, der Birkhahn (→Birkhuhn).

Spielkarten, für Unterhaltungs- und Glücksspiele. Die **deutsche Karte** hat 32 Blätter, die **französische** 52, die **Tarockkarte** 78. Die Blätter sind in vier Gruppen, **Farben,** eingeteilt: Eichel oder Treff oder Kreuz; Grün oder Schippen oder Pique; Rot oder Herz oder Cœur; Schellen oder Eckstein oder Karo. Rangordnung in der dt. und französ. Karte: Daus oder As, König, Ober oder Dame, Unter oder Bube, Zehn, Neun, Acht, Sieben, Sechs; in der französ. bis Zwei hinab. **Kartenspiele: →**Skat, **→**Whist, **→**Tarock, **→**Bridge, **→**Rommé, **→**Schafkopf, **→**Patience, **→**Sechsundsechzig, **→**Canasta. – Die S. stammen aus Korea und China (12. Jahrh.) und kamen im 13. Jahrh. nach Europa.

Spielmannsdichtung, im MA. die Dichtung der fahrenden Sänger und Kleriker, vor und neben der ritterlich-höfischen Kunstdichtung.

Spieß der, 1) die →Lanze. 2) ♀ Geweih mit einfachen Stangen ohne Sprossen; der junge Rehbock oder Hirsch, der zwei Spieße trägt, heißt daher **Spießer** oder **S.-Bock.** 3) ⎕ hochkommendes, daher mitdruckendes Ausschlußstück: ■. 4) Name vieler spitzer Gegenstände, z. B. **Bratspieß.**

Spießbürger, 1) im MA.: die ärmeren, nur mit Spießen bewaffneten Bürger einer Stadt. 2) jetzt: engherziger, pedant. Mensch.

Spießgeselle, der, 1) ✝ Waffengefährte. 2) Genosse einer schlechten Handlung.

Spießruten-, Gassenlaufen, Militärstrafe im 17./18. Jahrh. für Fahnenflucht u. a.: der Übeltäter mußte, bis zum Gürtel entkleidet, eine Gasse von 100-300 Mann durchlaufen und erhielt von jedem mit einer Rute einen Hieb auf den Rücken.

Spikes [spaiks, engl.] Mz., ⚡ Laufschuhe mit biegsamer Stahleinlage, an der Dornen sitzen. **S.-Reifen:** Autoreifen mit einvulkanisierten Stahlstiften als Gleitschutz im Winter.

Spill [ndt.] das, ⚓ Winde zum Bewegen der Ankerkette und Taue.

Spin [engl.] der, →Elementarteilchen.

spin'al [lat.] ⚕ die Wirbelsäule (spina dorsi), das Rückenmark betreffend. (→Kinderlähmung)

Spin'at [lat., aus pers.-arab.] der, kraut. Gemüsepflanze, Meldengewächs, 1-2jährig.

Spindel [zu spinnen] die, 1) der zur Aufnahme des fertigen Fadens bestimmte Teil des Spinnrades und der Spinnmaschine (→Spinnerei). 2) ⚙ Hauptarbeitswelle, die das Werkzeug oder Arbeitsstück treibt.

Spindelbaum, Spindelstrauch, Gattung von Sträuchern oder Bäumchen mit gläul. Blüten und Kapselfrüchten. Die Art **Pfaffenhütchen** hat vierkantige rosenrote Kapseln mit orangefarbenen Samen, das gibt Holz gibt Schuhstifte, Zahnstocher, Spindeln. (BILD S. 863)

Spin'ell der, Mineralien, die aus Aluminium- und Magnesium-, Zink-, Eisen- oder Chromoxyd bestehen; wegen ihres Glanzes und ihrer Farben als Schmucksteine verwendet.

Spin'ett [ital.] das, →Klavier.

Spinnentiere, Klasse der Gliederfüßer. Ihr Körper besteht aus Hinterleib und einem einheitlichen Kopfbruststück, das 2 Paar Mundwerkzeuge, 4 Paar Gangbeine und Punktaugen hat. Am Hinterleib sitzen 4-6 Spinnwarzen. Die Atmung erfolgt durch Tracheen oder Tracheenlungen. Die S. pflanzen sich ausschließl. durch Eier fort. Zu den S. gehören die **Spinnen, Weberknechte, Skorpione, Milben.** Die Spinnen sind mit Haken, Kämmen und Bürsten zum Glätten des Spinnfadens ausgestattet. Sie leben meist einzeln und ernähren sich von Kleingetier, das sie mit Hilfe ihres Netzes fangen und mit Giftklauen töten. Das Fangnetz ist durch einen Signalfaden meist mit dem Wohnnetz verbunden. Spinnenarten: **Kreuz-, Haus-, Wolfs-, Krabben-, Wasser-, Vogelspinne.** (FARBTAFEL Farbe II S. 343)

Spinner der, Schmetterlingsfamilie mit plumpem, stark behaartem Körper. Die S. sind meist Nachttiere, die Raupen haben kräftige Spinndrüsen, mit denen sie sich vor dem Verpuppen einspinnen. Schädlich sind **Ringel-S., Prozessions-S., Goldaf-**

ter, Schwamm-S., Nonne, Kiefern-S. Nützlich ist der →Seiden-S.

Spinnerei, Spinnen, die Technik der Herstellung von Garnen aus tier., pflanzl. oder künstl. Fasern, wobei mehrere Fasern zu einem Faden von beliebiger Länge aufwärts gedreht werden. Dazu benutzte man früher das Spinnrad, heute mechan. Spinnmaschinen, von denen die Faserballen aufgelockert, ausgebreitet (Flor), gekämmt, vorgesponnen, grob- und schließlich feinversponnen und aufgewickelt werden. – Bereits in der Steinzeit verstand man Schafwolle und Flachs zu verspinnen. Das Spinnrad findet sich zum erstenmal 1480 abgebildet. 1767 erfand der engl. Weber Hargreaves den Wagenspinner, 1830 der Amerikaner Jenks die Ringspinnmaschine.

Spinnstoffe, die →Faserstoffe.

Spin'oza, Baruch (Benedictus) de, Philosoph, *1632, †1677; entwickelte in seiner →Ethik« einen →Pantheismus: Gott ist die alles umfassende Natur, alle endl. Wesen sind Ausprägungen (Modi) dieser ewigen Substanz; S. wurde aus der jüdischen Religionsgemeinde ausgeschlossen. Er hat die dt. Philosophie stark beeinflußt.

SPIO, Spitzenorganisation der Filmwirtschaft e.V., 1949 gegr. Dachorganisation, Sitz: Wiesbaden.

Spionage [spion'a:ʒə, frz.] die, Ausspähen und Verrat von Staatsgeheimnissen zugunsten eines fremden Staates, auch vorbereitende Handlungen hierzu. Die S. ist als Landesverrat strafbar (§§ 99, 100 StGB). Unter besonderen Voraussetzungen ist schon das Sammeln von Nachrichten nicht geheimer Art strafbar (§ 92 StGB). Die entsprechenden Bestimmungen für die Dt. Dem. Rep. sind die §§ 97, 98 des neuen StGB. Nach der →Haager Landkriegsordnung (Art. 29) ist Spion, wer heimlich oder unter einem Vorwand im militär. Operationsgebiet Nachrichten einzieht oder einzuziehen versucht, um sie der Gegenseite mitzuteilen.

Spir'äe die, **Spierstrauch,** staudige bis baumförmige Rosenblüter. Die **Weidenblättriger S.** mit rosenroten bis weißen Blütenrispen ist Zierpflanze, oft verwildert. (BILD S. 864)

Spir'ale [lat.] die, **Schneckenlinie,** ebene Kurve mit unendl. vielen Umläufen um einen Punkt.

Spir'alnebel, ☆ spiralförm. Sternsystem.

Spir'ant [lat.] der, Ⓢ Reibelaut.

Spirdingsee, der größte der Masur. Seen in Ostpreußen, 107 km², bis 25 m tief, Abfluß →.

Spirit'ismus [lat.] der, die Lehre, daß die Geister Verstorbener in unsere Wirklichkeit einzugreifen vermögen. (→Okkultismus)

spiritu'al [lat.], geistig; geistlich; übersinnlich.

Spiritualien, die geistl. Sachen und Einrichtungen der kath. Kirche, z.B. Sakramente, Ämter. **Spiritual'ismus** der, Lehre, daß alles Bestehende im Grunde Geist sei. Gegensatz: Materialismus.

Spirituals [sp'irituəlz, engl.], Ez. **Spiritual,** die geistl. Gesänge der Neger in den Süden der Verein. Staaten; sie wurden um 1900 zu einer Hauptquelle des Jazz.

Spiritu'osen [lat.] Mz., alkohol. Getränke.

Sp'iritus [lat.] der, Geist, Seele, **S. s'anctus,** der Hl. Geist. **S. r'ector,** lenkender Geist, Seele eines Unternehmens usw.

Sp'iritus [lat.] der, gewerbsmäßig hergestellter →Alkohol; wird meist durch Vergärung (→Hefe) des mittels Malz aus der Stärke gewonnenen Zuckers von Kartoffeln »gebrannt«, auch aus Getreide, durch Vergären zuckerhaltiger Früchte (Weintrauben, Obst), aus Holz und synthetisch hergestellt. Verwendung für Trinkbranntwein, als Treibstoff, in der kosmet. und chem. Industrie.

Spiroch'äten [grch.] Mz., korkzieherförmig geschlängelte Urtiere (Protozoen), z.T. Krankheitserreger (Syphilis, Rückfallfieber u.a.).

Spit'al [lat.] das, Mz. Spitäler, **1)** das Hospital, Krankenhaus. **2)** Altersheim.

Sp'ittal an der Drau, Stadt in Kärnten, Österreich, 13 100 Ew.; Schloß Porcia (1527-97), Renaissance-Rathaus.

Sp'itteler, Carl, schweizer. Dichter, *1845

†1924; suchte aus pessimist. Welterleben Schopenhauerscher Prägung einen neuen Mythus aufzubauen. Epen: »Prometheus und Epimetheus«, »Olympischer Frühling«. Nobelpreis 1919.

Spitz der, spitzohriger, langhaariger Haushund mit aufwärts gebogenem Schwanz; Wachhund. (TAFEL Hunde)

Spitzbergen, norweg. Inselgruppe im Nordpolarmeer, 61 872 km², bildet mit der Bäreninsel (178 km²) das norweg. Nebenland Svalbard; Hauptort: Longyearbyen. Gebirgig, z.T. vergletschert. Steinkohlenlager werden in norweg. und sowjet. Gruben abgebaut. Die Bevölkerungszahl hängt von der der Bergarbeiter ab (1967: 2820). – S., wohl schon den Wikingern bekannt, wurde 1596 durch Barents entdeckt; seit 1920 norweg.

Spindelbaum: Pfaffenhütchen, a blühender Zweig, b Frucht

Spitzbergen: Magdalenenbucht

Spitzbogen, →Bogen.

Spitzen Mz., zarte, durchbrochene, gemusterte Flächengebilde, hergestellt durch Klöppeln, Nähen, Häkeln, Stricken, Knüpfen; auch maschinell. Bes. wertvoll sind die handgefertigten **Brüsseler S.**

Spitzentanz, Kunsttanz auf Zehenspitzen.

Spitzfuß, krankhafte Fußstellung, bei der nur auf Fußballen und Zehen gegangen wird.

Spitzmäuse, sehr kleine mausähnl. Insektenfresser mit rüsselartiger Schnauze. **Wald-S., Haus-S., Feld-S., Wasser-S.** (Fischereischädling); **Zwerg-S.,** kleinstes mitteleurop. Säugetier.

Spitzpocken, Windpocken, ansteckende gutartige Infektionskrankheit der Kinder; Erreger ist ein Virus. Bei mäßigem Fieber entstehen am Körper rote Flecke mit kleinen, hellen, später trüb werdenden Bläschen, die nach wenigen Tagen eintrocknen. – Bettruhe, Puder.

Spitzweg, Karl, Maler, *1808, †1885; humorvoller Schilderer kleinbürgerl. Lebens; meisterhafte Landschaften. (BILD Genremalerei)

Spitzwegerich, Wiesenunkraut mit schmalen Blättern und durch Blüten an unscheinbaren Blüten. Blätter geben Tee gegen Erkältung.

Spleen [spli:n, engl.] der, Verschrobenheit. **spleenig,** verschroben, überspannt.

spleißen, ♫ das Verflechten zweier Tauenden. (BILD S. 864)

splend'id [lat.], prächtig; freigebig.

Splint der, **1)** weiche Holzschicht direkt unter der Rinde. **2)** zweischenkeliger Drahtstift.

Split, italien. **Sp'alato,** jugoslaw. Stadt, 120 000 Ew.; wichtigster Hafen Dalmatiens; Karbid-,

Spinoza

Split: Diokletianspalast, Nordseite mit Porta Aurea und Resten der Flankentürme

Spiräe, a Blüte,
b ohne Kron-
blätter, c Frucht

spleißen:
gesplissenes Tau

Spore: Sporen-
behälter des
Farns

Zement-, Kunststoffind., Weinbau; Stadtkern innerhalb der Mauern des Palastes Diokletians.

Spl'itting [engl.] das, Verfahren der Einkommenbesteuerung bei Ehegatten: beide Einkommen werden zusammengerechnet, zur Hälfte der Einkommensteuer unterworfen; die so errechnete Steuerschuld wird verdoppelt.

Splügen der, Alpenpaß zwischen Graubünden und Italien, 2117 m hoch, mit Straße.

SPÖ, →Sozialdemokratie.

Spohr, Louis, Komponist, Dirigent, Geigenvirtuose, *1784, †1859; Opern (»Jessonda«), Sinfonien, Violinkonzerte, Streichquartette.

Spoiler, engl., bei Rennwagen: waagerechte Flächen, die einen Abtrieb erzeugen; **S.** Störklappe, bei Flugzeugen: ausfahrbare kleine Klappen zur Geschwindigkeitsverminderung.

Spokane [spouk'æn], Stadt in Washington, USA, 181 600 Ew.; Univ.; Erdöl-, Schwer-, Holz- u. a. Industrie.

Spol'eto, Stadt im mittleren Italien, 38 100 Ew.; röm. Baureste; Braunkohlenbergbau. S. gehörte bis 1860 zum Kirchenstaat.

Sp'olien [lat.] Mz., im MA. der Nachlaß der Geistlichen. **S.-Recht,** das Recht des Königs (später auch des Grundherrn) auf diesen Nachlaß.

Spond'e|us [grch.] der, Versfuß aus zwei langen Silben.

Sp'ondylus [grch.] der, ⚙ Wirbel. **Spondyl'itis** die, Wirbelentzündung. **Spondyl'ose** die, nichtentzündl. Altersveränderung der Wirbel.

Spons'alien [lat.] Mz., Verlöbnis, Verlobungsgeschenk.

spont'an [lat.], aus eignem Antrieb, rasch einer Eingebung folgend. Hw. **Spontaneï't'ät** die.

Spor'aden [grch.], griech. Inseln im Ägäischen Meer. Die **Südlichen S.** bilden den Dodekanes.

spor'adisch [grch.], zerstreut, einzeln.

Sp'ore [grch.] die, 1) ⚇ die einzelligen, ungeschlechtl. Fortpflanzungskörper der Sporenpflanzen; entstehen meist in einem **S.-Behälter** (Sporangium). **Schwärm-S.** (Zoosporen) sind im Wasser frei beweglich. 2) ⚙ die Fortpflanzungskörper der →Sporentierchen.

Sp'orenpflanzen, griech. **Kryptog'amen,** Pflanzen, die sich durch Sporen vermehren, so Spalt-, Lager-, Farn-, Moospflanzen.

Sp'orentierchen, Klasse der Urtiere (Protozoen), Innenschmarotzer, die sich durch Sporen fortpflanzen. Eine S. ist der Erreger der →Malaria.

Spoerl, Heinrich, Erzähler, *1887, †1955; »Die Feuerzangenbowle« u. a.

Sport [engl.] der, die Pflege der körperl. Fähigkeiten, ihre Erprobung und Steigerung im Wettkampf. Arten: 1) Durchbildung der Atem- und Muskeltätigkeit (Gymnastik). 2) Schulung im Laufen, Werfen, Springen (leichtathlet. Vorschulen). 3) Wettkampf: Leicht-, Schwerathletik, Schwimmen (Springen, Tauchen, Wasserball), Kampfspiele (Fußball, Handball, Rugby Hockey, Tennis), Golf, Zweikampf (Boxen, Ringen, Fechten), Bergsteigen, Reiten, Radfahren, Rudern, Segeln, Flug-, Winter-, Motor-S.

Sportabzeichen, Deutsches S., seit 1952 in der Bundesrep. Dtl. verliehenes Abzeichen für die Erfüllung bestimmter sportl. Leistungen; in Bronze, Silber und Gold; früher Reichssportabzeichen.

Sp'ortel [lat.] die, früher: Gebühr, die der einziehende Beamte selbst erhielt.

Spottdrossel, drosselartiger Singvogel im warmen Amerika, ahmt andere Vogelstimmen nach.

S.P.Q.R., Abk. für Senatus Populusque Romanus, »Senat und Volk von Rom«.

Sprache die, nur dem Menschen eigene Fähigkeit, durch Lautäußerungen seine Erfahrungen, Gefühle, Vorstellungen und Gedanken auszudrücken, sich zu verständigen, die Erfahrung anderer zu nutzen, Gedanklichen in einer vom Träger ablösbaren Form weiterzugeben (Tradition) und das Verhalten anderer unmittelbar zu beeinflussen. **Lebende S.** heißen die gesprochenen, **tote S.** die nur in Schriftwerken überlieferten. Die **Sprachwissenschaft** erforscht Bau und Verwandt-

schaft der S. **(Sprachfamilien, Sprachstämme)** und die geschichtl. Entwicklung der Einzelsprachen.

Sprachen der Erde

A) Vorindogermanische Mittelmeersprache: Baskisch. **B) Indogermanisch** (alle Erdteile): **1) Germanisch:** Englisch, Friesisch, Niederländisch, Deutsch; Dänisch, Norwegisch, Isländisch, Schwedisch. **2) Romanisch:** Italienisch, Spanisch, Katalanisch, Portugiesisch, Französisch; Rätoromanisch, Ladinisch; Rumänisch. **3) Slawisch:** Großrussisch, Ukrainisch, Weißrussisch; Polnisch, Tschechisch, Slowakisch; Bulgarisch, Makedonisch, Serbokroatisch, Slowenisch. **4) Keltisch:** Irisch, Gälisch, Kymrisch, Bretonisch. **5) Baltisch:** Litauisch, Lettisch. **6) Griechisch. 7) Albanisch. 8) Indoarisch:** Bengali, Orija, Ost-Hindi, West-Hindi, Gudscharati, Pendschabi, Sindhi, Kaschmiri u. a.; Singhalesisch. – Hindustani (Urdu). **9) Iranisch:** Persisch, Paschto, Belutschi, Kurdisch, Ossetisch, Pamir-Dialekte. **10) Armenisch. C) Uralisch** (Europa-Asien): **1) Finnisch-ugrisch:** Lappisch, Finnisch, Karelisch, Wepsisch, Estnisch, Livisch, Mordwinisch, Tscheremissisch; Syrjänisch, Wotjakisch, Ungarisch. **2) Samojedisch.**

D) Altaisch (Asien-Europa): **1) Türksprachen:** Türkisch, Tatarisch, Kirgisisch, Baschkirisch, Uigurisch. **2) Mongolisch. 3) Tungusisch. E) Kaukasisch** (Asien, Europa): **1) Südkaukasisch:** Georgisch und verwandte Sprachen. **2) Westkaukasisch:** Abchasisch, Tscherkessisch u. a. **3) Ostkaukasisch. F) Semitisch:** siehe unter **Q). G) Drawidisch** (Asien): Telugu, Tamil, Malajalam, Kanaresisch, Gond, Brahui. **H) Austroasiatisch** (Asien): Malakka-Sprachen, Munda-(Kol-)Sprachen, Mon-Khmer-Sprachen. **I) Sinotibetisch** (Asien): Chinesisch, Thaisprache, Tibetisch, Birmanisch. **J) Japanisch** (Asien). **K) Koreanisch** (Asien). **L) Mandschurisch** (Asien). **M) Paläoasiatische Sprachen** (Asien).

N) Austronesisch (Asien, Ozeanien, Madagaskar): **1) Indonesisch:** Javanisch, Malaiisch; Malagasy. **2) Polynesisch. 3) Melanesisch-Mikronesisch. O) Papuasprachen** (Ozeanien). **P) Australische Sprachen** (Australien).

Q) Hamito-Semitisch oder **Afroasiatisch** (Asien, Afrika): **1) Semitisch:** a) Arabisch. b) Äthiop. Sprachen: Amharisch, Tigre, Tigrinya. c) Hebräisch. **2) Koptisch** (Altägypt.). **3) Berbersprachen. 4) Kuschitische Sprachen:** Galla, Somali, **5) Tschadohamitische (tschadische) Sprachen:** Hausa u. a. **R) Khoisansprachen** (Afrika): Hottentottisch; Buschmann-Sprachen. **S) Sudanische Sprachen** (Afrika): Yoruba, Igbo (Ibo), Twi, Ewe; Bambara, Djerma-Songhai; Nubisch; Kunama, Barea u. a. **T) Bantusprachen und sudanische Klassensprachen** (Afrika): **1) Suaheli, Luganda, Kikuyu, Kikongo, Duala, Zulu u. a. 2) Ful, Tiv, Efik; Wolof, Temne u. a. U) Nilotensprachen** (Afrika): Dinka, Schilluk, Masai u. a.

V) Eskimoisch (Nordamerika, Grönland). **W) Indianersprachen Nordamerikas:** Algonkin, Athapaskisch, Irokesisch-Huronisch, Sioux. **X) Indianersprachen Mittelamerikas:** Aztekisch, Maya. **Y) Indianersprachen Südamerikas:** Chibcha, Aimara, Ketschua, Tupí-Guaraní, Aruak u. a.

Sprachgesellschaften, Vereinigungen des 17. Jahrh. zur Pflege der dt. Sprache (»Fruchtbringende Gesellschaft«, »Aufrichtige Tannengesellschaft«, »Pegnitz-«, »Elbschwanenorden«).

Sprachlabor, Hilfsmittel des Sprachunterrichts: an programmierten opt. und akust. Darbietungen kann der Schüler seinen Fortschritt selbst bestimmen und nachprüfen.

Sprachlehre, Grammatik die, enthält die Regeln für den richtigen Gebrauch einer Sprache.

Sprachstörungen, Beeinträchtigung der Sprechfähigkeit verschiedenster Art. Bei Kin-

1 Wiesen-Champignon ○. **2** Gelbl. Wulstling +. **3** Grüner Knollenblätterpilz +. **4** Perlpilz ○.
5 Fliegenpilz +. **6** Kahler Krempling ○ (roh +). **7** Speise-Täubling ○. **8** Falscher Reizker +
(nur nach Wässern und Abbrühen ○). **9** Echter Reizker ○. **10** Pfifferling ○. **11** Hallimasch ○.
12 Grünblättr. Schwefelkopf +. **13** Schirm-Parasolpilz ○. **14** Steinpilz ○. **15** Butterpilz ○.
16 Satanspilz +. **17** Maronenpilz ○. **18** Früh-Lorchel +/○. **19** Spitz-Morchel ○. **20** Stink-
Morchel +. **21** Sommer-Trüffel ○. **22** Kartoffelbovist +.   (+ giftig, ○ eßbar)

4 a, b

1 Rendezvous-Manöver zweier Gemini-Raumkapseln. 2 Die Mondoberfläche aus etwa 780 km Entfernung; die Erde ist über dem Mond aufgegangen.
3 Astronaut im Raumanzug bei einer Übung. 4 Die ersten Menschen auf dem Mond am 21. 7. 1969. a Die Mondfähre auf dem Rückflug zum Raumschiff Apollo 11.
b Landeplatz im „Meer der Ruhe" mit Mondfahrzeug und Geräten.

1, 2

3

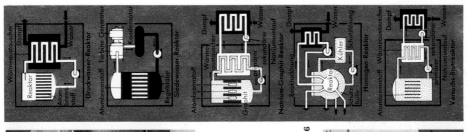

1 Forschungsreaktor München, Gesamtansicht. **2** Experimentierhalle des Reaktors in Geesthacht; Betonabschirmwand mit den gelben Verschlüssen der leuchtenden Reaktorkern (Tscherenkow-Strahlung) im Forschungsreaktor München. **4** Schnitt durch den Hochtemperatur-Reaktor im Stettenicher Forst; *a* Kühlwasserhochbehälter, *b* biologischer Schild (Stahlbeton), *c* Schutzbehälter, *d* Reaktor, *e* Mischkühler zur Behältersicherung, *f* Kühlgebläse, *g* Dampf- und Speisewassersammler, *h* Brennstoffbeschickungsraum, *k* Brennstoffentnahmeraum. **5** Wärmeerzeugung im Reaktor, und **6** Reaktor-Bauarten (schematisch)

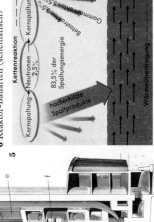

1 Krone des Monomach, 13./14. Jahrh. 2 Meßgewand des Metropoliten Alexei, 14. Jahrh., Ornamente Email und Goldfadenstickerei. 3 Ikone n. d. Muttergottes von Wladimir, 15. Jahrh. 4 Elfenbeinschnitzerei vom Thron Iwans IV., 16. Jahrh. 5 Longinus, Ikone, 17. Jahrh. (Moskau, Terem-Palast). 6 Silbernes Trinkgefäß, 16. Jahrh. 7 J. J. Pimenow (geb. 1903): Platzregen. 8 G. U. Gorelow (geb. 1880): Der angesehene Stahlgießer Gussarow. – (1, 4, 6: Moskau, Kreml, Rüstkammer; 3, 7, 8: Leningrad, Russ. Museum.)

1,2
3,4,5

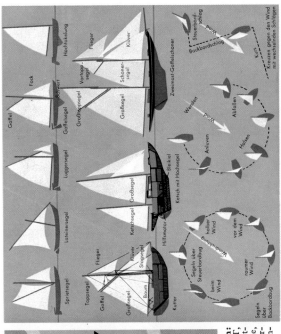

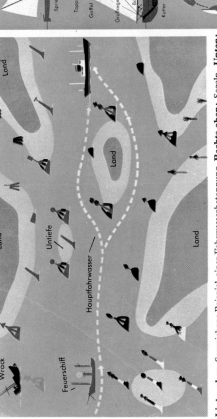

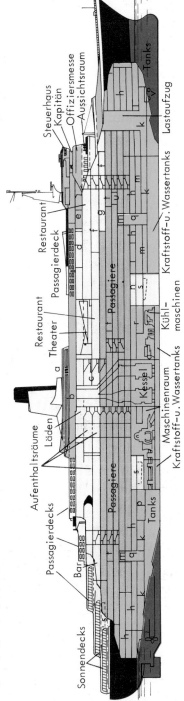

Links oben Seezeichen: Beispiel einer Fahrwasserbetonnung. **Rechts oben:** Segeln. **Unten:** Schematische Darstellung des Turbinen-Fahrgastschiffes „Queen Elizabeth II", 58000 BRT, 293,52 m lang, 32 m breit, 9,60 m Tiefgang, 28,5 km Geschwindigkeit, 94000 WPS, Fahrgastzahl 2025; *a* Ventilatoren, *b* Offizierskajüten, *c* Bibliothek, *d* Bar, *e* Funkzentrale, *f* Küche, Mannschaftsküche, *g* Mannschaftsmesse, *h* Mannschaftslogis, *k* Laderäume, *m* Vorratsräume, *n* Hospital, *p* Wäscherei, *q* Wagenaufzug, *r* Werkstatt, Maschinenzentrale, *s* Schwimmbad, *t* Eingang, *u* Synagoge, *v* Quertrieb

869

1 Admiral. **2** Nonne, 2a Raupe der Nonne. **3** Forleule, 3a Raupe der Forleule. **4** Apollofalter. **5** Schwalbenschwanz, 5a Raupe vom Schwalbenschwanz. **6** Tagpfauenauge. **7** Großer Fuchs. **8** Trauermantel. **9** Bläuling, Männchen. **10** Abendpfauenauge. **11** Wolfsmilchschwärmer. **12** Hornissenschwärmer. **13** Zitronenfalter, Männchen. **14** Totenkopf. **15** Rotes Ordensband mit angelegten Flügeln, 15a derselbe mit ausgebreiteten Flügeln

1, 2

3, 4

1 An der Sustenstraße in den Urner Alpen. **2** Blick vom Hohen Kasten zum Sämtisersee bei Brülisau, Säntis-Gebiet. **3** Die Kapellbrücke und der Wasserturm in Luzern. **4** Am Vierwaldstätter See. **5** Der Silser See bei Sils Maria im Engadin

5

SINGVÖGEL

1 Wintergoldhähnchen. **2** Kohlmeise. **3** Zaunkönig. **4** Blaumeise. **5** Stieglitz. **6** Buchfink. **7** Nachtigall. **8** Gartenrotschwanz. **9** Rotkehlchen. **10** Spechtmeise (Kleiber). **11** Rotrückenwürger. **12** Bachstelze. **13** Dompfaff (Gimpel). **14** Goldammer. (Alle Bilder etwa ¹/₃ natürl. Größe.)

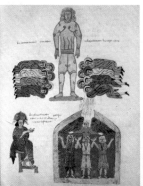

1, 2, 3

1 Beatus-Apokalypse (San Miguel de Esen-
lada, León); 926. **2** L. Borrassà: Christus
und hl. Petrus (San Pedro de Tarrasa); 411.
3 Maiestas Domini, Wandmalerei aus
S. Clemente in Tahull; 12. Jahrh. (Barcelona, Katalan. Museum). **4** D. Velazquez: Venus mit Cupido (London, National
Gallery). **5** El Greco: Mater Dolorosa; um
1585 (Lugano, Sammlung Thyssen). **6** B.
Murillo: Bettelbube (München, Alte Pinakothek). **7** J. Miró: Rhythmische Figuren,
Entwurf für einen Wandteppich;1934 (Düsseldorf, Kunstslg. Nordrhein-Westfalen).
8 F. Goya: Hexensabbat (Prado)

4

5, 6, 7

8

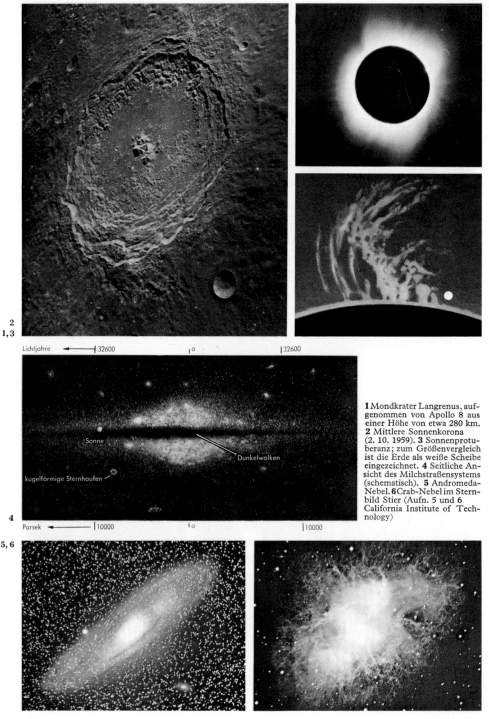

2
1,3

Lichtjahre ◄— |32600 |° |32600

Sonne

Dunkelwolken

kugelförmige Sternhaufen

4

Parsek ◄— |10000 |° |10000

1 Mondkrater Langrenus, aufgenommen von Apollo 8 aus einer Höhe von etwa 280 km. **2** Mittlere Sonnenkorona (2. 10. 1959). **3** Sonnenprotuberanz; zum Größenvergleich ist die Erde als weiße Scheibe eingezeichnet. **4** Seitliche Ansicht des Milchstraßensystems (schematisch). **5** Andromeda-Nebel. **6** Crab-Nebel im Sternbild Stier (Aufn. 5 und 6 California Institute of Technology)

5, 6

1, 2

1 Landschaft am Rio Paraiba do Sul, Brasilien. 2 Wasserfall des Rio Caroni, Venezuela. 3 Indianische Maisfelder in der Sierra, Peru. 4 Valle de la Luna in der Provinz San Juan, Argentinien. 5 Weideland am Titicacasee, Bolivien.

3

4, 5

VERBRENNUNGSMOTOR

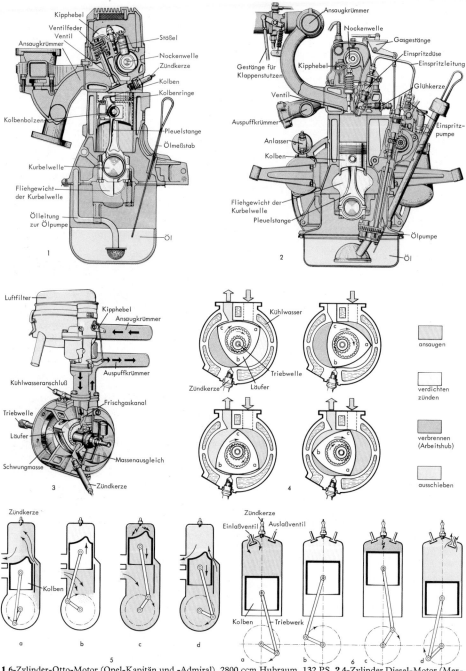

1 6-Zylinder-Otto-Motor (Opel-Kapitän und -Admiral), 2800 ccm Hubraum, 132 PS. **2** 4-Zylinder Diesel-Motor (Mercedes-Benz 190 D), 1988 ccm Hubraum, 55 PS. **3** NSU-Kreiskolbenmotor (F. Wankel). **4** Arbeitsfolge des Kreiskolben-Motors. **5** Zweitaktverfahren (Otto-Motor): *a* Überströmen des Kraftstoffgemisches, *b* Verdichten über und Ansaugen unter dem Kolben, *c* Verbrennen des Gemisches (Arbeitstakt), *d* Ausschieben und Beginn des Überströmens. **6** Viertaktverfahren: *a* Ansaugen, *b* Verdichten, *c* Zünden und Arbeiten, *d* Ausschieben

VERKEHRSZEICHEN

Verkehrszeichen, z. Z. und nach der neuen StVO gültig: **1–14 Warnzeichen. 1** Querrinne. **2** Engpaß. **3** Gefährl. Gefälle. **4** Bewegl. Brücke. **5** Baustelle. **6** Kinder. **7** Wildwechsel. **8** Gegenverkehr. **9** Kreuzung. **10** Warnkreuz f. Bahnübergänge. **11** Beschrankter Bahnübergang. **12** Dreistreifige Bake (rechts, 240 m); **13** zweistreifige Bake (links, 160 m); **14** einstreifige Bake (rechts, 80 m vor Bahnübergang). **15–28 Ge- und Verbotszeichen. 15** Verkehrsverbot f. Fahrzeuge aller Art. **16** Verbot einer Fahrtrichtung oder Einfahrt. **17** Verkehrsverbot f. Lkw über ein zulässiges Gesamtgewicht. **18** Verkehrsverbot f. Krafträder. **19** Gebot f. Fußgänger (Fußgängerweg). **20** Verkehrsverbot f. Fahrzeuge über ein Gesamtgewicht. **21** Verkehrsverbot f. Fahrzeuge über eine Achslast. **22** Verkehrsverbot f. Fahrzeuge über eine Höhe. **23** Verbot der Überschreitung von Fahrgeschwindigkeiten. **24** Verbot der Durchfahrt bei Gegenverkehr. **25** Rechts vorbeifahren. **26** Vorgeschriebene Fahrtrichtung. **27** Haltzeichen an Zollstellen. **28** Vorfahrt achten! **29–39 Hinweiszeichen. 29** Parkplatz. **30** Tankstelle. **31** Pannenhilfe. **32** Ortstafel, Vorder-, **33** Ortstafel, Rückseite. **34** Tafel f. Orte abseits der Straße (ohne Geschwindigkeitsbegrenzung). **35** Wegweiser f. Straßen außer Bundesstraßen. **36** Bundesstraßen-Nummernschild. **37** Wegweiser f. Lkw-Verkehr. **38** Vorwegweiser an Bundesstraßen. **39** Zusatztafel zur Kennzeichnung des bevorrechtigten Straßenzuges. – *Verkehrszeichen, die in der neuen StVO entfallen oder anders aussehen werden:* **40** Kurven. **41** Gefahrenstelle. **42** Halt! Vorfahrt achten! **43** Haltverbot. **44** Eingeschränktes Haltverbot. **45** Vorfahrtstraße. **46** Ende der Vorfahrtstraße. **47** Einbahnstraße. **48** Droschkenplatz. **49** Kraftfahrstraße. **50** Ende der Geschwindigkeitsbeschränkung. **51** Ende des Überholverbots. *Verkehrszeichen aus dem Entwurf der neuen StVO, die bereits verwendet werden* (Erlaß des Bundesmin. f. Verkehr v. 29. 12. 1965): **52** Schleudergefahr. **53** Fußgängerüberweg. **54** Unbeschrankter Bahnübergang. **55** Radfahrer. **56** Verbot f. Kraftwagen. **57** Überholverbot f. Kraftfahrzeuge aller Art. **58** Gegenverkehr muß warten. **59** Seitenwind. **60** Lichtzeichenanlage. **61** Beginn der Autobahn. **62** Ende der Autobahn. **63** Fußgängerüberweg. **64** Sackgasse. **65** Wegweisertafel.

WAPPEN

1 Bundesrepublik Deutschland. **2** Baden-Württemberg. **3** Bayern. **4** Hessen. **5** Bremen. **6** Hamburg. **7** Rheinland-Pfalz. **8** Niedersachsen. **9** Nordrhein-Westfalen. **10** Saarland. **11** Schleswig-Holstein. **12** Berlin. **13** Deutsche Demokratische Republik. **14** Brandenburg (historisch). **15** Mecklenburg (bis 1952). **16** Sachsen (bis 1952). **17** Provinz Sachsen (1927–1945). **18** Thüringen (1921–1933). **19** Danzig. **20** Memel. **21** Ostpreußen. **22** Grenzmark Posen-Westpreußen. **23** Pommern. **24** Schlesien. **25** Oberschlesien. **26** Belgien. **27** Volksrepublik China. **28** Dänemark. **29** Finnland. **30** Frankreich. **31** Griechenland. **32** Großbritannien. **33** Indien. **34** Israel. **35** Italien. **36** Jugoslawien. **37** Kanada. **38** Luxemburg. **39** Niederlande. **40** Norwegen. **41** Österreich. **42** Polen. **43** Portugal. **44** Schweden. **45** Schweiz. **46** Sowjetunion. **47** Spanien. **48** Tschechoslowakei. **49** Vereinigte Staaten von Amerika

1,2

3,4

5,6

7,8

1 Flache Haufenwolken (Schönwetterwolken). 2 Aufgetürmte Haufenwolken (regendrohend). 3 Abziehende Gewitterwolke und Schichtwolkenfelder (dunkel). 4 Schauerwolken, Regenbogen. 5 Gewitterschauer mit Böenwolke. 6 Schicht- und Haufenwolken nach Regen. 7 Hohe Haufenschichtwolken gegen Sonnenuntergang. 8 Hohe Schleierwolken

1, 2, 3

1 Kampffisch *(Betta splendens)*, kämpfende Männchen.
2 Punktierter Buntbarsch *(Etroplus maculatus)*. **3** Platy Zuchtform *(Platypoecilus maculatus)*. **4** Zwergfadenfisch *(Colisa lalia)*. **5** Skalare *(Pterophyllum eimekei)*.
6 Neon-Salmler *(Hyphessobrycon innesi)*. **7** Schwertträger *(Xiphophorus helleri)*.
9 Kugelfisch *(Tetraodon fluviatilis)*. **10** Schleierschwanz Zuchtform *(Carassius auratus)*. – AQUARIUM-PFLANZEN: **8 a** Riesenwasserfreund *(Nomaphila stricta)*; **b** Indischer Wasserwedel *(Symnema triflorum)*; **c** Ludwigie *(Ludwigia natans)*; **d** Haarnixe *(Cabomba spec.)*; **e** Wasserkelch *(Cryptocoryne spec.)*; **f** Sumpfschraube *(Vallisneria spiralis)*; **g** Großblättrige Wasserpest *(Elodea densa)*

4, 5

6, 7

8, 9
10

b   c   d e   a   f g

dern, die im allgemeinen nach 18 Monaten sprechen sollten, bedeutet Stummheit nach diesem Termin eine verzögerte **Sprachentwicklung,** sofern Taubheit oder Idiotie ausgeschlossen sind. – **Lispeln** ist ein Sprachentwicklungsfehler, häufig begünstigt durch Zahnlücken oder Kieferanomalien, wobei S, Sch, Z falsch gesprochen werden. – Überstürztes Sprechen bei kleinen Kindern mit Verschlucken von Silben und ganzen Wörtern heißt **Poltern.** – **Stottern** tritt vorwiegend beim männl. Geschlecht auf und ist meist Ausdruck einer Neurose. – **Stimmlosigkeit** (Heiserkeit) kann auf einer Schwäche der Stimmbänder beruhen.

Spranger, 1) Bartholomäus, fläm. Hofmaler in Wien und Prag, *1546, †1611; allegorisch-mytholog. Bilder manierist. Stils. **2)** Eduard, Philosoph und Pädagoge, *1882, †1963, begründete eine geisteswissenschaftl. Psychologie, trat mit geistesgeschichtl. und bes. jugendpsycholog. Arbeiten hervor (»Psychologie des Jugendalters«, 1924).

Spray [sprei, engl.] der, Zerstäuber, auch Sprühstrahl.

Sprecher der, **1)** →Speaker. **2)** Vorsitzender von Gesellschaften, Vereinen.

Spree die, linker Nebenfluß der Havel, aus der Oberlausitz, durchfließt den Spreewald, Schwieloch- und Müggelsee, Berlin und mündet bei Spandau; 398 km lang, 182 km schiffbar; Teil der Oder-S.-Wasserstraße. **Spreewald,** Urstromtallandschaft in der Niederlausitz, von der S. vielarmig durchschnitten; viel Wald (Erlen). Ein Teil des Bodens ist entwässert: Felder und Wiesen; Gurken- und Kürbisanbau.

Spreizfuß entsteht durch Einsinken des vorderen Quergewölbes des Fußes.

Spremberg (Lausitz), Stadt im Bez. Cottbus, 23 200 Ew.; Tuch- u. a. Ind., Großkraftwerk.

Sprendlingen, Stadt in Hessen, südl. Frankfurt, 22 800 Ew.; vielseitige Industrie.

Sprengel der, Amtsbezirk eines Geistlichen, einer Behörde.

Sprenggelatine [-ʒelat'inə], →Dynamit.

Sprengstoffe, brisante Explosivstoffe, bei denen der plötzliche Gas- und Hitzestoß zerreißend wirkt. **Plastik-S.** sind knetbare S., die durch Zeitzünder (Säureeinwirkung auf eine Sperrvorrichtung, Uhrwerk o. dgl.) gezündet werden **(Plastikbombe).**

Sprengwerk, Holztragwerk, bei dem die tragenden Hölzer, Streben und Spannriegel auf Druck beansprucht werden (→Hängewerk).

Sprenkel der, **1)** Tüpfel, andersfarbiger Punkt. **2)** verbotenes Vogelfanggerät mit krummgespannter Rute als Schließfeder.

Sprichwort das, bündige, bildhafte, oft witzige Formulierung einer Lebensweisheit im Volksmund (z. B. Morgenstunde hat Gold im Munde).

Spriet [ndt.] das, auch **Sprett,** ⚓ Stange, die ein Segel diagonal spreizt, z. B. **Bug-S.**

Springe, Stadt in Ndsachs., 11 000 Ew.; Möbel- u. a. Ind.; bei S. Naturschutzpark.

springender Punkt, →Punctum saliens.

Springer der, →Rössel.

Springer, 1) Axel, Zeitungs- und Zeitschriftenverleger, *1912, baute seit 1946 im Verlagshaus A. S. & Sohn, Hamburg, einen Zeitungs- und Zeitschriftenverlag auf (z. B. »Bild-Zeitung«, »Die Welt«, »Hör zu«). **2)** Julius, Verleger, *1817, †1877, Gründer des heute wissenschaftl. S.-Verlags (Berlin, Göttingen, Heidelberg), gab u. a. Werke Gotthelfs heraus.

Springfield [spr'iɲfi:ld], Stadt in Massachusetts, USA, 174 500 Ew.; College; Industrie.

Springflut die, →Gezeiten.

Springkraut, eine →Balsamine.

Springmäuse, Nagetiere mit verlängerten Hinterbeinen und langem Stützschwanz; sie bewegen sich springend sehr schnell fort; leben in Wüsten und Steppen.

Springs, Stadt in Transvaal, Rep. Südafrika, 142 000 Ew.; vielseitige Ind., Goldbergbau.

Springschwänze, flügellose Urinsekten mit Springgabel am Hinterleib. Der **Gletscherfloh** lebt

auf dem Eis und im Schnee von alpinen Gletschern.

Springwurzel, eigentl. **Sprengwurzel,** Aberglauben: durch ihre Berührung sollen Türen vor verborgenen Schätzen aufspringen; bes. die Wurzel der Mandragora (→Alraun).

Sprinkler [engl.] der, Vorrichtung zum Besprengen großer Flächen; Feuerlöschanlagen, bei Ausbruch des Feuers selbsttätig eingeschaltet.

Sprinter [engl.] der, ⚛ Kurzstreckenläufer, -schwimmer, -fahrer.

Sprit [aus Spiritus] der, Spiritus, Alkohol.

Spritzgurke, Springgurke, Mittelmeerpflanze, Kürbisgewächs mit taubeneigroßer Frucht, die zur Reife abspringt und Fruchtsaft mit Samen zur Aussaat verspritzt. Saft und Samen wirken abführend und verursachen Brechreiz.

Spritzguß, Formungsverfahren für Kunststoffe, die in flüssiger oder plastischer Form in eine Stahlform gespritzt werden.

Spritzpistole, Gerät mit pistolenartiger Form zum Aufspritzen von Farbe, Lack oder auch Beton mit Hilfe von Druckluft.

Sprockhövel, Stadt in Nordrh.-Westf., 21 800 Einwohner.

Sproß der, Pflanzentrieb, bes. die Achse mit den Blättern bei den S.-Pflanzen; entwickelt die der Assimilation dienende Blattfläche. Im trockenen Klima kann das Laub rückgebildet werden und die Achse die Assimilation übernehmen; manche S. bilden Dornen. S., die Reservestoffe speichern, sind Wurzelstock, Knolle, Zwiebel.

Sprossenwand, aus der schwed. Gymnastik übernommenes Turngerät für Kletter-, Hang- und Streckübungen. (BILD Turngeräte)

Sprottau, niederschles. Stadt, (1939) 12 600 Ew.; seit 1945 unter poln. Verw. (Szprotawa).

Sprotte die, Heringsfisch; bis 15 cm lang, wird gesalzen und geräuchert **(Kieler S.).**

Sprüche Salom'onis, Buch im A. T.; Sammlung von Weisheitssprüchen; zu Unrecht Salomo zugeschrieben.

Spruchkammer, →Entnazifizierung.

Sprung, der, **1)** ⚛ eine Hauptgruppe der Wettkampfübungen, umfaßt den Weit-, Hoch-, Drei- und Stabhoch-S. mit Anlauf. Es gibt ferner S.-Übungen an Geräten wie Bock, Pferd, Kasten; das Skispringen (Sprunglauf), das Wasserkunstspringen u. a. **2)** Lebensgemeinschaft der Rehe. **3)** Begattung der Tiere. **S.-Geld,** Gebühr für die Benutzung der männl. Zuchttiere.

Sprungbein, der oberste der Fußwurzel-Knochen. (FARBTAFEL Mensch I, S. 693)

Sprungrevision, ⚖ die in bestimmten Fällen zulässige Anrufung des Revisionsgerichtes unter Auslassung der 2. (Berufungs-)Instanz.

Sprungschanze, Anlage zur Ausführung des Skisprunges; besteht aus der stark geneigten Anlaufbahn, dem fast waagerechten Absprungtisch und der 25-40° geneigten Aufsprungbahn. (BILD S. 882)

Sprungtuch, Rettungsgerät der Feuerwehr zum Auffangen von aus den oberen Stockwerken Abspringenden: ein großes, gespanntes Segeltuch, jetzt meist ein aufblasbarer Sack.

Spree: Spreewald bei Lübbenau

Sprungschanze: Holmenkollen (bei Oslo)

Sprungwelle, in einigen Flüssen auftretende Flutwelle mit wallartiger Stirn.

Spühler, Willy, schweizer. Politiker (Sozialdemokrat), *1902; Bundespräs. 1963 und 1968, 1966-68 Leiter des polit. Departements.

Spuk der, gespensterhafte Erscheinung.

Spule die, **1)** zylindr. oder kegeliger Körper, auf den Garn gewickelt wird. **2)** Wicklung aus mehreren Windungen isolierten Drahtes zur Verstärkung des Magnetfeldes, Vergrößerung der Induktivität.

Spulwürmer, regenwurmgroße Fadenwürmer, Darmschmarotzer bei Mensch und Tier; Arten der Gattung 'Ascaris verursachen Gesundheitsstörungen **(Ascarid'iasis).**

Spund der, **1)** das Fülloch des Fasses. **2)** der dazugehörige Zapfen zum Verschließen.

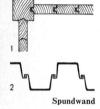

Spundwand

Spundwand, Wand aus Holzbohlen (BILD, 1), die miteinander verspundet sind, oder aus bes. geformten Stahlprofilen (BILD, 2).

Spur die, ♀ →Fährte.

Spurenelemente, ⚲ Stoffe, die nur in winzigen Mengen im menschl., tier. und pflanzl. Körper vorkommen, jedoch für den Organismus große Bedeutung besitzen. Bekannte S.: Mangan, Aluminium, Silicium, Zink, Kobalt, Kupfer, Bor u. a.

Spurkranz, ⚙ ein Wulst an der Innenseite des Radreifens, zur Führung des Rades auf der Schiene.

Spurt [engl.] der, ⚡ höchste Anstrengung im Endkampf.

Spurweite, 1) der Abstand zweier Räder derselben Achse. **2)** der Abstand zwischen den Innenkanten der Schienenköpfe. Die **Normalspur** der öffentl. Eisenbahn beträgt 1,435 m; andre S. haben z. B. Spanien und Portugal (1,676 m), die Sowjetunion (1,524 m). Die **Schmalspur** der öffentl. Kleinbahnen in Dtl. beträgt 1 m, 0,75 m, 0,60 m.

Sp'utnik [russ. »Weggenosse«, »Trabant«] der, Name der ersten sowjet. Erdsatelliten.

Sp'utum [lat.] das, ⚕ der →Auswurf.

Spyri, Johanna, schweizer. Jugendzählerin, *1827, †1901; Jugendgeschichten (»Heidi«).

Square [skwɛə, engl.] der, Quadrat, viereckiger Platz. **square foot,** der englische Quadratfuß (→Maßeinheiten).

Squaw [skwɔ:, indian.] die, Frau.

Squire [skwaiə, engl.] der, Abk. für →Esquire.

Sr, chem. Zeichen für →Strontium.

Srbik, Heinrich Ritter v., Historiker, *1878, †1951, Prof. in Wien; »Wallensteins Ende«, »Metternich, der Staatsmann und Mensch«.

Sr'inagar, die Sommerhauptstadt von Kaschmir, im Himalaya, 302000 Ew.; Teppich-, Seidenweberei, Kunstgewerbe.

SS, Schutzstaffel, nationalsozialist. Gliederung, 1925 aus der SA abgesondert, seit 1929 unter →Himmler zu einem innenpolit. und militär. Kampfverband entwickelt. Die **SS-Totenkopfverbände** waren für die →Konzentrationslager verantwortl. Die **SS-Verfügungstruppe** trat als **Waffen-**SS neben die Wehrmacht. Im Nürnberger Prozeß wurde die SS zur »verbrecher. Organisation« erklärt.

SSD, Abk. für →Staatssicherheitsdienst.

SSR, Abk. für Sozialistische Sowjetrepublik.

SSSR, UdSSR, →Sowjetunion.

St., Abk. für Sankt.

s. t., Abk. für *sine tempore* [lat.], ohne Zeit(-Zugabe), pünktlich. Gegensatz: → c. t.

Staat [lat. status »Stand«, »Zustand«] der, die dauernde, organisierte Vereinigung von Menschen auf einem bestimmten Gebiet unter einer höchsten Gewalt. – Die **Staatsgewalt** ist die hoheitliche Befehls- und Zwangsgewalt (→souverän); sie steht im Obrigkeits-S. einem Einzelnen oder einer kleinen Führungsschicht zu, im Volks-S. der Gesamtheit der gleichberechtigten Staatsbürger. – Das **Staatsgebiet** ist der Raum, auf den sich die Gebietshoheit erstreckt einschließl. dem Luftraum darüber und den Eigen- und Küstengewässern. – Das **Staatsvolk** ist die Gesamtheit der durch die Herrschaftsordnung vereinigten Menschen. Es kann in Gruppen mit unterschiedlicher Rechtsstellung gegliedert sein (früher Adel, Freie, Unfreie; später Stände); im modernen Volks-S. ist es in der Regel eine Nation (→Nationalstaat). Bisweilen umfaßt ein S. auch mehrere Nationen (→Nationalitätenstaat; →Bundesstaat). Es besteht ein →Selbstbestimmungsrecht der Völker. – **Staatsorgane** sind alle Personen, Körperschaften und Behörden, die im Namen und in Vollmacht des S. kraft eigener Zuständigkeit an der Ausübung der Staatsgewalt teilnehmen. **Staatsformen** sind die verschiedenen Systeme, in denen die staatliche Herrschaft organisiert (Herrschaftsform) und die Staatsgewalt ausgeübt wird (Regierungsform). – Bei den Herrschaftsformen ist seit dem griech. Altertum die Einteilung in →Monarchie, →Aristokratie und →Demokratie üblich. Regierungsformen sind die durch Herkommen, Staatspraxis oder Verfassung festgelegten Methoden, in denen die S.-Gewalt durch die S.-Organc ausgeübt wird. Man unterscheidet als Hauptformen u. a. den →Absolutismus, den →Feudalismus, den →Ständestaat, den Klassenstaat (→Klasse), die →Volksdemokratien, das →Präsidialsystem und den →Parlamentarismus. – Die Entstehung eines S. kann zurückgeführt werden auf Vertrag, Herrschaftsakt oder organisches Wachstum. Eine S.-Umwälzung ist die gewaltsame Änderung der S.-Form. Der S.-Untergang tritt ein bei der S.-Auflösung, der Staatenverbindung, der Annexion oder beim Anschluß.

Staatenbund, Bund selbständiger Staaten, im Unterschied zum →Bundesstaat.

Staatenlose, →Staatsangehörigkeit.

Staatsaktion, →Haupt- und Staatsaktionen.

Staatsangehörigkeit, die Zugehörigkeit zu einem Staat, völkerrechtl. das Unterscheidungsmerkmal gegenüber Ausländern und Staatenlosen, staatsrechtl. die Eingliederung in den Schutzverband des Staates, aus der Rechte und Pflichten erwachsen. In der Bundesrep. Dtl. gilt das Reichs- und S.-Ges. v. 22. 7. 1913 i. d. F. v. 19. 12. 1963. Danach wird die dt. S. erworben durch Geburt, Legitimation, Einbürgerung u. a., sie wird verloren durch Entlassung, Erwerb einer ausländ. S. (davon zahlreiche Ausnahmen). Gegen seinen Willen kann ein dt. Staatsangehöriger die S. nicht verlieren, wenn er dadurch staatenlos würde. – In der Dt. Dem. Rep., wo dieses Gesetz bis dahin ebenfalls galt, erging am 20. 2. 1967 ein eigenes Staatsbürgerschafts-Gesetz.

Staatsanleihe, →Staatsschulden.

Staatsanwaltschaft, ⚖ staatl. Untersuchungs- und Anklagebehörde bei den Gerichten mit der Aufgabe, strafbare Handlungen zu ermitteln, die öffentl. Anklage zu erheben und in der Hauptverhandlung zu vertreten sowie die Strafe zu vollstrecken. Bei den Entmündigungs- und bestimmten Ehesachen wirkt die S. mit. Die Beamten der S. in der Bundesrep. Dtl. sind **Amtsanwalt** (Amtsgericht), **Staatsanwalt, Erster Staatsanwalt,**

Oberstaatsanwalt (Landgericht), **Generalstaatsanwalt** (Oberlandesgericht), **Bundesanwalt, Oberbundesanwalt** (Bundesgerichtshof).

Staatsaufsicht, die Aufsicht des Staates über rechtsfähige Verwaltungseinheiten, bes. über Körperschaften, Anstalten und Stiftungen des öffentl Rechts. Hauptbeispiel: Kommunalaufsicht, die sich grundsätzlich auf die Gesetzmäßigkeitskontrolle (Rechtsaufsicht) beschränkt.

Staatsbanken, aus Staatsmitteln gegr., unter Staatsaufsicht und für Rechnung des Staates arbeitende Kreditinstitute; auch Aktienbanken mit überwiegender Staatsbeteiligung.

Staatsbankrott, die Einstellung der Zahlungen aus Staatsverbindlichkeiten, bes. die einseitige Kraftloserklärung der Staatsschulden **(totaler S.)** oder die Herabsetzung ihres Nennbetrags **(partieller S.).**

Staatsbibliothek die, 1) **Bayerische S.,** in München, über 2,5 Mill. Bde. 2) **Preußische S.,** in Berlin, gegr. 1661, ein Teil des Bestandes heute in der »Westdt. Bibliothek« in Marburg (2,1 Mill. Bde.); der in Berlin verbliebene Teil, seit 1947 »Öffentl. Wissenschaftl. Bibliothek«, heißt seit 1955 »Dt. Staatsbibliothek Berlin« (2,4 Mill. Bde.).

Staatsexamen, staatl. Prüfung für akadem. Berufe mit vorgeschriebenem Ausbildungsgang (Richter, Arzt, Lehrer u. a.).

Staatsgeheimnis, →Landesverrat.

Staatsgerichtshof, →Verfassungsgerichtsbarkeit.

Staatshaushalt, →Haushaltsplan.

Staatskirche, eine vom Staat mit bes. Vorrechten ausgestattete und ihm mehr oder weniger untergeordnete Kirchengemeinschaft; in ausgeprägter Form nicht mehr vorhanden; doch gilt das evangel.-luther. Bekenntnis in Dänemark, Norwegen, Schweden als **Staatsreligion;** dort wie in der →Anglikan. Kirche in England ernennt der König die Bischöfe. In Spanien ist das kath. Bekenntnis Staatsreligion.

Staatslehre, der Wissenschaftszweig, der das Wesen des Staates erforscht; er beschäftigt sich u. a. mit Staatsphilosophie, -soziologie und Verfassungslehre.

Staatspräsident, Oberhaupt einer Republik.

Staatsquallen, Röhrenquallen, Hohltiere der Klasse Hydrozoen; in warmen Meeren schwimmende Tierstöcke mit weitgehender Arbeitsteilung. (BILD Qualle).

Staatsräson [-rɛz'ɔ̃] die, Lehre, wonach die staatl. Sicherheit, Wohlfahrt und Macht den Vorrang vor religiösen, sittl. und rechtl. Ansprüchen habe, und wonach Leben, Freiheit und Eigentum des Einzelnen um des Staatswohls willen beschränkt, im Notfall aufgeopfert werden müssen.

Staatsrat, 1) Kollegium zur Begutachtung von Gesetzentwürfen und Verwaltungsmaßnahmen; auch Bezeichnung seiner Mitglieder; schließlich bloßer Titel. 2) in Preußen 1920-33: die Vertretung der Provinzen bei der Gesetzgebung und Verwaltung, 1933-45 nur als beratendes Organ. 3) Schweiz: die Regierung der Kantone in der Westschweiz und im Tessin. 4) Dt. Dem. Rep.: Staatsorgan, das die Aufgaben des Staatsoberhauptes wahrnimmt.

Staatsrecht, ein Teil des öffentl. Rechts, im weiteren Sinn: die Allgemeine Staatslehre, das Verfassungs- und das Verwaltungsrecht; heute meist: das Verfassungsrecht.

Staatsschulden, die Schuldverpflichtungen eines Staates, dienen meist der Deckung eines Haushaltsfehlbetrages, wenn die ordentl. Einnahmen nicht die ordentl. Ausgaben decken oder wenn außerordentl. Ausgaben anfallen. Zur Deckung der S. werden kurzfristige Schatzanweisungen oder langfristige Staatsanleihen ausgegeben. Man unterscheidet: Inlands- und Auslands-, verzinsl. und unverzinsl. Schulden; auf den Inhaber oder Namen lautende Brief- und im Staatsschuldbuch verzeichnete Buchschulden u. a. Verzinsung und Tilgung der S. und die Führung des **Staatsschuldbuches** obliegen der **S.-Verwaltung** (Bundes-

rep. Dtl.: **Bundesschuldenverwaltung,** Bad Homburg).

Staatssekretär, 1) der Vertreter des Ministers. **2)** im Dt. Reich 1871-1918 dem Reichskanzler unterstellten Chefs der Reichsämter (Ministerien). **3)** in den USA der Außenmin. (Secretary of State). **4)** in Großbritannien Amtsbezeichnung einiger Minister. **5)** Kardinal-S., an der röm. Kurie der Leiter der Auswärt. Angelegenheiten.

Staatssicherheitsdienst, Abk. **SSD.,** in der Dt. Dem. Rep. die nach sowjet. Vorbild eingerichtete politische Polizei.

Staatsstreich, ein gegen die Verfassung gerichteter Umsturz durch den Inhaber der Regierungsgewalt oder einen anderen Träger oberster Staatsfunktionen (z. B. Militärbefehlshaber).

Staatsvermögen, die Wirtschaftsgüter in staatl. Besitz: a) das nach privatwirtschaftl. Grundsätzen verwendete **Finanzvermögen** (Domänen, Forste, Bergwerke, Kassenbestände usw.); b) das bestimmten Verwaltungszwecken dienende **Verwaltungsvermögen** (öffentl. Gebäude, militär. Anlagen usw.); c) das dem allgem. Gebrauch überlassene **öffentl. Vermögen** (Straßen, Kanäle, Brücken usw.).

Staatsvertrag, völkerrechtl. Vereinbarung eines Staates mit einem andern oder einer Staatenverbindung **(Internationaler Vertrag).**

Staatswappen, genießt in fast allen Ländern einen erhöhten Rechtsschutz. (FARBTAFEL Wappen S. 878)

Staatswissenschaften, der Zweig der Wissenschaften, der sich mit der Erscheinung, Entwicklung und Tätigkeit des Staates im weitesten Sinn befaßt. Dazu zählen u. a.: Verfassungs-, Verwaltungs- und Völkerrechtswissenschaft, Völker- und Staatenkunde, polit. Soziologie, Staatslehre, Wirtschafts- und Sozialwissenschaften.

Stab der, 1) ⚔ Führung eines Truppenverbandes, bes. die dem Kommandeur zugeteilten **Stabsoffiziere. 2)** Stock, Stange.

Stäbchen, stabförmige →Bakterien.

Stabheuschrecke, eine Gespenstheuschrecke.

Stabhochsprung, leichtathlet. Wettkampfübung: Hochsprung mit Hilfe eines Stabes (3,6 bis 4,85 m langes Bambus- oder Kunststoffrohr).

stab'il [lat.], dauerhaft, standhaft, unveränderlich. **stabilis'ieren,** befestigen, fest begründen (bei der Währung die Festigung des Geldwertes, bei der Wirtschaftslage die Vermeidung von Preis- und Beschäftigungsschwankungen).

Stabilis'ator der, 1) ⚡ Glimmentladungsröhre mit nicht geheizter Kathode, deren Brennspannung weitgehend unabhängig vom Entladungsstrom ist, so daß parallel zur Röhre eine konstante Spannung abgenommen werden kann **(Spannungsregelröhre).** 2) ⇦ Torsionsstäbe zum Verringern der Neigung der Karosserie beim Kurvenfahren. 3) ✈ ⚓ an Luftfahrzeugen Flossen, an Wasserfahrzeugen Flossen oder Tanks zur Vermeidung von Drehbewegungen und →schlingern. 4) ⊙ Zusatzstoff zur Verzögerung unerwünschter chem. Umsetzungen.

Stabkirche, norweg. Holzkirche mit Wänden aus senkrechten Pfosten: beherrschender Hauptraum, steile übereinandergeschichtete Dächer, reiches Schnitzwerk; früheste S. 11./12. Jahrh.

Stabreim, Alliterati'on die, der Gleichklang des Anlauts betonter Silben in mehreren Wörtern, die Reimform der german. Dichtung (Völuspa: »Nicht war Sand noch See, noch Salzwogen«), lebt noch in zweigliedrigen Redewendungen (Land und Leute, Haus und Hof); in der Dichtung wieder aufgenommen von R. Wagner.

stacc'ato [ital.], ♪ abgestoßen zu spielen; Gegensatz: **legato,** gebunden.

Stach'anow-System [nach dem Bergarbeiter A. Stachanow], in der Sowjetunion Methode zur Steigerung der Arbeitsleistung über die »Norm« hinaus; in der Dt. Dem. Rep. Hennecke-Bewegung.

Stachel der, 1) ⚘ →Dorn. 2) ⚙ starke Haare (Igel) oder Schuppen (viele Fische), Hautzähne (Knochenfische), gelenkige Anhänge eines Haut-

Stabkirche

skeletts bei vielen Stachelhäutern, die Stechwaffe vieler Hautflügler (Biene).

Stachelbeere, ein Beerenobststrauch; wächst an Felsen wild. Viele Zuchtformen mit grünl., gelben, roten Früchten. (BILD Früchte)

Stachelflosser, Knochenfische mit stachelähnlichen Flossenstrahlen; Barsch, Stichling.

Stachelhäuter, Echinod′ermen, wirbellose, meist fünfstrahlig gebaute Meerestiere mit einem Skelett aus Kalkplatten oder Kalkstacheln. Ein Wassergefäßsystem dient der Fortbewegung und dem Austausch der Atemgase. Die S. haben frei bewegl., zweiseitig symmetr. Larven. Klassen: Seesterne, Seeigel, Seelilien, Seewalzen.

Stachelpilze, Hutpilzgattung, deren Fruchtkörper auf der Unterseite an Stacheln die Sporenschicht tragen. Speisepilze sind **Habichtsschwamm** und **Stoppelschwamm.**

Stachelschweine, Familie der Nagetiere mit Rückenstacheln, die bei Gefahr gespreizt werden. Das **Gemeine S.** ist dachsgroß und lebt in den Mittelmeerländern; die amerikan. S. leben auf Bäumen.

Stade, Stadt in Ndsachs., an der Elbe, 31 700 Ew.; Hafen; vielseitige Industrie.

Städelsches Institut, Gemäldegalerie und Kunstschule in Frankfurt a. M., Vermächtnis des Bankiers J. F. Städel (†1816).

St′adion das, 1) die altgriech. Rennbahn für

Stachelschweine

Wettkämpfe; heute eine große Sportanlage, die eine dem altgriech. S. ähnliche Kampfbahn enthält. (BILD Olympiastadion) **2)** altgriech. Wegmaß, 160 m, später 192 m (olymp. S.).

St′adion, Johann Philipp Graf v., österr. Staatsmann, *1763, †1824; leitete als Außenmin. (seit 1805) eine innere Reform ein, bereitete eine neue Erhebung gegen Napoleon vor; 1809 durch Metternich ersetzt.

St′adium [lat.] das, -s/...dien, Abschnitt einer Begebenheit, Entwicklungsstufe.

Millionenstädte der Erde (Einw. in Mill.)[1]

	Stadtgebiet	Städt. Agglomeration		Stadtgebiet	Städt. Agglomeration		Stadtgebiet	Städt. Agglomeration
Europa			Chicago	6,8	7,3	Hongkong	3,9	3,9
			Philadelphia ...	2,0	4,8	Söul	3,7	—
Moskau	6,49	7,0	Detroit	1,6	4,1	Tientsin	3,2	—
Leningrad	3,5	3,9	Boston	0,7	3,2	Osaka	3,2	—
London	3,2	7,7	Mexiko	3,3	7,4	Kalkutta	3,1	5,5
Paris	2,5	9,2	San Francisco ..	0,7	2,9	Djakarta	4,7	—
Berlin			Pittsburgh	0,6	2,3	Delhi	3,6	—
West-B.	2,1	2,1	Washington	0,8	6,7	Schenyang	2,4	—
Ost-B.......	1,0	1,0	Saint Louis	0,7	2,3	Teheran	2,7	—
Rom	2,7	2,7	Toronto	0,6	2,2	Wuhan	2,2	—
Madrid	3,1	3,1	Cleveland	0,9	2,0	Tschungking ...	2,1	—
Manchester	0,6	2,4	Baltimore	0,9	1,9	Karatschi	1,9	3,0
Birmingham....	1,1	2,4	Newark........	0,4	1,8	Nagoja	2,0	—
Budapest	2,0	—	Montreal	1,2	2,5	Madras	2,0	—
Athen	0,6	2,5	Houston	0,9	1,8	Jokohama	2,2	—
Hamburg	1,8	—	La Habana	0,9	1,6	Kanton	2,2	—
Istanbul	1,7	2,7	Minneapolis ...	0,5	1,6	Singapur	2,0	—
Leeds	0,5	1,7	Cincinnati	0,5	1,3	Bangkok	1,6	1,6
Barcelona	1,7	1,7	Buffalo	0,5	1,3	Harbin	1,5	—
Mailand	1,6	1,6	Dallas	0,7	1,4	Lüta	1,5	—
Wien	1,6	—	Paterson	0,1	1,3	Nanking	1,4	—
Liverpool	0,7	1,3	Milwaukee	0,8	1,3	Pusan	1,4	—
Bukarest	1,4	1,5	Atlanta	0,5	1,3	Bangalur	1,0	1,7
Kopenhagen ...	0,8	1,4	Seattle	0,6	1,3	Kioto	1,4	—
Kiew	1,6	—	Kansas City	0,5	1,2	Saigon	1,5	2,5
Neapel	1,2	1,2	San Diego	0,6	1,2	Manila	1,4	2,9
Warschau	1,2	—	Denver	0,5	1,1	Ahmedabad	1,5	1,4
München	1,3	—	Miami.........	1,1	—	Sian	1,3	—
Stockholm	0,7	1,2	Guadalajara	1,1	—	Haiderabad ...	1,2	1,3
Turin	1,1	1,1	New Orleans ...	0,6	1,0	Lahor	1,8	—
Gorkij	1,1	—				Kobe.........	1,2	—
Charkow.......	1,2	—	**Südamerika**			Tsingtau.......	1,1	—
Brüssel	0,1	1,0	São Paulo	6,3	—	Tschengtu	1,1	—
Prag	1,1	—	Rio de Janeiro ..	4,3	—	Bagdad	1,2	1,8
Glasgow	0,9	1,7	Buenos Aires ...	3,5	8,0	Baku	1,2	1,2
Rotterdam	0,6	1,0	Santiago de Chile	2,2	2,5	Kanpur.......	1,1	1,2
Afrika			Lima	1,4	2,0	Taschkent	1,3	—
Kairo	4,5	—	Bogotá	2,0	2,2	Taipeh	1,7	—
Alexandria	1,9	—	Caracas	1,0	2,1	Kitakiuschu ...	1,0	—
Casablanca	1,3	—	Montevideo ...	1,2	—	Taijuan........	1,0	—
Johannesburg ..	0,6	1,3				Surabaja.......	1,0	—
Amerika			**Asien**					
Nord- und Mittelamerika			Tokio	9,0	12,0	**Australien und Ozeanien**		
New York......	7,9	11,5	Schanghai	10,7	—			
Los Angeles....	2,7	6,8	Bombay	5,5	—	Sydney	0,2	2,6
			Peking	7,0	—	Melbourne.....	0,1	2,3

[1] Volkszählung, Fortschreibung oder Schätzung

Stadt, oben links: Les-Baux-de Provence, ehem. Burgstadt, oben rechts: Aigues-Mortes, vom offenen Meer abgeschnittene Albigenser-Hafenstadt, unten links: Bern, organisch gewachsene Stadt in Flußschlingenlage, unten rechts: Levittown (USA), schematisch angelegte Vorstadt

Stadler, Ernst, Lyriker, Literaturhistoriker, *1883, † (gefallen) 1914; ein Wegbereiter des →Expressionismus (»Der Aufbruch«, 1914).

Stadt die, Siedlung, die Mittelpunkt von Gewerbe, Handel und Verkehr ist und oft zentrale Aufgaben (Markt, Regierung) hat. Man unterscheidet: Klein- (bis 20000 Ew.), Mittel- (20000 bis 100000 Ew.), Groß- (über 100000 Ew.) S. Die dt. S. entstanden im Anschluß an röm. Gründungen (z.B. Köln, Mainz, Regensburg, Trier), an Marktorte, Bischofssitze, neben Pfalzen und Burgen. Die S. hatten im MA. meist eigene Verwaltung, Gerichtsbarkeit, Marktrecht. Das →Stadtrecht einiger dt. S. breitete sich bes. in Osteuropa weit aus. Im 13. Jahrh. entstanden mächtige **Städtebünde,** deren größter die →Hanse war. Später verloren die meisten S. ihre Selbständigkeit an die Landesherren. Seit der **Städteordnung** des Freiherrn vom Stein (1808) erhielten die S. wieder größere Selbstverwaltung. Einen großen Aufschwung erlebten die S. im 19. Jahrh.

Stadt Allendorf, lebhaft aufsteigender Industrieort im Kr. Marburg, Hessen, 15800 Ew.

Stadtentwässerung, die Maßnahmen zur Beseitigung der →Abwässer. Die **Grundstücksentwässerungsanlage** besteht aus Fallrohren, die das aus Ausgüssen, Aborten, Badeeinrichtungen, Dachrinnen kommende Wasser aufnehmen. Sie münden in die Grundleitungsstränge. Das öffentl. Leitungsnetz besteht aus Steinzeug- oder Betonröhren (0,2-0,5 m, meist kreisförmiger Durchmesser) und aus meist begehbaren Kanälen. Sie münden in einen auf einem Klärwerk oder in einem Pumpwerk endenden Hauptsammelkanal. Die Ausbesserung und Reinigung erfolgt durch Einsteigeschächte, die in 50-80 m Abstand angeordnet sind. Das Niederschlagswasser fließt dem Leitungsnetz durch Straßenabläufe (Gully) zu, die durch **Sinkkästen** und Schlammeimer den Straßenschmutz fernhalten.

Städtetag, Deutscher S., kommunaler Spitzenverband, freiwilliger Zusammenschluß der Städte und Stadtverbände, vertritt die Interessen seiner Mitgl. durch Beratung und Erfahrungsaustausch. Hauptgeschäftsstelle: Köln.

Stadtgas, das aus Kohle gewonnene Gas für Heizung und Beleuchtung **(Leuchtgas).** Zur Herstellung werden Steinkohlen in Retorten- oder Kammeröfen 6-24 Stunden unter Luftabschluß auf 1000-1300°C erhitzt. Der zurückbleibende glühende Koks wird abgelöscht, zerkleinert und als »Gaskoks« verwendet. Das Gas wird vom Teer gereinigt, gekühlt und, oft unter Beimischung von Generatorgas oder Wassergas, im Gasbehälter gespeichert und auf den nötigen Druck gebracht (100 bis 300 mm WS). Durch Druckregler wird dieser auf den Netzdruck herabgesetzt (80 mm WS). S. enthält etwa 50% Wasserstoff, 32,5% Methan, 7% Kohlenoxyd, 3,5% schwere Kohlenwasserstoffe, ferner Stickstoff und Kohlendioxyd; Heizwert 3800-4200 kcal/Nm³. Die **S.-Vergiftung** ist im wesentlichen eine Vergiftung mit Kohlenoxyd. Entgiftungsverfahren für S. sind z.B. die katalyt. Oxydation des Kohlenoxyds oder seine Überführung in Methan mittels Bakterien oder seine Umwandlung in Kohlenwasserstoffe nach dem Fischer-Tropsch-Verfahren. Heute wird mitunter auch Erdgas zu S. verarbeitet.

Stadtgericht, Stadtbezirksgericht, →Gerichtswesen, ÜBERSICHT (Ost-Berlin).

Stadtentwässerung (schemat. Darstellung)

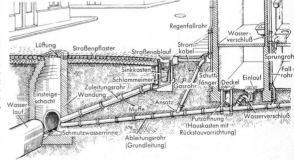

de Staël

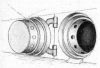

Stahlkammer

Stalin

Stadth'agen, Stadt in Ndsachs., am N-Fuß der Bückeberge, 16300 Ew.; versch. Industrie.

Stadtkämmerer, der Leiter einer städtischen Finanzverwaltung.

Stadtkreis, frühere Bez. für die kreisfreie Stadt.

Stadtlohn, Stadt in Nordrh.-Westf., 15500Ew.

Stadtmission, der soziale Hilfsdienst der evang. Kirche in Großstädten.

Stadtrat, in einigen Ländern der Bundesrep. Dtl. (z.B. Nordrhein-Westfalen) ein Stadtverordneter, in anderen (z.B. Hessen) ein Mitglied des Magistrats.

Stadtrecht, im MA. die Verfassungen der dt. Städte, deren Hauptbestandteile die Freibriefe der Stadtherrn, Ratsordnungen, Schöffensatzungen und Schöffenspruchsammlungen waren.

Stadtschaft, genossenschaftlich aufgebaute öffentl.-rechtl. Bodenkreditanstalt zur Beleihung städt. Grundeigentums. (→Landschaften 2)

Stadtstaat, eine Stadt als selbständiges Staatswesen mit einem beschränkten Herrschaftsbereich, z.B. die griech. Stadt, das mittelalterl. Venedig, in der Bundesrep. Dtl. Hamburg, Bremen.

Stadtverordneter, ein gewählter Vertreter der Bürgerschaft einer Stadt; er hat in der **S.-Versammlung** Sitz und Stimme.

Staël [sta:l], **1)** Germaine Baronin de, französ. Schriftstellerin, *1766, †1817; Tochter des Finanzmin. Necker, wurde von Napoleon I. verbannt, bereiste Europa. Ihr Buch »Deutschland« (1810/1813) verherrlicht das Dtl. der Dichter und Denker. **2)** Nicolas de, russisch-französ. Maler, *1914, †1955; Bilder abstrakter, später wieder mehr gegenständlicher Art.

Staf'ette [frz. estafette] die, früher: reitender Eilbote. **Stafettenlauf,** →Staffellauf.

Staffa [st'æfə], eine der Inneren Hebriden, mit der →Fingalshöhle.

Staffel die, Stufe, Grad, Abteilung.

Staffelei die, Holzgerüst zur Befestigung eines in Arbeit befindl. Gemäldes.

Staffellauf, Stafettenlauf, Wettlauf mit Weitergeben eines Stabes an den nächsten Läufer der Teilstrecke.

Staffelsee, in Oberbayern, bei Murnau, Abfluß zur Ammer; Insel Wörth mit Bischofsschloß.

Stag [ndt.] das, ⚓ Tau zum Befestigen von Masten und Stengen. **über S. gehen,** wenden. **S.-Segel,** an einem S. angebrachtes Segel.

Stag'ira, altgriech. Stadt auf der Chalkidike, Heimat des Aristoteles (daher der **Stagirit**).

Stagnati'on [lat.] die, Stillstand, Stockung.

Stahl der, jedes schmiedbare Eisen mit einem Kohlenstoffgehalt bis 1,7%. Durch Legieren mit Nickel, Chrom, Vanadium, Kobalt, Mangan, Molybdän, Wolfram usw. werden die Eigenschaften verbessert; schädlich sind u.a. Phosphor und Schwefel. S. wird aus flüssigem Roheisen durch **Frischen** hergestellt; dabei wird der zu hohe Gehalt an Kohlenstoff und die schädl. Beimengungen durch Zufuhr von Luft und Sauerstoff verbrannt, wobei der Kohlenstoff als Kohlenoxyd entweicht und Phosphor und Schwefel in die Schlacke gehen. Die Temperatur wird soweit gesteigert, daß der S. flüssig als Fluß-S. gewonnen wird. Beim **Bessemer-Verfahren** wird in einem birnenförmigen kippbaren Gefäß mit saurer Ausmauerung phosphor- und schwefelarmes Roheisen durch Durchblasen von Luft unter Zusatz von Sauerstoff gefrischt, das benutzte Roheisen ist siliciumreich; in der **Thomasbirne** mit basischer Ausmauerung wird phosphorhaltiges, siliciumarmes Roheisen unter Zusatz von Kalk gefrischt. Bei den **Aufblasverfahren** wird Sauerstoff, dem bei phosphorreichem Roheisen Kalkstaub zugegeben wird, von oben auf das Roheisen geblasen. Dieses Verfahren findet wegen seiner Wirtschaftlichkeit zunehmende Verbreitung. Nach dem **Siemens-Martin-Verfahren** wird in einem mit vorgewärmtem Gas und Luft beheizten Flammofen Roheisen und Schrott zusammengeschmolzen, gefrischt und eventuell mit Chrom, Nickel usw. legiert. Beim **Elektrostahlverfahren** wird aus Schrott bes. reiner, meist legierter

S. in Lichtbogen- oder Induktionsöfen gewonnen.

Stahl, Friedrich Julius, Rechtsphilosoph, *1802, †1861; Schöpfer der christl.-konservativen Staatslehre.

Stahlbeton, ein Beton mit Stahleinlagen (**bewehrter Beton**). Beton nimmt nur Druckspannungen, die eingelegten Stahldrähte oder -stäbe nehmen Zug- und Scherspannungen auf.

Stahlhelm, 1) →Helm. **2) Bund der Frontsoldaten,** 1918 in Magdeburg von Seldte gegr., 1935 aufgelöst, 1951 neu gegr.

Stählin, 1) Karl, Historiker, *1865, †1939, Prof. in Berlin; Hauptwerk: »Geschichte Rußlands«. **2)** Wilhelm, *1883; evang. Bischof von Oldenburg (1946-52); führend im →Berneuchener Kreis.

Stahlkammer, unterird. Anlage in Banken zur feuer- und diebessicheren Aufbewahrung von Wertpapieren, Geld u.a.

Stahlquelle, →Heilquelle mit kohlensaurem Eisen.

Stahlstich, Tiefdruckplatte, bei der die Zeichnung in Stahl eingearbeitet wird; ergibt scharfe Drucke und wird zum Drucken von Banknoten, Aktien, Briefmarken benutzt.

Staiger, Emil, schweizer. Literarhistoriker, *1908; »Grundbegriffe der Poetik«, »Goethe« u.a.

Stainer, Jakob, Tiroler Geigenbauer, *1621, †1683.

staken, ⚓ ein Boot oder einen Kahn mit einer langen Stange vorwärts stoßen.

Stak'et [ital.] das, Lattenzaun.

Stalakt'it, Stalagm'it der, →Tropfstein.

Stalhof [von mitteldt. staal »Muster«], fälschlich Stahlhof, Niederlassung (Kontor) der Kaufleute der →Hanse in London, seit 1598 ohne Bedeutung, wurde erst 1853 verkauft.

St'alin, Jossif Wissarionowitsch, eigentl. **Dschugaschwili,** Diktator der Sowjetunion, *1879, †1953; Georgier, schloß sich 1903 den Bolschewiki an, wurde mehrmals verhaftet und nach Sibirien verbannt. Seit 1917 in hohen Staats- und Parteiämtern, wurde S. 1922 Generalsekretär der KPdSU. Nach Lenins Tod (1924) paßte er dessen Lehre den Zeitumständen an. In zähem Kampf baute er seine Stellung als unumschränkte Autorität des Bolschewismus und als Diktator des Staates aus; er isolierte Trotzkij und entmachtete 1927 den linken, 1929 den rechten Flügel der Partei. Seine möglichen Gegner ließ er 1936-38 nach großen Schauprozessen hinrichten. Im 2.Weltkrieg übernahm S. auch formal die Staatsführung, außerdem den militär. Oberbefehl. — Nach der Ablösung des Stalinismus durch das System der »kollektiven Führung« wurde S. von Chruschtschew zunehmend kritisiert, auf dem 22.Parteitag 1961 verurteilt.

Stalinab'ad, bis 1961 Name von →Duschanbe.

Stalingr'ad, 1925-61 Name von →Wolgograd.

St'alino, bis 1961 Name von →Donezk.

Stalinog'orsk, früher **Bobriki,** bis 1961 Name von →Nowomoskowsk.

St'alinsk, bis 1961 Name von →Nowokusnezk.

Stalinstadt, 1961 mit Fürstenberg a.d.O. zu →Eisenhüttenstadt vereinigt.

St'ambul, Stadtteil von →Istanbul.

St'amitz, Johann, Komponist, *1717, †1757; Schöpfer des zur Wiener Klassik führenden Instrumentalstils.

Stamm der, Völkerkunde: eine Gruppierung von Familien, Sippen oder Clans auf Grund kultureller (bes. sprachl.) Gemeinsamkeiten.

Stammaktie, Aktie ohne Vorrechte. Gegensatz: Vorzugsaktie.

Stammbaum, 1) Familienkunde: die bildl. Darstellung einer Stammtafel in Baumform. **2)** →Stammesgeschichte.

Stammbuch, urspr. ein Verzeichnis von Familienangehörigen, seit der 2.Hälfte des 16.Jahrh. ein Freundschafts- oder Erinnerungsbuch. (→Familienstammbuch)

Stammeinlage, Stammkapital, →Gesellschaft mit beschränkter Haftung.

Stammesgeschichte, griech.**Phylogen'ie** die, Lehre von der Stammesentwicklung der Tiere und Pflanzen (→Abstammungslehre). Die **Ontogen'ie** (Entwicklung der Einzelwesen), die vergleichende Anatomie und die **Paläontologie** (Versteinerungskunde) liefern die Tatsachen, aus denen sich die Entwicklung des Tier- oder Pflanzenreichs in Form von Stammbäumen darstellen läßt. Solche Stammbäume lassen sich bes. aufstellen innerhalb einzelner Tiergruppen (so z.B. Unpaarhufer, Chordaten). Für kleinere Gruppen läßt sich die stammesgeschichtl. Entwicklung **(Evolution)** fast lückenlos belegen, z.B. für die Pferde.

Stammler, 1) Rudolf, Rechtsphilosoph, *1856, †1938; »Die Lehre vom richtigen Recht«. 2) Wolfgang, Sohn von 1), Germanist, *1886, †1965.

Stammrolle, bei Heer und Luftwaffe Liste der Soldaten eines Truppenteils oder einer Dienststelle mit Personalangaben.

Stammtafel, Tafel für die Nachkommen einer Person, im Unterschied zur Ahnentafel.

Stammwürze, der ursprüngliche Gehalt der Würze (→Bier) an Auszugsstoffen.

stampfen, die Pendelbewegung eines Schiffes um seine Querachse.

Stand der, Gesellschaftsgruppe, die durch Abstammung, Besitz, Beruf, Bildung oder polit. Verdienste zusammengehört. Die **ständ.** Ordnung im MA. unterschied Adel, Geistlichkeit und stadtbürgerl. Patriziat; S. niederen Ranges waren das einfache Bürgertum und das (freie) Bauerntum. Die Franzöz. Revolution beseitigte Adel und Geistlichkeit als S., der »Dritte S.« setzte sich mit der Nation gleich. An die Stelle der Stände traten im 19. Jahrh. die wirtschaftl. modernen Klassen (→Ständestaat).

St'andard [engl.] der, 1) Richtmaß, Richtschnur. S.-Werk, das führende Buch eines Fachgebiets. 2) der Stand der Lebenshaltung, →Lebensstandard. 3) durch Vereinheitlichung geschaffener fester Maßstab für best. Waren gleicher Qualität. Die **Standardis'ierung** soll Norm schaffen, bes. für Welthandelsgüter im Börsenverkehr. 4) bei Münzen der gesetzl. Feingehalt. 5) Gold-S., Wertberechnung auf Grund des Goldwertes.

Standard Oil Company [st'ændəd ɔil k'ʌmpəni], Flemington (New Jersey)/New York, internat. bekannt unter dem Namen ESSO, größter Erdölkonzern der Erde, entstand aus einer 1863 gegr. Erdölraffinerie.

Stand'arte [frz.] die, 1) früher Fahne der Reiterei. 2) Flagge des Staatsoberhaupts.

Standbein, →Kontrapost.

Stander der, ausgezackte oder dreieckige Signalflagge; Kommandozeichen.

Ständerat, eine der beiden Kammern der Bundesversammlung in der →Schweiz.

Ständerpilze, Gruppe der Pilze, deren Sporen auf keulenförmigen Zellen, den Ständerzellen, stehen. Nach der Anordnung der Sporenschicht unterscheidet man 5 Untergruppen: Blätterpilze, Röhren- oder Löcherpilze, Stachelpilze, Keulenpilze, Bauchpilze.

Standesamt, Behörde (i. d. R. bei den Gemeinden) zur Beurkundung von Geburten, Eheschließungen, Todesfällen; diese werden durch den Standesbeamten in **Personenstandsbücher** eingetragen.

Standesherren, Angehörige der mediatisierten Fürsten- und Grafengeschlechter.

Ständestaat, ein Staat, in dem bestimmte Stände durch ihre Vertretung an Gesetzgebung und Verwaltung mitwirken; bis ins 18. Jahrh. herrschende Staatsform in den meisten europ. Ländern. Mussolini führte in Italien einen berufsständ. Staatsaufbau ein, heute besteht ein solcher z. T. noch in Portugal.

Standgericht, →Standrecht.

Ständiger Internationaler Gerichtshof, →Internationaler Gerichtshof.

Ständiger Schiedshof, Haager Schiedshof, ein Schiedsgerichtshof zur friedl. Erledigung zwischenstaatl. Streitfälle, errichtet auf Grund des →Haager Abkommens von 1899, Sitz: Den Haag Der S. S. besteht neben dem →Internationalen Gerichtshof weiter.

Standort, 1) ⚓ die Gesamtheit der eine Pflanze oder einen Pflanzenbestand betreffenden Einflüsse. 2) Unterkunftsort einer Truppe. 3) örtl. Lagerung von Wirtschaftsbetrieben. Die S.-Lehre befaßt sich mit der räuml. Verteilung der Gütererzeugung.

Standrecht, ⚖ der →Ausnahmezustand; auch das abgekürzte gerichtl. Verfahren vor Standgerichten.

Standvögel bleiben ganzjährig, auch während des Winters, in ihren Heimatgebieten.

St'anislaus, 1) poln. Nationalheiliger, *1030, bannte als Bischof von Krakau (seit 1071) König Boleslaw II., der ihn 1079 ermordete (Tag 11. 4.). 2) S. I. Leszczyński, König von Polen (1704-09) an Stelle Augusts des Starken; 1735 mit dem Herzogtum Lothringen abgefunden. 3) S. II. August, König von Polen (1764-95); unter ihm die drei poln. Teilungen.

Stanley [st'ænli], Sir Henry Morton, engl. Afrikaforscher, *1841, †1904; fand 1871 Livingstone auf; entdeckte den Edward-See und erforschte den Kongo, unternahm 1887-89 eine Expedition zur Befreiung Emin Paschas.

Standarte des Bundespräs.

Stanleyfälle, Wasserfälle des →Kongo.

Stanleyville [st'ænlivil], →Kisangani.

Stanni'ol [lat.] das, sehr dünn ausgewalztes Zinn; heute durch Aluminium- u. a. Folie ersetzt.

Stanow'oigebirge, Gebirgszug in Ostsibirien, bis 2520 m hoch, bewaldet, reich an Gold.

st'ante p'ede [lat. »stehenden Fußes«], sogleich.

St'anze [ital.] die, 1) **Stanzen Raffaels,** die von Raffael ausgemalten Räume des Vatikans. 2) **Ottave rime,** aus der italien. Dichtung übernommene achtzeilige Strophenform aus gereimten Elffüßern.

stanzen, 1) Metallbleche und -stangen durch Biegen, Prägen, Rollen formen. 2) mit Formmessern aus Blech, Gewebe, Leder, Pappe u. a. Stücke ausschneiden.

St'apel [ndt. »Staffel«] der, 1) geschichteter Haufe. 2) Warenlager. 3) ⚓ Unterlage (Klötze) des Kiels beim Schiffbau. 4) Länge einer Baumwollfaser.

Stap'elie die, kaktusförmige, dürregewohnte Pflanze mit Sternblüten, die nach Aas riechen **(Aasblume);** z. T. Zimmerblumen.

Stapellauf, das Hinabgleiten des Schiffsrohbaus vom Stapel ins Wasser.

Stapellauf

Staphylok'okken Mz., runde Bakterien (Kokken), die sich in traubenförmiger Anordnung vermehren **(Traubenkokken);** Eitererreger.

Star der, ⚕ Augenkrankheiten mit Veränderung der Farbe des Sehlochs: a) **grauer S. (Katarakt),** Trübung der Augenlinse, wobei das Sehloch grau erscheint, tritt auf als **Wund-S.** bei Verletzungen, als Folge von Augen- und Stoffwechselkrankhei-

Star

ten sowie als **Alters-S.** Behandlung: operatives Entfernen der Linse, später S.-Brille als Ersatz für die Linse. b) **grüner S. (Glaukom),** Schädigung der Netzhaut und des Sehnerven durch krankhafte Drucksteigerung im Auge; kann zur Erblindung führen. Behandlung: Senken des Augeninnendrucks durch Einträufeln von Pilokarpin, Physostigmin u. a. oder durch Operation. c) **schwarzer S.,** früher Ausdruck für Blindheit infolge Erkrankung der tieferen Teile des Auges oder der Sehbahn; die Pupille bleibt dabei schwarz.

Star der, drosselgroßer, schwarzweiß gesprenkelter Singvogel, geselliges, lebhaftes Tier, das andere Stimmen nachahmen kann; Höhlenbrüter. Sportgröße.

Star [engl. »Stern«] der, Bühnenberühmtheit, Film-, Sportgröße.

St'ara Zag'ora, Stadt in Bulgarien, 88 500 Ew.; Textil-, Rosenöl-, Tabakindustrie.

St'argard in Pommern, Stadt im RegBez. Stettin, (1939) 39 800 Ew.; seit 1945 unter poln. Verwaltung (Stargard).

St'arhemberg, 1) Ernst Rüdiger Graf v., *1638, †1701, verteidigte 1683 erfolgreich das von den Türken belagerte Wien. **2)** Ernst Rüdiger Fürst v., *1899, †1956, Bundesführer der österr. Heimwehren, 1934-36 Vizekanzler.

Stark, Johannes, Physiker, *1874, †1957, Entdecker des **S.-Effekts** (Aufspaltung von Spektrallinien durch ein elektr. Feld); Nobelpreis 1919.

Stärke die, ein pflanzl. Vorratsstoff, der chemisch zu den Polysacchariden gehört und durch Kohlenstoffassimilation entsteht. Die S. wird im Zellinnern in Form von Körnchen aufgebaut. Technisch gewinnt man sie aus Kartoffeln, Weizen-, Reis- und Maiskörnern durch Zerreiben und Herausschlämmen mit Wasser. Verwendung als Nährstoff, Rohstoff für die Spiritusbrennerei, zum Appretieren, Steifen, Eindicken, Kleben u. a.

Starkstromtechnik, ⚡ die Technik der Erzeugung und Verteilung elektr. Energie sowie ihre Umsetzung in andere Energieformen (Wärme, Licht, mechan. Energie).

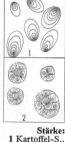

Stärke:
1 Kartoffel-S.,
2 Weizen-S.

Starnberg, Stadt in Oberbayern, 10 900 Ew.; Schloß (16. Jahrh.); Kurort am **Starnberger See** (auch **Würmsee**), 57 km².

Star'ost [poln.] der, in Polen: der leitende Verwaltungsbeamte eines Kreises.

Starrkrampf, →Wundstarrkrampf.

Stars and stripes [staːs ænd straips, engl.], Sternenbanner, die Flagge der USA. (FARBTAFEL Flaggen S. 346)

Star-spangled banner [stˈaːspæŋgld bˈænə, engl. »Sternenbesätes Banner«], die Nationalhymne der USA, amtl. seit 1931.

Start [engl.] der, Ablauf, Absprung, Abflug. Bei sportl. Wettrennen erfolgt der S. auf ein bestimmtes Startsignal (z. B. Pistolenschuß).

Startfenster, der günstigste Zeitpunkt oder Zeitraum für den Start eines Raumflugkörpers (bei einem Start zum Mond **Mondfenster).**

St'aßfurt, Stadt im Bez. Magdeburg, an der Bode, 25 400 Ew.; Kalibergbau, chem. u. a. Ind.

State Department [stˈeit dipˈaːtmənt], das Außenministerium der USA.

Staten Island [stˈeitn ˈailənd], Insel rechts an der Hudsonmündung (der SW New Yorks).

St'atik [lat.] die, Lehre vom Gleichgewicht der Kräfte, ein Teil der Mechanik.

Stati'on [lat.] die, **1)** Bahnhof; Haltepunkt. **2)** Abteilung (Krankenhaus). **3)** Standort, Aufenthalt. **4)** Ort für wissenschaftl. Beobachtungen.

station'är, bleibend, ortsfest.

stati'ös [lat.], stattlich, groß; stolz.

st'atisch, im Gleichgewicht, fest stehend.

Stat'ist [lat.] der, in Nebenrollen beschäftigter Schauspieler, meist stumm.

Stat'istik [frz.] die, **1)** das Verfahren, Massenerscheinungen zu erfassen und nach Merkmalen auszuzählen, zu gruppieren und die Ergebnisse auszuwerten. **2)** die Gesamtheit von Regeln über das Verhalten einer Anzahl gleichartiger Dinge oder Vorgänge (z. B. Atome, Moleküle; auch menschl. Handlungen), das im Einzelfall regellos verläuft.

Stat'iv [lat.] das, dreibeiniges Gestell zum Festhalten und Aufstellen eines Geräts, z. B. eines photograph. Apparates.

Statthalter, Vertreter der Staatsobrigkeit in einer Provinz oder einem Gebietsteil.

St'atue [lat.] die, Bildhauerei: stehende, vollplast. gebildete Einzelfigur (Standbild).

statu'ieren [lat.], aufstellen, festsetzen; ein **Exempel s.,** ein Beispiel zur Warnung aufstellen.

Stat'ur [lat.] die, Gestalt, Wuchs.

St'atus [lat.] der, Stand, Zustand; Vermögensstand. **Status quo (ante),** der Zustand, in dem sich etwas befindet (befand).

Stat'ut [lat.] das, -s/-en, die Satzung.

Staubblätter, Staubgefäße, →Blüte.

Stau|becken, Staumauer, →Talsperre.

Staubinhalationskrankheiten, Erkrankungen der Atmungsorgane durch Staub, z. B. **Kohlenlunge** (Anthrakose), **Eisenlunge** (Siderosis). Melde- und entschädigungspflichtige Berufskrankheiten: **Asbestose** der Asbestarbeiter; **Staublunge** (Kiesellunge, Silikose) bei Gesteinshauern. Vorbeugung: Absaugen des Staubes, Atemschutzgeräte.

Staubsauger, trag- oder fahrbares Entstaubungsgerät, oft mit Zusatzgeräten zum Bürsten, Bohnen, Klopfen, Zerstäuben u. a. Ein durch Elektromotor getriebener Ventilator saugt durch eine Düse die staubhaltige Luft an und treibt sie durch einen Luftfilter.

Staude die, **1)** länger als 2 Jahre lebende Krautpflanze. **2)** volkstüml. für hohe Krautpflanzen.

Staudruckmesser, in Flugzeugen Gerät zum Messen der Fluggeschwindigkeit.

Staudte, Wolfgang G., Filmregisseur, *1906.

Staufer, Hohenstaufen, dt. Herrschergeschlecht, nach der schwäb. Stammburg →Hohenstaufen genannt. Die S. wurden 1079 Herzöge von Schwaben, erbten 1125 die Hausgüter des salischen Kaiserhauses und saßen 1138-1254 auf dem dt. Königs- und Kaiserthron; 1194 erwarben sie auch das normann. Königreich Neapel-Sizilien. Die bedeutendsten S. waren Friedrich I. Barbarossa, Heinrich VI., Friedrich II. Mit Konradin (enthauptet 1268) erlosch das Geschlecht.

St'auffenberg, Claus Schenk Graf v., *1907, Oberst, Stabschef des Ersatzheeres, führte am 20. Juli 1944 das Attentat gegen Hitler aus, wurde am gleichen Tage erschossen.

Stauffer-Bern, Karl, schweizer. Maler und Radierer, *1857, †1891; Bildnisse.

Staupe die, **Hundeseuche,** ⚕ fieberhafte, ansteckende Krankheit junger Hunde: Erbrechen, Husten, Ausfluß aus Nase und Ohren oder Krämpfe und Lähmungen.

Staupitz, Johann v., †1524; Prof. in Wittenberg, Beichtvater des jungen Luther, distanzierte sich später von den Lutheranern.

Stäupung die, **Staupenschlag,** öffentl. Auspeitschung mit Ruten (mittelalterl. Strafe).

Staustrahltriebwerk, Rückstoßantrieb für Raketen: der bei hoher Geschwindigkeit große Staudruck preßt Außenluft in die Brennkammer der Düse; die Verbrennung des hier eintretenden Kraftstoffs schiebt die Gase mit hoher Geschwindigkeit aus der Düse und erzeugt den Vortrieb.

Staustrahltriebwerk: Staustrahldüse, a Einlauf, b Kraftstoffeinspritzdüsen, c Flammenhalter, d Schubdüse, e Brennkammer

Stav'anger, Hafen in SW-Norwegen, am Boknfjord **(Stavangerfjord),** 78 400 Ew.; Dom; Schiffbau; Fischfang, Fischkonservenindustrie. (BILD S. 889)

Stavenh'agen, Fritz, Dichter, *1876, †1906; plattdt. Schauspiele (»Mudder Mews«).

St'awropol, Stadt in der UdSSR, im Kaukasusvorland, 182 000 Ew.; Maschinen- u. a. Ind.

Steak [steik] das, auf dem Rost oder in Butter schnell gebratenes Fleischstück.

Steamer [st'i:mɔ, engl.] der, Dampfschiff.

Steaps'in das, fettspaltendes Enzym im Magen- und Bauchspeicheldrüsensaft.

Stear'in das, 1) das Glycerid der S.-Säure, einer Fettsäure, Hauptbestandteil der Fette. 2) Gemisch von S.- und Palmitinsäure, Rohstoff der Kerzenherstellung, der Seifen-, Lederind. u. a.

Steat'it [grch.] der, →Speckstein.

Steben, Bad S., Markt in Oberfranken, Bayern, 2150 Ew.; Stahl-, Moor-, Radiumheilbad.

Stechapfel (FARBTAFEL Giftpflanzen S. 350), krautiges, dornig gezähnten Blättern Nachtschattengewächs, Schuttpflanze, sehr giftig.

Stechfliege, Stallfliege, Fliege mit Stechrüssel, Blutsauger an Mensch und Vieh, Krankheitsüberträger.

Stechheber, →Heber.

Stechmücken, Familie der →Mücken.

Stechpalme, 'Ilex, Strauch mit immergrünen, dornig gezähnten Blättern, in Wäldern; mit weißen Blüten und kugeligen Steinfrüchten; unter Naturschutz. Die Blätter südamerikan. Arten dienen zu Tee (Mate).

Steckbrief [die Vorladung vor ein Femgericht; sie wurde dem Beklagten in den Torriegel gesteckt], ʿʾɔ das schriftl., vom Richter oder Staatsanwalt erlassene öffentl. Ersuchen an alle Behörden, einen Flüchtigen oder sich verborgen Haltenden festzunehmen.

Steckling der, 1) in die Erde gestecktes Pflanzenstück, das zur Pflanze auswächst. 2) Pfahlwurzel der einjähr. Runkel- oder Zuckerrübe, die im 2. Jahr zur Samenzucht gesetzt wird.

Stedinger, freie fries.-sächs. Bauern des MA. an der Unterweser, 1229-34 von dem Bremer Erzbischof Gerhard II. unterworfen.

Steele [sti:l], Sir Richard, engl. Schriftsteller, *1672, †1729; gab mit Addison die ersten moral. Wochenschriften (z. B. »The Spectator«) heraus.

Steen, Jan, niederländ. Maler, * um 1626, †1679; Bilder aus dem Volksleben, daneben bibl. und mytholog. Darstellungen.

Steen: Die Liebeskranke

Steeplechase [st'i:pltʃeis, engl.] die, ein Hindernisrennen (→Hindernis).

Steer [stiɔ], Philip Wilson, engl. Landschafts-, Figuren- und Porträtmaler, *1860, †1942; vom französ. Impressionismus beeinflußt. (FARBTAFEL Engl. Kunst S. 337).

St'efánsson, David, isländ. Dichter, *1895; Lyrik; Romane.

Steffen, Albert, schweizer. Schriftsteller, *1884, †1963; Romane, Dramen, Essays.

Steffens, Henrik, Philosoph, Naturforscher, Dichter, * Stavanger 1773, †1845; roman. Naturphilosoph; Selbstbiographie »Was ich erlebte«.

Steg der, 1) Fußgängerbrücke. 2) ♪ das Stützbrettchen der Saiten bei Streichinstrumenten. 3) ⬚ Metallstück zum Ausfüllen größerer Zwischenräume im Druck in der Druckform.

Stegemann, Hermann, Schriftsteller, *1870, †1945; »Geschichte des Krieges 1914-18«.

Stavanger: Hafen

St'egreif der, Steigbügel; **aus dem S.**, ohne Vorbereitung.

Steher, ⚘ 1) bes. ausdauerndes Rennpferd. 2) Radfahrer (Dauerfahrer über lange Strecken, z. B. 100 km) hinter einem →Schrittmacher.

Stehr, Hermann, Dichter, *1864, †1940; grübler. Erzählungen und Romane (»Der Heiligenhof«, »Peter Brindeisener«).

Steiermark, Bundesland Österreichs, 16384 km², 1,18 Mill. Ew.; Hauptstadt: Graz. S. reicht vom Dachstein über das obere Ennstal, die Niederen Tauern und Eisenerzer Alpen, das obere Mur- und Mürztal bis ins südöstl. Alpenvorland (Oststeir. Hügelland). Ackerbau, Viehwirtschaft; bedeutender Eisenerzabbau (Erzberg), ferner ⚒ auf Magnesit, Braunkohlen; Hütten- und Eisenindustrie bes. um Leoben und Bruck a. d. Mur; Holz-, Papierind., Wasserkraftwerke, Fremdenverkehr. – GESCHICHTE. Im Altertum keltisch, dann Teil des Röm. Reichs (Noricum-Pannonien). 1180 wurde die S. Herzogtum, 1192 fiel sie an die österr. Babenberger, 1282 an Habsburg. Die Süd-S. kam 1919 an Jugoslawien.

Steig|eisen, 1) an die Schuhe anschnallbare Stahlhaken zum Erklettern von Holzmasten. 2) eingemauerte Bügel oder Sprossenstufen an Wänden, Schornsteinen, zum Aufsteigen. 3) Ausrüstungsgegenstände für Bergsteiger zum Eisgehen.

Steiger der, ingenieurmäßig ausgebildete Aufsichtsperson im Bergbau.

Steigerung, ⊚ Veränderung des Eigenschaftsworts zur Mehr- **(Komparativ)** und Meiststufe **(Superlativ)**.

Steigerwald, Waldgebirge in Franken, westlich von Bamberg, bis 489 m.

Stein, 1) Charlotte v., Freundin Goethes, *1742, †1827, ∞ mit dem herzogl. Stallmeister Friedrich v. S. 2) Edith, Philosophin, *1891, † im KZ 1942, suchte die Lehre Th. v. Aquinos mit der Phänomenologie neu zu begründen. 3) Gertrude, amerikan. Schriftstellerin, *1874, †1946; in Paris von großem Einfluß auf die »verlorene Generation« (Hemingway u. a.). 4) Karl Reichsfreiherr vom und zum S., preuß. Staatsmann, *1757, †1831, wurde 1807 leitender Minister in Preußen, das er durch innere Reformen erneuerte: Aufhebung der bäuerl. Leibeigenschaft, Städteordnung, einheitl. Verwaltung. Als Gegner Napoleons I. mußte er Ende 1808 zurücktreten. 1812/13 war er Berater des russ. Zars Alexander I. 1819 regte er die Gründung der »Gesellschaft für Dtl.s ältere Geschichtskunde« an (→Monument). 5) Lorenz v., Staatsrechtslehrer, *1815, †1890, erkannte vor Marx die Bedeutung ›der sozialen Frage‹; schrieb »Verwaltungslehre«.

K. v. Stein

Steinam'anger, ungar. **Szombathely**, Stadt in Westungarn, 60000 Ew.; lebhafte Industrie.

Stein am Rhein, Stadt im schweizer. Kt. Schaffhausen, 2700 Ew.; ehem. Benediktinerabtei, Rathaus (1539); vielseitige Industrie.

Steinbeck, John Ernst, nordamerikan. Erzähler, *1902, †1968; sozialkrit. Romane (»Straße der Ölsardinen«); Nobelpreis 1962.

Steinbeck

Steinbeißer der, eine Schmerle.

Steinberg, Saul, rumän. Karikaturenzeichner, *1914, seit 1941 in den USA.

Steinbock, 1) 🜚 Horntier, den Ziegen zugehörig. Der **Alpen-S.** wird bis 1,60 m lang, die

Steinbock

Steinsalz

Steinzeug

Steinzeug

Stendhal

v. Stephan

Steinhuder Meer:
Insel mit Festung
Wilhelmstein

Hörner bis 1 m. 2) ☆ Sternbild des Südhimmels, 10. Zeichen des Tierkreises.

Steinbrech der, Gattung Saxifraga; z.B. **Körniger S.**, weißblühende Wiesenpflanze mit Brutknöllchen. Gebirgspflanze ist der weißblütige **Traubige S.**, Zierpflanze der weiß-rot-punktig blühende **Porzellan-S.** (das **Jehovablümchen**).

Steinbüchel, Theodor, kath. Theologe, *1888, †1949; bearbeitete die philosoph. und sozialen Grundlagen der Moraltheologie.

Steinbutt, ein Plattfisch.

Stein der Weisen, →Alchemie.

Steindruck der, **Lithograph'ie** die, Flachdruckverfahren, dessen Druckform eine ebengeschliffene Steinplatte aus Solnhofener Kalkschiefer ist. – 1796-98 von Senefelder erfunden.

Steiner, Rudolf, Schriftsteller, *1861, †1925; Begründer der Anthroposophie, einer Weltanschauungslehre, die die im Menschen schlummernde Seelenkraft durch geistige Schulung entwickeln will. S. gründete 1913 die **Allgemeine Anthroposophische Gesellschaft**, 1919 die **Waldorfschule** in Stuttgart, das **Goetheanum** in Dornach.

Steinernes Meer, verkarstete Hochfläche der Salzburger Kalkalpen, im Selbhorn 2655 m.

Steingarten, Garten mit Steinen, Felsen, bepflanzt mit Gebirgs- oder Alpenpflanzen.

Steingut, Tonwaren mit nicht verglastem, porösem, nicht durchscheinendem Scherben und durchsichtiger Glasur; für Küchen-, Eßgeschirre, Waschbecken, Badewannen u.a.

Steinhäger [nach dem Ort Steinhagen] der, westfäl. Wacholderbranntwein.

Steinheim, Stadt in Nordrh.-Westf., 11600 Ew.

Steinhoff, Johannes, General, *1913, Jagdflieger im 2. Weltkrieg, 1966-70 Inspekteur der Bundesluftwaffe, seit 1971 Vorsitzender des Nato-Militärausschusses.

Steinholz, Fußbodenbelag aus gebrannter und gemahlener Magnesia als Grundstoff, Holzmehl oder Sägespänen als Füllstoff, Magnesiumchloridlösung als Bindemittel und anorgan. Farbstoffen. Warm, schalldämpfend, nicht brennbar.

Steinhuder Meer, See nordwestl. Hannover, 30 km², 3 m tief, mit Abfluß zur Weser.

Steinhuhn, Berghuhn, rebhuhngroßes Wildhuhn kahler Gebirgsgegenden S-Europas.

Steinkauz, →Eulen.

Steinklee, 1) Weißklee. **2)** →Honigklee.

Steinkohle, →Kohle.

Steinkreuze, 1) →Englische Kunst. **2)** in Dtl. meist Mahn- und Sühnezeichen.

Steinle, Edward v., Maler, *1810, †1886; religiöse und romant. Bilder, Zeichnungen.

Steinmetz der, Handwerker, der natürl. Steine für Bauten, Denkmäler u. dgl. bearbeitet. **Steinmetzzeichen**, monogrammartige Erkennungszeichen auf den bearbeiteten Steinen.

Steinnuß, Elfenbeinnuß, der Samen verschiedener Palmen, bes. von der **Elfenbeinnuß-** oder **S.-Palme**, dient zu Elfenbeinersatz, Knöpfen u.a.

Steinobst das, Obstarten, bei denen die Innenschicht der Fruchtschale steinhart ist, z.B. Pflaume, Kirsche, Pfirsich. (FARBTAFEL Obst S. 700)

Steinpilz, Herrenpilz, eßbarer Röhrenpilz mit zuerst weißen, dann gelbgrünl. Röhren und engmaschigem Stielgeäder; in Wäldern. (FARBTAFEL Pilze S. 865)

Steinsalz, →Salz, das durch Abbau unterirdischer Lager gewonnen wird.

Steinschneidekunst, Gl'yptik, die Kunst, in Edel- und Halbedelsteine Bilder zu schneiden (→Gemme).

Steinzeit, Zeitstufe der menschl. →Vorgeschichte, in der Metalle noch unbekannt waren und Waffen und Werkzeuge meist aus Stein, Knochen oder Holz gefertigt wurden (→Altsteinzeit, →Jungsteinzeit, →Bronzezeit).

Steinzeug, Tonwaren aus dichtem, verglastem Scherben, unglasiert oder mit Salz glasiert und mit Metalloxyden bemalt; eignet sich nicht zu Kochgeschirr, da es Temperaturunterschiede nicht verträgt, dagegen gut zu Krügen u.a.

Steißbein das, beim Menschen der unterste, aus 5 Wirbeln verwachsene Teil der →Wirbelsäule.

Steißfüße, Ordnung der →Tauchvögel.

St'ele [grch.] die, ein als frei stehender Pfeiler errichteter Grenz- oder Inschriftstein oder ein Grabmal, an der Vorderseite mit einem Relief des Toten, auch seiner Angehörigen, oben mit einem Giebel, auch einer Palmette.

St'ella [lat. »Stern«], weibl. Vorname.

Stellage [ʃtɛlˈaːʒə, dt.-frz.] die, **1)** Gestell. **2)** Art des Börsentermingeschäfts.

stell'ar [lat.], auf die Sterne bezüglich.

St'ellingen, Vorort von Hamburg; Tierpark von Hagenbeck.

Stellwerk, ⚙ Anlage, von der aus Weichen und Signale bedient werden, auf großen Bahnhöfen als Gleisbild- oder Spurplan-S.

Stelzvögel, Vögel mit hohen Watbeinen: Störche, Reiher, Rohrdommeln, Ibisse, Stelzenläufer.

Stemm|eisen, meißelartiges Werkzeug zum Herstellen von Löchern, Nuten in Holz.

Stempel der, **1)** Handdruckgerät mit Gummi- oder Stahltypen, auch durch eine Uhr automat. verstellbar (**S.-Uhr**). **2)** der Abdruck selbst, z.B. als Merkmal für Güte, Beglaubigungszeichen. **3)** ⚘ weibl. Fortpflanzungswerkzeug bei Blütenpflanzen, durch Verwachsung eines oder mehrerer Fruchtblätter entstanden; besteht aus dem die Samenanlagen einschließenden **Fruchtknoten**, der **Narbe**, deren Oberfläche den Blütenstaub auffängt und zum Keimen bringt, und dem **Griffel** zwischen Fruchtknoten und Narbe.

Stempelsteuer, durch Abstemplung einer Steuermarke auf einer Urkunde entrichtete Steuer.

St'endal, Stadt im Bez. Magdeburg, in der Altmark, 36600 Ew.; reich an got. Backsteinbauten; Nahrungsmittel- u.a. Ind. Im MA. Hansestadt.

Stendhal [stɛ̃dˈal], Deckname des frz. Schriftstellers Marie Henri Beyle, *1783, †1842; in seinen Romanen trotz betonter Nüchternheit ein mitreißender Gestalter der verborgenen Beweggründe des menschl. Handelns; schrieb »Rot und Schwarz«, »Die Kartause von Parma«.

Stenograph'ie [grch.] die, →Kurzschrift.

Stenotyp'ist der, Kurz- und Maschinenschreiber; weibl. **Stenotyp'istin**.

St'entor, griech. Sage: ein Grieche vor Troja; er schrie wie 50 Männer (**S.-Stimme**).

St'ephan [grch. stephanos »Kranz«, »Krone«] **Stefan**, männl. Vorname. Weibl. **Stephan'ie**.

St'ephan I., der Heilige, König von Ungarn (997-1038), * um 975, führte das Christentum in Ungarn ein; 1000 mit einer vom Papst geschenkten Krone als Apostol. König gekrönt. Schutzheiliger Ungarns (Tag 16. 8., in Ungarn 20. 8.).

St'ephan, Heinrich v., Schöpfer der dt. Reichspost, Gründer des Weltpostvereins (1874), *1831, †1897; 1870 Generalpostdirektor, später Generalpostmeister und Staatssekr. des Reichspostamts.

St'ephanus, der erste Märtyrer, Armenpfleger in der christl. Urgemeinde; wurde von den Juden gesteinigt; Heiliger (Tag 26. 12.).

Stephenson [stˈiːvnsn], George, engl. Ingenieur, *1781, †1848; baute 1814 die erste brauchbare Lokomotive, 1825 in England die erste öffentl. Eisenbahn.

Steppe die, baumlose und trockene Ebene mit Gräsern und Kräutern, der Trockenheit angepaßt, in den Subtropen verbreitet. Arten: Gras-S. (z.B. →Prärie, →Pampa), Busch- und Dornbusch-S., Salz-S.
steppen, 1) bes. Stichart (Steppstiche). 2) [von engl. to step »schreiten«] einen **Stepptanz** ausführen, bei dem der Rhythmus durch klappernde Bewegungen der Fußspitzen, Hacken hörbar wird.
Step'un, Fedor, Kulturphilosoph, * 1884, †1965; philosoph., literarhistor. Werke.
Ster [frz.] der, Abk. **st.,** →Raummeter.
Sterbeablaß, kath. Kirche: vollkommener →Ablaß in der Sterbestunde.
Sterbekasse, Begräbniskasse, genossenschaftl. Versicherung, die den Hinterbliebenen ein **Sterbegeld** (Begräbniskosten) gewährt.
Sterbesakramente Mz., kath. Kirche: Beichte, Abendmahl und Letzte Ölung.
Sterblichkeit, das Zahlenverhältnis der in einem bestimmten Zeitraum Gestorbenen zur Gesamtbevölkerung. Die S., vor allem die →Säuglingssterblichkeit, ist in allen Kulturländern bes. durch die verbesserte Gesundheitsfürsorge erheblich zurückgegangen.
st'ereo... [von grch. »fest«], in Fremdwörtern: körperlich, Raum...
St'ereoakustik die, Lehre vom räuml. Hören.
St'ereochemie die, Lehre von der räuml. Anordnung der Atome im Molekül.
St'ereofilm, mit einer Stereokamera aufgenommener Film mit Raumwirkung, dessen Teilbilder je für ein Auge bestimmt sind. Die Bilder können neben- oder übereinander-, bei Anaglyphen und Vektographen auch aufeinanderliegen.
St'ereokomparator, Doppelmikroskop, zum Ausmessen zweier zusammengehöriger Meßbilder.
Stereometr'ie die, Geometrie der räumlichen Gebilde, bes. der Körper.

stereoph'on, räumlich klingend, räuml. Tonaufnahme und -wiedergabe von mehreren Stellen.
Stereosk'op das, Gerät zum Betrachten von mit Stereokameras aufgenommenen Bildern.
Stereoskop'ie die, das räuml. Sehen, ermöglicht durch die Zweiäugigkeit, durch die Veränderlichkeit der Augenlinse u. a.; bildl. Erzeugung des räuml. Eindrucks durch Stereokamera und Stereoskop, Anaglyphen, Stereofilm u. a.
stereot'yp [grch.], feststehend, unabänderlich.
Stereotyp'ie [grch.] die, ▢ Verfahren zur Vervielfältigung von Schriftsätzen in Hochdruckformen. Auf diese wird angefeuchtete Matrizenpappe aufgedrückt, in die nach dem Trocknen Hartblei eingegossen wird. Durch wiederholten Abguß erhält man beliebig viele Druckplatten.
ster'il [lat.], 1) unfruchtbar, dürr. 2) keimfrei.
Sterilisati'on die, 1) →Desinfektion. 2) Unfruchtbarmachung, →Unfruchtbarkeit. **Sterilit'ät** die, 1) Keimfreiheit (→Asepsis). 2) →Unfruchtbarkeit.
St'erlet [russ.] der, Fisch, ein bis 1 m langer →Stör des Schwarzen Meeres.
Sterling [st'ə:liŋ, engl.], →Pfund.
Sterlitam'ak, Stadt in der Baschkir. ASSR, 156000 Ew.; Stahl-, Maschinen-, Erdölind.
Stern der, ☆ →Fixstern, →Planeten. Mit bloßem Auge erkennbar sind etwa 5500 Fixsterne, mit den größten Fernrohren mehrere Mrd. Sie werden nach ihrer scheinbaren Helligkeit in Größenklassen eingeteilt, wobei die hellsten S. zur 1., die eben noch dem freien Auge erkennbaren zur 6. Klasse gehören. Zur Differenz von einer Größenklasse gehört ein Intensitätsverhältnis von $1:2{,}512$. Alle dem freien Auge sichtbaren S. zählen zum →Sternsystem der Milchstraße. Die Sonne ist ebenfalls ein S. Während die Sonne nur 8⅓ Lichtminuten von der Erde entfernt ist, beträgt die Entfernung zum nächsten Fixstern 4 Lichtjahre. Die

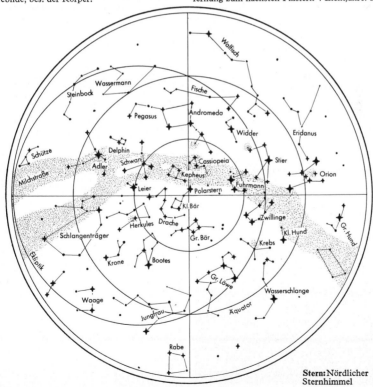

Stern: Nördlicher Sternhimmel

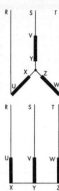

Sternschaltung:
R, S, T Drehstromaußenleiter, U, V, W
X, Y, Z Klemmenbezeichnungen der 3 Stränge

Stettin

Stettin: Blick zur Hakenterrasse (Vorkriegsaufnahme)

Geschwindigkeiten von S. gegeneinander sind im allgem. kleiner als 100 km/s, so daß sich ihre Anordnung in Sternbildern für den irdischen Betrachter erst in Jahrtausenden merklich ändert. Die wahren Helligkeiten der S. schwanken stark, sie hängen von der Temperatur der Oberfläche (von rd. 500 bis über 10 000 °C, selten bis zu 200 000 °C) und von deren Größe (also vom Durchmesser) ab. Die Strahlung wird durch die Umwandlung von Atomkernen im Sterninneren aufrechterhalten. Für die Sonne und ähnl. S. ist die Temperatur im Mittelpunkt 20 000 000 °C; dabei wird Wasserstoff in Helium umgewandelt. Die Hauptmenge der S. gehört 2 Klassen an, den **Riesen** und den – viel häufigeren – **Zwergen**. Ein typischer Zwergstern wie die Sonne kann mit seinem Wasserstoffvorrat viele Mrd. Jahre strahlen. Erst nach Erschöpfung des Wasserstoffs setzen andere Prozesse ein, die zu einem Übergang in das Riesenstadium führen und schließlich bei dem Stadium eines **Weißen Zwergs** enden, einem S.-Typus, bei dem die Atomkerne und Elektronen zu einer engen Packung entarten, deren Dichte bis zu t/cm³ anwächst. Im Lebenslauf eines S. kann es zu Pulsationen kommen, wobei dieser durch Instabilitäten im Inneren zu period. Ausdehnung mit nachfolgender Kontraktion angeregt wird. Die entsprechenden Oberflächen- und Temperaturschwankungen werden als rhythm. Veränderlichkeit der Helligkeit erkennbar. Einzelne S. werden im Inneren so instabil, daß sie explodieren. Bei solchen **Neuen S.** oder **Novae** (Ez. Nova) nimmt die Ausstrahlung innerhalb weniger Tage um mehrere Zehnerpotenzen zu und kehrt nach Wochen oder Monaten zum ursprüngl. Zustand zurück. Bes. heftige Explosionen zeigen **Supernovae**, deren Endstadium vermutl. ein überdichter Reststern (**Neutronen-S.**) ist. Solche Reststerne wurden in den →Pulsaren gefunden.

Die S. entstehen nach heutiger Vorstellung durch Zusammenstürzen von Wolken aus Gas und Staub infolge der eigenen Schwerkraft und die dadurch verursachte Aufheizung. Die meisten S. haben Massen zwischen dem 0,3- und 3fachen der Sonne. Der Durchmesser der Weißen Zwerge ist durchschnittl. 1-2% des Sonnendurchmessers, also rd. 10 000 km. Für Riesensterne sind Werte bis zum mehrhundertfachen des Sonnendurchmessers bestimmt worden. Mit dem Spektroskop (meist photograph. an großen Spiegelteleskopen) werden die Vorgänge in den Atmosphären der S. und die chem. Zusammensetzung bestimmt. Durch Messungen der Strahlungsintensität in Gebieten außerhalb des sichtbaren Lichts (bes. mit Ballons und künstl. Erdsatelliten) ist die Kenntnis von den Vorgängen in den leuchtenden Atmosphären der S. bed. erweitert worden. Mit Radioteleskopen wird die Radiostrahlung, mit Raketen die Röntgenstrahlung der S. gemessen. (FARBTAFEL Sternkunde S. 874)

Stern, 1) Otto, Physiker, *1888, †1969, bestimmte 1921 zusammen mit W. Gerlach die Richtungsquantelung des Kernspins beim Silberatom und 1933 das magnet. Moment des Protons; Nobelpreis 1943. 2) William, Kinder- und Jugendpsychologe, *1871, †1938; vertrat philosoph. einen Personalismus.

Sternberger, Dolf, Essayist und Publizist, Politologe; *1907.

Sternbilder, zu Figuren zusammengefaßte Fixsterngruppen mit größtenteils antiken, teils auch neueren Namen. In der heutigen Astronomie verwendet man den S. benannte schemat. Aufgliederung des Himmels.

Sterndeutung, Astrolog'ie, der Versuch, aus der Stellung der Gestirne das Schicksal der Menschen vorherzusagen. (→Horoskop)

Sterne [stɔːn], Laurence, engl. Erzähler, *1713, †1768, im 18. Jahrh. Hauptvertreter des engl. humorist., empfindsamen Romans.

Sternenbanner, →Stars and stripes.

Sternfahrt, ☆ Fahrt mit Motorfahrzeugen aus verschiedenen Richtungen zu einem Ziel.

Sternhaufen, Anhäufungen von Sternen auf beschränktem Raum. Die **offenen** S. aus 100 bis einigen 1000 Sternen haben Durchmesser von 3 Parsek. Die **kugelförmigen** S. (**Kugelhaufen**) sind weit sternreicher (Durchmesser 16-190 Parsek).

Sternheim, Carl, *1878, †1942; satirische Komödien »Die Hose«, »Bürger Schippel« u. a.

Sternschaltung, Schaltung zur Verkettung der 3 Wicklungen von Drehstrommaschinen: die einen Enden der Wicklungen sind im Sternpunkt zusammengeführt, die anderen an die 3 spannungsführenden Leitungen angeschlossen. (→Drehstrom)

Sternschnuppe die, ☆ ein Körper, der aus dem Weltall in die Erdatmosphäre eindringt und dort infolge des Luftwiderstandes zu glühen beginnt. In manchen Jahreszeiten fallen ganze Schwärme von S., z. B. vom 9. bis 13. August die **Perseiden (Laurentiusschwarm),** am 13. und 14. November die **Leoniden.** →Meteor.

Sternsysteme, große, bis zu mehreren Mrd. zählende Ansammlungen von Sternen, die voneinander durch weite Strecken intergalakt. Raums getrennt sind. In dem astronom. Instrumenten zugängl. Teil des Weltraums gibt es etwa 500 Mill. S. Man unterscheidet S. von **unregelmäßigem** (Gruppen von Sternwolken), **elliptischem** (regelmäßige Verteilung der Sterne, keine interstellare Materie) und **spiralförmigem** Bau. Letztere S. (z. B. unser Milchstraßensystem) bestehen aus einem Kern, der einen ellipt. S. gleicht und um den sich in einer Ebene Spiralarme legen. Manche S. bilden **Doppelsysteme,** die sich um ihren Schwerpunkt bewegen, andere bilden Gruppen oder **Nebelhaufen** mit mehreren 100 oder 1000 Mitgliedern.

Sterntag, ☆ die Zeit zwischen zwei Durchgängen desselben Fixsterns durch den Meridian = 23 Std. 56 Min. 4 Sek. = wahre Umdrehungszeit der Erde. Die Zeitmessung nach S. heißt **Sternzeit.**

Sternwarte, ein Gebäude für Himmelsbeobachtungen, in freier Lage, oft auf Bergen; meist mit drehbarem Kuppeldach, das eine Spalte aufweist. (BILD Astronom. Instrumente)

Stethosk'op [grch.] das, Hörrohr, ärztl. Gerät zum Abhören von Herztönen, Atmungsgeräuschen; meist ein **Schlauch-S.** (zum Hören mit beiden Ohren).

stetig, fest, nicht schwankend, gleichmäßig dauernd. Eine mathemat. Funktion y = f (x) heißt s., wenn einer beliebig kleinen Änderung des Arguments x auch eine beliebig kleine Änderung des Funktionswertes y entspricht.

Stett'in, Haupt- und wichtigste Industriestadt Pommerns, 315 000 Ew. (1939: 383 000); ehem. neben Danzig der größte dt. Ostseehafen; starke Zerstörungen im 2. Weltkrieg (Mühlen, Werften, Speicher). – S. war im MA. Hansestadt und pommerscher Herzogssitz, wurde 1648 schwed., 1720 preuß. Seit 1945 unter poln. Verw. (Szczecin).

Stett'iner Haff, Pommersches Haff, ein Bodden, durch die Inseln Usedom und Wollin von der Ostsee getrennt, durch Peene, Swine und Dievenow mit ihr verbunden, 903 km², bis 4 m tief. Die Oder mündet in das östl. Große Haff; westl. Teil: das Kleine Haff.

Steuben, Friedrich Wilhelm v., preuß. General, *1730, †1794, war seit 1778 der Organisator des nordamerikan. Heeres im Unabhängigkeitskrieg und Generalstabschef Washingtons.

Steuer [eigentl. Stütze], 1) das, Vorrichtung zum Lenken von Schiffen (Steuerruder, →Ruder), Flugzeugen. **Steuerbord** das, ⚓ die rechte Seite des Schiffes; Gegensatz: Backbord. **Steuermann** der, ⚓ Schiffsoffizier, der den Kapitän bei der Schiffsführung unterstützt. 2) die, →Steuern.

Steuerberater, Person, die von der Finanzverwaltung zur berufsmäßigen Erteilung von Rat und Hilfe in Steuersachen zugelassen ist. **Steuerbevollmächtigter,** früher **Helfer in Steuersachen,** bearbeitet die Steuerangelegenheiten von kleineren Unternehmen.

Steuerfuß, →Steuersatz.

Steuergeheimnis, das von einem Steuerbeamten gegenüber Außenstehenden geheimzuhaltende Wissen über die finanziellen und geschäftl. Verhältnisse eines Steuerpflichtigen.

Steuerhinterziehung, die ungerechtfertigte Erschleichung von Steuervorteilen zum eigenen oder zum Vorteil eines anderen.

Steuern Mz., die von öffentl.-rechtl. Gemeinwesen ohne besondere Gegenleistung von den Bürgern erhobenen Zwangsabgaben zur Bestreitung des Finanzbedarfs; von den S. zu unterscheiden sind →Gebühren und Beiträge.

EINTEILUNG (Hauptarten). 1) **Besitz-S.:** a) Einkommen- und Lohn- sowie Körperschaft-S.; nach dem Einkommen wird auch die Kirchen-S. bemessen. b) Vermögens- und Erbschafts-S. c) (als Gemeinde-S.) Gewerbe- und Grund-S. 2) **Verkehr-S.:** a) Umsatz-S. b) Grunderwerb-S. c) Kapitalverkehr-, Wertpapier- und Börsenumsatz-S. d) Wechsel-S. e) Versicherung-S. f) Rennwett- und Lotterie-S. g) Beförderung- sowie Kraftfahrzeug-S. h) ferner können Länder und Gemeinden Vergnügungs-, Schankerlaubnis- und Jagd-S. erheben. 3) Wichtige **Verbrauch-S.** und **Monopole:** Zucker-, Süßstoff-, Salz-, Fett-, Bierund Tabak-S., ferner das Branntweinmonopol, die Zündwaren- und Leuchtmittel-S., Spielkarten-S. und Ausgleich-S. für Mineralöle. Den Verbrauch-S. nahe verwandt sind die →Zölle. – Bei **direkten S.** decken sich S.-Zahler und S.-Träger (z. B. Einkommen-S.), die **indirekten S.** werden als überwälzbar angesehen (z. B. Umsatz-S.).

Steuergrundsätze: gleichmäßige Besteuerung nach Leistungsfähigkeit, klar festgelegte S.-Forderungen, für den S.-Pflichtigen günstige Erhebungszeit und -art, Billigkeit oder geringe Erhebungskosten.

Steuerrecht, für die Bundesrep. Dtl. bes. in der Reichsabgabenordnung (RAO) geregelt. Sie enthält auch z. gr. T. das **Steuerstrafrecht,** das in Erweiterung des allgem. Strafrechts die Gesamtheit der gegen **Steuervergehen** erlassenen Strafbestimmungen enthält. Steuervergehen sind u. a. →Steuerhinterziehung, Steuerhehlerei und Steuergefährdung. **Steuerhehlerei** begeht, wer einen Vorteils wegen Gegenstände, von denen er weiß, daß sie der Steuer hinterzogen sind, kauft, oder sonst an sich bringt, verheimlicht u. a.; **Steuergefährdung** begeht, wer in der Absicht, eine Verkürzung der Steuereinnahmen zu ermöglichen, unrichtige Belege ausstellt u. a. Die Selbstanzeige führt u. U. zu Straffreiheit.

Steuersatz, auf die Steuereinheit entfallender Steuerbetrag, z. B. 10 DM auf 100 kg oder als Prozent-(Promille-) Satz ausgedrückt (**Steuerfuß**).

Steuerung die, Beeinflussung eines Vorganges, um die richtige Arbeitsweise einer Anlage sicherzustellen; unterschieden von der →Regeltechnik. Steuerorgane sind Schieber, Ventile, Klappen, Relais, Servomotoren, Elektronenröhren u. a.

St'even [ndt.] der, ⚓ hölzerner oder stählerner Balken, der auf dem Schiffskiel steht und den Schiffsrumpf vorn (**Vorder-S.**) und hinten (**Hinter-S.**) begrenzt. (→Schiff)

Stevenson [st'i:vnsn], 1) Adlai Ewing, amerikan. Politiker, *1900, †1965; 1952 und 1956 demokrat. Präsidentschaftskandidat, wurde 1961 Chefdelegierter der USA bei den Verein. Nationen. 2)

Robert Louis, engl. Erzähler, *1850, †1894; Abenteuergeschichten aus der trop. Welt der Südsee (»Die Schatzinsel«).

Steward [stj'uəd, engl.] der, **Stewardeß** die, Kellner und Bedienungspersonal bes. auf Schiffen und Flugzeugen.

Stewart [stj'uət], Michael, brit. Politiker (Labour), *1906; 1965-66 und seit 1968 Außenmin.

Steyr, Stadt in Oberösterreich, an der Enns, 39 500 Ew.; got. und barocke Gebäude; Kraftfahrzeug-, Stahl-, Maschinen- u. a. Industrie.

StGB, ⚖ Abk. für Strafgesetzbuch.

Stichblatt, Metallscheibe über der Parierstange (Degen, Schwert) zum Handschutz.

Stichel der, spitzes Werkzeug des Holzschneiders, Stahl- und Kupferstechers.

Stichflamme, lange, spitze Flamme, die entsteht, wenn Gase unter Druck aus einer engen Öffnung ausströmen.

Stichling, Knochenfisch mit Stachelflossen, lebt in Süß- und Brackwasser. Das Männchen baut aus Wasserpflanzen ein Nest für Eier und Junge und bewacht sie. (FARBTAFEL Fische S. 344)

Stichmaß, ein genaues Meßgerät zum Prüfen von Bohrungen und Innenmaßen.

Stichtag, für eine Erhebung oder eine sonstige Handlung festgesetzter Tag.

Stichwahl, →Wahlrecht.

Stichwort das, -es/-e und ...wörter, 1) in Nachschlagewerken: das Wort am Anfang des Artikels, der das betreffende Gebiet behandelt. 2) Theater: das Schlußwort in der Rolle eines Schauspielers nach dem ein anderer einzusetzen hat.

St'ickelberger, Emanuel, schweizer. Schriftsteller, *1884, †1962; geschichtl. Novellen.

Stickstoff, N, chem. Element, farb-, geruchund geschmackloses Gas, das sich nur sehr schwer mit andern Stoffen verbindet; Ordnungszahl 7, Dichte 1,25 g/l, Siedepunkt —195,8° C. Die atmosphär. Luft besteht zu etwa 78 Vol.% aus S., der an der Atmung und Verbrennung nicht teilnimmt. Gebunden kommt S. in der Natur in Eiweißstoffen und deren Zersetzungsprodukten, z. B. im Salpeter, in der Steinkohle sowie im Harnstoff vor. Durch Bodenbakterien (Knöllchenbakterien) wird der S. der Luft von manchen Pflanzen aufgenommen (Hülsenfrüchte). In reiner Form wird S. aus flüssiger Luft oder durch Zersetzung von S.-Verbindungen dargestellt und als Füllgas für Glühlampen verwendet. Mit Hilfe elektr. Entladungen kann man S. und Sauerstoff der Luft zu **S.-Monoxyd,** NO, vereinigen, aus dem sich an der Luft sofort braunes **S.-Dioxyd,** NO_2, bildet, das sich mit Wasser zu Salpetersäure umsetzt. Mit geeigneten Katalysatoren läßt sich S. mit Wasserstoff zu Ammoniak (Haber-Bosch-Verfahren) vereinigen. Ein stickstoffhaltiges Gas ist das →Lachgas.

Stiefmütterchen, ⚘ Art von Veilchen, meist saftig-weichkrautige Stauden mit spatelförm. Blättern. Am bekanntesten das **Wilde Acker-S.** mit kleinen weißgelben Blüten und großblütigen Zuchtformen (Gartenpflanzen).

Stiege die, 1) Treppe. 2) Zählmaß: 20 Stück.

Stieglitz, Distelfink, bunter Finkenvogel, frißt Distelsamen. (FARBTAFEL Singvögel S. 872)

Stieler, 1) Adolf, Kartograph, *1775, †1836; »Handatlas« (1817-22). 2) Karl Joseph, Maler, *1781, †1858; Bildnisse (Goethe). 3) Karl, Dichter, *1842, †1885; oberbayer. Mundartgedichte. 4) Kaspar v., Schriftsteller, *1632, †1707; Liebeslieder, geistl. Lieder, Schauspiele.

Stier der, 1) ♉ Bulle, der unkastrierte männl. Rind. 2) ♉ nördl. Sternbild mit Aldebaran, Hyaden und Siebengestirn; 2. Tierkreiszeichen.

Stierkampf, span. **Corr'ida de t'oros,** Volksbelustigung in Spanien und den spanischsprechenden Staaten Amerikas, bei der die Stiere von berufsmäßigen Stierkämpfern (**Tor'ero, Matad'or**) bekämpft und getötet werden; heute auch in Portugal und Südfrankreich. (BILD S. 894)

Stift die, -s/Stifte und Stifter, 1) mit Vermögen ausgestattete selbständige Anstalten zu karitativen und erzieher. Zwecken. 2) **Dom-** und **Kolle-**

R. L. Stevenson

Stiefmütterchen

Stierkampf

Stifter

giatstifte, mit Grundbesitz dotierte Kirchen. 3)freie **weltadlige Damenstifte,** die ledige adlige Damen versorgen. 4) in Donau- und Alpenländern Name für best. Klöster. 5) bis 1803 der Territorialbesitz der Bis- und Erzbistümer als **Hochstift** oder **Erzstift.**

St'ifter, Adalbert, Dichter *1805, †1868; übertrug Goethes Naturfrömmigkeit, Maß- und Entsagungslehre ins Christliche. »Studien«, »Bunte Steine«, »Nachsommer«, »Witiko«.

Stifterverband der deutschen Wissenschaft, Gemeinschaftaktion der gewerbl. Wirtschaft zur Förderung von Forschung und Lehre; gegr. 1949.

Stiftshütte, Bundeshütte, das heilige Zelt der alten Israeliten mit der Bundeslade.

Stiftung, ♃ eine mit eigener Rechtspersönlichkeit (→juristische Person) ausgestattete Vermögensmasse, die einem bestimmten Zweck dauernd gewidmet ist (§§ 80 ff. BGB).

Stiftung Preußischer Kulturbesitz, 1961 durch Bundesgesetz geschaffene Körperschaft zur Pflege der ehem. dem preuß. Staat gehörenden Kunstgegenstände und wissenschaftl. Objekte.

Stiftung Volkswagenwerk, 1961 von der Bundesrep. Dtl. und dem Land Niedersachsen gebildete Stiftung des bürgerl. Rechts, Sitz: Hannover; Zweck: Förderung von Wissenschaft und Technik aus den Erträgen der Vermögenswerte.

St'igma [grch.] das, -s/...men, -ta, 1) Wund-, Brandmal. 2) 🜨 Atemöffnung der Gliederfüßer. **Stigmatis'ierte,** Personen, die die Wundmale Christi am Leib tragen. Aus Geschichte (Franz von Assisi) und Gegenwart sind zahlreiche Fälle bekannt. Ob die **Stigmatisati'on** neben sugestiver Entstehung auch auf übernatürl. Grundlage beruht, ist in der kath. Kirche umstritten.

Stijl [stejl], **De S.,** eine 1917 gegr. holländ. Künstlergruppe; erstrebte geometr. Klarheit.

St'ikker, Dirk, niederländ. Politiker, *1897; 1948-52 Außenmin., 1958-61 Botschafter bei der NATO, deren Generalsekretär.

Stil [von lat. stilus »Griffel«] der, -s/-e, 1) Schreibart, Eigenart des sprachl. Ausdrucks. 2) die eigentüml. künstler. Gestaltungsweise eines Meisters, einer Schule, einer Epoche. 3) Zeitrechnung: **Alter S.,** nach Julianischem, **Neuer S.,** nach Gregorianischem →Kalender. 4) innere und äußere Lebensform. **Stil'istik** die, Lehre von den Gesetzen einen guten Schreibart.

Stilb das, →Lichttechnik.

Stil'ett [ital.] das, Dolch mit kurzer Klinge.

St'ilfser Joch, italien. **Passo dello Stelvio,** Paß im NW der Ortlergruppe, 2757 m hoch.

St'ilicho, Flavius, röm. Feldherr wandal. Abkunft, * um 365 n.Chr., † (enthauptet) 408, leitete 395-408 das Weström. Reich für den unmündigen Kaiser Honorius.

stilis'ieren, eine künstler. Darstellung nicht gegenstandsgetreu, sondern einer best. Formvorstellung entsprechend gestalten (stilisierte Blumen u.a.); einen Text sprachl. durcharbeiten.

Stilleben [stilles Leben], Malerei: die Darstellung von Dingen des täglichen Lebens: Blumen, Früchte, Gefäße usw.

Stille Gesellschaft, ♃ die nach außen nicht hervortretende Beteiligung an dem Handelsgewerbe eines andern mit einer Vermögenseinlage.

Stillen das, die naturgemäße Ernährung des Säuglings mit Muttermilch.

Stille Nacht, heilige Nacht, Weihnachtslied, gedichtet 1818 von J. Mohr (*1792, †1848), vertont von F. Gruber (*1787, †1863).

Stiller Ozean, Großer oder **Pazifischer Ozean, Pazifik, Pacific,** die größte Wasserfläche der Erde, zwischen Amerika im O und Asien und Australien im W, 180 Mill. km²; Nebenmeere: Bering-, Ochotskisches, Japan., Gelbes, Ost- und Südchines. Meer, Australasiat. Mittelmeer, Korallenmeer, Tasman-See, Golf von Kalifornien. Seine mittl. Tiefe beträgt 4282 m, die größte 11022 m (Marianengraben). Der SW-Teil, »Südsee«, ist reich an Inseln, bes. Koralleninseln (Melanesien, Mikronesien, Polynesien). Hauptströmungen: Nordäquatorialstrom mit dem warmen Kuro-Schio-Strom und Südäquatorialstrom. In den ostasiat. Gewässern sind Taifune gefürchtet. Der S.O. ist im allgem. tierarm, nur die kalten Strömungen der chilen. Küste, Alaskas und die ostasiat. Gewässer sind fischreich. – Die 1. Überquerung des S.O. gelang Magalhães 1520/21.

Stillhaltung, 1) zeitweiliger Verzicht von Gläubigern auf Zahlungen ihrer Schuldner. 2) die organisierte Stundung kurzfristiger Kredite, die von einer Gläubigergruppe (**Stillhaltekonsortium**) einem Schuldnerland gewährt wird. Durch das **Stillhalteabkommen** v. 19.8.1931 wurden die dt. Banken und Firmen gewährten kurzfristigen Kredite (**Stillhaltekredite**) gestundet; endgültige Regelung: Londoner Schuldenabkommen.

St'ilus [lat.] der, antikes Schreibgerät.

Stimme die, 1) Klänge, die im Kehlkopf durch den Luftstrom beim Ausatmen entstehen, indem die angeblasenen **Stimmbänder** schwingen; die Tonhöhe wird durch Länge und Spannung der Bänder bestimmt, die Klangfarbe durch Mitschwingen der Mund- und Nasenhöhle. Der Übergang der hohen Kinder-S. in die tiefere des Erwachsenen (**Stimmwechsel, Stimmbruch**) vollzieht sich während der Reifezeit. 2) ♪ nach Höhe oder Tiefe des Umfangs: Sopran (Diskant), Mezzosopran, Alt, Tenor, Bariton, Baß; unterscheidet man 2 **Stimmregister: Brust-S.** und **Kopf-S.** (→Falsett).

Stimmer, Tobias, schweizer. Maler, Graphiker, Komödiendichter, *1539, †1584; Bildnisse, Fassadenmalereien.

Stimmgabel, ein gabelförmig gebogener Stahlstab, der beim Anschlagen tönend schwingt; beim **Stimmen** benutzt. (→Kammerton).

Stimmrecht, →Wahlrecht.

Stimmritze, →Kehlkopf. **S.-Krampf,** krampfhafter Verschluß der S.; Anzeichen von Nervosität oder bei Kindern von →Spasmophilie.

Stimmung, 1) die vorwiegende Färbung der Gefühlslage eines Menschen. 2) ♪ Festlegung der absoluten Tonhöhe des Grundtons (→Kam-

Stilleben: Apfelstilleben mit Zinnkrug, von Carl Schuch

merton), nach dem ein Instrument eingestimmt ist. **3)** ♪ die Ordnung der Tonabstände, d.h. die Schwingungszahlenverhältnisse für die Töne untereinander. In der heute üblichen **gleichschwebend temperierten S.** ist die Oktave in 12 gleiche Tonabstände geteilt.

stimul'ieren [lat.], anreizen. **St'imulans** das, -/..l'antien, Anregungsmittel.

St'inde, Julius, Schriftsteller, *1841, †1905; humorist. Schilderungen des Berliner Bürgertums (»Die Familie Buchholz«).

Stinkmorchel, ein morchelähnlich aussehender ungiftiger Bauchpilz mit Aasgeruch; dieser geht von dem Sporenschleim aus, der den Hut bedeckt; die S. schwillt aus einem eiförmigen weißen Körper hervor, z.B. Hexen-, Teufelsei. (FARBTAFEL Pilze S. 865)

Stinktier, Skunk der, nordamerikan. Mardertier, schwarz mit weißem Längsstreifen, mit stinkendem, ausspritzbarem Afterdrüsensaft, gutem Pelz; auch in Farmen gezüchtet.

Stinnes, Hugo, Großindustrieller, *1870, †1924, erweiterte das von Matthias Stinnes,*1790, †1845, gegr. Familienunternehmen (Kohlenhandel, Bergbau, Reederei) zum **Stinnes-Konzern.**

Stint der, wohlschmeckender Lachsfisch der Nord- und Ostsee; riecht unangenehm.

Stip'endium [lat.] das, -s/...dien, Geldunterstützung, bes. für Studierende **(Stipendi'aten).**

Stipulati'on [lat.] die, vertragliche Abmachung. **stipul'ieren,** festsetzen.

Stirling [st'ə:liŋ], Hauptstadt der schott. Gfsch. Stirlingshire, am Forth, 27 500 Ew.; im 16. Jahrh. Residenz der schott. Könige.

Stirn der, der durch das breite, gewölbte **S.-Bein** gebildete oberste Teil des Gesichts. An die Nasenhöhlen schließen sich im S.-Bein die **S.-Höhlen** an, auf die ein Katarrh von der Nase her übergehen kann **(Stirnhöhlenkatarrh).**

Stirner, Max, eigentl. Kaspar **Schmidt,** Philosoph, *1806, †1856; Vertreter eines konsequenten Egoismus (→Solipsismus); schrieb: »Der Einzige und sein Eigentum«.

St'oa [grch.] die, Halle in Athen, in der der Philosoph Zenon (†264 v.Chr.) lehrte, danach die Philosophenschule in der Nachfolge Zenons, die bis ins 3. Jahrh. n. Chr. bestand (Seneca, Epiktet, Mark Aurel). Der **Stoiz'ismus** ist eine Sitten- und Lebensweisheitslehre. Allein die Tugend, die sich in Selbstüberwindung und sittl. Stolz gegenüber jedem Schicksal bewährt (stoische Ruhe), vermittelt Glückseligkeit. Die S. beeinflußte die Philosophie des MA., der Renaissance und Aufklärung.

Stöchiometr'ie [grch.] die, ↶ Lehre von der mengenmäßigen Zusammensetzung chem. Verbindungen und von den Mengenverhältnissen bei chem. Umsetzungen.

Stock [engl.] der, Bestand, Vorrat, Warenlager; Grundkapital einer Gesellschaft; Wertpapier. **S.-Exchange,** Effektenbörse.

St'oecker, Adolf, evang. Hofprediger in Berlin, *1835, †1909, gründete 1878 die »Christlich-Soziale Partei«; Antisemit.

Stocker'au, Stadt in Österreich, an der Donau, 12 300 Ew.; Maschinen-, chem. u.a. Industrie.

Stockfisch, getrockneter Dorsch.

Stockhausen, Karlheinz, Komponist, *1928; serielle, elektronische Musik.

St'ockholm [schwed. »Pfahlinsel«], Haupt- und Residenzstadt Schwedens, am Abfluß des Mälarsees zur Ostsee, auf mehreren Inseln, 794 000 Ew.; wichtigste Industriestadt des Landes: Metall-, Papier-, Lebensmittel-, Bekleidungs-, chem. und graph. Ind.; Schiffbau; Universität, zahlreiche Hoch- und Fachschulen, Akademien, Nobel-Institut, mehrere Museen; Rundfunksender. Bauwerke: Königl. Schloß, Ritterhaus, Reichstagsgebäude, Opernhaus u.a.; landschaftl. reizvolle Umgebung, reich an Schlössern. S. wurde im 13. Jahrh. gegr.; im MA. Hansestadt. Mit der **Stockholmer Weltkirchenkonferenz** 1925 begann die ökumen. Bewegung.

Stockport [st'ɔkpɔ:t], Stadt in NW-England, 142 500 Ew.; verschiedene Industrie.

Stockpunkt, Temperatur, bei der Öl so steif wird, daß es nicht mehr fließt.

Stockrose, Stockmalve, zur Gattung Althee gehörende schlanke Zierpflanze.

Stockschwämmchen, in Büscheln wachsender brauner Speisepilz.

Stockton-on-Tees [st'ɔktən ɔn t'i:z], Hafen- und Industriestadt in NO-England, 81 300 Ew.; Schiffbau, Eisen-, Maschinenindustrie.

Stockwerkseigentum, →Wohnungseigentum.

Stoff der, 1) die →Materie. 2) das →Gewebe 1).

St'offwechsel, die Vorgänge bei der Aufnahme, Umsetzung, Verwertung der Nährstoffe und Ausstoßung der Abgänge (→Assimilation, →Ernährung, →Verdauung).

Stoiz'ismus, →Stoa.

Stockrose

Stoke-on-Trent [stouk-], Industriestadt im mittl. England, 263 900 Ew.; Mittelpunkt der →Potteries, Tonwaren-, Stahl-, chem. Industrie.

Stokes [stouks], Sir George Gabriel, engl. Mathematiker und Physiker, *1819, †1903, stellte die **Stokessche Regel** auf: Fluoreszenzlicht hat stets größere Wellenlänge als das die Fluoreszenz erregende Licht.

St'ola [grch.] die, -/Stolen, 1) im alten Rom: das mit Ärmeln versehene faltige Obergewand der Frau. 2) schärpenart. Kleidungsstück der kath., morgenländ. und anglikan. Geistlichen. 3) schalartiger Umhang für Frauen (auch aus Pelz).

Stolberg, 1) S. am Harz, Luftkurort am Südharz, Bez. Halle, 2 200 Ew.; alte Bauwerke, Schloß des Fürsten zu Stolberg-Stolberg. **2) S.** (Rheinland), Stadt in Nordrh.-Westf., 38 900 Ew.; Metall-, Glas- u.a. Industrie.

STOL-Flugzeug [Abk. für engl. Short Take-Off and Landing], Flugzeug, benötigt für Start und Landung sehr kurze Strecke (150-300 m).

St'olgebühren, Kirchenrecht: Zahlungen an Geistliche für bestimmte Amtshandlungen, bei denen der Geistliche die →Stola trägt.

Stola 2)

St'ollberg, Kreisstadt im Bez. Chemnitz, im Erzgebirge, 13 100 Ew.; Strumpf- u.a. Industrie.

Stollen der, 1) ⚒ ein waagerecht in das Gebirge getriebener Gang. 2) Teil des Hufeisens. 3) bei den Minne- und Meistersingern die 2 ersten gleichgebauten Glieder einer Strophe.

Stolp, Stadt in Ostpommern, (1939) 50 400 Ew.; seit 1945 unter poln. Verw. (Słupsk).

Stoltenberg, Gerhard, Politiker (CDU), *1928; 1965-69 Bundesmin. für Wissenschaft und Forschung; seit 1971 MinPräs. von Schleswig-Holstein.

Stol'ypin, Peter A., russ. Staatsmann, *1862, † (Attentat) 1911; 1906-11 MinPräs.

Stolz, 1) Alban, kath. Theologe, *1808, †1883; Volksschriftsteller. **2)** Robert, Operettenkomponist, *1880, lebt in Wien; »Zwei Herzen im Dreivierteltakt«, »Frühling im Prater« u.a.

Stolze, Wilhelm, Erfinder einer Kurzschrift, *1798, †1867; sein System wurde 1897 mit demjenigen von Ferdinand →Schrey vereinigt.

Stockholm: Blick auf die Altstadt

Stolzenfels, Schloß am Rhein, der Lahnmün-

Stonehenge

Storch

Storchschnabel:
Wiesen-S.

Storchschnabel 2)

Storm

dung gegenüber; 1689 von den Franzosen zerstört, 1836-42 wiederhergestellt.

Stonehenge [st'ounhend3, engl.], Steinkreis, vorgeschichtl. Kultstätte in Südengland.

stop [engl.], 1) halt. 2) TELEGRAMM: Punkt.

Stopfbüchse, ⊙ Vorrichtung an Maschinen, um Öffnungen luft-, wasser- und dampfdicht zu machen, während ein bewegl. Teil hindurchgeht.

Stoph, Willy, kommunist. Politiker (SED), *1914; 1952-55 Innen-, 1956-60 Verteidigungsmin., seit 1961 stellvertr. MinPräs. der Dt. Dem. Rep., wurde 1964 MinPräs.

Stoppelschwamm, →Stachelpilze.

Stoppuhr, Uhr mit Sekundenzeiger und einer nach $^1/_{10}$-Sek. geeichten Skala. Durch Druckknöpfe betätigte Hebel setzen das Werk in Gang oder halten die Zeiger an.

Stör der, Schmelzschupper mit Knorpelgerüst, Schnauzenfortsatz und Bartfäden. Sie sind wegen ihres Fleisches, ihrer Eier (Kaviar), ihrer Schwimmblase (Hausenblase) sehr nützlich. Der **Gemeine S.** wandert vom Meer in den Flüssen aufwärts. Zu den S. gehören auch **Hausen, Sterlet.**

Stör, Stöhr die, Handwerksarbeit im Hause des Kunden; im MA. bes. die Arbeit des nichtzünftigen Handwerkers.

Storch, Anton, *1892, Politiker (CDU), seit 1920 führend in den christl. Gewerkschaften; 1949-57 Bundesminister für Arbeit.

Störche Mz., langbeinige, wasserliebende Stelzvögel mit langem Schnabel, Zugvögel. Der **Weißstorch, Adebar,** weißschwarz, Schnabel und Beine rot, nistet auf Bäumen oder Gebäuden. **Schwarzstorch,** seltener Waldvogel.

Storchschnabel, 1) ⚥ Geranium, Pflanzengattung, krautige Wiesenpflanzen mit schnabelförmiger Frucht, z.B. Wiesen-S., Blutroter S., Ruprechtskraut, →Pelargonie. 2) **Pantograph,** Gerät zum Übertragen von Bildern, Zeichnungen in verkleinertem oder vergrößertem Maßstab.

Store 1) [sto:r, frz.] der, Fenstervorhang. 2) [sto:, engl.], Vorrat, Lager (Verkaufsladen).

Storm, Theodor, Dichter, *1817, †1888, schrieb gefühlsinnige Gedichte und dramatisch gespannte Novellen (»Immensee«, »Pole Poppenspäler«, »Der Schimmelreiter« u.a.).

St'ormarn, 1) Landschaft zwischen Elbe, Stör, Trave, Bille. 2) Kreis in Schlesw.-Holst. (Kreisstadt Bad Oldesloe).

St'orno [ital.] der, Aufhebung einer falschen Buchung durch Gegenbuchung. **storn'ieren,** rückgängig machen, tilgen, z.B. einen Auftrag.

Störtebeker, Klaus, Führer der →Vitalienbrüder.

Storting [st'u:rtiŋ, »großes Thing«] das, Volksvertretung in →Norwegen.

Story [st'o:ri, engl.] die, -/...ries, Geschichte, Fabel, Handlung, z.B. Film-S.

Stoß, Veit, Nürnberger Bildhauer, Kupferstecher, Maler, *1440-50, †1533, bed., ausdrucksmächtiger Bildschnitzer der Spätgotik (Marienaltar Krakau, Englischer Gruß Nürnberg). (BILD S. 897).

Stoßdämpfer, bei Räderfahrzeugen eine Vorrichtung zwischen Rädern (oder Laufwerk) und Aufbau, zur Dämpfung der durch Fahrbahnunebenheiten verursachten Federschwingungen, gebaut als **mechan. S., hydraul. S. und Teleskop-S.**

Stoßstangen, Schutzstangen an Kraftwagen.

Stoßtherapie, ♄ Behandlung, bei der in wenigen Tagen sehr große Arzneimengen verabreicht werden, z.B. Sulfonamidstoß.

Stottern, →Sprachstörungen.

Stout [staut, engl.] der, schwarzbraunes, hopfenbitteres Bier.

Stowe, Beecher-Stowe [b'i:tʃə stou], Harriet, amerikan. Schriftstellerin, *1812, †1896; »Onkel Toms Hütte« (gegen Negersklaverei).

StPO, Abk. für Strafprozeßordnung.

Str'abon, griech. Geograph, * um 63 v.Chr., † um 20 n.Chr.; verfaßte eine Erdbeschreibung.

Strachey [str'eitʃi], Lytton Giles, engl. Schriftsteller, *1880, †1932; »Queen Victoria«, »Elizabeth and Essex«.

Str'achwitz, Moritz Graf v., *1822, †1847; romant. Lyriker und Balladendichter.

Strad'ella, Alessandro, italien. Sänger, Komponist, *1642, †1682; Opern, Oratorien, Kantaten u.a. – Oper »Alessandro S.« von Flotow (1844).

Stradiv'ari, Antonio, italien. Geigenbauer in Cremona, *1643, †1737.

Straelen, Stadt in Nordrh.-Westf., 10 900 Ew.

Strafanstalt, staatl. Anstalt für den Vollzug von Freiheitsstrafen.

Stör

Strafantrag, ⚖ Antrag des Verletzten oder sonst Berechtigten auf Verfolgung einer strafbaren Handlung; bei bestimmten leichteren Straftaten **(Antragsdelikten)** notwendig. Der S. ist bei Gericht oder Staatsanwaltschaft schriftl. oder zu Protokoll anzubringen (§ 61 StGB).

Strafaufhebungsgründe, z.B. der Rücktritt vom →Versuch, eine Straftat zu begehen; die Begnadigung. (→Strafausschließungsgründe)

Strafaufschub, ⚖ Aufschub der Vollstreckung rechtskräftiger Strafurteile, z.B. bei schwerer Krankheit des Verurteilten oder Beantragung der Wiederaufnahme des Verfahrens (§§ 360, 455ff. StPO).

Strafausschließungsgründe, Strafaufhebungsgründe, Umstände, die bei dem Täter die Bestrafung trotz strafbarer Handlungen ausschließen. S. sind z.B. Verwandtschaftsverhältnisse bei bestimmten Straftaten.

Strafaussetzung, ⚖ →Bewährungsfrist.

Strafbefehl, ⚖ schriftl. Festsetzung einer Strafe für Übertretungen und Vergehen durch den Amtsrichter auf Antrag der Staatsanwaltschaft ohne mündl. Verhandlung; nur zulässig für Freiheitsstrafen bis zu 3 Monaten und Geldstrafen (§§ 407ff. StPO). Durch Einspruch, der binnen 1 Woche nach Zustellung des S. möglich ist, kann der Beschuldigte die Hauptverhandlung vor dem Amtsgericht erwirken. →Strafverfügung.

Strafe die, ⚖ i.e. S.: die durch richterl. Urteil verhängte **Kriminal-S.** als Folge einer strafbaren Handlung (→Strafrecht); i.w.S.: auch die Dienststrafe (→Disziplinarrecht), →Ordnungsstrafe, Vertragsstrafe (→Vertrag). Nach den Strafmitteln unterscheidet man **Hauptstrafen** (→Todesstrafe – in der Bundesrep. Dtl. abgeschafft-, →Freiheitsstrafe, →Geldstrafe) und **Nebenstrafen,** auf die nur neben einer gleichzeitig verhängten Hauptstrafe erkannt werden kann (→Einziehung und Unbrauchbarmachung der Gegenstände, mit denen das Verbrechen verübt wurde, Fahrverbot, Aberkennung öffentl. Ämter u.a.). Keine S. sind die →sichernden Maßnahmen, die Erziehungsmaßregeln und der Jugendarrest in der Jugendgerichtsbarkeit sowie die →Geldbuße.

Straffreiheitsgesetz, der allgemeine Straferlaß für noch nicht aller straofbaren Delikte (Bundesgesetz über die Gewährung von Straffreiheit v. 31. 12.1949 und 17.7.1954).

Strafgesetzbuch, →Strafrecht.
Strafkammer, →Gerichtswesen.
Strafkolonien, entlegene, oft überseeische Gebiete, in die politisch gefährl. Personen oder schwere Verbrecher verschickt wurden.
Strafmandat, ältere Bezeichnung für →Strafbefehl und →Strafverfügung.
Strafmündigkeit, ♐ das zur Bestrafung notwendige Lebensalter des Täters. Bis zum vollendeten 14. Lebensjahr ist er strafunmündig, zwischen dem vollendeten 14. und 18. bedingt strafmündig. (→Jugendstrafrecht)
Strafprozeß, ♐ gerichtl. Verfahren zur Sühne strafbarer Handlungen (→Strafrecht). Den S. regelt die Strafprozeßordnung (StPO) von 1877, in der Bundesrep. Dtl. in der Fassung vom 17.9.1965 (zuletzt geändert am 25.6.1968). In der Dt. Dem. Rep. wurde am 12.1.1968 eine neue StPO erlassen, die am 1.7.1968 in Kraft getreten ist. Das Verfahren gliedert sich in das **Vorverfahren** (vorbereitendes Verfahren und Ermittlungsverfahren, in schwereren Fällen – nur in der Bundesrep. Dtl. – Voruntersuchung), das **Eröffnungsverfahren** (zur Entscheidung über die Eröffnung des Hauptverfahrens) und das **Hauptverfahren** mit der im allgemeinen öffentl. **Hauptverhandlung.** Diese verlangt die ununterbrochene Gegenwart der Richter, des Staatsanwalts, Protokollführers und im allgemeinen des Angeklagten, der durch einen Verteidiger unterstützt werden kann, und endet mit der Verkündung des Urteils. Gegen das Urteil sind in der Regel →Rechtsmittel zulässig. Besonders geregelt sind die →Privatklage, der →Strafbefehl, die →Strafverfügung und das **beschleunigte Verfahren** (Verfahren vor dem Amtsrichter und Schöffengericht bei einfachem Sachverhalt; §§ 212ff. StPO).
Strafraum, bei Fußball und Wasserball der Spielraum in der Nähe der Tore mit verschärften Strafbestimmungen.
Strafrecht, ♐ die Gesamtheit der Rechtssätze, die bestimmte Handlungen und Unterlassungen verbieten und für strafbar erklären. Der S. dient dem Schutz bestimmter **Rechtsgüter** (Staatssicherheit, Persönlichkeit, Eigentum u.a.). Die neuere S.-Theorie sieht nicht so sehr den rechtsverletzenden Erfolg der Tat als vielmehr den verbrecherischen Willen des Täters als strafwürdig an (Willens-, Täterstrafrecht). Grundlage des geltenden S. ist das Strafgesetzbuch von 1870, das in der Bundesrep. Dtl. am 25.8.1953 neu gefaßt und bekanntgemacht wurde. Am 10.5.1969 wurden das 1. und 2. Strafrechtsreformgesetz verabschiedet. Nach dem 1. Strafrechtsreformgesetz sind u.a. die einfache Homosexualität und der Ehebruch nicht mehr strafbar. Im 2. Strafrechtsreformgesetz wird der allgem. Teil des StGB neu geregelt; es gibt nur noch eine einheitl. Freiheitsstrafe. Die weiteren Reformarbeiten werden sich mit der Neuregelung des bes. Teils des StGB befassen. (Amtl. Entwurf von 1962 und Alternativentwurf von 1966.) In der Schweiz gilt seit 1.1.1942 das Strafgesetzbuch vom 21.12.1937, in Österreich das Strafgesetzbuch vom 27.5.1852 (mehrfach geändert).
Strafregister, ♐ amtl. Verzeichnis gerichtl. vorbestrafter Personen, das im Bezirk des Geburtsortes, meist bei der Staatsanwaltschaft geführt wird. Eingetragen in das S. werden alle gerichtl. Strafen mit Ausnahme der Geldstrafen wegen →Übertretungen. Aus dem S. ist nur gerichtl. u.a. öffentl. Behörden Auskunft zu erteilen. Nach Ablauf bestimmter Fristen wird nur noch beschränkt Auskunft erteilt und nach einer weiteren Frist der Strafvermerk getilgt (nicht bei Zuchthausstrafen und einigen →sichernden Maßnahmen). Nach Tilgung des Strafvermerkes gilt der Verurteilte nicht mehr als vorbestraft.
Strafverfügung, ♐ in der Bundesrep. Dtl. schriftl. Festsetzung einer Strafe für Übertretungen durch den Amtsrichter auf Antrag der Polizei ohne mündl. Verhandlung. Die Vorschriften über den →Strafbefehl gelten entsprechend (§413 StPO).
Strafvollstreckung. Nur rechtskräftige Strafentscheidungen (Urteile, Strafbefehle usw.) sind

zu vollstrecken. Geldstrafen werden nach der ZPO vollstreckt; können sie nicht beigetrieben werden, so werden sie in Freiheitsstrafen umgewandelt. Freiheitsstrafen werden in den →Strafanstalten vollstreckt **(Strafvollzug).** Vollstreckungsbehörde ist in der Bundesrep. Dtl. grundsätzlich die Staatsanwaltschaft, in amtsgerichtl. Strafsachen der Amtsrichter, in Jugendsachen der Jugendrichter, in Steuerstrafsachen die Verwaltungsbehörde. In der Dt. Dem. Rep. liegt die gesamte Strafvollstreckung bei der Volkspolizei.
Str'agel der, ⊕ →Tragant.
Strahl der, 1) △ einseitig begrenzte Gerade. 2) →Strahlen.
Strahlen Mz., ⊗ **Korpuskular-S.** (Teilchen-S.) sind z.B. Elektronen- und Ionen-S., die aus dem Weltraum kommende Ultrastrahlung (→kosmische Ultrastrahlung) u. dgl. **Wellen-S.** sind z.B. Schall-S. (bes. im Gebiet des Ultraschalls) und Licht-S., Röntgen-S., Gamma-S. Seit der Entdeckung der Wellennatur der Materie (→Wellenmechanik) und der Quantennatur des Lichts (→Quantentheorie) ist die Unterscheidung zwischen Korpuskular- und Wellen-S. mehr praktischer Natur. **Röntgen-S.** gehören dem Gebiet an, in dem Wellen- und Quantenvorstellung nebeneinander wichtig sind.
Strahlenpilz, pflanzl. Schmarotzer, die zwischen Bakterien und Pilzen stehen; sie befallen Pflanzen (Kartoffel-, Rübenschorf), Tiere und Menschen. Der Erreger der **Strahlenpilzkrankheit** beim Menschen lebt meist auf Gräsern, gelangt beim Kauen von Halmen in den Körper, erzeugt Eiterungen in Mund, Darm, Lunge u.a. Organen.
Strahlenschutz, Maßnahmen zum Schutz gegen Schädigungen durch Strahlungen aller Art. Für jede Strahlungsart besteht eine äußerste zulässige Strahlendosis **(Toleranzdosis),** die bei dauernder Bestrahlung nicht überschritten werden darf.
Strahlentierchen, →Radiolarien.
Strahltriebwerk, Düsentriebwerk, ein auf dem Rückstoß beruhendes Triebwerk für Fahrzeuge und Flugkörper. Von vorn eintretenden der Luftstrom wird bei höherem Druck als dem Außendruck Wärme zugeführt, und der Luftstrom wird mit größerer Geschwindigkeit aus einer Düse nach hinten ausgestoßen. S. werden gebaut als Propeller-Turbinen-Luft-S., Stau-S., Turbinen-Luft-S., Verpuffungs-S. (Schmidtrohr).
Str'ahlung die, ⊗ Ausbreitung von →Strahlen.
Strahlungsdruck, Lichtdruck, die Kraft, die Licht beim Auffallen auf eine Fläche ausübt; nachweisbar an sehr leichten, drehbaren Körpern.
Strahlungsgürtel, Van-Allen-Gürtel, ringförmige Bereiche höher Strahlungsintensität, die die Erde in der Ebene ihres Äquators zwischen 700 und etwa 60 000 km Entfernung umgeben.
Straits Settlements [streits s'etlmənts], 1826 bis 1946 brit. Kolonie, umfaßte Malakka, Singapur Penang, Labuan, Kokos- und Weihnachts-Inseln.
Str'alsund, Stadt im Bez. Rostock, 71 600 Ew., Hafenstadt am Strelasund der Ostsee, mit Rügendamm zur Insel Rügen; spätgot. Rathaus, got. Backsteinkirchen; Brennereien, Fischräucherei

Stoß: Kruzifix in St. Sebaldus (Nürnberg, Ausschnitt)

Stralsund, links Nikolaikirche, rechts Jakobikirche

u.a. Ind. – S., früher Hansestadt, wurde 1628 von Wallenstein vergeblich belagert; 1648 wurde es schwedisch, 1815 preußisch.

Stram'in [frz.] der, -s/-e, gitterartiges Gewebe in Leinwandbindung, als Stickereigrundstoff.

Strand der, sandiges, flaches Meeres- oder Flußufer. **Strandbehörde, Strandamt,** Behörde zur Verwaltung von Strandungsangelegenheiten, bes. für Bergung und Hilfeleistung in Seenot; geleitet vom Strandhauptmann, dem Strandvögte und Strandwächter unterstehen. **stranden,** ⚓ auf den Strand laufen. **Strandterrassen,** von der Brandung geschaffene Verebnungen an Steilküsten, begrenzt von der **Brandungskehle,** überragt vom **Kliff.**

Stranddistel, Küstenpflanze, →Mannstreu.

Strandhafer, Strandgerste, hohe Gräser auf Dünen, ohne Grannen, stellenweise zur Bodenbefestigung angepflanzt.

Strandläufer, schnepfenartige Regenpfeifervögel, z.B. **Alpen-S.**

Strandrecht, Bergerecht, bei Flüssen **Grundruhrrecht,** regelt die Hilfeleistung bei Strandung und die Bergung von Strandgut.

Strandsegeln, ein sportl. Wettbewerb mit drei- oder vierrädrigen Segelwagen auf Sandküsten.

Str'andung die, das Auflaufen eines Schiffes auf den Grund.

Strangulati'on [lat.] die, Erhängen, Erdrosseln.

Strap'aze [ital.] die, -/-n, Anstrengung. **strapaz'ieren,** überanstrengen, beanspruchen.

Straß der, -sses/-sse, bes. bleireiches Glas; Verwendung zu Edelsteinimitationen.

Straßburg, französ. **Strasbourg,** Stadt im Elsaß, Frankreich, an der Mündung der Ill, des Rhein-Marne- und Rhein-Rhône-Kanals in den Rhein, 334700 Ew.; bed. Umschlagplatz, 2 Flughäfen; geistiger und wirtschaftl. Mittelpunkt des Elsaß; Univ. u.a. Hochschulen, Bibliotheken, Museen, Rundfunksender; Bischofssitz. Die Altstadt wird überragt vom **Straßburger Münster,** einem Hauptwerk der Gotik; viele maler. Fachwerkhäuser und Renaissancebauten. Elektrotechn., Metall-, Holz-, Textil-, Leder-, Nahrungs- und Genußmittelind.; Brauereien, Verlage. – S. wurde 1262 Freie Stadt, es war im 15./16. Jahrh. Mittelpunkt des dt. Humanismus und der Reformation. Im 17. Jahrh. erzwang Frankreich die Eingliederung der Stadt und verstärkte seinen Einfluß im 18./19. Jahrh. 1870-1918 war S. Hauptstadt des

Straßburg:
Münster

Reichslandes Elsaß-Lothringen; 1919 kam es wieder zu Frankreich; seit 1949 Sitz des Europarates.

Straßburger Eide, Bündnisschwur Ludwigs des Deutschen und Karls des Kahlen gegen Lothar I. (842). Ludwig leistete den Eid in altfranzös., Karl in althochdt. Sprache.

Straße die, planmäßig angelegter und befestigter Verkehrsweg. – Rechtliches: Straßenrecht im engeren Sinn ist das →Wegerecht, im weiteren Sinn auch das Straßenverkehrsrecht (→Verkehrsvorschriften). In der Bundesrep. Dtl. unterscheidet man nach dem Träger der Straßenbaulast 1) Bundesfernstraßen: Bundesautobahnen und Bun-

desstraßen (Bund), 2) Landstraßen I. Ordnung (Länder), 3) Landstraßen II. Ordnung (Landkreise und kreisfreie Städte), 4) Gemeindestraßen und -wege (Gemeinden). Sowohl der Bund wie auch die Landkreise und die kreisfreien Städte haben ihre Verwaltungsaufgaben den Ländern übertragen. – Planmäßig angelegte S. hatten Ägypter, Babylonier, bes. die Perser. Meister des Straßenbaus waren die Römer. Ein planmäßiger Wegebau begann wieder im 17. Jahrh., zuerst in Frankreich. Neue Entwicklung mit neuen Befestigungsarten im 20. Jahrh. durch den Kraftwagenverkehr.

Straßenbahn, Schienenbahn, deren Gleise auf Straßen verlegt sind, mit elektr. Antrieb und Stromzuführung durch Oberleitung.

Straßenbahn: Sechsachsiger Gelenktriebwagen

Straßenbau. Der Straßenkörper besteht aus Unterbau und Fahrbahndecke. Der Unterbau ist meist die Packlage, für den schweren Verkehr ein 17-25 cm hoher Betonkörper mit Längs- und Querfugen, um Risse zu verhüten. Die älteste Fahrbahndecke ist die Pflasterdecke. Holzpflaster (mit Teeröl getränkt) auf Brücken und entlang von versenkten Bahngleisen wird auf eine Betonunterlage gesetzt. Bei Schotter- oder Makadamdecken wird auf die Packlage Schotter aufgewalzt, im einfachsten Fall wird er mit Sand eingeschlämmt (wassergebundene Decke), sonst mit Bitumen umhüllt (Mischdecke), oder das Bitumen wird nach dem Einbau zwischen die Steine gegossen (Tränkdecke), oder es wird mit Bitumen umhüllter Splitt eingestreut und gewalzt (Streudecke). Bei Traß- und Zement-Schotterdecken wird der Schotter mit Traßkalkmörtel oder Zement gebunden.

Straßenwalze, bis 20 t schwer, angetrieben durch Dampfmaschine oder Dieselmotor, zum Festwalzen von Packlagen und Steinschlagschichten.

Straßmann, Fritz, Chemiker, *1902; Mitentdecker der Uranspaltung (→Kernspaltung).

Strateg'ie [grch.] die, ⚔ höhere Kriegskunst; die Lehre von der Kriegführung im großen, im Unterschied zur Taktik.

Stratford-upon-Avon [str'ætfədəpon'eivən], Stadt in Mittelengland, am Avon, 23900 Ew.; Geburts- und Sterbeort Shakespeares.

Stratosk'op das, astronom. Fernrohr, durch Ballons in große Höhen (25-30 km) getragen und von der Erde aus drahtlos gesteuert.

Stratosph'äre [grch.] die, →Atmosphäre.

Str'atus [lat.] der, **Stratuswolke, Schichtwolke,** Wetterkunde: langgestreckte Wolke mit waagerechten Grenzflächen, in höheren Luftschichten. (FARBTAFEL Wolken S. 879)

Straub, Johann Baptist, Bildhauer, *1704, †1784; phantasievolle Rokokoaltäre.

Straube, Karl, protestant. Kirchenmusiker, *1873, †1950; Thomaskantor in Leipzig.

Str'aubing, Stadt in Niederbayern, an der Donau, 37000 Ew.; in fruchtbarer Ebene; altes Stadtbild; Brauereien, Tonwaren.

Straus, Oscar, Operettenkomponist, *1870, †1954; »Walzertraum« u.a.

Str'ausberg, Stadt im Bez. Frankfurt a.d.O., östlich von Berlin, am Strausee, 19500 Ew.; Schuh-, Knopf-, Möbelind.; Pferderennbahn.

Strauss, Richard, Komponist, *1864, †1949; sinfonische Dichtungen (»Don Juan«, »Tod und Verklärung«, »Ein Heldenleben«), Opern (»Salome«, »Elektra«, »Der Rosenkavalier«, »Arabella«), Lieder, Kammermusik u.a. (BILD S. 898)

Strauß der, -es/-e, zu den Laufvögeln gehörender größter lebender Vogel (bis 2,60 m) mit langem Hals, hohen, kräftigen Beinen und ziemlich großen, fluguntaugl. Flügeln. Der S. bewohnt die Steppen Afrikas und Südostasiens und läuft sehr schnell (bis 4 m Schrittlänge). Wegen seiner schönen Flügel- und Schwanzfedern wird er in Farmen gezüchtet. Der amerikan. S. heißt **Nandu,** der austral. S. **Emu.** (BILD S. 898)

Strauß, 1) David Friedrich, theolog.-polit. Schriftsteller, *1808, †1874; Kritiker der geschichtl. Grundlagen des Christentums (»Leben Jesu«). 2) Emil, Erzähler, *1866, †1960; Romane: »Freund Hein«, »Das Riesenspielzeug«, Novellen: »Der Schleier«. 3) Franz Josef, Politiker, *1915; 1945 Mitgründer der CSU, 1952 stellvertr., 1961 Parteivorsitzender, mehrfach Bundesmin. (1956 bis Jan. 1963 für Verteidigung, 1966-69 für Finanzen). 4) Johann, Komponist, *1804, †1849; Tänze (Walzer), Märsche (»Radetzky-Marsch«). 5) Johann, Sohn von 4), Komponist, *1825, †1899; Walzer (»An der schönen blauen Donau«, »G'schichten aus dem Wiener Wald«, »Wiener Blut«), Operetten (»Fledermaus«, »Zigeunerbaron«). (BILDER S. 898)

Str'außfarn, hohes Farnkraut; fruchtbare Wedel sind weiße Straußenfedern gekräuselt.

Str'außgras, Grasgatt., **Rotes S.** und **Weißes S.** oder **Fioringras** sind Futtergräser.

Strauß und Torney, Lulu v., Dichterin, *1873, †1956; Balladen, Romane.

Str'außwirtschaft, in Österreich **Buschen-, H'eurigenschank,** der Ausschank selbstgebauten Weines oder Apfelweins durch den Erzeuger (meist behördlich begrenzt), angezeigt durch Aushang eines Straußes oder Kranzes.

Straw'insky, Igor F., russ. Komponist, *1882, †1971; lebte in Paris, dann in den USA; einer der führenden Vertreter der neuen Musik: Ballette, Opern (»Oedipus rex«), Orchester-, Kammermusik.

Str'azze [ital.] die, **Kladde,** BUCHFÜHRUNG: Buch für erste Eintragungen.

Strebebogen, Schwibbogen, ⌂ frei schwebender Bogen zwischen →Strebepfeiler und Hochschiffwand einer Kirche, der den Druck des Gewölbe auf den Strebepfeiler ableitet.

Strebepfeiler, ⌂ Pfeiler zur Verstärkung von Mauern, die seitlichen Druck (Seitenschub) zu widerstehen haben.

Strecke die, 1) ⚒ waagerechter Stollen größerer Länge. 2) ⛁ Gleisabschnitt zwischen Haltestellen. 3) △ begrenzte gerade Linie.

Streckgrenze, diejenige mechan. Spannung, bei der die elast. Verformung eines Probekörpers in eine plast. (bleibende) Verformung übergeht.

Streckverband, ⚕ Verband bes. zur Behandlung von Knochenbrüchen, bei dem z.B. durch Gewichtszug die Knochenenden auseinandergezogen werden (Zugverband), damit das Zusammenheilen ohne Verkürzung erfolgt.

Strehlen, Stadt in Niederschlesien, an der Ohle, (1939) 12 300 (1966) 6400 Ew.; Granitbrüche; seit 1945 unter poln. Verw. (**Strzelin**).

streichen, ⚓ 1) **die Flagge streichen,** Flagge einziehen zum Zeichen der Ergebung. 2) im Boot rückwärts rudern.

Streichgarn, Garn aus kurzen Fasern (Streich-Reißwolle); Gegensatz: →Kammgarn.

Streichholz, →Zündholz.

Streichinstrumente, Musikinstrumente → Geige, →Bratsche, →Violoncello, →Kontrabaß. Die Töne entstehen durch Streichen der Saiten mit einem Bogen. (BILD Orchester)

Streik [engl.] der, **Ausstand,** die gemeinsame, planmäßige Arbeitsniederlegung durch eine größere Zahl von Arbeitnehmern mit dem Ziel, die Arbeitsbedingungen und Löhne zu verbessern (**sozialer S.**) oder polit. Forderungen durchzuset-

Straußfarn

zen (**polit. S.**). Der **organisierte S.** wird von einer Gewerkschaft, der **wilde S.** unabhängig von den Gewerkschaften, meist gegen ihren Willen durchgeführt. Beim **Sympathie-S.** wird zugunsten der Arbeitnehmer eines anderen Betriebes gestreikt. Beim **Sitz-S.** bleiben die Arbeitnehmer an ihren Arbeitsplätzen, verweigern aber die Arbeit. Bei der schärfsten Form des S., dem **General-S.,** stellen die Arbeit ein. – Das **S.-Recht** ist in vielen Staaten, so in einigen Länderverfassungen der Bundesrep. Dtl., anerkannt; das GG gewährleistet nur die Koalitionsfreiheit. In den kommunist. Ländern wird der S. nicht geduldet. (→Schlichtungswesen)

Streitaxt, beilartige Wurf-, Hiebwaffe.

Streitgenossenschaft, mehrere Kläger oder Beklagte in einem Zivilprozeß, die den Rechtsstreit gemeinsam führen. Man unterscheidet **einfache** und **notwendige S.**

Streitverkündung, im Zivilprozeß die schriftl. Aufforderung einer Prozeßpartei an einen Dritten, gegen den sie im Falle des Unterliegens im Prozeß einen Anspruch auf Gewährleistung zu haben glaubt oder von dem sie einen derartigen Anspruch befürchtet, dem Rechtsstreit (als Nebenintervenient) beizutreten (§§ 72 ff. ZPO).

Streitwagen, zweirädriger pferdebespannter Kriegswagen der Ägypter, Assyrer, Perser, Griechen; z.T. mit Sicheln an den Rädern (**Sichelwagen**).

Streitwert, im Zivilprozeß der Wert des Streitgegenstandes (**Gegenstandswert**). Der S. wird vom Gericht nach freiem Ermessen festgesetzt, soweit nicht eine bestimmte Geldsumme eingeklagt ist.

Strel'itzen [russ.] Mz., Leibwache der russ. Zaren im 16. und 17. Jahrhundert.

Streptok'okken [grch.], Rundbakterien, die sich in Ketten vermehren (**Kettenkokken**), Eitererreger; nützlich als Milchsäurebakterien.

Streptomyc'in, ein →Antibiotikum.

Str'esa, Kurort am SW-Ufer des Lago Maggiore; 5100 Ew.

Str'esemann, Gustav, Staatsmann, *1878, †1929. Nach dem 1. Weltkrieg Gründer und Führer der Dt. Volkspartei, 1923 Reichskanzler, 1923 bis 1929 Reichsaußenminister; beendete den passiven Widerstand im Ruhrkampf (→Ruhrgebiet) und suchte Verständigung mit Frankreich: Dawesplan 1924, →Locarno-Pakt 1925, Eintritt in den Völkerbund und Gespräch von Thoiry mit Briand 1926. Durch Annahme des Young-Plans 1929 erwirkte S. die vorzeitige Räumung des Rheinlands. Friedensnobelpreis 1926.

Stress [stres, engl.] der, Überbelastung körperl. oder seel. Art; ruft nach H. Selye ›Alarmreaktionen‹ des Körpers hervor (gesteigerte Absonderung von Wirkstoffen der Nebennierenrinde).

Stretch [stretʃ, engl.], sehr dehnfähige, hochelastische Web- und Wirkwaren.

Streupflicht, ⚖ die Verpflichtung, bei Schneefall und Glatteis Gehweg und Fahrbahn zu streuen. Die S. obliegt dem Bund, den Ländern und Gemeinden für die von ihnen unterhaltenen Straßen, den Straßenanliegern (Hauseigentümer, Mieter) für den Gehweg vor dem Grundstück.

Str'euung die, Abweichung der einzelnen Werte vom Durchschnitt (z.B. Größenangaben).

Streuvels [strøvəls], **Stijn S.,** eigentl. Frank Lateur, fläm. Erzähler, *1871, †1969; schildert flandr. Bauerntum: »Knecht Jan« u.a.

Strich der, 1) Linie. 2) ¹/₃₂ des Kompaßumfangs; 11¹/₄°. 3) Flug der Vögel beim Zug und bei ihren Paarungsflügen.

Strichätzung, Reproduktion von Zeichnungen und Bildern, die nur aus Punkten, Linien, Flächen ohne Halbtöne bestehen. Die Zeichnung wird auf die lichtempfindlich gemachte Oberfläche einer Zinkplatte kopiert. Durch mehrfache Ätzung werden die beim Druck weiß bleibenden Stellen so weit vertieft, daß sie nicht mehr mitdrucken.

Strichvögel, Vögel, die in der Umgebung ihrer Heimat auf Nahrungssuche umherschweifen.

Strawinsky

Streitaxt: Kampfbeil aus N-Luzon, 67 cm lang

Stresemann

Strindberg

str'icte [lat.], genau, streng, pünktlich.

Str'iegau, Stadt in Niederschlesien, am Rand des Bober-Katzbach-Gebirges; 13 700 Ew.; Granitbrüche; seit 1945 unter poln. Verw. **(Strzegom).**

Strigel, Bernhard, Maler, *1460/61, †1528; Altartafeln und Bildnisse.

Strindberg [str'indbɛrj], August, schwed. Dichter, *1849, †1912, nahm den Weg vom Naturalismus über den Individualismus (Einfluß Nietzsches) zur Mystik; gestaltete in seinen Dramen, Romanen, geschichtl. Schauspielen und Novellen vor allem den Kampf der Geschlechter und die seel. Zerrissenheit. Romane: »Der Sohn der Magd«, »Das rote Zimmer«. Schauspiele: »Der Vater«, »Karl XII.«, »Königin Christine«, »Traumspiel«, »Die große Landstraße«.

stringendo [strindʒˈɛndɔ, ital.], abgek. **string.**, ♪ drängend, beschleunigter.

strip-tease [-ti:z, engl.] der, Entkleidungsszene in Kabarett und Revue.

Strobel, Käte, Politikerin (SPD), *1907; MdB seit 1949; 1966-72 Bundesmin. für Gesundheit und Familie.

Stroh das, die von Früchten und Samen befreiten, trockenen Stengel der Feldfrüchte. Verwendung: Packmaterial, Futter, Streu u. a.

Strohblumen, die →Immortellen.

Strohmann, eine Person, die an Stelle einer andern vorgeschoben wird, z. B. als Käufer.

Str'omboli, eine der →Liparischen Inseln.

Stromkreis, eine in sich geschlossene elektr. Verbindung, bestehend aus Stromquelle (z. B. Batterie), Stromverbraucher (z. B. Glühlampe, Meßgeräte) und der elektr. Leitung (Drähten).

Stromlinienform, Formgebung von Fahrzeugen, Flugzeugen, Schiffen, verhindert Wirbelbildung, verringert den Luftwiderstand.

Strommesser, Amperemeter, Gerät zum Messen der Stromstärke eines elektr. Stromes.

Stromrichter, ∮ Sammelbezeichnung für Gleich- und Wechselrichter.

Stromschnelle, Flußstrecke mit starkem Gefälle, großer Strömungsgeschwindigkeit und geringer Wassertiefe; meist durch anstehendes Felsgestein bedingt.

Stromstärke, ∮ die Elektrizitätsmenge, die in 1 Sekunde durch den Leiterquerschnitt fließt; Maßeinheit ist das **Ampere.**

Strömungslehre, Wissenschaft von den Bewegungsformen der Gase und Flüssigkeiten **(Aerodynamik, Hydrodynamik).** Die Bahnen, auf denen sich die Teilchen eines strömenden Mediums bewegen, heißen **Strömungslinien.**

Stromversorgung, ∮ →Kraftwerk.

Stromwender, ein →Kommutator.

Str'ontium [lat.] das, **Sr,** chem. Element, Erdalkalimetall; Ordnungszahl 38, Dichte 2,67 g/cm³, Schmelzpunkt 770°C; seltenes, silberweißes, weiches Metall, das sich in der Natur in Form seiner Verbindungen **Strontianit,** S.-Carbonat, $SrCO_3$ und **Zölestin,** S.-Sulfat, $SrSO_4$, findet. S.-Salze färben die Flamme karminrot, sie dienen zur Herstellung von bengalischem Feuer.

Strophanth'in [lat.] das, ein aus den Samen verschiedener Strophanthus-Gewächse, giftiger trop. Klettersträucher, gewonnenes Glucosid (wichtiges Mittel gegen Herzmuskelschwäche).

Strophe [grch.] die, in der Verslehre (→Vers) ein in sich geschlossenes metrisches Gebilde, das aus der Verbindung mehrerer Verszeilen besteht. S.-Formen werden nach äußerl. Kennzeichen unterschieden: Verszahl, Reimart, Herkunft u. a. (→Stollen, →Sonett, →Stanze).

Str'udel der, Wasserwirbel mit trichterförmig abwärtssaugender Spiraldrehung.

Strudelwürmer Mz., meist im Wasser lebende Plattwürmer, Körper mit Flimmerhaaren besetzt; z. B. **Planarien,** bis 11 mm lang.

Str'uensee, Johann Friedrich Graf v., dän. Staatsmann, *1737, wurde 1769 Leibarzt Christians VII., 1770 leitender Minister, begann große Reformen; 1772 gestürzt und hingerichtet.

Strukt'ur [lat.] die, Gefüge, innerer Aufbau, gegliederter Zusammenhang eines wirkl. oder gedachten Gegenstandes, z. B. eines Kristalls, dessen innere Gliederung mit Röntgenstrahlen erforscht wird **(S.-Analyse). S.-Formel,** →chemische Zeichen. Die **Strukturpsychologie** untersucht den Sinnzusammenhang von Erlebnissen in der Ganzheit einer seel. S. Sie wurde von Dilthey, Spranger, F. Krueger ausgebildet.

Str'uma [lat.] die, lat. Bez. für →Kropf.

Str'uma die, Fluß auf der Balkanhalbinsel, mündet ins Ägäische Meer, 330 km lang.

Str'uwwelpeter [von strubbelig], Kinderbuch mit Versen und Bildern von H. Hoffmann (1847).

Strychn'in [grch.] das, giftiges Alkaloid aus den Samen verschiedener trop. **Strychnos-Gewächse** (Brechnußbäume); wirkt erregend auf das Zentralnervensystem und findet deswegen in der Heilkunde Anwendung bei Lähmungen, gegen Herz- und Kreislaufschwäche u. a. **S.-Vergiftung** zeigt sich an durch Steigerung sämtl. Reflexe mit folgenden Starrkrämpfen.

Stuart [stjˈuːət], schott. Geschlecht, kam 1371 auf den schott., 1603 auch auf den engl. Thron. Die 1688 (Jakob II.) gestürzte kath. Hauptlinie starb 1807 aus.

St'ubaital, Hochtal der **Stubaier Alpen** in Tirol; Elektr. **S.-Bahn** von Innsbruck nach Fulpmes.

Stubaital

St'ubbenkammer, Kreidefelsen an der NO-Küste Rügens, mit altem Buchenbestand, 122 m.

Stuck [ital.] der, Gemisch aus Gips, Farbe, Haaren oder Fasern und etwas Leimwasser; dient als Decken- und Wandverkleidung und zur Herstellung von Verzierungen an Decken und Wänden, auch zur Herstellung von Bildwerken.

Stuck, Franz v., Maler, Bildhauer, Radierer, *1863, †1928.

Stückgüter, Frachtgüter, die in einzelnen Stücken befördert werden.

St'ücklen, Richard, Politiker (CSU), *1916; Ingenieur, seit 1949 MdB, 1957-66 Bundespostminister, 1967 Fraktionsvors. der CSU im Bundestag.

Stückzinsen, Zinsen, die beim Kauf festverzinsl. Wertpapiere mit laufendem Zinsschein vom letzten Zinstermin bis zum Kauftag berechnet und zum Kurswert zugeschlagen werden.

stud., Abk. für: studiosus [lat.], Student, z. B. stud. med., Student der Medizin.

Stud'ent [lat.] der, -en/-en, Hochschüler. Alle S. einer Hochschule bilden die **Studentenschaft,** die durch die Allg. Studentenversammlung und den Allg. Studentenausschuß **(Asta)** vertreten ist. Im MA. schlossen sich die S. zu Landsmannschaften zusammen, im 18. Jahrh. kam es zuerst zu student. Korporationen. →Verbindung.

Studentenwerke, student. Selbsthilfeorganisationen an den Hochschulen zur wirtschaftl., gesundheitl. und kulturellen Betreuung und zur fachl. Beratung der Studenten.

St'udie [von →Studium] die, Übungsarbeit, Vorarbeit, bes. für ein Kunstwerk.

Studienrat, festangestellter akademisch gebildeter Lehrer an höheren Schulen. Der Anwärter des höheren Schuldienstes heißt nach der 1. (wissenschaftl.) Staatsprüfung **Studienreferendar,** nach der 2. (pädagog.) **Studienassessor.**

Studienstiftung des Deutschen Volkes e.V., gegr. 1925, wiedergegr. 1948, fördert den student. Nachwuchs; Sitz: Bad Godesberg.

St′udio [ital.] das, 1) Arbeitsraum ′eines Künstlers. 2) Aufnahmeräume bei Rundfunk und Fernsehen, Film-, Schallplattenherstellung.

St′udium [lat.] das, -s/...dien, die Beschäftigung mit einer Wissenschaft oder Kunst, bes. auf einer Hochschule.

St′udium gener′ale [lat.] das, 1) mittelalterl. Name der Universitäten. 2) Vorlesungen in allgemeinbildenden Fächern für Studenten aller Fakultäten.

St′uhlweißenburg, ungar. **Székesfehérvár,** Stadt in Ungarn, 67 800 Ew.; Weinhandel, Industrie. Im MA. Krönungsstadt und Begräbnisort der ungarischen Könige.

Stüler, Friedrich August, klassizist. Baumeister, *1800, †1865; Berlin: Neues Museum u.a.

Stummheit, →Sprachstörungen, →Taub-S.

Stumpen der, 1) Kegel aus Filz oder Stroh, aus dem der Hut geformt wird. 2) nicht zugespitzte schweizer. Zigarre ohne Deckblatt.

Stumpf, Carl, Philosoph, Psychologe und Musikforscher, *1848, †1936.

Stunde die, eine Zeiteinheit, umfaßt 60 Minuten; 24 Stunden bilden einen Tag.

Stundenbuch, enthält die Laiengebete für die einzelnen Tageszeiten.

Stundenkilometer, km/h, Geschwindigkeitsmaß für Verkehrsmittel, die bei einer best. Geschwindigkeit in einer Stunde zurückgelegten Kilometer.

Stundung die, ⌀ das vertragliche Hinausschieben einer Fälligkeit eines Anspruchs.

St′upa der, buddhist. Sakralbau in Indien.

stup′end [lat.], erstaunlich.

stup′id [lat.], stumpfsinnig, dumm.

St′upor [lat.] der, Abgestumpftheit.

St′urlungasaga, mittelgroßen isländ. Erzählungen (12.-13. Jahrh.), die Islands Geschichte bis zur Einverleibung durch Norwegen darstellen.

Sturm der, Wind von mindestens Stärke 9 (18 und mehr m/sec). An der Küste werden als **Sturmwarnungszeichen** schwarze Bälle oder Kegel, bei Nacht rote und weiße Lichter gezeigt. **Sturmflut,** ungewöhnlich hoher, durch ständig gegen die Küste wehenden Sturm erzeugter Wasserstand des Meeres.

Stürmer der, 1) Angriffsspieler beim Fußball u.a. 2) eine Studentenmütze.

Sturm und Drang, Geniezeit, die nach einem Drama Friedrich Maximilian Klingers benannte Vorbereitungszeit der dt. Klassik, etwa 1770-85, wandte sich gegen den Verstandeskult der Aufklärung und suchte den Gefühlskräften zu ihrem Recht zu verhelfen. Rousseau, Klopstock, Hamann und Herder waren Bahnbrecher und geistige Führer dieser literar. Jugendbewegung, ihre wichtigsten Vertreter die Dichter Klinger, Lenz, Wagner, der junge Goethe und der junge Schiller.

Sturmvögel, flugtüchtige Meeresvögel, mit langen Flügeln und Schwimmfüßen, kommen nur zum Brüten ans Land; z.B. **Albatros, Sturmschwalbe.**

St′urzo, Don S., Luigi, kath. Priester, *1871, †1959, gründete 1919 den Partito Popolare Italiano (Christlich-demokratische Partei).

St′ute die, weibliches Pferd.

St′uttgart, Landeshauptstadt von Bad.-Württ., am Neckar, 633 200 Ew. Um den alten Stadtkern im Talkessel und an den Hängen und auf den umliegenden Höhen neuere Wohnviertel und Industrievororte. Bauwerke: u.a. Stiftskirche, altes und neues Schloß; Hauptbahnhof von P. Bonatz (1911-27). Univ., Landwirtschaftl. u.a. Hoch- und Fachschulen; Museen, Theater und Rundfunk. Industriezentrum mit Textil-, feinmechan., Maschinen-, Werkzeug-, Elektro- (Bosch), Kraftwagen- (Daimler-Benz), Kartonagen-, Möbel-, chem., Nahrungsmittel-, Leder-, Musikinstrumenten-Ind.; Buchverlage und graph. Gewerbe; Obst-

und Weinbau. Neckarhafen, Flughafen. Mineralquellen in den Vororten Bad Cannstatt und Berg. – S. ist seit 1250 Stadt.

Stutz, Ulrich, schweizer. Rechtshistoriker, *1868, †1938; evang. Kirchenrechtsforscher.

St′utzen der, 1) 🔫 kurzes Jagdgewehr. 2) Strumpfgamasche ohne Fuß.

St′ymphalos, antike Stadt in NO-Arkadien, in der Sage berühmt durch die **Stymph′alischen Vögel,** die mit ihren Federn Menschen erschossen; Herakles erlegte sie.

St′yrax der, ⚘ Ebenholzgewächse, die wohlriechende Harze liefern.

Styr′ol das, ⚬ ein Derivat des Benzols; Ausgangsstoff des Polystyrols (Kunststoff).

Styx der, griech. Sage: Fluß der Unterwelt; bei ihm schwören die Götter unverbrüchl. Eide.

Su′ada, Su′ade [lat.] die, Redefluß.

Suah′eli [arab.] Mz., stark arabisierte Bevölkerungsgruppe an der Küste O-Afrikas. Ihre Sprache ist das →Kisuaheli.

Suarez [su′arεθ], 1) Francisco, span. Jesuit, *1548, †1617, Spätscholastiker; einflußreich durch seine Werke über die Gnaden- und Rechtslehre. 2) **Svarez,** Carl Gottlieb, Jurist, *1746, †1798; Hauptmitarbeiter an der preuß. Justizreform.

sub... [lat.], an Fremdwörtern: unter. **subalt′ern** [lat.], untergeordnet.

sub′arktisch (auf der nördl. Halbkugel) und **subantarktisch** (auf der südl. Halbkugel), die Übergangszonen vom polaren zum gemäßigten →Klima.

S′ubdiakon [lat.-grch.], 1) kath. Kirche: Gehilfe des Diakons. 2) evang. Kirche: Hilfsprediger.

Subhastati′on [lat.], →Zwangsversteigerung.

Subj′ekt [lat. »das Untergelegte«] das, 1) Ⓢ Satzgegenstand. 2) verächtlich: verkommener Mensch. 3) PHILOSOPHIE: das Ich, sofern es sich erkennend, wahrnehmend, wollend einem Nicht-Ich, einem Gegenstand (→Objekt), gegenüberfindet. Der **Subjektiv′ismus** leugnet allgemeingültige Werte sowie die Möglichkeit objektiver Erkenntnis. **subjekt′iv,** persönlich; unsachlich, voreingenommen. Gegensatz: objektiv. **Subjektivit′ät** die, persönl. Auffassung; Vorherrschen persönlich gefärbter Urteile.

subkut′an [lat.], ⚕ unter der Haut befindlich.

subl′im [lat.], erhaben, fein.

Sublim′at [lat.] das, ⚬ 1) Erzeugnis einer Sublimation. 2) das Quecksilberchlorid, $HgCl_2$; zur Desinfektion. **Sublimati′on** die, Übergang eines festen Stoffes unmittelbar in Dampf und umgekehrt.

Sublim′ierung [lat.] die, Verwandlung in Höheres, Veredelung, z.B. von sinnlichem Begehren in Verehrung.

Submissi′on [lat.] die, 1) Unterwerfung, Unterwürfigkeit. 2) die öffentl. Arbeiten durch Ausschreibung **(Verdingung).**

Subordinati′on [lat.] die, Unterordnung.

S′ubotica [-tsa], früher **Maria-Theresiopel,** Stadt in Jugoslawien, an der Batschka, rd. 77000 Ew.; Metall-, Leder-, Linnen-Ind., Handel.

Stuttgart, im Hintergrund Fernsehturm (Luftaufnahme)

Stuttgart

Sturmvögel: Sturmschwalbe

subpol'ar, svw. →subarktisch, subantarktisch.

sub r'osa [lat.], im Vertrauen.

subsidi'är [lat.], aushilfsweise.

Subsidiarit'ätsprinzip [lat.], Grundsatz, wonach im Gemeinschaftsleben die jeweils übergeordnete Gemeinschaft die Wirkungsmöglichkeiten der untergeordneten anerkennen muß und nur die Aufgaben an sich ziehen soll, die von dieser nicht erfüllt werden können.

Subs'idien [lat.] Mz., **1)** bei den Römern: Reserve-, Hilfstruppen. **2)** Hilfsgelder oder -mittel (Truppen, Kriegsmaterial), die ein Staat einem anderen zur Verfügung stellt.

sub sig'illo [lat.], unter dem Siegel (der Verschwiegenheit), **s. s. confessi'onis,** unter Beichtsiegel.

Subsist'enz [lat.] die, Lebensunterhalt.

Subskripti'on [lat.] die, Übernahme der Verpflichtung zur Abnahme neuer Wertpapiere oder zum Kauf eines Buches, das erst erscheinen soll.

sub sp'ecie aeternit'atis [lat.], im Lichte der Ewigkeit.

S'ubstantiv, Substant'ivum [lat.] das, -s/ ...va, ⑤ das →Hauptwort.

Subst'anz [lat.] die, **1)** Stoff, Masse. **2)** das Wesentliche, Wichtige einer Sache; PHILOSOPHIE: was Träger von Eigenschaften ist und im Wechsel beharrt; das Wesentliche im Gegensatz zu den Akzidentien (→Akzidens); auch das Selbständige. **substanti'ell, 1)** stofflich. **2)** wesentlich.

substitu'ieren [lat.], an die Stelle eines andern setzen; zum Nacherben ernennen. **Substit'ut** der, -en/-en, ♂ eigenverantwortl. Stellvertreter, für dessen Verschulden derjenige, der sich als Schuldner im Rahmen eines Erfüllungsverhältnisses vertreten läßt, nicht haftet (im Unterschied zur Haftung für ein Verschulden des Erfüllungsgehilfen). **Substituti'on** die, **1)** △ das Ersetzen einer Größe, bes. einer Unbekannten, durch eine andere. **2)** ↺ das Ersetzen von Wasserstoffatomen durch andere Atome oder Radikale (**Substitu'enten),** z. B.—OH, —NH₂, —NO₂.

Substr'at [lat.] das, -s/-e, Grundlage, Unterschicht, Keimboden.

subt'il [lat.], zart, fein.

Subtrakti'on [lat.] die, Abziehen. **subtrah'ieren,** abziehen, →Grundrechnungsarten.

S'ubtropen [lat.-grch.] Mz., Übergangsgebiete vom heißen zum gemäßigten →Klima.

Subventi'on [lat.] die, aus öffentl. Mitteln gezahlte Beihilfe an Privatunternehmen oder Wirtschaftszweige (z. B. Landwirtschaft).

subvers'iv [lat.], umstürzlerisch.

Suchdienst des Deutschen Roten Kreuzes, Organisation zur Nachforschung nach dem Schicksal vermißter Wehrmachtsangehöriger, Kriegsgefangener, Zivilpersonen. Zentralstellen und Gesamtarchive in Hamburg und München.

Sucht die, krankhafte oder leidenschaftl. Gier. (→Rauschgift)

S'üchteln, Stadt in Nordrh.-Westf., westl. von Krefeld, 15 300 Ew.; vielseitige Industrie.

Südafrika, Republik (von) S., 1 221 037 km², 21,3 Mill. Ew.; Hauptstadt: Pretoria, Sitz des Parlaments: Kapstadt; Amtssprachen: Afrikaans, Englisch. ⊕ S. 514, ◻ S. 346.
STAAT. Seit 1961 Republik mit 4 Provinzen: Kapprovinz, Natal, Oranjefreistaat und Transvaal. Die vollziehende Gewalt übt der vom Parlament gewählte Staatspräs. nach Weisung des Ministerrats (Kabinetts) aus. Er beruft das Parlament (Senat und Volksrat) ein. Sämtl. Mitglieder beider Häuser müssen Weiße sein. Wahlrecht haben nur Weiße, in der Kapprov. unter bestimmten Voraussetzungen auch die Mischlinge. Die Provinzen haben eigene Parlamente. Für die Bantu werden im Rahmen der Apartheid-Politik eigene »Bantustans« (»Bantu-Heimatländer«) errichtet. Erstes Bantu-Territorium mit innerer Selbstregierung ist →Transkei.
LANDESNATUR. Das Innere von S. ist eine muldenförmige Hochfläche (900-1200 m), deren hochgebirgsartige Randstufe (Drakensberge 3482 m)

Südafrika

steil zur Küstenebene abfällt. Im S die Trockensteppe der Karru und die Faltenzüge des Kaplandes. Hauptflüsse: Oranje, Vaal, Limpopo. Klima subtropisch,warme Sommer, mildeWinter. BEVÖLKERUNG. 68 % Bantu, 19 % Weiße, 10 % Mischlinge, 3 % Asiaten. 11 Großstädte. Religion : Rd. 62 % Christen, 33 % Naturreligionen, 5 % Hindus, Muslime, Juden u. a.
Die WIRTSCHAFT S.s ist gut entwickelt. Anbau von Mais, Citrusfrüchten, Zuckerrohr, Baumwolle, Tabak, Wein u. a.; Viehzucht (bes. Schafe); Fischerei, auch Walfang. Reiche Bodenschätze: Gold (1. Stelle der Welterzeugung), Diamanten, Uran, Platin, NE-Metalle, Kohle, Eisen. Bedeutende Industrie, in der alle Zweige vertreten sind. Ausfuhr: Bergbau- und Industrieerzeugnisse, Wolle, Nahrungsmittel. Haupthandelspartner: Großbritannien, USA, Bundesrep. Dtl., Japan. Leistungsfähiges Eisenbahn- und Straßennetz, bedeutende Handelsflotte. Haupthäfen: Durban, Kapstadt, Port Elizabeth, East London; internat. Flughafen: Johannesburg.
GESCHICHTE. Kernland ist die 1652 als niederländ. Siedlung entstandene Kapprovinz, die 1806 von den Engländern erobert wurde. 1910 wurde sie mit →Natal; dem →Oranjefreistaat und →Transvaal zur Südafrikan. Union vereinigt (Dominionrang). 1920 erhielt diese das ehemal. Dt.-Südwestafrika als Mandatsgebiet. Die englandfreundl. Südafrikan. Partei (Botha, Smuts) regierte (mit Unterbrechung 1924-39) bis 1948, seitdem die Nationale Partei unter Malan, Strijdom, Verwoerd und (seit 1966) Vorster, deren konsequent verfolgte Politik der Apartheid zu innen- und außenpolit. Konflikten führte. Am 31. 5. 1961 wurde S. Republik und schied aus dem Brit. Commonwealth aus. Seit 1945 hat sich S. geweigert, die UN-Treuhandschaft über Südwestafrika anzuerkennen. Es bestehen starke Spannungen zu den UN, die bes. im Hinblick auf die Rassenpolitik S.s das Mandat 1966 für verfallen erklärten, und zu den in der OAU zusammengeschlossenen afrikan. Staaten. Staatspräs.: J. Fouché (seit 1968).
Südafrikanische Union, bis 1961 Name der Republik →Südafrika.
Südamerika, der südl. Teil von →Amerika, südlich der Landenge von Panama; rd. 18 Mill. km², 186 Mill. Ew. ⊕ S. 517, FARBTAFEL S. 875.
LANDESNATUR. Auf der W-Seite wird S. von den Kordilleren (Aconcagua 6958 m) durchzogen. Auf der O-Seite finden sich Mittelgebirge und Tafelländer; dazwischen große Tiefländer (am Amazonas, Paraguay-Paraná, Orinoco, den bedeutendsten Strömen S.s). S. gehört großenteils der trop. Klimazone an (im Amazonasgebiet feuchtheiß, nördl. und südl. davon Savanne und Steppe); im S reicht es weiter als andere bewohnte Erdteile an das Südpolargebiet heran. ImHochgebirge kühl. Das Argentin. Tiefland hat Grassteppe (»Pampa«). Trockengebiete an der W-Küste (Atacama-Wüste) und im SO. Tierwelt reich an einheim. Arten (Lama, Alpaka, Tapir, Jaguar, Puma u. a.).
BEVÖLKERUNG. Indianer noch großenteils in den Kordillerenstaaten, Reste im Amazonasgebiet

STAATLICHE GLIEDERUNG

	1000 km²	Mill. Ew.
Argentinien	2777	24,3
Bolivien	1099	4,9
Brasilien	8512	95,3
Chile	757	9,7
Ecuador	284	6,0
Guayana	215	0,7
Kolumbien	1138	21,1
Paraguay	407	2,3
Peru	1285	13,5
Uruguay	187	2,8
Venezuela	912	10,4
Britisch: Falkland-Inseln	12	0,002
Französisch: Frz.-Guayana	91	0,04
Niederländisch: Surinam (Niederländ.-Guayana) .	143	0,4

und im Gran Chaco. Viele Weiße in Argentinien, Uruguay, S-Brasilien; Neger in NO-Brasilien, Asiaten in Guayana; sonst überwiegend Mischlinge. Religion: überw. röm.-kath.
WIRTSCHAFT. S. ist Großerzeuger von landwirtschaftl. Rohstoffen und Nahrungsmitteln (Kaffee, Getreide, Zuckerrohr, Fleisch, Wolle) und hat wichtige Bodenschätze: Erdöl, Kupfer, Zinn, Wolfram, Antimon, Bauxit, Eisen, Mangan, Blei, Salpeter. Viele südamerikan. Länder entwickeln zunehmend eigene Industrie.
Sud'an, 1) der, Großlandschaft im Übergangsgebiet zwischen der Sahara und dem trop. Regenwald Innerafrikas, im W vom Atlant. Ozean, im O vom Äthiop. Hochland begrenzt; Steppe, Trocken- und Feuchtsavanne mit hohen Temperaturen und Sommerregen. Im N überwiegt Viehzucht (Nomaden), im S Ackerbau.
2) Republik beiderseits des oberen Nils, 2,5 Mill. km², 15,6 Mill. Ew.; Hauptstadt: Khartum; Amtssprache: Arabisch. Seit dem Staatsstreich vom Mai 1969 übt ein »Revolutionsrat« (10 Mitglieder) die Macht aus. – Überwiegend Hochland; meist Savanne, im N Wüste (Nubien), im S Waldgebiete. BEVÖLKERUNG. Im N Muslime (Araber, Nubier, Bedja u. a.), im S Anhänger von Naturreligionen (Dinka, Nuer u. a.), z. T. christianisiert. Anbau (z. T. Bewässerung): Baumwolle, Hirse, Erdnüsse, Sesam, Zuckerrohr; Gewinnung von Gummi arabicum (90% der Welterzeugung). Viehhaltung (z. T. nomadisch); Nahrungsmittelind. Haupthandelspartner: Großbritannien, Indien, Italien. Seehafen: Port Sudan; internat. Flughafen: Khartum. – S. war 1899-1955 brit.-ägypt. Kondominat. Es wurde am 1. 1. 1956 unabhängig. Kulturelle und religiöse Gegensätze zwischen Nord- und Süd-S. führten zu blutigen Auseinandersetzungen. Staatspräs. und MinPräs.: J. M. Numeiri; ⊕ S. 514, ⊨ S. 346.
3) ehem. Gebiet Französ.-Westafrikas, →Mali.
Sudanvölker, zusammenfassender Name für die rassisch und sprachlich vielfältigen Völker des →Sudans. Die wichtigsten sind: Hausa, Fulbe, Mandingo, Mosi, Kanuri.
Südarabische Föderation, →Jemen 2).
Südaustralien, austral. Bundesstaat, 984377 km², 1,091 Mill. Ew.; Hauptstadt: Adelaide.
Südbaden, RegBez. in Bad.-Württ., 9956 km², 1,88 Mill. Ew.; Hauptstadt: Freiburg i. Br.
Sudbury [sˈʌdbəri], Stadt in der Prov. Ontario, Kanada, 84900 Ew.; Mittelpunkt eines großen Nickelminengebietes, in dem auch Kupfer, Gold, Silber und Platin gewonnen wird.
Südchinesisches Meer, Randmeer des Stillen Ozeans, zwischen S-China, Hinterindien, Borneo und den Philippinen, Haupthäfen: Kanton, Hongkong.
Süddeutschland, die Gebiete südlich der mitteldt. Gebirgsschwelle: die Oberrhein. Tiefebene und die schwäb.-fränk. Stufenlandschaften, die Oberdeutsche Hochebene (südl. der Donau) und die dt. Alpen.
Süden der, **Mittag,** die Himmelsgegend des höchsten Sonnenstands. **Südpunkt** oder **Mittagspunkt** heißt der Schnittpunkt des Mittagskreises mit dem südl. Gesichtskreis.
S'udermann, Hermann, Dichter, *1857, †1928; gesellschaftskrit. Schauspiele: »Ehre«, »Heimat«; Prosa: »Frau Sorge«, »Litauische Geschichten«.
Sud'eten Mz., Gebirgszug zw. Schlesien und Böhmen, 310 km lang, 30-50 km breit. Teile: **West-S.** mit Iser-, Riesen-, Bober-Katzbach-Gebirge; **Innersudetische Mulde** mit Waldenburger Bergland, Eulen-, Heuscheuer-, Adler-, Glatzer-, Reichensteiner Gebirge; **Ost-S.** mit Altvatergebirge, Mähr. Gesenke. Viele Heilquellen.
Sud'etendeutsche, 1902 geprägter Name für die Deutschen in Böhmen und Mähren, 1935: 3,1 Mill. Die S. waren im 12./13. Jahrh. aus Bayern, Franken, Sachsen, Schlesien eingewandert, gehörten 1526-1918 zu Österreich, dann zur Tschechoslowakei, seit dem Münchener Abkommen 1938 zum Dt. Reich (→Sudetenland). 1945 wurden die

S. verfolgt und vertrieben; viele kamen dabei um. Etwa 2,6 Mill. wurden in Dtl. aufgenommen, davon 1,9 in der Bundesrep.
Sudetenland, ehemal. dt. Reichsgau, 1938 gebildet aus den von der Tschechoslowakei abgetretenen sudetendt. Gebieten; 1945 an die Tschechoslowakei zurückgefallen.
Südholland, niederländ. Zuidholland, die mittlere der westlichen Küstenprovinzen der Niederlande, 2828 km², 2,944 Mill. Ew. Hauptstadt: Den Haag.
Südjemen, bis 1970 der Name der Demokratischen Volksrep. →Jemen 2).
Südliches Kreuz, Kreuz des Südens, Sternbild der südl. Halbkugel, in der Milchstraße.
Südostasiatischer Verteidigungspakt, SEATO, Abk. für engl. South East Asia Treaty Organization, der Vertrag von Manila von 1954 zwischen Australien, Frankreich, Großbritannien, Neuseeland, Pakistan, den Philippinen, Thailand und den USA zur gemeinsamen Verteidigung ihrer Gebiete in SO-Asien und zur Abwehr des Kommunismus. Ständiger Rat und Sekretariat in Bangkok.
Südosteuropa umfaßt etwa das Gebiet der heutigen Staaten Jugoslawien, Ungarn, Rumänien, Bulgarien, Albanien, Griechenland, der europ. Türkei; somit die →Balkanhalbinsel und das Gebiet der mittl. Donau bis zum Schwarzen Meer.
GESCHICHTE. Von der Hallstattzeit an lassen sich Thraker, Skythen und Illyrer in S. nachweisen. Im 2. Jahrtsd. v. Chr. wanderten Ionier, Achäer und Dorer ein (→Griechische Geschichte). In der Latènezeit führte eine Wanderung der Kelten (Galater) über Thrakien und Makedonien bis nach Kleinasien. Im 2. und 3. Jahrh. n. Chr. gehörte S. zum Röm. Reich (→Römische Geschichte) und war in Provinzen aufgeteilt. Von Rom ging die Herrschaft auf Byzanz über (→Byzantinisches Reich). Seit dem 5. Jahrh. n. Chr. drangen osteurop. Völker (Slawen, Magyaren u. a.) ein; Byzantiner, Bulgaren und Türken kämpften im MA. um die Vormacht. Seit Ende des 14. Jahrh. eroberten die Türken S. (→Türkei, Geschichte); im 18. und 19. Jahrh. drangen Österreich von NW, Rußland von NO in S. vor (→Österreich, Geschichte; →Russische Geschichte). Im 19. und 20. Jahrh. entstanden unabhängige Staaten (→Griechische Geschichte, →Rumänien, →Serbien, →Montenegro, →Bulgarien, →Albanien, →Ungarn, →Jugoslawien); seit den →Balkankriegen (1912/13) ist die Türkei fast ganz vom Balkan verdrängt. 1945 gelangte S. mit Ausnahme Griechenlands in den Machtbereich der Sowjetunion. Das kommunist. Jugoslawien entzog sich 1948, Albanien 1961 dem sowjet. Einfluß.
Südpol, ⊕ südlichster Punkt der Erdachse, →Pol. **magnetischer S.,** →Erdmagnetismus.
Südpolargebiet, Antarktis, das Gebiet um den Südpol der Erde, begrenzt durch den südl. Polarkreis (66° 33′ s. Br.). Das **Südpolar-Festland** (Antarktika) umfaßt etwa 13 Mill. km². Einschnitte zwischen W- und O-Antarktika bilden das Roßmeer und die Weddellsee. Höchste Erhebung 6100 m; tätiger Vulkan der Mt. Erebus im Roßmeer (4023 m). Das Inlandeis bildet um den Pol eine Hochfläche von über 3000 m Höhe und ist bis 2500

Sudan: Altes Schöpfwerk am Blauen Nil

Sudan

Sudermann

Südpolargebiet, am Roß-Schelf m dick. Das S. hat das kälteste Klima der Erde, sehr geringes Pflanzen-, jedoch reiches Tierleben an den Küsten (Robben, Pinguine). Bodenschätze: Kohle, Kupfer, Eisen, Schwefelkies, Mangan, Molybdän, Uran. Die Küsten sind Walfanggebiete. Die Erforschung des S. ist durch das Internat. Geophysikal. Jahr (1957/58) gefördert worden. Ein 1959 von 12 Nationen auf 30 Jahre geschlossener Vertrag soll die friedl. Nutzung des S. sichern; militär. Stützpunkte und Kernwaffenversuche sind untersagt. Über Südpolarexpeditionen →Entdeckungsreisen, ZEITTAFEL. Über die Besitzansprüche ⊕ S. 528.

Südpolarmeer, Südliches Eismeer, die antarkt. Teile des Atlant., Ind. und Stillen Ozeans.

Südrhodesien, →Rhodesien.

Südsee, der südwestl. Teil des Stillen Ozeans.

Südtirol, heute die Prov. Bozen, ein Teil der autonom. Region Trentino-Alto Adige, 7400 km², 415 600 Ew., davon 65,5% deutsch, 30,5% italienisch, 4% ladinisch sprechend. GESCHICHTE: S. wurde im frühen MA. vom baier. Stamm besiedelt. Im 19. Jahrh. wurde der Name S. auch auf die heutige Prov. Trient ausgedehnt. 1919, als das Gebiet an Italien kam, gebrauchte man S. nur noch für das ursprüngl. deutsch besiedelte Gebiet, heute die Prov. Bozen. Nach 1945 blieb S. bei Italien und wurde ein Teil der Region Trentino-Alto Adige, die eine gewisse Autonomie zugestanden bekam (Zweisprachigkeit u. a.). Erneute Verhandlungen zwischen Italien und Österreich erreichten 1969 für die Prov. Bozen die Gesetzgebungskompetenz auf personal-, wirtschafts- und sozialpolit. Gebiet.

Südvict′orialand, Teil von O-Antarktika (Südpolargebiet), von Australien beansprucht.

Südwestafrika, ehem. dt. →Schutzgebiet, 824 292 km², 615 000 Ew. (dar. rd. 60% Bantu, 10% Buren, 4% Deutsche); Hauptstadt: Windhuk. Hochland (1000-2000 m), das nach W steil zur Wüste Namib abfällt. Im Innern trockenes Festlandklima; im SW Winter-, im übrigen Land Sommerregen. Getreidebau, Viehzucht (Schafe, Rinder), Fischerei. ⚒ (Diamanten, Vanadium). – Über die GESCHICHTE seit 1920 →Südafrika. (FARBTAFEL Afrika II S. 162)

Südwester

Südw′ester der, Seemannshut aus geölter Leinwand.

Südwürttemberg-Hohenzollern, RegBez. in Bad.-Württ., 10092 km², 1,62 Mill. Ew.; Hauptstadt: Tübingen.

Sue [sy], Eugène, französ. Schriftsteller, *1804, †1857; Schöpfer des Feuilletonromans.

Su′eben, die →Sweben.

Suet′on, röm. Schriftsteller, * um 70 n. Chr., † nach 140; verfaßte Lebensbeschreibungen röm. Kaiser und bed. röm. Persönlichkeiten.

S′uez, arab. **Es-Suwes,** Hafenstadt in Ägypten, am südl. Ausgang des →Suezkanals, 219 000 Ew.

S′uezkanal, 1859-69 nach Plänen des Österreichers A. von Negrelli durch F. de Lesseps erbaute schleusenlose Großschiffahrtsstraße durch die Landenge von Suez zwischen Mittelmeer (Port Said) und Rotem Meer (Suez), 160 km lang, 12 m tief. Der S. kürzt den Seeweg von Europa nach Vorderindien und Ostasien ab (London-Bombay um 8800 km). Eigentümerin des S. war, befristet bis 1968, die **S.-Gesellschaft,** eine 1859 gegr. Gesellschaft ägypt. Rechts mit Sitz in Paris; Aktienkapital 200 Mill. Gold-Frs., davon 37,5% im Besitz der brit. Regierung. 1956 wurde die S.-Gesellschaft, die die Kanalgebühren erhob, von Ägypten verstaatlicht. Dies führte Okt./Nov. 1956 zu anglofranzös. militär. Operationen im Gebiet des S. und zum israel. Sinaifeldzug. Seit dem israel.-arab. Krieg Juni 1967 ist der S. unpassierbar und bildet die militär. Demarkationslinie zwischen den israel. und arab. Truppen. Israel sucht das Durchfahrtsrecht israel. Handelsschiffe durch den S. zu sichern. (FARBTAFEL Asien II S. 167)

Suffisance [syfiz′ũs, frz.] die, Selbstgefälligkeit, Dünkel. Egw.: **süffis′ant.**

Suff′ix [lat.] das, Nachsilbe.

Suffrag′an [lat.], der einem Erzbischof unterstellte Diözesanbischof.

Suffrag′ette [engl.] die, Kämpferin für die polit. Gleichberechtigung der Frau in Großbritannien und den Verein. Staaten.

Suf′ismus [arab.] der, eine myst. Richtung im Islam, die sich seit dem 9. Jahrh. durchsetzte und Ausdruck in der islam. Dichtung fand.

Sug′ambrer Mz., german. Volk am rechten Ufer des Mittelrheins im 1. Jahrh. v. Chr.; unter Augustus besiegt, wurden sie teilweise am linken Rheinufer angesiedelt.

Suggesti′on [lat.] die, Beeinflussung von Gefühlen, Urteilen, Willensentschlüssen bei andern **(Fremd-S.)** oder bei sich selbst **(Auto-S.).** Die Beeinflußbarkeit, **Suggestibilität,** ist bei Frauen im allgemeinen größer als bei Männern, bei Kindern größer als bei Erwachsenen. Der **Massen-S.** bedient sich die polit. Propaganda und die Werbung. In der Medizin wird die S. als Heilmittel angewendet. **Suggestivfragen** legen eine bestimmte Antwort nahe (vor Gericht nicht erlaubt; **sugger′ieren,** beeinflussen. **suggest′ibel,** beeinflußbar.

Suh′arto, indones. General, *1921; übernahm März 1966 die Regierungsgewalt, Febr. 1967 die Funktion des Präs. in Indonesien, wurde 1968 auf 5 Jahre zum Staatspräs. gewählt.

Suhl, 1) Bez. der Dt. Dem. Rep., 3856 km², 552 800 Ew., 1952 aus dem SW-Teil Thüringens gebildet; wird vom Thüringer Wald durchzogen, greift nach W über das Werratal hinweg bis zur Rhön; Land-, Forstwirtschaft; Glas-, keram., Metall- u. a. Ind. **2)** Hauptstadt von 1), 31 100 Ew.; Feinmechanik, Spielwaren.

Suezkanal

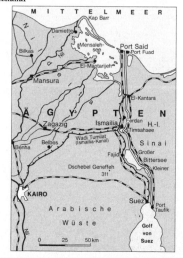

Sühneversuch, ⚖ Versuch, einen Rechtsstreit gütlich beizulegen; ist Voraussetzung einer Klage auf Scheidung und bestimmter Privatklagen (§§ 296, 608ff. ZPO; 380 StPO).

Suhrkamp Verlag KG, Frankfurt a. M., Zweigniederl. Berlin; Welt- und zeitgenöss. Literatur, Philosophie, Gesamt- und Werkausgaben; Reihen und Zeitschriften.

Suite [syˈit, frz.] die, **1)** Folge, Reihe. **2)** Gefolge. **3)** ♪ italien. Partita, Instrumentalstück: eine Folge von Einzelstücken verschiedener Art und Bewegung.

Suizˈid [lat.] der oder das, der Selbstmord.

Sujet [syʒˈe, frz.] das, Gegenstand, Stoff.

Sukˈarno, auch **Soekarno,** Achmed, indones. Politiker, *1901, †1970; rief 1945 die Rep. Indonesien aus und erreichte die Anerkennung der Unabhängigkeit; 1949-67 Präs. von Indonesien.

Sukkulˈenten [von lat. succus »Saftˈ«] Mz., **Saft-, Fettpflanzen,** sind ihrem trockenen Standort durch fleischig-saftige, wasserspeichernde Beschaffenheit angepaßt. Die **Stamm-S.** (z.B. die →Kakteen) haben keine oder zurückgebildete Laubblätter, aber eine blattgrünhaltige Achse, die zur Kugelform neigt. Die **Blatt-S.** (Dickblattgewächse) benutzen die Blätter als Wasserspeicher, die daher fleischig-plump sind (Fetthenne, Mittagsblume).

Sukzessiˈon [lat.] die, Aufeinanderfolge, Nachfolge, Thronfolge. **sukzessˈiv,** allmählich, aufeinanderfolgend, nach und nach.

Sulawesi, indonesisch für Celebes.

Sulˈeika, 1) pers. Mädchenname. **2)** Name für M. v. Willemer in Goethes Westöstl. Diwan.

Suleimˈan, Sˈoliman, mehrere türk. Sultane. Unter **S. II., dem Prächtigen** (1520-66), erreichte das Türk. Reich den Höhepunkt seiner Macht; er eroberte 1526 und 1541 den Hauptteil Ungarns, belagerte vergeblich 1529 Wien, kämpfte siegreich gegen Persien und beherrschte mit seiner Flotte das Mittelmeer.

Sulfˈate [lat.] Mz., Salze der Schwefelsäure.

Sulfˈide [lat.] Mz., Salze der Schwefelwasserstoffsäure, Verbindungen des Schwefels mit einem anderen Element.

Sulfˈite [lat.] Mz., Salze der →Schwefligen Säure.

Sulfonamˈide [lat.] Mz., synthet., schwefel- und stickstoffhaltige organ. Verbindungen, die als Heilmittel bei Infektionen dienen.

Sulky [sˈʌlki, engl.] der, zweirädriger Einspänner, bes. für Trabrennen.

Sulla, Lucius Cornelius, röm. Staatsmann und Feldherr, *138, †78 v. Chr.; besiegte Mithridates, brach die Herrschaft des Marius (82) und regierte als Diktator bis 79.

Sullivan [sˈʌlivən], Sir Arthur Seymour, engl. Komponist, *1842, †1900; Operetten (»Der Mikadoˈ«), Kammer-, Orchestermusik u.a.

Sully-Prudhomme [syli prydˈɔm], René-François-Armand, französ. Dichter, *1839, †1907; einer der Hauptvertreter der →Parnassiens. Nobelpreis 1901.

Sˈultan [arab.] der, islam. Herrschertitel.

Sultanˈine die, gelbe Rosine.

Sulu Mz., ein Kaffernstamm, →Zulu.

Sulu-Inseln, Inselgruppe der Philippinen.

Sulzbach, 1) S.-Rosenberg, Stadt im RegBez. Oberpfalz, Bayern, 19 000 Ew.; Eisenerzgruben. **2) S.-Saar,** Industriestadt im Saarland, 23 200 Ew.; Steinkohlenbergbau.

Sülze [ahd. »Salzwasser«] die, Fleisch- oder Fischstücke in einer gallertigen Gallertmasse.

Sˈumach der, Bäume und Sträucher der Ordnung Seifennußartige; Arten: als Zierpflanzen der fiederblättrige **Hirschkolben-S.** oder Essigbaum aus N-Amerika und der rundblättrige **Perücken-S.** S-Europas; als Nutzpflanzen die Gerbstoff, Pflanzenwachs und Firnis liefernden Arten der Mittelmeerländer **(Gerber-S.)** und O-Asiens **(Gallen-S. und Firnis-S.).**

Sumˈatra, eine der Großen Sunda-Inseln, 473 600 km²; von NW nach SO von einer vulkanreichen Gebirgskette durchzogen, die nach NO zu einer flachen Küstenebene mit wasserreichen Flüssen abfällt. Klima tropisch heiß und feucht; Urwald, Mangrovesümpfe. S. hat etwa 16 Mill. Ew. (Malaien, außerdem Chinesen, Weiße); Hauptstadt: Palembang. Erzeugnisse: Tabak, Kautschuk, Kaffee, Tee, Pfeffer, Reis, Kopra, Edelhölzer; Kohle, Erdöl. – Im 13. Jahrh. von den Arabern, seit Ende des 16. Jahrh. von den Niederländern erobert, gehört S. seit 1945 zu Indonesien.

Sumba, Sandelholzinsel, eine der Kleinen Sunda-Inseln, 11 080 km², 182 300 Ew.

Sumˈerer, die ältesten Bewohner Südbabyloniens, des Landes **Sumer,** ein Volk unbekannter Rasse, seit Beginn des 3. Jahrtausends v. Chr. nachweisbar. Ihre relig. Vorstellungen und ihre Kunst haben die spätere babylon. Kultur bestimmt. Die S. sind die Erfinder der →Keilschrift.

Sˈumma [lat.] die, **1)** ♫ Summe. **2)** zusammenfassende Darstellung eines Wissenszweiges, z.B. S. theologiae von Th. von Aquino. – **summa cum laude,** »mit höchstem Lob«, mit Auszeichnung. **summˈarisch,** abgekürzt, den Hauptinhalt zusammenfassend. **summa summˈarum,** alles in allem; Endbetrag.

Summˈand [lat.] der, Zahl, die einer anderen zugezählt werden soll.

Summe [lat.] die, **1)** Gesamtzahl, Ergebnis der Zusammenrechnung. **2)** Geldbetrag, **summˈieren,** zusammenzählen. es **summiert sich,** wird immer mehr.

Summ|episkopˈat [lat.-grch.] der, in den dt. evang. Landeskirchen bis 1918 das oberste Kirchenregiment der Landesherren (summus episcopus, »oberster Bischof«).

Sˈummer der, ein Signalgerät zur Erzeugung von Summtönen: ein Gleichstrom niedriger Spannung wird durch einen Selbstunterbrecher, der auch den Ton gibt, zerhackt.

Sumpfbiber, Nagetier, →Trugratten.

Sumpfdotterblume, →Dotterblume.

Sumpffieber, ⚕ die →Malaria.

Sumpfgas, →Methan.

Sumpfhühner, Sumpfrallen, Rallen in Mooren, Sümpfen. **Tüpfel-S.** oder **Tüpfelralle, Zwerg-S.** oder **Zwergralle, Kleines S.** oder **Kleinralle.**

Sumpfschnepfe, →Bekassine.

sumptuˈös, sumtuˈös [frz.], verschwenderisch.

Sumy [sˈuːmi] Gebietshauptstadt in der Ukrain. SSR, nordwestl. von Charkow, 159 000 Ew.; landwirtschaftl. Verarbeitungsind., Maschinenbau, Leder- und Textilindustrie.

Sund der, Meerenge, Meeresstraße, z.B. der →Öresund.

Sˈunda-Inseln, Inselgruppe in der **Sundasee,** die **Großen S.-I.** (Sumatra, Java, Borneo, Celebes) und die **Kleinen S.-I.** (Bali, Lombok, Flores, Timor u.a.). Die S. gehören zum größten Teil zu Indonesien, Teile Borneos zu Malaysia; daneben brit. (Brunei) und portugies. Gebiete (Timor).

Sünde die, das Abweichen vom göttl. Gebot, nach Paulus, Augustin und den Reformatoren dem Menschen nach dem **Sündenfall** angeboren **(Erbsünde);** nach kath. Auffassung geschieden in S. der Gedanken, Worte, Werke, der Begehung und Unterlassung, läßliche S., **Todsünde** (mit Verlust des Gnadenstandes). Die einzige unvergebbare S. ist die **S. wider den Heiligen Geist,** d.h. die hartnäckige Zurückweisung der göttl. Wahrheit.

Sunderland [sˈʌndələnd], Hafenstadt in NO-England, 219 000 Ew.; Schiff- und Maschinenbau, Glashütten, Papierfabriken.

Sündflut, Volksdeutung von →Sintflut.

Sundgau, Hügellandschaft des Oberelsaß, zwischen Schweizer Jura und Vogesen.

Sundsvˈall, schwed. Hafenstadt am Bottn. Meerbusen, 63 600 Ew.; wichtigste Handelsstadt N-Schwedens; Holzausfuhr.

Sung, chines. Dynastie; die Kaiser der **nördl. S.** regierten 961-1127, die der **südl. S.** 1127-1278.

Sˈungari, der, rechter Nebenfluß des Amur, in der Mandschurei, 1280 km lang, entspringt an der Grenze Koreas.

Sumach

Sumerer:
Alabasterfigur
eines knienden
Beters
(um 2500 v. Chr.)

Sun Yat-sen

Sunn der, **Bengalischer Hanf,** ind. Schmetterlingsblüter, liefert sehr feine Gespinstfasern für Gewebe, Seile, Netze, Papier u. a.

S'unna [arab. »Gebrauch«, »Herkommen«] die, die Überlieferung des →Islams. Ihre Anhänger, die **Sunn'iten,** erkennen die vier ersten Kalifen als rechtmäßige Nachfolger Mohammeds an; im Gegensatz zu den →Schiiten; die meisten Muslime sind Sunniten.

Süntel der, Bergrücken rechts der Weser, bei Hameln, 437 m hoch.

Sun Yat-sen, eigentlich **Sun Wen,** chines. Staatsmann, *1866, †1925; besuchte amerikan. und engl. Schulen, trat seit 1894 für die Erneuerung Chinas auf republikan. Grundlage ein, gründete die Kuomintang; 1912 nach dem Sturz der Mandschu-Dynastie Präs. der Republik.

S'uomi, finn. Name für Finnland.

s'uper... [lat.], über..., ober..., äußerst.

Superintend'ent [lat.], evang. Geistlicher, der einen Kirchenkreis verwaltet.

Sup'erior [lat. »der Höhere«] der, Oberer, Vorgesetzter, bes. der Klosterobere.

S'uperlativ [lat.] der, Meiststufe bei der Steigerung des Eigenschaftsworts.

S'upermarkt der, engl. **supermarket,** Selbstbedienungskaufhaus, bes. für Lebensmittel, die hochrationalisierte Form des Einzelhandels.

Supernumer'ar [lat.] der, Beamtenanwärter.

Superox'yde Mz., die →Peroxyde.

Superphosph'at das, →Phosphorit.

Superstiti'on [lat.] die, Aberglaube.

Supervoltbestrahlung, eine Röntgentiefentherapie mit Gammastrahlen, bes. zur Behandlung bösartiger Geschwülste.

Suppé, Franz v., Komponist, *1819, †1895; Operetten: »Fatinitza«, »Boccaccio« u. a.

Supper [s'ʌpə, engl.] das, Abendessen.

Supper, Auguste, geb. Schmitz, Erzählerin, *1867, †1951; schwäb. Heimaterzählungen.

Supplem'ent [lat.] das, 1) Ergänzung. 2) △ Winkel, der einen andern zu 180° ergänzt.

Suppl'ik [lat.] die, Bittschrift.

suppon'ieren [lat.], unterstellen, voraussetzen.

Supp'ort [frz.] ⚙ verschiebbarer Werkzeugträger an Werkzeugmaschinen.

Supposit'orium [lat.] das, →Zäpfchen.

supra... [lat.], über..., oberhalb.

Supraleitung, die Eigenschaft von etwa 25 Metallen (z. B. Blei, Zinn, Niob) und über 1000 Legierungen (z. B. Niob mit Zirkon, Titan oder Zinn), bei tiefen Temperaturen von etwa 1-20°K ihren elektr. Widerstand zu verlieren. Ein Strom fließt auch nach Entfernung des induzierenden Magnetfelds weiter. Anwendungen der Heliumkühlung: Magnete für Plasma- und Hochenergiephysik, Verstärker für Nachrichtenübertragung über Satelliten und Radioastronomie.

s'upranational, →überstaatlich.

S'upranaturalismus [nlat.], der Glaube an das Übernatürliche, an die Offenbarung Gottes.

Suprem'at [lat.] der oder das, Obergewalt, bes. die des Papstes über die Bischöfe.

Surab'aja, niederländ. **Soerabaja,** zweitgrößte Stadt Javas, 1,008 Mill. Ew.; bed. Hafen, Zuckerausfuhr; Metallind.; Flughafen.

Surak'arta, niederländ. **Soerakarta,** Stadt in Mitteljava, 368 000 Ew.; Herstellung von Gold-, Kupfer-, Lederwaren.

Sur'at, Stadt in Gudscharat, Indien, an der Tapti, 349 400 Ew.; Gewebe-, Papierindustrie.

S'ure [arab.] die, Abschnitt des →Korans.

Sûreté [syrt'e, frz.] die, Sicherheit; **S. Nationale,** die polit. Polizei Frankreichs.

Surfing [s'ə:fiŋ, engl.] das, →Wellenreiten.

Surin'am, Niederländisch-Guayana, niederländ. Überseegebiet im NO Südamerikas, 143 000 km², 362 000 Ew.; Hauptstadt und -hafen: Paramaribo. Ausfuhr: Bauxit (2. Stelle der Welterzeugung), daneben Holz, Reis.

Surreal'ismus [frz.] der, literar. Richtung, die das »Überwirkliche« erstrebt. Die von A. Breton seit 1921 in Paris geführte Bewegung suchte die eigentl. Wirklichkeit des Menschen im Unbewußten, verwertete Traum- und Rauscherlebnisse und hob die Grenzen zwischen Ding- und Traumwelt auf. Zum S. zählten, meist nur in einer Periode ihrer Entwicklung, Aragon, Eluard, Prévert, Char u. a. Neuerdings neigt man dazu, über die Gruppe der französ. Surrealisten hinaus jeden Stil als surrealistisch zu bezeichnen, der Reales mit Traumhaftem oder Mythischem in der Weise durchdringt, daß auch das Irreale oder der »sinnlose«, ungewohnte, bestürzende Zusammenhang den gleichen selbstverständl. Realitätscharakter beansprucht wie die alltägl. Wirklichkeit. Surrealist. Züge solcher Art zeigt die neueste Dichtung seit Kafka. – Mit den Malern G. de Chirico und M. Ernst drang der S. auch in die Malerei ein. 1925 fand in Paris die erste Ausstellung surrealist. Maler statt, auf der auch H. Arp, P. Picasso, P. Klee vertreten waren. Y. Tanguy und S. Dali stellten unvereinbare, sich zu traumhaft absurden Erscheinungen verbindende Dinge und Formen im perspekt. Raum naturalistisch dar; J. Miró u. a. malten abstrakte, auch in Gegenständliches übergehende Bilder. Unter den dt. Malern des S. ragt M. Zimmermann hervor.

Surrealismus: Die Horde, von Max Ernst (1927)

Surrog'at [lat.] das, Ersatz.

S'usa, im Altertum: Hauptstadt von Elam, später eine der pers. Residenzen; reiche Funde.

Sus'anna [hebr. »Lilie«], weibl. Vorname.

S'uslow, Michail, sowjet. Politiker, *1902; nach dem 2. Weltkrieg ZK-Sekretär und Mitgl. des ZK-Präsidiums; gilt als «Chefideologe» der KPdSU.

S'uso, Heinrich, →Seuse.

susp'ekt [lat.], verdächtig.

suspend'ieren [lat.], 1) in Flüssigkeit fein verteilen. 2) einen Beamten auf einige Zeit des Amts entsetzen. 3) aufschieben. Hw.: **Suspension** die.

Suspens'orium [lat.] das, ⨏ Tragbeutel, z. B. für den Hodensack.

Susquehanna [sʌskwih'ænə], Fluß in Pennsylvania, USA, 750 km lang.

Sussex [s'ʌsiks, »Südsachsen«], südengl. Grafschaft, geteilt in **East S.** und **West S.** mit den Hauptstädten Lewes und Chichester. S. war eines der angelsächs. Königreiche.

Süßholz, südeurop.-mittelasiat. Schmetterlingsblüterstaude; die süße Wurzel wird zu Hustentee und zum Süßen verwendet, der aus der schwarzen Stangen eingedickte Saft heißt **Lakritze.**

Süß-Oppenheimer, Joseph, gen. **Jud Süß,** *1692, † (hingerichtet) 1738; jüd. Geldvermittler, Finanzminister des Herzogs Karl Alexander von Württemberg.

Süßstoffe, nährwertlose, künstl. chem. Verbindungen, die an Süßkraft die natürl. Zuckerarten weit übertreffen (z. B. Saccharin. Wichtig als Süßmittel für Zuckerkranke.

Süßwasserpolyp, ein Hydratier des Süßwassers, festsitzend mit Fangarmen, sehr regenerationsfähig. →Hydrozoen.

S'ustenpaß, Paß in den östl. Berner Alpen, 2262 m hoch. (FARBTAFEL Schweiz S. 871)

Sutermeister, Heinrich, schweizer. Komponist, *1910; Opern: »Romeo und Julia«, »Niobe« u.a.

Sutherland [sʌθələnd], 1) Graham, engl. Maler, *1903; Bild des gekreuzigten Christus (Northampton); unwirkl. Kompositionen. (FARBTAFEL Engl. Kunst S. 337) 2) Joan, austral. Sopranistin, *1926; seit 1952 in London.

S'utra [Sanskrit] das, in der ind. Literatur ein kurzer, sich leicht einprägender Lehrsatz, auch Name best. Abschnitte der kanon. Schriften.

S'utri, Gem. in der Prov. Viterbo, Italien; auf der Synode von S. 1046 setzte Kaiser Heinrich III. von den drei gleichzeitig regierenden Päpsten zwei, den dritten im gleichen Jahr in Rom ab.

Sutschou, postamtl. Soochow, Stadt in der chines. Prov. Kiangsu, 650000 Ew., am Kaiserkanal; Seidenindustrie.

S'ütterlinschrift, von dem Berliner Graphiker L. Sütterlin (1865-1917) geschaffene Schreibschrift; seit 1913 an Schulen mehrerer dt. Länder eingeführt. Die heute gelehrte lat. und dt. Schreibschrift lehnt sich an die S. an.

Suttner, Bertha v., geb. Gräfin **Kinsky,** Schriftstellerin, *1843, †1914; Roman »Die Waffen nieder!«. Friedensnobelpreis 1905.

s'uum cu'ique [lat.], jedem das Seine.

Suzeränit'ät [frz.] die, im älteren Völkerrecht die Oberhoheit eines Staates oder seines Herrschers über einen abhäng. Staat (Vasallenstaat).

Sv'albard, arkt. Verwaltungseinheit Norwegens, bestehend aus Spitzbergen, der Bären-Insel und kleineren Inseln.

Sv'ealand, der mittlere der drei Landesteile Schwedens, zwischen Götaland und Norrland.

Svedberg, Theodor, schwed. Chemiker, *1884; Untersuchungen über Kolloide; Nobelpreis 1926.

Sv'erdrup-Archip'el [nach dem norweg. Polarforscher Otto Sverdrup, *1854, †1930], unbewohnte arkt. Inselgruppe im Nordpolarmeer, etwa 75000 km².

Sverige [svɛrjɛ], schwed. Name für Schweden.

Sv'oboda, Ludvík, tschechoslowak. General und Politiker, *1895; 1945-50 Verteidigungsmin., seit 1968 Staatspräsident.

svw., Abk. für soviel wie.

SW, Abk. für Südwest.

Sw'akop, wichtiger Trockenfluß in SW-Afrika, etwa 500 km, mündet bei **Swakopmund.**

Swansea [swɔnsi], Hafenstadt in Wales, England, 171300 Ew.; an der **S.-Bai,** einer Bucht des Bristolkanals; Universitäts-College; Metallind.; Schiffswerften; Ölraffinerie.

Swasiland, Ngwane, Kgr. im östl. S-Afrika, 17400 km², 410000 Ew. (Swasi); Hauptstadt: Mbabane. Viehzucht (bes. Schafe), Anbau von Mais, Zuckerrohr, Baumwolle, Südfrüchten u.a.; Forstwirtschaft. ✺ auf Asbest, Eisen, Kohle. Haupthandelspartner: Südafrika. – 1906 als brit. Protektorat von Transvaal abgetrennt, 1968 unabhängig. ⊕ S. 514, ⊡ S. 346.

Sw'astika, Svastika [von Sanskrit »Glück«] die, →Hakenkreuz.

Sweben, Sueben Mz., Gruppe westgerman. Stämme in Mitteldtl., die im 1. Jahrh. v. Chr. nach SW-Dtl. vordrangen; traten zuerst unter →Ariovist hervor. Hauptstämme: Semnonen, Markomannen, Hermunduren, Quaden.

Sw'edenborg, Emanuel v., schwed. Naturforscher, Theosoph, *1688, †1772; berühmt durch Visionen. Seine Anhänger, die **Swedenborgianer,** bildeten bes. in den USA eine Sekte.

Sw'erdlowsk, bis 1924 **Jekaterinburg,** Gebietshauptstadt in der Russ. SFSR, am O-Abhang des Urals, 1,02 Mill. Ew.; Univ. u.a. Hochschulen, Kernforschungszentrum; Eisen-, Kupferhütten. – In S. wurde 1918 die Zarenfamilie ermordet.

Swift, Jonathan, engl. Schriftsteller, *1667, †1745; satir. Hauptwerk: »Gullivers Reisen«.

Swinburne [swinbə:n], Algernon Charles, engl. Dichter, *1837, †1909; Formkünstler, »Gedichte und Balladen«, histor. Dramen.

Swindon [swindn], Stadt in Südengland, 98300 Ew.; Eisenbahnwerkstätten.

Swine die, Hauptmündungsarm der Oder, zwischen Usedom und Wollin.

Swinem'ünde, Vorhafen Stettins, auf Usedom, (1939) 30200 Ew.; Ostseebad; seit 1946 unter poln. Verw. (Świnoujście; 1966: 22000 Ew.).

Swing, →Jazz.

Swissair [svˈisɛːr], **Schweizerische Luftverkehr AG.,** Zürich, gegr. 1931.

Switchgeschäft [switʃ-, engl.], internat. Warengeschäft, das unter Ausnutzung der Kursrelationen über ein drittes Land abgewickelt wird.

Sy'agrius, letzter röm. Machthaber in Gallien, 486 von Chlodwig besiegt.

Sybar'it der, Schwelger, nach der Stadt S'ybaris in Unteritalien.

Sybel, Heinrich v., Historiker und Politiker, *1817, †1895, gründete 1859 die »Histor. Ztschr.«; Hauptwerk »Die Begründung des Dt. Reiches«.

Sydney [sidni], Hauptstadt von Neusüdwales, Australien, mit Vororten 2,6 Mill. Ew., zu beiden Seiten der fjordähnl. Bucht **Port Jackson,** die von einer 1150 m langen Brücke überspannt wird; wichtigster Hafen und bedeutendster Handelsort Australiens; anglikan. und kath. Erzbischofssitz; 3 Univ., Museen, Sternwarte; vielseitige Ind., Schiffbau. – 1788 1. europ. Siedlung in Australien.

Syen'it der, granitähnl. dunkelgraues oder graurotes Erstarrungsgestein, besteht hauptsächlich aus Alkalifeldspat, Hornblende und Glimmer, polierfähig; Mauer-, Zier-, Pflasterstein.

Sykom'ore die, afrikan. Feigenbaumart; ihre Früchte **(Eselsfeigen)** sind kleiner und weniger schmackhaft als echte Feigen.

Syktywk'ar, Hauptstadt der ASSR der Komi, Russ. SFSR, an der Wytschegda, 125000 Ew.; Holzind., Flußhafen.

S'yllabus [grch.] der, Verzeichnis aller Lehren, die vom Papst verdammt sind (1864; 1907).

Syllog'ismus [grch.] der, →Schluß.

S'ylphe [grch.] der oder die, Elementargeist der Luft. **Sylph'ide** die, weibl. Luftgeist.

Sylt, nordfries. Insel, 93,5 km², durch den →Hindenburgdamm mit dem Festland (Schlesw.-Holst.) verbunden; Seebäder: Westerland, Wenningstedt, List, Hörnum u.a.

Sylv'ester, Silvester, Name mehrerer Päpste. **S. I.,** Heiliger; Tag: 31.12. Nach ihm wurde der letzte Tag des Jahres benannt **(S.-Tag, S.-Abend).**

Sylv'in der, KCl, ein Kalisalz (→Kali).

sym... oder **syn...** [grch.], mit..., zusammen...

Symbi'ose [grch. »Zusammenleben«] die, ⚤ ⚘ 🜨 dauerndes, enges Zusammenleben zweier Lebewesen verschiedener Art, bei dem jedes von den Partner Nutzen hat. Es gibt S. zwischen Tier und Tier (→Einsiedlerkrebs und Seerose), Tier und Pflanze (Zellulose vergärende Bakterien im Wiederkäuermagen), Pflanze und Pflanze (Alge und Pilz: Flechte).

Symb'ol [grch.] das, Sinnbild, der sinnl. Träger einer Bedeutung oder Meinung, so Wort, Form, Gegenstand oder Vorgang, der etwas, was in einem anderen, verborgenen oder höheren Bereich liegt, ausdrückt oder auch nur ahnen läßt; Ausdrucksmittel in Literatur, Kunst, Recht, Reli-

Swift

Sydney

gion. **Symb′olik** die, **1)** sinnbildl. Darstellung; Lehre von den S. **2)** Konfessionskunde. **symb′o-lisch,** sinnbildlich. **symbolis′ieren,** etwas sinnbildlich ausdrücken. **symbolische Bücher,** Bekenntnisschriften (→Konkordienbuch).

Symbol′ismus der, Ende des 19. Jahrh. von Frankreich ausgehende literar. Richtung, die dem →Naturalismus absagte und in Sinnbildern (Symbolen) und Wortklängen seel. Kräfte und Werte auszudrücken suchte. Der S. prägte vor allem die Lyrik. Vertreter des S. **(Symbol′isten)** sind in Frankreich Rimbaud, Verlaine, Mallarmé, in Dtl. George, Hofmannsthal, Rilke; der Ire Yeats.

Symmetr′ie [grch.] die, **1)** Ebenmaß, Gleichmaß. **2)** △ eine Figur hat **Achsen-S.,** wenn man sie durch Umklappen um eine Gerade **(S.-Achse)** zur Deckung bringen kann. **Zentral-S.** liegt vor, wenn eine Figur durch eine halbe Drehung um einen Punkt **(S.-Zentrum)** in sich übergeht. Bei **Radial-S.** kann man eine Figur durch Drehen um einen best. Winkel und alle Vielfachen davon in sich überführen.

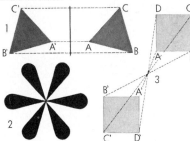

Symmetrie: 1 Achsen-, 2 Radial-, 3 Zentral-S.

sympath′etisch [grch.], **1)** auf →Sympathie beruhend. **2)** geheim heilkräftig.

Symp′athicus [grch.] der, **Sympathikus,** Teil des vegetativen →Nervensystems.

Sympath′ie [grch.] die, Mitgefühl, Wohlwollen, Neigung. **symp′athisch,** angenehm, zusagend.

Symphon′ie [grch.] die, ♪ →Sinfonie.

Symp′osion [grch.] das, **1)** bei Griechen und Römern: Trinkgelage. **2)** Dialog von Platon.

Sympt′om [grch.] das, Anzeichen, besonders Krankheitszeichen. Egw.: **symptom′atisch.**

Synag′oge [grch.] die, der gottesdienstl. Versammlungsort der Juden.

Syn′apse [grch.] die, ⨎ Kontaktverbindung zum Überspringen einer Erregung von einem Neuron auf ein anderes oder auf ein Organ.

Synästhes′ie [grch.] die, das Hinüberspielen eines Sinneseindrucks in ein anderes Sinnesgebiet.

synchr′on [grch.], gleichzeitig, zeitlich gleichgerichtet. **synchronis′ieren,** Vorgänge zeitl. abstimmen: **1)** Film: Ton- und Bildablauf aufeinander abstimmen bei der Übertragung in andere Sprachen oder beim nachträgl. Vertonen. **2)** Fernsehen:

Synagoge in Saarbrücken

Elektronenstrahlen in der Empfängerbildröhre und der Aufnahmeröhre im Gleichlauf halten. **3)** Kraftwagengetriebe: die zu verbindenden Zahnräder vor dem Schalten auf die gleiche Drehzahl bringen. Hw.: **Synchronis′ierung** die, **Synchronisati′on** die. **Synchron′ismus** der, Gleichzeitigkeit. Egw.: **synchron′istisch.**

Synchronschwimmen, eine Wassersportart; formvollendete Bewegungen, Tanz und Gymnastik im Wasser im Einklang (synchron) mit Musik.

S′ynchrotron [grch.] das, Kreisbeschleuniger für Elektronen (Dtl.: DESY, Hamburg, 6 GeV) oder Protonen (CERN: CERNPS, Genf, 28 GeV) zur Elementarteilchenforschung. Prinzip: Magnet. Fixierung in einer ringförm. Vakuumröhre (CERN: Radius 100 m), Beschleunigung durch frequenzmoduliertes elektr. Wechselfeld. Nach Erreichen der Endenergie werden die Teilchen aus der Ringröhre ausgelenkt, treffen auf ein Zielobjekt (Target) und erzeugen verschiedene Sekundärteilchen, die durch Magnete, Linsen u. a. sortiert und in Blasenkammern, Funkenkammern u. a. Geräten untersucht werden. Größte 1969 betriebene Anlage: Serpuchow (UdSSR), 70 GeV. (TAFEL Physik)

Synchrotronstrahlung, zuerst im Elektronensynchrotron festgestellte elektromagnet. polarisierte Strahlung großer Intensität (auch im extremen Ultraviolettbereich), die bei Ablenkung rascher Elektronen im Magnetfeld erzeugt wird.

Synchroz′yklotron [grch.] →Zyklotron.

Syndikal′ismus [grch. Kw.] der, Lehre einer revolutionären gewerkschaftl. Arbeiterbewegung, wonach die Gewerkschaften die Urzelle der neuen Wirtschaftsgesellschaft sein sollen; der Staat wird abgelehnt. Der S. breitete sich von Frankreich (Proudhon, Lagardelle) her bes. in den roman. Ländern Europas und S-Amerikas aus, blieb in Dtl. fast völlig ohne Einfluß.

Syndik′at [grch.] das, **1)** Verein, Gesellschaft, Gewerkschaft. **2)** Absatzorganisation eines →Kartells.

S′yndikus [grch.] der, -/...dizi, rechtskundiger Geschäftsführer einer Körperschaft (Wirtschaftsverband, Berufsvertretung usw.); Bearbeiter der Rechtssachen eines wirtschaftl. Unternehmens **(Justitiar).**

Syn′edrium [grch., bei Luther »Hoher Rat«] das, im Altertum: die oberste jüd. Gerichtsbehörde in Jerusalem unter dem Vorsitz des Hohenpriesters.

Synerg′ie [grch.] die, das Zusammenwirken mehrerer Kräfte zu einer Leistung. **Synerg′ismus** der, die Lehre, daß menschl. Wille beim Erlangen der göttl. Gnade mitwirken müsse; von Melanchthon vertreten.

Synge [siŋ], John M., anglo-irischer Dramatiker, *1871, †1909; Tragödien, Komödien.

Synk′ope [grch.] die, **1)** ♪ rhythm. Verschiebung eines Tons von einer schweren auf eine leichte Zählzeit, so daß diese betont wird. **2)** Ⓢ Ausstoßung eines Vokals im Wortinneren.

Synkope, a regelmäßige Bildungen, b S.

Synkret′ismus [grch.] der, Verschmelzung von philosoph. Lehren, Kulten, Religionen.

Syn′od [grch.] der, der **Heilige S.,** 1721-1917 oberste Behörde der russ. Ostkirche.

Synod′alverfassung, evang. Kirche: die Wahrnehmung kirchl. Gesetzgebung und Verwaltung in den kirchl. Selbstverwaltungskörpern (Gemeinden, Kreisen usw.) durch gewählte Vereinigungen von Geistlichen und Laien **(Synodale).** Jetziger Aufbau: Gemeindevorstand und Gemeindekirchenrat, Kreis- (Dekanats-), Landessynode;

die Synoden der einzelnen Landeskirchen entsenden Vertreter in die Synode der EKD. Die S. hat die frühere Konsistorialverfassung abgelöst.

Syn'ode [grch.] die, kath. Kirche: Versammlung von Geistlichen, →Konzil; evang. Kirche, →Synodalverfassung.

synon'ym [grch.], sinnverwandt. **Synon'yme, Syn'onyma,** Ez. Synonym, sinnverwandte Wörter, die dieselbe Sache bezeichnen.

Syn'opsis [grch.] die, Zusammenschau, bes. die vergleichende Nebeneinanderstellung der Evangelien des Matthäus, Markus, Lukas (der **Synoptiker**).

S'yntax [grch.] die, Ⓢ Satzlehre.

Synth'ese [grch.] die, **1)** Verknüpfung zur Einheit, Zusammenschau. **2)** Logik: synthet. Urteil, in dem vom Gegenstand etwas ausgesagt wird, was nicht schon aus seinem Begriff folgt (→Dialektik). **3)** ⟲ Aufbau von Verbindungen aus Elementen oder einfacheren Verbindungen.

S'yphilis, Lues die, die wegen ihrer Spätfolgen gefährlichste Geschlechtskrankheit. Der Erreger **(S.-Spirochäte)** dringt durch feinste Hautabschürfungen, Risse usw. in den Körper ein. Die Übertragung erfolgt meist durch Geschlechtsverkehr (ist auch durch Kuß möglich). Etwa 3-4 Wochen nach der Ansteckung entwickelt sich an der Infektionsstelle der **syphilitische Primäraffekt,** eine kleine Abschürfung oder ein Knötchen, das sich in ein scharfrandiges, feuchtes, fast schmerzloses Geschwür umwandelt **(harter Schanker). Die** Lymphknoten in der Nähe des Primäraffekts schwellen an **(primäre S.).** Nach 6-8 Wochen entwickeln sich zahlreiche fleck- oder knötchenförmige Krankheitsherde oder nässende Papeln an der Haut des ganzen Körpers **(sekundäre S.).** Die sekundäre S. dauert etwa 5 Jahre an. Die **tertiäre S.** tritt oft erst nach jahrelanger, völlig erscheinungsfreier Pause **(Latenzperiode)** an Haut, Knochen und inneren Organen auf, meist als Geschwüre **(Gummigeschwulst, Gumma).** Schließlich können S.-Erreger progressive Paralyse im Gehirn hervorrufen, im Rückenmark die →Tabes dorsalis. – Die S. ist nicht vererbbar, jedoch kann eine syphil. Mutter durch Spirochätenübertragung auf die Frucht ein syphilit. Kind gebären **(kongenitale S.).** Zur Erkennung der S. dienen die Wassermannsche Reaktion, heute auch der Nelson-Test (Serumreaktion). Die Behandlung erfolgte früher hauptsächl. mit Quecksilber, heute mit Penicillin-Präparaten. – Die S. erschien in Europa in größerer Verbreitung zuerst Ende des 15. Jahrh.

Syracuse [s'irəkju:z], Stadt im Staat New York, 216000 Ew.; Univ., Akademie der Wissenschaften; Edelstahlwerk, Industrie.

Syrak'us, Hafenstadt an der Ostküste Siziliens, 104900 Ew., Erzbischofssitz; Dom, griech. und röm. Baureste; Weinbau, Fischerei. – Im 5.-3. Jahrh.v.Chr. war es die mächtigste Stadt Siziliens; 212 v.Chr. von den Römern erobert.

Syr-Darj'a, Fluß in Innerasien, mit Naryn 3078 km lang, schiffbar, mündet in den Aralsee.

S'yrien, Rep. in Vorderasien, 185200 km², 6,0 Mill. Ew.; Hauptstadt: Damaskus; Amtssprache: Arabisch. – Das Innere S.s ist Wüstensteppe und Wüste. Auf den fruchtbaren Küstenstreifen im NW folgt eine Gebirgszone, die zum Syr. Graben abfällt. Im SW schließen sich der Antilibanon und das Hermongebirge an. An der Küste Mittelmeerklima. BEVÖLKERUNG. Arab. Syrer, Kurden, Armenier, Juden u.a. Rd. 80% Sunniten, daneben Christen, Drusen. – WIRTSCHAFT. Anbau an der Küste, in Flußtälern und Bewässerungsgebieten: Weizen, Baumwolle, Obst, Wein u.a.; Viehhaltung (Schafe, Ziegen u.a.). Erdöl- und Erdgasvorkommen. Textil-, Nahrungsmittel-u.a.Ind. Haupthandelspartner: Libanon, Sowjetunion, China, Bundesrep. Dtl.; Haupthäfen: Latakia, Banias; internat. Flughafen: Damaskus. ⊕ S.514,⊠ S.346.

GESCHICHTE. Im Altertum Schauplatz der Auseinandersetzungen der Großmächte Vorderasiens und N-Afrikas (Hethiter, Ägypter, Assyrer, Perser). Seit 301 v.Chr. Mittelpunkt des griech. Seleukidenreichs, 64 röm. Provinz, seit 636 n.Chr.

von den Arabern erobert. 1516-1918 war es türkisch, dann franzöz. Völkerbundsmandat. 1926 wurde Libanon herausgelöst; 1946 wurde S. unabhängige Rep. 1958 Zusammenschluß mit Ägypten zur→Vereinigten Arab. Rep., der durch einen Aufstand der syr. Armee 1961 gelöst wurde. Im arab.-israel. Krieg 1967 eroberte Israel Gebiete an der syr.-israel. Grenze. S. schloß sich am 1. 9. 1971 mit Ägypten und Libyen zu einer Föderation zusammen. – Staatspräs.: H. Assad (seit 1971), MinPräs.: A. R. Chleifawi (seit 1971).

Syr'inge, Syringa die, →Flieder.

syrische Kirchen, die Zweige der Ostkirche, die zum ost- oder westsyr. Ritus gehören.

syrische Sprache, alte semit. Sprache, heute noch die Kirchensprache der syr. Christen. **Neusyrisch** wird in Mesopotamien gesprochen.

Syrj'änen, Komi Mz., ostfinn. Volk in der nördl. Sowjetunion, 250000; bewohnen vorwiegend die ASSR der →Komi.

S'yrlin, Jörg d. Ä., Bildhauer und -schnitzer, * um 1425, †1491; Chorgestühl (Ulmer Münster).

S'yrmien, →Sirmien.

Syrten Mz., zwei Buchten des Mittelmeeres an der N-Küste Afrikas; die **Kleine S.** (Golf von Gabès) im S Tunesiens; die **Große S.** zwischen Tripolitanien und der Cyrenaica.

S'ysran, Industriestadt im Gebiet Kuibyschew, Russ. SFSR, 174000 Ew.; Erdölfelder.

Syst'em [grch. »Zusammenstellung«] das, **1)** allgemein: ganzheitl. Zusammenhang von Dingen, Vorgängen, Teilen. **2)** auf allgem. Grundsätzen zurückgeführtes Lehrgebäude einer Wissenschaft. **3)** Plan, Ordnung, Aufbau. **4)** ⟲ →Periodisches System. **5)** ⊗ aus Teilen bestehendes zusammenhängendes Ganzes, z.B. atomares S., Planeten-S. Egw.: system'atisch. Zw.: systematis'ieren.

System'atik [zu System] die, **1)** allgemein: die Kunst, nach allgem. Grundsätzen planmäßig und ganzheitl. zu ordnen und darzustellen. **2)** Sondergebiet der Biologie **(Klassifikation),** erstrebt eine Ordnung **(System)** der Lebewesen nach dem Ähnlichkeitsgrad.

S'ystole [grch.] die, Zusammenziehung der Herzteile. Gegensatz: →Diastole.

Szegedin [s'egdin], ungar. **Szeged,** Stadt in Ungarn, zu beiden Seiten der Theiß, 118 500 Ew.; Universität; bedeutender Industriemittelpunkt.

Szekler, Sekler, magyar. Volksstamm in Siebenbürgen, etwa 700000; Bauern, Viehzüchter.

Sz'ene [grch. skene] die, **1)** Bühne; der Schauplatz, auf dem das Stück spielt. **2)** Unterteilung des Aktes, Auftritt. **3)** allgemein: erregter Vorgang, Wortwechsel. **Szen'arium** das, die Szenenfolge im Drama; im 18. und 19. Jahrh. Verzeichnis des szen. Beiwerks einer Aufführung. **Szener'ie** die, **1)** Bühnenbild. **2)** Landschaftsbild, Landschaft.

Szintillati'on [lat.] die, Funkeln, Glitzern. **S.-Zähler,** Gerät zum Nachweis von Teilchen durch S. beim Durchgang durch bestimmte Leuchtstoffe **(Szintillat'oren).**

Szymanowski [∫yman'ɔvski], Karol, poln. Komponist, *1883, †1937; Opern, Lieder u.a.

Szymonowicz [∫ymon'ovit∫], Szymon, latin. Simon **Simonides,** poln. und nlat. Dichter, *1558, †1629; Dramen, religiöse Gedichte.

Syrien

Syrlin: Vergil (Ulm, Münster)

Szegedin: Blick zur Votivkirche

T

Tabak:
1 Virginia-,
2 Maryland-T.,
a Blüte

t, T, 1) der 20. Buchstabe im Abc. 2) T, Abk. für Tara, chem. Zeichen für Tritium. 3) t, Abk. für Tonne (Gewicht), Abk. für Temperatur.
Ta, chem. Zeichen für Tantal.
T'abak der, Gattung hochkrautiger Nachtschattengewächse, z. T. Nutz- und Zierpflanzen. Nutzpflanzen: **Virginischer T.,** rotblühend; **Großblättriger T.** und **Bauern-T.** (Veilchen-T.), gelbblühend, stammt aus Amerika; angebaut wird er bes. in Nord-, Mittel-, Südamerika, Asien (China, Türkei), Afrika und auf dem Balkan. Seine Blätter werden zu **Rauch-, Schnupf-** und **Kau-T.** verarbeitet. Sie werden gepflückt, getrocknet, wieder befeuchtet und machen eine »Fermentation« durch (Selbsterhitzung durch Tätigkeit von Bakterien). Dann folgt das Entfernen der Blattrippen, Rösten und manchmal Behandeln mit **T.-Beize** (aus Zukker, Salzen, Gewürzen usw.). Wichtigster Bestandteil des T. ist das Nikotin. – Der T. kam um 1550 nach Spanien, 1560 durch Nicot nach Frankreich. Das Tabakrauchen fand Kolumbus zuerst bei den Indianern Mittelamerikas vor.

Tabakernte (1969, in 1000 t)			
USA	820	Pakistan	166
Indien	347	Türkei	146
UdSSR	259	Indonesien	130
Japan	174	**Welt**	4712

Tabati'ere [frz.] die, Tabaksdose.
Tab'elle [lat.] die, Tafel; Darstellung statist. Ergebnisse in anschaul. Spaltenform.
Tabern'akel [lat.] das, 1) turmbekröntes Ziergehäuse, bes. in der got. Architektur. 2) Sakramentshäuschen. (TAFEL Sakrale Kunst)
Tab'erne, Tav'erne [lat. taberna »Kaufladen«] die, Schenke.
T'abes dors'alis [lat.] die, **Rückenmarksschwindsucht,** Spätfolge einer unbehandelten →Syphilis. Langsame Zerstörung der Empfindungsbahnen des Rückenmarks; dementsprechende Ausfallserscheinungen (unsicherer Gang, Reflexlosigkeit, Sehstörungen, Empfindungsstörungen).
Tableau [tabl'o:] das, Gemälde, Gruppenbild.
Table d'hôte [tabl do:t, frz.] das, gemeinsames Essen mit fester Speisenfolge in einer Gaststätte.
T'abor, Berg in Palästina, 562 m hoch, gilt als Ort der Verklärung Christi (Matth. 17).
Tabor'iten, →Hussiten.
Täbr'is, Hauptstadt der Prov. O-Aserbaidschan, NW-Iran, 403 400 Ew.; Univ.; Herstellung von Teppichen, Silber-, Lederwaren, Seiden- und Baumwollstoffen; Bierbrauerei.
Tab'u [polynes. tapu, das »stark Gezeichnete«] das, Gebote und Verbote bei Naturvölkern. T. können Handlungen, Gegenstände, Personen sein; Kontakt mit diesen ist gefährlich. Bei vielen Naturvölkern dient das T. zur rechtl. Sicherung

Tachometer, a T.-Welle, b Pendelring, c Rückstellfeder, d Gestänge, e Zeiger

Tadsch Mahal

von Eigentum, wobei man Dinge tabuis'ieren kann. Die T.-Vorschriften bilden für diese Völker oft die Grundlage der gesamten sozialen Ordnung.
t'abula r'asa machen [lat. »abgeschabte Schreibtafel«], vollständig aufräumen mit etwas.
Tabulat'ur [lat.] die, 1) ♪ alte Notenschrift aus Buchstaben, Zahlen und Notenzeichen. 2) Dichtkunst: die Kunstregeln für Dichtung und Melodie bei den Meistersingern.
Tabur'ett [frz.] das, niedriger Stuhl, Hocker.
Tach'ismus [taʃ-] der, eine nach dem 2. Weltkrieg aufgekommene Richtung der gegenstandslosen Malerei.
Tachistosk'op [grch.] das, Gerät zur Kurzdarbietung von Buchstaben, Bildern usw.; für psychologische Prüfungen.
Tachom'eter [grch.] das, Geschwindigkeitsmesser für Fahrzeuge durch Messen der Drehzahl von Wellen u. a. Maschinenteilen; für Kfz. gesetzl. vorgeschrieben, wenn ihr Leergewicht über 400 kg beträgt und die Geschwindigkeit größer als 20 km/h ist.
Tachykard'ie [grch.] die, Pulsbeschleunigung. **Paroxysmale T.,** anfallsweises Herzjagen.
Tachym'eter [grch.] das, Schnellmesser, ein zu Geländeaufnahmen benutzter Theodolit.
T'acitus, Cornelius, röm. Geschichtsschreiber, * nach 50 n. Chr., † nach 116; stellte in den »Annalen« und »Historien« die Zeit von 14-96 n. Chr., in der »Germania« die german. Frühzeit dar.
Tacoma [tək'oumə], Hafenstadt im Staate Washington, USA, 153 500 Ew.; Industrie.
Tadsch'iken Mz., iran. Volk in Mittelasien. **Tadschikische SSR,** Unionsrep. (seit 1929) der UdSSR, an der W-Abdachung des Hochlands von Pamir, 143 100 km², 2,9 Mill. Ew. (53% T., daneben Usbeken, Russen, Tataren u. a.); Hauptstadt: Duschanbe. (FARBTAFEL Asien III S. 168)
Tadsch Mah'al, Grabmal der Lieblingsfrau des Schah Dschahan, bei Agra, erbaut 1630-48.
Tafelbai, der geräumige Hafen von Kapstadt, vom **Tafelberg** (1088 m) überragt.
Tafelland, Flachland aus waagerecht geschichtetem Gestein.
Tafelmalerei, im MA. Malerei auf Holztafeln.
Täfelung die, Verkleidung der Wände und Decken mit Holztafeln.
Taft, Taffet der, leinwandbindiges Gewebe aus Seide, Halbseide oder Chemiefäden.
Taft [tæft], 1) Robert Alphonso, amerikan. Politiker, Advokat, *1889, †1953; führender Politiker der republikan. Opposition gegen Roosevelt und Truman. 2) William Howard, Republikaner, 26. Präs. der USA (1909-13), *1857, †1930.
Tag der, 1) die helle Tageszeit, im Gegensatz zur Nacht. Die Länge des T. hängt (außer am Äquator) von der geograph. Breite und der Jahreszeit ab. Von 66½° Breite an geht die Sonne nicht mehr an jedem Tag unter den Horizont und kommt auch nicht an jedem T. des Jahres über denselben. 2) die stets gleich lange Zeit (24 Stunden) einer ganzen Erdumdrehung, zwischen 2 Höchstständen eines Sternes (**Stern-Tag**), der rund 4 Min. kürzer ist, und der Sonne (**Sonnen-Tag**).
Taganr'og, Hafen an der N-Küste des Asowschen Meeres, Russ. SFSR, 254 000 Ew.
Tagebau, ⚒ der Abbau von Mineralien (Braunkohlen, Erzen) in offenen Gruben.
Tagegelder, →Diäten.
Tagesordnung, die Aufeinanderfolge der in einer Versammlung zu erledigenden Gegenstände.
Tagfalter Mz., Tagschmetterlinge.
Tagliam'ento [taʎa-] der, Fluß in Oberitalien, 170 km lang, entspringt in den Karnischen Alpen und mündet ins Adriatische Meer.
tägliches Geld, Gelddarlehen mit täglicher Kündigung.
Tag'ore, Rabindranath, ind. Dichter und Philosoph, *1861, †1941. Hauptwerke: »Gitanjali« (religiöse Gesänge), »Sadhana, der Weg zur Vollendung«. Nobelpreis 1913. (BILD S. 911)
Tagpfauenauge, ein Tagfalter; Raupe auf Brennesseln. (FARBTAFEL Schmetterlinge S. 870)
Tagsatzung, 1) in der Schweiz bis 1848 die

Versammlung der Gesandten der Kantone. **2)** in Österreich der Gerichtstermin.

Taegu, Stadt in S-Korea, 811 400 Ew.

Tagundnachtgleiche, die beiden Tage im Jahr, an denen Tag und Nacht je zwölf Stunden betragen: der 21. März und der 23. Sept.; die Sonne steht über dem Äquator.

Tagwerk, älteres Feldmaß, 34-47 ar.

Tah'iti, größte der Gesellschafts-Inseln, 1042 km², Hauptort: Papeete; Ausfuhr: Perlen, Perlmutter. – 1606 entdeckt, seit 1842 französisch.

Tai, Volk vorwiegend paläomongolider Rasse in Hinterindien und S-China; in Birma **Schan,** in Thailand **Thai,** in Indochina **Lao** und in Yünnan **Bai-i** genannt. Die T. sind Talbewohner, sie betreiben Reisbau, Viehzucht, Handwerk.

Taif'un [chines.] der, orkanartiger Wirbelsturm in Küstengebieten Ostasiens.

Taig'a die, russ.-sibir. Wald- und Sumpfland.

Tailfingen, Stadt in Bad.-Württ., auf der Schwäb. Alb, 17 300 Ew.; Fremdenverkehr.

Taille [ta:jə, frz., meist t'aljə] die, **1)** Leibesmitte, Gürtelgegend. **2)** der entsprechende Abschnitt an Kleidern. **3)** Leibchen, Mieder.

Tailleur [taj'œ:r, frz.], **1)** der, Schneider. **2)** das, Damenkostüm engl. Stils.

Taim'yr, tundrabedeckte Halbinsel in N-Sibirien, mit Kap Tscheljuskin (77° 37' n. Br.).

Tainan, Stadt im SW der Insel Formosa, 424 800 Ew.; Techn. Hochschule; Flughafen.

Taine [tɛ:n], Hippolyte, franzöz. Geschichtsschreiber und Geschichtsphilosoph, *1828, †1893; seine Werke fußen auf der Milieutheorie; »Entstehung des modernen Frankreichs«.

Taipeh, Hauptstadt der Insel Formosa, 1,7 Mill. Ew.; Sitz der nationalchines. Regierung; Universität; verschiedene Industrie.

Taiping, chines.-christl. Sekte, die um 1850 in Kuangsi entstand und 1852-61 einen großen Aufstand entfesselte.

T'airow [-of], Alexander, eigentlich **Kornbliet,** russ. Regisseur *1885, †1950; gründete 1914 das Moskauer Kammertheater (expressiv-bewegter, komödiant., mimisch-dekorativer Theaterstil).

Taischan, Taiwan, heiliger Berg Chinas, in der Prov. Schantung, 1545 m hoch.

Taitschung, postamtl. **Taichung,** Stadt auf Formosa, in der westl. Küstenebene, 381 900 Ew.

T'aiwan, chines. und japan. Name von →Formosa.

Taiyüan, Hauptstadt der Prov. Schansi, N-China, 1,1 Mill. Ew.; Univ.; Eisen- und Stahlkombinat, Schwermaschinenbau, chem. Ind.

Tajo [t'axo], portug. **Tejo** [t'ɛʒo], der längste Strom der Pyrenäenhalbinsel, 1008 km lang; mündet bei Lissabon in den Atlant. Ozean; 212 km in Portugal schiffbar; Stauwerk bei Alcántara.

Takamatsu, Provinzhauptstadt auf Schikoku, Japan, 243 000 Ew.; Fährverkehr nach der Insel Honschu; Kunstseidenindustrie.

Takaoka, Stadt auf Honschu, Japan, 140 000 Ew.; textilgewerbl. und chem. Industrie.

Takasaki, Stadt auf Honschu, Japan, 173 900 Ew.; Seidenspinnerei und -weberei.

T'akelung, Takelage [takəl'a:ʒə] die, ⚓ die gesamte Segeleinrichtung eines Segelschiffes.

Takla-Mak'an die, Wüste in Innerasien, umfaßt den größten Teil des Tarimbeckens.

Takor'adi, Hafen in W-Ghana, hat zusammen mit dem benachbarten **Sekondi** rd. 125 000 Ew.

Takt [lat.] der, **1)** Feingefühl, rücksichtsvolles Verhalten. **2)** ♪ Einteilung eines Töneablaufs in eine regelmäßig wechselnde Folge betonter (schwerer) und unbetonter (leichter) gleich langer Zeiteinheiten und ihre Zusammenfassung in Gruppen von gleich langer Dauer. Begrenzt wird jeder T. durch den **Taktstrich.** Die Taktart wird durch die **Taktvorzeichnung** angegeben. T. **schlagen,** den T. mit dem **T.-Stock** durch **T.-Figuren** angeben, das →Metronom. **3)** bei Kraftfahrzeugen →Viertakt-, →Zweitaktverfahren.

T'aktik [grch.] die, **1)** ⚔ die Lehre von der Führung von Truppen verschiedener Waffengat-

tungen im Gefecht. **2)** Kampfesweise. **3)** planvolles Beharren, kluge Berechnung.

Tal das, -s/Täler, ⊕ Einsenkung oder Einkerbung im Gelände. Der Entstehung nach gibt es **Erosionstäler** (vom fließenden Wasser ausgewaschen), **tekton. T.** (in Brüchen und Spalten der Erdoberfläche), **Einbruchstäler** (Einsturz unterird. Hohlräume). Formen (nach Gestalt des Querschnitts): **Schlucht** (Klamm), **Cañon** (steile Wände), **Kerbtal** (V-förmig), **Trogtal** (U-förmig, von Gletschern überformt), **Sohlental** (flach) u. a. Nach der Richtung des T. zum Gebirgsverlauf unterscheidet man **Längs-** und **Quertäler.**

Tal'ar [lat.] der, langes Obergewand, bes. Amtskleid von Gerichtspersonen, Geistlichen, Hochschulprofessoren.

Talbot [t'ɔ:lbət], William Henry Fox, engl. Physiker und Chemiker, *1800, †1877; erfand das Negativ- und das Kopierverfahren (Photographie).

Talcahuano [talkaw'ano], Hafen in Chile, an der Bucht von Concepción, 75 000 Ew.; nahe T. das Stahlwerk Huachipato.

Tal'ent [grch.] das, **1)** angeborene Anlage zu guten Leistungen auf einem bestimmten Gebiet. **2)** altgriech. Gewichts- und Geldeinheit.

Taler [nach dem böhm. Bergwerksort Joachimsthal] der, früher weitverbreitete Silbermünze, seit 1518 geprägt (in Skandinavien **Daler,** in Holland **Daalder,** in den Verein. Staaten **Dollar**). Der **Reichstaler** war von 1566 bis ins 18. Jahrh. amtl. Währungsmünze des Dt. Reichs, dann der **Konventionstaler.** Der preuß. T. (= 3 Mark) galt bis 1907.

Talg, der, **1)** Unschlitt, tier. Fett, bes. von Rind und Hammel. Der flüssige Teil dient als Küchenfett, der Preßrückstand wird für Kerzen, Seife verwendet. **2) Pflanzen-T.** ist eine wachsähnl. Masse, die von verschiedenen Talgbäumen (Sumach, Msambo, Butterbaum) gewonnen wird.

Talgdrüsen Mz., Hautdrüsen an Haarbälgen in der Lederhaut; sie liefern den Hauttalg zur Einfettung der Haare; durch Talgeindickung und Schmutz verstopfte und erweiterte Talgdrüsen sind die **Mitesser.**

Tali'en, Dairen, Hafen in der Mandschurei, am Gelben Meer, mit Port Arthur Teil von →Lüta.

Tali'on [lat.] die, Vergeltung von Gleichem mit Gleichem; als Strafrechtsgrundsatz in vielen älteren Rechten entstanden.

T'alisman [arab.] der, -s/-e, Zaubermittel; schützender, glückbringender Gegenstand.

Talk, der, offizinell **Talkum,** weiches, hellfarbiges, sich fettig anfühlendes, wasserhaltiges Magnesiumsilicat; zu Maschinenschmiere, Streupulver, als Grundlage für Schminke (→Speckstein).

Talleyrand [talr'ã], Charles Maurice Herzog v., franzöz. Staatsmann, *1754, †1838, aus dem altfranzöz. Adelsgeschlecht **T.-Périgord;** war Bischof von Autun, schloß sich der Revolution von 1789 an, war 1797-1807 Außenmin., widerstrebte der Eroberungspolitik Napoleons I., betrieb 1814 die Wiedereinsetzung der Bourbonen, vertrat Frankreich erfolgreich auf dem Wiener Kongreß.

T'allinn, estn. Name der Stadt →Reval.

T'almi das, vergoldetes Rotmessing für Schmuckgegenstände; Sinnbild für Unechtheit.

T'almud [hebr. »Belehrung«] der, nachbibl. jüd. Sammlung von Religionsgesetzen; besteht aus **Mischna** und **Gemara.**

Talon [tal'õ, frz.] der, -s/-s, **1)** →Erneuerungsschein. **2)** im Kartenspiel: nach dem Geben übrigbleibende Spielkarten.

Talsperre, ein Stauwerk, das die ganze Talbreite abschließt, das Gewässer aufstaut und so Wasser speichert. T. dienen zum Hochwasserschutz, zur Wasserversorgung, für Wasserkraftwerke, zur Speisung von Kanälen usw. (BILD S. 912)

T'alvio, Maila, eigentlich geb. Maria Mikkola, geb. Winter, finn. Schriftstellerin, *1871, †1952; Gesellschafts- und histor. Romane.

Tamar'inde [arab.] die, Bäume des trop. Afri-

Tagore

Taine

Talar, oben Pfarrer, Mitte Richter, unten Rektor

Talleyrand

Talsperre: Oker-T.

Tamariske,
a Blüte,
b Fruchtknoten,
c Frucht,
d Samen

Tamburin

Tananarive:
Avenue de la
Libération

kas, in vielen Tropenländern eingeführt; Hülsenfrüchter. Das schwarzbraune Fruchtmark dient als Abführmittel (**Tamarindenmus**), die Rinde zum Gerben.

Tamar'iske die, Strauch- und Baumgattung in Asien, Afrika, Europa; hat immergrüne Schuppenblättchen und meist rosa Blütenrispen.

Tamat'ave, wichtigster Hafen Madagaskars, an der O-Küste, 60 500 Ew.; Flugplatz.

Tambour [tăb'u:r, frz.] der, 1) Trommler, Trommel. 2) trommelart. Unterbau einer Kuppel.

Tamb'ow, Gebietshauptstadt in der Russ. SFSR, 229 000 Ew.; Kathedrale (17. Jahrh.); Metallindustrie.

Tambur'in [frz.] das, flache, schellenbesetzte Handtrommel zum Tanz.

T'amerlan, →Timur Lenk.

Tam'ilen Mz., Volk mit Drawida-Sprache im SO Vorderindiens und im N Ceylons; rd. 25 Mill.

Tammany Hall [t'æməni hɔ:l], Versammlungshaus einer 1789 in New York u.a. Städten gegr. patriot. Bruderschaft; später Mittelpunkt der Demokrat. Partei.

Tampa [t'æmpə], Hafenstadt in Florida, USA, 278 000 Ew.; Winterkurort; Univ.; Flughafen.

T'ampere, schwed. **Tammersfors,** Industriestadt in S-Finnland, 156 000 Ew.; Industrie. (FARBTAFEL Europa I S. 339)

Tamp'ico, Hafenstadt an der Ostküste Mexikos, 151 000 Ew.; Erdölausfuhr, Flughafen.

Tampon [tăp'õ, frz.] der, ♀ Pfropf oder Bausch von Mull, Watte usw. zum Hemmen von Blutungen oder Ausstopfen von Wundhöhlen (**Tampon'ade, Tampon'ieren**).

Tamt'am [ind.] das, der →Gong.

tan, Abk. für Tangens (→Winkelfunktionen).

T'anagra, altgriech. Stadt in Böotien, Fundstätte vieler bemalter Tonfigürchen des 4./3.Jahrh. v. Chr., der **T.-Figuren.**

Tananar'ive, Hauptstadt Madagaskars, 362000 Ew.; höhere Fachschulen; Flughafen.

T'anasee, See in Äthiopien, 3100 km² groß; sein Abfluß ist der Blaue Nil.

T'andem das, 1) mehrsitziges Fahrrad. 2) T.-

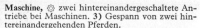

Maschine, ⚙ zwei hintereinandergeschaltete Antriebe bei Maschinen. 3) Gespann von zwei hintereinandergehenden Pferden.

Tang der, Algenpflanzen, bes. →Blasentang.

Tanganj'ika, Gliedstaat der Rep. Tansania, in O-Afrika, 937058 km², 11,9 Mill. Ew. (meist Bantu; rd. 30% Christen, 30% Muslime); Hauptstadt: Daressalam. Überwiegend Hochland, am Ostafrikan. Graben zahlreiche Vulkane (Kilimandscharo 5895 m); heißfeuchtes Küstentiefland. T. liefert Sisal, Kaffee, Baumwolle, Ölsaaten, Tee, Felle, Häute; Diamanten, Gold, Zinn, Kohle, Salz. – T., der Hauptteil des ehem. Schutzgebietes Dt.-Ostafrika, war von 1920 bis zur Erlangung seiner Unabhängigkeit (1961) brit. Treuhandgebiet. 1964 vereinigten sich T. und Sansibar zur Verein. Rep. von T. und Sansibar, →Tansania.

Tanganj'ikasee, See in O-Afrika, 34000 km², bis 1435 m tief, 22-80 km breit.

T'angens [lat.] der, →Winkelfunktionen.

Tang'ente [lat.] die, △ eine Gerade, die eine Kurve in nur einem Punkt berührt, z.B. Kreistangente (→Kreis).

Tang'entenbuss'ole [lat.-frz.], ein veralteter einfacher Strommesser.

Tanger, Hafenstadt in Marokko, am westl. Eingang der Straße von Gibraltar, 180 000 Ew.; Handelsplatz mit regem Gewerbe, Schiffbau, Konserven-, Textil- u. a. Industrie. Über das ehemalige **internationale Gebiet T.** →Marokko, Geschichte. (BILD S. 913)

Tangermünde, Stadt im Bez. Magdeburg, an der Elbe, 13 100 Ew.; war Hansestadt; got. Backsteinbauten; Industrie.

tang'ieren [lat.], berühren, streifen.

T'ango [span.] der, westind. Volkstanz, seit 1911 auch Gesellschaftstanz, im ²/₄-Takt.

Tangschan, Stadt in der chines. Prov. Hopei, 800000 Ew.; Schwer- und Maschinenindustrie.

Tanguy [tăg'i], Yves, französ. Maler, *1900, *1955; malte traumhaft surrealist. Bilder.

Tank [engl.] der, -s/-s und -e, 1) Behälter für Flüssigkeiten. 2) ⚙ Panzerkampfwagen.

Tanker der, **Tankschiff,** Schiff zum Transport flüssiger Ladung (meist Mineralöl). Die Laderäume, mit Entlüftungs- und Feuerschutzeinrichtungen, sind so unterteilt, daß die Stabilität nicht gefährdet ist.

T'ankred, 1) T., Tancred, normann. Fürst aus Süditalien, ein Führer des 1.Kreuzzuges, †1112. **2) T. von Lecce** [l'etʃe], Enkel Rogers II. von Sizilien, †1194; wurde 1189 in Sizilien zum König erhoben, verteidigte dieses erfolgreich gegen den Staufer Heinrich VI.

Tanne die, Nadelbaumgattung mit flachen, vorn stumpfen oder eingekerbten Nadeln und aufrechten Zapfen, die auf dem Baum zerfallen. Die **Weiß-T. (Edel-T.),** mit weißl. Rinde, Nadelunterseite mit zwei weißen Streifen, ist in Gebirgen Süddtl.s häufig, liefert Bau-, Nutzholz und (Straßburger) Terpentin. Verschiedene fremdländ. T. sind bei uns als Zierbäume eingeführt. (TAFEL Waldbäume) Als **Rot-T.** wird die Gemeine →Fichte bezeichnet. Die **Zimmer-T.** ist eine Araukarie. (BILD S. 913)

Tännel der, verbreitete Wasserpflanzengattung, erinnert an junge Tannen.

Tannenberg, Gem. in Ostpreußen, (1939) 660 Ew. – 1410 erlitt hier das Heer des Dt. Ritterordens durch die Polen und Litauer eine vernichtende Niederlage. 1914 siegte hier Hindenburg über die russ. Narew-Armee. Das 1927 erbaute Tannenbergdenkmal war 1934-44 Grabstätte Hindenburgs; 1945 von den Deutschen gesprengt.

T'annhäuser, süddt. Minnesänger (etwa 1205 bis 1270). Die T.-Sage versetzt ihn in den Venusberg. Oper von R. Wagner (1845).

Tann'in das, eine Gerbsäure.

T'annu-Tuw'a, früherer Name von →Tuwa.

Tans'ania, die Verein. Republik von →Tanganjika und →Sansibar, gebildet 1964; Hauptstadt: Daressalam; Amtssprache: Kisuaheli. Präsident der Union ist der Präs. von Tanganjika (seit 1964

J. Nyerere), Erster Vizepräs. der Präs. von Sansibar. Beide Gliedstaaten haben eigene Regierungen und Volksvertretungen. Haupthafen und internat. Flughafen: Daressalam. ⊕ S. 514. ⊡ S. 346.

T'anta, Stadt in Unterägypten, im Nildelta, 230 000 Ew.; Wallfahrtsort mit Moschee.

T'antal das, **Ta,** chem. Element, seltenes, chem. sehr widerstandsfähiges Metall, in allen Säuren unlöslich; Ordnungszahl 73, Dichte 16,6 g/cm³, Schmelzpunkt 3000 °C; kommt in der Natur meist zusammen mit dem verwandten Niob vor. Verwendung zu chem. Geräten, chirurg. Instrumenten, Uhrfedern, Elektroden u. a.

T'antalos, Tantalus, griech. Sage: frevelhafter König, der den Göttern den eigenen Sohn zum Mahle vorsetzte. Zur Strafe mußte er in der Unterwelt im Wasser und unter einem Obstbaum stehen, ohne trinken und essen zu dürfen (**T.-Qualen**). Seine Nachkommen sind die **Tantal'iden.**

Tanti'eme [frz.] die, Anteil am Reingewinn, als Vergütung für Aufsichtsrats- und Vorstandsmitglieder sowie für leitende Angestellte.

T'antra [Sanskrit] das, eine Gattung religiöser Schriften der ind. Literatur, die sich bes. mit Magie und Mystik beschäftigen.

Tanz der, rhythm. Körperbewegungen, meist von Musik begleitet; urspr. religiös bedingter **Kult-T.** Aus diesem entwickelte sich der **Volks-, Gesellschafts-** und **Kunst-T.** Die bekanntesten Gesellschaftstänze des 16. Jahrh. sind Pavane und Gaillarde, des 17.: Courante, Sarabande, Gigue, des 18.: Bourrée, Menuett, Allemande, des 19.: Walzer, Polka, des 20.: Tango, Foxtrott, Slowfox, langsamer Walzer, Charleston, Rumba, Boogie-Woogie, Rock'n' Roll, Samba, Twist, Beat.

T'ao [tau, chines. »Bahn«, »Weg«, »Richtschnur«] ein Schlüsselwort der chines. Religion. Bei Lao-tse ist T. eine stille Kraft, ewig ohne Tun; der Mensch soll dem T. ähnlich werden, nicht handeln. Der volkstüml. **Tao'ismus** ist ein einfacher Zauber- und Dämonenglaube.

Taorm'ina, Stadt, Seebad an der Ostküste Siziliens, am Ätna, etwa 9000 Ew.; griech. Baureste.

Tapajós [tapaʒ'ɔs] der, Fluß in Brasilien, 1992 km lang, z. T. schiffbar, mündet in den Amazonas.

Tap'et [frz.] das, eigentl. die Tischdecke in behördl. Sitzungsräumen, daher: **etwas aufs T. bringen,** zur Sprache bringen.

Tap'ete [lat.] die, Wandbekleidung, urspr. aus Gewebe, Leder, jetzt meist aus Papier.

Tapi'oka die, →Maniok.

T'apir der, Familie der Unpaarzeher, mit schwartiger Haut und Rüsselnase. Hinterfüße mit 3, Vorderfüße mit 4 Zehen; sie leben in trop. Urwäldern S-Amerikas und S-Asiens.

Tapisser'ie [frz.] die, Weiß- und Buntstickerei.

T'ara [ital.] die, Gewicht der Verpackung.

Tar'antel [nach der Stadt Tarent] die, hellbraune, bis 5 cm lange Wolfsspinne Südeuropas. Ihr Biß verursacht ungefährl. Entzündungen.

Tarant'ella [ital.] die, neapolitan., zunehmend rascher werdender Tanz im ⁶/₈-Takt.

Tar'asp, Heilbad in Unterengadin (Schweiz).

Tarbes [tarb], Stadt in SW-Frankreich, am Fuß der Pyrenäen, 59 400 Ew.; Kathedrale (13. bis 15. Jahrh.).

Tarb'usch der, arab. für →Fes.

Tardieu [tardj'ø], André, französ. Politiker, *1876, †1945; 1926–34 mehrmals Min. (MinPräs.).

Tar'ent, italien. **T'aranto,** Kriegs- und Handelshafen in Süditalien, am **Golf von T.,** 219 500 Ew.; Erzbischofssitz, Dom; Maschinen-, Schiffbau; Austernzucht. – T. wurde um 700 v. Chr. von Griechen gegr., war führende Handelsstadt Italiens; kam 272 v. Chr. unter röm., 675 unter langobard., 1063 unter normann. Herrschaft.

T'arget [engl.] das, Auffangfolie oder Auffangkörper für energiereiche Strahlen von Teilchenbeschleunigern; zur Auslösung von Kernreaktionen u. dgl.

Tar'if [frz. aus arab.] der, einheitl. festgelegter Preis (Entgelt) für best. Waren, Lieferungen und

Leistungen, bes. für solche öffentl.-rechtl. Art, z. B. Zoll-, Steuer-, Post-, Bahn-T.

Tariflohn, nach Tarifvertrag vereinbarter Lohn.

Tarifvertrag, ⚖ Vertrag zwischen einer Gewerkschaft und einem Arbeitgeber oder Arbeitgeberverband zur Regelung der beiderseitigen Rechte und Pflichten (**schuldrechtl. Teil**) und zur Festsetzung arbeitsrechtl. Normen (**normativer Teil**).

Tar'im der, größter Fluß im abflußlosen Innerasien, entspringt im Karakorum, endet im Lopnor, durchfließt das **Tarimbecken.**

Tarn der, rechter Nebenfluß der Garonne in S-Frankreich, 375 km lang.

tarnen, verbergen, unsichtbar machen (FARBTAFEL Farbe II S. 342); Sagen erwähnen eine **Tarnkappe. Tarnung** die, Verbergen, z. B. mit Tarnanstrichen, Zweigen, Nebel; bei Tieren durch besondere **Tarn-** oder **Schutztrachten** (Umgebungstracht, →Mimese, →Mimikry).

T'arnopol, Gebietshauptstadt in der Ukrain. SSR, am Sereth, 85 000 Ew.; Maschinenfabriken.

T'arnów, Stadt in Polen, am Fuß der Beskiden, 86 400 Ew.; Stickstoff-, Metall-, Holz-Industrie.

T'aro der, eßbare, stärkehaltige Knollenfrucht der asiat., austral., afrikan. Tropen.

Tar'ock das, skatähnl. Kartenspiel, gewöhnlich drei Spieler mit 78, 54 oder 36 Blättern.

Tarp'an der, Wildpferd der südruss. Steppen, im 19. Jahrh. ausgerottet.

Tarp'ejischer Fels, Felsen am Westabhang des Kapitols in Rom, von dem Staatsverbrecher hinabgestürzt wurden.

Tarqu'inia, früher **Corneto,** Stadt in der italien. Prov. Viterbo, 8100 Ew.; im O lag das antike **Tarquinii.** Die in Felsengrabkammern erhaltenen Fresken gehören zu den Hauptwerken der etrusk. Malerei.

Tarqu'inius, der Sage nach zwei etrusk. Könige Roms: **T. Priscus** (»der Alte«) und **T. Superbus** (»der Stolze«), Roms letzter König (534–510 v. Chr.).

Tarrag'ona, Hafenstadt im NO Spaniens, am Mittelmeer, 47 600 Ew.; Erzbischofssitz mit roman.-got. Kathedrale (12./13. Jahrh.); Likör-, Tabakindustrie; Ausfuhr von Wein und Olivenöl.

Tarr'asa, katalan. **Terr'assa,** Industriestadt in Spanien, Katalonien, 133 200 Ew.; Polytechnikum; Textil- und Elektroindustrie.

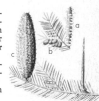

Tasso

a

b

Taster, a Außentaster, b Innentaster

Tauben, oben Kropf-, unten Felsentaube

Taucher

T'arski, Alfred, poln. Philosoph, *1902; lebt seit 1942 in Berkeley (Calif., USA); befaßt sich mit Mathematik, Logik und Semantik.

T'arsus, Tarsos, Stadt in der kleinasiat. Türkei, 57000 Ew.; im Altertum die Hauptstadt Ziliziens, Geburtsort des Apostels Paulus.

T'artaros, lat. **T'artarus** der, griech. Sage: der tiefste Abgrund der Unterwelt, →Hades.

Tartr'ate Mz., ⚗ die Salze der Weinsäure.

Tartsche [frz.] die, mittelalterl. Schild.

Tartuffe [tart'yf], Titelheld einer Komödie von Molière, ein scheinheiliger Betrüger.

Taschenbuch, 1) auch **Taschenkalender,** kleines Vormerkbuch. 2) engl. **pocket-book,** Buch, meist im Taschenformat, früher Musenalmanach.

Taschendiebstahl, die Entwendung von Gegenständen aus Taschen oder Kleidungsstücken; wird als «einfacher Diebstahl« bestraft.

Taschengeld, regelmäßig gewährte kleinere Summe für persönl. Ausgaben.

Taschenkrebs der, →Krabben.

Taschk'ent, Hauptstadt der Usbek. SSR, in einer Oase, 1,3 Mill. Ew.; Universität; Ind.: Baumwolle, Metall, Kohle.

T'asman, Abel, niederländ. Seefahrer, *1603, †1659; entdeckte 1642/43 Tasmanien, Neuseeland, die Tonga- und Fidschi-Inseln.

Tasm'anien, Insel südlich von Australien, Staat der Austral. Bundes, mit Nebeninseln 68332 km², 388500 Ew.; Hauptstadt: Hobart. ⚒ auf Silber u. a. Erze.

TASS, Telegraphen-Agentur der Sowjetunion.

Tasso, Torquato, einer der größten italien. Dichter, *1544, †1595; schrieb das kunstvolle, christl.-romant. Epos »Das befreite Jerusalem«. Schauspiel »Torquato Tasso« von Goethe.

Tastat'ur [lat.] die, Tastenwerk, Griffbrett.

Taster der, Meßgerät zum Übertragen von Abmessungen, z.B. vom Maßstab auf das Werkstück oder umgekehrt. Arten: **Außentaster** (Greifzirkel), **Innentaster.**

Tastsinn, Druck- und Berührungssinn, die Fähigkeit zu Tastempfindungen, vermittelt durch Tastpunkte auf der Haut.

Tat'aren, fälschl. **Tartaren,** urspr. ein mongol. Stamm, der seit dem 13. Jahrh. viele Türkvölker in sich aufgenommen hat. – **Tatarische ASSR,** Teilrep. (seit 1920) der Russ. SFSR, an der mittl. Wolga, 68000 km², 3,13 Mill. Ew. (T., Russen, Baschkiren u. a.); Hauptstadt: Kasan. Erdölförderung und -verarbeitung

tatau'ieren, tätow'ieren [tahit.], das Einbringen von Farbstoffen unter die menschl. Haut in Mustern oder Zeichnungen.

Tateinheit, ⚖ →Idealkonkurrenz.

Tati'an, altchristl. Theologe aus Mesopotamien im 2. Jahrh.; →Evangelienharmonie.

tätige Reue, ⚖ die Abwendung des Erfolges einer Straftat durch den Täter vor deren Entdeckung. Sie wirkt beim beendeten →Versuch und bei einigen vollendeten Straftaten strafbefreiend, beim →Meineid strafmildernd.

Tätigkeitswort, das →Zeitwort.

Tatmehrheit, ⚖ →Realkonkurrenz.

T'atra die, inner. Gebirgszüge der W-Karpaten. **1) Die Hohe T.,** bis 2663 m hoch, wild und zerklüftet, hat Hochseen (Meeraugen), keine Gletscher (FARBTAFEL Europa II S. 340). **2) Niedere T.,** Gebirgszug südl. der Hohen T., bis 2045 m hoch.

T'attersall [nach dem engl. Trainer T., †1795] der, Reitschule.

Tau, 1) der, an der Erdoberfläche und an festen Gegenständen während der Nacht entstehender wäßriger Niederschlag aus dem Wasserdampf der Luft und der Bodenfeuchtigkeit. **2)** das, →Tauwerk.

Tau, Max, Schriftsteller, *1897; emigrierte nach Norwegen, schrieb Romane; Friedenspreis des Dt. Buchhandels 1950.

Tauben Mz., mittelgroße Vögel, über die ganze Erde verbreitet, nähren sich von Samen und Früchten; die Jungen sind Nesthocker. Wildlebende T.: **Ringel-, Hohl-, Turtel-T., Türken-T.** Die **Felsen-T.** ist die Stammform der **Haus-T.,** die in

Tatra: Hohe T., Fischerseetal, links Meeraugspitze, rechts Mengsdorferspitzen

vielen Rassen gezüchtet wird: **Farben-T., Pfauen-T., Perücken-T., Brief-T.**

Tauber die, linker Nebenfluß des Mains, mündet bei Wertheim.

Tauber, Richard, lyr. Tenor, *1892, †1948.

Taubheit die, Unfähigkeit zu hören, infolge Funktionsuntüchtigkeit wichtiger Teile des Innenohrs, des Hörnervs, der Hirnrinde.

Täubling der, Gattung der Blätterpilze. Hierzu gehören der eßbare **Speise-T.** und der giftige **Spei-T.** (FARBTAFEL Pilze S. 865)

Taubnessel, krautige Lippenblüter mit vierkantigem Stengel und nesselähnl. Blättern, behaart, aber nicht brennend (Bienensaug); z.B. **Rote T. (Acker-T.), Gelbe T. (Goldnessel).**

Taubstummheit, das Fehlen der Sprechfähigkeit infolge →Taubheit. Eine ursächliche Behandlung ist nicht möglich, ein Taubstummer kann aber in **Taubstummenanstalten-** und **-schulen** das Sprechen lernen (Absehen, Gebärdensprache).

Taucha, Stadt im Bez. Leipzig, 15200 Ew.; Rauchwaren, Maschinen, chem. Erzeugnisse.

Tauchen, sportl. Wettbewerbe unter Wasser, als Strecken-, Geräte- und Orientierungs-T.

Taucher können mit Hilfe eines **T.-Apparats** in größeren Wassertiefen Arbeiten verrichten. Der einfachste T.-Apparat ist die **T.-Glocke,** bis etwa 15 m Wassertiefe. Die **T.-Anzüge** bestehen aus Gummistoff, der anschraubbare Helm hat Luftschlauch oder Sauerstoffflaschen und Fernsprechanlage und gestattet, in Tiefen bis zu 40 m zu arbeiten. Der **Tauchpanzer** aus Stahlpanzerringen ermöglicht ein Arbeiten in Tiefen bis 200 m.

Tauchsieder, elektr. Heizgerät für Flüssigkeiten.

Tauchvögel, Taucher, Wasservögel, deren Schwimmbeine weit hinten sitzen, z.B. **Haubentaucher.**

Tauern Mz., **1) Hohe T.,** Gruppe der O-Alpen mit Großglockner-, Venediger-, Ankogelgruppe. **2) Niedere T.,** östl. Fortsetzung der Hohen T. in Salzburg und der Steiermark, im Hochgolling 2863 m hoch. T.-Bahn durch die T.-Tunnel (8,6 km lang). **3)** Pässe der T.-Kette: Krimmler (2634 m), Felber (2545 m), Radstädter T. (1738 m) u.a.

Taufe [von tauchen] die, ein christl. Sakrament, durch das der **Täufling** in die Kirche aufgenommen wird. Wirkung der T.: Vergebung der Sünden, bes. der Erbsünde. Hauptstück der **Taufhandlung:** Übergießung oder Besprengung mit Wasser. Seit dem 2. Jahrh. trat die Kindertaufe an die Stelle der Erwachsenentaufe; bei einzelnen evang. Sekten, gen. **Täufer** (Baptisten, Mennoniten, Wiedertäufer) Erwachsenentaufe.

Tau|fliegen, lat. **Dros'ophila,** kleine Fliegen, die von Essig, Wein, Bier, Fruchtsaft leben **(Essig-, Fruchtfliege);** Versuchstiere der Vererbungsforschung.

Tauler, Johannes, Mystiker, * um 1300, †1361; Dominikanermönch und Volksprediger.

Taumelkäfer, →Schwimmkäfer.

Taunus der, südöstl. Teil des Rhein. Schiefergebirges, im Großen Feldberg 880 m hoch.

Am Rand viele Heilquellen (Wiesbaden, Nauheim, Homburg v. d. Höhe, Schwalbach, Schlangenbad u. a.).

Taunusstein, Stadt (seit 1971) im Untertaunuskreis, Hessen, rd. 14000 Ew., Zusammenschluß der Gemeinden Hahn, Bleidenstadt und Wehen.

taupe [to:p, frz.], maulwurfsgrau.

Taupunkt, die Temperatur, bei der der Wasserdampfgehalt der Luft gerade zur Sättigung ausreicht und bei deren Unterschreitung sich Niederschlag, Nebel oder Tau bildet.

T'auroggen, Stadt in der Litauischen SSR, nordöstl. von Tilsit, 17000 Ew.; 30. 12. 1812 **Konvention von T.** (→Yorck von Wartenburg), wurde der Auftakt zur preuß. Erhebung gegen Napoleon I.

T'aurus der, südl., bewaldetes Randgebirge Kleinasiens, bis 4168 m hoch; östl. davon der **Anti-T.** Durch den T. führt die Bagdadbahn.

Tausch der, Hingabe eines wirtschaftl. Gutes gegen Überlassung eines anderen. Auf den T. werden die Vorschriften über den Kauf entsprechend angewendet (§ 515 BGB).

Tausch'ierarbeit [ital. aus arab.], mit Gold- und Silberdrähten, kleinen Blechstücken u. ä. kunstvoll eingelegte Metallarbeit.

Täuschung die, ⚖ →Anfechtung.

Tauschwert, der im Tauschverkehr erzielte Wert eines Gutes, in Geld ausgedrückt der Preis.

Tauschwirtschaft, Wirtschaftsform, in der die Wirtschaftseinheiten durch den Austausch von Gütern und Leistungen miteinander verbunden sind **(Verkehrswirtschaft).** Aus der nationalen T. entsteht im Verlauf der wirtschaftl. Entwicklung die Geldwirtschaft, bei der regelmäßig Geld gegen andere Güter getauscht wird.

Tausendblatt, ausdauernde Wasserpflanzen mit fein zerteilten Blättchen; Aquarienpflanze.

Tausendfüßer, Klasse der Gliederfüßer, deren langgestreckter Körper aus vielen Leibesringen besteht. Sie atmen durch Tracheen. Die Zahl der Beinpaare reicht bis 200. **Steinkriecher, Skolopender, Gemeiner Tausendfüßer.**

Tausendgüldenkraut, Enziangewächse mit rosafarbenen Blüten. Das Kraut wird wie Enzian arzneilich gebraucht.

Tausendjähriges Reich, →Chiliasmus.

Tausendundeine Nacht, eine arab. Sammlung von Märchen, Romanen, Novellen, Liebes-, Schelmen-, Seefahrergeschichten verschiedensten Ursprungs, durch eine Rahmenerzählung zusammengefaßt; die Erzählerin ist **Scheherezade.**

Taut, 1) Bruno, Baumeister, *1880, †1938; Fabrik- und Siedlungsbauten. 2) Max, Bruder von 1), Baumeister und Schriftsteller, *1884, †1967; Zweckbauten, Schulen.

Tautolog'ie [grch.] die, Bezeichnung einer Sache durch zwei gleichbedeutende Ausdrücke, z.B. kleiner Zwerg.

Tauwerk das, die zum Schiff gehörigen **Taue,** aus Hanf oder Stahldraht zusammengedreht (seemännisch heißen sie **Enden**).

Tav'erne die, →Taberne.

Taxam'eter [lat.-grch.] der, 1) Fahrpreisanzeiger. 2) Taxe die, **Taxi** das, Mietwagen mit T.

Taxe, Taxati'on [lat.] die, 1) Bestimmung des Wertes einer Sache; meist durch einen Schätzer oder **Tax'ator.** 2) Preisfestsetzung für Waren und Leistungen (Gebühr).

T'axis [grch.] die, Mz. **T'axien,** ⚕ ☿ durch Außenreize bewirkte und gerichtete Ortsbewegung frei bewegl. Lebewesen. Nach Art des Reizes (Wärme, Licht, chem. Reiz) unterscheidet man Thermo-, Photo-, Chemo-T. (→Tropismus)

T'axus der, die →Eibe.

Tay [tei] der, Fluß im östl. Schottland. Die **T.-Brücke** bei Dundee ist 3214 m lang.

Ta'ygetos der, Hochgebirge in Griechenland, Peloponnes, im Hagios Elias 2407 m hoch.

Taylor [t'eilə], 1) Elizabeth, angloamerikan. Filmschauspielerin, *1932. 2) Frederick Winslow, Ingenieur, *1856, †1915; Begr. des →scientific management.

T'azzelwurm, Tatzelwurm, im Volksglauben

der Alpenländer ein riesiger Vierfüßer, der bes. bei Wetterwechsel erscheinen soll.

Taunus, Michelbach

Tb, chem. Zeichen für →Terbium.

Tb(c), Abk. für →Tuberkulose.

Tc, chem. Zeichen für →Technetium.

tdw, tons deadweight [d'edweit, engl. »Tonnen totes Gewicht«], die Tragfähigkeit eines Schiffes in t (Gesamtzuladungsgewicht).

Te, chem. Zeichen für →Tellur.

Teach in [ti:tʃ in, engl.] das, Form der polit. Demonstration (bes. durch Studenten), bezweckt Aufklärung durch Vortrag und Diskussion.

Teakholz [ti:k-, engl.], hochwertiges, hellbraunes, hartes, wenig schwindendes, termitenfestes Nutzholz S- und SO-Asiens.

Team [ti:m, engl.] das, 1) Mannschaft. 2) Arbeitsgemeinschaft. **Teamwork** [-wɘ:k], **Teamarbeit,** Gemeinschaftsarbeit einer Gruppe.

Tea-room [ti: ru:m, engl.] der, Teestube.

Teb'aldi, Renata, italien. Sopranistin, *1922.

Techn'etium das, **Tc,** künstlich hergestelltes, radioaktives Element, ein dem Rhenium ähnliches Metall, Ordnungszahl 43.

T'echnik [grch.] die, 1) die Erkenntnis und Beherrschung der Mittel, um ein Ziel zu erreichen (T. der Malerei, des Fliegens u. a.). 2) alle Maßnahmen, Verfahren und Einrichtungen zur Beherrschung der Naturgesetze und der von der Natur gebotenen Energien und Rohstoffe. **Techniker,** jeder, der in der T. tätig ist, bes. der auf einer techn. Fachschule Vorgebildete.

Technische Lehranstalten, Fach- und Hochschulen für den techn. Nachwuchs: Technische Hochschulen mit mindestens 8semestr. Studium und Abschluß als Diplom-Ingenieur; Ingenieur- und Bauschulen (Abschluß mit Ingenieurprüfung); gewerbl. Fachschulen für techn. Berufe.

technische Überwachung, das Überprüfen von Industrieanlagen u. ä. zum Schutz der Beschäftigten und der Umgebung, Aufgabe der **Technischen Überwachungsvereine (TÜV).** Kraftfahrzeuge werden in regelmäßigen Abständen von den TÜV oder (in Hessen und Hamburg) von **Techn. Überwachungsämtern (TÜA)** geprüft.

Technokrat'ie [grch.] die, Herrschaft der Technik (über Politik, Wirtschaft u. dgl.).

Technolog'ie [grch.] die, Herstellungs- und Verarbeitungskunde, z. B. chem. Technologie.

T'echtelmechtel das, Liebelei.

Teckel der, Dackel.

Ted'eum das, christl. Dankgottesdienst, nach dem Anfang des Lobgesangs »Te D'eum laud'amus« [lat.], »Herr Gott, dich loben wir«.

Tee der, **Teestrauch,** Baum des wärmeren Ostasiens mit weißer bis rötlicher jasminduftender Blüte und dreisamiger Kapselfrucht. Er wird als Genußmittelpflanze strauchig gezogen. In den Blättern ist Coffein enthalten. Seit dem 4. Jahrh. ist der T. als Getränk in China üblich, seit dem 17. Jahrh. auch in Europa. Er wird außer in China und Japan bes. in Vorderindien, auf Ceylon, in O-Afrika, Indonesien und der Sowjetunion angebaut. **Grüner T.** sind unvergorene, getrocknete Blätter; **Ziegel-** oder **Backstein-T.,** gepreßter Abfall; **Pekoe-T.,** feinste Sorte aus den jüngsten Blättern.

Tausendblatt, a männl., b weibl. Blüten

Teestrauch, a Blüte, b Frucht

Tegernsee: Rottach-Egern

Teilhaber der, Gesellschafter einer Handelsgesellschaft.

Teilhard de Chardin [tɛl'a:r də ʃard'ɛ̃], Pierre, franzs. Jesuit, *1881, †1955, Vorgeschichtsforscher und Anthropologe, zugleich um Einfügung der modernen Entwicklungslehre in die kirchl. Philosophie und Theologie bemüht. »Der Mensch im Kosmos«.

Teilung die, 1) Division, △ →Grundrechnungsarten. 2) ♀ Form der ungeschlechtl. →Fortpflanzung und der →Kernteilung.

Teilzahlung, →Abzahlungsgeschäft.

Teint [tɛ̃, frz.] der, 1) Hautfarbe. 2) Beschaffenheit der Gesichtshaut.

T'ejas, Teja, letzter König der Ostgoten, fiel 552 in der Schlacht gegen Narses.

Tejo [t'ɛʒu] der, portug. Name des →Tajo.

tekt'onisch [grch.], 1) von Kunstwerken: klar aufgebaut, wie in der Baukunst gefügt. 2) ⊕ den Bau der Erdkruste betreffend.

Tel Av'iv, Hafenstadt in Israel, bildet mit →Jaffa eine Doppelstadt von 394000 Ew.; Textil-, chem. Ind.; 1909 von den Zionisten gegründet.

tele... [grch.], in Fremdwörtern: fern.

teleg'en, für das Fernsehen geeignet.

Telegr'amm [grch.] das, Draht- oder Funknachricht. Nach der Schnelligkeit der Beförderung unterscheidet man: 1) **gewöhnl. T.;** 2) **Brief-T.,** das in verkehrsschwachen Stunden, bes. nachts, übermittelt und wie ein gewöhnl. Brief zugestellt wird; ermäßigte Gebühr; 3) **Presse-T.,** ermäßigte Gebühr; 4) **dringendes T.,** doppelte Gebühr; 5) **Blitz-T.** (bis 30 Worte), zehnfache Gebühr. Dazu: **Schmuckblatt-T.** für Gratulationen und Trauerfälle; Sondergebühr.

Telegraphenagentur, Nachrichtenagentur.

Telegraph'ie [grch.] die, Übermittlung von Nachrichten über Draht oder durch Funk mit Hilfe elektr. Impulse oder Impulsfolgen (T.-Zeichen). Diese werden am Empfangsort entweder aufgezeichnet (Zeichenschrift oder gewöhnl. Buchstaben) oder als Summtöne gehört. Von den älteren Telegraphenapparaten wird nur noch der **Morse-Apparat** benutzt. Durch Niederdrücken einer Taste als Sender werden lange oder kurze Stromstöße in die Leitung geschickt. Hierdurch wird im Empfänger ein Elektromagnet erregt, der einen Anker verschieden lange anzieht. Dieser verzeichnet auf gleichmäßig ablaufendem Papierband Striche und Punkte (→Morsezeichen). Die modernste Form der Drucktelegraphen ist der →Fernschreiber; für Funkverbindungen wird der Bildschreiber (Hellschreiber) verwendet (→Bildtelegraphie). Bei der **drahtlosen T.** werden die hochfrequenten Trägerschwingungen des Senders im Takt der T.-Zeichen moduliert. Die drahtlose Übersee-T. wird auf Kurzwellen abgewickelt, im kontinentalen Verkehr werden als Langwellen benutzt. – Vor der Erfindung der elektr. T. zu Beginn des 19. Jahrh. (Schilling von Canstadt, Gauß, Weber, Morse u. a.) ist T. im weiteren Sinne schon seit frühgeschichtl. Zeit durch Schall, Rauch, Feuer, Licht, Flaggen, z. T. über riesige Entfernungen, geübt worden. Nach Erfindung des Fernrohrs war die »optische T.« mit Flügeltelegraphen (an einem Mast befestigte bewegl. Flügel) im 18. Jahrh. und unter Napoleon von Bedeutung.

Telekin'ese [grch.] die, Parapsychologie: Fernbewegung, das angebliche, mechan. unerklärbare Bewegen von Gegenständen durch ein Medium.

T'elemach [grch.], bei Homer: Sohn des Odysseus und der Penelope.

T'elemann, Georg Philipp, Komponist, *1681, †1767; Opern, Orchester-, Kammermusik u. a.

T'elemark, T'elemarken, schnee- und waldreiche Gebirgslandschaft im S Norwegens (Skilauf).

T'eleobjektiv [grch.-lat.] das, photograph. Linsensystem großer Brennweite; zur Aufnahme weit entfernter Gegenstände verwendet.

Teleolog'ie [grch. aus telos »Ende«, »Ziel«] die, philosoph. Lehre, daß alles Geschehen durch Zwecke bestimmt und geleitet wird; →Entelechie.

Telepath'ie [grch.] die, →Gedankenübertragung.

Teenager [t'i:neidʒə, engl.] der, Jugendliche im Alter von 13-19 Jahren.

Teer der, ◁○ bei der Destillation von Kohle, Holz u. a. gewonnene zähflüssige dunkelbraune Masse. **Braunkohlen-T.** wird vorwiegend auf Treibstoffe verarbeitet. Durch Destillation gewinnt man Gas- oder Paraffinöl, Paraffin, Benzin, Solaröl, Pech. **Steinkohlen-T.** ist Ausgangsstoff für die Herstellung von künstl. Farbstoffen, Riechstoffen, Kunstharzen, Lacken, Heilmitteln, Treibstoffen u. a. T. wird auch im Straßenbau verwendet.

Teerfarben, organ. Farbstoffe aus den Bestandteilen des Steinkohlenteers.

TEE-Züge, Trans-Europ-Expreß-Züge.

Tegel, Berlin-T., Teil des 20. VerwBez. Reinickendorf, an der Havel **(Tegeler See);** Schloß (im Park Grabstätte der Brüder Humboldt); Borsig-Werke, Flughafen.

T'egernsee, Stadt in Oberbayern, 4200 Ew., Luftkurort am T. (9 km²); Schloß, Bauerntheater.

Tegnér [tɛŋn'e:r], Esaias, schwed. Dichter, *1782, †1846, seit 1824 Bischof von Växjö; vom dt. Idealismus (Schiller) und vom Nationalgefühl der nord. Romantik bestimmt; Epos »Frithiofs saga«.

Tegucig'alpa, Hauptstadt von Honduras, 170500 Ew.; Kathedrale; Univ.; Ind.; Verkehrsknoten.

Teher'an, Hauptstadt von Iran, 2,7 Mill. Ew.; Pahlewi-Palast, Moscheen, Univ., Flughafen, Rundfunksender; Teppich-, Seiden-, Baumwollweberei; Leder- u. a. Industrie.

Teheran

Teheran-Konferenz, Konferenz 1943 in Teheran zwischen Churchill, Roosevelt und Stalin über militär. Zusammenarbeit, die Besetzung Dtl.s, Friedensbedingungen u. a.

Tehuantep'ec, Stadt in Mexiko, 12300 Ew.; der **Isthmus von T.,** die Landenge zwischen Atlant. und Stillem Ozean, ist 220 km breit.

Teichralle, auch **Grünfüßiges Teichhuhn,** eine Rallenart, lebt an Teichen.

Teichwirtschaft, Fischzucht in Teichen.

Teilchen, kleinste Bestandteile der Materie, z. B. →Atom, →Molekül, →Elementarteilchen.

Teilchenbeschleuniger, →Betatron, →Linearbeschleuniger, →Synchrotron, →Zyklotron.

Teiler der, △ eine ganze Zahl, die in einer andern bei der Teilung ohne Rest aufgeht.

Teleph'on [grch.] das, →Fernsprecher.

Telesk'op [grch.] das, →Fernrohr.

Telesk'opfisch, ein Goldfisch.

Televisi'on[engl.aus grch.-lat.]die,→Fernsehen.

Telex-Netz, das vollautomat. Fernschreib-Teilnehmernetz in der Bundesrep. Dtl.

Telgte, Stadt in Nordrh.-Westf., 12 400 Ew.

Tel'inga, →Telugu.

Tell, Wilhelm T., Hauptheld der schweizer. Befreiungssage, verkörpert als Tyrannenmörder (des habsburg. Landvogtes Geßler) die Kühnheit und Freiheitsliebe der Schweizer. Die Tellsage, von Tschudi im 16. Jahrh. in die landläufige Form gebracht, gestaltete Schiller als Drama (1804), Rossini als Oper (1829).

Tell [arab.] der, Erdhügel; Hügel.

Tell el-Amarna, →Amarna.

Teller, Edward, amerikan. Physiker, * Budapest 1908; entwickelte die Wasserstoffbombe.

Tellereisen, Tritteisen, Raubtierfalle; eine Platte (Teller), über der bei Berührung zwei Bügel durch Federkraft zusammenschlagen.

Téllez [t'ɛλɛθ], Gabriel, bekannt als T'irso de Mol'ina, span. Dramatiker, *1571, †1648; »Der Spötter von Sevilla« (Urbild der Don-Juan-Dichtung), »Don Gil von den grünen Hosen«.

Tell-Hal'af, moderner Name des durch Ausgrabungen berühmt gewordenen Schutthügels der Stadt Gosan in Mesopotamien.

Tell'ur das, **Te,** chem. Element, ein dem Selen ähnl. Metall, Halbleiter. Ordnungszahl 52, Dichte 6,2 g/cm³, Schmelzpunkt 450 °C; selten, findet sich gebunden an Erze (Gold, Silber u. a.).

tell'urisch [von lat. tellus »die Erde«], auf die Erde bezüglich; von ihr herrührend.

Tell'urium [lat.] das, Gerät zur Veranschaulichung des Erd- und Mondlaufs um die Sonne.

Telstar, Name des ersten für Fernsehübertragungen verwendeten Erdsatelliten.

T'eltow [-to], Stadt im S Berlins, am **T.- Kanal,** 14 500 Ew.; Seifen- u. a. Industrie.

Tel'ugu, auch **Telinga,** Volk im östl. Zentral-Indien, rd. 40 Mill. Menschen. Ihre Sprache (**Telugu**) ist eine Drawidasprache.

Tema, neue Hafen- und Industriestadt (Aluminiumwerk) in Ghana, 57 000 Ew.

T'emeswar, rumän. **Timişoara,** Stadt in Rumänien, 189 300 Ew., Univ.; Mittelpunkt des →Banats; Handel und Industrie.

Tem'irtau, bis 1945 **Samarkandskij,** Stadt in der Kasach. SSR, 167 000 Ew., Hüttenwerk, Ind.

Tempel [lat.] der, allgemein ein nichtchristl. Kultbau; bei den Römern zuerst ein abgegrenzter heiliger Bezirk, später der Bau selbst. – Die früheste, aus dem kretisch-myken. Megaron entstandene Form des griech. T. war der anfänglich aus Holz- und Lehmziegeln erbaute Anten-T., bestehend aus einem nur vom Eingang her erhellten Raum, der Cella (griech. Naos), in dem das Götterbild stand, und einer Vorhalle (Pronaos) mit zwei Säulen zwischen den vorgezogenen Längswänden. Aus den Weiterbildungen zum Doppelanten-T., zum Prostylos und zum Amphiprostylos entwickelten sich als klass. Formen der Säulen-T. der Peripteros und der Dipteros. Eine Sonderform war der Tholos (Rundtempel). – Die röm. Baukunst hielt lange am etruskisch-italischen Podium-T. fest. Neue Lösungen fand sie im kuppelüberwölbten Rund-T. (→Pantheon). – Über die T. Asiens →Pagode.

Tempelherren, Templer, geistl. Ritterorden, 1119 in Akkon gegr., 1312 auf Betreiben des franzõs. Königs Philipp IV. aufgelöst.

Tempelhof, Berlin-T., VerwBez. von Berlin, Zentralflughafen.

T'emperamalerei, die vor Aufkommen der Ölmalerei übliche Malweise; jetzt wieder gepflegt. Die Farben werden mit Eigelb, Honig, Leim u. a. gebunden; sie trocknen rasch und können durch Firnis leuchtend gemacht werden. (FARBTAFEL Maltechniken S. 692)

Temperam'ent [lat.] das, die Ablaufsform der Gefühls- und Willensvorgänge, Ansprechbarkeit,

Erregbarkeit und Grundgestimmtheit des Menschen. Die Einteilung in 4 T. geht auf Hippokrates zurück: **sangu'inisch** (lebhaft, sprunghaft), **chol'erisch** (leicht erregbar, auf brausend, heftiger Willensmensch), **phlegm'atisch** (gleichgültig, kaltblütig), **melanch'olisch** (schwermütig, schwärmerisch).

Temperat'ur [lat.] die, Wärmegrad eines Stoffes, gemessen mit dem →Thermometer, wird durch stärkere oder schwächere Bewegung seiner kleinsten Teile (Moleküle) verursacht. Wenn sie sich in Ruhe befinden, ist die tiefstmögliche T. erreicht. Sie liegt bei −273 °C **(Absoluter Nullpunkt).** Die von ihm aus gerechneten Wärmegrade nennt man **absolute (thermodynamische) T.,** →Kelvinskala.

Temperaturregler, →Thermostat.

Temperatursinn, die Fähigkeit, Wärme- und Kältereize aufzunehmen und sinngemäß zu beantworten. Der T. ist beim Menschen auf die Haut und bestimmte Schleimhäute (bes. der Mund- und Nasenhöhle) beschränkt, und zwar auf die **Wärme-** und **Kältepunkte.**

Temper'enz [lat.] die, Mäßigkeit, Enthaltsamkeit. Hw.: Temper'enzler der.

T'emperguß, ⊙ Gußeisen, das durch Entkohlen (durch Glühfrischen) stahlartig wird.

temper'ieren, 1) mäßigen, mildern. **2)** regeln (zu Kaltes wärmen, zu Heißes abkühlen).

T'empetal, von altgriech.Dichtern gepriesenes, vom Peneios durchströmtes Felsental in Thessalien.

t'empi pass'ati [ital.], vergangene Zeiten.

Templer Mz., →Tempelherren.

Templ'in, Stadt im Bez. Neubrandenburg, in der Uckermark, 11 000 Ew.; am **Templiner See.**

T'empo [ital.] das, -s/...pi, **1)** Schnelligkeitsgrad. **2)** ♪ Zeitmaß; z. B. adagio, allegro usw.

tempor'al [lat.], **1)** zeitlich. **2)** weltlich. **tempor'är,** zeitweilig; vorübergehend.

Tempor'alien [lat.] Mz., die mit einem kirchl. Amt verbundenen weltl. Rechte, bes. Einkünfte.

T'empus [lat.] das, -/...pora, ⊙ die Zeiten, z. B. Gegenwart, Zukunft usw.

Tem'uco, Provinzhauptstadt im S Mittel-Chiles, 123 500 Ew.

Tend'enz [frz.] die, Streben, Neigung in bestimmter Richtung. **tendenzi'ös,** beabsichtigt, parteilich, einseitig Stellung nehmend. Zw.: **tend'ieren.**

Tend'enzbetriebe, Arbeitsrecht: Betriebe, die polit., gewerkschaftl., konfessionellen, karitativen, erzieher., wissenschaftl., künstler. u. ä. Bestimmungen dienen, z. B. Privatschulen, Krankenhäuser, Theater, Verlage.

T'ender [engl.] der, -s/-, **1)** ⌑ der Vorratswagen für Wasser und Kohle an der Lokomotive. **2)** ⚓ Begleitschiff eines größeren Schiffes.

T'enedos, türk. Insel im Ägäischen Meer, 42 km², 6000 Ew., Schlüssel zu den Dardanellen, seit 1927 entmilitarisiert; Weinbau.

Tener'iffa, span. **Tenerife,** die größte der →Kanarischen Inseln, vulkanisch, im **Pico de Teide** 3716 m hoch; 2352 km², 438 000 Ew.; mildes Klima. Hauptstadt und Hafen: Santa Cruz de Tenerife.

Teniers [t'eni:rs], David d. J., niederländ. Maler, *1610, †1690; Bilder aus dem Volksleben.

Teniers: Bauernjungen mit einem Hund (um 1650)

Tenne die, Teil einer Scheune, zum Einfahren der Erntewagen und zum Dreschen.

Tennengebirge, Gruppe der Salzburger Alpen, bis 2431 m hoch; mit Eisriesenwelt.

Tennessee [tenəs'i:], 1) der, Fluß in Amerika, 1600 km lang, schiffbar, mündet in den Ohio. Im T.-Tal (T. Valley) Talsperren, Kraft- und Stickstoffwerke. 2) Abk. **Tenn.,** südöstl. Mittelstaat der USA, östl. des Mississippi; 109 412 km², 3,9 Mill. Ew. (rd. 17% Neger); Hauptstadt: Nashville; größte Stadt: Memphis; fruchtbares Tafelland, vom Mississippi bewässert. Getreide, Tabak, Baumwolle; Forstwirtschaft; Zink, Phosphate. Chem. u. a. Ind.; Energiewirtschaft. ⊕ S. 526.

Tennessee Valley Authority [t'enəsi v'æli əθ'ʊriti], **TVA,** Knoxville, Tenn., Unternehmen zur allgem. wirtschaftl. Entwicklung des Tennessee-Tales, zur Energieerzeugung u. a.; 1933 von der amerikan. Regierung errichtet.

T'ennis [engl.] das, ⚡ Ballspiel auf einem Platz, der in der Mitte durch ein Netz geteilt ist. Gespielt wird auf Rasenplätzen (Lawn-T.) und Hartplätzen. Der Ball ist mit dem T.-Schläger so zu schlagen, daß ihn der Gegner möglichst schwer zurückschlagen kann.

Tenno [japan. »Himmlischer Herrscher«] der, Titel des Kaisers von Japan.

Tennyson [t'enisn], Alfred Lord, engl. Dichter, *1809, †1892; klangschöne Gedichte, Verserzählung »Enoch Arden«; »Idylls of the King«.

T'enor [lat.] der, 1) ⚌ Wortlaut einer Urkunde, bes. die Urteilsformel, die den Prozeßentscheidung enthält. 2) ♪ die gegebene Hauptmelodie in mehrstimmigem Tonstück, der cantus firmus (→Cantus).

Ten'or [ital.] der, -s/Tenöre, ♪ die hohe Männerstimme; Umfang etwa c-c².

Tens'ide Mz., grenzflächenaktive chem. Verbindungen: seifenartige Substanzen, die das Wasser entspannen und Schmutzstoffe lösen.

Tensi'on [lat.] die, Spannung, bes. Gas- oder Dampfdruck.

T'ensor [lat.] der, Verallgemeinerung eines →Vektors, z. B. in der Elastizitätstheorie und der Relativitätstheorie.

Tent'akel [lat.] das, ⚭ Körperanhänge niederer Tiere zum Tasten (Fühler) oder Greifen (Fangarme).

T'enuis [lat.] die, stimmloser Verschlußlaut: p, t, k.

ten'uto [ital.], Abk. **ten.,** ♪ die Noten ihrem vollen Wert nach ausgehalten.

Teotihuac'án, Ruinenstätte und Kulturepoche (3.-9. Jahrh.) eines unbekannten Volkes in Mexiko.

Tepl, Johannes v., * um 1350, † um 1414, war Stadtschreiber in Saaz, schrieb nach dem Tode seiner jungen Frau den »Ackermann aus Böhmen«, ein Streitgespräch mit dem Tod; die einzige wirkliche Dichtung des dt. Frühhumanismus.

T'eplitz, tschech. **Teplice,** Bad in der Tschechoslowakei, 1914-45 **T.-Schönau,** 52000 Ew., radioaktive Quellen, vielseitige Industrie.

Teppich, der, aus Wolle, Seide, Haargarn, Zellwolle oder Kunstfaser hergestellter Fußbodenbelag oder Wandbehang; man unterscheidet gewebte, geknüpfte und geflochtene T. Bei den **gewebten T.** werden in ein kräftiges Grundgewebe farbige Wollfäden als Polkette (Florkette) so eingewebt, daß sie nach oben kleine Schleifen (Schlingen, Noppen) bilden. Beim **Brüsseler T.** bleiben die Schlingen als solche erhalten, beim **Tournay-T.** werden sie aufgeschnitten. Bei den **Druck-T.** werden die Kettfäden, bevor der Flor bilden, vor dem Verweben mit dem beabsichtigten Muster bedruckt. Zu den gewebten T. gehören auch die **Haargarn-T.** Als Rohstoff für den farbigen Polschuß dient Haargarn (Garn aus Rinder- und Pferdehaaren sowie den Abfallhaaren der Gerbereien), ihre Oberfläche ist glatt wie bei einem gewöhnl. Gewebe; bei den **Bouclé-T.** sind die Haargarne wie beim Brüsseler T. in Form von Noppen eingewebt. Zu den **geknüpften T.** gehören fast alle **oriental. T.** Farbige Wollfäden von 2-4 cm Länge werden entsprechend dem Muster in ausgespannte Kettfäden geknüpft und bilden in ihrer Gesamt-

heit die samt- oder plüschartige Oberfläche, den Flor. Bei **geflochtenen** oder **gewirkten T.** werden in ein Gerüst von Kettfäden mit Hilfe kleiner Spulen von Hand farbige Schußfäden eingetragen. Die Fäden liegen flach, einen Flor gibt es hier also nicht (**Kelim-, Sumak-T.**). Reich gemusterte T. werden auch hergestellt durch Aufstäuben von Fasern auf ein mit Klebemasse bestrichenes Gewebe (beflockte T.).

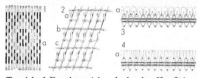

Teppich: 1 Druckteppich, a bedruckte Kettfäden. 2 Knüpfteppich, a eingeknüpfte Wollfäden, b Schußfaden, c Kettfäden. 3 Brüsseler Teppich, a Polkette (Schlingen). 4 Tournay-Teppich, a Polkette (Flor)

Teratolog'ie [grch.] die, ⚭ die Lehre von den Mißbildungen.

Terbium das, **Tb,** chem. Element aus der Gruppe der →Lanthaniden.

T'erborch, Gerard, niederländ. Maler, *1617, †1681; Innenraumbilder mit Figuren der bürgerl. Gesellschaft.

Terborch:
Das Konzert

T'erek der, schiffbarer Fluß am Nordfuß des Kaukasus, mündet ins Kasp. Meer; 591 km lang.

Ter'enz, röm. Lustspieldichter, * um 195, †159 v. Chr.

Teres'ina, früher **Therezina,** die Hauptstadt des Staates Piauí, Brasilien, 208 000 Ew.

Term der, 1) begrenzter Teil einer mathemat. Formel. 2) Energiestufe eines Atoms oder Moleküls.

Term'in [lat.] der, Zeitpunkt, bes. derjenige, an den Rechtsfolgen geknüpft sind; im Prozeß der Verhandlungstag. **Termingeschäft,** Zeitgeschäft; ein Liefergeschäft, bei dem Leistung nicht sofort (Kassageschäft), sondern nach Ablauf einer bestimmten Frist zu erbringen ist.

Terminolog'ie [lat.-grch.] die, Fachsprache eines Gebietes.

Term'inus [lat.] der, -/-mini, 1) Grenze, Zeitpunkt. **t. a quo,** der Zeitpunkt, von dem an, **t. a quem,** bis zu dem gerechnet werden kann. 2) **t. technicus,** Kunst- oder Fachausdruck.

Term'iten Mz., Staaten bildende trop. Insekten, den Ameisen ähnlich, aber nicht mit ihnen verwandt (**weiße Ameisen**), von bleicher Farbe, lichtscheu. Sie leben in Baumstämmen, Höhlen oder selbsterrichteten kegelförmigen Bauten aus Lehm und Kot. Der T.-Staat beherbergt oft viele Mill. Einzeltiere. Die Königin hat einen durch große Eierstöcke unförmig aufgetriebenen Hinterleib und legt alle 3 Sek. ein Ei. Sie lebt mit dem König zusammen in einer Kammer. Die flügellosen, nicht fortpflanzungsfähigen Arbeiter und Soldaten sorgen für Ernährung und Verteidigung,

Die T. richten durch Zerstörung von Holz großen Schaden an. **Bild: 1** Junges Weibchen (Termes spinosus, etwa 25 mm). **2** Arbeiter (Hodotermes ochraceus, etwa 11 mm). **3** Weibchen, Königin (Termes gilvus, etwa 50 mm). **4** Soldat (Eutermes tenuirostris, etwa 3 mm). **5** Entflügeltes Männchen, König (Hodotermes ochraceus, etwa 14 mm). **6** Soldat (Termes spinosus, etwa 17 mm). **7** Soldat (Termes speciosus, etwa 9 mm). **8** Zentralkern mit Königinnenzelle aus dem Nest von Termes redemanni. **9** Pilzgarten aus dem Nest einer Termes-Art (Ceylon).

terms of trade [tə:mz ɔv treid, engl.], das Verhältnis von Ausfuhr- zu Einfuhrpreisen.

T'erni, Stadt in Mittelitalien, 106100 Ew.; Dom; Hochöfen; Industrie.

Terp'ene Mz., ⚬ im Terpentin und andern flüssigen Ölen, Harzen und Balsamen vorkommende Kohlenwasserstoffe.

Terpent'in das, Kiefernbalsam, aus dem das äther. **T.-Öl** gewonnen wird. T.-Öl wird für Farben, Lacke, Schuhcrème, Bohnerwachs verwendet. **T.-Ölersatz** sind vorwiegend Schwerbenzine, die als Lacklösungsmittel dienen.

Terps'ichore, die Muse der Tanzkunst.

t'erra [lat.] die, Erde, Land. **t. inc'ognita,** unbekanntes Land.

Terrain [tɛr'ɛ̃, frz.] das, Gebiet, Gelände.

Terrak'otta [ital. »gebrannte Erde«] die, Kunstgegenstand aus gebranntem, unglasiertem Ton.

Terram'aren [ital.] Mz., bronzezeitl. Ansiedlungen an der mittleren Po-Ebene.

Terramyc'in, ein →Antibioticum.

Terr'arium [lat.] das, -s/...rien, Glasbehälter zur Beobachtung von Reptilien, Lurchen.

T'erra sigill'ata die, röm., glänzendrote Töpferware, bes. aus Arezzo; Gebrauchsgeschirr.

Terr'asse [frz.] die, 1) ⊕ Erdstufe, Absatz an einem Berghang. 2) offener Balkon, Plattform.

Terr'azzo [ital.] der, Estrich aus Zement und farbigen Natursteinkörnungen und -mehlen.

terr'estrisch [lat.], das Land, die Erde betreffend, irdisch; auf dem Land entstanden, abgelagert.

T'errier [engl.] der, engl. Hunderassen, urspr. zur Jagd auf Tiere in Erdhöhlen verwendet: Airedale-, Bull-, Fox-, Scotch-, Zwerg-T.

Terr'ine [frz.] die, Suppenschüssel.

territori'al [lat.], zu einem Territorium gehörig, inländisch.

Territorialprinzip, 1) im Staatsrecht der Grundsatz, daß der Erwerb eines Staatsgebietes ohne weiteres die Staatsgewalt über die Insassen nach sich zieht **(Gebietsgrundsatz);** die gesamte Staatsgewalt erstreckt sich auf jeden, der sich in dem Staatsgebiet aufhält, mit Ausnahme der Exterritorialen. Früher galt das Personalitätsprinzip. **2)** im Strafrecht der Grundsatz, daß Straftaten ohne Rücksicht auf die Staatsangehörigkeit des Täters nach den Gesetzen und von den Gerichten des Staates abgeurteilt werden, in dem sie begangen sind.

Territorialsystem, im Zeitalter des Absolutismus die Grundauffassung, daß dem Herrscher die Kirche untertan sei wie alles in seinem Territorium.

Territ'orium [lat.] das, -s/...rien, Gebiet, Staatsgebiet; im Dt. Reich bis 1806 die Herrschaftsgebiet der reichsunmittelbaren Landesherren.

T'error [lat.] der, Schrecken. **Terror'ismus,** die Schreckensherrschaft; ein Kampfmittel in polit. Machtkämpfen, z. B. als **Gruppen-T.** revolutionärer oder extremist. Gruppen **(Terroristen)** zur Bekämpfung der Gegner, als **Staats-T.** despotischer oder totalitärer Regime zur Unterdrückung der Opposition. Zw. **terroris'ieren.**

Terst'eegen, Gerhard, Pietist, Prediger, geistl. Liederdichter, *1697, †1769; »Ich bete an die Macht der Liebe«.

T'ertia [lat. »die Dritte«] die, -/...tien, zwei Klassen einer höheren Schule: **Unter-T.,** die 8. Schuljahr, **Ober-T.,** die 9. Schuljahr.

Terti'är [lat.] das, **Braunkohlenzeit,** ein Zeitabschnitt der →Erdgeschichte, ÜBERSICHT.

Terti'arier Mz., Laienmitglieder kath. Orden, leben nach der »3. Regel« (geben Beruf und Familienleben nicht auf).

t'ertium comparati'onis [lat. »das Dritte des Vergleichs«] das, die gemeinsame Sicht, unter der zwei Dinge miteinander verglichen werden.

t'ertium non d'atur [lat. »ein Drittes gibt es nicht«], Satz vom ausgeschlossenen Dritten.

t'ertium g'audens, der sich freuende Dritte (wenn zwei sich streiten, freut sich der Dritte).

Tertulli'an, Quintus Septimius Florens, latein. Kirchenschriftsteller, * nach 150, † um 222, war theolog. ein Vorläufer der abendländ. Lehre von der Dreieinigkeit und von 2 Naturen Christi.

Terz [lat.] die, **1)** Fechten: ein Hieb oder Stich nach der Außenseite des Gegners. **2)** ♂ die 3. Stufe der diaton. Tonleiter, ferner der Zusammenklang von Grundton und 3. Stufe; die **große T.** kennzeichnet das Dur-, die **kleine T.** das Mollgeschlecht. **3)** die auf 9 Uhr angesetzte Gebetsstunde des Breviers.

Terzer'ol [ital.] das, eine kleine Pistole.

Terz'ett [ital.] das, ♪ Gesangstück für drei Einzelstimmen.

Terz'ine [ital.] die, aus dem Italienischen stammende Strophenform aus je 3 Versen, bei denen der 2. Vers den Reim für den 1. und 3. Vers der folgenden T. anschlägt (aba bcb cdc usw.).

Terzky, tschech. **Trčka,** Adam Erdmann, * um 1599, †1634, kaiserl. General im Dreißigjährigen Krieg, Schwager und Vertrauter Wallensteins, mit diesem ermordet.

T'eschen, poln. **Cieszyn,** Stadt in Polen, Oberschlesien, 24 200 Ew.; vielseitige Ind. – T. war 1290 bis 1625 schles. Herzogssitz. 1920 wurde das Teschener Land zwischen Polen und der Tschechoslowakei geteilt.

Tesching das, ein Kleinkalibergewehr.

T'esla-Ströme [nach dem Physiker Nicola Tesla, * in Kroatien 1856, †1943], Wechselströme sehr hoher Spannung und Frequenz.

T'essenow [-no], Heinrich, Architekt, *1876, †1950; Groß- und Wohnbauten.

Tess'in, ital. **Ticino** [titʃ'ino], **1)** linker Nebenfluß des Po, entspringt südwestlich des Sankt Gotthards, durchfließt den Lago Maggiore, 248 km lang. **2)** der südliche Kanton der Schweiz, umfaßt die Tessiner Alpen und fruchtbares Alpenvorland, 2811 km², 245 500 Ew.; Hauptstadt: Bellinzona; italien. Sprachgebiet. Acker-, Wein-, Obstbau, Alpwirtschaft, etwas Industrie; Fremdenverkehr. – GESCHICHTE. Die Schweizer eroberten 1403-1516 nach und nach das vorher mailänd. T. und verwalteten es bis 1798 als Untertanenland; 1803 entstand der selbständige Kanton.

Tess'in, Nicodemus d. Ä., Baumeister, *1615, †1681, seit 1639 in Schweden tätig. Sein Sohn Nicodemus d. J., *1654, †1728, führte den italien. Barock in Schweden ein (Schloß in Stockholm).

Test [engl.] der, einfaches Prüfverfahren, Stichprobe, Kontrollversuch, bes. in der Psychologie, zur Begabtenauslese, in der Berufsberatung zur Feststellung von Kenntnissen, Fähigkeiten, Antrieben, Gefühlen, Charaktereigenschaften.

Testakte, engl. Gesetz von 1673, das die Katholiken praktisch vom Staatsdienst ausschloß; aufgehoben 1829.

Testam'ent [lat.] das, **1)** ⚱ eine im Gegensatz zum Erbvertrag einseitige, frei widerrufliche, schriftlich festgelegte Anordnung des Erblassers (Testators) für die Zeit nach seinem Tode **(letztwillige Verfügung von Todes wegen).** Der Erblasser kann durch T. den Erben bestimmen (Erbeinsetzung), einen Verwandten oder Ehegatten von der gesetzl. Erbfolge ausschließen, einen Vermögensvorteil zuwenden (Vermächtnis), Auflagen machen und einen Testamentsvollstrecker ernennen. Das T. wird errichtet entweder durch Erklärung vor einem Richter oder Notar **(öffentl. T.)** oder durch eine eigenhändig geschriebene und unterschriebene Erklärung des Erblassers (eigenhändiges oder privates T.). Ein **gemeinschaftl. T.** können nur Ehegatten errichten. Ferner →Nottestament.

Termiten (Legende vgl. Stichwort)

Tetraeder

Teufelskralle,
a Blüte mit
Staubgefäßen,
b mit Stempel

Thailand

2) das Alte T. und das Neue T., die beiden Hauptteile der →Bibel.

Test'ikel [lat.] der, ⚥ ♂ auch **T'estis** der, →Hoden.

Testim'onium [lat.] das, Zeugnis.

Testoster'on das, Hormon der männl. Keimdrüse.

Tetan'ie [grch.] die, Krankheit mit Muskelkrämpfen (bes. in Fingern, Armen, Zehen, Beinen), die auf Kalkmangel infolge Versagens der Nebenschilddrüsen beruht. Behandlung mit Hormon- und Kalkpräparaten. Über **kindliche T.** →Spasmophilie.

T'etanus [grch.] der, ⚥ →Wundstarrkrampf.

Tête [tɛːt, frz. »Kopf«] die, ♂ Spitze; Anfang (einer Reiterabteilung).

Tête-à-tête [tɛːtaˈtɛːt, frz.] das, Gespräch unter vier Augen, Schäferstündchen.

T'eterow [-oː], Kreisstadt im Bez. Neubrandenburg, am Teterower See, 11 100 Ew.; 2 Stadttore, Pfarrkirche (13.-15. Jahrh.).

T'ethys, griech. Sage: Frau des Okeanos.

tetra... [grch.], in Fremdwörtern: vier...

Tetrachlorkohlenstoff, CCl_4, schwere, angenehm riechende Flüssigkeit; Fleckenwasser, Feuerlöschmittel.

Tetra'eder das, Vierflächner, ein von vier Dreiecken begrenzter Körper.

Tetral'in das, **Tetrahydronaphthalin,** farbloses Öl, Lösungsmittel und Treibstoffzusatz.

Tetralog'ie [grch.] die, altgriech. Folge von vier Schauspielen, drei Tragödien (Trilogie) und einem Satyrspiel.

Tetrarch'ie [grch.], »Vierherrschaft«, im Altertum ein von vier Fürsten **(Tetrarchen)** beherrschtes Gebiet.

T'etschen, tschech. **Děčín,** Stadt in Nordböhmen, 42 100 Ew.; Schloß; Ind., Elbhafen.

Tetu'án, Stadt in Marokko, 101 400 Ew.; mauerbewehrte Altstadt mit Moscheen, Kasba; Handwerk.

Tetzel, Johann, Dominikanermönch, * um 1465, †1519, veranlaßte 1517 durch seine Ablaßpredigten Luther zum Thesenanschlag.

Teubner, Benedictus Gotthelf, Verleger, *1784, †1856, gab in seinem Leipziger Verlag seit 1849 die »Bibliotheca scriptorum Graecorum et Romanorum« heraus.

T(h)euerdank, allegor. Gedicht über die Brautfahrt Maximilians I. zu Maria v. Burgund; Stoff und Anlage von Maximilian. Erstausgabe 1517 mit Holzschnitten von H. Schäufelein u. a.

Teufe die, ⚒ Tiefe.

Teufel [grch. diabolos »Entzweier«] der, in vielen Religionen die Verkörperung des Bösen, der Widersacher Gottes; im A. T. und N. T. erscheint er als gefallener Engel **(Luzifer)** und unter verschiedenen Namen **(Beelzebub, Belial);** Christus hat seine Macht gebrochen.

Teufelsbart, Alpen-Anemone, weißblühendes Hahnenfußgewächs.

Teufels-Inseln, französ. Inselgruppe vor Guayana; früher Sträflingskolonie.

Teufelskralle, Glockenblumengewächs mit ähren- oder köpfchenförmigem Blütenstand und röhriger Blumenkrone mit sehr schmalen, an der Spitze vereinigten Zipfeln.

Teufelszwirn der, verschiedene Pflanzen, wie →Seide 2), →Bocksdorn.

Teutoburger Wald, ein über 100 km langer Bergzug des Weserberglandes zwischen der Diemel und der Ems, in den Völmerstod 468 m hoch. Teile: Egge, Lipp. Wald, Osning, Ravensberger, Osnabrücker, Tecklenburger Berge. Arminius vernichtete in der Schlacht am T. W. (9 n. Chr.) das röm. Heer des Varus (Hermannsdenkmal).

Teut'onen Mz., german. oder kelt. Volk, nahm am Zug der →Kimbern teil, wurde 102 v. Chr. bei Aquae Sextiae (Aix-en-Provence) von Marius vernichtet.

Texas, abgek.: **Tex.,** Staat der USA, am Golf von Mexiko, 692 408 km², 11,19 Mill. Ew. (rd. 13% Neger); Hauptstadt: Austin; größte Städte:

Houston, Dallas. Bedeutende Landwirtschaft (Baumwolle, Getreide, Gemüse, Obst; im trockneren W Viehzucht). ⚒ auf Erdöl, Erdgas, Kohle, Helium u. a. Chem., Eisen- und Stahl-, Nahrungsmittel- u. a. Ind. – T., früher span. Kolonie, gehörte seit 1821 zu Mexiko, wurde 1836 unabhängig, ist seit 1845 Staat der USA. ⊕ S. 526.

Texasfieber, Rindermalaria, von Sporentierchen verursachte Rinderkrankheit trop. und subtrop. Gegenden; durch Zecken übertragen.

Texas-Türme, künstl. Inseln vor der O-Küste der USA, mit Luftwarneinrichtungen, Hubschrauber-Landeplatz, etwa 70 Mann Besatzung.

Texas-Turm

Texel [t'esəl], westlichste und größte der Westfries. Inseln (Niederlande), 184 km², 11 400 Ew.

Text [lat., eigentl. »Gewebe«] der, Wortlaut.

Textkritik, die wissenschaftl. Prüfung der schriftl. Überlieferung eines Werkes.

T'exter der, Verfasser von Werbetexten.

Text'ilien [lat.] Mz., von der Textilindustrie aus Faserstoffen durch Spinnen, Weben, Wirken, Stricken, Klöppeln hergestellte Waren.

Text'ur [lat.] die, Gefüge, Gewebe.

Th, chem. Zeichen für →Thorium.

TH, Abk. für Technische Hochschule.

Thackeray [θ'ækərɪ], William Makepeace, engl. Erzähler, *1811, †1863; schrieb spöttischnachdenkl. Romane (»Jahrmarkt der Eitelkeit«).

Thadd'äus, Judas T., Jünger Jesu, Apostel.

Thadden-Trieglaff, Reinold v., Jurist, *1891, führend in der Bekennenden Kirche; 1949-65 Präsident des Dt. Evang. Kirchentags.

Thai, die zu den Tai gehörenden Bewohner von Thailand, auch ihre Sprache.

Thailand, bis 1939 Siam, Kgr. in Hinterindien, am Golf von T., 514 000 km², 35,8 Mill. Ew. (meist Thai-Stämme, ferner Chinesen, Malaien u. a.; rd. 94% Buddhisten); Hauptstadt: Bangkok; Amtssprache: Thai. Eine neue Verf. trat Juni 1968 in Kraft. – LANDESNATUR. Den Kern bildet die Aufschüttungsebene des Menam; im SO das Korat-Plateau. Den N und W durchziehen Gebirgsketten. Im S hat T. Anteil an der Halbinsel Malakka. Hauptflüsse: Menam, Mekong. Trop. Monsunklima. Erzeugnisse: Reis, Mais, Maniok, Zuckerrohr, Bananen, Kautschuk, Jute, Kokosnüsse, Holz. Viehzucht (Rinder, Büffel u. a.). ⚒ auf Zinn, Wolfram, Antimon u. a.; geringe Industrie. Fremdenverkehr. Ausfuhr: Reis, Kautschuk, Jute, Zinn; Haupthandelspartner: Japan, Hongkong. Haupthafen und internat. Flughafen: Bangkok. ⊕ S. 515, ⊡ S. 346.
GESCHICHTE. T. wurde im 13. Jahrh. von Thai-Stämmen aus Südchina besetzt. Im 19. Jahrh. kam es unter europ. Einfluß, konnte jedoch trotz großer Gebietsverluste an benachbarte unter französ. und brit. Herrschaft stehende Territorien seine polit. Unabhängigkeit bewahren. 1932 begannen nationale und kulturelle Reformen. Die unter dem Druck Japans erfolgte Teilnahme am 2. Weltkrieg

brachte T. zunächst kleinere Gebietsgewinne, auf die es jedoch 1946 wieder verzichten mußte. Seit 1954 ist T. Mitglied des Südostasiatischen Verteidigungspaktes (SEATO). Staatsoberhaupt: König Bhumibol (seit 1950); MinPräs.: T. Kittikachorn (seit 1963).

Thale (Harz), Kurort im Bodetal, Bez. Halle, 17700 Ew.; Eisenhütten-, Sägewerke.

Th′ales, griech. Naturphilosoph, einer der →sieben Weisen, um 600 v. Chr. Er hielt das Wasser für den Urstoff aller Dinge.

Thal′ia, Muse des Lustspiels.

Th′allium das, **Tl,** chem. Element, dem Blei ähnl., seltenes Metall; Ordnungszahl 81, Dichte 11,84 g/cm³, Schmelzpunkt 303,5°C. T. färbt die Flamme grün, seine Verbindungen sind giftig.

Thalloph′yten [grch.] Mz., **Lagerpflanzen,** Pflanzen, deren Körper sich nicht deutlich in Wurzel und Sproß gliedert, sondern ein fädiges oder blattartiges flaches Lager **(Thallus)** ist: Bakterien, Algen, Pilze, Flechten.

Thälmann, Ernst, kommunist. Politiker, *1886, † (erschossen) Buchenwald 1944; 1924-33 MdR, seit 1933 in Konzentrationslager.

Thal′ysia [grch.], altgriech. Erntefest zu Ehren der Göttin Demeter.

Th′anatos [grch.] der, griech. Sage: der Tod, Zwillingsbruder des Schlafs.

Thant, U Thant, birman. Diplomat, *1909; 1961-71 Generalsekr. der Verein. Nationen.

Thaer, Albrecht, *1752, †1828, Begründer der wissenschaftl. Landwirtschaftslehre.

Th′asos, Thassos, griech. Insel im nördl. Ägäischen Meer, 393 km², gebirgig, waldreich.

Th′aya die, rechter Nebenfluß der March, 300 km lang.

Th′ea, weibl. Vorname.

The′ater [grch.] das, (hierzu TAFEL), Kunststätte zur Aufführung von →Schauspielen, →Opern, Operetten. Der **Zuschauerraum** ist gegen die Bühne durch einen eisernen Vorhang und durch Stoffvorhänge abgetrennt. Bühne und Nebenräume bilden das **Bühnenhaus.** Heute bedient man sich auf der Bühne meist statt der hintereinander angeordneten Kulissen geschlossener Seitenwände oder des Rundhorizonts, einer U-förmig um die Bühne gespannten Leinwand, die eine freie Verwendung der Setzstücke erlaubt. Das Auswechseln der Bühnenbilder wird beschleunigt durch Dreh- und Wagenbühnen. Die gesamten techn. Vorrichtungen, wie Schnürboden und Versenkungen, liegen über und unter der Bühne. Zwischen Bühne und Zuschauerraum liegt das →Orchester. – Zu den Vorläufern des modernen T. gehören 1) das **altgriechische,** das den Zuschauerplatz der Vorführungen zuerst architektonisch ausgestaltete: Zuschauersitze, ihnen gegenüber ein Holzbau – die Skene – für den Zu- und Abgang der Schauspieler und als Hintergrundkulisse, die seit dem 4. Jahrh. aus Stein gebaut, später von den Römern bes. reich ausgestaltet wurde. 2) das **T. des MA.,** das urspr. als reines Oster- und Weihnachtsspiel den Chor aus der Kirche zum Schauplatz hatte und aber, als es sich verweltlichte, auf freie Plätze verlegt wurde. Es entstand die **Simultanbühne,** die alle Schauplätze der Handlung nebeneinander zeigte. 3) das im Anschluß an die Antike von der Renaissance geschaffene **Humanisten-T. (Terenzbühne),** in dem es zur perspektivisch ausgestalteten Bühne kam. 4) das aus ihm entwickelte, in den Palast eingebaute **Schloßtheater** (1618 Teatro Farnese in Florenz). 5) Die für das **moderne T.** charakterist. Verselbständigung des T.-Baues begann im 17. Jahrh. (1669 Opernhaus in Paris, 1678 in Hamburg). Kennzeichnend für das T. der neuesten Zeit ist die stark intellektuelle Ausdeutung, daneben die Neigung zum Stilisierten, »Verfremdeten«, bes. im Bühnenbild.

Theat′iner, Orden regulierter Chorherren, 1524 vom hl. Cajetan und vom späteren Papst Paul IV. in Rom gestiftet.

Theb′äische Legi′on, legendäre römisch-christl. Truppe; verweigerte 285 mit ihrem An-

führer **Mauritius** die Christenverfolgung, wurde deshalb niedergemetzelt. Gedächtnistag 22. 9.

Th′eben, zwei Städte des Altertums: 1) die Hauptstadt von Böotien, der Sage nach von Kadmos gegr., später von Ödipus beherrscht, unter Epaminondas 371-362 v. Chr. mächtigste griech. Stadt; 335 von Alexander d. Gr. zerstört. 2) große Stadt im alten Oberägypten, das »hunderttorige« T. genannt, lange Hauptstadt und relig. Mittelpunkt. Reste sind in Luxor und Karnak erhalten.

Theben: Tempel bei Luxor (um 1400 v. Chr.)

The′ismus [grch.] der, religiöse oder philosoph. Überzeugung vom Dasein eines höchsten, überweltl., persönl. Gottes, der die Welt erschaffen hat, erhält und regiert. Gegensätze: Atheismus, Pantheismus, Deismus.

Theiß die, größter Nebenfluß der Donau, 977 km, entspringt in den Waldkarpaten, durchfließt das Ungar. Tiefland, mündet unterhalb Neusatz; schiffbar.

Th′eke [grch.] die, Laden-, Schanktisch.

Th′ekla, weiblicher Vorname.

Th′ema [grch. »das Hingestellte«] das, -s/-ta oder ...men, **1)** Hauptgedanke, Gegenstand einer Rede oder Abhandlung. **2)** ♪ eine in sich geschlossene Tonfolge, die Inhalt und Aufbau eines Musikstücks bestimmt.

Th′emis, griech. Göttin der Sitte und Ordnung, Hüterin der göttl. Rechts.

Them′istokles, athen. Staatsmann, * um 525, †459 v. Chr., schuf eine Flotte, mit deren Hilfe er 480 die Perser bei Salamis schlug, baute Athen zur Festung aus, wurde 470 verbannt.

Themse die, engl. **Thames,** wichtigster Fluß Englands, fließt durch London, mündet in breitem Trichter bei Sheerness in die Nordsee; 346 km lang, davon 311 km schiffbar.

Theo... [grch.], in Fremdwörtern: Gott...

Th′eobald [grch. aus ahd. Dietbald »der Volkskühne«], männlicher Vorname.

Theobrom′in das, Alkaloid aus Kakaobohnen, wirkt harntreibend, herzkranzgefäßerweiternd.

The′oderich, Nebenform von Dietrich.

The′oderich der Große, König der Ostgoten seit 471, * um 456, †526, besiegte und tötete seinen Rivalen Odoaker, wurde 493 Herr in Italien, das sich unter seiner Regierung zu hoher Blüte entwickelte. Er residierte in Ravenna (Raven) und Verona (Bern); Grabmal in →Ravenna. Die dt. Heldensage nennt ihn **Dietrich von Bern.**

Theodiz′ee [grch. »Rechtfertigung Gottes«] die, der Versuch, den Glauben an göttl. Güte und Gerechtigkeit mit dem Vorhandensein des Übels in der Welt in Einklang zu bringen.

Theodol′it [engl. aus arab.] der, Gerät zum Winkelmessen, in der Feldmeßkunst und zur geograph. Ortsbestimmung gebraucht. Durch Drehung eines Fernrohrs auf einem waagerechten Kreis mißt man seitlich die Winkel, durch Drehung an einem senkrechten Kreis Höhen- und Tiefenwinkel.

Th′eodor [grch. »Gottesgeschenk«], männlicher Vorname.

The′odora, Gemahlin des byzantin. Kaisers Justinian I., * um 497, †548.

Theo′dosius I., der Große, röm. Kaiser (379 bis 395), 394 Alleinherrscher; verbot das Heidentum und den Arianismus (→Arianer), teilte das Reich unter seine Söhne Arkadius und Honorius.

U Thant

Theodolit, a Fernrohr (25fache Vergr.), b Vertikalkreis, c Beleuchtungsspiegel, d Ablesemikroskop zur Horizontal- und Vertikalkreis, e Horizontalkreis, f Libelle

Theodosius I.

1, 2

3, 4

5, 6

Theater: 1 Terenzbühne, Komödienszene (16. Jahrh.), **2** Athen, Dionysostheater im heutigen Zustand, **3** Comédie Française, Paris (18. Jahrh.), **4** Burgtheater, Wien (19. Jahrh.), **5** Großes Haus, Köln (1957 erbaut), **6** Staatsoper, Hamburg (1955 erbaut), **7** Bühnenbild zu F. Dürrenmatts »Ein Engel kommt nach Babylon«, **8** Elektroakustische Tonzentrale mit Mischpult, Plattenspieler, Tonbandgeräten und Bildschirm

7, 8

Theogon'ie [grch.] die, bei den alten Griechen die Abstammungsgeschichte der Götter; Gedicht von →Hesiod.

Theokrat'ie [grch. »Gottesherrschaft«] die, ein Staat, in dem für Gott als den eigentl. Herrscher die Priester die oberste Gewalt haben.

Theokr'it, griech. Dichter, aus Syrakus, etwa 300 bis 260 v. Chr., begründete die bukolische Dichtung (→Schäferdichtung).

Theolog'ie [grch. »Lehre von Gott«] die, wissenschaftl. Lehre von den Glaubensinhalten des Christentums. Die **kath. T.** betrachtet sich als Wissenschaft vom geoffenbarten Glaubensinhalt, dessen Wahrheit feststeht und der aus der Hl. Schrift und der Tradition entnommen und im Sinne des kirchl. Lehramts ausgelegt wird. Auch die **evang. T.** ist Wissenschaft von den Glaubensinhalten, die sich aber ohne Bindung an Tradition und kirchl. Lehramt allein auf die Bibel stützt. Die **T. der Ostkirche** schöpft wie die kath. aus zwei Erkenntnisquellen: Hl. Schrift und Tradition; doch ist die Tradition im wesentl. auf die Lehre der anerkannten Ökumenischen Konzilien, die Schriften der Kirchenväter und den dogmat. Gehalt der liturg. Bücher beschränkt.

theon'om [grch.], Gottes Gesetz gehorchend.

The'ophano, byzantin. Kaisertochter, seit 972 Gemahlin des Dt. Kaisers Otto II.; führte von 983 bis zu ihrem Tod (991) die Regentschaft für ihren noch unmündigen Sohn Otto III.

Theophr'ast, eigentl. **Tyrtamos,** griech. Philosoph, *372, †287 v. Chr., Schüler des Aristoteles, bekannt durch seine »Charaktere«. Seine »Pflanzengeschichte« wirkte bis ins MA.

The'orbe [ital.] die, ♪ eine Baßlaute.

Theor'em [grch.] das, der Lehrsatz.

Theor'ie [grch. »Anschauen«] die, wissenschaftl. Lehre, die alle Erscheinungen ihres Gebiets erklärt; sie wird gewonnen auf Grund von **Hypothesen** (Vorannahmen). Volkstümlich wird die T. oft in Gegensatz zur Praxis gesetzt.

Theosoph'ie [grch. »Gottesweisheit«] die, myst. Richtung, höheres Wissen um Gott und seine Geheimnisse durch unmittelbares inneres Schauen; im bes. die von der Russin H. P. Blavatsky begründete Lehre vom Übersinnlichen, in der sich indische und christl. Vorstellungen verbinden (Weltentwicklung in 7 Perioden, Wiederverkörperung des Menschen, schließlich Einung mit Gott). **Theosophische Gesellschaft,** gegr. 1875 in New York, zur Pflege der T.

Therap'eut [grch.] der, behandelnder Arzt. **Therapeutik** die, Lehre von der Therapie.

Therap'ie [grch.] die, ♪ die Behandlung der Krankheiten. Die **symptomatische T.** erstrebt eine Linderung der Krankheitserscheinungen. Die **kausale T.** sucht die Krankheitsursache zu beseitigen; sie kann **spezifisch** (d. h. auf den Krankheitserreger abgestimmt) oder **unspezifisch** sein, d. h. die Heilkräfte des Körpers anregen. Zur **physikal. T.** gehören viele Naturheilverfahren.

Ther'esia, 1) T. von Jesus, *1515, †1582, span. Mystikerin, reformierte den Karmeliterorden; Heilige (Tag: 15. 10.). **2) T. vom Kinde Jesus,** *1873, †1897; als **T. von Lisieux** durch ihre Wunder berühmt. Heilige (Tag: 1. 10.).

Ther'esienstadt, tschech. **Terezín,** Stadt in der Tschechoslowakei, an der Eger, war Festung, hatte 1941-45 Konzentrationslager.

Th'eriak [grch.] der, im Altertum berühmtes Gegengift gegen Schlangenbiß. **T.-Wurzel,** die Angelikawurzel, →Engelwurz.

Th'erme [grch. thermos »warm«] die, **1)** heiße Quelle. **2)** öffentliche, meist prächtig ausgestattete Badeanstalt der Römer.

Thermid'or [frz.], der elfte Monat im französ. Revolutionskalender.

Th'ermik [grch.] die, Bildung von Luftströmungen durch Sonnenwärme. (→Segelflug)

thermi'onischer Umwandler, Gerät zur direkten Erzeugung von elektr. Energie aus Wärme, besteht z. B. als Cäsiumdiode aus dem erhitzten Molybdän-Emitter (Glühemission von Elektro-

nen) in einem mit Cäsiumdampf gefüllten Vakuumgefäß mit Niob-Kollektor. Mit einem Reaktor (Urandioxyd) zur Beheizung zusammengebaut: **Thermionik-Generator** für Raumflugkörper.

Therm'it [grch.] das, Mischung aus Aluminiumpulver und Eisenoxyd; zum Schweißen.

Thermo... [grch.], in Fremdwörtern: Wärme...

Th'ermochemie, die Lehre von den Wärmeerscheinungen bei chem. Vorgängen.

Thermodyn'amik, Teil der Wärmelehre, der die Beziehungen zwischen der →Wärme und andern Energieformen untersucht, ohne dabei auf die atomist. Struktur der Materie näher einzugehen (→kinetische Wärmetheorie). Drei **Hauptsätze:** 1) Alle Energiearten können ineinander umgewandelt werden; Energie kann jedoch weder vernichtet noch aus dem Nichts erzeugt werden (Energiesatz). 2) Verwandlung von Wärmeenergie in mechan. Energie ist nur dann möglich, wenn ein Temperaturgefälle vorhanden ist. 3) Der absolute Nullpunkt (—273 °C) ist unerreichbar.

Th'ermoelektrizität [grch.], Elektrizität, die durch Wärme erzeugt wird.

Th'ermoelemente, zwei Drähte aus verschiedenen Metallen oder Legierungen, die an einem Ende (Meßstelle) miteinander hartgelötet oder verschweißt und beide anderen Enden über Ausgleichs- und Fernleitungen an ein Meßgerät angeschlossen werden. Wird die Meßstelle erwärmt, entsteht eine elektr. Spannung, die ein Maß für die Temperatur der Meßstelle ist; Meßbereich —200 bis +1600 °C. **Halbleiter-T.** dienen zur Energieerzeugung in Raumflugkörpern.

Thermogr'aph [grch.] der, ein selbsttätiger Temperaturschreiber.

Thermom'eter [grch.] das, Instrument zum Messen der Temperatur. Die gewöhnl. T. sind Ausdehnungs-T., bei denen die Volumenänderung von Flüssigkeiten, Gasen oder Metallen sichtbar gemacht wird (z. B. das Quecksilber-T., —30 bis +350 °C, **Alkohol-T.** bis —110 °C). Die Ausdehnung oder Zusammenziehung wird an einer Skala gemessen, die nach Celsius in 100, nach Réaumur in 80, nach Fahrenheit in 180 Teile unterteilt ist, bezogen auf den Gefrierpunkt (0 °C, 0 °R, 32 °F) und Siedepunkt (100 °C, 80 °R, 212 °F) des Wassers bei einem Luftdruck von 760 mm. Beim **Maximum-T.** schiebt die Quecksilbersäule bei ihrem Steigen ein Eisenstäbchen vor sich her, das bei ihrem Zurückgehen liegenbleibt, oder aber der Quecksilberfaden selbst behält seinen höchsten Stand so lange bei, bis er durch Schütteln zurückgeschlagen wird **(Fieber-T.). Minimum-T.** sind **Alkohol-T.** Sie enthalten in der Glasröhre einen Glasstift, der bei sinkender Temperatur mitgezogen wird, während bei steigender Temperatur der Alkohol über ihn hinwegfließt. **Maximum-Minimum-T.** sind **Alkohol-T.** mit einem Quecksilberfaden und 2 Eisenstäbchen. Zur Messung von Temperaturen an entfernter Stelle dient das **elektr. Widerstands-T.** (—200 bis +550 °C), das durch Wärmeunterschiede hervorgerufene Widerstandsänderungen mit einem Meßgerät anzeigt, und das →Thermoelement.

thermonukle'ar heißen Kernreaktionen, die durch Wärme angeregt werden.

Thermopl'aste Mz., feste Kunstharze, die sich durch wiederholtes Erwärmen immer wieder erweichen lassen.

Thermop'ylen [grch. »warme Pforten«] Mz., Engpaß in Mittelgriechenland. 480 v. Chr. fiel dort →Leonidas.

Th'ermosflasche, ein doppelwandiges Glasgefäß mit luftleerem Zwischenraum in einem Schutzmantel zum Warm- oder Kühlhalten von Flüssigkeiten (→Weinhold).

Thermost'at [grch.] der, die Vereinigung eines Temperaturreglers mit einem Wärmegerät. Als Temperaturregler werden verwendet: **Bimetall-** (Bügeleisen), **Dehnrohr-** (Warmwassergeräte), **Flüssigkeitsdehn-Temperaturregler** (Waschmaschine); für größere Leistungen **Temperaturfühler** (z. B. Thermoelement), der mit Hilfsener-

Thermoelement: a heiße Lötstelle, b Konstantan, c kalte Lötstellen, d Zuleitungen, e Meßinstrument, f Eisen

Thermometer

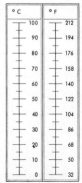

°C	°F
100	212
90	194
80	176
70	158
60	140
50	122
40	104
30	86
20	68
10	50
0	32

Thermometer: Umrechnungstabelle für Celsius und Fahrenheit

Theseus

gie auf elektr. Schalter, Gas- oder Dampfventil einwirkt.

Thers'ites, bei Homer der häßlichste Mann im griech. Heer vor Troja, ein Lästermaul.

Thesaur'ierung [grch.] die, Ansammeln von Geld, das damit dem Umlauf entzogen wird. **Thesaurierungspolitik,** das Schaffen finanzieller Reserven durch den Staat.

Thes'aurus [grch. »Schatz«] der, Sammelwerk, umfassendes Wörterbuch.

Th'ese, Th'esis [grch.] die, ein Satz, der eine Behauptung enthält, die erst bewiesen werden muß. **'Antithese,** eine zur T. in Widerspruch stehende Behauptung.

Th'eseus, sagenhafter griech. König von Athen, bestand in seiner Jugend viele Abenteuer, tötete den Minotaurus (→Minos).

Th'espis, griech. Dichter; soll 534 v.Chr. in Athen die erste Tragödie aufgeführt haben, angeblich von einem Wagen herab; daher: **T.-Karren,** Wanderbühne.

Thess'alien, fruchtbare Beckenlandschaft im östl. Mittelgriechenland, die Kornkammer des Landes; Hauptstadt: Larissa.

Thessal'onicherbriefe, N. T.: 2 Briefe des Apostels Paulus an die Christen in Thessalonike.

Thessalon'ike, amtl. Name von →Saloniki.

Th'etis, griech. Meergöttin, Gemahlin des Peleus, Mutter des Achill.

The|urg'ie [grch.] die, Beschwörung von Gottheiten.

Thiam'in, das Vitamin B_1.

Th'idrekssaga, altnord. Zusammenfassung der Dietrich-, Nibelungen- und Wielandsage, im 13. Jahrh. in Bergen entstanden.

Thiedemann, Fritz, Reiter, *1918; 1967-68 Trainer der dt. Springreiter-Equipe.

Thielicke, Helmut, evang. Theologe, *1908; »Fragen des Christentums an die moderne Welt«.

Thiers [ti'ε:r], Adolphe, französ. Historiker, *1797, †1877; erster Präs. der Franzöś. Rep. (1871-73); »Histoire de la Révolution française«.

Thieß, Frank, Schriftsteller, *1890; »Tsushima«, »Caruso«, »Das Reich der Dämonen«, »Die Straßen des Labyrinths«, »Die gleich. Kaiser«.

Thietmar, Bischof von Merseburg, *975, †1018; Chronist des sächs. Kaiserhauses.

Thimig, Schauspielerfamilie. Hugo T., *1854, †1944. Tochter Helene T., *1889, 1933-46 mit ihrem Gatten Max Reinhardt (†1943) in Amerika; war 1948-59 Leiterin des Reinhardtseminars, Prof. an der Akademie für Musik und darstellende Kunst in Wien; Söhne von Hugo T.: Hermann T., *1890, Hans T., *1900.

Thing das, nord. Form von →Ding.

Thiopl'aste Mz., kautschukähnl. Kunststoffe, die durch Polykondensation z. B. aus Äthylenchlorid und Natriumpolysulfiden hergestellt werden.

Th'isbe und **P'yramus,** babylon. Liebespaar in Ovids Metamorphosen, auch in Shakespeares »Sommernachtstraum«.

Thixotrop'ie [grch.] die, Eigenschaft bestimmter Gallerte und Gele, ohne Temperaturerhöhung durch Schütteln oder Ultraschall verflüssigt zu werden und nach gewisser Zeit wieder zu gelieren.

Th'olos die, griech. runder →Tempel.

Thoma, 1) Hans, Maler und Graphiker, *1839, †1924; Landschaften, beseelte, oft poetisierende Figurenbilder, Bildnisse; eindrucksvolle Lebenserinnerungen. 2) Ludwig, Schriftsteller, *1867, †1921, schilderte in Erzählungen und Komödien die oberbayer. Menschen lebensnah mit kernigem Humor.

Thom'anerchor, Knaben- und Männerchor, gebildet aus den Schülern der Thomasschule (Gymnasium) zu Leipzig, deren Geschichte bis 1212 zurückreicht. **Thomaskantoren** waren u.a. J. Kuhnau, Joh. Seb. Bach, 1939-56 G. Ramin, seit 1961 E. Mauersberger.

Th'omas [hebr. »Zwilling«], männl. Vorname.

Th'omas, 1) einer der Apostel, soll in Parthien und Indien gewirkt haben und um seines Glaubens willen gestorben sein (Tag 3. 7.). Die dorti-

H. Thoma:
Selbstbildnis
(Ausschnitt)

Thomas von
Aquino

gen Christen werden deshalb **T.-Christen** genannt. 2) **T. von Aquino,** *1225 oder 1226, †1274; Dominikaner, der größte Vertreter der Scholastik; Heiliger (Tag 28. 1.). Er suchte die Lehre des Aristoteles mit der christl. Lehre zu verschmelzen. Hiernach gibt es natürl. und übernatürl. Gotteserkenntnis. Natur und Gnade sind keine Gegensätze; die Gnade vollendet die Natur. Seine Anhänger heißen **Thom'isten.** 3) **T. von Canterbury,** T. Becket, * um 1118, †1170; machte als Erzbischof von Canterbury die Rechte der Kirche gegenüber König Heinrich II. von England geltend; von dessen Anhängern ermordet. Heiliger (Tag 29.12.). Novelle von C. F. Meyer »Der Heilige«, Schauspiele von Eliot, Anouilh, Fry. 4) **T. a Kempis, T. von Kempen,** Mönch, *1380, †1471; latein. Erbauungsschrift »Nachfolge Christi«.

Thomas, 1) [tom'a], Ambroise, französ. Komponist, *1811, †1896; Oper »Mignon«. 2) [t'ɔməs], Dylan, engl. Lyriker, *1914, †1953.

Thom'asius, Christian, Rechtslehrer, *1655, †1728; hielt seit 1687 Vorlesungen in dt. Sprache (an der Univ. Leipzig), bekämpfte die Hexenprozesse.

Thomasmehl, gemahlene Thomasschlacke (Rückstand bei der Gewinnung von →Stahl nach dem Thomasverfahren); wertvoller Phosphorsäuredünger.

Thom'ismus, Lehrrichtung innerhalb der kath. Theologie, die sich eng an Thomas von Aquino anschließt.

Thompson [tɔmpsn], Francis, engl. Dichter, *1859, †1907; schrieb symbolist. Gedichte.

Thomson, 1) Sir Joseph John, engl. Physiker, *1856, †1940; entdeckte die atomistische Struktur der Elektrizität und das freie Elektron; Nobelpreis 1906. 2) Sir William **(Lord Kelvin),** engl. Physiker, *1824, †1907; Mitbegründer der Thermodynamik, schufdieabsoluteTemperaturskala(→Kelvinskala).

Thor, altnord. Gott, →Donar.

Thor'a [hebr. »Lehre«] die, →Pentateuch. **T.-Rolle,** Gesetzesrolle.

Th'orakoplastik [grch.], ♪ →Plastik.

Th'orax [grch.] der, 1) ♪ Brustkorb (→Brust). 2) ☿ Bruststück der Insekten.

Thoreau [θ'ɔ:rou], Henry David, amerikan. Schriftsteller, *1817, †1862; naturphilosoph. Tagebücher (»Walden«); glänzender Essaist.

Thorez [tor'ε], Maurice, französ. Politiker (Kommunist), *1900, †1964; seit 1930 Generalsekr. der KP; 1945/46 Staatsmin., 1946 und 1947 Vize-MinPräs.

Th'orium das, **Th,** radioaktives chem. Element, silbergraues Metall, Ordnungszahl 90, Dichte 11,7 g/cm³, Schmelzpunkt 1695°C; findet sich in chemisch gebundener Form im Monazit. T. ist das Anfangsglied einer radioaktiven Zerfallsreihe (→Radioaktivität), es geht unter Aussendung von Alphastrahlen in Mesothorium über.

Thorn, poln. **Toruń,** Stadt in Polen, an der Weichsel, 126 200 Ew.; mittelalterl. Bauwerke; lebhafter Handel, Industrie. – T., 1231 vom Deutschen Orden gegr., war Mitglied der Hanse; seit

Thorn: Rathaus (Vorkriegsaufnahme)

dem **Thorner Frieden** (1411 und 1466) unter poln. Oberhoheit; 1793-1807, 1815-1919 preußisch.

Th'orvaldsen, Bertel, dän. Bildhauer, *1768 oder 1770, †1844; Meister des Klassizismus.

Thot, altägypt. Gott des Mondes, der Schreibkunst und Wissenschaft, mit Ibiskopf dargestellt.

Thr'aker, indogerman. Bewohner Thrakiens.

Thr'akien, der südöstl. Teil der Balkanhalbinsel, zwischen Rhodope-Gebirge und Marmarameer; im O fruchtbares Hügelland. Anbau von Tabak, Obst; Schafzucht. – T. war seit 46 n.Chr. röm. Provinz (reichte bis zum Balkangebirge); heute gehört T. zu Griechenland und der Türkei.

Thriller [θr'ilə, engl.] der, Schauerroman, Reißer, Schlager.

Thromb'ose [grch.] die, Bildung fester Pfropfe **(Thromben,** Ez. der **Thrombus)** in einem Blutgefäß, bewirkt Blutgefäßverstopfung (→Embolie) und damit eine Kreislaufstörung. Meist entsteht die T. durch Ablagerung der im Blut schwimmenden Körperchen und durch Gerinnung.

Thromboz'yten [grch.], Blutplättchen, →Blut.

Thronfolge, die Regierungsnachfolge in der Monarchie.

Thronrede, Ansprache eines Herrschers bei Eröffnung der Parlamentssitzungen.

Thug [Hindi], ind. Raubmörderkaste, um 1835 ausgerottet.

Thuja die, Pflanzengattung →Lebensbaum.

Thuk'ydides, griech. Geschichtsschreiber, * um 460, † nach 400 v.Chr.; suchte in seiner »Geschichte des Peloponnesischen Krieges« das Geschehen in seiner Tatsächlichkeit darzustellen.

Th'ulium das, **Tm,** chem. Element aus der Gruppe der →Lanthaniden.

Thumb, Baumeisterfamilie, gehörte zur Vorarlberger Bauschule; 1) Michael, †1690; 2) Peter, *1681, †1766, Sohn von 1), baute die Wallfahrtskirche Neubirnau, die Stiftsbibliothek St. Gallen.

Thun, Stadt im schweizer. Kt. Bern, 31300 Ew., am Ausfluß der Aare aus dem **Thuner See;** altertüml. Stadtbild, Fremdenverkehr; Ind.

Thunder Bay [engl. θ'ʌndə bei], Hafenstadt in der kanad. Prov. Ontario, 106000 Ew., 1970 entstanden aus Port Arthur, Fort William und den Townships McIntyre und Neebing.

Th'ünen, Johann Heinrich v., *1783, †1850; entwickelte eine Standortlehre der Landwirtschaft: Art und Intensität der Bodennutzung hängen von der Entfernung zum Markt ab **(Thünensche Kreise);** Begr. der Produktivitätstheorie.

Thunfisch, makrelenartiger Fisch des Mittelmeeres und westl. Atlantiks, wertvoller Nutzfisch, bis 4 m lang, 600 kg schwer.

Thurber [θ'ɔːbə], James, amerikan. Schriftsteller und Karikaturist, *1894, †1961; Humoresken, Satiren, Tiergeschichten.

Th'urgau, Kt. der Schweiz, 1006 km², 182800 Ew.; Hauptstadt: Frauenfeld. Hügelland südwestl. des Bodensees, beiderseits der im Fließen den Thur. Viehzucht, Obstbau, Textilindustrie. – Der T. wurde 1460 von den Schweizern erobert; seit 1803 selbständiger Kanton.

Th'üringen, ehemaliges Land des Dt. Reichs, (1939) 11760 km², 1,7 Mill. Ew., umfaßte Thüringer Wald, Frankenwald und das vorgelagerte Thüringer Becken. – Das Königreich T. der →Hermunduren wurde 531 von den Franken und Sachsen erobert. Von Mitte des 11.Jahrh. bis 1247 herrschten die fränk. Ludowinger (seit 1130 Landgrafen). Nach ihrem Aussterben wurde T. 1263 wettinisch. Bei der wettin. Landesteilung 1485 fiel es größtenteils der ernestin. Linie zu (→Sachsen). Daneben gab es das albertin. T., das 1815 preußisch wurde, sowie die selbständigen Fürstentümer Reuß ältere und jüngere Linie, Schwarzburg-Rudolstadt und -Sondershausen. 1918 wurden die sämtl. thüring. Länder Freistaate; 1920 vereinigten sie sich, mit Ausnahme von Coburg, das an Bayern kam, zum Freistaat T. (↻ S. 878). Das 1946 gebildete Land T. wurde 1952 in die Bez. Erfurt, Suhl, Gera der Dt.Dem.Rep. aufgeteilt.

Thüringer Wald, waldreiches Mittelgebirge in

Mittel-Dtl., zwischen der Werra westlich von Eisenach und dem Frankenwald, in den es etwa an der Bahnlinie Saalfeld-Lichtenfels übergeht. Höchste Gipfel: Großer Beerberg 984 m, Schneekopf 978 m, Inselsberg 916 m. (→Rennsteig).

Thuner See bei Spiez

Thurn, Heinrich Matthias, *1567, †1640; Burggraf von Karlstein in Böhmen, veranlaßte 1618 den Aufstand der Protestanten in Prag (Beginn des Dreißigjährigen Kriegs).

Thurn und Taxis, fürstl., aus der italien. Familie Taxis hervorgegangenes Geschlecht, das im 16.-19.Jahrh. das Generalpostmeisteramt im Dt. Reich und den südl. Niederlanden besaß; seit 1695 Reichsfürsten; ihre letzten Postgerechtsame (→Gerechtsame) kamen 1866 an Preußen.

Thusn'elda, Gattin des →Arminius.

Thutm'osis, vier ägypt. Könige der 18. Dynastie, darunter **T. I.** (1530-20 v.Chr.) und **T. III.** (1504-1450), der Ägypten zum Weltreich machte.

Th'ymian [grch.] der, **Quendel,** krautige bis halbstrauchige, purpurblütige Gattung der Lippenblüter mit würzigen Blättern. **Feld-T.** und der angebaute **Garten-T.** aus Südeuropa, der als Gewürz verwendet wird; für Hustenmittel.

Thym'ol das, im Thymianöl enthaltene Verbindung; wirkt keimtötend, für Mundwässer.

Th'ymusdrüse, Briesel das, innersekretor. Drüse unter dem obersten Brustbein, wird nach der Geschlechtsreife zurückgebildet. Wahrscheinlich fördert sie Körperwachstum und Knochenbildung und hemmt die geschlechtl. Entwicklung (→innere Sekretion).

Th'yratron [Kw.] das, ein durch ein Gitter steuerbarer Quecksilberdampfgleichrichter, für automat. Steuerungen, zur Erzeugung von Kippschwingungen, zur Gleichrichtung.

Thyr'istor [Kw.] der, steuerbares Halbleiterventil mit Gleichrichtereigenschaften, hat 4 Schichten mit abwechselnd p- und n-Leitfähigkeit (→Halbleiter), 3 Sperrschichten, 3 Elektroden: Anode, Kathode, Steuerelektrode.

Thyrox'in [grch.] das, Hormon der Schilddrüse.

Th'yrsus [grch.] der, Stab der Bacchanten.

Th'yssen, August, *1842, †1926; das von ihm 1871 gegr. Eisenwerk in Mülheim a.d. Ruhr wurde einer der größten dt. Montankonzerne.

Ti, chem. Zeichen für Titan.

Tiahuan'aco, indian. Ruinenstätte am Titicacasee in Bolivien. Die **T.-Kultur** hatte ihre Blütezeit um 500-1000 n. Chr.

Ti'ara [grch.] die, **1)** die Kopfbedeckung der altpersischen Könige. **2)** mit drei Kronen geschmückte, außerliturg. Kopfbedeckung des Papstes; seit 1963 außer Gebrauch.

Tiber der, ital. **T'evere,** drittlängster, beschränkt schiffbarer italien.Fluß, durchfließt Rom, mündet in das Tyrrhen. Meer, 393 km lang.

Tib'erias, Stadt in Israel, am Westufer des Sees Genezareth, 20800 Ew.; seit etwa 135 n. Chr. Hauptsitz der rabb. Gelehrsamkeit.

Tib'erius, röm. Kaiser (14-37 n.Chr.), *42 v. Chr., †37 n. Chr., Stiefsohn des Augustus, siegreicher Feldherr in Germanien und Pannonien.

Tib'esti, Gebirgsland in der mittleren Sahara, im Emi Kussi 3415 m hoch; Oasen mit Dattelpalmen.

Thymian

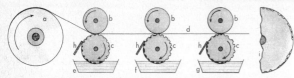

Tiefdruck,
a Papierrolle,
b Presseure (An-
preßwalzen),
c Druckwalzen,
d Papierbahn,
e Farbkasten
Gelb, f Farbk.
Rot, g Farbk.
Blau, h Rakel,
i geätzte Druck-
walze (vergr.)

Tibet, Autonome Region der Volksrep. China, in Innerasien, 1 221 600 km², 1,27 Mill. Ew. (lama-ist. Tibeter); Hauptstadt: Lhasa. Gliederung: 1) Hochebene von Nord-T. (rd. 5000 m hoch) mit Wüstenstrichen und zahlreichen Salzseen zwischen Kun-lun und Tangla-Gebirge im N und Transhimalaya im S; 2) Tal von Süd-T. zwischen Transhimalaya und Himalaya (Hauptbaugebiet); 3) das zerklüftete Bergland im O. Binnenklima, starke Temperaturunterschiede. Anbau (in den Tälern): Gerste, Mais, Tee; wichtige Viehzucht (Jaks, Schafe, Pferde). Die Bodenschätze (Salz, Borax, Gold) sind wenig erschlossen. Teppichherstellung; Ind. (Textilien, Leder u. a.) im Aufbau. – GESCHICHTE. Zugleich mit der Einigung der tibet. Stämme und der Gründung Lhasas im 7. Jahrh. drang der Buddhismus ein, hier zum →Lamaismus umgeformt. Seit dem 13. Jahrh. erkannte der Dalai-Lama die Oberhoheit des chines. Kaisers an, doch blieb die Verbindung locker, bis sie sich nach dem Sturz der chines. Monarchie (1911) fast vollständig löste. T. wurde 1951 von China besetzt. Es überließ diesem vertraglich Außenpolitik und Verteidigung und wurde mit China vereinigt. 1959/60 kam es zu Aufständen gegen die chines. Herrschaft; 1959 Flucht des Dalai-Lama nach Indien. 1965 wurde T. zur Autonomen Region erklärt. ⊕ S. 515.

Tiefbau, Bauarbeiten zu ebener Erde, in und unter der Erde, wie Straßen-, Eisenbahn-, Wasser-, Bergbau, Kanalisation.

Tiefbohrungen, drehende und stoßende Erdbohrungen zum Aufsuchen von Lagerstätten und Fördern von Bodenschätzen. Der Bohrer hängt in einem Gerüst, dem Bohrturm, und wird maschinell angetrieben.

Tiefdruck, 1) alle Druckverfahren, bei denen eine in die Platte vertieft eingearbeitete Zeichnung eingefärbt und durch scharfen Druck herausgehoben wird. **2)** bes. der **Rakel-T.** von geätzten Kupferplatten oder -walzen zur Herstellung illustrierter Zeitungen, Werbeschriften usw. im Ein- und Mehrfarbendruck. Auf lichtempfindl. Gelatinepapier (Pigmentpapier) wird ein Tiefdruckraster und die als Diapositiv vorbereitete Bildvorlage kopiert. Die Kopie wird feucht auf die Kupferwalze aufgequetscht und diese stufenweise mit Eisenchlorid geätzt. Zum Druck wird die Oberfläche der Walze mit dünner Farbe eingefärbt und der Überschuß durch ein dünnes Stahlmesser, die Rakel, abgestreift.

Tiefengesteine, →Gesteine.

Tiefenpsychologie, Denk- und Forschungsrichtung der neueren Psychologie, die das Unbewußte und seine Einwirkungen auf das bewußte Seelenleben in den Mittelpunkt rückt.

Tiefenschärfe, →Schärfentiefe.

Tiefgang, ⚓ Abstand von der Wasseroberfläche bis zur Unterkante des Kiels.

Tiefkühlung, das schnelle Einfrieren von Lebensmitteln im Gefriertunnel bei —38 bis —40 °C und die anschließende Lagerung bei —18 bis —20 °C in **Tiefkühlräumen** (Gewerbe) und **Tiefkühltruhen** (Haushalt).

Tiefschlag, BOXEN: ein Schlag unterhalb der Gürtellinie; wird mit Ausschluß bestraft.

Tiefsee, ⊕ die über 4000 m tiefen Meeresgebiete. Die Wärme erreicht selbst in den heißen Gegenden nur wenige Grad über Null, Pflanzen leben nur bis zu 400 m Tiefe, außer bestimmten Bakterien auch noch Tiere in den größten Tiefen. Die **Tiefseeforschung** untersucht Gestalt und Beschaffenheit des Meeresbodens, Temperatur, Strömung, Salz- und Gasgehalt des Wassers und die Tierwelt. **Tiefseegräben,** lange, schmale Einsenkungen des Meeresbodens, die z. T. bis unter 10 000 m tief sind, bes. am Rande des Stillen Ozeans (11 022 m). **Tiefseetiere** sind an die Finsternis und die Nahrungsarmut ihres Lebensraumes angepaßt. Sie leben von organ. Stoffen, die aus den oberen Meeresschichten absinken, oder sind Räuber. Viele T.-Tiere sind mit Leuchtorganen ausgestattet; einige haben sehr große, leistungsfähige Augen (Teleskopaugen), andere dagegen verkümmerte Lichtsinnesorgane.

Tiefurt, Vorort von Weimar, an der Ilm, mit kleinem Schloß und Park.

tiefziehen, Hohlkörper (Töpfe, Hülsen u. a.) aus ebenen Blechen herstellen: die über einem Ziehring gespannten Bleche werden durch einen Stempel in die Öffnung des Ziehringes gezogen.

Tiegel der, →chemische Geräte (BILD).

Tiegelpresse, kleine Buchdruckpresse, bei der die Druckform feststeht und das bewegl. Eisenfundament (Tiegel) den Druck bewirkt.

Tiegelstahl, in feuerfesten Tontiegeln mit Graphitzusatz aus Roh- und Schmiedeeisen erschmolzener Stahl.

Tibet: Im Tibetischen Hochland

Tib'ull, Albius Tibullus, röm. Elegiendichter, †19 v. Chr.

Ticino [tit∫'i:no], italien. Name des Tessin.

Tick [frz.] der, Gesichtszucken; übertragen: Schrulle, lächerliche Gewohnheit.

T'icket [engl.] das, Fahrschein, Einlaßkarte.

T'ide [ndt.] die, Flut. **Tiden,** Gezeiten.

Tieck, Ludwig, *1773, †1853, Dichter der →Romantik, schrieb Märchen, Schauspiele, Gedichte, Novellen, Romane; Herausgeber der Schlegelschen Übersetzung Shakespeares.

Tieck

Tief das, **Tiefdruckgebiet, Barometrisches T., Depression,** ein Gebiet niedrigen Luftdruckes, bringt feuchtkühles Wetter.

Tiefseetiere, a Langbärtiges Großmaul 15 cm, b Silberbeil 4 cm, c Riesenkrabbe bis 150 cm, d Tiefseeangler 3 cm, e Riesenschwanz 25 cm, f Segelkalmar bis 50 cm, g Tiefseeaal 10 cm

Tien-schan, stark vergletschertes Gebirge in Innerasien, an der Grenze zwischen Sowjetunion und Sinkiang, im Pik Pobedy 7439 m hoch.

Tientsin, Hafenstadt in der Prov. Hopei, China, südöstl. von Peking, 4 Mill. Ew.; wichtigster Handelsplatz N-Chinas am schiffbaren Peiho und Kaiserkanal. Bahnknoten, Flughafen; Univ. u. a. Hochschulen; Schwer-, Maschinen-, Textilind.

Ti'epolo, Giovanni Battista, italien. Maler, *1696, †1770; Meister des venezian. Rokokos, tätig auch in Würzburg und Madrid.

Tiere, Lebewesen, bei denen im Unterschied zu den Pflanzen die Gewebezellen meist nicht fest umhäutet sind, Bewegungsvermögen und Empfindungsleben hervortreten und vor allem im Stoffwechsel Zerfall organ. Stoffe vorherrscht; dieser führt zu reichl. Ausscheidung von stickstoffhaltigen Stoffen und Kohlensäure und bedingt, daß die T. von Pflanzen oder anderen T. als Quellen organ. Nahrung abhängig sind. Das Bewegungsvermögen tritt bei gewissen T. so zurück, daß diese lange als Pflanzen gegolten haben: Seerosen, Korallen, Schwämme. Der Körper der T. besteht aus einer einzigen Zelle (Einzeller) oder aus vielen (Vielzeller), die infolge Arbeitsteilung sehr verschiedene Gewebe und Organe bilden. Die Größe der T. beträgt von einigen Tausendstel Millimeter (Protozoen) bis zu 30 m (norweg. Blauwal). Die Zahl der festgestellten lebenden T.-Arten wird mit über einer Million angegeben.

Tierfangende Pflanzen, auch **Insektenfressende** oder **Fleischfressende Pflanzen,** Pflanzen, die neben der gewöhnl. pflanzl. Ernährungsweise Kleintiere (Insekten, Spinnen u. a.) festhalten und verdauen, meist mit Hilfe eines pepsinhaltigen Saftes. Von den fast 500 bekannten T.P. leben in Mitteleuropa hauptsächlich: Sonnentau, Fettkraut, Wasserschlauch. Außerdem gehören dazu: Venusfliegenfalle, Kannenpflanze u. a.

Tiergarten, →Zoologischer Garten.

Tierhalterhaftung, 🐾 →Gefährdungshaftung des Halters eines Tieres für jeden Schaden, den das Tier anrichtet (§ 833 BGB).

Tierheilkunde, Veterinärmedizin, beschäftigt sich mit den Krankheiten der Haustiere, umfaßt auch Einrichtungen zur Bekämpfung von Tierseuchen und zum Schutz des Menschen gegen die von Haustieren auf den Menschen übertragbaren Krankheiten (Fleischbeschau, tierärztl.

Tiepolo: Allegorie Amerikas (aus dem Deckenfresko im Treppenhaus der Würzburger Residenz)

Tierfangende Pflanzen: 1 Venusfliegenfalle, 2 Kannenpflanze, 3 Sonnentau, 4 Fettkraut, 5 Wasserschlauch

---

NATÜRLICHES SYSTEM DER TIERE
Insgesamt über 1 Million Arten

I. **Unterreich: Einzellige Tiere** – Protozoa
   1. Stamm: Geißeltierchen, Flagellata
   2. Stamm: Wurzelfüßer, Rhizopoda
   3. Stamm: Sporentierchen, Sporozoa
   4. Stamm: Wimpertierchen, Infusorien, Ciliata

II. **Unterreich: Vielzellige Tiere** – Metazoa
II. a Mesozoa
II. b Parazoa: Schwämme, Porifera
II. c Eumetazoa: Gewebetiere, Histozoa

   A) Hohltiere, Coelenterata
   1. Stamm: Nesseltiere, Cnidaria
   2. Stamm: Rippenquallen, Acnidaria (Ctenophora)

   B) Bilaterien, Bilateria
   1. Stamm: Plattwürmer, Plathelminthes (Strudelwürmer; Saugwürmer; Bandwürmer)
   2. Stamm: Schnurwürmer, Nemertini
   3. Stamm: Entoprocta, Kamptozoa
   4. Stamm: Schlauchwürmer, Nemathelminthes, Aschelminthes (Gastrotricha; Rädertierchen; Fadenwürmer; Saitenwürmer; Kinorrhyncha; Kratzer)
   5. Stamm: Priapulida
   6. Stamm: Weichtiere, Mollusca (Käferschnecken; Schnecken; Kahnfüßer; Muscheln; Kopffüßer oder Tintenschnecken)
   7. Stamm: Spritzwürmer, Sipunculida
   8. Stamm: Igelwürmer, Echiurida

   9. Stamm: Ringelwürmer, Annelida (Borstenwürmer; Wenigborster; Egel)
   10. Stamm: Stummelfüßer, Onychophora
   11. Stamm: Bärtierchen, Tardigrada
   12. Stamm: Zungenwürmer, Pentastomida, Linguatulida
   13. Stamm: Gliederfüßer, Arthropoda (Krebse; Pfeilschwanzkrebse; Spinnentiere; Asselspinnen; Insekten; Tausendfüßer)
   14. Stamm: Kranzfühler, Tentaculata (Moostierchen; Zungenmuscheln)
   15. Stamm: Branchiotremata, Hemichordata
   16. Stamm: Stachelhäuter, Echinodermata (Haarsterne; Seewalzen oder Seegurken; Seeigel; Seesterne; Schlangensterne)
   17. Stamm: Bartträger, Bartwürmer, Pogonophora
   18. Stamm: Borstenkiefer, Chaetognatha
   19. Stamm: Chordatiere, Chordata
      a) Manteltiere, Tunicata (Seescheiden; Salpen)
      b) Schädellose, Acrania (Lanzettfischchen)
      c) Wirbeltiere, Vertebrata (Rundmäuler; Knorpelfische; Knochenfische; Lurche; Kriechtiere; Vögel; Säuger)

Die Stämme 1 bis 14 werden zur Gruppe Protostomia, 15 bis 19 zur Gruppe Deuterostomia zusammengefaßt. Die Stämme 9 bis 13 heißen Articulata.

Tilbury

v. Tilly

Tintoretto:
Selbstbildnis

Milchkontrolle). Die **Tierärzte** haben Hochschulausbildung und sind bestallt (approbiert).

Tierkohle, Knochenkohle, →Kohlenstoff.

Tierkreis, die Ekliptik mit den 12 Sternbildern, den **T.-Zeichen** Widder, Stier, Zwillinge, Krebs, Löwe, Jungfrau, Waage, Skorpion, Schütze, Steinbock, Wassermann, Fische. Um Christi Geburt lag der Anfang des T., der Frühlingspunkt, im Widder; heute fällt er wegen der Präzession in das Sternbild der Fische. Für astrolog. Zwecke wurden die ›Zeichen‹ in ihrer alten Folge beibehalten, so daß heute das Zeichen des Widders in die Fische, das Zeichen des Stiers in den Widder usw. fällt.

Tierkreislicht, →Zodiakallicht.

Tierkult, religiöse Verehrung bestimmter Tiere bei Naturvölkern, auch bei den Ägyptern, →Totemismus.

Tierkunde, Zoologie [grch.] die, Wissenschaft von den Tieren, ein Teilgebiet der Biologie; sie erforscht Gestalt und Körperbau (Morphologie), Lebenstätigkeiten (Physiologie), Entwicklungs- und Stammesgeschichte (einschließlich Paläontologie), Erbgeschehen (Genetik), Umweltbeziehungen (Ökologie), Verbreitung (Tiergeographie), Verhalten (Tierpsychologie).

Tierpsychologie, Wissenschaft vom Seelenleben der Tiere. Aus ihr ging die →Verhaltensforschung hervor.

Ti'erra [span.], Land. **T. del Fu'ego,** span. für Feuerland.

Tierschutz kämpft gegen Mißhandlung, Vernachlässigung und Quälerei von Tieren und setzt sich für die Erhaltung der freilebenden Tiere ein (→Naturschutz; →Schonzeit).

Tiers état [tjɛ:rzet'α], →Dritter Stand.

Tiersoziologie, Lehre von der Vergesellschaftung der Tiere **(Tiergesellschaften).**

Tietjen, Heinz, bed. Intendant, *1881, †1967.

T'iflis, georg. **Tbilissi,** Hauptstadt der Grusin. SSR, an der Kura, 889 000 Ew.; Kulturzentrum Transkaukasiens; Univ. u. a. Hochschulen; Verkehrsknoten; bed. Ind.; Mineral-, Schwefelquellen. Patriarchat (georg.-orthodox).

Tiger der, asiat. Großkatze, gelbbraun-weiß mit schwarzen Querstreifen; lebt in dichtbewachsenen Gebieten. Der T. schlägt große Säugetiere und greift auch den Menschen an. **Bengalischer T.** (Königs-T.) im ind. Dschungel, **Sibirischer T.**

Tiger: Königstiger

Tigerschlange, eine indische Riesenschlange.

Tiglatpil'eser, mehrere assyr. Könige, darunter **T. I.** (1115-1077 v. Chr.) und **T. III.** (744-727 v. Chr.), der Gründer der neuassyr. Großmacht.

Tigris der, Strom in Vorderasien, Mesopotamien, 1950 km lang, vereinigt sich mit dem Euphrat zum Schatt el-Arab; bis Bagdad schiffbar.

Tijuana [-xu'ana], Stadt im N Niederkaliforniens, Mexiko, 244 000 Ew.

Tilburg [t'ilbyrx],Industriestadt in der Provinz Nordbrabant, Niederlande, 151 200 Ew.; Textilund Metall-Industrie, kultureller Mittelpunkt des niederländ. Katholizismus.

Tilbury [t'ilbəri] der, leichter, zweirädriger, einspänniger Wagen.

Tilde [span.] die, 1) Lautzeichen über dem span. n (ñ) bedeutet die Aussprache nj, z. B. señor [sɛnj'or]. 2) in Wörterbüchern Wiederholungszeichen ausgelassener Buchstaben oder Silben, z. B. Kopf, ~haut, ~schmuck, ~tuch.

Tilgung die, ♫ 1) Rückzahlung einer Schuld (in einem Betrag oder in Raten). 2) Löschung einer Eintragung im →Strafregister **(Straf-T.).**

Tillich, Paul, evang. Theologe, *1886, †1965; Prof., seit 1933 in den USA.

Tillier [tij'e], Claude, französ. Schriftsteller, *1801, †1844; humorist. Kleinstadtroman »Mein Onkel Benjamin«.

Tilly, Johann Graf v., *1559, †1632, Heerführer der kath. Liga im Dreißigjähr. Krieg; besiegte 1620 am Weißen Berge bei Prag die protestant. Böhmen, 1626 bei Lutter am Barenberge den Dänenkönig Christian IV., erstürmte 1631 Magdeburg, wurde aber von Gustav Adolf bei Breitenfeld (1631) und bei Rain am Lech (1632) besiegt und hierbei tödlich verwundet.

Tilsit, Stadt im nördl. Ostpreußen, (1939) 59 100 Ew.; Hafen an der Memel; Nahrungsmittel-, Möbel-, Maschinenindustrie. Seit 1945 unter sowjet. Verwaltung **(Sowjetsk).** – Im Tilsiter Frieden von 1807 verlor das von Napoleon I. besiegte Preußen alle Gebiete westl. der Elbe.

Timbre [t'ɛ̃brə, frz.] der, das, Klangfarbe.

Timb'uktu, Stadt in Mali, 14 900 Ew.; 15 km nördlich vom Niger; Schnittpunkt alter Karawanenstraßen; Flugplatz.

tim'id [lat.], furchtsam, zaghaft. **Timidit'ät** die, Schüchternheit.

Timing [t'aimiŋ, engl.] das, zeitl. Abstimmung und Einteilung im Ablauf von Tätigkeiten.

Timişoara [timiʃo'arə, rumän.], →Temesvar.

Timmendorfer Strand, Ostseebad an der Lübecker Bucht, Schlesw.-Holst., 8800 Ew.

T'immermans, Felix, flämischer Dichter und Maler, *1886, †1947, schrieb Erzählungen voll Lebensfreude und Frömmigkeit.

Timokrat'ie [grch.] die, eine Staatsverfassung, in der die polit. Rechte nach dem Vermögen abgestuft sind.

T'imor, die größte der Kleinen Sunda-Inseln, 33 615 km², rd. 900 000 Ew.; gebirgig; Ausfuhr: Kaffee, Kopra, Wachs, Sandelholz. Der westl. Teil gehört zu Indonesien, Hauptort: Kupang; der NO ist portugiesisch, Hauptort: Dilly.

Timoschenko, Semjon K., sowjet. Marschall, *1895, †1970; Heerführer 1939 gegen Finnland, bis 1941 an der Mittelfront, dann an der Südfront.

Tim'otheus, Begleiter des Paulus; Märtyrer; Heiliger (Tag 26. 1.).

Timur Lenk [»T. der Lahme«], daraus **Tamerlan,** mongol. Eroberer, *1336, †1405, unterwarf Mittelasien, Nordindien, Persien und einen großen Teil Vorderasiens; sein Herrschersitz war Samarkand.

Tinkt'ur [lat.] die, Arzneikunde: meist aus Pflanzen mit Spiritus hergestellter Auszug.

Tinnef, Tinef [jidd.] der oder das, Schund, Schwindelware.

Tinte die, zum Schreiben verwendbare Flüssigkeit. **Schwarze T.** sind Eisengallustinten (eine Lösung von Gallussäure oder Tannin und einem Eisensalz in Wasser), die **rote T.** enthält Eosin, **Füllhalter-T.** sind Lösungen von Anilinfarbstoffen, die im Halter keine festen Rückstände hinterlassen. **Sympathische T. (Geheim-T.)** werden erst durch bestimmte Behandlung (Erwärmen oder chem. Einwirkung) sichtbar.

Tintenfische, zweikiemige →Kopffüßer, eingeteilt in Achtfüßer **(Kraken)** und Zehnfüßer **(Kalmare).**

Tintor'etto, eigentl. Jacopo **Robusti,** italien. Maler, *1518, †1594, visionärer, zunehmend das Manierismus. Tafel- und Wandbilder in Venedig. (FARBTAFEL Italienische Kunst S. 690)

Tip [engl.] der, Wink, Hinweis auf Erfolgsaussichten, Vorhersage.

Tipperary [tipər'æ:ri], Grafschaft im Süden

J. H. W. Tischbein: Goethe in der Campagna

Irlands, 4255 km², 122 800 Ew.; bekannt durch das
engl. Soldatenlied: »It's a long way to T.«.
T.I.R., Abk. für Transport International de
Marchandises par la Route, von Zollbehörden ver-
gebenes Kennzeichen für Lkw, berechtigt zu be-
schleunigter Abfertigung an der Grenze.
Tir'ade [frz.] die, Wortschwall.
Tir'ana, Hauptstadt Albaniens, 169 000 (meist
muslim.) Ew.; Seiden-, Teppichweberei; in der
Umgebung Wein-, Tabak-, Reisanbau.
Tir'esias, Teiresias, altgriech. blinder Seher
aus Theben, selbst in der Unterwelt begnadet.
Tir'ol, österr. Bundesland, 12 648 km², 513 700
Ew.; Hauptstadt: Innsbruck. T. umfaßt im N die
höchsten Teile der Nördl. Kalkalpen: Lechtaler
Alpen, Wetterstein-, Karwendel-, Kaisergebirge,
südl. des Inntals die östl. Rätischen Alpen, die
Ötztaler, Stubaier, Zillertaler Alpen. Durch die
Abtretung Süd-T.s an Italien nach dem 1. Welt-
krieg ist Ost-T. (Bez. Lienz) vom übrigen österr.
T. getrennt. Hauptsiedlungsgebiet ist das mittlere
Inntal. Viehzucht, Waldnutzung, im Inntal Acker-
bau; Bergbau (Magnesit, Salz, Braunkohlen),
Wasserkraftwerke; Holz-, Textil-, metallurg. u. a.
Ind. Fremdenverkehr. – GESCHICHTE. Das urspr.
von Kelten besiedelte, seit 15 v. Chr. röm. T. wurde im 6. Jahrh. von den Baiern in Besitz genom-
men. Seit dem 11. Jahrh. kam es als Lehen des Bischofs von Brixen an die Grafen von T.; die Gräfin
Margarete Maultasch vererbte T. 1363 an Österreich. (→Österreich, Geschichte; →Südtirol)
Tirpitz, Alfred von, Großadmiral, *1849, †1930;
1897-1916 Staatssekretär des Reichsmarineamts,
schuf die dt. Hochseeflotte vor dem 1. Weltkrieg;
1924-28 MdR. (deutschnational).
T'irso de Mol'ina, →Téllez.
Tirutschirapalli, Stadt in S-Indien, 263 300
Ew.; uralte Tempel; Seidenweberei.
T'iryns, sehr alter Ort in der griech. Argolis;
die Burg ist ein Hauptwerk der myken. Kultur.
Tischbein, Malerfamilie. 1) Johann Heinrich
d. Ä. (»Kasseler T.«), *1722, †1789; religiöse und
mytholog. Bilder, Rokokobildnisse. 2) Johann
Friedrich August (»Leipziger T.«), *1750, †1812,
Neffe von 1); Bildnisse. 3) Johann Heinrich Wilhelm (»Goethe-T.«), *1751, †1829, Neffe von 1);
Bildnis Goethes in der Campagna.
Tischklopfen, Tischrücken, ein Klopfge-
räusch, das bei spiritist. Sitzungen angeblich ohne
äußere Einwirkung in einem Tisch entsteht, um
den die Teilnehmer versammelt sind.
Tischtennis, Ping-Pong das, ein dem Tennis
ähnl. Spiel mit Bällen aus Zelluloid auf einer Holzplatte von 274 × 152,5 cm in 76 cm Höhe.
T'iso, Josef, slowak. Politiker, *1887, † (hingerichtet) 1947; kath. Geistlicher, 1939-44 Präs. der
an Dtl. angelehnten Slowakischen Republik.
Tisza [t'isɔ], 1) Koloman v., ungar. Staatsmann,
*1830, †1902; 1875-90 MinPräs. 2) Stephan, seit
1897 Graf, Sohn von 1), *1861, † (ermordet) 1918;
ungar. MinPräs. 1903-05 und 1913-17.
Tit'an das, **Ti,** chem. Element, silberweißes
Metall; Ordnungszahl 22, Dichte 4,51 g/cm³,
Schmelzpunkt 1668°C. T. ist in der Natur weit ver-

breitet, es findet sich bes. in eisenhaltigen Erzen und
wird vor allem zur Veredelung von Stahl sowie als
wärmefestes Leichtmetall verwendet. **T.-Dioxyd,**
TiO_2, ist ein wichtiges Pigment für Farben und
Lacke (T.-Weiß); wegen seiner hohen Dielektrizi-
tätskonstante für Kondensatoren verwendet.
Tit'anen, griech. Göttergeschlecht, von Uranos
und Gäa abstammend, von Zeus in den Tartaros
gestürzt. **tit'anisch,** übermenschlich, von gewaltiger Kraft.
Titanic [tait'ænik] die, engl. Luxusschiff, stieß
1912 mit einem Eisberg zusammen und sank.
Titel [von lat. titulus] der, 1) akadem. Grade,
Amts- oder Berufsbezeichnungen, sowie Ehrenbe-
zeichnungen für besondere Verdienste. 2) ⏍ Aufschrift eines Buches oder Kunstwerks; ist gegen
unrechtmäßige Benutzung geschützt. 3) ⚖ **Rechts-
titel,** der Grund, auf den ein Recht gestützt wird.
Titic'acasee, größter See in Südamerika, zwischen Peru und Bolivien, liegt 3812 m ü. M., 8300
km². (FARBTAFEL Südamerika S. 875)
T'itisee, See am Feldberg im Schwarzwald, 848
m ü. M., 1,1 km². Der Luftkurort T. hat 2100 Ew.
T'ito, eigentl. Josip **Broz,** jugoslaw. Politiker
und Marschall, *1892; im 2. Weltkrieg organisierte
er in Jugoslawien eine kommunist. Partisanenbe-
wegung, die die des Nationalisten Mihailowitsch
überflügelte. Nach der Errichtung der Volksrepublik wurde T. 1945 MinPräs.; 1953 Präs. 1948
kam es zum Bruch mit dem Kominform und der
sowjet. Politik (**Tito'ismus**). Seit 1962 näherte er
sich wieder der Sowjetunion, geriet aber 1968
nach der russ. Besetzung der Tschechoslowakei in
einen scharfen Gegensatz zu ihr.

Tito

T'itograd, früher **Podgorica,** Hauptstadt von
Montenegro, Jugoslawien, 39 000 Ew.
titr'ieren [frz.], ⚗ die Menge eines gelösten
Stoffes durch Maßanalyse bestimmen.
Titul'arbischof, hat nur den Titel eines Bi-
schofs; ihm ist eine erloschene Diözese zugewiesen.
T'iturel, der erste Gralskönig. Unvollendeter
Versroman von Wolfram v. Eschenbach.
T'itus, 1) röm. Kaiser (79-81 n. Chr.), *39, †81,
zerstörte 70 Jerusalem. 2) Begleiter des Apostels
Paulus, Heiliger (26. 1.).
Tituskopf, weibl. kurze Haartracht nach einer
Büste des Kaisers Titus.
T'ivoli, Stadt östl. von Rom, 38 400 Ew.; Was-
serfälle, röm. Baureste. Villa d'Este, einer der
schönsten Bauten der italien. Renaissance.
T'izian, eigentl. Tiziano Vecellio, italien. Maler,
*1476/77, †1576, Hauptmeister der Renaissance
Venedigs; religiöse und mytholog. Darstellungen
voll sinnl. Lebensfreude, durchgeistigte Bildnisse.
Seine Farbgebung, teils leuchtend, teils tief glü-
hend, wirkt im Spätwerk gedämpft und vergeistigt.
WERKE: Himml. und irdische Liebe, Venusfest,
Ruhende Venus, Kaiser Karl V., Dornenkrönung.
Tjum'en, Gebietshauptstadt in W-Sibirien,
UdSSR, 269 000 Ew.; Eisen-, chem. u. a. Ind.
Tj'utschew, Fedor I., russ. Lyriker, *1803,
†1873; feinfühlige Nachdichtungen (z. B. Goethe).

Tizian: Flora

tkm, Abk. für →Tonnenkilometer.

Tl, chem. Zeichen für Thallium.

Tm, chem. Zeichen für Thulium.

TNT, Abk. für →Trinitrotoluol.

TOA, Tarifordnung für Angestellte des öffentl. Dienstes; ersetzt 1961 durch den Bundesangestelltentarif (BAT).

Toast [to:st, engl.] der, 1) geröstete Brotschnitte. 2) Trinkspruch.

Tob'ago, →Trinidad und Tobago.

Tob'ias, im A.T. die beiden Helden, Vater und Sohn, des apokryphen Buches T. oder **T'obit.**

Tob'oggan [indian.] der, kanad. Schlitten.

Tob'ol der, linker Nebenfluß des Irtysch in W-Sibirien, 1670 km lang, schiffbar; entspringt am Ural, mündet bei **Tobolsk.**

T'obruk, Hafenstadt in Libyen, in der östl. Cyrenaica, 6000 Ew. Im 2. Weltkrieg hart umkämpft.

Tocantins [tokãnt'ins] der, Fluß in Brasilien, 2850 km lang, mit Mündungstrichter Rio Pará.

Tocc'ata [ital.] die, phantasie- und präludienartiges Musikstück für Orgel oder Klavier.

Toch'arer, indoskythisches Volk, das 160 v. Chr. in Sogdiana (Landschaft im NO Irans) eindrang.

Tochtergesellschaft, Kapitalgesellschaft, die von einer anderen abhängig ist.

Tocqueville [tɔkv'il], Alexis de, französ. Historiker, Politiker, *1805, †1859; »Über die Demokratie in Amerika«.

Tod, das völlige Aufhören aller Lebensvorgänge eines Lebewesens **(allgemeiner T.)** oder einzelner Teile (örtl. **T.,** →Brand, →Leiche).

Todeserklärung, ⚖ die gerichtl. Feststellung des Todes eines Verschollenen auf Grund eines →Aufgebotes (Verschollenheitsgesetz vom 15.1. 1951). Die T. ist im allgemeinen zulässig, wenn seit zehn Jahren keine Nachricht von dem Leben eines Verschollenen eingegangen ist; sie darf nicht vor Ablauf des Jahres erfolgen, in dem der Verschollene das 25. Lebensjahr vollendet hätte. Bei Kriegs-, See- und Luftverschollenen gelten besondere Vorschriften.

Todesstrafe, die schärfste aller Strafen. Sie wird im allgem. durch Enthaupten, Erhängen, auf dem elektr. Stuhl oder (bei militär. Verbrechen) durch Erschießen vollstreckt. In der Bundesrep. Dtl. ist sie durch Art. 102 GG, in West-Berlin durch Gesetz (9.1.1951) abgeschafft.

T'ödi, Gebirgsstock der Glarner Alpen, im Piz Rusein 3620 m hoch.

Todsünde, →Sünde.

Toffee [t'ɔfi, engl.] das, Sahnekaramelbonbon.

T'oga die, -/...gen, das alte röm. Obergewand.

Toggenburg, Landschaft im schweizer. Kt. Sankt Gallen; Obstbau, Viehzucht.

Togliatti [tɔʎ'ati], Palmiro, italien. Politiker, *1893, †1964; 1919 Mitgründer der Kommunist. Partei Italiens, seit 1944 ihr Vors., dann bis 1946 mehrfach Minister.

T'ogo, Rep. in W-Afrika, am Golf von Guinea, 56 600 km², 2,0 Mill. Ew. (Sudanvölker); Hauptstadt: Lomé; Amtssprache: Französisch. Gebirgiges Binnenland, schmale, brandungsreiche Küste; tropisch-heißes Klima. Erzeugnisse: Kaffee, Kakao, Palmkerne, Erdnüsse, Baumwolle, Kopra. ⚒ auf Phosphat. Haupthandelspartner: Frankreich. Ein Seehafen ist im Bau; internat. Flughafen: Lomé. – Das ehem. dt. Schutzgebiet T. wurde 1920 Völkerbundsmandat, 1945 Treuhandgebiet; der brit. Anteil kam 1957 zu Ghana, der französ. wurde am 27.4.1960 als T. unabhängig. Im Jan. 1963 wurde Präs. Olympio ermordet. Seit dem unblutigen Staatsstreich von 1967 ist Oberstleutnant E. Eyadema Staatspräs. ⊕ S. 514, ⊡ S. 346. (FARBTAFEL Afrika II S. 162)

T'ohuwab'ohu [hebr. »wüst und leer«] das, Wirrwarr, Durcheinander.

Toilette [twal'ɛtə, frz.] die, 1) Gesellschaftskleid. 2) Tisch mit Spiegel, zum Ankleiden, Frisieren, Schminken. 3) Abort.

Tojo, Hideki, japan. General und Staatsmann, *1884, † (hingerichtet) 1948; 1940 Kriegsmin., 1941-44 MinPräs., am Kriegseintritt Japans füh-

Tokio: Ginza-Straße

rend beteiligt, 1944/45 Generalstabschef; von einem alliierten Gerichtshof als Kriegsverbrecher zum Tode verurteilt.

Tojohaschi, amtl. **Toyohashi,** Stadt in Japan, auf der Insel Honschu, 249 000 Ew.

Tokaj [t'okɔj], Gemeinde in Ungarn, an der Theiß, 5100 Ew.; in der Umgebung gedeiht der **Tokajer Wein.**

Tokel'au-Inseln, Union Islands, Gruppe von Koralleninseln im Stillen Ozean; zu Neuseeland.

T'okio, amtl. **Tokyo,** Hauptstadt und Kaiserresidenz von Japan, auf Honschu, 12,0 Mill. Ew.; wirtschaftl. und kultureller Mittelpunkt; Univ. u. a. Hochschulen; Ind.: Lebens- und Genußmittel, Baumwolle, Seidenwaren, Porzellan, Flugzeug-, Schiffs- und Kraftfahrzeugbau. Der Hafen von T. ist seit 1941 mit dem von Jokohama zusammengewachsen (Keihin-Hafen). T. ist größter Bahnknoten Japans; Flughafen Haneda. – Erdbeben zerstörten T. 1703 und 1923 völlig.

Tokk'ata, →Toccata.

Tokuschima, Tokushima, Hafenstadt in Japan, auf Schikoku, 223 000 Ew.; Baumwollind.

Tol'edo, 1) Stadt in Spanien, am Tajo, 40 700 Ew.; Sitz des Primas von Spanien; maurische und got. Bauwerke; Herstellung der **Toledaner Klingen.** – T. war 534-711 Hauptstadt des Westgotenreichs, 1085-1559 des Kgr. Kastilien. 1936 Verteidigung des Alcázar durch span. Nationalisten. **2)** [tɔl'eidou], Stadt im Staat Ohio, USA, an der W-Spitze des Eriesees, 318 000 Ew.; Univ., Hochofenwerk, Automobilind.; Erdölraffinerien.

Toledo: Kirche Santiago del Arrabal

Toler'anz [lat.] die, 1) Duldsamkeit, bes. in religiösen Fragen (→Glaubensfreiheit); **toler'ant,** duldsam. 2) ⚙ zulässige Abweichung vom genauen Maß oder Gewicht. **Toleranzdosis,** bei Giften, im Strahlungsschutz: noch zulässige Menge.

Toll'ense die, Nebenfluß der Peene in Mecklenburg, 75 km lang, kommt aus dem **T.-See.** (FARBTAFEL Deutschland, Landschaften S. 174)

Toller, Ernst, expressionist. Dramatiker

Toga

*1893, † (Selbstmord) 1939; 1919 Mitgl. der Münchener Räteregierung, emigrierte 1933 in die USA; »Die Maschinenstürmer«, »Hinkemann«.

T'ollkirsche, Atropa Belladonna, staudiges Nachtschattengewächs mit braunen Blüten und schwarzglänzenden, durch →Atropin sehr giftigen Beeren; wächst in Bergwäldern.

T'ollwut, Hundswut, ansteckende Viruskrankheit der Tiere, bes. bei Hund, Wolf, Fuchs, selten auch bei Katze, Rind, Pferd; kann durch den Biß tollwütiger Tiere auf den Menschen übertragen werden; beginnt mit Angstzuständen; dann folgen Schlingbeschwerden (Wasserscheu), Fieber, Tobsucht. Behandlung durch Tollwutimpfung.

Tölpel der, 1) 🐦 Schwimmvogel von etwa 1 m Körperlänge, stoßtauchender Küstenvogel. **Baß-T.** im N Europas und Amerikas. 2) plumper, ungeschickter Mensch.

Tolst'oj, russ. Schriftsteller: 1) Alexej Konstantinowitsch Graf, *1817, †1875; histor. Roman »Fürst Serebrjany«. 2) Alexej Nikolajewitsch Graf, *1883, †1945, emigrierte nach der Revolution, kehrte 1923 zurück, »Der Leidensweg«, »Peter I.«. 3) Leo Nikolajewitsch Graf, einer der größten russ. Dichter, *1828, †1910; Romane: »Krieg und Frieden«, »Anna Karenina«, »Auferstehung«; Schauspiele: »Die Macht der Finsternis«, »Der lebende Leichnam«. Im Alter forderte er, Staat, Kirche, Eigentum, Kunst und Zivilisation verneinend, ein »Urchristentum«.

Tolt'eken, altmexikan. Kulturvolk, die Bewohner der Stadt Tollan, gehörten zu den Nahua-Völkern mit einer dem Aztekischen verwandten, aber altertümlicheren Sprache.

Tol'ubalsam, wohlriechender Balsam eines südamerikan. Schmetterlingsblüters; in der Parfümerie verwendet.

Tol'uca, Hauptstadt des mexikan. Staates Mexiko, 80 000 Ew.; Textil-Industrie, Brauerei.

Tolu'ol das, ⚗ **Methylbenzol,** $C_6H_5(CH_3)$, wasserhelle, stark lichtbrechende Flüssigkeit, aus Steinkohlenteer gewonnen; dient zur Herstellung des Sprengstoffs **Trinitrotoluol,** des Saccharins, der Benzoesäure u. a.

Tölz, Bad T., Stadt in Oberbayern, an der Isar, 12 300 Ew.; Jodbad; Fremdenverkehr.

Tom., Abk. für lat. t'omus, Band, Buch.

Tomahawk [t'ɔmahɔːk] der, -s/-e, Kriegsbeil oder -keule der nordamerikan. Indianer.

Tom'asi di Lampedusa, Giuseppe, italien. Schriftsteller, *1896, †1957; »Der Leopard«.

Tomaszów Mazowiecki [-'aʃuf mazovj'etski], Stadt in der Woiwodschaft Lodz, Polen, 55 300 Ew.; Textil-, Maschinenindustrie, Ziegeleien.

Tom'ate die, **Liebes-, Paradiesapfel,** einjähriges Nachtschattengewächs mit gelben Blüten. Die roten Beerenfrüchte erreichen Apfelgröße. Aus Südamerika Ende des 16. Jahrh. als Zierfrucht, seit Ende des 19. Jahrh. Gemüsepflanze.

T'ombak [malaiisch] der, →Messing.

T'ombola [ital.] die, -/...len, 1) eine Art Zahlenlotto. 2) Verlosung bei Festen.

T'ommy, 1) engl. Koseform für Thomas. 2) T., Mz. Tommies, Spitzname des engl. Soldaten.

Tomsk, Stadt in W-Sibirien, UdSSR, am Tom, 339 000 Ew.; Kernforschungszentrum, Univ.; Holz- und Maschinenindustrie.

Ton der, -s/Töne, ⊠ durch das Ohr wahrgenommene regelmäßige Schallschwingung (→Schall). Je größer die Anzahl der Schwingungen in einer Sekunde, desto höher der T.

Ton der, -s/-e, erdige Stoffe, die durch Verwitterung tonerdehaltiger Silicate, bes. der Feldspate entstehen. T. ist feucht, leicht knetbar; trocken bricht er; beim Brennen wird er hart und behält seine Form bei. Kaolinitreiche T. heißen **Kaolin** und dienen zur Herstellung von Porzellan; die weniger reinen Sorten werden für grobkeram. Erzeugnisse (Steinzeug, Steingut, Schamotte, Ziegelsteine u. a.) verwendet. − **T.-Lager** sind wasserundurchlässig und stauen das Grundwasser.

ton [tʌn, engl. »Tonne«] Abk. **t** das, engl. u. amerikan. Gewicht = 1016,048 kg, auch zur An-

gabe der Wasserverdrängung von Kriegsschiffen.

Tonabnehmer, →Plattenspieler.

Tonalit'ät die, ♪ die Bezogenheit des harmonischen Ablaufs (→Harmonie 3) eines Musikstücks auf eine Grundtonart. Gegensatz: Atonalität.

Tonart, die Beziehung eines der beiden **Tongeschlechter** Dur und Moll auf einen bestimmten Grundton, d. h. auf eine der 12 Tonstufen. Innerhalb dieser bauen sich die T. entsprechend der C-Dur- und der a-Moll-Leiter, durch Erhöhung (♯) oder Erniedrigung (♭) einzelner Töne, auf; Kreuztonarten: G-Dur (e-Moll) 1, D (h) 2, A (fis) 3, E (cis) 4, H (gis) 5, Fis (dis) 6, Cis (ais) 7 Kreuze; B-Tonarten: F (d) 1, B (g) 2, Es (c) 3, As (f) 4, Des (b) 5, Ges (es) 6, Ces (as) 7 B. (→Quintenzirkel)

Tonart: 1 C-Dur, **2** a-Moll, **1** a C-Dur-Dreiklang **2** a a-Moll-Dreiklang

Tonbandgerät, Bandaufnahmegerät, Schallaufzeichnungs- und Wiedergabegerät. Beim **Magnet-Tonverfahren** läuft ein mit isolierten feinsten Eisenteilchen (Magnetit) versehenes Band an einem Elektromagneten (Aufnahmekopf) vorbei, dessen Magnetismus im Rhythmus der von einem Mikrophon zugeführten Tonfrequenz schwankt. Das Band wird hierbei verschieden stark magnetisiert. Bei der Wiedergabe läuft es an einem Wiedergabekopf vorbei, dessen Spule durch das schwankende Magnetfeld beeinflußt wird. Der dabei in der Spule induzierte Strom wird in einem Lautsprecher wieder in Töne umgewandelt. Beim **Nadeltonverfahren** schneidet ein Stichel Schallrillen in das Band ein.

L. N. Tolstoj

Tonerde, ⚗ das Aluminiumoxyd.

Tonfilm, →Film.

T'onga-Inseln, Freundschafts-Inseln, Inselgruppe in Polynesien, etwa 150 Inseln, selbständ. Königreich, bis 1971 unter brit. Protektorat, 697 km², 83 000 Ew.; Hauptort: Nukualofa. Kopra, Bananen.

T'ongking, Hauptteil von N-Vietnam (→Vietnam), Gebiet des Roten Flusses.

T'onicum [grch.] das, -s/-ca, kräftigendes Heilmittel, das den Spannungszustand der Gewebe erhöht. **t'onisch,** stärkend.

T'onika [ital.] die, -/...ken, ♪ der Grundton und der Dreiklang einer Tonart.

Tonika-Do-Methode, die Bezeichnung der Notennamen nach dem →Solfeggio.

Tönisvorst, Gem. im Kr. Kempen-Krefeld, Nordrh.-Westf., 19 800 Ew.

T'onkabohne, Cumarunanuß, Schmetterlingsblüterbaum Südamerikas mit pflaumenähnl. Früchten, enthält viel →Kumarin.

Tonleiter, ♪ die stufenweise Folge der Töne innerhalb einer Oktave. Die **diatonische T.** hat 5 Ganz- und 2 Halbtöne, die **chromatische T.** nur Halbtöne.

Tonmalerei, ♪ Nachahmung von Naturlauten (Sturm, Donner) mit musikal. Mitteln.

Tonnage [tɔn'aːʒə, frz.] die, ⚓ der Schiffsraumgehalt (→Registertonne).

Tonne die, 1) größeres Faß. 2) früheres Hohlmaß zw. 100 und 200 l. 3) metr. Gewicht, Abk.: t = 1000 kg. 4) →Registertonne. 5) eine →Boje.

Tonnengewölbe, 🏛 eine Raumdecke, die in der Form einer halben Tonne gewölbt ist.

Tonnenkilometer, tkm, Produkt aus beförderter Last in t und Beförderungsweg in km, Leistungsmaßstab für Güterverkehrsmittel.

T'önnies, Ferdinand, Soziologe, *1855, †1936; »Gemeinschaft und Gesellschaft« (1887).

Tonschiefer, schiefriges Gestein, ehemals im

Topinambur,
a Knolle

Wasser abgesetzter Schlamm, besteht aus verhärtetem Ton mit Glimmerblättchen, Quarzkörnchen, manchmal auch Kalk. Verwendung für Dach-, Tafel-, Griffel-, Zeichen-, Wetzschiefer.

Tons'illen [lat.] Mz., ∫ die →Mandeln.

Tons'ur [lat.] die, kleiner runder Haarausschnitt der kath. Geistlichen, Mönche.

T'onus [grch.] der, normaler Spannungszustand von menschl. und tier. Gewebe und Organen.

Tonwaren, aus Ton oder Kaolin mit Zusätzen hergestellte, dann gebrannte keram. Gegenstände: Geschirr, Kacheln, Porzellan, Steingut, Steinzeug, Schamotte-, Ziegelsteine u. a.

Top'as der, -ases/-ase, Mineral, gelbe, durchsichtige Kristalle, ein fluorhaltiges Aluminiumsilicat; Schmuckstein. **Rauch-T.** ist brauner Bergkristall, **Gold-T.** geglühter Amethyst oder Rauchquarz.

Topeka [təpˈiːkə], Hauptstadt von Kansas, USA, 125 000 Ew.; Nahrungsmittelindustrie.

Topfen der, bair., österr.: Quark.

Töpferei die, Handwerksbetrieb, der Tonwaren herstellt; runde Gegenstände werden auf der Töpferscheibe geformt, andere in Formen gegossen. Die T. gehört zu den ältesten Gewerben.

Topinamb'ur [indian.] die, eine Art der →Sonnenblume. Viehfutter, Gemüse.

Topograph'ie [grch.] die, ⊕ Ortsbeschreibung mit genauer Angabe der Geländeverhältnisse, Wälder, Flüsse, Wege, Gebäude usw. **Topographische Karte,** →Landkarte.

Topolog'ie [grch.] die, **Analysis situs,** Gebiet der Geometrie, das die inneren Zusammenhangsverhältnisse zweier Gebilde untersucht.

Topp, Top [engl.] der, -s/-e, ⚓ Spitze des Mastes. **T.-Flaggen,** bei feierl. Gelegenheiten in dem T. gehißte Flaggen.

Toque [tɔk, frz.] die, 1) steifes Barett mit Falten, im 16. Jahrh. von Männern und Frauen getragen. 2) nach 1900: krempenloser Damenhut. (FARBTAFEL Mode I S. 695)

Torfmoos

Tor das, engl. **Goal,** Fußball, Hockey u. a.: das Mal; es besteht aus 2 durch eine Querlatte verbundenen Pfosten und einem Netz.

Tor'elli, Giuseppe, italien. Geiger und Komponist, *1658, †1709.

Tor'ero, Toread'or [span.] der, Stierkämpfer.

Torf der, entsteht durch Vermodern von Pflanzenresten bei Sauerstoffabschluß (→Moor). Der T. wird mit dem Spaten gestochen oder auch gebaggert, dann getrocknet; Verwendung als Brennstoff (3400-5400 kcal/kg), Wärmeschutz und zur Schalldämpfung, für Stallungen als **T.-Streu,** zur Düngung als **T.-Mull.** Bei der Vergasung oder Schwelung fallen **T.-Teer** und **T.-Koks** an.

Torfmoos, Sumpfmoos, Sphagnum, Gattung der Laubmoose, weit verbreitet, auf Moorboden; hellgrün, nach Austrocknung weißlich; bildet schwammähnl. Polster, die oben weiterwachsen, während die unteren Teile absterben und zu Torf werden. Das Wasser steigt durch Kapillarkräfte von den unteren Pflanzenteilen nach oben auf. Die T. bauen alle Hochmoore auf.

T'orgau, Stadt im Bez. Leipzig, ehem. Festung an der Elbe, 21 600 Ew.; Glas- u. a. Industrie.

T'orgelow [-oː], Stadt im Bez. Neubrandenburg, an der Uecker, 13 600 Ew.; Eisengießereien.

Torso (von
Lehmbruck)

Toronto

T'ories, Ez. **Tory** [tˈɔri] und **Whigs,** in England die beiden Parteien im Unterhaus, die seit Ende des 17. Jahrh. abwechselnd den maßgebenden Einfluß auf Könighaus und Regierung erlangten; urspr. Spottnamen. Aus den T. entwickelte sich im 19. Jahrh. die Konservative, aus den W. die Liberale Partei.

T'orkretverfahren, ein Verfahren zur Herstellung von Spritzbeton.

Torlauf, der →Slalom.

Torn'ado [span.] der, →Wirbelstürme.

T'orneälv die, nördlichster Fluß Schwedens, 375 km lang, bildet im Unterlauf die finnisch-schwed. Grenze, mündet in die Ostsee.

Torn'ister [slawisch] der, -s/-, Fellranzen, besonders des Soldaten.

Tor'onto, zweitgrößte Stadt Kanadas, am Ontariosee, 2,2 Mill. Ew., wichtigster Industrieplatz des Landes (Nahrungsmittel-, Gummi-, Bekleidungs-, Elektro-Industrie, Schiff- und Maschinenbau); bedeutende Ein- und Ausfuhr; 3 Universitäten.

Torp'edo [lat. »Zitterrochen«] der, ⚒ Unterwassergeschoß zum Zerstören feindl. Schiffe; wird von U-Booten, Schnellbooten, T.-Booten aus **T.-Rohren** ausgestoßen oder von Flugzeugen abgeworfen. **T.-Boot,** sehr schnelles Kriegsschiff.

Torquay [tˈɔːkiː], Hafenstadt und Seebad in England, am Ärmelkanal, 54 000 Ew.

Torquem'ada [tɔrkeˈ], Tomás de, span. Generalinquisitor, *1420, †1498; Dominikaner.

Torr [nach →Torricelli] das, Einheit des Luftdrucks; 1 T. ist der Druck von 1 mm Quecksilbersäule. 750 T. = 1000 Millibar (→Bar).

Torre, Haya de la, Victor Raúl, peruan. Politiker, *1895, Gründer der →Alianza Popular Revolucionaria Americana.

T'orre Annunzi'ata, Stadt in S-Italien, am Golf von Neapel, 62 000 Ew.; Teigwaren- und Waffenfabriken, Mineralquellen.

T'orre del Gr'eco, Seebad in S-Italien, am Golf von Neapel, 92 800 Ew.; Wein- und Obstbau.

Torre'ón, Stadt im mexikan. Staat Coahuila, 243 200 Ew.; Hüttenwerk, Eisenbahnwerkstätten, Mühlen-, Öl-, Baumwollindustrie.

T'orresstraße, Meerenge zwischen Australien und Neuguinea, 185 km breit; 1606 von dem Spanier **L.V. de Torres** entdeckt.

Torricelli [toritʃˈɛli], Evangelista, italien. Naturforscher, *1608, †1647, erfand das Quecksilberbarometer. (→Torr)

Torsi'on [lat.] die, **Drillung,** ⊗ die Drehung eines Stabes oder Drahtes um seine Längsachse. **Torsionswaage,** die →Drehwaage.

T'orso [ital.] der, -s/-s, 1) Kunst: unvollständig erhaltene oder unvollendete Figur. 2) Bruchstück.

T'orstenson, Lennart, Graf von **Ortala,** schwed. Feldherr, *1603, †1651, befehligte 1641-46 das schwed. Heer in Dtl., besiegte die Kaiserlichen bei Breitenfeld (1642) und Jankau (1645).

Tort [tɔːr, frz.] der, Verdruß, Kränkung, Schädigung: er möchte ihm gern einen T. antun.

Tortilla [-tˈiʎa, span.] die, im span. Amerika und Spanien Fladenbrot aus Maismehl und Wasser.

Tort'osa, Stadt in Katalonien, Spanien, am Ebro, 46 000 Ew.; Öl-, Wein-, Reishandel.

Tort'ur [lat.] die, -/-en, die →Folter.

Toscan'ini, Arturo, italien. Dirigent, *1867, †1957; Leiter der Mailänder →Scala, des NBC-Sinfonieorchesters New York. (BILD S. 933)

Tosk'ana, Landschaft an der Westküste und im Inneren Mittelitaliens; Hauptstadt: Florenz. T., das →Etrurien des Altertums, bildete im frühen MA. die Markgrafschaft **Tuscien** und zerfiel dann in selbständige Stadtstaaten, von denen Florenz die Vorherrschaft erlangte. Die →Medici wurden 1569 Großherzöge von T.; nach ihrem Aussterben 1737 folgte eine habsburg. Nebenlinie. 1859/60 ging T. im geeinigten Italien auf. FARBTAFEL Europa II S. 340.

Totalis'ator [neulat.] der, -s/...t'oren, bei Pferderennen: eine Einrichtung, bei der die Wetten gebucht und die Wetteinsätze verteilt werden. Man kann auf »Sieg« wetten (das Pferd soll Erstes

werden) oder auf »Platz« (das Pferd soll sich unter denen befinden, die einen Preis erhalten). Feste Sätze für die Wetten bietet der **Buchmacher** öffentlich aus, neuerdings auch durch Computer.

totalitärer Staat, ein Staat, der die gesamte Staatsgewalt in der Hand einer Person oder einer Machtgruppe zusammenfaßt und die Herrschaft in allen Lebensbereichen beansprucht. Oft werden Einrichtungen des Rechtsstaates (→Staat) beseitigt oder nur dem Schein nach beibehalten, die Macht mit den Methoden des Terrors durch einen den Staat durchdringenden Polizeiapparat aufrechterhalten. (→Bolschewismus, →Nationalsozialismus, →Faschismus)

Totalit'ät [von lat. totus »ganz«] die, Gesamtheit, Vollständigkeit. **tot'al,** gänzlich, vollständig.

Tot'alreflexion, die Erscheinung, daß Licht beim Übergang vom optisch dichteren Medium (z. B. Glas, Wasser) in ein optisch dünneres (z. B. Luft) an der Grenzfläche vollkommen reflektiert und nicht in das dünnere Medium gebrochen wird (→Brechung); tritt nur ein, wenn der Lichtstrahl unter einem Einfallswinkel auftrifft, der größer ist als der Grenzwinkel.

Tote Hand, ⚱ öffentl. Körperschaften oder Stiftungen von unbegrenzter Dauer, bes. Kirchen und Klöster, deren Vermögen sich nicht vererbt und nicht in andere Hände übergeht.

Totem'ismus der, Glaube bei Naturvölkern, von einem **Tot'em** (als Wappen geführtes Schutztier; auch Pflanze u. a.) abzustammen und mit ihm in mystischer Beziehung zu stehen.

Totenbestattung, im europ. Kulturkreis meist Beerdigung oder →Feuerbestattung, seltener sind Versenken ins Meer oder Moor, Einbalsamieren, Beisetzen in bes. Bauten (Grüften). Zu ihren Bräuchen gehören: Aufbahren, Leichenwache, Leichenrede, Totenklage, Totenmahl. Die T. war immer mit einem Kult verbunden. Der Gedanke an ein Fortleben nach dem Erlöschen der Lebensfunktionen führte seit vorgeschichtl. Zeit dazu, das Grab als eine Art Behausung zu gestalten.

Totenfest, Gedächtnistag der Toten; in der kath. Kirche: →Allerseelen, in der evang.: **Totensonntag,** der letzte Sonntag vor dem 1. Advent. **Volkstrauertag** am 2. Sonntag vor dem 1. Advent als Gedenkfeier für die Opfer des Faschismus und die Toten der beiden Weltkriege.

Totengräber, Aaskäfer, vergräbt Tierleichen als Nahrung für die Brut.

Totenkopf, ⚘ schwarz-gelber zu den Schwärmern gehörender Schmetterling mit totenkopfähnl. Zeichnung auf dem Rücken; hat eine Spannweite von 12 cm und ist der größte dt. Schmetterling. (FARBTAFEL Schmetterlinge S. 870)

Totenkult, kult. Bräuche, die sich mit dem als weiterlebend gedachten Toten befassen, im Glauben an die unheiml. Macht, die von ihm ausgeht.

Totenmaske, von Verstorbenen genommene Gesichtsabdruck in Gips oder Wachs.

Totenmesse, →Requiem.

Totenstarre, →Leiche.

Totentanz, seit dem 15. Jahrh. in Malerei und Graphik Darstellung des (manchmal tanzenden) Todes, der alt und jung, hoch und niedrig ergreift (Holbein d. J. u. a.).

Totenuhr, ⚘ ein →Klopfkäfer.

Totenvogel, 1) der Steinkauz (→Eulen). **2)** nach Vorstellung mancher Völker ein Vogel, in dessen Gestalt die Seele entflieht und weiterlebt.

toter Punkt, 1) ⚙ bei Getrieben die Stellung, in der die Bewegung Null ist oder umkehrt; beim Kurbeltrieb Anfang und Ende des Hubes. **2)** Stillstand, Zustand der Unlust.

toter Winkel, ⚔ Geländeraum hinter einer Deckung, den der gegner. Feuer nicht erfaßt.

Totes Gebirge, Gebirgsstock der Salzburger Kalkalpen; bis 2514 m hoch.

Totes Meer, abflußloser See an der israel.-jordan. Grenze, 980 km², bis 399 m tief, Seespiegel 394 m unter dem Meeresspiegel. Er bildet die tiefste Einsenkung des Jordangrabens. Wegen des hohen Salzgehaltes können weder Tiere noch Pflanzen in ihm leben.

T'otila, König der Ostgoten (541-552), eroberte 546 Rom zurück, fiel 552 gegen Narses.

Totmanneinrichtung, Sicherheitsfahrschaltung, bei elektr. und Dieselschienentriebfahrzeugen eine Vorrichtung, die die Antriebskraft selbsttätig abschaltet und die Bremse betätigt, wenn der Führer plötzlich ausfällt: ein Knopf, der in bestimmten Zeitabständen losgelassen und wieder heruntergedrückt werden muß.

T'oto das, →Wette.

Totschlag, ⚖ die vorsätzl. Tötung eines Menschen, die nicht die bes. Merkmale des Mordes aufweist. Strafe: Zuchthaus nicht unter 5 Jahren, bei mildernden Umständen Gefängnis nicht unter 6 Monaten (§§ 212f. StGB).

Tottenham [t'ɔtnəm], nördl. Vorstadt Londons, 113 000 Ew., gehört seit 1963 zum London Borough Haringey.

Tötung die, ⚖ widerrechtl. Herbeiführen des Todes eines Menschen. Man unterscheidet neben →Mord und →Totschlag den →Kindesmord, die **T. auf Verlangen** (Freiheitsstrafe nicht unter 6 Monaten: § 216 StGB) und die **fahrlässige T.** (Freiheitsstrafe: § 222 StGB).

Toul [tu:l], Stadt im östl. Frankreich, an der Mosel, 15 000 Ew.; Herstellung von Stickereien und Fayencen; wichtig seit dem 13. Jahrh. dt. Reichsstadt, kam 1552 zu Frankreich.

Toulon [tul'ɔ̃], Stadt in S-Frankreich, 178 500 Ew.; Kriegs- und Handelshafen; Schiffbau.

Toscanini

Totengräber

Toulon: Place de la Liberté

Toulouse [tul'u:z], Stadt in S-Frankreich, an der Garonne, 380 300 Ew.; schöne mittelalterl. Bauten; roman. Kirche St.-Sernin; 2 Univ.; Erzbischofssitz. Handelszentrum; Flugzeug-, Textil-, chem. u. a. Ind. – T. war im 5. Jahrh. die Hauptstadt des Westgotenreichs. Die französ. Grafen von T. beherrschten bis ins 13. Jahrh. das ganze Languedoc.

Toulouse-Lautrec [-lotr'ɛk], Henri de, französ. Maler und Graphiker, *1864, †1901; geistvolle Darstellungen des Pariser Lebens mit plakativer Wirkung. (FARBTAFEL Gebrauchsgraphik S. 349)

Toupet [tup'e, frz.] das, -s/-s, Haarersatzstück. **toup'ieren,** die Haare aufbauschen.

Tour [tu:r, frz.] die, 1) Fahrt, Wanderung. 2) Umdrehung (bei Maschinen, Tanz u. ä.).

Touraine [tur'ɛ:n] die, Landschaft um →Tours.

Tourcoing [turkw'ɛ̃], Industriestadt in NO-Frankreich, 99 400 Ew.; Textilindustrie.

Tour de France [tu:r də frãs], internat. Straßenradrennen durch Frankreich (rund 4500 km).

Touré [tur'e], Sékou, Präs. von Guinea (seit 1958), *1922; Vorkämpfer für die Unabhängigkeit Guineas.

Tourist [tur'ist, frz.] der, Reisender, Wanderer, Bergsteiger (**Hochtourist**). **Tour'istik** die, das Reisen und Wandern. **Tour'ismus** der, das organisierte Reisewesen.

Tournai [turn'ɛ], fläm. **Doornik,** altertüml. Stadt in Belgien, an der Schelde, 33 400 Ew.; Teppich-, Textil-, Nahrungsmittel-, Eisen-Industrie. Im 5./6. Jahrh. Sitz der Merowinger.

Tournée [turn'e, frz.] die, Rundreise.

toter Punkt bei einem Kurbelgetriebe (mittlere Figur)

Tours [tu:r], Stadt in W-Frankreich, an der Loire, 132900 Ew.; got. Kathedrale, Kirche St.-Martin (mit dem Grab des hl. Martin von T.); Verkehrs- und Handelszentrum; chem., pharmazeut., Maschinen-, Kraftwagen-Ind. – T., das röm. Caesarodunum, kam mit der umliegenden Landschaft, der **Touraine,** 1205 an die französ. Krone.

Tower [t′auə, engl. »Turm«] der, ehem. Festung, in London, am nördl. Themseufer, oberhalb der **Towerbrücke;** im 11.-13. Jahrh. gebaut; war ursprüngl. kgl. Residenz, später Staatsgefängnis; heute hauptsächl. Arsenal.

Tower

Toxikolog′ie [grch.] die, Lehre von den Giften. **t′oxisch,** giftig. **Tox′ine** Mz., von Bakterien und Tieren (Kröten, Schlangen, Spinnen) gebildete Giftstoffe, wirken schon in sehr geringer Menge stark giftig, lösen im Körper die Bildung von Gegengiften (**Antitoxinen**) aus. **Toxik′ose,** durch Gift erzeugte Krankheit.

Toxoplasm′ose [grch.] die, eine Protozoenkrankheit vieler Tiere, seltener des Menschen; Erreger ist ein Sporentierchen. T. kann beim Menschen zu langwierigem Fieber, zur Schädigung des Nervensystems, der Leibesfrucht führen.

Toynbee [t′ɔinbi:], 1) Arnold, brit. Sozialreformer, *1852, †1883; Vorläufer der Settlement-Bewegung. 2) Arnold Joseph, engl. Geschichtsphilosoph, Neffe von 1), *1889; untersuchte den Ablauf von 21 Kulturen der Weltgeschichte.

Arnold J. Toynbee

Trab der, laufende Gangart, bes. des Pferdes, bei der ein Vorderfuß und der entgegengesetzte Hinterfuß zugleich aufgesetzt werden. **Trabrennen,** Wettfahren im T., finden auf bes. Rennbahnen statt. **Traber** der, Pferd mit vorherrschender, angezüchteter Trabgangart.

Trab′ant [tschech.] der, 1) Leibwächter, Diener. 2) ☽ Satellit.

Trabantenstadt, Satellitenstadt, baulich in sich abgeschlossene und selbständige Nebenstadt einer Großstadt.

Tr′aben-Tr′arbach, Stadt in Rheinl.-Pf., an der Mosel, 6300 Ew.; Weinhandel.

Traber [grch.] die, →Trab. 2) Drehkrankheit der Schafe, äußert sich in Bewegungsstörungen.

Trach′ea [grch.] die, →Luftröhre.

Trach′een [grch.] Mz., 1) ⚕ Atmungsorgane der Insekten, Tausendfüßer und einiger Spinnen; durchziehen als verzweigtes Röhrensystem den Körper, umspinnen die inneren Organe und münden in Atemlöchern in der Haut. 2) ♠ röhrige Zellen im →Gefäßbündel.

Tracheotom′ie die, →Luftröhrenschnitt.

Trach′om [grch.] das, →Körnerkrankheit.

Tracht [von tragen, eigentl. »Traglast«] die, Kleidung einer bestimmten Gruppe, Gemeinschaft, auch eines bestimmten Zeitabschnitts. In Mitteleuropa war die ländl. T. jahrhundertelang nach Landschaften, oft bis auf die Dörfer hinab, verschieden. Von der Mode unterscheiden sich die **Volkstrachten** durch ihren viel langsameren histor. Wandel. Eine bes. Rolle spielt die Gewandung für bestimmte Anlässe (Heirat, Trauer). Man spricht auch von **Haar-, Barttracht.** (FARBTAFEL Mode II S. 696)

trächtig, bei Tieren: tragend, schwanger; Hptw.: **Trächtigkeit.**

Trach′yt der, junges porphyr. Ergußgestein.

Tracking-Stationen [træk-] zur Beobachtung und Verfolgung der Bahn der Erdsatelliten.

Trade [treid, engl.] der, Handel. **T.-mark** die, Handelsmarke, Fabrikzeichen.

Tradesc′antia die, Gatt. amerikan. Staudenpflanzen, darunter Garten- und Ampelpflanzen.

Trade Unions [treid j′u:njənz] Mz., engl. Gewerkschaften, Anfang des 19. Jahrh. entstanden.

Traditi′on [lat.] die, 1) Überlieferung, das Weitergeben von Kulturbesitz auf folgende Generationen durch mündl. oder schriftl. Überlieferung. **Traditional′istische Kulturen** (Naturvölker, Orient, China bis 1949) sind auf das Altgewohnte als unverbrüchl. Norm des Handelns eingestellt; oft ist der **Traditional′ismus** mit Autoritätsglauben verbunden. 2) Theologie: die mündl. Überlieferung im Gegensatz zur schriftlichen. **tradition′ell,** herkömmlich, überliefert.

Trafalg′ar, Kap an der S-Küste Spaniens. 1805 Seesieg der engl. Flotte unter →Nelson über die französ.-span. Flotte.

Traffic [tr′æfik, engl.] der, Verkehr.

Traf′ik [ital. aus arab.] der, die, in Österreich Handel, Laden.

Trag′ant [lat. aus grch.] der, **Stragel,** Gattung staudiger bis strauchiger Schmetterlingsblüter. Einige Arten liefern den Klebstoff T., Zusatz zu Appreturen und Klebstoffen.

Trägerfrequenztechnik, Sondergebiet der elektr. Nachrichtentechnik, ermöglicht die Mehrfachausnützung eines Übertragungsweges, so daß je Leitung (Adernpaar) gleichzeitig bis 1440 Gespräche geführt werden können.

Tragflächenboot, ein Motorboot, bei dem schmale Tragflächen an Stielen so unter dem Bootskörper angebracht sind, daß deren dynamischer Auftrieb den Bootskörper (außer dem Heck) aus dem Wasser hebt und dadurch hohe Geschwindigkeiten ermöglicht.

Trägheit die, Beharrungsvermögen, die Eigenschaft jedes Körpers, einer Änderung der Größe oder Richtung seiner Geschwindigkeit zu widerstehen. Die T. eines Körpers ist proportional seiner Masse. Das **T.-Gesetz** von Galilei (1609) lautet: Jeder Körper verharrt in seinem Zustand der Ruhe oder der gleichförmigen Bewegung, solange er nicht durch einwirkende Kräfte gezwungen wird, diesen Zustand zu ändern.

Trägheitsmoment, eine bei der Drehung starrer Körper auftretende Größe, die der Masse bei der Bewegung von Massenpunkten entspricht. Das T. eines Massenteilchens ist das Produkt aus seiner Masse und dem Quadrat seines Abstandes von der Drehachse.

Trägheitsnavigation, Inertialnavigation, Navigationsverfahren für Flugkörper und Militärflugzeuge, unabhängig von Bodenstellen, vergleicht die bei der Beschleunigung auftretenden Trägheitskräfte mit der zugehörigen Zeit, ermöglicht damit Korrekturen nach der Sollflugbahn.

Tr′aghimmel, auf vier Stangen getragenes Teppichdach (Baldachin).

Tr′agik [grch.] die, →Tragödie.

Tragikomödie [grch.], in meist gut endendes Schauspiel, in dem das Tragische und Komische verschmolzen sind (**Tragikomik**), z. B. G. Hauptmanns »Ratten«.

Trag′ödie [grch.] die, **Trauerspiel,** die strengste Gattung des →Schauspiels, endet mit dem ergreifenden Untergang des Helden. Nach den großen griech. Tragikern (Äschylos, Sophokles, Euripides) hat erst wieder die Renaissance den Boden für eine europäische T.-Kunst bereitet, deren Höhepunkte in England Shakespeare, in Frankreich Corneille und Racine, in Spanien Lope de Vega und Calderón, in Dtl. Schiller, Kleist, Grillparzer, Büchner, Grabbe, Hebbel bezeichnen. – Die tieferen Gründe für den Untergang des Helden, für seine **Tragik,** sind je nach den religiösen und philosoph. Anschauungen der Zeitalter verschieden.

Sie können ebenso geprägt sein vom Glauben an das Unterworfensein alles Menschlichen unter ein verhängtes Schicksal wie von der Vorstellung, daß der Mensch notwendig in Konflikt gerät mit der Unbedingtheit sittlicher Forderungen oder daß er aus innerer Widersprüchlichkeit dem Untergang verfallen ist.

Tragschrauber, Autogiro [-ʒ'iːro], ein Drehflügelflugzeug mit Zugpropeller und einer durch den Fahrtwind angetriebenen Tragschraube, die den Auftrieb erzeugt.

Train [trɛ̃, frz.] der, ⚔ der Troß.

Training [trɛ'iniŋ, engl.] das, zielbewußte Vorbereitung auf einen sportl. Wettkampf unter Leitung eines **Trainers** (Sportlehrers). (→Autogenes Training)

Traiteur [trɛt'œːr, frz.] der, Stadtkoch.

Traj'an, röm. Kaiser 98-117 n. Chr.; gab dem Römischen Reich durch siegreiche Kriege seine größte Ausdehnung.

Traj'ekt [lat.] der, das, Fähre, Fährschiff.

Trak'ehnen, Dorf in Ostpreußen, ehem. preußisches Gestüt. **Trak'ehner,** →Pferde.

Trakl, Georg, Dichter, *Salzburg 1887, † (Selbstmord) 1914; Lyrik von düsterer Schönheit und assoziativer Bildhaftigkeit.

Trakt [lat.] der, 1) Zug, Strecke, Länge. 2) Straßenzug, Gebäudeteil.

trakt'abel [lat.], fügsam, leicht zu behandeln.

Traktam'ent das, Bewirtung, Verpflegung; Löhnung (des Soldaten).

Trakt'at [lat.] der, das, 1) Abhandlung, bes. religiöse Flugschrift (**Traktätchen**). 2) Staatsvertrag. **trakt'ieren,** 1) behandeln. 2) bewirten. 3) unterhandeln.

Tr'aktor [lat.] der, →Zugmaschine.

Tr'aktus [lat.] der, Gesang in der kath. Messe.

Tr'alje [niederländ.] die, Gitterstab an den Fenstern oder Brüstungen.

Tr'älleborg, schwed. Stadt, →Trelleborg.

Tram [von engl. tramway »Schienenbahn«] die, Schweiz: das, **Trambahn,** Straßenbahn.

Tramp [træmp, engl.] der, Landstreicher, wandernder Gelegenheitsarbeiter. **trampen,** per Anhalter reisen. Das **T.-Schiff** befährt keine feste Strecke, sondern richtet sich nach Bedarf.

Trampeltier das, zweihöckriges →Kamel.

Trampol'in [ital.] das, ein etwa 3 × 4 m großes Sprungtuch, das in einem Gestell hängt; für Sprungübungen. Auch ein Federsprungbrett.

Tran der, öliges Fett aus Meeressäugetieren (Wal-T., Walöl) und Fischen; Verwendung als Margarinerohstoff, zum Fetten von Leder, in der Textilindustrie, in der Medizin (→Lebertran).

Trance [trɑːns, engl., oft: trɑːsə] die, Entrückung; der Zustand eines spiritist. Mediums.

Tranche [trɑ̃ʃ, frz.] die, 1) Scheibe, Schnitte. 2) Teil einer Anleihe. **tranchieren** [trɑ̃ʃ'irən], einen Braten zerteilen.

Tränen Mz., von den **T.-Drüsen** abgesonderte klare Flüssigkeit, dient zur Befeuchtung der vorderen Augenfläche und zum Wegschwemmen kleiner Fremdkörper. Die T. fließen durch den **T.-Nasenkanal** in die Nase ab.

Tränendes Herz, Gartenzierstaude mit rotweißen Blüten; Erdrauchgewächs.

Tränengas, starken Tränenreiz verursachende, leicht verdampfende Flüssigkeiten, wie Bromaceton, Chloracetophenon u. a.

Tr'ani, Seebad und Hafen in Apulien, an der Adria, 41 600 Ew.; Kathedrale, Kastell.

Tranquill'antien [ital.], **Tranquilizer** [tr'æŋkvilaizə, engl.], Arzneimittel, die Angst- und Erregungszustände bei Erhaltenbleiben der Denk- und Urteilsfähigkeit beseitigen sollen.

trans..., Vorsilbe in Fremdwörtern: jenseits, über; z. B. **transalpin,** jenseits der Alpen.

Transakti'on [lat.] die, Übertragung, bes. geschäftlicher Art.

Transdukti'on [lat.] die, 1) die Übertragung genet. Bruchstücke von einer Bakterienzelle auf eine andere durch best. →Bakteriophagen. 2) primitive Logik: das Schließen von einem Einzelfall auf andere Einzelfälle.

Transd'uktor [lat.] der, eine Drosselspule, deren Eisenkern durch einen in bes. Wicklung fließenden Gleichstrom vormagnetisiert ist.

Transf'er [engl.] der, Übertragung, bes. die Durchführung von Zahlungen in das Ausland.

Transf'erstraße, →Maschinenstraße.

Transfigurati'on [lat.] die, Verklärung Christi.

Transfok'ator der, photograph. Objektiv mit stetig veränderl. Brennweite; ermöglicht den Effekt von »Fahraufnahmen« ohne Veränderung des Kamerastandpunktes.

Transformati'on [lat.] die, Umwandlung.

Transform'ator [lat.] der, ⚡ Umspanner, ruhendes Gerät zur Umwandlung hoher Wechselspannungen in niedere und umgekehrt. Auf einem Eisenkern befinden sich 2 Wicklungen, die Oberspannungswicklung hat viele Windungen mit kleinem Querschnitt, die Unterspannungswicklung hat wenige Windungen mit großem Querschnitt. Die Spannungen verhalten sich wie die Windungszahlen, die Ströme umgekehrt. Kleine T. werden als Trocken-T., große als Öl-T. gebaut. T. für Meßzwecke heißen **Spannungs-** oder **Stromwandler.**

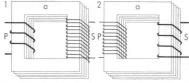

Transformator: 1 zum Herauftransformieren, 2 zum Herabtransformieren einer Wechselspannung (P Primär-, S Sekundärwicklung, a Eisenkern)

Transfusi'on die, Übertragung (von Blut).

Transgressi'on [lat.] die, 🌐 Vordringen eines Meeres über Festland. Gegensatz: Regression.

Transhim'alaya der, Gebirgszug in Tibet, mit dem Himalaya gleichlaufend, bis 7225 m hoch; 1906-08 von Sven Hedin entdeckt.

Transhumance [trãsym'ãs, frz.], **Transhum'anz** die, halbnomad. Wirtschaftsform: Hirten ziehen mit dem Vieh im Sommer auf die Almen, im Winter in die Ebenen (W-Alpen, Pyrenäen, Balkan).

Trans'istor der, ⚡ Halbleiter-Bauelement zur Verstärkung, Schwingungserzeugung und für Regel- und Schaltzwecke, aus Silicium- oder Germanium-Einkristallen mit mindestens 2 Schichten verschiedener Erzeugung der Leitungselektronen (Überschuß- (n) und Mangelleitung (p)), meist **3** Schichten in p-n-p- oder n-p-n-Anordnung und 2 Sperrschichten an den Übergängen. Emitter emittiert Ladungsträger, Basis steuert Emission der Ladungsträger, Kollektor sammelt Ladungsträger. Emitter-Basis-Strecke wird in Durchlaßrichtung, Basis-Kollektor-Strecke in Sperrrichtung betrieben. Unterschieden wird Emitter-, Basis- und Kollektorschaltung, je nachdem, welcher Pol für Ein- und Ausgang gemeinsam ist. T. ersetzen weitgehend Elektronenröhren, brauchen keine Heizung und Anheizzeit, sind weniger aufwendig und betriebssicherer. Sonderbauarten für bes. Aufgaben: Drift-, Legierungs-, Mesa-, Epitaxial-, Unipolar (Feldeffekt)-, Flächen-, Spitzen-T.

Trans'it [ital.] der, →Durchfuhr.

tr'ansitiv [lat.], ⓢ ein überleitendes, zielendes Zeitwort (**Transitivum**).

transit'orisch [lat.], vorübergehend.

Transjord'anien, →Jordanien.

Transkauk'asien umfaßt die Grusinische, Aserbaidschanische und Armenische SSR.

Transkei, Bantu-Territorium in der Kapprovinz, Rep. Südafrika, 41 440 km², etwa 2 Mill. Ew.; Hauptstadt: Umtata. T. erhielt 1963 Selbstverwaltung und eigene Verfassung.

Transkripti'on [lat.] die, 1) Übertragung in Lautschrift. 2) ♪ die Bearbeitung eines Musik-

Trakl

Tränendes Herz

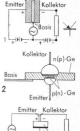

Transistor: 1 Schaltschema und Schaltzeichen eines Flächen-T., 2 Schnitt durch einen Flächen-T., 3 Schaltschema eines Spitzen-T.

Trappen:
Trapphahn

Traubenwickler

stücks für eine andere als die urspr. vorgesehene Wiedergabe. Zw.: **transkrib′ieren.**

Translati′on [lat.] die, **1)** Übertragung; Übersetzung aus einer Fremdsprache. **2)** ⊠ fortschreitende, geradlinige Bewegung von Körpern.

Transleith′anien, in Österreich-Ungarn (1867 bis 1918) die Länder der ungar. Krone.

Transmissi′on [lat.] die, ⊜ Anlage, bestehend aus Wellen, Riementrieben, Kupplungen und Lagern, zur Kraftübertragung, heute selten.

transpar′ent [lat.], durchscheinend. **Transparent** das, durchscheinendes Bild, das von hinten beleuchtet wird; Spruchband.

Transpirati′on [lat.], **1)** ⚕ ☞ das Schwitzen (→Schweiß). **2)** ⚘ die Wasserdampfabgabe, bes. durch die Spaltöffnungen der Laubblätter. **transpir′ieren,** schwitzen.

Transplantati′on [lat.] die, Überpflanzung eines Körperteils an eine andere Stelle des gleichen oder eines andern Körpers. In der Heilkunde werden z.B. Haut, Schleimhaut, Muskeln, Knochen, Organe durch T. ersetzt. Die erste Herz-T. in Dtl. wurde am 13.2.1969 von Prof. R. Zenker in München durchgeführt.

transpon′ieren [lat.], ♪ in eine andere Tonart versetzen.

Transp′ort [frz.] der, Beförderung von Personen und Gütern. **transport′abel,** beweglich, tragbar. **transport′ieren,** befördern.

Transportgefährdung, 🚂 die Gefährdung der Sicherheit des Betriebes einer Eisen- oder Schwebebahn, der Schiffahrt oder Luftfahrt oder überhaupt die Gefährdung des Straßenverkehrs durch Zerstörung verkehrsnotwendiger Anlagen oder Bereitung von Hindernissen o. ä. Strafe für **vorsätzl. T.:** Freiheitsstrafe nicht unter einem Jahr, für **fahrlässige T.:** Freiheitsstrafe.

Transportschnecke, →Förderschnecke.

Transsibirische Bahn, →Sibirien.

Transsilv′anische Alpen, die Südkarpaten.

Transsubstantiati′on [lat.] die, nach der kath. Lehre vom Altarsakrament die Verwandlung von Brot und Wein in Leib und Blut Christi.

Transsud′at [lat.] das, ☞ Flüssigkeit, die bei Blutstauung oder Blutgefäß austritt.

Transur′ane [lat.], radioaktive chem. Elemente mit einer höheren Ordnungszahl als der des Urans, künstlich gewonnen durch Beschuß der letzten natürlich vorkommenden Elemente des period. Systems, oder der T. selbst, mit schweren Teilchen (Neutronen, Protonen, Deuteronen, Alphateilchen oder noch schwereren Atomkernen). Bisher (1969) wurden 12 T. künstlich hergestellt: Neptunium, Plutonium, Americium, Curium, Berkelium, Californium, Einsteinium, Fermium, Mendelevium, Nobelium, Lawrencium, Kurtschatovium. Die T. bis zum Lawrencium einschl. gehören zus. mit den Elementen Actinium, Thorium, Protactinium und Uran zur Gruppe der **Actiniden;** Uran, Neptunium und Plutonium werden auch als **Uraniden** bezeichnet. Die T. haben im allgemeinen nur wissenschaftl. Interesse, nur das Plutonium hat für die Gewinnung von Atomenergie (→Atombombe) große Bedeutung erlangt.

Transvaal [-v′a:l], Prov. der Rep. Südafrika, 283917 km², 6,3 Mill. Ew. (darunter 1,2 Mill. Weiße, vorwiegend Buren); Hauptstadt: Pretoria, Wirtschaftsmittelpunkt: Johannesburg. T. wurde 1852 als Freistaat der Buren gegründet. T. kämpfte nach einem Annexionsversuch durch die Engländer 1881 und 1896 unter Ohm Krüger erfolgreich gegen diese, wurde aber im Burenkrieg 1899-1902 unterworfen. Seit 1910 Teil der Südafrikan. Union.

Transvers′ale die, Gerade, die ein Dreieck oder Vieleck durchschneidet.

Transvestit′ismus [lat.] der, Trieb, die Kleidung des andern Geschlechts zu tragen.

transzend′ent [lat. »überschreitend«], die Grenzen der Erfahrung und der Vorstellungsmöglichkeiten überschreitend; **Transzendenz Gottes:** Überweltlichkeit, Jenseitigkeit Gottes. **transzendent′al,** nach Kant eine Betrachtungsart mit den Bedingungen der Möglichkeit der Erkenntnis.

Tr′apani, Hafenstadt an der NW-Küste von Sizilien, 79100 Ew.; Kathedrale; Ausfuhr von Marsala-Wein, Salz; Fischerei.

Trap′ez [grch.] das, **1)** △ ein →Viereck mit zwei parallelen, aber ungleich langen Seiten. **2)** ⚡ Schaukelreck.

Trapez′unt, türk. **Trabzon,** Hafenstadt der Türkei, am Schwarzen Meer, 65600 Ew.; Ausfuhr von Haselnüssen und Tabak.

Trappen, große, lauftüchtige Kranichvögel in steppenartigen Landschaften. Die **Groß-T.,** der größte europ. Landvogel; **Zwerg-T.** ist selten.

Trapper [tr′æpə, engl. »Fallensteller«] der, -s/-, nordamerikan. Pelzjäger.

Trapp′isten Mz., kath. Orden, aus einem reformierten Zweig der Zisterzienser hervorgegangen; nach der Abtei La Trappe in der Normandie. Die T. verpflichten sich zu ständigem Schweigen. Viele Abteien sind landwirtschaftl. Musterbetriebe. Tracht: weiße Kutte, schwarzes Skapulier.

Trasim′enischer See, ital. **Lago Trasimeno,** größter See Mittelitaliens, 128 km². Am T.S. vernichtete 217 v.Chr. Hannibal das röm. Heer des Flaminius.

Traß [niederl., aus ital.] der, Bimssteintuff, graugelbes, erdiges Gestein, eine Art natürl. Zement; dient mit Kalk und Sand als **T.-Mörtel.**

Trasse [frz.] die, im Gelände durch Pfähle, Schnüre, Furchen kenntlich gemachte Linie, z.B. für einen Verkehrsweg (Straße, Eisenbahn).

Tratte[ital.]die,dergezogene→Wechsel;derAussteller ist der **Trass′ant,** der Bezogene der **Trass′at.**

Traube die, ⚘ eine Blütenstandsform, →Blüte. Die Wein-T. ist im wissenschaftl. Sinn keine T., sondern eine Rispe.

Träubel das, **Perlblümchen, Traubenhyazinthe,** Gattung der Liliengewächse, Zwiebelgewächse. Arten in Dtl. sind z.B. Weinberghyazinthe, Schopfblütiges T.; Zierpflanzen.

Traubenkirsche, Elsbeere, Rosengewächs mit hängenden, weißen, duftenden Blütentrauben und schwarzen, ungenießbaren Steinfrüchtchen; wächst in feuchten Wäldern.

Traubenkrankheit, der echte →Mehltau.

Traubenwickler, schädl. Kleinschmetterling. Die Raupen der ersten Generation zerstören als »Heuwurm« die Blüten, die der zweiten als »Sauerwurm« die Beeren des Weinstocks.

Traubenzucker, Gluc′ose, $C_6H_{12}O_6$, in süßen Früchten, im Honig und im Harn von Zuckerkranken vorkommende Zuckerart; weniger süß als Rohrzucker. Techn. Darstellung durch Hydrolyse von Stärke, Verwendung in Kellerei, Brauerei, Nahrungs- und Genußmittelherstellung, zur künstl. Ernährung.

Trauermantel der, brauner Tagfalter mit hellen Flügelrändern. (FARBTAFEL Schmetterlinge S. 870).

Trauerspiel, →Tragödie.

Traum, im Schlaf erlebte Phantasiebilder. Der T.-Inhalt stammt aus umgedeuteten Wahrnehmungen der trotz des Schlafes tätigen Sinnesorgane, ferner aus Erinnerungen; den wesentlichsten Anteil haben sinnbildl. Darstellungen von Gefühlszuständen, Wünschen, Ängsten. Schon die ältesten Völker bemühten sich um die **Traumdeutung.** Die Tiefenpsychologie (Psychoanalyse, C. G. Jung) bedient sich der T. als Hilfsmittel der Diagnose.

Tr′auma [grch.] das, -s/-ta, schädigende Gewalteinwirkung körperl. oder seel. Art. **traum′atisch,** durch T. entstanden; **traumatische Neurose (Unfallneurose),** hyster. Erscheinungen im Anschluß an einen Unfall.

Traun, 1) die, rechter Nebenfluß der Donau, entspringt im Salzkammergut, durchfließt den Traunsee (25 km²), mündet unterhalb Linz, 180 km. **2)** Gem. in Oberösterreich, 21700 Ew., Schloß, Ind. (BILD S. 937).

Traunstein, Stadt in Oberbayern, 14100 Ew.; Luftkurort östlich vom Chiemsee.

Tr′autenau, tschech. **Trutnov,** Stadt in Böhmen, an der Aupa, 24100 Ew.; Industrie.

Trauung die, Eheschließung vor einem Standesbeamten oder Geistlichen. Die **kirchliche T.** darf erst nach der **standesamtl. T.** stattfinden.

Trave die, Fluß, mündet bei Travemünde in die Ostsee, 118 km lang; ab Lübeck schiffbar.

Traveller's Cheque [tr'ævləz-], →Reisescheck.

Travem'ünde, Ortsteil und Vorhafen von Lübeck; Seebad.

Traven, B., eigentl. **Traven-Torsvann,** Erzähler, *1890, †1969, lebte in Mexiko; »Das Totenschiff«.

Trav'erse [frz.] die, 1) Querstück. 2) Querdamm (Flußbau). 3) Schulterwehr (an Festungen).

travers'ieren, überqueren, durchqueren.

Travert'in [ital.] der, →Tuff.

Travest'ie [ital.] die, satir. Dichtart, die dem ernsten Inhalt einer Dichtung eine ihm widersprechende Form gibt. Gegenstück: Parodie.

Trawler [tr'ɔ:lə, engl.], mit Grundnetz fischendes Fischerfahrzeug.

Tr'ebbia die, rechter Nebenfluß des Po. An der T. schlug Hannibal 218 v. Chr. die Römer.

Treber Mz., Bierbrauerei: Rückstände der Maischebereitung, wertvolles Viehfutter.

Trebnitz, Wallfahrtsort in Niederschlesien; Zisterzienserinnenkloster (Freigrab der Hl. Hedwig); seit 1945 unter poln. Verw. **(Trzebnica).**

Trecento [tretʃ'ɛntɔ, ital. »dreihundert«, Abk. für 1300] das, -s, Bez. für das 14. Jahrh.

Treck [ndt.] der, 1) Zug mit der gesamten Habe, z. B. von Flüchtlingen. 2) Netz.

Trecker, Trekker [niederl.] der, →Zugmaschine.

Treff [von trèfle, frz. »Kleeblatt«] das, Kreuz, schwarzes Dreiblatt im Kartenspiel.

Treibeis, im offenen Meer treibende Eismassen, entweder →Packeis oder →Eisberge.

Treibel Mz., Pelzwerk, tatarische Lammfelle.

Treiben, Treibarbeit, Herstellen und Verzieren von Metallgegenständen in kaltem Zustand mit dem Treibhammer.

Treibhaus, →Gewächshaus.

Treibjagd, eine Jagd, bei der das Wild durch Treiber aufgescheucht wird.

Treibnetz, wandförmiges, im Wasser hängendes Fischereinetz.

Treibstoffe, brennbare flüssige oder gasförmige Gemische, meist Kohlenwasserstoffe, zum Betrieb von Verbrennungsmotoren. Die wichtigsten **flüssigen T.:** Benzin, Benzol, Alkohol, Gasöl. Benzin findet im Ottomotor (Vergasermotor) Verwendung. Benzol wird wegen seiner höheren Klopffestigkeit dem Benzin beigemischt, ebenso Alkohol. Als T. für Dieselmotoren dienen **Gas-, Mittel-** und **Schweröl.** Sie sind nicht vergasbar und müssen in feinsten Tröpfchen in den Brennraum eingespritzt werden. Die **gasförmigen T. (Treibgase)** werden als Flüssiggase (Propan, Butan) mit 5–15 at oder als Hochdruckgas (Methan, Stadtgas) mit 150–300 at in Stahlflaschen auf dem Kraftfahrzeug mitgeführt.

treideln, ein Schiff auf Flüssen oder Kanälen vom Ufer aus schleppen.

Treitschke, Heinrich v., Historiker, *1834, †1896, ein geistiger Wegbereiter des Bismarckreichs, vertrat den Machtstaatgedanken. »Deutsche Geschichte im 19. Jahrh.«.

Trelleborg, Trälleborg, Hafenstadt an der S-Spitze Schwedens, 35 800 Ew., Eisenbahnfähre.

Tr'ema [grch.] das, Rechtsschreibung: Trennungszeichen für Selbstlaute: z. B. Sinaï.

Tr'emolo [ital. »Zittern«] das, **trem,** ♪ schnelle Wiederholung eines Tons, Akkords.

Tr'emor [lat.] der, das →Zittern.

Trenchcoat [tr'entʃkout, engl. »Schützengrabenmantel«] der, imprägnierter Wettermantel.

Trenck, 1) Franz Frh. von der, österreich. Pandurenoberst, *1711, †1749. 2) Friedrich Frh. von der, Abenteurer und Schriftsteller, Vetter von 1), *1727, † (hingerichtet) Paris 1794; Offizier Friedrichs d. Gr., wurde 1745 angeblich wegen eines Liebesverhältnisses mit des Königs Schwester Amalie gefangengesetzt.

Trend [engl.] der, Richtung, Tendenz.

Trenker, Luis, Filmschauspieler, -regisseur, Schriftsteller, *1892.

Trennrohr, Gerät zur Trennung der Isotope eines Gases (Clusius und Dickel, 1938).

Trennung von Kirche und Staat, Unabhängigkeit der staatl. und kirchl. Einrichtungen voneinander; der Staat überläßt das religiöse Leben den religiösen Gemeinschaften, gewährt ihnen aber auch keine Geldunterstützung; durchgeführt z. B. in Frankreich, den USA, vielen lateinamerikan. sowie den Ostblockstaaten.

Trennung von Tisch und Bett, Aufhebung der ehel. Gemeinschaft bei rechtl. Fortbestand der Ehe; von der kath. Kirche manchmal erlaubt.

Trense die, -/-n, Gebißteil bei der Pferdezäumung, zwei durch ein Gelenk verbundene Eisenstangen mit Ringen für die Zügel.

Trent der, Fluß in England, 275 km lang; bildet mit dem Ouse den Mündungstrichter des Humber.

Trentino-Alto Adige, dt. Trentino-Südtirol, autonom. Region Italiens, 13 613 km², 844 780 Ew. →Südtirol.

Trenton [tr'entən], Hauptstadt von New Jersey (USA), 108 000 Ew.; vielseitige Industrie.

Trepanati'on [lat.] die, ↯ die operative Eröffnung des Schädels u. a. von Knochen umgebenen Höhlen, z. B. der Knochenmarkhöhle.

Tr'epang [malaiisch] der, eßbare Seewalzen.

Treptow [tr'ɛpto:], **1)** Berlin-T., VerwBez. von Berlin. 2) T. an der Rega, Stadt in Ostpommern, (1939) 10 900 Ew.; seit 1945 unter poln. Verw. **(Trzebiatów).**

Tres'or [frz.] der, 1) Schatz. 2) Geldschrank. 3) Stahlkammer einer Bank.

Trespe die, Rispengräser: Weiche T., Dach-T. und Taube T. sind Unkräuter.

Trester Mz., ausgepreßte Rückstände bei Wein- und Obstweinkelterei, dient zur Herstellung von **T.-Wein** (Nachwein).

Tr'euga D'ei [lat.] die, →Gottesfriede.

Treuhandgebiet, →Mandat, →Schutzgebiet.

Treuhandgeschäft, fiduzi'arisches Geschäft, Rechtsgeschäft, bei dem jemand **(Treugeber)** einem andern **(Treuhänder)** Sachen oder Rechte zu getreuen Händen überträgt. Der Treuhänder wird nach außen, also Dritten gegenüber, frei verfügungsberechtigter Eigentümer oder Inhaber; dem Treugeber gegenüber ist er verpflichtet, in der bestimmten Weise über die Sachen oder Rechte zu verfügen. Zweck des T. ist häufig die Sicherung des Treuhänders (→Sicherungsübereignung).

Treuhandgesellschaft, kaufmänn. Unternehmung, die für ihre Kunden Vermögen verwaltet, Bücher prüft u. a. Aufgaben übernimmt.

Treu und Glauben, ein im gesamten Rechtsleben geltender Grundsatz, nach dem von jedem eine redl. Gesinnung verlangt wird und das entgegengebrachte Vertrauen nicht durch arglistiges Verhalten mißbraucht werden darf.

Tr'everer, keltisch-german. Volk an der Mosel, 57 v. Chr. von Caesar unterworfen; Hauptstadt Trier (lat. Augusta Treverorum).

Trev'iso, Stadt in N-Italien, 89 300 Ew., roman. Dom (mit Werken von Tizian); Industrie (Metalle, Maschinen, chem., Papier).

Traunsee bei Traunkirchen links im Hintergrund der Traunstein

Treiben: Treibarbeit, a Hartholzunterlage, b Fauststöckchen, c Treibhammer, d getriebene Schale

v. Treitschke

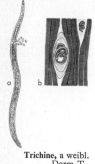

Tr'eysa, Stadt in Hessen, an der Schwalm, 8500 Ew.; Fachwerkhäuser, Anstalten der Inneren Mission; Textil-, chem. Industrie.

tri... [von grch. tris »dreimal«], drei...

Tri'angel [lat.] der, **1)** Dreieck. **2)** ♪ dreieckig gebogenes Schlaginstrument, an einem Riemen zu halten, mit Stahlstab zu schlagen.

Triangulati'on [lat.] die, **Dreiecksaufnahme,** die im wesentl. aus Winkelmessungen bestehenden Vermessungsarbeiten zur Bestimmung von Punkten der Erdoberfläche nach geograph. Länge und Breite sowie Höhe. Die T. liefert so die Grundlage für die Kartierung eines Landes durch ein Netz meßbarer Dreiecke, deren Ecken die **trigonometrischen Punkte** sind.

Trianon [trian'ɔ̃], Name zweier Schlösser im Park von Versailles. **Vertrag von T.,** der nach dem 1. Weltkrieg 1920 zwischen Ungarn und den Alliierten abgeschlossene Friedensvertrag. Ungarn verlor zwei Drittel seines Gebiets.

Tri'arier [lat.], im röm. Heer die altgedienten Kerntruppen der Legion.

Tr'ias [grch.] die, ⊕ ältester Abschnitt des Erdmittelalters; →Erdgeschichte, ÜBERSICHT.

Tribad'ie [grch.] die, die →lesbische Liebe.

Triberg, Stadt in Bad.-Württ., 6000 Ew.; Fremdenverkehr; Uhren-, Metall-, Holz-Ind.

Trib'un [lat.] der, im alten Rom: **1)** Volks-T., konnte, persönlich unverletzlich, gegen Anordnungen der Beamten und Beschlüsse des Senats Einspruch (→Veto) erheben. **2)** Militär-T., die höchsten Offiziere in einer Legion.

Tribun'al das, **1)** der erhöhte Platz auf dem Forum für den →Prätor. **2)** Gericht.

Trib'üne [frz.] die, Rednerbühne, Schaubühne; Zuschauerraum.

Tr'ibur, alte Kaiserpfalz in Hessen; in T. tagten bis 1119 mehrere Synoden und Reichstage.

Tr'ibus die, röm. Gau, Bezirk.

Trib'ut [lat.] der, -s/-e, Abgabe, bes. die besiegter Völker an den Sieger. **tribut'är,** abgabenpflichtig.

Trich'ine die, -/-n, ein Fadenwurm, Schmarotzer in Schweinen, Hunden, Katzen, Ratten, Menschen. Die sehr zahlreichen, lebendig geborenen Jungen der Darm-T. dringen mit dem Blutstrom in die Muskeln ein, werden eingekapselt und bleiben viele Jahre lebensfähig. Wenn trichininhaltiges Schweinefleisch genossen wird, so lösen sich die Kapseln auf, und die T. wachsen wieder zu **Darm-T.** heran. Die T.-Krankheit (**Trichin'ose**) äußert sich erst in ruhrähnl. Darmkatarrh, dann Fieber, Schwellen, Schmerzen und Versteifen der Muskeln. Sie führt oft durch allgemeine Erschödung oder Lähmung der Atemmuskeln zum Tode. Schutz: Verwendung von durchgekochtem oder durchgebratenem Schweinefleisch, behördl. vorgeschriebene **T.-Schau.**

Trient

Trichine, a weibl. Darm-T., b Muskel-T. (vergr.)

Trichophyt'ie, Haarpilzflechte, eine →Hautpilzerkrankung.

Trichterling der, Blätterpilz mit im Alter trichterförmigem Hut, z. T. eßbar.

Trick [engl.] der, Kniff, Kunstgriff. **Trickfilm,** aus gezeichneten Bildchen zusammengesetzter Film, z. B. die Filme von Walt Disney.

Trident'inisches Glaubensbekenntnis, ein von Pius IV. 1564 erlassenes, 1877 durch das Vatikanum ergänztes Bekenntnis.

Trident'inisches Konzil, Trident'inum das, Kirchenversammlung in Trient zur Erneuerung der kath. Kirche: 1545-47, 1551/52, 1562/63; es legte die Glaubenssätze der Kirche in ihrem Unterschied zur reformator. Lehre fest, stellte Mißbräuche ab, sicherte den Vorrang des Papsttums.

Trieb der, **1)** angeborenes Streben oder Bedürfnis; bei Tieren ein zielgerichtetes Verhalten, z. B. Suchen nach Nahrung, **Selbsterhaltungstrieb, Geschlechtstrieb (Gattungstrieb).** Beim Menschen besteht die Möglichkeit einer bewußten Lenkung und Hemmung der T., ihrer Ablenkung auf vorgestellte Ziele und ihrer Vergeistigung (Sublimierung). **2)** ⚘ Schößling.

Triebsand, Schwimmsand, feuchter, lockerer Sand.

Triebwagen, ⌦ ein Personenwagen mit Eigenantrieb.

Triel der, **Dickfuß,** taubengroßer, grauer, seltener Regenpfeifervogel, im norddt. Flachland.

Tri'ennium [lat.] das, -s/...nien, ein Zeitraum von drei Jahren.

Tri'ent, ital. **Trento,** Stadt in Oberitalien, an der Etsch, 89 400 Ew.; Dom, altes Kastell; Seiden-, Lebensmittelind. – T. ist ein alter Bischofssitz. Hier tagte das →Tridentinische Konzil.

Trient: Castello del Buonconsiglio

Trier, Stadt in Rheinl.-Pf., an der Mosel, 103 600 Ew.; Römerbauten (Amphitheater, Porta Nigra, Bäderanlagen, Basilika), roman. Dom (Hl. Rock), frühgot. Liebfrauenkirche u. a. Kirchen, Bischofssitz; Handelsplatz für Wein. Zigaretten-, Lederwaren-, Nahrungsmittel-, Textil- u. a. Ind. – T. wurde um 15 v. Chr. von Augustus im Gebiet der →Treverer gegründet, war 285-400 Sitz der röm. Kaiser für die westl. Reichshälfte. Mit Lothringen kam es 925 an das Dt. Reich. Die Erzbischöfe von T. wurden auch Kurfürsten und beherrschten bis 1797 das untere Gebiet der Mosel.

Trier: Porta Nigra

Tri'ere [grch.] die, antikes Schiff mit drei Ruderbänken übereinander.

Tri'est, ital. **Trieste,** italien. Hafenstadt in Istrien, am Golf von T., Adria, 281 100 Ew.; Bischofssitz mit Dom San Giusto (11.-14. Jahrh.); röm. Baureste; Univ., Nautisches Institut; Schiffbau, Eisen-, Stahlwerke, Erdölraffinerie u. a. Ind. – T., das röm. Tergeste, stand im 10.-13. Jahrh. unter der Herrschaft seiner Bischöfe. Seit 1382 gehörte es zu Österreich und war seitdem der wichtigste Hafen des mittleren Donauraums. 1918/19 kam es an Italien. Nach dem 2. Weltkrieg zwischen Italien und Jugoslawien umstritten, wurde T. mit Umgebung 1947 Freistaat unter internat. Kontrolle, der 1954 zwischen Italien und Jugoslawien aufgeteilt wurde; die Stadt fiel an Italien.

Tr'ifels, Burgruine im S von Rheinland-Pfalz, war bis ins 14. Jahrh. Kaiserpfalz; hier saß Richard Löwenherz 1193/94 gefangen; 1195-1273 Aufbewahrungsort der Reichskleinodien.

Trif'olium [lat.] das, Dreiblatt, Kleeblatt.

Trif'orium [lat.] das, in Bogenstellungen geöffneter, schmaler Laufgang unter den Fenstern im Innern roman. und got. Kirchen.

Trift die, 1) ⊕ die →Drift 1). **2)** der Weg, auf dem das Vieh zur Weide getrieben wird. **3)** die Weide selbst.

Trig'eminus [lat.] der, **dreigeteilter Nerv,** ♪ der 5. Hirnnerv; der Bewegung vermittelnde Teil verläuft bes. zu den Kaumuskeln, der Empfindungen aufnehmende Teil enthält Nerven für die Kopf- und Gesichtshaut, Mund- und Nasenhöhle, Zähne und Zahnfleisch; außerdem führt der Nerv noch Fasern für die Tränen- und Speicheldrüsen. **T.-Neuralgien,** heftigste Anfälle von Gesichtsschmerzen, meist einer Hälfte, durch Zugluft, Kälte; auch Herdinfektion.

Trigger [engl.] der, elektr. oder elektron. Schaltkreis zum Anstoßen eines Vorganges.

Triggerdiode, ♯ ein Schaltkreis mit 2 Dioden in Gegeneinanderschaltung mit niedriger Durchlaßspannung in beiden Richtungen; zum Anstoßen eines Vorgangs.

Tr'iglav der, 1) slaw. Gottheit, wurde mit 3 Köpfen dargestellt. 2) höchster Berg der Julischen Alpen, 2863 m hoch, in Jugoslawien.

Trigl'yph [grch.] der, -s/-en, ⊟ Block mit drei durch Stege voneinander getrennten senkrechten Rinnen am Gebälk des griech. Tempels.

Trigonometr'ie [grch.] die, △ Berechnung der Seiten, des Winkels und Inhalts eines Dreiecks aus drei gegebenen Stücken. **Sphärische T.,** Berechnung von Kugeldreiecken.

Trigonom'etrischer Punkt, ein nach Lage und Höhe festgelegter Ausgangspunkt für Vermessungszwecke.

trikl'ines System, →Kristall.

Trikol'ore [frz.] die, dreifarbige Flagge, bes. die 1789 eingeführte blauweißrote Flagge der Franzosen (FARBTAFEL Flaggen S. 346).

Trikot [-k'o, frz.] der, gewirkte, sehr dehnbare, elast., schmiegsame Maschenware **(Trikotage)** für Unterwäsche und Sportkleidung.

Triller [ital.] der, -s/-, ♪ wiederholter, sehr schneller Wechsel des Haupttons mit seiner kleinen oder großen Obersekunde mit oder ohne Nachschlag; Zeichen: tr oder tr⌢⌢⌢ oder ⌒⌒⌒.

Trilli'on die, 1 Million Billionen, 10¹⁸.

Trilob'iten Mz., ausgestorbene Meereskrebse des Erdaltertums. Wichtige Leitfossilien.

Trilog'ie [grch.] die, ein aus drei Teilen bestehendes Dichtwerk, z. B. drei zusammengehörende Tragödien oder Romane.

Trim'ester [lat. »Zeitraum von drei Monaten«] das, -s/-, der dritte Teil des Studienjahres.

trimmen, 1) ⚓ die Schwimmlage eines Schiffes in der Längsrichtung ändern; auch Kohlen aus den Bunkern zu den Kesseln befördern. 2) ⚡ einen Schwingungskreis mit Hilfe eines kleinen Kondensators **(Trimmer)** abstimmen. 3) einem Hund die Haare ausputzen.

Trim'urti [Sanskrit], im späteren Brahmanismus die Einheit, zu der Brahman, Wischnu, Schiwa zusammengefaßt werden.

Tr'inidad und Tobago, Land des Commonwealth, zwei Inseln vor der NO-Küste Venezuelas, zus. 5128 km², rd. 1 Mill. Ew. (Neger, Inder, Mischlinge, Weiße, Chinesen); Hauptstadt: Port of Spain auf Trinidad. Amtssprache: Englisch. Staatsoberhaupt: die brit. Krone, vertreten durch GenGouv. Trinidad (4827 km²) ist im N gebirgig, fruchtbar. Ausfuhr: Erdöl, Asphalt; Zucker, Kakao, Citrusfrüchte u. a.; Erdölraffinerien. Haupthafen und internat. Flughafen: Port of Spain. – Die Inseln wurden 1498 von Kolumbus entdeckt, Trinidad 1797, Tobago 1814 britisch; am 31.8.1962 wurden sie souverän. MinPräs.: E. Williams (seit 1956). ⊕ S. 517, ⊡ S. 346.

Trinit'ät [lat.] die, **Dreieinigkeit, Dreifaltigkeit,** die Auffassung von den drei Seinsweisen Gottes als Vater, Sohn, Hl. Geist; sie wurde auf den Kirchenversammlungen von Nicäa (325) und Konstantinopel (381) verkündet. **Trinit'atisfest,** Fest der Hl. Dreifaltigkeit (Sonntag nach Pfingsten).

Tripolis: Blick von der Zitadelle auf die Araberstadt

Trinitrophen'ol das, ⚗ →Pikrinsäure.

Trinitrotolu'ol [grch.], **TNT,** ⚗ ein Derivat des Toluols, hochbrisanter Sprengstoff.

Trinkerfürsorge, wird als **geschlossene T.** freiwillig oder auf gericht. Anordnung in Heilstätten durchgeführt, als **offene T.** durch öffentl. Beratungsstellen oder konfessionelle Gemeinschaften (Hausbesuche, Arbeitsvermittlung u. a.).

Tr'io [ital.] das, ♪ 1) Tonstück für drei Instrumente. 2) ruhigerer Zwischensatz in Märschen, Tänzen.

Tri'ode, Elektronenröhre mit 3 Elektroden.

Tri'ole [ital.] die, ♪ Figur von 3 Noten, die den Zeitwert von 2 Noten der gleichen Art haben.

Trip [engl.] der, Ausflug, Reise.

tripel [lat.], dreifach, dreist...

Tr'ipolis, 1) Hauptstadt (neben Bengasi und El-Beida) und -hafen von Libyen, an der Kleinen Syrte, 235 000 Ew.; Ölpressen, Tabakverarbeitung, Herstellung von Leder-, Gold-, Silberwaren. Fremdenverkehr; Flughafen. Phönik. Gründung; der altgriech. Name T. (= Dreistadt) galt urspr. dem ganzen Landstrich (heute **Tripolitanien**). **2)** Hafenstadt der Rep. Libanon, 145 000 Ew.; Endpunkt der Erdölleitung von Kirkuk (Irak); Internat. Messe.

Tripper der, **Gonorrh'oe** die, häufigste, durch Übertragung des Gonokokkus hervorgerufene Geschlechtskrankheit; beginnt 2-4 Tage nach Ansteckung mit Brennen in der vorderen Harnröhre und eitrigem Ausfluß; kann zu schmerzhaften Nebenhoden- oder Eierstockentzündungen und Sterilität führen. Behandlung: Antibiotica.

Tr'iptik [frz.], **Triptyk** das, Grenzdurchlaßschein für Kraft- und Wasserfahrzeuge für den zollfreien Grenzübertritt; heute für viele Länder nicht mehr nötig.

Tr'iptychon [grch.] das, dreiteil. Tafelbild.

Tr'ipura, Unionsgebiet im NO Indiens, 10 453 km², 1,38 Mill. Ew.; Hauptstadt: Agartala.

trist [frz.], düster, unerfreulich, freudlos.

Tr'istan [grch.], Sagengestalt des MA. T. wirbt für König Marke um Isolde von Irland; infolge eines Zaubertrankes verliebt er sich in sie.

Tristan da Cunha [-k'uɲa], brit. Vulkaninsel im südl. Atlant. Ozean, 98 km², rd. 270 Ew.; Funkstelle. 1961 Vulkanausbruch.

Tr'itium [grch.], **T,** künstlich hergestelltes, radioaktives Isotop des Wasserstoffs mit dem Atomgewicht 3 (1 Proton, 2 Neutronen).

Tr'iton, 1) das, Atomkern des →Tritiums. **2)** der, griech. Meergott, halb Mensch, halb Fisch.

Tr'itonshorn, eine Trompetenschnecke, Kiemenschnecke der wärmeren Meere.

Tr'itonus [lat.] der, Intervall von drei Ganztönen: übermäßige Quarte, verminderte Quinte.

Tri'umph der, im alten Rom der feierl. Einzug eines siegreichen Feldherrn; daher: glänzender Erfolg, Siegesfreude. **T.-Bogen,** zur Erinnerung eines siegreichen errichtetes Triumphtor.

Triumvir'at das, »Dreimännerherrschaft« im alten Rom. **1. T.** (60 v. Chr.): Caesar, Pompejus, Crassus; **2. T.** (43 v. Chr.): Antonius, Oktavian, Lepidus.

trivi'al [lat.], alltäglich, abgedroschen.

Tr'ivium das, ⮕Freie Künste.

Triw'andrum, Hauptstadt des Staates Kerala, Indien, 289 600 Ew.; Universität.

Tr'oas, antike Landschaft im nordwestlichen Kleinasien, Hauptstadt: ⮕Troja.

Troch'äus [grch.] der, Versfuß aus einer langen und einer kurzen Silbe (– ◡).

trocken, ohne Feuchtigkeit. Wein: herb.

Trockeneis, Kältemittel aus gepreßtem Kohlensäureschnee, verwendet beim Versand von Gefriergut u. dgl.

Trombe

Trockenelement, ⮕galvanische Elemente.

Trockenfäule, morscher Zerfall von Pflanzenteilen, so manche Holzfäulen und Kartoffelknollenfäulen.

Trockenlöscher, ein ⮕Feuerlöscher.

Trockenmaß, Raummaß zur Abmessung trockener, schüttbarer Gegenstände.

Trockenmilch, Milchpulver, pulverig eingetrocknete Milch, hergestellt auf von innen geheizten sich drehenden Blechtrommeln oder durch Versprühen in heißer Luft.

Trockenstoffe, Sikkat'ive, Metalloxyde, Metallsalze, Oleate, Resinate, Naphthenate, die dem Leinölfirnis oder Ölfarben beigegeben werden, um das Trocknen zu beschleunigen.

Trockental, das ⮕Wadi.

Trockenübungen, ⚕ Vorübungen für sportl. Fertigkeiten, z. B. außerhalb des Wassers für Schwimmen und Rudern.

Trompetenbaum

Trockenzeit, die Jahreszeit ohne oder mit nur geringem Regenfall, in den Tropen meist derWinter, im Mittelmeergebiet und den Subtropen der Sommer.

Trockenzelltherapie, ⚕ Behandlung mit Aufschwemmungen von Zellen, die durch ein Gefriertrocknungsverfahren **(Trockenzellen)** haltbar gemacht wurden.

Trocknung die, Entzug von Feuchtigkeit, z.B. um Stoffe haltbar zu machen oder in einen für Transport oder Weiterverarbeitung geeigneten Zustand zu bringen. Am einfachsten ist die Luft-T. unter Ausnutzung der Sonnenwärme. Bei der T. unter Wärmezufuhr wird das Trockengut unmittelbar der heißen Feuergasen von 900-1000°C ausgesetzt oder (für empfindl. Trockengut) mit erhitzter Luft oder dgl. getrocknet. In Vakuumtrocknern wird das Wasser in einem Raum mit Unterdruck entzogen.

Troddel, das ⮕Quaste.

Troddelblume, ⮕Alpenglöckchen.

Trödel der, alter Kram, Altwaren; auch der Handel damit. **Trödler,** Altwarenhändler.

Troglod'yt [grch.] der, Höhlenbewohner.

Troger, Paul, österr. Maler, *1698, †1762; Altarbilder, Deckenfresken.

Tr'oika [russ.] die, -/-s, russ. Dreigespann.

Tr'oilos, griech. Sage: von Achill getöteter Sohn des Priamos.

Troisdorf [tr'o:s-], Stadt in Nordrh.-Westf., 50 300 Ew.; chem., Kunststoff-, Eisenind.

Tr'oja, Ilios, Ilion, der Hauptort von Troas in Kleinasien. In der griech. Sage ist T. Schauplatz des Troj'anischen Kriegs, in dem die Griechen unter Agamemnon zehn Jahre lang um die von Paris geraubte Helena kämpften. Einen Teil der Kämp-

Tropismus

Tromsö: Hafen

fe schildert die ⮕Ilias. Die Griechen eroberten die Stadt mit Hilfe des **Trojanischen** oder **Hölzernen Pferdes,** in dessen hohlem Bauch sie die tüchtigsten Helden verbargen, die dann von den ahnungslosen Trojanern mit dem Pferd in die Stadt geführt wurden (⮕Danaer). Als die Stätte T.s ermittelte ⮕Schliemann den von ihm seit 1870 angegrabenen Ruinenhügel Hissarlik. Fortgesetzt wurden die Grabungen von Dörpfeld, abgeschlossen 1938 von Amerikanern.

Trok'ar [frz.] der, ⚕ starke Hohlnadel zur Ausführung einer ⮕Punktion.

Trökes, Heinz, *1913, malt abstrakte Bilder, lebhaft in den Farben.

Troll der, -s/-e, gespenst. Unhold.

Trollblume, gelbblütiges, staudiges Hahnenfußgewächs, ⮕Alpenpflanzen.

Trolley-Bus, engl. Oberleitungs-Omnibus.

Trollhättan, Stadt im südwestl. Schweden, an der Götaälv, 42 100 Ew.; großes Kraftwerk an den **Trollhättafällen,** die durch den **Trollhättakanal** umgangen werden.

Troeltsch, Ernst, evang. Theologe, Geschichtsphilosoph, *1865, †1923; bedeutender Religionssoziologe und Kritiker des Historismus.

Trombe [ital.] die, Luftwirbel um eine fast senkrechte Achse; die kleinsten sind **Sand-** oder **Staubwirbel;** größere heißen **Wind-, Sandhosen,** über dem Wasser **Wasserhosen.**

Trommel die, 1) ♪ Schlaginstrument, ein Hohlkörper, dessen beide offenen Seiten mit Kalbfell überspannt sind; von unbestimmter Tonhöhe. Die kleine T. (Militär-T.) wird mit zwei hölzernen Schlegeln geschlagen, die große T. mit einem Schlegel mit Lederkopf. Die Wirbel-, Rühr- oder Landsknechts-T. mit hohem hölzernem Körper hat tiefen, dumpfen Ton. 2) ⊙ Hohlzylinder; auch zum Aufwinden von Seilen usw.

Trommelfell, Teil des ⮕Ohrs.

Trommelsucht, Blähsucht, bei Wiederkäuern Auftreibung des Bauches nach Kleefütterung.

Trompe [frz.] die, ⌂ nischenartige Wölbung an einer Mauerecke.

Tromp'ete die, 1) hohes Blasinstrument aus Messingblech mit langgestreckt gebogenem Schallröhre, Kesselmundstück und 3 Ventilen für chromat. Töne zwischen den nur durch Verschiedenheit der Lippenstellung des Anblasens hervorgebrachten Naturtönen. Die **Natur-T.** hat keine Ventile. 2) **Tube,** ein Teil des Ohres.

Tromp'etenbaum, Bäume und Sträucher mit herzförmigen Blättern, Rispen weißer oder blauer Trichterblüten, Schotenfrüchten.

Tromp'etenschnecke, ⮕Tritonshorn.

Tr'omsö, Hafenstadt in N-Norwegen, auf einer Insel, 34 600 Ew.; Schiffbau, Fisch-, Walfang.

Trondheim, norweg. Stadt, ⮕Drontheim.

Tr'ope [grch.] die, ⮕Tropus.

Tr'open [grch.] Mz., ⊕ urspr. die ⮕Wendekreise, dann die zwischen ihnen gelegene Zone **(Tropenzone);** im weiteren Sinne alle Länder mit **Tropenklima** (hohe Lufttemperatur, hohe relative Luftfeuchtigkeit).

Tropenkrankheiten sind teils durch bes. in den T. verbreitete Erreger bewirkt (z.B. Malaria, Gelbfieber, Schlafkrankheit), teils durch ungünstige trop. Lebensbedingungen (z.B. Vitaminmangelkrankheiten wie Beriberi).

Tropfstein, ein Kalkstein, der sich aus herabträufelndem Wasser ausscheidet; besteht aus Kalkspat oder Aragonit; häufig in Höhlen der Kalkgebirge als Zapfen an den Decken **(Stalaktiten)** und als Säulen auf dem Boden **(Stalagmiten).**

Troph'äe [grch.] die, Siegeszeichen.

Tropikvogel, Vogel der trop. Meere; vortrefflicher Flieger, Schwimmer, Taucher.

Trop'ismus [grch.-lat.] der, ⊕ ⚕ eine Krümmungsbewegung bei Pflanzen oder festsitzenden Tieren, womit sich diese in eine bestimmte Lage zur Richtung eines Reizes einstellen; z.B. Helio-T., Photo-T. durch Lichtreize, Geo-T. durch die Schwerkraft, Thermo-T. durch Wärme.

Troposph'äre [grch.] die, ⮕Atmosphäre.

Tr'oppau, tschech. **Opava,** Stadt in der ČSSR, an der Oppa, 46 300 Ew.; Zucker-, Textil-, Maschinenind. Alte Bauten; im MA. schles. Herzogssitz, 1849-1918 Hauptstadt von Österreichisch-Schlesien.

Tropsch, Hans, Chemiker, *1889, †1935, entwickelte das →Fischer-T.-Verfahren.

Tr'opus [grch.] der, **Trope** die, 1) Rhetorik: die Vertauschung des eigentl. Ausdrucks mit einem verwandten bildl. (trop.), z.B. »fliegen« statt »eilen«. 2) ♪ Melodieformel im Gregorian. Choral, die auf einen best. Kirchenton hinweist.

Troß der, ⚙ Nachschubdienst.

Trosse die, ⚓ starkes Tau.

Trossingen, Stadt in Baden-Württ., 10 600 Ew.; Mund-, Handharmonika- u. a. Industrie.

Trottoir [trɔtw'aːr, frz.] das, Bürgersteig.

Tr'otzalter, Übergangsabschnitt der Entwicklung des Kindes (etwa vom 2. Jahr ab), in dem der Selbstbehauptungswille sich geltend macht; tritt als 2. T. auch in der Pubertät auf.

Tr'otzkij, Leo D., eigentl. Leib **Bronstein,** *1879, † (ermordet) 1940; 1917 am bolschewist. Umsturz in Rußland beteiligt, 1918-25 Volkskommissar des Kriegs und der Marine. Nach Lenins Tod geriet er in scharfen Gegensatz zu Stalin und wurde 1929 verbannt; suchte vergeblich von Mexiko aus Stalin zu bekämpfen.

Troubadour [trubad'uːr, frz.; von provenzal. trobar »dichten«] der, höf. Dichter und Minnesänger des 12. und 13. Jahrh. in S-Frankreich. In N-Frankreich **Trouvère** [truv'ɛːr].

Trousseau [trus'o, frz.] der, Brautaussteuer.

Trouville-sur-Mer [truvilsyrm'ɛːr], französ. Seebad am Kanal, mit →Deauville verbunden.

Troy [trɔi], Stadt in New York, USA, am Hudson, 67 500 Ew.; Ind. Ausgangspunkt des New York State Barge Canal.

Troyat [troj'a], Henri, eigentl. Leo **Tarassov,** französ. Schriftsteller russ. Herkunft, *1911.

Troyes [trwa], Stadt in der Champagne, Frankreich, an der Seine, 77 000 Ew.; Kathedrale; Textil- u. a. Ind., Weinhandel.

Troygewicht [troi-, engl.], engl.-amerikan. Gewicht für Edelmetalle, -steine u. a.

Trübner, Wilhelm, Maler, *1851, †1917, malte, ausgehend von Leibl, schlichte, tonig gehaltene Bildnisse, Stilleben, Landschaften.

Tr'uchseß der, mittelalterl. Hofbeamter, Oberaufseher über Küche und Tafel.

Trucial States [tr'uːʃəl steits, engl.], →Vertragsstaaten.

Trucksystem [trʌk-, engl.], Bezahlung der Arbeitnehmer in Waren an Stelle des Barlohns; für gewerbl. Arbeitnehmer verboten **(Truckverbot).**

Tr'udpert, Einsiedler im Breisgau (7. Jahrh.); Heiliger (26. 4.).

Trüffel die, Gattung der Schlauchpilze mit unterird. Fruchtkörpern, die Kartoffeln ähnlich sind. Als Gewürz dienen die **schwarze T.,** die **Périgord-T.** und die **Mai-T.** Hauptverbreitungsgebiete: Frankreich (um Périgord), Italien. (FARBTAFEL Pilze S. 865)

Trugdolde die, ⚘ eine Form des Blütenstandes, z.B. bei Holunder (BILD Blüte).

Trugotter, gefährl. Giftschlange Australiens.

Trugratten, rattenähnliche Nagetiere Südamerikas und Afrikas, z.B. Nutria.

Trugschluß, Soph'isma, falscher Beweisgang von scheinbarer Richtigkeit: beruht auf doppelsinnigen Begriffen oder Denkfehlern.

Truman [tr'uːmən], Harry S., 1945-1953 der 33. Präsident der Verein. Staaten, *1884; war als Mitgl. der Demokrat. Partei 1935-44 Senator, 1944 Vizepräsident, wurde nach dem plötzl. Tod Roosevelts 1945 Präs.; wiedergewählt 1948. Mit der **T.-Doktrin** (1947) begann die aktive Unterstützung der »in ihrer Freiheit bedrohten freien Völker«. Innenpolitisch entwickelte T. 1949 ein Sozialprogramm (→Fair Deal).

Trumeau [trym'o, frz.] der, bis zum Fußboden reichender Wandspiegel.

Trumpf der, Farbe im Kartenspiel, die alle anderen sticht; Vorteil.

Trunkenheit am Steuer, 🚗 das Führen eines Fahrzeuges, obwohl der Fahrzeugführer infolge Alkoholgenusses dazu nicht in der Lage ist. Strafe: Geldstrafe oder Freiheitsstrafe, auch wenn kein Unfall verursacht wurde.

Trunksucht die, § →Alkoholvergiftung.

Truppe die, -/n, die Gesamtheit der militär. Verbände und Einheiten aller Waffengattungen; besteht aus **T.-Teilen.**

Trust [trʌst, engl.] der, Kapitalgesellschaft, die durch Zusammenschluß ehemals rechtl. selbständiger Unternehmen entsteht mit dem Ziel ausschließl. Marktbeherrschung; eine strengere Form des Konzerns. Der **Investment-T.** ist hingegen eine Kapitalanlagegesellschaft.

Truthuhn, schöngefärbte Hühnervögel aus Nordamerika, mit nacktem Kopf und Vorderhals. Bei Erregung breitet der Hahn **(Puter)** den Schwanz fächerförmig aus. Die T. sind wegen ihres Fleisches wertvolle Haustiere.

Trypanos'omen [grch.] Mz., im Blut der Wirbeltiere und des Menschen schmarotzende Geißeltierchen, z. T. Krankheitserreger. Als **T.-Krankheit** (Trypanosomiasis) treten beim Menschen Chagas-Krankheit und →Schlafkrankheit auf, bei Tieren z. B. →Beschälseuche und Tsetsekrankheit.

Tryps'in das, eiweißspaltendes Enzym der Bauchspeicheldrüse.

Ts'aidam-Becken, Erdölgebiet in der chines. Prov. Tsinghai.

Ts'angpo der, Oberlauf des →Brahmaputra.

Tsavo-Nationalpark, Nationalpark O-Afrikas (Großwild), in Kenia, 20 567 km².

Tschad, Republik im Innern N-Afrikas, 1 284 000 km², 3,5 Mill. Ew.; Hauptstadt: Fort-Lamy; Amtssprache: Französisch. – T. umfaßt das Tschadseebecken und reicht im N bis zum Tibesti-Gebirge (Sahara). BEVÖLKERUNG. Neger, Araber, Kanuri u. a.; Religion: rd. 55% Muslime. Im S Anbau von Hirse, Maniok, Reis, für die Ausfuhr: Baumwolle, Erdnüsse. Viehzucht (z. T. nomadisch). Fischfang im Tschadsee und den Flüssen. Haupthandelspartner: Frankreich, Nigeria. Internat. Flughafen: Fort-Lamy. – T., ehem. Gebiet von Französ.-Äquatorialafrika, ist seit 1960 Rep. Präs.: F. Tombalbaye (seit 1960). ⊕ S. 514, ⊡ S. 346.

Tschadsee, flacher, teilweise versumpfter See im mittl. Sudan, Afrika; Oberfläche im Juli rd. 10 000 km², im Oktober rd. 22 000 km². Fischfang.

Tschaik'owskij, Peter Iljitsch, bedeutendster Komponist der westl. orientierten russ. Schule, *1840, †1893; Opern (»Eugen Onegin«), Sinfonien, Kammer- und Klaviermusik, Lieder.

Tsch'ako [ungar.] der, ⚙ Kopfbedeckung aus Filz oder Leder mit flachem Runddeckel.

Tschandig'arh, amtl. **Chandigarh,** Hauptstadt der ind. Bundesstaaten Pandschab und Haryana und eines Unionsgebietes, rd. 90 000 Ew.; seit 1951 nach Plänen von Le Corbusier im Bau.

Tschangkiakou, mongol. **Kalgan,** Stadt in der chines. Prov. Hopei, 230 000 Ew.; Handelsplatz, Flughafen, Eisenbahnknoten.

Truthuhn

Tschaikowskij

Tschako

Tschandigarh: Verwaltungsgebäude

Tschangscha, Changsha, Hauptstadt der chines. Prov. Hunan, am Siangkiang (Hafen), 703 000 Ew.; Univ.; Reisausfuhr; in der Nähe Kohlenlager.

Tschangtschun, Hauptstadt der chines. Prov. Kirin, früher als **Sinking** Hauptstadt Mandschukuos, 975 000 Ew.; Bahnknoten, Textil- u. a. Ind.

Tsch'apka [poln. »Mütze«], ⚔ Lederhelm der Ulanen mit viereckigem Deckel.

Tscharsch'af [pers., türk.] der, das Straßenkleid muslim. Frauen.

Tscheboks'ary, Hauptstadt der Tschuwasch. ASSR, Hafen an der Wolga (Kraftwerk), 216 000 Ew.; Troizkij-Kloster (1566), Kathedrale (1657).

Tschechen Mz., westslawische Völkerschaft in Böhmen und Mähren.

Tschechische Literatur. Die alttschech. Literatur, beginnend mit einem Denkmal aus dem 11. Jahrh., behandelte geistl. und weltl.-ritterl. Stoffe. Jan Hus (*1369, †1415) begründete ein nationales, reformator.-revolutionäres Schrifttum, das die Böhm. Brüdergemeine (Comenius) fortführte. Nach 1620 kam das literar. Schaffen vorübergehend zum Stillstand. Im Zuge der von Kaiser Joseph II. geförderten Aufklärung erlebte es eine Wiedergeburt (J. Jungmann). Die Dichtung vor 1848 enthält Ideen der westeurop. Romantik, bes. Herders (Čelakovský, Erben, Mácha). Die Romantik wurde vom Realismus abgelöst, der zunächst soziale (Božena, Němcová, Neruda), dann immer stärker polit. Themen bevorzugte. J. Vrchlický vertrat um 1870 eine weltbürgerl. Richtung. Die Dichtung nach Gründung des tschech. Staates (1918) folgte den Strömungen der westeurop. Literaturen (Bezruč, Březina, Sova). Internat. Geltung erlangten hier K. Čapek, J. Hašek mit dem grotesken Epos vom »braven Soldaten Schwejk«, der Dramatiker F. Langer, der Formkünstler V. Nezval sowie die Lyriker J. Wolker und J. Hora. Nach Wiedererrichtung des Staates (1945) wurde die freie Entwicklung der T. L. bald durch die Einschaltung in die kommunist. Ideologie zunichte gemacht; doch gingen in neuerer Zeit von den tschech. Schriftstellern entscheidende Impulse zum Versuch der Umgestaltung des dogmat. Kommunismus in einen demokrat. und humanen Sozialismus aus (1968). Neuere Schriftsteller sind der Lyriker V. Holan, die Erzähler B. Hrabal, L. Mňačko sowie die Dramatiker V. Havel, P. Kohout.

Tschechische Musik. Die rhythmisch und klanglich sehr charakterist. Volksmusik wurde durch Smetana und Dvořák zur Kunstmusik erhoben. Neben ihnen wirkten J. B. Foerster, Novák, Suk. Unter den Neueren ragt als Opernkomponist (»Jenufa«) L. Janáček hervor. Hier sind A. Habá, E. Schulhoff, B. Martinu zu nennen.

Tschechische Sozialistische Republik, Teilrep. (seit Anfang 1969) der →Tschechoslowakei, umfaßt →Böhmen, →Mähren und Randgebiete Schlesiens, 78 860 km², 9,84 Mill. Ew. (überwiegend Tschechen); Hauptstadt: Prag.

Tschechische Sprache, vornehml. in Böhmen und Mähren gesprochene westslaw. Sprache.

Tschechoslowak'ei die, Abk.: **ČSSR, Československá Socialistická Republika,** Volksrep. im östl. Mitteleuropa, 127 869 km², 14,4 Mill. Ew.; Hauptstadt: Prag; Amtssprachen: Tschechisch, Slowakisch. ⊕ S. 520/21, ▭ S. 346, ▯ S. 878.
Nach dem Föderations- und Nationalitätenges. v. 27. 10. 1968 ist die T. seit 1. 1. 1969 eine Sozialist. Bundesrepublik mit der Tschechei und Slowakei als Einzelrepubliken mit eigenen Parlamenten. Die Bundesversammlung (Volkskammer und Kammer der Nationen) wählt den Präs. auf 5 Jahre. Dem Bund obliegen Außenpolitik, Verteidigung, Bundesgesetzgebung. Die tatsächl. Macht liegt bei der kommunist. Partei.
LANDESNATUR. →Böhmen, →Mähren, →Slowakei. BEVÖLKERUNG. Rd. 65% Tschechen, 29% Slowaken, 4% Magyaren, 1% Deutsche, daneben Polen u. a. 6 Großstädte. Religion: überwiegend katholisch.

WIRTSCHAFT. Landwirtschaft überwiegend verstaatlicht oder kollektiviert. Bedeutende Forstwirtschaft. ⚒ auf Stein- und Braunkohle, Eisen u. a.; Uranlager. Eisen- und Stahl-, Maschinen-, chem., Zement-, Textil-, kohleverarbeitende u. a. Ind.; Energiewirtschaft. Fremdenverkehr. Ausfuhr: Fertigwaren. Haupthandelspartner: Ostblockländer (rd. 72%); Hauptflughäfen: Prag, Brünn, Preßburg, Olmütz, Kaschau.

GESCHICHTE. Im 19. Jahrh. hatte sich eine Nationalbewegung der Tschechen und zugleich eine gegen die ungar. Herrschaft gerichtete Nationalbewegung der Slowaken entwickelt. Nach dem Zerfall der Donaumonarchie wurde 1918 in Prag die Unabhängigkeit der T. ausgerufen, die sich aus →Böhmen und →Mähren, dem →Hultschiner Ländchen, Teilen des österreich. Schlesien und Teilen von Ungarn (Slowakei, Karpaten-Ukraine) zusammensetzte. Masaryk wurde Staatspräs. Die Tschechen besetzten die sudetendt. Gebiete und vertrieben die dort gebildeten Regierungen. Den Slowaken (→Slowakei) blieb die versprochene Autonomie versagt. Die Außenpolitik war bestimmt durch eine enge Anlehnung an Frankreich (1919), die Abwehr des ungar. Revisionismus und die Bildung der Kleinen Entente (mit Jugoslawien und Rumänien) und ein Bündnis mit der Sowjetunion (1935). Ende 1935–1938 war Benesch Staatspräsident. Durch das Münchener Abkommen (1938) wurden die sudetendeutschen Gebiete (30 000 km², 3,4 Mill. Ew.) mit dem Dt. Reich vereinigt. Die Tschechen mußten der Slowakei Autonomie gewähren, Grenzgebiete an Polen und Ungarn abtreten; die Karpaten-Ukraine fiel 1939 an Ungarn. 1939 zwang Hitler den Staatspräs. Hácha, der Errichtung eines »Protektorates Böhmen und Mähren« zuzustimmen. Nach dem dt. Zusammenbruch wurde Benesch 1945 wieder Staatspräs. Unter Regierungen der Nationalen Front (seit 1946 Gottwald) bereitete die KP ihre Machtübernahme vor. Nach dem kommunist. Staatsstreich (1948) wurde Gottwald Staatspräs. Innenpolit. Gegner wurden ausgeschaltet (insbes. R. Slánský). Auch unter den Staatspräs. Zápotocký und Novotný lehnte sich die T. eng an die Sowjetunion an. Kritik von reformbemühten Kräften an Partei und Staatsführung führte im Jan. 1968 zum Rücktritt von A. Novotný; Parteichef wurde A. Dubček, Staatspräs. (März 1968) L. Svoboda, MinPräs. (April 1968) O. Černik. Die Spannungen zur Sowjetunion führten zur Besetzung der T. durch Truppen des Warschauer Pakts (außer Rumänien) am 21. 8. 1968. Mit der Ablösung Dubčeks durch G. Husák als Parteiführer (April 1969) wurde ein auf Konzessionen gegenüber Moskau abzielender Kurs eingeschlagen. Jan. 1970 wurde MinPräs. O. Černik durch L. Strougal ersetzt.

Tsch'echow, Anton P., russ. Dichter, *1860, †1904, schrieb humorist. Skizzen, schwermütige Kurzgeschichten, Stimmungsschauspiele (»Die Möwe«, »Der Kirschgarten«).

Tschek'a [russ. Abk.], 1917–22 die bolschewist. polit. Polizei, →GPU.

Tschelj'abinsk, Stadt in der Russ. SFSR, im O-Ural, 874 000 Ew.; Mittelpunkt eines Golddistrikts; Braunkohle; Hüttenw.; Maschinen- u. a. Ind.

Tschelj'uskin, Kap, nördlichstes Kap Asiens, auf der Taimyr-Halbinsel, 77° 44' n. Br.

Tschemulpo, Intschön, Hafen von Söul, S-Korea, 485 500 Ew.

Tschengteh, Chengteh, einstige Hauptstadt der ehem. Prov. Jehol, China, 93 000 Ew.

Tschengtschou, Stadt in der chines. Prov. Honan, 766 000 Ew.; Zentrum der Textilind.

Tschengtu, Chengtu, Hauptstadt der chines. Prov. Szetschuan, 1,1 Mill. Ew. im 2. Jahrh. v. Chr. entstanden; Univ.; Eisenbahnwerkstätten, Textil-, Maschinen- u. a. Industrie.

Tsch'enstochau, Czenstochau, Stadt in Polen, an der Warthe, 186 200 Ew.; Textil-, Metallind.; Wallfahrtsort mit wundertätigem Marienbild »Schwarze Madonna«.

Tscheremch'owo, Stadt in Ostsibirien, So-

Tschechow

wjetunion, an der Transsibir. Bahn, 116000 Ew.; bedeutende Kohlenlager.

Tscherem'issen, Mari, ostfinn. Volk zwischen der mittl. Wolga und Wjatka und an der Belaja in der ASSR der →Mari.

Tscher'enkow, Pawel Alexejewitsch, sowjet. Physiker, *1904, Prof. in Moskau, entdeckte 1934 den **T.-Effekt,** das Aussenden elektromagnet. Strahlung **(T.-Strahlung)** durch sehr schnelle Elektronen in einem opt. dichten Mittel. Nobelpreis 1958. – **T.-Zähler,** Teilchennachweisgerät mittels T.-Effekt.

Tscherepn'in, Alexander, russ. Komponist, *1899; Opern, Klavier-, Kammermusik.

Tscher'epowez, Industriestadt in der Russ. SFSR, im N des Rybinsker Stausees, 189000 Ew.

Tscherk'assy, Stadt in der Ukrain. SSR, Flußhafen am Dnjepr, 159000 Ew.; Maschinen-, Metall-, Nahrungsmittel-, Tabakindustrie.

Tscherk'essen, Völkergruppe im Kaukasus: T. (190000), Kabardiner (215000) und 6 kleinere Stämme; 1864 von den Russen unterworfen, teils in die Türkei ausgewandert; Muslime.

Tsch'ermak, Erich Edler v. **Seysenegg,** Botaniker, *1871, †1962; entdeckte selbständig neben Correns und de Vries Mendels Vererbungsgesetze. .

Tschern'igow, Stadt in der Ukrain. SSR, Flußhafen an der Desna, 159000 Ew.; Metall-, Textil-, Kunstkautschukind.; eine der ältesten russ. Städte.

Tschernosem [-sj'ɔm] der, →Schwarzerde.

Tsch'ernowitz, →Czernowitz.

Tscherok'i, auch **Cherokee, Tscherokesen,** Indianerstamm der irokes. Sprachgruppe, erfanden eine Silbenschrift (um 1820).

Tscherrap'undschi, regenreichster Ort der Erde, in den Khasi-Bergen in Assam, Indien, im Mittel jährl. 11000 mm.

Tscherw'onez der, Mz. **Tscherw'onzen,** nach 1922 Noten der sowjet. Staatsbank, die als allgem. Zahlungsmittel neben dem Rubel umliefen.

Tsch'etniks, nationalserb. Organisation unter →Mihajlović; führte im 2. Weltkrieg im besetzten Jugoslawien den Partisanenkrieg, geriet gegen Kriegsende in Gegensatz zu Titos Partisanen.

Tschetsch'enen Mz., Volk im NO-Kaukasus, mit den verwandten Inguschen etwa 500000; Muslime, Viehzüchter. **Tschetscheno-Inguschische ASSR,** Autonome Sowjetrep. (seit 1957) in der Russ. SFSR, 19300 km², 1,03 Mill. Ew. (T., Inguschen, Russen); Hauptstadt: Grosnyj. Erdöl, Erdgas; Landwirtschaft, Industrie.

Tschiang Kai-schek, chines. General und Politiker, *1887, war seit 1911 an der Revolution Sun Yat-sens und später an dessen Regierung beteiligt. Seit 1925 führender Politiker der Kuomintang-Reg., eroberte er 1926 ganz China und brach 1927 mit den Kommunisten; 1928-31 Präs. der Regierung in Nanking, seit 1932 Oberbefehlshaber der chines. Armee. 1948 wurde er Staatspräs., unterlag 1949 den Kommunisten und errichtete auf Formosa die chines. Nationalregierung.

Tschiat'ura, Stadt am Südabhang des Kaukasus; bei T. reiche Manganerzlager.

Tschib'uk [türk.] der, Tabakspfeife.

Tschimk'ent, Oasenstadt in der Kasach. SSR, 247000 Ew.; an der Turkestan-Sibir. Bahn; Blei-werk, Textil-, chem. u. a. Industrie.

Tsch'ingis Chan, eigentl. **Temudsch'in,** mongol. Eroberer, * um 1155, †1227, eroberte Peking, unterwarf Turkestan und besiegte die Russen. Sein Großreich erstreckte sich vom Schwarzen Meer bis zum Stillen Ozean.

Tsch'irnhaus, Ehrenfried Walter v., Mathematiker, *1651, † Dresden 1708, stellte als erster Porzellan in Europa her.

Tschit'a, Stadt in O-Sibirien, Sowjetunion, 242000 Ew.; Industrie.

Tsch'ittagong, engl. **Chittagong,** Hafenstadt in Ost-Pakistan, 363000 Ew.; Juteausfuhr; Ind.

Tschk'alow, russ. Stadt, →Orenburg.

Tschombé, Moïse, kongoles. Politiker, *1919, †1969, erklärte Juli 1960 die Provinz Katanga für

unabhängig und wurde deren Präs. (bis Jan. 1963), 1964-65 MinPräs. der Rep. Kongo (K.).

Tschomol'ungma, tibet. für Mount →Everest.

Tschou En-lai, *1898, Mitgründer der chines. Kommunist. Partei (1921); seit 1949 MinPräs. und (bis 1958) Außenmin. der Volksrep. China.

Tschuang-tse, um 300 v.Chr., chines. Philosoph aus der Schule von →Lao-tse.

Tsch'udi, Ägidius v., schweizer. Historiker, *1505, †1572; »Helvet. Chronik« (Tellsage).

Tschugutschak, Stadt im NW der chines. Prov. Sinkiang-Uighur; Flugplatz.

Tschu-Hsi, chines. Philosoph, *1130, †1200; erneuerte die Lehre des Konfuzius.

Tsch'uikow, Wassilij Iwanowitsch, sowjet. Marschall, *1900; 1948-53 Oberbefehlshaber der sowjet. Besatzungsstreitkräfte und Chef der Militärverwaltung in Dtl.

Tschuktschen Mz., ein Volk an der NO-Spitze Sibiriens (T.-Halbinsel), etwa 12000; Rentierzüchter, teils Küstenfischer.

Tschungking, Stadt in der chines. Prov. Szetschuan, 2,7 Mill. Ew. In der Nähe Eisen- und Stahlkombinat, Textil-, chem. Ind. 1937-49 Sitz der Regierung Tschiang Kai-schek.

Tschungking: Versammlungs-gebäude

Tschuw'aschen Mz., tatarisch-finn. Volk beiderseits der mittl. Wolga. **Tschuwaschische ASSR,** Autonome Sowjetrep. (seit 1925) in der Russ. SFSR, 18300 km², 1,2 Mill. Ew. (T., Russen, Tataren u. a.); Hauptstadt: Tscheboksary. Landwirtschaft, Industrie.

Ts'etsefliegen die, Stechfliegen Mittelafrikas; sie übertragen →Trypanosomen und damit die Schlafkrankheit des Menschen und die Tsetsekrankheit der Haustiere. (BILD Fliegen)

Tsinan, Hauptstadt der chines. Prov. Schantung, 862000 Ew.; Univ.; Textilind., Ölmühlen.

Tsinghai, chines. Prov. in Innerasien, 721000 km², 2,1 Mill. Ew.; Hauptstadt: Sining.

Tsingtau, chines. Hafenstadt in →Kiautschou, 1,14 Mill. Ew., auf der Halbinsel T.; Univ.; Textilind., Ölmühlen, Außenhandel.

Tsining, postamtl. **Chining,** Handelsstadt in der chines. Prov. Schantung, am Kaiserkanal, 150000 Ew.; Eisenbahn von Tschangkiakou.

Tsinlingschan, Gebirge in China, bis 4107 m hoch, trennt Nord- und Südchina.

Tsitsikar, chines. **Lungkiang,** Stadt in der Mandschurei, 700000 Ew.; 1691 als Festung gegr.

Tsuschima, japan. Insel in der Korea-Straße. Seeschlacht 1905 (Japaner besiegten Russen).

Tuam'otu-, Paumotu-Inseln, französ. Inselgruppe im Stillen Ozean, größtes Korallenriffgebiet der Erde, etwa 80 kleine Atolle.

Tuar'eg Mz., nomad. Berberstamm der westl. Sahara, Mohammedaner, Viehzüchter, mit ausgeprägter sozialer Schichtung und eigener vorarab. Schrift. (FARBTAFEL Afrika I S. 161)

T'uba [lat.] die, tiefes Blechblasinstrument mit mehrfach gewundener Schallröhre, Kesselmundstück und 3-5 Ventilen. Die T. wird in mehreren Größen (Baßtuba, Kontrabaßtuba) gebaut. Röm. T., eine gerade Trompete.

Tschiang Kai-schek

Tuba

Tuberkul'ose die, **Tb,** die in der gemäßigten Zone verbreitetste ansteckende Krankheit des Menschen und der Wirbeltiere. Erreger ist der 1882

Tucholsky

Tunesien

von R.Koch entdeckte **Tuberkelbazillus; **Übertragung durch Einatmen der Bazillen oder durch verseuchte Nahrungsmittel (Milch, Fleisch). Die T. verläuft meist in Form einer schleichenden Entzündung, wobei sich hirsekorngroße Gewebsknötchen (**Tub'erkel**) bilden. Da alle Organe befallen werden können, ist das Erscheinungsbild entsprechend vielgestaltig. Am häufigsten ist die **Lungen-T.**, bei der man zwischen der offenen (mit Aushusten von Tuberkelbazillen; Ansteckungsgefahr) und der geschlossenen unterscheidet. Allgemeine Anzeichen sind Abmagerung, ständiges leichtes Fieber, Nachtschweiß, langwieriger Husten. Die Veränderungen der Lungen zeigen bestimmte Stadien (Primärherd, Frühinfiltrat, Kaverne). Der Verlauf ist ein wechselhafter, je nach Empfänglichkeit und Abwehrlage mehr oder weniger schwer; in Krisenzeiten häufig Rückfälle. Weitere Formen sind die **Kehlkopf-, Darm-, Nieren-, Hirnhaut-, Knochen-, Gelenk-, Lymphknoten-, Haut-T.** u.a. Frühzeitige Erkennung der T. ist in allen Fällen für die Heilungsaussichten sehr wichtig (T.-Beratungsstellen, Röntgen-Reihenuntersuchungen).
Behandlung durch Conteben, PAS, Streptomycin, Neoteben neben Freiluftliegekuren und kalorienreicher Ernährung. Schutzimpfung der Kinder mit dem Bazillus Calmette-Guérin (BCG) zeigt gute Erfolge. Auch der Kampf gegen die **Rinder-T.** hat Fortschritte erzielt.
Tuber'ose die, Narzissengewächs aus Mittelamerika mit weißen, duftenden Blütenrispen.
Tübingen, Universitätsstadt (1477) in Bad.-Württ., am Neckar, 54 900 Ew.; Schloß Hohen-T., Hochschulen und Forschungsinstitute; Maschinen-, Metall-, Elektro- u. a. Ind. T., 1078 zuerst erwähnt, kam 1342 an Württemberg.

Tübingen: Rathaus

T'ubus [lat.] der, Röhre, Rohrstück.
Tuch'olsky, Kurt, Schriftsteller, *1890, † (Selbstmord) 1935; iron., zeitkrit. Aufsätze, Gedichte, Erzählungen: »Schloß Gripsholm«.
Tucson [tu:'ṣon, t'u:ṣon], Stadt in Arizona,USA, 262 900 Ew.; Universität und Carnegiebibliothek, Sonnenobservatorium.
Tucum'án, Stadt in Argentinien, 290 000 Ew.; Univ., rege Ind.; Handel. 1816 wurde hier die Unabhängigkeit Argentiniens verkündet.
Tudor [tj'u:də], engl. Königshaus, regierte 1485 bis 1603 (→Großbritannien, Geschichte).
Tuff der, 1) mürbe, meist poröse Absätze von Kalk oder Kieselsäure. 2) Gesteine aus verfestigten vulkanischen Aschen u. dgl.
Tu Fu, chines. Dichter, *712, †770; neben →Li T'ai-po der bedeutendste Lyriker Chinas.
Tugend (von taugen). Im Altertum galten als Haupt-T. (**Kardinal-T.**): Weisheit, Gerechtigkeit, Besonnenheit und Tapferkeit (Willensstärke); das Christentum fügte drei weitere hinzu: Glaube, Liebe, Hoffnung.
Tugendrose die, →Goldene Rose.
Tuilerien [tylər'i:ən, »Ziegelbrennereien«], ehem. Schloß der französ. Könige in Paris, 1871 während des Aufstandes der →Kommune in Brand gesteckt, 1883 bis auf 2 Eckflügel abgetragen.
Tu'isto [nach Tacitus »Germania«], bei den

Germanen der erdentsprossene erste Mensch (wohl als Zwitter gedacht). Erst sein Sohn heißt mannus (»der Mensch«).
Tuk'an der, →Pfefferfresser.
T'ula, Stadt in der Sowjetunion, im S des Moskauer Braunkohlengebietes; 462 000 Ew.; Metall-Ind. **T.-Arbeiten,** Einlegearbeiten eines dunklen Metalls in Silber oder Gold.
Tularäm'ie, eine Pasteurellenkrankheit der wildlebenden Nagetiere (**Hasenpest**), mit Lymphknotenschwellung; auf Haussäugetiere und den Menschen übertragbar.
Tüll [nach der französ. Stadt Tulle] der, leichtes, netzartiges Gewebe.
Tulla, Johann Gottfried, Wasserbauingenieur, *1770, †1828; Regulierung des Oberrheins.
Tulpe die, **Tulipa,** mit Zwiebeln überwinternde Liliengewächse. Die geruchlose **Garten-T.** stammt wohl von rotblühenden T. des Orients ab, wird in vielerlei Formen und Farben gezüchtet; bes. in Holland (Haarlem).
Tulpenbaum, bis 30 m hohes Magnoliengewächs; gelbl., tulpenähnl. Blüten und ahornähnl. Blätter; Nutzholz; Parkbaum.
Tulsa [t'ʌlsə], Stadt in Oklahoma, USA, am Arkansas River, 331 600 Ew.; reiche Erdöl-, Kohlen- und Naturgasfelder; Univ.; Flughafen.
Tuluá, Stadt in Kolumbien, 151 400 Ew.
T'umba [lat.] die, sarkophagähnl. Aufbau über einem Bodengrab.
Tümmler der, [Symbol] 1) →Delphin. 2) Taubenrasse.
T'umor [lat.] der, [Symbol] Schwellung, Geschwulst.
T'umulus [lat.] der, vorgeschichtl. Hügelgrab.
T'undra [russ.-finn.] die, -/...dren, [Symbol] moorähnl. Pflanzendecke aus Moosen, Flechten und Zwergsträuchern jenseits der Waldgrenze im kalten Klima aller Polargebiete, z. B. Nordsibirien.
Tuner [tj'u:nə, engl.] der, abstimmbarer Eingangsteil eines Überlagerungsempfängers, bes. für den Dezimeterwellenbereich eines Fernsehempfängers (Kanalwähler).
Tun'esien, Republik in N-Afrika, am Mittelmeer, 164 000 km², 5,1 Mill. Ew.; Hauptstadt: Tunis; Amtssprache: Arabisch. Präsidialverfassung. [Symbol] S. 514, ☐ S. 346.
LANDESNATUR. T. ist im N gebirgig, hat im O buchtenreiche Küste mit fruchtbaren Küstenebenen; im Innern Steppen (Halfagras), im S große Salzsümpfe (Schott el-Dscherid) und Wüste. Im N Mittelmeerklima. BEVÖLKERUNG. Überwiegend Araber, daneben Berber, Europäer, Juden. Staatsreligion: Islam. WIRTSCHAFT. Anbau von Getreide, Wein, Oliven, Südfrüchten; im S Datteln (in Oasen); Viehzucht (Schafe u. a.); Küstenfischerei. [Symbol] bes. auf Phosphate und Eisen; Wollspinnerei, Teppichweberei; Nahrungsmittel-, Eisen- und Stahl-, Zement- u. a. Ind.; Fremdenverkehr. Ausfuhr: Tierische Erzeugnisse, Olivenöl, Südfrüchte, Wein, Phosphate. Haupthandelspartner: Frankreich, Italien. Haupthäfen: Tunis, Biserta, Sousse, Sfax; internat. Flughafen: Tunis.
GESCHICHTE. T. war im Altertum vor der Eroberung durch die Römer (→Punische Kriege) das Kerngebiet des karthag., im 5./6. Jahrh. n. Chr. des Wandalenreichs. 533 eroberten es die Byzantiner, 675-698 die Araber, 1574 die Türken. 1881 wurde T. französ. Protektorat. Im 2.Weltkrieg war es 1942/43 Kriegsschauplatz. 1956 wurde T. unabhängig. Seitdem ist Habib Bourguiba, der Führer der Neo-Destur-Partei, MinPräs., seit der Absetzung des Beis Sidi Mohammed III. und Auflösung der Rep. (1957) auch Staatspräs. Seit 1969 MinPräs.: Bahi Ladgham. 1963 räumte Frankreich den Militärstützpunkt Biserta. (FARBTAFEL Afrika I S. 161)
Tungbaum, Baum im mittl. China, Wolfsmilchgewächs. Das Samenöl (**Tungöl**) gibt Farbe, Firnis, Linoleum.
Tungtschou, früherer Name von →Nantung.
Tung'usen, Ewenkij, Gruppe mongol. Stämme in NO-Asien, Jäger, Fischer, Viehzüchter; von China nach N ausgebreitet.
Tung'uska die, drei rechte Nebenflüsse des

Tulpe, oben: einfache Garten-T., unten:Papagei-T. (Zierform)

Jenissej, Sibirien: Obere T. oder Angara, Mittlere oder Steinige T. und Untere T.

T'unika die, altröm. hemdartiges Unterkleid.

T'unis, Hauptstadt von Tunesien, am Golf von T., 662000 Ew.; wichtiger Handelshafen; Flugplatz; Univ.; Metall-, Textil-, Juwelierarbeiten. Bei T. Reste des alten Karthago.

T'unnel der, 1) unterirdisch geführte Strecke eines Verkehrsweges. Bei **Gebirgs-T.** wird meist von beiden Seiten ein Richtstollen von 5-10 m² Querschnitt vorgetrieben. Von ihm aus wird der Vollausbruch an mehreren Stellen gleichzeitig vorgenommen. **Unterwasser-T.** werden meist mit Schildvortrieb gebaut: In Richtung der T.-Achse wird mit hydraul. Pressen ein Stahlrohr von der Größe des T. und mit einer vorderen Schneide, dem Brustschild, in das Gebirge gedrückt. Unter dem Schutz des Schildes wird das Gebirge abgetragen. Die längsten dt. T.: Zugspitz-T. 4466 m, Kaiser-Wilhelm-T. bei Cochem 4203 m, Distelrasen-T. bei Schlüchtern 3575 m; längste Alpen-T. sind Simplon 19,8 km, St. Gotthard 15,0 km, Lötschberg 14,5 km, Mont Cenis 12,8 km, Montblanc 11,6 km. 2) kellerartiger, meist wassergefüllter Raum zur Aufbewahrung bestrahlter Spaltstoffelemente.

Tunneldiode, auch **Esaki-Diode** (nach dem Erfinder), eine Halbleiterdiode, bei der wesentlich mehr Fremdatome im Gitter eingebaut sind als beim Transistor. Sie wird als sehr schnell arbeitender elektron. Schalter, z.B. in elektron. Rechenanlagen, benutzt.

Tunneleffekt, in der Quantenmechanik die Überwindung rücktreibender Kräfte ohne den nach klass. Gesetzen notwendiges Energieaufwand; ist nach statist. Gesetzen dann möglich, wenn dem Bereich des Energieverlusts ein Bereich des Energiegewinns folgt. In anschaul. Darstellung unterfährt ein Teilchen beide Bereiche wie in einem Tunnel.

Tüpfelfarn, Farnkrautgattung; der **Gemeine T. (Engelsüß)** liefert mit seinem zuckerreichen Wurzelstock Volksarznei.

Tup'í-Guaran'í, indian. Sprachgruppe (rd. 2 Mill.), bes. in Paraguay, Argentinien, Brasilien.

T'ura, Cosimo, italien. Maler, *1429/30, †1495, ein Hauptmeister der ferraresischen Schule.

Tur'an, Tiefland zwischen den Gebirgen Innerasiens und dem Kasp. Meer (→Turkestan).

T'urandot [pers.], Prinzessin einer Erzählung in »1001 Tag«; gibt ihren Freiern Rätsel auf und läßt sie töten, wenn sie keine Lösung finden; schließlich erhört sie einen Bewerber.

T'urban [pers.] der, Kopfbedeckung in Vorderasien und Indien, eines mit Streifen aus Musselin oder Seidenstoff kunstvoll umwundene Kappe.

Turb'ine [von lat. turbo »Kreisel«] die, eine Strömungsmaschine, bei der das Betriebsmittel mit hoher Geschwindigkeit auf die Schaufeln des Laufrades trifft und dieses in Drehung setzt (→Wasserturbine, →Dampfturbine, →Gasturbine, Strahl-T.). Strömt das Betriebsmittel in Achsrichtung durch die T., so hat man die **Axial-T.,** wenn es von innen nach außen oder umgekehrt strömt, die **Radial-T.**

Turb'inen - Luftstrahl - Triebwerk, ein Strahltriebwerk, bei dem die zur Verbrennung des Treibstoffs nötige Luft durch einen Verdichter auf etwa 12 Atmosphären verdichtet wird. In diese verdichtete Luft wird der Kraftstoff kontinuierlich eingespritzt und verbrannt. Die

Turbinen-Luftstrahl-Triebwerk: Strahlantrieb, a Lufteintritt, b Verdichter, c Einspritzdüsen, d Brennkammern, e Turbine, f Drosselkörper, g Schubdüse

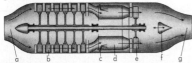

brennungsgase treiben die Turbine zum Betrieb des Verdichters an; hinter der Turbine treten sie mit hoher Geschwindigkeit aus einer Düse ins Freie und erzeugen dabei den Schub.

Turbinen-Propeller-Strahltriebwerk, Turbo-Prop-Triebwerk, Flugzeugantrieb, →Propeller-Turbinen-Luftstrahltriebwerk.

Turboantrieb, Turbotriebwerk, der Antrieb durch ein →Turbinen-Luftstrahl-Triebwerk.

Turbogenerator, ein durch eine Dampf- oder Gasturbine angetriebener Generator.

turbul'ent [lat.], stürmisch; wirbelnd. **t. Bewegung,** Bewegung von Flüssigkeiten oder Gasen, bei der sich Wirbel bilden. Hw.: **Turbul'enz** die.

Turcs- und Caicos-Inseln, Gruppe der brit. Bahama-Inseln; rd. 6000 Ew., meist Neger.

Turenne [tyr'en], Henri de Latour d'Auvergne, Vicomte de, *1611, †1675, franzöz. Marschall im 30jähr. Krieg und in den Feldzügen Ludwigs XIV.

Turf [tə:f, engl. »Rasen«] der, Rennbahn, Pferderennsport.

T'urfan, Oasenstadt in Sinkiang-Uighur, China; Steinkohle, Baumwollanbau in der Umgebung. Bei T. u.a. Orten O-Turkestans Altertümer aus dem 4. bis 12. Jahrh.

Turg'enjew, Iwan, russ. Dichter, *1818, †1883; feinfühlige Darstellungen der russ. Gesellschaft (»Väter und Söhne«). (BILD S. 946)

T'urgor [lat.] der, **Turgesz'enz** die, Innendruck pflanzl. Zellen, bewirkt durch gelösten osmot. Druck (→Osmose) der Zellflüssigkeit, der die Zellen prall erhält. Der T. schwindet im Welken durch Wasserverdunstung.

Turgot [tyrg'o], Anne Robert, Baron de l'Aulne, franzöz. Staatsmann, Anhänger des →Physiokratismus, *1727, †1781. Als Finanzmin. Ludwigs XVI. entwarf er den Plan einer inneren Reform (Ablösung der Frondienste, Gewerbefreiheit u. a.), scheiterte am Widerstand der bevorrechteten Stände.

Tur'in, italien. **Tor'ino,** Stadt in N-Italien, am oberen Po, 1,177 Mill. Ew.; Kirchen und Paläste, Univ. (gegr. 1404); Kraftwagen-, Textil-, Leder-, Chemie- u. a. Ind., Wintersport. – T. war als Mittelpunkt Piemonts seit 1482 Sitz des Hauses Savoyen, 1861-65 Hauptstadt des Königreichs Italien. **Schlacht bei T.,** 1706 besiegten Kaiserliche unter Prinz Eugen die Franzosen. (BILD S. 946)

Türk'ei, die Republik in Kleinasien und Südosteuropa, 780600 km², 34,3 Mill. Ew.; Hauptstadt: Ankara; Amtssprache: Türkisch. ⊕ S. 519, ⊡ S. 346.

VERFASSUNG v. 9. 7. 1961. Der Staatspräs. ernennt den Ministerrat, dem der MinPräs. vorsteht. Gesetzgebung durch das Parlament (2 Kammern). Verwaltungseinteilung in 67 Provinzen.

LANDESNATUR. Kleinasien (Anatolien) ist ein 900-1200 m hohes steppenhaftes Hochland, von Bergzügen durchsetzt und von Gebirgen umrahmt (Pontisches Geb., Taurus). Im O Ararat-Hochland (5156 m). In O-Thrakien Steppentafel. BEVÖLKERUNG. 91% Türken, 7% Kurden, daneben Araber, Armenier u.a. 14 Großstädte. Religion: 98% Muslime.

Tunnel: Blick vom fertiggebauten T. durch die Schleuse in den Arbeitsraum

Tunika

Tüpfelfarn

Turban

Türkei

Turin: Piazza Reale mit Blick auf das Schloß

Turgenjew

WIRTSCHAFT. Anbau von Getreide, Zuckerrüben; für die Ausfuhr: Trauben, Südfrüchte, Baumwolle, Tabak u.a.; Viehzucht (Schafe, Ziegen). ⚒ auf Kohle, Erdöl, Chrom- u.a. Erze. Nahrungsmittel-, Eisen- u. Stahl-, Textil-, chem. u.a. Ind. (bes. im S und W). Ausfuhr: Landwirtschaftl. und Bergbauerzeugnisse. Haupthandelspartner: USA, Bundesrep. Dtl. Die T. ist assoziierter Staat der EWG. Haupthäfen: Mersin, Istanbul, Izmit, Smyrna; internat. Flughäfen: Istanbul, Ankara, Smyrna.

GESCHICHTE. Unter Osman I. (1288-1326) befreiten sich die aus Turkestan eingewanderten Türken von den Seldschuken und gründeten das alte Türkische oder **Osmanische Reich**, das sich im 14./15. Jahrh. über die ganze Balkanhalbinsel ausdehnte. Sultan Mohammed II. eroberte 1453 Konstantinopel, das er zur Hauptstadt erhob. Selim I. nahm nach der Eroberung Syriens und Ägyptens 1517 die Kalifenwürde an. Höhepunkt der türk. Macht unter Suleiman II. (1520-66), der 1526 und 1541 den Hauptteil Ungarns eroberte und 1529 erstmals Wien belagerte. Auch das Nordufer des Schwarzen Meers, Armenien, Mesopotamien, Arabien, Tripolitanien, Tunesien, Algerien kamen unter türk. Herrschaft oder Oberhoheit. Seit 1683 wurde das türk. Großreich in Europa durch die →Türkenkriege Österreichs und Rußlands zurückgedrängt; gleichzeitig verfiel es im Innern. Die christl. Balkanvölker (Griechen, Serben, Rumänen, Bulgaren) erkämpften im 19. Jahrh. ihre Selbständigkeit; Österreich-Ungarn nahm 1878 Bosnien in Besitz; in Ägypten ging der türk. Einfluß im 19. Jahrh. immer mehr zurück; Italien eroberte 1911/12 Tripolitanien, und die →Balkankriege 1912/13 beschränkten die europ. T. auf O-Thrakien. Die Reformpartei der Jungtürken riß 1908 die Herrschaft an sich. Im 1.→Weltkrieg auf der Seite der Mittelmächte, wurde die T. im Vertrag von Sèvres (1920) auf Anatolien beschränkt und mußte die griech. Herrschaft in Smyrna anerkennen. Aber Mustafa Kemal Pascha (später →Atatürk) vertrieb 1921/22 an der Spitze der Nationaltürken die Griechen und Alliierten aus Kleinasien und erreichte im Frieden von Lausanne (1923), daß die T. im wesentlichen ihre heutigen Grenzen erhielt. 1922 wurde Sultan Mohammed VI. entthront, 1924 das Kalifat abgeschafft. Atatürk wurde 1923 Präsident; er führte viele Reformen nach europ. Vorbild durch. Sein Nachfolger Ismet Inönü (1938-50) schloß 1939 mit England und Frankreich einen Beistandspakt für das Mittelmeer- und Balkangebiet ab. Erst 1945 erklärte die T. Dtl. den Krieg. 1952 trat die T. dem Nordatlantikpakt bei, 1955 schloß sie den →Bagdadpakt mit Großbritannien, Irak, Iran und Pakistan, im März 1959 ein zweiseitiges Sicherheitsabkommen mit den USA. Nach Ausscheiden des Iraks trat 1959 an die Stelle des Bagdadpaktes die →CENTO. 1960 führte ein Staatsstreich unter General Gürsel zum Sturz der Regierung Menderes (seit 1950 im Amt); Menderes wurde hingerichtet. Unter Staatspräs. Gürsel (1961-66) leitete I. Inönü die Regierung, bis 1965 die Republikan.

Volkspartei durch die Gerechtigkeitspartei in der Regierung abgelöst wurde. Staatspräs.: C. Sunay (seit 1966); MinPräs.: F. Melen (seit 1972).

Türken, Osmanen Mz., bedeutendstes Volk der Türkvölker, Muslime; bewohnen Kleinasien und den SO der Balkanhalbinsel. Die neuzeitliche Kultur der T. ist wesentlich der westeuropäischen angeglichen. (→Türkische Sprache)

Türkenbund, →Lilie.

Türkenkriege. 1) Die T. Österreichs. Seit dem Sieg bei Mohács 1526 eroberten die Türken den Hauptteil Ungarns und belagerten 1529 sogar Wien. Die entscheidende Wendung brachte erst der große T. von 1683-99. Die Türken belagerten 1683 abermals Wien, das jedoch durch den Sieg am Kahlenberg befreit wurde; dann gingen die Österreicher zum Gegenangriff über: Herzog Karl von Lothringen erstürmte 1686 Ofen und siegte 1687 bei Mohács, Markgraf Ludwig Wilhelm von Baden 1691 bei Slankamen, Prinz Eugen von Savoyen 1697 bei Senta; im Frieden von Karlowitz 1699 mußte die Türkei auf Ungarn und Siebenbürgen verzichten. Als Prinz Eugen in einem neuen T. bei Peterwardein 1716 und bei Belgrad 1717 siegte, kamen durch den Frieden von Passarowitz 1718 auch das Banat und Belgrad an Österreich; aber 1737-39 kämpfte es unglücklich und verlor Belgrad. Sein letzter T. von 1787-91 endete ergebnislos. **2) Die T. Rußlands.** Kaiserin Katharina II. gewann durch ihre siegreichen T. von 1768-74 und 1787-92 das ganze Nordufer des Schwarzen Meers; das große Ziel der russ. Eroberungspolitik war seitdem die Befreiung der christl. Balkanvölker und die Herrschaft über Konstantinopel und die Dardanellen. Durch den T. von 1806-12 wurde Bessarabien russisch. Der T. von 1828/29 sicherte die Unabhängigkeit Griechenlands und die russ. Schutzherrschaft über die Walachei und Moldau. Im →Krimkrieg 1853-56 unterlag Rußland, siegte aber im T. von 1877/78, wo es den zähen Widerstand der Türken bei Plewna überwand; die Bedingungen des Vorfriedens von San Stefano wurden freilich durch den →Berliner Kongreß stark eingeschränkt. Danach erhielt Rußland ein kaukas. Grenzgebiet, Rumänien und Serbien erlangten die volle Unabhängigkeit, und ein neues Fürstentum Bulgarien wurde geschaffen. Der letzte russ.-türk. Krieg war ein Teil des 1. Weltkriegs.

T'urkestan, das westl. Innerasien, zwischen dem Kasp. Meer und Lop-nor, durch die Gebirge Pamir und Tien-schan geschieden in das sowjet. West-T. und in Ost-T. (Chines.-T.). – **West-T.** stand einst unter dem Einfluß Altpersiens, später islamischer Reiche; seit etwa 1500 bestanden die sunnit. Staaten Chiwa und Buchara, die im 19. Jahrh. mit den übrigen Gebieten von den Russen unterworfen wurden. **Ost-T.,** ehem. unter mongol. Herrschaft, kam 1759 an China.

Türk'is der, undurchsichtiges, blaues bis grünes Mineral aus wasserhaltigem Aluminiumphosphat; Schmuckstein. (FARBTAFEL Edelsteine und Mineralien S. 176)

Türkischer Honig, Süßwaren aus Zucker, Honig, Eiweiß-Schaum, Gelatine u.a.

Türkisches Bad, röm.-irisches Bad, ein→Heißluftbad in Verbindung mit einem →Dampfbad.

Türkische Sprache, osmanische Sprache, die wichtigste Schriftsprache der Türksprachen, ist die Amtssprache der Türkei. 1928 wurde die Lateinschrift amtlich eingeführt.

T'ürkischrot, ⊙ ein aus Alizarin hergestellter roter Baumwollfarbstoff.

Türkm'enen, Turkm'enen Mz., Türkvolk im Tiefland von Turan, teils auch in Afghanistan und im Iran; Sunniten. **Turkmenische SSR,** Unionsrep. (seit 1924) der Sowjetunion, im westl. Mittelasien, zwischen dem Kasp. Meer und der afghan. Grenze, 488 100 km², rd. 2 Mill. Ew. (T., Russen, Usbeken u.a.); Hauptstadt: Aschchabad. Rd. 80% Steppe und Wüste. Erdöl, Erdgas, Kohle, Erze. Baumwollanbau; Seiden-, Teppichherstellung u.a. (FARBTAFEL Asien III S. 168)

Turksib, Abk. für Turkestan-Sibirische Eisenbahn, 1927-30 und seit 1930 gebaute Bahnlinien, um die Verbindung vom Kasp. Meer zur Transsibir. Eisenbahn herzustellen.

Türksprachen, Turksprachen, →Sprachen.

T'urku, schwed. **Åbo,** Stadt an der Südwestküste Finnlands, 154 700 Ew.; Erzbischofssitz; finn. und schwed. Universität; Winterhafen, Schiffbau, verschiedene Industrie.

Türkvölker, Turkvölker Mz., große Gruppe sprachl. verwandter Völker in Osteuropa, Mittel- und W-Asien; Urheimat am Altai und in der Mongolei. Hauptgruppen: Tataren, Türken, Turkestaner, Baschkiren; fast nur Muslime.

T'urmair, Johannes, *1477, †1534; »Bayer. Chronik«, erstes Geschichtswerk in dt. Sprache.

Turmal'in [frz.] der, säulenförmig kristallisierendes Mineral, meist schwarz, auch farbig, selten farblos, ein Magnesium-Aluminium-Borsilicat; Schmuckstein.

Türme des Schweigens, niedrige Rundtürme, auf denen die Parsen ihre Toten den Geiern zum Fraß aussetzen.

Turmspringen, →Wasserkunstspringen.

Turnen, die durch →Jahn 1811 begründete Form der Leibesübungen, umfaßt alle natürl. Übungen wie Laufen, Werfen, Springen, Klettern, Ringen, Schwimmen, Fechten und Kampfspiele. – Durch Eiselen wurde T. zum **Geräte-T.** in der Halle. A. Spieß gab dem T. die Form eines Schul- und Lehrfaches (mit **Freiübungen** und **Gemeinschafts-T.**). – Das T. erstrebt allseitige körperl. Ertüchtigung (Gewandtheit, Kraft) und charakterl. Erziehung (Mut, Ausdauer). Die **Schwed. Turnschule** pflegt Bewegungs- und Haltungsschulung (Sprossenwand). – Die dt. Turnvereine entstanden vereinzelt seit etwa 1816 (Hamburger Turnerschaft), in der Mehrzahl Mitte des 19.Jahrh. 1860 wurde die **Deutsche Turnerschaft** gegründet. In der Schweiz gründete Clias 1816 die vaterländ. Turngemeinde in Bern, aus der 1832 der Eidgenöss. Turnverein entstand.

Turnen: Turngeräte, a Hantel, b Kugel, c Keule, d Schaukelringe, e Rundlauf, f Barren, g Sprossenwand, h Reck, k Pferd, m Matte, n Sprungbrett, o Bock, p Kasten

Turner [t'ə:nə], William, engl. Maler, *1775, †1851; Landschaften und Seebilder, oft mit mytholog. Figuren. (FARBTAFEL Englische Kunst S. 337)

Turnhout [t'yrnaut], Gem. in Belgien, 37 500 Ew.; Schloß (15. Jahrh.); verschiedene Ind.

T'ürnich, Gemeinde in Nordrh.-Westf., an der Erft, 13 100 Ew.; Braunkohlenbergbau.

Turn'ier [frz.] das, **1)** im MA. ritterliches Kampfspiel. **2)** übertragen: Wettkampf, z. B. Schach-, Reitturnier.

Turn'üre [frz.] die, ⚓ Wulst zum Aufbauschen am Rückenteil des Frauenkleids. (FARBTAFEL Mode I S. 695)

T'urnus [lat.] der, regelmäßige Wiederkehr, festgelegte Reihenfolge.

Tusch [wohl slaw.] der, festl. Begrüßung durch Musik, kurze Akkordfanfare.

Tusche [frz.] die, feine Körperfarben (z.B. Ruß), die mit Bindemitteln zu einer schreib- und

Turner: Ankunft des engl. Postbootes in Calais

zeichenfähigen tiefschwarzen Flüssigkeit angerieben werden, auch zu **Stangen-T.** gepreßt.

Tuschmalerei, in Ostasien bes. von Priestern der buddhist. Meditationsschule ausgebildet; erfordert überlegene Beherrschung des Pinsels, da die verwendeten Seiden und Papiere kein Radieren oder Übermalen gestatten.

T'usculum, antike Stadt im Albanergebirge, beim heutigen Frascati, einst Lieblingsaufenthalt vornehmer Römer, bes. Ciceros.

Tut-ench-Am'un, ägypt. König um 1350 v. Chr. 1922 wurde im Tal der Könige bei Theben sein wohl erhaltenes Grab mit reichen Schätzen entdeckt (Kairo, Museum).

Tut-ench-Amun

Tuticor'in, Hafenstadt an der SO-Küste Indiens, 135 200 Ew.; Baumwollind., Salzgärten.

T'utor [lat.] der, Betreuer, Vormund.

t'utti [ital.], ♪ alle Stimmen des Chors oder Orchesters, Gegensatz: solo (→Solo).

T'uttifr'utti [ital. »alle Früchte«] das, -/-, Gericht aus allerlei Früchten.

T'uttlingen, Stadt in Bad.-Württ., an der Donau, 26 400 Ew.; vielseitige Ind.; Nelkenzucht.

Tutu'ila, Hauptinsel der amerikan. Samoa-Inseln.

T'utzing, Gem. in Oberbayern, am Starnberger See; 6000 Ew.; Evang. Akademie.

TÜV, →technische Überwachung.

Tuw'a, Tuw'iner Mz., Volk im Quellgebiet des Jenissej, wohl Nachkommen türkisierter Samojeden. **ASSR der Tuwa,** Autonome Sowjetrep. in der Russ. SFSR, 170 500 km², 231 000 Ew. (T., Russen); Hauptstadt: Kysyl. Gebirgig. Viehzucht, Getreidebau. ⚒ auf Kohle, Asbest, Steinsalz u. a. Leder-, Holzverarbeitung.

TWA, Abk. für Trans World Airlines [tr'ænz wə:ld 'εəlainz], amerikan. Luftverkehrsges.

Twain [twein], **Mark,** →Mark Twain.

Tweed [twi:d] der, Grenzfluß zwischen Schottland und England, mündet in die Nordsee, 156 km lang.

Tweed [twi:d, engl.] der, Wollgewebe aus Streichgarnen in Köperbindung.

Twen [von engl. twenty »zwanzig«] der, Mann oder Frau im Alter von 20-29 Jahren.

Twickenham [tw'iknəm], Teil des London Borough Richmond upon Thames, 102 000 Ew.; Rugby-Stadion.

Tw'inset [engl.] das, Strick- oder Wirkwarenkombination (Pullover, Jäckchen).

Twist der, moderner, aus Amerika stammender Gesellschaftstanz im ⁴/₄-Takt.

Twist [engl.] der, Baumwollgarn.

Twostep [t'u:step, engl. »Zweischritt«] der, amerikan. Gesellschaftstanz im ²/₄-Takt.

T'yche die, griech. Göttin des Glücks und Zufalls. Von Römern der →Fortuna gleichgesetzt.

T'ympanon [grch.] das, **1)** ⌂ geschmücktes Bogenfeld von Kirchenportalen. **2)** ♪ Pauke. (BILD S. 948)

Tyndale [t'indl], William, engl. Bibelübersetzer und Reformator, *1483, †1536, als Ketzer hingerichtet.

Tyndalleffekt [nach dem irischen Physiker

Tympanon

Tyndall, *1820, †1893], die Streuung des Lichts an kleinsten Teilchen, z. B. den Teilchen in kolloiden Lösungen.

Tyne [tain] der, Fluß im N Englands, fließt zur Nordsee, 129 km lang.

Tynemouth [t'ainmauθ oder t'inməθ], Hafenstadt und Seebad im nordöstl. England, 72 400 Ew.; Kohlenausfuhr, Schiffbau.

T'ype die, Druckbuchstabe (Letter) aus Metall im Buchdruck oder bei der Schreibmaschine. **Typograph'ie** die, Buchdruckerkunst.

T'yphus [grch. »Dunst«, »Umnebelung«] der, gefährliche, oft seuchenartig auftretende, ansteckende Krankheit. Erreger ist der **T.-Bazillus.** Beginn etwa 3 Wochen nach der Ansteckung mit Kopfschmerzen, Fieber, Darmkatarrh, Benommenheit **(Nervenfieber).** Am 9. Krankheitstag Auftreten eines kleinfleckig-blaßroten Hautausschlages am Unterleib, danach meist Bildung von Geschwüren im Dünn- oder Dickdarm, die Darmblutungen und, bei Durchbruch der Darmwand, Bauchfellentzündung hervorrufen können. Übertragung durch Trinkwasser und Nahrungsmittel, auch durch Berührung des Kranken oder durch Bazillenträger. Zur Vorbeugung T.-Schutzimpfung, Isolierung der Kranken, ständige Entseuchung von Wäsche, Exkrementen. Erfolgreiche Behandlung durch Antibiotica.

T'ypus, Typ [grch.] der, -/...pen, die einer Gruppe von Dingen oder Individuen gemeinsame Grundgestalt, dann auch das vorbildl. Muster solcher Grundformen. Die **Typenlehre** beschäftigt sich mit den Merkmalen solcher Grundformen. **t'ypisch,** kennzeichnend. **Typis'ierung,** Normung.

Tyr [altnord.], **Ziu** [ahd.], german. Kriegsgott. Nach ihm ist der Dienstag benannt.

Tyr'ann [grch.] der, Gewaltherrscher. **Tyr'annis** die, **Tyrann'ei** die, Gewaltherrschaft.

T'yros [grch.] Stadt Phönikiens am Mittelmeer; schon im 2. Jahrtausend v. Chr. reich und mächtig; heute **Sur,** bedeutungslos.

Tyros'in das, eine Aminosäure.

Tyrrh'enisches Meer, italien. **Mare Tirreno,** Teil des Mittelmeers, zwischen Italien, Korsika, Sardinien und Sizilien.

Tzara, Tristan, Schriftsteller, *1896, †1963, gründete mit Arp u. a. die Zürcher Gruppe des Dadaismus, 1919 mit A. Breton u. a. die Pariser Gruppe.

U

u, U, 1) Selbstlaut, der 21. Buchstabe im Abc. **2)** chem. Zeichen für →Uran.

Übach-Palenberg, Stadt in Nordrh.-Westf., 21 200 Ew.; Kohlenbergbau.

U-Bahn, Abk. für →Untergrundbahn.

Ub'angi der, längster Nebenfluß des Kongos, etwa 2350 km, entspringt als Quelle nahe dem Albertsee, mündet bei Irebu; ab Bangui schiffbar.

Ub'angi-Sch'ari, →Zentralafrikan. Republik.

Überbau, 1) bei Brücken die sich auf die Pfeiler und Fundamente stützenden Teile (Fahrbahn, Tragwerk, Lager). **2)** bei Gebäuden ein über die Mauerflucht hinausragender Teil eines Obergeschosses. **3)** ⚖ Errichtung eines Gebäudes zum Teil jenseits der Grundstücksgrenze. Für die Duldung ist der Nachbar durch eine Geldrente zu entschädigen (§§ 912 ff. BGB). **4) ideolog. Ü.,** Lehrbegriff des Historischen →Materialismus.

Überbein, Ganglion das, ¿ eine pralle, kugelige Geschwulst mit gallertigem Inhalt, meist auf dem Handgelenksrücken, von Gelenkkapsel oder Sehne ausgehend; beseitigt durch Operation.

Überbeschäftigung besteht, wenn es mehr offene Stellen als Arbeitslose gibt.

Überbrückungskredit, kurzfristiger Kredit zur Überwindung vorübergehenden Geldbedarfs; auch langfristiger Kredit für Sanierungen.

Übereignung, ⚖ die rechtsgeschäftl. Eigentumsübertragung. Sie erfordert: bei bewegl. Sachen im allgemeinen deren Übergabe an den Erwerber sowie Einigung zwischen Veräußerer und Erwerber über den Eigentumsübergang, bei Grundstücken →Auflassung und Eintragung in das Grundbuch (§§ 873, 925, 929 ff. BGB).

Überempfindlichkeit, die →Allergie.

Überfall, 1) überraschender Angriff. **2)** ⚖ Hinüberfallen von Früchten eines Baumes oder Strauches auf ein Nachbargrundstück. Der Nachbar kann die Frucht behalten (§ 911 BGB), darf sie jedoch nicht abpflücken (→Überhang).

Überfremdung die, 1) ⌀ übermäßiges Eindringen ausländ. Kapitals in inländ. Unternehmen. 2) soziologisch: übermäßiger Zustrom von Ausländern (z. B. Gastarbeitern) in ein Land.

Überhang, ⚖ das Hinüberwachsen von Zweigen und Wurzeln auf ein Nachbargrundstück. Soweit der Nachbar dadurch gestört wird, kann er die Zweige und Wurzeln, wenn er zur Beseitigung vorher eine Frist gesetzt hatte, abschneiden und behalten (§ 910 BGB).

Überhangmandate, Bundesrep. Dtl.: Direktmandate, die eine Partei über die nach dem Verhältniswahlrecht zustehenden Sitze erlangt.

Überhitzer, bei →Dampfkesseln ein System von beheizten Rohrschlangen, in denen der vom Kessel kommende feuchte Sattdampf weiter erhitzt und in trockenen Heißdampf verwandelt wird.

überholen, ⇔ ein vorausfahrendes Fahrzeug einholen und daran vorbeifahren; in den meisten Ländern links, nur Straßenbahnen werden rechts überholt.

Überkompensation, die über das Maß gehende Ausgleichung (Kompensation) eines Fehlers oder Mangels, z. B. Ü. von Minderwertigkeitsgefühlen durch Überheblichkeit.

Überlagerungsempfang, die Überlagerung einer im Empfänger erzeugten Frequenz mit der Empfangsfrequenz; im Superhet (→Rundfunk) und vor allem zum Hörbarmachen der ungedämpften Schwingungen von Telegraphiesendern.

'Überlingen, Stadt in Bad.-Württ., Kurort am Überlinger See, dem nordwestl. Ausläufer des Bodensees, 12 800 Ew.; got. Münster, alte Tore und Bauten, Kunstgewerbe, Weinbau. – Ü. war 1268-1803 Reichsstadt.

Übermensch, Wort des 16./17. Jahrh.; zuerst wahrer Christenmensch; von Goethe im »Faust« ironisch verwendet. Bei →Nietzsche steht der Ü. jenseits von Gut und Böse.

übersättigt heißt eine Lösung, die mehr gelösten Stoff enthält, als sie im thermischen Gleichgewicht enthalten kann.

Überschallflug, die Bewegung von Flugkörpern mit **Überschallgeschwindigkeit** (über 1200 km/h). Da der Wirkungsgrad von Propeller-Triebwerken bei Annäherung an die Schallgeschwindigkeit stark absinkt, haben Flugzeuge für Ü. Strahl- oder Raketentriebwerke. Der Übergang vom Unterschallflug zum Ü. wird als Durchbrechen der **Schallmauer** bezeichnet.

Überschuldung, eine Vermögenslage, bei der die Schulden größer sind als das Vermögen. Bei

Ü. müssen u.a. Kapitalgesellschaften ein Vergleichs- oder Konkursverfahren beantragen.

'**Übersee,** die jenseits der Weltmeere liegenden Länder, z.B. er kommt aus Ü.; Ü.-Handel.

Übersetzung die, 1) Übertragung eines Textes aus einer Sprache in eine andere. 2) ⚙ bei Hebelübertragung das Verhältnis der Hebelarme der wirkenden Kräfte, bei Riemen- oder Zahnradgetrieben das Verhältnis der Drehzahlen.

Übersichtigkeit die, ⚕ meist fälschlich →Weitsichtigkeit genannt.

überstaatlich, supranational, über den Staaten stehend. Ü. Gemeinschaften sind im Gegensatz zu den zwischenstaatl. Gemeinschaften mit eigenen Hoheitsrechten ausgestattet (z.B. die Montanunion).

Überstunden Mz., ⚒ die über die vereinbarte Arbeitszeit hinaus geleistete Arbeit. Soweit die Ü. zugleich die gesetzl. Arbeitszeit übersteigen, liegt **Mehrarbeit** vor.

Übertretung die, Straftat, die nur mit Haft oder mit Geldstrafe bis zu 500 DM bedroht ist (§ 1 StGB). Die Ü. sind im 29. Abschnitt des StGB und in strafrechtl. Nebengesetzen geregelt (Gewerbeordnung, Straßenverkehrsgesetze u.a.).

Überversicherung liegt vor, wenn die Versicherungssumme den Versicherungswert übersteigt. Im Schadensfalle wird nur der Versicherungswert ersetzt.

'**Überweg,** Friedrich, Philosoph, *1826, †1871; »Grundriß der Geschichte der Philosophie«.

Überweisung die, 1) bargeldlose Zahlung durch Umschreibung des Betrages vom Konto des Zahlenden auf das des Zahlungsempfängers auf Grund eines Auftrages (Ü.-Scheck). 2) in der Zwangsvollstreckung die Übertragung einer gepfändeten Forderung zur Verwertung an den Gläubiger.

'**ubi b'ene, 'ibi p'atria** [lat.], wo es mir wohlgeht, da ist mein Vaterland.

'**Ubier** Mz., westgerman. Volk, ursprünglich auf dem rechten, seit 38 v. Chr. unter röm. Schutz auf dem linken Rheinufer.

üble Nachrede, ⚖ →Beleidigung.

U-Boot, →Unterseeboot.

Ucay'ali der, Nebenfluß des Amazonas in Peru, 1960 km lang.

Uccello [ut∫'ɛlo], Paolo, italien. Maler, *1397, †1475; kraftvoller, um die Perspektive bemühter Meister der Florentiner Frührenaissance.

Uccello: Ausschnitt aus dem Jagdbild im Ashmolean Museum in Oxford

Üchtland, Landschaft in den schweizer. Kantonen Freiburg und Bern, zw. Aare und Saane.

'**Uckelei** [poln.] der, **Ukelei,** ein Weißfisch.

'**Uckermark,** der nördlichste Teil der Mark Brandenburg, westlich der unteren Oder.

Ueckerm'ünde, Stadt im Bez. Neubrandenburg, an der Uecker, 11600 Ew.; Industrie.

Ud'aipur, Stadt in Indien, 124200 Ew.; viele marmorne Paläste.

'**Uddevalla** [-vala], Hafenstadt in W-Schweden, 36000 Ew.; Schiffbau, Textil- u.a. Industrie.

'**Udet,** Ernst, *1896, † (Selbstmord) 1941; 1914-18 Jagdflieger, 1938 Generalluftzeugmeister.

Uffizien und Palazzo Vecchio in Florenz

'**Udine,** Stadt im nordöstl. Italien, 96700 Ew.; Erzbischofssitz; Seiden-, Maschinenindustrie.

Udm'urten Mz., ostfinn. Volk rechts der unteren Kama. **Udmurtische ASSR,** Autonome Sowjetrep. in der Russ. SFSR, 42100 km², 1,4 Mill. Ew. (U., Russen u.a.); Hauptstadt: Ischewsk. Ackerbau, Maschinenindustrie u.a.

'**Udschain, Ujjain,** Stadt in Indien, 150400 Ew.; eine der 7 heiligen Städte Indiens.

UdSSR, Abk. für Union der Sozialist. Sowjet-Republiken (→Sowjetunion).

UFA, die Universum Film AG, gegr. 1917.

Uf'a, Hauptstadt der Baschkir. ASSR, 773000 Ew.; Universität; Metall-, chem., Textil-Ind., Maschinenbau; Erdölraffinerien.

Uff'izien Mz., Palast in Florenz, 1560-74 von Vasari für Behörden erbaut; Gemäldegalerie.

Ufo, Abk. für engl. Unidentified flying object, →Fliegende Untertassen.

Ug'anda, Republik in O-Afrika, nördl. des Victoriasees, 236037 km², 9,7 Mill. Ew. (meist Bantu); Hauptstadt: Kampala; Amtssprache: Englisch. Präsidialverfassung. Größtenteils Hochland mit trop. Höhenklima. Anbau von Hirse, Mais, Bananen, für die Ausfuhr: Kaffee, Baumwolle, Tee, Zuckerrohr; Fischerei; ⚒ auf Kupfer (Ausfuhr); Industrie. Haupthandelspartner: Großbritannien, USA. Gutes Verkehrsnetz; ⛴ nach Mombasa (U.-Bahn). Binnenschiffahrt bes. auf dem Victoriasee; internat. Flughafen: Entebbe. – U., seit 1890 britisch, wurde 1962 unabhängig, 1963 Föderation von 4 Monarchien. A.M. Obote machte sich 1966 zum Präs., rief 1967 die Republik aus, wurde 1971 von I. Amin gestürzt. (FARBTAFEL Afrika II S. 162) ⊕ S. 514. ⊟ S. 346.

'**Ugrier,** Untergruppe der finn.-ugrischen Völker: Ostjaken, Wogulen, Magyaren.

'**Uhde,** Fritz von, Maler, *1848, †1911, malte christl. Themen im impressionist. Mitteln.

'**Uhland,** Ludwig, Dichter und Germanist, *1787, †1862, gehörte zur spätromant. schwäb. Dichterkreis; Meister des schlichten Liedes (»Der gute Kamerad«, »Der Wirtin Töchterlein«) und volkstüml. Balladen (»Des Sängers Fluch« u.a.), widmete sich später hauptsächlich germanist. Studien, war 1848 Mitglied der Frankfurter Nationalversammlung (liberal-großdeutsch).

'**Uhlenhuth,** Paul, Bakteriologe, *1870, †1957; Prof. in Freiburg i.Br., entdeckte eine Reaktion zur Unterscheidung von Menschen- und Tierblut.

Uhland

Uhr die, Zeitmeßgerät. **Mechanische U.** (Räderuhren) werden durch ein gehobenes Gewicht oder eine gespannte Zugfeder angetrieben. Das Räderwerk setzt sich aus Zahnrädern zusammen, die den Antrieb in verschiedener Übersetzung auf die Zeiger überträgt. Als Gangregler dient bei ortsfesten U. das **Pendel,** bei tragbaren U. (Taschen-, Armband-U.) die **Unruh,** ein radförmiger Ring mit feiner Spiralfeder, der hin und her schwingt. Die **Hemmung** bewirkt, daß das Räderwerk im Takt der Schwingungen freigelassen und gesperrt wird, so daß die Zeiger sich langsam vorwärts drehen. **Elektrische U.** sind mechan. Räderuhren mit elektr. Aufzug, bei Zentraluhrenanlagen werden

Ulan-Bator

'**Ulan-B'ator,** früher **Urga,** Hauptstadt der Mongol. Volksrep., etwa 261900 Ew.; Univ.; Kreuzungspunkt wichtiger Karawanenstraßen.

'**Ulan-'Ude,** Hauptstadt der Burjat. ASSR, 254000 Ew.; Hochschulen, Konservenfabriken, Lokomotivwerk.

'**Ulbricht,** Walter, kommunist. Politiker, *1893; Tischler, Mitbegründer der KPD, seit 1928 MdR, 1938-45 in der Sowjetunion. U. war einer der Hauptbeteiligten bei der zwangsweisen Verschmelzung der SPD und KPD zur SED. 1949-60 war er stellvertr. MinPräs. der Dt. Dem. Rep., 1950 wurde er Generalsekr. (1953-71 Erster Sekr.) des ZK der SED und Mitgl. des Politbüros. 1960-71 war er Vorsitzender des »Nationalen Verteidigungsrates«, seit Sept. 1960 dazu Vors. des Staatsrates und damit faktisch Staatsoberhaupt der Dt. Dem. Rep.

'**Ulcus** [lat.] das, Geschwür.

'**Uleåborg,** schwed. Name von →Oulu.

Ulem'a [arab.] der, im Islam Vertreter der theolog. Gelehrsamkeit und des Rechts.

'**Ulfilas,** griech. für →Wulfila.

Ulhasnagar, Stadt in Maharaschtra, Indien, 107800 Ew.; Textil- u. a. Industrie.

'**Ulitz,** Arnold, Schriftsteller, *1888; Romane (»Ararat«, »Der große Janja«).

Ul'ixes, lat. für →Odysseus.

Ulj'anowsk, früher **Simbirsk,** Stadt in der Russ. SFSR, an der Wolga, 351000 Ew., versch. Ind.

'**Ullmann,** Regina, schweizer. Schriftstellerin, *1884, †1961; Gedichte, Erzählungen.

'**Ullrich,** Luise, Filmschauspielerin, *1911.

Ullstein AG, Berlin, Verlag, gegr. 1877; Zweigniederlassung Frankfurt a.M.; Belletristik, volkstüml. Wissenschaft; Zeitungen, Zeitschriften. Ullstein & Co., GmbH, Wien, Neugründung 1945.

Ulm, Industrie- und Handelsstadt in Bad.-Württ., an der Donau, 93000 Ew.; got. Münster (14./15. Jahrh.), mit 161 m hohem Turm, Univ. Kraftfahrzeug-, Maschinen-, Textil-, Nahrungsmittel- u. a. Ind. U. war bis 1803 schwäb. Reichsstadt, kam dann an Bayern, 1810 an Württemberg.

Ulm: Blick zum Münster

Ulme [lat.] die, **Rüster,** Bäume des gemäßigten und warmen Klimas, haben lilabraune Blütchen in Büscheln, die vor den Blättern erscheinen, und geflügelte Früchte. Einheim. Arten: **Feld-U., Berg-U.** und **Flatter-U.** Die U. liefern wertvolles Nutzholz. U.-Sterben, Erkrankung der U. durch einen Schlauchpilz, dessen Sporen durch den Wind verbreitet werden. (BILD S. 951)

'**Ulrich** [von ahd. uodal »Erbgut« und richi »mächtig«], männl. Vorname; weibl. Form Ulr'ike.

Ulrich, Herzog von Württemberg, *1487; †1550, warf 1514 den Bauernaufstand des »Armen Konrad« nieder; 1519 durch den Schwäb. Bund vertrieben, 1534 durch Philipp von Hessen zurückgeführt; wandte sich der Reformation zu.

Ulrich von Liechtenstein, Minnesänger, * um 1200, † um 1275; Versroman »Frauendienst«.

'**Ulster** [engl.] der, zweireihiger Herrenmantel aus flauschartigem Stoff.

viele Nebenuhren von einer Mutteruhr gesteuert. Synchron-U. werden durch einen aus dem Lichtnetz gespeisten Synchronmotor getrieben. Bei der Atom-U. werden die Eigenschwingungen von Gasatomen und -molekülen zur Stabilisierung der Frequenz eines Quarzoszillators benutzt (→Quarzuhr). GESCHICHTLICHES. Die ältesten U. waren Sonnen-, Wasser- und Sand-U. Die erste Nachricht über Räder-U. stammt von Dante (um 1300); die ersten tragbaren U. (»Nürnberger Eier«) wurden von Peter Henlein (1480-1542) angefertigt.

'**Uhu** der, bis 77 cm langer Eulenvogel, lebt in ausgedehnten Waldungen und ist in Dtl. fast ausgerottet, steht unter Naturschutz; hat bräunl. Gefieder und an den Ohren aufrichtbare Federbüschel; jagt Wirbeltiere. (BILD Eulen)

Uig'uren Mz., frühhistor. türk. Volk, herrschte 745-840 in der Mongolei, vom 10.-13. Jahrh. in Ostturkestan. – Heutige Reste der U. sind die Tarantschi und Kaschgarer in Turkestan.

'**Ukas** [russ.] der, Erlaß (des Zaren).

Ukra'ine [»Grenzland«] die, der südl. Teil des europ. Rußland. – GESCHICHTE. Als Kerngebiet ostslaw. Stämme bildete die U. seit dem 10. Jahrh. die Mitte des von Byzanz aus christianisierten Kiewer Reiches (→Russische Geschichte).Nach der Verwüstung durch den Mongoleneinfall (1240) kam sie im 14. Jahrh. an Litauen, 1569 an Polen. Die →Kosaken der U. stellten sich 1654 nach einer Empörung gegen die poln. Herrschaft unter den russ. Zaren. Ihr vergebl. Kämpfen der ukrain. Nationalbewegung 1917-21 kam die U. größtenteils zur Sowjetunion und wurde 1922 Unionsrepublik (→Ukrainische Sozialistische Sowjetrepublik). Der westl. Teil fiel 1921 unter poln. Herrschaft; er wurde 1939 mit der Sowjetunion vereinigt, ebenso 1945 die Karpaten-U. Zur Ukrain. SSR kam 1945 auch die Nord-Bukowina (bisher Rumänien).

Ukrainer Mz., ostslaw. Volk, bes. in der Ukraine und in Bessarabien, kleinere Gruppen an der mittl. Wolga, in N-Kaukasien und Sibirien; rd. 42 Mill. Menschen, davon in der Sowjetunion (1959) 37,3 Mill.; meist Ackerbauer. Die U. haben eigene Sprache und bedeutende Literatur. Größter ukrain. Dichter war T. Schewtschenko (†1861).

Ukrainische Sozialistische Sowjetrepublik, Unionsrep. der Sowjetunion, 603700 km², 47 Mill.Ew. (77% Ukrainer, ferner Russen, Juden, Polen, Weißrussen u. a.); Hauptstadt: Kiew. Die U. SSR liegt nördl. des Schwarzen Meers, reicht im W über die Karpaten bis zur oberen Theiß. Im N noch Waldland, sonst Grassteppe auf fruchtbarer Schwarzerde und Löß. Flüsse: Dnjepr, Dnjestr, Donez, Bug. Warmes Binnenklima, im SO ziemlich trocken. Die U. SSR ist ein Hauptlandwirtschaftsgebiet der Sowjetunion; Anbau von Getreide (Weizen, Mais), Zuckerrüben, Tabak, Sonnenblumen, Obst; Viehwirtschaft. ☭ auf Kohle, Eisen- u. a. Erze, Erdöl (Galizien). Eisen- und Stahl-, Maschinen-, elektrotechn., chem. u. a. Ind., Kraftwerke. GESCHICHTE, →Ukraine.

Ukul'ele die, mandolinenart. Zupfinstrument.

UKW, Abk. für →Ultrakurzwellen.

Ul'an [poln. aus türk.] der, mit Lanze bewaffneter Reiter; zuerst (16. Jahrh.) in Polen, seit 1807 in Preußen aufgestellt.

Ulster [′ʌlstə], ehemals die nördlichste Provinz Irlands; seit 1921 geteilt in das bei Großbritannien verbliebene →Nordirland und die Prov. U. der Republik Irland.

′ultima r′atio [lat.] die, letztes Mittel.

Ultim′atum [lat.] das, Überreichung einer Forderung an den Verhandlungspartner mit der Ankündigung der Folgen der Nichtannahme: z.B. Abbruch der Beziehungen.

′Ultimo [von lat. ultimo die »am letzten Tag«] der, Monatsende. **U.-Geld,** das Monatsgeld. **U.-Geschäft,** Börse: am Monatsschluß fälliges Termingeschäft.

′ultra... [lat.], jenseits, darüber hinaus.

′Ultrafilter, Papierfilter, die mit Gelatine oder Eisessig-Kollodium imprägniert sind. Sie vermögen kleinste Teilchen zurückzuhalten.

Ultrak′urzwellen, UKW, elektromagnet. Wellen zwischen 10 und 1 m Wellenlänge, die sich geradlinig (wie Licht) fortpflanzen und mi̱ besonderen Sendeantennen leicht zu bündeln sind. Ihr Empfang ist nur im Bereich der opt. Sicht möglich. Die U. werden bes. für Fernsehen, Rundfunk, auch in der Funkmeßtechnik verwendet.

Ultramar′in das, blauer Mineralfarbstoff; früher aus Lasurstein, heute künstl. gewonnen.

′Ultramikroskop, →Mikroskop.

Ultramontan′ismus [lat.] der, ein bes. im Kulturkampf gebrauchtes Schlagwort, das die Bindung des dt. polit. Katholizismus an die »jenseits der Berge« (ultra montes) sitzende päpstl. Kurie bezeichnen soll.

′Ultrarot, →Infrarot.

′Ultraschall, Schallwellen mit Schwingungszahlen oberhalb der Hörgrenze, also über 16-20 kHz. Sie werden heute meist mit Hilfe magnet. oder elektr. Schwingungen (Quarzkristalle) erzeugt. In den dem U. ausgesetzten Stoffen können sehr heftige mechan. Wirkungen erzielt werden. U. wird verwendet zur Erzeugung sehr feiner Emulsionen, zur Prüfung von Werkstücken, in der Medizin zur Tiefenmassage, bei Schiffen als Echolot u.a. Einige Tiere bedienen sich des U. zur Orientierung (z.B. Fledermäuse).

′Ultrastrahlung, →kosmische Ultrastrahlung.

′Ultraviolett, der auf Violett folgende unsichtbare, kurzwellige Teil des Spektrums (Wellenlänge 3800-130 Å), der sich bis zu den Röntgenstrahlen erstreckt. Das U. vermag die Pigmentbildung in der Haut anzuregen, chem. Reaktionen auszulösen, photograph. Platten zu schwärzen u.a. Das gebräuchlichste Gerät zur Erzeugung von U. ist die →Quarzlampe.

′Ultrazentrifuge, eine von Svedberg angegebene Zentrifuge mit besonders hoher Umdrehungszahl (bis zu 150000 U/min).

′Uelzen, Stadt in Ndsachs., in der Lüneburger Heide, 23850 Ew.; verschiedene Industrie.

ü.M., Abk. für über dem Meeresspiegel.

Umbellif′eren, die →Doldenblüter.

′Umbra [lat.] die, **1)** ☿ der dunkle Kern der Sonnenflecken. **2)** braune Erdfarbe; entsteht durch Verwitterung manganhaltigen Eisenerzes.

umbr′echen, ⬜ einen Schriftsatz zu ganzen Buchseiten formen. Dazu: **′Umbruch** der.

′Umbrer, altitalisches Volk am Ostabhang des Apennins. Nach ihm ist die Landschaft **′Umbrien** in Mittelitalien, um die Stadt Perugia, benannt; sie gehörte bis 1860 zum Kirchenstaat.

Umdruck, Übertragung von Originallithographien, Typensatz, Hochdruckbildern auf die Maschinendruckplatte (Stein oder Zink) durch besonderes **U.-Papier.**

Umeå [′ymɛɔ:], Stadt in Schweden, am Umeälv, 53100 Ew.; Hafen, Holzhandel.

Umformer, ⚡ Gerät zur Umwandlung von Wechsel- in Gleichstrom und umgekehrt.

Umkehrfilm ergibt durch besonderes Entwicklungsverfahren unmittelbar ein Positiv.

Umkehrung die, ♂ **1) der** Akkorde: nicht der Grundton, sondern die Terz, Quint usw. bilden den Baßton. **2) des** Themas: alle Intervallschritte werden in umgekehrter Richtung gemacht.

Umlage die, Verteilung einer aufzubringenden Summe auf mehrere Personen.

Umlauf der, ♯ die →Fingerentzündung.

Umlaufaufzug, Paternosteraufzug, Personenaufzug mit ständig umlaufenden Kabinen.

Umlaufgetriebe, Planetengetriebe, ⚙ ein Zahnradgetriebe, bei dem auf einem Zentralrad (Sonnenrad) die in einem Steg gelagerten Planetenräder abrollen und gleichzeitig mit einem Hohlrad kämmen. Je nachdem, ob Sonnenrad, Steg oder Hohlrad angetrieben und welche Welle oder welches Rad festgehalten wird, ergibt das U. 6 verschiedene Übersetzungen.

Umlaut, die Umfärbung eines Selbstlautes unter dem Einfluß des hellen Selbstlautes der folgenden Silbe, im Deutschen a, o, u zu ä, ö, ü.

Umlegung die, →Flurbereinigung.

Umrichter, Stromrichter zur Änderung der Frequenz bei Wechselstrom oder der Spannung bei Gleichstrom.

Umsatz der, Wert der abgesetzten Waren in einer Zeiteinheit (Tages-, Monats-, Jahres-U.). **U.-Beteiligung, U.-Provision,** die nach dem U. berechnete Provision. **U.-Bonifikation,** dem Großabnehmer je nach seinem U. nachträglich gewährter Preisnachlaß.

Umsatzsteuer, allgem. Verbrauchssteuer, die an den Umsatz anknüpft. Die U. geht als Kostenbestandteil in die Preisbildung ein; sie soll die Endverbraucher belasten. Bis zum 1.1.1968 war die U. in der Bundesrep. Dtl. als **Allphasensteuer** gestaltet, d.h. sie wurde auf jeder Stufe des Produktions- und Absatzweges von neuem erhoben, ohne daß die Steuerbeträge der Vorstufen vom steuerpflichtigen Umsatz abgezogen werden durften; normaler Steuersatz: 4%. Im Rahmen der U.-Vereinheitlichung innerhalb der EWG wurde dieses System ab 1.1.1968 durch die →Mehrwertsteuer ersetzt. Diese erfaßt nur die Wertschöpfung der Unternehmen unter Abzug der Vorsteuer; normaler Steuersatz: 11%.

Umschlag der, **1)** das Umladen von Gütern von einem Beförderungsmittel auf ein anderes, bes. vom Schiff auf die Eisenbahn. **2)** ⬚ →Umsatz. **3)** Anwendung feuchter Tücher zu Heilzwecken.

Umschulung, Ausbildung von Arbeitskräften für einen anderen als den erlernten Beruf.

Umsetzer, 1) Frequenzumsetzer, Hilfssender (bis 50 W) zur Fernsehversorgung von Tälern, in denen der Empfang des Hauptsenders zu schwach ist. **2)** Gerät zum Übersetzen von Meßwerten in Ziffern, meist nach dem Dualsystem.

Umsiedlung, Versetzung ganzer Bevölkerungsgruppen (häufig zwangsweise) aus außenpolit. Gründen, um sie mit dem Mutterland zu vereinigen und Grenzen im Wege des Minderheitenaustausches zu bereinigen (Griechenland/Türkei, Indien/Pakistan u.a.); →Deutsche, →Vertriebene; aus innenpolit. Gründen zum Ausgleich zwischen übervölkerten und dünn besiedelten Landesteilen (z.B. Industrieverlagerung: Sibirien, Mittelasien), auch um Flüchtlingen bessere Arbeitsmöglichkeiten zu schaffen.

Umspanner, der →Transformator.

Umstandswort, Adverb, Ⓢ unbeugbare Wortart, durch die ein Zeitwort, ein Eigenschaftswort oder U. genauer bestimmt wird; z.B.: er liest gern; sehr schön.

Umtrieb der, ⚘ die Zeit zwischen Anpflanzung und Schlagen eines Waldes.

Umwelt, Milieu, 1) die soziale Umgebung des Menschen. **2)** ⚕ die Gesamtheit aller auf einen Organismus einwirkenden (bes. ökolog.) Faktoren.

UN, Abk. für United Nations, →Vereinte Nationen.

Unabdingbarkeit, ⚖ die Verbindlichkeit von Bestimmungen oder Abmachungen, bes. für Rechtsnormen von Tarifverträgen, die unmittelbar und zwingend gelten.

Unabhängigkeitserklärung, engl. **Declaration of Independence,** das von Jefferson entworfene, am 4.7.1776 von den 13 aufständ. engl. Kolonien in Nordamerika (von da an »Staaten«) angenommene Dokument, das deren Loslösung von England verkündete.

Ulme, a Fruchtstand, b Frucht, c Blütenstand, d Blüte

Unamuno

Undset

'Unam S'anctam [lat.], Anfangsworte der 1302 von Bonifatius VIII. erlassenen Bulle, die Unterordnung des Staates unter die Kirche lehrt.

Unam'uno, Miguel de, span. Schriftsteller und Philosoph, *1864, †1936; »Das tragische Lebensgefühl«.

Una Sancta Eccl'esia [lat. »Eine Heilige Kirche«], im Apostol. Glaubensbekenntnis zwei Kennzeichen der Kirche Christi; danach bes. in hochkirchl. und kath. Kreisen Ausdruck für das Endziel der kirchl. Unionsbestrebungen (**Una-Sancta-Bewegung**).

Unbefleckte Empfängnis Mariä, kath. Glaubenssatz, besagt, daß die Mutter Jesu ohne Erbsünde war.

Unbekannter Soldat, ein namenloser Gefallener, der symbolhaft für alle in den Weltkriegen Gefallenen einer Nation geehrt wird.

Unbescholtenheit, die Unversehrtheit der persönl. Ehre, insbes. der Geschlechtsehre; rechtlich nicht gleichbedeutend mit Unberührtheit.

Unbewußtes, seel. Vorgänge, die nicht unmittelbar der Selbstbeobachtung zugänglich sind oder an ihren Wirkungen erkannt werden; sie bilden die Voraussetzung für das bewußt erfahrbare Seelenleben. Viele Verhaltensweisen des Menschen sind unbewußt gesteuert. Einstellungen, Gewohnheiten, Neigungen wirken unabhängig vom wachen Bewußtsein.

Uncle Sam [ʼʌŋkl sæm, engl.], scherzhafte Bezeichnung der Nordamerikaner, nach der Abkürzung U. S. Am. (United States of America).

Underground [ʼʌndəgraund, engl. »Untergrund«] der, zeitgenössische polit., literar. und künstler. Bewegung, die sich außerhalb des »etablierten Kulturbetriebes« stellt und die herrschenden Auffassungen kritisiert.

Understatement [ʌndəˈsteitmənt, engl.] das, Untertreibung.

Und'ine [von lat. unda »Welle«], weibl. Wassergeist; Märchennovelle von Fouqué.

Undset, Sigrid, norweg. Dichterin, *1882, †1949; schrieb soziale und histor. Romane, getragen von kath. Religiosität (»Kristin Lavranstochter«). Nobelpreis 1928.

uneheliche Kinder haben nur der Mutter gegenüber die rechtl. Stellung ehel. Kinder, sie tragen auch den Familiennamen der Mutter. Die Vormundschaft über das u. K. hat das Jugendamt, die Mutter hat nur das Sorgerecht (in der Dt. Dem. Rep. hat sie das volle Elternrecht). Der Vater ist unterhaltspflichtig. Mit der Heirat der Eltern erlangt das u. K. die Rechtsstellung eines ehelichen Kindes; außerdem kann es auf Antrag des Vaters für ehelich erklärt werden. Es ist eine Gesetzesnovelle in Vorbereitung (Mitte 1969), nach der die rechtl. Stellung des u. K. verbessert werden soll (Verwandtschaft mit dem Vater, Erbrecht gegenüber dem Vater, Übertragung der elterl. Gewalt auf die Mutter).

Unempfindlichkeit, Anästhesie, →Betäubung.

Unendlichkeit, △ das Überschreiten aller endlichen Zahlen und Maße. So gibt es z.B. unendlich viele ganze Zahlen oder unendlich viele Punkte auf einer Strecke.

unerlaubte Handlung, →Delikt 2).

UNESCO die, Abk. für United Nations Educational, Scientific and Cultural Organization: Organisation der Vereinten Nationen für Erziehung, Wissenschaft und Kultur, gegr. 1946, Sitz in Paris. Der U. gehören die meisten Mitgliedstaaten der Vereinten Nationen an, darunter auch die Sowjetunion und Österreich, ferner u. a. die Bundesrep. Dtl. und die Schweiz. In den Mitgliedstaaten bestehen nationale Kommissionen, in der Bundesrep. die »Dt. U.-Kommission« mit Sitz in Köln.

'unfair [-fɛːr, engl.], unbillig, unehrlich.

Unfall der, durch plötzliche, schnell vorübergehende Einwirkung von außen verursachte Schädigung eines Menschen, z. B. durch Stoß, Fall, Verschüttung, Verbrennung, Explosion, elektr. Strom. Die häufigsten U.-Ursachen sind menschl. Versagen oder menschl. Fehlhandlungen.

Unfallflucht, →Fahrerflucht.

Unfallschutz, Teil des →Arbeitsschutzes.

Unfallverhütung, Maßnahmen zur Verhütung von Unfällen und Berufskrankheiten in Betrieben (Schutzvorrichtungen an Maschinen, Aufklärung der Arbeiter u. a.).

Unfallversicherung, Versicherung von Personen gegen die wirtschaftl. Folgen von Unfällen. 1) die gesetzl. U. ist ein Zweig der Sozialversicherung (Ges. zur Neuregelung der U. v. 30. 4. 1963). Träger sind die gewerbl. und landwirtschaftl. Berufsgenossenschaften. Leistungen: Krankenhandlung, Berufsfürsorge, Ausbildung für einen neuen Beruf, Rente (bei Erwerbsunfähigkeit). 2) die **private** U. schützt gegen wirtschaftl. Folgen von Unfällen, die Arbeitsunfähigkeit, Invalidität oder Tod herbeiführen.

Unfehlbarkeit, kath. Dogma; die Irrtumslosigkeit, die der kirchl. Lehrverkündigung zukommt und die ganze Kirche verpflichtet. Träger der U.: der Papst persönlich, wenn er →ex cathedra spricht; Papst und Bischöfe in ihrer Gesamtheit; das ökumen. Konzil.

Unfruchtbarkeit, Sterilit'ät [lat.] die, ⚥ die Unfähigkeit, Nachkommen zu zeugen. **Unfruchtbarmachung, Sterilisation,** im Unterschied zur Kastration die Ausschaltung der Fähigkeit, Nachkommen zu zeugen, durch Unterbrechung der Ausführungsgänge der Keimdrüsen, beim Mann des Samen-, bei der Frau des Eileiters.

Unfug, →Grober Unfug.

Ungar'etti, Giuseppe, italien. Schriftsteller, *1888, †1970; Gedichte von hoher Musikalität.

Ungarische Literatur. Als Nationaldichter gilt der romant. Lyriker und Freiheitsheld Sandor Petöfi (1823-49). Etwa gleichzeitig wirkten der Balladen- und Ependichter János Arany (1817-82), der Dramatiker und Schöpfer des ungar. Nationalliedes Mihály Vörösmarty (1800-55). »Die Tragödie des Menschen«, den ungar. Faust, schrieb Imre Madách (1823-64). Symbolist. Lyriker war E. Ady (†1919). Neuere Erzähler sind M. Jókai (†1904), K. Mikszáth (†1910), Z. Móricz (†1942), F. Herczeg (†1954), Zsolt von Harsányi (†1943), T. Déry (*1894), Magda Szabó (*1917).

Ungarische Musik, alte reiche Volksmusik, ursprüngl. auf der Fünftonleiter aufgebaut; die charakterist. Melodik und Rhythmik tritt erst im 18. Jahrh. hervor. Die Tanzformen (Tschardasch u. a.) gingen in die europ. Kunstmusik ein (Brahms). Bedeutende ungar. Komponisten: Liszt, Erkel, neuere: v. Dohnányi, Bartók, Kodály, Seiber, Jemnitz, Ligeti.

Ungarische Sprache, magyarische Sprache, gehört zur ugr. Gruppe der finn.-ugr. Sprachen. Im 19. Jahrh. wurde die Schriftsprache von türk., slaw., dt. und latein. Lehn- und Fremdwörtern gereinigt, die durch künstl. geprägte magyar. Ausdrücke ersetzt wurden.

Ungarn, amtl. **Magyar Népköztársaság,** Volksrep. in Mitteleuropa, 93 030 km², 10,3 Mill. Ew.; Hauptstadt: Budapest. ⊕ S. 520/21, ⧄ S. 346. (BILD S. 953)

VERFASSUNG von 1949. U. ist eine Volksrep. (→Volksdemokratie). Höchste Gewalt und Gesetzgebung liegen bei der auf 4 Jahre mit Einheitslisten gewählten Nationalversammlung. Sie wählt den Präsidialrat als kollektives Staatsoberhaupt und die Mitgl. des Ministerrats unter dem Min.-Präs. Die kommunist. »Ungarische Sozialist. Arbeiterpartei« führt im Staate und in der »Vaterländischen Volksfront«, in der Parteien und Massenorganisationen zusammengeschlossen sind.

LANDESNATUR. Zum größten Teil Tiefland. Einzige Gebirge im N das Ungar. Mittelgebirge (Kékes 1010 m), der Bakonywald, im S das Fünfkirchener Bergland. Hauptflüsse: Donau, Theiß; größter See: Plattensee. Klima: binnenländisch, heiß, trocken. BEVÖLKERUNG: Überwiegend Magyaren, Minderheiten von Rumänen, Slowaken, Deutschen, Juden. Religion: kath., daneben protestant., orthodox, Juden.

WIRTSCHAFT (fast ganz verstaatlicht oder kollektiviert): Vielseitiger Ackerbau, Viehzucht. ⚒ auf Braun-, Steinkohle, Bauxit, etwas Erdöl und Erdgas; Industrie seit 1945 ausgebaut (Maschinen-, Metall-, chem. u. a. Ind.). Ausfuhr: Maschinen, Rohstoffe, Nahrungsmittel; Haupthandelspartner: Sowjetunion, osteurop. Länder, EWG-Länder. U. ist Mitgl. des Comecon. Hauptbinnenhafen und internat. Flughafen: Budapest.

GESCHICHTE. Um 895 drangen die Magyaren unter den Großfürsten Árpád von Südrußland her in U. ein. Ihre verheerenden Einfälle in die westl. Nachbarländer endeten erst 955 mit dem Sieg Kaiser Ottos d. Gr. auf dem Lechfeld. 975 begann die Christianisierung, die Stephan der Heilige, der 1001 den Titel eines »apostolischen« Königs erhielt, abschloß (Stephanskrone). Im 12. Jahrh. Ansiedlung von Deutschen (Siebenbürger und Zipser Sachsen). 1241 Einfall der Mongolen. Als das Haus der Árpáden 1301 ausstarb, folgten Könige aus verschiedenen Häusern, von denen Matthias I. Corvinus (1458-90) der erfolgreichste war. Der Jagiellone Ludwig II. fiel 1526 bei Mohács im Kampf gegen die Türken. Darauf geriet der Hauptteil U. mit Budapest unter **türk. Herrschaft**, während der Westen an die Habsburger kam und Siebenbürgen ein eigenes magyar. Fürstentum bildete. Erst durch den großen Krieg von 1683-99 (→Türkenkriege) wurde ganz U. von den Türken befreit und mit den übrigen Ländern der österr. **Habsburger** vereinigt; doch behauptete der magyar. Adel seine alten ständischen Sonderrechte und die kalvinist. Minderheit der Magyaren ihren Glauben. Im 18. Jahrh. wurden die Donauschwaben (u. a. im Banat) angesiedelt. Eine starke liberale und nationale Bewegung in der Revolution von 1848/49 unter Führung Kossuths zum offenen Abfall von den Habsburgern; doch warfen die Österreicher mit russ. Hilfe diese Erhebung nieder. Dann kam es zum Ausgleich von 1867, der den Sonderverfassung U.s wiederherstellte und dem magyar. Adel die Vorherrschaft in der transleithanischen Reichshälfte sicherte (**österr.-ungar. Monarchie**). Nach dem 1. Weltkrieg bildeten die Kommunisten unter Béla Kun 1919 vorübergehend eine Räterepublik. Im Vertrag von Trianon (1920) verlor U. ²/₃ seines Gebiets und mehr als die Hälfte seiner Ew. Horthy wurde 1920 Reichsverweser, die Monarchie wurde grundsätzlich aufrechterhalten. Auf Grund der dt.-italien. Wiener Schiedssprüche von 1938 und 1940 erhielt U. 1920 abgetretene Gebiete zurück. 1940 trat es dem →Dreimächtepakt bei und nahm seit 1941 auf dt. Seite am 2. Weltkrieg teil. 1946 mußte U. alle zurückgewonnenen Gebiete wieder abtreten. Nach der Proklamation der **Republik** (1946) wurde U. 1949 eine →Volksdemokratie in enger Anlehnung an die Sowjetunion. Ein am 23. 10. 1956 in Budapest und anderen Orten ausgebrochener Volksaufstand mit dem Ziel größerer außen- und innenpolit. Freiheit wurde durch sowjet. Truppen niedergeschlagen. Etwa 190 000 Ungarn flohen ins Ausland. U. gehört dem Warschauer Pakt an. 1. Sekr. der »Ungar. Sozialist. Arbeiterpartei«: J. Kádár (seit 1956); Staatspräs.:

Ungarn: Pußtalandschaft bei Karcag

P. Losonczi (seit 1967); MinPräs.: J. Fock (seit 1967).

Ungehorsam. ⚖ Die öffentl. Aufforderung zum U. gegen Gesetze oder rechtsgültige staatl. Anordnungen wird mit Geldstrafe oder Freiheitsstrafe bis zu 2 Jahren bestraft (§ 110 StGB).

ungerechtfertigte Bereicherung, →Bereicherung.

'**Ungeziefer** das, tier. Schädlinge und Schmarotzer, die den Menschen, Nutz- und Haustiere, Kulturpflanzen und Vorräte angreifen.

Ungu'entum [lat.] das, Salbe.

uni [yn'i, frz.], einfarbig, ungemustert.

UNICEF, Abk. für United Nations International Children's Emergency Fund [ju:n'aitid n'eiʃənz intən'æʃnl tʃ'ildrənz im'əːdʒənsi fʌnd, engl.], der **Internationale Kinderhilfsfonds,** ein Hilfswerk der Vereinten Nationen (New York).

Unierte Orientalen, unierte Ostkirche, griechisch-unierte Kirche, griechisch-katholische Kirche, mit der röm.-kath. Kirche vereinte Splitter der Ostkirche, die Ritus, Kirchensprache, eigene Bischöfe und Priesterehen beibehalten haben. Zu ihnen gehören die Kirchen des alexandrin., armen., byzantin., ost- und westsyrischen Ritus.

unifiz'ieren [lat.], vereinheitlichen; mehrere Anleihen vereinigen (konsolidieren).

Unif'orm [lat.] die, einheitl., vorschriftsmäß. Bekleidung, bes. bei Soldaten, Polizisten. **uniform,** gleichförmig. Hw.: **Uniformit'ät** die.

'**Unikum** [lat.] das, -s/...ka, etwas in seiner Art Einziges, Besonderes; ein Sonderling.

unilater'al [lat.], einseitig.

Unilever-Konzern [j'u-], führender Welt-Produzent von Speisefetten, Ölen, Reinigungsmitteln, entstand 1930 aus der Fusion der N. V. Margarine Unie, Rotterdam, und der Lever Brothers Ltd., Margarine Union Ltd., London.

Uni'on [lat.] die, Verbindung, Vereinigung, bes. zwischen Staaten: **1)** polit. Staatenverbindungen in verschiedener Form, so als →**Bundesstaat** (z. B. Sowjetunion, Brasilien, Verein. Staaten), als →**Personalunion,** als →**Realunion,** oder in loserer Form, wie bei der Panamerikanischen Union (→panamerikanische Bewegung). **2)** unpolit., meist auf Staatsvertrag beruhende Vereinigungen von Staaten zur Erledigung bestimmter Verwaltungsaufgaben, mit gemeinsamen Organen, z. B. der Weltpostverein, die U. zum Schutz von Werken der Literatur und Kunst. **3)** kirchlich: Vereinigung getrennter Kirchen. **Union von 1817,** die 1817 durch Aufruf von Friedrich Wilhelm III. v. Preußen geschaffene **unierte evang. Kirche.** **Unionsbestrebungen,** →Ökumenische Bewegung.

Union arabischer Republiken, 1971 gebildete Konföderation von Ägypten, Syrien und Libanon.

Union Jack [j'u:njən dʒæk, engl.] der, volkstüml. Bezeichnung der brit. Flagge.

UnionZentralafrikanischerStaaten, UEAC, seit 1968 Zusammenschluß der afrikan. Staaten Kongo (K.), Zentralafrikan. Rep. und Tschad zur Schaffung eines gemeinsamen Marktes.

unis'ono [ital.], einstimmig. Unis'ono das, ♪ zwei und mehr Stimmen im Einklang.

Unit'arier, →Antitrinitarier.

Unitar'ismus [lat.] der, die Form eines Bundestaats oder Staatenbundes, die Selbständigkeit der Gliedstaaten zurückdrängt. Gegensatz: →Föderalismus, →Partikularismus.

United Kingdom of Great Britain and Northern Ireland [jun'aitid k'ingdəm ɔv greit britn ənd n'ɔːðən 'aiələnd], →Großbritannien.

United Nations [jun'aitid n'eiʃnz, engl.], abgek. **UN,** die →Vereinten Nationen.

United Press International [jun'aitid pres intən'æʃnl], **UPI,** nordamerikan. Nachrichtenagentur, gegründet 1958.

United States of America [jun'aitid steits əv əm'erikə], abgek. **USA,** die →Vereinigten Staaten von Amerika.

univers'al [lat.], **univers'ell** [frz.], **1)** allgemein. **2)** allumfassend. Univers'alerbe, Alleinerbe, Erbe des gesamten Nachlasses. **Universal'ismus**

Ungarn

der, in der Philosophie: Ganzheitslehre; das Ganze ist den Teilen übergeordnet, nicht aus diesen zusammengesetzt; der Teil ist nur aus dem Ganzen zu verstehen. Nach der **universalistischen Gesellschaftslehre** (O. Spann) sind Staat und Gesellschaft übergeordnete Ganzheiten. Gegensatz: Individualismus. **Universalit'ät** die, allseitiges Wissen.

Univers'alien [lat. »Allgemeinheiten«], Allgemein-, Gattungsbegriffe. Im MA. entbrannte unter den Scholastikern ein Streit um die Realität der U. (**U.-Streit**); Gegner waren vor allem die Vertreter von →Realismus, →Konzeptualismus und →Nominalismus. In der modernen Philosophie erlangte die U.-Frage erneut Bedeutung.

Universit'ät [lat.] die, Lehr- und Forschungsstätte für die Gesamtheit der Wissenschaften (**universitas literarum**). Die erste U. wurde 1119 in Bologna gegründet, die erste dt. U. war die von Prag (1348). Die leitenden Behörden der U. sind der Rektor, die Fakultäten und der Senat, als Organ der student. Selbstverwaltung in neuerer Zeit auch der Allgem. Studentenausschuß. Die U. sind in Fakultäten gegliedert, die die akadem. Grade (Doktor, Magister u. a.) verleihen. Die andern Hochschulformen sind der U. nachgebildet. Eine U.-Reform ist (1972) im Gange.; sie erreichte die →Gesamthochschule. (→Hochschule, →Technische Lehranstalten)

Univ'ersum [lat.] das, Weltall.

Unke die, **Feuerkröte**, am Wasser lebende Froschlurche mit tönender Stimme. **Berg-U., Tiefland-U.** mit grellgefärbter Unterseite.

Unkosten, svw. Gemeinkosten (→Kosten).

Unkraut das, unbrauchbare Wildpflanzen, die Nutzpflanzen beeinträchtigen.

unlauterer Wettbewerb, das Streben nach geschäftl. Vorteilen mit unlauteren Mitteln. Das Ges. gegen den u. W. vom 7. 6. 1909 i. d. F. v. 21. 7. 1965 bestimmt in § 1 (Generalklausel), daß derjenige, der im geschäftl. Verkehr zu Zwecken des Wettbewerbs Handlungen vornimmt, die gegen die guten Sitten verstoßen, auf Unterlassung und Schadensersatz in Anspruch genommen werden kann. Sondervorschriften gelten für →Ausverkauf, Preisnachlässe (→Rabatt) u. a. In bestimmten Fällen ist u. W. auch strafbar.

Unmöglichkeit der Leistung, ♫ im bürgerl. Recht eine Art der Leistungsstörung neben →Schuldnerverzug und positiver Vertragsverletzung (→Vertrag); berechtigt zum Schadensersatz – bei gegenseitigen Verträgen auch zum Rücktritt –, wenn vom Vertragspartner vorsätzlich oder fahrlässig herbeigeführt (§§ 280, 325 BGB).

Unmündigkeit, →Volljährigkeit; Strafmündigkeit, →Jugendstrafrecht.

Unna, Stadt in Nordrh.-Westf., am Hellweg, 50 400 Ew.; got. Hallenkirche; Steinkohlenbergbau, Maschinen- u. a. Industrie.

UNO, Abk. für United Nations Organization, die →Vereinten Nationen.

Unpaarhufer, Unpaarzeher, huftragende Säugetiere mit stark entwickelter Mittelzehe; Pferde, Nashörner, Tapire.

unpfändbare Sachen, ♫ bestimmte, in § 811 ZPO im einzelnen aufgezählte Sachen, die dem persönl. Gebrauch oder der Erwerbstätigkeit des Schuldners dienen und von dem Gläubiger nicht gepfändet werden können.(→Zwangsvollstreckung)

UNRRA, Abk. für United Nations Relief and Rehabilitation Administration [jun'aitid n'eifnz ril'i:f ænd ri:əbilit'eifən ədminist'reifən, engl.], 1943-47 Hilfsorganisation der Vereinten Nationen für Flüchtlinge und Verschleppte.

'Unruh die, Teil der →Uhr.

'Unruh, Fritz v., Dichter, *1885, †1970; leidenschaftl. Pazifist; Dramen: »Offiziere«, »Bonaparte«; Reisebuch »Flügel der Nike«.

Unschärfebeziehung, Unschärferelation, Unbestimmtheitsrelation, ⊠ Ort (Zeit) und Impuls (Energie) eines Teilchens können nicht zugleich beliebig genau gemessen werden (W. Heisenberg).

Unschlitt das, →Talg.

Unsere Liebe Frau, →Maria.

'Unsöld, Albrecht, Astrophysiker, *1905; Forscher auf dem Gebiet der Sternatmosphären.

Unsterbliche, die 40 Mitglieder der Académie Française.

Unsterblichkeit der Seele, die Unzerstörbarkeit der menschl. Geistseele, ihr Fortleben nach dem Tode, der Glaube an ein ewiges Leben. Der Unsterblichkeitsglaube ist in fast allen Kulturen zu finden. Das Christentum hat von Anfang an die U. d. S. gelehrt.

'Unstrut die, linker Nebenfluß der Saale, entspringt im Eichsfeld, mündet bei Naumburg, 188 km lang.

Unterbewußtsein, die seel. Vorgänge unterhalb der Bewußtseinsschwelle, insbes. intelligente Äußerungen, die vom Wachbewußtsein nicht gesteuert werden.

Unterbrecher, ein Gerät, das einen Stromkreis in schneller Folge unterbricht und so Stromstöße hervorruft, z. B. der **Wagnersche Hammer** bei der elektr. Klingel.

unterentwickelte Länder, →Entwicklungsländer.

Unterfranken, RegBez. in Bayern, 8488 km², 1,18 Mill. Ew.; Hauptstadt: Würzburg.

Untergrundbahn, U-Bahn, elektr. Schnellbahn für den Nahverkehr in Großstädten, in dicht bebauten Gebieten unter der Erde in Tunneln.

Unterhaltspflicht, ♫ besteht gegenüber dem Ehegatten (u. U. auch nach der Scheidung; § 1360 BGB; §§ 58 ff. Ehegesetz), gegenüber bedürftigen Angehörigen, soweit in gerader Linie verwandt (§§ 1601 ff. BGB), und in jedem Falle gegenüber dem unehelichen Kind (§§ 1708 ff. BGB). Wer sich seiner Unterhaltspflicht vorsätzl. entzieht, kann mit Freiheitsstrafe bestraft werden (§ 170b StGB). Zum Unterhalt zählen die Kosten des Lebensbedarfs, einschließlich Erziehung und Ausbildung.

Unterhaus, engl. House of Commons [haus ov k'ɔmənz], das Abgeordnetenhaus des brit. Parlaments (→Großbritannien, Verfassung).

Unterholz, Niedergehölz im Wald.

Unterlage, ♠ Pflanze, auf die man bei der Veredelung das Edelreis setzt.

Unterleibskrankheiten, Krankheiten der Unterleibsorgane, z. B. des Darmes, der Harnblase, bei Frauen der inneren Geschlechtsorgane.

Untermiete, das Rechtsverhältnis, das dadurch entsteht, daß der Mieter (**Hauptmieter**) die gemietete Sache, bes. einen Teil einer Mietwohnung, an einen Dritten (**Untermieter**) weitervermietet. Auf die U. finden die Vorschriften über →Miete entsprechende Anwendung.

Unternehmen das, **Unternehmung** die, wirtschaftl. Einheit von Arbeit und Kapital zum Zweck der Gewinnerzielung, im Unterschied zum →Betrieb. Ein U. kann mehrere Betriebe umfassen. Man unterscheidet Privat-U., die sich in Privateigentum befinden, öffentliche Unternehmen und gemischtwirtschaftl. U.; Einzel-U., deren Kapital einem Unternehmer gehört, und Gesellschafts-U. (Personal- oder Kapitalgesellschaften), an denen mehrere Personen beteiligt sind.

Unternehmensberater, Betriebsberater, freiberuflich tätiger Fachmann, berät bes. kleinere und mittlere Unternehmen in Fragen der Organisation, Buchführung, Werbung u. ä.

Unternehmensforschung, Operations Research, die Anwendung formaler Methoden bei der Ermittlung bestmöglicher Unternehmerentscheidungen, die Beschreibung der möglichen Entscheidungen und die Erfassung von Präferenzvorstellungen in der Form mathemat. Modelle.

Unternehmensspiele, engl. **management games** [m'ænidʒmənt geimz], **business games** [b'iznis geimz], Ausbildungsmethode in der Betriebswirtschaftslehre, ähnl. den Planspielen an Militärakademien. Anhand eines der Wirklichkeit angenäherten Modells werden betriebswirtschaftl. Entscheidungen getroffen.

Unternehmer der, wer ein wirtschaftl. Unternehmen auf eigene Rechnung und Gefahr leitet

Unke

Unterbrecher: Hammer-U., a Elektromagnet, b Batterie, c Anker, d Feder, e Kontaktschraube

und hierfür Arbeiter und Angestellte beschäftigt. Die Leistung des U. liegt auf techn. und kaufmänn. Gebiet, er muß u. a. die künftige Marktlage abschätzen, um danach seine Entscheidungen zu treffen. Er trägt das Risiko des Kapitalverlustes (**U.-Risiko**). Der freie U. ist Eigentümer des von ihm geleiteten Unternehmens; in Kapitalgesellschaften üben Geschäftsführer (→Manager) die U.-Funktionen aus. Interessengemeinschaft der freien U. sind die **U.-Vereinigungen.** – **U.-Gewinn**, das Einkommen des U., bes. der Teil, der nach Abzug des Entgelts für seine Arbeit (**U.-Lohn**) und nach Verzinsung des Eigenkapitals als Gewinn übrigbleibt.

Unteroffizier, militär. Unterführer, zwischen Offizieren und Mannschaften.

Unterpflasterbahn, unmittelbar (0,50-1 m) unter die Erdoberfläche verlegte Tunnelstrecke für →Untergrundbahn oder Straßenbahn.

Unterricht der, planmäßiges, regelmäßiges Lehren. Im Schul-U. herrschen je nach Schulart und Schulalter besondere unterrichtl. Aufgaben vor: die Hinleitung des Kindes vom Spiel zur geregelten Arbeit (Grundschule), die Vorbereitung auf die Anforderungen der Arbeits- und Wirtschaftswelt (Haupt-, Realschule, Berufsfachschulen) und wissenschaftl. Schulung, die zu wissenschaftl. Arbeit vorbereitet (Gymnasium); Fach-, Berufs- und Sonder-U. betonen besondere Zwecke.

Untersberg, Berg der Berchtesgadener Alpen bei Salzburg, 1972 m hoch; Marmor- und Kalksteinbrüche, Höhlen.

Unterschenkel, →Bein 1). **U.-Geschwür,** →Krampfader.

Unterschlagung die, ♁ Aneignung fremden Geldes oder anderer Güter, die der Täter (z. B. als Verwalter oder Finder) im Besitz hat; Strafe: Freiheitsstrafe (§ 246 StGB), bei Amtsunterschlagung Freiheitsstrafe nicht unter einem Jahr (§§ 350, 351 StGB).

Unterschrift, Unterzeichnung, der unter eine Urkunde eigenhändig geschriebene Name zum Zeichen der Vollziehung. Mechan. Herstellung genügt nur in bestimmten, gesetzl. zugelassenen Fällen (z. B. bei Aktien).

Untersee, Teil des →Bodensees.

Unterseeboot, U-Boot, ein zum Tauchen und zur Unterwasserfahrt geeignetes Kriegsschiff; dient dem Unterwassertorpedoangriff und dem Legen von Minen. Neuerdings werden U. auch mit Mittelstrecken-Raketen (Polaris) ausgerüstet. Das U. besteht aus einem starkwandigen, zylindr. Druckkörper, der alle Einrichtungen zur Über- und Unterwasserfahrt und Unterbringung der Besatzung enthält, und der darumliegenden Hülle mit den Tauchtanks. Angetrieben wird das U. bei Überwasserfahrt durch Diesel-, bei Unterwasserfahrt durch Elektromotoren. Das Tauchen erfolgt durch Fluten der Tauchtanks und gleichzeitige Schräglage der am Bug und Heck angebrachten Horizontalruder. Zum Auftauchen wird unter Umlegung der Horizontalruder das Wasser durch Preßluft aus den Tauchtanks wieder herausgedrückt. Bei der Unterwasserfahrt in geringer Tiefe erfolgt die Beobachtung durch Sehrohre, die Belüftung durch →Schnorchel. Die Ausnutzung der Kernenergie als Antriebsmittel brachte einen gewaltigen Fortschritt (Nautilus). – Der Bau von U. wurde schon 1801 von Fulton und 1851 von W.

Bauer versucht. Das erste brauchbare U. entwickelte 1898 der Ire J. P. Holland.

unterständig heißt ein Fruchtknoten, der unterhalb von Kelch und Blumenkrone steht.

Unterstützungskasse, in Betrieben eine Kasse zur Altersversorgung der Betriebsangehörigen und zur Hilfe in Notfällen. Es besteht kein Rechtsanspruch auf Leistungen.

Untersuchung die, ♁ im Strafprozeß die auf Entdeckung und Überführung des Täters gerichteten Maßnahmen.

Untersuchungshaft, Festnahme und Festsetzung eines dringend Verdächtigen auf Grund eines Haftbefehls (→Haft), sofern Fluchtverdacht oder Verdunklungsgefahr vorliegt. Der Verhaftete muß spätestens am Tage nach der Festnahme vom Richter vernommen werden. Gegen den Haftbefehl kann er **Haftbeschwerde** einlegen (§§ 112 ff. StPO). Bei späterer Verurteilung zur Freiheitsstrafe kann die U.-Haft ganz oder teilw. auf die Strafe angerechnet werden (§ 60 StGB).

Untersuchungsrichter, der die →Voruntersuchung führende Richter.

'**Untertan** [ahd.] der, 1) † Staatsangehöriger. 2) Höriger, Leibeigener.

Unterversicherung besteht, wenn die Versicherungssumme niedriger ist als der Versicherungswert. Im Schadensfalle wird im Verhältnis beider zueinander gedeckt.

Unterwalden, einer der schweizerischen Urkantone (→Schweiz, Geschichte), westlich des Vierwaldstätter Sees, heute geteilt in die Kantone →Nidwalden und →Obwalden.

Unterwasserlabor, Aufenthaltsraum, der als Arbeitsbasis für einige Wochen und in Wassertiefen von mehr als 100 m betrieben wird; dient der Erforschung und Nutzung des →Schelfes.

Unterwasserschallanlagen, Anlagen auf Schiffen zur Nachrichtenübermittlung zu und zwischen getauchten U-Booten, und wie das →Echolot, zur Feststellung der Standorte von Schiffen und Hindernissen und zur Ermittlung von Meerestiefen.

Unterwelt, 1) griech. und röm. Göttersage: der Aufenthaltsort der Toten. →Hades, →Tartarus. 2) übertragen: Verbrecherkreise.

Unterzug, ein starker Balken, der eine Balkenlage trägt.

Untiefe, 1) für die Schiffahrt gefährliche seichte Stelle. 2) bes. tiefe Stelle im Wasser.

Untreue, ♁ Mißbrauch der Befugnis, über fremdes Vermögen zu verfügen; Verletzung der Pflicht, fremde Vermögensinteressen wahrzunehmen; wird mit Freiheitsstrafe und Geldstrafe, in bes. schweren Fällen mit Freiheitsstrafe nicht unter einem Jahr bestraft (§ 266 StGB).

Uentrop, Gem. im Kr. Unna, Nordrh.-Westf., 11 500 Ew.

Unze [lat.] der, früher weitverbreitetes Maß, Gewicht und Geldgröße; heute noch Handelsgewicht in England und den USA (→ounce).

Unzialschrift, abgerundete röm. Schrift.

Unzucht, ♁ alle Handlungen, die das allgem. Scham- und Sittlichkeitsgefühl verletzen, →Sittlichkeit (Sittlichkeitsverbrechen).

Unzurechnungsfähigkeit, →Zurechnungsfähigkeit.

Upanisch'aden Mz., altind. theolog.-philosoph. Texte; die ältesten stammen noch aus vorbuddhist. Zeit.

Unterseeboot mit Kernenergie-Antrieb (Nautilustyp, schematisch), 3000 t, 90 Mann Besatzung

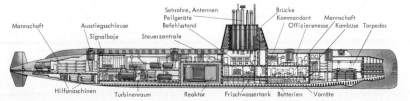

'**Upasbaum, Antjar**, maulbeerart. Baum Indonesiens, aus dessen Milchsaft das Pfeilgift **Upas** gewonnen wird.

UPI, Abk. für →United Press International.

Up'olu, eine Samoa-Insel, Hauptstadt: Apia.

Uppercut [ˈʌpəkʌt, engl.] der, Boxsport: Aufwärtshaken.

Upps'ala, Stadt in Schweden, 99 600 Ew.; Sitz des evang. Erzbischofs von U., Universität (gegr. 1477; Handschriften, u. a. Codex argenteus von Wulfila), got. Dom mit Grab Gustav Wasas, Schloß (16. Jahrh.).

Uppsala: Universität

up to date [ʌptudˈeit, engl.], 1) modisch, zeitgemäß. 2) auf dem laufenden.

Ur der, →Auerochs.

Ur, heute **Mugajjar**, im 3. Jahrtsd. v. Chr. Hauptstadt Babyloniens; Heimat Abrahams; Ausgrabungen.

'**Urach**, Stadt in Bad.-Württ., an der Schwäb. Alb; 9300 Ew.; altes Stadtbild; Industrie.

Ur'al der, 1) Gebirge in der Sowjetunion, gilt als Grenze Asiens und Europas, 2560 km lang, bis 1894 m (Narodnaja) hoch, reich an Wild, Pelztieren, Erzen (auch Platin), Salz, Kohle, Edel- und Halbedelsteinen; hier entstand eine Schwerindustrie um Perm, Swerdlowsk, Tscheljabinsk, Magnitogorsk, der aber Kohle bes. aus dem Kusnezker Kohlenbecken zugeführt wird. 2) Fluß in der Sowjetunion, entspringt im U. 1), mündet ins Kasp. Meer, 2534 km lang.

ural|alt'aische Sprachen, zusammenfassend für die ural., türk., mongol. und tungus. Sprachen.

Ural-Kusnezk-Kombinat, Zusammenschluß der Eisenerzgruben von Magnitogorsk und der Kohlengruben des →Kusnezker Kohlenbeckens.

Ur'alsk, Gebietshauptstadt in der Kasach. SSR, am Uralfluß, 134 000 Ew.; Industrie.

Uräm'ie [grch.] die, →Harnvergiftung.

Ur'an das, **U**, radioaktives chem. Element, stahlgraues Schwermetall; Ordnungszahl 92, Dichte 19,1 g/cm³, Schmelzpunkt 1130 °C. U. findet sich, hauptsächlich als U.-Oxyd (**Pechblende**), in der Rep. Kongo, Kanada, Joachimsthal (Tschechoslowakei), in den USA und in der Sowjetunion. Natürliches U. besteht im wesentlichen aus U.-Atomen vom Atomgewicht 238 und 235, den Anfangsgliedern zweier radioaktiver Zerfallsreihen (→Radioaktivität); aus dem U 238 bildet sich über verschiedene Zwischenstufen Radium. U. wird in geringen Mengen in Form seiner Verbindungen zur Herstellung von Porzellanfarben und zum Gelbfärben von Glas verwendet, ferner bes. für die Gewinnung von →Atomenergie.

Ur'ania [grch.] die, die →Muse der Sternkunde.

Uran'iden, die drei chemisch verwandten Elemente Uran, Neptunium, Plutonium.

Ur'anier der, Homosexueller.

'**Uranos** [grch.], griech. Himmelsgott, Sohn und Gemahl der Gäa, der Vater der Titanen, wurde von Kronos gestürzt.

'**Uranus**, ♅ der siebente →Planet, von W. Herschel 1781 entdeckt; hat fünf Monde.

urb'an [von lat. urbs »Stadt«], städtisch; fein, gebildet. **Urbanit'ät** die, feine Lebensart.

'**Urban**, Päpste, 1) U. II. (1088-99), leitete die Kreuzzugsbewegung ein. 2) U. VIII. (1623-44), ließ Galilei die kopernikan. Lehre abschwören.

'**urbi et 'orbi** [lat.], der Stadt (Rom) und der Welt (den päpstl. Segen erteilen).

Urb'ino, Stadt in Mittelitalien, 18 900 Ew.; Erzbischofssitz; Universität; Palazzo Ducale, Dom, Geburtshaus Raffaels.

Urchristentum, Urkirche, das Christentum im Zeitalter der Apostel, bis etwa um 150 n. Chr.

Urd, eine der drei →Nornen.

'**Urdu**, (neuind.) Amtssprache in Pakistan.

Ur'eter [grch.] der, Harnleiter. **Ur'ethra** die, Harnröhre. **Ureth'ritis** die, Harnröhrenkatarrh.

Urey [jˈuːri], Harold Clayton, amerikan. Chemiker, *1893; Entdecker des schweren Wasserstoffs (→Deuterium); Nobelpreis 1934.

'**Urfa**, Stadt der kleinasiat. Türkei, 72 900 Ew.; französ. und amerikan. Missionsanstalt.

Urfehde [mhd. »Ende der Fehde«], ⚖ im MA.: das eidliche Versprechen, wegen einer erlittenen Verletzung oder Strafe keine Wiedervergeltung zu üben, auch ein Land, aus dem man verwiesen wurde, nicht wieder zu betreten.

Urft die, rechter Nebenfluß der Rur in der Eifel, mit großer Talsperre (45,5 Mill. m³).

Urga, früherer Name für →Ulan-Bator.

Urgebirge, die ältesten, archäischen Bildungen der Erdrinde.

Urgel [urxˈɛl], →Seo de Urgel.

urg'ent [lat.], dringlich. **Urg'enz** die, Mahnung. **urg'ieren**, mahnen.

Urgeschichte, die →Vorgeschichte.

Urheberrecht, ⚖ das Recht des Schöpfers einer geist. Leistung, über das Ergebnis seines Schaffens zu verfügen. Man unterscheidet: a) **Gewerbliches U.** (→Musterschutz, →Patent). b) **Literarisches U.**, das für die Bundesrep. Dtl. im Ges. vom 9. 9. 1965 geregelt ist und die Urheber von Schriftwerken, Vorträgen und Reden, von Werken der Tonkunst und von Abbildungen wissenschaftl. oder techn. Art schützt. Der **Urheber** (Verfasser) hat das ausschließl. Recht, das Werk zu verwerten (Vervielfältigung und Verbreitung) und öffentlich wiederzugeben (z. B. Aufführungs- oder Senderecht, Recht der Wiedergabe durch Bild- und Tonträger, Recht der Wiedergabe durch Funksendungen). Dieses Recht ist übertragbar (Verlagsvertrag). Der Schutz des U. (Schutzfrist) endet in der Bundesrep. Dtl. 70 (in den meisten anderen Staaten 50) Jahre nach dem Tode des Urhebers. Das internat. literar. U. ist in der →Berner Übereinkunft und im →Welturheberrechtsabkommen geregelt (→Copyright). c) **Künstlerisches U.**, das nach dem Ges. vom 9. 9. 1965 den Urhebern von Werken der bildenden Künste und Photographie einschl. des Films und des Kunstgewerbes Schutz gewährt. Verbreitungs- und Aufführungsbefugnis sowie Schutzfrist – ausgenommen die Photographie (25 Jahre) – sind wie bei b) geregelt.

Uri, einer der drei schweizer. Urkantone (→Schweiz, Geschichte), 1075 km², 34 000 deutschsprachige Ew.; Hauptort: Altdorf; Hochalpenland (Urner Alpen) südl. des Vierwaldstädter Sees. Alpwirtschaft, Granitgewinnung im Reußtal, Fremdenverkehr.

Ur'ia, Ur'ias, im A. T. ein Feldherr Davids, kam durch einen von ihm selbst überbrachten Brief ums Leben; danach **Uriasbrief**, ein dem Überbringer verderbl. Schreiben.

'**Uriel** [hebr. »Licht Gottes«], ein →Erzengel.

Ur'in [lat.] der, →Harn.

Urkunde die, 1) ⚖ jeder Gegenstand, der einen Gedanken verkörpert, bes. ein Schriftstück, das einen rechtl. Vorgang bezeugt, z. B. die **Heirats-U. Urkundenfälschung**, die Herstellung einer unechten, die Verfälschung einer echten oder der Gebrauch einer unechten oder verfälschten U. zum Zweck der Täuschung. Freiheitsstrafe, in schweren Fällen nicht unter einem Jahr (§ 267 StGB). Ähnliche Straftaten sind die Veranlassung einer Falschbeurkundung, die Vernichtung, Beschädigung oder Unterdrückung einer fremden U., die Veränderung von Grenzzeichen (Grenzfälschung), die Fälschung von Stempeln. Postwertzeichen und ärztl. Zeugnissen sowie der Mißbrauch eines fremden Ausweispapiers (§§ 271 ff. StGB). Von Beamten begangene Urkundendelikte werden strenger bestraft (§§ 348 ff. StGB). **Urkundenprozeß,** ein Zivilprozeß mit abgekürztem Verfahren, bei dem alle erhebl. Tatsachen durch U. bewiesen werden müssen (§§ 592 ff. ZPO). **Urkundsbeamter,** Beamter der Justizverwaltung. **2)** schriftliche, auch gegenständliche Geschichtsquelle.

Urlaub der, bezahlte arbeitsfreie Tage. In der Bundesrep. Dtl. durch das Bundes-U.-Ges. v. 8. 1. 1963 geregelt. Danach beträgt der Mindest-U. jährl. mindestens 15, nach Vollendung des 35. Lebensjahres 18 Werktage. Jugendliche haben nach dem Jugendarbeitsschutzges. mindestens 24 (im Bergbau 28) Werktage Urlaub.

Urne die, **1)** Gefäß aus Ton oder Metall für die Asche verbrannter Leichen. **2)** Kasten zum Einwerfen von Stimmzetteln oder Losen.

Urogenit'alsystem [grch.-lat.], die Gesamtheit der Harn- und Fortpflanzungsorgane.

Urolog'ie [grch.] die, Lehre von den Erkrankungen der Nieren und der ableitenden Harnwege. Auch eine spezielle Fachrichtung der →Chirurgie, die besondere diagnost. Verfahren und Operationsmethoden entwickelt hat.

Urproduktion, Rohstoffgewinnung.

Ursache die, →kausal.

Urstromtäler, große O-W verlaufende Talungen in Nord-Dtl., die beim Rückzug des diluvialen Inlandeises entstanden.

'Ursula [wohl von lat. ursula »kleine Bärin«], **1)** weibl. Vorname. **2)** legendäre Heilige; nach der Legende eine brit. Königstochter, die mit 11000 Jungfrauen bei Köln von den Hunnen getötet wurde; nach ihr heißen die **Ursulinen,** kath. Genossenschaft für weibl. Erziehung.

Urteil das, **1)** ♈ die förml. richterl. Entscheidung, der Richterspruch. **2)** sichere Meinung. **3)** Logik: die Aussage über einen Gegenstand in Form eines Satzes (der Vogel singt).

Urt'ica [lat.], die Pflanzengattung Brennessel →Nessel). **Urtic'aria,** der →Nesselausschlag.

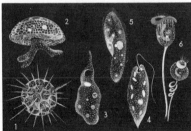

Urtiere: Wurzelfüßer, 1 Sonnentierchen, 2 Beschalte Amöbe (Uhrgläschen), 3 Schnecken-Amöbe; Geißeltierchen, 4 Augentierchen; Wimpertierchen, 5 Pantoffeltierchen, 6 Glockentierchen

Urtiere, Protoz'oen Mz., mikroskopisch kleine tier. Einzeller. Ihr Körper besteht aus einer einzigen Zelle, die Zellkern, Protoplasma enthält. Innerhalb der Zelle treten vielfach bes. Bildungen (Organellen) auf, die eine best. Aufgabe zu erfüllen haben, z.B. Nahrungsaufnahme, Fortbewegung, Reizleitung. Einige U. (Geißeltierchen) stellen Übergangsformen zwischen Tier und Pflanze dar. Fortpflanzung durch Teilung, Sporenbildung oder geschlechtl. durch Verschmelzung. Die U. sind die ältesten und einfachsten Tierformen, aus denen sich die Vielzeller entwickelt haben. Zu den U. gehören die **Wurzelfüßer, Sporentierchen, Geißeltierchen, Wimpertierchen.**

Urugu'ay, 1) Strom in S-Amerika, 1600 km lang, entspringt in S-Brasilien, vereinigt sich mit dem Paraná zum La Plata. **2)** amtl. **República**

Uruguay: Parlamentsgebäude in Montevideo

Oriental del U., Rep. an der O-Küste von S-Amerika, nördl. des La Plata, 186926 km², 2,8 Mill. Ew. (Nachkommen weißer Einwanderer); Hauptstadt: Montevideo; Amtssprache: Spanisch. Präsidialverfassung seit 1966. Einteilung in 19 Departamentos. Flachwelliges Hügelland, warm gemäßigtes Klima. WIRTSCHAFT. Vorherrschend Rinder-, Schafzucht; Anbau von Weizen, Mais, Reis, Leinsaat, Sonnenblumen, Obst u.a.; Nahrungsmittelind. (bes. Fleischverarbeitung), Textil-, chem. u.a. Ind. Fremdenverkehr. Ausfuhr: Wolle, Rindfleisch, Häute, Felle, Textilien. Haupthafen und internat. Flughafen: Montevideo. – GESCHICHTE. U., 1515 entdeckt, im 17. Jahrh. von Spaniern und Portugiesen besiedelt, war bis 1811 span. Kolonie, löste sich dann von Spanien, kam 1817 zu Brasilien, wurde 1828 als unabhängige Rep. anerkannt. Seit 1919 wechselte die Verfassung wiederholt zwischen Präsidial- und Kollegialsystem. Seit 1967 ist J. Pacheco Areco Präs. ⊕ S. 517, ⊐ S. 346.

'Uruk, ehemals Stadt in Südbabylonien, im 3. Jahrtausend v.Chr. Königssitz; Fundstätte von Kunst- und Schriftdenkmälern.

Urumtsch'i, chines. **Tihua,** Hauptstadt von Sinkiang-Uighur, China, am Tien-schan, 400000 Ew.; Univ.; Straßenverkehrszentrum; Eisen- und Stahlwerk, chem. Ind., Textil-, Zementfabrik.

Ur'undi, →Burundi.

Urwald, der von Forstkultur und geregelter Nutzung unberührte Wald; besteht in gemäßigten Klimagebieten meist aus wenigen Baumarten, in wärmeren und heißen Gebieten aus sehr zahlreichen Arten von Laubgewächsen. Riesige U. gibt es noch in Sibirien, Kanada (Nadelwald), bes. in den immerfeuchten Tropenländern Brasiliens, Kongogebiet, Sumatra, Borneo, Neuguinea.

Urzeugung, theoret. Annahme der elternlosen Entstehung von Lebewesen aus leblosen Stoffen.

USA, →Vereinigte Staaten von Amerika.

Usamb'ara, Bergland in NO-Tanganjika, Ostafrika, eine im W bis 2230 m ansteigende Gebirgsscholle. Der niederschlagsreiche O trägt dichten Wald, in Rodungen bes. Kaffeepflanzungen, der W Hochweiden.

Usambaraveilchen, Zierpflanze aus Usambara, mit eiförmigen Blättern und veilchenähnlichen, doch spornlosen Blüten.

Usance [yz'ãs, frz.] die, Handelsbrauch.

Usb'eken Mz., Mischvolk aus Türken, Iraniern und Mongolen, in W-Turkestan. **Usbekische SSR,** Unionsrep. (seit 1925) der Sowjetunion, reicht vom Aralsee nach SO bis zur afghan. Grenze, 449 600 km², 11,96 Mill. Ew. (U., Russen, Tataren u.a.); Hauptstadt: Taschkent. Wichtigstes Baumwollgebiet der Sowjetunion; Schafzucht. ♈ (Erdöl, Erdgas, Kohle); chem., Maschinen-u.a. Ind.

'Usedom, Insel an der Ostseeküste Pommerns, zwischen Peene und Swine (Odermündungen), 445 km² groß, hat zahlreiche Seebäder (Swinemünde, Ahlbeck, Heringsdorf, Zinnowitz u.a.). Der östlichste Teil mit Swinemünde steht seit 1945 unter poln. Verw.

Ushu'aia, Hauptort der Prov. Feuerland, Argentinien, 3500 Ew.

Uss'uri der, rechter Nebenfluß des Amur in Ostasien, 854 km lang, bildet die Grenze zwischen Sowjetunion und Mandschurei; 750 km schiffbar.

Ussur'ijsk, früher **Worosch'ilow,** Stadt in Fer-

Utamaro
(Holzschnitt)

nen Osten (Russ. SFSR), an der Vereinigung der Transsibir. mit der Ostchines. Bahn, 128000 Ew.

'**Ustascha** die, 1929 gegr. radikale Organisation kroat. Nationalisten; sie herrschte 1941-45 unter A. Pavelić in Kroatien.

Uster, Bezirksort im Kt. Zürich, Schweiz, 22000 Ew.; Schloß; Baumwoll-, Maschinenind.

'**Ustinov,** Peter Alexander, engl. Schauspieler und Dramatiker, *1921; Roman »Der Verlierer«, Dramen, Kurzgeschichten.

Ust-Kamenog'orsk, Gebietshauptstadt in der Kasach. SSR, am Irtysch, 230000 Ew.; Industrie; Technikum u. a. wissenschaftl. Institute.

USTOL-Flugzeug, Abk. für engl. Ultra Short Take-Off and Landing, ein Flugzeug, das für Start und Landung eine Strecke von 0 bis etwa 150 m Länge benötigt.

Usumb'ura, →Bujumbura.

Usurp'ator [lat.] der, unrechtmäßiger Besitznehmer, Thronräuber. **usurp'ieren,** unrechtmäßig in Besitz nehmen.

'**Usus** [lat.] der, Brauch, Gewohnheit. Egw.: **usu'ell.**

usw., Abk. für und so weiter.

Utah [j'u:ta:], Staat der USA, im Felsengebirge, 219932 km², rd. 1 Mill. Ew.; Hauptstadt: Salt Lake City. U. ist meist Wüste; Seen sind der Große Salzsee und der Utahsee (Süßwassersee). Anbau (künstl. Bewässerung) von Getreide, Kartoffeln, Zuckerrüben, Obst. ⚒ auf Uran, Kupfer, Gold, Silber, Erdöl u. a.; Stahlwerke. – U. wurde bes. von den →Mormonen besiedelt. ⊕ S. 526.

Utamaro, Familienname **Kitagawa,** japan. Holzschnittmeister, *1753, †1806; Farbenholzschnitte (Muschel-, Insekten-, Vogelbuch).

Ute, in der dt. Heldensage Mutter der Kriemhild und ihrer Brüder.

Utens'ilien [lat.] Mz., Geräte, Werkzeuge.

Uetersen, Stadt in Schlesw.-Holst., 17000 Ew.; Papier-,Leder-,pharmazeut.,Maschinenindustrie.

'**Uterus** [lat.] der, die →Gebärmutter.

U Thant, Generalsekretär der Verein. Nationen, →Thant.

Utica [j'u:tikə] die, Stadt im Staat New York, USA, am Mohawkfluß, 100400 Ew.; Textilindustrie.

'**Utika,** von Phönikern gegr. Stadt in Nordafrika, nordwestl. Karthago.

utilis'ieren [lat.], brauchen, Nutzen ziehen. **Utilit'ät** die, Nützlichkeit.

Utilitar'ismus [lat.] der, philosoph. Richtung, die das menschl. Handeln nach dem Nutzen für den Einzelnen wie für die Gesamtheit bewertet. Von Bentham und J. St. Mill vertreten; auch →Pragmatismus.

'**Ütliberg,** Aussichtsberg bei Zürich, mit Bergbahn, 871 m hoch; Fernsehsender.

Utop'ie [grch. »Nirgendheim«] die, 1) Schilderung eines erdachten (erhofften oder befürchteten) Gesellschaftszustandes; urspr. ein Idealzustand, so in dem namengebenden Roman von Th. More »Utopia« (1516). 2) übertragen: Hirngespinst.

Utraqu'isten Mz., Anhänger der gemäßigten Richtung der →Hussiten.

Utrillo: Straße in Paris (1915)

Utrecht:
Dom

Utrecht ['y:trɛxt], Stadt in den Niederlanden, an einem Arm des Rheindeltas, 276300 Ew.; alte Patrizierhäuser; got. Dom; Universität; Eisenu. a. Metall-, Elektro- und papierverarbeitende, chem. Industrie. – U. ist Römerstadt und alter kath. Bischofssitz (seit 1559 Erzbistum). Die Bischöfe traten ihr großes weltl. Herrschaftsgebiet 1527/28 an Kaiser Karl V. ab. In der **Utrechter Union** 1579 schlossen sich die nördl. Niederlande gegen Spanien zusammen. Der **Utrechter Friede** 1713 beendete den Span. Erbfolgekrieg.

Utr'era, Stadt in Spanien, 43000 Ew.; maur. Burgruine.

Utrillo [utr'iλɔ], Maurice, franzôs. Maler, *1883, †1955; farbenkräftige, klar gebaute Bilder von Straßen, bes. des Montmartre, dörfl. Vorstädten und Kathedralen.

Utri'usque i'uris [lat.], beider Rechte (kirchl. und weltl.), z. B. **u. i. doctor.**

Utsunomija, amtl. **Utsunomiya,** Provinzhauptstadt in Japan, auf der Insel Honschu, 266000 Ew.

UV, Abk. für Ultraviolett.

Uexküll, Jakob Johann Baron v., Biologe, *1864, †1944; Gründer und Leiter des Inst. f. Umweltforschung in Hamburg.

V

v, V, 1) der 22. Buchstabe des Abc. 2) röm. Zahlzeichen: V = 5. 3) 🔲 v Geschwindigkeit; V Volumen (Inhalt). 4) ⚡ V Volt. 5) V chem. Zeichen für →Vanadium.

V 1, V 2, →V-Waffen.

VA, Abk. für Voltampere (→Watt).

Vaal der, rechter Nebenfluß des Oranje in Südafrika, 680 km lang, bildet die Grenze zwischen Transvaal und dem Oranje-Freistaat.

Vaasa, schwed. **Vasa,** Hafenstadt in Finnland, am Bottn. Meerbusen, 49100 Ew.; Holz-, Getreideausfuhr, Industrie.

va banque [vab'ãk, frz. »es gilt die ganze Bank«], 1) beim Glücksspiel: um den ganzen Bankeinsatz spielen. 2) übertragen: alles auf eine Karte setzen.

Vadem'ekum [lat. »geh mit mir«] das, Taschenbuch, das als Begleiter auf Reisen und als Ratgeber in allen Fragen dienen soll.

Vadim [vad'ɛ̃], Roger, franzôs. Filmregisseur, *1928; »Gefährliche Liebschaften«.

Vad'uz, Hauptstadt des Fürstentums Liechtenstein, am Rhein, 4000 Ew.; Schloß. (BILD Liechtenstein)

vag, vage [lat.], unbestimmt, unklar.

Vagab'und [lat.] der, 1) Landstreicher. 2) fahrender Schüler.

Vag'anten [lat. »Umherschweifende«], im MA.: Vertreter der mittl. latein. Lyrik, fahrende Geistliche oder Schüler (→Carmina Burana).

Vag'ina [lat.] die, →Scheide.

V'agus [lat.] der, der zehnte Gehirnnerv, in

funktioneller Hinsicht Gegenspieler des Sympathikus; auch **Parasympathikus** genannt (→Nervensystem).

V'aihingen an der Enz, Stadt in Bad.-Württ., 7400 Ew.; Schloß Kaltenstein; Industrie.

V'aihinger, Hans, Philosoph, *1852, †1933; schrieb »Die Philosophie des Als-ob«.

vak'ant [lat.], frei, unbesetzt. **Vak'anz** die, **1)** unbesetzte Stelle. **2)** Ferien, Urlaub.

Vaku'ole [lat.] die, mit Flüssigkeit gefüllter Hohlraum im Protoplasma der →Zelle. Die meisten Einzeller des Süßwassers haben **pulsierende V.,** die überschüssiges Wasser sowie Stoffwechselabfälle rhythmisch nach außen entleeren.

V'akuum [lat.] das, -s/...kua, ein annähernd luftleerer Raum, z.B. in Glühlampen. (→Luftpumpe). **Vakuumtechnik,** →Hochvakuumtechnik.

Vakuum-Extraktion, Saugglockenentbindung, geburtshilfl. Verfahren: eine Saugglocke wird an den Kopf des Kindes angesetzt.

Vakz'ine [lat.] die, ⚕ Impfstoff aus Bakterien oder Bakteriengiften zur →Schutzimpfung.

Val d'Isère [valdiz'ɛːr], Wintersportort in den franzöz. Alpen, 1015 m ü.M.

Vald'ivia, Provinzhauptstadt in Mittelchile, 77 100 Ew., darunter viele dt. Abstammung; Handel, Ind. 1960 schweres Erdbeben.

v'ale! [lat.], lebe wohl!

Valencia [val'ɛnθia], **1)** im MA. maur. Königreich in Spanien, am Mittelmeer; wurde 1094 vom Cid, endgültig 1238 von Aragonien erobert. **2)** Hauptstadt an der Ostküste Spaniens, 500 900 Ew.; Erzbischofssitz, got. Kathedrale, Universität (gegr. 1500); Gewebe-, Metall-, Tonwaren-, Tabakherstellung; Ausfuhr von Wein, Südfrüchten. **3)** Hauptstadt des Staates Carabobo, Venezuela, 224 800 Ew.; Baumwollspinnereien, Gerbereien u. a. Industrie.

Valenciennes [valãsj'ɛn], Stadt in NO-Frankreich, 47 500 Ew.; Kirche St. Géry (13. Jahrh.); versch. Industrie. Früher weltberühmte Spitzenherstellung **(V.-Spitzen).**

V'alens, Flavius V., oström. Kaiser (364-78), fiel 378 im Kampf gegen die Westgoten.

Valentia [val'enʃiə], Insel an der Südküste Irlands; Ausgangspunkt wichtiger Amerikakabel.

V'alentin, Märtyrer des 3. Jahrh., Schutzheiliger gegen Gicht und Fallsucht (Tag 14. 2.).

Valentin, Karl, eigentl. Fey, Münchner Komiker, *1882, †1948.

Valentini'an, weström. Kaiser. **1)** V. I., Flavius (364-375), gab den Osten an Valens. **2)** V. III. (425-55), ließ 454 des Reiches besten Feldherrn Aëtius ermorden.

Val'enz [lat.] die, ⟲ die →Wertigkeit.

Valera, De, →De Valera.

Valeri'ana, die Pflanzengattung →Baldrian.

Valéry [valer'i], Paul, französ. Dichter, *1871, †1945; Vertreter der intellektuellen Lyrik.

Val'et [von →vale] das, Abschiedsgruß.

Valeurs [val'œrs, frz.] Mz., Malerei: Tonabstufungen der Farben.

Valladolid [vaʎadol'id], Stadt in N-Spanien, 177 800 Ew.; Erzbischofssitz, Kathedrale, Universität (gegr. 1346); Textil-, Maschinen-Ind.

Valletta, →LaValletta.

Vallotton [valot'õ], Félix, schweizer. Maler, Graphiker, *1865, †1925; Gemälde, Holzschnitte.

Valmy, Gem. im französ. Dép. Marne; die von Goethe beschriebene ergebnislose **Kanonade von V.** (1792) bewahrte die französ. Revolutionsarmee vor Vernichtung durch die preuß. Armee.

Valois [valw'a], alte Grafschaft in Nordfrankreich, nördl. von Paris. Das **Haus V.** regierte 1328 bis 1589 (→Französische Geschichte).

Val'ona, Hafenstadt in Albanien, 45 400 Ew.

Valorisati'on [lat.»Aufwertung«] die, handelspolit. Maßnahme, den Preis einer Ware durch Erzeugungs- oder Vorratsbeschränkungen künstlich zu stützen oder zu steigern.

Valpara'íso, Stadt in Chile, am Stillen Ozean, 289 400 Ew.; bedeutendster Einfuhrhafen Chiles; vielseitige Industrie.

Valladolid: Universität

Val'uta [ital.] die, -/...ten, **1)** Wert, Gegenwert. **2)** im Kontokorrentverkehr die Wertstellung (Datum der Wirksamkeit) von Gutschriften und Belastungen. **3)** fremde Währung.

Vamp [væmp, engl. von Vampir] der, -s/-s, »mondäner« ausbeuterischer Frauentyp.

Vampir [serb., 18. Jahrh.], im slaw. Volksglauben Verstorbene, die nachts ihrem Grab entsteigen, um Lebenden das Blut auszusaugen.

van [fan] niederdt., niederländ. von (keine Adelsbezeichnung).

Van'adium das, **Vanad'in, V,** chem. Element, stahlgraues luftbeständiges Metall von großer Härte. Ordnungszahl 23, Dichte 6,12 g/cm³, Schmelzpunkt 1890 ºC. V. ist in geringen Mengen in Eisenerzen weit verbreitet. Durch V.-Zusatz werden Härte, Zähigkeit und Hitzefestigkeit von Stählen bedeutend gesteigert; eine Legierung aus V. und Eisen heißt **Ferrovanadin.**

Van-Allen-Gürtel, →Strahlungsgürtel.

Valéry

Vancouver [vænk'uːvə], **1)** Insel vor der Westküste von Kanada, im Stillen Ozean, 32 100 km², gebirgig (bis 2280 m); etwa 110 000 Ew.; Fischfang; Landbau, Steinkohlenbergbau. Hauptort: Victoria. **2)** größte Hafenstadt Kanadas, an der Westküste, 410 400 Ew.; Ind.: Metall, Holz, Zukker, Erdöl, Fischkonserven, Schiffe u. a.; bed. Handel: Holz, Getreide, Tee, Seide, Pelze; Univ.

Vandalen, →Wandalen.

Van-de-Graaff-Generator, →Bandgenerator.

Vanderbilt [v'æn-], Cornelius, nordamerikan. Unternehmer, *1794, †1877, gewann (bes. mit Eisenbahnen) ein großes Vermögen, stiftete die V.-Universität in Nashville (Tenn.).

V'änersee, schwed. **Vänern,** der größte See Skandinaviens, in Mittelschweden, 5546 km², 98 m tief; fließt durch die Götaälv nach dem Skagerrak ab.

Vanille: 1 Blüte, 2 Frucht

Vanille [van'iʎə, span.] die, Gattung trop. Orchideen, Schlinggewächse mit grünlichen, innen weißen Blüten. Die gelblichgrünen schotenförmigen Kapselfrüchte werden durch Gärung unter Einfetten zu schwarzen, glänzenden Gewürz (Vanillestangen). Anbaugebiete: Westindien, Ceylon, Java. **Vanillin** ist der würzige Riechstoff der V.-Frucht, auch künstl. hergestellt.

Vansittart [væns'itət], Sir Robert, seit 1941

Valparaíso: Blick zum Hafen

Variation:
Thema von
Beethoven,
op. 34

Thema
Adagio

Variation

Vase, oben: Becher und Bügelkanne, mykenisch (1300 v. Chr.), Mitte: korinthischer Krater (6. Jahrh. v. Chr.), unten: rhodische Kanne (600 v. Chr.)

Vatermörder

Lord, brit. Diplomat, *1881, †1957; 1929-38 Ständiger Unterstaatssekr. im Foreign Office, 1937-41 dessen Erster diplomat. Berater; Gegner Dtl.s.

VAR, →Vereinigte Arabische Republik.

Var [va:r] der, Fluß in SO-Frankreich, entspringt in den Seealpen, mündet westl. von Nizza ins Mittelmeer, 135 km lang.

Varangerfjord [v'arangerfju:r] der, nördlichster Fjord Norwegens, 110 km lang, fischreich.

V'arel, Stadt in Ndsachs., am Jadebusen, 12 800 Ew.; Maschinenind., Ziegeleien u. a. Nordwestl. das Nordseebad **Dangast.**

Var'ese, Stadt in Italien, östl. des Lago Maggiore, 81 600 Ew.; Basilica di San Vittore.

V'argas, Getulio D., brasilian. Politiker, *1883, † (Selbstmord) 1954; 1930-45, 1951-54 Staatspräsident.

V'aria [lat.] Mz., Verschiedenes, Allerlei. **vari'abel,** veränderlich, schwankend. **Variet'ät** [lat.] die, **1)** Abart; Spielart. **2)** Verschiedenheit, Buntheit. **vari'ieren,** verändern, abwechseln.

Variabilit'ät [lat.] die, Veränderlichkeit; Fähigkeit der Lebewesen zur →Variation.

Vari'able [lat.] die, △ veränderl. Größe.

Vari'ante [lat.] die, **1)** abweichende Lesart. **2)** Biologie: Abweichung vom Typus (Abweicher).

vari'atio del'ectat [lat.], Abwechslung ergötzt.

Variati'on [lat.] die, **1)** Abwechslung, Schwankung, Ungleichheit. **2)** ♪ die Abwandlung (Veränderung) eines Themas in Melodie, Harmonie, Rhythmus; doch bleibt das Thema in der V. immer noch erkennbar. **3)** ⊕ ☒ Verschiedenheiten bei Einzelwesen einer Art oder Rasse. **V.-Rechnung,** ein Gebiet der höheren Mathematik, das sich mit der Ermittlung von Höchstwerten oder Tiefstwerten bestimmter Integrale befaßt.

Varieté [frz. »Mannigfaltigkeit«] das, Theater, in dem Artisten, Tänzerinnen, Komiker auftreten.

Variom'eter [lat.] das, Gerät zur Beobachtung der Änderungen eines Meßwertes. Funkmeßtechnik: eine Spule mit einstellbarer Induktivität.

Var'iskisches (**Var'iszisches**) **Gebirge,** das im Karbon gebildete, zu Rümpfen abgetragene Faltengebirge Mitteleuropas.

Variz'ellen [lat.] Mz., ƒ die →Spitzpocken.

Var'izen [lat.] Mz., die →Krampfadern.

V'ärmland, Landschaft in Mittelschweden, nördlich vom Vänersee.

V'arna, →Warna.

Varnhagen von Ense, 1) Karl August, Diplomat und Schriftsteller, *1785, †1858; vertrat liberaldemokrat. Ansichten; schrieb »Denkwürdigkeiten«, Biographien. **2)** Rahel, geb. Levin, Gattin von 1), *1771, †1833; das Haupt eines literar. Salons in der Biedermeierzeit.

V'arus, Publius Quinctilius, röm. Feldherr, 9 n. Chr. von →Arminius im Teutoburger Wald vernichtend geschlagen (**V.-Schlacht**).

Vas'all [lat.] der, der Lehnsmann.

Vas'allenstaat, ein trotz formeller Selbständigkeit von einem Oberstaat, meist einer Großmacht, abhängiger Staat.

Vas'ari, Giorgio, italien. Maler, Baumeister, Kunstschriftsteller, *1511, †1574; mit seinen Le-

bensbeschreibungen italien. Künstler der »Vater der Kunstgeschichte«.

V'asco da G'ama, →Gama.

V'ase [lat.] die, Gefäß aus Ton, Glas, Porzellan, Metall, schon in vorgeschichtl. Zeit sehr vielgestaltig und oft reich geschmückt; die **Vasenmalerei** war in der griech. Kunst am höchsten entwickelt.

Vasel'ine die, Erzeugnis der Destillation des Erdöls, Teers und bes. des Ozokerits, ein Kohlenwasserstoffgemisch; dient als Schmiermittel, gereinigt zu Salben.

vasomot'orische Nerven, Gefäßnerven, regeln bei Mensch und Wirbeltieren die Blutverteilung in den einzelnen Teilen des Körpers.

Vasoneur'osen, Angioneurosen, Gefäßneurosen, Krankheitserscheinungen, die auf Übererregbarkeit der die Weite der Blutgefäße regulierenden sympath. Nerven beruhen.

Västerås [v'ɛsteros], Stadt in Mittelschweden, am Mälarsee, 110 500 Ew.; Domkirche, Schloß; Elektro-, Metall-, Textilindustrie.

V'ästerbotten, Landschaft und VerwBez. (Län) in N-Schweden, am Bottn. Meerbusen; Hauptstadt: Umeå.

Väster|n'orrland, Landschaft und VerwBez. (Län) in N-Schweden, am Bottn. Meerbusen; Hauptort: Härnösand; Waldwirtschaft.

V'ästmanland, Landschaft und VerwBez. (Län) in Mittelschweden, nordwestl. vom Mälarsee; Land-, Forstwirtschaft, Bergbau, Eisenindustrie; Hauptstadt: Västerås.

Vászáry [v'ɔsɔri], Gábor von, ungar. Schriftsteller, *1908; lebt im Exil; »Monpti«, »Sie« u. a. Erzählungen.

Vaterländische Front, in Österreich 1933-38 die polit. Organisation, auf die sich Bundeskanzler Dollfuß und Schuschnigg stützten.

Vatermörder, Herrenhemdkragen mit steif emporstehenden Spitzen.

Vaterrecht, die Rechtsordnung, in der die väterl. Abstammung maßgebend ist; wirkt sich trotz Gleichberechtigung der Frau noch in zahlreichen Bestimmungen aus (z. B. beim Namen).

Vaterschaft die, das Rechtsverhältnis des Vaters zum Kinde. Zur Feststellung der V. ist eine **Vaterschaftsklage** ist das anthropolog. **Vaterschaftsgutachten** ein wichtiges Hilfsmittel.

Vaterunser das, im N. T., das mit diesen Worten beginnende »Gebet des Herrn«. Von den Protestanten mit Doxologie (»Denn Dein ist das Reich...«) gesprochen.

Vatik'an der, der Palast des Papstes in Rom, an die Peterskirche angegliedert; enthält etwa 1000 Säle, Zimmer und Kapellen, darunter die →Sixtinische Kapelle, die von Raffael ausgemalten Stanzen, ferner Archiv, wertvolle Bücher- und Kunstsammlungen. **Vatikanstadt,** päpstl. Staatsgebiet im W Roms, 0,44 km² mit etwa 1000 Ew., umfaßt den V., die →Peterskirche die päpstl. Gärten und den Petersplatz. Italien hat die Souveränität des Papstes im Lateranvertrag von 1929 anerkannt; die V.-Stadt wurde zu einem ständig neutralen Gebiet erklärt. Der Staat der V.-Stadt wurde durch das 1929 erlassene Grundgesetz errichtet. Staatsoberhaupt: Papst Paul VI. (seit 1963). ⊐ S. 346.

Vatikan: Petersplatz

Vega

Vatik'anisches Konz'il, Vatikanum, allgem. Kirchenversammlung im Vatikan; das **Erste V. K.** tagte 1869/70, verkündete die Lehre von der →Unfehlbarkeit des Papstes; das **Zweite V.K.** tagte 1962 bis 1965 und ordnete in 16 Dokumenten die Liturgie, die Lehre von der Offenbarung, die Kirchenverfassung (Einführung eines Bischofskollegiums, stärkere Heranziehung der Laien), die ökumen. Verpflichtung der Kath. Kirche und ihre Stellung zu den nichtchristl. Religionen sowie ihr Verhältnis zur modernen Welt (einschließlich der Anerkennung und Forderung der Religionsfreiheit). (BILD Konzil)

V'atnajökull, größter Gletscher Islands, im SO der Insel, 8250 km².

Vättersee, schwed. **Vättern,** zweitgrößter See Schwedens, 1899 km², durch den Götakanal mit Ost- und Nordsee verbunden.

Vauban [vob'ã], französ. Marschall, *1633, †1707; Festungsbaumeister Ludwigs XIV.

Vaudeville [vodv'il, frz.] das, heiteres Bühnenstück mit eingefügten Liedern.

Vaughan Williams [vɔ:n w'iljəmz], Ralph, engl. Komponist, *1872, †1958; Sinfonien, Film-, Chor-, Kammermusik, Lieder, Opern.

v. Chr., vor Christus (vor Christi Geburt).

VDE, Abk. für Verband Deutscher Elektrotechniker. **VDE-Vorschriften** sind behördlich anerkannte Bestimmungen für Bau, Errichtung und Betrieb elektr. Geräte und Anlagen.

VDI, Abk. für Verein Deutscher Ingenieure.

VEB, Volkseigener Betrieb (Dt. Dem. Rep.).

Vechta, Stadt in Oldenburg, Ndsachs., 16 300 Ew.; landwirtschaftl. Handel, verschiedene Ind.

V'eda, →Weda.

Ved'ute [ital.] die, 1) Aussicht. 2) Stadt- oder Landschaftsgemälde in getreuer Wiedergabe.

Vega, Felix Lope de V. Carpio, span. Dichter, *1562, †1635. Erhalten sind 470 dramat. Werke, meist lebensvolle Komödien, aber auch ernste Spiele; weitere 770 Dramen sind dem Titel nach bekannt. Außerdem schrieb V. Epen, Romane, geistl. und weltl. Lyrik.

Vegesack, Siegfried von, Schriftsteller, *1888; Romantrilogie »Baltische Tragödie«.

Vegetab'ilien [lat.] Mz., Pflanzen, Pflanzenstoffe.

Veget'arier der, **Vegetari'aner** der, Pflanzenköstler. **vegetarisch,** aus Pflanzenkost bestehend.

Vegetati'on [lat.] die, die Pflanzenwelt, der Pflanzenbestand eines Gebietes in seiner Gesamterscheinung. **vegetat'iv,** 1) pflanzlich. 2) unbewußt (wie Pflanzen). **Vegetatives Nervensystem,** TAFEL Mensch II. **Vegetationspunkt,** die Stellen der Pflanze, an denen sich ständig neue Zellen bilden, sie also wächst; meist an Spitzen von Wurzel und Sproß. **vegetieren,** kümmerlich dahinleben.

Veglia [v'ɛʎa], jugoslaw. Insel, →Krk.

vehem'ent [lat.], heftig. Hw.: **Vehem'enz** die.

Veh'ikel [lat.] das, Fahrzeug.

Veilchen, Vi'ola, Gattung krautiger und kleinstaudiger Pflanzen mit kriechendem Wurzelstock und gespornten Blüten. Das **März-V.** hat dunkelviolette, wohlriechende Blüten und wächst auf Niederungswiesen, angepflanzt in Gärten. Das blaublütige **Hunds-V.** wächst in Wäldern, duftet nicht. Das **Wilde Stiefmütterchen,** auf Äckern, Wiesen, blüht gelb und violett. Das **Gartenstiefmütterchen** mit großen farbenreichen Blüten ist eine Züchtung. Nicht verwandt: die Alpenveilchen und das ostafrikan. →Usambaraveilchen.

Veilchenwurzel, der getrocknete Wurzelstock einiger Schwertlilienarten.

Veit [lat. Sanctus Vitus], Nothelfer, Schutzheiliger gegen den →Veitstanz (Tag 15. 6.).

Veitshöchheim, Gem. in Unterfranken, Bayern, am Main; Barockschloß mit Park.

Veitstanz, grch. Chor'ea, ♃ bei Kindern eine meist günstig verlaufende Krankheit mit unwillkürl. ruckartigen Muskelzuckungen, bei Erwachsenen eine unter Muskelunruhe, Sprachstörung, Verblödung zum Tode führende Erbkrankheit.

Vejle [v'ailə], Handels- und Industriestadt am V.-Fjord, Ostjütland, Dänemark, 31 800 Ew.; got. Nikolaikirche (13. Jahrh.); Metall-, Textilind.

V'ektor [lat.] der, eine Größe, die durch Betrag (Maßzahl) und Richtung bestimmt ist und daher durch eine gerichtete Strecke (Pfeil) dargestellt wird. V. werden nach bestimmten Regeln addiert und subtrahiert. Viele physikal. Größen (Kräfte, Geschwindigkeiten, Feldstärken) lassen sich wie V. behandeln.

Velazquez [vɛl'aθkeθ], Diego de Silva, span. Maler, *1599, †1660; seit 1623 Hofmaler in Madrid. Diese Italienreisen hinterließen deutl. Spuren in seinem Werk. Am Anfang malte er in Helldunkelmanier (»Das Frühstück«), das Hauptwerk der 2. Epoche ist die »Übergabe von Breda«, sein Spätwerk nimmt impressionist. Wirkungen voraus (»Die Teppichwirkerinnen«). (FARBTAFEL Spanische Kunst S. 873)

Velazquez: Die Teppichwirkerinnen (um 1657)

V'elbert, Industriestadt in Nordrh.-Westf., nordwestl. von Wuppertal, 56 300 Ew.; Eisen-Ind.

Velde [[f'ɛldə], van de, 1) Adriaen, niederländ. Landschaftsmaler, *1636, †1672. 2) Henry, belg. Architekt, *1863, †1957; seit dem Jugendstil führend in Architektur, Kunsthandwerk. 3) Theodor Hendrik, holländ. Frauenarzt und Sexualforscher, *1873, †1937; »Die vollkommene Ehe«.

Velden [f'ɛl-] **am Wörther See,** Kurort und Sommerfrische in Kärnten, am Westufer des Sees, 470 m ü. M., 3200 Ew.; Spielkasino.

VELKD, Abk. für →Vereinigte Evangelisch-Lutherische Kirche Deutschlands.

Vellmar, Gem. im Kr. Kassel, Hessen, 10 300 Einwohner.

Vellore, ind. Stadt, →Wellur.

Veloziped [lat.-frz.], **Velo** das, ♃ Fahrrad. **Velodr'om** das, ♃ Radrennbahn.

Velours [vəl'u:r, frz.] der, Samt.

Velsen, Stadt in Holland, am Nordseekanal, 68 400 Ew.; Stahl-, Stickstoff-Industrie.

Velten, Stadt im Bez. Potsdam, im NW von Berlin, 9800 Ew.; Keram. Industrie.

Veltl'in das, italien. **Valtellina,** das Alpental der oberen Adda, zwischen Ortlergruppe und Comer See; Obst-, Weinbau (Rotwein, der **Veltliner**). Hauptort: Sondrio. – Das V. war 1512-1797 schweizerisch als Graubündener Untertanenland, gehörte bis 1859 zur Lombardei, bis 1904 zu Österreich, seitdem ist es wieder italienisch.

V'elum [lat.] das, kath. Kirche: Seidentuch zur Verhüllung von →Ziborium und Kelch; Schultertuch des Priesters bei Erteilung des Segens.

Velvet [v'ɛlvit, engl.] der, Baumwollsamt.

Vendée [vɑ̃d'e, frz.] die, Landschaft in Westfrankreich, südl. der Loiremündung; 1793-96 blutige royalist. Erhebung gegen die Revolution.

Vend'etta [ital.] die, →Blutrache.

Vene [lat.] die, →Blutader. **V.-Entzündung, Phlebitis,** entsteht von außen durch Verletzung, durch die Nähe eines Entzündungsherdes (z. B. Furunkel) oder von innen durch im Blut kreisende Erreger; führt häufig zu →Thrombose, mitunter zu →Embolie. **V.-Erweiterung** →Krampfadern, →Hämorrhoiden.

Veilchen

Vektor: Addition zweier V.:
$$\mathfrak{F}_1 + \mathfrak{F}_2 = \mathfrak{F}$$

Venezuela

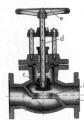

Venedig, Markusplatz und Dock (Luftaufnahme)

Ventil, a Ventilgehäuse, b Ventiltilsitz, c Ventilkegel, d Ventilspindel, e Handrad

Venturirohr, a Differentialdruckmesser

fuhr: Zuckerrohr, Kaffee, Kakao, Baumwolle); Fischerei. ⚒ auf Erdöl (3. Stelle der Welterzeugung), Eisenerz, Diamanten u. a. Erdölraffinerien, Eisen- und Stahl-, Nahrungsmittel-, Textil- u. a. Ind. Ausfuhr: Erdöl und -erzeugnisse, Eisenerz, Kaffee, Kakao. Haupthandelspartner: USA, Kanada, Großbritannien. Haupthäfen: La Guaira (Caracas), Maracaibo, Puerto Cabello; internat. Flughäfen: Caracas, Maracaibo. ⊕ S. 517, ⊡ S. 346. FARBTAFEL Südamerika S. 875

GESCHICHTE. V., nach einem Pfahldorf der Eingeborenen »Klein-Venedig« genannt, wurde 1498/99 entdeckt, 1528 von Kaiser Karl V. den Augsburger →Welsern verpfändet. 1546 fiel es an die span. Krone zurück, von der es 1810-21 durch Bolívar befreit wurde (Teil Groß-Kolumbiens). Seit 1830 selbständige Rep., seit 1864 Bundesstaat. Staats- und MinPräs.: R. Caldera (seit 1969).

v'enia leg'endi [lat.] die, Erlaubnis, Vorlesungen an Hochschulen zu halten.

v'eni, v'idi, v'ici [lat.], »ich kam, sah, siegte«, schrieb Caesar nach dem Sieg bei Zela 47 v. Chr.

Venizelos [veniz'elɔs], 1) Eleutherios, griech. Politiker, *1864, †1936; erreichte die Vereinigung seiner Heimat Kreta mit Griechenland (endgültig 1913), war 1910-15, 1917-20, 1928-32 MinPräs. 2) Sophokles, griech. Politiker, *1894, †1964, Sohn von 1); war zwischen 1944 und 1951 mehrfach MinPräs.

V'enlo, Stadt in den Niederlanden, an der Maas, 62 700 Ew.; versch. Industrie.

ven'ös [lat.], eine Vene (Blutader) betreffend; **v. Blut,** kohlensäurereiches, sauerstoffarmes Blut.

Vent'il [lat.] das, 1) Absperrvorrichtung für Flüssigkeiten und Gase mit Schließbewegung des Absperrorgans gegen den Flüssigkeits- oder Gasstrom. Sonderbauarten: **Reduzier-, Selbstschluß-, Sicherheits-V.** 2) ♪ bei Blasinstrumenten mit Kesselmundstück eine Vorrichtung zur Verlängerung oder Verkürzung der Schallröhre, um die chromat. Zwischentöne zwischen den Naturtönen hervorbringen zu können. 3) elektr. V., Bauelement, das den Strom in einer Richtung durchläßt, in der anderen sperrt: Hochvakuum-V. (Elektronenröhre), Gas- und Dampfentladungs-V. (Quecksilberdampfgleichrichter, Thyratron).

Ventil'ator [lat.] der, **Lüfter,** Gerät zur Erzeugung eines Luftstromes (zur Kühlung), zur Be- oder Entlüftung von Räumen (Tunnel, Schächte); einfachste Form **Schraubenlüfter** ohne Gehäuse. **Schleuderradlüfter** mit Spiralgehäuse, die eigentlichen V. für höhere Leistungen, z. B. die **Gruben-** und **Schmiede-V.,** saugen die Luft axial an und drücken sie radial in den Windkanal oder ins Freie (bei Sauganlagen).

ventil'ieren, 1) durchlüften. 2) erwägen, prüfen.

Ventimiglia [ventim'i:ʎa], Seebad an der ital. Riviera (französ. Grenze), 25 800 Ew.

ventr'al [lat.], bauchseitig.

Ventr'iculus [lat.] der, der Magen. **Ventrikel** der, 1) Herzkammer. 2) Hirnkammer.

Vent'urirohr, ein Gerät zur Mengenmessung strömender Flüssigkeiten und Gase durch eine in die Rohrleitung eingebaute **V.-Düse.** Den Druckunterschied vor und im engsten Querschnitt der Düse zeigt ein Differenzmanometer an.

V'enus, 1) die röm. Göttin der Liebe, urspr. altital. Gartengöttin, später der Aphrodite gleichgesetzt. 2) der zweite →Planet. Steht die V. östl. von der Sonne, so ist sie als **Abendstern** sichtbar, bei westl. Stand von der Sonne als **Morgenstern.** Die Atmosphäre des Planeten ist undurchsichtig und besteht zum größten Teil aus Kohlendioxyd, Temperatur 300 °C.

Venusberg, Name mehrerer Berge in Dtl., bes. in Thüringen (→Tannhäuser).

Venusfliegenfalle, Fliegenklappe, nordamerikan. tierfangende Sumpfpflanze. Die empfindl. Blätter klappen bei Berührung durch Insekten zusammen, fangen und verdauen sie.

Venushaar, Frauenhaar, →Adiantum.

V'era [russ. »Glaube«], weibl. Vorname.

Ven'edig, italien. **Venezia,** Stadt in Norditalien, am Adriat. Meer, 367 600 Ew., auf 118 Inseln in einer Lagune auf Pfahlrosten erbaut, durch eine 3601 m lange Eisenbahnbrücke und eine Autostraße mit dem Festland verbunden und von zahlreichen Kanälen durchschnitten (Canal Grande mit der Rialtobrücke). Bekannt sind: der Markusplatz mit der Sankt-Markus-Kirche und Palästen, z. B. dem Dogenpalast sowie dem viereckigen Glockenturm (Campanile), die got. Kirche Santa Maria dei Frari (1338 begonnen) mit Grabmal Tizians, die Kirche S. Maria della Salute. V. hat Hochschulen für Handel, Musik, Akademie der schönen Künste, Museen und Galerien, Musik- und Filmfestspiele, ist einer der wichtigsten Handelshäfen Italiens mit Werften, Docks und Industrie; Fremdenverkehr. Auf der Lagune das Seebad Lido. – V., nach der röm. Verwaltungseinheit »Venetien« benannt, entstand 452 n. Chr. und wurde ein Adelsfreistaat, an dessen Spitze seit 697 ein Doge stand. Es errang neben Genua die Seeherrschaft im östl. Mittelmeer (Istrien, Dalmatien, Peloponnes, Kreta, Zypern). Durch die Entdeckung des Seewegs nach Ostindien und Amerika wurde die Handelsmacht zurückgedrängt. Dazu verlor V. nach und nach seine griech. Besitzungen an die Türken. 1797 machte Napoleon dem Adelsfreistaat ein Ende; V. mit Istrien und Dalmatien kam an Österreich. 1848/49 erhob sich V. vergeblich gegen die Fremdherrschaft, doch kam 1866 Venetien – ohne Istrien und Dalmatien – an das neue Königreich Italien.

Ven'ediger der, **Großvenediger,** Gipfel der Hohen Tauern, 3660 m hoch.

Vener'abile [lat. »das Hochwürdige«] das, die geweihte →Hostie.

ven'erisch [von Venus], ♀ geschlechtskrank.

Ven'etien, italien. **Venezia,** geschichtl. Landschaft im NO Italiens, das ehem. Gebiet der Rep. Venedig. Als die Drei V. bezeichnete man 1919-45 die 3 Regionen Venezia Tridentina (heute die Region Trentino-Tiroler Etschland), Venezia Giulia, heute meist jugoslaw. Staatsgebiet (Triest, nach dem 2. Weltkrieg Freistaat, fiel 1954 an Italien zurück), und Venezia Euganea, das eigentliche V., heute die Region V'eneto.

Venezi'ano, Domenico, italien. Maler, †1461; »Madonna mit Heiligen« (Florenz, Uffizien).

Venezu'ela, Bundesrep. im nördl. Südamerika, am Karibischen Meer, 912 050 km², 10,4 Mill. Ew.; Hauptstadt: Caracas; Amtssprache: Spanisch. V. ist Bundesrepublik aus 20 Staaten mit 2 Territorien und dem Bundesdistrikt. Präsidialverfassung. – V. umfaßt das Orinoco-Tiefland (Llanos), im W Ausläufer der Kordilleren (Kordillere von Mérida, 5002 m) und das Tiefland von Maracaibo, hat im SO Anteil am Bergland von Guayana. Hauptfluß: der Orinoco. Klima: tropisch, im Gebirge gemäßigt bis kühl. BEVÖLKERUNG. Überwiegend Mischlinge, rd. 20% Weiße, ferner Neger, Indianer; Religion: meist kath. – WIRTSCHAFT. Die wegen des Erdöls vernachlässigte Landwirtschaft soll entwickelt werden (Mais, Reis; für die Aus-

Veracruz [vɛrakr'uːs], wichtigste Hafenstadt der Ostküste Mexikos, 199 000 Ew., Flughafen. – V. wurde 1519 von Cortez als erste span. Stadt Mexikos gegründet.

Ver'anda [engl. aus ind.] die, überdachter Freisitzplatz an einem Haus, meist durch Glaswände geschützt.

Veränderliche die, △ eine Größe, die in bestimmten Grenzen beliebige Werte annehmen kann.

Veränderliche Sterne, Veränderliche, Sterne, deren Zustandsgrößen (bes. Helligkeit, aber auch Temperatur, Dichte, Durchmesser u. a.) schwanken; bis jetzt sind einige Zehntausend bekannt.

Ver'ätzung, Hautverätzung, Verletzung von Haut und Schleimhäuten durch Ätzgifte (Säuren, Alkalien, Metallsalze).

Veräußerung die, ⚮ Übertragung eines Rechts, bes. des Eigentums, auf eine andere Person; eine Art der →Verfügung.

Verb das, -s/-en, **Verbum** [lat.] das, -s/...ba, das →Zeitwort.

verb'al [von Verbum], 1) mündlich. 2) zeitwörtlich. **Verb'alinjurie** die, ⚮ die →Beleidigung durch Worte. **Verb'alinspiration** die, wörtl. Eingebung durch den Heiligen Geist. **Verbalnomen** das, vom Zeitwort gebildetes Haupt- oder Eigenschaftswort.

verb'aliter, ✝ wörtlich.

verballhornen, nach dem Buchdrucker Johann Balhorn (Balhorn) in Lübeck, der 1586 eine schlechte, »verbesserte« Ausgabe des lübischen Stadtrechts lieferte; svw. verschlechtern.

Verb'alnote, diplomat. →Note ohne Unterschrift.

Verband der, 1) ⚕ die Bedeckung kranker oder verletzter Körperteile mit Verbandstoffen (**Schutz-** oder **Wund-V.**). Der **Stütz-V.** dient zum Festliegen gebrochener oder entzündeter Gliedmaßen (→Streckverband). **Verbandpäckchen,** keimfrei verpacktes, handl. Verbandzeug. 2) ⚮ die Personenvereinigung zu einem bestimmten Zweck, die eine Satzung hat, einen gemeinschaftl. Willen bilden kann und zumeist rechtsfähig ist. Es gibt privatrechtl. und öffentlich-rechtl. V.

Verbannung [ahd.] die, Verbot des Aufenthalts in einem Gebiet, auf Zeit oder Lebenszeit.

Verb'ene, Verbena die, →Eisenkraut.

Verbindlichkeit die, ⚮ die Verpflichtung des Schuldners zu einer Leistung; sie entspricht der →Forderung auf der Gläubigerseite.

Verbindung die, 1) alles Einigende, Zusammenschließende, Verknüpfende. 2) ⚗ ein Stoff, der durch Vereinigung von Atomen verschiedener Elemente in bestimmten Gewichtsverhältnissen entsteht. Die V. hat völlig andere physikal. und chem. Eigenschaften als die an ihrer Bindung beteiligten Elemente (→Chemie). 3) Form des student. Gemeinschaftslebens. Bes. Kennzeichen: meist Tragen von Verbindungsfarben in Band und Mütze (»Couleur«), z. T. Zweikampf oder »Mensur«; Mitglieder: vollberechtigte »Burschen«, junge »Füchse«, dauernder Zusammenhang mit den »Alten Herren«. Zu den V. gehören u. a.: **Landsmannschaften** (im 17. Jahrh. entstanden), **Corps, Burschenschaften** (seit 1815, national und liberal), **Turnerschaften** u. a. Nach dem nat.-soz. Zeitwurden die V. aufgelöst, nach 1945 entstanden sie neu, ihre Formen sind jedoch stark umstritten.

verblenden [mhd.], 1) alle Einsicht nehmen. 2) einen Bauteil mit anderem, meist besserem Material verkleiden.

Verblutung, Tod durch Blutverlust infolge äußerer oder innerer Blutung.

Verbrannte Erde, takt. Prinzip der Kriegführung beim Rückzug, durch eine größtmögliche Zerstörung des geräumten Gebietes dem nachrückenden Gegner Durchzug, Besetzung und Versorgung zu erschweren.

Verbrauchergenossenschaften, →Konsumgenossenschaften.

Verbrauchsteuer, Aufwandsteuer auf den Verbrauch von Gütern (Tabak, Salz, Zucker, Bier u. a.); eine allgem. V. ist die Umsatzsteuer.

Verbrechen, Del'ikt das, im engeren Sinn gemäß der Dreiteilung der strafbaren Handlungen im StGB (§ 1) eine mit Freiheitsstrafe nicht unter einem Jahr bedrohte Straftat. Versuch eines V. ist stets strafbar. V. im weiteren Sinn ist jede strafbare Handlung im Unterschied zu den →Ordnungswidrigkeiten. **V. gegen die Menschlichkeit,** →Kriegsverbrechen.

Verbrennung die, 1) ⚗ Verbindung brennbarer Stoffe mit Sauerstoff unter Flammenbildung, eine →Oxydation. 2) ⚕ durch Hitze entstandene Verletzung in 4 Graden: Rötung, Blasenbildung, Verschorfung, Verkohlung. Behandlung: Wismut- oder Vasenol-Brandbinde auflegen.

Verbrennungsmotor, Verbrennungskraftmaschine, Maschinen, in denen durch unmittelbare Verbrennung eines Kraftstoff-Luft-Gemisches eine Antriebskraft erzeugt wird. Kraftstoffe sind entweder gasförmig (→Stadt-, →Generator-, →Flüssiggas, →Methan) oder flüssig (→Benzin, →Benzol, →Alkohol, →Gas- und →Rohöl). Einteilung der V.: Kolbenmaschinen (→Diesel-, →Otto-, →Glühkopf-, →Kreiskolbenmotoren) und Strömungsmaschinen (→Gasturbinen, →Strahltriebwerk). (FARBTAFEL S. 876)

Verbrennungswärme, →Heizwert.

Verbundglas, ⚕ Sicherheitsglas, das aus zwei oder mehr normalen Glastafeln mit Kunststoffolien als Zwischenlage zusammengepreßt wird.

Verbundmaschine, →Dampfmaschine.

Verbundwirtschaft, Zusammenarbeit von Betrieben, bes. in der Elektrizitätsversorgung.

Vercelli [vɛrtʃ'ɛli], Stadt in der Po-Ebene, Italien, 56 400 Ew.; Erzbischofssitz; Kastell (13. Jahrh.), Dom, Basilica di Sant' Andrea; Reisbau und -handel.

Vercing'etorix, Keltenfürst, der Führer des gall. Aufstandes gegen Caesar, 52 v. Chr. in Alesia überwältigt, 46 in Rom hingerichtet.

Vercors [vɛrk'oːr], eigentl. Jean **Bruller,** französ. Schriftsteller, *1902; Mitgr. des französ. Widerstands-Verlags »Les Editions de Minuit«; Novellen u. a.

Verdächtigung, politische V. Wer einen anderen durch eine Anzeige oder V. der Gefahr aussetzt, aus polit. Gründen verfolgt zu werden, wird nach § 241 a StGB mit Gefängnis bestraft.

Verdampfungswärme, →Dampf.

V'erdandi die, **W'erdandi,** eine →Norne.

Verdauung die, Sammelbegriff für die Vorgänge im V.-Kanal (Mundhöhle, Magen, Darm), durch die die Nahrung zur Aufnahme (Resorption) in die Körpersäfte geeignet gemacht wird. Nach einleitender Zerkleinerung durch Kauen werden die Nahrungsstoffe mit Hilfe der V.-Säfte (Speichel, Magensaft, Galle, Bauchspeichel, Darmsaft) und der in ihnen enthaltenen Enzyme in ihre Grundbestandteile abgebaut: Die Kohlenhydrate durch Ptyalin (Speichel) und Diastase (Bauchspeicheldrüse) in Traubenzucker; die Eiweißkörper durch Pepsin (Magensaft), Trypsin und Erepsin (Darmsaft) in Aminosäuren; die Fette durch Lipase (Bauchspeichel) in Glycerin und Fettsäuren, nach vorheriger Emulgierung in feinste Teilchen durch die Galle. Traubenzucker und Aminosäuren können von den Darmzotten direkt ins Blut aufgesaugt werden, Glycerin und Fettsäuren gelangen erst in die Lymphgefäße der Darmschleimhaut, wo sie sich wieder zu Fetttröpfchen vereinen, die über den Milchbrustgang der Blutbahn zugeführt werden. Anfang (Schlucken) und Ende (Stuhlentleerung) der V. sind dem Willen unterworfen, die anderen Vorgänge, wie Absonderung der V.-Säfte (insgesamt etwa 9 l in 24 Std.), Magen-Darm-Bewegungen (Peristaltik) zur Durchmischung und Vorwärtsbewegung des Speisebreies, werden von den Lebensnerven (Sympathikus und Parasympathikus) gesteuert. Über Verdauungsstörung →Darmkrankheiten, →Magen.

Verden an der Aller, Stadt in Ndsachs., 16 700 Ew.; Dom, got. Hallenkirche; versch. Ind. Pferderennbahn, Reitturniere, Stadion, Reitpferdeauktionen.

Verdi

V'erdi, Giuseppe, italien. Komponist, *1813, †1901; einer der bedeutendsten Opernkomponisten. Reiche, sinnfällige Melodik, dramat. Spannung. »Rigoletto«, »Troubadour«, »La Traviata«, »Maskenball«, »Macht des Schicksals«, »Don Carlos«, »Aida«, »Othello«, »Falstaff«.

Verdienstorden der Bundesrepublik Deutschland, 1951 vom Bundespräs. gestifteter Orden für Leistungen, die zum Wiederaufbau Dtl.s beitragen. Der V. wird verliehen als Großkreuz, Großes Verdienstkreuz, Verdienstkreuz, alle drei wieder in drei versch. Ausführungen, sowie als Verdienstmedaille.

Verd'ikt [von lat. vere dictum »Wahrspruch«] das, Urteil, Entscheidung.

Verdingung die, 1) Abschluß eines →Dienstvertrags. 2) →Submission.

Verdrängung die, von S. Freud geprägter Ausdruck für das Vergessen unangenehmer Erlebnisse, die im Unbewußten verschwinden, dort nicht verarbeitet, sondern in Krankheitssymptome umgesetzt werden (→Psychoanalyse).

Verdrehfestigkeit, →Festigkeit.

Verdun [verd'œ̃], Stadt und Festung in NO-Frankreich, am Maas, 25 200 Ew.; Kathedrale (11.-12. Jahrh.). – V. ist eine röm. Gründung und ein alter Bischofssitz. Im **Vertrag von V.** wurde 843 das →Fränkische Reich der Karolinger geteilt. V. war seit dem 13. Jahrh. Reichsstadt, fiel 1552, endgültig 1648, an Frankreich. 1916/17 lange und schwere Kämpfe um V.

Verdunkelungsgefahr, 🔒 die Gefahr, daß der einer Straftat Verdächtige die Spuren der Tat beseitigt oder Zeugen beeinflußt; bei V. kann der Richter Untersuchungshaft anordnen.

Verdunstung die, der langsame Übergang einer Flüssigkeit in den gasförm. Zustand, unterhalb des Siedepunktes. Die dazu nötige Wärme wird der Flüssigkeit und ihrer Umgebung entzogen (**Verdunstungskälte**).

Veredelung die, Verpflanzung einer Knospe (Auge) oder eines Zweiges (Edelreis) einer wertvollen Pflanze, die bei der Fortpflanzung durch Samen entarten würde, auf eine verwandte Pflanze, die als Ernährungsgrundlage geeignet ist(Wildling, Unterlage).

Veredelungsverkehr, zollbegünstigte Einfuhr ausländ. Waren, um sie bearbeitet (veredelt) wieder zurückzuführen (**aktiver V.**), auch die Ausfuhr inländ. Waren, die im Ausland für die Wiedereinfuhr bearbeitet werden (**passiver V.**).

Verein der, vom Mitgliederwechsel unabhängige, dauernde Verbindung von Personen mit einer Satzung, die Zweck, Organisation und Namen regelt. In der Bundesrep. Dtl. besteht →Vereinigungsfreiheit. Man unterscheidet rechtsfähige und nicht rechtsfähige V., je nachdem, ob sie →juristische Personen sind oder nicht. Wirtschaftliche V. erlangen die Rechtsfähigkeit gewöhnlich durch staatl. Verleihung, soweit nicht besondere Gesetze bestehen (z. B. für Aktiengesellschaften, GmbH. und andere), nicht-wirtschaftl. V. durch Eintragung in das **Vereinsregister** beim Amtsgericht (»eingetragener V.«, Abk.: e. V.). Organe des V.: Vorstand und Mitgliederversammlung. Handelt jemand im Namen eines nicht rechtsfähigen V., dann haftet er persönlich.

Vereinigte Arabische Republik, Abk. **VAR,** 1958-61 der staatl. Zusammenschluß Ägyptens und Syriens (Jemen war assoziiert). Seit der Loslösung Syriens im Sept. 1961 führte Ägypten den Namen VAR bis 1971 allein.

Vereinigte Evangelisch-Lutherische Kirche Deutschlands, VELKD, Zusammenschluß (seit 1948) von 10 evangel.-luther. Landeskirchen. (→Evangelische Kirche in Deutschland)

Vereinigte Staaten von Amerika, engl. **United States of America** [jun'aitid steits əv əm'erikə], Abk. **USA,** Bundesstaat in Nordamerika, 9,36 Mill. km², 205,3 Mill. Ew.; Hauptstadt: Washington; Amtssprache: Englisch. ⊕ S. 526, ▱ S. 346, ▯ S. 878.

VERFASSUNG von 1787 mit 25 Zusätzen. Bundesrepublik aus 50 Staaten mit eigenen Verfassungen und Volksvertretungen, einem dem Bundeskongreß unterstellten Bundesdistrikt und Außengebieten (ÜBERSICHT). Die Gesetzgebung liegt beim Kongreß, bestehend aus Repräsentantenhaus (438 Mitgl.) und Senat (100 Mitgl., je 2 für jeden Staat); der Kongreß entscheidet auch über Krieg und Frieden und bewilligt den Haushalt. Staatsoberhaupt ist der Präsident; er wird auf 4 Jahre von unmittelbar gewählten Wahlmännern gewählt. Er ist zugleich Regierungschef und Oberbefehlshaber der Streitkräfte. Die Regierung ist nicht vom Vertrauen des Kongresses abhängig. Der Oberste Gerichtshof in Washington überprüft die Verfassungsmäßigkeit der Gesetze.

LANDESNATUR. →Nordamerika.

BEVÖLKERUNG. Rd. 88% Weiße, 11% Neger (bes. in den Südstaaten, den atlant. Küstenstaaten bis New Jersey und in den Industriegebieten an den Kanad. Seen), daneben Indianer (z. T. in Reservaten), Ostasiaten u. a. In Sprache und Kultur haben die Angelsachsen dem Land sein Gepräge gegeben. Seit 1921 wurde die Einwanderung gesetzlich beschränkt. Etwa 31% der Bevölkerung leben in Großstädten, 34% in Randgebieten der Ballungsräume. Millionenstädte: New York, Chicago, Los Angeles, Philadelphia, Detroit; über 100 weitere Großstädte. – RELIGION. Keine Staatskirche. Hauptbekenntnisse: 36% Protestanten (Baptisten, Methodisten, Lutheraner, Presbyterianer, etwa 200 Sekten); Katholiken, Orthodoxe, Juden u. a. – BILDUNGSWESEN. Das Schulwesen liegt in der Hand der Einzelstaaten. Meis. besteht Schulpflicht bis zum 16. Lebensjahr. Schulaufbau: Auf den Kindergarten (3. bis 6. Lebensjahr) folgen: Elementary School (6.-14., neuerdings meist 6.-12. Lebensjahr), High School (14.-18., jetzt meist 12.-18. Lebensjahr)und College (18.-22. Lebensjahr). Wissenschaftl. Ausbildung geschieht in den »graduate studies« am College oder Universität. Viele Privatschulen.

WIRTSCHAFT. Die Landwirtschaft ist vielfältig und hoch entwickelt. In meist vollmechanisierten Betrieben werden fast alle wichtigen Nahrungsmittel erzeugt. Schwerpunktgebiete der Landwirtschaft: Milchwirtschaft im Gebiet der Kanad. Seen bis zur Atlantikküste; Mais um den oberen

Veredelung: 1 Okulation: a T-Schnitt, b eingesetztes Auge vor dem Verbinden, c Schildchen von der Seite, d von hinten. **2** Kopulation: a Edelreis, b Unterlage, c fertige Veredelung. **3** Seitliches Anplatten: a Schnitt von vorn, b von der Seite, c zugeschnittenes Edelreis. **4** Seitliches Einspitzen mit $^1/_2$ T-Schnitt: a Schnitt von vorn, b zugeschnittenes Edelreis, c eingesetztes Edelreis vor dem Verbinden. **5** Seitliches Pfropfen hinter die Rinde: a eingesetztes Edelreis vor dem Verbinden, b zugeschnittenes Edelreis

1a   b   c   d   2a   b   c   3a   b   4a   b   c   5a   b

Mississippi; Baumwolle in den Südstaaten; Weizen im Mittelwesten; Weidewirtschaft bes. in den Gebirgsstaaten, Sonderkulturen (Südfrüchte) in Kalifornien. Forstwirtschaft bes. im NW. In der Erzeugung von Erdöl, Erdgas und Kohle stehen die V. S. an erster Stelle der Welt; ferner werden Eisenerz, NE-Metalle, Phosphate, Salze u.a. in großem Umfang gefördert. Die V. S. sind ein hochindustrialisiertes Land; alle Industriezweige sind stark vertreten. Wachstumsindustrien sind bes. die Luft- und Raumfahrt- und die chem. Ind. Daneben hat auch der Dienstleistungssektor große Bedeutung erlangt; er beschäftigt etwa ebenso viele Erwerbstätige wie Bergbau und Industrie. – Die V. S. sind eines der wichtigsten Welthandelsländer. Sie liefern Nahrungsmittel, Rohstoffe, Fertigwaren. Haupthandelspartner: Kanada, Japan, Großbritannien, Bundesrep. Dtl. – Das VERKEHRSNETZ ist sehr gut ausgebaut; ∞ rd. 339 000 km (dabei mehrere den ganzen Erdteil durchrende Linien); dazu ein sehr dichtes Straßennetz (rd. 6 Mill. km) mit durchgehenden O-W- und N-S-Verbindungen. Bestand an Personenkraftwagen: (1968) 81,1 Mill. Wichtigste Binnenwasserstraßen: Ohio-Mississippi, Sankt-Lorenz-Seeweg (gemeinsam mit Kanada). Hauptseehäfen: New York, Baltimore, Philadelphia, New Orleans, Houston, Los Angeles, San Francisco; Binnenhäfen: Chicago, Detroit, Buffalo, Duluth, Toledo; Flughäfen: Chicago, New York, Los Angeles.

GESCHICHTE. Der Kern der V. S. sind die 13 engl. Kolonien an der atlant. Küste. Als älteste Kolonie wurde 1584, endgültig 1607 Virginia gegründet; durch Puritaner entstanden seit 1620 die Kolonien ⇥Neuenglands; 1664 wurde das bisher holländ. New York englisch; südl. von Virginia entstanden die Kolonien Carolina und Georgia, nördl. Pennsylvania. Aus dem Widerstand gegen die Besteuerung entwickelte sich der **Unabhängigkeitskrieg** 1775-83. Die 13 Kolonien erklärten am 4. 7. 1776 ihre Unabhängigkeit. 1783 erkannte England diese Unabhängigkeit an und überließ ihnen auch das Hinterland bis zum Mississippi. Auf Grund der Bundesverfassung vom 17. 9. 1787 wurde G. Washington 1789 der erste Präsident der V. S. Durch Kauf wurde 1803 das ganze Gebiet zwischen dem Mississippi und dem Felsengebirge, 1819 das bisher span. Florida, durch einen siegreichen Krieg gegen Mexiko 1848 Texas, Arizona, New Mexico und Kalifornien erworben, 1867 noch den Russen Alaska abgekauft. Wichtig für die Außenpolitik der V. S. wurde die 1823 aufgestellte ⇥Monroe-Doktrin. Die Besiedlung des »wilden Westens« bis zum Stillen Ozean hin vollzog sich infolge der Masseneinwanderung aus Europa, die auch viele Deutsche ins Land brachte, sehr rasch. Inzwischen entstand ein heftiger Gegensatz der Nordstaaten zu den Südstaaten, deren reiche Baumwollpflanzer mit Negersklaven arbeiteten. »Demokraten« und »Republikaner« traten sich als die beiden großen Parteien entgegen. Während der Präsidentschaft des Republikaners Lincoln bildeten die Südstaaten von Virginia bis Texas 1860/61 einen Sonderbund (Sezession), unterlagen aber in dem blutigen **Bürgerkrieg** 1861-65; die Sklaverei wurde abgeschafft, während die Negerfrage als die schwierigste Rassenfrage des Landes sich eher noch verschärfte. In der Folgezeit nahm die Industrie, durch hohe Schutzzölle begünstigt, einen großen Aufschwung. 1897 wurden die Hawaii-Inseln besetzt, 1898 den Spaniern die Philippinen und Puerto Rico entrissen; damit erlangten die V. S. auch die allgemeine Anerkennung als Großmacht. Sie gewannen die Vorherrschaft in Mittelamerika, wo sie 1903-14 den Panamakanal bauten. Präsident Wilson (Demokrat) erklärte im 1. Weltkrieg nach anfängl. Neutralität dem Dt. Reich 1917 den Krieg. Der »Versailler Vertrag, vor allem der von Wilson selbst geschaffene Völkerbund, wurde 1920 von den V. S. abgelehnt. Die Konferenz von Washington 1921/22 bestimmte die Gleichstellung der amerikan. mit der brit. Seemacht. Präsident Franklin D. Roosevelt (1933-45)

Annahme der Verfassung

Die 13 alten Staaten:		Michigan	1837
Delaware	1787	Florida	1845
Pennsylvania	1787	Texas	1845
New Jersey	1787	Iowa	1846
Georgia	1788	Wisconsin	1848
Connecticut	1788	Kalifornien	1850
Massachusetts	1788	Minnesota	1858
Maryland	1788	Oregon	1859
South Carolina	1788	Kansas	1861
New Hampshire	1788	West Virginia	1863
Virginia	1788	Nevada	1864
New York	1788	Nebraska	1867
North Carolina	1789	Colorado	1876
Rhode Island	1790	North Dakota	1889
Die weiteren Staaten:		South Dakota	1889
Vermont	1791	Montana	1889
Kentucky	1792	Washington	1889
Tennessee	1796	Idaho	1890
Ohio	1803	Wyoming	1890
Louisiana	1812	Utah	1896
Indiana	1816	Oklahoma	1907
Mississippi	1817	New Mexico	1912
Illinois	1818	Arizona	1912
Alabama	1819	Alaska	1959
Maine	1820	Hawaii	1959
Missouri	1821	District of Columbia	
Arkansas	1836	(Bundesdistr.)	

Außengebiete (Erwerbung): Puerto Rico, Guam (1898), Samoa (1900), Panama-Kanalzone (1903), Jungfern-Inseln (1917). Nach 1945 Treuhandverwaltung der früher japan. Mandatsgebiete im Stillen Ozean und Verwaltung der Riukiu- und (bis 1968) der Bonin-Inseln.

leitete eine neue Wirtschafts- und Sozialpolitik ein, in der Wirtschaftsliberalismus einer staatl. Wirtschaftsplanung weichen mußte (⇥New Deal). Außenpolitisch versuchten die V. S. ihre panamerikan. Politik zu beleben (Politik der »Guten Nachbarschaft« in Lateinamerika). Mit Rücksicht auf die Isolationisten (⇥Isolationismus) traten die V. S. nicht sofort in den 2. Weltkrieg ein, unterstützten jedoch die gegen die Achsenmächte Krieg führenden Länder durch Hilfeleistungen, ganz bes. nach dem 1941 eingeführten ⇥Leih-Pacht-System. Der japan. Überfall auf Pearl Harbor (7. 12. 1941) löste die amerikan. Kriegserklärung aus (⇥Weltkrieg). Mit dem Abwurf der ersten Atombombe über Hiroschima wurden die V. S. zur ersten Atommacht. Im wesentlichen durch amerikan. Initiative wurden die ⇥Vereinten Nationen (26. 6. 1945) ins Leben gerufen. Als größte wirtschaftl. und militär. Weltmacht förderten die V. S. unter Präs. Truman (1945-53) mit dem ⇥Marshall-Plan die europ. Wirtschaft, wehrten mit der »Truman-Doktrin« das kommunist. Vordringen bes. in Europa ab, sicherten den Bestand freiheitlicher, selbständiger Staaten vor der sowjet. Machtpolitik durch den ⇥Nordatlantik-Pakt (1949) und den ⇥Pazifik-Pakt (1951), der 1954 unter Präs. Eisenhower (1953-61) zum ⇥Südostasiatischen Verteidigungspakt erweitert wurde. Die kommunist. Aggression in ⇥Korea wurde 1950-53 unter Führung der V. S. erfolgreich abgewehrt. Präs. ⇥Kennedy (1961-63) gelang es während der internat. Krise um Kuba (Okt./Nov. 1962), die Sowjetunion zum Verzicht auf militär. Unterstützung Kubas zu zwingen und damit die Krise beizulegen. In der Innenpolitik trat Kennedy für polit. und wirtschaftl. Reformen und für die volle Gleichberechtigung der Neger ein. Im Nov. 1963 wurde in Dallas (Texas) ermordet. Unter Präs. Johnson (1963-69) weitete sich die Abwehr kommunist. Rebellen in ⇥Vietnam zum größten Krieg seit dem 2. Weltkrieg aus. Durch das Bürgerrechtsgesetz (1964) suchte Johnson die volle Gleichberechtigung der Neger zu erreichen. Der Führer der Bürgerrechtsbewegung, Martin Luther King, wurde April 1968 ermordet. Seit 1969 ist der Republikaner R. Nixon Präsident, der die Beteiligung der V. S. am Vietnamkrieg einschränkte und die »Vietnamisierung« des Konflikts einleitete.

Vereinigtes Wirtschaftsgebiet, VWG, 1946 bis 1949 die Vereinigung der amerikan. und brit. Besatzungszonen in Dtl. **(Bizone).**

Vereinigungsfreiheit, Vereinigungsrecht, das Grundrecht, →Vereine und Gesellschaften zu gründen (Art. 9 GG).

Vereinte Nationen, engl. **United Nations (Organization), UN(O),** eine Vereinigung von Staaten, an Stelle des →Völkerbundes geschaffen durch die Charta (Satzung) von San Francisco vom 26.6.1945; Sitz: New York (BILD). Der Zweck der V.N. ist: 1) Wahrung des Weltfriedens und der Sicherheit durch kollektive Maßnahmen gegen Friedensbedrohungen, Angriffshandlungen und andere Friedensbrüche sowie durch Schlichtung und Regelung internationaler Streitigkeiten und friedensbedrohender Lagen; 2) Förderung freundschaftl. Beziehungen zwischen den Nationen auf Grund der Gleichberechtigung und Selbstbestimmung; 3) Internat. Zusammenarbeit zur Lösung wirtschaftl., sozialer, kultureller und humanitärer Probleme und Förderung der →Menschenrechte ohne Unterschied von Rasse, Geschlecht, Sprache oder Religion. – Die Mitglieder der V.N. sind u.a. verpflichtet, ihre Streitigkeiten friedlich zu regeln, sich der Drohung mit Gewalt und der Gewaltanwendung zu enthalten, einen Angreifer nicht zu unterstützen und an Kollektivmaßnahmen teilzunehmen. – **Hauptorgane** sind: die Vollversammlung, der →Sicherheitsrat, der Treuhänderrat (für die Treuhandgebiete), der Wirtschafts- und Sozialrat, der →Internationale Gerichtshof und das Sekretariat mit dem Generalsekretär (1946-53 T.Lie, 1953-61 D.Hammarskjöld, 1961-71 U Thant, seit 1972 K.Waldheim.) – Daneben bestehen Sonderorganisationen (in denen auch Nichtmitglieder vertreten sind), wie die →Internationale Arbeitsorganisation, die Internat. Ernährungs- und Landwirtschaftsorganisation (→FAO), die →UNESCO, die →Weltgesundheitsorganisation, der →Internationale Währungsfonds, die →Internationale Bank für Wiederaufbau (Weltbank), die Internat. Organisation für Zivilluftfahrt, der →Weltpostverein, der Weltnachrichtenverein, der Weltverein für Wetterkunde u.a. – Den V.N. gehören (1972) 132 Staaten an; Nichtmitgl. sind u.a. Bundesrep. Dtl., Dt. Dem. Rep. und die Schweiz. ⊨ S. 346.

Vereinte Nationen: Sitzungssaal

Vererbung, Gen'etik die, Übertragung der elterl. Merkmale auf die Nachkommen durch die Geschlechtszellen bei Mensch, Tier und Pflanze. Die Erbanlagen **(Gene)** sind in den Chromosomen des Zellkerns verankert, doch kommt nach neueren Forschungen auch dem Protoplasma bei der V. eine Bedeutung zu. Im Erbgang lassen sich Gesetzmäßigkeiten beobachten, die zuerst von Mendel (1865) durch planmäßige Kreuzungen an Erbsen entdeckt wurden. 1) **Uniformitätsgesetz.** Kreuzt man zwei verschiedene reinerbige Rassen miteinander, so sind die Nachkommen der 1.Tochtergeneration **(1. Filialgeneration, F_1)** untereinander

gleich (uniform). Kommt in der F_1 nur das Merkmal des einen Elternteils zum Vorschein, so spricht man von **dominantem** im Gegensatz zum **intermediären** (zwischenelterl.) Erbgang, das Merkmal der F_1 zwischen denen der Eltern liegt. 2) **Spaltungsgesetz.** Kreuzt man die Individuen der F_1 untereinander, so spaltet die F_2 auf in ganz bestimmten Zahlenverhältnissen. Dabei treten auch stets die gegensätzl. Merkmale der Elterngeneration wieder hervor. 3) **Unabhängigkeitsgesetz.** Kreuzt man Rassen, die sich in mehreren Merkmalen unterscheiden, so vererben sich die einzelnen Merkmale unabhängig voneinander.

Die **Mendelschen Gesetze** erklären sich aus den Zellvorgängen bei der Keimzellenreifung. Die Ausbildung eines Merkmals wird durch Erbanlagen bewirkt, die in den Körperzellen stets paarweise, also doppelt vorhanden sind. Bei der Reifeteilung der Keimzellen tritt eine Halbierung des Chromosomensatzes (→Kernteilung) und damit der **Erbmasse** ein **(Reduktionsteilung).** Mischerbige **(heterozygote)** Individuen spalten in der nächsten Generation auf, reinerbige **(homozygote)** nicht. Im dominanten Erbgang tauchen in der F_2 Individuen auf, die in ihrem Erscheinungsbild **(Phaenotypus)** übereinstimmen, in ihrem Erbbild **(Genotypus)** aber voneinander abweichen. Mischerbigkeit kann nur durch Weiterzucht nachgewiesen werden.

Auch die Ausbildung des Geschlechts unterliegt den Gesetzen der V. und wird bestimmt durch das **Geschlechtschromosom.** Dieses X-Chromosom ist beim weibl. Individuum meist paarig (XX), beim männl. unpaarig. (XY). Geschlechtsgebundene Merkmale (z.B. Bluterkrankheit, Rotgrünblindheit) sind durch bes. Gene im X-Chromosom bedingt. Die Gültigkeit der V.-Gesetze beim Menschen wird mit Hilfe der sippenkundl., der statist. und der Zwillingsmethode erforscht. Erblich bedingt sind körperl. und geistig-seel. Eigenschaften, ferner zahlreiche Krankheiten (z.B. Taubstummheit, grüner Star, · Schwachsinn). Nach heutiger Auffassung sind die Gene Nucleoproteinmoleküle, →Nucleinsäuren.

Verfahren das, ♂♀ Folge von ineinandergreifenden Rechtshandlungen vor Gerichten oder Verwaltungsbehörden zur Erledigung einer Einzelsache.

Verfahrenstechnik, die wissenschaftlichtechn. Erforschung der Verfahren für stoffl. Änderungen (Zerkleinern, Filtern, Verdampfen Trocknen u. dgl.).

Verfassung die, 1) die geschriebenen oder ungeschriebenen Grundsätze über Aufbau und Tätigkeit, insbes. über die Form und Willensbildung des Staates, die Rechtsstellung der Regierung und der Staatsbürger; auch die diese Grundsätze enthaltende Urkunde (V.-Urkunde, Staatsgrundgesetz). Der Inhalt der V. ist nach der Staatsform verschieden. Geschaffen wird die V. vom Träger der V.-Gewalt, in der Demokratie durch ein vom Volk seine gewählten Vertreter beschlossenes Gesetz, neuerdings oft unter Bestätigung durch eine Volksabstimmung. 2) die grundlegende Satzung einer Vereinigung oder Körperschaft.

Verfassungsänderung, die Änderung des geltenden Verfassungsrechts; sie ist im allgemeinen von einer qualifizierten Mehrheit (z.B. $^2/_3$-Mehrheit) der an der Gesetzgebung beteiligten Körperschaften abhängig.

Verfassungsbeschwerde, Bundesrep.Dtl.: ein Rechtsschutzmittel des Einzelnen zur prozessualen Durchsetzung der Grundrechte und gegen verfassungswidrige Eingriffe der Staatsgewalt.

Verfassungsgerichtsbarkeit, das einem höchsten Gericht übertragene Verfahren zur Entscheidung bestimmter Verfassungsrechtl. Streitigkeiten; in der Bundesrep. Dtl. das Bundesverfassungsgericht und für die einzelnen Länder Staats- oder Verfassungsgerichtshöfe.

Verfassungskonflikt, ein Streit zwischen Staatsorganen (z.B. Parlament und Regierung) um ihre verfassungsmäßigen Rechte.

Verfassungsschutz, alle Maßnahmen zum Schutz der Verfassung; in der Bundesrep. Dtl.

von V.-Ämtern der Länder und des Bundes wahrgenommen; polizeiliche Exekutiv- und Aufsichtsbefugnisse stehen ihnen nicht zu.

Verfassungsverrat, die Beeinträchtigung des Bestandes der Bundesrep. Dtl. oder die Beseitigung bestimmter Verfassungsgrundsätze durch Mißbrauch oder Anmaßung von Hoheitsbefugnissen. Freiheitsstrafe nicht unter einem Jahr.

Verflüssigung die, Überführung von Gasen in den flüssigen Zustand durch Abkühlung unter die kritische Temperatur.

Verfolgungswahn, Krankheitserscheinung bei verschiedenen Geisteskrankheiten.

Verfremdung die, in der Literatur: das Verändern gewohnter Erscheinungen ins Ungewöhnliche, ein Kennzeichen jeder stark stilisierenden Kunst. Für das Drama wurde der V.-Effekt bes. von Bert Brecht gefordert, um dem Dargestellten den Charakter des »Gezeigten« zu wahren.

Verfügung die, ♫♭ im Unterschied zu Urteilen und Beschlüssen eine prozeßleitende Anordnung des Richters. – Bürgerl. Recht: eine Rechtshandlung, durch die unmittelbar ein Recht aufgehoben, übertragen, belastet oder inhaltl. verändert wird. – Verwaltungsrecht: ein Verwaltungsakt, der ein Ge- oder Verbot enthält (z. B. Polizei-V.).

Verführung eines unbescholtenen Mädchens unter 16 Jahren zum Beischlaf wird auf Antrag der Eltern oder des Vormundes mit einer Freiheitsstrafe bis zu 1 Jahr bestraft (§ 182 StGB).

vergällen, denatur'ieren, steuerpflichtige Waren, z. B. Alkohol, ungenießbar machen.

Vergangenheit die, Ⓢ Abwandlungsform des Zeitworts im →Präteritum: →Imperfekt, →Perfekt und →Plusquamperfekt.

Vergaser der, ⚙ Teil des Ottomotors, der den flüssigen Brennstoff zerstäubt und das für die Verbrennung notwendige Kraftstoff-Luft-Gemisch herstellt. Der Kraftstoff fließt vom Tank über das Schwimmergehäuse zur Zerstäuberdüse; ein Schwimmer mit Nadelventil regelt die Kraftstoffzufuhr. An der Zerstäuberdüse wird der Kraftstoff von der in die Zylinder gesaugten Luft erfaßt und fein zerstäubt, so daß er verdampft. Bei **schwimmerlosen** V. regelt ein System von Membranen die Kraftstoffzufuhr.

Vergasung die, 1) ⌬ Umwandlung eines festen Brennstoffs in Gas, z. B. durch Erhitzen unter unzureichender Luftzufuhr und Zusatz von Wasserstoff, Wasserdampf u. a. 2) Vertilgung (von Ungeziefer).

Vergehen das, eine strafbare Handlung, die mit Einschließung bis zu 5 Jahren, mit Freiheitsstrafe oder mit Geldstrafe von mehr als 150,– DM oder mit Geldstrafe schlechthin bedroht ist. (→Verbrechen, →Übertretung).

Vergesellschaftung die, 1) Ökologie: Zusammenleben verschiedener Arten (Pflanzen, Tiere). 2) ⚖ Überführung privater wirtschaftl. Unternehmen in Gemeineigentum.

Vergewaltigung die, →Notzucht.

Vergiftung die, 1) ⚕ Erkrankung durch Giftwirkung; kann durch innerl. Aufnahme, durch Einspritzung unter die Haut oder durch Einatmen von →Giften eintreten. 2) ♫♭ das absichtl. Beibringen von Gift, um die Gesundheit eines andern zu schädigen; Freiheitsstrafe nicht unter einem Jahr (§ 229 StGB).

Verg'il, Virg'il, Publius Virgilius Maro, röm. Dichter, *70, †19 v. Chr.; 10 Eklogen, deren 4., auf Christus gedeutet, V. dem MA. als Propheten erscheinen ließ; Georgica, Aeneis.

Vergißmeinnicht das, krautige Borretschgewächse mit meist blauen Blüten.

Vergleich der, ♫♭ Vertrag, durch den ein Streit oder die Ungewißheit der V.-Partner über ein Rechtsverhältnis durch gegenseitiges Nachgeben beseitigt wird (§ 779 BGB). Vor Gericht zur Beilegung eines Rechtsstreites geschlossener V. (Prozeß-V.) ist ein Vollstreckungstitel (→Vollstreckung). **V.-Verfahren,** gerichtl. Verfahren, das auf Antrag eines zahlungsunfähigen Schuldners (V.-Schuldners) vom Amtsgericht zur Abwendung des Konkurses durchgeführt werden kann. Ziel: Entschuldung durch Stundung oder Erlaß eines Teils der Verbindlichkeiten unter Aufrechterhaltung des Geschäftsbetriebes.

Vergnügungsteuer, früher **Lustbarkeitsteuer,** Verbrauchsteuer, die die Gemeinden auf Grund der Landes-V.-Gesetze und der Gemeindesteuerverordnungen von Veranstaltern von Vergnügungen (z. B. Tanz-, Theater-, Kino-, Sportveranstaltungen) erheben.

vergolden, Gold auf andere Gegenstände bringen durch Kathodenzerstäubung, galvanisch, als Blattgold, als Goldbronze.

Vergrößerungsapparat, Gerät zum Herstellen vergrößerter Bilder eines Negativs.

Vergrößerungsglas, die →Lupe.

vergüten, 1) ⚙ Stähle durch Härten und Anlassen verbessern. 2) die Oberfläche opt. Linsen mit einer dünnen Schicht von Magnesium- oder Lithiumfluorid überziehen zur Verminderung der Reflexionsverluste.

Verhaeren [fɛrh'aːrən], Emile, belg. Dichter, *1855, †1916; Gedichte, Bühnenwerke.

Verhaftung die, ♫♭ Festnahme einer Person: 1) bei Verfolgung einer Straftat (→Untersuchungshaft); 2) aus polizeil. Gründen (→Schutzhaft); 3) zur Erzwingung des →Offenbarungseides.

Verhaltensforschung, Verhaltensphysiologie, Ethologie, die Untersuchung des Verhaltens von Mensch und Tier.

Verhältnis das, meßbare, vergleichbare Beziehung.

Verhältniswort, Präpositi'on [lat.] die, Ⓢ eine Wortart, die Hauptwörter in besondere Beziehung setzt, z. B. hinsichtlich, mittels, oberhalb, außer, entsprechend, seit, ohne, an, auf, für.

verholen, ⚓ den Liegeplatz wechseln.

Verhör das, ♫♭ Vernehmung, Befragung durch den Richter oder die Polizei.

verhütten, ⚙ Erze auf technisch wichtige Bestandteile verarbeiten.

verifiz'ieren [lat.], beglaubigen, die Richtigkeit dartun. Hw.: die **Verifikati'on.**

Ver'ismus der, in Italien eine vom französ. Naturalismus angeregte literar. Strömung, die sich um Zeitprobleme bemühte. Hauptvertreter G. →Verga. Auch die italien. Oper (Puccini, Mascagni, Leoncavallo) schloß sich dem V. an.

verit'abel [frz.], wahrhaft.

Verjährung die, 1) im bürgerl. Recht der Verlust eines Anspruchs durch Zeitablauf. Der Schuldner kann Leistung verweigern, das trotz V. Geleistete aber nicht zurückfordern. Die V.-Frist beträgt 30 Jahre, jedoch zahlreiche Ausnahmen. Die V. wird u. a. durch Klageerhebung unterbrochen. 2) im Strafrecht unterscheidet man V. der Strafverfolgung (abgestuft nach der angedrohten Strafe) und V. der Strafvollstreckung (abgestuft nach der Höhe der verhängten Strafe). 3) im Steuerrecht verjähren die Ansprüche des Staates auf Zölle und Verbrauchsteuern in 1 Jahr, auf die Grundsteuer in 3 Jahren, auf die übrigen Steuern in 5 Jahren, auf hinterzogene Steuern in 10 Jahren.

Verjüngung die, 1) ⚕ 🧪 die erstrebte Verzögerung des Alterns. Versuche (durch gesundheitsfördernde Lebensweise und Vermeiden schädl. Umwelteinflüsse. Versuche um V.) mit vermehrte Keimdrüsentätigkeit (Samenleiterunterbindung und Überpflanzung von Affenhoden) führten nur zu vorübergehenden Erfolgen. 2) 🌲 die Gründung einen jungen Bestandes als Nachfolger eines Vorbestandes. 3) Gartenbau: bei Holzgewächsen das Entfernen alten Holzes oder starker Rückschnitt.

Verkalkung, Skler'ose [grch.] die, ⚕ krankhafte Verhärtung von Geweben und Organen durch Ablagerung von Kalksalzen (→Arterienverkalkung).

Verkehr der, die Beförderung von Personen, Gütern und Nachrichten unter Benutzung der V.-Mittel (Kraftfahr-, Flugzeug, Schiff), V.-Anlagen (Post, Draht, Funk) und V.-Wege (Straßen, Schienen, Kanäle). Man unterscheidet: **Personenverkehr** (Berufs-, Reise-, Fremden-V.), **Güterverkehr** (wirtschaftl. bes. bedeutungsvoll) und

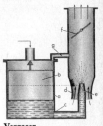

Vergaser,
a Schwimmergehäuse,
b Schwimmer,
c Hauptdüse,
d Lufttrichter,
e Kraftstoffaustritt, f Drosselklappe, g Belüftung

967

Verlaine

Nachrichtenverkehr (durch Post, Fernsprecher, Telegraph, Rund- und Fernsehfunk). Zahlreiche Träger sind verstaatlicht.

Verkehrspolizei, uniformierte Polizei zur Regelung und Überwachung des Straßenverkehrs.

Verkehrssünderkartei, eine vom Kraftfahrt-Bundesamt ab 1.1.1958 geführte Kartei (Verkehrszentralkartei) zur Erfassung der Verkehrsdelikte.

Verkehrsvorschriften (hierzu FARBTAFEL Verkehrszeichen S. 877), die Gesamtheit der Vorschriften, die den Luft-, Binnenschiffahrts-, See-, Eisenbahn- und bes. den Straßenverkehr regeln. Für den letzteren gelten in der Bundesrep. Dtl. bes. das **Straßenverkehrsges. (StVG)** v. 19.12.1952 i. d. F. des Einführungsges. zum Ges. über Ordnungswidrigkeiten **(EGOWiG)** v. 24.5.1968, die **Straßenverkehrsordnung (StVO)** v. 13.11.1937 i.d.F. v. 29.3.1956, zuletzt geändert am 30.4.1964, und die **Straßenverkehrs-Zulassungsordnung (StVZO)** i.d. F. v. 19.12.1968. Verstöße gegen diese V. werden seit dem 1.1.1969 als Ordnungswidrigkeiten durch Verwaltungsbehörden geahndet; nur einige Ausnahmen bleiben weiterhin Vergehenstatbestände (§ 24 StVG neue Fassung). Durch diese Umstellung soll das Verkehrsrecht entkriminalisiert werden. Sie beruht auf der Neuregelung des Ordnungswidrigkeitenrechts durch das **Ges. über Ordnungswidrigkeiten (OWiG)** v. 24.5.1968 in Verbindung mit dem EGOWiG. Grundsätzl. wird jedes Verhalten im Straßenverkehr, durch das ein anderer gefährdet, geschädigt oder mehr als unvermeidbar behindert oder belästigt wird (§1 StVO), als Ordnungswidrigkeit mit Verwarngeld oder Geldbuße geahndet. Für schwererwiegende Verkehrsverstöße bestehen daneben einige Straftatbestände im **Strafgesetzbuch,** die weiterhin durch die Strafgerichte als Vergehen geahndet werden, z.B. Verkehrsunfallflucht, Trunkenheit am Steuer. Das **Zweite Ges. zur Sicherung des Straßenverkehrs** v. 26.11.1964 hat eine Verschärfung der Strafbestimmungen gebracht.

Verkehrszeichen, Zeichen zur Verkehrsregelung: Warn-, Gebots-, Verbots- und Hinweiszeichen (FARBTAFEL S. 877). **Verkehrseinrichtungen** heißen die durch Hand gesteuerten Farbzeichen, die selbsttätigen Lichtzeichen, ferner die Schranken, Seil- und Kettenabsperrungen.

Verklärung Christi, Umstrahlung Christi in himml. Herrlichkeit (Matth. 17); kath. Fest am 6.8.

Verkleinerungswort, Diminut'ivum [lat.] das, z.B. Häuschen, Kindlein, Mädel, Bubi.

Verkohlung die, Umwandlung organ. Stoffe in Kohle durch trockene Destillation oder Erhitzen unter Luftabschluß.

Verkröpfung die, ⌂ Führung eines Gesimses um Mauervorsprünge, Säulen, Pfeiler.

Verkündung die, ⚖ mündl. Bekanntmachung gerichtl. Entscheidungen sowie die Veröffentlichung gesetzlicher Vorschriften.

Verl, Gem. im Kr. Wiedenbrück, Nordrh.-Westf., 15900 Ew.

Verlag der, 1) **V.-System,** gewerbl. Organisation, →Heimarbeit. 2) Zwischenhandelsgeschäft,

Verklärung Christi: Oberer Teil des Bildes von Raffael, um 1517-20 (Vatikan, Pinakothek)

z.B. Bier-V. 3) **V., Verlagsbuchhandel,** Zweig des →Buchhandels, der sich auf Grund eines V.-Vertrags (V.-Ges. von 1901, →Urheberrecht), bei urheberrechtl. freien Werken ohne diesen, der Vervielfältigung und Verbreitung von Werken des Schrifttums, der Kunst und Musik widmet, die oft erst auf seine Anregung entstehen (dann auch auf Grund von Werkverträgen). Der Besitzer eines V. heißt **Verleger** (etwa seit 1550). Bes. die Literaturblüte der Klassik brachte in Dtl. die Entwicklung der großen V. wie Cotta, Göschen, Brockhaus, Vieweg. Die größten Dt. V.-Orte waren 1927: Berlin, Leipzig, München, Stuttgart, Frankfurt a.M., Dresden; 1969: (W- und O-) Berlin, München, Stuttgart, Frankfurt a.M., Hamburg, Köln, Wiesbaden; Leipzig hat die alte Vorrangstellung nicht wieder erreicht. **Verlagsrecht,** ⚖ die Rechtsbeziehungen zwischen dem Verfasser eines Literatur- oder Musikwerks und einem Verleger; sie betreffen bes. die Herstellung, Vervielfältigung und Verbreitung des Werkes sowie die Vergütung des Verfassers.

Verlaine [verl'ε:n], Paul, französ. Dichter, *1844, †1896; Hauptvertreter des Symbolismus.

Verleumdung die, →Beleidigung.

Verlöbnis das, **Verlobung** die, ⚖ gegenseitiges Versprechen, die Ehe miteinander einzugehen. Aus dem V. kann nicht auf Eingehung der Ehe geklagt werden. Ungerechtfertigter Rücktritt vom V, verpflichtet zum Schadensersatz (→Defloration).

Verlust der, ⚌ Differenz zwischen höherem Aufwand und niedrigerem Ertrag im Geschäftsjahr.

Vermächtnis, Leg'at das, Zuwendung eines Vermögensvorteils durch eine →Verfügung von Todes wegen an eine Person, die nicht als Erbe eingesetzt wird (§ 1939 BGB). Der V.-Nehmer erwirbt mit dem Erbfall einen schuldrechtl. Anspruch gegen den Erben auf Gewährung des Vermachten.

Vermeer van Delft, Jan, niederländ. Maler, *1632, †1675, Meister der im Licht leuchtenden Farben. Innenraumbilder. (FARBTAFEL Niederländische Kunst S. 698)

Vermessungsingenieur, Geometer, Landmesser, Feldmesser, nimmt Längen-, Flächen- und Höhenmessungen und Kartierungen vor.

Vermessungskunde, Geodäs'ie die, Lehre von der Bestimmung der gegenseitigen Lage von Punkten auf der Erde durch Messen, trigonometr. Rechnungen und zeichner. Darstellung.

Verm'eylen, August, fläm. Schriftsteller, Kunsthistoriker, *1872, †1945; »Der ewige Jude«.

Vermieterpfandrecht, ⚖ →Miete.

Vermißte, →Todeserklärung.

Vermittlungsausschuß, in der Bundesrep. Dtl. ein Ausschuß aus Mitgliedern des Bundestags und Bundesrats, der auf Verlangen des Bundesrats bei Meinungsverschiedenheiten zwischen beiden Körperschaften über Gesetzesvorlagen tätig wird.

Vermögen das, ⚖ die Gesamtheit der Güter und Rechte einer Person.

Vermögensabgabe, 1) einmalige Abgabe aus dem Vermögensbestand, bes. in Notzeiten. **2)** die Ausgleichsabgabe des Lastenausgleichs, der die

Vermögen von natürl. und jurist. Personen sowie Personenvereinigungen unterliegen, die am 21. 6. 1948 ihren Wohn- oder Verwaltungssitz in der Bundesrep. Dtl. oder in West-Berlin hatten. Die V. beträgt 50 % des abgabepflichtigen Vermögens (Wert des Stichtages) und wird in 30 Jahren abgetragen.

Vermögensbildungsgesetz, das Ges. zur Förderung der Vermögensbildung der Arbeitnehmer v. 12. 7. 1961 und v. 1. 7. 1965, begünstigt vermögenswirksame Leistungen der Arbeitgeber.

Vermögensteuer, Besitzsteuer, deren Bemessungsgrundlage das Vermögen ist. Steuersatz in der Bundesrep. Dtl. im allg. 1%. Besteuert wird bei natürl. Personen das den Freibetrag (20 000 DM, für Ehepaare 40 000 DM, für jedes Kind unter 18 Jahren weitere 20 000 DM) übersteigende Vermögen. Rechtsgrundlagen: V.-Ges. i. d. F. v. 21. 12. 1967, Bewertungsges. v. 10. 12. 1965. – Der Ertrag der V. fließt den Ländern zu.

Vermont [vəːmˈont], Abk. **Vt.,** einer der Neuenglandstaaten der USA, in den nördl. Appalachen; 24 887 km², 444 300 Ew.; Hauptstadt: Montpelier. Viehzucht; Marmor-, Granit-, Asbestgewinnung; Maschinen- u. a. Ind. ⊕ S. 526.

Verne [vɛrn], Jules, französ. Erzähler, *1828, †1905; phantastisch-abenteuerl. Zukunftsromane.

Vernunft die, →Verstand.

Ver'ona, befestigte Stadt in Norditalien, an der Etsch, 258 600 Ew., hat röm. Bauten (Amphitheater), Dom, alte Paläste; Handel und Ind. – V., in der german. Heldensage Bern genannt, war Herrschersitz des Ostgotenkönigs Theoderich d. Gr., kam 1404 an Venedig, 1797 an Österreich, 1866 an Italien.

Verona: San Zeno Maggiore, rechts Glockenturm

Veron'ese, Paolo, eigentl. **Caliari,** italien. Maler, *1528, †1588; glanzvolle, weltzugewandte Tafel- und Wandbilder.

Ver'onika [grch.-lat. »Siegbringerin«, **1)** weibl. Vorname. **2)** Heilige (Tag 4. 2.), reichte nach der Legende dem kreuztragenden Christus ihren Schleier, auf dem sich sein Gesicht abdrückte (**Schweißtuch der V.**).

Verordnung die, von einer Verwaltungsstelle (bes. staatl. Behörde) erlassene allgemeine Anordnung.

Verpfändung die, →Pfandrecht.

Verpuffungs-Strahltriebwerk, →Schmidtrohr.

Verrat der, pflichtwidrige Preisgabe von Geheimnissen (→Hochverrat, →Landesverrat, →Verfassungsverrat).

Verrechnung die, Ausgleich von Forderungen und Verbindlichkeiten zwischen zwei oder mehreren Personen, im Außenhandel zwischen Staaten. **V.-Einheit,** Währungseinheit, zu der die an einem Zahlungsabkommen beteiligten Länder abrechnen. **V.-Preise,** Preise oder Rechnungsziffern für die innerbetriebl. Abrechnung zwischen einzelnen Abteilungen. **V.-Scheck,** ein Scheck, der nicht bar ausgezahlt, sondern dem Konto des Vorlegers gutgeschrieben wird.

Verr'enkung, Luxati'on [lat.] die, ♄ krankhafter Zustand, bei dem das Gelenkende des einen Knochens das Gelenklager des anderen teilweise oder völlig verlassen hat.

Verrichtungsgehilfe, ♄♄ eine Person, die von einer anderen, dem Geschäftsherrn, zu einer Verrichtung bestellt ist. Der V. verpflichtet den Geschäftsherrn nach § 831 BGB zum Schadenersatz, wenn er in Ausübung der Verrichtung einem Dritten widerrechtl. Schaden zufügt.

Verrocchio [vɛrˈokkio], Andrea del, eigentl. **del Cione,** italien. Bildhauer und Maler, *1436, †1488, Reiterdenkmal des Colleoni in Venedig. (TAFEL Bildhauerkunst)

Vers [lat.] der, rhythm. Glied einer Dichtung in gebundener Rede (Gedicht, Versnovelle, -erzählung, -roman); wird durch Zeilenende, bei Dichtungen mit Endreim auch durch den Reim abgeschlossen. Die Lehre vom **Versmaß (Metrum),** der einem V. eigentüml. Form, heißt **Verslehre** oder **Metrik.** Es gibt im V. drei Möglichkeiten der Sprachbehandlung: 1) die quantitierende (messende), 2) die akzentuierende, 3) die alternierende. Beim quantitierenden Versbau der altgriech. und altröm. V.-Kunst entsteht der V.-Rhythmus durch die Quantitäten (Dauerzeiten der Silben: lang, kurz). Beim akzentuierenden V.-Bau der german. (dt., engl. usw.) V.-Kunst fallen Hebungen und Senkungen des Versrhythmus grundsätzlich mit den Hebungen und Senkungen des natürl. Sprachrhythmus zusammen. V.- und Sprachbetonung stimmen überein. Beim alternierenden V. herrscht regelmäßiger Wechsel von einsilbiger Hebung und Senkung. Die kleinste rhythm. Einheit des V. ist der **Versfuß** (→Anapäst, →Iambus, →Trochäus, →Daktylus). Als V.-Schmuck kommen vor: der Stabreim, der →Reim, die Assonanz. Die einzelnen V. werden zur Strophe gebunden. In neuerer Zeit verwendet man vielfach freie Rhythmen.

Ver s'acrum [lat.] das, altitalischer Brauch, nach dem man in Notzeiten die im Frühling geborenen Tiere und Menschen, auch den Feldertrag eines Jahres den Göttern weihte.

Versailler Vertrag, der am 28. 6. 1919 in Versailles von den Alliierten und Assoziierten Mächten und dem Dt. Reich zur Beendigung des 1. Weltkrieges unterzeichnete Vertrag, am 10. 1. 1920 in Kraft getreten.

INHALT. Die Kreise Eupen und Malmedy fielen an Belgien, an Frankreich Elsaß-Lothringen und die Saarkohlengruben. Das Saargebiet wurde für 15 Jahre dem Völkerbund unterstellt (Abstimmung 1935). An Polen fiel der Hauptteil der Provinzen Posen und Westpreußen. Volksabstimmungen wurden vorgesehen für die west- und ostpreuß. Bezirke Allenstein und Marienwerder sowie für Oberschlesien. Danzig wurde durch den Einfluß Lloyd Georges als Freistaat unter den Schutz des Völkerbundes gestellt. An die Tschechoslowakei fiel das zu Schlesien gehörende Hultschiner Ländchen. An Dänemark fiel Nordschleswig nördl. der »Clausenlinie« durch Volksabstimmungen. Das zunächst an die Alliierten abgetretene Memelland wurde 1923 Litauen zugesprochen. Der vom österr. Parlament beschlossene Anschluß der neugebildeten Rep. Österreich an das Reich wurde verboten. Das Reich mußte auf Kolonien verzichten. Die dt. Ströme wurden internationalisiert, das linke Rheinufer mit den Brückenköpfen Kehl, Mainz, Koblenz und Köln 15 Jahre besetzt; das Rheinland entmilitarisiert. Die Entwaffnungsbestimmungen sollten den »Anfang einer allgemeinen Rüstungsbeschränkung aller Nationen« ermöglichen. Das Heer wurde auf ein Berufsheer beschränkt (→Reichswehr). Der Besitz größerer Schiffseinheiten, der Bau von Unterseebooten, Flugzeugen, modernen und schweren Waffen wurden verboten, der Generalstab aufgelöst. Zur Überwachung wurde Militärkontrolle eingesetzt. Zur Rechtfertigung der →Reparationen diente den Art. 231, der Dtl. die Schuld am Ausbruch des Krieges zuwies. Der größte Teil der dt. Handelsflotte wurde ausgeliefert, das dt. Privateigentum im feindl. Ausland enteignet. Gefordert, jedoch nicht durchgesetzt, wurde die Auslieferung des Kaisers sowie der 895 dt. »Kriegsverbrecher«.

ENTWICKLUNG NACH 1920 (→Weimarer Repu-

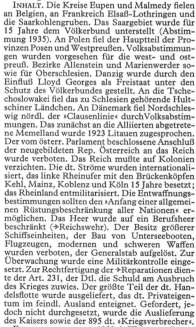

Verne

Versailles:
Schloß, Parkseite

blik). Der Vertrag wurde von den USA nicht ratifiziert (Sonderfriede 1921). Der V. V. ist auch im Lager der Sieger oft Gegenstand der Kritik gewesen. Ein Teil der wirtschaftl. Auswirkungen wurde durch die Verständigungspolitik Stresemanns gemildert. Der Kampf gegen den V. V. war ein Kernstück der nat.-soz. Propaganda.

Versailles [vɛrsˈaːj], Stadt im SW von Paris, 90 800 Ew.; Schloß (TAFEL Baukunst) mit Park Ludwigs XIV. 1672-1789 Residenz der französ. Könige. Dem nordamerikan. Unabhängigkeitskrieg machte der **Friede von V.** 1783 zwischen Frankreich, Spanien, den USA und England ein Ende. Durch die Novemberverträge von V. traten die süddt. Staaten 1870 dem Norddt. Bund bei; am 18. 1. 1871 wurde Wilhelm I. zum Dt. Kaiser ausgerufen; am 26. 2. 1871 **Vorfriede von V.** (→Deutsch-Französischer Krieg). 1871-79 tagte die französ. Nationalversammlung in V. →Versailler Vertrag.

Vers'alien [lat.] Mz., die großen Buchstaben.

Versammlung die, **1)** zu bestimmtem Zweck zusammengekommene Menschen. **2)** Reiten: Haltung des zugerittenen Pferdes, bei der sein Schwerpunkt durch stärkeres Biegen der Hinterhand und damit verbundenes Aufrichten der Vorderhand nach rückwärts verschoben ist.

Versammlungsfreiheit, das Recht der Bürger, sich friedlich und unbewaffnet zu versammeln; ein wesentliches, nur für Versammlungen unter freiem Himmel eingeschränktes Grundrecht jedes freiheitl. Staates, in der Bundesrep. Dtl. in Art. 8 GG garantiert.

Versandhandel, Betriebsform des Einzelhandels: Waren werden über Kataloge, Prospekte, Preislisten oder Vertreter an den Verbraucher abgesetzt; Bar- oder Teilzahlung.

Versäumnisverfahren, Zivilprozeß: das Verfahren bei Nichterscheinen einer Partei zur mündl. Verhandlung. Auf Antrag der erschienenen Partei ergeht **Versäumnisurteil** gegen die nicht erschienene Partei. Gegen dieses Urteil kann innerhalb 2 Wochen (im Amtsgerichtsprozeß innerhalb einer Woche) Einspruch eingelegt werden.

Verschleppung die, ♫ in der Bundesrep. Dtl. →Menschenraub aus polit. Gründen.

Verschlußlaute, lat. **M'utae** Mz., Laute, die durch Lösung oder Sprengung des Verschlusses der Mundhöhle entstehen (p, t, k, b, d, g).

verschneiden, 1) →Kastration. **2)** das zweckmäßige Mischen verschiedener Wein-, Rum- oder Essigsorten untereinander; das Ergebnis heißt **Verschnitt,** z. B. Rum-Verschnitt.

Verschollenheit die, →Todeserklärung.

Verschulden das, →Schuld.

Verschwörung die, geheime Verbindung mehrerer Personen, bes. gegen den Staat oder seine Einrichtungen; kann die Tatbestände des →Hochverrats oder der Staatsgefährdung oder der →Geheimbünde erfüllen.

Versehrte, bes. **Kriegsbeschädigte, Kriegsversehrte,** haben Anspruch auf →Versorgung.

Verseifung die, ⤳ Spaltung der Fette in Seifen und Glycerin durch Kochen mit Alkalien; allgemeiner alle chemisch gleichartigen Spaltungen.

Versetzungszeichen, ♪ das Zeichen für die Erhöhung (♯; Kreuz) oder Erniedrigung (♭; b)

eines Tons um einen Halbton, doppelt geschrieben (♯♯ oder ♭♭) um 2 Halbtöne; wird durch →Auflösung aufgehoben.

Versicherung die, Deckung eines durch bestimmte Ereignisse hervorgerufenen Vermögensbedarfs durch Verteilung auf eine größere Anzahl Personen. Durch Zahlung eines Beitrags **(Prämie)** an den Versicherer deckt sich der Versicherte gegen die Wechselfälle des Lebens. Über den V.-Vertrag wird ein **V.-Schein (Police)** ausgestellt. – Man unterscheidet: 1) Schaden-V., um einen Vermögensschaden zu ersetzen: **Güter-V.** (z. B. Feuer-V.), **Vermögens-V.** (z. B. →Haftpflicht); 2) **Personen-(Summen-)V.:** z. B. →Lebens-, →Kranken-, Unfall-V. Die V. wird betrieben als private V. (Individual-V.) oder als öffentl. V. (→Sozialversicherung). Die V. stehen unter staatl. Aufsicht.

Versicherungsamt, Behörde, die die Geschäfte der Sozialversicherung wahrnimmt.

Versicherung an Eides Statt, →eidesstattliche Versicherung.

vers'iert [lat.], in einer Sache bewandert.

versilbern, eine Silberschicht auf Gegenständen aufbringen, meist galvanisch.

Versi'on [lat.] die, Wendung, Fassung, Lesart.

Versöhnungstag, hebr. **Jom Kippur,** hohes jüd. Fest am 10. des 7. Monats (Sept./Oktober), an dem der Hohepriester im alten Israel das Heiligtum, das Volk und sich selbst entsühnte.

Versorgung die, Sicherung des Lebensunterhaltes für Arbeitsunfähige, Ruheständler, Hinterbliebene. In der Bundesrep. Dtl. ist die V. nach der Erwerbstätigkeit geregelt: 1) **Beamten-V.** umfaßt Ruhegehalt, Unterhaltsbeitrag, Hinterbliebenen-V., Unfallfürsorge, Abfindung, Übergangsgeld; Regelung durch Bundes- und Ländergesetze. 2) Die **V. der Angestellten und Arbeiter des öffentl.** Dienstes regeln die soziale Rentenversicherung und eine V.-Anstalt. 3) Auf die **V. der verdrängten Angehörigen des öffentl. Dienstes** findet das BGB Anwendung. 4) Für die **V. der Opfer des Krieges** gelten das Bundes-V.-Ges. i. d. F. v. 20. 1. 1967, das Schwerbeschädigtenges. v. 16. 6. 1953 i. d. F. v. 14. 8. 1961, das Wiedergutmachungsges. v. 3. 8. 1953, das Heimkehrerges. i. d. F. v. 17. 8. 1953, das Kriegsgefangenen-Entschädigungsges. i. d. F. v. 1. 9. 1954 sowie das Ges. über die Unterhaltshilfe für Angehörige von Kriegsgefangenen i. d. F. v. 18. 3. 1964. 5) Die **V. der Soldaten** der Bundeswehr unterliegt dem Soldaten-V.-Ges. v. 26. 7. 1957. 6) Über die **V. der freien Berufe,** der Arbeiter und Angestellten der Wirtschaft →Lebensversicherung, →Rentenversicherung, →Altersversorgung.

Versorgungsbetrieb, Unternehmen zur Versorgung mit Wasser, Gas oder Elektrizität.

Versorgungsstaat, Staat, in dem die Versorgung der Staatsangehörigen bei Not, Krankheit, im Alter eine Hauptaufgabe ist.

Verstaatlichung, →Sozialisierung.

Verstädterung die, **1)** das Anwachsen der städt., bes. der großstädt. Bevölkerung innerhalb der Gesamtbevölkerung eines Landes. **2)** Vorherrschen städt. Lebensformen in urspr. ländl. Gebieten.

Verstand der, Vermögen des Denkens; bildet Begriffe, urteilt, schließt. Dagegen richtet sich die Vernunft auf die großen ganzheitl. Zusammenhänge; bei Kant: das höhere Erkenntnisvermögen.

Verstärker der, **1)** ⊙ Geräte, die die Erzeugung starker Spannungen oder Ströme gleicher Zeitabhängigkeit steuern; meist Geräte mit Elektronenröhren oder Transistoren. **2)** photograph. Bäder, in denen das fertige, aber ungenügend gedeckte Bild durch Anlagerung von Metallen oder Farbstoffen eine stärkere Deckung erhält.

Verstärkerröhren, ∮ Elektronenröhren mit mindestens einem Gitter zur Verstärkung elektr. Spannungs- und Stromschwankungen.

Verstauchung, Distorsion [lat.] die, ∮ eine Dehnung oder Zerreißung von Gelenkbändern oder -kapseln, meist mit Bluterguß.

Versteigerung, Auktion [lat.] die, ♂ der öffentl. Verkauf von Sachen an die Meistbietenden. Jedes Gebot erlischt durch ein höheres; der Abschluß erfolgt durch den Zuschlag. Freiwillige V. werden durch staatlich zugelassene Versteigerer, →Zwangsversteigerungen durch Gerichtsvollzieher durchgeführt.

Versteinerung die, →Fossil. **Versteinerungskunde**, Paläontologie.

Versteppung die, durch Eingriffe in den Wasserhaushalt der Natur (unsachgemäße Flußregulierung, übermäßige Rodung, Raubbau) bewirktes Absinken des Grundwasserspiegels. Es führt zur Austrocknung des Oberbodens, Abspülung und Ausblasung der Ackerkrume.

Verstopfung die, ⚕ Störung der Darmtätigkeit mit ungenügender Stuhlentleerung (**Obstipation**). Chronische V. wird häufig verursacht durch Mangel an natürl. Kost und reichl. Lebensweise. Günstig wirken Obst, Gemüse, Schwarzbrot; sonst Massage, Einlauf, notfalls Abführmittel.

Versuch der, 1) ♂ im Strafrecht der Beginn der Ausführung einer Straftat mit dem Willen, diese zu begehen. Der V. eines Verbrechens ist stets, der V. eines Vergehens nur dann strafbar, wenn das Gesetz es ausdrücklich vorschreibt; der V. einer Übertretung wird nicht bestraft. Der V. wird milder bestraft als die vollendete Tat (§§ 43ff. StGB). 2) →Experiment.

Vertebr'aten [lat.] Mz., die →Wirbeltiere.

Verteidigung die, 1) ♂ im Strafprozeß die Wahrnehmung der Interessen des Beschuldigten durch ihn selbst oder durch einen **Verteidiger**. Zum Verteidiger kann vom Beschuldigten jeder bei einem dt. Gericht zugelassene Rechtsanwalt und jeder Rechtslehrer einer dt. Hochschule gewählt werden (**Wahlverteidiger**), andere Personen nur mit Genehmigung des Gerichts. In bestimmten schweren Fällen ist die Mitwirkung eines Verteidigers (gegebenenfalls eines vom Gericht zu bestellenden **Pflicht-** oder **Offizialverteidigers**) notwendig. 2) ⚔ die Kriegs- oder Kampfführung zur Abwehr eines Angreifers.

vertik'al [lat.], senkrecht.

V'ertiko das, niedriger Schrank mit Aufsatz.

Vertrag der, ♂ ein Rechtsgeschäft, das durch Angebot und Annahme zustande kommt. Man unterscheidet öffentlich-rechtliche (z.B. Staats-V., Konkordate) und privatrechtliche; unter letzteren u.a. schuldrechtliche (obligatorische, z.B. Kauf, Miete), dingliche (Auflassung), familienrechtliche (Ehe) und erbrechtliche (Erb-V.), ferner entgeltliche und unentgeltliche V., je nachdem, ob für die Leistung des einen Teils eine Gegenleistung des andern vereinbart ist oder nicht.

Vertragshilfe, ♂ die Stundung der Herabsetzung von vertragl. Verbindlichkeiten mit Rücksicht auf die Kriegsverhältnisse.

Vertragslehre, die staatsphilosoph. Lehre, nach der das Entstehen und Bestehen des Staates auf eine freie Vereinbarung der Einzelnen zurückgeht und dadurch gerechtfertigt wird (**Vertragstheorie**). Ihre letzte Ausprägung fand die V. durch Rousseaus Schrift über den Gesellschaftsvertrag.

Vertragsspieler, ⚽ ein Fußballspieler, der auf Grund eines schriftl. Vertrags von seinem Verein für bes. sportl. Inanspruchnahme eine Entschädigung erhält; gilt nicht als Berufssportler, kann aber bei Olymp. Spielen nicht eingesetzt werden.

Vertragsstaaten, Piratenküste, engl. **Trucial States** [tr'u:ʃəl steits], 7 selbständige arab. Fürstentümer an der SO-Küste des Pers. Golfes in Arabien; zus. 83600 km², rd. 130000 Ew.; Erdölvorkommen (Förderung seit 1962).

Vertragsstrafe, vom Schuldner versprochene Leistung für den Fall, daß er seine Verbindlichkeit nicht oder nicht richtig erfüllt (**Konventionalstrafe**).

Vertragssystem, in der Dt. Dem. Rep. das System, durch das Privatbetriebe zur Erfüllung der Volkswirtschaftspläne herangezogen werden. Sie müssen mit Lieferanten und Abnehmern besondere Verträge abschließen.

Vertrauensarzt, Arzt, der im Rahmen eines Betriebes oder der →Sozialversicherung Krankheitsfälle zu überprüfen hat.

Vertrauensfrage, bei Meinungsverschiedenheiten zwischen Regierung und Parlament die Entscheidung des Parlaments über das Verbleiben oder den Rücktritt der Regierung (**Kabinettsfrage**). →Mißtrauensvotum.

vertretbare Sachen, ♂ bewegl. Sachen, die nach Zahl, Maß oder Gewicht bestimmt zu werden pflegen (z.B. Geld, Getreide).

Vertreter der, wer ermächtigt ist, Rechtsgeschäfte für einen andern abzuschließen, bes. im kaufmänn. Verkehr (z.B. Handlungsbevollmächtigter, -reisender, Kommissionär), oder ihn im Zivilprozeß zu vertreten; einer ist **gewillkürter V.**, wenn er durch rechtsgeschäftl. Vollmacht, **gesetzlicher V.**, wenn er durch Gesetz ermächtigt ist.

Vertriebene, allgemein: aus ihren Wohn- und Heimatgebieten zwangsweise ausgetriebenen Personen, im engeren Sinn: die dt. Staats- oder Volksangehörigen, die ihren außerhalb der Bundesrep. Dtl., der Sowjetzone und Berlins gelegenen Wohnsitz infolge der Ereignisse des 2. Weltkrieges verloren haben. Das Bundes-V.-Ges. (i.d. F. v. 23.10.1961) unterscheidet zwischen Heimat-V. (Personen, die am 31.12.1937 oder vorher einmal ihren Wohnsitz in dem Staate hatten, aus dem sie vertrieben wurden) und V., zu denen noch dem Lastenausgleichs-Ges. auch solche Personen gehören, die nach Abschluß der allgem. Vertreibungsmaßnahmen ihre Heimat verloren haben (Aussiedler).

Verve [vɛrv, frz.] die, Schwung, Begeisterung.

Verviers [vɛrvje'], Stadt im östl. Belgien, 35900 Ew.; Hauptsitz der belg. Wollindustrie.

Verwahrung die, ♂ ein Vertrag, durch den sich der **Verwahrer** verpflichtet, eine ihm von einem andern (dem **Hinterleger**) übergebene bewegliche Sache aufzubewahren (§§ 688ff. BGB); z.B. Gepäckaufbewahrung, Theatergarderobe. V. von Wertpapieren geschieht im →Depot.

Verwaltung, die planmäßige Tätigkeit zur Erreichung bestimmter Zwecke (der V.-Zwecke) innerhalb öffentlicher oder privater Organisationen. – Die **Staats-V.** umfaßt die gesamte Staatstätigkeit außer der polit. Staatsleitung (»**Regierung**«), der Gesetzgebung, der Rechtsprechung und der Ausübung der militär. Kommandogewalt; Zweige sind Auswärtige V., Innere V. (einschl. →Polizei), Finanz-, Wirtschafts-, Verkehrs-, Arbeits- und Sozial-, Kultur-, Justiz-V. – In den Bundesstaaten verteilt die Verfassung die V.-Aufgaben zwischen dem Bund und den Gliedstaaten, →Bundesrep. Dtl., Verfassung. Neben der Staats-V. besteht die →Selbstverwaltung der Gemeinden und Gemeindeverbände (→Gemeinde) und anderer Organisationen (→Körperschaft, öffentliche →Anstalt).

Verwaltungsgerichtsbarkeit wird durch unabhängige, von den Verwaltungsbehörden getrennte Verwaltungsgerichte ausgeübt. Sie kann auf die gesetzl. aufgeführten Fälle beschränkt sein oder sich auf alle verwaltungsrechtl. Streitigkeiten erstrecken (**Generalklausel**), die nicht gesetzlich anderen Gerichten zugewiesen sind. So ist es in der Bundesrep. Dtl. (**Verwaltungsprozeß**). Wer sich hier durch einen Verwaltungsakt oder eine Unterlassung der Verwaltungsbehörde beeinträchtigt fühlt, kann vor dem Verwaltungsgericht klagen, und zwar i.d.R. zunächst zur Änderung der Entscheidung durch Widerspruch, Einspruch oder Beschwerde bei der Behörde selbst versucht haben. Verwaltungsgerichte des Bundes sind das →Bundesverwaltungsgericht und, als besondere Verwaltungsgerichte, der →Bundesfinanzhof und das →Bundessozialgericht. – Zur V. werden auch die Disziplinargerichte gerechnet (→Disziplinarrecht).

Verwandtenehe, die Ehe zwischen nahen Blutsverwandten. Sie ist verboten zwischen Verwandten in gerader Linie und voll- oder halbbürtigen Geschwistern.

Verwandtschaft die, 1) ♂ das Verhältnis zwi-

Vespasian

schen mehreren Personen, die voneinander (V. in gerader Linie) oder von derselben dritten Person (V. in der Seitenlinie) abstammen. Der **V.-Grad** richtet sich nach der Zahl der die V. vermittelnden Geburten (§ 1589 BGB). Eltern und Kinder sind also im 1. Grad in gerader Linie, Geschwister im 2. Grad in der Seitenlinie verwandt. (→Schwägerschaft) 2) nach der →Abstammungslehre nimmt man in der Tier- und Pflanzenwelt engere oder weitere V. an, darauf gründet sich das System der Pflanzen und der Tiere. 3) →Affinität.

Verwarnung die, 1) Zuchtmittel im →Jugendstrafrecht. 2) Maßnahme im berufsständischen Disziplinarstrafrecht. 3) **gebührenpflichtige V.,** Ahndung von leichteren Übertretungen der Straßenverkehrsvorschriften oder von geringfügigen →Ordnungswidrigkeiten.

Verweis der, ♊ 1) Tadel, Rüge. 2) im Beamtenrecht: Disziplinarstrafe (→Disziplinarrecht). 3) ehrengerichtl. Strafe.

Verwerfen, 1) bei Haustieren eine Früh- oder Fehlgeburt. 2) beim Holz das Verziehen und Krummwerden infolge von Feuchtigkeit oder Austrocknen.

Verwerfung die, **Bruch, Sprung,** ⊕ eine Spalte in der Erdrinde, an der sich Erdschichten gegeneinander verschoben haben.

Verwerfung: Weiße Sandsteinschichten (a) in rotem Buntsandstein

Verwesung die, Zersetzung von Stoffen, bes. von Eiweiß unter Luftzutritt durch Bakterien.

Verwey [fɛrv'ɛj], Albert, niederländ. Lyriker und Kritiker, *1865, †1937; Freund Stefan Georges.

Verwirkung die, ♊ 1) i. e. S. der Verlust von Grundrechten bei denjenigen, die sie zum Kampf gegen die demokratische Grundordnung mißbrauchen. 2) i. w. S. der Verlust eines Rechts wegen verspäteter Geltendmachung.

Verwitterung [von Wetter] die, Zersetzung von Gesteinen durch mechan. und chem. Witterungseinflüsse. Durch V. entsteht der Boden.

Verwoerd [fɛrv'u:rd], Hendrik, südafrikan. Politiker, *1901, † (ermordet) 1966; seit 1958 Min.-Präs. der Rep. Südafrika; Verfechter der →Apartheid.

Verzicht der, ♊ die Aufgabe eines Rechts; nur insoweit wirksam, als das Recht übertragbar ist.

Verz'ug der, →Gläubigerverzug, →Schuldnerverzug.

Ves'al(ius), Andreas, Anatom, *1514, †1564, Leibarzt Karls V. und Philipps II.; durchforschte die menschl. Leiche, schuf die neuzeitl. Anatomie.

Vespasi'an, röm. Kaiser (69-79), *9 n.Chr., †79; führte seit 67 Krieg gegen die Juden, ließ das →Kolosseum errichten.

Vespucci [vesp'utʃi], Amerigo, italien. Seefahrer, *1451, †1512; nahm 1497-1504 an Entdeckungsfahrten längs der Küste S-Amerikas teil und gab die erste Beschreibung der entdeckten Länder, nach ihm wurde Amerika benannt.

V'esta, altitalische Göttin des Herdfeuers, der griech. Hestia verwandt. Ihre Priesterinnen, die **Vestalinnen,** hüteten das Feuer in einem Rundtempel auf dem Forum.

Vestib'ül [lat.] das, Vorhalle, Eintrittshalle.

Via Mala

Victoria von Großbritannien

Ves'uv der, Vulkan am Golf von Neapel, 1281 m hoch, mit Beobachtungsstelle, Zahnradbahn; Weinbau. Heftige Ausbrüche erfolgten 79 n.Chr. (Zerstörung von →Pompeji), 1631, 1794, 1822, 1872, 1906, 1929. (BILD Vulkan)

Veter'an [lat.] der, alter Soldat, bes. Kriegsteilnehmer.

Veterin'ärmedizin, →Tierheilkunde.

V'eto [lat. »ich verbiete«] das, **V.-Recht,** das Recht, einen Beschluß durch Stimmabgabe innerhalb des beschließenden Organs zu verhindern oder den Beschluß eines anderen Organs durch Einspruch unwirksam zu machen oder aufzuschieben. Im Sicherheitsrat der Verein. Nationen haben die ständigen Mitglieder ein V.-Recht.

Vetter, Cousin [kuz'ɛ̃, frz.] der, männl. Blutsverwandter, ein Sohn der Geschwister der Eltern.

Vetter, Heinz-Oskar, Gewerkschaftler, *1917, seit 1964 2. Vors. der Industriegewerkschaft Bergbau und Energie; seit 1969 1. Vors. des DGB.

Vevey [vəv'ɛ], **Vivis,** Stadt in der Schweiz, am Genfer See, 18 000 Ew.; Nahrungsmittel-, pharmazeut. und Metall-Industrie, Weinhandel; Fremdenverkehr.

vex'ieren [lat.], zum besten haben, narren. **Vex'ierbild,** Scherzbild, Suchbild. **Vexierrätsel,** Scherzrätsel.

Vézère [vez'ɛ:r] die, rechter Nebenfluß der Dordogne in SW-Frankreich, 192 km lang; in ihrem Tal die vorgeschichtl. Fundstätten Les Eyzies, Cro-Magnon, La Madeleine, Le Moustier, Lascaux.

v.Gr., bei geograph. Längengraden: Abk. für von Greenwich (→Länge).

v.H., Abk. für vom Hundert (→Prozent).

VHF, Abk. für engl. Very High Frequency, Ultrakurzwellen.

V'ia [lat.] die, Straße, Weg; **V. dolor'osa,** Weg der Schmerzen, der Kreuzweg. **via,** über, z.B.: Paris v. Köln.

Viad'ukt [lat.] der, Überführung.

Via M'ala [ital. »Böser Weg«], Schlucht des Hinterrheins in Graubünden, Schweiz, bei Thusis, mit 1822 erbauter Straße.

Viareggio [viar'edʒo], Seebad in Mittelitalien Toskana, am Ligurischen Meer, 53 000 Ew.

Vi'atikum [lat.] das, 1) Wegzehrung. 2) kath.: das einem Sterbenden gereichte hl. Abendmahl.

V'iborg, 1) Stadt in N-Jütland, Dänemark, 26 300 Ew., Domkirche (12. Jahrh.), bis 1340 Wahlstätte der dän. Könige. 2) schwed. für →Wiborg.

Vibrati'on [lat.] die, Schwingung.

Vibri'onen Mz., kommaähnl. Bakterien mit Geißelbewegungen, z. B. die Choleraerreger.

Vicenza [vitʃ'ɛntsa], Stadt in NO-Italien, 117 700 Ew.; Bischofssitz, viele Kirchen, Paläste; Stahl-, Maschinen-, Fahrzeug-Industrie.

v'ice v'ersa [lat.], umgekehrt.

Vichy [viʃ'i], Stadt und Badeort in Frankreich (Auvergne), am Allier, 33 900 Ew.; alkal.Quellen.- 1940-44 Sitz der Regierung Pétain.

V'ico, Giovanni Battista, italien. Geschichtsphilosoph, *1668, †1744; begründete die Völkerpsychologie und Geschichtsphilosophie.

Vicomte [vik'õt, frz.], **Viscount** [v'aikaunt, engl.], **Visc'onte** [ital.] der, in roman. Ländern und England Adelstitel zwischen Graf und Baron.

Vict'oria, 1) Staat im SO des Austral. Bundes, 227 618 km², 3,3 Mill. Ew.; Hauptstadt: Melbourne. 2) Hauptstadt der Insel Vancouver und der kanad. Prov. Britisch-Kolumbien, 56 500 Ew.; Wetterwarte; Holz-, Kohlen-, Lachsaseulhof.

Vict'oria, Königin von Großbritannien (1837 bis 1901), Kaiserin von Indien (seit 1876), *1819, †1901, verheiratet seit 1840 mit ihrem Vetter Prinz Albert von Sachsen-Coburg-Gotha (†1861). Nach ihr wird die Blütezeit des Bürgertums im 19. Jahrh. als »Viktorianische Ära« bezeichnet.

Vict'oriafälle, Wasserfälle des Sambesi, bei Livingstone; Kraftwerk, Eisenbahnbrücke.

Vict'orialand, Insel im kanad.-arkt. Archipel, mit Tundra bedeckt; von Eskimos bewohnt.

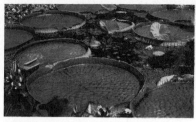

Victoria regia

Vict'oria r'egia die, eine Seerose südameri-kan. Flüsse; pfannenförmige Blätter, bis 2 m Durchmesser, weiße bis rötliche, etwa 40 cm große Blüten, faustgroße, stachlige Früchte, schwarze, eßbare Samen **(Wassermais)**.

Vict'oriasee, Victoria-Nyanza, größter See Afrikas, in Ostafrika, 68 000 km²; sein Abfluß ist der Victoria-Nil.

Vicuña [vik'uɲa] das, →Lama.

Viebig, Clara, Schriftstellerin, *1860, †1952; naturalist. Romane. »Das Kreuz im Venn«.

Viehsalz, durch Eisenoxyd rot gefärbtes, wenig gereinigtes Salz, zur Viehfütterung und gegen Straßenglätte.

Viehseuchen, Tierseuchen, gehäuft auftre-tende ansteckende Krankheiten der Haus- und Wildtiere, wie Rinderpest, Maul- und Klauen-seuche, Tollwut, Rotz u.a. Die Bekämpfung der V. ist gesetzlich: Anzeigepflicht, Impfung, Fleischbeschau, Desinfektion, Entfernung der Tierleichen.

Viehzucht, Tierzucht, Züchtung von Haus-tieren, bes. von landwirtschaftl. Nutztieren.

Vieleck, Polyg'on [grch.] das, △ geschlossener Streckenzug in der Ebene oder im Raum, z.B. ebe-nes Vieleck.

Vielehe, Vielmännerei, Vielweiberei, →Po-lygamie.

Vielfraß, Jerf der, plumpes, braunschwarzes marderartiges Raubtier, lebt im hohen Norden; hat wertvollen Pelz.

Vienne [vjɛn], **1)** die, linker Nebenfluß der Loire in W-Frankreich, 372 km lang. **2)** Stadt in SO-Frankreich, an der Rhône, 30 300 Ew.; röm. Baureste, Kirchen aus dem 5. und 12.-16. Jahrh.

Vientiane [vjɛntiɑ̃'an], **Wiengtschan,** Verwal-tungssitz von Laos, am Mekong, 162 300 Ew.

Viereck, △ geometr. Figur mit vier geradlini-gen Seiten. Beim allgemeinen ebenen V. sind die Seiten und die Winkel ungleich. Besondere Vier-ecke: Trapez, Parallelogramm, Drachenviereck (zwei Paare benachbarter Seiten sind gleich), Rhombus, Rechteck, Quadrat.

Vierer der, Boot für 4 Ruderer mit oder ohne Steuermann, →Rudern.

Vierfarbendruck, der Übereinanderdruck der Grundfarben des →Dreifarbendrucks mit einer Schwarzplatte zur Vertiefung der Konturen und Schattenpartien. FARBTAFEL Farbe I S. 341.

Vierkandt, Alfred, Philosoph und Soziologe, *1867, †1953; Hauptwerk: »Gesellschaftslehre«.

Vierlande Mz., zu Hamburg gehörende Marschlandschaft zwischen Bille und Elbe; Ge-müse-, Obstbau.

Viermächtepakt, ein 1933 vom Dt. Reich, Frankreich, Großbritannien und Italien geschlos-sener Vertrag, der die Zusammenarbeit der vier Mächte in Fortführung des Locarno- und Kellogg-Paktes vorsah, aber nicht wirksam wurde.

Viernheim, Stadt in Hessen, in der Rhein-ebene, 27 800 Ew.; Zigarren-, Textilindustrie.

Vierpaß der, ⌀ got. Maßwerkform.

Viersen, Stadt in Nordrh.-Westf., 84 000 Ew.; Textil-, Maschinen-, Möbelindustrie.

Viertaktverfahren, Arbeitsweise der Ver-brennungs-(Otto- und Diesel-)Motoren mit Hub-kolben, bei der sich das Arbeitsspiel in 4 Takten

gleich 2 Kurbelwellenumdrehungen vollzieht. Beim Ottomotor saugt im 1. Takt der Kolben das vom Vergaser gebildete Kraftstoff-Luft-Gemisch in den Zylinder. Im 2. Takt wird das Gemisch durch den rückwärts gehenden Kolben verdichtet und kurz vor Erreichen des oberen Totpunktes durch einen elektr. Funken entzündet, so daß in dem folgenden 3. Takt die sich ausdehnenden Gase den Kolben vor sich her treiben und Arbeit leisten. Im 4. Takt schiebt der rückkehrende Kolben die verbrannten Gase ins Freie. Auf 4 Takte kommt ein Arbeits-takt. Beim Dieselverfahren wird im 1. Takt statt des Gemisches reine Luft angesaugt und am Ende des 2. Taktes die hochverdichtete Luft eingespritzt, worauf die Verbrennung selbsttätig einsetzt. (FARBTAFEL Ver-brennungsmotor S. 876)

vierte Dimension. Neben die drei Dimensio-nen des Raumes hat Einstein 1905 die Zeit als v.D. gestellt und so eine einfachere mathematische Ge-stalt vieler Naturgesetze erhalten.

vierte Geschlechtskrankheit, →Lympho-granuloma inguinale.

vierter Stand, die Arbeiterschaft im 19. Jahrh., neben Adel, Geistlichkeit und Bürgertum.

Vierung die, ⊓ in Kirchenbauten der viereckige Raumteil, in dem sich Lang- und Querhaus durch-dringen, oft durch einen Vierungsturm oder eine Kuppel betont.

Vierwaldstätter See, vielverzweigter Alpen-see in der Schweiz, zwischen den Kantonen Uri, Schwyz, Unterwalden, Luzern, 114 km² groß, von der Reuß durchflossen. (FARBTAFEL Schweiz S. 871)

Vierzehn Heilige, die →Nothelfer.

Vierzehnheiligen, Wallfahrtskirche in Ober-franken, bedeutender Barockbau von B. Neu-mann (1743-72).

Vierzehn Punkte, die vom amerikan. Präsi-denten Wilson in seiner Botschaft an den Kongreß vom 8. I. 1918 aufgestellten Grundsätze für einen allgem. Weltfrieden: 1) Ende der Geheimdiploma-tie, 2) Freiheit der Meere, 3) Freiheit des Handels, 4) Abrüstung, 5) Ausgleich aller kolonialen An-sprüche, 6-8) und 11) Räumung der von den Mit-telmächten besetzten Gebiete, Rückgabe Elsaß-Lothringens an Frankreich, 9) Berichtigung der italien. Grenzen nach den Volksgrenzen, 10) und 12) autonome Entwicklung der Völker Österreich-Ungarns und des Türk. Reichs, 13) Errichtung ei-nes unabhängigen Polens mit Zugang zur See, 14) Gründung eines Völkerbundes. – Außerdem stellte Wilson als Grundlage für die Friedensverhandlun-gen der Alliierten mit Dtl. weitere, im Versailler Vertrag nicht berücksichtigte Grundsätze auf: kei-ne Annexionen, keine Kriegsentschädigungen u. a.

Vierzellenbad, hydroelektr. Teilbad, mit je zwei Porzellanwannen für Arme und Beine.

Vierzigstundenwoche, die Arbeitswoche zu 40 Stunden Normalarbeitszeit, meist als Fünf-tagewoche mit arbeitsfreiem Samstag.

Vietcong, die kommunist. Rebellenbewegung in Süd-Vietnam.

Vietmin, auch **Viet-Min, Viet Minh,** die »Liga der Verbände für die Unabhängigkeit Viet-nams«, seit 1941 von Ho Schi Min geführte kom-munistische Bewegung in Vietnam; sie stellt seit der Teilung Vietnams in Nord-Vietnam die Regierung.

Vietnam [vjɛtn'am, »Land im Süden«], Land an der O- und SO-Küste Hinterindiens, erstreckt sich vom Flußgebiet und Delta des Roten Flusses im N bis zum Mekongdelta im S; dazwischen überwiegend Gebirgsland. Bevölkerung: über-wiegend →Vietnamesen. V. ist politisch seit 1954 geteilt in:

1) Süd-V., Rep. im S V.s, 170 800 km², 18,3 Mill. Ew.; Hauptstadt: Saigon; Amtssprache: Vietnamesisch. Präsidialverfassung seit 1967. Die Wirtschaft (Anbau von Reis, Kautschuk, daneben Tee, Kaffee, Tabak, Zuckerrohr u. a.; Waldnut-zung, Fischerei; Seidenraupenzucht) wurde durch die Kriegshandlungen stark beeinträchtigt. Koh-le- und Phosphatvorkommen; Nahrungsmittel-, Textil-, Zement- u. a. Ind. Ausfuhr: Kautschuk,

Viereck:
1 allgem. V.,
2 Trapez $a\|c$,
3 Parallelogramm
$a\|c$; $b\|d$,
4 Drachen-V.
$a=d$; $b=c$,
5 Rhombus,
6 Rechteck
$F=a\cdot b$,
7 Quadrat $F=a^2$

Vigny

Vinzenz von Paul

Tee, Fische u. a. Haupthäfen: Saigon, Da Nang; internat. Flughafen: Saigon. Staatspräs.: N. Van Thieu (seit 1967), Vizepräs.: N. Cao Ky (seit 1967). ⊕ S. 515, ⊡ S. 346. (FARBTAFEL Asien I S. 166)
2) Nord-V., Volksrep. im N V.s, 158750 km², 21,3 Mill. Ew.; Hauptstadt: Hanoi; Amtssprache: Vietnamesisch. Gesetzgebung durch die Nationalversammlung, die den Staatspräs. wählt. Die eigentl. Macht liegt bei der kommunist. Arbeiterpartei. Die Landwirtschaft ist kollektiviert, die Industrie weitgehend verstaatlicht. Anbau von Reis, daneben Zuckerrohr, Mais, Baumwolle, Tee; Seidenraupenzucht; Viehzucht, Waldnutzung, Fischerei. ⚒ auf Kohle, Apatit, Chrom, Eisen, Phosphate, Bauxit. Nahrungsmittel-, Textil-, Eisen- und Stahl-, Maschinen-, chem. u. a. Ind. Ausfuhr: Erze, Apatit, Tabak u. a. Haupthandelspartner: Sowjetunion, VR. China, Dt. Dem. Rep. Haupthafen: Haiphong; internat. Flughafen: Hanoi. Staatspräs. und Präs. des ZK der kommunist. Partei: Ton Duc Thang (seit 1969); MinPräs.: Pham Van Dong (seit 1955). ⊕ S. 515 ⊡ S. 346.
GESCHICHTE. Bis 1954 →Indochina. Staatschef in Nord-V. wurde Ho Schi Min, der 1945 die Rep. V. ausgerufen hatte. In Süd-V. wurde Ngo-dinh-Diem MinPräs., 1955 auch Staatspräs. (1963 ermordet). Seit 1955 führte die Bekämpfung der →Vietcong in Süd-V. zu einem Bürgerkrieg, in den auf seiten der Vietcong Nord-V. eingriff, bes. von der VR. China, aber auch von den übrigen Ostblockstaaten militärtechnisch unterstützt. Seit dem Abzug der Franzosen unterstützten die USA Süd-V. Nach dem umstrittenen Angriff nordvietnames. Torpedoboote auf amerikan. Kriegsschiffe im Golf von Tongking (1964) bombardierten Flugzeuge der USA militär. Ziele in Nord-V. Seitdem weitete sich der Kampf zu einem schweren militär. Konflikt aus. Die in V. kämpfenden Streitkräfte der USA wuchsen auf über 500000 Mann an. Sie werden von Truppen aus Australien, Neuseeland, den Philippinen, Thailand und S-Korea unterstützt. Die seit Mai 1968 in Paris tagende Konferenz zur Beendigung des Krieges hat bis Juli 1972 keine Ergebnisse erzielt. Als Gegenregierung zur Reg. der Republik Süd-V. wurde Juni 1969 eine kommunistische »provisor. Revolutionsregierung« gebildet. Der Krieg wird zunehmend von der südvietnames. Armee geführt; die Truppen der USA umfassen im Juli 1972 noch etwa 60000 Mann.

Vietnam: Küstenfischer

Vietnam'esen Mz., Volk in Hinterindien, bes. in Vietnam, über 27 Mill.; überwiegend Sinide. Viele Elemente ihrer Kultur und Religion haben sie von den Chinesen übernommen, unter deren Herrschaft sie vom 2. Jahrh. v. Chr. bis zum 10. Jahrh. n. Chr. standen.
vif, viv [frz.], lebhaft, aufgeweckt.
Vigée-Lebrun [viʒe labrˈœ], Elisabeth-Louise, französ. Bildnismalerin, *1755, †1842.
V'igeland, Gustav, norweg. Bildhauer, *1869, †1943; Skulpturenanlage im Frogner-Park in Oslo.
Vig'ilie [lat. »Nachtwache«], **Vigil** die, in der kath. Kirche: die Vorfeier eines Festes am Vortage, anfänglich nachts, seit dem 6. Jahrh. abends, seit dem 14. Jahrh. morgens.

Vign'ette [vɪnˈsta, frz.] die, ein graphischer Buchschmuck, meist auf der Titelseite, am Anfang und Ende eines Kapitels.
Vignola [vɪnˈʲola], Giacomo Barozzi da, *1507, †1573, bedeutendster italien. Baumeister der Gegenreformation: Kirche Il Gesù in Rom.
Vigny [vɪnˈʲi], Alfred Comte de, französ. Romantiker, *1797, †1863; schrieb gedankentiefe und formstrenge Gedichte.
V'igo, Hafenstadt in NW-Spanien, 197200 Ew.; Sardinenfang, Schiffbau.
Viipuri [vˈiː-], finn. Name von →Wiborg.
Vik'ar [lat.] der, Stellvertreter, bes. bei geistl. Ämtern. **Vikari'at** das, Amt des V.
V'iktor [lat. »Sieger«], männl. Vorname.
V'iktor Em'anuel, 1) V. E. II., der erste König von Italien 1861-78, *1820, †1878; König von Sardinien (Piemont) 1849-61, führte mit Cavour die nationale Einigung Italiens durch. **2) V. E. III.,** *1869, †1947, König von Italien (1900-1946) und Albanien (seit 1939), Kaiser von Äthiopien (seit 1936), berief 1922 Mussolini an die Regierung.
Vikt'oria [lat. »Sieg«], weibl. Vorname.
Vikt'oria, Dt. Kaiserin, Tochter der Königin Victoria von Großbritannien, * London 1840, †1901, verheiratet seit 1858 mit dem späteren Kaiser Friedrich III.; liberale Gegnerin Bismarcks.
Viktor'iner Mz., reguläre Chorherren, benannt nach **St.-Victor** bei Paris, Pflegestätte der mittelalterl. Mystik.
Viktu'alien [lat.] Mz., Lebensmittel.
Vilbel, Bad V., Stadt in Hessen, nördl. von Frankfurt, 18000 Ew., Heilbad; Mineralwasser.
V'illa [lat. und ital.] die, -/...llen, Landhaus.
V'illach, Stadt in Österreich, Kärnten, an der Drau, 34200 Ew.; Eisen-, Holz-, chem. Industrie. Südlich **Warmbad V.** mit 26-29 °C warmen Quellen.
Villiers de l'Isle-Adam [vilˈje dəliˈl adˈɑ̃], Auguste Comte de, französ. Dichter, *1838, †1889, verbindet in seinen phantast. Novellen satir. Gesellschaftskritik und romant. Mystik.
Villingen im Schwarzwald, Stadt in Südbaden, 37900 Ew.; altes Stadtbild; Industrie.
Villon [vilˈɔ̃], François, französ. Dichter, *1431, † nach 1463, führte ein unstetes Vagantenleben. Er schrieb bald witzig-freche, bald erschütterndernste Gedichte und Balladen.
Villot [vijˈo], Jean-Marie, französ. Kardinal, *1905; seit 1969 Kardinalstaatssekretär des Vatikans.
Viña del Mar [vˈiɲa], Seebad und Villenvorstadt von Valparaíso, Chile, 134900 Ew.
Vincennes [vɛ̃sˈɛn], östl. Vorort von Paris, 50500 Ew.; Weltkriegs-, Kolonial-, Sportmuseum. Modell einer neuen Universitätsform.
Vinci [vˈintʃi], →Leonardo da Vinci.
Vindel'icia, Land der keltischen **Vind'eliker** oder **Vindel'izier,** zwischen Bodensee, Inn, Alpen und Donau, wurde 15 v. Chr. römisch. Hauptort: Augusta Vindelicorum (Augsburg).
Vindikati'on [lat.] die, **Vindikationsklage,** die Klage des Eigentümers einer Sache gegen deren Besitzer auf Herausgabe (§ 985 BGB).
Vindob'ona, lat. Name für Wien.
Vin'eta, aus der Sage vom Meer verschlungene Stadt an der Odermündung.
vinkul'ieren [lat.], verpflichten, binden, festlegen; bes. die Bindung von Wertpapieren, so daß sie ohne Zustimmung des Emittenten nicht übertragen werden können **(vinkulierte Aktien).**
Vinland, normann. Name für einen Teil der O-Küste Amerikas, um 1000 von dem Wikinger Leif Eriksson entdeckt, das als jetzige Massachusetts.
Vintschgau, Vinschgau, italien. **Val Ven'osta,** das Etschtal oberhalb von Meran; Hauptorte: Mals und Schlanders.
Vin'yl das, ⟨O die einwertige ungesättigte Atomgruppe CH_2=CH—. **V.-Chlorid,** CH_2=CHCl.
V'inzenz von Paul, Begründer der kath. Caritas, *1581, †1660; Stifter der →Lazaristen und der →Barmherzigen Schwestern **(Vinzentinerinnen);** Heiliger (Tag: 27. 9.). Nach ihm benannt sind die **Vinzenz-Vereine** für innere Mission, Armenpflege.

Vi'ola, Pflanzengattung →Veilchen.

Vi'ola [ital.] die, -/...len, ♪ **1)** →Bratsche. **2)** Sammelname für Streichinstrumente: a) **Armviolen;** Führerin ist die →Geige. b) **Knieviolen,** →Gambe. **V. d'amore:** Sonderform der Altgambe mit 5-7 Spielsaiten und 5-14 mitschwingenden Resonanzsaiten darunter.

viol'ett [frz.], veilchenblau, Mischung von Blau und Rot; die am stärksten gebrochene Spektralfarbe.

Viol'ine [ital.] die, →Geige.

Viol'inschlüssel, ♪ Notenschlüssel mit der Kennote g¹ auf der 2. Linie.

Violoncello [-tʃˈɛlo, ital.] das, **Cello, Kniegeige,** Streichinstrument, das zwischen den Knien gehalten wird, mit vier Saiten: C, G, d, a.

V'iper [lat.] die, Gattung meist lebendgebärender Giftschlangen. **Aspis-V.,** grau, plump, im Mittelmeer- und Alpengebiet. **Horn-V.** in Steiermark und Ungarn, hierzu auch **Kreuz-, Puffotter.**

Virchow [fˈirço], Rudolf, Arzt, *1821, †1902; begründete die →Zellularpathologie, verdient um die öffentliche Gesundheitspflege.

Virement [virmˈã, frz.] das, die Übertragung von Haushaltsmitteln von einem Etatposten auf einen andern.

V'iren [lat.], →Virus.

Virg'il, röm. Dichter, →Vergil.

Virgin'al das, engl. für Spinett (→Klavier), das Hauptinstrument der engl. Musik des 16./17. Jahrh. **(Virginalmusik.)**

Virg'inia [lat. »die Jungfräuliche«], weibl. Vorname; in der röm. Sage eine Jungfrau, die von ihrem Vater getötet wurde, als der Dezemvir Appius Claudius (449 v. Chr.) sie entehren wollte.

Virginia [vədʒˈinjə], Abk. **Va.,** einer der südl. atlant. Staaten der USA, 105 716 km², 4,6 Mill. Ew. (rd. 21% Neger); Hauptstadt: Richmond. Die Küste ist eben, das Innere gebirgig (Appalachen). Tabak-, Mais-, Weizen-, Haferanbau; Viehzucht; ⚒ auf Kohle, Zink u. a. Tabak-, Textil-, Holzindustrie, Schiffbau. – V., die älteste engl. Kolonie in Nordamerika, wurde 1584/85 von Raleigh, endgültig 1607 gegründet.

Virginia, 1) [vədʒˈinjə] der, Tabaksorte. **2)** die, lange, dünne Zigarre mit Halm darin.

Virginit'ät die, Jungfräulichkeit.

vir'il [lat.], männlich, männlich [lat.].

V'irtanen, Artturi Ilmari, finn. Biochemiker, *1895, seit 1931 Prof. in Helsinki, führte die AIV-Methode (nach seinen Anfangsbuchstaben) beim Konservieren von Grünfutter ein. Nobelpreis für Chemie 1945.

virtu'ell [lat.], der Kraft, Möglichkeit nach vorhanden, fähig zu wirken.

virtu'elles Bild, Optik: ein durch Linse oder Spiegel entworfenes, scheinbares Bild, das man nicht auf einem Schirm auffangen kann. Gegensatz: reelles (wirkliches) Bild.

virtu'os [ital.], **1)** meisterhaft. **2)** durch bloße Kunstfertigkeit bestechend. **Virtu'ose** der, Meister in einer Kunst, bes. in der Musik.

virul'ent [lat.], ansteckungsfähig; die **Virulenz,** der Grad der krankmachenden Eigenschaften eines Krankheitserregers.

V'irus [lat. »Gift«] das, Mz. **Viren,** ⚡ kleinste Krankheitserreger, die keinen eigenen Stoffwechsel besitzen und sich nur in lebenden Zellen vermehren können; nachweisbar nur mit Elektronenmikroskop, Ultrazentrifuge, serologischen Verfahren. Erreger z. B. von Pocken, Masern, Spitzpocken, Kinderlähmung, Mumps, Grippe, Schnupfen, Staupe, Maul- und Klauenseuche.

Vis, ital. **Lissa,** jugoslav. Insel in Dalmatien, 95 km², 10 000 Ew. Hauptort ist V.

Visage [vizˈaːʒə, frz.] die, vulgär für Gesicht.

vis-à-vis [vizavˈi, frz.], gegenüber.

V'isby, Hauptstadt der schwed. Insel Gotland, Handelshafen, 18 900 Ew.; im Ma. Hansestadt.

Vischer, 1) Friedrich Theodor, Dichter, Prof. für Ästhetik, *1807, †1887; Roman »Auch Einer«. **2)** Peter d. Ä., Bildhauer, Erzgießer, *um 1460, †1529; seine und seiner Söhne (Hans, Hermann, Peter) Gießhütte in Nürnberg war die be-

Visby mit Teilen der alten Stadtbefestigung

deutendste in Dtl.: Sebaldusgrab in Nürnberg, Figuren für das Maximiliansgrab in Innsbruck.

V'ischnu, indischer Gott, →Wischnu.

Visc'onti, lombard. Adelsgeschlecht, besaß 1277-1447 die Herrschaft über Mailand.

Viscount [vˈaikaunt] der, →Vicomte.

Vis'ier [lat.] das, **1)** der hintere, mit einem Einschnitt versehene Teil der **V.-Einrichtung** (Zielvorrichtung) von Handfeuerwaffen. **2)** Gesichtsschutz des mittelalterl. Helms.

Visi'on [lat.] die, Gesichts-, Sinnestäuschung; Erscheinung. **vision'är,** seherisch, traumhaft.

Visitati'on [lat.] die, Besichtigung; Durchsuchung.

Vis'ite [frz.] die, Besuch (bes. des Arztes).

Visk'ose [lat.] die, ↷ Zwischenerzeugnis bei der Herstellung von Kunstseide, eine sirupartige klebrige Masse (→Xanthogensäure).

Viskosit'ät [lat.] die, Zähflüssigkeit, die den Gasen und Flüssigkeiten eigentümliche innere Reibung; sie nimmt mit steigender Temperatur ab. Die V. von Flüssigkeiten wird mit dem **Viskosimeter** bestimmt, die der Ausflußzeit einer bestimmten Menge durch ein Rohr bestimmter Weite ermittelt. Die V. von Schmierölen wird in Englergraden angegeben.

Visser't Hooft, Willem Adolf, evang. Theologe, *1900; 1938-66 Generalsekr. des Ökumen. Rates der Kirchen; 1966 Friedenspreis des Dt. Buchhandels (zus. mit Kardinal Bea).

visu'ell [lat.], das Sehen betreffend.

V'isum [lat.] das, →Sichtvermerk.

v'ita [lat.] die, **1)** Leben. **2)** Lebensbeschreibung.

vit'al [lat.], lebenswichtig, lebenskräftig. **Vitalit'ät** die, Lebenskraft, Lebhaftigkeit. **Vital'ismus** der, Annahme einer besonderen Lebenskraft für das organ. Leben; er verwirft die ausschließl. mechan.-chem. Erklärung des Lebens.

Vit'alienbrüder, auch **Likedeeler** [ndt. »Gleichteiler«], mittelalterl. Seeräuber, suchten gegen Ende des 14. Jahrh. die Ostsee, dann die Nordsee heim; 1401 durch die Hanse bei Helgoland besiegt. Ihr bekanntester Führer war Klaus Störtebeker.

Vitam'in [lat.] das, Mz. **Vitamine,** essentielle, mit der Nahrung zuzuführende Stoffe, die zur Erhaltung und für das Wachstum des Körpers notwendig sind. Sie gehören sehr verschiedenen chem. Verbindungsklassen an und kommen in sehr geringer Menge in den meisten Nahrungsmitteln, in Pflanzen, frischen Früchten und Samen, in der Hefe, in frischem Fleisch, Eidotter, Milch usw. vor. Die meisten V. werden im Körper in Coenzyme (→Enzyme) eingebaut. Ihr dauerndes Fehlen verursacht Krankheiten **(Avitaminosen).** Die V. bezeichnet man durch Buchstaben: **V. A** (Retinol, Axerophthol) wird in der Leber aus dem pflanzl. Farbstoff Carotin gebildet, das sich in Spinat, Salat, Kohl, Tomaten, Erdbeeren, Kirschen, Milch, Butter, Eigelb, Lebertran findet. Sein Fehlen führt zu einer Augenkrankheit und Nachtblindheit sowie zu Wachstumsstillstand und setzt die Widerstandsfähigkeit gegen ansteckende Krankheiten herab. **V. B₁** (Thiamin, Aneurin) spielt eine wesentliche Rolle beim Kohlenhydrat-

Virchow

Fr. Th. Vischer

Viterbo: Palazzo Papale

abbau. Sein Fehlen führt zu Beriberi. Der **V.-B₂**-**Komplex** umfaßt die V. Riboflavin, Nicotinsäureamid (Niacinamid), Folsäure und Pantothensäure; die entsprechenden Avitaminosen sind Pellagra und andere Haut- und Blutkrankheiten. B_2-V. finden sich vor allem in Hefe, Keimen, Leber, Eigelb, grünen Gemüsen. Die gleichen Nahrungsmittel enthalten auch **V. B₆** (Pyridoxin). In Leber, Eigelb, Fleisch, Käse kommt das **V. B₁₂** (Cobalamin) vor, dessen Fehlen zu perniziöser Anämie führt. **V. C** (Ascorbinsäure) findet sich in Paprikaschoten, Apfelsinen, Zitronen, Hagebutten, schwarzen Johannisbeeren, rohen Gemüsen; es verhütet den Skorbut. **V. D** (Calciferol) entsteht aus Ergosterin; es findet sich im Lebertran, in bestrahlter Milch, in Brot aus bestrahltem Mehl, in Eiern. Sein Fehlen führt zu Rachitis. **V. E** (Tocopherol) findet sich in Mais-, Weizen- und Reiskeimen. Sein Fehlen führt zu Unfruchtbarkeit (Hodenatrophie) und Muskeldystrophie. Das in Leber, Niere, Kuhmilch, Hefe, Bananen und Kartoffelmehl enthaltene **V. H** (Biotin) verhütet Hautkrankheiten. **V. K** (Phyllochinon), das in der blauen Luzerne, im Leberfett und Eidotter gefunden wird, beschleunigt die Blutgerinnung. In der gewöhnlichen gemischten Kost finden sich alle V. in ausreichender Menge. Nur soll man bei Gemüsen das Kochwasser nicht weggießen und auch häufig rohes Obst oder Obstsäfte genießen. (FARBTAFEL Nahrungsmittel S. 697)

Vit′ellius, Aulus, röm. Kaiser (69 n. Chr.), *15 n. Chr., †69 (von Vespasian beseitigt).

Vit′erbo, Stadt in Mittelitalien, 53 100 Ew.; Bischofssitz, mittelalterl. Bauten; Tuch-, Leder-, Papierindustrie.

Vit′oria, Stadt in N-Spanien, 98 100 Ew.; Bischofssitz; Leder-, Tonwaren-, Möbel-Industrie.

Vitr′ine [frz.] die, Glasschrank.

Vitri′ol [lat.] das oder der, ⚬ ⚕ die in Wasser löslichen Sulfate der zweiwertigen Schwermetalle, z. B. Kupfer-V.

Vitr′uv, röm. Architekt z. Z. des Augustus; einflußreich durch sein Buch über die Baukunst.

Vitzlip′utzli, verunstaltet aus **Uitzilopochtli,** Kriegsgott der Azteken.

vivace [viv′atʃɛ, ital.], ♪ lebhaft; **vivac′issimo, molto vivace,** sehr lebhaft.

Viv′aldi, Antonio, italien. Geiger, Komponist, * um 1680, †1743; Violinkonzerte, Concerti grossi.

Viv′arium [lat.] das, Schaubehältnis für Kleintiere.

v′ivat [lat.], Hochruf: er (sie, es) lebe! **v., cr′escat, fl′oreat,** es lebe, wachse, blühe.

V′ives, Juan Luis, span. Humanist und Erzieher, *1492, †1540; Gegner der Scholastik.

Vivian′it oder, **Blaueisenerz,** Mineral, meist indigoblau bis blaugrün, auch farblos.

vivip′ar [lat.], lebendgebärend.

Vivisekti′on [lat.] die, ⚕ Operation am lebenden Tier. Nach dem Tierschutzgesetz dürfen V. zu Versuchszwecken nur an bestimmten wissenschaftl. Instituten vorgenommen werden.

vize... [lat.], stellvertretend; bes. vor Amtstiteln, z. B. **V′izekönig,** Vertreter des Herrschers.

Vlaardingen, Hafenstadt in der Prov. Südholland, Niederlande, 76 900 Ew.; Heringsfischerei.

Vl′ame, vlämisch, ⚕ für Flame, flämisch.

Vlaminck [vlam′ɛ̃k], Maurice de, französ. Ma-

ler, *1876, †1958, gehörte zur Gruppe der →Fauves; Landschaften, Stilleben.

Vlies das, **1)** das abgeschorene Wollkleid der Schafe. **2)** SPINNEREI: Faserflor auf der →Krempel. **3)** →Goldenes Vlies.

Vlissingen, Stadt in den Niederlanden, an der Mündung der Westerschelde; 39 300 Ew.; Ausgangspunkt der Überfahrt nach England (Harwich), Schiffswerft. Westlich von V. das **Seebad V.**

Vlotho, Stadt in Nordrh.-Westf., 17 300 Ew.

Vogel, Hans-Jochen, Jurist, *1926, Politiker (SPD), 1960-72 Oberbürgermeister von München, seit 1972 Bundesmin. für Raumordnung, Bauwesen und Städtebau.

Vögel Mz., Klasse der Wirbeltiere; Warmblüter mit Federn, Hornschnabel, Flügeln als Vordergliedmaßen. Die Knochen sind leicht und werden z. T. von Luftsäcken durchzogen. Die Speiseröhre ist öfters zum Kropf erweitert. Auge und Gehör sind gut entwickelt, der Geruchssinn ist verkümmert. Die Männchen zeichnen sich oft durch bes. Färbung, Schmuckfedern und schöne Stimme aus. Die Eier werden in einem Nest ausgebrütet, die Jungen vielfach von den Eltern betreut (Brutpflege). Stammesgeschichtlich werden die V. von Reptilien hergeleitet (Archäopteryx); noch zur Kreidezeit gab es Zahn-V. Die Lebensgewohnheiten der V. und der Vogelzug werden vor allem an →Vogelwarten und →Vogelschutzwarten erforscht. (FARBTAFEL Singvögel S. 872)

Vogelbeere die, →Eberesche.

Vogeldunst, ⚕ das feinste Schrot.

Vogelfluglinie, die kürzeste, dem Zugvogelflug folgende Verkehrsverbindung Kopenhagen-Hamburg über die Inseln Fehmarn, Lolland und Falster; 1963 fertiggestellt.

vogelfrei, rechtlos, friedlos, geächtet.

Vogelfußklee, Klauenschote, Gattung der Schmetterlingsblütler mit vogelfußähnlichen Fruchtständen, die **Seradella** ist Futterpflanze.

Vogelherd, Finkenherd, Platz zum Vogelfang, mit Schlagnetz, Lockspeise, Lockvogel.

Vogelkirsche, wilde Süßkirsche u. a. Früchte.

Vogelkunde, Ornitholog′ie [grch.] die, Wissenschaft von den Vögeln.

Vogelmilbe, rote Milbe, die an Vögeln Blut saugt; befällt auch Pferde und Menschen.

Vogelsberg, Gebirge in Hessen, zwischen Rhön und Taunus, ehem. Vulkan, besteht aus Basalt, im Taufstein 774 m hoch.

Vogelschutz, Maßnahmen zur Erhaltung der Vogelwelt, Teilgebiet des →Naturschutzes.

Vogelschutzwarte, wissenschaftl. geleitetes Institut für angewandte Vogelkunde; in Essen, Frankfurt a. M., Garmisch-Partenkirchen, Kiel, Ludwigsburg, Neschwitz/Sachs., Seebach/Thür., Steinkrug/Deister u. a. Außenstellen einer V. oder kleinere Institutionen heißen **Vogelschutzstation.**

Vogelspinnen, große, stark behaarte, meist tropische Spinnen, bis 11 cm lang; nähren sich von Insekten und kleinen Wirbeltieren.

Vogelwarte, Institut zur Erforschung des Vogellebens, bes. des Vogelzugs. Die V. in Radolfzell (früher Rossitten), Helgoland (Hauptsitz: Wil-

Vlaminck: Schneelandschaft (um 1932)

helmshaven) und Hiddensee sind amtl. Zentralen für die wissenschaftl. Vogelberingung.

Vogelzug, der regelmäßige Herbstflug der Zugvögel aus ihren Brutgebieten nach S in wärmere Länder und Rückflug im Frühjahr. Manche Vögel ziehen einzeln, andere in großen Scharen, oft in bestimmter Gruppierung. Die **Zugvögel** folgen einem durch Hormone gesteuerten Zugtrieb. Flugleistungen: Storch 10000 km, Küstenseeschwalbe von der Arktis zur Antarktis 18000 km. Tagesleistungen: 50 bis über 1000 km (amerikan. Goldregenpfeifer). Geschwindigkeit: 65-145 km/h.

Vog'esen Mz., **Wasgau, Wasgenwald,** franzö_st **Vosges** [vo:ʒ], stark bewaldeter Gebirgszug am Südwestrand der Oberrhein. Tiefebene, NO-Frankreich. Sie fallen nach dem Rhein zu steil ab, nach W allmählich. Höchster Gipfel: Großer oder Sulzer Belchen (1423 m). Im Ostabhang schöne Täler (Masmünster-, Lauch-, Steintal) mit Textil- und Glasindustrie; auf den Höhen Viehzucht, auf den Vorbergen Weinbau.

Vogt [lat.] der, früher: Verwaltungsbeamter, z.B. Deich-, Land-V.; Aufseher (Fron-V.); Schirmherr. **Vogt'ei** die, Bezirk eines V.

Vogtland, Landschaft an der oberen Elster und Saale; Textil-, Musikinstrumentenindustrie, Heilquellen; im Mittelalter durch Vögte verwaltetes reichsunmittelbares Gebiet.

Vogue [vɔːg, frz.] die, Beliebtheit, Mode.

Voigt-Diederichs, Helene, Erzählerin, *1875, †1961; schrieb schleswig-holstein. Romane.

voilà [vwal'a, frz.], da ist ..., sieh da!

Voile [vwal, frz.] der, Schleierstoff, halbdurchsichtiges Gewebe in Leinenbindung.

Voith-Schneider-Propeller, Vortriebs- und Steuergerät für Wasserfahrzeuge.

Vok'abel [lat.] die, das (einzelne) Wort, bes. aus einer fremden Sprache. **Vokabul'ar** das, Wörterverzeichnis, Wortschatz.

Vok'al [lat.] der, Selbstlaut. **Vokalisati'on** die, Aussprache der V. beim Gesang. **Vok'almusik,** Gesang mit oder ohne Instrumentalbegleitung.

Vokati'on [lat.] die, Berufung.

V'okativ [lat. »Ruffall«] der, ein Beugefall, dient der Anrede, z.B. im Lateinischen.

Vol., Abk. für →Volumen.

Volant [vol'ã, frz.] der oder das, 1) Faltenbesatz. 2) Lenkrad des Kraftwagens.

Volap'ük das, eine →Welthilfssprache.

Volière [volj'ɛ:rə] die, Flugkäfig für Vögel.

Volk das, geschichtlich und politisch gleichbedeutend mit →Nation; im bes. 1) die Gemeinschaft der Staatsangehörigen eines Staates, dann **Staatsvolk.** 2) die Gemeinschaft der durch gemeinsame Abstammung, Kultur, Überlieferung und Sprache Verbundenen.

Volker [aus ahd. folk »Volk« und heri »Heer«], männl. Vorname, Gestalt im Nibelungenlied.

Völkerball, Ballspiel, bei dem sich zwei Mannschaften innerhalb eines Spielfeldes gegenseitig mit dem Ball abzuwerfen suchen.

Völkerbund, die 1919 gegründete Staatenvereinigung zur Sicherung des Weltfriedens und zur Förderung der Zusammenarbeit unter den Nationen, Sitz Genf. Dem V. gehörten zeitweilig 59 Staaten an. Die Verein. Staaten traten nicht bei. Dtl. war 1926-33 Mitglied. Nach Gründung der Verein. Nationen löste sich der V. 1946 auf.

Völkerkunde, die Wissenschaft von den Kulturerscheinungen der Völker, bes. der Naturvölker. Sie umfaßt die **beschreibende V.** oder **Ethnographie** und die **vergleichende V.** oder **Ethnologie.**

Völkermord, Genoc'id begeht, wer in der Absicht, eine nationale, rassische, religiöse oder durch ihr Volkstum bestimmte Gruppe (**Gruppenmord**) ganz oder teilweise zu zerstören, vorsätzlich Angehörige der Gruppe tötet, ihnen schwere körperl. oder seel. Schäden zufügt u. a. lebenslange Freiheitsstrafe (§ 220a StGB).

Völkerrecht, die Rechtsnormen, die die Beziehungen zwischen den Staaten sowie zwischen Staaten und einigen anderen Rechtsträgern regeln. Das V. beruht auf Vereinbarung, Gewohn-

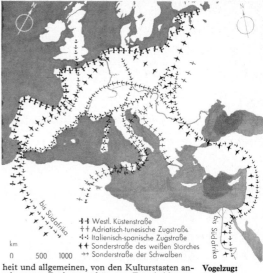

+-+ Westl. Küstenstraße
+ + Adriatisch-tunesische Zugstraße
·+·: Italienisch-spanische Zugstraße
+-+ Sonderstraße des weißen Storches
++> Sonderstraße der Schwalben

km
0   500   1000

Vogelzug: Zugstraßen

heit und allgemeinen, von den Kulturstaaten anerkannten Rechtsgrundsätzen; Entscheidungen der internationalen Gerichte und die Lehren der V.-Wissenschaft dienen als Hilfsmittel. Das V. wird eingeteilt in **Friedensrecht,** →**Kriegsrecht** und **Neutralitätsrecht.** Wichtige Einzelgebiete sind das Vertragsrecht, das Recht der internationalen Zusammenarbeit und Organisation, des Gesandtschafts- und Konsularrecht, der Minderheitenschutz, das Seerecht und das Recht der internationalen Gerichtsbarkeit.

Völkerwanderung, 1) ALLGEMEIN: die seit Ende des 3. Jahrtsd. v. Chr. aufgetretenen Wanderungen ganzer Völker oder Stämme, durch Landnot, Klimawechsel oder Druck anderer Völker hervorgerufen (die Dorische Wanderung im 12. Jahrh. v. Chr., die Keltischen Wanderungen im 7. und 4./3. Jahrh. v. Chr., die Kimbern-Wanderung im 2. Jahrh. v. Chr.). 2) IM ENGEREN SINN: die Wanderzüge der german. Völker nach Süd- und Westeuropa im 2.-8. Jahrh. n. Chr. (→Germanen); treibende Kraft dieser Wanderzüge war wahrscheinl. Landnot, unaufhaltsam wurde die Bewegung aber durch den Druck der →Hunnen auf die Ostgermanen ab 375. Die V. führte zum Untergang des Röm. Reiches herbei und schuf in ihren Reichsbildungen die Grundlagen der abendländ. Staatenwelt; sie bedeutet den Übergang vom Altertum zum MA.

Völklingen, Industriestadt im Saarland, 40700 Ew.; Röchlingsche Eisen- und Stahlwerke, Kraftwerke, Werkzeug-, Metallwaren-Industrie.

Volkmann, Richard v., *1830, †1889, schrieb unter dem Decknamen **Leander** die Märchen »Träumereien an französischen Kaminen«.

Volksabstimmung, →Volksentscheid, →Plebiszit.

Volksaktien Mz., bei der Privatisierung von Unternehmen der öffentl. Hand zu niedrig angesetztem Kurs ausgegebene Aktien (in der Bundesrep. Dtl. erstmals 1959).

Volksarmee, Nationale V., die Streitkräfte der Dt. Dem. Rep.

Volksbegehren, →Volksentscheid.

Volksbildung, Erwachsenenbildung, gepflegt durch →Volkshochschulen, Volksbüchereien, Vortragswesen, Konzerte, Ausstellungen, Film, Rundfunk. Träger sind Vereinigungen, die vom Staat und den Gemeinden unterstützt werden.

Volksbücher, volkstüml. Erzählprosa des 15. und 16. Jahrh., für eine breite Leserschicht berechnete Nacherzählungen der mhd. höf. Dichtungen (Tristan, Herzog Ernst, Wigalois), Aufzeichnungen des mündl. verbreiteten Erzählgutes (Eulenspiegel, Faust, Lale- oder Schildbürgerbuch), Übersetzungen latein. Überlieferung (Kaiser Octavian), Liebesromane roman. Herkunft (Melusine, Magelone, Genovefa) und Abenteuerromane (Apollonius, Fortunatus). Sammlung und Erneuerung durch die Romantiker (Görres, Tieck).

Volksbücherei, meist von den Gemeinden unterhaltene öffentliche Bücherei für jedermann; im Unterschied zur wissenschaftl. Bibliothek.

Volksbühnen, Vereine, die ihren Mitgliedern verbilligte Theaterbesuche ermöglichen. Die erste Freie V. erwuchs 1890 aus der Arbeiterbewegung in Berlin. Die V. in der Bundesrep. Dtl. und in West-Berlin sind im **Verband der V.-Vereine** zusammengeschlossen, auf christl. Grundlage im **Bund der Theatergemeinden.**

Volkskunst: Truhe (mit Adam und Eva; vor 1800)

Volksdemokratie, die seit 1945 unter sowjet. Einfluß entwickelte Staatsordnung der als »Volksrepubliken« (oder ähnlich; z. B. »Sozialist. Republik«, »Demokrat. Republik«) bezeichneten Länder (nicht die der Sowjetunion). V. sind in Europa: Albanien, Bulgarien, die Dt. Dem. Rep. (seit 1957), Jugoslawien, Polen, Rumänien, die Tschechoslowakei, Ungarn; in Asien: Rotchina, Nordkorea, Nordvietnam, die Mongolische Volksrep. Nach sowjet. Lehre ist die V. ein Übergangsstadium in der Entwicklung zur sozialist. und später kommunist. Ordnung. Die Kommunist. Partei ist meist mit den sozialist. Parteien zu einer Einheitspartei zusammengeschlossen; sonstige noch geduldete Parteien werden mit der Einheitspartei und den Massenorganisationen zu »Nationalen Fronten« vereinigt.

Volksdeutsche, die in Ländern außerhalb der Grenzen des Dt. Reichs von 1937 und Österreichs ansässigen Bewohner deutscher Herkunft.

Volkseigene Betriebe, Abk. **VEB,** in der Dt. Dem. Rep. die entschädigungslos weggenommenen und in »Volkseigentum« übergeführten sowie die als VEB gegründeten Betriebe. Neben der Volkseigenen Industrie (VEI) gibt es Volkseigene Güter (VEG), Verkehrsbetriebe, Maschinen- und Traktorenstationen (MTS) für die Landwirtschaft, Erfassungs- und Ankaufsbetriebe (VEAB), die Staatl. Handelsorganisation (HO) und die Dt. Handelszentralen (DHZ). Die Gewinne der VEB fließen in die Staatskasse. 1967 entfielen 85,6% der indust. Bruttoproduktion auf die VEI.

Volkseinkommen, die Gesamtheit der Einkommen in einem Staatsgebiet; errechnet aus dem Sozialprodukt, von dem man Abschreibungen und indirekte Steuern abzieht, Subventionen zuzählt **(Nettosozialprodukt zu Faktorkosten).**

Volksentscheid, Volksabstimmung, Referendum, Plebiszit, die Entscheidung der Staatsbürger über eine polit. Maßnahme oder ein Gesetz. In den deutschen Länderverfassungen nach 1945 sind Volksbegehren und V. vorgesehen; nicht dagegen im GG außer bei Neugliederung des Bundesgebiets.

Volksfront, französ. **Front populaire,** Zusammenschluß der kommunist., sozialist. und anderer linksgerichteter Parteien, bes. in Frankreich 1935-37.

Volksgericht, german. Rechtsgesch.: Gerichte, bei denen das Volk Recht spricht im Unterschied zum Königsgericht.

Volksgerichtshof, seit 1934 das höchste nat.-soz. Gericht zur Aburteilung von Hoch- und Landesverrat, ein →Sondergericht, das mit seinen drakonischen Urteilen und den unwürdigen Verhandlungsformen seines Präsidenten R. Freisler ein Instrument des nat.-soz. Terrors wurde.

Volkshochschule, Bildungsstätte für Erwachsene, die durch Abendkurse (Abend-V.) oder in geschlossenen Lehrgängen (Heim-V.) die Bildung ihrer Hörer vertiefen und ihrer Fortbildung dienen will.

Volkskammer, Dt. Dem. Rep.: das formal höchste Staatsorgan; Präs.: G. Götting (seit 1969).

Volkskommune, seit 1958 Form der Produktionsgemeinschaft im kommunist. China. Die V. faßt alle Mitglieder einer Gemeinde zu einem Kollektiv zusammen und übernimmt die gesamte Planung und Organisation der Bodenbewirtschaftung und des Zusammenlebens.

Volkskunde, Folklore, Wissenschaft von den Lebensformen des Volkes: 1) Volksglaube, Aberglaube, Volksrecht, Brauchtum, Sitte; 2) Volksdichtung (Märchen, Sage, Lied, Reim); 3) Siedlung, Haus, Gerät, Nahrung, Tracht, Volkskunst.

Volkskunst, die an die Überlieferungsgesetze von Landschaft, Stamm und Stand, Volksglauben und Volksbrauch gebundenen Formen vor allem der bildenden Kunst (Ausgestaltung von Haus, Hof, Gerät, Tracht).

Volkslied, von Herder geprägter Ausdruck für ein im Volke gesungenes, in Wort und Weise dem Fühlen und Denken breiter Kreise entsprechendes Lied von meist unbekanntem Verfasser. Es wird mündlich weitergegeben und dabei umgeschaffen (»zersungen«). Die Blüte des V. fällt in das 14.-16. Jahrh. Humanismus und Aufklärung verachteten das V. Herder, der Sturm und Drang (Goethe in Straßburg) und die Romantik (»Des Knaben Wunderhorn«) sammelten V., die auch auf die Kunstlyrik wirkten.

Volksmission, kirchl. Volksseelsorge.

Volksmusik, die nach dem Gedächtnis überlieferte Gebrauchs- und Unterhaltungsmusik des Volkes, deren Schöpfer meist unbekannt sind. Wie das Volkslied steht die instrumentale V. in enger Beziehung zum Tanz. Ihre Kennzeichen sind die bündige Form, der schlichte Bau und die in der Kunstmusik wenig gebrauchten Instrumente (Zither, Gitarre, Dudelsack, Mandoline, Balalaika, Schalmei).

Volkspolizei, Polizei, Grenz- und Transportpolizei der Dt. Dem. Rep., abgek. **Vopo.**

Volksrepublik, →Volksdemokratie.

Volksrichter, 1) in der Dt. Dem. Rep. Richter, die in Kurzlehrgängen auf ihre Tätigkeit vorbereitet wurden. **2)** der Laienrichter. **3)** in manchen Staaten der für Bagatellsachen zuständige Friedensrichter.

Volksschule, allgemeine unentgeltliche Pflichtschule, in der Bundesrep. Dtl. gegliedert in Grund- und Hauptschule (→Schule).

Volkssouveränität, der demokrat. Grundsatz, daß die Staatsgewalt vom Volke ausgeht, und die Verwirklichung dieses Grundsatzes in der Staatsverfassung. (→Souveränität)

Volkssturm, gegen Ende des 2. Weltkriegs in Dtl. aufgebotene, unausgebildete militär. Einheiten, meist unter Befehl von Parteifunktionären.

Volkstanz, die an Landschaft, Stand, Brauchtum und Tracht gebundenen Tänze, zumal der Bauern. Ein Nationaltanz ist z. B. der ungar. Tschardasch, ein Heimattanz der Schuhplattler, ein Zunfttanz der Schäfflertanz. Der V. wurde in Dtl. von der Jugendbewegung neu belebt.

Volkstrachten, →Trachten.

Volkstrauertag, in der Bundesrep. Dtl. seit 1952 nationaler Trauertag für die Opfer des Nationalsozialismus und die Gefallenen beider Weltkriege: 2. Sonntag vor dem 1. Advent.

Volksvertretung, →Parlament.

Volkswagenwerk AG., Wolfsburg, Kraftwagenwerk, →Kraftwagen, ÜBERSICHT.

Volkswirt, wissenschaftl. ausgebildeter Fachmann der Volkswirtschaft; 8semestr. Studium, Diplom (Diplom-V.), u. U. Doktorprüfung (Dr. rer. pol.).

Volkswirtschaftslehre, Nationalökonomie, politische Ökonomie, Zweig der Wirtschaftswissenschaften, der die gesamtwirtschaftl. Zusammenhänge erforscht. Im Mittelpunkt der V. steht die **Wirtschaftstheorie;** Gegenstände: wirtschaftl. Kreislauf, Produktion, Marktformen, Preis- und Wertlehre, Geld-, Kredit-, Konjunktur- und Außenwirtschaftstheorie, Standortlehre, Fragen der Wirtschaftsordnung. Die **Volkswirtschaftspolitik** untersucht die Mittel zur Erreichung überwirtschaftl. (polit.) gesetzter Ziele sowie die Wirkung wirtschaftspolit. Maßnahmen. Zur V. gehört auch die →Finanzwissenschaft.

Volkszählung, amtl. Erhebungen zur Feststellung der Bevölkerung in einem Staate nach Zahl, Beruf usw.; Bundesrep. Dtl.: 1950, 1961.

Vollbeschäftigung, 1) volkswirtschaftlich: Zustand, bei dem die Zahl der offenen Arbeitsplätze der Zahl der Arbeitsfähigen und -willigen entspricht oder sie übertrifft. V.-Politik gehört zu den wichtigsten Aufgaben der staatl. Wirtschaftspolitik. 2) betriebswirtschaftl.: die volle Ausnutzung der Kapazität eines Unternehmens.

Vollblut, →Pferd.

Volleyball [v'ɔle-, engl.], ein Ballspiel: der Ball soll, ohne vorher den Boden zu berühren, mit der Hand über ein Netz in das Spielfeld der Gegenpartei geschlagen werden.

Volljährigkeit, Mündigkeit, Großjährigkeit, die Altersstufe, mit der der Mensch das Recht erlangt, seine rechtl. Angelegenheiten ohne gesetzl. Stellvertreter (elterliche Gewalt oder Vormund) selbst zu regeln (→Geschäftsfähigkeit); in der Bundesrep. Dtl. und Österreich das vollendete 21., in der Schweiz das vollendete 20., in der Dt. Dem. Rep. das vollendete 18. Lebensjahr.

Vollkornbrot enthält den Keim und die Aleuronschicht, viel Eiweiß, Mineralsalze, Vitamine.

Vollmacht, ⚖ die durch Rechtsgeschäft erteilte Ermächtigung, den Vollmachtgeber zu vertreten (§§ 166ff. BGB). **General-V.** ermächtigt zur Vornahme aller Rechtsgeschäfte für eine Person.

Vollschiff, drei-, vier- oder fünfmastiges →Segelschiff, an allen Masten mit Rahsegeln getakelt.

Vollstreckung die, ⚖ →Zwangsvollstreckung, →Strafvollstreckung. **Vollstreckungsbeamter,** →Gerichtsvollzieher. **Vollstreckungsbefehl,** →Mahnverfahren. **Vollstreckungsschutz,** gesetzl. Schutz des Schuldners gegen außergewöhnliche Härten der Zwangsvollstreckung (§ 765a ZPO), auch die Beschränkung der →Lohnpfändung. **Vollstreckungstitel,** bestimmte Urkunden, auf Grund deren die Zwangsvollstreckung gegen den Schuldner betrieben werden kann, z. B. Urteile, gerichtl. Vergleiche, V.-Befehl, für vollstreckbar erklärte Schiedssprüche (§§ 704, 794 ZPO); sie müssen mit der **Vollstreckungsklausel** (»Vorstehende Ausfertigung wird dem ... [Gläubiger] zum Zwecke der Zwangsvollstreckung erteilt«; § 725 ZPO) versehen und dem Schuldner zugestellt worden sein.

vollziehende Gewalt, die →Exekutive.

Volont'är [frz.] der, wer, ohne Lehrling zu sein, unentgeltlich oder gegen geringes Entgelt zu seiner Ausbildung in einem Betrieb arbeitet.

V'olos, Wolos, Stadt in Griechenland, Thessalien, 67 000 Ew.; orthodoxer Bischofssitz, Hafen.

V'olsker Mz., altitalischer Volksstamm, 338 v. Chr. von den Römern unterworfen.

Volt das, die nach dem Physiker →Volta benannte Einheit der elektr. Spannung, abgek.: V (→Elektrizität). Das Meßgerät ist das **Voltmeter;** es wird an die beiden Punkte einer Stromleitung angeschlossen, zwischen denen die Spannung bestimmt werden soll.

V'olta der, Fluß in W-Afrika, mündet in den Golf von Guinea, 1600 km lang; durch den →Akosombo-Damm aufgestaut (See von 8500 km²).

V'olta, Alessandro Graf, italien. Physiker, *1745, †1827, konstruierte die ersten galvan. Elemente **(Voltasche Säule).** Nach ihm das →Volt.

Voltaire [vɔlt'ɛːr], eigentl. François-Marie **Arouet,** franzős. Philosoph und Schriftsteller, *1694, †1778; lebte 1750-52 am Hofe Friedrichs d. Gr. V. war das Haupt der franzős. Aufklärung, scharfer Gegner überlieferter Gedanken und Ordnungen (Adel, Kirche). Streitschriften, histor. Werke, Epen, Romane (»Zadig«, »Candide«), Dramen.

Voltaire

V'olte [frz.] die, 1) REITKUNST: Reiten eines Kreises von 6 m Durchmesser. 2) ein Kartenspiel so mischen, daß eine gewisse Karte an einen bestimmten Platz kommt (die **Volte schlagen).**

voltigieren [vɔltiʒ'iːrən, frz.], Gewandtheitsübungen auf galoppierendem Pferd.

Volt'urno, Fluß in S-Italien, 175 km lang, entspringt in den südl. Abruzzen, mündet in den Golf von Gaeta.

Vol'umen [lat.] das, -s/- und ...mina, 1) Band, Teil einer Schrift. volumin'ös, umfangreich. 2) ⊠ Rauminhalt.

Voluntar'ismus [lat.] der, Lehre, die im Willen den Urgrund des Daseins erblickt.

V'öluspa [Weissagung der Völva] die, Eröffnungsgedicht der Edda, behandelt Ursprung, Untergang und Erneuerung der Welt.

Vol'ute [lat.] die, **Schnecke,** ⬚ spiralförmige Einrollung, z. B. am ionischen Kapitell.

V'ondel, Joost van den, niederländ. Renaissancedichter, *1587, †1679; Gedichte, Dramen.

Vorarlberg, Bundesland Österreichs, 2601 km², 270 100 Ew.; Hauptstadt: Bregenz; erstreckt sich vom Bodensee und Rhein bis auf den Arlbergpaß, den Kamm des Rätikons und der Silvretta. Alpwirtschaft, Textil-Ind., Energiegewinnung, Fremdenverkehr. – Von den Grafen von Montfort erwarben die Habsburger durch Kauf 1376 den größten Teil der Herrschaft Feldkirch, 1394 Bludenz, 1451 und 1523 Bregenz.

Vorausklage, ⚖ die vor Inanspruchnahme des Bürgen gegen den Hauptschuldner durchzuführende Klage. Solange der Gläubiger nicht (erfolglos) gegen den Hauptschuldner vorgegangen ist, kann der Bürge i. d. R. die Zahlung an den Gläubiger mit der **Einrede der V.** verweigern.

Vorbehalt der, ⚖ Einschränkung, Bedingung, →Eigentumsvorbehalt, →Gedankenvorbehalt. **Vorbehaltsgut,** das bei jeder Form der vertragl. ehel. Gütergemeinschaft einem Ehegatten allein zustehende Vermögen. **Vorbehaltsurteil,** im Zivilprozeß ein bedingtes Urteil, in dem dem Beklagten die Geltendmachung von Rechten, die der Verurteilung entgegenstehen (z. B. Aufrechnung), in einem Nachverfahren vorbehalten wird.

Vorbereitungsdienst, die prakt. Ausbildung des Referendars zwischen der 1. und 2. Staatsprüfung, ferner der Beamten des mittleren und gehobenen Dienstes vor der Anstellungsprüfung.

Voerde (Niederrhein), Gem. in Nordrh.-Westf., 27 800 Ew.; Eisen- u. a. Industrie.

Vorderasien, der Südwestteil Asiens, von Kleinasien bis zum Indus, vom Kaukasusgebiet bis zum Roten Meer.

Vorderhand, bei Haustieren (bes. beim Pferd): Vordergliedmaßen und Vorderkörper.

Vorderindien, die mittlere der drei Halbinseln Südasiens; im N begrenzt durch das Hochland von Belutschistan, das Suleiman-Gebirge und den Himalaya. Staatlich V. aufgeteilt auf die Rep. Indien, Pakistan und Bangla Desh. ⊕ S. 515.

LANDESNATUR, →Indien, →Pakistan.

Die BEVÖLKERUNG ist nach ethnischen und sprachlichen Gesichtspunkten stark unterschieden. Die soziale Gliederung wird nicht durch Volkstums- oder Sprachzugehörigkeit gebildet, sondern durch das religiöse Bekenntnis und bei den Hindus durch das Kastensystem. Es werden indo-arische, daneben im NW iranische, im NO austro-asiatische und tibeto-birmanische, im S drawidische Sprachen gesprochen. Religion: in Indien überwiegend Hindus, in Pakistan und Bangla Desh überwiegend Muslime.

GESCHICHTE. Im 2. Jahrtausend v. Chr. wanderten indogerman. Stämme von NW her ein und unterwarfen z. T. die Ureinwohner. Seit dem Zuge

Volute

Alexanders d. Gr. nach Indien (327-325) traten sie mit den Griechen in Verbindung. Im 3. Jahrh. v. Chr. bestand das ind. Großreich des Buddhistenfreundes Aschoka. Der Buddhismus wurde aber später fast ganz aus seinem ind. Mutterland verdrängt. Seit dem 11. Jahrh. setzten sich mohammedan. Eroberer in Indien fest, denen nach 1398 die Mongolen folgten. 1526 gründete Babur das Reich der Großmogule in Delhi, das unter Akbar (1556-1605) seinen Höhepunkt erreichte, aber im 18. Jahrh. ganz verfiel. Die Portugiesen beherrschten im 16. Jahrh. den Handel mit Indien, wurden dann durch die Niederländer und Engländer verdrängt. Auch die Franzosen erwarben Besitzungen in V., unterlagen aber in den Kriegen des 18. Jahrh. gegen die Engländer, die die unbestrittene Vorherrschaft über Indien gewannen. Nach der Niederwerfung eines großen Aufstandes 1857/58 wurde die Brit.-Ostind. Kompanie, die seit 1600 die brit. Macht in Indien vertreten hatte, aufgelöst und die Herrschaft an die brit. Krone übertragen. 1877 nahm Königin Victoria den ind. Kaisertitel an. Eine starke ind. Nationalbewegung trat seit 1880 für die Selbstregierung ein. Während des 2. Weltkrieges erreichte die polit. Revolution unter Führung von Gandhi und Nehru ihren Höhepunkt. 1947 gewährte Großbritannien der ind. Völkern die Selbständigkeit unter Teilung in →Indien und →Pakistan. 1971 machte sich O-Pakistan als →Bangla Desh selbständig.

Vorderösterreich, die ehemal. südwestdt. Lande der Habsburger (im Elsaß, Breisgau, Ortenau, Hohenberg, Nellenburg, oberschwäb. Landvogtei, Burgau, Vorarlberg); 1648, 1805 abgetreten.

Vorerbe, →Nacherbfolge.

Vorfahrt, ⇔ wer von rechts kommt oder eine als **V.-Straße** gekennzeichnete Straße benutzt, hat V. An den Anschlußstellen der Autobahnen ist der durchgehende Verkehr bevorrechtigt.

Vorfall, lat. **Prol'aps** der, ⨬ das Hervortreten eines inneren Organs durch eine natürl. oder künstl. Öffnung nach außen; z. B. Mastdarm-V.

Vorflut, der Wasserabfluß eines Geländes oder Kanalnetzes nach einem tiefer gelegenen Wasserlauf, dem **Vorfluter.**

Vorgabe, ⚘ Ausgleichsverfahren, um allen (Raum-, Zeit-, Punktvergütungen).

Vorgebirge, Ville, Höhenzug im SW von Köln, zw. Erft und Rhein; Braunkohlen⚒.

Vorgelege das, Verbindung von Wellen mit Riemen- oder Rädertrieben an Maschinen zur Erzielung bestimmter Drehzahlen und zum Schalten auf Leer- und Vollauf.

Vorgeschichte, auch **Prähistorie, Urgeschichte,** der Zeitraum von den ersten Anfängen der Menschheit zu Beginn der Eiszeit bis zur Zeit, aus der ausreichende schriftl. Überlieferungen vorliegen. Die **Vorgeschichtsforschung** wertet bes. die Bodenaltertümer aus. Wesentl. für ihre Forschungsweise sind: 1) das von Thomsen, Danneil, Lisch aufgestellte Drei-Perioden-System: →Stein-, →Bronze-, →Eisenzeit; 2) die von Montelius geschaffene typolog.-chronolog. Methode (zeitl. Bestimmung eines Fundes durch Einordnung in die passende Typenreihe auf Grund von Form und Ausbildungsgrad); 3) die von Kossinna geschaffene siedlungsarchäolog. Methode (Erschließen von Heimat, Kulturstufe, Wanderwegen auf Grund von Siedlungsresten, Grabanlagen

Vorgeschichtliche Zeiträume Mitteleuropas

Hauptstufen	Unterstufen	Zeit v. Chr.	Kennzeichnende Klimazüge	Grabformen	Bevölkerung
Eisenzeit	Latènezeit	0 / 500	kühl-gemäßigt-feucht (subatlantisch)	Skelettgräber und Urnengräber	Germanen und Kelten
Eisenzeit	Hallstattzeit	800		Urnengräber unter Hügeln oder in der Erde, am Anfang und Ende auch Skelettgräber	In Norddeutschland Germanen, in Nordostdeutschland baltische Völker, in Ost- und Mitteldeutschland Illyrer(?), in Süd- und Westdeutschland Kelten(?)
Bronzezeit	Jüng. Bronzezeit (Periode IV-V)	1100		Urnengräber unter Hügeln oder in der Erde, am Anfang und Ende auch Skelettgräber	In Norddeutschland Germanen, in Nordostdeutschland baltische Völker, in Ost- und Mitteldeutschland Illyrer(?), in Süd- und Westdeutschland Kelten(?)
Bronzezeit	Mittl. Bronzezeit (Periode II-III)	1600	z. T. wärmer als jetzt; anfangs noch mild-feucht (atlantisch), später mild-trocken (subboreal)	Skelettgräber unter Hügeln oder in der Erde	In Norddeutschland Germanen, in Nordostdeutschland baltische Völker, in Ost- und Mitteldeutschland Illyrer(?), in Süd- und Westdeutschland Kelten(?)
Bronzezeit	Frühe Bronzezeit (Periode I)	1800	z. T. wärmer als jetzt; anfangs noch mild-feucht (atlantisch), später mild-trocken (subboreal)	Skelettgräber unter Hügeln oder in der Erde	In Norddeutschland Germanen, in Nordostdeutschland baltische Völker, in Ost- und Mitteldeutschland Illyrer(?), in Süd- und Westdeutschland Kelten(?)
Steinzeit	Jungsteinzeit) (Neolithikum)	3000		Leichenbestattung; im Norden Riesensteingräber, Mitte und Süden Hügel- und Flachgräber	Indogermanen und nichtindogermanische Völker
Steinzeit	Mittelsteinzeit (Mesolithikum)	10000	wärmer als jetzt; anfangs warm-trocken, später mild-feucht		Homo sapiens (Cro-Magnon- und Aurignac-Mensch)
Steinzeit / Ältere Steinzeit (Paläolithikum)	Späteiszeit	20000	sehr kalt - gemäßigt kalt	Bestattung, z. T. in Höhlen	Neandertal-Mensch
Steinzeit / Ältere Steinzeit (Paläolithikum)	IV. oder Würm-Eiszeit	50000	kälter als heute	Bestattung, z. T. in Höhlen	Neandertal-Mensch
Steinzeit / Ältere Steinzeit (Paläolithikum)	3. Zwischeneiszeit	100000	etwa heutiges Klima		Neandertal-Mensch
Steinzeit / Ältere Steinzeit (Paläolithikum)	III. oder Riß-Eiszeit	200000	wesentlich kälter als heute		Menschen vom Typ Mauer-Steinheim
Steinzeit / Ältere Steinzeit (Paläolithikum)	2. Zwischeneiszeit	300000	z. T. wärmer als heute		Menschen vom Typ Mauer-Steinheim
Steinzeit / Ältere Steinzeit (Paläolithikum)	II. oder Mindel-Eiszeit	400000	wesentlich kälter als heute		Menschen vom Typ Mauer-Steinheim
Steinzeit / Ältere Steinzeit (Paläolithikum)	1. Zwischeneiszeit	500000	etwa heutiges Klima, z. T. wärmer		Feuerstein-Kulturen, bisher ohne Menschenfunde
Steinzeit / Ältere Steinzeit (Paläolithikum)	I. oder Günz-Eiszeit	600000	wesentlich kälter als heute		Feuerstein-Kulturen, bisher ohne Menschenfunde

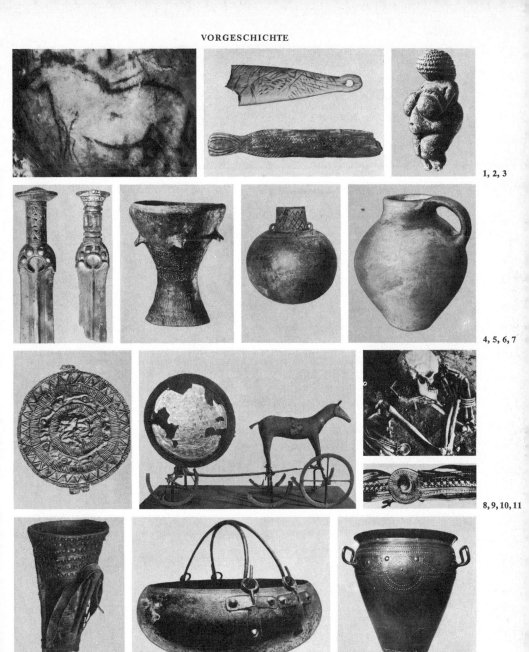

1, 2, 3

4, 5, 6, 7

8, 9, 10, 11

12, 13, 14

Altsteinzeit: 1 Wandmalerei aus der Höhle Peña de Candamo bei San Roman, Spanien, Magdalénien, **2** oben: Anhänger aus Knochen, unten: Stilisierter Fisch, beide Magdalénien, **3** »Venus von Willendorf«, Kalksteinschnitzerei, Aurignacien. **Jungsteinzeit: 4** Tontrommel der Salzmünder Kultur (24 cm hoch), Rössen, **5** Kugelamphore der Kugelflaschen-Kultur, Kr. Bernburg. **6** Henkelkrug der Michelsberger Kultur (19,4 cm hoch), Bodman, Bodensee. **Bronzezeit: 7** Vollgriffschwerter (Grifflänge 11,5 cm), Neumark, **8** Goldene Kultscheibe (⌀ 14,5 cm), Moordorf, Kr. Aurich, **9** Götterwagen (¹/₁₂ nat. Gr.), Trundholm/Seeland. **Hallstattzeit: 10** Frauengrab mit reichem Schmuckfund: Halsketten, Arm- und Fingerringe, Schmucknadeln, Halle/Trotha, **11** Verschlußstück eines goldenen Kopfreifens (13 cm), Uttendorf bei Salzburg, **12** Salztragsack, Hallstatt, **13** Bronzekessel (⌀ 35 cm), Hennickendorf, **14** Bronzeeimer (48 cm hoch), Siem, Jütland.

usw.). Am besten sind die vorgeschichtl. Kulturen in Europa bekannt (hierzu ÜBERSICHT und TAFEL).

Vorhalt der, ♪ das Verbleiben einer Stimme im alten Akkord, während die anderen Stimmen schon den nächsten bilden.

Vorhand, 1) Kartenspiel: das Recht, das erste Blatt auszuspielen. 2) einer der Grundschläge beim Tennis. 3) →Vorderhand.

Vorhaut, ∫ Hautfalte über der Eichel, dem vordersten Teil des männl. Gliedes (Penis). **V.-Verengung (Phimose)** erschwert die Harn- und Samenentleerung und verursacht **V.-Entzündung.**

Vorherbestimmung, die →Prädestination.

Vorhof, ∫ Teil des →Herzens.

Vorkaufsrecht, ♫ das Recht, durch einseitige Erklärung in einen vom Eigentümer mit einem Dritten über einen bestimmten Gegenstand geschlossenen Kaufvertrag an Stelle des Dritten einzutreten (§§ 504 ff. BGB).

Vormärz, die Zeit vor der dt. Märzrevolution 1848, das Zeitalter des Biedermeier.

Vormund, ♫ Fürsorger und Vertreter für Minderjährige oder entmündigte Volljährige (Mündel). Der V., neben dem bei erheblichem Mündelvermögen ein **Gegenvormund** bestellt werden kann, wird vom **Vormundschaftsgericht** (Amtsgericht) eingesetzt und beaufsichtigt. Bestimmte Geschäfte (z. B. Veräußerung von Grundstücken des Mündels) darf er nur mit Genehmigung des Vormundschaftsgerichtes durchführen (§§ 1773 ff. BGB). Für unehel. Kinder tritt von Geburt an →Amtsvormundschaft ein.

Vorname, der individuelle Personenname im Unterschied zum Familiennamen.

Vorphysikum, der 1. Teil der ärztl. Vorprüfung nach dem 2. Semester (Physik, Chemie, Zoologie, Botanik).

Vorsatz, Dolus [lat.] der, 1) bürgerl. Recht: das Wollen eines rechtswidrigen Erfolges. 2) Strafrecht: der mit Wissen und Willen verwirklichte Straftatbestand **(direkter V.)**. V. liegt auch vor, wenn der Täter den Erfolg zwar nicht erstrebte, aber doch als mögliche Folge der Tat voraussah und ihn für den Fall des Eintritts in Kauf nahm **(bedingter V.).**

Vorsatzpapier, das Papier auf der Innenseite von Buchdeckeln.

Vorschlag, ♪ betonter Zierton vor einem Hauptton.

Vorsehung, Provid'enz [lat.] die, christl. Glaubenslehre: die göttl. Leitung von Weltentwicklung und menschl. Schicksal.

Vorsfelde, Stadt in Ndsachs., an der Aller, 11 400 Ew.; landwirtschaftl. u. a. Industrie.

Vorsilbe, vorangestellte Ableitungssilbe, wie ge..., ver...

V'orsokratiker, Präsokratiker, die griech. Philosophen vor Sokrates, →Griechische Philosophie.

Vorstand der, ♫ das leitende Organ (1 Person oder mehrere), der gesetzl. Vertreter einer Aktiengesellschaft, einer Genossenschaft, eines rechtsfähigen Vereins, einer Stiftung.

Vorsteherdrüse, Pr'ostata [lat.] die, Drüse, die beim Mann den Anfangsteil der Harnröhre unterhalb der Harnblase umgreift; liefert einen Teil der Samenflüssigkeit. (BILD Geschlechtsorgane)

Vorstehhund, Hühnerhund zur Jagd auf Rebhühner und Hasen, bleibt vor dem Wild stehen, z. B. Setter, Pointer, Griffon. (TAFEL Hunde)

Vorstellung, 1) THEATER: Aufführung. 2) PSYCHOLOGIE: bewußtes anschauliches Erlebnis, z. B. Erinnerungen, Träume, Phantasiebilder.

Vorster, Baltazar Johannes, südafrikan. Politiker, *1915, Jurist; Verfechter der Apartheid-Politik; seit 1961 Justizminister, seit Sept. 1966 Ministerpräsident Südafrikas.

Vorstrafe, ♫ eine im Strafregister noch nicht gelöschte gerichtl. Strafe.

Vortrieb, die Kraft an der Luftschraube von Luftfahrzeugen, die die Vorwärtsbewegung hervorruft; bei Verwendung von Strahltriebwerken und bei Raketenantrieb der **Schub.**

Voruntersuchung, ♫ gerichtl. Verfahren in bestimmten Strafsachen, bes. in Schwurgerichtssachen, zur Aufklärung des Sachverhaltes; die V. führt der **Untersuchungsrichter** (§§ 178 ff. StPO).

Vorwärtsverteidigung, 1963 zur offiziellen NATO-Doktrin erklärte Strategie: die militär. Abwehrkräfte werden im grenznahen Raum zusammengefaßt, um einen Angreifer bei Überschreiten der Landesgrenze zur Kriegsentscheidung zu zwingen.

Vorzeichen, 1) Anzeichen künftigen Geschehens. 2) ♪ die am Anfang des Liniensystems angegebenen Versetzungszeichen; geben die Tonart des Musikstücks an. 3) △ die Zeichen + und —.

V'orzugsaktie, Priorit'ätsaktie, wird gegenüber der Stammaktie bes. bei der Gewinnverteilung bevorzugt.

Voß, 1) Johann Heinrich, *1751, †1826, Mitglied des Göttinger Dichterbundes, übersetzte Homer, Ovid, Vergil u. a.; schrieb die Idylle »Luise«. 2) Richard, Schriftsteller, *1851, †1918, Romane (»Zwei Menschen«).

Voßler, Karl, Romanist, *1872, †1949.

Vot'iv... [lat.], in Zusammensetzungen: Weih..., Gedenk..., z. B. Votivgeschenk, Votivtafel.

V'otum [lat.] das, -s/...ten und ...ta, 1) Gelübde. 2) Stimme, Stimmabgabe.

Vox [lat.] die, Stimme, Wort. **v. p'opuli v. d'ei,** des Volkes Stimme ist Gottes Stimme.

Vrchlický [v'rxlitski], Jaroslav, eigentl. Emil Frída, tschech. Dichter, *1853, †1912; Dramen, Novellen, Übersetzungen.

Vreden, Stadt in Nordrh.-Westf., 17 100 Ew.

Vr'eneli das, in der Schweiz das 20-Franken-Goldstück.

Vries, 1) Adrian de, niederländ. Bildhauer, * um 1560, †1626; Bronzeplastiken. 2) Hugo de, niederländ. Botaniker, *1848, †1935, stellte die Lehre von den Mutationen auf.

Vring, Georg von der, Dichter, *1889, †1968; Gedichte, Weltkriegs- und Geschichtsromane.

VTOL-Flugzeug, kurz für englisch Vertical Take-Off and Landing, der →Lotrechtstarter.

Vuillard [vyij'a:r], Edouard, französ. Maler, Graphiker, *1868, †1940; Interieurs, Wandbilder.

Vulc'ano, eine der Liparischen Inseln.

Vulc'anus, altitalischer Gott des Feuers.

vulg'är [lat.], gewöhnlich, gemein, niedrig.

Vulg'ärlatein, →Lateinische Sprache.

Vulg'ata [lat. »die allgemein verbreitete«] die, latein. Bibelübersetzung des →Hieronymus (um 405), in der kath. Kirche gebraucht; vom Trienter Konzil 1546 für authentisch erklärt.

Vulk'an der, eine Stelle, an der glutflüssige Massen aus der Erdtiefe zutage treten, i. e. S. feuerspeiender Berg. Bei einem vulkan. Ausbruch (Eruption) steigt die Glutmasse durch einen an der Erdrinde durchstoßenen **Schlot** auf, der eine trichter- oder kesselförmige Mündung, den **Krater,** hat. Aus dem Krater, häufig auch aus Nebenkratern, werden Gase und flüssige **Lava** oder auch Lockermassen (vulkan. Bomben, Schlacken, Lapilli, Sande und Aschen) gefördert. Der Auswurf beruht auf gewaltigen Gasspannungen tief in der

Vulkan: Vesuv

Erde. Die Lockerprodukte bilden um den Krater einen Wall (Aschen-, Schlacken-, Tuffkegel). Je nach der Zähflüssigkeit der Lava schütten die V. kegel- oder schildförmige Erhebungen auf. Dringt Lava aus vielen Spalten empor, dann bilden sich große Übergußdecken. Die gleichzeitige Förderung von Lava und Lockermaterial ist bes. häufig (z.B. Vesuv). Man unterscheidet **erloschene V.**, deren Wiederausbruch nicht anzunehmen ist (z.B. der Vogelsberg in Hessen), **untätige V.**, die sich in einem vorübergehenden Zustand der Ruhe befinden, und **tätige V.** (ÜBERSICHT). Begleiterscheinungen der Ausbrüche sind: Erdbeben, Gewitter, Wirbelwinde, Flutwellen u.a. Vermutlich gibt es viele untermeerische V. **Vulkanische (Erguß-)Gesteine:** Lava, Trachyt, Basalt, Porphyr, Diabas u.a.

Einige tätige Vulkane
(Höhe in m ü.M., Jahr des letzten Ausbruchs)

Europa

Ätna (Sizilien)	3340	1971
Hekla (Island)	1491	1947
Vesuv (Italien)	1281	1944

Afrika

Meru (Ostafrika)	4558	1910
Kamerunberg (Westafrika)	4070	1959
Piton de la Fournaise (Réunion)	2631	1924

Amerika

Cotopaxi (Ecuador)	5897	1906
Popocatepetl (Mexiko)	5452	1932
Lassen Peak (USA)	3181	1926

Asien

Kljutschewskaja Sopka (Kamtschatka)	4850	1945
Fudschisan (Japan)	3776	1707
Seméru (Java)	3676	1922
Krakatau (Sunda-Straße)	832	1933

Ozeanien

Mauna Loa (Hawaii)	4170	1950
Kilauea (Hawaii)	1247	1935

Vulkanfiber, harter, hornartiger Kunststoff aus Cellulose, der durch Zinkchloridlösung pergamentiert, dann gewässert und hydraulisch zu Platten gepreßt wird.

Vulkan-Inseln, japan. Inselgruppe südl. der Bonin-Inseln;1945-68unter amerikan.Verwaltung.

Vulkanisati'on [lat.] die, das Mischen von Rohkautschuk mit Schwefel. →Kautschuk.

V'ulpius, 1) Christian August, Schriftsteller, *1762, †1827, Goethes Schwager; Räuberroman »Rinaldo Rinaldini«. **2)** Christiane, Schwester von 1), Goethes Gattin, *1765, †1816.

V'ulva [lat.] die, die äußeren weiblichen Geschlechtsorgane.

V-Waffen, Abk. für »Vergeltungswaffen«, von der dt. Wehrmacht gegen Ende des 2.Weltkriegs entwickelte, bes. gegen London eingesetzte Waffen. Das Gerät **V 1** war ein unbemanntes Flugzeug mit 250 km Reichweite und einer Geschwindigkeit von 650 km/h. Die **V 2** war eine Rakete mit 250 km Reichweite und einer Geschwindigkeit von 5000 km/h.

W

w, W, 1) der 23. Buchstabe im Abc, urspr. doppeltes v. **2)** ⊕ W = Westen. **3)** ∮ W →Watt. **4)** W, chem. Zeichen für →Wolfram.

Waadt die, **Waadtland,** französ. **Pays de Vaud** [pɛ'i do vo:], Kanton der Schweiz, 3211 km², 511 900 meist französischsprachige Ew.; Hauptstadt: Lausanne. W. umfaßt die SW-Ecke des Schweizer Mittellandes auf der N-Seite des Genfer Sees. Getreide-, Wein-, Gemüse-, Viehzucht; Industrie: Uhren, Eisenwaren, Schokolade, Zigarren. Seit 1803 selbständiger Kanton.

Waag die, Nebenfluß der Donau, kommt von der Tatra, mündet in die kleine Donau (Waagdonau); 459 km lang.

Waage die, **1)** Gerät zur Gewichtsbestimmung. Zur Gruppe der **Hebel-W.** gehören die **Balken-W.** mit gleicharmigen Hebeln, die **Brücken-W.**, bei der die Last auf einer Plattform (Brücke) ruht, und die W., die je nach dem Hebelverhältnis als Dezimal oder Zentesimal-W. bezeichnet wird, ferner die ungleicharmige **Laufgewichts-W.** (römische W., Besemer), mit verschiebbarem Gewicht. Bei der **Neigungs-W.** wird durch die Last ein unveränderliches Gewicht aus seiner Ruhelage ausgeschlagen und das Gewicht an dem Skalenbogen abgelesen. Bei **Schalt-W.** werden mit einem Schalthebel nacheinander Gewichte eingeschaltet, die in einer Kassette ruhen und auf einen Hebel wirken. Die 2. Gruppe der W. umfaßt die **Feder-W.**, bei denen die durch die Belastung verursachte Veränderung der Federlänge (Zug- oder Druckfeder) ein Maß für das Gewicht ist. **2)** südl. Sternbild; das 7. Zeichen des Tierkreises.

Waal der, Mündungsarm des →Rheins.

Waals, Johannes Diderik van der, niederländ. Physiker, *1837, †1923; arbeitete über die Zustandsgleichung von Gasen, Dämpfen, Flüssigkeiten. Nobelpreis 1910.

Wabenkröte, Pipa, südamerikan. Froschlurch; die Eier entwickeln sich in wabenartigen Bruttaschen der Rückenhaut.

W'aberlohe die, Flammenwall, mit dem Odin die schlafende Brunhilde umgab.

Wach'au die, das landschaftl. schöne Donautal zwischen Melk und Krems, Niederösterreich.

Wach'older der, Gattung der Nadelhölzer mit beerenähnl. kleinen Zapfen. Der **Gemeine W. (Machandelbaum)** ist meist ein 1-2 m hoher Strauch, seltener ein Baum, zweihäusig; wächst im Heideland. Die Beeren, **Krammetsbeeren,** sind blauschwarz. Durch das flüchtige **W.-Öl** schmecken sie streng; sie geben Gewürz, W.-Branntwein, harntreibenden Tee, Räucherwerk. Schwesterarten: **Spanischer** oder **Zeder-W.,** mit braunroten Früchten; der **Virginische W.** oder die **Rote Zeder** liefert Holz (»Zedernholz«) für Bleistifte, Zigarrenkisten. (TAFEL Waldbäume)

Wachs das, knetbare, fettartige Absonderung der Honigbiene, für Baustoff für Zellen und Waben; dient zu Kerzen, Pflaster, Salbe, Appretur. **Pflanzen-W.** wird als Ausscheidung trop. Pflanzen gewonnen, z.B. von den Stämmen der südamerikan. Wachspalme; Verwendung zu Bohner- und Schuhputzmitteln. (→Erdwachs)

Wachsbildnerei, die Herstellung von Modellen aus Wachs, bes. Totenmasken, Büsten und Weihegaben. Seit Ende des 17. Jahrh. wurden lebensgroße Nachbildungen hoher Persönlichkeiten gefertigt.

Wachsblume, südasiat. dickblättriger Kletterstrauch mit rötl., wachsähnl., duft- und honigreicher Blüte; teilweise Zimmerpflanze.

Wachsmalerei, →Enkaustik.

Wachsmotte, die →Bienenmotte.

Wachspalme, 1) Fächerpalme in Brasilien, Argentinien. **2)** Fiederpalme im trop.-südamerikan. Gebirge; beide liefern Palmwachs.

Wachstuch, köper- oder leinwandbindiges Baum- oder Zellwollgewebe mit einseitigem, glattem Leinölfirnis- oder Kunststoff-Überzug.

Wachtberg, Gem. im Rhein-Sieg-Kreis, Nordrh.-Westf., 12 500 Ew.

Wächte die, **Schneewächte,** überhängende Schneewehe auf Gebirgsgipfeln und -graten.

Wachtel die, kleines Feldhuhn, lebt am liebsten im Getreide; brütet in Mitteleuropa und zieht im Herbst nach Afrika. (BILD Feldhühner)

Wachtelhund, Stöberhundrasse, dem langhaarigen dt. Vorstehhund ähnlich.

Wachtelkönig, Wiesenknarrer, Wiesenralle, ein Zugvogel mit schnarrender Stimme.

Wachtelweizen, Rachenblüter, krautige Halbschmarotzer mit Wurzeln, mit schwarzem, weizenförmigem Samen; **Hain-W.** hat gelb-rostrote Blütenähre, blaue Blütentragblätter.

Wachtmeister, 1) Dienstgrad in der unteren Beamtenschaft, z.B. bei der Polizei. **2)** ✝ militär.

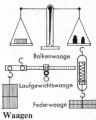
Waagen

Wachsblume: Blütendolden der W.

Wachtelweizen: Hain-W.

R. Wagner

Dienstgrad bei der Kavallerie, Artillerie, den Fahrtruppen; entsprach dem Feldwebel.

Wach- und Schließgesellschaften, private Unternehmungen, die gewerbsmäßig der öffentl. Sicherheit dienen, bes. durch Bewachung von Häusern, Parkplätzen u. a.

W'ackenroder, Wilhelm Heinrich, Schriftsteller, *1773, †1798, beeinflußte mit den »Herzensergießungen eines kunstliebenden Klosterbruders« und den »Phantasien über die Kunst« die romant. Kunstauffassung.

Wad'ai, Ouadai, Steppenlandschaft im O der Rep. Tschad, Afrika; ehem. arab. Sultanat, kam 1912 unter französ. Verwaltung.

Wade die, Hinterfläche des Unterschenkels, deren Wölbung von dem **Wadenmuskel** gebildet wird. Dieser entspringt am Oberschenkel- und **Wadenbein** und setzt mit der Achillessehne am Fersenbein an. **Wadenkrampf** entsteht oft nach großen Anstrengungen, Kälte usw.; Gegenmittel: warme Umschläge, Massage.

W'ädenswil, Ort im schweizer. Kt. Zürich, am Zürichsee, 15 700 Ew.; Eidgenöss. Versuchsanstalt für Obst-, Wein- und Gartenbau, schweizer. Obst- und Weinfachschule; Textil- u. a. Industrie.

W'adi [arab.] das, **Trockental,** wasserloses Flußbett in der Wüste; oft mit schroffen Ufern.

Wadi in der Zentral-Sahara

W'adi H'alfa, Stadt im Sudan; die Bevölkerung wurde wegen Überflutung durch den neuen Assuan-See umgesiedelt.

Waffe die, Kampfgerät; **Angriffs-** und **Trutz-W.** sind Geräte zur unmittelbaren Einwirkung oder Vorrichtungen zum Abschießen von Munition (Hieb-, Stich-, Wurf-, Feuer-W.). **Schutz-W.** dienen der Verteidigung (z. B. Schild, Helm).

Waffel die, Gebäck aus dickflüssigem Teig, zwischen heißen zusammenklappbaren Flacheisen (**W.-Eisen**) auf beiden Seiten gebacken.

Waffenrecht, regelt Herstellung, Vertrieb, Besitz, Tragen und Gebrauch von Waffen. In der Bundesrep. Dtl. ist der Erwerb von Faustfeuerwaffen nur zulässig, wenn der Erwerber einen behördl. ausgestellten **Waffenschein, Waffenerwerbsschein** oder einen gültigen **Jahresjagdschein** besitzt. Zum Führen einer Faustfeuerwaffe außerhalb der Wohnung, der Geschäftsräume oder des umfriedeten Besitztums ist ein Waffenschein erforderlich, der stets mitzuführen ist. – Der Waffengebrauch bei Polizei und Bundesbehörden ist erst erlaubt, wenn alle anderen Mittel versagen. – Bei manchen Straftaten ist die Benutzung (§ 223a StGB) oder das Mitführen (§ 250 StGB) von Waffen Strafverschärfungsgrund.

Waffenstillstand, ⚔ zeitweilige Kampfeinstellung zwischen kriegführenden Parteien; oft Einleitung zu Friedensverhandlungen.

Wagen der, **1)** zweispuriges Räderfahrzeug zum Befördern von Menschen und Lasten. Je nach Aufbau unterscheidet man **Kasten-, Leiter-, Plattform-W. 2)** ⚙ Maschinenteil zur Führung eines Gegenstandes, z. B. an der Schreibmaschine zur Führung des Papiers. **3)** ✶ **Großer** und **Kleiner W.,** die Sternbilder Großer und Kleiner Bär.

Wagenburg, Verschanzung aus ringsum zusammengefahrenen Troßwagen, diente bis ins MA. als Verteidigungsstellung oder Stützpunkt.

W'aggerl, Karl Heinrich, Erzähler, *1897; heiter-besinnl. Bauernromane »Brot« u. a.

Waggon [vag'õ, engl. mit frz. Aussprache] der, -s/-s, Eisenbahnwagen.

Wagner, 1) Adolph, Volkswirt, *1835, †1917; führender Vertreter des →Kathedersozialismus sowie der Finanzwissenschaft. **2)** Heinrich Leopold, Dramatiker des Sturm und Drangs, *1747, †1779; Jugendfreund Goethes; Drama: »Die Kindermörderin«. **3)** Hermann, Geograph, *1840, †1929; verdient um den geograph. Schulunterricht. **4)** Richard, Komponist, *Leipzig 22. 5. 1813, † Venedig 13. 2. 1883; war Kapellmeister in Magdeburg, Riga, Dresden, floh nach dem Maiaufstand 1849 nach Zürich. 1864 berief ihn König Ludwig II. nach München. 1872 legte er den Grundstein zum Bayreuther Festspielhaus, das seiner Idee des »Gesamtkunstwerks« dienen sollte. Dieses beruht auf dem Musikdrama, das W. in dichterischer und musikal. Umwandlung der alten Oper schuf. WERKE: »Rienzi« (1842), »Der Fliegende Holländer« (1843), »Tannhäuser« (1845), »Lohengrin« (1850), »Tristan und Isolde« (1865), »Die Meistersinger von Nürnberg« (1868), »Der Ring des Nibelungen« (1869–76: »Rheingold«, »Walküre«, »Siegfried«, »Götterdämmerung«), Bühnenweihspiel »Parsifal« (1882). Kulturpolit. Schriften. W.s Gattin in 2. Ehe war Cosima, die Tochter Franz Liszts, *1837, †1930. Beider Sohn Siegfried, Komponist und Dirigent, *1869, †1930, leitete zeitweilig die Bayreuther Festspiele; ebenso dessen Söhne: Wieland (*1917, †1966) und Wolfgang (*1919).

Wagner-Régeny, Rudolf, Komponist, *1903; neoklassizist. Opern.

Wagnerscher Hammer, →Unterbrecher.

Wagner von Jauregg, Julius, österr. Psychiater, *1857, †1940, führte die Impfmalaria als Mittel gegen progressive →Paralyse ein. 1927 Nobelpreis für Medizin.

W'agram, Ort in Niederösterreich, 1809 Sieg Napoleons I. über die Österreicher.

W'agrien, das südöstliche Holstein an der Lübecker Bucht; seit dem 9. Jahrh. von Slawen besetzt, um 1140 durch die Grafen von Holstein der dt. Herrschaft unterworfen.

Wahhab'iten, Anhänger einer strenggläubigen islam. Sektenbewegung, die Mitte des 18. Jahrh. von Inner-Arabien ausging; zugleich Träger polit.-nationaler Ideen (→Ibn Saud).

Wahlgeheimnis, der Grundsatz der »geheimen Wahl«. Seine Verletzung wird mit Gefängnis bis zu 2 Jahren bestraft.

Wahlkreis, Unterteilung des Staatsgebietes zur Vornahme der Wahl für die Volksvertretung. Die Bundesrep. Dtl. ist in 248 W. eingeteilt.

Wahlmonarchie, eine Monarchie, in der der neue Herrscher durch Wahl berufen wird. Gegensatz: Erbmonarchie.

Wahlperiode, Legislaturperiode.

Wahlrecht, 1) das Recht zu wählen (**aktives W.**) und die Fähigkeit, gewählt zu werden (**passives W.**). **2)** die Gesamtheit der Vorschriften über die Wahl; sie sind meist in den Verfassungen enthalten, die Einzelheiten werden in Wahlgesetzen geregelt. – ARTEN: **1) allgemeines W.:** alle Staatsbürger, die bestimmte, unerläßliche Voraussetzungen erfüllen (Mindestalter, bürgerl. Ehrenrechte u. a.), sind wahlberechtigt. Das volle allgemeine W. schließt das **Frauen-W.** ein. **2) unmittelbares (direktes) W.:** der Wähler wählt den Bewerber unmittelbar, nicht über dazwischenstehende Wahlmänner (Urwahl). **3) gleiches W.:** jede abgegebene Stimme wird gleich bewertet im Gegensatz z. B. zum Dreiklassen-W. (in Preußen bis 1918). **4) geheimes W.:** Wahl durch verdeckte Wahlzettel (→Wahlgeheimnis). Gegensatz: öffentl. Wahl. – WAHLSYSTEME: Erhält bei absoluter **Mehrheitswahl** kein Bewerber im ersten Wahlgang die absolute →Mehrheit, so entscheidet entweder eine **Stichwahl** zwischen den beiden Bewerbern mit der höchsten Stimmenzahl, oder es findet eine **Nachwahl** statt, bei der die relative Mehrheit entscheidet. Die **Verhältniswahl** soll auch den in der

Minderheit gebliebenen eine Vertretung im Parlament sichern: die Sitze werden auf die Parteien nach dem Verhältnis der abgegebenen Stimmen verteilt; sie ist immer Listenwahl im Gegensatz zur Persönlichkeitswahl. In der Bundesrep. Dtl. gilt für die Wahl zum Bundestag das Bundeswahlges. v. 7.5.1956 und die Bundeswahlordnung i.d. F. v. 8.4.1965. – In den totalitären Einparteienstaaten kann nur eine Einheitsliste gewählt werden.

Wahlschein, in der Schweiz **Stimmkarte,** eine Bescheinigung, auf Grund derer ein Wahlberechtigter sein Wahlrecht außerhalb seines Wahlbezirks ausüben darf.

Wahlstatt, Dorf 9 km südöstl. von Liegnitz, Schlesien. – 9.4.1241 Abwehrschlacht des schles. Heerbanns unter Herzog Heinrich II. gegen die Mongolen. – Fürstentitel Blüchers nach der nahebei stattgefundenen Schlacht an der Katzbach.

Wahlverwandtschaft, die chem. →Affinität, von Goethe auf die menschl. Beziehungen übertragen (Roman »Die Wahlverwandtschaften«).

Wahn, Ortsteil von →Porz; Flughafen.

Wahnverbrechen, →Putativ-Delikt.

Wahrheitsbeweis, ♈ bei übler Nachrede der Beweis der Wahrheit der ehrenrührigen Behauptung. Der W. schließt eine Bestrafung wegen übler Nachrede aus, nicht aber wegen einfacher Beleidigung, wenn die Behauptung nach Form oder Umständen unangemessen war.

Wahrheitspflicht, ♈ die Pflicht der Parteien im Zivilprozeß, ihre Erklärungen der Wahrheit gemäß abzugeben (§ 138 ZPO).

Wahrnehmung berechtigter Interessen bewirkt Straffreiheit einer →Beleidigung, wenn nicht aus der Form oder den näheren Umständen eine Beleidigung hervorgeht (§ 193 StGB).

Wahrsagen, die angebl. Fähigkeit zur Voraussicht des Zukünftigen durch →Hellsehen, Kartenlegen, Sterndeutung.

Wahrscheinlichkeit die, **1)** Erkenntnislehre: eine Eigenschaft von Aussagen, für deren Geltung einleuchtende, doch nicht hinreichende Gründe bestehen. **2)** △ ein zahlenmäßiger Ausdruck für das Eintreffen oder Nichteintreffen zufälliger Ereignisse. Man teilt die Anzahl der erwünschten Fälle durch die Anzahl der möglichen Fälle und erhält so die W. als Zahl zwischen 0 (Ereignis unmöglich) und 1 (Ereignis sicher).

Währung die, allgemein die gesetzl. Ordnung der Geldverfassung eines Landes: Bestimmung der gesetzl. Zahlungsmittel und Festlegung ihres Austauschverhältnisses gegenüber den ausländ. W. **(W.-Parität)** und dem Gold **(Goldparität);** i.e.S. das gesetzl. Zahlungsmittel selbst **(W.-Geld).** Im internat. Verkehr unterscheidet man die einzelnen nationalen W. **(Valuten)** nach der Geldeinheit, z.B. Mark-, Pfund-W., und nach dem Geltungsbereich, z.B. engl. Pfund, kanad. Dollar. Nach dem Geldstoff unterscheidet man die **Metall-W.** von der **Papier-W.** Metall-W. können sich auf ein W.-Metall (Gold oder Silber) beschränken (Monometallismus) oder zwei Metalle gleichberechtigt nebeneinander anerkennen (Bimetallismus). Die automat. W. erhält ihre Stabilität durch Bindung an ein wertbeständiges Gut (→Goldwährung), bei der manipulierten W. regelt die Zentralbank Geldmenge und Zahlungsverkehr. – Die Bundesrep. Dtl. hat eine reine Papier-W., die Geldmenge wird durch die Dt. Bundesbank reguliert.

Währungsreform, die Wiederherstellung der durch Inflation zerrütteten Währungsstabilität. Die W. von 1923 beendete eine offene Inflation, die W. vom 20.6.1948 eine zurückgestaute. Die am 21.6.1948 bestehenden privaten Sparguthaben und RM-Verbindlichkeiten aus Schuldverhältnissen wurden in der Bundesrep. Dtl. im allgemeinen 10 : 1 umgestellt. Im Dt.Dem.Rep. wurde die Währung durch VO. v. 21.6.1948 grundsätzlich 1 : 1 umgestellt, Bargeld und Bankguthaben jedoch gleichzeitig im Verhältnis 10 : 1 abgewertet.

Waiblingen, Stadt in Baden-Württ., an der Rems, 24600 Ew.; Maschinen-, Metall-, Textil-

Währungseinheiten (WE), Anfang 1972

Land	Währung	in DM[1])
Ägypten	Ägypt. Pfund	0,1334
Argentinien	Argentin. Peso	1,5277
Austral. Bund	Austral. Dollar	0,2568
·Belgien	Belg. Franc	13,6801
Brasilien	Neuer Cruzeiro	1,7186
Bulgarien	Lew	0,3304[2])
Chile	Chilen. Escudo	4,8323
China(Volksrep.)	Ren-Min-Bi	0,7082
Dänemark	Dän. Krone	2,1592
Finnland	Finnmark	1,2675
Frankreich	Französ. Franc	1,5962
Griechenland	Drachme	9,1785
Großbritannien	Pfund Sterling	0,1199
Indien	Ind. Rupie	2,2734
Indonesien	Rupiah	127,0046
Iran	Rial	23,3669
Irland	Irisches Pfund	0,1191
Israel	Israel. Pfund	1,2854
Italien	Lira	181,7378
Japan	Yen	96,0282
Jugoslawien	Dinar	5,2241
Kanada	Kanad. Dollar	0,3066
Mexiko	Mexikan. Peso	3,8163
Niederlande	Gulden	0,9955
Norwegen	Norweg. Krone	2,0498
Österreich	Schilling	7,2388
Polen	Zloty	1,2262[2])
Portugal	Escudo	8,3965
Rumänien	Leu	1,6919[2])
Schweden	Schwed. Krone	1,4865
Schweiz	Schweizer Franken	1,1975
Sowjetunion	Rubel	0,2536
Spanien	Peseta	20,1347
Tschechoslowakei	Tschech. Krone	2,0346[2])
Ungarn	Forint	3,4534[2])
USA	US-Dollar	0,3059

[1]) WE für 1 DM. – [2]) Differenziertes Kurssystem

u.a. Ind. Nach der ehemals staufischen Burg W. nannten sich die Ghibellinen.

Waiblinger, Wilhelm Friedrich, Dichter, *1804, †1830, Freund Mörikes; schrieb »Lieder der Griechen«.

Waid der, **Färberwaid,** gelbblütiger Kreuzblüter. Er wurde wegen des in den Blättern enthaltenen blauen Farbstoffs vor dem Aufkommen des Indigos viel angebaut.

Waidmann, ♀ →Weidmann.

Waisenhaus, öffentl. Anstalt, in der in die elternlose Kinder (Waisen) untergebracht und erzogen wurden; heute geschieht dies meist in →Kinderdörfern oder Familien.

Wakajama, Hafenstadt auf der japan. Insel Honschu, 329000 Ew.; Schwer-, Textilindustrie.

Wake [weik], Insel zwischen Hawaii und den Marianen; Marine- und Flugstützpunkt der USA.

Wakefield [w'eikfi:ld], Industriestadt in Mittelengland, 61300 Ew.; Kohlenbergbau, Woll-, chem. Industrie.

Wal der, →Wale.

Walach'ei, geschichtl. Landschaft Rumäniens, zwischen Südkarpaten und Donau. Durch den Alt geteilt in die **Große W.** (Muntenien) im O und die **Kleine W.** (Oltenien) im W. – Im 14.Jahrh. selbständiges Fürstentum, 1460 unter türk. Oberhoheit, 1829-56 unter russ. Schutz, 1859 mit der Moldau zu Rumänien vereinigt.

Wal'achen, vieldeutiger Name der romanisierten Wanderhirten SO-Europas, im engeren Sinn die Bewohner der Walachei.

Walcha, Helmut, Organist, *1907.

W'alchensee, Alpensee in Obb., 16 km² groß, 800 m ü.M., 192 m tief. Das **W.-Kraftwerk** nutzt das Gefälle zwischen W. und Kochelsee aus. (BILD Kraftwerk)

W'alcheren, niederländ. Insel vor der Scheldemündung, Hauptort: Middelburg.

Wald der, (TAFEL) umfaßt den Baumbestand,

Waldmeister

der sich ohne menschl. Eingreifen entwickelt (**Ur-wald**) und den planmäßig genutzten, gepflegten W. (**Wirtschafts-W., Forst**), besteht auch als ~~Schutz-W.~~ ~~gegen~~ ~~Windbruch,~~ ~~Lawinen~~ ~~u.a.~~ **Waldformen** sind: Nadel-W., Laub-W., Misch-W. Wichtige W.-Bäume in Dtl. sind: Kiefer, Fichte, Tanne, Lärche, Rotbuche, Eiche, Birke, Erle. Andere, wie Douglastanne, Weymouthskiefer, Esche, Ahorn, Weißbuche, Ulme, Hasel, Eberesche, Weide, Pappel, finden sich meist als Nebenholzarten in gemischten Beständen. Die Bundesrep. Dtl. hat 7,2 Mill. ha W.-Fläche (29 %). Nadelholz ist wirtschaftlicher als Laubholz. Der W. ist nicht nur wegen seines Holzes wichtig, sondern auch wegen seines Einflusses auf Klima, Wasserführung der Bäche und Flüsse u.a.

Wald'aihöhen, Hügelland in der Sowjetunion, zwischen Leningrad und Moskau, bis 347 m hoch; Quellgebiet von Wolga, Düna und Dnjepr.

Waldbr'öl, Stadt in Nordrh.-Westf., im Bergischen Land, 13100 Ew.; Leder- u.a. Ind.

W'aldeck, ehemal. Fürstentum (seit 17|2) des Dt. Reiches, im Flußgebiet von Eder und Diemel; seit 1867 unter preuß. Verwaltung, 1918 Freistaat, seit 1929 zur preuß. Prov. Hessen-Nassau.

W'aldemar [aus ahd. waltan »walten« und mari »berühmt«], männlicher Vorname.

Wale: 1 Finnwal,
2 Delphine,
3 Pott-,
4 Schwertwal

Waldemar, Fürsten: Brandenburg: 1) **W.,** Markgraf 1308-19. Mit dem Tode W.s und eines Vetters (1320) starben die brandenburg. Askanier aus. 1347 trat der **falsche W.** gegen die wittelsbach. Markgrafen auf (angeblich ein Müllerbursche); er wurde bis 1350 von Kaiser Karl IV. unterstützt; †1356. – **Dänemark,** Könige: 2) **W. I. d. Gr.** (1157 bis 1182), eroberte 1168 Rügen im Kampf gegen die Wenden. 3) **W. II.** (1202-41), erstrebte die Herrschaft über alle Ostseeländer, unterwarf Holstein und Estland, wurde aber 1227 bei Bornhöved von den Norddt. besiegt. 4) **W. IV. Atterdag** (1340-75), verkaufte 1346 Estland an den Dt. Orden, unterlag im Krieg gegen die Hanse (Stralsunder Friede 1370).

Waldenburg, Industriestadt in Ndschles., 125300 Ew.; Mittelpunkt des **Waldenburger Berglands;** Steinkohlen ⚒; Porzellan-, Keramik-, Eisenind., seit 1945 unter poln. Verw. (**Walbrzych**).

Wald'enser Mz., relig. Laienbewegung in S-Frankreich, um 1200 durch Petrus Waldus gestiftet. Die W. forderten Rückkehr zu apostol. Armut und Einfachheit. Sie wurden seit dem 13. Jahrhundert von der Inquisition verfolgt. Nur in Italien und Amerika haben sich W.-Gemeinden erhalten.

Waldersee, Alfred Graf v., preuß. Generalfeldmarschall, *1832, †1904; Führer der europ. Truppen gegen die →Boxer in China.

Waldheim, Stadt im Bez. Leipzig, 11200 Ew., an der Zschopau; Talsperre; Zigarren-, Holzind.

Waldheim, Kurt, Jurist, *1918, seit 1. 1. 1972 Generalsekr. der Verein. Nationen.

Waldhufendorf, Dorfform der dt. Kolonisationszeit des MA. und im Mittelgebirgen. Die Höfe liegen in lockerer Reihe ein- oder beidseitig des Weges und Wasserlaufs im Tal; hinter je-

dem Hof geschlossen die Hufe (Feld, Wiese, Wald).

W'aldis, Burkard, Satiriker, *1495, †1557; Fabeln nach Äsop, niederdt. geistl. Fastnachtspiel »Die Parabel vom verlorenen Sohn«.

Waldkirch, Luftkurort im Breisgau, Baden-Württ., 11200 Ew.; Edelsteinschleiferei; Orgel-, Uhrenindustrie.

Waldkraiburg, Stadt in Oberbayern, 16600 Ew.; Industrie, Erdgasvorkommen.

Waldmeister, Labkrautgewächs, bes. in Buchenwäldern, weißblühend; die würzigen Blätter werden zu Bowle verwendet (Maibowle).

Waldmüller, Ferdinand, Maler, *1793, †1865, naturalist. Landschaften, Genrebilder, Porträts.

Waldorfschulen, Freie W., auf den Grundsätzen der Anthroposophie →Steiners aufgebaute einheitl. Volks- und höhere Schulen. Die W. gehen zurück auf die Freie W. der Waldorf-Astoria-Zigarettenfabrik in Stuttgart.

Waldrebe, Clem'atis die, Gattung der Hahnenfußgewächse, meist Klettersträucher: die **Gemeine W.,** mit weißen, duftenden Blüten; die blaublühende **Alpenrebe.** Schönblütige ausländ. Arten sind in Mitteleuropa Zierpflanzen.

Waldshut, Stadt am Hochrhein, Baden-Württ., 10700 Ew.; chem., Textil-, Maschinenindustrie.

Waldstädte, die vier bis 1805 vorderösterr. Städte Rheinfelden, Säckingen, Laufenburg, Waldshut.

Waldstätte, die Kantone um den →Vierwaldstätter See.

Waldviertel, waldreiche 500-800 m hohe Landschaft im NW Niederösterreichs.

Wale Mz., völlig dem Wasserleben angepaßte (**Walfische**), aber lungenatmende Säugetiere. Die Schwanzflosse der W. liegt waagerecht, die Vordergliedmaßen sind als Brustflossen ausgebildet; Hintergliedmaßen und Becken sind fast völlig rückgebildet. Die **Bartenwale,** zu denen Glatt- und Finn-W. gehören, tragen bis zu 4 m lange Hornplatten (**Barten**), die beim Schließen des Rachens wie ein Sieb die als Nahrung dienenden kleinen Meerestiere zurückhalten. Die **Zahnwale** mit den Gründel-, Schweins-, Pott-W. sowie den Delphinen und Flußdelphinen Indiens und Südamerikas haben oft über 200 Zähne.

W'alensee, Alpensee in der Schweiz, 23 km², zwischen Churfirsten und Glarner Alpen.

Wales [weilz], Halbinsel und England vereinigtes Fürstentum im SW Großbritanniens, 20763 km², 2,7 Mill. Ew., gebirgig, rauh, meist von Wiesen und Weiden bedeckt (Viehzucht); wichtiger Bergbau (Kohle, Eisenerz). Die im Grundstock keltische Bevölkerung (**Wal'iser**) ist stark mit Engländern gemischt; sie spricht nur z. T. die keltische Sprache, das Kymrische. Großstädte: Cardiff, Swansea, Newport. – Das keltische Fürstentum W. wurde 1282 vom engli-schen König Eduard I. erobert, aber erst 1536 ganz in England einverleibt. Seit 1301 führt der jeweilige englische Kronprinz den Titel **Prince** (Fürst) **of W.**

Walfisch, ⚹ ein südl. Sternbild.

W'alhall, richtiger **Valhöll,** die Totenhalle der altnord. Mythologie, in die Odin die gefallenen Krieger beruft.

Walh'alla die, Ruhmeshalle bei Regensburg, 1830-42 von Leo v. Klenze erbaut, mit Büsten großer Deutscher.

W'ali [arab.] der, oberster Verwaltungsbeamter einer türk. Provinz.

walken, 1) Hüttentechnik: Bleche wechselnden starken Durchbiegungen unterwerfen zur Beeinflussung des Gefüges. **2)** Textiltechnik: Fasern in feuchtwarmem Zustand verfilzen durch Stoßen, Stauchen, Pressen.

W'alküren Mz., in der nord. Dichtung: göttliche Jungfrauen, die auf Odins Befehl die im Kampf Erschlagenen nach Walhall bringen.

Wallace [w'oləs], **1)** Alfred Russel, engl. Zoologe, *1823, †1913, teilte die Erde in tiergeograph. Regionen ein, stellte 1858 eine Lehre der natürl. Zuchtwahl auf, was Darwin veranlaßte, seine ähnliche, ältere Lehre zu veröffentlichen. **2)** Edgar,

1, 2, 3

4, 5, 6, 7

8, 9, 10, 11

Baumformen: 1 Bergahorn, **2** Weißbirke, **3** Alte Eiche, **4** Rotbuche, **5** Kleinblättrige Linde, **6** Fichte, **7** Gemeine Kiefer, **8** Lärche. **Waldformen: 9** Ostpreußischer Kiefernwald, **10** Holsteinischer Buchenwald, **11** Nordamerikan. Gebirgswald

engl. Schriftsteller, *1875, †1932; Detektivromane (»Der Hexer«). **3)** Lewis, nordamerikan. Erzähler, *1827, †1905; geschichtl. Roman »Ben Hur«.

W'allach der, verschnittener Hengst.

Wallach, Otto, Chemiker, *1847, †1931, arbeitete bes. über den Aufbau organ. Stickstoffverbindungen, Kampfer, Terpene; Nobelpreis 1910.

Wallasey [w'ɔləsi], Industriestadt in NW-England, 103 300 Ew.; an der Merseymündung.

Walldorf, 1) Stadt in Nordbaden, in der Rheinebene, 12 900 Ew.; Metall-, Textil-, Zigarrenind. **2)** Stadt im RegBez. Darmstadt, 13 200 Ew.; Kunststein-, Saitenind. 1699 von →Waldensern gegr.

Walld'ürn, Stadt im östl. Odenwald, Baden-Württ., 8000 Ew.; Barock-Wallfahrtskirche; Kunstblumen- u. a. Industrie.

Wallenstein

W'allenstein, Waldstein, Albrecht v., Herzog von Friedland, *1583, † (ermordet) Eger 1634; warb im Dreißigjährigen Krieg 1625 auf seine Kosten ein Heer für Kaiser Ferdinand II., wurde nach mehreren Siegen und der Eroberung Holsteins (mit →Tilly), Schleswigs und Jütlands 1629 Herzog von Mecklenburg. 1630 entließ ihn der Kaiser auf Wunsch der kath. Liga (Bayern); aber 1632 wurde er zurückgeholt, um das Vordringen Gustav Adolfs aufzuhalten. Nach dessen Tod in der Schlacht bei Lützen führte W. eigenmächtig Friedensverhandlungen mit den Schweden und dt. Protestanten (→Terzky); darauf setzte ihn der Kaiser als Hochverräter ab.

Wallfahrt [wallen = pilgern], Wanderung oder Reise nach durch Reliquien oder Gnadenbilder ausgezeichneten heiligen Stätten.

W'allis [von lat. vallis »Tal«] das, franzöz. **Valais** [val'ɛ], Kanton der Schweiz, Hochalpenland um das obere Rhônetal, 5231 km², 206 600 Ew.; Hauptstadt: Sitten. Die Bewohner **(Walliser)** sprechen in Ober-W. deutsch, in Unter-W. französisch. Erwerbszweige: Almwirtschaft, in den Tälern Wein-, Obstbau; Kraftwerke. Fremdenverkehr. – Ober-W., seit 1416/17 mit den Schweizern verbündet, eroberte 1475 das savoyische Unter-W.; seit 1814 Kanton.

W'allis-Inseln, Inselgruppe im NO der Fidschi-Inseln; bilden mit Futuna ein franzöz. Übersee-Département, 255 km², rd. 10 000 Ew.

Wall'onen, Bewohner Südbelgiens und des angrenzenden Frankreichs, etwa 4 Mill.; romanisierte Kelten (Belgen) mit german. Einschlag.

W'allraf-Richartz-Museum in Köln, eröffnet 1861; Werke der →Kölner Malerschule, niederländ. Meister, Maler des 19. und 20. Jahrh.

Wall Street [wɔ:lstri:t, engl.], die Börsenstraße in New York.

Walmdach, ein Satteldach, bei dem an Stelle der Giebel Dachflächen, die **Walme,** angeordnet sind. (BILD Dach).

Walnußbaum, bis 25 m hoher Baum mit hellgrauer Rinde, großen Fiederblättern. Die Früchte sind reich an fettem Öl. Das harte Holz gibt Möbel, Furniere. Der W. wächst in Europa, Asien, Schwesterarten in N-Amerika. (BILD Früchte).

Walpole [wɔ:lpoul], **1)** Hugh S., engl. Erzähler, *1884, †1941; schrieb den vierteiligen Generationsroman »Herries, der Vagant« u. a. **2)** Sir Robert, seit 1742 Earl of Oxford, engl. Staatsmann,

*1676, †1745; war 1715-17 und 1721-42 Premierminister, Führer der Whigs.

Walp'urga, Walpurgis, engl. Benediktinerin, * um 710, †779, wirkte in Dtl. als Äbtissin; Heilige (Tag 1. 5.). **Walpurgisnacht,** Nacht zum 1. Mai, in der nach der Sage die Hexen zum Brocken reiten.

W'alrat der und das, eine fettartige weiße Masse aus dem Schädel des Pottwals, die zu Pflastern, Salben und Kerzen verwendet wird.

W'alroß das, große Robbe der nördl. Meere, 4,5 m lang, bis 1000 kg schwer, mit dicker, kurzhaariger Haut. Die oberen Eckzähne der männl. Tiere, bis 70 cm lang, liefern Elfenbein. Die W. sind fast ausgerottet.

Walsall [wɔ:lsɔ:l], Stadt in Mittelengland, 184 000 Ew.; Metall-, Lederindustrie.

Walser, 1) Martin, Schriftsteller, *1927; Romane (»Halbzeit«), Dramen. **2)** Robert, schweizer. Schriftsteller, *1878, †1956; Romane (»Geschwister Tanner«).

Walsertal, zwei Alpentäler in Österreich: **1)** Großes W., rechtes Seitental der Ill in Vorarlberg. **2)** Kleines W., wirtschaftl. an das bayer. Allgäu angeschlossen, entwässert zur Iller.

Walsr'ode, Stadt in Ndsachs. (Lüneburger Heide), 13 600 Ew.; chem., Holz-, Leder-Ind.

W'alsum, Industriestadt in Nordrh.-Westf., am Niederrhein, 48 600 Ew.; Rheinwerft; Zellstoff- u. a. Ind.; Steinkohlenbergbau.

W'altari, Mika, finn. Schriftsteller, *1908; Romane (»Sinuhe der Ägypter«).

Walter [aus ahd. walto »walten« und heri »Heer«], männlicher Vorname.

Walter, 1) Bruno, Dirigent, *1876, †1962; Mozartinterpret; lebte seit 1940 in den Verein. Staaten. **2)** Fritz, Fußballspieler, *1920; Spielführer der dt. Weltmeisterschaftself von 1954.

Waltersh'ausen, Stadt im Bez. Erfurt, am Thüringer Wald; 14 100 Ew.; Puppen-, Glas-, Gummiindustrie.

W'altharilied, Waltharius, latein. Epos, Ende des 9. Jahrh., entnimmt seinen Stoff der westgot. Heldensage (Kampf Walthers von Aquitanien mit Gunther und Hagen).

Walther von der V'ogelweide, der bedeutendste Lyriker des dt. MA., * um 1170 in Österreich, † um 1230 wahrscheinl. auf seinem Lehen nahe Würzburg, gab den höf. Minnelied Gefühlsgehalt und kündete in formvollendeten Sprüchen den mittelalterl. Reichsgedanken.

Walton [wɔ:lton], Sir William, engl. Komponist, *1902; Chorwerk »Belsazars Fest«, Sinfonie, Kammermusik u. a.

W'altrop, Stadt in Nordrh.-Westf., 24 900 Ew.; Steinkohlenbergbau, Ziegeleien.

Walze die, zylindr. Körper: **1)** zum Fortrollen schwerer Körper (Transport-W.), **2)** Druck- und Farbkörper bei den Druckmaschinen (Druck-W.) u. a., **3)** die Straßenwalze, **4)** gerippt oder aus gezahnten Ringen zusammengesetzt zum Zerkleinern der Schollen (Acker-W.).

Walzenstuhl, Walzenmühle, Maschine zum Zerkleinern der Getreidekörner zu Mehl; dazu zwei in einem Gehäuse eingeschlossene, gegeneinander sich drehende Walzenpaare aus Hartguß oder Porzellan.

Walzer der, Rundtanz im ³/₄-Takt; Blütezeit im **Wiener W.** (Lanner, Joh. Strauß).

Walzstahl, aus glühenden Stahlblöcken gewalzte Gegenstände, z. B. Eisenbahnschienen.

Walzwerk, Anlage zur Formung von Metallen durch Walzen. Bleche werden auf zylindr. Walzen ohne Profil, Form- und Stabmaterial mit profilierten Walzen geformt. Abstand und Druck der Walzen gegeneinander (ihre Anstellung) sind regelbar. Nach Anzahl der Walzen und Art des Walzvorganges unterscheidet man: **Zweiwalzen- (Duo-), Dreiwalzen- (Trio-), Vierwalzen- (Quarto-), Vielwalzen-W., Schräg-, Pilgerschritt-W.** u. a. Beim **Umkehr- (Reversier-)W.** wird das Walzgut in demselben Walzgerüst hin- und hergewalzt. Beim **kontinuierlichen W.** durchläuft das Walzgut mehrere Walzgerüste.

Wamme die, bei Säugetieren: eine herabhängende Hautfalte zwischen Kehle und Brust.

Wams [von altfrz. wambeis] das, ...ses/Wämser, eine kurze, enge Jacke.

Wand'alen, Vandalen, ostgerman. Volk, seit dem 1. Jahrh. v. Chr. im heutigen Schlesien und Polen ansässig, wanderte im 5. Jahrh. nach Spanien und Nordafrika und gründete dort ein mächtiges Reich (König →Geiserich), das 533 von den Byzantinern zerstört wurde. **Wandal'ismus, Vandalismus,** rohe Zerstörungswut; fälschliche Bezeichnung nach den angebl. Verwüstungen Roms (455) durch die W.

Wandelndes Blatt, ⚘ trop. Gespenstheuschrecke, die einem Blatt täuschend ähnlich sieht.

Wandelschuldverschreibung, von einer Aktiengesellschaft ausgegebene →Schuldverschreibung, die auf Wunsch des Inhabers in eine Aktie umgewandelt werden kann.

Wandelsterne, die →Planeten.

Wandergewerbe, das im Umherziehen (**Wanderhandel**) von Ort zu Ort betriebene Gewerbe; die Ausübung bedarf eines **W.-Scheins.**

Wanderheuschrecke, Feldheuschrecke der Steppengebiete, tritt in großen Wanderflügen auf und vernichtet den Pflanzenwuchs. Bekämpfung: Spritzmittel, Feuer, Rauch, Giftgase.

Wanderniere, Senkung einer Niere, oft als Teil einer allgemeinen Eingeweidesenkung.

Wanderpreis, ⚘ ein Preis, der jedes Jahr umkämpft, aber erst nach mehrmaligem Sieg endgültig Eigentum des Siegers wird.

Wanderratte, →Ratte.

Wandertrieb, ein manchen Tieren eigener Drang, unter bestimmten Umständen mit Artgenossen in bestimmter Richtung weit fortzubewegen und auszubreiten, z. B. Heringe, Lachse, Aale, Wanderheuschrecken, Zugvögel.

Wanderversicherung, Wechsel von Versicherten zwischen den verschiedenen Zweigen der sozialen Rentenversicherung (z. B. zwischen Arbeiter- und Angestellten-Rentenversicherung); die Versicherungszeiten werden angerechnet.

Wandervogel, 1901 gegr. Vereinigung Jugendlicher zur Pflege des Wanderns bei natürl. Lebensweise, Ursprung der →Jugendbewegung.

Wandlung, die, 1) kath. Kirche: der Mittelpunkt des Meßopfers, →Transsubstantiation. **2)** ⚖ die rückwirkende Aufhebung eines Kauf- oder Werkvertrages bei Mängeln der gelieferten Ware. →Mängelhaftung.

Wandmalerei, die Bemalung von Wänden, auch Decken und Gewölben im Unterschied zur →Tafelmalerei. Gemalt wird auf den noch feuchten Putz (al fresco, →Fresko) oder auf die trockene Wand (al secco). Die W. kann das Flächige der Wand zu wahren suchen (strenge W.) oder die Illusion von räumlicher Tiefe erstreben (illusionist. W.). Da sie auf Fernwirkung ausgehen muß, ist ihr meist ein monumentaler Zug zu eigen.

W'anen, Vanen Mz., nordische Sage: Göttergeschlecht, das die Asen bekämpfte.

Wange die, Backe. **W.-Bein,** Backenknochen, Jochbein, paariger dicker Knochen, bildet den oberen seitl. Teil des Gesichtsschädels.

Wangenbrand, Wasserbrand, eine Wangenentzündung unbekannter Ursache, die zu brandigjauchigem Zerfall führt.

Wangen im Allgäu, Kreisstadt in Baden-Württ., 14 600 Ew., Lehr- und Forschungsanstalt für Milchwirtschaft; Textil- u. a. Industrie.

W'angeroog(e), ostfries. Insel, Ndsachs., 4,4 km², 2500 Ew.; Leuchtturm, Seebad.

Wankelmotor, ein →Kreiskolbenmotor.

W'anne-Eickel, Stadt in Nordrh.-Westf., 101 000 Ew.; Kurort; Häfen am Rhein-Herne-Kanal; Steinkohlenbergbau, Industrie.

Wannsee, 1) ein von der Havel gebildeter See bei Berlin. **2)** Villenvorort von Berlin.

Wanst der, 1) ⚘ der Magenteil Pansen der Wiederkäuer. **2)** Schmerbauch.

Want das, das, ⚓ starkes Tau zum seitl. Abstützen des Mastes auf Schiffen.

Wanzen Mz., Schnabelkerfe, Insekten mit Saugrüssel und Stinkdrüsen, ohne Verwandlung, nähren sich von Pflanzensäften oder sind Blutsauger. **Land-W.** (Baum-, Feuer-, Ufer-, Bett-W.). **Wasser-W.** (Rückenschwimmer, Wasserskorpion, Wasserläufer).

Wap'iti der, großer Hirsch in N-Asien, Amerika.

Wappen das, farbiges Abzeichen von Personengemeinschaften und Körperschaften: **Geschlechter-** und **Familien-W., Staats-** und **Stadt-W.** Die W. sind aus der Kennzeichnung der Waffenträger in der Zeit der Kreuzzüge entstanden. Für die Darstellung wurden strenge Regeln entwickelt, über die die **W.-Kunde (Heraldik)** Auskunft gibt. Moderne Staats- und Stadt-W. haben sich von manchen dieser Überlieferungen befreit. Die Staats-W. gehören mit den Farben, Flaggen und Siegeln zu den nationalen Symbolen. (FARBTAFEL Wappen S. 878)

War'äger, die schwed. →Normannen.

War'an [arab.] der, große, räuberisch lebende Eidechsen in Afrika, Südasien, Australien. Fleisch und Eier sind schmackhaft. Nil-W. bis 2 m lang, **Binden-W., Komodo-W.**

Waranus, ind. Stadt, →Benares.

Warburg, Stadt in Nordrh.-Westf., 9500 Ew., altes Stadtbild; Nahrungsmittel-, Papierind.

Warburg, 1) Aby, Kunst- und Kulturhistoriker, *1866, †1929; Gründer der Bibliothek W. **2)** Otto Heinrich, Physiologe, *1883, †1970, grundlegende Forschungen über den Zellstoffwechsel. Nobelpreis 1931 für Physiologie und Medizin.

W'ardar, der, **Vardar,** Hauptstrom Makedoniens, 368 km, mündet in den Golf von Saloniki.

Ward'ein der, im MA. der Münzprüfer, oft zugleich Bergbeamter (**Hütten-W.**).

Ware die, jedes wirtschaftl. Gut, das Gegenstand des Handels ist; i. e. S. ein Sachgut im Gegensatz zu Wertpapieren und Geld.

Waren, Stadt im Bez. Neubrandenburg, an der Müritz, 21 300 Ew.; Textilind., Sägewerke.

Warendorf, Stadt in Nordrh.-Westf., an der Ems, 19 000 Ew.; Industrie; Landgestüt.

Warenhaus, Großbetrieb des Einzelhandels, der im Unterschied zum Spezialgeschäft Waren ganz verschiedener Warengruppen, bes. für Massenbedarf, absetzt.

Warenprobe, zu ermäßigter Gebühr zugelassene Postsendung mit Mustern.

Warentest, die Untersuchung von Handelsprodukten nach Güte und Preis.

Warenzeichen, Handelszeichen, auch **Handels-, Fabrik-** und **Schutzmarke,** ein Zeichen, durch das ein Gewerbetreibender eine Ware als von ihm hergestellt oder vertrieben kennzeichnet, um deren Echtheit zu gewährleisten. Es erlangt durch Eintragung in die beim Patentamt geführte Zeichenrolle Zeichenschutz.

Warf(t) die, **Wurt** die, **Warp** das, **Werft** die, Wohnhügel auf einer Hallig.

Warmblut, Pferderassen mit lebhaftem Temperament; Reit- und Rennpferde.

Warmblüter, Vögel und Säugetiere, auch der Mensch, die, im Gegensatz zu den →Kaltblütern, eine von der Außentemperatur unabhängige, gleichbleibende Körperwärme haben (gleichwarme Tiere).

W'armbrunn, Bad W., Heilbad in Niederschlesien, 15 600 Ew.; seit 1945 unter poln. Verw. (**Cieplice Śląskie Zdrój**).

Wärme die, physikal. Erscheinung, die der Wärmeempfindung zugrunde liegt; die Bewegungsenergie der ungeordnet durcheinanderfliegenden (in Gasen) oder um feste Mittellagen schwingenden (im festen Körper) Moleküle. Maßeinheit der W.-Menge ist die Kalorie (cal). Einer Kilokalorie sind 426,94 mkp an mechan. Arbeit gleichwertig (**mechan. W.-Äquivalent**). **W.-Leitung** liegt vor, wenn sich die W. von Teilchen zu Teilchen fortpflanzt. Die **W.-Leitzahl (W.-Leitfähigkeit)** gibt an, welche W.-Menge in der Zeiteinheit durch die Flächeneinheit einer Stoffschicht von 1 cm Dicke hindurchgeht, wenn die Temperaturdifferenz zwi-

Waran

Wanzen: Wasser-W., a Kopf-, b Halsschild, c Schildchen

schen beiden Oberflächen 1 Grad beträgt. Gute W.-Leiter sind alle Metalle, schlechte z. B. Luft, Glaswolle. Erhitzte Körper können W. auch durch **W.-Strahlung** übertragen, das sind elektromagnet. Wellen, die unterhalb 2800 °C vorwiegend im Bereich des Ultrarot liegen. Wahrgenommen wird W. mittels besonderer **Wärmepunkte** in der Haut.

Wärmeaustauscher, Vorrichtung zur Übertragung von Wärme von einem heißen Körper auf einen kälteren. (→Rekuperativfeuerung)

Wärmedämmung, Verhinderung der Wärmeleitung durch →Dämmstoffe, durch Reflexion der Wärmestrahlung an spiegelnden Flächen oder durch Verminderung der →Konvektion der Wärme.

Wärmemauer, bildhafter Name der Schwierigkeiten, die beim Überschallflug in der Atmosphäre durch den Eintauchen aus dem Weltraum in die Atmosphäre durch die große Reibungshitze entstehen.

Wärmepumpe, eine Anlage, die einem Körper niedriger Temperatur (Erdreich, Flußwasser, Luft) mit Hilfe eines Arbeitsmittels (Gas oder Flüssigkeit) Wärme entzieht und einem wärmeren Körper zu Heizzwecken zuführt.

Wärmespeicher, bei Kraft- und Heizanlagen: ein gut isolierter Kessel, in dem überschüssiger Dampf (z. B. nachts) in Wasser gespeichert wird.

Wärmetod, der hypothetische Endzustand der Welt, in dem sich alle Energien in Wärme umgesetzt haben und alle Temperaturunterschiede verschwunden sind. Der W. folgt aus der Gültigkeit des Entropiesatzes, sofern man die Welt als abgeschlossenes System betrachten darf.

Wärmetönung, die Wärme, die bei einer chem. Reaktion frei oder verbraucht wird.

Wärmewirtschaft, die wirtschaftl. Ausnutzung der in den Brennstoffen enthaltenen Wärmeenergie durch deren möglichst vollkommene Freisetzung, durch Vermeidung von Verlusten bei der Übertragung an andere Wärmeträger sowie bei der Verteilung, Fortleitung und Umsetzung der Wärme in andere Energieformen. (→Abwärme)

Wärmezähler, Gerät zum Messen der von einem Heizkörper abgegebenen Wärmemengen.

Warmhaus, eine Art von →Gewächshaus.

W'arna, Varna, Stadt in Bulgarien, 180 100 Ew.; Seehafen und -bad; Werft; Flugplatz.

Warndt, der, Waldgebiet westl. von Saarbrücken, mit sehr tief liegenden Steinkohlenflözen.

Warnem'ünde, Seehafen von Rostock, an der Warnow-Mündung in die Ostsee; Werft; Badeort.

Warntracht, Warnfärbung, grelle, auffallende Färbung vieler Tiere (Wespen, Marienkäfer, Feuersalamander) in Verbindung mit Wehrhaftigkeit (Stachel) oder Ungenießbarkeit; dient als Schutz gegen Verfolger. **Schein-W.,** nur auffallende Färbung.

Warrant [w'ɔrənt, engl.] der, Lagerschein.

Warrington [w'ɔriŋtən], Stadt in NW-England, am Manchester-Schiffskanal, 76 000 Ew.; Textil-, Glas-, Eisenindustrie.

W'arschau, poln. **Warszawa,** Hauptstadt von Polen, 1,28 Mill. Ew.; an der Weichsel, auf dem Ostufer die Industriesiedlung Praga; schöne barocke und klassizist. Gebäude und Kirchen; Univ., TH u. a. Hochschulen; Maschinenbau, Textil-, Metall-, Elektro-, Nahrungsmittel- u. a. Ind. – W., 1224 zuerst erwähnt, war seit 1550 Re-

Waschbär

Warschau: Blick über die Weichsel, im Hintergrund Kulturpalast

sidenz der Könige von Polen, 1919 Hauptstadt der Rep. Polen. Im 2. Weltkrieg wurde W. erheblich zerstört und großenteils historisch wieder aufgebaut. – Im **Warschauer Beistandspakt vom 14. 5.** 1955 vereinbarten die →Ostblockstaaten gegenseitige militär. Hilfe und gemeinsamen Oberbefehl.

Warstein, Stadt in Nordrh.-Westf., 9800 Ew.; Metall-, Textil- u. a. Ind.; Tropfsteinhöhle.

W'artburg, Bergschloß bei Eisenach, am Thüringer Wald, um 1070 von Ludwig dem Springer gegr., 1838-67 erneuert, Sitz der alten thüring. Landgrafen. Unter Landgraf Hermann (1190 bis 1217) war sie eine der Hauptpflegestätten ritterl. Dichtkunst (**Sänger-** oder **W.-Krieg**). Sie ist weiter bekannt durch die hl. Elisabeth von Thüringen, als Aufenthalt Luthers 1521/22 und durch das **W.-Fest** der Burschenschaft (1817).

Wartburg

Wartezeit, Karenzzeit, 🐎 1) die ersten 10 Monate nach Auflösung einer Ehe, innerhalb derer eine Frau keine neue Ehe eingehen soll, wenn sie nicht inzwischen geboren hat; Befreiung ist möglich. 2) Versicherung: begrenzter Zeitraum nach Abschluß des Vertrages, während dem bestimmte Rechte (z. B. Versicherungsrechte) noch nicht geltend gemacht werden können.

Warthe die, größter rechter Zufluß der Oder, entspringt südlich von Tschenstochau, mündet bei Küstrin; 823 km lang; durch den Netze-Brahe-Kanal mit der Weichsel verbunden. Zwischen Landsberg und Küstrin das **W.-Bruch,** durch Friedrich d. Gr. 1767-82 urbar gemacht.

W'aruna, Varuna, höchster Gott in der altind. Religion, Hüter der Weltordnung.

Warze die, meist gutartige, glatte oder höckerige Wucherung von Hautpapillen unter einer stark verdickten Hornschicht; Beseitigung: Abbinden, Ätzen, Strahlenbehandlung, Kaustik.

Warzenfortsatz, 🦴 Teil des Schläfenbeins hinter der Ohrmuschel.

Warzenkaktus, →Mamillaria.

Warzenschwein, afrikan. Wildschwein mit großen Hauern und Rückenmähne.

Wasa, finnische Hafenstadt, →Vaasa.

W'asa, schwed. Adelsgeschlecht, das durch →Gustav I. W. 1523 auf den schwed. Königsthron kam und bis 1654 herrschte.

Wasa-Lauf, 🎿 schwerster Ski-Langlauf-Wettbewerb der Welt auf nicht vorbereiteter Piste zwischen Mora und Sälen, Schweden (85 km); jährlich seit 1922.

Waschbär, Schupp der, nordamerikan. Kleinbär, mit buschigem Schwanz; Pelztier.

Waschflasche, 🧪 Glasflasche zum Trocknen oder Absorbieren von Gasen mit Flüssigkeiten.

Waschmaschine, Gerät zur Reinigung von Textilien in einer wäßrigen Lösung waschaktiver Substanzen. In der erwärmten Waschlauge wird die Wäsche durch ein Rührwerk oder eine Trommel oder akust. Schwingungen bewegt, wobei auch noch die Waschlauge durch eine Pumpe umgewälzt werden kann. In selbsttätigen W. (**Waschautomaten**) wird die Wäsche auch gespült und geschleudert.

Waschzettel, 🗒 kurze Darstellung von Inhalt

und Zweck eines Buches, als Zettel den Bespre-
chungsstücken beigelegt, oft auch auf dem Schutzumschlag abgedruckt.

Waser, Maria, schweizer. Schriftstellerin,
*1878, †1939; Romane, Novellen, Lyrik.

W'asgau, Wasgenwald, →Vogesen.

Washington [wˈɔʃiŋtən], George, nordameri-
kan. Feldherr und Staatsmann, *1732, †1799; im
Unabhängigkeitskrieg gegen England 1775-83
zum Oberbefehlshaber gewählt, leitete 1787 den
Verfassungskonvent, wurde 1789 zum 1. Präs. der
USA gewählt, 1792 wiedergewählt. Auf eine dritte
Wahl verzichtete er (1796).

Washington [wˈɔʃiŋtən], **1)** Abk. **Wash.,**
Staat im NW der USA, am Stillen Ozean, 176617
km², 2,7 Mill. Ew.; Hauptstadt: Olympia; größte
Stadt: Seattle. Weizen, Obst, Viehzucht; Waldwirtschaft; Fischerei. ⚒ auf Zink, Kohle u. a.
Wasserkraftwerke. Aluminiumerzeugung, Schiff-,
Flugzeugbau u. a. **2)** Bundeshauptstadt der USA,
im Bundesdistrikt →Columbia, 795000 Ew.; viele
öffentl. Bauten: Kapitol, Weißes Haus, 5 Univ.,
Sternwarte. 1790 gegr., benannt nach Präs. W.,
seit 1800 Sitz der Unionsregierung.

W'asow, Iwan, *1850, †1921; bulgar. Dichter;
Roman »Unter dem Joch«.

Wasser, H_2O, eine chem. Verbindung von
Wasserstoff mit Sauerstoff. Reines W. siedet unter
Normaldruck (760 Torr) bei 100 °C, es erstarrt bei
0 °C und hat bei 4 °C seine größte Dichte von
1 g/cm³. W. ist das wichtigste Lösungsmittel, in
ihm spalten sich bes. die anorgan. Stoffe in Ionen
(→Dissoziation). Das in der Natur verbreitete W.
enthält Staub, Bakterien, organ. Bestandteile,
Luft, Kohlendioxyd, Salze (→Heilbäder, ÜBER-
SICHT). Verhältnismäßig rein sind Regen und
Schnee. Die Pflanzen bestehen bis zu 95%, die
höheren Tiere und der Mensch zu 60-70% aus
W. In der Natur ist das W. in einem ewigen Kreislauf, in dem auch alles organ. Leben durch die
Aufnahme und Ausscheidung von W. einbegriffen
ist. (→Schweres Wasser)

Wasser'alfingen, Stadt in Bad.-Württ., 12700
Ew.; Eisen-, Maschinenindustrie.

Wasseramsel, 🐦 Singvogel mit weißer Kehle,
der nach Kleingetier taucht.

Wasserball, 🐦 dem Hand- und Fußball äh-
nelndes Ballspiel im Wasser zwischen zwei Mannschaften zu je 7 Spielern.

Wasserbau, alle baulichen Maßnahmen, die
die Nutzung des Wassers ermöglichen und gegen
Wasserschäden schützen.

Wasserblüte, 1) 🐛 eine →Eintagsfliege. **2)** 🌿
grünl. oder rötl. Verfärbung der Wasseroberfläche
durch verschiedene Algen.

Wasserbock, →Riedbock.

Wasserbruch, ♪ die Abscheidung von Wasser
zwischen den Hodenhüllen (**Hodenwasserbruch**).

W'asserburg am Inn, altertüml. Kreisstadt in
Oberbayern, 6600 Ew.; Schloß (16. Jahrh.).

Wasserdost der, →Kunigundenkraut.

Wasserfall, der Absturz fließenden Wassers,
oft in mehreren Stufen (**Kaskaden**); wird oft zur
Energieerzeugung genutzt. Bekannte W. (mit
Fallhöhe in m):

Angel Fall, Venezuela	978
Yosemite-Fall, Kalifornien, 3 Stufen	740
Sutherland-Fälle, Neuseeland, 3 Stufen	580
Gavarnie-Fälle, Frankreich	420
Krimmler-Fälle, Österreich, 3 Stufen	380
Staubbachfall, Lauterbrunnental, Schweiz	305
Vettisfoss, Norwegen	260
Voringfoss, Norwegen	163
Triberger Fälle, Schwarzwald, 7 Stufen	162
Tosa- (Toce-)Fall, Italien	160
Badgasteiner Fälle, Österreich, 2 Stufen	148
Yellowstone-Fälle, Verein. Staaten, 2 Stuf.	127
Victoriafälle (Sambesi), Südafrika	122
Iguassú-Fälle, Argentinien, 2 Stufen	69
Niagarafälle, Amerikanischer Fall	59,9
Stanley-Fälle, Kongo, 4 Stufen	50
Niagarafälle, Kanadischer Fall	48,2
Rheinfall bei Schaffhausen, Schweiz	20

Washington:
Kapitol

Washington

Wasserfarbenmalerei. Zu unterscheiden ist
die lasierende **Aquarellmalerei** von der deckenden
Guaschmalerei. Beim Aquarell legt man das Bild
meist erst in leichten Farbtönen an und übermalt
diese, sobald sie getrocknet sind, mit stärkeren
Farben. Weiß wird durch Aussparen des Papier-
grunds erzielt oder mit Deckweiß. In neuerer Zeit
wird auch ohne Untertuschung mit naß ineinander
verfließenden Farben gemalt. – Mit Wasserfarben
malten schon die alten Ägypter. Die Buchmaler
des MA. bevorzugten Deckfarben, die auch im
16. Jahrh. neben Aquarellfarben verwendet wurden. (FARBTAFEL Maltechniken S. 692)

Wasserfarne Mz., Farnpflanzen, die auf Wasser oder Sumpf wachsen; z. B. das als Aquariumpflanze verwendete **Schwimmblatt (Salvinie).**

Wasserflöhe Mz., flohförmige niedere Krebstiere (Blattfüßer) des Süßwassers; Fischfutter.

Wassergas, ⚗ Heizgas aus Kohlenoxyd und
Wasserstoff, bildet sich, wenn Wasserdampf über
die glühende Koksschicht geblasen wird.

Wasserglas, ⚗ Kalium- (**Kali-W.**) oder Na-
triumsilicat (**Natron-W.**), glasige, in Wasser lösliche Massen, dient zur Herstellung von Kunststei-
nen und Kitt, als Seifenzusatz, zum Eierkonser-
vieren u. a. verwendet werden.

Wasserharnruhr Diab'etes ins'ipidus,
Krankheit, bei der große Mengen dünnen, wasser-
hellen, zuckerfreien Harns ausgeschieden werden.

Wasserhaushalt, der Wasserwechsel in Lebewesen, bei dem ein Fließgleichgewicht zwischen
Wassereinfuhr und -ausfuhr aufrechterhalten wird.

Wasserheilverfahren, griech. **Hydrothera-
p'ie,** das Anwenden kalten oder heißen Wassers
zur Abhärtung, besseren Durchblutung, Stoff-
wechselanregung, in Form von Bädern, Duschen,
Güssen, Abreibungen, Packungen (Prießnitz- Umschlag), Wassertreten (Waten in kaltem, möglichst
strömendem Wasser) u. a. Ein bes. W. ist die
Kneipp- Kur (→Kneipp).

Wasserhose, →Trombe.

Wasserhuhn, →Bleßhuhn.

Wasserjungfern, →Libellen.

Wasserkäfer, →Schwimmkäfer.

Wasserkopf, Hydroz'ephalus, krankhafte
Stauung der Gehirn-Rückenmark-Flüssigkeit;
kann zu schwerem Gehirnschaden führen.

Wasserkraftanlagen, →Kraftwerk, →Pump-
speicherwerk, →Wasserrad, →Wasserturbinen.

Wasserkultur, griech. **Hydrop'onik,** Anbau
von Kulturpflanzen in Nährlösungen.

Wasserkunstspringen, 🤸 Springen vom federnden Sprungbrett oder vom Sprungturm. Man
unterscheidet: Fuß- und Kopfsprung, je nachdem
Kopf oder Fuß zuerst das Wasser berührt.

Wasserkuppe, der höchste Berg der Rhön
(950 m), ber. Segelflugsport.

Wasserläufer, 1) Regenpfeifervögel. **2)** Was-
serwanzen mit langen Beinen, mit denen sie auf
dem Wasser hin und her laufen.

Wasserliesch das, →Schwanenblume.

Wasserlilie, gelbe Schwertlilie, weiße Seerose.

Wasserfloh

Wasserlinse,
oben: bucklige,
Mitte: dreifur-
chige,
unten: Teichlinse

Wasserpest

Wasserspeier
am Straßburger
Münster

Wasserlinse, winzige schwimmende ausdauernde Wassergewächse, mit grünen, z.T. linsenförmigen, blattähnl. Sproßgliedern **(Entenflott).**

Wassermann, ♒ südl. Sternbild; das elfte Zeichen des Tierkreises.

Wassermann, Jakob, Schriftsteller, *1873, †1934; Romane: »Das Gänsemännchen« u.a.

Wassermannsche Reaktion, Abk. **WaR**, Serumreaktion zum Nachweis von Antikörpern, Blutuntersuchung auf →Syphilis; 1906 von A. von Wassermann angegeben.

Wassermesser, →Wasserzähler.

Wassernuß, Schwimmpflanze stehender Gewässer; harte bestachelte Früchte, eßbare Samen.

Wasserpest, südamerikan. Süßwasserpflanze mit flutendem, bis 3 m langem, kurzgliedrigem Stengel; Aquarienpflanze. (FARBTAFEL Zierfische S.880)

Wasserpfeife, türk. **Nargileh**, Tabakspfeife, bei der der Rauch durch ein Wasserbad geleitet und dadurch abgekühlt wird.

Wasserpflanzen, Hydaloph'yten, Hydroph'yten, im Wasser heimische, stammesgeschichtl. alte Pflanzen; ursprüngl. Algen, Armleuchteralgen. Im Wasser lebende Farne, Moose usw. haben sich aus Landpflanzen zu W. entwickelt. Zu den W. zählen auch die Sumpfpflanzen **(Helophyten).**

Wasserpocken, die →Spitzpocken.

Wasserrad, Rad, am Umfang mit Schaufeln (Zellen) besetzt. Das aus einem oberen, mittleren oder unteren Gerinne in die Zellen fallende Wasser versetzt das Rad teils durch das Wassergewicht, teils durch den Strömungsdruck in Umdrehung.

Wasserratte, 1) Art der →Wühlmäuse. 2) Wanderratte, →Ratte.

Wasserrecht, ⚖ Vorschriften über Benutzung und Schutz des Wassers. Die Rechtsverhältnisse der Binnengewässer sind in der Bundesrep. Dtl. teils bundes-, teils landesgesetzlich geregelt. Die Wasserläufe sind nach ihrer Wichtigkeit in 1., 2. und 3. Ordnung eingeteilt.

Wasserrose, die →Seerose.

Wasserscheide, ⊕ die Trennungslinie der Einzugsgebiete von Flußsystemen, meist Höhenzüge oder Gebirgskämme.

Wasserschlange, →Seeschlange.

Wasserschlauch, Schwimmpflanzen in Teichen; gelbblütig, unter Wasser mit fädigen Blättern und reusenähnlichen Schlauchanhängen, die Kleingetier festhalten und verdauen. (BILD Tierfangende Pflanzen)

Wasserschwein, Nagetier, 1 m lang, lebt in Flüssen Brasiliens.

Wasserski [ʃiː], kurze, breite Skier, mit denen man, von Motorbooten gezogen, auf dem Wasser gleiten kann.

Wasserskorpion, Wasserwanze mit langem Atemrohr am Hinterkörper.

Wasserspeier, ⌷ vom Dach vorspringendes Ausflußrohr zum Ableiten des Regenwassers, in der Gotik oft in Gestalt von Menschen, Tieren.

Wasserspinne, Spinne, die unter Wasser ihr Nest spinnt und darin Luft speichert.

Wassersport, zusammenfassend u. a. für →Schwimmen, →Segeln, →Rudern, Motorbootfahren, Paddeln, →Wasserball, →Wasserski.

Wasserstand, Wasserspiegelhöhe eines Gewässers über einem angenommenen Nullpunkt.

Wasserstoff, H, chem. Element, farb- und geruchloses Gas, das leichteste aller Elemente; Dichte 0,09 g/l, Siedepunkt −252,8 °C. Schwere Isotope des W. sind das Deuterium und Tritium. W. kommt im Wasser und in den meisten organ. Verbindungen vor und wird dargestellt durch Elektrolyse des Wassers; im Laboratorium am einfachsten durch Einwirkung von Säuren auf unedle Metalle. W. wird in der Technik vielseitig verwendet, vor allem zur Hydrierung, zur Fetthärtung, zu Reduktionen, als Füllgas für Ballons und als Brennstoff für das Knallgasgebläse (→Knallgas). →Haber, →Kohlehydrierung.

Wasserstoffbombe, eine thermonukleare Waffe, deren zerstörerische Energie aus der Verschmelzung von Deuterium zu Helium stammt (Kernverschmelzung). Um eine W. zu zünden, muß eine Temperatur von etwa 35000000 °C erzeugt werden, was gegenwärtig nur mit Hilfe einer →Atombombe (Kernspaltungsbombe) möglich ist.

Wasserstoffionenkonzentration, die Anzahl Mole aktiver Wasserstoffionen H^+, die in 1 l Lösung enthalten sind; meist angegeben durch deren negativen dekad. Logarithmus p_H, z.B. an Stelle von W. = 10^{-3} einfacher p_H = 3. Für Säuren liegt p_H zwischen 0 und 7, für Basen zwischen 7 und 14.

Wasserstoffperoxyd, H_2O_2, wasserklare, leicht zersetzliche Flüssigkeit; kräftiges Oxydationsmittel, Raketentreibstoff, dient in verdünnter Form (3%) zum Desinfizieren und Bleichen.

Wasserstrahlpumpe, eine in Laboratorien verwendete Pumpe: Das aus einer Düse strömende Wasser reißt Luft mit und erzeugt dadurch einen luftverdünnten Raum.

Wassersucht, griech. **Öd'em** oder **H'ydrops**, ʃ krankhafte Ansammlung von Flüssigkeit in Gewebsspalten oder Körperhöhlen (z.B. **Bauch-W.**, Ascites), bei Entzündungen, bei Störungen des Blutkreislaufes (Herz-, Nieren-, Leberkrankheiten) oder infolge von Ernährungsstörungen.

Wasserturbine, die wichtigste Wasserkraftmaschine: Mit einem Wirkungsgrad von über 90% wird die Energie fließenden Wassers durch ein Laufrad in Rotationsenergie umgewandelt. Wird das Wasser dem Laufrad am ganzen Umfang zugeführt, ist die W. vollbeaufschlagt, wird nur an einigen Punkten Wasser auf das Laufrad geleitet, ist sie teilbeaufschlagt. Bei der teilbeaufschlagten **Freistrahl-, Gleichdruck-, Aktionsturbine (Peltonturbine)** für kleine Schluckfähigkeit bei großer Fallhöhe (bis 1768 m) wird der Wasserdruck vor Eintritt des Wassers ins Laufrad in Bewegungsenergie umgewandelt. Die **Durchströmturbine** ist eine Gleichdruck-W. mit walzenförmigem Laufrad. **Überdruck-, Reaktionsturbinen (Francis-, Kaplan-** und **Propellerturbinen)** sind vollbeaufschlagt. Das Leitrad (mit drehbaren Schaufeln) dient als Regel- und Absperrorgan. Die Turbinenwelle ist mit der Generatorwelle fest gekuppelt. Francisturbinen wurden für Fallhöhen bis über 650 m und für Leistungen bis rd. 500000 kw, Kaplanturbinen für Fallhöhen bis 80 m und mit Laufraddurchmessern von rd. 10 m ausgeführt.

Wasseruhr, 1) alte Zeitmeßvorrichtung: aus einem oberen Gefäß tropft Wasser in ein unteres Gefäß. Der steigende Wasserspiegel gibt den Zeitablauf an. 2) →Wasserzähler.

Wasserverdrängung, die von einem Schiff verdrängte Wassermenge; in Tonnen ausgedrückt, ist gleich dem Schiffsgewicht.

Wasserversorgung, Versorgung von Wohnsiedlungen mit Trink- und Gebrauchswasser. Das aus Quellen, Grundwasser, Flüssen und Seen stammende Wasser muß aufbereitet (gereinigt, enteisent, enthärtet, entsäuert u. dgl.) werden. Wasserhochbehälter und Wassertürme sichern zu Hauptverbrauchszeiten genügende Wassermenge und Wasserdruck.

Wasserwaage, auch **Setzwaage**, ein Holzstab mit eingesetzten Libellen zum Prüfen senkrechter und waagerechter Flächen.

Wasserzähler, Gerät zur fortlaufenden Zählung der durch eine Rohrleitung fließenden Wassermenge. Als Haus-W. werden hauptsächlich **Flügelradzähler** benutzt. Die Drehungen werden auf ein Zählwerk übertragen.

Wasserzeichen, durchscheinende Zeichen im Papier, bes. bei Banknoten, entstehen durch dünnere Stellen im Papier.

Waterbury [wɔːtəbəri], Stadt in Connecticut, USA, 108100 Ew.; Kupfer- u.a. Industrie.

W'aterloo, Stadt südl. von Brüssel, 16900 Ew.; in der Schlacht bei W. oder **Belle-Alliance** 1815 besiegten Wellington und die Preußen unter Blücher und Gneisenau Napoleon I.

waterproof [wɔːtəpruːf, engl.], wasserdicht.

Watlings-Insel, Guanahani, San Salvador, eine der brit. Bahama-Inseln, wurde am 12. 10. 1492 von Kolumbus entdeckt.

Watson [w'ɔtsən], **1)** James Dewey, amerikan. Biochemiker, *1928, entwickelte mit Crick das Modell der DNS (→Nucleinsäuren). Nobelpreis 1962. **2)** John Broadus, amerikan. Psychologe, *1878, †1958; Gründer des →Behaviorismus.

Watt das, Küstenstreifen der Nordsee zwischen der dt.-niederländ. Küste und den Fries. Inseln, bei Ebbe fast ganz vom Meer **(Wattenmeer)** frei. **Wattenfischerei** auf Austern, Krebse, Krabben, Aale. Der fette Schlickboden des W. wird durch Eindeichung nutzbar gemacht.

Watt das, Abk. **W,** die nach J. →Watt benannte Einheit der elektr. →Leistung. Bei Gleichstrom 1 W = 1 Volt × 1 Ampere, bei Wechselstrom 1 W = 1 Volt × 1 Ampere × cosφ, wobei cosφ der Leistungsfaktor, φ der Phasenverschiebungswinkel zwischen dem Spannungs- und Stromvektor ist. **Wattstunde, Wh,** Einheit der Arbeit; 1 Kilowattstunde, kWh = 1000 Wh.

Watt [wɔt], James, engl. Ingenieur, *1736, †1819, erfand die erste brauchbare Dampfmaschine.

Watte die, lockeres Gebilde aus Baumwollfasern; **Verband-W.** dient zur Wundbehandlung.

Watteau [wat'o], Jean-Antoine, der größte französ. Maler des 18. Jahrh., *1684, †1721; heitere, dichterisch verklärte Bilder galanter Feste in Parklandschaften, Szenen aus der italien. Komödie: die Einschiffung nach Kythera, Gilles u.a. (FARBTAFEL Französische Kunst S. 347)

W'attenscheid, Industriestadt in Nordrh.-Westf., im Ruhrgebiet, 80400 Ew.; Steinkohlenbergbau, Metall-, Textil- u.a. Industrie.

Wat'ussi, Volksstamm in Afrika, →Hima.

W'atzlik, Hans, Schriftsteller, *1879, †1948; Geschichten aus dem Böhmer Wald.

Watzmann der, Gipfelgruppe der Berchtesgadener Alpen, mit schroffem Absturz zum Königssee, 2713 m hoch.

Waugh [wɔ:], Evelyn, engl. Erzähler, *1903, †1966; satir. Romane (»Eine Hand voll Staub«, »Tod in Hollywood«).

Webb, 1) Mary, engl. Erzählerin, *1881, †1927, gestaltet in Romanen ihre Heimatlandschaft Shropshire. **2)** Sidney, seit 1929 **Lord Passfield,** engl. Sozialpolitiker, *1859, †1947, mehrfach Min.; seine Frau Beatrice, geb. Potter (*1858, †1943), arbeitete eng mit ihm zusammen.

Weber, 1) Adolf, Volkswirtschaftler, *1876, †1963; Schriften über Wirtschaftspolitik. **2)** Alfred, Volkswirtschaftler, Soziologe, *1868, †1958; Begründer der industriellen Standortlehre, Arbeiten zur Geschichts- und Kultursoziologie. **3)** Andreas Paul, Graphiker, *1893; phantastisch-satir. Zeichnungen, auch in Zyklen; Buchillustrationen. **4)** Carl Maria v., Komponist, *1786, †1826; Schöpfer der dt. romant. Oper (Freischütz, Euryanthe, Oberon), Klavier- und Kammermusik, Lieder. **5)** Friedrich Wilhelm, Dichter, *1813, †1894; Epos »Dreizehnlinden«. **6)** Helene, *1881, †1962; seit 1951 MdB (CDU), seit 1952 1. Vors. des Dt. Müttergenesungswerks. **7)** Marianne, Vorkämpferin für Frauenrechte, *1870, †1954, Gattin von 8). **8)** Max, Soziologe, Philosoph und Politiker, Bruder von 2), *1864, †1920, trennt die Soziologie als Erfahrungswissenschaft von den Wertvorstellungen. – »Religionssoziologie«, 3 Bde. **9)** Wilhelm, Physiker, *1804, †1891, arbeitete über Elektrizität und Telegraphie.

Weber'ei die, **Weben** das, Herstellung von Geweben auf dem **Webstuhl** (Hand-W.) oder in der **Webmaschine** (industrielle W.). Die in der Längsrichtung des Gewebes verlaufenden Fäden heißen die **Kette,** die kreuzenden der **Schuß,** die Art der Verkreuzung **Bindung.** – Der Webvorgang: In der Webmaschine oder auf dem Webstuhl werden die Kettfäden von einer hinteren Walze (Kettbaum) als parallel nebeneinanderlaufende Fäden nach vorn abgegeben und nach Vereinigung mit den Schußfäden auf einer vorderen Walze (Warenbaum) aufgewickelt. Zwischen beiden Walzen befinden sich die **Schäfte,** d.h. Rahmen aus Holz oder Leichtmetall mit senkrechten Hebeschnüren (Litzen), durch deren Ösen die Kettfäden geführt sind.

Durch abwechselndes Gegeneinanderbewegen, d.h. Heben und Senken der Schäfte mittels Fußbewegungen oder mechan. Antriebs werden die Kettfäden voneinander abgehoben. Durch die entstehenden Zwischenräume **(Fache)** wird der Schußfaden mit dem Schußfaden hin- und hergeschlagen. Nach jedem Durchschuß wird der eingetragene Schußfaden durch die pendelnd aufgehängte Lade mit dem **Riet** (Weberkamm), einem Maschinenelement mit vielen feinen Stahlstäbchen, an das fertige Gewebe angedrückt. Bei neuen Maschinen ist der Schütze durch **Düsen** ersetzt. – Größere Möglichkeiten der Musterung bietet die →Jacquardmaschine, bei der die Kettfäden einzeln mittels Platinen (Hebehaken) angehoben werden; Steuerung durch Lochkarte.

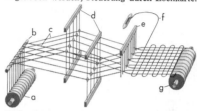

Weberei, a Kettbaum, b Streichbaum, c Kettfäden, d Schäfte, e Riet, f Schußfaden, g Warenbaum

Weberknecht, harmloses Spinnentier mit sehr langen Beinen.

Weberknoten, Kreuzknoten, ein besonders flachliegender →Knoten.

W'ebern, Anton von, österr. Komponist, *1883, †1945, wirkte mit der Fortführung der Zwölftonmusik Schönbergs stark auf die junge Komponistengeneration; Orchester-, Kammermusik, Lieder, Chöre, Klavierstücke.

Webervögel, gesellige, farbenprächtige Singvögel, die kunstvolle Nester weben; in Afrika, Indien, Australien.

Wechsel der, **1)** [symbol] eine Urkunde **(W.-Brief),** in der in bestimmter Form die vom Schuldgrund losgelöste Verpflichtung übernommen wird, eine bestimmte Geldsumme an den legitimierten Inhaber der Urkunde zu zahlen. Das geltende W.-Recht ist im W.-Gesetz vom 21.6.1933 i.d.F. v. 1963 geregelt. Der Aussteller des W. kann sich entweder selbst zur Zahlung der W.-Summe verpflichten **(eigener** oder **trockener** oder **Sola-W.,**

Köln, den 1.7.1969	Zahlungsort: Bonn
Angenommen: Siegfried Schulz	Gegen diesen Wechsel – erste Ausfertigung – zahlen Sie am 1. Oktober 1969 an Herrn Friedrich Müller 500 DM – fünfhundert Deutsche Mark
	Bezogener: Herr S. Schulz Bonn, Markt 7
Zahlbar in Bonn bei der Stadtbank.	Bruno Meyer Köln Wilhelmstr. 18 (Unterschrift und Adresse des Ausstellers)

→Schuldanerkenntnis) oder einen anderen damit beauftragen **(gezogener W. oder Tratte,** →Zahlung). Die Tratte ist im Wirtschaftsleben die häufigste Form des W. Beispiel: Erst durch die Annahme (das **Akzept)** des Bezogenen – üblicherweise durch »Querschreiben« des Namens auf der Vorderseite des W. – wird der Bezogene, der nunmehr **Annehmer (Akzeptant)** heißt, zum W.-Schuldner. Der Empfänger des W. wird als **W.-Nehmer, Remittent,** bezeichnet. Der W. wird im allgemeinen durch →Indossament übertragen; Ausnahme: Zusatz »nicht an Order« **(Rekta-W.).** Die Einlösung des W. kann ganz oder teilweise durch **W.-Bürgschaft** gesichert werden. Am Zahlungstag oder einem der beiden folgenden Werktage hat der Inhaber den W. dem Annehmer zur Zahlung vor-

Watt

C. M. v. Weber

Max Weber

Weberknoten

Webervögel, links Textor-, rechts oben Napoleons-, rechts unten Blutschnabel-Weber

zulegen. Zahlt der Annehmer nicht, so muß dies durch eine bes. Urkunde (**W.-Protest**), die von einem Notar, Gerichts- oder Postbeamten aufgenommen wird, festgestellt werden. In diesem Fall kann der Inhaber des W. vom Aussteller, von allen früheren Inhabern und von den Wechselbürgen im Wege des **Rückgriffs** (des **Regresses**) Zahlung der W.-Summe nebst Zinsen und Protestkosten verlangen. Die wirtschaftliche Bedeutung des W. liegt darin, daß er sowohl als Zahlungsmittel im Warenverkehr wie auch als Kreditmittel verwendet werden kann; den Banken dient er als kurzfristige Kapitalanlage (→Diskont). **2)** der vom Hochwild getretene Pfad.

Wechselbalg, Volksglaube: mißgestaltetes Kind, das durch Zwerge oder einen Alp einer Wöchnerin statt des eigenen untergeschoben worden sein soll.

Wechselgetriebe, das Getriebe der Kraftfahrzeuge, dient zum Einschalten verschiedener Übersetzungen (→Kraftwagen).

Wechseljahre, Klimakt′erium das, etwa die Zeit zwischen dem 45. und 54. Lebensjahr der Frau, in der die Tätigkeit der →Eierstöcke erlischt und die →Menstruation aufhört.

Wechselkurs, der Devisenkurs.

Wechselrichter, ⚡ Geräte zur Umformung von Gleichstrom in Wechselstrom, z. B. gittergesteuerte Stromrichter, Induktor mit vorgeschaltetem Unterbrecher u. a.

Wechselstrom, ⚡ elektr. Strom, dessen Richtung periodisch wechselt. Da er sich durch Transformatoren leicht auf hohe Spannungen umformen läßt, eignet er sich bes. zur Übertragung elektr. Energie auf weite Entfernungen. W. mit sehr hoher Schwingungszahl sind **Hochfrequenzströme** (→Hochfrequenz).

Wegerich

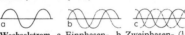

Wechselstrom, a Einphasen-, b Zweiphasen- ($^1\!/_4$ Periode gegeneinander verschoben), c Dreiphasen-Strom (Verschiebung = $^1\!/_3$).

Wechseltierchen, Amöben, →Wurzelfüßer.

wechselwarme Tiere, →Kaltblüter.

W′eckherlin, Georg Rudolf, Dichter, *1584, †1653; geistl. und weltl. Lyrik.

W′eda, Veda [Sanskrit »Wissen«] der, -/...den, Name der ältesten heiligen Schriften der Inder, deren früheste wohl bis um 1250 v. Chr. zurückreichen. Man unterscheidet den **Rigweda** (Hymnen an die Götter), den **Samaweda** (Opfergesänge), den **Jadschurweda** (Opfersprüche), den **Atharwaweda** (Zauberlieder). An die vier Grundweden schließen sich die Brahmanas und die →Upanischaden an.

Wed′anta [Sanskrit »Endziel des Weda«] das, eines der 6 Systeme der ind. Philosophie.

W′edda Mz., die dunkelfarbige, kleinwüchsige Urbevölkerung der Insel Ceylon. (TAFEL Rassen der Menschheit I)

W′eddellsee die, Bucht des S-Eismeers; 1823 von den engl. Robbenfänger Weddell entdeckt.

Wedekind, Frank, Dichter, *1864, †1918; geistreich satir. Dramatiker, suchte die konventionelle bürgerl. Moral als Unmoral zu enthüllen. »Frühlings Erwachen«, »Erdgeist« u. a.

Wedel, Stadt in Schlesw.-Holst., an der Unterelbe, 29 700 Ew.; opt., chem. u. a. Industrie.

Wedgwood [w′edʒwud], Josiah, engl. Töpfer, *1730, †1795; Erfinder des **W.-Steinguts.**

Wedekind

Wegwarte

Wegerich

Wegwarte

Wedgwood,
schwarzgrundiges Service
(18. Jahrh.)

Weekend [w′i:kend, engl.] das, Wochenende.

Wega die, ⚹ hellster Stern im Sternbild der Leier.

W′egberg, Stadt in Nordrh.-Westf., 15 400 Ew.; Textil-, Leder-, Eisen- u. a. Industrie.

W′egener, Alfred, Geophysiker, *1880, †1930 in Grönland; nach seiner Kontinentalverschiebungstheorie haben die Erdteile durch seitl. Verschiebung allmählich ihre Lage geändert.

Wegerecht, Straßenrecht, die gesetzl. Bestimmungen über öffentl. Wege, bes. über die Anlegung, Unterhaltung, Benutzung und Einziehung; teils Bundes-, teils Landesrecht. Der Bund ist für die Bundesautobahnen und Bundesstraßen, die Länder sind für Landstraßen I. Ordnung, die Kreise für Landstraßen II. Ordnung zuständig.

W′egerich der, schleimhaltige Kräuter mit meist häufig geordneten grünl. Blütchen. Großer, Mittlerer und →Spitzwegerich sind Weg- und Wiesenpflanzen.

W′eggis, Kurort in der Schweiz am Nordufer des Vierwaldstätter Sees, 434 m ü. M., 2400 Ew.

Wegschnecke, nackte schwarze, braune oder rötl. Landschnecke, auf Waldwegen, bis 15 cm lang. (BILD Schnecken)

Wegwarte, Wilde Zich′orie, himmelblau blühende Korbblütlerstaude mit sparrigem, bis meterhohem Kraut und bitterer Pfahlwurzel, aus deren im Dunkeln getriebenen Blattsprossen Chicoree gewonnen wird.

Wegzehrung die, →Viatikum.

Wehner, Herbert, Politiker (SPD), *1906; Journalist, 1935-46 in der Emigration (Sowjetunion, seit 1942 in Schweden), seit 1949 MdB, seit 1958 einer der stellvertr. Vorsitzenden der SPD; 1966-69, Bundesmin. für gesamtdt. Fragen, seitdem Führer der SPD-Fraktion.

Wehr das, Bauwerk zum Stauen fließenden Wassers und Heben des Wasserspiegels. Feste W. haben einen unbewegl. Staukörper, z. B. **Überfall-, Grund-, Heber-W.** Bei beweglichen W. kann der Staukörper teilweise oder ganz entfernt werden, z. B. **Klappen-, Segment-, Dach-, Walzen-W.**

Wehrbeauftragter, in der Bundesrep. Dtl. ein Beauftragter des Bundestags, der die Wahrung der Grundrechte und Grundsätze des demokrat. Aufbaus der Bundeswehr zu überwachen hat. Jeder Soldat kann sich unmittelbar an ihn wenden; seit 1970 F. R. Schultz.

Wehrdienst, die Ableistung der Militärdienstzeit bei den Streitkräften; in der Bundeswehr Grund-W., Übungen, Ersatzdienst.

Wehrdienstverweigerer, →Kriegsdienstverweigerer.

Wehrgang, Verteidigungsgang auf der Mauer einer mittelalterl. Burg oder Stadt.

Wehrmacht, die Streitkräfte eines Staates.

Wehrpflicht, die gesetzl. Verpflichtung eines jeden waffenfähigen Staatsangehörigen zum Wehrdienst; in der Bundesrep. Dtl. gilt das W.-Gesetz i. d. F. v. 25. 5. 1962.

Weibel, Waibel der, 1) ⚔ Feldwebel. 2) schweizer.: Gerichtsdiener.

Weichbild, im MA. Stadtgerichtsbezirk, später das Stadtgebiet.

Weiche die, 🚂 Vorrichtung zum Überführen eines Schienenfahrzeugs von einem Gleis in ein anderes. Üblich sind **Rechts-** oder **Links-W.,** einfache und doppelte **Kreuzungs-W.,** seltener **Doppel-W.** Die W. werden von Hand oder elektr. vom Stellwerk aus bedient. →Eisenbahn.

Weicher Stil, der in der europ. Plastik und Malerei um 1390-1430 vorherrschende Stil: Vorliebe für stoffreiche Gewandung, Sinn für Anmut.

Weichmann, Herbert, Politiker (SPD), *1896; 1965-71 Erster Bürgermeister von Hamburg.

Weichsel die, einer der Hauptströme Europas, entspringt in den W-Karpaten, fließt durch Polen, an Krakau, Warschau, Thorn vorüber, mündet in einem Delta teils in die Danziger Bucht der Ostsee, teils in das Frische Haff. Sie ist 1068 km lang, stark versandet, etwa $^1\!/_3$ des Jahres zugefroren; durch Kanäle mit Netze (Oder), Memel und Dnjepr verbunden.

Weichselkirsche, 1) Kirschart in Vorderasien und im wärmeren Europa; erbsengroße, schwarze, bittere Früchte und glänzende, duftende Rinde. Die Triebe dienen zu Pfeifenrohren, Gehstöcken. **2)** eine Sauerkirsche.

Weichtiere, Moll'usken Mz., Stamm wirbelloser Tiere mit sackähnlichem Körper, meist mit Mantel (einer umhüllenden Hautfalte) und mit einem vom Mantel abgesonderten ein- oder zweiteiligen, kalkig-hornigen Panzergebilde (Gehäuse, Haus, Schale), wonach die W. auch **Schaltiere, Konchylien,** heißen, in der Haut mit vielen Drüsen, die Schleim abgeben. Die W. sind Meer-, Süßwasser- und Landbewohner, die sich größtenteils mit Eiern fortpflanzen. Die Gehäuse abgestorbener W. haben wesentlich zur Gesteinsbildung beigetragen (Kalkstein, Kreide). Die W. sind wichtige Leitfossilien. Klassen: **Muscheln, Schnecken, Kopffüßer.**

Weida, Stadt im Bez. Gera, 11 900 Ew., in Thüringen; Schuh-, Webwaren- u. a. Industrie.

Weide die, **1)** ♆ eine Baum- und Strauchgattung mit kurzstieligen, meist längl. Blättern und zweihäusigen Blütenkätzchen. Sie ist verbreitet auf feuchterem Boden der nördl. gemäßigten und der kalten Zonen. Zugehörig: **Weiße W. (Silber-W.),** ihre Blätter haben weiße, seidige Härchen; **Korb-** oder **Band-W.,** mit lanzettförmigen Blättern; **Sal-** oder **Palm-W.,** Kirchenschmuck am Palmsonntag; **Krautige W.,** kriechender Zwergstrauch der Hochalpen, Grönlands usw. **(Polar-W.); Trauer-W.,** mit hängenden Zweigen, aus Vorderasien. W.-Rinde gibt Gerberlohe, der Bast Matten, das Rutengezweig Korbwaren, Faschinen, Reifen. **2)** Viehweide, Wiese, die dem Vieh als Futterplatz dient.

Weidegerechtigkeit, das Recht, Vieh auf dem Grundstück eines anderen weiden zu lassen, z. B. auf den Gemeindewiesen (→Allmende).

Weiden i. d. Opf., altertüml. Stadt in der Oberpfalz, Bayern, 43 300 Ew.; Porzellan- u. a. Ind.

W'eidenau, Stadtteil von →Hüttental.

Weidenröschen, staudige, rötlichblühende Nachtkerzengewächse mit weidenähnl. Blättern.

Weiderich der, purpurnblühende Sumpfstauden mit weidenähnl. Blättern.

W'eidmann, Waidmann, der Jäger, der die Jagd (das Weidwerk) kunstgerecht (weidgerecht) ausübt. **Weidmannsheil!,** der Gruß der Jäger.

W'eierstraß, Karl, Mathematiker, *1815, †1897; Theorie der analyt. Funktionen.

Weigel, Valentin, protestant. Mystiker, *1533, †1588; Vorläufer J.→Böhmes.

Weig'elie die, **Diervilla,** asiat. Ziersträucher mit rosa oder gelben Trichterblüten.

Weihaiwei, jetzt **Weihai,** 1898-1930 brit. Pachtgebiet an der N-Küste von Schantung (China).

Weihbischof, kath. Kirche: Titularbischof, unterstützt den Diözesanbischof bei den Weihehandlungen.

Weihe die, feierl. Handlung; →Ordination.

Weihen, Greifvögel mit schleierartiger Gesichtsbefiederung, schweben über offenem Gelände. **Korn-, Wiesen-, Rohr-W.** sind Zugvögel.

Weihenst'ephan, bei Freising, ehem. Benediktinerabtei, Fakultäten für Landwirtschaft und Brauerei der TH München.

Weihgeschenk, Votivgeschenk, ein Gegenstand, der der Gottheit infolge eines Gelübdes als Dank oder Bitte dargebracht wird.

Weihnachten, Christfest, Christtag, Fest der Geburt Jesu; das volkstümlichste Fest der christl. Kirche, vorher Geburtstag der unbesiegbaren Sonnengottheit (Wintersonnenwende). Viel röm. und german. Brauchtum hat sich mit dem **Heiligen Abend** verbunden. Der **Weihnachts-** oder **Christbaum** ist um 1600 zuerst in Dtl. nachweisbar. Seit dem 11. Jahrh. sind **Weihnachtsspiele, Krippenspiele** – dram. Darstellungen der Geburt Christi – aus dem Wechselgesang des Weihnachtsgottesdienstes entstanden. Der **Weihnachtsmann, Knecht Ruprecht,** ist Gehilfe des Christkindes.

Weihnachts-Insel, engl. **Christmas Island,** austral. Insel südlich Java; 142 km², 3400 Ew.; Phosphatlager.

Weihrauch, arabisch-ostafrikan. Baumharz, das beim Erhitzen einen angenehmen Geruch verbreitet; in der kath. Kirche Räuchermittel; ähnl. das Harz des Wacholders.

Weihwasser, kath. Kirche: vom Priester unter Beimischung von Salz geweihtes Wasser, gilt als Sakramentale. Zur Selbstbesprengung (Kreuzzeichen) sind an den Kirchentüren **Weihbecken,** die W. enthalten, angebracht.

Weil am Rhein, Stadt in Baden-Württ., 20 300 Ew.; Textil- und elektrochem. Industrie.

Weilburg, Stadt in Hessen, an der Lahn, 12 600 Ew.; Schloß; Industrie.

Weilerswist, Gem. im Kr. Euskirchen, Nordrh.-Westf., 11 300 Ew.

Weilheim i. Obb., Stadt in Oberbayern, 14 400 Ew.; Leichtmetall-, Holz- u. a. Industrie.

Weill, Kurt, *1900, †1950, komponierte Lehrstücke und Opern, bes. auf Texte B. Brechts (»Dreigroschenoper«, 1928; »Mahagonny«, 1930).

Weilsche Krankheit [nach dem Arzt A. Weil, *1848, †1916], ansteckende Krankheit: Fieber, Kopf-, Wadenschmerzen, Leber- und Milzschwellung, Gelbsucht; Erreger: eine →Spirochäte. Verbreitung durch Ratten.

W'eimar, Stadt im Bez. Erfurt, an der Ilm, 64 200 Ew.; besitzt zahlreiche Erinnerungen an Goethe (Goethehaus am Frauenplan mit Goethe-Nationalmuseum), Herder, Schiller (Schillerhaus mit Schillermuseum), Wieland, Liszt, Nietzsche u. a.; Nationaltheater; mehrere Hoch- und Fachschulen; Eisenbahnwagen-, Maschinen-, opt. u. a. Ind., Verlage. – W. kam 1373 an die Wettiner, wurde die Hauptstadt des ernestin. Großherzogtums Sachsen-W.-Eisenach, unter Karl August (1758 bis 1828), dem Freund Goethes, Mittelpunkt des dt. Geisteslebens.

Weimarer Nationalversammlung, nach dem Zusammenbruch der Dt. Reichs 1919 vom Volk gewählt, nahm den Versailler Vertrag und die Weimarer Reichsverfassung an.

Weimarer Republik, das Dt. Reich in seiner durch die Weimarer Verfassung vom 11. 8. 1919 bestimmten Staats- und Regierungsform (1919 bis 1933). Die W. R. war ein demokratisch-parlamentar. Bundesstaat, der das Bismarcksche Reich fortsetzte. Staatsoberhaupt war der vom Volk gewählte **Reichspräsident** (1919-25 Ebert, seit 1925 Hindenburg) mit starker Stellung. Die Gesetzgebung lag bei dem gewählten **Reichstag** unter Mitwirkung des **Reichsrats,** in dem die Länder durch Regierungsmitglieder vertreten waren. Die **Reichsregierung** (Reichskanzler und Reichsminister) war vom Vertrauen des Reichstags abhängig. Die W. R. war durch die Bedingungen des →Versailler Vertrags schwer belastet; meist z. T. das Anwachsen der radikalen Flügelparteien (vor allem NSDAP und KPD) zusammen, das sich nach Ausbruch der Weltwirtschaftskrise (1929) und der damit verbundenen Massenarbeitslosigkeit verschärfte, so daß es seit 1930 bei mehrfachen Reichstagsauflösungen nur zu Minderheitsregierungen gab, die mit Hilfe der Ausnahmegewalt des Reichspräsidenten regierten.

Wein der, aus Traubensaft (u. a. Obstsäften, **Obstwein**) durch alkohol. Gärung hergestelltes Getränk. Die Trauben werden im Herbst geerntet **(Weinlese),** in Traubenmühlen zerquetscht (zu **Maische**) und ausgepreßt **(gekeltert).** Den Saft **(Most)** läßt man durch die hineingeratene Hefe in großen Fässern gären. Die Gärung kann auch durch Reinhefen (Edelhefen) erzeugt werden, die man für jede W.-Sorte bes. erzüchtet. Sie zersetzt den Zucker des Saftes in Alkohol und Kohlendioxyd. Die Trübstoffe: Traubenfleisch, Hefezellen und Weinstein (→Weinsäure) setzen sich dann ab, der darüberstehende klare **Jung-W.** wird auf Fässer abgezogen und erreicht nach weiterem Abstich in 2-4 Jahren die Reife. Der Alkoholgehalt des W. ist etwa 6-14%. **Rot-W.** entsteht durch Vergärung von Maische der roten Trauben mit

b

Weichselkirsche,
a Blüte,
b Frucht

Weiderich

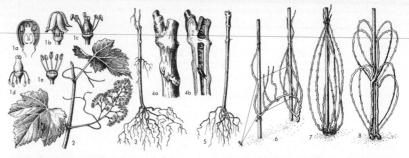

Weinstock: 1 Blütenbau: a Blüte vor dem Erblühen; b Ablösung der Blütenblättchen in sternförmigem Zusammenhang (»Mützchen«); c gewöhnliche, vollständig zwittrige Blüte, d weiblich leistungsfähige, e männlich leistungsfähige. 2 Zweig mit Blütenrispe (»Geschein«). 3 Gut verwachsene Pfropfrebe mit ausreichendem Austrieb und kräftiger Wurzelbildung. 4 Gut verwachsene Pfropfstellen: a äußerlich, b im Längsschnitt; die Pfropfrebe hat auf allen Seiten einen genügend breiten und geschlossenen Holzzuwachs (punktierte Zone) ausgebildet. 5 Zum Auspflanzen zurechtgeschnittene Pfropfrebe. 6 Drahterziehung rheinländ. Art. 7 Tokajer Erziehung in Kopfschnitt. 8 Obermoseler Erziehung in Bogenrebenschnitt.

Schalen. WEINBAUGEBIETE: Rheingau, Rheinhessen, an der Nahe, Mosel, Saar, Ahr, in der Pfalz, Baden, Württemberg, Franken; Niederösterreich, Untersteiermark; Frankreich, Italien, Ungarn, Spanien, Portugal, Griechenland u. a.

W'einberger, Jaromir, tschech. Komponist, *1896, †1967; Volksoper »Schwanda, der Dudelsackpfeifer« (1927), Orchesterwerke u. a.

Weinb'öhla, Luftkurort in der milden Lößnitz, östl. von Meißen, 10 300 Ew.; Spargelanbau.

Weinbrand, ges.gesch.Bezeichnung (seit 1971) für in der Bundesrep. Dtl. hergestellten Qualitätsbranntwein aus Wein; um 1900 zuerst von H. Asbach verwendet.

Weinbrenner, Friedrich, Baumeister, *1766, †1826; klassizist. Bauten (Karlsruhe).

Weingarten, Stadt in Baden-Württ., 17 800 Ew.; Benediktinerabtei. **Weingartner Liederhandschrift** (Anfang 14. Jahrh.; jetzt in Stuttgart), Minnesängerhandschrift.

Weingarten: Klosterkirche

Weingeist der, →Alkohol.

W'einheber, Josef, österr. Schriftsteller, *1892, †1945; Hymnen und Oden (»Adel und Untergang«), volkstüml. Gedichte (»Wien wörtlich«).

Weinheim, Stadt in Baden-Württ., an der Bergstraße, 29 700 Ew.; Wein-, Obstbau; Ind.

Weinhold, Adolf Ferdinand, Physiker, *1841, †1917, erfand die Vakuum-Mantelflasche, ein hochevakuiertes mehrwandiges Glasgefäß (heute noch in allen **Thermosflaschen** verwendet).

W'eininger, Otto, österr. Schriftsteller, *1880, †1903; »Geschlecht und Charakter«.

Weinsäure, Dioxybernsteinsäure, eine zweibasige organ. Säure: **Rechts-W.** (optisch aktiv, rechtsdrehend), **Links-W.** (linksdrehend), **Traubensäure** (Verbindung aus Rechts- und Links-W., optisch inaktiv), **Meso-W.** (optisch inaktiv).

W'einsberg, Stadt in Baden-Württ., 7400 Ew.; Lehr- und Versuchsanstalt für Wein- und Obstbau; Burgruine **Weibertreu.**

Weinstock, Rebe die, Gattung rankender Klettergewächse, etwa 40 Arten, die meisten in warmen Gebieten der nördl. Halbkugel heimisch, viele in Nordamerika. Wichtigste Art: der **Echte Wein** mit der zweihäusigen Wildform in Flußwäldern Mitteleuropas und den meist zwittrigen Sorten für den Weinbau (Europäertraube). Blätter drei- bis fünflappig, Beeren grün, rot oder blau. Die Sortenzahl des Echten W. beträgt weit über 1000. Die wichtigsten **Keltertrauben** sind für Weißweine in Dtl. vor allem Weißer Riesling, ferner Silvaner, Ruländer u. a., für Rotweine z.B. Blauer Burgunder und Portugieser. **Tafeltrauben** werden im S im Weinberg, in nördl. Ländern meist am Spalier und unter Glas gezogen. Die amerikan. Wildrebenarten mit kleinen Beeren mit Fuchsgeschmack (Fuchsrebe) dienen z. T. als vor Reblaus sichere Pfropfunterlagen oder als Ziersträucher, so die Südliche Fuchsrebe mit resedaduftenden Blüten. **W.-Schädlinge:** Reblaus, Traubenwickler (→Wickler); durch Pilze entstehen W.-Krankheiten wie Mehltau, Blattfallkrankheit u. a.

Weinstraße, der von Weinbergen bestandene Landstrich am Osthang der Haardt.

Weinviertel, Hügelland im NO Niederösterreichs; Weinbau, Erdölvorkommen.

Weise, Christian, Pädagoge und Dichter, *1642, †1708; Stücke für das Schultheater u. a.

Weisel der, die Bienen- und Ameisenkönigin.

Weisenborn, Günther, Schriftsteller, *1902, †1969; gesellschaftskrit., zeitgeschichtl. und histor. Dramen (»Die Illegalen«, »Die Neuberin«), Romane (»Das Mädchen von Fanö«).

Weisheit Salomos, Buch der Weisheit, im A. T. hellenist.-jüd. Weisheitsbuch.

Weisheitszahn, →Zähne.

Weismann, August, Zoologe, *1834, †1914; arbeitete über das Keimplasma und seine Bedeutung bei der Vererbung.

Weismantel, Leo, Schriftsteller, Pädagoge, *1888, †1964; Dramen, pädagog. Schriften.

Weiss, Peter, Schriftsteller, Graphiker, *1916; Erzählungen, Romane, Schauspiele.

Weissagung die, Verkündung der Zukunft auf Grund göttl. Erleuchtung; dagegen →Wahrsagen.

Weißbier, meist obergäriges Bier aus Gerstenmalz und Weizenmalz im Verhältnis 1 : 3, kohlensäurereich; bes. in Berlin **(Berliner Weiße).**

Weißblech, verzinntes Stahlblech; für Konservendosen.

Weißbuche, Hainbuche, Waldbaum mit Kätzchenblüten, Birkengewächs; die Rinde hat silberige Längsstreifen. Weißes, hartes Nutzholz.

Weißbücher, →Farbbücher.

Weißdorn, zu den Rosenblütern gehörige dornige Holzpflanzen, meist mit weißen Blüten. Zugehörig: der **Gemeine W.** oder **Hagedorn,** dessen rote mehlige Scheinfrüchtchen **(Mehlbeeren, Mehlfäßchen)** als Kaffee-Ersatz, dessen Holz als Drechslerholz verwendet wird. Eine Zuchtform des Gemeinen W. ist der rotblühende **Rotdorn.** Der vorderasiat.-afrikan. Azarolbaum ist ein Zierstrauch.

Weißenburg in Bayern, 13 900 Ew.; altes Stadtbild; Andreaskirche (1327 begonnen), Karmeliterkirche (15. Jahrh.).

Weißenfels, Stadt im Bez. Halle, an der Saale, 47 200 Ew.; Schuh-, Eisenwaren-, Papierind.

Weißensee, Gebirgssee in Kärnten, Österreich, 930 m ü. M., 6,6 km² groß, bis 97 m tief.

Weißer Sonntag, →Quasimodogeniti.

Weißes Haus, die Amtswohnung des Präsidenten der USA, in Washington.

Weißes Haus

Weißes Meer, Bucht der Barents-See, zwischen den Halbinseln Kanin und Kola, 72 545 km², rd. ½ Jahr durch Vereisung gesperrt.

Weißfisch, Karpfenfisch; im Süßwasser der nördl. Erdhälfte, mit silbrig glänzenden Schuppen: **Plötze, Ellritze, Rotfeder, Döbel.**

Weißfluß, ♀ Ausfluß weißer, schleimiger Flüssigkeit aus Scheide und Gebärmutter infolge Reizung durch Fremdkörper, Kreislaufstörung, bes. bei Gebärmutterknickung durch allgemeine Schwäche, auch bei Infektion.

Weißgerberei, →Leder.

Weißgold, weißglänzende Legierung aus 75% Gold, 15% Silber und 10% Kupfer.

Weißling, Tagfalter mit weißen oder gelbl. Flügeln. **Kohl-W., Zitronenfalter, Gelbling, Aurorafalter.**

Weißmetall, ↺ Lagermetalle, meist Legierungen aus Zinn, Antimon, Kupfer, Blei.

Weißrussen, 1) die Bewohner der Weißruss. SSR. 2) die antibolschewist. Armeen während des russ. Bürgerkriegs. 3) die russ. Emigranten nach 1918.

Weißrussische (Bjelorussische) SSR, früher **Weißrußland,** Unionsrep. der Sowjetunion, 207 600 km², 9,0 Mill. Ew. (rd. 80% Weißrussen, ferner Russen, Ukrainer, Polen u. a.); Hauptstadt: Minsk. Sumpf- und seenreiches Gebiet an der oberen Düna und Memel. Ackerbau (Getreide, Kartoffeln, Flachs), Viehzucht und Waldwirtschaft. Nahrungsmittel-, Maschinen-, Textil- u. a. Industrie.

Weißstein, Industriegemeinde im niederschles. Waldenburger Steinkohlengebiet (1939: 17 300 Ew.); seit 1945 unter poln. Verw. **(Biały Kamień).**

Weißstickerei, jede in weißem Garn ausgeführte Stickerei; bes. die Lochstickerei.

Weißwasser, Stadt in der Oberlausitz, 18 000 Ew.; Glas-, Porzellan-Ind.; Braunkohlen ⚒.

Weißwurz, Gattung staudiger Liliengewächse mit weißen Blüten, schwarzen Beeren und weißem Wurzelstock, in Laubwäldern, z. B. **Salomonssiegel.**

W'eistritz die, linker Zufluß der Oder in Niederschlesien, 110 km lang, entspringt in den Mittelsudeten, mündet unterhalb Breslau.

Weistum das, im MA.: **1)** die mündl. Auskunft über geltendes Gewohnheitsrecht. **2)** bäuerl. Rechtssatzung.

Weiterversicherung, freiwillige Fortsetzung einer Versicherung (soz. Kranken-, Rentenversicherung) nach Wegfall der Versicherungspflicht.

Weitsichtigkeit, Hyperop'ie [grch.] die, ♀ ein →Brechungsfehler des Auges. Der Weitsichtige kann auf kurze Entfernung nicht scharf sehen. In der Ferne sieht er gut mit Hilfe der →Akkommodation, solange diese nicht durch Alterssichtigkeit beeinträchtigt ist.

Weitz, Heinrich, Politiker (CDU), *1890, †1962; 1947-51 Finanzmin. von Nordrh.-Westf., 1952-61 Präs. des Dt. Roten Kreuzes.

Weizen der, Grasgattung, heimisch am Mittelmeer und in Westasien, urspr. mit brüchiger Ährenspindel. An Getreidepflanzen gehört dazu außer dem Emmer und →Dinkel sowie dem Ein-

korn vor allem der **Gemeine W.,** der in Tausenden von Abarten in den gemäßigten Gebieten als **Winter-W.** und als **Sommer-W.** angebaut wird, teils mit unbegrannten Ähren **(Kolben-W.),** teils mit begrannten **(Rauh-W.** oder **Bart-W.).** Verwendung zu Mehl und Weißbrot, Graupen, Grieß, Grünkern, Kleie, Malz, Stärke.

Weizenernte (1969, in Mill. t)			
Sowjetunion..	79,9	Türkei	10,5
USA........	39,7	Italien	9,5
Kanada	18,6	Argentinien ..	7,0
Indien.......	18,6	Bundesrep. Dtl.	6,0
Frankreich ...	14,4	Spanien	4,6
Australien ...	10,8	Welt	316,7

Weizmann, Chaim, Chemiker und zionist. Politiker, *1874, †1952; beeinflußte maßgebend die →Balfour-Deklaration von 1917, war 1921-35 Präs. der zionist. Bewegung, 1929-45 der Jewish Agency; 1948-52 erster Präs. des Staates Israel.

W'eizsäcker, 1) Carl Friedrich Frhr. v., Sohn von 2), Physiker und Philosoph, *1912; arbeitet über das physikal. Weltbild; »Die Geschichte der Natur«. **2)** Ernst Frhr. v., Diplomat, *1882, †1951; 1938-43 Staatssekretär des Auswärt. Amts, 1943 bis 45 Botschafter beim Vatikan; im Nürnberger »Wilhelmstraßenprozeß« zu Gefängnis verurteilt, 1950 entlassen. **3)** Viktor Frhr. v., Bruder von 2), Arzt, *1886, †1957; Prof. in Heidelberg, begründete die allgemeine anthropolog. Medizin.

Welfen, Ez. Welf oder Welfe, dt. Herrschergeschlecht. Das ältere welf. Haus stammte aus Schwaben; es erlosch 1055 im Mannesstamm. Welf IV. aus dem italien. Geschlecht »Este stiftete das jüngere welf. Haus. Die W. wurden 1070 Herzöge von Bayern, 1137 auch Herzöge von Sachsen, behielten aber nach dem Sturz Heinrichs des Löwen (1180) nur ihren niedersächs. Hausbesitz, der 1235 zum Herzogtum Braunschweig-Lüneburg erhoben wurde. Auf ihren Gegensatz zu den Stauferkaisern (→Ghibellinen) geht der Parteiname Guelfen zurück. Seit dem 17. Jahrh. bestanden zwei welf. Hauptlinien: die Herzöge von Braunschweig, die 1884 ausstarben, und die Kurfürsten, seit 1814 Könige von Hannover, die 1714-1837 (im Mannesstamm; Königin Victoria bis 1901) zugleich auf den engl. Thron saßen (→Großbritannien).

W'ellandkanal, verbindet Ontario- und Eriesee in Kanada unter Umgehung der Niagarafälle.

Wellblech, Blech mit wellenförm. Profil.

Welle die, **1)** ⊠ Bewegungszustand eines Stoffes, dessen Teilchen regelmäßige Schwingungen ausführen. Beginnen benachbarte Teilchen in regelmäßigen Abständen nacheinander zu schwingen, so entsteben **fortschreitende W.;** gehen alle Teilchen dagegen gleichzeitig durch die Ruhelage, wobei manche (Knotenpunkte) dauernd in Ruhe bleiben, die andern verschieden weit ausschwingen (Bäuche), so spricht man von **stehenden W.** (schwingende Saite). Schwingen die Teilchen senkrecht zur Fortpflanzungsrichtung der W., so entsteht eine **Quer-W.** (Wasser-W.), schwingen sie in der Fortpflanzungsrichtung, eine **Längs-W.** (Schall). Bei Querwellen bilden sich W.-Berge und -Täler, bei Längswellen Verdichtungen und Verdünnun-

Weißdorn,
1 Blüte, 2 Frucht

C. Fr. v. Weizsäcker

gen. Als **W.-Länge** bezeichnet man den Abstand zweier aufeinanderfolgender Teilchen von gleichem Schwingungszustand (Phase), als **Schwingungszahl** oder **Frequenz** die Zahl der Hinundherschwingungen, die ein Teilchen in einer Sekunde ausführt. Die **Fortpflanzungsgeschwindigkeit** (Wellenlänge mal Schwingungszahl) hängt von dem Stoff ab, der in Schwingungen versetzt wird. Statt der Lage von Teilchen im Raum können sich auch bestimmte Zustände in einem materiefreien Feld (z. B. elektromagnet. Feld) rhythmisch ändern und die Entstehung von W. verursachen (elektromagnet. W., z. B. Radiowellen). →elektromagnetische Schwingungen, →Beugung, →Interferenz, →Polarisation, →Schall. 2) ⚙ runde Stahlstange zur Kraftübertragung. 3) MEERESKUNDE: Die **Meereswellen** sind meist Querwellen, z. B. die **Windwellen**, die über 800 m Länge und 15 m Höhe erreichen können. **Dünung** (lange Wellen mit runden Kämmen), **Brandungswellen**, →Brandung. **Seismische W.**, durch Bergrutsch und Vulkanausbrüche am Meeresboden entstehend, haben große Kraft, Länge (150–1000 km) und Geschwindigkeit.

Wellenmechanik, eine von Schrödinger begründete Darstellungsform der Quantenmechanik. In ihr wird jedem Teilchen eine Welle zugeordnet, deren Amplitude ein Maß für die Ortswahrscheinlichkeit des Teilchens ist. Die experimentell nachweisbaren Beugungs-, Brechungs- und Interferenzerscheinungen solcher »Materiewellen« sind danach statistisch zu deuten. Die W. ist das wirksamste Werkzeug der mathemat. Behandlung atomaren Geschehens.

Wellenreiten, Surfing [s'ə:fiŋ, engl.] das, aus Polynesien stammende Sportart, bei der der Wellenreiter sich auf einem flachen Brett über die Brandungswellen dem Strand entgegentreiben läßt.

Wellensittich, austral. sperlingsgroßer Papagei, in vielen Farben gezüchtet; Zimmervogel.

Welles [welz], Orson, amerikan. Filmschauspieler, -regisseur, -autor und -produzent, ∗1915.

Wellington [w'eliŋtən], Hauptstadt und -hafen Neuseelands, auf der Nordinsel, 175 500 Ew.; Universität; Schiffbau, Eisengießereien.

Wellington: Blick auf den Hafen

Wellington [w'eliŋtən], Arthur Wellesley, Herzog von (1814), ∗1769, †1852, Befehlshaber der brit. Truppen gegen die Franzosen in Portugal und Spanien, Vertreter Großbritanniens auf dem Wiener Kongreß, siegte mit Blücher und Gneisenau 1815 bei →Waterloo über Napoleon; war 1828–1846 wiederholt Min. und MinPräs.

Wells, Herbert George, engl. Schriftsteller, ∗1866, †1946; gesellschaftskrit. und naturwissenschaftl. Phantasieromane (»Die Zeitmaschine«).

Wellur, Stadt in Madras, Indien, 117 100 Ew.; Schiwatempel, Getreidemarkt.

Welpe der, Junges von Hund, Fuchs, Wolf.

Wels der, Knochenfisch in Flüssen, Seen Osteuropas und Westasiens, großer europ. Süßwasserfisch, bis 3 m lang, 200 kg schwer, gefürchteter nächtl. Raubfisch, verbirgt sich tagsüber im Schlamm. Das Fleisch junger W. ist schmackhaft. In heißen Ländern leben den **Zitterwels** mit elektr. Organen, der kleine **Panzer-W.**, der Zwerg- oder **Katzenwels.**

Wels

Wels, Stadt in Oberösterreich, an der Traun,

50 000 Ew.; Maschinen-, Papier-, Mühlen-, Kunststoffind.; in der Nähe Erdgasquellen.

welsch, wälsch, romanisch, früher bes. für die Italiener und Franzosen. **Welschland,** Italien.

Welsch, Maximilian von, Baumeister, ∗1671, †1745, baute die Orangerie in Fulda, die Abteikirche in Amorbach u. a.

Welschkorn, der →Mais.

Welser, reiches Augsburger Kaufmannsgeschlecht, eines der bedeutendsten dt. Handels- und Bankhäuser des 16. Jahrh., erhielt 1528 von Kaiser Karl V. als Pfand Venezuela (bis 1546).

Welt die, i. e. S. die Erde, i. w. S. alles Seiende, Inbegriff des Bestehenden; astronomisch: die Gesamtheit der Himmelskörper. →Weltall.

Weltall das, die Gesamtheit der Weltkörper und ihre Ordnung. Die Erde ist einer der 9 größeren →Planeten, die zusammen mit über 2000 kleinen und vielen Kometen die Sonne umkreisen und mit ihr unser **Sonnensystem** bilden. Entfernungen werden durch Angabe der Zeit ausgedrückt, die das Licht braucht, um die zu messenden Strecken zurückzulegen (→Lichtjahr). Unsere Sonne bildet mit mehreren Milliarden anderer Sonnen das stark abgeplattete, linsenförmige **Milchstraßensystem.** Diese Sonnen stehen alle in so großer Entfernung von uns, daß ihre Bewegung für uns kaum erkennbar ist, sie heißen daher Fixsterne. Unsere Sonne ist etwa 30000 Lichtjahre vom Mittelpunkt des Milchstraßensystems entfernt, der im Sternbild des Schützen liegt. Der größte Durchmesser des Milchstraßensystems beträgt mindestens 100000 Lichtjahre. Von außen gesehen ist es einem Spiralnebel (→Nebel) ähnlich. Unsere Sonne bewegt sich mit einer Geschwindigkeit von 275 km/sec um den Mittelpunkt des Milchstraßensystems und benötigt zu einem Umlauf rund 100 Millionen Jahre. Das Alter des Milchstraßensystems dürfte einige Milliarden Jahre betragen. Außerhalb unseres Milchstraßensystems zeigt uns das Fernrohr viele nebelartige Gebilde, die zur Hauptsache aus Sternen bestehen und unserem Milchstraßensystem ähnlich sind. Der nächste dieser **Nebel,** der große Andromedanebel, befindet sich in einer Entfernung von etwa 2,5 Millionen Lichtjahren. Mit den größten Fernrohren sind aber noch Nebel in weit über 1 Milliarde Lichtjahren Entfernung entdeckt worden. Diese Nebel befinden sich in einer Fluchtbewegung von uns fort, woraus sich das Bild eines sich gleichförmig ausdehnenden W. ergibt. Die gegenwärt. Theorie nimmt an, daß diese Expansion bei einem nahezu punktförm. W. mit einer gewaltigen Urexplosion (Urknall) ihren Ausgang nahm; möglicherweise bildet die Ausdehnung eine Phase eines sich rhythmisch ausdehnenden und sich wieder zusammenziehenden W. Die Vorstellung, daß die Materieverdünnung durch Expansion durch ständige Neuentstehung von Materie ausgeglichen wird, hat heute an Bedeutung verloren. Die Physik des W. nennt man auch Kosmologie.

Weltanschauung, im Unterschied zum wissenschaftl., bes. naturwissenschaftl. **Weltbild** eine auf das Ganze des menschl. Lebens bezogene Sinndeutung. Nach ihr richtet sich die Rangordnung der Werte, die das Handeln der Menschen bestimmen. Auch aus den umfassenden Systemen der Philosophie sind W. abgeleitet worden.

Weltausstellung, internat. Ausstellungen, die seit 1851 in Abständen von 1-8 Jahren (meist 1-3) in verschiedenen Städten (1967 Montreal, Kanada; 1970 Osaka, Japan) stattfinden.

Weltbank, Kurzausdruck für →Internationale Bank für Wiederaufbau und Entwicklung.

Weltbürgertum, Kosmopolitismus, die Anschauung, daß alle Menschen gleichwertige und gleichberechtigte Mitbürger einer die Menschheit umfassenden Gemeinschaft sind. Der Gedanke des W. wurde in der griech. Philosophie (Stoa, Kyniker) entwickelt, Ansätze finden sich im Christentum; er wurde im Humanismus und später von der Aufklärung übernommen, trat aber dann hinter die aufkommenden Nationalstaaten zurück (→Menschenrechte).

Weltchroniken, sagenhaft ausgeschmückte, beliebte mittelalterl. Geschichtsdarstellungen, die mit der Schöpfungsgeschichte einsetzen; die älteste dt. W. ist die »Sächsische W.«.

Weltergewicht, →Gewichtsklassen.

Welternährungsrat, →FAO.

Weltesche, →Yggdrasill.

Weltfrieden, der Zustand, in dem der Krieg zwischen den Staaten und Völkern endgültig beseitigt ist (»ewiger Frieden«) oder der jeweils kriegslose Zustand. Versuche der Sicherung des W., die auf den →Haager Friedenskonferenzen, im →Völkerbund und im Kellogg-Pakt (→Kellogg) unternommen wurden, blieben ohne wesentl. Erfolg. Heute dient u. a. die Organisation der →Vereinten Nationen der Erhaltung des W.

Weltgeistliche, Weltpriester, kath. Geistliche, die keinem Orden und keiner Kongregation angehören; Gegensatz: Ordensgeistliche.

Weltgericht, das →Jüngste Gericht.

Weltgeschichte, Universalgeschichte, Versuch, die geschichtl. Entwicklung der verschiedenen Völker und Kulturkreise in ihren Beziehungen zueinander und ihrem inneren Zusammenhang zu sehen und darzustellen; so Spengler: »Untergang des Abendlandes«, Freyer: »Weltgeschichte Europas«, Toynbee: »Der Gang der Weltgeschichte«.

Weltgesundheitsorganisation, engl. **World Health Organization,** Abk. **WHO,** eine 1948 gegr. Sonderorganisation der →Vereinten Nationen, Sitz: Genf. Zu ihren Aufgaben gehören: Bekämpfung von Seuchen, Krankheiten, Verbesserung der Ernährung und der Gesundheitspflege u. ä. Die Bundesrep. Dtl., Österreich, Schweiz sind Mitglieder.

Welthilfssprachen, Universalsprachen, künstl. Sprachen, die für den zwischenstaatl. Verkehr bestimmt sind, z. B. **Esperanto, Volapük.**

Weltkirchenkonferenz, →Ökumen. Bewegung.

Weltkirchenrat, →Ökumenische Bewegung.

Weltkrieg

Der Erste Weltkrieg 1914-18

Vorgeschichte. Die Ermordung des österr.-ungarischen Thronfolgers Erzherzog Franz Ferdinand durch serbische Verschwörer am 28. 6. 1914 in Sarajewo veranlaßte Österreich-Ungarn am 23. 7. zu einem Ultimatum an Serbien, das Rußland auf den Plan rief und damit infolge der europ. Bündnisverflechtungen trotz dt. und brit. Vermittlungsversuche zur Katastrophe führte. Österreich-Ungarn erklärte am 28. 7. an Serbien, Dtl. wegen der russ. Gesamtmobilmachung am 1. 8. an Rußland und am 3. 8. an Frankreich, dessen Haltung zweifelhaft war, den Krieg. Großbritannien nahm den dt. Einmarsch in Belgien am 4. 8. zum Anlaß seiner Kriegserklärung an Dtl.

Das Kriegsjahr 1914. Die dt. OHL (Oberste Heeresleitung, Gen.-Ob. v. Moltke) wollte gemäß dem Schlieffen-Plan vorerst unter Defensive im O mit der Masse des Heeres die Entscheidung im W suchen und hierzu die 1.-5. Armee durch Belgien auf Paris-Verdun vorführen, um das von Belfort bis Hirson aufmarschierte französ. Heer durch umfassenden Angriff gegen die Schweiz zu drängen. Die 6. und 7. Armee sollten französ. Vorstöße nach Elsaß-Lothringen abwehren. Das geschah bei Mülhausen (9./10. 8.) und in Lothringen (20. bis 22. 8.). Die dt. Hauptkräfte schlugen nach Wegnahme von Lüttich (6.-16. 8.) und Rückzug der Belgier nach Antwerpen die Briten bei Mons, warfen die Franzosen nach S zurück und überschritten Anfang Sept. die Marne. Da erfolgte am 5. aus Paris ein französ. Gegenangriff, der zur Marneschlacht führte. Trotz günstigen Verlaufs wurde sie von der OHL am 9. abgebrochen, die Front hinter die Aisne zurückgenommen. Den erkrankten Gen. v. Moltke ersetzte Gen. v. Falkenhayn. Er vereitelte die nördl. ausholenden feindl. Umfassungsversuche, konnte aber in der Schlacht in Flandern (20. 10.-3. 11.) nicht durchbrechen. Die Front erstarrte im Stellungskrieg. In Ostpreußen vernichtete die dt. 8. Armee unter Gen. v. Hindenburg (Stabschef Gen. Ludendorff) bei Tannenberg (26.-31. 8.) eine vom Narew vorgegangene russ. Armee und schlug an den Masurischen Seen (6.-14. 9.) die vom Njemen vorgerückten Russen. Das in Galizien aufmarschierte österr.-ungar. Heer mußte nach Anfangserfolgen in Südpolen vor der russ. Übermacht im Sept. in die Karpaten zurückgehen. Zu seiner Unterstützung im Okt. von Oberschlesien bis südl. Warschau vorgestoßene dt. Kräfte sahen sich durch drohende Umfassung zum Rückzug genötigt. Eine neue dt. Offensive von NW im Nov. führte zur Einkesselung russischer Korps um Lodz, infolge eines russ. Gegenstoßes aus Warschau aber nicht zu vollem Erfolg. Im Dez. kam es auch an der ganzen Ostfront zum Stellungskrieg. In Serbien eroberten die Österreicher nach wechselvollen Kämpfen am 2. 12. Belgrad, serb. Gegenangriffe nötigten sie aber bald zur Räumung des Landes.

Das Kriegsjahr 1915. In der Champagne und im Artois versuchten die Alliierten im Frühjahr und Herbst vergeblich, die dt. Westfront zu durchbrechen. Ein dt. Angriff bei Ypern (22. 4.-24. 5.) hatte nur anfangs Erfolg. Im O schlug Hindenburg den russ. Nordflügel im Febr. in der Winterschlacht in Masuren. Der zur Entlastung des Verbündeten am 2. 5. begonnene Angriff Mackensens bei Gorlice-Tarnów brachte die russ. Front in Galizien zum Einsturz und führte zu siegreicher Offensive der Ostfront, die Ende Sept. in der Linie Tarnopol-Dünaburg-Riga eingestellt wurde. Italien, anfangs neutral, erklärte am 23. 5. Österreich-Ungarn den Krieg und berannte vergeblich die österr.-ungar. Isonzofront. Die Türkei, seit Okt. 1914 an der Seite der Verbündeten im Krieg, wehrte seit März an den Dardanellen See- und Landangriffe der Alliierten ab, die um die Jahreswende abzogen. Um Landverbindung mit der Türkei zu bekommen, warfen die Verbündeten und Bulgarien Serbien nieder (6. 10.-27. 11.). Am 5. 10. bei Saloniki gelandete, nach Makedonien vorgegangene brit.-französ. Kräfte wurden zurückgeworfen, Montenegro und Albanien Anfang 1916 von österr.-ungar. Truppen besetzt.

Das Kriegsjahr 1916. Im W führten der dt. Großangriff auf den feindl. Eckpfeiler Verdun (31. 2.) und der brit.-französ. Großangriff an der Somme (24. 6.) zu monatelangem entscheidungslosem, blutigem Ringen um jeden Fußbreit Boden. Ein

Erster Weltkrieg: Westl. Kriegsschauplatz 1914-18

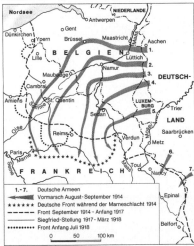

1.-7. Deutsche Armeen
— Vormarsch August-September 1914
✶✶✶✶✶✶ Deutsche Front während der Marneschlacht 1914
– – – – Front September 1914 - Anfang 1917
———— Siegfried-Stellung 1917 - März 1918
∙∙∙∙∙∙∙ Front Anfang Juli 1918

0   50   100 km

Erster Weltkrieg: Östl. Kriegsschauplatz 1914-18

österr.-ungar. Angriff in Tirol (15. 5.) lief fest. Hingegen erzielte eine russ. Offensive gegen den Südteil der Ostfront (4. 6.) beträchtl. Geländegewinn. Die gespannte Lage und die rumän. Kriegserklärung an Österreich-Ungarn (27. 8.) veranlaßten die Ersetzung Falkenhayns durch Hindenburg und Ludendorff (29. 8.). Sie stellten den Angriff auf Verdun ein und wandten sich gegen die Rumänen. Diese wurden von den Verbündeten in der Dobrudscha und in Siebenbürgen (bei Hermannstadt 26.-28. 9., bei Kronstadt 3.-8. 10.) geschlagen und aus der Walachei (Besetzung Bukarests 6. 12.) bis hinter den Sereth zurückgeworfen. Die Errichtung des Königreiches Polen (5. 11.) brachte den Mittelmächten keinen Gewinn. Ihr Friedensangebot vom 12. 12. wurde von der Entente abgelehnt, auch eine amerikan. Friedensnote vom 18. 12. blieb wirkungslos.

Das Kriegsjahr 1917. Im W wurden nach Zurückverlegung der dt. Front im Sommegebiet in die Siegfriedstellung (März) alliierte Großangriffe an der Aisne, in der Champagne und bei Arras (April/Mai) sowie in Flandern (31. 7.-10. 11.) in bewegl. Verteidigung abgewehrt, in der Tankschlacht bei Cambrai (20.-29. 11.) an die Briten verlorenes Gelände zurückerobert. Der Ausbruch der Revolution in Rußland am 12. 3. und Siege der Verbündeten (Eroberung Ostgaliziens im Juli, Rigas 3. 9., der balt. Inseln im Okt.) führten zum Zusammenbruch des russ. Heeres. Die am 7. 11. zur Macht gelangten Bolschewiki schlossen am 15. 12. Waffenstillstand, aber erst nach neuem dt. Vormarsch am 3. 3. 1918 den Frieden von Brest-Litowsk. Ihm folgte am 7. 3. ein Sonderfriede mit Finnland, das mit dt. Hilfe die Bolschewiki vertrieb, und am 7. 5. der Friede mit Rumänien. Ein zur Entlastung der Isonzofront am 24. 10. 1917 bei Flitsch-Tolmein begonnener dt.-österr. Angriff warf die Italiener hinter den Piave zurück. Am Ansturm gegen die dt.-bulgar. Front in Makedonien beteiligte sich seit 27. 6.

auch Griechenland. Die Türken verloren am 11. 3. Bagdad, am 9. 12. Jerusalem an die Briten. Der seit 1. 2. uneingeschränkte U-Boot-Krieg führte zur Kriegserklärung der Verein. Staaten am 6. 4.

Das Kriegsjahr 1918. Die schwierige Ernährungs- und Rohstofflage der Mittelmächte, die durch die Friedensresolution des Reichstags vom 19. 7. 1917 gewachsene innerpolit. Spannung im Reich und die Zersetzungserscheinungen in der Donaumonarchie forderten baldige Beendigung des Krieges. Aber die hierzu unternommenen dt. Großangriffe (zwischen Arras und La Fère 21. 3., bei Armentières 9. 4., zwischen Noyon und Reims 27. 5., beiderseits Reims 15. 7.) brachten trotz großer Erfolge nicht den entscheidenden Sieg. Die am 18. 7. einsetzende, auf die ganze Front übergreifende alliierte Gegenoffensive drückte das geschwächte dt. Westheer bis Anfang Nov. in die Antwerpen-Maas-Stellung zurück. Inzwischen hatten Bulgarien in Makedonien, die Türkei in Palästina und Österreich-Ungarn am Piave (28. 10.) schwere Niederlagen erlitten am 29. 9., 31. 10. und 3. 11. Waffenstillstand mit der Entente geschlossen, die Reichsregierung auf Drängen der OHL schon am 5. 10. den amerikan. Präsidenten um Waffenstillstand und Einleitung von Friedensverhandlungen ersucht. Auf dessen Forderung wurde der U-Boot-Krieg am 20. 10. eingestellt. Aus Meutereien bei der Hochseeflotte entwickelte sich eine Revolution, die am 9. 11. in Berlin zur Ausrufung der Republik führte. Gemäß dem am 11. 11. im Wald von Compiègne mit der Entente geschlossenen Waffenstillstand wurden die besetzten Gebiete und Elsaß-Lothringen binnen 14, das linke Rheinufer mit den Brückenköpfen Köln, Koblenz und Mainz binnen 30 Tagen von den dt. Truppen geräumt, die U-Boote und große Mengen Waffen ausgeliefert und die Flotte in Scapa Flow interniert.

Das Ziel der dt. **Seekriegführung** in der Nordsee, den Gegner durch U-Boote und Minen zu schwächen und dann zur Schlacht zu stellen, wurde wegen der Fernblockade der brit. Flotte nicht erreicht. Dt. Vorstöße gegen die engl. Ostküste führten am 24. 1. 1915 zur Schlacht an der Doggerbank, ein Vorstoß der Hochseeflotte am 31. 5. 1916 vor dem Skagerrak zum unentschiedenen Kampf mit der brit. Flotte. Die im Aug. 1914 nach Konstantinopel durchgebrochene dt. Mittelmeerdivision (Kreuzer »Goeben« und »Breslau«) bekämpfte als Kern der türk. Flotte die russ. Seestreitkräfte im Schwarzen Meer. Das dt. Kreuzergeschwader in Ostasien besiegte am 1. 11. 1914 bei Coronel brit. Kreuzer, erlag aber am 8. 12. bei den Falkland-Inseln einem brit. Geschwader. Der am 4. 2. 1915 eröffnete, aber erst seit 1. 2. 1917 uneingeschränkte U-Boot-Krieg gegen die feindl. Handelsschiffahrt brachte Großbritannien in eine gefährl. Lage, wirkte aber nicht kriegsentscheidend.

Die **dt. Kolonien** und Schutzgebiete erlagen der feindl. Übermacht (Togo 27. 8., Tsingtau 7. 11. 1914, Dt.-Südwestafrika 9. 7. 1915, Kamerun 15. 2. 1916). Nur die Schutztruppe von Dt.-Ostafrika unter Gen. v. Lettow-Vorbeck behauptete sich bis Kriegsende.

Der Krieg wurde durch die **Friedensschlüsse** von Versailles (mit dem Reich 28. 6. 1919), St.-Germain (mit Österreich 10. 9. 1919), Trianon (mit Ungarn 4. 6. 1920), Neuilly (mit Bulgarien 27. 11. 1919) und Sèvres (mit der Türkei 10. 8. 1920) abgeschlossen.

Der Zweite Weltkrieg 1939-45

Vorgeschichte. Im Verfolg seiner Anschlußpolitik schlug Hitler am 21. 3. 1939 die Rückgabe Danzigs und exterritoriale Verkehrswege durch den poln. Korridor gegen Anerkennung der dt.-poln. Grenze vor. Polen lehnte am 26. scharf ab, Großbritannien und Frankreich sicherten ihm am 31. ihre Hilfe bei dt. Angriff zu. Hitler schloß am 22. 5. mit Italien ein Bündnis und am 23. 8. mit der Sowjetunion einen Nichtangriffspakt. Poln. Maßnahmen gegen die Volksdeutschen und Danzig waren ihm willkommener Kriegsgrund. Der Abschluß des brit.-poln. Beistandspaktes am 25. veranlaßte ihn aber zur Verschiebung des schon auf den 26. angesetzten Angriffs und zu Anerbietungen an Großbritannien. Auf dessen Vorschlag willigte er am 29. in die Entsendung eines poln. Unterhändlers nach Berlin ein. Als dieser am 30. nicht erschien und Polen mobilmachte, schlug Hitler am 1. 9. zu. Italienische Vermittlung am 2. schlug fehl. Am 3. 9. erklärten Großbritannien und Frankreich nach kurzfristigen Ultimaten dem Reich den Krieg. Italien blieb neutral.

Der Feldzug gegen Polen. Zwei dt. Heeresgruppen brachen aus Oberschlesien und der Grenzmark konzentrisch auf Warschau vor. Die inneren Flügel vernichteten die zwischen Weichsel und Warthe zurückgehenden Polen an der Bzura (7. bis 19. 9.); ihre äußeren, aus der Slowakei über den San nach N und aus Ostpreußen über Narew und Bug vorgestoßenen Flügel trafen sich am 19. bei Włodawa. Die Kapitulation Warschaus am 27. 9. beendete den Feldzug. Am 17. 9. waren auch so. wjet. Truppen in Polen einmarschiert, die vereinbarungsgemäß bis zum Narew, Bug und San vorrückten. Danzig, der Korridor und das Warthe-land wurden dem Reich einverleibt, das von Deutschen besetzte Polen einem GenGouv. unterstellt.

Die Landung in Norwegen. Am 27. 9. befahl Hitler die Vorbereitung einer Offensive durch Holland und Belgien in Richtung auf die Kanalküste. Sie sollte am 12. 11. beginnen, die Witterung nötigte aber zur Verschiebung auf das Frühjahr. Nach fruchtlosen Verhandlungen über den Abtretung Hangös griff die Sowjetunion am 30. 11. Finnland an. Die von den Alliierten am 5. 2. 1940 beschlossene Hilfsaktion über Norwegen kam wegen des sowjet.-finn. Friedens am 12. 3. nicht zustande. Der nun beabsichtigten Festsetzung in norweg. Häfen zur Unterbindung der dt. Schwedenerz-Transporte über Narvik kam Hitler am 9. 4. durch Landung in Norwegen und Besetzung Dänemarks zuvor. Diese vollzog sich reibungslos, jene unter Kampf. Der dt. Vormarsch von Oslo auf Bergen und Drontheim brach den norweg. Widerstand und zwang die in Åndalsnes und Namsos gelandeten alliierten Truppen Anfang Mai zum Abzug. Die norweg. Reg. und der König flüchteten nach England, in Norwegen wurde ein Reichskommissar eingesetzt.

Der Westfeldzug 1940. Zwei dt. Heeresgruppen traten im W am 10. 5. zum Angriff an. Die Heeresgruppe B warf die Niederländer in 4 Tagen nieder, vertrieb die Belgier mit den zu Hilfe geeilten alliierten Armeen aus der Dyle-Stellung und erreichte am 17. Brüssel, am 18. Antwerpen. Der Panzerkeil der durch Südbelgien und Luxemburg angreifen-den Heeresgruppe A erkämpfte am 13. den Maas-übergang bei Sedan, erreichte am 17. die Oise, am 20. die Somme-Mündung, ging dann längs der Küste nach N vor und nahm am 26. Calais. Die damit umfaßte feindliche Nordgruppe erlag den über die Lys vordringenden dt. Armeen. Die Belgier kapitulierten am 28. Die Briten entkamen größtenteils über Dünkirchen, das am 4. 6. fiel. Der Angriff auf die neue franzö. Abwehrfront an Aisne und Somme begann am 5. rechts bei der Heeresgruppe B, die am 14. Paris und bis 19. ganz W-Frankreich bis zur Seine besetzte und längs der Atlantikküste bis Bordeaux vorging. Die am 9. über die Aisne angreifende Heeresgruppe A nahm bis 15. Reims, Châlons und Verdun und folgte ihrem Panzerkeil, der über Dijon am 17. die Schweizer Grenze erreichte. Die am 14. angetretene Heeresgruppe C zwang die franzö. Kräfte in Elsaß-Lothringen am 22. zur Kapitulation. An diesem Tag wurde im Wald von Compiègne der von der franzö. Regierung erbetene Waffenstillstand unterzeichnet. Nachdem am 24. auch das am 10. in den Krieg eingetretene Italien mit Frankreich Waffenstillstand geschlossen hatte, trat am 25. Waffenruhe ein. Die Niederlande bekamen einen Reichskommissar, Belgien und das besetzte Frankreich Militärverwaltung, die franzö. Regierung ging nach Vichy.

Die Ereignisse bis zum Frühjahr 1941. Nach dem Zusammenbruch Frankreichs hoffte Hitler auf Verständigung mit Großbritannien. Als er sich getäuscht sah, befahl er am 16. 7. 1940 die Vorbereitung zur Landung, für die Voraussetzung die Niederkämpfung der Luftwaffe war. Aber die hierzu am 8. 8. einsetzenden Großangriffe der dt. Luftwaffe gegen die südengl. Flugplätze, Produktionsstätten, Häfen und ab 6. 9. auf London erreichten trotz schwerer Schädigung des Gegners ihr Ziel nicht. Daher befahl Hitler am 12. 10. die Einstellung der Landungsvorbereitungen. Er wollte nun Gibraltar angreifen. Da Spanien jedoch seine Mitwirkung versagte, mußte er davon absehen. Auch zur Zusammenarbeit mit Frankreich kam es nicht. Japan trat am 27. 9. der Achse bei. Von Libyen stießen die Italiener am 13. 9. nach Ägypten vor. Ein brit. Gegenangriff am 9. 12. warf sie aber bis Tripolitanien zurück. Das zu ihrer Unterstützung dorthin überführte Dt. Afrikakorps unter Gen. Rommel eroberte zus. mit italien. schnellen Truppen vom 24. 3. bis 13. 4. die ganze Cyrenaika mit Ausnahme Tobruks zurück. Italien.-Ostafrika erlag im Mai brit. Übermacht. Inzwischen hatte der Krieg auf dem Balkan übergegriffen. Die Sowjetunion hatte im Juni 1940 die balt. Staaten einverleibt und Rumänien zur Abtretung Bessarabiens gezwungen; die rumän. Reg. hatte gemäß dem von ihr erbetenen Schiedsspruch der Achsenmächte vom 30. 8. Siebenbürgen an Ungarn und die Süddobrudscha an Bulgarien zurückgegeben. Auf die Bitte des neuen rumän. Staatsführers, Gen. Antonescu, wurde im Okt. eine dt. Militärmission nach Rumänien entsandt, das wie Ungarn und die Slowakei im Nov. dem Dreimächtepakt beitrat. Ein italien. Angriff aus Albanien auf Griechenland am 28. 10. mißglückte völlig, führte aber zur Einsetzung brit. Luftstreitkräfte auf dem griech. Festland, was Hitler zum Eingreifen veranlaßte. Er versammelte nach Bulgariens Beitritt zum Dreimächtepakt am 1.3. dort starke Kräfte zum Vorstoß nach Griechenland und entschloß sich zum gleichzeit. Angriff auf Jugoslawien, nachdem dessen Beitritt zum Dreimächtepakt (25.3.) durch den Belgrader Militärputsch vom 27. hinfällig geworden war. Der Feldzug begann am 6.4. mit dem Einbruch in Makedonien und Westthrakien. Die dort kämpfenden griech. Truppen streckten nach dem Fall Salonikis am 9. die Waffen. Der am 8. begonnene Angriff auf Jugoslawien, an dem auch Italien und Ungarn teilnahmen, endete am 17. mit der Kapitulation von Jugoslawen. 4 Tage später kapitulierten auch die aus Makedonien und Albanien auf Jannina zurückgewichenen Griechen. Das im März gelandete brit. Expeditionskorps entkam größtenteils nach Kreta. Der Besetzung Athens am 27., der Halbinsel und der Ägäischen Inseln folgte die Eroberung Kretas durch dt. Fallschirm- und Gebirgsjägertruppen (20. 5. bis 1. 6.). Der jugoslaw. Staat wurde aufgelöst, in Griechenland eine Militärverwaltung eingerichtet.

Der Ostfeldzug bis Frühjahr 1943. Hitler hatte Ende Juli 1940, an der Durchführbarkeit einer Landung in England zweifelnd, die Niederwerfung der Sowjetunion als eines mögl. künftigen Gegners ins Auge gefaßt. Im Nov. erhobene sowjet. Forderungen nach Handlungsfreiheit in Finnland und Einbeziehung Bulgariens in die russ. Interessensphäre bestärkten ihn darin. Am 18.12. erging die grundlegende Weisung zum Angriff, der, für Mai 1941 geplant, wegen des Balkanfeldzuges erst am 22.6. beginnen konnte. Rumänien, die Slowakei, Finnland, Italien und Ungarn nahmen teil. 3 Heeresgruppen waren angesetzt. Südl. der Pripetsümpfe stieß die Heeresgruppe Süd auf Kiew-Winniza und aus der Moldau über den Dnjestr vor, vernichtete Anfang Aug. bei Uman eingekesselte starke russ. Kräfte und besetzte bis 25.8. den ganzen Dnjeprbogen. Nördl. des Pripet zerschlug die Heeresgruppe Mitte in großen Kesselschlachten bei Białystok-Minsk (bis 9.7.) und um Smolensk (bis 5.8.) zahlreiche russ. Korps und vom 9. bis 19.8. bei Gomel eine starke Feindgruppe. Die aus Ostpreußen angreifende Heeresgruppe Nord eroberte bis 8.8. das Baltikum und schloß nach Wegnahme von Nowgorod und Narwa (17.) Leningrad Anfang Sept. im S ab. Die Finnen unter Mannerheim drangen in Karelien und zus. mit dt. Truppen gegen die Murman-Bahn, Dietls Geb.-Jäger auf Murmansk vor. Nachdem die den Dnjeprbogen beiderseits Kiew verteidigenden russ. Armeen im Sept. durch eine Umfassungsoperation der Heeresgruppen Mitte und Süd vernichtet waren, stieß die letztere zum Donez vor und nahm am 24.10. Charkow, 21.11. Rostow. Die Krim war seit 15.11. in dt. Hand, Sewastopol eingeschlossen. Die Heeresgruppe Mitte zersprengte in den Kesselschlachten von Brjansk und Wjasma (2.-20.10.) das russ. Zentrum und konnte im Nov. noch über Kursk und Tula und bis 50 km westl. und nördl. Moskau vordringen. Dann war ihre Kraft erschöpft. Ein russ. Gegenangriff am 5.12. nötigte zum Rückzug in die Linie Kursk-Rschew und riß nordwestl. davon die Front in 150 km Breite und 200 km Tiefe auf. Im S konnten die Sowjets Rostow und die Halbinsel Kertsch wieder nehmen, im N beiderseits des Ilmensees tief einbrechen. Nach längerer Kampfpause wollte Hitler 1942 Stalingrad und das kaukasische Ölgebiet nehmen. Die Offensive begann nach Rückeroberung von Kertsch und Einnahme Sewastopols (2.6. bis 1.7.) am 28.6. mit Vorstoß zum Don, der am 24.7. von Woronesch bis Rostow erreicht war. Das Vorgehen in den Kaukasus kam an dessen Nordhängen und vor Grosny Ende Aug. zum Stehen. In Stalingrad stand ab 12.9. die Armee Paulus in schwerstem Kampf. Die beiderseits anschließenden rumän. Armeen wurden am 19./20. 11. von russ. Großangriff überrannt, der zur Einschließung der Armee Paulus führte. Diese mußte nach mißglücktem Entsatzversuch, von Hunger und Kälte zermürbt, am 31.1. und 2.2.1943 kapitulieren. Inzwischen hatten die Sowjets am 17.12. auch die italien. und am 12./14.1. die ungar. Donfront durchbrochen und den Donez erreicht. Woronesch fiel am 31.1., Kursk am 7.2., Charkow am 18. in ihre Hand. Ihr Vorstoß von dort nach S wurde abgewehrt, am 15.3. auch Charkow wiedergenommen. Aus dem Kaukasus waren die Deutschen im Jan. in einen Brückenkopf östl. Kertsch zurückgegangen. Die stellenweise heftig angegriffenen Heeresgruppen Mitte und Nord führten kräftesparende Frontbegradigungen durch.

Der Kriegseintritt der Verein. Staaten und die Kämpfe in Nordafrika und Italien bis Herbst 1943. Der Kriegseintritt der USA, seit langem sich ankündigend durch immer schärfere achsenfeindl. Maßnahmen (u.a. Atlantik-Charta vom 12.8. 1941), schließlich herbeigeführt durch den japan. Überfall auf Pearl Harbor am 7.12. und die Kriegserklärung der Achse am 11., wirkte sich zunächst nur im Luftkrieg aus. An der im März 1942 begonnenen brit. Offensive gegen die dt. Rüstungsbetriebe und Großstädte nahm vom Sommer an die US-Luftwaffe teil. Sowjet. Drängen veranlaßte die Engländer am 19.8. zu einer leicht abgewehrten Probelandung bei Dieppe. In Nordafrika hatte ein am 18.11.1941 unternommener brit. Angriff zum Rückzug Rommels nach Tripolitanien geführt. Am 21.1.1942 stieß er in die Cyrenaika, im Juni nach der Einnahme Tobruks (0.) bis El Alamein vor. Nach vergebl. Angriff auf die dortige Front war dort die brit. Gegenstoß (24. 10.) im Nov. zum Abzug nach Tripolitanien genötigt. Am 8.11. landeten amerikan. und brit. Truppen unter Gen. Eisenhower in Marokko und Algerien, deren französ. Besatzungen nach kurzem Widerstand zu ihnen übergingen. Darauf ließ Hitler am 11. Restfrankreich besetzen und am 27. die französ. Wehrmacht entwaffnen. Die Mitte Nov. nach Tunesien vorstoßenden Alliierten kamen vor dt.-italien. Stellungen zum Stehen. Rommel wich vor brit. im Dez./Jan. nach Südtunesien aus. Im Frühjahr 1943 wurden die Achsentruppen in einen Brückenkopf um Tunis zurückgedrängt, wo sie am 12.5. kapitulierten. Am 10.7. landeten die Alliierten auf Sizilien, das bis 17.8. genommen war. Inzwischen war am 25.7. Mussolini gestürzt worden. Der neue MinPräs. Marschall Badoglio schloß am 3.9. Waffenstillstand mit den Alliierten, ging am 8. mit dem Königshaus zu ihnen über und erklärte am 13.10. dem Reich den Krieg. Hitler ließ am 10.9. Rom besetzen und die italien. Truppen entwaffnen. Mussolini, am 12. aus seiner Haft befreit, bildete eine neue republikan. Regierung. Die am 3.9. bei Reggio und am 9. bei Tarent und Salerno gelandeten Alliierten konnten bis Jahresende ganz Unteritalien sowie Sardinien und Korsika nehmen, aber die dt. Front am Garigliano und bei Cassino trotz Landung starker Kräfte in deren Rücken bei Anzio (22.1.1944) erst Mitte Mai durchbrechen. Die Deutschen zogen durch Rom ab, das am 4.6. in alliierte Hand fiel und wichen in die Apennin-Stellung zurück. Die Alliierten erkämpften am 26.7. Pisa, 12.8. Florenz und 21.9. Rimini.

Der dt. Rückzug im Osten bis Sommer 1944. Im Sommer 1943 setzte Hitler seine operat. Reserven bei der Heeresgruppe Mitte gegen den russ. Frontbogen um Kursk an. Der am 5.7. begonnene Angriff schlug aber nicht durch und führte zum Verlust von Orel. Im Aug. traten die Sowjets zu neuer Großoffensive gegen die Heeresgruppen Süd und Mitte an, die im Sept. hinter den Dnjepr und die Linie Gomel-Witebsk zurückwichen. Im Okt. nahmen sie den Dnjeprbogen Krementschug-Nikopol und schnitten die Deutschen auf der Krim ab. Am 6.11. fiel Kiew, am 25. Gomel in ihre Hand. Anfang Jan. 1944 konnten sie westl. Schitomir die ehem. poln. Grenze, am 5.2. Rowno und Luck gewinnen. Im S mußte die Deutschen Ende Febr. auf den Bug zurückgehen. Am 20.3. erreichten die Sowjets Winniza, am 28. nach erkämpftem Dnjestr-Übergang den Pruth bei Jassy. Am selben Tag ging Nikolajew, 10.4. Odessa, 15. Tarnopol verloren. In der Linie Stanislau-Kowel kam die russ. Offensive zum Stehen. Die dt.-rumän. Truppen auf der Krim erlagen in Sewastopol am 9.5. Die Heeresgruppe Nord mußte im Jan. die Leningrader Front aufgeben und im Febr. hinter die Narwa und nach Pskow zurückweichen.

Die Invasion und die Zertrümmerung der Ostfront 1944. Ab Juni 1943 steigerten sich die alliierten Luftangriffe auf das Reich zu höchster Kraft. Die ab 12.6.1944 gegen England eingesetzten dt. V-Waffen hatten keine entscheidende Wirkung. Am 6.6.1944 landeten in der Seine-Bucht bei und westl. Caen nach Absprung von Fallschirmtruppen hinter den dt. Linien starke brit.-amerikan. Kräfte. Nach Bildung eines Brückenkopfes besetzten die Amerikaner die Halbinsel Cotentin mit Cherbourg, brachen am 1.8. in die Bretagne durch und erreichten am 20. die Seine beiderseits Paris, dessen Besatzung am 25. kapitulierte. Nach dem Übergang über die Seine (30.8.) eroberten die Alliierten, zu denen sich eine weitere, am 15.8. östl. Toulon gelandete, im Rhônetal vorgestoßene Heeresgruppe gesellte, im Sept. ganz Ost- und Nordfrankreich, Belgien und Südholland und nahmen Aachen (21.10.) und Elsaß-Lothringen (22. bis 27.11.). Am 23.6. hatten die Sowjets die Offensive zwischen Pripet und Düna wieder aufgenommen und die Heeresgruppe Mitte zerschlagen, am 16.7. auch die Heeresgruppe Süd durchbrochen. In der Verfolgung drangen sie ins Baltikum ein und bis Narew, Weichsel und San vor. Im S stellten die Rumänen nach dem Fall von Jassy (22.8.) den Kampf ein, Bulgarien ging im Sept. zu den Sowjets über. Diese brachen über die Karpaten in Ungarn ein und Ende Okt. über die Theiß bis Budapest vor. Die dt. Balkankräfte räumten Griechenland und gingen hinter die Save zurück. Im N hatten die Finnen am 19.9. mit den Sowjets Waffenstillstand geschlossen und die dt. Truppen zum Abzug nach Norwegen genötigt. Die Heeresgruppe Nord konnte im Okt. aus Estland nach Kurland entweichen, wurde dort aber eingeschlossen.

Der Zusammenbruch. Durch Offensive im W versuchte Hitler in letzter Stunde das Schicksal zu wenden. Aber der am 16.12. zwischen Monschau und Echternach vorbrechende Angriff lief bald fest. Im Gegenstoß gewannen die Alliierten zwischen 15.2. und 26.3.1945 den Rhein und Brückenköpfe bei Remagen, Oppenheim und Worms. Der Ende März von dort ins Herz Dtl.s vorgetragene Angriff führte rasch zum Zusammenbruch der Westfront. Die Briten erreichten am 20. die Elbe bei Hamburg, am 2.5. Lübeck. Die Amerikaner standen am 11.4. bei Magdeburg, am 25. bei Torgau an der Elbe, drangen durch den Thür. Wald und Bayern bis Pilsen, Linz, Salzburg und zum Brenner vor, die Franzosen besetzten Württemberg und Vorarlberg. In Oberitalien stellten die Deutschen nach dem Fall Bolognas (21.4.) und Zusammenbruch der Apenninfront am 2.5. den Kampf ein. Die Sowjets waren im Jan. über Weichsel und San vorgebrochen, hatten am 17. Warschau, 19. Krakau, 1.3. Posen besetzt, am 13. mit Küstrin einen Oder-Brückenkopf gewonnen und über Bromberg das Stettiner Haff und Danzig (30.3.) erreicht. In Ostpreußen wichen die dt. Truppen nach Königsberg zurück, wo sie am 9.4.

Zweiter Weltkrieg: Die dt. Feldzüge im Osten 1939–42

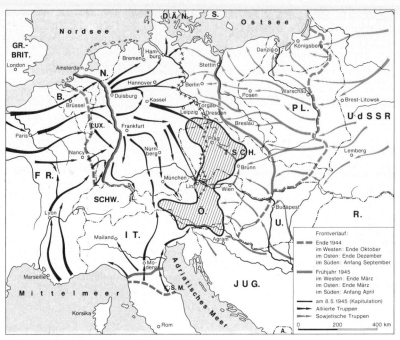

Zweiter Weltkrieg: Die Kämpfe 1944/45.

kapitulierten. Nach Einnahme Budapests (13.2.) gingen die Sowjets auf Wien vor, das am 13.4. fiel, nach der Einschließung Breslaus gewannen sie die Lausitzer Neiße. Von dort und von der Oder stießen sie auf Berlin vor, das sie am 25.4. einschlossen, am 2.5. bezwangen. An der Elbe stellten sie gemäß den Abmachungen der Jalta-Konferenz (4.-11.2.) den Vormarsch ein. Hitler endete am 30.4. durch Selbstmord. Die Vertreter der Wehrmacht unterzeichneten die bedingungslose Kapitulation am 7.5. in Reims, am 8. in Berlin. Sie trat am 9.5. 0.01 Uhr in Kraft.

Der pazifische Kriegsschauplatz. Am 7.7.1937 brach der Krieg zwischen China und Japan aus, dessen Truppen große Teile von O-China eroberten (Nanking Dez. 1937, Kanton Okt. 1938). 1939 erstarrte die Front im Stellungskrieg. Am 27.9. 1940 schloß Japan mit Dtl. und Italien den Dreimächtepakt am 2.5. Nachdem es sich durch den Neutralitätsvertrag mit der Sowjetunion (13.4.1941) Rückenfreiheit gesichert hatte, besetzte es auf Grund einer Vereinbarung mit dem in Europa besiegten Frankreich im Mai 1941 Indochina, von dort im Dez. 1941 Thailand. Am 7.12.1941 eröffnete es die Feindseligkeiten gegen die USA mit einem Luftüberfall auf die amerikan. Pazifikflotte in Pearl Harbor. Am folgenden Tag erklärten die USA und Großbritannien Japan den Krieg. Bis Mai 1942 eroberten die Japaner die Philippinen, Niederländ.-Indien, Hongkong, Singapur, Birma und die Salomon-Inseln. Im August 1942 ging die Initiative auf die Alliierten unter General MacArthur über (Beginn der Gegenoffensive bei den Salomon-Inseln). Bis Sommer 1945 nahmen alliierte Truppen in kombinierten See-Luft-Lande-Operationen den Japanern alle Eroberungen und Besitzungen im Pazifik ab. Birma wurde 1945 unter brit. Oberbefehl zurückerobert. Nach Kündigung des Neutralitätsvertrages durch die Sowjetunion und deren Kriegserklärung an Japan (8.8.1945) marschierten sowjet. Streitkräfte in die Mandschurei und in Korea ein und besetzten

S-Sachalin und die Kurilen. Der Abwurf von Atombomben auf Hiroschima und Nagasaki am 6. und 9.8.1945 durch amerikan. Flugzeuge brach den japan. Widerstand. Die Kapitulation wurde am 2.9.1945 unterzeichnet.

Weltliteratur, die Gesamtliteratur der Völker oder Werke, die über ihren nationalen Entstehungsbereich hinaus künstler. Geltung haben.

Weltmarkt, die internat. Warenmärkte, auf denen Angebot und Nachfrage der ganzen Erde zusammentreffen und sich die Preise der Welthandelsgüter bilden. W.-Plätze sind u.a. Chicago, New York, London, Paris, Antwerpen, Hamburg.

Weltmeister, der jeweils beste (Einzelsportler oder Mannschaft) Vertreter einer Sportart.

Weltpostverein, engl. **Universal Postal Union,** Abk. **UPU,** Zusammenschluß fast aller Staaten zur Regelung und Vereinheitlichung zwischenstaatl. Postbeziehungen (**Weltpostvertrag** 1878); auf Anregung H. v. Stephans 1875 gegr., seit 1948 Sonderorganisation der Vereinten Nationen. Sitz: Bern.

Weltraumfahrt, →Raumfahrt.

Weltrekord, unter bestimmten Bedingungen errungene sportl. Höchstleistung, die von der obersten internat. Sportbehörde anerkannt ist.

Weltreligionen, Religionen, die über weite Räume verbreitet sind: Christentum, Judentum, Islam, Hinduismus, Buddhismus. (Hierzu TAFEL; weitere Bilder →Katholische Kirche, →Protestantismus)

Weltschmerz, von Jean Paul geprägter Ausdruck für die romant. Schwermut, die schon die Vertreter der Empfindsamkeit kannten (Goethes »Werther«). Dichter des W. waren Byron, dann Leopardi, Lermontow, Heine, Lenau, Büchner.

Weltsprache, im zwischenstaatl. Verkehr bevorzugte Sprache; auf polit., wirtschaftl. und wissenschaftl. Gebiet vornehml. die engl. und franzős., daneben die span. und dt. Sprache. Über künstl. W. →Welthilfssprachen.

Weltstadt, Großstadt mit über 1 Mill. Ew.

1, 2

3, 4

5, 6

Buddhismus: 1 Birman. Priester, die Lehre Buddhas auslegend, **2** Tempel des Buddha-Zahns in Kandy (Ceylon). **Hinduismus: 3** Radschpute vor einem Schiwa-Tempel, davor Skulptur von Schiwas Stier Nandi, **4** Heilige Kuh in Bombay. **Islam: 5** Muslim. Gebet (Salat), **6** Tanzende Derwische. **Judentum: 7** Gläubiger im Gebetsmantel (Tallith) und Gebetsriemen (Tephillin), **8** Thora-Schild und Weiser, **9** Chanukka-Leuchter (um 1830)

7, 8, 9

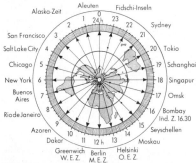

Wendegetriebe, a treibende, b getriebene Welle, c Wendemuffe, d Kegelräder

Weltzeituhr

Welturheberrechtsabkommen, internat. Abkommen vom 6. 9. 1952 zwischen den meisten Kulturstaaten der Welt (ausgenommen der »Ostblock«) über den gegenseitigen Schutz des →Urheberrechtes an Werken der Literatur. Die →Berner Übereinkunft bleibt daneben für die europ. Staaten verbindlich.

Weltwährungsfonds, →Internationaler Währungsfonds.

Weltwirtschaft, die Gesamtheit der über die Staaten oder Wirtschaftsräume hinausgreifenden Wirtschaftsvorgänge, bes. der Güteraustausch.

Weltwirtschaftskrise, allgem. eine Krise, deren Auswirkungen nicht auf einen Staat oder eine Staatengruppe beschränkt bleiben; im besonderen die durch den Kurssturz an der New Yorker Börse vom 24. 10. 1929 ausgelöste W. Ursachen waren Störungen im natürl. Ausgleich als Folgen des 1. Weltkrieges, eine nicht rechtzeitig bemerkte Kreditausweitung in den USA und eine gleichzeitige Agrarkrise.

Weltwunder, die →Sieben Weltwunder.

Weltzeit, die mittlere Zeit von Greenwich, →Zeit. **Weltzeituhr,** gibt gleichzeitig die an verschiedenen Orten der Erde gültige Zeit an.

Wembley [w'embli], Teil des London Borough Brent; Fußball- und Tennisstadion.

Wemfall, D'ativ der, bezeichnet die Person oder Sache, der eine Handlung zugute kommt.

Wendegetriebe, ein Rädergetriebe zur Umkehrung des Drehsinnes des Abtriebsrads bei gleichbleibendem Drehsinn des Antriebsrads.

Wendehals, etwa spechtdrosselgroßer Spechtvogel, rindenfarbig; Zugvogel.

Wendekreise, die beiden in 23° 27' nördl. und südl. Breite zum Äquator parallelen Kreise des Himmels und der Erdoberfläche, an denen die Sonne ihre scheinbar jährl. Bewegungsrichtung umkehrt. Der nördl. **W. des Krebses** wird am 22. 6., der südl. **W. des Steinbocks** am 23. 12. erreicht.

Wendel die, un einer zylindr. Dorn gewundener Draht (z. B. in Glühlampen).

W'endelin, Feld- und Viehschutzheiliger (Tag 22. 10.), lebte um 600 als Einsiedler bei Trier.

Wendelstein, Gipfel der Bayer. Alpen, zwischen Inn und Schliersee, 1837 m, Wetterwarte, Rundfunk- und Fernsehsender; Zahnradbahn.

W'enden Mz., 1) alle nach der Völkerwanderung in Mittel- und Ostdtl. von der Ostsee bis zum Adriat. Meer eingewanderten Slawen. 2) die →Sorben.

Wenden, Gem. im Kr. Olpe, Nordrh.-Westf., 13 900 Ew.

Wendlingen a. Neckar, Stadt im Kr. Nürtingen, Bad.-Württ., 13 700 Ew.

Wendschou, postamtl. **Wenchow, Yungkia,** Hafenstadt der Prov. Tschekiang, China, 201 600 Ew.; Ausfuhr von Tee, Specksteinöl.

Wenfall, 'Akkusativ der, bezeichnet die Sache oder die Person, auf die sich eine Tätigkeit richtet.

Wenzel der, Kartenspiel: der Unter (Bube).

Wendehals

Werfel

Wenzel, Wenzeslaus, 1) W. I., der Heilige, Herzog von Böhmen 921-929, führte das Christentum ein. 2) W. IV., König von Böhmen 1378-1419, Sohn Kaiser Karls IV., zugleich **Dt. König;** wegen Untätigkeit 1400 von den Kurfürsten abgesetzt.

Werbellinsee, See im Bez. Frankfurt a. d. O., 8 km² groß, bis 50 m tief; Pfahlbaureste.

Werbung die, allgem. eine absichtl. und zwangsfreie Form der Beeinflussung, die die angesprochene Personengruppe zu einem bestimmten Verhalten anregen will. W. für ideelle Zwecke (z. B. polit. Ideen) nennt man **Propaganda.** Die Wirtschafts-W. **(Reklame)** umfaßt alle Maßnahmen zur Absatzförderung: Anzeigen, Werbebriefe, Prospekte, Flugblätter, Kataloge, Schaufenster, Licht-, Film-, Funk- und Fernseh-W., einprägsame Werbesprüche (Slogans) u. a. Ein Unternehmen kann die W. selbst durchführen oder sie einer **Werbeagentur** übertragen. Bei der **Gemeinschafts-W.** werben mehrere Anbieter gemeinsam für den Absatz ihrer Leistungen.

Werbungskosten, Aufwendungen des Steuerpflichtigen zur Erzielung und Sicherung seines Einkommens; sie werden vom steuerpflichtigen Einkommen abgezogen.

Werchoj'ansk, Ort in NO-Sibirien, an der Jana; galt als →Kältepol der Erde (—67,8 °C).

W'erdau, Stadt im Bez. Karl-Marx-Stadt, 23 700 Ew.; Textil- u. a. Industrie.

Werden das, philosph. Grundbegriff; W. bedeutet entweder Verwirklichung von Anlagen, Möglichkeiten einer Entwicklung, oder allgemein die Tatsache, daß alles Seiende sich verändert.

W'erdenfels, ehemal. Grafschaft in den oberbayer. Alpen (G.-Partenkirchen, Mittenwald).

Werder das, 1) auch **Werth, Wörth,** Flußinsel, z. B. Nonnenwerth im Rhein. 2) Landschaft zw. Flüssen oder trockengelegte, urbar gemachte Gegend, z. B. **Danziger W.,** zw. Weichsel und Mottlau.

Werd'ohl, Stadt in Nordrh.-Westf., im Sauerland, 23 300 Ew.; Metall-, Kleineisen-, Glasind.

Wereschtsch'agin, Wassilij, russ. Schlachtenmaler, *1842, †1904.

Werfall, N'ominativ der, die Grundform der Nennwörter; bezeichnet eine Person und Sache als Gegenstand einer Aussage.

Werfel, Franz, Schriftsteller, *1890, †1945 als Emigrant in Amerika; expressionist. Gedichte, in denen er dem Bewußtsein der Bruderschaft aller Menschen pathet. Ausdruck verlieh; Dramen, Romane (»Das Lied von Bernadette«).

Werft [niederländ.] die, 1) ⚓ Industrieunternehmen für den Bau, die Ausrüstung und Reparatur von Schiffen. 2) ⊕ →Warft.

Werg das, **Hede** die, Abfall von Flachs oder Hanf beim Hecheln; Putzmittel.

W'ergeld [ahd. wer »Mann«], Sühnegeld für Totschlag, das der Täter und seine Sippe zur Ablösung der Blutrache den Verwandten des Getöteten als Buße zu zahlen hatte.

Werkbund, Deutscher W., DWB, 1907 gegr., 1946 neu gegr., setzt sich für gute Form, materialgerechte Verarbeitung, Zweckmäßigkeit und Preiswürdigkeit aller Waren ein.

Werkdruck, Druck von Büchern und Zeitschriften; Gegensatz: Akzidenzdruck.

Werkschulen, Fortbildungsschulen für Lehrlinge und Anlernlinge in großen Industriebetrieben sowie in Werkstätten der Bundesbahn.

Werkspionage, die Auskundschaftung von Geschäfts- oder Betriebsgeheimnissen, als →unlauterer Wettbewerb oder – bei Erkundung von Staatsgeheimnissen – als →Landesverrat strafbar.

Werkstoffprüfung dient der Ermittlung der Eigenschaften von techn. nutzbaren Werkstoffen, z. B. der Festigkeit, Härte, Dehnbarkeit, Verhalten bei verschiedenen Belastungsarten, wie Stoß, Schwingungen; Dauerbeanspruchung, der Zusammensetzung usw.

Werkvertrag, ⚖ ein Vertrag, durch den sich der Unternehmer zur Herstellung eines bestimmten Werkes, der Besteller zur Entrichtung der vereinbarten Vergütung verpflichtet (§§ 631 ff.

BGB). Soll der Unternehmer auch das Material liefern, so liegt ein **Werklieferungsvertrag** vor; dieser wird, wenn eine →vertretbare Sache herzustellen ist, wie ein Kauf, sonst im wesentlichen wie ein W. behandelt (§ 651 BGB).

Werkzeuge, Geräte zur Bearbeitung und Formgebung, wie Hämmer, Meißel, Bohrer, Sägen, Schleifscheiben, Spaten, Hacken.

Werkzeugmaschinen, Maschinen zur spanenden oder spanlosen Formung von Gegenständen wie Drehbank, Fräs-, Hobel-, Bohr-, Schleifmaschine, Presse, Maschinenhammer.

Werl, Stadt in Nordrh.-Westf., am Hellweg, 25 200 Ew.; Wallfahrtskirche; Industrie.

W'ermelskirchen, Stadt in Nordrh.-Westf., im Berg. Land, 26 500 Ew.; Eisen- u. a. Industrie.

W'ermut der, Korbblüter mit gelben Blütenköpfen, Schwesterart des Beifuß, in ganz Europa, sehr bitter. **W.-Wein,** schwacher Auszug von W.-Kraut mit Wein. **W.-Öl,** ein Duftstoff.

Wernau a. Neckar, Stadt im Kr. Esslingen, Bad.-Württ., 12 600 Ew.

Werne an der Lippe, Stadt in Nordrh.-Westf., 20 500 Ew.; Steinkohlenbergbau, versch. Ind.

Werner [ahd. »Heerschützer«], männl. Vorname.

Werner, 1) Alfred, schweizer. Chemiker, *1866, †1919; arbeitete über Komplexverbindungen; Nobelpreis 1913. 2) Anton v., Geschichtsmaler, *1843, †1915. 3) Theodor, *1886, †1969; gegenstandslose Bilder, lebhaft bewegt, in leuchtenden Farben. 4) Zacharias, Dichter, *1768, †1823; romant. Schicksalstragödie »Der 24. Februar«.

Wernher der G'artenaere [-nærə], mhd. satir. Dichter, schrieb nach 1242 die Versnovelle »Meier Helmbrecht«.

Werniger'ode, Stadt im Bez. Magdeburg, 32 600 Ew.; Sommerfrische am Nordrand des Harzes; Rathaus aus dem 15. Jahrh., Schloß der Fürsten zu Stolberg-W.; Holz-, Steinindustrie.

Wernigerode:
Rathaus

Werra die, der rechte Quellfluß der Weser, 293 km lang, entspringt am SW-Hang des Thüringer Waldes, vereinigt sich bei Münden mit der Fulda zur Weser.

Werre, 1) die Maulwurfsgrille. 2) linker Nebenfluß der Weser, aus dem Teutoburger Wald.

W'erschetz, serb. Vršac, Stadt im südl. Banat, Jugoslawien, 33 000 Ew.; Mittelpunkt des Weinbaus; Ind.; früher ein Hauptsitz dt. Kultur.

Werst die, russ. Längenmaß = 1066,7 m.

Wert der, 1) →Wertphilosophie. 2) ℰ die Bedeutung eines Gutes für die Bedürfnisbefriedigung, nach den Kosten **(objektiver W.)** oder dem Nutzen **(subjektiver W.)** bemessen. Man unterscheidet Gebrauchs- und Tauschwert.

W'ertach die, linker Nebenfluß des Lech, aus den Allgäuer Alpen, mündet bei Augsburg.

W'ertheim, Stadt in Baden-Württ., an der Mündung der Tauber in den Main, 12 000 Ew.; altertüml. Stadtbild.

W'ertigkeit, Val'enz [lat.] die, das gegenseitige Bindungsvermögen der chem. Elemente. Die stö-

chiometrische **W.** ist die Anzahl von Wasserstoffatomen, die von einem Atom gebunden oder in einer Verbindung ersetzt werden können; demgemäß spricht man von einwertigen, zweiwertigen usw. Elementen. **Ionen-W., Ionenladungszahl,** die Anzahl der mit einem Ion verbundenen freien elektr. Ladungen. **Oxydations-W., Oxydationszahl,** Oxydationsstufe von Elementen und Verbindungen; sie ergibt sich aus Redoxreaktionen. **Bindungs-W., Bindigkeit, Kovalenz,** die W. bei unpolarer Atombindung.

Wertpapier, ♫ Urkunde, in der Vermögensrechte derart verbrieft sind, daß sie ohne Urkunde weder geltend gemacht noch auf andere übertragen werden können; man unterscheidet →Namenspapiere, →Orderpapiere, →Inhaberpapiere.

Wertphilosophie, Werttheorie, Axiologie [grch.] die, im 19. Jahrh. entstandener philosoph. Zweig; danach sind Werte Eigenschaften, die Gegenständen dadurch zukommen, daß sie Ziele menschl. Strebens, Begehrens und Meidens sind. In Dtl. wurde die W. vor allem vertreten durch Rickert, Scheler und N. Hartmann.

Werwolf [ahd. Mannwolf], im Volksglauben: ein Mensch, der Wolfsgestalt annehmen kann.

Wesel, Stadt in Nordrh.-Westf., am Rhein, 44 700 Ew.; Hafen an Rhein und Lippe; got. Willibrordikirche; Schiffbau u. a. Industrie.

Wesel-Datteln-Kanal, Binnenschiffahrtskanal entlang der Lippe, mit dem östl. anschließenden **Datteln-Hamm-Kanal,** 107 km lang.

Wesen das, lat. **ess'entia,** Philosophie: das Wesentliche, die Eigenart, das Sosein eines Dinges (im Unterschied zu seinem Dasein, der **existentia**). Wesensschau →Phänomenologie.

W'esendonk, Mathilde, geb. Luckemeyer, Schriftstellerin, *1828, †1902; Freundin Richard Wagners, der fünf ihrer Gedichte vertonte.

Weser die, einer der Hauptflüsse Dtl.s, entsteht bei Münden aus Fulda und Werra, durchfließt das Weserbergland bis zur Westfäl. Pforte, dann das Norddt. Tiefland, mündet in die Nordsee. Sie ist 440 km lang; schiffbar. Hauptnebenflüsse: rechts Aller; links Diemel, Werre, Hunte. Kanalverbindungen mit Ems, Rhein und Elbe durch den Mittellandkanal.

Weserbergland, Bergzüge zu beiden Seiten der Weser von Münden bis Minden: Bramwald, Solling, Hils, Ith, Süntel, Deister, Bückeberge, die Weserkette, die in der Westfäl. Pforte von der Weser durchbrochen wird und sich im W in dem Wiehengebirge fortsetzt, und das Lippische Bergland (Teutoburger Wald u. a.).

Weserm'ünde, 1) 1924-47 Name der Stadt Bremerhaven. 2) Landkreis in Niedersachsen, Landratsamt in Bremerhaven.

Wesfall, G'enitiv der, bezeichnet allgemein die Beziehung eines Begriffs auf einen andern.

Wes'ir [arab. »Stütze«] der, leitender Minister in islam. Staaten.

Wesley [w'ezli], John, *1703, †1791, Stifter der →Methodisten.

Wespen Mz., Hautflügler mit faltbaren Flügeln. Ihr Körper ist schlank, unbehaart, meist gelb-schwarz, und hat einen Giftstachel am Hinterleib. Die W. sind Räuber und nähren sich von Insekten, daneben auch von Früchten, Honig. Sie leben einzeln oder staatenbildend in Erdhöhlen, Baumlöchern und an Dachbalken. Ihre kunstvollen Nester bestehen aus »Papier«, d. h. zernagtem Holz und Speichel. (BILD S. 1008).

W'esseling, Gem. in Nordrh.-Westf., 26 200 Ew.; Endstation der Erdölleitungen Bremen-W. und Rotterdam-W., große Hafenanlagen am Rhein für Braunkohlen- und Erdölumschlag, chem. Großindustrie mit Erdölverarbeitung.

W'essely, Paula, österr. Schauspielerin, *1908; ∞ mit dem Schauspieler Attila Hörbiger.

W'essenberg, Ignaz Heinrich v., kath. Theologe, *1774, †1860; erstrebte eine romfreie Nationalkirche, Verwendung der dt. Sprache im Gottesdienst.

Wessex [»Westsachsen«], eines der altangelsächs. Königreiche in England (5.-9. Jahrh.).

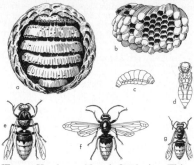

Wespen: Hornisse, a Nest, b Stück einer Wabe, c Larve, d Puppe, e Arbeiterin, f Männchen, g Weibchen

Wessobrunner Gebet, Bruchstück eines ahd. Gedichtes in bair. Mundart, das im oberbayer. Kloster Wessobrunn aufgefunden wurde.

West, Rebecca, Schriftstellername von Cecily Isabel **Fairfield,** engl. Schriftstellerin und Schauspielerin, *1892, seit 1930 Mrs. H. M. Andrews; Essays, Biographien, psychoanalyt. Romane.

Westaustralien, Staat im W des Austral. Bundes, 2,5 Mill. km², 955000 Ew.; Hauptstadt: Perth.

West-Bengalen, Bundesstaat der Rep. Indien, am Unterlauf des Ganges, 87617 km², 44,4 Mill. Ew.; Hauptstadt: Kalkutta. Projekte zur Bewässerung, Energiegewinnung sind z. T. fertiggestellt. Textil-, Maschinen-, chem. Ind. (→Bengalen)

Westdeutsche Rektorenkonferenz, seit 1949 ständiger Zusammenschluß der Rektoren der westdt. Univ. und Hochschulen. Sekretariat in Bad Godesberg.

Westen der, **Abend,** Zeichen W, die Himmelsgegend des Sonnenuntergangs.

Westerh'olt, Industriestadt in Nordrh.-Westf., 12500 Ew.; Kohlenbergbau.

W'esterland, Stadt und Seebad auf der Insel Sylt (Schlesw.-Holst.), 10 500 Ew.

W'estermann, Georg, Verleger, *1810, †1879; verlegte Storm, Raabe. »Westermanns Monatshefte« (seit 1856).

W'esterstede, Gemeinde in Oldenburg, Ndsachs., im Ammerland, 16400 Ew.

Westerwald, Teil des rechtsrhein. Schiefergebirges, wellige Hochfläche zw. Rhein, Lahn, Sieg, bis 657 m hoch (FARBTAFEL Deutschland S. 174).

Westeuropäische Union, abgek. **WEU,** durch die Pariser Verträge von 1954 gegründete, aus dem →Brüsseler Pakt von 1948 hervorgegangene Gemeinschaft Großbritanniens, Frankreichs, Belgiens, der Niederlande, Luxemburgs, der Bundesrep. Dtl. und Italiens; Sitz London. Die Teilnehmer bilden einen Rat der 7 Außenmin. mit einem Ständigen Rat als Unterorgan und sichern sich Beistand im Angriffsfall zu. Die W. U. ist in den →Nordatlantikpakt eingegliedert.

Westfalen, Teil des Landes →Nordrhein-Westfalen. Es umfaßt die Münsterer Tieflandsbucht und die südl. und östl. anschließenden Gebirge (Sauerland, Rothaargeb., Eggegeb., Teutoburger Wald, Wiehengeb., Weserkette); teils fruchtbar, teils von Moor- und Heideflächen bedeckt. Wirtschaft: überwiegend Bergbau und Industrie, bes. im →Ruhrgebiet; Ackerbau und Viehzucht bes. in der Münsterer Bucht am Hellweg, in der Soester und Warburger Börde um und um den Minden. GESCHICHTE. Urspr. bildete W. den westl. Teil des altsächs. Stammesgebiets. 1180 zerfiel es in eine große Anzahl geistl. und weltl. Herrschaften. Das von Napoleon I. geschaffene **Königreich W.** (1807 bis 1813) unter →Jérôme war ein Kurhessen, Hannover, Braunschweig und die meisten bisher preuß. Besitzungen westl. der Elbe, mit der Hauptstadt

Kassel. 1815 wurde der größte Teil W.s eine preuß. Provinz.

Westfälische Pforte, lat. **Porta Westfalica,** Durchbruchstal der Weser oberhalb von Minden zwischen Wiehengebirge und Weserkette.

Westfälischer Friede, beendete 1648 den →Dreißigjährigen Krieg, wurde in Münster mit Frankreich, in Osnabrück mit Schweden geschlossen: Schweden erhielt Vorpommern mit der Odermündung und Rügen, Wismar, das Herzogtum Bremen mit Verden. Frankreich erhielt die habsburg. Besitzungen im Elsaß; der Besitz von Metz, Toul und Verdun wurde bestätigt. Brandenburg erhielt Hinterpommern, Halberstadt, Minden und die Anwartschaft auf das Herzogtum Magdeburg. Die Niederlande und die Schweiz wurden endgültig als unabhängig vom Dt. Reich anerkannt. Die Reichsstände erhielten das Recht, Bündnisse zu schließen. Ferner wurde der Augsburger Religionsfriede auf die Reformierten ausgedehnt. →Reformation.

Westfriesische Inseln, Gruppe der Fries. Inseln: Texel, Vlieland, Terschelling, Ameland, Schiermonnikoog, Rottum.

Westgermanen, die um Christi Geburt zwischen Rhein, Donau und Oder ansässige Gruppe german. Völker, aus denen später die Deutschen, Niederländer und Engländer hervorgingen; →Germanen.

Westgoten, →Goten.

Westindien umfaßt die Inselwelt der →Antillen und die Bahama-Inseln.

Westinghouse [-haus], George, amerikan. Ingenieur, *1846, †1914; erfand die Luftdruckschnellbremse für Eisenbahnfahrzeuge.

West-Irian, der ehem. niederländ. W-Teil von Neuguinea, 421951 km², rd. 760000 Ew.; Hauptstadt: Sukarnapura. W.-I., 1962-63 unter Verwaltung der Verein. Nationen, steht seit 1963 unter der Verwaltung von →Indonesien.

Westminster, Stadtbez.(Borough) von London mit dem neugot. Parlamentsgebäude und der **W.-Abtei,** der engl. Krönungskirche im frühgot. Stil, mit Grabstätten, Gedenktafeln berühmter Engländer. Statut von W. →Britisches Commonwealth.

Weston-Element [w'estən-], ein Normalelement, →galvanische Elemente.

West Point [-pɔint], amerikan. Kadettenanstalt und Heeresakademie im Staate New York.

Westpreußen, bis 1918 preuß. Provinz beiderseits der unteren Weichsel. W. war aus dem alten Deutschordensstaat hervorgegangen, bes. aus dem 1308/09 eroberten Teilherzogtum Pommerellen (→Deutscher Orden). Seit 1466 bildete es mit dem Ermland einen selbständigen Ständestaat unter poln. Schutzherrschaft. 1569 wurde der größte Teil mit Polen vereinigt. 1772 kam W. an Preußen, 1824-78 war es mit Ostpreußen vereinigt. 1919 fiel der größte Teil an Polen. Die westl. Kreise wurden mit der neuen Grenzmark Posen-W., die östl. mit Ostpreußen vereinigt, Danzig zur Freien Stadt erklärt; seit 1945 unter poln. Verwaltung.

Weströmisches Reich, die Westhälfte des Römischen Reiches seit der Teilung durch Theodo-

Westfälische Pforte

sius d. Gr. 395 n. Chr. Es endete 476 mit Kaiser Romulus Augustulus.

West-Sam'oa, Staat auf den →Samoa-Inseln, deren größeren Teil es umfaßt (Savai, Upolu u.a.), 2842 km², 131 400 Ew.; Hauptstadt: Apia. – 1899 dt. Schutzgebiet, 1920 neuseeländ. Völkerbundsmandat, 1962 unabhängig im Rahmen des Brit. Commonwealth. ⊕ S. 518, ▭ S. 346.

Westslawen, die Polen, Tschechen, Slowaken, Sorben, Masuren, Kaschuben.

West Virginia [west vədʒ'injə], Abk. **W. Va.,** Staat im O der USA, durch die Alleghenies von Virginia getrennt; 62890 km², 1,8 Mill. Ew.; Hauptstadt: Charleston. Gebirgsland; führend in der Kohleförderung. Wichtige Viehzucht. Mais-, Weizenbau, Forstwirtschaft; Eisen-, Glas-, Aluminium-, bes. chem. Industrie.

Westwall, Befestigungsgürtel an der dt. Westgrenze 1938-45.

Westwerk, bei frühmittelalterl. Klosterkirchen ein reich durchgebildeter Westbau mit einem über der Eingangshalle liegenden Altarraum, der, von Emporen umgeben, sich zum Mittelschiff öffnet; über ihm Turmaufbau mit 2 Treppentürmen.

Westwinddrift, Meeresströmung in den hohen Südbreiten, die das Südpolarfestland umkreist.

Wettbewerb, Konkurrenz [lat.] die, Wetteifern der Einzelwirtschaften und -betriebe am Markt; freier W. kennzeichnet die freie Marktwirtschaft. **W.-Beschränkungen,** meist auf Grund von Abreden von Unternehmern (Kartelle), werden in der Bundesrep. Dtl. gesetzl. geregelt. **W.-Verbot,** die Verpflichtung des Arbeitnehmers, dem Arbeitgeber keine Konkurrenz zu machen (entsteht während der Dauer des Arbeitsverhältnisses aus der Treuepflicht, nach seinem Abschluß nur auf Grund besonderer Vereinbarung).

Wette die, **1)** allgem.: ein Vertrag ohne klagbare Verbindlichkeit (§ 762 BGB), bei dem eine oder (meist) beide Parteien sich zur Bekräftigung widersprechender Behauptungen verpflichten, daß der, dessen Behauptung sich als unrichtig erweist, eine bestimmte Leistung bewirken soll. **2)** Pferderennen: →Totalisator. **Sportwette, Toto, Fußballwette,** die durch ausgefüllte und bes. amtl. Wettstellen eingereichte Wettscheine abgeschlossen wird; Gewinnausschüttung in 3 »Rängen« gemäß der Anzahl richtiger Voraussagen für den Ausgang der auf dem Wettschein aufgedruckten Spiele.

Wetter das, der jeweilige Zustand der Lufthülle am Beobachtungsort, mitbestimmt durch Tiefdruck- und Hochdruckgebiete (Zyklonen, Antizyklonen), Warm- und Kaltfronten. Die räuml. Zusammenfassung des W. ergibt die **Wetterlage.** Das W. bildet das Forschungsgebiet der **W.-Kunde** oder **Meteorologie.** Die Organe der prakt. W.-Kunde sind die **W.-Dienste:** Beratung der Luft- und Schiffahrt, der Landwirtschaft und anderer Wirtschaftszweige (Frost-, Glatteisgefahr, Sturmwarnungen u.ä.), Herausgabe der öffentl. **W.-Berichte** und W.-Vorhersagen. Die **W.-Vorhersage** ist auf rascheste Vereinigung der Beobachtungen in einem möglichst ausgedehnten Gebiet angewiesen (Funkwetterdienst). Aus den Meldungen der Beobachtungen zahlreicher Beobachtungsstationen geht die tägl. **W.-Karte** hervor. **Langfristige W.-Vorhersagen,** die die Wetterlagen großer Erdräume berücksichtigen, sind sehr schwierig.

Wetter (Ruhr), Industriestadt in Nordrh.-Westf., 30600 Ew.; Maschinen-, Gußstahlind.

Wetterau, fruchtbare Landschaft (Lößboden) in Hessen, zwischen Taunus und Vogelsberg.

Wetterleuchten, →Gewitter.

Wettersatelliten, für meteorolog. Beobachtungen ausgerüstete Erdsatelliten.

Wetterscheide, ein Landschaftsteil (Gebirge, Fluß, See), der Gebiete mit verschieden ausgebildetem Wetter trennt.

Wettersteingebirge, Gruppe der Bayer.-Nordtiroler Kalkalpen mit der →Zugspitze.

Wett'iner, dt. Fürstengeschlecht, nach der Burg Wettin (bei Halle) genannt; erwarb 1089 die Mark Meißen, 1264 Thüringen und 1423 auch

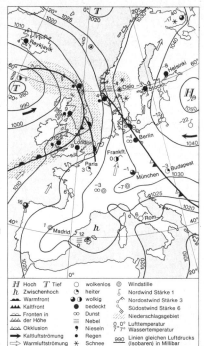

Wetterkarte

H Hoch	T Tief	○ wolkenlos	⊖ Windstille
h Zwischenhoch		◑ heiter	↙ Nordwind Stärke 1
▲▲▲ Warmfront		◕ wolkig	↙ Nordostwind Stärke 3
▲▲▲ Kaltfront		● bedeckt	↙ Südostwind Stärke 6
▲▲ Fronten in der Höhe		∞ Dunst	▨ Niederschlagsgebiet
▲▲▲ Okklusion		≡ Nebel	0° Lufttemperatur
		❜ Nieseln	7° Wassertemperatur
➡ Kaltluftströmung		● Regen	
➡ Warmluftströmung		✳ Schnee	990 Linien gleichen Luftdrucks (Isobaren) in Millibar

das Herzogtum Sachsen-Wittenberg mit der Kurwürde. 1485 trennten sie sich in die beiden Hauptlinien der **Ernestiner** (nach Kurfürst Ernst) und der **Albertiner** (→Sachsen).

W'ettingen, größter Ort im Kt. Aargau, Schweiz, 19900 Ew.; Textil- und Metallverarbeitung; Limmatkraftwerke der Stadt Zürich.

W'etzlar, Stadt in Hessen, an der Lahn, 36900 Ew.; Dom; Eisen-, opt., Stahl- u.a. Industrie. – W. wurde 1180 Reichsstadt. 1693-1806 war es Sitz des Reichskammergerichts.

WEU, Abk. für →Westeuropäische Union.

Weyden, Rogier van der, niederländ. Maler, * um 1400, †1464; religiöse Bilder; Porträts.

Weyden: Kreuzabnahme

Weygand [vɛg'ã], Maxime, französ. General, *1867, †1965; im 1. Weltkrieg im Obersten Kriegsrat der Alliierten, wurde 1940 Oberbefehlshaber des französ. Heeres (»Weygand-Linie«), auch Min. unter Pétain.

Whitman

Wichern

W'eyrauch, Wolfgang, Schriftsteller, *1904; Erzählungen, Lyrik.

WEZ, Abk. für Westeuropäische Zeit.

Wheatstonesche Brücke [w'i:tstən-], von dem engl. Physiker Sir Charles Wheatstone (*1802, †1875) erfundenes Gerät zur Messung elektr. Widerstände durch Vergleich mit einem bekannten Widerstand.

Whigs [wigz], engl. Partei (→Tories und Whigs).

Whisky [w'iski, engl.] der, in England und den USA verbreiteter Kornbranntwein.

Whist [engl.] das, Kartenspiel für vier Spieler, mit französ. Karte (52 Blätter).

Whistler [w'islə], James A. MacNeill, nordamerikan. Maler und Radierer, *1834, †1903; bedeutender Impressionist; lebte meist in London.

Whitefield [w'aitfi:ld], George, einer der Stifter der →Methodisten, *1714, †1770.

Whitehead [w'aithed], Alfred North, engl. Philosoph, Mathematiker, *1861, †1947; baute die mathemat. Logik aus, schuf eine Kosmologie.

Whitman [w'itmən], Walt, nordamerikan. Dichter, *1819, †1892; »Grashalme«, Gedichte in freien Rhythmen auf die amerikan. Demokratie und die Brüderschaft der Menschen.

WHO, →Weltgesundheitsorganisation.

W'iborg, finn. **Viipuri,** schwed. **Viborg,** Hafenstadt am Finn. Meerbusen und dem Saimaakanal, 64 000 Ew.; vielseit. Ind., Holzausfuhr. – W. war zw. der Sowjetunion und Finnland heftig umstritten; 1946 kam es erneut zur Sowjetunion.

Wichern, Johann Hinrich, evang. Theologe, *1808, †1881; »Vater der Inneren Mission«, gründete das →Rauhe Haus.

Wichita [w'itʃitə], Stadt in Kansas, USA, 276 600 Ew.; Universitäten; Flugzeugbau.

Wichte die, Gewichtskraft der Raumeinheit eines Stoffes, meist angegeben in p/cm³.

Wicke die, **1)** Vicia, Schmetterlingsblüter, Kletterpflanzen mit Blattranken: z.B. die rotviolette **Vogel-W.,** ein Zaun- und Getreideunkraut; die **Futter-W.,** eine purpur-blau-weiß blühende Futterpflanze. **2)** die **Spanische W.** ist eine Platterbse, eine wohlriechende Zierpflanze.

Wickede (Ruhr), Gem. im Kr. Soest, Nordrh.-Westf., 11 200 Ew.

Wickelbär, Kinkaju, katzengroßer, klettertüchtiger Kleinbär S-Amerikas mit Greifschwanz.

W'icki, Bernhard, Schauspieler und Filmregisseur, *1919.

Wickler der, **Blattwickler, Blattroller,** Kleinschmetterlinge, deren Raupen zwischen zusammengewickelten Blättern, in versponnenen Blüten und in Früchten leben. Schädlinge: Apfel-, Pflaumen-, Erbsen-, Trauben-, Eichen-W.

W'ickram, Jörg, Dichter, *um 1500, †um 1560; Begründer des dt. Prosaromans, Verf. der Schwanksammlung »Das Rollwagenbüchlein«.

W'ickrath, Gem. in Nordrh.-Westf., 12 300 Ew.; Barockschloß; Leder-, Textil-Industrie.

W'iclif, John, engl. Reformator, *1320, †1384; trat gegen die Verderbnis der Geistlichkeit auf, forderte eine reine christl. Lehre und eine von Rom unabhängige Volkskirche; veranstaltete eine engl. Bibelübersetzung. Das Konzil von Konstanz erklärte ihn 1415 als Ketzer.

Widder der, **1)** ♈ das männl. Schaf. **2)** ♐ Mauerbrecher, Sturmbock. **3)** ✶ nördl. Sternbild; das erste Zeichen des Tierkreises. **4)** hydraul. Stoßheber, ein Gerät zum Heben von Wasser aus einem Wasserlauf.

Widerklage, ♂♀ Gegenklage, die der Beklagte im Zivilprozeß oder der Beschuldigte im Privatklageverfahren (→Privatklage) gegen den Kläger erheben kann; sie muß mit der eigentl. Klage in Verbindung stehen und wird mit dieser zusammen verhandelt und entschieden.

Widerlager, ⌂ ein Mauerkörper, der den Schub eines Bogens oder Gewölbes aufnimmt.

Widerrist, der meist etwas aufgewölbte vorderste Rücken- oder unterste Nackenteil bei Pferden und vielen Horntieren.

Widerruf, ♂♀ Zurücknahme einer Willenserklärung; nur in Ausnahmefällen möglich, z.B. bei der →Vollmacht oder beim →Testament.

Widersetzlichkeit, Widerstand gegen die Staatsgewalt, Widerstand durch Gewalt oder Bedrohung mit Gewalt gegen Beamte, der Gesetze oder behördl. Anordnungen ordnungsgemäß vollstreckt. Strafe: Gefängnis.

Widerspruch, ♂♀ **a)** Vermerk im Grundbuch, durch den auf die Unrichtigkeit einer Eintragung hingewiesen wird (§ 899 BGB). **b)** Rechtsbehelf im →Mahnverfahren, gegen Arrestbefehle und einstweilige Verfügungen (§§ 694, 924, 936 ZPO). **c)** Verwaltungsrecht: seit 1960 an Stelle von Einspruch und Beschwerde das einzige zulässige Rechtsmittel vor Klageerhebung.

Widerspruchsklage, Interventionsklage, eine Klage, mit der geltend gemacht wird, daß der Beklagte durch die von ihm gegen seinen Schuldner betriebene Zwangsvollstreckung in die Rechte des Klägers (meist: Eigentum an den gepfändeten Sachen) eingegriffen habe (§ 771 ZPO).

Widerstand der, **1)** allgemein: die Kraft, die einer Bewegung hindernd entgegenwirkt. Der W., den ruhende Luft- und Wassermassen ausüben, ist von der Bewegungsgeschwindigkeit des bewegten Körpers und dessen Form abhängig. Er wird bei stromlinienförm. Körpern am geringsten (Tropfenform). **2) elektr. W.,** der ein elektr. Leiter dem Durchgang des Stromes entgegensetzt; aber auch der Leiter selbst, der diesen W. hervorruft. Der W. eines Leiters wächst mit zunehmender Länge und abnehmendem Querschnitt, der W. der Metalle steigt, der aller anderen Leiter sinkt mit steigender Temperatur. Der **spezifische W.** ist der W. eines Drahtes von 1 m Länge und 1 mm² Querschnitt. Die Einheit des W. ist das **Ohm.** W. werden verwendet a) zum Messen, Stellen, Steuern, Regeln, Anlassen, Spannungsteilen, z.B. Konstantan (temperaturunabhängig), Heiß- und Kaltleiter, b) zur Erwärmung in Heizgeräten, z.B. Heizleiter mit hohem spezif. Widerstand und hoher Temperaturbeständigkeit.

Widerstandsbewegung, eine im geheimen organisierte Auflehnung gegen ein als despotisch, unsittlich und verderblich empfundenes Regime oder gegen eine Fremdherrschaft, bes. in einem besetzten oder annektierten Gebiet. Teilnahme an einer W. wird unter Berufung auf das →Widerstandsrecht gerechtfertigt. Im Sinne des Regimes ist sie Hoch- oder Landesverrat.

Die **deutsche W.** entwickelte sich seit 1933 in verschiedenen Gruppen, die nur z.T. untereinander Fühlung hatten. 1) in den beiden christl. **Kirchen:** auf evang. Seite bes. die Bekennende Kirche; auf kath. Seite sowohl Bischöfe (z.B. Graf Galen) als auch Kreise der Arbeiterorganisationen (Jak. Kaiser). 2) in der **Wehrmacht** (Beck, Canaris u.a.). 3) die Opposition des **Konservativismus** und der **bürgerl.** Mitte, führend Carl Goerdeler und die akadem. Jugend (die Geschwister →Scholl und ihr Kreis. 4) in der **Sozialdemokratie** und den Gewerkschaften, führend Haubach, Leber, Leuschner, Mierendorff, K. Schumacher; die Gruppe war die wohl an Zahl und an Opfern stärkste, mit aktivem Anhang in der Jugend. 5) der →Kreisauer Kreis (Graf Moltke) mit Kräften aus allen genannten Gruppen. 6) der **Solf**-Kreis. 7) die **kommunistische Opposition** (»Rote Kapelle«). 8) eine Gruppe innerhalb des **Nat.-Soz.** (Graf Helldorf, J. Wagner). Eine Verschwörung zur Beseitigung Hitlers und seiner Umgebung, wie sie seit 1938 mehrfach vergeblich geplant und vorbereitet worden war, scheiterte im Attentat des Grafen C. v. Stauffenberg vom 20.7.1944. – Die Verfolgung der W., bes. nach dem 20.7.1944, durch den Volksgerichtshof war unmenschlich hart. – Die W. im faschist. Italien hatte wesentl. Anteil am Sturz Mussolinis. – Gegen die dt. Besetzung gerichtete W. bestanden im 2. Weltkrieg in fast allen besetzten Gebieten als »Untergrundbewegung«, so in Belgien, Frankreich (»Résistance«), Jugoslawien, den Niederlanden, Norwegen, Polen und der Sowjetunion. Sie ging vom passiven Widerstand bis zum Kampf bewaffneter Verbände (→Partisan, →Maquis).

Widerstandsrecht, das Recht zur Auflehnung gegen eine rechtswidrig handelnde Staatsobrigkeit. Das W. wird aus übergesetzl. Grundnormen religiösen oder staatsethischen Inhalts abgeleitet. Für das W. haben sich Luther (nach anfängl. Verwerfung), Hugo Grotius, Milton, Locke, Rousseau, Chr. Wolff, der junge Fichte u. a. eingesetzt, während Kant das W. ablehnte. Prakt. Bedeutung erlangte das W. zur Rechtfertigung der →Widerstandsbewegungen.

Widerstoß, Statice limonium, Grasnelkengewächs, salzliebend, mit derben, grundständigen Blättern, in N-Dtl. unter Naturschutz.

Widerton das, →Frauenhaar.

Widmung die, Zueignung als Zeichen der Verehrung oder Freundschaft; im Verwaltungsrecht ein gestalteter Verwaltungsakt, durch den eine Sache zur öffentl. Sache erklärt und dem öffentl. Recht unterstellt wird, z.B. ein öffentl. Weg.

Widnes [w'idnis], Industriestadt in NW-England, südöstl. von Liverpool, 55700 Ew.

W'idukind, 1) Wittekind, Heerführer der Sachsen gegen Karl d. Gr., unterwarf sich 785 und wurde Christ. **2) W. von Corvey,** mittelalterl. Geschichtsschreiber, schrieb eine latein. Sachsengeschichte (967).

W'iebelskirchen, Gem. im Saarland, 11000 Ew.; Steinkohlenbergbau; Hüttenindustrie.

Wiechert, Ernst, Schriftsteller, *1887, †1950; Romane: »Die Majorin«, »Das einfache Leben«, »Missa sine nomine«.

Wied die, rechter Nebenfluß des Rheins, entspringt im Westerwald, mündet im Neuwieder Becken, 140 km lang.

Wiedehopf [ahd. Waldhüpfer] der, **Stink-, Kotvogel,** amselgroßer, langschnäbeliger Zugvogel mit aufrichtbarem Federschopf; durchstochert den Kot nach Maden.

Wiedenbr'ück, →Rheda-Wiedenbrück.

Wiederbelebung, die Anwendung der künstlichen Atmung.

Wiedergeburt, 1) bibl. Ausdruck für die religiös-sittliche Erneuerung des Menschen. **2)** W. im Sinne der →Seelenwanderung.

Wiedergutmachung, der finanzielle Ausgleich für Schäden, die durch weltanschaulich, politisch, religiös oder rassisch begründete Verfolgungsmaßnahmen des Nat.-Soz. hervorgerufen wurden. Entzogenes Eigentum ist, soweit individualisierbar, durch Restitution zurückzuerstatten; sonstige Schäden sind durch W. zu ersetzen (z.B. durch Amtsenthebung, Berufsverbot, Inhaftierung, Tötung, Gesundheitsschädigung). In der Bundesrep. Dtl. wurde die W. zunächst durch Landesgesetze über die W. nat.-soz. Unrechts, dann nach dem Bundesentschädigungs-Ges. i. d. F. v. 29. 6. 1956 geregelt.

Wiederkäuer, Paarhufer (Horntiere, Hirsche, Kamele, Giraffen), die ihre Nahrung zweimal kauen. Die grobgekaute Nahrung kommt durch die Speiseröhre zunächst in den **Pansen** und wird dort durch Gärungsvorgänge aufgeschlossen. Sie tritt dann in den **Netzmagen** und von da in kleinen Ballen in das Maul zurückbefördert. Die zum zweitenmal gekaute, eingespeichelte Nahrung kommt dann in den mit Hautfalten ausgestatteten **Blättermagen,** der dem Nahrungsbrei das Wasser entzieht. In dem folgenden Magenteil, dem **Labmagen,** findet die eigentl. Verdauung statt durch Einwirken der Verdauungssäfte.

Wiederkaufsrecht, →Rückkauf.

Wiedertäufer, Anabaptisten, Täufer Mz., schwärmer. Bewegung der Reformationszeit, die die Erwachsenentaufe verfocht. Die Bewegung artete teilweise sittl. und polit. aus (1533/34 in Münster), durch staatl. Gewalt blutig unterdrückt. Die W. entwickelten sich dann mehr und mehr zu stillen Gemeinden, bes. durch die Tätigkeit von Menno Simons (→Mennoniten).

Wiegand, Theodor, Archäologe, *1864, †1936; Ausgrabungen in Priene, Didyma, Milet u. a.

Wiege die, Schaukelbett für Kinder.

Wiegendrucke, Inkunabeln, die ersten (vor 1500) hergestellten Druckerzeugnisse.

W'iehengebirge, Bergzug westlich der Westfäl. Pforte, 325 m hoch.

Wiehl, Gem. in Nordrh.-Westf., 16800 Ew.; Tropfsteinhöhle; Fremdenverkehr; Industrie.

Wieland, dt. und nord. Sage: ein Meisterschmied, befreit sich aus der Gefangenschaft mit selbstgeschmiedeten Flügeln.

Wieland, 1) Christoph Martin, Dichter, *1733, †1813; seit 1772 in Weimar, ist mit seinen von heiterer Sinnenfreude getragenen Dichtungen ein Wegbereiter der dt. Klassik. Romane »Agathon«, »Die Abderiten«, romant. Heldengedicht »Oberon«; Prosaübersetzungen von 22 Stücken Shakespeares. **2)** Heinrich, Chemiker, *1877, †1957; erforschte die chem. Vorgänge im Organismus; Nobelpreis 1927.

Wieman, Mathias, Schauspieler und Rezitator, *1902, †1969.

Wien, Hauptstadt Österreichs, an der Donau im Wiener Becken, 1,644 Mill. Ew.; Kultur-, Wirtschafts- und Verkehrsmittelpunkt des östl. Mitteleuropa. W. ist eine der histor. reichsten und schönsten europ. Hauptstädte. Bauwerke: Stephansdom (13.-15. Jahrh., »Wahrzeichen von W.«), die Hofburg (Gotik bis Barock) und Neue Hofburg, Ballhausplatz mit Bundeskanzleramt; roman., got. und viele barocke Kirchen, die Alte Universität, barocke Adelspaläste; neuere Bauten: Rathaus, Parlament, Universität, Burgtheater, TH u. a.; Belvedere des Prinzen Eugen, im SW das Lustschloß Schönbrunn. Auf einer Donauinsel der Prater, Volkspark mit Riesenrad, Stadion, Rennplätzen. W. ist Sitz eines kath. Fürsterzbischofs, altkath. Bischofs und evang. Bischofs, hat mehrere Hochschulen und Akademien, zahlreiche Bibliotheken, Museen, Theater; Rundfunksender. – Vielseitige Industrie, Kunstgewerbe, wichtiger Handelsplatz (Wiener Messe), Fremdenverkehr; Donauschiffahrt, Flughafen in Schwechat. – W. geht auf das röm. **Vindobona** zurück. Im 12. Jahrh. war es österreich. Herzogssitz, seit dem 15. Jahrh. habsburg. Kaiserstadt. Zweimal wurde W. von den Türken belagert (1529 und 1683) und von Napoleon besetzt (1805 und 1809). 1814/15 tagte hier der →Wiener Kongreß. Die erste Hälfte des 19. Jahrh. bedeutete eine hohe Blüte der Kunst und Kultur (Beethoven, Schubert, Joh. Strauß, Grillparzer, Raimund, Nestroy u. a.). In W. kam es 1848 zur Revolution; im **Wiener Frieden** 1864 mußte Dänemark auf Schleswig-Holstein verzichten. 1922 wurde Wien ein eigenes Bundesland Österreichs, 1945-55 war es von den 4 Alliierten besetzt und gemeinsam verwaltet. (FARBTAFEL Österreich S. 703)

Wien, Wilhelm, Physiker, *1864, †1928; arbeitete über Wärmestrahlung; Nobelpreis 1911.

Wiener, Norbert, amerikan. Mathematiker, *1894, †1964; entwickelte die Grundlagen der Kybernetik; Werke zur philosoph. Zeitkritik.

Wiener Becken, Ebene zwischen den nordöstl. Alpenausläufern, von der Donau durchflossen, im S mit Kiefernwäldern und Heide bedeckt (Wiener-Neustädter Heide oder Steinfeld).

Wiedehopf

Wiederkäuer:
1 Rindermagen,
2 Schema,
s Speiseröhre,
p Pansen,
n Netzmagen,
b Blättermagen,
l Labmagen,
d Anfang des Dünndarms

Chr. M. Wieland

Wien

Wien, links: Staatsoper, rechts: Ringturm

Wilde

Wiener Kongreß, Versammlung der europ. Fürsten und Staatsmänner unter Leitung →Metternichs in Wien 1814/15, die nach dem Sturz Napoleons I. über die Neuordnung Europas entschied; die dt. Einzelstaaten wurden zum →Deutschen Bund vereinigt. Rußland erhielt den größten Teil des Herzogtums Warschau (»Kongreßpolen«), Preußen die Provinz Posen, das nördl. Sachsen, Neuvorpommern, Westfalen und die Rheinprovinz, Österreich bekam seine Besitzungen zurück, außerdem die Lombardei und Venetien, verlor jedoch die Niederlande und die oberrhein. Gebiete; der Kirchenstaat wurde wiederhergestellt und aus Holland und Belgien das Königreich der Verein. Niederlande gebildet.

Wiener Neustadt, Stadt in Niederösterreich, im Wiener Becken, 40 500 Ew.; Industrie.

Wiener Porzellan, die Erzeugnisse der 1718 gegr., seit 1744 kaiserl. Manufaktur in Wien, der nach der Meißner ältesten in Europa; hervorragende Arbeiten bes. in klassizist. Zeit (Modellmeister: A. Grassi).

Wienerwald, Ausläufer der O-Alpen, zwischen Tullner Feld und Wiener Becken, 893 m hoch.

Wies die, Wallfahrtskirche bei Steingaden (Oberbayern) von Dominikus Zimmermann, 1745 bis 1754; bayerisches Rokoko.

Wies: Wallfahrtskirche in der W

Wiesbaden, Landeshauptstadt von Hessen, zwischen Taunus und Rhein, 251400 Ew., Heilbad mit warmen Kochsalzquellen; Sitz der Landesregierung; Bundeskriminalamt, Statist. Bundesamt; Rheinhafen; Ind.: Zement, Chemie, Bekleidung, Maschinen, Schaumwein u.a.; Buch- und Musikverlage; Filmateliers, Spielbank. – W., schon in der Römerzeit ein beliebter Badeort (Aquae Mattiacorum), kam im 12. Jahrh. an die Grafen von Nassau; 1809-66 Hauptstadt des Herzogtums Nassau; 1866 zu Preußen.

Wiesbaden

Wiese, Leopold v., Soziologe, *1876, †1969; schuf ein System der »Beziehungslehre«.

Wiesel das, Raubtier, zu den →Mardern gehörig.

Wiesenralle, Wachtelkönig, eine Rallenart mit schnarrender Stimme, Zugvogel.

Wiesbaden: Kurhaus

Wiesenschaumkraut, ein →Schaumkraut.

Wiesenschmätzer, →Schmätzer.

Wieser, Friedrich Frh. v., österr. Volkswirtschaftler, *1851, †1926; Vertreter der →Grenznutzenschule.

W'iesloch, Stadt in Bad.-Württ., 16100 Ew.; altes Stadtbild; Kunststoff-, Tonwarenindustrie.

W'iesmoor, Gem. in Ndsachs., im Hochmoorgebiet, 7000 Ew.; Kultivierungsarbeiten, Torfgewinnung, Kraftwerk.

W'iessee, Bad W., Gem. in Obb., am Tegernsee, 5100 Ew.; stärkste Jod-Schwefel-Quelle Dtl.s.

Wigan [W'igan], Stadt in NW-England, 78700 Ew.; TH; Kohlenbergbau, versch. Industrie.

'Wight [wait], **Isle of W.,** Insel an der Südküste Englands, 381 km², 104800 Ew.; mildes Klima, Seebäder; Hauptstadt: Newport.

W'igman, Mary, Tänzerin, *1886; entwickelte den Kunsttanz in eigener Schule.

W'igwam das oder der, -s/-s, das Zelt der nordamerikan. Indianer.

Wijaywada, amtl. **Vijayawada,** Stadt in Madras, Indien, 230400 Ew.; Eisen- und Stahlwerke.

W'ikinger, →Normannen.

Wil, Stadt im Kt. St. Gallen, Schweiz, 14500 Ew.; Pfarrkirche (15. Jahrh.); Industrie.

Wilaj'et das, Verwaltungsbez. in der Türkei.

Wilam'owitz-M'oellendorff, Ulrich v., Altphilologe, *1848, †1931; gab der Textkritik neue method. Gesichtspunkte.

Wild das, Gesamtbezeichnung für Jagdtiere; die Säugetiere heißen **Haar-W.,** die Vögel **Feder-W. Wildbahn,** Forst, in dem Wild gehegt wird; **freie Wildbahn,** nicht eingezäunter (umgatterter) Forst. **Wildbret, Wildpret** das, Fleisch von eßbarem Wild. **Wilddiebstahl,** das Erlegen von Wild an Orten, wo der Täter zu jagen nicht berechtigt ist; wird mit Freiheitsstrafe, unter Umständen nicht unter einem Jahr bestraft. **Wilderer, Wildschütz** der, jemand, der Wilddiebstahl begeht. **Wildschaden,** ♌ durch jagdbares Wild an einem Grundstück angerichteter Schaden. Der Jagdberechtigte ist zum Ersatz verpflichtet.

W'ildbad, Stadt in Bad.-Württ., im nördl. Schwarzwald, im Enztal, 7000 Ew.; Heilbad für Gicht, Rheuma, Ischias, Nervenleiden.

Wilde [waild], Oscar, engl. Schriftsteller, *1856, †1900; geistreiche Gesellschaftsstücke (»Lady Windermeres Fächer«, »Ein idealer Gatte«), Roman »Das Bildnis des Dorian Gray«, Märchen, Gedichte. »Salome« wurde von R. Strauss vertont.

wilde Ehe, das Zusammenleben eines unverheirateten Paares (Konkubinat).

Wilde Jagd, Wildes Heer, dt. Sage: ein nächtl. Geisterheer, das, von Wodan geführt, mit Tosen durch die Luft braust.

Wilde Männer, Holzleute, im dt. Volksglauben: Waldgeister mit Fell- oder Mooskleid.

W'ildenbruch, Ernst v., Schriftsteller, *1845, †1909; vaterländ. Bühnenwerke (»Die Quitzows«), Balladen, Romane, Kindergeschichten.

Wilder [w'aildə], 1) Billy, Filmregisseur, *1906. 2) Thornton, nordamerikan. Schriftsteller, *1897; Romane: »Die Brücke von San Luis Rey«, »Die Iden des März«, Drama: »Unsere kleine Stadt« u.a. Friedenspreis des dt. Buchhandels (1957). (BILD S. 1013)

W'ildermuth, Ottilie, *1817, †1877; Jugendschriften, Novellen, Erzählungen.

Wilder Wein, 1) Jungfernrebe, Gattung der Weinstockgewächse mit blauen, ungenießbaren Beeren. 2) Kletterzierstrauch, nur männl. Blüten.

wildes Fleisch, ♋ →Granulationsgewebe.

Wildesh'ausen, Stadt in Ndsachs., 11600 Ew.; Zigarren-, chem., Textilind.; Garnison.

Wildgans, Anton, Schriftsteller, *1881, †1932; Gedichte, Dramen (»Dies irae«).

Wildléder, urspr. Leder von Rehen, Gemsen, Antilopen, auf der Fleischseite samtartig zugerichtet; heute auch gebräuchl. für samtartig zugerichtetes Kalb-, Schaf- u.a. Leder.

Wildling der, ♐ →Veredelung.

Wildschaden, →Wild.

Wildschur die, Wolfspelz, schwerer Reisepelz.

Wildschwein, →Schwein.

Wildspitze, 1) höchster Gipfel der Ötztaler Alpen, 3774 m. **2)** Gipfel in den Stubaier Alpen, 3342 m hoch.

W'ildungen, Bad W., Stadt im nördl. Hessen (Waldeck), 12 200 Ew.; Staatsbad.

Wilhelm [aus Wille u. Helm], männl. Vorname.

Wilhelm, Fürsten: Dt. **Könige und Kaiser. 1)** W. von Holland (1247-56), *1227, †1256, trat als päpstl. Gegenkönig den Staufern entgegen, fiel im Kampf gegen die Friesen. **2) W. I.,** Dt. Kaiser (1871-88) und König von Preußen (1861-88), *1797, †1888, wurde 1858 Regent. Um die von →Roon geplante Heeresreform gegen das liberale Abgeordnetenhaus durchzuführen, berief er 1862 →Bismarck an die Spitze des Ministeriums. Am 18. 1. 1871 wurde W. in Versailles zum Kaiser ausgerufen. Polit. und kirchl. war er streng konservativ. **3) W. II.,** Dt. Kaiser und König von Preußen (1888-1918), Enkel von 2), *1859, †1941, erzwang 1890 den Rücktritt Bismarcks, versagte aber vor der Aufgabe, ihn zu ersetzen. Am 9. 11. 1918 wurde in Berlin seine Abdankung verkündet, er ging nach den Niederlanden und verzichtete am 28. 11. auf den Thron. Seit 1920 lebte er in Haus Doorn. Auch sein Sohn, **Kronprinz W.** (*1882, †1951), verzichtete auf alle Thronrechte. – **England. 4) W. I., der Eroberer,** König (1066-87), Herzog der Normandie, eroberte durch 'den Sieg bei Hastings das Angelsachsenreich und schuf ein starkes Königtum. **5) W. III.** von Oranien, König (1689-1702), seit 1674 Erbstatthalter der Niederlande, stürzte 1688/89 den kath. Stuartkönig Jakob II., dessen protestant. Tochter Maria seine Gemahlin war; der entschiedenste Gegner Ludwigs XIV. und der französ. Vorherrschaft in Europa. – **Niederlande. 6) W. I., der Schweiger,** auch **W. von Oranien** genannt, *1533, † (ermordet) 1584, aus dem Hause Nassau-Dillenburg, erbte das Fürstentum →Oranien, wurde der bedeutendste Führer des niederländ. Freiheitskampfes gegen die span. Herrschaft; seit 1572 war er Statthalter von Holland und Seeland.

Wilhelmine, 1) W., Markgräfin von Bayreuth, *1709, †1758, Lieblingsschwester Friedrichs d.Gr., bekannt durch ihre »Denkwürdigkeiten«. **2)** W., Königin der Niederlande (1890-1948), *1880, †1962, dankte 1948 zugunsten ihrer Tochter Juliane ab.

Wilhelm-Pieck-Stadt Guben, →Guben.

Wilhelmsh'aven, Stadt in Ndsachs., 103 000 Ew.; Erdöl-Umschlaghafen; mehrere Hoch- und Fachschulen; versch. Industrie; »Senckenberg«-Forschungsanstalt für Meeresgeologie und Meeresbiologie, Institut für Vogelforschung (Vogelwarte Helgoland); Seebad.

Wilhelmshöhe, Schloß und Hochwaldpark bei Kassel, mit Oktogon (mit Herkules-Standbild und Kaskaden) und Wasserkünsten.

Wilhelmstraße, Straße in Berlin, in der früher das Auswärtige Amt lag; daher auch das Auswärtige Amt selbst.

W'ilkau-H'aßlau, Stadt im Bez. Karl-Marx-Stadt, an der Zwickauer Mulde, 14 300 Ew.; Spinnerei, Holz-, Papierindustrie.

Wilkins [w'ilkinz], Sir George Hubert, austral. Polarforscher, *1888, †1958; stellte 1928 die W-Antarktis als Doppelinsel fest.

Willaert [v'ila:rt], Adrian, niederländ. Komponist, * um 1485, †1562; Haupt der venezian. Schule; Messen, Motetten, Fantasien u. a.

Wille der, entfaltet sich in der Verwirklichung bestimmter Ziele. **Willenskraft** beruht teils auf Anlage, teils auf Erziehung und Übung (Willensschulung). **Willensfreiheit,** →Indeterminismus.

W'illemer, Marianne v., *1784, †1860; Freundin Goethes, die Suleika des »Westöstl. Diwan«.

Willenserklärung, 📖 die Äußerung eines bestimmten rechtsgeschäftl. Willens (→Rechtsgeschäft). Die W. kann ausdrücklich oder stillschwei-

gend (durch konkludente Handlung) abgegeben werden. Eine **empfangsbedürftige W.** wird erst dann wirksam, wenn sie dem Erklärungsempfänger zugegangen ist (z.B. Kündigung; §§ 130ff. BGB).

Williams [w'iljamz], Tennessee, nordamerikan. Schriftsteller, *1914; Dramen: »Glasmenagerie«, »Endstation Sehnsucht« u. a.

W'illibald, engl. Benediktiner, *700, †787; schloß sich Bonifatius an; Heiliger (Tag 7.7.).

W'illibrord, Apostel der Friesen, * um 658, †739 als Bischof von Utrecht, Heiliger (Tag 7. 11.).

W'illich, Stadt in Nordrh.-Westf., südl. von Krefeld, 38 800 Ew.; Großbrauerei u. a. Ind.

Willmann, Michael, Maler, *1630, †1706; Altarbilder, Landschaften, Fresken.

Willstätter, Richard, Chemiker, *1872, †1942; untersuchte Alkaloide, Enzyme, Chlorophylle u. a.; Nobelpreis 1915.

W'ilna, litauisch **Vilnius,** Hauptstadt der Litauischen SSR, 372 000 Ew.; an der schiffbaren Wilia; Wirtschafts- und Kulturmittelpunkt des Landes. – Seit 1323 Hauptstadt des Großfürstentums Litauen, 1387 Bischofssitz, seit 1795 russ. Gouvernementstadt. 1918 wurde in W. der unabhängige litauische Staat ausgerufen. W. kam 1920 an Polen und wurde 1940 Hauptstadt der Litauischen SSR. (BILD S. 1014)

Wilnsdorf, Gem. im Kr. Siegen, Nordrh.-Westf., 16 200 Ew.

W'ilseder Berg, höchster Teil der Lüneburger Heide, 169 m hoch.

Wilson [wilsn], **1)** Charles Th. R., schott. Physiker, *1869, †1959; Erfinder der →Nebelkammer, Nobelpreis 1927. **2)** Harold, brit. Politiker (Labour Party), *1916; Mitarbeiter Lord Beveridges, 1947-51 Handelsmin., seit 1952 im Parteivorstand, seit 1963 Führer der Partei, 1964-1970 Premiermin. **3)** Th. Woodrow, der 28. Präs. der USA (1913-21; Demokrat), *1856, †1924; veranlaßte 1917 den Eintritt der USA in den Krieg gegen die Mittelmächte, stellte 1918 das Friedensprogramm der →Vierzehn Punkte auf, konnte dieses aber auf der Pariser Friedenskonferenz 1919 nicht durchsetzen. →Versailler Vertrag, →Völkerbund.

Wimbledon [w'imbldən], Teil des London Borough Merton, Villenviertel im SW von Greater London; 57 300 Ew.; Tennis- und Kricketturniere.

Wimmer, 1) Hans, Bildhauer, *1907; Bildnisköpfe, Tier- und Menschenfiguren. (BILD S. 1014) **2)** Maria, Schauspielerin, *1914; klass. Frauenrollen.

Wimpel der, dreieckige, lange, schmale Signal- oder Kommandofahne.

W'imperg, Wimberg, ⌂ gotischer Ziergiebel über Portalen und Fenstern.

Wimpertierchen, Klasse der Urtiere, Einzeller, deren ganze Plasmaschicht verdickt und mit rhythm. schlagenden Wimpern besetzt ist. In ihrem Zellkörper sind verschiedene Plasmabezirke für bestimmte Aufgaben ausgestaltet: Zellmund, Zellschlund, Nahrungsbläschen zur Verdauung der Nahrung, pulsierendes Bläschen. Die W. leben in Süß- und Meerwasser und sind in Heuaufgüssen zu beobachten (Aufgußtierchen). W. sind: **Pantoffel-, Trompeten-, Glockentierchen.**

Wimpfen, Bad W., Stadt in Bad.-Württ., am Neckar; 6200 Ew.; Textil-Ind.; alte Reichsstadt.

Winchester [w'intʃistə], Stadt im südl. England, 31 400 Ew.; normann.-got. Kathedrale.

Bad Wildungen: Badehotel; im Vordergrund Konzertpavillon

Th. Wilder

Wilhelm von Oranien

Kaiser Wilhelm I.

Kaiser Wilhelm II.

H. Wilson

Wilna

H. Wimmer:
Marmorbüste
Hans Carossas

Winkel: W.-Messer, angelegt an einen W., der von den Schenkeln g_1 und g_2 eingeschlossen wird

Windsor Castle

Winckelmann, Johann Joachim, Archäologe, *1717, †1768, begr. die klass. Archäologie und neuere Kunstwissenschaft, »Geschichte der Kunst des Altertums«.

Winckler, Josef, Schriftsteller, *1881, †1966; »Der tolle Bomberg«.

Wind der, Luftströmung, die durch Luftdruck- und Temperaturunterschiede hervorgerufen wird (→Luftwirbel). Die **W.-Richtung** wird nach der Himmelsgegend bezeichnet, aus der der W. kommt. Die **W.-Stärke** wird nach 12 Stufen bestimmt (um 1800 von dem engl. Admiral Beaufort aufgestellt: **Beaufortskala, Windskala,** in neuerer Zeit bis Stufe 17 – mehr als 56 m/s – ergänzt). W. besonderer Art sind Passat, Monsun, Föhn, Taifun. **Windhose,** →Trombe. **Windmeßgerät** (Anemometer), zur Bestimmung von Windrichtung oder -stärke. Das einfachste Windmeßgerät besteht aus vier Halbkugelschalen an gekreuzten Stäben (Schalenkreuz), die durch den W. gedreht werden. Die Bewegung wird auf einen Zeiger übertragen.

Windstärken

Stärke	m/s	Benennung an Land	auf See
0	0,0- 0,5	Windstille	Kalme
1	0,6- 1,5	leiser Zug ⎫	
2	1,6- 3,3	leicht ⎬	leichte Brise
3	3,4- 5,4	schwach ⎭	
4	5,5- 7,9	mäßig ⎫	mäßige Brise
5	8,0-10,7	frisch ⎬	
6	10,8-13,8	stark ⎫	starker Wind
7	13,9-17,1	steif ⎬	(steife Brise)
8	17,2-20,7	stürmisch ⎫	stürmischer
9	20,8-24,4	Sturm ⎬	Wind
10	24,5-28,4	voller Sturm ⎭	
11	28,5-32,6	schwerer Sturm ⎫	Sturm
12	über 32,7	Orkan	Orkan

Windaus, Adolf, Chemiker, *1876, †1959; arbeitete über Cholesterin, Gallensäuren, Alkaloide und Vitamine; Nobelpreis 1928.

Windblüter, Blütenpflanzen, die durch Wind bestäubt werden.

Winde die, 1) ♃ Gattung der Windengewächse mit Trichterblüten, windende Kräuter und Sträu-

cher. Zugehörig: die **Acker-W.,** ein liegendes und kletterndes, weiß bis rosa blühendes, ausdauerndes Ackerunkraut; die weiß blühende **Zaun-W.;** die **Dreifarbige W.,** eine blau-weiß-gelb blühende Zierpflanze aus Südeuropa. 2) ⚙ Vorrichtung zum senkrechten Heben und zum Heranziehen von Lasten. Die Last kann bewegt werden z.B. durch eine Zahnstange mit Ritzel (**Zahnstangen-W.),** einen Druckölzylinder mit Kolben (**hydraulische W.),** ein auf eine Trommel aufwindbares Seil (**Seil-W.).**

Windeck, Gem. im Rhein-Sieg-Kreis, Nordrh.-Westf. 17 000 Ew.

Windei, ⛿ Vogelei ohne Kalk in der Schale.

W'indelband, Wilhelm, Philosoph, *1848, †1915; Neukantianer.

Windelen, Heinrich, Politiker (CDU), *1921; seit Febr. 1969 Bundesvertriebenenminister.

Windhose, →Trombe.

W'indhuk, amtl. **Windhoek,** Hauptstadt von Südwestafrika, 67 100 Ew.; 1655 m ü. M.

Windhund, ⛿ sehr schlanke, schnelle Hetz- und Jagdhunde, z.B. **Barsoi, Greyhound, Whippet.** (Tafel Hunde)

W'indisch-Graetz, steir. Uradelsgeschlecht, seit 1804 Reichsfürsten. **Alfred** Fürst zu W.-G. unterdrückte als österr. Feldmarschall 1848 die Aufstände in Prag und Wien, 1849 in Ungarn.

Windkanal, Anlage zur Untersuchung der strömungstechn. Eigenschaften von Körpern (z.B. Flugzeug-, Schiffs-, Hausmodellen) in einem Luftstrom hoher Geschwindigkeit (Tafel Physik).

Windkraftwerk, Anlage zur Ausnutzung der Windströmung. An Stelle der **Windmühlen** werden bei Neuanlagen **Windturbinen** auf hohen Stahlgerüsten verwendet.

Windpocken, die →Spitzpocken.

Windrose, Scheibe, auf der die Himmelsgegenden eingezeichnet sind, bes. beim Kompaß.

Windsor [w'inzə], 1) amtl. **New W.,** Stadt in SO-England, an der Themse, mit 27 200 Ew.; das Schloß Windsor Castle, zeitweiliger Wohnsitz der engl. Königsfamilie. 2) Stadt in Kanada, 114 400 Ew.; an der Grenze der Verein. Staaten; Industrie: Kraftwagen-, Maschinenbau.

Windsor [w'inzə], seit 1917 Name des engl. Königshauses (nach Schloß W.) Sachsen-Coburg-Gotha. **Herzog von W.,** →Eduard VIII.

Windspiel, sehr zierliche Hunderasse italienischer Herkunft. (Tafel Hunde)

Windthorst, Ludwig, *1812, †1891; hannoverscher Justizmin., seit 1867 MdR, seit 1871 Führer des Zentrums, scharfer Gegner Bismarcks, bes. im Kulturkampf.

Windward Islands [w'indwəd 'ailəndz], **Inseln unter dem Winde,** ein Teil der Kleinen →Antillen.

W'infrid, eigentl. Name des →Bonifatius.

W'ingert der, Weingarten, Weinberg.

Winkel der, △ die Neigung zweier Geraden zueinander. Ihr Schnittpunkt heißt **Scheitel,** die Geraden **Schenkel.** Ein voller Kreis ist ein **360°-** W. Man teilt ihn in 360° (Grad, Altgrad) zu je 60' (Minuten) zu je 60'' (Sekunden) oder in 100^g (Neugrad) zu je 100^c (Neuminuten) zu je 100^{cc} (Neusekunden) ein. Ein halber Kreis heißt **gestreckter W.** (180°), ein Viertelkreis **rechter W.** (90°). Ein **spitzer W.** ist kleiner, ein **stumpfer W.** größer als 90°, ein **überstumpfer W.** größer als 180°. Wird ein Schenkel über den Scheitel hinaus verlängert, so entstehen **Neben-W.,** verlängert man beide Schenkel, so erhält man zwei Paare von **Scheitel-W.** (α_1 und α_2; β_1 und β_2). Zum Messen von W. benutzt man den **W.-Messer.** In mathemat. Beziehungen wird der W. im Bogenmaß gemessen, d. i. der Kreisbogen mit dem Radius 1. Damit entspricht der Voll-W. 360° im Bogenmaß der Größe 2π, der rechte W. ist $\pi/2$. Umgekehrt entspricht dem W. 1 im Bogenmaß der W. 57,3° im Gradmaß. (Bild S. 1015)

Winkelfunktionen, die Seitenverhältnisse im rechtwinkligen Dreieck in Abhängigkeit von der Größe eines spitzen Winkels: **Sinus** = Gegenkathete: Hypotenuse, **Kosinus** = Ankathete: Hypotenuse, **Tangens** = Gegenkathete : Ankathete,

Kotangens = Ankathete : Gegenkathete $(\sin \alpha = \frac{a}{c};$

$\cos \alpha = \frac{b}{c}; \tan \alpha = \frac{a}{b}; \cot \alpha = \frac{b}{a})$. An einem Kreis mit dem Radius 1 kann man die W. auch für Winkel erklären, die größer als 90° sind.

Winkelgeschwindigkeit, der im Bogenmaß gemessene Kreisbogen, der von einem Punkt eines rotierenden Körpers in 1 s zurückgelegt wird.

Winkelhaken, Winkelschiene, in der der Setzer die Lettern zu Zeilen reiht.

Winkelprisma, in der Vermessungskunde drei-, vier- oder fünfkantiges Glasprisma zum Angeben fester Winkel.

Winkelried, Arnold, ein Schweizer aus Unterwalden, der nach der Überlieferung durch seinen Opfertod 1386 den Sieg bei →Sempach entschied.

Winkler, Hans Günter, Springreiter, * 1926; mehrfach Weltmeister und Olympiasieger.

W'innenden, Stadt in Bad.-Württ., 14 200 Ew., altertümliches Stadtbild; Taubstummenanstalt mit Gehörlosenschule; versch. Industrie.

W'innipeg, Hauptstadt der Prov. Manitoba, Kanada, 487 000 Ew.; Staatsuniversität; Fleisch- und Mühlenwerke, Bekleidungsind., Brauereien. Der Winnipegsee ist 24 530 km² groß, 21 m tief.

W'inniza, ukrain. **Winnyzja,** Stadt in der Ukrain. SSR, 211 000 Ew.; Mittelpunkt der Zukkerproduktion der Sowjetunion.

Winrich von Kn'iprode, Hochmeister des Dt. Ordens zur Zeit seines Höhepunktes 1351-82.

Winsen an der Luhe, Stadt in Ndsachs., 11 600 Ew.; Schloß (Wasserburg, 16. Jahrh.); Ind.

Winter, auf der nördl. Erdhälfte die Zeit v. 22. Dez. bis 21. März, auf der südl. vom 22. Juni bis 23. September.

Winter, Fritz, Maler, * 1905; Schüler am Bauhaus, malt ungegenständl. Bilder.

Wintergrün, bis rot blühender Pflanzen.

Winterling der, südeurop. fettkrautiges Hahnenfußgewächs, das aus der Knolle im Vorfrühling die gelbe Blüte treibt.

Winterschlaf, ein von viele Wochen oder Monate anhaltender Schlaf bei manchen Säugetieren (z.B. Fledermäusen, Igeln, Murmeltieren, Schläfern), die zum Überdauern der ungünstigen Jahreszeit ein frostsicheres Versteck aufsuchen. Während des W. ist der Herzschlag verlangsamt, Atmung, Stoffwechsel stark herabgesetzt.

Winterschulen, Schulen, an denen nur im Winter unterrichtet wird, z. B. landwirtschaftl. W.

Wintersport, umfaßt Skisport, Eislauf, Eisspiele, Rodeln, Skikjöring.

W'interthur, Stadt im Kt. Zürich, Schweiz, 92 700 Ew.; spätgot. Laurenzkirche; Technikum; bedeutende Industrie.

Winzer der, Weinbauer.

Wipper der, Einrichtung zum schnellen Entladen von Wagen, bes. in Bergwerken.

Wipperf'ürth, Stadt in Nordrh.-Westf., 14 100 Ew.; roman. Pfarrkirche, altberg. Wohnhäuser; versch. Industrie.

Wirbel der, **1)** drehende Bewegung eines Gases (→Luftwirbel) oder einer Flüssigkeit. **2)** § Teil der →Wirbelsäule. **3)** bei Saiteninstrumenten: drehbarer Holz-, Metallstift, um den die Saite gewunden ist. **4)** ♪ rasches Trommelschlagen.

Wirbellose Mz., **Everrebraten,** 🐚 alle Tiere ohne Wirbelsäule. Gegensatz: Wirbeltiere.

Wirbelsäule, Rückgrat, die Knochensäule, die die Grundlage des Rumpfes und des Halses bildet. Sie ist beim Menschen leicht S-förmig gebogen, trägt den Schädel und besteht aus 34 Wirbeln: 7 Hals-, 12 Brust- und 5 Lendenwirbel, die durch Bänder und Gelenke miteinander verbunden sind je 5 Kreuzbein- und Steißbeinwirbel, die miteinander zum Kreuz- und Steißbein verwachsen sind. (TAFEL Mensch I, II) Die Wirbel bestehen aus dem walzenförm. Wirbelkörper, einem spangenart. Knochenbogen (Wirbelbogen), den zur Seite gelegenen Quer- und Gelenkfortsät-

zen und dem nach hinten zu liegenden Dornfortsatz. Zwischen je zwei Wirbeln liegt eine polsterartige Zwischenwirbelscheibe (Bandscheibe). Die W. schließt in dem von den Wirbelkörpern und -bögen begrenzten Hohlraum, dem **Wirbelkanal,** das →Rückenmark ein. **W.-Verkrümmungen:** Verkrümmung nach der Seite **(Skoliose),** nach vorn **(hohler Rücken, Lordose)** und, gewöhnlich im oberen Teil der W., nach hinten **(Höcker, Buckel, Kyphose);** sie beruhen auf fehlerhafter Körperhaltung, Rachitis, tuberkulöser Entzündung der Wirbelknochen usw.

Wirbelstrom, der durch ein magnet. Wechselfeld in einem elektr. Leiter induzierte Strom.

Wirbelsturm, heftiger Luftwirbel, bes. im Gebiet der Wendekreise; berüchtigt die westind. W. (Hurrikan, Tornado) und die ostasiat. Taifune.

Wirbeltiere Mz., **Vertebraten,** 🐚 höchst entwickelter Stamm des Tierreichs. Der zweiseitig symmetr. gebaute Körper wird durch eine Wirbelsäule gestützt. Die 4 paarigen Gliedmaßen lassen sich von den paarigen Flossen der Fische ableiten und haben bei den verschiedenen Klassen der W. trotz verschiedener Ausgestaltung den gleichen Grundbauplan. Nervensystem (Rückenmark, Gehirn) und Sinnesorgane sind hoch entwickelt. Zu den Klassen: **Fische, Lurche, Reptilien, Vögel, Säugetiere.**

Wirker'ei die, die Herstellung von Wirk- und Strickwaren (Unterwäsche, Strümpfe, Pullover), bei denen sich die Fäden nicht wie bei den Geweben rechtwinklig verkreuzen, sondern in maschenförm. Fadenschleifen verschlingen.

Wirklichkeitsform,'Indikativ [lat.] der, Aussageform des →Zeitworts.

Wirkung die, ⊗ das Produkt aus Arbeit (Energie) und Zeit.

Wirkungsgrad, das Verhältnis der nutzbar gemachten Arbeit einer Maschine oder eines Gerätes zur aufgewendeten Arbeit.

Wirkungsquantum, →Plancksches Wirkungsquantum.

Wirkungsquerschnitt, ⊗ der scheinbare Querschnitt, den ein Teilchen einem auftreffenden anderen Teilchen bietet; Maß für die Wahrscheinlichkeit bestimmter Reaktionen.

W'irsing der, **Welschkohl,** Kopfkohl mit kraus gewellten, locker schließenden Blättern.

Wirt der, BIOLOGIE: Lebewesen, das von einem →Schmarotzer bewohnt wird **(Wirtspflanze, -tier).**

Wirth, Josef, Politiker, * 1879, † 1956; 1921/22 Reichskanzler, mehrfach Min.; gehörte dem linken Flügel des Zentrums an; lebte 1933-45 in der Schweiz.

Wirtschaft die, **1)** alle Einrichtungen und Tätigkeiten zur Befriedigung der Bedürfnisse des Menschen an Gütern. Den unbegrenzten Bedürfnissen steht die naturgegebene Knappheit der Mittel gegenüber; durch das Wirtschaften werden die vorhandenen Güter und Leistungen mit geringstmögl. Aufwand an Mitteln bereitgestellt. Die W. umfaßt Urproduktion (Landwirtschaft, Bergbau), gewerbl. W. (Handwerk, Industrie), Handel, Verkehrswesen, Versicherungen, Banken u. a. Sie wird von den Wirtschaftswissenschaften erforscht. **2)** Wirtshaus.

wirtschaftliches Wachstum, die Expansion einer Volkswirtschaft auf Grund wachsender Bevölkerung, techn. Fortschritte und hoher Investitionen; sie führt zur Zunahme der Produktivität und der Einkommen. Maßstab des w.W. ist der jährl. Zuwachs des Sozialprodukts.

Wirtschaftsabkommen, eine Vereinbarung zwischen zwei oder mehreren Staaten über wirtschaftl. Fragen. Die zweiseitigen **Handelsverträge (Handelsabkommen)** dienen vornehmlich dem Warenaustausch. Nach dem 2.Weltkriege haben die mehrseitigen W. an Bedeutung gewonnen. Beispiele sind das →GATT, die Abkommen im Rahmen der →OEEC und der →OECD, das →Europäische Währungsabkommen, die →Europäische Wirtschaftsgemeinschaft, das Weltweizen- und das Weltzuckerabkommen. Das Abkommen über

Winkel:
1 gestreckter W.,
2 rechter W.,
3 spitzer W.,
4 stumpfer W.,
5 überstumpfer W.,
6 αβ Neben-W.,
7 $α_1 α_2 β_1 β_2$ Scheitel-W.

die →Montanunion ist in der Hauptsache gleichfalls ein W.

Wirtschaftshochschulen, früher Handelshochschulen, heute meist in Universitäten umgewandelt oder in Universitäten oder Techn. Hochschulen eingegliedert. Zur Zulassung ist das Reifezeugnis erforderlich. Das Studium führt zur Diplomprüfung (Dipl.-Kaufmann, Dipl.-Volkswirt, Dipl.-Handelslehrer); die W. verleihen auch den Doktorgrad (Dr. rer. pol. oder Dr. rer. oec.).

Wirtschaftskrieg, staatl. Zwangsmaßnahmen gegen die Wirtschaft eines anderen Staates, im Frieden durch Mittel der Handelspolitik (Zollerhöhungen, Ein- und Ausfuhrverbote usw.), im Kriege durch militär. Maßnahmen zur See, Beschlagnahme feindl. Eigentums, Sabotage oder Untergrabung des Geldwertes.

Wirtschaftsoberschule, Schule mit Reifeprüfung; berechtigt zum wirtschaftswiss. Studium.

Wirtschaftsordnung, die Ordnung des Wirtschaftsablaufes eines Staates; sie hängt von dessen polit. und rechtl. Ordnung ab. Typen: Marktwirtschaft (freie Wirtschaft), Zentralverwaltungswirtschaft (Planwirtschaft).

Wirtschaftsplan, jeder Plan über die beabsichtigte Erzeugung, die voraussichtl. Einnahmen und Ausgaben u. dgl. Die **betriebl. W.** gliedern sich in Produktions-, Finanz-, Absatzplan u. a.; **staatl. W.** enthalten meist Vorschriften über die Entwicklung einzelner Wirtschaftszweige. In totalitären Staaten bilden die meist mehrjährigen W. die Grundlage des gesamten Wirtschaftslebens.

Wirtschaftspolitik, die Maßnahmen der öffentl. Hand auf wirtschaftl. Gebiet. Die W. bildet einen wesentl. Teil der Gesamtpolitik und ist bes. mit der Sozialpolitik eng verbunden. Sie befaßt sich u. a. mit Produktion, Preisen und Löhnen, Vollbeschäftigung, Siedlung, Verkehr, Kartellwesen, Ein- und Ausfuhr (Handelspolitik, Zollpolitik). Ausmaß und Art der W. stehen in Wechselwirkung der Wirtschaftsordnung.

Wirtschaftsprüfer, ein öffentl. bestellter Wirtschaftstreuhänder; er prüft die Bilanzen, bes. der Aktiengesellschaften **(Abschlußprüfer).**

Wirtschaftsraum, der durch wirtschaftl. Leistungen gestaltete Raum. W. können nach dem Prinzip der Gleichheit charakterist. Wesensmerkmale (Homogenitätsprinzip) oder nach der Dichte ihrer wirtschaftl. und/oder kulturellen Beziehungen (z. B. Arbeitsmarktverflechtung) abgegrenzt werden (Funktionalprinzip).

Wirtschaftsrecht, allgemein das Recht des Wirtschaftslebens, also das Vermögensrecht des BGB, Handels-, Wertpapier-, Schiffahrts-, Versicherungsrecht, der gewerbl. Rechtsschutz und Teile des Verwaltungsrechts; im engeren Sinn das **Recht der Wirtschaftslenkung,** also der Sicherung, Beeinflussung und Steuerung des Wirtschaftsablaufs durch den Staat. – Das **Wirtschaftsstrafrecht** soll das staatl. Recht auf wirtschaftl. Gebiet sichern. In der Bundesrep. Dtl. gilt das Wirtschaftsstrafges. v. 9. 7. 1954.

Wirtschaftswissenschaften, →Volkswirtschaftslehre, →Betriebswirtschaftslehre, →Finanzwissenschaft, →Statistik.

Wis'agapatnam, Vizagapatnam, Hafenstadt im Staat Andhra Pradesch, Indien, 214000 Ew.; Universität; Schiffswerft, Ölraffinerie; Ausfuhr von Mangan, Eisenerz u. a.

Wisby, →Visby.

Wischn'ewski, Hans-Jürgen, Politiker (SPD), *1922; MdB seit 1957, 1966-68 Bundesmin. für wirtschaftl. Zusammenarbeit, 1968-71 Bundesgeschäftsführer der SPD.

W'ischnu der, **Vishnu,** ind. Gott im Hinduismus; Erhalter der Welt, erscheint in immer neuen Verkörperungen.

Wischnu

Wisc'onsin, 1) linker Nebenfluß des oberen Mississippi, 1006 km lang. **2)** Abk. **Wis.,** Staat in N der USA, zwischen Michigansee und oberem Mississippi, 145439 km², 4,4 Mill. Ew.; Hauptstadt: Madison, größte Stadt: Milwaukee. Getreide- und Gemüsebau, wichtige Viehwirt-

Wisent

schaft. Maschinen- und Fahrzeugbau, Metall-, Nahrungsmittel- u. a. Ind. ⊕ S. 526.

W'isent der, -s/-e, braunes Wildrind, lebte einst in den Wäldern Europas; heute nur noch in Gefangenschaft.

W'ismar, Hafenstadt im Bez. Rostock, an der Ostsee, 56100 Ew.; Backsteinbauten aus dem MA., reiche Hansestadt. Industrie: Werften, Nahrungsmittelfabriken. 1648-1803 schwedisch.

W'ismut das, **Bi,** chem. Element, rötlichweißes, sprödes Metall; Ordnungszahl 83, Dichte 9,8 g/cm³. W. findet sich frei in Granit, Gneis, auf Gängen, gebunden in W.-Erzen. Gewinnung durch Ausschmelzen des Gesteins oder Rösten des Sulfids und Reduktion des Oxyds. Verwendung meist in Legierungen mit niedrigem Schmelzpunkt, W.-Oxyd für opt. Gläser, W.-Nitrat als Röntgenkontrastmittel u. a.

Wispel der, ✝ Getreidemaß, etwa 14 hl.

Wissenschaft das nach Einzelgebieten geordnete, methodisch ausgebaute Erkenntnis. Die herkömml. Einteilung in **Geisteswissenschaften** (Philosophie, Religion, Geschichte, Recht, Kunst, Sprachen usw.) und **Naturwissenschaften** (Medizin, Physik, Chemie u. a.) ist heute weitgehend in Frage gestellt. **Wissenschaftslehre,** Lehre von den Grundsätzen und Methoden der W.

Wissenschaftsrat, 1957 gebildeter Ausschuß zur Abstimmung der Maßnahmen für die Förderung der Wissenschaft in der Bundesrep. Dtl.

Wissmann, Hermann v., Afrikaforscher, *1853, †1905; durchquerte Mittelafrika, erforschte das Kasaigebiet.

Wist'arie die, →Glyzine.

W'itebsk, Gebietshauptstadt in der Weißruss. SSR, 231000 Ew.; Maschinen- u. a. Industrie.

Witt, Jan de, niederländ. Staatsmann, *1625, †1672; zwang durch ein Bündnis mit England und Schweden 1668 Ludwig XIV., auf die Eroberung der span. Niederlande zu verzichten.

Witte, Emanuel de, holländ. Maler, *1617, †1692; Bilder holländ. Kirchenräume.

Wittekind, →Widukind.

Wittelsbacher, dt. Herrschergeschlecht, nach der Burg Wittelsbach bei Aichach (Oberbayern). Die W. erhielten 1180 das Herzogtum Bayern, 1214 die Rheinpfalz; sie teilten sich in eine bayer. (→Bayern, Geschichte)' und pfälz. Hauptlinie (→Pfalz, Geschichte). Die pfälz. W. erbten 1777 auch Bayern (1806-1918 Könige).

Witten, Industriestadt in Nordrh.-Westf., an der Ruhr, 97900 Ew.; Stahl-, Maschinenbau, opt., chem. u. a. Industrie.

W'ittenberg, auch **Lutherstadt W.,** Stadt im Bezirk Halle, an der Elbe (Hafen), 47400 Ew.; viels. Industrie; Lutherstätten: Augusteum mit Wohnung Luthers, Stadtkirche, kurfürstl. Schloß mit der Schloßkirche, an deren Tür Luther am 31. 10. 1517 seine 95 Thesen anschlug; Grabstätten Luthers und Melanchthons. – W. war Sitz der sächs. Herzöge von Sachsen-W., deren Fürsten 1423 die Wettiner wurden, und kam 1815 an Preußen. Die 1502 gegr. Universität wurde durch Luther und Melanchthon der Mittelpunkt der Reformation (1817 mit Halle vereinigt).

Wittenb′erge, Industriestadt im Bez. Schwerin, 32 800 Ew.; Hafen an der Elbe, Bahnknoten; Textil-, Maschinen-, Ölindustrie.

Witterung die, 1) der Wetterablauf mehrerer Tage. 2) ♈ der tier. Geruchssinn. 3) ♈ stark riechender Köder für Raubzeug.

W′ittgenstein, Ludwig J. J., österr. Philosoph, * 1889, † 1951; befaßte sich mit Positivismus und Sprachphilosophie.

Wittig, Josef, kath. Theologe und Schriftsteller, * 1879, † 1949.

Wittingau, Meister von W., der bedeutendste und eigenständigste Maler Böhmens im 14. Jahrh., tätig um 1380.

Wittlich, Stadt in Rheinl.-Pf., 14 000 Ew.

Wittstock, Stadt im Bez. Potsdam, an der Dosse, 10 400 Ew.; Tuch-, Holz-, Maschinen-Ind.

W′ittum das, -s/...tümer, im dt. MA. eine Zuwendung des Ehemannes an die Frau zur Versorgung als Witwe.

Witw′atersrand, Höhenzug in Transvaal, Südafrika; reiche Goldlager, Uranförderung.

Witwenrente, die Hinterbliebenenrente für die Witwe in der sozialen Renten- und Unfallversicherung; oder für den Witwer, wenn die Frau den Mann unterhalten hat **(Witwerrente).**

Witwenvogel, afrikan. Finken; Hochzeitskleid der Männchen mit langen Schwanzfedern.

Witz, Konrad, Maler, * um 1400, † um 1445; realist. Erfassung von Mensch und Raum (Landschaft).

W′itzleben, Erwin von, Generalfeldmarschall, * 1881, † (gehängt) 1944; war im 2. Weltkrieg Führer einer Heeresgruppe an der Westfront; ein Hauptbeteiligter am Attentat auf Hitler (20.7.1944).

Wj′atka die, Fluß in der Sowjetunion, Nebenfluß der Kama, 1367 km lang.

w. L., ⊕ Abk. für westl. →Länge.

Wlad′imir, Stadt in der Russ. SFSR, 234 000 Ew.; W. war im 12.-14. Jahrh. die wichtigste russ. Stadt; alte Bauwerke; versch. Industrie.

Wlad′imir, Großfürsten von Kiew: 1) W. I., der Heilige (980-1015), führte das griech.-orthodoxe Christentum ein. 2) W. II. Monomach (1113-25), vereinigte den größten Teil Rußlands.

Wladiwost′ok, wichtigste Hafenstadt der Sowjetunion am Japan. Meer, 442 000 Ew.; Kultur-, Handels- und Industriemittelpunkt; Endpunkt der Transsibir. Bahn; Universität, TH.

Wl′assow, Andrej, russ. General, * 1901, † (hingerichtet) 1946; organisierte in dt. Kriegsgefangenschaft seit 1942 die **W.-Armee** aus sowjet. Kriegsgefangenen.

Włocławek [vuɔtsu′avɛk], Kreisstadt in der poln. Woiwodschaft Bromberg, auf dem linken Weichselufer, 73 900 Ew.; got. Kathedrale; Ind.

Wnukowo, internat. Flughafen von Moskau.

W′obbelung die, im Fernsehen eine geringfügige Ablenkung der Bildstrahlen zum Verwischen der Zeilen.

Wochenbett, Kindbett, die auf die Geburt folgende Zeit von etwa 6-8 Wochen, in der sich die Gebärmutter wieder zu normaler Größe zurückbildet und das Stillen in Gang kommt. Zur Stärkung der überdehnten Bauchdecken ist **W.-Gymnastik** wichtig.

Wochenbettfieber, Kindbettfieber, Puerperalfieber, eine Infektion der Geburtswunden durch Bakterien, tritt bei guter **Wochenbett-Hygiene** nur noch selten auf und ist durch die Anwendung der Antibiotica an Gefährlichkeit verloren.

Wochenfest, das jüd. Pfingstfest, zur Erinnerung an die Gesetzgebung am Sinai.

Wochenhilfe, Leistungen der sozialen Krankenversicherung für Wöchnerinnen: Hebammenhilfe, ärztl. Behandlung und Arzneien, einmaliger Entbindungskostenbeitrag, Wochengeld, Stillgeld.

W′odan [ndt.], **Wotan, Wuotan** [ahd.], german. Gott; er hieß bei den skandinav. Völkern **Odin.** Er ist der Gott des Windes, der Toten, des Krieges und Führer der Wilden Jagd.

W′odka der [russ. »Wässerchen«], wasserheller russ. Trinkbranntwein (40% Alkohol) aus Kartoffeln.

Woëvre [vwa:vr], Ebene östl. von Verdun.

Wöhler, 1) August, Ingenieur, * 1819, † 1914; entwickelte Geräte zur Werkstoffprüfung. 2) Friedrich, Chemiker, * 1800, † 1882, entdeckte die chem. Elemente Aluminium, Yttrium; stellte als erster organ. Stoffe (Harnstoff) künstl. her.

wohlerworbene Rechte, ⚖ Rechte, in die der Staat nicht ohne gesetzl. Ermächtigung und Entschädigung eingreifen darf.

Wohlfahrtspflege, ✚ für →Sozialhilfe.

Wohlfahrtsstaat, 1) der Polizeistaat des Absolutismus. 2) ein Staat, der die soziale Sicherung seiner Bürger in den Vordergrund stellt. Während der soziale Rechtsstaat versucht, Sicherheit und Freiheit gleichgeordnet zu verbinden, läuft der W. **(Versorgungsstaat)** Gefahr, die persönl. Verantwortung einzuschränken.

Wohnhaus, ortsfestes Gebäude, das dem Menschen als Wohnstätte dient (→Wohnung). Man unterscheidet Ein- und Mehrfamilienhaus, Eigenheim und Miethaus, frei stehendes und eingebautes W. (Reihenhaus). Das Eigenheim wird meist als frei stehendes W., auch als Reihenhaus errichtet; das Mehrfamilienhaus als Miethaus oder im →Wohnungseigentum. Ein erhebl. Teil der W. wird in vielen Ländern als →sozialer Wohnungsbau errichtet. Der Bauplan enthält Lageplan, Grundriß, Schnitte, Ansichten und muß von der Baupolizei genehmigt werden.

Die städt. W. werden als mehrstöckige **Miet-Wohnhäuser** errichtet, und zwar als **Reihenhäuser.** An die Stelle der früher allgemein übl. geschlossenen Blockbebauung ist der hygien. und ästhet. überlegene offene Zeilenbau getreten. Eine Sonderform ist z.B. das **Wohnhochhaus.** Als normale Anlage gilt der **Zweispänner** mit zwei Wohnungen je Stockwerk an einem Treppenabsatz.

Wohnraumbewirtschaftung, ⚖ die öffentl. Bewirtschaftung, bes. die Erfassung und Zuteilung des frei werdenden Wohnraums durch die Wohnungsbehörden, in der Bundesrep. Dtl. und in West-Berlin durch das **W.-Ges.** vom 31.3.1953 geregelt; wird durch Ges. v. 23.6.1960 i.d.F. v. 14.7.1964 stufenweise abgebaut.

Wohnsitz, der Ort, an dem man ansässig ist.

Wohnung, die Kleinwohnung (bis 65 m²), Mittel- (65-90 m²) und Großwohnung (über 90 m²). Als Kleinwohnungen gelten im gemeinnützigen Wohnungsbau (VO. v. 25.4.1957) Wohnungen, deren Wohnfläche höchstens 100 m² beträgt, öffentl. geförderte und steuerbegünstigte Wohnungen auch dann, wenn ihre Wohnflächen größer sind. Als **Wohnbedarf** einer Kleinwohnung werden angesehen: 1 Wohnraum mit Eßplatz, 1-3 Schlafräume, 1 Kochküche, 1 kleiner Flur, 1 WC, 1 Bad oder Waschbecken, 1 Abstellraum, 1 Vorratskeller. Um die Wohnfläche bei Tage zu erweitern, können Wohn- und Schlafräume durch Schiebewände verbunden sein, wodurch trotz kleiner Einzelräume ein Gefühl der Weiträumigkeit erzeugt wird. Den **Maßstab** geben Möbel und Geräte; leichte machen den Raum weit, große und schwere eng. **Bad** und **WC** sollten vom Schlafzimmer erreichbar, bei Haushalten über 4 Personen getrennt zugänglich sein. Die kleine, praktisch durchgebildete **Kochnische** mit fest eingebauter Einrichtung setzt sich immer mehr durch. (BILDER S. 1018)

Wohnungseigentum, Stockwerkseigentum,

Wladiwostok: Stadtkern

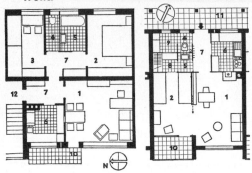

Wohnung: Wohnungsbau: Grundrisse. Links Mietwohnung, 60 m² Wohnfläche (A. Klein, O. Völckers), Ost-West-Typ. Rechts Kleinwohnung im Laubenganghaus, 41 m² Wohnfläche (H. Lauterbach), Südtyp. 1 Wohnraum, 2 Elternschlafzimmer, 3 Kinderzimmer, 4 WC, 5 Bad oder Waschraum, 6 Küche, 7 Flur, 8 Kleiderkammer, 9 Abstellkammer, 10 Balkon oder Laube, 11 Laubengang, 12 Treppe

⌂ das Sondereigentum an einem Gebäudeteil (Wohnung oder sonstige Räume, z.B. Werkstatt, Laden), das durch das W.-Gesetz vom 15.3.1951 ermöglicht worden ist. In diesem Ges. ist auch das veräußerl. und vererbl. Dauerwohnrecht geregelt.

W'oilach [russ. »Filz«] der, wollene Pferdedecke.
Woiw'ode [slaw. »Herzog«] der, in Polen der Oberpräs. einer Woiwodschaft (Provinz).
Wojw'odina, autonome Prov. der Volksrep. Serbien, Jugoslawien, beiderseits der unteren Theiß, 21 506 km², 1,9 Mill. Ew.; Hauptstadt: Neusatz.
Wölber, Hans-Otto, evang. Theologe, *1913; 1964 Bischof der Evang.-Luther. Landeskirche in Hamburg, 1969 leitender Bischof der VELKD.
Wolf der, 1) 🐾 graugelb gefärbtes Raubtier der Familie Hunde, in einsamen Wäldern, Steppen und Gebirgen Asiens und Nordamerikas, früher in Europa weit verbreitet. Der Polar-W. ist weiß. Der W. raubt seine Beute durch eine Hetzjagd, vereinigt sich oft mit vielen W. zu einer Meute. Er reißt auch Haustiere und greift hungrig sogar den Menschen an. 2) ♪ →Hautwolf. 3) ⚙ Maschinen zum Reinigen, Reißen, Mischen, Auflockern von Wolle und Reißspinnstoffen durch Reißen, Schlagen; zum Zerkleinern von Fleisch u.a. (BILD S.1019)
Wolf, 1) Christian Freiherr von, Philosoph, *1679, †1754; der bis Kant vorherrschende Wortführer der Aufklärung. 2) Friedrich, Schriftsteller, *1888, †1953; emigrierte 1933; schrieb als Linkssozialist Erzählungen und Dramen. 3) Friedrich August, Altphilologe, *1759, †1824; beschäftigte sich mit der Entstehung der Homerischen Gedichte. 4) Hugo, Komponist, *1860, †1903; Meister des Liedes (Gedichte von Mörike, Eichendorff, Goethe u.a.). Oper »Der Corregidor«, Orchester-, Kammermusik. (BILD S. 1019)
Wolfe [wulf], Thomas, amerikan. Schriftsteller, *1900, †1938; Romane »Schau heimwärts, Engel«, »Von Zeit und Strom«, »Geweb und Fels«. (BILD S. 1019)

1, 2

3, 4

5, 6

Wohnung: 1 Dachterrasse der Wohneinheit in Marseille (1947-52, von Le Corbusier), 2 Wohnsiedlung »Neue Vahr« in Bremen, 3 bürgerl. Wohnraum um 1830 (Altona), 4 Moderner Innenraum, 5 Herrenzimmer im Jugendstil (H. van de Velde), 6 Moderne Einbauküche mit ausziehbarem Frühstückstisch

Wolfen, Stadt im Bez. Halle bei Bitterfeld, 26700 Ew.; VEB-Filmfabrik Agfa, VEB Farbenfabrik.

W'olfenbüttel, Stadt in Ndsachs., nördl. vom Harz, 41200 Ew.; viele gut erhaltene Fachwerkhäuser aus dem 17. Jahrh., Schloß; Herzog-August-Bücherei, an der Leibniz und Lessing als Bibliothekare tätig waren; Konserven-, Maschinen-, chem. u. a. Ind. – Bis 1753 war W. Wohnsitz der Herzöge von Braunschweig.

Wolff, Caspar Friedrich, Naturforscher, *1734, †1794; Prof. in Petersburg; ein Begründer der modernen Entwicklungslehre.

Wolf-Ferr'ari, Ermanno, dt.-italien. Komponist, *1876, †1948; Opern (»Susannes Geheimnis« u. a.), Chor-, Kammermusik.

W'ölfflin, Heinrich, schweizer. Kunsthistoriker, *1864, †1945; bahnbrechend durch seine auf die Form gerichtete Kunstbetrachtung.

W'olfgang [ahd.], **Wolf,** männl. Vorname.

W'olfram das, W, chem. Element, sehr hartes, graues Schwermetall; Ordnungszahl 74, Dichte 19,3 g/cm³, Schmelzpunkt 3390° C. W. findet sich nur in Verbindungen, es wird bes. zur Herstellung der Glühfäden benutzt, außerdem als Stahlveredler (Schnelldrehstahl). Die Kohlenstoffverbindungen des W., die **W.-Carbide,** dienen als Ersatz für Diamanten an Bohrwerkzeugen.

Wolfram von Eschenbach, der eigenwilligste mhd. Dichter, * um 1170, † um 1220; sein Epos »Parzival« ist der erste dt. Entwicklungsroman, in dem sich weltl. Rittertum und geistl. Streben durchdringen. Das lyr. Epos »Titurel« und die Legendendichtung »Willehalm« blieben Bruchstück.

Wolfsangel, Fanggerät für Wölfe, Füchse.

W'olfsburg, Stadt in Niedersachsen, am Mittellandkanal, 89400 Ew.; Volkswagenwerk.

Wolfshund, 1) Irischer W., ein Windhund. **2)** dt. Schäferhund.

W'olfskehl, Karl, *1869, †1948, zum George-Kreis gehörender Dichter und Übersetzer.

Wolfsmilch, Gattung kraut- bis baumförmiger Pflanzen mit giftigem Milchsaft und eigenartigen Scheinblüten (Teilblütenständen) in doldigem Gesamtblütenstand. Zugehörig: **Zypressen-W.,** auf Triften; **Garten-W.** und **Sonnen-W.,** Unkräuter. Auf afrikan. und mexikan. Arten gewinnt man Kautschuk; auch Zierpflanzen, z. B. **Medusenhaupt.**

Wolfsmilchschwärmer, Nachtschmetterling, Raupe auf Wolfsmilcharten. (FARBTAFEL Schmetterlinge S. 870)

Wolfsrachen, →Gaumen.

Wolfsspinnen, Spinnen, die ihre Beute im Lauf erjagen; so die Tarantel.

W'olga die, größter Strom Europas, in der Sowjetunion, entspringt in den Waldai-Höhen und mündet nach 3700 km in einem 150 km breiten Delta in das Kasp. Meer. Etwa 3500 km sind schiffbar, Kanalverbindungen mit Moskau, der Ostsee, dem Weißen und dem Schwarzen Meer. Die W. ist bei Rybinsk, Gorkij, Kuibyschew, Wolgograd gestaut.

Wolgadeutsche, die seit Katharina II. (1763) in der Kirgisensteppe an der Wolga angesiedelten west- und südd. Bauern, 1940 fast 400000; 1924 bis 45 in der **Wolgadeutschen Republik** (ASSR innerhalb der Russ. SFSR, Hauptstadt Engels) bei Saratow zusammengefaßt; im 2. Weltkrieg nach Sibirien umgesiedelt.

W'olgast, Stadt im Bez. Rostock, an der Peene, 15100 Ew.; Werft, Eisen-, Holz- u. a. Industrie.

W'olgemut, Michael, Maler und Holzschnittzeichner, *1434, †1519; Lehrer Dürers.

W'olgograd, bis 1925 **Zarizyn,** bis 1961 **Stalingrad,** Stadt in der Russ. SFSR, rechts der Wolga, 818000 Ew.; Eisen-, Stahl-, Erdölind., Walz-, Traktoren-, Kraftfahrzeugwerke. Nach schweren Zerstörungen im 2. Weltkrieg moderner Wiederaufbau. Im N von W. Stausee (Großkraftwerk). – Im 2. Weltkrieg war Stalingrad schwer umkämpft. Die 6. und Teile der 4. dt. Panzerarmee (330000 Mann unter →Paulus) wurden eingeschlossen. Ein aussichtsreicher Ausbruch wurde von Hitler untersagt. Der größte Teil der Truppen wurde aufge-

rieben, der Rest (90000 Mann) kapitulierte am 31. 1./2. 2. 1943.

Wolh'ynien, geschichtl. Landschaft in der nordwestl. Ukraine, im Flußgebiet der oberen Pripet und Bug. Im S guter Getreideboden; Viehzucht. Kohlenbergbau. – W. wird als Urheimat altslaw. Stämme angesehen. 1386 kam W. mit Litauen an Polen, 1795 an Rußland. 1921-39 war W. wieder polnisch.

Wolh'ynisches Fieber, →Fünftagefieber.

Wolken entstehen durch Verdichtung der Luftfeuchtigkeit bei Abkühlung unter den Taupunkt. Hauptformen der W. (FARBTAFEL S. 879): Haufen- oder Quell-W. (**Kumulus,** meist in 600 bis 2000 m Höhe; Schicht-W. (**Stratus,** meist unter 600 m Höhe; **Altostratus,** zwischen 2500 und 6000 m Höhe), Haufenschicht-W. (**Stratokumulus,** unter 2500 m Höhe; **Altokumulus,** 2500-6000 m Höhe), Regen-W. (**Nimbus, Nimbostratus,** unter 600 bis über 6000 m Höhe), Gewitter-W. (**Kumulonimbus),** Feder-W. (**Zirrus,** Eis-W. über 6000 m Höhe), Schäfchen-W. (**Zirrokumulus,** hohe Eis-W.), Schleier-W. (**Zirrostratus,** Eis-W. in 8-12 km Höhe).

Wolkenkratzer, ⌂ das Hochhaus.

Wolläuse Mz., Pflanzenläuse, z. T. mit wollartigen Wachsausscheidungen.

Wollbaum, trop. Malvengewächs, →Kapok.

Wolle die, tier. Haare, die sich infolge ihrer Länge, Kräuselung und Feinheit zum Verspinnen eignen (Ziege, Kamel, Lama, Kaninchen); bes. die **Schaf-W.** Bei der Schafschur bleibt die W. als ein zusammenhängendes Wollkleid **(Vlies)** erhalten. In den Spinnereien werden die Vliese auseinandergerissen, sortiert und gewaschen; aus dem Waschwasser wird das **Wollfett** gewonnen. Die saubere W. wird durch Krempeln, Strecken und Kämmen (→Kammgarn, →Streichgarn) für die Spinnerei zubereitet. W. besteht aus Horn; beim Verbrennen entwickelt sich ein brenzliger Geruch, gleichzeitig am Ende der Faser ein aufgeblähtes Kohlekügelchen (Probe gegenüber Baumwolle).

Wollgras, Riedgräser, auf Moorboden; weiße, seidenhaarige Ährchen (Hexenbesen).

Wollhandkrabbe, taschenkrebsähnl. Krebstier, Männchen mit dichtbehaarten Scheren, aus China eingeschleppt, seit 1910 auch in dt. Binnengewässern; sehr schädl. Fischräuber.

Woll'in, Insel vor der Odermündung, 248 km², schließt mit Usedom das Stettiner Haff von der Ostsee ab. Auf W. Seebad Misdroy und die Stadt W., seit 1945 unter poln. Verw. (Wolin).

W'ologda, Stadt in der Russ. SFSR, 178000 Ew.; Maschinen-, Holz- u. a. Industrie.

Wolos, griech. Stadt, →Volos.

Wols, eigentl. Wolfgang **Schulze,** ungegenständl. Maler, *1913, †1951.

Wolsey [w'ulsi], Thomas, engl. Staatsmann, *1472, †1530, Kardinal, Kanzler Heinrichs VIII.

W'ölsungensaga, erzählt die Heldenlieder der Edda in Prosa (Island, 13. Jahrh.).

Wolverhampton [w'ulvəhæmptn], Stadt in Mittelengland, 263600 Ew.; TH; Eisen-, Maschinen- u. a. Industrie.

Wolf

H. Wolf

Wolfe

Wolfsmilch

Wolgograd: Anlagen am Wolga-Ufer

W'olzogen, 1) Ernst Frhr. v. *1855 †1934; humorist. Gesellschaftsromane, Gründer des »Überbrettl« (literar. Kabarett). **2)** Karoline v., geb. v. Lengefeld, Schriftstellerin, Schillers Schwägerin, *1763, †1847; »Schillers Leben«.

W'ombat der, plumpes austral. Beuteltier, in Erdhöhlen. Der Pelz heißt **austral. Bär.**

Woodsches Metall [wud-, engl.], Metallegierung aus 50% Wismut, 25% Blei, je 12,5% Zinn und Cadmium, schmilzt bei 60,5° C.

Woolf [wulf], Virginia, engl. Erzählerin, *1882, †1941, Romane: »Mrs. Dalloway«, »Die Fahrt zum Leuchtturm«, »Die Jahre«.

Worcester [w'ustə], **1)** Stadt in England, am Severn, 71 900 Ew.; Ind.: Porzellan, Leder, Maschinen, W.-Soße. **2)** Stadt in Massachusetts, USA, 186 600 Ew.; Univ.; Industrie.

Worcestersoße [w'ustə-, engl.], scharfe Gewürztunke aus Worcestershire in England.

Wordsworth [w'ə:dzwə:θ], William, *1770, †1850, führender Dichter der engl. Romantik.

Wörish'ofen, Bad W., Stadt im bayer. RegBez. Schwaben, 8200 Ew.; Kneipp-Kurort.

Work'uta, Stadt in der ASSR der Komi, 63 000 Ew.; Berg-, Kraftwerke, Maschinen- u. a. Ind.; mit Hilfe von Kriegs- u. a. Gefangenen erbaut.

Worms, Stadt in Rheinl.-Pf., am Rhein (Hafen), 77 100 Ew.; roman. Dom St. Peter (TAFEL Baukunst), got. Liebfrauenkirche; Leder-, Maschinen-, Nahrungsmittel- u. a. Ind.; Weinbau. – W. war eine Römerstadt und alter Bischofssitz, im 5. Jahrh. Hauptstadt der Burgunder am Rhein (Nibelungensage); das **Wormser Konkordat** 1122 beendete den →Investiturstreit; seit dem 13. Jahrh. war W. Reichsstadt; **Wormser Reichstag** 1495 (Ewiger Landfriede) und 1521 (Reichsacht über Luther).

Wor'onesch, Stadt in der Russ. SFSR, am W.-Fluß, 660 000 Ew.; Univ.; chem. u. a. Industrie.

Worosch'ilow, Kliment J., sowjet. Politiker, Marschall, *1881, †1969; 1953-60 Staatsoberhaupt.

Worosch'ilowgrad, vor 1935 und 1958-69 **Lugansk,** Gebietshauptstadt in der Ukrain. SSR, im Donezgebiet, 382 000 Ew.; Hochschulen, Steinkohlenbergbau, Schwerindustrie.

Worpsw'ede, Gem. in Ndsachs., 4300 Ew., am Teufelsmoor, bei Bremen; seit 1889 Künstlerkolonie (Fritz Mackensen, Modersohn).

Worringer, Wilhelm, Kunsthistoriker, *1881, †1965; »Abstraktion und Einfühlung« u. a.

Wörther See, der größte See Kärntens, 19 km², bis 85 m tief; Badeorte.

Worthing [w'ə:ðiŋ], Seebad an der Südküste Englands, westl. von Brighton, 80 300 Ew.

Wosness'enskij, Andrej, russ. Lyriker, *1933.

Wotan, →Wodan.

Wotj'aken, Udm'urten, finnisch-ugr. Volk an der unteren Wjatka (→Udmurten).

W'otruba, Fritz, österr. Bildhauer, *1907; blockhafte Steinfiguren.

Wouk [wouk], Herman, amerikan. Schriftsteller, *1915; »Die Caine war ihr Schicksal«.

Wouwerman [v'auvərman], Philips, niederländ. Maler, *1619, †1668; Landschaften mit Rei-

F. L. **Wright:** Guggenheim-Museum (New York)

terschlachten u. a. Staffage.

Wrack das, unbrauchbar gewordenes Schiff u. a.

Wr'angel, 1) Carl Gustav, Graf von Salmis, schwed. Feldherr im 30jähr. Krieg, *1613, †1676, führte auch 1675 das schwed. Heer gegen Brandenburg. **2)** Friedrich H. E. Graf, volkstüml. preuß. Generalfeldmarschall, *1784, †1877; 1848 und 1864 Oberbefehlshaber gegen Dänemark. **3)** Peter Nikolajewitsch Baron von, russ. General, *1878, †1928, befehligte im Bürgerkrieg 1920 die antibolschewist. »weiße« Südarmee.

W-angel-Insel, Insel vor N-Sibirien, zur Sowjetunion, 7540 km² groß; 1867 entdeckt.

Wren [ren], Sir Christopher, engl. Baumeister, *1632, †1723, Hauptmeister des engl. klassizist. Barocks: St.-Pauls-Kathedrale in London.

Wright [rait], **1)** Frank Lloyd, führender moderner amerikan. Architekt, *1869, †1959; material- und zweckorientierte Bauten (Guggenheim-Museum, New York). **2)** Wilbur, *1867, †1912, und Orville, *1871, †1948, amerikan. Flugtechniker; erste Motorflüge 1903 und 1904 mit selbstgebautem Flugzeug.

Wucher der, die Ausbeutung anderer durch Ausbedingen oder Annehmen von unverhältnismäßig hohen Vermögensvorteilen: **Kredit-W. (Zins-W.)** und **Sach-W. (Geschäfts-W.),** daneben **Leistungs-W.** Wucherische Rechtsgeschäfte sind nichtig und strafbar.

Wucherblume, →Chrysanthemum.

Wucherung die, ⊕ ☺ ⚕ vermehrtes Zellenwachstum. Bei **krankhafter W.** entstehen z. B. Pflanzengallen, Geschwülste.

Wuchsstoffe, ⊕ ☺ chem. wirkende Stoffe, die das Wachstum beeinflussen, z. B. im Pflanzenreich **Auxine** und **Heteroauxine.**

Wuhan, Hauptstadt der chines. Prov. Hupei, 2,26 Mill. Ew.; entstand aus Wutschang, Hankou, Hanyang; Schwer-, Textilind. Jangtsekiangbrücke.

Wühlmäuse, plumpe Nager mit kurzem Schwanz: echte **Wasserratte,** schadet durch Zerwühlen der Dämme; **W., Schermaus,** schadet durch Wurzelbenagen; **Feldmaus,** schadet Feldfrüchten und Baumsaaten; **Lemming** und **Bisamratte.**

Wuhu, Stadt in der chines. Prov. Anhuei, 250 000 Ew.; Reiszentrum, Stahlwerk.

W'ulfila, Ulfilas, * um 311, †383, westgot. Missionar, 341 Missionsbischof unter den Westgoten auf dem Balkan, übersetzte die Bibel ins Gotische, z. T. erhalten im **Codex argenteus.**

Wülfrath, Stadt in Nordrhein-Westf., 23 500 Ew.; Metall-, Textil- u. a. Industrie.

W'ullenwever, Jürgen, war 1533-35 als entschiedener Protestant und Gegner der Patrizierherrschaft Bürgermeister von Lübeck, suchte vergeblich die Vormachtstellung Lübecks in der Ostsee wiederherzustellen; 1537 hingerichtet.

Wunde die, Verletzung, bei der Gewebe gewaltsam getrennt wurden; heilt durch Verklebung der Wundflächen oder durch Bildung von Fleisch-

Worms: Teil der inneren Stadtmauer, links Andreasstift mit Kirche

Wundt

wärzchen und →Narbe. **Wundfieber** entsteht durch Verunreinigung mit Bakterien (**Wundinfektion**).

Wunder das, ein Vorgang, der dem naturgesetzl. Lauf der Dinge widerspricht; alle Religionen erleben im W. das Geheimnis, das in der Welt liegt, und das Wirken Gottes.

Wunderblume, Gattung Mirabilis, zweikeimblättrige Stauden des wärmeren Amerikas mit längl. Blättern und mehrfarbigen, z. T. nur eine Nacht blühenden Trichterblüten; gut zu Kreuzungsversuchen geeignet.

Wunderhorn, Des Knaben W., eine Sammlung alter dt. Volkslieder, hg. v. Achim v. Arnim und Clemens Brentano (1806-08).

Wundklee, weißfilziger Schmetterlingsblüter mit gelben Blütenköpfen, auf trockenen Wiesen. Futterpflanze; blutstillendes Volksmittel zur Wundbehandlung.

Wundrose, griech. **Erysip'el,** durch Streptokokken erregte, beschränkt ansteckende Entzündung in den Lymphspalten der Haut: Fieber; örtlich (bes. **Gesichts-, Kopf-, Fuß-, Unterschenkel-Rose**) brennende, glänzende Hautrötungen, die Blasen bilden.

Wundstarrkrampf, eine Wundinfektion, die oft zum Tode führt (**Tetanus**). Der Erreger, der **Tetanusbazillus,** findet sich in Erde, Heu usw.; er bildet das Gift **Tetanotoxin.** Verunreinigung auch kleinster Wunden führt zum W. (Anspannung der Muskulatur mit Rückwärtsbeugung des Kopfes, Krämpfen; Atembehinderung). Vorbeugung: Schutzimpfung; bei frisch Verletzten: Einspritzen von **Tetanusschutzserum.**

Wundt, Wilhelm, Philosoph und Psychologe, *1832, †1920; Begründer der experimentellen Psychologie; »Völkerpsychologie«.

Wünschelrute, Instrument der Rutengänger, gegabelter Haselnußzweig oder gebogener Draht, mit beiden Händen in Spannung gehalten; durch unbewußte Muskelbewegungen schlägt die W. an bestimmten Stellen aus (nach altem Glauben, wo Wasser, Bodenschätze in der Erde sind).

W'unsiedel, Stadt in Oberfranken, Bayern, Luftkurort im Fichtelgebirge; 8700 Ew.; Industrie.

W'unstorf, Stadt in Ndsachs., westl. von Hannover, 17 600 Ew.; keram., Stein- u. a. Industrie.

Wupper die, Nebenfluß des Rheins im Bergischen Land, mit Industrieorten.

W'uppertal, Industriestadt in Nordrh.-Westf., an der Wupper, 416 300 Ew.; 1929 aus Elberfeld, Barmen, Vohwinkel u. a. Gem. gebildet; Metall-, Textil- u. a. Ind.; Schwebebahn.

Wurf der, 1) ⊠ Bewegung eines Körpers, dem eine bestimmte Anfangsgeschwindigkeit erteilt wurde, unter dem Einfluß der Schwerkraft. 2) ⚲ das Gebären und die Jungen der Säugetiere. 3) ⚴ Wildschweinrüssel.

Würfel der, **Kubus** der, ein regelmäßiger Hexaeder: von 6 Quadraten begrenzter Körper.

Würger, ⚲ Singvögel, die Beute bei Nahrungsüberfluß als Vorrat auf Dornen spießen; z. B. der langschwänzige, hellgrau-weiße **Raub-W.,** der **Rotkopf-W.,** der **Neuntöter.**

Wurm die, linker Nebenfluß der Rur im Bez. Aachen; im **W.-Tal** Kohlenbergbau.

Wurm der, 1) ⚕ **Fingerwurm, Umlauf,** →Fingerentzündung. 2) ⚲ →Würmer.

Wurm, Theophil, ev. Theologe; *1868, †1953; 1933-49 Landesbischof von Württemberg, führend in der Bekennenden Kirche, nach 1945 beim Neuaufbau der EKD tätig.

Würmer Mz., **Vermes,** sehr artenreiche Gruppe des Tierreichs. Die W. sind wirbellose, zweiseitig symmetrische Tiere, meist von langgestreckter Körperform, im übrigen äußerst vielgestaltig. Viele W. sind Schmarotzer.

Wurmfarn, Farnkraut, dessen Wurzelstock Mittel gegen Eingeweidewürmer ist. →Schildfarn.

Wurmfäule, Krankheit der Kartoffel, verursacht durch ein Älchen.

Wurmfortsatz, App'endix, →Blinddarm.

Wurmkrankheiten, griech. **Helminthi'asen,** Erkrankungen durch schmarotzende Eingeweide-

würmer, so durch Bandwürmer, Madenwurm, Spulwurm, Trichine. Übertragung durch Wurmeier meist bei der Nahrungsaufnahme.

Würmsee, Starnberger See, →Starnberg.

W'ürselen, Stadt in Nordrh.-Westf., im N von Aachen, 20 200 Ew.; Steinkohlenbergbau, Gießerei, Stahlwerke u. a. Industrie.

Wurt [ndt.] die, künstl. Hügel in den Marschen, worauf das Gehöft gebaut wird.

W'ürttemberg, bis 1945 dt. Land zwischen Schwäbisch-Fränkischem Schichtstufenland, Schwarzwald und Bodensee, 19 508 km² mit (1939) 2,9 Mill. Ew.; Hauptstadt war Stuttgart.

GESCHICHTE. Die Grafen von W. (Stammburg Wirtenberg bei Untertürkheim) erscheinen im 12. Jahrh. im stauf. Herzogtum Schwaben. Sie erweiterten ihr Gebiet erheblich und wurden 1495 Herzöge. Ulrich wurde 1519 vom Schwäb. Bund vertrieben, und W. fiel an Österreich, bis Ulrich 1534 wieder eingesetzt wurde; darauf Einführung der Reformation. Herzog Friedrich II., seit 1806 König Friedrich I., konnte durch seinen Anschluß an Napoleon 1803-10 sein Gebiet ums Doppelte vergrößern; er hob 1805 die alte landständische Verfassung auf. Wilhelm I. verlieh 1819 eine neue liberale Verfassung. 1918 wurde W. Freistaat. 1945 wurde der S W.s mit Hohenzollern, der N mit N-Baden vereinigt. 1952 ging ganz W. in dem Bundesland →Baden-Württemberg auf.

W'ürzburg, Hauptstadt von Unterfranken, Bayern, am Main, 120 300 Ew.; vorwiegend barock bestimmtes Stadtbild; Kirchen, Residenz mit Hofgarten (1719-45, B. Neumann); Käppele (Wallfahrtsort); Festung Marienberg; Bischofssitz; Universität; Fruchthandel, Weinbau; Druckmaschinen-, Elektro-, Bekleidungs- u. a. Ind. — Das Bistum W. wurde 741 von Bonifatius gegr.; die Bischöfe erwarben große Besitzungen im Mainland und nannten sich im 11./12. Jahrh. »Herzöge zu Franken«. Das Bistum wurde 1802 mit Bayern vereinigt.

Wurzel die, 1) ⚘ strangförmiger Pflanzenteil, der die Pflanze im Boden verankert und ihr Wasser mit Nährstoffen zuleitet, im Gegensatz zum Sproß stets ohne Blätter. An fortwachsenden Enden hat sie eine schützende **W.-Haube;** an feinsten Verästelungen (**W.-Fasern**) schlauchförmige Zellfortsätze (**W.-Haare**), die die Stoffaufnahme vollziehen. W. von oberird. Sproß dienen der **Luft-W.** (**Stütz-** und **Stelz-W., Kletter-** oder **Haft-W.**). W. zum Aufspeichern von Nahrungsstoffen sind die **Rübe** und **W.-Knolle.** Von der W. sind zu unterscheiden: der →Wurzelstock, unterird. Ausläufer, Knollen daran, Zwiebeln. 2) △ die Zahl a, die man beim Zerlegen einer Zahl b in n gleichgroße Faktoren erhält $(a = \sqrt[n]{b})$. Z. B. ist 5 die zweite W. oder **Quadrat-W.** aus 25 $(5 = \sqrt[2]{25})$, weil $25 = 5 \cdot 5$; 4 ist die dritte W. oder **Kubik-W.** aus 64 $(4 = \sqrt[3]{64})$, weil $64 = 4 \cdot 4 \cdot 4$. Die zerlegte Zahl b (25; 64) heißt **Radik'and,** die Anzahl der

Wurmfarn,
a Wedelunterseite mit Sporenhäufchen,
b Vorkeim mit junger Pflanze

Würzburg:
Blick zur Festung
Marienberg

a ‿ b   c   d   e   f   g

Wurzel,
a Haupt- mit
Seitenwurzel,
b rübenförmige
W., c Neben-W.
eines Grases,
d W.-Knollen,
e W.-Haare,
f W.-Haube,
g W.-Haare mit
Bodenteilchen
(f und g mikro-
skopisch)

Faktoren n (2; 3) **W.-Exponent,** das Aufsuchen oder Ziehen der W. heißt **radiz'ieren. 3)** ⓖ der einer ganzen Wortfamilie gemeinsame Wortteil, an dem die Grundbedeutung haftet, z.B. geb-en, Gab-e, er-gieb-ig, Gif-t usw.

Wurzelbrand, Keimlingskrankheit vieler Nutzpflanzen durch Schmarotzerpilze; Wurzelhals und Hauptwurzel verfaulen oder verschrumpfen.

Wurzelfüßer, Rhizop'oden Mz., einfach gebaute Einzeller (Urtiere) mit veränderl. Körperform. Ihr Protoplasmakörper sendet wurzelförmige Fortsätze (Scheinfüßchen, Pseudopodien) aus, die Nahrungsteilchen umfließen oder der Fortbewegung dienen. **Wechseltierchen** (Amöben), nackt oder beschalt; **Sonnentierchen** (Heliozoen), kugelig mit fadenförmigen Pseudopodien; **Strahlentierchen** (Radiolarien) mit zierl. Kieselgerüst; **Foraminif'eren.**

Wurzelhaut, W.-Entzündung, →Zähne.

Wurzelkropf, warzige Geschwulst an Wurzel und Wurzelhals vieler Kulturpflanzen, durch Bakterien verursacht.

Wurzelstock, griech. **Rhiz'om** das, der ausdauernde unter oder über der Bodenoberfläche wachsende Sproßteil einer Staude; er trägt Nieder- und Laubblätter.

Wurzen, Stadt im Bez. Leipzig, an der Mulde, 24400 Ew.; Kunstmühlen, Teppich- u.a. Ind.

Wusih, Stadt in der chines. Prov. Kiangsu, 650000 Ew.; Reiszentrum; Seiden- u.a. Ind.

Wust, Peter, kath. Philosoph, *1884, †1940; Neuscholastiker.

Wüste die, sehr niederschlags- und pflanzenarme Landschaft in den großen Trockengebieten der Erde, z.B. in N-Afrika (Sahara), Vorderasien (Arabien, Iran), Innerasien (Turkestan, Gobi), Inneraustralien, SW-Afrika (Namib), N-Amerika (Niederkalifornien), S-Amerika (Atacama). Man unterscheidet: Stein- oder Fels-, Kies-, Sand- oder Dünen-, Lehm- und Salz-W.

Wüstenfuchs, Fenek der, kleine Fuchsart Nordafrikas mit sehr großen Ohren.

Wüstung die, verlassene Siedlung (Orts-W.) oder aufgegebene, einst landwirtschaftlich genutzte Fläche (Flur-W., wüste Marken).

W'utach die, rechter Nebenfluß des Rheins, vom Schwarzwald, mündet bei Waldshut.

Wutschang, →Wuhan.

Wyk auf Föhr, Nordseebad auf der Insel Föhr (Schleswig-Holstein), 5000 Ew.

Wyoming [wai'oumiŋ], Abk. **Wyo.,** einer der Kordillerenstaaten der USA, 253597 km², rd. 332400 Ew.; Hauptstadt: Cheyenne. Im NW liegt der Yellowstone-Nationalpark. Ackerbau ist nur bei künstl. Bewässerung möglich; Schafzucht; 🐑 auf Erdöl, Erdgas, Kohle, Uran u.a. Fremdenverkehr. ⊕ S. 526.

Wysch'inskij, Andrej J., sowjet. Politiker, *1883, †1954; war 1935-40 Generalstaatsanwalt (polit. Schauprozesse), 1947-49 stellvertretender Außenmin., 1949-53 Außenminister.

Wyspi'ański, Stanisław, Dramatiker und Maler der poln. Neuromantik, *1869, †1907.

Wysz'yński, Stefan, Kardinal und Primas von Polen, *1901; 1953 amtsenthoben, in einem Kloster interniert, 1956 wieder eingesetzt.

W'ytschegda die, rechter Nebenfluß der Dwina, Sowjetunion, 1130 km lang, schiffbar.

X

x, X, 1) der 24. Buchstabe im Abc. **2)** röm. Zahl: X = 10. **3)** △ eine Unbekannte.

X'anten, Stadt in Nordrhein-Westf., am Nieder-

rhein, 7200 Ew. – X. entwickelte sich aus dem röm. Standlager **Vetera Castra;** im Nibelungenlied Heimat Siegfrieds. Durch den Vertrag von X., 1614 (Bestätigung 1666), fielen Kleve, Mark, Ravensberg an Brandenburg-Preußen.

X'anthe, neugriech. **Xanthi,** Stadt in N-Griechenland, 26000 Ew.; Tabakanbau.

Xanth'ippe, Gattin des Sokrates, wurde zu Unrecht zum Inbegriff des zänk. Eheweibs.

Xanthog'ensäure, ⟡ Ester der Dithiokohlensäure. Ihr Salz **Natrium-Cellulose-Xanthogenat** ist für die Herstellung von Viskose-Reyon wichtig.

Xanth'om [grch.] das, gutartige Neubildung der Haut in Form von gelbl. Knoten, in denen Lipoide abgelagert werden.

Xanthoph'yll [grch.] das, ⟡ gelber Pflanzenfarbstoff; verursacht die Gelbfärbung der Blätter.

Xanten: Klever Tor

X'aver, Franz, Jesuit, *1506, †1552, Mitgründer des Jesuitenordens, Missionar in Ostasien; Heiliger (Tag 3. 12.).

X-Beine, ⟩ Abknickung der Unterschenkel (gegenüber den Oberschenkeln) nach außen; infolge Rachitis oder zu starker Belastung der Knochen bei Jugendlichen.

X-Chromos'om, Geschlechtschromosom, →Vererbung.

Xe, chem. Zeichen für →Xenon.

X'enien [grch. »Gastgeschenke«] Mz., Titel der von Goethe und Schiller gemeinsam verfaßten Sinnsprüche gegen zeitgenöss. Schriftsteller.

X'enon das, **Xe,** chem. Element, Edelgas, Ordnungszahl 54, kommt mit 0,005 Gewichtsprozent in der Luft vor. Verwendung zur Füllung von Glühlampen und Leuchtröhren.

Xenonlampe, mit Xenon unter Hochdruck gefüllte Gasentladungslampe, gibt das beste tageslichtähnl. Licht für Farbmusterungen, Färbereien, Druckereien, Farbfilmaufnahmen usw.; **Xenon-Langbogenlampen** für Flutlichtbeleuchtung.

Xen'ophanes, griech. Philosoph, Dichter, gründete um 540 v.Chr. die Eleatische Schule.

X'enophon, griech. Schriftsteller, * um 430, † um 354 v.Chr., führte 401 v.Chr. den Rückzug der 10000 griech. Söldner des Kyros nach Trapezunt; beschrieb ihn in der »Anabasis«. Geschichtl. und philosoph. Schriften.

Xerograph'ie die, schnelles Vervielfältigungsverfahren für Vorlagen ohne Halbtöne.

Xeroph'yten [grch.] Mz., ⊕ an trockene Standorte angepaßte Pflanzen: Steppen-, Wüsten-, Salzpflanzen und bes. die →Sukkulenten.

Xer'ose [grch.] die, **Augendarre,** Entartung der Bindehaut des Auges, wobei die befallenen Stellen trocken und fettglänzend erscheinen; entsteht durch Vitamin-A-Mangel.

X'erxes, König der Perser, * um 519, †465 v.Chr., zog 480 v.Chr. nach Griechenland, wurde bei Salamis besiegt.

Ximénes de Cisneros [xim'enɛθ dɛ θisn'ɛros], Francisco, *1436, †1517; Franziskaner, 1492 Beichtvater Isabellas von Kastilien, 1507 Kardinal und Großinquisitor, veranlaßte die Vertreibung der Mauren aus Spanien.

Xingú [ʃiŋg'u:] der, südl. Nebenfluß des Amazonas in Südamerika, 1980 km lang.

X-mas, engl. für Christmas, Weihnachten.

XP [grch. Ch R], das' →Christusmonogramm.

X-Strahlen, die →Röntgenstrahlen.

Xylograph'ie die, ⚔ Holzschnitt, meist Reproduktion in der Technik des Holzstichs.

Xyl'ole, $C_6H_4(CH_3)_2$, Dimethylbenzole, im Steinkohlenteer enthaltene Kohlenwasserstoffe, als Lösungs- und Antiklopfmittel verwendet.

Xylol'ith [grch.] der, Steinholz, ein Magnesitmörtel, dem Bimskies, Korkschrot, Holzmehl und Asbest beigemengt ist; Fußbodenbelag.

Xyloph'on [grch.] das, ♩ Schlaginstrument aus tonleitermäßig abgestimmten Holzstäben, die mit 2 Holzklöppeln geschlagen werden.

Xyl'ose [grch.] die, ⊸ Zuckerart: Holzzucker.

Y

y, Y, 1) Ypsilon, der 25. Buchstabe im Abc. **2)** △ die 2. unbekannte Größe. **3)** chem. Zeichen für →Yttrium.

Yacht, →Jacht.

Yale University [jeil-], in New Haven, Connecticut, 1701 als College gegr., Univ. seit 1877.

Yamswurzel [chines.], Knollenpflanzen. **1)** Dioscorea, artenreiche einkeimblättrige Pflanzengattung in warmen Erdgebieten, größtenteils Kletterstauden. Die stärkereichen Knollen geben Nahrungsmittel, in Südafrika z. B. **Schildkrötenpflanze (Elefantenfuß)** mit bis 300 kg schwerer Knolle (Hottentottenbrot). **2) Yamsbohne,** gartenbohnenähnl. amerikan. Schlingpflanze, wegen ihrer kopfgroßen Wurzelknollen in Südamerika und Asien Gartenpflanze.

Yankee [j'æŋki, engl.] der, Spitzname für den Nordamerikaner, bes. den Neuengländer.

Yard [ja:d, engl.] das, engl. und nordamerikan. Längenmaß, = 91,44 cm.

Yarmouth [j'a:məθ] →Great Yarmouth.

Yawata, →Jawata.

Yawl [jɔ:l, engl.] die, ⚓ eine Art →Kutter.

Yb, chem. Zeichen für →Ytterbium.

Ybbs an der Donau, Stadt in Niederösterreich, 6600 Ew.; hat Donau-Großkraftwerk, Stahlwerk u. a. Ind.; Stadtmauer.

Yeats [jeits], William Butler, irischer Dichter, *1865, †1939; Führer der »kelt. Renaissance«, deutete in seinen lyr.-phantast. Dramen die irische Vorzeit symbolisch aus. Nobelpreis 1923.

Yellowstone [j'eloustoun, engl.] der, schiffbarer Nebenfluß des Missouri in N-Amerika. In seinem Quellgebiet liegt der **Y.-Nationalpark,** ein Naturschutzgebiet von 8904 km², mit dem **Y.-See,** dem **Y.-Cañon,** heißen Quellen, Geysiren, Schlammvulkanen, Solfataren, Fumarolen.

Yentai, Hafenstadt in der chines. Prov. Schantung, 806000 Ew.; Obstbau; Eisenbahn.

Y'erba die, stechpalmenartige Bäume Südamerikas, deren Laub **Y.-Tee (Mate)** gibt.

'Yggdrasill, german. Sage: die Weltesche, deren Zweige sich über die Welt erstrecken.

Yintschuan, Hauptstadt von →Ninghsia-Hui, China, 120000 Ew.; Woll- u. a. Ind., Flugplatz.

Yin Yang [chin. »dunkel« und »hell«], kosmolog. Begriffe der chines. Philosophie; Yang das männl. Prinzip (Himmel, Stärke), Yin das weibl. (Erde).

Ylang-Ylang-Öl, äther. Blütenöl vom **Ylang-Ylang-Baum** (Philippinen, Java, Madagaskar), Rohstoff der Feinparfümerie.

YMCA, →Christl. Vereine junger Männer.

'Ymir, german. Göttersage: der Urriese, aus dem die Welt geschaffen wurde.

Yoga, →Joga.

Yoghurt, →Joghurt.

Yohimb'in das, Alkaloid aus der Rinde eines westafrikan. Baumes, erweitert die Gefäße, steigert die geschlechtl. Reizempfindlichkeit.

Yokohama, →Jokohama.

Yokosuka, →Jokosuka.

Yonkers [j'ɔŋkəz], Wohnvorstadt von New York, USA, am Hudson, 190600 Ew.

Yorck von Wartenburg, 1) Ludwig Graf, preuß. Feldmarschall, *1759, †1830, befehligte im russ. Feldzug 1812 das Hilfskorps für Napoleon, schloß beim Rückzug am 30. 12. mit den Russen den Neutralitätsvertrag von Tauroggen, der die preuß. Erhebung gegen Napoleon einleitete. **2)** Peter Graf, *1904; Oberregierungsrat, Mitgr. des →Kreisauer Kreises; am 8. 8. 1944 hingerichtet.

Yeats

York [jɔ:k], **1)** Stadt in M-England, 107200 Ew.; normann.-got. Kathedrale; Ind. **2)** Halbinsel in NO-Australien (Queensland); Bodenschätze.

York [jɔ:k], Herzogstitel einer Nebenlinie des engl. Königshauses Plantagenet, →Rosenkriege. Später meist Titel der 2. Königssöhne.

Y'oruba, Joruba, Landschaft und alter Negerstaat im SW von Nigeria, besiedelt vom Volk der Y. (6,35 Mill.).

Yosemite-Tal [jous'ɛmiti-], tief eingeschnittenes Felsental in der kaliforn. Sierra Nevada, mit Wasserfällen, seit 1864 Nationalpark (3093 km²).

Young [jʌŋ], **1)** Edward, engl. Dichter, *1683, †1765, beeinflußte mit seinen »Nachtgedanken« die dt. Dichtung der Empfindsamkeit (18. Jahrh.). **2)** Owen D., amerikan. Wirtschaftsführer, *1874, †1962; als Präsident (1929) der internat. Kommission zur Regelung der →Reparationen arbeitete er den Y.-Plan aus. **3)** Thomas, engl. Physiker, *1773, †1829, Arzt, Prof. der Physik in London, erklärte die Interferenz des Lichts, stellte die Dreifarbentheorie des Sehens auf.

Young Men's Christian Association [jʌŋ menz kr'istʃən əsousi'eiʃən], **YMCA,** →Christliche Vereine junger Männer (→YWCA).

Youngstown [j'ʌŋstaun], Stadt in Ohio, USA, 165000 Ew.; Kohlen- und Erdgasgebiet, Ind.

Yo-Yo [jo:jo:], altes, wohl chines. Geschicklichkeitsspiel mit Holzspule und Faden.

Ypern, fläm. Jeper ['i:pər], französ. **Ypres** [i:pr], Stadt in Westflandern, Belgien, 18200 Ew.; blühende Handelsstadt des späten MA. Im 1. Weltkrieg völlig zerstört, wurde Y. im alten Stil wiederaufgebaut; got. Tuchhalle, Renaissancerathaus, St.-Martins-Kathedrale; Textilindustrie.

Ypsil'anti, Alexander, griech. Freiheitskämpfer, *1792, †1828; 1821 erfolgloser Aufstand gegen die Türken.

Yser ['eisər] die, Fluß in Flandern, 76 km, mündet bei Nieuwport in die Nordsee.

'Ysop der, halbstrauchiger Lippenblüter Südeuropas, ein bläulich blühendes Würzkraut.

Yssel, Ysselmeer, →Ijssel, →Ijsselmeer.

Ytt'erbium, Yb, chem. Element aus der Gruppe der Lanthaniden.

'Yttrium, Y, chem. Element, den Lanthaniden nahestehendes seltenes Metall.

Yüan, 1278-1368 Mongolendynastie in China (FARBTAFEL Chines. und Japan. Kunst S. 172).

L. Yorck
von Wartenburg

Ypern: Tuchhallen

Yucat'án, Halbinsel in Mittelamerika, zwischen Golf von Campeche und Golf von Honduras, von Kuba durch die **Y.-Straße** getrennt. Bevölkerung: Maya-Indianer, Mestizen, im O Neger. Staatlich gehört Y. zu Mexiko, Guatemala und Brit.-Honduras.

Y'ucca [indian.] die, Liliengewächse, bes. in Mittelamerika; spitze, starre Blätter (Fasern zu Tauen, Bürsten), weißl. Blütenrispe.

Yukawa, Hideki, japan. Physiker, *1907, sagte 1935 die π-Mesonen theoretisch voraus; Nobelpreis 1949.

Y'ukon, Jukon der, 1) 3700 km langer Strom in Alaska, mündet in das Beringmeer. 2) kanad. Territorium, im NW des Landes, 536265 km², 15000 Ew.; Verwaltungssitz ist Whitehorse. Y. besteht meist aus Tundra. Bergbau (Blei, Silber, Kupfer, Zink); Pelztierfang. Die Waschgoldlager am Klondyke sind nahezu erschöpft.

Yungkia, →Wendschou.

Yverdon [ivɛrd'ɔ̃, frz.], dt. **'Iferten,** Stadt im schweizer. Kt. Waadt, 20500 Ew.; Ind. Das alte Schloß war 1805-25 Erziehungsanstalt Pestalozzis.

YWCA, Abk. für Young Women's Christian Association, christl. Verein junger Frauen.

Z

z, Z, 1) letzter, der 26. Buchstabe im Abc. 2) △ die 3. unbekannte Größe.

Zaandam, [z'a:ndam], Stadt in Nordholland, an der Zaan, 55600 Ew.; Ind. und Handel.

Z'abern, franzö. **Saverne** [sav'ɛrn], Stadt im Elsaß, Frankreich, 10100 Ew.; am Vogesenrand östlich der **Zaberner Steige.**

Zachar'ias, 1) **Sach'arja,** israelit. Prophet, um 520 v. Chr., von ihm stammt das Buch Sacharja im A. T. 2) Vater Johannes' d. T.

Z'adar, italien. **Z'ara,** Hafenstadt und Seebad an der dalmatin. Küste, Jugoslawien, 28000 Ew.

Zadkine [frz. zadk'in], Ossip, russ. Bildhauer in Paris, *1890, †1967; ging vom Kubismus aus.

Zagaz'ig, Stadt im östl. Nildelta, Ägypten, 151200Ew.; Baumwoll-, Getreidehandel, Textilind.

Zagreb [z'ag-], →Agram.

Zahl die, Grundbegriff der Mathematik. Durch Zählen erhält man die **natürlichen Z.** 1, 2, 3, ... Die Subtraktion führt zur **Null** und den **negativen Z.,** die Division zu den **Brüchen,** die zusammen mit den ganzen Z. **rationale Z.** heißen. Durch Auflösung algebraischer Gleichungen kommt man zu den **algebraischen Z.,** zu denen außer den rationalen Z. auch die Wurzeln gehören (z. B. $\sqrt{2}$). Nicht mehr als Wurzeln algebraischer Gleichungen darstellbar sind die **transzendenten Z.,** wie z. B. die Z. e (Basis der natürl. Logarithmen), die Z. π (Kreis-Z., Ludolfsche Z.). Algebraische und transzendente Z. bilden zusammen die **irrationalen Z.,** rationale und irrationale zusammen die **reellen Z.** Ferner →komplexe Zahlen.

Zahlensymbolik, bei allen Völkern verbreitete Anschauung, daß bestimmte Z. tiefere sinnbildliche Bedeutung zukommt.

Zahlentheorie, die Lehre von den natürl. Zahlen, ein Zweig der reinen Mathematik.

Zähler der, 1) △ die Zahl über dem Bruchstrich. 2) Gerät zum Ermitteln des Verbrauchs (**Elektrizitäts-Z., Gasmesser, Wasser-Z.**), zurückgelegter Strecken (**Kilometer-Z., Schritt-Z.**), von Stückzahlen, Längen, Umdrehungen (**Tachometer**) u. a.

Zahlmeister, ✠ Militärbeamte, führten bei den Stäben die Geschäfte der Heeresverwaltung.

Zählrohr, Geigerscher Spitzenzähler, Geigerzähler, Gerät zum Nachweis und zur Zählung von ionisierenden Teilchen oder Strahlen (Alpha-, Beta-, Gamma-, Höhenstrahlen); verwendet in der →Kernphysik, bei Anwendung radioaktiver →Indikatoren und als Warngerät.

Zahlung die, Übertragung des Eigentums an Geld, meist zur Schuldentilgung (**Barzahlung**): sie hat im Zweifel am Wohnsitz oder Sitz der gewerbl. Niederlassung des Gläubigers zu erfolgen (BGB, § 270). →Wechsel, →Scheck.

Zahlungsabkommen, Vereinbarung über Art und Verfahren der gegenseitigen Verrechnung im internat. Handelsverkehr.

Zahlungsbefehl, ♊ →Mahnverfahren.

Zahlungsbilanz, bilanzmäßige Gegenüberstellung aller Zahlungen, die in einem bestimmten Zeitraum (gewöhnlich ein Jahr) zwischen dem In- und Ausland fällig geworden sind.

Zahlungseinstellung, ♊ die (ausdrücklich oder stillschweigend bekanntgegebene) Unfähigkeit, fällige Verpflichtungen zu erfüllen (auch **Zahlungsunfähigkeit**); führt i. d. R. zu Konkurs oder Vergleichsverfahren.

Zahlungsverkehr, Gesamtheit der Zahlungen im Wirtschafts- und Rechtsverkehr. Im baren Z. werden Zahlungsmittel persönl. übergeben, im **bargeldlosen** erfolgen Überweisungen vom Konto des Zahlenden auf das Konto des Zahlungsempfängers (Giroverkehr), oder der Zahlungsempfänger erhält ein Geldersatzmittel (Wechsel, Scheck, Anweisung).

Zahlwörter, lat. **Numeralia,** 1) **Grund-, Kardinalzahlen,** lat. Cardinalia, z. B. eins, zwei. 2) **Ordnungszahlen,** lat. Ordinalia, z. B. erster, zweiter. 3) **Wiederholungs- und Vervielfältigungszahlen,** z. B. einmal, zweimal; dreifach, vierfach. 4) **Teilungs-** oder **Bruchzahlen,** z. B. ein Drittel, ein Viertel. 5) **unbestimmte Zahlangaben,** z. B. viele, wenige, manche, alle usw.

Zahn, Ernst, schweizer. Erzähler, *1867, †1952; Novellen, Romane.

Zahnarzt, Facharzt für Zahnkrankheiten; Universitätsstudium (10 Semester); Approbation.

Zahnarme Mz., niedere Säugetiere mit rückgebildeten Gebiß, leben in S-Amerika. Ameisenbär, Faultier, Gürteltier, Schuppentier, Erdferkel.

Zähne, knochige Mundteile zum Fassen und Zerkleinern der Nahrung. Zahnähnliche Gebilde sind schon bei niederen Tieren vorhanden (Seeigel, Schnecken usw.). Die Z. der Säugetiere sitzen in den Kiefern. Sie bleiben entweder für das ganze Leben oder werden gewechselt (**Zahnwechsel**). Das bei der Geburt vorhandene Z. wird das Jugendgebiß (**Milch-Z., Milchgebiß**) durch das Dauergebiß verdrängt. Die Milch-Z. (**Zahnen**) brechen vom 6. Monat an ab. Jahr durch, die bleibenden Z. erscheinen vom 5. bis 6. Lebensjahr an.

Teile des Z.: die **Krone** ragt aus dem Zahnfleisch hervor, die **Wurzel** steckt im Zahnfach (in der Alveole) des Kiefers und wird hier von der **Wurzelhaut** festgehalten, der **Hals** ist der vom Zahnfleisch umgebene Teil zwischen beiden. Hauptbestandteile der Z. sind das **Zahnbein,** eine Abart des Knochengewebes; der **Schmelz,** eine porzellanartige glänzende Masse über der Krone und dem Hals; der **Zement,** eine knochenartige Masse als Überzug der Wurzel. Im Innern der Z. findet sich die **Zahnhöhle** mit einem gefäß- und nervenreichen Bindegewebe (**Pulpa**).

Einteilung der Z.: **Schneide-Z.** mit platter, meißelförmiger Krone und einfacher Wurzel, vorn in der Mitte der Kiefer; **Eck-Z.,** zu beiden Seiten der Schneide-Z., mit spitzer Krone und einfacher Wurzel; **Back-Z. (Prämolaren)** mit zweihöckrigen Kronen und **Mahl-Z. (Molaren)** mit 4-5höckriger Krone. Der erwachsene Mensch hat 32 Zähne: jederseits oben und unten 2 Schneide-Z., 1 Eckzahn, 2 Back-Z. und 3 Mahl-Z. Der hinterste Mahlzahn (**Weisheitszahn**) bricht meist erst nach dem 17. Jahr oder gar nicht durch.

Zahnkrankheiten. Am häufigsten ist die **Zahnfäule** oder **Zahnkaries,** eine allmähliche Zerstörung des Zahnbeins nach Zerstörung des Schmelzes. Gelangt die Fäulnis in die Nähe der Pulpa, so entstehen heftige Schmerzen (**Zahnweh, Zahnreißen**); falls der Eiter nicht abfließen kann, sammelt er sich unter der Oberfläche des Zahnfleisches an (**Zahngeschwür, Zahnabszeß**). Eine Wurzelhautentzündung verursacht heftige Schmerzen beim Zubeißen und führt zur Schwellung von Zahnfleisch und Gesicht; vielfach ist Ausziehen des Z. erfor-

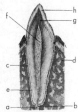

Zähne: Schema des Zahnaufbaus, a, b Gefäße und Nerven, c Wurzelhaut, d Kiefer, e Zement, f Pulpa, g Zahnbein, h Schmelz

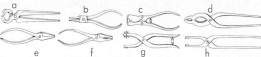

derlich. Oft entsteht ein Eitergang von der Zahnwurzel nach außen (**Zahnfistel**). Die Ablagerung von **Zahnstein,** einem Niederschlag von Kalksalzen aus dem Speichel, kann zu Paradentose führen und bewirkt Lockerung und schließlich Ausfallen der sonst ganz gesunden Z. **Zahnersatz,**wird fabrikmäßig hergestellt aus Porzellan, Gold usw. und meist an einer **Gaumenplatte** aus Gold, nichtrostendem Stahl oder vulkanisiertem Kautschuk im Mund befestigt oder einzeln als **Stiftzähne** in eine gesunde Wurzel eingesetzt; stehen neben den Lücken noch gesunde Z., so werden die Ersatzzähne an einer **Brücke** (**Zahnbrücke**) aus Porzellan und Gold befestigt.

Zahnkarpfen, kleine farbenprächtige Knochenfische; in Aquarien, z.B. Schwertträger.

Zahnrad, Maschinenteil zur Übertragung von Drehbewegungen von einer Welle auf eine zweite, wobei stets 2 Räder mit ihren Zähnen ineinandergreifen. Je nachdem, ob die Wellen parallel sind, sich schneiden oder kreuzen, verwendet man **Stirn-, Kegel-, Schrauben-Z.,** für große Übersetzungen **Schneckengetriebe.** Neben geradverzahnten werden bei hohen Anforderungen an geräuschlosem Lauf schrägverzahnte Z. benutzt.

Zahnradbahn, Bergbahn. Ein von der Lokomotive oder dem Triebwagen angetriebenes Zahnrad greift in eine zwischen den Schienen angebrachte Zahnstange und bewirkt die Fortbewegung.

Zahntechniker, vollhandwerkl. Lehrberuf; Aufgabengebiet: Zahnersatztechnik.

Zähringer, süddt. Fürstengeschlecht, das sich nach Burg **Zähringen** bei Freiburg i. Br. nannte. Die ältere Linie der Herzöge von Zähringen, die 1218 ausstarb, gründete die Städte Freiburg i.Br., Freiburg i. Ü. und Bern. Eine jüngere Linie sind die Markgrafen; spätere Großherzöge von Baden.

Zaïre, bis 1971 **Demokrat. Rep. Kongo (K.),** Rep. in Mittelafrika, 2,3 Mill. km², 17,1 Mill. Ew. (²/₃ Bantu); Hauptstadt: Kinshasa (früher Léopoldville); Amtssprache: Französisch. Staatsoberhaupt der Präsident. – Z. umfaßt das von Gebirgsschwellen umgebene Kongobecken, im S der Katanga-Hochland. Meist feuchtheißes Tropenklima. Im Innern Urwald, nach SO Savanne. Die landwirtschaftl. Erzeugung (Maniok, Mais, Baumwolle u. a.) ist infolge der Unruhen seit 1960 stark zurückgegangen. Reiche Bodenschätze (bes. in Katanga): Kupfer, Mangan, Zink, Kobalt, Zinn, Diamanten, Gold, Uran, Germanium u. a. Hüttenwerke, chem., Getränke-, Textil- u. a. Ind. Ausfuhr: Bergbauprodukte, Kaffee, Kautschuk. Haupthandelspartner: EWG-Länder. Bedeutende Binnenschiffahrt. Seehäfen: Matadi, Boma (am unteren Kongo); internat. Flughäfen: Kinshasa, Lubumbashi. ⊕ S. 514, ⊐ S. 346.

GESCHICHTE. Die im Auftrage Leopolds II. von Belgien 1881-85 durch Stanley erworbenen Gebiete im Kongobecken wurden auf Grund der Kongo-Akte (Berlin 1884/85) als unabhängiger Kongostaat unter der Souveränität Leopolds II. anerkannt. 1908 belg. Kolonie (**Belgisch-Kongo**), am 30. 6. 1960 unabhängig. Seitdem kam es zu Truppenmeutereien und blutigen Auseinandersetzungen. Die Spannungen verschärften sich nach Loslösung der Prov. Katanga (1960). Jan. 1963 zwangen UN-Truppen Katanga (M. Tschombé) zur Unterwerfung. Juli 1964 wurde M. Tschombé MinPräs. Durch einen Staatsstreich 1965 machte sich J. D. Mobutu zum Staatspräs., 1966 auch zum MinPräs.

Zakop'ane, Kurort und Wintersportplatz am N-Rand der Hohen Tatra, Polen, 25900 Ew.

Z'akynthos, eine der griech. Ionischen Inseln; Oliven-, Weinbau; Hauptstadt: Z.

Z'ama, antiker Ort in N-Afrika; Schlacht bei Z. 202 v.Chr., Sieg Scipios über Hannibal.

Z'ambo der, in Lateinamerika: Mischling von Neger und Indianer.

Zambo'anga, Hauptstadt der Philippinen-Insel Mindanao, 158000 Ew.; Ausfuhrhafen.

Zande, Azande, Sande, Gruppe sudanspachiger Stämme in Zentralafrika, rd. 1,34 Mill.

Zander, barschartiger Süßwasser-Speisefisch.

Zange die, ein Greifwerkzeug.

Zangengeburt, ♀ Entbindung mit der Geburtszange.

Zankapfel, →Eris.

Zan'onie die, Kürbisgewächse, Klettersträucher des Malaiischen Archipels.

Zäpfchen das, 1) Teil des weichen Gaumens. 2) Stuhl-Z., Supposit'orium, zäpfchenförmige arzneihaltige Masse zur Einführung in den Mastdarm.

Zapfen der, 1) bei Achsen und Wellen die Teile, mit denen sie im Lager laufen. 2) eine Holzverbindung. 3) ♁ Blüten- und Fruchtstand, dessen Achse und Tragblätter später verholzen; bes. bei Nadelhölzern. 4) ♂ die der Farbwahrnehmung dienenden Sinneszellen in der Netzhaut des Auges.

Zapfenstreich, ☷ militär. Signal zur Rückkehr in die Quartiere.

Zap'onlack, hochwertiger Nitrocelluloselack, bes. für Metalloberflächen.

Zapot'eken, auch **Tzapot'eken,** altes Kulturvolk in Mexiko; die Blütezeit ihrer Kultur lag im 3.-5. Jahrh. (→Mitla, →Monte Alban). Ihre Sprache ist dem Mixtekischen verwandt.

Zar [von lat. Caesar] der, slaw. Herrschertitel, angenommen 917 von dem bulgar. Fürsten Simeon, 1346 von dem serb. Fürsten Stephan Duschan, 1547 von dem russ. Großfürsten Iwan IV., 1908 von dem bulgar. Fürsten Ferdinand. **Zar'ewitsch,** Zarensohn; **Zar'ewna,** Zarentochter. **Zar'iza,** Zarin.

Zarath'ustra, griech. **Zoro'aster,** Reformator der altpers. Religion, vor dem 5. Jahrh. v.Chr.; das **Awesta** ist die Sammlung der religiösen Texte der Anhänger Z.s. Für Z. ist das Leben ein ständiger Kampf zwischen Gut und Böse, Wahrheit und Lüge, Licht und Finsternis (Dualismus). Der lichte Gott Ahura Masda oder Ormuzd mit seinen guten Geistern kämpft gegen den finstern Herrscher Ahriman mit seinen bösen Geistern. Aufgabe des Menschen ist, Ahura Masda in seinem schweren Kampf beizustehen. Z.s Lehre war zu den Zeiten der Achämeniden und Sassaniden die herrschende Religion der alten Perser (→Parsismus).

Zarge die, 1) rahmenartige Einfassung an Fenstern und Türen. 2) die Seitenwände von Schachteln. 3) bei Streichinstrumenten mit flachem Schallkörper dessen Seitenwände.

Zäs'ur [lat.] die, Einschnitt; in der antiken Metrik diejenige Stelle im Vers, an der regelmäßig ein Wort schließt, in der dt. Metrik die stets an gleicher Stelle liegende Pause. Wechselt die Pause frei, spricht man von Einschnitt oder Fuge.

Zauber der, geheimnisvolle Verfahren, die im Glauben der Naturvölker oder im Volksglauben Wirkungen auf Lebewesen, Naturvorgänge, Geister, Götter auszuüben vermögen; →Magie. Es gilt Wetter-Z., Fruchtbarkeits-Z., Vernichtungs-Z., Liebes-Z., Heil-Z., Jagd-Z. u. a. Mittel des Z. sind **Z.-Handlung** und **Z.-Spruch.**

Zäum der, Vorrichtung zum Lenken und Führen von Zug- und Reitpferden, besteht aus Lederzeug und dem Gebiß (Trense, Kandare). (BILD S. 1026)

Zauner, Franz Anton v., *1746, †1822; führender klassizist. Bildhauer in Wien.

Zaunkönig, kleiner bräunl. Singvogel mit kurzem, steil aufrichtbarem Schwanz, 10 cm lang; baut ein Kuppelnest am Boden. (FARBTAFEL Singvögel S. 872)

Zaunrebe, der →Wilde Wein u.a. Kletterpflanzen.

Zaunrübe, Gichtrübe, rankende, staudige Kürbisgewächse, mit rübenförmiger Wurzel, giftig: **Schwarzbeerige** und **Rotbeerige Z.**

z. B., Abk. für zum Beispiel.

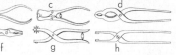

Zange, a Beiß-, b Rund-, c Schneide-, d Rohr-, e Flach-, f Kombinations-, g Loch-, h Schmiedezange

Zahnrad, a Stirn-, b Kegelrad, c Schneckengetriebe, d Sperrad

Zaum. 1 Kandarenzäumung mit engl. Reithalfter, a Kandare, b Unterlagtrense, c Reithalfter, d Stirnriemen, e Kinnkette, f Kehlriemen. **2** Trensenzäumung für Wagenpferde, a Doppelringtrense

Zecke (Holzbock)

Zeiss

z.D., Abk. für zur Disposition.

Z'ebaoth [hebr., Mz. von saba »Heer«], Heerscharen; Jahve Z., »Gott der Heerscharen«.

Zebed'äus, der Vater der Apostel Jakobus und Johannes.

Z'ebra das, gestreiftes Wildpferd Afrikas.

Z'ebu der, **Buckelrind,** Nutztier S-Asiens, O-Afrikas, mit langen Hörnern und Fetthöcker.

Zech, Paul, *1881, †1946; expressionist. Lyriker, Übersetzer von Villon, Rimbaud.

Zeche [mhd. »Reihenfolge«] die, **1)** Bergwerk. **2)** Wirtshausrechnung. **Zechprellerei** wird als →Betrug bestraft.

Zech'ine [ital.] die, venezian. Goldmünze, 1284 zuerst geprägt, auch als →Dukaten bezeichnet.

Zechstein, ⊕ obere Abteilung des →Perms.

Zecken Mz., Milben, deren Weibchen an Säugetieren und Vögeln Blut saugen **(Holzbock).** Durch Betupfen mit Öl lassen sie sich leicht entfernen. Überträger von Krankheiten.

Zed'ent [lat.] der, →Zession.

Zeder [grch. kedros] die, **1)** Gattung immergrüner Nadelbäume (Familie Kieferngewächse). Die Echte Z. oder Libanon-Z. wächst im Taurus, Libanon, auf Zypern; Schwesterarten im Atlas, Himalaya; Zierbäume. **2)** andere Nadelhölzer, z. B. →Wacholder, →Lebensbaum. **Zedernholzöl,** flüchtiges Öl aus dem Holz der Echten Z. und des Virginischen Wacholders; zu Riechstoffen, Seifen.

zed'ieren [lat.], abtreten, →Zession.

Z'edrach [arab.] der, Pflanzengattung im trop. Afrika, in Südasien, Japan, Polynesien. **Indischer** oder **Pers. Flieder,** mit Rispen violetter, fliederähnl. duftender Blüten. Verwandt sind die **Zedrelen,** deren trop. Arten leichtes Holz liefern.

Zeebrugge, [z'e:bryga], fläm. für **Seebrügge,** Seehafen und Seebad in Westflandern, Belgien; mit Brügge durch einen Seekanal verbunden.

Zeeman [z'e-], Pieter, niederländ. Physiker, *1865, †1943, entdeckte den **Z.-Effekt:** die Aufspaltung von Spektrallinien in 2 oder mehrere Linien durch ein Magnetfeld; Nobelpreis 1902.

Z'ehdenick, Stadt im Bez. Potsdam, an der schiffbaren Havel, 12 500 Ew.; Ziegel-, Sägewerke.

Zehen Mz., die Endglieder des Fußes bei Mensch und Wirbeltieren. Einhufer (Pferde) haben eine hufumgebene Z., die meisten Wiederkäuer haben 2, die Vielhufer 3-5. Die Z. tragen Hufe, Nägel oder Krallen, sind bei manchen Tieren durch Flug- oder Schwimmhäute verbunden. Viele Säugetiere gehen nur auf Z. **(Zehengänger).**

Zehnerklub, seit 1962 Gremium der Notenbank-Gouverneure von 10 Industriestaaten zur Wahrung der Währungsstabilität. Mitglieder: die EWG-Länder außer Luxemburg ferner Schweden, Großbritannien, Verein. Staaten, Kanada, Japan; assoziiertes Mitglied ist die Schweiz.

Zehnersystem, △ das →Dezimalsystem.

Zehn Gebote, griech. **Dekal'og** der, nach 2.Mos. 20, die am Sinai von Gott dem Moses auf zwei steinernen Tafeln gegebenen Gebote.

Zehnkampf, ⚡ Wettkampf aus 10 Übungen (in zwei Tagen je 5 Ü.); der **leichtathlet.** Z. umfaßt Laufen über 100, 400, 1500 m, 110-m-Hürdenlauf, Hochsprung, Weitsprung, Stabhochsprung, Diskus-, Speerwurf, Kugelstoß, der **turner.** Z. je eine Kür- und zwei Pflichtübungen am Reck, Barren und Pferd und eine Freiübung.

Zehnt [von zehn] der, früher die Abgabe eines bestimmten Teils, urspr. des zehnten Teils des Ertrags (Getreide, Vieh usw.) an die Kirche oder an den Grundherren.

Zehntland, Dekumatland, das im 1. Jahrh. n. Chr. von den Römern, im 3. Jahrh. von den Alemannen besetzte Gebiet zwischen Oberrhein und →Limes.

Zeichenrolle, das beim Patentamt geführte Register der →Warenzeichen.

Zeichenschutz, →Warenzeichen.

Zeichensprache, Mitteilung durch Zeichen, entweder Ersatz der Wortsprache (Gebärden der Taubstummen, Trommelsprache der Naturvölker) oder selbständige Z. (z. B. die Flaggen-

sprache der Marine, Winkersprache des Heeres).

zeichnen, 1) Gegenstände durch Linien, Strichelung (Schraffierung) mit Bleistift, Kohle, Kreide u. a. darstellen, im Unterschied zur →Malerei. **2)** ⌐ unterschreiben. **3)** sich schriftlich zu einer Zahlung verpflichten.

Zeidler'ei die, Bienenzucht.

Zeilenfrequenz, Zeilenzahl, →Fernsehen.

Zeilensprungverfahren, Fernsehen: zur Verminderung des Flimmerns wird das Bild so abgetastet, daß immer eine Zeile übersprungen wird, die Zeilen also kammartig ineinandergreifen.

Zeisig der, die zierliche, spitzschnäbelige Finkenvögel, z. B.: **Erlen-Z.;** nährt sich bes. von Erlensamen; **Leinfink,** bräunlich, Stirn rot, Brust rosa.

Zeiss, Carl Z., bed. Unternehmer der dt. feinmechan. und opt. Ind.; gegr. 1846 in Jena durch den Feinmechaniker Carl Z. (*1816, †1888; →Abbe).

Zeist, Gem. der Prov. Utrecht, Niederlande, 56 100 Ew.; hat eine Herrnhuter Niederlassung.

Zeit die, Abfolge des Geschehens, die wir als Vergangenheit, Gegenwart und Zukunft, am Entstehen und Vergehen der Dinge erfahren. Das **Z.-Erlebnis (Z.-Bewußtsein)** ist von der **Z.-Ordnung** als geschichtl. Z.-Einteilung und von der Z. im physikal. Sinne zu unterscheiden. Im bürgerl. Leben wird die Z. nach dem scheinbaren Lauf der Sonne um die Erde **(Sonnen-Z.)** und dem Lauf der Erde um die Sonne (→Jahr) bestimmt. Zur Zeitmessung dienen Uhren, die durch astronom. Beobachtungen laufend kontrolliert und korrigiert werden. Wegen des ungleichmäßigen Laufes der Sonne in der Ekliptik muß die **wahre Sonnen-Z.** durch die **Z.-Gleichung** zur **mittleren Sonnen-Z.** korrigiert werden. Für das prakt. Leben ist die Erde in durchschnittl. 15° breite Z.-Zonen eingeteilt, die einen Z.-Unterschied von jeweils 1 Stunde haben. Für Dtl. und die übrigen mitteleurop. Länder gilt die Z. des 15. Längengrades östl. von Greenwich, die **mitteleuropäische Z. (MEZ);** östlich und westlich davon gelten die **osteuropäische (OEZ)** und die **westeuropäische Z. (WEZ). Welt-Z.** ist die mittl. Sonnen-Z. von Greenwich.

Zeitalter, größerer Zeitabschnitt, der eine bestimmte Entwicklungsstufe der Menschheitsgeschichte darstellt. →Ära, →Epoche.

Z'eitblom, Bartholomäus, Maler, * nach 1450, † um 1518; schwäb. Meister der Spätgotik.

Zeitdehner, →Film.

Zeitdilatation [lat.], die Verzögerung des Zeitablaufs in einem physikal. System, das gegenüber dem System des Beobachters rasch bewegt ist; Erscheinung, die erst bei Relativgeschwindigkeiten nahe der Lichtgeschwindigkeit merkl. wird; beruht auf den Gesetzen der Relativitätstheorie.

Zeitfahren, Radrennen, bei dem die Rennfahrer in gleichen Zeitabständen einzeln starten.

Zeitgeist, die sich in allen Erscheinungen eines Zeitalters offenbarende Gleichartigkeit der geistigen Haltung, des Stils, der Lebensform und Ideen.

Zeitgenössische Kunst, →Moderne Kunst.

Zeitgeschäft, →Termin-Geschäft.

Zeitgeschichte, der Teil der Geschichte, den die Menschen noch miterlebt haben, sowie die wissenschaftl. Behandlung dieser Ereignisse.

Zeitkauf, Kauf auf →Kredit.

Zeitlohn, →Lohn.

Zeitmaß, Tempo, ♪ die Zeitdauer der Notenwerte; die Geschwindigkeit, in der ein Musikstück vorzutragen ist.

Zeitnehmer, 1) derjenige, der im Betrieb die Zeitstudien durchführt. **2)** ⚡ Kampfrichter, die die erzielten Zeiten messen.

Zeitraffer, →Film.

Zeitrechnung, →Chronologie, →Kalender.

Zeitschrift, regelmäßig erscheinende Druckschrift unterhaltenden, allgemeinbildenden oder fachl. Inhaltes; meist in Heftform.

Zeitstudie, in Betrieben die Beobachtung und planmäßige Festlegung der Zeiten eines Bearbeitungsvorganges zur Ermittlung einer Normalar-

Zelle, a Vakuolen,
b Plastiden,
c Protoplasma,
d Kern, e Tüpfel

beitszeit je Arbeitsvorgang als Grundlage für die Entlohnung, zur Berechnung der Selbstkosten u.a.

Zeitung die, regelmäßig, meist täglich, erscheinende Druckschrift mit Nachrichten und Meinungen, Unterhaltungs- und Anzeigenteil (Tages-Z.). Die **Redaktion** (Schriftleitung) gestaltet den geistigen Inhalt (redaktioneller Teil) und das graphische Bild der Z. Die Nachricht in Wort und Bild aus allen Teilen des öffentl. Lebens wird durch →Nachrichtenagenturen von eigenen Mitarbeitern (**Reporter, Berichterstatter, Korrespondent**) geliefert. Die Nachrichten werden in Artikeln (**Leitartikel, Kommentaren, Glossen** usw.) verarbeitet und verwertet (→Presse, →Pressefreiheit, →Presserecht). Der Anzeigenteil nimmt gegen Bezahlung Mitteilungen und Bekanntmachungen privater Art auf. Gedruckt wird die Z. meist auf schnellaufenden Rotationsmaschinen, die mit Apparaten zum Schneiden, Falzen und z. T. Heften ausgestattet sind. Der Z.-Verlag hat die wirtschaftl. und techn. Leitung.

Zeitungsente, falsche Meldung.

Zeitungswissenschaft, Zeitungskunde, Publiz'istik die, Wissenschaft zur Erforschung des Zeitungswesens.

Zeitwort, Tätigkeitswort, lat. **Verbum** das, Wortart, die als Prädikat des Satzes auftritt. Beugung (Konjugation) heißt die Veränderung nach Person, Zahl (Numerus), Zeit (tempus), Handlungsart (Genus: Tatform oder Aktiv, Leideform oder Passiv) und Aussageweise (Modus: Wirklichkeitsform oder Indikativ, Möglichkeitsform oder Konjunktiv, Befehlsform oder Imperativ).

Zeitz, Stadt im Bez. Halle, 47 400 Ew.; Burg, spätgot. Schloßkirche; Eisen-, Textil- u.a. Ind.

Zeitzeichen, von Sendestationen zu bestimmten Zeiten ausgesandte Zeichen, zum Einregulieren der Uhren auf Sekundenbruchteile.

zelebr'ieren [lat.], feiern; Messe lesen. **Zelebrit'ät** die, Berühmtheit.

Zelinogr'ad, bis 1961 **Akm'olinsk,** Hauptstadt des Gebiets Z., Kasach. SSR, 180 000 Ew.; Landmaschinenbau, Nahrungsmittel- u.a. Ind.

Zella-Mehlis, Industriestadt im Bez. Suhl, im Thüring. Wald, 17 500 Ew.

Zell am See, Stadt in Salzburg, Österreich, 7200 Ew.; 754 m ü. M.; Fremdenverkehr.

Zelle [aus lat.] die, **1)** kleiner Raum, z. B. Klosterzelle. **2)** Element einer Akkumulatorenbatterie. **3)** ♪ ☺ ♠ lebender Baubestandteil des Körpers der vielzelligen Lebewesen (»Zellenstaat«) oder selbständig bei den einzelligen Tieren und Pflanzen. Alle Z. haben einen **Zelleib** (**Zellplasma,** →Protoplasma) mit verschiedenen Bestandteilen (z. B. Mitochondrien) und einen **Zellkern.** Die Z. ist durch Membranen, die miteinander verbunden sind und aus Eiweiß- und Lipoidmolekülen bestehen, in einzelne Reaktionsräume (Kompartimente) unterteilt. Der Zellkern wird von einer aus 2 Membranen gebildeten **Kernhülle** umschlossen, die von Poren durchbrochen wird. Im Zellkern befinden sich die →Chromosomen, in deren Desoxyribonucleinsäure (DNS) (→Nucleinsäuren) die genetische Information gespeichert ist. An den genetisch aktiven Chromosomenorten wird Ribonucleinsäure (RNS) gebildet, die in das Protoplasma wandert, um dort an den Ribosomen die für den Zellstoffwechsel nötige Eiweißsynthese (Produktion von →Enzymen) einzuleiten. Die Ribosomen sitzen größtenteils dem bes. in aktiven Zellen stark entwickelten inneren Membransystem (**endoplasmatisches Retikulum, ER**) auf.

Im Protoplasma liegen meist in Vielzahl kleine Funktionseinheiten, die **Zellorganellen.** Die **Mitochondrien** sind die »Kraftwerke« der Z. **Golgi-Körper** (Dictyosomen, bes. in Drüsenzellen) sammeln Sekrete. Die **Lysosomen** enthalten zahlreiche abbauende Enzyme, die bei der Zelldegeneration frei werden und für rasche Auflösung der Zellstrukturen sorgen.

Der mittlere Querdurchmesser einer Z. beträgt 0,001 bis 0,1 mm; faserförmige Z. (pflanzl. Bastfasern tier. Nervenfasern u. a.) können mehrere

Meter lang werden. Die Z. vermehren sich durch →Kernteilung.

Zellengewölbe, spätgot. Gewölbe, das zwischen den Graten kerbschnitt- oder trichterartige Eintiefungen zeigt.

Zeller, 1) Eduard, Philosoph und Theologe, *1814, †1908; u. a. Prof. in Marburg und Berlin. **2)** Karl, Operettenkomponist, *1842, †1898; »Der Vogelhändler«, »Der Obersteiger«.

Zellgewebsentzündung, durch Eiterbakterien erregte, meist von kleinen Hautverletzungen ausgehende Entzündung des Bindegewebes (**Bindegewebsentzündung, Phlegmone**).

Zellglas, ◁ dünne, durchscheinende Blätter; bestehen hauptsächlich aus Viskose. Die bekannteste Marke ist das **Celloph'an.**

Zellhorn, ◁ →Celluloid.

Zellstoff, ◁ lockerer Stoff aus chemisch reiner Cellulose, wird aus Holz (**Holz-Z.**) oder Stroh (**Stroh-Z.**) hergestellt, die zum größten Teil aus Cellulose bestehen. Beim **Natronverfahren** werden Holzschnitzel oder kleingeschnittenes Stroh mit Natronlauge, beim **Sulfitverfahren** mit einer Lösung von Calciumbisulfit (→schweflige Säure) gekocht. Aus Z. werden Papier, Kunstseide, Zellwolle, Zellglas, Nitrocellulose u. a. hergestellt.

Zellul'arpathologie, die von →Virchow begründete Lehre, daß alles Krankhafte von Veränderungen der Zellen ausgeht.

Zellul'artherapie, Behandlungsmethode, bei der lebende Zellen aus tier. embryonalen Geweben, meist vom Kalb, in den menschl. Körper eingespritzt werden (→Niehans).

Zellwolle, Textilfaser, die aus denselben Rohstoffen wie Kunstseide hergestellt wird, aber nicht wie diese als fortlaufender Faden, sondern wie die natürl. Textilfasern in Form von einzelnen kurzen Fasern (Stapeln).

Zel'ot [grch. »Eiferer«] der, **1)** Mitglied einer römerfeindl. Partei der Juden zur Zeit Jesu. **2)** blinder Eiferer, bes. in Glaubenssachen.

Zelt das, Unterkunft, hergestellt aus Fellen, Leder, Rinde, wasserdichtem Stoff mit Hilfe von Stangen und Befestigungsmitteln (kegel-, bienenkorbförmig, meist viereckig). Bei Jäger- und Hirtenvölkern ist es oft Wohnhütte. Das zentral- und hochasiat. Nomadenzelt ist die →Jurte. Leicht aufschlagbare Z. dienen militär. und Sportzwecken.

Zelter [mhd. zelt »Paßgang« aus span.] der, ein Paradepferd, das ruhigen Schritt geht.

Zelter, Karl Friedrich, Musiker, *1758, †1832; Freund Goethes, Gründer der ersten Liedertafel; Lieder und Männerchöre.

Zem'ent der, **1)** pulverförmiger Stoff, der mit Wasser gemischt sowohl an der Luft wie auch unter Wasser erhärtet (abbindet). Die Rohstoffe Kalkstein und Ton oder auch Mergel werden fein gemahlen, gemischt und in Drehöfen bis zur Sinterung gebrannt. Der entstandene Klinker wird in Kugelmühlen staubfein gemahlen. Z. dient als

Zell am See

Bindemittel zur Herstellung von Z.-Mörtel und **Beton.** 2) Bestandteil der →Zähne und Zahnfüllung.

Zement'it, ◁○ im weißen Roheisen enthaltenes sehr hartes Eisencarbid.

Zen, Zen-Buddhismus, von dem ind. Patriarchen Bodhidharma (japan. Daruma) begründeter Zweig des Buddhismus, kam im 13. Jahrh. nach Japan, nahm japan. Gepräge an und beeinflußte das japan. Geistesleben entscheidend. Wesentlich ist die Übung der Selbstversenkung, die zu intuitiver Erleuchtung führt.

Zenerdioden, von C. Zener entwickelte Kristalldioden, bei denen der Sperrstrom bei einer best. Sperrspannung lawinenartig ansteigt. Z. dienen zur Spannungsbegrenzung, -stabilisierung.

Zen'it [arab.] der, ☆ →Himmel.

Zen'obia, Septimia, Fürstin von Palmyra, 266-272 n. Chr.; von Aurelian 272 besiegt.

Z'enon, griech. Philosophen. 1) Z. der Eleate, aus Elea, Schüler des Parmenides, *490, †430 v. Chr. 2) Z. der Jüngere, Stifter der →Stoa, aus Zypern, * um 350, †264 v. Chr.

Z'ensor [lat.] der, 1) Beamter im alten Rom für die Schätzung des Vermögens der Bürger, sittenrichterl. Entscheidungen u. a. 2) Prüfer, der die →Zensur ausübt.

Zens'ur [lat.] die, 1) Schule: Leistungsnote. 2) altes Recht: das Amt der Zensoren. 3) kath. Kirchenrecht: a) die Kirchenstrafen zur Zurückführung zum kirchl. Gehorsam. b) die Bücherzensur. 4) die staatl. Überwachung des geistigen Lebens (Presse, Rundfunk, Film usw.), um die Publizistik im Sinne der Staatsführung zu beeinflussen, bes. in autoritären Staaten. Bei der **Vor-Z.** darf das Werk erst nach behördl. Genehmigung veröffentlicht werden, bei der **Nach-Z.** kann es nach Erscheinen verboten oder beschlagnahmt werden.

zens'ieren, prüfen, beurteilen.

Z'ensus der, 1) Volkszählung. 2) Schätzung der Bürger nach dem Vermögen.

Zent [lat. centena »Hundertschaft«] die, 1) altgerman. Recht: Unterabteilung des Gaues, unter einem **Z.-Grafen** 2) Gerichtsbezirk.

Zent'aur der, 1) →Kentaur. 2) südl. Sternbild mit zwei Sternen 1. Größe.

Zenten'arium [lat.] das, **Zenten'arfeier,** Jahrhundertfeier.

zentesim'al [lat.], hundertteilig. **Zentesim'alwaage,** eine Brückenwaage.

zenti... [von lat. centum, »hundert«], bei Maßen und Gewichten: Hundertstel.

Zentif'olie [lat.] die, eine →Rose.

Zentner der, Gewichtseinheit. 1 Z. = 100 Pfund = 50 kg. 1 **Doppel-Z. (dz)** = 100 kg.

zentr'al [lat.], 1) innerste, mittelste, im Mittelpunkt liegend. 2) wichtigste, haupt...

Zentralafrikanische Republik, Rep. in Äquatorialafrika, 622 984 km², rd. 1,5 Mill. Ew. (überwiegend Sudanvölker, im S Bantu; rd. 30% Christen, 5% Muslime; Hauptstadt: Bangui; Amtssprache: Französisch. Leicht gewelltes, etwa 650 m hohes Savannenland nördlich des Ubangi. Anbau von Hirse, Maniok, Erdnüssen, für die Ausfuhr: Baumwolle, Kaffee. Viehzucht; Holzgewinnung. Diamanten ☒. Ausfuhr: Diamanten, landwirtschaftl. Erzeugnisse. Haupthandelspartner: Frankreich. Internat. Flughafen: Bangui. — 1910-58 als Ubangi-Schari Teil von Französ.-Äquatorialafrika, dann autonome Rep., seit 1960 unabhängig. Präs. und MinPräs.: J. B. Bokassa (seit 1966). ⊕ S. 514, ⊳ S. 346.

Zentralafrikanischer Graben, tektonischer Einbruch im W Ostafrikas.

Zentralamerika, die Festlandbrücke zwischen N- und S-Amerika, ein Teil →Mittelamerikas.

Zentralamerikanische Wirtschaftsgemeinschaft, engl. **Central American Free Trade Area,** Abk. **CAFTA,** span. **Mercado Común Centroamericano,** Abk. **MCC,** wirtschaftl. Zusammenschluß von Costa Rica, El Salvador, Guatemala, Honduras, gegr. 1960.

Zentralasien, Mittelasien, Innerasien, die

abflußlosen Hochländer in Innerasien, zwischen Himalaya im S, den südl. Randgebirgen Sibiriens im N, Chingangebirge im O und Pamir im W.

Zentralbank, die Notenbank (→Banken). Neben der Ausgabe von Banknoten befaßt sie sich mit der Geld-, Kredit- und Währungspolitik. Z. der Bundesrep. Dtl. ist die Dt. Bundesbank.

Zentralbau, ein auf seine (häufig überkuppelte) Mitte bezogener Rundbau; bes. in der byzantin. (Hagia Sophia in Istanbul), russ., islam. Kunst.

Zentralbewegung, Bewegung eines Körpers unter dem Einfluß einer stets auf den gleichen Punkt gerichteten Kraft **(Zentralkraft),** z. B. die Bewegung eines an einem Faden befestigten und im Kreise herumgeschwungenen Steins. Dabei übt der Stein auf die Hand dauernd einen nach außen gerichteten Zug aus, die **Zentrifugal-** oder **Fliehkraft.** Diese ist um so größer, je größer die bewegte Masse oder ihre Geschwindigkeit ist. Ihr entgegen muß die Hand durch den Faden die **Zentripetalkraft** ausüben, wenn der Stein am Fortfliegen gehindert werden soll. Beide Kräfte müssen einander gleich sein. Eine Z. ist die Bewegung der Planeten um die Sonne.

Zentrale die, 1) Hauptgeschäftsstelle, Mittelpunkt. 2) ⌀ Sammelschalter, Vermittlung.

Zentralheizung, Sammelheizung, Beheizung eines Gebäudes von einer Heizstelle aus. Bei der **Warmwasserheizung** wird Wasser von 50-90°C durch die Heizkörper geleitet, bei der **Dampfheizung** Wasserdampf; bei der **Luftheizung** wird gefilterte, erwärmte Luft durch Kanäle den Räumen zugeleitet.

Zentralisati'on die, Zusammenfassung von Angelegenheiten an zentraler Stelle; bes. ein System der Staatsverwaltung, bei dem alle staatl. Tätigkeit zentral geleitet wird.

zentralis'ieren, in einem Mittelpunkt vereinigen.

Zentral'ismus der, die Form eines Staates, bei dem die Regierung von einem zentralen Punkt erfolgt, ohne Autonomie für einzelne Teile. Gegensatz: Föderalismus.

Zentralkomitee, ZK, in den kommunist. Parteien die Führungsspitze.

Zentralkraft, →Zentralbewegung.

Zentralmassiv, Französisches Z., Zentralplateau, Landschaft im mittleren und südl. Frankreich, in der Mitte (Auvergne) von vulkan. Ergüssen überlagert (Puy de Sancy 1886 m), im O (Cevennen) steil abfallend, nach W sich allmählich abdachend; reich an Kohle.

Zentralnervensystem, →Nervensystem.

Zentralrat der Juden in Deutschland, die Spitzenorganisation der jüd. Gemeinden und Einrichtungen in Dtl.; Sitz: Düsseldorf.

Zentralschmierung, Versorgung der verschiedenen Schmierstellen einer Maschine mittels einer Pumpe, z. B. bei Maschinenanlagen.

Zentralverwaltungswirtschaft, die →Planwirtschaft.

zentr'ieren, auf die Mitte einstellen, bes. eine Linse so fassen oder anschleifen, daß mechan. und opt. Achse zusammenfallen.

Zentrifug'alkraft, →Zentralbewegung.

Zentrif'uge [lat.] die, **Trennschleuder,** Maschine zum Trennen von Flüssigkeiten verschiedener Wichte durch die Fliehkraft, z. B. Milchschleuder (trennt Rahm und Magermilch).

Zentripet'alkraft, →Zentralbewegung.

Z'entrum [lat.] das, -s/ ...tren, 1) Mitte, Mittelpunkt, z. B. beim Kreis. 2) 1870 gegründete kath. polit. Partei der Mitte mit einer Wählerschaft, die den überwiegenden Teil der kath. Dtl.s von weit rechts bis in die Arbeiterschaft hinein umfaßte; während des →Kulturkampfs in starker Gegnerschaft gegen Bismarck und die Liberalen. In der Weimarer Republik war das Z. in allen Reichsregierungen vor entscheidendem Einfluß. Führer: Windthorst, Lieber, Erzberger, dann Wirth, Marx, Brüning. Die 1945 wiedergegr. **Zentrumspartei** konnte sich nicht durchsetzen.

Zent'urie die, →Centurio.

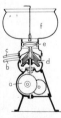

Zentrifuge:
Milchschleuder,
  a Antrieb,
  b Magermilch,
  c Rahm,
  d Schleudertrommel,
  e Schwimmer,
  f Vorratsbehälter

Zeol'ithe Mz., ↷Natrium-Aluminium-Silicate, die wie die Permutite(→Permutitverfahren)ihre Natriumionen gegen Calcium- und Magnesiumionen austauschen können.

Zeph'anja, israel. Prophet im 7. Jahrh. v. Chr.; nach ihm ist das **Buch Z.** im A.T. benannt.

Z'ephir, Zephyr [grch.-lat.] der, **1)** sanfter Wind, bes. Westwind. **2)** feinfädiges Baumwollgewebe in Leinwandbindung.

Z'eppelin, Ferdinand Graf von, *1838, †1917, gründete 1898 eine AG. zur Förderung der Motorluftschiffahrt, baute das erste brauchbare →Luftschiff.

Z'epter [grch.] das, Herrscherstab.

Z'erberus der, griech. Sage: der dreiköpfige Wachhund vor dem Hades.

Zerbst, Stadt im Bez. Magdeburg, an der Nuthe, 19 800 Ew.; die histor. Bauten zum größten Teil zerstört. Werkzeug-, Maschinen- u.a. Ind.

Zere'alien [Gaben der Ceres], Feldfrüchte.

zerebr'al [lat.], ʃ auf das Gehirn bezüglich.

Zeremon'ie, auch **Zerem'onie** [lat.] die, herkömml. Förmlichkeit, die bei geistl. und feierl. weltl. Handlungen beobachtet wird; der Vorschriften für die Z. sind im **Zeremoni'ell** festgelegt, das der **Zerem'onienmeister** überwacht.

Zeres'in das, gereinigtes, gebleichtes Erdwachs für Kerzen, Bohnerwachs u.a.

Zerev'is [lat.] das, kleine runde Studentenmütze ohne Schirm.

Zerhacker der, **1) Vibrator,** mechan. Polwechsler zum Erzeugen einer Wechselspannung aus einer Gleichspannung. **2)** Gerät zum Zerhacken einer Strahlung in Strahlungsstöße, z.B. eine umlaufende Blende **(Chopper).**

Zerm'att, Kurort im schweizer. Kt. Wallis, am Matterhorn, 1620 m ü.M.; Bergbahn.

Zermatt mit Matterhorn

zern'ieren [frz.], ⊕ ↷ einschließen, umzingeln.

zéro [z'erͻ, frz.], Null (bes. im Roulett).

Žer'omski, Stefan, poln. Schriftsteller, *1864, †1925; Hauptvertreter der poln. künstler. Prosa.

Zerreißversuch, Form der →Werkstoffprüfung.

Zerstäuber, Gerät zum feinen Verteilen von Flüssigkeiten, meist mit Hilfe einer Düse.

Zerstörer der, **1)** leichtes, schwachgepanzertes, schnelles Kriegsschiff mit 4-8 Geschützen und 3-10 Torpedorohren. **2)** schwere Jagdflugzeuge.

Zertifik'at das, **1)** amtl. Bescheinigung, bes. das Ursprungszeugnis. **2)** Anteilsschein, Anteilschein an Kapitalanlagegesellschaften.

Zervel'atwurst, geräucherte Wurst aus Schweinefleisch, Rindfleisch, Speck.

Zesen, Philipp v., Schriftsteller, *1619, †1689; Schäferromane.

Zessi'on [lat.] die, ↷ die →Abtretung einer Forderung. Der Abtretende, der alte Gläubiger, ist der **Zed'ent,** der neue Gläubiger der **Zession'ar.** Zeitwort: **zed'ieren.**

Zeug das, ⊕ Waffen, Rüstung, Geschütze; daher: **Zeughaus, Rüstkammer, Arsenal; Zeugmeister,** ⊕ Befehlshaber der Geschütze.

Zeugdruck, das Bedrucken von Geweben mit farbigen Mustern. Die gebräuchlichste Art ist der **Aufdruck,** bei dem die Farbe direkt auf das Gewebe aufgetragen wird. Beim **Ätzdruck** wird auf das vorgefärbte Gewebe eine Ätzfarbe aufgedruckt, die an den bedruckten Stellen die Grundfarbe zerstört. Beim **Reservage-** oder **Reservedruck** wird eine Schutzschicht aufgedruckt, die die Annahme von Farbe beim nachfolgenden Färben verhindert.

Zeuge der, ♿ **1)** Person, deren Hinzuziehung bei bestimmten Rechtshandlungen (Eheschließung, Errichtung eines öffentl. Testaments usw.) gesetzlich vorgeschrieben ist. **2)** Person, die in einem Gerichtsverfahren über von ihr wahrgenommene tatsächliche Vorgänge aussagen soll (§§373ff. ZPO; §§48ff. StPO). Der geladene Z. hat die Pflicht, vor Gericht zu erscheinen, auszusagen und die Aussage gegebenenfalls zu beschwören **(Zeugnispflicht);** eine Verletzung dieser Pflichten zieht Ordnungsstrafen (Geldstrafe oder Haft) nach sich. Ein **Zeugnisverweigerungsrecht** haben nur bestimmte nahe Angehörige der Prozeßparteien (Verlobte, Ehegatten, Verwandte in gerader Linie und in der Seitenlinie bis zum 3. Grad), daneben Geistliche und andere Personen mit Geheimhaltungspflicht (→Berufsgeheimnis).

Zeugen Jehovas, früher **Ernste Bibelforscher,** eine von Ch. T. Russell (*1852, †1916) gegr. religiöse Gemeinschaft, die die Aufrichtung eines Gottesreiches erwartet; Hauptsitz: Brooklyn (N.Y.). Sie verwerfen die Lehren von ewiger Verdammnis, Unsterblichkeit der Seele, göttl. Dreieinigkeit und lehnen den Wehrdienst ab.

Zeugnis das, im Arbeitsrecht: schriftl. Bescheinigung des Arbeitgebers über Art und Dauer des Arbeitsverhältnisses und, auf Verlangen des Beschäftigten, auch über Führung und Leistungen. Für schuldhaft falsche Z. haftet der Aussteller. Das Z. kann erst bei Beendigung des Dienstverhältnisses oder nachträgl. verlangt werden; Erteilung eines **Zwischen-Z.** ist schon vorher möglich.

Zeugung die, →Fortpflanzung.

Zeulenr'oda, Stadt im Bez. Gera, im Vogtland, 13 600 Ew.; Textil-, Gummiwaren- u.a. Ind.

Zeus, der höchste Gott der Griechen, Sohn des Kronos und der Rhea, Gemahl der Hera, König der Götter und Menschen; der Blitz war seine Waffe, der Adler sein Tier.

Zeuxis, griech. Maler um 400 v. Chr.; vervollkommnete die illusionist. Schattenmalerei.

z.H., Abk. für zu Händen.

Z'ibbe die, das weibl. Kaninchen, Schaf u.a.

Zib'ebe [arab.] die, große span. Rosine.

Zibel'ine [lat.] ein Streichgarn- oder Kammgarngewebe; Nachahmung des Zobelfells.

Z'ibet [arab.] der, salbenartige Ausscheidung aus einer Afterdrüse der Zibetkatze, mit moschusartigem Geruch; gibt Duftstoffe.

Z'ibetbaum, Indischer Z., ind.-malaiischer Baum; die kopfgroße, stachelige Frucht ist wohlschmeckend, aber überriechend **(Stinkfrucht).**

Z'ibetkatze, →Schleichkatze.

Zib'orium [lat. »Speisebehälter«] das, kath. Kirche: **1)** Kelch zur Aufbewahrung der Hostien. **2)** Tabernakel.

Zich'orie [grch.-lat.] die, geröstete Wurzel der →Wegwarte; Kaffee-Ersatz.

Zick, 1) Januarius, Maler, *1730, †1797; Sohn von 2); Deckenfresken der Klosterkirche Wiblingen bei Ulm. **2)** Johann, Maler, *1702, †1762; Fresken im Schloß zu Bruchsal (im 2. Weltkrieg zerstört), im Gartensaal der Würzburger Residenz.

Ziegel [von lat. tegula] der, **Backstein,** aus Lehm, Ton und Sand geformter und gebrannter künstl. Stein, zum Mauern und zur Dachdeckung. Die Rohstoffe werden gemahlen, gepreßt, zerschnitten, an der Luft vorgetrocknet und schwach, mittel oder scharf gebrannt. (→Schamotte)

Ziegen Mz., wiederkäuende Paarzeher mit stark entwickelten Hörnern. Die männl. Z. (der **Bock)** besitzt Kinnbart und unter dem Schwanz gelegene Duftdrüsen. Wildlebende Z. treten in Gebirgen in Rudeln auf; sie sind vorzügl. Springer und Kletterer. **Bezoar-Z.** (Westasien), die **Schrauben-Z.** (Himalaya), **Tur** (Kaukasus), **Alpensteinbock,** braun-

v. Zeppelin

Zeus und Ganymed

Zibetbaum, angeschnittene Frucht

Ziborium (deutsch, 14. Jahrh.)

Ziegen: Weiße dt. Edel-Z.

v. Zieten

Zikaden:
Schaum-Z., 1 der
von der Larve ge-
bildete Schaum,
2 fertiges Insekt

Zillertal:
Mayrhofen

grau. Die Haus-Z. ist über die ganze Erde verbreitet, wird wegen der Milch (fett- und eiweißreicher
als Kuhmilch), des Fleisches und des Felles gehalten. Das weibl. Tier, die **Geiß** oder Ziege, wirft
im Frühjahr 1-4 Junge (**Zicklein, Kitzlein**).
Kaschmir- und **Angora-Z.** liefern wertvolle Wolle.
   Ziegenbart, zu den Keulenpilzen gehörige eß-
bare Pilze von korallenart. Aussehen. In Wäldern
häufig der **Gelbe Z.** oder **Hahnenkamm,** außerdem
Zitronengelber Z. und **Krause Glucke.**
   Ziegenhainer [nach dem Stadtteil von Jena]
der, Studentensprache: derber Knotenstock.
   Ziegenhals, Luftkurort im Altvatergebirge,
Oberschlesien, (1939) 9800 Ew.; seit 1945 unter
poln. Verw. (Głuchołazy; 1965: 13 800 Ew.).
   Ziegenlippe, steinpilzart. Röhrenpilz, eßbar.
   Ziegenmelker, →Nachtschwalben.
   Ziegenpeter, der →Mumps.
   Ziegler, 1) Klara, Schauspielerin, *1844,
†1909; Heldendarstellerin; »Klara-Ziegler-Stif-
tung«, Theatermuseum zum Besten ehemal. Büh-
nenangehöriger, München. **2)** Leopold, Philo-
soph, *1881, †1958; kulturphilosoph. Schriften:
»Gestaltwandel der Götter« u. a.
   Ziehen das, spanloses Kaltumformverfahren
(für Draht, Gefäße u. a.), bei dem die Formgebung
durch äußere Zugkräfte bewirkt wird.
   Ziehharmonika, Musikinstrument, ein Blasebalg mit stählernen →Zungen und Tasten. Der
Luftstrom wird durch Auseinanderziehen und
Zusammendrücken erzeugt, jede der Tasten gibt
zwei Töne (je einen bei Zug und Druck). Abarten:
Akkordeon, Bandoneon.
   Ziehrer, Karl Michael, österr. Operettenkomponist, *1843, †1922; Wiener Volksmusik.
   ziehschleifen, honen, Verfahren der spanenden Formung, bei dem das Werkzeug eine hin-
und hergehende, das Werkstück eine Drehbewegung ausführt. Man kann genaue Maßhaltigkeit
und große Oberflächengüte erreichen.
   Ziel das, **1)** ⚰ Zahlungsfrist. **2)** ⚔ Marke, die
zur Ermittlung des Siegers erreicht werden muß.
   Zielfernrohr, Aufsatzfernrohr für Gewehre.
   Z'iemer der, **1)** Rücken von Hirsch, Reh,

Wildschwein. **2) Ochsenziemer,** das männl. Glied
des Ochsen, getrocknet als Stock verwendet.
   Zierfische, lebhaft gefärbte und zierlich gestaltete Fische, die in Aquarien gehalten und gezüchtet werden. Einheim. Z.: **Stichling, Bitterling.** Aus-
länd. Z.: **Goldfische, Labyrinthfische, Zahnkarpfen,
Maulbrüter, Segelflosser, Schwertträger.** (FARB-
TAFEL S. 880)
   Ziesel, den Murmeltieren eng verwandte Nage-
tiergattung O- und SO-Europas.
   Ziest der, Lippenblütergattung; **Dt. Z.,** graufil-
zig, hellrot blühend, auf magerem Grasboden; ostasiat. **Knollen-Z.,** Knollengemüse; südeurop.
Samtblatt, Woll-Z., weißfilzige Gartenpflanze.
   Zieten, Hans Joachim v., Husarengeneral
Friedrichs d. Gr., *1699, †1786; entschied mehre-
re Schlachten des Siebenjähr. Krieges.
   Ziffern [arab.] Mz., die im 10. Jahrh. durch
arab. Vermittlung aus Indien übernommenen
Zahlzeichen.
   Zigar'ette [span.-frz.] die, Genußmittel aus
feingeschnittenem Tabak in Stangenform, umgeben mit einer Papierhülle; wurde um 1812 in Dtl.
eingeführt; eine **Zigarettenindustrie** entwickelte
sich etwa 50 Jahre später.
   Zigar'illo [span.] der oder das, kleine Zigarre.
   Zig'arre [span.] die, Genußmittel aus stabför-
mig gewickelten Blättern von Tabak; Bestandteile
sind Einlage, Umblatt und Deckblatt. Die erste dt.
Zigarrenfabrik entstand 1788 in Hamburg.
   Zig'euner Mz. [Herkunft unklar], ein Wander-
volk, das außer in Ost- und Südostasien überall
anzutreffen ist, in Europa etwa 1 Mill. Der Typus
der Z. weist nach Indien als Ursprungsland; sie
sind von mittlerem Wuchs, schlank, gelbbraun,
schwarzhaarig, mit breitem Gesicht. Neben dem
gewählten Häuptling (Richter und Priester) steht
die »Stammesmutter« als Hüterin der Stammessitte.
   Zik'aden, Zirpen Mz., Schnabelkerfe mit
sprungfähigen Hinterbeinen, als Pflanzensauger
z. T. sehr schädlich. **Schaum-Z.** lebt als Larve in
ausgeschiedenen Schaumklümpchen (Kuckucksspeichel) an Wiesengräsern. Die meisten Z. leben
in warmen Ländern. **Manna-Z., Eschen-Z., Sieb-
zehnjährige Z.** Die **Sing-Z.** lebt in den Mittelmeerländern; das Männchen erzeugt Schrilltöne.
   Z'ikkurat die, in der sumer., babylon., assyr. Baukunst ein turmartiger Tempelbau, der sich in Stufen ansteigend über einer Terrassenanlage erhebt.
   Zilcher, Hermann, Komponist, *1881, †1948;
Chorwerke, Sinfonien, Lieder u. a.
   Z'ilien, Cilien, Wimpern, fadenförm. Organe-
lle (z. B. von →Geißeltierchen, →Wimpertier-
chen), die der Fortbewegung oder dem Heran-
strudeln von Nahrung dienen.
   Zil'izien, Kilikien, Landschaft an der Südost-
küste Kleinasiens, südlich vom Taurus.
   Z'ille, Zülle [slaw.] die, Flußkahn.
   Zille, Heinrich, Zeichner, *1858, †1929; zeich-
nete mit Humor die Menschen der Berliner
Armutsviertel. (BILD S. 1031)
   Zillertal, rechtes Seitental des Inntals, in den
Zillertaler Alpen, einem westl. Teil der Tauern;
Viehzucht, Holzarbeit, Fremdenverkehr. Haupt-
ort: Mayrhofen.
   Zillich, Heinrich, Schriftsteller, *1898; Schick-
salsroman »Zwischen Grenzen und Zeiten«.
   Zillig, Winfried, Komponist, *1905, †1963;
Opern, Orchesterwerke, Film-, Hörspielmusik u. a.
   Zilpzalp der, Singvogel, ein →Laubsänger.
   Zimbel [grch.] die, →Cymbal.
   Zimbelkraut, →Leinkraut.
   Zim'ier [frz.] das, Helmschmuck.
   Zimljansker Stausee, zur Energiegewinnung
und Bewässerung angelegter Stausee im unteren
Don, Sowjetunion, 2600 km² groß, 24 Mrd. m³.
   Zimmer, Friedrich, evang. Theologe, *1855,
†1919; wirkte für die lebensprakt. Erziehung in
Töchterheimen (Mathilde-Zimmer-Stiftung).
   Zimmerlinde, Sparmannie, südafrikan., lin-
denart. Strauch mit großen, herzförm. Blättern
und weißen Blütendolden; Zimmerpflanze.
   Zimmermann, 1) Armin, Soldat, *1917, seit

1970 Vizeadmiral der Marine, seit 1972 Generalinspekteur der Bundeswehr. **2)** Dominikus, Baumeister, *1685, †1766; führend im bayer. Spätbarock und Rokoko: Wallfahrtskirche Steinhausen, →Wies. **3)** Johann Baptist, Maler, Stukkateur, *1680, †1758; Fresken in Kirchen und Schlössern. **4)** Mac, Maler, *1912; surrealist. Darstellungen.

Zimmertanne, Topfpflanze, →Araukarie.

Zimmerung die, im Berg- und Tunnelbau der Ausbau der Hohlräume mit hölzernem Stempel und Brettern zur Sicherung gegen Einsturz.

Zimt [malaiisch »süßes Holz«] der, feines Gewürz zu Süßspeisen, Backwaren, Getränken, in der Heilkunde als Magenmittel. **Zimtbaum,** 8-9 m hoher Baum, bes. in Ostindien, Ceylon. Die Innenrinde (der Bast) junger Stämme gibt die besten Zimtsorten und **Zimtöl.** Weniger guten Zimt liefert der **Kassien-Zimtbaum** (Chines. Zimtbaum).

Ziner'arie, →Cineraria.

Zingst, →Darß-Zingst.

Z'ingulum [lat. »Gürtel«] das, kath. Kirche: **1)** Schnur zur Gürtung der →Albe. **2)** schärpenartiger Talargürtel.

Zink das, **Zn,** chem. Element, bläulichweiß glänzendes, sprödes Metall; Ordnungszahl 30, Dichte 7,13 g/cm³, Schmelzpunkt 419,5 °C, Siedepunkt 907 °C. Z. ist ein unedles Metall, das sich in Säuren unter Wasserstoffentwicklung löst; an der Luft ist es ziemlich beständig, da es sich mit einer dünnen Schutzschicht aus Z.-Oxyd oder bas. Z.-Carbonat überzieht. In der Natur findet es sich als **Z.-Blende** (ZnS), **Z.-Spat** (Galmei) und **Kieselzinkerz.** Gewonnen wird das Z. durch Reduktion des Oxyds mit Kohle bei etwa 950-1100 °C im Muffelofen, aus dem das Z. dampfförmig entweicht; in Schamottevorlagen wird der Z.-Dampf dann wieder kondensiert. Das Roh-Z. wird durch Umschmelzen oder durch Elektrolyse gereinigt. Z. wird zur Herstellung von Blechen, Haushaltsgeräten, Trockenelementen u. ä. verwendet, ist ein Bestandteil vieler Legierungen (Messing); mit Z. überzogene Metallgegenstände **(Verzinken)** werden vor Korrosion geschützt. VERBINDUNGEN: **Z.-Oxyd,** ZnO, ein weißes Pulver, entsteht beim Verbrennen von Z.; Malerfarbe **(Z.-Weiß),** zu Salben und Streupudern. **Z.-Sulfid,** ZnS, ist ein wichtiger Bestandteil von Leuchtfarben und Leuchtschirmen, im Gemisch mit Bariumsulfat bildet es die Malerfarbe **Lithopone.**

Zinkerzeugung (1970; in 1000 t)			
USA	814	Belgien	232
Japan	659	Frankreich	224
Sowjetunion[1]	550	Polen	208
Kanada	418	Bundesrep.Dtl.	150
Australien	261	**Welt**	4700
[1] Schätzung			

Zinkdruck, Flachdruck von Zinkplatten.

Zinken der, **1)** ♩ altes Blasinstrument aus Horn oder Holz; **Zinken'isten,** die Stadtpfeifer. **2)** GAUNERSPRACHE: Zeichen geheimer Verständigung; auch Zeichen an den von Falschspielern zurechtgemachten **(gezinkten)** Karten.

Zinksalbe, weiße Wundsalbe.

Zinn das, **Sn,** chem. Element, silberglänzendes, dehnbares Metall, das sich zu Stanniol auswalzen läßt; Ordnungszahl 50, Dichte 7,29 g/cm³, Schmelzpunkt 232 °C. Z. ist an der Luft und gegen verdünnte Säuren ziemlich beständig, bei Temperaturen unter 13 °C verwandelt es sich allmählich in eine graue, pulvrige, nichtmetall. Modifikation

Hüttenproduktion von Zinn (1970; in 1000 t)			
Malaysia[1]	90,3	Australien	5,7
Groß-		USA	4,7
britannien	24,5	Belgien	4,3
VR China[2]	23,0	Brasilien	3,1
Thailand	22,1	Spanien	2,7
Nigeria	8,1		
Niederlande	6,3	**Welt**	234,7
[1] ohne O-Malaysia. [2] Schätzung			

(Z.-Pest). Z. findet sich hauptsächlich als **Z.-Stein,** SnO₂, und wird daraus durch Reduktion mit Kohle gewonnen. Es dient zur Herstellung von Weißblech und andern verzinnten Gebrauchsgegenständen, die wichtigsten Z.-Legierungen sind **Weichlot** und **Bronze.** Vor Erfindung des Porzellans war Geschirr meist aus Z.

Zinn, Georg-August, Politiker (SPD), *1901, Rechtsanwalt; nach 1933 wiederholt in Haft; 1947 bis 49 Justizmin., seit 1950 MinPräs. von Hessen.

Zinne die, Mauerkrönung mit regelmäßigen Einschnitten; bes. auf der mittelalterl. →Burg.

Z'innie die, mexikan. Korbblütler, sommerl. Gartenzierpflanzen.

Zinn'ober der, HgS, das wichtigste Quecksilbererz; die rote Malerfarbe Z. wird künstl. hergestellt. Fundorte bei Almadén (Spanien), Idria (Jugoslawien).

Z'innowitz, Seebad auf der Ostseeinsel Usedom, Bez. Rostock, 4400 Ew.

Zins [von lat. census »Abgabe«] der, -es/-en, **1)** früher: eine Abgabe an den Grundherren. **2)** Miete, Pacht. **3)** Preis für die leihweise Überlassung von Kapital, bes. für die Inanspruchnahme von Kredit (Geld-Z.). Die Höhe des Z. wird durch den **Z.-Fuß,** meist in % des Kapitals für ein Jahr, ausgedrückt. Berechnung:

$$\text{Zinsen} = \frac{K(\text{Kapital}) \times p(\text{Zinsfuß}) \times t(\text{Zinstage})}{100 \times 360}$$

oder (umgeformt zur Zinsformel) $= \dfrac{K \times t}{100}$ (Zinszahl) : $\dfrac{360}{p}$ (Zinsdivisor).

Der **Zinseszins** entsteht, wenn die jährl. Zinsen eines Kapitals diesem zugeschlagen und mit ihm weiterverzinst werden. Zinseszinsformel: $K = c \times q^n$ (dabei c = Anfangskapital, n = die Anzahl der Jahre, $q = 1 + \dfrac{\text{Prozentsatz}}{100}$). Hieraus folgt, daß eine in n Jahren fällige Schuld k den heutigen Wert (Barwert) $c = \dfrac{k}{q^n} = k\left(\dfrac{1}{q^n}\right)$ hat. Diese Berechnung des Barwertes heißt **Diskontierung;** q ist der Verzinsungs- oder Aufzinsungsfaktor, $\dfrac{1}{q}$ der Abzinsungs- oder Diskontierungsfaktor.

RECHTLICHES. Die Verpflichtung zur Zahlung von Z. beruht auf Vertrag oder auf gesetzl. Bestimmung. In der Bundesrep. Dtl. ist der regelmäßige Zinssatz 4 % (§ 246 BGB), bei beiderseitigen Handelsgeschäften 5 % (§ 352 HGB).

GESCHICHTLICHES. Im Altertum und MA. war der Z. als Wucher verdammt (Juden als Geldgeber). Erst als (seit dem 13. Jahrh.) in größerem Umfang Geld als Kapital gewinnbringend in der Wirtschaft angelegt wurde, begann man die Berechtigung des Zinsnehmens und die Höhe des Z. wissenschaftl. zu begründen.

Z'inzendorf, Nikolaus Ludwig Graf v., Stifter der →Brüdergemeine, *1700, †1760; Vertreter des Pietismus; siedelte Böhmische Brüder auf seinen Gütern an; religiöse Dichtungen.

Ziolk'owski, Konstantin Eduardowitsch, russ. Physiker und Raketenforscher, *1857, †1935; entwarf die Flüssigkeitsrakete.

Z'ion, Sion, südöstl. Hügel Jerusalems, später der nördlicher gelegene Tempelberg. **2)** Übertragen: die kirchl. Gemeinde.

Zion'ismus, eine jüd. national-religiöse Bewegung, von Th. Herzl (»Der Judenstaat«, 1896) neu belebt. Der 1. Zionistenkongreß 1897 forderte »für das jüd. Volk die Schaffung einer öffentl.-rechtl. gesicherten Heimstätte in Palästina«. Mit der Balfour-Erklärung von 1917 begann die Verwirklichung dieser Forderung, die 1948 mit dem Abzug der brit. Truppen nach Erlöschen des brit. Palästinamandats und durch die feierl. Proklamation des Staates →Israel ihren Abschluß fand. Der Z. war auch um die Neubelebung der hebr. Sprache und Kultur bemüht. **Zion'ist** der, Anhänger des Z.

Zipperlein das, →Gicht.

Zille: »Ach wat – müde – tragen – dir ärgert bloß, det ick dir habe loofen jelernt!«

Zimt: 1 Zimtbaum, 2 Blüte, 3 Frucht

Zirkus: Siegreicher Wagenlenker im Circus Maximus in Rom, 1. Hälfte des 2. Jahrh. n. Chr.

Zither:
Schlagzither

Zips die, slowak. **Spiš**, Landschaft und ehem. dt. Sprachinsel in der Slowakei, am SO-Fuß der Hohen Tatra. Die etwa 36000 Dt., die **Zipser Sachsen**, wurden 1946 ausgewiesen. Sie waren im 12./13. Jahrh. eingewandert, gründeten zahlreiche Städte (Hauptstadt Leutschau), entwickelten Bergbau, Landwirtschaft, Gewerbe, Industrie.

Z'irbeldrüse, griech. **Epiph'yse** die, Drüse mit innerer Sekretion im Zwischenhirn, deren Hormon noch nicht bekannt ist. Die Z. soll hemmend auf die geschlechtl. Entwicklung einwirken; nach dem 7. Lebensjahr bildet sie sich allmählich zurück.

Zirbelkiefer, Zirbe, Arve, Kiefer mit eßbarem Samen **(Zirbelnuß);** sie wächst in mittlerer Höhe in den Alpen und Karpaten sowie in Sibirien.

z'irka, circa, etwa, ungefähr.

Zirkel [lat.] der, **1)** △ Gerät zum Zeichnen von Kreisen und zum Abtragen von Strecken. **2)** verschlungener Schriftzug als Abzeichen der Studentenverbindungen.

Zirkelschluß, ein →Circulus vitiosus.

Zirk'on [lat.] der, $ZrSiO_4$, **Zirkoniumsilicat,** gelbrotes bis braunes Mineral; Schmuckstein **(Hyazinth).**

Zirk'onium [lat.] das, **Zr,** chem. Element, seltenes, stahlgraues Metall; Ordnungszahl 40, Dichte 6,52 g/cm³, Schmelzpunkt 1855 °C. Findet sich in der Natur hauptsächlich als Silicat (Zirkon) und Oxyd (**Z.-Dioxyd,** ZrO_2), das wegen hohen Schmelzpunktes (2700 °C) und chem. Widerstandsfähigkeit zur Herstellung von Laboratoriumsgeräten für hohe Temperaturen dient.

Zirkul'ar [lat.] das, Rundschreiben, **Z.-Note,** gleichlautende Schriftstücke, die eine Regierung zur Kenntnisnahme fremden Regierungen sendet.

Zirkulati'on [lat.] die, Kreislauf, Umlauf.

zirkum ... [lat.], um ... herum gelegen.

Zirkumfl'ex [lat.] der, Lautzeichen, Akzent (^, griech. ~).

zirkumpol'ar [lat.], in der Umgebung eines Pols befindlich. **Zirkumpolarsterne,** die Sterne, die für einen Beobachtungsort nicht untergehen.

Zirkus [lat. »Kreis«] der, -/...sse, **1)** Schaustätte oder -zelt für Kunstreiter, Tiervorführungen usw. **2)** im Altertum: längliche Bahn für **zirz'ensische** Spiele, die aus Pferde- und Wagenrennen, Tier- und Gladiatorenkämpfen bestanden.

Zirndorf, Stadt in Mittelfranken, Bayern, 15 400 Ew.; Metallspielwaren- u. a. Industrie.

Zirpen, Lauterzeugung bei Grillen, Heuschrecken, Zikaden, zum Anlocken der Weibchen. Das Z. entsteht durch Aneinanderreiben von bes. ausgebildeten Teilen des Chitinpanzers.

Zirrh'ose die, Verhärtung von Organen, am häufigsten als Leberzirrhose →Leber).

Z'irrus [lat.] der, -/-...ren, **1)** Locke, Ranke. **2)** die →Federwolke, →Wolken.

zis..., cis..., diesseits (→cis).

Zisalp'inische Republik, der 1797 von Napoleon Bonaparte in Oberitalien geschaffene französ. Vasallenstaat mit der Hauptstadt Mailand; seit 1802 **Italienische Republik;** 1805-14 Kgr. Italien.

zisel'ieren [frz.], in Metallgegenstände mit Meißel, Stichel, Feile, Punzen Zeichnungen eingraben.

Zisleith'anien [die Reichshälfte diesseits der Leitha], 1867-1918 Bezeichnung für den österr. Teil Österreich-Ungarns (→Transleithanien).

Ziste, Ciste [grch.-lat.] die, altitalisches Bronzegefäß, am bekanntesten die **Ficoronische Z.;** auch Bezeichnung kleiner etrusk. Aschenurnen.

Zist'erne [lat.] die, unterirdischer Sammelbehälter für Regenwasser.

Z'istersdorf, Stadt in Niederösterreich, nordöstl. von Wien, 3000 Ew.; Erdölvorkommen.

Zisterzi'enser Mz., nach dem französ. Kloster Cîteaux benannter Reformorden der Benediktiner, gegr. 1098 von Robert v. Molesme; nach Bernhard von Clairvaux, durch den seit 1112 der Orden einen mächtigen Aufschwung erlebte, auch **Bernhardiner** genannt. Tracht: weißer Talar, schwarzes Skapulier.

Z'istrose, mit dem Sonnenröschen verwandte Strauchgattung am Mittelmeer (bes. in der Macchie) und in Vorderasien, mit wildrosenähnl. roten oder weißen Blüten. Einige Arten sondern ein seit dem Altertum als Heil- und Räuchermittel verwendetes Harz ab, das **La(b)danum.**

Z'ita, die letzte Kaiserin von Österreich und Königin von Ungarn, aus dem Hause Bourbon-Parma, Gemahlin des ehem. Kaisers Karl I. von Österreich, *1892.

Zitad'elle [frz.] die, starke Befestigung am Rande älterer Festungen.

Zit'at [lat.] das, wörtlich angeführte Stelle aus einem Schrifttwerk. **Zitati'on** die, Vorladung. **zit'ieren, 1)** herbeirufen, vorladen. **2)** eine Stelle aus einem Buch anführen.

Z'ither [von grch. kithara] die, ♪ Saiteninstrument, besteht aus einem länglich geformten, flachen Resonanzkasten, Griffbrett mit 5 oder 7 Melodiesaiten, die mit einem Ring geschlagen (**Schlagzither),** und 24-37 Begleitsaiten, die mit den Fingern gezupft werden. Eine Abart ist die **Streichzither.**

Zitr'in der, weingelber Bergkristall; Schmuckstein.

Zitron'at das, **Sukk'ade,** Würzdroge: unreife, eingezuckerte Fruchtschale einer Zitronenart.

Zitr'one [ital.] die, eine Frucht, →Citrus.

Zitronenfalter, gelber Tagfalter (FARBTAFEL Schmetterlinge S. 870).

Zitronenöl, das äther. Öl der Zitronenschalen, als Gewürz und zu Riechmitteln verwendet.

Zitronensäure, eine organ. Säure, die sich in Zitronen, Orangen, Stachel-, Johannis- und Preiselbeeren, aber auch im tier. Organismus findet; wird zur Bereitung von Getränken, Bonbons u. a. verwendet. Die Salze der Z. heißen **Citrate.**

Z'ittau, Stadt im Bez. Dresden, in der Lausitz, 42 900 Ew.; Mittelpunkt der südostsächs. Textilindustrie; Baumwollspinnerei, Metallwaren, Kraftfahrzeuge, Elektrotechnik.

Zitterfische, →elektrische Fische.

Zittergras, zierl. ausdauerndes Gras trockener Wiesen Europas und des gemäßigten Asiens.

Zittern, die unwillkürliche, rasch aufeinanderfolgende Bewegungen bes. der Finger, des Kopfes und Rumpfes; Folge von seel. Erregungen, Anstrengungen, Schwäche, auch bei Altersschwäche Gehirnkrankheiten usw.

Zittau: Rathaus

Zola

Zitwer [arab.] der,Ingwergewächs mit kampferähnl. riechendem Wurzelstock (**Z.-Wurzel**), der als Gewürz verwendet wird.

Zitzen Mz., die vorspringenden Ausgänge der Milchdrüsen bei Säugetieren; Brustwarzen.

Z´iu, altgerman. Name des Gottes Tyr.

ziv´il [lat.], 1) bürgerlich; privatrechtlich. 2) maßvoll. **Ziv´il** das, 1) Bürgerstand. 2) bürgerl. Tracht. **Zivil´ist** der, Bürger, Nichtsoldat.

Ziv´ilehe, die durch →Ziviltrauung geschlossene Ehe.

ziviler Bevölkerungsschutz, Luftschutz; **Bundesamt für z. B.** seit 1958 (Bundesrep. Dtl.).

ziviler Ersatzdienst, →Kriegsdienstverweigerer.

Zivilisati´on [lat.] die, Kultur (so im westeurop. Sprachgebrauch); in Dtl. meist Gesittung, verfeinerte Lebensweise. **Zivilisationskrankheiten**, Krankheiten, die mit fortschreitender Z. immer stärker hervortreten, z. B. Zahnkaries, Paradentose, Magengeschwüre, Kreislaufstörungen, Managerkrankheit u. a.

Ziv´illiste, in monarch. Staaten die dem Staatsoberhaupt nach Verfassung oder Gesetz zukommende, aus den Mitteln des Staatshaushalts bewilligte jährliche Geldrente.

Ziv´ilprozeß, 🔍 das Gerichtsverfahren zur Feststellung und Durchsetzung privater Rechte; beruht auf der Z.-Ordnung (ZPO) v. 30. 1. 1877 i. d. F. v. 12. 9. 1950 (Bundesrep. Dtl.). Wichtige Grundsätze des Z. sind die Mündlichkeit, Unmittelbarkeit, Öffentlichkeit des Verfahrens, die Verhandlungs- und Dispositionsmaxime (die Partei bestimmt den Tatsachenstoff und verfügt über den Klageanspruch), freie Beweiswürdigung. Der Z. beginnt mit der Klageerhebung bei dem zuständigen Gericht erster Instanz (Amts- oder Landgericht). Das Gericht beraumt daraufhin einen Verhandlungstermin an. Bleibt in diesem Termin eine Partei aus, so findet das →Versäumnisverfahren statt. Sonst entscheidet das Gericht nach mündl. Verhandlung und nötigenfalls nach Beweiserhebung durch Urteil. Gegen das Urteil ist unter bestimmten Voraussetzungen →Berufung oder →Revision zulässig. Nicht mehr mit Rechtsmitteln angreifbare Urteile sind rechtskräftig. Aus diesen und aus den für rechtsgültig vollstreckbar erklärten Urteilen kann die →Zwangsvollstreckung wegen des zuerkannten Anspruchs betrieben werden. Einer mittellosen Partei kann das →Armenrecht bewilligt werden. Bes. Arten des Z. sind: →Mahnverfahren, Ehe-, Wechselprozeß u. a.

Ziv´ilrecht, das →bürgerliche Recht.

Ziv´ilstand, 1) die Gesamtheit der im bürgerl. Berufsleben stehenden Personen. 2) die Rechtsfähigkeit (status civilis) im bürgerl. Recht. Im engeren Sinn →Personenstand.

Ziv´iltrauung, die Eheschließung vor dem staatl. Beamten. In Dtl. darf die kirchl. Eheschließung, von Notfällen abgesehen, erst nach der standesamtl. erfolgen.

Ž´ižka (Ziska) von Trocnov [ʒ´iʃka, trɔtsnɔf], Jan (Johann), Führer der Hussiten, †1424.

ZK, Abk. für →Zentralkomitee.

Zlín, tschech. Stadt, →Gottwaldov.

Złoty [su´ɔty] der, -s/-s, die polnische Währungseinheit.

Zn, chem. Zeichen für →Zink.

Zn´aim, tschech. Znojmo, Bezirksstadt im südl. Mähren (Tschechoslowakei), 25 400 Ew.; Lederkeram., Nahrungsmittelindustrie; Gemüse-, Obst- und Weinbau.

Zobel der, Marder mit wertvollem Pelz.

Zobten der, Berg südwestl. Breslaus, 718 m.

Zodiak´allicht, Tierkreislicht, kegelförmiger Lichtschimmer, zur Zeit der Frühlings-Tagundnachtgleiche am westl. Himmel nach Sonnenuntergang, zur Zeit der Herbst-Tagundnachtgleiche am östl. Himmel vor Sonnenaufgang sichtbar und ist nahezu in den Tierkreis fällt. Das Z. entsteht durch kosm. Staubmassen, die sich etwa in der Erdbahnebene um die Sonne bewegen.

Zod´iakus [grch.] der, →Tierkreis.

Zogu, Achmed, ∗1895, †1961; 1928-39 König von →Albanien.

Zola [zol´a], Emile, französ. Schriftsteller, ∗1840, †1902; Hauptvertreter des französ. →Naturalismus; wollte in seinen Romanen beweiskräftige Dokumente für zeitgenöss. wissenschaftl. Theorien liefern. Romanreihe »Die Rougon-Macquart« (20 Bde.).

Zölest´in [lat.] der, SrSO$_4$, Strontiumsulfat, farbloses Mineral.

Zölib´at [lat.] der und das, Ehelosigkeit; bes. die der kath. Geistlichkeit. Seit 1074 strenge Durchführung der alten Z.-Vorschriften. Die Reformatoren, Altkatholiken u. a. verwerfen den Z. In den Ostkirchen besteht Z.-Pflicht nur für Mönche und Bischöfe.

Zoll [lat.] der, -s/Zölle, 1) Steuer, die von bestimmten Waren bei Überführung über die Z.-Gebietsgrenze zu entrichten ist (Grenz-Z. im Gegensatz zu den früheren Binnen-Z.). Arten: **Einfuhr-Z.**, als →Schutzzoll oder Finanz-Z., der dem Staat lediglich Einnahmen verschaffen soll. **Ausfuhr-** und **Durchfuhr-(Transit-)Z.** Bei den **spezifischen Z.** wird der Z. nach Gewicht, Maß oder Stückzahl der Waren erhoben, bei den **Wert-Z.** in einem bestimmten Verhältnis vom Wert der Waren. **Einheits-Z.** gelten allgem., **Differential-Z.** (Unterscheidungs-Z.) sind je nach Herkunft und Art der Einfuhr abgestuft, z. B. **Zuschlags-Z.** oder **Vorzugs-Z. (Präferenz-Z.)**. Die Z.-Politik bildet einen wichtigen Teil der äußeren Handelspolitik. **Z.-Hoheit**, das Recht, Zölle festzusetzen und zu erheben. **Z.-Ausschluß**, Gebietsteil eines Staates, der außerhalb der Zollgrenze liegt; ein **Z.-Anschluß** ist in die Zollgrenze eines fremden Staates einbezogen. **Z.-Niederlage**, Niederlage von vorläufig unverzolltem Waren unter amtl. Zollverschluß. **Z.-Union**, der Zusammenschluß polit. selbständ. Staaten zu einem einheitl. Zollgebiet (Deutscher →Zollverein, →Benelux-Länder). **Z.-Vertrag**, zwischenstaatl. Vereinbarung über Zollfragen, meist Bestandteil der Handelsverträge. — 2) Maut, die Abgabe für die Benutzung von Verkehrseinrichtungen (Brücken-, Straßen-Z.).

Zoll [germ.] der, früheres dt. Längenmaß, der zehnte oder zwölfte Teil von einem →Fuß.

Z´ollern, kurz für →Hohenzollern.

Zollverein, Deutscher Z., wirtschaftspolit. Verein der dt. Einzelstaaten unter Führung Preußens, gegründet am 1. 1. 1834; zuletzt erfolgte 1888 der Zollanschluß Hamburgs und Bremens. Der Z. hat die spätere polit. Einigung im Dt. Reich von 1871 vorbereitet.

Zomba, Hauptstadt von Malawi, 20 000 Ew.

Z´one [grch. »Gürtel«] die, 1) 🌐 Erdgürtel, der von zwei Parallelkreisen eingeschlossene Streifen der Erdoberfläche. 2) Post, 📮 Entfernungsstufe für die Berechnung von Gebühren und Fahrpreisen. 3) Politik: ein Gebietsteil, für den eine besondere internationale Regelung gilt, z. B. eine **entmilitarisierte Z.**, so das linke Rheinufer nach dem Versailler Vertrag; oder eine **Besatzungszone**, so die 4 Besatzungszonen in Dtl. nach 1945. **Zonengrenze**, die 1381 km lange Demarkationslinie, die die Sowjet. Besatzungszone (Dt.Dem.Rep.) von der Bundesrep. Dtl. trennt. Sie geht auf die Zoneneinteilung Dtl.s durch die Siegermächte des 2. Weltkriegs zurück. Das SED-Regime baute sie zu einer befestigten Sperrlinie aus.

Zonenschmelzverfahren dient zur Herstellung hochreiner Metalle und Legierungen.

Z´onguldak, Songuldak, Provinzhauptstadt und Hafen in der Türkei, am Schwarzen Meer, 72 700 Ew.; Mittelpunkt eines Steinkohlengebiets.

Zoo [grch.], 1) in Fremdwörtern: Tier...2) Abk. für →Zoologischer Garten. **Zoolog´ie** die, →Tierkunde. **Zool´oge** der, Forscher auf dem Gebiet der →Tierkunde.

Zoologischer Garten, Zoo, Tiergarten, Tierpark, Anlage, in der lebende heim. und ausländ. Wildtiere in Käfigen oder Freigehegen zur Schau gestellt und wissenschaftlich beobachtet, auch gezüchtet werden. (BILDER S. 1034)

Zoologischer Garten, oben: Freianlagen (Zoo Hagenbeck, Hamburg), unten: neuzeitl. Raubtierhaus (Zoo Frankfurt a. M.)

Zoomlinsen, →Gummilinsen.

Z'oon politik'on [grch. »geselliges Tier«] das, Bezeichnung des Menschen bei Aristoteles.

Zopf der, 1) weibl. Haartracht. 2) männl. Haartracht, im 18. Jahrh. 3) Sinnbild geistloser Rückständigkeit und steifer Schulfuchserei.

Zopfstil, ⌂ nur noch selten verwendete, auf den zopftragenden Bürger anspielende Bezeichnung der dt. Kunst Ende des 18. Jahrh.

Z'oppot, Ostseebad an der W-Seite der Danziger Bucht, (1941) 28000 Ew.; seit 1945 unter poln. Verw. (**Sopot;** 1969: 47300 Ew.).

Zorn [sorn], Anders, schwed. Maler, Radierer, Bildhauer, *1860, †1920; Impressionist.

Zoro'aster, →Zarathustra.

Zoster, →Herpes.

Zote die, unanständiger Witz, unsaubere Redensart.

Z'ötus [lat.] der, -/Zöten, ⚘ 1) die Gesamtheit der Schüler einer höheren Lehranstalt. 2) Klasse, Jahrgang von Schülern.

ZPO, Abk. für Zivilprozeßordnung.

Zr, chem. Zeichen für →Zirkonium.

z. S., Abk. für zur See.

Zschokke, Heinrich, schweizer. Schriftsteller, *1771, †1848; Räuberromane, Erzählungen.

Zsch'opau, die, linker Nebenfluß der Freiberger Mulde, 105 km lang. **Z.-Talsperre** bei Kriebstein, 11,6 Mill. m³. 2) Industriestadt im Bez. Karl-Marx-Stadt, im Erzgebirge, 10 100 Ew.; Motorenwerke, Textilindustrie.

Zsigmondy [3'ig-], Richard, Kolloidchemiker, *1865, †1929; konstruierte (mit Siedentopf) das Ultramikroskop; Nobelpreis 1925.

z. T., Abk. für zum Teil.

Zu'aven Mz., 1) Berberstamm Algeriens. 2) seit 1830 aus diesen von Frankreich gebildete Fußtruppen; seit 1939 nur noch durch Franzosen ergänzt.

Zubuße, Geldzuschuß; bes. die Zuzahlung der Gewerken an die bergrechtliche →Gewerkschaft bei Kapitalbedarf.

Zuc'alli, Baumeisterfamilie aus Graubünden. Enrico Z., *1642, †1724; vollendete die von Barelli begonnene Theatinerkirche in München, baute Schloß Nymphenburg aus, schuf die Anlage von Schloß Schleißheim, leitete den Umbau von Kloster Ettal. Sein Neffe Gasparo Z., *1667 (?),

Zorn: Mädchen mit Pelz (Radierung, 1906)

†1717, war seit 1689 Hofbaumeister in Salzburg.

Z'uccari, Federigo, italien. Maler, *1540 (?), †1609, malte in Anlehnung an seinen Bruder Taddeo, *1529, †1566, Altarbilder und Fresken.

Zucht die, 1) Erziehung, bes. zur Pünktlichkeit und zuverlässigem Gehorsam. 2) Mz. Zuchten, Paarung und Heranziehen von Vieh oder Nutzpflanzen unter menschl. Leitung; genauer: Züchtung, Aufzucht, Anzucht (→Zuchtwahl). 3) der bei der Züchtung vom Züchter geleitete und erzielte Vieh- oder Nutzpflanzenbestand.

Zuchthaus, bis zum Inkrafttreten des 1. Strafrechtsreform-Ges. 1969 Strafanstalt zur Verbüßung der schwersten, mit Arbeitszwang verbundenen →Freiheitsstrafe. Die **Z.-Strafe** hatte dauernde Unfähigkeit zur Bekleidung öffentl. Ämter zur Folge; daneben konnte stets auf Verlust der bürgerl. Ehrenrechte erkannt werden.

Züchtigungsrecht steht den Eltern und dem Vormund zu, das Z. der Lehrer ist in den einzelnen Landesrechten verschieden geregelt; der Lehrherr hat dem Lehrling gegenüber kein Z. Übermäßige Züchtigung ist als Körperverletzung strafbar.

Zuchtmittel, →Jugendstrafrecht.

Zuchtwahl. 1) **Natürliche Z.** findet nach →Darwin von selbst im Kampf ums Dasein statt (Auslese). 2) **künstliche Z.,** Züchtung (Tier- und Pflanzenzüchtung), die bewußte Auswahl von Tieren und Pflanzen bestimmter Eigenschaften zur Zucht. Durch Fortpflanzung dieser ausgewählten Lebewesen und durch Kreuzung verschiedener Rassen züchtet man Nutztiere und -pflanzen mit bestimmten, z. T. neuen, erwünschten Eigenschaften, z. B. ertragreiche Getreidesorten, Milchkühe mit hoher Milchleistung.

Zucker der, allgemein bestimmte Kohlenhydrate, Aldehyde und Ketone mehrwert. Alkohole, i. e. S. die **Saccharose,** die bes. aus dem Saft des Zuckerrohrs (**Rohr-Z.**) und der Zuckerrübe (**Rüben-Z.**) gewonnen wird. Das Z.-Molekül besteht aus einem Molekül →**Traubenzucker** und →**Fruchtzucker** und hat die chem. Summenformel $C_{12}H_{22}O_{11}$. Z. bildet große, glasklare Kristalle, die bei 160 °C zu einer klaren Flüssigkeit schmelzen, die bei etwa 200 °C in den braungefärbten **Karamel** übergeht. Gesättigte Z.-Lösung wird von Hefen und anderen Mikroorganismen nicht verändert, daher wird Z. zum Haltbarmachen von Früchten verwendet; verdünnte Z.-Lösung wird von Hefe zu Alkohol vergoren. Z. dreht die Ebene des polarisierten Lichts (→Polarisation) nach rechts, hierauf beruht eine Methode der Z.-Gehaltsbestimmung einer Lösung; durch verdünnte Säuren wird Z. in ein Gemisch von Trauben- und Frucht-Z., den **Invert-Z.,** gespalten, der die Ebene des polarisierten Lichts nach links dreht (→Inversion). Natürlichen Invert-Z. enthält der Honig. GEWINNUNG: Der Z.-Saft aus Zuckerrüben oder Zuckerrohr wird von Fremdbestandteilen (Säuren, Eiweiß- und Farbstoffe) befreit und die Lösung eingedampft. Der auskristallisierende Roh-Z. ist durch beigemengten, nicht kristallisierenden Sirup braungelb gefärbt. Zur Reinigung wird er raffiniert, d. h. nochmals gelöst, gewaschen und eingedampft. GE-

Zuckererzeugung (1969; 1000 t Rohzuckerwert)			
	[1]		[2]
Kuba	5 534	Sowjetunion	10 079
Indien	4 190	USA	2 945
Brasilien[3]	4 174	Frankreich	2 504
Mexiko	2 564	Bundesrep. Dtl.	1 872
Australien	2 269	Polen	1 723
Argentinien[3]	2 269	Italien	1 299
VR China	2 050	Großbritannien	1 299
Philippinen	1 813	Tschechoslow.	1 006
Welt	**38 730**	**Welt**	**30 920**

[1] aus Zuckerrohr. [2] aus Zuckerrüben. [3] Rohzuckerwert liegt nicht vor; die Zahlen sind Summen der verschiedenen Verarbeitungsgrade

Zuckerrohr

SCHICHTLICHES: Die alten Völker benutzten als Süßmittel Honig. Um 300 n. Chr. wurde die Herstellung des Rohr-Z. in Indien bekannt, 1573 entstanden die ersten Zuckerraffinerien in Deutschland. 1747 entdeckte der Chemiker Marggraf den Z.-Gehalt der Runkelrübe, 1801 wurde in Schlesien die erste Rübenzuckerfabrik gegründet.

Zuckergast, das →Silberfischchen.

Zuckerkrankheit, Diab'etes mell'itus, eine Stoffwechselkrankheit; der Körper ist teilweise unfähig, den in der Nahrung aufgenommenen Zucker und die Stärke zu verwerten. Ursache: Ungenügende Bildung von Insulin durch die Bauchspeicheldrüse. Die Z. ist gefährlich durch drohende Säurevergiftung infolge ungenügenden Abbaus der Fette. Der Zuckergehalt des Blutes ist erhöht; im Harn wird Zucker ausgeschieden. Anzeichen: Durst, reichliche Harnabsonderung, Heißhunger, dauernde Mattigkeit und Gewichtsabnahme. Behandlung: starke Einschränkung von Zucker, Mehl, Stärke, Fett in der Nahrung unter ärztl. Überwachung; in schweren Fällen Behandlung mit Insulin.

Zuckerpalme, Fiederpalme in Ostindien und Indonesien, liefert Fasern und eine Art Zucker.

Zuckerrohr, schilfähnl. Sumpfgras mit knotigen Stengeln, bis 6 m hoch, bis 5 cm dick; das Stengelmark enthält 11-16% Rohrzucker. Der Zucker aus Z. ist für Europa größtenteils durch den Zucker aus →Zuckerrüben verdrängt.

Zuckerrübe, erzüchtete weißliche, weißfleischige Runkelrübe; im Saft, der 90-96% ausmacht, sind etwa 15% Rohrzucker enthalten. Gewinnung: →Zucker.

Zuckersäure, ⊙ organ. Säure, die bei der Oxydation von Traubenzucker entsteht.

Zuckmayer, Carl, Dramatiker und Schriftsteller, *1896; bühnenwirksame Stücke: »Der fröhliche Weinberg«, »Der Hauptmann von Köpenick«, »Des Teufels General« u.a.; Autobiographie »Als wär's ein Stück von mir« (1966).

Z'ufall der, was außerhalb einer bestimmten oder außerhalb jeder erkennbaren Gesetzlichkeit sich ereignet.

Zug, 1) Kanton der Schweiz (seit 1352), zwischen Vierwaldstätter See und Zürichsee; fruchtbare Hochebene; 239 km², 68 000 Ew. **2)** Hauptstadt von 1), 23 000 Ew. am Zuger See und Zuger Berg; vielseitige Industrie.

Zugabe, bei Käufen die kostenfreie Mitlieferung von Gebrauchsgegenständen **(Geschenkwerbung);** in Dtl. sind unentgeltl. Z. grundsätzl. verboten. Ausnahme: geringwertige Reklamegegenstände (z. B. Kalender mit Firmenzeichen).

Zugbeeinflussung, selbsttätiges Auslösen der Bremsen bei Eisenbahnzügen durch mechan., elektr. oder elektr.-opt. Vorrichtungen, wenn ein Haltesignal nicht beachtet wird.

Z'ügel, Heinrich v., Maler, *1850, †1941; stellte Tiere, bes. Herden weidender Schafe dar.

Zuger See, See am Nordrand der Schweizer Alpen, am Fuß des Rigis, 38,5 km² groß, bis 198 m tief.

Zugewandter Ort, Schweiz: bis 1798 eine Stadt oder ein Territorium, die der Eidgenossenschaft nur in lockerer Form verbunden waren.

Zugewinngemeinschaft, →Ehe.

Zugfestigkeit, →Festigkeit.

Zugfunk, Zugtelephonie, der drahtlose Fernsprechdienst zwischen fahrenden Eisenbahnzügen und öffentl. Fernsprechnetz.

Zugmaschine, Trecker, Traktor, Schlepper, motorgetriebenes Rad- oder Raupenfahrzeug, das bes. zur Fortbewegung auf unwegsamem Gelände (z. B. Äcker) geeignet ist.

Zugpflaster, ableitend wirkendes Pflaster mit hautreizenden Mitteln.

Zugspitze, höchster Gipfel der dt. Alpen, im Wettersteingebirge, 2963 m hoch; Wetterwarte; Seilbahn vom Eibsee und von Ehrwald (Tirol), elektr. Bergbahn von Garmisch aus.

Zugverband, ein →Streckverband.

Zugvögel, Vögel, die im Winter ihre Brutheimat verlassen und weite Wanderungen vorneh-

men, z. B. Schwalben, Störche, Kraniche u.a. (→Vogelzug).

Zuhälter der, ein Mann, der von einer gewerbsmäßig Unzucht treibenden Frau unter Ausbeutung ihres unsittl. Erwerbs Lebensunterhalt bezieht oder ihr gewohnheitsmäßig oder aus Eigennutz bei ihrem Gewerbe Schutz gewährt oder sonst förderlich ist. Freiheitsstrafe bis zu 5 Jahren.

Zuidersee [z'œydər-], →Ijsselmeer.

Zukunft die, lat. **Futurum** das, Form des →Zeitworts.

Zülpich, Stadt in Nordrh.-Westf., 12 600 Ew.

Zulu, Sulu, große Bantu-Völkerschaft in S-Afrika, erwuchs aus einer Sippe, deren Häuptling Tschaka (1787-1828) einen Staat gründete. 1879 von den Engländern unterworfen; heute Feldbauern und Viehzüchter. **Zululand,** Eingeborenenreservat in Natal, 27 000 km², rd. 400 000 Ew.

Z'umsteeg, Johann Rudolf, Komponist, *1760, †1802; Opern, Singspiele, Melodramen u. a.

Zündblättchen, Doppelblättchen aus Papier, dazwischen eine Mischung von Kaliumchlorat und rotem Phosphor: Kinderspielzeug.

Zunder der, leicht brennbare, filzartige Masse, der getrocknete Fruchtkörper des Feuerschwamms.

Zünder der, ⚒ Vorrichtung zur Einleitung der Zündung meist von Explosivstoffen. Es gibt: 1) **Aufschlag-Z.,** die beim Auftreffen, 2) **Zeit-Z.,** die nach einer bestimmten Zeit zünden, 3) **Doppel-Z.,** auf beides einstellbar.

Zündholz, Streichholz, Holz-, Wachs- oder Papierstäbchen, das an der Kuppe eine Zündmasse trägt, die sich beim Reiben an einer rauhen Fläche entzündet. Die **Schwefelhölzer,** 1825 von dem Engländer Cooper erfunden, hatten eine Kuppe aus weißem Phosphor, Kaliumchlorat und Schwefel. Die **Sicherheitszündhölzer** (Böttger, 1848) tragen eine sauerstoffreiche ungiftige Zündmasse, die sich nur an einer Reibfläche, die roten Phosphor und Antimonsulfid enthält, entzünden läßt.

Zündhütchen, Metallkapsel, die mit Knallquecksilber, Bleiazid oder Diazodinitrophenol gefüllt ist.

Zündkerze, →Zündung.

Zündnadelgewehr, erstes brauchbares Hinterladergewehr, von Dreyse 1838 konstruiert.

Zündschnur, Mittel zur Zündung von Sprengkapseln. **Schwarzpulverschnüre** werden durch Umspinnen und Teeren eines Schwarzpulverstranges hergestellt; detonierende **Sprengschnüre** für sehr hohe Zündgeschwindigkeiten bestehen aus umsponnenem und mit Kunstharz ummanteltem Nitropentaerythrit.

Zündung die, Entzündung des komprimierten Gasgemischs in den Zylindern der Ottomotoren durch einen elektr. Funken, der an der Zündkerze überspringt.

Zündwilligkeit, notwendige Eigenschaft der Dieselkraftstoffe; unmittelbar nach Einspritzen in die Luftladung des Zylinders muß die Verbrennung einsetzen. Der zulässige **Zündverzug** bei raschlaufenden Dieselmotoren beträgt 0,001 s. Maß für die Z. ist die →Cetanzahl.

Zuckmayer

Zugspitze mit Eibsee

Zürich

Zunft die, fachgenossenschaftl. Verband von Handwerkern einer Stadt, meist mit Zwangsmitgliedschaft (**Zunftzwang**). Die Z. entstanden im 12. Jahrh. Gegen den Widerstand der Patrizier errangen sie Anteil an der Stadtherrschaft. Die Z. gewährten ihren Mitgl. wirtschaftl. Schutz und überwachten ihre Leistungen. Ihr Recht war in den **Zunftrollen** niedergelegt. Im Laufe der Zeit bildeten sich besondere **Zunftbräuche** heraus. 1868 verloren die Z. im Norddt. Bund ihre Rechte durch Einführung der Gewerbefreiheit.

Zunge die, 1) starkes, sehr bewegl., von Schleimhaut überzogenes muskulöses Organ am Boden der Mundhöhle; wird zum Schmecken, Kauen, Schlucken und Sprechen benötigt. Am rückwärtigen Teil der Z. sitzen die Geschmacksknospen. Bei vielen Krankheiten ist das Aussehen der Z. charakteristisch verändert, z. B. belegte Z. bei Verdauungsstörungen; entzündete Z. bei perniziöser Anämie; Himbeer-Z. bei Scharlach. 2) ♪ bei Blasinstrumenten ein biegsames Plättchen, das durch seine Schwingungen den Ton erzeugt.

Zungenreden, Glossolal'ie die, unverständl. Reden im Zustand religiöser Verzückung.

Zünsler der, mottenähnl. Kleinschmetterlinge, ihre Räupchen z. T. schädlich: **Mehl-, Kakao-, Bienenmotte.**

Zupfinstrumente Mz., ♪ Musikinstrumente, deren Saiten gezupft werden: Harfe, Mandoline, Laute, Gitarre, Zither u. a.

Zurbarán [θurbar'an], Francisco de, span. Maler, *1598, † nach 1664; bedeutender Barockmeister, Hofmaler Philipps IV.

Zurbarán: Besuch des hl. Thomas beim hl. Bonaventura

Zurechnungsfähigkeit, ⚖ im Strafrecht die Fähigkeit, das Unerlaubte einer Tat einzusehen und nach dieser Einsicht zu handeln (Schuldfähigkeit, Verantwortlichkeit); ihr Fehlen schließt die Schuld und damit eine Bestrafung aus. **Nicht zurechnungsfähig** sind Personen, deren Bewußtsein zur Zeit der Tat gestört war (z. B. Hypnose, Dämmerzustand, Volltrunkenheit) oder die geisteskrank oder geistesschwach sind (§ 51 Abs. 1 StGB).

Auch Kinder bis zu 14 Jahren und bestimmte Jugendliche bis zu 18 Jahren sind strafrechtl. noch nicht verantwortlich (§§ 1, 3 Jugendgerichtsges.). Erheblich verminderte Z. kann die Strafe mildern (§ 51 Abs. 2 StGB). Bei **fehlender** oder **verminderter** Z. wird die Unterbringung des Täters in eine Heil- oder Pflegeanstalt angeordnet, wenn die öffentl. Sicherheit es erfordert (§ 42b StGB).

Zurechnungszeit, in der sozialen Rentenversicherung die Zeit zwischen Eintritt des Versicherungsfalls und der Vollendung des 55. Lebensjahres des Versicherten.

Zürgelbaum, verschiedene Ulmengewächse, die **Südliche Z.** gibt Holz für Bildhauerwerke, Flöten, Peitschen, Stöcke.

Zürich, 1) Kanton der Schweiz, 1729 km², 1,1 Mill. Ew.; hügeliges Alpenvorland beidserseits des Zürichsees. Maschinen-, Metallwarenind. 2) Hauptstadt von Z.), 438 400 Ew.; am Ausfluß der Limmat aus dem Zürichsee; die größte Stadt der Schweiz. Z. hat alte Kirchen, Landesmuseum, Musikhochschule. Seiden-, Textil-, graph. u. a. Ind.; bedeutender Handelsplatz; Flughafen; Fremdenverkehr. – Z. wurde 1218 Reichsstadt, schloß sich 1351 der Schweizer. Eidgenossenschaft an und erwarb ein größeres Landgebiet. Von hier ging 1519 die schweizer. Reformation aus (Zwingli). Im **Zürcher Frieden** 1859 trat das von Napoleon III. und Piemont-Sardinien besiegte Österreich die Lombardei ab.

Zürichsee, in der nördl. Schweiz, in den Kantonen Zürich, Sankt Gallen und Schwyz, 406 m ü. M., 88,5 km² groß, 40 km lang, bis 4 km breit; wird durch die Limmat zur Aare entwässert. Seine Ufer sind fruchtbar (Wein, Obst) und dicht besiedelt. Im See liegt die Insel **Ufenau.**

z'urren, (ein Boot) auf Deck festbinden.

Zurückbehaltungsrecht, ⚖ Recht des Schuldners, mit der eigenen Leistung zurückzuhalten, solange sein aus demselben rechtl. Verhältnis erwachsener fälliger Gegenanspruch von dem Gläubiger nicht erfüllt wird (§ 273 BGB; § 369 ff. HGB).

Zusammenlegung, →Flurbereinigung.

zusammenziehende Mittel, Adstring'entia Mz., ⚗ Mittel, die eine oberflächl. Verdichtung der Gewebe erzeugen und deren Absonderungen vermindern. Sie bilden unlösl. Eiweißverbindungen und wirken daher blutstillend. Z. M. sind Gerbsäure, Ratanhiawurzel, Tannalbin, Alaun, essigsaure Tonerde, ferner Blei-, Zink-, Silber-, Wismut- und Kupferverbindungen.

Zusatzversicherung, 1) Krankenversicherung: freiwillige zusätzl. Versicherung zu einer Pflicht- oder freiwilligen Versicherung. 2) Rentenversicherung: zusätzl. pflichtgemäße Versicherung bes. von Angestellten und Arbeitern des öffentl. Dienstes (Versorgungsanstalt); auch die freiwillige Höherversicherung.

Zuschlag, 1) Zusatz, bes. Preiserhöhung. 2) ⚖ die Annahme des Höchstgebots bei Versteigerungen. Bei freiwilligen Versteigerungen kommt der Vertrag erst durch Z. zustande (§ 156 BGB). Bei der →Zwangsversteigerung von Grundstücken wird der Z. durch Beschluß des Vollstreckungsgerichtes erteilt (§§ 79 ff. ZwangsverstGes.).

Zuständigkeit, Kompet'enz die, der einem Verfassungsorgan, einer Verwaltungsbehörde oder einem Gericht zustehende Geschäftsbereich. Im Gerichtsverfahren ist die sachl. Z. von der örtl. Z., dem →Gerichtsstand, zu unterscheiden.

Zustellung, ⚖ die beurkundete Übergabe eines Schriftstücks in gesetzl. vorgeschriebener Form zur Erleichterung des Nachweises der Zeit und Art der Übergabe. Zugestellt wird in der Regel durch Gerichtsvollzieher oder Postbeamte (§ 132 BGB; §§ 166 ff. ZPO; §§ 36 ff. StPO; Verwaltungszustellungsgesetz vom 3. 7. 1952).

Zwangsanleihe, eine Anleihe, die der Staat zwangsweise einem bestimmten Kreis der Steuerpflichtigen auferlegt.

Zwangsarbeit, eine schwere Freiheitsstrafe (z. B. in Großbritannien); in totalitären Staaten

auch ein polit. Machtmittel, bes. in der Sowjetunion. In Dtl. ist Z. ein Bestandteil des Strafvollzugs (→Zuchthaus).

Zwangsgeld, Geldauflage als Zwangsmittel der Polizeibehörde zur Durchsetzung polizeil. Verfügungen. Kann das Z. nicht beigetrieben werden, so kann **Zwangshaft** angeordnet werden.

Zwangshypothek, auf gerichtl. Verfügung eingetragene Hypothek zur Sicherung von Forderungen.

Zwangsjacke, vorn geschlossene Jacke aus Segeltuch mit langen Ärmeln ohne Öffnung, deren Enden auf dem Rücken zusammengebunden wurden; wurde bei Tobsüchtigen angewendet. Übertragen: Sinnbild der Unterdrückung.

Zwangskurs, obrigkeitl. Verordnung, wonach Papiergeld, Banknoten (auch Metallgeld) von jedem Staatsbürger zu einem bestimmten Nennwert in Zahlung genommen werden müssen.

Zwangslizenz, die Erteilung der Befugnis zur Benutzung einer Erfindung durch das Patentamt, wenn sich der Patentinhaber weigert, die Benutzung zu gestatten; Voraussetzung ist u. a. ein öffentl. Interesse an der Erlaubnis und eine angemessene Vergütung.

Zwangsvergleich, ♎ ein im Konkurs- oder Vergleichsverfahren auf Vorschlag des Gemeinschuldners oder Vergleichsschuldners von der Mehrheit der nicht bevorrechtigten Gläubiger mit dem Schuldner abgeschlossener Vergleich, dem nach gerichtl. Bestätigung auch die übrigen nicht bevorrechtigten Gläubiger unterworfen sind (§§ 173 ff. Konkursordnung; Vergleichsordnung vom 26. 2. 1935 i. d. F. d. Ges. v. 1958). Der Z. im Vergleichsverfahren muß den Gläubigern mindestens 35% ihrer Forderungen gewähren.

Zwangsversteigerung, ♎ öffentl. Versteigerung gepfändeter Sachen zur Durchführung einer Zwangsvollstreckung (§§ 814 ff. ZPO); im engeren Sinn nur die Z. von Grundstücken und eingetragenen Schiffen **(Subhastation).** Zuständig ist das Amtsgericht. Bei der Z. wird nur ein Gebot zugelassen, durch das die dem Anspruch des betreibenden Gläubigers vorgehenden Rechte sowie die Kosten des Verfahrens gedeckt werden **(Mindestgebot).** Das Gericht erteilt dem Meistbietenden den →Zuschlag. Mit dem Zuschlag wird der Ersteher Eigentümer des Grundstückes (Gesetz über die Z. und Zwangsverwaltung – ZVG – vom 24. 3. 1897 in der Fassung d. Ges. v. 1958). – Die Z. dient ferner zur Auflösung einer Gemeinschaft (z. B. Erbengemeinschaft) an Grundstücken bei Uneinigkeit der Beteiligten über die Auseinandersetzung (§§ 180 ff. ZVG).

Zwangsverwaltung, Sequestrati'on die, ♎ eine Form der Zwangsvollstreckung ins Grundstück: die Verwaltung und Benutzung des Grundstücks wird durch richterl. Anordnung dem Schuldner entzogen und einem **Zwangsverwalter (Sequester)** anvertraut, der den oder die Gläubiger aus den Grundstückserträgen zu befriedigen hat (§§ 146 ff. ZVG).

Zwangsvollstreckung, Exekuti'on, ♎ die zwangsmäßige Durchsetzung eines privatrechtl. Anspruchs auf Antrag des Gläubigers durch staatl. Organe (Amtsgericht als Vollstreckungsgericht, Gerichtsvollzieher) auf Grund eines Vollstrekkungstitels (→Vollstreckung; §§ 704 ff. ZPO). A. Die Z. in das **bewegliche Vermögen.** Sie erstreckt sich 1) auf **körperliche Sachen** des Schuldners, die durch den Gerichtsvollzieher gepfändet und durch öffentl. Versteigerung zur Befriedigung des Gläubigers verwertet werden; 2) auf **Forderungen** des Schuldners: das Vollstreckungsgericht pfändet sie durch Beschluß beim →Drittschuldner und überweist sie dem Gläubiger zur Einziehung an Zahlungs Statt (Pfändungs- und Überweisungsbeschluß, →Pfändung). B. In das **unbewegliche Vermögen** des Schuldners kann durch Eintragung einer Zwangshypothek auf ein Grundstück des Schuldners oder durch →Zwangsverwaltung oder →Zwangsversteigerung vollstreckt werden. C. Z. **zur Erwirkung der Herausgabe von Sachen und zur**

Erwirkung von Handlungen oder Unterlassungen. Hat der Schuldner eine bewegliche Sache herauszugeben, so ist sie vom Gerichtsvollzieher wegzunehmen und dem Gläubiger zu übergeben. Erfüllt der Gläubiger die Vornahme einer vertretbaren Handlung nicht, so ist nach Ermächtigung durch das Prozeßgericht die Handlung auf Kosten des Schuldners vorzunehmen. Wird dagegen eine Handlung betroffen, die nicht von einem Dritten vorgenommen werden kann, so ist der Schuldner auf Antrag von dem Prozeßgericht zur Vornahme der Handlung durch Geldstrafen oder Haft anzuhalten.

Zwangsvorstellungen, ♄ Gedanken oder Erinnerungen, die unverscheuchbar und quälend ins Bewußtsein drängen; Teil einer **Zwangsneurose.** Z. können zu **Zwangshandlungen** führen.

Zwangswirtschaft, Wirtschaftsform, bei der Staat oder eine andere öffentl. Körperschaft Erzeugung und Verteilung zwangsweise regelt.

Zwanziger Juli, →Widerstandsbewegung.

Zweck der, Ziel, Sinn eines Tuns. PHILOSOPHIE: ein vorgestellter und gewollter Zustand, der durch Einschaltung von Zwischengliedern herbeigeführt wird; setzt ein bewußt handelndes Wesen voraus (**Zwecktätigkeit).** Davon scharf zu trennen ist die naturhafte **Zweckmäßigkeit,** die durch die Naturgesetze bewirkt wird.

Zweckverband, Vereinigung von Gemeinden zu bestimmten Zwecken (Wegebau, Schulunterhaltung u. a.).

Zweiblatt, Orchideengattung der nördl. gemäßigten Zone, darunter das **Große Z.** mit einem Paar eiförmig-derber Blätter und einer lockeren Traube grünlicher Blüten.

Zweibrücken, Stadt in Rheinl.-Pf., im Westrich, 32 800 Ew.; im 2. Weltkrieg stark zerstört. Maschinen-, Schuh-, Holz- und Textilindustrie.

Zweibund, 1) das 1879 abgeschlossene, gegen Rußland gerichtete Verteidigungsbündnis zwischen dem Dt. Reich und Österreich-Ungarn (1882 durch Beitritt Italiens zum →Dreibund erweitert). 2) das dem Dreibund entgegengestellte franzö.-russ. Bündnis von 1891/94.

Zweier der, Boot für 2 Ruderer mit oder ohne Steuermann, →Rudern.

Zweifelderwirtschaft, alte Form der Bodennutzung mit Einteilung der Ackerflur in zwei Teile (abwechselnd Getreide und Brache oder auch Sommer- und Wintergetreideanbau).

Zweiflügler, Ordnung der Insekten, die zu Schwingkölbchen rückgebildeten Hinterflügeln und mit saugenden oder stechenden Mundteilen; Entwicklung mit vollkommener Verwandlung. Mücken, Schnaken, Fliegen, Bremsen.

Zweig, 1) Arnold, Schriftsteller, *1887, †1968; scharfer Zeit- und Sozialkritiker; Kriegsroman »Der Streit um den Sergeanten Grischa«. 2) Stefan, österr. Schriftsteller, *1881, † (Selbstmord) 1942; Gedichte, Novellen, Dramen, Lebensbeschreibungen.

S. Zweig

Zweihänder, langes Schwert der Fußtruppen im 15. und 16. Jahrh., z. B. der Flamberg.

zweihäusig nennt man getrenntgeschlechtige Blütenpflanzen, bei denen männl. und weibl. Blüten nicht auf derselben Pflanze vorkommen, z. B. Weide, Brennessel. (→einhäusig, →Blüte).

Zweikammersystem, die Zweiteilung des Parlaments in eine **Erste** und **Zweite Kammer.** Die eine Kammer ist die in allgemeinen Wahlen gewählte Vertretung des Gesamtvolkes. Die andere (meist die Erste) ist entweder als konservatives Gegengewicht gedacht, die Mitgliedschaft beruht dann überwiegend auf Geburt (hoher Adel) oder auf dem Amt (hohe Geistlichkeit u. a.) oder auf Ernennung durch den Monarchen, so heute noch das brit. Oberhaus, früher das preuß. Herrenhaus; oder die Kammer ist gleichfalls unmittelbar oder mittelbar gewählt und vertritt in den Bundesstaaten das föderative Element (so der österr. Bundesrat, der schweizer. Ständerat, der amerikan. Senat), oder in Einheitsstaaten die Provinzen, Gemeinden usw. (so der französ. Senat); oder sie ist eine Vertretung der sozialen, wirtschaftl., kulturel-

Zweispitz (1810)

Zwiebel: 1 Z.,
2 Blütenknospe,
3 Blüte

Zwiebelhaube

Zwingli

len u. a. Körperschaften des Landes (so der Bayer. Senat). Ihre Rechte beschränken sich heute vielfach auf ein aufschiebendes →Veto.

Zweikampf, der verabredete Kampf zweier Personen mit tödl. Waffen (z. B. Säbeln, Pistolen) nach vereinbarten oder hergebrachten Regeln. Der Z. selbst sowie best. Vorbereitungs- und Teilnahmehandlungen sind mit Freiheitsstrafen (Einschließung und Gefängnis) bedroht (§§ 201 ff. StGB).

Zweikeimblättrige Pflanzen, Dikotyled'onen Mz., die zweite große Gruppe der Bedecktsamigen mit zwei Keimblättern, fiederig oder fingerig angeordneten Blatthauptnerven (netznervige Blätter) und fünfzählig angelegten Blütenteilen.

Zweischwerterlehre, mittelalterl. Anschauung über das Verhältnis zwischen Staat und Kirche, auf Grund einer Auslegung von Lukas 22,38; danach besitzt die Kirche das geistl. wie das weltl. Schwert, überträgt aber das weltl. (die weltl. Gewalt) den Fürsten, die es nach ihrer Weisung führen sollen.

Zweispitz, Hut mit einer an zwei Seiten hochgeklappten Krempe.

Zweitaktverfahren, Arbeitsweise der Zweitaktmotoren, bei der die 4 Takte des →Viertaktverfahrens auf 2 Takte gleich 1 Kurbelwellenumdrehung zusammengedrängt werden. 1. Takt: Der Zylinder ist mit Gemisch gefüllt, das der nach oben gehende Kolben verdichtet. Zugleich saugt der Kolben Gemisch in das Kurbelgehäuse. 2. Takt: Kurz vor dem oberen Totpunkt wird das Gemisch entzündet, und die Verbrennungsgase treiben den Kolben arbeitsleistend abwärts; dabei wird gleichzeitig das im Kurbelgehäuse befindliche Gemisch vorverdichtet. Der abwärtsgleitende Kolben gibt zunächst den Auslaßschlitz frei, so daß die verbrannten Gase ins Freie entweichen können, und kurz danach den Überströmschlitz, durch den das vorverdichtete Gemisch aus dem Kurbelgehäuse in den Zylinder strömt. Dabei werden die Restgase ausgespült und der Zylinder mit Frischgas gefüllt. (FARBTAFEL Verbrennungsmotor S. 876)

Zweiter Bildungsweg, Einrichtungen des berufl. Bildungswesens, die zur Fach- oder Hochschulreife führen (im Unterschied zum Bildungsweg über die höheren Schulen); bes. die Institute zur Erlangung der Hochschulreife (Kolleg).

Zweites Deutsches Fernsehen, eine Rundfunkanstalt öffentl. Rechts, gegr. 1961, Sitz Mainz; strahlt seit 1963 im 2. Fernsehprogramm für die Bundesrep. Dtl. aus.

zweites Gesicht, die angebliche Fähigkeit, zukünftige Ereignisse vorauszusehen.

Zwerchfell, Diaphr'agma das, kuppelförmig nach oben gewölbte muskulöse Scheidewand zwischen Brust- und Bauchhöhle. Das Z. vergrößert durch seine unwillkürl. Zusammenziehungen beim Einatmen die Brusthöhle.

Zwerg der, 1) ♀ ♂ ♁ Lebewesen von unternormaler Körpergröße. Beim Menschen kann **Zwergwuchs** (Männer bis 150 cm, Frauen unter 138 cm) als Erbmerkmal bestimmter Rassen auftreten, z. B. bei den Pygmäen. Krankhafter Z.-Wuchs kann auf Wachstumsstörungen oder Fehlleistungen innersekretor. Drüsen beruhen und u. a. zu verkürzten Gliedmaßen führen. Die **echten Z.** mit normalen Verhältnissen im Körperbau sind krankhafte, nicht fortpflanzungsfähige Hemmungsmißbildungen (unter 1 m groß), z.B. Liliputaner. – Z.-Formen bei Tieren treten auf als Ergebnisse der Haustierzucht, bei Pflanzen bes. als Zierpflanzen. 2) Volksglauben: Erdgeister von kleiner Gestalt; Wichtel, Erd-, Heinzelmännchen, Hollen, Lutchen, Erdbiberli.

Zwergpalme, Fächerpalme, am Mittelmeer, einzige wilde europ. Palme, buschartig. Die Blätter dienen für Besen, Hüte, zum Dachdecken; die anhängenden Fasern zu Polstern, Seilen, Geweben. Zimmerpflanze.

Zwergzikade, 3,5 mm lange Zikade, meist auf Wiesen; Feldschädling.

Zwetsche, Zwetschge die, eine →Pflaume.

Zw'ickau, Stadt im Bez. Karl-Marx-Stadt,

Industriestadt an der Zwickauer Mulde, 127 800 Ew.; Steinkohlenbergbau mit Nebenindustrien, Maschinen-, Kraftfahrzeug-, keram. Industrie.

Zwickau:
Blick zum
Rathaus
(Vorkriegsaufnahme)

Zwickel der, ⊿ dreieckiges Flächenstück, bes. zwischen einem Bogen und seiner rechteckigen Umrahmung.

Zwieback der, aus dem Einback durch nochmaliges Rösten hergestelltes Weizenkleingebäck.

Zwiebel die, 1) Speicherorgan, im meist unterird. Kurzsproß (Z.-Scheibe) verschiedener Pflanzen, bes. der Liliengewächse, die abwärts Wurzeln treibt und nach oben fleischige, nährstoffreiche Blätter (Z.-Schuppen) trägt, die einander schalenförmig umschließen. Zwischen den Blättern treiben neue Knospen aus. Z.-Gewächse sind bes. in steppenhaft trockenen Gebieten heimisch. 2) Z., Küchen-Z., eine Lauchart, dessen Z. als Würze und Gemüse verwendet wird. Ferner →Schalotte.

Zwiebelfisch, ⎕ Letter einer anderen Schriftart, die in den Text geraten ist.

Zwiebelhaube, Turmbedachung in Gestalt einer Zwiebel.

Zwiebelmuster, zwiebelähnl. Pflanzenornament, das in der Fayence- und Porzellanmalerei des 18. Jahrh. beliebt war.

Zw'iedineck-Südenhorst, Otto von, Volkswirtschaftler, Sozialpolitiker, *1871, †1957.

Zw'iefalten, Gem. in Bad.-Württ., am S-Rand der Schwäb. Alb, 2500 Ew. Die Klosterkirche der Benediktinerabtei ist ein Hauptwerk des Spätbarocks (1741 bis 1753 erbaut).

Zwiesel, Stadt in Niederbayern, Luftkurort im Bayer. Wald, 8300 Ew.; barocke Bergkirche, Fachschule für Glas-Industrie.

Zwillich, Zwilch der, →Drell.

Zwillinge [zu zwei] Mz., 1) zwei beim Menschen von derselben Mutter geborene Kinder. Auf etwa 85 Geburten kommt eine Zwillingsgeburt. Z. können aus zwei gleichzeitig befruchteten Eiern (zweieiige Z.) oder aus einer von zwei Samenfäden befruchteten Eizelle entstehen, der sich später spaltet (eineiige Z.), entstehen; da die letzteren erbgleich sind, kann die Z.-Forschung die Erblichkeit von menschl. Eigenschaften und die Anteile von Erbanlage und Umweltwirkung für die einzelnen Merkmale feststellen. 2) ♊ nördl. Sternbild mit Kastor und Pollux; das dritte Zeichen des Tierkreises.

Zwinge die, 1) schraubstockähnl. Werkzeug zum Aufeinanderpressen mehrerer Teile. 2) Metallring am Stockende, an Handgriffen von Werkzeugen usw.

Zwinger der, 1) Umgang zwischen der äußeren und inneren Ringmauer einer mittelalterl. Burg (einst Platz der Vorburg). Der Z. in →Dresden hieß so, weil er im ehemal. Zwingergarten erbaut war. (BILD S. 1039) 2) eingezäunter Auslauf für Hunde oder Bären. 3) fester Turm, Gefängnis.

Zwingli, Ulrich, neben Calvin der Gründer der →reformierten Kirche, *1484, † (gefallen) 1531; trat unter dem Einfluß der Schriften von Erasmus und Luther als Humanist und Weltpriester in Zü-

Zwinger:
Pavillon des
Z. in
Dresden

rich für die Reformation ein, die 1523 eingeführt wurde. In vielem war Z. radikaler als Luther (Abschaffung von Orgel, Kirchengesang, Altären u.a.); er geriet mit diesem bes. wegen der Abendmahlslehre in Streit (Marburger Religionsgespräch 1529).

Zwirn der, durch Zusammendrehen mehrerer Einzelfäden (Garne) gebildeter Faden.

Zwischenahn, Bad Z., Gem. in Ndsachs., am Zwischenahner Meer, Moorheilbad, 19 900 Ew.; Wurstwaren, Textilien.

Zwischenbuchhandel, Buchhandel, der zwischen Verlagen und Sortiments-, Antiquariats-, Versandbuchhandel usw. vermittelt.

Zwischenfrequenz, in Überlagerungsempfängern die Frequenz, in die die empfangenen Frequenzen durch Mischung mit der Oszillatorfrequenz in der Mischstufe umgewandelt werden. (→Rundfunk)

Zwischenfrucht, Nutzpflanzen, die zeitl. oder räuml. zwischen den eigentl. Nutzpflanzen gezogen werden (**Zwischenkultur**), bes. Futterpflanzen (Winterraps, -rübsen, Futterroggen, Zottelwicke mit Roggen); auch Zweitfrucht nach überwinternden Futterpflanzen oder Stoppelsaat.

Zwischenhandel, der Handel zwischen Erzeugern und Weiterverarbeitern (Produktionsverbindungshandel), auch zwischen verschiedenen Ländern (**Transithandel**).

Zwischenmeister, →Faktor 2).

Zwischenkieferknochen, Knochenstück der Wirbeltiere zwischen den beiden Oberkieferbeinen. Der Z. des Menschen, der früh mit den Oberkieferknochen verwächst, wurde von Goethe beschrieben.

Zwischenstromland, →Mesopotamien.

Zwitter, Hermaphrod′it, Lebewesen, das sowohl männl. als auch weibl. Geschlechtsorgane hat. Z. befruchten sich selten selbst (Bandwurm); meist wechselseitig (Weinbergschnecke). Fast alle Blütenpflanzen sind Z.

Zwitterblüte, →Blüte.

Zwölfapostellehre, griech. **Didach′e,** die älteste erhaltene christl. Kirchenordnung, aus der ersten Hälfte des 2. Jahrh., mit Katechismus.

Zwölffingerdarm, ein Teil des Dünndarms (→Darm). **Z.-Geschwür, Ulcus duod′eni,** meist dicht hinter dem Magenausgang sitzend; Behandlung wie beim Magengeschwür.

Zwölfflächner, der →Dodekaeder (BILD Körper).

Zwölfkampf, Turnen: schwierigster Mehrkampf, besteht aus je 2 Pflichtübungen und 1 Kürübung an Reck und Barren, 1 Pflicht- und Kürübung am Pferd, 1 Freiübung, 3 Übungen im Laufen, Werfen, Springen und Schwimmen.

Zwölf Nächte, die Nächte zwischen 25. 12. und 6. 1., die Zeit des altgerm. Julfestes, in der nach dem Wodan mit der Wilden Jagd umzog; gelten als →Lostage.

Zwölftafelgesetz, verlorene älteste Aufzeichnung des röm. Rechts aus ehernen 12 Tafeln, angebl. um 450 v.Chr. von dafür eingesetzten Dezemvirn abgefaßt.

Zwölftonmusik, ein 1910-20 entwickeltes Kompositionsverfahren, das die 12 Halbtöne der Oktave als nicht aufeinander bezogen ansieht. Die Harmonie im übl. Sinne wird aufgegeben zugunsten einer wahlweise aus den 12 Tönen zusammengesetzten »Reihe« oder »Grundgestalt«. — Hauptvertreter: A. Schönberg, A. v. Webern, E. Křenek, Fr. Martin, A. Berg L. Nono.

Zwolle, Stadt in den Niederlanden 76 200 Ew.; Mittelpunkt eines Wasserstraßennetzes; Bauwerke der Renaissancezeit; Handel, Industrie.

Zy′ane, die, Kornblume (→Flockenblume).

Zyan′ose [grch.] die, →Blausucht.

zygom′orph heißt die zweiseitig-symmetr. Gestaltung der Blüte.

Zyg′ote [grch.] die, Ursprungszelle eines Lebewesens, entsteht bei der Befruchtung aus der Verschmelzung der beiden Kerne der männl. und der weibl. Keimzelle.

Zykl′aden Mz., →Kykladen.

z′yklisch [zu Zyklus], kreisartig, regelmäßig wiederkehrend.

zyklische Verbindungen, ringförmige Verbindungen, ⟲ organ. Verbindungen, deren Atome ringförmig miteinander verbunden sind; z.B. Benzol, Naphthalin, Pyridin und deren Derivate.

Zykl′oide [grch.] die, **Radlinie,** eine Kurve, die ein Punkt eines Kreises beschreibt, wenn dieser Kreis auf einer Geraden rollt.

zyklom′etrische Funktionen erhält man als Umkehrung der →Winkelfunktionen.

Zykl′on [grch.] der, 1) →Luftwirbel; **Zykl′one,** Depression, barometr. **Minimum,** Gebiet mit niedrigem Luftdruck. 2) Gerät zum Abscheiden fester Stoffe aus Gasen oder aus Flüssigkeiten.

Zykl′op [grch. »Rundäugiger«] der, griech. Sage: einäugige Riesen; →Polyphem.

zyklopische Mauer, in vor- oder frühgeschichtl. Zeit aus großen Steinblöcken ohne Mörtel errichtete Mauer (Tiryns, Mykenä).

zykloth′ym, Temperamentstyp von schwingend-heiterer Gemütsart (nach E. Kretschmer).

Zyklotr′on das, ⊗ Gerät zur Beschleunigung elektr. geladener Teilchen (Ionen). Sie werden durch ein starkes Magnetfeld gezwungen, auf kreisförmigen Bahnen in der Mittelebene zweier D-förmiger Elektroden (Duanten, D's) d_1 und d_2 in einem hochevakuierten Gefäß zu bewegen. Diese sind abwechselnd positiv-negativ und negativ-positiv in einem solchen Takt, daß ein Ion jeweils beim Übertritt von einer zur anderen Elektrode beschleunigt wird. Kommt das Ion schließlich in die Nähe des Randes, so wird es durch eine Ablenkelektrode abgelenkt und tritt tangential aus. Mit einem Z. können Protonen, Deuteronen und Alphateilchen bis zu etwa 45 Millionen Elektronenvolt beschleunigt werden; das **Synchrozyklotron,** das nach einem ähnl. Prinzip arbeitet, vermag die Teilchen auf Energien bis zu etwa 900 Millionen Elektronenvolt zu beschleunigen. Höhere Stromstärken und Energien lassen sich mit dem Thomas-Z. oder Isochron-Z. erreichen. (→Synchrotron)

Z′yklus [grch.] der, -/...klen, 1) Kreis, Folge;

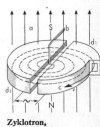

Zyklotron,
a Magnetfeld,
b Ionenquelle,
c beschleunigtes Ion,
d_1 Elektrode,
d_2 Elektrode,
N Nordpol,
S Südpol

Zwolle: St.-Michaels-Kirche

Zypern: Blick auf Famagusta

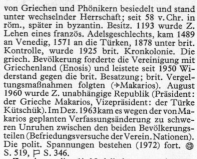

Zypresse: Echte Z.

Reihe (z. B. von Schriften, Vorträgen). 2) Wiederkehr, Kreislauf. 3) die →Menstruation.

Zyl'inder [grch.] der, 1) △ Körper mit zwei ebenen, deckungsgleichen Endflächen und einer Mantelfläche. Beim **Kreis-Z.** sind die Endflächen Kreise. 2) Maschinenbau: langgestreckter Hohlkörper von kreisförmigem Querschnitt, in dem sich bei Kolbenmaschinen ein Kolben bewegt. 3) hoher Hut aus Filz, Plüsch oder Seide. **Zylinderprojektion,** →Kartennetzentwurf.

Zym'ase [grch.] die, zellfreier Hefepreßsaft, der aus einem Gemisch von Enzymen besteht.

Z'yniker [von grch. kyon »Hund«] der, 1) →Kyniker. 2) übertragen: Spötter ohne Scheu und Ehrfurcht. **Zyn'ismus, zynisch,** →Kyniker.

Zypergras, Gattung der Riedgräser, z. B. **Papyrusstaude** und **eßbares Z.** mit mandelähnlich schmeckender, ölreicher Knolle.

Z'ypern, nach Sizilien und Sardinien die drittgrößte Insel des Mittelmeeres, nahe der Südküste Kleinasiens, Republik, 9251 km², 629 000 Ew.; Hauptstadt: Nikosia; Amtssprachen: Griechisch und Türkisch. Präsidialverfassung. Gebirgig, im Innern die Ebene Messaria. BEVÖLKERUNG: Rd. 80% Griechen (Orthodoxe), 18% Türken (Muslime). Erzeugnisse: Getreide, Wein, Oliven, Südfrüchte, Gemüse; Schaf- und Ziegenzucht; Forstwirtschaft. ⚒ auf Eisen- und Kupferpyrite, Asbest, Gips, Chrom u. a. — Im Altertum wurde Z. von Griechen und Phönikern besiedelt und stand unter wechselnder Herrschaft; seit 58 v. Chr. in röm., später in byzantin. Besitz. 1193 wurde Z. Lehen eines französ. Adelsgeschlechts, kam 1489 an Venedig, 1571 an die Türken, 1878 unter brit. Kontrolle, wurde 1925 brit. Kronkolonie. Die griech. Bevölkerung forderte die Vereinigung mit Griechenland (Enosis) und leistete seit 1950 Widerstand gegen die brit. Besatzung; brit. Vergeltungsmaßnahmen folgten (→Makarios). August 1960 wurde Z. unabhängige Republik (Präsident: der Grieche Makarios, Vizepräsident: der Türke Kütschük). Im Dez. 1963 kam es wegen der von Makarios geplanten Verfassungsänderung zu schweren Unruhen zwischen den beiden Bevölkerungsteilen (Befriedungsversuche der Verein. Nationen). Die polit. Spannungen bestehen (1972) fort. ⊕ S. 519, ⊡ S. 346.

Zypr'esse die, 1) Nadelholzgattung, immergrüne Bäume und Sträucher mit schuppenförmigen, meist dachziegelartig anliegenden Blättern und kleinen, fast kugeligen Zapfen. Die **Echte Z.,** 20-50 m hoch, bildet in vorderasiat. und nordafrikan. Gebirgen stellenweise Wälder. Bei Einzelstand wächst sie meist säulenförmig. Sie ist seit dem Altertum Trauer- und Tempelbaum. 2) verschiedene andere Pflanzen ähnl. Gestalt, so Gattung **Sumpfzypresse,** ferner Kryptomerie, Lebensbaum.

Z'yste [grch.] die, ⚕ überwiegend gutartige Geschwulst, die aus einem geschlossenen Sack mit flüssigem, schleimigem oder breiigem Inhalt besteht. Entfernung meist durch Operation.

Zyst'itis [grch.] die, der Blasenkatarrh.

Zystosk'op [grch.] das, Blasenspiegel, ein Instrument zum Besichtigen der Harnblase von innen; wird durch die Harnröhre eingeführt.

zyto... [grch. kytos »Hohlraum«], auf die Zelle bezüglich, Zell...

zytog'en [grch.], aus der Zelle gebildet.

Zytolog'ie [grch.] die, Zellenlehre.

Zytopl'asma, Cytoplasma das, das Protoplasma.

Zytost'atika, Mitosegifte, Arzneimittel, die die Zellteilung entarteter Gewebe hemmen, z. B. **Lost** (zur Krebsbehandlung); **Urethan, Myleran** (gegen chron. Leukämien).

z. Z., z. Zt., Abk. für zur Zeit.